DICCIONARIO ENCICLOPÉDICO SANTILLANA

DICCIONARIO ENCICLOPÉDICO SANTILLANA

Santillana

Dirección

SERGIO SÁNCHEZ CEREZO

Dirección editorial

ALBERTO MARTÍN BARÓ

Supervisión léxica

GREGORIO SALVADOR CAJA
de la Real Academia Española

Redacción

Juan Ignacio Alonso Campos, Joaquín Dacosta Esteban, Enrique Martín Burgos,
Serafín Pro Hesles, Manuel Sequeiros Murciano, María Reyes Sequera Hernández

Asesores científicos

Manuel Alfonseca Moreno, Pilar Gil Fernández, Margarita Hernando Larramendi,
Estrella Marinas Mateos, Ángel Navarro Madrid, Amelia Rodríguez Pecharromán

Realización gráfica y editorial

La realización gráfica y editorial ha sido efectuada en el equipo de Ediciones Santillana
por los siguientes especialistas bajo la dirección técnica de Francisco Romero:

Documentación y selección de ilustraciones
Maryse Pinet, Nieves Marinas

Corrección
Francisco Viciana, Paloma Gallego, Mercedes Pérez, María José Rodríguez

Confección
José García

Dibujos
Carlos Aguilera, Fernando Aznar, Domingo Benito Pérez, David Cabacas,
Restituto de Castro, Fernando Fernández, Pedro Guillén, Carlos Molinos,
Antonio Perera, Gabriel Saori, Alejandro Retana (rotulación)

Cartografía
José Luis Gil, José Manuel Solano

Cubierta
Diseño: José Crespo
Fotomontaje: Ed Honowitz, Fototeca Stone International

Coordinación técnica
Miguel García

Coordinación artística
Pedro García

Elfo, 32 - 28027 Madrid

PRINTED IN SPAIN
Impreso en España en los
Talleres Gráficos Mateu Cromo, S. A.
Ctra. de Pinto a Fuenlabrada, s/n. Pinto (Madrid)

ISBN: 84-294-3594-8
Depósito legal: M. 25.504/1992

PRESENTACIÓN EDITORIAL

En nuestros días es cada vez más frecuente hablar de la «sociedad de la información» para referirse a un mundo en el que la producción de conocimientos crece vertiginosamente, en estrecha relación con el desarrollo de los trabajos científicos de vanguardia y de las nuevas tecnologías. Este acelerado aumento de la información puede constituir para muchas personas un verdadero problema, dado que, para gran parte de ellas, no existen las condiciones adecuadas, sobre todo de tiempo, para llevar a cabo una selección y un almacenamiento de dicha información que den respuesta a las necesidades que día a día se le presentan, tanto en el ámbito profesional como en el familiar.

La información, para llegar con eficacia a los posibles destinatarios, ha de reunir tres características: una es la accesibilidad; es decir, que se encuentre dispuesta y organizada de tal forma que permita al usuario un acceso directo y rápido a ella. Junto a esto también se le pide precisión y rigor. Y, finalmente, una tercera característica, pero quizá la de mayor importancia, reside en que para el hombre de hoy la información y el conocimiento tienen un sentido práctico, con frecuencia de utilidad inmediata.

La presente obra, aunque por su título genérico es un diccionario enciclopédico, constituye algo más de lo que viene entendiéndose por tal. Efectivamente, es un diccionario de **información general**, que abarca todos los ámbitos de la ciencia, de la técnica y de la cultura y a sus protagonistas, pero también consiste en un «nomenclátor», en el que aparecen todos los conocimientos de interés que necesita el hombre actual, dispuestos de forma sintética y global. El tratamiento de los contenidos es claro, concreto y directo: en todos los casos se encuentra con gran facilidad el dato o la información que se busca, y puede apreciarse a lo largo de la obra el notable esfuerzo que se ha realizado para encontrar la definición o las definiciones que enmarcan las ideas y conceptos.

Además, la obra encierra un verdadero **léxico de la lengua usual** del español en el que se desarrollan aspectos innovadores, recogiendo tanto el lenguaje académico y culto como el corriente, los vulgarismos y hasta el argot. En este sentido, ofrece una perspectiva avanzada de la lengua viva de nuestro idioma.

Asimismo, hay que resaltar el hecho de que en sus páginas se encierra una auténtica **enciclopedia visual**: los criterios en función de los cuales se han seleccionado las ilustraciones, bien sean fotos, dibujos, gráficos, esquemas o cuadros, no tienen, como a menudo ocurre en otras obras de porte similar, un sentido meramente ornamental; antes bien, cada uno de estos elementos encierra un potencial de información complementaria y de refuerzo al texto.

Finalmente, hay que señalar el empeño –difícil de conseguir en obras de estas características– por recoger y registrar el último dato, la última noticia o novedad de interés en un mundo sometido como nunca a cambios rápidos y a veces drásticos. Con todo lo dicho, puede afirmarse que el diccionario sirve tanto para satisfacer cualquier necesidad de consulta puntual como para avanzar en temas más amplios.

La obra está pensada específicamente para España e Hispanoamérica, por su concepción y realización, y por sus contenidos, que recogen la amplia y rica variedad cultural de estos países.

SANTILLANA publica este DICCIONARIO ENCICLOPÉDICO dentro del ámbito de la información general con el propósito de cumplir una misión de primera magnitud, como es el acercamiento eficaz del hombre de hoy, sea estudiante o profesional de cualquier especialidad o nivel, a su espacio cultural y científico.

SANTILLANA

INDICACIONES DE USO

Alfabetización

La ordenación de las entradas sigue el criterio alfabético. La *ch* y la *ll* no se consideran letras independientes y quedan englobadas en la *c* y en la *l*, respectivamente. Las entradas formadas por más de una palabra, como *ex profeso* o *Ciudad Rodrigo*, se alfabetizan por el primero de los dos vocablos, y así *ex profeso* aparece antes que *exabrupto* y *Ciudad Rodrigo* antes que *ciudadano*. La segunda palabra sólo cuenta a efectos de alfabetización cuando dos o más entradas coinciden en la primera palabra, como es el caso de *Ciudad Rodrigo* y *Ciudad Victoria*. Las entradas que constan de dos palabras separadas por un guión, como por ejemplo *best-seller*, se alfabetizan como una sola palabra. Estos mismos criterios de alfabetización rigen en los apartados de los términos compuestos y las locuciones.

Criterios geográficos

El diccionario incluye todos los países y capitales de estado; las entidades administrativas superiores de los principales países del mundo; las capitales de provincia y las ciudades de España con más de 20.000 habitantes; las ciudades europeas y americanas con más de 100.000; las ciudades de EE UU, CEI, India y Japón con más de 400.000; las ciudades de China con más de 500.000, y todas las ciudades del resto del mundo con más de 300.000. Tienen también entrada todos los montes de más de 5.000 m, los ríos de más de 2.000 km y los principales mares, lagos e islas del mundo; estos límites se rebajan en España, Europa y países hispanoamericanos. Se incluyen además numerosas ciudades y accidentes de menor tamaño que, sin embargo, destacan por su importancia histórica, artística, cultural, política, etc.

Elementos de las entradas

- Lema o entrada.
- Categoría gramatical.
- Definición.
- Locuciones.

agosto *s. m.* Octavo mes del año. Fue dedicado por los romanos a César Octavio Augusto, de quien toma su nombre. ‖ **Loc. hacer** uno **su agosto** *fam.* Realizar un buen negocio.

- Número de cada una de las distintas acepciones.
- Observación gramatical.

agradecer *v. tr.* **1.** Dar las gracias o mostrar gratitud por algún favor o cosa recibida. **2.** Sentir gratitud. **3.** Mostrar el efecto beneficioso de algo. ▪ Es v. irreg.

- Conjugación de las formas irregulares.

AGRADECER	
INDICATIVO	SUBJUNTIVO
Presente	**Presente**
agradezco	*agradezca*
agradeces	*agradezcas*
agradece	*agradezca*
agradecemos	*agradezcamos*
agradecéis	*agradezcáis*
agradecen	*agradezcan*

- En las familias de palabras se incluyen los términos de significado fácilmente deducible.

agrandar *v. tr.* Hacer más grande una cosa. También *v. prnl.* **Fam.** Agrandamiento.

- Separación de categorías gramaticales.
- Término compuesto.
- Abreviatura de la materia.
- Ampliación enciclopédica.

agujero *s. m.* **1.** Abertura, por lo general redonda, en alguna cosa o en algún lugar. **2.** Déficit o pérdida de dinero no justificada en la contabilidad. ‖ **3. agujero negro** Cuerpo celeste no visible porque su velocidad de escape es superior a la velocidad de la luz.

Astron. Un agujero negro puede producirse al sufrir ciertas estrellas un colapso gravitatorio y concentrar su masa en un radio menor de 10 km, después de agotar su energía interna. . . . . . .

- El asterisco envía a la entrada donde se define el término.

agujeta *s. f.* Aguja*, ave.

- Personaje biografiado.
- Lugar y fecha de nacimiento y muerte.
- Obras principales con fecha de creación, si se conoce

Agustí, Ignacio (Llissá de Vall, Barcelona 1913 - Barcelona 1974) Escritor español. Autor de una variada obra en catalán y en castellano, destaca su ciclo de novelas *La ceniza fue árbol*, notable descripción de la burguesía catalana en el último siglo, al que pertenece *Mariona Rebull* (1944), su obra más conocida.

- Planta.
- Clasificación.

ajonjolí *s. m.* Planta herbácea de la familia pedaliáceas, especie *Sesamun indicum.* Alcanza hasta 1 m de altura. Es de tallo recto, hojas pecioladas y serradas, flores acampanadas, blancas o rosadas, y fruto con muchas semillas amarillentas, oleaginosas y comestibles. Se llama también *alegría* y *sésamo*.

Animal.

alce *s. m.* Nombre común de diversos mamíferos rumiantes artiodáctilos de la familia cérvidos, género *Alces*. Se distinguen por su cabeza ancha, hocico muy desarrollado y grandes cuernos en forma de paleta ramificada. Son los ejemplares más grandes de los cérvidos; alcanzan 2 m de alzada y llegan a pesar hasta 800 kg. El alce común *(Alces alces)* vive en las zonas húmedas del N de Eurasia y el alce americano *(Alces americana)* en Norteamérica.

Clasificación.

Elemento químico.

astato *s. m.* At. Elemento químico no metálico perteneciente al grupo VII A del sistema periódico. Su número atómico es 85 y su masa atómica 210. Fue obtenido artificialmente en 1940, en cantidades mínimas, como producto de la desintegración radiactiva del uranio. Sus isótopos son inestables y es soluble en medio orgánico.

Símbolo; en los compuestos químicos, minerales y rocas se da también la fórmula.

País.

Austria (*Österreich*) Estado de Europa central.

Nombre del país en su idioma, alemán en este caso.

Mapa de localización y bandera.

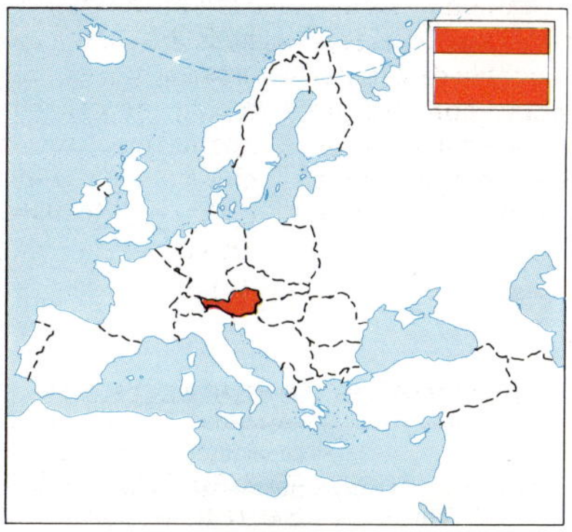

Extensión: 83.855 km^2.
Límites: al N, con Alemania y Checoslovaquia; al E, con Checoslovaquia y Hungría; al S, con Eslovenia e Italia, y al O, con Suiza y Liechtenstein.
Población: 7.600.000 h. en 1990.
Densidad: 90,7 h./km^2.
Capital: Viena.
División administrativa (estados): Viena, Alta Austria, Baja Austria, Salzburgo, Vorarlberg, Carintia, Estiria, Burgenland, Tirol.
Ciudades principales: Graz, Linz, Salzburgo, Innsbruck.
Gentilicio: austriaco.
Forma de Estado: república federal.
Idioma: alemán.
Religión: catolicismo, 89,3 %; protestantismo, 6,5 %.
Moneda: chelín austriaco.
Tasa de natalidad: 12 ‰ en 1990.
Tasa de mortalidad: 11 ‰ en 1990.
Renta per cápita: 15.560 dólares en 1988.

Datos principales.

Abreviatura de la materia.

Geog. física Los Alpes ocupan el 70,5 % de la superficie de Austria. Orientados en sentido E-O, se distinguen en ellos varias regiones paralelas de N a S: . . . .

Geog. humana y ***económica*** Las áreas alpinas son las menos pobladas. El 55 % de la población vive en las ciudades, habiéndose registrado desde 1964 un descenso de la tasa de natalidad. La agricultura ocupa al 16 % de la población activa; . . . .

Descripción geográfica del país.

Abreviatura de la materia.

***Hist.* de la prehistoria a Carlomagno** El territorio de Austria albergó culturas prehistóricas (Hallstatt) y en él se asentaron los celtas (s. IV a. C.) y los germanos (s. II a. C.), quienes frenaron la expansión romana al N del Danubio. . . . . .

Resumen histórico.

Abreviatura de la materia.

Cult. Situada en el centro de Europa, Austria ha sido un lugar de encuentro de varias tradiciones culturales del continente, por lo que a veces resulta difícil separar lo propiamente austriaco de lo germánico o alemán . . . .

Panorama de la cultura del país: arte, literatura, filosofía, música, cine.

Núcleo de población.

Avilés C. de España, en la prov. de Asturias. 88.429 h. en 1990. Es un importante centro productor de acero, y cuenta con industrias químicas y del cristal. Posee un puerto pesquero en la ría de su nombre.

Número de habitantes en la fecha que se indica.

ABREVIATURAS

A

a. C.	antes de Cristo
adj.	adjetivo, adjetiva
adj. dem.	adjetivo demostrativo
adj. indef.	adjetivo indefinido
adj. num. card.	adjetivo numeral cardinal
adj. num. ord.	adjetivo numeral ordinal
adj. num. part.	adjetivo numeral partitivo
adj. pos.	adjetivo posesivo
adj. relat.	adjetivo relativo
adv.	adverbio, adverbial
adv. afirm.	adverbio afirmativo
adv. c.	adverbio de cantidad
adv. l.	adverbio de lugar
adv. m.	adverbio de modo
adv. neg.	adverbio de negación
adv. relat.	adverbio relativo
adv. t.	adverbio de tiempo
advers.	adversativa
afér.	aféresis
agr.	agricultura
al.	alemán, alemana
amer.	americanismo
Amér. C.	América Central
Amér. del N.	América del Norte
Amér. del S.	América del Sur
anat.	anatomía
And.	Andalucía
ant.	anticuado, antiguo
Ant.	Antillas
apóc.	apócope
ár.	árabe
Arg.	Argentina
arq.	arquitectura
arqueol.	arqueología
art. det.	artículo determinado
art. indet.	artículo indeterminado
astron.	astronomía
aum.	aumentativo

B

biol.	biología
Bol.	Bolivia
bot.	botánica

C

c.	ciudad
C. Rica	Costa Rica
Can.	Canarias
cap.	capital
cat.	catalán, catalana
CEI	Comunidad de Estados Independientes
cienc.	ciencia
cm	centímetro
Col.	Colombia
comp.	comparativa
conces.	concesiva
cond.	condicional
conj.	conjunción, conjuntivo, conjuntiva
consec.	consecutiva
contr.	contracción
copul.	copulativa
cult.	cultura

D

d. C.	después de Cristo
defect.	defectivo
dep.	deportes
der.	derecho
desp.	despectivo
dial.	dialectal
dim.	diminutivo
distrib.	distributivo, distributiva
disyunt.	disyuntiva

E

E	este
Ec.	Ecuador
ecol.	ecología
econ.	economía
educ.	educación
EE UU	Estados Unidos
El Salv.	El Salvador
ét.	ética
etc.	etcétera
excl.	exclamación, exclamativo, exclamativa
expr.	expresión

F

fam.	familiar
FAM.	familia
fil.	filosofía
fís.	física
fisiol.	fisiología
fon.	fonética
fonol.	fonología
fr.	francés, francesa

G

gall.	gallego, gallega
geog.	geografía
geol.	geología
geom.	geometría
ger.	gerundio
germ.	germánico, germánica
gót.	gótico, gótica
gr.	griego, griega
Guat.	Guatemala

H

h.	habitantes, hacia
hebr.	hebreo
hist.	historia
Hond.	Honduras

I

íd.	ídem
imperf.	imperfecto
inform.	informática
ingl.	inglés, inglesa
interj.	interjección
interr.	interrogativo, interrogativa
irreg.	irregular
ital.	italiano, italiana

K

kg	kilogramo
km	kilómetro
km^2	kilómetro cuadrado

L

l	litro
lat.	latín, latino, latina
ling.	lingüística
lit.	literatura
loc.	locución
LOC.	locuciones
lóg.	lógica

M

m	metro
mat.	matemáticas
med.	medicina
Méx.	México
min.	mineralogía
min.	minuto
mit.	mitología
mm	milímetro
mús.	música

N

n.	neutro
N	norte
neerl.	neerlandés
neg.	negación, negativo, negativa
Nic.	Nicaragua

O

O	oeste
onomat.	onomatopeya, onomatopéyico, onomatopéyica
ópt.	óptica
or.	origen

P

p. ej.	por ejemplo
p. ext.	por extensión
p. p.	participio pasado
P. Rico	Puerto Rico
Pan.	Panamá
Par.	Paraguay
part.	partícula
pens.	pensamiento
perf.	perfecto
pers.	persona, personal
pl.	plural
pol.	política
port.	portugués, portuguesa
pref.	prefijo
prep.	preposición, preposicional
pron.	pronombre
pron. dem.	pronombre demostrativo
pron. indef.	pronombre indefinido
pron. pers.	pronombre personal
pron. pos.	pronombre posesivo
pron. relat.	pronombre relativo
pron. relat. c.	pronombre relativo de cantidad
prov.	provincia, provenzal
psicol.	psicología

Q

quím.	química

R

recípr.	recíproco, recíproca
reflex.	reflexivo, reflexiva
reg.	regular
rel.	religión
Rep. Dom.	República Dominicana

S

s	segundo
s.	siglo
s.	sustantivo
S	sur
s. amb.	sustantivo ambiguo
s. f.	sustantivo femenino
s. m.	sustantivo masculino
sing.	singular
soc.	sociología
sp.	especie
suf.	sufijo
sup.	superlativo

T

tecnol.	tecnología

U

URSS	Unión Soviética
Urug.	Uruguay

V

v.	verbo
v. aux.	verbo auxiliar
v. copul.	verbo copulativo
v. impers.	verbo impersonal
v. intr.	verbo intransitivo
v. prnl.	verbo pronominal
v. tr.	verbo transitivo
vasc.	vasco
Ven.	Venezuela
vulg.	vulgar, vulgarismo

Z

zool.	zoología

A

a[1] *s. f.* Primera letra del abecedario y primera de las vocales. ▪ Su pl. es *aes.*

a[2] *prep.* **1.** Se utiliza para formar el complemento indirecto, es decir, el grupo nominal que expresa el ser animado o inanimado en que recae indirectamente la acción del verbo: *Di el libro a tu amigo. Quité el polvo a los muebles.* **2.** Se usa también delante del complemento directo, si éste es ser animado o se considera como tal: *Vi a los niños. Adoran a la Luna.* **3.** Introduce complementos circunstanciales expresando relaciones muy variadas: dirección o término: *a Madrid*; lugar o tiempo de la acción: *a la entrada, a la noche*; situación: *a la izquierda*; distancia a la que se encuentra alguien o algo: *a 50 km de aquí*; modo de la acción: *a mano*; intervalo: *de 1 a 2*; precio: *a 100 pesetas*; distribución, proporción: *dos a dos, al cinco por ciento*; comparación, contraposición: *de uno a otro.* **4.** Equivale a otras preposiciones: *a (hasta) la cintura; a (según) lo que parece; a (con) fuego; a (para) beneficio suyo; a (por) petición propia.* **5.** Seguida de la preposición *por,* introduce aquello que se busca, se persigue o se pretende: *Fue a por las notas.* **6.** Inicia numerosas locuciones adverbiales: *a bulto, a rastras, a ojo,* etc. **7.** Delante de infinitivo tiene sentido condicional: *a decir verdad.* **8.** Se emplea, asimismo, en las perífrasis con el verbo *ir*: *Voy a ir al cine.* **9.** Se emplea también para indicar una orden: *¡A callar!*

a[3] Símbolo del área, unidad de medida de superficie.

a-[1] *pref.* Significa 'privación' o 'negación': *amoral, apolítico.* ▪ Ante vocal toma la forma *an-*: *anemia.*

a-[2] *pref.* **1.** Sirve para formar algunos verbos partiendo de un sustantivo o un adjetivo: *asustar* (de *susto*), *agrupar* (de *grupo*), *aclimatar* (de *clima*). **2.** Aporta también el significado de 'semejante a', 'parecido a': *achinado, anaranjado.*

a. C. Abreviatura de la expresión *antes de Cristo.*

a fortiori *loc. lat. adv.* Con mayor razón.

a posteriori *loc. lat. adv.* A partir de los datos y hechos de la experiencia.

a priori *loc. lat. adv.* **1.** Con anterioridad, desde antes. **2.** En fil., expresión que se refiere a los conocimientos independientes de la experiencia y de toda impresión sensible. Para Kant son *a priori* los juicios analíticos, es decir, los juicios en los que el predicado está contenido en el concepto del sujeto; p. ej., el triángulo tiene tres ángulos.

A Símbolo del amperio.

Å Símbolo del ångström, unidad de medida de la longitud de las ondas luminosas.

Aachen Véase **Aquisgrán**.

Aaiun, El C. de Sáhara Occidental, en la prov. homónima, en el territorio anexionado por Marruecos en 1976. 93.000 h. en 1982. Fue la capital del Sáhara Occidental durante la administración española.

Aalto, Alvar (Kuortane 1898 - Helsinki 1976) Arquitecto, diseñador y urbanista finlandés. Utilizó técnicas modernas, a la vez que se inspiraba en la tradición popular de su país. En sus construcciones (sanatorio de Paimio, 1933; biblioteca de Viipuri, 1934; iglesia de Seinajöki, 1952-54; Casa de la Cultura de Helsinki, 1955-58) y en sus planificaciones urbanísticas presta especial atención a los problemas del hábitat y a la organización del espacio interno.

Aar o **Aare** Río de Suiza, afluente del Rhin. 295 km. Nace en el macizo del mismo nombre y pasa por las ciudades de Interlaken y Berna.

Aarón Personaje bíblico, hermano de Moisés. Fue el primer sumo sacerdote del judaísmo.

ab- *pref.* Significa 'separación': *abjurar*; u 'origen': *aborigen.*

ab initio *loc. lat.* Significa 'desde el principio, desde siempre'.

ab intestato *loc. lat.* Significa 'sin testamento'.

ababol *s. m.* Amapola*.

abacá *s. m.* Planta herbácea de la familia musáceas, especie *Musa textilis.* Su tronco, que puede alcanzar entre 3 y 8 m de altura, está compuesto por vainas de hojas largas que contienen filamentos fibrosos de donde se extrae el llamado *cáñamo de Manila.* Su fibra se emplea especialmente en cordelería por la ligereza y resistencia de los filamentos.

abacería *s. f.* Tienda de comestibles. **FAM.** Abacero.

abacial *adj.* Del abad o de la abadía.

ábaco *s. m.* **1.** Dispositivo de cálculo aritmético que consiste esencialmente en un armazón con varios alambres o cuerdas paralelos en los que están enfiladas fichas o bolas que pueden moverse libremente por ellos. Los alambres representan, sucesivamente, las unidades, decenas, centenas, etc., de forma que, agrupando las fichas en cada uno de ellos, puede representarse cualquier número. **2.** En arq., pieza que corona el capitel de la columna.

abad, desa *s. m.* y *f.* **1.** Superior o superiora de un monasterio o convento. ‖ *s. m.* **2.** Superior de una colegiata.

Abad de Santillán, Sinesio García Fernández, llamado **Diego** (Burgos 1898 - Barcelona 1983) Dirigente anarquista español. Residió en Argentina e influyó en el movimiento sindical de aquel país. En España, se integró en la FAI y formó parte del gobierno de la Generalitat de Cataluña (1936-37). Es autor, entre otras obras, de *Por qué perdimos la guerra* (1940) y *Contribución a la historia del movimiento obrero español* (1962-71).

abada *s. f.* Rinoceronte*.

Abadal y Calderó, Ramón de (Vich 1862 - Rupiá, Gerona 1945) Político español. Fue directivo de la Lliga regionalista, a la que representó como diputado en las Cortes de la Segunda República y el parlamento catalán.

Abadán C. de Irán, en el golfo Pérsico. 310.000 h. en 1981. En su puerto está instalada una de las mayores refinerías de petróleo del mundo.

abadejo *s. m.* Bacalao*.

abadí o **abbadí** *adj.* **1.** Se aplica a la dinastía de reyes taifas (*abadíes*) que gobernó en Sevilla tras la desmembración del califato cordobés (s. XI). **2.** De esa dinastía. También *s. m.*

abadía *s. f.* Iglesia o monasterio gobernados por un abad o una abadesa.

Alvar Aalto es uno de los principales representantes de la arquitectura y el diseño escandinavos de la primera mitad del siglo XX. Sobre estas líneas, el edificio Finlandia, en Helsinki.

Abadía Méndez, Miguel (Vega de los Padres, Tolima 1867 - Bogotá 1947) Político colombiano. Miembro del partido conservador, fue presidente de la república (1926-30). Durante su mandato se acentuó la penetración económica de las grandes compañías estadounidenses.

abajeño, ña *adj.* **1.** *amer.* Proveniente de tierras bajas. También *s.* **2.** *Arg.* Sureño.

abajo *adv. l.* **1.** Hacia un lugar o parte inferior: *Marchó abajo, al sótano.* **2.** En un lugar o parte inferior: *La sección de discos está abajo.* ‖ *interj.* **3.** Expresa rechazo o desaprobación: *¡Abajo los traidores!*

abalanzarse *v. prnl.* Lanzarse con rapidez o violencia en dirección a alguien o algo. ▪ Se conjuga como *cazar.*

abalaustrado, da *adj.* Con balaustrada.

abalear *v. tr. amer.* Balear, tirotear.

abalizar *v. tr.* Balizar.

abalorio *s. m.* **1.** Bolita de vidrio u otro material que se ensarta con otras para formar collares y otros adornos. **2.** Adorno llamativo de poco valor.

abancalar *v. tr.* Hacer bancales en un terreno. **FAM.** Abancalado.

abanderado *s. m.* **1.** Oficial o civil que lleva la bandera en desfiles o actos públicos. **2.** Representante o defensor de una causa o idea.

abanderar *v. tr.* Matricular un buque extranjero y proveerlo de documentación para que pueda navegar bajo la bandera del país de acogida. **FAM.** Abanderamiento.

abandonado, da **1.** *p. p.* de **abandonar**. También *adj.* ‖ *adj.* **2.** Que muestra desinterés o descuido.

abandonar *v. tr.* **1.** Dejar o desamparar a una persona, animal o cosa. **2.** Marcharse de un lugar. **3.** Interrumpir una obra comenzada. **4.** Renunciar a algo. **5.** Dejar a alguien o algo el cuidado de una persona o cosa. ‖ *v. prnl.* **6.** Confiarse a alguien. **7.** Descuidar el propio aspecto físico o la higiene personal. **8.** Dejarse dominar por un sentimiento o impulso.

abandonismo *s. m.* Tendencia a renunciar sin lucha o negociación a lo que se posee, defiende o se tiene derecho. Se usa especialmente refiriéndose a la política exterior de los Estados. **FAM.** Abandonista.

abandono *s. m.* **1.** Acción y efecto de abandonar. **2.** Desamparo. **3.** Descuido, desaliño.

abanicar *v. tr.* **1.** Dar aire con un abanico u otro objeto. También *v. prnl.* con valor reflex. **2.** En tauromaquia, realizar un adorno o remate de suerte moviendo la muleta ante el toro de un lado a otro a manera de abanico. ▪ Se conjuga como *sacar.* **FAM.** Abaniqueo.

abanico *s. m.* **1.** Utensilio para dar aire, especialmente el formado por una superficie semicircular de tela o de papel, que se pliega mediante varillas unidas todas ellas por uno de sus extremos. **2.** Conjunto, serie, gama.

abano *s. m.* Aparato con forma de abanico que, colgado del techo, sirve para dar aire.

abanto *s. m.* **1.** Alimoche*. ‖ *adj.* **2.** Se dice de la persona atolondrada o torpe. **3.** Se aplica al toro manso, huidizo y que muestra querencia.

abarajar *v. tr. Arg., Par., Urug.* Recoger o parar algo en el aire.

abaratar *v. tr.* Disminuir el precio de algo, hacerlo más barato. También *v. prnl.* **FAM.** Abaratamiento.

abarca *s. f.* **1.** Calzado rústico, generalmente de esparto, cuero duro o caucho, que sólo protege la planta del pie y se asegura con cuerdas o correas. **2.** En ciertas regiones, zueco.

abarcar *v. tr.* **1.** Rodear algo con los brazos o con la mano. **2.** Contener o comprender una cosa a otra u otras. **3.** Alcanzar con la mirada. **4.** *amer.* Acaparar. ▪ Se conjuga como *sacar.*

abarquillar *v. tr.* Curvar una superficie plana y delgada, p. ej. una lámina o un papel. Se usa más como *v. prnl.* **FAM.** Abarquillado, abarquillamiento.

abarrancamiento *s. m.* **1.** Acción y efecto de abarrancar o abarrancarse. **2.** Agrietamiento profundo producido en un terreno por la escorrentía del agua de lluvia.

abarrancar *v. tr.* **1.** Hacer barrancos. También *v. prnl.* || *v. intr.* **2.** Embarrancar, encallar una embarcación. || *v. prnl.* **3.** Meterse en un negocio, asunto, etc., de difícil salida. ■ Se conjuga como *sacar.*

abarrotar *v. tr.* **1.** Llenar por completo personas o cosas un espacio. **2.** *Chile, Guat.* Monopolizar un género de comercio. **FAM.** Abarrotado, abarrotamiento.

abarrote *s. m.* **1.** *amer.* Artículo comestible. Se usa más en *pl.* **2.** *amer.* Comercio donde se venden estos artículos.

Abascal, José Fernando de (Oviedo 1743 - Madrid 1821) Militar y político ilustrado español. Fue nombrado virrey del Perú en 1804. Combatió los movimientos independentistas en las colonias de la América hispana.

abasí o **abasida** *adj.* **1.** Se aplica a la tercera dinastía de califas del Islam fundada en el año 750 por Abul-Abbas al-Saffah, tras destronar a los omeyas. **2.** De esta dinastía. También *s. m.*

Abasolo, Mariano (Dolores, México 1783 - Cádiz 1816) Patriota mexicano. Participó en la conspiración de Querétaro y en la batalla de las Cruces (1810). Hecho prisionero, fue condenado a cadena perpetua y deportado a España, al castillo de Santa Catalina (Cádiz), donde murió.

abastecer *v. tr.* **1.** Suministrar, dar o vender algo que se necesita. || *v. prnl.* **2.** Procurarse o comprar lo necesario. ■ Es v. irreg. Se conjuga como *agradecer.* **FAM.** Abastecedor, abastecimiento.

abasto *s. m.* **1.** Provisión de víveres. || *pl.* **2.** Organización para abastecer de víveres y artículos de primera necesidad a una población. || **LOC. dar abasto** Tener, hacer o proporcionar lo suficiente para algo. También, poder, ser capaz. ■ Se usa sobre todo en frases negativas.

abatanar *v. tr.* **1.** Golpear el paño o los tejidos de lana en el batán. **2.** Maltratar, golpear.

abatatar *v. tr. Arg., Par., Urug.* Intimidar, asustar. También *v. prnl.* **FAM.** Abatatamiento.

abate *s. m.* Clérigo extranjero, especialmente francés o italiano.

abatí (voz guaraní) *s. m.* **1.** *Arg., Par.* Maíz. **2.** *Arg., Par.* Bebida alcohólica que se obtiene del maíz.

abatido, da **1.** *p. p.* de **abatir**. También *adj.* || *adj.* **2.** Triste, desalentado. **FAM.** Abatidamente.

abatimiento *s. m.* Tristeza, desaliento.

abatir *v. tr.* **1.** Derribar, hacer caer por tierra, vencer. **2.** Bajar, inclinar o tumbar algo que estaba izado o derecho. **3.** Humillar. || *v. prnl.* **4.** Desanimarse, desalentarse. **5.** Lanzarse un ave de presa, un avión, etc., desde lo alto, generalmente para atacar. **6.** Sobrevenir, caer sobre alguien una desgracia u otro suceso negativo. **FAM.** Abatible.

abazón *s. m.* Bolsa o ensanchamiento que poseen en la boca algunos roedores y primates, donde almacenan temporalmente los alimentos para masticarlos después.

Abbado, Claudio (Milán 1933) Director de orquesta italiano. Fue director musical de la Scala de Milán y de la Sinfónica de Londres y nombrado director de la Filarmónica de Berlín en 1989.

Abbas, Ferhat (Taher 1899 - Argel 1985) Político argelino. En 1938 fundó el partido Unión Popular Argelina y en 1956 se unió al Frente de Liberación Nacional (FLN). Presidente del primer gobierno provisional de la república argelina (1958-61), tras la independencia llegó a ser presidente de la Asamblea Nacional.

Abbas I el Grande (? 1571 - Mazandaran 1629) Sha de Persia. Vencedor de los otomanos y uzbekos, llevó su reino a una etapa de gran esplendor.

Abbat, Per Amanuense que, a comienzos del s. XIV, copió el único códice que se conserva del *Cantar de Mio Cid.*

Abbe, Ernst (Eisenach 1840 - Jena 1905) Físico e industrial alemán. Profesor e investigador de la universidad de Jena, se asoció a Karl Zeiss para fundar una industria de instrumentos de óptica, de las más prestigiosas del mundo.

abbevillense *adj.* Se aplica a una industria prehistórica del paleolítico inferior que presenta, por primera vez, hachas de mano en forma de almendra, labradas por las dos caras (bifaces). Tiene unos 800.000 años de antigüedad. El nombre proviene de la ciudad de *Abbeville,* en el N de Francia, en la que se localizó el primer yacimiento.

Abd al-Aziz o **Abdalaziz** (? - Sevilla 716) Primer emir de al-Ándalus. Hijo del conquistador Musa ibn Nusayr (Muza), completó la conquista de la España visigoda y se casó con la viuda del derrotado rey don Rodrigo.

Abd al-Aziz III ibn Saud (Riyad 1887 - íd. 1953) Rey de Arabia Saudí (1932-53). Organizó los nueve distritos de su país bajo una sola autoridad, modernizó la administración del Estado y el ejército e impulsó la explotación de las riquezas petrolíferas.

Abd al-Mumin (? - Salé 1163) Fundador de la dinastía almohade. Desde 1130 dominó el Magreb occidental, instaló su capital en Marrakech y en 1146 penetró en al-Ándalus, que sometió a su autoridad en 1157.

Abd al-Qadir o **Abdelkader** (Mascara 1808 - Damasco, Siria 1883) Emir de Argelia. Dirigió la lucha contra la colonización francesa de Argel. En la paz de Tafna (1837) le fue reconocido el dominio de Orán, pero en 1839 reanudó la lucha y fue vencido. Huyó a Marruecos y fue posteriormente encarcelado por los franceses hasta 1852, en que recuperó la libertad y pasó a Damasco.

Abd el-Krim (Tafersit 1882 - El Cairo 1963) Caudillo marroquí. Sublevó a las tribus del Rif contra la dominación hispanofrancesa. Vencido en Alhucemas (1926), fue deportado a la isla de Reunión, pero logró escapar en 1947 y se refugió en Egipto, donde creó diversos movimientos de liberación política.

Abdera (*Balastra*) C. de la Grecia antigua. Fue patria de Demócrito, Anaxarco y Protágoras y sede de la escuela filosófica atomista.

Abderramán o **Abd al-Rahman** Nombre de varios gobernantes musulmanes en España.
Abderramán I (Damasco 731 - Córdoba 788) Emir de Córdoba. Miembro de la familia omeya, se libró de la matanza de los suyos tramada por los abasíes y huyó a África del Norte y, luego, a España, donde se autoproclamó emir en 756 y estableció su capital en Córdoba. En 773 se independizó del califato de Damasco. Consolidó su poder, pero no pudo impedir el fortalecimiento de los reinos cristianos peninsulares.
Abderramán II (Toledo 792 - Córdoba 852) Emir de Córdoba. El esplendor cultural de su reinado se vio oscurecido por graves desórdenes internos y por las incursiones de los normandos, que en el año 844 llegaron a poner sitio a Sevilla.
Abderramán III (Córdoba 891 - íd. 961) Primer califa de Córdoba. Acabó con la anarquía interna y, tras romper los últimos lazos con Bagdad al proclamarse califa (929), obligó a los reinos cristianos a pagarle tributo. Extendió su poder al N de África. En su época, Córdoba se convirtió en la ciudad más importante del Occidente europeo.

Abdías (h. s. V a. C.) Personaje bíblico. Fue uno de los doce profetas menores.

abdicar *v. tr.* **1.** Renunciar un monarca a su derecho a ocupar el trono. **2.** Abandonar una persona sus opiniones, ideales o creencias. También *v. intr.* ■ Se conjuga como *sacar.* **FAM.** Abdicación.

abdomen *s. m.* **1.** Cavidad inferior y anterior del tronco de los vertebrados que contiene las vísceras; en el hombre, está situada entre el tórax y la región pelviana y alberga importantes órganos (estómago, hígado, bazo, etc.), recubiertos de una membrana llamada peritoneo. **2.** En los artrópodos, parte posterior del cuerpo, normalmente separada del tórax por un estrechamiento o cintura y dividida en segmentos o anillos.

abdominal *adj.* **1.** Perteneciente o relativo al abdomen. || *s. m.* **2.** Ejercicio para fortalecer los músculos abdominales.

abducción *s. f.* Movimiento por el que un miembro u órgano se aparta del eje central del cuerpo, p. ej. al levantar un brazo lateralmente.

abductor, ra *adj.* Se dice de los músculos que realizan la abducción. También *s. m.*

Abdulaziz (Estambul 1830 - íd. 1876) Sultán otomano. Instauró profundas reformas en la administración del imperio. Durante su reinado se produjeron movimientos secesionistas en Montenegro, Rumania, Grecia, Bosnia-Herzegovina, Bulgaria y Egipto. Fue depuesto por un golpe de Estado y se suicidó.

Abdülhamid II (Estambul 1842 - íd. 1918) Sultán otomano (1876-1909). Su derrota ante Rusia (1877), con el subsiguiente tratado de Berlín (1878), supuso el comienzo de la desmembración del imperio turco otomano. Fue depuesto en 1909.

Abdul-Jabbar, Kareem (Nueva York 1947) Jugador de baloncesto estadounidense. Fue una de las grandes figuras de la NBA, en la que jugó 1.560 partidos y consiguió más de 38.000 puntos. Nacido Lew Alcindor, cambió su nombre al convertirse al Islam. Ha jugado en los equipos *Milwaukee Bucks* y *Los Angeles Lakers,* donde hizo célebre su tiro de gancho, conocido como *sky-hook.*

Abdullah (La Meca 1882 - Jerusalén 1951) Rey de Jordania (1949-51). Desde 1921 fue emir de Transjordania, bajo mandato británico. Después de la Segunda Guerra Mundial, al crearse el reino hachemí de Jordania (1949), se convirtió en rey y se anexionó la parte occidental de Palestina. Murió asesinado por palestinos.

abecé *s. m.* **1.** Abecedario. **2.** Conocimientos elementales de una ciencia o profesión.

abecedario *s. m.* Serie ordenada de las letras de un idioma.

abedul *s. m.* **1.** Árbol de la familia betuláceas y género *Betula.* Puede alcanzar hasta 25 m de altura. Tiene hojas alternas caducas, pequeñas y puntiagudas, corteza fina y lisa y madera blanca y ligera. Abunda en el hemisferio N, especialmente en climas fríos y húmedos. **2.** Madera de este árbol.

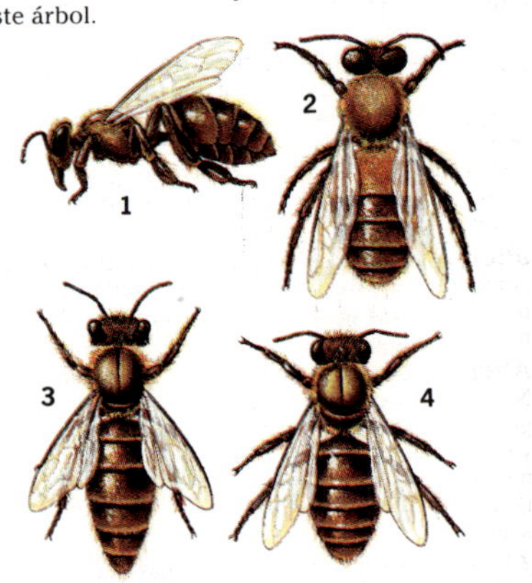

Abeja común (Apis mellifica): *una obrera vista de perfil (1), un zángano (2), una reina (3) y una obrera (4), vistos desde arriba.*

abeja *s. f.* Nombre común de unas 20.000 especies de insectos himenópteros, agrupados

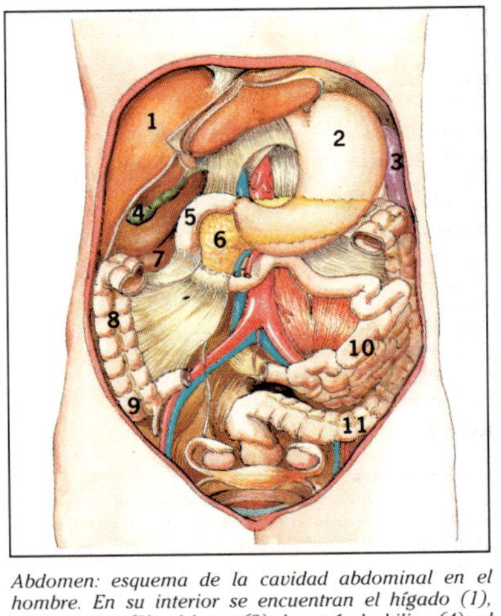

Abdomen: esquema de la cavidad abdominal en el hombre. En su interior se encuentran el hígado (1), el estómago (2), el bazo (3), la vesícula biliar (4), el duodeno (5), el páncreas (6), los riñones (7), el colon ascendente (8), el intestino ciego (9), el intestino delgado (10) y el colon descendente (11).

en la superfamilia apiformes o apoideos. Son voladores, están provistos generalmente de aguijón y se alimentan de néctar y polen de flores. Algunas especies son sociales y viven agrupadas en colonias de 10.000 a 50.000 individuos, que presentan diversos caracteres según sean hembras reproductoras (reinas), machos reproductores (zánganos) o hembras estériles (obreras). La especie más conocida es *Apis mellifera,* de la familia ápidos, que elabora miel y cera. Esta cualidad la convierte en objeto de explotación por parte del hombre, práctica conocida como apicultura.

abejaruco *s. m.* Nombre común de diversas aves coraciformes de la familia merópidos, género *Merops.* La especie más conocida es el abejaruco común europeo *(Merops apiaster),* que tiene colores brillantes, pico largo, alas estrechas puntiagudas y cola también larga. Se alimenta de insectos, especialmente abejas.

abejón *s. m.* **1.** Zángano, macho de la abeja. **2.** Abejorro. **3.** Cierto juego infantil.

abejorro *s. m.* **1.** Nombre común de diversos insectos himenópteros de la familia bómbidos y género *Bombus.* Son de gran tamaño, están cubiertos de vello y, al volar, producen un zumbido característico. **2.** Insecto coleóptero de la familia escarabeidos y género *Melolontha.* Es un escarabajo de color rojizo, con antenas laminadas muy grandes, conocido como abejorro sanjuanero. Resulta perjudicial para la agricultura.

Abel Personaje bíblico. Segundo hijo de Adán y Eva, fue asesinado por su hermano Caín.

Abel, Niels Henrik (isla de Finnoy 1802 - Arendal 1829) Matemático noruego. Estudió las funciones algebraicas, las elípticas y las integrales definidas.

Abelardo, Pedro (Le Pallet 1079 - Chalon-sur-Saône 1142) Filósofo y teólogo francés. Estudió la relación entre realidad y concepto. Su obra filosófica más importante es *Sic et non* (1121). También tienen interés su autobiografía y sus cartas a Eloísa, con quien mantuvo unos desgraciados amores.

abeliano, grupo En mat., grupo cuya ley de composición interna tiene la propiedad conmutativa. Se denomina así por referencia al matemático Niels Henrik Abel.

Abén Aboo, Abdala (Mecina ? - Huzum 1571) Noble morisco español, bautizado como Diego López. Tras asesinar a su primo Abén Humeya, se convirtió en el caudillo de los rebeldes moriscos granadinos, durante el reinado de Felipe II. Murió traicionado por algunos de sus seguidores.

Abén Humeya (? 1520 - Laujar 1569) Noble morisco español, bautizado como Fernando de Córdoba y Válor. Abjuró del cristianismo y se puso al frente de los moriscos granadinos sublevados en 1568. Murió asesinado por su primo Abén Abóo.

abencerraje *adj.* Se dice de los miembros de una familia musulmana que protagonizó las luchas internas del reino de Granada en el s. XV. Su rivalidad con los zegríes favoreció la conquista de este reino por los Reyes Católicos. También *s. m.*

Abentofail o **Ibn Tufayl** (Guadix h. 1110 - Marrakech 1185) Médico y filósofo hispanoárabe. Es autor de la novela filosófica *El filósofo autodidacto.*

Aberdeen C. del Reino Unido, en el E de Escocia. 190.200 h. en 1981. Es un importante centro portuario a orillas del mar del Norte. Tiene dos catedrales, una de ellas gótica (s. XIV).

Abernathy, Ralph (Linden, Alabama 1926) Dirigente negro estadounidense. Sucedió a Martin Luther King al frente del movimiento pro derechos civiles.

aberración *s. f.* **1.** Desviación exagerada de lo que se considera normal, natural o lógico. **2.** Disparate, despropósito. **3.** En biol., desviación del tipo normal que en determinados casos experimenta un carácter morfológico, fisiológico o anatómico. **4.** En astron., diferencia angular existente entre la dirección en la que se ve un astro desde la Tierra y la situación en la que realmente se encuentra, debido a la rotación del globo terrestre y a la velocidad de la luz proveniente de dicho astro. **5.** En ópt., desviación entre la imagen real formada por una lente y la que correspondería teóricamente; algunas veces se debe a la forma geométrica de la lente y otras obedece a la desigual refracción de las diversas radiaciones que componen la luz blanca. ‖ **6. aberración cromosómica** Irregularidad en la estructura, distribución o número de los cromosomas propios de la especie. En el hombre, puede ser origen de graves deficiencias, como el mongolismo.

aberrante *adj.* Antinatural, anormal.

aberrar *v. intr.* Desviarse, errar, equivocarse.

Aberri Eguna (loc. vasc.) Día de la patria vasca, instituido en 1932 por el Partido Nacionalista Vasco. Se celebra el domingo de Resurrección.

abertura *s. f.* **1.** Acción y efecto de abrir o abrirse. **2.** Boca, hendidura o grieta. **3.** Diámetro útil de un aparato óptico. **4.** En fon., anchura o amplitud que dejan los órganos articulatorios para que pase el aire durante la emisión de un sonido.

abertzale (voz vasc. que significa 'patriota') *adj.* Se aplica a los partidarios radicales del nacionalismo vasco y a su movimiento. También *s.*

abeto *s. m.* **1.** Nombre común de diversos árboles de la clase coníferas, familia pináceas y géneros *Picea* y *Abies,* entre otros. Pueden alcanzar hasta 50 m de altura, tienen hojas aciculares perennes y fruto en piña. Crecen en todo el hemisferio N. **2.** Madera de este árbol, blanda y resinosa, que se utiliza en la construcción y en la fabricación de papel.

Abeto: a la izquierda, abeto común (Abies alba); *a la derecha, abeto pinsapo* (Abies pinsapo).

abey (voz taína) *s. m.* **1.** Árbol de la familia leguminosas, especie *Peltophorum adnatum.* Alcanza unos 20 m de altura; sus hojas, alternas y ovaladas, se aprovechan como forraje y su madera, dura y compacta, se usa en carpintería. **2.** Madera de este árbol. **3.** *Ant.* Jacarandá, árbol bignoniáceo.

abicharse *v. prnl.* **1.** *Arg., Urug.* Agusanarse la fruta u otras mercancías. **2.** *Arg., Urug.* Criarse gusanos en una herida.

Abidjan C. de Costa de Marfil, cap. del país. 2.534.000 h. en 1985 en la aglomeración urbana. Importante puerto y refinería de petróleo. Desde 1983 está designada como capital del país Yamoussoukro.

Abidos C. del Alto Egipto, donde se encuentran las tumbas de los primeros faraones, así como necrópolis correspondientes a casi todas las etapas de la historia antigua del país.

abiertamente *adv. m.* Claramente, sinceramente, sin disimulo.

abierto, ta **1.** *p. p.* irreg. de **abrir**. ‖ *adj.* **2.** Llano, raso, dilatado. **3.** Se dice de lo que no está cercado o cerrado. **4.** Se aplica a las personas que se manifiestan espontáneamente, así como a su temperamento, conducta, etc. **5.** Se dice, en oposición a cerrado, del sonido pronunciado con una mayor abertura de los órganos de articulación.

abietáceas *s. f. pl.* Familia de plantas gimnospermas, conocida también por el nombre de pináceas. Se clasifica en el orden de las coníferas y comprende árboles como el pino, el abeto, el alerce y el cedro. También *adj.* y *s. f.*

abigarrar *v. tr.* **1.** Aplicar a una cosa muchos colores mal combinados. **2.** Mezclar muchas cosas distintas. **Fam.** Abigarrado, abigarramiento.

abigeato *s. m.* Robo de ganado.

Abila Promontorio de la costa africana en el estrecho de Gibraltar, identificado con la actual Ceuta. Junto con el monte Calpe (Gibraltar), en la costa española, formaba las legendarias columnas de Hércules.

abiogénesis *s. f.* Generación espontánea; teoría que afirma que los seres vivos pueden nacer espontáneamente a partir de la materia inorgánica.

abiótico, ca *adj.* Se dice de los lugares en que, por sus condiciones, es imposible o extremadamente difícil que haya seres vivos.

abisal *adj.* **1.** Se aplica a las profundidades oceánicas por debajo de los 2.000 m. **2.** Perteneciente o relativo a estas zonas. **3.** Abismal, muy profundo. ‖ **4. fosa abisal** Depresión del fondo oceánico por debajo de los 6.000 m. La más profunda se encuentra en el océano Pacífico: fosa Challenger, en las islas Marianas (11.034 m de profundidad).

Geog. La **zona abisal** se caracteriza por las altas presiones, la ausencia de luz solar y por una temperatura y una salinidad constantes. No existe vida vegetal y la fauna presenta curiosas adaptaciones al medio: órganos de visión atrofiados o hipertróficos, luminiscencias, mandíbulas muy desarrolladas, etc.

Abisinia Véase **Etiopía**.

Abisinia, macizo de Región montañosa del E de África, que ocupa el sector central de Etiopía.

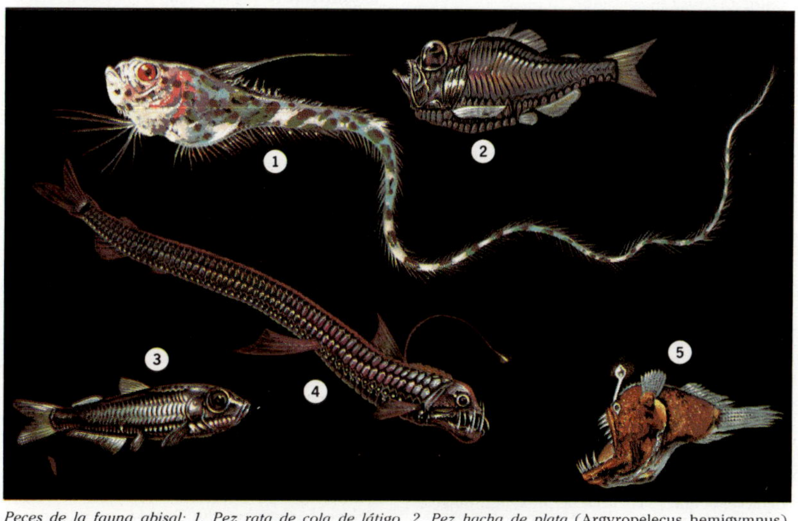

Peces de la fauna abisal: 1. Pez rata de cola de látigo. 2. Pez hacha de plata (Argyropelecus hemigymnus). *3.* Maurolicus muelleri. *4. Pez víbora* (Chauliodus sloanei). *5.* Melanocetus johnsoni.

abisinio, nia *adj.* Etíope.

abismal *adj.* **1.** Perteneciente o relativo al abismo. **2.** Con palabras como *diferencia*, muy grande, insalvable.

abismar *v. tr.* **1.** Hundir en un abismo. **2.** Hacer caer a alguien en cierto estado negativo. ‖ *v. prnl.* **3.** Concentrarse una persona en algo de tal manera que se olvida de todo lo demás.

abismo *s. m.* **1.** Profundidad grande y peligrosa, como una sima, un precipicio, etc. **2.** Cosa inmensa o incomprensible. **3.** Diferencia o separación muy grande entre cosas, personas o ideas. **4.** Estado negativo en el que cae alguien.

abizcochado, da *adj.* Esponjoso como el bizcocho.

abjurar *v. tr.* Retractarse, solemnemente o mediante juramento, de ideas o creencias, especialmente religiosas. También *v. intr.* **FAM.** Abjuración.

ablación *s. f.* **1.** Extirpación de un órgano o parte del cuerpo. ‖ **2. ablación continental** Arrastre de materiales de la corteza terrestre realizado por un agente erosivo: un río, el viento, un glaciar, etc.

ablandar *v. tr.* **1.** Poner blanda una cosa. También *v. prnl.* **2.** Suavizar el rigor y severidad de alguien, apaciguarle. También *v. prnl.* **3.** Convencer a alguien, hacerle ceder. También *v. prnl.* **FAM.** Ablandador, ablandamiento.

ablande *s. m. Arg.* Rodaje de un automóvil.

ablativo *s. m.* **1.** Uno de los casos de la declinación en las lenguas en que ésta existe (lenguas flexivas o de flexión); suele funcionar como complemento circunstancial. ‖ **2. ablativo absoluto** Frase o expresión sin vínculo gramatical con la oración a la que pertenece por el sentido y a la que modifica expresando alguna relación o circunstancia.

ablepsia *s. f.* Falta de visión, ceguera.

ablución *s. f.* **1.** Purificación simbólica por medio del agua, según los ritos de ciertas religiones, como la cristiana, la judaica y la musulmana. **2.** Acción y efecto de lavarse.

ablusar *v. tr.* Ahuecar una prenda de vestir de forma semejante a como queda una blusa. **FAM.** Ablusado.

abnegación *s. f.* Sacrificio de los propios intereses en beneficio de los demás. **FAM.** Abnegadamente, abnegado.

abobar *v. tr.* Atontar, volver bobo a alguien. También *v. prnl.* **FAM.** Abobado.

abocado, da **1.** *p. p.* de **abocar**. También *adj.* ‖ *adj.* **2.** Expuesto o destinado inevitablemente a algo, generalmente negativo. **3.** Aplicado al vino, embocado.

abocar *v. tr.* Verter o vaciar el contenido de un cántaro, saco, etc., en otro, uniendo las bocas de ambos. ▪ Se conjuga como *sacar.* **FAM.** Abocamiento.

abocetar *v. tr.* **1.** Dejar un dibujo, cuadro o escultura sin terminar, señalando sólo los trazos fundamentales. **2.** Hacer bocetos. **FAM.** Abocetado.

abochornar *v. tr.* **1.** Sofocar a alguien el calor excesivo y húmedo. **2.** Avergonzar. También *v. prnl.* **FAM.** Abochornado.

abocinado, da *adj.* **1.** Con forma de bocina o de campana. ‖ **2. arco abocinado** En arq., el que aumenta su luz de un paramento a otro. **FAM.** Abocinar.

abofetear *v. tr.* Dar bofetadas a alguien.

abogacía *s. f.* Profesión y ejercicio del abogado.

abogaderas *s. f. pl. Amér. del S.* Argumentos falsos o engañosos.

abogado, da *s. m.* y *f.* **1.** Persona que ha cursado la carrera de derecho y está autorizada para intervenir en los tribunales de justicia representando a otra. **2.** Persona que actúa en favor de otra, intercesor. **3.** Santo protector. ‖ **4. abogado de oficio** El designado por la ley para defender a las personas legalmente pobres. **5. abogado defensor** El que defiende los intereses de cada parte en las causas civiles, o a un acusado en las causas penales. **6. abogado del diablo** Promotor de la fe; el que se encarga de presentar objeciones en los procesos de canonización. P. ext., persona que pone en duda o contradice un argumento o asunto para esclarecer la verdad. **7. abogado del Estado** En España, letrado que asesora, representa y defiende al Estado en asuntos jurídicos.

ABONOS			
MINERALES		ORGÁNICOS	
Tipos	Composición	Tipos	Origen
Nitrogenados	Nitrato sódico, nitrato de cal, sulfuro amónico, cloruro amónico, urea, nitrato amónico, agua amoniacal.	Estiércoles	Estiércol natural y artificial.
Fosfatados	Fosfato tricálcico, fosfato de huesos, fosfato bicálcico, fosfatos calcinados.	Otros productos orgánicos	Algas, basuras, guanos, harina de pescado, turbas, aguas de alcantarillado.
Potásicos	Carnalita, sulfato potásico, cloruro potásico, nitrato potásico, carbonato potásico.		
Secundarios	Calcio, azufre, magnesio.	Con ácido fosfórico	Fosfatos de hueso, fosfatos precipitados.
Compuestos	De elementos primarios o de elementos primarios con secundarios.		
Micronutrientes	Hierro, boro, cobre, cinc.	Por su nitrógeno	Pezuñas, residuos de lana.

abogar *v. intr.* Actuar en favor de alguien defendiéndole ante terceros o buscando favorecerle. ▪ Se conjuga como *pagar.*

abolengo *s. m.* **1.** Conjunto de antepasados. **2.** Ascendencia ilustre.

abolicionismo *s. m.* Doctrina que propugnaba la abolición de la esclavitud, cuando ésta existía. **FAM.** Abolicionista.

Hist. El abolicionismo surgió con el pensamiento ilustrado y liberal. En EE UU, la esclavitud fue legalmente abolida después de la guerra de Secesión (1861-65). España abolió la esclavitud en Puerto Rico en 1873 y en Cuba en 1886.

abolir *v. tr.* Suprimir mediante ley un precepto, costumbre o práctica. ▪ Es v. defect. El presente de indicativo sólo tiene la primera y segunda personas del plural: *abolimos, abolís.* El presente de subjuntivo no se usa y el imperativo únicamente tiene la segunda persona del plural: *abolid.* **FAM.** Abolición.

abollar *v. tr.* Producir hundimiento en una superficie al golpearla o apretarla. También *v. prnl.* **FAM.** Abollado, abolladura, abollón.

abolsar *v. tr.* Formar bolsas en una superficie. Se usa más como *v. prnl.* **FAM.** Abolsado.

abombar *v. tr.* **1.** Dar a una superficie forma curva o convexa. También *v. prnl.* ‖ *v. prnl.* **2.** *amer.* Empezar a pudrirse el agua o la carne. **3.** Achisparse, perder la cabeza por efecto del alcohol o por un golpe o impresión fuerte. **FAM.** Abombado, abombamiento.

abominable *adj.* **1.** Digno de ser aborrecido o condenado. **2.** Monstruoso, terrible, horroroso.

abominar *v. tr.* Aborrecer o condenar con energía a alguien o algo. También *v. intr.* **FAM.** Abominación.

abonado, da *s. m.* **1.** Acción y efecto de abonar la tierra. **2.** Persona que se ha suscrito a algo.

abonanzar *v. intr.* Calmarse la tormenta o mejorar el tiempo. ▪ Se conjuga como *cazar.*

abonar[1] (del lat. *bonus*, bueno) *v. tr.* **1.** Echar en la tierra abonos para que aumente su fertilidad. **2.** Acreditar, calificar de bueno o de válido a alguien o algo.

abonar[2] (del fr. *abonner*, del ant. fr. *bonne*, límite) *v. tr.* **1.** Pagar una factura, sueldo, etc. **2.** Anotar una cantidad en el haber de una cuenta corriente. **3.** Inscribir a alguien, mediante pago, en una institución, publicación, etc., para que disfrute de sus servicios o prestaciones. También *v. prnl.* **FAM.** Abonable, abonamiento.

abonaré *s. m.* Documento que reconoce una deuda y una fecha de pago, y que no puede endosarse a un tercero.

abonero *s. m. Méx.* Comerciante callejero que vende su mercancía mediante abonos que se pagan en mensualidades.

abono[1] *s. m.* **1.** Acción y efecto de abonar o fertilizar. **2.** Sustancia usada para suministrar o devolver a un suelo los elementos precisos para el buen desarrollo de las plantas.

Agr. El abono proporciona a la tierra nitrógeno, fósforo, potasio y otros oligoelementos, necesarios para el desarrollo de las plantas. Se distingue entre abonos orgánicos (estiércol, guano, etc.) y minerales (fosfatos, sales potásicas, abonos nitrogenados) que, a su vez, pueden ser simples o compuestos, según aporten uno o varios elementos.

abono[2] *s. m.* **1.** Acción y efecto de abonar o abonarse (pagar, asentar o inscribir). **2.** Lote de entradas que se compran conjuntamente y que permiten el uso periódico de algún servicio o la asistencia a algún espectáculo.

abordable *adj.* **1.** Que se puede abordar. **2.** Accesible, tratable.

abordaje *s. m.* **1.** Acción y efecto de abordar. **2.** Maniobra que efectúa un barco para situarse al costado de otro.

abordar *v. tr.* **1.** Tocar o chocar una nave con otra de forma intencionada o fortuita. **2.** Pasar de una embarcación a otra, especialmente si se hace para tomarla por la fuerza. **3.** Dirigirse a alguien para proponerle algo. **4.** Plantear o emprender un asunto, negocio, etc., especialmente si es difícil.

aborigen *adj.* **1.** Se dice de la persona, animal o planta originarios del lugar en que viven. **2.** Se dice del primitivo poblador de un lugar. También *s.*

aborlonado, da *adj. Chile, Col., Ec.* Se aplica a las telas que presentan irregularidades de hilado, tejido o tinte.

aborrascarse *v. prnl.* Ponerse el tiempo borrascoso. ▪ Se conjuga como *sacar.*

aborrecer *v. tr.* **1.** Experimentar hacia alguien o algo sentimientos de vivo desagrado, odio, etc. **2.** Abandonar un animal a sus crías. ▪ Es v. irreg. Se conjuga como *agradecer.* **FAM.** Aborrecible, aborrecimiento.

aborregarse *v. prnl.* **1.** Cubrirse el cielo de nubecillas blancas, como vellones de lana. **2.** Volverse una persona gregaria, sin iniciativa. ▪ Se conjuga como *pagar.* **FAM.** Aborregado.

abortar *v. intr.* **1.** Parir o expulsar un feto muerto o antes de que esté en condiciones de vivir de manera independiente, ya sea por causas naturales o provocándolo artificialmente. También *v. intr.* **2.** Fracasar algo antes de su realización completa. Se usa más como *v. tr.*

abortista *adj.* Partidario de la despenalización del aborto. También *s.*

abortivo, va *adj.* Se dice de las sustancias que tienen la capacidad de hacer abortar. También *s. m.*

aborto *s. m.* **1.** Interrupción del embarazo y expulsión o extracción del feto antes de que éste pueda vivir por sí mismo, generalmente antes del sexto mes de gestación. **2.** Ser o cosa abortada. **3.** *fam.* Persona o cosa deforme y repugnante.

Med. El aborto puede ser espontáneo, si ocurre por causas naturales, o provocado, cuando resulta de alguna intervención con tal fin. Las cau-

sas más frecuentes del aborto espontáneo son problemas uterinos, enfermedades crónicas de la madre, infecciones, carencias vitamínicas o de sales minerales, y problemas genéticos. Existen diversos métodos para provocar el aborto, pero todos suponen un grave riesgo para la embarazada; sólo los médicos están capacitados para intervenciones de este tipo.
En el aborto provocado se distingue entre el terapéutico, realizado por el médico cuando peligra la vida de la madre; el eugenésico, en caso de malformaciones graves del feto; y el llamado aborto libre, que se efectúa por decisión de la mujer embarazada.
En muchos países la ley regula la práctica del aborto provocado, generalmente con criterios restrictivos para el aborto libre (exigencia de motivos razonables, fijación de un plazo en el que llevarlo a cabo, etc.).

abotagarse o **abotargarse** *v. prnl.* **1.** Hincharse el cuerpo o parte de él. **2.** Entorpecerse la mente. ▪ Se conjuga como *pagar.* **FAM.** Abotagamiento o abotargamiento.

abotinado, da *adj.* En forma de botín. Se aplica principalmente al zapato.

abotonadura *s. f.* **1.** Acción y efecto de abotonar o abotonarse. **2.** Botonadura.

abotonar *v. tr.* Cerrar una prenda de vestir pasando el botón o botones por su ojal. También *v. prnl.* con valor reflex.

abovedar *v. tr.* **1.** Cubrir con bóveda una construcción. **2.** Dar forma de bóveda. **FAM.** Abovedado.

abra *s. f.* **1.** Bahía no muy extensa. **2.** *amer.* Claro del bosque. **3.** *Amér. C.* Sendero abierto entre matorrales.

Abrabanel, Ishaq (Lisboa 1437 - Venecia 1508) Político y escritor portugués de origen hebreo. Estuvo al servicio de Alfonso V de Portugal, los Reyes Católicos, Fernando I de Nápoles y Alfonso II de Sicilia. Es autor de comentarios bíblicos como *El principio de la fe* y *Las fuentes de la revelación.*

abracadabra *s. m.* Palabra cabalística a la que se atribuían propiedades mágicas.

abracadabrante *adj.* Asombroso, insólito, disparatado.

Abraham Patriarca hebreo. Con él concertó Dios la primera alianza (s. XIX a. C.) que refiere la *Biblia.* Padre de Isaac y de Ismael, es venerado por judíos, cristianos y musulmanes.

Abraham ibn Daud (Córdoba h. 1110 - Toledo 1180) Filósofo español de origen hebreo. Armonizó la tradición judía con la filosofía aristotélica en obras como *La fe sublime* y el *Libro de la tradición.*

Abramovitz, Max (Chicago 1908) Arquitecto estadounidense. Fue comisionado para la planificación de los edificios de la ONU en Nueva York. Entre sus obras sobresale el Philarmonic Hall, en el Lincoln Center de Nueva York.

abrasar *v. tr.* **1.** Quemar o destruir algo con fuego o con alguna materia caliente o corrosiva. También *v. prnl.* ‖ *v. intr.* **2.** Estar muy caliente. ‖ *v. prnl.* **3.** Consumirse por una pasión, sentimiento, etc. **FAM.** Abrasador, abrasamiento.

abrasión *s. f.* **1.** Desgaste por fricción. **2.** Desgaste de las rocas por la acción del viento y de las olas del mar. **3.** Lesión superficial o irritación de la piel o mucosas, producida por el roce, por sustancias corrosivas, como la lejía, etc.

abrasivo, va *adj.* **1.** Perteneciente o relativo a la abrasión. ‖ *s. m.* **2.** Producto que sirve para desgastar o pulir por fricción metales, vidrios, etc.

abraxas o **abrasax** *s. m.* **1.** Palabra y símbolo místico utilizado por los gnósticos para representar los 365 eones emanados de la divinidad, correspondientes al ciclo anual del sol. **2.** Piedra o talismán en que iba grabada esa palabra.

abrazadera *s. f.* Pieza que sirve para sujetar algo rodeándolo como un anillo.

abrazar *v. tr.* **1.** Rodear algo o a alguien con los brazos. También *v. prnl.* con valor recípr. **2.** Rodear, ceñir. **3.** Incluir, comprender. **4.** Adherirse a unas ideas o a una religión. ▪ Se conjuga como *cazar.* **FAM.** Abrazo.

abreboca *s. m. Ec., Ven.* Aperitivo.

abrecartas *s. m.* Especie de cuchillo fino que sirve para abrir los sobres de las cartas.

abrecoches *s. m.* y *f.* Persona que abre la puerta de los coches a sus ocupantes en la entrada de hoteles, locales públicos, etc.

ábrego *s. m.* Viento húmedo del S o SO.

abrelatas *s. m.* Instrumento que se utiliza para abrir latas de conservas.

Abreu Gómez, Ermilo (Mérida, Yucatán 1894 - México 1974) Escritor y crítico literario mexicano. Empezó escribiendo teatro costumbrista, como *Romance de reyes* (1926), para pasar luego a la crítica literaria (*Bibliografía y biblioteca de sor Juana Inés de la Cruz,* 1934), a la narrativa (*Canek,* 1940; *Tata Lobo,* 1952) y al ensayo (*La letra del espíritu,* 1972).

abrevadero *s. m.* Estanque, pilón o lugar apropiado para que beban los animales.

abrevar *v. tr.* **1.** Dar de beber al ganado. ‖ *v. intr.* **2.** Beber el ganado.

abreviar *v. tr.* **1.** Hacer alguna cosa más corta o breve en su espacio o duración. ‖ *v. intr.* **2.** Apresurarse, darse prisa. **FAM.** Abreviación, abreviadamente, abreviado.

abreviatura *s. f.* **1.** Procedimiento para acortar las palabras en la escritura representando sólo alguna de sus letras, como p. ej., *Sr.,* de *señor; Admón.,* de *administración,* etc. **2.** Representación de una palabra por este procedimiento.

abriboca *adj. amer.* Boquiabierto.

abridor, ra *adj.* **1.** Que abre. ‖ *s. m.* **2.** Instrumento utilizado para quitar las tapas de ciertas botellas o abrir latas.

abrigar *v. tr.* **1.** Defender, proteger del frío. También *v. prnl.* **2.** Tener determinados pensamientos, deseos, etc. ▪ Se conjuga como *pagar.* **FAM.** Abrigado.

abrigo *s. m.* **1.** Prenda de vestir que se usa para protegerse del frío y se coloca sobre otras ropas. **2.** Defensa o protección contra el frío. **3.** Lugar resguardado del viento. **4.** Amparo, protección. **5.** Dispositivo natural o artificial para proteger del viento ciertas plantas o cultivos. **6.** En arqueol., cavidad natural rocosa en la que se han descubierto muestras de arte prehistórico. ‖ **LOC. de abrigo** *adj. fam.* Tremendo, impresionante. También, de cuidado, temible.

abril *s. m.* **1.** Cuarto mes del año, que consta de treinta días. ‖ *pl.* **2.** Años de la primera juventud. **FAM.** Abrileño.

abrillantador, ra *adj.* **1.** Que abrillanta. ‖ *s. m.* **2.** Utensilio o producto con el que se da brillo a las cosas.

abrillantar *v. tr.* Dar brillo a una cosa. **FAM.** Abrillantado.

abrir *v. tr.* **1.** Separar, retirar, suprimir, etc., cualquier cosa que cubre o encierra a otra, tapa una abertura o impide el acceso. También *v. prnl.* **2.** Romper o cortar la superficie de algo para dejar al descubierto su interior, sacar su contenido o poder entrar en él. **3.** Hacer girar sobre sus goznes una puerta o ventana para apartarla de su marco y dejar espacio por el que pueda pasar alguien o algo. También *v. intr.* y *v. prnl.* **4.** Descorrer un pestillo o cerrojo u otro mecanismo que mantiene cerrada una puerta. **5.** Permitir el paso, especialmente de fluidos, accionando ciertos mecanismos. **6.** Tirar de un cajón hacia fuera sin sacarlo del todo. **7.** Rajar, rasgar, dividir. También *v. prnl.* **8.** Con nombres como *agujero, ojal, camino, canal,* etc., hacerlos. **9.** Separar partes de una cosa que están unidas por algún sitio. **10.** Desplegar, extender, p. ej., un paraguas, las alas, etc. También *v. prnl.* **11.** Cortar por los dobleces los pliegos de un libro para separar las hojas. **12.** Colocar el primero de signos ortográficos como comillas, paréntesis, etc. **13.** Comenzar ciertas cosas, especialmente una actividad o negocio. **14.** Ir a la cabeza o delante de una formación. **15.** Iniciar el periodo de tiempo en que debe realizarse algo. También *v. prnl.* **16.** Referido a las ganas de comer, provocarlas. También *v. prnl.* **17.** Con palabras como *posibilidades, perspectivas,* etc., presentar, ofrecer. También *v. prnl.* **18.** Tratándose de cuentas corrientes, entregar al banco o caja de ahorros una cantidad de dinero y realizar los requisitos oportunos para iniciarla. ‖ *v. intr.* **19.** Separarse y extenderse los pétalos de las flores. También *v. prnl.* **20.** Despejarse el cielo. También *v. prnl.* **21.** En algunos juegos de naipes, hacer un jugador la primera apuesta o envite. ‖ *v. prnl.* **22.** Sincerarse, confiarse a alguien. **23.** Comunicarse, ser receptivo. **24.** Tomar un vehículo o su conductor una curva por el lado exterior. **25.** Estar orientado, dar a cierto lugar. **26.** *fam.* Irse. **27.** *amer.* Apartarse de algo o huir de un sitio. **28.** *amer.* Volverse atrás de una decisión. ▪ Su p. p. es irreg.: *abierto.*

abrochar *v. tr.* Cerrar o sujetar las dos partes de una prenda de vestir o de otra cosa con botones, broches, corchetes, etc. También *v. prnl.*

abrogar *v. tr.* Abolir o derogar una ley. ▪ Se conjuga como *pagar.* **FAM.** Abrogación.

abrojo *s. m.* Planta de la familia zigofiláceas, especie *Tribulus terrestris.* Tiene tallos largos y rastreros, flores amarillas y fruto espinoso. Es muy perjudicial para los sembrados.

abroncar *v. tr.* **1.** *fam.* Echar una bronca a alguien. **2.** Abuchear, mostrar desagrado con gritos, risas o silbidos a alguien que habla o actúa en público. ▪ Se conjuga como *sacar.*

abroquelar *v. tr.* **1.** Maniobrar con las velas para que el viento entre de proa. **2.** Escudar, proteger. ‖ *v. prnl.* **3.** Protegerse con el escudo o broquel. **4.** Utilizar cualquier medio de defensa.

abrótano *s. m.* Planta herbácea de la familia compuestas, especie *Artemisia abrotanum.* Mide casi 1 m de altura; tiene hojas finas y blanquecinas y flores amarillas. Con su extracto se elabora un crecepelo.

abrumador, ra *adj.* **1.** Se dice de lo que abruma. **2.** Total, aplastante. **FAM.** Abrumadoramente.

abrumar *v. tr.* **1.** Agobiar a alguien con un peso físico o moral. También *v. prnl.* **2.** Causar a alguien molestia o apuro por exceso de alabanzas o amabilidad. **FAM.** Abrumado.

abrupto, ta *adj.* **1.** Se dice del terreno accidentado o montañoso. **2.** Áspero, rudo. **FAM.** Abruptamente.

Abruzos **1.** Montes de Italia situados en la parte central de los Apeninos, cuyo pico más alto es el Gran Sasso (2.914 m).
2. Región de Italia, en el E del sector central del país. 10.794 km^2. 1.262.700 h. en 1989. La capital es L'Aquila, con 67.000 h. en 1989. Comprende las provincias de Chieti, L'Aquila, Pescara y Teramo.

Abruzos, Luis Amadeo de Saboya, duque de los (Madrid 1873 - Somalia 1933) Explorador y militar italiano. Hijo del rey de España Amadeo I, realizó expediciones a Alaska, al Ártico y Karakorum. Recibió el mando de la marina italiana durante la Primera Guerra Mundial.

Absalon, Axel (Fjenneslev 1128 - Sor 1201) Religioso y político danés. Fue arzobispo de Lund y consejero del rey Valdemar I. Asumió la regencia en la minoridad de Canuto IV y conquistó Pomerania y Mecklemburgo.

Absalón Personaje bíblico. Hijo del rey David, se rebeló contra su padre y fue muerto por Joab.

absceso *s. m.* Acumulación de pus localizada en los tejidos como consecuencia de una infección.

abscisa *s. f.* **1.** En mat., coordenada primera u horizontal de un punto en el plano cartesiano. Se representa por la letra *x.* **2.** Primero del par ordenado de números que establecen las coordenadas de un punto en un sistema de ejes cartesianos. P. ej., la abscisa del punto (2, 3) es 2.

abscisión *s. f.* Separación de una parte del cuerpo, hecha con un instrumento cortante.

absenta *s. f.* Ajenjo, bebida alcohólica.

absentismo *s. m.* **1.** Costumbre de residir el propietario, especialmente el agrícola, fuera del lugar en que radican sus bienes. **2.** Frecuente falta de asistencia al trabajo por motivos no justificados. ▪ Se dice también *absentismo laboral.*

ábside *s. m.* Parte del templo, abovedada y generalmente semicircular, donde se halla el presbiterio, que sobresale en la parte posterior del edificio.

absidiola *s. f.* Absidiolo.

absidiolo *s. m.* Ábside pequeño, particularmente cada una de las capillas situadas en torno a un ábside o una girola.

absolución *s. f.* Acción y efecto de absolver.

absolutamente *adv. m.* Completamente, sin posible duda o excepción.

absolutismo *s. m.* Forma de gobierno en que el poder no está limitado por una ley constitucional, especialmente en las monarquías europeas de los s. XVII y XVIII. **FAM.** Absolutista.
Pol. El absolutismo tuvo su origen en la consolidación de los Estados nacionales europeos frente al imperio y al papado a principios de la Edad Moderna.
El modelo más acabado de monarquía absoluta fue el de Francia bajo Luis XIV (1638-1715), donde se enunció la doctrina del derecho divino del monarca y desde donde se extendió al resto de Europa, configurando una estructura política conocida como Antiguo Régimen. En la segunda mitad del s. XVIII, el absolutismo toma el nombre de despotismo ilustrado, para significar el empeño del monarca en el progreso de su país mediante la aplicación de algunas de las tesis defendidas por los filósofos de la Ilustración.

absoluto, ta *adj.* **1.** Que excluye toda relación, independiente. **2.** Acabado, total, que no admite excepción, restricción ni reserva. **3.** Opuesto a relativo, que es tal por sí mismo. **4.** Autoritario, imperioso. **5.** En fís., se aplica a las magnitudes cuando se miden a partir de un valor cero, que corresponde realmente a la ausencia de dicha magnitud, p. ej., temperatura absoluta. || **6. lo absoluto** En fil., lo que es por sí mismo, independiente de cualquier otra realidad, sin limitación ni necesidad de relaciones. **7. valor absoluto** En mat., referido a un número entero, es el número natural que resulta de prescindir del signo. Se expresa escribiendo el número entero con su signo entre barras: /−5/ = 5, /+5/ = 5. || **LOC. en absoluto** *adv.* De manera terminante: *Se negó en absoluto.* Se utiliza también para expresar lo contrario: de ninguna manera: *No me importa en absoluto.*

absolutorio, ria *adj.* En der., se dice del fallo o sentencia que absuelve.

absolver *v. tr.* **1.** Reconocer la inocencia de un acusado y darle por libre de cargo o pena alguna. **2.** En la religión católica, perdonar los pecados el sacerdote en el acto de la confesión. ▪ Es v. irreg. Se conjuga como *volver.*

absorbente *adj.* **1.** Que absorbe. **2.** Se aplica a la persona que acapara la atención de las demás.

absorber *v. tr.* **1.** Atraer un cuerpo a otro, líquido o gaseoso, y conservarlo dentro de él. **2.** Ocupar toda la atención o interés de una persona. **3.** Consumir, gastar, emplear. **4.** Asumir, incorporar una sociedad, empresa, partido político, etc., a otro. **FAM.** Absorbible.

absorción *s. f.* **1.** Acción y efecto de absorber. **2.** En fís., acción por la cual una sustancia penetra y se intercala entre las moléculas de otra, que es la absorbente. **3.** En fís., referido a las radiaciones, fenómeno por el cual la materia capta la energía de dichas radiaciones, produciéndose consecuencias tales como la elevación de temperatura, la ionización de átomos o moléculas y la emisión de otras radiaciones. **4.** En bot., acto por el que las plantas obtienen de la tierra las sustancias que precisan para su desarrollo, tomándolas, disueltas, a través de las raíces. || **5. absorción intestinal** Paso de las sustancias nutritivas a la sangre a través de la mucosa del intestino delgado. **6. absorción respiratoria** Intercambio de dióxido de carbono y oxígeno que se realiza en los alveolos pulmonares.

absorto, ta *adj.* Se dice de la persona que está tan concentrada en lo que hace o piensa que no presta atención a nada más.

abstemio, mia *adj.* Se dice de la persona que no bebe alcohol. También *s.*

abstención *s. f.* **1.** Acción y efecto de abstenerse. **2.** Fenómeno político que consiste en el no ejercicio del derecho al voto por un determinado número de ciudadanos.

abstencionismo *s. m.* Postura de quienes rechazan un determinado ejercicio público o cívico, como el del voto, por disconformidad con algún aspecto del mismo o por no aceptar el sistema como tal. **FAM.** Abstencionista.

abstenerse *v. prnl.* **1.** Privarse de algo. **2.** Dejar de hacer algo, particularmente, no votar. ▪ Es v. irreg. Se conjuga como *tener.*

abstinencia *s. f.* **1.** Acción y efecto de abstenerse de algo, generalmente por razones morales o religiosas. **2.** Privación de comer carne en ciertos días establecidos por la Iglesia católica. || **3. síndrome de abstinencia** Conjunto de síntomas (temblores, sudoración, ansiedad, etc.) que aparecen al dejar de tomar bruscamente una persona un determinado tóxico o fármaco al que está habituada, como el alcohol, el tabaco o estupefacientes.

abstracción *s. f.* **1.** Acción y efecto de abstraer o abstraerse. **2.** Cualidad de abstracto. **3.** Idea o cosa abstracta, poco definida. **4.** En arte, corriente o estilo abstracto. **5.** En fil., proceso mental mediante el cual se separa conceptualmente lo universal de lo individual (la idea de silla, y la silla concreta), lo general de lo particular (la vejez, y los hombres viejos), una parte o cualidad del todo en el que se encuentra (el color o el olor, y una flor determinada).

abstract (voz ingl.) *s. m.* **1.** Resumen breve de un artículo, conferencia, etc., en el que se recogen sus puntos principales. **2.** Publicación, generalmente periódica, que recopila los artículos, estudios e investigaciones aparecidos en distintos países sobre una temática determinada.

abstracto, ta *adj.* **1.** Se dice de las acciones o cualidades, con independencia del sujeto que las realiza o posee. **2.** Se dice de las ideas o conceptos que no tienen realidad material o palpable. **3.** Se aplica al arte que, por oposición al arte figurativo, no pretende representar objetos, sino tan sólo explotar las cualidades estéticas del color, la forma y la materia, y, especialmente, a la corriente artística que con este carácter surgió en Europa a principios del s. XX. **4.** Perteneciente o relativo al arte abstracto. **5.** Se aplica al artista que realiza sus obras conforme a este estilo artístico. También *s.*

Arte abstracto: Composición II, *de Piet Mondrian (colección particular).*

Arte El arte abstracto, en general, se considera como una tendencia estética en la que se englobaban estilos diversos (suprematismo, neoplasticismo, op-art, informalismo, etc.), caracterizados por sus diferentes interpretaciones de la abstracción, pero todos ellos con dos elementos comunes: la concepción de la imagen como forma de expresión, y no una simple reproducción del objeto, y la experimentación de las posibilidades plásticas de la misma (materiales, texturas, color, etc.). El arte abstracto se manifiesta principalmente en pintura y escultura. Suele citarse al ruso Kandinsky como uno de los iniciadores de la pintura abstracta; destacan también Mondrian, Lissitzky, Klee. Entre los escultores sobresalen Arp, Calder y Moore.

abstraer *v. tr.* **1.** Considerar una cualidad o acción separadamente o con independencia del objeto en el que existe o del sujeto que la realiza. || *v. prnl.* **2.** Ensimismarse, concentrar el pensamiento en algo sin atender a nada más. ▪ Es v. irreg. Se conjuga como *traer.* **FAM.** Abstraído.

abstruso, sa *adj.* Difícil de comprender.

absurdo, da *adj.* **1.** Se dice de aquello que no tiene sentido, que no es razonable. || *s. m.* **2.** Hecho o dicho contrario a la razón. || **3. teatro del absurdo** Término surgido en torno a 1950 para definir las obras de autores como Beckett, Ionesco, Adamov, etc. Heredero de la crisis de valores provocada por la Segunda Guerra Mundial, el teatro del absurdo subrayaba la falta de sentido de la existencia humana, la ausencia de comunicación y, en general, los aspectos más ridículos de la sociedad contemporánea, con técnicas muy influidas por el dadaísmo y el surrealismo.

Abu Dhabi (*Abū Zaby*) **1.** Emirato de los Emiratos Árabes Unidos. 67.350 km^2. 670.125 h. en 1985.
2. C. de los Emiratos Árabes Unidos, cap. del país y del emirato homónimo. 242.975 h. en 1985. Es un importante puerto exportador de petróleo del mar Arábigo.

Abu Dhabi: vista del centro de la capital de los Emiratos Árabes Unidos.

Abu Nuwas (Al-Ahwaz, Persia 750 - Bagdad h. 810) Poeta arábigo-persa. Su *Diwan,* colección de poemas, aborda todos los temas tradicionales de la lírica árabe.

Abu Simbel Lugar de Egipto en la orilla izquierda del Nilo, en Nubia, donde se alzan dos grandes templos excavados en la roca, construidos por orden de Ramsés II y hoy trasladados a un lugar más alto para preservarlos de las aguas de la presa de Asuán.

Gran templo de Abu Simbel, en Egipto, con las colosales estatuas que representan a los dioses Ptah, Amón y Ra y al faraón Ramsés II.

Abubeker o **Abu Bakr** (h. 573 - Medina 634) Caudillo musulmán. Suegro y sucesor de Mahoma, fue el primer califa ortodoxo y el impulsor de la expansión islámica por Siria, Palestina, Irak y Persia.

abubilla *s. f.* Ave del orden coraciformes, familia upúpidos y especie *Upupa epops.* Mide unos 28 cm de longitud, tiene color pardo rosado, con las alas y cola a franjas blancas y negras, pico largo y un penacho de plumas eréctil a modo de cresta. Se alimenta de insectos. Vive en las regiones templadas y cálidas de Europa, Asia y África.

abuchear *v. tr.* Manifestar desagrado por medio de siseos, silbidos u otros ruidos hacia quien habla o actúa en público. **FAM.** Abucheo.

abuelo, la *s. m.* y *f.* **1.** Padre o madre de los padres de una persona. **2.** *fam.* Persona anciana. ‖ *pl.* **3.** Antepasados de una persona. ‖ **Loc. no tener** uno **abuela** *fam.* Ser muy presuntuoso o engreído.

abuhardillado, da *adj.* Con buhardilla o en forma de buhardilla.

Abuja C. de Nigeria, cap. federal del país. 280.000 h. en 1989 en su área metropolitana. Aprobada su creación en 1963, fue inaugurada en 1982.

Abukir Ensenada de la costa de Egipto. Escenario de tres acciones bélicas; la más importante es la primera batalla de Abukir (1798), en la que la flota británica, mandada por el almirante Nelson, derrotó a la armada expedicionaria francesa.

Abul-Abbas (? - al-Anbar 754) Se autoproclamó primer califa de la dinastía abasí (750-754), después de haber derrotado a los omeyas.

abulense *adj.* De Ávila, ciudad y provincia españolas. También *s.*

Abul-Hasan Ali o **Muley-Hacén** (? - Mondéjar 1485) Rey nazarí de Granada (h. 1463-85). Durante su reinado estalló la guerra civil, en la que se enfrentó a su hijo Boabdil, que ocupó la ciudad de Granada. En 1485 abdicó en su hermano Abu Abd Allah.

abulia *s. f.* Disminución o falta de voluntad, incapacidad patológica para adoptar decisiones y ejecutarlas. **Fam.** Abúlico.

abultamiento *s. m.* **1.** Acción y efecto de abultar o abultarse. **2.** Bulto.

abultar *v. tr.* **1.** Hacer que algo tenga mucho volumen o forme bulto. También *v. prnl.* **2.** Exagerar la importancia de algo. ‖ *v. intr.* **3.** Tener una cosa cierto volumen. **Fam.** Abultado.

abundamiento *s. m.* Abundancia; se utiliza en la loc. adv. **a mayor abundamiento**, que significa 'además': *A mayor abundamiento, el conferenciante citó diversos ejemplos de lo expuesto.*

abundancia *s. f.* Gran cantidad de cualquier cosa.

abundar *v. intr.* **1.** Existir o haber algo en abundancia. **2.** Tener en gran cantidad. **3.** Hablando de una idea, propuesta, exposición, etc., insistir en ella. **Fam.** Abundante, abundantemente, abundoso.

¡abur! *interj.* Forma coloquial que se usa para despedirse, como *¡adiós!*

aburguesar *v. tr.* Acostumbrar a la forma de vida y a las comodidades que se consideran propias de los burgueses. Se usa sobre todo en sentido despectivo y más como *v. prnl.* **Fam.** Aburguesamiento.

aburrido, da **1.** *p. p.* de **aburrir**. ‖ *adj.* **2.** Se dice de la persona o cosa que aburre. También *s.* **3.** Se aplica a la persona que no es capaz de divertirse. También *s.*

aburrir *v. tr.* **1.** Producir cansancio una persona o cosa a alguien por no tener interés para él. También *v. prnl.* **2.** Molestar una persona o cosa a alguien por su insistencia. **Fam.** Aburrimiento.

abusar *v. intr.* **1.** Usar con exceso una cosa. **2.** Usar de la fuerza o del poder para perjudicar a otros o aprovecharse de ellos. **3.** Violar a una persona o propasarse con ella. ‖ *v. prnl.* **4.** *Amér. C., Méx.* Estar atento, preparado para algo. **Fam.** Abusivamente, abuso.

abusivo, va *adj.* Se aplica a todo aquello en lo que hay abuso.

Abubilla (Upupa epops), *con su característico penacho de plumas en la cabeza.*

abusón, na *adj.* Se dice del que abusa de su fuerza o autoridad. También *s.*

Abwehr (voz al.) Servicio de información alemán de 1925 a 1944. Bajo la dirección del almirante Canaris planificó la estrategia de la *Wehrmacht* en el comienzo de la Segunda Guerra Mundial. Fue desmantelado en 1944 y sus funciones asumidas por la Gestapo.

abyección *s. f.* **1.** Cualidad de abyecto. **2.** Acción vil y despreciable.

abyecto, ta *adj.* Bajo, vil, despreciable.

Ac Símbolo químico del actinio.

acá *adv. l.* **1.** Indica el sitio en el que está el que habla, pero de modo menos exacto que *aquí*, y muchas veces con el sentido de 'hacia aquí': *Ven acá, niño.* ‖ *adv. t.* **2.** Después de preposición y adverbio de tiempo, denota el presente: *de ayer acá.* ■ En América ha reemplazado prácticamente a *aquí.* ‖ **Loc. de acá para allá** *adv.* De un lugar a otro.

acabado, da **1.** *p. p.* de **acabar**. También *adj.* ‖ *adj.* **2.** Se dice de lo que está viejo, destruido. ‖ *s. m.* **3.** Perfeccionamiento de una obra o un trabajo. **Fam.** Acabadamente.

acabar *v. tr.* **1.** Llevar hasta su fin un determinado proceso, acción, etc. También *v. intr.* y *v. prnl.* **2.** Consumir. También *v. prnl.* **3.** Perfeccionar, rematar algo. ‖ *v. intr.* **4.** Concluir, resultar. **5.** Tener un objeto una determinada forma en su terminación. **6.** Seguido de la preposición *de* y un infinitivo significa que la acción de éste se ha producido inmediatamente antes. **7.** Seguido de la preposición *con* significa 'matar', 'destruir', 'agotar', 'poner fin'. **8.** Seguido de un gerundio, hacer u ocurrir finalmente lo que se expresa. ‖ **Loc. ¡acabáramos!** *interj. fam.* Indica que se ha logrado o descubierto algo, se cae en la cuenta de algo o se sale de alguna duda. **Fam.** Acabamiento.

acabose *s. m.* Se emplea en la locución **ser** algo **el acabose**, con el significado de ser el colmo, el no va más, etc.

Acacia: la Acacia decurrens, *una de las 800 especies pertenecientes al género.*

acacia *s. f.* **1.** Nombre común de diversos árboles y arbustos de la familia mimosáceas, género *Acacia.* Alcanzan entre 5 y 20 m de altura según las especies. Tienen hojas caducas, ramas espinosas y flores olorosas agrupadas en racimos. De las diversas variedades de acacias se obtiene madera, goma arábiga y tanino, que se extrae de la corteza. Se distribuyen por todas las regiones tropicales y templadas del globo. **2.** Madera de estos árboles. **3.** Nombre común que recibe en España el árbol de la familia papilionáceas, especie *Robinia pseudacacia.* Tiene flores blancas agrupadas en racimo, que se llaman «pan y quesillo». Se cultiva en la zona templada como árbol de jardín y es frecuente en las calles de las ciudades.

Acad **1.** En la antigüedad, región de Mesopotamia central, al N de Sumer. Posteriormente designó a Babilonia y sus habitantes.
2. C. fundada por el rey Sargón I en Mesopotamia hacia 2300 a. C.

academia *s. f.* **1.** Sociedad o institución artística, literaria o científica. **2.** Centro de enseñanza para ciertas carreras, profesiones o especialidades. **3.** Centro de enseñanza privado sin capacidad para dar títulos oficiales. **4.** Edificio en que se instala una academia.
Hist. La academia más antigua fue fundada por Cosme de Médicis en Florencia en 1459, y sus miembros más destacados fueron Marsilio Ficino y Pico della Mirandola. Esta institución cultural se extendió por Europa en el s. XVII y alcanzó su auge en la época de la Ilustración. En el s. XVIII las academias se convirtieron en centros de enseñanza. Actualmente constituyen corporaciones profesionales cuya misión es promover y estimular el desarrollo de las letras, las artes o las ciencias.

Academia Célebre escuela filosófica fundada por Platón en Atenas, en los jardines de Academo, el 387 a. C.

academicismo *s. m.* En arte y en literatura, excesivo apego a las normas estéticas establecidas. **Fam.** Academicista.

académico, ca *adj.* **1.** Conforme a las normas de la academia. **2.** Perteneciente o relativo a las academias o al academicismo. **3.** Perteneciente o relativo a la enseñanza oficial. ‖ *s. m.* y *f.* **4.** Miembro de una academia.

acadio, dia *adj.* **1.** De Acad, región y ciudad de Mesopotamia. También *s.* ‖ *s. m.* **2.** Lengua semítica hablada en los imperios de Asiria y Babilonia.
Hist. El imperio acadio se formó en torno al 2300 a. C., tras la victoria de los semitas sobre los sumerios. Extendió su poder sobre Mesopotamia, Elam, Siria y la parte oriental de Anatolia hasta que, en torno al 2150 a. C., los guti acabaron con él. Entre sus reyes destacaron Sargón I y Naramsin, a los que se considera creadores del Estado acadio centralizado.

acaecer *v. intr.* Suceder un hecho determinado. ■ Es v. irreg. y defect.: sólo se usan las terceras personas del singular y, en lenguaje corriente, las del plural también. Se conjuga como *agradecer.*

acaecimiento *s. m.* Suceso, cosa que ocurre.

acahual *s. m.* **1.** *Méx.* Especie de girasol. **2.** *Méx.* Denominación genérica de las hierbas que cubren las tierras en barbecho.

acalculia *s. f.* Ausencia o pérdida de la capacidad de contar o efectuar operaciones aritméticas.

acalefos *s. m. pl.* Una de las tres clases en que se divide el tipo de los celentéreos. También llamados escifozoos o medusas, estos animales tienen, en estado adulto, forma de sombrilla, compuesta por un saco (la umbrela) del que cuelga un tubo (el manubrio), del que a veces penden varios tentáculos que rodean la boca. Las medusas viven libres flotando en el mar. Existen unas 200 especies de acalefos. También *adj.* y *s. m.*

acallar *v. tr.* **1.** Hacer callar a alguien o algo. También *v. prnl.* **2.** Aliviar, aplacar, sosegar. También *v. prnl.*

acalorar *v. tr.* **1.** Dar o causar calor. ‖ *v. prnl.* **2.** Enrojecerse el rostro y sofocarse a causa de un trabajo o ejercicio violento. **3.** Exaltarse al hablar o discutir, o avivarse una discusión. **4.** Perder la calma o enfadarse por algo. **Fam.** Acaloradamente, acaloramiento.

acampada *s. f.* **1.** Acción y efecto de acampar. **2.** Campamento.

acampanar *v. tr.* Dar a una cosa la forma de campana. También *v. prnl.* **Fam.** Acampanado.

acampar *v. intr.* Detenerse e instalarse en el campo en tiendas o al aire libre.

acanalado, da *adj.* **1.** De forma de canal. **2.** Que pasa por un canal o lugar estrecho. **3.** Con estrías.

acanaladura *s. f.* En arq., canal, estría.

acanalar *v. tr.* Hacer uno o varios canales o estrías sobre algún objeto.

acantáceas *s. f. pl.* Familia de plantas herbáceas del orden tubifloras que comprende los géneros *Acanthus, Thumbergia,* etc. Presentan flores de colores vivos dispuestas en espiga terminal. Se cultivan para uso ornamental. También *adj.* y *s. f.*

acantilado *s. m.* Costa alta y rocosa cortada casi verticalmente.

acanto *s. m.* **1.** Planta herbácea perenne de la familia acantáceas; género *Acanthus.* Tiene hojas largas, rizadas y espinosas, dispuestas en pares opuestos alrededor del tallo. Se utiliza principalmente como planta ornamental. Crece en las regiones templadas y cálidas de casi todo el globo. **2.** En arq., ornamento hecho a imitación de las hojas de esta planta, característico del capitel corintio.

acantocéfalos *s. m. pl.* Clase de metazoos invertebrados, antiguamente clasificados entre los nematelmintos. Poseen en la cabeza una prolongación o trompa provista de ganchos que les sirve para fijarse a su huésped, pues son parásitos de peces, artrópodos y aves acuáticas. Miden entre 1 y 50 cm y existen más de 500 especies, extendidas por todo el mundo. También *adj.* y *s. m.*

acantonamiento *s. m.* **1.** Acción y efecto de acantonar. **2.** Sitio en que hay tropas acantonadas.

acantonar *v. tr.* Alojar las tropas en diversas poblaciones próximas cuando se hallan camino del frente o de maniobras. También *v. prnl.*

acantopterigios *s. m. pl.* Uno de los grupos en los que se subdividía anteriormente el superorden teleósteos, de la subclase actinopterigios, o peces de aletas radiadas. Los acantopterigios tienen aletas espinosas, la boca móvil y la aleta pectoral relativamente alta. Comprendían trece órdenes, con especies tan conocidas como el lenguado, la perca, el salmonete y el pez espada. También *adj.* y *s. m.*

acaparar *v. tr.* **1.** Obtener y acumular el total o la mayor parte de una cosa. **2.** Con sustantivos como *atención* o *interés,* atraer, centrarlo sobre uno. **FAM.** Acaparador, acaparamiento.

acápite *s. m. amer.* Párrafo.

Acapulco de Juárez C. y puerto de México en la costa del Pacífico, en la bahía del mismo nombre. 409.300 h. en 1980. Es uno de los principales centros turísticos del país.

acaracolado, da *adj.* Con forma de caracol.

acaramelar *v. tr.* **1.** Cubrir con azúcar a punto de caramelo. ‖ *v. prnl.* **2.** Mostrarse uno muy dulce, obsequioso, cariñoso. **FAM.** Acaramelado.

acariciar *v. tr.* **1.** Hacer caricias. También *v. prnl.*, principalmente con valor recípr. **2.** Rozar o tocar suavemente una cosa. **3.** Recrearse pensando en una cosa con la esperanza de realizarla. **FAM.** Acariciador, acariciante.

Acarigua C. de Venezuela, en el estado de Portuguesa. 221.900 h. en 1987. Está situada en la región ganadera de Los Llanos, al sur de los Andes de Mérida.

ácaros *s. m. pl.* Orden de arácnidos de la clase de los artrópodos, de tamaño muy pequeño (de 0,1 a 20 mm), que viven entre las plantas o como parásitos de otros animales. Algunos, como las chinches, las garrapatas o el arador de la sarna, transmiten enfermedades al hombre y a los animales domésticos. También *adj.* y *s. m.*

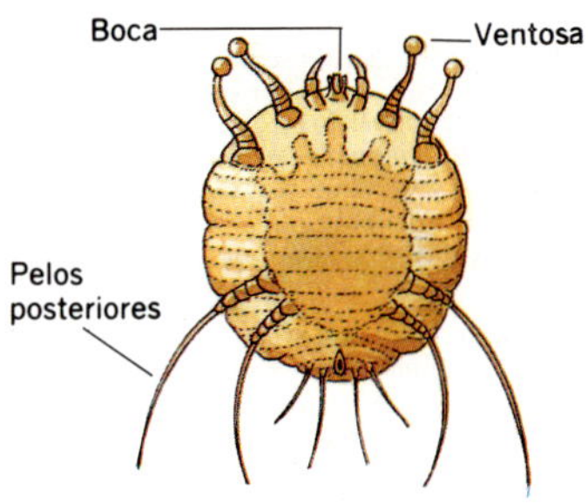

Ácaro: el arador de la sarna (Sarcoptes scabili), *visto desde abajo.*

acarrear *v. tr.* **1.** Transportar o cambiar algo de sitio en carro o por cualquier otro medio. **2.** Causar daños, desgracias, perjuicios, etc.

acarreo *s. m.* **1.** Acción y efecto de acarrear. **2.** En geol., conjunto de materiales térreos que se acumulan en ciertos parajes después de haber sido transportados por el agua o el viento.

acartonarse *v. prnl.* **1.** Ponerse rígido como el cartón. **2.** Quedarse una persona muy seca y delgada al envejecer. **FAM.** Acartonado.

acaserarse *v. prnl.* **1.** *Chile, Perú.* Hacerse cliente habitual de una tienda. **2.** *Chile, Perú.* Encariñarse de un lugar o hacerse muy casero.

acaso *s. m.* **1.** Casualidad, suceso imprevisto, azar. ‖ *adv.* **2.** Indica la posibilidad de que suceda algo; equivale a *quizá* o *tal vez*: *Acaso llueva esta tarde.* **3.** Sirve para reforzar oraciones interrogativas: *¿Acaso piensas que miento?* ‖ **LOC. por si acaso** *adv.* Por si ocurre alguna cosa. **si acaso** *adv.* En todo caso, como mucho: *No voy a cenar; si acaso, tomaré un vaso de leche.*

acastañado, da *adj.* **1.** Se dice del color similar al castaño. **2.** Se aplica a lo que tiene dicho color.

acatar *v. tr.* **1.** Obedecer una orden, seguir un consejo. **2.** Respetar o reconocer a una persona, institución, o lo que éstas establecen. **3.** *Amér. C., Col., Ven.* Darse cuenta de algo. También *v. intr.* **FAM.** Acatamiento.

acatarrar *v. tr.* **1.** Provocar un catarro. ‖ *v. prnl.* **2.** Sufrir un catarro.

Acatempán, abrazo de Acuerdo alcanzado en la ciudad mexicana de este nombre en marzo de 1821 entre Vicente Guerrero y Agustín de Iturbide, que unificó los movimientos independentistas de México.

acaudalado, da *adj.* Se dice de la persona que posee muchos bienes. También *s.*

acaudillar *v. tr.* Dirigir, ponerse al frente de un ejército, un país, una rebelión, etc.

acaule *adj.* Se aplica a la planta cuyo tallo es tan corto que parece que no lo tiene.

Acay, Nevado de Cerro situado en el reborde oriental de la Puna, en Salta, Argentina. 5.950 m.

Acaya, principado de Estado latino surgido en 1210 en la región griega del Peloponeso, conquistada a Bizancio por Guillermo de Champagne. En la segunda mitad del s. XIII, ante los avances bizantinos, hubo de aceptar la soberanía del rey de Sicilia Carlos de Anjou. En el s. XIV sufrió ataques de navarros y catalanes y fue incorporado a Bizancio en 1430.

acceder *v. intr.* **1.** Estar de acuerdo en hacer o en que se haga algo a petición o por imposición de otro. **2.** Tener acceso o entrada a un lugar. **3.** Conseguir una dignidad, cargo, condición o grado superior.

accesible *adj.* **1.** Se dice de algo que puede ser alcanzado o de un lugar al que se puede llegar. **2.** Que puede ser entendido. **3.** Amable, cordial, de fácil trato. **FAM.** Accesibilidad.

accésit *s. m.* Recompensa inferior al premio en certámenes científicos, literarios o artísticos.

acceso *s. m.* **1.** Acción de acceder o llegar. **2.** Lugar o medio por donde se llega a algún sitio, entrada, paso. **3.** Posibilidad de llegar a alguien o a algo. **4.** Arrebato o ataque de tos, ira, etc. **5.** En inform., lectura de un dato de la memoria de un ordenador. ‖ **6. acceso carnal** Unión sexual.

accesorio, ria *adj.* **1.** Se dice de lo que no es necesario o principal. ‖ *s. m.* **2.** Utensilio auxiliar u objeto de adorno. **3.** P. ext., pieza de una máquina que se puede cambiar. Se usa más en *pl.* **FAM.** Accesoriamente.

Acciaiuoli Familia de financieros y políticos florentinos de la Baja Edad Media. Sus miembros Niccolò I y Ranieri I gobernaron importantes estados en Acaya y el Peloponeso en el s. XIV y sus sucesores fueron duques de Atenas en el s. XV.

accidentado, da **1.** *p. p.* de **accidentar**. ‖ *adj.* **2.** Con muchos accidentes, agitado, difícil. **3.** Se dice de la persona que ha sufrido un accidente. También *s.* **4.** Se aplica al terreno muy montañoso. **FAM.** Accidentadamente.

accidental *adj.* **1.** Lo que no es principal ni sustancial o esencial. **2.** Casual o fortuito. **3.** Se dice de un cargo que se ocupa de modo no fijo ni estable. **FAM.** Accidentalmente.

accidentar *v. tr.* **1.** Producir accidente. ‖ *v. prnl.* **2.** Sufrir un accidente.

accidente *s. m.* **1.** Suceso inesperado y que altera el orden normal de las cosas; especialmente el que produce un daño. **2.** Casualidad. **3.** Irregularidad del terreno. **4.** En geog., cada uno de los elementos de un lugar que le dan su configuración: ríos, montañas, costas, etc. **5.** En ling., variación gramatical de las palabras, como género, número, tiempo, persona, etc. **6.** En la filosofía aristotélico-escolástica, lo que pertenece a un ser y puede ser afirmado de él en verdad, pero no es ni necesario ni constante. Se opone a sustancia.
Fil. El accidente puede existir, darse en un determinado grado o no existir; se distingue así de lo esencial y de lo necesario. En caso de existir, necesita siempre de una realidad (sustancia) en la que darse. Son accidentes el color, la altura, el peso, etc.

Accio Promontorio de la costa occidental griega, frente al que se produjo, en el año 31 a. C., la victoria de la flota de Octavio sobre la de Marco Antonio y Cleopatra.

acción *s. f.* **1.** Ejercicio de la capacidad de actuar o hacer cosas. **2.** Cada manifestación concreta de ese ejercicio. **3.** Efecto, influencia, resultado. **4.** Batalla, combate. **5.** En obras narrativas, dramáticas y cinematográficas, el conjunto de acontecimientos y peripecias que constituyen el argumento. **6.** Conjunto de los gestos o movimientos de una persona; especialmente, los del actor u orador para lograr una mayor expresividad. **7.** En ling., significado de los verbos que expresan actividad por parte del sujeto (*cantar, correr*). **8.** En der., facultad o posibilidad de promover o emprender una demanda judicial: la acción judicial se divide en **acción civil**, que persigue la satisfacción de un derecho, y **acción penal**, que persigue el castigo de un delito. **9.** En econ., cada una de las partes en que se considera dividido el capital de una sociedad anónima y título que acredita cada una de dichas participaciones. Puede cotizarse en bolsa. ‖ **10. ley de acción de masas** En quím., ley que establece que la velocidad de una reacción química es proporcional a la concentración de las sustancias reaccionantes y define un equilibrio químico en función de la concentración de sus constituyentes, así como la temperatura y la presión. **11. principio de acción y reacción** En fís., establece que a toda fuerza que actúa sobre un cuerpo se opone, por parte de éste, otra igual de sentido inverso.

Acción Católica Organización católica de carácter laico, creada en 1922 por el papa Pío XI para promover el apostolado de los fieles.

accionar *v. tr.* **1.** Poner en funcionamiento o movimiento un mecanismo. ‖ *v. intr.* **2.** Hacer movimientos o gestos para expresar algo.

accionariado *s. m.* Conjunto de accionistas de una empresa.

accionista *s. m.* y *f.* Persona que posee en propiedad acciones o partes del capital de una empresa.

Accra C. de Ghana, cap. del país, en el golfo de Benin. 949.100 h. en 1988 y 1.580.000 h. en la aglomeración urbana en ese mismo año. Además de ser un importante mercado de productos agrícolas, posee refinería de petróleo y otras industrias químicas; exporta cacao, oro y diamantes.

acebo *s. m.* Árbol o arbusto de la familia aquifoliáceas, especie *Ilex aquifolium.* Mide entre 3 y 15 m de altura. Tiene hojas gruesas, onduladas y espinosas y fruto en drupa de color rojo muy vivo. Se utiliza para formar setos y para fabricar utensilios; las ramas con sus frutos se emplean como ornamento navideño. Crece en bosques sombríos de todo el mundo.

acebuche *s. m.* Olivo silvestre.

acechar *v. tr.* **1.** Vigilar o aguardar cautelosamente a alguien o algo con un propósito determinado. **2.** Amenazar algún peligro. **FAM.** Acechanza.

acecho *s. m.* Acción y efecto de acechar. ‖ **LOC. al acecho** *adv.* Vigilando a escondidas, a la espera de algo.

acecinar *v. tr.* **1.** Salar las carnes y secarlas al humo y al aire. ‖ *v. prnl.* **2.** Quedarse alguien muy delgado.

acedera *s. f.* Planta herbácea perenne de la familia poligonáceas, especie *Rumex acetosa.* Mide entre 30 y 100 cm de altura. Tiene el tallo recto, hojas alternas y pequeñas flores verdes dispuestas en verticilos. La hoja se come en ensalada y se usa, por su sabor ácido, para condimentar algunos alimentos. Crece en praderas húmedas y campos arenosos y está muy difundida.

acedía[1] *s. f.* Acidez de estómago.

acedía[2] *s. f.* Platija, pez.

acéfalo, la *adj.* **1.** Se dice del ser u objeto falto de cabeza o sin parte considerable de ella. **2.** Se dice de la sociedad o grupo que carece de jefe.

aceifa *s. f.* Expedición militar que los musulmanes hacían en verano.

aceitar *v. tr.* **1.** Dar, untar, bañar con aceite. **2.** *Arg.* Sobornar.

aceite *s. m.* Denominación general para sustancias generalmente orgánicas, untuosas al tacto, que pueden tener origen vegetal (aceituna, pipas de girasol, linaza), animal (ballena, foca, bacalao) y mineral. Los aceites son viscosos, insolubles en agua y comestibles.
Quím. Los aceites vegetales y animales son mezcla de ésteres de la glicerina o glicéridos de los ácidos grasos, especialmente de los ácidos oleico, palmítico, esteárico y linoleico. Muchos son comestibles, suelen contener menos del 1,5 % de acidez y se usan como alimentos y en la fabricación de ungüentos y cosméticos. Los minerales son, en general, hidrocarburos pesados y gran parte de ellos se obtienen del petróleo; se usan como lubricantes y anticorrosivos.

aceitero, ra *adj.* **1.** Perteneciente o relativo al aceite. ‖ *s. m.* y *f.* **2.** Vendedor de aceite. ‖ *s. f.* **3.** Frasco o recipiente que contiene una pequeña cantidad de aceite para el consumo diario.

aceitoso, sa *adj.* Que tiene mucho aceite, grasiento.

aceituna *s. f.* Fruto del olivo. Es una drupa de tamaño variable y color verde que se oscurece al madurar. De ella se extrae el aceite de oliva. En su centro, el fruto contiene una cápsula dura en cuyo interior se encuentran una o dos semillas. La aceituna es también un fruto comestible.

aceitunado, da *adj.* Del color de la aceituna verde.

aceitunero, ra *adj.* **1.** Perteneciente o relativo a la aceituna. ‖ *s. m.* y *f.* **2.** Persona que recoge, acarrea o vende aceitunas.

aceituní *s. m.* Tela rica traída de Oriente, muy apreciada en la Edad Media.

aceituno *s. m.* Olivo.

aceleración *s. f.* **1.** Acción y efecto de acelerar o acelerarse. **2.** Aumento o disminución de la velocidad de un móvil por cada unidad de tiempo.
Fís. La aceleración se denomina positiva cuando aumenta la velocidad del móvil, y negativa o deceleración cuando disminuye. El valor de la aceleración media se obtiene dividiendo el incremento de la velocidad por el tiempo que ha durado esa variación; se calcula por medio de la siguiente fórmula:

$$a = \frac{v_2 - v_1}{t_2 - t_1} = \frac{\Delta v}{\Delta t}$$

donde v_1 es la velocidad inicial, v_2 la velocidad final, t_1 el momento inicial y t_2 el momento final. Cuando la aceleración no es constante, su valor en un momento concreto (aceleración instantánea) viene dado por la cantidad a que tiende el anterior cociente cuando el incremento del tiempo Δt tiende a cero; en este caso se dice, en términos matemáticos, que la aceleración es la derivada de la velocidad respecto al tiempo.

acelerador, ra *adj.* **1.** Que acelera. También *s. m.* ‖ *s. m.* **2.** Dispositivo que permite variar el flujo de combustible que entra en el carburador del automóvil para aumentar o disminuir la velocidad de éste. **3.** En quím., producto químico que, como los catalizadores positivos, aumenta la velocidad de una reacción, p. ej. el dióxido de manganeso (MnO_2) en la descomposición del agua oxigenada:

$$2H_2O_2 \xrightarrow{MnO_2} 2H_2O + O_2$$

‖ **4. acelerador de partículas** Dispositivo que se utiliza para acelerar hasta altísimas velocidades las partículas elementales (electrones, protones, neutrones, etc.), para provocar desintegraciones y conocer los efectos de sus impactos, ya sea entre partículas o contra átomos inmóviles, a fin de estudiar la estructura de la materia.

acelerar *v. tr.* **1.** Hacer que algo o alguien vaya más de prisa, aumentando la velocidad. También *v. intr.* y *v. prnl.* **2.** Precipitar un acontecimiento. También *v. prnl.* **Fam.** Aceleradamente, acelerado, aceleramiento.

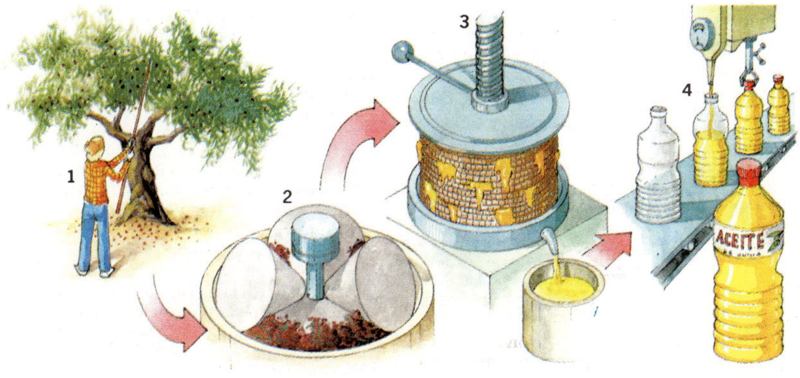

Esquema de la fabricación del aceite de oliva: tras la recogida (1), la aceituna se traslada al molino o almazara, donde se lava y se tritura en empiedros (2) o en dilaceradores; la pasta resultante se coloca en capachos, que se disponen en forma de columnas en las prensas (3), en las que se obtiene el aceite que, una vez filtrado, se almacena en depósitos, en los que se depura. Por último, se envasa (4).

acelerómetro *s. m.* Instrumento que se utiliza para medir la aceleración.

acelerón *s. m.* Aceleración brusca a la que se somete un motor.

acelga *s. f.* Nombre común de diversas plantas herbáceas de la familia quenopodiáceas, género *Beta.* Su tallo es blanco, grueso y largo y sus hojas, grandes, anchas y con el nervio central muy desarrollado. La acelga común *(Beta vulgaris)* se cultiva como hortaliza.

acelomado, da *adj.* Se dice del animal que carece de celoma. También *s. m.*

acémila *s. f.* **1.** Mula o macho de carga. **2.** Persona torpe y ruda.

acemilero, ra *s. m.* y *f.* Persona que cuida o conduce las acémilas.

acendrar *v. tr.* **1.** Refinar algo, principalmente un metal por la acción del fuego. **2.** P. ext., depurar, purificar, particularmente cualidades o sentimientos. También *v. prnl.* **Fam.** Acendrado.

acenestesia *s. f.* Carencia o pérdida de la percepción normal del propio cuerpo.

acento *s. m.* **1.** Realce de una determinada sílaba dentro de una palabra por medio de la mayor energía o fuerza con que se pronuncia. **2.** Tilde; signo ortográfico, consistente en una rayita oblicua, que representa en la escritura dicho realzamiento. **3.** Entonación o pronunciación característica de una persona, región o país. **4.** Énfasis, importancia. **5.** Estilo o carácter de un escritor o artista y de sus obras, o de un discurso, relato, etc.
Ling. El acento consiste en la mayor intensidad o esfuerzo espiratorio o elevación del tono de la voz y se llama **acento tónico** (también **prosódico**). En español todas las palabras tienen acento tónico; sin embargo, sólo llevan **acento ortográfico** (**tilde**) las palabras esdrújulas, las llanas que no acaben en *n, s* o en vocal, y las agudas que terminen en *n, s* o en vocal. Las sílabas acentuadas se llaman tónicas y las sílabas no acentuadas, átonas.

Acelerador de partículas del Centro Europeo para la Investigación Nuclear (CERN) en Ginebra (Suiza).

acentuar *v. tr.* **1.** Poner el acento gráfico sobre una vocal o pronunciar una palabra marcando su acento. **2.** Destacar, hacer que se vea o se note más una cosa. También *v. prnl.* **3.** Extremar, incrementar. También *v. prnl.* ■ En cuanto al acento, se conjuga como *actuar*: *acentúa.* **Fam.** Acentuación, acentuadamente, acentuado.

aceña *s. f.* Molino harinero de agua en el cauce de un río.

-áceo, a *suf.* **1.** Forma adjetivos que expresan semejanza: *grisáceo.* **2.** Indica, también, pertenencia a una determinada familia de plantas; la familia se expresa por medio de este sufijo en femenino plural: *rosáceas, liliáceas.*

acepción *s. f.* Cada uno de los significados que puede tener una palabra o locución.

aceptación *s. f.* **1.** Acción y efecto de aceptar. **2.** Aprobación, éxito, buena acogida.

aceptar *v. tr.* **1.** Admitir alguien una cosa que se le ofrece. **2.** Aprobar, dar por bueno algo. **3.** Soportar una desgracia, un contratiempo, etc. **4.** Referido a letras de cambio, obligarse en ellas por escrito a su pago. **Fam.** Aceptabilidad, aceptable, aceptablemente.

aceptor *adj.* Se dice del átomo que en el enlace iónico acepta electrones. También *s. m.*

acequia *s. f.* Zanja o canal pequeño por donde va el agua para regar o para otros fines.

acera *s. f.* Lado de la calle destinado al paso de peatones. ‖ **Loc. de la acera de enfrente** *adj. fam.* Homosexual.

aceráceas *s. f. pl.* Familia de plantas leñosas del orden terebintales, que comprende los géneros *Dipteronia* y *Acer*, al que pertenecen los arces. También *adj.* y *s. f.*

acerado, da **1.** *p. p.* de **acerar**. También *adj.* ‖ *adj.* **2.** De acero o parecido a él. **3.** Incisivo, hiriente en sus observaciones. ‖ *s. m.* **4.** Acción y efecto de acerar.

acerar *v. tr.* **1.** Dar al hierro las propiedades del acero; en particular, transformar en acero el filo y la punta de armas y herramientas. **2.** Recubrir de acero. **3.** Fortalecer, endurecer. También *v. prnl.* **Fam.** Aceración.

acerbo, ba *adj.* **1.** Áspero al gusto, amargo. **2.** Cruel, duro, doloroso. **Fam.** Acerbamente.

acerca de *loc. adv.* Introduce el asunto o la materia de que se trata.

acercar *v. tr.* **1.** Poner una cosa cerca o más cerca de alguien o algo. **2.** Llevar a un lugar. **3.** Poner de acuerdo o en armonía personas, ideas, etc. También *v. prnl.* ‖ *v. prnl.* **4.** Ir a un sitio o dirigirse a alguien o hacia algo. **5.** Estar más próxima una fecha o acontecimiento. ■ Se conjuga como *sacar.* **Fam.** Acercamiento.

acería o **acerería** *s. f.* Fábrica de acero.

acerico *s. m.* Alfiletero, almohadilla en la que se clavan agujas o alfileres.

acero *s. m.* **1.** Aleación de hierro con una pequeña proporción de carbono (entre el 0,2 y el 2 %), que comunica a aquél propiedades espe-

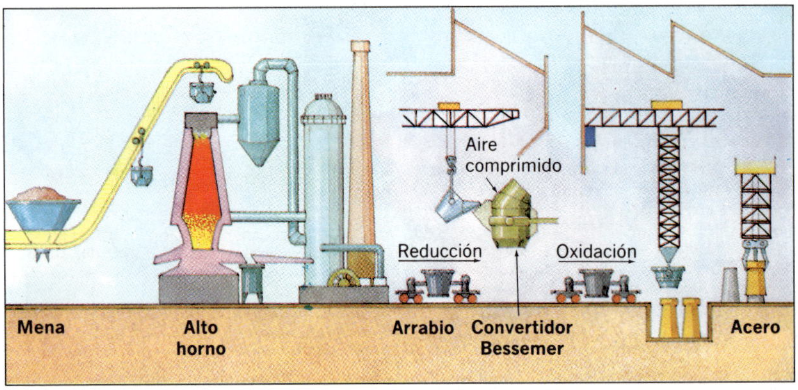

Esquema de la fabricación del acero: la mena de hierro es tratada en el alto horno, y una vez transformada en arrabio pasa al convertidor, donde se le inyecta aire para quemar sus impurezas.

ciales como dureza y elasticidad. **2.** Arma blanca, en especial la espada.
Tecnol. El proceso de fabricación del acero consiste en añadir al hierro casi puro cantidades variables de carbono, manganeso, cromo, níquel, vanadio, etc., para obtener el tipo de aleación deseada. Es un material de gran importancia industrial, por emplearse en la fabricación de estructuras metálicas, herramientas y maquinaria. Los principales productores de acero son la Federación Rusa, Ucrania, EE UU y Alemania. El acero inoxidable contiene un alto porcentaje de cromo (18 %) y de níquel (8 %), que lo hace resistente a la oxidación.

acerola *s. f.* Fruto del acerolo.

acerolo *s. m.* Árbol o arbusto de la familia rosáceas, especie *Crataegus azarolus.* Tiene las hojas vellosas y flores blancas y da frutos en pomo, semejantes a las manzanas, de color rojo o amarillo y sabor agridulce.

acérrimo, ma *adj.* **1.** *sup.* de **acre**. **2.** Muy constante y entusiasta en una idea, opinión, postura, etc. **FAM.** Acérrimamente.

acertar *v. tr.* **1.** Adivinar, dar con la solución o el resultado de algo. También *v. intr.* ‖ *v. intr.* **2.** Dar en el lugar al que se dirige, lanza o dispara alguna cosa. **3.** Encontrar, hallar. También *v. intr.* **4.** Tener acierto, obrar con tino. **5.** Seguido de la preposición *a* y un infinitivo, suceder por casualidad una cosa. ▪ Es v. irreg. Se conjuga como *pensar.* **FAM.** Acertadamente, acertante.

acertijo *s. m.* **1.** Enigma o problema cuyo significado hay que adivinar como entretenimiento. **2.** Cosa o situación complicada.

acervo *s. m.* **1.** Montón de cosas pequeñas, como semillas o legumbres. **2.** Conjunto de bienes espirituales o materiales, pertenecientes a un grupo, país, región, etc.

acetal *s. m.* Sustancia orgánica obtenida por la reacción de un alcohol y un aldehído en un medio ácido. Es oloroso y forma parte de perfumes y licores.

acetato *s. m.* Cualquier sal obtenida al reaccionar el ácido acético con un hidróxido (acetatos metálicos) o con un alcohol (acetatos orgánicos):

$$\underset{\text{(ácido acético)}}{CH_3{-}COOH} + \underset{\text{(hidróxido de sodio)}}{NaOH} \rightarrow$$
$$\rightarrow \underset{\text{(acetato de sodio)}}{CH_3{-}COONa} + \underset{\text{(agua)}}{H_2O}$$

Los acetatos metálicos tienen aplicación en la industria textil (estampación de telas) y los acetatos de celulosa se usan en la fabricación de rayón, plásticos, cintas magnetofónicas, películas de cine, etc.

acético, ca *adj.* **1.** Perteneciente o relativo al vinagre o a sus derivados. ‖ **2. ácido acético** $CH_3{-}CO_2H$. Segundo de los ácidos orgánicos, nombre común del etanoico, presente en el vinagre en una concentración del 2 al 3 % y al que da su sabor característico. Se obtiene mediante oxidación de alcohol etílico con eliminación del agua.

acetilcolina *s. f.* Neurotransmisor del sistema nervioso central y periférico, principalmente del parasimpático.

acetileno *s. m.* Nombre común del etino, C_2H_2, el más simple de los hidrocarburos de triple enlace. Es un gas que se puede emplear como materia prima para obtener diversos productos químicos, en soldadura y como combustible en las lámparas de carburo. Se puede obtener por reacción del carburo de calcio con agua:

$$CaC_2 + H_2O \rightarrow CaO + C_2H_2$$

acetilsalicílico *adj.* Se dice de cierto ácido que forma un cuerpo cristalino de color blanco, cuya fórmula es $CH_3{-}CO{-}O{-}C_6H_4{-}COOH$. Se obtiene por acción del anhídrido acético sobre el ácido salicílico. Tiene propiedades analgésicas, antipiréticas y antirreumáticas. Su nombre comercial más difundido es el de *aspirina.* También *s. m.*

acetona *s. f.* La primera y más simple de las sustancias orgánicas denominadas genéricamente cetonas. Su fórmula es $CH_3{-}CO{-}CH_3$ y su nombre químico propanona. Es un líquido aromático, incoloro e inflamable y buen disolvente de muchos compuestos orgánicos.

acetonemia *s. f.* Exceso de acetona en la sangre.

acetonuria *s. f.* Exceso de acetona en la orina.

Acevedo Díaz, Eduardo (Montevideo 1851 - Buenos Aires 1921) Escritor y político uruguayo. Fundó el diario *La República* (1872) e intervino en la vida política del país. Es autor de novelas y de relatos históricos, como *Ismael* (1888), *Nativa* (1890) y *Grito de gloria* (1893).

Acevedo y Gómez, José (Bogotá 1775 - selva de los Andaquíes, Putumayo 1817) Patriota colombiano. Fue uno de los promotores del movimiento de independencia de Colombia (1810) y miembro del Cabildo de Bogotá.

Achá, José María (? - Cochabamba 1868) Militar y político boliviano. Participó en la batalla de Ingavi (1841). Intervino en el golpe de Estado que derrocó a Linares (1861), fue designado presidente provisional y venció en las elecciones de 1862. Fue a su vez desplazado por el pronunciamiento de Melgarejo (1864).

achabacanar *v. tr.* Hacer chabacano. Se usa más como *v. prnl.* **FAM.** Achabacanamiento.

achacar *v. tr.* Atribuir algo negativo a una persona o cosa, a menudo sin fundamento. ▪ Se conjuga como *sacar.* **FAM.** Achacable.

achacoso, sa *adj.* Que sufre achaques.

achaflanar *v. tr.* Dar a una esquina forma de chaflán. **FAM.** Achaflanado.

achampanado o **achampañado, da** *adj.* Se aplica a las bebidas que imitan al champán.

achamparse *v. prnl.* **1.** *Chile.* Arraigar, p. ej. las plantas en el suelo. **2.** *Chile.* Seguido de la preposición *con,* apropiarse.

achantar *v. tr.* **1.** *fam.* Intimidar, acobardar, desanimar. También *v. prnl.* **2.** *fam.* Callar. También *v. intr.* y *v. prnl.*

achaparrado, da **1.** *p. p.* de **achaparrarse**. ‖ *adj.* **2.** Bajo y grueso.

achaparrarse *v. prnl.* **1.** Tomar un árbol la forma de chaparro. **2.** Adquirir una persona, animal o planta una forma baja y gruesa.

achaque *s. m.* **1.** Indisposición o enfermedad habitual, sobre todo en la vejez. **2.** Indisposición o enfermedad ligera. **3.** Excusa, pretexto.

achares *s. m. pl.* Celos, inquietud.

acharolar *v. tr.* Charolar. **FAM.** Acharolado.

achatar *v. tr.* Aplastar o aplanar algún objeto para hacerlo chato. También *v. prnl.* **FAM.** Achatado, achatamiento.

achelense *adj.* Se dice de una cultura o industria prehistórica del paleolítico inferior, caracterizada por el uso de lascas planas y grandes hachas de mano cuidadosamente talladas por ambos lados. Es inmediatamente posterior a la industria abbevillense. El nombre proviene de la ciudad de *Saint-Acheul,* en el valle del Somme, Francia, en la que se localizó el primer yacimiento.

Achelense: hachas halladas en el yacimiento de las Gándaras de Budiño (Museo de Pontevedra, España).

Acheson, Dean (Middletown 1893 - Sandy Spring 1971) Político estadounidense. Fue secretario de Estado del presidente Truman (1949-53) y responsable de la política exterior de su país en los años siguientes a la Segunda Guerra Mundial.

achicar *v. tr.* **1.** Reducir el tamaño de una cosa. También *v. prnl.,* a veces con valor reflex. **2.** Extraer el agua de una embarcación o de otro lugar que está inundado. **3.** Amilanar, acobardar, apabullar. También *v. prnl.* ▪ Se conjuga como *sacar.* **FAM.** Achicamiento.

achicharradero *s. m. fam.* Lugar en el que hace mucho calor.

achicharrar *v. tr.* **1.** Freír, asar o tostar demasiado un alimento. También *v. prnl.* **2.** Calentar en exceso. También *v. prnl.* **3.** *fam.* Acribillar a balazos. ‖ *v. prnl.* **4.** *fam.* Padecer excesivo calor. **FAM.** Achicharrante.

achichinque *s. m. Méx.* Persona que está al servicio de otra y la obedece ciegamente.

achicoria *s. f.* Hierba perenne de la familia compuestas, especie *Cichorium intybus.* Alcanza de 30 a 120 cm de altura. Tiene flores azules y hojas recortadas y ásperas. Se utiliza como ensalada, y sus raíces, molidas y tostadas, sirven como sucedáneo del café. Es originaria de Europa.

Achicoria (Cichorium intybus): *detalle de una flor.*

achiguar *v. tr. Arg., Chile.* Combar, alabear. También *v. prnl.* ▪ Se conjuga como *averiguar.*

achinado, da[1] *adj.* De facciones parecidas a las de los chinos.

achinado, da[2] (del amer. *chino*) *adj. Arg., Par., Urug.* Mestizo.

achiote *s. m. Méx.* Bija*.

achique *s. m.* Acción y efecto de achicar, sacar agua.

achiquitar *v. tr. Col., Guat., Méx., Rep. Dom.* Achicar, empequeñecer. También *v. prnl.*

achira *s. f. amer.* Planta de la familia alismatáceas, especie *Sagittaria montevidensis.* Procedente de América del Sur, crece en terrenos húmedos y se cultiva en parques y jardines por la vistosidad de sus flores coloradas.

achispar *v. tr.* Emborrachar ligeramente. Se usa más como *v. prnl.* **FAM.** Achispado.

achocolatado, da *adj.* De color parecido al del chocolate.

acholado, da *adj. amer.* Que tiene características de cholo o mestizo.

acholar *v. tr. amer.* Avergonzar o amilanar a alguien. También *v. prnl.*

achuchado, da **1.** *p. p.* de **achuchar**. También *adj.* ‖ *adj.* **2.** Apurado, difícil de sobrellevar, especialmente por razones económicas. **3.** Escaso de dinero.

achuchar[1] (voz onomat.) *v. tr.* **1.** *fam.* Incitar o provocar a una persona o animal contra otro. **2.** *fam.* Aplastar, estrujar, empujar. También *v. prnl.* **3.** *fam.* Abrazar o estrujar a alguien cariñosamente. También *v. prnl.* con valor recípr. **4.** *fam.* Presionar, atosigar a alguien.

achuchar[2] (del amer. *chucho*) *v. intr. Arg., Par., Urug.* Tiritar, estremecerse a causa del frío o de la fiebre.

achucharrar *v. tr.* **1.** *Chile, Col., Hond.* Aplastar. ‖ *v. prnl.* **2.** *Méx.* Achicarse, acobardarse.

achuchón *s. m.* **1.** *fam.* Acción y efecto de achuchar o achucharse. **2.** *fam.* Arrechucho, indisposición repentina.

achularse *v. prnl.* Adquirir los modales o aspecto de chulo. **FAM.** Achulado.

achunchar *v. tr. Chile* **1.** Echar mal de ojo. **2.** Asustar. También *v. prnl.*

achura *s. f. Arg., Chile, Par., Urug.* Asadura o entraña de una res. Se usa mucho en *pl.*

achurar *v. tr.* **1.** *Arg., Bol., Par., Urug.* Extraer las achuras de una res. **2.** *Arg., Bol., Par., Urug.* Matar a cuchilladas.

aciago, ga *adj.* Triste, desgraciado, de mala suerte, de mal agüero.

acíbar *s. m.* **1.** Áloe, planta y jugo amargo extraído de ésta. **2.** Amargura, disgusto.

acibarar *v. tr.* Amargar.

acicalar *v. tr.* Adornar o arreglar mucho a alguien o algo. También *v. prnl.* con valor reflex. **FAM.** Acicalado, acicalamiento.

acicate *s. m.* **1.** Espuela con una sola punta. **2.** Estímulo, incentivo.

acíclico, ca *adj.* **1.** Que no se manifiesta o desarrolla de forma cíclica. **2.** Se aplica al compuesto químico orgánico de cadena abierta.

acícula *s. f.* Hoja de las coníferas.

acicular *adj.* En forma de aguja.

acidez *s. f.* **1.** Cualidad de ácido. **2.** Sensación de malestar y ardor en el estómago producida por exceso de ácidos en el aparato digestivo. **3.** En quím., propiedad de una sustancia o disolución debida a la presencia de ácido libre o asociado.

acidificar *v. tr.* Hacer ácida una cosa. ■ Se conjuga como *sacar.*

acidimetría *s. f.* Método o técnica analítica para determinar la cantidad de ácido existente en una disolución.

ácido, da *adj.* **1.** Que tiene un sabor agrio, parecido al del limón o el vinagre. **2.** Del ácido, sustancia química, o con sus propiedades. **3.** Áspero, desabrido. **4.** Mordaz. ‖ *s. m.* **5.** En quím., cualquier sustancia que en disolución acuosa se disocia en iones, uno de los cuales, el catión o ion positivo, es un protón. P. ej., el ácido clorhídrico se disocia liberando iones cloruro y protones: $HCl \rightarrow Cl^- + H^+$. **6.** En el lenguaje de la droga, LSD, ácido lisérgico. ‖ **7. ácido débil** El que, al disolverse en agua, experimenta sólo la disociación de una pequeña parte de sus moléculas; tales son los ácidos orgánicos y algunos de los inorgánicos, como el sulfhídrico (H_2S), el carbónico (H_2CO_3) y el fosfórico (H_3PO_4). **8. ácido fuerte** El que en disolución acuosa está muy disociado, como el sulfúrico (H_2SO_4), el nítrico (HNO_3) y el clorhídrico (HCl). **9. ácido inorgánico** Aquel que no entra en la composición de la materia viva, como, p. ej., el carbónico, el sulfúrico, etc. **10. ácido orgánico** Sustancia de naturaleza orgánica, en cuya molécula existen uno o más grupos funcionales –COOH (carboxilos).

Quím. Los ácidos son cáusticos, de sabor agrio, combinados con bases dan sales (p. ej., el ácido clorhídrico, ClH, combinado con la sosa, NaOH, da cloruro de sodio o sal común, NaCl) y hacen que algunas sustancias, llamadas indicadores, adquieran coloraciones determinadas, por lo que éstas se utilizan para detectar el carácter ácido de las disoluciones; así, el tornasol, azul en medio básico, se vuelve rojo con los ácidos.

acidosis *s. f.* Aumento de la acidez de la sangre.

acidular *v. tr.* Poner un líquido algo ácido.

acídulo, la *adj.* Ligeramente ácido.

acientífico, ca *adj.* Que no sigue los planteamientos y métodos de trabajo e investigación propios de la ciencia, o es contrario a ellos.

acierto *s. m.* **1.** Acción y efecto de acertar. **2.** Resultado o cosa acertados. **3.** Habilidad, conveniencia o exactitud al realizar algo.

ácimo *adj.* Ázimo.

acimut *s. m.* Ángulo diedro formado por el plano meridiano y el plano vertical que contiene un punto de la esfera celeste o del globo terráqueo. El acimut se mide a partir del N o del S, de 0° a 360°.

acinesia *s. f.* Ausencia de movimientos. En la clínica médica se utiliza para describir afecciones en las que los movimientos son lentos y parsimoniosos.

ación *s. f.* En la silla de montar, correa de la que cuelga el estribo.

acipenséridos *s. m. pl.* Familia de peces osteictios del orden acipenseriformes, que comprende los géneros *Acipenser,* al que pertenecen los esturiones, y *Scaphirhynchus.* También *adj.* y *s. m.*

Acis En la mitología griega, pastor enamorado de Galatea, al que el cíclope Polifemo aplastó con una roca. Su sangre se transformó en un río.

aclamación *s. f.* Acción y efecto de aclamar. ‖ **LOC. por aclamación** *adv.* Por unanimidad, con aprobación de todos.

aclamar *v. tr.* **1.** Dar voces o aplausos la multitud en honor de alguien. **2.** Proclamar, designar a alguien, pública y mayoritariamente, para un cargo, honor, etc.

aclaración *s. f.* Acción y efecto de aclarar, y particularmente explicación para que algo quede claro.

aclarado, da **1.** *p. p.* de **aclarar**. También *adj.* ‖ *s. m.* **2.** Acción y efecto de aclarar la ropa.

aclarar *v. tr.* **1.** Hacer que algo esté menos espeso, tupido, apretado u oscuro. También *v. intr.* y *v. prnl.* **2.** Hacer que alguna cosa se entienda mejor mediante una explicación. **3.** Referido a ropa que se está lavando, enjuagarla con agua abundante para quitarle el jabón. **4.** Hablando de la voz, hacerla más nítida. ‖ *v. impers.* **5.** Disiparse las nubes o la niebla. También *v. intr.* y *v. prnl.* **6.** Amanecer. También *v.intr.* y *v. prnl.* ‖ *v. prnl.* **7.** Entender, comprender.

aclaratorio, ria *adj.* Que sirve para aclarar o explicar algo.

aclimatar *v. tr.* Acostumbrar a una persona o animal a un ambiente diferente del que le es habitual. También *v. prnl.* **FAM.** Aclimatable, aclimatación.

aclorhidria *s. f.* Falta de ácido clorhídrico en los jugos gástricos. **FAM.** Aclorhídrico.

acmé *s. f.* Periodo más agudo de una enfermedad.

acné *s. f.* Enfermedad de la piel que se desencadena principalmente durante la adolescencia, caracterizada por la inflamación de las glándulas sebáceas de la piel con aparición de pústulas (espinillas), principalmente en la cara.

-aco, ca *suf.* **1.** Añade sentido despectivo: *libraco, pajarraco.* **2.** Se usa también para formar sustantivos y adjetivos gentilicios: *austriaco, polaco.* **3.** Forma adjetivos a los que aporta el significado de 'semejante a' o 'propio de': *demoniaco, elegiaco.*

acobardar *v. tr.* **1.** Causar temor. **2.** Quitar ánimos o energía. También *v. prnl.* ‖ *v. prnl.* **3.** Tener miedo, asustarse. **FAM.** Acobardado, acobardamiento.

acodar *v. tr.* **1.** Doblar en forma de codo. **2.** Enterrar la rama de una planta sin desgajarla de ésta, para que eche raíces. ‖ *v. prnl.* **3.** Apoyarse en los codos. **FAM.** Acodado.

acodo *s. m.* Acción y efecto de acodar una rama.

acogedor, ra *adj.* **1.** Hospitalario, amable. **2.** Se aplica a los lugares cómodos y agradables.

acoger *v. tr.* **1.** Admitir una persona a otra en su casa o en su compañía. **2.** Recibir algo o a alguien de determinada manera. **3.** Admitir, aceptar. **4.** Refugiar, amparar. También *v. prnl.* ‖ *v. prnl.* **5.** Valerse de algo como motivo o pretexto. ■ Se conjuga como *coger.* **FAM.** Acogida, acogimiento.

acogido, da **1.** *p. p.* de **acoger**. ‖ *s. m.* y *f.* **2.** Persona recogida en un establecimiento benéfico. ‖ *s. f.* **3.** Acción y efecto de acoger, especialmente de cierta manera.

acogotar *v. tr.* **1.** Derribar e inmovilizar a una persona cogiéndola por el cogote. **2.** Dominar u oprimir a alguien de forma despótica. **3.** No dejar a uno actuar libremente. **FAM.** Acogotado, acogotamiento.

acojonante *adj.* **1.** *vulg.* Que acojona. **2.** *vulg.* Muy bueno, estupendo.

acojonar *v. tr.* **1.** *vulg.* Asustar, acobardar. También *v. prnl.* **2.** *vulg.* Impresionar, sobrecoger. También *v. prnl.*

acojone o **acojono** *s. m. vulg.* Miedo, temor.

acolchar *v. tr.* **1.** Poner algodón, lana u otras materias similares entre dos telas y pespuntearlas después. **2.** Revestir o reforzar con estas telas rellenas. **FAM.** Acolchado.

acolhua *adj.* Se dice de un pueblo amerindio del grupo nahua que a mediados del s. XIII ocupó el valle de México. Fue anexionado por los aztecas en el s. XV. También *s. m.*

acolitado *s. m.* Primera de las cuatro órdenes menores del sacerdocio, que permitía servir en el altar.

acólito *s. m.* **1.** Ministro de la Iglesia católica que había recibido la orden del acolitado. **2.** Monaguillo. **3.** *desp.* Persona que depende de otra o la sigue.

acollarar *v. tr.* **1.** *Arg., Chile.* Unir dos animales, cosas o personas. ‖ *v. prnl.* **2.** *Arg.* Convivir maritalmente.

acomedido, da **1.** *p. p.* de **acomedirse**. También *adj.* ‖ *adj.* **2.** *amer.* Servicial, complaciente.

acomedirse *v. prnl. amer.* Ofrecerse para hacer un servicio.

acometer *v. tr.* **1.** Atacar con brío, embestir, dirigirse violentamente contra alguien o algo. También *v. intr.* **2.** Emprender o empezar un trabajo o acción. **3.** Hablando de enfermedad, sueño, deseo, etc., aparecer o sobrevenir de forma inesperada.

acometida *s. f.* **1.** Acción y efecto de acometer. **2.** Punto en el que se instala un ramal secundario en el canal, tubo o conducto principal de un líquido o un fluido.

acometividad *s. f.* **1.** Agresividad. **2.** Brío o decisión al hacer algo.

acomodación *s. f.* **1.** Acción y efecto de acomodar o acomodarse. ‖ **2. acomodación óptica** Variación que sufre la curvatura del cristalino del ojo humano y de algunos vertebrados, a fin de que se formen en la retina imágenes nítidas de objetos situados a diferentes distancias. Ello se produce mediante unos músculos que actúan sobre el cristalino, tensándolo o relajándolo. Existe una distancia mínima (punto próximo) y una máxima (punto remoto) entre las que el ojo puede experimentar dicha acomodación.

acomodadizo, za *adj.* Acomodaticio.

acomodado, da **1.** *p. p.* de **acomodar**. También *adj.* ‖ *adj.* **2.** Que goza de buena posición económica.

acomodador, ra *s. m.* y *f.* Persona que en los espectáculos públicos conduce a los espectadores hasta sus asientos.

acomodar *v. tr.* **1.** Colocar a alguien o algo en lugar apropiado. **2.** Disponer o arreglar de forma conveniente. **3.** Amoldar, adaptar, conformar. También *v. intr.* y *v. prnl.* **4.** Proporcionar un empleo a alguien. ‖ *v. prnl.* **5.** Colocarse bien, instalarse, ponerse cómodo. **FAM.** Acomodable.

acomodaticio, cia *adj.* **1.** Que se adapta a una situación o uso distintos de aquellos que le son propios. **2.** Se dice de la persona que acepta todo sin dificultad, por falta de convicciones, comodidad o interés. También *s.* **FAM.** Acomodaticiamente.

acomodo *s. m.* **1.** Acción y efecto de acomodar o acomodarse. **2.** Empleo, ocupación, colocación. **3.** Alojamiento.

acompañamiento *s. m.* **1.** Acción y efecto de acompañar. **2.** Conjunto de personas que acompañan a alguien. **3.** Grupo de personas que en las representaciones teatrales desempeñan papeles de poca importancia. **4.** En mús., conjunto de acordes instrumentales o vocales subordinados a la melodía principal en una partitura.

acompañante *s. m.* y *f.* Persona que acompaña a otra.

acompañar *v. tr.* **1.** Estar o ir con una o varias personas. También *v. prnl.* **2.** Hacer compañía a alguien. **3.** Ocurrir algo al mismo tiempo que otra cosa o junto a ella. **4.** Juntar, añadir o adjuntar una cosa a otra. **5.** Adornar o complementar un alimento con otro. **6.** Participar de los sentimientos de alguien. Se usa sobre todo en la fórmula de pésame *le acompaño en el sentimiento.* **7.** Con palabras que expresan cualidad, habilidad, etc., encontrarse en alguien. **8.** Ejecutar el acompañamiento musical. También *v. prnl.*

acompasado, da *adj.* **1.** Que sigue un ritmo o compás. **2.** Reposado, tranquilo, lento. **FAM.** Acompasadamente.

acompasar *v. tr.* Poner algo al mismo compás o ritmo que otra cosa.

acomplejar *v. tr.* **1.** Provocar a una persona un complejo, una inhibición o un conflicto psíquico. ‖ *v. prnl.* **2.** Experimentar un complejo psíquico. **FAM.** Acomplejado, acomplejamiento.

Aconcagua Pico de los Andes, de origen volcánico, situado en Argentina, junto a la frontera chilena. 6.959 m.

El Aconcagua es el monte más alto de América. Fue coronado por primera vez por el suizo Zurbriggen en 1897.

acondicionador, ra *adj.* **1.** Que acondiciona. **2.** Se aplica a los productos que sirven para suavizar el cabello, darle más cuerpo, etc. ‖ *s. m.* **3.** Aparato que regula la temperatura y la humedad del aire de un recinto cerrado.

acondicionamiento *s. m.* **1.** Acción y efecto de acondicionar. ‖ **2. acondicionamiento de aire** Sistema que permite regular la temperatura, la humedad y la composición del aire de un recinto cerrado. Los primeros sistemas industriales aparecieron a principios del s. XX, pero no se fabricaron unidades domésticas hasta después de la Segunda Guerra Mundial.

acondicionar *v. tr.* **1.** Arreglar, poner una cosa en las condiciones adecuadas. **2.** Climatizar, regular la temperatura, la humedad y la composición del aire de un recinto cerrado. **FAM.** Acondicionado.

acondroplasia *s. f.* Enanismo, debido a una falta de desarrollo del cartílago de los huesos de las extremidades.

aconfesional *adj.* Que no es confesional. Se aplica sobre todo a Estados, partidos políticos u otras organizaciones que no reconocen como oficial ninguna confesión religiosa.

acongojar *v. tr.* Angustiar, oprimir, apenar. También *v. prnl.* **FAM.** Acongojado, acongojante.

acónito *s. m.* Planta herbácea de la familia ranunculáceas, especie *Aconitum napellus.* Tiene de 0,5 a 2 m de altura, hojas palmeadas de color verde oscuro y flores azules. Es una hierba perenne de la que se extrae un veneno muy activo, que puede producir la muerte. Crece en el centro y occidente de Europa.

Aconquija Sierra andina, perteneciente a la Cordillera Central. Actúa de divisoria entre las provincias argentinas de Catamarca y Tucumán. Su pico más alto es el Nevado del Candado, que alcanza 5.640 m.

aconsejable *adj.* Conveniente.

aconsejado, da **1.** *p. p.* de **aconsejar**. ‖ *adj.* **2.** Prudente, sensato.

aconsejar *v. tr.* **1.** Dar consejo. **2.** Sugerir una cosa algo a alguien. ‖ *v. prnl.* **3.** Consultar o pedir consejo a alguien.

aconsonantar *v. tr.* Rimar en consonante. También *v. intr.*

acontecer *v. intr.* Suceder o producirse un hecho espontáneamente. ▪ Es v. irreg. Se conjuga como *agradecer.* Además es v. defect.: sólo se usan las terceras personas.

acontecimiento *s. m.* Suceso o hecho, en especial cuando es importante.

acopiar *v. tr.* Almacenar, especialmente alimentos.

acopio *s. m.* Acumulación de gran cantidad de cosas que son o pueden ser necesarias.

acoplamiento *s. m.* **1.** Acción y efecto de acoplar o acoplarse. **2.** Unión sexual de dos animales. **3.** En tecnol., pieza que sirve para conectar dos árboles o ejes.

acoplar *v. tr.* **1.** Unir o encajar una cosa con otra de modo que ajusten perfectamente. También *v. prnl.* **2.** Unir una cosa a otra para que actúen juntas o produzcan un efecto combinado. También *v. prnl.* **3.** Adaptar una cosa a un fin distinto del que le es propio. **4.** Colocar a una persona en un lugar o circunstancia determinados. También *v. prnl.* **5.** Unir dos animales para yunta o tronco. **6.** Aparear dos animales. También *v. prnl.* **7.** Encontrar acomodo o trabajo a alguien. **8.** *Amér. del S.* Unir un vehículo a otro que sirve de tractor. ‖ *v. prnl.* **9.** *fam.* Unirse a una persona, grupo, etc. **10.** Compenetrarse bien con alguien o adaptarse a una situación o ambiente. **FAM.** Acoplado, acopladura.

acoquinar *v. tr. fam.* Atemorizar a alguien, dominarle por el miedo. También *v. prnl.* **FAM.** Acoquinado.

acorazado, da **1.** *p. p.* de **acorazar**. También *adj.* ‖ *adj.* **2.** Se dice de la división del ejército que está constituida principalmente por carros de combate. También *s. f.* ‖ *s. m.* **3.** Buque de guerra blindado, de grandes dimensiones y dotado de potente artillería.

acorazar *v. tr.* **1.** Blindar, revestir un buque, un carro, una fortificación u otras cosas con planchas de hierro o acero. ‖ *v. prnl.* **2.** Defenderse contra algo. **3.** Endurecerse, hacerse fuerte ante la adversidad, el dolor, etc. ▪ Se conjuga como *cazar.*

acorazonado, da *adj.* Que tiene forma de corazón.

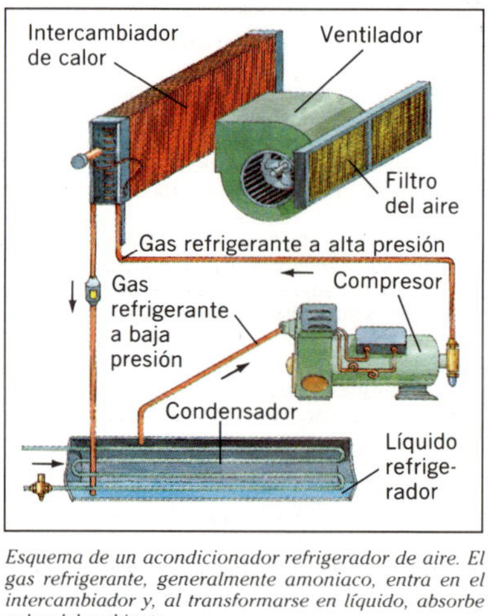

Esquema de un acondicionador refrigerador de aire. El gas refrigerante, generalmente amoniaco, entra en el intercambiador y, al transformarse en líquido, absorbe calor del ambiente.

acorchar *v. tr.* **1.** Recubrir con corcho. ‖ *v. prnl.* **2.** Ponerse algo blando y correoso como el corcho. **3.** Embotarse, perder sensibilidad física o afectiva. **FAM.** Acorchado, acorchamiento.

acordado, da **1.** *p. p.* de **acordar**. También *adj.* ‖ *adj.* **2.** Sensato, cuerdo, prudente.

acordar *v. tr.* **1.** Tomar una decisión dos o más personas de común acuerdo o por mayoría. **2.** Decidir una persona alguna cosa después de meditar sobre ella. ‖ *v. prnl.* **3.** Recordar, traer algo a la memoria. ▪ Es v. irreg. Se conjuga como *contar.* ‖ **LOC. acordarse de** alguien *fam.* Insultar, normalmente al padre, a la madre o a un familiar de alguien.

acorde *adj.* **1.** Conforme con alguien o algo. ‖ *s. m.* **2.** En mús., sonoridad resultante de la emisión simultánea de dos o más notas diferentes.

acordeón *s. m.* Instrumento musical de viento, inventado hacia 1820 en Alemania. El acordeón produce los sonidos mediante un sistema de lengüetas, que vibran al paso del aire impulsado por un fuelle accionado con las manos. **FAM.** Acordeonista.

acordonar *v. tr.* **1.** Ceñir o sujetar con un cordón. **2.** Formar un cerco o rodear un lugar con tropas, fuerzas de policía, etc. **FAM.** Acordonamiento.

ácoro *s. m.* Planta de la familia aráceas, especie *Acorus calamus.* Tiene hojas en forma de espada y flores amarillas, y vive en lugares húmedos de Europa y Asia. De su raíz se extrae un aceite usado en perfumería.

acorralar *v. tr.* **1.** Perseguir a una persona o animal hasta un sitio del que no puede escapar. **2.** En una discusión, dejar al oponente confuso y sin respuesta. **3.** Encerrar el ganado en el corral. **FAM.** Acorralamiento.

acortar *v. tr.* Hacer que alguna cosa sea más corta, en su duración, longitud o cantidad. También *v. intr.* y *v. prnl.* **FAM.** Acortamiento.

acosar *v. tr.* **1.** Perseguir sin descanso a una persona o animal. **2.** Perseguir o molestar a alguien con peticiones, quejas, etc., continuas e insistentes. **FAM.** Acosador, acosamiento.

acosijar *v. tr. Méx.* Agobiar, atosigar.

acoso *s. m.* **1.** Acción y efecto de acosar. **2.** En tauromaquia, acción de perseguir a caballo a una res en campo abierto. ‖ **3. acoso sexual** Actitud o comportamiento de carácter sexual, adoptado por determinadas personas con relación a otras en el ámbito laboral, que resulta reprobable por ser impuesto, vejatorio, o basarse en privilegios jerárquicos o amenazas, más o menos veladas, que afectan a la continuidad o promoción en el empleo. **4. acoso y derribo** Práctica campera consistente en perseguir a caballo a una res en campo abierto, para derribarla empujándola en las ancas con una garrocha. También, p. ext., acosar a una persona con objeto de hacerle fracasar o perjudicarla de alguna manera.

Acosta, Agustín (Matanzas 1886 - Miami 1979) Poeta cubano. Renovador de la lírica cubana, su estilo evolucionó desde el modernismo a la vanguardia. Sus principales obras son *Ala* (1915), *La zafra* (1926), *Las islas desoladas* (1943) y *Caminos de hierro* (1963).

Acosta, Joaquín (Guaduas, Cundinamarca 1800 - íd. 1852) Político y científico colombiano. Formado como militar y administrador, marchó a Francia en 1825 para estudiar ciencia e ingeniería. Fue miembro de la Academia Nacional, catedrático de química y director del museo y observatorio astronómico.

Acosta, José de (Medina del Campo 1540 - Salamanca 1600) Naturalista e historiador español. Fue religioso de la Compañía de Jesús y desempeñó su ministerio en Perú y Nueva España. Redactó un catecismo bilingüe en castellano y aimará. Fue autor de *De Natura Novi Orbis* (1588) e *Historia natural y moral de las Indias* (1590).

Acosta, Santos (Miraflores, Boyacá 1829 - Bogotá 1901) Político colombiano. Participó en la sublevación liberal contra el presidente Ospina (1860), combatió en la batalla de Usaquén y, tras el gobierno dictatorial de Mosquera, fue designado presidente (1867), restaurando el régimen constitucional.

acostar *v. tr.* **1.** Poner en posición horizontal a una persona para que duerma o descanse. También *v. prnl.* **2.** Arrimar el costado de una embarcación al de otro barco o a la costa. ‖ *v. prnl.* **3.** Irse a dormir. **4.** Hacer el acto sexual con alguien. ■ Es v. irreg. Se conjuga como *contar.*

acostumbrado, da **1.** *p. p.* de **acostumbrar**. También *adj.* ‖ *adj.* **2.** Habitual, usual, corriente.

acostumbrar *v. tr.* **1.** Hacer que una persona o un animal adquiera una costumbre o se adapte a unas determinadas circunstancias. También *v. prnl.* **2.** Con un infinitivo, hacer algo habitualmente. ■ En esta acepción, se usa también como intransitivo, con la preposición *a.*

acotación *s. f.* **1.** Nota, apunte o advertencia que se escribe al margen de un escrito. **2.** Cada una de las notas que, en un texto teatral o un guión cinematográfico, indican todo lo referente a la acción, movimientos de personajes, planos, decorados, etc.

acotado, da *adj.* **1.** Se dice del plano o croquis que lleva cotas. **2.** Se dice del texto con notas o acotaciones. **3.** En mat., se aplica al conjunto de números comprendidos entre dos números fijos, llamados cotas.

Mat. **función acotada** Una función de *D* (subconjunto no vacío de números reales) en los números reales es acotada en *D*, si existen números tales como el *k* y el *K*, verificando que para todo *x* real del dominio *D* la función toma valores comprendidos entre *k* y *K*.

sucesión acotada Sucesión infinita de números en la que existen los números *M* y *m* tales que, para cualquier número de la sucesión, éstos se mantienen mayores o iguales a *m* y menores o iguales a *M*.

acotar[1] (de *coto*) *v. tr.* **1.** Reservar el uso de un terreno, informando de ello por medio de señales. **2.** P. ext., delimitar cualquier cosa.

acotar[2] (de *cota*) *v. tr.* **1.** Poner cotas o números en un plano o croquis. **2.** Poner notas o acotaciones a un texto.

acotiledóneo, a *adj.* Se dice de la planta que carece de cotiledones. También *s. f.*

Acquaviva, Claudio (Nápoles 1543 - Roma 1615) Religioso italiano. Quinto general de la Compañía de Jesús (1581-1615), redactó la *Ratio studiorum* (1599), que regula la organización de colegios de la orden.

acracia *s. f.* Doctrina política que niega cualquier tipo de autoridad.

ácrata *adj.* Defensor de la desaparición de todo tipo de gobierno o autoridad. También *s.*

acre[1] (del lat. *acer, acris*) *adj.* **1.** Agrio y picante al gusto y al olfato. **2.** Se dice del carácter, lenguaje, crítica, etc., poco amables, bruscos. **FAM.** Acremente.

acre[2] (voz ingl.) *s. m.* Medida inglesa de superficie, equivalente a 0,4047 hectáreas.

Acre Estado de Brasil, en el N del país y O de la Amazonia. 152.589 km^2. 407.000 h. en 1989. La capital es Rio Branco, con 161.800 h. en 1989. Su situación y la limitación de recursos naturales, salvo los que proporciona la selva amazónica, son la causa de su escasa población.

Acre Véase **San Juan de Acre**.

acrecentar *v. tr.* Aumentar o hacer crecer la cantidad o importancia de una cosa. También *v. prnl.* ■ Es v. irreg. Se conjuga como *pensar.* **FAM.** Acrecentador, acrecentamiento.

acrecer *v. tr.* Acrecentar, aumentar. También *v. intr.* y *v. prnl.* ■ Es v. irreg. Se conjuga como *agradecer.*

acreditación *s. f.* **1.** Acción y efecto de acreditar o acreditarse. **2.** Documento que acredita a una persona.

acreditado, da **1.** *p. p.* de **acreditar**. ‖ *adj.* **2.** Que goza de buena fama.

acreditar *v. tr.* **1.** Demostrar la verdad o realidad de algo. También *v. prnl.* **2.** Dar fama o reputación. También *v. prnl.* **3.** Dar seguridad de que una persona o cosa es lo que representa o parece. **4.** Proveer a quien ha de desempeñar una misión, en especial diplomática, de los documentos que le facultan para ello; p. ext., designar a un representante diplomático. **5.** Abonar, asentar o consignar una cantidad en el haber de una cuenta. **FAM.** Acreditadamente, acreditativo.

acreedor, ra *adj.* **1.** Digno, merecedor. **2.** Se aplica a la persona o entidad que tiene derecho a reclamar el pago de una deuda. También *s.*

La Acrópolis de Atenas, en la que destacan el Partenón, el Erecteion, el templete de Atenea Nike, el Odeón y el teatro de Dionisos.

acrescente *adj.* Se dice del órgano vegetal que continúa creciendo después de haberse formado.

acribillar *v. tr.* **1.** Llenar de agujeros. **2.** Hacer muchas heridas o picaduras. **3.** Acosar o molestar a alguien, generalmente con preguntas.

acrídidos *s. m. pl.* Familia de insectos ortópteros saltadores que tienen antenas cortas y producen un sonido característico (canto) frotando las patas con los élitros. A esta familia pertenecen los saltamontes y las langostas migratorias. También *adj.* y *s. m.*

acrilato *s. m.* Sal o éster del ácido acrílico.

acrílico, ca *adj.* **1.** Relativo al ácido acrílico. **2.** Se aplica a las fibras textiles sintéticas y materiales plásticos obtenidos mediante la polimerización del ácido acrílico o de sus derivados. También *s. m.* **3.** Se dice de un tipo de pintura de secado rápido, soluble al agua y de colores muy vivos. Ha sido empleado profusamente por el pop-art y por las nuevas corrientes expresionistas. También *s. m.* ‖ **4. ácido acrílico** Ácido etilencarboxílico, que tiene por fórmula CH_2=CH–COOH. Es un líquido incoloro, de olor sofocante, que se obtiene por oxidación de un aldehído etilénico. Se emplea para preparar resinas sintéticas, colorantes y detergentes. También se denomina *ácido propanoico.*

acrimonia *s. f.* Acritud.

acriollarse *v. prnl.* Adaptarse un extranjero a las costumbres de un país iberoamericano. **FAM.** Acriollado.

acrisolado, da **1.** *p. p.* de **acrisolar**. También *adj.* ‖ *adj.* **2.** Intachable, irreprochable.

acrisolar *v. tr.* **1.** Purificar en el crisol, por medio del fuego, el oro u otros metales. **2.** Confirmar mediante pruebas o padecimientos la consistencia de una cualidad moral o de un sentimiento. También *v. prnl.*

acristalar *v. tr.* Poner cristales o vidrios en una ventana, puerta, terraza, etc. **FAM.** Acristalado, acristalamiento.

acristianar *v. tr.* Cristianar*.

acritud *s. f.* **1.** Brusquedad o aspereza en el carácter, lenguaje, trato, etc. **2.** Cualidad de acre o agrio.

acro- *pref.* Significa 'altura, cima, punta': *acrobacia.*

acrobacia *s. f.* **1.** Arte y profesión del acróbata. **2.** Número que el acróbata realiza en el aire. **3.** Ejercicio de destreza realizado por uno o varios aparatos, y espectáculo constituido por dichos ejercicios. **FAM.** Acrobático, acrobatismo.

acróbata *s. m.* y *f.* Persona que realiza ejercicios gimnásticos de habilidad y equilibrio, sobre todo en espectáculos de circo.

acrocefalia *s. f.* Malformación congénita caracterizada por la forma cónica del cráneo.

acrofobia *s. f.* Temor patológico a las alturas, asociado a veces con síntomas físicos, como el vértigo.

acromático, ca *adj.* **1.** Sin color. **2.** Se aplica a las lentes o sistemas ópticos en los que la luz refractada no se descompone en colores. **FAM.** Acromatismo.

acromatopsia *s. f.* Deficiencia en la visión del color, hereditaria o adquirida, en la que todos los colores se presentan como distintos tonos de gris.

acromegalia *s. f.* Enfermedad debida a la producción excesiva de la hormona del crecimiento (somatropina) segregada por la hipófisis y que se caracteriza por un desarrollo exagerado de las extremidades, labios, nariz y mandíbulas.

acromio o **acromion** *s. m.* Parte del omóplato que se articula con la clavícula en su extremo externo. **FAM.** Acromial.

acron *s. m.* Segmento extremo de la cabeza de los artrópodos.

acrónimo *s. m.* Voz formada por las iniciales o siglas de varias palabras; p. ej., OPEP (Organización de Países Exportadores de Petróleo).

acrópolis *s. f.* Lugar más alto y fortificado en las ciudades griegas, en cuyo reducto se construían los edificios de mayor significación para la ciudad. Es famosa la de Atenas.

acróstico, ca *adj.* **1.** Se dice de la composición poética en la cual las iniciales de sus versos, y p. ext., las medias o las finales, leídas verticalmente, componen una palabra o frase. También *s. m.* **2.** Se aplica a los versos que contienen dichas letras. También *s. m.*

acrótera o **acrotera** *s. f.* Adorno escultórico de la arquitectura griega clásica, situado en el vértice y en los extremos del frontón.

acta *s. f.* **1.** Escrito en que se recogen los asuntos y los acuerdos tratados en una reunión oficial o privada. Se usa mucho en *pl.* **2.** Certificado en el que consta la elección de alguien para un cargo. **3.** Certificación oficial de un hecho; extendida por un notario, se denomina *acta notarial.* ‖ **LOC. levantar acta** Extenderla.

actina *s. f.* Proteína que se encuentra presente en los músculos, donde, en unión de la miosina, produce actomiosina, elemento contráctil de la fibra muscular.

actinia *s. f.* Nombre común de diversos celentéreos marinos de la clase antozoos. Tienen forma de tubo abierto por un extremo y provisto de tentáculos, que recuerdan a una flor. Viven fijos y aislados y se alimentan de peces pequeños. Se llama también *anémona de mar.*

La actinia o anémona de mar: sus tentáculos tienen células urticantes y venenosas, que le sirven para su defensa y para la captura de presas.

actínico, ca *adj.* Se aplica a las radiaciones que producen efectos químicos en diversas sustancias.

actínido *adj.* **1.** Se aplica a cualquier elemento químico del grupo del actinio, cuyo número atómico está comprendido entre el 89 y el 103. También *s. m.* ‖ *s. m. pl.* **2.** Grupo de estos elementos.

actinio *s. m.* Ac. Elemento químico perteneciente al grupo de los actínidos del sistema periódico. Su número atómico es 89 y su masa atómica 227. Es un metal muy raro y escaso, de color plateado, que se forma por la transformación radiactiva del uranio y el radio. Se convierte, por radiactividad natural, en un isótopo estable del plomo.

actinometría *s. f.* Medida de la intensidad de las radiaciones, particularmente las solares. **FAM.** Actinométrico.

actinomorfo, fa *adj.* Se dice de los vegetales y de sus órganos que son simétricos respecto a dos o más planos.

actinopterigios *s. m. pl.* Subclase de peces óseos que se divide en condrósteos, holósteos y teleósteos. Tienen radios en las aletas y carecen de pulmón o lo utilizan como vejiga natatoria. También *adj.* y *s. m.*

action painting (en ingl., 'pintura de acción') Movimiento pictórico surgido en EE UU después de la Segunda Guerra Mundial, ligado al expresionismo abstracto y a sus representantes: Pollock, De Kooning, Kline, etc. Los artistas de esta tendencia adoptan técnicas diversas que pretenden, en general, traducir en sus obras sus impulsos y sentimientos, sin otra mediación que la del propio cuerpo y sus movimientos libres y espontáneos, no limitados por el instrumento que utilizan ni por la reflexión previa.

actitud *s. f.* **1.** Modo de actuar o comportarse ante una circunstancia, hecho, etc. **2.** Postura o gesto que adopta una persona o animal y que muestra una intención o estado de ánimo determinados. **3.** En psicol., disposición estable y continuada de la persona para actuar de una forma determinada. Las actitudes impulsan, orientan y condicionan la conducta, contribuyendo a la formación de los rasgos de la personalidad.

activador, ra *adj.* **1.** Que activa. ‖ *s. m.* **2.** Dispositivo que pone en funcionamiento un mecanismo.

activar *v. tr.* **1.** Dar mayor energía, intensidad o rapidez a algo. También *v. prnl.* **2.** Poner en funcionamiento un mecanismo, p. ej. una alarma o un dispositivo de efecto retardado. También *v. prnl.* **3.** En fís., hacer radiactiva una sustancia. También *v. prnl.* **FAM.** Activación.

actividad *s. f.* **1.** Estado en que se encuentra cualquier persona, animal o cosa que se mueve, trabaja o ejecuta una acción, en el momento en que la está haciendo. **2.** Capacidad de acción o movimiento. **3.** Conjunto de acciones que realizan los seres vivos, especialmente los humanos, o bien cada una de las acciones en particular. **4.** Tareas, acciones, ejercicios, etc., que realiza una persona, o son propias de una profesión, materia, institución, etc. **5.** Trabajo complementario o práctica, especialmente las de una materia escolar. Se usa mucho en *pl.* **6.** En quím., capacidad de una sustancia para reaccionar o para manifestar alguna de sus propiedades. ‖ **7. actividad económica** En econ., parte de la actividad humana dedicada a la producción e intercambio de bienes y servicios. **8. actividad óptica** En fís., propiedad que tienen ciertos compuestos, generalmente orgánicos, de desviar la luz polarizada. En función de que esta desviación se produzca hacia la derecha o hacia la izquierda, dichos compuestos se denominan dextrógiros o levógiros, respectivamente. **9. actividad solar** En astron., conjunto de fenómenos, de duración e intensidad variables, cíclicos o no, que se manifiestan en el Sol (manchas, protuberancias, erupciones, etc.) y ocasionan perturbaciones magnéticas claramente perceptibles en la Tierra.

activismo *s. m.* Acción directa al servicio de una doctrina, partido político, etc. **FAM.** Activista.

activo, va *adj.* **1.** Que obra o tiene la posibilidad de hacerlo. **2.** Diligente, eficaz. **3.** Que tarda muy poco en producir efecto. **4.** Se dice del funcionario o empleado mientras presta servicio. **5.** En ling., se aplica a la voz del verbo que expresa que la acción es ejecutada por el sujeto gramatical, y a las oraciones que tienen el verbo en esa voz. También *s. f.* **6.** En fís. y quím., se dice del material con capacidad para emitir energía o inducir una acción determinada. ‖ *s. m.* **7.** Conjunto de bienes que forman el patrimonio de una persona o entidad. **FAM.** Activamente.

Econ. El activo de una empresa está integrado principalmente por sus bienes muebles e inmuebles, los productos comerciales que posee, las sumas de dinero de caja, las que se le adeudan o las que tiene depositadas en bancos, etc.

acto *s. m.* **1.** Hecho o acción. **2.** Acontecimiento público o solemne. **3.** Cada una de las partes en que puede dividirse una obra teatral. **4.** En la filosofía aristotélico-escolástica, existencia real del ser, opuesta a la potencia. ‖ **LOC. acto seguido** *adv.* A continuación. **en el acto** *adv.* En seguida, inmediatamente. **hacer acto de presencia** Presentarse, estar presente; también, asistir por poco tiempo, por pura fórmula o compromiso, a una reunión, ceremonia, etc.

actor, ra *adj.* Se dice de la parte o persona que demanda en un juicio. También *s.*

actor, triz *s. m.* y *f.* **1.** Persona que representa personajes en el teatro, cine, radio o televisión. **2.** P. ext., persona con gran capacidad para fingir.

Actor's Studio Escuela de arte dramático fundada en Nueva York (1947) por Elia Kazan, Robert Lewis y Cheryl Crawford. El teórico del grupo fue Lee Strasberg, que adoptó el método de interpretación de Stanislavsky. En la escuela se formaron actores como Marlon Brando, James Dean, Paul Newman, Shelley Winters y Al Pacino.

actuación *s. f.* **1.** Acción y efecto de actuar. **2.** En der., diligencias o partes de un procedimiento judicial.

actual *adj.* **1.** Se dice de todo lo que ocurre o se desarrolla en el momento presente. **2.** Que tiene actualidad o está de moda. **FAM.** Actualmente.

actualidad *s. f.* **1.** Tiempo actual, momento presente. **2.** Situación de la persona o cosa que está de moda o suscita interés. **3.** Cualidad de la persona o cosa que hace que ésta no pierda interés con el tiempo.

actualismo *s. m.* Teoría geológica enunciada por Charles Lyell (1797-1875) y que sostiene que los procesos geológicos actuales están producidos por fuerzas exógenas y endógenas similares a las que provocaron esos procesos en el pasado. Se opone a las teorías catastrofistas.

actualizador, ra *adj.* Se dice del elemento o procedimiento lingüístico que sirve para actualizar, como p. ej. el artículo. También *s. m.*

actualizar *v. tr.* **1.** Renovar, poner al día. También *v. prnl.* **2.** Poner de actualidad a una persona o cosa. **3.** En ling., transformar palabras o expresiones que reflejan conceptos abstractos de modo que representen cosas o fenómenos concretos, p. ej. el concepto *justicia* pasa a ser algo concreto por medio del artículo y el adjetivo: *la justicia española.* ▪ Se conjuga como *cazar.* **FAM.** Actualización.

actuar *v. intr.* **1.** Obrar o comportarse de una determinada manera. **2.** Realizar una función que le es propia a la persona o cosa de que se trate. **3.** Representar los actores una obra o función. **4.** Producir un determinado efecto sobre alguien o algo. **5.** En der., iniciar las actuaciones que conforman un proceso judicial. ▪ Obsérvense los acentos en los tiempos de presente y en el imperativo.

ACTUAR

INDICATIVO	SUBJUNTIVO	IMPERATIVO
Presente	**Presente**	
actúo	*actúe*	
actúas	*actúes*	*actúa*
actúa	*actúe*	
actuamos	*actuemos*	
actuáis	*actuéis*	*actuad*
actúan	*actúen*	

actuario *s. m.* **1.** Auxiliar judicial que da fe en los autos procesales. ‖ **2. actuario de seguros** Perito asesor de las compañías de seguros en materia económica y jurídica.

acuaplano *s. m.* Aerodeslizador*.

acuarela *s. f.* **1.** Técnica pictórica que emplea colores transparentes preparados con goma arábiga y que han de diluirse en agua. Generalmente se aplican sobre papel, aunque en China y en Japón es tradicional el soporte de seda. Era conocida por los egipcios, griegos y otros pueblos de la antigüedad, y alcanzó gran perfección entre los chinos. Se utilizó para iluminar los manuscritos. **2.** Obra realizada con esta técnica. ‖ *pl.* **3.** Pinturas que se emplean en esta técnica. **FAM.** Acuarelista.

Acuarela del pintor inglés Joseph Turner (Museo Lázaro Galdiano, Madrid).

acuario *s. m.* **1.** Recipiente especialmente acondicionado para conservar vivos peces y otros animales acuáticos. **2.** Lugar donde se exhiben animales acuáticos.

Acuario **1.** Constelación zodiacal. **2.** Undécimo signo del zodiaco, que el Sol recorre aparentemente entre el 21 de enero y el 18 de febrero. ‖ *s. m.* y *f.* **3.** Persona nacida bajo este signo. ▪ En este caso se escribe con minúscula.

acuartelamiento *s. m.* **1.** Acción y efecto de acuartelar o acuartelarse. **2.** Lugar donde hay tropas acuarteladas, cuartel.

acuartelar *v. tr.* Reunir tropas en un cuartel o hacer que permanezcan en él, en previsión de que sea necesario movilizarlas rápidamente. También *v. prnl.*

acuático, ca *adj.* **1.** Perteneciente o relativo al agua. **2.** Que vive en el agua.

acuatizar *v. intr.* Posarse en el agua un vehículo aéreo. ▪ Se conjuga como *cazar.*

acuchillar *v. tr.* **1.** Herir o matar con cuchillo o cualquier arma de corte. También *v. prnl.* con valor recípr. **2.** Poner lisa una superficie de madera, mediante una máquina o herramienta provista de cuchillas u otro sistema. **FAM.** Acuchillado, acuchillador, acuchillamiento.

acuchucar *v. tr. Chile.* Aplastar, estrujar. ▪ Se conjuga como *sacar.*

acuciante *adj.* Que acucia o urge.

acuciar *v. tr.* Dar prisa, urgir, estimular. **FAM.** Acuciado, acucioso.

acuclillarse *v. prnl.* Ponerse en cuclillas.

acudir *v. intr.* **1.** Ir a alguna parte en donde se tiene algo que hacer o adonde se ha sido llamado. **2.** Venir, suceder o presentarse algo. **3.** Ir en ayuda de alguien. **4.** Recurrir a alguien, buscar su ayuda. **5.** Valerse de algo para un fin.

acueducto *s. m.* Canal o conducto artificial que lleva agua, especialmente el destinado a abastecer un lugar. Puede ser subterráneo, estar construido sobre el suelo o sostenido por un muro, por arcos, por un puente, etc. Conocidos ya en el antiguo Egipto y Asiria, han perdurado los realizados por los romanos: Segovia, Mérida, Nîmes, etc.

acuerdo *s. m.* **1.** Decisión tomada por dos o más personas sobre alguna cosa y, también, el resultado de esa decisión. **2.** Conformidad, armonía. **3.** Resolución tomada por una persona. **4.** *Arg., Col., Méx.* Reunión de una autoridad con sus colaboradores para decidir sobre algún asunto. **5.** *Arg.* Consejo de ministros. **6.** *Arg.* Confirmación de un nombramiento realizada por el Senado. ‖ **LOC. de acuerdo con** *prep.* Conforme a.

acúfeno *s. m.* Sensación auditiva en forma de zumbidos o silbidos que no está motivada por excitación externa del oído.

acuicultura *s. f.* Aprovechamiento o mejora de los recursos vegetales o animales de las aguas, p. ej. cría de peces, mejillones, cangrejos, repoblación de ríos, etc.

acuidad *s. f.* Grado de agudeza en la percepción sensorial.

acuífero, ra *adj.* **1.** Que lleva o contiene agua. || *s. m.* **2.** Conjunto de terrenos que contienen agua en un nivel determinado del subsuelo. || **3. manto acuífero** Capa de agua subterránea.

acullá *adv. l.* A la parte opuesta del que habla. ▪ Sólo se usa en lenguaje lit. junto con otros adverbios de lugar, colocado siempre en último término: *acá y acullá.*

acullico *s. m. Arg., Bol., Perú.* Bola de hojas de coca que se mastica para chupar el jugo.

aculturación *s. f.* Adopción y asimilación por parte de un pueblo de una cultura distinta de la suya.

acumetría *s. f.* Exploración y evaluación de la audición realizada con diapasones.

acumulador, ra *adj.* **1.** Que acumula. || *s. m.* **2.** Aparato capaz de acumular energía. Los más importantes son los eléctricos, dispositivos en los que la energía eléctrica se convierte en energía química. Ésta puede transformarse después nuevamente en eléctrica en la fase de descarga. Así actúan las baterías de los automóviles.

acumular *v. tr.* Juntar personas, animales o cosas de manera que formen un grupo, montón o cantidad considerables. También *v. prnl.* **Fam.** Acumulable, acumulación, acumulamiento.

acumulativo, va *adj.* Que acumula o se acumula. **Fam.** Acumulativamente.

acunar *v. tr.* Mecer al niño en la cuna o en los brazos para que se duerma.

Acuña, Antonio de (? - Simancas 1526) Obispo español. En el reinado de los Reyes Católicos desempeñó importantes misiones diplomáticas en Roma. Más tarde fue uno de los responsables del alzamiento de las Comunidades contra Carlos I. Encarcelado tras la derrota (1521), murió ejecutado.

Acuña, Hernando de (Valladolid h. 1520 - Granada 1580) Cortesano y poeta español. Sirvió a Carlos V y Felipe II en Italia, Francia y Alemania. De estilo petrarquista, es autor de fábulas mitológicas, epístolas, sonetos, canciones y églogas.

Acuña, Juan de (Lima 1658 - México 1734) Político español. Fue gobernador de Messina, virrey y capitán general de Aragón y Mallorca. En 1722 recibió el virreinato de México, cuya economía saneó mediante la reforma de su hacienda.

Acuña, Manuel (Saltillo 1849 - México 1873) Poeta mexicano. Miembro fundador de la sociedad literaria Nezahualcóyotl, escribió *Hojas secas, La ramera, Nocturno a Rosario* y *Junto a un cadáver,* obras publicadas a su muerte.

acuñar^{1} (de *cuño*) *v. tr.* **1.** Imprimir y sellar una pieza de metal mediante un cuño o troquel. **2.** Hacer o fabricar monedas. **3.** Consolidar una palabra, construcción, frase como expresión de una determinada idea. **Fam.** Acuñación.

El acueducto romano de Segovia: construido entre los siglos I y II, tiene 128 arcos y mide 813 m de longitud y 28,5 m de altura.

acuñar^{2} (de *a-*^{2} y *cuña*) *v. tr.* Meter o poner cuñas.

acuoso, sa *adj.* **1.** Que tiene gran cantidad de agua. **2.** De agua o referido a ella. **3.** Similar al agua. **4.** Se aplica a la disolución cuyo disolvente es el agua. **Fam.** Acuosidad.

acupuntura *s. f.* Técnica médica originaria de China que consiste en clavar agujas metálicas en determinados puntos del cuerpo, de los que se afirma que están en relación con órganos internos, para aliviar dolores, provocar estados de anestesia y tratar ciertas enfermedades. En la actualidad se ha extendido a Occidente. **Fam.** Acupuntor.

acurrucarse *v. prnl.* Encogerse para protegerse del frío o por otros motivos. ▪ Se conjuga como *sacar.*

acusable *adj.* Notable, considerable.

acusación *s. f.* **1.** Atribución a una persona de alguna falta o culpa. **2.** En der., escrito o discurso de conclusiones provisionales sobre aquello de lo que se acusa a alguien. **3.** Los fiscales o abogados que acusan en un juicio o proceso. **Fam.** Acusatorio.

acusado, da *adj.* **1.** Destacado, fácil de percibir. || *s. m.* y *f.* **2.** Persona a la que se acusa de algún delito o falta. **Fam.** Acusadamente.

acusar *v. tr.* **1.** Atribuir a uno alguna falta o culpa. También *v. prnl.* con valor reflex. **2.** Comunicar, generalmente a una autoridad, la falta o delito de alguien. **3.** En der., exponer en un juicio los cargos contra el acusado y las pruebas en que se basan. **4.** Manifestar o reflejar el efecto o las consecuencias de alguna cosa. **5.** Tratándose del recibo de algo, especialmente cartas o documentos, hacerlo constar. **Fam.** Acusador.

acusativo *s. m.* Uno de los casos de la declinación del latín, el griego y otras lenguas flexivas, que indica generalmente la función de complemento directo.

acuse *s. m.* **1.** Acción y efecto de acusar, referido al recibo de una carta, documento, etc. || **2. acuse de recibo** Certificación o comunicación por la que se hace saber a quien ha enviado cartas, documentos u otra cosa, que se ha recibido. P. ext., acción de darse por enterado de algo.

acusetas *s. m. Col., C. Rica.* Acusón, soplón.

acusete *s. m. amer.* Soplón. También *adj.*

acusica o **acusón, na** *adj. fam.* En el lenguaje infantil, se dice de la persona que tiene la costumbre de acusar. También *s.*

acústica *s. f.* **1.** Conjunto de cualidades sonoras de un recinto. **2.** Ciencia que estudia las ondas y fenómenos sonoros audibles por el hombre, de una frecuencia comprendida entre 20 y 20.000 hertzios. Se ocupa también de los infrasonidos y los ultrasonidos.

acústico, ca *adj.* **1.** Perteneciente o relativo al sonido o al oído. **2.** Se dice de un tipo de guitarra con cuerdas metálicas y una caja de resonancia de mayor tamaño que la española. También *s. f.*

acutángulo *adj.* Se aplica al triángulo que tiene tres ángulos agudos.

ad- *pref.* Significa 'dirección, cercanía, proximidad, contacto', etc.: *adjunto, adyacente.*

ad calendas graecas *loc. lat. adv.* Significa 'para las calendas griegas' y se refiere a algo que no se cumplirá nunca.

ad hoc *loc. lat. adj.* y *adv.* Significa 'para esto'. Se aplica a lo que se dice o hace sólo para un fin determinado.

ad hominem *loc. lat. adj.* Significa 'al hombre' y se aplica al argumento basado en los propios actos, palabras o razones de aquel a quien se dirige.

ad libitum *loc. lat. adv.* A voluntad, a gusto.

adactilia *s. f.* Ausencia total o parcial de dedos de las manos o de los pies, de origen congénito.

adagio^{1} (del lat. *adagium*) *s. m.* Sentencia breve, de origen popular y con un significado moral.

adagio^{2} (voz ital.) *s. m.* **1.** Tempo musical lento; p. ext., composición o parte de ella que se ha de ejecutar con este movimiento. || *adv. m.* **2.** Con movimiento lento.

adalid *s. m.* **1.** Caudillo militar. **2.** Guía o cabeza de un partido, movimiento, etc.

Adam, Robert (Kirkaldy, Escocia 1728 - Londres 1792) Arquitecto y decorador británico. Realizó una serie de edificios de traza neoclásica y creó un estilo de mobiliario y decoración que lleva su nombre.

Adam de Bremen (s. XI) Cronista alemán. Canónigo de Bremen (1067), escribió *Historia eclesiástica de las iglesias de Hamburgo y de Bremen.*

Adam de la Halle (Arras h. 1240 - Nápoles h. 1285) Trovador francés. Con sus obras abrió camino a las representaciones musicales de tema profano. De ellas destacan *Le jeu de la feuillée* (1262) y *Juego de Robin y Marion* (1275), así como catorce rondós escritos en polifonía.

adamantino, na *adj.* Diamantino*.

adamascado, da *adj.* Se aplica a la tela parecida al damasco.

Adamov, Arthur (Kislovotsk, Cáucaso 1908 - París 1970) Dramaturgo francés de origen armenio. Fue uno de los principales representantes del teatro de vanguardia. Entre sus obras más conocidas se cuentan *La invasión* (1949), *Todos contra todos* (1953), *Paolo Paoli* (1957) y *Primavera del 71* (1963).

Adams, John (Baintree, Massachusetts 1735 - íd. 1826) Político estadounidense. Participó activamente en la independencia de EE UU y sucedió a George Washington en la presidencia del país (1797). Su gobierno hubo de enfrentarse a graves problemas económicos y al efecto de las impopulares leyes que aprobó para garantizar el mantenimiento del orden en el país.

Adams, John Quincy (Baintree, Massachusetts 1767 - Washington 1848) Político estadounidense, hijo del anterior. Fue el inspirador de la doctrina americanista del presidente Monroe, a quien sucedió en 1825. Negoció la compra de Florida a España.

adán *s. m. fam.* Persona desastrada, que no cuida su aspecto exterior. También *adj.*

Adán Nombre que da la *Biblia,* en el libro del *Génesis,* al primer hombre, creado por Dios a su imagen y semejanza.

Adana C. de Turquía, cap. de la prov. del mismo nombre, situada junto al río Seyhan. 777.550 h. en 1985. Posee industria cementera, textil y tabaquera. Es importante nudo de comunicaciones.

adaptación *s. f.* **1.** Acción y efecto de adaptar o adaptarse. **2.** En literatura, música, teatro, etc., conjunto de cambios efectuados en la obra para destinarla a un medio o público distinto de aquel para el que fue creada. **3.** En biol., conjunto de cambios que experimenta un organismo para enfrentarse a las condiciones del medio en que vive. **4.** En psicol., modificación de la conducta y forma de ser de una persona, que tiene como fin acomodarse a las condiciones del medio y mejorar así su integración y actuación en él.

Biol. La biología distingue entre adaptaciones morfológicas o funcionales no transmisibles por herencia, y adaptaciones genéticas que, por implicar un cambio en la dotación de los genes, son susceptibles de transmisión hereditaria. Estas últimas son la base de la evolución de las especies, ya se entiendan como respuesta del organismo a las condiciones ambientales (hipótesis de Lamarck), o como fruto de un proceso de selección natural de los individuos más aptos (hipótesis de Darwin).

adaptador, ra *adj.* **1.** Que adapta o sirve para adaptar. || *s. m.* y *f.* **2.** Persona que realiza la adaptación de una obra literaria, musical, etc. || *s. m.* **3.** Utensilio o mecanismo que sirve para adaptar un enchufe, un aparato eléctrico, etc., a otra corriente, toma o aparato.

adaptar *v. tr.* **1.** Ajustar una cosa a otra o dentro de otra. También *v. prnl.* **2.** Hacer que una cosa destinada a un fin determinado sirva para otro, o bien pueda tener varias finalidades. **3.** Hacer una adaptación de una obra literaria, musical, etc. || *v. prnl.* **4.** Acomodarse alguien o algo a situaciones distintas de aquellas en las que se encuentra o que le son propias. **Fam.** Adaptabilidad, adaptable.

adarga *s. f.* Escudo de cuero de forma ovalada.

adarme *s. m.* **1.** Antigua unidad de peso equivalente a 179 cg. **2.** Cantidad mínima de una cosa.

adarve *s. m.* Camino que se encuentra tras el parapeto en lo alto de una fortificación.

addax *s. m.* Mamífero artiodáctilo de la familia bóvidos, especie *Addax masomaculatus.* Alcanza hasta 1 m de altura en la cruz, su pelaje es de color gris claro y posee cuernos en espiral. Habita en las regiones desérticas del Sáhara y del Sudán.

addenda *s. f.* Conjunto de notas, observaciones u otros complementos que se añaden al final de un escrito.

Addinsell, Richard (Oxford 1904 - Chelsea 1977) Compositor británico. Destacó escribiendo canciones y musicales cinematográficos, como el *Concierto de Varsovia* para la película *Dangerous Moonlight* (1941).

Addis-Abeba o **Addis-Ababa** C. de Etiopía, cap. del país, en la meseta de Abisinia. 1.495.300 h. en 1985. Ciudad moderna, con universidad e interesantes museos. Su economía se basa en industrias ligeras, manufacturas de tabaco, preparación de café y curtidos. Es un importante nudo de comunicaciones y sede permanente de la OUA.

Addis-Abeba: monumento al León de Judá, emblema de Etiopía.

Addison, enfermedad de Conjunto de trastornos físicos debido a una insuficiente secreción de las glándulas suprarrenales. El nombre alude al médico inglés Thomas Addison, que describió sus síntomas en 1855.

Addison, Joseph (Milston, Wiltshire 1672 - Kensington 1719) Escritor y político inglés. Fue miembro del Parlamento por el partido *whig* y secretario de Estado (1717). En su época encarnó el ideal de perfecto *gentleman* británico. Es autor de poemas en latín y la tragedia *Catón* (1713) y fundó las revistas literarias *The Tatler* (1709) y *The Spectator* (1711).

adecentar *v. tr.* Poner decente, aseado o limpio. También *v. prnl.* con valor reflex. **Fam.** Adecentamiento.

adecuar *v. tr.* Adaptar, hacer que una cosa esté proporcionada a otra o sea apropiada para cierto fin. También *v. prnl.* ▪ En cuanto al acento, se conjuga como *averiguar*: *adecua.* **Fam.** Adecuación, adecuadamente, adecuado.

adefesio *s. m.* **1.** Persona de aspecto ridículo y extravagante. **2.** Cosa fea y ridícula; se aplica especialmente a las prendas de vestir. **3.** Disparate, extravagancia.

adehala *s. f.* Lo que se da de más sobre el precio estipulado.

Adelaida (*Adelaide*) C. de Australia, cap. del estado de Australia Meridional, situada en el S del país, próxima a la desembocadura del río Murray. 1.013.000 h. en 1987. Cuenta con industria petroquímica y de automóviles y con un importante puerto.

adelantado, da 1. *p. p.* de **adelantar**. También *adj.* ‖ *s. m.* **2.** Cargo de origen medieval que ostentaba el mando político y militar de una región fronteriza. Más tarde, en América, pasó a designar a la primera autoridad política, militar y judicial al comienzo de la conquista española. ‖ **Loc. por adelantado** *adv.* Por anticipado, antes de un hecho o momento determinado.

adelantar *v. tr.* **1.** Mover a alguien o algo hacia adelante. También *v. prnl.* **2.** Hacer o dar algo antes del plazo señalado o previsto. **3.** Ganar la delantera a una persona o cosa, pasar delante. También *v. prnl.* **4.** Poner un reloj en una hora más avanzada de la que marca. **5.** Superar, aventajar a alguien. **6.** Conseguir, ganar. ‖ *v. intr.* **7.** Funcionar el reloj con más velocidad de la precisa. También *v. prnl.* **8.** Progresar. ‖ *v. prnl.* **9.** Ocurrir o presentarse algo antes de tiempo. **Fam.** Adelantamiento.

adelante *adv. l.* **1.** Más allá o hacia el frente: *No podemos pasar adelante.* ▪ Se suele usar con verbos de movimiento y puede ir pospuesto a sustantivos en construcciones como *carretera adelante, pasillo adelante.* A menudo va reforzado por preposiciones como *hacia, para,* etc. ‖ *adv. t.* **2.** Precedido de preposición o de adverbio de cantidad, expresa tiempo futuro: *en adelante, más adelante.* ‖ *interj.* **3.** Sirve para animar a alguien a seguir haciendo algo o para autorizarle el paso a un lugar.

adelanto *s. m.* **1.** Acción y efecto de adelantar. **2.** Progreso en cualquier aspecto. **3.** Anticipo, aquello que se hace, ofrece o da por adelantado.

adelfa *s. f.* **1.** Arbusto perenne de la familia apocináceas, especie *Nerium oleander.* Alcanza de 2 a 5 m de altura y tiene hojas opuestas lanceoladas, grupos de flores blancas, rojizas, rosáceas o amarillas. Procede de la región mediterránea, y se utiliza como planta ornamental. Su savia es venenosa. **2.** Flor de esta planta.

Flores de la adelfa (Nerium oleander).

adelgazar *v. tr.* Hacer delgado o más delgado. También *v. intr.* y *v. prnl.* ▪ Se conjuga como *cazar.* **Fam.** Adelgazamiento, adelgazante.

ademán *s. m.* **1.** Gesto, actitud o movimiento del cuerpo con que se manifiesta o se indica algo. ‖ *pl.* **2.** Modales. ‖ **Loc. en ademán de** *adv.* En actitud de ir a hacer algo.

además *adv. c.* Expresa que se añade alguna cosa, circunstancia, cualidad, etc., a lo ya citado.

aden- *pref.* Añade el significado de 'glándula': *adenoide, adenopatía.*

Adén 1. Golfo en el océano Índico, entre la costa de Arabia y la península africana de Somalia. Está comunicado con el mar Rojo por el estrecho de Bab el-Mandeb.
2. C. de la República de Yemen, cap. del país desde el año 1990, situada en el golfo del mismo

Adelaida: vista de Victoria Square.

nombre. 365.000 h. en 1986. Cuenta con industria naval, tabaquera y refinerías de petróleo. Antigua colonia británica, constituida en 1937, en 1967 se convirtió en capital de Yemen del Sur.

ADENA Siglas de la Asociación para la defensa de la naturaleza, sección española de la *World Wildlife Fund,* organización creada en 1961 para la conservación del medio ambiente.

Konrad Adenauer.

Adenauer, Konrad (Colonia 1876 - Rhoendorf 1967) Político alemán, fundador del Partido Demócrata Cristiano. En 1949 fue nombrado primer canciller de la República Federal de Alemania, cargo que desempeñó hasta su dimisión en 1963. Fue uno de los impulsores de la unidad europea y decidido partidario de la creación del Mercado Común (1957).

adenina *s. f.* Base nitrogenada púrica, parte constituyente de los ácidos nucleicos.

adenitis *s. f.* Inflamación de los ganglios linfáticos, con aparición de nódulos en cuello, axilas e ingles. La adenitis aguda es secundaria a las infecciones por cocos y la adenitis crónica suele ser generalmente tuberculosa.

adeno- *pref.* Véase **aden-**.

adenoide *adj.* Relativo al tejido que forma los ganglios y glándulas linfáticos. Se aplica especialmente al tejido linfático que, en los niños, recubre la parte posterior de la garganta, y que se atrofia al llegar a la edad adulta.

adenología *s. f.* Parte de la medicina que se ocupa de las glándulas.

adenoma *s. m.* Tumor benigno formado en el tejido glandular.

adenopatía *s. f.* Enfermedad de las glándulas. Se aplica especialmente a la inflamación de los ganglios linfáticos.

adenovirus *s. m.* Tipo de virus esféricos cuyo núcleo contiene ADN y que son responsables de enfermedades como enfriamientos, faringitis, procesos respiratorios agudos, y de diversas enfermedades del ganado, de los perros y de los monos.

adensar *v. tr.* Hacer más denso. También *v. prnl.*

adentrarse *v. prnl.* **1.** Penetrar en el interior de un lugar. **2.** Profundizar en un asunto.

adentro *adv. l.* **1.** Hacia o en el interior de algo. ▪ Suele ir con verbos de movimiento y puede ir pospuesto a sustantivos en construcciones como *tierra adentro, mar adentro.* A veces se refuerza con preposiciones como *hacia, para,* etc. ‖ *s. m. pl.* **2.** Lo íntimo de una persona, su fuero interno. ‖ *interj.* **3.** Forma de ordenar o invitar a alguien a que entre en alguna parte.

adepto, ta *adj.* Partidario o seguidor de alguna persona, idea, doctrina, etc. También *s.*

Ader, Clément (Muret 1841 - Toulouse 1925) Pionero de la aviación francés. Ingeniero de profesión, construyó una máquina de volar más pesada que el aire, a la que denominó avión, con la que se elevó y recorrió unos 50 m en 1890. Aunque perfeccionó su aparato, no consiguió interesar a la industria.

aderezar *v. tr.* **1.** Condimentar los alimentos. **2.** Adornar, arreglar, embellecer. También *v. prnl.* con valor reflex. **3.** Acompañar un acto, una conversación, etc., con un rasgo o detalle que le añade gracia o le sirve de adorno. ▪ Se conjuga como *cazar.*

aderezo *s. m.* **1.** Acción y efecto de aderezar. **2.** Condimento con que se adereza una comida. **3.** Objeto o conjunto de objetos con que se adorna una persona, animal o cosa.

adeudar *v. tr.* **1.** Deber algo a alguien, tener deudas con alguien. **2.** Anotar cierta cantidad en el debe de una cuenta. **3.** Corresponder a una cosa cierto impuesto, sobre todo derechos de aduana.

adeudo *s. m.* **1.** Acción y efecto de adeudar en una cuenta. **2.** Cantidad que hay que pagar como impuesto de aduanas por una mercancía.

adherencia *s. f.* **1.** Acción y efecto de adherir o adherirse. **2.** Cualidad de adherente. **3.** Cosa adherida a la superficie de otra. Se usa más en *pl.* **4.** Soldadura anormal entre dos órganos o superficies del cuerpo humano.

adherente *adj.* Que adhiere o se adhiere. También *s. m.*

adherir *v. tr.* **1.** Pegar una cosa a otra. También *v. intr.* y *v. prnl.* || *v. prnl.* **2.** Unirse a la decisión de otro, abrazar una idea, causa o partido. ■ Es v. irreg. Se conjuga como *sentir.*

adhesión *s. f.* **1.** Acción y efecto de adherirse. **2.** En der., aceptación por parte de un Estado de las cláusulas de un tratado o acuerdo suscrito por otros. **3.** En fís., atracción molecular entre las superficies de dos cuerpos heterogéneos cuando se ponen en contacto. || **4. contrato de adhesión** Contrato por el cual una parte acepta las cláusulas impuestas por la otra parte, sin posibilidad de discusión previa, p. ej. los suscritos por los particulares con algunas compañías de servicios (agua, electricidad, gas, etc.).

adhesivo, va *adj.* **1.** Capaz de adherirse o pegarse. **2.** Se dice de la sustancia utilizada para unir objetos entre sí. También *s. m.* || *s. m.* **3.** Tira o recorte de papel, plástico, tela, etc., engomado por el envés para pegarlo a una superficie.

adiabático, ca *adj.* Se aplica a la transformación termodinámica experimentada por un sistema sin que se produzca intercambio de calor con otros sistemas.

adicción *s. f.* Necesidad física o psíquica que crea en el organismo el consumo habitual de una droga o de otros productos, como el alcohol o el tabaco.

adición *s. f.* **1.** Acción y efecto de añadir o agregar. **2.** Parte añadida a una obra o texto. **3.** En mat., operación de sumar números reales o expresiones algebraicas.
Mat. Los términos que han de sumarse se llaman *sumandos* y el resultado *suma.* El símbolo utilizado es +, que se lee *más.* La adición posee las propiedades asociativa y conmutativa.

adicional *adj.* Se dice de aquello que se añade.

adicionar *v. tr.* Añadir, agregar, sumar.

adicto, ta *adj.* **1.** Seguidor o partidario de alguna persona, idea o cosa. También *s.* **2.** Se dice de la persona que tiene adicción a alguna droga. También *s.* **3.** P. ext., muy aficionado a algo. También *s.*

adiestrar *v. tr.* **1.** Hacer hábil a alguien mediante la práctica. También *v. prnl.* **2.** Enseñar un arte u oficio. También *v. prnl.* **3.** Enseñar a un animal a que obedezca o realice ciertos actos. **Fam.** Adiestrable, adiestrador, adiestramiento.

Adigio Río de Italia. 410 km. Nace en los Alpes, pasa por Trento y Verona y desemboca en el mar Adriático.

adinerado, da *adj.* Que posee mucho dinero. También *s.*

adintelado, da *adj.* **1.** Que tiene forma de dintel. **2.** En arq., se aplica al arco cuyo intradós forma una línea recta.

¡adiós! *interj.* **1.** Se usa para despedirse. **2.** Expresa sorpresa o contrariedad. || *s. m.* **3.** Despedida.

adípico, ácido $HOOC-(CH_2)_4-COOH$. Nombre común del ácido butandicarboxílico, un sólido blanco, cristalino y soluble en agua y en alcohol, que se extrae de ciertas grasas animales y vegetales y del fenol. Se usa para obtener el nailon.

adiposis *s. f.* Enfermedad causada por el exceso de grasa.

adiposo, sa *adj.* **1.** Que tiene grasa. **2.** Gordo, obeso. || **3. tejido adiposo** Tejido abundante en grasa situado bajo la piel, que sirve para aislar térmicamente el cuerpo y como reserva de sustancias energéticas. **Fam.** Adiposidad.

aditamento *s. m.* **1.** Añadidura, complemento. **2.** Nombre dado por algunos lingüistas al complemento circunstancial.

aditivo, va *adj.* **1.** Que puede o debe añadirse. || *s. m.* **2.** Sustancia que se añade a otras para mejorar sus cualidades o darles otras nuevas. P. ej., los aditivos en alimentación, tales como colorantes, conservantes, etc.

adivinación *s. f.* **1.** Acción y efecto de adivinar. **2.** Conjunto de prácticas con las que se intenta predecir o adivinar el futuro o lo oculto. La adivinación se sirve de distintos procedimientos, que pueden estar basados en las posiciones y relaciones de los astros (astrología), en las cartas (cartomancia), en la observación de las líneas de la palma de la mano (quiromancia), etc.

adivinanza *s. f.* Pasatiempo consistente en adivinar una palabra, personaje, etc., a partir de una frase, verso o dibujo que contiene los datos necesarios para ello.

adivinar *v. tr.* **1.** Descubrir el futuro o lo desconocido por medio de magia u otras prácticas sobrenaturales. **2.** Acertar algo. **3.** En construcciones pasivas reflejas, vislumbrar: *La ciudad se adivina a lo lejos.* **Fam.** Adivinable, adivinador, adivinatorio.

adivino, na *s. m.* y *f.* Persona que practica la adivinación.

adjetivar *v. tr.* **1.** Calificar, aplicar adjetivos. **2.** Dar al nombre o a otro elemento lingüístico el valor y función de adjetivo. P. ej., incorporando a un sustantivo determinados sufijos como *-ico, -eño* o *-al* : *vocálico, hogareño, argumental.* También *v. prnl.* **Fam.** Adjetivación, adjetivado.

adjetivo, va *adj.* **1.** Que hace relación a una cualidad o accidente. **2.** Accidental o secundario. || *s. m.* **3.** Parte de la oración que se refiere y modifica al sustantivo, bien expresando su situación, número, posesión, etc. (adjetivo determinativo): *este libro, mi casa;* o añadiendo una cualidad (adjetivo calificativo): *casa bonita.* **Fam.** Adjetival.
Ling. El adjetivo, respecto del sustantivo al que se refiere, puede ser complemento del nombre: *mi libro,* o desempeñar la función de atributo: *Ese libro es caro.* Muchos adjetivos calificativos admiten grados en su significado (positivo, comparativo, superlativo), p. ej., *grande, mayor, máximo,* así como derivación (aumentativo, diminutivo, etc.).

adjudicar *v. tr.* **1.** Otorgar, señalar que una cosa se da o corresponde a alguien, especialmente si ha habido algún tipo de competencia para conseguirla. || *v. prnl.* **2.** Apropiarse de algo, generalmente de forma indebida. **3.** En algunas competiciones deportivas, ganar, obtener, conquistar. ■ Se conjuga como *sacar.* **Fam.** Adjudicable, adjudicación, adjudicador, adjudicante.

adjudicatario, ria *adj.* Se dice de la persona o entidad a quien se adjudica alguna cosa. También *s.*

adjuntar *v. tr.* Enviar juntamente con una carta o cualquier otro escrito notas, facturas, etc.

adjunto, ta *adj.* **1.** Se aplica a lo que está unido a otra cosa. También *adv.*, especialmente en lenguaje comercial y administrativo: *Adjunto le remito la documentación requerida.* **2.** Se dice de la persona que ayuda a otra o colabora con ella en algún trabajo. También *s.*

adlátere *s. m.* y *f.* Persona que acompaña o representa a otra. Suele emplearse en sentido peyorativo.

Adler, Alfred (Viena 1870 - Aberdeen 1937) Psiquiatra austriaco. No concedió tanta importancia como Freud al factor sexual como causa de la neurosis y destacó la influencia del factor

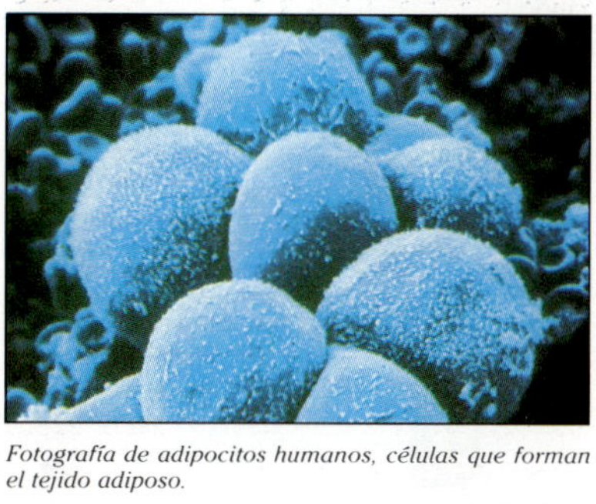

Fotografía de adipocitos humanos, células que forman el tejido adiposo.

de insuficiencia individual o complejo de inferioridad. Es autor de *El temperamento nervioso* (1912), *Conocimiento del hombre* (1927), *La educación de los niños* (1929) y *El significado de la vida* (1933).

Adler, Friedrich (Viena 1879 - Zurich 1960) Político austriaco. Dirigente del Partido Socialdemócrata austriaco, en 1916 atentó contra el primer ministro Stürgkh, causándole la muerte. Fue condenado, pero se benefició de la amnistía proclamada tras la Primera Guerra Mundial. Participó en la creación de la República austriaca y fue secretario de la Internacional Socialista (1923).

Adler, Max (Viena 1873 - íd. 1973) Filósofo austriaco. Pensador marxista, se integró en la socialdemocracia austriaca. Su obra filosófica aborda problemas epistemológicos de la sociología, buscando conciliar la doctrina neokantiana con el marxismo. Sus principales obras son *Problemas marxistas* (1913) y *Lo sociológico en la crítica del conocimiento de Kant* (1925).

adminículo *s. m.* **1.** Objeto pequeño que sirve de ayuda o complemento para algo, como un imperdible o una chincheta. **2.** Cada uno de los objetos que se tienen o llevan para utilizarlos en caso de necesidad.

administración *s. f.* **1.** Acción y efecto de administrar. **2.** Cargo o empleo de administrador y lugar donde realiza sus funciones. **3.** Conjunto de organismos e instituciones encargados de administrar o gobernar algo, particularmente un territorio o una comunidad. **4.** Administración pública. ■ En esta acepción a veces se escribe con mayúscula. || **5. administración central** Conjunto de órganos superiores o de competencia general dentro de la administración pública. **6. administración local** Sector de la administración pública que comprende las provincias, municipios y entidades locales menores. **7. administración pública** Conjunto de organismos del Estado destinados a funciones y fines de carácter público.

administrador, ra *adj.* **1.** Que administra. || *s. m.* y *f.* **2.** Persona que está encargada de llevar las cuentas de los bienes de una familia, empresa, comunidad de vecinos, etc.

administrar *v. tr.* **1.** Dirigir la economía de una casa, empresa, persona, etc. También *v. prnl.* con valor reflex. **2.** Graduar alguna cosa para que ésta resulte suficiente. También *v. prnl.* con valor reflex. **3.** Gobernar un territorio. **4.** Suministrar o distribuir alguna cosa. **5.** Referido a medicamentos, hacerlos tomar o aplicarlos. También *v. prnl.* con valor reflex. **6.** Referido a los sacramentos, conferirlos. **7.** Antepuesto a *justicia,* impartirla. **8.** *fam.* Dar, propinar, especialmente golpes, palizas, etc. || *v. prnl.* **9.** Manejarse, llevar los propios asuntos de determinada manera. **Fam.** Administrado.

administrativo, va *adj.* **1.** Perteneciente o relativo a la administración. || *s. m.* y *f.* **2.** Persona que trabaja en una oficina y lleva a cabo tareas de contabilidad, documentación, etc. **Fam.** Administrativamente.

admirable *adj.* Excelente, digno de admiración.

admiración *s. f.* **1.** Acción y efecto de admirar o admirarse. **2.** Signo ortográfico que se coloca al principio (¡) y al final (!) de una expresión exclamativa.

admirar *v. tr.* **1.** Tener en gran estima a una persona o cosa. **2.** Causar alguien o algo sorpresa, entusiasmo o asombro. También *v. prnl.* **Fam.** Admirablemente, admirador, admirativamente, admirativo.

admisión *s. f.* **1.** Acción y efecto de admitir. **2.** En los motores de combustión interna, primera fase del proceso, en que entra en el cilindro el combustible.

admitancia *s. f.* Magnitud que expresa la facilidad con que circula la corriente alterna por un determinado circuito. Es la inversa de la impedancia y se mide en ohmio^{-1} (Ω^{-1}) o mho.

admitir *v. tr.* **1.** Permitir el acceso de alguien o algo. **2.** Aceptar como válido un argumento, una propuesta, etc. **3.** Reconocer alguna cosa, p. ej., un error, una verdad. **4.** Considerar a alguien de cierta manera, aceptarlo como tal. **5.** Permitir, tolerar. **6.** Tener una determinada capacidad. **Fam.** Admisibilidad, admisible.

admonición *s. f.* **1.** Amonestación, advertencia. **2.** Reconvención, reproche. **FAM.** Admonitorio.

ADN *s. m.* Iniciales de ácido desoxirribonucleico. Es uno de los elementos biológicos más importantes, ya que es el responsable de la transmisión de la herencia genética en casi todos los organismos vivos (excepto algunos virus). La molécula de ADN es la portadora de la información genética, es decir, de las instrucciones codificadas para la formación de células y procesos de metabolismo, transmisibles por generación. La estructura molecular del ADN fue descubierta por los investigadores Francis H. C. Crick, James D. Watson y Maurice H. Wilkins, que recibieron por ello el premio Nobel de medicina en 1962.

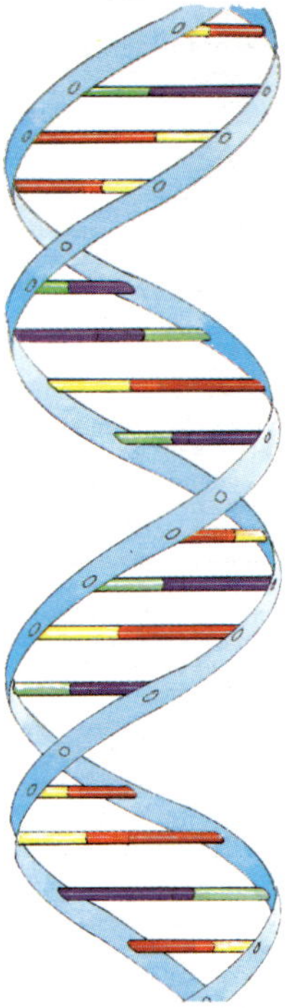

Esquema de una molécula de ADN, formada por dos cadenas de polinucleótidos, dispuestas en espiral y entrelazadas, y una base perpendicular a la cadena, que puede ser adenina, citosina, guanina o timina (en el dibujo, amarillo, morado, verde y rojo, respectivamente).

adobar *v. tr.* **1.** Poner en adobo la carne y el pescado. **2.** Curtir las pieles. **3.** Amañar las cosas o presentarlas de cierta manera para obtener un beneficio o con alguna otra intención.

adobe *s. m.* Mezcla de paja y barro, moldeada en forma de ladrillo y secada al aire, que se utiliza en algunas construcciones.

adobera *s. f.* **1.** Molde para hacer adobes. **2.** Lugar en que se hacen adobes.

adobo *s. m.* **1.** Acción y efecto de adobar. **2.** Caldo o salsa con que se sazona un plato y, en especial, el caldo compuesto de vinagre, sal, orégano, ajos y pimentón, que sirve para sazonar y conservar las carnes y los pescados.

adocenado, da **1.** *p. p.* de **adocenar**. ‖ *adj.* **2.** Vulgar, ordinario.

adocenar *v. tr.* Volver vulgar, mediocre. Se usa más como *v. prnl.* **FAM.** Adocenamiento.

adoctrinar *v. tr.* **1.** Enseñar, instruir. **2.** Decir a una persona cuáles deben ser sus ideas y su conducta. **FAM.** Adoctrinamiento.

adolecer *v. intr.* Presentar alguien o algo un defecto. ▪ Es v. irreg. Se conjuga como *agradecer.*

adolescencia *s. f.* Periodo de la vida humana, comprendido aproximadamente entre los 12 y los 20 años, desde que aparecen los primeros indicios de la pubertad hasta el completo desarrollo del organismo. Se caracteriza por las transformaciones fisiológicas (aparición de los caracteres sexuales secundarios) y psicológicas (capacidad de pensamiento abstracto, nueva escala de valores). **FAM.** Adolescente.

Adonai o **Adonay** Voz hebrea que significa 'mi señor' y se emplea, en la pronunciación judía, como sustitutivo del nombre de Dios, Yahvé.

adonde *adv. rel. l.* **1.** A la parte que, al lugar que: *La ciudad adonde vamos.* ▪ Se escribe junto si lleva antecedente: *el pueblo adonde vamos;* y separado si no lo lleva: *Se dirigían a donde tú sabes.* ‖ *adv. interr.* y *excl. l.* **2.** A qué lugar: *¿Adónde vamos? ¡A dónde se ha subido!* **3.** Se utiliza en algunas expresiones con el verbo *ir* para intensificar aquello que se dice: *¿A dónde vas con ese traje?* ▪ En estas dos últimas acepciones puede escribirse junto o separado y lleva siempre acento gráfico. El uso de *adonde* o *adónde* debe reservarse para expresiones de movimiento.

adondequiera *adv. l.* A cualquier parte. ▪ Va acompañado del relativo *que* y sólo se utiliza con verbos de movimiento.

adónico *adj.* Se aplica al verso de la poesía griega y latina formado por un dáctilo y un espondeo. También *s. m.*

adonis *s. m.* Hombre de gran belleza.

Adonis Personaje mitológico de origen asirio. Era un joven de gran belleza, amante de Afrodita y de Perséfone. Fue muerto por un jabalí.

adopcionismo *s. m.* Herejía acerca del dogma de la Trinidad, que surgió en la iglesia mozárabe española del s. VIII y que afirmaba que Jesucristo, en cuanto hombre, era sólo hijo adoptivo del Padre. **FAM.** Adopcionista.

adoptar *v. tr.* **1.** Hacerse cargo legalmente de una persona, generalmente un niño, como si fuera hijo propio. **2.** Tomar una actitud o resolución. **3.** Adquirir, hacer propio algo, especialmente opiniones, costumbres, etc. **4.** Tomar un carácter o forma determinados. **FAM.** Adopción.

adoptivo, va *adj.* **1.** Se dice de la persona que adopta y de la que es adoptada. **2.** Se dice de la persona o cosa que alguien considera como algo propio, sin serlo realmente.

adoquín *s. m.* **1.** Piedra labrada en forma de prisma rectangular utilizada para pavimentar. **2.** *fam.* Zoquete. También *adj.*

adoquinar *v. tr.* Pavimentar con adoquines en calles o carreteras. **FAM.** Adoquinado.

adorable *adj.* Se dice de la persona o cosa muy agradable, simpática, etc.

adoración *s. f.* **1.** Acción y efecto de adorar. **2.** Obra artística que representa la Adoración de los Magos. ‖ **3. Adoración de los Magos** La que hicieron los Reyes Magos al Niño Jesús; también, festividad cristiana de la Epifanía, en la que se conmemora dicho acontecimiento.

adorar *v. tr.* **1.** Rendir culto a un dios o a un ser, objeto, etc., al que se atribuye carácter divino. **2.** Querer apasionadamente a alguien o sentir gran afición, cariño, etc., por una persona, animal o cosa. **FAM.** Adorador.

adoratorio *s. m.* **1.** Pequeño retablo portátil. **2.** Templo precolombino.

adoratriz *s. f.* Monja de la Congregación de Esclavas del Santísimo Sacramento. También *adj.*

adormecer *v. tr.* **1.** Producir sueño. **2.** Calmar los sentidos, emociones, etc. También *v. prnl.* ‖ *v. prnl.* **3.** Comenzar a dormirse. **4.** Entorpecerse o entumecerse. ▪ Es v. irreg. Se conjuga como *agradecer.* **FAM.** Adormecedor, adormecimiento.

adormidera *s. f.* Nombre común de diversas especies de plantas herbáceas de la familia papaveráceas y género *Papaver.* Tienen hojas alternas, dentadas y flores solitarias de gran tamaño formadas por cuatro pétalos opuestos. De la variedad de flores blancas *(Papaver somniferum)* se extrae el opio. Son originarias de Oriente.

adormilarse *v. prnl.* Quedarse medio dormido.

Adormidera (Papaver somniferum): *detalle del fruto, en el que se han realizado incisiones para obtener un látex del que se extraen la morfina y la codeína.*

adornar *v. tr.* **1.** Embellecer con adornos. También *v. prnl.* **2.** Servir de adorno. También *v. intr.* **3.** Dotar a alguien de cualidades positivas, o estar dichas cualidades en una persona.

adorno *s. m.* **1.** Objeto o cualidad que embellece o mejora. **2.** En mús., conjunto de sonidos intercalados en una melodía, que no tienen valor propio en el compás y se indican mediante ciertas anotaciones o signos. **3.** En tauromaquia, remate de una serie de lances.

Adorno, Theodor W. (Frankfurt del Main 1903 - Visp, Suiza 1969) Filósofo alemán, miembro destacado de la escuela de Frankfurt*. Su obra, en la que se mezclan influencias de Marx, Hegel y Freud, abarca la sociología, la música, la literatura, la dialéctica, etc. Es autor de *Minima moralia* (1951), *Notas sobre literatura* (1959) y *Dialéctica negativa* (1966).

adosar *v. tr.* Colocar una cosa unida a otra o apoyada en ella, generalmente por su parte posterior. **FAM.** Adosado.

ADP *s. m.* Iniciales del ácido adenosindifosfórico, un nucleótido* formado por una molécula de adenina, otra de ribosa y dos de ácido fosfórico, que interviene en los procesos metabólicos celulares.

adquirido, da *adj.* **1.** Obtenido. **2.** Que no es hereditario o innato, sino que procede de la experiencia o del aprendizaje.

adquirir *v. tr.* **1.** Conseguir algo. **2.** Comprar. ▪ Es v. irreg.

ADQUIRIR		
INDICATIVO	**SUBJUNTIVO**	**IMPERATIVO**
Presente	**Presente**	
adquiero	*adquiera*	
adquieres	*adquieras*	*adquiere*
adquiere	*adquiera*	
adquirimos	*adquiramos*	
adquirís	*adquiráis*	*adquirid*
adquieren	*adquieran*	

adquisición *s. f.* **1.** Acción y efecto de adquirir. **2.** Cosa adquirida, especialmente si es bueno o ventajosa. **3.** Persona contratada recientemente, que es valorada como se expresa, bien o mal, etc.

adquisitivo, va *adj.* **1.** Que sirve para adquirir. ‖ **2. poder adquisitivo** Véase **poder**.

Adra C. de España, en la prov. de Almería. 20.300 h. en 1990. Posee agricultura de cultivos bajo plástico y turismo.

adral *s. m.* Tabla situada a los lados de un carro para evitar que se caiga la mercancía.

adrede *adv. m.* Intencionadamente, a propósito.

adrenalina *s. f.* Hormona secretada por las glándulas suprarrenales, así llamadas por estar adheridas a la parte superior de los riñones. Es responsable de las reacciones del organismo ante las situaciones de tensión, como el aumento de la presión sanguínea, del ritmo cardiaco o de la cantidad de glucosa en la sangre, la aceleración del metabolismo, la constricción de los vasos sanguíneos pequeños, etc.

Busto del emperador Adriano (Museo Arqueológico, Sevilla).

Adriano, Publio Elio (Itálica 76 - Bayas 138) Emperador romano (117-138). Sucedió a Trajano y dio al imperio un largo periodo de paz. Impulsó la agricultura y los servicios públicos, así como la cultura y las artes y humanizó la condición de los esclavos. Realizó la primera compilación de la jurisprudencia romana en el código *Edictum Perpetuum.* Construyó en Britania el muro

Adriano, fundó Adrianópolis, en Tracia, y levantó en Roma su propio mausoleo, que después se llamaría Castel Sant'Angelo.

Adriano de Utrecht (Utrecht 1459 - Roma 1523) Papa flamenco (1522-23) con el nombre de Adriano VI. Preceptor de Carlos I, fue nombrado regente de Castilla (1520) al partir Carlos a Alemania para ser proclamado emperador.

Adrianópolis C. de la antigua Tracia (la actual Edirne, en Turquía), fundada por el emperador Adriano. Junto a ella tuvo lugar la famosa batalla en la que Constantino el Grande derrotó a Licinio (323). Posteriormente fue escenario de la derrota sufrida por el emperador Valente frente a los godos (378).

adriático, ca *adj.* Perteneciente o relativo al mar Adriático.

Adriático Mar interior del Mediterráneo, al que se une por el canal de Otranto. Está situado entre Italia y los Balcanes. 132.000 km^2. La costa occidental (Italia) es baja y uniforme; la oriental (Albania, Montenegro, Croacia y Eslovenia), abrupta y muy recortada. Posee un alto grado de salinidad.

adscribir *v. tr.* **1.** Atribuir, asignar algo a una persona o cosa. **2.** Vincular a alguien con un grupo, movimiento, etc. **3.** Destinar a una persona a un servicio, empleo, etc. También *v. prnl.* ■ Su p. p. es irreg.: *adscrito.*

adscripción *s. f.* **1.** Acción y efecto de adscribir o adscribirse. **2.** Vinculación permanente de una persona a su oficio o condición social y de los campesinos a la tierra, característica del bajo imperio romano y del feudalismo medieval.

adsorber *v. tr.* Atraer un cuerpo a otro, líquido o gaseoso, y retenerlo en su superficie. Así actúa, p. ej., el carbón activo empleado para aprehender las partículas en suspensión de gases y líquidos, con lo cual éstos quedan purificados y clarificados. **FAM.** Adsorbente, adsorción.

adstrato *s. m.* En ling., influencia entre dos lenguas o dialectos en contacto, especialmente cuando sus territorios lingüísticos son colindantes o comunes.

aduana *s. f.* **1.** Oficina del Estado, situada en las fronteras o puntos de contacto directo con el exterior (puertos, aeropuertos, estaciones, etc.), en la que se controla el tráfico internacional de viajeros y mercancías. **2.** Aranceles o derechos que se cobran sobre determinadas mercancías a su paso por la frontera.

aduanero, ra *adj.* **1.** De la aduana. ‖ *s. m.* y *f.* **2.** Empleado de aduanas.

aduar *s. m.* Campamento de nómadas, particularmente el de beduinos.

aducción *s. f.* Movimiento que consiste en acercar un órgano o miembro al plano imaginario que divide el cuerpo en dos mitades simétricas. Es opuesto a la abducción.

aducir *v. tr.* Presentar pruebas, razones, etc., para demostrar o justificar algo. ■ Es v. irreg. Se conjuga como *conducir.*

aductor *adj.* Se aplica al músculo que realiza la aducción. También *s. m.*

adueñarse *v. prnl.* **1.** Apropiarse de una cosa. **2.** Hacerse alguien o algo, especialmente un sentimiento, dominante en una persona, grupo, situación, etc.

adular *v. tr.* Halagar con exceso a alguien, generalmente por interés. **FAM.** Adulación, adulador.

adulterar *v. tr.* **1.** Alterar la pureza o las características originarias de algo, generalmente añadiendo otras sustancias. **2.** Falsear o viciar algo. También *v. prnl.* **FAM.** Adulteración, adulterado, adulterador, adulterante.

adulterino, na *adj.* **1.** Se dice del hijo engendrado por adulterio. **2.** Perteneciente o relativo al adulterio.

adulterio *s. m.* Relación sexual entre una persona casada y otra que no es su cónyuge.

adúltero, ra *adj.* **1.** Que comete adulterio. También *s.* **2.** Perteneciente o relativo al adulterio.

adulto, ta *adj.* **1.** Se dice de la persona o animal que ha llegado a su total desarrollo y de lo relativo a ellos. También *s.* **2.** Que ha llegado a su mayor grado de perfección. **FAM.** Adultez.

adusto, ta *adj.* **1.** Se dice de la persona demasiado seria y de sus gestos, actitud, etc. **2.** Muy sobrio y austero. **3.** Yermo, seco. **FAM.** Adustez.

advenedizo, za *adj.* Se dice de la persona que llega a un lugar, posición, etc., donde es considerado un extraño o un intruso.

advenimiento *s. m.* **1.** Llegada, especialmente la de un acontecimiento importante. **2.** Elevación al trono de un rey o papa.

advenir *v. intr.* **1.** Producirse un hecho, llegar un tiempo. **2.** Subir al trono un soberano. ■ Es v. irreg. Se conjuga como *venir.*

adventicio, cia *adj.* **1.** Que ocurre por casualidad o sólo en ocasiones. **2.** Se dice del órgano animal o vegetal que se desarrolla ocasionalmente o en sitio distinto del normal, p. ej. las raíces que les nacen a algunas plantas directamente en el tallo o en las ramas. **3.** Se dice del desplazamiento horizontal de masas de agua o aire; p. ej., las nieblas adventicias.

adventismo *s. m.* Doctrina cristiana protestante que espera la próxima venida de Cristo y el establecimiento de su reino en la Tierra. Su grupo más importante es el de los llamados Adventistas del Séptimo Día. **FAM.** Adventista.

adverbial *adj.* **1.** Perteneciente o relativo al adverbio. **2.** Que tiene sus características o función.

adverbializar *v. tr.* Dar a una palabra o locución el valor o la función de adverbio, p. ej. añadiendo a un adjetivo el sufijo *-mente*: *cortésmente*, o haciéndole perder la variación de género y número: *las balas dieron alto.* ■ Se conjuga como *cazar.* **FAM.** Adverbialización.

adverbio *s. m.* Parte invariable de la oración que modifica al verbo, al adjetivo, a otro adverbio o a toda una oración. Hay adverbios de lugar: *aquí, delante, cerca*; de tiempo: *hoy, ayer, mientras, jamás*; de cantidad: *bastante, mucho, poco*; de modo: *bien, despacio*; de afirmación: *sí*; de negación: *no*; de duda: *quizá*; comparativos: *mejor, peor*; relativos: *como, donde*; interrogativos y exclamativos: *cuándo, cómo, qué.*

adversario, ria *s. m.* y *f.* **1.** Persona que lucha o compite con otra, o se opone a alguien o algo. También *adj.* ‖ *s. m.* **2.** Conjunto de enemigos o rivales.

adversativo, va *adj.* **1.** En ling., se aplica a las oraciones y a las conjunciones (*pero, sino*, etc.) que expresan idea de oposición o contraste: *Le gustaría ir al cine, pero no tiene dinero. No vamos al cine, sino al teatro.* **2.** Perteneciente o relativo a estas oraciones y conjunciones.

adversidad *s. f.* **1.** Cualidad de adverso. **2.** Contratiempo, desgracia, circunstancia adversa.

adverso, sa *adj.* Negativo, desfavorable.

advertencia *s. f.* **1.** Acción y efecto de advertir. **2.** Palabra, gestos, etc., con que se advierte de algo. **3.** Nota aclaratoria o explicativa en un texto.

advertido, da **1.** *p. p.* de **advertir**. También *adj.* ‖ *adj.* **2.** Experto, preparado, capaz.

advertir *v. tr.* **1.** Percibir algo. También *v. intr.* **2.** Llamar la atención de uno sobre algo. **3.** Aconsejar, prevenir, amenazar. ■ Es v. irreg. Se conjuga como *sentir.* **FAM.** Advertimiento.

adviento *s. m.* En la liturgia cristiana, tiempo de preparación a la celebración del nacimiento de Jesucristo, que comprende las cuatro semanas que preceden a la Navidad.

advocación *s. f.* **1.** Denominación que se da a algunas imágenes religiosas, templos, capillas o santuarios, en virtud del personaje sagrado, acontecimiento, etc., al que están dedicados. **2.** Cada uno de los nombres con que se venera a la Virgen.

Ady, Endre (Érmindszent 1877 - Budapest 1919) Poeta húngaro. Es considerado uno de los renovadores de la poesía nacional. Destaca su obra *Sangre y oro* (1907).

adyacente *adj.* **1.** Situado junto a otra cosa. **2.** En ling., se aplica a la palabra o sintagma que modifica a otro, p. ej. el adjetivo o el artículo con respecto al sustantivo. **3.** En geom., se dice de dos ángulos que tienen un mismo vértice y un lado común, estando los lados no comunes sobre la misma recta.

Aecio, Flavio (Durostorum ? - ? 454) Militar y político romano. General en jefe del ejército en época del emperador Valentiniano III, controló realmente el poder entre el 434 y el 454. Al frente de una coalición germana derrotó a Atila en los Campos Cataláunicos (451). Murió asesinado por Valentiniano III, celoso de su poder.

aedo *s. m.* Poeta o recitador de la antigua Grecia, que cantaba, al son de la lira, las leyendas de los dioses o de los héroes mitológicos.

aeración *s. f.* Suministro de aire a un objeto, sustancia, local, etc.

aéreo, a *adj.* **1.** Perteneciente o relativo al aire. **2.** Que se realiza o se desarrolla en el aire. **3.** Perteneciente o relativo a la aviación. **4.** Sutil, vaporoso, ligero.

aero- *pref.* Significa 'aire': *aerodinámico.*

aerobic (voz ingl.) *s. m.* Técnica gimnástica que fomenta la actividad respiratoria mediante ejercicios físicos, generalmente realizados con música.

aerobio, bia *adj.* Se dice del organismo que necesita respirar el oxígeno del aire para vivir. También *s. m.*

aerobús *s. m.* Avión de pasajeros de gran capacidad.

aeroclub *s. m.* **1.** Centro de asociación e instrucción de pilotos de aviación civil o deportiva. **2.** Aeródromo e instalaciones de dicho centro.

aerodeslizador *s. m.* Vehículo terrestre, acuático o anfibio, empleado para el transporte de pasajeros, que se desplaza sobre un colchón de aire producido por el propio vehículo mediante un conjunto de hélices. Alcanza velocidades que oscilan entre 150 y 180 km/h.

aerodinámica *s. f.* Parte de la física que estudia el movimiento de los gases y de los cuerpos que se hallan en su seno.

Fís. La aerodinámica tiene importantes aplicaciones en la industria aeronáutica (diseño de aviones), pues el estudio de las fuerzas que se desencadenan en el interior de los gases en movimiento permite calcular la forma óptima de las aeronaves para alcanzar la máxima velocidad sin salir de una situación de equilibrio estable. Para el estudio de las fuerzas aerodinámicas se utiliza el túnel de viento.

aerodinámico, ca *adj.* **1.** Perteneciente o relativo a la aerodinámica. **2.** Se dice de los vehículos y otras cosas que tienen una forma adecuada para reducir la resistencia al aire.

aeródromo *s. m.* Terreno preparado para el despegue y aterrizaje de los aviones, especialmente el destinado a aparatos particulares, deportivos o militares.

aeroespacial *adj.* Perteneciente o relativo a la aviación y a la aeronáutica conjuntamente.

aerofagia *s. f.* Ingestión de aire, generalmente involuntaria, que produce su excesiva acumulación en el intestino y molestias tales como sensación de hinchazón del vientre, dolores espasmódicos, etc.

aerofaro *s. m.* En los aeropuertos, indicador luminoso o de radio para ayudar a la navegación por la noche o en condiciones de escasa visibilidad.

aerofotografía *s. f.* Fotografía de una superficie tomada desde un avión u otro vehículo aéreo.

Aerofotografía de la ciudad de Orihuela, en la provincia de Alicante.

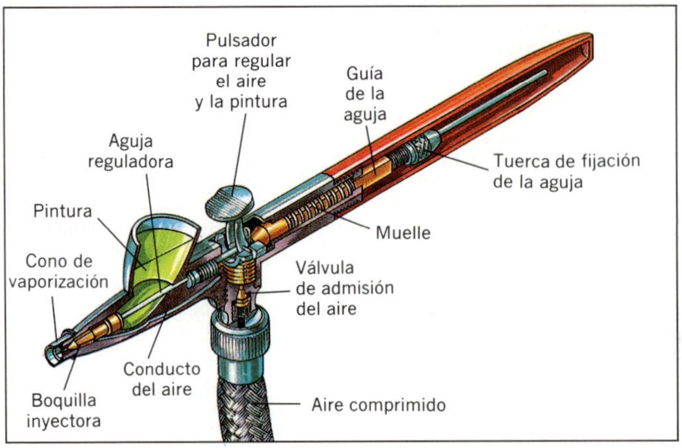

Estructura interna del aerógrafo.

aerofreno *s. m.* En las aeronaves, cada una de las piezas del fuselaje o del interior de las alas que se proyectan hacia afuera, a modo de pantalla, para aumentar la resistencia al aire y frenar el avance del aparato.

aerógrafo *s. m.* Pulverizador de aire a presión que proyecta algún colorante. Se emplea en el retoque fotográfico, en trabajos de dibujo, arte decorativo y, sobre todo, en el diseño gráfico.

aerolínea *s. f.* Compañía de transporte aéreo. Se usa más en *pl.*

aerolito *s. m.* Meteorito, compuesto básicamente de silicatos, que cae en fragmentos sobre la Tierra.

aerometría *s. f.* Ciencia que mide las propiedades físicas del aire, tales como la densidad, la elasticidad, etc.

aerómetro *s. m.* Aparato que mide la densidad del aire y otros gases.

aeromodelismo *s. m.* Deporte y afición que consiste en construir y hacer volar maquetas de aviones. **Fam.** Aeromodelista.

aeromodelo *s. m.* **1.** Maqueta de aeromodelismo. **2.** Modelo de avión a escala reducida usado para experimentación.

aeromotor *s. m.* Motor accionado por la fuerza del aire en movimiento.

aeromoza *s. f. amer.* Azafata de líneas aéreas.

aeronauta *s. m.* y *f.* Piloto o tripulante de una aeronave.

aeronáutica *s. f.* Ciencia que estudia el diseño, la construcción y el manejo de aeronaves. **Fam.** Aeronáutico.

aeronaval *adj.* Relativo a la aviación y a la marina; especialmente, se dice de la operación militar en la que intervienen fuerzas aéreas y navales.

aeronave *s. f.* Vehículo que navega por el aire o el espacio, p. ej. un avión, un aeróstato o un cohete.

aeronavegación *s. f.* Navegación aérea.

aeroplano *s. m.* Avión.

aeropostal *adj.* Perteneciente o relativo al correo aéreo.

aeropuerto *s. m.* Conjunto de instalaciones destinado al despegue y aterrizaje de aviones comerciales o de pasajeros.
Tecnol. Los aeropuertos suelen tener dos grandes áreas: la zona de movimiento de aviones, que comprende las pistas de aterrizaje y despegue y sus accesos, y la zona de servicios, donde están situados los locales de atención al pasajero, la torre de control, el servicio meteorológico, etc. Los aeropuertos modernos están dotados de sistemas de control mediante radar, auxiliados por ordenador, que permiten que los aviones despeguen o aterricen incluso en condiciones de visibilidad prácticamente nula.

aerosol *s. m.* **1.** Solución que, almacenada a presión en un envase, se administra mediante un pulverizador; también, este mismo envase. **2.** Suspensión de partículas ultramicroscópicas de sólidos o líquidos en el aire u otro gas.

aerostación *s. f.* Navegación aérea por medio de aeróstatos.

aerostática *s. f.* Parte de la física que estudia el equilibrio de los gases y cuerpos situados en ellos. **Fam.** Aerostático.

aeróstato o **aerostato** *s. m.* Aeronave llena de un gas menos pesado que el aire, que le permite elevarse en la atmósfera; p. ej., un globo o un dirigible.

aerotaxi *s. m.* Avión pequeño que se alquila para uso privado.

aerotecnia *s. f.* Ciencia que se ocupa de las aplicaciones del aire a la industria. **Fam.** Aerotécnico.

aeroterrestre *adj.* Perteneciente o relativo a las fuerzas o a las operaciones militares conjuntas de los ejércitos de Tierra y Aire.

aerotransportar *v. tr.* Transportar por vía aérea. **Fam.** Aerotransportado.

aerotrén *s. m.* Vehículo que se desplaza deslizándose sobre una vía especial por medio de un colchón de aire.

aerovía *s. f.* Ruta para el vuelo de aviones comerciales.

afable *adj.* Se dice de la persona amable, cordial en el trato con la gente. **Fam.** Afabilidad.

afamado, da **1.** *p. p.* de **afamar**. ‖ *adj.* **2.** Famoso, ilustre, renombrado.

afamar *v. tr.* Hacer famoso, dar prestigio.

afán *s. m.* **1.** Deseo intenso, anhelo. **2.** Esfuerzo e interés con que se hace algo. **3.** Trabajo, fatiga, penalidad. Se usa mucho en *pl.*

afanar *v. tr.* **1.** *fam.* Robar. ‖ *v. prnl.* **2.** Poner gran esfuerzo e interés en algo.

afanípteros *s. m. pl.* Sifonápteros*. También *adj.* y *s. m.*

afanoso, sa *adj.* **1.** Que se afana. **2.** Muy penoso, que cuesta esfuerzo.

afarolado, da **1.** *p. p.* de **afarolarse**. También *adj.* ‖ *adj.* **2.** Parecido a un farol. **3.** En tauromaquia, se dice de la suerte en que el torero pasa el capote o la muleta por encima de su cabeza.

afarolarse *v. prnl.* **1.** *Chile.* Enfadarse. **2.** *Perú.* Exaltarse. **Fam.** Afarolamiento.

afasia *s. f.* Trastorno que consiste en la dificultad o imposibilidad de comprender el lenguaje o de expresarse a través de él. Puede afectar tanto al lenguaje oral como al escrito. Tiene su origen en una lesión cerebral de las áreas del lenguaje.

afásico, ca *adj.* **1.** Que padece afasia. También *s.* **2.** Perteneciente o relativo a la afasia.

afear *v. tr.* **1.** Poner fea a una persona o cosa. También *v. prnl.* **2.** Reprochar a alguien sus actos, su conducta, etc. **Fam.** Afeamiento.

afección *s. f.* **1.** Enfermedad. **2.** Afecto por alguien o por algo.

afectación *s. f.* Falta de naturalidad.

afectado, da **1.** *p. p.* de **afectar**. También *adj.* y *s.* ‖ *adj.* **2.** Que tiene afectación.

afectar *v. tr.* **1.** Atañer, tocar, tener un determinado campo de acción. **2.** Producir un efecto determinado, generalmente perjudicial. **3.** Causar impresión una cosa en alguien. **4.** Poner excesivo cuidado en el modo de hablar, moverse o actuar, perdiendo la naturalidad. **5.** Fingir.

afectísimo, ma *adj. sup.* de **afecto**. Se utiliza sobre todo como fórmula respetuosa de despedida en las cartas. ■ Su abreviatura es *affmo.* o *afmo.*

afectividad *s. f.* **1.** Cualidad de afectivo. **2.** Sensibilidad, propensión a los sentimientos y emociones. **3.** Realidad psíquica del individuo que comprende las emociones y sentimientos.
Psicol. Las vivencias afectivas se forman y organizan a partir de las experiencias iniciales de agrado y desagrado, de placer y dolor. La psicología actual estudia los fenómenos de la afectividad dentro del conjunto de relaciones que unen al individuo con su medio y con los demás individuos. La afectividad tiene un papel fundamental en el desarrollo psicológico de la persona, en su actividad intelectual, en sus actitudes y en su comportamiento.

afectivo, va *adj.* **1.** Perteneciente o relativo al afecto, a los sentimientos. **2.** Sensible, que se emociona con facilidad. **3.** Amable, cariñoso, afectuoso.

afecto *s. m.* **1.** Sentimiento de cariño. **2.** En general, cualquier estado de ánimo, sentimiento o emoción.

afecto, ta *adj.* **1.** Inclinado a una persona, idea o cosa, partidario de ellas. **2.** Adscrito, destinado a trabajar en un determinado lugar.

afectuoso, sa *adj.* Amoroso, cariñoso. **Fam.** Afectuosamente, afectuosidad.

afeitado, da **1.** *p. p.* de **afeitar**. También *adj.* ‖ *s. m.* **2.** Acción y efecto de afeitar o afeitarse. ‖ *s. f.* **3.** *amer.* Afeitado.

afeitadora *s. f.* Máquina de afeitar eléctrica.

afeitar *v. tr.* **1.** Cortar a flor de piel el pelo de alguna parte del cuerpo, en especial el de la barba. También *v. prnl.* con valor reflex. **2.** P. ext., cortar al ras otra cosa parecida. **3.** En tauromaquia, limar los pitones del toro para hacerlos más cortos y que resulten menos peligrosos.

afeite *s. m.* **1.** Cosmético. **2.** Adorno, acicalamiento.

afelio *s. m.* Punto más lejano del Sol en la órbita de un planeta. Se opone a perihelio.

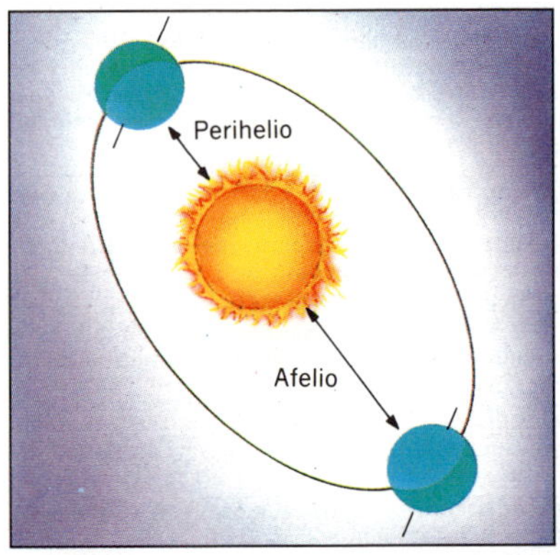

Esquema del afelio y del perihelio. La Tierra está en su afelio en torno al 3 de julio, y en su perihelio en torno al 3 de enero.

afelpar *v. tr.* Dar a la tela o a otra cosa aspecto o tacto de felpa. **Fam.** Afelpado.

afeminado, da **1.** *p. p.* de **afeminar**. ‖ *adj.* **2.** Se dice del hombre que, por su aspecto, forma de hablar y de actuar, se parece a las mujeres. También *s. m.* **3.** Que parece de mujer.

afeminar *v. tr.* Volver afeminado. También *v. prnl.* **Fam.** Afeminación, afeminamiento.

aferente *adj.* Que va de la periferia al centro; particularmente, se dice del vaso sanguíneo, nervio, etc., que entra en un órgano.

aféresis *s. f.* Pérdida de uno o más sonidos al comienzo de palabra, p. ej. *norabuena* por *enhorabuena.*

aferrar *v. tr.* **1.** Agarrar con fuerza. También *v. prnl.* ‖ *v. prnl.* **2.** Insistir con tenacidad en una opinión o postura. **3.** Acogerse a algo como única salida o esperanza. **Fam.** Aferramiento.

affaire (voz fr.) *s. m.* **1.** Asunto, en especial cuando es escandaloso. **2.** Aventura amorosa.

affmo. o **afmo., ma** Abreviaturas de *afectísimo, afectísima.*

Afganistán (*Afghānestān*) Estado continental del O de Asia.

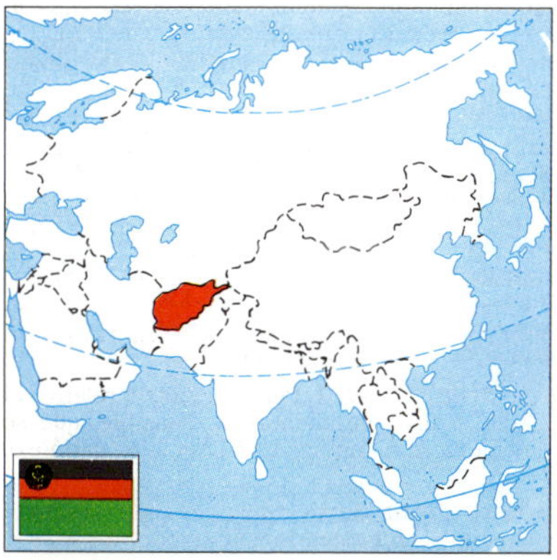

Extensión: 652.225 km^2.
Límites: al N, con Turkmenistán, Uzbekistán y Tayikistán; al E, con Pakistán y China; al S, con Pakistán, y al O, con Irán.
Población: 15.900.000 h. en 1990.
Densidad: 24,2 h./km^2.
Capital: Kabul.
División administrativa: 28 provincias.
Ciudades principales: Kandahar, Mazar-i Sharif, Herat.
Gentilicio: afgano.
Forma de Estado: república democrática.
Idioma: afgano (pashtu), persa.
Religión: islamismo.
Moneda: afganí.
Tasa de natalidad: 48 ‰ en 1990.
Tasa de mortalidad: 22 ‰ en 1990.
Renta per cápita: 230 dólares en 1985.

Geog. País muy montañoso, en su relieve sobresale la gran cordillera del Hindu Kush, en el extremo oriental. Sus estribaciones en el centro del país separan las llanuras septentrionales y meridionales, caracterizadas por una extrema aridez. Lo riegan los afluentes del Amu-Daria en el N y la cuenca endorreica del río Helmand, en el S. Los valles de estos ríos son tierras llanas de regadío, aptas para la agricultura. El clima es continental muy extremado, con escasas lluvias. Hay bosques de cedros, abetos, frutales silvestres y una rica fauna en las tierras altas.

La población es mayoritariamente rural (casi el 82 %) y se concentra en los valles, dedicada principalmente al pastoreo. La agricultura está muy atrasada y hay muchas tierras aún desérticas. Cuenta con ricos recursos mineros: oro, plata, azufre y, sobre todo, gas natural, aunque todos ellos mal explotados. Es el primer productor mundial de lapislázuli, utilizado en joyería. Son famosas las pieles de las ovejas karakul.

Hist. A causa de su situación geográfica, el país ha sido tierra de invasiones o paso de conquistadores. Los sasánidas lo dominaron en el s. VI y luego, bajo árabes y turcos, se convirtió al islamismo. Conquistado por los mongoles en los s. XIII y XIV, sólo en el XVIII logró el sha Ahmed crear un precario estado afgano, amenazado por rusos e ingleses. Convertido en estado-tapón por acuerdo tácito de estas dos potencias, la inestabilidad del país se volvió crónica, unas veces debido a las intromisiones extranjeras y otras a las rencillas de carácter interno.

Al concluir la Primera Guerra Mundial, Afganistán accedió a la independencia, y contó con monarcas como Amanullah y Zahir, que emprendieron su modernización. En 1973 un golpe de Estado derribó la monarquía e instauró la república. El nuevo régimen se inclinó hacia la derecha anticomunista radical, pero, en 1978, un levantamiento revolucionario dio el poder al Partido Democrático Popular (comunista). Sobrevino la guerra civil y la URSS invadió el país al año siguiente. Sus tropas se enfrentaron desde entonces a la guerrilla musulmana de los muyahidines. Tras la llegada al poder de Gorbachov, la URSS decidió la retirada de su ejército, que se completó a principios de 1989. La guerrilla inició el asedio a Kabul, dispuesta a derrocar el régimen de Mohamed Najibulá, lo que consiguió en 1992 con la entrada en Kabul. Los líderes de los principales grupos guerrilleros, Ahmed Sha Masud y Gulbudin Hekmatiar, se disputaron y repartieron el poder.

afgano, na *adj.* **1.** De Afganistán. También *s.* **2.** Se dice de un tipo de perro galgo de pelo largo originario de este país. También *s. m.*

afianzar *v. tr.* **1.** Afirmar, asegurar algo con cuerdas, clavos, sujeciones, etc. **2.** Agarrar o apoyar con fuerza. También *v. prnl.* **3.** Consolidar o hacer más firme una situación, postura, opinión, etc. También *v. prnl.* ▪ Se conjuga como *cazar.* **Fam.** Afianzador, afianzamiento.

afiche *s. m.* Cartel de propaganda o aviso expuesto al público.

afición *s. f.* **1.** Inclinación que se siente hacia alguna persona, actividad o cosa. **2.** Actividad o cosa a la que uno es aficionado. **3.** Conjunto de personas interesadas en algún deporte o espectáculo. **4.** Empeño, interés. **5.** Afecto, cariño.

aficionado, da *adj.* **1.** Que tiene afición a alguien o algo. También *s.* **2.** Se dice de la persona que practica una actividad, principalmente deportiva, de forma no profesional, y de esa actividad. **3.** Que siente gran interés por un espectáculo y asiste con frecuencia a él. También *s.*

aficionar *v. tr.* Inclinar a alguien a que le guste alguna persona, actividad o cosa. También *v. prnl.*

áfidos *s. m. pl.* Superfamilia de insectos homópteros que comprende unas 4.000 especies, conocidas con el nombre de pulgones. Se alimentan principalmente de savia de las plantas y se reúnen en colonias de muchos individuos, por lo que son muy perjudiciales para la agricultura. La filoxera de la vid, insecto de esta superfamilia, constituye una plaga muy perniciosa. También *adj.* y *s. m.*

afijo, ja *adj.* **1.** Se dice de la partícula que se utiliza para formar palabras derivadas y compuestas. Si está al comienzo, se llama prefijo: *in*-exacto; si está en medio, se llama infijo: pan-*ad*-ero; si está al final, se llama sufijo: lech-*ero.* También *s. m.* **2.** Se aplica al pronombre que se añade al verbo formando una palabra con él, p. ej. parecía*le.* También *s. m.* ‖ **3. afijo de un número complejo** En mat., punto representativo o punto del plano asociado al número complejo en una representación gráfica.

afilado, da **1.** *p. p.* de **afilar**. También *adj.* ‖ *adj.* **2.** Delgado, fino. **3.** Hiriente, mordaz.

afilador, ra *adj.* **1.** Que afila. ‖ *s. m.* **2.** Persona que tiene el oficio de afilar objetos cortantes.

afilalápices *s. m.* Sacapuntas.

afilar[1] (de *filo*) *v. tr.* **1.** Sacar punta o filo a un objeto o afinar la punta de los que ya la tienen. **2.** Hacer algo más agudo o penetrante, p. ej. la voz o la mirada. También *v. prnl.* ‖ *v. prnl.* **3.** Adelgazarse la cara, nariz o dedos. **4.** *Bol., Méx., Urug.* Prepararse con empeño para llevar a cabo una tarea. **Fam.** Afilamiento.

afilar[2] (del lunfardo *filar*, engañar) *v. tr.* **1.** *Arg., Par., Urug.* Cortejar a las muchachas. **2.** *Chile. vulg.* Mantener relaciones sexuales.

afiliación *s. f.* **1.** Acción y efecto de afiliar o afiliarse. **2.** Conjunto de afiliados.

afiliar *v. tr.* Hacer a una persona miembro de una sociedad, grupo, movimiento, etc. Se usa más como *v. prnl.* **Fam.** Afiliado.

afiligranado, da **1.** *p. p.* de **afiligranar**. ‖ *adj.* **2.** De filigrana. **3.** Parecido a la filigrana. **4.** Pequeño, detallado y delicado.

afiligranar *v. tr.* **1.** Hacer filigrana. **2.** Embellecer esmeradamente algo.

áfilo o **afilo, la** *adj.* En bot., desprovisto de hojas.

afilón *s. m.* **1.** Correa engrasada que sirve para suavizar el filo. **2.** Chaira de los carniceros.

afín *adj.* **1.** Que tiene en común algún aspecto, cualidad o carácter con otra persona o cosa. ‖ *s. m.* y *f.* **2.** Pariente, allegado.

afinador, ra *adj.* **1.** Que afina. ‖ *s. m.* y *f.* **2.** Persona que tiene por oficio afinar pianos u otros instrumentos musicales. ‖ *s. m.* **3.** Utensilio para templar pianos y otros instrumentos.

afinar *v. tr.* **1.** Hacer fina, delgada o suave una cosa. También *v. prnl.* **2.** Hacer más educada y cortés a una persona. Se usa más como *v. prnl.* **3.** Hacer que algo sea lo más preciso, eficaz o ajustado posible. También *v. intr.* **4.** Dar los últimos retoques a algo para que quede perfecto. También *v. prnl.* **5.** Establecer la relación correcta entre los diferentes sonidos que emite un instrumento musical. **6.** Purificar los metales. ‖ *v. intr.* **7.** Cantar o tocar un instrumento musical con la entonación adecuada. **Fam.** Afinación, afinadamente, afinado.

afincar *v. tr.* Fijar la residencia en un lugar. Se usa más como *v. prnl.* ▪ Se conjuga como *sacar.* **Fam.** Afincamiento.

afinidad *s. f.* **1.** Semejanza entre dos o más cosas. **2.** Coincidencia de caracteres, gustos, etc., entre personas. **3.** En quím., tendencia a combinarse entre sí los átomos, moléculas o grupos moleculares. **4.** En der., parentesco que el casamiento establece entre cada cónyuge y los familiares por consanguinidad del otro. Comprende siempre la línea recta y la colateral hasta el segundo o tercer grado, según se trate de matrimonio canónico o civil. En algunas legislaciones, el parentesco por afinidad puede constituir impedimento para contraer matrimonio. ‖ **5. afinidad electrónica** Capacidad de los elementos químicos para captar electrones. En este proceso los átomos se convierten en iones negativos y se desprende energía. Es una propiedad periódica y, de forma general, aumenta al avanzar de izquierda a derecha y de abajo hacia arriba en el cuadro del sistema periódico de los elementos.

afirmación *s. f.* Acción y efecto de afirmar.

afirmar *v. tr.* **1.** Poner firme, dar firmeza. **2.** Decir o asegurar que una cosa es cierta o darla por tal. ‖ *v. intr.* **3.** Decir que sí. ‖ *v. prnl.* **4.** Ratificarse en algo. **5.** Adquirir estabilidad o seguridad.

Afganistán: el valle de Bamivan, en el que se observa, al fondo, el nicho que contiene una escultura de Buda.

afirmativo, va *adj.* **1.** Que afirma. **2.** Se dice de la oración o proposición en la que se da conformidad entre el sujeto y el predicado, p. ej.: *Mañana iremos todos.* **FAM.** Afirmativamente.

aflamencado, da *adj.* Agitanado, que tiene aire o modales de flamenco.

aflautado, da *adj.* Que tiene un sonido agudo y suave, parecido al de la flauta. **FAM.** Aflautar.

aflicción *s. f.* Tristeza, pena, dolor. **FAM.** Aflictivo.

afligir *v. tr.* **1.** Causar dolor, tristeza, consternación. ‖ *v. prnl.* **2.** Sentir pena. ▪ Se conjuga como *surgir.* **FAM.** Afligidamente, afligido.

aflojar *v. tr.* **1.** Hacer que algo esté más flojo. También *v. prnl.* **2.** *fam.* Con palabras como *dinero, pasta,* etc., entregarlo. ‖ *v. intr.* **3.** Ceder o debilitarse una cosa. También *v. prnl.* **4.** Dejar uno de esforzarse en una actividad. **FAM.** Aflojamiento.

aflorar *v. intr.* **1.** Asomar a la superficie del terreno y por fenómenos naturales un filón, una capa de agua o una masa mineral cualquiera. **2.** Aparecer algo oculto o interno. **FAM.** Afloramiento.

afluencia *s. f.* **1.** Acción y efecto de afluir. **2.** Conjunto de personas que acude a un sitio con algún fin. **3.** Abundancia. **4.** Facilidad de palabra, facundia.

afluente *s. m.* Río secundario que vierte sus aguas en otro principal.

afluir *v. intr.* **1.** Ir a parar a un determinado lugar una corriente de agua o de otra cosa que discurre de forma parecida. **2.** Acudir en abundancia personas o cosas a un lugar. ▪ Es v. irreg. Se conjuga como *huir.*

aflujo *s. m.* Afluencia de líquido, especialmente la sangre, a un tejido orgánico en cantidad mayor a la correspondiente a su estado normal.

afonía *s. f.* Pérdida total o parcial de la voz como consecuencia de la incapacidad o dificultad para usar las cuerdas vocales.

afónico, ca *adj.* Que padece afonía. También *s.*

aforar *v. tr.* **1.** Medir la cantidad de agua de una corriente en una unidad de tiempo. **2.** Calcular la capacidad de un depósito o la cantidad de líquido, grano, etc., que contiene. **3.** Calcular la capacidad de un local. **4.** Dar, conceder fuero. **5.** Pagar el foro de una finca. **6.** *fam.* Pagar, especialmente una deuda. ▪ Este verbo es irregular en la cuarta acepción, conjugándose como *contar.*

aforismo *s. m.* Sentencia breve que resume un pensamiento o reflexión. **FAM.** Aforístico.

aforo *s. m.* **1.** Acción y efecto de aforar. **2.** Totalidad de las localidades que pueden ser ocupadas en cualquier recinto dedicado a espectáculos públicos.

Afortunadas, islas Nombre que en la antigüedad se daba a las islas Canarias.

afortunado, da *adj.* **1.** Se aplica a las personas que tienen buena suerte, y a aquello que la trae. También *s.* **2.** Feliz, dichoso. También *s.* **3.** Acertado, oportuno. **FAM.** Afortunadamente.

África: paisaje de sabana en el parque nacional de Serengeti, Tanzania.

afótico, ca *adj.* Privado de luz. Se aplica al espacio submarino por debajo de los 200 m de profundidad, en el cual no penetra la luz solar, por lo que no es posible la vida de los vegetales autótrofos.

afrancesado, da **1.** *p. p.* de **afrancesar**. También *adj.* ‖ *adj.* **2.** Se aplica a los españoles que en la guerra de la Independencia colaboraron con la monarquía de José I Bonaparte. Entre los afrancesados, que en su mayor parte habían sido ilustrados, se contaban Cabarrús, Fernández Moratín, Meléndez Valdés, Lista y Blanco White. También *s.*

afrancesar *v. tr.* Dar carácter francés o inclinación a lo francés. También *v. prnl.*

afrenta *s. f.* **1.** Vergüenza, humillación. **2.** Dicho o hecho que ofende al honor o la honradez de alguien. **FAM.** Afrentar, afrentosamente, afrentoso.

África Continente que se extiende entre los 37° 52′ de latitud N y los 34° 51′ de latitud S, y los 19° 55′ de longitud O y los 51° 22′ de longitud E.

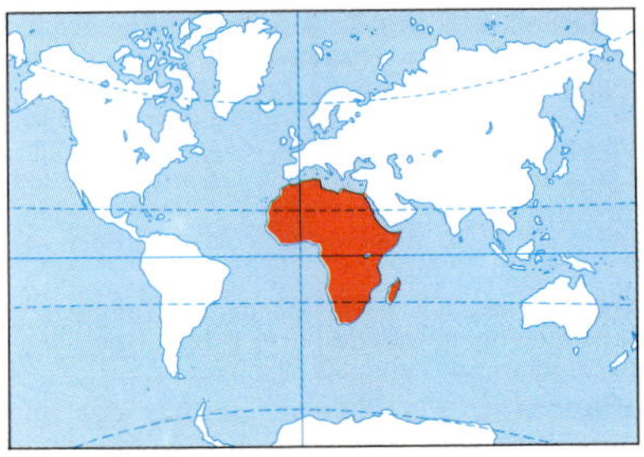

Extensión: 30.284.631 km^2.
Límites: al N, con el mar Mediterráneo; al E, con el océano Índico y el mar Rojo; al S, con los océanos Atlántico e Índico, y al O, con el océano Atlántico.
Población: 661.000.000 h. en 1990.
Densidad: 21,8 h./km^2.
Gentilicio: africano.
Religiones: animismo, islamismo, cristianismo, judaísmo.
Países: Angola, Argelia, Benin, Botswana, Burkina Faso (ex Alto Volta), Burundi, Cabo Verde, Camerún, Chad, Comores, Congo, Costa de Marfil, Egipto, Etiopía, Gabón, Gambia, Ghana, Guinea, Guinea Ecuatorial, Guinea-Bissau, Kenia, Lesotho, Liberia, Libia, Madagascar, Malawi, Malí, Marruecos, Mauricio, Mauritania, Mozambique, Namibia, Níger, Nigeria, República Centroafricana, República Sudafricana, Ruanda, Santo Tomé y Príncipe, Senegal, Seychelles, Sierra Leona, Somalia, Sudán, Swazilandia, Tanzania, Togo, Tunicia, Uganda, Yibuti, Zaire, Zambia y Zimbabwe.
Ríos: vertiente mediterránea, Muluya, Chelif y Nilo; vertiente atlántica, Draa, Senegal, Gambia, Volta, Níger, Zaire (Congo), Kuanza, Kunene y Orange; vertiente índica, Limpopo y Zambeze.
Lagos: Victoria, Tanganica, Malawi, Turkana, Mobutu Sese Seko, Moero, Chad.
Montes: al N, Gran Atlas, Atlas, Anti-Atlas, Ahaggar, Tibesti; al E, Montes de Etiopía, Kenia, Kilimanjaro, Ruwenzori; al S, Drakensberg; al O, Lomá, Camerún y Serra da Neve.
Cabos: en la costa atlántica, Juby, Bojador, Blanco, Verde, Palmas, López, Buena Esperanza; en la costa índica, Agujas, Corrientes, Delgado y Guardafuí; en la mediterránea, Bon y Espartel.
Golfos: en el Atlántico, Guinea; en el Índico, Aden, Sofala, Maputo y Algoa; en el Mediterráneo, Gabes y Sirte.
Islas: en el Índico, Zanzíbar, Pemba, Comores, Seychelles, Mascareñas, Madagascar; en el Atlántico, Madeira, Canarias, Cabo Verde, Santo Tomé, Príncipe, Bioko (Fernando Poo), Santa Elena.

Geog. África es, geológicamente, una plataforma rígida no afectada por plegamientos recientes, salvo en el NO (Atlas). Predominan las mesetas elevadas, sobre las que destacan algunos macizos montañosos: el Atlas, que se extiende por el noroeste y que alcanza su mayor altura en el Yebel Tubkal (4.165 m); los montes Ahaggar y Tibesti, en el desierto del Sáhara, que superan los 3.000 m; los montes Drakensberg en el SE (Ntlenyana, 3.492 m); y el macizo de Abisinia y los de Uganda, Kenia y Tanzania, en el África oriental, con montes como el Kilimanjaro (5.895 m) y Kenia (5.194 m), los más altos del continente. Sus costas son rectilíneas, con pocos accidentes y escasos puertos naturales. Los ríos son largos y caudalosos y se alimentan de las abundantes lluvias tropicales, pero la existencia de numerosos rápidos y cascadas los hace poco aptos para la navegación. El más largo es el Nilo-Kagera (6.671 km), seguido del Zaire o Congo (4.200 km), el Níger (4.160 km) y el Zambeze (2.660 km).

Es el continente más cálido de la Tierra y sus zonas climáticas se distribuyen simétricamente al N y al S de una zona ecuatorial, muy cálida y húmeda, ocupada por la selva: dos zonas tropicales, muy cálidas, con estaciones seca y húmeda, cuya vegetación característica es la sabana; dos zonas desérticas (Sáhara al N, Kalahari al S) y dos zonas templadas (región mediterránea al N, región de El Cabo al S) con clima y vegetación mediterráneos.

La raza blanca se extiende desde la costa mediterránea al S del Sáhara, y hay núcleos de colonos europeos dispersos por todo el continente. La raza negra ocupa todo el espacio al S del Sáhara. La población se distribuye muy desigualmente entre grandes concentraciones urbanas e inmensos espacios deshabitados. Se hablan más de ochocientas lenguas. La religión preponderante es la animista, seguida por la musulmana, la cristiana y la judía.

Hist. Es muy posible que África fuera el lugar originario del ser humano. En la antigüedad, una de las más antiguas civilizaciones del mundo surgió hace siete mil años en el valle del Nilo. La costa mediterránea sufrió después la influencia de fenicios y griegos. El imperio de Cartago (en la actual Tunicia) sucumbió ante los romanos, que llegaron a dominar toda la zona septentrional. En la Edad Media los árabes conquistaron todo el N y llegaron hasta Sudán.

Desde esta época hasta los comienzos de la colonización europea se desarrollaron en el interior del continente grandes conjuntos políticos, llamados imperios. Al S del Sáhara destacaron el imperio de Ghana, el mandinga y el songay, en el O; los imperios de Bornu, Uadai y Baguirmi en el centro y E; y los imperios ashanti y yoruba en la costa atlántica. Al S del ecuador se conoce la existencia de estados bantúes y de la confederación zulú, que fue destruida por los ingleses en el s. XIX.

Los europeos iniciaron a partir del s. XV su presencia en las costas africanas. Portugueses, españoles, franceses, ingleses y holandeses establecieron factorías dedicadas al comercio de oro y esclavos con destino a América. En el s. XIX el continente fue explorado sistemáticamente y, al final, repartido entre las potencias coloniales europeas, principalmente Francia y Reino Unido y, en menor medida, Portugal, Italia, Bélgica, Alemania y España.

Al término de la Segunda Guerra Mundial surgió un poderoso movimiento nacionalista en todo el continente y se produjo la descolonización de los países africanos. Los nuevos Estados afrontan su propia construcción, tratando de resolver el subdesarrollo económico, la inestabilidad política, la fragmentación social en distintas etnias y culturas y buscando el establecimiento de unas

África: dunas en el desierto del Sáhara, cerca de Touggourt, Argelia.

África: la avenida de la Independencia, en Lusaka, capital de Zambia.

nuevas relaciones con los países desarrollados mediante el diálogo Norte-Sur.
Arte El arte africano hunde sus raíces en la prehistoria, periodo del que se conservan numerosas muestras de pinturas rupestres por todo el continente. Excavaciones realizadas al S de Nigeria han permitido conocer también una rica reproducción escultórica en bronce que data de los s. XIII al XVIII. Como efecto del animismo imperante entre los pueblos del África negra, las estatuillas, máscaras y fetiches tallados en madera ocupan un lugar destacado en la producción artística, así como los objetos suntuarios de los pueblos más desarrollados. La producción se concentra en África occidental y la cuenca del río Zaire (Congo). Con la descolonización se ha producido un relanzamiento del arte africano, que une sus tradiciones culturales con los últimos movimientos estéticos mundiales. Lo mismo ocurre con el cine africano, en que destacan los directores Sembene Ousmane, senegalés, y el nigeriano Ola Balogun.
Lit. Sobre el fondo de una rica tradición oral, ha surgido al compás de la colonización europea lo que se conoce como literatura neoafricana, escrita en lenguas locales, en francés y en inglés. En yoruba escribió D. O. Fabunwa (fallecido en 1963) y en sotho, T. Mofolo (1875-1948). En francés sobresalen la producción del senegalés Léopold Sédar Senghor, cabeza del movimiento de la negritud (1932), tendencia que buscaba la revalorización del hombre negro ante los ojos de los colonizadores, y la del también senegalés Sembene Ousmane (nacido en 1923), director de cine y novelista, autor de *Les bouts de bois de Dieu*. En lengua inglesa destacan los nombres de los nigerianos Amos Tutuola (*El bebedor de vino de palma*, 1920) y Wole Soyinka, premio Nobel en 1986, autor de *Los intérpretes* (1965), el keniano Ngugi wa Thiong'o, autor de *Pétalos de sangre* (1977) y la sudafricana Nadine Gordimer, premio Nobel en 1991 y autora de *El conservacionista* (1974). En portugués escribe el mozambiqueño L. B. Honwana (*Nós matamos a cão tinhoso*, 1942). En árabe sobresale el egipcio Naguib Mahfuz, autor de *El callejón de los milagros* (1966), que fue galardonado con el premio Nobel en 1988.
Mús. En la mayoría de los pueblos africanos, la música tiene todavía un carácter ritual, basada principalmente en la percusión y el canto coral, con gran sentido del ritmo y del timbre. La música africana trasladada a América ha ejercido enorme influencia y ha dado lugar al nacimiento de géneros muy populares: blues, jazz, samba, etc.

África, guerra de Conflicto armado entre España y las cabilas rifeñas de Marruecos entre 1859 y 1860. Comenzó a causa de los ataques sufridos por las plazas españolas en la región. El general O'Donnell obtuvo la victoria de Tetuán y poco después la de Wad-Ras, lo que obligó a los rifeños a pedir la paz.

África Central Británica Nombre con que se designó la federación del protectorado de Nyassa, la colonia de Rhodesia del Norte y dominio de Rhodesia del Sur (1961-64).

África del Sudoeste o **África Sudoccidental Alemana** Véase **Namibia**.

África Ecuatorial Francesa Nombre del estado colonial establecido por Francia en África entre 1910 y 1958, que comprendía las posesiones de Gabón, Congo Medio, Ubangui-Chari y Chad, con capital en Brazzaville. En 1958 fueron transformadas en repúblicas asociadas, paso previo a su plena independencia.

África Occidental Francesa Nombre del gobierno colonial francés de los territorios de Senegal, Mauritania, Sudán, Alto Volta, Níger, Guinea francesa, Costa de Marfil y Dahomey entre 1895 y 1958.

África Oriental Alemana Nombre del estado colonial alemán creado en 1891 y que englobaba los territorios de la sociedad alemana del África Oriental, entre los lagos Victoria y Tanganica y el océano Índico. Fue ocupado por británicos, belgas y portugueses entre 1914 y 1917, con ocasión de la Primera Guerra Mundial.

África Oriental Británica Nombre con que se designó en 1920 los territorios que constituían la colonia británica de Kenia, que comprendía entonces el protectorado de Uganda y el mandato de Tanganica.

africado, da *adj.* En fon., se dice del sonido cuya articulación consiste en una oclusión seguida de una fricación, producidas rápida y sucesivamente entre los mismos órganos, p. ej. la *ch*. También *s.*

africanismo *s. m.* **1.** Defensa de lo africano o inclinación a lo africano. **2.** Influencia ejercida por la cultura africana.

africanista *adj.* **1.** Perteneciente o relativo al africanismo. ‖ *s. m.* y *f.* **2.** Persona dedicada al estudio de asuntos africanos.

africano, na *adj.* De África. También *s.*

Afrika Korps Cuerpo del ejército alemán dirigido por Rommel, que actuó durante la Segunda Guerra Mundial en el N de África (1941-1943).

afrikaans *s. m.* Lengua neerlandesa hablada por los afrikaners. Es lengua oficial de la República Sudafricana desde 1925, junto con el inglés.

afrikaner *adj.* **1.** Se dice de los sudafricanos descendientes de los bóers. También *s.* **2.** Perteneciente o relativo a estas personas.

afro *adj.* **1.** Africano. ▪ Suele utilizarse en palabras compuestas, como *afroamericano*, *afrocubano*, etc. **2.** Se dice de un peinado con el pelo muy rizado.

afroamericano, na *adj.* **1.** Se dice de los individuos descendientes de los negros africanos llevados a América. También *s.* **2.** Perteneciente o relativo a estos individuos.

afrocubano, na *adj.* Se dice del cubano negro de origen africano, así como del arte y la música afroamericanos desarrollados en Cuba. También *s.*

afrodisiaco o **afrodisíaco, ca** *adj.* Se dice de las sustancias, alimentos, etc., que excitan el deseo sexual. También *s. m.*

Afrodita Diosa griega del amor y de la belleza, llamada Venus por los romanos. De su unión con Ares nacieron Eros (el Amor) y Fobos (el Temor).

afrontar *v. tr.* Hacer frente a un enemigo, peligro o dificultad.

afta *s. f.* Pequeña úlcera que se forma en las mucosas, especialmente en las de la boca, tal vez de origen vírico.

aftershave (voz ingl. que significa 'después del afeitado') *s. m.* Loción que se aplica después de afeitarse. También *adj.*

aftersun (voz ingl. que significa 'después del sol') *s. m.* Loción o crema hidratante para hidratar y refrescar la piel después de tomar el sol. También *adj.*

afuera *adv. l.* **1.** Hacia la parte exterior o en lo exterior. ‖ *s. f. pl.* **2.** Alrededores o inmediaciones de una ciudad o población.

afuereño, ña *adj. amer.* Forastero. También *s.*

Afzelius, Adam (Larf 1750 - Uppsala 1837) Botánico sueco. Fue discípulo de Linneo y exploró Guinea.

Ag Símbolo químico de la plata.

Aga Kan Príncipe y jefe religioso musulmán de los ismailíes nazaríes.

agá (voz turca) *s. m.* En el imperio turco, dignatario de la corte del sultán.

agachadiza *s. f.* Nombre común de diversas especies de aves caradriformes de la familia escolopácidos, géneros *Capella*, *Lymnocryptes*, etc. La agachadiza común *(Gallinago gallinago)* mide unos 27 cm de longitud y tiene el dorso negro rojizo, la cabeza estriada, el vientre blanco y el pico largo y recto. Su vuelo, en zigzag, es muy rápido. Se alimenta principalmente de gusanos y moluscos que extrae del fango. Vive en Europa y Asia e inverna en África y SE asiático.

Agachadiza común (Gallinago gallinago).

agachar *v. tr.* **1.** Inclinar una parte del cuerpo, sobre todo la cabeza. ‖ *v. prnl.* **2.** Inclinarse o doblar las rodillas.

Agadir C. de Marruecos, en la costa O del país. 110.400 h. en 1982. Posee un importante puerto. Exporta productos hortofrutícolas. Tiene una gran inestabilidad sísmica. En 1960 fue casi destruida por un terremoto.

agalla *s. f.* **1.** Branquia de los peces. **2.** Cada uno de los costados de la cabeza del ave, que corresponden a las sienes. Se usa más en *pl.* **3.** Excrecencia anormal que aparece en las plantas como consecuencia de una invasión de insectos, hongos, bacterias y otros parásitos. **4.** *Col.*, *Ec.*, *Ven.* Codicia. ‖ *pl.* **5.** *fam.* Valentía, arrojo.

agalludo, da *adj.* **1.** *amer.* Valiente, osado. **2.** *Amér. del S.*, *Ant.* Ambicioso, avaro.

agama *s. f.* Nombre común de diversos reptiles lacertilios de la familia agámidos, género *Agama*. Algunas especies poseen colas espinosas o crestas dorsales. Se extienden por África y Eurasia y ocupan un nicho ecológico semejante al de las iguanas en América.

Agama (Agama planiceps).

Agamenón Rey legendario de Argos, Micenas o Lacedemonia, según las distintas versiones. Mandó a los aqueos en la expedición contra Troya. A su regreso a la patria murió a manos de su esposa infiel Clitemnestra y el amante de ésta, Egisto.

agamí *s. m.* Ave gruiforme de la familia psófidos, especie *Psophia crepitans.* Mide unos 47 cm de longitud, tiene el pico corto, las alas pequeñas y el plumaje negro. Es fácilmente domesticable y se le enseña a guardar a otras aves domésticas. Habita en las selvas tropicales húmedas de América del Sur.

agamia *s. f.* **1.** Ausencia de órganos sexuales. **2.** Reproducción asexual. **FAM.** Ágamo.

ágape *s. m.* **1.** Banquete que se celebra para festejar algo importante. **2.** Convite de fraternidad que celebraban los primeros cristianos en conmemoración de la última cena.

Agar Personaje bíblico. Fue una de las mujeres de Abraham, del que había sido esclava y del cual tuvo a Ismael, padre del pueblo árabe o ismaelita, llamado también *agareno.*

agar-agar *s. m.* Producto gelatinoso obtenido de ciertas algas, que se utiliza en alimentación, para el apresto de papeles y tejidos, como laxante y para preparar medios de cultivo en investigaciones bacteriológicas.

agareno, na *adj.* **1.** Descendiente de Agar. También *s.* **2.** Mahometano. También *s.*

agaricáceas *s. f. pl.* Familia de hongos basidiomicetos perteneciente al orden agaricales, que comprende unas 5.000 especies, algunas comestibles y otras sumamente venenosas. También *adj.* y *s. f.*

agárico *s. m.* Nombre común de diversos hongos basidiomicetos de la familia agaricáceas, géneros *Polyporus, Pholiota,* etc. Crecen en los suelos y raras veces en los troncos de los árboles. Algunas especies son comestibles y otras venenosas. El agárico blanco *(Polyporus officinalis)* se emplea en farmacia como vermífugo y purgante.

agarrada *s. f. fam.* Riña, altercado.

agarradera *s. f.* **1.** Agarradero, asa, mango. || *pl.* **2.** *fam.* Influencias, recomendaciones.

agarradero *s. m.* **1.** Asa, mango o parte de un objeto por donde se le puede agarrar. **2.** *fam.* Protección, recurso o pretexto.

agarrado, da **1.** *p. p.* de **agarrar**. También *adj.* || *adj.* **2.** Sujeto, firme. **3.** *fam.* Tacaño. También *s.* **4.** *fam.* Se dice del baile en que la pareja va estrechamente enlazada. También *s. m.* y *adv.*

agarrar *v. tr.* **1.** Sujetar fuertemente a alguien o algo. También *v. prnl.* ▪ En América se emplea en lugar de *coger,* por haberse convertido esta última en palabra malsonante. **2.** Atrapar a una persona o animal. **3.** Contraer una enfermedad. También *v. prnl.* con valor expr. **4.** Empezar a tener algunas cosas, como un enfado, una borrachera, etc. También *v. prnl.* con valor expr. **5.** Conseguir lo que se pretendía. || *v. intr.* **6.** Quedar una cosa sujeta o adherida a otra. También *v. prnl.* **7.** Echar raíces una planta. **8.** *fam.* Unido a un verbo pronominal mediante la conjunción *y,* realizar, de forma repentina o chocante, la acción indicada por éste: *Sin decir palabra, agarró y se fue.* || *v. prnl.* **9.** *fam.* Valerse de algo, tomándolo como pretexto o justificación. **10.** *fam.* Pegarse la comida al recipiente en que se está haciendo, por estar quemándose. || **LOC. ¡agárrate!** *interj.* Expresión con la que se prepara al interlocutor para algo sorprendente que se le va a decir o mostrar. **FAM.** Agarrador, agarre.

agarrón *s. m.* **1.** Acción y efecto de agarrar y tirar con fuerza. **2.** *amer.* Altercado, riña.

agarrotar *v. tr.* **1.** Entumecer. Se usa más como *v. prnl.* **2.** Dejar inmovilizado un mecanismo. Se usa más como *v. prnl.* **3.** Paralizar. Se usa más como *v. prnl.* **4.** Dar muerte a alguien por el procedimiento del garrote.

agasajar *v. tr.* Tratar a una persona con atención u obsequiarla con regalos o con muestras de respeto y consideración. **FAM.** Agasajado, agasajador.

agasajo *s. m.* **1.** Acción de agasajar. **2.** Aquello con que se agasaja.

ágata *s. f.* Variedad de calcedonia muy dura, que se presenta rellenando cavidades en rocas eruptivas. Según las impurezas, forma franjas o capas de diverso color. Pulimentada, tiene aplicación como objeto de adorno y en joyería.

agateador *s. m.* Nombre común de diversas aves paseriformes de la familia cértidos, género *Certhia.* Miden unos 12 cm de longitud, tienen plumaje pardo en el dorso y el pico curvo. Se alimentan de insectos que buscan en la corteza de los árboles. Habitan en Europa, Asia y América del Norte.

Agatocles (Termas h. 361 - ? 289 a. C.) Tirano de Siracusa. Alcanzó el poder tras expulsar al tirano Sosístratos y dominar a la oligarquía. Combatió a Cartago y extendió el área de influencia de la ciudad.

agauchar *v. tr. Arg., Par., Urug.* Dar el aspecto, modales, costumbres, etc., característicos del gaucho. También *v. prnl.* **FAM.** Agauchado.

agave *s. f.* Nombre común de diversas plantas arbustivas de la familia amarilidáceas, género *Agave.* Alcanzan hasta 10 m de altura, tienen hojas largas y puntiagudas, de las que se extrae una fibra textil, y flores en escapo. Con su savia fermentada se fabrica el pulque. Crecen en climas cálidos de América del Norte y África occidental; en la península Ibérica crece la *Agave americana,* llamada *pita* o *maguey.*

agavillador, ra *s. m.* y *f.* **1.** Persona que agavilla. || *s. f.* **2.** Máquina que hace gavillas.

agavillar *v. tr.* Formar gavillas o haces con la mies, hierba, ramas, etc.

agazaparse *v. prnl. fam.* Agacharse o situarse detrás de algo con intención de ocultarse.

agencia *s. f.* **1.** Oficina donde se resuelven ciertos asuntos por encargo de los clientes, p. ej. una agencia de viajes o de publicidad. **2.** Despacho, delegación o sucursal de una empresa.

agenciar *v. tr.* **1.** Hacer los trámites necesarios para lograr algo. **2.** Conseguir alguna cosa con habilidad. También *v. prnl.* con valor expr.

agenciero, ra *s. m.* y *f.* **1.** *Arg.* Agente de negocios. **2.** *Arg., Par., Urug.* Lotero. **3.** *Chile.* Propietario o encargado de una casa de empeños.

agenda *s. f.* **1.** Librito o cuaderno en el que se anotan datos, direcciones, teléfonos, etc. **2.** Programa de actividades o de trabajo de una persona. **3.** Lista de temas que hay que tratar en una reunión.

agenesia *s. f.* **1.** Incapacidad de engendrar. **2.** Desarrollo defectuoso o ausencia congénita de un miembro u órgano.

agente *adj.* **1.** Que produce determinados efectos. También *s. m.* **2.** En ling., se dice de la persona, animal o cosa que realiza la acción verbal. También *s. m.* || *s. m.* y *f.* **3.** Persona que realiza una misión por cuenta de un gobierno, organización, etc. **4.** Persona que gestiona algo por cuenta de otra a la que representa. **5.** Persona que presta servicios en una agencia. **6.** Funcionario subalterno de policía. || **7. agente de cambio y bolsa** Agente colegiado que actúa como mediador en operaciones de bolsa y da fe de los contratos y transferencias en los que interviene. En 1988 fueron integrados en el cuerpo de corredores de comercio. **8. complemento agente** En ling., elemento modificador del verbo en la oración pasiva, que indica la persona, animal o cosa que ejecuta la acción. Se construye con las preposiciones *por* y *de: La antena fue derribada por el viento. Iba seguido de sus ayudantes.*

Agesilao Nombre de dos reyes de Esparta.

Agesilao II (s. IV a. C.) Rey de Esparta (398-358 a. C.). Dirigió una victoriosa expedición a Persia (396 a. C.), de la que regresó ante la amenaza de atenienses y tebanos, a los que derrotó en Queronea (394 a. C.). Tras la derrota de Mantinea (362 a. C.), en la que Esparta perdió la hegemonía, garantizó la supervivencia de la ciudad y marchó a Egipto, donde estuvo al servicio de los reyes Tajos y Nectabis.

ageusia *s. f.* Incapacidad total o parcial para percibir sensaciones gustativas.

Ágata.

aggiornamento (voz ital.) *s. m.* Actualización, puesta al día.

agigantar *v. tr.* Dar a algo proporciones gigantescas. También *v. prnl.*

ágil *adj.* **1.** Se aplica a las personas y animales que se mueven rápidamente y con facilidad, así como de sus acciones y movimientos. **2.** Se dice de la persona que comprende fácilmente y piensa con rapidez, así como de su inteligencia. **3.** Vivo, fluido, desenvuelto, se aplica especialmente al estilo. **FAM.** Agilidad, ágilmente.

Agila (s. VI) Rey de los visigodos (549-555). Accedió al trono ante la oposición de parte de la nobleza, que se agrupó en torno a Atanagildo y provocó la guerra civil. Atanagildo solicitó ayuda a Bizancio y el emperador Justiniano envió un ejército que derrotó a Agila en Sevilla. El rey se refugió en Mérida, donde fue asesinado por sus propios partidarios.

agilizar *v. tr.* Dar rapidez o viveza a algo. También *v. prnl.* ▪ Se conjuga como *cazar.* **FAM.** Agilización.

agio *s. m.* **1.** Especulación con el cambio de moneda, los valores de bolsa o los fondos públicos. **2.** Beneficio que se obtiene de esta operación.

agiotaje *s. m.* Agio, especialmente el abusivo o fraudulento. **FAM.** Agiotista.

agitación *s. f.* **1.** Acción y efecto de agitar o agitarse. **2.** Inquietud, excitación.

agitador, ra *adj.* **1.** Que agita. || *s. m.* **2.** Instrumento para remover líquidos. || *s. m.* y *f.* **3.** Persona que provoca desórdenes, generalmente políticos o sociales.

agitanado, da *adj.* Que parece gitano o de gitano.

agitar *v. tr.* **1.** Mover alguna cosa varias veces en una o varias direcciones. También *v. prnl.* **2.** Intranquilizar, excitar, promover disturbios. También *v. prnl.* **FAM.** Agitable.

aglabí *adj.* **1.** Se aplica a una dinastía y a un califato islámico fundado por Ibrahim ibn al-Aglab en el año 800, que dominó Ifriquiya (actuales Tunicia y Libia), conquistó Sicilia (827-902) y Malta (863) y tuvo su capital en Kairuán. Fue desplazada por la de los fatimíes en el 909. **2.** De esta dinastía. También *s. m.*

aglomeración *s. f.* **1.** Acción y efecto de aglomerar o aglomerarse. **2.** Multitud, muchedumbre. || **3. aglomeración urbana** Conjunto formado por una gran ciudad y su área suburbana.

Bloque de aglomerado en la sierra de San Juan de la Peña, en Huesca (España).

aglomerado, da **1.** *p. p.* de **aglomerar**. También *adj.* || *s. m.* **2.** Conglomerado, material compacto que se obtiene prensando y endureciendo con un aglutinante (cemento, cal, resina) fragmentos o polvo de una o varias sustancias como arena, grava, madera, fibras vegetales, etc. Se usa en construcción y carpintería. **3.** En geol., compuesto de fragmentos rocosos gruesos, procedentes de erupciones volcánicas, sólo en parte consolidado.

aglomerante *adj.* **1.** Que aglomera. **2.** Se dice del material capaz de dar cohesión a fragmentos o partículas de una o varias sustancias. Los más usados son el cemento, las gomas, las resinas y el alquitrán. También *s. m.*

aglomerar *v. tr.* **1.** Reunir, amontonar. **2.** Unir fragmentos de una o varias sustancias con un aglomerante. || *v. prnl.* **3.** Reunirse desordenada o apretadamente un cierto número de personas o cosas.

aglutinación *s. f.* **1.** Acción y efecto de aglutinar. **2.** Unión de dos o más palabras en una sola.

aglutinante *adj.* **1.** Que aglutina. También *s. m.* **2.** Se dice de las lenguas que establecen sus relaciones gramaticales básicamente mediante la yuxtaposición de afijos a las raíces, como el finés, el vasco o el turco. ‖ *s. m.* **3.** Sustancia líquida que en pinturas, barnices, etc., actúa de diluyente y, al solidificarse, les proporciona una mayor consistencia.

aglutinar *v. tr.* **1.** Unir, pegar; particularmente, ligar entre sí cosas mediante una sustancia viscosa. También *v. prnl.* **2.** Aunar, reunir. También *v. prnl.*

aglutinina *s. f.* Cada uno de los anticuerpos que aparecen en el suero sanguíneo y que agrupan a las bacterias o células extrañas, a las cuales atacan.

agnatos *s. m. pl.* Clase de peces que se caracterizan por carecer de escamas y mandíbula y que comprende el orden único ciclóstomos, al que pertenecen las lampreas y mixines. También *adj.* y *s. m.*

Agni Divinidad védica, personificación del fuego.

Agnon, Samuel Yosef (Buczacz, Galitzia 1888 - Rehovot 1970) Escritor israelí en hebreo y yiddish. Fue premio Nobel de literatura en 1966. Destacan sus novelas *El ajuar de la desposada* (1919), *El huésped de la noche* (1938) y la autobiográfica *El perro Balak* (1971).

agnosia *s. f.* Conjunto de alteraciones psicosensoriales caracterizadas por la incapacidad del sujeto para el reconocimiento de estímulos y de su significación, que hasta entonces le eran familiares.

agnosticismo *s. m.* Actitud y doctrina filosófica que declara inalcanzable para el entendimiento humano lo absoluto y sobrenatural, especialmente la existencia de Dios, aunque no la niega. Sólo considera posible el conocimiento científico. El término fue acuñado por T. H. Huxley en 1869.

agnóstico, ca *adj.* **1.** Perteneciente o relativo al agnosticismo. **2.** Que profesa el agnosticismo. También *s.*

agnostozoico, ca *adj.* Se dice del periodo geológico en el que no se detectan restos de fósiles de seres vivos (arcaico). A pesar de ello, se han encontrado indicios que permiten sospechar la existencia de organismos unicelulares hace más de 3.000 millones de años.

agnus *s. m.* Agnusdéi*.

Agnus Dei *loc. lat.* Significa 'Cordero de Dios', nombre aplicado a Jesucristo por Juan el Bautista.

agnusdéi *s. m.* **1.** Oración que se dice por tres veces en la misa, entre el padrenuestro y la comunión. **2.** Lámina de cera que lleva impresa la imagen del cordero o de algún santo.

agobiar *v. tr.* **1.** Causar a alguien una sensación de cansancio, ahogo, angustia o abatimiento. También *v. prnl.* **2.** Doblar o inclinar a alguien o algo el peso, la presión, etc., de una cosa. También *v. prnl.*

agobio *s. m.* Acción y efecto de agobiar o agobiarse.

agolpar *v. tr.* Juntar de golpe a muchas personas, animales o cosas en un lugar. Se usa más como *v. prnl.* FAM. Agolpamiento.

agonía *s. f.* **1.** Estado en el que se encuentran las personas o animales moribundos. **2.** Término o final de algo, como una sociedad, una cultura, un movimiento. **3.** Sufrimiento o angustia muy intensos. ‖ **agonías** *s. m.* y *f.* **4.** Persona pesimista, temerosa. También *adj.*

agónico, ca *adj.* **1.** Que se halla en la agonía. **2.** Propio de la agonía.

agonista *adj.* Se dice de los músculos que colaboran conjuntamente en la realización de un movimiento.

agonizar *v. intr.* **1.** Estar muriéndose alguna persona o animal. **2.** Estar acabando o extinguiéndose algo. ■ Se conjuga como *cazar.* FAM. Agonizante.

ágora *s. f.* **1.** En las antiguas ciudades griegas, plaza pública, generalmente porticada, que constituía el centro de la vida religiosa, comercial y política. **2.** Asamblea que se realizaba en esta plaza.

agorafobia *s. f.* Temor patológico a los grandes espacios abiertos.

agorero, ra *adj.* **1.** Que adivina por agüeros o cree en ellos. También *s.* **2.** Que predice males o desgracias. También *s.* **3.** *fam.* Pesimista. También *s.*

agostar *v. tr.* **1.** Secar las plantas un calor excesivo. También *v. prnl.* **2.** Marchitar, acabar con algo. También *v. prnl.* **3.** Arar la tierra en agosto para limpiarla de malas hierbas. ‖ *v. intr.* **4.** Pastar el ganado durante la sequía en rastrojeras o dehesas. FAM. Agostamiento.

agostero, ra *s. m.* y *f.* Persona que se contrata temporalmente para las labores de recolección en el campo.

Agostini, Giacomo (Brescia 1942) Corredor motociclista italiano. Fue quince veces campeón del mundo en las categorías de 350 y 500 c.c. entre 1966 y 1975.

Agostino di Duccio (Florencia 1418 - Perugia h. 1481) Escultor y arquitecto italiano. Representante del *quattrocento* florentino, su arte se caracteriza por el decorativismo. Sus principales obras son la *Historia de San Geminiano* (1442) en la catedral de Módena, la decoración del templo malatestiano de Rímini y la fachada del oratorio de San Bernardino en Perugia.

agosto *s. m.* Octavo mes del año. Fue dedicado por los romanos a César Octavio Augusto, de quien toma su nombre. ‖ LOC. **hacer** uno **su agosto** *fam.* Realizar un buen negocio.

agotar *v. tr.* **1.** Terminar totalmente algo. También *v. prnl.* **2.** Cansar o extenuar. También *v. prnl.* FAM. Agotable, agotado, agotador, agotamiento.

agote *adj.* Se dice de ciertos habitantes de los valles pirenaicos navarros del Roncal y de Baztán, tradicionalmente discriminados. También *s.*

Agra C. de la India, en el N del país, en el estado de Uttar Pradesh. 694.200 h. en 1981. Cuenta con universidad. Alberga las más bellas construcciones mogolas, entre ellas el Taj Mahal. Tiene artesanía típica: brocados de oro y plata, industria textil y del vidrio.

Agra: mausoleo del Taj Mahal, mandado construir por el emperador Sah Yahan en el siglo XVII para su esposa Muntaz-Mahal.

agracejo *s. m.* **1.** Uva que se queda pequeña y no llega a madurar. **2.** Arbusto de la familia berberidáceas, especie *Berberis vulgaris.* Mide unos 3 m de altura. Puede ser de hoja perenne o caduca, su madera y flores son amarillas y sus ramas espinosas. Da un fruto en forma de baya de color rojo y sabor ácido. Se utiliza como planta ornamental. Es originario de la zona templada de Eurasia.

agraciado, da *adj.* **1.** Que tiene gracia o atractivo. **2.** Se dice de la persona que ha recibido un premio en un sorteo, en una rifa, etc. También *s.* FAM. Agraciar.

agradable *adj.* **1.** Que agrada. **2.** Amable, simpático. FAM. Agradablemente.

agradación *s. f.* Formación de una superficie llana en donde existía una cuenca, valle o depresión, por depósito o acumulación de sedimentos que provienen de la erosión.

agradar *v. intr.* Producir agrado.

agradecer *v. tr.* **1.** Dar las gracias o mostrar gratitud por algún favor o cosa recibida. **2.** Sentir gratitud. **3.** Mostrar el efecto beneficioso de algo. ■ Es v. irreg.

AGRADECER	
INDICATIVO	SUBJUNTIVO
Presente	**Presente**
agradezco	*agradezca*
agradeces	*agradezcas*
agradece	*agradezca*
agradecemos	*agradezcamos*
agradecéis	*agradezcáis*
agradecen	*agradezcan*

agradecido, da **1.** *p. p.* de **agradecer.** ‖ *adj.* **2.** Se aplica a la persona que da muestras de gratitud por cuanto se ha hecho por ella. También *s.* **3.** Que responde bien al esfuerzo o atención que se le dedica. FAM. Agradecidamente.

agradecimiento *s. m.* Sentimiento o acción de agradecer alguna cosa.

agrado *s. m.* **1.** Placer o satisfacción que produce algo. **2.** Amabilidad, afabilidad, simpatía.

agrafia *s. f.* Incapacidad para expresarse por escrito debido a una lesión cerebral.

ágrafo, fa *adj.* **1.** Incapaz de escribir. **2.** Que no sabe escribir. **3.** Se aplica a la colectividad, civilización, etc., que carece de escritura.

agramatical *adj.* En ling., se aplica a la oración o secuencia que no se ajusta a las reglas de la gramática. FAM. Agramaticalidad.

Agramonte y Loynaz, Ignacio (Camagüey 1841 - Jimaguayú 1873) Patriota cubano. Participó en el levantamiento de Céspedes en Yara contra el dominio español (1868). Nombrado jefe de las tropas de Camagüey, combatió en Bagá, Sabana Nueva y Asiento.

agramontés, sa *adj.* **1.** Se dice de un bando nobiliario navarro del s. XV que en 1438 contendió en la guerra civil del reino de Navarra contra el bando beaumontés, apoyó a Juan II de Aragón contra el príncipe de Viana y colaboró con Fernando el Católico en la anexión de Navarra a Castilla. **2.** De este bando. También *s.*

agrandar *v. tr.* Hacer más grande una cosa. También *v. prnl.* FAM. Agrandamiento.

agrario, ria *adj.* **1.** Perteneciente o relativo al campo o a su régimen de propiedad y explotación. ‖ **2. reforma agraria** Conjunto de medidas políticas y técnicas encaminadas a transformar el régimen de propiedad y explotación de la tierra para conseguir una distribución más justa de la propiedad, mejorar la condición social y económica de sus cultivadores directos y aumentar el rendimiento del campo. La cuestión agraria ha sido decisiva en los grandes procesos revolucionarios del s. XX: México (1917), Unión Soviética (1917), España (1936), China (1949), Argelia (1954), Cuba (1959) y Vietnam (1975).

agrarismo *s. m.* Corriente política que destaca la importancia de la agricultura y defiende los intereses ligados a ella. FAM. Agrarista.

agravante *adj.* **1.** Que agrava. También *s. amb.* **2.** En der., se dice de la circunstancia que concurre en un delito y se toma en consideración para aumentar la pena al responsable del mismo. Entre ellas se encuentran la nocturnidad, la alevosía, la premeditación, el abuso de confianza, etc. También *s. f.*

agravar *v. tr.* Hacer más grave el estado o la situación de una cosa. También *v. prnl.* FAM. Agravamiento.

Agraviados, guerra de los Contienda armada desatada en 1827 en Cataluña por los «agraviados» o «malcontents», absolutistas extremos partidarios del infante Carlos frente a Fernando VII. Fueron sometidos en pocas semanas, pero su levantamiento fue un antecedente directo de las guerras carlistas.

agraviar *v. tr.* **1.** Hacer agravio. ‖ *v. prnl.* **2.** Ofenderse por un agravio. FAM. Agraviante.

agravio *s. m.* **1.** Ofensa o insulto al honor de una persona. **2.** Perjuicio que se causa a alguien en sus derechos o intereses. ‖ **3. agravio comparativo** El que se comete al dar un trato distinto a personas en la misma situación.

agraz *s. m.* **1.** Uva sin madurar. **2.** Zumo de esta uva. **3.** Amargura, penalidad, disgusto. || **Loc. en agraz** *adv.* Se aplica a lo que está todavía en preparación, inmaduro.

Ágreda, sor María de Jesús de (Ágreda, Soria 1602 - íd. 1665) Religiosa española. Abadesa del convento franciscano de Ágreda, sostuvo correspondencia con el rey Felipe IV, a quien aconsejó en asuntos de Estado.

agredir *v. tr.* Atacar a alguna persona físicamente o con palabras, actos, etc. ■ Es v. defect. Se conjuga como *abolir.*

agregado, da **1.** *p. p.* de **agregar**. También *adj.* || *s. m.* y *f.* **2.** Funcionario que desempeña una tarea especial en una embajada. **3.** Persona que ayuda a otra en el desempeño de un cargo. **4.** Profesor de instituto de bachillerato adscrito a una cátedra. También *adj.* || *s. m.* **5.** Conjunto de cosas que forman un todo en el que se distinguen los diversos componentes.

agregaduría *s. f.* **1.** Oficina y cargo de un agregado diplomático. **2.** Cargo del profesor agregado.

agregar *v. tr.* **1.** Añadir, incorporar. También *v. prnl.* **2.** Destinar a alguien a un cuerpo u oficina sin plaza definitiva. ■ Se conjuga como *pagar.* **Fam.** Agregación.

agremiar *v. tr.* Reunir y organizar en gremio. También *v. prnl.*

agresión *s. f.* **1.** Acción y efecto de agredir. **2.** Acto que va en contra de los derecho de otro. **3.** Acción militar de un país contra otro, que viola el derecho internacional.

agresividad *s. f.* **1.** Cualidad o actitud de agresivo. **2.** En psicol., actitud o conducta caracterizada por la disposición al empleo de la fuerza.
Psicol. Los psicólogos no están de acuerdo sobre el origen y la finalidad de la conducta agresiva. Unos la consideran la principal causa de conflictos en la sociedad (rivalidades, guerras), mientras que para otros es la base del progreso tanto biológico como social del hombre (según éstos, tanto los organismos como las sociedades poco agresivas no evolucionan, sino que se estancan o desaparecen). Para unos predominan en la agresividad los factores innatos, mientras que otros piensan que la agresividad es, principalmente, resultado del aprendizaje y la experiencia (los niños aprenderían la agresividad por imitación). Por último, numerosos autores señalan la influencia de la frustración en la aparición y desarrollo de la agresividad.
La acción violenta (física o verbal) puede ir dirigida contra uno mismo (autoagresión) o contra otros (ya sean personas, animales u objetos).

agresivo, va *adj.* **1.** Propenso a atacar, provocar u ofender. **2.** Que implica agresión. **3.** Se dice de la sustancia o agente muy corrosivo o destructor. También *s. m.* **4.** Se dice de la persona dotada de iniciativa y empuje.

agresor, ra *adj.* Que comete agresión. También *s.*

agreste *adj.* **1.** Se dice del terreno abrupto o lleno de maleza. **2.** Sin cultivar. **3.** Perteneciente o relativo al campo. **4.** Se dice de la persona ruda, tosca, así como de su conducta, modales, etc.

agriamente *adv. m.* **1.** Con aspereza y rigor. **2.** Con amargura.

agriar *v. tr.* **1.** Poner agria alguna cosa. También *v. prnl.* **2.** Volver áspero, irritable, malhumorado. También *v. prnl.* **3.** Hacer más violenta o desagradable una disputa, discordia, etc. También *v. prnl.* ■ En cuanto al acento, este verbo puede ser regular: *agria*; o conjugarse como *ansiar*: *agría.* **Fam.** Agriado.

Agricola, Georg Bauer, llamado (Glauchau, Sajonia 1494 - Chemnitz 1555) Mineralogista alemán. Fue autor del tratado sobre minería y metalurgia más importante de su época: *De re metallica* (1546).

agrícola *adj.* Perteneciente o relativo a la agricultura.

Agrícola, Cneo Julio (Fréjus 40 - ? 93) General romano. Conquistó y romanizó Britania.

agricultor, ra *s. m.* y *f.* Persona que se dedica a la agricultura.

agricultura *s. f.* Cultivo de la tierra; explotación de los recursos vegetales del suelo para la producción de alimentos y materias primas.
Hist. La recolección de frutos silvestres, junto con la caza, fue la actividad primordial de los grupos humanos hasta el periodo conocido como neolítico, en que comenzaron el cultivo de especies vegetales y la domesticación de algunas especies animales. Se conocen varios focos de esta agricultura neolítica, basada en los cereales: China (arroz), América (maíz), Oriente Medio (trigo). La agricultura dio lugar a la formación de sociedades humanas sedentarias, impulsó el crecimiento de la población y su división en clases sociales, fomentó el comercio y produjo una evolución de las creencias religiosas.

agridulce *adj.* Que es mezcla de agrio y dulce.

agriera *s. f. amer.* Acidez de estómago.

agrietar *v. tr.* Abrir grietas. También *v. prnl.* **Fam.** Agrietamiento.

Agrigento C. de Italia, en Sicilia, situada en la costa meridional. 56.400 h. en 1990. Es la antigua Akragas, destacada colonia griega que compartió con Siracusa el esplendor de la llamada Magna Grecia en el s. V a. C. Su templo de Zeus, de estilo dórico, tenía proporciones excepcionales. Fue disputada por romanos y cartagineses.

agrimensura *s. f.* Técnica de medir terrenos. **Fam.** Agrimensor.

agrio, gria *adj.* **1.** Ácido, de sabor como el del vinagre o el limón. Es uno de los sabores básicos. **2.** Desabrido, malhumorado. || *s. m.* **3.** Nombre dado a ciertas frutas agridulces, como el limón, el pomelo, la mandarina y, especialmente, la naranja. Se usa más en *pl.*

Agripa, Marco Vipsanio (Dalmacia 63 - Campania 12 a. C.) General y político romano. Hombre de confianza de Octavio Augusto, sometió a los cántabros en Hispania. Hizo construir el famoso Panteón en Roma.

Agripina la Mayor (? 14 a. C. - ? 33 d. C.) Noble romana. Nieta de Augusto, esposa de Germánico y madre de Calígula, Tiberio la desterró el año 29.

Agripina la Menor (? 16 - ? 59) Noble romana. Madre de Nerón, casó en terceras nupcias con el emperador Claudio, a quien envenenó para facilitar el acceso al imperio a su hijo, quien a su vez la mandó asesinar.

agrisado, da *adj.* Grisáceo*.

agro *s. m.* **1.** Tierra de cultivo. **2.** P. ext., campo, medio rural.

agro- *pref.* Significa 'campo' o 'agricultura': *agrología, agronomía.*

agrología *s. f.* Parte de la agronomía que estudia las relaciones entre el suelo y la vegetación.

agronomía *s. f.* Ciencia que comprende el conjunto de conocimientos aplicables al cultivo de la tierra. **Fam.** Agronómico, agrónomo.

agropecuario, ria *adj.* Perteneciente o relativo a la agricultura y la ganadería.

agrupación *s. f.* **1.** Acción y efecto de agrupar o agruparse. **2.** Grupo de personas, animales o cosas. **3.** Unidad militar de carácter provisional formada por fuerzas de diversas armas y destinada a cumplir una misión concreta. || **4. agrupación animal** Grupo de animales que viven juntos con la finalidad biológica esencial de incrementar sus posibilidades de adaptación y de supervivencia. Las agrupaciones animales pueden ser homotípicas, si todos los miembros pertenecen a la misma especie, o heterotípicas, en caso contrario. Algunas agrupaciones son desorganizadas o casuales, pero otras son muy complejas, dándose en ellas una verdadera división del trabajo entre sus miembros. Entre estas últimas figuran las sociedades de abejas, hormigas y termes.

agrupar *v. tr.* Reunir personas, animales o cosas, generalmente siguiendo un criterio y con un fin determinado. También *v. prnl.* **Fam.** Agrupamiento.

agua *s. f.* **1.** Sustancia formada por la combinación de un volumen de oxígeno y dos de hidrógeno (H_2O). **2.** Lluvia. **3.** P. ext., líquido compuesto fundamentalmente por agua u obtenido por infusión o destilación de algo. **4.** Vertiente de un tejado. || *pl.* **5.** Efecto óptico en forma de ondulaciones de algunas piedras, plumas, telas, etc. **6.** Destellos de las piedras preciosas. || **7. agua bendita** La que el sacerdote bendice para su uso en la iglesia. **8. agua blanda** La que contiene muy pocas sales cálcicas y magnésicas en disolución. **9. agua capilar** La introducida en los capilares del suelo. **10. agua de borrajas** Cosa sin importancia. **11. agua de colonia** Perfume fabricado con alcohol y esencias aromáticas. **12. agua de cristalización** Moléculas de agua que participan en la constitución de un cristal. **13. agua de grietas** La que existe en las fisuras de las rocas. Forma parte del agua subterránea. **14. agua dulce** La que tiene poco o ningún sabor, por contraposición a la del mar o a las minerales. **15. agua dura** La que contiene impurezas de sales cálcicas. **16. agua fósil** La almacenada en determinadas regiones subterráneas perteneciente a un régimen de lluvias distinto del actual. **17. agua freática** La que se encuentra a poca profundidad. **18. agua fuerte** Ácido nítrico diluido. **19. agua infiltrada** La de precipitación que se filtra por las capas permeables del suelo y subsuelo y alimenta el caudal del agua subterránea. **20. agua juvenil** o **magmática** La que es liberada por los magmas. **21. agua marginal** La que en los yacimientos petrolíferos se encuentra debajo del petróleo. **22. agua meteórica** La que cae o se deposita en la tierra por efecto de los meteoros acuosos (lluvia, granizo, nieve, niebla, rocío y escarcha). **23. agua mineral** La de manantial, que contiene minerales en disolución; se denomina *agua ferruginosa* cuando lleva carbonato férrico; *carbónica*, si lleva dióxido de carbono, etc. **24. agua oxigenada** Peróxido de hidrógeno. Disuelto en agua, tiene propiedades desinfectantes. **25. agua pesada** Aquella en cuya molécula, en vez de hidrógeno, $^{1}_{1}H$, se une al oxígeno su isótopo pesado, $^{2}_{1}H$, llamado *deuterio*, razón por la cual se formula a veces como D_2O. Se emplea como refrigerante y moderador en algunos reactores nucleares. **26. agua potable** La que es buena para beber. **27. agua regia** Mezcla de los ácidos nítrico y clorhídrico concentrados en proporción 1:3, así llamada porque disuelve el rey de los metales, el oro, y también el platino. **28. agua salada** La del mar. **29. agua subterránea** La contenida entre las rocas del suelo y del subsuelo. **30. agua surgente** o **artesiana** La que brota de la tierra por su propia presión hidrostática. **31. agua termal** La que surge caliente de un manantial. **32. agua tónica** La carbónica con quinina y ácido cítrico. **33. aguas internacionales** Las que no están sujetas a la jurisdicción de ningún estado. **34. aguas jurisdiccionales** Las que bañan las costas de un estado y están sujetas a su jurisdicción hasta el límite fijado por el derecho internacional. **35. aguas mayores** Excrementos. **36. aguas menores** Orines. **37. aguas residuales** Las procedentes de desagües que arrastran residuos y detritos. **38. ciclo del agua** Proceso que sigue el agua en la naturaleza y que se inicia en los océanos y lagos. || **Loc. ahogarse** uno **en un vaso de agua** *fam.* Apurarse por poca cosa. **bailar** a alguien **el agua** *fam.* Someterse a sus deseos, darle la razón, etc., generalmente para adularle. **como agua de mayo** *adv.* Bien recibido, muy deseado. **cubrir aguas** Rematar el tejado o cubierta de un edificio. **entre dos aguas** *adv.* En situación indecisa. **estar con el agua al cuello** Estar en apuros o en peligro. **hacer agua** Entrar agua en un barco; también, decaer algo, p. ej. un negocio. **hacer aguas** Orinar. **hacérsele** a uno **la boca agua** *fam.* Gozarse con la vista o recuerdo de un manjar, o pensar en conseguir algo deseado. **llevar** uno **el agua a su molino** *fam.* Disponer algo en provecho propio. **más claro que** (o **tan claro como**) **el agua** Evidente, manifiesto. **romper aguas** Romperse la bolsa que envuelve al feto y derramarse por la vagina el líquido amniótico. **ser** algo **agua pasada** Estar olvidado un asunto. **tomar las aguas** Acudir a un balneario para tratarse con sus aguas medicinales. **volver las aguas a su cauce** Normalizarse la situación.
Fís. y ***Quím.*** El agua, a temperatura y presión ordinarias, se presenta en forma de líquido inodoro, insípido e incoloro en pequeñas cantidades. Se solidifica a 0° y hierve a 100 °C. Cubre aproximadamente las tres cuartas partes de la superficie terrestre. Forma la lluvia, las fuentes, los ríos, los lagos y los mares. Constituye entre el 50 y el 70 % de todos los organismos vivos y se encuentra en compuestos naturales y muchos cristales.
Geog. En el ciclo del agua, se calcula que cada año se evaporan debido al calor del Sol unos 400.000 km^3 de la contenida en océanos y lagos.

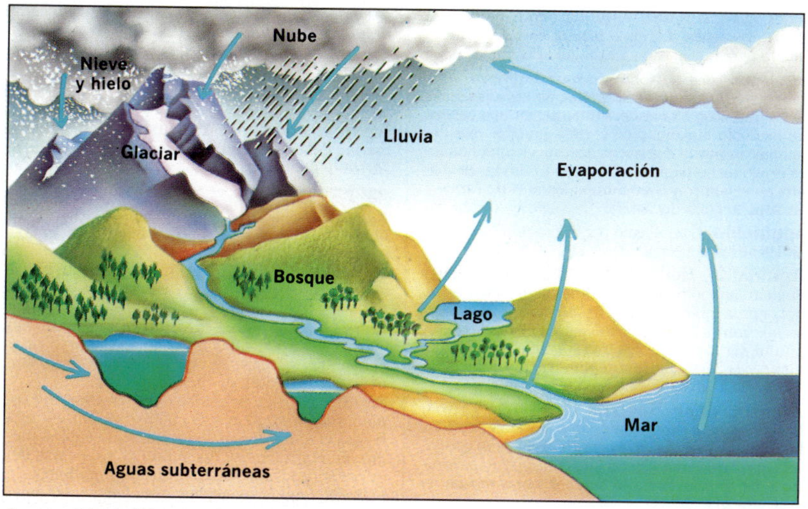

Esquema del ciclo del agua en la naturaleza.

El vapor asciende a capas altas de la atmósfera, donde se condensa y forma las nubes. Cuando se produce un descenso de temperatura, el agua se precipita sobre la Tierra, como lluvia, nieve o granizo, y discurre por su superficie (aguas superficiales), se infiltra en el terreno (aguas subterráneas) o se evapora y retorna de nuevo a la atmósfera. Tanto las aguas superficiales como las subterráneas vuelven a los océanos y lagos, reanudándose así el ciclo.

aguacate *s. m.* **1.** Árbol perennifolio de la familia lauráceas, especie *Persea americana.* Puede alcanzar hasta 15 m de altura, tiene la copa ancha, las hojas verdes, coriáceas y ovaladas, y su fruto es una drupa comestible. Oriundo de México, se cultiva en los países de clima tropical. **2.** Fruto de este árbol, de carne mantecosa.

aguacero *s. m.* Lluvia intensa y de poca duración que cae repentinamente.

aguachar *v. tr.* **1.** *Arg., Chile.* Domesticar un animal. ‖ *v. prnl.* **2.** *amer.* Amansarse.

aguachento, ta *adj.* **1.** *amer.* Diluido, que tiene poca densidad. **2.** *Can., amer.* Se dice de los alimentos que, por estar aguados, pierden sabor.

aguachirle *s. m.* **1.** Licor o vino de poca graduación. **2.** Bebida o caldo muy aguado y de poco sabor.

aguacil *s. m. Arg., Par., Urug.* Libélula.

aguada *s. f.* **1.** Lugar para proveerse de agua. **2.** Provisión de agua potable de una embarcación. **3.** Técnica pictórica que utiliza colores disueltos en agua sola o en agua con alguna sustancia espesante, como goma. **4.** Obra realizada con esta técnica.

aguaderas *s. f. pl.* Armazón que se pone sobre las caballerías para transportar cántaros, barriles, etc.

aguadero *s. m.* Abrevadero*.

aguado, da **1.** *p. p.* de **aguar**. ‖ *adj.* **2.** Mezclado con agua.

aguador, ra *s. m.* y *f.* Persona que vende o transporta agua.

aguaducho *s. m.* Quiosco o caseta donde se vende agua y otras bebidas.

aguafiestas *s. m.* y *f.* Persona que estropea o interrumpe una diversión.

aguafuerte *s. amb.* **1.** Técnica de grabado mediante la acción del agua fuerte (ácido nítrico diluido) sobre planchas de metal. **2.** Estampa impresa con esta técnica.
Arte y ***Tecnol.*** Sobre una plancha metálica, cubierta con una capa de barniz o sustancia resistente a los ácidos, se traza el dibujo con un punzón que elimina dicha sustancia y deja al descubierto el metal. Al ser atacado éste por el ácido nítrico u otro ácido que se aplica encima, muestra en hueco el dibujo. Esos huecos reciben después la tinta y la pasan al papel en la impresión. Este procedimiento se desarrolló en Alemania en el s. XVI, especialmente por obra de Durero. Hoy sigue empleándose para ediciones de arte.

aguaí *s. m. Arg.* Árbol de la familia sapotáceas, especie *Lucuma meriifolia.* De él se obtiene madera y un fruto con el que se elabora un dulce. Crece en las zonas del Chaco y Entre Ríos, en América del Sur.

aguaje *s. m.* **1.** Subida fuerte de la marea. **2.** Agua que entra o sale de un puerto con la marea. **3.** Corriente periódica o impetuosa en el mar.

aguamala *s. f.* Medusa*.

aguamanil *s. m.* **1.** Palangana para lavarse y jarra con que se llena. **2.** P. ext., palanganero.

aguamanos *s. m.* Aguamanil*.

aguamarina *s. f.* Piedra preciosa, variedad del berilo, de color azul parecido al del agua de mar.

aguamiel *s. f.* **1.** Agua mezclada con miel. **2.** *Méx.* Jugo del maguey, que se hace fermentar para preparar el pulque.

aguanieve *s. f.* Lluvia mezclada con nieve.

aguantaderas *s. f. pl. fam.* Aguante, paciencia.

aguantadero *s. m. amer.* Sitio en donde se oculta temporalmente un delincuente.

aguantar *v. tr.* **1.** Sostener una cosa para evitar que se caiga. **2.** Sufrir o soportar cosas desagradables, pesadas o que requieren esfuerzo o resistencia. **3.** Contener, dominar. También *v. prnl.* ‖ *v. prnl.* **4.** Soportar algo con resignación.

aguante *s. m.* Resistencia, fortaleza, paciencia.

aguar *v. tr.* **1.** Mezclar con agua. **2.** *fam.* Estropear, echar a perder una diversión, un placer, etc. También *v. prnl.* ■ Se conjuga como *averiguar.*

aguaraguazú *s. m.* Mamífero carnívoro de la familia cánidos, especie *Chrysocyon brachyurus.* Mide hasta 130 cm de longitud, tiene el pelo rojo intenso, cola blanca y corta, orejas grandes y patas muy largas. Vive en América del Sur.

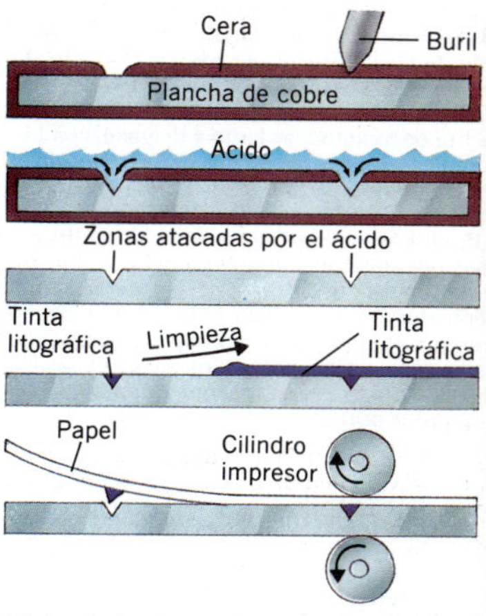

A la izquierda, técnica del aguafuerte: las zonas de la plancha que el buril deja sin cera son atacadas por el ácido y luego ocupadas por la tinta. A la derecha, aguafuerte de Xulio Prieto (revista Nos*, Hemeroteca Nacional, Madrid).*

aguardar *v. tr.* **1.** Esperar a alguien o algo. También *v. intr.* **2.** Dejar pasar cierto tiempo antes de hacer alguna cosa. También *v. intr.* y *v. prnl.* ‖ *v. intr.* **3.** Estar por sucederle alguna cosa a una persona.

aguardentoso, sa *adj.* **1.** Que tiene aguardiente o está mezclado con él. **2.** Que parece de aguardiente. **3.** Se dice de la voz áspera, ronca.

aguardiente *s. m.* Bebida alcohólica muy fuerte que se obtiene por destilación de vino, frutos y otras sustancias.

aguarrás *s. m.* Aceite de trementina que se emplea, principalmente, como disolvente de pinturas y barnices.

Aguascalientes **1.** Estado de México, en el sector central del país. 5.471 km^2. 702.600 h. en 1989. Su economía es eminentemente agropecuaria y minera.
2. Cap. del estado mexicano del mismo nombre. 359.454 h. en 1980. Posee industria metalúrgica y mecánica.

aguatero, ra *s. m.* y *f. amer.* Aguador.

aguatinta *s. f.* **1.** Técnica de grabado al aguafuerte sobre metal, en que éste se recubre con una capa de polvo de resina, en lugar de barniz. Se introdujo en el s. XVII y fue muy empleada en el s. XVIII en Europa. Posteriormente fue utilizada por Goya y los artistas románticos. **2.** Estampa impresa con esta técnica.

aguaturma *s. f.* **1.** Planta herbácea de la familia compuestas, especie *Helianthus tuberosus.* Sus tallos llegan a alcanzar los 2 m de altura, y sus hojas, ásperas y velludas, son ovales y acabadas en punta. Su raíz es un tubérculo comestible rico en fécula. Es originaria de Canadá. **2.** Raíz de esta planta.

aguazal *s. m.* Terreno donde se estanca el agua de lluvia.

agudeza *s. f.* **1.** Cualidad de agudo. **2.** Capacidad de percepción a través de los sentidos. **3.** Ingenio, inteligencia rápida. **4.** Dicho ingenioso o agudo. ‖ **5. agudeza visual** Elevada capacidad sensorial para distinguir estímulos visuales.

agudizar *v. tr.* **1.** Hacer más agudo algo. También *v. prnl.* **2.** Agravar, empeorar. También *v. prnl.* ■ Se conjuga como *cazar.* **FAM.** Agudización.

agudo, da *adj.* **1.** Se dice de los objetos que tienen punta muy afilada. **2.** Aplicado a personas y a su inteligencia, sentidos, etc., que percibe con rapidez, detalle y penetración. **3.** Ingenioso, gracioso. **4.** Se aplica al sonido penetrante, de frecuencia alta. **5.** Se dice de la palabra que tiene su acento tónico en la última sílaba. **6.** Se dice de la sensación viva, intensa. **7.** Se aplica a la enfermedad breve y relativamente grave. **8.** Aplicado a hechos o situaciones de crisis, grave. **9.** Se dice del ángulo de menos de 90°.

agüería *s. f. amer.* Agüero.

agüero *s. m.* Señal que anuncia buena o mala suerte.

aguerrido, da **1.** *p. p.* de **aguerrir**. ‖ *adj.* **2.** Ejercitado en la guerra. **3.** Valiente, combativo.

aguerrir *v. tr.* Acostumbrar a los soldados a los peligros de la guerra. También *v. prnl.* ■ Es

v. defect. Sólo se usa en las formas que tienen en su desinencia la vocal *i*.

aguijada *s. f.* Vara larga con punta de hierro para picar a la yunta.

aguijar *v. tr.* Aguijonear*.

aguijón *s. m.* **1.** Órgano puntiagudo que tienen en el extremo de su abdomen el escorpión y algunos insectos, con el que pican e inyectan veneno. **2.** Punta de hierro de la aguijada. **3.** Estímulo, acicate. **FAM.** Aguijonazo.

Aguijón de un escorpión.

aguijonear *v. tr.* **1.** Picar con la aguijada a las bestias de carga. **2.** Estimular, instigar, inquietar.

águila *s. f.* **1.** Nombre común de diversas aves rapaces falconiformes, de la familia accipítridos, géneros *Aquila, Haliaeetus, Circaetus, Hieraetus*, etc. Tienen gran tamaño (pueden alcanzar más de 2 m de envergadura), su color es amarillento o pardo; tienen pico curvo y fuerte, y garras afiladas. Existen más de 40 especies de águilas en los cinco continentes, todas ellas piscívoras o carnívoras, como el águila real *(Aquila chrysaetos)*, que vive en Europa, Asia, África y Norteamérica; el águila imperial *(Aquila heliaca)* de los bosques de Eurasia; o el águila marina de cabeza blanca *(Haliaetus leucocephalus)*, norteamericana. Muchas de las especies de águilas están en peligro de extinción, debido a la intensa caza de que han sido objeto. **2.** *fam.* Persona de gran astucia y perspicacia.

Águila real (Aquila chrysaetos).

Águila Constelación del hemisferio boreal al O de Pegaso y al S del Cisne.

Aguilar, Jerónimo de (Écija, Sevilla 1489 - México h. 1531) Conquistador español. Participó en la expedición de Núñez de Balboa. Tras naufragar, vivió cautivo de los indios del Yucatán (1511-19). En 1519 se unió a Hernán Cortés, a quien sirvió de intérprete.

Aguilar, José Gabriel (Huánuco 1759 - íd. 1805) Patriota peruano. Se sublevó contra la dominación española en Huánuco (1805). Murió fusilado por las autoridades del virreinato.

Águilas C. de España, en la prov. de Murcia. 24.800 h. en 1990. Es una localidad turística y pesquera.

aguileño, ña *adj.* **1.** Perteneciente o relativo al águila. **2.** Se aplica al rostro o nariz afilados.

Aguilera, Francisco Vicente (Bamayo 1821 - Nueva York 1877) Patriota cubano. Participó en los movimientos de independencia de Cuba. En 1869 la asamblea de Guáimaro le designó vicepresidente y lugarteniente de la guerrilla. Viajó a EE UU a solicitar ayuda para su causa, pero murió poco después de su llegada.

Aguilera Malta, Demetrio (Guayaquil 1905 - México 1982) Escritor ecuatoriano. Componente destacado del grupo de Guayaquil, cultivó la novela de costumbres (*Don Goyo*, 1933, y *La isla virgen*, 1942), la novela histórica (*El Quijote de El Dorado*, 1964) y la narrativa fantástica (*Jaguar*, 1970, y *Réquiem para el diablo*, 1978).

aguilón *s. m.* **1.** Brazo de una grúa. **2.** Madero colocado diagonalmente en la armadura de un tejado a dos aguas. **3.** Hastial, ángulo que forman los tejados a dos aguas. **4.** Teja o pizarra cortada oblicuamente para que ajuste en el ángulo del tejado.

aguilucho *s. m.* **1.** Nombre común de diversas aves rapaces de la familia accipítridos, género *Circus*. Miden entre 40 y 55 cm de altura, tienen una cabeza de mediano tamaño, pico corto y grandes ojos. Su plumaje es pardo o grisáceo. La especie más común es el aguilucho papialbo *(Circus macrourus)*, que habita en el centro y S de Europa, en el N de África y en Asia. **2.** Pollo del águila.

aguinaldo *s. m.* Regalo o gratificación que se da en las fiestas de Navidad.

Aguinaldo, Emilio (Imus 1869 - Manila 1964) Político filipino. Luchó contra la dominación española por la independencia de Filipinas y, posteriormente, contra EE UU. Formó parte del gobierno impuesto por los japoneses tras la ocupación del país durante la Segunda Guerra Mundial, por lo que fue encarcelado en 1945. Fue rehabilitado en 1950.

Aguirre, Juan Bautista (Daule 1725 - Tívoli, Italia 1786) Escritor ecuatoriano. En 1758 entró en la Compañía de Jesús. Poeta de influencia gongorina, es considerado como uno de los principales líricos de su país. Escribió también obras filosóficas y de teología.

Aguirre, Lope de (Oñate, Guipúzcoa h. 1515 - Isla Margarita 1561) Conquistador español. Tomó parte en la expedición que salió de Lima bajo la dirección de Pedro de Ursúa para explorar el Amazonas. Se sublevó contra Felipe II, proclamando príncipe del Perú al sevillano Fernando de Guzmán. Después de sembrar el terror en el Alto Amazonas, fue asesinado por los suyos.

Aguirre Cerda, Pedro (Pocuro, Aconcagua 1879 - Santiago 1941) Estadista chileno. Miembro del Partido Radical, se opuso a la dictadura de Ibáñez y en 1938 fue elegido presidente como candidato del Frente Popular. Realizó una importante reforma educativa. Murió antes de concluir su mandato.

Aguirre y Lecube, José Antonio (Guecho, Vizcaya 1903 - París 1960) Político español. Afiliado al Partido Nacionalista Vasco (PNV), fue diputado en Cortes durante los años 1931 y 1933-36. Ocupó el cargo de presidente del gobierno autónomo vasco al estallar la guerra civil en 1936. Se exilió a Bélgica y a EE UU. Finalmente se estableció en Francia, donde ejerció como jefe del gobierno vasco en el exilio.

agüista *s. m.* y *f.* Persona que acude a un balneario para tratarse con sus aguas medicinales.

aguja *s. f.* **1.** Barrita delgada de acero que por un extremo termina en punta y en el otro suele tener un ojo o abertura y que se usa para coser, bordar, etc. **2.** Varilla de metal con diversas formas y usos, como las utilizadas para tejer, sujetar el pelo, etc. **3.** Tubito metálico, puntiagudo y muy delgado que, acoplado a la jeringuilla, se clava en el cuerpo para inyectarle o extraerle una sustancia. **4.** Flechita indicadora de diversos instrumentos o aparatos, como el fiel de la balanza o las manecillas del reloj. **5.** En tocadiscos, gramófonos, etc., varilla o púa que se desplaza por el surco del disco fonográfico. **6.** Extremo o remate en punta de una torre, un edificio. **7.** Acícula*. **8.** Riel movible que sirve para que el tren cambie de vía. **9.** Pastel pequeño y alargado relleno de carne, pescado, etc. **10.** Pez osteictio de la familia belónidos, especie *Belone belone*. Mide hasta 1 m de longitud, es largo y delgado, con las mandíbulas afiladas en forma de pico, verdoso por encima y plateado por los lados. Vive en el Atlántico y en el Mediterráneo. **11.** Nombre común de dos aves caradriformes de la familia escolopácidos, género *Limosa*. La aguja colinegra *(Limosa limosa)* mide unos 41 cm de longitud. Presenta dorso negro rojizo, cola oscura y pecho tirando a rojo, pico largo y recto o ligeramente curvado hacia arriba, patas largas y delgadas. La aguja colipinta *(Limosa lapponica)* es algo menor, de color dorado y cola listada. Viven en zonas húmedas de Europa y Asia septentrional e invernan en África y, a veces, en España. ‖ *pl.* **12.** Costillas del cuarto delantero de una res. En singular designa la carne correspondiente a esa parte. ‖ **13. aguja de marear** Brújula, instrumento para indicar el rumbo de una nave. **14. aguja magnética** La imantada que marca la dirección del N magnético. **15. aguja percutora** En ciertas armas de fuego, punzón de acero que golpea la parte posterior del cartucho y produce la detonación del fulminante. **16. vino de agujas** El que tiene cierto sabor rasposo o picante. ‖ **LOC. buscar una aguja en un pajar** Empeñarse en encontrar o conseguir algo imposible o muy difícil.

Agujas, corriente de las Corriente cálida marina del océano Índico, que baña las costas de África del Sur entre los 25° y los 40° de latitud S.

agujerear *v. tr.* Hacer agujeros. También *v. prnl.*

agujero *s. m.* **1.** Abertura, por lo general redonda, en alguna cosa o en algún lugar. **2.** Déficit o pérdida de dinero no justificada en la contabilidad. ‖ **3. agujero negro** Cuerpo celeste no visible porque su velocidad de escape es superior a la velocidad de la luz.

Astron. Un agujero negro puede producirse al sufrir ciertas estrellas un colapso gravitatorio y concentrar su masa en un radio menor de 10 km, después de agotar su energía interna.

En 1971, el físico británico Stephen Hawking señaló, sin embargo, que el colapso de una estrella no era el único modo de formarse un agujero negro. En el primer 10^{-23} segundo de existencia del universo podrían haberse formado millones de pequeños agujeros negros que, pese a ser invisibles, contribuirían aún a la masa del universo. No hay pruebas concluyentes de la existencia de agujeros negros en el universo. Hasta ahora, sólo es fruto de la teoría, aunque existen serios indicios de que la radiofuente *Cygnus X1* podría ser uno de ellos.

agujeta *s. f.* Aguja*, ave.

agujetas *s. f. pl.* Dolor que se siente en los músculos después de realizar un ejercicio intenso y prolongado. Se debe a la acumulación de ácido láctico en los músculos por una deficiente oxigenación.

agusanarse *v. prnl.* Criar gusanos alguna cosa.

Agustí, Ignacio (Llissá de Vall, Barcelona 1913 - Barcelona 1974) Escritor español. Autor de una variada obra en catalán y en castellano, destaca su ciclo de novelas *La ceniza fue árbol*, notable descripción de la burguesía catalana en el último siglo, al que pertenece *Mariona Rebull* (1944), su obra más conocida.

Agustín, San (Tagaste, Numidia 354 - Hipona 430) Obispo, doctor y padre de la Iglesia latina. Hijo de un magistrado romano y de Santa Mónica, se educó en el cristianismo. Pero, preocupado por el problema del mal, se inclinó posteriormente hacia el maniqueísmo, para seguir después el neoplatonismo de Plotino, que ejerció una influencia decisiva en su vida. En Milán entró en contacto con San Ambrosio y, de manos de éste, abrazó la fe cristiana y llegó a ser obispo de Hipona. Desde su conversión al cristianismo, el esfuerzo de su pensamiento se orientó a comprender lo mejor posible el contenido de su fe, utilizando para ello una técnica filosófica cuyos elementos principales se basaban en el neoplatonismo. Entre sus obras destacan los *Soliloquios* (386-387), las *Confesiones* (397-401), de carácter autobiográfico, y *La ciudad de Dios* (413-426), primera reflexión cristiana sobre la historia y su sentido.

Agustín de Canterbury, San (? - ? h. 604) Evangelizador de Inglaterra. Fue enviado por el papa San Gregorio Magno el año 597. Tras convertir a los anglosajones, que siguieron el ejemplo de su rey Edelberto, estableció la sede episcopal de Canterbury.

Agustina de Aragón (Barcelona 1790 - Ceuta 1858) Heroína española. Su verdadero nombre era Agustina Zaragoza Doménech. Se distinguió por su valor en las dos ocasiones en que los franceses sitiaron Zaragoza durante la guerra de la Independencia (1808-09).

Agustini, Delmira (Montevideo 1886 - íd. 1914) Poetisa uruguaya. El amor y la muerte fueron su temática habitual. Murió a los veintiocho años, asesinada por su marido. Entre su extensa producción destacan *Cantos de la mañana* (1910), *Los cálices vacíos* (1913), junto a *El rosario de Eros* y *Los astros del abismo*, publicadas póstumamente en 1924.

agustino, na *adj.* **1.** Se dice de los religiosos pertenecientes a las distintas órdenes o congregaciones que se rigen por la regla creada de acuerdo con los escritos de San Agustín. También *s.* **2.** Perteneciente o relativo a dicha orden.

Agutí dorado o común (Dasyprocta aguti).

agutí *s. m.* Nombre común de diversos mamíferos roedores de la familia dasipróctidos, género *Dasyprocta*. Miden unos 50 cm de longitud y tienen cola corta, patas largas y orejas pequeñas. Viven en América tropical.

aguzanieves *s. m.* Nombre común de diversas aves paseriformes de la familia motacílidos, género *Motacilla*. Miden unos 18 cm de longitud y tienen el pico largo y recto. La especie común *(Motacilla alba)* tiene plumaje grisáceo en la región dorsal y blanco en el vientre y el aguzanieves boyero *(Motacilla flava)*, amarillo. Son insectívoras. Habitan en Europa y Asia septentrional y en invierno emigran al N de África, Asia central y la península Ibérica. También son llamadas *lavandera blanca* y *lavandera boyera*.

aguzar *v. tr.* **1.** Sacar punta a una cosa o adelgazar la que ya tiene. **2.** Esforzar o aplicar con intensidad los sentidos o la inteligencia para percibir o captar con ellos lo más posible. También *v. prnl.* ■ Se conjuga como *cazar*.

¡ah! *interj.* **1.** Expresa la reacción de una persona ante una impresión o una emoción. **2.** Se emplea frecuentemente para indicar que alguien ha comprendido lo que se dice en un momento determinado.

Ahaggar Macizo volcánico de Argelia en el SE del país, en la región sahariana. Su máxima altura es el pico Tahat (2.918 m).

Ahasverus Véase **Judío errante**.

aherrojar *v. tr.* **1.** Aprisionar a alguien con hierros o grilletes. **2.** Oprimir, someter a una persona, un pueblo, etc. **FAM.** Aherrojamiento.

ahí *adv. l.* **1.** En ese lugar; a ese lugar: *Está ahí. Ve ahí.* **2.** Precedido de la preposición *por* expresa un lugar indefinido: *Estuve por ahí.* **3.** En esto, en eso: *Ahí está la dificultad.* **4.** Por esto, por eso, de esto, de ello: *De ahí se deduce la conclusión.*

Ahidjo, Ahmadou (Garona 1924) Político camerunés. En 1958 fue el encargado de negociar la independencia de Camerún. Elegido presidente en 1961, se mantuvo en el poder en sucesivas elecciones, hasta su dimisión en 1982. Poco después trató de recuperar la presidencia, pero fracasó y hubo de exiliarse a Francia.

ahijado, da *s. m.* y *f.* Una persona con respecto de su padrino o madrina.

ahijar *v. tr.* **1.** Adoptar, prohijar. **2.** Acoger un animal a una cría ajena. ■ En cuanto al acento, se conjuga como *aislar*: *ahíjo*.

ahilarse *v. prnl.* **1.** Crecer las plantas muy alargadas, o los árboles altos y derechos por estar muy juntos. **2.** Adelgazar una persona por enfermedad o falta de alimento. ■ En cuanto al acento, se conjuga como *aislar*: *ahílo*.

ahínco *s. m.* Actitud de quien realiza una cosa poniendo en ella toda su capacidad y esfuerzo.

ahíto, ta *adj.* **1.** Se dice de quien ha comido hasta hartarse. **2.** Hastiado, cansado de algo o de alguien.

Ahmed Nombre de varios sultanes turcos otomanos.

Ahmed I (Manisa 1590 - Estambul 1617) Sultán otomano (1603-17). Sufrió importantes reveses en el exterior: paz de Szitvatorok con Austria (1606) y derrota ante los persas (1612). Erigió en Estambul la monumental mezquita que lleva su nombre.

Ahmed III (? 1673 - ? 1736) Sultán otomano (1703-30). Derrotó al zar ruso Pedro el Grande y le impuso la paz de Falksen (1711). Ocupó Morea y diversas plazas en Creta, pero fue derrotado por el emperador austriaco Carlos VI. Firmó el tratado de Passarowitz (1718), que instauró una época de paz entre Turquía, Rusia y Austria, llamada «era de los tulipanes». Fue depuesto por una sublevación de jenízaros.

Ahmed al-Mansur (Fez 1549 - íd. 1603) Rey de Marruecos. Soberano de la dinastía sadí, mantuvo relaciones amistosas con España. Conquistó Sudán (1591). Construyó el mausoleo que lleva su nombre en Marrakech.

Ahmed Sah-Durrani (? - Murgab 1773) Soberano de Afganistán. Jefe de la tribu abdalí, se proclamó rey de Afganistán en 1747 y fundó la dinastía de los durraníes. A su muerte dejó un extenso imperio.

Ahmedabad C. de la India, en el O del país, junto al río Sabarmati. 2.059.700 h. en 1981 y 3.037.000 h. en su aglomeración urbana. Es uno de los mayores centros industriales de la nación, destacando por sus factorías textiles; a la vez mantiene una rica artesanía de brocados, joyas, tallas, etc.

Ahmosis o **Ahmes I** (s. XVI a. C.) Faraón egipcio (1570-42). Fue fundador de la XVIII dinastía, con la que se inicia el imperio Nuevo. Expulsó a los hicsos y concentró el poder del imperio en Tebas.

ahogado, da **1.** *p. p.* de **ahogar**. También *adj.* y *s.* ‖ *adj.* **2.** Se dice del sitio estrecho y mal ventilado.

ahogar *v. tr.* **1.** Matar a una persona o animal impidiéndole respirar por cualquier medio. **2.** Producir sensación de ahogo o sofoco. También *v. prnl.* **3.** Poner mustias las plantas el exceso de agua o dañarlas la acumulación o el efecto nocivo de otras plantas. También *v. prnl.* **4.** Apagar el fuego con algo que se le pone encima o que dificulta la combustión. También *v. prnl.* **5.** Referido a un automóvil, inundar el carburador con un exceso de combustible, lo que produce el paro del motor. También *v. prnl.* **6.** Oprimir, agobiar, apurar. **7.** Dominar o impedir algo. **8.** En el juego de ajedrez, hacer que el adversario no pueda mover piezas sin que quede su rey en jaque. ‖ *v. prnl.* **9.** Morir una persona o un animal en el agua o en alguna circunstancia que le impida respirar. ■ Se conjuga como *pagar*.

ahogo *s. m.* **1.** Dificultad para respirar, fatiga. **2.** Angustia, agobio, apuro.

ahondar *v. tr.* **1.** Hacer más hondo algo. También *v. prnl.* **2.** Introducir una cosa muy dentro de otra. Se usa más como *v. intr.* y *v. prnl.* ‖ *v. intr.* **3.** Estudiar o examinar algo a fondo. **FAM.** Ahondamiento.

ahora *adv. t.* **1.** En el momento presente. **2.** Puede equivaler a *hace poco* (pasado): *He llegado ahora;* o *dentro de poco, pronto* (futuro): *Espera un momento, ahora voy.* **3.** En ciertas frases, sin perder por completo el valor temporal, indica inoportunidad o inadecuación: *¿Ahora vienes con ésas?* **4.** Con verbos como *acordarse, pensar, decir*, etc., sirve para introducir aquello de lo que uno repentinamente se acuerda, lo que piensa, etc., o bien las consecuencias o respuestas que suscita: *Ahora que lo pienso, no debes ir.* ‖ *conj. distrib.* **5.** Bien, ya: *Ahora estudie, ahora juegue, todo lo hace intensamente.* ‖ *conj. advers.* **6.** Pero, sin embargo: *Hazlo si quieres; ahora, no te quejes.* ‖ **LOC. ahora bien** *conj. advers.* Pero, sin embargo; esto supuesto: *Vete cuando quieras; ahora bien, no vuelvas.* **ahora mismo** *adv.* Acentúa la proximidad al instante en que se habla: *Ahora mismo salgo de casa.* **ahora que** *conj. advers.* Pero: *El piso me gusta, ahora que lo encuentro caro.* **ahora sí que** *adv.* Expresa seguridad de que algo va a ocurrir: *Ahora sí que me lo vas a contar.* **de ahora en adelante** o **desde ahora** *adv.* En adelante, en lo sucesivo. **¡hasta ahora!** *interj.* Se emplea para despedirse. **por ahora** *adv.* Por el momento, por lo pronto.

ahorcar *v. tr.* **1.** Matar a alguien colgándole de un lazo o algo similar que se ha pasado alrededor de su cuello. También *v. prnl.* con valor reflex. **2.** En el dominó, impedir a un rival que coloque una ficha doble. ■ Se conjuga como *sacar*. **FAM.** Ahorcado, ahorcamiento.

ahorita o **ahoritita** *adv. t. fam.* Ahora mismo, muy recientemente, en seguida. ■ Se usa sobre todo en Canarias y América.

ahorrar *v. tr.* **1.** Guardar una parte del dinero que se obtiene. **2.** Economizar, gastar con medida. **3.** Evitar inconveniencias, molestias, trabajos, fatigas, etc. También *v. prnl.* **FAM.** Ahorrador, ahorrativo.

ahorro *s. m.* **1.** Acción y efecto de ahorrar. **2.** Cantidad que se ahorra. **3.** En econ., parte de la renta no destinada al consumo.

Econ. La diferencia entre los ingresos y gastos de un particular representa el ahorro cuando esa diferencia se atesora, se ingresa en un banco, se destina a la adquisición de fondos públicos, de bienes inmuebles, de acciones u obligaciones o a la suscripción de pólizas de seguros, etc. El ahorro puede estar motivado por la previsión de la vejez, la ayuda a los hijos o el interés que proporciona. Salvo en el caso del simple atesoramiento, el conjunto del dinero ahorrado por los individuos (ahorro social), al ser dedicado a la inversión, supone un estímulo para la actividad económica, pues se aplica a obras públicas, empresas, servicios, puestos de trabajo, etc.

Ahrimán Espíritu del mal o destructor, contrario a Ahura Mazda, en el mazdeísmo, religión fundada por el persa Zoroastro.

ahuecar *v. tr.* **1.** Dejar hueca o vacía una cosa. **2.** Esponjar una cosa que estaba aplastada. También *v. prnl.* **3.** Referido a la voz, hacerla más grave y sonora. **4.** *fam.* Marcharse. ■ Se usa especialmente en la locución **ahuecar el ala**. También *v. intr.* ‖ *v. prnl.* **5.** *fam.* Envanecerse, mostrarse afectado y presuntuoso. ■ Se conjuga como *sacar*. **FAM.** Ahuecamiento.

ahuehé, ahuehuete o **ahuehuetle** *s. m. Méx.* Árbol de la familia cupresáceas, especie *Taxodium mexicanum*. Alcanza de 30 a 40 m de altura y es parecido al ciprés. Se aprovecha su madera y se usa como árbol ornamental. Fue árbol sagrado de los indígenas.

ahuesarse *v. prnl.* **1.** *amer.* Perder categoría en una profesión. **2.** *amer.* No venderse una mercancía por haberse estropeado o pasado de moda. **3.** *amer.* Perder su utilidad o prestigio una persona o cosa.

ahuevar *v. tr.* **1.** Dar a algo forma de huevo. También *v. prnl.* **2.** *amer.* Atontar, asustar. También *v. prnl.* **FAM.** Ahuevado.

Ahuitzotl (? 1486 - ? 1502) Soberano azteca. Sostuvo continuas guerras contra pueblos vecinos, conquistando las regiones de Huaxteca y Mitla en el N y Guatemala en el S. A su muerte le sucedió Moctezuma.

Ahumada, Francisco Javier Girón, duque de (Pamplona 1803 - Madrid 1872) Militar español. Siendo teniente general le fue encomendada la creación de la Guardia Civil en 1844, cuerpo del que fue primer director general y organizador.

ahumado, da **1.** *p. p.* de **ahumar**. También *adj.* y *s. m.* ‖ *adj.* **2.** Se aplica al cristal o cuerpo transparente ligeramente oscuro. ‖ *s. m.* **3.** Acción y efecto de ahumar. **4.** Pescado conservado al humo.

ahumar *v. tr.* **1.** Poner una cosa al humo. **2.** Someter a la acción del humo alimentos, como embutidos y pescados, para su conservación o para darles cierto sabor. **3.** Llenar de humo. También *v. prnl.* ‖ *v. prnl.* **4.** Tomar un alimento sabor a humo. **5.** Ennegrecerse con el humo. ■ En cuanto al acento, se conjuga como *aunar*: *ahúmo*.

Ahura Mazda Dios principal del mazdeísmo, creador del universo y benefactor de la humanidad.

ahuyentar *v. tr.* **1.** Hacer huir a alguna persona o animal, o impedir que se acerque. **2.** Desechar pensamientos o sentimientos.

Ahvaz C. de Irán, cap. de la prov. de Juzistán. 508.500 h. en 1985. Es un centro comercial y petrolífero.

ailanto *s. m.* Árbol de la familia simarubáceas, género *Ailanthus*. Mide entre 20 y 30 m de altura, tiene hojas muy grandes, inflorescencias en panículas terminales y fruto en sámara. Originario de China, ha sido introducido en Occidente como planta ornamental.

Ailly, Pierre d' (Compiègne 1350 - Aviñón 1420) Cardenal de la Iglesia católica. Desempeñó un papel decisivo en la convocatoria del concilio de Constanza, que puso fin al cisma de Occidente. Amante de las ciencias, fue autor de una avanzada obra de cosmografía, *Imago mundi* (1410).

aimara o **aimará** *adj.* **1.** Se dice de un pueblo amerindio que habita junto al lago Titicaca, entre Perú y Bolivia, formado en la actualidad por 600.000 individuos. Su territorio fue conquistado por los incas hacia 1450 y por los españoles entre 1533 y 1542. Se conservan importantes restos arqueológicos en Tiahuanaco y Pucará. **2.** De este pueblo. También *s.* ‖ *s. m.* **3.** Lengua que habla dicho pueblo.

aino o **ainu, na** *adj.* **1.** Se dice de cierto pueblo de Asia oriental, de raza blanca caucásica, que habita en las islas de Hokkaido y Sajalín (Japón) y en el archipiélago de las Kuriles. **2.** De este pueblo. También *s.* ‖ *s. m.* **3.** Lengua hablada por dicho pueblo.

airado, da **1.** *p. p.* de **airar**. ‖ *adj.* **2.** Enfadado, irritado. **Fam.** Airadamente.

airar *v. tr.* Enfurecer. También *v. prnl.* ▪ En cuanto al acento, se conjuga como *aislar*: *aíro*.

aire *s. m.* **1.** Mezcla gaseosa que envuelve la Tierra y atmósfera que constituye. **2.** Viento o corriente de aire. **3.** Aspecto, apariencia. **4.** Garbo, gracia, elegancia. **5.** Melodía, canción. **6.** *fam.* Aerofagia. **7.** Cada una de las formas de caminar del caballo y otros cuadrúpedos. **8.** Escrito con mayúscula, Ejército del Aire. ‖ *interj.* **9.** Sirve para ordenar a alguien que se marche u obligarle a darse prisa en lo que hace. ‖ **10. aire acondicionado** El que está sometido a unas determinadas condiciones de temperatura, humedad y composición dentro de un recinto cerrado. También, sistema que crea este acondicionamiento. **11. aire líquido** En fís., líquido obtenido sometiendo el aire a fuertes presiones y enfriándolo hasta muy baja temperatura. Tiene uso industrial y se emplea también como explosivo. **12. aires de suficiencia** Actitud del que pretende saber más que los demás. **13. masa de aire** Extensa porción de la atmósfera con la misma temperatura y humedad. Estas masas, tropicales o polares, influyen con sus desplazamientos en los fenómenos atmosféricos. ‖ **Loc. al aire libre** *adv.* Fuera de espacios cerrados. **cambiar de aires** Marcharse, establecerse en otro lugar. **darle** a uno **un aire** Sufrir un ataque de parálisis. **darse aires** Presumir. **darse un aire** *fam.* Parecerse. **en el aire** *adv.* Pendiente de solución. **estar en el aire** En radio y televisión, estar emitiendo. **hacer aire** Hacer viento. **llevarle** a uno **el aire** *fam.* Seguirle la corriente. **tomar el aire** Pasear al aire libre.
Fís. y ***Quím.*** El aire puro contiene un 78% de nitrógeno, un 21% de oxígeno, un 1% de argón y otros gases raros. El vapor de agua y el gas carbónico entran en proporciones variables y se consideran impurezas, al igual que el hidrógeno, ozono, metano, amoniaco, polvo y microbios. El aire es un gas inodoro, incoloro y transparente. El color azul de la atmósfera se debe a la difracción que experimentan las radiaciones de pequeña longitud de onda en las moléculas gaseosas.

PROPIEDADES FÍSICAS DEL AIRE PURO A 0°

Densidad	1,293 kg/m^3
Masa de 1 mol	28,96 g
Calor específico (a presión constante)	0,241 kcal/kg °C
Calor específico (a volumen constante)	0,172 kcal/kg °C
Conductividad térmica	0,0205 kcal/m h °C
Índice de refracción	1,0002926
Constante dieléctrica	1,000590

airear *v. tr.* **1.** Exponer algo al aire, ventilar. También *v. prnl.* **2.** Divulgar una noticia. ‖ *v. prnl.* **3.** Ponerse al aire libre para refrescarse o serenarse. **Fam.** Aireado.

airón *s. m.* **1.** Garza real. **2.** Penacho de plumas de las aves y, también, de ciertos gorros, cascos, morriones, etc.

airoso, sa *adj.* **1.** Que tiene garbo, elegancia, arrogancia. **2.** Se dice de quien acaba una prueba con éxito. **Fam.** Airosamente.

Aisén del General Carlos Ibáñez del Campo Región de Chile, situada en el S del país. 109.025 km^2. 78.500 h. en 1989. La capital es Coihaique, con 43.600 h. en 1986. Cuenta con recursos forestales y mineros.

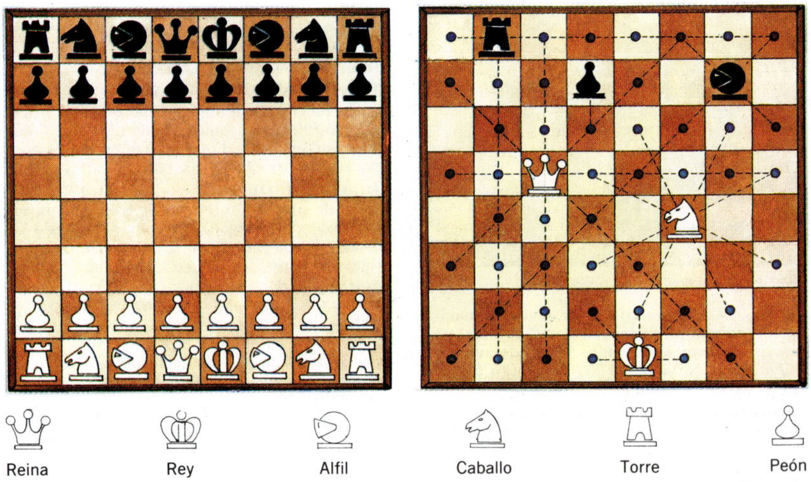

Ajedrez: a la izquierda, disposición de las piezas en el tablero; a la derecha, movimientos que pueden realizar cada una de las piezas.

aislacionismo *s. m.* Doctrina o política que defiende y practica la no participación de un país en los asuntos internacionales (alianzas, conflictos, etc.). **Fam.** Aislacionista.

aislado, da **1.** *p. p.* de **aislar**. También *adj.* ‖ *adj.* **2.** No general, esporádico. **Fam.** Aisladamente.

aislamiento *s. m.* **1.** Acción y efecto de aislar o aislarse. **2.** Incomunicación. **3.** En fís., acción de impedir el paso de algún agente físico.
Fís. Se habla de aislamiento eléctrico si el agente que hay que aislar es la electricidad, y se realiza mediante la utilización de materiales que resisten la aplicación de tensiones eléctricas sin dejar pasar la corriente y sin deteriorarse: vidrio, porcelana, cloruro de polivinilo, etc. Si el agente físico que se desea aislar es el calor, se habla de aislantes térmicos: corcho, aire, fibra de vidrio, etc. Los aislantes térmicos suelen ser también malos conductores de la electricidad.

aislante *adj.* Que aísla; en especial, se dice del material que aísla del frío, la humedad, la electricidad, etc., como p. ej. el corcho o el plástico. También *s. m.*

aislar *v. tr.* **1.** Poner a alguna persona, animal o cosa en un lugar apartado, separándolo de todo lo demás. También *v. prnl.* con valor reflex. **2.** Retirar a alguien del trato y comunicación de la gente. También *v. prnl.* **3.** En fís., no permitir el paso de un agente físico, como el calor o la electricidad. **4.** En quím., conseguir que un elemento se presente sin combinarse con ningún otro, normalmente para identificarlo. **5.** En med., conseguir que un virus, bacteria, etc., se presente de manera que pueda ser analizado e identificado en laboratorio. ▪ En este verbo, *ai* no forma diptongo. **Fam.** Aislable, aislador.

AISLAR

INDICATIVO	SUBJUNTIVO	IMPERATIVO
Presente	**Presente**	
aíslo	*aísle*	
aíslas	*aísles*	*aísla*
aísla	*aísle*	
aislamos	*aislemos*	
aisláis	*aisléis*	*aislad*
aíslan	*aíslen*	

Aix-en-Provence C. del SE de Francia, en el departamento de Bouches-du-Rhône. 121.327 h. en 1982. Antigua capital de Provenza, hoy es un importante centro comercial con industria alimentaria.

Aix-la-Chapelle Véase **Aquisgrán**.

aizkolari (voz vasc.) *s. m.* Persona que practica el deporte popular vasco de cortar troncos.

¡ajá! *interj. fam.* Indica aprobación.

Ajaccio C. de Francia, cap. de la isla de Córcega. 54.100 h. en 1982. Es un centro comercial y turístico.

ajamonarse *v. prnl. fam.* Ponerse jamona una mujer. **Fam.** Ajamonado.

Ajanta, cuevas de Conjunto de santuarios budistas en las montañas indias del mismo nombre, en el estado de Maharashtra. Son una treintena de cavernas excavadas en la roca entre los s. II a. C. y VII d. C., que ofrecen un valioso muestrario de la arquitectura, la escultura y la pintura budistas.

ajar *v. tr.* Estropear, deslucir, hacer más vieja una persona o cosa. También *v. prnl.* **Fam.** Ajado, ajamiento.

ajaraca *s. f.* En arq., lazo o adorno de líneas y flores enlazadas propio de la decoración árabe y mudéjar.

ajardinar *v. tr.* Hacer jardines o crear zonas verdes en un lugar. **Fam.** Ajardinado.

ajedrea *s. f.* Planta herbácea de la familia labiadas, especie *Satureja montana.* Posee flores blancas y hojas lanceoladas. Muy aromática, se usa como condimento y, en infusión, como tónico. Crece en zonas mediterráneas.

ajedrez *s. m.* Juego de habilidad intelectual entre dos personas que se desarrolla sobre un tablero cuadriculado de 64 casillas o escaques de color blanco y negro alternado. Cada jugador dispone de 16 piezas (un rey, una reina o dama, dos alfiles, dos caballos, dos torres y ocho peones), blancas las de uno y negras las del otro, dotadas cada una de movimiento propio, que van moviendo alternativamente. Gana el juego aquel que captura al rey contrario, lo que se llama dar jaque mate. Originario de la India, pasó luego a Persia, en el s. VI. Los árabes lo introdujeron en Europa antes del s. XI. **Fam.** Ajedrecista.

ajedrezado, da *adj.* **1.** Con cuadros combinados como los de un tablero de ajedrez. ‖ *s. m.* **2.** Decoración en relieve a modo de tablero de ajedrez, con cuadros a dos niveles.

ajenjo *s. m.* **1.** Planta perenne de la familia compuestas, especie *Artemisia absinthium.* Es de sabor amargo y olor aromático. Tiene propiedades medicinales. **2.** Bebida alcohólica elaborada con esencia de ajenjo.

ajeno, na *adj.* **1.** Que pertenece a otro. **2.** Lejano, indiferente, que no afecta o interesa a alguien. **3.** Extraño. **4.** Que desconoce cierto asunto o no tiene nada que ver con él.

ajete *s. m.* **1.** Ajo tierno que aún no ha desarrollado el bulbo. **2.** Puerro silvestre.

ajetrear *v. tr.* Cansar a uno excesivamente haciéndole andar de un lado a otro. También *v. prnl.*

ajetreo *s. m.* Movimiento intenso, actividad incesante.

ají (voz taína) *s. m. amer.* Chile, especie de pimiento pequeño muy picante.

ajiaceite *s. m.* Ajoaceite.

ajilimójili *s. m.* **1.** Salsa elaborada con ajos y otros ingredientes. **2.** *fam.* Revoltijo, conjunto de cosas mezcladas desordenadamente. ‖ *pl.* **3.** *fam.* Accesorios, complementos, detalles.

ajillo *s. m.* Condimento compuesto de ajo machacado y otros ingredientes.

ajimez *s. m.* En arq., ventana dividida en el centro por una columna, de la que parten dos arcos gemelos.

Ajmatova, Anna Gorenko, llamada (Odessa 1889 - Moscú 1966) Poetisa soviética. Sus primeras obras son de estilo clásico y tema introspectivo: *La tarde* (1912), *Bandada blanca* (1917). La revolución, con la que no comulgaba, acentuó el carácter intimista de su poesía en obras como *Anno Domini MCMXXI* (1922), *Caña* (1924-40). Entre 1946 y 1961 fue silenciada por las autoridades. Posteriormente publicó *Versos líricos* (1961) y *Réquiem* (1963).

ajo *s. m.* **1.** Planta perenne bulbosa de la familia liliáceas, especie *Allium sativum.* El bulbo, que consta de 12 a 20 partes menores, llamadas dientes, se utiliza como condimento y posee propiedades medicinales, pues contiene un antibiótico y aceites esenciales que actúan como antisépticos, expectorantes y antiespasmódicos. Es originaria de Asia, pero también se encuentra en estado silvestre en Europa meridional. **2.** Asunto, especialmente si es secreto o turbio. ▪ Se usa sobre todo en la expresión **estar en el ajo**. ‖ **3. ajo blanco** Sopa fría hecha con ajos crudos machacados, miga de pan, sal, agua, aceite y vinagre, a la que a veces se añaden almendras molidas. **4. ajo puerro** Puerro.

Bulbo o cabeza de ajo, y dientes que lo forman.

ajoaceite *s. m.* Alioli.

ajoarriero *s. m.* Guiso de bacalao, ajos y aceite.

ajolote o **axolote** *s. m.* Larva del batracio urodelo *Ambystoma mexicanum,* que mide entre 10 y 20 cm. En su ambiente natural (los lagos mexicanos) no llega nunca al estado adulto de salamandra, aunque es capaz de reproducirse en estado larvario.

Ajolote albino (Ambystoma mexicanum).

ajonjolí *s. m.* Planta herbácea de la familia pedaliáceas, especie *Sesamun indicum.* Alcanza hasta 1 m de altura. Es de tallo recto, hojas pecioladas y serradas, flores acampanadas, blancas o rosadas, y fruto con muchas semillas amarillentas, oleaginosas y comestibles. Se llama también *alegría* y *sésamo.*

ajorca *s. f.* Aro, generalmente de oro, plata u otro metal, que se lleva como adorno en las muñecas, brazos o tobillos.

ajuar *s. m.* **1.** Conjunto de ropas, muebles, alhajas y otras cosas que lleva la mujer al matrimonio. **2.** Ropas, muebles y enseres de una casa.

ajuntar *v. tr.* **1.** *fam.* Juntar. También *v. prnl.* **2.** Entre niños, tener amistad. Se usa sobre todo en frases negativas. También *v. prnl.* ‖ *v. prnl.* **3.** Amancebarse.

Ajusco Volcán mexicano, situado en la cadena montañosa del mismo nombre, al S de la capital del país. 3.962 m.

ajustado, da **1.** *p. p.* de **ajustar**. También *adj.* ‖ *adj.* **2.** Justo, recto. **3.** Ceñido, adecuado. **FAM.** Ajustadamente.

ajustador, ra *adj.* **1.** Que ajusta. También *s.* ‖ *s. m.* y *f.* **2.** Operario que trabaja las piezas de metal para amoldarlas al sitio en que han de colocarse.

ajustar *v. tr.* **1.** Poner una cosa dentro de otra, encima, alrededor, etc., de modo que no quede espacio entre ellas. También *v. intr.* y *v. prnl.* **2.** Adaptar, acomodar una cosa a otra. También *v. prnl.* **3.** Acordar. **4.** Concertar el precio de una cosa. **5.** En imprenta, disponer los contenidos de una plana o página en la forma definitiva que van a llevar en la impresión. **6.** Asegurar la precisión de un instrumento o máquina. **7.** Saldar, pagar una cuenta. Antepuesto a *cuentas,* vengarse o dar a alguien su merecido. **8.** Contratar. **9.** En quím., escribir el número de moléculas de cada sustancia que intervienen en una reacción; p. ej., la reacción $H_2 + N_2 - NH_3$ no está ajustada, pero sí lo está si se escribe $3H_2 + N_2 - 2NH_3$. **10.** *Méx.* Cumplir años. ‖ *v. prnl.* **11.** Ponerse de acuerdo.

ajuste *s. m.* **1.** Acción y efecto de ajustar o ajustarse. **2.** Acuerdo. ‖ **3. ajuste de cuentas** Venganza.

ajusticiado, da **1.** *p. p.* de **ajusticiar**. ‖ *s. m.* y *f.* **2.** Persona a la que se ha aplicado la pena de muerte.

ajusticiar *v. tr.* Aplicar al reo la pena de muerte.

Akaba Golfo del mar Rojo, entre la península de Arabia y la del Sinaí. 175 km de longitud.

Akademiya Nauk Cadena montañosa en el Tayikistán, que forma parte del sector N del macizo de Pamir. Su máxima altura es el pico Comunismo (7.496 m).

Akbar (Umarkot 1542 - Agra 1605) Emperador mogol de la India. Representa el momento cumbre del poderío musulmán en la India, no sólo por la extensión de sus dominios, sino también por su irradiación cultural.

Akenatón Véase **Amenofis IV**.

Aki-Hito (Tokio 1933) Emperador del Japón. Hijo de Hiro-Hito, le sucedió en 1989.

Akron C. de EE UU, en el estado de Ohio, en la región de los grandes lagos. 227.150 h. en 1988. Es centro industrial del caucho (neumáticos).

Akutagawa Ryunosuke (Tokio 1892 - íd. 1927) Escritor japonés. Fue autor de relatos inspirados en leyendas populares y en los clásicos japoneses, como *Rashomon* (1915), llevado al cine por Akira Kurosawa, y *Las puertas del infierno* (1920). Sus últimas obras, como *Kappa, El engranaje* (1927), reflejan la progresiva locura que le llevó al suicidio.

al Contracción de la preposición *a* y del artículo *el.* ▪ No se produce contracción cuando el artículo *el* forma parte de un nombre propio: *Voy a El Escorial.* Delante de un infinitivo, indica que la acción expresada por éste se produce al mismo tiempo que otra: *Me saludó al pasar,* a veces tiene valor de causa: *Al verle, me alegré.*

Al Símbolo químico del aluminio.

ala *s. f.* **1.** Parte del cuerpo de algunos animales (aves, insectos) que les sirve para volar. **2.** Parte de los aviones que les proporciona estabilidad en el aire. **3.** Parte que en muchas cosas se extiende hacia los lados. **4.** Tropa formada en cada extremo de un orden de batalla. **5.** Unidad del Ejército del Aire, de importancia equivalente al regimiento en el Ejército de Tierra. **6.** En baloncesto y otros deportes, jugador que suele atacar por los laterales. **7.** Alero del tejado. **8.** Tendencia o corriente dentro de un partido, organización, etc. ‖ *pl.* **9.** Atrevimiento, ánimos, aspiraciones. ▪ Se usa sobre todo con el verbo *dar.* ‖ **10. ala delta** Especie de ala triangular de materiales ligeros que sirve para volar aprovechando las corrientes de aire ascendentes; también, deporte que se practica mediante este sistema. ‖ **LOC. ahuecar el ala** Véase **ahuecar**. **cortar** a uno **las alas** *fam.* Desanimar, poner dificultades. **del ala** Detrás de cantidades, pondera el valor o el gasto. **tocado del ala** *adj. fam.* Algo loco, chiflado.

¡ala! *interj.* ¡Hala!

Alá Nombre dado a Dios en el Islam. Según los musulmanes, Dios tiene 99 nombres, pero sólo el de Alá es el esencial; los demás son atributos.

Alabama Estado de EE UU, en el SE del país, en el extremo meridional de la cadena apalachiana. 133.915 km^2. 4.150.000 h. en 1989. La capital es Montgomery, con 194.300 h. en 1986. Está atravesado por el río Alabama y tiene ciudades importantes, como Birmingham y Mobile. Produce algodón y tabaco y cuenta con minas de hierro y carbón. Posee industria siderúrgica, metalúrgica y textil.

alabanza *s. f.* **1.** Acción y efecto de alabar. **2.** Palabras con que se alaba.

alabar *v. tr.* Decir o hacer resaltar cosas buenas o cualidades de una persona, animal o cosa. También *v. prnl.* con valor reflex. y recípr.

alabarda *s. f.* Arma antigua, parecida a una lanza, cuya extremidad puntiaguda está cruzada por una cuchilla en forma de media luna.

alabardero *s. m.* **1.** Soldado de infantería armado de alabarda. **2.** Soldado de la guardia de honor de los reyes de España.

alabastro *s. m.* **1.** Variedad de caliza, translúcida, de coloración clara. **2.** Variedad de yeso, translúcido, de tonos blanco a rojizo pálido. ▪ Ambas rocas son utilizadas como materiales de ornamentación. **3.** P. ext., objeto artístico de alabastro. **FAM.** Alabastrino.

alabastrón *s. m.* Vaso griego sin asas y de cuello estrecho, usado para contener perfume.

álabe *s. m.* Cada una de las paletas curvas de una turbina, que reciben el impulso que hace girar a ésta.

alabear *v. tr.* Dar forma combada o curva a alguna cosa. También *v. prnl.* **FAM.** Alabeado, alabeo.

alacalu *adj.* **1.** Se dice de un pueblo amerindio que habita en el extremo meridional de América del Sur. **2.** De este pueblo. También *s.* ‖ *s. m.* **3.** Lengua hablada por este pueblo.

alacena *s. f.* Especie de armario consistente en una cavidad hecha en la pared con puertas y estantes.

alacrán *s. m.* Escorpión*.

Alacuás (*Alaquàs*) C. de España, en la prov. de Valencia. 24.600 h. en 1990. Es una localidad agrícola y posee industria de la madera.

alado, da *adj.* **1.** Provisto de alas. **2.** Rápido, veloz.

alagartado, da *adj.* **1.** *Amér. C.* Tacaño, usurero. También *s.* **2.** *C. Rica.* Acaparador. También *s.*

Alagoas Estado de Brasil, situado en el NE del país, a orillas del océano Atlántico. 27.731 km^2. 2.381.500 h. en 1989. La capital es Maceió, con 527.200 h. en 1989. Produce azúcar, algodón, maíz y trigo. Posee yacimientos de petróleo.

Alagón Río de España, en la Meseta central. 209 km. Riega las provincias de Salamanca y Cáceres y desemboca en el río Tajo por su orilla derecha a la altura de Alcántara.

Alain, Émile Chartier, llamado (Mortagne-au-Perche 1868 - Le Vésinet 1951) Pensador

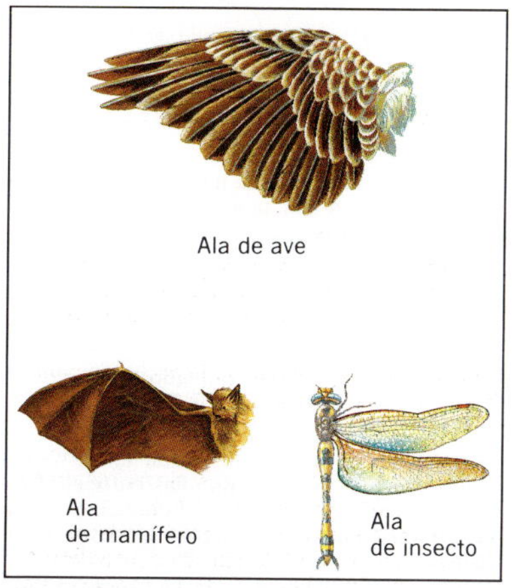

Distintos tipos de alas de animales.

francés. Escribió los *Propos d'Alain*, conjunto de máximas y pensamientos sobre temas diversos, de tono humanístico y cartesiano.

alajú *s. m.* Pasta elaborada básicamente con almendras y miel, presentada en forma de torta.

alalia *s. f.* Incapacidad para hablar.

Alalia, batalla de Batalla naval librada en el 535 a. C. frente a las costas de Córcega, en la que etruscos y cartagineses derrotaron a los griegos focenses y se hicieron con el control del comercio en el Mediterráneo.

alamán, na *adj.* **1.** Se dice de cierto grupo o confederación de pueblos germanos (suevos, cuados, teutones, etc.) originarios de la cuenca media del Elba y establecidos en la región del Main, expulsados a fines del s. II por los godos y los eslavos. **2.** De estos pueblos. También *s.*

Alamán, Lucas (Guanajato 1792 - México 1853) Político e historiador mexicano. Representante destacado del Partido Conservador, defendió las instituciones coloniales, el latifundismo y la Iglesia. Fue ministro en 1823 y en 1830. Colaboró con Santa Anna, que le nombró nuevamente ministro en 1853. Escribió *Disertaciones sobre la historia de la República Mexicana* (1844-49) e *Historia de México* (1849-52).

alamar *s. m.* **1.** Presilla y botón de pasamanería que se cose a la orilla de una prenda, generalmente una capa, como adorno y cierre. **2.** Cairel, fleco.

alambicar *v. tr.* **1.** Obtener ciertas sustancias por destilación en un alambique. **2.** Expresar algo de forma rebuscada. ■ Se conjuga como *sacar*. **FAM.** Alambicado, alambicamiento.

alambique *s. m.* Aparato que se emplea para destilar sustancias de distinta volatilidad y separarlas de los compuestos sólidos. Una vez vaporizadas dichas sustancias en la caldera del alambique, se vuelven a condensar al pasar por un conducto en espiral (serpentín) refrigerado por agua.

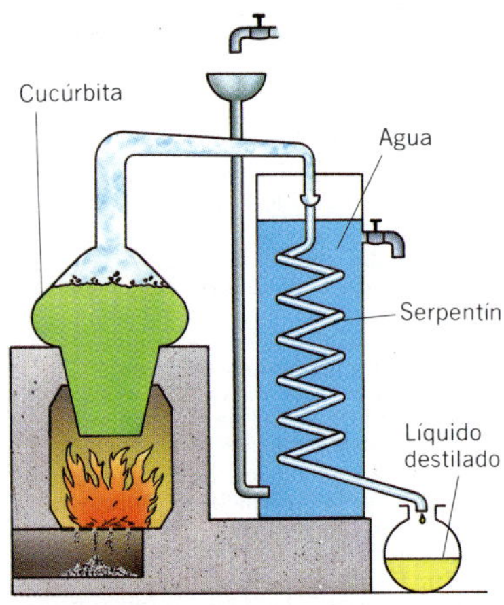

Esquema de un alambique.

alambrada *s. f.* Cerca o valla de alambre.

alambrado, da **1.** *p. p.* de **alambrar**. También *adj.* ‖ *s. m.* **2.** Acción de alambrar.

alambrar *v. tr.* Cercar algo con alambre o alambradas.

alambre *s. m.* **1.** Hilo de metal. ‖ **2. alambre de espino** Alambre con pinchos o púas, utilizado para hacer cercas.

alambrera *s. f.* Red o malla de alambre.

alambrista *s. m.* y *f.* Equilibrista que realiza sus acrobacias sobre un alambre colocado a cierta altura del suelo.

alameda *s. f.* **1.** Lugar poblado de álamos. **2.** Paseo en el que hay muchos álamos o, p. ext., cualquier clase de árboles.

Alamein, El Batalla entablada en 1942, durante la Segunda Guerra Mundial, entre el Afrika Korps, mandado por Erwin Rommel, y el VII ejército aliado mandado por el mariscal Montgomery, en el lugar egipcio de este nombre. El triunfo aliado inclinó a su favor la guerra en el frente de África.

álamo *s. m.* Nombre común de diversos árboles de la familia salicáceas, género *Populus*. Miden hasta 30 y 40 m de altura y tienen hojas alternas en forma de óvalo o de corazón. Su madera es blanca y se utiliza para la fabricación de papel. Entre las especies más conocidas destacan el álamo blanco *(Populus alba)*, el chopo o álamo negro *(Populus nigra)* y el álamo temblón *(Populus tremula)*. Crecen en las regiones templadas del hemisferio norte.

Álamo blanco (Populus alba).

Álamo, El Fuerte militar en Texas, EE UU, célebre por la resistencia que opusieron en 1836 sus defensores a las tropas mexicanas del general Santa Anna durante la guerra de independencia de Texas.

Alamogordo C. de EE UU en Nuevo México. 24.000 h. En sus cercanías se hizo estallar con carácter experimental la primera bomba atómica (1945).

alancear *v. tr.* Dar lanzadas, herir con lanza.

al-Ándalus Denominación utilizada por los árabes para designar a la España musulmana en la época medieval.

alano, na *adj.* **1.** Se dice de un pueblo bárbaro, de estirpe irania, establecido en Europa oriental. En el año 406 atravesaron el Rhin y, en unión de suevos y vándalos, forzaron en el 409 las defensas de los Pirineos y se establecieron en las provincias lusitana y cartaginense. En el 418 fueron diezmados por los visigodos. El resto del pueblo se asoció a los vándalos y juntos cruzaron en el 439 el estrecho de Gibraltar y se establecieron en África. **2.** De este pueblo. También *s.* **3.** Se dice de una raza de perros, cruce de dogo y lebrel, de pelo corto rojizo y tamaño medio; tienen la cabeza grande, el hocico chato, y las extremidades cortas y fuertes. También *s. m.*

alantoides *adj.* Se dice de un órgano en forma de bolsa que aparece en la parte posterior del intestino de los embriones de reptiles, aves y mamíferos. Sirve de depósito para los productos de desecho y, más tarde, interviene en la respiración y nutrición del embrión. También *s. m.*

Alarcón, Juan Ruiz de Véase **Ruiz de Alarcón, Juan**.

Alarcón, Pedro Antonio de (Guadix 1833 - Madrid 1891) Novelista español. Publicó varias colecciones de cuentos y narraciones breves, como *Cuentos amatorios*, donde se encuentra su conocido relato *El clavo*. Es, además, autor de las novelas *El sombrero de tres picos* (1874), *El escándalo* (1875), *El niño de la bola* (1880) y *La pródiga* (1882).

Alarcos, batalla de Batalla en la que Alfonso VIII de Castilla sufrió una derrota ante los almohades el 19 de julio de 1195. Esta batalla fue la última gran victoria de los musulmanes en la península Ibérica.

alarde *s. m.* Acción de presumir de algo o mostrarlo de forma llamativa y generalmente con orgullo.

alardear *v. intr.* Hacer alarde, presumir. ■ Se construye con la preposición *de*.

alargadera *s. f.* Pieza que sirve para alargar alguna cosa.

alargador, ra *adj.* **1.** Que alarga. ‖ *s. m.* **2.** Dispositivo, instrumento o pieza que sirve para alargar.

alargar *v. tr.* **1.** Hacer alguna cosa más larga en su longitud o duración. También *v. prnl.* **2.** Estirar un miembro que está doblado. **3.** Coger una cosa para dársela a una persona que está algo alejada de ella. **4.** Hacer que algo satisfaga más fines o necesidades. ‖ *v. prnl.* **5.** Extenderse en lo que se habla o escribe. **6.** *fam.* Llegarse, acercarse a algún lugar. ■ Se conjuga como *pagar*. **FAM.** Alargado, alargamiento.

Alarico Nombre de varios reyes visigodos.
Alarico I (Perice, delta del Danubio h. 370 - Cosenza 410) Rey visigodo (396-410). A la muerte del emperador Teodosio I, acaudilló el levantamiento de su pueblo contra Roma. Atacó el imperio romano de Oriente y se apoderó de la mayor parte de la península de los Balcanes. Invadió también Italia y llegó a saquear Roma (410). Murió al poco tiempo, mientras preparaba la invasión de África.
Alarico II (? - ? 507) Rey de la España visigoda (484-507). Reinó sobre España y gran parte de Francia. Se mantuvo en el trono gracias al apoyo del rey ostrogodo Teodorico. Atacado por Clodoveo, aliado con los burgundios, fue vencido y muerto en el campo de Vocladum. Mandó recopilar las leyes romanas en un código llamado *Breviario de Alarico*.

alarido *s. m.* Grito muy fuerte de dolor o miedo.

alarma *s. f.* **1.** Señal con la que se avisa de un peligro o de alguna anormalidad. **2.** Temor, sobresalto, inquietud. **3.** Dispositivo avisador.

alarmar *v. tr.* Dar o causar alarma. También *v. prnl.* **FAM.** Alarmante, alarmantemente.

alarmista *adj.* Que propaga noticias alarmantes o tiende a creérselas. También *s.* **FAM.** Alarmismo.

Alas, Leopoldo Véase **Clarín**.

Alaska Estado de EE UU, en el extremo NO del continente americano. 1.530.700 km^2. 565.000 h. en 1989. La capital es Juneau, con 19.500 h. en 1980. Formado por la península de Alaska, las islas Aleutianas y una serie de archipiélagos, está separado de Asia por el estrecho de Bering. Las Montañas Rocosas, que alcanzan aquí sus mayores alturas (McKinley, 6.194 m), atraviesan la península. La mayor parte del territorio está deshabitado. Los principales recursos con que cuenta son: bosques, pesca, minerales (plata, platino, estaño, mercurio y carbón), ganadería y los productos derivados de ella. Sus campos petrolíferos y de gas natural son los más importantes de EE UU.

aláudidos *s. m. pl.* Familia de aves paseriformes a la que pertenecen unas 70 especies de diversos géneros. Se caracterizan por tener alas puntiagudas y las uñas posteriores de las patas muy largas. Aláudidos son las alondras y las calandrias. También *adj.* y *s. m.*

alauí o **alauita** *adj.* **1.** Se dice del miembro de una secta musulmana fundada por Ibn Nusayr hacia el año 859, conocida también como *nusayrí* y *ansarí*. También *s.* **2.** Se dice de la dinastía marroquí fundada en 1659, a la que pertenece el actual rey Hassan II.

Álava *(Araba)* Prov. de España perteneciente a la comunidad autónoma del País Vasco. 3.037 km^2. 270.758 h. en 1991. La capital es Vitoria (*Gasteiz*), con 204.961 h. en 1991. En el N es montañosa, con clima oceánico lluvioso; en el centro, esteparia; en el S, de llanura, se halla la Rioja Alavesa, con clima mediterráneo de interior. Su red hidrográfica se compone del Ebro y sus afluentes, Zadorra y Ega, y del río Nervión. Cuenta con industria metalúrgica, alimentaria y química y produce cereales, remolacha, patata, forraje, frutas y vino de excelente calidad.

Álava, Juan de (? - Salamanca 1537) Arquitecto español. De estilo plateresco, construyó el claustro de la catedral de Santiago de Compostela y la iglesia de San Esteban, en Salamanca.

alavés, sa *adj.* De Álava. También *s.*

alazán, na *adj.* Se dice del caballo o yegua de color canela. También *s.*

alba *s. f.* **1.** Amanecer. **2.** Primera luz del día antes de salir el sol. **3.** Túnica blanca que lleva el sacerdote encima del hábito para celebrar la misa y en otras ceremonias litúrgicas.

Alba, casa de Señorío, condado y ducado de Alba de Tormes. Fue concedido por Juan II de Castilla en 1430 a don Gutierre Álvarez de Toledo y de Ayala, arcediano de Guadalajara, obispo de Palencia, arzobispo de Sevilla y de Toledo, y canciller mayor de la reina Leonor. Su sobrino Fernando I Álvarez de Toledo y Sarmiento fue nombrado conde de Alba de Tormes por Juan II (1459) y su hijo García fue el primer duque (1472).

Alba, Fernando Álvarez de Toledo, tercer duque de (Piedrahíta, Ávila 1508 - Lisboa 1582) Militar y político español. Dirigió el ejército de Carlos V en la batalla de Mühlberg. Durante el reinado de Felipe II fue virrey de Nápoles y expulsó a los franceses de Italia. Posteriormente fue designado gobernador general de Flandes (1567-73), donde ejerció una dura represión para acabar con las sublevaciones. Fue un hombre ilustrado y amante de las artes.

Alba, Santiago (Zamora 1872 - San Sebastián 1949) Político español. Vinculado al partido liberal, fue ministro en los gobiernos de Canalejas (1912) y Romanones (1916). Presidente del parlamento en la Segunda República, abandonó España al comenzar la guerra civil.

Alba Longa Antigua ciudad del Lacio, legendariamente fundada por Ascanio, hijo de Eneas, a orillas del lago Albano. Fue rival de Roma, lo que motivó el combate entre Horacios y Curiacios.

albacea *s. m.* y *f.* Persona designada por el testador o por el juez para encargarse de que se cumplan las disposiciones del testamento y administrar los bienes pendientes de asignación.

Albacete: vista aérea de la catedral, edificio del siglo XVI.

Albacete 1. Prov. española, perteneciente a la comunidad autónoma de Castilla-La Mancha. 14.924 km^2. 339.806 h. en 1991. El NO y el centro, que forman parte de la Meseta y de La Mancha, son llanos. El SO se encuentra atravesado por la prolongación de Sierra Morena y por las sierras Subbéticas. La cruzan cuatro cuencas hidrográficas: las del Júcar y el Segura hacia el Mediterráneo, y las del Guadiana y Guadalquivir hacia el Atlántico. Su clima es mediterráneo de interior. En su economía, eminentemente agrícola, destacan la vid, los cereales, el azafrán y el esparto. Posee ganadería ovina, porcina y mular. También son importantes su industria alimentaria y de cuchillería y la fabricación de fósforos. **2.** C. de España, cap. de la prov. del mismo nombre. 128.718 h. en 1991. Es el centro urbano de una comarca de rica agricultura que se basa en la irrigación del canal de María Cristina. Es asimismo un importante núcleo industrial, con producción alimentaria, cerámica, cuchillería, etc.

albacetense o **albaceteño, ña** *adj.* De Albacete. También *s.*

albacora *s. f.* Pez teleósteo de la familia escómbridos, especie *Thunnus alalunga.* Más pequeño que el atún, tiene aletas pectorales muy largas, dorso azul y vientre plateado. Habita en el Atlántico y Mediterráneo y es comestible.

albahaca *s. f.* Planta herbácea de la familia labiadas, especies *Ocimum basilicum* y *Ocimum minimum.* Mide unos 30 cm de altura, tiene hojas lanceoladas, muy apreciadas como condimento, flores blancas y olor aromático. Es originaria de la India e Irán.

albaicín *s. m.* Barrio en cuesta.

albanés, sa *adj.* **1.** De Albania. También *s.* ‖ *s. m.* **2.** Lengua indoeuropea que se habla en Albania. Tiene dos dialectos: el *guego* al N y el *tosco* al S.

Albania (*Shqipërisë*) Estado del S de Europa, en la península de los Balcanes.

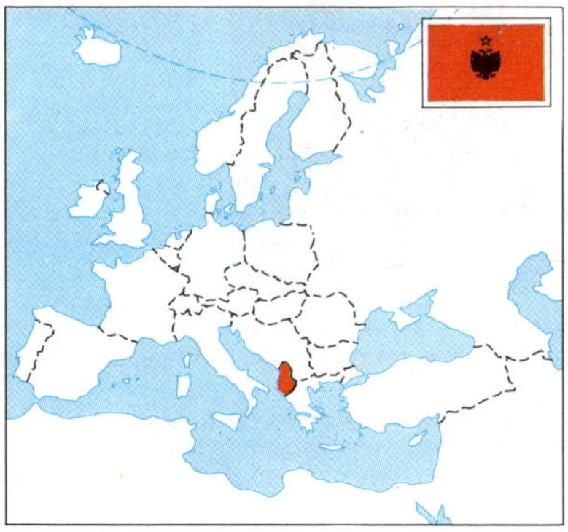

Extensión: 28.748 km^2.
Límites: al N, con Montenegro y Serbia; al E, con Macedonia; al S, con Grecia, y al O, con los mares Jónico y Adriático.
Población: 3.300.000 h. en 1990.
Densidad: 115 h./km^2.
Capital: Tirana.
División administrativa (cinco regiones): Scutari, Tirana-Durazzo, Elbasan-Berat, Argirocastro, Coriza.
Ciudades principales: Shkodër, Elbasan, Durrës, Vlorë.
Gentilicio: albanés.
Forma de Estado: república popular.
Idioma: albanés (tosco, guego).
Religión: islamismo, 35 %; cristianismo ortodoxo, catolicismo.
Moneda: lek.
Tasa de natalidad: 26 ‰ en 1990.
Tasa de mortalidad: 6 ‰ en 1990.
Renta per cápita: 930 dólares en 1986.

Álava: el río Omecillo a su paso por Puentelarrá, poco antes de unirse al Ebro.

Albania: el pueblo de Berat, famoso por sus restos romanos y por sus monumentos bizantinos y turcos.

Geog. física Albania se halla enclavada en el O de la península Balcánica, a orillas del mar Adriático. Es un país muy montañoso: en el N se encuentran los montes Prokletije, de origen alpino, que lindan con Montenegro; en el S aparece el Mirdite, el calizo Krabë y las sierras meridionales. Todas estas elevaciones están separadas por los valles de los ríos Drin, Semani y Vijosë, que en su desembocadura depositan fértiles aluviones, formando deltas en el mar Adriático. A lo largo de las costas hay llanuras bajas e insalubres. Tiene un clima y vegetación mediterráneos en la costa y continental en el interior.

Geog. humana y ***económica*** La población está formada por los guegos, que viven al N del río Shkumbin, y los toscos, que habitan en el S. Tiene el índice de natalidad más alto de Europa y el de mortalidad más bajo. Casi un 51 % de sus habitantes viven en las tierras bajas costeras y el resto en aldeas o centros mineros de las montañas. Sólo el 35 % vive en ciudades. La enseñanza es obligatoria y se han creado numerosas escuelas técnicas y agrícolas. La agricultura, actividad que ocupa al 50 % de la población, produce cereales, olivo, tabaco, vid y remolacha. La propiedad privada fue sustituida por la colectivización en gran escala, al estilo soviético, lo que permitió ciertas innovaciones en las explotaciones agrícolas. Miembro fundador del COMECON, dejó de pertenecer a él en 1961. La ganadería consta de cabañas ovina y caprina. Sus principales recursos mineros son el petróleo, cromita, cobre, hierro y lignito. Su industria, poco desarrollada, se centra en la producción de alimentos, fertilizantes, cemento y tabaco.

Hist. La región de la actual Albania estuvo intensamente helenizada, con colonias como la de Epidamnus (actual Durrës). Fue luego provincia romana, más tarde ocupada por los godos y por fin incorporada por Justiniano, en el s. VI, al imperio de Bizancio. Tras varios siglos de confusión semifeudal, el país permaneció bajo el dominio turco desde el s. XV hasta comienzos del XIX, salvo el paréntesis 1443-68, en que Jorge Castriota, conocido como Scanderberg, mantuvo su independencia. A pesar de haberse convertido al Islam la mayoría de su población, el espíritu de independencia no decayó y los movimientos nacionalistas desembocaron en la autonomía, obtenida en 1912. Durante la Primera Guerra Mundial fue ocupada por Italia y en 1920 se erigió en república. Un oficial del ejército, Zogú, proclamado presidente en 1925, se hizo coronar rey en 1928 y trató de modernizar el país. De 1940 a 1944 Albania estuvo ocupada primero por Italia y luego por el ejército alemán. Dentro del movimiento de resistencia, Enver Hoxha fundó en 1941 el Partido del Trabajo, del que fue secretario general, y en 1944 se hizo con el poder. En 1946 se constituyó Albania en república popular, bajo influencia soviética hasta 1961, año en que se produjo la ruptura con la URSS y la aproximación a China, país con el que también rompió en 1978. A fines de la década de los ochenta, bajo la influencia de las transformaciones políticas de los países del E europeo, fueron introducidas ciertas medidas liberalizadoras y, en 1991, se produjeron las primeras elecciones democráticas, en las que resultó vencedor Ramiz Alia, jefe de Estado desde 1982 y líder del oficialista Partido del Trabajo. En las elecciones legislativas de 1992 venció el Partido Democrático, de la oposición.

Albany C. de EE UU, cap. del Estado de Nueva York, situada en el E del mismo. 101.750 h. en 1980. Es un centro administrativo y universitario que posee industria mecánica y química.

albañal *s. m.* **1.** Canal o conducto que da salida a las aguas residuales. **2.** Lugar inmundo.

albañil *s. m.* **1.** Maestro u oficial en obras de construcción. **2.** P. ext., obrero que trabaja en la construcción.

albañilería *s. f.* Oficio y trabajos del albañil.

albarán *s. m.* Nota que acredita la entrega de un pedido comercial.

albarda *s. f.* Aparejo de las caballerías de carga, que consiste en una especie de almohadón relleno de paja que va sujeto sobre el lomo y cae por los lados. ‖ **LOC. albarda sobre albarda** *fam.* Indica la superposición o repetición innecesaria de algo.

albardear *v. tr. Amér. C.* Molestar, importunar.

albardilla *s. f.* **1.** Silla para domar potros. **2.** Cualquier cosa similar. **3.** Especie de tejadillo que se coloca sobre los muros para despedir el agua de lluvia.

albardón *s. m. amer.* En charcos, lagunas o zonas inundadas, elevación de terreno que no queda cubierta por el agua.

albaricoque *s. m.* Fruto comestible del albaricoquero, en forma de drupa carnosa y muy aromática, de color amarillento.

albaricoquero *s. m.* Árbol de la familia rosáceas, especie *Prunus armeniaca.* Mide de 4 a 6 m de altura y tiene hojas anchas de color verde oscuro, en forma de corazón y flores blancas. Originario de China, se cultiva por su fruto, el albaricoque, en casi todas las regiones templadas del mundo.

albarillo[1] *s. m.* Tañido de guitarra muy acelerado.

albarillo[2] (de *albar*, y éste de *alba*) *s. m.* **1.** Variedad de albaricoquero, de fruto casi blanco. **2.** Este mismo fruto.

albariño *adj.* Se dice de cierta clase de vino de Galicia (en especial, el de Albo, en Lugo), de poca graduación, ácido y muy ligero. También *s. m.*

Albarracín 1. Sierra de la cordillera Ibérica, en el SO de la provincia de Teruel. Su altura máxima es la Muela de San Juan (1.830 m), donde nace el río Tajo. En sus estribaciones nacen también los ríos Jiloca y Guadalaviar. Abundan los bosques de pinos y encinas.
2. C. de España, en la prov. de Teruel. 1.070 h. en 1990. Tiene una gran riqueza monumental, destacando su catedral, de estilo mudéjar, y su castillo. En sus proximidades existen importantes yacimientos prehistóricos.

albarrana *adj.* Véase **torre albarrana**.

albatros *s. m.* Nombre de diversas aves procelariformes marinas de la familia diomedeidos, género *Diomedea.* Su color es blanco con el borde de las alas negro. Es una voladora excelente, de alas largas y estrechas que pueden alcanzar más de 3 m de envergadura. La especie más conocida es el albatros ojeroso *(Diomedea melanophris).*

albayalde *s. m.* $(CO_3)_2Pb_3(OH)_2$. Carbonato básico de plomo, de color blanco, usado como colorante en pintura.

Albatros ojeroso (Diomedea melanophris).

albedo *s. m.* Fracción de la luz o energía incidente sobre una superficie que la refleja y la difunde.

albedrío *s. m.* Capacidad que tiene el hombre de tomar decisiones y obrar por propia voluntad. ‖ **LOC. al albedrío** de alguien *adv.* A su gusto o voluntad.

Albee, Edward (Washington 1929) Dramaturgo estadounidense. Sus obras analizan con crudeza y pesimismo las angustias y contradicciones de la sociedad contemporánea. Es autor de *Historia del zoo* (1959) y *¿Quién teme a Virginia Woolf?* (1962).

Albeldense, cronicón Crónica histórica de finales del s. IX. El texto, escrito en latín, narra, entre otros temas, los orígenes del reino de Asturias y los hechos de sus reyes hasta Alfonso III.

Albéniz, Isaac (Camprodón 1860 - Cambó-les-Bains 1909) Compositor y pianista español. Fue discípulo de Liszt, Jadassohn y Reinecke, y se le considera el primer compositor de la escuela musical española contemporánea. Sus obras más conocidas son la suite *Iberia, Suite española, Cantos de España* y *Recuerdos de viaje.* También compuso algunas óperas, como *Henry Clifford* y *Pepita Jiménez.*

Isaac Albéniz. Dibujo de Ramón Casas, detalle (Museo de Arte Moderno, Barcelona).

alberca *s. f.* **1.** Depósito artificial de agua destinado generalmente al riego. **2.** Estanque. **3.** *Méx.* Piscina.

Alberche Río de España, en la Meseta. 177 km. Nace en la sierra de Villafranca (Ávila) y desemboca en el río Tajo, poco antes de Talavera de la Reina.

albérchigo *s. m.* **1.** Fruto del alberchiguero, de carne recia y jugosa y color amarillo muy intenso. La piel, amarillenta, adquiere un tinte sonrosado por donde le da el sol. **2.** En algunos lugares, albaricoque.

alberchiguero *s. m.* **1.** Variedad del melocotonero. **2.** En algunos lugares, albaricoquero.

Alberdi, Juan Bautista (Tucumán 1810 - París 1884) Escritor y político argentino. Combatió al gobierno de Rosas y, a la caída de éste, ejerció misiones diplomáticas en Europa y EE UU. Escribió *Bases y puntos de partida para la organización política de la República Argentina* y *Cartas Quillotanas.*

albergar *v. tr.* **1.** Dar alojamiento, servir de hospedaje. También *v. prnl.* **2.** Contener, tener dentro. **3.** Abrigar, tener una determinada idea, sentimiento, etc. ■ Se conjuga como *pagar.*

albergue *s. m.* **1.** Acción y efecto de albergar o albergarse. **2.** Lugar que sirve de refugio u hospedaje.

albero *s. m.* **1.** Terreno de color blanquecino o amarillento. **2.** Ruedo de la plaza de toros.

Alberoni, Giulio (Fiorenzuola d'Arda 1664 - Piacenza 1752) Cardenal y estadista italiano. Primer ministro del rey español Felipe V desde 1717, fracasó en sus esfuerzos por recuperar la hegemonía política de España. Dos años después el rey le destituyó y desterró.

Albers, Josef (Bottrop 1888 - New Haven, Connecticut 1976) Pintor alemán, nacionalizado estadounidense. Profesor de la Bauhaus, se le considera precursor del *op-art* y de la plástica cinética.

Alberta Prov. de Canadá, en el O del país. 661.190 km^2. 2.423.200 h. en 1989. La capital es Edmonton, con 574.000 h. en 1987 y 788.400 h. en su aglomeración urbana. Cuenta con grandes extensiones de bosque y con yacimientos de carbón y petróleo. Es una de las principales zonas productoras de cereales de Canadá.

Iglesia de Santa Maria Novella, en Florencia, construida entre 1456 y 1470, y cuya fachada realizó Leone Battista Alberti.

Alberti, Leone Battista (Génova 1404 - Roma 1472) Escritor, arquitecto, escultor, pintor y humanista italiano. Es autor de la iglesia de San Francisco, en Rímini, y de la fachada de Santa Maria Novella, en Florencia. Escribió diversas obras de carácter literario, artístico y científico, entre las que destaca *De re aedificatoria.*

Alberti, Rafael (El Puerto de Santa María, Cádiz 1902) Poeta y autor dramático español. Miembro de la generación del 27, ganó el premio nacional de literatura con el libro *Marinero en tierra* (1925). En esta y otras obras siguientes cultivó una poesía de sabor popular. Pasó luego a un periodo vanguardista con *Cal y canto* (1929) y *Sobre los ángeles* (1929).
Afiliado al Partido Comunista en 1931, escribió poesía social y se afianzó en su compromiso político con *El poeta en la calle.* La guerra civil y el exilio le inspiraron *Entre el clavel y la espada* (1941), *Imagen primera de...* (prosa, 1945), *Retornos de lo vivo lejano* (1952) y *Baladas y canciones del Paraná* (1954). Ha escrito también teatro (*El hombre deshabitado,* 1931; *El adefesio,* 1944, y *Noche de guerra en el Museo del Prado,* 1956) y un libro de memorias, *La arboleda perdida* (1959 y 1987). Regresó del exilio en 1975 y en 1983 se le concedió el premio Miguel de Cervantes.

Rafael Alberti.

Alberto Antiguo nombre del actual lago Mobutu Sese Seko, en Zaire.

Alberto, Alberto Sánchez, llamado (Toledo 1895 - Moscú 1962) Escultor español. Formado en el estilo cubista, evolucionó hacia el surrealismo. Fue un destacado escenógrafo y decorador teatral. De su obra sobresale *El pueblo español tiene un camino que conduce a una estrella,* escultura monumental presentada en la exposición internacional de París de 1937.

Alberto I (Bruselas 1875 - Marche-les-Dames 1934) Rey de Bélgica (1909-34). Ante la invasión alemana de 1914, en el curso de la Primera Guerra Mundial, se puso al frente del ejército y resistió, cerrando el paso de Dunkerque y Calais. Gozó de gran prestigio entre los ciudadanos y partidos políticos de su país.

Alberto de Austria (Neustadt 1559 - Bruselas 1621) Archiduque de Austria, virrey de Portugal y gobernador de los Países Bajos. Educado en España, sirvió a Felipe II, quien le dio por esposa a su hija Isabel Clara Eugenia, depositaria de todos los derechos sobre los estados de Flandes.

Alberto de Brandeburgo (Ansbach 1490 - Tapiau 1568) Primer duque de Prusia. Siendo maestre de la orden teutónica y señor de Prusia oriental, alcanzó frente a Polonia el acuerdo de Cracovia (1525), por el que Prusia adquirió categoría de ducado hereditario. Fundó la universidad de Königsberg (1544).

Alberto I de Mónaco (París 1848 - íd. 1922) Príncipe de Mónaco. Fundó un importante museo oceanográfico, fruto de sus exploraciones.

Alberto de Sajonia-Coburgo-Gotha (Rosenau 1819 - Windsor 1861) Casado con la reina Victoria de Inglaterra (1840), ejerció una influencia considerable sobre las decisiones y la mentalidad de su esposa. En 1857 recibió el título de Príncipe consorte del Reino Unido.

Alberto Magno, San (Lauingen, Suabia h. 1200 - Colonia 1280) Doctor de la Iglesia. Fraile dominico y profesor de filosofía y teología en varias universidades, introdujo los principios aristotélicos en el pensamiento cristiano. Fue un gran investigador y realizó numerosos trabajos experimentales, sobre todo en el campo de la química. Escribió la *Suma teológica* y varios tratados científicos, filosóficos y ascético-místicos.

albigense *adj.* **1.** Se dice del miembro de una secta religiosa herética difundida en Francia durante los s. XII y XIII, llamado también *cátaro* (en griego, 'puro'). Rechazaba los sacramentos y la jerarquía eclesiástica. Sólo una vida de extremo ascetismo y la iluminación del espíritu podían convertir al creyente en cátaro. El papa Inocencio III promovió una cruzada contra ellos. También *s.* **2.** Perteneciente o relativo a esta secta.

albillo, lla *adj.* Se aplica a una variedad de uva blanca, muy pequeña y dulce, y al vino fabricado con ella. También *s. m.*

Albini, Franco (Robbiate 1905 - Milán 1977) Arquitecto, urbanista y diseñador italiano. De tendencia racionalista, construyó entre otras obras los grandes almacenes *La Rinascita*, en Roma (1958).

albinismo *s. m.* Carencia total o parcial de pigmentación en la piel, pelo y ojos de ciertos animales y también del hombre. Generalmente, el albinismo es hereditario. **FAM.** Albino.

Albinoni, Tommaso (Venecia 1671 - íd. 1750) Músico italiano. Fue violinista y cantante y uno de los creadores del *concerto grosso*. En su época tuvo gran reputación por sus óperas, hoy perdidas. Entre su obra instrumental destacan las *Seis sinfonías*, de 1735.

Albión Antiguo nombre que los griegos dieron a la actual Gran Bretaña.

albita *s. f.* $AlNaSi_3O_8$. Feldespato de sodio. Pertenece al grupo de las plagioclasas, cristaliza en el sistema triclínico, es duro, exfoliable y generalmente translúcido. Aparece en granitos, pegmatitas, etc., y se usa sobre todo en cerámica.

Albizu Campos, Pedro (Puerto Rico 1893 - íd. 1965) Político puertorriqueño. En 1928 fundó el Partido Nacionalista, que luchó por la independencia frente a EE UU utilizando métodos terroristas, por lo que sufrió prisión durante largos periodos de su vida.

albo, ba *adj.* De color blanco. **FAM.** Albura.

Alboíno (? - Verona 576) Rey de los lombardos (561-576). Invadió el N de Italia y fundó allí un reino con capital en Pavía. Murió asesinado, por instigación de su esposa Rosamunda.

albóndiga *s. f.* Pequeña bola de carne picada, pan rallado y huevo que, aderezada con especias, se reboza en harina y se fríe.

albor *s. m.* **1.** Luz suave del alba. **2.** Principio de una cosa. Se usa mucho en *pl.*

alborada *s. f.* **1.** Tiempo del amanecer de cada día, en que no se ve el sol, pero brillan sus rayos en el horizonte. **2.** Composición poética o musical que canta al amanecer; especialmente la de origen trovadoresco cuyo tema es la separación de los amantes en ese momento del día. **3.** Toque militar que se ejecuta al amanecer.

Alborán 1. Pequeña isla española del mar Mediterráneo, perteneciente a Almería.
2. Mar del extremo occidental del Mediterráneo, comprendido entre el estrecho de Gibraltar y las costas española y marroquí.

alborear *v. impers.* Amanecer. También *v. intr.*

Ålborg C. de Dinamarca, cap. del condado de Jutlandia del Norte. 157.740 h. en 1988. Es centro industrial y universitario.

albornoz *s. m.* **1.** Bata que se usa después del baño. **2.** Capote de lana con capucha.

Albornoz, Álvaro de (Luarca, Asturias 1879 - México 1954) Político español. Fue miembro del Partido Republicano Radical de Lerroux y fundó, con Marcelino Domingo, el Partido Radical Socialista. Ministro de Fomento y de Justicia durante la Segunda República, presidió el gobierno republicano en el exilio (1945-46).

Albornoz, Gil Álvarez Carrillo de (Cuenca 1310 - Viterbo 1367) Prelado español. En 1338 fue nombrado arzobispo de Toledo. Por encargo de Inocencio VI sometió y pacificó los Estados Pontificios y permitió así el regreso de los papas a Roma. Fundó el Colegio Español de Bolonia.

alborotado, da 1. *p. p.* de **alborotar**. También *adj.* || *adj.* **2.** Atolondrado. **FAM.** Alborotadamente.

alborotar *v. tr.* **1.** Causar ruido, agitación. También *v. intr.* y *v. prnl.* **2.** Desordenar. **3.** Inquietar, conmover, encrespar. También *v. prnl.* **4.** Sublevar, levantar. También *v. prnl.* **FAM.** Alborotador.

alboroto *s. m.* **1.** Ruido o agitación producidos por voces, risas, gritos, peleas, etc. **2.** Desorden, tumulto.

alborozar *v. tr.* Provocar alborozo, regocijar. También *v. prnl.* ■ Se conjuga como *cazar.*

alborozo *s. m.* Alegría, placer o regocijo extraordinarios. **FAM.** Alborozadamente.

Albret o **Albrit** o **Labrit** Familia noble de origen gascón. Uno de sus miembros, Juan de Albret, llegó a ser rey de Navarra (1484-1512) por su matrimonio con Catalina, heredera del trono. Después de la anexión de Navarra a Castilla, la familia Albret mantuvo sus posesiones en tierras francesas. En 1548 Juana III de Navarra (de Albret) se casó con Antonio de Borbón. De este matrimonio nació el futuro rey de Francia, Enrique IV.

albricias *s. f. pl.* **1.** Expresión de alegría o felicitación ante una noticia o acontecimiento favorable. || *interj.* **2.** Expresa júbilo y alegría.

Albuera, batalla de Combate entablado en 1811, en el curso de la guerra de Independencia, entre las tropas angloespañolas mandadas por Beresford, Blake y Castaños y las francesas del mariscal Soult, en el lugar de la Albuera, en el S de Badajoz. La victoria angloespañola alcanzó gran resonancia entre los aliados contra Napoleón.

albufera *s. f.* Extensión de agua salada separada del mar por una lengua de tierra arenosa.

Albufera Laguna pantanosa de España, entre Valencia y Cullera. Tiene abundante pesca, gran variedad de aves en sus cañaverales y una gran riqueza agrícola, por el cultivo del arroz.

albugo *s. m.* Mancha blanquecina en forma de media luna que aparece en la parte anterior de las uñas.

álbum *s. m.* **1.** Especie de cuaderno o libro en que se recopilan fotografías, postales, sellos, etc. **2.** Disco o conjunto de discos fonográficos de larga duración presentados en una misma carpeta.

albumen *s. m.* Tejido que rodea el embrión en las semillas de algunas plantas y le proporciona alimento durante las primeras fases de la germinación.

albúmina *s. f.* Proteína animal y vegetal, soluble en agua, que aparece principalmente en la clara de huevo, los plasmas sanguíneo y linfático, la leche y las semillas de muchas plantas. Está constituida por largas cadenas de aminoácidos y contiene una elevada proporción de azufre. Desempeña un importante papel en la alimentación humana y animal.

albuminoide *s. m.* Cuerpo orgánico perteneciente a un grupo de proteínas que forman parte integrante de las células de los seres vivos, de los jugos nutricios vegetales y de los plasmas sanguíneo y linfático de los animales.

albuminuria *s. f.* Existencia de albúmina en la orina. Puede denotar un grave trastorno renal, acompañar a síndromes febriles, p. ej. en la escarlatina, neumonía o tifoidea, o deberse a enfermedades circulatorias.

Albuquerque, Alfonso de (Alhandra 1453 - Goa 1515) Navegante y conquistador portugués. Mantuvo y extendió el poderío de su país en la India y Oriente. Conquistó Goa, la isla de Ormuz, Ceilán, Malaca y otros territorios de Asia.

albur *s. m.* Azar o riesgo que puede afectar a una actividad, juego, negocio, etc.

alca *s. f.* Nombre común de diversas aves marinas caradriformes de la familia álcidos, género *Alca.* El alca común *(Alca torda)* mide unos 40 cm de longitud, tiene dorso negro, vientre blanco y pico estriado y comprimido lateralmente. Se llama también *pingüino nórdico*, pues vive en las regiones próximas al océano Glacial Ártico.

alcabala *s. f.* Impuesto español de origen árabe, que desde el s. XIV gravaba las compras y ventas de cualquier producto, excepto el pan, las armas, los caballos y las mulas. Se suprimió en 1845. **FAM.** Alcabalero.

alcachofa *s. f.* **1.** Planta herbácea perenne de la familia asteráceas o compuestas, especie *Cynara scolymus.* Tiene hojas espinosas, de tallo estriado y ramoso y raíz fusiforme. Las cabezuelas de flores inmaduras son carnosas y se utilizan como alimento. Originaria del Mediterráneo, hoy se cultiva también en América. **2.** Pieza con múltiples orificios que dispersa el agua en las duchas, regaderas, etc.

alcachofera *s. f.* Planta de la alcachofa.

Alcáçovas, tratado de Acuerdo firmado en 1479 entre los Reyes Católicos y Alfonso V de Portugal, que supuso el reconocimiento de Isabel como reina legítima de Castilla por parte del rey portugués, que había apoyado a Juana la Beltraneja, y la atribución a la corona portuguesa de la exploración y conquista de las tierras de África, excepto las islas Canarias.

alcahuete, ta *s. m.* y *f.* **1.** Persona que hace de intermediaria y encubridora en las relaciones amorosas o sexuales entre un hombre y una mujer. **2.** *fam.* Persona chismosa, maledicente. **FAM.** Alcahuetear, alcahuetería.

alcaicería *s. f.* **1.** En los reinos musulmanes de España, aduana donde se presentaba la seda para

La Albufera de Valencia (España).

pagar los impuestos que la gravaban. **2.** Lugar o barrio en el que se vendía seda cruda o en rama, además de otras mercancías.

alcaide *s. m.* **1.** El que tenía a su cargo la defensa de alguna fortaleza. **2.** Director de un establecimiento penitenciario.

Alcalá de Guadaira C. de España, en la prov. de Sevilla. 52.168 h. en 1990. Es centro agrícola, con industrias harinera y mecánica.

Alcalá de Henares C. de España, en la prov. de Madrid. 155.548 h. en 1990. Llamada *Complutum* por los romanos, fue sede de una famosa universidad fundada por el cardenal Cisneros. Desde 1977 cuenta con una nueva universidad. Es centro industrial y posee un notable conjunto histórico-artístico.

Alcalá Galiano, Antonio (Cádiz 1789 - Madrid 1865) Político y escritor español. Participó activamente en el levantamiento de Riego (1820) y estuvo exiliado en el Reino Unido de 1823 a 1834. Escribió unas interesantes *Memorias.* Su prólogo a la obra del duque de Rivas *El moro expósito* es considerado como un manifiesto del Romanticismo español.

Alcalá Galiano, Dionisio (Cabra, Córdoba 1760 - Trafalgar 1805) Marino español. Se distinguió como cartógrafo. Murió en la batalla de Trafalgar.

Alcalá la Real C. de España, en la prov. de Jaén. 21.128 h. en 1990. Es una localidad agrícola y tiene industria alimentaria.

Alcalá Zamora, Niceto (Priego, Córdoba 1877 - Buenos Aires 1949) Abogado y político español. Nombrado presidente de la Segunda República en octubre de 1931, ocupó el cargo hasta abril de 1936, fecha en la que fue depuesto. Murió en el exilio.

alcaldada *s. f.* Acto abusivo o arbitrario realizado por un alcalde o cualquier otra persona dotada de autoridad.

alcalde, desa *s. m.* y *f.* **1.** Presidente del ayuntamiento o corporación municipal. || *s. f.* **2.** Mujer del alcalde.

alcaldía *s. f.* Función del alcalde, territorio de su jurisdicción y edificio en el que tiene su sede oficial.

álcali *s. m.* Disolución que se obtiene al hacer reaccionar el agua con los óxidos o metales alcalinos y que posee propiedades fuertemente básicas.

alcalimetría *s. f.* Procedimiento analítico para determinar el contenido de álcali.
Quím. Para calcular el contenido de álcali se añade a la solución alcalina un indicador coloreado y, a continuación, una solución ácida, hasta conseguir el cambio de color del indicador. El volumen de solución ácida utilizado indicará la cantidad de base neutralizada.

alcalímetro *s. m.* Instrumento que sirve para medir la cantidad de álcali que contiene una sustancia.

alcalino, na *adj.* Que contiene álcali o posee sus características. Se aplica especialmente a los metales del grupo I A del sistema periódico: litio, sodio, potasio, rubidio, cesio y francio. También *s. m.* **FAM.** Alcalinidad.

alcalinotérreo, a *adj.* Se aplica a los metales del grupo II A del sistema periódico: berilio, magnesio, calcio, estroncio, bario y radio. También *s. m.*

alcaloide *s. m.* Sustancia nitrogenada orgánica, de carácter débilmente básico, que se encuentra en algunas plantas y constituye un estimulante natural, como la cafeína en el café y la nicotina en el tabaco. Suelen ser venenosos y muchos, como la quinina, la morfina, la codeína, etc., tienen aplicaciones médicas.

Alcámenes (finales del s. V a. C.) Escultor griego, discípulo de Fidias. De sus obras originales sólo se conserva el grupo de *Procne e Itys,* pero han llegado hasta nosotros algunas copias de época romana.

alcance *s. m.* **1.** Distancia máxima o mínima a la que llega la acción, eficacia o influencia de algo. **2.** En balística, distancia que separa el punto de disparo del lugar donde el proyectil toca el suelo. **3.** En fís., máxima distancia a la que se ejerce una fuerza o actúa una interacción. **4.** Grado de penetración de las radiaciones en la materia. **5.** Importancia de algo. **6.** En los periódicos, noticia recibida a última hora. **7.** Capacidad, inteligencia o talento. Se usa más en *pl.* || **LOC. al alcance (de la mano)** de alguien *adv.* En situación o de modo que puede ser alcanzado. **dar alcance** a alguien Alcanzarle, ponerse a su altura.

alcancía *s. f.* **1.** Hucha. **2.** *amer.* Cepillo para las limosnas.

alcanfor *s. m.* **1.** $C_{10}H_{16}O$. Sustancia blanca, cristalina y volátil que se obtiene del alcanforero y otras plantas de la misma familia. Tiene aplicaciones médicas e industriales: fabricación de celuloide, insecticidas, barnices y explosivos. **2.** Alcanforero*.

alcanforar *v. tr.* Combinar o mezclar con alcanfor. **FAM.** Alcanforado.

alcanforero *s. m.* Árbol de la familia lauráceas, especie *Cinnamomum camphora.* Mide entre 15 y 20 m de altura. Tiene hojas ovales alternas, flores blancas en racimo y fruto en baya de color púrpura. De su madera se obtiene el alcanfor. Es originario del Extremo Oriente.

alcano *s. m.* C_nH_{2n+2}. Hidrocarburo saturado en cuya molécula no existen ni dobles ni triples enlaces. También se le denomina *parafina* por su escasa reaccionabilidad química.

Alcántara C. de España, en la prov. de Cáceres. 2.213 h. en 1990. Posee un puente romano de seis arcos, construido en el año 106 por Trajano y restaurado por Carlos I.

Alcántara, orden de Orden militar española, fundada en 1156 por varios caballeros de Salamanca, que luchó contra los musulmanes. Alcanzó gran poder político y económico.

alcantarilla *s. f.* **1.** Canal, normalmente subterráneo, que recoge y da salida a las aguas de lluvia o residuales de una población. **2.** Cada uno de los huecos situados en una calle, al borde de la acera, para recoger las aguas de lluvia.

Alcantarilla C. de España, en la prov. de Murcia. 30.141 h. en 1990. Cuenta con industria conservera y aeropuerto.

alcantarillado *s. m.* Conjunto de alcantarillas de una población.

alcantarillar *v. tr.* Construir alcantarillas en un lugar.

alcanzado, da **1.** *p. p.* de **alcanzar**. También *adj.* || *adj.* **2.** Falto, escaso, necesitado.

alcanzar *v. tr.* **1.** Llegar a un lugar o a poder tocar o coger algo. También *v. intr.* **2.** Ponerse a la altura de algo o alguien que va delante. **3.** Acercar algo a alguien. **4.** Llegar a percibir con los sentidos o con la inteligencia. **5.** Conseguir un deseo, fin u objetivo. **6.** Llegar hasta un determinado punto, momento, distancia, etc., p. ej. el disparo de un arma. **7.** Afectar a alguien o algo una acción, un hecho, circunstancia, etc. || *v. intr.* **8.** Bastar, ser suficiente. ■ Se conjuga como *cazar.* || **LOC. alcanzársele** a uno Entender. Se usa sobre todo en frases negativas. **FAM.** Alcanzable.

alcaparra *s. f.* **1.** Arbusto espinoso de la familia caparidáceas, especie *Capparis spinosa.* Tiene hojas alternas redondeadas, fruto en baya y flores blancas, cuyas yemas se utilizan como condimento. Se cultiva en América y en Europa meridional. **2.** Yema de esta planta conservada en vinagre.

alcaparrera *s. f.* Alcaparra*, arbusto.

alcaparrón *s. m.* Fruto de la alcaparra, que se toma como aperitivo conservado en vinagre.

alcaraván *s. m.* Nombre común de diversas aves caradriformes de la familia burhinidos, género *Burhinus.* El alcaraván europeo *(Burhinus oedicnemus)* mide unos 40 cm de longitud, es de color pardo con vientre blanco, bandas blancas en las alas, pico amarillo y grandes ojos, también amarillos. Habita en toda Europa, SO de Asia y N de África y es migrante parcial.

alcaravea *s. f.* Planta herbácea de la familia umbelíferas, especie *Carum carvi.* Alcanza hasta 1 m de altura, posee hojas muy divididas, flores blancas, raíz napiforme y semillas pequeñas muy aromáticas, que se emplean como condimento.

alcarraza *s. f.* Vasija de arcilla porosa para mantener fresca el agua.

Alcarria, La Región natural española en las provincias de Guadalajara, Cuenca y Madrid. 4.250 km². Posee cultivos de cereales, olivo y vid. Es famosa por su miel.

alcatraz *s. m.* Nombre común de diversas aves marinas pelecaniformes de la familia súlidos, género *Sula.* El alcatraz común *(Sula bassana)* mide unos 90 cm de longitud y es de color blanco con manchas negras en el borde de las alas y la base del pico, que es largo y fuerte. Vive en el Atlántico N en arrecifes e islas inaccesibles.

alcaucil *s. m.* **1.** Alcachofa. **2.** *Arg.* Alcahuete.

alcaudón *s. m.* Nombre común de diversas aves paseriformes de la familia lánidos, género *Lanius.* El alcaudón común *(Lanius senator)* mide unos 17 cm de longitud, tiene el dorso oscuro y la cabeza pardo rojiza, con una banda negra alrededor de los ojos. Su pico es fuerte y curvado y se alimenta de insectos, pájaros, reptiles y mamíferos pequeños, a los que clava en espinos después de capturarlos. Los alcaudones viven en Eurasia, África y América del Norte.

alcayata *s. f.* Escarpia.

alcazaba *s. f.* Fortaleza musulmana que solía construirse en el interior de las poblaciones o en sus proximidades.

alcázar *s. m.* **1.** Palacio o castillo árabe; se diferencia de la alcazaba por su carácter residencial. **2.** Recinto fortificado construido en lugares estratégicos para residencia de las personas reales o de importancia.

Alcázar de San Juan C. de España, en la prov. de Ciudad Real. 26.581 h. en 1990. Es un importante nudo ferroviario. Posee industria metalúrgica, alimentaria y de la construcción.

Alcazarquivir, batalla de Combate librado en 1578, en el N de África, entre las tropas del rey Sebastián de Portugal y las del sultán marroquí. La batalla se saldó con una sangrienta derrota de los portugueses, y en ella pereció el propio rey.

alce *s. m.* Nombre común de diversos mamíferos rumiantes artiodáctilos de la familia cérvidos, género *Alces.* Se distinguen por su cabeza ancha, hocico muy desarrollado y grandes cuernos en forma de paleta ramificada. Son los ejemplares más grandes de los cérvidos; alcanzan 2 m de alzada y llegan a pesar hasta 800 kg. El alce común *(Alces alces)* vive en las zonas húmedas del N de Eurasia y el alce americano *(Alces americana)* en Norteamérica.

Alce americano (Alces americana).

Alcedo, Antonio de (Quito 1735 - Madrid 1812) Historiador ecuatoriano. Fue autor de un *Diccionario biográfico-histórico de las Indias occidentales o América* en cinco volúmenes (1786-1789), cuya publicación se prohibió en España, para evitar que el caudal de información que contenía llegase a poder de otras potencias europeas.

Alceo (Mitilene, Lesbos h. 630 a. C. - ?) Poeta lírico griego. Fue contemporáneo de Safo de Lesbos. Escribió en dialecto eólico odas, himnos, poemas amorosos y epigramas, de los que sólo se conservan fragmentos.

Alcibíades (Atenas 450 - Frigia 404 a. C.) General y político ateniense. Educado por Pericles y discípulo de Sócrates, se convirtió en jefe de los demócratas y estuvo al frente de la expedición contra Sicilia, en la guerra del Peloponeso. Acusado de sacrilegio se refugió en Esparta y combatió durante algún tiempo contra su propia patria. Reconciliado con Atenas, fue puesto al mando de su ejército y derrotó a la flota espartana, pero ante los recelos de sus conciudadanos se refugió en Frigia, donde murió asesinado.

alción *s. m.* Martín pescador.

Alcira (*Alzira*) C. de España, en la prov. de Valencia. 40.657 h. en 1990. Cuenta con industria alimentaria y papelera.

alcista *adj.* **1.** Perteneciente o relativo a la subida de los valores de la bolsa, y, p. ext., al de los precios de los productos. ‖ *s. m.* y *f.* **2.** Persona que juega al alza en la bolsa.

alcoba *s. f.* Dormitorio.

Alcobendas C. de España, en la prov. de Madrid. 75.295 h. en 1990. Es centro industrial.

alcohol *s. m.* **1.** En quím., compuesto del carbono que lleva en su molécula uno o varios grupos -OH. **2.** Nombre común que reciben el metanol (alcohol metílico) y el etanol (alcohol etílico), líquidos incoloros e inflamables que se obtienen mediante la destilación del vino y otras sustancias fermentadas. **3.** Bebida que contiene esos líquidos.
Quím. Los dos primeros alcoholes de la serie son el metanol, CH_3OH, y el etanol, $CH_3{-}CH_2OH$, contenido en el vino. Según el número de grupos –OH que contienen, los alcoholes se clasifican en monoalcoholes, dialcoholes, trialcoholes, etc. Los alcoholes cuya molécula consta de hasta cuatro átomos de carbono son líquidos, incoloros y solubles en agua. Los que constan de cinco a once átomos de carbono son aceitosos, aromáticos e insolubles en agua. Y los que tienen un número mayor de átomos de carbono son, por lo general, sólidos e insolubles.

alcoholato *s. m.* Producto obtenido al hacer reaccionar un alcohol con metales alcalinos, los cuales reemplazan al hidrógeno del grupo –OH.

$$\underset{\text{(etanol)}}{2\,CH_3{-}CH_2OH + 2\,Na} \rightarrow \underset{\text{(etanolato de sodio)}}{2\,CH_3{-}CH_2O^-Na^+ + H_2}$$

alcoholemia *s. f.* Presencia de alcohol en la sangre. Una concentración superior a los 0,8 g por litro provoca generalmente trastornos en el sistema nervioso central, por lo que se toma como límite máximo de alcoholemia permitido a los conductores.

alcoholero, ra *adj.* **1.** Relativo a la producción y comercio de alcohol. ‖ *s. f.* **2.** Fábrica en la que se produce alcohol.

alcohólico, ca *adj.* **1.** Relativo al alcohol o que lo contiene. **2.** Que padece alcoholismo. También *s.*

alcoholímetro *s. m.* Aparato que sirve para medir el grado de concentración alcohólica de un líquido.

alcoholismo *s. m.* **1.** Enfermedad causada por el abuso de bebidas alcohólicas. **2.** Dependencia física y psíquica de las bebidas alcohólicas.
Med. El exceso de alcohol produce en el individuo intoxicaciones más o menos graves. La intoxicación crónica se caracteriza por la necesidad permanente de tomar alcohol, lo que origina una dependencia física y psicológica. El tratamiento del alcoholismo es muy difícil y a menudo se recurre a la psicoterapia.

alcoholizar *v. tr.* Hacer alcohólico a alguien. También *v. prnl.* ▪ Se conjuga como *cazar.* **Fam.** Alcoholización, alcoholizado.

alcohómetro *s. m.* Alcoholímetro*.

Alcolea, batalla de Combate librado el 28 de septiembre de 1868 en Alcolea (Córdoba), entre las fuerzas sublevadas del general Serrano y las fieles a Isabel II, mandadas por el general Pavía. Serrano logró abrirse camino hacia Madrid, lo que produjo el triunfo de la revolución que destronó a la reina.

alcor *s. m.* Colina, monte pequeño.

alcorán Véase **corán**.

Alcorán Véase **Corán**.

Alcorcón C. de España, en la prov. de Madrid. 141.080 h. en 1990. Es una ciudad dormitorio, que cuenta con industria de la construcción.

Alcoriza, Luis (Badajoz 1920) Director de cine mexicano de origen español. Inició su carrera en México colaborando con Luis Buñuel, cuya influencia se manifiesta en sus películas. Fue autor de *Tiburoneros* (1962), *Mecánica nacional* (1971) y *Las fuerzas vivas* (1976).

alcornoque *s. m.* **1.** Árbol de la familia de las fagáceas, especie *Quercus suber.* Mide unos 16 m de altura y es de copa muy ancha, tiene hoja perenne y aovada de textura coriácea. Su madera es muy dura y de la corteza se obtiene el corcho.

Alcornoque (Quercus suber), *cuya corteza constituye el corcho.*

Aunque originario del Mediterráneo, se cultiva también en Asia y América. **2.** *fam.* Persona ignorante o torpe. También *adj.* **Fam.** Alcornocal.

alcorque *s. m.* Hoyo que se hace al pie de árboles y plantas para retener el agua de lluvia o de riego.

alcotán *s. m.* Ave falconiforme de la familia falcónidos, especie *Falco subbuteo.* Es una rapaz de unos 30 a 35 cm de longitud, dorso oscuro y vientre claro, cruzado por líneas negras, y muslos rojizos. Es un gran cazador, por lo que se le ha utilizado en cetrería. Vive en Europa, Asia y el N de África.

Alcotán (Falco subbuteo).

alcotana *s. f.* Herramienta de albañil cuya cabeza tiene forma de pico por un extremo y de hacha por el otro.

Alcott, Louisa May (Germantown, Filadelfia 1832 - Boston 1888) Novelista y educadora estadounidense. Fue autora de obras que hallaron amplio eco popular, como *Mujercitas* (1868).

Alcoy (*Alcoi*) C. de España, en la prov. de Alicante. 65.082 h. en 1990. Es un centro industrial, destacando la producción de papel, textiles, alimentos y muebles. Alberga restos de poblados ibéricos en las inmediaciones. Son famosas sus fiestas de moros y cristianos.

Alcuino de York (York h. 735 - Tours 804) Teólogo, filósofo y escritor anglosajón. Discípulo de Beda el Venerable, durante el reinado de Carlomagno dirigió en Aquisgrán y en Tours la escuela palatina, cuyo modelo se extendió a los monasterios y al palacio imperial.

alcurnia *s. f.* Ascendencia, linaje, especialmente si es noble y antiguo.

alcuza *s. f.* Vasija pequeña, generalmente de forma cónica, donde se guarda el aceite de uso diario.

aldaba *s. f.* **1.** Pieza metálica que, colgada por un extremo en las puertas, sirve de llamador. **2.** Pequeño picaporte o listón de madera o de hierro que asegura puertas o postigos cerrados, enganchándolo en una pieza fija en el marco. ‖ *pl.* **3.** Influencias, amigos o protectores.

aldabilla *s. f.* Gancho de metal que, al entrar en una hembrilla, cierra ventanas, puertas, etc.

aldabonazo *s. m.* **1.** Golpe de aldaba. **2.** Llamada de atención.

Aldama, Ignacio (San Miguel el Grande 1769 - Monclova 1811) y **Juan** (? h. 1769 - Chihuahua 1811) Patriotas mexicanos. Participaron en el movimiento de independencia dirigido por Hidalgo. Ambos murieron ajusticiados por las fuerzas realistas.

Aldana, Francisco de (Nápoles 1537 - Alcazarquivir 1578) Militar y poeta español. Destacado representante de la lírica renacentista, es autor de notables sonetos y canciones de tema profano y religioso, como la *Epístola a Arias Montano.*

Aldaya C. de España, en la prov. de Valencia. 22.427 h. en 1990. Pertenece a la comarca de la Huerta de Valencia y tiene cultivos hortofrutícolas e industrias agroalimentarias.

aldea *s. f.* Pueblo muy pequeño sin jurisdicción municipal propia. **Fam.** Aldeano.

aldeanismo *s. m.* Estrechez de miras y tendencia a valorar en exceso los usos y costumbres locales, con desprecio de los ajenos. **Fam.** Aldeanista.

Aldebarán Estrella principal de la constelación de Tauro.

Aldecoa, Ignacio (Vitoria 1925 - Madrid 1969) Escritor español. De tendencia realista, es autor de novelas como *El fulgor y la sangre* (1954), *Con el viento solano* (1956), *Gran Sol* (1957) y de numerosos cuentos y relatos breves, en los que alcanzó gran maestría.

aldehído *s. m.* Molécula orgánica en la que existe el grupo $-C\genfrac{}{}{0pt}{}{\diagup O}{\diagdown H}$. Se puede obtener deshidrogenando (u oxidando) un alcohol primario, de donde deriva su nombre: *al*cohol *des*hidrogenado. Se nombra igual que su respectivo alcohol, cambiando la terminación *ol* de éste por *al*:

$$\underset{\text{(propanol)}}{CH_3{-}CH_2{-}CH_2OH} \rightarrow \underset{\text{(propanal)}}{CH_3{-}CH_2{-}C\genfrac{}{}{0pt}{}{\diagup\!\!\!= O}{\diagdown H}}$$

Aldrich, Robert (Cranston, Rhode Island 1918 - Los Ángeles 1983) Director de cine estadounidense. Destacó, sobre todo, en el cine de acción. Algunos de sus títulos más famosos son *Veracruz* (1954), *¿Qué fue de Baby Jane?* (1963) y *El emperador del Norte* (1973).

Aldrin, Edwin Eugene (Monclair, New Jersey 1930) Militar y astronauta estadounidense. Fue uno de los dos hombres que pisaron por primera vez el suelo de la Luna en la histórica misión de la nave *Apolo XI*, en 1969.

Aldrovandi, Ulisse (Bolonia 1522 - íd. 1605) Naturalista y médico italiano. Especialista en farmacopea botánica, fundó en 1568 el Jardín Botánico de Bolonia. Su obra principal es *Antidotarii Bononiensis epitome.*

alea iacta est *loc. lat.* Frase atribuida a Julio César en el momento de cruzar el Rubicón y que significa 'la suerte está echada'. Se emplea cuando, tras dudas y vacilaciones, se toma una decisión irrevocable.

aleación *s. f.* Mezcla homogénea de un metal y otro elemento, que posee cualidades físicas que no tienen los componentes por separado. Las más empleadas son los aceros (hierro, carbono, níquel, vanadio), el latón (cobre y cinc), el bronce (cobre y estaño) y el duraluminio (aluminio, cobre, manganeso, magnesio), etc.

alear *v. tr.* Hacer una aleación.

aleatorio, ria *adj.* **1.** Se dice de lo que depende de la suerte o la casualidad. **2.** Se aplica a los sucesos o resultados que siguen las leyes de la probabilidad estadística. ‖ **3. experimento aleatorio** Experimento en el que es imposible predecir el resultado, aun conociendo las condiciones iniciales y realizándose éste indefinidamente; p. ej., la extracción de una carta de la baraja. **4. música aleatoria** Modo de composición en el que determinados aspectos de la ejecución dependen del azar y de la libre elección del intérprete. **5. suceso aleatorio** Véase **suceso**. **Fam.** Aleatoriamente, aleatoriedad.

aleccionar *v. tr.* **1.** Instruir o aconsejar sobre el modo de actuar o hacer algo. **2.** Reprender a alguien o servirle de lección. **Fam.** Aleccionador, aleccionamiento.

Alechinsky, Pierre (Bruselas 1927) Pintor y grabador belga. Miembro del grupo CoBrA (1948-1951), se ha sumado, desde entonces, a diversas corrientes artísticas -expresionismo, *action*

Alejandría: vista de la ciudad, en la que destaca el minarete de la mezquita de Abul Abbas.

painting, etc.-, sobresaliendo siempre por una clara nota de humor y poesía en sus obras.

alecrín[1] *s. m.* Pez de la familia escuálidos, de unos cuatro metros de longitud, muy voraz, que vive en el mar de las Antillas.

alecrín[2] *s. m.* Nombre común de cierto árbol verbenáceo americano, de madera muy parecida a la caoba.

aledaño, ña *adj.* **1.** Contiguo, limítrofe. ‖ *s. m. pl.* **2.** Terrenos alrededor de un lugar.

alefato *s. m.* Alfabeto hebreo.

alegar *v. tr.* **1.** Exponer argumentos, razones o méritos en apoyo de algo. ‖ *v. intr.* **2.** *Can., amer.* Discutir, disputar. ▪ Se conjuga como *pagar.* **FAM.** Alegable, alegación.

alegato *s. m.* **1.** Escrito en que expone el abogado los fundamentos de los derechos de su cliente e impugna los de la parte contraria. **2.** P. ext., razonamiento o exposición para argumentar algo. **3.** *Can., amer.* Discusión, disputa.

alegoría *s. f.* **1.** Imagen o figura que representa o simboliza a una persona, cosa o idea. **2.** Figura retórica mediante la cual se expresa algo por medio de sucesivas imágenes poéticas que guardan relación con ello. La alegoría viene a ser una metáfora continuada. Lope de Vega describe así su alma: *«Pobre barquilla mía, / entre peñascos rota, / sin velas desvelada, / y entre las olas sola.»* **3.** Obra literaria o artística que utiliza símbolos o figuras, a menudo con una finalidad didáctica. **FAM.** Alegóricamente, alegórico, alegorizar.

alegrar *v. tr.* Poner alegre. También *v. prnl.*

alegre *adj.* **1.** Que siente alegría, la manifiesta o la causa. **2.** Propenso a la alegría y las diversiones. **3.** Vivo, brillante, con mucha luz. **4.** *fam.* Frívolo. **5.** *fam.* Animado por el alcohol.

alegreto *s. m.* **1.** Movimiento musical algo más lento que el alegro. **2.** Composición musical o parte de ella interpretada con este movimiento. ‖ *adv. m.* **3.** Con ese movimiento.

alegría *s. f.* **1.** Sentimiento de placer producido por algo favorable o deseado y que suele manifestarse con signos externos. **2.** Lo que causa o manifiesta dicho sentimiento, o predispone hacia él. **3.** Falta de responsabilidad, ligereza. **4.** Ajonjolí. ‖ *pl.* **5.** Modalidad del cante y baile flamenco, viva y graciosa. **FAM.** Alegremente.

Alegría, Ciro (Hacienda de Sartibamba, Huamachuco 1909 - Lima 1967) Novelista peruano. Fue uno de los fundadores del partido APRA. Debido a sus actividades políticas fue encarcelado y desterrado de su país. La constante de su obra es el tema de la vida miserable y explotada del indio. Estos elementos se encuentran en sus novelas *La serpiente de oro* (1935), *Los perros hambrientos* (1939) y *El mundo es ancho y ajeno* (1941).

alegro *s. m.* **1.** Movimiento musical moderadamente vivo. **2.** Composición musical o parte de ella interpretada con este movimiento. ‖ *adv. m.* **3.** Con ese movimiento.

Aleijadinho, António Francisco Lisboa, llamado **El** (Ouro Preto 1738 - íd. 1814) Arquitecto y escultor brasileño. Su obra se encuadra en el estilo rococó. Destaca su trabajo escultórico en el santuario del Buen Jesús de Matozinhos (Congonhas do Campo).

Vicente Aleixandre (cuadro de López Alarcón).

Aleixandre, Vicente (Sevilla 1898 - Madrid 1984) Poeta español. Miembro de la generación del 27, sus primeros libros acusan la influencia de Rubén Darío. Atraído por el surrealismo, supo combinarlo con cierto romanticismo y un sentido erótico. A esta etapa pertenecen sus obras *Espadas como labios* (1932), *La destrucción o el amor* (1933) y *Pasión de la tierra* (1935), libro de prosa poética. Su poesía tiene un profundo sentido panteísta. La naturaleza, el paisaje, el amor y la muerte son elementos constantes en su obra. Otros libros suyos son *Sombra del paraíso* (1944), *Historia del corazón* (1954) y *Los encuentros* (1958). Recibió el premio Nobel en 1977.

Alejandría (*al-Iskandariyya*) C. de Egipto. 2.917.300 h. en 1986. Es un importante puerto en el delta del Nilo a orillas del mar Mediterráneo. Cuenta con industrias textiles, alimentarias, de cemento, petróleo y papel.
Hist. Fundada por Alejandro Magno (332 ó 331 a. C.), pronto se convirtió en el centro del comercio entre Europa, Arabia y la India. La labor del Museo y la famosa biblioteca, fundada por Tolomeo I, instituciones culturales en torno a las cuales se desarrolló la importante ciencia alejandrina, le otorgaron un lugar destacado en el mundo antiguo.

alejandrino, na *adj.* **1.** De Alejandría, ciudad de Egipto. También *s.* **2.** Perteneciente o relativo a Alejandro Magno. **3.** Se aplica a un verso de catorce sílabas, compuesto de dos hemistiquios. También *s. m.*

Alejandro Nombre de varios papas.
Alejandro III (Siena ? - Civita Castellana 1181) Papa italiano. De nombre Rolaldo Bandinelli, su pontificado abarca de 1159 a 1181. Se enfrentó al emperador Federico I Barbarroja y le obligó a reconocer su autoridad tras la derrota de Legnano (1176). Puso en marcha reformas para reforzar la autoridad pontificia y los mecanismos electivos del cónclave.
Alejandro IV (? - Viterbo 1261) Papa italiano. De nombre Rinaldo di Segni, su pontificado abarca de 1254 a 1261. Apoyó a Juan sin Tierra de Inglaterra y se opuso al nombramiento de Alfonso X de Castilla como emperador de Alemania. Unificó las órdenes religiosas y a petición de San Luis autorizó la Inquisición en Francia.
Alejandro VI (Játiva 1431 - Roma 1503) Papa español. De nombre Rodrigo Borja o Borgia, su pontificado abarca de 1492 a 1503. Figura muy controvertida, de vida disoluta, practicó el nepotismo, sobre todo en favor de sus hijos, entre los que se distinguieron César y Lucrecia Borgia. Protegió las artes y las ciencias. Medió con la bula *Inter caetera* (1493) en las diferencias entre España y Portugal por la atribución de las respectivas zonas de exploración y conquista en las Indias. Excomulgó y condenó a Savonarola.

Alejandro Nombre de varios zares rusos.
Alejandro I (San Petersburgo 1777 - Taganrog 1825) Zar de Rusia (1801-25). Su política exterior le llevó a luchar contra Napoleón en varias ocasiones. Tras la derrota del emperador francés, inspiró la creación de la Santa Alianza (1815), que asociaba a los monarcas de Rusia, Austria y Prusia contra posibles revoluciones. En política interior fomentó la cultura y el comercio y realizó algunas reformas sociales.
Alejandro II (Moscú 1818 - San Petersburgo 1881) Zar de Rusia (1855-81). Después de la derrota rusa en la guerra de Crimea, firmó la paz con Francia e inició un programa de reformas, como la abolición de la servidumbre en 1861 y la creación de los *zemtvos* o asambleas de distrito. Extendió sus dominios en el Asia central. Murió víctima de un atentado.
Alejandro III (San Petersburgo 1845 - Livadija 1894) Zar de Rusia (1881-94). Se alejó progresivamente de la alianza con Alemania y Austria, inclinándose por la amistad con Francia, y continuó la expansión en Asia. Defensor de la autocracia, propició una política de rusificación y de persecución de los judíos. Impulsó el desarrollo industrial y comenzó las obras del ferrocarril transiberiano.

Alejandro Magno (Pella 356 - Babilonia 323 a. C.) Rey de Macedonia (336-323 a. C.). Hijo de Filipo II y de la princesa Olimpia, fue educado por Leónidas y por Aristóteles. Aseguró su dominio sobre Grecia, derrotó repetidamente a los persas y conquistó vastos territorios que se extendían por Egipto, Mesopotamia, Persia y la India. Su afán fue crear un imperio universal en el que griegos y bárbaros, fundidas sus creencias y culturas, constituyesen un único pueblo. La heleni-

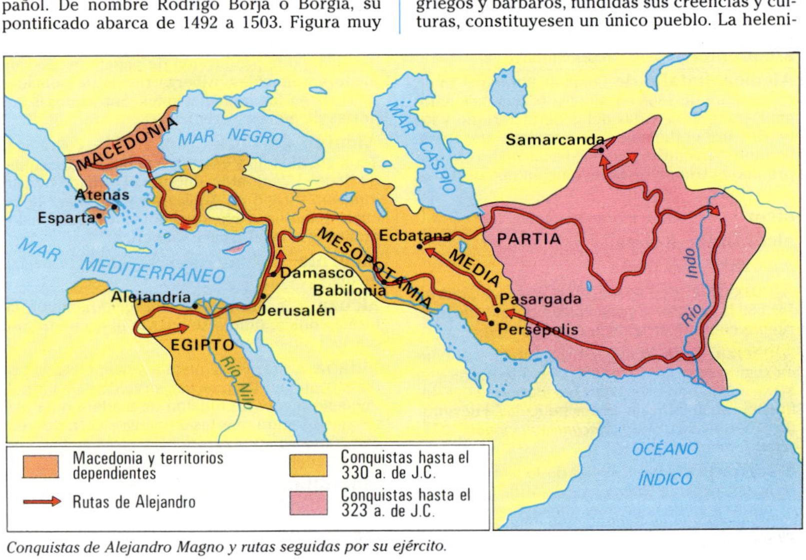

Conquistas de Alejandro Magno y rutas seguidas por su ejército.

zación de Oriente dio lugar a una nueva cultura, el helenismo, en la que, junto a lo griego, entraron aportaciones de las civilizaciones orientales. Muerto sin sucesión, su imperio fue repartido entre sus generales, llamados los *diádocos*, después de grandes luchas.

alejar *v. tr.* **1.** Poner lejos o más lejos. También *v. prnl.* **2.** Apartar, ahuyentar. **FAM.** Alejamiento.

Alejo I Comneno (Constantinopla 1048 - íd. 1118) Emperador bizantino (1081-1118). En defensa de sus dominios tuvo que luchar con los pechenegos, los turcos y los normandos. Firmó un tratado con Venecia y supo aprovechar la primera cruzada para extender su imperio.

Alejo Mijailovich (? 1626 - ? 1676) Zar de Rusia (1645-76). Sostuvo guerras con polacos, suecos y cosacos y consiguió extender sus dominios por Bielorrusia y parte de Ucrania. Terminó la conquista de Siberia y acabó con la revuelta cosaca dirigida por Stenka Razin (1668-1670). Fue padre de Pedro I el Grande.

Alekhine, Alexander (Moscú 1892 - Estoril, Portugal 1946) Ajedrecista francés de origen ruso. Fue campeón mundial de 1927 a 1935 y de 1937 a 1946.

alelar *v. tr.* Poner lelo, embobar. También *v. prnl.* **FAM.** Alelado, alelamiento.

alelo *s. m.* Cada una de las formas diferentes en que puede presentarse un gen en una población dada de individuos de la misma especie.

aleluya *s. m.* **1.** Voz de júbilo que se usa en la liturgia cristiana. ‖ *s. f.* **2.** Pareado, generalmente de versos octosílabos y carácter popular. ‖ *interj.* **3.** Expresa alegría.

Alem, Leandro (Buenos Aires 1842 - íd. 1896) Político argentino. Se enfrentó a la dictadura de Juárez Celman y en 1890 se convirtió en jefe del Partido Radical. Inició la revolución de 1893 y llegó a ser nombrado presidente provisional, pero fue derrotado y hubo de exiliarse.

alemán, na *adj.* **1.** De Alemania. También *s.* ‖ *s. m.* **2.** Lengua indoeuropea del grupo germánico hablada principalmente en Alemania y Austria y, también, en la región italiana del Alto Adigio, algunos cantones de Suiza, Alsacia, Luxemburgo y los territorios de Eupen y Malmédy en Bélgica.

Ling. Los dialectos del alemán están documentados desde el s. VII (alto alemán) y IX (bajo alemán). El alemán como lengua literaria data del s. XVI, siendo su punto de partida la traducción de la *Biblia* al alemán por Lutero. Durante la Segunda Guerra Mundial desaparecieron las áreas lingüísticas alemanas de Rusia, Hungría, Balcanes y los Sudetes, debido a las expulsiones masivas de población alemana.

Alemán, Mateo (Sevilla 1547 - Nueva España ¿1614?) Escritor español. Descendiente de judíos conversos, en 1599 publicó su novela *Guzmán de Alfarache, atalaya de la vida humana*, representativa del género picaresco.

Alemán, Miguel (Sayula, Veracruz 1900 - México 1983) Político mexicano. Fue senador, gobernador de Veracruz y secretario de Gobernación. Candidato del PRI en el año 1946, fue elegido presidente de México para el periodo de 1946 a 1952. Desarrolló una política de crecimiento económico y devaluó el peso.

Alemania: iglesia de Santo Tomás, en la ciudad de Leipzig.

Alemana, República Democrática Estado de Europa oriental, surgido de la división de Alemania tras la Segunda Guerra Mundial, que desapareció en 1990 al producirse su reunificación con la República Federal de Alemania. Ocupaba los actuales *Länder* de Mecklemburgo-Antepomerania, Brandeburgo, Sajonia, Alta Sajonia y Turingia. Véase su historia en **Alemania, República Federal de**.

Alemania, República Federal de (*Bundesrepublik Deutschland*) Estado del N de Europa continental.

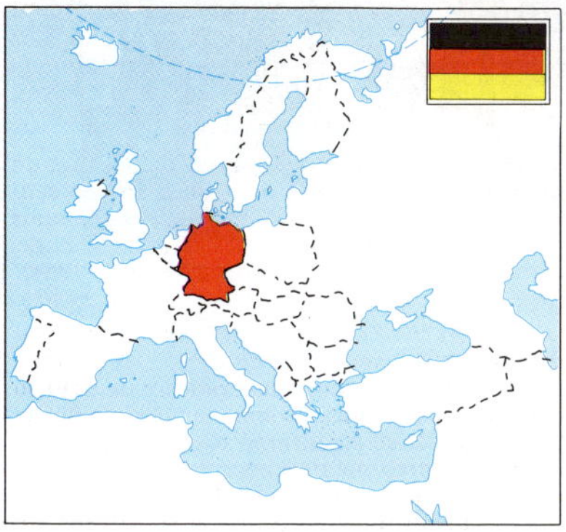

Extensión: 357.050 km^2.
Límites: al N, con el mar del Norte, Dinamarca y mar Báltico; al E, con Polonia, Checoslovaquia y Austria; al S, con Austria y Suiza, y al O, con Francia, Luxemburgo, Bélgica, Países Bajos y el mar del Norte.
Población: 79.500.000 h. en 1990.
Densidad: 222,7 h./km^2.
Capital: Berlín y Bonn.
División administrativa: *Länder* o Estados federados de Schleswig-Holstein, Hamburgo, Baja Sajonia, Bremen, Renania Septentrional-Westfalia, Hessen, Renania-Palatinado, Baden-Württemberg, Baviera, Saarland, Niedersachsen, Mecklemburgo-Antepomerania, Brandeburgo, Alta Sajonia, Sajonia, Turingia y Berlín.
Ciudades principales: Hamburgo, Munich, Colonia, Essen, Frankfurt, Dortmund, Düsseldorf, Stuttgart, Leipzig, Dresde.
Gentilicio: alemán.
Forma de Estado: república federal.
Idioma: alemán.
Religión: protestantismo, 47,2 %; catolicismo, 35,9 %; islamismo, 1,8 %.
Moneda: marco alemán.
Tasa de natalidad: 11,4 ‰ en 1990.
Tasa de mortalidad: 11,4 ‰ en 1990.
Renta per cápita: 17.020 dólares en 1989.

Geog. física El relieve de Alemania comprende tres zonas bien diferenciadas. El N forma parte de la gran llanura europea de tierras bajas: la costa del mar del Norte está cortada por los ríos Ems, Weser y Elba, y bordeada por las islas Frisias Orientales; el litoral del Báltico es bajo y posee numerosos golfos (Kiel, Mecklemburgo, Pomerania, donde desemboca el Oder), las islas Rügen, Usedom y Poel y largos canales. La región central es un altiplano ondulado, accidentado por los antiguos bloques hercinianos de la Selva Negra, el Macizo Renano y el Harz en el O y con una ancha franja de loess en el E, en cuyo sector meridional se hallan los montes Metálicos y la selva de Turingia. En la región meridional se alzan los Alpes alemanes, donde el Zugspitze alcanza los 2.963 m. Las estribaciones alpinas dan lugar a la cuenca del Danubio, en Baviera, con numerosos lagos y ríos de caudal rápido. El Rhin, con sus afluentes Main, Neckar y Mosela, une las partes occidentales de estas tres regiones y forma la vía fluvial más importante de Europa; otros ríos importantes son, de O a E, Weser, Elba y Oder. El clima es de transición entre el oceánico y el continental, bastante uniforme, más cálido en los valles y con mayores precipitaciones en las zonas montañosas.

Alemania: la ciudad de St. Goar, en la orilla izquierda del Rhin.

Geog. humana y ***económica*** La población, urbana en un 91 %, se concentra principalmente en el O, casi siempre junto a los ríos Colonia y Düsseldorf en el Rhin; Dortmund y Essen en la cuenca del Ruhr; Bremen en el Weser y Dresde y Hamburgo en el Elba. Su agricultura se centra en la producción de cereales, como el trigo (séptimo productor mundial), cebada (segundo productor mundial) y centeno (tercer productor mundial), y de tubérculos, como la patata (cuarto productor mundial) y la remolacha (quinto productor mundial). Posee una importante ganadería vacuna y es el segundo productor mundial de cerveza y el octavo de vino. Tiene pocos recursos mineros, salvo lignito (primero del mundo) y hulla. Es la tercera potencia industrial del mundo y se extiende a todos los sectores: siderurgia, metalurgia, petroquímica, automovilística, fibras artificiales, eléctrica y electrónica, farmacéutica, mecánica de precisión, editorial, química, alimentaria, etc.

***Hist.* del Sacro Imperio al imperio alemán** Las tribus que habitaban el territorio alemán fueron agrupadas a comienzos del s. IX por Carlomagno. Alemania comenzó a existir como reino independiente en 843, en virtud del tratado de Verdún, siendo su primer rey Luis, nieto de Carlomagno. Otón I, de la casa de Sajonia, fundó en 962 el llamado Sacro Imperio Romano Germánico, que duró hasta 1806. El título imperial fue siempre electivo, lo que aumentó el poder de los príncipes, llamados por eso *electores*. En el s. XI se sucedieron monarcas de las casas de Franconia y Hohenstaufen, que se enfrentaron con la Santa Sede en la guerra de las investiduras y por la posesión de Italia. A finales del s. XII estalló la guerra civil entre güelfos (de la casa de Welf, partidarios del papa) y gibelinos (de la casa de Hohenstaufen, partidarios del emperador). Desde el s. XIII se afirmó la posición de los electores de la casa de Habsburgo, que llevaron el imperio a su máximo apogeo, especialmente durante los reinados de Maximiliano I (1493-1519) y su nieto Carlos V (1519-56). El movimiento iniciado por la reforma protestante en el s. XVI, la guerra de los Treinta Años (1618-48) y la sucesión al trono de España, ocupado también por los Habsburgo hasta 1700, provocaron la pérdida de la hegemonía y la división del imperio.

En el s. XVIII se inició el ascenso de Prusia frente a Austria, durante el reinado de Federico el Grande (1712-86). El emperador de Austria renunció a la corona imperial (1806) y se creó la Confederación del Rhin (1806-13), a la que siguió la Confederación Germánica en 1815. En 1871 se reconstruyó el imperio alemán, con capital en Berlín, en virtud del tratado de Versalles. En el reinado de Guillermo I (1871-88), con el canciller Bismarck, Alemania se convirtió en una gran potencia militar e industrial.

las dos guerras mundiales La Primera Guerra Mundial (1914-18) significó para Alemania la derrota y la caída de la monarquía imperial, proclamándose la República de Weimar en 1919. Las duras condiciones que el tratado de Versalles (1919) impuso a Alemania favorecieron el ascenso y el triunfo electoral en 1933 del Partido Nacionalsocialista (nazi), dirigido por Adolf Hitler. Éste fue nombrado canciller del III Reich y puso en práctica una política totalitaria (prohibición de partidos políticos, menos el nazi), racista (holocausto judío) y expansionista (ane-

Proclamación del imperio alemán en Versalles, Francia, en 1871 (grabado de la época).

xión del Sarre, Austria, los Sudetes y Polonia). Tras la invasión de Polonia en 1939, Francia e Inglaterra declararon la guerra a Alemania, y se inició la Segunda Guerra Mundial (1939-45). Luego de una primera fase de éxitos militares, Alemania fue definitivamente derrotada en 1945 y dividida en dos repúblicas por los aliados vencedores: la del Oeste se convirtió en la República Federal de Alemania, y la del Este, en la República Democrática Alemana. La soberanía de ambas fue reconocida en 1954.

la República Federal Al finalizar la Segunda Guerra Mundial, el número de habitantes se incrementó considerablemente en la República Federal con la llegada de más de nueve millones de refugiados. En la década de los sesenta la población volvió a aumentar por la gran cantidad de extranjeros que inmigraron y aportaron mano de obra. Una y otra inmigración contribuyeron a la recuperación económica.

Su primer canciller fue el cristianodemócrata Konrad Adenauer, nombrado en 1949 y reelegido en 1954. Ese mismo año terminó el régimen de ocupación y se retiraron las tropas aliadas. En 1956 se recuperó la soberanía sobre el Sarre y en 1957 se restableció el servicio militar obligatorio y se creó el nuevo ejército alemán. También en 1957 la República Federal firmó el tratado de Roma para la creación del Mercado Común Europeo. Entre 1961 y 1966 ocupó la cancillería el político cristianodemócrata Ludwig Erhard.

El socialdemócrata Willy Brandt fue elegido canciller entre 1969 y 1974 con el apoyo de los liberales. Durante su mandato, la República Federal de Alemania fue admitida en la ONU como miembro de pleno derecho en 1973. Tras la dimisión de Willy Brandt en 1974, ocupó la cancillería el socialdemócrata Helmut Schmidt, manteniéndose la alianza gubernamental de socialdemócratas y liberales hasta 1982, en el que se dio paso a la elección del cristianodemócrata Helmut Kohl como nuevo canciller. Las elecciones generales de 1983 refrendaron a Kohl en la cancillería. En 1984 Richard von Weizsäcker sucedió en la presidencia de la república a Karl Carstens, quien ocupaba ese cargo desde 1979. Después de las elecciones generales de 1987, los cristianodemócratas de Helmult Kohl, en coalición con los liberales de Hans-Dietrich Genscher, siguieron al frente del gobierno.

la República Democrática La República Democrática Alemana se convirtió, tras la Segunda Guerra Mundial, en un régimen comunista de partido único e influencia soviética. Su principal dirigente fue Walter Ulbricht, secretario general del Partido Socialista Unificado entre 1946 y 1971, y presidente de la nación desde 1960 hasta su muerte en 1973. En 1961 las autoridades comunistas levantaron en Berlín un gran muro de cemento para impedir el libre paso entre las dos zonas de la ciudad. En 1971 Erich Honecker sustituyó a Ulbricht en la jefatura del partido, sin que la vida política del país sufriera durante su mandato ningún cambio apreciable. En 1989 la influencia de la política reformista de Gorbachov en la URSS transformó profundamente la situación. Tras la salida de cientos de personas a través de la frontera húngara y de grandes manifestaciones en favor de la democracia, Honecker fue desplazado del poder. El país entró en un rápido proceso de transición democrática y de unificación con la República Federal: el muro de Berlín fue demolido, se legalizaron los partidos políticos y en marzo de 1990 se celebraron las primeras elecciones libres, en las que venció la coalición conservadora.

En 1990 se consumó la unificación de ambas repúblicas y a fines de este mismo año se convocaron elecciones conjuntas en las que resultaron vencedores los democratacristianos de Helmut Kohl, que fue designado canciller.

Arte El arte alemán arranca del renacimiento carolingio a finales del s. VIII (capilla palatina de Aquisgrán). En el s. XI se construyen las grandes catedrales románicas de Maguncia, Worms y Spira, caracterizadas por el doble ábside. El gótico, de influencia francesa, se introduce en Alemania en el s. XIII y da lugar a las catedrales de Magdeburgo y Colonia (1322) y, a lo largo del s. XV y comienzos del XVI, a la obra pictórica de Lucas Moser, Martin Schongauer y Matthias Grünewald, así como a la escultura de Stoss y Kraft. En el Renacimiento destacan los pintores Alberto Durero, Hans Holbein el Joven y Lucas Cranach. El Barroco acusa influencia italiana (palacios de Schönbrunn y Belvedere en Viena). Le sigue un largo periodo de clasicismo, que será paulatinamente abandonado a lo largo del s. XIX. En las primeras décadas del s. XX Alemania se convierte en uno de los principales focos vanguardistas de Europa: en pintura destacan las corrientes expresionista (Emil Nolde, George Grosz) y abstracta; en cine, los también expresionistas Robert Wiene (*El gabinete del doctor Caligari*), Fritz Lang (*Metrópolis*) y Friedrich Wilhelm Murnau (*Nosferatu*); y en arquitectura, la escuela de la Bauhaus, con Walter Gropius y Ludwig Mies van der Rohe.

Superados el periodo nazi y la Segunda Guerra Mundial, el arte alemán ha recuperado mucha de su importancia. En pintura surgieron en los años sesenta los grupos Zebra, expresionista, y Syn, abstracto; en los setenta una corriente de artistas conceptuales, como Joseph Beuys, Wolf Vostell y Timm Ulrichs; y en los ochenta los neoexpresionistas, cuya influencia ha sido determinante en el arte europeo actual. En cine apareció a partir de los años sesenta el llamado *nuevo cine alemán*, con nombres como Volker Schlöndorff (*El joven Törless*), Alexander Kluge (*Artistas bajo la carpa del circo*) y los más jóvenes Werner Herzog (*Aguirre o la cólera de Dios*), Wim Wenders (*El amigo americano*) y Reiner Werner Fassbinder (*El matrimonio de María Braun*).

Lit. En época medieval se cultivaron los poemas heroicos, como el *Cantar de Hildebrando*, *Parsifal* y el *Cantar de los Nibelungos*. La lengua alemana adquirió carácter literario en el Renacimiento, tras la traducción de la *Biblia* por Lutero y el florecimiento de una literatura burguesa de carácter realista. En el s. XVIII el movimiento de la Ilustración (*Aufklärung*), representado por Lessing, se alejó del racionalismo francés y dio paso al *Sturm und Drang*, corriente en la que destacaron Goethe y Schiller en sus primeras obras. La literatura romántica, idealista, exaltada y abierta a todos los géneros, cuenta con autores como Friedrich Hölderlin, Novalis y Hoffmann.

A partir de 1900 se diversifican las corrientes literarias con figuras como Hermann Hesse y Thomas Mann. En los años de la Primera Guerra Mundial se impuso el teatro épico de Bertolt Brecht. Después del paréntesis del nazismo (1933-45) aparecen nuevas técnicas experimentalistas y actitudes críticas en todos los géneros. En poesía y ensayo destaca Hans Magnus Enzensberger, en teatro Peter Weiss y en novela Heinrich Böll, Günter Grass, Martin Walser y Michael Ende. Entre los autores actuales más interesantes hay que mencionar a Christa Wolf, Siegfried Lenz y Herman Kant.

Fil. Entre los filósofos, después de la reforma protestante, la corriente principal del s. XVII fue el estudio de la naturaleza como medio para llegar a Dios: la monadología de Leibniz. En el s. XVIII la filosofía de Kant fue el intento de superar el dogmatismo racionalista y revolucionó la teoría del conocimiento. El idealismo marcó la transición del s. XVIII al XIX y estuvo representado por Fichte y Schelling, que forjaron la noción de absoluto, y por Hegel, cuya aportación fundamental fue la explicación histórica y sistemática del desarrollo dialéctico del espíritu.

La negación del idealismo fue protagonizada en el s. XIX por Arthur Schopenhauer, desde el determinismo y pesimismo; por Karl Marx, quien propugnó la superación crítico-práctica de la filosofía, y por Friedrich Wilhelm Nietzsche, que realizó una exaltación mística del irracionalismo. Entre las corrientes contemporáneas destacan el vitalismo relativista de Oswald Spengler, la fenomenología de Franz Brentano y Edmund Husserl, el existencialismo de Karl Jaspers y Martin Heidegger y el neomarxismo de la escuela de Frankfurt con Theodor Adorno, Max Horkheimer y Walter Benjamin.

Arte alemán: a la izquierda, Ana de Cleves, *de Hans Holbein (Museo del Louvre, París); a la derecha,* Dejad que los niños se acerquen a mí, *detalle, de Emil Nolde (Museo de Arte Moderno, Nueva York).*

Mús. La llegada de la influencia italiana a principios del s. XVII imprimió un giro decisivo a la música alemana, que hasta entonces había tenido un carácter trovadoresco y popular. En la gran escuela clasicista de principios del s. XVIII sobresalen Johann Sebastian Bach, Georg Friedrich Haendel y Georg Philipp Telemann; sigue el periodo Barroco, con Christoph Willibald von Gluck. Ludwig van Beethoven representa la transición al Romanticismo de Franz Schubert, Felix Mendelssohn, Robert Schumann y Johannes Brahms, que culmina, en la segunda mitad del s. XIX, con Richard Wagner, el gran renovador de la ópera contemporánea. Ya en el s. XX, el lenguaje musical experimenta una evolución que se distancia de la armonía tradicional de la mano de autores como Paul Hindemith y Karlheinz Stockhausen.

Alembert, Jean Le Rond d' (París 1717 - íd. 1783) Filósofo y matemático francés. Su trabajo científico más conocido es el *Tratado de dinámica* (1743), aunque su contribución más importante es el *Discurso preliminar* de la *Enciclopedia* (1751), dirigida por él mismo y por Diderot. Sus ideas reflejan las corrientes racionalistas y empiristas de la Ilustración.

alentar *v. tr.* **1.** Animar a alguien, infundirle vigor. **2.** Mantener vivo un sentimiento. También *v. intr.* ‖ *v. intr.* **3.** Respirar; p. ext., tener vida. ▪ Es v. irreg. Se conjuga como *pensar.* **FAM.** Alentador.

Alentejo Región del S de Portugal, formada por el Alto Alentejo, que ocupa los distritos de Évora y Portalegre, y Bajo Alentejo, que comprende el distrito de Beja. La actividad económica fundamental es la agricultura (olivo y cereal), seguida de la ganadería lanar.

Alenza, Leonardo (Madrid 1807 - íd. 1845) Pintor español. Es el principal representante del romanticismo costumbrista español y en su obra destacan óleos y dibujos de pequeño tamaño y tema popular.

Alepo (*Halab*) C. de Siria, a orillas del río Quwayq. 1.309.000 h. en 1989. Es la segunda ciudad del país, centro comercial e industrial, con fabricación de alfombras, jabones y cemento.

alerce *s. m.* Árbol conífero de la familia pináceas, especie *Larix decidua.* Alcanza de 10 a 35 m de altura, tiene hoja caduca acicular blanda, dispuesta en racimos y fruto en piña. Es originario de las regiones templadas y frías del hemisferio norte. Su madera, dura y fuerte, se utiliza en la construcción naval y para hacer postes telefónicos y traviesas de ferrocarril.

alérgeno o **alergeno, na** *adj.* Se dice de la sustancia capaz de provocar una reacción alérgica. También *s. m.*

alergia *s. f.* **1.** Sensibilidad anormal a determinadas sustancias, que puede producir erupciones en la piel, alteraciones respiratorias o nerviosas, etc. **2.** P. ext., repugnancia o rechazo que se siente hacia alguien o algo.
Med. Pueden provocar alergia sustancias tan variadas como el polen de ciertas plantas, algunas sustancias químicas, determinados alimentos (verduras, mariscos), antibióticos y otros medicamentos (penicilina), sustancias de origen animal (pelos, plumas, picaduras de insectos, deyecciones), etc. Se combaten con antihistamínicos, esteroides e inyecciones desensibilizadoras. Las alergias pueden ser hereditarias.

alérgico, ca *adj.* **1.** Perteneciente o relativo a la alergia. **2.** Se dice de la persona que padece alergia. También *s.*

alergista o **alergólogo, ga** *s. m.* y *f.* Médico especialista en afecciones alérgicas.

alero *s. m.* **1.** Borde del tejado de un edificio que sobresale de sus muros. **2.** En baloncesto, jugador que suele atacar por los laterales de la cancha. ‖ **LOC. estar en el alero** *fam.* Estar alguna cosa aún por decidir.

alerón *s. m.* **1.** Cada una de las piezas articuladas del borde posterior de las alas de un avión, que, accionadas por el piloto, giran hacia arriba o hacia abajo y permiten maniobrar al aparato. **2.** Especie de aleta horizontal que se coloca en la parte posterior de la carrocería de un vehículo para hacerlo más aerodinámico.

alerta *adv. m.* **1.** Con atención y vigilancia. ‖ *s. f.* **2.** Situación de atención y vigilancia. **3.** Voz o señal con la que se avisa de un peligro o anormalidad. ‖ *adj.* **4.** Atento, vigilante. ‖ *interj.* **5.** Se emplea para incitar u ordenar a permanecer vigilante o atento.

alertar *v. tr.* Poner en alerta a alguien. También *v. prnl.*

Alessandri, Arturo (Longavi 1868 - Santiago 1950) Estadista chileno. Después de ocupar diversos cargos políticos, accedió a la presidencia del país en los periodos 1920-25 y 1932-38.

Alessandri, Jorge (Santiago 1896 - íd. 1986) Político chileno. Hijo del anterior, fue presidente entre 1958 y 1964. Apoyó el golpe de Estado contra Salvador Allende (1973) y fue presidente del Consejo de Estado durante la dictadura de Pinochet.

Alessandria C. del N de Italia, en la región de Piamonte. 93.870 h. en 1990. Posee industria textil y química. Es centro agrícola y comercial.

aleta *s. f.* **1.** Órgano exterior o extremidad de los peces y los mamíferos marinos. Están diferenciadas en pares (pectorales y ventrales), que sirven para regular el equilibrio y la profundidad, e impares (dorsal, anal y caudal), que sirven para propulsarse y fijar la dirección. **2.** Calzado de goma que se usa para nadar más velozmente. **3.** Parte o pieza lateral plana que sobresale de diferentes objetos. **4.** Parte exterior de las ventanas de la nariz. **5.** Guardabarros de un automóvil. **FAM.** Aletazo.

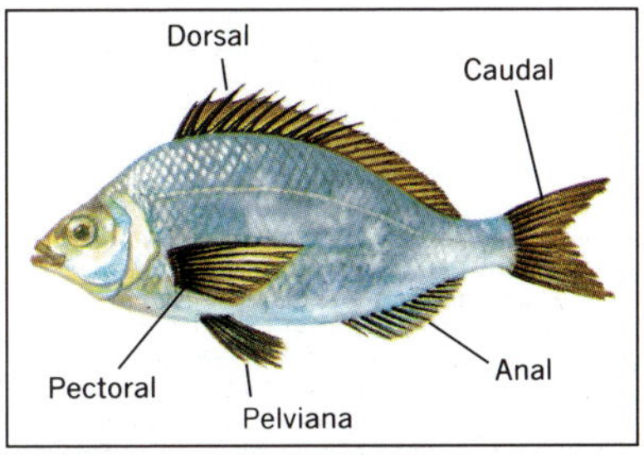

Disposición de las aletas de un pez.

aletargar *v. tr.* **1.** Causar letargo o adormecimiento. ‖ *v. prnl.* **2.** Experimentar letargo. ▪ Se conjuga como *pagar.* **FAM.** Aletargamiento.

aletear *v. intr.* **1.** Mover un ave las alas sin volar. **2.** Agitar un pez las aletas fuera del agua. **3.** *fam.* Comenzar alguien o algo a dar muestras de actividad, vigor, recuperación, etc. **FAM.** Aleteo.

Aleutianas Archipiélago de EE UU en el N del océano Pacífico, entre Alaska y la península de Kamchatka. 37.840 km^2. Está compuesto por más de 150 islas montañosas y volcánicas. La escasa población vive de la pesca, de la caza de focas y de la cría de zorros y ovejas.

aleutiano, na *adj.* **1.** De las islas Aleutianas. **2.** Se dice del pueblo mongoloide, también llamado *aleuta*, que habita en Alaska y en las islas Aleutianas. Emparentado fisionómica y culturalmente con los esquimales, está integrado en la actualidad por unos 6.000 individuos. **3.** De este pueblo. También *s.*

aleve *adj.* Alevoso*.

alevín *s. m.* **1.** Cría de pez que se destina a repoblar estanques y ríos. **2.** Joven principiante que se inicia en una actividad o profesión, especialmente en un deporte, y categoría a la que pertenece.

alevosía *s. f.* **1.** En der., circunstancia agravante de una falta o delito, que se produce cuando el que comete dicho acto pone los medios para asegurar su ejecución e impedir que la víctima pueda defenderse. **2.** Traición, deslealtad.

alevoso, sa *adj.* Que comete o implica alevosía. También *s.* **FAM.** Alevosamente.

Alexander, Franz (Budapest 1891 - Nueva York 1964) Psicoanalista estadounidense de origen húngaro. Discípulo de Freud y pionero del psicoanálisis en EE UU, fundó el Instituto de Psicoanálisis de Chicago (1931). Escribió *Terapéutica psicoanalítica* (1946) y *Fundamentos del psicoanálisis* (1948).

Alexandre, Libro de Poema del s. XIII, escrito en versos de cuaderna vía, en el que se cuentan hazañas legendarias de Alejandro Magno. Se considera como autor a Juan de Lorenzo, aunque un manuscrito lo atribuye a Gonzalo de Berceo. Está inspirado en el poema latino *Alexandreis* de Gualterio de Chatillon y en alguna versión francesa del *Roman d' Alexandre.*

alexia *s. f.* Incapacidad de comprender lo que se lee, causada por una lesión cerebral.

alfa *s. f.* **1.** Primera letra del alfabeto griego, que corresponde a nuestra *a.* ▪ La letra mayúscula se escribe *A* y la minúscula *α.* ‖ **2. alfa y omega** Principio y fin, causa y finalidad última. **3. partícula alfa** Núcleo de helio (He) formado por dos protones y dos neutrones, que constituye las radiaciones alfa.

alfabético, ca *adj.* Perteneciente o relativo al alfabeto; especialmente se dice de la ordenación realizada siguiendo el alfabeto y de lo que está ordenado según el mismo.

alfabetización *s. f.* **1.** Acción y efecto de alfabetizar. ‖ **2. alfabetización informática** Necesidad de comprender mínimamente el mundo y el lenguaje de los ordenadores, así como sus aplicaciones en la sociedad actual.
Educ. Durante bastantes años, la alfabetización consistió en enseñar a leer, escribir y contar a la población no escolarizada. En nuestros días, y sobre todo en países en vías de desarrollo, la alfabetización pretende que los ciudadanos alcancen un nivel cultural que les permita leer y escribir, resolver problemas, hacer cálculos prácticos, tener conocimientos sobre la historia de su comunidad y de los otros países, además de alcanzar otras nociones relacionadas con las profesiones y la educación cívica, el empleo del tiempo libre, etc.

alfabetizar *v. tr.* **1.** Ordenar algo siguiendo el orden de las letras del alfabeto. **2.** Enseñar a leer y escribir y otros conocimientos básicos. ▪ Se conjuga como *cazar.*

alfabeto *s. m.* **1.** Abecedario. **2.** Conjunto de símbolos o signos convencionales empleados en un sistema de comunicación, como el *Morse* en las comunicaciones telegráficas o el *Braille* para ciegos.

ALFABETOS

ESPAÑOL	May.	A B CH D E F G H I J K L LL M N Ñ O P Q R S T U V W X Y Z
	Min.	a b c ch d e f g h i j k l ll m n ñ o p q r s t u v w x y z
GRIEGO	May.	Α Β Γ Δ Ε Ζ Η Θ Ι Κ Λ Μ Ν Ξ Ο Π Ρ Σ Τ Υ Φ Χ Ψ Ω
	Min.	α β γ δ ε ζ η ϑ ι κ λ μ ν ξ ο π ρ σ,ς τ υ φ χ ψ ω
CIRÍLICO	May.	А Б В Г Д Е Ж З И Й К Л М Н О П Р С Т У Ф Х Ц Ч Ш Щ Ъ Ы Ь Э Ю Я
	Min.	а б в г д е ж з и й к л м н о п р с т у ф х ц ч ш щ ъ ы ь э ю я
HEBREO		א ב ג ד ה ו ז ח ט י כ ל מ נ ס ע פ צ ק ר ש ת
ÁRABE	Inicial	ﺑ ﺗ ﺛ ﺟ ﺣ ﺧ د ذ ر ز ﺳ ﺷ ﺻ ﺿ ﻃ ﻇ ﻋ ﻏ ﻓ ﻗ ﻛ ﻟ ﻣ ﻧ ﻫ و ﻳ
	Media	ﺒ ﺘ ﺜ ﺠ ﺤ ﺨ ﺪ ﺬ ﺮ ﺰ ﺴ ﺸ ﺼ ﻀ ﻄ ﻈ ﻌ ﻐ ﻔ ﻘ ﻜ ﻠ ﻤ ﻨ ﻬ ﻮ ﻴ
	Final	ﺐ ﺖ ﺚ ﺞ ﺢ ﺦ ﺪ ﺬ ﺮ ﺰ ﺲ ﺶ ﺺ ﺾ ﻂ ﻆ ﻊ ﻎ ﻒ ﻖ ﻚ ﻞ ﻢ ﻦ ﻪ ﻮ ﻲ

Alfafar C. de España, en la prov. de Valencia. 19.896 h. en 1990. Cuenta con cultivos hortícolas y extensos arrozales.

alfaguara *s. f.* Manantial*.

alfajía *s. f.* Alfarjía*.

alfajor *s. m.* Dulce hecho de almendras, nueces y miel, que tiene diversas formas e ingredientes según los lugares.

alfalfa *s. f.* Nombre común de diversas hierbas perennes de la familia papilionáceas, género *Medicago*. La alfalfa común *(Medicago sativa)* mide hasta 1 m de altura, tiene hojas alternas trifoliadas y flores violáceas arracimadas. Originaria de las regiones mediterráneas, se cultiva en todo el mundo para obtener forraje.

alfanje *s. m.* Sable corto, típico de los pueblos orientales, curvo y de doble filo en la punta.

Alfano, Franco (Nápoles 1876 - San Remo 1954) Compositor italiano. Discípulo de Puccini, concluyó en 1924 *Turandot*, última ópera de su maestro. Entre sus obras destacan las óperas *Resurrección* (1904) y *La sombra de don Juan* (1914), y las sinfonías *Suite romántica* (1910) y *Divertimento* (1935).

alfanumérico, ca *adj.* Formado por letras y números; se utiliza especialmente en informática aplicado a caracteres, códigos, teclados, etc.

alfaque *s. m.* Banco de arena en la desembocadura de un río.

alfaquí *s. m.* Doctor o sabio de la ley coránica.

alfar *s. m.* Alfarería, taller de alfarero.

alfarería *s. f.* **1.** Arte de fabricar vasijas y utensilios de barro. **2.** Taller donde se fabrican y tienda donde se venden tales objetos. **FAM.** Alfarero.

alfarje *s. m.* Piedra de los molinos de aceite y sitio en que se encuentra.

alfarjía *s. f.* Madero con que se hace el entramado de los techos.

Alfaro, Eloy (Montecristi 1842 - Quito 1912) Militar y político ecuatoriano. Organizó el Partido Liberal Radical para combatir la dictadura de García Moreno y obtuvo el poder, que le fue ratificado por la asamblea nacional en 1897. Al término de su mandato se sublevó contra su sucesor Leónidas Plaza y alcanzó de nuevo la presidencia en 1906. Fue derribado por un golpe militar en 1911.

Alfaro, Francisco de (fines del s. XVI - principios del s. XVII) Jurista español. Siendo oidor de la audiencia de Charcas se le encomendó la inspección de las provincias de Río de la Plata y Tucumán (1605), en las que dictó unas *ordenanzas* en favor de los indios de las encomiendas.

alféizar *s. m.* Corte o entrante de la pared alrededor de una puerta o ventana, especialmente el situado en la parte inferior de esta última.

alfeñique *s. m.* Persona delicada o débil.

alférez *s. m.* **1.** Grado de los Ejércitos españoles de Tierra y Aire, perteneciente a la clase de oficiales, inmediatamente inferior al de teniente. ‖ **2. alférez de fragata** Grado de la Armada equivalente al de alférez en el Ejército de Tierra. **3. alférez de navío** Grado de la Armada equivalente al de teniente en el Ejército de Tierra.

Alfieri, Vittorio (Asti 1749 - Florencia 1803) Escritor italiano. Fue autor de tragedias y comedias de inspiración clásica, como *Orestes*, *Agamenón* y *Antígona*, con las que renovó el teatro de su país. También escribió poesía y tradujo a autores grecorromanos.

alfil *s. m.* Pieza del juego de ajedrez que se mueve diagonalmente y puede recorrer cualquier número de casillas.

alfiler *s. m.* **1.** Barrita pequeña y fina de metal, que termina en punta por un extremo y por el otro en una especie de bolita o cabeza. **2.** Joya que se prende en la ropa como sujeción o como adorno.

alfiletero *s. m.* Estuche para guardar alfileres y agujas o almohadilla en la que se clavan.

alfiz *s. m.* Ornamento arquitectónico consistente en una moldura que enmarca un arco o el vano de una puerta o ventana; suele ser rectangular y es característico de la arquitectura árabe.

alfombra *s. f.* **1.** Pieza de tejido grueso de lana o de otras materias que se emplea para cubrir el suelo. **2.** P. ext., cualquier cosa que cubre el suelo.

alfombrado, da **1.** *p. p.* de **alfombrar**. También *adj.* ‖ *s. m.* **2.** Acción y efecto de alfombrar. **3.** Conjunto de alfombras de un lugar.

alfombrar *v. tr.* **1.** Cubrir el suelo con una alfombra. **2.** P. ext., cubrir el suelo con cualquier otra cosa.

alfombrilla[1] (de *alfombra*) *s. f.* Alfombra pequeña de diversos materiales.

alfombrilla[2] (del ár. *al-humra*, la rojez) *s. f.* Enfermedad eruptiva infantil, parecida al sarampión.

alfonsí *adj.* Perteneciente o relativo al rey Alfonso X el Sabio, a su obra cultural y a su época.

Alfonsín, Raúl (Chascomús, Buenos Aires 1927) Abogado y político argentino. Miembro destacado del partido Unión Cívica Radical, fue presidente de la república desde 1983 a 1989.

alfonsino, na *adj.* Perteneciente o relativo a alguno de los reyes españoles llamados Alfonso.

Alfonso Nombre de varios reyes de Aragón.

Alfonso I el Batallador (? h. 1073 - Poleñino, Huesca 1134) Rey de Aragón y Navarra (1104-1134). Se casó con Urraca, heredera del reino de León, realizando así la unión temporal de sus respectivos reinos. Cuando Urraca legó la corona de León a su hijo Alfonso VII, fruto de su matrimonio anterior con el conde Raimundo de Borgoña, el Batallador se retiró a su propio reino, para dedicarse enteramente a la tarea de la Reconquista, incorporando a su corona la mayor parte del valle del Ebro. En 1118 conquistó Zaragoza y fijó allí su corte. Al morir sin herederos, se separaron los reinos de Aragón y Navarra.

Alfonso II el Casto (Barcelona 1152 - Perpiñán 1196) Rey de Aragón (1162-96). Hijo de Ramón Berenguer IV, conde de Barcelona, y de Petronila de Aragón. Reunió las primeras Cortes aragonesas. Dedicó su actividad política a la reconquista peninsular y a la expansión ultrapirenaica. Gran amante de las letras, cultivó personalmente la lírica provenzal.

Alfonso III el Liberal (¿Valencia? 1265 - Barcelona 1291) Rey de Aragón (1285-91). Su reinado giró en torno a dos problemas principales: la tradicional enemistad con Castilla y la pugna con Francia por la posesión de Sicilia. Conquistó a los musulmanes la isla de Menorca. En el orden interno se vio obligado a conceder a la nobleza el Privilegio de la Unión, que limitaba la autoridad real.

Alfonso IV el Benigno (? 1299 - Barcelona 1336) Rey de Aragón (1327-36). Continuó la conquista de Cerdeña, iniciada por su padre Jaime II. En colaboración con el rey castellano Alfonso XI intentó organizar una expedición contra el reino de Granada.

Alfonso V el Magnánimo y el Sabio (¿Medina del Campo? 1394 - Nápoles 1458) Rey de Aragón (1416-58) y de Nápoles (1442-58). Dedicó muchos años a la conquista del reino de Nápoles y a la expansión catalanoaragonesa por el Mediterráneo, desatendiendo los problemas sociopolíticos que minaban la estabilidad interior de sus reinos peninsulares. Ante su prestigio político y militar, la Iglesia le encargó la reconquista de Constantinopla, caída en manos de los turcos; pero la empresa no tuvo éxito. En su corte de Nápoles protegió a artistas y literatos, animado del espíritu renacentista que empezaba a surgir en Italia.

Alfonso Nombre de varios reyes de Asturias.

Alfonso I el Católico (? - ? 757) Rey de Asturias (739-757). Inició la organización política y militar de Asturias aprovechando las disensiones en la España musulmana entre árabes y bereberes. Repobló los valles asturianos y realizó incursiones por Galicia, León, Castilla y N de Portugal.

Alfonso II el Casto (? - ? 842) Rey de Asturias (791-842). Estableció la capital del reino en Oviedo. Tuvo que resistir graves ataques de los musulmanes y dirigió diversas expediciones contra ellos, aprovechando la debilidad del poder de Córdoba. Consolidó el reino de Asturias. Envió embajadores a la corte de Carlomagno, para buscar protección contra posibles ataques musulmanes. En su época se divulgó la noticia de haber sido descubierto el sepulcro del apóstol Santiago.

Alfonso III el Magno (? - ? 910) Rey de Asturias (866-910). Sofocó las rebeliones de gallegos y vascones y combatió victoriosamente a los musulmanes hasta más allá del Guadiana. Continuó las repoblaciones y asentó el reino astur definitivamente en la meseta N, llevando la frontera hasta el río Duero.

Alfonso Nombre de varios reyes de León, Castilla y España.

Alfonso IV el Monje (? - ? 933) Rey de León (926-932). Al morir su esposa, cedió la corona a su hermano Ramiro II e ingresó en un monasterio. Luego se arrepintió de su decisión y quiso recuperar el poder, pero Ramiro le hizo prisionero y mandó que le dejaran ciego (932).

Alfonso V el Noble (? - Viseu, Portugal 1028) Rey de León (999-1028). Durante sus primeros años de reinado, siendo todavía menor de edad, se organizó la defensa contra Almanzor, a quien supuestamente derrotaron las fuerzas cristianas en Calatañazor (1002). Proclamado mayor de edad, fue el primero en titularse rey de Castilla. Repobló León, donde reunió en 1020 un concilio que dictó uno de los más importantes fueros de la España medieval.

Alfonso VI el Bravo (? 1040 - Toledo 1109) Rey de León (1065-1109) y de Castilla (1072-1109). Heredó el reino de León de su padre Fernando I y, tras la muerte violenta de su hermano Sancho, la corona de Castilla. Para prestarle vasallaje, Rodrigo Díaz de Vivar, el Cid, le exigió en Santa Gadea un juramento solemne de no haber tenido parte en el asesinato de su hermano. Las conquistas del Cid contribuyeron a extender las fronteras del reino. Alfonso VI exigió a los reyes musulmanes de taifas el pago anual de las *parias*, tributos a cambio del respeto a sus fronteras. Conquistó Toledo en 1085. Fue derrotado por los almorávides en Sagrajas (1086) y Uclés (1108).

Alfonso VII el Emperador (? 1104 - ? 1157) Rey de León y Castilla (1126-57). Hijo de Urraca y de su primer marido, Raimundo de Borgoña, al subir al trono se vio obligado a poner fin a las guerras internas, provocadas por su madre. En 1135 fue proclamado emperador en León. Dio un gran impulso a la Reconquista, tomando varias plazas de la cuenca del Tajo y llegando hasta Almería, pero no pudo impedir la secesión de Portugal. Dividió los reinos de Castilla y León entre sus hijos Sancho y Fernando. En su reinado se fundó la orden militar de Alcántara (1145).

Alfonso VIII el de las Navas (Soria 1155 - Gutierremuñoz, Ávila 1214) Rey de Castilla (1158-1214). Hijo de Sancho III y de Blanca de Navarra, reconquistó Cuenca y Alarcos, y en sus expediciones llegó hasta el Guadiana. Sufrió la derrota de Alarcos (1195) y obtuvo la victoria de las Navas de Tolosa en 1212. Impulsó la vida municipal, repoblando ciudades y concediendo fueros. Protegió la vida monástica y fundó en Palencia la primera universidad, llamada entonces «Estudio general de España». En su reinado se fundó la orden militar de Santiago (1171).

Alfonso IX (Zamora 1171 - Villanueva de Sarriá 1230) Rey de León (1188-1230). Convocó Cortes en las que por primera vez tuvo representación la burguesía de las ciudades y villas. Se alió con Portugal, Aragón y Navarra contra Castilla, resolviéndose esta lucha al contraer matrimonio con doña Berenguela, hija de Alfonso VIII de Castilla. Reconquistó a los musulmanes las ciudades de Cáceres, Mérida y Badajoz.

Alfonso X el Sabio, según la Primera Crónica General de España, *detalle (Biblioteca Nacional, Madrid).*

Alfonso X el Sabio (Toledo 1221 - Sevilla 1284) Rey de Castilla y León (1252-84). Hijo de Fernando III el Santo y de Beatriz de Suabia, fracasó en sus pretensiones a la corona del Sacro Imperio Romano Germánico y hubo de hacer frente a la rebelión de su hijo Sancho. Desarrolló, sin embargo, una extraordinaria labor como protector de las ciencias y de las artes, fomentando, sobre todo, la Escuela de Traductores de Toledo, creada por su padre, donde se vertieron al

romance muchas obras árabes y se recogió gran cantidad de material para libros cuya redacción él dirigió personalmente. Escribió las *Cantigas de Santa María*, colección de 420 composiciones escritas en gallego que narran milagros y favores de la Virgen. Entre las obras históricas compiladas bajo su dirección se encuentran la *Crónica general* y la *General e grand estoria*, *Las Siete Partidas*, código de leyes inspirado en el derecho romano, *Libros del saber de Astronomía* y el célebre *Lapidario*, tratado sobre las piedras preciosas. Se le considera uno de los impulsores de la prosa en lengua castellana.
Alfonso XI el Justiciero (Salamanca 1311 - Gibraltar 1350) Rey de Castilla y León (1312-50). Durante su minoría ejerció la regencia su abuela María de Molina. Su principal preocupación fue el dominio del estrecho de Gibraltar. Libró la batalla del Salado (1340), que terminó con victoria cristiana, y en 1344 firmó la paz entre Castilla, Marruecos y Granada, por la que el estrecho quedó definitivamente en manos castellanas.
Alfonso XII (Madrid 1857 - íd. 1885) Rey de España (1875-85). Hijo de Isabel II, con él se inicia el periodo de la Restauración, en el que la casa de Borbón volvió a reinar después de ser expulsada por la revolución de 1868. La principal figura política de su reinado fue Antonio Cánovas del Castillo, cuyo sistema de gobierno se basaba en la alternancia en el poder de dos partidos políticos, el conservador y el liberal. Alfonso XII casó primero con su prima María de las Mercedes, que murió al poco tiempo, y después con María Cristina de Habsburgo-Lorena. El rey murió de tuberculosis en noviembre de 1885.
Alfonso XIII (Madrid 1886 - Roma 1941) Rey de España (1886-1931). Hijo póstumo de Alfonso XII, fue proclamado rey al nacer, haciéndose cargo del gobierno su madre María Cristina de Habsburgo-Lorena. El 17 de mayo de 1902, a los dieciséis años, juró la Constitución de 1876 y presidió su primer consejo de ministros. Características de su reinado fueron la constante intervención en la política de sus gobiernos y sus marcadas preferencias por algunos de los líderes de los partidos. Entre los acontecimientos más importantes de su reinado figuran la pérdida de Cuba y Filipinas, la campaña de África, la dictadura de Primo de Rivera, con el fin de la guerra de Marruecos, y el advenimiento de la República. Las elecciones municipales de abril de 1931, con mayoría republicana en las principales ciudades, obligaron al rey a abandonar el país. Poco antes de morir en Roma cedió sus derechos al trono a su hijo el infante don Juan.

Alfonso XIII. Cuadro de Nicolás Aquino, detalle.

Alfonso Nombre de varios reyes de Portugal.
Alfonso I Henriques (Guimaraes h. 1110 - Coimbra 1185) Rey de Portugal (1139-85). Se independizó de Castilla y León y amplió sus dominios con la ocupación de Galicia, Extremadura y Elvas. Continuó su lucha contra los musulmanes por el S, tomando Lisboa (1147).
Alfonso IV el Bravo (Lisboa 1290 - íd. 1357) Rey de Portugal (1325-57). Puso fin a las desavenencias con su yerno Alfonso XI de Castilla para oponerse juntos a los musulmanes, a los que derrotaron en la batalla del Salado (1340).
Alfonso V el Africano (Cintra 1432 - íd. 1481) Rey de Portugal (1438-81). Su política se centró principalmente en la lucha contra los musulmanes africanos, apoderándose de varias plazas en el N de África. Intervino en el pleito sucesorio de Enrique IV de Castilla, defendiendo los derechos de Juana la Beltraneja, frente a Isabel la Católica, pero sufrió la derrota de Toro (1476) a manos de Fernando el Católico.

alforfón *s. m.* **1.** Planta herbácea de la familia poligonáceas, especie *Fagopyrum esculentum.*

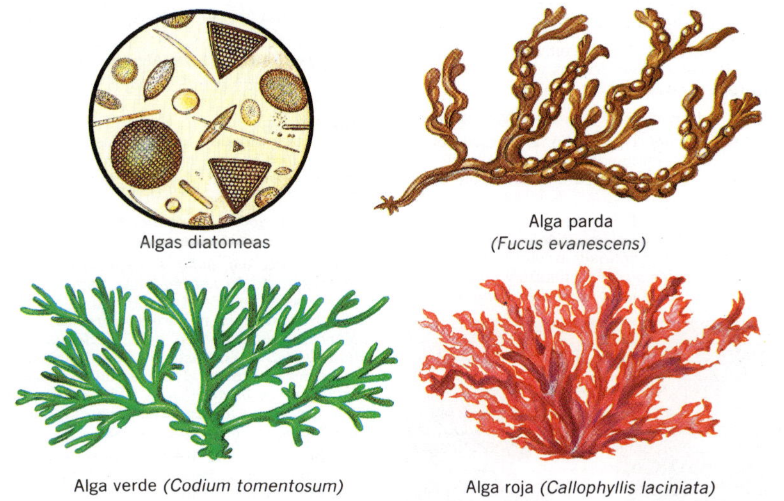

Algas: ejemplos de las cuatro divisiones en que se clasifican.

Mide aproximadamente 1 m de altura y tiene tallos nudosos, hojas en forma de corazón, flores blancas en racimo y fruto oscuro y triangular. Originaria de Asia central, crece en regiones de clima húmedo y templado. **2.** Semilla de esta planta, con cuya harina se hace pan negro en algunos lugares de España.

alforja *s. f.* Tira de tela fuerte con dos bolsas en los extremos que se cuelga sobre el hombro o al lomo de las caballerías y se utiliza para transportar cargas.

alfoz *s. amb.* Término de un municipio o de un distrito.

Alfredo el Grande (Wantage, Berkshire 849 - ? 899) Rey anglosajón de Wessex, Inglaterra (871-899). Venció a los invasores daneses y liberó la ciudad de Londres. Fue un gran impulsor de la cultura anglosajona.

algalia *s. f.* Sustancia olorosa parecida al almizcle que segrega la civeta o gato de algalia.

algara *s. f.* **1.** En la España medieval, correría de pillaje practicada por una pequeña tropa. **2.** Tropa de jinetes que practicaba dicha correría.

algarabía *s. f.* Vocerío confuso, griterío.

algarada *s. f.* **1.** Alboroto, desorden. **2.** Motín o revuelta de poca importancia. **3.** Algara*.

Algardi, Alessandro (Bolonia 1595 - Roma 1654) Escultor y arquitecto italiano. Destacado representante del Barroco, esculpió el sepulcro del papa León XI (1645), *El encuentro de Atila con León Magno* (1650) y realizó la fachada de la iglesia de San Ignacio en Roma.

algarroba *s. f.* Fruto del algarrobo, en forma de vaina, dulce y comestible, que contiene en su interior de cinco a quince semillas duras y que se emplea como forraje.

algarrobo *s. m.* Nombre común de diversos árboles de la familia papilionáceas, género *Ceratonia.* El algarrobo común *(Ceratonia siliqua)* tiene hoja perenne con el envés rojizo, flores rojas y fruto en legumbre, la algarroba, que es comestible. Es originario del Mediterráneo, donde crece en estado silvestre o es cultivado.

Algarve Región de Portugal, en el S del país, que comprende el distrito de Faro. Tiene un relieve eminentemente montañoso en el interior y desciende hacia el mar en una sucesión de suaves colinas. Entre sus cultivos destacan las hortalizas y los frutales. El litoral cuenta con numerosos puertos pesqueros. El turismo ha adquirido un enorme desarrollo y es su principal fuente de ingresos.

algas *s. f. pl.* Grupo de seres vivos al que pertenecen organismos eucariotas, unicelulares o pluricelulares, clasificados en el reino protistas. Las algas son capaces de realizar la fotosíntesis y en función del pigmento que emplean adquieren distintos colores: verde, pardo o rojo. Algunas son flagelados unicelulares, otras son estructuras laminares o filamentosas que rebasan a veces los 60 m de longitud. Las algas se reproducen tanto sexual como asexualmente. Las algas pluricelulares tienen un sistema de reproducción denominado *alternancia generacional.* Viven prácticamente en todo el mundo, y se encuentran en el mar, en el suelo, en las aguas dulces y hasta en las aguas termales y en la tundra ártica. Muchas son de utilidad para el hombre, empleándose en alimentación y perfumería, así como en la producción de abonos. En nuestros días se están llevando a cabo numerosas investigaciones que tratan de obtener de las algas nuevas fuentes de energía.

algazara *s. f.* Alboroto, jaleo, especialmente el ocasionado por las voces, risas y canciones de gente que se divierte.

Algazel, Abu Hamid ibn Muhammad al-Gazzali, llamado (Tus, Jurasán 1058 - íd. 1111) Filósofo y teólogo musulmán. Comentó y criticó la filosofía aristotélica, desde posiciones próximas al escepticismo. Para él, a Dios sólo es posible llegar por la revelación y la experiencia mística. Sus escritos espirituales tuvieron honda repercusión en el Islam y en la literatura mística y ascética cristiana. Destaca su obra *Vivificación de las ciencias religiosas.*

álgebra *s. f.* **1.** Parte de las matemáticas que estudia las estructuras que resultan al introducir en uno o varios conjuntos una o varias leyes de composición. Algunas de estas estructuras son las de grupo, anillo, cuerpo y espacio vectorial. **2.** Tradicionalmente, cálculo realizado mediante expresiones representadas por letras.

algebraico, ca *adj.* Perteneciente o relativo al álgebra.

Algeciras C. de España, en la prov. de Cádiz. 102.080 h. en 1990. Es un importante puerto de pasajeros y mercancías. El turismo se ha beneficiado con la apertura de la frontera con Gibraltar.

Algarrobo (Ceratonia siliqua).

Algemesí C. de España, en la prov. de Valencia. 25.240 h. en 1990. Es una localidad agrícola, centro de una comarca de cultivos de huerta, que posee industrias conserveras y metalúrgicas.

algesia *s. f.* Sensibilidad al dolor.

-algia *suf.* Significa 'dolor': *cefalalgia, neuralgia.*

álgido, da *adj.* **1.** Muy frío. **2.** Se dice del estado febril o enfermedad acompañados de frío intenso. **3.** Se aplica al punto culminante de un proceso.

algo *pron. indef.* **1.** Sustituye al nombre de una cosa cualquiera de forma indeterminada: *He olvidado algo.* **2.** Cantidad indeterminada o pequeña: *Me queda algo.* ■ Es neutro y no tiene plural. ‖ *adv. c.* **3.** Un poco: *Está algo distraído.*

Algodón en flor.

algodón *s. m.* **1.** Nombre común de diversas plantas arbustivas de la familia malváceas, género *Gossypium.* Pueden alcanzar 2 m de altura. Tienen hojas alternas lobuladas en forma de corazón y sus flores son de color cremoso, aunque después se vuelven rosadas, y al madurar se transforman en una cápsula que contiene las semillas, envueltas en fibras blancas. Las principales especies, ambas cultivadas, son la *Gossypium hirsutum,* que da fibras medias, y la *Gossypium barbadense,* que da fibras largas. Las fibras de la cápsula se utilizan para la fabricación de productos textiles. Los países productores más importantes son EE UU, China, Uzbekistán y Kazajstán. **2.** Fibra o borra blanca que envuelve las semillas de esta planta. Limpia y esterilizada, se utiliza en medicina, higiene, etc. **3.** Hilo o tejido hecho con esta fibra. **FAM.** Algodonal, algodonoso.

algodonero, ra *adj.* **1.** Perteneciente o relativo al algodón. ‖ *s. m.* y *f.* **2.** Persona que cultiva el algodón o comercia con él. ‖ *s. m.* **3.** Planta del algodón.

algonquino, na *adj.* **1.** Se dice de un grupo de pueblos amerindios que vivieron en el N de EE UU y en Canadá, al que pertenecen los cheyenes, pies negros, crees, etc. **2.** De este grupo de pueblos. También *s.* ‖ *s. m.* **3.** Lengua hablada por este grupo de pueblos.

algoritmia *s. f.* Disciplina que estudia el cálculo aritmético y algebraico.

algoritmo *s. m.* Proceso de cálculo matemático que proporciona la solución de un determinado tipo de problemas mediante un número finito de pasos, p. ej. el que se sigue para hallar la raíz cuadrada de un número.

Mat. Un algoritmo suele consistir en una serie de instrucciones detalladas que indican paso a paso lo que debe hacerse para conseguir la respuesta a cada problema de un tipo determinado; no es necesaria ninguna iniciativa, sino que se trata de un proceso puramente mecánico. Ello se aprovecha para la realización de programas para ordenadores.

alguacil *s. m.* **1.** Funcionario de los tribunales de justicia que ejecuta las órdenes dadas por los jueces. **2.** Oficial inferior que está a las órdenes del alcalde de un ayuntamiento.

alguacilillo *s. m.* Cada uno de los dos jinetes, vestidos como alguaciles del s. XVII, que en las corridas de toros preceden a la cuadrilla durante el paseíllo.

Alguer (*Alghero*) C. de Italia, en la costa O de la isla de Cerdeña. Frente a ella se libró en 1353 una batalla entre naves genovesas y catalanoaragonesas, que concluyó con la victoria de estas últimas. Como castigo por su ayuda a Génova, Pedro IV el Ceremonioso desterró a sus habitantes y repobló la ciudad con catalanes, lo que explica que aún hoy se hable en la ciudad un dialecto del catalán.

alguerés, sa *adj.* **1.** De Alguer, ciudad de Cerdeña. También *s.* ‖ *s. m.* **2.** Dialecto catalán hablado en Alguer.

alguien *pron. indef.* **1.** Hace referencia de manera indeterminada a una o varias personas: *Alguien se lo dijo, pero no sé quién.* ■ Es masculino y no tiene plural. **2.** *fam.* Persona de importancia.

algún *adj. apóc.* de **alguno**. ■ Se usa siempre antepuesto a un sustantivo masculino singular.

alguno, na *adj. indef.* **1.** Expresa un número indeterminado de las personas, animales o cosas a que se refiere el sustantivo al que antecede, o los designa de forma imprecisa: *Tráeme alguna revista.* También *pron.*: *Si les avisas alguno vendrá.* **2.** En frases de sentido negativo y detrás del sustantivo al que acompaña, equivale a *ninguno*: *en modo alguno.* **3.** Bastante, moderado: *de alguna importancia.* ‖ **LOC. alguno que otro** Pocos: *Queda alguno que otro.*

alhaja *s. f.* **1.** Joya, objeto fabricado con materiales preciosos. **2.** Persona o cosa de gran valor o de muy buenas cualidades.

Alhakem o **al-Hakam II** (? - ? 976) Segundo califa omeya de Córdoba. Hijo de Abderramán III y su sucesor en el califato, conquistó a los cristianos San Esteban de Gormaz y Zamora. Fue el más ilustrado y sabio de los árabes que reinaron en España y protegió las artes y las ciencias.

Alhambra Palacio fortaleza de los reyes nazaríes de Granada, construido sobre una colina entre los s. XIII y XIV. El conjunto consta de tres partes principales: la alcazaba, el alcázar y los jardines. Junto al patio de la Alberca se encuentra el palacio renacentista de Carlos V, obra del arquitecto Pedro Machuca.

Alhambra de Granada: el patio de los Leones, construido en tiempos de Muhammad V (siglo XIV).

alharaca *s. f.* Demostración exagerada de un sentimiento, impresión, etc.

alhelí *s. m.* Nombre común de diversas plantas de la familia crucíferas, géneros *Cheiranthus, Erysimum, Matthiola* y *Malcolmia.* Son plantas ornamentales, bianuales o perennes, de flores olorosas arracimadas de diversos colores. Algunas se cultivan en invernaderos. Sus diversas especies están extendidas por casi todo el mundo.

alheña *s. f.* **1.** Aligustre*. **2.** Flor de esta planta. **3.** Polvo que resulta de moler las hojas de esta planta y que se usa como tinte.

alhóndiga *s. f.* Local público destinado para la venta, compra y depósito de granos y otras mercancías.

Alhucemas, desembarco de Acción militar de la guerra de Marruecos, protagonizada por tropas españolas en la bahía del mismo nombre en 1925 y que condujo a la victoria sobre Abd-el-Krim.

Alí (? h. 599 - Kufa 661) Cuarto califa ortodoxo del Islam. Primo y yerno de Mahoma, fue proclamado califa tras el asesinato de Utmán en el 656, con la oposición de Aisa, viuda del profeta, y del omeya Muhawiya. Al negarse a someter a arbitraje la legitimidad de su califato fue abandonado por los jariyitas, a los que diezmó en Nahrawan. Fue asesinado por un jariyita, dando así comienzo el califato Omeya. Sus partidarios fueron los chiitas.

Alí, Muhammad Véase **Cassius Clay**.

Alí Bey, Domingo Badía, llamado (Barcelona 1767 - Damasco 1822) Explorador, aventurero y erudito español. Gran conocedor de la lengua y cultura árabes, realizó un largo viaje subvencionado por Godoy, con confusos fines diplomáticos, en el que caracterizado de musulmán recorrió Marruecos, Trípoli, Grecia, Chipre, Egipto, Arabia, Palestina, Siria y Constantinopla, siendo el primer occidental que visitó los lugares sagrados de La Meca. Murió en un segundo viaje al servicio de Napoleón Bonaparte.

aliado, da **1.** *p. p.* de **aliar**. También *adj.* y *s.* ‖ *s. m. pl.* **2.** Naciones que en la Primera Guerra Mundial combatieron contra Alemania, Austria-Hungría, Bulgaria y Turquía, y en la Segunda contra los países del Eje. Las principales fueron el Reino Unido, Francia, EE UU y Rusia (URSS en la Segunda Guerra Mundial). Italia luchó en 1914 junto a los aliados y en 1939 al lado de las otras potencias del Eje, Alemania y Japón.

aliadófilo, la *adj.* Se dice del partidario de las naciones aliadas durante las dos guerras mundiales. También *s.*

aliaga *s. f.* Aulaga*.

alianza *s. f.* **1.** Acuerdo entre varias personas, países, entidades, etc., con un fin determinado. **2.** Parentesco contraído por casamiento. **3.** Anillo de boda o compromiso. **4.** Acción y efecto de aliar o aliarse. **5.** En la *Biblia,* pacto establecido por Dios y el pueblo de Israel, fundamento del judaísmo.

Alianza para el Progreso Plan de ayuda para los países de América latina aprobado en 1961 en la conferencia de Punta del Este (Uruguay) y suscrito por todos los estados miembros de la Organización de Estados Americanos (OEA), a excepción de Cuba.

Cuádruple Alianza Pacto firmado por el Reino Unido, Francia y Holanda, y más tarde por Austria, en 1718, contra la política de Alberoni, ministro de Felipe V de España, que intentaba recuperar los dominios españoles perdidos por el tratado de Utrecht.

Santa Alianza Acuerdo entre Rusia, Austria y Prusia en 1815 para defender el absolutismo. Fue sustituida ese mismo año por otra Cuádruple Alianza, con la incorporación del Reino Unido.

Triple Alianza Pacto establecido en La Haya en 1668 entre Holanda, Suecia e Inglaterra, para entorpecer las conquistas de Luis XIV de Francia en los Países Bajos, obligándole a aceptar la paz de Aquisgrán firmada el 2 de mayo de 1668.

Alianza Popular Partido político español de ideología conservadora, fundado en 1976 por Manuel Fraga Iribarne y otras personalidades del régimen de Franco. Tras las elecciones generales de 1982 se convirtió en la segunda fuerza política del país. En 1989 cambió su nombre por el de Partido Popular.

aliar *v. tr.* **1.** Unir, asociar. También *v. prnl.* ‖ *v. prnl.* **2.** Ponerse de acuerdo con un fin concreto. ■ En cuanto al acento, se conjuga como *ansiar*: *alío.*

alias *adv. m.* **1.** Por otro nombre, también llamado: *El bandido Jose María Hinojosa, alias el Tempranillo.* ‖ *s. m.* **2.** Apodo, sobrenombre.

alibí *s. m.* Coartada.

alicaído, da *adj.* **1.** Caído de alas. **2.** Se dice de la persona triste, cabizbaja, desanimada.

Alicante (*Alacant*) **1.** Prov. de España, perteneciente a la Comunidad Valenciana. 5.863 km^2. 1.273.642 h. en 1991. Presenta un relieve de montaña en el N, donde se encuentran las sierras subbéticas, y de llanura costera en el litoral y el S de la provincia. En la costa alternan playas y acantilados. Sus principales ríos son el Vinalopó y Segura. Tiene clima mediterráneo, muy seco en el S, y vegetación de bosque y matorral mediterráneo. Es la primera provincia española productora de almendra, limón y uva de mesa. Cuenta con diversos puertos pesqueros y salinas en sus costas. Su industria alimentaria (turrón, helados), del juguete, del calzado y el turismo han experimentado un gran desarrollo. Importante crecimiento demográfico.

Alicante: vista del puerto, con el castillo de Santa Bárbara al fondo.

2. C. de España, cap. de la prov. homónima. Situada a orillas del Mediterráneo. 261.255 h. en 1990. Posee industrias alimentarias (turrones, cervezas), de materiales de construcción, metalúrgicas, de maquinaria, del mueble, químicas y alfarería. Es un importante centro turístico, capital de la *Costa blanca.*

alicantino, na *adj.* De Alicante. También *s.*

alicatado, da **1.** *p. p.* de **alicatar**. También *adj.* || *s. m.* **2.** Obra de azulejos o baldosines cerámicos que recubre una pared. **3.** Operación de colocar dichos azulejos.

alicatar *v. tr.* Revestir de azulejos una pared.

alicates *s. m. pl.* Herramienta en forma de tenaza con las puntas planas o redondeadas, que se emplea para doblar alambres, sujetar objetos, apretar tuercas, etc. Se usa también en *sing.*

aliciente *s. m.* Atractivo o encanto de algo, o estímulo que proporciona.

alícuota *adj.* **1.** Proporcional. **2.** Se dice de lo que está comprendido un número exacto de veces en un todo.

alidada *s. f.* Dispositivo de algunos instrumentos de topografía, astronomía, fotografía, etc., que sirve para dirigir visuales; consiste en una regla fija o movible, provista de una pínula o un anteojo en cada extremo.

alienación *s. f.* **1.** Acción y efecto de alienar o alienarse. **2.** En soc., estado por el que un individuo o colectividad, como resultado de presiones y manipulaciones sociales, experimentan un cambio que les lleva a pensar y actuar de forma contradictoria con la imagen que poseían de sí mismos y con los valores que sostenían. **3.** En psicol. y med., trastorno mental por el que el enfermo se vuelve extraño a sí mismo (pérdida de la propia identidad) y que le incapacita para actuar de acuerdo con las normas y reglas de su medio social.
Fil. El concepto de alienación fue introducido en filosofía por Hegel para referirse a la conciencia que se experimenta como algo separado de la realidad a la cual pertenece. Marx le da un sentido más concreto y afirma que la alienación se produce cuando el producto del trabajo aparece como ajeno al trabajador, que se convierte por tanto en mercancía, fenómeno que sólo ocurre en la sociedad dividida en clases.

alienado, da **1.** *p. p.* de **alienar** o **alienarse**. || *adj.* **2.** Loco.

alienar *v. tr.* **1.** Volver loco. También *v. prnl.* **2.** Producir alienación, transformación de la conciencia. También *v. prnl.*

alienígena *adj.* **1.** Extraterrestre. También *s.* **2.** Extranjero. También *s.*

alienista *s. m.* y *f.* Médico especializado en enfermedades mentales.

aliento *s. m.* **1.** Respiración. **2.** Aire que se respira. **3.** Soplo de aire expulsado en la respiración. **4.** Ánimo para comenzar o para continuar una acción.

alifático, ca *adj.* En quím., se aplica a los compuestos orgánicos de cadena abierta, como los hidrocarburos y sus derivados.

alifato *s. m.* Alfabeto de la lengua árabe.

aligátor *s. m.* Caimán.

aligerar *v. tr.* **1.** Hacer que algo sea más ligero. También *v. prnl.* **2.** P. ext., aliviar una carga moral, una culpa, un dolor, etc. También *v. prnl.* **3.** Abreviar, apresurar. También *v. intr.* **FAM.** Aligeramiento.

aligustre *s. m.* Arbusto de la familia oleáceas, especie *Ligustrum vulgare.* Mide hasta 5 m de altura, tiene hoja perenne o caduca oval, inflorescencias de flores blancas olorosas y frutos en forma de bayas negras que contienen de una a cuatro semillas. Se cultiva como planta ornamental y para formar setos vivos. Es originario de Eurasia y Australia y está implantado en muchas otras partes del mundo.

Aligustre o alheña (Ligustrum vulgare).

alijo *s. m.* Conjunto de mercancías de contrabando.

alimaña *s. f.* **1.** Nombre que se da a animales como zorros, lobos, etc., que viven en estado salvaje y se alimentan del ganado y de la caza menor. **2.** *fam.* Persona mala, perversa.

alimentación *s. f.* **1.** Acción y efecto de alimentar o alimentarse. **2.** Conjunto de alimentos. **3.** Régimen o dieta alimenticia.

alimentador, ra *adj.* **1.** Que alimenta. También *s.* || *s. m.* **2.** Dispositivo regulador que mantiene constante el nivel de agua de una caldera. **3.** Conductor o circuito que suministra corriente eléctrica a un aparato. **4.** Nombre de diversos dispositivos destinados a alimentar una máquina.

alimentar *v. tr.* **1.** Dar alimento. También *v. prnl.* con valor reflex. **2.** P. ext., proporcionar a alguien las cosas necesarias para vivir. También *v. prnl.* con valor reflex. **3.** Suministrar a un dispositivo, sistema, mecanismo, etc., lo necesario para que funcione. También *v. prnl.* **4.** Fomentar, mantener. También *v. prnl.* || *v. intr.* **5.** Servir de alimento.

alimentario, ria *adj.* Perteneciente o relativo a los alimentos o la alimentación.

alimenticio, cia *adj.* Se dice de lo que alimenta o nutre.

alimento *s. m.* **1.** Sustancia nutriente que ingiere o incorpora un ser vivo para obtener la energía y materia necesarias para vivir y reponer los componentes de su organismo. **2.** Lo que mantiene la existencia de alguna cosa. **3.** Aquello que fomenta o estimula un sentimiento, una virtud, un vicio, etc.
Biol. La energía que el hombre consume ha de ser repuesta mediante la ingestión de alimentos. La cantidad de energía que contienen los alimentos se mide en calorías. El número de calorías necesarias para un individuo depende de la edad, del peso, de la actividad y del estado de salud; un consumo de 2.000 calorías por día es considerado como un mínimo. Para el hombre primitivo la obtención de alimentos representaba toda su actividad. La agricultura y la ganadería, que fueron creaciones decisivas en el esfuerzo humano por procurarse alimento, han experimentado constantes progresos a lo largo de la historia. La revolución industrial aportó grandes cambios en los métodos de producción, sobre todo en el mundo desarrollado. No obstante, la escasez alimentaria, sobre todo en ciertos países, es todavía un problema gravísimo.

alimoche *s. m.* Ave falconiforme de la familia accipítridos, especie *Neophron percnopterus.* Mide entre 58 y 70 cm de longitud, alcanza hasta 1,5 m de envergadura y tiene color blanco con plumas negras en las alas. Vive en la Europa mediterránea, el sudoeste asiático, la India y la mayor parte de África y es migrante parcial.

Alimoche o abanto (Neophron percnopterus).

alimón, al *loc. adv.* **1.** En tauromaquia, expresa el modo de hacer ciertas suertes entre dos lidiadores, cogiendo cada uno un extremo del mismo capote. **2.** P. ext., conjuntamente, en colaboración.

alineación *s. f.* **1.** Acción y efecto de alinear o alinearse. **2.** Conjunto de los jugadores de un equipo seleccionados para disputar un partido.

alineado, da **1.** *p. p.* de **alinear**. También *adj.* y *s.* || *adj.* **2.** Partidario de una posición, facción, ideología, etc. || **3. países no alineados** Grupo de estados que no se consideran integrados en ninguno de los dos grandes bloques políticos representados por EE UU y la URSS. Surgió en 1955 en la conferencia de Bandung (Indonesia), en la que se reunieron, por iniciativa del dirigente indio Nehru y del chino Chu En-lai, veintinueve estados de Asia y África. La importancia del movimiento decreció a partir de los años ochenta.

alineamiento *s. m.* **1.** Acción y efecto de alinear o alinearse. **2.** Conjunto de menhires colocados en hileras.

alinear *v. tr.* **1.** Poner algo en línea recta. También *v. prnl.* **2.** Determinar el entrenador los jugadores que van a participar en un encuentro. || *v. prnl.* **3.** Integrarse en un bando, bloque político, posición ideológica, etc.

aliñar *v. tr.* **1.** Poner condimento en las comidas, especialmente aceite, vinagre y sal. **2.** Adornar, arreglar. También *v. prnl.*

aliño *s. m.* **1.** Acción y efecto de aliñar. **2.** Condimento con que se aliña. **3.** Adorno, arreglo. **4.** Acicalamiento.

alioli *s. m.* **1.** Salsa de ajo y aceite. **2.** Salsa mayonesa condimentada con ajo.

aliquebrado, da *adj.* **1.** Se dice del ave que tiene quebradas las alas. **2.** Alicaído, triste, decaído.

alisar[1] *v. tr.* **1.** Poner lisa, plana o igual alguna cosa. También *v. prnl.* || *v. prnl.* **2.** Con valor reflex., arreglarse por encima o ponerse liso el peinado. **FAM.** Alisado, alisador, alisamiento.

alisar[2] *s. m.* Lugar poblado de alisos.

alisio *adj.* Se dice del viento constante que sopla desde las zonas de altas presiones tropicales a las zonas de bajas presiones ecuatoriales. Es más intenso en invierno y sopla con mayor fuerza y continuidad en el sector oriental de los océanos. También *s. m.*, sobre todo *pl.*

aliso *s. m.* Nombre común de diversas plantas arbustivas de la familia betuláceas, género *Alnus.* El aliso común *(Alnus glutinosa)* mide hasta 20 m de altura, presenta hoja alterna caduca, de forma redondeada, corteza grisácea y escamosa y frutos pequeños en aquenio. Su madera, de color amarillo-rojizo y muy dura, se utiliza para fabricar muebles y diversos utensilios. Crece en el hemisferio norte y América del Sur.

alistar *v. tr.* **1.** Apuntar a alguien en una lista. También *v. prnl.* **2.** Inscribir a alguien en el ejército, en el servicio militar. También *v. prnl.* **FAM.** Alistamiento.

aliteración *s. f.* Figura retórica que consiste en la repetición de uno o varios sonidos semejantes en una palabra o conjunto de palabras, como p. ej.: *«Ya se oyen los claros clarines...»* (Rubén Darío).

aliviadero *s. m.* Vertedero o desagüe de aguas sobrantes de un depósito, embalse o canal.

aliviar *v. tr.* **1.** Disminuir una carga o peso. **2.** Calmar, hacer menos intenso algo, como un dolor, una enfermedad, un picor, etc. También *v. prnl.* **3.** *fam.* Robar, hurtar. ‖ *v. prnl.* **4.** *fam.* Defecar.

alivio *s. m.* **1.** Acción y efecto de aliviar o aliviarse. **2.** Uso de ropa menos severa después del luto. ‖ **LOC. de alivio** *adj. fam.* Tremendo, de cuidado, de consideración.

aljaba *s. f.* Carcaj*.

aljama *s. f.* **1.** Junta de musulmanes o judíos. **2.** Sinagoga. **3.** Morería o judería.

aljamía *s. f.* **1.** Nombre árabe que daban los musulmanes a la lengua castellana. **2.** Texto escrito por los moriscos en castellano, pero con caracteres arábigos. **FAM.** Aljamiado.

aljibe *s. m.* **1.** Cisterna o depósito de agua, particularmente el subterráneo que recoge el agua proveniente de la lluvia o de algún río. **2.** Tanque o barco cisterna para transportar agua dulce.

aljófar *s. m.* Perla pequeña de forma irregular y conjunto de estas perlas.

Aljubarrota, batalla de Combate librado el 14 de agosto de 1385 en el lugar portugués de Aljubarrota, en el que las tropas portuguesas capitaneadas por su monarca Juan I derrotaron al ejército de Juan I de Castilla. Con esta victoria quedó asegurada la independencia de Portugal.

allá *adv. l.* **1.** Expresa un lugar impreciso. ▪ Admite grados de comparación: *más allá, muy allá, no tan allá*, etc. Con verbos de movimiento equivale a 'aquel lugar'. Con verbos de estado o reposo significa 'en aquel lugar'. ‖ *adv. t.* **2.** Denota tiempo remoto: *allá en mi juventud.* **3.** En ciertas expresiones, significa que el que habla se desentiende de algo: *allá te las compongas, allá él con su vida.* ‖ **4. el más allá** Lo que sigue a la muerte. ‖ **LOC. no muy allá** *adv.* Con verbos como *andar, estar*, no gozar de buena salud: *No ando muy allá.* Con el verbo *ser*, no muy bueno: *La obra no es muy allá.*

Allahabad C. de la India, en el estado de Uttar Pradesh, a orillas del río Ganges. 616.000 h. en 1981. Ciudad comercial, es un centro de peregrinación del hinduismo que conserva importantes monumentos.

allanamiento *s. m.* **1.** Acción y efecto de allanar o allanarse. ‖ **2. allanamiento de morada** Acción de entrar en un domicilio privado sin consentimiento y por la fuerza. Constituye delito.

allanar *v. tr.* **1.** Poner lisa una superficie. También *v. prnl.* **2.** Quitar o vencer obstáculos o dificultades. **3.** Efectuar un allanamiento de morada. ‖ *v. prnl.* **4.** Conformarse, avenirse.

allegado, da **1.** *p. p.* de **allegar**. También *adj.* ‖ *adj.* **2.** Pariente o amigo. También *s.*

allegar *v. tr.* **1.** Recoger, juntar. **2.** Acercar. ‖ *v. prnl.* **3.** Mostrarse de acuerdo con algo. ▪ Se conjuga como *pagar.*

Allegheny Sistema montañoso de EE UU, situado en el NE del país, en los Apalaches. Tiene una longitud de 800 km y su altura más elevada alcanza los 1.460 m. En él existen importantes yacimientos de hulla.

Allegri, Antonio Véase **Correggio**.

Woody Allen.

Allen, Woody (Nueva York 1935) Actor y director de cine estadounidense. En sus películas reflexiona, en tono de comedia, sobre la vida cotidiana, las relaciones humanas, el amor, la muerte, etc. Entre sus títulos destacan *Bananas* (1971), *El dormilón* (1973), *Annie Hall* (1977), *Interiores* (1978), *Manhattan* (1979), *La rosa púrpura de El Cairo* (1985) y *Hannah y sus hermanas* (1986).

allende *adv. l.* De la parte de allá, al otro lado.

Allende, Ignacio María de (San Miguel el Grande, Guanajuato 1779 - Chihuahua 1811) Militar y patriota mexicano. Destacó en los primeros años del proceso de independencia de su país. Tras diversos enfrentamientos con otros jefes militares fue nombrado generalísimo. Capturado por las tropas realistas, murió ejecutado.

Allende, Salvador (Valparaíso 1908 - Santiago 1973) Político chileno. Militante socialista, fue elegido presidente de la República en 1970, como candidato de Unidad Popular. Impulsó la reforma agraria y nacionalizó la banca, los monopolios industriales y la minería. Fue derrocado y muerto por un golpe militar el 11 de septiembre de 1973.

Allendesalazar, Manuel (Guernica 1856 - Madrid 1923) Político español. Ocupó diversas carteras ministeriales durante el reinado de Alfonso XIII y formó gobierno en dos ocasiones, la última de las cuales coincidió con el desastre de Annual, lo que provocó la caída de su gabinete.

Aller C. de España, en la prov. de Asturias. 20.000 h. en 1988. Posee ganadería vacuna, explotación de hulla y siderurgia.

allí *adv. l.* **1.** Indica un lugar lejano para el que habla y para el que escucha. Con un verbo de movimiento significa 'a aquel lugar': *Voy allí.* Con verbos de reposo equivale a 'en aquel lugar': *Estoy allí.* En correlación con *aquí*, tiene sentido distributivo y generalmente designa un lugar indeterminado: *Todo era destrucción: aquí edificios en ruinas, allí campos arrasados.* ‖ *adv. t.* **2.** Entonces, en aquella ocasión: *Hasta allí todo fue bien.* ‖ **LOC. allí donde** *conj.* En cualquier sitio que: *Allí donde va, alborota.*

Allport, Gordon Willard (Montezuma, Indiana 1897 - Cambridge, Massachusetts 1967) Psicólogo estadounidense. Realizó estudios sobre la personalidad. Su obra más importante es *La personalidad* (1937).

alma *s. f.* **1.** Según numerosas doctrinas y creencias, principio espiritual que juntamente con el cuerpo constituye la esencia del hombre. **2.** P. ext., principio sensible que da vida a los animales y a las plantas. **3.** En ciertas expresiones, dimensión moral y de los sentimientos del hombre, por oposición a la intelectiva. **4.** Individuo, persona. **5.** Persona o cosa que constituye el eje o centro de una actividad, circunstancia, etc. **6.** Ímpetu, energía, pasión. **7.** Hueco de algunas cosas; especialmente, el del cañón de las armas de fuego. **8.** Pieza u objeto que se coloca en el interior de algunas cosas para darles sostén o solidez. **9.** Palito colocado entre las dos tapas del violín, violonchelo e instrumentos similares. ‖ **10. alma de cántaro** Véase **cántaro**. **11. alma de Dios** Persona simple, ingenua. **12. alma en pena** La que aún pena en el purgatorio; también, persona solitaria, de carácter triste y melancólico. ‖ **LOC. caérsele** a uno **el alma a los pies** *fam.* Sufrir una decepción. **como alma que lleva el diablo** *adv. fam.* Con gran velocidad, precipitadamente. Se usa con verbos como *ir* o *salir.* **estar con** (o **tener**) **el alma en un hilo** *fam.* Estar intranquilo por temor a algo. **no poder** alguien **con su alma** *fam.* Estar muy cansado. **partir** una cosa **el alma** causar gran dolor o lástima. **poner el alma** en algo Hacerlo con gran interés.

Fil. En ciertas civilizaciones antiguas, e incluso en algunos pueblos primitivos de nuestros días, existe la creencia en una fuerza que rige la vida y el pensamiento como esencia sutil que abandona el cuerpo en el momento de la muerte, creencia que en Occidente incorporaron a sus sistemas de pensamiento y visión del mundo los filósofos griegos. En el pensamiento cristiano, el alma es un principio sustantivo y espiritual dentro de la unidad esencial del hombre. El concepto filosófico de alma comienza a caer en desuso después de Kant y de la crítica de los filósofos materialistas.

alma mater *loc. lat.* Significa 'madre nutricia' y se usa para referirse a la universidad.

Alma-Ata C. de Kazajstán, cap. de la república. 1.128.000 h. en 1989. Tiene industria mecánica, alimentaria y textil y es centro de una importante actividad cultural, científica y cinematográfica.

almacén *s. m.* **1.** Lugar donde se guardan las mercancías. **2.** Tienda donde se venden, generalmente al por mayor. **3.** *amer.* Tienda de comestibles. ‖ **4. grandes almacenes** Establecimientos comerciales, divididos en secciones, en que se venden artículos muy variados. **FAM.** Almacenista.

almacenaje *s. m.* **1.** Acción y efecto de almacenar. **2.** Derecho que se paga por guardar cosas en un almacén o depósito.

almacenar *v. tr.* **1.** Guardar mercancías en un almacén. **2.** Reunir o acumular cosas. **3.** En inform., introducir y conservar un dato en la memoria de un ordenador. **FAM.** Almacenamiento.

almáciga[1] (de *almástiga*) *s. f.* Resina aromática procedente de cierta variedad de lentisco.

almáciga[2] (del ár. *al-maskaba*, el terreno regado) *s. f.* Semillero.

almácigo *s. m.* Almáciga, resina.

Almadén C. de España, en la prov. de Ciudad Real. 8.920 h. en 1990. Posee minas de cinabrio y de mercurio, que se encuentran en explotación desde el s. IV a. C.

almadía *s. f.* **1.** Balsa construida con tablas o maderos unidos entre sí, que se usa para el transporte fluvial. **2.** Armadía*. **FAM.** Almadiero.

almadraba *s. f.* **1.** Pesca de atunes. **2.** Lugar donde se lleva a cabo. **3.** Cerco de redes utilizado para capturar los atunes.

almadreña *s. f.* Calzado de madera, zueco.

Almafuerte, Pedro Bonifacio Palacios, llamado (San Justo, Buenos Aires 1854 - La Plata 1917) Poeta argentino. Su obra, de inspiración romántica y tema moralista, está compuesta por *Lamentaciones* (1906), *Evangélicas* (1915), *Poesías* (1917), *Amorosas* (1917) y *Nuevas poesías* (1918).

Almagesto Tratado de astronomía escrito por el astrónomo y geógrafo griego Claudio Tolomeo en el s. II d. C. Ejerció un poderoso influjo en la ciencia medieval.

almagre *s. m.* Óxido rojo de hierro, más o menos arcilloso, que se usa en pintura como colorante.

Almagro C. de España, en la prov. de Ciudad Real. 8.446 h. en 1990. Conserva un corral de comedias del s. XVII. Cuenta con importante industria de encajes, así como con fábricas de pegamento, muebles y materiales de construcción.

Almagro, Diego de (Almagro 1475 - Cuzco 1538) Conquistador español. En 1511 fue a América y más tarde tomó parte con Pizarro en la conquista del Perú. Nombrado por Carlos V adelantado de las tierras del sur, exploró el N de Chile. Posteriormente se enfrentó a Pizarro, quien le venció en Cuzco, donde fue hecho prisionero y condenado a muerte.

almanaque *s. m.* Calendario en que se recogen todos los días del año, semanas, meses, datos astronómicos, santoral, etc.

Almansa C. de España, en la prov. de Albacete. 22.550 h. en 1990. Es núcleo agrícola y ganadero. Posee importante industria del calzado, así como de construcciones mecánicas, materiales de construcción, madera y papel.

Almansa, batalla de Librada en 1707 entre las tropas de Felipe V y las del archiduque Carlos, en el curso de la guerra de Sucesión española. La victoria del ejército de Felipe V, mandado por el duque de Berwick, significó la pérdida de Valencia y Aragón para el archiduque.

Almanzor (Torrox, Málaga 940 - Medinaceli 1002) Jefe militar y político hispanomusulmán. Colaboró con Alhakem II y fue nombrado primer ministro de Hixem II (976). Hizo construir el palacio de Medina al-Zahira en las afueras de Córdoba. Gobernó como auténtico soberano de al-Ándalus. En política interior redujo los privilegios de la nobleza, reorganizó el ejército y fomentó el comercio. Organizó expediciones contra los reinos cristianos, y entró victorioso en Barcelona (985), León (988) y Santiago de Compostela (997). Según los cronistas cristianos, fue herido de muerte en la batalla de Calatañazor, cuando volvía de guerrear en La Rioja.

almazara *s. f.* Molino de aceite.

Almeida, António José de (Vale de Vinha 1866 - Lisboa 1929) Político portugués. Combatió la dictadura de João Franco y participó en la caída de la monarquía. Fue elegido jefe de gobierno (1916) y presidente de la república (1919-1923).

Almeida Garrett, João Baptista da Silva Leitão, vizconde de (Oporto 1799 - Lisboa 1854) Escritor y político portugués. Figura del nacionalismo romántico, destacó como novelista, dramaturgo y poeta. Entre sus libros de poesía sobresale *Flores sin fruto* (1845).

almeja *s. f.* Molusco lamelibranquio marino de la familia venéridos, género *Tapes.* La almeja común corresponde a las especies *Tapes decussatus, Tapes virgineus, Tapes aureus, Tapes geographicus* y *Tapes pullastra.* Sus conchas miden entre 3 y 7 cm de diámetro y tienen forma ovalada. Viven en fondos arenosos con piedras, en las costas, y formando bancos. Son apreciadas como alimento.

almena *s. f.* Cada uno de los bloques de piedra, generalmente de forma prismática, situados en la parte superior de una muralla o los muros de las fortalezas.

almendra *s. f.* **1.** Fruto y semilla del almendro. **2.** Semilla de cualquier fruto en drupa.

almendrado, da *adj.* **1.** De forma de almendra. **2.** Se aplica a diversos platos o dulces preparados con almendra. También *s.*

Almendralejo C. de España, en la prov. de Badajoz. 25.485 h. en 1990. Es núcleo agrícola con industrias alimentarias, de alcoholes, vinos, aceite y aceitunas.

almendro *s. m.* Árbol de la familia rosáceas, especie *Prunus dulcis.* Mide entre 6 y 8 m de altura, presenta hojas aserradas y flores blancas o rosadas. Su fruto, la almendra, es ovalado, está cubierto por una piel coriácea y contiene una semilla comestible; son sus principales productores EE UU, España e Italia. El almendro es originario del SO de Asia, pero se cultiva en las regiones templadas de casi todo el mundo.

Almendros, Néstor (Barcelona 1930 - Nueva York 1992) Cineasta cubano de origen español. Director de fotografía de prestigio internacional, ha sido colaborador habitual de Rohmer y Truffaut. En 1978 obtuvo el Oscar a la mejor fotografía por *Días del cielo.*

Almendro (Prunus dulcis).

almendruco *s. m.* **1.** Almendra tierna, con la cubierta exterior todavía verde y el grano a medio cuajar. **2.** Semilla del almendro junto a su cáscara leñosa.

Almería 1. Prov. de España, perteneciente a la comunidad autónoma de Andalucía, situada a orillas del mar Mediterráneo. 8.774 km^2. 451.649 h. en 1991. Su territorio está accidentado por las sierras de las cordilleras Subbética y Penibética, con depresiones entre ambas. Estas depresiones y la llanura litoral constituyen las escasas áreas habitadas de la provincia. Su costa es escarpada en el E y baja y arenosa en el S. Tiene un clima árido y vegetación subtropical en el llano y de pino y encina en las sierras. En los últimos años se lleva a cabo una política de fomento de la agricultura intensiva, los cultivos forzados o agricultura comercial, con técnicas nuevas (invernaderos, riego gota a gota, enarenado) y cultivos tropicales (aguacates, chirimoyas, etc.). En el sector terciario ocupa un lugar destacado el turismo.
2. C. de España, cap. de la prov. homónima. 153.288 h. en 1991. Sus principales actividades son la construcción, el turismo y los servicios. Su puerto ha favorecido el desarrollo industrial, especialmente las producciones metalúrgicas, químicas, de celulosa y alimentarias. Posee aeropuerto internacional.

Almería: vista de la ciudad desde el puerto, con la alcazaba al fondo.

almeriense *adj.* De Almería. También *s.*

almete *s. m.* Pieza de las armaduras que cubría la cabeza.

almez *s. m.* Árbol de la familia ulmáceas, especie *Celtis australis.* Puede alcanzar los 14 m de altura, tiene la copa ancha y presenta hojas lanceoladas y dentadas. Sus flores son verdosas y su fruto, la almeza, es comestible. Su madera se utiliza en ebanistería por su gran dureza.

almeza *s. f.* Fruto del almez. Es una drupa comestible, redondeada, negra por fuera y amarilla en su interior.

almiar *s. m.* Pajar descubierto, formado por un palo largo alrededor del cual se va apretando la paja o el heno.

almíbar *s. m.* **1.** Azúcar disuelto en agua que se cuece hasta que adquiere consistencia de jarabe. **2.** Dulzura o amabilidad excesivas.

almibarar *v. tr.* **1.** Cubrir con almíbar. **2.** Suavizar excesivamente las palabras o el trato, generalmente para conseguir algo de otro. **FAM.** Almibarado.

almicantarat o **almucantarat** *s. f.* Nombre de cada uno de los círculos menores paralelos al horizonte en la esfera celeste.

almidón *s. m.* $(C_6H_{10}O_5)_n$. Macromolécula natural formada por condensación de polisacáridos, abundante en sustancias feculentas como la patata y los cereales. No tiene carácter reductor y, mezclado con yodo, da color azul. Se usa en la industria alimentaria, textil y papelera.

almidonado, da 1. *p. p.* de **almidonar**. También *adj.* ‖ *adj.* **2.** *fam.* Se dice de la persona vestida con excesiva pulcritud, o de modales demasiado rígidos. ‖ *s. m.* **3.** Acción y efecto de almidonar.

almidonar *v. tr.* Mojar la ropa en almidón para que quede tiesa.

alminar *s. m.* Minarete.

Almirall, Valentí (Barcelona 1841 - íd. 1904) Político español. Miembro del Partido Republicano Federal de Pi i Margall y director de los periódicos *El Estado catalán* y *Diari catalá,* en 1882 se separó de los federalistas y creó el partido nacionalista *Centre Catalá,* del que se escindiría la *Lliga de Catalunya.* Es autor de *El catalanismo* (1886).

almirantazgo *s. m.* **1.** Dignidad y jurisdicción del almirante. **2.** Antiguo alto tribunal de la marina. **3.** Ministerio de Marina del Reino Unido hasta 1964.

almirante *s. m.* **1.** Grado militar en la Armada equivalente al de teniente general del Ejército de Tierra. **2.** Antiguamente, el que tenía mando absoluto sobre la Armada. ‖ **3. almirante de Indias** Título honorífico otorgado a Cristóbal Colón.

Almirante Brown C. de Argentina, en la prov. de Buenos Aires. 332.548 h. en 1980. Forma parte del área metropolitana de la capital (Gran Buenos Aires). Cuenta con industria textil.

almirez *s. m.* Mortero de metal o de otro material duro, pequeño y portátil.

almizcle *s. m.* Sustancia grasa de olor muy fuerte, que segregan las glándulas abdominales del almizclero macho y se emplea en la fabricación de perfumes. **FAM.** Almizcleño.

almizclero, ra *adj.* **1.** Relativo al almizcle o de olor parecido. ‖ *s. m.* **2.** Mamífero rumiante de la familia cérvidos, especie *Moschus moschiferus.* Mide unos 50 cm de altura, carece de cuernos y sus extremidades son largas y finas. El almizclero macho segrega una sustancia, el almizcle, que actúa como reclamo sexual. Vive en las regiones montañosas de Asia central y oriental.

Almizra, tratado de Acuerdo entre Jaime I de Aragón y el futuro Alfonso X de Castilla, firmado en 1244, por el que se fijaban los límites de los respectivos reinos en las tierras reconquistadas a los musulmanes.

almocárabe o **almocarbe** *s. m.* Mocarbe*.

Almodóvar, Pedro (Calzada de Calatrava, Ciudad Real 1952) Director de cine español. Entre sus películas sobresalen *Laberinto de pasiones* (1982), *La ley del deseo* (1987), *Mujeres al borde de un ataque de nervios* (1988) y *Tacones lejanos* (1991).

almogávar *s. m.* Soldado mercenario de infantería en la Baja Edad Media al servicio de la corona catalano-aragonesa. Los almogávares participaron en la conquista de Mallorca y Valencia durante el reinado de Jaime I, en la de Sicilia (1282) y en la expedición de Roger de Flor en defensa del imperio bizantino, en la que conquistaron los ducados de Atenas y Neopatria.

almohada *s. f.* Especie de cojín, generalmente alargado, que sirve para apoyar la cabeza y suele usarse en la cama. ‖ **LOC. consultar** algo **con la almohada** *fam.* Reflexionar sobre un asunto antes de tomar una decisión.

almohade *adj.* **1.** Se dice de un movimiento político y religioso musulmán que fue fundado por el caudillo africano Ibn Tumart a principios del s. XII y que llegó a constituir una dinastía y un imperio, destronando a los almorávides. En 1146 los almohades pasaron a España y, tras un periodo de luchas con los reinos de taifas, consiguieron unificar el territorio. Su decadencia comenzó tras la derrota de las Navas de Tolosa (1212). **2.** De este grupo e imperio musulmán. También *s.*

almohadilla *s. f.* **1.** Pequeño cojín empleado para coser o planchar sobre él. **2.** Objeto parecido en el que se clavan agujas o alfileres. **3.** Cojincillo que utiliza el público para sentarse en ciertos locales o espectáculos. **4.** Parte del sillar que sobresale, con las aristas en chaflán o redondeadas.

almohadillado, da 1. *p. p.* de **almohadillar**. También *adj.* ‖ *adj.* **2.** En forma de almohadilla o con almohadillas. También *s. m.*

almohadillar *v. tr.* **1.** Acolchar, rellenar algo con lana, algodón, gomaespuma, etc. **2.** En arq., labrar los sillares a fin de que tengan almohadilla.

almohadón *s. m.* **1.** Cojín grande, utilizado para apoyar la espalda, sentarse sobre él, etc. **2.** Pieza de los juegos de cama en la que se introduce la almohada.

almóndiga *s. f.* Albóndiga*.

almoneda *s. f.* **1.** Venta pública de mercancías u objetos realizada mediante subasta. **2.** P. ext., venta de géneros, normalmente objetos antiguos o usados, a bajo precio. **3.** Establecimiento donde se realiza esta venta.

Almonte C. de España, en la prov. de Huelva. 16.484 h. en 1990. En su término municipal se encuentra la ermita del Rocío y parte del coto de Doñana.

almorávide *adj.* **1.** Se dice de un movimiento político y religioso musulmán, fundado a principios del s. XI por Ibn Yasin entre las tribus bereberes del Sáhara. Su sucesor, Yusuf ibn Tasfin, después de conquistar un vasto imperio en África, fue llamado a España para recuperar Toledo y, tras varias batallas, se apoderó de al-Ándalus, que en el año 1090 pasó a formar parte de su imperio. Éste fue sometido por los almohades en 1147. También *s.* **2.** Perteneciente o relativo a este grupo e imperio musulmán.

almorrana *s. f. fam.* Hemorroide*.

almorta *s. f.* Nombre común de dos especies de plantas herbáceas de la familia papilionáceas, especies *Lathyrus sativus* y *Lathyrus cicera.* Tienen hojas lanceoladas con zarcillo, flores blancas o moradas y semillas en forma de muela. Se utilizan como forraje y para elaborar harina. Esta harina es peligrosa, pues su ingestión continuada puede producir la enfermedad llamada *latirismo*, que provoca parálisis espinal espasmódica. Ambas especies son nativas de la península Ibérica.

almorzar *v. tr.* Comer algo como almuerzo. También *v. intr.* ■ Es v. irreg. Se conjuga como *forzar.*

almuecín o **almuédano** *s. m.* Persona que desde el alminar llama a los fieles musulmanes a la oración.

almuerzo *s. m.* **1.** Comida que se toma a media mañana. **2.** Comida del mediodía. **3.** Acción de almorzar.

Almuñécar C. de España, en la prov. de Granada, situada en la costa mediterránea al SO de la capital. 17.600 h. en 1986. Posee agricultura, ganadería y es centro turístico. Antigua Sexi fundada por los fenicios, floreció en el s. VII a. C.

alocado, da *adj.* **1.** Que tiene cosas de loco o lo parece. **2.** Precipitado e irreflexivo, o que carece de juicio. **FAM.** Alocadamente.

alóctono, na *adj.* **1.** Originado en otro lugar. **2.** En geog., se dice de un tipo de formación que no se halla emplazada en el lugar donde se originó, al haber sido transportada por algún agente geológico.

alocución *s. f.* Discurso breve que un superior o autoridad pronuncia con ocasión de algún acontecimiento especial.

áloe *s. m.* Nombre común de diversas plantas arbustivas de la familia liliáceas, género *Aloe.* Tienen hojas gruesas agrupadas en roseta en la parte baja del tallo, que es alto y desnudo y termina en un racimo de flores rojas o amarillas. Algunas especies se cultivan como ornamento; de otras se extrae un jugo que se emplea en cosmética y en medicina, como el áloe de El Cabo y de Barbados. Son originarias de África.

alófono *s. m.* En fonol., cada una de las variantes en la pronunciación de los fonemas, por la acción de los sonidos que los rodean.

aloja *s. f. amer.* Nombre que reciben diversas bebidas, particularmente una, alcohólica, elaborada con algarroba fermentada.

alojamiento *s. m.* **1.** Acción y efecto de alojar o alojarse. **2.** Lugar en que uno se aloja.

alojar *v. tr.* **1.** Procurar a alguien habitación u otro lugar donde vivir o instalarse. También *v. prnl.* **2.** Introducir una cosa dentro de otra. También *v. prnl.* **3.** Contener, tener dentro. ‖ *v. prnl.* **4.** Residir temporalmente en un hotel, una habitación, etc.

Alomar, Gabriel (Palma de Mallorca 1873 - El Cairo 1941) Político y escritor español. Destacado representante del nacionalismo catalán, fue miembro fundador del Partido Republicano Catalán (1917) y la Unión Socialista de Cataluña (1923), que llegó a presidir. Como poeta fue uno de los iniciadores del modernismo; su poesía está contenida en *La columna de fuego* (1911). Escribió también importantes obras en prosa, como *El futurismo* (1905) y *Catalanismo socialista* (1910).

alomorfo *s. m.* Cada una de las variantes de un morfema para una misma función: p. ej., los morfemas *s* y *es* para expresar el plural de sustantivos y adjetivos: *libros*; *árboles.*

alón *s. m.* Ala de ave a la que se han quitado las plumas.

Alondra común (Alauda arvensis).

alondra *s. f.* Nombre común de diversas aves paseriformes de la familia aláudidos. La alondra común *(Alauda arvensis)* mide unos 18 cm de longitud, tiene el dorso pardo y el vientre blanco, el pico cónico y el dedo posterior provisto de una uña muy larga. Las alondras están extendidas por todo el mundo. Anidan en el suelo, en un agujero que ellas mismas cavan.

Alonso, Alicia (La Habana 1920) Bailarina y coreógrafa cubana. Fundó la Escuela Nacional de Ballet de Cuba y el Ballet Nacional Cubano (1962).

Alonso, Amado (Lerín, Navarra 1896 - Arlington, Massachusetts 1952) Crítico literario y lingüista argentino, de origen español. Director del Instituto de Filología de Buenos Aires y de la *Revista de Filología Hispánica*, escribió, entre otras obras, *Problemas de dialectología hispanoamericana* (1930), *Poesía y estilo de Pablo Neruda* (1940), *El castellano, idioma nacional* (1943) y *De la pronunciación medieval a la moderna en español* (1955).

Alonso, Dámaso (Madrid 1898 - íd. 1990) Escritor español. Catedrático de filología en la Universidad Central, en 1948 fue elegido miembro de la Real Academia Española de la Lengua, de la que fue presidente (1969-82), y en 1959 de la de Historia. La aparición en 1944 de su libro de poemas *Hijos de la ira* significó una ruptura con la poesía formalista de la posguerra y una nueva preocupación por los problemas existenciales del hombre. También innovadores, con influencias de James Joyce, son sus poemas *Oscura noticia* (1944) y *Hombre y Dios* (1956). Sus estudios de estilística, como *La poesía de San Juan de la Cruz* (1942), *Ensayo de poesía española* (1945), *La lengua poética de Góngora* (1950) y *Estudios y ensayos gongorinos* (1955), han influido decisivamente en la orientación actual de la crítica literaria en España.

Dámaso Alonso.

alopatía *s. f.* Método terapéutico en el que se utilizan remedios que producen los efectos contrarios a los síntomas de la enfermedad que se desea eliminar. **FAM.** Alópata, alopático.

alopecia *s. f.* Pérdida total o parcial del pelo, que puede ser transitoria o permanente.

alotropía *s. f.* Característica de algunos elementos que aparecen en más de una forma, con distintas propiedades dependiendo de su diferente estructura o número de átomos, como p. ej., el carbono, que se presenta como grafito y como diamante. **FAM.** Alotrópico.

alótropo *s. m.* Cada una de las formas en que aparece un elemento que presenta alotropía.

alpaca[1] (del aimará *allpaca*, o del quechua *paco*) *s. f.* **1.** Mamífero rumiante artiodáctilo de la familia camélidos, especie *Lama pacos.* Es parecida a la llama, pero más pequeña, de pelaje rojizo, vive en América del Sur y está domesticada; se utiliza como animal de carga y para aprovechar su pelo. **2.** Pelo largo, brillante y suave que se obtiene de este animal. **3.** Paño fabricado con este pelo. **4.** Tejido de algodón brillante.

Alpaca (Lama pacos).

alpaca[2] (de su inventor *Aladar Pacz*) *s. f.* Aleación de níquel, cinc y cobre, de color plata, muy usada en orfebrería y cubertería.

alpargata *s. f.* **1.** Calzado de cáñamo o esparto en forma de sandalia. **2.** Calzado ligero, de lona u otros materiales, con suela de cáñamo, esparto o goma, y a veces con cintas. **FAM.** Alpargatería, alpargatero.

Los Alpes: el pueblo de Engandin, en Suiza.

Alpes Sistema montañoso de Europa, que forma un arco de cerca de 1.500 km desde el golfo de Génova hasta Eslovenia, con una superficie aproximada de 230.000 km^2 y una altitud media de 1.300 m.

El sistema se divide en tres áreas principales: la occidental, la central y la oriental. Los Alpes occidentales recorren de N a S la frontera franco-italiana y en ellos se halla el pico más alto de toda la cordillera, el Mont Blanc (4.810 m). Los Alpes centrales se extienden de O a E a través de Suiza. Sus montes más altos son el Finsteraarhorn (4.274 m) y el Jungfrau (4.158 m) en la vertiente septentrional y el Matterhorn o Cervino (4.478 m) y el monte Rosa (4.633 m) en la meridional. Los Alpes orientales atraviesan el S de Alemania, Austria y el NE de Italia hasta Eslovenia. En esta área se encuentran el Wildspitze (3.774 m) y el Gross Glockner (3.797 m).

La formación definitiva de los Alpes se realizó en la era terciaria y están compuestos principalmente de caliza y pizarra. Poseen un enorme potencial hidráulico. Algunos de los principales ríos europeos, como el Po, el Rhin y el Ródano, nacen en los Alpes, que cuentan también con gran cantidad de lagos y glaciares. Existen en ellos numerosos pasos: Tende, Agnello, Cenis, Pequeño y Gran San Bernardo, San Gotardo. Es una importante zona turística.

Alpes Australianos Cordillera del SE de Australia. Su pico más elevado es el Kosciusko (2.228 m).

Alpes Dináricos Véase **Dináricos**.

álpides *adj.* Se aplica al conjunto de los sistemas montañosos formados en la era terciaria, compuesto en Europa por los Alpes, los Cárpatos, los Apeninos, los Pirineos, los Alpes Dináricos, los montes Helénicos y la cordillera Penibética; en Asia, por el Himalaya; en América por los Andes y las Rocosas; y en África, por la cordillera del Atlas.

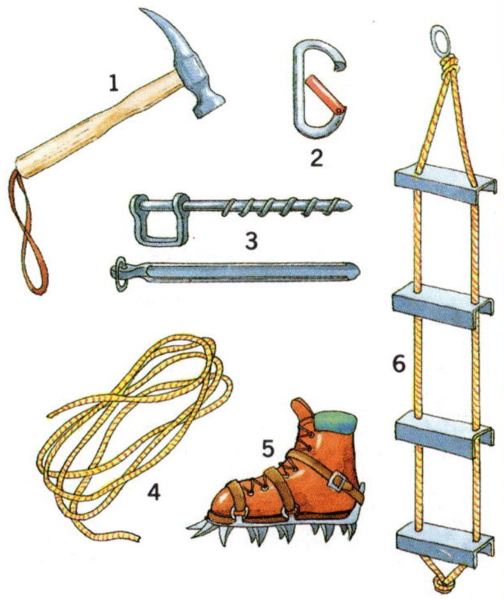

Equipo básico para la práctica del alpinismo: 1. Martillo-piolet. 2. Mosquetón. 3. Clavos. 4. Cuerda. 5. Bota. 6. Estribo.

alpinismo *s. m.* Deporte que consiste en la ascensión a las cumbres de altas montañas. **Fam.** Alpinista.

Dep. En alpinismo existen dos clases de escalada: la libre y la artificial. En la primera se aprovechan los accidentes naturales de la roca. En la escalada artificial, el alpinista utiliza el piolet, clavijas con anillas por las que pasan las cuerdas y otros aparatos. Algunas fechas históricas del alpinismo son 1786, año en que Paccard y Balmat lograron alcanzar la cumbre del Mont Blanc (4.810 m); 1865, en que Whymper coronó el Cervino (4.478 m); 1872, 1880 y 1897, en que se escalaron, respectivamente, el Cotopaxi (5.897 m), el Chimborazo (6.272 m) y el Aconcagua (6.959 m); y 1953, en que fue conquistado el monte más alto del mundo, el Everest (8.848 m), por el neozelandés Edmund Hillary y el sherpa nepalí Tensing.

alpino, na *adj.* **1.** Perteneciente o relativo a los Alpes o a regiones similares de alta montaña. || **2. plegamiento alpino** Conjunto de movimientos orogénicos de la era terciaria que formaron los grandes sistemas montañosos más recientes, como los Alpes, los Andes, el Himalaya o las Montañas Rocosas.

alpiste *s. m.* **1.** Planta herbácea de la familia gramíneas, especie *Phalaris canariensis.* Alcanza de 20 a 50 cm de altura y su tallo termina en una espiga de semillas pequeñas. Esta planta se utiliza como forraje y su semilla como alimento para pájaros. Es originaria de la región mediterránea y está muy difundida en otras partes. **2.** Semilla de esta planta.

Alpujarras, Las Comarca de España, en la comunidad autónoma de Andalucía, entre las provincias de Granada y Almería. 1.881 km². Tiene un relieve muy accidentado formado por una depresión de la cordillera Penibética. Se dice también *La Alpujarra.*

Alpujarras, sublevaciones de Las Rebeliones de la población morisca contra la política de asimilación iniciada por las autoridades castellanas. Entre 1500 y 1571 se produjeron dos levantamientos importantes en lo que fue el antiguo reino de Granada; en ambas ocasiones, el centro de la insurrección fueron Las Alpujarras. La primera sublevación fue fácilmente sofocada, pero entre los años 1568 y 1570 se produjo una segunda sublevación de mayor envergadura. Aplastado el levantamiento por Juan de Austria, se decretó la dispersión de los moriscos granadinos por el resto de la Península.

alqueno *s. m.* Hidrocarburo en cuya molécula existen uno o más dobles enlaces. También denominados *olefinas,* dan preferentemente reacciones de adición, ya que, por tener doble enlace, pueden introducirse nuevos elementos sin necesidad de que en la molécula sea sustituido ningún otro.

alquería *s. f.* **1.** Casa de labranza o granja alejada de un poblado. **2.** Conjunto de casas de campo.

alquilar *v. tr.* **1.** Dar o tomar una cosa para usarla por un tiempo determinado a cambio de una cierta cantidad de dinero. || *v. prnl.* **2.** Con valor reflex., vender alguien sus servicios.

alquiler *s. m.* **1.** Acción y efecto de alquilar. **2.** Precio en el que se alquila una cosa.

alquimia *s. f.* Conjunto de antiguas doctrinas y experimentos sobre las propiedades y cambios de la materia, con que se pretendía especialmente encontrar la piedra filosofal, capaz de convertir todos los metales en oro. **Fam.** Alquimista.

Hist. La alquimia nació en el s. I en el oriente helenístico como una doctrina cerrada y oculta (esoterismo) que utilizaba un lenguaje hermético, sólo comprensible para iniciados. Su finalidad principal era la de transformar los metales en oro, por lo que centraba sus esfuerzos en descubrir la fórmula que hiciera posible ese tránsito. También trataba de encontrar el elixir de la inmortalidad. En su intento, los alquimistas descubrieron procesos como la destilación y la sublimación y aparatos como el alambique, que tan importantes resultaron para la ciencia química. En el s. XVI, la alquimia y las ciencias de la naturaleza empezaron a separarse; las segundas moderaron sus objetivos y optaron por basar sus teorías en los resultados experimentales, mientras que la primera acentuó sus rasgos mágicos, hasta desaparecer en el s. XIX.

alquino *s. m.* $C_n H_{2n-2}$. Hidrocarburo en cuya molécula aparecen uno o más triples enlaces. Vulgarmente se denomina *acetilénico,* por ser el etino o acetileno el primero de la serie. Como en los alquenos, se dan en los alquinos reacciones de adición.

alquitara *s. f.* Alambique*.

alquitarar *v. tr.* Alambicar*.

alquitrán *s. m.* Residuo negro de consistencia viscosa que se obtiene en la destilación de la hulla, madera y aceites pesados. Se usa como capa impermeabilizante en la pavimentación de calles y carreteras, calafateo de buques, revestimiento de tuberías, así como en la industria de explosivos, en la farmacéutica, etc. **Fam.** Alquitranado, alquitranar.

alrededor *adv. l.* **1.** Rodeando o en torno a una persona o cosa: *La casa tiene un jardín alrededor.* || *adv. m.* **2.** Aproximadamente, más o menos: *Tiene alrededor de cuarenta años.* || *s. m. pl.* **3.** Barrios alejados del centro de una población o lugares cercanos a un sitio.

Alsacia (*Alsace*) Región de Francia, en el NE del país, entre el Rhin y los Vosgos. 8.280 km². 1.613.900 h. en 1988. La capital es Estrasburgo, con 247.050 h. en 1982 y 613.400 h. en su aglomeración urbana. Incluye los departamentos del Alto y Bajo Rhin. Incorporada a Francia por el tratado de Westfalia (1648), formó parte de Alemania entre 1870-1918 y 1940-44.

alsaciano, na *adj.* **1.** De Alsacia. También *s.* || *s. m.* **2.** Dialecto alemán hablado en esta región.

alta *s. f.* **1.** Ingreso en un cuerpo, profesión, asociación, etc. **2.** Comunicación que recibe el enfermo de que está curado y puede abandonar un centro hospitalario o incorporarse a su trabajo, y documento en que consta esta comunicación. || **3. alta fiscal** Comunicación presentada a Hacienda por un contribuyente sobre cualquier actividad sujeta a impuesto. También, licencia para ejercer esa actividad. || **Loc. causar alta** Ingresar en alguna organización o cuerpo, especialmente en el Ejército. **dar de alta** Realizar la inscripción de alguien o algo en un registro. También, dar la comunicación de alta a un enfermo. **dar(se) de alta** Hacer lo necesario para pasar a formar parte de los que ejercen una profesión u oficio reglamentados. **ser alta** Causar alta.

Alta Normandía (*Haute-Normandie*) Región de Francia, en el NO del país. 12.317 km². 1.710.500 h. en 1989. La capital es Ruán, con 101.950 h. en 1982 y 596.500 h. en su aglomeración urbana. Comprende los departamentos de Eure y Seine-Maritime. Cuenta con industria metalúrgica y de construcciones navales y aeronáuticas.

Altai **1.** Cordillera de Asia central, que se extiende desde el S de Siberia hasta el desierto de Gobi. Su máxima altitud es el pico Beluja, de 4.506 m. En ella existen yacimientos de plomo, cinc y hierro.
2. Territorio autónomo de la Federación Rusa, al N de los montes Altai. 261.700 km². 2.822.000 h. en 1989. La capital es Barnaul, con 602.000 h. en 1989. Es una región agrícola.

altaico, ca *adj.* **1.** Se dice de un grupo étnico de la cordillera de Altai. **2.** De esta etnia. También *s.* **3.** Se dice de un grupo de lenguas habladas en dicha región. También *s. m.*

Altair Estrella alfa de la constelación del Águila.

altamente *adv. m.* Muy, en alto grado.

Altamira, cueva de Yacimiento prehistórico cerca de Santillana del Mar, Cantabria, en el que fue descubierto en 1879 un importante conjunto de pinturas rupestres del paleolítico superior, periodos solutrense y magdaleniense.

Altamira, Rafael (Alicante 1866 - México 1951) Historiador y jurista español. Fue profesor de la Institución Libre de Enseñanza, miembro del tribunal de La Haya (1920) y catedrático de la universidad de Madrid (1941). Es autor de *Historia de España y de la civilización española* (1901) e *Historia del derecho español* (1903).

Altamirano, Ignacio Manuel (Tixtla 1834 - San Remo, Italia 1893) Literato y político mexicano. Es autor de novelas de tema y estilo romántico, como *Clemencia* (1869), *La Navidad en las montañas* (1870) y *El Zarco* (1901).

altanería *s. f.* Altivez, soberbia.

altanero, ra *adj.* Altivo, soberbio.

altar *s. m.* **1.** Piedra donde se ofrecen sacrificios a la divinidad. **2.** Mesa sobre la que el sacerdote celebra el sacrificio de la misa.

Bisonte de la cueva de Altamira, cerca de Santillana del Mar, en Cantabria (España).

Altar **1.** Volcán extinguido situado en Ecuador. 5.319 m.
2. Nombre de una constelación situada en el hemisferio austral del firmamento.

altavoz *s. m.* Aparato que transforma las oscilaciones eléctricas en ondas sonoras y eleva la intensidad del sonido.
Tecnol. El altavoz consta de un imán permanente alrededor del cual se enrolla una bobina de hilo conductor eléctrico, que a su vez está sujeta a un diafragma cónico o membrana de cartón u otra sustancia rígida. Cuando se aplica a la bobina una corriente oscilante, su interacción electromagnética con el imán comunica movimiento a la membrana, cuyas vibraciones generan ondas sonoras.

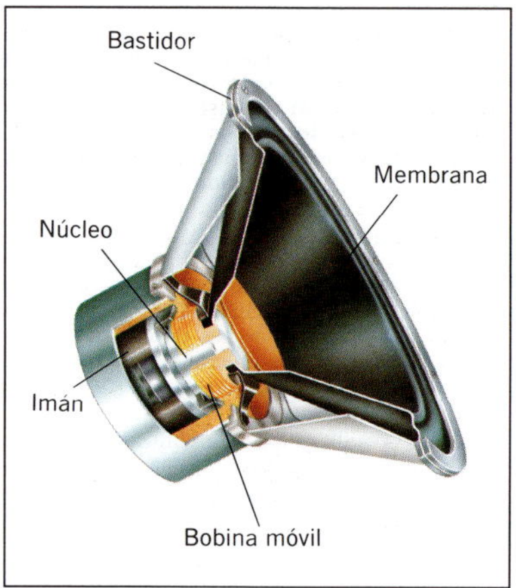

Principales elementos de un altavoz.

Altdorfer, Albrecht (¿Ratisbona? h. 1480 - íd. 1538) Pintor, grabador y arquitecto alemán. Fue una de las figuras más representativas de la escuela del Danubio. Su actividad artística se desarrolló fundamentalmente en el campo de la pintura, en la que destaca el paisaje puro, del que se excluye cualquier otro elemento temático como en *Vista del Danubio cerca de Ratisbona* (1520) o en la *Leyenda de San Florián* (1520).

alter ego *loc. lat.* Significa literalmente 'otro yo' y designa a una persona de confianza o muy identificada con otra.

alteración *s. f.* **1.** Acción y efecto de alterar o alterarse. **2.** En mús., modificación de la altura de una nota, bajando o subiendo medio tono respecto a su afinación normal. También, signo que indica este cambio (bemol, sostenido y becuadro).

alterar *v. tr.* **1.** Cambiar la forma, contenido, orden, etc., de una cosa. También *v. prnl.* **2.** Trastornar, perturbar. También *v. prnl.* **3.** Alarmar, inquietar. También *v. prnl.* **4.** Irritar, enfurecer. También *v. prnl.* **5.** Estropear, dañar, descomponer. También *v. prnl.* **FAM.** Alterable, alterador.

altercado *s. m.* Disputa acalorada y violenta.

altercar *v. intr.* Disputar, reñir. ■ Se conjuga como *sacar.*

alternador *s. m.* Generador eléctrico que produce corriente alterna.
Fís. El alternador consta de un inductor, que produce un campo magnético, y un inducido, o conjunto de bobinas, donde se genera la corriente. Uno de ellos es fijo (el estator) y el otro móvil (el rotor). La corriente se extrae mediante dos o más colectores, pudiendo obtenerse simultáneamente varias corrientes desfasadas entre sí (alternador polifásico) o una sola (monofásico). Los más frecuentes son los trifásicos.

alternancia *s. f.* **1.** Acción y efecto de alternar o alternarse. ‖ **2. alternancia generacional** Fenómeno que se da en especies de seres vivos que presentan dos formas vitales diferentes, las cuales van alternándose en generaciones sucesivas. Normalmente, una de las dos generaciones se reproduce por métodos sexuales, mientras que la otra lo hace por métodos asexuales. Muchas plantas (como los helechos) y algunos invertebrados (como algunos insectos) presentan alternancia generacional.

alternar *v. tr.* **1.** Repetir sucesivamente cosas diferentes, cada cierto tiempo o cada cierto espacio. También *v. intr.* y *v. prnl.* ‖ *v. intr.* **2.** Relacionarse, tener trato con la gente. **3.** Sucederse por turno. También *v. prnl.* **4.** En ciertos bares o locales públicos, tratar con los clientes mujeres contratadas para estimularles a hacer gasto. **FAM.** Alternación, alternante.

alternativo, va *adj.* **1.** Que se hace, dice o sucede alternándose. **2.** Que se presenta o se ofrece como otra posibilidad o en oposición a lo ya establecido o convencional. ‖ *s. f.* **3.** Posibilidad o necesidad de elegir, entre dos o más cosas o acciones. **4.** Cada una de las cosas o acciones entre las que se elige. **5.** Acción de alternar o sucederse unas cosas a otras. Se usa más en *pl.* **6.** Opción de cambio o sustitución. **7.** Ceremonia en la que un torero faculta a un novillero para ser matador de toros. **FAM.** Alternativamente.

alterne *s. m.* Acción de alternar o relacionarse con gente; particularmente, actividad en que empleadas de ciertos bares o locales públicos incitan a los clientes a consumir.

alterno, na *adj.* **1.** Que se alternan. **2.** Referido a horas, días u otro espacio de tiempo, uno sí y otro no sucesivamente. **3.** En bot., se dice de las hojas u otros órganos situados a ambos lados del tallo, de forma que no coinciden uno enfrente de otro. ‖ **4. corriente alterna** Véase **corriente**.

alteza *s. f.* **1.** Tratamiento que se da a los hijos de reyes o a las personas que tienen el título de príncipe. **2.** Elevación, grandeza o excelencia en sentido moral.

Althusser, Louis (Birmandreis, Argelia 1918 - Yvelines 1990) Filósofo francés. Está considerado como uno de los renovadores del pensamiento marxista. Entre sus obras destacan *Para leer El Capital* (1965), en colaboración con Etienne Balibar, *La revolución teórica de Marx* (1966) y *Respuesta a John Lewis* (1973).

altibajo *s. m.* **1.** Desigualdad de un terreno. **2.** Cambio brusco. **3.** Sucesión de acontecimientos buenos y malos, prósperos o desventurados. ■ En todas las acepciones se usa más en *pl.*

altillo *s. m.* **1.** En las viviendas, maletero sobre un armario o hueco de un falso techo destinado para guardar cosas. **2.** Habitación, generalmente aislada, en la parte superior de una casa. **3.** Construcción en alto sobre vigas o pilares, que se utiliza para oficina o depósito del local, taller o almacén en que aquélla se encuentra.

altimetría *s. f.* Parte de la topografía que se ocupa de la medición de alturas.

altímetro *s. m.* **1.** Instrumento utilizado para medir la altura de vuelo de un vehículo aéreo. **2.** En topografía, aparato para medir alturas.
Tecnol. Los altímetros son, en general, barómetros modificados que miden la altura sobre el nivel del mar. Su funcionamiento se basa en el principio de que la presión del aire disminuye con la altitud. Los altímetros de radar calculan la altura respecto al suelo midiendo el tiempo que tarda una señal de radar en reflejarse y volver al aeroplano.

altipampa *s. f. Arg., Bol., Chile, Perú.* Altiplanicie.

altiplanicie *s. f.* Meseta de gran altura y extensión.

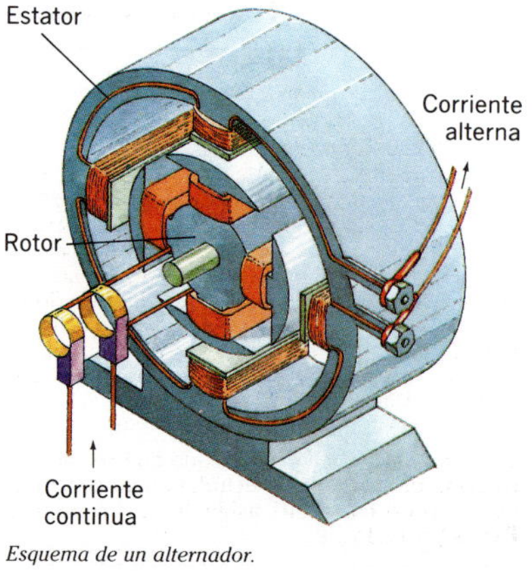

Esquema de un alternador.

Altiplanicie mexicana Región fisiográfica de México, situada entre la Sierra Madre Occidental y la Central, que comprende un conjunto de tierras altas en las que alternan fértiles valles y formaciones montañosas.

altiplano *s. m.* Altiplanicie.

Altiplano andino Extensa meseta situada entre las ramas oriental y occidental de los Andes y que ocupa principalmente territorio boliviano, pero extendiéndose también por Chile, Perú y Argentina. Su altitud media es de 3.400 m. En ella se encuentran los lagos Titicaca y Poopó. Posee gran riqueza minera en el E, donde hay importantes núcleos de población, como La Paz, Sucre y Cochabamba.

altísimo, ma *adj.* **1.** *sup.* de **alto.** ‖ *s. m.* **2.** Dios. ■ En esta acepción va precedido por el artículo *el* y se escribe con mayúscula.

altisonante *adj.* **1.** Aplicado al lenguaje o las palabras, muy sonoro o solemne. **2.** P. ext., se aplica al estilo artístico exagerado, afectado.

altitud *s. f.* Altura de un punto con relación al nivel del mar.

altivez *s. f.* Orgullo, engreimiento.

altivo, va *adj.* Engreído, orgulloso. **FAM.** Altivamente.

Altman, Robert (Kansas City 1925) Realizador de cine estadounidense. En 1970 obtuvo un gran éxito con *M.A.S.H.*, película satírica sobre la guerra de Corea. Después dirigió *Imágenes* (1972), *El largo adiós* (1973), *Nashville* (1975), *Tres mujeres* (1977) y *Locos de amor* (1986), entre otros filmes.

alto, ta *adj.* **1.** De altura o estatura considerable. **2.** Situado a mucha distancia del suelo u otra superficie. **3.** Erguido, levantado. **4.** Se dice de la parte superior de una cosa. **5.** Situado en zona montañosa o de mayor altitud. **6.** Se aplica a lo que está más cercano a su nacimiento o principio. **7.** Aplicado a precios, sumas de dinero y cantidades en general, muy grande o cuantioso. **8.** Aplicado a sonidos o ruidos, fuerte, intenso. **9.** Se dice del sonido agudo. **10.** Superior en importancia, calidad, gravedad, etc. **11.** Referido a periodos históricos, lenguas, etc., el más antiguo. **12.** Se dice de las temporadas con mayor turismo. ‖ *s. m.* **13.** Altura. **14.** Sitio elevado, colina. ‖ *adv. l.* **15.** En lugar o parte superior: *Ponlo alto para que no lo alcancen.* ‖ *adv. m.* **16.** Con voz potente: *hablar alto.* ‖ **LOC. pasar por alto** Omitir, callar; también, no tener algo en consideración. **por todo lo alto** *adv. fam.* Muy bien, a lo grande, con esplendidez.

alto *s. m.* **1.** Detención, parada o suspensión de una actividad. **2.** Voz con que se ordena a alguien que se detenga o deje de hacer o decir algo. ■ A veces se utiliza como *interj.*

Alto Paraguay Departamento de Paraguay, en el N del país. 45.982 km². 11.000 h. en 1989. La capital es Fuerte Olimpo, con 1.850 h. en 1982. Las principales actividades económicas son la explotación forestal y la ganadería (bovina, ovina y equina).

Alto Paraná Departamento de Paraguay, en el E del país. 14.895 km². 255.000 h. en 1985. La capital es Ciudad del Este, con 64.000 h. en 1985. La industria conservera (palmito) y los recursos hidroeléctricos son la base de su economía.

Alto Volta Antiguo nombre de Burkina Faso.

Altolaguirre, Manuel (Málaga 1905 - Burgos 1959) Poeta español. Miembro de la generación del 27, editó e imprimió revistas literarias tan importantes como *Litoral* (1926) y *Caballo verde para la poesía* (1935). Entre su obra poética destacan *Las islas invitadas y otros poemas* (1926), *Soledades juntas* (1931) y *Fin de un amor* (1946).

altoparlante *s. m. amer.* Altavoz.

altorrelieve *s. m.* Escultura en relieve en la que las figuras y la ornamentación sobresalen del plano del fondo más de la mitad de su bulto.

altozano *s. m.* Cerro o monte de escasa altura situado en terreno llano.

altramuz *s. m.* **1.** Nombre común de diversas plantas herbáceas de la familia papilionáceas, género *Lupinus.* El altramuz silvestre (*Lupinus luteus*), mide entre 15 y 70 cm de altura, se caracteriza por sus hojas en forma de palma y por sus racimos o espigas de flores de color amarillo. Abunda en la Europa mediterránea y Norteamérica. Sus semillas son comestibles. **2.** Semilla de esta planta.

altruismo *s. m.* Actitud del que procura el bien de los demás, aun a costa del propio, por razones exclusivamente humanitarias. **Fam.** Altruista.

altura *s. f.* **1.** Medida de alguien o algo desde el suelo hasta su parte más elevada. **2.** Altitud. **3.** Calidad, mérito o valor. **4.** Punto, nivel o grado en que está o al que llega alguien o algo. **5.** Región del espacio muy elevada con relación a la Tierra. **6.** Cumbre de los montes o parajes altos de los campos. **7.** En acústica, tono. **8.** En geom., perpendicular trazada desde un punto determinado situado en el vértice o lado opuesto a la base de una figura geométrica, hasta el plano que contiene la base. **9.** En astron., arco vertical que mide la distancia entre un astro y el horizonte. ‖ *pl.* **10.** El cielo, el paraíso. **11.** Jefatura, dirección. ‖ **12. altura de polo** Arco de meridiano comprendido entre el horizonte del punto de observación y el polo de su hemisferio, por el que se conoce la latitud geográfica de un lugar. ‖ **Loc. a estas alturas** *adv.* En este tiempo, en esta ocasión. **quedar** uno **a la altura del betún** Quedar mal.

alubia *s. f.* **1.** Planta herbácea de la familia papilionáceas, especie *Phaseolus vulgaris.* Tiene hojas alternas trifoliadas con zarcillos, flores blancas, amarillas o purpúreas y semilla dura encerrada en una vaina. Se cultiva en todo el mundo para aprovechar sus semillas como alimento. Existen numerosas variedades. **2.** Semilla de esta planta.

Dos fases de la germinación de una alubia.

alucinación *s. f.* Percepción ilusoria en la que el sujeto cree ver, oír o sentir cosas que en realidad no existen.

Med. Según el sentido al que afecten, se distinguen alucinaciones ópticas, acústicas, olfativas y táctiles. Cuando la alucinación es constante se produce un estado de delirio. La alucinación puede ser resultado de una fiebre muy alta, de ciertas enfermedades mentales, del alcoholismo, de la hipnosis o de la acción de drogas alucinógenas, como el LSD (dietilamida del ácido lisérgico) y la heroína, la morfina y otros derivados del opio.

Altorrelieve: David y Goliat *(detalle de la* Puerta del Paraíso, *obra en bronce de Lorenzo Ghiberti, en el baptisterio de Florencia).*

alucinar *v. tr.* **1.** Producir alucinaciones. También *v. intr.* **2.** *fam.* Impresionar, entusiasmar. También *v. intr.* ‖ *v. intr.* **3.** *fam.* Quedarse pasmado o fascinado. **Fam.** Alucinante, alucine.

alucinógeno, na *adj.* Se dice de la sustancia que produce alucinaciones. También *s. m.*

alud *s. m.* **1.** Gran masa de nieve que resbala de los montes y cae con estrépito. **2.** Lo que se acumula, agolpa, viene, etc., con ímpetu o en gran cantidad.

aludir *v. intr.* **1.** Referirse a personas o cosas sin nombrarlas expresamente. **2.** Mencionar a alguien o algo de pasada.

alumbrado, da **1.** *p. p.* de **alumbrar**. También *adj.* ‖ *s. m.* **2.** Conjunto de luces que alumbran un lugar. ‖ *s. m.* y *f.* **3.** En la España de los s. XVI y XVII, miembro de ciertos grupos espirituales que insistían en la iluminación divina individual, al tiempo que prescindían de la religión institucionalizada. Fueron condenados por herejes. Recibían también el nombre de *iluminados.*

Tecnol. Hasta principios del s. XIX el alumbrado de casas y lugares públicos se realizó mediante la combustión de sebos, aceites, ceras, etc. El sistema de alumbrado público por gas distribuido mediante redes se utilizó por primera vez en Londres (1807) y más tarde en el resto de las grandes ciudades. En 1879 Edison inventó la lámpara eléctrica con filamento de carbono; el primer ensayo de alumbrado con este tipo de iluminación se realizó en 1882 en una calle de Nueva York. A partir de 1920 empezaron a utilizarse lámparas de vapores metálicos (mercurio especialmente) y lámparas fluorescentes y de neón.

alumbramiento *s. m.* Acción y efecto de alumbrar, y particularmente, parto.

alumbrar *v. tr.* **1.** Dar luz, iluminar. También *v. intr.* **2.** Poner luz o luces en un lugar. **3.** Enseñar, ilustrar. **4.** Descubrir, sacar a la luz. **5.** Sacar a la superficie aguas subterráneas o un filón de mineral. **6.** Parir. También *v. intr.*

alumbre *s. m.* Agregación de sulfatos en los cuales los hidrógenos han sido reemplazados por metales distintos y entre cuyas moléculas aparece diverso número de otras de agua. El más representativo es el sulfato doble de aluminio y potasio o alumbre ordinario: $(SO_4)_3\ Al_2 \cdot SO_4K_2 \cdot 24H_2O$.

alúmina *s. f.* Al_2O_3. Óxido de aluminio. Coloreada por ciertos óxidos metálicos forma el rubí, la esmeralda y el zafiro.

aluminato *s. m.* Compuesto formado por óxido de aluminio en combinación con ciertas bases.

aluminio *s. m.* Al. Elemento químico perteneciente al grupo III A del sistema periódico. Su número atómico es 13 y su masa atómica 27. Fue obtenido en su estado puro por Wöhler en 1827 tratando el cloruro de aluminio con potasio. Ligero, dúctil y buen conductor de la electricidad, es atacado por los ácidos, con desprendimiento de hidrógeno, pero resiste a la corrosión, debido a que se recubre de una película transparente de óxido que le sirve de protección. Combinado se encuentra en las rocas aluminicosilíceas y en la bauxita u óxido de aluminio hidratado, siendo el elemento más abundante en la naturaleza después del oxígeno y del silicio. De la bauxita se extrae el aluminio por electrólisis. Se usa en la fabricación de utensilios de cocina, materiales de construcción, hilos de conducción eléctrica a largas distancias, construcciones aeronáuticas y en aleaciones. Principales productores: EE UU, Rusia, Kazajstán, Azerbaiyán, Ucrania, Japón y Canadá.

aluminotermia *s. f.* Técnica industrial para la obtención de metales. Consiste en reducir por medio del aluminio elementos pesados como el manganeso, vanadio, etc., que están en forma de óxidos: una vez pulverizados el óxido metálico y el aluminio y bien mezclados, se inflama todo en un crisol por medio de trozos de magnesio, alcanzando altas temperaturas; se forman así el óxido de aluminio y una perla del metal en cuestión, según la reacción:

$$2Al + Mn_2O_3 \rightarrow Al_2O_3 + 2Mn$$

alumno, na *s. m.* y *f.* Persona que recibe instrucción de un maestro, estudia en un centro de enseñanza o cursa una asignatura, carrera, etc. **Fam.** Alumnado.

alunarse *v. prnl. amer.* Enfadarse.

alunizar *v. intr.* Posarse en la superficie de la luna una astronave. ■ Se conjuga como *cazar.* **Fam.** Alunizaje.

alusión *s. f.* Acción y efecto de aludir.

alusivo, va *adj.* Que alude.

aluvial *adj.* **1.** Se dice del terreno compuesto por aluviones. **2.** Se aplica al periodo holoceno.

aluvión *s. m.* **1.** Crecida fuerte y repentina de agua. **2.** Gran cantidad o afluencia de personas o cosas. **3.** Depósito de materiales sueltos, gravas, arenas, etc., dejados por un curso de agua. ‖ **4. población de aluvión** La que está originada por diversas corrientes migratorias.

aluzar *v. tr. Amér. C., Méx.* Iluminar. ■ Se conjuga como *cazar.*

Alvar, Manuel (Benicarló, 1923) Filólogo, dialectólogo y crítico literario español. Destaca su dedicación a la geografía lingüística, con la publicación de atlas lingüísticos de Andalucía, Canarias, Aragón, etc. Otras obras suyas son *El dialecto aragonés* (1953) y *Teoría lingüística de las regiones* (1975). En 1989 fue elegido director de la Real Academia Española.

Alvarado, Pedro de (Badajoz 1485 - Guadalajara, México 1541) Conquistador español. Tuvo un destacado papel, junto a Hernán Cortés, en la conquista de México. Ocupó Guatemala, de la que fue capitán general, y fundó la ciudad de Santiago de los Caballeros (Guatemala). Dominó toda América Central y llegó en sus expediciones por el S hasta Perú.

Álvares Cabral, Pedro (Belmonte 1467 - Santarem 1526) Navegante portugués. El rey Manuel I, en el año 1500, le dio el mando de una flota con el encargo de que siguiese la misma ruta que Vasco de Gama hasta la India. Desviado de su rumbo hacia el O, descubrió Brasil, que llamó *tierra de la Vera Cruz.*

Álvarez, Juan (Atoyac, Guerrero 1790 - La Providencia, Guerrero 1867) General y político mexicano. Luchó por la independencia de su país y participó en la guerra contra EE UU y en la revolución de Ayutla, que derribó a Santa Anna.

Álvarez, Melquíades (Gijón 1864 - Madrid 1936) Político español. En 1912 fundó el Partido Reformista y en 1922-23 ocupó la presidencia del Congreso de los Diputados. Contrario a la dictadura de Primo de Rivera, se vio desplazado de la vida política durante la Segunda República, en la que apoyó a los gobiernos de derechas. Murió asesinado en la cárcel Modelo de Madrid al poco de estallar la guerra civil.

Álvarez de Castro, Mariano (Granada o Burgo de Osma 1749 - Figueras 1810) Militar español. Gobernador militar de Gerona en 1809, dirigió la resistencia de la ciudad contra los franceses durante la guerra de la Independencia.

Álvarez de Cienfuegos, Nicasio Véase **Cienfuegos, Nicasio Álvarez de**.

Álvarez de Toledo y Pimentel, Fernando Véase **Alba, Fernando Álvarez de Toledo, tercer duque de**.

Álvarez del Vayo, Julio (Villaviciosa de Odón, Madrid 1891 - Ginebra 1975) Político y escritor español. Diputado socialista en 1931 y 1936, fue consejero de Largo Caballero y partidario de formar una alianza con los comunistas. Durante la guerra civil ocupó el ministerio de Estado (relaciones exteriores) y el comisariado de guerra. Ya en el exilio fue presidente de Unión Socialista Española (1951) y del FRAP (1964). Publicó *Las batallas de la libertad* (1940) y *El último optimista* (1949).

Álvarez Méndez, Juan Véase **Mendizábal**.

Álvarez Quintero, Serafín (Utrera, Sevilla 1871 - Madrid 1938) y **Joaquín** (Utrera, Sevilla 1873 - Madrid 1944) Dramaturgos españoles. Escribieron unas 200 obras de tipo costumbrista y ambiente andaluz, bien construidas y llenas de ingeniosos diálogos. Destacan entre ellas *El genio alegre* (1907), *Las de Caín* (1909) y *Malvaloca* (1912).

Alvear, Carlos María de (Santo Ángel, Misiones 1789 - Nueva York 1852) Militar y político argentino. Realizó estudios militares en España. En 1812 regresó a Buenos Aires para servir a la causa de la independencia, primero como militar y luego como director supremo en 1815.

Alvear, Marcelo Torcuato de (Buenos Aires 1868 - íd. 1942) Político argentino. Afiliado a la Unión Cívica Radical, fue elegido presidente en 1922. Su mandato coincidió con la expansión económica favorecida por la penetración de capital extranjero y la llegada de inmigrantes europeos.

álveo *s. m.* Cauce de un río o arroyo.

alveolar *adj.* **1.** De los alveolos. **2.** Se dice del sonido que se pronuncia aplicando la lengua a los alveolos de los incisivos superiores, como el de las letras *n*, *l* y *r*.

alveolo o **alvéolo** *s. m.* **1.** Hueco donde está engastado el diente. **2.** Cada una de las cavidades en que terminan las últimas ramificaciones de los bronquiolos. **3.** Celdilla del panal.

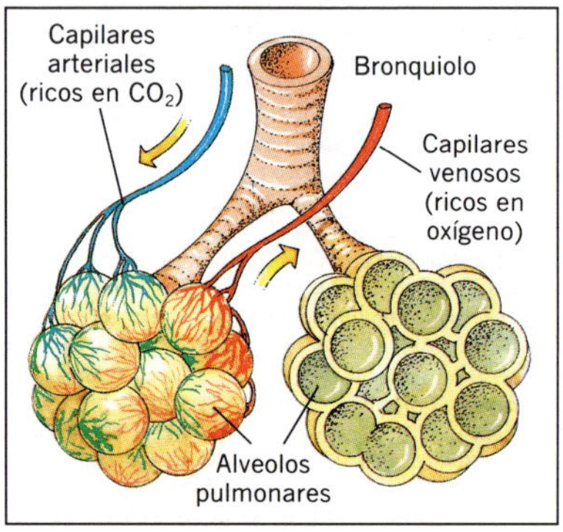

Esquema de los alveolos pulmonares, en los que tiene lugar la oxigenación de la sangre.

alza *s. f.* **1.** Aumento de precio, valor, intensidad, etc. **2.** Pieza que se pone sobre la horma para hacer el zapato más alto o más ancho. **3.** Dispositivo, en forma de regla graduada, fijo a la parte superior del cañón de las armas de fuego, para precisar la puntería. ‖ **Loc. jugar al alza** Especular en la bolsa con los valores, previendo la subida de su cotización.

alzacuello *s. m.* Especie de cuello blanco sin doblar que usan los eclesiásticos.

alzado, da **1.** *p. p.* de **alzar**. También *adj.* ‖ *adj.* **2.** Se dice del precio o remuneración que se ajusta en una cantidad fija. **3.** Se dice de la persona que realiza un alzamiento de bienes. **4.** *amer.* Se dice de un animal que se vuelve montaraz o está en celo. **5.** *amer.* Engreído, insolente. ‖ *s. m.* **6.** Plano de un edificio, de una máquina, etc., en su proyección vertical sin tener en cuenta la perspectiva. ‖ *s. f.* **7.** Altura de las caballerías. ‖ **8. recurso de alzada** Véase **recurso**.

alzamiento *s. m.* **1.** Acción y efecto de alzar o alzarse. ‖ **2. alzamiento de bienes** Ocultación de bienes por parte del deudor para no pagar a sus acreedores. **3. Alzamiento Nacional** Nombre con que se conocen los preparativos y el golpe de Estado contra la Segunda República que dieron lugar al inicio de la guerra civil española el 18 de julio de 1936.

alzapaño *s. m.* Cinta o cordón para recoger las cortinas, y pieza fija a la pared en la que se sujeta.

alzar *v. tr.* **1.** Levantar, subir. También *v. prnl.* **2.** Colocar en sentido vertical algo que estaba tumbado. **3.** Construir o edificar. **4.** Aumentar el precio, valor, intensidad, etc., de algo. También *v. prnl.* **5.** En la misa, elevar el sacerdote la hostia y el cáliz después de la consagración. **6.** Sublevar, rebelar. También *v. prnl.* **7.** Quitar o llevarse una cosa. **8.** Reunir ordenadamente los pliegos impresos que forman cada ejemplar de una obra. **9.** En los juegos de naipes, cortar la baraja. ‖ *v. prnl.* **10.** Levantarse, ponerse en pie. **11.** Apoderarse alguien de una cosa que no le pertenece. **12.** Hacerse con algo, lograrlo. **13.** Resaltar, sobresalir por encima de lo que tiene alrededor. **14.** Estar en determinado sitio una cosa elevada. **15.** Apelar, recurrir ante un tribunal superior. **16.** Realizar un alzamiento de bienes. **17.** *amer.* Asilvestrarse un animal doméstico. ■ Se conjuga como *cazar*.

Alzheimer, enfermedad de Tipo de demencia consistente en una atrofia cerebral. Suele presentarse en la edad presenil y se caracteriza por un deterioro paulatino de las facultades psíquicas. Fue descrita por el neuropsiquiatra alemán Alois Alzheimer (1864-1915).

a. m. Abreviatura de la expresión latina *ante meridiem*, antes del mediodía.

Am Símbolo químico del americio.

ama *s. f.* **1.** Dueña o señora de una casa. **2.** Criada principal. **3.** Ama de cría. ‖ **4. ama de casa** Mujer que se ocupa de su casa. **5. ama de cría** Mujer que da de mamar a una criatura ajena. **6. ama de llaves** Criada encargada de las llaves y economía de una casa.

amable *adj.* Agradable, atento. **Fam.** Amabilidad, amablemente.

Amadeo I (Turín 1845 - íd. 1890) Rey de España y duque de Aosta. Destronada Isabel II, fue proclamado rey el 2 de enero de 1871. Su reinado estuvo marcado por la falta de apoyo popular y militar y por la inestabilidad política y social. Abdicó el 11 de febrero de 1873.

Amadís de Gaula Libro de caballerías castellano. Algunos fragmentos de principios del s. XV fueron refundidos en 1508 por Garci Rodríguez de Montalvo. Fue la novela más popular en la Europa del s. XVI. En ella se narran las aventuras y amores del caballero Amadís, prototipo del amante fiel, poseedor de todas las virtudes caballerescas a semejanza de Lancelot y Tristán. El estilo del poema influyó en el *Orlando furioso* de Ariosto y en autores de la narrativa española, incluido Cervantes.

Amado, Jorge (Pirangi, Bahia 1912) Escritor brasileño. A su visión crítica de la sociedad y de las duras condiciones de vida de los trabajadores, se unen elementos poéticos y fantásticos. Entre sus obras más importantes se cuentan *El país del carnaval* (1931), *Cacao* (1933), *Jubiabá* (1935) y *Capitanes de la arena* (1937), que forman la serie *Las novelas de Bahia*; *Las tierras del Sin Fin* (1943); *Gabriela, clavo y canela* (1958), y *Doña Flor y sus dos maridos* (1966).

Amador de los Ríos, José (Baena 1818 - Sevilla 1878) Escritor español. Fue autor de obras de investigación histórica y literaria, como *Historia política, social y religiosa de los judíos de España y Portugal* (1875-76) e *Historia crítica de la literatura española* (1861-65).

Amador Guerrero, Manuel (Turbaco, Colombia 1833 - Ciudad de Panamá 1909) Político panameño. Intervino decisivamente en el proceso de independencia de Panamá. Fue nombrado primer presidente del país tras proclamarse la república panameña (1903).

amadrinar *v. tr.* Actuar como madrina de alguien o algo. **Fam.** Amadrinamiento.

amaestrar *v. tr.* **1.** Adiestrar a animales para que ejecuten habilidades. **2.** Educar o dominar a alguien. **Fam.** Amaestrado, amaestramiento.

amagar *v. tr.* **1.** Mostrar intención de hacer algo sin llegar a hacerlo. ‖ *v. intr.* **2.** Estar algo a punto de suceder, generalmente negativo. ■ Se conjuga como *pagar*.

Amagasaki C. de Japón, en el SE del país, en la isla de Honshu, bahía de Osaka. 503.000 h. en 1988. Posee importante industria metalúrgica, química y textil.

amago *s. m.* **1.** Acción de amagar. **2.** Conato o indicio de algo que finalmente no llega a ocurrir.

amainar *v. intr.* **1.** Perder fuerza o intensidad el viento, la lluvia y cosas semejantes. **2.** Ceder un deseo, afán, sentimiento, etc. ‖ *v. tr.* **3.** Recoger las velas de una embarcación.

Amalarico (? 502 - Barcelona 531) Rey visigodo de España (507-531). Durante su minoría de edad, hasta 526, el poder fue ejercido por su abuelo, el rey ostrogodo Teodorico el Grande. Fue derrotado por el franco Chidelberto en Narbona (531) y, tras retirarse a Barcelona, murió asesinado.

Amalasunta (? - ? 535) Regente ostrogoda de Italia. Gobernó el reino durante la minoría de su hijo Atalarico. Su muerte, a manos de su propio esposo Teodato, proporcionó al emperador Justiniano la excusa para invadir Italia.

amalgama *s. f.* **1.** Aleación en la que uno de los componentes es el mercurio. Las más importantes son las de plata y oro, por ser el método para disolver estos metales preciosos con mercurio y proceder así a su purificación. **2.** En odontología, aleación compuesta principalmente de plata, mercurio y estaño, con la que se realizan empastes. **3.** Mezcla de cosas dispares.

amalgamación *s. f.* **1.** Acción y efecto de amalgamar o amalgamarse. **2.** Método de extracción de metales nobles mediante la disolución de sus minerales en mercurio y posterior destilación para separar la ganga.

amalgamar *v. tr.* Realizar una amalgama. También *v. prnl.* **Fam.** Amalgamamiento.

Amaltea **1.** En la mitología griega, cabra que amamantó a Zeus; uno de sus cuernos se convirtió en el de la abundancia.
2. Quinto satélite de Júpiter, de color rojizo y forma irregular (270 km de largo y 155 km de ancho). Fue descubierto en 1892 por el astrónomo estadounidense Edward Emerson Barnard.

amamantar *v. tr.* Dar de mamar.

Amambay Departamento de Paraguay, en el E del sector central del país. 12.933 km^2. 83.900 h. en 1989. La capital es Pedro Juan Caballero, con 37.350 h. en 1982. Es una fértil región de clima subtropical, que posee ganadería vacuna y agricultura de café, mate, arroz y frutas.

amancay (voz quechua) *s. m.* **1.** *amer.* Planta herbácea de la familia amarilidáceas, especie *Alstroemeria ligtu*, de bello colorido, parecida al narciso amarillo. Crece sobre todo en la zona andina. **2.** *amer.* Flor de esta planta.

amancebarse *v. prnl.* Hacer vida marital un hombre y una mujer sin estar casados. **Fam.** Amancebado, amancebamiento.

amanecer[1] *v. impers.* **1.** Empezar a aparecer la luz del día. También *v. intr.* ‖ *v. intr.* **2.** Hallarse en un lugar o en ciertas condiciones al comenzar el día. **3.** Empezar a manifestarse una nueva época, situación, etc. ■ Es v. irreg. Se conjuga como *agradecer*.

amanecer[2] *s. m.* **1.** Tiempo en el que amanece, principio del día. **2.** Comienzo de una época, situación, etc.

amanecida *s. f.* Amanecer, comienzo del día.

amanerado, da *adj.* **1.** Artificioso, no natural. **2.** Se dice del artista, la obra, el lenguaje, etc., demasiado rebuscado. **3.** Afeminado. También *s. m.* **Fam.** Amaneramiento.

amanerar *v. tr.* **1.** Hacer amanerado el estilo, el lenguaje, los gestos, etc. ‖ *v. prnl.* **2.** Hacerse amanerado.

amanita *s. f.* Género de hongos basidiomicetos del orden agaricales, familia agaricáceas. Presentan diversos colores según la especie y se caracterizan por la presencia de un anillo en el pie, debajo del sombrero, y por sus esporas blancas. Algunas amanitas son comestibles, como la oronja *(Amanita caesarea)*, y otras muy venenosas, como la *Amanita muscaria* y la *Amanita phalloides*. Crecen en los bosques de toda Europa.

La Amanita muscaria, *hongo alucinógeno y muy venenoso.*

amansar *v. tr.* **1.** Domesticar a un animal, hacerlo manso. También *v. prnl.* **2.** Sosegar, apaciguar. También *v. prnl.* **Fam.** Amansado, amansamiento.

amante *adj.* **1.** Que ama. También *s.* ‖ *s. m.* y *f.* **2.** Persona con la que alguien mantiene habitualmente relaciones sexuales sin estar casados.

Amantes de Teruel, los Pareja de jóvenes turolenses, Diego Marsilla e Isabel de Segura, que dieron origen a una famosa leyenda de amores desdichados recogida por distintos autores literarios (Pérez de Montalbán, Tirso de Molina, Hartzenbusch).

amanuense *s. m.* y *f.* **1.** Persona que escribe lo que otra le dicta. **2.** Persona que, antes de la invención de la imprenta, copiaba varias veces el original de un libro.

amañar *v. tr.* **1.** Disponer con maña algo, generalmente para falsearlo. || *v. prnl.* **2.** Darse maña para hacer algo.

amaño *s. m.* **1.** Treta, astucia para conseguir algo, generalmente injusto. **2.** Habilidad o maña para hacer algo.

Amapá Territorio de Brasil, en el N del país. 140.276 km^2. 248.100 h. en 1989. La capital es Macapá, con 155.300 h. en 1989. Posee importantes yacimientos de manganeso.

amapola *s. f.* **1.** Nombre común de diversas plantas anuales de la familia papaveráceas, género *Papaver.* Tienen savia lechosa, grandes flores rojas, amarillas o blancas, provistas de numerosos estambres, y semillas pequeñas encapsuladas. La amapola común *(Papaver rhoeas)*, de flores rojas, se cultiva como ornamento, aunque también crece espontáneamente en los sembrados. Del jugo de la adormidera *(Papaver somniferum)* se extrae el opio. **2.** Flor de esta planta.

Campo de amapolas comunes (Papaver somniferum).

amar *v. tr.* **1.** Sentir amor por alguien o algo. **2.** Sentir una gran afición por algo. **3.** Realizar el acto sexual. También *v. prnl.* con valor recíproco. **FAM.** Amado.

amaranto *s. m.* Nombre común de diversas plantas anuales de la familia amarantáceas, género *Amaranthus.* Es de origen tropical y posee flores pequeñas de diversos colores, agrupadas en espigas o racimos.

amarar *v. intr.* Amerizar. **FAM.** Amaraje.

Amaravati Yacimiento arqueológico en el SE de la India. Se han hallado numerosos restos artísticos de inspiración budista (s. II a. C. - s. IV d. C.), entre los que destacan un gran templo de tipo stupa y esculturas de bajorrelieve. Este arte tuvo gran influencia en todo el S y SE asiático.

amargar *v. intr.* **1.** Tener sabor amargo. || *v. tr.* **2.** Dar ese sabor a algo. **3.** Volver triste, resentido. También *v. prnl.* **4.** Aguar, estropear. ▪ Se conjuga como *pagar.* **FAM.** Amargado.

amargo, ga *adj.* **1.** Que tiene sabor parecido al de la hiel o el acíbar. **2.** Se aplica a determinadas sustancias o plantas de este sabor que, solas o combinadas con dulces y bebidas, sirven para estimular el apetito, o como medicinas, aperitivos, etc. También *s. m.* **3.** Que causa pena o aflicción. **FAM.** Amargamente.

amargor *s. m.* **1.** Sabor amargo. **2.** Amargura, disgusto.

amargura *s. f.* **1.** Aflicción, disgusto. **2.** Aquello que lo causa.

amariconarse *v. prnl.* Afeminarse. **FAM.** Amariconado.

amarilis *s. f.* Nombre común de diversas plantas herbáceas de la familia amarilidáceas, géneros *Amaryllis* e *Hippeastrum.* Tienen bulbos o tallos subterráneos, flores en umbela y fruto en cápsula. Están emparentadas con los lirios. Son originarias de las regiones tropicales y subtropicales y se cultivan como ornamento.

amarillear *v. intr.* **1.** Ponerse de color amarillo o tender a él. **2.** Mostrar ese color.

amarillento, ta *adj.* Que tiende a amarillo.

amarillo, lla *adj.* **1.** Se aplica al color parecido al del oro, el limón, etc., y a las cosas que

Vista aérea del río Amazonas y de la selva virgen por la que discurre.

lo tienen. Es el tercer color del espectro solar. También *s. m.* **2.** Pálido. **3.** Se dice de la raza asiática y de sus miembros. También *s.* **4.** Se aplica a las organizaciones obreras, medios de comunicación, etc., que apoyan a la patronal. **5.** Se aplica a la prensa sensacionalista.

Amarillo *(Huang-hai)* Mar del océano Pacífico entre la península de Shan-tung (China) y la de Corea. Debe su nombre al limo amarillento que vierte en él el Huang-ho o río Amarillo.

Amarillo, río Véase **Huang-ho.**

amariposado, da *adj.* **1.** De forma semejante a la de la mariposa. **2.** Afeminado. También *s. m.*

amarra *s. f.* **1.** Cuerda o cable con el que se asegura un barco fondeado en un muelle. || *pl.* **2.** *fam.* Apoyo, influencia, protección.

amarraco *s. m.* En el mus, tanto de cinco puntos y objeto que lo representa.

amarradero *s. m.* Poste o argolla donde se amarra una embarcación, un animal, etc.

amarraje *s. m.* Impuesto que se paga por amarrar un barco en un puerto.

amarrar *v. tr.* **1.** Sujetar una cosa por medio de cuerdas, cables, cadenas o cualquier otro medio, especialmente una embarcación al muelle o fondeadero. **2.** Asegurar.

amarre *s. m.* **1.** Acción y efecto de amarrar. **2.** Amarradero de una embarcación.

amarrete, ta *adj. Amér. del S.* Avaro. También *s.*

amartelarse *v. prnl.* Mostrarse muy cariñosos los enamorados. **FAM.** Amartelado, amartelamiento.

amartillar *v. tr.* **1.** Montar un arma de fuego, prepararla para disparar. **2.** Martillear.

amasar *v. tr.* **1.** Hacer una masa con materias como harina, cemento, yeso, etc., y algún líquido. **2.** Acumular bienes.

amasijo *s. m.* **1.** Masa. **2.** *fam.* Mezcla confusa de ideas o cosas dispares.

Amasis, Pintor de (s. VI a. C.) Pintor ateniense. Cultivó con gran maestría el estilo de figuras negras en la decoración de vasos de cerámica.

Amat y Junyent, Manuel de (Vacarisses, Barcelona 1707 - Barcelona 1782) Militar español. Llegó a ocupar el cargo de virrey del Perú en 1761 y dotó al país de una sólida estructura militar. Fue un gran protector de las bellas artes. Durante su regencia, el virreinato logró gran prosperidad.

Amaterasu Diosa de la religión sintoísta. Es la personificación del Sol, y diosa tutelar de la dinastía imperial japonesa.

amateur (voz fr.) *adj.* Se dice de la persona que se dedica a alguna actividad, especialmente un deporte, por mera afición. También *s.* **FAM.** Amateurismo.

amatista *s. f.* Variedad de cuarzo transparente de color violeta, presente en los espacios huecos de rocas volcánicas. Es muy apreciado en joyería.

amatorio, ria *adj.* Perteneciente o relativo al sentimiento amoroso o a las prácticas sexuales.

amauta (voz quechua) *s. m.* **1.** *Bol., Chile, Perú.* Anciano que goza de autoridad moral y gubernativa en los pueblos indígenas andinos. **2.** *Ec.* Poeta popular.

Amaya, Carmen (Barcelona 1913 - Bagur 1963) Bailarina española. Alcanzó renombre internacional y destacó tanto en el baile flamenco como en el clásico español.

amazacotado, da **1.** *p. p.* de **amazacotar.** || *adj.* **2.** Apelmazado, duro, compacto. **3.** Referido a obras literarias o artísticas, confuso, falto de orden, proporción y gracia. **FAM.** Amazacotar.

amazona *s. f.* **1.** Mujer guerrera en la mitología griega. **2.** Mujer que monta a caballo.

Amazonas Río de América del Sur. 6.276 km. Con su afluente, el Ucayali, es el segundo del mundo en longitud. 7.000.000 de km^2 de cuenca (la mayor del mundo) y más de 100.000 m^3/s de caudal (primero del mundo). Nace en los Andes y se denomina *Marañón* hasta Iquitos (Perú). Desemboca en un delta de 200 km, dejando en el centro la isla de Marajó. Tiene un régimen ecuatorial, salvo en la cabecera. Sus principales afluentes son el Ucayali, Yuruá, Purús, Madeira, Tapajós, Xingú y Tocantins, por la derecha; y Putumayo, Caquetá y Negro, por la izquierda. Es la principal vía de comunicación en la Amazonia y navegable hasta Iquitos. Fue explorado por Orellana en 1541.

Amazonas **1.** Estado de Brasil, en el N del país, atravesado por el río del mismo nombre. 1.564.445 km^2. 1.948.500 h. en 1989. La capital es Manaus, con 1.090.000 h. en 1989. Constituye una región prácticamente deshabitada, ocupada en su mayor parte por selva virgen.
2. Departamento de Colombia, en el SE del país. 109.665 km^2. 30.300 h. en 1985. La capital es Leticia, con 6.300 h. en 1985.
3. Departamento de Perú, en el N del país. 41.297 km^2. 327.000 h. en 1989. La capital es Chachapoyas, con 25.000 h. en 1980.
4. Territorio federal de Venezuela, en el S del país. 175.750 km^2. 83.160 h. en 1989. La capital es Puerto Ayacucho, con 28.250 h. en 1981.

Amazonia Región natural de América del Sur. Comprende la cuenca del río Amazonas y regiones circundantes y está cubierta en su mayor parte por la selva virgen. Se extiende entre las Guayanas, el océano Atlántico, el escudo del Brasil y la cordillera de los Andes.

amazónico, ca *adj.* Del río Amazonas o de la Amazonia.

amazonita *s. f.* Mineral feldespato potásico, variedad verde de microclina. Pulida, tiene aplicaciones en ornamentación y joyería.

ambages *s. m. pl.* Rodeo de palabras para no decir claramente algo. ▪ Se usa sobre todo en la loc. adv. **sin ambages**, abiertamente, sin rodeos.

ámbar *s. m.* **1.** Resina fósil de las coníferas, de color amarillo translúcido y de poco peso, que se electriza por frotamiento. Se utiliza para construir adornos, boquillas y barnices. A veces contiene insectos fósiles, atrapados hace millones de años y conservados perfectamente hasta la ac-

Amatista.

tualidad. Se encuentra principalmente en el litoral del mar Báltico. **2.** Color amarillo semejante al de esta sustancia. **FAM.** Ambarino.

ámbar gris *s. m.* Sustancia que se forma en los intestinos de los cachalotes y se obtiene de éstos o se encuentra flotando en el mar. Se utiliza en la fabricación de perfumes.

Ambato C. de Ecuador, cap. de la prov. de Tungurahua. 126.050 h. en 1987. Cuenta con industria alimentaria y textil y está comunicada por el ferrocarril transamazónico.

Amberes (*Antwerpen*) C. de Bélgica, cap. de la prov. del mismo nombre, en el N del país, en Flandes. 476.050 h. en 1988. Constituye una gran concentración industrial y es el tercer puerto de Europa, en el estuario del Escalda. Alberga una catedral gótica de los s. XIV-XVI, ayuntamiento renacentista y museos de bellas artes con valiosas colecciones de pintura flamenca y holandesa.

Amberes: vista del castillo de Steen.

ambición *s. f.* **1.** Deseo ardiente de conseguir algo, sobre todo riquezas, poder, etc. **2.** Afán de prosperar, situarse o cumplir una aspiración. **FAM.** Ambicionar.

ambicioso, sa *adj.* **1.** Que tiene o manifiesta ambición. También *s.* **2.** Se dice de las obras, proyectos, metas, etc., de gran envergadura. **FAM.** Ambiciosamente.

ambidextro o **ambidiestro, tra** *adj.* Que utiliza con igual destreza ambas manos. También *s.*

ambientador, ra *adj.* **1.** Que ambienta. ‖ *s. m.* **2.** Producto con el que se perfuma un local.

ambientalismo *s. m.* **1.** En psicol., teoría que defiende la influencia dominante de las condiciones ambientales sobre la herencia genética en el desarrollo de la personalidad humana. **2.** En pedagogía, teoría que considera el medio ambiente como elemento principal en el proceso educativo.

ambientar *v. tr.* **1.** Crear un ambiente. **2.** Introducir a alguien o algo en un ambiente, adaptarlo o acostumbrarlo a él. También *v. prnl.* **FAM.** Ambientación.

ambiente *adj.* **1.** Se dice del medio que rodea a un ser o a un cuerpo, y de lo relativo al mismo. ‖ *s. m.* **2.** Fluido o atmósfera, especialmente el aire. **3.** Conjunto de circunstancias que rodean o afectan a los seres. **4.** Grupo o clase social. **5.** Reproducción de las condiciones históricas, sociales o locales en las obras artísticas. **6.** Entorno agradable y animado en un acto, lugar, etc. ‖ **7. medio ambiente** Conjunto de condiciones fisicoquímicas y biológicas que necesitan los organismos, incluido el ser humano, para vivir, como la temperatura, la cantidad de oxígeno de la atmósfera, la existencia o ausencia de agua, la disponibilidad de alimentos, la presencia de especies competidoras, etc. La conservación del medio ambiente trata de evitar su contaminación, de alargar al máximo la existencia de los recursos naturales y de mantener el equilibrio de los ecosistemas, evitando la extinción de especies animales y vegetales. **FAM.** Ambiental.

ambigú *s. m.* **1.** Bufé. **2.** Bar en los locales de espectáculos públicos o de reuniones.

ambigüedad *s. f.* **1.** Cualidad de ambiguo. **2.** Aquello que resulta ambiguo. **3.** En ling., capacidad que tienen algunos mensajes para poseer dos interpretaciones o sentidos diferentes.
Ling. La ambigüedad puede obedecer a causas sintácticas, como la combinación de los elementos o la estructura de los constituyentes en la frase: *Luis recogió a Ana y fueron a su casa* (a la de él o a la de ella); o, también, a la polisemia o diversidad de significados de una palabra: *Se llevaron la carpa* (pez; lona de un circo).

ambiguo, gua *adj.* **1.** Incierto, dudoso, que no se define claramente. **2.** Que admite distintas interpretaciones. **3.** En ling., se dice de los nombres usados indistintamente en masculino y en femenino. **FAM.** Ambiguamente.

ámbito *s. m.* **1.** Espacio comprendido dentro de ciertos límites. **2.** Campo de acción, competencia, relaciones, etc., de alguien o algo.

ambivalencia *s. f.* **1.** Condición de lo que tiene a la vez dos aspectos, valores o sentidos diferentes. **2.** En psicol., tendencia de la conducta dirigida en dos sentidos opuestos; particularmente, existencia simultánea de dos comportamientos opuestos, como amar y odiar.

ambivalente *adj.* Que presenta ambivalencia.

Ambler, Eric (Londres 1909) Escritor británico. Es autor de novelas de género policiaco y de espionaje, caracterizadas por la riqueza y complejidad de los personajes y la originalidad de la trama. Destacan entre ellas *La máscara de Dimitrios* (1939), *Viaje al miedo* y *Los traficantes de armas* (1958).

ambliopía *s. f.* Pérdida de agudeza visual, sin lesión aparente del ojo. Puede deberse a intoxicación, trastornos del metabolismo o a causas congénitas.

Amboise, conjuración de Conspiración de los hugonotes franceses contra los Guisa en 1560, para que los miembros de esta familia dejaran de ejercer su influencia sobre el rey Francisco II. La conjuración terminó en fracaso.

Amboise, paz de Pacto firmado en 1563 entre la reina regente Catalina de Médicis y el príncipe Condé, representante de los hugonotes, por el cual se concedía la libertad de culto a los protestantes en Francia.

ambón *s. m.* Cada uno de los atriles situados a ambos lados del altar mayor en una iglesia, desde donde se hace la lectura o se pronuncia la homilía.

ambos, bas *adj. pl.* Los dos, uno y otro. También *pron.*

ambrosía *s. f.* **1.** Manjar de los dioses griegos, que proporcionaba la inmortalidad. **2.** Alimento o bebida exquisitos. **3.** Cosa agradable.

Ambrosiana, biblioteca Importante biblioteca fundada en Milán en 1602. Sus fondos contienen gran número de libros raros e interesantes manuscritos.

ambrosiano, rito Antigua liturgia introducida por San Ambrosio en su diócesis de Milán, que representa probablemente el rito romano primitivo. En el aspecto musical, el *canto ambrosiano* parece ser el precursor del gregoriano.

Ambrosio, San (Tréveris h. 340 - Milán 397) Padre de la Iglesia latina. Obispo de Milán, se le atribuyen himnos religiosos y liturgias de gran influencia. Escribió obras ascéticas y comentarios bíblicos.

ambulacral *adj.* **1.** Del ambulacro. ‖ **2. aparato ambulacral** Sistema de canales y apéndices (pies ambulacrales) rellenos de líquido celomático, característico de los equinodermos. **3. pie ambulacral** En los equinodermos, proyección en forma de tubo que sobresale de la pared del cuerpo y colabora en la locomoción, captura del alimento, excreción y respiración.

ambulacro *s. m.* Cada uno de los surcos radiales o áreas de los equinodermos donde están situados los pies ambulacrales. **FAM.** Ambulacral.

ambulancia *s. f.* **1.** Vehículo acondicionado para transportar enfermos o heridos. **2.** Hospital móvil que sigue a la tropa en campaña.

ambulante *adj.* Que va de un lugar a otro sin tener un lugar estable.

ambulatorio, ria *adj.* **1.** Se dice del tratamiento médico que no obliga al enfermo a guardar cama, pero sí a acudir periódicamente a un centro. ‖ *s. m.* **2.** Consultorio, clínica, dispensario para enfermos no internados.

ameba *s. f.* Nombre común de diversas especies de protozoos microscópicos del tipo sarcomastigóforos y superclase rizópodos. Están constituidos por una sola célula de forma variable, que se desplaza mediante seudópodos lobulados o prolongaciones del cuerpo que avanzan y se retraen. Miden de 5 a 600 micras. Muchas viven libres, pero otras (p. ej. la *Entamoeba histolitica*) son parásitos y producen enfermedades como la amebiasis.

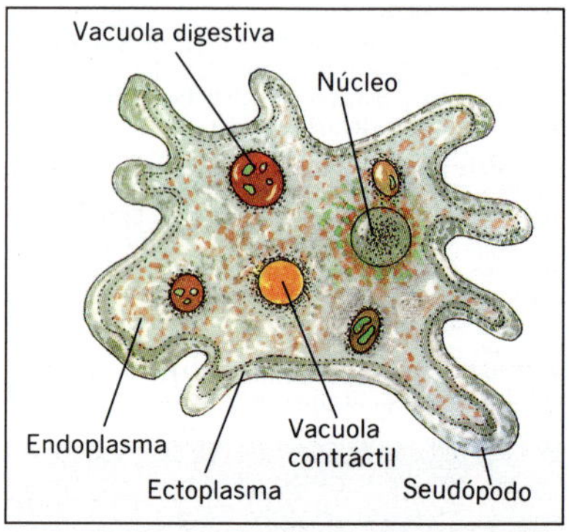

La ameba es el rizópodo de organización más sencilla. La mayoría de las especies viven en agua dulce, pero algunas parasitan a otros animales.

amebiasis *s. f.* Enfermedad parasitaria tropical producida por amebas. Afecta al intestino grueso y es causa de la disentería amebiana.

amedrentar *v. tr.* Atemorizar, infundir miedo. También *v. prnl.* **FAM.** Amedrentado, amedrentamiento.

amelcochar *v. tr.* **1.** *amer.* Dar un punto espeso de cocción a una confitura. También *v. prnl.* ‖ *v. prnl.* **2.** *amer.* Reblandecerse.

amelga *s. f.* Cada una de las fajas en que se divide un terreno para sembrar uniformemente.

amén[1] (del hebreo *amen*) *s. m.* **1.** Voz hebrea que se dice al final de las oraciones litúrgicas y que significa 'así sea'. ‖ *adv. m.* **2.** Expresa conformidad. ‖ **LOC. en un** (**decir**) **amén** *adv. fam.* En un instante.

amén[2] (de la loc. *a menos*) *adv. c.* Además: *Era, amén de valiente, virtuoso caballero.*

amenaza *s. f.* **1.** Acción de amenazar. **2.** Dicho o hecho con que se amenaza. **3.** Anuncio o riesgo de algún mal o peligro.

amenazar *v. tr.* **1.** Dar a entender con actos o palabras que se quiere o puede hacer un mal a otro. **2.** Dar señales de que va a ocurrir algo malo o desagradable. También *v. intr.* ■ Se conjuga como *cazar.* **FAM.** Amenazador, amenazadoramente, amenazante.

amenizar *v. tr.* **1.** Hacer amena una explicación, situación, etc. **2.** Hacer ameno un lugar. ■ Se conjuga como *cazar.*

ameno, na *adj.* **1.** Entretenido, divertido. **2.** Grato, agradable, placentero. **FAM.** Amenidad.

Amenofis Nombre de cuatro faraones egipcios de la XVIII dinastía.
Amenofis III (? 1408 - ? 1372 a. C.) Su reinado se caracterizó por la prosperidad en todos los órdenes (militar, económico, artístico). Extendió el dominio de Egipto por todo el Próximo Oriente y llevó el arte egipcio a su expresión más acabada, sobre todo en el templo de Luxor y en los Colosos de Memnón. Al final de su reinado, su poder fue víctima de la creciente fuerza militar de los hititas.
Amenofis IV (? 1372 - ? 1354 a. C.) Se le conoce también con el nombre de Akenatón. Reformó la religión de Egipto, adoptando el culto a Atón (el disco solar) como dios único. Trasladó la capital desde Tebas a Tell el-Amarna. La producción artística de este momento marca un periodo de gran singularidad en el arte egipcio.

amenorrea *s. f.* Ausencia del flujo menstrual. Es uno de los síntomas más característicos del embarazo y persiste durante el periodo de lactancia. Puede deberse también a causas patológicas.

amento *s. m.* Inflorescencia en espiga de flores de un solo sexo, como las del avellano, el roble, el sauce o la encina.

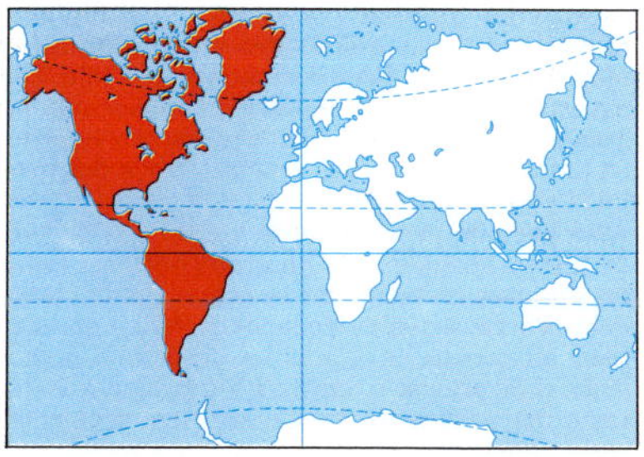

América Continente situado entre los 83° de latitud N, 56° de latitud S, y los 35° de longitud E y 170° de longitud O. Está constituido por dos subcontinentes (América del Norte y América del Sur), el istmo que los une (América Central) y el archipiélago de las Antillas. 42.243.200 km^2. 725.000.000 h. en 1990. 17,1 h./km^2.

América del Norte Parte boreal del continente americano, entre su extremo septentrional, a 83° de latitud N en el océano Glacial Ártico, y el istmo de Tehuantepec, México. Se llama también *Norteamérica*.

Extensión: 23.484.907 km^2.
Límites: al N, con el océano Glacial Ártico; al E, con el océano Atlántico; al S, con el golfo de México y América Central, y al O, con el océano Pacífico.
Población: 366.600.000 h. en 1990.
Densidad: 15,6 h./km^2.
Idioma: inglés, español, francés.
Religión: cristianismo (protestantismo y catolicismo), judaísmo.
Países: Canadá, EE UU y México.
Ríos: vertiente del océano Glacial Ártico: Yukón, Mackenzie, Nelson; vertiente del océano Pacífico: Columbia, Colorado; vertiente del océano Atlántico: San Lorenzo, Hudson; vertiente del golfo de México: Mississippi-Missouri, Bravo o Grande, Pánuco, Usumacinta.
Lagos: los Esclavos, los Osos, Winnipeg, Superior, Michigan, Hurón, Erie, Ontario, Salado.
Montes: al E, los montes Apalaches y Sierra Madre Oriental; al O, las Montañas Rocosas y Sierra Madre Occidental.
Penínsulas: Alaska, Labrador, Florida, California, Nueva Escocia.
Golfos: (bahía de) Hudson, San Lorenzo, California, México y Alaska.
Islas: en el N, Banks, Baffin, Victoria, Ellesmere, Groenlandia; en el E, Terranova, San Pedro y Miquelón, Cabo Bretón y las Bermudas; en el O, Aleutianas, archipiélago de Alejandro, Reina Carlota, Vancouver.

Geog. física En el relieve norteamericano pueden distinguirse cuatro unidades estructurales: el escudo canadiense en el NE, gran meseta de la era primaria; las Montañas Rocosas en el O, cordillera del plegamiento alpino; los Apalaches en el E, cordillera de origen primario; y la llanura central, formada por sedimentos del terciario y cuaternario. Las costas son muy recortadas en el océano Glacial Ártico, en el Atlántico y en la zona del Pacífico que corresponde a Alaska y Canadá, mientras que la costa de EE UU y México bañada por el Pacífico sólo tiene un accidente importante, la península de California. Las principales regiones climático-botánicas son: la tundra, desde el mar de Bering hasta el golfo de San Lorenzo; el bosque boreal, al N de los 45° en Canadá y EE UU; la pradera; y los desiertos entre Sierra Nevada y las Montañas Rocosas, en EE UU, y entre la Sierra Madre Occidental y la Oriental, en México. La cuenca del Ártico cuenta con numerosos y caudalosos ríos, que permanecen helados parte del año, como el Mackenzie y el Yukón. Los ríos de la vertiente atlántica y del golfo de México son los más largos y caudalosos, p. ej., el Mississippi y el Missouri. La vertiente del Pacífico tiene menos ríos, que además son más cortos y de menor caudal. El clima presenta grandes variedades y pasa de polar en el N a tropical en México, pudiéndose caracterizar como mediterráneo en la costa californiana y como atlántico desde ésta a Alaska, como tropical desde Washington a la desembocadura del Mississippi y como continental o de montaña en el resto.

América del Norte: a la izquierda, vista de Fort Good Hope y del río Mackenzie, en Canadá; a la derecha, la plaza de las Tres Culturas, en Ciudad de México.

Geog. humana La población aborigen, de probable procedencia asiática, cruzó a través del estrecho de Bering en varias etapas y oleadas. Se encuentra muy disminuida por el empuje de inmigrantes europeos, quienes prácticamente acabaron con la población amerindia e introdujeron gran cantidad de negros africanos como esclavos. Recientemente se han producido importantes asentamientos de grupos asiáticos en la costa del Pacífico. Las mayores aglomeraciones humanas se concentran en el NE de los EE UU, California, región de los Grandes Lagos y en el altiplano de México, aunque la estructura demográfica de ambos países sea muy distinta.

Geog. económica En lo que se refiere a recursos naturales, tanto EE UU como Canadá poseen enormes riquezas mineras, grandes áreas forestales, de cultivos y pastos, y bancos pesqueros de gran importancia. EE UU es la primera potencia económica mundial, con una agricultura modernizada y diversificada, zonas industriales muy poderosas, tecnología de vanguardia y excelentes comunicaciones. Ello permite una producción, un crecimiento económico y un nivel de vida muy elevados. Canadá, con un desarrollo más reciente, se ha convertido en uno de los países más industrializados del mundo y con un mayor producto nacional bruto. Por su parte, México tiene gran abundancia de materias primas, entre las que destaca el petróleo, pero aún no ha alcanzado el mismo grado de desarrollo.

***Hist.* periodo precolombino** Antes de la llegada de los europeos pueden distinguirse tres áreas culturales: las culturas primitivas de Alaska, p. ej., los esquimales; las tribus de las praderas, algo más evolucionadas, en la región de los Grandes Lagos; y las culturas mexicanas de los mayas, toltecas y aztecas. Aunque los vikingos llegaron a las costas americanas del Atlántico N, no se asentaron en estas tierras.

América del Norte: vista de Wall Street, en Nueva York, centro financiero de EE UU, donde se encuentra la bolsa de Nueva York.

EE UU: bisontes en el Estado de Montana.

época colonial Tras el descubrimiento del Nuevo Mundo por Cristóbal Colón en 1492, los españoles realizaron la conquista del imperio azteca entre 1519 y 1521. Por su parte, los ingleses y los franceses se fueron estableciendo en la costa E a lo largo del s. XVII y acometieron, respectivamente, la fundación de las trece colonias británicas, desde Nueva Inglaterra hasta Virginia, y de Quebec y Nueva Orleans por parte francesa.
En el s. XVIII se desataron las rivalidades entre franceses e ingleses, con triunfo de estos últimos, que se anexionaron Canadá y las posesiones francesas. Los españoles organizaron el virreinato de Nueva España, que ocupaba el territorio mexicano, además de los actuales Estados norteamericanos de California, Arizona, Nuevo México, Texas y Florida. Los ingleses y franceses pusieron en práctica un sistema de colonización distinto, basado en grandes compañías de monopolios comerciales. En las colonias españolas se produjo un intenso mestizaje entre la población autóctona y los inmigrantes. También en los campos administrativo, cultural y religioso, la aportación hispana se mezcló con elementos indígenas. En las colonias inglesas y francesas, en cambio, los inmigrantes europeos se mantuvieron separados de los aborígenes y de los esclavos africanos.

descolonización Las tensiones entre Inglaterra y sus trece colonias condujeron a la proclamación unilateral de la independencia de EE UU por los colonos británicos en 1776, reconocida por Inglaterra en el tratado de París (1783) después de siete años de guerra. El temor al expansionismo de EE UU llevó a Inglaterra a otorgar a las colonias canadienses un nuevo estatuto, creándose en 1867 la Confederación de Canadá. En Nueva España la independencia se conquistó en 1822, proclamándose la República de México.

Edad Contemporánea Tras la independencia, los países de América del Norte tuvieron una evolución muy distinta. EE UU experimentó una poderosa corriente migratoria, extendió su territorio por el O hasta el océano Pacífico y alcanzó un alto grado de desarrollo económico. La inmigración fue menor en Canadá, que también se industrializó pronto y consiguió un poderoso comercio exterior. En cambio, México conoció un largo periodo de inestabilidad política e intervenciones extranjeras en su territorio y no acometió la industrialización; en consecuencia, tuvo que mantenerse como abastecedor de materias primas. En el s. XX, EE UU se ha convertido en la principal potencia mundial. México ha experimentado también, aunque con cierto retraso, un notable desarrollo industrial.

América Central y Caribe Sector central del continente americano, comprendido entre los istmos de Tehuantepec (México) y Panamá, que abarca además el archipiélago de las Antillas. También llamada *América del Centro* o *Centroamérica.*

Extensión: 759.736 km^2.
Límites: al N, con América del Norte; al E, con el mar de las Antillas y el océano Atlántico; al S, con América del Sur; al O, con el océano Pacífico.
Población: 63.400.000 h. en 1990.
Densidad: 83,5 h./km^2.
Idioma: español, inglés, francés.
Religión: cristianismo, animismo.
Países: Antigua y Barbuda, Bahamas, Barbados, Belice, Costa Rica, Cuba, Dominica, El Salvador, Granada, Guatemala, Haití, Honduras, Jamaica, Nicaragua, Panamá, Puerto Rico, República Dominicana, San Cristóbal y Nevis, Santa Lucía, San Vicente y Granadinas.
Lagos: Nicaragua, Managua, Izabal.
Penínsulas: Yucatán, Nicoya, Azuero.
Golfos: Honduras, Mosquitos, Panamá.

Geog. física América Central comprende un territorio muy montañoso, coronado por cumbres volcánicas, algunas de joven formación y gran inestabilidad, como el Tajumulco, de 4.220 m. Las costas de la parte continental son, en general, accidentadas en el océano Pacífico, sobre todo, en Costa Rica y Panamá. La costa del Atlántico presenta accidentes pronunciados, como la península de Yucatán, el golfo de Honduras y el cabo de Gracias a Dios. Frente a esta costa atlántica se extiende en forma de arco el gran archipiélago de las Antillas, que desde las proximidades de la península de Florida llega hasta cerca del litoral de Venezuela. Entre las islas y el istmo se encuentra el mar Caribe. El clima es tropical, cálido y húmedo.
Geog. humana La población se concentra en los valles y laderas montañosas de la costa del océano Pacífico y en los núcleos urbanos de las islas. En el istmo es notable el porcentaje de población aborigen y negra, muy abundante en las islas, además de blancos, mestizos y mulatos.
Geog. económica Agricultura, ganadería y pesca constituyen las actividades económicas más importantes. Las principales fuentes de riqueza son el cultivo de bananas, café, azúcar, tabaco, maíz y la explotación de maderas nobles y de los recursos turísticos.
Hist. Las islas del Caribe fueron las primeras tierras descubiertas por Cristóbal Colón en su viaje inicial (1492). La cultura maya había sido el principal foco de civilización precolombina en esta área. En las Antillas, la población aborigen desapareció tras la conquista, mientras fueron llevados desde África a las islas numerosos esclavos negros. América Central y el Caribe quedaron integrados en el virreinato de Nueva España.
La búsqueda de oro y su rápido agotamiento dieron paso al establecimiento de explotaciones agrícolas. A lo largo de los s. XVII y XVIII, ingleses, franceses y holandeses se establecieron en algunas islas. Las provincias unidas de América Central se separaron del México independiente en 1823 para formar entre 1838 y 1840 varias repúblicas independientes. La emancipación de las colonias insulares culminó en 1898 con la independencia de Cuba y Puerto Rico. Las antiguas colonias españolas quedaron bajo la influencia de EE UU, que controló directamente Puerto Rico y el canal de Panamá. Las colonias francesas e inglesas obtuvieron la independencia con posterioridad, pero aún mantienen ambos países su presencia en algunas pequeñas islas. El área centroamericana constituye en la época contemporánea uno de los focos de inestabilidad política mundial.

América del Sur Parte meridional del continente americano que se extiende desde el istmo de Panamá hasta el cabo de Hornos, a 56° de latitud S. También llamada *Suramérica* o *Sudamérica.*

Extensión: 17.846.012 km^2.
Límites: al N, con América Central y el mar Caribe; al E, con el océano Atlántico; al S, con el paso Drake, y al O, con el océano Pacífico.
Población: 296.000.000 h. en 1990.
Densidad: 16,6 h./km^2.
Idioma: español, portugués, quechua, inglés.
Religión: catolicismo, animismo, protestantismo.
Países: Argentina, Bolivia, Brasil, Colombia, Chile, Ecuador, Guyana, Paraguay, Perú, Surinam, Uruguay, Venezuela, Trinidad y Tobago, Guayana francesa.
Ríos: al mar del Caribe, el Magdalena; al océano Atlántico: Orinoco, Amazonas, San Francisco, Río de la Plata (formado por el Uruguay y Paraná-Paraguay).
Lagos: Titicaca, mar Chiquita, Maracaibo, Lagoa dos Patos, Lagoa Mirim.
Montes: Andes.
Golfos: Venezuela, Paria y Guayaquil, Bahía Blanca, San Matías, San Jorge, estuario del Río de la Plata.
Islas: en el océano Atlántico: archipiélago Patagónico, Malvinas, Georgias, Trinidad y Tobago; en el mar del Caribe: Aruba, Curaçao y Bonaire; en el océano Pacífico: las costeras de Chile y las Galápagos.

Geog. física Se distinguen tres unidades estructurales: el escudo guayano-brasileño al NE, de constitución arcaica; la cordillera de los Andes, al O, de origen alpino; y las llanuras centrales (Llanos venezolanos, Amazonia, Pampa) de origen sedimentario. Existen cinco regiones climático-botánicas: el bosque boreal en el S de Chile; la pradera (Pampa); el desierto (costa peruana y Patagonia); la selva ecuatorial (Amazonia); y la sabana (Llanos de Venezuela). El clima, continental en la Patagonia, mediterráneo en el centro de Chile, oceánico en el S de éste y desértico en el N, presenta las distintas variedades tropicales en el resto, además del ecuatorial de la Amazonia y el de montaña de los Andes. Los ríos de la vertiente atlántica están entre los más largos del mundo (Amazonas). Las costas del O son altas y rectilíneas (excepto en la mitad sur de Chile, donde son muy recortadas), mientras que las del E son bajas y cerradas.
Geog. humana La mayoría de la población es de raza blanca, aunque en Bolivia, Perú y Paraguay predominan los amerindios. El resto lo componen negros, mestizos, mulatos, zambos y minorías de raza amarilla. La población se concentra en las costas, con elevadas tasas de natalidad y agudos contrastes entre las aglomeraciones urbanas y las zonas rurales. El idioma mayoritario es el español, seguido del portugués, que se habla en Brasil. El quechua se habla en la zona andina.
Geog. económica La amplia gama de suelos y climas hace que los recursos sean también muy diversos. La flora es extremadamente variada. Los bosques cubren el 51 % de la tierra y muchas plantas de origen sudamericano constituyen hoy un importante alimento en el mundo entero o son empleadas en construcción y en medicina. Entre los cultivos destacan el café, tabaco, maíz, papa, cacao, coca, algodón y la quinina. El guano producido por las aves acuáticas es un fertilizante muy apreciado, así como el nitrato de Chile. Los mares son muy ricos en pesca. El subsuelo tiene gran riqueza en petróleo, hierro, estaño y cobre. La industria, en general, está muy poco desarrollada y especializada.

América Central y Caribe: vista de la isla de San Vicente, en las Pequeñas Antillas.

***Hist.* periodo precolombino** Antes de la llegada de los europeos existía un gran contraste entre las culturas chibcha (en la actual Colombia) e inca (en los actuales Ecuador y Perú), que habían alcanzado un grado de desarrollo semejante al de aztecas o mayas, y los pobladores del resto del continente, más primitivos, recolectores y nómadas.
época colonial Los españoles ocuparon en el s. XVI la costa N, toda la mitad occidental y el S desde el Río de la Plata. Los portugueses se asentaron en la costa atlántica, en el actual Brasil, mientras que franceses, ingleses y holandeses se establecieron en las Guayanas. Los colonizadores europeos se dedicaron a la minería y las explotaciones agrícolas, observándose en las colonias españolas y portuguesas un intenso mestizaje y un importante grado de desarrollo administrativo, cultural y religioso, como aportación de los numerosos inmigrantes de las metrópolis y de los misioneros. La insuficiente producción industrial española hizo quebrar el monopolio comercial de las colonias americanas y abrió paso a la influencia inglesa y francesa desde el s. XVIII.
Edad Contemporánea A comienzos del s. XIX tuvieron lugar las guerras de independencia y la formación de nuevas repúblicas en los antiguos virreinatos, bajo la dirección de caudillos ideológicos y militares, como Miranda, Simón Bolívar y San Martín. El proceso fue similar en Brasil, que conoció una monarquía independiente hasta la proclamación de la república en 1889. Los nuevos países sudamericanos atravesaron largos periodos de inestabilidad política, motivados por guerras internas e intervenciones extranjeras, y quedaron reducidos al papel de abastecedores de materias primas. Después de la Primera Guerra Mundial, EE UU pasó a ejercer una fuerte influencia sobre los países de América del Sur, especialmente en el terreno económico. Posteriormente, países como Argentina, Chile, Brasil y Venezuela han logrado un notable desarrollo económico, aunque muy dependiente de la necesidad de capital extranjero y de las fluctuaciones del mercado mundial. En la actualidad, los países de América del Sur se enfrentan con los graves problemas de la deuda externa y la consolidación de regímenes democráticos.

americanismo *s. m.* **1.** Cualidad o condición de americano. **2.** Palabra o giro propio de los hispanoamericanos o procedente de alguna lengua indígena de América. **3.** Inclinación a lo americano.

americanista *s. m.* y *f.* Persona que estudia las lenguas, culturas y demás peculiaridades de América.

americanizar *v. tr.* Dar o tomar carácter americano. También *v. prnl.* ▪ Se conjuga como *cazar.*

americano, na *adj.* **1.** De América. También *s.* **2.** Restrictivamente, de EE UU. También *s.* ‖ *s. f.* **3.** Chaqueta de tela con solapas y botones que llega por debajo de la cadera.

americio *s. m.* Am. Elemento químico perteneciente al grupo de los actínidos del sistema periódico. Su número atómico es 95 y su masa atómica 243. Se obtiene artificialmente bombardeando el uranio 238 con partículas α. Existen varios isótopos radiactivos del americio cuyos periodos de semidesintegración varían entre unas horas y miles de años.

amerindio, dia *adj.* **1.** Se dice de los pueblos aborígenes de América. Tienen la piel de color cobrizo amarillento, cabellos negros y lacios, escasa vellosidad, pómulos altos y muy salientes y ojos oscuros. Entre sus principales representantes se cuentan los mayas, incas y aztecas, así como numerosas tribus norteamericanas (excluidos los esquimales, a los que no se considera amerindios): iroqueses, sioux, apaches, etc. **2.** De estos pueblos. También *s.*

América del Sur: mercado de Otavalo, en Ecuador.

América del Sur: la carretera Transamazónica, en Brasil.

América del Sur: vista de Caracas, capital de Venezuela.

América del Sur: vista aérea de Mar del Plata, en Argentina.

amerizar *v. intr.* Posarse en el mar un hidroavión o una cápsula espacial. ■ Se conjuga como *cazar.* **FAM.** Amerizaje.

amestizado, da *adj.* Que tira a mestizo en color y facciones. También *s.*

ametrallador, ra *adj.* **1.** Que ametralla. ‖ *s. f.* **2.** Arma de fuego automática montada sobre un trípode o un pie fijo o móvil que dispara con mucha rapidez.

ametrallar *v. tr.* **1.** Disparar con una ametralladora o fusil ametrallador. **2.** Disparar metralla. **FAM.** Ametrallamiento.

ametría *s. f.* Falta de medida. **FAM.** Amétrico.

ametropía *s. f.* Defecto de la refracción ocular que impide la correcta formación de las imágenes en la retina. Éstas se forman delante o detrás, al ser defectuoso el poder de acomodación del cristalino. Comprende la miopía, hipermetropía y astigmatismo.

amianto *s. m.* Mineral fibroso formado por un silicato hidratado de calcio y magnesio (con impurezas de óxido de hierro o aluminio se denomina *asbesto*). Es termorresistente en alto grado e incombustible, por lo que se usa en la fabricación de revestimientos y tejidos resistentes al fuego y al calor. El polvo de amianto es cancerígeno y puede producir lesiones pulmonares.

Amicis, Edmondo d' (Oneglia 1846 - Bordighera 1908) Escritor italiano. Su obra más famosa es *Corazón* (1866), ambientada en el mundo de la infancia.

Amiconi, Giacopo (Nápoles 1682 - Madrid 1752) Pintor italiano. Miembro de la escuela veneciana, trabajó en diferentes países, hasta que en 1747 el rey español Fernando VI le nombró pintor de cámara. Realizó diversas pinturas en los palacios de Aranjuez y La Granja.

amida *s. f.* Compuesto fundamentalmente orgánico en el que uno, dos o los tres hidrógenos del amoniaco son reemplazados por radicales ácidos:

$$\underset{\text{(etanoico)}}{CH_3{-}COOH} \rightarrow \underset{\text{(Cloruro de etilo)}}{CH_3{-}CCl} \rightarrow \underset{\text{(etanoamida)}}{CH_3{-}CONH_2}$$

Amiel, Henry Frédéric (Ginebra 1821 - íd. 1881) Escritor suizo en lengua francesa. Es autor de numerosos ensayos y artículos de tema literario, filosófico y político, reunidos en *Ensayos críticos de Amiel* (1923). Es muy conocido su *Diario íntimo* (1883).

Fachada de la catedral gótica de Amiens.

Amiens C. de Francia, cap. del departamento del Somme, en Picardía. 130.300 h. en 1982. Es un importante centro industrial, con producción metalúrgica, mecánica, alimentaria y química. Destaca su catedral gótica del s. XIII, la mayor iglesia de Francia, donde se encuentra la famosa escultura del *Beau Dieu.*

Amiens, Maestro de (s. XIII) Escultor francés. Representante destacado del pleno gótico francés, fue autor de la escultura del *Beau Dieu,* en el pórtico central de la catedral de Amiens.

Amiens, paz de Tratado firmado en 1802 en Amiens entre el Reino Unido y Francia, para preservar la paz en Europa.

amigable *adj.* Amistoso, amable, cordial. **FAM.** Amigablemente.

amígdala *s. f.* Cada uno de los órganos en forma de almendra originados por acumulación de tejido linfático. Según su situación, se llaman: **lingual** (en la base de la lengua), **faríngea** (en la porción nasal de la faringe) y **palatina** (entre los pilares del velo del paladar). Por lo general, con el término amígdala suele designarse esta última. Constituyen un sistema de defensa contra infecciones por vía bucal o nasal. A veces es necesario extirparlas.

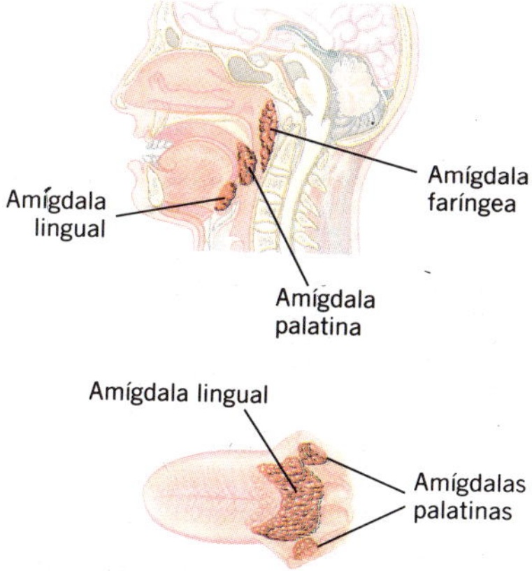

Situación de las amígdalas en el cuerpo humano.

amigdalitis *s. f.* Inflamación de las amígdalas palatinas.

amigdaloide *adj.* **1.** De forma de almendra. **2.** Se dice de la roca que contiene nódulos en forma de almendra.

amigo, ga *adj.* **1.** Se dice de la persona que tiene amistad con otra. También *s.* **2.** Aficionado a alguna cosa. **3.** Grato, cordial, amistoso. ‖ *s. m.* y *f.* **4.** Amante, persona que mantiene relaciones sexuales con otra sin estar casadas.

amigote *s. m. fam.* Compañero de juergas y diversiones.

amiguismo *s. m.* Tendencia a proporcionar cargos, puestos o premios a los amigos y conocidos.

amiláceo, a *adj.* Que contiene almidón o se parece a él.

amilanar *v. tr.* **1.** Asustar a uno de tal modo que le deje aturdido y sin capacidad de reacción. También *v. prnl.* **2.** Desanimar, desalentar. También *v. prnl.* **FAM.** Amilanado, amilanamiento.

amilasa *s. f.* Enzima hidrolasa que convierte el almidón en el disacárido maltosa. Se halla presente en vegetales (semillas en germinación), y en animales (en la saliva, en cuyo caso también se llama *tialina*, y en el jugo pancreático).

Amílcar Barca (? h. 290 - ? 228 a. C.) General cartaginés. Padre de Aníbal, combatió a los romanos en Sicilia durante la primera guerra púnica. Inició la conquista de Hispania, donde fundó Akra Leuké, cerca de la actual Alicante.

amílico *adj.* $C_5H_{11}OH$. Se dice de cada uno de los alcoholes isómeros que contienen cinco átomos de hidrógeno.

amillarar *v. tr.* Evaluar los capitales y utilidades de los vecinos de una localidad con el fin de distribuir proporcionalmente las contribuciones que les corresponden.

amimia *s. f.* Pérdida o disminución de la capacidad de comunicarse por medio de signos y gestos, con inexpresividad facial.

Amín Dadá, Idi (Koboko 1925) Político y militar ugandés. Llegó al poder mediante un golpe de Estado en 1971. Su mandato se caracterizó por las arbitrariedades y la violencia. Fue depuesto en 1979.

amina *s. f.* Sustancia orgánica obtenida mediante la sustitución total o parcial de los átomos de hidrógeno del amoniaco por radicales hidrocarbonados monovalentes. Puede ser primaria, secundaria o terciaria en función del número -uno, dos o tres, respectivamente- de radicales alquílicos que reemplazan a átomos de hidrógeno del amoniaco. Son básicas y muy solubles en agua. **FAM.** Amínico.

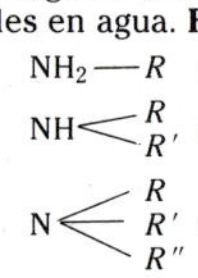

amino *s. m.* Radical monovalente formado por un átomo de nitrógeno y dos de hidrógeno que caracteriza a las aminas y otros compuestos.

amino- *pref.* Hace referencia a compuestos amínicos en los que aparece el grupo amino $-NH_2$, como en los *aminofenoles*.

aminoácido *s. m.* Cada uno de los ácidos orgánicos en cuya composición molecular entran el grupo amino $-NH_2$ y otro carboxílico. Constituyen los bloques básicos de las proteínas. En el organismo humano hay veinte aminoácidos distintos, cuya síntesis viene regida por el código genético presente en las moléculas de los ácidos nucleicos. Ocho de ellos (llamados *esenciales*) no pueden ser sintetizados por el organismo humano, por lo cual han de proceder de proteínas incorporadas por medio de la alimentación.

aminorar *v. tr.* Disminuir el tamaño, intensidad, velocidad, etc., de algo. También *v. prnl.* **FAM.** Aminoración.

amirí *adj.* Se dice de los descendientes de Almanzor y de su familia, entre los que se contaron los reyes taifas de Valencia. También *s.*

Amis, Kingsley William (Londres 1922) Escritor y crítico literario británico. Su talante acerado y mordaz se manifiesta en obras como *Jim el afortunado* (1954) o *Un inglés gordo* (1963).

Amis, Martin (Oxford 1949) Novelista británico. En sus obras retrata, con realismo e ironía, la sociedad de su época, sobre todo los ambientes del poder y las finanzas. Destacan sus novelas *Otra gente: una historia de misterio*, *El libro de Rachel* (1973), *Éxito* (1978) y *Dinero* (1984).

amistad *s. f.* **1.** Relación afectiva y desinteresada entre personas. **2.** Persona con las que se mantiene esta relación. Se usa más en *pl.* || *pl.* **3.** Conocidos influyentes.

amistoso, sa *adj.* **1.** Relativo a la amistad, que denota amistad. **2.** Dicho de un juego, partido, etc., fuera de competición. **FAM.** Amistosamente.

Ammán: vista de uno de los barrios de la capital de Jordania.

amito *s. m.* Prenda litúrgica en forma de lienzo cuadrado que el sacerdote se coloca sobre la espalda y los hombros, debajo del alba, para celebrar algunos oficios religiosos.

amitosis *s. f.* Forma más simple de reproducción celular por división directa, en la que no aparecen los filamentos cromosómicos. Sólo se da de modo constante en células viejas o de organización muy sencilla.

Ammán C. de Jordania, cap. del país. 972.000 h. en 1989. Primer centro comercial e industrial de la nación, produce fosfatos y abonos y cuenta con manufacturas alimentarias y textiles. Ha experimentado un gran crecimiento demográfico debido a la llegada de refugiados palestinos procedentes de Cisjordania.

Ammannati, Bartolomeo (Settignano 1511 - Florencia 1592) Escultor y arquitecto italiano. Representante del manierismo romano, entre sus obras destacan el patio del palacio Pitti, en Florencia (1568-70), y el colegio de los jesuitas en Roma (1578).

ammonites *s. m.* Género de moluscos cefalópodos fósiles, perteneciente a la familia ammonítidos, que abundaron durante la mayor parte del paleozoico y todo el mesozoico. Poseían una concha arrollada en espiral, de más de 1 cm de diámetro.

Ammonites fósil.

amnesia *s. f.* Pérdida parcial o total de la memoria. Puede ser causada por golpes, lesiones cerebrales o problemas psíquicos, circulatorios, etc. **FAM.** Amnésico.

amniocentesis *s. f.* Punción de la cavidad amniótica de una mujer embarazada, realizada a través del abdomen, con el fin de extraer líquido amniótico para su análisis.

amnios *s. m.* Membrana que rodea el embrión en los reptiles, aves y mamíferos, y que permite su desarrollo en un medio líquido.

amniótico, ca *adj.* Perteneciente o relativo al amnios. En especial se dice del líquido contenido en el amnios, que proporciona protección al embrión.

amnistía *s. f.* Perdón general concedido por una ley, que anula los efectos penales de ciertos delitos, generalmente por motivos de interés público o razones políticas. **FAM.** Amnistiar.

Amnistía Internacional Organización internacional privada, fundada en 1961 y dedicada a la defensa de los encarcelados y perseguidos por motivos políticos, raciales o religiosos, siempre que no hayan usado la violencia. En 1977 se le concedió el premio Nobel de la paz.

amo *s. m.* **1.** Dueño, propietario de alguna finca, negocio, etc. **2.** Persona que tiene uno o más criados, respecto de ellos. **3.** Persona que tiene mucha autoridad o influencia en un lugar, ámbito, etc.

amodorrar *v. tr.* Adormecer, producir modorra. También *v. prnl.* **FAM.** Amodorramiento.

amohinar *v. tr.* Poner mohíno a alguien. También *v. prnl.*

amojamar *v. tr.* **1.** Hacer mojama o cecina. || *v. prnl.* **2.** Adelgazar y arrugarse uno, debido sobre todo a la vejez. **FAM.** Amojamamiento.

amojonar *v. tr.* Señalar con mojones las lindes de un terreno, propiedad o término jurisdiccional. **FAM.** Amojonamiento.

amolar *v. tr.* **1.** Afilar en la muela armas o instrumentos cortantes. **2.** *fam.* Molestar. También *v. prnl.* ■ Es v. irreg. Se conjuga como *contar*. **FAM.** Amolador.

amoldar *v. tr.* **1.** Ajustar una cosa al molde o a otra cosa. También *v. prnl.* **2.** Adaptar a un fin. También *v. prnl.* **FAM.** Amoldable, amoldamiento.

Amón Divinidad principal de la religión egipcia. Su nombre se asoció al Sol (Ra), por lo que se la llamó Amón Ra. Se representa con forma humana o de carnero.

amonal *s. m.* Explosivo de gran potencia compuesto por nitrato amónico, aluminio en polvo y trinitrotolueno.

amonarse *v. prnl. fam.* Emborracharse.

amonedar *v. tr.* Acuñar, fabricar moneda.

amonestar *v. tr.* **1.** Reñir, reprender. **2.** Advertir a alguien antes de tomar una decisión negativa contra él. **3.** Publicar en la iglesia los nombres de los que van a contraer matrimonio, para que el que conozca algún impedimento lo haga saber. **FAM.** Amonestación.

amoniaco o **amoníaco** *s. m.* NH_3. Gas incoloro de olor irritante. Disuelto en agua constituye el hidróxido de amonio, NH_4OH, de carácter débilmente básico, que al reaccionar con los ácidos produce las sales de amonio. Sus aplicaciones van desde los abonos y los artículos de limpieza a la refrigeración. **FAM.** Amoniacal.

amonificación *s. f.* Proceso de descomposición microbiana de la materia orgánica en el que, tras la hidrólisis de proteínas y ácidos nucleicos, se liberan aminoácidos y bases orgánicas nitrogenadas.

amonio *s. m.* NH_4. Ion presente en pequeña cantidad en el hidróxido de amonio y en mayor proporción en la disolución de las sales de amonio de ácidos fuertes, que hace funciones de metal alcalino en las sales amónicas. **FAM.** Amónico.

amonita *s. f.* Mezcla explosiva compuesta principalmente de nitrato de amonio.

amontillado *adj.* Se dice de un jerez parecido al vino de Montilla, algo más oscuro que los finos corrientes. También *s. m.*

amontonar *v. tr.* **1.** Poner unas cosas encima de otras sin ordenarlas. También *v. prnl.* **2.** Juntar, reunir en abundancia. También *v. prnl.* || *v. prnl.* **3.** Producirse muchos sucesos, noticias, etc., en poco tiempo. **FAM.** Amontonamiento.

amor *s. m.* **1.** Conjunto de fenómenos afectivos y emocionales que ligan una persona a otra. **2.** Gran afición o inclinación hacia algo. **3.** Acto sexual y acciones que lo acompañan. **4.** Suavidad, ternura. **5.** Esmero, cuidado. **6.** Persona u objeto amado. || *pl.* **7.** Relaciones amorosas. || **8. amor libre** El que persigue la relación sexual sin buscar la creación de lazos afectivos o de parejas estables. **9. amor platónico** El que idealiza a la persona amada sin establecer con ella ningún tipo de relación real. **10. amor propio** Consideración o estima de sí mismo. También, deseo de quedar bien ante uno mismo y ante los demás. || **LOC. al amor de** *adv.* Con palabras como *lumbre, fuego*, etc., cerca de ellos. **de mil amores** o **con mil amores** *adv. fam.* Con mucho gusto. **por amor al arte** *adv. fam.* Gratuitamente. **¡por (el) amor de Dios!** *interj. fam.* Se utiliza para pedir algo encarecidamente o como exclamación de protesta o disgusto.

amoral *adj.* Que no se ajusta a unos principios morales. **FAM.** Amoralidad.

amoratarse *v. prnl.* Ponerse morado, en especial una parte del cuerpo. **FAM.** Amoratado.

amorcillo *s. m.* Niño alado y desnudo que suele llevar un arco, flechas y venda en los ojos; representa, en pintura y escultura, al dios del amor.

amordazar *v. tr.* **1.** Poner mordaza. **2.** Hacer callar, limitar la libertad de expresión. ■ Se conjuga como *cazar.* **FAM.** Amordazamiento.

amorfo, fa *adj.* **1.** Que no tiene forma regular o bien determinada. **2.** Se aplica a las sustancias cuyos átomos, moléculas o iones no están dispuestos en forma de redes, sino desordenadamente, como ocurre en los fluidos y en ciertos sólidos, como el vidrio. **3.** En psicol., se dice del individuo de personalidad indefinida, caracterizado por su pasividad y conformismo y por ser fácilmente sugestionable.

Amorim, Enrique (Salto 1900 - íd. 1960) Escritor uruguayo. Novelista, alcanzó sus mayores éxitos con temas costumbristas ambientados en la pampa, en obras como *El paisano Aguilar* (1934) y *El caballo y su sombra* (1941).

amorío *s. m.* Relación amorosa pasajera y superficial.

amoroso, sa *adj.* **1.** Que siente o manifiesta amor. **2.** Perteneciente o relativo al amor. **3.** Blando, suave. **FAM.** Amorosamente.

amorreo, a o **amorrita** *adj.* **1.** Se dice de un pueblo semita que habitaba en Siria y Mesopotamia entre los s. XXIV y XXIII a. C. **2.** De este pueblo. También *s.* ‖ *s. m.* **3.** Lengua semítica hablada por dicho pueblo.

amortajar *v. tr.* Poner la mortaja a un difunto. **FAM.** Amortajamiento.

amortiguación *s. f.* **1.** Acción y efecto de amortiguar o amortiguarse. **2.** Mecanismo de suspensión de un vehículo. **3.** Pérdida paulatina del valor de una magnitud física, como la intensidad y energía de las ondas y radiaciones. **4.** En quím., efecto que producen ciertas disoluciones, que mantienen prácticamente invariable el pH.

amortiguador, ra *adj.* **1.** Que amortigua. ‖ *s. m.* **2.** Dispositivo que se utiliza para evitar o disminuir los efectos de los choques y las sacudidas, oscilaciones violentas, etc., especialmente el destinado a absorber los movimientos verticales de las ruedas de un vehículo.

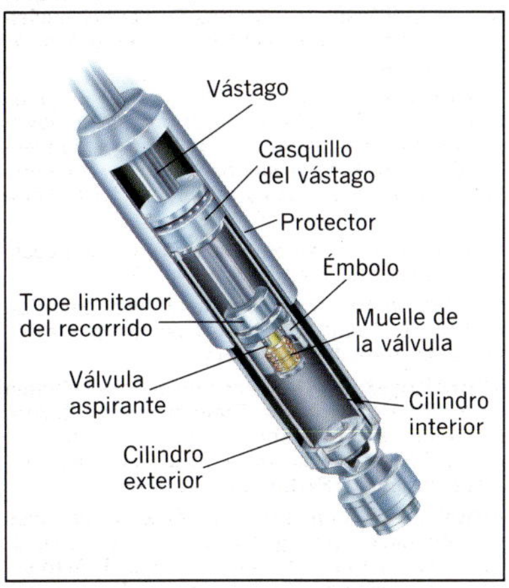

Partes de un moderno amortiguador.

amortiguar *v. tr.* Hacer menos violenta, intensa o perjudicial una cosa. ■ Se conjuga como *averiguar.* **FAM.** Amortiguamiento.

amortizar *v. tr.* **1.** Pagar total o parcialmente el capital de un préstamo u otra deuda. **2.** Recuperar o compensar los fondos empleados en una inversión. **3.** Sacar provecho o rendimiento de algo. **4.** Suprimir empleos en un cuerpo u oficina, dejando sin cubrir las bajas producidas. **5.** Pasar bienes a manos muertas, es decir, a poseedores que no pueden enajenarlos. ■ Se conjuga como *cazar.* **FAM.** Amortizable, amortización.

Amós Personaje bíblico. Uno de los doce profetas menores; vivió en el s. VIII a. C.

amoscarse *v. prnl. fam.* Mosquearse, enfadarse. ■ Se conjuga como *sacar.*

amostazar *v. tr.* Mosquear, enfadar. También *v. prnl.* ■ Se conjuga como *cazar.*

amotinar *v. tr.* Alzar en motín a un grupo de personas. También *v. prnl.* **FAM.** Amotinado, amotinamiento.

amovible *adj.* **1.** Que puede ser quitado del lugar, puesto o cargo que ocupa. **2.** Se aplica al puesto o cargo del que se puede separar al que lo ocupa. **FAM.** Amovilidad.

amparar *v. tr.* **1.** Favorecer, proteger. ‖ *v. prnl.* **2.** Valerse de alguien o de algo para protegerse, defenderse, etc. **FAM.** Amparado, amparo.

Ampato, Nevado de Volcán peruano, en el departamento de Arequipa. 6.310 m.

Ampère, André Marie (Lyon 1775 - Marsella 1836) Físico y matemático francés. Inició el estudio sistemático de las relaciones entre fenómenos eléctricos y magnéticos y formuló la ley que lleva su nombre, en la que se expresa el conjunto de las relaciones que se establecen entre la corriente eléctrica y los cuerpos magnéticos. Introdujo los términos de 'corriente' y 'tensión'.

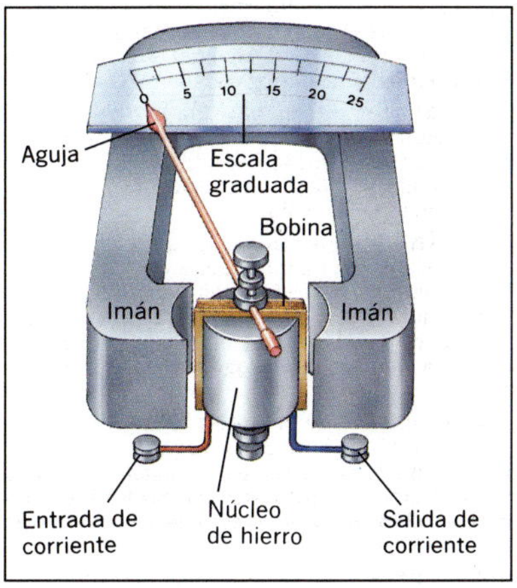

Esquema de un amperímetro.

amperímetro *s. m.* Aparato que, intercalado en un hilo conductor, mide la intensidad de la corriente eléctrica que circula por él.

amperio *s. m.* Unidad de intensidad de corriente eléctrica en el SI. Se define como la intensidad de corriente que pasa en el mismo sentido por cada uno de dos conductos rectilíneos, paralelos e infinitos, para que ambos se atraigan mutuamente con una fuerza de 2×10^{-7} newton por metro de longitud. Debe su nombre al físico francés André Marie Ampère. Su símbolo es A.

ampliador, ra *adj.* **1.** Que amplía. ‖ *s. f.* **2.** Aparato para obtener ampliaciones fotográficas.

ampliar *v. tr.* **1.** Extender, hacer algo más grande o espacioso. **2.** Reproducir algo, p. ej. una fotografía, una fotocopia, etc., en tamaño mayor que el del original. ■ En cuanto al acento, se conjuga como *ansiar*: *amplío.* **FAM.** Ampliable, ampliación, ampliado.

amplificación *s. f.* **1.** Acción y efecto de amplificar. **2.** Aumento de una magnitud física, especialmente la intensidad de una corriente eléctrica, mediante amplificadores.

amplificador, ra *adj.* **1.** Que amplifica. ‖ *s. m.* **2.** Aparato o sistema mediante el cual se consigue un aumento de la amplitud o intensidad de un fenómeno físico, dibujo, sonido, fotografía, etc.; particularmente, dispositivo electrónico que transmite una señal, aumentando su intensidad. ***Fís.*** Los amplificadores se utilizan en numerosos aparatos, como receptores de radio y televisión, reproductores de sonido y ordenadores. Inicialmente eran construidos con circuitos que contenían válvulas electrónicas de vacío o transistores, hoy se utilizan circuitos integrados.

amplificar *v. tr.* Aumentar, especialmente la intensidad o amplitud de un fenómeno físico. ■ Se conjuga como *sacar.*

amplio, plia *adj.* **1.** Extenso, holgado, espacioso. **2.** Que abarca mucho. **3.** Que excede o aventaja con creces. **4.** Con palabras como *miras* o *criterio*, abierto, comprensivo. **FAM.** Ampliamente.

amplitud *s. f.* **1.** Cualidad de amplio. **2.** En fís., separación máxima experimentada por un cuerpo o un sistema que oscila respecto a su posición de equilibrio. **3.** Ángulo diedro formado por el plano vertical de un astro en su salida u ocaso y el vertical del punto este u oeste. Se mide sobre el horizonte y es complementario del acimut*. **4.** En mat., distancia entre dos puntos o valores extremos. ‖ **5. amplitud térmica** Diferencia entre la media de las temperaturas del mes más cálido y el mes más frío en un punto geográfico.

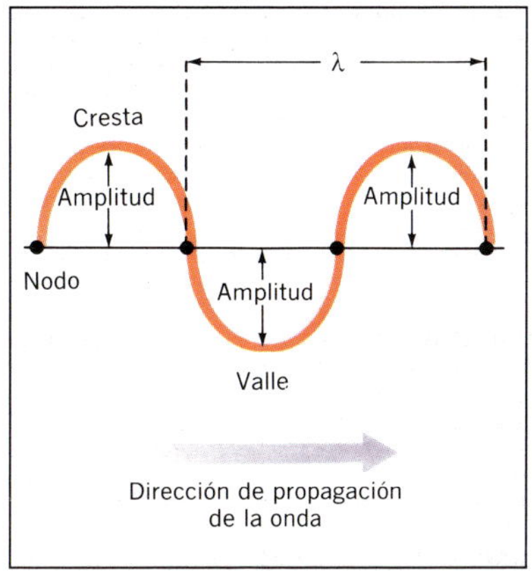

Representación geométrica de una onda transversal, en la que se señala su amplitud.

ampo *s. m.* **1.** Blancura resplandeciente. **2.** Copo de nieve.

ampolla *s. f.* **1.** Pequeño abultamiento lleno de suero o sangre, formado en la piel como consecuencia de quemaduras, fricciones, contacto con sustancias químicas o enfermedades. **2.** Vasija de cuello largo y estrecho y cuerpo ancho y redondeado; p. ext., cualquier objeto de forma parecida. **3.** Pequeño recipiente de cristal cerrado herméticamente que suele contener líquido, en general inyectable. ‖ **LOC. levantar ampollas** Causar gran irritación.

Amposta C. de España, en la prov. de Tarragona. 15.682 h. en 1990. Está situada en la desembocadura del río Ebro. Cuenta con cultivos arroceros y hortícolas.

ampuloso, sa *adj.* Pomposo y afectado; se aplica principalmente al estilo o al lenguaje. **FAM.** Ampulosamente, ampulosidad.

Ampurdán (*Empordà*) Comarca de España, en la prov. de Girona. Dividida en Alto y Bajo Ampurdán, y regada por los ríos Fluviá y Ter, cuenta con recursos agrarios (cereales, arroz, vid) y ganaderos. Es una importante zona turística (Costa Brava).

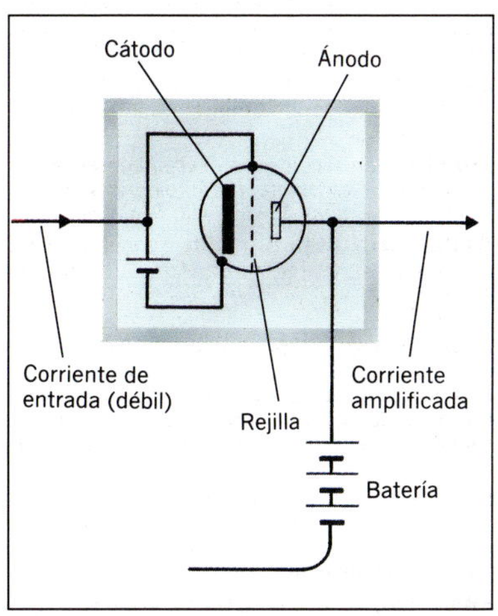

Amplificador: la corriente de entrada imprime su modulación a la corriente fuerte producida por la batería.

Ampurias Antigua ciudad griega de la costa catalana, en Girona, fundada hacia el 550 a. C. En ella se han encontrado restos de tres culturas diferentes: indigete, griega y romana.

amputar *v. tr.* Cortar o separar algo de un todo, especialmente algún miembro del cuerpo. **FAM.** Amputación.

Amr (? - ? 663) Caudillo árabe. Fue compañero de Mahoma y dirigió a los musulmanes en la conquista de Palestina y Egipto.

Amritsar C. de la India, en el estado de Punjab. 594.800 h. en 1981. Cuenta con industria textil y química y artesanía. Es la ciudad santa de los sijs, y en ella está situado el Templo Dorado.

Amsterdam C. de los Países Bajos, cap. del país. 696.500 h. en 1989, y 1.016.000 h. en 1987 en la aglomeración urbana. Su puerto es uno de los más importantes del mundo. Cuenta con industrias alimentarias, gráficas, metalúrgicas y navales y es el centro internacional de la talla y comercio de diamantes. Entre sus museos destacan la Casa de Rembrandt y el Rijksmuseum.

Amsterdam: vista de la torre de Montelbaasturm, sobre uno de los muchos canales que recorren la ciudad.

Amu Daria Río de Asia central. 2.540 km. Nace en la meseta de Pamir, sirve de frontera al NE de Afganistán y desemboca en el lago Aral.

amueblar *v. tr.* Equipar con muebles un edificio o parte de él. **FAM.** Amueblado.

amuermar *v. tr.* **1.** *fam.* Aburrir mucho, deprimir. También *v. prnl.* **2.** *fam.* Producir la marihuana, el hachís y otras drogas cierto estado de sopor. También *v. prnl.* **FAM.** Amuermado.

amuleto *s. m.* Objeto que alguien lleva consigo y al que supersticiosamente atribuye poder sobrenatural.

Amundsen, Roald (Borge, Ostfold 1872 - en el Ártico 1928) Explorador noruego. Descubrió el polo S y sobrevoló por primera vez el polo N.

Amur Río de Asia, en el NE del continente. 4.350 km, 2.050.000 km^2 de cuenca y 9.000 m^3/s de caudal. Formado por los ríos Shilka y Argun, sirve parcialmente de frontera entre China y Siberia oriental y desemboca en el mar de Ojotsk. Es navegable y por él se desarrolla un importante tráfico fluvial.

amura *s. f.* Parte de los costados de una embarcación donde ésta se estrecha para formar la proa.

amurallar *v. tr.* Cercar o proteger con murallas. **FAM.** Amurallado.

amusia *s. f.* Incapacidad para reconocer o reproducir sonidos musicales, tonos, melodías, etc. Se llama también *sordera musical.*

an- *pref.* Variante del prefijo privativo *a-* seguido de vocal. Significa 'privación' o 'negación': *analfabeto.*

ana- *pref.* **1.** Significa 'contra': *anacrónico.* **2.** Significa también 'de nuevo': *anabaptista.*

Ana, Santa Según la tradición cristiana, madre de la Virgen María.

Ana Bolena (Rochford Hall h. 1507 - Londres 1536) Reina de Inglaterra (1533-36). Fue la segunda esposa de Enrique VIII. Este matrimonio condujo a la separación entre la Iglesia de Inglaterra y la de Roma, al negarse el papa a anular el primer matrimonio de Enrique VIII con Catalina de Aragón. Acusada de traición y adulterio, fue condenada a muerte y decapitada.

Ana de Austria (Cigales 1549 - Badajoz 1580) Reina de España. Fue la cuarta esposa de Felipe II, de quien era sobrina, y madre del rey Felipe III.

Ana de Austria (Valladolid 1601 - París 1666) Reina de Francia. Hija de Felipe III de España y esposa de Luis XIII de Francia, fue madre del rey Luis XIV de Francia y regente del país, durante la minoría de edad de su hijo (1643-61).

Ana Estuardo (Londres 1665 - íd. 1714) Reina de Gran Bretaña e Irlanda. Durante su reinado tuvo lugar la unión definitiva de Escocia y de Inglaterra mediante el Acta de Unión de 1707, la guerra de Sucesión al trono español, la toma de Gibraltar por los ingleses y la firma del tratado de Utrecht (1713), que confirmó la hegemonía marítima del Reino Unido.

Ana Ivanovna (Moscú 1693 - San Petersburgo 1740) Emperatriz de Rusia (1730-40). Gobernó autocráticamente auxiliada por su favorito Biron. Durante su reinado se produjeron la guerra de Sucesión de Polonia y una guerra contra los turcos.

anabaptismo *s. m.* Movimiento reformador religioso surgido en Suiza, Países Bajos y Alemania hacia 1521. Negaba el valor sacramental del bautismo conferido a los niños y defendía la libre interpretación de la *Biblia* y el rechazo de la jerarquía y las instituciones eclesiásticas. Uno de sus principales representantes fue Thomas Müntzer. **FAM.** Anabaptista.

anabiosis *s. f.* Vuelta a la vida activa de un organismo tras un periodo de letargo o vida latente.

anabolismo *s. m.* Fase del metabolismo en la que los principios inmediatos se combinan entre sí para sintetizar las sustancias de que se compone el protoplasma de las células. Se llama también *asimilación* o *metabolismo constructivo.* La fase opuesta se denomina *catabolismo.*

anabolizante *adj.* Se dice de la sustancia que estimula el anabolismo. También *s. m.*

anacarado, da *adj.* Del color y aspecto del nácar.

anacardo *s. m.* **1.** Árbol de la familia anacardiáceas, especie *Anacardium occidentale.* Tiene hojas ovales y fruto pulposo y comestible. Originario de América, se cultiva en Brasil, India y África ecuatorial; de él se extrae el aceite de kajú, usado para barnices. **2.** Fruto de este árbol.

anacoluto *s. m.* En ling., construcción defectuosa por falta de congruencia sintáctica entre los elementos de una frase o expresión.

anaconda *s. f.* Reptil ofidio de la familia boidos, especie *Eunectes murinus.* Alcanza hasta 9 m de longitud y tiene color verde oscuro con manchas negras ovales alternantes. Vive en ríos de América tropical y se alimenta de animales que bajan a beber a ellos, incluso de caimanes.

anacoreta *s. m.* y *f.* Persona que vive en un lugar solitario, entregada a la penitencia y a la oración. **FAM.** Anacorético.

Anacreonte (Teos de Lidia, segunda mitad del s. VI a. C. - ?) Poeta lírico griego. Acogido primero por Polícrates, tirano de Samos, vivió después durante largo tiempo en Atenas. En sus odas, de las que han quedado escasos fragmentos, canta los goces del vino y del amor, y a la juventud y los placeres de la vida.

Anaconda (Eunectes murinus).

anacreóntico, ca *adj.* Se aplica a un tipo de composición poética en la que se cantan los placeres del amor, del vino y otros similares. En España cultivaron la poesía anacreóntica poetas de los s. XVI, XVII y XVIII como Gutierre de Cetina, Quevedo, Villegas, Meléndez Valdés, etc.

anacromático, ca *adj.* Que tiene una aberración cromática.

anacrónico, ca *adj.* Que presenta anacronismo. **FAM.** Anacrónicamente.

anacronismo *s. m.* **1.** Falta de adecuación que resulta de presentar algo como propio de una época a la que no corresponde. **2.** Aquello que es impropio del periodo de que se trata, especialmente por estar anticuado.

anacrusa *s. f.* **1.** Nota o conjunto de notas iniciales de una melodía, que no completan un compás, sino que sirven de introducción al primer tiempo fuerte del compás siguiente. **2.** Anacrusis.

anacrusis *s. f.* **1.** En la métrica española, sílaba o conjunto de sílabas átonas que preceden al primer acento rítmico de un verso. **2.** En la métrica grecolatina, sílaba que precede a la que inicia un pie completo.

anacusia *s. f.* Incapacidad total para percibir sonidos, de origen innato o congénito.

ánade *s. m.* Nombre común de diversas aves palmípedas de la familia anátidos, género *Anas.* Son grandes nadadoras y voladoras y viven en las proximidades de zonas acuáticas. Entre las especies más conocidas destacan el ánade real *(Anas platyrhynchos)*, que vive en pequeñas bandadas en el hemisferio norte y cuya carne es muy apreciada, el ánade friso *(Anas strepera)*, parecido al anterior pero de pico más estrecho, el ánade rabudo *(Anas acuta)* y el ánade silbón *(Anas penelope).*

Ánade real (Anas platyrhynchos).

anadiplosis *s. f.* Figura retórica que consiste en la repetición de la última parte de un verso o frase al comienzo del siguiente: *«triste hoguera hay en medio del mar, / del mar, del mar ardiendo»* (Rafael Alberti).

anaerobio, bia *adj.* **1.** Se dice del organismo que no necesita oxígeno para vivir. **2.** P. ext. se aplica a los procesos de fermentación que se producen en ausencia de aire. **FAM.** Anaeróbico.

anafase *s. f.* Tercera fase de la mitosis, en la que los cromosomas ya duplicados se separan y se orientan hacia los dos polos de la célula.

anafe *s. m.* Anafre*.

anafia *s. f.* Incapacidad total o parcial para percibir sensaciones táctiles.

anafilaxia *s. f.* **1.** Fuerte reacción alérgica como resultado de inyectar en el cuerpo materia extraña al mismo. Sus síntomas son falta de aliento y colapso circulatorio. Se combate con adrenalina y antihistamínicos. **2.** Sensibilidad excesiva de algunas personas a la acción de ciertos alimentos o medicamentos. **FAM.** Anafiláctico.

anáfora *s. f.* **1.** Figura retórica que consiste en la repetición de una o varias palabras al comienzo de cada verso, frase, etc.: *«¡Qué gran torero en la plaza! / ¡Qué buen serrano en la sierra! / ¡Qué blando con las espigas!»* (Lorca). **2.** Aparición en el discurso de elementos (pronombres, adverbios, etc.) que se refieren a una palabra o expresión anteriormente mencionadas. **FAM.** Anafórico.

anaforesis *s. f.* Desplazamiento hacia el ánodo que sufren las partículas de un líquido en suspensión coloidal al someterlo a la acción de un campo eléctrico.

anafre *s. m.* Hornillo portátil de carbón.

anafrodisiaco, ca *adj.* Se dice de la sustancia que reduce el deseo sexual. También *s. m.*

anáglifo *s. m.* Vaso u obra tallada en relieve.

Anagni, paz de Tratado que se firmó en 1295 en la ciudad italiana del mismo nombre y que puso fin a las guerras entre la corona de Aragón y el papado por la posesión de Sicilia y otras plazas italianas.

anagoge o **anagogía** *s. f.* **1.** Interpretación mística de la *Biblia.* **2.** Elevación mística del espíritu. **FAM.** Anagógico.

anagrama *s. m.* Reordenación de las letras de una palabra o palabras de forma que constituyan otra u otras, p. ej.: *amor* y *Roma.* ▪ Se utiliza a veces con el sentido de logotipo y de emblema.

Anáhuac Meseta volcánica situada en la zona central de la república mexicana, entre la Sierra Madre Occidental y Oriental, que incluye los estados de México, Hidalgo, Tlaxcala, Querétaro, Guanajuato y el Distrito Federal. Se llama también *Altiplanicie Mexicana.*

anal *adj.* Perteneciente o relativo al ano.

anales *s. m. pl.* **1.** Relaciones escritas de acontecimientos ordenados por años. Constituyen la forma más antigua de textos históricos. **2.** En la actualidad, publicaciones de periodicidad anual y de carácter científico o técnico.

analfabeto, ta *adj.* Que no sabe leer ni escribir. También *s.* **FAM.** Analfabetismo.

Educ. Esta definición tradicional está siendo sustituida por otras, como la que propone la UNESCO, que considera analfabeto funcional a toda persona mayor de una edad determinada (por lo general, a partir de los 14-15 años) que, haya pasado o no por un cierto periodo de escolarización, no sabe leer con comprensión ni escribir correctamente un sencillo texto sobre su vida cotidiana; es decir, no posee un dominio suficiente de las técnicas instrumentales básicas (lectura, escritura, cálculo).

analgesia *s. f.* Falta o supresión de toda sensación dolorosa. Puede presentarse en el curso de determinadas enfermedades o ser producida por medio de analgésicos.

analgésico, ca *adj.* **1.** Perteneciente o relativo a la analgesia. **2.** Se aplica al medicamento que alivia o suprime el dolor. También *s. m.*

Med. Los analgésicos actúan disminuyendo la capacidad de reacción de los centros cerebrales correspondientes. Son muy usados los preparados con ácido acetilsalicílico, como la aspirina. Los derivados del opio (morfina, heroína) son más potentes, pero pueden crear hábito, por lo que se reservan para circunstancias especiales.

análisis *s. m.* **1.** Distinción y separación de las partes de un todo para identificar sus principios o elementos. **2.** Examen de alguna cuestión, problema, obra, escrito, etc. **3.** Método para determinar los componentes de una sustancia y la cantidad, cualidades, etc., de cada uno de ellos. **4.** En inform., fase de un proceso, previa al trabajo de la máquina, en la que se establece la solución automatizada más adecuada y su forma de realización. **5.** Parte de las matemáticas que comprende el cálculo diferencial e integral y toda cuestión matemática que no trate de elementos geométricos. **6.** En fil., método de pensamiento que procede de lo compuesto a lo simple. **7.** En ling., examen de las palabras de una oración o discurso. **8.** Estudio de las fuerzas y factores que intervienen en un proceso económico (recursos naturales, capital, población, tecnología, etc.) para medir el grado de desarrollo de un país. **FAM.** Analizar.

Fil. El análisis se opone a la síntesis, que procede de lo simple a lo compuesto. Ambos métodos son complementarios. P. ej., la ciencia suele partir del análisis (observación, experimentación) para llegar, por medio de la síntesis, a establecer una ley.

Ling. El análisis se llama **morfológico** si estudia aisladamente la naturaleza de cada palabra. El estudio de las funciones y relaciones de las palabras, sintagmas y oraciones entre sí se denomina análisis **sintáctico**. El análisis **fonológico** se ocupa del estudio de los sonidos o fonemas del discurso y de sus relaciones. El análisis **semántico** se ciñe al estudio de los significados. El análisis **estilístico** estudia los valores expresivos de los elementos lingüísticos y su disposición en el discurso.

analista[1] (de *anales*) *s. m.* y *f.* Persona que escribe anales.

analista[2] (de *análisis*) *s. m.* y *f.* Especialista en análisis médicos, económicos, informáticos, etc.

analítico, ca *adj.* **1.** Perteneciente o relativo al análisis. **2.** Que procede por vía de análisis. **3.** Se aplica a las lenguas que, a diferencia de las sintéticas o flexivas, utilizan elementos morfológicos libres, como las preposiciones, conjunciones y artículos, para expresar las relaciones entre las palabras; p. ej., el inglés o el español. || **4. filosofía analítica** Corriente filosófica contemporánea que agrupa diversas tendencias cuyo común denominador es su carácter antimetafísico y su interés por los problemas del lenguaje, tanto común como científico. A ella pertenecen los autores neopositivistas y los miembros de las escuelas de Oxford y Cambridge. **FAM.** Analíticamente.

analizador, ra *adj.* **1.** Que analiza. También *s.* || *s. m.* **2.** Sistema de lentes que permite analizar el grado de polarización de la luz.

analogía *s. f.* Relación de semejanza entre cosas distintas.

Fil. El término analogía era usado por los antiguos griegos para expresar semejanza de proporción o de función entre dos objetos, conceptos o cantidades. Así, p. ej., utilizaban la analogía para expresar la relación entre dos pentágonos con áreas muy diferentes. El concepto lo utilizó después Aristóteles para referirse al ser, y en la Edad Media se valieron de él los filósofos escolásticos para establecer la relación entre Dios y las criaturas.

La analogía fue, además, un método básico en el estudio de las ciencias de la naturaleza: el investigador comparaba dos objetos o fenómenos, uno bien conocido y otro menos, y a partir de ciertas semejanzas establecía el comportamiento o naturaleza del menos conocido. Aunque no era un método seguro, posibilitó descubrimientos como el de la propagación ondulatoria de la luz, por su analogía con la propagación del sonido.

analógico, ca *adj.* **1.** Análogo. **2.** Propio de un método de cálculo que utiliza la analogía con las medidas de magnitudes físicas para la resolución de un problema. **FAM.** Analógicamente.

Mat. Una calculadora analógica representa los números mediante magnitudes físicas de tipo continuo (distancia, intensidad de corriente, etc.), generando como resultado de las operaciones otra magnitud física que debe ser medida para transformarla a su vez en número. Lo opuesto de analógico es digital.

análogo, ga *adj.* Semejante.

anamnesis *s. f.* Acción pevia a cualquier estudio clínico o psicosocial, que trata de recoger la información más amplia posible sobre el paciente.

ananá o **ananás** (voz guaraní) *s. m.* **1.** Planta tropical de la familia bromeliáceas, especie *Ananas sativus.* Mide hasta 70 cm de altura, tiene hojas rígidas de punta aguda y produce un fruto grande y carnoso, la piña tropical, que se emplea como alimento. **2.** Fruto de esta planta.

Ananea, Nevado de Pico de Perú, en la cordillera de Carabaya. 5.830 m.

anapesto *s. m.* Pie de la poesía griega y latina que consta de tres sílabas, las dos primeras breves y la última larga.

anaquel *s. m.* Estante de un armario, librería, etc.

anaranjado, da *adj.* Se dice del color semejante al de la naranja, así como de las cosas que lo tienen. Es el segundo color del espectro solar. También *s. m.*

anarcosindicalismo *s. m.* Corriente del anarquismo que atribuye a los sindicatos un papel decisivo en la emancipación de los trabajadores.

Pol. Surgido tras el fracaso de la táctica terrorista del anarquismo a finales del s. XIX, el anarcosindicalismo defendía el apoliticismo y la acción directa mediante la huelga general. Los principios generales del anarcosindicalismo fueron fijados en 1906 en la Carta de Amiens, durante el congreso fundacional de la CGT francesa (Confederación General del Trabajo). En Argentina se fundó en 1905 la Federación Obrera Regional, que extendió su influencia a otros países latinoamericanos. En 1911 se creó en Barcelona la CNT (Confederación Nacional del Trabajo), el sindicato más poderoso de España hasta 1939.

anarquía *s. f.* **1.** Ausencia de gobierno y autoridad en un Estado. **2.** Confusión, desorden, por falta de autoridad de los poderes públicos. **3.** Desconcierto, desorganización. **FAM.** Anárquicamente, anárquico.

anarquismo *s. m.* Doctrina política que propugna la absoluta libertad del individuo, la desaparición del Estado y la propiedad privada y la implantación de una sociedad en la que toda relación proceda de mutuos acuerdos. **FAM.** Anarquista.

Pol. Con precedentes en las doctrinas utópicas de la antigüedad y del Renacimiento, y en las teorías de Fourier y Owen (s. XVIII-XIX), el anarquismo se consolidó definitivamente como doctrina política en el s. XIX con Proudhon, autor de *¿Qué es la propiedad?,* y Max Stirner, autor de *El único y su propiedad.* Sus ideas político-sociales fueron sistematizadas por Bakunin, Kropotkin y Malatesta hasta convertir al anarquismo en la ideología de sectores muy importantes del proletariado.

En la última década del s. XIX, el anarquismo adoptó la táctica del atentado terrorista individual, en parte como represalia contra las condenas impuestas a sus militantes. Debido al fracaso de esa táctica, surgió a principios del s. XX el anarcosindicalismo. Tras la Primera Guerra Mundial, el anarquismo entró en crisis (España fue una de las pocas excepciones) y fue desplazado por el socialismo, su histórico rival en el movimiento obrero. A partir de mediados de la década de los sesenta recuperó cierta influencia doctrinal, palpable en el mayo francés de 1968, en la revuelta estudiantil de otros países y en algunos aspectos de los movimientos ecologistas de nuestros días.

anarquizar *v. intr.* Promover el anarquismo o la anarquía. ▪ Se conjuga como *cazar.* **FAM.** Anarquizante.

anartria *s. f.* Trastorno del habla caracterizado por la falta total de articulación oral. Su origen se halla en lesiones centrales del sistema nervioso.

Anás Personaje bíblico. Fue sumo sacerdote judío en tiempos de Jesucristo.

Anasagasti, Teodoro de (Bermeo 1880 - Madrid 1938) Arquitecto español. Destacado proyectista y urbanista, construyó el cine Real de Madrid y la Casa de Correos de Málaga. Plasmó sus teorías en el libro *Arquitectura popular* (1929) y en otros escritos.

Anastasio I (Durazzo h. 430 - ¿Constantinopla? 518) Emperador romano de Oriente (491-518). Defendió la doctrina monofisita y fortificó Constantinopla. Su política de saneamiento económico permitió a su sucesor Justiniano emprender un ambicioso programa de conquistas.

anastomosis *s. f.* En biol., unión o comunicación de dos conductos de una planta o de dos vasos o nervios de un animal, habitualmente separados; a veces se practica quirúrgicamente.

anástrofe *s. f.* Inversión violenta en el orden de las palabras de una oración.

anatema *s. amb.* **1.** Condena eclesiástica que excluye a los fieles del seno de la Iglesia. **2.** Maldición o reprobación que se hace de alguien o algo. **FAM.** Anatematizar.

anatexia *s. f.* Proceso geológico de fusión de rocas, que cuando tiene lugar en la corteza terrestre produce magmas graníticos, y cuando tiene lugar en el manto produce magmas basálticos.

anátidos *s. m. pl.* Familia de aves palmípedas clasificada en el orden anseriformes. Abarca unas 150 especies de patos, gansos y cisnes. También *adj.* y *s. m.*

Anatolia Península de Asia occidental, entre los mares Negro, Egeo y Mediterráneo. 529.438 km^2. Su territorio comprende toda la Turquía asiática, con Armenia y Kurdistán. También se llama *Asia Menor.*

anatomía *s. f.* **1.** Rama de la biología y la medicina que estudia la estructura, forma y relaciones entre las distintas partes del cuerpo de los

seres vivos. **2.** Disposición, tamaño y forma de los elementos que componen el cuerpo humano o el de los animales.
Anat. Se llama **anatomía comparada** al estudio comparativo de las estructuras anatómicas de los diversos seres vivos, con objeto de establecer su clasificación evolutiva. La **anatomía patológica** estudia las alteraciones orgánicas producidas por las enfermedades. La **anatomía sistemática** (o **descriptiva**) estudia los órganos agrupados por sistemas: óseo, muscular, arterial, etc.

anatómico, ca *adj.* **1.** Perteneciente o relativo a la anatomía. **2.** Que se ajusta a la forma del cuerpo.

Anaxágoras (Clazómene h. 500 - Lámpsaco 428 a. C.) Filósofo griego. Intentó conciliar el pensamiento de Parménides con el de Heráclito. Para ello recurrió a dos realidades distintas: las *spermata* (semillas), partículas eternas, inmutables, infinitas y diferentes unas de otras, y la *nous*, un espíritu que las mezcla y separa, dando así origen al cambio y a la multiplicidad. Este espíritu, al que llama también *inteligencia*, es el responsable del orden del universo.

Anaximandro (Mileto h. 610 - íd. h. 547 a. C.) Filósofo y astrónomo griego. Se le atribuyen la construcción de una esfera celeste y la invención de las cartas geográficas y del reloj de sol. Discípulo de Tales, pertenece a los llamados filósofos jónicos, que reducen la realidad a un único principio del que todo proviene y al que finalmente todo retorna. Sitúa este principio en un elemento formal, *apeiron*, 'lo indeterminado'.

Anaxímenes (Mileto h. 588 - ? 524 a. C.) Filósofo griego. Miembro de la escuela materialista jónica, consideró el aire como principio de todas las cosas, mediante procesos de condensación y rarefacción que dan lugar al fuego, el agua o la tierra.

anca *s. f.* **1.** Cada una de las dos mitades en que se divide la parte posterior de algunos animales. **2.** Parte posterior del lomo de las caballerías. **3.** *fam.* Nalga.

Ancash Departamento de Perú, en el sector central del país, entre el alto Marañón y el océano Pacífico. 36.308 km^2. 967.000 h. en 1989. La capital es Huaraz, con 55.000 h. en 1985. Posee agricultura de trigo, maíz, patatas y fruta, minería de carbón, pesca e industria siderometalúrgica.

ancestral *adj.* **1.** Perteneciente a los ancestros, especialmente los remotos. **2.** De origen muy antiguo.

ancestro *s. m.* Antepasado.

Anchieta, José de (Tenerife 1533 - Reritiva, Brasil 1597) Jesuita y misionero español. Evangelizó el Brasil. Fundó el núcleo primitivo de la actual ciudad de São Paulo y escribió diversos libros sobre la flora y fauna del país y regiones limítrofes.

Anchieta, Juan de (Azpeitia h. 1540 - ? 1588) Escultor español. Formado probablemente en el manierismo italiano, es autor de importantes retablos. Entre sus obras destacan *La Asunción* y *La coronación de la Virgen* del retablo mayor de la catedral de Burgos, un retablo para el monasterio de las Huelgas, y la sillería de la catedral de Pamplona.

ancho, cha *adj.* **1.** Que tiene considerable anchura. **2.** Holgado, amplio. **3.** Desahogado, a gusto, despreocupado. **4.** Orgulloso, ufano, satisfecho. ‖ *s. m.* **5.** Anchura. **6.** Distancia de una piscina correspondiente a su parte más corta. ‖ **7. ancho de banda** Diferencia entre los límites superior e inferior del margen de frecuencias transmitido o recibido por un aparato de comunicaciones electrónicas, como un transmisor o receptor de radio o televisión. ‖ **Loc. a mis** (**tus, sus**) **anchas** *adv. fam.* Cómodamente, con entera libertad. **venir ancha** una cosa a alguien *fam.* Ser excesiva para sus posibilidades o capacidades.

anchoa *s. f.* Boquerón curado en salmuera.

Anchorage C. de Alaska. 217.400 h. en 1988. Puerto pesquero e importante base militar, sirve de escala en los vuelos entre Europa y Asia oriental.

anchoveta *s. f.* Pez parecido a la sardina, de la familia engráulidos. Abunda en el litoral peruano y es la base de una industria pesquera de primer orden para el país.

anchura *s. f.* **1.** La menor de las dos dimensiones horizontales de un cuerpo o lugar, considerando un determinado plano. **2.** Dimensión frontal, aunque sea mayor que la lateral. **3.** Medida de un contorno o del diámetro de un orificio. **Fam.** Anchuroso.

ancianidad *s. f.* Último periodo del ciclo vital ordinario del ser humano.

anciano, na *adj.* Se dice de la persona que tiene muchos años. También *s.*

ancla *s. f.* Objeto pesado en forma de arpón o anzuelo doble que, sujeto al extremo de un cable o cadena, se arroja al agua para fijar al fondo las embarcaciones.

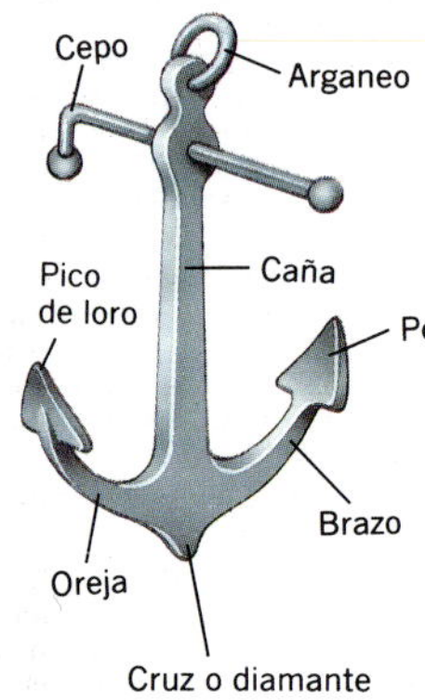

Ancla de cepo.

anclaje *s. m.* **1.** Acción y efecto de anclar. **2.** Conjunto de elementos o dispositivo para fijar algo. **3.** Lugar donde los barcos pueden fondear. **4.** Impuesto que se paga por fondear en un puerto.

anclar *v. tr.* **1.** Fondear una embarcación por medio del ancla. También *v. intr.* **2.** Sujetar algo firmemente. ‖ *v. prnl.* **3.** Aferrarse a una postura, actitud, opinión, etc.

Anco Marcio (? 640 - ? 616 a. C.) Cuarto de los legendarios reyes de Roma. Amplió los límites de la ciudad y construyó el acueducto del Acqua Martia y el puerto de Ostia.

Ancohuma Pico de la cordillera Real de los Andes, en Bolivia. 6.388 m.

ancón *s. m.* **1.** Ensenada pequeña en la que se puede fondear. **2.** En arq., ménsula a ambos lados de un vano que sirve de apoyo a la cornisa.

Ancón, tratado de Pacto firmado entre Perú y Chile en 1883 en la ciudad peruana del mismo nombre. Puso fin a la guerra del Pacífico y solucionó las controversias territoriales entre los dos países.

Ancona C. de Italia, cap. de la prov. homónima y de la región de las Marcas. 103.450 h. en 1990. Su puerto natural en el Adriático favorece el comercio y la exportación de su floreciente industria. Posee importantes monumentos medievales.

áncora *s. f.* **1.** Ancla. **2.** Lo que sirve de amparo o refugio.

andadas, volver a las *loc. fam.* Reincidir en una mala costumbre o conducta.

andaderas *s. f. pl.* **1.** Aparato para enseñar a los niños a andar sin peligro de caerse. **2.** Apoyos, precauciones.

andador, ra *adj.* **1.** Que anda mucho o deprisa. También *s.* ‖ *s. m.* **2.** Artefacto para que los niños aprendan a andar; también, los tirantes que se les ponen con este fin.

andadura *s. f.* **1.** Acción o modo de andar. **2.** Recorrido.

Andagoya, Pascual de (Valle de Cuartango, Álava 1495 - ? 1548) Conquistador español. Fundó la ciudad de Panamá (1521) y fue el primero que dio noticias sobre la existencia del gran imperio inca en el Perú.

Andalucía Comunidad autónoma de España, situada en el S del país.

Extensión: 87.268 km^2.
Límites: al N, con Extremadura y Castilla-La Mancha; al E, con la Región de Murcia y el mar Mediterráneo; al S, con el océano Atlántico y el mar Mediterráneo, y al O, con Portugal.
Población: 6.859.958 h. en 1991.
Densidad: 78,6 h./km^2.
Capital: Sevilla.
Provincias: Almería, Cádiz, Córdoba, Granada, Huelva, Jaén, Málaga y Sevilla.

Geog. física Es la segunda comunidad autónoma española en extensión y la de mayor población. En su relieve se distinguen, de N a S, Sierra Morena, la depresión Bética o valle del Guadalquivir, los sistemas Subbético y Penibético –donde se encuentran los picos más altos de la península Ibérica: Mulhacén, con 3.481 m, y Veleta, con 3.430 m– y el reborde marítimo al océano Atlán-

Andalucía: vista de los viñedos de Jerez de la Frontera, en la provincia de Cádiz.

tico y al mar Mediterráneo. La red hidrográfica está dividida en dos cuencas: la mediterránea está formada por ríos pequeños, como Almanzora, Almería, Guadalfeo, Guadalhorce y Guadiaro, mientras que la atlántica incluye el Guadalquivir, que atraviesa toda la región, con su afluente el Genil; el Guadiana, que hace frontera con Portugal; el Tinto y el Odiel. El clima es mediterráneo cálido, aunque presenta grandes diferencias según la altitud y el alejamiento del mar.

Geog. humana La población vive concentrada en grandes ciudades y pueblos. A este desigual reparto poblacional se une una fuerte emigración. El tipo de trabajo y la gran cantidad de jornaleros sin tierras generan un alto índice de paro.

Geog. económica Es una región predominantemente agraria, en la que se cultivan cereales, algodón, vid, olivo, remolacha y cultivos de primicias (fresón, hortalizas) y exóticos (caña de azúcar, aguacate, chirimoya, etc.). La ganadería tiene importancia en las zonas montañosas y las dehesas: ganado ovino y porcino, reses bravas y caballos de monta. Existen abundantes recursos minerales de cobre, plomo y hierro. La actividad industrial se centra en las ciudades y se basa en la agricultura y la minería: azúcar, vino, aceite; refinería de petróleo, astilleros. La costa es una importante zona turística y pesquera.

***Hist.* de la prehistoria a los romanos** En Andalucía hay testimonios de asentamientos humanos desde el paleolítico inferior. Fue muy importante el desarrollo de la cultura almeriense al final del neolítico y de Los Millares en el megalitismo. Durante la edad del bronce destacó la cultura del Algar, y en la edad del hierro floreció en Andalucía occidental la de Tartessos (1000-500 a. C.), un interesante ejemplo de civilización, bajo un gobierno monárquico, con un notable desarrollo urbano, comercial y metalúrgico. Los fenicios y los foceos fundaron factorías en la costa para el comercio de metales y pescados (Gadir, cerca de la actual Cádiz, fundada antes del año 1000 a. C.). La expansión cartaginesa puso fin al reino tartesio, lo que favoreció a las factorías costeras. En el s. III a. C. los romanos acabaron con el dominio cartaginés, ocuparon y organizaron todo el territorio, desarrollaron la agricultura, la minería y el comercio, fundaron ciudades, extendieron su derecho y administración y convirtieron esta zona meridional de la península Ibérica en una provincia del imperio romano, la Bética, con capital en Córdoba. La intensa romanización explica el florecimiento cultural y el rápido arraigo del cristianismo. Tras la caída del imperio romano se establecieron allí los vándalos y luego los visigodos; aprovechando las luchas intestinas de éstos, los bizantinos pudieron ocupar la franja costera oriental.

al-Ándalus A comienzos del s. VIII los árabes penetraron en la Península y el reino visigodo se desmoronó. Los árabes llamaron al-Ándalus a la zona que ocuparon, organizada más tarde como califato, donde se forjó una espléndida civilización arábigo-española. El califato, con capital en Córdoba, se deshizo en el s. XI, fragmentándose en varios reinos o taifas, cuya debilidad motivó que se sucedieran las invasiones de almorávides y almohades. A mediados del s. XIII los cristianos habían reconquistado toda Andalucía, excepto el reino nazarí de Granada.

Edad Moderna Los cristianos establecieron una economía de grandes latifundios, olivares y ganadería lanar, en manos de la aristocracia castellana y las órdenes militares. El reino de Granada pagaba fuertes impuestos a Castilla, pero fue conquistado por los Reyes Católicos en 1492. Los moriscos fueron expulsados de los reinos españoles en 1609 después de varias sublevaciones fallidas. Andalucía se benefició en el s. XVI del monopolio de Sevilla en el comercio con las colonias americanas. En el s. XVIII Cádiz sustituyó a Sevilla en su papel de centro comercial. La estructura agraria de Andalucía no había cambiado desde la época medieval. Hubo intentos de reforma en el s. XVIII, como las colonizaciones que dirigió Olavide en Sierra Morena.

Edad Contemporánea Con las sucesivas desamortizaciones del s. XIX se formó una burguesía rural y un numeroso proletariado sin tierra. Mientras las ciudades constituían focos de las ideas liberales, el campo se polarizaba en torno a una burguesía conservadora y un campesinado en el que prendieron con rapidez las ideas anarquistas. El bandolerismo, primero, y las agitaciones campesinas en favor de la reforma agraria, más tarde, llegaron hasta los comienzos de la guerra civil de 1936-39. Después de la guerra el campo andaluz experimentó una emigración muy importante y se modernizó parcialmente, sobre todo en la obtención y comercialización del aceite y del vino, aunque subsiste el grave problema del paro agrícola; se han desarrollado industrias en torno a Sevilla, Cádiz, Huelva y Málaga; ha surgido en Almería una avanzada agricultura intensiva, y ha crecido considerablemente el sector turístico. Andalucía se constituyó en comunidad autónoma en 1981.

andalucismo *s. m.* **1.** Rasgo lingüístico, vocablo o giro propio de los andaluces. **2.** Amor y apego a todo lo característico de Andalucía. **3.** Movimiento político andaluz de carácter regionalista. **FAM.** Andalucista.

Hist. El regionalismo andaluz surge como movimiento político en el s. XX como reacción contra el atraso y la marginación de Andalucía. Su figura más señalada fue Blas Infante, quien destacó como dirigente andalucista en el primer congreso andaluz, celebrado en Ronda (1918).

andalucita *s. f.* Al_2SiO_5. Mineral silicato alumínico cristalizado en el sistema rómbico. Es frecuente en las zonas de contacto de granitos con pizarras arcillosas. Se usa en la fabricación de aislantes y cerámicas. Hay yacimientos en España, Austria y EE UU.

andalusí *adj.* Perteneciente o relativo a al-Ándalus o España musulmana.

andaluz, za *adj.* **1.** De Andalucía. También *s.* ‖ *s. m.* **2.** Dialecto del castellano hablado en Andalucía caracterizado por la relajación de algunas articulaciones consonánticas, el seseo, el ceceo, el yeísmo, etc.

Andamán y Nicobar Archipiélago del golfo de Bengala que constituye un territorio de la India. 8.249 km^2. 188.750 h. en 1981. La capital es Port Blair, con 49.600 h. en 1981. El grupo de las Andamán consta de más de 200 pequeñas islas, cuyos habitantes viven de la caza y pesca. Las Nicobar, situadas más al S, están cubiertas de bosque y sabana y sus habitantes practican una agricultura de subsistencia, con cultivos de arroz y cocotero.

andamiaje *s. m.* Conjunto de andamios.

andamio *s. m.* Armazón de tablones o tubos horizontales que se coloca para trabajar sobre él en las partes altas de los edificios.

andana[1] (del ital. *andana*) *s. f.* Orden de algunas cosas puestas en línea.

andana[2] (de *altana*, templo) Voz empleada en la locución familiar **llamarse** uno **(a) andana**: desentenderse de algo; no atenerse a lo dicho o prometido cuando llega el momento de cumplirlo.

andanada *s. f.* **1.** Andana[1]. **2.** Descarga cerrada y simultánea de toda una batería de cañones, especialmente la de un buque. **3.** Localidad cubierta y con gradas en la parte más alta de las plazas de toros. **4.** *fam.* Reprensión severa.

andante (voz ital.) *s. m.* **1.** Movimiento musical moderadamente lento. **2.** Parte de una pieza musical interpretada con ese movimiento. ‖ *adv. m.* **3.** Con ese movimiento.

andantino (voz ital.) *s. m.* **1.** Movimiento musical algo más rápido que el andante. **2.** Parte de una pieza musical interpretada con este movimiento. ‖ *adv. m.* **3.** Con ese movimiento.

andanza *s. f.* Aventura, peripecia, especialmente la ocurrida durante un viaje.

andar[1] *v. intr.* **1.** Ir de un lugar a otro dando pasos. **2.** Desplazarse un ser inanimado, p. ej. un vehículo. **3.** Funcionar una máquina o mecanismo. **4.** Seguir su marcha un asunto o actividad. **5.** Pasar el tiempo. **6.** Estar en una determinada circunstancia, situación, compañía, etc. **7.** Obrar, mostrar un determinado comportamiento. También *v. prnl.* con valor expr. **8.** Aproximarse a una cantidad. **9.** *fam.* Tocar, hurgar, curiosear en algún sitio. También *v. prnl.* con valor reflex. **10.** Encontrarse, hallarse. También *v. prnl.* con valor expr. **11.** Seguido de la preposición *a* y adjetivos que indiquen golpes o acciones violentas, efectuarlos contra alguien. ‖ *v. aux.* **12.** Con gerundio, denota que se está realizando la acción de éste. ‖ *v. tr.* **13.** Recorrer. ■ Es v. irreg. ‖ **LOC. ¡anda!** *interj. fam.* Expresa asombro. Se usa también para animar a alguien a hacer algo. **andarse por las ramas** *fam.* Detenerse en lo menos importante, dejando lo sustancial. **todo se andará** *fam.* Indica que ya llegará el momento de que algo se haga, se resuelva o suceda. **FAM.** Andante.

ANDAR			
INDICATIVO			
Pretérito perfecto simple			
anduve	*anduvimos*		
anduviste	*anduvisteis*		
anduvo	*anduvieron*		
SUBJUNTIVO			
Pretérito imperfecto		**Futuro imperf.**	
anduviera, -ese		*anduviere*	
anduvieras, -eses		*anduvieres*	
anduviera, -ese		*anduviere*	
anduviéramos, -ésemos		*anduviéremos*	
anduvierais, -eseis		*anduviereis*	
anduvieran, -esen		*anduvieren*	

andar[2] *s. m.* Modo de andar. Se usa más en *pl.*

andariego, ga o **andarín, na** *adj.* Aficionado a andar. También *s.*

andarivel *s. m.* **1.** En un barco, cuerda que sirve de pasamanos. **2.** Cuerda gruesa tendida entre las orillas de un río, canal, etc., que sirve para desplazar una embarcación avanzando a lo largo de esa cuerda con las manos. **3.** Sistema parecido por el que se hace correr entre dos puntos una cesta, cajón, etc.

andarríos *s. m.* Nombre común de diversas aves caradriformes de la familia escolopácidos, con diversos géneros como *Tringa* y *Xenus*. El andarríos grande *(Tringa ochropus)* mide unos 23 cm de longitud, tiene el dorso oscuro con motas claras y el vientre blanco, patas verdosas y pico largo. El andarríos chico *(Tringa hypoleucos)* mide unos 20 cm de longitud y tiene el dorso marrón. Anidan en las cercanías de corrientes fluviales de Eurasia.

andas *s. f. pl.* Tablero sostenido por dos barras horizontales y paralelas utilizado para transportar personas u objetos, especialmente en procesiones. ‖ **LOC. llevar en andas** Tratar a alguien con mucha consideración.

Andeca (segunda mitad del s. VI) Último de los reyes suevos de Galicia (584-585). Al ser vencido por Leovigildo cerca de Oporto (585), su reino fue incorporado a la monarquía visigoda.

andén *s. m.* **1.** Especie de acera junto a las vías del tren, donde se coloca el público en las estaciones de ferrocarril o del metro. **2.** Muelle de un puerto.

Andersen, Hans Christian (Odense 1805 - Copenhague 1875) Escritor danés. Es uno de los autores infantiles más populares, al que se deben relatos como *Las zapatillas rojas*, *La sirenita*, *El patito feo* y *El pequeño soldadito de plomo*, en los que se funden la fantasía, los elementos autobiográficos y un cierto fondo de melancolía. Escribió también poesía, novela (*El improvisador*, 1835), teatro (*Los sueños de un rey*, 1844) y una autobiografía (*La aventura de mi vida*, 1855).

Hans Christian Andersen.

Anderson, Carl David (Nueva York 1905) Físico estadounidense. Descubridor del electrón positivo o positrón, obtuvo el premio Nobel de física en 1936.

Anderson, Lindsay (Bangalore, India 1923) Director de cine británico. Miembro fundador del movimiento *free cinema*, fue un innovador de las teorías cinematográficas de su tiempo. Sus principales filmes son *If...* (1968) y *Un hombre afortunado* (1972).

Anderson, Philip Warren (Indianápolis 1923) Físico estadounidense. Estudió la materia estelar y los semiconductores. Obtuvo el premio Nobel de física en 1977.

Anderson, Sherwood (Camden, Ohio 1876 - Colón, Panamá 1941) Escritor estadounidense. Es uno de los grandes maestros del relato corto. Entre sus mejores obras merecen resaltarse *Winesburg, Ohio* (1919), libro de relatos, y las novelas *La risa negra* (1925) y *Tar* (1926).

Anderson Imbert, Enrique (Córdoba, Argentina 1910) Escritor argentino. Autor de ensayos sobre literatura y estilística, ha cultivado también la narrativa con numerosos cuentos, como *La locura juega al ajedrez* (1971), y novelas, como *Fuga* (1953).

Andes: el monte Fitz Roy, situado entre Argentina y Chile.

Andes Cordillera de América del Sur. Se extiende a lo largo del borde occidental de este subcontinente desde Venezuela a Tierra del Fuego. Alcanza una anchura de más de 800 km en Bolivia, donde hay un altiplano entre las cordilleras Oriental y Occidental, a 3.812 m sobre el nivel del mar, lugar en que se encuentra el lago Titicaca. Se caracteriza por su gran altitud y longitud (7.000 km).
Se distinguen varios sectores según su relieve. En Colombia forma tres cordilleras: Occidental, Central –muy volcánica– y Oriental, separadas entre sí por valles. La Oriental se extiende hacia Venezuela por la sierra de Mérida. En Ecuador, la Central y Oriental se unen constituyendo una sola, la Real, con grandes volcanes, como el Chimborazo. Al atravesar Perú y Bolivia, se ensancha y permite la aparición de valles y altiplanos. Al N de Argentina y Chile se estrecha en una sola cordillera, con picos elevados como el Aconcagua, de 6.959 m, la mayor altura de América del Sur. En la Patagonia desciende de altitud hundiéndose en el mar y dando lugar a gran cantidad de islas. Las fuerzas orogénicas que originaron los Andes siguen activas. Este proceso de levantamiento, unido a los volcanes, ocasiona fuertes y frecuentes temblores de tierra. Abundan los depósitos minerales: cobre, plomo, cinc, platino, así como oro y plata. Hay también piedras preciosas, en particular esmeraldas. En el desolado desierto de Atacama, en Chile, se explotan ricos yacimientos de nitrato.

andesina *s. f.* Mineral feldespato de alúmina, sosa y sal que se encuentra en algunas rocas eruptivas, como la andesita.

andesita *s. f.* Roca eruptiva que contiene andesina, augita, anfíbol, mica, etc. Presenta textura porfídica y se utiliza como material de construcción. Sus principales yacimientos se encuentran en los Andes.

Andhra Pradesh Estado de la India situado en el SE del país. 276.814 km^2. 53.549.673 h. en 1981. La capital es Haiderabad, con 2.150.600 h. en 1981. Su economía es fundamentalmente agrícola, con producción de arroz, algodón, especias y sobre todo tabaco. Cuenta con ganadería bovina e industria de maquinaria. construcción naval, eléctrica y química.

andino, na *adj.* Perteneciente o relativo a los Andes.

Andino, Pacto También llamado acuerdo de Cartagena de Indias, fue concertado en 1969 por los países del área andina (Colombia, Chile, Bolivia, Ecuador, Perú y, en 1973, Venezuela) con objetivos tales como promover un desarrollo equilibrado y armónico de los países miembros y establecer las condiciones favorables para un mercado común.

andoba (voz caló) *s. m.* y *f. desp.* Persona cualquiera, individuo.

andorga *s. f. fam.* Vientre, barriga, panza.

Andorra Estado de Europa, en los Pirineos orientales, entre Francia y España. 468 km^2. 50.000 h. en 1989. La capital es Andorra la Vella, con 15.650 h. en 1986. El idioma oficial es el catalán. La soberanía política está compartida por dos copríncipes: el obispo de Urgel y el presidente de la república francesa, que delegan su autoridad en dos *veguers*. El territorio está formado por un conjunto de valles separados por montañas de casi 3.000 m de altura. El clima es frío en invierno, pero suave en primavera y verano.
La agricultura y la ganadería han perdido importancia ante el crecimiento del comercio, debido a una ventajosa legislación fiscal, y del turismo, especialmente de invierno. El nacimiento de los valles andorranos como entidad política se remonta a la época carolingia. Tras diversas vicisitudes, la soberanía conjunta francoespañola fue establecida por iniciativa de Napoleón en 1806.

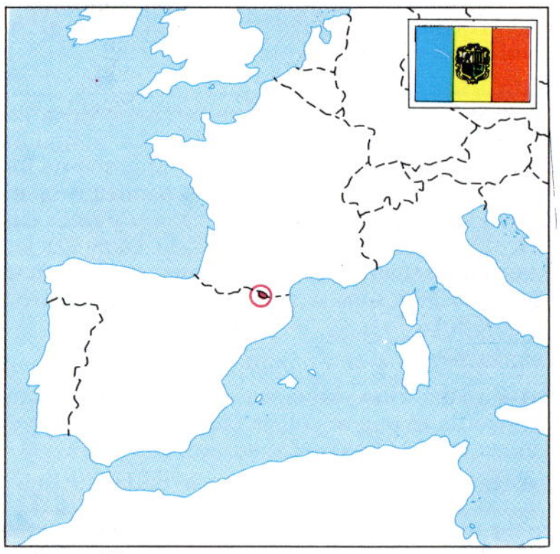

Andorra: el río Valira d'Ordino, a su paso por el pueblo de Ausalonga.

Andesita.

Andorra Villa de España, en el N de la prov. de Teruel. 8.876 h. en 1990. Posee agricultura (cereal, olivo y vid), ganadería lanar, minas de lignito y una importante central térmica.

Andorra la Vella C. de Andorra, cap. de dicho principado. 15.650 h. en 1986. Es fundamentalmente un centro comercial y turístico.

andorrano, na *adj.* De Andorra. También *s.*

Andrada e Silva, José Bonifacio de (Santos 1763 - Niterói 1838) Político brasileño. Contribuyó decisivamente a la proclamación de la independencia de su país. Fue uno de los principales ministros de Pedro I y tutor del futuro emperador Pedro II.

Andrade, Domingo Antonio de (Cée, La Coruña h. 1639 - Santiago de Compostela 1712) Arquitecto español. Maestro de obras y arquitecto mayor de la catedral de Santiago, fue autor de la famosa torre del Reloj.

Andrade, Mario de (São Paulo 1893 - íd. 1945) Escritor y musicólogo brasileño. Bajo el título de *Paulicéia desvariada* (1920) dio a conocer una colección de poemas que inician el movimiento modernista brasileño. En la narrativa merecen citarse sus novelas *Amar, verbo intransitivo* (1927) y *Macunaima* (1928).

Andrade, Olegario Víctor (Alegrete, Brasil 1839 - Buenos Aires 1882) Poeta argentino. De inspiración romántica y eminentemente patriótico, sus obras más conocidas son *Nido de cóndores* (1877) y *Atlántida* (1881).

andrajo *s. m.* Jirón o pedazo de ropa muy vieja y usada. **FAM.** Andrajoso.

Andrássy, Gyula o **Julio, conde de** (Kassa 1823 - Volosca 1890) Político húngaro. Defendió la causa de la independencia de Hungría, pero luego colaboró decisivamente en el engrandecimiento del imperio austro-húngaro desde relevantes puestos administrativos.

Andrea del Castagno (Castagno nel Mugello h. 1421 - Florencia 1457) Pintor italiano. Destaca entre los maestros del primer Renacimiento florentino por la fuerza plástica de sus figuras, por su concepción del colorido y por el empleo de la perspectiva. Entre sus obras sobresalen una *Última Cena* y una serie de *Hombres ilustres*.

Andrea del Sarto (Florencia 1486 - íd. 1531) Pintor italiano. Significativo representante del clasicismo florentino, sus pinturas se caracterizan por la delicadeza del modelado. Entre sus mejores obras figuran *Cortejo de los Magos* (1511), *Madona de las arpías* (1517) y diversos retratos.

Andrea Pisano (Pontedera h. 1295 - Orvieto 1349) Escultor, arquitecto y orfebre italiano. Representante del primer Renacimiento, su obra maestra es la puerta sur del baptisterio de Florencia.

Andreas-Salomé, Lou (San Petersburgo 1861 - Gotinga 1937) Escritora alemana de origen ruso. Alumna de Freud en Viena, amiga de Nietzsche y confidente de Rilke, constituye la representa-

Andrea del Sarto: La Virgen, el Niño, un santo y un ángel *(Museo del Prado, Madrid).*

ción de la mujer intelectual de fines del s. XIX. Fue autora de novelas psicológicas (*Ruth*, 1895) y de un interesante epistolario.

Andreiev, Leonid (Oriol 1871 - Mustamäggi, Finlandia 1919) Escritor ruso. Es autor de narraciones cortas y novelas caracterizadas por su atmósfera pesimista y atormentada. Los cuentos *Abismo* (1902), *La risa roja* (1905) y *Los siete ahorcados* (1908) se inspiran en los movimientos revolucionarios rusos. Su mejor novela es *Sashka Zhegulov* (1905).

Andreotti, Giulio (Roma 1919) Político italiano. Miembro de la Democracia Cristiana y diputado por este partido desde su fundación en 1947, desde 1954 ha ocupado cargos de gobierno, unas veces como ministro y otras muchas como presidente del Consejo.

Andrés, San Uno de los doce apóstoles. Hermano de San Pedro, según la tradición cristiana, predicó el evangelio en Asia Menor y Grecia. Sufrió el martirio en Patras sobre los años 62-70, clavado en una cruz en forma de aspa. Es el patrón de Escocia.

Andric, Ivo (Dolac, cerca de Travnik 1892 - Belgrado 1975) Escritor yugoslavo en lengua serbocroata. Aunque también cultivó el género poético, su obra se centra en la narrativa de tipo histórico, con títulos como *Un puente sobre el Drina*, *La crónica de Travnik*, *La señorita*, todos ellos de 1945. Premio Nobel de literatura en 1961.

andro- *pref.* Significa 'hombre, masculino': *andrógeno*.

androceo *s. m.* Aparato sexual masculino de las flores, formado por el conjunto de los estambres.

andrógeno *s. m.* Nombre común de las sustancias hormonales responsables de la aparición de los caracteres sexuales secundarios masculinos, como la barba, el tono de voz, etc. La más importante es la testosterona.

andrógino, na *adj.* **1.** Se aplica al organismo animal o vegetal que reúne en un mismo individuo caracteres de los dos sexos. **2.** En sentido restringido, se aplica al hombre con algunos caracteres sexuales femeninos. También *s. m.*

androide *s. m.* Autómata de figura humana.

Andrómaca Personaje legendario de la literatura griega. Fue esposa de Héctor, hijo mayor de Príamo, rey de Troya.

Andrómeda 1. Personaje mitológico. Hija de Casiopea, fue entregada a Poseidón como víctima. Perseo, montando el caballo alado Pegaso, la rescató y la tomó por esposa.
2. Constelación del hemisferio boreal. En ella se encuentra la gran nebulosa de Andrómeda, que dista de la Tierra 2 millones de años luz, cuenta con unos 200.000 millones de estrellas y es el cuerpo celeste más lejano que se puede observar en una noche clara.

Andrónico Nombre de varios emperadores bizantinos.
Andrónico I Commeno (? 1122 - Constantinopla 1185) Nieto de Alejo I. Alcanzó el trono en 1183, gracias al apoyo del clero, de la armada y de una insurrección popular. Se enfrentó al enorme poder de la nobleza al precio de debilitar la defensa del imperio, invadido por húngaros, serbios y normandos.
Andrónico II Paleólogo (Nicea 1258 - Constantinopla 1332) Hijo de Miguel VIII. Debilitado el imperio a causa de la política de su padre, encargó su defensa primero a los genoveses y luego a los almogávares, con los que acabó enfrentado. Tras una larga guerra civil con su nieto Andrónico III, abdicó en 1328.
Andrónico III Paleólogo (Constantinopla h. 1295 - íd. 1341) Tras derrocar a su abuelo se esforzó en recuperar la influencia bizantina en el Mediterráneo, lo que consiguió en parte. No pudo evitar, sin embargo, el avance serbio en los Balcanes y el de los turcos por Asia Menor.
Andrónico IV Paleólogo (? 1348 - ? 1385) Con la ayuda de los genoveses derrocó en 1376 a su padre, el emperador Juan V, y a su hermano el coemperador Manuel III. Hizo grandes concesiones a los turcos, que, sin embargo, le derrocaron y restablecieron a su padre en el trono.

Andrónico, Lucio Livio (s. III a. C.) Primer poeta latino conocido. Difundió en Roma la literatura griega y compuso tragedias y comedias a imitación de los autores griegos.

andropausia *s. f.* Proceso y periodo de la vida del varón, que aparece entre los 50 y 70 años de edad y está caracterizado por la disminución progresiva de la actividad de las glándulas sexuales.

Andropov, Yuri Vladimirovich (Nagutskoie, Stavropol 1914 - Moscú 1984) Político soviético. Jefe del KGB entre 1967 y 1982, fue nombrado secretario general del PCUS a la muerte de Breznev (1982). Intentó una reforma de la economía.

androsterona *s. f.* $C_{19}H_{30}O_2$. Cetona alcohol que constituye un metabolito de la testosterona, hormona sexual masculina. Fue aislada por Butenandt en 1931.

Andueza Palacio, Raimundo (? 1851 - Caracas 1900) Político venezolano. Presidente de la república en 1890, intentó prorrogar el mandato tras su término legal; fue derrocado por el general Crespo después de una corta y cruenta guerra civil.

Andújar C. de España, en la prov. de Jaén. 37.766 h. en 1990. Núcleo rural, en el que predomina el latifundio, posee ganado lanar, cabrío y porcino. Cuenta con un centro de explotación de uranio e industria del aceite.

andurrial *s. m.* Paraje o lugar poco transitado o fuera de camino. Se usa más en *pl.*

anea *s. f.* Enea*.

anécdota *s. f.* **1.** Breve narración de un suceso interesante, curioso o divertido. **2.** Detalle o aspecto accidental, secundario.

anecdotario *s. m.* Colección de anécdotas.

anecdótico, ca *adj.* **1.** Perteneciente o relativo a la anécdota. **2.** Marginal, poco importante.

anegadizo, za *adj.* Se dice del terreno que se anega o encharca con facilidad.

anegar *v. tr.* **1.** Inundar de agua o, p. ext., de otros líquidos, generalmente en sentido hiperbólico. También *v. prnl.* **2.** Ahogar, abrumar, sofocar. ■ Se conjuga como *pagar.* **FAM.** Anegación, anegamiento.

anejo, ja *adj.* Unido a otra cosa, derivado o dependiente de ella.

anélidos *s. m. pl.* Tipo de metazoos invertebrados que comprende cerca de 7.000 especies de gusanos de cuerpo celomado dividido en segmentos semejantes entre sí, piel fina provista de cerdas llamadas quetas y un sistema nervioso formado por el cerebro y una cadena de ganglios. Los anélidos se dividen en tres clases: poliquetos, gusanos marinos libres o sedentarios que tienen numerosas quetas reunidas en prolongaciones del cuerpo, denominadas parápodos; oligoquetos, gusanos terrestres o acuáticos que carecen de parápodos y tienen pocas quetas, como la lombriz de tierra; e hirudíneos, que suelen vivir en agua dulce, son parásitos externos, carecen de quetas y de parápodos y poseen ventosas en los extremos, como las sanguijuelas. También *adj.* y *s. m.*

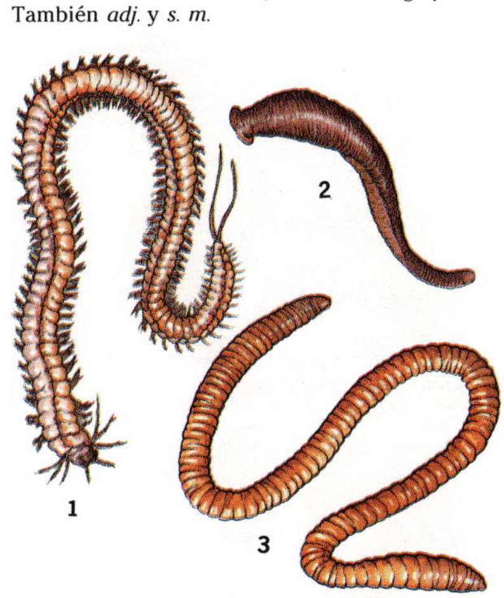

Los anélidos se dividen en tres clases: poliquetos, como el nereido (Nereis diversicolor) *(1); hirudíneos, como la sanguijuela común* (Hirudo medicinalis) *(2), y oligoquetos, como la lombriz de tierra roja* (Lumbricus rubellus) *(3).*

anemia *s. f.* Síntoma de varias enfermedades, caracterizado por una disminución en número o tamaño de los glóbulos rojos de la sangre, o por contener éstos una cantidad de hemoglobina anormalmente baja. **FAM.** Anémico.
Med. La **anemia perniciosa** es consecuencia de la carencia de vitamina B_{12}. La **anemia falciforme** es una enfermedad genética hereditaria. También hay anemias debidas a la dieta inadecuada o a enfermedades como la tuberculosis, que provocan pérdida de sangre.

anemo- *pref.* Significa 'viento': *anemómetro.*

anemófilo, la *adj.* Se dice de las plantas cuya polinización se realiza por medio del viento.

anemografía *s. f.* Parte de la meteorología que trata de la descripción de los vientos.

anemógrafo, fa *s. m.* y *f.* **1.** Experto en anemografía. ‖ *s. m.* **2.** Anemómetro que registra gráficamente la evolución de la velocidad del viento.

anemometría *s. f.* Parte de la meteorología que se ocupa de la medida de la velocidad o la fuerza del viento.

anemómetro *s. m.* Aparato para medir la velocidad y fuerza del viento.
Tecnol. Básicamente un anemómetro de rotación está constituido por tres o cuatro cazoletas semiesféricas, unidas a un eje. Cuando el viento imprime un movimiento giratorio a las citadas cazoletas, el vástago gira también, registrándose el número de vueltas que da, del que se deduce la velocidad del viento.

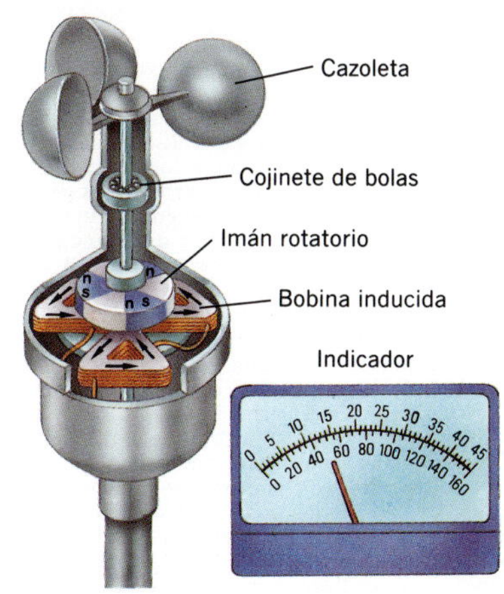

Esquema de un anemómetro de rotación.

anémona o **anémone** *s. f.* **1.** Nombre común de diversas plantas herbáceas de la familia ranunculáceas, género *Anemone.* Son plantas vivaces, con hojas radicales y flores de vivos colores. Se encuentran en todo el mundo, especialmente en la zona templada del hemisferio N. Algunas especies se cultivan en jardinería. **2.** Flor de estas plantas. ‖ **3. anémona de mar** Actinia*.

anemoscopio *s. m.* Instrumento que sirve para determinar la dirección del viento.

anestesia *s. f.* **1.** Ausencia o privación, general o parcial, de la sensibilidad. **2.** Anestésico, sustancia que provoca este estado.
Med. La anestesia puede ser provocada por la acción de ciertas drogas (como el éter, cloroformo, barbitúricos, derivados de la cocaína) o por traumatismos y enfermedades (como la lepra). Puede ser general, que es un estado de inconsciencia total producido por drogas, o local, cuando actúa únicamente sobre regiones determinadas. Se utiliza especialmente en operaciones quirúrgicas e intervenciones odontológicas para eliminar el dolor.

anestesiar *v. tr.* Insensibilizar, total o parcialmente, mediante un anestésico.

anestésico, ca *adj.* **1.** Perteneciente o relativo a la anestesia. **2.** Se aplica a la sustancia que causa anestesia. También *s. m.*

anestesiología *s. f.* Parte de la medicina que se ocupa de la anestesia y los anestésicos. **FAM.** Anestesiólogo.

anestesista *s. m.* y *f.* Médico especializado en la aplicación de la anestesia.

Aneto Pico de España, en el macizo de la Maladeta, del Pirineo de Huesca. 3.404 m. Es el más alto de esta cordillera.

aneurisma *s. amb.* **1.** Ensanchamiento patológico de un vaso sanguíneo, sobre todo arterial, como consecuencia de arteriosclerosis, hipertensión sanguínea, infecciones, etc. ‖ **2. aneurisma cardiaco** Dilatación y aumento anormal del volumen del corazón.

anexión *s. f.* Acción y efecto de anexionar.

anexionar o **anexar** *v. tr.* Unir una cosa a otra, haciéndola depender de esta última. Se usa especialmente para referirse a estados y territorios.

anexionismo *s. m.* Teoría o actuación política que defiende y persigue la anexión de territorios. **Fam.** Anexionista.

anexo, xa *adj.* **1.** Unido a otra cosa, de la cual depende. ‖ *s. m.* **2.** Aquello que se une. ‖ *s. m. pl.* **3.** En anat., partes unidas a un órgano o tejido, p. ej. del útero (trompas, ovarios, etc.) o de los pulmones (tráquea, pleura, etc.).

anfetamina *s. f.* $C_6H_5{-}CH_2{-}CH(NH_2){-}CH_3$. Nombre común del fenil-l amino-2 propano, droga estimulante del sistema nervioso central que contrarresta la fatiga y disminuye el apetito. Su abuso produce efectos negativos, como dependencia, pérdida del apetito, depresión y, en casos extremos, hasta psicosis paranoica.

anfiartrosis *s. f.* Articulación en la cual las superficies están unidas por discos de fibrocartílago, como las vertebrales o la sínfisis púbica. Permite movimientos muy limitados.

anfibio, bia *adj.* **1.** Que puede vivir dentro y fuera del agua. **2.** P. ext., se aplica a los vehículos que pueden desplazarse en dos medios, especialmente por tierra y agua. **3.** Se aplica a la operación militar ejecutada por fuerzas de tierra y mar. ‖ *s. m. pl.* **4.** Clase de vertebrados perteneciente al tipo cordados y que en la actualidad comprende unas 3.000 especies distribuidas en los órdenes ápodos, urodelos y anuros. A ella pertenecen, entre otros, las ranas, sapos y salamandras. También *adj.* y *s. m.*

Zool. Los anfibios se llaman así porque pasan parte de su vida en el agua, como larvas provistas de branquias; después de sufrir una metamorfosis, alcanzan el estado adulto y respiran por medio de pulmones, aunque en general siguen necesitando el agua para reproducirse. Se dividen en tres órdenes: anuros, que incluye ranas y sapos y carecen de cola en estado adulto; urodelos, que incluye salamandras y tritones y poseen cola bien desarrollada; y ápodos, que incluye a las cecilias, carecen de patas y recuerdan por su aspecto y forma de vida a las lombrices de tierra.

anfíbol *s. m.* Mineral de la familia de los inosilicatos, que se clasifican, en función de su composición química, en ferromagnésicos, cálcicos, calcosódicos y sódicos, y presentan dos planos de exfoliación que forman un ángulo de 120° aproximadamente. Anfíboles son la hornblenda y el asbesto.

anfibolita *s. f.* Roca metamórfica densa, de color verde oscuro, compuesta principalmente de anfíbol. Surge en el interior de otras rocas metamórficas.

anfibología *s. f.* Ambigüedad, doble sentido de una palabra, frase, etc.

anfictionía *s. f.* Liga religiosa y política de la antigua Grecia que agrupaba pueblos y ciudades de un mismo entorno.

anfígeno *adj.* Se aplica a los elementos químicos de un grupo del sistema periódico constituido por el oxígeno (O), azufre (S), selenio (Se) y teluro (Te), que con el metal polonio (Po) integran el grupo VI A de la tabla. También *s. m.*

anfioxo *s. m.* Nombre común de diversos animales cefalocordados, únicos representantes de este subtipo. Miden entre 2 y 7 cm de longitud, son fusiformes y están cubiertos de una cutícula transparente, poseen notocordio y se alimentan filtrando las aguas marinas. Habitan en las aguas costeras, nadan y se entierran en la arena.

anfipróstilo *adj.* Se dice de los templos y otros edificios griegos que tenían columnas en el frente y en la parte posterior. También *s. m.*

Anfisen, Christian (Monessen, Pennsylvania 1916) Bioquímico estadounidense. Estudió la ribonucleasa, enzima que ataca las moléculas del ácido ribonucleico y es responsable de enfermedades del metabolismo. Fue galardonado con el premio Nobel de química en 1972.

anfiteatro *s. m.* **1.** Construcción romana utilizada para la celebración de los combates de gladiadores y otros espectáculos. Consistía en una serie de asientos colocados en gradas circulares u ovales alrededor de un espacio llano, la arena, reservado a los combatientes. El ejemplo más representativo es el Coliseo romano (72-80 d. C.). **2.** Conjunto de asientos, generalmente colocados sobre gradas, en aulas, teatros, cines, etc. **3.** En geol., valle semicircular cuyas laderas suelen estar escalonadas.

anfitrión, na *s. m.* y *f.* Una persona respecto a sus invitados.

ánfora *s. f.* Vasija de cerámica, alta y estrecha, de cuello largo, con dos asas, utilizada en la antigüedad como recipiente y medida de capacidad.

anfótero, ra *adj.* Se dice del compuesto o sustancia que puede actuar como ácido o como base según sea la sustancia con que reaccione. El ion bicarbonato, HCO_3^-, se comporta como ácido al ceder un H^+ para convertirse en ion carbonato, CO_3^{2-}, o como base si, captando un H^+, pasa a ácido carbónico sin disociar, H_2CO_3.

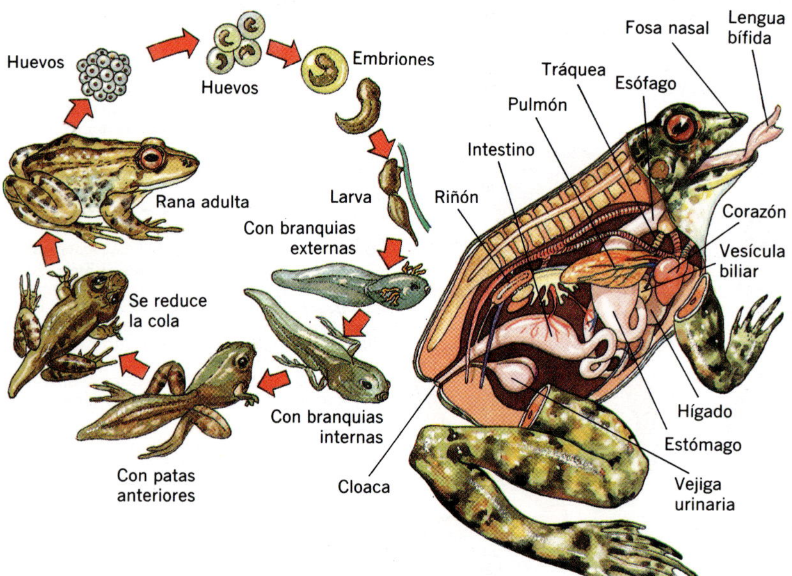

Anfibios: a la izquierda, esquema de su desarrollo; a la derecha, corte vertical y morfología interna de un anfibio.

anfractuosidad *s. f.* **1.** Cualidad de anfractuoso. **2.** En anat., cada una de las cisuras o surcos que separan las circunvoluciones del cerebro.

anfractuoso, sa *adj.* Sinuoso, desigual.

Angara Río de Siberia oriental. 1.826 km. Emisario del lago Baikal, desemboca en el río Yenisei por su margen derecha. Da nombre al escudo siberiano.

angarillas *s. f. pl.* **1.** Andas para transportar carga. **2.** Aguaderas.

ángel *s. m.* **1.** En el judaísmo, el cristianismo y el islam, ser sobrenatural, espíritu puro, servidor y mensajero de Dios. **2.** Persona muy bondadosa. **3.** Gracia, simpatía. ‖ **4. ángel custodio** o **de la guarda** El que, según la religión cristiana, Dios asigna a la custodia de cada persona.

Ángel, Salto Cascada del río Churún, en Venezuela. 1.005 m de altura. Es la caída de agua más alta del mundo. Fue explorada por Jimmy Ángel, a quien debe su nombre.

Los Ángeles: vista aérea del centro de la ciudad.

Ángeles, Los C. de EE UU, en California. 3.402.340 h. en 1988, 8.296.000 h. en su área metropolitana en 1987. Fundada por Felipe de Neve hacia 1771, perteneció a México hasta 1846, año en que fue ocupada por EE UU. En su distrito de Hollywood se asienta la más importante industria del cine y la televisión del mundo. Cuenta con refinerías, plantas petroquímicas y empresas de electrónica, y constituye además un gran centro cultural y universitario.

Ángeles Ortiz, Manuel (Jaén 1895 - París 1984) Pintor español. Perteneció a la escuela de París y estuvo vinculado a la generación del 27. Entre su obra destacan los paisajes granadinos de su última época.

angelical *adj.* **1.** Perteneciente o relativo a los ángeles. **2.** Candoroso, dulce.

angélico, ca *adj.* Angelical*.

Angélico, Guido di Pietro, llamado **Fra** (Vicchio di Mugello, Toscana h. 1387 - Roma 1455) Pintor italiano. Su obra mezcla características góticas, que responden a la concepción del arte al servicio de la piedad, con rasgos renacentistas, como la observación de la realidad y el naturalismo en la representación de las figuras. Resaltan también en sus cuadros y frescos la luminosidad, la pureza del colorido, la serenidad de los ambientes y personajes y la sencillez en la composición de los volúmenes. Entre su extensa obra hay que destacar *La Anunciación, La coronación de la Virgen, El juicio final* y *El descendimiento.*

angelito *s. m.* **1.** *dim.* de **ángel**. **2.** Niño de muy corta edad.

angelote *s. m.* **1.** *aum.* de **ángel**. **2.** *fam.* Figura grande de ángel que aparece en retablos, pinturas, etc. **3.** *fam.* Niño robusto y tranquilo. **4.** *fam.* Persona muy sencilla y apacible.

ángelus *s. m.* Oración cristiana dedicada al misterio de la encarnación, que comienza con las palabras latinas *angelus Domini*, 'el ángel del Señor'.

Angelus Silesius, Johannes Scheffler, llamado (Breslau 1624 - íd. 1677) Poeta alemán. Escribió obras de carácter místico, como *Querubín peregrino* (1675) y *Poesías espirituales.*

Angers C. de Francia, cap. del departamento de Maine-et-Loire, en la región de País del Loira. 136.000 h. en 1982. Antigua capital del condado de Anjou, es hoy importante centro industrial (fundiciones, ordenadores, aviones) y nudo de comunicaciones.

angevino, na *adj.* **1.** De Angers o de la región de Anjou. También *s.* **2.** Perteneciente o relativo a la casa de Anjou.

angina *s. f.* **1.** Inflamación de las amígdalas. Se usa más en *pl.* **2.** En lenguaje corriente, amígdala. ‖ **3. angina de pecho** Enfermedad muy grave caracterizada por un dolor agudísimo en el pecho, que se extiende ordinariamente por el hombro y brazo izquierdos, con sensación de muerte; se debe a obstrucción de las arterias coronarias. Se alivia y combate con tabletas de nitroglicerina.

angioma *s. m.* Tumor de carácter benigno formado por acumulación de tejido conjuntivo en los vasos sanguíneos y linfáticos. Normalmente es congénito y aparece en la piel.

Las plantas angiospermas se dividen en dos clases: monocotiledóneas, como el narciso (Narcissus poeticus), *a la izquierda, y dicotiledóneas, como la brecina* (Calluna vulgaris), *a la derecha.*

angiospermas *s. f. pl.* Uno de los cuatro grupos, con categoría de división, que abarca el reino metafitas. Comprende plantas que tienen tejidos conductores, producen verdaderas flores, las cuales dan lugar a semillas que se desarrollan protegidas en el interior del fruto. Incluye unas 250.000 especies, que se dividen en monocotiledóneas y dicotiledóneas, según el número de cotiledones de sus semillas. También *adj.* y *s. f.*

Angkor Vat Gran templo funerario del s. XII, obra maestra de la arquitectura khmer, en Camboya.

Anglada Camarasa, Hermenegildo (Barcelona 1872 - Pollensa 1959) Pintor español. Representante del postimpresionismo, entre sus cuadros, de gran colorido, destacan *Baile español* y *Gitana.* Realizó también litografías.

Fra Angelico: Adoración de los magos, *detalle de la* Predela de la Anunciación *(Museo del Prado, Madrid).*

Anglería, Pedro Mártir de (Arona 1459 - Granada 1526) Escritor y humanista italiano. Historiador de la corte de los Reyes Católicos y de Indias, escribió *De rebus occeanicis, De orbe novo decades octo* y *Opus epistolarum,* que contienen valiosas informaciones sobre los descubrimientos y la historia española de su tiempo.

anglesita *s. f.* $PbSO_4$. Mineral sulfato de plomo natural, que se origina por oxidación de la galena y cristaliza en el sistema rómbico. Se descubrió en la isla de Anglesey, en el mar de Irlanda.

anglicanismo *s. m.* Conjunto de principios, doctrinas e instituciones de la Iglesia anglicana, Iglesia oficial de Inglaterra. **FAM.** Anglicano.
Rel. El anglicanismo tuvo su origen en la ruptura del rey inglés Enrique VIII con el papa Clemente VII, que se oponía al divorcio del rey y Catalina de Aragón. El rey Enrique VIII se proclamó cabeza de la Iglesia de Inglaterra en 1534. La doctrina teológica católica se mantuvo al principio intacta. Más adelante, distintas influencias –y en especial el calvinismo de los puritanos– hicieron del anglicanismo una confesión intermedia entre el protestantismo extremo y el catolicismo romano. Sus bases doctrinales están recogidas en el *Prayer Book* o libro de oración y son, principalmente, la autoridad suprema de la *Biblia,* la justificación sólo por la fe y la predestinación. Los ritos son similares a los católicos, así como su jerarquía. Los arzobispos tienen su sede en Canterbury y York.

anglicismo *s. m.* Giro o vocablo de procedencia inglesa, p. ej. *fútbol, yate.*

anglo- *pref.* Significa 'inglés': *anglófono, anglonormando.*

anglo, gla *adj.* **1.** Se aplica a cierto pueblo germánico establecido en Inglaterra en el s. V. **2.** De este pueblo. También *s.* **3.** Inglés. También *s.* ‖ *s. m.* **4.** Dialecto anglosajón que se habló antiguamente en el N de Inglaterra.

anglófilo, la *adj.* Que simpatiza con Inglaterra o los ingleses. También *s.*

anglófono, na *adj.* De habla inglesa.

Anglonormandas, islas Archipiélago del Reino Unido, en el canal de La Mancha. Las dos islas principales son Jersey y Guernesey.

anglonormando, da *adj.* **1.** Se dice de los normandos que se establecieron en Inglaterra después de la batalla de Hastings (1066), y de lo referente a ellos. También *s.* ‖ *s. m.* **2.** Dialecto francés de Normandía hablado en Inglaterra. Se utilizó como lengua culta hasta el s. XIV, en que fue desplazado por el inglés.

anglosajón, na *adj.* **1.** Se dice de los pueblos germánicos que en el s. V se establecieron en Inglaterra. **2.** De estos pueblos. También *s.* **3.** Se aplica en general a todos los pueblos de habla y civilización inglesa, a su cultura y a sus miembros. También *s.* ‖ *s. m.* **4.** Lengua germánica de los anglosajones, de la que derivó el inglés. Se habló en Gran Bretaña desde la invasión de las tribus germánicas hasta la conquista de los anglonormandos a comienzos del s. XII.

Angola Estado de África subecuatorial.

Extensión: 1.246.700 km^2.
Límites: al N y NE, con Zaire; al E, con Zambia; al S, con Namibia, y al O, con el océano Atlántico.
Población: 9.739.000 h. en 1989.
Densidad: 7,8 h./km^2.
Capital: Luanda.
División administrativa: 18 provincias.
Ciudades principales: Lubango, Namibe, Huambo (Nova-Lisboa), Lobito, Benguela.
Gentilicio: angoleño.
Forma de Estado: república popular.
Idioma: portugués y varias lenguas bantúes.
Religión: catolicismo, 55 %; protestantismo, 9 %; animismo, 9 %.
Moneda: kwanza.
Tasa de natalidad: 47 ‰ en 1990.
Tasa de mortalidad: 20 ‰ en 1990.
Renta per cápita: 830 dólares en 1984.

Geog. Angola ocupa una altiplanicie con una importante red hidrográfica: Congo, Cuanza, Cunene, Cuango, Cubango y Zambeze. El clima en el N es ecuatorial húmedo, propio de la selva, y en el S tropical, propio de la sabana. Está muy

poco poblado; la mayor parte de la población son bantúes, el resto europeos, mestizos y bosquimanos. Los principales recursos del subsuelo son los minerales de hierro, los diamantes y el petróleo. La agricultura, sometida a una reforma socializadora, produce principalmente café, tabaco, algodón, maíz y bananas. Posee una incipiente industria textil, eléctrica, del cemento y refinado de azúcar.
Hist. La costa de Angola fue descubierta entre 1482 y 1486 por el explorador portugués Diego Caõ. Paulo Dias, primer gobernador enviado por la corona portuguesa, dominó la región hasta Benguela. La ciudad de Luanda se fundó en 1576 y la de Benguela en 1617. A partir de entonces, Angola fue una colonia portuguesa, a excepción de algunos años del s. XVIII en que los holandeses pretendieron hacerse fuertes en la costa. Durante mucho tiempo, la principal fuente de prosperidad de la colonia fue la trata de esclavos. Las tribus del interior quedaron sin dominar, y sólo una vez que África fue repartida entre los países europeos comenzó Portugal a explotar los recursos naturales de Angola.
El país se independizó de la metrópoli en 1975 después de casi veinte años de guerra. El gobierno provisional agrupaba a los tres partidos surgidos de la guerrilla, pronto enfrentados entre sí en una guerra que concluyó en 1976 con la victoria del Movimiento Popular para la Liberación de Angola (MPLA), de carácter marxista, dirigido por Agostinho Neto, que fue nombrado presidente. A su muerte, en 1979, le sucedió José Eduardo dos Santos. Desde 1976 tropas cubanas han ayudado al régimen en su lucha contra el grupo guerrillero de oposición UNITA, apoyado, a su vez, por la República Sudafricana. En 1988 fue negociado el alto el fuego entre Angola, Cuba y la República Sudafricana, acuerdo que fue suscrito al año siguiente por el líder de UNITA, Jonas Savimbi, dando fin a una guerra civil que se prolongaba desde 1975.

angoleño, ña o **angolano, na** *adj.* De Angola. También *s.*

angora *s. f.* Lana de pelo abundante y sedoso, particularmente la de la cabra y la del conejo

Angola: vista de Luanda, capital y principal ciudad del país.

de Angora, con las que se confecciona géneros de punto.

Angora Antiguo nombre de Ankara, ciudad de Turquía y cap. del país. Denomina también ciertas razas de animales de pelo espeso, largo y sedoso originarios de esta región, especialmente el gato, el conejo y la cabra.

angorina *s. f.* Lana de pelo menos abundante que la de angora.

angosto, ta *adj.* Estrecho, reducido.

angostura[1] *s. f.* **1.** Cualidad de angosto. **2.** Paso estrecho.

angostura[2] *s. f.* **1.** Planta rutácea de América del Sur, de cuya corteza se extrae una sustancia amarga que se emplea en farmacia y en la elaboración de algunas bebidas. **2.** Esta misma sustancia.

Angostura, congreso de Acuerdo alcanzado en el municipio venezolano de este nombre en 1819, por el que se constituyó la república de Gran Colombia y Simón Bolívar fue designado su presidente.

ångström *s. m.* Unidad de longitud equivalente a 10^{-10} m, normalmente empleada para medir longitudes de onda y para expresar las dimensiones atómicas. Su símbolo es Å. Recibe su nombre del físico sueco Anders J. Ångström.

Ångström, Anders Jonas (Lödgo 1814 - Upsala 1874) Físico sueco. Profesor de la universidad de Upsala desde 1858, sus principales trabajos se desarrollaron en el campo de la óptica, particularmente en el estudio de espectros.

anguila *s. f.* Nombre común de diversos peces anguiliformes de la familia anguílidos, género *Anguilla.* Su forma es alargada, presentan pequeñas escamas y tienen las aletas dorsal y anal muy largas y prolongadas en la caudal. En estado adulto alcanza más de 1 m de longitud. Las anguilas muy jóvenes, antiguamente consideradas como una especie distinta, viven en el mar y se denominan leptocéfalos. Pasada esta etapa larvaria, adquieren forma alargada (angulas), se trasladan a aguas dulces, donde crecen hasta alcanzar el estado adulto, y regresan de nuevo al océano para desovar.

La anguila europea (Anguilla anguilla) *se reproduce en el mar de los Sargazos, desde el que sus crías retornan a los ríos europeos a lo largo de un viaje a través del Atlántico que dura dos años.*

angula *s. f.* Cría de la anguila, muy apreciada en gastronomía.

angular *adj.* **1.** Perteneciente o relativo al ángulo. **2.** Con forma de ángulo. **3.** Situado en el vértice o arista. ‖ **4. gran angular** Objetivo óptico, usado fundamentalmente en fotografía, cuyo ángulo de campo es superior al normal (47°).

Angulema, Luis Antonio de Borbón, duque de (Versalles 1775 - Gorizia, Austria 1844) Delfín de Francia. Estuvo al mando de los Cien mil hijos de San Luis, ejército enviado a España en 1823 por Luis XVIII para restablecer el absolutismo.

ángulo *s. m.* **1.** En geom., porción de plano o de espacio limitada respectivamente por dos rectas o dos superficies que se cortan. **2.** Rincón. **3.** Esquina, arista. **4.** Punto de vista, opinión. ‖ **5.**

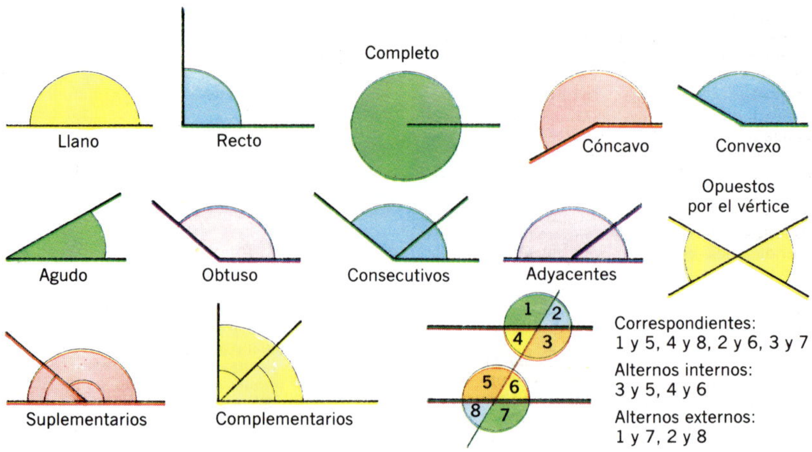

Diversos tipos de ángulos.

ángulo acimutal En astron., el comprendido entre el meridiano de un lugar y el plano vertical de la visual dirigida a un objeto cualquiera, generalmente un astro. **6. ángulo de desviación** Ángulo formado por el rayo incidente y el emergente en un prisma. **7. ángulo de incidencia** El formado por el rayo incidente y la normal a la superficie de reflexión. **8. ángulo de mira** En artillería, el que forma la dirección de la mirada con el eje de la pieza. **9. ángulo de reflexión** El formado por el rayo reflejado con la normal a la superficie de reflexión. **10. ángulo de refracción** El que forma el rayo refractado con la normal a la superficie de separación de ambos medios. **11. ángulo de refringencia** Valor del diedro que constituye las dos caras de un prisma. **12. ángulo diedro** El formado por dos planos que se cortan. **13. ángulo esférico** El formado en la superficie de la esfera por dos arcos de círculo máximo. **14. ángulo límite** El de incidencia al que corresponde uno de refracción de 90° cuando la luz pasa de un medio de mayor refringencia a otro de menor índice de refracción. **15. ángulo óptico** El formado por las dos visuales que van desde el ojo del observador a los extremos del objeto que se mira.

angustia *s. f.* **1.** Sentimiento intenso y opresivo de ansiedad, temor o inquietud. **2.** Aflicción, congoja. **3.** *fam.* Náuseas, malestar físico. **Fam.** Angustiadamente, angustiado, angustiosamente, angustioso.

Psicol. La angustia puede abarcar desde un temor difuso hasta el pánico o pavor ante un peligro o amenaza desconocidos o incluso irreales. Frecuentemente va acompañada de alteraciones neurovegetativas: palpitaciones, sudor, temblores, etc. Suele ser pasajera, aunque puede hacerse crónica.

Fil. La angustia constituye una de las ideas fundamentales de la filosofía de Kierkegaard y del existencialismo. El término expresa el sentimiento de desamparo e incertidumbre del ser humano ante su existencia. A través de la angustia, el hombre toma conciencia de su realidad y se ve a sí mismo como un ser finito, condenado a la muerte y a la nada.

angustiar *v. tr.* Causar angustia. También *v. prnl.*

anhelar *v. tr.* Desear ansiosamente conseguir algo. **Fam.** Anhelante.

anhelo *s. m.* Deseo vehemente. **Fam.** Anhelosamente, anheloso.

anhídrido *s. m.* Compuesto binario formado por la combinación del oxígeno con un elemento no metálico. Esta denominación se considera anticuada y se ha sustituido por la de *óxido no metálico.*

anhidrita *s. f.* $CaSO_4$. Mineral sulfato de calcio anhidro que cristaliza en el sistema rómbico. Abunda en los depósitos salinos y aparece asociada al yeso.

anhidro, dra *adj.* En quím., se aplica a los cuerpos en cuya formación no entra el agua o a aquellos que la han perdido, p. ej. la anhidrita.

anhidrosis *s. f.* Disminución o falta de sudoración.

Anhui Prov. de China, situada en el E del país. 139.900 km^2. 52.866.000 h. en 1988. La capital es Hefei, con 645.200 h. en 1987. Está recorrida por los ríos Huai He y Yangtsé-kiang, que riegan fértiles cultivos de arroz, algodón, trigo, cáñamo y té. Posee yacimientos de hulla, hierro y cobre.

Aníbal (Cartago h. 247 - Bitinia 183 a. C.) General cartaginés. Hijo de Amílcar Barca, en el año 221 a. C. tomó el mando de las tropas cartaginesas en España y sometió las tierras de la Península al S del río Ebro, ocupando, tras un largo asedio, la ciudad de Sagunto, aliada de Roma. Cruzó luego los Pirineos, las Galias y los Alpes y, ya en la península italiana, derrotó a las tropas de Roma en las batallas de Trebia (218 a. C.), Trasimeno (217 a. C.) y Cannas (216 a. C.). El desembarco en África de Publio Cornelio Escipión le obligó a trasladarse a Cartago, donde fue derrotado en la batalla de Zama (202 a. C.).

anidación *s. f.* **1.** Acción y efecto de anidar. **2.** En biol., implantación de un tejido en otro, p. ej. la fijación del óvulo fecundado en la pared del útero.

anidar *v. intr.* **1.** Hacer nido las aves o vivir en él. **2.** P. ext., habitar. **3.** Hallarse en alguien cierta cualidad o sentimiento.

anilina *s. f.* $C_6H_5{-}NH_2$. Nombre vulgar de la fenilamina, amina primaria que resulta de reemplazar un hidrógeno de la molécula del benceno por el grupo $-NH_2$. Se usa mucho en tintorería, como base de la preparación de colorantes.

anilla *s. f.* **1.** Aro o pieza en forma de circunferencia para diversos usos, como p. ej. las de metal, madera u otro material que sirven para colocar colgaduras o cortinas. ‖ *pl.* **2.** Par de aros pendientes de cuerdas o cadenas para efectuar ejercicios gimnásticos.

anillar *v. tr.* **1.** Sujetar con anillas o anillos. **2.** Dar forma de anillo. **3.** Colocar anillos en las patas de las aves para estudiar sus movimientos, migraciones, etc. **Fam.** Anillamiento.

anillo *s. m.* **1.** Aro pequeño, particularmente el que se lleva como adorno en los dedos de la mano. **2.** Elemento circular que rodea un cuerpo. **3.** En arq., cornisa circular que sirve de base a la cúpula. **4.** Cada una de las capas cilíndricas de tejido leñoso que forman el tronco de los árboles y que indican su crecimiento en espesor. **5.** En zool., cada uno de los segmentos que forman el esqueleto externo de los artrópodos, o los pliegues transversales externos de los anélidos. **6.** Ruedo de una plaza de toros. **7.** En mat., estructura algebraica de un conjunto de elementos en el que se han definido dos leyes de composición interna u operaciones cerradas, designadas generalmente por + y × (*más* y *por,* respectivamente). ‖ **8. anillo de Saturno** Círculo de partículas meteóricas que rodea a este planeta y que está constituido, a su vez, por miles de anillos concéntricos. ‖ **Loc. caérsele** a uno **los anillos** *fam.* Considerar humillante o degradante hacer algo. Se usa sobre todo en frases negativas. **venir** algo **como anillo al dedo** *fam.* Ser oportuno, adecuado, acertado.

Mat. En el anillo se verifican las siguientes propiedades: con respecto a +, el conjunto tiene estructura de grupo abeliano o conmutativo; con respecto a ×, el conjunto verifica la propiedad asociativa y existe en el conjunto un elemento llamado unidad; la operación × es distributiva (a derecha y a izquierda) respecto a +.

ánima *s. f.* **1.** Alma del hombre, especialmente la que pena en el purgatorio. **2.** Hueco de un objeto, en particular del cañón de un arma de fuego. || **3. toque de ánimas** Toque de campanas para rogar por las ánimas del purgatorio y hora en que se hace ese toque.

animación *s. f.* **1.** Acción y efecto de animar o animarse. **2.** Viveza y agilidad en las acciones, movimientos o palabras. **3.** Gran concurrencia de gente en una fiesta, reunión, etc. **4.** Actividad, bullicio, ajetreo. **5.** Técnica cinematográfica por la que se dota de movimiento a dibujos mediante descomposición fotográfica de sus fases sucesivas, de modo que, al proyectarlas seguidas, crea la ilusión óptica de dicho movimiento. || **6. animación sociocultural** Conjunto de actuaciones dirigidas a promover el desarrollo social y cultural de una comunidad, a fomentar la participación democrática de sus miembros y a potenciar la identidad cultural del grupo.

animado, da **1.** *p. p.* de **animar**. También *adj.* || *adj.* **2.** Que tiene vida. **FAM.** Animadamente.

animador, ra *adj.* **1.** Que anima. También *s.* || *s. m.* y *f.* **2.** Persona que presenta algunos espectáculos, en los que a veces interviene. **3.** Organizador de actividades de ocio.

animadversión *s. f.* **1.** Enemistad, aversión. **2.** Oposición muy crítica a alguien o algo.

animal *s. m.* **1.** Ser vivo con capacidad de movimiento propio y dotado de sensibilidad, que se alimenta de plantas o de otros animales; numerosos seres vivos que hoy se consideran animales carecen de movimiento propio, por lo que las clasificaciones modernas tienden a identificar el concepto de animal con el de metazoo. **2.** Por contraposición a hombre, animal irracional. || *adj.* **3.** Perteneciente o relativo a los seres vivos antes mencionados. **4.** Propio de la parte sensitiva del ser humano, a diferencia de la racional o intelectual. **5.** Se dice de la persona ruda, ignorante o que utiliza en exceso la fuerza física. También *s.* **FAM.** Animalidad.

Zool. Los animales o metazoos integran uno de los cinco grandes reinos en los que hoy se suele dividir a los seres vivos. La diferencia fundamental entre los animales y las plantas es que éstas son seres vivos autótrofos, es decir, realizan la fotosíntesis fabricando sus propios alimentos a partir de sustancias inorgánicas, y en cambio los animales son heterótrofos, o sea, se alimentan de plantas u otros animales. Por otra parte, las células típicas de que se componen los animales presentan al microscopio diferencias notables con las células vegetales también típicas, como p. ej. la ausencia de plastos y pared celular.

Los animales se agrupan en tipos diferentes, de los cuales los más importantes son los siguientes: poríferos o espongiarios, celentéreos, platelmintos, nematodos, anélidos, artrópodos, moluscos, equinodermos y cordados. Los cordados, a su vez, se dividen en cefalocordados, urocordados y vertebrados. Los vertebrados abarcan cinco clases: peces, anfibios, reptiles, aves y mamíferos, incluyéndose la especie humana en esta última. La división de los animales pluricelulares en invertebrados y vertebrados, según que carezcan de esqueleto interno o lo posean, sigue siendo de gran utilidad para su estudio.

animalada *s. f.* **1.** *fam.* Dicho o acción estúpidos, necios. **2.** *fam.* Salvajada, acción brutal o cruel.

animalizar *v. tr.* Embrutecer. Se usa más como *v. prnl.* ▪ Se conjuga como *cazar.* **FAM.** Animalización.

animar *v. tr.* **1.** Dar a una persona ánimo, energía, confianza en ella misma. También *v. prnl.* **2.** Estimular a alguien para que haga cierta cosa. **3.** Comunicar alegría. || *v. prnl.* **4.** Atreverse a hacer algo. **5.** Alegrarse.

anímico, ca *adj.* Relacionado con el ánimo y sus estados.

animismo *s. m.* Creencia que atribuye a todos los seres y objetos y a los fenómenos de la naturaleza un alma o principio vital. El término fue introducido por el antropólogo inglés Edward Burnett Tylor (1832-1917). **FAM.** Animista.

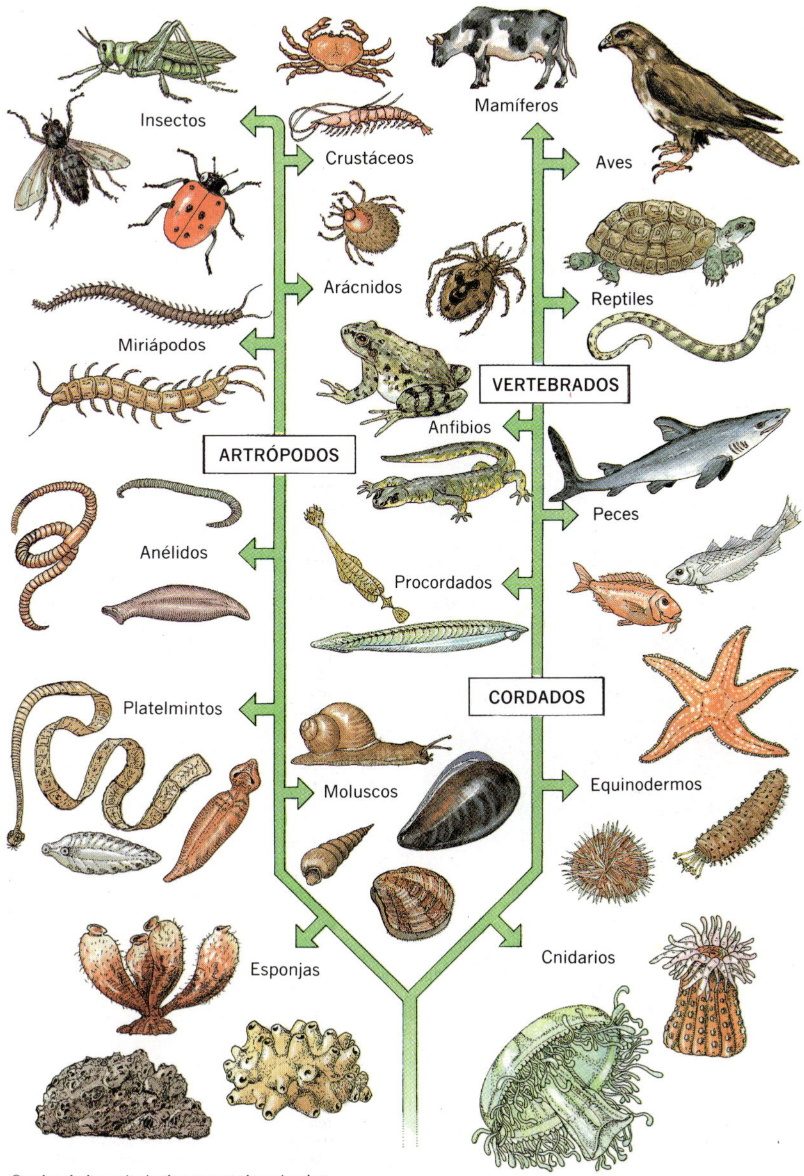

Cuadro de los principales grupos de animales.

ánimo *s. m.* **1.** En numerosas doctrinas filosóficas y religiones, alma, espíritu. **2.** Situación afectiva o emocional de una persona. **3.** Valor, empuje, energía. ▪ Se utiliza también como interjección para animar a alguien. **4.** Intención, voluntad.

animosidad *s. f.* **1.** Aversión, antipatía, oposición. **2.** Ánimo, valor.

animoso, sa *adj.* Valeroso, decidido. **FAM.** Animosamente.

aniñado, da **1.** *p. p.* de **aniñarse**. || *adj.* **2.** Semejante a los niños en su aspecto o actitudes. **FAM.** Aniñarse.

anión *s. m.* Ion negativo que resulta de poseer un átomo o agrupación de átomos un exceso de electrones.

aniquilación *s. f.* **1.** Acción y efecto de aniquilar o aniquilarse. **2.** En fís., reacción que sucede al chocar una partícula atómica elemental con su correspondiente antipartícula, de forma que la masa de éstas desaparece y se produce una emisión de radiación electromagnética.

aniquilar *v. tr.* **1.** Destruir, matar, hacer desaparecer totalmente. También *v. prnl.* con valor recíproco. **2.** Deteriorar o consumir algo no material, p. ej. el ánimo, la salud o un sentimiento. También *v. prnl.* **3.** Derrotar por completo al adversario. || *v. prnl.* **4.** Con valor recíproco, producirse una reacción física de aniquilación. **FAM.** Aniquilador, aniquilamiento.

anís *s. m.* **1.** Planta herbácea de la familia umbelíferas, especie *Pimpinella anisum.* Mide unos 30 cm de altura, tiene flores en umbela de color blanco amarillento y semillas ovoides de unos 3 mm de largo, de olor y sabor aromáticos. Originaria del Mediterráneo, se cultiva en gran parte del mundo por sus semillas, que se utilizan como condimento y para fabricar tisanas medicinales y licores. **2.** Semilla de esta planta. **3.** Aguardiente aromatizado con esta semilla. **4.** Pequeño dulce, en forma de bolita, aromatizado con esta semilla.

anisado, da *adj.* **1.** Que tiene anís o sabor a anís. || *s. m.* **2.** Aguardiente de anís.

anisal o **anisar** *s. m.* Terreno sembrado de anís.

anisete *s. m.* Licor elaborado con aguardiente, azúcar y esencia de anís.

aniso- *pref.* Significa 'desigual': *anisosilábico, anisopétalo.*

anisófilo, la *adj.* En bot., de hojas desiguales.

anisómero, ra *adj.* Se dice de los seres u órganos que tienen las partes desiguales.

anisopétalo, la *adj.* Se dice de la planta o flor con pétalos desiguales.

anisosilábico, ca *adj.* Se dice de los versos que no tienen el mismo número de sílabas.

anisotropía *s. f.* Cualidad de los cuerpos cristalinos de presentar propiedades (como elasticidad, conductividad, etc.) que varían al cambiar las direcciones del cristal. **FAM.** Anisótropo.

aniversario *s. m.* Día en que se cumplen años de algún suceso y celebración con que se conmemora.

Anjou Región histórica del NO de Francia, en el valle del Loira, cuya capital era Angers. Condado desde el 929, formó parte de los dominios continentales de los reyes ingleses de la dinastía Plantagenet. En 1481 fue incorporada a la corona de Francia como ducado y desde el s. XVI el título fue ostentado por miembros de la casa real.

Ankara (ant. *Angora*) C. de Turquía, cap. del país, en la confluencia de los ríos Cubuk y Ankara. 2.251.500 h. en 1986. Posee industrias textiles y de construcción. Cuenta con universidad.

Ankara: vista del centro de la ciudad.

Annaba (ant. *Bona*) C. de Argelia, cap. del wilayato homónimo. 310.000 h. en 1987. Es el segundo puerto del país y núcleo urbano de una importante comarca agrícola.

Annam Región de Vietnam, situada en el sector central del país entre Tonkín y Cochinchina. Recorrida por la cordillera Annamita, se abre al mar de la China Meridional en llanuras costeras densamente pobladas. Su economía es esencialmente arrocera y pesquera.

Annapurna Macizo de Nepal, en la cordillera del Himalaya. 8.078 m. Fue el primer pico de más de 8.000 m conquistado por el hombre (1950).

Annual, desastre de Serie de derrotas sufridas por las tropas españolas del general Fernández Silvestre frente a los rifeños de Abd-el-Krim, durante la guerra de Marruecos. La sucesiva caída, en julio de 1921, de la guarnición de Annual y otras posiciones ocasionó más de diez mil bajas al ejército español.

Annunzio, Gabriele d' (Pescara 1863 - Gardone Riviera 1938) Escritor italiano. Intervino activamente en la política de su época y en 1919 ocupó militarmente el puerto de Fiume y se autoproclamó regente. Se le considera un precursor del régimen fascista. Escribió poesía de gran virtuosismo y musicalidad, de estilo decadentista: *Primo vere* (1879), *Poema paradisiaco* (1893), *Alcyone* (1903), *Electra* (1904) y *Merope* (1912). Sus novelas, inicialmente de tono naturalista, como *Giovanni Episcopo* (1892) y *El inocente* (1893), también se caracterizan por un gran preciosismo formal: *Las vírgenes en las rocas* (1896) y los cuatro libros de los *Elogios del cielo, del mar, de la tierra y de los héroes* (1902-12).

ano *s. m.* Orificio en que termina el tubo digestivo, por donde se expulsan los excrementos.

anoche *adv. t.* En la noche de ayer.

anochecer[1] *v. impers.* **1.** Hacerse de noche. ‖ *v. intr.* **2.** Llegar o estar en un lugar o situación al comenzar la noche. ■ Es v. irreg. Se conjuga como *agradecer.*

anochecer[2] *s. m.* Tiempo durante el cual anochece.

anochecido, da 1. *p. p.* de **anochecer**. ‖ *adv. t.* **2.** Al comenzar la noche.

anodino, na *adj.* Insustancial, carente de importancia o interés.

anodización *s. f.* Recubrimiento del aluminio y otros metales y aleaciones por electrólisis, mediante la oxidación superficial de la pieza metálica que actúa como ánodo.

ánodo *s. m.* **1.** Polo positivo de una pila eléctrica o de cualquier otro generador de electricidad. **2.** Electrodo positivo de una cuba electrolítica al cual se dirigen los aniones presentes en la disolución al hacer pasar por ésta una corriente eléctrica. **3.** Electrodo positivo de una válvula de vacío. **FAM.** Anódico.

anofeles *s. m.* Nombre común de diversos insectos de la familia culícidos, género *Anopheles.* Tienen un aparato chupador con los palpos casi tan largos como la trompa y se caracterizan por posarse oblicuamente sobre las superficies. Son huéspedes de diversas especies de esporozoos del género *Plasmodium* y transmiten al hombre el paludismo y la malaria.

anomalía *s. f.* **1.** Anormalidad, irregularidad, defecto. **2.** En biol., alteración o malformación orgánica, congénita o adquirida, p. ej. un mayor número de dedos en una mano. **3.** En fís., diferencia entre una magnitud observada y el valor que se le otorga en la teoría. P. ej., la aceleración de la gravedad en el ecuador es, teóricamente, de 9,77 m/s^2. Sin embargo, medidas experimentales dan un valor de 9,78 m/s^2. **4.** En geol., desviación de los valores normales de ciertas magnitudes geofísicas en un determinado lugar, como la anomalía magnética, la anomalía gravitatoria, etc.

anómalo, la *adj.* Irregular, anormal, que presenta anomalía.

anomia o **anomía** *s. f.* **1.** Ausencia de normas sociales. **2.** Desviación importante respecto de una norma con rechazo de la misma. **3.** En soc., situación en la que los individuos no pueden orientar con precisión su conducta, bien porque no hay definiciones claras de las normas o porque existe un conflicto entre ellas.

anomuros *s. m. pl.* Grupo de crustáceos decápodos pertenecientes al suborden reptadores, sin categoría taxonómica propia. Poseen un abdomen irregular y blando, por lo que, para protegerlo, se alojan en las conchas vacías de los moluscos gasterópodos, p. ej. el cangrejo ermitaño. También *adj.* y *s. m.*

anona *s. f.* **1.** Nombre común de diversos árboles de la familia anonáceas. Tienen el tronco ramoso, la corteza oscura, hojas grandes y lanceoladas y fruto en forma de manzana, con escamas, de pulpa blanca, aromática y dulce, que encierra semillas negras y duras. Son propios de las zonas tropicales. **2.** Fruto de esta planta.

anonáceas *s. f. pl.* Familia de plantas dicotiledóneas del orden magnoliales, que comprende los géneros *Anona, Unaria, Cananga, Xylopia* y otros. Tienen hojas alternas, flores helicoidales, solitarias o en manojos, y fruto generalmente en baya. Anonáceas son el chirimoyo y otras plantas tropicales. También *adj.* y *s. f.*

anonadar *v. tr.* **1.** Desconcertar o aturdir completamente. También *v. prnl.* **2.** Impresionar, asombrar. **FAM.** Anonadación, anonadamiento.

anonimato *s. m.* Estado o condición de anónimo.

anonimia *s. f.* Cualidad de anónimo.

anónimo, ma *adj.* **1.** Se aplica a las obras o escritos de los que no se conoce el nombre del autor. También *s. m.* **2.** Desconocido, ignorado. También *s.* ‖ *s. m.* **3.** Carta o escrito sin firma en el que, por lo común, se dice algo ofensivo, desagradable o amenazador para el que lo recibe. **4.** Anonimato. **FAM.** Anónimamente.

anopluros *s. m. pl.* Orden de insectos ápteros de pequeño tamaño, caracterizados por poseer un aparato bucal capaz de perforar la piel y chupar la sangre de mamíferos. Son parásitos del hombre, de cuya sangre se alimentan, como p. ej. el piojo *(Pediculus humanus).* También *adj.* y *s. m.*

anopsia *s. f.* Ceguera*.

anorak *s. m.* Especie de chaquetón impermeable, generalmente con capucha.

anorexia *s. f.* Pérdida del apetito debida a causas psíquicas o trastornos orgánicos.

anormal *adj.* **1.** Que no es normal. **2.** En el lenguaje corriente y utilizado indebidamente, deficiente mental. **3.** En mat., se dice de lo que se aparta estadísticamente de la norma. **FAM.** Anormalidad, anormalmente.

anorquia o **anorquidia** *s. f.* Falta congénita de los testículos.

anortita *s. f.* $CaAl_2Si_2O_8$. Mineral silicato alumínico de calcio, perteneciente al grupo plagioclasas. Cristaliza en el sistema triclínico y es componente de rocas ultrabásicas.

anosmia *s. f.* Incapacidad para percibir los estímulos olfativos producida por un trauma o lesión cerebral o por enfermedad de los órganos periféricos del sentido del olfato.

anotar *v. tr.* **1.** Escribir notas, hacer constar, apuntar. **2.** En ciertos deportes, lograr un tanto. ‖ *v. prnl.* **3.** Con valor expresivo, obtener un triunfo o un fracaso. **FAM.** Anotación, anotador.

Anouilh, Jean (Burdeos 1910 - Lausana 1987) Dramaturgo francés. Su obra, caracterizada por el certero uso del diálogo y de la técnica teatral, tiende a la creación de una atmósfera poética e imaginativa en la que siempre se refleja una visión trágica de la existencia. Es autor de *La cita de Senlis* (1941), *Antígona* (1944), *La alondra* (1953), *Becket o el honor de Dios* (1959) y *La pequeña Molière* (1959).

anovulatorio, ria *adj.* Se dice del medicamento que impide la ovulación. Los fármacos anovulatorios suelen estar compuestos de hormonas femeninas de tipo estrógeno y derivados de la progesterona. Se usan como reguladores de la menstruación y como anticonceptivos. También *s. m.*

anoxia *s. f.* Disminución o ausencia total de oxígeno en los tejidos.

Anquetil, Jacques (Mont-Saint-Aignan 1934 - Rouen 1987) Ciclista francés. Fue cinco veces vencedor del Tour de Francia, dos del Giro de Italia y una de la Vuelta a España. Logró nueve triunfos en el Gran Premio de las Naciones, y el récord mundial de la hora (46,159 km/h) en 1956.

anquilosar *v. tr.* **1.** Producir disminución o privación de los movimientos de una articulación. También *v. prnl.* ‖ *v. prnl.* **2.** Detenerse una cosa en su natural progreso. **FAM.** Anquilosado, anquilosamiento.

anquilosis *s. f.* Disminución o privación de los movimientos de una articulación.

anquilostoma *s. m.* Gusano nematodo de la familia estrongílidos, especie *Ancylostoma duodenale.* Mide de 10 a 18 mm de longitud y menos de 1 mm de diámetro y tiene color blanco o rosado. Como parásito del hombre se fija con sus ganchos bucales a la pared del intestino delgado, principalmente en el duodeno, y devora las células de la mucosa intestinal; al mismo tiempo segrega sustancias tóxicas que destruyen los glóbulos rojos de la sangre del huésped.

anquilostomiasis *s. f.* Enfermedad provocada por el anquilostoma, que produce trastornos gastrointestinales y anemia.

ánsar *s. m.* Nombre común de diversas aves palmípedas de la familia anátidos, género *Anser.* El ánsar común *(Anser anser)* alcanza casi 1 m de largo y es de plumaje denso, con la parte inferior y la cola blancas. Anida y vive en el N de Europa y Asia. De esta especie procede el ganso doméstico.

Anschluss (voz al.) Término que significa 'anexión' y se aplica a las sucesivas incorporaciones de territorios de lengua alemana primero a Prusia y luego, en 1938, al Tercer Reich.

Anselmo, San (Aosta 1033 - Canterbury 1109) Filósofo y teólogo benedictino. Arzobispo de Canterbury, fue uno de los principales impulsores del pensamiento escolástico. Para conseguir una base racional de la fe, desarrolló las pruebas de la existencia y naturaleza de Dios en sus obras *Monologium, Proslogion* y *Cur deus homo.* Su célebre argumento ontológico se puede formular así: Dios, lo más grande que puede pensarse, tiene que existir, pues, de lo contrario, no sería lo más grande, al carecer de existencia.

anseriformes *s. m. pl.* Orden de aves palmípedas nadadoras y voladoras que comprende numerosas especies de las familias anátidas y anímidas. Se caracterizan por el cuerpo robusto, cuello largo y por poseer una glándula en la base de la cola de la que extraen grasa para lubricar sus plumas. También *adj.* y *s. m.*

Ansermet, Ernest (Vevey 1883 - Ginebra 1969) Director de orquesta suizo. En 1918 fundó en Ginebra una de las orquestas más importantes de Europa, la «Suisse Romande». Ha sido uno de los grandes intérpretes de la música contemporánea.

Anshan C. de China, en la prov. de Liaoning, Manchuria. 1.330.000 h. en 1985. Posee industria siderúrgica y metalúrgica e importantes yacimientos de hulla.

ansia *s. f.* **1.** Deseo muy intenso. **2.** Ansiedad, angustia, inquietud. ‖ *pl.* **3.** Náuseas.

ansiar *v. tr.* Desear con ansia. ▪ Obsérvense los acentos en los tiempos de presente e imperativo.

ANSIAR		
INDICATIVO	SUBJUNTIVO	IMPERATIVO
Presente	**Presente**	
ansío	*ansíe*	
ansías	*ansíes*	*ansía*
ansía	*ansíe*	
ansiamos	*ansiemos*	
ansiáis	*ansiéis*	*ansiad*
ansían	*ansíen*	

ansiedad *s. f.* Estado de agitación o desasosiego, generalmente producido por la inseguridad y temor ante una amenaza o peligro. ***Psicol.*** Existe una ansiedad normal, como respuesta natural ante peligros reales, y una ansiedad patológica, desproporcionada a la situación que la origina. Esta última suele ser producto de experiencias anteriores desafortunadas, como ocurre en el caso de las fobias.

ansiógeno, na *adj.* Se dice de todo estímulo o situación que produce ansiedad.

ansiolítico, ca *adj.* Se dice del fármaco que disminuye el estado de ansiedad. También *s. m.*

ansioso, sa *adj.* Que tiene ansia o ansiedad. También *s.* **FAM.** Ansiosamente.

anta[1] (del ár. *lamt*) *s. f.* Alce*.

anta[2] (del lat. *antae, -arum*) *s. f.* **1.** Menhir*. **2.** En arq., cada una de las pilastras situadas a los costados de la puerta de una fachada como refuerzo o decoración.

antagónico, ca *adj.* Opuesto, contrario.

antagonismo *s. m.* Rivalidad, oposición, especialmente en opiniones y doctrinas.

antagonista *adj.* **1.** Enemigo, adversario, rival. También *s.* **2.** Que obra en sentido contrario, p. ej. los músculos flexores y los extensores. ‖ *s. m.* **3.** Personaje que se opone al protagonista en una obra literaria, cinematográfica, etc.

Antananarivo Véase **Tananarive.**

antaño *adv. t.* En tiempos antiguos.

Antares Estrella supergigante roja de la constelación de Escorpión. Su magnitud oscila entre 1,2 y 1,9 según sus periodos. Su diámetro es unas 500 veces el del Sol. Dista de la Tierra unos 170 años luz.

antártico, ca *adj.* Perteneciente o relativo al polo sur y regiones que lo rodean.

Antártico, océano Glacial Océano que rodea la Antártida, al S de los océanos Atlántico, Índico y Pacífico, hasta un límite que oscila entre los 40° y los 60° de latitud S. La salinidad del agua es baja. Existe abundante plancton y grandes recursos pesqueros. Las profundidades submarinas son muy irregulares, oscilando entre los 4.000 y los 6.000 m.

Antártida Continente del polo sur situado casi totalmente en los límites del círculo polar. Tiene una extensión de 14.107.637 km^2 y está rodeado por el océano Antártico y numerosas islas y archipiélagos. La parte occidental es continuación de América del Sur y por tanto muy montañosa, con numerosos volcanes (Erebus, Markham, Kirkpatrick). La parte oriental está formada por mesetas elevadas. La altitud media del continente supera los 2.000 m. La flora consiste sólo en líquenes y musgos, ya que el 95 % de la superficie está cubierta de hielos perennes. La fauna es rica, pero limitada a especies marinas: pingüinos, focas y ballenas. En el subsuelo abundan

Antártida: aunque sus condiciones climáticas hacen casi imposible la vida del hombre, desde mediados del siglo XX numerosos países han instalado bases científicas.

petróleo, cobre, molibdeno, cromo, platino, plata, estaño, carbón. El estudio de la Antártida ha sido y sigue siendo objetivo de los exploradores desde 1773, cuando James Cook se acercó a sus costas. Existe únicamente un poblamiento temporal en estaciones científicas y pesqueras. El tratado de Washington (1959) aprobó el libre uso del continente para fines pacíficos y científicos, aunque algunos países afirman su soberanía sobre ciertos sectores. La no explotación de sus recursos minerales fue ratificada en Madrid en 1991. Registra las temperaturas más bajas del globo (de hasta −88 °C).

ante[1] (del ár. *lamt*) *s. m.* **1.** Anta, alce. **2.** Piel curtida de este animal o de otros semejantes, de tacto aterciopelado. **3.** Búfalo asiático.

ante[2] (del lat. *ante*) *prep.* **1.** En presencia de, delante de. **2.** Frente a, respecto de.

ante- *pref.* Expresa anterioridad en el tiempo: *anteayer*, o en la posición en el espacio: *anteponer.*

ante meridiem *loc. lat.* Antes del mediodía. Su abreviatura es *a. m.*

anteanoche *adv. t.* En la noche de anteayer.

anteayer *adv. t.* En el día inmediatamente anterior al de ayer.

antebrazo *s. m.* Parte del brazo que comprende desde el codo hasta la muñeca.

antecámara *s. f.* **1.** Habitación que precede a la sala principal de un palacio o mansión. **2.** Cámara de precombustión intercalada entre el inyector y el cilindro en algunos motores de explosión.

antecedente *adj.* **1.** Que antecede. ‖ *s. m.* **2.** Hecho, dicho o circunstancia anterior que explica o determina a otros posteriores. **3.** En ling., nombre, pronombre u oración a que hace referencia un pronombre relativo. **4.** En lóg., primera de las dos proposiciones unidas por una relación de implicación. **5.** En lóg., conjunto de premisas en que se apoya un razonamiento deductivo para inferir una conclusión. ‖ **6. antecedentes penales** En der., información que queda en el registro correspondiente sobre la persona que ha sufrido alguna condena judicial. ▪ A veces se dice sólo *antecedentes.* ‖ **LOC. en antecedentes** *adv.* Informado sobre un asunto.

anteceder *v. tr.* Estar, ir o suceder antes que alguien o algo.

antecesor, ra *adj.* **1.** Anterior en el tiempo. ‖ *s. m.* y *f.* **2.** Persona que precedió a otra en algún cargo, trabajo, etc. ‖ *s. m.* **3.** Antepasado, ascendiente.

anteco, ca *adj.* Se dice de los habitantes de la Tierra que están en el mismo meridiano y a igual distancia del ecuador, pero en hemisferios distintos. También *s.*

antedecir *v. tr.* Predecir. ▪ Es v. irreg. Se conjuga como *decir.*

antedicho, cha **1.** *p. p.* de **antedecir.** ‖ *adj.* **2.** Dicho o escrito antes o más arriba.

antediluviano, na *adj.* **1.** Anterior al diluvio universal. **2.** Remoto, muy anticuado.

antefirma *s. f.* **1.** Fórmula de tratamiento que se pone antes de la firma, p. ej. *suyo afectísimo.* **2.** Denominación del cargo o dignidad del firmante que se pone antes de la firma.

antelación *s. f.* Anticipación en el tiempo con que sucede o se hace una cosa respecto a otra.

antemano, de *loc. adv.* Con antelación o anticipación.

antemeridiano, na *adj.* **1.** Anterior al mediodía. **2.** Se dice de cualquier punto de la esfera celeste situado por debajo del horizonte.

Antemio de Tralles (s. VI) Matemático y arquitecto lidio. Trazó los planos e inició la construcción de la basílica de Santa Sofía en Constantinopla por mandato del emperador Justiniano. A su muerte, la obra fue acabada por Isidoro de Mileto.

Antena parabólica para señales de satélite, en Robledo de Chavela, Madrid.

antena *s. f.* **1.** Componente de un dispositivo electrónico, por el que se emiten o reciben ondas de radio, televisión o radar. **2.** Cada uno de los apéndices articulados que los artrópodos poseen en la cabeza y que funcionan como órganos del tacto o del olfato. **3.** *fam.* Oreja, oído. ‖ **LOC. estar en antena** Estar emitiendo en radio o televisión.

Antenor (s. VI a. C.) Escultor griego. Se le atribuye el famoso grupo *Harmodio y Aristogitón.* En la Acrópolis se ha encontrado una koré que lleva su firma.

Anteo Gigante mitológico, hijo de Gea y de Poseidón. En su lucha con Hércules, al observar éste que cada vez que el gigante tocaba tierra renovaba sus energías, lo levantó en el aire y lo estranguló.

anteojera *s. f.* Pieza de cuero que se coloca junto a los ojos de las caballerías para que no vean por los lados y miren sólo hacia delante.

anteojo *s. m.* **1.** Instrumento óptico, compuesto por dos lentes situadas en los extremos de un tubo, que permite ver ampliados los objetos lejanos. || *pl.* **2.** Quevedos. **3.** Gafas, lentes.
Fís. El mecanismo del anteojo consiste en el juego de una lente convergente de gran distancia focal, llamada *objetivo*, en la que inciden los rayos luminosos del objeto observado, y otra, que puede ser convergente o divergente, llamada *ocular*, a través de la que se mira la imagen que forma la primera. Hay anteojos para ver con un solo ojo (catalejo) o con los dos (prismáticos, gemelos). El anteojo fue inventado por el óptico holandés Lippershey en 1608.

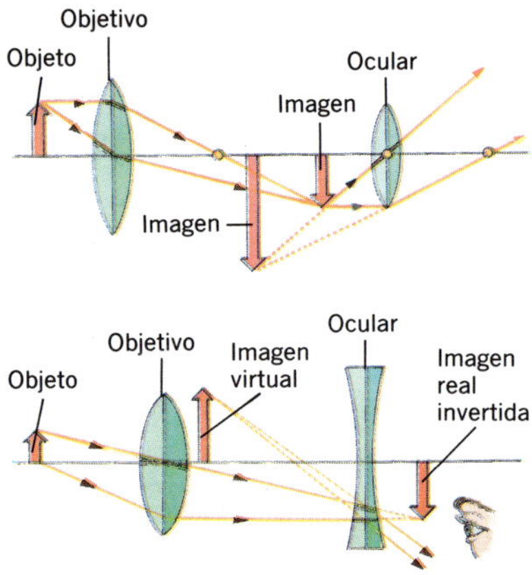

Anteojo: arriba, esquema del anteojo astronómico, que consta de dos sistemas de lentes, el objetivo (de gran tamaño) y el ocular (pequeño y de foco corto); abajo, esquema del anteojo de teatro o de Galileo, compuesto de un objetivo convergente y un ocular divergente.

antepasado, da *s. m.* y *f.* Persona de la que desciende alguien.

antepecho *s. m.* **1.** Pretil o baranda en lugares altos para poder asomarse sin peligro. **2.** Balcón o ventana con barandilla que no sobresale del muro exterior del edificio. **3.** Protector que se pone a los animales de tiro delante del pecho.

antepenúltimo, ma *adj.* Inmediatamente anterior al penúltimo. También *s.*

anteponer *v. tr.* **1.** Poner delante o inmediatamente antes. También *v. prnl.* **2.** Preferir, dar más importancia a una cosa que a otra. ■ Es v. irreg. Se conjuga como *poner.* **Fam.** Anteposición.

anteportada *s. f.* Hoja que precede a la portada de un libro y en la que se pone el título de la obra.

anteproyecto *s. m.* **1.** Estudio previo de un asunto. **2.** Conjunto de trabajos preliminares al proyecto de una obra de arquitectura o ingeniería. **3.** Texto legal aprobado por el gobierno para su remisión a las Cortes generales como proyecto de ley.

Antequera C. de España, en la prov. de Málaga. 41.863 h. en 1990. Centro de comunicaciones, su economía se basa en la agricultura e industrias derivadas. Conserva importantes restos prehistóricos.

Antequera y Castro, José de (Panamá 1689 - Lima 1731) Político y jurista panameño. Se le considera como uno de los precursores de la independencia de América. Nombrado protector de indios por la Audiencia de Charcas, combatió el régimen despótico de diversos gobernadores, hasta que fue hecho prisionero y condenado a muerte en Lima. El rey Carlos III rehabilitó su memoria.

antera *s. f.* Parte terminal del estambre de las flores que contiene el polen.

anteridio *s. m.* Órgano sexual masculino de las plantas criptógamas, en cuyo interior se producen los anterozoides.

anterior *adj.* **1.** Que existe o sucede antes en el tiempo. **2.** Situado antes o delante de otra cosa o persona en el espacio. **3.** Se aplica a las vocales palatales (*e, i*). **Fam.** Anteriormente.

anterioridad *s. f.* Situación o cualidad de lo que está o sucede antes que otra cosa.

anterozoide *s. m.* Gameto masculino de las plantas criptógamas.

antes *adv. t.* **1.** Expresa un tiempo pasado, anterior a otro: *Llegué antes que tú, antes de amanecer.* || *adv. l.* **2.** Delante de alguien o algo: *¿Quién va antes, tú o yo?* || *adv. ord.* **3.** Denota prioridad o preferencia y equivale a mejor, más bien: *Antes morir que ceder.* || *conj. advers.* **4.** Por el contrario: *No lo quiere, antes lo aborrece.* || **Loc. antes bien** *conj.* Indica oposición a lo expresado en la oración anterior: *No apruebo su conducta; antes bien, la condeno.*

antesala *s. f.* Habitación que precede a la sala principal, donde se espera para ser recibido. || **Loc. hacer antesala** Aguardar a ser recibido por alguien.

anti- *pref.* Significa 'opuesto', 'contrario': *antinatural.*

antiácido, da *adj.* Se dice de la sustancia que neutraliza el exceso de acidez en alguna parte del organismo, especialmente en el aparato digestivo. La más conocida es el bicarbonato de sodio. También *s. m.*

antiadherente *adj.* Se aplica a las sustancias o materias que evitan la adherencia. También *s. m.*

antiaéreo, a *adj.* Destinado a la defensa contra ataques aéreos; particularmente, se aplica a un tipo de cañón. También *s. m.*

Antiatlas Cordillera del N de África, en Marruecos. Está separada del Atlas por un gran surco. Su altura máxima es el macizo de Sirwa, de 3.300 m.

antibiótico, ca *adj.* Se aplica a la sustancia producida por un microorganismo (bacteria, moho, levadura) o sintéticamente, que destruye a otros microorganismos o impide su crecimiento. También *s. m.*
Biol. y ***Med.*** Los antibióticos se utilizan como medicamentos contra las enfermedades de origen bacteriano. El más antiguo conocido es la penicilina, producida por el moho *Penicillium notatum*, descubierta en 1928 por Alexander Fleming y utilizada comercialmente desde 1941. Otros antibióticos dignos de mención son la estreptomicina, producida por el hongo *Streptomyces griseus* y descubierta por Selman A. Waksman, que inventó el término antibiótico, y las cefalosporinas, producidas por el moho *Cephalosporium acremonium.*
Algunos antibióticos se han obtenido en el laboratorio mediante tratamiento químico de antibióticos preexistentes (como la familia de las penicilinas) o son totalmente sintéticos (como el cloramfenicol). Cada antibiótico puede ser activo contra cierto tipo de bacterias (se dice que es muy específico), o bien puede atacar a muchas bacterias diferentes (antibióticos de amplio espectro, como las tetraciclinas). Algunas bacterias son capaces de adquirir resistencia a los antibióticos que antes las atacaban. Además, hay personas alérgicas a determinados antibióticos, por lo que su aplicación en estos casos está totalmente contraindicada.

anticatarral *adj.* Que actúa contra el catarro. También *s. m.*

anticátodo *s. m.* En un tubo de rayos X, lámina de metal, generalmente de volframio, que recibe los rayos catódicos y emite los rayos X.

anticiclón *s. m.* Región atmosférica de altas presiones que superan los 1.013 milibares. Se representa gráficamente con líneas isobaras (de igual presión) y con una A en castellano o una H (*high*, alto, en inglés) en el sistema internacional. **Fam.** Anticiclónico.
Geog. En un anticiclón la presión disminuye del centro a la periferia, y la línea que separa la presión normal (1.013 milibares) de la presión baja se representa con un trazo más grueso. El aire se mueve, debido al cambio de presión, desde las altas presiones hacia las bajas. Por eso los anticiclones son centros de emisión de vientos, son estables y producen calor en verano, frío en invierno y ausencia de nubes y precipitaciones. El centro receptor o de bajas presiones tiene carácter inestable, porque a él llegan los vientos y produce nubes y lluvias. Pero la dirección de los vientos no es perpendicular a las isobaras, sino que se ve influida además por el movimiento de rotación de la Tierra, que hace que, en el hemisferio norte, los vientos se desplacen en la dirección de las agujas del reloj, y en el hemisferio sur, en sentido contrario. Los anticiclones que más influyen en el clima terrestre son el de las Azores, en la parte oriental del Atlántico Norte, y el de Hawai, en el E del Pacífico.

anticipación *s. f.* **1.** Acción y efecto de anticipar o anticiparse. **2.** Figura retórica que consiste en refutar de antemano una objeción. || **3. literatura de anticipación** Literatura de ciencia-ficción.

anticipado, da *p. p.* de **anticipar**. También *adj.* || **Loc. por anticipado** *adv.* Con antelación, de antemano. **Fam.** Anticipadamente.

anticipar *v. tr.* **1.** Hacer o decir una cosa antes del tiempo señalado. **2.** Adelantar dinero a alguien. || *v. prnl.* **3.** Apresurarse a hacer algo antes de que lo haga otro o antes de que suceda cierta cosa. **4.** Ocurrir una cosa antes de tiempo.

anticipo *s. m.* **1.** Anticipación, adelanto. **2.** Dinero que recibe una persona por adelantado o a cuenta de una cantidad.

anticlericalismo *s. m.* **1.** Opinión o actitud contraria a la intervención de la Iglesia en los asuntos del Estado. Defiende la separación completa de ambos poderes. Surgido como doctrina en el Renacimiento, se acentuó en la Ilustración y se difundió con el liberalismo y los movimientos obreros en el s. XIX. **2.** P. ext., hostilidad hacia el clero. **Fam.** Anticlerical.

anticlímax *s. m.* **1.** Gradación retórica de intensidad descendente, en la que se suceden diversas palabras o frases de manera que cada una de ellas expresa o significa algo menos que la anterior: *«Miro hacia atrás. / ¿Qué queda / de esos días? / Restos, / vida quemada, / nada.»* (Ángel González). **2.** Término más bajo de esa gradación. **3.** En una novela, obra de teatro o cine, momento de la acción en que disminuye la tensión, por contraposición al momento culminante o clímax.

anticlinal *adj.* En geol., se aplica al pliegue en el que los estratos tienen una curvatura convexa hacia arriba, en forma de bóveda. También *s. m.*

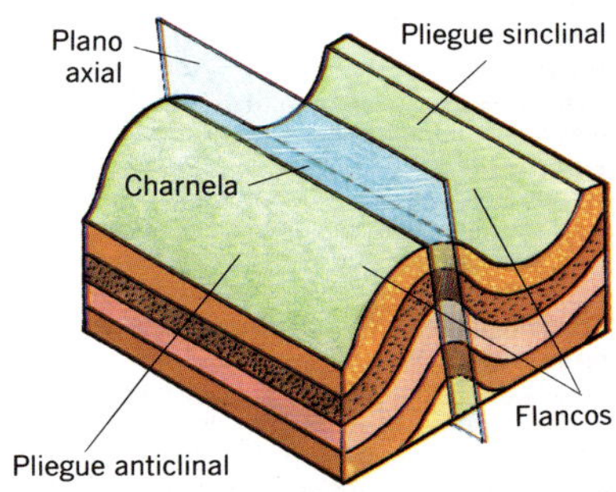

El anticlinal, o pliegue curvado en bóveda, suele ir asociado al sinclinal, o pliegue curvado en cubeta.

anticlinorio *s. m.* En geol., conjunto de pliegues, sobre todo anticlinales, con disposición relativamente paralela.

anticoagulante *adj.* Se dice de la sustancia que impide o retrasa la coagulación de la sangre, como p. ej. la heparina. También *s. m.*

anticolisión *s. m.* Sistema de seguridad de las aeronaves que, conectado automáticamente con los radares de tierra, informa de la proximidad de otros aparatos para evitar colisiones.

anticolonialismo *s. m.* Conjunto de ideas y movimientos sociales contrarios al colonialismo. **Fam.** Anticolonial.

anticoncepción *s. f.* Aplicación de prácticas y métodos para evitar el embarazo.

anticoncepcionismo *s. m.* **1.** Anticoncepción. **2.** Postura que defiende las prácticas y métodos anticonceptivos.

anticonceptivo, va *adj.* Se dice del medio o práctica que impide que la mujer quede embarazada. También *s. m.*

Med. Existen métodos anticonceptivos mecánicos, como el preservativo o el diafragma, que impiden a los espermatozoides alcanzar el óvulo; farmacológicos, como los anovulatorios, que inhiben la ovulación, o las cremas espermicidas, que matan a los espermatozoides; y quirúrgicos, como la ligadura de trompas o la vasectomía.

anticongelante *adj.* Se aplica a la sustancia que, mezclada con un líquido, impide que éste se congele. Se utiliza mucho en los sistemas de refrigeración de los automóviles. También *s. m.*

anticonstitucional *adj.* Contrario a la constitución o ley fundamental de un país.

anticorrosivo, va *adj.* Que impide la corrosión. Particularmente, se dice de la sustancia que se aplica como revestimiento en algunas superficies metálicas para evitar su corrosión por efecto del agua, del aire, etc. También *s. m.*

Anticristo Nombre que en el *Apocalipsis* de San Juan se da a un misterioso adversario, individual o colectivo, que antes de la segunda venida de Cristo tratará de apartar a los cristianos de su fe.

anticuado, da 1. *p. p.* de **anticuar**. ‖ *adj.* **2.** Que no se usa o estila por estar pasado de moda. **3.** Se dice de la persona de mentalidad y gustos propios de otra época. También *s.*

anticuar *v. tr.* Dejar anticuada o sin uso una cosa. También *v. prnl.* ▪ En cuanto al acento, se conjuga como *actuar*: *anticúo*.

anticuario, ria *s. m.* y *f.* **1.** Persona que estudia, colecciona o vende cosas antiguas. ‖ *s. m.* **2.** Tienda en que se venden estos objetos.

anticuerpo *s. m.* Proteína segregada por ciertos glóbulos blancos de la sangre para contrarrestar la invasión del organismo por proteínas extrañas llamadas antígenos (componentes de virus, toxinas bacterianas, alérgenos, etc.). Los anticuerpos forman parte del sistema inmunológico del cuerpo. A cada antígeno concreto le corresponde su propio anticuerpo. A éstos se debe la inmunidad adquirida contra ciertas enfermedades, sea por medio de vacunas o bien después de padecerlas.

antideportivo, va *adj.* **1.** Que carece de deportividad. **2.** Contrario a las normas y reglas que rigen los distintos deportes.

antidepresivo, va *adj.* Se dice del medicamento que actúa contra los estados de depresión. También *s. m.*

antideslizante *adj.* Se aplica al neumático, suelo, producto, etc., preparados para reducir el deslizamiento. También *s. m.*

antidetonante *adj.* **1.** Que impide o dificulta la detonación. **2.** En los motores de combustión interna, se dice del producto que se incorpora al combustible para evitar la detonación prematura de la mezcla carburante. También *s. m.*

antidisturbios *adj.* Se dice de los medios humanos y materiales empleados para reprimir disturbios y, especialmente, de la unidad o sección de la policía encargada de esta tarea, así como de sus miembros. También *s. m.*

antidoping (voz ingl.) *adj.* Se aplica al control que tiene como objeto detectar el uso de drogas estimulantes o anabolizantes por los deportistas. También *s. m.*

antídoto *s. m.* **1.** Sustancia que contrarresta la acción venenosa de productos tóxicos. **2.** P. ext., lo que evita o previene un mal.

antidroga *adj.* Que actúa contra el tráfico y consumo de drogas.

antiemético, ca *adj.* Se dice del fármaco indicado contra las náuseas y los vómitos. También *s. m.*

antiespasmódico, ca *adj.* Que sirve para calmar los espasmos. También *s. m.*

antiestético, ca *adj.* **1.** Contrario a la estética. **2.** Feo.

antifaz *s. m.* **1.** Máscara, velo o cualquier otra cosa con que alguien se cubre la cara. **2.** Pieza de tela negra u oscura con que se cubren los ojos o sus contornos.

antiflogístico, ca *adj.* Antiinflamatorio*.

antífona *s. f.* Breve pasaje que se canta o reza alternativamente antes y después de los salmos y los cánticos en las horas canónicas.

antifonal o **antifonario** *adj.* Se dice del libro que contiene antífonas. También *s. m.*

antífrasis *s. f.* Figura retórica similar a la ironía, que consiste en usar expresiones que signifícan lo contrario de lo que se debería decir, p. ej.: *Al Capone era una hermanita de la caridad.*

antifricción *s. f.* Aleación con que se forra el interior de los cojinetes de las máquinas para disminuir el frotamiento.

anti-g *adj.* Se dice de los equipos especialmente diseñados para permitir al hombre soportar una aceleración varias veces superior a la gravedad.

antigás *adj.* Se dice de aquello que sirve para protegerse de los gases tóxicos.

antígeno *s. m.* Sustancia que, introducida en un organismo animal, provoca la formación de anticuerpos. **FAM.** Antigénico.

Antígona Heroína legendaria griega. Hija de Edipo y Yocasta, fue condenada a muerte por dar sepultura a su hermano Polinices, en contra de lo dispuesto por su tío Creonte, rey de Tebas. Es la protagonista de la tragedia del mismo nombre escrita por Sófocles, y aparece también en obras de Esquilo y Eurípides.

Antigónidas Dinastía fundada por el diadoco Antígono Monoftalmos. Reinó en Macedonia hasta que la región fue conquistada por Roma el año 168 a. C.

antigripal *adj.* Que sirve para combatir la gripe. También *s. m.*

Antigua y Barbuda Estado insular centroamericano.

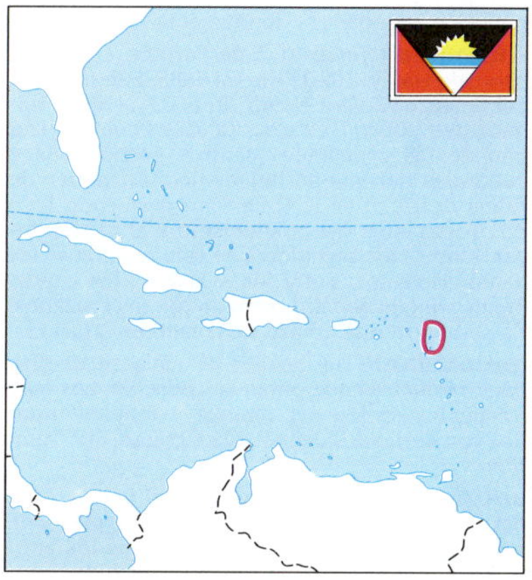

Extensión: 441,6 km^2.
Situación: en las islas de Sotavento, de las Pequeñas Antillas, al E de San Cristóbal y Nevis.
Población: 78.400 h. en 1989.
Densidad: 178 h./km^2.
Capital: Saint John's.
División administrativa: seis parroquias de la isla de Antigua y dos islas, Barbuda y Redonda.
Ciudades principales: Codrington.
Forma de Estado: monarquía constitucional.
Idioma: inglés.
Religión: protestantismo, 86,7 %; catolicismo, 10,2 %.
Moneda: dólar del Caribe oriental.
Tasa de natalidad: 15 ‰ en 1990.
Tasa de mortalidad: 5 ‰ en 1990.
Renta per cápita: 2.800 dólares en 1988.

Geog. Las islas Antigua, Barbuda y Redonda son, al contrario de la mayor parte de las islas caribeñas, fundamentalmente llanas, con costa baja, fragmentada y rodeada de escollos coralinos. Carecen casi de cursos de agua y son, por tanto, secas y de vegetación escasa. Habitadas sobre todo por negros, su tasa de crecimiento demográfico es baja. Su economía se sustenta en la agricultura del algodón, caña de azúcar y huerta, la ganadería, la pesca, la industria alimentaria (azúcar, aceite de semilla de algodón, ron y melaza) y el turismo.
Hist. Antigua colonia británica y estado asociado al Reino Unido (1967), alcanzó la independencia en 1981 dentro del seno de la Commonwealth. Su principal fuerza política es el Partido Laborista, cuyo candidato, Vere Bird, fue elegido primer ministro en 1984.

antigualla *s. f. desp.* Obra, objeto, uso, etc., muy antiguo o pasado de moda.

antiguamente *adv. t.* En tiempos pasados.

antigüedad *s. f.* **1.** Cualidad de antiguo. **2.** Tiempo muy lejano al presente y, por antonomasia, Edad Antigua de la historia. **3.** Tiempo que una persona lleva en un empleo, actividad o lugar. **4.** Obra de arte u objeto de tiempos antiguos. Se usa más en *pl.*

antiguo, gua *adj.* **1.** Que existe desde hace mucho tiempo. **2.** Que existió o sucedió en un pasado lejano. **3.** Ya pasado o desaparecido. **4.** Anticuado, pasado de moda. **5.** Se dice de la persona que lleva mucho tiempo en un empleo, lugar o actividad. **6.** Que es desde hace mucho tiempo lo que indica el sustantivo. ▪ El superlativo es *antiquísimo*. ‖ *s. m. pl.* **7.** Los que vivieron en tiempos pasados, especialmente los de la Edad Antigua. ‖ **LOC. a la antigua** *adv.* Según usos o costumbres antiguas. **de antiguo** *adv.* Desde tiempo remoto o desde mucho tiempo antes.

Antiguo Régimen Término con el que los revolucionarios franceses llamaban a la sociedad existente antes del levantamiento de 1789. En la actualidad los historiadores utilizan esa denominación para definir el conjunto de instituciones políticas y sociales que caracterizaron a los países europeos antes del triunfo de la revolución industrial y el liberalismo. Sus principales rasgos eran: el absolutismo político, la existencia de estamentos sociales privilegiados (nobleza y clero) y el predominio de la agricultura como base de la economía y de la vida rural frente a la urbana.

antihelmíntico *adj.* Se dice del medicamento que sirve para combatir las lombrices.

antihéroe *s. m.* Protagonista de una obra literaria o cinematográfica con cualidades opuestas a las que tradicionalmente caracterizan al héroe.

antihistamínico, ca *adj.* Se dice de la sustancia que anula los efectos de la histamina. Se usa para tratar afecciones alérgicas. También *s. m.*

antiinflamatorio, ria *adj.* Se dice del medicamento indicado para combatir la inflamación. El más importante es la cortisona. También *s. m.*

Antikomintern Pacto político-militar suscrito por Alemania y Japón (1936), y luego por Italia (1937) y España (1939), en contra de la URSS y de la Tercera Internacional (Komintern).

Antilíbano Cordillera de Siria, paralela al Líbano. Su cumbre más elevada es el pico Jabal ash Shaykh (monte Hermón), con 2.814 m.

antillano, na *adj.* De las Antillas. También *s.*

Antillas Archipiélago de América Central. Cierra el golfo de México y el mar Caribe, describiendo un arco que se extiende a lo largo de 4.700 km desde las penínsulas de Florida y Yucatán hasta las costas de Venezuela. Se suele dividir en dos grupos: las Grandes Antillas y las Pequeñas Antillas. Las primeras están integradas por las islas de Cuba, Jamaica, La Española (dividida en los estados de Haití y República Dominicana) y Puerto Rico. Las segundas se

Antigua y Barbuda: vista de English Harbour, en la isla de Antigua.

subdividen a su vez en islas de Barlovento, orientadas de N a S, que forman el borde oriental del conjunto, y de Sotavento, que se alinean al N de la costa venezolana. A éstas hay que añadir el archipiélago de las Bahamas, al N de Cuba, y La Española.
El archipiélago de las Antillas está formado por una cadena montañosa que se arquea desde Yucatán hasta la desembocadura del río Orinoco y separa la honda cuenca del mar Caribe del océano Atlántico. Los ríos son de escaso caudal, el clima es tropical, sin grandes variaciones de temperatura, y la flora rica y variada.
Abundan las maderas nobles y los cultivos de azúcar, café y tabaco. Los recursos del subsuelo apenas existen. Aproximadamente la mitad de la población es negra y el 20 % criolla. La lengua dominante es el español, seguido del inglés y del francés en formas dialectales antillanas. Políticamente son estados independientes Cuba, República Dominicana, Haití, Jamaica, Bahamas, Antigua y Barbuda, San Cristóbal y Nevis, Dominica, Santa Lucía, San Vicente y las Granadinas, Barbados, Granada, Trinidad y Tobago. Puerto Rico es un estado libre asociado a EE UU. Pertenecen a EE UU la mayor parte de las islas Vírgenes; al Reino Unido, Anguilla, Caimán, Bermudas y parte de las Vírgenes; a Francia, Martinica y Guadalupe, y a los Países Bajos las llamadas Antillas Holandesas y Aruba.

Antillas, mar de las Véase **Caribe**.

Antillas Holandesas o **Neerlandesas** Grupo de islas de las Pequeñas Antillas, formado por Bonaire, Curaçao, San Eustaquio, Saba y la mitad norte de San Martín. 800 km^2 y 200.000 h. en 1990. La capital es Willemstad, en Curaçao. Pertenece a los Países Bajos, aunque goza de autonomía política. La población es en su mayoría de descendencia africana. Los holandeses ocuparon estas islas a lo largo del s. XVII, al abandonarlas los españoles. La base de su economía son los cultivos de naranjas y otros frutos, el turismo y el refinado de petróleo. Hasta 1986 Aruba perteneció a las Antillas Holandesas.

antilogaritmo *s. m.* Número al que corresponde un logaritmo dado. P. ej., el antilogaritmo de 2, en base 10, es 100, luego $\log_{10}100 = 2$.

antilogía *s. f.* Contradicción entre dos expresiones, juicios, conceptos, etc. **Fam.** Antilógico.

antílope *s. m.* Nombre común de diversos mamíferos rumiantes artiodáctilos de las familias bóvidos (con varias subfamilias) y antilocápridos. Los primeros tienen la cabeza provista de astas permanentes, sin ramificaciones y revestidas de una capa córnea. Habitan casi exclusivamente en las sabanas de Asia y África. Entre los antílopes más conocidos destacan el impala, el órix, el antílope equino y diversas especies de gacelas.

Antílope jirafa o gacela de Waller (Lithocranius walleri).

antimateria *s. f.* Materia compuesta por antipartículas. Aunque no se descarta la posibilidad de existencia de antimateria en el universo, actualmente sólo se conoce por haberla obtenido artificialmente en el laboratorio.

antimonio *s. m.* Sb. Elemento químico perteneciente al grupo V A del sistema periódico. Su número atómico es 51 y su masa atómica 121,7. Su símbolo se deriva del vocablo latino *stibium*. Por lo general aparece en forma sólida, tiene color blanco plateado y es de fácil pulverización. Presenta acusadas propiedades metálicas a pesar de ser un elemento no metálico. Tiene una gran analogía con el arsénico. Se emplea en aleaciones con el plomo y en la industria de explosivos, textil y farmacéutica. Su compuesto más importante es la antimonita o estibina.

antimonita *s. f.* Sb_2S_3. Mineral sulfuro de antimonio. Cristaliza en el sistema rómbico. Tiene color gris plomizo, brillo metálico y presenta buena exfoliación. Es la mena más importante del antimonio. Los yacimientos principales se hallan en Bolivia, República Sudafricana y China. También se llama *estibina*.

antinatural *adj.* Contrario a lo natural.

antineutrón *s. m.* Antipartícula del neutrón. Fue descubierto en 1956.

antiniebla *adj.* Que sirve para ver en la niebla.

antinomia *s. f.* **1.** Contradicción entre dos principios racionales. **2.** Contradicción entre dos preceptos legales. **Fam.** Antinómico.

antinuclear *adj.* **1.** Opuesto al uso de la energía nuclear. **2.** Se aplica a instalaciones especialmente preparadas para protegerse de los efectos de una explosión nuclear.

Antíoco Nombre de trece reyes seléucidas que reinaron en Siria desde el año 280 hasta el 94 a. C., cuando el territorio se convirtió en provincia romana. El más destacado fue **Antíoco III el Grande** (? 223 - ? 187 a. C.), que declaró la guerra a los romanos por instigación de Aníbal, pero fue derrotado definitivamente en la batalla de Magnesia (189 a. C.).

Antioquia Departamento de Colombia, en su región andina. 63.612 km^2. 4.159.065 h. en 1989. La capital es Medellín, con 1.585.976 h. en 1989. Surcado por los ríos Magdalena, Cauca y Atrato, cuenta con cultivos de café, arroz y maíz, abundantes riquezas minerales, de oro, plata, platino y carbón, e industria, fundamentalmente textil.

Antioquía (*Antakya*) C. de Turquía, cap. de la prov. de Hatay. 109.223 h. en 1985. Fue fundada por Seleuco Nicátor el año 301 a. C. y, bajo el reinado de Antíoco I, en el s. III a. C., se convirtió en uno de los principales centros económicos y culturales del mundo helenístico. En poder de Roma desde el 64 a. C., fue un destacado foco de propagación del cristianismo y el primer lugar donde a los seguidores de esta religión se les llamó cristianos. Entre los s. XI y XIII fue centro de un principado latino creado por los cruzados. Es un importante núcleo de comercio agrario.

antioxidante *adj.* Se dice de una serie de productos químicos que evitan la oxidación. Los más frecuentes suelen ser aminas y fenoles tratados con derivados del petróleo, grasas, etc. También *s. m.*

antipapa *s. m.* Denominación del que, sin haber sido elegido papa canónicamente, pretende ser reconocido como tal. Son famosos los antipapas Benedicto XIII (el español Pedro de Luna, elegido en 1394) y Juan XXIII (1410-15).

antiparasitario, ria *adj.* Se dice de los productos químicos empleados para combatir los parásitos de las plantas, animales o personas. También *s. m.*

antiparásito *s. m.* Dispositivo o circuito electrónico que permite eliminar ruidos de los sistemas de transmisión o recepción de ondas de radio.

antiparras *s. f. pl. fam.* Anteojos, gafas.

antipartícula *s. f.* Componente atómico de la antimateria. Tiene la misma naturaleza y características que una partícula material, salvo en el signo de su carga eléctrica y en el sentido de su momento magnético; p. ej., la antipartícula del electrón es el positrón, que posee la misma masa y carga, pero de signo positivo. La colisión de pares partícula-antipartícula provoca su mutuo aniquilamiento y produce radiaciones electromagnéticas. Inversamente, a partir de determinadas radiaciones electromagnéticas puede crearse artificialmente en el laboratorio el par partícula-antipartícula.

antipatía *s. f.* Sentimiento de rechazo hacia alguien o algo. **Fam.** Antipático.

antipatizar *v. intr. amer.* Sentir antipatía por alguien o algo. ■ Se conjuga como *cazar*.

Antípatro o **Antípater** (? 397 - ? 319 a. C.) General macedonio. Fue lugarteniente de Filipo II y de Alejandro Magno. A la muerte de este último fue nombrado regente del imperio.

antipirético, ca *adj.* Se dice del medicamento que hace bajar la fiebre. También *s. m.*

antípoda *adj.* **1.** Se dice de un habitante del globo terrestre con respecto a otro que reside en un punto o lugar diametralmente opuesto. También *s.*, sobre todo *pl.* **2.** Se aplica a un lugar o punto que con respecto a otro es diametralmente opuesto. También *s. amb.*, sobre todo *pl.* **3.** Totalmente opuesto a otra persona o cosa. También *s.*

antiprotón *s. m.* Antipartícula del protón.

antipsiquiatría *s. f.* Corriente psiquiátrica surgida en Inglaterra en la década de los años sesenta, opuesta a los principios de la psiquiatría tradicional. La antipsiquiatría rechaza el concepto tradicional de enfermedad mental y considera al loco como un ser que debe desarrollar libremente su personalidad. Las figuras más destacadas del movimiento son los británicos Ronald Laing y David Cooper y el italiano Franco Basaglia.

antiquísimo, ma *adj. sup.* de **antiguo**.

antirrábico, ca *adj.* Se aplica al medicamento que se emplea para prevenir y combatir la rabia. También *s. m.*

antirreflexiva *adj.* En mat., se dice de la propiedad que posee toda relación binaria entre elementos de un conjunto cuando cada elemento no está relacionado con él mismo.

antirrobo *adj.* Se aplica al sistema de seguridad cuya función es impedir el robo. También *s. m.*

Antisana, Nevado de Volcán de Ecuador, en los Andes, al SE de Quito. 5.706 m.

antisemita *adj.* Hostil a los judíos. También *s.*

antisemitismo *s. m.* Hostilidad a los judíos, su cultura y su influencia; también, actuación de quien toma contra ellos medidas discriminatorias o los persigue. **Fam.** Antisemítico.
Hist. Durante la Edad Media el antisemitismo se extendió por Europa, fundado en motivos económicos y sociales. Los judíos, insertos en una sociedad cristiana muy teocratizada, quedaban excluidos de la comunidad y se agrupaban en guetos. Contra ellos se dictaron leyes discriminatorias, se realizaron persecuciones y se les expulsó de varios países (Inglaterra, 1206; Francia, 1290; España, 1492). La emancipación judía se inició a raíz de la Revolución Francesa, pero hacia 1875 nació en Alemania, Polonia y Rusia una nueva ola de antisemitismo, que culminó en el s. XX con el holocausto judío llevado a cabo por el régimen nacionalsocialista alemán en los campos de exterminio durante la Segunda Guerra Mundial.

antisepsia *s. f.* Método destinado a combatir o prevenir las infecciones, mediante el uso de calor, radiaciones y, sobre todo, de agentes químicos que destruyen los microbios.

antiséptico, ca *adj.* Se dice de las sustancias que matan o impiden el crecimiento de los microorganismos. También *s. m.*
Med. Los antisépticos se emplean como desinfectantes de lugares, objetos, instrumentos quirúrgicos, heridas, etc. Los más conocidos son los alcoholes, yodo, formaldehído y agua oxigenada. También tienen efectos antisépticos algunas radiaciones, como los rayos ultravioleta, y la cocción en agua de la ropa y el material quirúrgico.

antisimétrica *adj.* En mat., se dice de la propiedad que posee una relación binaria entre elementos de un conjunto, cuando, dados dos elementos *x* e *y* distintos, si *x* está relacionado con *y*, nunca sucede que *y* esté relacionado con *x*.

antisocial *adj.* Contrario a un orden social dado o que pone en duda su validez. También *s.*

Antístenes (Atenas h. 444 - íd. 365 a. C.) Filósofo griego. Fue discípulo de Sócrates y maestro de Diógenes. Fundó la escuela cínica.

antisubmarino, na *adj.* Se dice de las armas y medios empleados en la lucha contra los submarinos.

antitanque *adj.* Se aplica a las armas y medios eficaces para destruir carros de combate y vehículos blindados.

antítesis *s. f.* **1.** Oposición entre dos juicios. **2.** Persona o cosa opuesta a otra. **3.** En lit., figura retórica que consiste en contraponer frases o palabras de significación contraria: *La grandeza se demuestra a menudo en cosas pequeñas*. **4.** En la filosofía hegeliana, el segundo momento del movimiento intrínseco de la realidad que, tras una primera afirmación (tesis), niega ésta (antítesis), dando lugar a un tercer paso (síntesis). **FAM.** Antitético.

antitetánico, ca *adj.* Se dice de los medicamentos empleados contra la enfermedad del tétanos, y en especial de su vacuna. También *s.*

antitoxina *s. f.* Anticuerpo producido en el organismo contra las toxinas de una bacteria.

antitusígeno *adj.* Se dice de los medicamentos que calman o combaten la tos. También *s. m.*

antivariólico, ca *adj.* Que combate la viruela.

Antofagasta **1.** Región de Chile, en el N del país. 126.444 km^2. 382.300 h. en 1989. Es una zona desértica, de clima árido, que cuenta con abundantes riquezas minerales: salitre, bórax, azufre, yodo, alumbre, hierro, oro, plata y cobre. La principal industria es la metalurgia del cobre. Incluye numerosos picos andinos superiores a los 6.000 m.
2. C. de Chile, cap. de la prov. homónima. 204.600 h. en 1987. Es el segundo puerto del país y primer exportador de cobre.

Antofalla Volcán de Argentina, en la puna de Atacama, prov. de Catamarca. 6.100 m.

antojadizo, za *adj.* Caprichoso, que tiene antojos con frecuencia. También *s.*

antojarse *v. prnl.* **1.** Desear con vehemencia alguna cosa, especialmente cuando es puro capricho. **2.** Considerar como probable alguna cosa. ▪ Es v. defect., sólo se usa en tercera persona con algunos pronombres personales: *me, te, le, nos,* etc.

antojo *s. m.* **1.** Deseo caprichoso. **2.** Lunar, mancha en la piel.

Antolínez o **Antolín, José** (Madrid 1635 - íd. 1675) Pintor español. Es uno de los representantes de la escuela barroca madrileña. Su obra se caracteriza por el movimiento, la amplitud y el brillo de sus entonaciones. Son particularmente conocidas sus numerosas versiones de la *Inmaculada.*

antología *s. f.* Colección de fragmentos de obras literarias o artísticas. ‖ **LOC. ser** algo **de antología** Ser excelente. **FAM.** Antológico, antólogo.

Antonello da Messina (Messina h. 1430 - íd. 1479) Pintor italiano. Se advierte en su obra la influencia flamenca de Van Eyck, reflejada en el detallismo, la brillantez de los colores y la importancia de la luz. Buen retratista, fue uno de los impulsores de la técnica de la pintura al óleo. Entre sus obras destacan *La Anunciación* y los retablos de *San Sebastián.*

Antonescu, Ion (Pitesti 1882 - Jilava 1946) Mariscal y político rumano. Ministro de la Guerra, obligó en 1940 al rey Katol a abdicar en su hijo Miguel. Impuso un régimen dictatorial y participó en la Segunda Guerra Mundial junto a la Alemania de Hitler. Depuesto en 1944 por un golpe de Estado, fue entregado a las tropas soviéticas y condenado a muerte.

Antonello da Messina: La Anunciación *(Museo Nacional, Palermo).*

antónimo, ma *adj.* Se dice de las palabras que tienen un significado opuesto, p. ej. *bueno* y *malo.* También *s. m.* **FAM.** Antonimia.

Antonino Pío (Lanuvium 86 - Lorium 161) Emperador romano. Sucedió a Adriano en el 138. Su gobierno constituye la culminación de la *pax romana.* Buen administrador, llevó a cabo una política conservadora. Luchó en Mauritania y Britania, y completó las fortificaciones de la frontera N del imperio.

Antoninos Dinastía romana que reinó desde el 96 al 192, época de consolidación del imperio. Los emperadores antoninos fueron: Nerva, Trajano, Adriano, Antonino Pío, Lucio Vero, Marco Aurelio y Cómodo.

Antonio, Antonio Ruiz Soler, llamado (Sevilla 1921) Bailarín y coreógrafo español. Fue director del Ballet Nacional desde 1977 a 1983. Entre sus creaciones destaca la coreografía de *El amor brujo,* de Falla.

Antonio, Marco Véase **Marco Antonio.**

Antonio Abad, San (Queman, Alto Egipto 251 - Qolzum 356) Anacoreta y fundador del monacato cristiano. A los veinte años se retiró a la soledad del desierto de la Tebaida, a orillas del Nilo. Posteriormente fundó diversos monasterios de régimen cenobítico.

Antonio de Padua, San (Lisboa h. 1195 - Padua 1231) Religioso franciscano y doctor de la Iglesia. Venerado como taumaturgo, predicó en África, Francia e Italia.

Antonio María Claret, San (Sallent 1807 - Fontfroide, Francia 1870) Religioso y prelado español. Misionero y arzobispo de Santiago de Cuba, fue confesor de Isabel II y fundador de la Congregación de Misioneros Hijos del Corazón de María.

Antonioni, Michelangelo (Ferrara 1912) Director de cine italiano. Su afán renovador se centra en el estudio psicológico de los personajes. Su primera película importante fue *La aventura* (1960), a la que siguieron, entre otras, *La noche* (1961), *El eclipse* (1962), *Desierto rojo* (1964), *Blow up* (1966) y *El reportero* (1975).

antonomasia *s. f.* Sinécdoque que consiste en poner el nombre común por el propio o el propio por el común; p. ej., *un Nerón,* por un hombre cruel. ‖ **LOC. por antonomasia** *adv.* Por excelencia.

antorcha *s. f.* **1.** Trozo alargado de madera u otro material inflamable, al que se prende fuego por su extremo superior para alumbrar. **2.** Lo que sirve de guía al entendimiento.

antozoos *s. m. pl.* Clase de celentéreos a la que pertenecen las anémonas de mar y los corales. Está formada por pólipos que viven aislados o en colonias y que no presentan fase de medusa. Los corales están recubiertos por un esqueleto externo de carbonato cálcico, cuya acumulación en el mar forma arrecifes coralinos. También *adj.* y *s. m.*

antraceno *s. m.* $C_{14}H_{10}$. Hidrocarburo formado por la condensación lineal de tres núcleos bencénicos, base de colorantes orgánicos. Se obtiene del alquitrán de hulla.

antracita *s. f.* Carbón fósil de color negro, que arde con dificultad. Es el de formación más antigua (paleozoico) y más rico en carbono y calorías de la serie turba-lignito-hulla-antracita. Los mayores productores son EE UU, Federación Rusa, Ucrania, Reino Unido y China.

Antracita.

ántrax *s. m.* **1.** Inflamación dura y dolorosa del tejido subcutáneo, producida por la acumulación de forúnculos, con abundante formación de pus. ‖ **2. ántrax maligno** Enfermedad bacteriana causada por el estafilococo dorado, que afecta al hombre y algunos animales y se caracteriza por la aparición de pústulas en la piel y problemas pulmonares. Puede provocar la muerte. Se trata mediante vacunas y con penicilina.

antro *s. m.* **1.** Cueva. **2.** Vivienda de aspecto sórdido o local de mala reputación.

antropo- *pref.* Significa 'hombre', 'persona': *antropomorfo.*

antropocentrismo *s. m.* Tendencia filosófica que considera al hombre como el centro de todas las cosas y fin absoluto de la naturaleza. **FAM.** Antropocéntrico.

antropofagia *s. f.* Canibalismo, costumbre de comer carne humana.
Hist. El origen de la antropofagia es de carácter religioso: se comía a la persona sacrificada, al guerrero derrotado o alguno de sus órganos vitales, en los que se consideraba que residían sus cualidades.

antropófago, ga *adj.* Que practica la antropofagia. También *s.*

antropogeografía *s. f.* Parte de la geografía que estudia la extensión y distribución del hombre sobre la Tierra.

antropografía *s. f.* Parte de la antropología que describe las razas humanas y sus variedades. **FAM.** Antropográfico.

antropoide *adj.* **1.** Animal antropomorfo, de forma similar a la humana. ‖ *s. m. pl.* **2.** Suborden de mamíferos primates que comprende las familias calitrícidos y cébidos (platirrinos), y cercopitécidos, póngidos y homínidos (catarrinos). Están estrechamente emparentados con el hombre. Antropoides son los tities, micos, langures, macacos, gibones, orangutanes, gorilas y chimpancés. Se llaman también *simios.*

Dos ejemplos de primates antropoides: a la izquierda, un chimpancé (Pan troglodytes), *de la familia póngidos; a la derecha, un gibón, de la subfamilia hilobátidos.*

antropología *s. f.* Ciencia que estudia la especie humana, relacionando su base biológica con la evolución o adaptación histórica y cultural. Existen tres ramas principales: la **antropología física**, que trata de las características biológicas exclusivas de la especie humana y de sus rasgos comunes con otras especies; se sirve de conocimientos de la biología, psicología y zoología; la **antropología cultural**, que estudia la evolución de las sociedades y sus culturas, especialmente las primitivas, con ayuda de la economía, política, sociología e historia; y la **antropología filosófica**, que se ocupa de la reflexión sobre la naturaleza y sentido del hombre, de su puesto en la realidad y de su carácter de sujeto de cultura. El desarrollo de la antropología viene caracterizado por las aportaciones de investigadores como Tylor, Morgan, Malinowski, Radcliffe-Brown, Lévi-Strauss, Margaret Mead, etc. **FAM.** Antropológico, antropólogo.

antropometría *s. f.* Tratado de las proporciones y medidas del cuerpo humano y conjunto de técnicas que las determinan. **FAM.** Antropómetra, antropométrico.

antropomorfismo *s. m.* Tendencia a atribuir a la divinidad, a los animales y a las cosas rasgos o figuras humanos. **FAM.** Antropomórfico.

antropomorfo, fa *adj.* **1.** Que tiene forma humana. **2.** Se dice de los monos catarrinos sin cola: el chimpancé, el gorila, etc. También *s.*

antroponimia *s. f.* Estudio del origen y significado de los antropónimos. **FAM.** Antroponímico.

antropónimo *s. m.* Nombre propio de una persona.

antropopiteco *s. m.* Antigua denominación de los mamíferos primates fósiles que actualmente están comprendidos en los géneros *Australophitecus, Ramapithecus* y *Homo.* Vivieron en el pleistoceno y se consideran como una rama de los antepasados del hombre.

Anu Dios de la mitología sumeria, divinidad superior de la tríada que formaba con Enlil y Ea.

anual *adj.* **1.** Que sucede o se repite cada año. **2.** Que dura un año. **FAM.** Anualmente.

anualidad *s. f.* **1.** Cualidad de anual. **2.** Importe anual de una renta o carga periódica.

anuario *s. m.* **1.** Libro que se publica cada año para que sirva de guía a personas de determinadas profesiones. **2.** Revista que se publica una vez al año.

anubarrado, da *adj.* Nublado.

Anubis Dios egipcio, hijo de Isis y Osiris, representado generalmente con cuerpo humano y cabeza de chacal. Presidía los ritos funerarios.

anudar *v. tr.* **1.** Hacer nudos, juntar o unir mediante un nudo hilos, cuerdas, etc. También *v. prnl.* con valor reflexivo. **2.** Juntar, unir. También *v. prnl.* **3.** Estrechar, reforzar algo, como un vínculo, relación, etc. También *v. prnl.* **4.** Continuar lo interrumpido. **FAM.** Anudamiento.

anuencia *s. f.* Consentimiento. **FAM.** Anuente.

anulación *s. f.* **1.** Acción y efecto de anular o anularse. **2.** En der., acción de dejar sin efecto ni valor un acto o contrato.

anular[1] (de *a-*[2] y *nulo*) *v. tr.* **1.** Dar por nulo, dejar sin efecto. **2.** Postergar a alguien, desautorizarle, no dejarle actuar libremente. También *v. prnl.*

anular[2] (del lat. *anularis*) *adj.* **1.** Perteneciente o relativo al anillo. **2.** De figura de anillo. **3.** Se aplica al cuarto dedo de la mano, situado entre el corazón y el meñique. También *s. m.*

anunciación *s. f.* **1.** Acción y efecto de anunciar. **2.** Por antonomasia, anuncio del misterio de la Encarnación hecho por el arcángel Gabriel a la Virgen María y fiesta con que se celebra. ▪ En esta acepción se escribe con mayúscula.

anunciar *v. tr.* **1.** Dar noticia o aviso de algo. **2.** Poner un anuncio comercial. También *v. prnl.* con valor reflex. **3.** Pronosticar. **4.** Comunicar el nombre de un visitante a la persona por quien desea ser recibido. **FAM.** Anunciante.

anuncio *s. m.* **1.** Acción y efecto de anunciar o comunicar algo. **2.** Conjunto de palabras, signos e imágenes con que se da a conocer un producto comercial, un servicio, un espectáculo, etc. **3.** Pronóstico, presagio.

anuria *s. f.* Disminución o cese patológico de la excreción urinaria.

anuros *s. m. pl.* Orden de vertebrados anfibios al que pertenecen doce familias de sapos y ranas. Carecen de cola, tienen las extremidades posteriores muy desarrolladas para el salto y un máximo de diez vértebras. Tienen respiración pulmonar, fecundación externa y fase larvaria. Habitan en zonas acuáticas. También *adj.* y *s. m.*

anverso *s. m.* **1.** En las monedas y medallas, parte que se considera la principal por llevar el busto de una persona o por otro motivo. **2.** Cara en que va impresa la primera página de un pliego.

Anza, Juan Bautista de (Fronteras, México 1735 - Arizpe 1788) Explorador español. Dirigió la expedición a California y fundó la ciudad de San Francisco. Fue gobernador de Nuevo México (1777-84).

Anzoátegui Estado de Venezuela, situado en el NE del país, entre el mar Caribe y el río Orinoco. 43.500 km^2. 857.050 h. en 1989. La capital es Barcelona, con 217.000 h. en 1987. Cuenta con cultivos de cocos, maíz, caña de azúcar, maní, yuca y cambur, ganado vacuno, explotación petrolífera e industria de transformación del petróleo.

Anzoátegui, José Antonio (Barcelona, Venezuela 1789 - Pamplona, Colombia 1819) Militar venezolano. Participó en la independencia del país junto a Bolívar. Combatió en Boyacá.

anzuelo *s. m.* **1.** Garfio de metal en que se pone algún cebo para pescar. **2.** Atractivo, aliciente, trampa. ‖ **LOC. caer** (o **picar**) **en el anzuelo** o **tragar** (o **morder**) **el anzuelo** *fam.* Ser engañado, caer en una trampa.

añada *s. f.* **1.** Tiempo atmosférico que hace a lo largo de un año. **2.** Cosecha de un año, especialmente de vino.

añadido, da **1.** *p. p.* de **añadir**. También *adj.* ‖ *s. m.* **2.** Cosa que se agrega a otra.

añadidura *s. f.* Lo que se añade a algo.

añadir *v. tr.* **1.** Juntar, incorporar una cosa a otra. **2.** Decir algo más.

añagaza *s. f.* **1.** Señuelo para cazar aves. **2.** Artimaña, engaño.

añal *adj.* Se dice del cordero, cabrito, etc., de un año. También *s. m.*

añejar *v. tr.* Hacer añeja alguna cosa. También *v. prnl.*

añejo, ja *adj.* **1.** Que tiene uno o más años. **2.** Que es muy viejo.

añicos *s. m. pl.* Pedazos pequeños en que se divide alguna cosa al romperse.

añil *s. m.* **1.** Nombre común de diversas especies de arbustos perennes de la familia papilionáceas y género *Indigofera.* Tienen hojas divididas, flores de color rosa, púrpura o blanco y fruto en vaina. Crecen en regiones templadas y cálidas. Se cultivaron mucho en la India para extraer de ellos el colorante de su mismo nombre, también llamado *índigo,* que ahora ha sido sustituido por el añil artificial. **2.** Sexto color del espectro de la luz, entre el azul y el violeta.

año *s. m.* **1.** Tiempo de una revolución completa de la Tierra alrededor del Sol. **2.** Periodo de doce meses, entre el 1 de enero y el 31 de diciembre, ambos inclusive, o a contar desde una fecha cualquiera. ‖ **3. año anomalístico** En astron., tiempo transcurrido entre dos pasos consecutivos de la Tierra por el afelio o perihelio de su órbita; consta de 365 días, 6 horas, 13 minutos y 59 segundos. **4. año bisiesto** El que excede al año común en un día, que se añade al mes de febrero. Se repite cada 4 años. **5. año civil** El que consta de un número exacto de 365 días si es común, o 366 si es bisiesto. **6. año eclesiástico** o **litúrgico** El que rige las fiestas de la Iglesia; comienza en el primer domingo de adviento. **7. año lunar** En astron., periodo de doce revoluciones sinódicas de la Luna; consta de 354 días. **8. año luz** En astron., unidad de longitud igual a la distancia recorrida por la luz en un año, equivalente a $9{,}4605 \cdot 10^{12}$ km. **9. año nuevo** El que está a punto de empezar, o acaba de comenzar. Con mayúscula, fiesta con que se celebra el primer día del año. **10. año sabático** Entre los judíos, el que tenía lugar cada siete años y durante el cual se dejaba descansar la tierra. En la actualidad, año de interrupción del trabajo ordinario que se concede a ciertos profesionales, especialmente a los profesores de universidad. **11. año santo** Año en que se inicia en Roma un jubileo. **12. año sidéreo** Tiempo que transcurre entre dos pasos consecutivos de la Tierra por el mismo punto de su órbita; consta de 365 días, 6 horas, 9 minutos y 24 segundos. **13. año trópico** En astron., tiempo que transcurre entre dos pasos consecutivos y reales de la Tierra o aparentes del Sol por el mismo equinoccio o solsticio; consta de 365 días, 5 horas, 48 minutos y 48 segundos. ‖ **LOC. año de la nana** (**de la pera**, **de maricastaña**) *fam.* Hace mucho tiempo. **de buen año** *adv. fam.* Gordo, saludable. **entrado en años** *adv.* De edad madura.

añojo, ja *s. m.* y *f.* Becerro o cordero de un año cumplido.

añoranza *s. f.* Nostalgia, acción de añorar.

añorar *v. tr.* Recordar con pena la ausencia o pérdida de alguien o algo. **FAM.** Añorante.

añoso, sa *adj.* De muchos años.

aojar *v. tr.* Hacer o echar mal de ojo a uno.

aoristo *s. m.* Tiempo verbal de la conjugación griega, cuya acción no está localizada en el tiempo.

aorta *s. f.* Arteria principal del organismo de los vertebrados, que parte del corazón y distribuye la sangre por todo el cuerpo, excepto los pulmones.

Aosta, Valle de Región autónoma de Italia, situada en el extremo NO del país. 3.262 km^2. 115.270 h. en 1990. La capital es Aosta, con 36.340 h. en 1990. Enclavada entre los Alpes, goza de un clima benigno que favorece una rica agricultura de cereales, vid y frutales y ganadería bovina, aunque su principal actividad es el turismo. Históricamente estuvo vinculada a la casa de Saboya desde 1032 a 1946 en que se convirtió en región autónoma de Italia.

aovado, da **1.** *p. p.* de **aovar**. ‖ *adj.* **2.** Que tiene forma de huevo.

aovar *v. intr.* Poner huevos las aves y otros animales.

apabullar *v. tr. fam.* Abrumar. También *v. prnl.* **FAM.** Apabullamiento, apabullante.

apacentar *v. tr.* **1.** Cuidar el ganado mientras pace. **2.** Dar pasto a los ganados. ‖ *v. prnl.* **3.** Pacer el ganado. ▪ Es v. irreg. Se conjuga como *pensar.* **FAM.** Apacentador, apacentamiento.

apache *adj.* **1.** Se dice de un conjunto de pueblos amerindios del grupo lingüístico atapasco que habitaba la zona de Nuevo México y Arizona en EE UU, y el N de México. A él pertenecen las tribus chiricahua, kiowa, mescalero, etc. Los apaches mantuvieron una constante lucha contra los colonizadores, dirigidos por jefes de fama legendaria como Cochise y Jerónimo, hasta 1886, en que fueron derrotados definitivamente y los supervivientes confinados en reservas de Arizona, Nuevo México y Oklahoma. **2.** De este pueblo. También *s.* **3.** Se dice de ciertos individuos del hampa y los bajos fondos parisinos, y de lo relativo a ellos. También *s.*

apacheta *s. f. Amér. del S.* Pequeño adoratorio, generalmente un montoncito de piedras, que los indios levantan junto a los caminos.

apacible *adj.* **1.** Dulce, pacífico. **2.** Tranquilo, sin cambios bruscos. **FAM.** Apacibilidad, apaciblemente.

apaciguar *v. tr.* Tranquilizar. También *v. prnl.* ▪ Se conjuga como *averiguar.* **FAM.** Apaciguamiento.

apadana *s. f.* Monumental sala con columnas de los palacios aqueménidas.

apadrinar *v. tr.* **1.** Asistir como padrino a una persona. **2.** Proteger, patrocinar. **FAM.** Apadrinamiento.

apagado, da **1.** *p. p.* de **apagar**. También *adj.* ‖ *adj.* **2.** Apocado, sin carácter. **3.** Decaído. **4.** Dicho del color, del brillo, etc., poco vivo.

apagador, ra *adj.* **1.** Que apaga. ‖ *s. m.* **2.** Utensilio cónico de metal para apagar velas. **3.** Dispositivo que apaga el sonido de los pianos.

apagar *v. tr.* **1.** Quitar la luz o extinguir el fuego. También *v. prnl.* **2.** Desconectar un circuito eléctrico, un aparato, etc. **3.** Hacer desaparecer o disminuir algo, especialmente sentimientos, deseos o sensaciones. También *v. prnl.* ▪ Se conjuga como *pagar.* ‖ **LOC. apaga y vámonos** *fam.* Se dice al acabarse algo o para zanjar una cuestión en la que es inútil insistir.

apagón *s. m.* Corte accidental de la luz eléctrica.

apaisado, da *adj.* Que es más ancho que alto.

apalabrar *v. tr.* Acordar algo de palabra.

apalachense o **apalachiano, na** *adj.* Se dice del tipo de relieve que resulta del aplanamiento de un relieve plegado y de la posterior formación de crestas al reactivarse la erosión, que hace que destaquen las capas o estratos más duros, alternando con surcos paralelos excavados en capas más blandas.

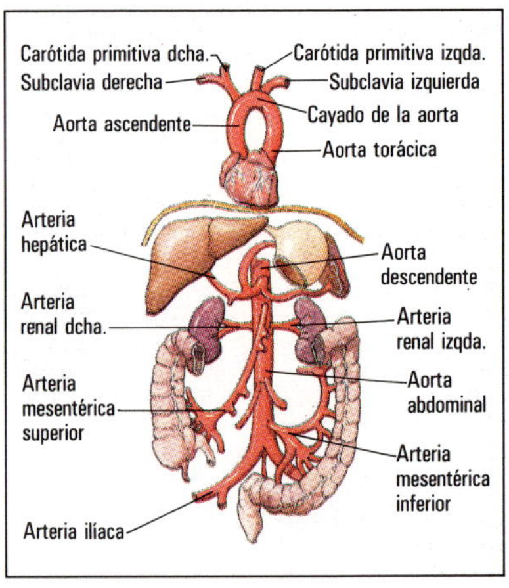

La arteria aorta y sus principales ramas colaterales y terminales.

Apalaches Sistema montañoso en el E de América del Norte. 2.300 km de longitud. Lo forman un haz de cadenas poco elevadas, separadas por amplios valles. Se extienden desde el golfo de San Lorenzo por el N hasta la península de Florida por el S. Su pico más alto es el monte Mitchell (2.037 m).

apalancar *v. tr.* **1.** Levantar o mover algo con palanca. ‖ *v. prnl.* **2.** *fam.* Instalarse uno en un sitio. ▪ Se conjuga como *sacar.* **FAM.** Apalancamiento.

apalear[1] (de *palo*) *v. tr.* Dar golpes con un palo o algo semejante. **FAM.** Apaleamiento.

apalear[2] (de *pala*) *v. tr.* **1.** Aventar el grano con la pala. **2.** Con palabras como *dinero, oro, plata,* etc., tenerlos en abundancia. **FAM.** Apaleo.

apañado, da **1.** *p. p.* de **apañar**. ‖ *adj.* **2.** Hábil, mañoso. **3.** *fam.* Adecuado. **4.** *fam.* Aviado, en situación difícil.

apañar *v. tr.* **1.** Arreglar o componer lo que está roto. **2.** Asear. También *v. prnl.* **3.** Amañar algo. **4.** *fam.* Robar. **5.** *Arg., Bol., Chile, Perú.* Encubrir. ‖ *v. prnl.* **6.** *fam.* Darse maña.

apaño *s. m.* **1.** Acción y efecto de apañar. **2.** *fam.* Relación amorosa irregular.

aparador *s. m.* Mueble donde se guardan los utensilios necesarios para el servicio de la mesa.

aparato *s. m.* **1.** Máquina o mecanismo para una función determinada; particularmente, una radio, un teléfono o un avión. **2.** Cada una de las cosas o instrumentos necesarios para un fin u objetivo, p. ej. los aparatos de laboratorio o los de gimnasia (anillas, potro, barra fija, etc.). **3.** En biol., conjunto de estructuras y órganos que realizan combinadamente una misma función (aparato digestivo, locomotor, etc.). **4.** Pompa, ostentación. **5.** Circunstancia o fenómeno que precede o acompaña a alguna cosa, como los rayos a la tormenta. **6.** En pol., sector de un partido o entidad dedicado a cuestiones organizativas y administrativas. ‖ **7. aparato crítico** Conjunto de notas, citas, acotaciones, etc., que complementan la información que se da en un libro o documento o que indican las posibles variantes de un texto.

aparatoso, sa *adj.* Exagerado, ostentoso, espectacular. **FAM.** Aparatosamente.

aparcamiento *s. m.* **1.** Acción y efecto de aparcar. **2.** Lugar para aparcar los coches.

aparcar *v. tr.* **1.** Dejar un vehículo en un lugar destinado a ese fin. **2.** Posponer el examen o aprobación de algo. ▪ Se conjuga como *sacar.*

aparcería *s. f.* Contrato por el que el propietario de una finca rústica, una ganadería, fábrica o negocio cede su explotación a otra persona y recibe a cambio una parte proporcional de los beneficios.

aparcero, ra *s. m.* y *f.* Persona que explota una propiedad o negocio bajo contrato de aparcería.

aparear *v. tr.* **1.** Juntar dos animales, macho y hembra, para que se reproduzcan. En los animales, el apareamiento se produce durante las épocas de celo y, en la mayoría de las especies, incluye un conjunto de pautas innatas de comportamiento (ritos nupciales). También *v. prnl.* **2.** Unir o juntar una cosa con otra, formando par. También *v. prnl.* **FAM.** Apareamiento.

aparecer *v. intr.* **1.** Manifestarse, dejarse ver. También *v. prnl.* **2.** Encontrarse, hallarse, particularmente lo que estaba perdido. **3.** Presentarse de improviso en un lugar. **4.** Mostrarse de cierta manera o en determinado estado. **5.** Salir al mercado o ser publicado. **6.** Comenzar a existir, darse. ▪ Es v. irreg. Se conjuga como *agradecer.*

aparecido **1.** *p. p.* de **aparecer**. También *adj.* ‖ *s. m.* **2.** Fantasma, espectro de un difunto.

aparejado, da **1.** *p. p.* de **aparejar**. También *adj.* ‖ *adj.* **2.** Preparado, dispuesto. ‖ **LOC. llevar** (o **traer**) **aparejado** Producir u ocasionar inevitablemente.

aparejador, ra *s. m.* y *f.* Técnico de la construcción especializado en el trazado de planos parciales, estudio de los materiales, dirección de obras, etc. Su título oficial en España es el de arquitecto técnico.

aparejar *v. tr.* **1.** Preparar lo necesario para un fin determinado. **2.** Poner el aparejo a caballerías o buques.

aparejo *s. m.* **1.** Preparación, disposición para alguna cosa. **2.** Conjunto de útiles empleados en una actividad. **3.** Arreo para montar, enganchar o cargar las caballerías. **4.** Conjunto de palos, vergas, jarcias y velas de un buque. **5.** Sistema de poleas con el cual se multiplica la fuerza ejercida sobre una cuerda. Está compuesto de dos grupos, uno fijo y otro móvil. **6.** Disposición de los materiales en una construcción.

aparentar *v. tr.* **1.** Manifestar o fingir lo que no es o no se tiene. **2.** Mostrar aspecto de algo, p. ej. de tener determinada edad.

aparente *adj.* **1.** Que parece y no es. **2.** Manifiesto, que se muestra a la vista. **3.** De buen aspecto. **FAM.** Aparentemente.

Aparicio, José (Alicante 1773 - Madrid 1838) Pintor español. Estudió en Madrid y en París, y en 1815 fue nombrado pintor de cámara de Fernando VII. Fue uno de los introductores de la pintura neoclasicista en España. Su obra más importante es *El hambre en Madrid* (1818).

aparición *s. f.* **1.** Acción y efecto de aparecer o aparecerse. **2.** Fantasma, espectro de un difunto.

apariencia *s. f.* **1.** Aspecto externo de alguien o algo. **2.** Lo que una persona o cosa parece, sobre todo si no lo es realmente. **3.** Circunstancia o situación de ser probable o verosímil determinada cosa. ‖ **LOC. guardar** (o **cubrir**) **las apariencias** Disimular.

apartadero *s. m.* **1.** En carreteras, caminos, etc., lugar donde se pueden apartar vehículos y animales para dejar libre el paso. **2.** Lugar donde se apartan toros para enchiquerarlos.

apartado, da **1.** *p. p.* de **apartar**. También *adj.* ‖ *s. m.* **2.** Cada una de las partes en que se divide una cosa, como los distintos párrafos o secciones de un texto. **3.** Lugar o sección que la oficina de correos tiene reservada para que una persona o empresa recoja allí su correspondencia.

apartamento *s. m.* Vivienda, generalmente de pequeñas dimensiones, en un edificio donde existen otras.

apartar *v. tr.* **1.** Separar, dividir, aislar. También *v. prnl.* **2.** Quitar a alguien o algo del lugar o circunstancia en que se encontraba. También *v. prnl.* **3.** Hacer que alguien abandone algo o renuncie a ello. También *v. prnl.* **4.** Desviar, alejar. También *v. prnl.* **5.** Reservar. **FAM.** Apartamiento.

aparte *adv. l.* **1.** En otro lugar: *Pon ese libro aparte* **2.** A distancia: *mantenerse aparte.* ‖ *adv. m.* **3.** Por separado: *Envuélvamelo aparte.* **4.** Con omisión de, a excepción de: *Aparte algunos niños, los demás han aprobado.* ‖ *s. m.* **5.** Lo que en la escena dice un personaje como hablando para sí o con otro u otros y suponiendo que no lo oyen los demás. **6.** Trozo de escrito que empieza en mayúscula y acaba en punto y aparte. ‖ *adj.* **7.** Diferente, separado: *Come en una mesa aparte.* **8.** Insólito, singular: *Tu madre es caso aparte.* ▪ Como adjetivo no varía en género ni en número. ‖ **LOC. aparte de** *prep.* Además de o prescindiendo de: *Aparte de guapa, es lista. Aparte de lo dicho, no encontré nada interesante.*

apartheid (voz afrikaans) *s. m.* Política racista establecida por la minoría dirigente blanca de la República Sudafricana en contra de la mayoría negra. Desde principios del s. XX comenzaron a dictarse leyes segregacionistas, pero el apartheid en su forma definitiva fue establecido en 1949, tras la llegada al poder del Partido Nacional. Consiste en la absoluta separación o segregación de razas y en la negación de numerosos derechos cívicos y políticos a la población negra, para la que se han creado regiones con una falsa autonomía (bantustanes) y unas ínfimas condiciones de vida. El principal partido de la oposición al *apartheid* es el Congreso Nacional Africano, cuyo líder, Nelson Mandela, estuvo encarcelado desde 1964 hasta 1990. En 1989, el presidente sudafricano Frederik de Klerk inició un proceso de reforma de la política segregacionista, respaldado por un referéndum en 1992.

aparvar *v. tr.* Preparar la mies para trillarla y recogerla una vez trillada.

apasionado, da **1.** *p. p.* de **apasionar**. ‖ *adj.* **2.** Dotado o poseído de alguna pasión o afecto. **3.** Partidario de alguien o aficionado a algo en grado sumo. También *s.* **FAM.** Apasionadamente.

apasionante *adj.* Que apasiona o interesa mucho.

apasionar *v. tr.* **1.** Causar pasión. ‖ *v. prnl.* **2.** Aficionarse excesivamente a alguien o algo. **3.** Excitarse, obcecarse, p. ej. en una discusión. **FAM.** Apasionamiento.

apatía *s. f.* **1.** Falta de vigor o energía para trabajar, emprender algo, etc. **2.** En psicol., alteración de la afectividad caracterizada por la indiferencia ante las personas, el medio y los acontecimientos, así como por una incapacidad de reacción ante estímulos internos y externos. Es síntoma en algunos estados depresivos y también en determinados tipos de deficiencia mental.

apático, ca *adj.* Que tiene apatía. También *s.*

apatito *s. m.* $Ca_5(PO_4)_3(F,Cl,OH)$. Mineral fosfato de calcio con flúor o cloro. Cristaliza en el sistema hexagonal. Es de color verde, azul e incoloro, brillo vítreo y exfoliación imperfecta. Se halla en estado cristalino en rocas eruptivas y metamórficas, y también en forma de tierras. Se usa en la fabricación de abonos fosfatados. Principales yacimientos en América del Norte y Bolivia.

Apatito.

apátrida *adj.* Que carece de nacionalidad. También *s.*

apeadero *s. m.* **1.** En los ferrocarriles, lugar junto a la vía dispuesto para el servicio del público, pero sin las instalaciones de una estación. **2.** Poyo en la puerta de ciertas casas para ayudar a montar en las caballerías.

apear *v. tr.* **1.** Bajar a alguien de un vehículo o una caballería. Se usa más como *v. prnl.* **2.** *fam.* Disuadir a alguien de algo. También *v. prnl.* ‖ **LOC. apear el tratamiento** No dar el que corresponde a una persona.

apechar *v. intr. fam.* Apechugar*.

apechugar *v. intr. fam.* Resignarse a una cosa desagradable o ardua. ▪ Se conjuga como *pagar.*

apedrear *v. tr.* **1.** Arrojar piedras a alguna persona o cosa. **2.** Lapidar. ‖ *v. impers.* **3.** Caer pedrisco. ‖ *v. prnl.* **4.** Estropearse las viñas, árboles, sembrados, etc., por el pedrisco. **FAM.** Apedreamiento.

apegarse *v. prnl.* Tomar apego a alguna persona o cosa. ▪ Se conjuga como *pagar.* **FAM.** Apegado.

apego *s. m.* Estimación, afición o inclinación hacia una persona o cosa.

apelar *v. intr.* **1.** Recurrir al juez o tribunal superior para que enmiende o anule la sentencia dada por el inferior. **2.** Recurrir a alguien o algo. **FAM.** Apelable, apelación.

apelativo *adj.* **1.** Se dice del sobrenombre o apodo de alguien. También *s. m.* **2.** Se aplica al nombre común. También *s. m.* ‖ *s. m.* **3.** Apellido, nombre de familia.

Apeldoorn C. de los Países Bajos, en la prov. de Güeldres. 145.700 h. en 1986. Su economía se basa en el turismo y en las industrias química, papelera, textil y electrónica.

Apeles (? - Cos, principios del s. III a. C.) Pintor griego. Vivió en Éfeso y Colofón. Fue retratista de Filipo y de Alejandro Magno, y se le atribuyen, entre otras obras, una *Afrodita Anadiomene* y un *Alejandro encolerizado.* No se conserva ninguna de sus obras, pese a lo cual gozó de gran renombre entre los tratadistas del Renacimiento.

apellidar *v. tr.* **1.** Llamar a alguien por un apellido o sobrenombre. ‖ *v. prnl.* **2.** Tener apellido.

apellido *s. m.* **1.** Nombre de familia con que se distinguen las personas. **2.** Sobrenombre, mote.

apelmazado, da **1.** *p. p.* de **apelmazar**. También *adj.* ‖ *adj.* **2.** Pesado, farragoso.

apelmazar *v. tr.* Hacer una cosa menos esponjosa de lo normal. También *v. prnl.* ▪ Se conjuga como *cazar.* **FAM.** Apelmazado, apelmazamiento.

apelotonar *v. tr.* Amontonar apretadamente. También *v. prnl.* **FAM.** Apelotonamiento.

apenar *v. tr.* **1.** Causar pena. También *v. prnl.* ‖ *v. prnl.* **2.** *amer.* Avergonzarse.

apenas *adv. m.* **1.** Casi no, escasamente: *apenas veíamos, apenas unos minutos.* ‖ *adv. t.* **2.** Al punto que, tan pronto como: *Se fue apenas te vio.*

apencar *v. intr. fam.* Apechugar*. ■ Se conjuga como *sacar.*

apendejarse *v. prnl. amer.* Ponerse pendejo.

apéndice *s. m.* **1.** Cosa añadida a otra como parte accesoria o dependiente. **2.** Parte del cuerpo de un animal unida o inserta en otra principal. **3.** Prolongación delgada y hueca del intestino ciego. Se llama también *apéndice cecal, ileocecal* o *vermiforme.*

apendicitis *s. f.* Inflamación del apéndice del intestino ciego, que provoca su obstrucción y a menudo hace necesaria su extirpación, porque puede degenerar en peritonitis.

apendiculado, da *adj.* **1.** Que posee uno o más apéndices. **2.** En bot., se dice de los órganos laterales, como las hojas.

Apeninos Cordillera de Italia que se extiende de N a S, desde los Alpes a Sicilia, a lo largo de 1.350 km, aproximadamente. Constituida por terrenos jóvenes del terciario, alcanza su altura máxima en el macizo Gran Sasso (Corno Grande, 2.914 m), en la región de los Abruzos. Según las zonas, permite ciertos cultivos (olivos y viñas) y cuenta con bosques, minas y aprovechamientos hidroeléctricos.

apepsia *s. f.* Ausencia de digestión.

apercepción *s. f.* Operación intelectual por la que el sujeto dota de conciencia a una percepción exteriormente recibida.

apercibir *v. tr.* **1.** Amonestar, advertir una falta. **2.** Avisar, prevenir. ‖ *v. prnl.* **3.** Darse cuenta. **4.** Prepararse, disponer. **FAM.** Apercibimiento.

apergaminado, da **1.** *p. p.* de **apergaminarse**. ‖ *adj.* **2.** Semejante al pergamino.

apergaminarse *v. prnl. fam.* Acartonarse una persona.

aperitivo, va *adj.* **1.** Que sirve para abrir el apetito. También *s. m.* ‖ *s. m.* **2.** Bebida y manjares que se toman antes de las comidas.

aperos *s. m. pl.* Conjunto de utensilios empleados en un oficio, especialmente en la agricultura.

aperreado, da *adj.* Trabajoso, molesto.

apertura *s. f.* **1.** Acción de abrir. **2.** Inauguración de un local, una asamblea pública, el curso escolar, etc. **3.** Tolerancia hacia la diversidad de ideas y opiniones. **4.** En ópt., superficie del diafragma que regula el haz de rayos de luz que penetra en un instrumento óptico. **5.** En ajedrez, conjunto de movimientos con que se inicia una partida.

aperturismo *s. m.* Postura de quienes en costumbres, política, religión, etc., defienden una evolución de las ideas y favorecen comportamientos progresistas. **FAM.** Aperturista.

apesadumbrar *v. tr.* Entristecer. También *v. prnl.* **FAM.** Apesadumbrado.

apestar *v. tr.* **1.** Contagiar la peste. También *v. prnl.* **2.** Corromper, viciar. ‖ *v. intr.* **3.** Despedir mal olor. También *v. tr.* **4.** *fam.* Dar muy mala espina, suscitar sospechas. **FAM.** Apestado.

apestoso, sa *adj.* **1.** Que huele muy mal. **2.** Enojoso, molesto.

apétalo, la *adj.* Se dice de la flor sin pétalos.

apetecer *v. intr.* Tener ganas de algo. También *v. tr.* ■ Es v. irreg. Se conjuga como *agradecer.* **FAM.** Apetecible.

apetencia *s. f.* **1.** Deseo de comer. **2.** Deseo de poseer alguna cosa.

apetito *s. m.* **1.** Ganas de comer. **2.** Impulso que lleva a satisfacer deseos o necesidades.

apetitoso, sa *adj.* **1.** Que excita el apetito. **2.** Gustoso, sabroso.

ápex *s. m.* Punto del espacio situado en la constelación de Hércules, hacia el que aparentemente se mueve el sistema solar a una velocidad de 20 km/s.

Apia **1.** C. de Samoa occidental, cap. del país, en la isla de Upolu. 33.200 h. en 1981. Es un importante centro turístico.
2. Antigua vía que unía Roma con la ciudad portuaria de Brindisi, en el S de la costa adriática. Debe su nombre al censor Apio Claudio Caecus, que inició su construcción hacia el año 312 a. C.

apiadar *v. tr.* **1.** Provocar piedad. ‖ *v. prnl.* **2.** Compadecerse.

apical *adj.* **1.** Perteneciente o relativo al ápice. **2.** En fon., se dice de la consonante en cuya articulación interviene especialmente el ápice de la lengua, p. ej. la *t.* También *s. f.*

ápice *s. m.* **1.** Extremo superior o punta de algo. **2.** Parte pequeñísima de algo. ■ En frases negativas equivale a *nada.*

ápico-alveolar *adj.* En fon., se dice de la consonante que se articula aplicando el ápice de la lengua a la cara posterior interna de los alveolos, p. ej. la *s* española. También *s. f.*

apicultor, ra *s. m.* y *f.* Persona que se dedica a la apicultura.

apicultura *s. f.* Arte de criar abejas con el fin de obtener miel, cera y otros productos de las colmenas. **FAM.** Apícola.

ápidos *s. m. pl.* Familia de insectos himenópteros pertenecientes a la superfamilia apoideos, que comprende numerosos géneros de abejas, entre los que destaca el *Apis.*

apilar *v. tr.* Amontonar cosas una encima de otra. **FAM.** Apilamiento.

apimplarse *v. prnl. fam.* Emborracharse ligeramente.

apiñar *v. tr.* Agrupar apretadamente. También *v. prnl.* **FAM.** Apiñado, apiñamiento.

apio *s. m.* Planta herbácea de la familia umbelíferas, especie *Apium graveolens.* Tiene hojas provistas de gruesos pedúnculos carnosos, flores blancas muy pequeñas y semillas diminutas. Originaria de la región mediterránea, se cultiva desde la antigüedad en gran parte del mundo y se utiliza como condimento y como verdura o ensalada.

Apio (Apium graveolens).

apiolar *v. tr. fam.* Matar.

apiparse *v. prnl. fam.* Hartarse de comida o bebida.

apirexia *s. f.* Periodo sin fiebre en una enfermedad.

Apis Toro sagrado egipcio, adorado en Menfis, al que se consideraba encarnación y símbolo de los dioses Ptah y Osiris.

apisonadora *s. f.* Máquina montada sobre rodillos grandes y pesados, utilizada para apisonar superficies.

apisonar *v. tr.* Apretar y allanar el suelo por medio de rodillos pesados u otro procedimiento.

APL (del ingl. *A Programming Language*) Lenguaje de ordenador creado por K. Iverson (1958) para aplicaciones científicas. En 1967, el intérprete comercial APL/360 se convirtió en el primer sistema interactivo de utilización del ordenador. En su versión moderna (APL/2) se le considera uno de los lenguajes apropiados para la llamada inteligencia artificial.

aplacar *v. tr.* Calmar, moderar. También *v. prnl.* ■ Se conjuga como *sacar.*

aplanador, ra *adj.* **1.** Que aplana o sirve para aplanar. ‖ *s. f.* **2.** *amer.* Apisonadora.

aplanar *v. tr.* **1.** Poner llana alguna cosa. **2.** *fam.* Abrumar, deprimir. También *v. prnl.* **FAM.** Aplanamiento.

aplasia *s. f.* Ausencia de multiplicación celular en un tejido. Una de las más importantes es la *aplasia mieloide,* disminución de los hematíes, leucocitos y plaquetas de la sangre por falta de regeneración de la médula ósea.

aplastante *adj.* **1.** Que aplasta. **2.** Abrumador, total.

aplastar *v. tr.* **1.** Deformar o arrugar una cosa, reduciendo su grosor, al golpearla, apretarla o echar peso sobre ella. También *v. prnl.* **2.** Abrumar físicamente. **3.** Derrotar completamente. **4.** Apabullar, dejar sin réplica. **FAM.** Aplastamiento.

aplatanar *v. tr.* Volver indolente a alguien. También *v. prnl.* **FAM.** Aplatanamiento.

aplaudir *v. tr.* **1.** Dar palmadas en señal de aprobación o entusiasmo. **2.** Aprobar, elogiar.

aplauso *s. m.* Acción y efecto de aplaudir.

aplazar *v. tr.* **1.** Dejar una cosa para más adelante. **2.** *amer.* Suspender a alguien en un examen. ■ Se conjuga como *cazar.* **FAM.** Aplazable, aplazamiento.

aplicación *s. f.* **1.** Acción y efecto de aplicar o aplicarse. **2.** Dedicación e interés que se pone en una actividad. **3.** Servicio, uso. **4.** Adorno de materia distinta a otra a la que se sobrepone. **5.** En mat., relación binaria entre dos conjuntos que hace corresponder a cada elemento del primero un solo elemento del segundo.

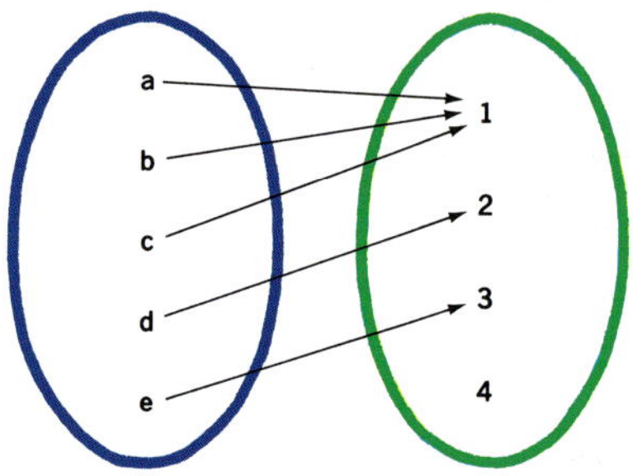

Representación gráfica de una aplicación: a cada elemento del primer conjunto le corresponde un solo elemento del segundo conjunto.

Mat. Una aplicación puede también definirse como una correspondencia entre dos conjuntos, en la que cada elemento del conjunto inicial tiene una sola imagen. Una aplicación es **inyectiva** cuando todo elemento del conjunto final que es imagen de un elemento del conjunto inicial lo es de un solo elemento. Una aplicación es **suprayectiva** cuando todos los elementos del conjunto final son elementos imágenes de algún elemento del conjunto inicial. Una aplicación es **biyectiva** cuando es a la vez inyectiva y suprayectiva.

aplicado, da **1.** *p. p.* de **aplicar**. También *adj.* ‖ *adj.* **2.** Que muestra aplicación o dedicación, especialmente en los estudios. **3.** Se dice de una ciencia o disciplina considerada en sus aspectos prácticos.

aplicar *v. tr.* **1.** Poner una cosa sobre otra o en contacto con otra. **2.** Emplear algo para conseguir un fin. **3.** Asignar, dar, dedicar. ‖ *v. prnl.* **4.** Poner esmero y dedicación en una actividad. ■ Se conjuga como *sacar.* **FAM.** Aplicable.

aplique *s. m.* **1.** Especie de lámpara fija a la pared. **2.** Elemento o pieza que se añade a algo.

aplita *s. f.* Roca filoniana de grano fino y colores claros, de la familia del granito, constituida por cuarzo y feldespatos alcalinos.

aplomar *v. tr.* **1.** Aumentar el peso de una cosa. **2.** En albañilería, comprobar con la plomada la verticalidad de una pared. También *v. intr.* **3.** Poner vertical. ‖ *v. prnl.* **4.** Adquirir aplomo.

aplomo *s. m.* Serenidad, seguridad, firmeza.

apnea *s. f.* Detención transitoria de la respiración.

apocado, da **1.** *p. p.* de **apocar**. ‖ *adj.* **2.** Tímido, pusilánime.

apocalipsis *s. m.* **1.** Género de la literatura hebrea, que trata del destino del mundo y del pueblo de Dios, mediante visiones referidas a los últimos tiempos. A este género pertenece, p. ej., el libro de *Daniel* en el Antiguo Testamento. **2.** Fin del mundo, catástrofe, desastre, hecatombe.

Apocalipsis Último libro canónico del Nuevo Testamento, atribuido al apóstol San Juan. En él, mediante símbolos, se habla del fin del mundo y del triunfo final de Jesucristo.

apocalíptico, ca *adj.* **1.** Perteneciente o relativo al apocalipsis. **2.** Terrorífico, catastrófico.

apocar *v. tr.* Cohibir, intimidar. También *v. prnl.* ■ Se conjuga como *sacar.* **FAM.** Apocado, apocamiento.

apócope *s. f.* Supresión de alguna sílaba, letra o sonido al final de un vocablo, p. ej. *gran* por *grande.* **FAM.** Apocopar.

apócrifo, fa *adj.* **1.** Falso, supuesto, no auténtico. **2.** Se dice del escrito que no es de la época o del autor a que se atribuye. También *s. m.* **3.** Se aplica a los textos de tema bíblico a los que la Iglesia no reconoce el carácter de libros revelados.

apodar *v. tr.* Dar un apodo. También *v. prnl.*

apoderado, da **1.** *p. p.* de **apoderar**. También *adj.* ‖ *s. m.* y *f.* **2.** Persona que tiene poderes para representar a otra persona o a una entidad y actuar en su nombre.

apoderar *v. tr.* **1.** Representar legalmente una persona a otra. **2.** Dar una persona o entidad poder a otra para que la represente. ‖ *v. prnl.* **3.** Apropiarse. **4.** Dominar a alguien un sentimiento o estado de ánimo.

apodíctico, ca *adj.* **1.** En la filosofía aristotélica, se dice del silogismo cuyas premisas no admiten contradicción, p. ej.: *Todos los hombres son mortales; Sócrates es hombre, luego Sócrates es mortal.* **2.** Concluyente, irrefutable.

apodo *s. m.* Sobrenombre o mote.

ápodo, da *adj.* **1.** Que carece de patas. ‖ *s. m. pl.* **2.** Orden de vertebrados anfibios al que pertenece la familia de los cecílidos, caracterizados por carecer de patas.

apódosis *s. f.* Proposición principal de una oración compuesta, que completa el sentido de la prótasis o subordinada; se refiere especialmente a periodos condicionales: *Si no vienes* (prótasis), *me marcharé* (apódosis).

apófisis *s. f.* Parte saliente de un hueso que se articula con otro, o donde se insertan músculos o ligamentos.

apofonía *s. f.* Alternancia vocálica.

apogeo *s. m.* **1.** Momento o circunstancia de mayor intensidad o esplendor de algo. **2.** Posición de la órbita de un astro en la que éste se halla más distante de la Tierra.

apógrafo *s. m.* Copia de un escrito original.

apolilladura *s. f.* Agujero producido por la polilla.

apolillar *v. tr.* **1.** Agujerear la polilla ropa u otros materiales. También *v. prnl.* ‖ *v. prnl.* **2.** *fam.* Quedarse anticuado. **FAM.** Apolillado, apolillamiento.

Apolinar el Joven (Laodicea h. 310 - íd. h. 390) Teólogo cristiano. Sostenía que, en la persona de Jesucristo, el espíritu humano había sido sustituido por el Logos, o segunda persona de la Trinidad. Su doctrina, el *apolinarismo,* fue condenada en el primer concilio de Constantinopla (381).

apolíneo, a *adj.* **1.** Perteneciente o relativo al dios Apolo. **2.** Referido al hombre, hermoso, bello.

apoliticismo *s. m.* **1.** Postura del que evita comprometerse en opiniones y actividades políticas. **2.** Doctrina anarco-sindicalista que se opone a la participación en las elecciones y a la actividad parlamentaria.

apolítico, ca *adj.* Indiferente a la política. También *s.*

Apollinaire, Wilhelm Apollinaris de Kostrowitzky, llamado **Guillaume** (Roma 1880 - París 1918) Escritor y poeta francés. Fue uno de los principales impulsores de la vanguardia literaria y artística de comienzos del s. XX. Escribió, entre otras obras, los libros de poemas *El Bestiario o el Cortejo de Orfeo* (1911) y *Alcoholes* (1913), la crítica de arte *Los pintores cubistas* (1913), el drama surrealista *Las tetas de Tiresias* (1917) y sus famosos poemas gráficos *Caligramas* (1918).

apolo *s. m.* Prototipo de belleza masculina.

Apolo Divinidad griega. Hijo de Zeus y Leto y hermano de la diosa Artemis, tutelaba la música y la poesía. Se le veneraba también como dios de la profecía –con su oráculo principal en Delfos–, la agricultura, el bien, la luz y la belleza. Entre los romanos era conocido como Febo.

Apolo, programa Proyecto espacial estadounidense cuyo principal objetivo fue la llegada del hombre a la Luna. Los primeros lanzamientos y vuelos orbitales tuvieron lugar en 1967. El Apolo XI, pilotado por Neil Armstrong y Edwin Aldrin, alunizó por primera vez en el mar de la Tranquilidad el 20 de julio de 1969.

Proyecto Apolo: el módulo del Apolo XI *aparece posado sobre la Luna mientras el astronauta Aldrin realiza una serie de experimentos.*

apologético, ca *adj.* **1.** Perteneciente o relativo a la apología o a la apologética. ‖ *s. f.* **2.** Parte de la teología que expone las pruebas y fundamentos de la verdad de la religión católica.
Rel. De carácter fundamentalmente polémico, la apologética cristiana empezó con los apologistas del s. II, como Justino o San Ireneo de Lyon. Con la Reforma surgieron las controversias entre católicos y protestantes; y luego, con la Ilustración y el racionalismo europeo (s. XVIII y XIX), se acentuó el papel de la apologética, apoyada por el concilio Vaticano I (1870) y difundida por la teología neoescolástica. El concilio Vaticano II (1962-65) marcó un cambio de enfoque de la apologética, que se abre al diálogo con otras religiones y con los no creyentes.

apología *s. f.* Defensa o elogio de alguien o algo. **FAM.** Apologista.

apólogo *s. m.* Narración de la que se deduce una enseñanza práctica o un consejo moral.

Apolonio, Libro de Poema español de carácter moralizante, escrito en cuaderna vía hacia mediados del s. XIII. Se basa en una obra anónima latina del s. III y narra las aventuras legendarias del rey Apolonio de Tiro.

Guillaume Apollinaire en el cuadro de Henri Rousseau La musa inspirando al poeta *(Kunstmuseum, Basilea).*

Apolonio de Atenas (s. I a. C.) Escultor griego. Es autor de los famosos *Torso de Belvedere* y el *Pugilista.*

Apolonio de Pérgamo (Pérgamo h. 262 - ? h. 180 a. C.) Matemático griego. Sistematizó los estudios sobre las secciones cónicas e introdujo los términos de elipse, parábola e hipérbola.

Apolonio de Rodas (Alejandría h. 295 - ? h. 230 a. C.) Poeta griego. Fue discípulo de Calímaco. Escribió *Las argonáuticas.*

Apolonio de Tiana (Tiana ? - Éfeso 97) Filósofo griego. Fue uno de los principales representantes del neopitagorismo y defensor de la teoría de la purificación como instrumento de unión con Dios.

Apolonio de Tralles (s. I a. C.) Escultor griego. Es autor de *El suplicio de Dirce,* cuya copia romana se conoce actualmente como el *Toro farnesio.*

apoltronarse *v. prnl.* **1.** Ponerse cómodo en un asiento. **2.** *fam.* Hacerse perezoso, llevar vida sedentaria. **3.** *fam.* Mantenerse a toda costa en un cargo. **FAM.** Apoltronamiento.

aponeurosis *s. f.* Membrana blanquecina de tejido conjuntivo, delgada, fibrosa y muy resistente, que sirve principalmente de envoltura a los músculos o para unirlos con las partes que mueven (huesos, tendones).

Aponte, Pedro de (s. XV - XVI) Pintor aragonés. Representante destacado del Renacimiento español, fue pintor de corte de Fernando el Católico. Se le atribuye el retablo de San Lorenzo de Huesca y el de la colegiata de Bolea.

apoplejía *s. f.* Pérdida de una parte de la función cerebral (conocimiento y motilidad voluntaria), como consecuencia de hemorragia en el encéfalo, embolia o trombosis.

apoplético, ca *adj.* **1.** Que padece apoplejía. También *s.* **2.** Relativo a la apoplejía.

apoquinar *v. tr. fam.* Pagar.

aporía *s. f.* **1.** Dificultad lógica insuperable de un problema o cuestión. **2.** Proposición sin salida lógica posible, a causa de la igualdad de los razonamientos contrarios. **3.** Razonamiento en el que, a partir de algo evidente, se deduce una conclusión manifiestamente falsa.

aporreado, da **1.** *p. p.* de **aporrear**. También *adj.* ‖ *adj.* **2.** Pobre, mísero, arrastrado.

aporrear *v. tr.* Golpear violenta e insistentemente con una porra o de otra forma. **FAM.** Aporreamiento, aporreo.

aportación *s. f.* **1.** Acción y efecto de aportar. **2.** Lo que se aporta.

aportar *v. tr.* **1.** Proporcionar algo. **2.** Presentar o aducir pruebas, razones, datos, etc.

aporte *s. m.* Aportación*.

aportillar *v. tr.* Romper o resquebrajar una cosa compacta. También *v. prnl.*

aposentamiento *s. m.* **1.** Acción y efecto de aposentar o aposentarse. **2.** Aposento, habitación.

aposentar *v. tr.* **1.** Dar habitación y hospedaje. También *v. prnl.* ‖ *v. prnl.* **2.** Establecerse, fijar residencia.

aposento *s. m.* **1.** Cuarto o habitación de una casa. **2.** Alojamiento.

aposición *s. f.* Yuxtaposición de dos sustantivos o de un sustantivo y un sintagma nominal, en la que el segundo miembro ejerce una función explicativa del primero, p. ej.: *Juan Carlos I, rey de España.* **FAM.** Apositivo.

apósito *s. m.* Material que se aplica sobre una herida o lesión, generalmente impregnado con sustancias curativas.

aposta *adv. m.* Adrede, intencionadamente.

apostar *v. tr.* **1.** Acordar varias personas de distinta opinión o que hacen un pronóstico, que se adjudicará una cantidad de dinero o cualquier cosa, convenida previamente, al que lleve la razón. También *v. intr.* y *v. prnl.* con valor expr. **2.** Arriesgar dinero u otros bienes con la creencia de que un juego, competición deportiva, etc., tendrá determinado resultado. También *v. intr.* y *v. prnl.* con valor expr. **3.** A menudo manifiesta una convicción o sospecha acerca de algo: *Apuesto a que nos han engañado.* ■ En estas tres acepciones es v. irreg. Se conjuga como *contar.*

4. Colocar a alguien o algo en un lugar para un determinado fin. También *v. prnl.* **FAM.** Apostante.

apóstata *s. m.* y *f.* Persona que reniega de sus creencias religiosas.

apostatar *v. intr.* **1.** Abandonar uno sus creencias, en particular las creencias religiosas. **2.** P. ext., abandonar un partido, opinión o doctrina. **FAM.** Apostasía.

apostilla *s. f.* Nota que comenta, aclara o completa un texto. **FAM.** Apostillar.

apóstol *s. m.* **1.** Cada uno de los doce discípulos escogidos por Cristo y enviados expresamente por él a predicar el Evangelio. Éstos fueron: Simón (Pedro) y su hermano Andrés, Santiago el Mayor y su hermano Juan, Felipe, Bartolomé, Mateo, Tomás, Santiago el Menor, Judas Tadeo, Simón Cananeo y Judas Iscariote. Después de suicidarse este último, fue elegido, para reemplazarle, Matías. Más tarde se atribuyó ese mismo título a Pablo. El término se aplicó con posterioridad a otros predicadores y misioneros. **2.** P. ext., propagador de una causa o doctrina.

apostolado *s. m.* **1.** Misión de un apóstol y tiempo que dura. **2.** Conjunto de los doce apóstoles. **3.** Propagación de una causa o doctrina, sobre todo religiosa.

apostólico, ca *adj.* **1.** Perteneciente o relativo a los apóstoles o al apostolado. **2.** Del papa o la Iglesia católica. || *s. m.* **3.** Miembro de un partido político absolutista creado en España tras la revolución de 1820. || **4. Padres Apostólicos** Denominación de los escritores cristianos inmediatamente posteriores a los apóstoles: Clemente Romano, Ignacio de Antioquía, Policarpo de Esmirna, Hermas y Bernabé.

apóstrofe *s. m.* y *f.* **1.** Insulto o recriminación dura y brusca. **2.** Figura retórica que consiste en dirigirse con apasionamiento a un ser real o imaginario. **FAM.** Apostrofar.

apóstrofo *s. m.* Signo ortográfico (') que indica elisión o supresión de una vocal: *d'Alembert, d'Annunzio.*

apostura *s. f.* Gallardía, cualidad de apuesto.

apotegma *s. m.* Dicho breve y sentencioso, sobre todo si se debe a algún personaje famoso.

apotema *s. f.* **1.** Segmento trazado perpendicularmente desde el centro de un polígono regular a uno de sus lados. **2.** Altura de las caras triangulares de una pirámide regular.

apoteosis *s. f.* **1.** Acto de exaltar como dioses a los héroes entre los antiguos griegos y romanos. **2.** Ensalzamiento, alabanza. **3.** Triunfo o final brillante de algo, principalmente de un espectáculo. **FAM.** Apoteósico.

Apoxiomeno, el Escultura de un atleta limpiándose el cuerpo después de la competición. Se conserva una copia en mármol del original de Lisipo.

apoyar *v. tr.* **1.** Hacer que una persona o cosa descanse sobre otra. **2.** Basar, fundar. También *v. prnl.* **3.** Ayudar, favorecer. **4.** Sostener o confirmar una opinión. **FAM.** Apoyo.

apoyatura *s. f.* **1.** Nota musical de adorno, cuyo valor se toma de una nota principal, a la que precede. **2.** Base o auxilio para realizar algo.

Appel, Karel (Amsterdam 1921) Pintor neerlandés. Formó parte del grupo CoBrA. Su pintura es de un vigoroso expresionismo y tiene relación con la *action painting.* Entre sus obras destacan el mural para el Stedelijk Museum de Amsterdam y la decoración del edificio de la Unesco, en París.

Appleton, Edward Victor (Bradford 1892 - Edimburgo 1965) Físico británico. Realizó importantes estudios sobre la ionosfera. Obtuvo el premio Nobel de física (1947) por su investigación sobre la propagación de las ondas electromagnéticas en el espacio.

APRA Siglas de Alianza Popular Revolucionaria Americana, partido político peruano fundado en 1924 por Víctor Raúl Haya de la Torre, de carácter nacionalista e interclasista. Obtuvo por primera vez la presidencia del país en las elecciones de 1985 con el candidato Alan García.

apraxia *s. f.* Alteración de la capacidad de realizar con destreza movimientos voluntarios, coordinados y útiles, debida a una lesión cerebral. En la apraxia, tanto la capacidad intelectual del individuo como los órganos encargados de efectuar el movimiento permanecen inalterados.

apreciable *adj.* **1.** Digno de aprecio y estima. **2.** Que se puede apreciar o percibir. **3.** Notable, considerable.

apreciación *s. f.* **1.** Acción y efecto de apreciar o apreciarse. **2.** Juicio, valoración.

apreciar *v. tr.* **1.** Reconocer el mérito de una persona o una cosa. **2.** Sentir afecto por alguien o algo. También *v. prnl.* con valor recíproco. **3.** Percibir, captar. || *v. prnl.* **4.** Revaluarse una moneda. **FAM.** Apreciativo.

aprecio *s. m.* **1.** Acción y efecto de apreciar. **2.** Cariño, afecto.

aprehender *v. tr.* **1.** Prender, capturar. **2.** Comprender, asimilar. **FAM.** Aprehensible, aprehensión, aprehensivo.

apremiar *v. tr.* **1.** Urgir. También *v. intr.* **2.** Imponer apremio o recargo. **FAM.** Apremiante.

apremio *s. m.* **1.** Acción y efecto de apremiar. **2.** Procedimiento judicial o administrativo para conseguir el cumplimiento de una obligación, especialmente de pago. **3.** Recargo fiscal por demora en el pago.

aprender *v. tr.* **1.** Adquirir conocimientos o habilidades. **2.** Fijar algo en la memoria.

aprendiz, za *s. m.* y *f.* **1.** Persona que aprende algún arte u oficio. **2.** Persona que está en el primer grado del escalafón laboral, antes de pasar a oficial.

aprendizaje *s. m.* **1.** Acción y efecto de aprender y tiempo que dura. **2.** Capacidad y proceso humanos por los cuales un sujeto adquiere destrezas y habilidades prácticas, hace suyos contenidos informativos o adopta nuevas formas y estrategias de conocimiento y de acción. || **3. aprendizaje animal** Proceso por el que los animales, incluso los más elementales, pueden modificar su conducta en función de los estímulos externos. Su forma más sencilla es el reflejo condicionado, pero los animales superiores presentan formas de aprendizaje más complejas que, en ciertos casos, pueden considerarse inteligentes.

aprensión *s. f.* **1.** Temor o recelo excesivos hacia algo, especialmente hacia las enfermedades o lo que pueda producirlas. **2.** Figuración, idea infundada.

aprensivo, va *adj.* Que tiene aprensiones. También *s.*

apresar *v. tr.* **1.** Capturar. **2.** Hacer presa un animal con las garras o colmillos. **FAM.** Apresamiento.

aprestar *v. tr.* **1.** Preparar lo necesario para realizar algo. También *v. prnl.* **2.** Dar consistencia a los tejidos tratándolos con goma y otras sustancias.

apresto *s. m.* **1.** Acción y efecto de aprestar. **2.** Sustancia para aprestar las telas.

apresurar *v. tr.* Dar prisa, acelerar. También *v. prnl.* **FAM.** Apresuradamente, apresurado, apresuramiento.

apretado, da **1.** *p. p.* de **apretar**. También *adj.* || *adj.* **2.** Intenso, lleno de actividades. **3.** Arduo, peligroso.

apretar *v. tr.* **1.** Hacer fuerza o presión sobre alguien o algo. **2.** Aumentar la tirantez o presión de algo. **3.** Reducir algo a menor volumen. También *v. prnl.* **4.** Tratar con rigor. **5.** Activar, acelerar. || *v. intr.* **6.** Obrar una persona o cosa con mayor intensidad que de ordinario. **7.** Hacerse sentir la necesidad de algo. ▪ Es v. irreg. Se conjuga como *pensar.*

apretón *s. m.* **1.** Acción de apretar con fuerza o rapidez. **2.** Esfuerzo superior al ordinario. **3.** Apretura de gente. **4.** Movimiento repentino de vientre que obliga a evacuar.

apretujar *v. tr.* **1.** *fam.* Comprimir, apretar mucho. || *v. prnl.* **2.** Juntarse varias personas en un recinto reducido. **FAM.** Apretujamiento, apretujón.

apretura *s. f.* **1.** Opresión causada por la aglomeración de gente. **2.** Escasez. **3.** Aprieto.

aprieto *s. m.* Situación difícil o comprometida.

apriorismo *s. m.* Forma de razonar que se fundamenta en ideas preconcebidas y prescinde de los hechos de la experiencia. **FAM.** Apriorístico.

aprisa *adv. m.* Con rapidez.

aprisco *s. m.* Lugar cercado donde los pastores guardan el ganado.

aprisionar *v. tr.* **1.** Encarcelar, encerrar. **2.** Sujetar con fuerza.

aproar *v. intr.* Dirigir la proa del barco en una dirección.

aprobado, da **1.** *p. p.* de **aprobar**. También *adj.* || *s. m.* **2.** Calificación mínima de aptitud en un examen.

aprobar *v. tr.* **1.** Dar por bueno, mostrar conformidad. **2.** Obtener la calificación suficiente en un examen, asignatura o curso. ▪ Es v. irreg. Se conjuga como *contar.* **FAM.** Aprobación.

aprobatorio, ria *adj.* Que aprueba o implica aprobación.

aprontar *v. tr.* **1.** Disponer con prontitud. **2.** Entregar sin tardanza.

apropiado, da **1.** *p. p.* de **apropiarse**. También *adj.* || *adj.* **2.** Ajustado al fin a que se destina. **FAM.** Apropiadamente.

apropiarse *v. prnl.* Tomar para sí algo ajeno. **FAM.** Apropiación.

aprovechado, da **1.** *p. p.* de **aprovechar**. También *adj.* || *adj.* **2.** Que saca provecho de todo. Suele decirse en sentido peyorativo. También *s.* **3.** Aplicado, diligente. **FAM.** Aprovechadamente.

aprovechar *v. intr.* **1.** Servir de provecho alguna cosa. **2.** Adelantar en los estudios u otra actividad. || *v. tr.* **3.** Emplear útilmente alguna cosa. || *v. prnl.* **4.** Sacar utilidad de alguien o algo; suele usarse en sentido peyorativo. **5.** *fam.* Gozar sexualmente de alguien valiéndose de engaños. || **LOC. ¡que aproveche!** Expresión con que se desea buen provecho a alguien que come. **FAM.** Aprovechable, aprovechamiento.

aprovisionar *v. tr.* Abastecer, proveer de cosas necesarias. También *v. prnl.* **FAM.** Aprovisionamiento.

aproximación *s. f.* **1.** Acción y efecto de aproximar o aproximarse. **2.** Forma de tratar un asunto. **3.** Premio que se concede en la lotería a los números anterior y posterior al que obtiene el primer premio, y a los demás de la centena de los primeros premios de un sorteo.

aproximado, da **1.** *p. p.* de **aproximar**. || *adj.* **2.** Que se acerca más o menos a lo exacto. **FAM.** Aproximadamente.

aproximar *v. tr.* Acercar. También *v. prnl.* **FAM.** Aproximativo.

ápside *s. m.* Cada uno de los dos extremos del eje mayor de la órbita de un astro.

áptero, ra *adj.* **1.** Que carece de alas. **2.** Se dice de los templos griegos que no tienen columnas en las fachadas laterales. También *s. m.*

aptitud *s. f.* **1.** Cualidad de apto. **2.** Capacidad o habilidad para ciertos trabajos, tareas, etc. **3.** En psicol., conjunto de condiciones psicobiológicas que hacen a un individuo capaz de actuar con eficacia en algún campo de la conducta y actividad humanas. La aptitud indica para qué está dotado el individuo, pero no va necesariamente acompañada de buena disposición o agrado en la realización de la tarea (actitud positiva o negativa).

apto, ta *adj.* **1.** Que tiene capacidad para llevar a cabo cierta tarea. **2.** Adecuado. || *s. m.* **3.** Calificación que implica aptitud en una materia.

apuesta *s. f.* **1.** Acción y efecto de apostar. **2.** Aquello que se apuesta.

apuesto, ta *adj.* De buena presencia.

Apuleyo, Lucio (Madaura, África h. 125 - Cartago h. 180) Escritor latino. Fue autor de tratados filosóficos, pero su obra más conocida es la novela simbólica *Las Metamorfosis,* conocida como *El asno de oro.*

Apulia (*Puglia*) Región de Italia, en el SE del país, entre los montes Apeninos y el Adriático. 19.348 km^2. 4.069.360 h. en 1990. La capital es Bari, con 355.350 h. en 1990. Comprende las provincias de Bari, Brindisi, Foggia, Lecce y Tarento. Sus recursos económicos son fundamentalmente agrícolas, cerealistas, de viñedo y de olivo. Cuenta con minería de sal y bauxita, pesca e industria alimentaria, química y siderúrgica.

apunarse *v. prnl.* *Amér. del S.* Padecer puna, mal de las alturas.

apuntación *s. f.* **1.** Acción y efecto de apuntar. **2.** Acción de escribir notas y signos musicales. **3.** Notación musical.

apuntado, da *adj.* **1.** *p. p.* de **apuntar**. También *adj.* || *adj.* **2.** Terminado en punta. || **3. arco apuntado** En arq., tipo de arco que forma ángulo en la clave, característico del estilo gótico.

apuntador, ra *adj.* **1.** Que apunta. También *s.* || *s. m.* y *f.* **2.** Persona que en las representaciones teatrales se sitúa cerca de los actores para apuntarles si olvidan algún texto. **3.** Traspunte.

apuntalar *v. tr.* **1.** Poner puntales para sostener un muro u otra cosa. **2.** Afirmar, asegurar, apoyar. **FAM.** Apuntalamiento.

apuntar *v. tr.* **1.** Dirigir un arma hacia alguien o algo. También *v. intr.* **2.** Señalar a alguien, o a un sitio, objeto o dirección determinados. **3.** Tomar nota por escrito. **4.** Hacer un apunte o esbozo. **5.** Inscribir en una lista, registro, etc. También *v. prnl.* **6.** *fam.* Incorporar a una persona a algún plan, actividad, etc. También *v. prnl.* **7.** Indicar. **8.** Sugerir a alguien con disimulo lo que debe decir, p. ej. en un examen o el apuntador en el teatro. || *v. intr.* **9.** Empezar a manifestarse algo. || *v. prnl.* **10.** Con valor expresivo, anotarse un éxito, un tanto, etc. **FAM.** Apuntamiento.

apunte *s. m.* **1.** Dibujo apenas esbozado. **2.** Nota escrita, resumen o extracto que se hace de algo. **3.** Apuntador de teatro y texto del que se sirve.

apuntillar *v. tr.* Dar la puntilla.

apuñalar *v. tr.* Dar de puñaladas.

apurado, da **1.** *p. p.* de **apurar**. || *adj.* **2.** Agobiado, en apuros. **3.** Peligroso.

apurar *v. tr.* **1.** Acabar, agotar, llevar hasta el fin. **2.** Dar prisa, apremiar. También *v. prnl.* **3.** Inquietar, preocupar. También *v. prnl.* **4.** Dar vergüenza. También *v. prnl.*

Apure **1.** Río de Venezuela, afluente del Orinoco por la orilla izquierda. 1.000 km de longitud. Es parcialmente navegable.
2. Estado de Venezuela, en el SO del país. 76.500 km^2. 247.900 h. en 1989. La capital es San Fernando de Apure, con 57.600 h. en 1983. Región de llanura, avenada por numerosos ríos, cuenta con una importante ganadería vacuna y equina.

Apurímac Departamento de Perú, en el S del país. 20.655 km^2. 368.000 h. en 1989. La capital es Abancay, con 18.800 h. en 1981. Posee recursos agrícolas (maíz, caña, café y coca), ganaderos y de minería de oro.

apuro *s. m.* **1.** Situación difícil. **2.** Vergüenza. || *pl.* **3.** Carencia o necesidad de algo, especialmente de dinero. **4.** Trabajos, esfuerzos, dificultades.

aquaplaning (voz ingl.) *s. m.* Efecto que se produce cuando entre la superficie de la rueda de un vehículo y el suelo se forma una película de agua que impide la adherencia entre las dos superficies.

aquárium *s. m.* Acuario*.

aquejado, da *adj.* Que padece de algo. También *s.*

aquejar *v. tr.* Afectar a alguien o algo una enfermedad, un vicio o un defecto. ▪ Sólo se usa en tercera persona.

aquel, lla, llo *adj. dem.* **1.** Denota que la persona o cosa a la que acompaña está lejos del que habla y del que escucha. También *pron.* || *pron. dem.* **2.** En oposición a *éste* y con referencia a términos mencionados en el discurso, designa el que lo fue en primer lugar: *Estuve con Miguel y Carlos: aquél es muy simpático, éste no tanto.* || *s. m.* **3.** *fam.* Atractivo, encanto: *Tiene mucho aquel.* **4.** *fam.* Cualidad que no se concreta: *El asunto tiene su aquel.*

aquelarre *s. m.* Reunión de brujas y brujos, en la que se supone que interviene el demonio, generalmente en forma de macho cabrío.

aqueménida *adj.* **1.** Se aplica a la dinastía que creó el gran imperio persa de la antigüedad (670-330 a. C). **2.** De esta dinastía. También *s.*
Hist. La fundación de la dinastía se atribuye al legendario rey Aquemenes (h. 670 a. C.). Su esplendor suele situarse en la segunda mitad del s. VI, con los reinados de Ciro II el Grande, máximo exponente de la dinastía, Cambises II y Darío I. El último representante fue Darío III, vencido por Alejandro Magno.

aquende *adv. l.* De la parte de acá.

aquenio *s. m.* Fruto seco indehiscente con un solo óvulo no soldado al grano, como el del girasol, la bellota o la castaña.

aqueo, a *adj.* **1.** De Acaya. También *s.* **2.** Se aplica a un pueblo de la antigua Grecia. **3.** De este pueblo. También *s.*
Hist. Hacia el año 2000 a. C. los aqueos, tribus procedentes del N, invadieron la península Helénica y, tras entrar en contacto con los heládicos, habitantes del Peloponeso, dieron lugar a la civilización micénica, que alcanzó su máximo esplendor hacia 1300 a. C. En torno a 1100 iniciaron las luchas con los invasores dorios, que finalmente les derrotaron, aislándoles al N del Peloponeso. Normalmente se identifica a los aqueos con los sitiadores de Troya, que emprendieron la conquista de la ciudad bajo el mando de Agamenón.

aquerenciarse *v. prnl.* Tomar querencia a un lugar.

Aqueronte En la mitología griega, río que habían de atravesar las almas para llegar al reino de los muertos. El barquero Caronte era el encargado de trasladarlas.

aquí *adv. l.* **1.** Indica el lugar en que se encuentra el hablante o un lugar cercano a éste. ▪ Con verbos de movimiento significa 'a este lugar': *Venid aquí.* Con verbos de reposo equivale a 'en este lugar': *Estamos aquí.* **2.** En esto, en eso: *Aquí está el problema.* ▪ Precedido de las preposiciones *de* y *por*, tiene una función pronominal y equivale a *esto, eso*: *De aquí se deduce la siguiente conclusión.* || *adv. t.* **3.** Ahora, en el tiempo presente: *hasta aquí, de aquí en adelante.* **4.** Entonces, en esa ocasión: *Aquí se hizo un gran silencio.*

aquiescencia *s. f.* Consentimiento, conformidad.

aquiescente *adj.* Que consiente, autoriza o está conforme.

aquietar *v. tr.* Sosegar, tranquilizar. También *v. prnl.*

aquilatar *v. tr.* **1.** Medir los quilates de un objeto precioso. **2.** Precisar debidamente el mérito, valor o verdad de algo. **FAM.** Aquilatamiento.

Aquiles Héroe legendario griego. Hijo de la diosa Tetis y de Peleo, rey de Tesalia, su madre, para hacerle invulnerable, le sumergió en la laguna Estigia sujetándole por el talón, único lugar por el que podía ser herido. Es uno de los protagonistas de la *Ilíada.*

Aquiles, tendón de Tendón que une los músculos gemelos de la pantorrilla con el hueso calcáneo del talón. Es importante para caminar y correr.

aquilino, na *adj.* Aguileño*.

aquilón *s. m.* Polo norte y viento que sopla de esa parte.

Aquino, Corazón (Manila 1933) Política filipina. Esposa de Benigno Aquino, uno de los principales opositores al régimen de Ferdinand Marcos, que murió asesinado. Fue proclamada presidenta de su país en 1986, al término de la dictadura de Marcos. Su gestión se ha visto perturbada por repetidas intentonas de golpe de Estado.

Aquisgrán (en al. *Aachen*, en fr. *Aix-la-Chapelle*) C. de Alemania, en el O del país, en el estado de Renania-Westfalia. 232.250 h. en 1989. Es un importante centro industrial. Conserva la capilla palatina, la tumba y el palacio de Carlomagno.

Aquisgrán, paz de Nombre por el que se conocen dos tratados de paz firmados en esta ciudad. El primero en 1668 entre Francia y España, como consecuencia de la guerra de Devolución, habida entre estos dos países por la posesión del Franco Condado. El segundo, en 1748, puso fin a la guerra de Sucesión de Austria.

Aquitania (*Aquitaine*) Región de Francia, en el SO del país. 41.308 km^2. 2.737.200 h. en 1988. La capital es Burdeos, con 208.100 h. en 1982. Comprende los departamentos de Dordogne, Gironde, Landes, Lot-et-Garonne y Pirineos atlánticos. Cuenta con importante producción vitivinícola y con industrias químicas, mecánicas, navales y aeronáuticas. La antigua Aquitania romana, convertida en ducado durante la Edad Media, que se unió a Inglaterra como parte de la herencia de los Plantagenet, constituyó posteriormente el ducado de Guyena, la Gascuña y el país vasco-francés.

Ar Símbolo químico del argón.

ara *s. f.* **1.** Altar donde se ofrecen sacrificios a los dioses. **2.** En el culto católico, piedra consagrada existente en el centro del altar, sobre la que el sacerdote dice la misa. || **LOC. en aras de** *adv.* En honor de.

Ara Pacis Augustae (expr. lat. que significa 'altar de la paz de Augusto') Monumento erigido en Roma el año 13 a. C. como símbolo de la paz instaurada por Augusto en todo el imperio.

árabe *adj.* **1.** De Arabia. También *s.* **2.** P. ext., se aplica a una serie de pueblos islámicos del Oriente Próximo y N de África, formados a partir de la expansión del estado que fundó Mahoma en Arabia (630). La mayor parte de estos países se hallan hoy integrados en la llamada *Liga Árabe.* **3.** De estos pueblos. También *s.* || *s. m.* **4.** Lengua semítica hablada en estos lugares.
Arte El arte árabe destaca en arquitectura y artes aplicadas, apenas tiene pintura y escultura, debido a la prohibición del *Corán* de representar seres vivos. En arquitectura son notables las mezquitas, alcázares y monumentos funerarios: Córdoba, Damasco, Granada, etc. Elementos arquitectónicos característicos son la cúpula, el arco de herradura y los motivos ornamentales geométricos (arabescos). En artes aplicadas son importantes las tallas de madera y marfil, la cerámica, el labrado del bronce y el tejido de alfombras.
Fil. La filosofía árabe conoció una época de gran esplendor entre los s. IX y XII, con nombres como al-Farabi, al-Kindi, Avempace, Averroes y Avicena. Llevó a cabo una fusión de elementos ne-

Francisco de Goya: Aquelarre, *perteneciente a la serie de pinturas negras (Museo del Prado, Madrid).*

Arte árabe: arriba, la Aljafería de Zaragoza, palacio construido en la segunda mitad del siglo XI; sobre estas líneas, a la izquierda, pintura del Acuerdo de Mahoma con los habitantes de Medina (Palacio de Topkapi, Estambul); a la derecha, escultura de bronce de un ciervo (Museo Arqueológico, Madrid).

tamente islámicos con temas filosóficos griegos y con algunas influencias cristianas, hebreas y paganas. Las traducciones de Aristóteles, Plotino y otros autores griegos se difundieron por Europa a través de la escuela de traductores de Toledo, que actuó como vehículo de transmisión de la cultura clásica.

Ling. El árabe es una lengua semítica hablada por unos 175 millones de personas. Se convirtió en instrumento literario desde la aparición del *Corán* y, como lengua escrita, se atiene a los cánones coránicos. La lengua hablada ha evolucionado más y se divide en dos grandes grupos de dialectos: oriental y occidental. Su alfabeto, de origen arameo, consta de 28 consonantes y tres vocales. Se escribe horizontalmente, de derecha a izquierda.

Lit. Aunque existe una importante poesía lírica y épica de época preislámica, se considera hito fundamental del nacimiento de la literatura árabe la aparición del *Corán*. La poesía, política o amorosa, experimentó un gran desarrollo en los s. VII y VIII. La prosa, basada a menudo en la tradición oral popular, p. ej. *Las mil y una noches*, apareció más tarde, en el s. XV. Los géneros tradicionales, sobre todo el cuento o novela corta, dominaron la producción literaria hasta el s. XIX, en que comenzaron a imitarse los modelos europeos. Tras la descolonización, en el mundo árabe se ha registrado una importante renovación literaria, de la que es buen ejemplo el escritor egipcio Naguib Mahfuz, premio Nobel de 1988.

Árabe, Liga Organización internacional de países árabes, fundada en El Cairo en 1945 con la finalidad de coordinar la actividad de los estados miembros en el plano político, económico y militar. Forman la Liga: Arabia Saudí, Argelia, Bahrein, Emiratos Árabes Unidos, Irak, Jordania, Kuwait, Líbano, Libia, Marruecos, Mauritania, OLP (Organización para la Liberación de Palestina), Omán, Qatar, Siria, Somalia, Sudán, Tunicia, Yemen y Yibuti.
El principal órgano es el Consejo, que reúne dos veces al año a los jefes de Estado y de gobierno de los países integrantes. Después de la muerte de Nasser (1970) ha ido disminuyendo progresivamente la influencia de la confederación, amenazada por las diferencias económicas y políticas entre sus miembros.

árabe-israelíes, guerras Nombre de cuatro conflictos armados entre el estado de Israel y sus países árabes limítrofes. La primera guerra estalló en 1948 a causa de la negativa árabe a la partición de Palestina. Egipto, Irak, Siria, Jordania y Líbano fueron derrotados e Israel se anexionó Galilea, una franja de terreno hasta Jerusalén y la parte del Neguev perteneciente a Egipto. La segunda guerra se produjo en 1956 a consecuencia de la nacionalización del canal de Suez por el presidente egipcio Nasser. Israel atacó por sorpresa y ocupó la península del Sinaí y una fuerza franco-británica invadió Egipto; la intervención de la ONU detuvo la guerra y restableció las fronteras de 1949. La tercera guerra, llamada de los «seis días», estalló en 1967, iniciada por Israel ante la amenaza egipcio-siria; las fuerzas israelíes obtuvieron un triunfo total, conquistando Gaza y el Sinaí, Cisjordania y la meseta del Golán en Siria. La cuarta guerra, llamada del Yom Kipur, comenzó en 1973 con éxitos árabes en el Golán y el Sinaí, pero la réplica israelí llevó a su ejército a cruzar el canal de Suez y hasta las cercanías de Damasco. La guerra terminó con la interposición de fuerzas de la ONU.

Árabes Unidos, Emiratos Véase **Emiratos Árabes Unidos**.

arabesco *s. m.* Decoración de dibujos geométricos entrelazados, característica de la arquitectura árabe.

Arabia Península del SO de Asia entre el mar Rojo y el golfo Pérsico, la más grande del mundo. Constituye una inmensa plataforma de la era primaria, de clima árido, en la que domina la influencia desértica. La agricultura es extremadamente pobre. Entre la población coexisten las costumbres arcaicas de los pueblos nómadas, dedicados al pastoreo, junto a la más avanzada tecnología de explotación del petróleo. En la actualidad está formada por los siguientes estados: Arabia Saudí, Bahrein, Emiratos Árabes Unidos, Kuwait, Omán, Qatar y Yemen.

Hist. Se conocen pocos datos sobre la historia de la península de Arabia antes del primer milenio a. C. Las primeras noticias nos han llegado a través de los contactos que asirios, babilonios y persas mantuvieron con la población del N del territorio. Cerca ya del comienzo de nuestra era, una gran parte de la región permanecía desorganizada, si bien existían estados como el de los nabateos (situado al N y convertido en el 105 en la provincia romana de Arabia) o el de Palmira (más al N, y también conquistado por Roma). Posteriormente la influencia del cristianismo se dejó sentir como un factor determinante.
En los s. IV y V decayó la vida de las ciudades y creció el nomadismo, peculiar sistema de vida de las tribus beduinas. En el s. VII la ciudad de La Meca, capital de la región del Hiyaz dominada por el clan qurаysí, se convirtió en el centro comercial más dinámico de la península. En La Meca nació Mahoma (570) y allí inició una predicación que le permitió unificar toda la península árabe bajo la bandera del Islam (630). Sus sucesores extendieron su dominación hasta Siria, Mesopotamia, Persia, Egipto, el N de África y España, pero con ello sentaron también las bases de su disgregación, sobre todo a partir del triunfo de los abasíes (750), que trasladaron la capital a Bagdad.
La cultura árabe, nacida del contacto entre los conquistadores musulmanes y las tierras y pueblos que fueron dominando, alcanzó gran esplendor e influyó notablemente en la historia de numerosos países (España entre ellos). Sin embargo, Arabia, origen del movimiento, volvió a atravesar un largo periodo de inestabilidad. Primero mogoles (s. XIII) y luego turcos (s. XVI) dominaron la península, a cuyas costas llegaron también los portugueses; en el s. XVII lo hicieron ingleses y holandeses, al tiempo que los beduinos se rebelaban y ocupaban la región oriental del país (1633).
En el s. XVIII el movimiento de los wahhabíes (musulmanes ortodoxos) ocupó La Meca y formó un estado, dirigido por los saudíes, hasta que en 1818 fue derrotado por el virrey de Egipto, aliado de los turcos. Éstos fueron definitivamente expulsados de Arabia durante la Primera Guerra Mundial, gracias a la alianza de los ingleses (dueños de Adén y Omán) con el jefe wahhabí Abd al-Aziz ibn Saud, quien en 1932 creó el estado de Arabia Saudí.

Arabia Saudí (*al-Arabiya as-Saudiya*) Estado del SO de Asia en la península Arábiga.

Extensión: 2.240.000 km^2.
Límites: al N, con Jordania, Irak y Kuwait; al E, con el golfo Pérsico, Qatar y los Emiratos Árabes Unidos; al S, con Omán y Yemen, y al O, con el Mar Rojo.
Población: 15.000.000 h. en 1990.
Densidad: 6,7 h./km^2.
Capital: Riad; la administrativa es Yidda.
División administrativa: 5 divisiones.
Ciudades principales: La Meca, Medina.
Gentilicio: árabe saudita o saudí.
Forma de Estado: monarquía absoluta.
Idioma: árabe.
Religión: islamismo.
Moneda: riyal.
Tasa de natalidad: 42 ‰ en 1990.
Tasa de mortalidad: 8 ‰ en 1990.
Renta per cápita: 6.170 dólares en 1988.

Geog. física Arabia Saudí ocupa las tres cuartas partes de la península Arábiga. Es una gran meseta inclinada hacia el golfo Pérsico, con una cordillera paralela al mar Rojo, que alcanza los 3.000 m. En el interior se encuentran las zonas desérticas de Rub al-Kali y Nafud. No hay ríos permanentes, si bien en el subsuelo tiene agua abundante, por lo que proliferan los oasis. El clima es desértico, menos en las montañas.

Geog. humana y ***económica*** La población se divide en tres grupos: los habitantes de las ciuda-

des, que viven de la industria del petróleo y los servicios; los campesinos, que viven en los pueblos, con muy bajo nivel de vida; y los nómadas beduinos, que suman ya menos del 20 %. El petróleo, descubierto en los años treinta, es la base de la economía del país, primer exportador mundial, que posee la cuarta parte de las reservas mundiales conocidas.
Hist. El monarca wahhabí Abd al-Aziz ibn Saud, emir de Nayd desde 1902, por medio de sucesivas conquistas a sus estados vecinos, se apoderó de Hasa (1913), Hail (1921), La Meca (1924), Yidda (1925) y Asir (1926). En 1926 se proclamó rey de Hiyaz y en 1925 y 1927 firmó tratados con el Reino Unido, que reconocían la independencia del país y fijaban sus fronteras septentrionales. El descubrimiento de yacimientos petrolíferos a partir de 1932 favoreció el progreso y permitió el afianzamiento de la unidad política.
Fue precisamente en 1932 cuando la nación adoptó el nombre de Arabia Saudí y se estableció la capital en Riad. Sus fronteras se siguieron extendiendo mediante conquistas y pactos con el Yemen, en 1934 y 1935, y con el jeque de Kuwait, representado por el Reino Unido, en 1942. Durante la Segunda Guerra Mundial, Arabia Saudí se mantuvo neutral, y después de la guerra concertó convenios especiales para la explotación del petróleo y el establecimiento de bases aéreas estadounidenses. Arabia Saudí se unió a la Liga Árabe en 1945. A la muerte del rey Ibn Saud (1953) le sucedió su hijo Saud, quien fue reemplazado por su hermano Faysal en 1964. Asesinado éste en 1975, fue proclamado rey Jalid ibn Abd al-Aziz. Desde 1982 rige el país el rey Fahd. La crisis que provocó en el golfo Pérsico la invasión de Kuwait por Irak en 1990 obligó a Arabia a participar en la guerra desatada el año siguiente entre iraquíes y una coalición internacional liderada por EE UU.

arábico, ca *adj.* Arábigo*.

Arábiga, península Véase **Arabia**.

arábigo, ga *adj.* Árabe.

Arábigo, desierto Región de Egipto entre el mar Rojo y el valle del Nilo. Posee yacimientos de oro, cobre y piedras preciosas.

Arabia Saudí: una de las refinerías del primer exportador mundial de petróleo.

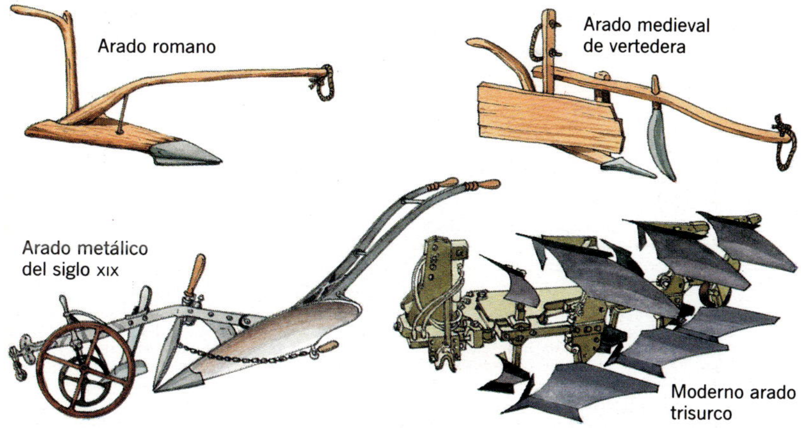

Distintos tipos de arado a lo largo de la historia.

Arábigo, mar Mar del océano Índico, en el SO asiático, entre las penínsulas Arábiga y del Indostán. 3.683.000 km^2 de extensión y 5.803 m de profundidad máxima. Se llama también *mar de Omán.*

arabismo *s. m.* Palabra o giro de origen árabe que se ha incorporado al vocabulario de otra lengua. Son muy abundantes en el español.

arabista *s. m.* y *f.* Persona que estudia la lengua, la literatura y la cultura árabes.

arabizar *v. tr.* **1.** Difundir la lengua y cultura árabes. ‖ *v. intr.* **2.** Imitar la lengua, estilo y cultura árabes. También *v. prnl.* ▪ Se conjuga como *cazar.*

Aracajú C. de Brasil, cap. del estado de Sergipe, situada en la desembocadura del río San Francisco. 398.200 h. en 1989. Es un centro portuario y sede de una importante industria química.

aráceas *s. f. pl.* Familia de plantas monocotiledóneas del orden espadicifloras, que comprende los géneros *Arum, Acorus, Monstera* y otros. Se caracterizan por presentar inflorescencias en espádice ceñidas por una bráctea herbácea. Crecen en climas cálidos y templados. Se cultivan para uso ornamental. Son aráceas el aro, el arísaro y la cala. También *adj.* y *s. f.*

Morfología interna de un arácnido: 1. Ojos. 2. Quelícero. 3. Pedipalpo. 4. Ganglio cerebroide superior. 5. Músculo dilatador del estómago. 6. Buche succionador. 7. Intestino. 8. Corazón. 9. Aparato respiratorio. 10. Ovario. 11. Tubos de Malpighi. 12. Glándula sericígena.

arácnidos *s. m. pl.* Clase de invertebrados artrópodos, que comprende unas 35.000 especies. Se divide en diez órdenes, de los que tres (escorpiones, ácaros y arañas propiamente dichas) son muy importantes, mientras que los otros siete (seudoescorpiones, solífugos, palpígrados, opiliones, uropigios, amblipigios y ricinúlidos) son menos conocidos. Son animales terrestres, que respiran aire mediante tráqueas y tienen el cuerpo dividido en cefalotórax –provisto de cuatro pares de patas, un par de quelíceros y un par de pedipalpos– y abdomen, que no tiene apéndices. También *adj.* y *s. m.*

aracnoides *adj.* Se dice de una de las membranas meníngeas, situada entre la duramadre y la piamadre. Su tejido es seroso, parecido a la tela de las arañas. También *s. f.*

Arad C. de Rumania, cap. del distrito del mismo nombre. 188.000 h. en 1986. Es un activo centro industrial metalúrgico y comercial, e importante nudo ferroviario.

arada *s. f.* **1.** Acción de arar. **2.** Tierra labrada con el arado. **3.** Cultivo y labor del campo.

arado *s. m.* Instrumento agrícola que sirve para labrar la tierra haciendo surcos. Está compuesto de una reja que abre el terreno y una vertedera que remueve la tierra depositándola a los lados. Tradicionalmente movido por la fuerza del hombre o de algún animal, hoy suele acoplarse al tractor.

arador, ra *adj.* **1.** Que ara. También *s.* ‖ **2. arador de la sarna** Arácnido ácaro de la familia sarcóptidos, especie *Sarcoptes scabiei.* Es parásito del hombre, al que produce la enfermedad de la sarna. **3. arador del queso** Arácnido del orden ácaros que vive en el queso rancio.

Arafat, Yasser (Ramallah, Jerusalén 1929) Político palestino. Organizó en 1965 el grupo al-Fatah y en 1969 unificó todos los movimientos guerrilleros palestinos para la lucha armada contra Israel en la Organización para la Liberación de Palestina (OLP), de la que es máximo dirigente. Defiende en ella posturas moderadas y de negociación frente a otros sectores más radicales. En 1990 apoyó a Irak en la guerra que siguió a la invasión de Kuwait.

Yasser Arafat.

Arago, Dominique-François (Estagel, Rosellón 1786 - París 1853) Astrónomo y físico francés. Ayudó a Jean-Baptiste Biot en la tarea de medir el arco de meridiano de París (1806). Fue ministro de Interior y de Marina (1848) y colaboró en la abolición de la esclavitud en las colonias francesas. Inventó un fotómetro y confirmó la teoría ondulatoria de la luz.

Aragon, Louis (París 1897 - íd. 1982) Escritor francés. De tendencia dadaísta en sus comienzos, fue uno de los creadores del movimiento surrealista, del que se separó en 1931. Como poeta es autor, entre otras obras, de *Los ojos de Elsa* (1942), y como novelista de *Los comunistas* (1949-1951), *La Semana Santa* (1958) y *Blanca o el Olvido* (1967). Fue asimismo un importante ensayista literario.

Aragón Comunidad autónoma de España, situada en el NE del país.

Extensión: 47.650 km^2.
Límites: al N, con los Pirineos; al E, con Cataluña y la Comunidad Valenciana; al S, con las comunidades Valenciana y de Castilla-La Mancha, y al O, con las dos Castillas, Navarra y La Rioja.
Población: 1.178.521 h. en 1991.
Densidad: 24,7 h./km^2.
Capital: Zaragoza.
Provincias: Zaragoza, Huesca y Teruel.

Geog. física El relieve de la comunidad se divide en tres zonas: los Pirineos al N, con grandes alturas como la del monte Perdido (3.355 m); la depresión del Ebro en el centro; y el S, muy montañoso, accidentado por el sistema Ibérico. Aragón está atravesado por el río Ebro y sus afluentes: Jalón, Jiloca, Martín y Guadalope por la derecha, y Cinca, Gállego y Aragón por la izquierda. El clima es de interior, con inviernos muy fríos y veranos muy calurosos, y escasa pluviosidad, excepto en los valles pirenaicos.

Geog. humana Debido a la dureza del medio, constituye una de las regiones más despobladas de España, a excepción de la aglomeración de Zaragoza. La población se dedica principalmente a la agricultura. El paro es menor que en el resto del país, dejándose sentir más en la gran concentración urbana de Zaragoza.

Geog. económica Dentro del sector primario domina en el N la ganadería; en el centro la agricultura (cereales, forrajes y frutas) y en el S el subsector forestal. La minería se centra en la región de Teruel, que cuenta con grandes yacimientos de lignito y hierro. La industria se encuentra localizada en Zaragoza y sus alrededores. Destacan las manufacturas metálicas, automovilísticas, industrias agrícolas, del cuero y textil. El sector terciario es importante en Zaragoza. Su universidad abarca el distrito mayor de toda España.

Hist. La región de Aragón fue romanizada en el s. I a. C. y tuvo su principal centro urbano en Cesaraugusta (24 a. C.), la actual Zaragoza. Fue dominada por los visigodos h. el 472 y conquistada por el Islam en el 714. El condado de Aragón surgió en el área pirenaica en torno al año 800. Sus condes dependieron del reino de Pamplona hasta la muerte de Sancho el Mayor en 1035. Con el sucesor de éste, Ramiro I, se convirtió en el reino de Aragón*, que se desarrolló mediante la Reconquista, y se vinculó al condado de Cataluña tras el reinado de Ramiro II el Monje (1137).
El matrimonio, en 1479, de Fernando II e Isabel de Castilla significó la unión personal de las coronas de Aragón y Castilla; esta última desempeñó un papel predominante, aunque ambos reinos conservaron sus Cortes y demás instituciones políticas. Durante el s. XVI y principios del XVII se desarrolló una época de inestabilidad social, en la que tuvieron lugar el levantamiento de un sector de la nobleza aragonesa en defensa de sus fueros, sofocado por el ejército de Felipe II en 1591, y la expulsión de los moriscos en 1609, que perjudicó notablemente la economía aragonesa. Aragón tomó partido por el archiduque Carlos de Austria en la guerra de Sucesión de 1700-14. Tras la batalla de Almansa (1707), Felipe V suprimió los fueros y la antigua ordenación política del reino. La guerra de la Independencia contra Napoleón produjo grandes pérdidas humanas y económicas. A lo largo del s. XIX se distingue el carácter liberal de Zaragoza y del valle del Ebro frente a las zonas carlistas del Pirineo y del bajo Ebro. Se fue formando una burguesía regionalista y un campesinado en el que ganaba adeptos el anarquismo. Después de la guerra civil de 1936-39 se produce una intensa emigración, mientras que en torno a Zaragoza, donde se concentra casi la mitad de la población aragonesa, se congrega una nueva burguesía terrateniente e industrial y una clase obrera organizada. Aragón disfruta de estatuto de autonomía desde 1982.

Aragón, reino de Reino medieval hispánico que floreció entre los s. XI y XVI y que, mediante su unión a Castilla, constituyó un elemento esencial en el nacimiento de la nación española. Aragón surgió como condado pirenaico frente al Islam y durante los primeros siglos de su existencia (IX al XI) estuvo vinculado al reino de Pamplona. El rey navarro Sancho el Mayor lo entregó en el año 1035 a su hijo Ramiro, que incorporó las tierras de Sobrarbe y Ribagorza. Fue sucedido por su hijo Sancho Ramírez, que se independizó de Navarra (1076) e impulsó la Reconquista. Su sucesor Pedro I tomó Huesca (1096) y Barbastro (1100). La expansión se intensificó durante el reinado de Alfonso I el Batallador, que ocupó Zaragoza (1118) y repobló el valle del Ebro con mozárabes traídos de al-Ándalus. Su sucesor Ramiro II el Monje otorgó la sucesión a su hija Petronila, casada con el conde de Barcelona Ramón Berenguer IV, uniendo ambos estados y creando así la *corona de Aragón*. Aragón y Cataluña conservaron sus propias cortes, administración y personalidad, pero emprendieron una expansión común, que en época de Alfonso el Casto (1162-96) y de Pedro el Católico (1196-1213) se dirigió hacia Navarra y Occitania, pero que durante el reino de Jaime I el Conquistador, tras la firma del tratado de Corbeil con Francia (1258), tuvo como ámbito Levante y el Mediterráneo. Jaime I ocupó Mallorca, Valencia y Murcia. Pedro III prosiguió la expansión mediterránea, apoyada intensamente por los comerciantes y navegantes catalanes, y arrebató Sicilia a los angevinos (1282). Jaime II ocupó Cerdeña a la república de Pisa (1323) y envió a Oriente una expedición que fundó los ducados de Atenas y Neopatria. Con Pedro el Ceremonioso surgieron problemas internos entre los estados de la corona; la muerte de Martín el Humano sin heredero (1420) llevó al compromiso de Caspe, en el que se designó sucesor a Fernando de Antequera, regente de Castilla, con quien se inició la dinastía Trastámara. Alfonso V el Magnánimo prosiguió la expansión anexionándose Rosellón, Cerdeña y el reino de Nápoles. Durante el reinado de su sucesor Juan II estalló una guerra civil con la generalitat de Cataluña, agravada por el conflicto de los payeses de remensa. Con Fernando II el Católico se fusionaron ambas dinastías trastámaras peninsulares, mediante su matrimonio con Isabel de Castilla, sentándose así las bases del nacimiento de España.

Aragón: vista de Albarracín, en la provincia de Teruel.

aragonés, sa *adj.* **1.** De Aragón. También *s.* || *s. m.* **2.** Dialecto navarroaragonés. **3.** Variedad del castellano hablada en Aragón.

aragonesismo *s. m.* Palabra o giro propio de los aragoneses.

aragonito *s. m.* $CaCO_3$. Mineral carbonato cálcico. Cristaliza en el sistema rómbico. Presenta color rojo, blanco o incoloro y brillo vítreo. Debe su nombre al yacimiento de Molina de Aragón (Guadalajara), donde aparece formando las llamadas torrecicas, formaciones de seudoprismas hexagonales. Se trata de la macla de tres prismas rómbicos.

Aragonito.

Aragua Estado de Venezuela, situado en el sector N del país. 7.056 km^2. 1.287.400 h. en 1989. La capital es Maracay, con 825.000 h. en 1989. Cuenta con industria química, mecánica, textil y alimentaria y con agricultura altamente tecnificada.

Araguaya Río de Brasil. Tiene una longitud de 2.000 km. Nace en Serra do Caiapó y desemboca en el río Tocantins.

Aral, mar de Lago del Turquestán, entre Kazajstán y Uzbekistán. Es el sexto del mundo por extensión, habiéndose reducido de 66.500 km^2 a 41.000 km^2 en los últimos años, por sobreexplotación de los ríos que en él desembocan, el Amu Daria y el Sir Daria.

araliáceas *s. f. pl.* Familia de plantas fanerógamas, arbustivas o arbóreas, del orden umbelíferas, a la que pertenecen los géneros *Adoxa, Aralia, Hedera, Oreopanax*, etc. Son trepadoras, con hojas alternas y flores pequeñas agrupadas en umbela. Crecen en climas tropicales y cálidos. También *adj.* y *s. f.*

Aram **1.** Personaje bíblico, hijo de Sem, de él toma nombre el pueblo de los arameos. **2.** Antigua región del Asia occidental, situada entre los cursos superiores del Tigris y del Eúfrates, probable lugar de origen del grupo étnico arameo.

Aramburu, Pedro Eugenio (Río Cuarto, Córdoba 1903 - Carlos Tejedor 1970) Militar y político argentino. Participó en el derrocamiento de Perón y ocupó la presidencia de la república entre 1955 y 1958. Fue secuestrado y muerto por los montoneros.

arameo, a *adj.* **1.** Descendiente de Aram. También *s.* **2.** De la región de Aram. También *s.* **3.** Se aplica a un antiguo pueblo nómada semita que extendió su lengua por toda el área de Oriente Medio. **4.** De este pueblo. También *s.* || *s. m.* **5.** Lengua semítica de los arameos. Fue la oficial del imperio persa hasta su sustitución por el griego. El arameo común se habló en Palestina hasta el s. VII d. C., cuando empezó a ser desplazada por el árabe.

Arán Valle del Pirineo de Lleida. En él nace el río francés Garona. Su economía se basa en la explotación forestal, ganadería vacuna y ovina, desarrollo hidroeléctrico y el turismo, especialmente de invierno.

Arana y Goiri, Sabino de (Abando, Bilbao 1865 - Pedernales, Vizcaya 1903) Escritor y político español. Autor de estudios lingüísticos e históricos sobre la cultura vasca, consagró su actividad política a la teorización y difusión del nacionalismo. En 1894 fundó el *Euzkaldun Batzokiya,* germen del Partido Nacionalista Vasco (PNV).

arancel *s. m.* Tarifa oficial que fija los derechos que se deben cobrar en costas judiciales, aduanas, ferrocarriles, etc. **FAM.** Arancelario.
Econ. La costumbre de cobrar aranceles sobre las mercancías que cruzan fronteras es antigua, pero alcanzó verdadera importancia con la aparición del mercantilismo en los s. XVI y XVII. Actualmente, junto a logros importantes en la supresión de las barreras arancelarias, p. ej. en la CEE, existen tendencias proteccionistas, que se intensifican en determinadas circunstancias (crisis económicas, sanciones comerciales, etc.).

Aranda, Pedro Pablo Abarca de Bolea, conde de (Siétamo, Huesca 1719 - Épila, Zaragoza 1798) Político español. Su actividad diplomática en Europa le llevó a familiarizarse con las ideas de la Ilustración. Nombrado gobernador de Castilla por Carlos III (1766-73), fue uno de los impulsores de la expulsión de los jesuitas, y de las grandes reformas administrativas de la época. Su enemistad con Floridablanca y su enfrentamiento con Godoy, ya en el reinado de Carlos IV, le hicieron víctima de la Inquisición (1794). Después de un año de confinamiento en Granada, su caso fue sobreseído, y Aranda se retiró a Épila, donde murió.

Aranda de Duero C. de España, en la prov. de Burgos. 29.300 h. en 1990. Es el centro urbano de una rica comarca cerealista, remolachera y de viñedo. Posee industria azucarera, láctea y de neumáticos.

arándano *s. m.* **1.** Nombre común de diversas plantas arbustivas de la familia ericáceas y género *Vaccinium.* Son plantas rastreras o trepadoras que miden entre 10 y 40 cm de altura. Poseen hojas ovales siempre verdes, flores rosadas de cuatro pétalos y bayas rojas comestibles. Se encuentran en terrenos pantanosos del hemisferio norte. **2.** Fruto de esta planta, utilizado en pastelería y para elaborar pacharán.

arandela *s. f.* **1.** Corona o anillo, metálico o de otro material, que se utiliza con diversos fines: p. ej. entre dos piezas o debajo de la cabeza de los pernos o tornillos para evitar el roce o asegurar la fijación. **2.** Especie de disco con un agujero en el centro, que abraza la vela o el cirio para recoger la cera.

araneidos *s. m. pl.* Orden de artrópodos arácnidos al que pertenecen unas 20.000 especies de arañas. Su tamaño varía entre 0,07 y 25 cm de longitud. Tienen quelíceros con ganchos venenosos y glándulas abdominales productoras de seda. Son carnívoros, tienen costumbres nocturnas generalmente y habitan en todo el mundo. También *adj.* y *s. m.*

Arango y Parreño, Francisco (La Habana 1765 - íd. 1837) Político y economista cubano. Fue diputado en las Cortes de Cádiz de 1812, miembro del Consejo de Indias y superintendente de Hacienda. Logró del gobierno español una liberalización de la economía cubana.

Aranguren, José Luis López (Ávila 1909) Filósofo español. Preocupado especialmente por los problemas religiosos y éticos y su relación con la sociología, entre sus obras más significativas figuran *Catolicismo y protestantismo como formas de existencia* (1952), *Ética* (1958), *Ética y política* (1963), *El marxismo como moral* (1967) y *La comunicación humana* (1968).

Aranjuez C. de España, en la prov. de Madrid. 38.239 h. en 1990. Su huerta produce espárrago y fresón. Es importante centro turístico e industrial, con producción mecánica, eléctrica, farmacéutica y de barnices y pinturas.
Hist. Antigua encomienda de la orden de Santiago, fue convertida en Real Sitio por Felipe II. Son famosos sus jardines, el Palacio Real y la Casa del Labrador. En 1808 tuvo lugar en Aranjuez el motín contra Godoy que provocó su destitución, la abdicación de Carlos IV y la proclamación de Fernando VII.

araña *s. f.* **1.** Nombre común de diversos artrópodos arácnidos del orden araneidos. Miden entre 1 mm y 25 cm de longitud y poseen quelíceros venenosos; sus glándulas abdominales producen un líquido viscoso que, al contacto con el aire, se endurece en forma de seda. Las especies más comunes en Europa son la araña de jardín

Araña de jardín (Araneus diadematus).

(Araneus diadematus) y la araña doméstica *(Tegenaria domestica).* Son insectívoros, en general útiles para el hombre, y viven por todo el mundo. **2.** Lámpara de techo de varios brazos, generalmente con cuentas de cristal.

arañar *v. tr.* **1.** Hacer heridas superficiales en la piel con las uñas u otras cosas puntiagudas. También *v. prnl.* **2.** Hacer rayas o surcos en una superficie. **3.** *fam.* Recoger de varias partes y en pequeñas porciones lo necesario para un fin.

arañazo *s. m.* Herida o señal que resulta de arañar.

arapahoe *adj.* **1.** Se dice de un pueblo amerindio de la famiia algonquina que habitaba en la región de praderas del centro de EE UU, dedicado a la caza del bisonte. **2.** De este pueblo. También *s.*

Arapiles, batalla de Victoria del general Wellington sobre las tropas de Napoleón, mandadas por el mariscal Marmont, durante la guerra de la Independencia española. La batalla tuvo lugar el 22 de julio de 1912 en Arapiles, cerca de Salamanca. La derrota francesa obligó a las tropas invasoras a retroceder hacia el N y a evacuar Madrid.

Araquistáin, Luis (Bárcena de Pie de Concha, Cantabria 1886 - Ginebra 1959) Político y escritor español. Miembro del PSOE, fue embajador en Berlín y París y consejero político de Largo Caballero. Dirigió las revistas *España, Leviatán* y *Claridad.* Se exilió en 1939. Es autor de *La revolución mexicana* (1929) y *La guerra desde Londres* (1942).

arar *v. tr.* Hacer surcos en la tierra con el arado para plantar o sembrar en ella.

Ararat Monte volcánico de Turquía, cerca de la frontera con Armenia e Irán. 5.165 m de altura. Según la tradición, en él encalló el arca de Noé después del diluvio universal.

Arauca **1.** Río de América del Sur, en Colombia y Venezuela. 1.000 km de longitud. Nace en la Cordillera Oriental de los Andes y desemboca en el río Orinoco.
2. Departamento de Colombia, en el E del país. 23.818 km^2. 180.000 h. en 1989. La capital es Arauca, con 32.306 h. en 1989.

Araucanía, La Región de Chile, en el S del sector central del país. 31.858 km^2. 782.600 h. en 1989. La capital es Temuco, con 217.800 h. en 1987. Poblada de bosques y con un elevado índice de pluviosidad, posee una floreciente industria agropecuaria.

araucano, na *adj.* **1.** De la antigua región de Arauco. También *s.* **2.** Se aplica a un pueblo amerindio que habita principalmente en la región de La Araucanía, en Chile. **3.** De este pueblo. También *s.* ‖ *s. m.* **4.** Importante familia lingüística de Chile y Argentina, que comprende dialectos poco diferenciados de una misma lengua, el mapuche.
Hist. Los araucanos opusieron seria resistencia a sus conquistadores incas, a los españoles y hasta al propio gobierno chileno, que en 1861 tuvo que sofocar una sublevación promovida por el aventurero Antoine Tounens, quien se hizo proclamar rey. En 1881 el gobierno chileno logró incorporarlos a las reservas agrícolas creadas para ellos. Actualmente quedan unos 100.000 y ocupan los mismos territorios que sus antepasados.

araucaria *s. f.* Nombre común de diversos árboles coníferos de la familia araucariáceas, género *Araucaria.* Alcanzan hasta 50 m de altura. Tienen hoja perenne, pequeña y dura, ramas horizontales, copa cónica y piñas grandes que contienen piñones comestibles. Son originarios de América del Sur y Australia. En España se cultivan el *Araucaria imbricata* o pino araucano y el *Araucaria cunninghamii.* Su madera es dura y fuerte y se utiliza en construcción naval.

arawak *adj.* **1.** Se dice de un grupo de tribus amerindias de origen incierto, que se extienden por áreas ecuatoriales y tropicales de América del Sur. **2.** De este grupo. También *s.* ‖ *s. m.* **3.** Familia lingüística del N de América del Sur y el Caribe.

Arbenz, Jacobo (Quezaltenango 1913 - México 1971) Político guatemalteco. En 1951 fue elegido presidente de la república. Su mandato se distinguió por la extensión de la enseñanza a las masas populares, la promoción del pueblo indio, el apoyo al sindicalismo y la ampliación de las libertades políticas. En 1952 inició una reforma agraria con expropiación de grandes propiedades en perjuicio de la compañía estadounidense United Fruit. Fue derribado en 1954 por un golpe militar.

Arber, Werner (Granichen, Argovia 1929) Biólogo suizo. Especialista en genética molecular y microbiología, recibió el premio Nobel de medicina en 1978 por su descubrimiento del sistema enzimático que interviene en la defensa de las bacterias ante las agresiones de los virus.

arbitraje *s. m.* **1.** Acción o facultad de arbitrar. **2.** Juicio en el que las dos partes en litigio dejan en manos de un tercero la decisión sobre el pleito, comprometiéndose a aceptarla y a no recurrir a los tribunales. **3.** Procedimiento para resolver pacíficamente conflictos internacionales, por el que los países litigantes aceptan remitir el problema a una tercera potencia, a una institución (Santa Sede, ONU, etc.) o a un tribunal (el de La Haya), y se comprometen a aceptar su fallo.

arbitral *adj.* Perteneciente o relativo al árbitro o arbitrio.

arbitrar *v. tr.* **1.** Dirigir una competición deportiva como juez de la misma, haciendo que se observen las reglas del juego. **2.** Actuar de árbitro en un litigio. **3.** Facilitar o conseguir medios para resolver un problema o lograr un fin.

arbitrariedad *s. f.* **1.** Cualidad de arbitrario. **2.** Acto arbitrario, especialmente el cometido con abuso de autoridad. **3.** Conducta caprichosa.

arbitrario, ria *adj.* **1.** Que depende del arbitrio, de una resolución o de un acuerdo. **2.** Que procede por capricho o voluntad. **3.** Contrario a la ley, la justicia o la razón. **FAM.** Arbitrariamente.

arbitrio *s. m.* **1.** Facultad que tiene el hombre de decidir libremente. **2.** Voluntad caprichosa. **3.** Autoridad, jurisdicción. **4.** Medio extraordinario para el logro de un fin. **5.** Sentencia o decisión de un juez árbitro. ‖ *pl.* **6.** Impuestos, generalmente municipales.

arbitrista *s. m.* y *f.* Persona que idea proyectos disparatados o simplistas para remediar las dificultades de la Hacienda pública y otros problemas políticos y económicos. Particularmente, el término designa a ciertos teóricos castellanos de los s. XVI y XVII que proponían soluciones sencillas para sanear y fomentar la economía nacional.

árbitro, tra *s. m.* y *f.* **1.** Persona encargada de dirigir un encuentro o competición deportiva. **2.** Persona nombrada por las partes litigantes para solucionar un conflicto. También *adj.* **3.** Persona influyente en un determinado ámbito. **4.** Referido a la vida o los actos de cada cual, persona que decide por sí misma.

árbol *s. m.* **1.** Planta perenne leñosa, compuesta por un tronco o tallo principal que se bifurca o del que nacen ramas provistas de hojas. **2.** Eje que en las máquinas sirve para transmitir, recibir o transformar un movimiento. **3.** Cierto tipo de esquema explicativo, consistente en sucesivas ramificaciones, usado en matemáticas, lingüística, etc. ‖ **4. árbol de levas** Véase **leva**. **5. árbol de Navidad** Árbol adornado, generalmente un abeto, que se coloca durante las fiestas navideñas en casas y lugares públicos. **6. árbol genealógico** Cuadro o esquema, generalmente en forma de árbol, en el que figuran los parentescos de una familia.
Bot. El árbol se distingue del arbusto porque las ramas nacen a cierta altura por encima del suelo, mientras que en éste nacen a poca altura o a ras

del suelo. El tronco crece continuamente de acuerdo con un ciclo anual, dando lugar a los anillos de crecimiento, y está protegido por la corteza. Existen formas arbóreas, tanto entre las gimnospermas (pino, abeto, cedro, etc.), cuyo follaje suele ser perenne, como entre las angiospermas (haya, castaño, arce, cerezo, ciruelo, etc.), de hoja más ancha, generalmente caduca. Hay también helechos arborescentes, que no se reproducen con semillas, sino mediante esporas. De los árboles se obtienen muchos productos valiosos, como frutos comestibles, corcho y madera, que se utiliza como material de construcción, combustible, fabricación de muebles y papel, etc. Además, los árboles son esenciales para mantener la atmósfera terrestre, pues generan oxígeno y eliminan el dióxido de carbono producido por la respiración de los seres vivos y las combustiones espontáneas o artificiales. Las raíces de los árboles penetran los terrenos y ayudan a evitar la erosión del suelo y los daños producidos por las inundaciones. Por esta razón, la deforestación indiscriminada puede convertir en poco tiempo una región boscosa en un desierto.

arbolado, da *1. p. p.* de **arbolar**. ‖ *adj.* **2.** Se dice del lugar en que hay árboles. ‖ *s. m.* **3.** Conjunto de árboles.

arboladura *s. f.* Conjunto de mástiles y vergas de un barco.

arbolar *v. tr.* Poner los palos a una embarcación.

arboleda *s. f.* Lugar con árboles.

arbóreo, a *adj.* **1.** Perteneciente o relativo al árbol. **2.** Parecido a un árbol.

arborescente *adj.* **1.** Se dice de la planta de crecimiento o características semejantes a los del árbol. **2.** Con ramificaciones o forma de árbol. **FAM.** Arborescencia.

arborícola *adj.* Que vive en los árboles.

arboricultura *s. f.* **1.** Cultivo de árboles y arbustos. **2.** Enseñanza de este cultivo. **FAM.** Arboricultor.

arboriforme *adj.* De forma de árbol.

arborización *s. f.* Forma parecida a las ramas de un árbol, que aparece en ciertos minerales, como el ágata, y en otros cuerpos; también, la que adoptan algunas organizaciones celulares, especialmente las nerviosas.

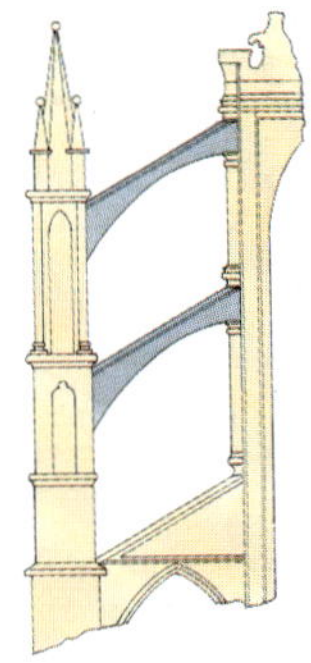

El arbotante (en azul en el dibujo), surgió en el siglo XII con la arquitectura gótica, pero se empleó especialmente en el siglo XIV.

arbotante *s. m.* En arq., contrafuerte exterior, en forma de arco, que conduce y descarga la presión de las bóvedas sobre pilares adicionales (estribos) aplicados al muro exterior. Se empleó fundamentalmente en el arte gótico.

arbustivo, va *adj.* De naturaleza o propiedades del arbusto.

arbusto *s. m.* Planta perenne leñosa y de poca altura, compuesta por un tronco o tallo principal que se bifurca o del que nacen ramas provistas de hojas. Se distingue del árbol en que las ramas nacen desde la base del tronco.

arca *s. f.* **1.** Caja grande, comúnmente de madera y tapa llana, provista de cerradura o candado. **2.** Caja de caudales. ‖ **3. arca de agua** Depósito para recibir el agua y distribuirla.

arca de la Alianza Arca que guardaba las tablas de la ley entregadas por Dios a Moisés, el maná y la vara de Aarón.

arca de Noé Según la *Biblia,* nave que construyó Noé por mandato divino, para salvar del diluvio universal a su familia, así como a unas cuantas parejas de animales de cada especie.

Árboles: a la izquierda, una encina (Quercus ilex), *especie perennifolia; a la derecha, un bosque de hayas* (Fagus silvatica), *especie caducifolia.*

arcabucero *s. m.* **1.** Soldado armado de arcabuz. **2.** Fabricante de arcabuces.

arcabuz *s. m.* Arma de fuego antigua, parecida al fusil, usada en los s. XIV y XV. Se disparaba prendiendo pólvora mediante mecha o pedernal, cuya explosión impulsaba un proyectil. **FAM.** Arcabuzazo.

arcada *s. f.* **1.** Serie de arcos en una construcción. **2.** Ojo de un puente. **3.** Movimiento repentino y violento del estómago, acompañado de náuseas y al que suelen seguir vómitos.

Arcadia Nombre de una antigua región de Grecia, en el Peloponeso. Se utiliza como símbolo de país feliz, especialmente a partir de las novelas pastoriles del s. XVI.

Arcadio (? h. 377 - ? 408) Emperador romano de Oriente (395-408). A la muerte de su padre, Teodosio I, recibió la parte oriental del imperio, al mismo tiempo que su hermano Honorio se hacía cargo del imperio de Occidente. Durante su reinado, los godos de Alarico se apoderaron de Constantinopla, pero fueron expulsados en el año 400.

arcaduz *s. m.* **1.** Caño de conducción de agua. **2.** Cangilón de noria.

arcaico, ca *adj.* **1.** Que es muy antiguo. **2.** Se dice de los primeros tiempos de una civilización, cultura, estilo artístico, etc., así como de lo relativo a los mismos. ‖ **3. era arcaica** Era geológica más antigua y larga; pertenece al eón criptozoico y se extiende desde la formación de la corteza terrestre hasta el comienzo del eón proterozoico. Se le calcula una duración de 2.500 a 3.000 millones de años.

arcaísmo *s. m.* **1.** Cualidad de arcaico. **2.** Imitación de las cosas de la antigüedad. **3.** Palabra, frase, giro, etc., anticuados. **4.** Empleo de los mismos.

arcaizante *adj.* Que usa arcaísmos o imita lo arcaico.

arcaizar *v. intr.* **1.** Usar arcaísmos. ‖ *v. tr.* **2.** Dar carácter de antiguo a una lengua, estilo literario, etc., empleando arcaísmos. ■ Se conjuga como *enraizar.*

arcángel *s. m.* Espíritu angélico intermedio entre los ángeles y los principados. La tradición judeocristiana identifica a tres de ellos por sus nombres: Miguel, Rafael y Gabriel.

Arbustos de romero.

arcano, na *adj.* **1.** Secreto, reservado. ‖ *s. m.* **2.** Cosa que no debe o puede decirse, por ser secreta o difícil de explicar. **3.** Misterio.

arce *s. m.* Nombre común de diversos árboles de la familia aceráceas, género *Acer.* Miden hasta 30 m de altura, tienen hojas opuestas, lobuladas y caducas, blanquecinas por el envés. Su madera es dura y se utiliza para hacer muebles y utensilios. También se emplea el árbol como ornamento. Las principales especies son el arce blanco *(Acer pseudoplatanus),* el arce menor *(Acer campestre),* el arce noruego *(Acer platanoides)* y el arce plateado *(Acer saccharinum),* de cuya savia se obtiene el jarabe de arce, que sustituye al azúcar en zonas de clima frío. Se distribuye por la zona templada del hemisferio norte.

Arce blanco (Acer pseudoplatanus) *y detalle de la hoja y el fruto.*

Arce, Manuel José (? - ? 1847) Político salvadoreño. Dirigió la lucha por la independencia contra España (1811) y México (1822). Fue el primer presidente de las Provincias Unidas del Centro de América (1825-29).

arcediano *s. m.* Cierta dignidad eclesiástica.

arcedo *s. m.* Lugar poblado de arces.

arcén *s. m.* Margen, especialmente el de las carreteras.

archaeopteryx *s. m.* Género de aves fósiles del tamaño de una paloma, con numerosas características de los reptiles. Vivieron en el periodo jurásico.

archi- *pref.* Con sustantivos significa 'superioridad': *archiduque*; con adjetivos, y especialmente en el lenguaje popular, significa 'muy': *archiconocido.* ■ Puede aparecer bajo otras formas: *arci-, arz-, arce-: arcipreste, arzobispo, arcediano.*

archidiócesis *s. f.* Diócesis arzobispal.

archiduque, quesa *s. m.* y *f.* **1.** Título nobiliario superior al de duque. **2.** Persona que ostenta este título. **3.** Esposa o esposo de un archiduque o archiduquesa. **4.** Título de los príncipes o princesas de la casa de Austria.

archimandrita *s. m.* En la Iglesia ortodoxa, superior de un monasterio. También se aplica a eclesiásticos con rango de obispo y arzobispo.

Archipenko, Alexander (Kiev 1887 - Nueva York 1964) Escultor estadounidense de origen ruso. Durante algún tiempo adoptó la estética cubista, pero más tarde evolucionó hacia la abstracción. Entre sus obras destacan *Mujer caminando* (1912), *Combate de boxeo* (1914) y *Medrano* (1914).

Alexander Archipenko: Combate de boxeo *(colección Peggy Guggenheim, Venecia).*

archipiélago *s. m.* Conjunto de islas agrupadas.

Archipoeta (s. XII) Poeta medieval anónimo, probablemente originario de Colonia. De los nueve poemas que se le atribuyen, el que empieza por *«Aestuans intrinsecus...»*, recogido en el famoso cancionero *Carmina Burana*, es quizá el mejor exponente de la poesía goliardesca.

archivador, ra *adj.* **1.** Que archiva. También *s.* ‖ *s. m.* **2.** Mueble de oficina para archivar documentos; p. ext., caja, carpeta, etc., con esa función.

archivar *v. tr.* **1.** Guardar y clasificar documentos en un archivo. **2.** Dar por terminado un asunto.

archivero, ra *s. m.* y *f.* Persona que tiene a su cargo un archivo o actúa como técnico en él.

archivístico, ca *adj.* **1.** Perteneciente o relativo a los archivos. ‖ *s. f.* **2.** Disciplina que estudia los archivos, su mantenimiento y organización.

archivo *s. m.* **1.** Edificio, dependencia o mueble en que se guardan documentos. **2.** Conjunto de tales documentos. **3.** En inform., fichero.
Hist. En España existen cinco archivos generales: Archivo Histórico Nacional (Madrid); Archivo General de Simancas (Simancas, Valladolid); Archivo de la Corona de Aragón (Barcelona); Archivo General de Indias (Sevilla), y Archivo General de la Administración (Alcalá de Henares); en ellos se conserva un vastísimo conjunto de documentos de la historia de España y Latinoamérica.

archivolta *s. f.* Arquivolta*.

arcilla *s. f.* Tierra grasa y blanca que, mezclada con agua, da una masa plástica y moldeable, que se endurece con la cocción. Es un silicato hidratado de alúmina, amorfo o en láminas micáceas microscópicas. Corrientemente se suele designar con este nombre toda mezcla posible de sílice, alúmina y agua con cualquier otra sustancia, con tal de que forme masa plástica. Es componente de numerosos suelos. Sus distintas variedades se usan en alfarería, cerámica, construcción, etc.

arcilloso, sa *adj.* **1.** Que tiene arcilla. **2.** Que se parece a la arcilla o tiene su color.

Arcimboldo, Giuseppe (Milán h. 1527 - íd. 1593) Pintor italiano. Artista favorito de la corte de Praga, alcanzó fama con una serie de retratos realizados con frutas, flores, hortalizas y animales, como *Primavera, Verano* y *Agua*. Su obra fue muy admirada por surrealistas y dadaístas.

Arciniega, Claudio de (Burgos h. 1527 - México h. 1592) Arquitecto español. Trabajó en México, donde construyó el primer edificio de la universidad y realizó las trazas de la nueva catedral.

Arciniegas, Germán (Bogotá 1900) Político, diplomático y ensayista colombiano. Presidente de la Academia colombiana de la historia, es autor de numerosos ensayos, como *América, tierra firme* (1937) y *América mágica* (1959), en los que pone de manifiesto su ideología americanista y liberal.

arcipreste *s. m.* **1.** Dignidad de los canónigos de las iglesias catedrales. **2.** Presbítero con ciertas atribuciones sobre las iglesias de un territorio determinado. **FAM.** Arciprestazgo.

Arcipreste de Hita, Juan Ruiz, llamado **el** (? h. 1283 - ? h. 1353) Poeta español. Poco se sabe con certeza de su vida, aunque su obra tiene mucho de autobiográfica. Se cree que nació en Alcalá de Henares. Vivió en Madrid y en Guadalajara y estuvo 13 años en prisión. En la cárcel escribió su única obra, el *Libro de buen amor*, uno de los más bellos poemas de la literatura medieval. En él se mezclan, con un lenguaje de gran riqueza expresiva, los temas amorosos y religiosos, la sátira y la fábula, la cuaderna vía y los versos de arte menor.

Arcipreste de Talavera, Alfonso Martínez de Toledo, llamado **el** (Toledo h. 1398 - ? h. 1470) Escritor español. Su obra más importante es el *Corbacho o reprobación del amor mundano*, libro en el que, bajo una intención moralizante, se cuentan muchos hechos pintorescos, llenos de gracia y de malicia, en una prosa a la vez culta y popular. Critica en especial a las mujeres, por lo que se le ha tachado de misógino.

arco *s. m.* **1.** En geom., conjunto de todos los puntos de una curva continua situados entre dos puntos de ella, llamados *extremos* del arco. **2.** Arma que consiste en una pieza de material flexible, combada gracias a una cuerda atada a sus extremos, la cual se tensa para impulsar una flecha. **3.** Vara de madera entre cuyos extremos se sujetan algunas crines y con la que se tocan ciertos instrumentos musicales, como el violín, el violonchelo, etc. **4.** En arq., construcción curvilínea sobre el vano de un muro o el hueco entre dos pilares o puntos fijos; suele actuar como elemento de sostén. **5.** Gama, abanico de posibilidades, tendencias, etc. **6.** *amer.* Portería en el fútbol y otros deportes. ‖ **7. arco de triunfo** Monumento conmemorativo de origen romano, en forma de arco de uno o varios ojos. **8. arco iris** Fenómeno meteorológico luminoso en el que aparecen todos los colores del espectro y que es causado por la refracción de los rayos de luz en las gotas de agua presentes en la atmósfera. **9. arco reflejo** En biol., circuito nervioso formado, al menos, por dos neuronas. Una de ellas tiene función sensitiva y, cuando capta un estímulo, lo transmite por su cilindroeje a un centro nervioso, donde lo recibe la otra, que a su vez transmite la señal a un músculo o una glándula y da lugar a la aparición de una respuesta involuntaria al estímulo (reflejo) en forma de contracción muscular, p. ej. la contracción de la pupila por la acción de la luz sobre la retina. **10. arco voltaico** o **eléctrico** En fís., descarga eléctrica, luminosa y calorífica de gran intensidad que se crea entre dos electrodos separados por un aislante. Se utiliza como fuente de luz en los proyectores de cine y como fuente de calor en soldadura autógena, fusión de metales, etc.
Arq. Descubierto, al parecer, por los egipcios 3.500 años a. C., el arco fue usado ya con profusión en Mesopotamia. Los romanos adoptaron y desarrollaron la técnica de los etruscos, uniendo las dovelas con argamasa. Hay diversos tipos de arco, según combinen la fuerza de apoyo vertical con la presión lateral: de medio punto, de herradura, ojival, etc.
Geom. En una circunferencia de radio *r*, la longitud de un arco de *n* grados viene dada por la fórmula:

$$\text{long. arco} = \frac{\pi\, r\, n^\circ}{180^\circ}$$

Arco, Juana de Véase **Juana de Arco**.

arcón *s. m.* Arca grande.

arconte *s. m.* Magistrado que gobernaba en las antiguas ciudades griegas, especialmente en Atenas después de la muerte del último rey (s. XI a. C.). Los arcontes perdieron importancia hacia fines del s. V a. C. **FAM.** Arcontado.

Arcos de la Frontera C. de España, en la prov. de Cádiz. 27.722 h. en 1990. Posee industrias alimentarias. Conserva un castillo medieval, la iglesia de Santa María (fines del s. XV) y el hospital de la Caridad (1740), de estilo barroco.

arcosolio *s. m.* Nicho abovedado de las catacumbas cristianas.

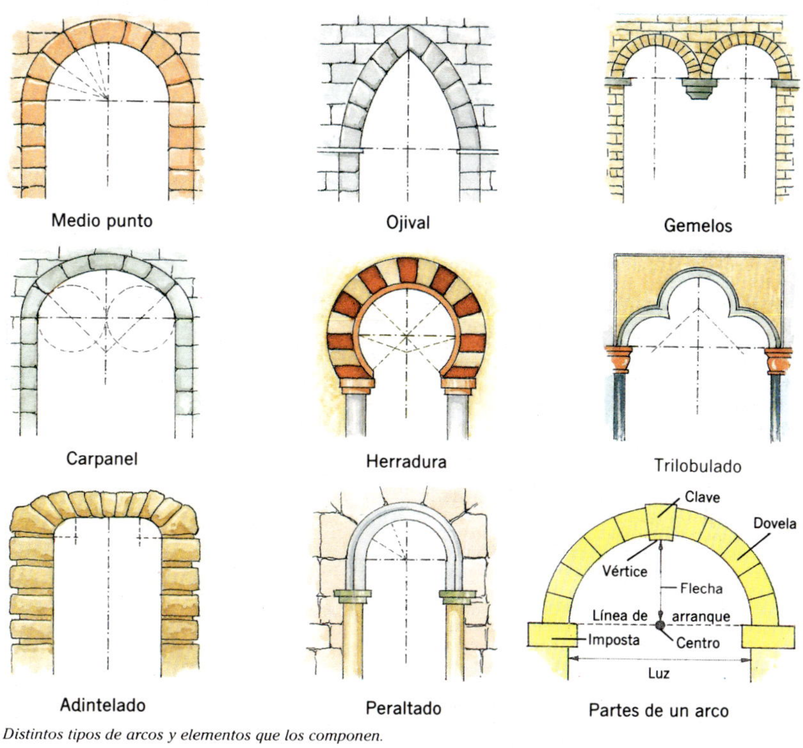

Distintos tipos de arcos y elementos que los componen.

Ardemans, Teodoro (Madrid 1664 - íd. 1726) Arquitecto y pintor español. Fue uno de los más destacados arquitectos de su época y rival de Churriguera. Restauró las torres del ayuntamiento de Madrid y proyectó el real sitio de San Ildefonso en La Granja. Su obra pictórica, de la que se conservan *Alegoría de la batalla de Lepanto* (1721), *Santa Bárbara* (1723) y *Retrato de Filippo Juvara*, manifiesta la influencia de su maestro Claudio Coello.

Ardenas (*Ardennes*) Región natural de Europa que ocupa el NE de Francia, SE de Bélgica y N de Luxemburgo. Es un macizo cubierto por bosques de hayas y abedules, turberas y landas, atravesado por los ríos Mosa y Ourthe. En 1944, con ocasión de la Segunda Guerra Mundial, fue escenario de una batalla, la última contraofensiva alemana frente a los aliados.

arder *v. intr.* **1.** Estar encendido o quemándose. **2.** Experimentar ardor alguna parte del cuerpo. **3.** Seguido de las preposiciones *de* o *en*, sentir vivamente un sentimiento o pasión. ‖ **Loc. estar que arde** *fam.* Estar una persona muy enfadada o darse una situación muy tensa o reñida.

ardid *s. m.* Artimaña, treta.

ardiente *adj.* **1.** Que arde. **2.** Que produce ardor. **3.** Fogoso, apasionado.

ardientemente *adv. m.* Con ardor, con intensidad y pasión.

ardilla *s. f.* Nombre común de diversos mamíferos roedores de la familia esciúridos, géneros *Sciurus, Pteromys, Tamias*, etc. La ardilla común *(Sciurus vulgaris)* mide 28 cm de longitud, más 24 cm de cola, que es muy peluda; su pelaje es rojo pardo, con el vientre blanco y un penacho en las orejas. Otras especies son la ardilla gris *(Sciurus carolinensis)* y la ardilla voladora *(Pteromys volans)*. Desarrollan vida arbórea o terrestre y se alimentan especialmente de semillas y nueces. Viven en Eurasia, África y América.

Ardilla roja común europea (Sciurus vulgaris).

ardite *s. m.* **1.** Antigua moneda castellana de poco valor. **2.** *fam.* Equivale a *nada* o *muy poco* en locuciones como **importar un ardite** o **no valer un ardite**.

Ardito Barletta, Nicolás (Aguadulce, Panamá 1939) Político panameño. Después de ocupar varios cargos administrativos, fue elegido presidente de la nación en 1984 por la Unión Nacional Democrática, partido oficialista, aunque al año siguiente se vio obligado a dimitir.

ardor *s. m.* **1.** Calor grande. **2.** Sensación de quemarse. **3.** Enardecimiento, pasión, vehemencia. **4.** Afán, entusiasmo.

ardoroso, sa *adj.* Apasionado, vehemente. **Fam.** Ardorosamente.

arduo, dua *adj.* Muy difícil o trabajoso. **Fam.** Arduamente.

área *s. f.* **1.** Unidad de medida de superficie, equivalente a la superficie de un cuadrado de 10 m de lado; es igual al decámetro cuadrado del sistema métrico decimal. **2.** Superficie comprendida entre ciertos límites. **3.** Particularmente, en la geometría plana, superficie de las diversas figuras. **4.** En geog., territorio o ámbito que tiene unas determinadas características, funciones, etc., o en el que se dan ciertos fenómenos o condiciones. **5.** En algunos deportes, zona del terreno de juego más próxima a la portería. **6.** Conjunto de ideas o materias que guardan relación entre sí. **7.** Campo de acción o de influencia. ‖ **8. área metropolitana** Espacio urbano constituido por una gran ciudad (metrópoli) y un conjunto de municipios satélites a su alrededor, que se denomina *área suburbana*.

arena *s. f.* **1.** Conjunto de partículas separadas de las rocas, de tamaño que oscila entre 62,5 micras y 2 mm, acumuladas en las orillas de los mares, ríos o en capas de terrenos de acarreo. **2.** Metal o mineral reducido a partículas pequeñas. **3.** Lugar para algunos tipos de lucha, especialmente en el circo romano. **4.** Ruedo de la plaza de toros. ‖ *pl.* **5.** Cálculos que se forman en la vejiga urinaria, en la vesícula biliar o en los riñones. ‖ **6. arenas movedizas** Las que se desplazan por acción del viento; también, las húmedas y poco consistentes, en las que se hunden los cuerpos pesados. **Fam.** Arenoso.

arenal *s. m.* **1.** Suelo de arena movediza. **2.** Extensión grande de terreno arenoso.

Arenal, Concepción (El Ferrol, La Coruña 1820 - Vigo, Pontevedra 1893) Escritora, penalista y socióloga española. Visitadora general de prisiones de mujeres en 1864, desarrolló una intensa actividad con la organización de obras de asistencia social y con la publicación de ensayos sobre la cuestión obrera, la reforma penal y la defensa de los derechos de la mujer. Entre sus obras más importantes pueden mencionarse *Estudios penitenciarios, Cartas a los delincuentes, La instrucción del pueblo* y *La condición de la mujer en España*.

arenaria *s. f.* Nombre común de diversas especies de plantas herbáceas, de la familia cariofiláceas, género *Arenaria*. Miden entre 5 y 8 cm de longitud, tienen hojas lanceoladas y flores blancas de largos pétalos. La arenaria de Irlanda *(Arenaria ciliata)* crece en regiones templadas y frías, y la arenaria de dos flores *(Arenaria biflora)* en montañas del S y centro de Europa.

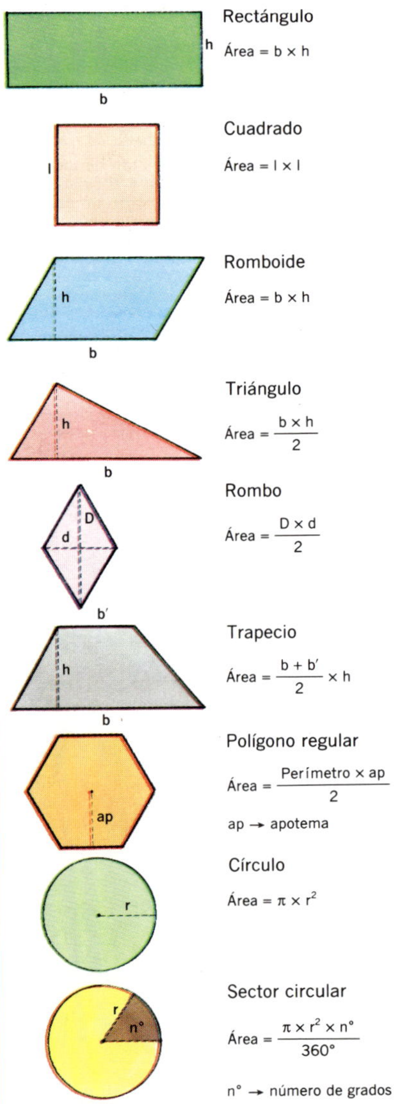

Área de las principales figuras geométricas.

Concepción Arenal. Anónimo (Ateneo de Madrid).

arenga *s. f.* Discurso solemne, pronunciado con el fin de enardecer los ánimos. **Fam.** Arengar.

arenícola *adj.* **1.** Que vive en la arena. ‖ *s. m.* **2.** Gusano anélido poliqueto que vive enterrado en el barro de las playas. Mide alrededor de 25 cm, tiene color verdoso, rojizo y amarillento y los pescadores lo utilizan como cebo.

arenilla *s. f.* **1.** Arena fina; p. ext., conjunto de partículas parecido a la arena. **2.** Arena menuda que se echaba en los escritos para secar la tinta. ‖ *pl.* **3.** Salitre reducido a granos para la fabricación de pólvora. **4.** Pequeños cálculos que se forman en la vejiga de la orina, en la vesícula biliar y en los riñones.

arenisco, ca *adj.* **1.** Se dice de lo que tiene mezcla de arena. ‖ *s. f.* **2.** Roca sedimentaria procedente de la compactación de la arena. Hay cuatro tipos principales: grauvacas, arcosas, ortocuarcitas y cuarcitas. Se emplean en construcción y pavimentación.

arenque *s. m.* Nombre común de diversos peces teleósteos de la familia clupeidos, género *Clupea*. Miden unos 25 cm de longitud, y son de los más abundantes del mundo, formando grandes bancos. Tienen importancia para la alimentación humana, y se suelen consumir frescos, en salazón, ahumados o en conserva. Viven en aguas frías y poco salobres; la especie *Clupea harengus*, o arenque común, abunda en el Atlántico, mientras que la *Clupea pallassi* se encuentra principalmente en el Pacífico.

Arenque común (Clupea harengus).

areola o **aréola** *s. f.* **1.** Enrojecimiento de los bordes de una herida o pústula. **2.** Círculo más oscuro de la piel que rodea el pezón.

areómetro *s. m.* Aparato en forma de termómetro con un bulbo lastrado en su base y una escala graduada en su vástago, que sirve para medir la densidad de los líquidos según el empuje mayor o menor que experimenta al ser introducido en éstos.

areopagita *s. m.* Miembro del areópago.

areópago *s. m.* Tribunal superior de la antigua Atenas.

arepa *s. f. amer.* Torta de maíz que reemplaza al pan en algunas regiones de América.

Arequipa 1. Departamento de Perú, en el S del país. 63.528 km^2. 937.000 h. en 1989. Cuenta con recursos agrícolas (cereales, algodón, patata) y mineros.
2. C. de Perú, cap. del departamento homónimo. 591.700 h. en 1988. Fundada por Pizarro en 1540, posee gran riqueza monumental. Es centro turístico e industrial.

Ares Dios griego de la guerra, hijo de Zeus y de Hera, identificado por los romanos con Marte.

Aresti, Gabriel (Bilbao 1933 - íd. 1975) Poeta español en lengua vasca. Considerado como el renovador de la poesía vasca contemporánea, cultivó la poesía política. Entre sus libros destacan *Piedra y pueblo* (1964) y *Este pueblo de piedra* (1971).

Argelia: a la izquierda, oasis en el desierto del Sáhara; a la derecha, plaza del mercado de la ciudad de Ghardia.

arete *s. m.* Aro pequeño, particularmente el que se usa como pendiente.

Aretino, Pietro Bacci, llamado **el** (Arezzo 1492 - Venecia 1556) Escritor satírico italiano. En su extensa obra retrata con crudeza los aspectos más depravados y licenciosos de la sociedad de su tiempo. Destacan sus *Sonetos de lujuria* (1521), sus obras teatrales *El hipócrita* (1542) y *El filósofo* (1546), y sus *Diálogos* (1532-34).

arévaco, ca *adj.* **1.** Se aplica a un pueblo celtíbero que se estableció en la comarca del alto Duero hacia los s. VII-VI a. C. **2.** De este pueblo. También *s.*

Arévalo, Juan José (Texisco 1904) Político guatemalteco. Fue presidente de la república (1945-51) y llevó a cabo importantes reformas laborales, fiscales y agrarias.

Arévalo Martínez, Rafael (Quezaltenango 1884 - Guatemala 1975) Escritor guatemalteco. Poeta modernista, pronto desembocó en el ultraísmo y el surrealismo, como puede apreciarse en sus libros *Maya* (1911), *Los atormentados* (1914), *Llama* (1934) y *Por un caminito así* (1947). En su obra narrativa crea una forma personal de expresión, llamada *psicozoológica*, en la que trata de encontrar cierta analogía entre una persona y un determinado animal, como en *El hombre que parecía un caballo* (1915) o *Las fieras del trópico* (1915).

Arezzo, Guido d' Véase **Guido d'Arezzo**.

Arfe Familia de orfebres originarios de Harff (Colonia) que trabajaron en Castilla y Andalucía. Representan los estilos dominantes en la orfebrería española del s. XVI, desde el final del gótico hasta el Renacimiento. Sus principales miembros fueron **Enrique** (h. 1475-1545), autor de las custodias de las catedrales de Córdoba y Toledo; **Antonio** (1510-1570), a quien se debe la de Santiago de Compostela, y **Juan** (1535-1603), que labró las de Ávila y Valladolid.

argamasa *s. f.* Mezcla de cal, arena y agua que se emplea en las obras de albañilería.

Arganda C. de España, en la prov. de Madrid. 26.124 h. en 1990. Cuenta con un importante polígono industrial, con producción mecánica, alcoholera, papelera, cauchera, perfumera y eléctrica.

Argantonio (s. VII - s. VI a. C.) Rey legendario de Tartessos. Su reinado correspondió a una época de esplendor, en la que estableció contacto con los colonizadores focenses.

Argar, cultura de El Cultura prehistórica de la edad del bronce desarrollada en el SE de la península Ibérica. Se caracteriza por sus poblados fortificados, situados en lugares altos, por sus puñales de cobre triangulares, cerámica a mano carenada y enterramientos en vajillas y cistas. Entre sus principales yacimientos están El Argar, El Oficio y Fuente Álamo (Almería), Monachil (Granada) y la Bastida (Murcia).

Argel (*al-Jazair*) C. de Argelia, cap. del país. 1.687.500 h. en 1988 y cerca de 2.000.000 h. en su aglomeración urbana. Principal puerto comercial del país, su industria está centrada en el refino de petróleo, metalurgia, alimentos y la fabricación de automóviles. Entre sus monumentos destaca la gran mezquita malikí, anterior al s. XVI.

Argelia (*al-Jazairiya*) Estado de África, situado en el N del continente.

Extensión: 2.381.741 km^2.
Límites: al N, con el mar Mediterráneo; al E, con Tunicia y Libia; al S, con Níger, Malí y Mauritania, y al O, con Marruecos.
Población: 25.600.000 h. en 1990.
Densidad: 10,7 h./km^2.
Capital: Argel.
División administrativa: 48 wilayatos.
Ciudades principales: Orán, Constantina, Annaba, Sétif, Batna, Tizi-Ouzou.
Gentilicio: argelino.
Forma de Estado: república socialista.
Idioma: árabe, francés.
Religión: islamismo, catolicismo.
Moneda: dinar.
Tasa de natalidad: 40 ‰ en 1990.
Tasa de mortalidad: 9 ‰ en 1990.
Renta per cápita: 2.450 dólares en 1988.

Geog. física Se pueden distinguir una serie de áreas bien diferenciadas de N a S: paralelo a la costa mediterránea, alta y rectilínea, se encuentra el Tell, o Atlas mediterráneo, de relieve accidentado que llega a superar los 2.000 m de altitud; a continuación una amplia zona de meseta, cerrada hacia el S por el Atlas sahariano; finalmente el desierto del Sáhara, con el macizo de Ahaggar, en el S del país, donde se alcanzan los 2.918 m en el monte Tahat. No hay ríos importantes, salvo el Cheliff y algunos manantiales, torrentes y numerosos oasis, además de grandes lagunas salinas, llamadas *chott*, como las de Chergui y Hodna donde se concentra la población. El clima es mediterráneo en el N y desértico en el interior, con temperaturas extremas y lluvias muy escasas.

Geog. humana Los argelinos descienden de una antigua estirpe beréber, mezclados con árabes y con negros del S. La cultura predominante ha sido la musulmana, aunque la colonización francesa, con un importante componente de población española levantina, también ha dejado una notable huella. La población rural de ciertas regiones lleva una forma de vida nómada, mientras que los habitantes de las montañas se agrupan en pequeños pueblos. Fueron los franceses los que desarrollaron las ciudades y a ellas se van trasladando las nuevas generaciones. Existe un gran número de desempleados y subempleados y una fuerte corriente migratoria hacia Francia.

Geog. económica La agricultura aporta un tercio del producto nacional bruto y tiende a la colectivización. Son importantes las cosechas de cereales, vino, agrios y dátiles y la ganadería de ovejas, cabras, asnos y camellos. Mediante la repoblación forestal se intenta evitar la erosión del suelo. El subsuelo es rico en carbón, hierro, fosfatos y petróleo. La industria está orientada a la explotación de los recursos energéticos, hidrocarburos, siderurgia y cementos. El turismo ha adquirido en los últimos tiempos una cierta relevancia económica.

Hist. Argelia, llamada *Numidia* en la antigüedad, sufrió durante siglos conquistas y dominaciones de otros pueblos sobre su población beréber. Así, en el s. IV a. C. perteneció a los cartagineses; después estuvo sometida a la dominación romana como consecuencia de las guerras púnicas (146 a. C.), por lo que se convirtió en una provincia del imperio. En el s. V fue conquistada por los vándalos y atravesó por una época de decadencia hasta que cayó en poder de los árabes (h. 650 d. C.).

Durante el s. XVI Argelia, bajo el dominio turco, llegó a ser un grave peligro para la navegación cristiana en el mar Mediterráneo. Monarcas españoles, como Fernando el Católico y Carlos I, intentaron en varias ocasiones y con distinta suerte atajar el problema, pero éste persistió a lo largo de los siglos siguientes.

En 1830 Francia hizo desembarcar en Argel una expedición militar que tomó la ciudad y luego extendió la ocupación por todo el país. Argelia pasó a ser pieza clave de la expansión colonial francesa y en 1900 los departamentos de Argel, Orán y Constantina adquirieron representación propia en la Asamblea Nacional de Francia. Durante la Segunda Guerra Mundial, Argelia fue cuartel general del mando aliado –tras el desembarco de 1942– y punto de partida de la Francia Libre del general De Gaulle. Los enfrentamientos entre las poblaciones francesa y argelina, provocados por la situación social y económica de esta última, favorecieron el nacimiento en 1954 de un movimiento nacionalista revolucionario.

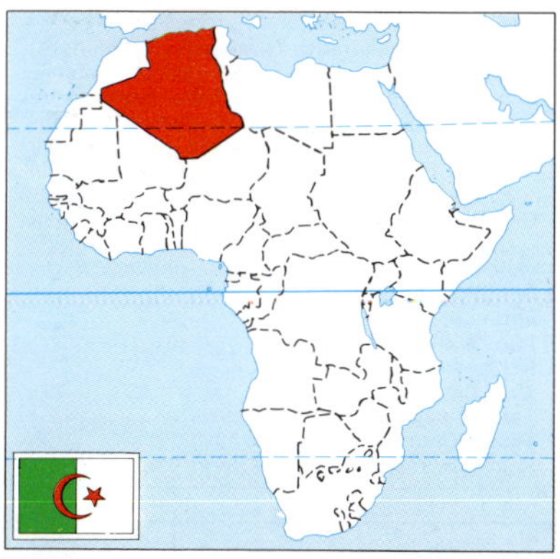

Argel: vista de la ciudad desde el puerto.

El movimiento independentista argelino, encabezado por el Frente de Liberación Nacional, sostuvo una lucha implacable contra el ejército francés. Argelia conquistó la independencia en 1962 y en 1963 Ben Bella fue nombrado presidente de la nueva república. Derrocado por un golpe de Estado, fue sustituido en 1965 por Huari Bumedian, quien se mantuvo en la presidencia hasta su muerte en 1978, año en que pasó a desempeñar este cargo Chadli Benyedid. En 1989 fue aprobado en referéndum la implantación de un sistema multipartidista. En 1991 fueron convocadas elecciones libres, en las que resultó vencedor por mayoría el Frente Islámico de Salvación (FIS), partido fundamentalista musulmán que propugnaba abolir el sistema político vigente e implantar la ley coránica. Chadli Benyedid dimitió para detener el proceso electoral y asumió el poder una junta cívico-militar encabezada por Ahmed Gozali. A principios de 1992 la junta decretó el estado de excepción e ilegalizó al FIS. Mohamed Budiaf, nuevo presidente de la república, fue asesinado ese mismo año.

Cult. Los restos artísticos más antiguos localizados en territorio argelino son las pinturas prehistóricas de la altiplanicie del Djanet. No existen casi huellas del paso de fenicios y cartagineses, pero sí de la presencia romana, de la que han quedado magníficas muestras en Tebessa y Lambesse (puerta de Caracalla, templos de Júpiter, Minerva y Esculapio). La influencia del cristianismo en la región tiene su mejor ejemplo en las tres iglesias y el baptisterio de Djemila, construidos en torno a los s. IV y V. El palacio de Ziri, levantado hacia el año 945, es el primer ejemplo de la arquitectura musulmana, que alcanzó su apogeo con la llegada de los almorávides y la construcción de las mezquitas de Argel y Tremecén. La conquista francesa en el s. XIX trajo consigo la llegada de las corrientes culturales de la metrópoli y el uso de las técnicas de edificación europeas. En 1931 el arquitecto Le Corbusier elaboró un plan para la remodelación urbanística de Argel, que finalmente no se llevó a cabo. Después de la independencia, la cultura argelina ha intentado recuperar y fortalecer las señas de identidad musulmanas. En el campo de la literatura coexisten los autores que se expresan en francés (narradores como Dib, Mammerini, Feraoun, Kateb Yacine, R. Boudjedra, y poetas como N. Alloula, Y. Sebti y R. Bey) y quienes lo hacen en árabe (Rida Huhu y Tahir Wattar, entre los novelistas, y Mufdi Zakariyya y Salah Kharfi, entre los poetas), que a su vez discuten sobre el uso del árabe clásico y el árabe popular como medios de expresión literaria. La narrativa en lengua árabe se caracteriza por el realismo, la recuperación de la memoria histórica y la atención a los problemas políticos y sociales de actualidad. El cine argelino, uno de los más desarrollados de África, participa también de estos rasgos: entre sus directores destacan L. Hamina, Slim Riat, Abdelaziz Tolbi y Nitazi Mustafá.

argelino, na *adj.* De Argel o de Argelia. También *s.*

Argensola, Bartolomé Leonardo de (Barbastro 1562 - Zaragoza 1631) Poeta e historiador español. Escribió *Anales de la corona de Aragón* (1630), continuación de la obra de Jerónimo Zurita.

Argensola, Lupercio Leonardo de (Barbastro 1559 - Nápoles 1613) Poeta e historiador español. Es autor de *Declaración sumaria sobre la historia de Aragón.* Hermano del anterior, la obra poética de ambos se recoge en *Rimas* (1634).

Argenta, Ataúlfo (Castro Urdiales, Cantabria 1913 - Los Molinos, Madrid 1958) Director de orquesta español. Primero como director de la orquesta de la radio de Berlín (1940) y luego como máximo responsable de la Orquesta Nacional de España (1947) desarrolló una intensa actividad artística en todo el mundo.

argentar *v. tr.* Platear. **FAM.** Argentado.

argénteo, a *adj.* **1.** De plata o semejante a ella. **2.** Bañado de plata.

argentífero, ra *adj.* Que contiene plata.

Argentina Estado del sector meridional de América del Sur.

Extensión: 2.791.810 km^2.
Límites: al N, con Bolivia y Paraguay; al E, con Brasil, Uruguay y el océano Atlántico, y al S y O, con Chile.
Población: 32.300.000 h. en 1990.
Densidad: 11,6 h./km^2.
Capital: Buenos Aires.
División administrativa (provincias): Buenos Aires, Corrientes, Entre Ríos, Chaco, Santa Fe, Formosa, Misiones, Jujuy, Salta, Santiago del Estero, Tucumán, Córdoba, La Pampa, San Luis, Catamarca, La Rioja, Mendoza, San Juan, Río Negro, Chubut, Neuquén, Santa Cruz, Tierra del Fuego y un distrito federal.
Ciudades principales: Córdoba, Rosario, Mendoza, La Plata, San Miguel de Tucumán, Mar del Plata, Santa Fe.
Gentilicio: argentino.
Forma de Estado: república.
Idioma: español.
Religión: catolicismo.
Moneda: peso.
Tasa de natalidad: 21 ‰ en 1990.
Tasa de mortalidad: 9 ‰ en 1990.
Renta per cápita: 2.640 dólares en 1988.

Argentina: vista de Córdoba, segunda ciudad del país, en la que se observa su catedral barroca del siglo XVIII.

Geog. física Se pueden distinguir en Argentina varias regiones naturales. La región montañosa del O, de clima predominantemente árido, y en la que se destaca la cordillera de los Andes, que alcanza en el Aconcagua (6.959 m) la mayor altura del continente; las llanuras del Chaco y la Mesopotamia, al NE, que poseen climas tropicales cálidos y templados y están cruzadas por los ríos Pilcomayo, Uruguay, Paraná y Salado; La Pampa, llanura central de tierras fértiles de loess; las mesetas patagónicas, al S del río Colorado, de clima continental frío y desértico. La cuenca lacustre del Nahuel Huapi es notable por su belleza y extensión. Además del territorio continental, corresponden a Argentina la parte oriental de la Isla Grande de Tierra del Fuego, las islas Malvinas (en la actualidad bajo soberanía británica), Georgias del Sur, Orcadas del Sur, Sandwich del Sur y un sector de la Antártida (reclamado).

Geog. humana y ***económica*** Argentina es un país poco poblado. Un 36 % de los habitantes, que en su mayoría son de origen español e italiano, se concentra en torno a la aglomeración del Gran Buenos Aires.

El sector primario constituye la base de su economía: ganadería bovina y ovina muy desarrollada; gran producción de cereales; abundantes recursos en el subsuelo de la zona andina, especialmente petróleo y gas natural, y pesca de bajura y altura con una flota muy numerosa. La producción industrial no está especializada, pero tiene gran importancia la industria conservera de carnes, la textil y la química, así como la producción de harina, azúcar, derivados del petróleo, automóviles y maquinaria agrícola. El comercio exterior se basa en la exportación de carne y cereales. Argentina pasa por graves problemas económicos, principalmente una cuantiosa deuda exterior y la inflación.

***Hist.* periodo precolombino** Con anterioridad a la llegada de los españoles, los territorios que hoy forman la República Argentina estuvieron poblados por diversas tribus aborígenes: diaguitas, guaraníes, tehuelches, etc. El descubrimiento de Argentina por España se inició en 1516, cuando Juan Díaz de Solís llegó al estuario del Río de la Plata, explorado en 1520 por Magallanes.

época colonial La colonización española comenzó con la fundación de ciudades, como el fuerte Sancti Spiritus, erigido en 1527 por Sebastián Cabot, y el puerto de Nuestra Señora Santa María del Buen Ayre (Buenos Aires), establecido por Pedro de Mendoza en 1536. Posteriormente, Francisco de Aguirre fundó Santiago del Estero (1553) y otros exploradores fundaron Tucumán, Córdoba, San Juan, Salta, Jujuy, San Luis y Santa Fe. La definitiva ciudad de Buenos Aires fue fundada por Juan de Garay en 1580. En el periodo hispánico, el territorio argentino formó parte del reino de Indias, bajo la autoridad suprema del rey de España, y hasta 1776 perteneció al virreinato del Perú, cuya capital estaba en Lima. En 1617, el rey Felipe III dividió la provincia del Río de la Plata en dos gobernaciones (divisiones de menor importancia que los virreinatos): la de Guayra (actual Paraguay) y la de Buenos Aires, que comprendía las regiones de Buenos Aires, Santa Fe y Corrientes. Por su parte, la

Argentina: ganado bovino en La Pampa. La ganadería es el principal sector de la economía argentina.

gobernación de Tucumán abarcaba las regiones de Córdoba, Santiago del Estero, Tucumán, Salta, Jujuy, La Rioja y Catamarca. En 1776, ante el crecimiento económico y el aumento de población de la región del litoral, y la amenaza de Portugal e Inglaterra, Carlos III creó el virreinato del Río de la Plata.

descolonización e **independencia** Las fuerzas militares que se destacaron para hacer frente a las invasiones inglesas desempeñaron un papel decisivo en la revolución de Mayo de 1810, en que se depuso al virrey de España y se constituyó en Buenos Aires la junta de gobierno, primer gobierno argentino, que envió expediciones militares contra los realistas, defensores del poder español. El congreso de Tucumán declaró la independencia de las Provincias Unidas el 9 de julio de 1816, respecto de España y de cualquier otra potencia extranjera. Entre los protagonistas de la independencia sobresalieron Manuel Belgrano y José de San Martín.

Edad Contemporánea Las Provincias Unidas vivieron seguidamente años difíciles de guerras y cambios de gobierno, con etapas de disensiones internas y anarquía, como en 1820, o de dictadura, como la de Juan Manuel de Rosas (1835-1852). En 1852, Urquiza derrotó al ejército de Rosas en Caseros, y en 1853, un congreso promulgó la Constitución Nacional que había de regir a la Confederación Argentina, de la que se había separado el estado de Buenos Aires. Tras la presidencia de Urquiza (1854-60), la primera constitucional, se sucedieron los mandatos de Santiago Derqui (1860-62), Bartolomé Mitre (1862-68), primer presidente de la república unificada, y Domingo Faustino Sarmiento (1868-1874), que promovió la educación, la inmigración europea y la explotación agrícola. Bajo la presidencia de Nicolás Avellaneda (1874-80) se avanzó en la ocupación de la Patagonia, que culminó en 1881. A fines del s. XIX y principios del XX se aprecia un notable proceso de transformación, que adapta la política, la economía y la sociedad de la República Argentina a las formas de vida de los países más desarrollados del mundo.

En 1916, el partido Unión Cívica Radical triunfó en las elecciones por una abrumadora mayoría y se sucedieron los periodos presidenciales de Hipólito Yrigoyen (1916-22) y Marcelo de Alvear (1922-28). En 1930, durante el segundo mandato de Yrigoyen, el general Uriburu dio un golpe de Estado, alterando el orden constitucional. A la inestabilidad política se unió la grave crisis económica. Se siguieron varios gobiernos, hasta que en 1946 asumió la presidencia el general Juan Domingo Perón, elegido y apoyado inicialmente por una gran parte del pueblo argentino. Puso en práctica una política de nacionalizaciones y otras medidas económicas y promulgó leyes en beneficio de obreros y empleados. En el gobierno peronista desempeñó un papel destacado la esposa del general, María Eva Duarte, conocida como Evita, que gozó de gran popularidad. Perón fue depuesto por los militares en 1955. Sobrevinieron a continuación 20 años de difícil situación social y política, en que alternaron distintos presidentes civiles y militares, e incluso se produjo un último regreso del general Perón, sustituido a su muerte en 1974 por su segunda esposa, María Estela Martínez, en medio de un creciente malestar social. Una junta militar presidida por el general Videla tomó el poder en 1976. En los ocho años de dictadura se agravó la situación económica y se desencadenó una dura represión, que dio lugar al trágico fenómeno de los desaparecidos. El enfrentamiento armado con el Reino Unido en el conflicto de las Malvinas en 1982, al que puso fin la rendición del jefe de las fuerzas argentinas, precipitó la caída del gobierno militar. Convocadas elecciones libres en 1983, fue elegido presidente de la república Raúl Alfonsín, candidato de la Unión Cívica Radical, que triunfó por mayoría absoluta. En las elecciones de 1989 venció, también por mayoría absoluta, el candidato peronista Carlos Menem. El principal problema del país continúa siendo la inflación.

Arte Se conservan interesantes restos de cerámica prehispánica. Ya en época colonial, la arquitectura barroca tuvo en Córdoba su principal foco (catedral, templo de la Compañía de Jesús). En el s. XIX se impusieron mezclas de estilos, especialmente en Buenos Aires. La pintura comienza a desarrollarse en el s. XIX, en el que destacan Carlos Morel y Prilidiano Pueyrredón. A fi-

Arte argentino: Un alto en el campo, *de Prilidiano Pueyrredón (Museo de Bellas Artes, Buenos Aires).*

nales del siglo se impuso el impresionismo, en el que despunta Fernando Fader. Ya en el s. XX sobresalen Rogelio Yrurtia, iniciador de una importante escultura nacional, y el pintor Lino Eneas Spilimbergo. En la segunda mitad del s. XX se imponen las tendencias no figurativas con nombres como Julio Le Parc y Lucio Fontana, además del surrealismo de Julio Silva y el costumbrismo de Benito Quinquela Martín.

En cuanto a la música, la popular de raíces andinas coexiste con el tango, de carácter típicamente urbano, cuyo máximo intérprete fue Carlos Gardel. Compositores posteriores, como Astor Piazzola, han partido de estas tradiciones. En la producción cinematográfica son dignos de mención los realizadores M. Soffici, José Ferreira, Leopoldo Torre Nilsson, Leonardo Favio, Gerardo Vallejo, Héctor Olivera, Sergio Renán, María Luisa Bemberg y Adolfo Aristarain.

Lit. La literatura colonial rioplatense tiene en el poeta barroco Luis de Tejeda a uno de sus primeros representantes, en el s. XVII. En la poesía y teatro neoclásicos sobresalieron Lavardén y Cruz Varela. En el s. XIX predominó la literatura gauchesca, cuyo máximo exponente fue José Hernández, autor del poema épico *Martín Fierro*. El movimiento modernista contó con figuras como el poeta Leopoldo Lugones, el novelista Enrique Larreta y la poetisa Alfonsina Storni.

En el s. XX se diversifican los estilos y corrientes: el vanguardismo, representado por el poeta Macedonio Fernández; el superrealismo de Enrique Molina en *Hotel Pájaro*; el realismo de Ricardo Güiraldes en *Don Segundo Sombra*; las novelas-ensayo de Ernesto Sábato, como *Sobre héroes y tumbas*; el cuidado estilo de Manuel Mujica Láinez, autor de *Bomarzo*; las innovaciones formales de Julio Cortázar en *Rayuela*; los relatos de Adolfo Bioy Casares y la utilización del folletín y del lenguaje coloquial en las novelas de Manuel Puig, mientras que Jorge Luis Borges cultiva con maestría los más diversos géneros: el relato corto, la poesía, el ensayo, la narración fantástica, de los que son muestra *El Aleph* y la *Historia universal de la infamia*. Otros autores destacados son los narradores Leopoldo Marechal, Haroldo Conti, Abel Posse, David Viñas, Héctor Bianciotti, Beatriz Guido y Marta Lynch; los poetas Olga Orozco y Juan Gelman y el ensayista Saúl Yurkievich. En la renovación del teatro actual han desempeñado un papel de primer orden Conrado Nalé Roxlo, Roberto Arlt y Osvaldo Dragún.

Argentina, Imperio (Buenos Aires 1906) Actriz cinematográfica argentina. Su nombre real es Magdalena Nile del Río. Descubierta por Florián Rey, triunfó como actriz y cantante en el cine español anterior a la guerra civil de 1936. Entre sus películas más conocidas figuran *La hermana San Sulpicio* (1928), *Nobleza baturra* (1935), *Morena clara* (1936) y *Carmen la de Triana* (1939).

argentinismo *s. m.* Palabra, giro o modo de hablar propio de los argentinos.

argentino, na[1] *adj.* De la Argentina. También *s.*

argentino, na[2] (del lat. *argentinus*, de *argentum*, plata) *adj.* **1.** De plata. **2.** Que suena claro, armonioso.

argentita *s. f.* Ag_2S. Mineral sulfuro de plata. Cristaliza en el sistema cúbico, su color varía entre el gris y el negro y su brillo es metálico. Es la mena más importante de la plata. Principales yacimientos en México y Perú.

argolla *s. f.* Aro grueso, por lo general de hierro, que sirve para amarrar o asir.

argón *s. m.* Ar. Elemento químico perteneciente al grupo VIII A del sistema periódico. Su número atómico es 18 y su masa atómica 39,9. Es un gas noble, inodoro e incoloro. En pequeña proporción se encuentra en el aire (algo menos del 1 %). Se emplea en tubos de iluminación, para crear atmósfera inerte en ciertas reacciones químicas y para soldaduras.

argonauta *s. m.* **1.** Cada uno de los compañeros de Jasón que, según la leyenda griega, fueron en busca del vellocino de oro en la prodigiosa nave Argos, viviendo innumerables aventuras. **2.** Nombre común de diversos moluscos cefalópodos marinos octópodos de la familia argonáutidos, género *Argonauta*. Miden 1 cm el macho y 20 cm la hembra. Están provistos de ocho tentáculos y poseen una concha externa que las hembras utilizan como incubadora. La especie *Argonauta argus* vive en aguas subtropicales.

Argos C. de Grecia, en el NE del Peloponeso. 20.700 h. en 1981. En el s. VII a. C., Argos dominaba el Peloponeso hasta que Esparta le arrebató la hegemonía un siglo más tarde. En el 229 a. C. se integró en la liga aquea.

Argos **1.** En la mit. griega, gigante de cien ojos, encargado por Hera de la guarda de Io, amante de Zeus, a la que éste había transformado en novilla. Por orden de Zeus, Hermes mató a Argos y Hera colocó sus cien ojos en la cola del pavo real. **2.** Nave de los argonautas. **3.** Grupo de constelaciones del hemisferio austral.

argot (voz fr.) *s. m.* Jerga, lenguaje particular y característico de un grupo social o profesional diferenciado.

argucia *s. f.* **1.** Argumento falso presentado hábilmente como si fuera verdadero. **2.** Truco o astucia para lograr algo.

Arguedas, Alcides (La Paz 1879 - Chulumani 1949) Novelista, historiador y político boliviano. Fue jefe del Partido Liberal y uno de los más importantes escritores de su país. En sus obras defiende el derecho de los indios a una mejor condición social, como se advierte en *Wata-Wara* (1904), *Vida criolla* (1912) y, sobre todo, en *Raza de bronce* (1919).

Arguedas, José María (Andahuaylas 1911 - Lima 1969) Escritor peruano. Autor de obras de antropología, como *La evolución de las comunidades indígenas* (1956), destacó por sus novelas *Yawar Fiesta* (1941), *Los ríos profundos* (1959) y *El sexto* (1961), que reflejan su formación indígena y su respeto por la condición humana.

Argüelles, Agustín (Ribadesella 1776 - Madrid 1843) Político español. De ideología liberal, desempeñó un papel importante en las Cortes de Cádiz, y fue ministro de Gobernación (1820-23). Se exilió en Londres en 1823 y no volvió a España hasta la muerte de Fernando VII. En 1840 fue nombrado tutor de Isabel II y presidente del Congreso.

argüir *v. tr.* **1.** Exponer argumentos o justificaciones. También *v. intr.* **2.** Inferir, deducir. ■ Es v. irreg. Se conjuga como *huir*.

argumentación *s. f.* **1.** Acción y efecto de argumentar. **2.** Argumento, razonamiento.

argumentar *v. tr.* Dar razones para sostener una opinión, idea, etc.

argumento *s. m.* **1.** Razonamiento usado para demostrar algo o para convencer a alguien. **2.** Asunto de que trata una obra literaria, cinematográfica o musical. **3.** En mat., ángulo determinado por el vector que representa un número complejo en el plano y la dirección positiva del eje real. **FAM.** Argumental.

Århus C. de Dinamarca, en la península de Jutlandia. 258.000 h. en 1988. Puerto de la costa oriental; tiene industrias de tabaco, algodón, hierro y cerveza.

aria (voz ital.) *s. f.* Pasaje cantado por una sola voz en una ópera o en un oratorio.

Ariadna Personaje de la mitología griega, hija de Minos y Pasifae. Se enamoró de Teseo y le proporcionó un ovillo de hilo a fin de que, devanándolo en el Laberinto de Creta, pudiera encontrar su salida tras acabar con el Minotauro.

Ariane Nombre de un programa espacial europeo y de un cohete destinado a la puesta en órbita de satélites artificiales.

Arias, Arnulfo (Penonomé 1901) Político panameño. Elegido presidente de la nación en 1940, fue derrocado al año siguiente por un golpe de Estado. Lo mismo ocurrió en los años 1949-51 y 1968. Su último intento de acceder a la presidencia tuvo lugar en 1984.

Arias, Óscar (Heredia 1941) Político costarricense. Presidente de su país desde 1986 hasta 1989, trabajó denodadamente por la pacificación de América Central, sobre todo con la iniciativa de Contadora. Recibió el premio Nobel de la paz en 1987.

Arias Montano, Benito (Fregenal de la Sierra, Badajoz 1527 - Sevilla 1598) Humanista español. Participó en el Concilio de Trento y dirigió la edición de la *Biblia Regia* o *Políglota de Amberes* (1569-72). Acusado ante la Inquisición, fue absuelto. Entre sus obras destacan la *Retórica* (1572) y, sobre todo, el *Libro de la generación de Adán* (1593).

Arias Navarro, Carlos (Madrid 1908 - íd. 1989) Político español. Alcalde de Madrid entre 1965 y 1973, presidió el último gobierno de Franco y el primero del rey Juan Carlos I. Su dimisión en 1976 marcó el comienzo de la transición democrática en España.

Aribau, Bonaventura Carles (Barcelona 1798 - íd. 1862) Poeta y economista español. Su oda *La Pàtria* (1833) inició la *renaixença* catalana.

Arica C. de Chile, en la región de Tarapacá, en el N del país. 169.800 h. en 1987. Es un importante puerto pesquero y comercial y tiene terminal de ferrocarril. Posee industria alimentaria y oleoducto. En sus inmediaciones se han encontrado importantes restos arqueológicos de culturas prehispánicas.

árido, da *adj.* **1.** Seco. **2.** Poco ameno. || *s. m. pl.* **3.** Granos, legumbres y frutos secos a los que se aplican medidas de capacidad. **FAM.** Aridez.

Aries 1. Constelación del hemisferio austral. **2.** Primer signo del zodiaco, que el Sol recorre aparentemente entre el 20 de marzo y finales de abril. || *s. m.* y *f.* **3.** Persona nacida bajo este signo. ▪ Con este significado se escribe con minúscula.

ariete *s. m.* **1.** Antigua máquina militar para derribar murallas, formada por un tronco de madera y un remate de hierro o bronce. **2.** Delantero centro de un equipo de fútbol.

ario, ria *adj.* **1.** Se dice de un pueblo primitivo de Asia central, antepasado común de los pueblos indoeuropeos de la India e Irán. **2.** De este pueblo. También *s.* **3.** Calificativo aplicado por el nacionalsocialismo a los pueblos germánicos, supuesta raza superior destinada a regir a las demás. También *s.*

Ariosto, Ludovico (Reggio Emilia 1474 - Ferrara 1533) Poeta italiano. Escribió el célebre poema *Orlando furioso* (1516, 1521, 1532), una de las obras maestras del Renacimiento, en la que se narra el amor del paladín Orlando por Angélica, en el marco de las guerras entre Carlomagno y los musulmanes. El poema, formado por 46 cantos compuestos en octavas, funde armoniosamente el lirismo, la fantasía y el humor, con un estilo ágil y teñido de ironía.

arisco, ca *adj.* Huraño.

arista *s. f.* **1.** Línea de intersección de dos planos o superficies. **2.** Línea que separa dos vertientes de una montaña. **3.** Dificultad, inconveniente. Se usa sobre todo en *pl.* **4.** Rasgo antipático o difícil del carácter de una persona. Se usa sobre todo en *pl.* || **5. bóveda de arista** La formada por el cruce de dos bóvedas de medio cañón, de igual diámetro y ejes perpendiculares entre sí, muy usada en las arquitecturas romana y románica.

Arista, Mariano (San Luis Potosí 1802 - en el Atlántico 1855) Militar y político mexicano. Participó en la guerra de independencia y estuvo al mando del Ejército del Norte en la guerra contra EE UU. Fue ministro de Guerra y Marina (1848-51) y presidente de la república (1851-53).

Aristarco de Samos (Samos 310 - ? 230 a. C.) Astrónomo griego. Fue el primero que sostuvo que la Tierra giraba alrededor del Sol y sobre su propio eje, por lo que fue acusado de impiedad.

Arístides, llamado **el Justo** (? h. 540 - ? h. 468 a. C.) Político y militar griego. Luchó en la batalla de Maratón. Representante de la oligarquía, se enfrentó a Temístocles, por lo que fue condenado al ostracismo, aunque posteriormente regresó a Atenas y participó en las batallas de Salamina y Platea. Arconte desde el 478, defendió el derecho de todo ciudadano a ocupar cargos públicos.

aristocracia *s. f.* **1.** Forma de gobierno, generalmente hereditaria, en que sólo ejercen el poder los nobles o las personas más notables de un país, región, etc. **2.** Clase noble. **3.** P. ext., grupo social que sobresale por alguna circunstancia.
Hist. En Grecia y Roma, en las sociedades feudales y en el Antiguo Régimen, la aristocracia era la clase dirigente. Estaba constituida por la nobleza, las castas guerreras y los grandes propietarios de tierras, tanto laicos como eclesiásticos. Además de su poder económico, político y militar, gozaba de privilegios fiscales y jurídicos (legislación especial). La aristocracia perdió el poder económico y político en beneficio de la burguesía a raíz de las revoluciones liberales que se desarrollaron desde finales del s. XVIII y a lo largo del XIX.

aristócrata *s. m.* y *f.* Persona que pertenece a la aristocracia. **FAM.** Aristocrático.

Aristófanes (Atenas h. 445 - ? h. 386 a. C.) Comediógrafo griego. Es autor de unas cuarenta obras críticas y satíricas. Se conservan once completas, que se caracterizan por la aguda observación de la realidad social y la fuerza caricaturesca, bajo las que se descubre una intención moralizante. Destacan *La asamblea de las mujeres* (392), sátira de algunas ideas reformistas; *Lisístrata* (411), burla de las utopías sociales; *Las avispas* (422); *Las nubes* (423), en que ridiculiza a Sócrates, y *Los caballeros* (424).

Aristóteles (Estagira, Macedonia 384 - Calcis, Eubea 322 a. C.) Filósofo griego. Fue discípulo de Platón y preceptor de Alejandro Magno. Fundó en Atenas la escuela del Liceo, también llamada peripatética porque Aristóteles impartía sus enseñanzas paseando con sus discípulos. Acusado de impiedad, abandonó Atenas y se refugió en Calcis, donde murió.
Su obra es la síntesis del pensamiento griego de su época. Aristóteles formula una teoría según la cual el conocimiento humano se basa en la realidad de los objetos del mundo sensible a través de los datos e informaciones que suministran los sentidos. En su lógica, expone las categorías del ser y las clasifica en diez tipos, distinguiendo entre sustancia y accidentes (cantidad, cualidad, relación, lugar, tiempo, situación, posesión, acción y pasión). Cada realidad es un compuesto de materia y forma (teoría hilemórfica o hilemorfismo): la materia es el principio de los caracteres individuales, y la forma es universal y posibilita el conocimiento científico, que se obtiene mediante la abstracción. Los conceptos de materia y forma los utiliza también Aristóteles para explicar el cambio y para dar su visión de la naturaleza y del hombre. En éste, el cuerpo es la materia y el alma la forma; cuerpo y alma constituyen una unidad sustancial.
En su ontología, o teoría del ser, establece Aristóteles otra noción básica, la distinción entre acto y potencia, y concibe a Dios como sumo ser, acto puro, principio del devenir y motor del universo. En ética mantiene que el objetivo de la vida humana es la felicidad. En política sostiene que el hombre es por esencia un animal social y, como la sociedad perfecta es el Estado, el hombre es igualmente un animal político. Abordó asimismo la física, la biología y la astronomía, obteniendo resultados que en parte siguen siendo válidos. Su obra incluye numerosos títulos, que han llegado muy modificados por discípulos y editores: *Organon*, *Física*, *Metafísica*, *Ética a Nicómaco*, *Poética*, *Política* y otros más. Aristóteles ha ejercido una profunda influencia en toda la cultura occidental a través de comentadores árabes y escolásticos.

aristotelismo *s. m.* **1.** Sistema filosófico de Aristóteles. **2.** Pervivencia de la doctrina de Aristóteles. La época más brillante corresponde a los s. XII y XIII, gracias a su difusión en Europa por obra de árabes y judíos (Avicena, Averroes, Maimónides). San Alberto Magno y, sobre todo, Santo Tomás de Aquino lo utilizaron como fundamento filosófico de la doctrina cristiana. **FAM.** Aristotélico.

aritmética *s. f.* Parte de las matemáticas que estudia las propiedades de los números enteros y racionales y de las operaciones definidas entre ellos: suma, resta, multiplicación y división. **FAM.** Aritméticamente, aritmético.
Hist. Históricamente, la aritmética está en el origen de las matemáticas, pues ya en el año 4000 a. C. egipcios y babilonios disponían de métodos de resolución para distintos problemas de cálculo. En el s. III a. C., y aunque la matemática griega estaba dominada por la geometría, Euclides recopiló la aritmética conocida hasta entonces y estableció algunos importantes teoremas sobre números primos. En el s. XVII, el francés Fermat desarrolló una teoría general de los números, por lo que se le considera el padre de la aritmética moderna. En los s. XVIII y XIX, los trabajos de Euler, Lagrange, Legendre y Gauss avanzan en el camino de la abstracción, llegándose a la noción de estructura algebraica. De esta forma, la mayor parte de la aritmética clásica queda englobada en el álgebra moderna.

Arizona Estado de EE UU, en el SO del país. 295.260 km^2. 3.649.000 h. en 1989. La capital es Phoenix, con 951.700 h. en 1988, 1.900.000 h. en su área metropolitana. Se extiende por la meseta del río Colorado y la región desértica de Gila, caracterizada por su clima árido. Posee gran riqueza ganadera y yacimientos de cobre, oro, plata, cinc y plomo. Cuenta asimismo con agricultura de irrigación e industrias. El territorio perteneció a México hasta 1848.

Arkangel C. de Rusia, en el N del país, a orillas del mar Blanco, en la desembocadura del Dvina septentrional. 419.000 h. en 1989. Puerto maderero y pesquero, cuenta con industria naval y de conservas.

Arkansas 1. Río de EE UU, en el centro del país. 2.400 km. Nace en las Montañas Rocosas y desemboca en el Mississippi.
2. Estado de EE UU, en el E del sector central del país. 137.754 km^2. 2.414.000 h. en 1989. La capital es Little Rock, con 181.000 h. en 1986. Su relieve comprende las llanuras del Mississippi y del Arkansas en el E y los montes Ouachita en el O. Cuenta con monocultivos de soja y arroz, explotación forestal e industrias alimentarias y electrónicas. Los grandes yacimientos de bauxita han favorecido la industria del aluminio.

arlequín *s. m.* Personaje de la antigua comedia del arte italiana, que era objeto de burla y que llevaba máscara negra y traje de rombos de distintos colores.

Arlés C. de Francia, en el departamento de Bocas del Ródano, en el S del país. 50.700 h. en 1982. Posee industrias químicas y metalúrgicas y es importante nudo ferroviario. Conserva magníficos restos arquitectónicos y artísticos: muralla, anfiteatro, catedral románica de San Trófimo.

Arlt, Roberto (Buenos Aires 1900 - íd. 1942) Escritor argentino. Es autor de novelas realistas de tono pesimista, entre las que destacan *El juguete rabioso* (1926), *Los siete locos* (1929), *Los lanzallamas* (1931) y *El amor brujo* (1932).

arma *s. f.* **1.** Objeto o máquina que sirve para atacar a personas y animales y defenderse de ellos. **2.** Cada uno de los grandes grupos o especialidades en que se divide el Ejército de Tierra, esto es, infantería, caballería, artillería, ingenieros, sanidad e intendencia. **3.** Cualquiera de los medios naturales que posee un animal para atacar o defenderse, como los cuernos. **4.** Medio que sirve para conseguir algo y en especial para atacar o defenderse. || *pl.* **5.** Ejército de una nación. **6.** Blasones del escudo. **7.** Profesión militar. || **8. arma bacteriológica** La que disemina en el territorio enemigo gérmenes patógenos, a fin de propagar enfermedades epidémicas. **9. arma blanca** La que hiere con el filo o la punta. **10. arma de doble filo** La que tiene filo en ambos largos; también, lo que puede producir el efecto contrario al que se persigue. **11. arma de fuego** La que funciona lanzando violentamente un proyectil mediante la explosión de pólvora u otro material. **12. arma nuclear** La que aprovecha como fuente de energía destructora la fisión del uranio o del plutonio (bomba atómica) o la fusión del hidrógeno (bomba de hidrógeno). **13. arma química** La que emplea gases tóxicos o irritantes para dejar fuera de combate al enemigo. Fueron utilizadas en la Primera Guerra Mundial, pero no en la Segunda, y reaparecieron en el conflicto irano-iraquí. ‖ LOC. **alzarse en armas** Sublevarse. **de armas tomar** *adj.* Enérgico, decidido, peligroso. **hacer** uno **sus primeras armas** Iniciarse alguien en una actividad. **medir las armas** Rivalizar. **pasar por las armas** Fusilar. **presentar armas** Sostener los soldados en formación el fusil delante del pecho en señal de respeto. **velar las armas** Vigilarlas durante toda la noche el que iba a ser armado caballero.

armada *s. f.* **1.** Fuerzas navales de una nación. **2.** Conjunto de barcos de guerra.

Armada Invencible Flota enviada por el rey de España Felipe II en el año 1588 contra Inglaterra para destronar a Isabel I y vengar la muerte de María Estuardo. Formada por unos 30.000 hombres a bordo de 130 buques, su mando recayó en el duque de Medina-Sidonia, tras la muerte del marqués de Santa Cruz. Después de muchas vicisitudes la batalla se desarrolló en el canal de La Mancha con clara ventaja para la armada inglesa. Medina-Sidonia se retiró por el N de Inglaterra e Irlanda, donde una tempestad acabó con la flota.

armadía *s. f.* Conjunto de maderos unidos unos con otros para conducirlos flotando por un río.

armadillo *s. m.* Nombre común de diversos mamíferos desdentados de la familia dasipódidos, géneros *Dasypus*, *Priodontes* y otros. Miden de 15 a 150 cm de longitud y tienen uñas fuertes y cuerpo acorazado, cubierto de bandas movibles que les permiten enrollarse en caso de peligro. Se alimentan de vegetales, insectos y animales pequeños. Son nativos de América del Sur, donde se les conoce como *tatú*.

Armadillo (Dasypus novemcinctus).

armador, ra *s. m.* y *f.* **1.** Persona que arma las piezas de algo. ‖ *s. m.* **2.** El que equipa una embarcación comercial o de pesca.

armadura *s. f.* **1.** Traje compuesto por distintas piezas de metal articuladas, que servía de protección a los guerreros en el combate. **2.** Armazón, estructura. **3.** Placa metálica de un condensador eléctrico.

Armagnac Región histórica de Francia, en Aquitania. Fue un importante condado durante la Edad Media, cuyos señores rivalizaron con Borgoña en el curso de la guerra de los Cien Años. Produce aguardiente.

armamentismo *s. m.* Política partidaria del incremento progresivo del número y de la calidad de las armas que posee un país. FAM. Armamentista, armamentístico.

armamento *s. m.* **1.** Conjunto de armas de un soldado, ejército, país, etc. **2.** Acción de armar o armarse.

Armani, Giorgio (Piacenza 1934) Modisto italiano. Creador de un estilo caracterizado por la elegancia y la funcionalidad, ha sido uno de los primeros diseñadores de alta costura que ha concebido y vinculado su obra a la producción industrial.

armar *v. tr.* **1.** Proporcionar armas. También *v. prnl.* **2.** Preparar para la guerra. También *v. prnl.* **3.** Disponer un arma para disparar. **4.** Poner el armazón a una cosa para que se sostenga y adquiera forma. **5.** Unir las distintas piezas de que se compone un objeto. **6.** Promover, causar, producir. También *v. prnl.* **7.** Proveer a una embarcación de todo lo necesario. ‖ *v. prnl.* **8.** Adoptar alguien una actitud que le permita conseguir o soportar algo.

armario *s. m.* Mueble con puertas que sirve para guardar ropa y otros objetos.

armatoste *s. m.* Máquina, mueble u otra cosa grande que estorba más que ayuda.

armazón *s. amb.* Estructura formada por barras, listones o algo similar, que se utiliza generalmente para colocar algo encima o sostener alguna cosa.

armella *s. f.* Anilla con clavo o tornillo para fijarla.

Armendáriz, marqués de Castelfuente, José de (s. XVIII) Militar y administrador español. Fue capitán general de Guipúzcoa y virrey del Perú (1724-36). Reprimió la revolución de los Comuneros de Paraguay y se enfrentó a la Inquisición.

Armendáriz, Pedro (Ciudad de México 1912 - Los Ángeles, California 1963) Actor cinematográfico mexicano. Alcanzó popularidad con las películas de Emilio Fernández, como *María Candelaria* (1943) y *La perla* (1945).

Armenia 1. Región de Asia occidental, en el S del Cáucaso, repartida actualmente entre la República de Armenia, Turquía e Irán. Formada por una alta meseta de 1.500 a 3.000 m de altura, tiene grandes cimas volcánicas, como el Ararat. En ella se hallan dos grandes lagos endorreicos, el Van y el Sevan. El clima es continental. En el s. IX a. C. constituyó el reino de Urartu y en el s. VII a. C. fue poblada por los armenios. Fue sucesivamente sometida por medos y por persas, quienes la convirtieron en satrapía. El sátrapa Ardvates la independizó en el 317 a. C. y Antíoco III la dividió en dos sectores, que fueron de nuevo unificados por Tigranes I en el 94 a. C. El emperador Trajano la incorporó a Roma y fue cristianizada en el s. III, pero su sector oriental fue ocupado por los persas sasánidas en el 390. Fue dominada por el Islam en el 640 y desde el 885 hasta 1079 fue regida por la dinastía bagratí; en 1080 fue ocupada por Bizancio. En 1198 se constituyó el reino cruzado de Armenia. En el s. XIV fue asolada por los timúridas y desde entonces estuvo en poder de los turcos otomanos; en el s. XVII se vio dividida entre turcos y persas. La penetración rusa comenzó en el s. XIX y culminó en 1878. Durante la Primera Guerra Mundial Turquía desató una gran represión contra los armenios, que se refugiaron masivamente en el sector ruso. En 1917 Armenia se integró en la República Transcaucásica y en 1935 se constituyó en república soviética. **2.** C. de Colombia, cap. del departamento de Quindío. 187.000 h. en 1985. Es un importante centro cafetero.

Armenia, República de (en armenio *Hayastan*, en ruso *Armianskaia*) Estado del Asia caucásica, antigua república de la URSS.

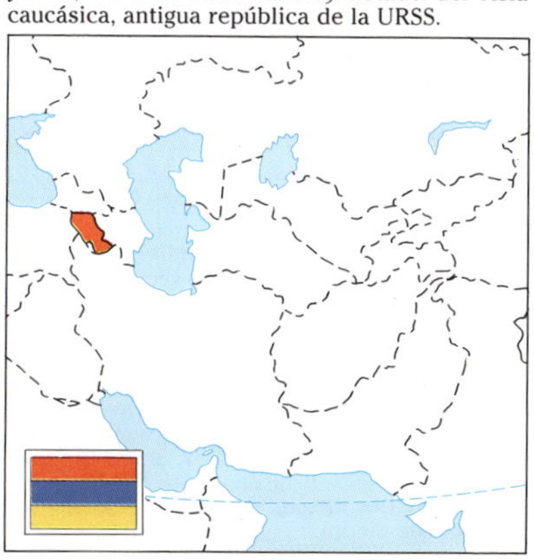

Extensión: 29.800 km^2.
Límites: al N, con Georgia; al E, con Azerbaiyán; al S, con Irán, y al O, con Turquía.
Población: 3.283.000 h. en 1989.
Densidad: 110,16 h./km^2.
Capital: Ereván.
Ciudades principales: Kirovakán, Leninakán.
Gentilicio: armenio.
Forma de Estado: república.
Idioma: armenio, ruso.
Religión: cristianismo.
Moneda: rublo.

Geog. Su territorio está situado en una región muy montañosa cuya máxima altura es el pico Aragats (4.090 m). En su sector central se halla el gran lago Sevan; sus principales ríos son el Ajurián, el Araxes y el Razdán. Su economía se basa en la agricultura, desarrollada mediante la canalización de las aguas del Sevan y en las cuencas hidrográficas, que produce cereales, remolacha, viña, fruta, tabaco y algodón. El país posee recursos minerales de cobre y metales no ferrosos, e industria siderúrgica, metalúrgica, mecánica, electrónica, química, textil y alimentaria.
Hist. Tras la disolución de la República Transcaucásica, Armenia quedó incorporada a la URSS como república socialista soviética en 1936. En 1991, en el curso del proceso de disolución de la URSS, estalló una crisis bélica con la vecina república de Azerbaiyán a causa del territorio de Nogorni Karabaj, enclavado en esta última pero poblado mayoritariamente por armenios. Ese mismo año Armenia proclamó su independencia y su presidente, Levón Petrosián, suscribió el tratado de creación de la Comunidad de Estados Independientes.

armenio, nia *adj.* **1.** De Armenia. También *s.* ‖ *s. m.* **2.** Grupo de lenguas indoeuropeas que se hablan en el Cáucaso, región del mar Negro y Mesopotamia.

armería *s. f.* **1.** Lugar donde se guardan armas. **2.** Museo de armas. **3.** Tienda de armas. **4.** Arte de fabricarlas. **5.** Heráldica.

armero *s. m.* **1.** Persona que fabrica, arregla o vende armas. **2.** El que en el ejército se encarga de custodiar y tener a punto las armas. **3.** Dispositivo especial para colocar las armas.

armilar Véase **esfera armilar**.

Armillita Chico, Fermín Espinosa, llamado (Saltillo 1911 - Ciudad de México 1978) Matador de toros mexicano. Tomó la alternativa en México (1927) y se retiró en 1949, aunque en 1953 reapareció para actuar durante una corta temporada.

armiño *s. m.* Mamífero carnívoro de la familia mustélidos, género *Mustela*. El armiño europeo *(Mustela erminea)* mide unos 30 cm de longitud y tiene piel de color castaño en el dorso y más clara en el vientre, aunque en climas fríos, durante el invierno, cambia el pelaje a blanco, excepto la punta de la cola, que es siempre negra. Vive en Eurasia y América del Norte. Se alimenta de huevos y animales de pequeño o mediano tamaño. Su piel se utiliza en peletería.

Armiño (Mustela erminea).

armisticio *s. m.* Suspensión de hostilidades acordada entre estados o ejércitos beligerantes. ***Pol.*** El armisticio como institución de derecho internacional está regulado por el reglamento de La Haya de 1907. Se diferencia de la capitulación en que ésta puede tener carácter local y no implica el cese absoluto de las hostilidades.

armón *s. m.* Parte delantera de la cureña del cañón de campaña.

armonía *s. f.* **1.** Combinación agradable de sonidos, colores, medidas y pausas de un poema, etc. **2.** En mús., arte de formar y enlazar los acordes. **3.** Amistad, paz, concordia.

armónico, ca *adj.* **1.** Perteneciente o relativo a la armonía. ‖ *s. m.* **2.** En fís., onda o vibración sonora cuya frecuencia es múltiplo entero de otra, llamada armónico fundamental. **3.** En mús., sonido producido naturalmente por la resonancia de otro fundamental. **4.** En mús., sonido muy agudo y dulce que se produce al presionar suavemente con el dedo en un determinado punto la cuerda de un instrumento. ‖ *s. f.* **5.** Instrumento musical, provisto de una serie de orificios con lengüetas, que se toca soplando o aspirando por ellos. FAM. Armónicamente.

armonio *s. m.* Órgano de reducidas dimensiones, con la forma de un piano; está provisto de lengüetas, que vibran al contacto con el aire suministrado por un fuelle que se acciona con los pies. Su forma actual se remonta a 1842.

armonioso, sa *adj.* **1.** Agradable al oído. **2.** Se aplica a aquello que tiene armonía o proporción entre sus partes. **FAM.** Armoniosamente.

armónium *s. m.* Armonio*.

armonizar *v. tr.* **1.** Poner en armonía. También *v. intr.* **2.** Coordinar, conciliar. **3.** Escribir los acordes de una melodía. ▪ Se conjuga como *cazar.*

Armstrong, Louis (Nueva Orleans 1900 - Nueva York 1971) Trompetista, compositor y cantante estadounidense. En 1926 creó su conjunto más importante, *Hot Five.* Excelente solista e improvisador, a él se debe la primera transformación innovadora en la evolución del jazz.

Armstrong, Neil A. (Wapakoneta, Ohio 1930) Astronauta estadounidense. Comandante de la nave espacial *Apolo XI,* fue el primer hombre que pisó la Luna, el 21 de julio de 1969.

ARN *s. m.* Iniciales de ácido ribonucleico, ácido nucleico presente en los organismos vivos en diversas formas, pudiendo ser responsable único de la herencia en algunos virus y viroides, como lo es el ADN en otros virus y en todas las células.
Está formado por cadenas de nucleótidos cuya estructura se compone de bloques alternativos de ácido fosfórico y de un azúcar con cinco átomos de carbono (pentosa) llamado ribosa. A esta estructura se conectan bases nitrogenadas de cuatro tipos: dos purinas (adenina y guanina) y dos pirimidinas (citosina y uracilo). La adenina es complementaria del uracilo y de otra base llamada timina, que entra a formar parte del ADN, mientras la guanina es complementaria de la citosina. A través de estas bases, el ARN puede enlazarse con el ADN o con otras proteínas.
Existen diversas variedades de ARN: el ARN mensajero, que extrae la información genética del ADN y la transmite a los ribosomas, y el ARN de transferencia, que forma una cadena mucho más corta y participa en la síntesis de las proteínas, y el ARN ribosómico, que forma parte de los ribosomas.

arnés *s. m.* **1.** Armadura de guerra. ‖ *pl.* **2.** Guarniciones que se ponen a las caballerías.

Arnhem C. de los Países Bajos, cap. de la prov. de Güeldres. 127.700 h. en 1987 y 295.400 h. en su aglomeración urbana. Posee industria mecánica, tabaquera y azucarera.

árnica *s. f.* **1.** Nombre común de diversas plantas herbáceas perennes de la familia compuestas, género *Arnica.* Su tallo mide entre 40 y 60 cm y tienen hojas oblongas y flores grandes y alargadas. Crecen en regiones montañosas de Europa. Sus flores tienen propiedades medicinales. De la especie *Arnica montana* se obtenía antiguamente un aceite esencial, que se utilizaba para tratar golpes y torceduras. **2.** Este aceite.

Arniches, Carlos (Alicante 1866 - Madrid 1943) Dramaturgo español. Se dio a conocer al público como autor de sainetes, p. ej. *El santo de la Isidra* (1898), pero su creación más importante son las tragedias grotescas o tragicomedias: *La señorita de Trévelez* (1910), *Es mi hombre* (1921) y *El tío Miserias* (1941).

Arnim, Achim von (Berlín 1781 - Wiepersdorf 1831) Escritor alemán. Cultivó la novela histórica de corte romántico: *La condesa Dolores* (1810), *Isabel de Egipto* (1812-18). Hizo una recopilación de cuentos populares alemanes: *El cuerno maravilloso* (1806-08).

Arno Río de Italia. 245 km. Nace en los Apeninos centrales, pasa por Florencia y Pisa y desemboca en el mar Mediterráneo.

aro *s. m.* **1.** Pieza en forma de circunferencia. **2.** Juguete en forma de anillo grande que los niños hacen rodar con un palo. ‖ **LOC. entrar** (o **pasar**) **por el aro** Verse obligado a ceder.

aroma *s. m.* Olor muy fragante.

aromático, ca *adj.* **1.** Que tiene un olor agradable. **2.** En quím., se aplica a los derivados del benceno.

aromatizar *v. tr.* Dar aroma a alguna cosa. ▪ Se conjuga como *cazar.* **FAM.** Aromatización, aromatizante.

aromo *s. m.* Planta arbustiva de la familia mimosáceas, de hojas compuestas y flores amarillas. La especie más conocida es la *Acacia farnesiana.*

Aron, Raymond (París 1905 - íd. 1983) Sociólogo y pensador francés. En su obra reflexiona sobre las características y problemas de la sociedad industrial, defendiendo las doctrinas liberales frente al marxismo. Entre sus escritos merecen mencionarse *Dieciocho lecciones sobre la sociedad industrial* (1963), *Ensayo sobre las libertades* (1965), *La República Imperial* (1973) y *Memorias* (1983).

Arona C. de España, en la prov. de Santa Cruz de Tenerife. 25.018 h. en 1990. Es centro turístico y puerto pesquero.

Arosemena, Justo (Panamá 1817 - ? 1896) Político y escritor colombiano. Participó en los derrocamientos de los dictadores Melo (1854) y Mariano Ospina (1860) y en la reorganización de los Estados Unidos de Colombia. Fue el primer presidente constitucional de Panamá.

Arosemena Monroy, Carlos Julio (Guayaquil 1920) Político ecuatoriano. Vicepresidente con Velasco Ibarra, ocupó la presidencia al ser derrocado éste (1961). Fue derribado por un golpe militar (1963).

Arosemena Tola, Carlos Julio (Guayaquil 1890 - ? 1950) Político y banquero ecuatoriano. El congreso le nombró presidente provisional del país (1947-48).

Arp, Hans (Estrasburgo 1887 - Basilea 1966) Pintor, escultor y poeta francés de origen alemán. Figuró entre los primeros dadaístas de Zurich y se adscribió luego al surrealismo. Artista abstracto, cultivó el collage, el relieve en madera y la escultura.

arpa *s. f.* Instrumento de música, de forma triangular, provisto de cuerdas de distinta longitud y fijas por uno de sus extremos en una caja de resonancia, las cuales se pulsan con los dedos. **FAM.** Arpista.

arpado, da *adj.* **1.** Con el borde dentado. **2.** Se aplica a las aves de canto muy melodioso.

arpegio *s. m.* Sucesión de los sonidos de un acorde de agudo a grave o viceversa.

arpía *s. f.* **1.** Ser maligno de la mitología griega, con rostro de mujer y cuerpo y extremidades de ave de rapiña. Eran tres y representaban las fuerzas desatadas de la naturaleza; también se las consideraba divinidades fúnebres. **2.** *fam.* Mujer de muy mala condición.

arpillera *s. f.* Tejido muy basto, por lo común de estopa, que se usa sobre todo en la fabricación de sacos.

arpón *s. m.* Instrumento formado por un asta con punta de hierro para herir y gancho o ganchos para hacer presa; suele usarse para pescar. **FAM.** Arponear, arponero.

arquear[1] (de *arco*) *v. tr.* Dar forma de arco, curvar. También *v. prnl.* **FAM.** Arqueado, arqueamiento, arqueo.

arquear[2] (de *arca*) *v. tr.* **1.** Medir la capacidad de una embarcación. **2.** Hacer recuento de dinero en la caja o en los libros de contabilidad. **FAM.** Arqueo.

arquegonio *s. m.* Órgano reproductor femenino de las plantas criptógamas. Tiene forma de botella y contiene la oosfera o gameto femenino.

arqueo- *pref.* Significa 'antiguo': *arqueología, arqueolítico.*

arqueolítico, ca *adj.* Perteneciente o relativo a la edad de piedra.

arqueología *s. f.* Ciencia que estudia los restos de las civilizaciones antiguas. **FAM.** Arqueológico, arqueólogo.
Hist. La arqueología moderna comenzó en el s. XVIII con el hallazgo de las ruinas de Herculano (1738) y de Pompeya (1748) en Italia y su excavación por el alemán Winckelmann. En el s. XIX se desarrolló, fundamentalmente tras la expedición de Napoleón a Egipto y el nacimiento de la egiptología, el descubrimiento de Troya, Tirinto y Micenas por Schliemann y la excavación de Cnossos y Faistos en Creta por Evans. Adquirió sus elementos característicos en el s. XX: clasificación y periodización, técnicas de prospección, datación y conservación, al tiempo que ampliaba su campo de acción a todos los continentes y todas las culturas que han dejado vestigios materiales.

arquería *s. f.* Arcada, serie de arcos.

arquero *s. m.* **1.** Soldado armado con arco y flechas. **2.** Artesano que hace arcos o aros para toneles, cubos, etc. **3.** El que practica con arco. **4.** *amer.* Portero de fútbol y otros deportes.

arqueta *s. f.* **1.** Arca pequeña. **2.** Recipiente para el agua en un sifón de desagüe.

arquetipo *s. m.* Canon, modelo perfecto en un arte o en otra cosa. **FAM.** Arquetípico.
Fil. Según Platón, los arquetipos o ideas son modelos eternos de las cosas, inmateriales, inmutables y perfectos, mientras que los objetos de la realidad cotidiana son simples copias que participan de la esencia de los arquetipos.

Arquíloco (Paros 712 - ? h. 664 a. C.) Poeta lírico griego. A él se atribuye la invención del verso yámbico que lleva su nombre. De su obra se conservan sólo fragmentos.

Arquímedes (Siracusa, Sicilia 287 - íd. 212 a. C.) Matemático y físico griego. Descubrió y formuló el principio que lleva su nombre. Se le atribuyen varios inventos, como la rueda dentada, el tornillo sin fin y algunos artefactos bélicos con los que hizo posible la defensa de Siracusa contra los romanos en la segunda guerra púnica. Se conservan de él varias obras sobre cuestiones diversas de física y geografía.

Arquímedes, principio de Todo cuerpo sumergido en un líquido experimenta un empuje vertical y hacia arriba, igual al peso del líquido que desaloja.

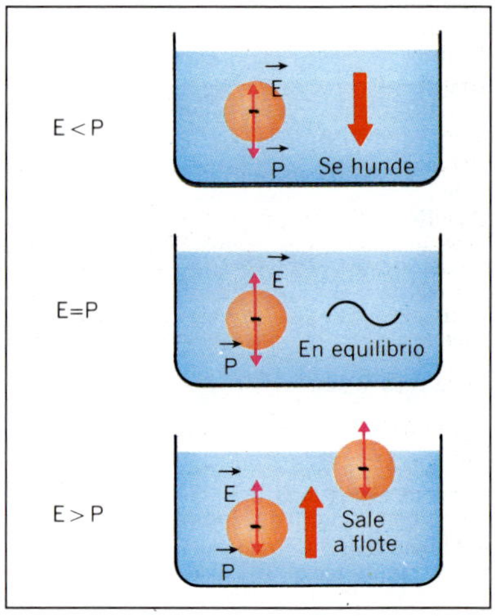

Principio de Arquímedes: acción del peso (P) y del empuje (E) sobre un cuerpo sumergido en un líquido.

arquitectura *s. f.* **1.** Ciencia y técnica de proyectar y construir edificios. **2.** Conjunto de edificios y monumentos que tienen rasgos comunes. **FAM.** Arquitecto, arquitectónico.
Arte El arte de edificar está íntimamente ligado a factores materiales, como el clima, emplazamiento, recursos naturales, etc., y a factores culturales, como el momento histórico, las necesidades que cada sociedad demanda, el sistema social y de propiedad del suelo, y los conocimientos técnicos de que dispone cada grupo humano.
La arquitectura, entendida como arte, abarca edificaciones monumentales religiosas (templos, catedrales, mezquitas, tumbas) y civiles (palacios, fortalezas, etc.) y, desde mediados del s. XIX, en que se impone la arquitectura del hierro, viviendas colectivas, estaciones, fábricas, etc. Los historiadores del arte han fijado una serie de estilos fundamentales desarrollados en el curso del tiempo: la arquitectura de Oriente antiguo, con grandes construcciones funerarias (pirámides, mastabas, etc.), templos columnados y adintelados, torres de tipo zigurat y murallas ciclópeas; la arquitectura clásica griega, elaborada en torno al s. V a. C., que se desarrolla en órdenes dórico, jónico y corintio, y usa como principal material el mármol y como elementos básicos la columna y el dintel; la arquitectura romana, continuadora del estilo clásico griego, al

que añade elementos como el arco, la cúpula, el mortero, etc.; la arquitectura románica, que surge en la Europa del s. IX y utiliza el arco de medio punto, la bóveda de cañón, los contrafuertes y el pilar compuesto; la arquitectura bizantina, tan bien representada por la catedral de Santa Sofía, en Constantinopla, y que se caracteriza por el uso de la cúpula; la arquitectura gótica, que surge en Francia en el s. XII e incorpora a sus catedrales las bóvedas de crucería y ojivales, los arcos apuntados, las grandes vidrieras, los arbotantes, los pináculos, etc.; la arquitectura renacentista, surgida en la Italia del s. XV y que, en su vuelta a las fuentes clásicas, subraya la importancia de la proporción y la simetría; la arquitectura barroca, nacida en la Europa contrarreformista del s. XVII y que alcanza un gran desarrollo en el continente americano con el llamado barroco colonial; la arquitectura neoclásica, de mediados del s. XVIII, nacida también en Francia y fiel hasta el mimetismo a los modelos griego y romano; la arquitectura del hierro, en la segunda mitad del s. XIX, que aprovecha la aparición de nuevas técnicas y materiales para construir edificios de gran altura, con muros más ligeros, y todo ello en mucho menos tiempo que en el pasado; la arquitectura racionalista, funcional o moderna, ya en el s. XX, que se interesa por la perfecta adecuación de los edificios a su función y prescinde, hasta donde le es posible, de los elementos decorativos; la arquitectura posmoderna, que surge a mediados del s. XX como reacción contra la arquitectura moderna, utiliza altas tecnologías y se distingue porque emplea ideas, elementos y materiales de los más diversos estilos.

arquitrabe *s. m.* Parte inferior del entablamento, que descansa sobre el capitel de la columna.

arquivolta *s. f.* Conjunto de molduras que decoran el paramento exterior de un arco a lo largo de toda su curva.

arrabal *s. m.* Barrio periférico de una población.

Arrabal, Fernando (Melilla 1932) Escritor español. Creador del «teatro pánico», en el que se funden influencias del teatro del absurdo y del surrealismo con la tradición cultural española (Cervantes, Góngora, Goya), entre sus obras dramáticas destacan *El cementerio de automóviles* (1957) y *El arquitecto y el emperador de Asiria* (1966). Es también autor de novelas como *El entierro de la sardina* (1961) y *La torre herida por el rayo* (1982), y director de cine: *¡Viva la muerte!* (1971).

arrabalero, ra *adj.* **1.** Del arrabal. También *s.* **2.** *fam.* Barriobajero, vulgar. También *s.*

arrabio *s. m.* Producto obtenido en la primera fusión del hierro en un alto horno. También se llama *hierro colado.*

arracada *s. f.* Pendiente con grandes colgantes.

arracimarse *v. prnl.* **1.** Formar racimo. **2.** Aglomerarse, juntarse. **FAM.** Arracimado.

arraclán *s. m.* Arbusto de la familia ramnáceas, especie *Rhamnus frangula.* Tiene hojas alternas y fruto de color rojo. Su madera, de color rojizo con albura amarillenta, se emplea en la fabricación de carbón y pólvora. Crece en los bosques de Europa.

arraigar *v. intr.* **1.** Echar raíces en la tierra. También *v. prnl.* **2.** Hacerse firme y duradero un sentimiento, costumbre, hábito, etc. También *v. prnl.* ‖ *v. prnl.* **3.** Asentarse en un lugar de forma estable. ■ Se conjuga como *pagar.* **FAM.** Arraigado.

arraigo *s. m.* Acción y efecto de arraigar o arraigarse, particularmente una costumbre, vicio, etc.

arramblar *v. tr.* **1.** Dejar el suelo arrasado y cubierto de arena el paso de un río, un arroyo, etc., durante una crecida. También *v. prnl.* **2.** Arrastrarlo todo con violencia. **3.** Llevarse todo lo que hay en un lugar. ■ En esta acepción se usa también la forma *arramplar.*

arrancada *s. f.* **1.** Arranque violento. **2.** Embestida, acometida. **3.** Modalidad de halterofilia consistente en levantar el peso en un solo movimiento.

arrancamoños *s. m.* Fruto del cardillo y otras plantas, pequeño y erizado de púas, por lo que se adhiere al pelo o a la ropa.

arrancar *v. tr.* **1.** Separar bruscamente una cosa del lugar al que está fija. **2.** Quitar con violencia. **3.** Separar con violencia o astucia a una persona de alguien o algo, o de costumbres, vicios, etc. **4.** Conseguir con esfuerzo algo de una persona. ‖ *v. intr.* **5.** Iniciarse el movimiento de un vehículo o el funcionamiento de una máquina y, p. ext., de una obra, labor, etc. También *v. tr.* **6.** *fam.* Empezar de pronto a hacer algo. También *v. prnl.* **7.** Tener su origen. ■ Se conjuga como *sacar.* **FAM.** Arrancamiento.

arranchar *v. tr. amer.* Arrebatar, quitar con violencia.

Arquitectura: arriba, a la izquierda, teatro romano de Mérida (España) y, a la derecha, catedral gótica de Reims (Francia); sobre estas líneas, a la izquierda, fachada del palacio neoclásico de Aranjuez (España) y, a la derecha, las torres Picasso (izquierda) y Europa (derecha), en Madrid.

arranque *s. m.* **1.** Acción y efecto de arrancar. **2.** Puesta en marcha de un vehículo o máquina y mecanismo con que se hace. **3.** Impulso, arrebato. **4.** Energía, resolución. **5.** Ocurrencia inesperada.

arrapiezo *s. m.* Rapaz, chico.

arras *s. f. pl.* **1.** Lo que se da como prenda o señal en algún contrato o acuerdo. **2.** Las trece monedas que entrega el hombre a la mujer durante la celebración del matrimonio, como símbolo del contrato.

arrasar *v. tr.* **1.** Destruir totalmente, asolar. **2.** Llenar los ojos de lágrimas. También *v. prnl.* **3.** Allanar. ‖ *v. intr.* **4.** *fam.* Obtener un triunfo aplastante. **FAM.** Arrasamiento.

arrastrado, da **1.** *p. p.* de **arrastrar**. ‖ *adj.* **2.** Lleno de privaciones y penalidades. **3.** *fam.* Miserable, ruin. También *s.* **4.** Se dice del juego de naipes en el que el primer jugador obliga a los demás a seguir el palo de la carta que juega. También *s. m.* **FAM.** Arrastradamente.

arrastrar *v. tr.* **1.** Llevar a una persona o cosa por el suelo, tirando de ella. **2.** Llevar o mover rozando el suelo. **3.** Llevar consigo o tras de sí. **4.** Atraer poderosamente. **5.** Incitar, impulsar irresistiblemente. **6.** Tener como consecuencia inevitable. **7.** Soportar penosamente. ‖ *v. intr.* **8.** Colgar hasta tocar el suelo. **9.** En algunos juegos de naipes, salir con una carta del palo de la pinta. ‖ *v. prnl.* **10.** Desplazarse rozando el suelo con el cuerpo. **11.** Humillarse de forma indigna.

arrastre *s. m.* **1.** Acción y efecto de arrastrar. **2.** Acto de retirar el toro muerto en la plaza. ‖ **LOC. para el arrastre** *adv. fam.* Inútil, agotado, destrozado.

Arrau, Claudio (Chillán 1903) Pianista chileno. Estudió en Berlín con Martin Krause (1913-1918) y en 1927 ganó el concurso internacional de Ginebra. Está considerado como uno de los grandes intérpretes de Beethoven.

arrayán *s. m.* Mirto.

¡arre! *interj.* Se emplea para estimular a las bestias.

arrear[1] (de *arre*) *v. tr.* **1.** Estimular a las bestias por medio de la voz, con la espuela, a golpes, etc. **2.** Dar prisa, apresurar. También *v. intr.* **3.** *fam.* Pegar. ‖ *v. intr.* **4.** Arramblar, llevarse algo. **5.** *Arg., Chile, Urug.* Robar ganado. ‖ **LOC. ¡arrea!** *interj.* Expresión que denota asombro. Se usa también para dar prisa. **FAM.** Arreo.

arrear[2] (del lat. vulg. *arredare,* proveer) *v. tr.* **1.** Poner arreos a las caballerías. **2.** Adornar, engalanar.

arrebañar *v. tr.* Rebañar*.

arrebatado, da **1.** *p. p.* de **arrebatar**. También *adj.* ‖ *adj.* **2.** Impulsivo, apasionado. **3.** De color arrebol.

arrebatar *v. tr.* **1.** Quitar violentamente. **2.** Atraer irresistiblemente. **3.** Causar ira, éxtasis u otra pasión o sentimiento. También *v. prnl.* ‖ *v. prnl.* **4.** Arrebolarse, ponerse colorado. **5.** Asarse, cocerse o freírse algo antes de tiempo por exceso de fuego. **FAM.** Arrebatador, arrebatamiento.

arrebatiña *s. f.* Acción de recoger una cosa en disputa con otros. ■ Se usa especialmente en la loc. adv. **a la arrebatiña**.

arrebato *s. m.* **1.** Acción de arrebatar o arrebatarse. **2.** Ataque de ira o cualquier otro impulso o pasión. **3.** Éxtasis.

arrebol *s. m.* **1.** Color rojo que se ve a veces en las nubes atravesadas por los rayos del Sol. **2.** P. ext., el mismo color en otros objetos y en especial en el rostro.

arrebolar *v. tr.* Poner de color rojo arrebol. También *v. prnl.*

arrebujar *v. tr.* **1.** Coger descuidadamente y arrugándola alguna cosa flexible, como ropa, lienzo, etc. **2.** Envolver bien con la ropa de la cama o con cualquier otra prenda. Se usa mucho como *v. prnl.*

arrecharse *v. prnl.* **1.** *amer. vulg.* Excitarse sexualmente. **2.** *Ven.* Encolerizarse.

arrechucho *s. m.* **1.** *fam.* Indisposición repentina, pasajera y leve. **2.** *fam.* Arrebato.

arreciar *v. intr.* Hacerse cada vez más fuerte o intensa una cosa, p. ej. una tempestad. También *v. tr.* y *v. prnl.*

arrecife *s. m.* **1.** Bajío formado en el mar por piedras, rocas, corales, etc., casi a flor de agua. ‖ **2. arrecife coralino** Depósito calizo sin estratificar, formado por esqueletos de coral, muy abundante en los mares tropicales. Se distinguen varios tipos: *banco de coral,* superficie poco profunda y extensa cubierta de corales; *arrecife costero,* situado a la altura de la costa y separado de tierra firme por un cordón litoral; *arrecife de barrera,* formado al extenderse el cordón litoral a consecuencia de las variaciones del nivel del mar; y *atolón,* isla coralina con una laguna central.

Arrecife C. de España, en la prov. de Las Palmas, en el SE de la isla de Lanzarote. 38.931 h. en 1990. Posee puerto e industria derivada de la pesca. Es localidad turística.

arredrar *v. tr.* **1.** Hacer retroceder a alguien un peligro, dificultad o temor. También *v. prnl.* **2.** P. ext., asustar. También *v. prnl.* **FAM.** Arredramiento.

arreglar *v. tr.* **1.** Poner en regla, ordenar. También *v. prnl.* **2.** Hacer que una cosa rota o estropeada funcione o quede como antes. También *v. prnl.* **3.** Solucionar. **4.** Engalanar, embellecer. También *v. prnl.* **5.** *fam.* Con sentido de amenaza, corregir o castigar a uno. ‖ *v. prnl.* **6.** Apañarse, tener lo suficiente. **7.** Llevarse bien, llegar a un acuerdo. ‖ **LOC. arreglárselas** *fam.* Buscar la forma de lograr un fin o salir de una dificultad.

arreglista *s. m.* y *f.* Persona que hace los arreglos de una composición musical.

arreglo *s. m.* **1.** Acción y efecto de arreglar o arreglarse. **2.** Trato, acuerdo. ‖ *pl.* **3.** Efectos y acompañamientos de una composición musical.

arrejar *v. tr. Amér. del S.* Arriesgar.

arrejuntarse *v. prnl. fam.* Amancebarse.

arrellanar *v. tr.* **1.** Allanar o nivelar un terreno. ‖ *v. prnl.* **2.** Repantigarse, acomodarse bien en un asiento.

arremangar *v. tr.* Remangar*.

arremeter *v. intr.* **1.** Acometer con ímpetu y violencia. **2.** Atacar. **3.** Emprender con presteza y decisión. **FAM.** Arremetida.

arremolinarse *v. prnl.* **1.** Amontonarse con desorden gente, animales o cosas. **2.** Formarse remolinos.

arrendador, ra *s. m.* y *f.* Persona que cede en arrendamiento alguna cosa.

arrendajo *s. m.* Ave paseriforme de la familia córvidos, especie *Garrulus glandarius.* Mide unos 34 cm de longitud y tiene plumaje rosa pardusco, con las alas a rayas azules y negras, y una cresta eréctil blanquinegra. Aunque es omnívora, se alimenta principalmente de semillas y de huevos de otras aves cuya voz imita. Habita en los bosques de Eurasia y emite un graznido característico cuando advierte un peligro.

arrendamiento *s. m.* **1.** Arriendo, acción de arrendar. **2.** Contrato por el que se arrienda. **3.** Cantidad que se paga en arriendo.

arrendar *v. tr.* Alquilar. ■ Es v. irreg. Se conjuga como *pensar.*

arrendatario, ria *adj.* Que toma algo en arrendamiento. También *s.*

Arreola, Juan José (Ciudad Guzmán 1918) Escritor mexicano. Fundador de la revista *Pan* en 1945, publicó *Varia invención* (1949) y *Confabulario* (1952). Posteriormente reunió esas obras en *Confabulario total* (1961), del que hizo una nueva edición en 1984 bajo el título de *Confabulario personal.* Su obra tiene un matiz poético que se conjuga con la preocupación social y el carácter reflexivo.

arreos *s. m. pl.* **1.** Guarniciones de las caballerías. **2.** Aparejo, útiles, complementos.

arrepanchigarse *v. prnl. fam.* Repantigarse*. ■ Se conjuga como *pagar.*

arrepentido, da **1.** *p. p.* de **arrepentirse**. También *adj.* ‖ *s. f.* **2.** Mujer que abandonaba la prostitución, se arrepentía de su pasado y entraba en un convento o monasterio fundado para ese fin.

arrepentirse *v. prnl.* **1.** Lamentarse por haber hecho o dejado de hacer una cosa. **2.** Volverse atrás de algún propósito o promesa. ■ Es v. irreg. Se conjuga como *sentir.* **FAM.** Arrepentimiento.

arrestar *v. tr.* Detener o poner preso a alguien, sobre todo en el ejército.

arresto *s. m.* **1.** Acción y efecto de arrestar. **2.** Reclusión por un tiempo breve como corrección o pena; hasta un mes, se denomina menor, y de un mes hasta seis, mayor. ‖ *pl.* **3.** Arrojo, valor.

Arrhenius, Svante August (Wypk, Uppsala 1859 - Estocolmo 1927) Físico y químico sueco. A él se debe la teoría de la dispersión de los electrólitos, por la que obtuvo en 1903 el premio Nobel de química.

arrianismo *s. m.* Doctrina religiosa de Arrio, que negaba la divinidad de Jesucristo. Según esa doctrina, el Hijo, segunda persona de la Santísima Trinidad, no es igual o consustancial al Padre ni eterno como Él, sino creado por Él. El concilio de Nicea, en el año 325, condenó esta herejía y adoptó un símbolo o credo en el que se afirma la identidad de naturaleza entre el Padre y el Hijo. La conversión de los godos al credo arriano, convirtió la doctrina en religión oficial de los pueblos germanos e ideología distintiva frente al catolicismo romano. **FAM.** Arriano.

arriar *v. tr.* Bajar las velas o las banderas. ■ En cuanto al acento, se conjuga como *ansiar: arrío.* **FAM.** Arriada.

arriate *s. m.* Cuadro o rectángulo para tener plantas de adorno en jardines y patios.

arriba *adv. l.* **1.** En lo alto, en la parte alta: *Te espero arriba, escaleras arriba.* **2.** A lo alto, hacia lo alto: *Vete arriba.* **3.** En situación de superioridad: *los de arriba.* **4.** En un libro o escrito, antes o anteriormente: *Como ya se ha dicho más arriba.* **5.** Referido a cantidades o medidas, expresa un incremento indeterminado: *millón arriba.* ‖ *interj.* **6.** Se emplea para dar ánimos o para levantar a alguien. ‖ **LOC. de arriba abajo** *adv.* De principio a fin, de un punto a otro.

arribada *s. f.* **1.** Acción de arribar. ‖ **2. arribada forzosa** Acción de llegar un barco a algún lugar de la costa a causa de tempestad, accidente, etc.

arribar *v. intr.* Llegar a un lugar, especialmente la nave a puerto. **FAM.** Arribada.

arribista *adj.* Se dice de la persona que intenta progresar en la vida rápidamente y sin escrúpulos, así como de su comportamiento, actitud, etc. También *s.* **FAM.** Arribismo.

arriendo *s. m.* Alquiler.

arriero *s. m.* Persona que conduce bestias de carga de un lugar a otro.

arriesgar *v. tr.* Poner en peligro. También *v. prnl.* ■ Se conjuga como *pagar.* **FAM.** Arriesgado.

Arrieta, Emilio (Puente la Reina, Navarra 1823 - Madrid 1894) Compositor español. Estudió en Italia. Fue director del conservatorio de Madrid. Compuso numerosas zarzuelas, entre las que destaca *Marina* (1871).

Arrieta, Pedro de (? - México 1738) Arquitecto mexicano. De estilo barroco, es autor de la basílica de Guadalupe (1695-1709), la iglesia de la Profesa (1714-20) y el convento del Corpus Christi (1724). Entre sus obras civiles debe mencionarse el palacio de la Inquisición (1733-37).

arrimadero *s. m.* Persona o cosa en la que se encuentra ayuda o protección.

arrimar *v. tr.* **1.** Acercar, juntar, apoyar. También *v. prnl.* ‖ *v. prnl.* **2.** Agregarse a un grupo. **3.** Acogerse a la protección de alguien o algo.

arrimo *s. m.* **1.** Acción de arrimar o arrimarse. **2.** Arrimadero*. ‖ **LOC. al arrimo de** *adv.* Con el apoyo o la ayuda de.

arrinconar *v. tr.* **1.** Poner en un rincón o lugar retirado. **2.** Acorralar. **3.** Marginar. También *v. prnl.* **FAM.** Arrinconado, arrinconamiento.

Arrio (Libia h. 256 - Constantinopla 336) Teólogo y heresiarca griego. Presbítero cristiano de Alejandría, enunció la primera gran herejía cristológica que sufrió la Iglesia, el arrianismo, que se difundió ampliamente y se convirtió en la fe nacional de los pueblos germanos, como los ostrogodos y visigodos. Fue excomulgado en el concilio de Nicea (325).

arriscado, da *adj.* **1.** Se dice del terreno escabroso, lleno de riscos. **2.** Valiente. **3.** *amer.* Respingado, levantado hacia arriba.

arritmia *s. f.* Alteración del ritmo, especialmente el de los latidos del corazón.

arroba *s. f.* **1.** Unidad de peso que equivale a 11,502 kg. **2.** Medida de capacidad que varía según las regiones y las sustancias.

arrobar *v. tr.* Embelesar, extasiar. También *v. prnl.* **FAM.** Arrobador, arrobamiento.

arrobo *s. m.* Éxtasis, embelesamiento.

arrocero, ra *adj.* **1.** Perteneciente o relativo al arroz. ‖ *s. m.* y *f.* **2.** Persona que cultiva arroz.

arrodillarse *v. prnl.* Ponerse de rodillas.

arrogancia *s. f.* Cualidad o actitud de arrogante.

arrogante *adj.* **1.** Altivo, soberbio, orgulloso. **2.** Apuesto. **FAM.** Arrogantemente.

arrogarse *v. prnl.* Atribuirse indebidamente una facultad, jurisdicción, autoridad, derecho, etc. ■ Se conjuga como *pagar.* **FAM.** Arrogación.

arrojado, da **1.** *p. p.* de **arrojar**. También *adj.* ‖ *adj.* **2.** Valiente, intrépido.

arrojar *v. tr.* **1.** Lanzar, tirar. También *v. prnl.* **2.** Expulsar. **3.** Dar como resultado. **4.** *fam.* Vomitar. **FAM.** Arrojadizo.

arrojo *s. m.* Valor.

arrollador, ra *adj.* **1.** Que arrolla. **2.** Aplastante, abrumador.

arrollar *v. tr.* **1.** Enrollar. **2.** Arrasar, atropellar. **3.** Vencer ampliamente. **4.** No respetar leyes, normas, costumbres, etc.

arropar *v. tr.* **1.** Envolver bien con ropa a alguien. También *v. prnl.* **2.** Proteger, amparar. También *v. prnl.*

arrope *s. m.* Jarabe que se hace cociendo mosto y al que suele añadirse trozos de frutas.

arrostrar *v. tr.* **1.** Hacer frente a riesgos, calamidades, molestias, etc. **2.** Soportar a una persona o cosa desagradable.

Arrow, Kenneth Joseph (Nueva York 1921) Economista estadounidense. Propulsor de la teoría del bienestar colectivo, es autor de *Elección social y valores individuales* (1951) y *Ensayos sobre la teoría del riesgo* (1972). Obtuvo el premio Nobel de economía en 1972.

arroyada *s. f.* **1.** Valle por donde discurre un arroyo. **2.** Crecida de un arroyo e inundación que produce. **3.** Erosión superficial del suelo producida por las aguas.

arroyar *v. tr.* Formar la lluvia arroyos o arroyadas. También *v. prnl.*

arroyo *s. m.* **1.** Curso de agua de escaso caudal y cauce por donde discurre. **2.** Parte de la calle por donde suelen correr las aguas. **3.** *desp.* Calle, arrabal; suele referirse al origen miserable de una persona.

Arroyo, Eduardo (Madrid 1937) Pintor español. Residente en Francia desde 1958, su obra tiene una marcada influencia pop y una intención crítica. En ella sobresalen *25 años de paz* (1965), *Miró rehecho* (1969) y *Treinta años después* (1971).

Arroyo del Río, Carlos Alberto (Guayaquil 1894 - íd. 1969) Político ecuatoriano. Líder del Partido Liberal, fue elegido presidente de la república (1940) y derrocado en 1944.

Espiga de arroz (Oryza sativa).

arroz *s. m.* **1.** Planta herbácea anual de la familia gramíneas, especie *Oryza sativa.* Mide de 80 a 180 cm de altura, tiene tallo en forma de caña con tres o cuatro nudos, hojas largas y flores blanquecinas en espiga. Se cultiva por lo general en terrenos muy húmedos. Es originaria de la India. **2.** Fruto de esta planta, que consiste en un grano oval, blanco después de descascarillado.

Cocido, es la base de la alimentación de los pueblos asiáticos, aunque su carencia en vitamina B_1 hace que no sea un alimento completo. No obstante, es rico en fécula (almidón) y fácil de digerir. Los principales productores mundiales son China, con 170 millones de toneladas en 1982, India, Indonesia y Bangladesh.

arrozal *s. m.* Campo de arroz.

arruga *s. f.* Pliegue irregular que se hace en la piel, en telas, papeles, etc.

Arruga, Hermenegildo (Barcelona 1886 - íd. 1972) Médico oftalmólogo español. Desarrolló la técnica quirúrgica en oftalmología y creó instrumentos avanzados en esta especialidad. Su obra *Cirugía ocular* (1946) es obligado punto de referencia en la materia.

arrugar *v. tr.* **1.** Hacer arrugas. También *v. prnl.* || *v. prnl.* **2.** *fam.* Acobardarse. ▪ Se conjuga como *pagar.* **FAM.** Arrugable, arrugado.

arruinar *v. tr.* **1.** Causar la ruina económica de alguien. También *v. prnl.* **2.** Destruir, causar graves daños. También *v. prnl.* **3.** Estropear, malograr. También *v. prnl.*

arrullar *v. tr.* **1.** Atraer con arrullos el palomo a la hembra. **2.** Adormecer a los niños con suaves cantos. **3.** Adormecer o complacer a alguien un sonido agradable y delicado. **4.** Decir una persona a otra palabras dulces y cariñosas, especialmente los enamorados. También *v. prnl.* con valor recípr. **FAM.** Arrullador.

arrullo *s. m.* **1.** Acción y efecto de arrullar. **2.** Gorgeo con el que se atraen las palomas y tórtolas. **3.** Canto, sonido o palabras que arrullan.

arrumaco *s. m.* Demostración afectada de cariño hecha con gestos o ademanes. Se usa mucho en *pl.*

arrumbar *v. tr.* **1.** Poner una cosa inútil en un rincón o lugar retirado. **2.** Desechar, dejar fuera de uso. **FAM.** Arrumbamiento.

Arrupe, Pedro (Bilbao 1907 - Ciudad del Vaticano 1991) Jesuita español. Después de sus estudios de medicina en Madrid, ingresó en la Compañía de Jesús en 1927. Fue nombrado provincial de Japón (1958) y posteriormente elegido prepósito o superior general de la orden (1965), a la que infundió un espíritu de renovación. Su quebrantada salud le llevó a renunciar a su cargo en 1983.

arrurruz *s. m.* Férula comestible extraída de los rizomas de plantas tropicales, sobre todo de la *Amaranta arundinacea.*

Arruza, Carlos (Ciudad de México 1920 - carretera de Toluca a Ciudad de México 1966) Matador de toros mexicano. Su nombre real era Carlos Ruiz Camino. Tomó la alternativa en la capital mexicana, en 1940, y en España formó pareja con Manolete (1945-46). Se retiró en 1953.

arsenal *s. m.* **1.** Astillero, atarazana. **2.** Almacén de armas y otros materiales de guerra; p. ext., armamento de un país, ejército, etc. **3.** Conjunto abundante de cosas útiles para un fin y lugar donde están o se obtienen.

arseniato *s. m.* Sal del ácido arsénico.

arsénico *s. m.* As. Elemento químico perteneciente al grupo V A del sistema periódico. Su número atómico es 33 y su masa atómica 74,9. Fue descubierto a mediados del s. XIII por San Alberto Magno. Se halla en casi todos los sulfuros metálicos naturales, sobre todo en los sulfuros de arsénico, como el rejalgar y el oropimente, de donde se obtiene por tostación. Se emplea en diversas aleaciones y en la fabricación de herbicidas. Sus compuestos son altamente tóxicos, empleándose algunos como agentes de fumigación.

art nouveau (loc. fr.) *s. m.* Término con que se denominó en Francia al modernismo.

Artajerjes Nombre de varios reyes de Persia. **Artajerjes I Longimano** (465-424 a. C.) Rey de la dinastía aqueménida. El año 449 a. C. concluyó con los griegos la paz de Calias, que puso fin a medio siglo de guerras, fijando en Lidia la frontera de Persia con las polis griegas.

Artajerjes II Mnemón (404-358 a. C.) Tuvo que hacer frente a la sublevación de su hermano Ciro el Joven, que le venció en la batalla de Cunaxa (401 a. C.), aunque pereció en el combate. Posteriormente estableció con los griegos la paz de Antálcidas (387 a. C.), por la que Persia recuperó Chipre y las ciudades griegas de Asia Menor.

Artaud, Antonin (Marsella 1896 - Ivry-sur-Seine 1948) Dramaturgo, poeta, actor y teórico teatral francés. Estuvo unido en su juventud al grupo surrealista. En 1932 publicó el *Manifiesto del teatro de la crueldad* y, en 1938, *El teatro y su doble,* en los que defendió que la realización y la puesta en escena teatrales deben basarse en una libre interpretación del texto, en la improvisación y en la participación del público, hasta conseguir el espectáculo total. Entre 1937 y 1946 estuvo internado en un manicomio. Su obra, en la que destacan *Heliogábalo* (1934) y *Los tarahumara* (1936), ha influido extraordinariamente en el teatro de vanguardia.

art-déco (voz fr.) *s. m.* Movimiento artístico surgido en Europa en torno a 1920, muy influido por el modernismo, y que alcanzó su máxima expresividad en la decoración, el mobiliario, la joyería, etc.

arte *s. amb.* **1.** Actividad del hombre que, valiéndose de la materia, la imagen, el sonido, el gesto o el lenguaje imita, expresa o crea cosas materiales o inmateriales con una finalidad estética. **2.** Conjunto de obras, estilos o movimientos artísticos de un país, época, etc. **3.** Disposición y habilidad para hacer alguna cosa. **4.** Oficio, profesión. **5.** Conjunto de normas, conocimientos o habilidades propias de una profesión, de una disciplina, etc. **6.** Maña, astucia. **7.** Aparato para pescar. ▪ Se usa normalmente como masculino en singular y en plural como femenino. || **8. artes plásticas** Pintura, escultura y arquitectura. **9. bellas artes** Las que tienen como objeto expresar o crear cualquier clase de belleza: la pintura, la escultura, la arquitectura y la música. **10. séptimo arte** Cinematografía. || **Loc. no tener arte ni parte en** algo No intervenir para nada en ello. **por arte de magia** (o **de birlibirloque**) *adv. fam.* De forma inexplicable.

Hist. Las primeras manifestaciones artísticas humanas se remontan a la prehistoria y tienen, al parecer, un carácter mágico o religioso: el hombre reproducía la realidad para favorecer la caza, la fecundidad, etc. En los inicios de los tiempos históricos y en las primeras grandes civilizaciones, el arte sigue estando estrechamente relacionado con la religión (templos y pirámides de Egipto, zigurats sumerios, santuarios y esculturas de Buda en la India, en China, etc.). En Grecia y en Roma, junto al arte religioso, surge un arte que se inspira en otros temas, como el cuerpo humano, la naturaleza, los hechos históricos, y cobran importancia las obras de carácter público y funcional, p. ej. teatros, anfiteatros, acueductos, etc.

La religión cristiana influye decisivamente en el arte de Occidente y parte de Oriente desde principios de nuestra era y durante toda la Edad Media: el arte bizantino, el románico, el gótico (monasterios, iglesias, catedrales, pórticos, retablos, vidrieras, etc.). Por su parte, el arte islámico no se entiende sin su concepción profundamente religiosa, que tiene su máxima expresión en la mezquita.

Con el Renacimiento, el artista incorpora a sus obras otros motivos, con una nueva valoración del hombre, independiente de la religión (humanismo), a la vez que se imponen los modelos clásicos. La imitación de la realidad como fuente de inspiración siguió prevaleciendo en el Barroco, neoclasicismo, romanticismo y naturalismo, aunque en los más diversos estilos el artista siempre ha acertado a crear un mundo propio, lleno de imaginación y fantasía. En la segunda mitad del s. XIX y principios del XX, las innovaciones técnicas y formales llevan al arte a una revolución continua: impresionismo, expresionismo y cubismo abren el camino a las formas abstractas que, en adelante, coexistirán con las realistas y figurativas.

En la actualidad, la multiplicidad de estilos y tendencias, la libertad del artista, la utilización de todo tipo de técnicas y soportes (fotografía,

Arte: arriba, a la izquierda, Madona y niño con San Juan y San Pedro, *de Rafael (Metropolitan Museum, Nueva York) y, a la derecha,* Rey y reina, *de Henry Moore (Parque Middelheim, Amberes, Bélgica); sobre estas líneas, a la izquierda,* Dama, pierrots y galgo, *de F. Nonni y A. Bucci (Museo de la Cerámica, Faenza, Italia) y, a la derecha,* Corona de Recesvinto, *del Tesoro de Guarrazar (Museo Arqueológico, Madrid).*

cine, vídeo...), la intervención de los mecanismos de mercado, son otras tantas características de una actividad que proporciona al hombre uno de sus valores más apreciados.

artefacto *s. m.* **1.** Máquina, aparato. **2.** Bomba o cualquier otro mecanismo explosivo. **3.** Armatoste.

artejo *s. m.* **1.** Nudillo de los dedos. **2.** Cada una de las piezas articuladas que forman los apéndices de los artrópodos.

artemisa *s. f.* Nombre común de diversas plantas herbáceas de la familia compuestas, género *Artemisia.* La artemisa común *(Artemisia vulgaris)* mide entre 50 y 150 cm de altura, tiene hojas hendidas con envés blanco lanoso y flores blancas y amarillentas. En la antigüedad se utilizó para ayudar a las mujeres en el parto, de donde le vino el nombre.

Artemisa o **Artemis** Diosa griega de la Luna, la caza, la castidad y los alumbramientos. Hija de Zeus y Leto, y hermana gemela de Apolo, fue llamada Diana por los romanos.

arteria *s. f.* **1.** Vaso sanguíneo que lleva la sangre desde el corazón al resto del cuerpo. **2.** Calle o carretera principal. **FAM.** Arterial.
Anat. y ***Fisiol.*** En el hombre y muchos vertebrados, las dos arterias principales que salen del corazón son la arteria pulmonar, que lleva sangre cargada de dióxido de carbono y se dirige a los pulmones para reoxigenarla, y la aorta, que transporta la sangre oxigenada al resto del cuerpo. Las arterias se dividen en otras más pequeñas y éstas en arteriolas y capilares, hasta alcanzar todos los tejidos del cuerpo.
La estructura histológica de las arterias comprende tres capas: la *túnica adventicia,* capa externa de tejido conjuntivo laxo; la *túnica media,* capa interna de fibras musculares lisas y anulares y de fibras elásticas; y la *túnica interna,* capa interna de tejido endotelial.

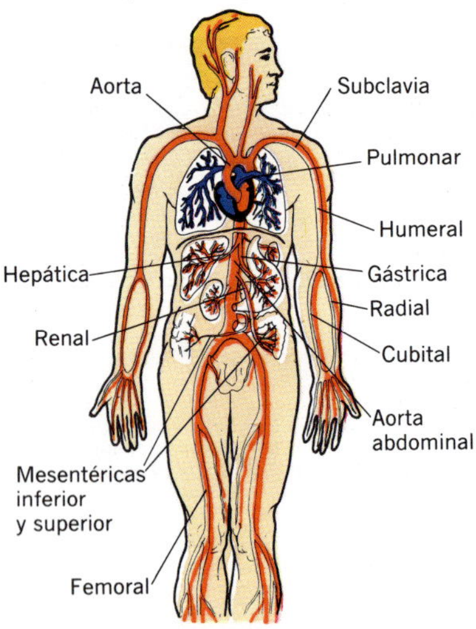

Esquema de la circulación arterial.

arteriografía *s. f.* Método radiológico de exploración arterial mediante inyección en las arterias de una sustancia opaca a los rayos X.

arteriola *s. f.* Arteria perteneciente a las últimas ramificaciones arteriales.

arteriosclerosis *s. f.* Enfermedad que consiste en que las paredes de las arterias engruesan y pierden su elasticidad, lo que impide el paso normal de la sangre y puede producir ataques cerebrales, angina de pecho, trombosis, úlceras o gangrena. El engrosamiento puede deberse a la formación de depósitos grasos que contienen colesterol o a la calcificación de las arterias.

arteritis *s. f.* Inflamación de una arteria.

artero, ra *adj.* Taimado, astuto. **FAM.** Arteramente, artería.

artesa *s. f.* Recipiente, generalmente rectangular y de madera, que se utiliza para amasar el pan, mezclar agua y cemento, etc.

artesanado *s. m.* Conjunto de artesanos o grupo social que forman.

artesanía *s. f.* **1.** Tipo de trabajo que se realiza de modo predominantemente manual; especialmente, el que se dedica a las llamadas artes menores, como la cerámica, la orfebrería, etc. **2.** Conjunto de obras así producidas.
Econ. La artesanía se basa en el trabajo manual de transformación de materias primas, realizado en pequeñas unidades y con pocas máquinas. En la actualidad se valora a menudo como una labor meticulosa y de garantía, frente a la producción en serie de la industria.

artesano, na *adj.* **1.** Perteneciente o relativo a la artesanía. ‖ *s. m.* y *f.* **2.** Persona dedicada a la artesanía o que trabaja de manera predominantemente manual.

artesiano, na *adj.* Se dice del pozo en que el agua sube naturalmente a la superficie.

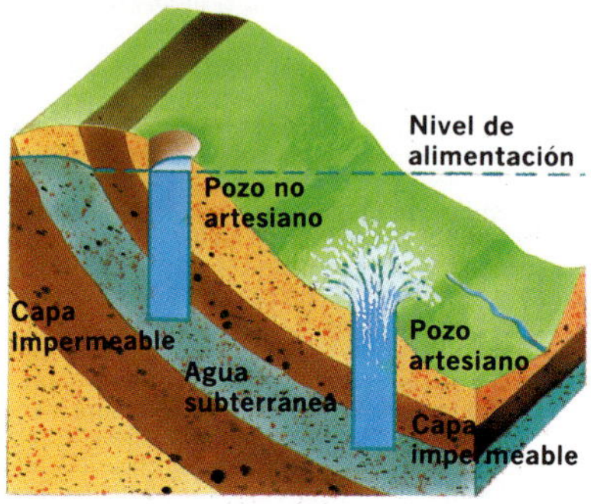

El pozo artesiano se origina al perforar un curso subterráneo de agua, retenido por dos capas impermeables, en un punto más bajo que el de su nivel de alimentación. La presión hace que el agua suba a la superficie.

artesón *s. m.* **1.** Artesa*. **2.** Cada uno de los compartimientos de un artesonado.

artesonado, da *adj.* Se dice del techo dividido en compartimientos cuadrados, poligonales o redondeados, normalmente de madera. También *s. m.*

Arteta, Aurelio (Bilbao 1885 - La Habana 1943) Pintor español. Sus cuadros se caracterizan por las grandes dimensiones y la monumentalidad, la expresividad de sus figuras y los temas preferentemente vascos. Sus obras más representativas son *Marineros, Campesinos* y *Hombres de la mar.*

Arthur, Chester Alan (Fairfield, Vermont 1830 - Nueva York 1886) Político estadounidense. Fue elegido vicepresidente en 1881 y accedió a la presidencia de EE UU un año después, tras el asesinato de Garfield. Fue uno de los organizadores del Partido Republicano.

ártico, ca *adj.* Perteneciente o relativo al polo norte y regiones que lo rodean.

Ártico, océano Glacial Océano más septentrional del globo, situado en los límites del círculo polar ártico. Tiene 14.000.000 de km^2 y comunica con el Atlántico a través de los mares de Groenlandia y Noruega, y con el Pacífico a través del estrecho de Bering. Su profundidad media es de 3.000 m, aunque en algunos puntos alcanza casi los 5.000. Sus aguas, cubiertas en su mayoría por la banquisa, están habitadas por numerosas ballenas y focas; jurisdiccionalmente se hallan repartidas entre EE UU, Canadá, Dinamarca, Noruega y Rusia.

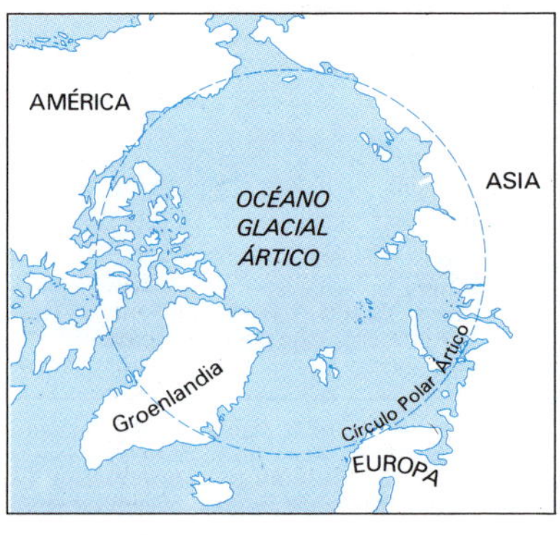

articulación *s. f.* **1.** Acción y efecto de articular o articularse. **2.** Punto de unión de dos piezas o partes articuladas, p. ej. de dos o más huesos entre sí. **3.** Conjunto de movimientos que realizan los órganos de la voz (labios, lengua, velo del paladar, faringe, etc.) para la pronunciación de sonidos y posición especial que adoptan en el momento de hacerlo. ‖ **4. modo de articulación** En fon., forma de producirse la salida del aire, que da lugar a la división de los sonidos en oclusivos (*p*), fricativos (*f*), africados (*ch*), laterales (*l*), etc. **5. punto de articulación** Zona de la boca en que un órgano se aproxima a otro en el momento de la articulación. Es el origen de la división de los sonidos en bilabiales (*b, p*), labiodentales (*f*), dentales (*d, t*), etc. **FAM.** Articular, articulatorio.
Anat. y ***Fisiol.*** Existen tres tipos de articulaciones: inmóviles, donde los huesos se unen por medio de una capa de cartílago, como las costillas en el esternón, o fibra, como los huesos del cráneo; semimóviles, en que los huesos se ponen en contacto por medio de un ligamento, como entre las vértebras; y móviles, donde los huesos engranan como una bisagra o encajando un saliente de uno en un entrante correspondiente del otro, p. ej. la rodilla. Algunas articulaciones están lubricadas por un líquido llamado sinovia.

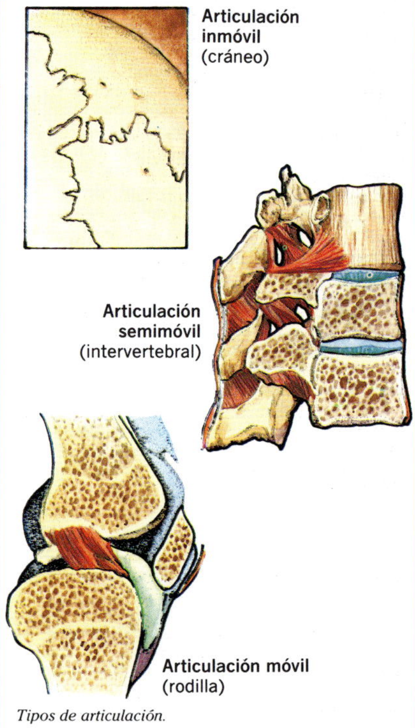

Tipos de articulación.

articulado, da 1. *p. p.* de **articular**. ‖ *adj.* **2.** Que tiene articulaciones. **3.** Se dice del lenguaje oral del hombre frente al gráfico o al de los animales. ‖ *s. m.* **4.** Conjunto de artículos de una ley o reglamento. **FAM.** Articuladamente.

articular *v. tr.* **1.** Trabar dos piezas de forma que posibilite determinado movimiento entre ellas. También *v. prnl.* **2.** Unir diversos elementos para formar un todo organizado. **3.** Colocar los órganos de la voz en la forma que requiera la pronunciación de cada sonido. **4.** Pronunciar las palabras con claridad, distinta y adecuadamente. **5.** Disponer en artículos una ley, reglamento o documento.

articulatorio, ria *adj.* Perteneciente o relativo a la articulación de los sonidos.

articulista *s. m.* y *f.* Persona que escribe artículos en periódicos o revistas.

artículo *s. m.* **1.** Elemento gramatical que acompaña al sustantivo o adjetivo sustantivado para actualizarlo, concordando con él en género y número. **2.** Cosa que es objeto de comercio. **3.** Escrito expositivo sobre un tema concreto, que aparece en periódicos y otras publicaciones. **4.** Cada una de las disposiciones numeradas de un tratado, ley, reglamento, etc. **5.** Cada una de las divisiones de un diccionario encabezada con distinta palabra. ‖ **6. artículo de fe** Verdad que se debe creer como revelada por Dios. **7. artículo de fondo** Editorial, artículo periodístico que refleja la opinión de la dirección sobre temas de actualidad. P. ext., artículo de pensamiento con o sin firma. ‖ **Loc. hacer el artículo** *fam.* Alabar algo con fines interesados.

Ling. El artículo es un determinante o complemento del sustantivo. Tradicionalmente se ha dividido en determinado e indeterminado. El determinado tiene en singular las formas *el* (masculino), *la* (femenino) y *lo* (neutro), y en plural *los* y *las,* y limita la extensión de un sustantivo a un objeto ya conocido para los hablantes: *La planta de la terraza se ha secado.* El indeterminado tiene en singular las formas *un* (masculino) y *una* (femenino) y en plural *unos* y *unas,* e indica que el sustantivo se refiere a un objeto no conocido para los hablantes: *Cómprame una planta.* La forma *el* precedida de las preposiciones *a* o *de,* origina las contracciones *al* y *del.*

artífice *s. m.* y *f.* **1.** Persona que realiza o crea una cosa. **2.** Artesano.

artificial *adj.* **1.** Hecho por el hombre. **2.** Fingido, no auténtico. **Fam.** Artificialmente.

artificiero *s. m.* Soldado o profesional especialistas en proyectiles, cartuchos y explosivos.

artificio *s. m.* **1.** Aparato, dispositivo, mecanismo. **2.** Procedimiento ingenioso y algo engañoso para algún fin. **3.** Falta de naturalidad.

artificioso, sa *adj.* Rebuscado, falto de naturalidad. **Fam.** Artificiosamente, artificiosidad.

Artigas Departamento de Uruguay, situado en el N del país. 11.928 km^2. 69.000 h. en 1985. La capital es Artigas, con 34.500 h. en 1985. Su economía se basa en la ganadería vacuna, lanar y caballar y la agricultura cerealística y de frutales.

Artigas, José Gervasio (Montevideo 1764 - Ibiray 1850) Político, militar y caudillo de la independencia uruguaya. Incorporado a la revolución de mayo de Buenos Aires (1810), organizó a la población rural en milicias, con las que derrotó a las tropas realistas en Las Piedras y puso sitio a Montevideo. Pero la junta de Buenos Aires decretó un armisticio, y Artigas, en desacuerdo con la decisión, inició una marcha hacia el N, conocida como el «Éxodo del pueblo oriental». En 1813 redactó las *Instrucciones del año XIII,* en las que defendía el federalismo frente al centralismo de Buenos Aires, lo que provocó la guerra. En 1815 controlaba ya la Banda Oriental (actual Uruguay), donde organizó la Liga Federal y recibió el título de protector, pero una alianza entre portugueses y porteños le derrotó y obligó a exiliarse en Paraguay (1820).

José Gervasio Artigas, en el cuadro de Pedro Blanes Viala Artigas dictando a su secretario José G. Monterroso, *detalle (Museo Histórico Nacional, Montevideo).*

artillar *v. tr.* Armar de artillería una fortaleza, un barco, una posición, etc.

artillería *s. f.* **1.** Disciplina relacionada con armas pesadas, como los cañones, misiles, etc. **2.** Conjunto de este tipo de armas que tiene un ejército, una plaza militar, un buque, etc. **3.** Cuerpo militar, con rango de arma, destinado a este servicio.

Hist. La artillería no fue un elemento importante en el arte de la guerra hasta la aparición de la pólvora en el s. XIV. Los primeros cañones (bombardas, culebrinas) eran aparatos muy pesados, de excesivo calibre y poca precisión, por lo que no resultaban decisivos en el resultado de las batallas. En el s. XV empezaron a fabricarse cañones más ligeros y de menor calibre (esmeriles, mosquetones), primero en hierro y luego, a partir del s. XVI, en bronce, mejorándose además la precisión de disparo gracias a los estudios de balística desarrollados en Italia. La incorporación de cañones a las embarcaciones (artillería naval) fue bastante temprana y alteró en buena medida el desarrollo de los combates navales. La artillería recibió un notable impulso en el s. XIX, tanto en los aspectos técnicos como estratégicos. Su papel fue crucial en la Primera y en la Segunda Guerra Mundial (carros de combate, artillería antiaérea), pero la auténtica revolución en el terreno de la artillería se ha producido a partir de 1960 con la aparición del misil, en sus cuatro variantes: tierra-tierra, tierra-aire, airetierra y aire-aire. Después de 1950 han estallado una serie de guerras locales (conflicto árabe-israelí, guerra irano-iraquí, guerra del Líbano), en las que se ha seguido empleando la artillería convencional. Sin embargo, los misiles volvieron a ser decisivos en la guerra del Golfo.

Artillería: 1. Bombarda del siglo XV, con un alcance de 200 a 300 m. 2. Cañón del siglo XVIII, con un alcance de 1 a 1,5 km. 3. Pieza de artillería de principios del siglo XX, con un alcance de 25 a 30 km. 4. Carro alemán Panther *de la Segunda Guerra Mundial. 5. Misil estadounidense* Pershing-2, *con un alcance de 1.800 km.*

artillero, ra *adj.* **1.** Perteneciente o relativo a la artillería. ‖ *s. m.* **2.** Soldado de artillería. **3.** Técnico de artillería. **4.** Jugador de fútbol que marca muchos goles.

artilugio *s. m. desp.* Mecanismo de cierta complicación, poco perfeccionado y de uso provisional.

artimaña *s. f.* Astucia que se utiliza para engañar a alguien y conseguir algo.

artiodáctilos *s. m. pl.* Orden de mamíferos, que comprende animales herbívoros de pies terminados en pezuña y provistos de un número par de dedos. Se subdivide en tres subórdenes: suiformes (cerdos, jabalíes, hipopótamos), tilópodos (camellos, llamas) y rumiantes (ciervos, bóvidos, antílopes, jirafas). También *adj.* y *s. m.*

artista *s. m.* y *f.* **1.** Persona que cultiva alguna de las bellas artes. **2.** Persona con aptitudes para el arte. **3.** Profesional del teatro, el cine, el espectáculo, etc. **4.** Persona muy buena en su especialidad.

artístico, ca *adj.* **1.** Perteneciente o relativo al arte. **2.** Bello, estético. **Fam.** Artísticamente.

artolas *s. f. pl.* Dispositivo que se coloca en las caballerías para que puedan ir sentadas dos personas.

artralgia *s. f.* Dolor de las articulaciones.

artrítico, ca *adj.* **1.** Perteneciente o relativo a la artritis o al artritismo. ‖ *s. m.* y *f.* **2.** Persona que padece artritis o artritismo.

artritis *s. f.* Inflamación dolorosa de las articulaciones que limita su libertad de movimiento.

artritismo *s. m.* Predisposición del organismo a padecer enfermedades como gota, diabetes, obesidad, asma, artritis crónica, etc.

artrología *s. f.* Parte de la anatomía que estudia las articulaciones.

artrópodos *s. m. pl.* Tipo de animales invertebrados que incluye más de un millón y medio de especies comprendidas en las clases crustáceos (cangrejos, langostas, etc.), merostomas (cacerola de mar), arácnidos (arañas, escorpiones y ácaros), picnogónidos (arañas marinas), diplópodos (milpiés), quilópodos (ciempiés), paurópodos, sínfilos, insectos y el subtipo extinguido de los trilobites. Tienen el cuerpo segmentado y recubierto de un esqueleto externo de quitina, piezas bucales complejas, patas articuladas y otros apéndices, un corazón en la parte superior del cuerpo y un cordón nervioso en la inferior. También *adj.* y *s. m.*

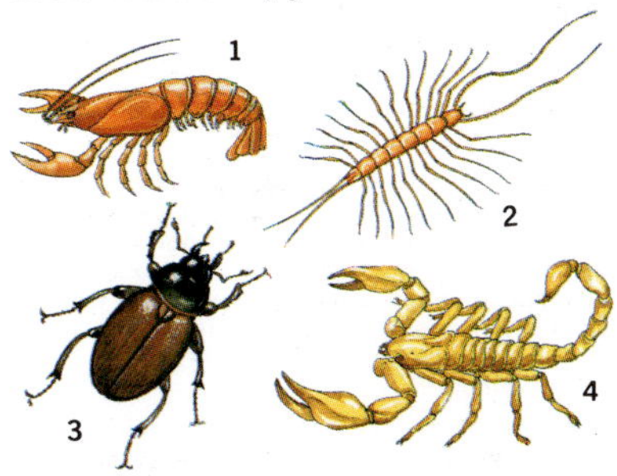

Las clases más importantes de artrópodos son los crustáceos (1), como el cangrejo de río (Astacus fluviatilis); *los quilópodos (2), como la escolopendra* (Scolopendra morsitans); *los insectos (3), como el ciervo volante* (Lucanus cervus), *y los arácnidos (4), como el escorpión* (Buthus occitanus).

artrosis *s. f.* Afección crónica de las articulaciones, de naturaleza degenerativa no inflamatoria.

Arturo Personaje legendario, supuesto rey de los bretones del S de Escocia en el s. VI. En torno a su figura se crearon, a partir del s. XII, una serie de obras literarias (Robert Wace, Chrétien de Troyes, Thomas Malory, etc.), que integran el llamado ciclo bretón y en las que desempeñan un destacado papel sus cortesanos, los caballeros de la Tabla Redonda, como Perceval o Parsifal, Galahad, Tristán y Lanzarote, y la búsqueda del Santo Grial.

Arturo Estrella alfa de la constelación del Boyero.

Aruba Isla de las Pequeñas Antillas, en las islas de Sotavento. 193 km^2. 61.300 h. en 1989. La capital es Oranjestad, con 19.800 h. en 1986. Constituye un territorio dependiente de los Países Bajos y posee un estatuto de autonomía política. En 1986 se separó de las Antillas Holandesas y comenzó su proceso de independencia, que se prevé que concluya en 1996. La base de su economía es la agricultura, las industrias del petróleo y el turismo.

Arucas C. de España, en la prov. de Las Palmas. 28.081 h. en 1991. Cuenta con producción de plátanos, bebidas alcohólicas y tabaco. Es una localidad turística.

Arunachal Pradesh Estado de la India, situado en el NE del país, en la cuenca del Brahmaputra. 83.743 km^2. 631.850 h. en 1981. La capital es Itanagar, con 14.100 h. en 1981. Posee agricultura de regadío (arroz) y explotaciones forestales.

arúspice *s. m.* Adivino.

arveja *s. f.* **1.** Algarroba. **2.** *amer.* Guisante.

arzobispado *s. m.* **1.** Dignidad y jurisdicción del arzobispo. **2.** Edificio donde ejerce sus funciones la curia arzobispal.

arzobispo *s. m.* Obispo de una iglesia metropolitana.

arzón *s. m.* Pieza de madera en forma de arco que lleva la silla de montar en la parte anterior y posterior.

as *s. m.* **1.** Antigua moneda romana. **2.** Carta de la baraja o cara del dado que representa el número uno. **3.** Persona que destaca en un ejercicio o profesión.

As Símbolo químico del arsénico.

asa *s. f.* **1.** Pieza de una vasija, cesta, maleta, etc., generalmente de forma curva, que sirve para cogerla. **2.** En anat. y fisiol., formación anatómica en forma curva, especialmente porción del intestino delgado que se dobla sobre sí misma.

asadero *s. m. fam.* Lugar donde hace mucho calor.

asado, da **1.** *p. p.* de **asar**. También *adj.* ‖ *s. m.* **2.** Carne asada o que se está asando.

asador *s. m.* **1.** Persona que se dedica a asar. **2.** Pincho en que se clava y se pone al fuego lo que se quiere asar. **3.** Aparato para asar. **4.** Establecimiento especializado en asados.

asadura *s. f.* Entrañas de un animal, consideradas como alimento, p. ej. el hígado, el bofe o el corazón.

asaetear *v. tr.* **1.** Lanzar saetas o dardos. **2.** Herir o matar con saetas.

asalariar *v. tr.* Fijar o pagar salario a una persona. **FAM.** Asalariado.

asalmonado, da *adj.* De color o sabor semejantes a los del salmón.

asaltar *v. tr.* **1.** Atacar una posición enemiga para tomarla. **2.** Abordar a alguien, entrar en un lugar, detener un vehículo, etc., por sorpresa o de forma violenta, generalmente para robar. **3.** Importunar bruscamente a alguien con preguntas o peticiones. **4.** Sobrevenir de pronto alguna cosa, como una enfermedad o un pensamiento. **FAM.** Asaltante.

asalto *s. m.* **1.** Acción y efecto de asaltar. **2.** En boxeo, cada una de las partes en que se divide el combate. **3.** En esgrima, ataque que se realiza adelantando simultáneamente el pie derecho y la espada. También, combate amistoso o de entrenamiento.

asamblea *s. f.* **1.** Reunión de numerosas personas convocada para algún fin. **2.** En pol., órgano legislativo de una nación, como el congreso o el senado. Se denomina constituyente cuando su función es redactar una constitución, y legislativa cuando su función es la elaboración de las leyes. **FAM.** Asambleísta.

asambleario, ria *adj.* **1.** De la asamblea. ‖ **2. Movimiento asambleario** Movimiento sociopolítico que considera a la asamblea como la mejor forma de organización obrera, estudiantil, ciudadana, etc., oponiéndose al sistema organizativo y modo de actuar de los sindicatos tradicionales. Los ejemplos históricos más conocidos son el de los soviets en la Rusia de 1917 y el del mayo francés de 1968. El movimiento asambleario es característico de las corrientes anarquistas y marxistas radicales, especialmente de la trotskista.

asar *v. tr.* **1.** Cocinar un alimento por la acción directa del fuego, el calor de un horno, etc., sin freírlo ni hervirlo. **2.** Molestar, importunar, acosar. ‖ *v. prnl.* **3.** Sentir mucho calor o ardor.

asaz *adv. c.* Bastante.

asbesto *s. m.* Variedad impura del amianto*. Es un silicato cálcico magnésico que forma fibras duras y rígidas y pertenece al grupo de los anfíboles. Se utiliza como tejido incombustible y en la industria de la construcción.

asca o **asco** *s. f.* o *s. m.* Estructura de tipo esporangio, en forma de saco, mediante la que se reproducen sexualmente los hongos ascomicetos.

ascáridos *s. m. pl.* Familia de gusanos nematodos del orden ascarioideos, que comprende el género único *Ascaris*. Son fusiformes y de gran tamaño (pueden alcanzar los 35 cm) y viven de forma parásita en el intestino de los vertebrados. También *adj.* y *s. m.*

Ascasubi, Hilario (Fraile Muerto 1807 - Buenos Aires 1875) Poeta y periodista argentino. En tiempos del dictador Rosas vivió exiliado en Montevideo y París. Es la primera figura importante del género gauchesco. Escribió con los seudónimos de Aniceto el Gallo y Paulino Lucero. Su obra costumbrista *Santos Vega o los mellizos de La Flor* (1872) narra las peripecias de un payador legendario e invencible.

ascendencia *s. f.* Sucesión de ascendientes de una persona.

ascendente *adj.* **1.** Que asciende. ‖ *s. m.* **2.** Astro que se halla en el horizonte durante el nacimiento de una persona y que se utiliza para realizar predicciones sobre su vida.

ascender *v. intr.* **1.** Subir, aumentar. **2.** Prosperar en un trabajo, cargo, etc. También *v. tr.* **3.** Importar una cuenta, una cantidad. ▪ Es v. irreg. Se conjuga como *tender*.

ascendiente *adj.* **1.** Que asciende. ‖ *s. m.* y *f.* **2.** Padre, madre o abuelos, de quien desciende una persona. ‖ *s. m.* **3.** Influencia, autoridad moral.

ascensión *s. f.* **1.** Acción y efecto de ascender. **2.** Subida de Cristo a los cielos. También, fiesta con que la Iglesia celebra este hecho. ▪ En esta última acepción se escribe con mayúscula.

ascensional *adj.* **1.** Se dice del movimiento de un cuerpo que sube y también de la fuerza que lo impulsa. ‖ **2. fuerza ascensional** En fís., fuerza que, según el principio de Arquímedes, permite a un globo elevarse en el aire; esta fuerza es igual al peso del aire desalojado por el globo, menos el peso de este último. **3. velocidad ascensional** Altura que gana un avión por cada unidad de tiempo.

ascenso *s. m.* **1.** Acción y efecto de ascender. **2.** Paso a una categoría, empleo o posición social superior.

ascensor *s. m.* Aparato que sirve para subir y bajar de un piso a otro en un edificio.

ascensorista *s. m.* y *f.* **1.** Persona encargada del manejo de un ascensor. **2.** Técnico que instala o repara ascensores.

ascesis *s. f.* Conjunto de reglas y prácticas del asceta.

asceta *s. m.* y *f.* Persona que lleva una vida de mortificación, o dominio de las pasiones, y de renuncia a bienes materiales, etc., para alcanzar la perfección moral u otros bienes espirituales. Los ascetas están presentes en todas las grandes religiones. **FAM.** Ascetismo.

ascético, ca *adj.* **1.** Perteneciente o relativo a los ascetas o a la ascética. ‖ *s. f.* **2.** Doctrina, actitud y práctica del asceta.

ascidias *s. f. pl.* Clase de animales cordados perteneciente al subtipo tunicados. Comprende unas 1.200 especies de animales marinos que tienen forma de saco, con dos orificios, para la entrada y salida del agua, y que viven fijos a rocas, conchas o cascos de buques. Suelen ser hermafroditas y se reproducen también asexualmente. Habitan en todos los mares y algunos forman colonias. También *adj.* y *s. f.*

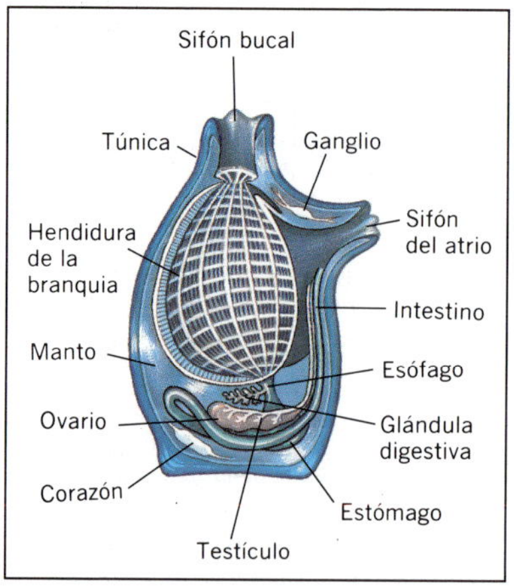

Ascidia: corte vertical y anatomía interna.

ascitis *s. f.* Acumulación de líquido en la cavidad peritoneal.

Asclepio Dios griego de la medicina, conocido también por su nombre romano de Esculapio. Sus atributos consistían en una serpiente, un bastón y una copa, adoptados posteriormente por los farmacéuticos.

asco *s. m.* **1.** Malestar físico o impresión desagradable causados por algo repugnante. **2.** Aversión, aborrecimiento. **3.** Cosa o persona repugnante o despreciable. **4.** Asca*. ‖ **LOC. hacer ascos** Despreciar con afectación una cosa.

ascomicetos *s. m. pl.* Clase del reino hongos a la que pertenecen unas 12.000 especies clasificadas en 1.600 géneros. Se caracterizan por presentar micelio tabicado, y reproducirse asexualmente por gemación, o sexualmente mediante ciertas estructuras en forma de saco, llamadas ascas. Los más importantes son las levaduras y las trufas. También *adj.* y *s. m.*

ascórbico *adj.* Se aplica al ácido exurónico, nombre químico de la vitamina C.

ascua *s. f.* Trozo de materia sólida combustible que arde sin llama. ‖ **LOC. arrimar** uno **el ascua a su sardina** *fam.* Aprovechar en favor de uno mismo las ocasiones que se presentan. **estar en** o **sobre ascuas** *fam.* Estar inquieto, sobresaltado.

Asdrúbal Nombre de varios generales cartagineses.

Asdrúbal (? h. 270 - ? h. 221 a. C.) Yerno de Amílcar Barca. Fundó en la península Ibérica la ciudad de Cartago Nova (actual Cartagena) y firmó con Roma el tratado del Ebro (226), en el que se fijaba ese río como límite septentrional del dominio cartaginés.

Asdrúbal Barca (? h. 245 - ? 207 a. C.) Hijo de Amílcar Barca y hermano de Aníbal. Luchó en Hispania contra los romanos tras la partida de Aníbal hacia Italia (218). Más tarde acudió allí para ayudar a su hermano, pero fue derrotado y muerto por las tropas romanas en la batalla del río Metauro.

asear *v. tr.* Limpiar, arreglar. **FAM.** Aseado.

asechanza *s. f.* Engaño para causar mal a otro.

asechar *v. tr.* Preparar o poner asechanzas.

asediar *v. tr.* **1.** Rodear con tropas un lugar enemigo para impedir que los que están en él salgan o reciban socorro. **2.** P. ext., rodear un lugar, a una persona, etc. **3.** Importunar a alguien insistentemente con ruegos, preguntas, molestias, etc.

asedio *s. m.* Acción y efecto de asediar.

asegurador, ra *adj.* Se dice de la persona o empresa que asegura riesgos ajenos. También *s.*

asegurar *v. tr.* **1.** Dejar firme, fijar sólidamente algo. **2.** Afirmar algo con certeza. **3.** Preservar de daño a personas y cosas. También *v. prnl.* **4.** Concertar un seguro. También *v. prnl.* ‖ *v. prnl.* **5.** Adquirir la seguridad de algo. **FAM.** Asegurado, aseguramiento.

asemejar *v. tr.* **1.** Hacer semejante o presentar una cosa como semejante a otra. ‖ *v. prnl.* **2.** Parecerse.

asenso *s. m.* Asentimiento, acción y efecto de asentir.

asentaderas *s. f. pl. fam.* Nalgas.

asentado, da **1.** *p. p.* de **asentar**. También *adj.* ‖ *adj.* **2.** Juicioso. **3.** Estable, tranquilo.

asentador *s. m.* Asentista.

asentamiento *s. m.* **1.** Acción o efecto de asentar o asentarse. **2.** Lugar donde la gente se establece.

asentar *v. tr.* **1.** Colocar a alguien en un determinado lugar, cargo, dignidad, etc. También *v. prnl.* **2.** Colocar una cosa de forma que permanezca firme; p. ext., consolidar, afianzar. **3.** Establecer gente, poblaciones, etc. También *v. prnl.* **4.** Convenir, acordar. **5.** Anotar algo, sobre todo en un libro de cuentas. **6.** Calmar, tranquilizar. También *v. prnl.* ‖ *v. prnl.* **7.** Estar situado. **8.** Posarse un líquido o depositarse un sólido. ▪ Es v. irreg. Se conjuga como *pensar*.

asentir *v. intr.* **1.** Manifestar acuerdo con lo que otro propone o afirma. **2.** Decir que sí moviendo la cabeza. ▪ Es v. irreg. Se conjuga como *sentir*. **FAM.** Asentimiento.

asentista *s. m.* y *f.* El que compra productos al por mayor y los vende a los comerciantes minoristas.

aseo *s. m.* **1.** Acción y efecto de asear o asearse. **2.** Cuarto donde uno se asea.

asépalo, la *adj.* Se dice de la flor que no tiene sépalos, que carece de cáliz. También *s. f.*

asepsia *s. f.* **1.** Circunstancia de no tener infección. **2.** Conjunto de procedimientos utilizados para evitar la invasión de gérmenes infecciosos, como p. ej. la esterilización y la aplicación de antisépticos. **3.** Falta de emociones, neutralidad.

aséptico, ca *adj.* **1.** Perteneciente o relativo a la asepsia. **2.** Frío, desapasionado.

asequible *adj.* **1.** Que se puede conseguir, especialmente por su precio. **2.** Sencillo, fácil de entender. **3.** De fácil trato o acceso.

Aser Personaje bíblico. Fue uno de los doce hijos de Jacob.

aserción *s. f.* Afirmación, aseveración, aserto.

aserradero *s. m.* Serrería.

aserrar *v. tr.* Serrar*. ■ Es v. irreg. Se conjuga como *pensar*.

aserrín *s. m.* Serrín*.

asertividad *s. f.* Habilidad para lograr conductas que expresan de modo directo sentimientos o que afirman la propia opinión frente a la de otros, de una forma socialmente aceptable.

aserto *s. m.* Afirmación de la certeza de algo.

asesinar *v. tr.* **1.** Dar muerte a una persona de modo que ello constituya delito. **2.** Estropear, hacer muy mal algo.

asesinato *s. m.* Acción y efecto de asesinar. ***Der.*** La definición de asesinato varía según los países. Algunos, como Polonia o Dinamarca, no lo incluyen en su Código Penal, donde sólo aparece el homicidio. Otros, como España, Francia, Reino Unido, Noruega o Cuba, sí lo tipifican como delito y lo definen como un homicidio en el que se dan determinadas circunstancias, como la alevosía, la premeditación o el ensañamiento. México, Argentina, Chile, Brasil e Italia, entre otros, no lo consideran un delito diferente, sino otra forma más de homicidio grave.

asesino, na *adj.* **1.** Que asesina. También *s.* **2.** Se dice de cosas muy perjudiciales o molestas. **3.** Hostil, reprobatorio.

asesor, ra *adj.* Que asesora. También *s.*

asesorar *v. tr.* Aconsejar o informar a alguien sobre algo. También *v. prnl.* **FAM.** Asesoramiento.

asesoría *s. f.* **1.** Oficina donde se asesora. **2.** Profesión del que asesora.

asestar *v. tr.* Con palabras como *golpe, puñalada,* etc., dar, propinar.

aseverar *v. tr.* Afirmar, decir algo con total certeza. **FAM.** Aseveración.

aseverativo, va *adj.* **1.** Que asevera. **2.** En gram., enunciativo.

asexuado, da *adj.* Que no tiene sexo o caracteres sexuales externos bien definidos. También *s.*

asexual *adj.* Sin intervención del sexo. Se aplica especialmente a la reproducción en que no intervienen gametos.

asfaltado, da **1.** *p. p.* de **asfaltar.** También *adj.* || *s. m.* **2.** Acción de asfaltar.

asfaltadora *s. f.* Máquina empleada para asfaltar una carretera.

asfaltar *v. tr.* Pavimentar o cubrir de asfalto.

asfalto *s. m.* **1.** Mezcla amorfa de hidrocarburos, también llamada pez mineral y betún de Judea, de color negro brillante, muy impermeable, que, generalmente con cal y arena, se emplea para pavimentar carreteras, calles, etc. **2.** Carretera, calle.

asfixia *s. f.* **1.** Falta de oxígeno en la sangre debida a la interrupción de la respiración. Puede ocurrir por ahogamiento, estrangulación, inhalación de gases tóxicos o por obstrucción de las vías respiratorias. **2.** Sensación de ahogo.

asfixiar *v. tr.* Producir asfixia. También *v. prnl.* **FAM.** Asfixiante.

ashanti *adj.* **1.** Se dice del pueblo africano del grupo étnico akan que habita en la región homónima de Ghana, junto al río Volta inferior. Este pueblo creó en el s. XVII una poderosa confederación. La región fue conquistada por los ingleses en 1874. **2.** De este grupo étnico. También *s.*

Ashjabad C. de Turkmenistán, cap. de esta república, situada en el S de la misma, cerca de la frontera iraní. 398.000 h. en 1989. Es un centro administrativo que cuenta con industria textil y de construcciones mecánicas.

así *adv. m.* **1.** De esta o esa manera: *Mira, tienes que hacerlo así.* **2.** Detrás de un sustantivo, de este tipo, de este modo, etc.: *Un coche así no sirve para nada.* **3.** Con la preposición *de* y un adjetivo, acompañado de un gesto apropiado, pondera el significado de éste: *así de grande.* **4.** Acompañando a un verbo en subjuntivo expresa deseo: *Así le parta un rayo.* **5.** En correlación con *como,* equivale a *tanto, de igual manera,* etc.: *así en la tierra como en el cielo.* **6.** Añade valor consecutivo a la secuencia a la que precede: *No se preocupa por nada; así le pasa lo que le pasa.* || *conj. conces.* **7.** Aunque: *No lo haré, así me maten.* || **LOC. así así** *adv.* Medianamente, regular. **así como así** *adv.* Como si tal cosa, a la ligera: *No lo decidas así como así.*

Asia Uno de los seis continentes de la Tierra. Es el más extenso y poblado. Su territorio se extiende entre los 77° 41' de latitud N y 11° de latitud S, y entre los 26° 4' de longitud E y 169° 40' de longitud O.

Extensión: 44.176.876 km^2.
Límites: al N, con el océano Glacial Ártico; al E, con el mar de Bering y el océano Pacífico; al S, con el mar de la China Meridional y el océano Índico, y al O, con los mares Rojo, Mediterráneo y Caspio, y los montes Urales y Cáucaso, que la separan de Europa.
Población: 3.116.000 h. en 1990.
Densidad: 70,5 h./km^2.
Gentilicio: asiático.
Religión: budismo, brahmanismo, islamismo, taoísmo, sintoísmo, cristianismo, animismo y judaísmo.
Tasa de natalidad: 27 ‰ en 1990.
Tasa de mortalidad: 9 ‰ en 1990.
Renta per cápita: 1.430 dólares en 1988.
Países: Afganistán, Arabia Saudí, Armenia, Azerbaiyán, Bahrein, Bangladesh, Birmania, Brunei, Bután, Camboya, China, Chipre, República de Corea, República Popular Democrática de Corea, Emiratos Árabes Unidos, Filipinas, Georgia, India, Indonesia, Irak, Irán, Israel, Japón, Jordania, Kazajstán, Kirguizistán, Kuwait, Laos, Líbano, Malaisia, Maldivas, Mongolia, Nepal, Omán, Pakistán, Qatar, Singapur, Siria, Sri Lanka, Tailandia, Taiwan, Tayikistán, Turkmenistán, Turquía, Uzbekistán, Vietnam y Yemen.
Ríos: vertiente del océano Glacial Ártico: Obi, Yenisei, Lena y Kolima; vertiente del océano Pacífico: Amur, Huang-ho (Amarillo), Yangtsé-kiang (Azul), Sikiang (Negro) y Mekong; vertiente del océano Índico: Irawady, Ganges, Brahmaputra (golfo de Bengala), Indo (mar Arábigo), Tigris y Eúfrates (golfo Pérsico); interiores: Sir Daria y Amu Daria (mar de Aral).
Lagos: mar Caspio, mar de Aral, Baljash y Baikal.
Montes: Urales, Tien Shan, Altai, Yablonovi, Stanovoi, Kunlun, Karakorum, Himalaya (pico Everest, de 8.848 m), Hindu Kush, Ghates, Zagros, Cáucaso, Tauro, Antitauro, Líbano y Antilíbano.
Penínsulas: en el océano Glacial Ártico, Yamal y Taimyr; en el océano Pacífico, Chukotka, Kamchatka, Corea, Shan-tung, Indochina y Malaca; en el océano Índico, Arábiga e Indostán; y en el mar Mediterráneo, Anatolia.
Golfos-mares: en el océano Glacial Ártico, mar de Kara, Laptev y Siberia Oriental; en el océano Pacífico, Bering, Ojotsk, Japón, Amarillo, China Oriental y China Meridional; en el océano Índico, Bengala y mar Arábigo, con los golfos de Omán y Pérsico y el mar Rojo; en el mar Mediterráneo, golfo de Alejandreta (Iskenderun) y mar Negro.
Islas: en el océano Glacial Ártico, Nueva Zembla, Sievernaia Zemliá y Nueva Siberia; en el océano Pacífico, Kuriles, Sajalín, archipiélago de Japón, Ryu-Kyu, Formosa, Filipinas, archipiélago de Indonesia; en el océano Índico, Andamán, Nicobar, Ceilán, Laquedivas y Maldivas; en el mar Mediterráneo, Chipre.
Estrechos: Bering, entre el océano Glacial Ártico y el océano Pacífico; Malaca, entre el océano Pacífico y el océano Índico; Bab el-Mandeb, entre el océano Índico y el mar Rojo; Bósforo y Dardanelos, entre el mar Mediterráneo y mar Negro.

Geog. física El relieve asiático se caracteriza por la existencia de una franja de grandes mesetas que recorre el continente desde el O (Anatolia, Irán) hasta el centro (Pamir y Tíbet, las más altas de la Tierra) y la península del Indostán (Decán); una barrera montañosa que cruza el continente de O a E, formada por el Cáucaso, los montes Zagros, Hindu Kush, Karakorum, Kunlun y, sobre todo, la cordillera del Himalaya, con el Everest y varios picos más por encima de los 8.000 m; unas depresiones centrales, en las que se han formado dos grandes lagos salados, el mar Caspio y el mar de Aral; la llanura septentrional o siberiana, que se prolonga hacia Europa, sólo interrumpida por los montes Urales; y los valles fluviales del S y del SE (Indo, Ganges, Mekong, Yangtsé-kiang y Huang-ho).
Las costas presentan gran variedad de formas, entre las que destacan las penínsulas del O (Anatolia, Arábiga) y del S (Indostán e Indochina), los archipiélagos del SE (Indonesia y Filipinas) y del E (Japón y Kuriles) y la costa siberiana, con numerosos entrantes y salientes. Una falla subterránea recorre buena parte de la mitad S del continente, y origina frecuentes terremotos y erupciones volcánicas.

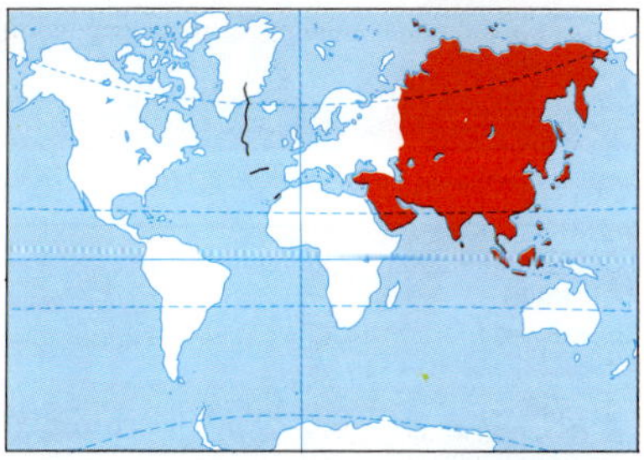

Los ríos pueden clasificarse en tres grupos: los siberianos (Obi, Yenisei, Lena), que desembocan en el océano Glacial Ártico y permanecen helados en invierno; los de las áreas desérticas (Amu Daria y Sir Daria, que desembocan en lagos interiores, y Tigris y Eúfrates, que lo hacen en el golfo Pérsico), de régimen irregular; y los del Asia monzónica (Huang-ho y Yangtsé-kiang, el más largo del continente con sus 5.500 km, en la región china; Mekong e Irawady, en la región indochina, y Brahmaputra, Indo y Ganges, en la región india), que son largos y caudalosos debido a las nieves del Himalaya y a las lluvias de los monzones.
Climáticamente, el continente se divide en una zona seca, que abarca el tercio septentrional, el Asia central, protegida por las cordilleras, y el Asia occidental; y una zona húmeda o monzónica, que incluye Asia del S y del SE, en la que alternan una estación cálida y lluviosa y otra seca y templada. Los tipos de climas más representativos son el polar al N, mediterráneo en la costa O, tropical monzónico en el S y SE, de tipo chino en la fachada oriental, y continental en el resto, además de los de montaña en las abundantes cordilleras y los desérticos en el Gobi, Takla Makan, y desiertos de Arabia y de Thar.
La vegetación es exuberante en las regiones monzónicas, de monte bajo en el Asia central y septentrional, inexistente en los desiertos, y de tundra y taiga en Siberia.
Geog. humana La población está desigualmente repartida y se concentra sobre todo en el Extremo Oriente y en el S del continente; el índice de crecimiento anual (excluida Rusia asiática) es del 1,8 %, el de mortalidad el 9 ‰, y el de natalidad el 27 ‰. El elevado crecimiento natural de algunos países y la concentración de la población en ciertas zonas provocan graves problemas de subsistencia. En el continente se hablan muchos idiomas y dialectos, aunque dominan el chino (el más hablado del mundo), el hindi, el japonés, el árabe, el bengalí, el malayo y el inglés. La raza más numerosa es la amarilla (Asia monzónica y central), seguida de la blanca (Asia occidental e India) y la negra (India e Indonesia). Hay también grupos raciales minoritarios, como mongoles, yacutos, y otros.
Geog. económica La economía asiática se basa en la agricultura, en su mayoría de subsistencia y centrada en el arroz (90 % de la producción mundial), el trigo (50 %), el maíz, el azúcar, el tabaco (55 %), el algodón, la seda (90 %), el caucho, el té, el cáñamo, etc. En la zona seca domina la actividad ganadera (ovejas, caballos, yaks, camellos). Hay abundante petróleo (sobre todo en Arabia Saudí y Kuwait, aunque también en China e Indonesia) y carbón (China es el primer productor mundial). El principal país industrializado de Asia es Japón (tercero del mundo), así como Taiwan, Corea del Sur, Singapur e Israel.

Asia: el Annapurna, en la cordillera del Himalaya (Nepal).

Asia: a la izquierda, industria electrónica en Japón, la primera potencia económica del continente; a la derecha, recolección del té en China.

China, India y los países de Oriente Medio se encuentran en un proceso de desarrollo acelerado, aunque el nivel de vida es aún muy bajo, mientras que el resto del continente permanece muy atrasado.

Hist. Asia ha sido cuna de importantes civilizaciones antiguas: en el valle del Tigris y el Eúfrates surgieron los imperios de Acad (2350 a. C.), de Ur (2050 a. C.), babilónico (1700 a. C.) y asirio (1200 a. C.); en torno al Indo y al Ganges se creó el imperio indio (264 a. C.) y a lo largo del Huang-ho se formó el imperio chino (1780 a. C.). Más tarde surgieron el islámico (s. VIII) y el mongol (s. XIII).

Mientras que la parte oriental de Asia se mantuvo al margen de los avatares de la historia europea hasta el s. XVI, las influencias del área mesopotámica y del Asia Menor sobre Grecia y Roma fueron muy sensibles. En el s. IV a. C., los macedonios de Alejandro Magno acabaron con el imperio persa y llegaron hasta el Indo, lo que dio lugar a una mezcla entre las culturas helenística y mesopotámica que no se interrumpió al convertirse Roma en potencia hegemónica. La aparición del cristianismo en Palestina acentuó aún más esta relación.

A partir del s. VIII, los musulmanes conquistaron Persia, Afganistán y el Punjab y se extendieron luego por el N de África hasta España. Hacia el s. XV se consolida otro imperio nacido en el O de Asia, el otomano, que dominará grandes extensiones de Europa oriental hasta la Primera Guerra Mundial. Mientras tanto, el oriente de Asia, muy influido por la cultura china e india, siguió una evolución muy diferente, con logros técnicos e intelectuales que los occidentales tardaron aún mucho tiempo en conocer. El encuentro entre esta parte del continente y Europa se produjo en el s. XVI, con la llegada de los comerciantes europeos. Primero portugueses, y luego españoles, franceses, ingleses y holandeses se instalaron en la zona e iniciaron una intensa explotación económica, que concluyó con la creación de imperios coloniales tan poderosos como el británico (India), el francés (Indochina) y el holandés (Indonesia).

En las últimas décadas del s. XIX, China y Japón inician sendos procesos de transformación social que, un siglo después, las han convertido en las dos grandes potencias asiáticas. En China se derrocó la monarquía en 1911 y se proclamó en 1949 la república popular. Mientras Japón, tras un intento fallido de crear un imperio asiático libre de las potencias occidentales, se convirtió después de la Segunda Guerra Mundial en una fuerza económica de primer orden. La reacción nacionalista y anticolonial se dio también en el resto de los países asiáticos: India se independizó en 1947 e Indochina expulsó a los franceses en 1954, aunque en Vietnam la guerra se prolongó hasta 1975 debido a la intervención estadounidense.

Asia Menor Véase **Anatolia**.

asiático, ca *adj.* De Asia. También *s.*

asidero *s. m.* **1.** Parte de una cosa que sirve para agarrarla con comodidad. **2.** Influencias, agarraderas. **3.** Pretexto.

asiduo, dua *adj.* Frecuente, constante, habitual. También *s.* **FAM.** Asiduamente, asiduidad.

asiento *s. m.* **1.** Acción y efecto de asentar o asentarse. **2.** Objeto o lugar destinado a sentarse en él. **3.** Emplazamiento, lugar en el que está o estuvo situado un pueblo, una edificación, etc. **4.** Contrato para proveer de dinero, alimentos, etc., a un ejército o a otra institución. **5.** Anotación en una cuenta, un libro de contabilidad, etc. **6.** Base o apoyo de alguna cosa. || **LOC. tomar asiento** Sentarse.

asignación *s. f.* **1.** Acción y efecto de asignar. **2.** Cantidad señalada como sueldo o por cualquier otro concepto. **3.** En inform., acción de atribuir un valor determinado a una variable.

asignar *v. tr.* **1.** Señalar lo que corresponde a alguien o a algo. También *v. prnl.* **2.** Destinar a una persona para que ocupe un cargo o desempeñe una función. **FAM.** Asignable.

asignatura *s. f.* Cada una de las materias de que consta la enseñanza en un plan de estudios.

asilar *v. tr.* **1.** Dar asilo a un perseguido. **2.** Albergar en un asilo. También *v. prnl.* || *v. prnl.* **3.** Tomar asilo en algún lugar. **FAM.** Asilado.

asilo *s. m.* **1.** Lugar de refugio para los perseguidos. **2.** Establecimiento benéfico para necesitados. **3.** Acogida, hospedaje. **4.** Protección, amparo. || **5. derecho de asilo** Protección que recibe una persona que en un estado o un país es perseguida por motivos políticos, al refugiarse en otro país.

asilvestrado, da *adj.* **1.** Se dice de la planta silvestre que procede de la semilla de una planta cultivada. **2.** Se dice del animal doméstico que pasa a estado salvaje.

asimetría *s. f.* Falta de simetría. **FAM.** Asimétrico.

asimiento *s. m.* Acción de asir.

asimilación *s. f.* **1.** Acción y efecto de asimilar o asimilarse. **2.** Anabolismo, transformación de los alimentos digeridos en tejidos vivos.

asimilar *v. tr.* **1.** Asemejar, comparar. También *v. prnl.* **2.** Equiparar, conceder a individuos de una carrera, grado o profesión derechos o funciones iguales a los de otros. También *v. prnl.* **3.** Incorporar un organismo a su propia sustancia otras extrañas. **4.** Comprender lo que se aprende. **5.** Incorporar un grupo social a otro, adaptándolo a los valores y pautas de éste. También *v. prnl.* **6.** Recibir, aceptándolo, cualquier tipo de mensaje. **7.** En fon., alterar la pronunciación de un sonido asemejándolo a otro cercano. Se usa más como *v. prnl.* **FAM.** Asimilable.

asimismo *adv. m.* De la misma manera, también. ■ Se escribe también *así mismo.*

Asimov, Isaac (Petrovich 1920 - Nueva York 1992) Escritor, científico y divulgador estadounidense de origen ruso. Es autor de populares novelas de ciencia-ficción, como *Yo, robot* (1950), *Las cavernas de acero* (1954) y *El sol desnudo* (1957) y la tetralogía *Fundación* (1963-82), y de obras de divulgación científica, como *En torno al átomo* (1956), *El mundo del nitrógeno* (1958) y *El universo* (1967), e histórica, como *Historia Universal* (1965-75).

Asín Palacios, Miguel (Zaragoza 1871 - San Sebastián 1944) Arabista español. Estudió la filosofía y la teología musulmanas y fundó la revista *Al-Ándalus.* Fue presidente de la Academia de la Lengua (1943). Entre sus obras sobresalen *Orígenes de la filosofía hispanomusulmana* (1914), *La escatología musulmana en la Divina Comedia* (1919) y *El Islam cristianizado* (1931).

asincrónico, ca *adj.* **1.** No simultáneo. || **2. motor asincrónico** En fís., motor o máquina eléctrica cuyo rotor no gira a la misma velocidad que el campo magnético producido por la corriente alterna que lo alimenta.

asíndeton *s. m.* Figura retórica que consiste en la ausencia de enlaces, p. ej. conjunciones, entre dos o más términos relacionados: *Llegué, vi, vencí.*

asinergia *s. f.* Dificultad para realizar movimientos coordinados. Si la causa es una lesión en el cerebelo, se habla de asinergia cerebelosa.

asíntota *s. f.* Recta o curva en el plano que se acerca indefinidamente a una curva dada sin cortarla.

asir *v. tr.* **1.** Tomar algo con la mano. || *v. prnl.* **2.** Aferrarse, agarrarse. ■ Es v. irreg.

ASIR	
INDICATIVO	**SUBJUNTIVO**
Presente	**Presente**
asgo	*asga*
ases	*asgas*
ase	*asga*
asimos	*asgamos*
asís	*asgáis*
asen	*asgan*

Asiria Antiguo reino de Asia que se extendía por la parte central de la cuenca del Tigris hasta Armenia. El nombre parece derivar de la ciudad de

Asur, que fue la primera capital. Sus habitantes eran tribus nómadas que acabaron por adoptar la vida sedentaria hacia el 3500 a. C. Invadida por acadios y sumerios, recuperó su independencia en el s. XVIII a. C., época en la que se creó el primer imperio mesopotámico. Tras un nuevo y largo periodo de decadencia, los asirios recobraron su poderío con Asur-Uballit I, que derrotó en el s. XIV a. C. a hititas y babilonios.
El segundo imperio asirio tuvo lugar entre los s. IX y VII a. C. con Asurnasirpal II, que conquistó la alta Mesopotamia, Sargón II, Senaquerib y Asurbanipal. A la muerte de este último, Asiria, debilitada por luchas internas, se desintegró por obra de una alianza de medos y babilonios. Nínive, que entonces era la capital, fue arrasada en el 612 a. C.
Arte Del arte asirio, cuyas primeras manifestaciones datan del s. XIV a. C., se han conservado restos de escultura, concebida como decoración de la arquitectura. Destacan estelas reales, como la de Asarhadón; bajorrelieves, como el de Asurbanipal (*Leona herida*), y toros androcéfalos alados. De su arquitectura sobresalen el zigurat de Jorsabad y el palacio de Nimrud.

asirio, ria *adj.* **1.** De Asiria. También *s.* || *s. m.* **2.** Dialecto acadio hablado en Asiria.

Asís (*Assisi*) C. de Italia, en la región de Umbría. 25.000 h. en 1979. Es un centro turístico entre cuyos monumentos destaca la basílica de San Francisco (s. XIII), decorada con frescos de Giotto. En esta ciudad nació San Francisco.

asistencia *s. f.* **1.** Acción de prestar socorro o ayuda. **2.** Acción de asistir, estar presente. **3.** Conjunto de personas que asisten a un acto. **4.** En baloncesto, pase que da lugar a una canasta. || *pl.* **5.** Servicios de ayuda.

asistencial *adj.* Perteneciente o relativo a la asistencia social.

asistenta *s. f.* **1.** Mujer que trabaja por horas en una casa realizando las faenas domésticas. || **2. asistenta social** Véase **asistente**.

asistente *adj.* **1.** Que asiste. También *s. m.* || *s. m.* **2.** Soldado que estaba destinado al servicio personal de un jefe u oficial. || **3. asistente** o **asistenta social** Profesional que presta ayuda a personas en asuntos relacionados con su bienestar social (problemas sanitarios, familiares, educativos, etc.).

asistir *v. tr.* **1.** Servir a alguien como ayudante o asistente. **2.** Servir en una casa. También *v. intr.* **3.** Socorrer, favorecer, ayudar. **4.** Atender médicamente a los enfermos. **5.** Tratándose de la razón, el derecho, etc., estar de parte de una persona. || *v. intr.* **6.** Acudir, estar presente. **7.** En ciertos juegos de naipes, echar cartas del mismo palo que la que se echó primero. **8.** En baloncesto, realizar una asistencia.

asistolia *s. f.* **1.** Ausencia de sístole. **2.** P. ext., insuficiencia cardiaca aguda.

Asiut (*Assyut* o *Usyut*) C. de Egipto, junto al río Nilo. 291.300 h. en 1986. Posee industria textil y artesanía, además de contar con importantes restos arqueológicos en su necrópolis de los imperios Antiguo y Medio.

asma *s. f.* Enfermedad respiratoria crónica, debida a una sensibilidad excesiva de los bronquios a determinadas sustancias, que provoca accesos de sofocación o ahogo, tos, estertores, etc. Pueden causarla diversas alergias, infecciones o tensión emocional. Se trata con esteroides, oxígeno o adrenalina.

Asmara C. de Etiopía, cap. de la región de Eritrea, en el N del país. 295.700 h. en 1985. Posee industrias cárnicas, del jabón, del vidrio, del papel. Es centro comercial. Cuenta con aeropuerto.

asmático, ca *adj.* **1.** Perteneciente o relativo al asma. **2.** Se aplica a la persona que padece asma. También *s.*

asno, na *s. m.* y *f.* **1.** Mamífero perisodáctilo de la familia équidos, género *Equus*. Mide de 90 a 150 cm de alzada, tiene largas orejas, pelo grisáceo, más claro en el vientre. Es nativo de África y Eurasia y se le ha domesticado desde la antigüedad, aunque existen dos especies salvajes: *Equus asinus* (asno salvaje africano) y *Equus hemionus* (asno salvaje asiático, onagro o hemión). Se le utiliza como animal de carga y tiro y es capaz de alcanzar una velocidad de 60 km/h. **2.** Persona poco inteligente. También *adj.* **FAM.** Asnal.

asociación *s. f.* **1.** Acción y efecto de asociar o asociarse. **2.** Conjunto de asociados y entidad constituida por ellos. || **3. asociación de ideas** En psicol., acto por el que un pensamiento, imagen o representación evoca o suscita otro u otros, por razones de contigüidad (noche y oscuridad), de semejanza (nube y algodón) o contraste (desierto y agua). **4. derecho de asociación** En der., el reconocido por las constituciones democráticas para amparar la creación de cualquier asociación con fines lícitos.

asociado, da **1.** *p. p.* de **asociar**. También *adj.* || *s. m.* y *f.* **2.** Socio.

asocial *adj.* Se dice de la persona o conducta que ignora o no acepta las reglas que rigen en la sociedad.

asociar *v. tr.* **1.** Unir a personas o cosas para un determinado fin. También *v. prnl.* **2.** Poner en relación cosas o ideas. También *v. prnl.*

asociativo, va *adj.* **1.** Que asocia. **2.** Que tiende a asociarse o funciona en sociedad. **3.** Se aplica a la propiedad de la suma y el producto que afirma que la agrupación parcial de operaciones no altera el resultado. Así, se verifica que: $a + (b + c) = (a + b) + c$; $a \cdot (b \cdot c) = (a \cdot b) \cdot c$. Esta propiedad permite sustituir cualquier número de términos consecutivos por su resultado parcial.

asocio *s. m. amer.* Asociación. Se usa en la expresión **en asocio**.

Asoka (? h. 273 - ? h. 232 a. C.) Emperador de la India (h. 269 - h. 232 a. C.). Soberano de la dinastía Maurya, llevó a cabo una política expansionista y proclamó el budismo como religión oficial del Estado.

asolar *v. tr.* Destruir, arruinar, arrasar. ■ Es v. irreg. Se conjuga como *contar*. Sin embargo, se tiende a conjugarlo como regular. **FAM.** Asolamiento.

asomar *v. intr.* **1.** Empezar a mostrarse. || *v. tr.* **2.** Sacar o mostrar algo por una abertura o por detrás, encima, etc., de alguna cosa. También *v. prnl.*

asombrar *v. tr.* Causar asombro. También *v. prnl.*

asombro *s. m.* **1.** Gran admiración. **2.** Sorpresa, extrañeza. **3.** Persona o cosa que asombra. **FAM.** Asombrosamente.

asombroso, sa *adj.* Que causa asombro.

asomo *s. m.* **1.** Acción de asomar o asomarse. **2.** Indicio, señal, leve manifestación de algo. || **LOC. ni por asomo** *adv.* De ningún modo.

asonada *s. f.* Sublevación, levantamiento.

asonante *adj.* Se dice la rima en que sólo son iguales las vocales, p. ej. los versos segundo y cuarto de este fragmento de Federico García Lorca: *«Abierta estaba la rosa / con la luz de la mañana; / tan roja de sangre tierna, / que el rocío se alejaba.»* **FAM.** Asonancia, asonantado, asonántico.

asorocharse *v. prnl.* **1.** *Amér. del S.* Padecer soroche, mal de montaña. **2.** *Amér. del S.* Ruborizarse.

aspa *s. f.* **1.** Objeto o signo en forma de X. **2.** Dispositivo exterior con esta forma que tiene el molino de viento. **3.** Cada uno de los brazos de ese aparato y de otros parecidos.

Asno (Equus asinus).

aspado, da *adj.* Con forma de aspa.

aspar *v. tr.* Clavar a alguien en un aspa como suplicio. || **LOC. ¡que me aspen si...!** *excl.* Frase con la que se refuerza lo dicho a continuación.

aspaviento *s. m.* Gesto exagerado con que se muestra alteración, asombro, admiración, etc. Se usa más en *pl.* **FAM.** Aspaventero.

aspecto *s. m.* **1.** Conjunto de rasgos externos de una persona o cosa. **2.** Matiz, faceta. **3.** Categoría gramatical que en ciertas lenguas distingue en el verbo diferentes clases de acción: durativa, como los tiempos imperfectos (*cantaba*); perfecta o terminada, como el pretérito perfecto (*he cantado*); reiterativa, etc.

aspectual *adj.* Perteneciente o relativo al aspecto gramatical.

asperjar o **asperger** *v. tr.* **1.** Esparcir un líquido en gotas menudas. **2.** Rociar o echar agua con el hisopo. ■ La forma *asperger* se conjuga como *coger*.

áspero, ra *adj.* **1.** Se dice de lo que no es suave al tacto, por tener la superficie desigual. **2.** Escabroso, abrupto. **3.** Desagradable al gusto o al oído. **4.** Duro, violento. **5.** Rudo, antipático, poco afable. **FAM.** Ásperamente, aspereza.

asperón *s. m.* Arenisca silícea o arcillosa que se emplea en construcción, en piedras de amolar y para fregar cacharros.

aspersión *s. f.* Acción de esparcir un líquido en gotas pequeñas, generalmente a presión, como se hace con el agua para el riego o con los herbicidas químicos.

aspersor *s. m.* Mecanismo que esparce líquido a presión.

áspid *s. m.* **1.** Nombre que recibe la víbora común europea (*Vipera aspis*). **2.** Cobra común o áspid de Cleopatra, serpiente venenosa de la familia elápidos, especie *Naja haje*.

aspillera *s. f.* Abertura larga y estrecha en las fortificaciones a través de la cual se disparaba.

aspiración *s. f.* Acción y efecto de aspirar.

aspirado, da **1.** *p. p.* de **aspirar**. || *adj.* **2.** En fon., se dice del sonido que se produce por el roce del aire espirado en la laringe o en la faringe.

aspirador, ra *adj.* **1.** Que aspira. || *s. f.* **2.** Aparato eléctrico empleado para recoger el polvo.

aspirante *adj.* **1.** Que aspira. || *s. m.* y *f.* **2.** Persona que intenta obtener un determinado empleo, cargo, título pugilístico, etc.

aspirar *v. tr.* **1.** Tomar aire u otra mezcla gaseosa con los pulmones. **2.** Absorber gases, líquidos u otras sustancias una máquina. **3.** Pronunciar aspirado un sonido. **4.** Desear, anhelar.

aspirina *s. f.* **1.** Ácido acetilsalicílico*. **2.** Comprimido analgésico que contiene este ácido.

asquear *v. tr.* Causar asco, repugnancia o fastidio. También *v. intr.* **FAM.** Asqueado.

asqueroso, sa *adj.* **1.** Repugnante, que causa asco. **2.** Escrupuloso, que siente asco. **3.** Se dice, con ánimo de insulto, de personas que ofenden con sus palabras o su comportamiento. También *s.* **FAM.** Asquerosamente, asquerosidad.

Asquith, Herbert Henry (Morley, Yorkshire 1852 - Londres 1928) Político británico. Jefe del Partido Liberal y primer ministro (1908-16), recortó el poder de los lores, apoyó el proyecto de *Home rule* para el autogobierno irlandés e hizo intervenir al Reino Unido en la Primera Guerra Mundial.

Assad, Hafez al- (Latakia 1928) Militar y político sirio. Dirigente del partido Baas, alcanzó la presidencia de la república en 1971. Defendió la facción palestina opuesta a Arafat e inició la intervención de Siria en Líbano en 1976. Reelegido en 1982, fue partidario de Irán en su guerra contra Irak.

Assam Estado de la India, en el NE del país, en la cuenca alta y media del río Brahmaputra. 78.523 km^2. 19.896.000 h. en 1981. La capital es Dispur. Su economía se basa en la agricultura, con cultivos de té, arroz, yute y algodón; posee además minas de carbón y refinerías de petróleo.

asta *s. f.* **1.** Palo al que se sujeta una bandera. **2.** Palo de la lanza; p. ext., lanza o pica. **3.** Cuerno de un animal. || **LOC. a media asta** *adv.* Estar a medio izar la bandera en señal de luto.

astado, da *adj.* **1.** Provisto de asta. ‖ *s. m.* **2.** Toro.

Astaire, Fred (Omaha 1899 - Los Ángeles 1987) Bailarín y actor de cine estadounidense. Se distinguió por una excelente técnica y protagonizó algunos de los musicales más populares de la historia del cine, formando pareja con Ginger Rogers, Rita Hayworth y Cyd Charisse. Entre sus películas destacan *Sombrero de copa* (1935), *Melodías de Broadway de 1940* (1940) y *Papá piernas largas* (1955).

Astarté Diosa de la fertilidad y la reproducción de los fenicios y cananeos, conocida también como *Istar.*

astato *s. m.* At. Elemento químico no metálico perteneciente al grupo VII A del sistema periódico. Su número atómico es 85 y su masa atómica 210. Fue obtenido artificialmente en 1940, en cantidades mínimas, como producto de la desintegración radiactiva del uranio. Sus isótopos son inestables y es soluble en medio orgánico.

astenia *s. f.* Debilidad, falta considerable de fuerzas. **FAM.** Asténico.

astenosfera *s. f.* Capa del manto terrestre superior, dotada de fluidez, sobre la que descansa la capa más rígida, llamada *litosfera.* Se encuentra aproximadamente entre 50 y 100 km de profundidad. Es una zona de transición, en la que se produce un descenso de la velocidad de las ondas sísmicas longitudinales y donde se verifican fenómenos de isostasia y de deriva continental.

áster *s. m.* **1.** Nombre común de diversas plantas herbáceas de la familia compuestas, género *Aster.* El áster alpino *(Aster alpinus)* mide entre 15 y 20 cm de altura, tiene flores en cabezuela, de color violeta. El áster margarita *(Aster bellidiastrum)*, es algo mayor y sus flores son de color blanco, púrpura, rosa o azul. Crece en regiones montañosas de Europa. El áster blanco *(Aster tradescantii)*, que alcanza hasta 2 m de altura, abunda en estado silvestre en América y se cultiva mucho como flor ornamental. **2.** En biol., conjunto formado por el centrosoma y los filamentos que irradian de él, visible durante el proceso de división celular (mitosis).

asteráceas *s. f. pl.* Nombre por el que también se conoce a la familia de plantas compuestas. También *adj.* y *s. f.*

asterisco *s. m.* Signo ortográfico (*) empleado generalmente para remitir al lector a una nota o a un término.

asteroide *s. m.* Cada uno de los pequeños y numerosos cuerpos celestes que giran principalmente entre las órbitas de Marte y Júpiter.
Astron. Las características de los asteroides son similares a las de los planetas, pero su tamaño es mucho menor. El mayor es Ceres, primero en ser descubierto (1801). A partir de ese momento se han detectado unos 1.500, de los cuales 40 se cruzan con la órbita de la Tierra, aunque se calcula que deben existir unos 60.000.

asteroideos *s. m. pl.* Clase de invertebrados equinodermos, a la que pertenecen unas 1.600 especies de estrellas de mar. Son animales con simetría radial, generalmente con cinco brazos que regeneran fácilmente y disco central cubierto por placas calcáreas. También *adj.* y *s. m.*

astigmatismo *s. m.* Aberración óptica del ojo y de las lentes, por la cual los rayos refractados no se juntan en un mismo punto, generalmente debido a la curvatura imperfecta de la córnea o la lente. En el ojo humano se manifiesta por una disminución de la agudeza visual y se corrige con lentes cilíndricas. **FAM.** Astigmático.

astil *s. m.* **1.** Mango, generalmente de madera, de algunas herramientas. **2.** Eje córneo de las plumas de las aves. **3.** Brazo de la balanza.

astilla *s. f.* **1.** Trozo de forma irregular que salta al partirse la madera o que se corta para leña. **2.** Fragmento que salta al quebrarse un mineral. **3.** En argot, pequeño soborno a un funcionario.

astillar *v. tr.* Romper, resquebrajar ciertas cosas, como un palo, un hueso, etc. También *v. prnl.*

astillero *s. m.* Instalación dedicada a la construcción y reparación de buques. Consta de gradas de construcción, dársenas y diques.

Aston, Francis William (Harborne 1877 - Londres 1945) Físico británico. Descubrió los isótopos e ideó un espectrógrafo de masas de gran precisión. Recibió el premio Nobel de química en 1922.

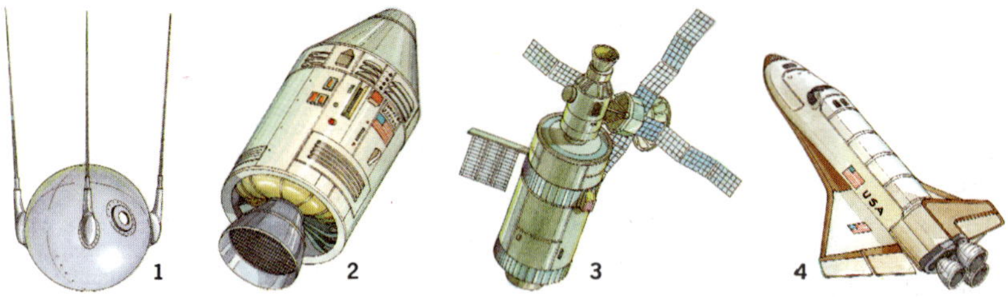

Algunos momentos históricos de la astronáutica: 1. El Sputnik I *soviético, primer satélite artificial lanzado al espacio. 2. La cápsula estadounidense* Apolo, *en la que viajaron los primeros hombres que pisaron la Luna. 3. La estación espacial estadounidense* Skylab. *4. La lanzadera espacial estadounidense* Columbia.

Astorga C. de España, en la prov. de León. 12.629 h. en 1990. Posee industria textil, papelera y alimentaria. En época romana se llamó *Asturica Augusta*, y fue un importante centro de comunicaciones. Conserva restos artísticos romanos, murallas medievales, iglesias románicas, la catedral gótica y el palacio episcopal, obra de Gaudí.

astracán *s. m.* **1.** Piel de cordero de raza karakul no nacido o recién nacido, de aspecto fino y rizado, típica de la ciudad rusa de Astracán. **2.** Tejido rizado de lana o pelo de cabra.

Astracán C. de Rusia, situada en la cabecera del delta que forma el río Volga al desembocar en el mar Caspio. 509.000 h. en 1989. Es centro portuario y pesquero, que cuenta con industria derivada de la lana y piel de las ovejas karakul, conservera y papelera.

astracanada *s. f.* Farsa teatral disparatada y a menudo de poca calidad, basada en el malentendido, el chiste fácil y los juegos de palabras. Uno de los maestros del género fue el español Pedro Muñoz Seca, autor de *La venganza de don Mendo.*

astrágalo *s. m.* **1.** Hueso del pie, perteneciente al conjunto tarsiano, que está articulado con la tibia y el peroné en la parte superior y con el calcáneo y el escafoides en la inferior. Su acción es fundamental en los movimientos de flexión y extensión del pie. **2.** En arq., anillo que rodea el fuste de la columna.

astral *adj.* Perteneciente o relativo a los astros.

astringente *adj.* **1.** Se aplica a los alimentos y sustancias que contraen las membranas y tejidos y secan las secreciones y heridas, como los alcoholes, el nitrato de plata y el ácido tánico. También *s. m.* **2.** Que produce estreñimiento.

astringir *v. tr.* Contraer y secar alguna sustancia los tejidos orgánicos. ▪ Se conjuga como *surgir.*

astro *s. m.* **1.** Cualquiera de los cuerpos celestes que forman el Universo, como estrellas, planetas, satélites, etc. **2.** Persona que sobresale en una actividad, sobre todo en el cine.

astrofísica *s. f.* Rama de la astronomía que se ocupa de las propiedades físicas de los cuerpos celestes. **FAM.** Astrofísico.
Astron. El desarrollo de la astrofísica ha permitido conocer datos como la distancia entre los astros, su temperatura, su masa y su estructura física, las características de nuestra galaxia y de otras más lejanas, etc. Su método de investigación principal se basa en el estudio de las radiaciones captadas de los cuerpos celestes. Son ramas de la astrofísica la radioastronomía, interesada en las ondas radioeléctricas; la astrofotografía, que estudia las radiaciones mediante fotografías, y la astronomía de rayos X y ultravioleta, que se ocupa de las radiaciones de menor longitud de onda.

astrógrafo *s. m.* Telescopio astronómico utilizado para fotografiar los astros y sus espectros.

astrolabio *s. m.* Instrumento que se utilizaba para observar la posición de los astros y determinar su altura en el horizonte y sus movimientos.

astrología *s. f.* Estudio de la influencia de los astros en el destino de las personas. **FAM.** Astrológico, astrólogo.

astrometría *s. f.* Rama de la astronomía que comprende los métodos para medir las posiciones y el movimiento de los astros, así como su representación cartográfica.

astronauta *s. m.* y *f.* Tripulante de una nave espacial.

astronáutica *s. f.* Ciencia y técnica de la navegación por el espacio exterior a la Tierra mediante vehículos espaciales (astronaves). **FAM.** Astronáutico.
Tecnol. Sentaron las bases de la astronáutica (1903) los trabajos del ruso Konstantin E. Tsiolkovski, el estadounidense Robert H. Goddard y el alemán Hermann Oberth. El primer satélite artificial puesto en órbita fue el Sputnik I, lanzado por la URSS el 4 de octubre de 1957. El primer astronauta fue el ruso Yuri A. Gagarin, que realizó una órbita alrededor de la Tierra el 12 de abril de 1961. Pronto se emprendieron vuelos tripulados por dos o tres hombres, como el proyecto Gemini de EE UU.
El programa estadounidense Apolo culminó el 20 de julio de 1969 con el primer desembarco del hombre en la Luna, realizado por los astronautas Neil A. Armstrong y Edwin E. Aldrin. Dentro de este programa hubo otros cinco desembarcos en la Luna. Durante los años sesenta y setenta, la URSS y EE UU lanzaron varias sondas planetarias que exploraron casi todos los planetas del sistema solar. Las más importantes son las cápsulas estadounidenses Mariner (dirigidas a Mercurio, Venus y Marte), las soviéticas Venus, los módulos Vikingo (que se posaron en Marte y analizaron el suelo marciano) y las sondas Pioneer y Voyager, de la NASA, que estudiaron de cerca los planetas Júpiter, Saturno y Urano. El Voyager II llegó a Neptuno en 1989.
Durante los años ochenta, los proyectos de exploración espacial más destacados han sido los envíos de sondas espaciales rusas, europeas y japonesas al cometa Halley. La actividad estadounidense se ha centrado durante esta década en la lanzadera espacial Columbia.

astronave *s. f.* Vehículo diseñado para viajar por el espacio. Se llama *satélite artificial* si se mantiene girando en órbita alrededor de la Tierra. Si es capaz de elevarse desde la superficie, se denomina *lanzadera espacial* o *proyectil-cohete.* Si abandona el campo de acción de la Tierra y se dirige a otros planetas, se llama *sonda interplanetaria.*

astronomía *s. f.* Ciencia que estudia la localización, composición, movimiento y leyes que gobiernan a los astros y, en general, a toda materia del Universo. **FAM.** Astrónomo.
Hist. Las primeras observaciones y descubrimientos astronómicos fueron hechos por los babilonios y más tarde por egipcios, chinos y griegos. Tolomeo, en el s. II d. C., definió el geocentrismo, sistema que consideraba la Tierra como centro del Universo y que perduró hasta que Copérnico demostró, ya en la Edad Moderna, que era el Sol el centro fijo del Sistema Solar.
Se inició así una revolución en la astronomía, en la que participaron hombres como Galileo, Kepler y, sobre todo, Newton, quien, basándose en su ley de la gravitación universal, explicó las causas del movimiento planetario. En la actualidad, la astronomía es una de las ciencias que conoce un mayor desarrollo. Está dividida en tres ramas: la astronomía fundamental, que incluye la astrometría y la mecánica celeste (estudio de las causas del movimiento de los astros); la astrofísica (estudio de las propiedades físicas de los astros), y la cosmogonía (estudio del origen y evolución del Universo).

astronómico, ca *adj.* **1.** Perteneciente o relativo a la astronomía. **2.** *fam.* Se dice de las cantidades muy grandes.

astroso, sa *adj.* Desaseado, harapiento. **FAM.** Astrosamente.

astucia *s. f.* **1.** Cualidad de astuto. **2.** Maña o habilidad para conseguir algo.

astur *adj.* **1.** Se dice de un pueblo celta asentado en la antigüedad en las regiones españolas de Asturias y León cuya capital era Astúrica (hoy Astorga) y que fue sometido por Augusto el año 19 a. C. **2.** De este pueblo. También *s.* **3.** Asturiano*.

asturiano, na *adj.* **1.** De Asturias. También *s.* || **2. arte asturiano** Arte que floreció en el reino de Asturias entre los s. VIII y XI.
Arte Anterior al románico, el arte asturiano denota influencias romanas, visigóticas y musulmanas. En arquitectura, se distingue por sus templos y palacios de pequeñas dimensiones, como el palacio de Santa María del Naranco, del s. IX, y el empleo de la bóveda de cañón reforzada por arcos y contrafuertes. Otras manifestaciones importantes son San Miguel de Lillo, San Julián de los Prados y San Salvador de Valdedios en arquitectura, y en orfebrería las cruces de los Ángeles y de la Victoria, la arqueta de las Ágatas y el cofre de la catedral de Astorga.

Arte asturiano: Santa María del Naranco, cerca de Oviedo.

Asturias, Miguel Ángel (Guatemala 1899 - Madrid 1974) Novelista y diplomático guatemalteco. Con un lenguaje rico, estilo brillante y voluntariamente duro en ocasiones, su obra combate todo tipo de explotación humana, en especial la del indio. Su novela más conocida, *El señor presidente* (1946), versa sobre el tema de la dictadura. Otras obras suyas son *Hombres de maíz* (1949) y la trilogía compuesta por *Viento fuerte* (1930), *El papa verde* (1954) y *Los ojos de los enterrados* (1961). Obtuvo el premio Nobel de literatura en 1967.

Asturias, Principado de Comunidad autónoma de España, situada en el N del país.

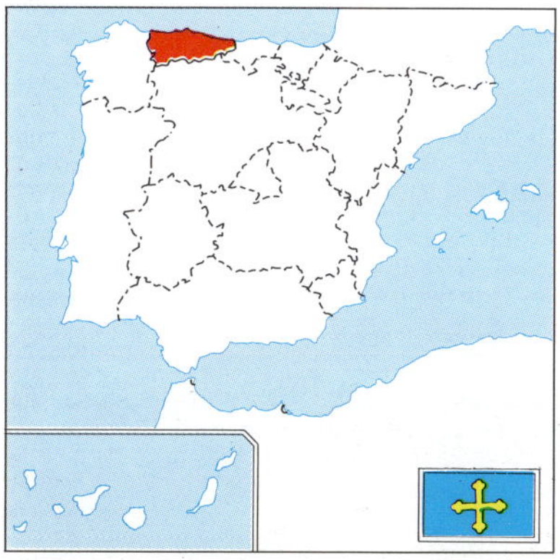

Extensión: 10.565 km^2.
Límites: al N, con el mar Cantábrico; al E, con Cantabria; al S, con León, y al O, con Lugo.
Población: 1.091.093 h. en 1991.
Densidad: 103,3 h./km^2.
Capital: Oviedo.
Provincia: Asturias.

Asturias: vista del puerto pesquero y de la playa de Gijón.

Geog. física Destaca en el relieve de Asturias la cordillera Cantábrica, cuyas alturas más importantes son los Picos de Europa. La franja costera es muy estrecha y está atravesada por ríos cortos y caudalosos (Sella, Nalón, Narcea y Eo). Las costas, muy recortadas, presentan numerosos accidentes (cabo de Peñas). El clima es oceánico, con influencia marítima y lluvias abundantes.
Geog. humana y ***económica*** La población se concentra en el litoral, donde existen numerosos puertos pesqueros; en los valles de los ríos y en la zona minera de Mieres y Langreo, al S. El mayor núcleo urbano de la comunidad lo constituye Gijón, importante centro portuario e industrial. La natalidad es baja. En la agricultura predomina el cultivo de maíz y manzanos. Tiene importancia la ganadería bovina, que abastece a las industrias lácteas. La región posee la cuenca carbonífera más importante de España e industrias siderúrgicas y químicas. El sector terciario ha conocido un gran auge y ocupa cerca del 40 % de la población laboral asturiana.
Hist. Habitada por astures, la región fue definitivamente conquistada por Roma en tiempos de César Augusto, a finales del s. I a. C. Al producirse la invasión musulmana de la Península, se refugiaron en ella grupos de hispanovisigodos que, tras fundirse con la población autóctona, pusieron los cimientos de un pequeño reino cristiano que resistió al Islam.
Asturias fue reino independiente hasta que Alfonso III dividió en el año 910 sus posesiones entre sus tres hijos; pasó entonces a ser un territorio dependiente del reino de León. En 1388, Juan I de Castilla le otorgó carácter de principado y desde entonces los herederos de la corona de Castilla (y más tarde de España) llevan el título de príncipe de Asturias. Industrializada a mediados del s. XIX, la región se convirtió en el s. XX en uno de los focos obreros más combativos del país, como se demostró durante la huelga revolucionaria de 1934 y la guerra civil. En 1982 entró en vigor su estatuto de autonomía.

Asturias, reino de Reino hispánico de la Alta Edad Media, el primero surgido en la Península tras la conquista musulmana. Su origen se halla en la batalla de Covadonga (h. 722), en la que Pelayo resistió al dominio islámico. Tras el breve reinado de Fáfila (737-738), Alfonso I consolidó su dominio desde el País Vasco hasta Galicia y creó un área despoblada en el río Duero como defensa ante el Islam. Sus sucesores sufrieron pugnas internas, y la amenaza islámica se agudizó con Abderramán I e Hisam I. Alfonso II el Casto (791-842) buscó la alianza de Carlomagno y restableció el orden visigótico en la administración. En su reinado se descubrió el sepulcro del apóstol Santiago en Compostela. Su sucesor Ramiro (842-850) hubo de rechazar invasiones normandas en Galicia. Ordoño (850-866) reconquistó y repobló León y obtuvo la gran victoria de Clavijo. Su hijo Alfonso III Magno (866-910) avanzó la reconquista hasta Coimbra, pactó una paz favorable con los musulmanes y reorganizó el reino. A su muerte, se dividió el reino entre sus tres hijos y la capital fue trasladada de Oviedo a León (914), lo que dio origen al reino leonés.

astuto, ta *adj.* **1.** Hábil para engañar o evitar el engaño o lograr cualquier fin. **2.** Que implica esta habilidad. **FAM.** Astutamente.

Asuán C. de Egipto, situada en el S del país. 195.700 h. en 1986. La gran presa construida sobre el río Nilo, a 6 km de la ciudad, tiene una longitud de 1.960 m y permite el regadío del 25 % de las tierras cultivadas del país.

asueto *s. m.* Descanso o vacaciones breves.

asumir *v. tr.* **1.** Tomar para sí, hacerse cargo. **2.** Aceptar.

asunción *s. f.* **1.** Acción y efecto de asumir. **2.** Elevación al cielo de la Virgen María en su carne mortal según el dogma católico y festividad en que se celebra este misterio (15 de agosto). ■ En esta acepción suele escribirse con mayúscula.

Asunción C. de Paraguay, cap. del país y del departamento del mismo nombre, situada junto

Asunción: vista de la plaza de los Héroes.

a la confluencia del río Pilcomayo con el Paraguay. 567.700 h. en 1986 y 794.200 h. en su aglomeración urbana en el mismo año. Es el principal puerto del país y centro comercial e industrial, con producción química, textil, de construcción, metalúrgica, mecánica y cementera. Posee refinería de petróleo. Cuenta con universidad y sede arzobispal.

asunto *s. m.* **1.** Materia o cuestión de que se trata. **2.** Tema o argumento de una película, novela, obra de arte, etc. **3.** Negocio u ocupación.

Asur **1.** Divinidad suprema de los asirios.
2. Antigua ciudad de Asiria, situada a 100 km al S de Mosul, a orillas del Tigris. Es la actual Qal'at Sargat de Irak. Fue capital del imperio asirio hasta el s. IX a. C. Posee importantes restos arqueológicos.

Asurbanipal (s. VII a. C.) Rey de Asiria (h. 669 - h. 631 a. C.). Conquistó Egipto, Elam y su reinado marca el apogeo del imperio asirio.

Asurnasirpal II (s. IX a. C.) Rey de Asiria (883 - 860 a. C.). Venció a los arameos de la Alta Mesopotamia, sometió a los estados neohititas de Karkemish y Pattin e impuso tributo a los fenicios. Hizo erigir grandes monumentos en Nimrud.

asustar *v. tr.* **1.** Dar susto. También *v. prnl.* **2.** Producir miedo. También *v. prnl.* **FAM.** Asustadizo.

At Símbolo químico del astato.

atabal *s. m.* Tambor de forma semiesférica con un solo parche o piel.

atabalear *v. intr.* **1.** Tamborilear con los dedos. **2.** Hacer los caballos con los cascos el ruido característico.

atacador *s. m.* Instrumento que se utiliza para apretar la pólvora de un cañón, el tabaco de una pipa, etc.

Atacama **1.** Desierto de Chile, en el N del país, en las regiones de Atacama y Antofagasta, limitado al E por la cordillera andina. 132.000 km^2. **2.** Prov. de Chile, en el N del país. 75.573 km^2. 196.800 h. en 1989. La capital es Copiapó, con 79.530 h. en 1987. Su clima es desértico. Posee ricos yacimientos de hierro, cobre, oro y plata.

Atacama, Puna de Prolongación oriental del desierto del mismo nombre en Chile y Argentina. 4.000 m de altura media. Posee conos volcánicos, salares y es una región casi despoblada.

atacamita *s. f.* $Cu_2(OH)_3Cl$. Mineral oxicloruro de cobre hidratado. Presenta color verde vítreo y es exfoliable. Sus principales yacimientos se encuentran en el desierto de Atacama (Chile), en Perú, Bolivia y Australia. Se explota como mena del cobre.

atacar *v. tr.* **1.** Lanzarse contra alguien o algo para causarle daño, destruirlo, etc. **2.** Combatir a personas o ideas, oponerse a ellas. **3.** Perjudicar, dañar. **4.** Referido a cosas como el sueño o las enfermedades, venir repentinamente. **5.** Referido a los nervios, irritar, alterar. **6.** En mús., tocar con energía una nota o el comienzo de una pieza o parte de ella. **7.** Apretar la pólvora en un arma de fuego, el tabaco en una pipa, etc. **8.** En quím., ejercer acción una sustancia sobre otra, combinándose con ella o alterándola. ▪ Se conjuga como *sacar.* **FAM.** Atacante.

atadijo *s. m. fam.* Paquete o envoltorio hecho con poco cuidado.

atado, da **1.** *p. p.* de **atar**. También *adj.* || *s. m.* **2.** Conjunto de cosas atadas.

atadura *s. f.* **1.** Acción y efecto de atar. **2.** Cuerda o material con el que se ata algo. **3.** Unión, vínculo.

Atahualpa (Cuzco h. 1502 - Cajamarca 1533) Inca peruano (1525-33). Hijo bastardo del emperador Huayna Cápac, tras una guerra contra su hermano Huáscar, dominó el imperio (1532) y desposeyó a la nobleza, que había apoyado a su rival. Buscó la alianza contra Pizarro, que había desembarcado en 1532, pero el conquistador español le prendió a traición. Atahualpa pagó un fabuloso rescate, a pesar de lo cual Pizarro ordenó su ejecución, acusándole de conspiración, fratricidio e idolatría.

atajar *v. intr.* **1.** Tomar un atajo. **2.** Adelantar, ganar tiempo. || *v. tr.* **3.** Salirle al paso a una persona o animal por un atajo. **4.** Cortar, interrumpir, detener.

atajo *s. m.* **1.** Camino o lugar por donde se acorta el trayecto. **2.** Procedimiento o medio rápido. **3.** Grupo pequeño de cabezas de ganado. **4.** *desp.* Conjunto de personas o cosas.

atalaya *s. f.* **1.** Torre desde la que se puede vigilar una gran extensión. **2.** Lugar elevado desde el que se divisa mucho espacio. **3.** Perspectiva o estado desde el que se puede apreciar o juzgar algo adecuadamente. || *s. m.* **4.** Persona que vigila desde una atalaya.

atamán *s. m.* Jefe político y militar de los cosacos. En un principio era elegido por una asamblea, pero desde el s. XVIII pasó a nombrarlo el propio zar.

Atanagildo (? - Toledo 567) Rey de los visigodos. Se alzó contra el rey Agila en el 551, venciéndole con el apoyo bizantino. Bizancio ocupó entonces la Bética y parte de la Cartaginense. Fue un rey tolerante con los católicos, que luchó por consolidar el reino hispanovisigodo sin lograrlo plenamente. Recuperó Sevilla de manos de los bizantinos.

Atanasio, San (? h. 296 - ? 373) Padre de la Iglesia y patriarca de Alejandría. Defendió la ortodoxia de la fe cristiana frente al arrianismo.

atanor *s. m.* Cañería para conducir agua construida con tubos de barro cocido.

atañer *v. intr.* Corresponder, concernir. ▪ Es v. defect. Se conjuga sólo en tercera persona.

ataque *s. m.* **1.** Acción de atacar. **2.** Acceso repentino de tos, risa, una enfermedad, un sentimiento, etc.

atar *v. tr.* **1.** Sujetar una cosa con cuerda, cinta, etc., o unirla a otra mediante nudos o ligaduras. También *v. prnl.* **2.** Unir, vincular. También *v. prnl.* **3.** Quitar o limitar el movimiento, la libertad de acción, etc. También *v. intr.* y *v. prnl.* || **LOC. atar corto** *fam.* Reprimir, controlar a uno.

ataraxia *s. f.* Tranquilidad, calma.

atarazana *s. f.* Astillero.

atardecer[1] *v. impers.* Acabar la tarde. ▪ Es v. irreg. Se conjuga como *agradecer.*

atardecer[2] *s. m.* Último periodo de la tarde.

atarear *v. tr.* **1.** Hacer trabajar mucho a alguien. || *v. prnl.* **2.** Afanarse, entregarse al trabajo.

atascar *v. tr.* **1.** Obstruir un conducto con alguna cosa. También *v. prnl.* || *v. prnl.* **2.** Quedarse inmovilizado en un barrizal, por algún obstáculo, etc. **3.** *fam.* Interrumpirse, detenerse, no poder proseguir. ▪ Se conjuga como *sacar.* **FAM.** Atascamiento.

atasco *s. m.* **1.** Obstrucción de un conducto. **2.** Embotellamiento, congestión de vehículos. **3.** Dificultad, obstáculo.

Ataturk Véase **Kemal, Mustafá**.

ataúd *s. m.* Caja donde se introduce un cadáver para enterrarlo.

ataujía *s. f.* Obra de taracea que se hace con hilos de oro y plata en esmaltes y metales, propia del arte hispanoárabe.

Ataúlfo (? s. IV - Barcelona 415) Rey visigodo (410-415). Cuñado y sucesor de Alarico I, en 412 dejó Roma y pasó a las Galias, donde se apoderó de Narbona, Tolosa y Burdeos, creando un reino independiente. Se casó con Gala Placidia, hermana del emperador Honorio. Los ejércitos romanos le hostigaron y Ataúlfo se refugió en la provincia Tarraconense, en España, fijando su corte en Barcelona, donde murió asesinado.

ataviar *v. tr.* Adornar, vestir a alguien. También *v. prnl.* ▪ En cuanto al acento, se conjuga como *ansiar: atavío.*

atávico, ca *adj.* Perteneciente o relativo al atavismo.

atavío *s. m.* **1.** Adorno. **2.** Atuendo, vestido.

atavismo *s. m.* **1.** Reaparición en un descendiente de uno o varios caracteres que se habían manifestado en algún ascendiente más o menos lejano y habían desaparecido en posteriores generaciones. **2.** Tendencia a mantener hábitos, modos de vida, etc., ancestrales.

ataxia *s. f.* Trastorno neurológico que afecta a la coordinación de los movimientos voluntarios y dificulta las contracciones musculares reflejas necesarias para mantener la postura erguida.

ateísmo *s. m.* En un sentido general, doctrina, opinión o actitud que niega la existencia de cualquier ser superior y sobrenatural.

atelaje *s. m.* **1.** Tiro de caballerías. **2.** Arreos o guarniciones de las bestias de tiro.

atelana *s. f.* Pieza cómica del teatro latino.

atemorizar *v. tr.* Causar temor, asustar. También *v. prnl.* ▪ Se conjuga como *cazar.*

atemperar *v. tr.* **1.** Moderar, mitigar, en especial sentimientos e impulsos. También *v. prnl.* **2.** Adecuar una cosa a otra. También *v. prnl.*

Atenas (*Azenai*) C. de Grecia, cap. del país y del nomo de Ática, situada en una llanura rodeada de montañas, a 7 km del puerto del Pireo. 885.700 h. en 1981 y 3.027.300 h. en su área metropolitana en el mismo año. Es el puerto más importante del país y un centro comercial e industrial de primer orden. Posee industrias textiles, del cuero, alimentarias, refinerías de petróleo, astilleros y artesanía. Es además un gran centro turístico con importantes restos de arte clásico.
Hist. Los descubrimientos arqueológicos indican que Atenas estuvo habitada al menos desde la época micénica. Se tienen noticias, más o menos legendarias, de la época en que estuvo gobernada por reyes, antes del s. X a. C. La monarquía fue sustituida por un Estado aristocrático en el que los poderosos eupátridas, o nobles, elegían a los arcontes, magistrados encargados del gobierno de la ciudad. El poder de la aristocracia comenzó a decaer en el s. VII a. C. con las leyes de Dracón (621 a. C.).
Legisladores como Solón (594 a. C.) y más tarde Clístenes implantaron un sistema democrático en la ciudad. Poco a poco ésta fue extendiendo su actividad comercial al Asia Menor, donde exis-

Atenas: vista de la ciudad desde la Acrópolis, con el teatro de Dionisos en primer plano.

tían numerosas ciudades griegas, lo que dio lugar a un enfrentamiento con Persia en las guerras médicas (primera mitad del s. V a. C.). Triunfante en el conflicto, Atenas conoció su apogeo en la segunda mitad del s. V, con Pericles. En esta época llegó a ser una gran potencia marítima, cabeza de la liga de Delos, y cultural y a ella pertenecen la mayoría de los monumentos de la Acrópolis (Partenón, Erecteion, Propileos y el templo de Nike Aptera). La supremacía de Atenas desembocó en la rebelión de las demás ciudades griegas, que se unieron en torno a Esparta en la guerra del Peloponeso (431-404 a. C.), en la que Atenas perdió su hegemonía política, aunque no la cultural. Su definitivo declive político le llegó en el s. IV a. C., al ser vencida por los macedonios en la batalla de Queronea. Pasó luego a poder de Roma (s. II a. C.) y más tarde formó parte del imperio romano de Oriente. En 1204 se convirtió en el ducado de Atenas y Neopatria, que en 1311 fue conquistado por los almogávares catalanes y acabó luego en poder de la corona de Aragón. En 1456, Atenas fue conquistada por los turcos. En 1834 fue convertida en capital de Grecia.

atenazar *v. tr.* **1.** Sujetar fuertemente con tenazas o de forma similar. **2.** Paralizar, inmovilizar. **3.** Atormentar a alguien un pensamiento, sentimiento, etc. ▪ Se conjuga como *cazar.*

atención *s. f.* **1.** Actitud consciente dirigida a la observación o percepción clara y distinta de algunos estímulos (objetos, hechos, ideas). **2.** Demostración de respeto, cortesía, amabilidad, etc. ‖ *interj.* **3.** Voz con que se dice a alguien que atienda, esté prevenido o tenga cuidado. ‖ **LOC. a la atención de** *adv.* En cartas o envíos, para entregar a. **en atención a** Teniendo en cuenta. **llamar la atención** Despertar interés, causar sorpresa; también, amonestar, reconvenir. ***Psicol.*** La atención se define también como la función mental por la que nos concentramos en un objeto, mientras que otros son percibidos más difusamente e incluso pueden llegar a desaparecer completamente de la conciencia. La atención tiene componentes orgánicos y psicológicos. Influye decisivamente en el aprendizaje y rendimiento escolar, y es tanto mayor cuanto mayor sea la motivación del alumno.

atender *v. tr.* **1.** Acoger favorablemente un deseo o ruego. También *v. intr.* **2.** Ocuparse de una persona o cosa o cuidar de ella. ‖ *v. intr.* **3.** Prestar atención. También *v. tr.* **4.** Considerar una cosa, tenerla en cuenta. ▪ Este verbo tiene dos p. p.; uno reg., *atendido*, y otro irreg., *atento.* Es v. irreg. Se conjuga como *tender.* **FAM.** Atendible.

Atenea Diosa griega de la inteligencia y la sabiduría, el trabajo femenino, el derecho, la agricultura y la guerra, llamada también Palas e identificada en Roma con Minerva. Hija de Zeus, de cuya cabeza nació, era patrona de Atenas, a cuyos habitantes dio el olivo, el torno de alfarero y la escuadra del constructor.

ateneo *s. m.* Asociación científica o literaria y sede de la misma. **FAM.** Ateneísta.

atenerse *v. prnl.* Ajustarse o someterse uno a alguna cosa. ▪ Es v. irreg. Se conjuga como *tener.*

ateniense *adj.* De Atenas. También *s.*

atentado, da **1.** *p. p.* de **atentar**. ‖ *s. m.* **2.** Acto de agresión contra alguien o algo. **3.** Acción contraria a lo que se considera recto.

atentar *v. intr.* Cometer atentado.

atentatorio, ria *adj.* Que atenta contra algo.

atento, ta **1.** *p. p.* irreg. de **atender**. ‖ *adj.* **2.** Que tiene fija la atención en algo. **3.** Cortés, amable. **FAM.** Atentamente.

atenuante *adj.* **1.** Que atenúa. **2.** En der., se dice de la circunstancia que disminuye la gravedad de un delito. También *s. f.*

atenuar *v. tr.* Disminuir la fuerza, intensidad, gravedad, etc., de algo. ▪ En cuanto al acento, se conjuga como *actuar. atenúa.*

ateo, a *adj.* Que niega la existencia de Dios. También *s.*

aterciopelado, da *adj.* Parecido al terciopelo.

ateriniformes *s. m. pl.* Orden de peces teleósteos que comprende unas 600 especies. Se caracterizan por tener aletas sin espinas. Habitan en aguas superficiales marinas y aguas dulces tropicales. Ateriniformes son los pejerreyes, espetones y peces voladores. También *adj.* y *s. m.*

aterir *v. tr.* Entumecer el frío excesivo. También *v. prnl.* ▪ Es v. defect. Se usa sólo el inf. y el p. p.

aterrador, ra *adj.* Que causa terror.

aterrar *v. tr.* Aterrorizar.

aterrizar *v. intr.* **1.** Tomar contacto con el suelo una aeronave. **2.** *fam.* Caer al suelo. **3.** *fam.* Llegar alguien a un lugar desconocido o a una nueva situación. ▪ Se conjuga como *cazar.* **FAM.** Aterrizaje.

aterrorizar *v. tr.* Causar terror, espantar. También *v. prnl.* ▪ Se conjuga como *cazar.*

atesorar *v. tr.* **1.** Acumular dinero o cosas de valor. **2.** Tener una persona muchas y buenas cualidades.

atestado, da **1.** *p. p.* de **atestar**. También *adj.* ‖ *s. m.* **2.** Documento oficial en el que constan ciertos hechos, p. ej. cómo ocurrió un accidente, un delito, etc.

atestar[1] (del ant. *tiesto,* tieso) *v. tr.* Llenar al máximo un espacio.

atestar[2] (del lat. *attestari*, de *ad*, a, y *testis*, testigo) *v. tr.* Testificar.

atestiguar *v. tr.* **1.** Declarar como testigo. **2.** Ofrecer indicios ciertos de algo. ▪ Se conjuga como *averiguar.*

atezar *v. tr.* Tostar la piel el sol. También *v. prnl.* ▪ Se conjuga como *cazar.* **FAM.** Atezado.

Athabasca **1.** Lago de Canadá, situado en el centro del país. 8.080 km^2.
2. Río de Canadá, en la prov. de Alberta. 1.200 km de longitud. Nace en las Montañas Rocosas y desemboca en el lago homónimo. Constituye la sección superior del río Mackenzie.

Athos, Monte Montaña de Grecia, en la península de Hagion Oros. 2.033 m. Alberga una comunidad monástica repartida en 20 monasterios. Conserva valiosas muestras de arte bizantino y una rica colección de manuscritos.

El monasterio de Simonos Petra, uno de los veinte que existen en Monte Athos.

atiborrar *v. tr.* **1.** Llenar en exceso. **2.** *fam.* Hartar de comida. Se usa más como *v. prnl.*

Ática Región histórica de Grecia, al NO del Peloponeso. Dominada por Atenas desde el s. VIII a. C.

aticismo *s. m.* **1.** Movimiento literario en la edad clásica de Atenas, caracterizado por la sobria elegancia. **2.** Esta cualidad en cualquier escritor u orador.

ático, ca *adj.* **1.** De Ática o de Atenas. También *s.* ‖ *s. m.* **2.** Uno de los dialectos griegos clásicos. **3.** Último piso de un edificio, generalmente con terraza. ‖ **4. cerámica ática** Cerámica que apareció en la región de Ática en el s. XII a. C., decorada con motivos geométricos. A partir del s. VII a. C. utiliza con profusión la figura humana como decoración, primero en negro (s. VII a VI a. C.) y luego en rojo (s. VI a V a. C.), sobre temas mitológicos y homéricos.

atigrado, da *adj.* Manchado como la piel del tigre.

Atila (? h. 385 - ? 453) Caudillo de los hunos. Rey de los hunos de Panonia (433), unificó todas las tribus, desde el Danubio al Caspio. Atacó y saqueó el imperio romano de Oriente, consiguiendo grandes tributos. Se dirigió luego hacia Occidente y, aunque fue derrotado en la batalla de los Campos Cataláunicos (451) por los ejércitos de Aecio y Teodorico I, invadió Italia. Pero su ejército estaba ya diezmado por las privaciones y la peste, por lo que Atila, que llegó a entrevistarse con el papa León I, se retiró a Panonia, donde murió al poco tiempo.

atildar *v. tr.* Arreglar, acicalar, por lo general con exceso. También *v. prnl.* **FAM.** Atildado, atildamiento.

atinar *v. intr.* Acertar, dar con lo que se pretende o se busca. **FAM.** Atinadamente, atinado.

atípico, ca *adj.* Que se sale de lo normal. **FAM.** Atípicamente.

atiplar *v. tr.* Hacer más agudo el sonido de la voz o de un instrumento. También *v. prnl.* **FAM.** Atiplado.

atirantar *v. tr.* Poner tirante.

atisbar *v. tr.* **1.** Observar con cuidado y disimulo. **2.** Ver sin detalle, confusamente. También *v. prnl.*

atisbo *s. m.* **1.** Acción de atisbar. **2.** Indicio. Se usa más en *pl.*

atizador, ra *adj.* **1.** Que atiza. ‖ *s. m.* **2.** Instrumento para atizar el fuego.

atizar *v. tr.* **1.** Remover el fuego o añadirle combustible para que arda más. **2.** Avivar pasiones, sentimientos, discordias. **3.** *fam.* Golpear. ▪ Se conjuga como *cazar.*

Atl, Gerardo Murillo, llamado **doctor** (Guadalajara 1875 - México 1964) Pintor mexicano. Destacado paisajista y muralista, entre sus obras sobresale la serie *Cómo nace y crece un volcán* (1943). Investigó el arte popular y colonial y escribió *Las artes populares en México* (1921) e *Iglesias de México* (1927).

Atlanta C. de EE UU, cap. del estado de Georgia. 445.000 h. en 1988, 2.561.000 h. en el área metropolitana. Posee industrias de algodón, tabaco, construcciones mecánicas y alimentación (Coca Cola). Es un importante nudo ferroviario. Ha sido designada sede de los Juegos Olímpicos de 1996.

atlante *s. m.* Estatua con figura de hombre utilizada como columna para sustentar un arquitrabe. El nombre deriva de Atlas, gigante mitológico.

atlántico, ca *adj.* Perteneciente o relativo al océano Atlántico y a los territorios bañados por él.

Atlántico Océano comprendido entre las costas orientales de América y las occidentales de Europa y de África. 106.100.000 km^2. Se extiende por los hemisferios boreal y austral, limita al N con el océano Glacial Ártico y al S con el Antártico. Tiene una longitud de 16.500 km, una anchura media de 5.500 km, una profundidad media de 3.330 m y máxima de 9.219 m en la fosa de Puerto Rico. Es el océano más templado y salino. Está recorrido de N a S por una dorsal que aflora a la superficie en Islandia y las Azores. Lo atraviesan varias corrientes marinas, algunas frías, como la del Labrador, Groenlandia, Malvinas y Benguela, y otras cálidas, como la del Golfo, Ecuatorial, Brasil y Guinea.
En el Atlántico se pesca el 50 % del total de capturas mundiales (merluza, bacalao, arenque, ballena) y se concentra el 70 % del transporte ma-

Cerámica ática (Museo Etrusco, Ciudad del Vaticano).

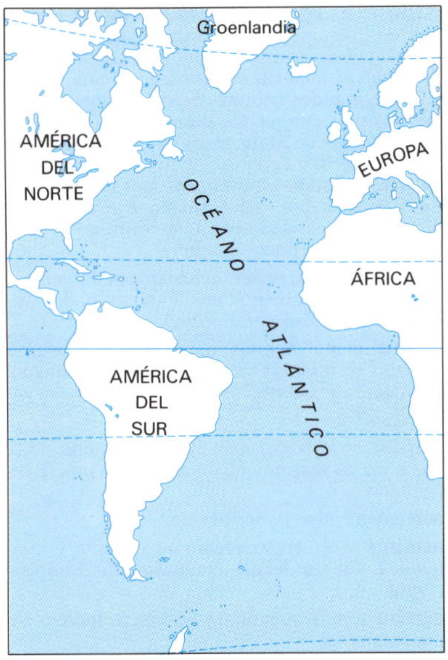

rítimo. Su fondo está recorrido por cables telefónicos que conectan Europa y América, y algunas de sus fosas se utilizan como cementerios de desechos radiactivos.

Atlántico Departamento de Colombia, en el N del país, junto a la costa del mar Caribe. 3.388 km^2. 1.593.604 h. en 1989. La capital es Barranquilla, con 976.620 h. en 1989. Cuenta con un importante puerto situado en el delta del río Magdalena. Su economía se basa en la ganadería y la producción de algodón, maíz, yuca, caña de azúcar y petróleo.

Atlántida Continente o isla legendaria. Según la tradición, se hallaba al O de las columnas de Hércules (estrecho de Gibraltar), en el océano Atlántico. Platón habla de él en sus diálogos *Timeo* y *Critón* y relata con detalle la historia y costumbres de sus habitantes.

atlas *s. m.* **1.** Conjunto de mapas geográficos dispuestos en un libro. **2.** Publicación que contiene mapas, láminas o diagramas de una o varias materias: geografía, historia, anatomía, botánica, etc. **3.** Primera vértebra de los vertebrados tetrápodos. En el hombre está articulada con el occipital por arriba y con el axis por abajo; permite los movimientos de rotación de la cabeza.

Atlas Gigante de la mitología griega, condenado por Zeus a sostener sobre sus hombros la bóveda celeste.

Atlas Cordillera de África, en el NO del continente. Se extiende a lo largo de 2.300 km desde el SO de Marruecos hasta el golfo de Gabés, recorriendo Marruecos, Argelia y Tunicia. Está formada por el Atlas del Tell, que se ramifica en una cadena costera (montes del Rif) y otra que desciende hacia el SO (Atlas Medio); y por el Atlas Sahariano, que se continúa en el Gran Atlas, donde está situado el Yebel Tubkal (4.165 m), máxima altura de la cordillera.

atleta *s. m.* y *f.* **1.** Persona que practica el atletismo y, p. ext., otros ejercicios y deportes. **2.** Persona musculosa y corpulenta. **FAM.** Atlético.

atletismo *s. m.* Conjunto de prácticas deportivas consistentes en ejercicios corporales basados en los movimientos naturales del hombre y que requieren un especial esfuerzo, destreza y preparación física. Comprende tres clases de pruebas: carrera, saltos y lanzamientos. Los criterios para la clasificación en estas pruebas son el tiempo, la distancia y la altura.
Dep. El atletismo es el deporte más completo y ha servido de base a los juegos olímpicos griegos y modernos. Las pruebas atléticas olímpicas son: carreras de 100, 200, 400, 800, 1.500, 5.000 y 10.000 m; relevos de 4 por 100 y 4 por 400 m; 110 y 400 m vallas, 3.000 m obstáculos, la maratón (42.195 m) y 20 y 50 km marcha; lanzamientos de peso, martillo, disco y jabalina; saltos de altura, pértiga, longitud y triple salto; pentatlón y decatlón. Los 60 m, lisos y con vallas, los 3.000 m, la milla y el cross no son pruebas olímpicas, aunque son modalidades muy practicadas. En la competición femenina existen algunas diferencias: 100 m vallas en vez de 110 m, no hay salto de pértiga, etc.

atmósfera *s. f.* **1.** Capa gaseosa que rodea la Tierra o a otro cuerpo celeste. **2.** Ambiente, entorno. **3.** Unidad de presión que corresponde a la presión ejercida por una columna de mercurio de 760 mm de altura y 1 cm^2 de base a 0° C de temperatura y bajo la aceleración normal de la gravedad (980,665 cm/s^2). Equivale a 101.325 pascal. **FAM.** Atmosférico.
Geog. La atmósfera terrestre contiene los gases imprescindibles para la vida y protege nuestro planeta de las radiaciones solares nocivas. Su estructura química está formada por un 78 % de nitrógeno, 21 % de oxígeno y 1 % de argón, dióxido de carbono, vapor de agua y otros gases; dicha estructura se mantiene estable hasta los 100 km de altura, a partir de los cuales comienza el predominio de los gases ligeros (nitrógeno, hidrógeno y helio). Atendiendo a la distribución vertical de la temperatura, la atmósfera se divide en *troposfera*, donde la temperatura desciende progresivamente hasta una altura que varía desde los 18 km sobre el ecuador a los 8 km sobre el polo; contiene el 75 % del peso total de la atmósfera y en ella se producen la mayoría de los meteoros; *estratosfera*, donde la temperatura es constante hasta los 50 km y la sequedad extraordinaria; *mesosfera*, en la que la temperatura aumenta bruscamente para luego descender hasta −75 °C a los 80 km de altura; *termosfera*, desde los 80 a los 500 km, con temperaturas que llegan a los 1.500 °C; *exosfera*, desde los 500 km hasta alturas no determinadas, con una concentración gaseosa extraordinariamente rarificada.

-ato *suf.* **1.** Forma nombres de dignidad, título, oficio y jurisdicción: *bachillerato, priorato.* **2.** Unido a nombres de animales, designa la cría: *ballenato.* **3.** En quím., denomina a las sales derivadas de los oxácidos cuyo nombre termina en *-ico*; p. ej., del ácido *sulfúrico* derivan los *sulfatos.*

atoar *v. tr.* Remolcar una nave a otra.

atocinarse *v. prnl. fam.* Aturdirse, ofuscarse. **FAM.** Atocinado.

atolladero *s. m.* **1.** Sitio donde se atascan personas o vehículos. **2.** Situación difícil, comprometida.

atollarse *v. prnl.* Quedarse atascado.

atolón *s. m.* Isla o arrecife de coral en forma de anillo, que suele presentar un lago interior. Es propio de la zona tropical del océano Pacífico.

atolondrado, da **1.** *p. p.* de **atolondrar**. ‖ *adj.* **2.** Alocado, irreflexivo. **FAM.** Atolondradamente.

atolondrar *v. tr.* Aturullar, confundir. Se usa más como *v. prnl.* **FAM.** Atolondramiento.

atómico, ca *adj.* Perteneciente o relativo al átomo.

atomismo *s. m.* Doctrina de algunos filósofos griegos, como Leucipo y Demócrito (s. V - IV a. C.), según la cual la materia está constituida por infinitas partículas minúsculas e indivisibles (átomos) que se mueven en el vacío por causas mecánicas; sólo se distinguen por su forma y tamaño y con sus diversas agregaciones dan lugar a los diferentes cuerpos. La teoría fue continuada luego por Epicuro y su escuela. **FAM.** Atomista.

atomizador *s. m.* Pulverizador*.

atomizar *v. tr.* Dividir en partes muy pequeñas, pulverizar. ■ Se conjuga como *cazar.* **FAM.** Atomización.

átomo *s. m.* **1.** Parte más pequeña de un elemento químico que sigue conservando las propiedades de dicho elemento. Está constituido por partículas subatómicas, los protones y neutrones, que forman el núcleo del átomo, y por los electrones, que se mueven a su alrededor distribuidos en distintas capas o niveles a distancias relativas extraordinariamente grandes con respecto al tamaño del núcleo. **2.** P. ext., parte muy pequeña de una cosa. ‖ **3. átomo-gramo** En quím., peso atómico de un elemento expresado en gramos y que contiene un número de átomos igual a $6{,}02 \cdot 10^{23}$.
Fís. El número de electrones de un átomo en estado fundamental es el mismo que el de protones y constituye el número atómico del elemento, que se representa por *Z;* así, en el litio, *Z* = 3, lo cual indica que ocupa la casilla número 3 del cuadro de la clasificación periódica y que tiene tres protones en el núcleo y tres electrones en las capas corticales. Un mismo elemento puede tener átomos con distinto número de neutrones, en cuyo caso se denominan átomos isótopos de dicho elemento. La suma de protones, *Z*, y neutrones, *N*, constituye el número másico del núcleo: $A = Z + N$. Como la carga del protón es la misma, pero de signo contrario que la del electrón, la materia en su conjunto es eléctricamente neutra.

Atón Divinidad egipcia. Identificado con el globo solar, fue consagrado como dios supremo y único por Amenofis IV.

Atolones en el archipiélago de las Maldivas.

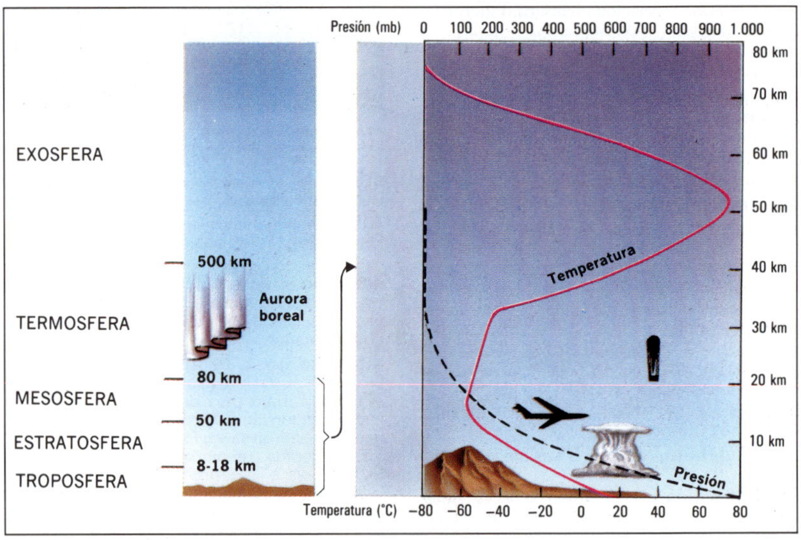

Atmósfera: a la izquierda, capas que la constituyen; a la derecha, comportamiento de la temperatura y de la presión hasta la mesosfera.

atonal *adj.* En mús., no sujeto a las normas de la tonalidad. **Fam.** Atonalidad.

atonalismo *s. m.* Corriente musical iniciada por el compositor Schönberg a principios del s. XX y caracterizada por prescindir de las relaciones y jerarquías tonales.

atonía *s. f.* **1.** Falta de tono o vigor corporal, debilidad de los tejidos orgánicos y, en especial, de los músculos. **2.** Apatía, falta de ánimo o de voluntad.

atónito, ta *adj.* Asombrado.

átono, na *adj.* Se aplica a la vocal, sílaba o palabra que se pronuncia sin acento de intensidad.

atontado, da **1.** *p. p.* de **atontar**. También *adj.* || *adj.* **2.** Tonto, poco espabilado. También *s.*

atontar o **atontolinar** *v. tr.* Aturdir. También *v. prnl.* **Fam.** Atontamiento.

atorar *v. tr.* **1.** Atascar, obstruir. También *v. intr.* y *v. prnl.* || *v. prnl.* **2.** Trabarse al hablar. **Fam.** Atoramiento.

atormentar *v. tr.* **1.** Dar tormento. **2.** Causar dolor o molestia. También *v. prnl.* **3.** Afligir, angustiar. También *v. prnl.*

atornillador *s. m. fam.* Destornillador*.

atornillar *v. tr.* **1.** Introducir un tornillo dándole vueltas en torno a su eje. **2.** Sujetar con tornillos. **3.** Presionar a alguien.

atorrante *s. m. Amér. del S.* Vagabundo, holgazán.

atosigar *v. tr.* Agobiar a uno con prisas, exigencias, preocupaciones. También *v. prnl.* ■ Se conjuga como *pagar.* **Fam.** Atosigamiento.

ATP *s. m.* Abreviatura del ácido adenosín-trifosfórico, un nucleótido constituido por una molécula de adenina, otra de ribosa y tres de ácido fosfórico, que se emplea en los procesos metabólicos celulares como almacenador de energía, que cede transformándose en ADP.

atrabiliario, ria *adj.* **1.** Perteneciente o relativo a la atrabilis o bilis negra, nombre que se daba antiguamente a un supuesto líquido segregado por las glándulas suprarrenales. **2.** Irritable, irascible.

atracada *s. f.* Acción y efecto de atracar una embarcación.

atracadero *s. m.* Lugar donde atracan embarcaciones pequeñas.

atracador, ra *s. m.* y *f.* Persona que roba a mano armada.

atracar[1] (del ár. *at-taraqqa*, anclar la nave) *v. tr.* **1.** Arrimar unas embarcaciones a otras, o a tierra. También *v. intr.* **2.** Asaltar para robar. ■ Se conjuga como *sacar.*

atracar[2] *v. tr. fam.* Hacer que alguien coma o beba con exceso. Se usa más como *v. prnl.* ■ Se conjuga como *sacar.*

atracción *s. f.* **1.** Acción y efecto de atraer. **2.** Espectáculo o cosa que sirve para entretener. **3.** *fam.* Persona o cosa que atrae el interés en un grupo, acontecimiento, etc.

atraco *s. m.* Acción de atracar, asaltar.

atracón *s. m.* **1.** *fam.* Acción y efecto de atracarse de comida. **2.** P. ext., hartazgo de otra cosa.

atractivo, va *adj.* **1.** Que atrae. || *s. m.* **2.** Cualidad o conjunto de cualidades que atraen de una persona o cosa.

atraer *v. tr.* **1.** Traer hacia sí. También *v. intr.* y *v. prnl.* **2.** Despertar el interés, el afecto, etc., de alguien. También *v. prnl.* **3.** Ocasionar. También *v. prnl.* ■ Es v. irreg. Se conjuga como *traer.*

atragantarse *v. prnl.* **1.** Sentir ahogo alguien por atravesársele algo en la garganta. **2.** Resultar antipático, desagradable o difícil. **3.** *fam.* Trabarse al hablar.

atraillar *v. tr.* Atar con traílla. ■ En cuanto al acento, se conjuga como *aislar.*

atrancar *v. tr.* **1.** Cerrar la puerta por dentro con una tranca, un cerrojo, etc. **2.** Atascar, obstruir. También *v. prnl.* ■ Se conjuga como *sacar.* **Fam.** Atrancamiento, atranco.

atrapar *v. tr.* **1.** Coger a alguien o algo que huye o se desplaza, o antes de que pueda hacerlo. **2.** Conseguir, lograr. **3.** Engañar, atraer con astucia.

atraque *s. m.* **1.** Acción y efecto de atracar una embarcación. **2.** Muelle o lugar donde se atraca.

atrás *adv. l.* **1.** Indica la parte que está a espaldas del que habla o escucha: *Se fueron atrás.* **2.** En el lugar posterior o la parte trasera de lo que se toma como referencia: *Se sienta atrás en el aula.* **3.** En clasificaciones, listas, etc., en los últimos lugares. **4.** Referido a discursos o escritos, anteriormente. || *adv. t.* **5.** En tiempo pasado: *Años atrás estuve en París.* || *interj.* **6.** Ordena detenerse o retroceder. || **Loc. echarse** (o **volverse**) **atrás** Desdecirse, arrepentirse.

atrasar *v. tr.* Retrasar*. También *v. prnl.*

atraso *s. m.* **1.** Retraso*. || *pl.* **2.** Cantidad de dinero que se debe.

atravesado, da **1.** *p. p.* de **atravesar**. También *adj.* || *adj.* **2.** Retorcido, de mala intención. También *s.*

atravesar *v. tr.* **1.** Pasar por un cuerpo, penetrándolo de parte a parte. **2.** Cruzar algo de un lado a otro. También *v. prnl.* **3.** Poner una persona o cosa delante impidiendo el paso. También *v. prnl.* **4.** Pasar por una determinada circunstancia, etapa, etc. || *v. prnl.* **5.** Ponerse alguna cosa entremedias de otras o en el curso de algo. **6.** Resultar antipático. ■ Es v. irreg. Se conjuga como *pensar.*

atrayente *adj.* Atractivo.

atreverse *v. prnl.* **1.** Tener el valor de hacer o decir algo. **2.** Obrar o hablar de forma insolente. **Fam.** Atrevimiento.

atrevido, da **1.** *p. p.* de **atreverse**. || *adj.* **2.** Audaz. **3.** Insolente. También *s.* **4.** Provocativo. **Fam.** Atrevidamente.

atrezo *s. m.* Conjunto de objetos y accesorios que se usan en una representación de teatro o cine.

atribución *s. f.* **1.** Acción y efecto de atribuir. **2.** Facultad o poder que tiene una persona en razón de su cargo. Se usa mucho en *pl.*

atribuir *v. tr.* **1.** Aplicar hechos, cualidades, etc., a una persona o cosa. También *v. prnl.* **2.** Asignar algo a alguien como de su competencia. **3.** Responsabilizar, achacar. ■ Es v. irreg. Se conjuga como *huir.* **Fam.** Atribuible.

atribular *v. tr.* Apesadumbrar. También *v. prnl.*

atributivo, va *adj.* **1.** En ling., se dice de las oraciones que tienen atributo y de los verbos con que se construyen dichas oraciones. **2.** En ling., se aplica a la función de atributo.

atributo *s. m.* **1.** Cualidad o propiedad de un ser. **2.** Símbolo característico de un personaje, figura, etc. **3.** En ling., palabra o sintagma que califica al sujeto de una oración y va introducido por los verbos *ser, estar* o *parecer.* El atributo y el verbo copulativo forman el predicado nominal.

atrición *s. f.* Dolor de haber ofendido a Dios.

atril *s. m.* Especie de tablero inclinado sobre el que se apoyan libros, partituras u otros papeles, para leerlos con más comodidad.

atrincherar *v. tr.* **1.** Fortificar una posición militar con trincheras. || *v. prnl.* **2.** Protegerse del enemigo en trincheras. **3.** Refugiarse, defenderse. **Fam.** Atrincheramiento.

atrio *s. m.* **1.** Lugar descubierto y rodeado de pórticos, que hay en el interior de algunos edificios. **2.** Pórtico que sirve de entrada a algunos templos y palacios.

atrocidad *s. f.* **1.** Cualidad de atroz. **2.** Hecho atroz. **3.** *fam.* Dicho o hecho disparatado, temerario o insultante.

atrofia *s. f.* **1.** Disminución en el desarrollo o volumen de un órgano u otra parte del cuerpo por falta de nutrición, actividad, etc. **2.** P. ext., disminución o pérdida de una cualidad, actividad, etc.

atrofiar *v. tr.* Producir atrofia. También *v. prnl.*

atronado, da **1.** *p. p.* de **atronar**. || *adj.* **2.** Alocado, irreflexivo.

atronar *v. intr.* **1.** Hacer un ruido ensordecedor. || *v. tr.* **2.** Aturdir con un gran ruido. ■ Es v. irreg. Se conjuga como *contar.* **Fam.** Atronador.

atropellado, da **1.** *p. p.* de **atropellar**. También *adj.* || *adj.* **2.** Atolondrado. **Fam.** Atropelladamente.

atropellar *v. tr.* **1.** Pasar un vehículo por encima de alguien o algo causándole daños. **2.** Derribar o empujar a alguien o algo. **3.** Actuar sin atenerse a leyes o normas o hacerlo abusando de la fuerza o el poder. || *v. prnl.* **4.** Hablar o actuar de forma precipitada y confusa. **Fam.** Atropello.

atropina *s. f.* Alcaloide que se obtiene de las raíces de la belladona *(Atropa belladonna)* y que posee propiedades paralizantes del sistema parasimpático. En medicina se utiliza para el tratamiento de la úlcera gástrica, como antiespasmódico y como dilatador de la pupila.

atroz *adj.* **1.** Cruel, perverso. **2.** Muy grande, desmesurado. **3.** Pésimo, horrendo. **Fam.** Atrozmente.

ATS Siglas de ayudante técnico sanitario.

Attlee, Clement Richard (Londres 1883 - íd. 1967) Político británico. Líder laborista, fue primer ministro (1945-51). Durante su mandato se creó el seguro de enfermedad para los trabajadores, se nacionalizaron algunas empresas y se emancipó una parte del Imperio (India, Pakistán, Ceilán y Birmania).

atto- *pref.* Se usa para expresar la trillonésima parte (10^{-18}) de la unidad a la que precede: *attogramo.*

atuendo *s. m.* Vestido, indumentaria.

atufar *v. tr.* **1.** Aturdir o intoxicar con malos olores, humo o vapores. También *v. prnl.* **2.** Enfadar, enojar. También *v. prnl.* || *v. intr.* **3.** Oler muy mal.

atún *s. m.* Pez teleósteo de la familia escómbridos, especie *Thunnus thynnus.* Alcanza hasta 5 m de longitud y 500 kg de peso, presenta dos aletas dorsales y pínnulas (pequeñas aletas) en la parte anterior de la cola. Es un pez pelágico que habita en las aguas templadas de todo el mundo y es apreciado en alimentación.

Pesca del atún en el mar de Mármara, Turquía.

atunero, ra *adj.* **1.** Perteneciente o relativo al atún. **2.** Se dice del barco destinado a la pesca de atún. También *s. m.* || *s. m.* y *f.* **3.** Persona que comercia con atún. **4.** Pescador de atún.

aturdimiento *s. m.* **1.** Alteración de los sentidos o las emociones causada por un golpe, un ruido, una fuerte impresión, etc. **2.** Nerviosismo o torpeza en la ejecución de algo.

aturdir *v. tr.* **1.** Causar aturdimiento. También *v. prnl.* || *v. prnl.* **2.** Sentir aturdimiento.

aturullar o **aturrullar** *v. tr. fam.* Turbar a alguien de modo que no sepa qué decir o cómo actuar. También *v. prnl.* **Fam.** Aturullamiento.

atusar *v. tr.* Arreglar o alisar el pelo, pasando ligeramente la mano o el peine por él. También *v. prnl.*

Au Símbolo químico del oro.

Aub, Max (París 1903 - México 1972) Escritor español. Sus primeras obras están influidas por el surrealismo y el dadaísmo, como la narración *Luis Álvarez Petreña* (1934). Exiliado en México tras la derrota de la República, inició la que iba a ser su obra más importante, *El laberinto mágico,* una serie de seis novelas en torno a la guerra civil española: *Campo cerrado* (1943), *Campo de sangre* (1945), *Campo abierto* (1951), *Campo francés* (1958), *Campo del Moro* (1964) y *Campo de los almendros* (1968). Escribió también poesía, teatro y crítica literaria.

Auber, Daniel François Esprit (Caen 1782 - París 1871) Compositor francés. Representante de la ópera cómica en obras como *Fra Diavolo* (1830) y *Manon Lascaut* (1856), su composición más conocida es la ópera *La muette de Portici* (1828).

Auckland C. de Nueva Zelanda, en la isla del Norte. 149.500 h. en 1988. Es centro industrial y comercial con dos puertos. Fue capital del país hasta 1865.

audaz *adj.* **1.** Atrevido, valiente. **2.** Insolente, descarado. **FAM.** Audacia, audazmente.

Auden, Wystan Hugh (York 1907 - Viena 1973) Poeta británico nacionalizado estadounidense. Pasó de una primera etapa de enfoque social e inspiración marxista, influida por Bertolt Brecht, de la que son buena muestra sus *Poemas* (1930) y *España* (1937), a otra, ya en EE UU, metafísica y cristiana, a la que responden *El hombre doble* (1940), *Por ahora* (1944), *La edad de la ansiedad* (1947) y *La ruta del hombre viejo* (1956). También escribió obras teatrales y ensayos.

audible *adj.* Que se puede oír.

audición *s. f.* **1.** Acción y facultad de oír. **2.** Concierto, recital o lectura en público.

audiencia *s. f.* **1.** Acto de recibir y escuchar una autoridad a quienes acuden a ella. **2.** Conjunto de personas que atienden a un programa de radio, de televisión o a un acto público. **3.** Acto judicial en el que los litigantes tienen ocasión de exponer sus argumentos ante el tribunal. **4.** Tribunal que decide en un determinado territorio sobre ciertos asuntos; también, sede de dicho tribunal y distrito sometido a su jurisdicción.
Hist. Aunque sus orígenes pueden descubrirse en instituciones del bajo imperio romano y visigodas, la audiencia aparece en los reinos hispánicos durante la Baja Edad Media como tribunal de justicia adscrito a la Cancillería real. Su estructura definitiva fue establecida en época de los Reyes Católicos; se crearon dos Cancillerías, en Valladolid y Granada, y un número variable de audiencias, integradas por un grupo de jueces, llamados oidores si entendían en asuntos civiles, o alcaldes del crimen si lo hacían en asuntos criminales.
La audiencia fue implantada en América y allí constituyó la base de la administración de justicia en las colonias. Estaban presididas por los virreyes o por capitanes generales y además de oidores y alcaldes del crimen, contaban con uno o dos fiscales, un alguacil mayor, un teniente de Gran Canciller y otros magistrados. La primera audiencia americana se creó en Santo Domingo (1511), y a ella siguieron las de México (1527), Panamá (1538) y Lima (1542).

audífono *s. m.* Aparato para sordos que amplifica y mejora los sonidos.

audio *s. m.* Técnica o dispositivo relacionado con la grabación, transmisión y reproducción del sonido.

audio- *pref.* Significa 'sonido', 'audición': *audiovisual.*

audiograma *s. m.* Gráfico que representa el grado de agudeza del oído de un individuo.

audiología *s. f.* Ciencia que estudia los problemas acústico-físicos relacionados con la audición.

audiometría *s. f.* Rama de la audiología que se ocupa de la medición de la agudeza auditiva.

audiómetro *s. m.* Aparato que mide la agudeza auditiva.

audiovisual *adj.* Referido conjuntamente al oído y a la vista; se dice en especial de los medios o métodos que combinan el sonido y la imagen, como grabaciones sonoras o de vídeo, películas, programas de radio y televisión, etc., para la enseñanza o la comunicación.

auditar *v. tr.* Realizar una auditoría.

auditivo, va *adj.* Perteneciente o relativo al oído o a la capacidad de oír.

auditor, ra *s. m.* y *f.* **1.** Persona que realiza auditorías. ‖ *s. m.* **2.** Sacerdote que instruye las causas en ciertos tribunales eclesiásticos. ‖ **3. auditor de la Rota** Cada uno de los doce miembros del tribunal romano de la Rota. **4. auditor militar** Funcionario del cuerpo jurídico del ejército que informa en los tribunales militares sobre la interpretación o aplicación de las leyes.

auditoría *s. f.* **1.** Revisión de la situación financiera y administrativa de una institución o empresa, realizadas por especialistas ajenos a la misma. **2.** Profesión de auditor. **3.** Despacho o tribunal del auditor.

auditorio *s. m.* **1.** Conjunto de oyentes. **2.** Recinto especialmente acondicionado para escuchar conferencias, conciertos, etc.

auditorium (voz lat.) *s. m.* Auditorio, recinto para audiciones.

auge *s. m.* **1.** Punto o momento de mayor intensidad, esplendor, etc. **2.** Importancia, incremento.

augita *s. f.* (Ca, Mg, Fe, Fe^{+3}, Ti, $Al)_2$ (Si, $Al)_2O_6$. Mineral silicato de hierro, calcio y magnesio. Cristaliza en el sistema monoclínico, presenta color negro, con diversos tonos verdes en función de la cantidad de hierro que contenga en su composición, brillo vítreo y es duro y pesado. Pertenece al grupo de los piroxenos y se encuentra frecuentemente en rocas ígneas.

Augsburgo (*Augsburg*) C. de Alemania, situada en el Land de Baviera, a orillas del río Lech. 247.700 h. en 1989. Es un centro comercial que posee industria textil, aeronáutica, mecánica, eléctrica, química y de instrumentos de precisión.
Hist. Ciudad romana, fue tomada por los francos en el s. VI. En el s. XIII fue nombrada ciudad imperial y en el s. XVI albergó a banqueros tan importantes como los Fugger y los Welser. Entre 1686 y 1697 fue cabeza de la Liga de Augsburgo, coalición de potencias europeas enfrentadas a Francia. En el s. XIX fue anexionada a Baviera.

Augsburgo, Confesión de Principal afirmación de fe y disciplina de la Reforma luterana, redactada por Melanchthon, colaborador de Lutero, en 1530 y presentada al emperador Carlos V en la segunda dieta celebrada en esta ciudad. Representaba un esfuerzo de conciliación con la Iglesia de Roma.

Augsburgo, Dietas de Asambleas convocadas para debatir los problemas religiosos y políticos surgidos en el imperio tras la Reforma de Lutero. Fueron cuatro: la de 1518, en la que Lutero expuso sus proyectos de reforma; la de 1530, presidida por Carlos V, en la que los protestantes presentaron una proposición de fe luterana, la *Confesión de Augsburgo*; la de 1547-48, en la que se acordó una fórmula de acuerdo provisional hasta la celebración del Concilio de Trento, y la de 1555, que aprobó la *paz de Augsburgo*, por la que los príncipes podían elegir la religión católica o la luterana y los súbditos debían abrazar la religión de su señor.

augur *s. m.* Sacerdote que en la antigua Roma practicaba oficialmente la adivinación a través del vuelo de las aves y otros signos.

augurar *v. tr.* Predecir, presagiar.

augurio *s. m.* Presagio.

augusto, ta *adj.* **1.** Que merece un gran respeto y consideración. **2.** Título de Cayo Julio César Octavio, que llevaron luego todos los emperadores romanos y sus mujeres. ‖ *s. m.* **3.** Payaso de circo que actúa formando pareja con el clown.

Augusto, Cayo Julio César Octavio (Roma 63 a. C. - Nola 14 d. C.) Primer emperador de Roma. Hijo adoptivo de Julio César, con el que combatió en Hispania, se hizo nombrar cónsul en el 43 a. C. y formó un triunvirato con Marco Antonio y Lépido. Augusto derrotó a Marco Antonio en la batalla naval de Actium (31 a. C.). Relegado Lépido a África, Augusto quedó como único dueño del poder. Su gobierno se caracterizó por una serie de victorias en el exterior (sometimiento de cántabros y astures, consolidación de las fronteras orientales), la mejora de la hacienda, la ampliación y profesionalización del ejército, un esfuerzo por recuperar la tradición religiosa y la moralidad pública, el impulso del comercio y el fomento de la cultura. Adoptó como sucesor a su hijastro Tiberio.

aula *s. f.* **1.** En las escuelas, institutos, universidades, etc., sala donde se imparten clases. ‖ **2. aula magna** La más grande o importante de un centro docente. **3. Aula Regia** Institución del Estado hispano-visigodo, formada por nobles, que asesoraba al monarca en los asuntos de gobierno y militares, en las tareas legislativas y en la administración de justicia. También era llamado *Oficio Palatino.*

aulaga *s. f.* Nombre común de diversas plantas arbustivas de la familia papilionáceas, género *Genista.* La aulaga común o espino *(Genista anglica)* mide entre 30 y 60 cm de altura, tiene tallos espinosos y flores en racimo de color amarillo. Crece en el O de Europa, sobre todo en el área mediterránea.

áulico, ca *adj.* Perteneciente o relativo a la corte o al palacio.

aullador, ra *adj.* **1.** Que aúlla. ‖ **2. mono aullador** Nombre común de diversos platirrinos de la familia cébidos, género *Alouatta.* El aullador rojo *(Alovatta seniculus)*, la especie más común, alcanza hasta 160 cm de longitud, incluida la cola, presenta en los machos una larga barba y tiene larga cola prensil. Poseen un órgano bucal con el que emiten un bramido muy sonoro.

aullido *s. m.* **1.** Grito agudo y prolongado que emiten el lobo, el perro y otros animales. **2.** P. ext., sonido semejante proferido por otros seres o cosas. **FAM.** Aullar.

aumentar *v. tr.* Dar mayor extensión, intensidad, cantidad o materia a una cosa. También *v. intr.*

aumentativo, va *adj.* **1.** Que aumenta. **2.** Se dice de sufijos como *-on*, *-azo* y *-ote* que expresan mayor tamaño o intensidad. También *s. m.* ‖ *s. m.* **3.** Palabra a la que se ha añadido dicho sufijo.

aumento *s. m.* **1.** Acción y efecto de aumentar. **2.** Potencia amplificadora de una lente, anteojo u otro sistema óptico.
Ópt. En lupas y microscopios, relación entre el diámetro aparente de la imagen dada por el instrumento y el diámetro real del objeto, colocado a la distancia mínima de visión distinta y clara. En los anteojos astronómicos, relación entre los ángulos desde los cuales se ve el objeto con el instrumento y a simple vista.

aun *adv. m.* Incluso, hasta: *Aun los más preparados, suspendieron.*

aún *adv. t.* **1.** Todavía, en el momento presente o en que se habla: *Aún no lo sabe.* ‖ *adv. m.* **2.** Expresa ponderación: *Enrique es aún más estudioso.*

aunar *v. tr.* Unir o armonizar personas o cosas distintas para lograr un fin. También *v. prnl.* ■ Obsérvese la acentuación en los tiempos del presente y el imperativo.

AUNAR		
INDICATIVO	SUBJUNTIVO	IMPERATIVO
Presente	**Presente**	
aúno	*aúne*	
aúnas	*aúnes*	*aúna*
aúna	*aúne*	
aunamos	*aunemos*	
aunáis	*aunéis*	*aunad*
aúnan	*aúnen*	

aunque *conj. conces.* **1.** Por más que, a pesar de que; expresa una objeción que no impide que algo se realice: *Aunque esté enfermo, iré.* ‖ *conj. advers.* **2.** Pero, sin embargo: *No lo he encontrado, aunque sigo buscándolo.*

¡aúpa! *interj.* Se usa para ayudar o animar a alguien a levantarse o levantar algo. ‖ **LOC. de aúpa** *adj. fam.* Enorme, extraordinario. **ser de aúpa** *fam.* Ser de cuidado.

aupar *v. tr.* **1.** Levantar a una persona o ayudarle a que lo haga. También *v. prnl.* **2.** Ensalzar. También *v. prnl.* ■ En cuanto al acento, se conjuga como *aunar*: *aúpo.*

Augusto. Cabeza de la estatua de Prima Porta (Museo Vaticano, Roma).

aura *s. f.* **1.** Viento suave y apacible. **2.** En parapsicología, irradiación luminosa que algunas personas perciben alrededor de los cuerpos.

Aureliano, Lucio Domicio (Sirmio h. 214-Perinto 275) Emperador romano (270-275). Amplió el imperio por Oriente y Occidente, combatiendo contra los germanos, hasta restaurar la unidad romana. Fortificó Roma con una muralla de la que aún se conserva gran parte. Reorganizó la administración de Italia.

Aurelio, Marco Véase **Marco Aurelio**.

áureo, a *adj.* **1.** De oro o parecido a él. || **2. sección áurea** En geom., división de un segmento en su media y extrema razón. Se dice que un punto C divide a un segmento $\overline{AB}$ en su media y extrema razón cuando la parte mayor $\overline{AC}$ es media proporcional entre el segmento total $\overline{AB}$ y la otra parte $\overline{CB}$; es decir: $\frac{\overline{AB}}{\overline{AC}} = \frac{\overline{AC}}{\overline{CB}}$.

aureola o **auréola** *s. f.* **1.** Corona circular que rodea algunas cosas, especialmente círculo luminoso que figura sobre la cabeza de las imágenes de los santos. **2.** Admiración, fama. **3.** Ambiente. **4.** En astron., resplandor que se observa alrededor de algunos astros y de la luna en los eclipses. **FAM.** Aureolar.

Auric, Georges (Lodève, Hérault 1899 - París 1983) Compositor francés. Perteneció al grupo de los Seis. Compuso óperas, ballets, música para películas, sonatas y obras orquestales. Son notables sus ballets *Les fâcheux* (1924) y *Les matelots* (1925), su *Sonata en fa* (1931) y las tres *Imaginées* (1968, 1969 y 1971).

áurico, ca *adj.* De oro.

aurícula *s. f.* **1.** Cada una de las dos cavidades de la parte superior del corazón de batracios, reptiles, aves y mamíferos, por donde entra la sangre de las venas. Las aurículas izquierda y derecha se comunican, respectivamente, con los ventrículos a través de las válvulas mitral y tricúspide. **2.** Cavidad del corazón de otros animales, como moluscos y peces. **FAM.** Auricular.

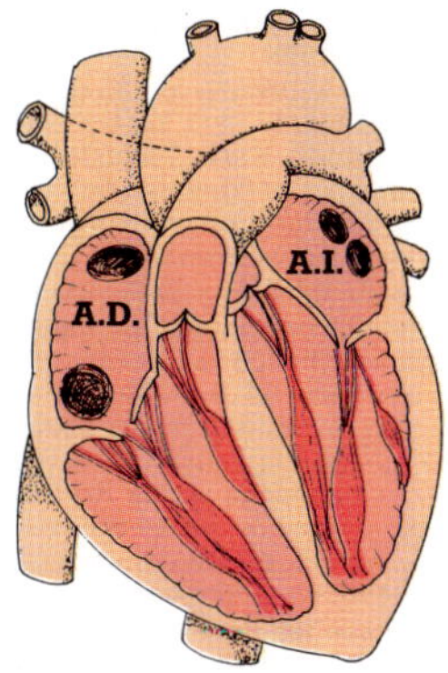

Situación de las aurículas derecha (A. D.) e izquierda (A. I.) en el corazón.

auricular *adj.* **1.** Perteneciente o relativo al oído. || *s. m.* **2.** Parte del receptor de un teléfono y otros aparatos, a través del cual se oye al aplicarlo al oído. **3.** Elemento externo de un equipo de sonido, conectado al mismo mediante un cable con clavija, que permite la audición individualizada. Se usa sobre todo en *pl.*

aurífero, ra *adj.* Que lleva o contiene oro.

auriga *s. m.* En las antiguas Grecia y Roma, conductor de los carros que participaban en las carreras del circo.

Auriga Constelación boreal, situada entre Géminis y Perseo, cuya estrella principal es Capella.

auriñaciense *adj.* Se aplica a la cultura e industria prehistórica de comienzos del paleolítico superior, caracterizada por las puntas de lanza de hueso, los raspadores carenados y la aparición de las primeras pinturas y esculturas. Se extendió desde la península Ibérica a Oriente Medio entre los años 40.000 y 20.000 a. C. El nombre proviene de *Aurignac*, yacimiento prehistórico en Alto Garona, Francia.

Auriol, Vincent (Revel, Alto Garona 1884 - París 1966) Político francés. Miembro del partido socialista y ministro con Léon Blum y Chautemps, durante la Segunda Guerra Mundial se unió al general De Gaulle. Fue presidente de la Cuarta República (1947-54).

aurora *s. f.* **1.** Luz difusa que precede a la salida del Sol. **2.** Principio, primeros tiempos. || **3. aurora polar** Fenómeno atmosférico luminoso, atribuido a descargas eléctricas de partículas ionizadas del Sol, cuya claridad es parecida a la de la aurora y que se produce en las regiones polares; se denomina **boreal** en el hemisferio norte y **austral** en el hemisferio sur.

Aurora Diosa romana del amanecer. Hija de Titán y la Tierra, equivale a la griega Eos.

aurresku (voz vasc.) *s. m.* Danza tradicional vasca que se baila acompañada del chistu y el tamboril.

Auschwitz Nombre alemán de la ciudad polaca de Oswieçim. Durante la Segunda Guerra Mundial los nazis establecieron en su entorno cuatro campos de exterminio.

auscultar *v. tr.* Explorar por medio del oído e instrumentos adecuados, como el estetoscopio o el fonendoscopio, los sonidos producidos en las cavidades del pecho o del abdomen. **FAM.** Auscultación.

ausencia *s. f.* **1.** Acción y efecto de ausentarse. **2.** Tiempo en que alguien está ausente. **3.** Falta, privación. **4.** Situación legal de la persona de cuyo paradero y existencia no se tienen noticias. **5.** Pérdida de la memoria o interrupción momentánea del pensamiento. **6.** Pérdida de conocimiento breve y repentina, propia de algunas formas de epilepsia. || **LOC. brillar** alguien o algo **por su ausencia** *fam.* No estar presente en el lugar en que era de esperar.

ausentarse *v. prnl.* Irse o faltar alguien del lugar en que reside o está habitualmente.

ausente *adj.* **1.** Que se ha ausentado de un lugar. **2.** Distraído.

auspiciar *v. tr.* **1.** Patrocinar, favorecer. **2.** Presagiar.

auspicio *s. m.* **1.** Agüero, presagio. **2.** Protección, favor. || *pl.* **3.** Señales buenas o malas que presagian un desenlace o resultado.

Austen, Jane (Steventon, Hampshire 1775 - Winchester 1817) Novelista británica. Describe en sus libros, minuciosa y serenamente, a la clase media rural de Inglaterra. Entre sus obras más conocidas figuran *Orgullo y prejuicio* (1813), *Emma* (1816) y *Persuasión* (1818).

austeridad *s. f.* Cualidad de austero.

Austerlitz (*Slavkov*) Villa de Checoslovaquia, en Moravia, donde se produjo la victoria napoleónica (2 de diciembre de 1805) sobre el ejército austrorruso.

austero, ra *adj.* **1.** Que se reduce a lo estrictamente necesario. **2.** Que se ajusta con rigor a las normas de la moral. **FAM.** Austeramente.

Austin C. de EE UU, cap. del estado de Texas, a orillas del río Colorado. 467.400 h. en 1988. Es centro industrial (carne, calzado) y comercial, importante nudo de comunicaciones.

Venus de Willendorf, escultura perteneciente al periodo auriñaciense.

austral *adj.* **1.** Perteneciente o relativo al polo o al hemisferio sur. || *s. m.* **2.** Unidad monetaria argentina desde el 14 de junio de 1985 al 31 de diciembre de 1991. Equivalía a 1.000 pesos argentinos.

Australasia Nombre que se utiliza para designar a las islas mayores de Oceanía: Australia, Nueva Zelanda y Nueva Guinea. A veces incluye también otras islas adyacentes.

Australia Estado de Oceanía entre los océanos Pacífico e Índico, formado por el continente de Australia, la isla de Tasmania y otras islas menores.

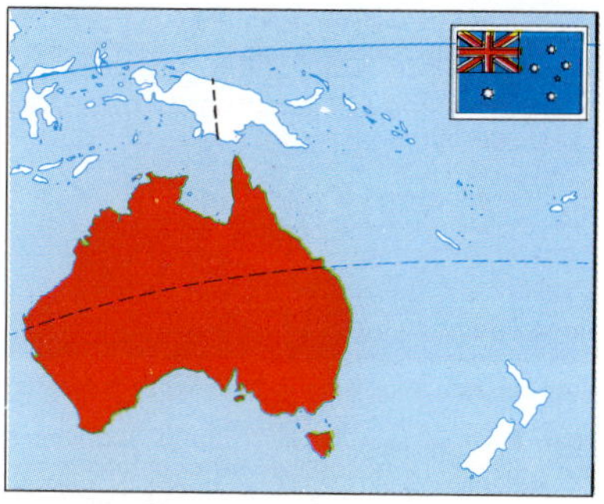

Extensión: 7.682.300 km^2.
Límites: al N, con los mares de Timor y Arafura, el golfo de Carpentaria y el mar del Coral; al E, con el océano Pacífico, y al S y al O, con el océano Índico.
Población: 17.100.000 h. en 1990.
Densidad: 2,2 h./km^2.
Capital: Canberra.
División administrativa (estados, territorios): Queensland, Nueva Gales del Sur, Victoria, Australia Meridional, Australia Occidental, Territorio de la Capital Australiana, Tasmania, Territorio del Norte.
Ciudades principales: Sydney, Melbourne, Brisbane, Adelaida, Perth.
Gentilicio: australiano.
Forma de Estado: Estado federal, miembro de la Commonwealth.
Idioma: inglés.
Religión: catolicismo, 29,6 %; anglicanismo, 27,8 %; protestantismo, 22,7 %.
Moneda: dólar australiano.
Tasa de natalidad: 15 ‰ en 1990.
Tasa de mortalidad: 7 ‰ en 1990.
Renta per cápita: 12.390 dólares en 1988.

Geog. física La isla o continente de Australia es en conjunto una gran llanura esteparia en la que se distinguen tres regiones: en la parte oriental, la cordillera Australiana, que se extiende desde la península de York a Tasmania y cuya altura máxima es el monte Kosciusko, de 2.230 m; en el centro, entre el golfo de Carpentaria y Adelaida, una depresión con grandes lagos, como el Eyre y el Torrens, y cuencas fluviales; y al O, una extensa penillanura con desiertos como el Gran Desierto Arenoso y Gran Desierto Victoria. El clima, en general, es cálido y seco, salvo en el N y NE, que es tropical húmedo, y en la costa oriental, que es oceánico.

Geog. humana Australia es el continente más despoblado. El 40 % del territorio no permite asentamientos de población debido a su aridez, y otro 40 % son tierras marginales que reciben escasas lluvias al año. El pueblo aborigen, de raza negroide, casi ha desaparecido. Los habitantes actuales proceden de la inmigración, fundamentalmente anglosajona. La población se concentra en las grandes ciudades y en las zonas costeras del E y SE.

Geog. económica Después de la Segunda Guerra Mundial se inició un crecimiento económico muy acelerado. La agricultura, pese a las dificultades climáticas, sobresale por la producción de trigo, caña de azúcar, arroz, hortalizas y frutales. La ganadería posee la cabaña ovina más numerosa del mundo, con la más alta producción de lana; también es destacable la explotación de sus bosques y recursos pesqueros. El subsuelo es rico en oro, plata, cinc, cobre, bauxita, hulla y lignito. Posee el 80 % de las reservas de sales minerales del mundo. Se han descubierto yacimientos de petróleo y gas natural y han alcanzado un gran desarrollo las industrias siderúrgica y química.

Australia: vista del puerto y de la ciudad de Sydney, la más importante del país.

Hist. Poco se sabe de las culturas aborígenes australianas. La historia de este continente comienza con la llegada a sus costas de expediciones portuguesas, españolas y holandesas en los s. XVI y XVII. La colonización de la isla la iniciaron los ingleses a finales del s. XVIII, con la fundación de Nueva Gales del Sur por James Cook en 1788, a la que siguieron otras colonias. El territorio australiano fue durante el s. XIX escenario de conflictos entre ganaderos y agricultores y entre colonos libres y deportados, conservando cada colonia un amplio grado de autonomía respecto a las demás. Esta situación, que dificultaba las relaciones con la metrópoli y el propio proceso de colonización interna, terminó con la aprobación en 1900 de una Constitución que estableció la Confederación Australiana.
En la Segunda Guerra Mundial, Australia combatió junto a los aliados y, después de 1945, se alineó con EE UU en los grandes conflictos del Pacífico. El Partido Liberal gobernó el país entre 1949 y 1972, volviendo a vencer en las elecciones de 1975, 1977 y 1980. El Partido Laborista gobernó entre 1972 y 1975, y ganó las elecciones de 1983, 1984, 1987 y 1990. En estas últimas fue elegido primer ministro Bob Hawke.
Cult. La cultura australiana, casi ignorada hasta la década de los años setenta, empezó a ser conocida en el resto del mundo, especialmente en el campo de la literatura al serle concedido el premio Nobel al escritor Patrick White en 1973 y gracias al éxito de novelistas como J. Furphy, H. Richardson, Ch. Stead, Morris West (*El abogado del diablo*) y Colin McCullough (*El pájaro espino*), y poetas como H. Lawson, A. M. Klein y A. D. Hope. Mayor aún fue la repercusión del cine australiano, con películas como *Max Mad* (tres episodios, 1979, 1981 y 1985) y *El año en que vivimos peligrosamente* (1982) y directores como Peter Weir y George Miller. En el campo de la música moderna destacan el conjunto heavy *AC-DC* y los grupos pop *Men at Work* e *Inx*.

Australia Meridional (*South Australia*) Estado de Australia, en el S del país. 984.000 km². 1.404.900 h. en 1988. La capital es Adelaida, con 1.013.000 h. en 1987. La base de su economía es la ganadería ovina, los cultivos de cereales y frutales y la industria metalúrgica.

Australia Occidental (*Western Australia*) Estado de Australia, situado en el O del país. 2.525.600 km². 1.532.700 h. en 1988. La capital es Perth, con 1.083.400 h. en 1987. Su economía se basa en la ganadería ovina y bovina y la minería de hierro, oro, bauxita, níquel y uranio.

australiano, na *adj.* De Australia. También *s.*

australoide *adj.* Se dice de la subraza o grupo primario humano de raza negroide que habita en Australia, Tasmania y Ceilán.

Australopithecus *s. m.* Género de primates fósiles de la familia homínidos, a la que también pertenece el hombre. Vivió desde hace 5,5 millones de años hasta hace un millón de años. Sus restos fueron descubiertos en el S de África por Raymond Dart en 1924.

Austria (*Österreich*) Estado de Europa central.

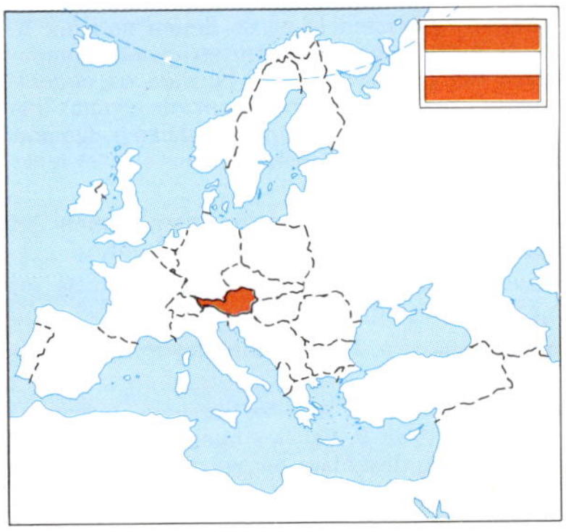

Extensión: 83.855 km².
Límites: al N, con Alemania y Checoslovaquia; al E, con Checoslovaquia y Hungría; al S, con Eslovenia e Italia, y al O, con Suiza y Liechtenstein.
Población: 7.600.000 h. en 1990.
Densidad: 90,7 h./km².
Capital: Viena.
División administrativa (estados): Viena, Alta Austria, Baja Austria, Salzburgo, Vorarlberg, Carintia, Estiria, Burgenland, Tirol.
Ciudades principales: Graz, Linz, Salzburgo, Innsbruck.
Gentilicio: austriaco.
Forma de Estado: república federal.
Idioma: alemán.
Religión: catolicismo, 89,3 %; protestantismo, 6,5 %.
Moneda: chelín austriaco.
Tasa de natalidad: 12 ‰ en 1990.
Tasa de mortalidad: 11 ‰ en 1990.
Renta per cápita: 15.560 dólares en 1988.

Geog. física Los Alpes ocupan el 70,5 % de la superficie de Austria. Orientados en sentido E-O, se distinguen en ellos varias regiones paralelas de N a S: los Prealpes, con el Vorarlberg (Kuchenspitze, 3.170 m), los Prealpes de Baviera (Zugspitze, 2.970 m), los Prealpes de Salzburgo (Dachstein, 2.996 m) y los Prealpes de Viena; una serie de valles longitudinales que separan los Prealpes calcáreos de los macizos centrales cristalinos; los Alpes, cadena central y más elevada (Gross Glockner, 3.796 m), con numerosos glaciares, y el valle del Drave y los Prealpes del S. Fuera del macizo alpino se encuentran el valle del Danubio al N y la llanura del Burgenland al E, en la frontera húngara. El clima es de tipo continental, frío y seco, con fuertes oscilaciones de temperatura.
Geog. humana y ***económica*** Las áreas alpinas son las menos pobladas. El 55 % de la población vive en las ciudades, habiéndose registrado desde 1964 un descenso de la tasa de natalidad. La agricultura ocupa al 16 % de la población activa; el turismo ocupa al 45 % y es la mayor fuente de riqueza; el sector secundario, en el que destaca la industria química, emplea al 40 % de la población activa. Hay poca tierra cultivable, en la que se da trigo, cebada, maíz y remolacha; las explotaciones suelen ser pequeñas y proporcionan la base para cubrir las necesidades alimentarias del país. Gran importancia tienen las zonas boscosas y la obtención de madera. Existe una cabaña ganadera, especialmente bovina y caballar. El subsuelo es rico en antimonio, azufre, cinc, cobre, gas natural, sal y tungsteno.
Hist. **de la prehistoria a Carlomagno** El territorio de Austria albergó culturas prehistóricas (Hallstatt) y en él se asentaron los celtas (s. IV a. C.) y los germanos (s. II a. C.), quienes frenaron la expansión romana al N del Danubio. Fue frontera del imperio romano, dividida en las provincias de Retia, Nórica y Panonia, con centros en Vindobona (Viena) y Carnuntum. Tras el paso hacia Occidente de distintos pueblos germánicos, en el s. VI se establecieron en esta región los bávaros, checos y ávaros. En el s. IX, Carlomagno estableció en ella un distrito fronterizo o marca del E (Ostmark) como dique ante las invasiones procedentes de Asia.
los Habsburgo Convertido en ducado en el s. XII, pasó a ser patrimonio de la casa de Habsburgo desde 1278, con categoría de archiducado desde finales del s. XV. Gracias a una hábil política matrimonial, los archiduques de Austria llegaron a ser emperadores del Sacro Imperio. Pero Austria quedó separada del imperio en 1522, al renunciar Carlos V a sus derechos sucesorios en beneficio de su hermano Fernando I, quien recibió también Bohemia y Hungría. Las luchas entre católicos y protestantes (los Habsburgo defendieron el catolicismo) y la amenaza turca ensombrecieron la vida política de Austria en los s. XVI y XVII. La paz de Westfalia (1648) y la paz de Carlowitz (1699) pusieron fin, respectivamente, a ambos problemas y consolidaron la posición de Austria como potencia europea. Las reformas de los monarcas ilustrados fueron frenadas por el temor al avance de la Revolución Francesa de 1789. Derrotado por Napoleón, el Sacro Imperio dejó de existir en 1806.
siglos XIX y XX En la primera mitad del s. XIX, una vez vencido Napoleón, los países victoriosos, Austria, Reino Unido, Rusia y Prusia, se esforzaron por restaurar, en el congreso de Viena (1814-1815), el absolutismo y reconstruir el mapa europeo anterior a las victorias napoleónicas. Las sublevaciones liberales y nacionalistas y la pugna con Prusia por la hegemonía alemana debilitaron a Austria, que buscó la alianza con Hungría. De esta unión nació el imperio austrohúngaro (1867-1919). La diversidad de las naciones integrantes del mismo fue causa de su rápida descomposición, consumada por la Primera Guerra Mundial. Los territorios no austriacos se independizaron y Austria quedó convertida en república federal. Hitler anexionó el país a Alemania entre 1938 y 1945, haciendo de él una provincia del Tercer Reich con el nombre de *Ostmark*. Fue ocupado después por los aliados y recobró su independencia en 1955. No forma parte de la OTAN ni de la CEE. En las últimas décadas han gobernado alternativamente el Partido Popular

Austria: columna de Santa Ana, en Innsbruck.

Austria: vista de Hallstatt, a orillas del lago Hallstätter.

y el Partido Socialista, cuyas figuras más representativas son, respectivamente, Kurt Waldheim, elegido canciller en 1986, y Franz Vranitzky. En las elecciones presidenciales de 1992 venció el conservador Thomas Klestil.
Cult. Situada en el centro de Europa, Austria ha sido un lugar de encuentro de varias tradiciones culturales del continente, por lo que a veces resulta difícil separar lo propiamente austriaco de lo germánico o alemán hasta bien entrado el s. XX. En la música su influencia ha sido extraordinaria: además de ser la cuna de compositores como Haydn y Mozart (s. XVIII), Schubert (s. XIX) y Schönberg (s. XX), creador del dodecafonismo, y de estilos como el vals o la opereta vienesa, Austria atrajo a otros grandes compositores nacidos en regiones de la actual Alemania, como Beethoven, Brahms, Mahler o Richard Strauss. En la actualidad, Viena es una de las capitales musicales del mundo, tanto por la calidad de sus orquestas como por el número de conciertos y representaciones de ópera.
La literatura austriaca empieza a adquirir verdadera entidad nacional en los s. XIX y XX, y en ella destacan autores como Arthur Schnitzler, Karl Kraus, Rainer Maria Rilke, Hermann Broch, Robert Musil y Stefan Zweig. Entre los contemporáneos merece citarse a Peter Handke, que también ha dirigido cine, y a Thomas Bernhard.
En el ámbito de la ciencia y el pensamiento, sobresalen el creador del psicoanálisis, Sigmund Freud, que nació en Alemania pero desarrolló casi toda su carrera en Viena, y el círculo de Viena, una escuela lógico-filosófica muy influida por Bertrand Russell y por los descubrimientos de Einstein, a la que pertenecieron Carnap, Neurath y Ludwig Wittgenstein, uno de los creadores de la filosofía del lenguaje.
El arte austriaco resulta también muy difícil de separar del alemán. Su centro impulsor fue Viena, sobre todo a partir del s. XVII, en que se convirtió en una ciudad monumental. El arquitecto más interesante del s. XIX fue Otto Wagner, cuyas tendencias modernistas fueron más tarde continuadas por Adolf Loos y por el movimiento *Jugendstil*, en el que destacaron los arquitectos Josef Maria Olbrich y Josef Hoffmann y el pintor Gustav Klimt. En el s. XX sobresalen, entre otros, el pintor expresionista Oskar Kokoschka y el escultor Fritz Wotruba.

Austria, Ana de Véase **Ana de Austria**.

Austria, casa de Rama española de la dinastía imperial de Habsburgo, que ocupó el trono de España entre 1517 y 1700. Se inició con Carlos I, nieto de Maximiliano de Austria y de los Reyes Católicos, al que sucedieron Felipe II, Felipe III, Felipe IV y Carlos II. La muerte sin descendencia de este último provocó la guerra de Sucesión al trono de España (1701-14) y el advenimiento de la dinastía francesa de Borbón.

Austria, Juan de Véase **Juan de Austria**.

Austria, Juan José de Véase **Juan José de Austria**.

austriaco, ca *adj.* De Austria. También *s.*

Austria-Hungría Imperio austrohúngaro. Estado de Europa central formado en 1867 por el imperio de Austria y el reino de Hungría, con carácter de monarquía gobernada por la casa de Habsburgo. El imperio comprendía las actuales Austria, Hungría, Checoslovaquia, parte de Yugoslavia, parte de Rumania, el S de Polonia y parte de Italia. Al final de la Primera Guerra Mundial se dividió en los estados independientes de Austria, Hungría, Checoslovaquia y Yugoslavia, como consecuencia de los tratados de Saint-Germain (1919) y Trianon (1920).

austro *s. m.* **1.** Sur, punto cardinal. **2.** Viento que sopla del sur.

austrohúngaro, ra *adj.* De Austria-Hungría. También *s.*

austroprusiana, guerra Conflicto armado entre Austria y Prusia (1866). Significó la hegemonía prusiana en Alemania. Italia, aliada de Prusia, consiguió el Véneto, que estaba en poder de Austria.

autarquía *s. f.* **1.** Capacidad de abastecerse a sí mismo. **2.** En pol., régimen de un estado que se propone ser económicamente autosuficiente, bastándose con sus propios recursos y evitando las importaciones. **FAM.** Autárquico.
Hist. Alemania bajo Hitler, Italia bajo Mussolini y la URSS bajo Stalin, son algunos de los casos de autarquía más conocidos del s. XX. En España se practicó la autarquía en el periodo comprendido entre 1939 y 1959, después de la guerra civil de 1936-39.

auténticamente *adv. m.* Con autenticidad, verdaderamente.

autenticar *v. tr.* Dar fe funcionarios públicos, especialmente notarios, de la veracidad o legalidad de un documento o acto. ▪ Se conjuga como *sacar.*

auténtico, ca *adj.* Que es lo que parece ser o lo que indica su nombre. **FAM.** Autenticidad.

autentificar *v. tr.* Autorizar o legalizar alguna cosa. ▪ Se conjuga como *sacar.*

autillo *s. m.* Ave rapaz de la familia estrígidos, especie *Otus scops.* Es un ave nocturna que mide

Pareja de autillos (Otus scops).

unos 20 cm de longitud, tiene color pardo con manchas negras y presenta dos pequeños penachos de plumas a ambos lados de la cabeza. Vive en el S de Europa y se alimenta de insectos, ratones y pajarillos.

autismo *s. m.* Trastorno mental caracterizado por el aislamiento del individuo ante cualquier acontecimiento del entorno.
Psicol. El autista experimenta desde muy niño una marcada incapacidad de establecer relaciones normales con las personas que le rodean y enfrentarse adecuadamente a las situaciones cotidianas. Mientras que para unos autores el origen del autismo es orgánico, según otros se debe a causas psicológicas.

autista *adj.* **1.** Relativo al autismo. **2.** Se dice de la persona que padece autismo. También *s.*

auto[1] (de *acto*) *s. m.* **1.** Resolución judicial, fundada, que decide sobre cuestiones parciales o secundarias, para las que no se requiere sentencia. **2.** Composición dramática breve, generalmente de tema religioso o alegórico, que estuvo en boga entre los s. XIII y XVII en España. El auto más antiguo es el *Auto de los Reyes Magos*, escrito en el s. XIII. En el género destacó especialmente Calderón de la Barca, autor de *El gran tea-*

CASA DE AUSTRIA

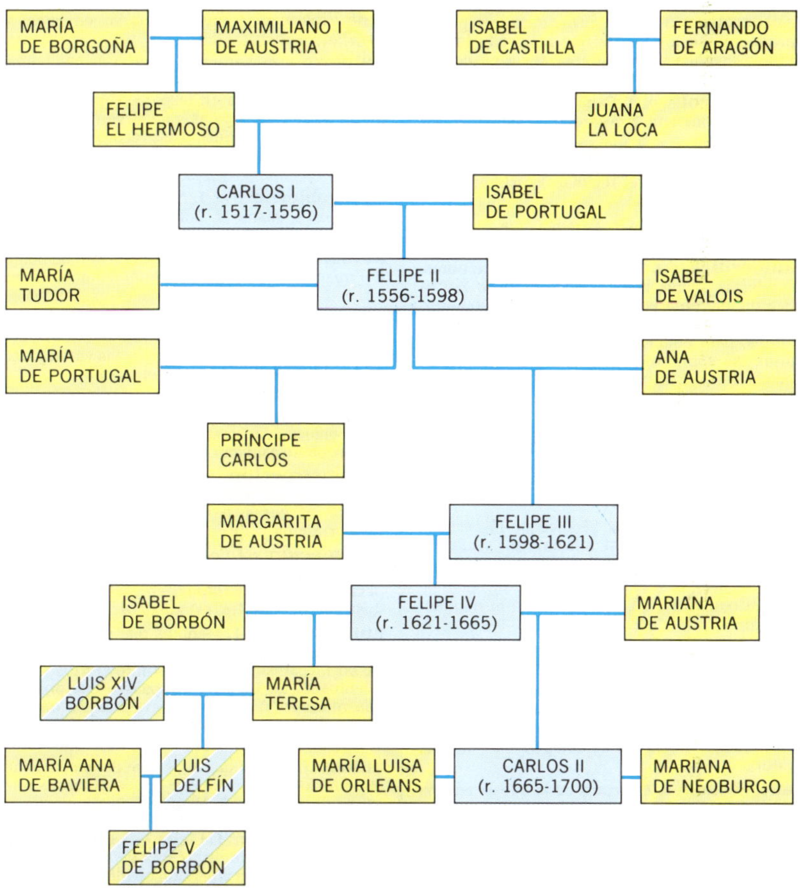

tro del mundo. || *pl.* **3.** Conjunto de las partes que comprende una causa criminal o un pleito civil. || **4. auto de fe** Proclamación solemne y ejecución en público de las sentencias dictadas por el tribunal de la Inquisición. **5. auto sacramental** Auto dramático, muy popular en los s. XVI y XVII, escrito para exaltar el sacramento de la eucaristía. || **LOC. de autos** *adj.* Aplicada a día, noche, etc., expresa el momento en que sucedió un hecho. **en autos** *adv.* Enterado, al corriente.

auto² *s. m. apóc.* de **automóvil**. ▪ A veces se usa como prefijo: *autoescuela.*

auto- *pref.* Significa 'por sí mismo' o 'de uno mismo': *autoservicio, autobiografía.*

autoabastecerse *v. prnl.* Proveerse uno mismo de lo necesario. ▪ Es v. irreg. Se conjuga como *agradecer.*

autoagresión *s. f.* Acción de dañar una persona su propio cuerpo. Puede ser automutilación (lesiones más o menos graves, amputaciones de partes o de algún miembro, etc.) o suicidio. Suele darse en enfermos psicópatas.

autoanálisis *s. m.* **1.** Examen que hace una persona sobre las causas de su comportamiento. **2.** Análisis psicológico con finalidades curativas efectuado por el paciente sobre sí mismo.

autobiografía *s. f.* Biografía en la que el autor narra su propia vida. **FAM.** Autobiográfico.

autobombo *s. m.* Alabanza exagerada y pública que uno hace de sí mismo.

autobús *s. m.* Vehículo automóvil de transporte público dotado de muchas plazas, generalmente con trayecto fijo y urbano.

autocar *s. m.* Autobús de línea regular o de servicio discrecional.

autocine *s. m.* Cine al aire libre en que se asiste a la proyección sin salir del propio automóvil.

autoclave *s. amb.* Aparato hermético que se utiliza para acelerar procesos químicos por medio del vapor a alta presión y temperatura o calentando líquidos por encima de su punto de ebullición. Son autoclaves las ollas a presión de la cocina y los esterilizadores de los hospitales. También *adj.*

autoconsumo *s. m.* Consumo directo por el productor de los bienes que ha producido su propia actividad. Tiene importancia en economías agrarias poco desarrolladas.

autocontrol *s. m.* **1.** Capacidad para controlar la propia conducta. **2.** Autoevaluación.

autocracia *s. f.* Sistema político en el que un solo gobernante ejerce el poder sin limitación de su autoridad, p. ej. el régimen zarista en Rusia desde el s. XVII al XIX.

autócrata *s. m.* y *f.* Persona que ejerce la autocracia. **FAM.** Autocráticamente, autocrático.

autocrítica *s. f.* **1.** Juicio crítico sobre obras, conductas, planteamientos, etc., propios. **2.** Crítica de una obra efectuada por su propio autor. **3.** En pol., práctica de un partido o de sus militantes, para enjuiciar su propia actuación. Fue utilizado sobre todo por los partidos comunistas.

autóctono, na *adj.* Originario del mismo lugar en que vive, existe o se da.

autodeterminación *s. f.* Decisión por la que los pobladores de un territorio eligen su futuro estatuto o régimen político. Es un derecho amparado por la ONU.

autodidacto, ta *adj.* Se dice de la persona que se instruye por sí misma, sin ayuda de maestro. También *s.* ▪ Es más frecuente el uso de la forma *autodidacta* para el masculino.

autodominio *s. m.* Dominio de sí mismo, autocontrol.

autódromo *s. m.* Circuito para carreras de automóviles o motos.

autoencendido *s. m.* Explosión que se produce de modo espontáneo y antes de tiempo en los cilindros de un motor de combustión interna debida a un exceso de compresión o temperatura.

autoescuela *s. f.* Escuela en la que se enseña a conducir automóviles.

autoestima *s. f.* Consideración, positiva o negativa, de sí mismo.

autoestop *s. m.* Autostop*.

autoevaluación *s. f.* Capacidad y métodos empleados para valorar el trabajo, el estudio, las actividades u obras de uno mismo. Referida al ámbito escolar, consiste en la aplicación por parte del estudiante de técnicas y métodos (autocorrecciones, autocomprobaciones, etc.) para verificar en qué medida va alcanzando los objetivos en sus aprendizajes.

autofecundación *s. f.* Fecundación de la parte femenina de un individuo hermafrodita por la parte masculina del mismo individuo.
Biol. La autofecundación es más frecuente en las plantas que en los animales. Por lo general, los animales hermafroditas no pueden fecundar sus óvulos con sus propios espermatozoides y necesitan ser fecundados por otro individuo de su especie, por lo que en ellos no se da autofecundación, sino fecundación cruzada. En cambio, hay especies de plantas en las que la fecundación de un gameto femenino puede ser realizada por el masculino del mismo individuo, p. ej. por un grano de polen procedente de los estambres de la misma flor.

autofinanciación *s. f.* Financiación de las inversiones de una empresa u otra entidad por medio de sus propios recursos, p. ej. mediante la aplicación de parte de los beneficios a adquisición de materiales, renovación de maquinaria, ampliación de personal, etc.

autogamia *s. f.* Autofecundación.

autógeno, na *adj.* **1.** Que se origina o genera a sí mismo. || **2. soldadura autógena** Véase **soldadura**.

autogestión *s. f.* Dirección y gestión de una empresa por sus trabajadores.
Pol. La experiencia de autogestión más completa conocida hasta el momento es la que se inició en Yugoslavia en 1950. Las empresas de este país pertenecen formalmente a la colectividad, que cede su control y gestión a los trabajadores en ellas empleados; están dotadas de completa autonomía y establecen los salarios en función de sus resultados económicos generales. El órgano supremo de dirección es el consejo obrero, cuyas órdenes ejecutan el comité de gestión y el director. También se han realizado experiencias autogestionarias en Israel y Argelia.

autogiro *s. m.* Aeronave provista de una hélice delantera, que hace despegar y avanzar el aparato, y otra situada en la parte superior y formada por grandes palas, que sirve de sustentación. Puede tomar tierra casi verticalmente. Fue inventado en 1923 por el español Juan de la Cierva.

autogobierno *s. m.* **1.** Acción de gobernarse o dirigirse a sí mismo. **2.** Gobierno autónomo de un pueblo, país o territorio.

autógrafo, fa *adj.* **1.** Que está escrito de mano del mismo autor: *carta autógrafa.* También *s. m.* || *s. m.* **2.** Firma de una persona, en especial si es famosa.

autoinducción *s. f.* Inducción electromagnética producida en un circuito por las variaciones de la corriente que pasa por el mismo.

autoinmunización *s. f.* Reacción por la que un organismo se hace inmune contra determinada enfermedad mediante procesos naturales del propio organismo.

autoinstrucción *s. f.* Desarrollo interno y personal de los procesos por los que el hombre conoce las cosas: percepción, reconocimiento, memorización y aprendizaje.

automación *s. f.* Conjunto de técnicas de sustitución de la mano de obra por máquinas, especialmente ordenadores, en los procesos industriales, contables, estadísticos, etc.

autómata *s. m.* **1.** Máquina que imita la figura y los movimientos humanos. **2.** Aparato provisto de un mecanismo que le permite ciertos movimientos. **3.** En inform., dispositivo que procesa una información de entrada para producir otra de salida. **4.** *fam.* Persona que actúa maquinalmente o dirigida por otra.

automático, ca *adj.* **1.** Se dice del mecanismo que funciona por sí solo y de los procesos que así se desarrollan. **2.** Maquinal, involuntario. **3.** Que ocurre necesariamente al darse ciertas circunstancias. || *s. m.* **4.** Cierre que consta de dos piezas en forma de disco; una de ellas tiene un saliente que encaja a presión en el entrante de la otra. Se utiliza, sobre todo, en prendas de vestir. || *s. f.* **5.** Rama de la ingeniería que estudia la construcción de autómatas y los procesos automáticos y sus aplicaciones. **FAM.** Automáticamente.

automatismo *s. m.* **1.** Cualidad de automático. **2.** Mecanismo que realiza funciones de mando, regulación y control sin necesidad de que intervengan agentes exteriores, p. ej. una lavadora automática, una caldera con termostato, etc. **3.** Ejecución de movimientos o actos involuntarios.

automatizar *v. tr.* **1.** Hacer que algo sea automático. **2.** Aplicar máquinas o procedimientos automáticos en una empresa o industria. ▪ Se conjuga como *cazar.* **FAM.** Automatización.

automoción *s. f.* Automovilismo.

automotor, ra *adj.* **1.** Se dice de la máquina que funciona con motor, especialmente de los vehículos de tracción mecánica. || *s. m.* **2.** Se dice de los trenes accionados por motores eléctricos o diesel.

automotriz *adj.* Automotora.

automóvil *adj.* **1.** Que se mueve por sí mismo. || *s. m.* **2.** Vehículo sobre ruedas impulsado por su propio motor y diseñado para circular sin necesidad de vías o carriles; especialmente, el de pequeño tamaño para el transporte de personas.
Tecnol. Los automóviles constan esencialmente de: carrocería, revestimiento de chapa metálica ligera, dividida en tres compartimientos, destinados a albergar a los pasajeros, equipaje y motor respectivamente; el chasis, armazón rígido que sustenta los restantes elementos; el motor, mecanismo que proporciona la potencia y que suele ser de explosión o combustión interna y funciona con gasolina o gasóleo; la transmisión, que traslada el movimiento del motor a las ruedas y consta de embrague, caja de cambios, diferencial y árbol de transmisión; dirección, que orienta la marcha del vehículo y se maneja con el volante, cuyo movimiento se transmite a las ruedas delanteras mediante una barra; los frenos, que sirven para atenuar el avance o detener el vehículo, pueden ser de disco o de tambor y se accionan con el correspondiente pedal; el carburador, donde se prepara la mezcla carburante para el motor y que se regula con el pedal acelerador; las ruedas, que unidas dos a dos por ejes y dotadas de neumáticos con aire a presión constituyen la superficie de rodadura; la suspensión, constituida por ballestas o amortiguadores, que absorben las sacudidas y trepidaciones; la refrigeración, constituida por el radiador, bomba de agua y el ventilador, que evita el sobrecalentamiento del motor; el sistema eléctrico, que se compone de batería, dinamo, bobina, delco, alternador, bujías, faros, luces de posición y dirección, etc.; y el depósito de combustible.
El primer automóvil, accionado por vapor, fue construido por Cugnot en 1771. El invento y desarrollo del motor de combustión interna en la década de 1880 influyó decisivamente en la evolución del automóvil. Los modelos de Lenoir (1863), de Benz (1885), de Daimler (1886-87) supusieron progresos sucesivos. En 1908, Henry Ford adoptó el sistema de fabricación en serie, revolucionando la incipiente industria automovilística, que alcanzó una elevada perfección técnica y un gran desarrollo a partir de los años treinta. Hoy día la fabricación de automóviles es uno de los campos donde más se aplican los procesos informáticos y la utilización de robots.

automovilismo *s. m.* **1.** Conjunto de conocimientos relativos a la construcción, funcionamiento y manejo de automóviles. **2.** Deporte que consiste en practicar carreras con automóviles.
Dep. La primera carrera de automóviles se celebró en 1894 en Francia, entre París y Ruán. En la actualidad se disputan varios tipos de pruebas automovilísticas: campeonato del mundo de pilotos y marcas de fórmula 1*, fórmula 3.000, *rallyes,* competiciones de prototipos y turismos, pruebas de resistencia, etc. Además de los grandes premios de fórmula 1, son famosas las pruebas de las 24 horas de Le Mans, en Francia, las 500 millas de Indianápolis y las 24 horas de Daytona, en EE UU, y los *rallyes* de Montecarlo, de los Mil Lagos, en Finlandia, y el París-Dakar. Entre los grandes pilotos automovilísticos han destacado el argentino Fangio, campeón del mundo en cinco ocasiones; los británicos Clark, Brabham, Hill y Stewart; el austriaco Lauda;

los brasileños Fittipaldi, Piquet y Senna, y el francés Prost.

automovilista *s. m.* y *f.* Persona que conduce un automóvil.

automovilístico, ca *adj.* Perteneciente o relativo a los automóviles y al automovilismo.

autonomía *s. f.* **1.** Estado y condición de la persona, pueblo, territorio, etc., que goza de independencia en todos o en algunos aspectos. **2.** En derecho político y administrativo, potestad de la que pueden disfrutar dentro de un país las nacionalidades y regiones, provincias, municipios, universidades y otros organismos públicos para regirse mediante normativas y poderes propios. **3.** En España, comunidad autónoma. **4.** Capacidad máxima de un vehículo para efectuar un recorrido ininterrumpido sin repostar combustible. ‖ **5. Estado de las autonomías** Expresión que designa la forma del Estado español surgido de la Constitución de 1978, en el que se han constituido 17 comunidades autónomas entre 1979 y 1983. **6. estatuto de autonomía** En el ordenamiento constitucional español, norma institucional básica de cada comunidad autónoma, reconocida y amparada por el Estado como parte del ordenamiento jurídico. **FAM.** Autonómico, autonomista, autonomizar.

autónomo, ma *adj.* **1.** Que goza de autonomía. **2.** Se dice del que trabaja por cuenta propia.

autopista *s. f.* Vía para la circulación de automóviles que tiene calzadas con varios carriles, separadas para ambos sentidos, curvas de radio muy amplio y sin cruces a nivel.

autoplastia *s. f.* Restauración de partes dañadas de un organismo mediante injertos procedentes del mismo individuo.

autopropulsarse *v. prnl.* Trasladarse una máquina por su propia fuerza motriz. **FAM.** Autopropulsión.

autopropulsor, ra *adj.* Se dice del dispositivo de propulsión que funciona automáticamente en un vehículo o ingenio, sobre todo en proyectiles o cohetes. También *s. m.*

autopsia *s. f.* Disección de un cadáver y examen anatómico del mismo. Suele hacerse para determinar la causa de la muerte.

autor, ra *s. m.* y *f.* **1.** El que es causa de alguna cosa o ha ejecutado alguna acción. **2.** El que ha realizado alguna obra científica, literaria, artística, etc. **3.** El inventor de algo. **4.** En der., sujeto activo de un delito; comprende tanto al que lo comete como al que induce a ejecutarlo o coopera en su realización. ‖ **5. derechos de autor** Los que la ley reconoce al autor de una obra literaria, científica o artística para participar en los beneficios que produzca su publicación, reproducción o representación. También, cantidad de dinero que un autor cobra por este motivo. **FAM.** Autoría.

autoridad *s. f.* **1.** Potestad por la que una persona puede gobernar o mandar sobre otras que le están subordinadas. **2.** Persona que posee esa potestad debido a su cargo. **3.** Aptitud para hacerse obedecer. **4.** Influencia y prestigio de que goza alguien por su saber en determinada materia; también, designa a la persona entendida. **5.** Autor, texto o expresión que se cita en apoyo de lo que se dice.

autoritario, ria *adj.* **1.** Que se funda o apoya exclusivamente en la autoridad. **2.** Se dice de quien tiende a imponer su voluntad y criterio. También *s.* **3.** Se aplica al régimen político en el que no existen limitaciones al poder ejecutivo ni participación de los ciudadanos u otras instituciones en las decisiones de gobierno. **FAM.** Autoritariamente.

autoritarismo *s. m.* Actitud autoritaria, exceso de autoridad.

autorizado, da **1.** *p. p.* de **autorizar**. También *adj.* ‖ *adj.* **2.** Digno de respeto o crédito. **FAM.** Autorizadamente.

autorizar *v. tr.* **1.** Dar autoridad para hacer algo. **2.** Permitir. **3.** Dar fe el notario en un documento. ■ Se conjuga como *cazar.* **FAM.** Autorización.

autorradio *s. m.* Receptor de radio instalado en un automóvil.

autorregulación *s. f.* **1.** Regulación automática de un mecanismo. **2.** Capacidad de ciertos sistemas (cibernéticos, biológicos, etc.) para conservar su equilibrio y estabilidad ante las variaciones del medio y continuar funcionando adecuadamente. **3.** Función de los organismos vivos que mantiene constantes las condiciones de su medio interno, como temperatura, pH*, etc. Los mecanismos de autorregulación forman parte importante de la homeostasis*. **FAM.** Autorregulable.

autorretrato *s. m.* Retrato de una persona hecho por ella misma.

autoservicio *s. m.* Establecimiento donde el cliente se sirve por sí mismo.

autostop *s. m.* Sistema de viajar consistente en solicitar transporte gratuito a los automovilistas mediante una señal convencional de la mano, con el puño cerrado y el pulgar levantado. **FAM.** Autostopista o autoestopista.

autosuficiente *adj.* **1.** Que se basta a sí mismo. **2.** Engreído. **FAM.** Autosuficiencia.

autosugestión *s. f.* Sugestión que, consciente o inconscientemente, ejerce una persona sobre sí misma y que puede modificar sus actitudes y comportamiento. **FAM.** Autosugestionarse.

autotransformador *s. m.* Transformador que consta de un solo enrollamiento. La diferencia de tensión entre el primario y el secundario es debida al distinto número de espiras de que constan uno y otro.

autótrofo, fa *adj.* Se dice del organismo capaz de alimentarse directamente de sustancias inorgánicas (calcio, dióxido de carbono, oxígeno, nitrógeno, etc.), gracias a la energía luminosa o química, como las plantas verdes y algunas bacterias.

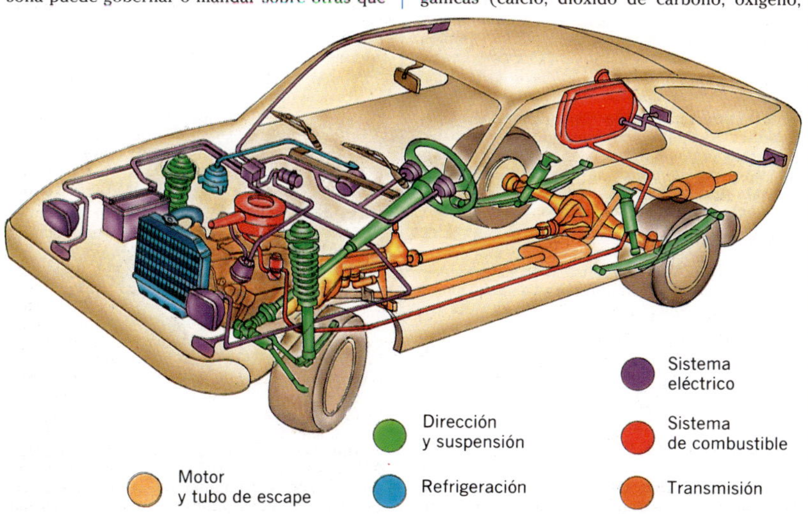

Esquema de los principales sistemas de un automóvil: el motor produce la potencia, que la transmisión, formada por el embrague, la caja de cambios, el árbol de transmisión y el diferencial, traslada a las ruedas motrices. La batería suministra electricidad a las bujías, motor de arranque, luces, calefacción, claxon, etc.

autovacuna *s. f.* Vacuna preparada con cultivos microbianos procedentes del mismo individuo al que será administrada.

autovía *s. f.* **1.** Carretera semejante a la autopista, pero con cruces a nivel. ‖ *s. m.* **2.** Tren automotor.

autoxirreducción *s. f.* Transformación química, también llamada dismutación, por la cual un ion se oxida y reduce simultáneamente al encontrarse en un medio inestable. Así, el ion cuproso se oxida a ion cúprico y a cobre atómico según la reacción: $2\ Cu^{+} \rightarrow Cu^{2+} + Cu^{\circ}$.

Auvernia (*Auvergne*) Región de Francia, en el centro del país. 26.013 km^2. 1.328.300 h. en 1988. La capital es Clermont-Ferrand, con 224.700 h. en 1982. Cuenta con agricultura (cereales, vid, frutales), ganadería (vacuna, ovina) e industria (mecánica, textil).

auxiliar[1] (del lat. *auxiliare*) *v. tr.* Prestar auxilio.

auxiliar[2] (del lat. *auxiliaris*) *adj.* **1.** Que auxilia. **2.** Se dice de la persona que ayuda o colabora en las funciones de otra como subordinado suyo. También *s.* **3.** En ling., se aplica a los verbos que sirven para formar los tiempos compuestos de otros o para expresar distintos matices del pensamiento. También *s. m.* ‖ **4. auxiliar de vuelo** En los aviones, persona que atiende a los pasajeros y a la tripulación.

Ling. Los verbos auxiliares más importantes son *haber* y *ser.* Con *haber* y los participios pasados se forman los tiempos compuestos: *había venido, habremos ido.* Con *ser* y los participios pasados se forma la voz pasiva: *fue recibido, serás recompensado.* Existen otros verbos, como *ir, venir, soler,* etc., que también pueden desempeñar una función auxiliar: *Él va haciéndolo poco a poco. Vienes cansado del camino. Sueles pasar por aquí,* etc.

auxilio *s. m.* **1.** Ayuda, socorro. **2.** Aquello con que se presta ayuda. ‖ **3. auxilios espirituales** Sacramentos que se administran a un moribundo. **4. primeros auxilios** Cura elemental que se efectúa de modo inmediato antes de la intervención del médico o del ingreso en un hospital.

auxina *s. f.* Cada una de las hormonas que estimulan el crecimiento de las plantas.

auxología *s. f.* Rama de la antropología que estudia el crecimiento de los individuos.

auxopatía *s. f.* Trastorno del crecimiento, ya sea por causas innatas o adquiridas, y que influye en mayor o menor medida en el desarrollo global del individuo.

aval *s. m.* **1.** Acción de responder por una persona, especialmente en materia económica. **2.** Documento o escrito en que se hace constar dicha garantía. **3.** Firma al pie de dicho documento.

avalancha *s. f.* Alud.

avalar *v. tr.* **1.** Garantizar por medio de aval. **2.** Respaldar, acreditar.

avalista *s. m.* y *f.* Persona que avala, particularmente en materia económica.

avance *s. m.* **1.** Acción y efecto de avanzar. **2.** Noticia, imagen, muestra, etc., que se presenta como anticipo de algo.

avante *adv. l.* y *t.* Adelante. ■ Es término marinero.

avanzadilla *s. f.* Pequeño grupo de una tropa o ejército que se adelanta a la avanzada.

avanzado, da **1.** *p. p.* de **avanzar**. ‖ *adj.* **2.** Se dice de lo que está lejos de su comienzo. **3.** Progresista, innovador. ‖ *s. f.* **4.** Partida militar destacada con fines de exploración y observación.

avanzar *v. tr.* **1.** Mover o prolongar algo hacia adelante. ‖ *v. intr.* **2.** Ir hacia adelante. **3.** Tratándose de tiempo, transcurrir. **4.** Progresar, mejorar. ■ Se conjuga como *cazar.*

avaricia *s. f.* Afán excesivo de poseer y guardar riquezas. **FAM.** Avariciosamente, avaricioso, avariento.

avaro, ra *adj.* **1.** Que tiene avaricia. También *s.* **2.** Tacaño. También *s.*

ávaro, ra *adj.* **1.** Se dice de un antiguo pueblo asiático que vivió en la región del Volga hasta el

555, en que fue derrotado por los turcos, e invadió Europa en el s. VI. Los ávaros fueron vencidos por Carlomagno en el año 791 y convertidos al cristianismo. **2.** De este pueblo. También *s.*

avasallador, ra *adj.* **1.** Que avasalla. También *s.* **2.** Que cautiva la voluntad o admiración de alguien.

avasallar *v. tr.* **1.** Obligar a alguien a someterse u obedecer por la fuerza y sin razón. **2.** Comportarse sin tener en cuenta los derechos de los demás. **3.** Imponerse alguien de forma aplastante sobre otro u otros. **FAM.** Avasallamiento.

avatar *s. m.* Cambio, transformación, vicisitud.

ave *s. f.* **1.** Animal perteneciente a la clase aves ‖ *pl.* **2.** Clase de vertebrados, generalmente voladores, que se reproducen por huevos (ovíparos) y tienen pico, sangre caliente, cuatro cámaras en el corazón, respiración pulmonar, cuerpo cubierto de plumas, extremidades anteriores transformadas en alas y huesos ligeros y semihuecos, adaptados al vuelo. ‖ **3. ave de paso** Ave migratoria; en sentido figurado, persona que se detiene poco en un lugar. **4. ave migratoria** La que cambia de lugar de residencia en otoño y primavera.

Las aves proceden de los reptiles y aparecieron hace unos 140 millones de años. Sus características anatómicas más sobresalientes son: temperatura interna constante, que es unos 3 °C superior a la de los mamíferos, y esqueleto formado por huesos ligeros, rellenos de cavidades aéreas y adaptados al vuelo, que presenta una prominente quilla en el esternón, en la que se insertan los poderosos músculos que mueven las alas.

Se extienden por todo el mundo y las distintas especies presentan características particulares adecuadas a su hábitat (patas palmeadas las aves acuáticas, fuertes piernas las corredoras, alas con forma de aleta las nadadoras, etc.). Habitan en nidos que construyen con ramitas, plumón y otros elementos y en los que ponen sus huevos, los incuban y alimentan a las crías. Suelen ser insectívoras o granívoras, aunque hay especies que se alimentan de frutos, reptiles, mamíferos y peces. Algunas son migratorias, totales o parciales, y recorren grandes distancias para invernar en climas cálidos. Se comunican mediante sonidos (canto), que utilizan como llamada de peligro, para marcar el territorio, pedir alimento las crías, reclamo sexual, etc. Desde la antigüedad han sido criadas por el hombre como alimento y para consumir sus huevos (avicultura), mantenidas en cautividad por su canto melodioso o colores exóticos y utilizadas como auxilio a la caza (cetrería).

Zool. Existen unas 8.600 especies de aves que se clasifican en más de veinte órdenes, entre los que destacan los siguientes: apterigiformes (kiwi); estrucioniformes (avestruces); reiformes (ñandúes); casuariformes (casuarios y emúes); podicipediformes (somormujos); esfenisciformes (pingüinos); procelariformes (albatros y petreles); pelecaniformes (pelícanos, cormoranes y alcatraces); ciconiformes (cigüeñas, garzas y flamencos); anseriformes (patos y gansos); falconiformes (rapaces diurnas); galliformes (gallos, pavos y faisanes); gruiformes (grullas, pollas y avutardas); caradriformes (gaviotas y chorlitos); columbiformes (palomas); psitaciformes (loros y cacatúas); cuculiformes (cuclillos); estrigiformes (rapaces nocturnas); caprimulgiformes (chotacabras); apodiformes (vencejos y colibríes); trogoniformes (quetzales); coraciformes (cálaos y martín pescador); piciformes (picamaderos y tucanes), y paseriformes (pájaros en general).

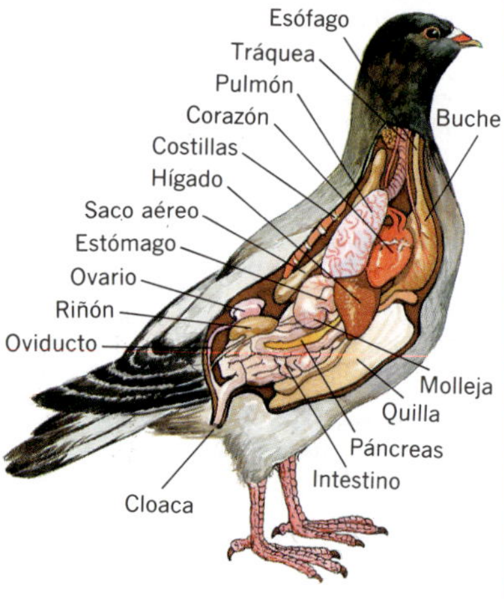

Morfología interna de un ave.

ave del paraíso *s. f.* Nombre común de diversas aves paseriformes de la familia paradiseidos, género *Paradisaea.* Miden generalmente entre 25 y 35 cm de longitud y los machos tienen un plumaje de colores brillantes, que adopta extrañas formas y prolongaciones. Llegaron a estar en peligro de extinción, debido al tráfico de sus plumas, pero hoy están muy protegidas. La gran ave del paraíso *(Paradisaea apoda)* puede alcanzar los 40 cm de longitud. Habitan en Nueva Guinea, Australia y otras islas del océano Pacífico.

avecinar *v. tr.* Acercar, aproximar. Se usa más como *v. prnl.*

avecindar *v. tr.* **1.** Admitir a alguien como vecino de una población. ‖ *v. prnl.* **2.** Establecerse en una población. **FAM.** Avecindamiento.

avefría *s. f.* Nombre común de diversas aves caradriformes de la familia carádridos, género *Vanellus.* La avefría común *(Vanellus vanellus)* mide unos 30 cm de longitud, tiene plumaje verde en el dorso, negro en el pecho y la cabeza y blanco en el vientre, con un penacho largo y negro en la parte posterior de la cabeza. Habita en zonas pantanosas de Europa y N de Asia y es migrante parcial.

Aveiro Distrito de Portugal, en el O del país. 2.808 km². 665.500 h. en 1988. La capital es Aveiro, con 29.150 h. en 1981. La base de su economía es la pesca y la industria conservera, del vidrio y de construcciones mecánicas.

avejentar *v. tr.* Hacer parecer más viejo. También *v. prnl.* **FAM.** Avejentamiento.

avellana *s. f.* Fruto en nuez del avellano, seco, monospermo e indehiscente, con envoltura leñosa. Contiene un 70 % de aceite. Se consume seco.

avellanar *v. tr.* Hacer más ancha la entrada del orificio donde está introducido un clavo a tornillo para que quede hundida la cabeza de éste.

Avellaneda C. de Argentina, perteneciente al Gran Buenos Aires. 334.150 h. en 1980. Es un centro industrial, con refinerías, producción de madera, química y curtidos.

Avellaneda, Alonso Fernández de Nombre, posiblemente seudónimo, con que fue firmada una segunda parte del *Quijote* publicada en Tarragona en 1614.

Avellaneda, Gertrudis Gómez de (Puerto Príncipe 1814 - Madrid 1873) Escritora cubana. En 1836 se trasladó a España, donde residió gran parte de su vida. En su poesía, de gran sonoridad y hondo sentimiento, pueden distinguirse dos etapas, una clásica y otra romántica. También escribió novelas, como *Sab* (1841) y *Guatimozín* (1847), y obras dramáticas, como *Alfonso Munio* (1844) y *Baltasar* (1848).

Avellaneda, Nicolás (Tucumán 1837 - en el Atlántico 1885) Político argentino. Fue ministro de Instrucción Pública en el gobierno de Sarmiento y presidente de la república (1874-80). Durante su mandato se completó la conquista de Patagonia y se federalizó Buenos Aires.

avellano *s. m.* Árbol o arbusto de la familia betuláceas, especie *Corylus avellana.* Mide entre 1 y 6 m de altura, tiene hojas alternas serradas, flores masculinas en inflorescencias amarillas y femeninas en amentos rojos y fruto en nuez comestible. Crece en las regiones templadas del hemisferio norte y se cultiva por su fruto, la avellana.

avemaría *s. f.* Oración compuesta de las palabras con que el arcángel San Gabriel saludó a María, las que le dijo Santa Isabel cuando María fue a visitarla y otras que añadió la Iglesia católica.

Avempace, Abu Bakr Muhammad ibn Bayya, llamado (Zaragoza h. 1075 - Fez 1138) Filósofo hispanomusulmán. Fue autor de numerosas obras, comentarios a Aristóteles, tratados de lógica, etc. Se le conoce sobre todo por *Régimen del solitario,* en que expone los diversos grados de conocimiento del hombre.

avena *s. f.* Nombre común de diversas plantas herbáceas de la familia gramíneas, género *Avena.* La especie cultivada *Avena sativa* tiene distintas variedades (*barbata, longiglumis, orientalis,* etc.) y presenta una inflorescencia en panícula que produce frutos en cariópside. Se cultiva en todo el mundo para alimentación, forraje y elaboración de whisky.

Avena (Avena sativa).

avenar *v. tr.* **1.** Dar salida al agua de un terreno por medio de zanjas de desagüe, cañerías u otros medios. **2.** Recoger los ríos las aguas de una comarca. **FAM.** Avenamiento.

avenencia *s. f.* **1.** Acuerdo entre dos o más personas, grupos, etc. **2.** En der., resultado del acto de conciliación, en el que dos partes enfrentadas llegan a un arreglo sin recurrir a un juicio.

avenida *s. f.* **1.** Crecida súbita y violenta, con desbordamiento del caudal de un río o corriente de agua. **2.** Gran afluencia de personas o cosas. **3.** Calle ancha, generalmente con árboles a ambos lados.

avenido, da **1.** *p. p.* de **avenir**. ‖ *adj.* **2.** Con los adverbios *bien* o *mal* significa 'conforme, en armonía', o 'disconforme, enfrentado'.

avenir *v. tr.* **1.** Reconciliar o poner de acuerdo a personas o partes enemistadas. También *v. prnl.* ‖ *v. prnl.* **2.** Llevarse bien. **3.** Conformarse, acomodarse. ■ Es v. irreg. Se conjuga como *venir.*

aventador, ra *adj.* **1.** Que avienta. También *s.* ‖ *s. m.* **2.** Bieldo.

aventajado, da **1.** *p. p.* de **aventajar**. ‖ *adj.* **2.** Que sobresale en algo. **FAM.** Aventajadamente.

aventajar *v. tr.* Sacar ventaja, superar.

aventar *v. tr.* **1.** Echar algo al viento, en especial el grano para limpiarlo. **2.** Dispersar el viento alguna cosa. ■ Es v. irreg. Se conjuga como *pensar.* **FAM.** Aventamiento.

Aventino Una de las siete colinas de Roma, en la orilla izquierda del río Tíber.

aventura *s. f.* **1.** Suceso extraordinario. **2.** Empresa o acción arriesgada. **3.** Relación amorosa pasajera.

aventurar *v. tr.* **1.** Arriesgar, comprometer. También *v. prnl.* **2.** Expresar algo atrevido o dudoso. **FAM.** Aventuradamente, aventurado.

Avellano (Corylus avellana) *y detalle de las hojas, el fruto y la flor.*

aventurero, ra *adj.* **1.** Que busca aventuras y las vive. También *s.* **2.** P. ext., temerario. **3.** Se dice de la persona que se gana la vida o trata de triunfar por medios no correctos o ilícitos.

avergonzar *v. tr.* **1.** Causar vergüenza. También *v. prnl.* ▪ Es v. irreg. Se conjuga como *contar.* La *u* lleva diéresis ante *e: avergüence.*

avería *s. f.* Daño, rotura o fallo en un mecanismo.

averiar *v. tr.* Producir una avería. También *v. prnl.* ▪ Se conjuga como *ansiar.*

averiguar *v. tr.* Investigar hasta enterarse de algo o para encontrar una solución. ▪ La *u* lleva diéresis delante de *e: averigüe*; y a diferencia de otros verbos acabados en *-uar,* no se acentúa la *u* en los tiempos de presente ni en el imperativo. **FAM.** Averiguación.

Averno Pequeño lago del S de Italia, en el que Virgilio situó la entrada del infierno. Es sinónimo de infierno, en cuyo caso se escribe con minúscula.

Averroes, Abul Walid Muhammad ibn Rusd, llamado (Córdoba 1126 - Marruecos 1198) Filósofo y médico hispanomusulmán. Seguidor y comentarista de la filosofía aristotélica, trató de armonizar ésta con la revelación islámica. Su interpretación de Aristóteles se centra especialmente en los aspectos materialistas y racionalistas, lo que le supuso acusaciones de heterodoxia religiosa y un breve destierro en Lucena (1194). Su influencia filosófica fue grande en la Edad Media y el Renacimiento.

averroísmo *s. m.* Sistema o doctrina filosófica de Averroes.

aversión *s. f.* Oposición, repugnancia.

Avesta Colección de los libros sagrados mazdeístas de los antiguos persas, parcialmente atribuidos a Zaratustra y compilados hacia los años 310-379. El *Avesta* contemporáneo recoge solamente la cuarta parte del total original. Actualmente son libros sagrados entre los parsis de Bombay y los gabaríes de Irán.

Avestruz (Struthio camelus).

avestruz *s. m.* Ave estrucioniforme de la familia estruciónidos, especie *Struthio camelus.* Es un ave corredora, la mayor de las vivientes, pues alcanza hasta 2 m de altura y 150 kg de peso. Tiene alas que no le permiten volar, un cuello muy largo y unas patas largas y fuertes, con dos dedos en cada extremidad, lo que hace que pueda correr a velocidades de hasta 70 km/h. Habita exclusivamente en las sabanas africanas, al S del Sáhara, formando bandadas de 10 a 50 individuos. Se alimenta principalmente de frutas y vegetales. ‖ **LOC. política** (o **táctica**) **del avestruz** La que trata de ignorar un problema o peligro.

avetoro *s. m.* Nombre común de diversas aves ciconiformes de la familia ardeidos, género *Botaurus,* llamada así porque su canto recuerda al mugido de un toro. De considerable tamaño (76 cm), plumaje pardo amarillento y un copete de plumas en la parte posterior de la cabeza, vive en pantanos y marismas. El avetoro común *(Botaurus stellaris)* habita en Europa (excepto en las islas Británicas y Escandinavia) y en Asia Central, pero la caza desmesurada a que ha sido sometido le hace cada vez más escaso en la península Ibérica. El avetoro americano *(Botaurus lentiginosus)* es de menor tamaño.

avezar *v. tr.* Acostumbrar a alguien a cosas duras o difíciles. También *v. prnl.* ▪ Se conjuga como *cazar.* **FAM.** Avezado.

aviación *s. f.* **1.** Sistema de navegación aérea y transporte por medio de aviones. **2.** Cuerpo militar que utiliza aviones.

Ávila: vista de las murallas, construidas en torno al año 1100 y cuyo perímetro alcanza los 2,5 km.

Hist. El primer vuelo con motor lo realizó en 1890 el francés Clement Ader, quien voló 50 m a bordo del *Eolo,* con motor de vapor. En 1903, los hermanos Wright llevaron a cabo con éxito un vuelo en un aeroplano de dos hélices y provisto de un motor de explosión. En 1909, Louis Blériot cruzó en avión el canal de La Mancha.
Las dos guerras mundiales impulsaron la fabricación y perfeccionamiento de los aviones militares. Desde 1945 se generalizaron la aviación civil o comercial y el correo aéreo. En 1947 se superó la barrera del sonido, con motores de reacción.
La aviación comercial se ha orientado a la fabricación de aviones de gran capacidad y alta velocidad (*Boeing, Concorde, Tupolev*), mientras que la aviación militar ha desarrollado aviones de guerra de gran autonomía de vuelo y capacidad ofensiva. La aviación deportiva comprende varias especialidades: acrobacia aérea, vuelo con motor (avioneta, ultraligero) y vuelo sin motor (planeador, ala delta).

aviado, da *p. p.* de **aviar**. También *adj.* ‖ **LOC. estar** uno **aviado** *fam.* Estar en una situación difícil o creer equivocadamente que puede hacer o conseguir algo.

aviador, ra *s. m.* y *f.* Piloto de avión.

aviar[1] (de *a*[2] y *via,* camino) *v. tr.* **1.** *fam.* Arreglar, preparar, componer. También *v. prnl.* **2.** *fam.* Proporcionar lo necesario para algún fin. ‖ *v. prnl.* **3.** Manejarse, arreglárselas. ▪ En cuanto al acento, se conjuga como *ansiar: avío.*

aviar[2] *adj.* Perteneciente o relativo a las aves, y en especial a sus enfermedades.

Avicebrón Véase **Gabirol, Salomón ibn**.

Avicena, Abu Ali al-Husayn ibn Sina, llamado (Afsana, Bujará 980 - Hamadan 1037) Médico y filósofo árabe. Su filosofía, aristotélica con derivaciones neoplatónicas, influyó en el pensamiento escolástico cristiano. Como médico, publicó el *Canon de la medicina,* libro de texto en toda Europa hasta el s. XVI.

avícola *adj.* Perteneciente o relativo a la avicultura.

avicultor, ra *s. m.* y *f.* Persona dedicada a la avicultura.

avicultura *s. f.* Actividad que consiste en criar aves domésticas para aprovechar sus productos: carne, huevos, plumas.
Econ. En la actualidad, la cría y aprovechamiento de las gallinas desempeña un papel muy importante en el campo de la alimentación. Una explotación avícola cuenta con modernas instalaciones (jaulas metálicas, comederos y bebederos automáticos, aire acondicionado, etc.); las gallinas son alimentadas con cereales, tortas vegetales, harinas animales, minerales y vitaminas, y los huevos se desarrollan en incubadoras. China es el primer país del mundo en cuanto al número de gallinas, con más de mil quinientos millones de estas aves. Le siguen EE UU, Brasil y Japón. Otras aves que el hombre cría para beneficiarse de sus productos son los pavos, patos y faisanes.

avidez *s. f.* Ansia, deseo intenso de algo.

ávido, da *adj.* Que desea algo intensamente. **FAM.** Ávidamente.

aviejar *v. tr.* Avejentar, envejecer.

avieso, sa *adj.* **1.** Torcido, irregular. **2.** Perverso, maligno. **FAM.** Aviesamente.

avifauna *s. f.* Conjunto de las aves de un país o región.

Ávila 1. Prov. de España perteneciente a la comunidad autónoma de Castilla y León. 8.050 km^2. 173.972 h. en 1991. Su mitad N pertenece a la Meseta y su mitad S, donde se encuentra el pico del Moro Almanzor (2.592 m), corresponde al Sistema Central. Sus principales ríos son el Adaja, afluente del Duero, y el Alberche, afluente del Tajo. Sus recursos económicos provienen de la agricultura y la ganadería. Destaca entre ellos la producción de cereales, vid, tabaco y madera. La industria es escasa y deriva de la actividad agropecuaria.
2. C. de España, cap. de la prov. homónima, situada a 1.126 m de altitud, a orillas del río Adaja. 45.977 h. en 1991. Cuenta con numerosos monumentos históricos y artísticos: murallas del s. XI, iglesias románicas como las de San Vicente, San Andrés y San Segundo, la catedral gótica, conventos como los de la Encarnación y San José, relacionados con Santa Teresa. Es centro del mercado cerealístico y ganadero de la provincia. A pesar del intento de industrialización, los pequeños talleres artesanales y los comercios siguen siendo, juntamente con el turismo, la base de la economía urbana.

Ávila Camacho, Manuel (Teziutlán, Puebla 1897 - Ciudad de México 1955) Militar y político mexicano. Participó en las luchas civiles de su país y combatió a los cristeros. Secretario de Guerra y de Marina con Cárdenas, sucedió a éste en la presidencia de la república (1940-46). Durante su mandato se puso fin al anticlericalismo gubernamental, se solucionó la cuestión del petróleo con las empresas extranjeras, y el Partido Nacional de la Revolución pasó a denominarse Partido Revolucionario Institucional (PRI).

avilés, sa *adj.* Abulense, de Ávila. También *s.*

Avilés C. de España, en la prov. de Asturias. 88.429 h. en 1990. Es un importante centro productor de acero, y cuenta con industrias químicas y del cristal. Posee un puerto pesquero en la ría de su nombre.

avinagrar *v. tr.* **1.** Poner agria una cosa, especialmente el vino. También *v. prnl.* **2.** Agriar el carácter, volver malhumorado. También *v. prnl.*

Aviñón (*Avignon*) C. de Francia, cap. del departamento de Vaucluse, en el SE del país, a orillas del Ródano. 89.150 h. en 1982 y 174.250 h. en su área metropolitana en el mismo año. Alberga industrias químicas, metálicas, papeleras y alimentarias. Fue residencia de los papas entre los años 1309 y 1378 durante el llamado *destierro de Aviñón* y el cisma de Occidente. Conserva las murallas medievales, la catedral y el palacio papal.

avío *s. m.* **1.** Acción y efecto de aviar o aviarse. **2.** Servicio, utilidad, provecho. **3.** Provisiones para el camino. ‖ *pl.* **4.** Útiles, enseres.

avión[1] (del lat. *gavia*) *s. m.* Nombre común de diversas aves paseriformes de la familia hirundínidos, géneros *Delichon, Ptyonoprogne, Riparia* y *Petrochelidon.* El avión común *(Delichon urbica)* mide unos 13 cm de longitud, tiene el dorso negro y el pecho y obispillo blanco. Habita en Europa y Asia, construyendo un nido de barro en muros de edificios, y es migrante. Otras especies son el avión roquero *(Ptyonoprogne rupestris)* de dorso pardo, el avión zapador *(Riparia riparia)* y el avión americano *(Petrochelidon albifrons).*

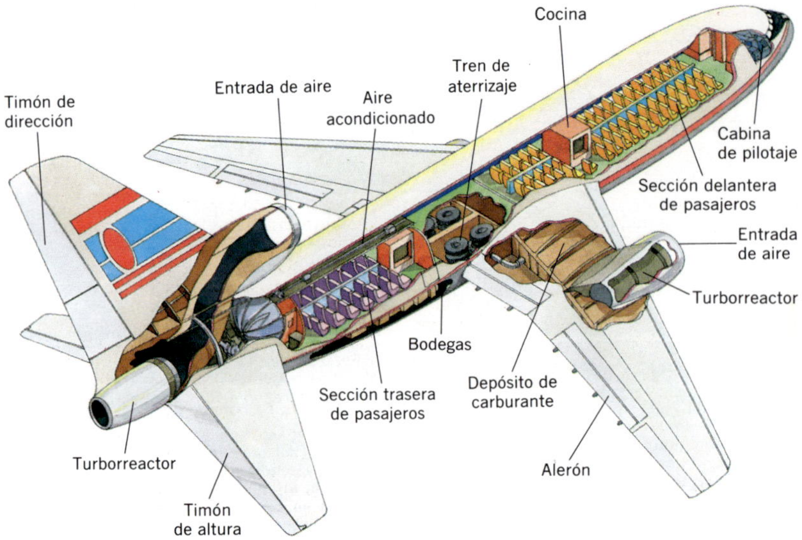

Avión: esquema del aerobús Lockheed L-1011.

avión² (del fr. *avion*) *s. m.* Vehículo volador, más pesado que el aire, provisto de alas y, generalmente, de uno o varios motores.
Tecnol. La estructura característica de un avión consta de un fuselaje o armazón en forma de huso, con un par de alas anteriores, otro par de alas posteriores y un timón trasero que sirve para controlar la dirección del vuelo. La aparición de un impulso hacia arriba en las alas se debe a que su superficie superior es más convexa que la inferior. Por tanto, el aire tiene que recorrer una distancia más grande por encima que por debajo y su velocidad será mayor, lo que provoca una presión inferior en la parte alta respecto a la parte baja del ala y, en consecuencia, una fuerza dirigida de abajo arriba.
Para obtener el impulso hacia adelante que le permite sostenerse, un avión puede utilizar motores para mover una hélice, o turborreactores que dirigen hacia atrás un chorro de gases y cuyo funcionamiento se basa en la tercera ley de Newton (la ley de la acción y la reacción) para obtener la propulsión deseada. Para gobernar el aeroplano, el piloto dispone de gran número de instrumentos (altímetros, indicadores de velocidad del aire, radar, piloto automático, radiofaros de aproximación a tierra, etc.).

avioneta *s. f.* Avión pequeño y con motor de escasa potencia.

Avis o **Aviz, casa de** Dinastía real portuguesa (1385-1580) instaurada por Juan I. Tuvo su origen en la orden militar del mismo nombre fundada en 1147, de la que era gran maestre Juan I al subir al trono. Los reyes de la casa de Avis fueron Duarte, Alfonso V, Juan II, Manuel I, Juan III, Sebastián y el cardenal Enrique, a cuya muerte heredó la corona portuguesa Felipe II de España (1580).

avisado, da **1.** *p. p.* de **avisar**. También *adj.* ‖ *adj.* **2.** Prudente, astuto, experimentado. También *s.*

avisar *v. tr.* **1.** Dar noticia, comunicar. **2.** Advertir, aconsejar, llamar la atención, amenazar. **3.** Llamar a alguien para que preste un servicio.

aviso *s. m.* **1.** Acción y efecto de avisar. **2.** Escrito, comunicado, etc., con que se avisa. **3.** En las corridas de toros, advertencia de la presidencia al torero cuando éste prolonga la faena más de lo debido. ‖ **Loc. sobre aviso** *adv.* Con cuidado, prevenido o preparado para algo.

avispa *s. f.* Nombre común de diversos insectos himenópteros de la superfamilia vespoideos, familia véspidos, géneros *Vespa, Vespula, Pollistes* y otros. Incluye especies que viven solitarias y otras que construyen nidos (avisperos) de arcilla o de pasta de celulosa, que obtienen masticando trocitos de madera, y donde hacen vida en común, aunque sin alcanzar la complejidad de las sociedades de abejas u hormigas. Como éstas, pueden presentar castas que surgen como consecuencia de la alimentación. La avispa común *(Vespula vulgaris)* mide unos 2 cm y tiene el abdomen amarillo con bandas negras. Está extendida por todo el mundo.

avispado, da **1.** *p. p.* de **avispar**. ‖ *adj.* **2.** Listo, despierto, espabilado. **Fam.** Avispar.

avispero *s. m.* **1.** Nido de avispas o lugar donde se encuentra. **2.** Conjunto de avispas. **3.** *fam.* Lío, asunto complicado o peligroso. **4.** *fam.* Tumulto.

avispón *s. m.* **1.** *aum.* de **avispa**. **2.** Insecto himenóptero de la familia véspidos, especie *Vespa crabro.* Es de mayor tamaño que la avispa común, de color rojo y amarillo. Construye sus nidos en viejos árboles y edificios poco frecuentados y vive en Europa y N de África.

avistar *v. tr.* Divisar algo de lejos. **Fam.** Avistamiento.

avitaminosis *s. f.* Carencia de una o varias vitaminas en el organismo.

avituallar *v. tr.* Proveer de vituallas. **Fam.** Avituallamiento.

avivar *v. tr.* Dar viveza a algo. También *v. prnl.*

avizor *adj.* Atento, sobre aviso. Se usa sólo en la expresión (**estar**) **ojo avizor**.

avizorar *v. tr.* Mirar con mucha atención para descubrir algo.

-avo, va *suf.* Se añade a los números cardinales para formar los partitivos: *un onceavo.*

avocar *v. tr.* Reclamar una autoridad superior un determinado asunto que estaba en manos de una inferior. ▪ Se conjuga como *sacar.* **Fam.** Avocación.

avoceta *s. f.* Nombre común de diversas aves caradriformes de la familia recurvirróstridos, género *Recurvirostra.* La avoceta común *(Recurvirostra avosetta)* mide unos 43 cm de longitud, es de color blanco, con franjas negras en cabeza, dorso y alas y tiene un pico largo y curvado hacia arriba. Vive en Europa y Asia y emigra hasta el S de África. Se alimenta filtrando el agua con su pico o deslizándolo por el fondo de las aguas.

Avogadro, Amedeo di Quaregna e Ceretto, conde de (Turín 1776 - íd. 1856) Físico y químico italiano. Formuló la hipótesis según la cual, en igualdad de condiciones de presión y temperatura, volúmenes iguales de cualquier gas contienen el mismo número de moléculas.

Avispa común (Vespa vulgaris).

Esta teoría es la base del concepto de molécula y del método para la determinación de pesos atómicos.

Avogadro, número de Número de moléculas contenidas en un mol, o de átomos en un átomo-gramo, de cualquier sustancia, cuyo valor es $6{,}023.10^{23}$.

Avon Condado del Reino Unido, en Inglaterra, en el SO del país, junto al estuario del río Severn. 1.346 km². 951.200 h. en 1987. La capital es Bristol, con 384.000 h. en 1987.

avutarda *s. f.* Nombre común de diversas aves gruiformes de la familia otídidos, género *Otis.* Son aves zancudas de carrera rápida, dorso rojizo con líneas negras, pecho castaño y vientre y cabeza blancos. Las más conocidas son la avutarda mayor *(Otis tarda),* cuyos machos alcanzan hasta 1 m de longitud, y la avutarda menor o sisón *(Otis tetrax),* de unos 40 cm de longitud. Viven en Eurasia, África y Australia y se alimentan de granos, insectos y pequeños mamíferos.

Avutarda imperial (Choriotis struthiunculus).

axial o **axil** *adj.* Relativo al eje o que forma un eje.

axila *s. f.* **1.** Cavidad que forma el arranque del brazo con el tronco. **2.** En bot., ángulo donde nacen las yemas, formado por la articulación de cualquiera de las partes de la planta con el tronco o la rama.

axilar *adj.* **1.** Perteneciente o relativo a la axila. **2.** Se dice de la parte de la planta situada en la axila de la misma.

axiología *s. f.* En fil., teoría que trata de la naturaleza, jerarquía y origen de los valores. **Fam.** Axiológico.

axioma *s. m.* Enunciado básico que se establece y admite como verdadero sin necesidad de demostración, y a partir del cual se pueden deducir otros. **Fam.** Axiomatizar.

axiomático, ca *adj.* **1.** Evidente, incuestionable. ‖ *s. f.* **2.** Conjunto de axiomas de una ciencia, teoría, etc.

axis¹ (del lat. *axis,* eje) *s. m.* Segunda vértebra cervical, sobre la que se realiza el movimiento de rotación de la cabeza. Se articula con el atlas.

axis² *s. m.* Mamífero artiodáctilo de la familia cérvidos, especie *Cervus axis.* Es un rumiante de aproximadamente 1 m de altura, color rojo leonado con motas blancas en el dorso y blanco en el vientre y cornamenta sencilla. Vive en herbazales y bosques de la India y Ceilán, en rebaños de hasta 100 cabezas. También es llamado *chital.*

axolote Véase **ajolote**.

axón *s. m.* Neurita*.

¡ay! *interj.* **1.** Denota dolor o sobresalto. ‖ *s. m.* **2.** Suspiro, quejido.

Ayacucho Departamento de Perú, en el sector central del país, entre el río Apurímac y el S de la cordillera occidental de los Andes. 44.181 km². 562.000 h. en 1989. La capital es Ayacucho, con 83.000 h. en 1985. La región tiene cultivos tropicales y ganadería. En las cercanías de la capital, el general Sucre derrotó al virrey La Serna en 1824, con lo que terminó la guerra de independencia del Perú.

Ayala, Francisco (Granada 1906) Novelista y ensayista español. Al finalizar la guerra civil se exilió a Buenos Aires. Entre sus novelas destacan *Cazador en el alba* (1929), *Historias de macacos* (1955), *Muertes de perro* (1958) y *El fondo del vaso* (1962). En 1982 publicó el primer tomo de su libro de memorias *Recuerdos y olvidos I,* que fue seguido en 1983 por *Recuerdos y olvidos II.* Recibió el premio Cervantes en 1991.

La batalla de Ayacucho, que decidió la independencia de Perú (Museo Nacional de Historia, Lima).

Ayamonte C. de España, perteneciente a la prov. de Huelva, situada a orillas del río Guadiana. 17.490 h. en 1990. Su economía se basa en los cultivos de huerta, la pesca y el comercio fronterizo con Portugal.

ayatola *s. m.* Autoridad religiosa chiita con magisterio público.

ayer *adv. t.* **1.** En el día inmediatamente anterior al de hoy. **2.** En el pasado. || *s. m.* **3.** Tiempo pasado.

Ayer, Alfred Jules (Londres 1910) Filósofo británico. Defensor del positivismo lógico en su libro *Lenguaje, conocimiento y lógica* (1936), es también autor de *El problema del conocimiento* (1956) y *Las cuestiones centrales de la filosofía* (1974).

Aylwin Azócar, Patricio (Viña del Mar 1918) Político chileno. Candidato del bloque Concentración de los Partidos por la Democracia (CPD), fue elegido presidente de la república (1989).

ayo, ya *s. m.* y *f.* Persona encargada del cuidado y educación de un niño.

ayuda *s. f.* **1.** Acción y efecto de ayudar. **2.** Remuneración suplementaria. **3.** Lavativa. || **4. ayuda de cámara** Criado encargado del servicio personal de un señor, especialmente del cuidado de su vestido.

ayudante *adj.* **1.** Que ayuda. También *s.* || *s. m.* y *f.* **2.** Persona que ayuda a otra o a un superior en su trabajo. ▪ En esta acepción, familiarmente, se usa la forma femenina *ayudanta.*

ayudantía *s. f.* Cargo del ayudante y oficina donde trabaja.

ayudar *v. tr.* **1.** Prestar cooperación, apoyo o socorro; favorecer. || *v. prnl.* **2.** Servirse de algo.

ayunar *v. intr.* Abstenerse total o parcialmente de comer o beber por motivos religiosos, de salud, etc.

ayuno, na *adj.* **1.** Que no ha comido. **2.** Que carece de algo. **3.** Que desconoce o no entiende algo. || *s. m.* **4.** Acción de ayunar. || **Loc. estar en ayunas** No haber desayunado; también, no estar enterado de algo o no entenderlo.

ayuntamiento *s. m.* **1.** Corporación compuesta de un alcalde y cierto número de concejales, encargada de dirigir y administrar un municipio. **2.** P. ext., edificio donde tiene su sede, casa consistorial. **3.** Acto sexual.
Pol. El alcalde y los concejales son nombrados o elegidos por diversos procedimientos según los distintos países. En España, desde la Constitución de 1978, los concejales son elegidos por todos los ciudadanos con edad para votar en las elecciones municipales, que se celebran cada cuatro años. Posteriormente los concejales, en sesión plenaria, eligen a uno de ellos como alcalde. El alcalde y los concejales se reúnen periódicamente para tratar los asuntos relacionados con el gobierno de la localidad. Entre sus principales responsabilidades está organizar los servicios municipales, como suministro de agua, alcantarillado, pavimentación, limpieza, autorización de obras de construcción, regulación del tráfico, seguridad ciudadana, actos culturales, creación y cuidado de parques y jardines, etc.

Francisco Ayala.

azabache *s. m.* Mineral variedad negra, compacta y brillante del lignito, que se talla como las piedras preciosas.

azacanear *v. intr.* Trabajar con afán, afanarse. También *v. prnl.*

azada *s. f.* Instrumento consistente en una pala de extremo cortante encajada en un mango perpendicular a la misma, que se utiliza sobre todo para cavar y remover la tierra.

azadón *s. m.* Azada de pala algo curva y más larga que ancha, usada para cavar tierras duras.

azafata *s. f.* **1.** Empleada que en las líneas aéreas está encargada de prestar diversos servicios para la comodidad y seguridad de los viajeros. **2.** Empleada que atiende al público en congresos, exposiciones, etc. **3.** Antiguamente, criada que servía a la reina.

Flor de azafrán (Crocus sativus).

azafrán *s. m.* Nombre común de diversas plantas herbáceas de la familia iridáceas, género *Crocus.* La especie cultivada *Crocus sativus* mide entre 8 y 30 cm de altura, tiene raíz bulbosa recubierta de una capa fibrosa de la que crecen las hojas y flores violetas. Los estigmas de las flores constituyen una especia muy apreciada. Es nativa de la región mediterránea.

azafranar *v. tr.* **1.** Teñir de azafrán. **2.** Condimentar con azafrán.

azahar *s. m.* Flor blanca del naranjo y otros cítricos, usada tradicionalmente en medicina y perfumería.

azalea *s. f.* Nombre común de diversas plantas arbustivas de la familia ericáceas, género *Rhododendron.* La azalea índica *(Rhododendron indicum)* es una planta ornamental de pequeño tamaño, hojas lanceoladas y flores blancas, rosadas o rojas. Originaria de la India, se cultiva en todo el mundo.

Azanaque, Cerro Pico de Bolivia, entre los departamentos de Oruro y Potosí. 5.130 m de altitud.

Azaña, Manuel (Alcalá de Henares, Madrid 1880 - Montauban, Francia 1940) Político y escritor español. Fundó el partido Acción Republicana, convertido más tarde en Izquierda Republicana. Formó parte del gobierno provisional de la República en 1931, desempeñó el cargo de ministro de la Guerra y presidió el gobierno hasta la derrota republicano-socialista en 1933. Fue elegido en mayo de 1936 presidente de la República, cargo que conservó hasta que, terminada la guerra civil, se refugió en Francia y dimitió. Su producción literaria comprende la novela *El jardín de los frailes* (1926), varios estudios críticos sobre Juan Valera, diversos ensayos y un extenso diario, que se publicó en 1978 con el título de *Memorias políticas y de guerra.* Su visión de la guerra civil, pesimista y desencantada, la plasmó en su obra de teatro *La velada de Benicarló* (1937).

Manuel Azaña.

azar *s. m.* **1.** Suerte, casualidad. **2.** Suceso producto de la suerte o la casualidad. **3.** Desgracia o percance imprevisto. **4.** En estadística, procedimiento de elección u ocurrencia de un suceso en el que todos los casos posibles tienen idéntica probabilidad de ser elegidos o de ocurrir.

azarar *v. tr.* Azorar*. **Fam.** Azaramiento.

azarearse *v. prnl.* **1.** *amer.* Azorarse. **2.** *Chile, Perú.* Irritarse.

azarosamente *adv. m.* Con riesgo, con percances.

azaroso, sa *adj.* **1.** Lleno de peligros o percances. **2.** Inseguro, incierto.

Azcárate, Gumersindo de (León 1840 - Madrid 1917) Político y jurista español. Republicano, militó en los partidos de Ruiz Zorrilla y de Salmerón. Fue cofundador de la Institución Libre de Enseñanza y presidió la conjunción republicanosocialista (1909). En los últimos años de su vida se comprometió con la monarquía y fue jefe del Partido Reformista, fundado por Melquíades Álvarez.

Azcona, Rafael (Logroño 1926) Escritor y guionista cinematográfico español. Sus guiones tienen una profunda carga de humor negro, como en *El pisito* (1958), *El cochecito* (1960), *Plácido* (1962), *El verdugo* (1963) y *La escopeta nacional* (1978).

Azerbaiyán Región de Asia caucásica actualmente dividida entre la República de Azerbaiyán e Irán. El sector iraní es una elevada meseta de clima continental, cuya población está integrada por turcos y kurdos, que se dedican a la agricultura y al pastoreo. La región perteneció en la antigüedad al imperio aqueménida y al reino parto. Fue conquistada por el Islam en el s. VII, dominada por los turcos selyúcidas en el s. XI, por mongoles en el XIII y por Tamerlán en el XIV. A principios del s. XVI constituyó el centro del poder safawí. Su parte N fue cedida a Rusia en 1828. Tras la Primera Guerra Mundial perteneció a la República Transcaucásica y, al desaparecer ésta en 1936, se convirtió en república soviética.

Azerbaiyán, República de (en ruso *Azerbaidz-hanskaia*) Estado de Asia caucásica, antigua república de la URSS.

Extensión: 86.000 km^2.
Límites: al N, con Georgia y la Federación Rusa; al E, con el mar Caspio; al S, con Irán; al O, con Armenia.
Población: 7.029.000 h. en 1989.
Densidad: 81,73 h./km^2.
Capital: Bakú.
Territorios: República autónoma de Nahiceván (5.500 km^2, 295.000 h. en 1989); provincia autónoma de Nagorni-Karabaj (4.400 km^2, 188.000 h. en 1989).
Ciudades principales: Kirovabad, Sumgait.
Gentilicio: azerí o azerbaiyano.
Forma de Estado: república.
Idioma: azerí y ruso.
Religión: islamismo.
Moneda: rublo.

Geog. El relieve consta de dos grandes cuencas hidrográficas, la del Kura y la del Araks, enmarcadas por las cordilleras del Gran Cáucaso al N y el Pequeño Cáucaso al O; ambos ríos se unen formando un delta sobre el mar Caspio. La población está compuesta por azeríes, rusos y armenios. Su principal riqueza es el petróleo, del que existen vastos depósitos en la costa del mar Caspio en torno a Bakú y en el fondo marino. Su economía se completa con la agricultura de regadío, que produce algodón y arroz, con la ganadería ovina y caprina y con la industria petroquímica, de maquinaria, eléctrica y naval, centralizada en Bakú.
Hist. A fines de los años ochenta, con la política aperturista de Gorbachov, renació el nacionalismo azerí. En 1990 surgieron disturbios raciales antiarmenios que provocaron la ocupación de Bakú por el ejército soviético. El Frente Popular de Azerbaiyán, partido nacionalista azerí, pidió la secesión de la URSS y pasó a la clandestinidad. La situación se agravó en 1991 a causa de la disputa por la región autónoma de Nagorni-Karabaj, poblada mayoritariamente por armenios, llegándose a una situación de guerra entre las dos repúblicas. Ese mismo año el presidente Ayaz Mutalíbov suscribió el tratado fundacional de la CEI. En 1992 fue elegido presidente el nacionalista musulmán Abulfaz Elchibei.

azerbaiyano, na o **azerí** *adj.* De Azerbaiyán. También *s.*

ázimo *adj.* Se dice del pan sin levadura.

azimut *s. m.* Acimut*.

ázoe *s. m.* Denominación dada al nitrógeno por el químico francés Lavoisier.

azogar *v. tr.* **1.** Cubrir con azogue, p. ej. el vidrio para fabricar espejos. ‖ *v. prnl.* **2.** Intoxicarse por emanación de vapores de mercurio. ▪ Se conjuga como *pagar.*

azogue *s. m.* Mercurio. ‖ **Loc. ser** uno **un azogue** *fam.* Ser muy inquieto.

azoico, ca *adj.* **1.** Que contiene nitrógeno. **2.** En geol., se dice del terreno que no contiene fósiles.

azor *s. m.* Ave falconiforme de la familia accipítridos, especie *Accipiter gentilis.* Es una rapaz diurna que mide entre 48 y 61 cm de longitud, tiene plumaje pardo en el dorso y blanco barrado por líneas pardas en el vientre y una larga cola. Vive en bosques de Eurasia y América y es usado en cetrería.

azora *s. f.* Capítulo del *Corán.*

azoramiento *s. m.* Acción y efecto de azorar o azorarse.

azorar *v. tr.* Avergonzar, turbar. También *v. prnl.*

Azores (*Açores*) Región autónoma de Portugal, formada por el archipiélago del mismo nombre, en el océano Atlántico, a 1.300 km al O de la península Ibérica. 2.247 km^2. 254.200 h. en 1988. La capital es Ponta Delgada, con 21.800 h. en 1981. Su relieve es montañoso y tiene un clima oceánico suave, muy húmedo. Posee agricultura tropical, ganadería vacuna, industria textil y tabaquera. Cuenta con bases pesquera y aérea. Da nombre al anticiclón que se forma en sus proximidades.

Azorín, José Martínez Ruiz, llamado (Monóvar, Alicante 1873 - Madrid 1967) Escritor español. Fue una de las figuras clave de la generación del 98. Creó una prosa de sintaxis muy simple y frases cortas, de gran pulcritud y elegancia, y una forma de descripción semejante a la técnica pictórica de los impresionistas, captando aspectos muy puntuales de la realidad. Temas favoritos suyos fueron la reflexión sobre el paso del tiempo y la contemplación del paisaje. Cultivó los más diversos géneros: el periodismo; la crítica política, muy radical en sus primeros años; la novela, en la trilogía formada por *La voluntad* (1902), *Antonio Azorín* (1903) y *Las confesiones de un pequeño filósofo* (1904), y más tarde en *Don Juan* (1922); el ensayo, en *Los pueblos* (1905) y *Castilla* (1912); la crítica literaria, en *La ruta de Don Quijote* (1905) y *Al margen de los clásicos* (1915), y el teatro, en *Judit* (1926).

Azorín, según el retrato de Ignacio Zuloaga, detalle (colección particular).

azotaina o **azotina** *s. f. fam.* Serie de azotes, paliza.

azotar *v. tr.* **1.** Dar azotes. También *v. prnl.* **2.** Golpear repetida y violentamente el viento, las olas, etc. **3.** Causar grandes daños o destrozos.

azote *s. m.* **1.** Golpe dado en las nalgas con la mano. **2.** Calamidad o daño y persona o cosa que los causa. **3.** Instrumento formado por cuerdas anudadas con que se castigaba a los delincuentes y, p. ext., cualquier otro instrumento, como una vara, un látigo, etc., utilizado para golpear. **4.** Golpe dado con este instrumento.

azotea *s. f.* **1.** Cubierta llana de un edificio, sobre la que se puede andar, tender la ropa, etc. **2.** *fam.* Cabeza, especialmente en la frase **estar mal de la azotea.**

azotobacter *s. m.* Género de bacterias de la familia azotobacteriáceas, fijadoras del nitrógeno atmosférico, que viven en los suelos y en el agua.

Azov Mar interior de la Europa oriental, entre Ucrania y Rusia. 38.000 km^2 de extensión. Se comunica con el mar Negro por el estrecho de Kerch. En él desemboca el río Don.

Azor (Accipiter gentilis).

Calendario azteca (Museo de Antropología, México).

azteca *adj.* **1.** Se dice de un pueblo amerindio que dominó México durante el s. XV y el primer cuarto del XVI. **2.** De este pueblo. También *s.* **3.** P. ext., mexicano. ‖ *s. m.* **4.** Idioma hablado por los aztecas.
Hist. Los aztecas llegaron al valle de México en el s. XII procedentes de Aztlán, lugar de localización imprecisa al NO de México. Mantuvieron relaciones difíciles con otros pueblos de la región, como los tepanecas, a los que pagaron tributo. En 1433, los aztecas acabaron con el predominio tepaneca y establecieron una confederación de las principales ciudades: Tenochtitlan, Texcoco y Tlacopan, bajo el reinado del *tlatoani* (soberano) Itzcóatl.
Durante el s. XV, los soberanos aztecas extendieron su imperio, llegando hasta Guatemala y la costa del océano Pacífico. Moctezuma II fue derrotado por los ejércitos españoles en 1521 y el imperio azteca fue definitivamente eliminado en 1525, cuando los españoles ejecutaron a Cuauhtémoc, el sucesor de aquél.
La base de la economía azteca era el cultivo del maíz. La escasez de tierras cultivables unida a factores religiosos determinó su carácter belicoso y expansionista, haciendo de la guerra un elemento esencial de su civilización. Las tribus aztecas contaban con una unidad social básica, el *calpulli,* de estructura semejante al clan, en la que la tierra era propiedad de la comunidad. Los aztecas eran politeístas. Su panteón estaba presidido por Quetzalcóatl, el dios civilizador. El ceremonial religioso era muy complejo e incluía los sacrificios humanos y la antropofagia de carácter ritual. Los sistemas para medir el tiempo estaban muy perfeccionados y eran el resultado de la combinación de varios calendarios: ritual y solar, además del ciclo astronómico de Venus.
Arte La arquitectura azteca es conocida por los restos de las ciudades provinciales, pues la capital Tenochtitlan (fundada en 1325) quedó arruinada y soterrada por la ciudad colonial, capital de Nueva España desde 1535, que más tarde se llamaría Ciudad de México. El elemento más característico es el *teocalli,* pirámide escalonada y truncada, destinada al culto, como las que se conservan en el conjunto de la ciudad sagrada de Teotihuacán. En escultura, aparte del relieve jeroglífico de la Piedra del Sol, existen numerosas representaciones naturalistas de divinidades y guerreros. También alcanzaron una gran perfección la talla de piedras, la cerámica y la orfebrería.
Lit. La literatura azteca utilizó un sistema jeroglífico en el que se escribieron, sobre todo, poemas líricos, religiosos, históricos y didácticos. Se conservan pocos códices de época prehispánica (*Tonalamatl de Aubin*) y algunos más de los primeros años de la conquista, con anotaciones en caracteres latinos (*Poema de Quetzalcóatl, Historia de Tlatelolco, Huehuetlatolli*). La lengua del imperio azteca fue el náhuatl, hablado hoy por unas 80.000 personas.

Azuay Prov. de Ecuador, en el S del país. 7.804 km^2. 550.100 h. en 1989. La capital es Cuenca, con 218.490 h. en 1989. Enclavada en el área interandina, en sus valles se cultiva caña de azúcar. Posee una importante industria licorera.

azúcar *s. amb.* **1.** Glúcido*, conjunto de hidratos de carbono dulces, cristalizables y solubles en agua, de diversa composición y característi-

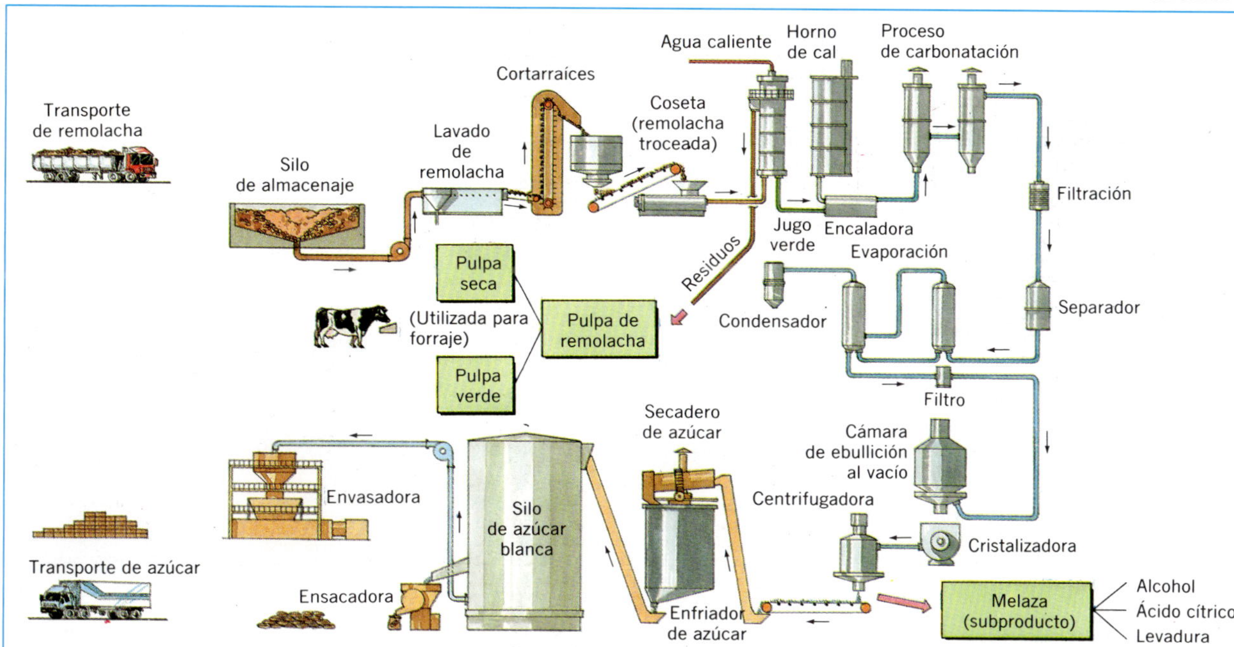

Esquema del proceso de fabricación del azúcar a partir de la remolacha.

cas. **2.** En particular, el usado en alimentación, obtenido principalmente de la caña de azúcar y la remolacha. Es sólido, blanco y muy dulce. ***Hist.*** El azúcar de remolacha comenzó a extraerse por procedimientos industriales en Europa a comienzos del s. XIX. El azúcar de caña fue introducido en al-Ándalus por los árabes. Cristóbal Colón lo llevó a las Antillas y Hernán Cortés a México. Los principales productores de azúcar son la URSS, India, Brasil, Cuba y EE UU.

azucarar *v. tr.* **1.** Bañar con azúcar. **2.** Endulzar con azúcar. **3.** Poner algo demasiado dulce o sentimental. **FAM.** Azucarado.

azucarero, ra *adj.* **1.** Perteneciente o relativo al azúcar. || *s. m.* **2.** Recipiente para guardar y servir el azúcar. || *s. f.* **3.** Fábrica de azúcar.

azucarillo *s. m.* **1.** Terrón de azúcar. **2.** Pasta esponjosa que se hace con almíbar, clara de huevo batida y limón.

azucena *s. f.* Nombre común de diversas plantas herbáceas de la familia liliáceas, género *Lilium.* La azucena común *(Lilium candidum)* presenta un bulbo del que nacen varias hojas largas y flores blancas y aromáticas. La azucena silvestre *(Lilium martagon)* tiene flores de color rosa intenso y crece espontáneamente en bosques caducifolios. Se cultivan como plantas ornamentales.

Azucena (Lilium candidum).

azuela *s. f.* Especie de hacha pequeña de hoja curva y perpendicular al mango, que utilizan los carpinteros para labrar y desbastar la madera.

Azuela, Mariano (Lagos de Moreno, Jalisco 1873 - México 1952) Escritor mexicano. Intervino en la revolución de 1910 y, al triunfar Carranza en 1915, fue desterrado a Texas. Decepcionado por la derrota, escribió su novela más célebre, *Los de abajo* (1916), seguida por *Los caciques* (1917) y *Las moscas* (1917), siempre sobre el tema de la revolución.

azufrar *v. tr.* Echar azufre, especialmente a las plantas para preservarlas de parásitos y gérmenes nocivos.

Azufre.

azufre *s. m.* S. Elemento químico perteneciente al grupo VI A o de los anfígenos del sistema periódico. Su número atómico es 16 y su masa atómica 32,0. Es un sólido amarillo a la temperatura ambiente y presenta dos estados alotrópicos: por debajo de 96 °C cristaliza en el sistema rómbico y a temperatura superior en el monoclínico hasta llegar a la fusión, que ocurre a los 120 °C, convirtiéndose entonces en líquido viscoso. Su existencia es conocida desde la más remota antigüedad. Combinado, forma los sulfuros y sulfatos. Como elemento libre abunda en las regiones volcánicas. Sin embargo, salvo en Japón, no suele obtenerse de estos lugares, sino de yacimientos o depósitos subterráneos, como los existentes en la costa del golfo de Luisiana, de donde se extrae el 80 % del consumo mundial; el método consiste en insuflar vapor de agua recalentado que funde el azufre, el cual es bombeado a la superficie con aire comprimido. Su principal uso es el de la fabricación de ácido sulfúrico, de gran importancia para la industria; se emplea también en la vulcanización del caucho, como insecticida y en la industria farmacéutica.

azul *adj.* **1.** Se dice del quinto color del arco iris, entre el verde y el añil, semejante al del cielo sin nubes, y de las cosas que tienen dicho color. También *s. m.* || **2. azul celeste** El más claro. **3. azul cobalto** Materia colorante hecha con óxido o sales de cobalto. **4. azul de metileno** Colorante azul empleado en la industria textil y en medicina. **5. azul de Prusia** Ferrocianuro férrico; se utiliza para preparar pinturas azules. **6. azul marino** El de tono más oscuro. **7. azul turquesa** El claro y ligeramente verdoso.

Azul, río Véase **Yangtsé-kiang**.

azulado, da *adj.* De color azul o que tira a azul.

azulear *v. intr.* Tirar a azul, tener algo de azul.

azulejar *v. tr.* Revestir de azulejos.

azulejería *s. f.* **1.** Obra de azulejos. **2.** Fábrica de azulejos o establecimiento donde se venden.

azulejo[1] (del ár. *az-zulaiy*, el pequeño ladrillo) *s. m.* Ladrillo pequeño o baldosín, vidriado y a veces coloreado, que se utiliza principalmente para recubrir paredes.

azulejo[2] (dim. de *azul*) *s. m.* **1.** Abejaruco*. **2.** Nombre que reciben diversas aves de plumaje azul, de familias y especies dispares. El *Traupis sayaca* es un paseriforme de la familia tráupidos, 17 cm de longitud, que habita en América del Sur. El *Sialia siali* es también paseriforme de la familia túrdidos, unos 15 cm de longitud, dorso azul, pecho rojizo y vientre blanco, que habita en América del Norte.

azulete *s. m.* Polvo de añil usado para dar color azulado a la ropa blanca.

azulón *adj.* De color azul intenso. También *s. m.*

azumbre *s. m.* Medida de capacidad equivalente a 2,016 l.

azur *adj.* En heráldica, azul oscuro. También *s. m.*

azurita *s. f.* $Cu_3 (CO_3)_2 (OH)_2$. Mineral carbonato de cobre hidratado. Cristaliza en el sistema monoclínico, tiene color azul marino intenso y brillo vítreo. Se encuentra siempre asociado a la malaquita. Antiguamente se empleó como pigmento.

azuzar *v. tr.* **1.** Incitar a los perros para que ataquen. **2.** Instigar a unos animales o personas contra otros. ■ Se conjuga como *cazar*.

B

b *s. f.* Segunda letra del abecedario español y primera consonante. Su nombre es *be.*

B Símbolo químico del boro.

Ba Símbolo químico del bario.

Baal Nombre dado a la divinidad suprema por los pueblos semitas occidentales en la antigüedad. En la *Biblia,* Baal designa a los falsos dioses.

Baalbek (*Ba'labakk*) C. del Líbano, en la prov. de Beqaa, en el N del país. 18.000 h. Antigua colonia fenicia, fue después ocupada por los griegos, que la llamaron *Heliópolis.* Conserva importantes restos romanos y bizantinos.

Baas Partido político árabe que proclama la revolución socialista y la construcción de la gran nación árabe. Fundado en 1953 por Michel 'Aflaq, llegó al poder en Siria en 1963 y en Irak en 1968.

Bab el-Mandeb Estrecho entre Arabia y África que comunica el mar Rojo y el océano Índico. Tiene una anchura máxima de unos 35 km.

baba *s. f.* **1.** Saliva espesa y abundante que a veces fluye de la boca. **2.** P. ext., cualquier secreción viscosa de animales o plantas. || **Loc. caérsele** a uno **la baba** *fam.* Experimentar gran agrado, admiración o cariño por alguien o algo. **tener mala baba** *fam.* Tener mal carácter o mala intención.

babaza *s. f.* Baba segregada por algunos animales y plantas.

Babbage, Charles (Teignmouth 1792 - Londres 1871) Matemático e inventor británico. Es considerado el padre de las modernas computadoras automáticas, pues inventó la máquina diferencial y la máquina analítica.

babear *v. intr.* **1.** Echar o segregar baba. **2.** *fam.* Mostrar excesiva admiración por una persona o cosa. **Fam.** Babeo.

babel *s. amb. fam.* Por alusión a la torre de Babel, lugar donde reina gran confusión o donde es difícil entenderse. **Fam.** Babélico.

Babel **1.** Nombre hebreo de Babilonia. || **2. torre de Babel** Según la *Biblia,* monumento construido por los descendientes de Noé con la intención de alcanzar el cielo. Dios castigó su soberbia y ambición con la confusión de las lenguas, lo que hizo imposible concluir la obra.

Babel, Isaac (Odessa 1894 - ? 1941) Escritor soviético. De familia judía, está considerado como el más importante narrador surgido después de la revolución, dueño de un estilo claro, conciso e irónico. Sus obras más conocidas son las colecciones de relatos *Cuentos de Odessa* (1923) y *Caballería roja* (1925). Murió víctima de las purgas de Stalin.

babero *s. m.* **1.** Prenda que se pone a los niños por delante, sujeta al cuello, para evitar que se manchen mientras comen. **2.** Trozo de lienzo, similar a un peto, del hábito de ciertas órdenes religiosas.

Babeuf, François Noël, llamado **Gracchus** (Saint-Quentin 1760 - Vendôme 1797) Revolucionario francés. Propugnó teorías comunistas (abolición de la propiedad privada, colectivización de la tierra, etc.) y su doctrina se conoce como babuvismo. Encabezó la insurrección llamada conspiración de los Iguales (1796). Fue detenido y ejecutado.

babi *s. m. fam.* Bata o delantal que usan los niños.

Babia Nombre propio de un territorio de las montañas de León (España). || **Loc. estar** uno **en Babia** *fam.* Estar distraído o desorientado.

babieca *s. m.* y *f. fam.* Persona boba. También *adj.*

Babieca Nombre del caballo del Cid Campeador.

babilla *s. f.* **1.** Región de las extremidades posteriores de los cuadrúpedos, formada por los músculos o tendones que articulan el fémur, la tibia y la rótula. **2.** En las reses destinadas al consumo, parte correspondiente al muslo.

Babilonia **1.** Antigua región de Asia en Oriente Medio, atravesada por los ríos Eúfrates y Tigris, entre el golfo Pérsico y la actual Bagdad. Entre sus ciudades principales se contaron Babilonia, Seleucia y Ctesifonte. Los primeros imperios de la región fueron el sumerio (3500-1950 a. C.) y acadio (2350-2150 a. C.), que acabaron siendo destruidos hacia el año 2000 y sustituidos por pequeños reinos independientes. Hammurabi logró la reunificación y estableció el imperio babilónico antiguo (1730-1530 a. C.), que a su vez fue sometido sucesivamente por hititas, casitas y asirios. En el s. VII a. C. se constituyó el llamado imperio neobabilónico, que llegó a su máximo esplendor bajo Nabucodonosor II (605-562 a. C.). Convertido en una provincia del imperio persa por Ciro II, fue conquistado por Alejandro Magno (331 a. C.), y luego gobernado por los seléucidas, hasta que su civilización se extinguió. **2.** Antigua c. de Asia, en Oriente Medio, a orillas del río Eúfrates. Fue capital del imperio babilónico antiguo entre 1730 y 1530 a. C. y primer centro cultural de la región. Destruida por Senaquerib en 689 a. C., resurgió durante el imperio neobabilónico entre los s. VII y VI a. C.
Arte El arte babilónico se distingue por la monumentalidad de su arquitectura y por el empleo del ladrillo cocido. La decoración se realiza mediante esmaltes policromados. Se conservan importantes bajorrelieves, así como esculturas: *código de Hammurabi, cabeza de Susa.*
Lit. La literatura babilónica se ha transmitido mediante tablillas de arcilla en escritura cuneiforme. Las principales obras conservadas son el *Poema de la creación* y el *Poema de Gilgamesh,* así como relatos históricos y fábulas.

babilónico, ca *adj.* Perteneciente o relativo a Babilonia.

Babinet, Jacques (Lusignan, Vienne 1794 - París 1872) Físico francés. Ideó varios instrumentos científicos, entre ellos uno para medir los ángulos de los cuerpos cristalizados. Sugirió la utilización de la longitud de onda de alguna de las clases de luz como patrón de medida.

Babinski, Joseph (París 1857 - íd. 1932) Neurólogo francés de origen polaco. Realizó importantes estudios sobre patología nerviosa. Se conoce como **signo de Babinski** la alteración del reflejo de la planta del pie que, al ser estimulada, produce la flexión del dedo grueso en lugar de su extensión, lo que es síntoma de una lesión de las vías nerviosas motoras.

babirusa *s. m.* Mamífero artiodáctilo de la familia suidos, especie *Babyrussa babyrussa.* Es un tipo de jabalí que tiene la piel desnuda y los colmillos muy desarrollados y habita en las islas Célebes.

bable *s. m.* Dialecto de los asturianos.

babor *s. m.* Lado izquierdo de una embarcación mirando desde la popa hacia la proa.

babosa *s. f.* Nombre común de diversos moluscos gasterópodos de la familia ariónidos, género *Arion.* La babosa común *(Arion ater)* mide entre 12 y 15 cm de longitud, carece de concha, tiene cuerpo alargado y viscoso y color negro, pardo o rojo. Vive en lugares húmedos, especialmente del hemisferio norte, y se alimenta de materias en descomposición y hojas tiernas. Es perjudicial para la agricultura.

Babosa (Arion ater).

babosada *s. f.* **1.** *Amér. C., Méx.* Persona o cosa despreciable. **2.** Simpleza.

babosear *v. tr.* **1.** Llenar o manchar de babas. **2.** *amer.* Mofarse, burlarse de una persona. **3.** *Méx.* Insistir demasiado sobre un asunto.

baboso, sa *adj.* **1.** Que echa babas. También *s.* **2.** *fam.* Se dice del que no tiene edad ni condiciones para lo que hace, dice o intenta. También *s.* **3.** Bobo, tonto, simple. También *s.*

babucha *s. f.* Zapatilla sin talón usada principalmente por los moros. || **Loc. a babucha** *adv. Arg., Urug.* A cuestas.

babuino *s. m.* Papión*.

baca *s. f.* Artefacto en forma de parrilla que se coloca sobre el techo de los automóviles y otros vehículos para transportar en él los equipajes.

bacalada *s. f.* Bacalao entero curado.

bacaladero, ra *adj.* **1.** Perteneciente o relativo al bacalao, a su pesca, comercio e industria. || *s. m.* **2.** Barco destinado a la pesca del bacalao.

bacaladilla *s. f.* Pez teleósteo de la familia gádidos, especie *Gadus pontasson.* Mide hasta 50 cm de longitud, tiene color gris azulado y la aleta caudal en forma de horquilla. Habita en las costas occidentales de Europa, desde el Báltico al Mediterráneo.

bacalao *s. m.* Pez gadiforme de la familia gádidos, especie *Gadus morhua.* Mide entre 80 y 150 cm de longitud, tiene el cuerpo alargado y blando, tres aletas dorsales y dos anales, una barbilla en la mandíbula inferior y aletas ventrales bajo las branquias. Vive en bancos en el Atlántico N y su carne es muy apreciada en alimentación, tanto fresca como en salazón. De su hígado se obtiene

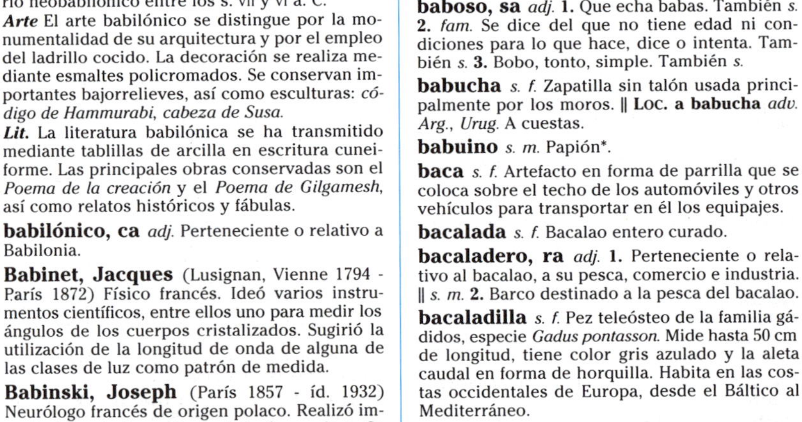

Babilonia: león de ladrillo esmaltado, perteneciente al siglo VI *a. C. (Museo del Louvre, París).*

Bacalao (Gadus morhua).

un aceite muy usado como reconstituyente por su riqueza en vitaminas A y D. ‖ **Loc. cortar el bacalao** *fam.* Dirigir, orientar y decidir alguien en una situación o actividad; mangonear.

Bacall, Lauren (Nueva York 1924) Actriz cinematográfica estadounidense. Se casó con Humphrey Bogart (1945), con el que formó pareja en varias películas. Entre sus filmes destacan *La modelo* (1943), *Tener o no tener* (1944), *El sueño eterno* (1946), *Cayo Largo* (1948) y *Cómo casarse con un millonario* (1953).

bacán, na *adj.* **1.** *Arg.*, *Urug.* Adinerado. **2.** *Perú.* Bonito, de buena calidad o rendimiento.

bacanal *adj.* **1.** Relativo al dios romano Baco. ‖ *s. f.* **2.** Fiesta que se celebraba en Roma en honor de este dios. **3.** Orgía.

bacante *s. f.* Mujer que participaba en las fiestas bacanales.

bacará o **bacarrá** *s. m.* Juego de cartas en que la banca juega contra los puntos; gana el jugador que alcanza 9 o el que más se acerca a ese número.

Bacarisse, Mauricio (Madrid 1895 - íd. 1931) Escritor español. Su obra se inscribe en el modernismo, pero ya anuncia el ultraísmo y la poesía pura. Entre sus títulos más conocidos figuran, en poesía, *Mitos* (1929) y, en novela, *Los terribles amores de Agliberto y Celedonia* (1931).

Bacarisse, Salvador (Madrid 1898 - París 1963) Compositor español. Fue discípulo de Conrado del Campo y residió en París desde 1939. Es autor, entre otras composiciones, de *La nave de Ulises* (1923), *Corrida de feria* (1930), la ópera *Charlot* (1933) y *Concertino para guitarra y orquesta.*

Bacau C. de Rumania, en el NE del país, en Moldavia. 179.900 h. en 1986. Posee industrias mecánicas, textiles, de cuero y refinerías de azúcar.

bacera *s. f.* Enfermedad del ganado que afecta al bazo.

Bach, Carl Philipp Emanuel (Weimar 1741 - Hamburgo 1788) Compositor alemán. Hijo y discípulo de Johann Sebastian, fue maestro de capilla en Hamburgo (1767). Contribuyó al desarrollo de la sonata, al añadir un segundo tema. Entre sus más de 700 composiciones figuran oratorios, sinfonías, rondós y sonatas.

Bach, Johann Christian (Leipzig 1735 - Londres 1782) Compositor alemán. Hijo de Johann Sebastian, estudió con su padre y con su hermano Carl Philipp Emanuel. Residió en Londres desde 1762. Es autor de óperas, música religiosa y de cámara y 37 conciertos.

Bach, Johann Sebastian (Eisenach 1685 - Leipzig 1750) Compositor alemán. Su obra constituye la culminación de la música barroca. Supo fundir lo mejor de la música alemana con las influencias francesa e italiana. Dio forma definitiva a la fuga. Excepto la ópera, abarcó todos los géneros musicales de su tiempo. Entre sus obras más conocidas figuran *Conciertos de Brandeburgo* (1721), *Clave bien temperado* (1722 y 1742), *Pasión según San Mateo* (1729), *Suites para orquesta* (h. 1730), *Variaciones Goldberg* (1742) y *El arte de la fuga* (1748-49).

bache *s. m.* **1.** Hoyo o desigualdad del firme en una carretera o camino. **2.** Interrupción pasajera de una actividad. **3.** Desigualdad de densidad en la atmósfera, que provoca un momentáneo descenso del avión. **4.** Dificultad, trastorno en la salud, estado de ánimo, curso de un negocio, etc.

bachear *v. tr.* Rellenar los baches de carreteras o caminos.

Bachelard, Gaston (Bar-sur-Aube 1884 - París 1962) Filósofo francés. Profesor en la Sorbona, se especializó en la filosofía de la ciencia y la epistemología. Entre sus obras destacan *El nuevo espíritu científico* (1934), *Psicoanálisis del fuego* (1938) y *La poética del espacio* (1957).

bachicha *s. m.* y *f.* **1.** *Arg.*, *Chile*, *Urug.* Inmigrante italiano. ‖ *s. f. pl.* **2.** *Méx.* Poso que queda en los vasos.

bachiller *s. m.* **1.** Persona que ha obtenido el grado de segunda enseñanza. **2.** Bachillerato.

bachillerato *s. m.* **1.** Grado de bachiller. **2.** Estudios oficiales de segunda enseñanza. Corresponden al nivel intermedio entre las enseñanzas básicas y las superiores. También se denomina *enseñanza media*, *enseñanza secundaria* y *segunda enseñanza.*

bacía *s. f.* Utensilio en forma de vasija baja, con una escotadura semicircular en el borde, que los barberos colocaban bajo la barbilla para remojar la barba durante el afeitado.

bacilo *s. m.* Bacteria alargada en forma de bastoncillo. Es capaz de provocar enfermedades y recibe a veces el nombre de su descubridor, p. ej. el bacilo de Koch, descubierto por este investigador alemán, que produce la tuberculosis. **Fam.** Bacilar.

bacín *s. m.* **1.** Orinal alto y de forma cilíndrica, utilizado antiguamente. **2.** *fam.* Persona despreciable por sus acciones.

backgammon (voz ingl.) *s. m.* Juego de mesa en el que dos jugadores recorren con sus fichas un tablero, procurando que no sean comidas por el adversario.

background (voz ingl.) *s. m.* **1.** Fondo o trasfondo de una cosa o acción. **2.** Conjunto de circunstancias o acontecimientos que rodean algo. **3.** Experiencia, formación de una persona.

Backofen, Hans (¿Sulzbach? h. 1470 - Maguncia 1519) Escultor alemán. De estilo gótico tardío, dirigió en Maguncia un importante taller (1505-19). Su obra maestra es el sepulcro del arzobispo Uriel von Gemmingen, en la catedral de Maguncia.

Baco Dios romano del vino y de la exaltación mística, equivalente al dios griego Dionisos.

bacon (voz ingl.) *s. m.* Tocino con vetas y ahumado.

Bacon, Francis (Dublín 1909 - Madrid 1992) Pintor irlandés. Su obra se centra en el hombre y en su soledad, utilizando colores agresivos y contrapuestos, figuras distorsionadas por el borrado parcial de la imagen y el semiacabado. Ejerció influencia sobre el movimiento pop inglés y sobre la nueva figuración.

Bacon, Francis, barón de Verulam (Londres 1561 - íd. 1626) Filósofo, escritor y político inglés. Con su obra filosófica trató de construir una nueva lógica que sustituyera a la antigua lógica deductiva. Mantiene que la verdad no surge del razonamiento silogístico, sino a través del experimento y de la experiencia guiada por el razonamiento inductivo. Entre sus obras destacan el *Novum organum scientiarum* y la *Nueva Atlántida.*

Bacon, Roger (Ilchester h. 1214 - Oxford 1292) Filósofo y científico inglés. Perteneció a la orden franciscana. Su labor investigadora abarcó numerosos campos. Sostuvo que la Tierra es esférica y señaló los defectos del calendario juliano. Construyó lupas y otros instrumentos ópticos. Como filósofo propugnó un cientifismo experimental. Entre sus libros cabe destacar *Opus maius* y *Opus minus.*

Johann Sebastian Bach. Cuadro de Elias Gottligh (Museo Anger, Erfurt, Alemania).

bacteria *s. f.* Microorganismo unicelular procariótico, de tamaño muy pequeño, visible tan sólo con microscopio óptico. **Fam.** Bacteriano.
Biol. Las bacterias constan de pared celular, membrana bacteriana, citoplasma con ribosomas y vacuolas y una única cadena de ADN, llamada cromosoma bacteriano. Suelen reproducirse por bipartición simple y, en condiciones favorables, se pueden multiplicar rápidamente. La mayor parte son heterótrofas. Entre éstas, unas son saprofitas, otras forman relaciones de simbiosis o comensalismo con otros seres vivos; otras son parásitas, produciendo daños al organismo en el que viven, a veces porque liberan sustancias químicas perjudiciales (toxinas). Por último, las hay también autótrofas, que obtienen la energía vital de reacciones químicas inorgánicas. Según su forma se clasifican en cocos (redondas), bacilos (en forma de bastón), espirilos (arrolladas en espiral e inmóviles) y espiroquetas (en espiral, pero capaces de moverse). Las bacterias producen numerosas enfermedades: inflamaciones, envenenamiento por toxinas (como en el tétanos, cólera y botulismo), septicemias (infección de la sangre), difteria, tifus, neumonía, meningitis, tuberculosis, lepra, enfermedades venéreas, etc.

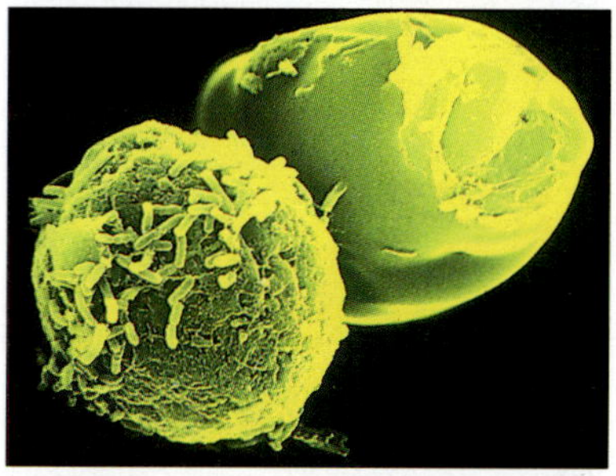

Bacteria: los bacilos de la Agrobacterium tumefaciens *crecen en la superficie de las células de una planta de tabaco.*

bactericida *adj.* **1.** Que destruye las bacterias. ‖ *s. m.* **2.** Agente capaz de destruir las bacterias.

bacteriófago *s. m.* Virus parásito de ciertas bacterias, a las que destruye digiriéndolas o disolviéndolas. Fue descubierto en 1917 por el médico canadiense Felix d'Hérelle.

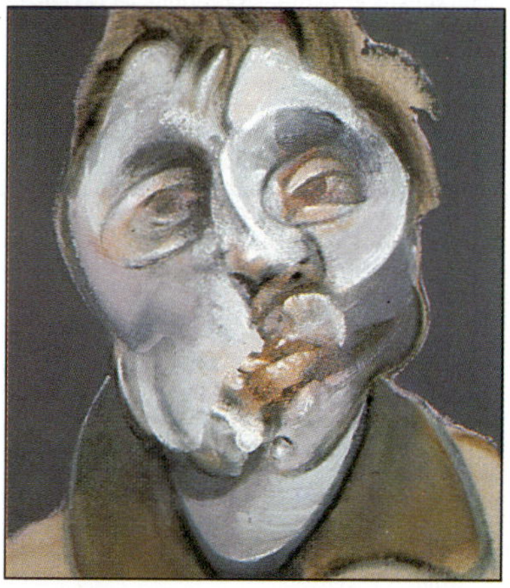

Francis Bacon: Autorretrato, 1969 *(colección particular).*

bacteriología *s. f.* Ciencia que estudia las bacterias en sus diferentes aspectos: morfológicos, genéticos, fisiológicos, metabólicos, etc. Tiene aplicaciones en medicina, industria y agricultura. **Fam.** Bacteriológico, bacteriólogo.

báculo *s. m.* Bastón para apoyarse, especialmente el que llevan obispos y otros prelados eclesiásticos como símbolo de su dignidad.

badajo *s. m.* Pieza de metal u otro material que cuelga en el interior de las campanas, cencerros y objetos semejantes y les hace sonar cuando golpea contra sus paredes.

Badajoz **1.** Prov. de España, en la comunidad autónoma de Extremadura. 21.657 km^2. 676.936 h. en 1991. Es la más extensa de las provincias españolas. La parte N, atravesada por el río Guadiana, es llana y en ella se encuentran las principales poblaciones: Badajoz, Mérida y Villanueva de la Serena. La parte S es montañosa, accidentada por las estribaciones de Sierra Morena. Produce principalmente cereales, aceite y algodón en la comarca de la Tierra de Barros y productos hortofrutícolas en las Vegas del Guadiana. Importante es también la ganadería ovina y porcina, así como la industria alimentaria, maderera y del corcho.
2. C. de España, cap. de la prov. homónima, a orillas del río Guadiana, muy cerca de Portugal. 126.781 h. en 1990. Es centro comercial, con industrias derivadas de la agricultura y nudo de comunicaciones entre España y Portugal. Conserva monumentos romanos y árabes, como la alcazaba (s. XII), la catedral (s. XIII) y el palacio de los Suárez de Figueroa.

Badajoz: vista de la catedral, empezada a construir en 1232 y consagrada en 1284; la torre se concluyó en 1419 y el claustro es de estilo gótico tardío (1509-1520).

Badajshan Montañas de Tayikistán, en el Pamir occidental. Sus máximas alturas oscilan entre los 4.000 y 6.000 m.

Badalona C. de España, en la prov. de Barcelona, situada en la desembocadura del río Besós. 225.207 h. en 1990. Posee industria metalúrgica, textil y química.

badana *s. f.* **1.** Piel curtida de carnero u oveja, generalmente de mala calidad. ‖ *s. m.* **2.** *fam.* Persona floja y perezosa. Se usa más en *pl.* ‖ **LOC. zurrar la badana** *fam.* Dar una paliza a alguien.

badea *s. f.* **1.** Melón, sandía o pepino de mala calidad. **2.** *fam.* Persona o cosa insustancial.

badén *s. m.* **1.** Zanja o hundimiento formado en el terreno por las aguas de lluvia. **2.** Cauce cubierto en una carretera para dar paso a un corto caudal de agua. **3.** P. ext., trozo hundido o depresión de una carretera, bache. **4.** Rebajamiento en la acera para que puedan pasar los coches.

Baden-Baden C. de Alemania, en el Land de Baden-Württemberg, al pie de la Selva Negra, en la llanura del Rhin. 40.800 h. en 1980. Famosos balnearios del s. XVIII.

Baden-Powell, Robert Stephenson Smith (Londres 1857 - Nyeri, Kenia 1941) Militar británico. Fundó el movimiento *boy scout* y *girl guides* (escultismo).

Baden-Württemberg Land de Alemania, en el SO del país. 35.751 km^2. 9.433.000 h. en 1989. La capital es Stuttgart, con 562.650 h. en 1989. Cuenta con industria mecánica, metalúrgica, automovilística y textil.

badila o **badil** *s. f.* o *s. m.* Paleta metálica que sirve para remover y avivar el fuego y recoger las cenizas.

badlands o **bad lands** (voz ingl.) *s. m. pl.* Territorios áridos y descarnados por la erosión, caracterizados por numerosos barrancos y crestas afiladas.

badminton (voz ingl.) *s. m.* Deporte semejante al tenis, que se practica con raquetas pequeñas y una pelota semiesférica, provista de plumas en su parte plana, llamada *volante.*

Badoglio, Pietro (Grazzano Monferrato 1871 - íd. 1956) Mariscal y político italiano. Fue gobernador de Libia (1928-33) y virrey de Etiopía (1938). Nombrado jefe del gobierno, tras la detención de Mussolini (1943), firmó el armisticio con las fuerzas aliadas y declaró la guerra a Alemania.

badulaque *s. m. fam.* Persona de poco fundamento, necio. También *adj.*

Baena C. de España, perteneciente a la prov. de Córdoba, situada al SE de la capital. 19.332 h. en 1990. Es el centro comercial de una comarca agrícola que produce cereales, vid y olivo. Posee industria alimentaria.

Baena, Cancionero de Compilación de 576 poemas de más de 60 autores españoles de los s. XIV y XV, hecha en 1448 por Juan Alonso de Baena, poeta de origen judío. Figuran en él poetas de gran categoría, como el canciller López de Ayala y Juan de Mena.

Baeyer, Adolf von (Berlín 1835 - Starnberg, Baviera 1917) Químico alemán. Investigó sobre colorantes, especialmente sobre el índigo, y descubrió el ácido barbitúrico. Obtuvo el premio Nobel de química en 1905.

Baez, Joan (Staten Island, Nueva York 1941) Cantante estadounidense. Comenzó su carrera con canciones populares y en los años sesenta se convirtió en una de las representantes más destacadas de la canción protesta.

Baeza C. de España, perteneciente a la prov. de Jaén, situada al NE de la capital. 15.273 h. en 1990. Su economía es agropecuaria, con cultivos mediterráneos y ganadería asnal y caballar. Conserva importantes monumentos, como la iglesia románica de Santa María, el palacio gótico de Jabalquinto, y la Casa del Pópulo, la Real Chancillería, la universidad y la catedral, todos ellos del Renacimiento.

Baffin **1.** Mar del océano Glacial Ártico, entre la Tierra de Baffin y Groenlandia. 620.000 km^2. Comunica al S con el océano Atlántico a través del estrecho de Davis.
2. Véase **Tierra de Baffin**.

Baffin, William (Londres 1584 - Ormuz 1622) Navegante y explorador inglés. Descubrió la isla y el mar que llevan su nombre. Exploró también el mar Rojo y el golfo Pérsico.

bafle *s. m.* **1.** Plancha de material insonoro sobre la que se montan los altavoces y sirve para suprimir las interferencias entre las ondas sonoras sucesivas. **2.** P. ext., altavoz de un equipo sonoro de alta fidelidad.

baga *s. f.* Cápsula que contiene las semillas del lino.

bagá *s. m.* Árbol de la familia anonáceas, especie *Anona palustris.* Tiene gran altura y su fruto carnoso se usa para alimentar el ganado. Crece en Cuba.

bagacera *s. f.* Lugar donde se pone a secar el bagazo de la caña de azúcar.

bagaje *s. m.* **1.** Conjunto de cosas que se poseen o que alguien lleva consigo en un traslado, particularmente el equipaje militar de un ejército o tropa en marcha. **2.** Conjunto de conocimientos con que cuenta una persona.

bagatela *s. f.* Cosa de poco valor o asunto sin importancia.

bagazo *s. m.* **1.** Cascarilla que queda después de extraer la linaza de la baga. **2.** P. ext., residuos de las naranjas, uvas, aceitunas, caña de azúcar y otros vegetales después de ser exprimidos fuertemente. **3.** *Amér. C.* Persona despreciable y ruin.

Bagdad C. de Irak, cap. del país, situada a orillas del río Tigris. 3.844.600 h. en 1987. Posee industria alimentaria, textil, metalúrgica y cerámica. Es el principal centro comercial y administrativo del país, nudo de comunicaciones entre el Mediterráneo oriental y Asia central y del S. Bagdad existía como enclave comercial en el s. VI a. C. Reconstruida en el 762, fue la capital religiosa y comercial del califato abasí entre los s. X y XIII, hasta que fue conquistada por los mongoles y, más tarde, ocupada por los turcos entre 1638 y 1918. Convertida en capital del estado de Irak en 1921, resultó severamente castigada en la guerra del Golfo (1991).

bagre *s. m.* Pez cipriniforme de la familia ciprínidos, especie *Lenciscus cephalus.* Mide unos 30 cm de longitud, tiene el cuerpo alargado y una aleta dorsal estrecha. Habita en ríos de la península Ibérica y es comestible.

bagual, la *adj.* **1.** *Arg., Urug.* No domado. **2.** Se dice de la persona que no acepta normas o leyes. **3.** *Chile.* Basto, tosco. ‖ *s. f.* **4.** *Arg.* Canción folclórica, de índole melancólica.

baguarí *s. m. Arg., Par., Urug.* Ave ciconiforme de la familia cicónidos, especie *Mycteria americana.* Tiene pico recto y fuerte, plumas blancas en el cuerpo y negras en los extremos de las alas y patas rojizas. Habita en Argentina.

¡bah! *interj.* Denota incredulidad, desprecio o que no se da importancia a algo.

Bahamas Estado insular de América Central.

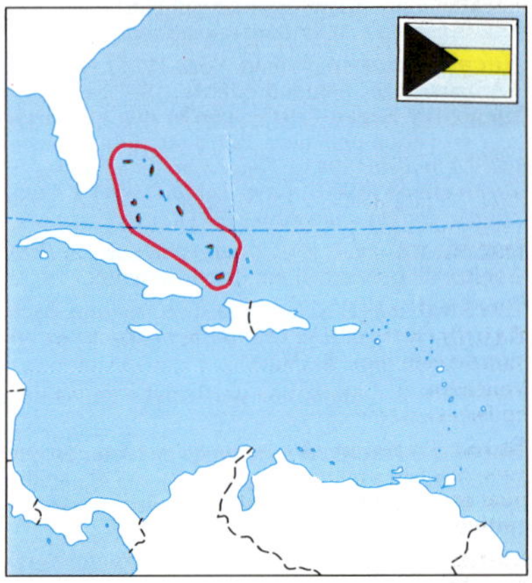

Extensión: 13.939 km^2.
Situación: en el océano Atlántico, en el archipiélago de las Antillas, entre la península de Florida y la isla de La Española.
Población: 249.000 h. en 1990.
Densidad: 17,9 h./km^2.
Capital: Nassau.
División administrativa: 17 islas y grupos de islas.
Ciudades principales: Freeport.
Gentilicio: bahamés.
Forma de Estado: monarquía, miembro de la Commonwealth.
Idioma: inglés.
Religión: protestantismo, 47,3 %; catolicismo, 25,5 %.
Moneda: dólar de Bahamas.
Tasa de natalidad: 20 ‰ en 1990.
Tasa de mortalidad: 5 ‰ en 1990.
Renta per cápita: 10.570 dólares en 1988.

Geog. El archipiélago de las Bahamas está formado por 29 islas y 700 islotes, de relieve llano y clima subtropical, templado y húmedo. El 89 % de la población es negra o mestiza y se concentra en las islas mayores: New Providence y Great Bahama. La actividad económica principal la constituye el turismo. Se exportan crustáceos, sal, madera y ron.

Bagdag: vista panorámica de la capital de Irak.

Bahamas: residencia del gobernador, en Nassau.

Hist. La isla de Guanahaní fue la primera tierra americana que pisó Colón el 12 de octubre de 1492. Bahamas fue colonia inglesa desde el s. XVIII y obtuvo la independencia como estado de la Commonwealth en 1973.

Bahamontes, Federico Martín (Val de Santo Domingo, Toledo 1928) Ciclista español. Vencedor del Tour de Francia en 1959, destacó en las etapas de escalada.

Bahia Estado de Brasil, situado en el NE del país. 561.026 km^2. 11.522.000 h. en 1989. La capital es Salvador, con 2.000.400 h. en 1989. Posee cultivos de café, tabaco, cacao y agrios.

bahía *s. f.* Entrada del mar en la costa, ancha y de extensión considerable, generalmente menor que el golfo.

Bahía Blanca C. de Argentina, en la prov. de Buenos Aires. 220.750 h. en el área metropolitana en 1980. Es centro de una de las principales áreas agrícolas del país (trigo). Cuenta con industrias derivadas de la agricultura y de la ganadería (conservas de carne, productos lácteos), un importante puerto, refinería de petróleo y universidad.

Bahrein (*Bahrayn*) Estado insular de Asia.

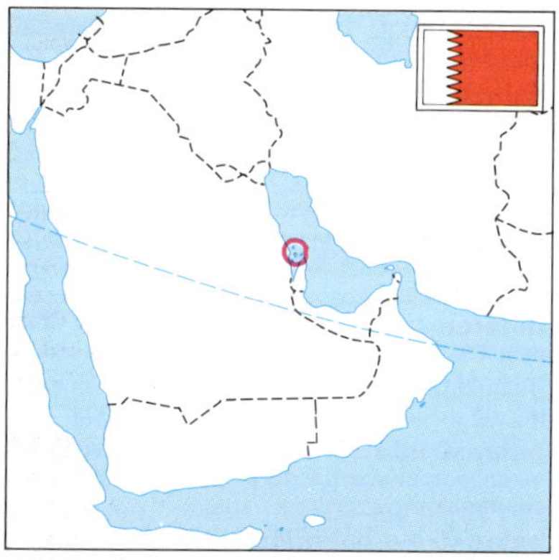

Extensión: 678 km^2.
Situación: en el golfo Pérsico, entre la costa NE de Arabia Saudí y la península de Qatar.
Población: 500.000 h. en 1990.
Densidad: 722,5 h./km^2.
Capital: Manama.
División administrativa: nueve regiones, dos ciudades con estatuto especial y varias islas.
Ciudades principales: Muharraq, Rifaa.
Forma de Estado: emirato.
Idioma: árabe, inglés.
Religión: islamismo.
Moneda: dinar de Bahrein.
Tasa de natalidad: 27 ‰ en 1990.
Tasa de mortalidad: 3 ‰ en 1990.
Renta per cápita: 6.610 dólares en 1988.

Geog. El estado de Bahrein está formado por la isla de este nombre y unos treinta islotes. Al S y al O, el terreno es una planicie arenosa; al N y NO existe una estrecha faja de huertos y datileras. Sus principales recursos económicos son el petróleo y el gas natural. La población es mayoritariamente árabe, con núcleos de hindúes, pakistaníes e iraníes.
Hist. Tras constituir un estado independiente del califato abasí a finales del s. X, bajo la secta musulmana de los qarmatas, Bahrein pasó sucesivamente por la dominación portuguesa (s. XVI) y persa (s. XVII y XVIII). Tras una nueva etapa de independencia, fue protectorado británico desde 1861. Se independizó en 1971. En diciembre de 1973 se aprobó la nueva constitución. Tras los conflictos entre el parlamento y el emir Isa ibn Sulman la constitución fue suspendida (1975), y el emir asumió todos los poderes. Bahrein es miembro de la ONU y de la Liga Árabe.

Baia Mare (en húngaro *Nagybánya*) C. de Rumania, cap. del distrito de Maramures. 139.700 h. en 1986. Posee industria metalúrgica.

Baikal Lago de la Federación Rusa, en el S de Siberia. 31.500 km^2. Es el más grande de Eurasia y el más profundo del mundo (1.741 m). Recibe las aguas del río Selenga, y su emisario, el Angara, lo comunica con el río Yenisei. Es la mayor reserva de agua dulce del mundo. En sus márgenes se encuentra la ciudad de Irkutsk.

bailable *adj.* **1.** Se dice de la música apta para bailar. También *s. m.* ‖ *s. m.* **2.** Cada una de las danzas de algunas obras musicales.

bailador, ra *adj.* **1.** Que baila. También *s.* ‖ *s. m.* y *f.* **2.** Profesional que ejecuta bailes populares de España, sobre todo andaluces.

bailar *v. intr.* **1.** Mover el cuerpo con ritmo, al compás de una música. **2.** Moverse una cosa sin salirse del sitio donde está. **3.** Girar una cosa rápidamente sobre su eje. También *v. tr.* ‖ *v. tr.* **4.** Interpretar una pieza de baile. **5.** *fam.* En dep., demostrar una completa superioridad sobre el contrario. ‖ **Loc. bailar** uno **al son que le tocan** *fam.* Acomodarse a las circunstancias. **bailar con la más fea** *fam.* Tener que realizar uno la parte más difícil o menos agradable de una labor. **bailarle** a uno **el agua** *fam.* Adular a alguien. **bailarse una letra** (**una línea**, **un párrafo**) En artes gráficas, alterarse el orden lógico de la composición. **otro que tal baila** *fam.* Da a entender que una persona se parece a otra en lo malo. **que me** (**te**, **nos**...) **quiten lo bailado** *fam.* Expresa alegría por lo ya disfrutado.

bailarín, na *adj.* **1.** Que baila. También *s.* ‖ *s. m.* y *f.* **2.** Profesional en el arte del baile.

baile *s. m.* **1.** Acción de bailar. **2.** Cada una de las formas o estilos de bailar. **3.** Fiesta o reunión en que se baila. **4.** Alteración del orden de las letras de una palabra, de los números en una cifra, etc. ‖ **5. baile de San Vito** Enfermedad nerviosa, llamada *corea*, que provoca en quien la padece convulsiones y movimientos desordenados.

Bailén C. de España, en la prov. de Jaén. 16.688 h. en 1990. Produce aceite y posee una importante industria de construcción (ladrillos). Es un notable nudo de comunicaciones.

Bailén, batalla de Batalla de la guerra de la Independencia española, librada el 19 de julio de 1808 entre las tropas francesas, al mando del general Dupont, y las españolas del general Castaños, que resultaron victoriosas.

bailón, na *adj.* Que baila mucho o que le gusta mucho bailar. También *s.*

bailongo *s. m. fam.* Baile poco formal o de baja categoría.

bailotear *v. intr.* Bailar mucho, en especial con poca gracia o sin poner demasiada atención en lo que se hace. **Fam.** Bailoteo.

baipás *s. m.* **1.** Conducción secundaria o derivada, en especial en operaciones quirúrgicas. **2.** Unión de conductores de líquidos o gases y eléctricos a través de válvulas e interruptores.

Baird, John Logie (Helensburgh 1888 - Bexhill 1946) Ingeniero británico. Considerado como uno de los pioneros de la televisión, en 1926 dio a conocer un televisor de barrido mecánico, capaz de transmitir imágenes a distancia.

Bairiki C. de Kiribati, cap. del país, en el atolón de Tarawa. 122.850 h. en 1988.

baja *s. f.* **1.** Descenso o disminución de algo, como la presión, la temperatura, el precio o valor de una cosa, etc. **2.** Cese, dimisión. **3.** Documento que acredita la interrupción de la actividad laboral. **4.** En el ejército, soldado muerto, desaparecido o herido. ‖ **Loc. darse de baja** Cesar voluntariamente en una actividad, asociación, etc. **jugar a la baja** Vender valores de la bolsa, previendo el descenso de su cotización, para comprarlos después a menor precio.

Baja California Estado de México, en el NO del país, en el sector septentrional de la península de California. 69.921 km^2. 1.408.800 h. en 1989. La capital es Mexicali, con 510.550 h. en 1980. La base de su economía es la agricultura (caña de azúcar, algodón, cereales), además de la pesca y el turismo.

Baja California Sur Estado de México, en el NO del país, en el sector meridional de la península de California. 73.475 km^2. 327.400 h. en 1989. La capital es La Paz, con 87.000 h. en 1980. Posee agricultura (cereales, caña de azúcar) y pesca, además de yacimientos de hierro y plata.

Baja Normandía (*Basse-Normandie*) Región de Francia, en el NO del país. 17.589 km^2. 1.385.300 h. en 1988. La capital es Caen, con 114.100 h. en 1982. Comprende los departamentos de Calvados, Manche y Orne. Cuenta con agricultura (cereales, frutales) e industria química y alimentaria.

bajá *s. m.* Antiguamente, funcionario turco dotado de algún mando superior o con un cargo equivalente al de virrey o gobernador.

bajada *s. f.* **1.** Acción de bajar. **2.** Calle, carretera o camino por donde se baja. ‖ **3. bajada de aguas** Cañería que en un edificio recoge y da salida al agua de lluvia y otras aguas.

bajamar *s. f.* **1.** Marea baja. **2.** Tiempo que se mantiene baja la marea.

bajante *adj.* **1.** Que baja. ‖ *s. f.* **2.** En una construcción, tubería de desagüe. **3.** *amer.* Descenso del nivel de un curso de agua.

bajar *v. intr.* **1.** Ir desde un lugar a otro que está más bajo. También *v. prnl.* y *v. tr.*, con el lugar por donde se baja como complemento directo. **2.** Apearse. También *v. prnl.* **3.** Disminuir la intensidad de algo. **4.** Disminuir la estimación o precio de alguna cosa. **5.** *fam.* Viajar hacia el S. ‖ *v. tr.* **6.** Poner alguna cosa en lugar inferior al que estaba. **7.** Inclinar hacia abajo. **8.** Humillar, abatir.

bajel *s. m.* Barco.

bajero, ra *adj.* **1.** Bajo, que está en lugar inferior. **2.** Que se usa o se pone debajo de otra cosa. ‖ *s. f.* **3.** *Amér. C., Col., Méx., Ven.* Hoja inferior de la planta del tabaco, que es de mala calidad. **4.** *amer.* Persona o cosa de poco valor.

bajeza *s. f.* **1.** Cualidad de bajo en el sentido de vil o despreciable. **2.** Hecho vil o acción indigna.

bajío *s. m.* **1.** En los mares, ríos y lagos navegables, elevación del fondo que dificulta o impide la navegación. **2.** *amer.* Tierras bajas y anegadizas.

bajista *s. m.* y *f.* **1.** Persona que juega a la baja en la bolsa. **2.** Persona que toca el bajo.

bajo, ja *adj.* **1.** De poca altura. **2.** Se dice de lo que está en lugar inferior respecto a otras cosas. **3.** Que mira hacia abajo o se inclina hacia el suelo. **4.** Se dice del curso del río próximo a la desembocadura. **5.** Se dice del color poco intenso. **6.** Se dice del oro y de la plata de poca pureza. **7.** Que tiene poca cantidad de algo. **8.** Se dice del precio no muy elevado. **9.** Se dice de la parte final de un periodo histórico. **10.** Humilde, modesto. **11.** Mezquino, despreciable, vulgar. **12.** Tratándose de sonidos, grave. **13.** Que se oye poco. ‖ *s. m.* **14.** Piso situado al nivel de la calle. **15.** Parte inferior de algunas cosas. Se usa mucho en *pl.* **16.** Elevación del fondo que dificulta la navegación. **17.** Borde inferior de una prenda de vestir. **18.** Instrumento musical que, entre los de su clase, produce los sonidos más graves de la escala. **19.** Registro más grave de la voz humana. **20.** Persona que tiene esa voz y se dedica a cantar. **21.** Contrabajo, especialmente el eléctrico. **22.** Persona que toca ese instrumento. **23.** Cada uno de los sonidos más graves de un instrumento. **24.** Nota más grave de un acorde. ‖ *adv. m.* **25.** A un volumen difícil de oír. ‖ *prep.* **26.** Debajo de. **27.** Durante el gobierno de alguien. ‖ **Loc. por lo bajo** *adv.* De forma disimulada.

bajón[1] (aum. de *baja*) *s. m.* Disminución brusca e importante de algo.

bajón[2] *s. m.* Instrumento musical de viento parecido al fagot. **Fam.** Bajonista.

Bajorrelieve de las columnas de la sala hipóstila del templo de Amón, en el complejo de Karnak, Egipto.

bajonazo *s. m.* **1.** *aum.* de **bajón**[1]. **2.** En tauromaquia, estocada muy baja.

bajorrelieve *s. m.* Composición esculpida que forma cuerpo con el fondo, sobre el cual destaca por un leve resalte. ■ Se escribe también *bajo relieve.*

Bajtin, Mijail (Orel 1895 - Moscú 1975) Crítico literario soviético. Fue profesor de literatura en Vitebsk y Leningrado. Su crítica literaria histórica se vinculó originalmente al psicoanálisis, al marxismo y al formalismo y posteriormente evolucionó hacia los conceptos de dialogismo (*Los problemas de la poética de Dostoievski*, 1929), de lo carnavalesco (*La cultura popular en la Edad Media y el Renacimiento*, 1965) y del enunciado (*Estética y teoría de la novela*, 1965).

bajura *s. f.* **1.** Falta de elevación. ‖ **2. pesca de bajura** La que se realiza en las proximidades de la costa.

Baker, James Addison (Houston, Texas 1930) Político estadounidense. Abogado tejano, fue secretario de Comercio en 1975 con Gerald Ford, jefe del gabinete de Ronald Reagan en 1981 y secretario del Tesoro en 1985. En 1988 dirigió la campaña presidencial de George Bush, quien le nombró secretario de Estado. Fue el principal artífice de la Conferencia de Madrid para la pacificación del Próximo Oriente (1991).

Baker, Joséphine (San Luis, Missouri 1906 - París 1975) Artista estadounidense del music-hall. Se dio a conocer en París con *La revue nègre* (1925) y se convirtió en la estrella de los teatros de variedades parisinos.

Baker, sir Samuel White (Londres 1821 - Sanford Orleigh, Devonshire 1893) Viajero británico. En 1864 exploró la cabecera del Nilo y descubrió el lago Alberto.

Bakú C. de Azerbaiyán, cap. de la república, a orillas del mar Caspio. 1.757.000 h. en 1989. Cuenta con grandes refinerías de petróleo e industria petroquímica, mecánica, química y electrotécnica.

Bakunin, Mijail Alexandrovich (Priamujino, Kalinin 1814 - Berna 1876) Teórico y revolucionario ruso. Fue uno de los fundadores del movimiento anarquista. En 1867 se unió a la Primera Internacional, donde se convirtió en el principal adversario de Marx y de la que fue expulsado en el congreso de La Haya (1872). Su doctrina afirma la libertad del individuo y niega toda autoridad, propugna la abolición de las clases sociales y de la propiedad, la igualdad de los sexos y la destrucción del Estado. Entre sus obras destacan *Llamamiento a los eslavos* (1848), *Catecismo revolucionario* (1866) y *El Estado y la anarquía* (1873).

bala *s. f.* **1.** Proyectil de las armas de fuego. **2.** Paquete o fardo de mercancía, comprimido y atado. ‖ **3. bala perdida** Golfo, persona alocada. ‖ **Loc. tirar con bala** *fam.* Tener muy mala intención al hablar o escribir.

balacear *v. tr. amer.* Balear.

balacera *s. f. amer.* Tiroteo.

balada *s. f.* **1.** Composición poética de variadas formas, tema lírico y carácter melancólico, en que por lo común se narran sucesos legendarios, tradicionales o románticos. **2.** Composición musical de tiempo lento y forma libre, generalmente de tema amoroso, ritmo suave y carácter narrativo.

baladí *adj.* De poco valor o interés.

baladrón, na *adj.* Fanfarrón. También *s.*

baladronada *s. f.* Fanfarronada.

bálago *s. m.* **1.** Paja larga de los cereales después de quitarle el grano. Se usaba para hacer tejados o cubiertas de chozas y casas. **2.** Paja trillada.

Balaguer, Joaquín (Santiago de los Caballeros 1906) Político dominicano. Fue presidente de su país en seis ocasiones, la última desde 1990, y contó siempre con el apoyo de EE UU.

Balaguer, Víctor (Barcelona 1824 - Madrid 1901) Político y escritor español en lengua castellana y catalana. Desempeñó las carteras de Ultramar y Fomento. Fue figura destacada de la renaixença. Algunas de sus obras más representativas son *El trovador de Montserrat* (1861), *Historia de Cataluña* (1860-63), *Tragedias* (1876) e *Historia política y literaria de los trovadores* (1878).

Balakirev, Mili Alexeievich (Nijni-Novgorod 1837 - San Petersburgo 1910) Compositor y director de orquesta ruso. Con Cesar Cui, Mussorgski, Rimski-Korsakov y Borodin formó el grupo de los Cinco, que renovó la música rusa.

balalaica *s. f.* Instrumento popular ruso de la familia de la guitarra, con caja triangular y mástil muy largo. Tiene tres cuerdas que se tocan con un plectro o púa.

balance *s. m.* **1.** Operación mercantil que consiste en comparar el activo y el pasivo de una sociedad. **2.** El resultado de esta operación. **3.** P. ext., resumen, síntesis, valoración.

balancear *v. tr.* **1.** Mover algo o a alguien de un lado a otro. También *v. intr.* y *v. prnl.* **2.** Poner en equilibrio. **Fam.** Balanceo.

Balanchine, George (San Petersburgo 1904 - Nueva York 1983) Bailarín y coreógrafo estadounidense de origen ruso. Fundó en 1948 el *New York City Ballet.*

balancín *s. m.* **1.** Barra unida a un eje, que en ciertas máquinas sirve para transformar el movimiento alternativo rectilíneo en otro circular continuo. **2.** Palo largo que usan los acróbatas para mantenerse mejor en equilibrio sobre la cuerda. **3.** Columpio consistente en una barra apoyada en su punto medio, cuyos extremos pueden subir y bajar alternativamente. **4.** Asiento colgante, cubierto de toldo, que se emplea en playas, terrazas, jardines, etc. **5.** Mecedora.

balandra *s. f.* **1.** Barco pequeño con cubierta, un solo palo y varias velas triangulares. **2.** Barco de pesca usado en Cuba.

balandro *s. m.* Balandra pequeña.

bálano o **balano** *s. m.* Parte final o cabeza del pene.

balanza *s. f.* **1.** Instrumento que se usa para pesar y medir la masa de los cuerpos, por comparación con otras masas conocidas (pesas). ‖ **2. balanza comercial** En econ., estado comparativo de las importaciones y las exportaciones en un tiempo determinado. **3. balanza de pagos** En econ., cuenta que registra todas las transacciones u operaciones económicas internacionales realizadas por un país durante un periodo dado, generalmente un año. **4. balanza romana** Véase **romana.** ‖ **Loc. inclinar la balanza** Inclinar un asunto en favor de alguien.

Mijail Bakunin.

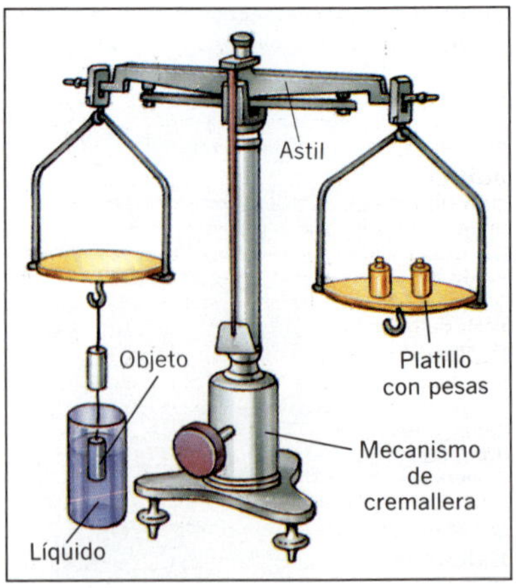

Esquema de una balanza hidrostática, que consta de un mecanismo de cremallera que permite subir y bajar el astil, y en la que uno de los platillos ha sido sustituido por un gancho del que se suspende el cuerpo cuya densidad se desea medir.

Fís. La balanza, en su forma más simple, consta de una barra horizontal, que puede oscilar en torno a un eje. De los extremos de la barra penden dos platillos: en uno se coloca el objeto que se quiere pesar y en otro las pesas necesarias para lograr el equilibrio, que se indica mediante una aguja o fiel perpendicular a la barra en su punto medio. La balanza de brazos iguales queda en equilibrio cuando se colocan pesos iguales en los dos platillos. Hay también balanzas de brazos desiguales o de un solo platillo. Otros tipos de balanza son la hidrostática, que sirve para calcular la densidad de los cuerpos; la de precisión, que aprecia diferencias de hasta 0,0001 mg; y la de torsión, que determina la constante de gravitación universal.

Balanza 1. Libra, constelación zodiacal. **2.** Signo del zodiaco.

balar *v. intr.* Dar balidos.

balarrasa *s. m.* **1.** *fam.* Aguardiente fuerte. **2.** *fam.* Persona alocada.

balasto *s. m.* **1.** Firme de piedra machacada sobre el que se asientan las traviesas del ferrocarril. **2.** Capa de grava que se aplica sobre una carretera como base del pavimento.

balastro *s. m.* Balasto*.

balata *s. f.* Nombre común de diversos árboles de la familia saponáceas, géneros *Mimusops, Micropholis,* y otros. Son plantas que crecen en América del Sur y Central y poseen gran importancia comercial por su madera y por su látex, con el que se fabrica la goma balata, parecida a la gutapercha.

Balatón Lago de Hungría, situado en el O del país. 596 km^2. Es un centro turístico y pesquero.

balausta *s. f.* Fruto carnoso dividido en celdillas de manera irregular, como la granada.

balaustrada *s. f.* Barandilla o antepecho formado por una serie de balaustres o pequeñas columnas.

balaustre o **balaústre** *s. m.* Cada una de las pequeñas columnas que forman las barandillas de balcones, azoteas, corredores y escaleras.

balay *s. m. amer.* Cesta de mimbre.

balazo *s. m.* **1.** Golpe de bala disparada por arma de fuego. **2.** Herida producida por una bala.

Balbín, Ricardo (Ensenada 1904 - La Plata 1981) Político argentino. De pensamiento liberal, militó en la Unión Cívica Radical y se opuso al peronismo, por lo que sufrió encarcelamiento. Fue candidato a la presidencia del país en 1973.

balboa *s. m.* Unidad monetaria de Panamá.

Balboa, Vasco Núñez de (Jerez de los Caballeros, Badajoz 1475 - Acla, Panamá 1519) Navegante y descubridor español. Tomó parte en la expedición que Rodrigo de Bastidas realizó a América Central en 1500. Fundó la ciudad de Santa María de la Antigua del Darién en 1510, organizó la expedición que cruzó el istmo de Panamá y descubrió el océano Pacífico en 1513.

balbucear *v. intr.* Balbucir*.

balbuceo *s. m.* **1.** Acción y efecto de balbucear o balbucir. **2.** Fase de desarrollo del lenguaje que tiene lugar de los 5 a los 10-11 meses y que consiste en la pronunciación espontánea y repetida de fonemas y sonidos con una finalidad lúdica.

balbucir *v. intr.* Hablar o leer con pronunciación dificultosa y vacilante, cambiando o suprimiendo a veces letras o sílabas. En ocasiones se usa como *v. tr.* ■ Es v. defect. La primera persona de singular del presente indicativo y todo el presente de subjuntivo se suple con *balbucear.* **FAM.** Balbuciente.

Balbuena, Bernardo de (Valdepeñas 1568 - San Juan de Puerto Rico 1627) Poeta español. Desde muy joven residió en Nueva España, donde desarrolló su labor literaria y se ordenó sacerdote. Su obra más conocida es el poema épico *Bernardo o Victoria de Roncesvalles* (1624). También escribió *Grandeza mexicana* (1604) y *El siglo de oro en las selvas de Erifile* (1608).

Balcanes **1.** Sistema montañoso que ha dado su nombre a la península de los Balcanes. Forma un macizo elevado de más de 2.000 m, dispuesto en arco paralelo al curso del bajo Danubio, con una longitud de 600 km, desde las Puertas de Hierro al mar Negro. Su máxima altitud es el monte Botev, de 2.376 m.
2. La más oriental de las penínsulas mediterráneas, en la que se sitúan los estados de Albania, Bulgaria, Grecia, Turquía europea y las repúblicas de Macedonia, Montenegro, Bosnia-Herzegovina y Serbia. Está bañada al O por los mares Adriático y Jónico, al S por el Egeo y al NE por los de Mármara y Negro. Sus costas son recortadas. Es una región casi exclusivamente montañosa: al O se encuentran los Alpes Dináricos, al E los Balcanes y el antiguo macizo Ródope.

balcánicas, guerras Nombre con que se conocen las dos guerras habidas en los Balcanes (1912 y 1913) en las que los países balcánicos se disputaron los dominios europeos del imperio otomano.

balcánico, ca *adj.* **1.** Natural de los Balcanes. También *s.* **2.** Perteneciente o relativo a esta región de Europa.

Balcarce, Antonio González (Buenos Aires 1774 - íd. 1820) Militar y político argentino. Defendió Montevideo frente a los británicos (1807) y luchó contra las tropas napoleónicas en la guerra de Independencia española. Regresó a Buenos Aires y participó en la revolución de Mayo (1910) e intervino en la campaña de los Andes.

balcón *s. m.* **1.** Hueco abierto en el muro de un edificio desde el suelo de la habitación, generalmente con un saliente, sobre el que se puede estar, y con una barandilla. **2.** Lugar alto desde el que se puede contemplar un paisaje.

balconada *s. f.* Serie de balcones con o sin barandilla común. En el primer caso, se llama también *balcón corrido.*

balconcillo *s. m.* **1.** *dim.* de **balcón**. **2.** En las plazas de toros, localidad con barandilla situada sobre las puertas o el toril.

balda *s. f.* Estante o anaquel de un armario, estantería, alacena, etc.

baldado, da **1.** *p. p.* de **baldar**. ‖ *adj.* **2.** Se dice de la persona que no puede mover alguna parte del cuerpo. **3.** Muy cansado.

baldadura *s. f.* Impedimento físico del que está baldado.

baldamiento *s. m.* Baldadura*.

baldaquín o **baldaquino** *s. m.* Especie de techo de adorno, adosado a la pared o sostenido por columnas u otros apoyos, a veces recubierto de telas valiosas y provisto de colgaduras, que se coloca sobre un trono, un altar, etc. Puede ser fijo y monumental, como el de la basílica de San Pedro del Vaticano, obra de Bernini, o móvil.

baldar *v. tr.* **1.** Dejar a alguien un accidente o una enfermedad sin poder moverse o sin poder mover alguna parte del cuerpo. También *v. prnl.* **2.** Dejar a uno maltrecho, postrado, agotado. También *v. prnl.*

balde *s. m.* Cubo para sacar y llevar agua, especialmente en las embarcaciones.

balde, de *loc. adv.* Gratis.

balde, en *loc. adv.* En vano, inútilmente.

baldear *v. tr.* **1.** Echar agua con baldes o cubos en la cubierta de los barcos para limpiarla o regarla. **2.** Limpiar o fregar cualquier suelo. **3.** Sacar agua de una excavación por medio de baldes. **FAM.** Baldeo.

baldío, a *adj.* **1.** Se dice del terreno abandonado, sin cultivar. También *s. m.* **2.** Inútil, infructuoso. ‖ *s. m.* **3.** *Arg.*, *Par.*, *Urug.* Parcela sin edificación.

baldón *s. m.* **1.** Injuria. **2.** Deshonra, hecho o situación que hace a alguien indigno.

baldosa *s. f.* Ladrillo, generalmente fino, que sirve para recubrir suelos.

baldosín *s. m.* Baldosa pequeña que se usa para recubrir suelos o paredes.

baldragas *s. m. fam.* Hombre flojo, de carácter débil, sin energías.

Balduino Nombre de cinco reyes de Jerusalén.

Balduino I (? 1058 - al-Arish, Egipto 1118) Conde de Edesa (1098-1100) y rey de Jerusalén (1100-18). Hermano de Godofredo de Bouillon, participó con él en la primera cruzada. Fue el primero en titularse rey de Jerusalén, y consolidó y amplió sus dominios frente a los musulmanes.

Balduino IV, el Leproso (? 1161 - Jerusalén 1185) Rey de Jerusalén (1174-85). Gobernó con energía, luchó contra los musulmanes y derrotó en dos ocasiones a Saladino.

Balduino I (Bruselas 1930) Rey de Bélgica. Hijo del rey Leopoldo III, subió al trono en 1951 por abdicación de su padre. En 1960 contrajo matrimonio con la española Fabiola de Mora y Aragón; no tienen descendencia.

Baldung, Hans, llamado también **Grien** (Gmünd h. 1484 - Estrasburgo 1545) Pintor y grabador alemán. Se supone que trabajó en el taller de Durero. Sus grabados se caracterizan por su exagerada ornamentación. Es autor del retablo de la catedral de Friburgo (1512-16).

Baldwin, James (Nueva York 1924 - Niza 1987) Escritor estadounidense. Su obra es una defensa de los derechos del negro. Desde 1948 vivió en Europa. Escribió novelas como *Dime cuánto hace que el tren se fue* (1968); obras teatrales como *Blues para Mr. Charlie* (1964) y ensayos como *La próxima vez el fuego* (1963). Es autor de la autobiografía *Sobre mi cabeza* (1979).

Baldwin, Stanley (Bewdley, Worcestershire 1867 - Stourport 1947) Político británico. Conservador, fue primer ministro (1923-24, 1924-29 y 1935-37). Defendió el proteccionismo, logró que se concediera el derecho de voto a la mujer y tuvo que hacer frente a la abdicación de Eduardo VIII.

balear[1] (de *baleo*[2]) *v. tr. amer.* Disparar balas sobre alguien o algo.

balear[2] (del lat. *Balearis*) *adj.* **1.** Natural de las islas Baleares. También *s.* **2.** Perteneciente o relativo a estas islas. ‖ *s. m.* **3.** Variedad de la lengua catalana que se habla en las islas Baleares. ■ Se denomina también *mallorquín.*

Baleares, Islas (*Illes Balears*) Comunidad autónoma insular de España, situada en el mar Mediterráneo.

Extensión: 5.014 km^2.
Situación: en el mar Mediterráneo occidental.
Población: 702.770 h. en 1991.
Densidad: 140,2 h./km^2.
Capital: Palma de Mallorca.
Islas: Mallorca, Menorca, Ibiza, Formentera, Cabrera y varios islotes.
Provincias: Baleares.

Geog. física El archipiélago balear es prolongación de las tierras peninsulares, que se adentran profundamente en el mar a partir del cabo de la Nao. Así, en Ibiza y Mallorca se continúan las cordilleras Béticas. Mallorca presenta una llanura central, el Pla, enmarcada por montañas, más elevadas en la parte N (sierra Norte o de la Tramontana), donde se encuentra su máxima altura, el Puigmajor (1.452 m); en el SE se levanta la sierra de Levante. Ibiza tiene un relieve más suave, con numerosas colinas. Menorca es accidentada, pero con escasas elevaciones, y predominan en ella las tierras calcáreas, pedregosas y arcillosas, de origen primario. Las costas son, en general, altas y rocosas, si bien abundan las playas de arena y las calas. Resultan llamativas las formas cársticas, con cuevas como las del

Baleares: vista de Ciudadela, en la isla de Menorca.

Drach y Artá, ambas situadas en la costa oriental de la isla de Mallorca. El clima es mediterráneo. ***Geog. humana*** y ***económica*** El crecimiento de la población a lo largo de este siglo ha sido importante. El 80 % de los habitantes se concentra en Mallorca. La emigración se realiza dentro de las mismas islas; existe una fuerte inmigración debida a la demanda de mano de obra generada por la industria turística (construcción y hostelería). Parte de la población se dedica a la agricultura y a la pequeña industria; el sector terciario, que ocupa a más del 60 % de la población activa, va adquiriendo cada vez mayor auge y la principal fuente de riqueza es el turismo. La economía insular se ha resentido gravemente de la crisis europea, especialmente en los sectores de la construcción y actividades anejas. La agricultura está experimentando grandes cambios, mediante la ampliación del regadío; entre sus principales cultivos se cuentan la vid, los almendros y los frutales. Existe una importante industria del calzado y son famosas las perlas de Manacor.

Baleares: cultivos en terraza en la isla de Mallorca.

Hist. En la edad del bronce floreció una importante cultura megalítica, caracterizada por las taulas, talayots y navetas, de los que han quedado restos en Mallorca y sobre todo en Menorca. Las noticias históricas sobre las Baleares se inician con los griegos y cartagineses, que las utilizaron como escala en la ruta del Mediterráneo. Conquistadas por los romanos en 123 a. C., quedaron incorporadas a la Hispania Citerior hasta el año 426; a partir de entonces fueron ocupadas sucesivamente por vándalos, bizantinos y musulmanes.
A la caída del califato de Córdoba pasaron a depender del reino taifa de Denia, hasta que Jaime de Aragón conquistó Mallorca en 1229 e Ibiza en 1235 y Alfonso III Menorca en 1287. Acontecimientos importantes de su historia fueron la sublevación de las Germanías (1520-23) y la incorporación de Menorca al Reino Unido entre 1713 y 1802 por el tratado de Utrecht, durante la guerra de Sucesión. En 1983 entró en vigor su estatuto de autonomía.

balénidos *s. m. pl.* Familia de mamíferos cetáceos misticetos, que comprende tres especies de los géneros *Balaena* y *Caperea.* A ella pertenecen las llamadas ballenas verdaderas. También *adj.* y *s. m.*

balenópteros *s. m. pl.* Familia de mamíferos cetáceos misticetos, que comprende cinco especies del género *Balaenoptera* conocidas como rorcuales y una especie del género *Megaptera* llamada ballena xibarte *(Megaptera novaeangliae).* Son los cetáceos de mayor tamaño. También *adj.* y *s. m.*

baleo[1] (del celta *balazn,* retama) *s. m.* **1.** Felpudo, alfombrilla. **2.** Aventador para el fuego.

baleo[2] *s. m. amer.* Acción y efecto de balear[1].

Balfour, Arthur James, conde de (Whittingehame, Escocia 1848 - Woking, Surrey 1930) Político británico. Líder conservador, fue primer ministro (1902-06), lord del Almirantazgo (1916) y ministro de Asuntos Exteriores (1917-19). A él se debe la *declaración Balfour* (1917), de apoyo al sionismo, en la cual se indicaba que el Reino Unido ayudaría a la creación de un estado judío en Palestina, siempre que se respetasen los derechos civiles y religiosos de las comunidades no judías existentes en la región.

Bali Isla de Indonesia, en el archipiélago de la Sonda, al E de la isla de Java. 5.561 km^2. 2.766.000 h. en 1988. En su relieve existen numerosos volcanes. Constituye una provincia y su capital es Denpasar, con 261.200 h. en 1980. Produce arroz, café y tabaco, y cuenta con intensa actividad turística.

balido *s. m.* Voz de algunos animales, como la oveja, la cabra y el ciervo.

balín *s. m.* **1.** Bala de menor calibre que la ordinaria de fusil. **2.** Proyectil que se utiliza en las armas de aire comprimido.

balística *s. f.* Parte de la física que estudia el movimiento de los proyectiles. La balística interior se ocupa del movimiento del proyectil dentro del cañón, y la balística exterior estudia su trayectoria en la atmósfera. **Fam.** Balístico.

baliza *s. f.* **1.** Señal flotante o fija con que se indica algo de interés para los navegantes, ya sean peligros, direcciones que hay que seguir en las competiciones náuticas, etc. **2.** Señal con que se marcan las pistas de despegue y aterrizaje en los aeropuertos.

balizar *v. tr.* Abalizar*.

Baljash Lago de Kazajstán, junto a los montes Tien. 17.300 km^2.

Balla, Giacomo (Turín 1871 - Roma 1958) Pintor italiano. Fue uno de los firmantes del *Manifiesto futurista* de 1909. Al poco tiempo su pintura era casi abstracta y finalmente arribó a la figuración (1930). Algunos cuadros significativos son *El perro atado* y *Velocidad de automóvil + luces + ruido.*

Ballagas, Emilio (Camagüey 1908 - La Habana 1954) Poeta cubano. Uno de los máximos representantes de la poesía negra o negrista, entre sus libros destacan *Poesía negra* (1934), *Antología de la poesía negra hispanoamericana* (1935) y *Sabor eterno* (1939).

ballena *s. f.* **1.** Mamífero cetáceo de la familia balénidos, géneros *Balaena* y *Caperea.* Es el mayor de los animales conocidos y llega a alcan-

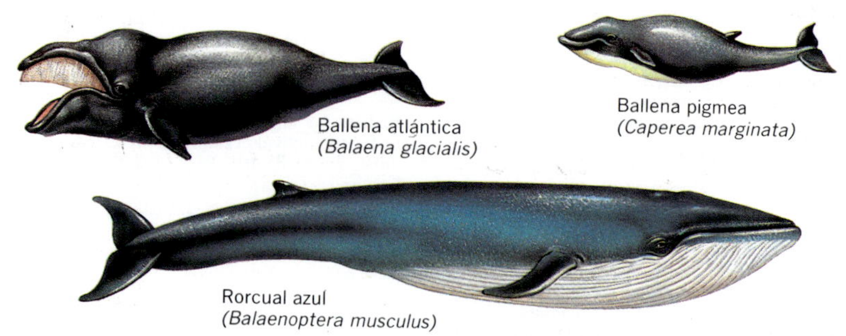

Diversas especies de ballenas: la ballena atlántica y la pigmea son de la familia balénidos, a la que pertenecen las ballenas verdaderas, mientras que el rorcual o ballena azul es de la familia balenópteros, en la que se incluyen los cetáceos de mayor tamaño.

zar 30 m de longitud y 150 toneladas de peso. En lugar de dientes tiene unas láminas córneas y elásticas, llamadas barbas o ballenas, con las que retiene el plancton y animales pequeños que le sirven de alimento. Suele tener una cría por parto, que en las especies más grandes pesa al nacer 6.000 kg y mide 6 m, a la que alimenta durante 7 meses con leche. Puede permanecer bajo el agua hasta 30 minutos; cuando sale a la superficie expulsa por sus orificios respiratorios un chorro de aire caliente. Es objeto de una caza intensa para obtener su aceite, lo que la pone en peligro de extinción. Las tres especies vivas son la ballena ártica *(Balaena mysticetus),* que mide unos 22 m; la ballena atlántica *(Balaena glacialis)* y la ballena pigmea *(Caperea marginata).* **2.** Lámina córnea que tiene la ballena en la mandíbula superior. **3.** Tira de plástico o metal que sirve para armar corsés. ‖ **4. ballena azul** Rorcual*. **5. ballena gris** Mamífero cetáceo de la familia escrictidos, especie *Eschrichtius gibbosus.* Mide hasta 13 m de longitud, tiene la boca ancha y una serie de pequeñas gibas en la parte posterior de su dorso. Emigra desde el Ártico hasta las costas de California.

ballenato *s. m.* Cría de ballena.

ballenero, ra *adj.* **1.** Perteneciente o relativo a la pesca de la ballena. ‖ *s. m.* **2.** Barco destinado a la pesca de la ballena. **3.** Pescador de ballenas.

ballesta *s. f.* **1.** Arma portátil para arrojar flechas. **2.** Máquina antigua de guerra con la que se lanzaban piedras o flechas grandes. **3.** Cada uno de los muelles, compuestos de láminas elásticas de acero superpuestas, sobre los que descansa la caja de ciertos vehículos o carruajes. Se utiliza para dotar de suspensión a los mismos. **Fam.** Ballestero.

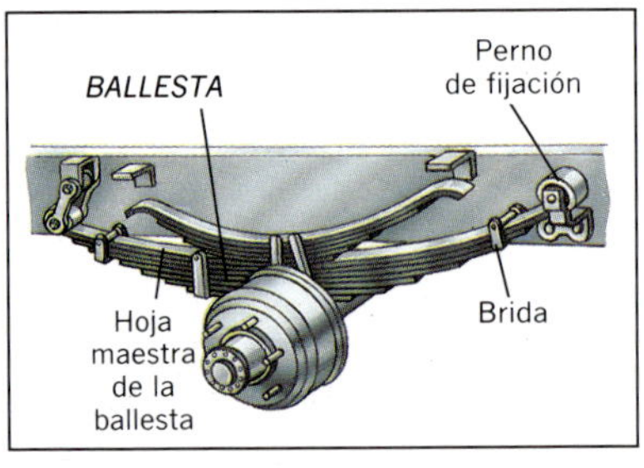

La ballesta de camión está formada por láminas de acero unidas por bridas; la lámina mayor se denomina hoja maestra.

Ballesteros, Severiano (Pedreña, Cantabria 1957) Jugador de golf español. Figura mundial, ha ganado la mayoría de los grandes torneos, como el Open británico (1979 y 1984), el Masters (1980 y 1983) y la Copa del Mundo (1976 y 1977).

ballet (voz fr.) *s. m.* **1.** Representación teatral que combina la danza, la mímica y la música orquestal. **2.** Agrupación o compañía de bailarines que ejecutan este tipo de representaciones.
Hist. El ballet tuvo su origen en el s. XV en Italia, y se difundió en Francia en el s. XVI. Era una representación cortesana que mezclaba la pantomima, el canto y partes declamadas. En los s. XVII y XVIII fueron desapareciendo los recitados y creciendo la importancia de la música y la danza, ésta a cargo de bailarines profesionales. En el s. XIX, el ballet se extendió por toda Europa y se produjeron grandes obras, como *El lago de los cisnes* y *Cascanueces,* con música de Tchaikovski y coreografía de Marius Petipa. En el s. XX, el ballet se modernizó por obra de la gran escuela rusa, en la que destacaron el director Sergei Diaghilev y los bailarines Nijinski y Ana Paulova. Otras grandes compañías son el *Royal Ballet* británico, donde destacó Margot Fonteyn, o el *New York City Ballet,* dirigido por George Balanchine. Además del ballet clásico se han desarrollado otras escuelas que incorporan elementos populares, como el ballet español, y la danza contemporánea, en la que sobresalen los nombres de Alvin Ailey, Maurice Béjart, Isadora Duncan y Martha Graham.

Ballivián, José (La Paz 1805 - Rio de Janeiro 1852) Político y militar boliviano. Tomó parte en la lucha por la independencia. Fue presidente de su país en los años 1843-47, caracterizándose por un gobierno despótico.

ballueca *s. f.* Especie de avena salvaje que crece entre el trigo, perjudicándolo.

Bally, Charles (Ginebra 1865 - íd. 1947) Lingüista suizo. Discípulo de Saussure, es autor de *Tratado de estilística francesa* (1909) y *Lingüística general y lingüística francesa* (1932).

Balmaceda Fernández, José Manuel (Santiago 1840 - íd. 1891) Político chileno. Elegido presidente de la república en 1886, elaboró un ambicioso programa de obras públicas, sanidad y educación. Enfrentado con el Congreso desde 1889, en 1891 estalló la guerra civil, que duró ocho meses y concluyó con el suicidio de Balmaceda.

Balmer, Johann Jakob (Lausana 1825 - Basilea 1898) Físico suizo. Especialista en espectroscopia de los gases, descubrió en 1885 la fórmula que lleva su nombre, que establece las longitudes de onda de las nueve rayas por entonces conocidas del espectro del hidrógeno.

Balmes, Jaime (Vich, Barcelona 1810 - íd. 1848) Sacerdote y filósofo español. Abordó los problemas políticos y sociales de su época desde las revistas por él fundadas: *La Sociedad,* en Barcelona, y *El Pensamiento de la Nación,* en Madrid. Su obra filosófica trata de defender la ontología escolástica de los ataques que le había dirigido la filosofía moderna, especialmente la kantiana. Entre sus obras destacan *Cartas a un escéptico en materia de religión* (1841), *El Criterio* (1845) y *Filosofía fundamental* (1846).

balneario, ria *adj.* **1.** Perteneciente o relativo a baños públicos, en especial a los medicinales. ‖ *s. m.* **2.** Establecimiento público de baños, por lo común medicinales, en el que también pueden hospedarse los clientes.

balompié *s. m.* Fútbol*.

balón *s. m.* **1.** *aum.* de **bala. 2.** Pelota grande, hinchada de aire y resistente, que se usa en varios juegos. Su forma es esférica, excepto en rugby, donde es oval. Suelen estar fabricados en cuero o plástico. **3.** Recipiente flexible que sirve para contener cuerpos gaseosos. **4.** Cierto tipo de vela. ‖ **Loc. echar balones fuera** Responder con evasivas. **recibir un balón de oxígeno** Recibir ayuda en un momento difícil. **Fam.** Balonazo.

baloncesto *s. m.* Juego de pelota inventado por el norteamericano James A. Nashmith en 1891. Se practica con las manos, entre dos equipos de 5 jugadores cada uno, que tratan de introdu-

BALONCESTO

Jugadores: 5 por equipo.

Tiempo de juego: 40 min, en 2 tiempos de 20 min.

Balón: Peso, 600-650 g. Tamaño, 75-78 cm de circunferencia.

Cesto: Diámetro, 54 cm. Altura, 3,05 m.

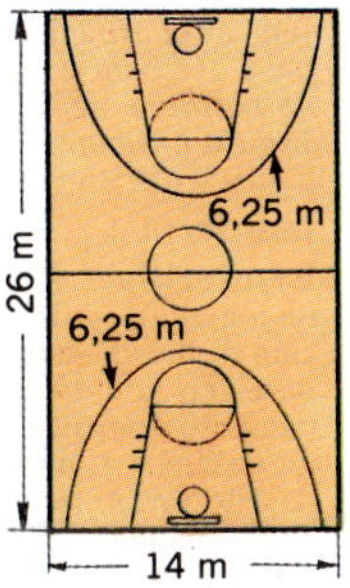

BALONMANO

Jugadores: 7 por equipo.

Tiempo de juego: 60 min, en 2 tiempos de 30 min.

Balón: Peso, 400-475 g. Tamaño, 52-60 cm de circunferencia.

Portería: Anchura, 3 m. Altura, 2 m.

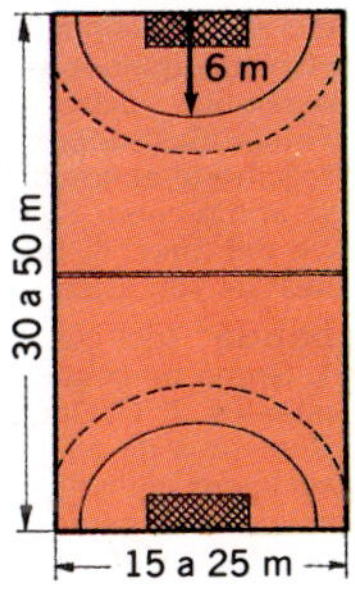

Esquema comparativo del baloncesto y el balonmano.

cir el balón en el cesto contrario. La cancha es un rectángulo de 24 a 28 m de longitud por 13 a 15 m de anchura. Los cestos están a una altura de 3,05 m, adosados a un tablero rectangular equidistante de las líneas laterales. El encuentro está dividido en dos tiempos de 20 minutos cada uno (excepto en la liga profesional de EE UU, donde se juegan cuatro tiempos de 12 minutos) y cada equipo dispone de 30 segundos para efectuar el lanzamiento al cesto del equipo contrario (excepto en la liga profesional de EE UU, donde dispone de 24 segundos). Las cestas conseguidas en juego valen 2 puntos, 3 puntos desde la línea de 6,25 m (que en EE UU se encuentra situada a 6,70 en los laterales y a 7,25 en el centro) y 1 punto en los tiros libres.

balonmano *s. m.* Juego de pelota de origen alemán. Se practica con las manos, entre dos equipos de siete jugadores cada uno que tratan de introducir el balón en la portería contraria en una cancha rectangular de 40 × 20 m. El área de gol tiene 15 m de ancho y las porterías 3 m de ancho por 2 m de alto. El encuentro consta de dos tiempos de 30 minutos cada uno.

balonvolea *s. m.* Voleibol*.

balotaje *s. m.* **1.** Segunda vuelta en las elecciones. **2.** *Méx.* Recuento de votos.

balsa[1] *s. f.* **1.** Hoyo o depresión del terreno donde se acumula agua. **2.** Lugar donde van a parar los desperdicios de los molinos de aceite. ‖ **Loc. balsa de aceite** Lugar o reunión de personas muy tranquilo.

balsa[2] *s. f.* **1.** Embarcación construida con maderos unidos fuertemente unos con otros y que forman una superficie plana. Suele emplearse para navegar por ríos, lagos y lagunas. **2.** Árbol de la familia bombacáceas, especies *Ochroma lagopus* y *Ochroma boliviana.* Crece en América del Sur y Central y tiene gran importancia económica por su madera, resistente y muy ligera, con la que se fabrican balsas, aislantes y maquetas.

balsadero, ra *s. m.* o *f.* Lugar en la orilla de un río donde hay balsas para pasarlo.

balsámico, ca *adj.* Se aplica a la sustancia que tiene bálsamo o produce sus efectos. También *s. m.*

balsamina *s. f.* Planta arbustiva de la familia cucurbitáceas, especie *Momordica balsamina.* Mide hasta 1 m de altura, tiene zarcillos en el tallo, flores rojas, amarillas o blancas y fruto en cápsula de color amarillento. Originaria de América, crece en la península Ibérica.

bálsamo *s. m.* **1.** Resina aromática que se obtiene por incisión de ciertos árboles. **2.** Medicamento compuesto de sustancias, comúnmente aromáticas, que se aplica como remedio para heridas o llagas. **3.** Consuelo, alivio.

Balsas Río de México, en el S del país. 880 km de longitud. Nace en el valle de Puebla y desemboca en el océano Pacífico formando un delta. Presenta fuertes pendientes y una cuenca muy encajonada con grandes posibilidades de aprovechamiento hidroeléctrico.

balsear *v. tr.* Pasar un río en balsa.

Balta, José (Lima 1814 - íd. 1872) Político y militar peruano. Fue presidente de su país (1868-1872); murió asesinado.

Baltasar (s. VI a. C.) Último rey de Babilonia. Fue derrocado y muerto por los soldados del rey persa Ciro II el Grande en 539 a. C., al conquistar la ciudad e incorporarla al imperio persa.

báltico, ca *adj.* Del mar Báltico y de los países que lo bordean. También *s.*

Báltico Mar del N de Europa, entre Suecia, Finlandia, Rusia, Estonia, Letonia, Lituania, Polonia, Alemania y Dinamarca. 406.000 km^2. 100 m de profundidad media. Comunica con el mar del Norte a través de los estrechos de Sund, Kattegat y Skagerrak. Se caracteriza por su escasa salinidad en la superficie y por la debilidad de las mareas. Hay en él numerosas islas y es zona de navegación muy activa.

Baltimore C. de EE UU, en el estado de Maryland. 763.900 h. en 1988 y 2.280.000 h. en la aglomeración urbana en el mismo año. Es uno de los mayores puertos del mundo. Posee industria química, siderúrgica, del automóvil y aeronáutica y es un importante nudo de comunicaciones.

baluarte *s. m.* **1.** Saliente pentagonal en los ángulos de las fortificaciones. **2.** Lugar, cosa o persona que sirve para defender o fortalecer algo.

balumba *s. f.* **1.** Conjunto desordenado de cosas. **2.** *amer.* Alboroto.

Balzac, Honoré de (Tours 1799 - París 1850) Novelista francés. Aunque romántico en la forma y en el estilo, su gran poder de observación y de descripción le convirtió en uno de los creadores de la novela realista. A partir de 1830, y hasta casi su muerte, publicó una serie de más de 80 novelas, que tituló *La comedia humana,* en las que retrata con precisión y gran penetración psicológica a la sociedad francesa en la época de la Restauración. Entre ellas destacan *La piel de zapa* (1831), *Eugenia Grandet* (1833), *Papá Goriot* (1835), *El lirio en el valle* (1835) y *La prima Bette* (1846).

Honoré de Balzac.

Bamako C. de Malí, cap. del país, a orillas del Níger. 646.150 h. en 1987. Posee aserraderos y manufacturas de algodón y tabaco, aeropuerto y puerto fluvial.

bamba *s. f.* **1.** Acierto casual. **2.** Bollo muy esponjoso, abierto por la mitad y relleno de crema o nata. **3.** Música y baile latinoamericano.

bambalina *s. f.* Cada una de las tiras pintadas que atraviesan de un lado a otro el escenario de un teatro y en las que se representa la parte superior de la decoración.

Bamboccio o **Bambocho, Pieter van Laer,** llamado **El** (Haarlem h. 1592 - íd. 1642) Pintor neerlandés. Residió en Roma de 1627 a 1639. Alcanzó renombre con sus cuadros, generalmente pequeños, de escenas populares que dieron origen al género de la *bambochada.* Entre sus obras sobresalen *Jugadores de bolos* y *Fiesta en la campiña romana.*

bambolear *v. intr.* Moverse una cosa o persona a un lado y a otro, manteniendo fijo alguno de sus puntos o partes. Se usa mucho como *v. prnl.* **Fam.** Bamboleo.

bambolla *s. f.* **1.** Burbuja. **2.** *fam.* Ostentación excesiva. **3.** *amer.* Charlatanería. **4.** *amer.* Fanfarronería.

bambú *s. m.* Nombre común de diversas plantas arbustivas de la familia gramíneas, géneros *Bambusa, Dendrocalamus, Gigantochloa,* etc. Son plantas perennes, de altura variable (la *Gigantochloa maxima* de Java alcanza hasta 45 m), tallo alto -una caña articulada, ligera y muy flexible- y hojas lanceoladas. Abundan sobre todo en el SE asiático, pero también existen en América y África. Las cañas se usan en la construcción de casas, muebles, fabricación de papel, etc., y los brotes tiernos y bayas de algunas especies son alimentos muy apreciados en China.

Bambú: arbusto y detalle de la morfología externa del tallo.

bambuco *s. m.* Baile y canto popular colombiano.

banal *adj.* Se dice de lo que no tiene valor, interés o importancia. **Fam.** Banalidad, banalmente.

banana *s. f.* Banano, árbol y fruto del plátano.

bananal *s. m.* Lugar plantado de bananos.

bananero, ra *adj.* **1.** Perteneciente o relativo al banano. ‖ *s. m.* **2.** Terreno poblado de plátanos. **3.** Planta del banano, cuyo fruto es el plátano. ‖ **4. república bananera** Nombre despectivo que se aplica a las repúblicas americanas gobernadas por una dictadura militar.

banano *s. m.* **1.** Plátano, planta de la familia musáceas, género *Musa.* **2.** Fruto del banano o plátano.

banasta *s. f.* Cesto grande de mimbres o listas de madera delgadas y entretejidas.

Banato Región de Europa central, entre el río Danubio y Transilvania. 30.000 km^2. 2.000.000 h. Se extiende por tierras de Rumania, Serbia y Hungría. Los montes de Banato son una de las regiones mineras más ricas de Europa en bauxita, hierro y carbón.

banca *s. f.* **1.** Conjunto formado por los bancos y demás entidades financieras. Se usa también como equivalente de *banco.* **2.** Totalidad de los banqueros. **3.** En ciertos juegos de azar, conjunto de fichas o dinero que pone cada jugador y de donde se paga a los que ganan. **4.** Asiento de madera, sin respaldo. **5.** *Arg., Urug.* Puesto parlamentario. ‖ **Loc. saltar la banca** En los juegos de azar, ganar en una apuesta todo el dinero o las fichas acumuladas en la banca.

Econ. Las operaciones de depósito y préstamo de mercancías y dinero ya se practicaban en la antigüedad, pero fue en la Edad Media cuando comenzaron a desarrollarse debido al crecimiento del comercio, sobre todo de las ferias, y las grandes necesidades financieras de las monarquías europeas. De esta época datan las letras de pago, que hacían que el comerciante que acudía a una feria o mercado lejano pudiese disponer de dinero sin necesidad de llevarlo consigo. En los s. XV y XVI surgieron las grandes casas de banqueros: Médicis, Fugger, Welser, y comenzó a usarse la letra de cambio. El nacimiento de la banca moderna se produjo en Inglaterra en el s. XVII: los banqueros pagaban intereses por los depósitos y cobraban intereses por los préstamos, a la vez que hacían de intermediarios en el mercado de capitales. En esta época comenzaron a generalizarse los billetes y los cheques. En el s. XIX, la banca experimentó una gran transformación: se crearon bancos nacionales que monopolizaron la emisión del dinero y regularon la política monetaria, por lo que los bancos privados se convirtieron en sociedades anónimas especializadas en la financiación de actividades industriales, agrícolas, comerciales, etc. En el s. XX se ha producido un proceso de concentración en grandes grupos bancarios, a la vez que las principales entidades se han extendido por todo el mundo y se han creado bancos internacionales. En España, el primer banco moderno fue el Banco de San Carlos, fundado por Carlos III en 1782. El Banco de España se creó en 1856 y el Banco de Bilbao fue fundado en 1857.

bancada *s. f.* **1.** Asiento de los remeros en las embarcaciones. **2.** Plataforma firme para una máquina o conjunto de ellas para evitar deformaciones o vibraciones.

bancal *s. m.* **1.** Terraza cultivable en una pendiente. **2.** Terreno rectangular destinado al cultivo. **3.** Arena amontonada a la orilla del mar.

bancario, ria *adj.* **1.** Perteneciente o relativo a la banca mercantil. **2.** Se dice de la persona que trabaja en una institución bancaria. También *s.*

bancarrota *s. f.* **1.** Quiebra de una empresa o negocio que no puede hacer frente con el activo a sus obligaciones de pago. **2.** Desastre, hundimiento.

bancarse *v. prnl.* **1.** *Arg.* Sobrellevar una situación. **2.** Asumir una responsabilidad. ■ Se conjuga como *sacar.*

Bances y López-Candamo, Francisco Antonio de (Sabugo, Castropol 1622 - Lezuza, Albacete 1704) Poeta y dramaturgo español. Fue poeta oficial de la corte de Carlos II. Su teatro se considera como una continuación del calderoniano. Entre sus piezas sobresalen *La piedra filosofal, El vengador de los cielos* y *Por su rey y por su dama.* También escribió autos sacramentales.

Banchs, Enrique (Buenos Aires 1888 - íd. 1968) Poeta argentino. De estilo intimista, escribió sonetos de muy buena calidad formal. Entre sus obras destacan *Las barcas* (1907), *El cascabel del halcón* (1909) y *La urna* (1911).

banco *s. m.* **1.** Asiento, con respaldo o sin él, donde pueden sentarse varias personas. **2.** Asiento de los remeros en las embarcaciones y, antiguamente, de los galeotes en las galeras. **3.** Tablero estrecho, que se coloca horizontalmente y sirve de mesa de trabajo para carpinteros, ebanistas y otros artesanos. **4.** Concentración grande de peces que se desplazan juntos, como las sardinas y atunes. **5.** Entidad financiera que recibe depósitos de dinero de individuos, empresas o instituciones, se encarga de su custodia, realiza préstamos y actúa como intermediaria en el mercado de capitales. **6.** Estrato rocoso de gran espesor. **7.** Bancal, rellano que forman las rocas en el terreno quebrado. **8.** Disminución de la profundidad del río o mar por acumulación de arena o grava. || **9. banco azul** Banco donde se sientan los ministros del gobierno en el Congreso de los Diputados español. **10. banco de datos** Conjunto de datos almacenados en fichas, cintas o discos magnéticos, del que se extrae información en el momento en que se precisa. En la actualidad, estos bancos están informatizados. **11. banco de hielo** Iceberg*. **12. banco de ojos** Establecimiento oftalmológico de conservación de córneas para ser utilizadas en trasplantes. **13. banco de pruebas** Instalación en la que se experimentan y comprueban máquinas, motores, vehículos, etc. **14. banco de sangre** Establecimiento donde se conserva la sangre humana para transfusiones. **15. banco fijo** Modalidad de remo en la que el banco de los remeros está fijo a la embarcación. **16. banco móvil** Modalidad de remo en la que el banco de los remeros corre a lo largo de unos raíles paralelos.

banda[1] (del germ. *band,* faja, cinta) *s. f.* **1.** Cinta ancha de uno o varios colores que se lleva desde el hombro al costado opuesto como distintivo de algún cargo u honor. **2.** Faja, lista. **3.** Cualquier intervalo finito de variaciones de una magnitud. || **4. banda de frecuencia** En radiodifusión y televisión, todas las frecuencias comprendidas entre dos puntos que delimitan el margen necesario para transmitir una señal por medio de ondas electromagnéticas. La diferencia entre la frecuencia superior y la inferior de una banda se denomina ancho de banda. **5. banda sonora** Franja longitudinal de una película donde está registrado el sonido de la misma. En ocasiones se utiliza como equivalente de la partitura musical del filme. **6. bandas de Van Allen** Cinturones* de Van Allen.

banda[2] (del gót. *bandwo,* signo, bandera) *s. f.* **1.** Grupo de gente unida con fines ilícitos o criminales. **2.** Conjunto musical formado por instrumentos de percusión y de viento. **3.** P. ext., cualquier conjunto musical. **4.** En sociol., grupo primario de personas, formado más o menos espontáneamente, que posee una cierta cohesión, organización y mutua solidaridad frente al medio social en que se forma. Generalmente surge entre adolescentes de grandes núcleos urbanos. **5.** Bandada, manada. **6.** Lado de algunas cosas, especialmente por la parte más larga. **7.** Costado de una nave. || **Loc. cerrarse en** (o **a la**) **banda** *fam.* Mantenerse firme en un propósito o en una opinión, sin atender a otras razones.

Banda Oriental Antigua denominación del virreinato español de Río de la Plata. Comprendía los territorios del actual Uruguay y el S de Brasil.

bandada *s. f.* **1.** Grupo grande de aves que vuelan juntas. **2.** P. ext., conjunto de peces. **3.** Grupo bullicioso de personas.

Bandar Seri Begawan C. de Brunei, cap. del país. 55.100 h. en 1985. Principal puerto del país, es un centro agrícola y comercial.

Bandaranaike, Sirimavo Ratwatte Dias (Balangoda 1916) Política cingalesa. Tras el asesinato de su marido Solomon Bandaranaike, desempeñó la jefatura del Partido de la Libertad de Sri Lanka. Fue primera ministra en 1960-65 (primera mujer que desempeñó tal cargo) y 1970-1977.

bandazo *s. m.* **1.** Inclinación repentina y pronunciada de un barco hacia cualquiera de los dos lados. P. ext., movimiento semejante de una persona o cosa. **2.** Cambio brusco e inesperado que se da en la orientación de algo, en la tendencia de una persona o grupo.

bandear *v. tr.* **1.** *amer.* Atravesar un curso de agua de una a otra orilla. || *v. prnl.* **2.** Manejarse con habilidad en la vida o en un asunto. **3.** *amer.* Cambiar de parecer o de partido.

bandeirantes *s. m. pl.* Exploradores y aventureros brasileños de los s. XVI, XVII y XVIII. Su nombre procede de las expediciones o *bandeiras* que organizaban hacia las tierras interiores de Brasil para capturar esclavos con destino a las plantaciones y obtener piedras preciosas. También *s. m.*

bandeja *s. f.* **1.** Recipiente plano o algo cóncavo, con bordes, que se emplea para servir, llevar, presentar o depositar cosas. **2.** Pieza movible, en forma de caja sin tapa y de poca altura, que divide horizontalmente el interior de un baúl o maleta. **3.** Cajón de mueble que tiene la pared delantera rebajada o que carece de ella. || **Loc. servir** (o **poner**) algo **en bandeja** *fam.* Dar grandes facilidades a uno para conseguir algo.

Bandello, Matteo (Castelnuovo Scrivia, Tortona 1484 - Agen 1561) Escritor italiano. Fue monje, cortesano, soldado y obispo de Agen. Su colección de *Novelas cortas* (1554-73) es una recopilación de 214 relatos, cuyos temas inspiraron a numerosos autores, como Shakespeare, Lope de Vega, Byron o Stendhal.

bandera *s. f.* **1.** Trozo de tela de forma generalmente rectangular que, sujeta a un palo o asta, se emplea como insignia de una nación, tropa o cuerpo militar, partido político, agrupación deportiva, etc. **2.** P. ext., la que se usa como adorno en fiestas, desfiles, para señalizar algo o para hacer indicaciones en aeropuertos, autódromos, etc. **3.** Nacionalidad de un buque mercante. **4.** Conjunto de hombres que militan bajo una misma bandera. **5.** Cada una de las compañías de los antiguos tercios españoles y actualmente ciertas unidades tácticas como la Legión. || **6. bandera blanca** La que se enarbola como señal de paz o rendición. **7. bandera negra** La que usaban los piratas o la que se enarbolaba en los barcos en los que se había declarado una epidemia. || **Loc. bajar** (o **levantar**) **la bandera** Acción que realiza un juez deportivo en ciertas carreras para señalar el principio y el fin de las mismas. También, accionar o parar el contador en los taxis. **de bandera** *adj.* Excelente. **jurar** (**la**) **bandera** Jurar o prometer fidelidad a la bandera los soldados y oficiales del ejército.

bandería *s. f.* Bando, facción.

banderilla *s. f.* **1.** Palo delgado de 70 a 80 cm de longitud, recubierto de papel y con un arponcillo de hierro en la punta, que el torero clava por pares en la cerviz del toro. **2.** *fam.* Burla o comentario irónico. **3.** Tapa o aperitivo pinchado en un palillo. || **4. banderillas negras** En las corridas de toros, las que se ponen al toro manso como castigo.

banderillazo *s. m. Méx.* Sablazo, petición de dinero.

banderillear *v. tr.* Poner banderillas a los toros. También *v. intr.*

banderillero *s. m.* Torero que pone banderillas.

banderín *s. m.* **1.** Bandera triangular pequeña, que sirve de emblema a instituciones, equipos deportivos, ciudades, etc., y que tiene su origen en la que se coloca en las bayonetas. **2.** Soldado que sirve de guía a otros y utiliza para esto un banderín en la bayoneta. || **3. banderín de enganche** Oficina donde se alistan los reclutas; p. ext., idea o consigna que sirve para atraer simpatizantes a una causa o empresa.

banderola *s. f.* **1.** Bandera pequeña, de forma cuadrada, que se usa en el ejército, en topografía y en la marina. **2.** Cinta o trozo de tela que llevan como adorno en la lanza los soldados de caballería. **3.** *Arg., Urug.* Montante, parte móvil que corona una ventana o puerta. **4.** Abertura que se hace en un techo para ventilación.

bandicut *s. m.* Nombre común de diversos mamíferos marsupiales de la familia peramélidos, géneros *Perameles, Thylacis* y *Thylacomys.* Miden de 20 a 50 cm, tienen hocico largo, flexible y puntiagudo, orejas grandes y patas posteriores más desarrolladas que las anteriores. Viven en las islas Ceram, Nueva Guinea, Australia y Tasmania.

bandidaje *s. m.* Bandolerismo.

bandido, da *adj.* **1.** Fugitivo de la justicia al que antiguamente se reclamaba mediante bandos. También *s.* || *s. m.* y *f.* **2.** Bandolero. **3.** Individuo que engaña o estafa. **4.** En tono cariñoso, pillo, pícaro. **5.** Sujeto perverso, de mala intención.

Bandinelli, Baccio (Florencia 1493 - íd. 1560) Escultor italiano. De estilo manierista, fue un imitador de Miguel Ángel. Casi toda su obra se encuentra en su ciudad natal, como *Baco* o el grupo de *Hércules y Caco,* en la plaza de la Señoría.

bando[1] *s. m.* Mandato o aviso de la autoridad que se comunica mediante un pregonero o con anuncios fijados en lugares establecidos.

bando[2] (del gót. *bandwo,* signo, bandera) *s. m.* **1.** Grupo de gente que, al mando de un jefe, hacía la guerra contra otro grupo o contra el rey o señor. **2.** Conjunto de personas que se opone a otro por sus ideas y otras causas. **Fam.** Banderizo.

bandola *s. f.* Bandolina*.

bandolera *s. f.* **1.** Correa propia de los uniformes de algunos cuerpos, que cruza por el pecho y la espalda, desde el hombro a la cadera opuesta, y que al final lleva un gancho de acero de donde se cuelga un arma. **2.** Bolso con un asa larga que puede colgarse del hombro.

bandolerismo *s. m.* **1.** Existencia de bandoleros en una zona. **2.** Acciones realizadas por los bandoleros.

Hist. El bandolerismo conoció en España dos momentos de apogeo: el s. XVI en Cataluña y los s. XVIII y XIX en Andalucía.

bandolero, ra *s. m.* y *f.* Ladrón que solía atracar a sus víctimas en campo abierto y que generalmente formaba parte de una banda.

bandolina *s. f.* Mandolina*.

bandolón *s. m.* Instrumento musical de dieciocho cuerdas, parecido a la bandurria, pero del tamaño de una guitarra.

bandoneón *s. m.* Instrumento musical parecido al acordeón, de forma hexagonal. Fue introducido por los alemanes en Argentina.

Bandung C. de Indonesia, en la isla de Java. 1.633.000 h. en 1985. Posee industria aeronáutica y farmacéutica y es un gran centro turístico y del comercio del té.

Bandung, conferencia de Conferencia celebrada en 1955 por los principales países de Asia y África para afirmar su neutralidad y apoyar los movimientos anticolonialistas. Es el origen del movimiento de los países no alineados.

Bandura, Albert (1925) Psicólogo estadounidense. Es el creador de la teoría del aprendizaje observacional o modelado, según la cual la conducta del modelo observado y otras situaciones estimulantes se transforman en imágenes o códigos verbales que son retenidas en la memoria del observador; más tarde, si se combinan con indicios ambientales adecuados, inducen al observador a reproducir la conducta original del modelo. Entre sus obras destacan *El papel de la imitación en el desarrollo de la personalidad* (1963) y *Aprendizaje social y desarrollo de la personalidad* (1963).

bandurria *s. f.* Instrumento musical de cuerda similar a la guitarra, aunque de menor tamaño. Tiene doce cuerdas y se toca con púa.

Bangalore C. de la India, cap. del estado de Karnataka, en el S del país. 3.685.000 h. en el área urbana en 1985. Posee industria aeronáutica y textil y es un importante nudo ferroviario.

bangaña *s. f.* **1.** *Amér. C.* Cáscara de un fruto del tipo de la calabaza que se usa para transportar líquidos o áridos. **2.** *Col.* Vasija tosca.

Bangkok (*Krung Thep*) C. de Tailandia, cap. del país. 5.717.000 h. en 1988. Importante puerto a orillas del río Menam, cuenta con industria textil, papelera, de jabón, alimentaria y de manufactura del tabaco. Alberga la pagoda budista de Wat Phra Keo, una de las más famosas del mundo.

Bangladesh República del S de Asia, en el golfo de Bengala.

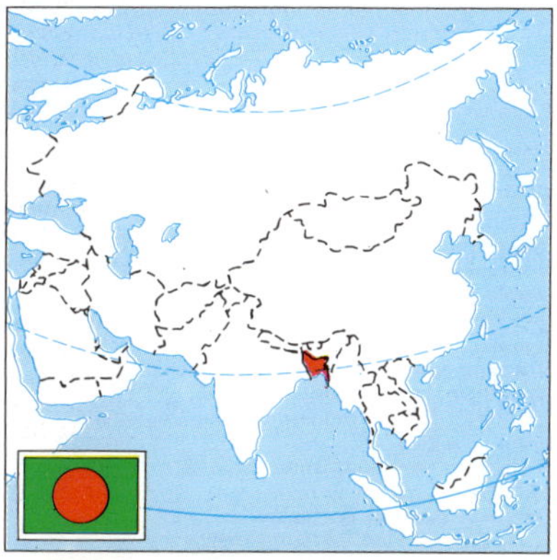

Extensión: 143.998 km^2.
Límites: al N, E y O con la India; al S, con el golfo de Bengala y Birmania.
Población: 114.800.000 h. en 1990.
Densidad: 797,2 h./km^2.
Capital: Dacca.
División administrativa: 4 divisiones.
Ciudades principales: Chittagong, Khulna.
Gentilicio: bengalí.
Forma de Estado: república.
Idioma: bengalí e inglés.
Religión: islamismo, 85,4 %; hinduismo, 13,5 %; budismo, 0,68 %; cristianismo, 0,3 %.
Moneda: taka.
Tasa de natalidad: 39 ‰ en 1990.
Tasa de mortalidad: 14 ‰ en 1990.
Renta per cápita: 170 dólares en 1988.

Geog. Bangladesh se encuentra entre las desembocaduras de los ríos Ganges y Brahmaputra, asentada casi en su totalidad sobre una inmensa y fértil llanura aluvial. Al SE se encuentra la región de las colinas de Chittagong. Es una de las naciones más densamente pobladas del mundo y también una de las más pobres. El clima, de tipo monzónico, da lugar a frecuentes y graves inundaciones. Los bengalíes se dedican principalmente a la agricultura, en especial al cultivo del yute (segundo productor mundial) y del arroz (cuarto productor mundial). También tienen importancia el cultivo del té, la pesca y la ganadería de bovinos y caprinos. Las industrias se concentran en Chittagong y entre ellas destacan la textil y la alimentaria.

Bangkok: vista de la ciudad, a orillas del río Menam.

Hist. Bangladesh corresponde al antiguo Pakistán Oriental y fue proclamado república independiente el 2 de marzo de 1971 por Mujibur Rahman, jefe de la Liga Awami, gracias al apoyo que la India prestó al movimiento independentista. Mujibur Rahman fue derrocado y muerto en 1975 por un golpe de Estado dirigido por el general Zia-ur-Rahman. Un nuevo golpe militar elevó al poder a Abdul Sattar en 1981, que al año siguiente fue a su vez depuesto por Hussain Mohamed Ershad, quien instauró un régimen de partido único, el *Jatiyo*, y se hizo ratificar como presidente mediante referéndum en 1988.

Banguelo o **Bangweulu** Lago de Zambia, en la cuenca del río Luapula, una de las ramas madres del río Congo. 3.500 km^2.

Bangui C. de la República Centroafricana, cap. del país, en la orilla derecha del río Ubangui. 597.000 h. en 1988. Es el centro comercial, administrativo e industrial del país. Exporta café, algodón y caucho. Tiene puerto fluvial y aeropuerto.

Banja Luka C. de la república de Bosnia-Herzegovina, situada a orillas del Vrbas. 124.000 h. en 1981. Posee industria textil, de maquinaria, tabaquera y electrónica.

banjo *s. m.* Instrumento popular de cuerda de los negros de América, parecido a la guitarra. El mástil es largo; la caja de resonancia, circular, está cubierta por una piel tensada sobre un aro. Posee de cinco a nueve cuerdas y se toca con púa.

Banjul C. de Gambia, cap. del país, en la desembocadura del río Gambia. 44.200 h. en 1986, 146.000 h. en su área metropolitana. Centro exportador de oleaginosas, tiene astilleros, aeropuerto y una incipiente industria turística.

banquero, ra *s. m.* y *f.* **1.** Propietario o directivo importante de un banco comercial. **2.** En ciertos juegos de azar, el que tiene en su poder la banca.

banqueta *s. f.* **1.** Asiento bajo y sin respaldo que tiene tres o cuatro patas. **2.** *amer.* Acera.

banquete *s. m.* **1.** Comida a la que asisten gran número de personas que celebran algún acontecimiento. **2.** Comida extraordinaria, espléndida.

banquillo *s. m.* **1.** *dim.* de **banco**. **2.** Asiento en que se coloca el acusado ante el tribunal. **3.** En dep., asiento en el que se sitúan los jugadores suplentes y el entrenador.

banquisa *s. f.* Conjunto de hielos costeros originados por la congelación directa del mar; ocupa inmensas extensiones a lo largo de las costas en las zonas polares.

Banting, Frederick Grant (Alliston, Ontario 1891 - Musgrave Harbor 1941) Médico canadiense. Fue el descubridor de la insulina, junto con Best (1922). Obtuvo el premio Nobel de medicina, compartido con Macleod (1923).

bantú *adj.* Perteneciente o relativo a unos pueblos que constituyen la mayoría de la población de raza negra de África central y del S. No forman una unidad étnica, sino que hay grandes diferencias entre los distintos grupos: sotho, zulúes, matabelés, etc. También *s.*

bantustán *s. m.* Entidad territorial de la República Sudafricana, habitada por distintas etnias bantúes. Representan el 30 % de la población sudafricana y constituyen principalmente reservas de mano de obra. Son una creación de la política de *apartheid* a partir de 1959, gozan de cierta autonomía interna y algunos de ellos (Transkei, Bophuthatswana) han obtenido la independencia formal, que no ha sido reconocida por la ONU.

Banzer, Hugo (Santa Cruz 1926) Militar y político boliviano. Presidente de la república al derrocar a Juan José Torres mediante un golpe de Estado en 1971, su mandato fue de carácter dictatorial y duró hasta 1978.

banzo *s. m.* **1.** Cada uno de los dos largueros que sostienen a los travesaños en un armazón, p. ej. en una escalera. **2.** Cada uno de los listones del bastidor de bordar.

bañadera *s. f. amer.* Bañera, baño.

bañado, da **1.** *p. p.* de **bañar**. ‖ *adj.* **2.** Mojado, humedecido, empapado. **3.** Se dice de algunas cosas recubiertas de azúcar o algún metal.

bañador *s. m.* Prenda que se usa para bañarse en playas, piscinas, etc.

bañar *v. tr.* **1.** Meter el cuerpo o una parte del mismo en agua u otro líquido por higiene, diversión o con fines medicinales. También *v. prnl.* **2.** Sumergir alguna cosa en líquido. **3.** Cubrir una cosa con una capa de otra sustancia. **4.** Tocar o pasar por un lugar el agua del mar, de algún río, etc. **5.** Referido al sol o a la luz, dar de lleno sobre algo.

bañera *s. f.* **1.** Baño, pila para bañarse. **2.** En un velero, espacio abierto en cubierta donde pueden instalarse los tripulantes.

bañista *s. m.* y *f.* **1.** Persona que se baña en mar, río, piscina, etc. **2.** Persona que cuida de las que se bañan o las socorre.

baño *s. m.* **1.** Acción y efecto de bañar o bañarse. **2.** Bañera. **3.** Cuarto de aseo en una casa. **4.** Acción y efecto de someter un cuerpo o parte de él al influjo de un agente físico, como el calor, el frío, el vapor, el sol, etc. **5.** Capa fina con que queda cubierta la cosa bañada. **6.** Conocimiento superficial de una materia o ciencia. **7.** Acción y efecto de vencer con gran superioridad. ‖ *pl.* **8.** Balneario, lugar con aguas medicinales. ‖ **9. baño (de) María** Forma de calentar el contenido de un recipiente que consiste en colocarlo dentro de otro recipiente con agua, en lugar de ponerlo directamente al fuego. ‖ **Loc. baño de sangre** Matanza de muchas personas.

Bañolas C. de España, perteneciente a la prov. de Girona, situada junto al lago del mismo nombre. 13.490 h. en 1990. Es una ciudad turística, agrícola e industrial.

baobab *s. m.* Nombre común de diversos árboles de la familia bombacáceas, género *Adansonia.* Son árboles de gran tamaño, hasta 10 m de altura, tronco grueso con grandes ramas, flores blancas y fruto en cápsula comestible, llamado *pan de mono.* Originario de África tropical, es una especie protegida, en vías de extinción, y uno de los centros de vida animal de la sabana.

Bao-Dai (Hué 1913) Emperador de Vietnam. Sucedió a Khai-Dinh como emperador de Annam (1925). Proclamó la independencia de Vietnam en 1945 y abdicó. Recobró el trono con ayuda francesa en 1948, pero fue derrocado en 1955 y tuvo que exiliarse.

Baobab (Adansonia digitata).

baptismo *s. m.* Confesión religiosa protestante que sostiene que el bautismo debe administrarse sólo a personas adultas, por inmersión, y previa profesión de fe y arrepentimiento. Se difundió en el s. XVII en Holanda, Inglaterra y América del Norte. La comunidad más numerosa se encuentra en EE UU (20 millones de fieles). **FAM.** Baptista.

baptisterio *s. m.* **1.** Pila bautismal. **2.** Lugar donde se encuentra. **3.** Pequeño edificio o capilla construido cerca de una iglesia y en el que se practicaba el bautismo por inmersión. De forma generalmente redonda o poligonal, los baptisterios fueron unidos más tarde a las iglesias por medio de pórticos. Destacan el de Pisa y el de la catedral de Florencia, cuyas puertas son obra de Ghiberti y de Andrea Pisano.

baqueano, na *adj.* Baquiano*.

baquear *v. intr.* Navegar impulsado por la corriente.

Baqueira Beret Estación de invierno española, situada en el valle de Arán, prov. de Lleida, a una altitud máxima de 2.470 m.

baquelita *s. f.* Resina sintética dura y quebradiza, obtenida por la condensación de fenol y formaldehído y empleada en la fabricación de aparatos eléctricos y aislantes.

Baquerizo Moreno, Alfredo (Guayaquil 1859 - Nueva York 1951) Político y novelista ecuatoriano. Ocupó la presidencia de la república en dos ocasiones (1916-20 y 1931). Es autor de *Titania* (1892), *Tierra adentro* (1898) y *Una sonata en prosa* (1901).

baqueta *s. f.* **1.** Varilla delgada que se emplea para limpiar o apretar el taco en un arma de fuego. **2.** Varilla de madera que emplean los picadores para el manejo del caballo. ‖ *pl.* **3.** Palillos con que se toca el tambor.

baquetazo *s. m.* **1.** Golpe dado con la baqueta. **2.** *fam.* Golpe violento producido por una caída.

baquetear *v. tr.* **1.** Acostumbrar a contratiempos, trabajos, dificultades, curtir. También *v. prnl.* **2.** Molestar o incomodar a alguien, p. ej. obligándole a hacer muchas gestiones. **FAM.** Baqueteado, baqueteo.

baquiano, na *adj.* **1.** *amer.* Experto, versado. **2.** Conocedor de caminos. También *s.*

báquico, ca *adj.* **1.** Perteneciente o relativo al dios Baco. **2.** Perteneciente o relativo a la embriaguez o al vino.

bar[1] (del ingl. *bar,* barra) *s. m.* **1.** Lugar donde se toman bebidas y cosas de comer, habitualmente de pie y ante el mostrador. **2.** Mueble donde se guardan las bebidas.

bar[2] (del gr. *barus,* peso) *s. m.* Unidad de presión cuyo valor es de 10^5 pascal (N/m^2). La presión atmosférica (1 atmósfera) es igual a 1,013 bar o 1.013 milibares.

Barabudur o **Borobudur** Templo budista de forma piramidal, construido h. el año 800 en la isla de Java, cerca de Yogyakarta (Indonesia). Está formado por cinco terrazas cuadradas sobre las cuales se alzan otras tres circulares, y decorado con bajorrelieves.

Baracaldo C. de España, en la prov. de Vizcaya, a orillas de la ría del Nervión. 111.672 h. en 1990. Centro de una importante industria siderometalúrgica (Altos Hornos de Vizcaya), forma parte del área urbana del gran Bilbao.

Barahona de Soto, Luis (Lucena, Córdoba 1548 - Antequera, Málaga 1595) Poeta español. En su estilo se funden las características renacentistas y barrocas. Su principal poema, *Las lágrimas de Angélica* (1586), está inspirado en Ariosto.

barahúnda *s. f.* Ruido, confusión y desorden.

baraja *s. f.* **1.** Conjunto de cartas que se utilizan en juegos de azar o habilidad. La baraja española se compone de 40 naipes; la francesa, de 52, y ambas están divididas en cuatro palos o grupos. **2.** Conjunto variado, gama amplia. ‖ **LOC. jugar con dos barajas** Actuar con hipocresía y falsedad.

barajar *v. tr.* **1.** Mezclar las cartas de una baraja antes de repartirlas entre los jugadores. **2.** Sopesar, ponderar. **3.** Utilizar o manejar muchos datos, nombres, cifras, en una exposición o conferencia. **4.** *Arg., Chile, Urug.* Detener un objeto arrojado al aire o parar los golpes de un contrario.

Baralt, Rafael María (Maracaibo 1810 - Madrid 1860) Escritor venezolano. Precursor de los estudios filológicos en el país, es autor de la gran *Historia antigua y moderna de Venezuela* (1841), de un *Diccionario de galicismos* (1855) y de un *Diccionario matriz de la lengua castellana* (1854).

baranda *s. f.* **1.** Barandilla. **2.** Borde de la mesa de billar. ‖ *s. m.* **3.** *fam.* Jefe.

barandal *s. m.* **1.** Barandilla*. **2.** Cada uno de los dos listones que sostienen, por arriba y por abajo, los balaustres de una escalera o balcón.

Barandiarán, José Miguel de (Ataún, Guipúzcoa 1889 - íd. 1992) Sacerdote, prehistoriador y antropólogo español. Especializado en el estudio del hombre y la historia vascos, entre sus libros más notables figuran *El hombre primitivo en el País Vasco* (1934), *Antropología de la población vasca* (1947) e *Historia general del País Vasco* (1980).

barandilla *s. f.* **1.** Especie de valla que sirve de protección y apoyo en balcones, escaleras, etc. **2.** Barandal superior o pasamanos.

baratería *s. f.* Fraude en una compra o venta.

baratija *s. f.* Cosa de poco valor.

baratillo *s. m.* **1.** Conjunto de cosas que se venden a bajo precio en un lugar público. **2.** Puesto o tienda en que se venden estas cosas. **3.** Lugar fijo donde se colocan estos puestos.

barato, ta *adj.* **1.** Se dice de una cosa de poco precio en sí misma o en comparación con otra que se toma como punto de referencia. **2.** Baratillo*. ‖ *adv.* **3.** Por poco precio.

baratura *s. f.* Precio bajo de las cosas que se venden.

baraúnda *s. f.* Barahúnda*.

Baraya, Antonio (Girón, Santander 1768 - Bogotá 1816) Militar y patriota colombiano. Ayudó al movimiento insurreccional, pero se rebeló contra Nariño, presidente de Cundinamarca, quien le derrotó en Bogotá. Apresado por los realistas, fue fusilado por Morillo como traidor al ejército español.

barba *s. f.* **1.** Barbilla*. **2.** Pelo que crece en el mentón y en las mejillas, a veces peinado y cortado de diversas formas. **3.** P. ext., cualquier tipo de pelo que recuerde la barba. Se usa mucho en *pl.* **4.** Carnosidad roja colgante que tienen algunas aves en la mandíbula inferior, p. ej. los gallos. ‖ *pl.* **5.** Conjunto de filamentos que se parecen a las barbas, como los de las plumas de un ave o los de algunas raíces. ‖ **6. barba de ballena** Lámina córnea que algunos cetáceos tienen en la boca. ‖ **LOC. en las barbas** de alguien *adv.* En presencia de alguien y con descaro. **por barba** *adv.* En un reparto, a cada persona. **subirse** uno **a las barbas** de otro *fam.* Faltarle al respeto.

Barba Jacob, Miguel Ángel Osorio, llamado **Porfirio** (Santa Rosa de Osos, Antioquia 1883 - México 1942) Poeta colombiano. Figura señera del modernismo en su país, entre sus libros destacan *Canciones y elegías* (1932), *Canción de la vida profunda y otros poemas* (1937) y *Poemas temporales* (1943).

barbacana *s. f.* **1.** Abertura en un muro por donde se disparaban los cañones. **2.** Muro bajo que rodea el atrio de algunas iglesias. **3.** Fortificación construida delante de algunas puertas de plazas o cabezas de puente y que servía para defenderlos.

Barbacid, Mariano (Madrid 1950) Médico y biólogo español. Destacado investigador de los mecanismos moleculares de la enfermedad del cáncer, ha desarrollado su trabajo fundamentalmente en diversas instituciones científicas de EE UU. En 1981 consiguió aislar por primera vez un oncogen humano.

barbacoa *s. f.* Parrilla que sirve para asar pescado o carne al aire libre.

barbado, da *adj.* **1.** Que tiene barba. También *s.* ‖ *s. m.* **2.** Árbol o sarmiento que se planta con raíces. ‖ *s. f.* **3.** Quijada inferior de las caballerías.

Barbados Estado insular de América Central, perteneciente a las Pequeñas Antillas.

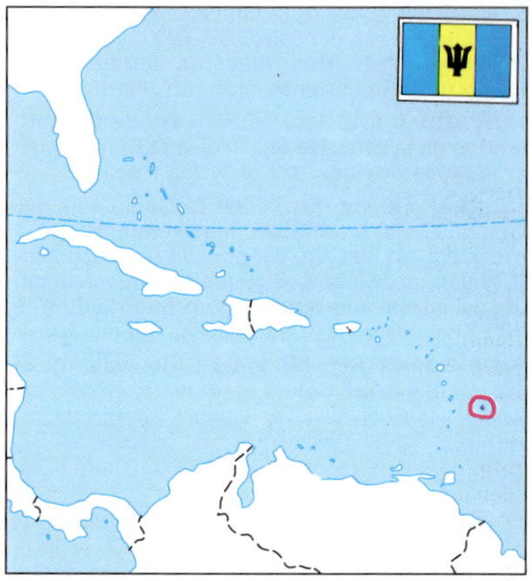

Extensión: 431 km^2.
Situación: en el mar Caribe, a 435 km al NO de Venezuela.
Población: 254.000 h. en 1990.
Densidad: 591 h./km^2.
Capital: Bridgetown.
División administrativa: 11 parroquias.
Gentilicio: barbadense.
Forma de Estado: monarquía constitucional.
Idioma: inglés.
Religión: protestantismo, 81,9 %; catolicismo, 5,9 %.
Moneda: dólar de Barbados.
Tasa de natalidad: 16 ‰ en 1990.
Tasa de mortalidad: 9 ‰ en 1990.
Renta per cápita: 5.990 dólares en 1988.

Barbados: vista de la ciudad de Pointe Nord.

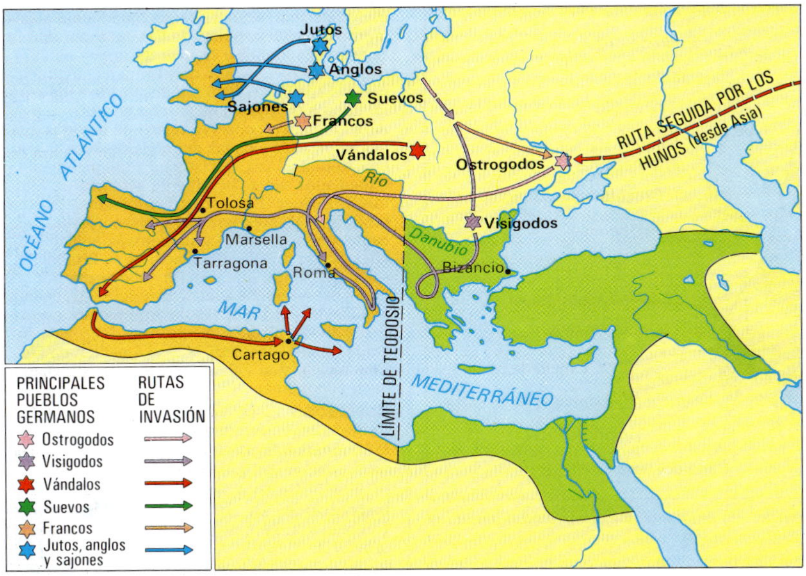

Mapa de las principales invasiones bárbaras.

Geog. El estado de Barbados ocupa una isla llana de calizas coralinas, con clima tropical. El 89 % de la población es de raza negra. La actividad económica se reparte entre el cultivo y explotación de la caña de azúcar y sus industrias derivadas, la producción de ron y de melaza y el turismo.
Hist. Descubierta por los españoles en 1519, la isla fue ocupada por los ingleses en el s. XVII. El cultivo de la caña de azúcar provocó la llegada de esclavos africanos y la concentración de la propiedad redujo al mínimo la población de raza blanca. En 1885 obtuvo el estatuto de colonia y en 1966 consiguió la independencia, pasando a ser un estado miembro de la Commonwealth.

Bárbara de Braganza (Lisboa 1711 - Aranjuez, Madrid 1758) Reina de España (1746-58). Hija de Juan V y María Ana, reyes de Portugal, se casó con el rey español Fernando VI, sobre el que ejerció una gran influencia política.

Barbari, Jacob Walch, llamado **Iacopo de** (Venecia h. 1440 - ¿Bruselas? 1516) Pintor y grabador italiano de origen alemán. Fue protegido por el emperador Maximiliano y por Margarita de Austria. Sus grabados influyeron en el desarrollo del arte gráfico alemán y su cuadro *La perdiz* (1504) está considerado como la primera muestra de naturaleza muerta.

barbaridad *s. f.* **1.** Cualidad de bárbaro. **2.** Dicho o hecho equivocado. **3.** Imprudencia grande, exceso. **4.** *fam.* Cantidad grande, excesiva.

barbarie *s. f.* **1.** Falta de cultura. **2.** Fiereza, crueldad.

barbarismo *s. m.* **1.** Vicio del lenguaje que consiste en usar palabras o expresiones tomadas de otras lenguas, p. ej. *off the record, menage, computerizar.* **2.** Palabra o expresión que se escribe, se pronuncia o se emplea incorrectamente.

bárbaro, ra *adj.* **1.** Calificativo con que los antiguos griegos y romanos designaban a los extranjeros. También *s.* **2.** Relativo a los pueblos que invadieron el imperio romano y que acabaron destruyéndolo en el s. V. También *s.* **3.** Cruel, bestial. También *s.* **4.** Temerario, bruto. **5.** Grosero. También *s.* **6.** *fam.* Estupendo. ‖ *adv.* **7.** *fam.* Estupendamente.
Hist. A comienzos del s. III el imperio romano pasó a una actitud defensiva frente a los pueblos bárbaros instalados más allá de sus fronteras, fundamentalmente pueblos germanos tras los *limes* del Rhin y el Danubio y persas sasánidas en Oriente. A lo largo de este siglo, conocido como periodo de la anarquía militar, el imperio sufrió graves derrotas (como la del 260 ante el sasánida Sapor I) e invasiones (como las de alamanes y francos en Occidente). La renovación de Diocleciano y la creación del imperio romano-cristiano por Constantino dieron una nueva época de esplendor a Roma en el s. IV; durante este periodo hubo una importante penetración pacífica de bárbaros en el imperio, incorporados como fuerza de trabajo y sobre todo como soldados en el ejército.
Las grandes invasiones del s. V, que dieron como resultado la desaparición de la parte occidental del imperio, fueron protagonizadas por pueblos bárbaros muy diversos: germanos de la Europa septentrional (godos, suevos, vándalos, etc.), iranios de Oriente (alanos, escitas) y turcos procedentes de las estepas asiáticas (hunos). Frente a ellos Roma utilizó la defensa militar y la diplomacia, otorgando a pueblos enteros el estatuto de federados y asentándolos en tierras imperiales a cambio de cooperación en las tareas defensivas.
El factor desencadenante de las invasiones fue la irrupción en Europa de los hunos, que provocó la agitación y puesta en marcha de los pueblos germanos; los visigodos aplastaron al ejército romano en Adrianópolis (378); suevos, vándalos y alanos forzaron la frontera del Rhin (406) y penetraron por Galia hasta Hispania; los visigodos, tras devastar los Balcanes, llegaron a Italia y saquearon Roma (410). Desde entonces y hasta la definitiva desaparición del imperio de Occidente (476), los pueblos germanos fueron adueñándose de las provincias occidentales ante la escasa oposición del ejército imperial.
La consecuencia de las invasiones fue la creación de diversas monarquías germanas en Occidente: la visigoda en Hispania; la ostrogoda en Italia; la vándala en África; la sueva en Galicia; la burgundia en Saboya; la franca en la Galia; la heptarquía anglosajona en Gran Bretaña; y, ya en el s. VI, la lombarda en el N de Italia. Los reinos bárbaros heredaron en buena medida la tradición romana, asimilaron fácilmente el cristianismo y sentaron las bases del nacimiento de la Europa feudal de la Edad Media.

Barbarroja, Jair al-Din (Mitilene 1483 - Constantinopla 1546) Corsario turco de origen griego. En 1533 fue nombrado almirante de la flota otomana y se alió con Francisco I de Francia en sus guerras contra Carlos I de España. Tomó Argel y creó allí un pequeño estado.

Barbate C. de España, en la prov. de Cádiz. 22.706 h. en 1990. Es puerto pesquero con industrias derivadas de la pesca y astilleros y centro turístico.

barbechar *v. tr.* **1.** Arar la tierra para la siembra. **2.** Dejar la tierra arada durante un periodo de tiempo para que descanse y se airee.

barbecho *s. m.* **1.** Campo que se deja sin cultivar durante un año o más para que recupere sustancias y agua y produzca después mejores cosechas. **2.** Estado de ese campo.

Barberà del Vallès C. de España, en la prov. de Barcelona. 31.370 h. en 1990. Posee industria textil, alimentaria, siderometalúrgica, de la madera y del papel.

barbería *s. f.* **1.** Peluquería de caballeros. **2.** Oficio de barbero.

Barberini Familia romana, originaria de Toscana. Entre sus miembros figuran: **Francesco** (Florencia 1528 - Roma 1600), fundador de la dinastía; **Maffeo,** que fue papa con el nombre de Urbano VIII (1623-44), y su sobrino **Antonio** (Roma 1608 - Nemi 1671), quien encargó edificar el palacio Barberini (1625-33), en Roma, obra de Carlo Maderno, Francesco Borromini y Gian Lorenzo Bernini, y que en la actualidad alberga la Galería Nacional de Arte Antiguo.

barbero, ra *adj.* **1.** Se dice de los objetos que son necesarios en una barbería y en especial de la navaja de afeitar. ‖ *s. m.* **2.** Hombre cuya profesión es afeitar, cortar y arreglar la barba y el pelo.

Barbey d'Aurevilly, Jules-Amédée (Saint-Sauveur-le-Vicomte, Cotentin 1808 - París 1889) Escitor francés. Romántico tardío, es autor de obras de atmósfera inquietante y personajes apasionados, en las que influyó su interés por los temas esotéricos. Entre sus libros más notables figuran *El caballero Des Touches* (1864), *Un cura casado* (1864), *Las diabólicas* (1874) y *Obras y hombres del siglo XIX* (1860-1909).

barbián, na *adj. fam.* Desenvuelto, simpático. También *s.*

Barbieri, Francisco Asenjo (Madrid 1823 - íd. 1894) Compositor español. Es autor de populares zarzuelas, como *Los diamantes de la corona* (1854), *Pan y toros* (1864), *El barberillo de Lavapiés* (1874), y de un *Cancionero musical de los siglos XV y XVI* (1890).

Barbieri, Vicente (Buenos Aires 1903 - íd. 1956) Escritor y poeta argentino. Su estilo es clasicista con símbolos surrealistas. Entre sus libros poéticos destacan *Fábula del corazón* (1939), *La columna y el viento* (1942) y *Anillo de sal* (1946). También publicó *Desenlace de Endimión* (1951), novela autobiográfica.

barbilampiño *adj.* Se dice del hombre con poca barba o sin ella. También *s. m.*

barbilindo *adj.* Se dice del joven que se cree a sí mismo guapo y se arregla mucho. También *s. m.*

barbilla *s. f.* **1.** Parte de la cara que está debajo de la boca. **2.** Extremo puntiagudo de esa parte. **3.** Apéndice carnoso que tienen algunos peces en la parte inferior de la cabeza. **4.** Aleta con forma de fleco que rodea el cuerpo de algunos peces, como el lenguado.

barbitúrico *s. m.* **1.** Nombre genérico de algunos derivados del ácido barbitúrico que tienen efectos sedantes y anestésicos sobre el sistema nervioso central. Se utilizan como somníferos, pero su uso está muy restringido, ya que crean hábito y su sobredosis puede ser mortal. También *adj.* ‖ **2. ácido barbitúrico** $C_4H_4O_3N_2$. Sólido que se obtiene a partir del malonato de etilo y de la urea.

Barbizon, escuela de Nombre que se da a un grupo de pintores franceses que se instalaron entre 1830 y 1850 en este municipio francés para cultivar el paisajismo. Estaba integrado, entre otros, por Théodore Rousseau, Corot, Jean-François Millet, Jules Dupré, Charles-François Daubigny y Constant Troyon.

barbo *s. m.* Nombre común de dos especies de peces cipriniformes de la familia ciprínidos, el *Barbus barbus* y el *Barbus meridionalis.* Miden hasta 1 m de longitud, tienen hocico prominente con cuatro barbillas en el borde del labio superior y una aleta dorsal estrecha y sin espinas. Habitan en fondos marinos y aguas de corriente suave de Eurasia y son apreciados en alimentación.

barboquejo *s. m.* Cinta o correa con que se sujeta por debajo de la barbilla el sombrero, gorra, etc.

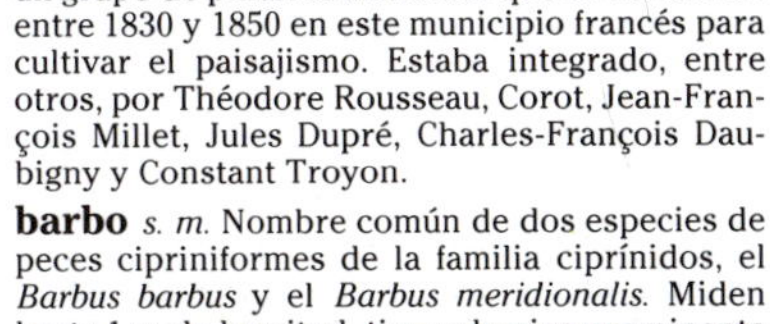

Barbo común (Barbus barbus).

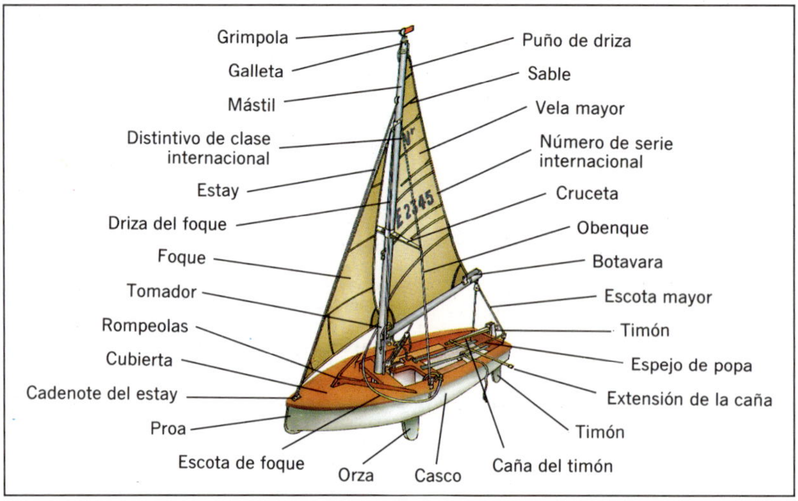

Partes y elementos de una barca de 4,2 m de eslora y un solo palo, uno de los modelos más populares por su sencillez y facilidad de manejo.

Barbuda Isla del Caribe, en las Pequeñas Antillas, que forma parte del estado de Antigua y Barbuda.

barbudo, da *adj.* Que tiene mucha barba. También *s.*

barbullar *v. intr.* Hablar atropellada y confusamente.

barca *s. f.* Embarcación de pequeño tamaño utilizada para diversos usos, como pescar, atravesar ríos o para recreo. **FAM.** Barquero, barquichuela.

barcarola *s. f.* **1.** Canción popular italiana, especialmente de los gondoleros venecianos. **2.** Composición musical de ritmo ternario, que imita el balanceo de la barca en el mar.

barcaza *s. f.* Barca grande que transporta mercancías o pasajeros desde tierra hasta los barcos, o viceversa.

Barce, Ramón (Madrid 1928) Crítico musical y compositor español. Es miembro de la vanguardista generación del 51. Del atonalismo pasó a escribir una música aleatoria. En su producción sobresalen *Parábola* (quinteto de viento, 1963), *Las cuatro estaciones, Los bárbaros* (ópera, 1965-73) y *Octeto* (1979).

Barceló, Miquel (Felanitx, Mallorca 1957) Pintor español. Artista figurativo en constante evolución, ha pasado de unos primeros cuadros rebosantes de materia a pinturas casi abstractas, donde la energía se muestra más controlada. Entre sus obras pueden mencionarse *La cosecha de mijo, Grumos con sombras* y *Constelación, número seis.*

Barcelona **1.** Prov. de España, en la comunidad autónoma de Cataluña. 7.733 km^2. 4.577.396 h. en 1991. Pueden diferenciarse en ella tres áreas geográficas: al N, la región prepirenaica, donde se encuentra la sierra del Cadí y en la que predominan la explotación forestal, el lignito y los cereales de secano; en el centro, la depresión central, con las comarcas del Vallés y el Penedés, surcada por los ríos Llobregat, Cardoner y Besós, donde abundan los viñedos, los cereales y las industrias textiles; en la costa, la cordillera litoral y el Maresme, donde se da la mayor concentración agrícola e industrial de la provincia. El clima es de influencia continental en el interior y mediterráneo en la costa. La provincia experimentó un fuerte crecimiento de población entre 1940 y 1970. Es la zona industrial más desarrollada de España, especialmente las comarcas del Barcelonés, Baix Llobregat y Vallés Occidental, en las que destaca la producción química, de maquinaria y herramientas, automóviles y motocicletas, textil, papel y artes gráficas. **2.** C. de España, cap. de la comunidad autónoma de Cataluña y de la prov. homónima, situada entre los ríos Besós y Llobregat, el mar Mediterráneo y las faldas del Tibidabo. 1.623.542 h. en 1991. Su notable crecimiento demográfico arranca de mediados del s. XIX. Es una ciudad industrial, con funciones administrativas, financieras y comerciales. Su puerto es uno de los más importantes del país.
Hist. La leyenda atribuye la fundación de la ciudad de Barcelona al cartaginés Amílcar Barca, que la denominó *Barcino.* Después de la dominación romana, durante la que formó parte de la provincia Tarraconense, Ataúlfo se instaló en ella en el 415. La ocupación musulmana duró hasta el 801, en que Ludovico Pío la transformó en condado feudatario de los reyes francos. Su situación estratégica la convirtió en el núcleo principal de la Marca Hispánica, que sufrió frecuentes ataques musulmanes durante los s. IX y X. Declarada condado independiente, pasó más tarde a formar parte del reino de Aragón, en el s. XII, y constituyó uno de los núcleos mercantiles más importantes del occidente europeo.
La primera mitad del s. XIV fue la época de mayor prosperidad de la ciudad. Partidaria de los Austria durante la guerra de Sucesión, fue sitiada y conquistada por el bando borbónico. En la guerra de la Independencia estuvo bajo el dominio francés hasta 1813. Durante el s. XIX la ciudad conoció un importante crecimiento industrial y llegó a ser uno de los focos más activos del movimiento obrero, especialmente del anarcosindicalismo. Ambos factores dieron lugar a una creciente conflictividad social, que tuvo sus mayores expresiones en la Semana Trágica de 1909 y en el pistolerismo de 1919 a 1923.
El crecimiento de la ciudad durante el s. XIX obligó a realizar importantes obras de ensanche, conocidas como el plan Cerdá, que dotaron a Barcelona de importantes edificios de la época modernista. Fue sede de dos exposiciones internacionales en 1888 y 1929; la ciudad alojó al gobierno de la Generalitat de Cataluña durante la Segunda República y lo hizo de nuevo en 1977, tras el restablecimiento del régimen constitucional en España. En 1986 fue designada sede para los Juegos Olímpicos de verano de 1992.
Arte La ciudad conserva restos de algunos edificios romanos y de las murallas de los s. III y IV. La catedral gótica, iniciada en 1298 y concluida a mediados del s. XV, alberga pinturas de Martorell, Huguet, Bermejo y Destorrents. Existen otras importantes iglesias góticas (Santa Ana, Santa María del Mar) y numerosos edificios civiles (salón del Tinell, palacio de la Diputación, salón de Ciento, Atarazanas). Reformada por las obras del ensanche a mediados del s. XIX, cuenta con magníficas muestras de arquitectura neogótica y modernista, como la casa Milá y la Sagrada Familia, de Gaudí, la casa Amatller, de Puig i Cadafalch, y el Palau de la música, de Domènech y Montaner.

Barcelona C. de Venezuela, cap. del estado de Anzoátegui, en el N del país. 217.000 h. en 1987. Unida a Puerto La Cruz forma una aglomeración de 430.000 h. en 1987. Destaca como centro administrativo y comercial.

barcelonés, sa *adj.* **1.** Natural de Barcelona. También *s.* **2.** Perteneciente a esta ciudad o a su provincia.

barcino, na *adj.* **1.** Se aplica a los animales con pelaje blanco y pardo o rojizo, como algunos perros, vacas, etc. **2.** *Arg.* Se dice del político que cambia fácilmente de partido. También *s.*

barco *s. m.* Construcción de madera, hierro u otro material que flota y que, impulsada y dirigida de distintas formas, se utiliza para el transporte de personas o mercancías. Consta de casco y de elemento motriz (aparejo, en buques de vela; máquinas, en los demás). La parte anterior se llama proa, la posterior popa; la mitad de la izquierda (mirando de popa a proa) se denomina babor, y la mitad derecha, estribor. La parte sumergida en el agua se llama obra viva, mientras que la que queda al aire se denomina obra muerta. Las medidas del casco reciben los nombres de eslora (longitud), manga (anchura) y puntal (profundidad).

Barco, Virgilio (Cúcuta 1921) Político colombiano. Estudió ingeniería y ciencias económicas. Líder del Partido Liberal, fue presidente de Colombia (1986-90).

barda *s. f.* Cubierta que se pone sobre las tapias de corrales, huertas, etc., para protegerlas de la lluvia.

bardal *s. m.* **1.** Barda de espinos. **2.** Seto*.

Bardeen, John (Madison 1908 - Boston 1991) Físico estadounidense. Obtuvo el premio Nobel de física en dos ocasiones: en 1956, por sus trabajos sobre semiconductores, y en 1972, por su teoría de la supraconductividad.

Bardem, Juan Antonio (Madrid 1922) Director cinematográfico español. Realizó con Berlanga *Bienvenido, Mr. Marshall* (1951). Dirigió

Barcelona: vista aérea de la ciudad, con las Ramblas y el monumento a Colón en el centro.

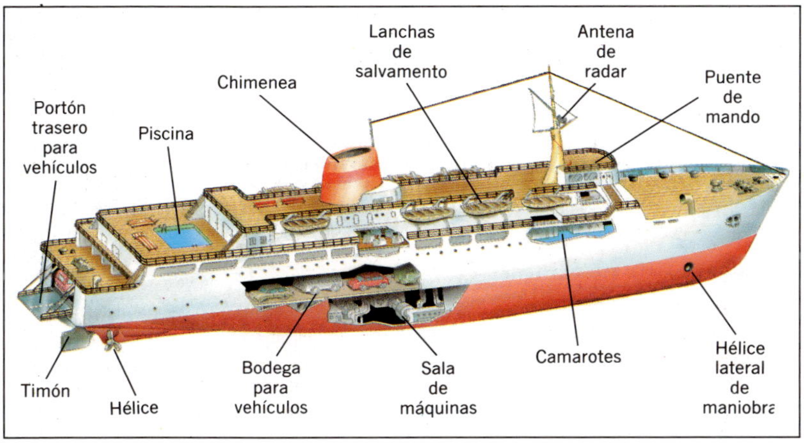

Esquema de un barco transbordador: dotado de grandes bodegas, puede embarcar automóviles y trenes y asegurar así la continuidad de las comunicaciones.

luego *Cómicos* (1954), *Muerte de un ciclista* (1955), *Calle Mayor* (1956), etc., que denotaban una preocupación social y supusieron un importante giro en la historia del cine español.

bardo *s. m.* **1.** Poeta de los antiguos celtas, que cantaba las hazañas de su pueblo. **2.** P. ext., poeta de cualquier época o país.

Bardot, Brigitte (París, 1934) Actriz cinematográfica francesa. Convertida en el mito erótico europeo con la película *Y Dios creó a la mujer* (1956), de Roger Vadim, protagonizó también, entre otras, *La verdad* (1960), *Vida privada* (1962), *El desprecio* (1963) y *¡Viva María!* (1965).

Barea, Arturo (Madrid 1897 - Londres 1957) Escritor español. Es autor de la trilogía autobiográfica *La forja de un rebelde* (1941-44), compuesta por las novelas *La forja, La ruta* y *La llama*, interesante retrato del s. XX español hasta la guerra civil.

baremo *s. m.* **1.** Libro de cuentas ya realizadas. **2.** Lista de tarifas. **3.** Escala de valores, establecidos de forma convencional, que sirve de base para evaluar o valorar la importancia de unos datos.

Barenboim, Daniel (Buenos Aires 1942) Pianista y director de orquesta israelí de origen argentino. Estudió en París y Salzburgo. Debutó en Londres (1955) y en 1975 fue nombrado director de la orquesta de París.

Barents Mar del océano Glacial Ártico, entre las costas de Rusia y Noruega y las islas de Nueva Zembla y Spitzberg. 1.400.000 km^2. Es navegable todo el año.

Barents, Willem (isla Terschelling 1550 - Nueva Zembla 1597) Navegante y explorador neerlandés. Viajó por los mares polares, descubriendo el archipiélago de Spitzberg, la parte norte de Nueva Zembla y la isla de los Osos.

Barga, Andrés García de la Barga, llamado **Corpus** (Madrid 1888 - Lima 1975) Periodista y escritor español. Fue director de *El Sol*. En 1939, terminada la guerra civil, se exilió a Lima, donde fue profesor de la escuela de periodismo. Sus memorias, bajo el título de *Los pasos contados*, comprenden *Mi familia. El mundo de mi infancia* (1963), *Puerilidades burguesas* (1965), *Las delicias* (1967) y *Los galgos verdugos* (1973).

bargueño *s. m.* Mueble de madera que consta de múltiples cajones y que suele estar decorado con labores de taracea o talla. Su nombre deriva de los que se construían en el pueblo de Bargas (Toledo) y fue muy usado en España en los s. XVI y XVII.

Bari C. de Italia, cap. de la prov. homónima y de la región de Apulia, en el S del país. 355.350 h. en 1990. Puerto en la costa del mar Adriático e importante centro agrícola y comercial, cuenta con industrias mecánicas, textiles, alimentarias y refinería de petróleo. Conserva la catedral y la basílica románicas.

baria *s. f.* Unidad de presión en el sistema cegesimal, equivalente a 1 dina/cm^2.

baricentro *s. m.* **1.** Centro de gravedad de un cuerpo. Suele anotarse con la letra *G*. ‖ **2. baricentro de un triángulo** Centro de gravedad del triángulo. Es también el punto donde se cortan las tres medianas del triángulo.

Barillas, Manuel Lisandro (Quezaltenango 1844 - México 1907) Político guatemalteco. Del partido democristiano, participó en el movimiento que derrocó a Cerna y, más tarde, desbarató el complot del general Barrundia y asumió interinamente la presidencia (1885). Elegido presidente (1886-92), disolvió la asamblea (1887) y mandó fusilar a Barrundia (1890). Murió asesinado.

barimetría *s. f.* **1.** Medición de la gravedad. **2.** Estimación del peso de un animal por mediciones lineales (longitud del tronco, perímetro del tórax, etc.).

Barinas **1.** Estado de Venezuela, en el O del país. 35.300 km^2. 454.500 h. en 1989. Posee ganadería (vacuno, porcino), cultivos de arroz, maíz y patatas, y yacimientos de petróleo.
2. C. de Venezuela, cap. del estado homónimo, a orillas del río Santo Domingo. 172.800 h. en 1987.

bario *s. m.* Ba. Elemento químico metálico perteneciente al grupo II A del sistema periódico. Su número atómico es 56 y su masa atómica 137,3. Fue descubierto por Davy en 1808. Se encuentra en la naturaleza en forma de sulfato (baritina) y de carbonato (witherita), de donde se obtiene su óxido por calcinación y posterior reducción. Reacciona con el agua y se oxida en contacto con el aire. En forma de sulfato se utiliza en pinturas, en la fabricación de conglomerados para el linóleo y tintas para litografía. **FAM.** Bárico.

barión *s. m.* Partícula elemental de masa igual o superior a la del protón.

barisfera *s. f.* Núcleo de la Tierra formado por hierro y níquel y que se caracteriza por su elevada temperatura y densidad. Se le llama también *nife*, por los símbolos de sus componentes, níquel y hierro, y siderosfera.

barita *s. f.* BaO. Nombre común del óxido de bario. Es un sólido de color grisáceo, sabor picante y de muy difícil fusión.

baritina *s. f.* $BaSO_4$. Mineral sulfato de bario. Cristaliza en el sistema rómbico, es de color claro, mediana dureza y muy pesado; se usa como colorante, en la fabricación de papel, cerámica, radiografías, etc. Hay yacimientos importantes en EE UU y Reino Unido. Recibe también el nombre de *espato pesado*.

barítono *s. m.* **1.** Voz masculina que se encuentra entre la de tenor y la de bajo. **2.** Persona que tiene ese registro de voz.

barján *s. m.* Duna aislada, en forma de media luna, también llamada médano.

Barjola, Juan (Torre de Miguel Sesmero, Badajoz 1919) Pintor español. De una figuración expresionista pasó a una pintura con raíces en los maestros españoles de los s. XVI y XVII.

Barkla, Charles Glover (Widnes, Lancashire 1877 - Edimburgo 1944) Físico británico. Investigó sobre las ondas radioeléctricas y los rayos X. Obtuvo el premio Nobel de física en 1917.

Barlach, Ernst (Weder, Holstein 1870 - Güstrow, Mecklemburg 1938) Escultor y dramaturgo alemán. Su obra es de un expresionismo trágico. Entre sus esculturas destacan los monumentos a los caídos de Güstrow y Magdeburgo y *El vengador*.

Barletta, Leónidas (Buenos Aires 1902 - íd. 1975) Novelista y narrador argentino. Fundador y director de El teatro del pueblo, de Buenos Aires. Su obra se distingue por un realismo poético. Algunos de sus títulos son *Royal Circo* (1930), *La ciudad de un hombre* (1945) y *De espaldas a la Luna* (1964).

barloventear *v. intr.* Avanzar contra el viento, de modo que la dirección de la quilla forme con la del viento el ángulo menor posible.

barlovento *s. m.* En lenguaje marinero, lado o parte de donde viene el viento, con respecto a un punto concreto.

Barlovento, islas de Conjunto de islas del Caribe, en las Pequeñas Antillas, entre Puerto Rico y Trinidad. Comprende, entre otras, las de Guadalupe, Martinica, Dominica y Granada. Son de origen volcánico, muy montañosas y de clima tropical. Incluyen cinco estados independientes: Antigua y Barbuda, Barbados, Dominica, Granada y San Vicente y las Granadinas.

Barlow, Peter (Norwich 1776 - Woolwich 1862) Matemático y físico británico. Investigó sobre magnetismo y astronomía, perfeccionó el telescopio acromático e ideó la rueda de su nombre (1828), con la que demostró la acción de un campo magnético sobre una corriente eléctrica.

barman (voz ingl.) *s. m.* Hombre que trabaja en un bar preparando y sirviendo bebidas.

barn Unidad de superficie utilizada en física nuclear para medir magnitudes del átomo. Equivale a 10^{-24} cm^2.

barnacla *s. f.* Nombre común de diversas aves de la familia anátidos, género *Branta*. Miden entre 53 y 61 cm de longitud, exceptuada la barnacla canadiense *(Branta canadiensis)*, que alcanza hasta 1 m. Son ánsares o gansos que habitan en zonas árticas o subárticas y en invierno emigran al S. La barnacla cariblanca *(Branta leucopsis)* presenta plumaje negro con la cara y obispillo blancos; la barnacla carinegra *(Branta bernicla)* tiene la cabeza negra con un punto blanco en el cuello; y la barnacla cuelliroja *(Branta ruficollis)* tiene cuello y pecho color marrón rojizo.

Barnard, Christian (Beaufort West, Ciudad del Cabo 1922) Cirujano sudafricano. En 1967 realizó el primer trasplante de corazón humano.

Barnard, Edward Emerson (Nashville 1857 - Observatorio Yerkes, Wisconsin 1923) Astrónomo estadounidense. Autor del primer catálogo de estrellas y atlas de grandes nebulosas, descubrió el quinto satélite de Júpiter y la estrella que lleva su nombre.

Barnaul C. de la Federación Rusa, cap. del territorio autónomo de Altai, en Siberia central. 602.000 h. en 1989. Centro de una región agrícola (cereales, remolacha, girasol y lino), posee también una central termoeléctrica e industria mecánica, química y textil.

Barnes, Djuna (Cornwall-on-the-Hudson 1892 - Nueva York 1982) Escritora estadounidense. Poetisa, dramaturga y novelista de lenguaje barroco, estilizado e imaginativo, entre sus obras destacan una colección de cuentos y poemas titulada *Un libro* (1923), ilustrado por ella misma, las novelas *Ryder* (1928) y *Bosque de noche* (1936), y el drama poético *La antífona* (1958).

Barnes, Julian (Leicester 1946) Escritor británico. En su obra narrativa reflexiona con humor y sutileza sobre la literatura, la historia, la naturaleza humana, la vejez, la fe. De ella sobresalen las novelas *Metroland* (1981), *El loro de Flaubert* (1985) y *Mirando al sol* (1986).

Barnet, Miguel (La Habana 1940) Escritor cubano. Destacado representante de la novela testimonio o novela reportaje, entre sus obras merecen citarse *Biografía de un cimarrón* (1968), *La canción de Rachel* (1969), *Gallego* (1982) y *La vida real* (1986).

barniz *s. m.* **1.** Disolución de una o más resinas en un líquido volátil que se extiende sobre pinturas, maderas y otras cosas para protegerlas de la acción de la atmósfera y para que adquieran un aspecto brillante. **2.** Sustancia que se aplica a objetos de cerámica y que adquiere dureza y brillantez de vidrio al endurecerse en la cocción. **3.** Cualidad o conocimiento muy superficial que alguien tiene.

barnizar *v. tr.* Recubrir algo con barniz. ■ Se conjuga como *cazar.* **FAM.** Barnizador.

Barocci o **Baroccio, Federico Fiori,** llamado (Urbino h. 1528 - íd. 1612) Pintor y grabador italiano. Influido por Rafael y Correggio, su estilo anuncia el Barroco. Entre sus obras sobresalen *La cena, El descendimiento, La Madonna del Popolo* y *Nacimiento.*

Baroda Véase **Vadodara**.

barógrafo *s. m.* Barómetro registrador que traza la curva de altitudes de una aeronave.

barograma *s. m.* Curva trazada por el barógrafo al medir las altitudes en una aeronave.

Baroja, Pío (San Sebastián 1872 - Madrid 1956) Novelista español. Miembro de la generación del 98, las notas características de su estilo son la sobriedad, la frase corta y ágil, la precisión en el tratamiento de los personajes y los paisajes, junto a una cierta despreocupación por la técnica formal. Entre sus libros destacan: *Aventuras, inventos y mixtificaciones de Silvestre Paradox* (1901); *La casa de Aizgorri* (1900), *El mayorazgo de Labraz* (1903) y *Zalacaín el aventurero* (1909), que forman la trilogía *Tierra vasca*; *La busca, Mala hierba* y *Aurora roja* (todas de 1904), que integran *La lucha por la vida*; *El árbol de la ciencia* (1911); *Las inquietudes de Shanti Andía* (1911); los 22 volúmenes de *Memorias de un hombre de acción* (1913-35), crónica de la primera mitad del s. XIX español a través del aventurero Eugenio de Aviraneta; y sus propias memorias, *Desde la última vuelta del camino* (1944-49).

Pío Baroja. Detalle del retrato de Jenaro Lahuerta.

Baroja, Ricardo (Riotinto 1871 - Vera de Bidasoa 1953) Pintor, grabador y escritor español. Hermano del anterior, sobresalió como paisajista y por sus grabados y aguafuertes. Escribió, entre otras obras, *La última corrida* (1930) y *La nao capitana* (1935).

barometría *s. f.* Estudio y medida de la presión atmosférica.

barómetro *s. m.* Instrumento que sirve para medir la presión atmosférica. Fue inventado por el físico y matemático italiano Evangelista Torricelli en 1643. **FAM.** Barométrico.

Fís. Existen tres clases principales de barómetros. El barómetro de mercurio se basa en las oscilaciones de altura de una columna de mercurio dentro de un tubo capilar, comunicado con un depósito de este metal por uno de sus extremos; al aumentar la presión, el mercurio sube por el tubo. El barómetro aneroide tiene su fundamento en las deformaciones que las variaciones de presión producen en los metales debido a la elasticidad de éstos y que son transmitidas a una aguja indicadora sobre un círculo graduado. El barómetro de registro o barógrafo, que suele ser aneroide, recoge las variaciones de presión en forma de gráfico continuo.

barón, nesa *s. m.* y *f.* **1.** Título de nobleza de importancia variable según los países. En España es la categoría inmediatamente inferior a la de vizconde. ‖ *s. f.* **2.** Mujer del barón.

baronía *s. f.* Dignidad de barón y territorio de su jurisdicción.

barorreceptor *s. m.* En psicofisiología, receptor sensorial a través del cual se transmiten al sistema nervioso las sensaciones de peso o de presión.

barquía *s. f.* Embarcación de hasta cuatro remos por banda.

barquilla *s. f.* **1.** *dim.* de **barca**. **2.** Molde para hacer pasteles, de forma semejante a la de una barca. **3.** Parte de un globo en forma de cesto grande, destinada a los tripulantes.

barquillero, ra *s. m.* y *f.* **1.** Persona que hace o vende barquillos. ‖ *s. m.* **2.** Molde de hierro empleado en la elaboración de barquillos. ‖ *s. f.* **3.** Recipiente metálico donde se guardan los barquillos, en cuya tapa suele haber una ruleta.

barquillo *s. m.* **1.** *dim.* de **barco**. **2.** Dulce de forma triangular o de tubo, elaborado con harina sin levadura, azúcar o miel y frecuentemente canela.

barquín *s. m.* Fuelle grande, en especial el que se usa en fraguas y ferrerías.

Barquisimeto C. de Venezuela, cap. del estado de Lara, en el NO del país. 702.800 h. en 1989. Centro comercial del café, posee importante industria metalúrgica, textil, maderera y alimentaria. Es nudo de comunicaciones.

barra *s. f.* **1.** Pieza de cualquier material rígido, larga y delgada, de sección uniforme, generalmente prismática o cilíndrica. **2.** Palanca de hierro. **3.** Pieza de pan de forma alargada. **4.** Bloque de algunos materiales, con forma de prisma rectangular. **5.** La que suelen tener los bares, cafeterías, etc., a lo largo del mostrador, y p. ext., el mismo mostrador. **6.** Fondo de arena que se forma a la entrada de algunas rías, en la desembocadura de algunos ríos y en la estrechura de ciertos mares o lagos, y que es peligroso para la navegación. **7.** Pieza diagonal del escudo. P. ext., lista o franja en escudos y banderas. **8.** Signo gráfico que se utiliza para separar. **9.** *Chile.* Juego infantil, marro. **10.** *amer.* Público en un espectáculo al aire libre. **11.** *Arg., Urug.* Grupo de amigos. ‖ **12. barra americana** Local en el que sirven bebidas mujeres que suelen entablar conversación con los clientes. **13. barra brava** *Arg.* Grupo de seguidores de un equipo de fútbol. **14. barra de equilibrio** Aparato gimnástico, de categoría femenina, consistente en dos montantes verticales que sostienen un travesaño de madera muy resistente, situado a 1,20 m del suelo. **15. barra fija** Aparato gimnástico, de categoría masculina, compuesto por dos barras verticales que sostienen otra horizontal. **16. barras asimétricas** Aparato gimnástico, de categoría femenina, formado por dos barras de madera horizontales colocadas, respectivamente, a 1,50 m y a 2,30 m de altura. Se las llama también *asimétricas.* **17. barras paralelas** Aparato gimnástico, de categoría masculina, compuesto por dos barras de madera horizontales y paralelas, sostenidas cada una por dos pies fijos. Se las llama también *paralelas.* ‖ **LOC. sin reparar** (o **pararse**) **en barras** *fam.* No tener en cuenta los inconvenientes a la hora de hacer algo.

Barra, Eduardo de la (Santiago 1839 - íd. 1900) Escritor chileno. Posromántico, desarrolló sus ideas liberales en *El radicalismo chileno* (1875). Destacan sus obras de preceptiva literaria, especialmente *Estudios sobre versificación castellana* (1892).

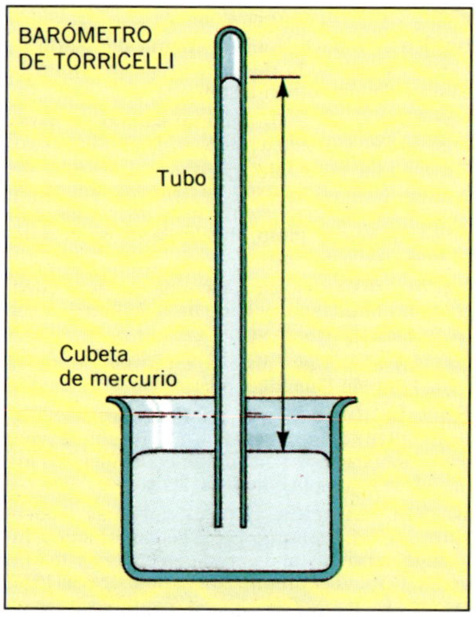

Barómetro: esquema del barómetro de Torricelli.

Barra Mansa C. de Brasil, en el estado de Río de Janeiro. 123.400 h. en 1980. Centro industrial.

barrabás *s. m.* **1.** *fam.* Persona inquieta, traviesa. **2.** Persona mala, perversa.

Barrabás Malhechor judío condenado a muerte. Fue indultado por Pilato en lugar de Jesús, a petición del pueblo judío.

barrabasada *s. f.* **1.** *fam.* Travesura grave. **2.** Acción injusta.

barraca *s. f.* **1.** Vivienda muy pobre, hecha con materiales de desecho. **2.** Casa huertana de Valencia y Murcia, generalmente de adobe y con cubierta de cañas a dos aguas, con mucha pendiente. **3.** Construcción de carácter provisional y desmontable, hecha con materiales ligeros, para las ferias, para albergar tropas o trabajadores circunstancialmente, etc. **4.** *amer.* Almacén.

barracón *s. m.* **1.** *aum.* de **barraca**. **2.** Caseta prefabricada, de carácter provisional.

barracuda *s. f.* Nombre común de diversos peces perciformes de la familia esfirénidos, género *Sphyraena.* Miden hasta 2 m de longitud, tienen el cuerpo muy alargado y mandíbula prominente. La *Sphyraena barracuda* vive en aguas tropicales del Atlántico, y la *Sphyraena sphyraena,* más pequeña, en el Mediterráneo.

Barradas, Rafael (Montevideo 1890 - íd. 1929) Pintor uruguayo. Estudió en París y Milán, y residió en Barcelona y Madrid. Su forma de expresión, que él llamó vibracionismo, es una mezcla de cubismo y futurismo. Destacó como ilustrador y caricaturista.

Barragán, Luis (Guadalajara 1902 - 1988) Arquitecto mexicano. Influido por Le Corbusier y por la arquitectura mediterránea, realizó en México el parque Pedregal de San Ángel y el plan de las Arboledas, y en Guadalajara, el proyecto de *Las lomas verdes,* en colaboración con Sordo.

Barragán, Miguel (Valle del Maíz, San Luis de Potosí 1789 - México 1836) Político y militar mexicano. Luchó por la independencia, fue ministro de la Guerra con Santa Anna y presidente interino de su país entre 1835-36.

barragana *s. f.* Concubina*.

Barral, Carlos (Barcelona 1928 - íd. 1989) Editor y escritor español. En su obra poética sobresalen los títulos *Las aguas reiteradas* (1952), *Diecinueve figuras de mi historia civil* (1961) y *Usuras y figuraciones* (1973). Publicó dos libros de memorias: *Años de penitencia* (1975) y *Años sin excusa* (1978).

Barrancabermeja C. de Colombia, en el departamento de Santander. 153.300 h. en 1985. Puerto fluvial, tiene industria petrolífera.

barrancal *s. m.* Lugar con abundantes barrancos.

barranco *s. m.* **1.** Corte profundo del terreno. **2.** Cauce hondo que hacen en la tierra las corrientes de agua. **FAM.** Barranquera.

Barranquilla C. de Colombia, cap. del departamento Atlántico. 976.620 h. en 1989. Tiene un importante puerto en la desembocadura del río Magdalena. Goza del estatuto de zona franca, lo que ha potenciado su desarrollo industrial y comercial. Fue fundada a principios del s. XVII.

Barraquer, Ignacio (Barcelona 1881 - íd. 1965) Médico oftalmólogo español. Ideó un nuevo método para la extirpación de las cataratas mediante una ventosa con vacío regulable. Fundó el Instituto Barraquer (1947).

Barras, Paul, vizconde de (Fox-Amphoux, Provenza 1755 - Chaillot 1829) Político francés. Aristócrata revolucionario, fue miembro de la Convención. Votó la condena de Luis XVI y tomó parte en el golpe de Estado contra Robespierre y los jacobinos. Figura del Directorio, apoyó la ascensión de Bonaparte.

Barrault, Jean-Louis (Le Vésinet 1910) Actor y director teatral francés. Perteneció a la Comédie Française y luego formó compañía con su esposa Madeleine Renaud (1946-56). Fue director del Théâtre de France.

Barre, Raymond (Saint-Denis, Reunión 1924) Político y economista francés. Vicepresidente de la comisión ejecutiva de la CEE (1967-72), diseñó el plan de cooperación económica que lleva su nombre. Fue primer ministro (1976-81).

barreduras *s. f. pl.* Basura que se va arrastrando y amontonando al barrer.

barrena *s. f.* **1.** Herramienta de acero de distintos gruesos y tamaños, con una espiral tallada en su punta y un mango en el extremo opuesto, que sirve para taladrar materiales duros. **2.** Barra de hierro que sirve para abrir agujeros en peñascos que se han de volar con explosivos. ‖ **Loc. entrar en barrena** Empezar a caer un avión, describiendo una espiral.

barrenar *v. tr.* **1.** Abrir agujeros con barrena o barreno. **2.** Impedir maliciosamente que alguien consiga alguna cosa. **3.** Con referencia a las leyes, no cumplirlas, infringirlas.

barrendero, ra *s. m.* y *f.* Persona cuyo oficio es barrer.

Barrenechea, Julio (Santiago 1906 - íd. 1979) Poeta y diplomático chileno. Fue embajador en Colombia (1946-52). Entre sus títulos más sobresalientes figuran *El mitin de las mariposas* (1930), *El espejo del sueño* (1935), *Mi ciudad* (1945) y *Diario morir* (1952).

barrenillo *s. m.* Nombre común de diversos insectos coleópteros, de la familia escolítidos, género *Scolytus.* Son escarabajos de unos 5 mm de longitud y cuerpo redondo. Provocan daños considerables a los árboles.

barreno *s. m.* **1.** Barrena de gran tamaño. **2.** Agujero hecho con barrena. **3.** Agujero relleno de materia explosiva en una roca o muro. **4.** Cartucho explosivo para volar rocas.

barreño *s. m.* Recipiente redondo y grande, generalmente más ancho por el borde que por el fondo, que se emplea para fregar y en otras tareas domésticas.

barrer *v. tr.* **1.** Limpiar el polvo y la basura del suelo, arrastrándolos con una escoba. **2.** P. ext., arrastrar algo por algún sitio. **3.** Llevarse todo lo que hay en alguna parte. También *v. intr.* **4.** Acabar con algo. **5.** Recorrer o cubrir un espacio o superficie. **6.** *fam.* Sobre todo en deporte, derrotar de forma aplastante. ‖ **Loc. barrer hacia dentro** (**para dentro** o **para casa**) *fam.* Actuar en beneficio propio, interesadamente.

barrera *s. f.* **1.** Obstáculo que sirve para cerrar el paso o cercar algún lugar, p. ej. en forma de valla o compuerta. **2.** En las plazas de toros, valla que separa el ruedo del tendido. **3.** En las plazas de toros, localidades situadas inmediatamente detrás de la barrera y también el callejón que hay entre una y otra. **4.** Sitio donde se está a salvo en ciertos juegos infantiles. **5.** En algunos deportes, grupo de jugadores que se colocan en fila uno al lado de otro, para defender su portería en los saques de falta. **6.** Dificultad, inconveniente o entorpecimiento. ‖ **7. barrera arquitectónica** Obstáculo ambiental de carácter físico que impide o entorpece el desplazamiento a las personas con dificultades de movilidad, fundamentalmente a los minusválidos, en edificios, medios de transporte, en el diseño de muebles, etc. **8. barrera biológica** Accidente geográfico (una cadena montañosa, un brazo de mar, etc.) que separa dos poblaciones de la misma especie e impide el intercambio genético entre ellas. **9. barrera del sonido** Conjunto de fenómenos aerodinámicos que se presentan a un vehículo cuando su velocidad se acerca a la del sonido (unos 340 m/s en el aire, aunque depende de la presión atmosférica). **10. barrera hematoencefálica** o **hematomeníngea** En anat. y fisiol., sistema que aísla y protege el encéfalo, favoreciendo sin embargo los intercambios iónicos del sistema nervioso y el sistema circulatorio del cerebro, al regular la permeabilidad entre la sangre y el líquido cefalorraquídeo.

Barrès, Maurice (Charmes, Vosgos 1862 - Neuilly-sur-Seine 1923) Escritor y político francés. Fue jefe intelectual del nacionalismo. Algunas de sus obras más notables son las trilogías *Culto del yo* (1888-91) y *La novela de la energía* (1897-1920), y *El Greco o el secreto de Toledo* (1911). Su diario íntimo se publicó después de su muerte con el título *Mis cuadernos* (1930-56).

barretina *s. f.* Gorro de color rojo o morado que usan los campesinos y pescadores en Cataluña.

Barreto, Lima (São Paulo 1905 - Campinas, cerca de São Paulo 1982) Director cinematográfico brasileño. Es autor, entre otros filmes, de *O cangaçeiro* (1953), su principal obra, y *La primera misa* (1961).

barriada *s. f.* **1.** Barrio*. **2.** Parte de un barrio.

barrica *s. f.* Tonel mediano que sirve para diversos usos, en especial para contener vino y otros licores.

barricada *s. f.* Parapeto construido con los objetos más diversos (muebles, adoquines, cajas, etc.) y que se usa como defensa, sobre todo en las luchas callejeras.

barrido, da **1.** *p. p.* de **barrer**. También *adj.* ‖ *s. m.* o *f.* **2.** Acción de barrer. ‖ *s. m.* **3.** Proceso automático por el que se controlan las magnitudes de un sistema midiéndolas cada cierto tiempo, p. ej. el que se realiza para estudios cardiológicos. **4.** Repaso. **5.** En cine, acción de cubrir una toma moviendo la cámara lateralmente o de arriba abajo. ‖ **6. barrido horizontal** En fís., exploración lateral de un haz de electrones en el tubo de rayos catódicos*. Si se hace incidir este haz de electrones sobre una imagen, la analizan punto por punto, recorriéndola de izquierda a derecha y de arriba abajo. Al transportar a un sistema amplificador y sincronizador el valor lumínico de cada punto de la imagen, se pueden transmitir estos valores, o señal, a un receptor, en cuya pantalla vuelve a realizarse un barrido de electrones que reproduce dicha imagen. Este es el fundamento de la televisión.

Barrie, sir James Matthew (Kirriemuir, Forfarshire 1860 - Londres 1937) Novelista y dramaturgo británico. Fue el creador del personaje Peter Pan (*Peter Pan, o el niño que no quería crecer,* 1904, y *Peter Pan y Wendy,* 1911). Otras obras suyas son las novelas *Margaret Ogilvy* (1896), *Sentimental Tommy* (1896) y la obra teatral *El admirable Crichton* (1902).

Barrientos, René (Tarata 1919 - Arque 1969) Militar y político boliviano. Vicepresidente con Paz Estenssoro (1963-64), a la caída de éste presidió la junta militar que dio el poder a Ovando (1965). Elegido presidente (1966), se enfrentó a la guerrilla, hasta conseguir la captura y muerte del Che Guevara. Murió en accidente aéreo.

barriga *s. f.* **1.** Cavidad abdominal de los vertebrados en cuyo interior se alojan el estómago, el intestino y otros órganos. **2.** *fam.* En el hombre, abultamiento de la parte inferior del abdomen debido a la dilatación de los músculos producida normalmente por el exceso de grasas y líquidos. **3.** En algunas vasijas o columnas, parte media que sobresale a modo de abultamiento. **4.** *fam.* Abultamiento del cuerpo de la mujer debido al embarazo. ‖ **Loc. rascarse** (o **tocarse**) **la barriga** *fam.* Holgazanear. **Fam.** Barrigón, barrigudo.

barril *s. m.* **1.** Recipiente abombado, hecho con listones de madera, que sirve para conservar y transportar licores, munición, etc. **2.** Recipiente cilíndrico de metal, para transportar petróleo, cerveza, etc. **3.** Unidad de capacidad del petróleo, que equivale a 158,98 l.

barrila *s. f. fam.* Bronca, escándalo.

barrilete *s. m.* **1.** *dim.* de **barril**. **2.** Cometa, juguete infantil.

barrilla *s. f.* Planta arbustiva de la familia quenopodiáceas especie *Salsola kali.* Mide más de 60 cm de altura, es muy ramificada y con hojas terminadas en pincho. Crece en terrenos costeros arenosos del SE español.

barrillo *s. m.* Cada uno de los pequeños granos que salen a veces en la cara.

barrio *s. m.* **1.** Nombre con que se designa un tipo de divisiones en una población. Puede responder a distintos criterios históricos, administrativos, sociológicos, urbanísticos, etc. **2.** Arrabal. ‖ **3. barrio bajo** Zona urbana habitada por colectivos económicamente débiles, caracterizada por la falta o grave insuficiencia de servicios sociales y por la existencia, frecuentemente, de altos índices de conflictividad. Se usa generalmente en *pl.* **4. barrio chino** Aquel en el que se encuentran los locales dedicados a la prostitución, los garitos, etc. ‖ **Loc. el otro barrio** *fam.* La muerte.

barriobajero, ra *adj.* Maleducado, de estilo y conducta groseros. También *s.*

Barrios, Eduardo (Valparaíso 1884 - Santiago 1963) Escritor chileno. Fue periodista, director general de Bibliotecas y ministro de Educación. Entre sus obras destacan *El niño que enloqueció de amor* (1915), cuentos; las novelas *Un perdido* (1918), *El hermano asno* (1922), y la más importante, *Gran señor y rajadiablos* (1948).

Barrios, Gerardo (? h. 1809 - ? 1865) Militar y político salvadoreño. Luchó contra el filibustero estadounidense Walter. Elegido presidente (1858), se le otorgaron plenos poderes en 1860; trasladó la capital a San Salvador, obligó a jurar la Constitución al clero, reorganizó el ejército con oficiales franceses e inició la industrialización del país. Invadido El Salvador por Carrera (1863), abandonó el país y le sucedió Dueñas.

Barrios, Justo Rufino (San Lorenzo 1835 - Chalchuapa, El Salvador 1885) Militar y político guatemalteco. En 1873 ocupó la presidencia del país y emprendió una serie de reformas liberales. Fue reelegido por la Asamblea constituyente para el periodo 1880 - 86. Pretendió restaurar la Federación de Centroamérica y, al fracasar, intentó invadir El Salvador, pero fue derrotado y muerto.

barritar *v. intr.* Emitir el elefante o el rinoceronte su sonido característico.

barrito *s. m.* Acción y efecto de barritar.

barrizal *s. m.* Sitio o terreno encharcado y lleno de barro o lodo.

barro[1] *s. m.* **1.** Tierra mezclada con agua, como la que se forma en calles y caminos cuando llueve. **2.** Material moldeable compuesto de tierra arcillosa y agua que se utiliza en alfarería y cerámica. **3.** Vasija hecha de arcilla y posteriormente cocida. **4.** Jarra en la que suele beberse cerveza.

barro[2] (del lat. *varus,* grano en la cara) *s. m.* Barrillo*.

barroco, ca *adj.* **1.** Se dice de la cultura y del estilo artístico que se desarrollaron en Europa y América durante los s. XVI y XVII. También *s. m.* ▪ Usado como sustantivo suele escribirse con mayúscula. **2.** P. ext., se dice de lo que está demasiado adornado y recargado. **Fam.** Barroquismo.

Arte El Barroco reaccionó frente a las normas clásicas seguidas por el Renacimiento, y exaltó el absolutismo real y el poder de la Iglesia al adoptar como rasgos principales el dinamismo y la complejidad de las formas, la exageración expresiva, la grandiosidad y la acumulación de elementos. Mostró un acusado interés por el realismo, que coincidía con la preocupación de la época por la realidad del hombre y de la naturaleza. La arquitectura barroca se caracteriza por el uso de la línea curva, los juegos de relieves y entrantes, los efectos de claroscuro, la abundancia de adornos en las fachadas, las columnas salomónicas (retorcidas en espiral) y las bóvedas decoradas con grandes apoteosis o glorificaciones pintadas al fresco. Famosos arquitectos barrocos fueron Bernini (baldaquino y columnata de San Pedro), Borromini (oratorio de San Felipe Neri), Pietro de Cortona y Guarino Guarini. La escultura y la pintura muestran un gran patetismo, fuertes efectos de claroscuro (tenebrismo), gran movimiento y gestos exaltados y teatrales. La pintura rompió, además, con la composición equilibrada en favor de la composición en diagonal. Entre los pintores destacan Caravaggio, Luca Giordano, José Ribera, Zurbarán, Murillo, Velázquez, Rembrandt, Hals, Rubens y Van Dyck, y entre los escultores, Bernini, Pietro Tacca, Duquesnoy, Gregorio Fernández, Montañés, Alonso Cano y Francisco Salzillo. En Hispanoamérica el arte barroco no fue una simple trasposición del europeo, sino el resultado de su fusión con la tradición indígena. Destacan la escuela de estucos de Santo Domingo de Puebla (México) y numerosos templos y palacios en México, Perú, Colombia, etc. En música, la época barroca significa la aparición plena de las formas modernas, gracias a la multiplicación y perfeccionamiento de los instrumentos y a la diversificación de los géneros musicales (sonata, sinfonía, concierto). La música profana adquiere un gran desarrollo y permite el nacimiento de la ópera en Italia. Los rasgos principales de la composición musical barroca son el retorno a la melodía pura, el amplio margen de improvisación y el uso de contrastes y combinaciones de diversos timbres y grupos instrumentales. Entre los compositores destacan los italianos Vivaldi y Monteverdi; los ingleses Purcell y Haendel, los franceses Lully y Rameau, y los alemanes J. S. Bach, Heinrich Schütz y Georg Phillipp Telemann. En literatura, el barroco buscó el efec-

Barroco: arriba, a la izquierda, Peter Paul Rubens, El triunfo de la Iglesia *(Museo del Prado, Madrid); a la derecha, Juan Martínez Montañés,* Don Alonso Pérez de Guzmán *(Monasterio de San Isidoro del Campo, Sevilla); abajo, a la izquierda, altar y retablo de la cartuja de Granada; a la derecha, iglesia de la Compañía de Jesús, en Cuzco, Perú.*

tismo utilizando licencias sintácticas y semánticas y una gran complejidad conceptual. Destacaron novelistas como Cervantes, poetas como el culterano Góngora, el conceptista Quevedo y el poeta épico Milton; humanistas como Gracián, y autores teatrales como Shakespeare, Lope de Vega, Calderón, Tirso de Molina y Molière.

barroquismo *s. m.* Cualidad de barroco, tendencia al recargamiento en la forma.

Barros, João de (Viseu 1496 - Ribeira, cerca de Pombal 1570) Escritor e historiador portugués. Es autor de *Décadas* (1552-1615), una historia de las conquistas portuguesas en ultramar, y del libro de caballerías *Crónica del emperador Clarimundo* (1520).

Barros Arana, Diego (Santiago de Chile 1830 - íd. 1907) Historiador chileno. De ideología liberal, publicó *Historia general de Chile* (1884-1902).

Barros Luco, Ramón (Santiago 1835 - ? 1919) Político chileno. Del Partido Liberal, participó en el movimiento revolucionario que derrocó a Balmaceda (1891). Más tarde fue presidente (1910-15).

barrote *s. m.* **1.** Barra de hierro que sirve para afianzar algo o que se pone delante, como p. ej. de las puertas o ventanas cerradas. **2.** En carpintería, palo o listón que se pone atravesado sobre otros palos o tablas para sostener o reforzar. ‖ **Loc. entre barrotes** *fam.* En la cárcel.

barruntar *v. tr.* Presentir o sospechar una cosa por alguna señal o indicio.

barrunto *s. m.* **1.** Acción y efecto de barruntar. **2.** Indicio, presagio.

Barry, Charles (Londres 1795 - íd. 1860) Arquitecto inglés. Fue el autor de la reconstrucción en estilo neogótico del palacio de Westminster en Londres, actual parlamento.

Barry, Jeanne Bécu, condesa du (Vaucouleurs 1743 - París 1793) Favorita de Luis XV de Francia. Al triunfar la revolución fue condenada a la guillotina.

Barrymore Familia de actores estadounidenses, entre los que destacan **Lionel** (Filadelfia 1878 - Hollywood 1954), que interpretó papeles de carácter en filmes como *David Copperfield* (1935), *Capitanes intrépidos* (1937), *¡Qué bello es vivir!* (1946) y *Duelo al sol* (1947); también dirigió algunes filmes, como *Madame X* (1929); y sus hermanos **Ethel** (Filadelfia 1879 - Hollywood 1959), que encarnó papeles de ancianas dominantes y temperamentales en numerosas películas (*El caso Paradine*, 1948, o *Un corazón en peligro*, 1954); y **John** (Filadelfia 1882 - Hollywood 1942), popular galán en gran número de filmes, entre los que destacan *El Dr. Jekyll y Mr. Hyde* (1920), *Don Juan* (1929) y *Romeo y Julieta* (1936).

Barth, Heinrich (Hamburgo 1821 - Berlín 1865) Explorador, arqueólogo y geógrafo alemán. Efectuó una expedición a África, donde exploró el Sudán y el Sáhara. Recogió sus impresiones en *Viajes y descubrimientos en el norte y centro de África* (1857-60).

Barth, Karl (Basilea 1886 - íd. 1968) Teólogo protestante suizo. Fue perseguido por el nazismo. Su doctrina parte del calvinismo y busca una vuelta a la predicación del Evangelio. Pone de relieve la trascendencia de Dios, inaccesible a la razón. Es autor de *Palabra de Dios, palabra humana* (1928) y *Dogmática* (1932-67).

Barthes, Roland (Cherburgo 1915 - París 1980) Escritor y ensayista francés. Influido por el estructuralismo, investigó principalmente en los campos de la sociología, la lingüística y la moda. Entre sus obras destacan *El grado cero de la escritura* (1953), *Elementos de semiología* (1964), *Crítica y verdad* (1966), *Sistema de la moda* (1967) y *El imperio de los signos* (1970).

Bartholdi, Frédéric Auguste (Colmar 1834 - París 1904) Escultor francés. Es autor de la monumental estatua de *La libertad iluminando al mundo* (1874-86), situada en el puerto de Nueva York.

Bartók, Béla (Nagyszentmiklos 1881 - Nueva York 1945) Compositor húngaro. Su obra arranca del nacionalismo, para llegar en sus últimas creaciones a la abstracción musical. Su composición, que se inició con *Rapsodia para piano y orquesta*, comprende la ópera *El castillo de Barba Azul*, el ballet *El mandarín maravilloso*, la serie de cuadernos *Microcosmos* para piano, varios conciertos para piano, viola y clarinete, y seis cuartetos que constituyen la mayor contribución del s. XX a dicha especialidad de cámara.

bartola, a la *loc. adv. fam.* Sin ningún cuidado o preocupación, perezosamente.

bartolillo *s. m.* Pastel pequeño y triangular relleno de crema o carne.

Bartolomé, San Uno de los doce apóstoles. Según la tradición, evangelizó Asia Menor y la India y fue martirizado en Armenia.

Bartolomeo o **Bartolommeo della Porta, Fra** (Florencia h. 1472 - Pian di Mugnone 1517) Pintor italiano. Monje dominico y discípulo de Savonarola, sus obras reflejan una profunda religiosidad y la influencia de Leonardo, Miguel Ángel y Rafael. Pintó parte de sus cuadros en colaboración con Mariotto Albertinelli. Es autor de *Juicio universal*, *Los desposorios místicos de Santa Catalina* (1512) y *Piedad* (1517).

Bartra, Agustí (Barcelona 1908 - Tarrasa 1982) Poeta español en lengua catalana. Tras la guerra civil española, se exilió a México (1939-70). Es autor, entre otras obras, de *Canto corporal* (1938), *Márcias y Adila* (1948), *El evangelio del viento* (1956), *Quetzalcóatl* (1960) y de la novela *Xabola*.

bártulos *s. m. pl.* Utensilios y objetos que se manejan en cualquier tipo de actividad.

Baruc (s. VII a. C.) Profeta de Israel, discípulo de Jeremías. Es autor del libro que lleva su nombre, donde muestra la piedad del pueblo judío durante el cautiverio.

barullo *s. m. fam.* Mezcla desordenada de cosas o gentes, confusión, tumulto.

Barye, Antoine Louis (París 1796 - íd. 1875) Escultor francés. Se especializó en esculturas de animales, donde puso de manifiesto sus conocimientos de anatomía y su sensibilidad naturalista.

Baryshnikov, Mijail (Riga 1948) Bailarín ruso nacionalizado estadounidense. Fue solista del ballet *Kirov* de Leningrado desde 1966 hasta 1974, año en que se exilió a EE UU, donde se integró en el *American ballet theatre*, del que fue director entre 1980 y 1989.

Barzani, Mustafá al- (Barsan 1902 - Rochester, EE UU 1979) Jefe kurdo iraquí. Luchó por el autogobierno de su pueblo y dirigió la guerrilla en 1945, 1961-66 y 1968-74. Llegó a conseguir una amplia autonomía para los kurdos (1970), recortada posteriormente.

basa *s. f.* **1.** Parte inferior de la columna, sobre la que se apoya el fuste. **2.** Base sobre la que se apoya la columna o la estatua.

Basadre, Jorge (Tacna 1903 - Lima 1980) Historiador y político peruano. Catedrático de la universidad de San Marcos, en Lima (1928-54) y ministro de Instrucción Pública (1945-46 y 1956), es autor de una *Historia de la República del Perú* (1939).

Basaglia, Franco (Venecia 1924 - íd. 1980) Psiquiatra italiano. Fue uno de los principales representantes de la antipsiquiatría. Entre sus obras más destacadas figuran *La institución negada. Informe de un hospital psiquiátrico* (1968), *La asistencia psiquiátrica como problema antiinstitucional* (1971) y *La mayoría marginada* (1972).

basal *adj.* **1.** Situado en la base de un órgano o formación orgánica o de una construcción. **2.** Se dice del segmento próximo a la aleta de los peces. **3.** Se dice de la medición de una función orgánica tomada durante el reposo o el ayuno.

basalto *s. m.* Roca efusiva básica de color gris oscuro o negro. Hay dos tipos fundamentales: los

Basalto olivínico.

augíticos, formados por plagioclasa y augita, y los olivínicos, formados por plagioclasa y olivino. Se encuentra extendida por todo el mundo en forma de grandes coladas (masas de lava) que, cuando se enfrían rápidamente, se rompen en columnas prismático-hexagonales, llamadas *órganos.* Se emplea como material de construcción. **FAM.** Basáltico.

basamento *s. m.* Parte inferior, que se apoya directamente en el suelo, del pedestal de una columna u otro elemento.

basar *v. tr.* **1.** Situar algo sobre una base. **2.** Sustentar, fundar en algo lo que se dice o se hace. También *v. prnl.*

Basauri C. de España, en la prov. de Vizcaya, en la orilla izquierda del río Nervión. 50.941 h. en 1990. Forma parte del área urbana de Bilbao. Posee industria siderometalúrgica.

basca *s. f.* **1.** Malestar que se experimenta en el estómago cuando se quiere vomitar. Se usa mucho en *pl.* **2.** *fam.* Arranque de mal humor repentino y pasajero. **3.** *fam.* Pandilla de amigos.

bascosidad *s. f.* Inmundicia, suciedad.

báscula *s. f.* Aparato para medir pesos, consta de una plataforma donde se coloca lo que se quiere pesar, sostenida por un juego de palancas que permiten que pesos relativamente grandes sean equilibrados por contrapesos mucho más pequeños. Hoy existen básculas eléctricas y electrónicas, utilizadas en la industria y el comercio.

bascular *v. intr.* **1.** Moverse un cuerpo de un lado a otro respecto a un eje vertical. **2.** Inclinarse la caja de algunos vehículos de transporte, de forma que la carga resbale hacia afuera por su propio peso. **3.** Inclinarse por una opción diferente a la tomada anteriormente.

base *s. f.* **1.** Aquello sobre lo que se apoya o fundamenta algo, material o inmaterial. **2.** Conjunto de personas afiliadas a un partido, asociación, etc., que no ocupan cargos directivos. Se usa mucho en *pl.* **3.** Instalación militar, científica, deportiva, etc. **4.** Línea o cara de las figuras geométricas sobre las que se supone se apoyan. **5.** En una potencia, número a que se eleva el exponente. **6.** Número siguiente al último de aquellos con que opera un determinado sistema de numeración. **7.** En béisbol, puntos del campo que los jugadores deben ocupar para conseguir una carrera. **8.** En arq., parte inferior de una columna. **9.** En quím., sustancia caracterizada por su capacidad para neutralizar a los ácidos, y dar lugar a una sal con desprendimiento de agua y calor. También se denomina *álcali.* ‖ *s. m.* y *f.* **10.** En baloncesto, jugador encargado de dirigir el juego del equipo. ‖ **11. base de datos** En inform., conjunto de informaciones organizadas y almacenadas en los sistemas de memoria del ordenador, susceptibles de ser consultadas directamente por uno o varios usuarios. **12. base de operaciones** Lugar donde se concentra y prepara un ejército para la guerra. En sentido figurado, lugar de entrenamiento; y lugar donde una empresa tiene su centro directivo. **13. base del cráneo** Zona inferior del cráneo, en la que se encuentran los huesos occipital y temporales. **14. base imponible** Cifra o cantidad objeto de un impuesto. ‖ **LOC. a base de** *prep.* Mediante, por medio de. **a base de bien** *adv. fam.* Mucho, en abundancia. **caer algo por su base** *fam.* Fallar algo por no tener fundamento.

Quím. Al disolverse la base se disocia en iones, uno de los cuales, el ion negativo, es el mismo que el del disolvente (en caso de que el disolvente sea el agua, el ion negativo es el OH^-). Si la disociación en iones es total, la base se denomina *fuerte* (p. ej., el hidróxido de sodio, $NaOH$); si la disolución es parcial, la base se denomina *débil* (p. ej., el hidróxido de amonio, NH_4OH, y las bases orgánicas).

Basedow, Karl von (Dessau 1799 - Merseburg 1854) Médico alemán. Describió la enfermedad que lleva su nombre, resultante de la hipersecreción de la glándula tiroidea.

Basho, Matsuo Munefusa, llamado (Ueno, Iga 1644 - Osaka 1694) Poeta japonés. Renovador del *haiku,* creó su propia escuela en Edo. Su obra está impregnada del budismo zen. En 1774 se publicó una antología de su obra con el título de *Libro de siete opúsculos de la escuela de Basho.*

BASIC *s. m.* Lenguaje informático inventado en 1964 por Kemeny y Kurt para temas educativos, muy usado en los ordenadores personales.

basicidad *s. f.* En quím., cualidad de las sustancias y disoluciones básicas.

básico, ca *adj.* **1.** Relativo a la base o bases en que se funda algo. **2.** Se aplica a lo que es esencial para alguna cosa. **3.** En quím., se dice del cuerpo, medio o solución que tiene carácter de base.

basidio *s. m.* Célula que genera las esporas con que se reproducen los basidiomicetos.

basidiomicetos *s. m. pl.* Clase de hongos, a la que pertenecen las numerosas especies conocidas comúnmente como setas. Tienen las hifas tabicadas y los esporangios de tipo basidio. Algunas especies son comestibles, como el champiñón, el níscalo, etc., pero otras son muy venenosas como las amanitas. También *adj.* y *s. m.*

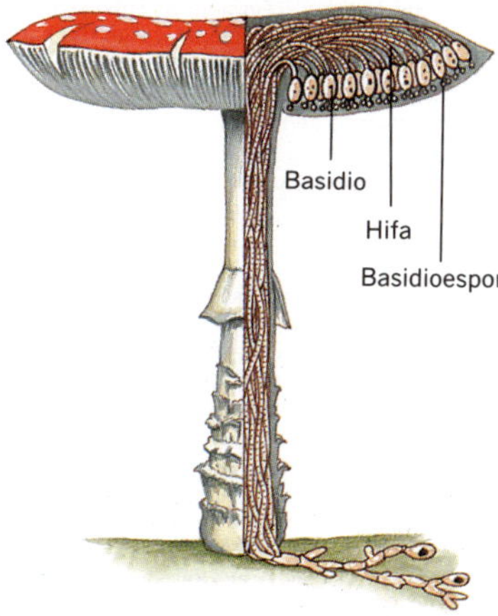

Morfología externa e interna de un hongo basidiomiceto.

Basie, William Bill, llamado **Count** (Red Bank, New Jersey 1904 - Hollywood, Florida 1984) Pianista y compositor de jazz estadounidense. Es uno de los principales representantes del estilo *swing.*

Basilea (en al. *Basel*) C. de Suiza que constituye el estado homónimo, en el NO del país, a orillas del Rhin, en la frontera con Francia y Alemania. 170.100 h. en 1988 y 363.000 h. en su área metropolitana en el mismo año. Con puerto fluvial y aeropuerto, es importante nudo de comunicaciones. Posee industria química, papelera, farmacéutica, mecánica, alimentaria y de artes gráficas. En su catedral, del s. XIV, se halla la tumba de Erasmo.

Basilea, concilio de Concilio celebrado en esta ciudad entre 1431 y 1449, y en el que se afirmó la superioridad del concilio sobre el papa.

Basilea, tratado de Tratado que se firmó en Basilea entre los diez cantones de la Confederación Helvética y Maximiliano I en 1499 y que significó la independencia de Suiza.

basílica *s. f.* **1.** En la antigua Roma, edificio de planta rectangular, con tres o más naves, a menudo con ábsides en los lados menores, destinado a la administración de justicia o al comercio. Después del edicto de Constantino (313) se convirtió en la forma más usual de la iglesia cristiana. **2.** Nombre de trece iglesias de Roma, que se consideran las primeras de la cristiandad en categoría y gozan de ciertos privilegios, como San Juan de Letrán, San Pablo Extramuros, Santa María la Mayor y San Pedro del Vaticano. **3.** Título o denominación que se aplica a ciertas iglesias por su capacidad, importancia o historia, por imitación de las basílicas romanas. **FAM.** Basilical.

Basilicata Región de Italia, en el S del país. 9.992 km^2. 623.200 h. en 1990. La capital es Potenza, con 68.050 h. en 1990. Comprende las provincias de Matera y Potenza. La base de su economía es la agricultura (tabaco, olivos, cereales); posee además industria química y textil.

Basilio Nombre de dos emperadores de Bizancio.

Basilio I el Macedonio (Adrianópolis h. 812 - ? 886) Asesinó a Miguel III para alcanzar el trono. Reformó la hacienda, extendió sus dominios por el Asia Menor y realizó una brillante campaña en el S de Italia. Llevó a cabo una renovación del derecho romano, que sirvió de base a las *Basílicas,* de León VI.

Basilio II Bulgaróctono (? 957 - ? 1025) Emperador bizantino (976-1025). Logró extender sus dominios a unos límites similares a los que tuvo con Justiniano I. Conquistó todo el territorio búlgaro y falleció cuando preparaba una expedición contra Sicilia.

Basilio Nombre de tres príncipes de Moscú y de Rusia.

Basilio I (? 1371 - ? 1425) Príncipe de Moscú y de Rusia (1389-1425). Conquistó Novgorod y sus dominios se extendieron por todo el territorio entre el Volga y el Oká. Se negó a pagar tributo a Tamerlán.

Basilio II el Ciego (? 1415 - ? 1462) Príncipe de Moscú y de Rusia (1425-62). En la lucha por el poder fue cegado por sus primos y expulsado de Moscú (1446), ciudad que logró recuperar al año siguiente. Durante su mandato la Iglesia moscovita se independizó de la bizantina (1448).

Basilio el Grande, San (Cesarea 330 - íd. 379) Padre de la Iglesia oriental. Obispo de Cesarea, influyó de manera decisiva en la orientación de la vida religiosa hacia el monacato, frente al aislamiento de los eremitas. Defendió la ortodoxia contra el arrianismo.

basilisco *s. m.* **1.** Animal fabuloso al que se atribuía el poder de matar con la mirada. **2.** Persona furiosa que puede hacer daño. **3.** Nombre común de diversos reptiles escamosos lacertilios de la familia iguanidos, género *Basiliscus.* El *Basiliscus americanus* mide unos 80 cm de longitud, de los que 55 cm corresponden a la cola. Es de color verde con bandas negras, tiene una cresta dorsal, y los machos, otra eréctil en la cabeza. Vive en la región comprendida entre México y Ecuador.

Basilisco (Basiliscus americanus).

Basora (en ár. *al-Basrah*) C. de Irak, cap. de la prov. homónima. 616.700 h. en 1985. Puerto en la desembocadura del río Chatt al-Arab, es centro comercial e industrial y nudo de comunicaciones. Gravemente dañada en la guerra iranoiraquí (1980-88) y en la guerra del Golfo (1991), desde finales de los años setenta su población ha disminuido en casi un millón de habitantes.

Bass Estrecho que une los océanos Índico y Pacífico entre Australia y Tasmania. En su fondo existen yacimientos de hidrocarburos.

Bassa, Ferrer (? h. 1285 - ¿Barcelona? 1348) Pintor y miniaturista catalán. Fue el iniciador en la península Ibérica del estilo italogótico, con claras influencias de las escuelas florentina y sienesa. De su obra se conservan los murales del monasterio de Pedralbes (1346).

Bassani, Giorgio (Bolonia 1916) Escritor italiano. Su obra más importante es *La novela de Ferrara,* título bajo el que englobó cinco libros:

Leandro Bassano: Vista de Venecia *(Museo de la Real Academia de San Fernando, Madrid).*

Cinco historias de Ferrara (1956), *El jardín de los Finzi-Contini* (1962), *Detrás de la puerta* (1964), *La garza* (1968) y *El olor del heno* (1972). En ellos recoge sus recuerdos de infancia y juventud y retrata la vida provinciana de Italia en la época fascista.

Bassano Familia de pintores italianos de los s. XV al XVII, cuyo verdadero apellido era Da Ponte y que recibieron el nombre de Bassano debido a su lugar de origen. El fundador fue **Francesco el Viejo** (Bassano, cerca de Venecia 1470 - íd. 1540), pero el verdadero creador del estilo fue su hijo **Jacopo** (Bassano 1517 - íd. 1592), autor de pinturas religiosas con fondos de paisajes, escenas campestres y pastoriles. Pintó también numerosos retratos. Formó un taller con sus cuatro hijos, entre los que destacaron **Francesco el Joven** (Bassano 1549 - Venecia 1592) y **Leandro** (Bassano 1557 - Venecia 1622).

Bassein (*Puthein*) C. de Birmania, cap. de la prov. de Irawadi. 144.100 h. en 1983. Puerto fluvial, cuenta con arrozales e industria alimentaria.

basset *adj.* Se dice de una raza de perros de cuerpo largo y fuerte y patas cortas. También *s. m.*

Basseterre C. de San Cristóbal y Nevis, cap. del país. 18.500 h. en 1985.

basta *s. f.* **1.** Puntada larga de las que se dan al hilvanar. **2.** Cada una de las puntadas o sujeciones que tiene un colchón para mantener la lana o el relleno repartido y que no se aglomere.

¡basta! *interj.* Se utiliza para interrumpir o poner término a una acción o discurso.

bastante *adj.* **1.** Que basta. ▪ Funciona también como *pron.* ‖ *adv. c.* **2.** Justamente, ni mucho ni poco. **3.** Considerablemente, no poco.

bastar *v. intr.* Ser lo necesario, lo justo o suficiente para alguna cosa. También *v. prnl.*

bastardilla *adj.* Se dice de un tipo de letra de imprenta inclinada hacia la derecha. También *s. f.*

bastardo, da *adj.* **1.** Que es indigno o inferior al resto de los de su origen o naturaleza. **2.** Bajo, ruin. **3.** Se decía del hijo o del hermano que no procedía de matrimonio legítimo. También *s.* **4.** Que no es de pura raza. ‖ *s. f.* **5.** Letra bastardilla. **FAM.** Bastardía.

baste *s. m.* Basta*, hilván.

bastedad *s. f.* Basteza.

bastetano, na *adj.* **1.** Se dice de un pueblo hispánico prerromano que habitó en el SE de la Península. **2.** De este pueblo. También *s.*

basteza *s. f.* Ordinariez, grosería, tosquedad, rudeza.

Bastidas, Rodrigo de (Sevilla 1460 - Santiago de Cuba 1527) Navegante y descubridor español. Organizó dos viajes al Nuevo Mundo, asociado con Juan de la Cosa (1500 y 1507). Recorrió las actuales Venezuela, Colombia y Panamá; descubrió la desembocadura del Magdalena y el golfo de Urabá, y fundó el puerto de Darién (hoy Cartagena de Indias) y la ciudad de Santa Marta (1524).

bastidor *s. m.* **1.** Utensilio rectangular o en forma de aro, en el que se extienden y sujetan lienzos, telas, etc., para pintar o bordar, entre otros usos. **2.** Estructura o armazón de madera, cubierta de telas o papeles pintados, que forma la decoración lateral del escenario de un teatro. **3.** Armazón metálico sobre el que se apoya una máquina o vehículo. ‖ **LOC. entre bastidores** *adv. fam.* Reservadamente, sin hacerse público.

bastilla *s. f.* Hilván menudo de puntadas seguidas e iguales.

Bastilla Nombre que se daba en Francia a las ciudadelas fortificadas y que luego se aplicó a la prisión de París, asaltada y destruida el 14 de julio de 1789 por los revolucionarios, que la consideraban un símbolo de la opresión y el despotismo del Antiguo Régimen. El aniversario de la toma de la Bastilla se celebra como día nacional en Francia.

bastimento *s. m.* **1.** Embarcación. **2.** Provisiones para sustento de una ciudad, ejército, etc.

bastión *s. m.* Baluarte*.

basto *s. m.* **1.** Carta de la baraja que pertenece al palo llamado bastos. ‖ *pl.* **2.** Uno de los cuatro palos de la baraja española, caracterizado por aparecer en él uno o varios garrotes o mazas de madera. ‖ **LOC. pintar bastos** *fam.* Ponerse muy tensa una situación.

basto, ta *adj.* **1.** Grosero, vulgar. **2.** Se dice de cosas hechas sin cuidado, sin terminar o de baja calidad. **3.** Aplicado a superficies, áspero, sin pulimentar.

bastón *s. m.* **1.** Palo de madera o metal, generalmente con empuñadura, que se utiliza para apoyarse al andar. **2.** Vara usada como insignia de mando. **3.** Nombre de una serie de células nerviosas, pequeñas y alargadas, también llamadas *bastoncillos.* La más importante es la que se halla en la retina de los vertebrados: se trata de una célula sensible a la luz y, aunque carece de sensibilidad cromática, puede captar bajas intensidades luminosas. **FAM.** Bastonazo.

bastoncillo *s. m.* **1.** *dim.* de **bastón**. **2.** Bastón, célula nerviosa.

basura *s. f.* **1.** Todo tipo de desperdicios, residuos y desechos. **2.** Cubo o lugar donde se arrojan. **3.** Lo que no vale para nada y es despreciable o repugnante. **4.** Estiércol de las caballerías.

basural *s. m. amer.* Basurero, sitio donde se echa la basura.

basurero, ra *s. m.* y *f.* **1.** Persona que recoge la basura y la lleva al sitio destinado para echarla. ‖ *s. m.* **2.** Lugar donde se tira la basura.

Basutolandia Antiguo nombre de Lesotho.

bata *s. f.* **1.** Prenda de vestir holgada que se usa para estar en casa cómodamente. **2.** Prenda ligera que llevan los que trabajan en hospitales, peluquerías, laboratorios, etc. ‖ **3. bata de cola** Traje de bailadora.

Bata C. de Guinea Ecuatorial, cap. de la región de Mbini. 32.700 h. en 1983. Puerto sobre el golfo de Biafra, es el centro de una comarca agrícola y forestal y exporta copra, café, cacao y plátanos. Cuenta con centrales térmicas y aeropuerto.

batacazo *s. m.* **1.** Golpe fuerte que se da una persona al caerse y que produce generalmente gran ruido. **2.** Fracaso, decepción. **3.** *Amér. del S.* Triunfo inesperado.

batahola o **bataola** *s. f. fam.* Bulla, ruido grande.

Bataille, Georges (Billom 1897 - Orleans 1962) Escritor francés. Su obra recibe inspiración de los grandes místicos y también del marqués de Sade, Nietzsche, Heidegger y Freud, y pretende superar todos los tabúes, especialmente los sexuales. Es autor de *La literatura y el mal* (1957), *El erotismo* (1957) e *Historia del ojo* (1928).

Bataillon, Marcel (Dijon 1895 - París 1977) Hispanista francés. Su obra más importante es *Erasmo y España* (1937), un profundo estudio del pensamiento español en los s. XV y XVI.

Batalha Villa de Portugal en Beira Litoral. 7.000 h. Es un centro turístico donde se encuentra el conjunto monumental del monasterio y templo gótico de Santa María de la Victoria, mandado edificar por Juan I para conmemorar la batalla de Aljubarrota (1385).

batalla *s. f.* **1.** Combate entre ejércitos enemigos. **2.** Cualquier tipo de conflicto entre dos partes, ideas, sentimientos, etc. ‖ **LOC. de batalla** *adj. fam.* Se aplica a objetos o prendas resistentes al uso y que no hace falta tratar con cuidado.

batallador, ra *adj.* **1.** Que batalla. **2.** Se dice de la persona combativa, voluntariosa, que se esfuerza. También *s.*

batallar *v. intr.* **1.** Luchar en una batalla. **2.** Trabajar o esforzarse por conseguir un propósito salvando dificultades.

batallita *s. f.* **1.** *dim.* de **batalla**. **2.** Relato de hechos pasados en los que el narrador se atribuye un papel destacado. Se usa mucho en *pl.*

batallón *s. m.* **1.** Unidad militar compuesta de varias compañías, dirigida generalmente por un teniente coronel o un comandante. **2.** *fam.* Grupo numeroso de personas.

batallón, na *adj.* **1.** Se aplica a la cuestión o asunto sobre el que se discute mucho o que ofrece especial dificultad. **2.** Se dice de la persona muy dada a discutir.

batán *s. m.* Máquina de propulsión hidráulica, compuesta por un eje y unos mazos, que se utiliza para golpear paños y así desengrasarlos y dar cuerpo a su tejido.

batanear *v. tr.* Golpear los paños en el batán.

batanero, ra *s. m.* y *f.* Persona que maneja el batán.

batata *s. f.* **1.** Nombre común de diversas plantas herbáceas de la familia convolvuláceas, género *Ipomoea.* Tiene un tallo rastrero de hasta 1 m de longitud, con hojas alternas acorazonadas, flores acampanadas blancas por fuera y rojas por dentro y raíces tuberosas comestibles. Oriunda de América, se cultiva por sus tubérculos, muy ricos en hidratos de carbono, que se utilizan en alimentación y en la fabricación de alcohol y almidón. **2.** *Arg., Urug. fam.* Desconcierto, incapacidad para hablar.

La batata es una planta americana introducida en Europa por los españoles.

bate *s. m.* Palo usado en béisbol para golpear la pelota.

batea *s. f.* **1.** Bandeja. **2.** Bandeja que sirve de cajón en los muebles. **3.** Barco pequeño en forma de cajón. **4.** Vagón descubierto de bordes muy bajos. **5.** *amer.* Artesa para lavar.

batear *v. tr.* Dar a la pelota con el bate. También *v. intr.* **FAM.** Bateador.

batel *s. m.* Barco pequeño. **FAM.** Batelero.

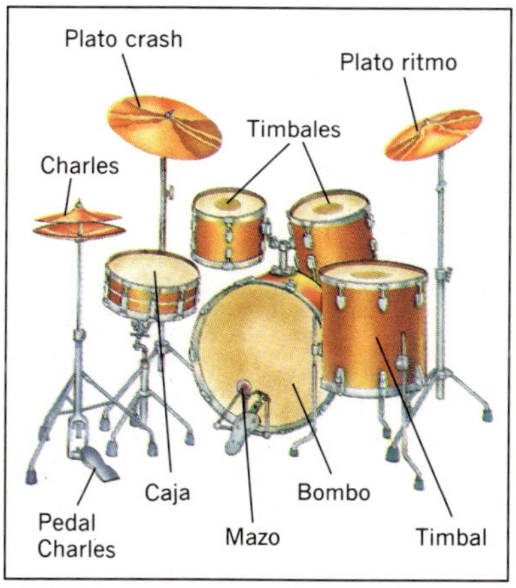

Batería: principales elementos que componen este instrumento de percusión.

batería *s. f.* **1.** Conjunto o fila de piezas de artillería y unidad de artilleros que las manejan. **2.** Conjunto de dos o más pilas, condensadores, resistencias, etc., conectados entre sí. La batería que puede recuperar la energía se denomina secundaria; cuando la energía es irreversible se denomina primaria. El tipo más usual es la batería secundaria utilizada en los automóviles, formada por placas de plomo cubiertas de óxido y bañadas por ácido sulfúrico. **3.** Conjunto de los instrumentos de percusión de una orquesta. **4.** Instrumento de percusión muy usado por los músicos de jazz y de rock, formado por bombo, caja, timbales, charlestón, platillos, etc., y que el intérprete toca con baquetas, escobillas y mazos. ‖ *s. m.* **5.** Músico que toca la batería. ‖ *s. f.* **6.** Fila de luces en el proscenio de los teatros, que sustituye a las antiguas candilejas. ‖ **7. batería de cocina** Conjunto de todos los utensilios metálicos que se usan en la cocina. **8. batería de test** En psicol., conjunto de tests elaborados con un criterio de unidad, que se plantean al individuo o grupo objeto de estudio en una o varias sesiones y permiten obtener un diagnóstico sobre diversos aspectos psicopedagógicos (rendimiento, aptitudes, personalidad). ‖ **Loc. en batería** *adj.* o *adv.* Modo de estacionar los coches colocándolos unos paralelos a otros y perpendicularmente a la acera.

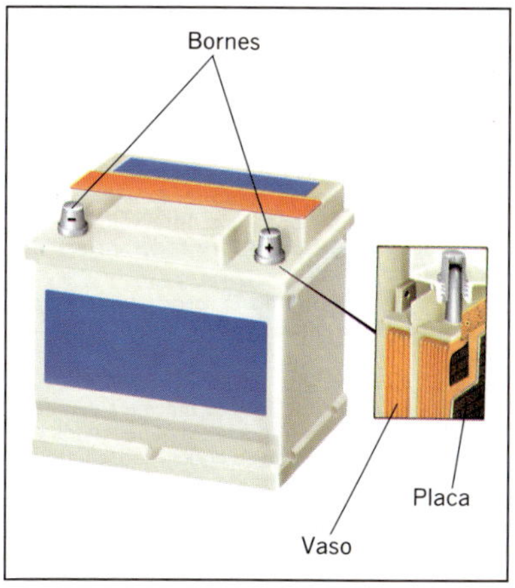

Batería de un coche, con un detalle ampliado de su interior en el que pueden apreciarse los vasos que contienen el ácido.

Bathory o **Batory** Antigua familia de Transilvania, Hungría, a la que pertenecieron **Esteban* I Bathory**, rey de Polonia, y su sobrino **Segismundo** (? 1573 - Praga 1613), príncipe de Transilvania, quien vendió el principado al emperador Rodolfo II; arrepentido, intentó recuperar el trono con ayuda de los turcos, pero fue vencido y tuvo que refugiarse en Bohemia (1600).

bati- *pref.* Significa 'profundo': *batimetría, batiscafo.*

batial *adj.* Se aplica a la zona marina situada entre el zócalo de la plataforma continental y la zona abisal, desde los 200 a los 2.000 m de profundidad.

batiburrillo o **batiborrillo** *s. m.* Mezcla de cosas revueltas.

batida *s. f.* **1.** En la caza, acción de batir o rastrear una zona para hacer salir a los animales de sus escondites. **2.** Acción de registrar un lugar en busca de algo o alguien. **3.** Acción de acuñar moneda.

batido, da 1. *p. p.* de **batir**. También *adj.* ‖ *adj.* **2.** Se dice del camino muy andado. **3.** Se aplica a la tierra muy fina que se usa en las pistas de tenis. ‖ *s. m.* **4.** Bebida que se obtiene al batir helado, leche, huevos, frutas, etc. **5.** Acción de batir el oro, hasta convertirlo en láminas muy finas, llamadas *pan de oro.* **6.** Salto de danza en que se entrechocan los pies.

batidor, ra *adj.* **1.** Que bate. ‖ *s. m.* **2.** Instrumento que bate. **3.** Explorador que precede a las tropas comprobando si hay enemigos en el camino. **4.** Soldado que precede al regimiento en los desfiles. **5.** Peine largo y de pocas púas que sirve para desenredar el pelo, la lana, etc. **6.** Persona que lleva a cabo las batidas en una cacería. **7.** *Arg., Urug.* Confidente de la policía. ‖ *s. f.* **8.** Aparato electrodoméstico provisto de paletas que sirve para batir o triturar los alimentos.

batiente *adj.* **1.** Que bate. ‖ *s. m.* **2.** Parte del marco de una puerta o ventana en que ésta se detiene al cerrarse. Se usa mucho en *pl.* **3.** Hoja de una puerta o ventana. **4.** Lugar de una costa o dique a cuyo pie baten las olas.

batimetría *s. f.* Ciencia que estudia los fondos marinos, en especial su profundidad.

batín *s. m.* **1.** Bata corta que llega poco más abajo de la cintura. **2.** P. ext., bata usada por los hombres para estar en casa.

batintín *s. m.* Gong*.

batir *v. tr.* **1.** Golpear, el viento, las olas, etc., contra algo, dar golpes. **2.** Remover alguna cosa para mezclarla, condensarla o convertirla en líquido. **3.** Mover con ímpetu algo, generalmente produciendo ruido. **4.** Golpear un trozo de metal con un martillo hasta convertirlo en chapa. **5.** Vencer, derrotar. **6.** Atacar con artillería un lugar, derruyéndolo, y p. ext., dominar una zona mediante la artillería. **7.** Acuñar moneda. **8.** Recorrer un terreno en busca de enemigos o animales. **9.** *Arg., Urug.* Delatar, denunciar. ‖ *v. prnl.* **10.** Combatir dos personas, grupos o ejércitos. ‖ **Loc. batir el cobre** *fam.* Emplearse a fondo.

batiscafo *s. m.* Vehículo submarino diseñado por Auguste Piccard para alcanzar grandes profundidades submarinas. Suele constar de una cabina esférica y un gran flotador lleno de gasolina o de otros derivados del petróleo menos densos que el agua.

batista *s. f.* Tela muy fina y delicada, casi transparente.

Batista, Fulgencio (Banes, Holguín 1901 - Marbella, España 1973) Militar y político cubano. Llegó a ser presidente de la república (1940-44). Volvió a ocupar el cargo mediante un golpe de Estado (1952-58), estableciendo un régimen dictatorial. Fue derrocado el 1 de enero de 1959 por Fidel Castro.

Batlle, Lorenzo (Montevideo 1810 - íd. 1887) Militar y político uruguayo. Participó en la guerra Grande. Miembro del Partido Colorado, ocupó la presidencia del país (1868-72), en un periodo de crisis económica. Tuvo que hacer frente a la «revolución de las lanzas» (1870), encabezada por Anacleto Medina y Timoteo Aparicio.

Batlle Berres, Luis Conrado (Montevideo 1897 - íd. 1964) Político uruguayo. Sobrino de Batlle y Ordóñez, fue diputado del Partido Colorado y presidió la Cámara de diputados (1942-46). Fue presidente de la república en dos ocasiones (1947-51 y 1955-56).

Batlle y Ordóñez, José (Montevideo 1856 - íd. 1929) Político y estadista uruguayo. Miembro del Partido Colorado, ocupó la presidencia de la república en varias ocasiones (1899, 1903-07 y 1911-15). Terminó con la guerra entre el Partido Blanco y el Colorado con la paz de Aceguá (1904). Emprendió avanzadas reformas, reflejadas en la Constitución de 1917.

bato- *pref.* Significa 'profundo': *batómetro.*

batolito *s. m.* Gran masa de rocas plutónicas (generalmente granito) próxima a la superficie y que se ensancha hacia el interior en forma de domo o dique. Con frecuencia, debido a la erosión, aflora.

batómetro *s. m.* Aparato que sirve para medir la profundidad del mar.

Baton Rouge C. de EE UU, cap. del estado de Luisiana, situada a orillas del río Mississippi. 238.300 h. en 1988 y 495.900 h. en la aglomeración urbana en 1981. Puerto fluvial, tiene refinerías de petróleo e industrias químicas.

batracios *s. m. pl.* Antigua denominación de los anfibios. También *adj.* y *s. m.*

Batres, Antonio (Guatemala 1847 - íd. 1930) Político y escritor guatemalteco. Fue ministro de Relaciones Exteriores y magistrado del Tribunal Internacional de Justicia de La Haya. Es autor, entre otros libros, de *Los indios, su historia y su civilización* (1893) y *La América Central ante la historia* (1916).

Batres Montúfar, José (San Salvador 1809 - Guatemala 1844) Poeta guatemalteco. Su obra, plena de ironía y observación, marca el inicio del realismo en la poesía hispanoamericana. En sus *Poesías* (1845) destacan *Tradiciones de Guatemala.*

Battenberg Familia noble de origen alemán. A ella pertenecieron **Luis Alejandro** (Graz 1854 - Londres 1921), primer lord del Almirantazgo británico, que tradujo su apellido al inglés con-

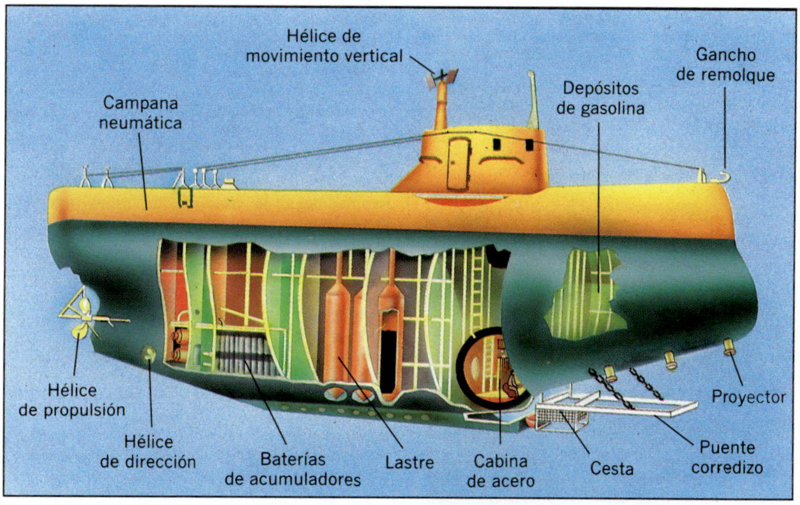

Esquema del interior de un batiscafo: creado en 1948 por el francés Piccard, el batiscafo desciende cuando el agua penetra en sus esclusas y desplaza a la gasolina, y asciende mediante la expulsión de lastre. En la actualidad ha sido sustituido por aparatos más manejables.

virtiéndolo en Mountbatten; **Alejandro José**, primer príncipe de Bulgaria; **Enrique Mauricio**, que se casó en 1885 con la princesa Beatriz, hija menor de la reina Victoria de Inglaterra, y **Victoria Eugenia**, que se casó con Alfonso XIII de España en 1906. También pertenece a esta familia **Felipe de Edimburgo**, consorte de la reina Isabel II de Inglaterra.

Batu Kan (h. 1204 - h. 1255) Príncipe mogol. Nieto de Gengis Kan, fundó el kanato de la Horda de Oro y su capital Saray. Conquistó Rusia y Galitzia.

Batuecas, Las Comarca de España, en la prov. de Salamanca. ‖ **Loc. estar en las Batuecas** *fam.* Estar distraído, estar en Babia.

baturrillo *s. m.* Batiburrillo*.

baturro, rra *adj.* Relativo a los campesinos aragoneses, a los que se atribuyen cualidades como la tozudez y la franqueza. También *s.*

batuta *s. f.* Palo corto con que marca el compás el director de una orquesta, banda, coro, etc. ‖ **Loc. llevar** uno **la batuta** *fam.* Llevar un asunto.

Baudelaire, Charles (París 1821 - íd. 1867) Poeta francés. Fue crítico de arte, uno de los mejores traductores de Edgar Allan Poe, impulsor de la música de Wagner y crítico literario (*El arte romántico,* 1868). Pero su gran aportación a la literatura se dio en el campo de la poesía, en el que se le considera precursor del simbolismo y de las vanguardias del s. XX. Sus poemas están recogidos en *Las flores del mal* (1857), cuya publicación le acarreó un proceso por ofensas a la moral pública.

Charles Baudelaire.

baudio *s. m.* En inform., unidad de medida de la velocidad de procesamiento de datos.

Bauer, Otto (Viena 1881 - París 1938) Político austriaco. Dirigente del Partido Socialdemócrata, fue ministro de Asuntos Exteriores (1919). Escribió, entre otras obras, *La cuestión de las nacionalidades y la socialdemocracia austriaca* (1907).

Bauhaus Escuela de arquitectura y artes aplicadas, fundada por Walter Gropius en Weimar, Alemania, en 1919. Defendió la fusión de todas las artes y su adecuación a las necesidades de la industria y la técnica; fue, por tanto, pionera en el campo del diseño industrial. Entre sus colaboradores destacaron Kandinsky, Klee, Itten, Albers, Mies van der Rohe y Moholy-Nagy.

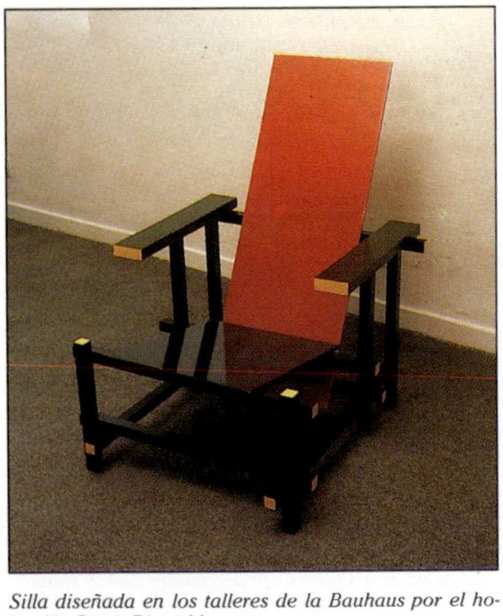

Silla diseñada en los talleres de la Bauhaus por el holandés Gerrit Rietveld.

baúl *s. m.* Especie de caja grande, frecuentemente recubierta de piel, tela u otro material y reforzada con aros y chapas metálicas, que sirve para guardar ropa y llevar el equipaje.

Baum, Vicki (Viena 1888 - Hollywood 1960) Escritora estadounidense de origen austriaco. Es autora de novelas muy populares, de corte sentimental y ambiente mundano, como *Gran Hotel* (1931), *Amor y muerte en Bali* (1939), *Ángel sin cabeza* (1949) y *Escrito en el agua* (1957).

Baumgarten, Alexander Gottlieb (Berlín 1714 - Frankfurt del Oder 1762) Filósofo alemán. Fue discípulo de Christian von Wolff. Introdujo en el vocabulario filosófico la estética como ciencia de lo bello.

bauprés *s. m.* Palo grueso, horizontal o algo inclinado, que en la proa de los barcos sirve para asegurar los cabos que sujetan el trinquete.

bautismo *s. m.* **1.** Rito de purificación que se realiza en diferentes religiones, sumergiendo en agua al que se bautiza, o derramándola sobre su cabeza, o mediante otras prácticas, que simbolizan dicha purificación. **2.** En el cristianismo, primer sacramento de la Iglesia, instituido por Jesús. ‖ **3. bautismo de fuego** Primera vez que un soldado entra en combate. **Fam.** Bautismal.

bautista *adj.* **1.** Se aplica al que bautiza. También *s. m.* ‖ **2. el Bautista** Por antonomasia, San Juan Bautista.

bautizar *v. tr.* **1.** Administrar a una persona el sacramento del bautismo. Se usa también como *v. prnl.* **2.** Poner nombre a algo o alguien. **3.** *fam.* Adulterar el vino o la leche añadiendo agua. **4.** Arrojar agua u otro líquido sobre alguien o algo, de manera casual o intencionada. ■ Se conjuga como *cazar.*

bautizo *s. m.* **1.** Acción de bautizar. **2.** Fiesta o ceremonia con que se celebra la administración del bautismo.

bauxita *s. f.* $Al_2O_3 \cdot nH_2O$. Roca sedimentaria compuesta de diversos óxidos de aluminio hidratados. Es una roca de aspecto terroso, color rosa con manchas rojas, formada por la alteración de arcillas ricas en aluminio por acción de agentes meteorológicos. Muy abundante en la naturaleza, es la mena más importante del aluminio. Tiene además aplicación en la preparación de compuestos de aluminio, en la fabricación de ladrillos refractarios y de productos abrasivos. Los principales yacimientos están en Australia, Jamaica, Surinam, Siberia oriental, Guyana, Francia, EE UU e Indonesia.

bávaro, ra *adj.* **1.** Natural de Baviera. También *s.* **2.** Perteneciente o relativo a esta región de Alemania.

Baviera (*Bayern*) Land de Alemania, en el S del país. 70.548 km^2. 11.049.300 h. en 1989. La capital es Munich, con 1.211.600 h. en 1989. A su gran desarrollo agropecuario se une una importante industria: siderúrgica, petroquímica, textil y cervecera. Entre sus ciudades sobresalen Augsburgo y Nuremberg.

Hist. Baviera estuvo poblada en la antigüedad por los celtas y fue sólo parcialmente ocupada por los romanos. Tras las invasiones de los pueblos germánicos se constituyó en ducado dependiente del imperio de Carlomagno en el s. VIII. En el s. XII el ducado recayó en la dinastía de Wittelsbach, dos de cuyos duques serían emperadores: Luis IV (1314-46) y Carlos VII (1742-45). Baviera desempeñó un importante papel en las guerras religiosas que siguieron a la Reforma. Tras las guerras napoleónicas, se convirtió en reino independiente hasta que en 1871 entró a formar parte del imperio alemán. En 1918 cayó la dinastía de Wittelsbach, se proclamó la república y una revolución dirigida por los espartaquistas se hizo con el poder durante tres meses. Fue posteriormente un foco de agitación nazi. Desde 1945 constituye un Land de Alemania.

baya *s. f.* Nombre que se da a los frutos carnosos, con semillas menudas rodeadas de pulpa, y que carecen de hueso, como la uva y el tomate.

Bayaceto Nombre de varios sultanes otomanos.

Bayaceto I (Aksehir 1354 - íd. 1403) Sultán otomano (1389-1402). Engrandeció su imperio con la conquista de territorios de Asia Menor, llegando a sitiar Constantinopla. Fue derrotado y hecho prisionero por Tamerlán, conquistador mongol, en Ankara (1402).

Bayaceto II (Demotika 1447 - íd. 1512) Sultán otomano (1481-1512). Extendió su imperio por los Balcanes, pero fue derrotado en el mar Mediterráneo (1502) por las flotas veneciana, francesa y española.

bayadera *s. f.* Bailarina y cantante de la India.

Bayamo C. de Cuba, cap. de la prov. de Granma. 126.350 h. en 1986. Es centro administrativo e industrial.

Bayamón C. de Puerto Rico, en el N del país, a orillas del río homónimo. 202.500 h. en 1984. Es un importante centro industrial con producción de papel, azúcar y electricidad.

Bayar, Mahmut Celal (? 1883 - Estambul 1986) Político turco. Fue ministro de Economía con Ataturk (1932) y primer ministro (1937-39). Fundó el Partido Democrático (1946) y ocupó la presidencia de la república (1950-60).

bayeta *s. f.* Paño de tejido absorbente, fabricado a veces con materiales plásticos, que se utiliza en las labores de limpieza.

Bayeu, Francisco (Zaragoza 1734 - Madrid 1795) Pintor español. Cuñado de Goya, ejerció sobre éste gran influencia. Fue pintor de la corte y director de la academia de San Fernando. Decoró la catedral del Pilar de Zaragoza y el claustro de la de Toledo. Ejecutó cartones para tapices, dentro de un estilo academicista.

Bayle, Pierre (Carla, Ariège 1647 - Rotterdam 1706) Filósofo y escritor francés. Calvinista, se convirtió al catolicismo, para inmediatamente volver al protestantismo. Se le considera precursor de la Ilustración. Es autor de un original *Diccionario histórico y crítico* (1696-97).

bayo, ya *adj.* De color blanco amarillento. Se aplica sobre todo al caballo o a la yegua y a su pelo. También *s.*

Bayo, Ciro (Madrid 1860 - íd. 1939) Escritor español. De espíritu bohemio, recorrió buena parte de América latina. Entre sus obras destacan *El peregrino entretenido* (1910), *Lazarillo español* (1911) y *Por la América desconocida* (1920).

Bayona (*Bayonne*) C. de Francia, en el SO del país, en el departamento de los Pirineos Atlánticos. 42.900 h. en 1982.

Bayona, abdicaciones de Renuncia al trono de España realizada por Carlos IV y Fernando VII a favor de Napoleón en Bayona el 30 de abril de 1808.

bayoneta *s. f.* Hoja de acero semejante a la de la espada, que usan los soldados de infantería adaptándola a la boca del cañón del fusil. ‖ **Loc. a la bayoneta** *adv.* En lenguaje militar, usar el fusil con la bayoneta, sin disparar. **Fam.** Bayonetazo.

Bayreuth C. de Alemania, en el Land de Baviera, en el valle del Main. 71.800 h. en 1985. En ella se celebra un famoso festival anual de música dedicado a Wagner.

baza *s. f.* **1.** En el juego de cartas, las que se lleva el jugador que gana la mano. **2.** Beneficio, provecho. ‖ **Loc. meter baza** *fam.* Intervenir en una conversación o debate, sobre todo sin ser llamado a ello.

Baza C. de España, en la prov. de Granada. 21.123 h. en 1990. Posee industria aceitera y harinera.

Bazán, Álvaro de (Granada 1526 - Lisboa 1588) Marino español. Primer marqués de Santa Cruz, desempeñó un importante papel en los enfrentamientos navales de su época, sobre todo en la batalla de Lepanto, donde mandó la escuadra de reserva.

bazar *s. m.* **1.** En Oriente, mercado público. **2.** Comercio grande donde se venden cosas de diversas clases.

Bazille, Frédéric (Montpellier 1841 - Beaune-la-Rolande 1870) Pintor francés. Se le considera uno de los iniciadores del impresionismo. Entre sus cuadros sobresalen *Bosque de Fontainebleau* (1865) y *El taller del artista* (1870).

Bazin, Hervé (Angers 1917) Novelista francés. En un estilo violento satiriza los defectos de la burguesía. Algunas de sus obras más conocidas son *Víbora en el puño* (1948), *La muerte del caballito* (1950), *En nombre del hijo* (1960) y *La divorciada* (1975).

bazo *s. m.* Órgano de los vertebrados, situado en el lado izquierdo del abdomen y comunicado con el sistema de circulación sanguínea a través de la arteria y vena esplénicas. Desempeña tres funciones: producción de linfocitos; destrucción de glóbulos rojos viejos y almacenamiento de hierro para la formación de hemoglobina, y depósito de glóbulos rojos y plasma sanguíneo.

bazoca o **bazuca** *s. f.* Arma que comenzó a usarse en la Segunda Guerra Mundial, de metro y medio de largo y siete centímetros y medio de diámetro, y que sirve para disparar proyectiles, principalmente contra los tanques.

bazofia *s. f.* **1.** Comida muy mala. **2.** Cosa despreciable o repugnante.

BBC Siglas de la *British Broadcasting Corporation*, organismo británico de radio y televisión, con sede en Londres. Creado en 1922, desarrolló una importante labor durante la Segunda Guerra Mundial. Son prestigiosas sus emisiones radiofónicas para el extranjero.

be *s. f.* Nombre de la letra *be*.

Be Símbolo químico del berilio.

Beach Boys Grupo musical estadounidense. Liderado por Brian Wilson, constituyó el principal representante del movimiento juvenil californiano surgido en torno a la práctica del *surfing* en la década de los sesenta. Su estilo se caracteriza por la viveza de sus melodías y la calidad de sus armonías vocales, en canciones como *Good vibrations*, *Surfin' USA*, etc.

Beagle, canal de Estrecho situado al S de la isla Grande de Tierra del Fuego, que une los océanos Atlántico y Pacífico. Tiene una longitud de 180 km. La delimitación de sus aguas territoriales provocó una grave tensión en 1978 entre Chile y Argentina, resuelta por un tratado en 1985.

Beamon, Robert, llamado **Bob** (Jamaica, Nueva York 1946) Atleta estadounidense. En la olimpiada de México (1968) estableció un récord de salto de longitud (8,90 m) que tardó 23 años en ser superado.

Beardsley, Aubrey Vincent (Brighton 1872 - Menton 1898) Ilustrador y caricaturista británico. Es un claro exponente del estilo *art nouveau*. Son muy conocidas sus ilustraciones para *Salomé*, de Oscar Wilde (1894) y *El rizo robado*, de Alexander Pope (1896).

beat, generación Movimiento literario y social, surgido en EE UU a partir de 1950, en torno a un grupo de escritores entre los que destacan Kerouac, Ginsberg, Burroughs, Corso, etc. Eran partidarios de la más completa libertad tanto en lo literario como en lo personal; concedían gran importancia a la música (jazz, sobre todo), a ciertas drogas (marihuana) y a las filosofías orientales.

beatería *s. f.* Devoción exagerada y falsa.

beatíficamente *adv. m.* Con placidez y tranquilidad.

beatificar *v. tr.* Declarar el papa que a algún fiel difunto se le puede tributar culto. ■ Se conjuga como *sacar*. **Fam.** Beatificación.

beatífico, ca *adj.* Aplicado a personas, encontrarse en estado de completa tranquilidad.

beatitud *s. f.* **1.** En la religión cristiana, disfrute eterno del cielo y de la visión de Dios. **2.** Tratamiento que se le da al papa, precedido de *Vuestra* o *Su*. **3.** Estado de bienestar o calma.

Beatles, The Conjunto musical inglés, formado por John Lennon, George Harrison, Paul McCartney y Ringo Starr. Muy influidos por el rock americano, surgieron en el año 1960 en Liverpool y llegaron a ser el grupo de música pop más importante de los años sesenta, con resonancia en la moda, costumbres y actitudes. La música de los Beatles evolucionó de la sencillez de sus primeros éxitos (*Twist and Shout*, *Love me do*, etc.) a temas con letras más complejas y arreglos instrumentales muy sofisticados (*Sargent Peppers*, 1965). El conjunto se separó en 1970.

beatnik (voz ingl.) Movimiento juvenil surgido en los EE UU a finales de los años cincuenta y que se desarrolló a partir de 1960. Bajo la influencia de la generación *beat*, se oponía a los valores tradicionales de la sociedad, tomaban drogas y defendían la vida comunal. El centro del movimiento fue la ciudad de San Francisco.

beato, ta *adj.* **1.** Se dice de la persona de religiosidad exagerada o fingida. También *s.* **2.** Feliz, en lenguaje literario. **3.** Difunto beatificado por el papa. También *s.* ‖ *s. m.* **4.** Copia manuscrita bellamente decorada de los *Comentarios al Apocalipsis* del Beato de Liébana, realizada durante la Edad Media.

Beato de Liébana (La Liébana ? - ¿Valcavado? 798) Monje asturiano del monasterio de San Martín, luego Santo Toribio de Liébana. Escribió *Comentarios al Apocalipsis* (776) en los que expresa su creencia en el cercano fin del mundo. La obra fue copiada e ilustrada en los cenobios leoneses y castellanos (s. IX al XI).

Beaton, Cecil (Londres 1904 - íd. 1980) Fotógrafo y diseñador inglés. Colaborador de las revistas *Vanity fair*, *Vogue* y *Harper's bazaar*, alcanzó celebridad por sus retratos de la familia real británica, sus colecciones fotográficas (*Cecil Beaton's scrapbook*, 1937; *Retrato de Nueva York*, 1937) y el diseño de decorados y vestuario en teatro y cine (*My fair lady*, en 1956 la obra de teatro y en 1964 la película).

Beatriz I (palacio de Soestdijk 1938) Reina de los Países Bajos. Hija de la reina Juliana, subió al trono al abdicar su madre (1980).

Beatriz de Suabia (? - Toro 1235) Reina de Castilla. Fue esposa de Fernando III, del que tuvo diez hijos, entre ellos Alfonso X.

Beatty, Warren (Richmond, Virginia 1937) Actor y director cinematográfico estadounidense. Entre sus interpretaciones destacan las de *Esplendor en la hierba* (1961), *Bonnie y Clyde* (1967) y *Bugsy* (1992). Como director ha realizado *El cielo puede esperar* (1978) y *Rojos* (1980).

Beaufort, Henry (castillo de Beaufort, Anjou h. 1374 - Winchester, Hampshire 1447) Cardenal inglés. Hijo de Juan de Gante y Catherine Swynford, fue en tres ocasiones canciller (1403-04, 1413-17 y 1424-26). Desde 1436 hasta su muerte gobernó Inglaterra.

Beaufort, sir Francis (Nacian 1774 - Londres 1857) Marino y meteorólogo británico. Ideó la escala que lleva su nombre, empleada para medir la velocidad del viento, tanto en el mar como en tierra firme.

Beaumarchais, Pierre Augustin Caron de (París 1732 - íd. 1799) Dramaturgo francés. Relojero de oficio, consiguió introducirse en la Corte y logró el favor real. Creó el personaje de *Fígaro* y sus obras más populares son *El barbero de Sevilla* (1775) y *Las bodas de Fígaro* (1784). También escribió cuatro *Mémoires* (1773-74), brillante sátira social.

beaumontés, sa *adj.* **1.** Se dice de un bando nobiliario navarro del s. XV, que en 1438 combatió contra los agramonteses en la guerra civil de Navarra. **2.** De este bando. También *s.*

Beauvoir, Simone de (París 1908 - íd. 1986) Escritora francesa. Compañera de Sartre, compartió e impulsó sus ideas filosóficas existencialistas y fundó con él la revista *Les temps modernes*. Fue una decidida defensora del feminismo. Entre sus novelas destacan *La invitada* (1943), *Todos los hombres son mortales* (1947), *Los mandarines* (1954), *Memorias de una joven formal* (1958) y *La fuerza de la edad* (1960). Su ensayo más conocido es *El segundo sexo* (1949), profundo estudio de la condición femenina.

Los Beatles: de izquierda a derecha, Paul MacCartney, George Harrison, Ringo Starr y John Lennon.

bebe, ba *s. m.* y *f.* **1.** *Arg., Perú, Urug.* Bebé, niño pequeñito. **2.** Persona joven.

bebé *s. m.* **1.** Niño muy pequeño, que aún no sabe andar o que empieza a hacerlo. **2.** Muñeco con el que juegan las niñas y que representa a un niño muy pequeño.

bebedero *s. m.* **1.** Recipiente que se usa para dar de beber a los animales, y especialmente a las aves domésticas en sus jaulas. **2.** Lugar en el campo donde van a beber las aves. **3.** Lugar, ya sea natural o fabricado, donde bebe el ganado.

bebedizo *s. m.* **1.** Bebida a la que se atribuían propiedades mágicas y, sobre todo, la de enamorar a quien lo tomaba. **2.** Bebida medicinal. **3.** Bebida venenosa.

bebedor, ra *adj.* Que bebe, aplicado especialmente al que abusa de las bebidas alcohólicas. También *s.*

Bebel, August (Colonia 1840 - Passug, Suiza 1913) Político alemán. Fue uno de los fundadores del Partido Socialdemócrata (1869) y presidente en 1892. Diputado en el Reichstag desde 1867 hasta 1913, rechazó los créditos solicitados por Bismarck para la guerra con Francia y fue acusado de alta traición.

beber *v. tr.* **1.** Tragar cualquier tipo de líquido. También *v. intr.* **2.** Recibir ideas, información, etc., especialmente cuando se hace con gran interés. ‖ *v. intr.* **3.** Tomar bebidas alcohólicas. **4.** Brindar por alguien o por algo. ‖ **Loc. beber los vientos por** alguien *fam.* Estar muy enamorado o atraído por alguien. **Fam.** Bebible.

bebestible *adj. fam.* Que se puede beber. También *s. m.*

bebido, da **1.** *p. p.* de **beber**. ‖ *adj.* **2.** Borracho o achispado. ‖ *s. f.* **3.** Acción y efecto de beber, especialmente alcohol. **4.** Cualquier tipo de líquido para beber.

bebistrajo *s. m.* Bebida de mala calidad o sabor desagradable.

be-bop (voz ingl.) *s. m.* Estilo de jazz creado en los años cuarenta por un grupo de músicos, entre los que figuraban Charlie Parker, Thelonius Monk, Charlie Christian, Benny Harris y Dizzy Gillespie, para reaccionar contra el academicismo en boga.

beca *s. f.* **1.** Ayuda económica que recibe un estudiante, investigador, artista, etc., para realizar su actividad. **2.** Banda de paño que llevan algunos estudiantes como distintivo.

becada *s. f.* Ave caradriforme de la familia escolopácidos, especie *Scolopax rusticola*. Mide unos 35 cm de longitud, tiene el cuello y las patas cortas, el pico largo y delgado y el plumaje pardo dorado con manchas oscuras en forma de franjas. De costumbres nocturnas, habita en bosques húmedos de las regiones templadas de Europa y es migrante invernal. Se alimenta de gusanos e insectos y su carne es muy apreciada. También es llamada *chocha perdiz*.

becar *v. tr.* Conceder a alguien una beca. ■ Se conjuga como *sacar*. **Fam.** Becado.

becario, ria *s. m.* y *f.* Persona que disfruta de una beca.

Beccaria, Cesare (Milán 1738 - íd. 1794) Jurisconsulto y economista italiano. Su obra *De los delitos y las penas* (1764) contribuyó a la renovación del derecho penal en Europa.

Becerra, Francisco de (Trujillo 1545 - Lima 1605) Arquitecto español. Marchó a América en 1573 y construyó numerosas obras en México, Perú y Quito, entre ellas, en la ciudad de México, los conventos de Santo Domingo y San Agustín y el coro de la catedral, e hizo los planos de las catedrales de Lima y Cuzco.

Becerra, Gaspar (Baeza h. 1520 - Madrid 1605) Escultor y pintor español. Se formó en Italia con Miguel Ángel. Entre sus esculturas se pueden destacar el retablo de la catedral de Astorga (1558-62) y el Cristo yacente, de las Descalzas Reales, en Madrid. De su labor pictórica se conserva un techo, de influencia manierista, en el palacio de El Pardo.

becerrada *s. f.* Corrida de becerros.

becerro, rra *s. m.* y *f.* **1.** Cría de la vaca, de dos años o menos. ‖ *s. m.* **2.** Piel de ternero curtida y empleada para distintos usos, como encuadernación de libros o fabricación de calzado.

bechamel *s. f.* Besamel*.

Bechuanalandia Antiguo nombre de Botswana.

Becker, Boris (Leimen, Baden - Württemberg 1967) Tenista alemán. En 1985 se proclamó el vencedor más joven del torneo open de Winbledon, que también ganó en 1986 y 1989. Asimismo es ganador de la copa Davis con Alemania y del torneo Masters.

Becket, Santo Tomás (Londres 1118 - Canterbury 1170) Prelado y político inglés. Canciller del reino de Inglaterra en 1155 y arzobispo de Canterbury desde 1162, su defensa de los derechos de la Iglesia frente al rey Enrique II, de quien era amigo íntimo y al que debía su nombramiento como prelado, le llevó al destierro y la muerte. Fue canonizado en 1173.

Beckett, Samuel (Dublín 1906 - París 1989) Escritor irlandés. Fijó su residencia en Francia y desde 1947 adoptó el francés como lengua literaria. Su nota característica es el absurdo, de un humorismo ácido y despiadado, unido a un frío lirismo. Entre sus novelas destacan *Murphy* (1938), *Molloy* (1951) y *Malone muere* (1951); entre sus obras de teatro sobresalen *Esperando a Godot* (1952) y *Final de partida* (1957). Obtuvo el premio Nobel de literatura en 1969.

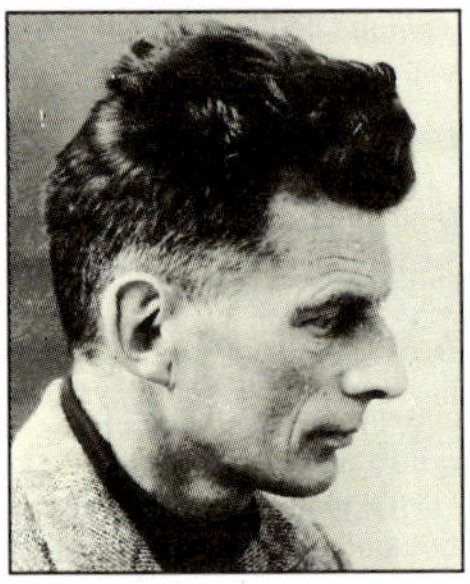

Samuel Beckett.

Beckmann, Max (Leipzig 1884 - Nueva York 1950) Pintor alemán. Fue profesor de la escuela de Bellas Artes de Frankfurt (1915-33), hasta que fue expulsado por «decadente». Perseguido por los nazis, en 1937 marchó a Holanda y en 1947, a EE UU. Su estilo es expresionista, influido por los primitivos flamencos. En su obra destacan una serie de nueve trípticos y *La noche* (1918-19), *Pierrete y el payaso* (1925) y *Carnaval* (1930).

Bécquer, Gustavo Adolfo (Sevilla 1836 - Madrid 1870) Poeta español. Su nombre real era Gustavo Adolfo Domínguez Bastida, pero utilizó siempre el segundo apellido de su padre. Fue un romántico tardío y se le considera el iniciador de la poesía moderna española. Compuso la mayor parte de sus *Rimas* entre 1867 y 1868, pero el manuscrito se perdió y sólo se conservan las que retuvo en su memoria y pudieron ser reconstruidas. De su obra en prosa destacan las *Leyendas,* relatos fantásticos donde se refleja su atracción por el misterio, y *Cartas desde mi celda,* escritas desde el monasterio de Veruela. En vida sólo publicó el libro *Historia de los templos de España,* escrita por encargo.

Gustavo Adolfo Bécquer. Cuadro de Valeriano Bécquer (colección particular).

Becquerel, Antoine (Châtillon - Coligny 1788 - París 1878) Físico francés. Es considerado el descubridor de la piezoelectricidad. Se le debe también un procedimiento para depositar galvánicamente los metales y un aparato para medir la intensidad de las radiaciones luminosas en el medio submarino.

Becquerel, Henri (París 1852 - Le Croisic 1908) Físico francés. Nieto del anterior, descubrió la radiactividad de las sales de uranio y la ionización de los gases producida por dicha radiación. Compartió con Pierre y Marie Curie el premio Nobel de física de 1903.

becquerelio *s. m.* Bq. Unidad de medida de la actividad radiactiva en el sistema internacional (SI), equivalente a una desintegración por segundo.

becuadro *s. m.* Signo musical (♮) que se coloca delante de una nota para anular un sostenido o bemol anterior.

Beda, el Venerable (Northumbria 673 - Jarrow 735) Santo monje benedictino anglosajón. Fue uno de los autores de la temprana Edad Media que contribuyó a la conservación de la cultura antigua mediante escritos de carácter enciclopédico. Entre sus obras destaca la *Historia eclesiástica de los anglos.*

bedel *s. m.* Empleado de las universidades y otros centros oficiales de enseñanza, encargado de cuidar el orden fuera de las aulas, anunciar la hora de entrada y salida, etc.

Bedfordshire Condado del Reino Unido, en Inglaterra, situado en el S del país. 1.235 km^2. 525.900 h. en 1987. La capital es Bedford, con 74.250 h. en 1981. Produce material eléctrico y maquinaria, además de industria aeronáutica.

beduino, na *adj.* **1.** Se dice de los pueblos nómadas de las estepas y desiertos de la península Arábiga, Siria y N de África. Son ganaderos que viven en grupos de tipo patriarcal. **2.** De estos pueblos. También *s.*

Beethoven, Ludwig van (Bonn 1770 - Viena 1827) Compositor alemán. Compuso sus primeras piezas pianísticas a los doce años. La relación con su maestro Haydn refleja las diferencias entre el viejo mundo musical y el nuevo que él mismo inaugura. Conoció a Mozart y se instaló en Viena en 1792. En 1801 se vio afectado por una sordera que se convirtió en total en 1824. Fue el último de los grandes clásicos vieneses y al mismo tiempo el iniciador de la era romántica. Su estilo revolucionario se forjó en el piano, del que fue gran virtuoso. Pronto rompió con sus modelos (Haydn, Bach) para desplegar una expresión más libre y enérgica, que desbordó los límites clásicos de la sonata. En la sinfonía impuso también sus propios criterios estructurales, rítmicos y tonales, creando un estilo heroico donde expresó las tensiones de la era napoleónica. Su obra comprende 9 sinfonías, 5 conciertos para piano, la ópera *Fidelio,* ballets, oberturas, sonatas para piano y violín, etc.

Ludwig van Beethoven. Cuadro de Karl Josef Stieler (Museo de Historia, Viena).

befa *s. f.* Burla insultante, grosería.

befar *v. intr.* **1.** Mover los caballos el befo. ‖ *v. prnl.* **2.** Burlarse.

befo, fa *adj.* **1.** Belfo*. ‖ *s. m.* **2.** Labio de un animal.

Begin, Menahem (Brest - Litovsk, Polonia 1913 - Jerusalén 1992) Político israelí. Militante sionista del ala más radical, dirigió, antes de la creación del estado de Israel, varias organizaciones terroristas. En 1973 fundó el partido Likud, de corte derechista. Fue presidente del gobierno de 1977 a 1983. Obtuvo el premio Nobel de la paz en 1978, compartido con Anuar el-Sadat, por la paz alcanzada con Egipto.

begonia *s. f.* Nombre común de diversas plantas herbáceas de la familia begoniáceas, género *Begonia.* Presentan tallo erguido o trepador, rizoma, inflorescencias en cimas o panículos y flores blancas, rosadas o amarillas. Originaria de América, se cultiva en regiones cálidas como planta ornamental.

Behan, Brendan (Dublín 1923 - íd. 1964) Dramaturgo irlandés. Militante del IRA, fue condenado y pasó en prisión de 1942 a 1948. Sus experiencias en el reformatorio y en la cárcel se reflejan en su obra. Algunos de sus títulos más conocidos son *Víspera de ejecución* (1956), *El rehén* (1958) y *El escurridizo* (1964).

behaviorismo *s. m.* Conductismo*.

behetría *s. f.* Privilegio de ciertos grupos campesinos medievales castellano-leoneses que les permitía elegir libremente señor a quien encomendarse.

Behrens, Peter (Hamburgo 1868 - Berlín 1940) Arquitecto y diseñador industrial alemán. Fue uno de los maestros del arte funcional. Entre sus obras sobresalen la factoría de turbinas de AEG, en Berlín (1908-09), la embajada alemana en San Petersburgo (1911) y la fábrica de tabacos Linz (1930). Fueron sus discípulos Walter Gropius, Ludwig Mies van der Rohe y Le Corbusier.

Behring Véase **Bering**.

Behring, Emil Adolf von (Hansdorf 1854 - Marburgo 1917) Bacteriólogo alemán. Descubridor de la antitoxina diftérica, se le considera el fundador de la inmunología. Recibió en 1901 el primer premio Nobel de medicina y fisiología.

beige (voz fr.) *adj.* De color café con leche, ocre. También *s. m.*

Beijing Véase **Pekín**.

Beira C. de Mozambique, cap. del estado de Sofala. 291.600 h. en 1989. Posee un puerto que exporta algodón, sisal, cromo, plomo, amianto y oro.

Beirut (*Bayrūt*) C. del Líbano, cap. del país. 1.500.000 h. en 1985. La prosperidad económica de la ciudad y la actividad de su puerto se han visto frenadas por la guerra civil que estalló en 1975. El centro histórico fue destruido en 1982.

Beirut: vista aérea de la ciudad, con el puerto al fondo.

beis *adj.* Beige*.

béisbol *s. m.* Deporte de competición, muy popular en EE UU, que se practica con una pelota y un bate, y en el que los jugadores intentan anotarse el mayor número de carreras (vuelta completa alrededor del campo) en las nueve entradas de que consta un partido. Unas almohadillas de lona blanca (bases) jalonan el recorrido que debe hacer cada jugador en el campo. El equipo

Begonia.

está formado por nueve jugadores: lanzador (*pitcher*), receptor (*catcher*), primer base, segundo base, medio, tercer base, exterior derecha, centro campo y exterior izquierda.

Beja Distrito de Portugal, situado en el S del país. 10.225 km^2. 177.700 h. en 1988. La capital es Beja, con 19.700 h. en 1981. Su economía se basa en la agricultura cerealística y la pesca.

Béjar C. de España, en la prov. de Salamanca, situada al pie de la sierra homónima, junto al río Cuerpo de Hombre. 17.476 h. en 1990. Posee una rica tradición textil desde la Edad Media, pero la industria actual padece una grave crisis.

Béjart, Maurice (Marsella 1927) Bailarín y coreógrafo francés. Fundador del *Ballet du XXème siècle*, es uno de los grandes renovadores de la coreografía actual. Ha creado ballets con música de Stravinski, Berlioz y Berg entre otros.

bejuco *s. m.* Nombre común de diversas plantas trepadoras tropicales, de tallos largos y sarmentosos, que se extienden por el suelo o trepan por los troncos de los árboles. Pertenecen a varias familias y se usan para fabricar tejidos, ligaduras y muebles. Se llaman también *lianas*.

bel *s. m.* Belio*.

bel canto *expr. ital.* Estilo que caracterizaba a los cantantes italianos de ópera entre los s. XVII y XIX. P. ext., sinónimo de canto operístico.

Bela Nombre de cuatro reyes húngaros, de la familia de los Arpad.
Bela I (? - ? 1063) Rey de Hungría (1061-63). Conquistó el trono con el apoyo de Boleslao el Valiente, rey de Polonia. Estableció el cristianismo como religión oficial.
Bela IV (? - ? 1270) Rey de Hungría (1235-70). Restableció el predominio real sobre los nobles. Fue derrotado por los mongoles en la batalla de Muhi (1241) y tuvo que huir del país. Volvió a su reino y recuperó los territorios ocupados por el duque austriaco Federico.

Belalcázar o **Benalcázar, Sebastián de** (Belalcázar, Córdoba h. 1480 - Cartagena de Indias 1551) Conquistador español. Participó con Hernández de Córdoba en la conquista de Nicaragua (1524) y se unió a Pizarro en la de Perú (1530). Organizó una expedición a Quito (1533). Adelantado y gobernador de Popayán (1541), fue acusado de corrupción y condenado a muerte, pero murió de enfermedad.

Belarús Véase **Bielorrusia**.

Belau, República de Islas del océano Pacífico en Micronesia. Están administradas por EE UU. 487 km^2. 14.000 h. en 1987. La capital es Koror, con 7.600 h. en 1986. Se llama también *Palau*.

Belaúnde Terry, Fernando (Lima 1912) Político peruano. En 1956 fundó el partido Acción Popular, de tendencia centrista, y en 1963 fue elegido presidente. Fue apartado del cargo en 1968 por un golpe militar. Retornó al poder tras las elecciones de 1980 y se mantuvo en él hasta 1985.

belcebú *s. m.* Demonio*.

beldad *s. f.* **1.** Belleza, particularmente la femenina. **2.** Mujer de belleza perfecta.

beldar *v. tr.* Aventar el grano con el bieldo.

Belém C. de Brasil, cap. del estado de Pará, en el delta del río Amazonas. 1.190.000 h. en 1989. Es centro industrial y comercial, con fábricas de azúcar, harina y textiles.

belemnites *s. m. pl.* Nombre común de diversos moluscos fósiles de la familia belemnítidos y numerosos géneros. De ellos se conserva tan solo la concha interna, que semeja una bala. Se sabe que tenían una bolsa de tinta, tentáculos cortos y aletas dorsales. Aparecieron en el triásico y vivieron en los mares de los periodos jurásico y cretácico.

belén *s. m.* **1.** Nacimiento, representación realista del de Jesucristo en un paisaje con construcciones y figuras, que se instala en las casas, iglesias, etc., con motivo de la festividad de Navidad. **2.** *fam.* Asunto complicado y que puede traer disgustos. Se usa generalmente en *pl.* **3.** *fam.* Lugar o cosa en que hay mucha confusión.

Belén (en ár. *Bayt Lahm*) C. de Israel, a 9 km de Jerusalén. 40.000 h. en 1987. Conserva restos romanos y la iglesia de la Natividad, del s. IV, sobre la gruta donde, según la tradición, nació Jesucristo.

beleño *s. m.* Nombre común de diversas plantas herbáceas de la familia solanáceas, género *Hyoscyamus*. Miden entre 30 y 80 cm de altura, tienen hojas anchas, largas y vellosas, de olor fuerte y desagradable, flores amarillas y fruto capsular. Crecen en Europa central y meridional. El beleño negro *(Hyoscyamus niger)* contiene, sobre todo en la raíz, alcaloides. El beleño blanco *(Hyoscyamus albus)* presenta hojas redondeadas y flores amarillas por fuera y verdosas por dentro.

Belfast C. del Reino Unido, cap. de Irlanda del Norte. 304.000 h. en 1986. Posee industria textil y aeronáutica, astilleros y puerto comercial. El conflicto entre protestantes y católicos adquirió especial violencia desde 1969 y ha afectado gravemente a la ciudad.

belfo, fa *adj.* **1.** Se dice de la persona que tiene abultado y caído el labio inferior. También *s.* ‖ *s. m.* **2.** Ese tipo de labio. **3.** Labio del caballo o de otro animal que lo tenga semejante a éste.

belga *adj.* De Bélgica. También *s.*

Bélgica (en fr. *Belgique*, en flamenco *België*) Estado de Europa occidental.

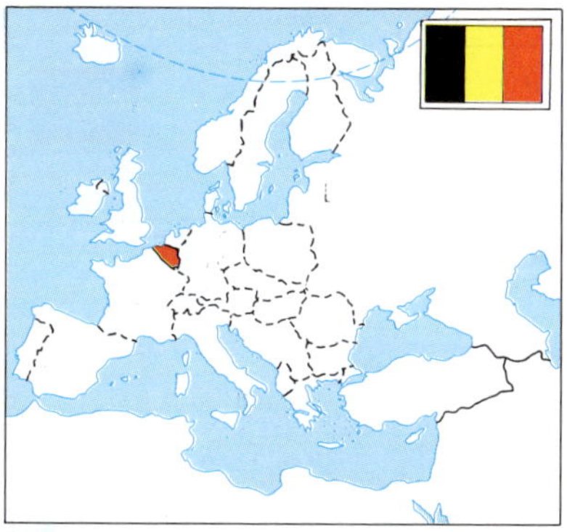

Extensión: 30.513 km^2.
Límites: al N, con los Países Bajos; al E, con los Países Bajos, Alemania y Luxemburgo; al S, con Francia, y al O, con el mar del Norte.
Población: 9.900.000 h. en 1990.
Densidad: 324,6 h./km^2.
Capital: Bruselas.
División administrativa (provincias): Amberes, Brabante, Flandes Occidental, Flandes Oriental, Hainaut, Lieja, Limburgo, Luxemburgo, Namur.
Ciudades principales: Gante, Charleroi, Lieja, Amberes.
Gentilicio: belga.
Forma de Estado: monarquía parlamentaria.
Idioma: flamenco y francés.
Religión: catolicismo.
Moneda: franco belga.
Tasa de natalidad: 12‰ en 1990.
Tasa de mortalidad: 11 ‰ en 1990.
Renta per cápita: 14.550 dólares en 1988.

Geog. física Se distinguen tres regiones naturales: al N, la Bélgica baja, que constituye un terreno llano, con dunas en la costa; en el centro, la Bélgica media, con llanuras y mesetas de escasa altitud; y al S, la Bélgica alta, que está formada por el macizo de las Ardenas. También se pueden diferenciar tres cuencas hidrográficas: la del Mosa, la del Escalda y la de los ríos del NO. La mayor parte son navegables y están unidos por canales, el principal de los cuales es el canal Alberto, que enlaza el río Mosa con el puerto de Amberes. El clima es oceánico, templado, con lluvias regulares.
Geog. humana y ***económica*** Existen dos grupos lingüísticos: valones, de lengua francesa, al S; y flamencos, de lengua flamenca, al N; además de un 10 % de inmigrantes extranjeros, principalmente griegos, italianos, españoles y norteafricanos.
Bélgica es un país altamente industrializado. Posee grandes cuencas hulleras en Lieja, Mons y Charleroi, con industrias metalúrgicas y químicas. Sigue teniendo importancia la industria textil del lino y del algodón. La explotación forestal y la ganadería representan las actividades más destacadas del sector agropecuario. El sistema de comunicaciones está muy desarrollado y cuenta con una densa red de carreteras y ferrocarriles, con importantes puertos como los de Amberes, Ostende y Gante, además de aeropuertos internacionales. La economía belga se ha beneficiado del escaso deterioro de sus estructuras productivas durante las dos guerras mundiales. A partir de los años setenta se ha iniciado la explotación de nuevas fuentes de energía y la reconversión industrial, orientada hacia la renovación tecnológica y la producción de bienes de equipo.

Bélgica: vista de la ciudad de Gante, con sus casas de época medieval.

Hist. La población primitiva de Bélgica ofrece las mismas características que la mayor parte del occidente europeo, y sobre todo del NO de Francia, destacando por su alto nivel cultural. Hacia el año 50 a. C., Julio César conquistó el territorio, al que denominó *Gallia Belgica*. Debido a su situación fronteriza sufrió varias invasiones y a principios del s. V estaba parcialmente ocupada por los francos. En el s. IX, fue incluida en el imperio carolingio y quedó dividida en diversos condados. Por el tratado de Verdún (843), la zona S pasó a Francia y la N a la Lotaringia y después al Sacro Imperio Romano Germánico.
Durante el s. XV, casi toda Bélgica quedó unificada bajo la soberanía de Felipe el Bueno, duque de Borgoña, hasta que en 1477 pasó a pertenecer a la casa de Habsburgo. A partir de entonces se inició un periodo de dominaciones extranjeras: española (1528-1714), austriaca (1714-95), francesa (1795-1814) y neerlandesa (1815-30). En 1830 se independizó de Holanda y se declaró monarquía constitucional, cuyo primer rey fue Leopoldo de Sajonia Coburgo (Leopoldo I). Su sucesor, Leopoldo II (1865-1909), realizó una importante gestión económica y anexionó el Congo a la Corona. Durante la Primera y Segunda Guerra Mundial, a pesar de haberse declarado neutral, sufrió la invasión alemana. Después de la Segunda Guerra Mundial, Leopoldo III, desprestigiado por su capitulación ante los alemanes, se vio obligado a abdicar en su hijo Balduino I. En 1948, Bélgica entró a formar parte del Benelux, con Holanda y Luxemburgo; en 1949 ingresó en la OTAN y desde 1957 es parte inte-

Bélgica: la ciudad de Bouillon, en la región de las Ardenas, en el sur del país.

grante de la CEE. En 1960 tuvo que hacer frente a una grave coyuntura económica, al independizarse el Congo, que constituía una de sus principales fuentes de riqueza. Los sucesivos gobiernos del país, fundamentalmente socialcristianos y liberales, han debido hacer frente al creciente conflicto suscitado entre las nacionalidades flamenca y valona.

Cult. En la literatura medieval son dignos de mención el cronista Jean Froissart, que escribió en lengua francesa, y el místico flamenco del mismo siglo Jan van Ruysbroeck. Tras un largo periodo de predominio de la influencia francesa, que se prolonga hasta el s. XVIII, la cultura propiamente belga florece a raíz de la independencia del país en 1830. Sin embargo, en literatura habrá que esperar a finales del s. XIX y principios del XX para encontrar autores, en lengua francesa, de la talla del simbolista Maurice Maeterlinck o del historiador Henri Pirenne y, en lengua flamenca, del poeta Guido Gezelle. Ya en pleno s. XX hay que citar, en lengua francesa, al poeta y pintor Henri Michaux y al autor de novelas policíacas Georges Simenon, y en lengua flamenca al escritor, pintor y cineasta Hugo Claus. Heredera del arte flamenco, la arquitectura del s. XIX se dedicó a la imitación de los estilos antiguos (gótico, renacentista). Hacia 1900, Van de Velde y Victor Horta iniciaron un movimiento de renovación simplificando formas, aunque la decoración siguió siendo abundante; Bruselas fue uno de los focos de desarrollo del modernismo. Más tarde triunfó el estilo funcional. La escultura y la pintura del s. XIX siguieron las pautas marcadas por Francia (neoclasicismo, romanticismo y realismo). Ya en el s. XX, James Ensor, partiendo del impresionismo, creó una pintura fantástica e irrealista; otro grupo de pintores evolucionó hacia el expresionismo (Constant Permeke, Gustave de Smet) y el surrealismo (René Magritte y Paul Delvaux). El principal representante belga del grupo *CoBrA*, creado en 1948, fue Alechinsky. El arte pop y el cinético tuvieron una gran importancia a partir de 1960, en que el palacio de Bellas Artes se convirtió en un activísimo centro de arte, bajo la dirección de Robert Giron. En el campo del cómic sobresale la personalidad de Hergé, el creador de *Tintín*. En cine, el nombre más destacado es el del director André Delvaux, autor de *El hombre del cráneo rapado* (1966), *Cita en Bray* (1971), etc. La música belga alcanzó un gran desarrollo en el s. XIX gracias a la obra de los conservatorios reales, por los que pasaron los más importantes compositores, como César Franck y, ya en el s. XX, Jean Absil y Henri Pousseur.

Belgrado (*Beograd*) C. de Serbia, cap. de la república y de la antigua Yugoslavia, en la confluencia del río Save con el Danubio. 1.470.000 h. en 1981. Es un importante centro industrial, comercial, cultural y administrativo. Posee industria metalúrgica, química y alimentaria. Tiene dos puertos fluviales y es un nudo de comunicaciones por carretera y ferrocarril.

Belgrano, Manuel (Buenos Aires 1770 - íd. 1820) Militar argentino. Fue uno de los grandes héroes e ideólogos de la independencia argentina, partidario de una revolución no violenta y una monarquía constitucional. Utilizó su cargo como secretario del consulado de Buenos Aires (1794) para promover el desarrollo económico del Río de la Plata. Luchó contra los intentos de invasión británica en 1806 y 1807. Como general intervino en las campañas de Paraguay y del Alto Perú y derrotó a los españoles en Tucumán y Salta en 1812 y 1813.

Belgrado: edificio del Parlamento, en el bulevar de la Revolución.

Manuel Belgrano. Retrato atribuido a Carbonnier, detalle (Museo de Historia Nacional, Buenos Aires).

Belice Estado de América Central, en el SE de la península de Yucatán.

Extensión: 22.965 km^2.
Límites: al N, con México; al E, con el mar Caribe; al S, con Guatemala, y al O, con México y Guatemala.
Población: 200.000 h. en 1990.
Densidad: 7,8 h./km^2.
Capital: Belmopan.
División administrativa: 6 distritos.
Ciudades principales: Belice, Orange Walk, Corozal.
Gentilicio: beliceño.
Forma de Estado: monarquía constitucional.
Idioma: inglés.
Religión: catolicismo, 66,8 %; protestantismo, 25,9 %.
Moneda: dólar de Belice.
Tasa de natalidad: 37 ‰ en 1990.
Tasa de mortalidad: 6 ‰ en 1990.
Renta per cápita: 1.460 dólares en 1988.

Geog. El territorio está ocupado en su mayor parte por colinas cubiertas de bosques. El clima es tropical. La principal actividad económica la constituyen la explotación forestal y el cultivo de naranjas, pomelos y caña de azúcar. La mayoría de la población, concentrada en la costa, es mestiza; hay además un 36 % de raza negra y un 8 % de amerindios.

Hist. En el territorio de la actual Belice tuvo un gran desarrollo la civilización maya. Tras la conquista española, los ingleses se asentaron en la costa en el s. XVII y obtuvieron de España los derechos de explotación forestal en el s. XVIII. En 1862 se implantó la colonia británica, que obtuvo la autonomía en 1964 y la independencia en 1981 como miembro de la Commonwealth.

belicismo *s. m.* Tendencia a provocar guerras y conflictos armados o tomar parte en ellos. **FAM.** Belicista.

bélico, ca *adj.* Perteneciente o relativo a la guerra.

belicoso, sa *adj.* **1.** Inclinado a la lucha armada. **2.** Agresivo, que tiende a entablar fuertes discusiones. **FAM.** Belicosidad.

beligerante *adj.* Se dice del que está en guerra con otro. También *s. m.* y *f.* y más frecuentemente en *pl.* **FAM.** Beligerancia.

belio o **bel** *s. m.* Unidad acústica de medida de la variación de la potencia sonora. Un sonido es un belio más intenso que otro cuando posee 10 veces su intensidad sonora. Se utiliza frecuentemente su submúltiplo, diez veces menor, el *decibelio*.

Belisario (Tracia h. 500 - Constantinopla 565) Militar bizantino. Destacado general, fue nombrado jefe del ejército en la época de Justiniano. Luchó contra los persas, vándalos y ostrogodos y consolidó la presencia bizantina en el Mediterráneo.

Bell, Alexander Graham (Edimburgo 1847 - cerca de Baddeck, Canadá 1922) Inventor estadounidense de origen británico. En 1876, cuando trabajaba en la búsqueda de un sistema de audición para sordos, inventó el teléfono.

bellaco, ca *adj.* **1.** Granuja, pícaro. También *s.* **2.** Malo, ruin. También *s.* **FAM.** Bellaquería.

belladona *s. f.* Planta herbácea de la familia solanáceas, especie *Atropa belladonna*. Mide entre 60 y 125 cm de longitud, tiene hojas enteras y flores acampanadas, de color violáceo el exterior y amarillento el interior. Sus bayas, de color negro, son venenosas y de sus hojas y raíces se extrae el alcaloide atropina, utilizado en medicina.

Bellay, Joachim du (castillo de la Turmelière, Anjou 1522 - París 1560) Poeta francés. Perteneciente al grupo de *La Pléiade*, expuso los ideales poéticos del mismo en su *Defensa e ilustración de la lengua francesa* (1549). Fue el introductor del soneto en su país. Su libro más importante es *Las añoranzas* (1558).

belle époque (expr. fr.) Periodo de la historia europea comprendido entre 1870 y 1914. Esta larga etapa sin guerras en Europa favoreció la economía y las innovaciones técnicas y originó bienestar, alegría y un desmedido optimismo, y tuvo en París su centro más destacado.

belleza *s. f.* **1.** Cualidad de bello. **2.** Mujer de gran hermosura.

Bellini Familia de pintores venecianos, formada por Jacopo y sus hijos Gentile y Giovanni. **Jacopo** (Venecia h. 1400 - íd. h. 1470) Sus investigaciones sobre la composición y el espacio le llevaron a apartarse de la tradición gótica e incorporar ya características renacentistas. **Gentile** (Venecia h. 1429 - íd. 1507) Tras una estancia en Constantinopla, llegó a ser el pintor oficial de la república de Venecia. Es autor de cuadros de grandes dimensiones y brillante colorido, que representan procesiones y otras escenas de la vida de la ciudad. También pintó excelentes retratos. **Giovanni** (Venecia h. 1430 - íd. 1516) Fue el pintor más destacado de la dinastía. Su evolución, que acusa las huellas de su padre y de Mantegna, desembocó en obras notables de tema religioso: *La transfiguración*, *La oración del huerto*, *El entierro de Cristo* y, sobre todo, *Cristo muerto*, de enorme expresividad. En sus cuadros se advierte un acusado sentido del espacio y de la luz.

Bellini, Vincenzo (Catania 1801 - Puteaux 1835) Compositor italiano. Es autor de óperas, como *Norma* (1831), *La sonámbula* (1831) y *Los puritanos* (1835), en las que sobresalen las arias.

bello, lla *adj.* **1.** Se dice de las cosas o seres que agradan a los sentidos. **2.** Se aplica a cosas o seres que por su perfección o cualidades causan satisfacción intelectual o moral.

Bello C. de Colombia, que forma parte del área metropolitana de Medellín. 212.900 h. en 1985.

Bello, Andrés (Caracas 1781 - Santiago de Chile 1865) Humanista venezolano. Ejerció la enseñanza privada en su país y fue profesor de Simón Bolívar. Identificado con éste en la causa de la independencia de los países iberoamericanos, viajó a Inglaterra en busca de ayuda para su empresa. Allí publicó los poemas *Alocución a la poesía* (1823) y *Silva a la agricultura de la zona tórrida* (1826), considerados como las primeras obras de creación literaria de su país. Desde 1829 y hasta su muerte vivió en Chile. Su obra poética más notable en esta etapa es *El incendio de la*

Andrés Bello.

Compañía (1841). Entre su numerosa producción ensayística tienen gran importancia sus estudios lingüísticos: *Principios de ortografía y métrica de la lengua castellana* (1835), *Gramática de la lengua castellana* (1841) y *Análisis ideológico de los tiempos de la conjugación castellana* (1841). Fue también el autor del *Código civil* chileno, aprobado en 1855.

bellota *s. f.* Fruto de la encina, del roble y otros árboles del género *Quercus.* Es un aquenio voluminoso, ovalado y puntiagudo, de 2 cm o más de largo, con una envoltura escamosa hasta casi la mitad del fruto. Dentro del epicarpio se encuentra la semilla. Es alimento del ganado porcino y de animales que viven en estado salvaje (patos, faisanes, etc.). ‖ LOC. **animal de bellota** *fam.* Persona burda e ignorante.

Bellota de un alcornoque (Quercus suber).

Bellow, Saul (Lachine, Quebec 1915) Novelista estadounidense de origen canadiense. Su obra pone de relieve el clima de tensión y la soledad de la sociedad de su país. Es autor de *Las aventuras de Augie March* (1953), *Carpe diem* (1956), *Herzog* (1964) y *El legado de Humboldt* (1975). Obtuvo el premio Nobel en 1976.

Belmondo, Jean-Paul (Neuilly-sur-Seine 1933) Actor cinematográfico francés. Descubierto por la *nouvelle vague,* se especializó luego en filmes de acción con tintes burlescos. Algunas de sus películas son *Al final de la escapada* (1959), *El hombre de Rio* (1963), *Pierrot el loco* (1965), *Borsalino* (1970) y *El especialista* (1981).

Belmonte, Juan (Sevilla 1892 - Utrera 1962) Torero español. Tomó la alternativa en Madrid en 1913. Su estilo fue sobrio y dramático. Su rivalidad con Joselito fue seguida apasionadamente por la afición. Se retiró definitivamente en 1935.

Belmopan C. de Belice, cap. del país. 4.500 h. en 1987. Está situada en el centro del mismo, cerca del río Belice.

Belo Horizonte C. de Brasil, cap. del estado de Minas Gerais. 2.339.050 h. en 1989, 3.056.500 h. en su área metropolitana. Cuenta con una importante industria siderúrgica, mecánica y química. También destacan el sector de la construcción, la elaboración de tabaco y el refinado de petróleo.

belt (voz ingl.) *s. m.* En geog., región con predominio de producción agrícola o minera en su economía, como p. ej. *wheat belt* (cinturón del trigo) en EE UU, o *copperbelt* (cinturón del cobre) en el centro de África.

Belt, Gran Estrecho de Dinamarca, que separa las islas de Sjaeland y Fionia y comunica el estrecho de Kattegat con el mar Báltico.

Belt, Pequeño Estrecho de Dinamarca, que separa la isla de Fionia de la península de Jutlandia y comunica el estrecho de Kattegat con el mar Báltico.

Beltraneja, Juana la Véase **Juana la Beltraneja**.

Beluchistán Región de Asia, en el SO, entre el E de Irán y Pakistán. 530.000 km^2. La parte pakistaní es una región muy montañosa que cuenta con ganadería nómada y agricultura de regadío. Por el contrario la parte iraní es una meseta árida con escasas zonas de agricultura de regadío.

beluga *s. f.* Mamífero cetáceo de la familia monodóntidos, especie *Delphinapterus leuca.* Mide unos 4 m de longitud, carece de aleta dorsal y tiene la piel blanca. Habita los mares árticos.

bemba *s. f. amer.* Boca de labios gruesos y abultados.

bembo *s. m. amer.* Belfo, en especial el de los negros.

Bembo, Pietro (Venecia 1470 - Roma 1547) Cardenal y humanista italiano. Petrarquista, su obra poética más destacada es *Rimas* (1530). En los diálogos de *Gli asolani* (1505) expone una teoría platónica del amor, y en *Prosas sobre la lengua vulgar* (1525) trata sobre la importancia de la lengua toscana.

bemol *adj.* **1.** Se dice de la nota cuya entonación es un semitono más bajo que su sonido natural. También *s. m.* ‖ *s. m.* **2.** Signo (♭) que representa este elemento musical. ‖ LOC. **tener** una cosa **bemoles** *fam.* Ser difícil, ardua. También se usa para protestar de un abuso o faena.

ben o **ibn** (voz ár.) Significa 'hijo de' y se emplea en la formación de apellidos: *Abul ben Abdallah, ibn Battuta.* ■ Su plural es *beni.*

Ben Barka, Mehdi (Rabat 1920 - París 1965) Político marroquí. Fundador en 1950 de la Unión Nacional de Fuerzas Populares (UNFP), se enfrentó al régimen de Hassan II, quien le obligó a exiliarse en 1963. Fue raptado y asesinado.

Ben Bella, Ahmed (Marnia 1918) Político argelino. Líder independentista, fue nombrado presidente de su país en 1963. Realizó una política de carácter socialista y apoyó los movimientos de liberación del Tercer Mundo. En 1965 fue derrocado y encarcelado por un golpe militar dirigido por Bumedian. Amnistiado en 1980, volvió a la vida política argelina en 1990, tras su exilio en Europa.

Ben Gurion, David (Plonsk, Polonia 1886 - Tel Aviv 1973) Político israelí. Participó en la creación del partido laborista judío, Mapai, del que fue secretario general entre 1921 y 1945. Fue uno de los principales impulsores del movimiento sionista mundial. Después de crearse el estado de Israel, fue presidente del gobierno (1948-53 y 1955-63).

David Ben Gurion.

Benalmádena C. de España, en la prov. de Málaga. 24.972 h. en 1990. Es un importante centro turístico.

Benarés (*Varanasi*) C. de la India en el NE del país, en el estado de Uttar Pradesh, a orillas del río Ganges. 708.600 h. en 1981. Es lugar sagrado del hinduismo y centro de peregrinación; posee numerosos palacios y templos, como el de Shiva, el de los Monos y el de Annapurna. Es importante centro comercial e industrial.

Benavente, Jacinto (Madrid 1866 - íd. 1954) Dramaturgo español. Revitalizó el teatro español rompiendo con los melodramas al uso de la época, criticando con hábil técnica teatral a la sociedad burguesa de su tiempo, de la que, sin embargo, llegó a ser el autor favorito. A lo largo de su obra se advierte un profundo estudio de la psicología femenina. En 1922 le fue concedido el premio Nobel de literatura. Entre sus muchas obras destacan *El nido ajeno* (1894), *La comida de las fieras* (1898), *La noche del sábado* (1903), *Los intereses creados* (1907), *Señora ama* (1908), *La malquerida* (1913) y *Pepa Doncel* (1928).

Benavides, Óscar Raimundo (Lima 1876 - íd. 1945) Político y militar peruano. Tomó parte en el derrocamiento del presidente Billinghurst y asumió la presidencia (1914-15). Volvió a la presidencia tras el asesinato de Sánchez Cerro (1933). En 1936 se convocaron elecciones presidenciales, en las que salió vencedor el candidato apoyado por los apristas, pero logró anular el resultado y prolongar su mandato hasta 1939.

benceno *s. m.* C_6H_6. Hidrocarburo cuya molécula está constituida por un hexágono regular en cuyos vértices se encuentran los carbonos; cada uno de éstos satura tres valencias fijas con los dos carbonos adyacentes y con un hidrógeno; el electrón de la cuarta valencia no es fijo: constituye, junto al de los restantes carbonos, un caso típico de resonancia electrónica. Fue descubierto por Faraday en 1825 en los productos de destilación de los aceites. Es líquido a temperatura ordinaria, tóxico e inflamable y buen disolvente de sustancias orgánicas. Se obtiene del alquitrán de hulla mediante destilación fraccionada. El núcleo bencénico es el componente básico de la serie de los hidrocarburos llamada aromática. Constituye la materia prima de numerosas síntesis orgánicas de gran importancia química e industrial, como el naftaleno, el antraceno, el tolueno, etc. En la industria se utiliza para la fabricación de plásticos, explosivos, colorantes, medicamentos, etc.

bencina *s. f.* Mezcla de hidrocarburos de bajo peso molecular empleada como disolvente de sustancias orgánicas y como combustible.

bendecir *v. tr.* **1.** Alabar, desear bien a alguien, o mostrar agradecimiento o satisfacción por algo. **2.** Conceder Dios, la divinidad o la providencia prosperidad y bienes a alguien. **3.** Invocar la protección divina sobre algo o alguien, generalmente haciendo la señal de la cruz o recitando alguna oración. **4.** Consagrar al culto, dar carácter sagrado con determinada ceremonia. ■ Es v. irreg. Se conjuga como *decir,* salvo en futuro imperfecto, condicional simple, imperativo y p. p.

BENDECIR	
PARTICIPIO	
bendecido	
INDICATIVO	
Futuro imperfecto	**Condicional simple**
bendeciré	*bendeciría*
bendecirás	*bendecirías*
bendecirá	*bendeciría*
bendeciremos	*bendeciríamos*
bendeciréis	*bendeciríais*
bendecirán	*bendecirían*
IMPERATIVO	
bendice	*bendecid*

bendición *s. f.* **1.** Acción y efecto de bendecir. ‖ *pl.* **2.** Ceremonias del sacramento del matrimonio.

bendito, ta *adj.* **1.** Que ha sido bendecido. **2.** Se usa en frases exclamativas para alabar, agradecer, etc. **3.** Referido a los santos o a la Virgen, bienaventurado. También *s.* **4.** Feliz, dichoso. ‖ *s. m.* y *f.* **5.** Persona sencilla, incapaz de hacer daño, o poco inteligente.

Benedetti, Giambattista (Venecia 1530 - Turín 1590) Matemático italiano. Fue discípulo de Tartaglia. En su *Libro de especulaciones matemáticas y físicas* (1585) se muestra como un precursor de Galileo.

Jacinto Benavente. Cuadro de Manuel Benedito.

Benedetti, Mario (Paso de los Toros, Uruguay 1920) Escritor uruguayo. Los temas de sus libros giran en torno a la realidad de su país, la mediocridad de la vida del empleado y las frustraciones del hombre contemporáneo. Ha cultivado la narrativa, la poesía, el ensayo, la crítica, el humorismo y la canción. Entre sus narraciones destacan *Montevideanos* (1959), *La tregua* (1960), *La muerte y otras sorpresas* (1968) y *Primavera con una esquina rota* (1982).

benedictino, na *adj.* **1.** Perteneciente o relativo a la regla u orden de San Benito de Nursia. También *s.* ‖ *s. m.* **2.** Licor fabricado originariamente por miembros de esta orden.
Hist. El primer monasterio benedictino fue fundado por San Benito de Nursia en Subiaco. La fundación del monasterio de Montecassino, en el 529, constituyó el verdadero arranque del monacato occidental. El monacato benedictino recibió un gran impulso con la reforma cluniacense (909-911) y la reforma cisterciense en el s. XII. Los monasterios benedictinos se convirtieron en importantes centros económicos y culturales en la época medieval. La regla de San Benito afirma la necesidad de alternar el trabajo, tanto físico como intelectual, con la oración, como se resume en el lema *Ora et labora.*

Benedicto Nombre de varios papas.
Benedicto XIII (Illueca, Zaragoza h. 1328 - Peñíscola 1423) Nombre adoptado por el papa o antipapa español Pedro Martínez de Luna. En 1378 negó obediencia al papa Urbano VI y contribuyó a la elección de otro papa, Clemente VII, hecho que provocó el cisma de Occidente. Sucedió a Clemente VII en 1394, pero fue depuesto en 1409 por el concilio de Pisa. En 1415 se refugió en el castillo de Peñíscola. Murió sin renunciar a sus derechos.
Benedicto XIV (Bolonia 1675 - Roma 1758) Papa italiano. De nombre Prospero Lambertini, su pontificado abarca de 1740 a 1758. Ejerció misiones diplomáticas y protegió las artes y las letras. Fue el papa más importante del s. XVIII.
Benedicto XV (Génova 1854 - Roma 1922) Papa italiano. De nombre Giacomo della Chiesa, su pontificado abarca de 1914 a 1922. Trató de mediar entre las potencias enfrentadas en la Primera Guerra Mundial. Durante su pontificado se publicó el Código de Derecho Canónico (1917) y se impulsó la labor misionera.

benefactor, ra *adj.* Bienhechor*. También *s.*

beneficencia *s. f.* **1.** Organización destinada a prestar ayuda a los desvalidos, pobres, enfermos, ancianos, que cuenta con residencias, centros de asistencia médica, etc. **2.** Acción de ayudar y hacer el bien.

beneficiado, da **1.** *p. p.* de **beneficiar**. También *adj.* y *s.* ‖ *s. m.* **2.** El que goza de un beneficio eclesiástico.

beneficiar *v. tr.* **1.** Hacer bien, ser bueno o provechoso para alguien o algo. También *v. prnl.* **2.** En geol., extraer de un yacimiento minerales útiles, y también refinar y tratar dichos minerales. **3.** *amer.* Descuartizar una res.

beneficiario, ria *adj.* Se dice del que recibe un beneficio. También *s.*

beneficio *s. m.* **1.** Bien que se hace o se recibe. **2.** Mejora del estado o situación de una persona o cosa por algo que se le hace o da. **3.** Dinero u otra cosa que se gana con algo. **4.** Extracción de minerales o materiales útiles de una mina. **5.** Cargo eclesiástico al que van unidos una renta y derechos. **6.** En econ., utilidad o ganancia que se obtiene en una actividad mercantil y que consiste en la diferencia entre el precio de venta y el precio de coste de los bienes producidos o servicios prestados. **7.** En una sociedad anónima, cantidad de dinero que perciben los accionistas y que depende del número de acciones que posean y de los resultados que haya tenido dicha sociedad anónima. También se denomina *dividendo.* ‖ **8. beneficio bruto** El que incluye los gastos generales. **9. beneficio neto** El resultante de deducir o restar al beneficio bruto los gastos de gestión, las amortizaciones de préstamos y los impuestos; es la ganancia que realmente puede distribuirse a los socios o accionistas o destinarse a inversión. ‖ **LOC. a beneficio de inventario** *adv.* Sin seriedad o esfuerzo, despreocupadamente.

beneficioso, sa *adj.* Provechoso, que produce beneficio.

benéfico, ca *adj.* **1.** Que hace bien, que es provechoso. **2.** Se dice de lo que se realiza gratuitamente en ayuda de los necesitados, y de las entidades que actúan de ese modo.

Benelux Unión económica formada por Bélgica, Holanda y Luxemburgo. Fue concertada en Londres en 1944 y entró en vigor en 1948, con la eliminación de barreras aduaneras. En 1958 se firmó un nuevo tratado con el fin de promover una política comercial común y la coordinación de la legislación social y económica de los estados miembros. Siguen en vigor los acuerdos que se refieren al desarrollo del Benelux.

benemérito, ta *adj.* **1.** Digno de estimación y recompensa. ‖ **2. la Benemérita** En España, la Guardia Civil.

beneplácito *s. m.* Aprobación.

Benes, Edvard (Kozlany, Bohemia del Sur 1884 - Sezimovo Usti 1948) Político checoslovaco. Colaboró con Masaryk en la organización de la resistencia en su país durante la Primera Guerra Mundial, al término de la cual logró el reconocimiento de Checoslovaquia. Fue presidente de la Sociedad de Naciones (1935) y, a la retirada de Masaryk, presidente de la República (1935-38). Durante la Segunda Guerra Mundial presidió en Londres un gobierno checoslovaco en el exilio. Tras la liberación de su país (1945) fue confirmado en su puesto; dimitió tras el golpe de Estado comunista (1948).

Benet, Juan (Madrid 1927) Escritor español. Su estilo, muy influido por Faulkner y Proust, se caracteriza por la riqueza del lenguaje y la complejidad de la sintaxis. Entre sus obras destacan *Volverás a Región* (1968), *Una meditación* (1970), *Un viaje de invierno* (1971), *El ángel del Señor abandona a Tobías* (1977), *En el estado* (1977) y *Herrumbrosas lanzas* (1983).

benévolamente *adv. m.* Con benevolencia.

benevolencia *s. f.* Cualidad de benévolo, actitud o actuación benévola. **FAM.** Benevolente.

benévolo, la *adj.* **1.** Que tiene buena voluntad o afecto hacia alguien o algo. **2.** Se dice del que juzga o trata a otros con comprensión, sin severidad.

bengala *s. f.* Fuego artificial compuesto de pólvora y otros ingredientes, que despide gran claridad y chispas de distintos colores.

Bengala Región del S de Asia en el delta de los ríos Ganges y Brahmaputra, dividida entre la India y Bangladesh. 231.851 km². 170.000.000 h. en 1989. Territorio llano, de clima tropical monzónico y población dispersa, su economía está basada en la agricultura: yute, arroz, azúcar, algodón, té. Tiene industria textil y metalúrgica. Las ciudades principales son Calcuta (India), Dacca y Chittagong (Bangladesh). Colonia británica desde el s. XVII, fue dividida en 1947 en dos zonas independientes: la occidental, integrada en la India, y la oriental, que constituye el actual estado de Bangladesh.

Bengala, golfo de Mar del océano Índico entre la India e Indochina. En él desembocan los ríos Brahmaputra, Ganges e Irawadi. Puertos importantes son Madrás y Calcuta (India), Chittagong (Bangladesh) y Rangún (Birmania).

Bengala Occidental Estado de la India, situado en el NO del país, en el delta del río Ganges, 87.853 km². 54.580.600 h. en 1981. La capital es Calcuta, con 3.305.000 h. en 1981. Produce arroz, yute, caña de azúcar y algodón.

bengalí *adj.* **1.** Natural de Bengala. También *s.* **2.** Perteneciente o relativo a esta región de la India y Bangladesh. ‖ *s. m.* **3.** Lengua hablada en Bengala.

Bengasi (*Benghazi*) C. de Libia, cap. de la prov. homónima, en el N del país. 367.600 h. en 1981. Posee una planta productora de fertilizantes, fábricas de cemento y asfalto.

Benguerel, Xavier (Barcelona 1905) Novelista español en lengua catalana. En 1939 se exilió a Francia y luego a Chile. Autor, entre otros títulos, de *Suburbio* (1936), *El hombre en el espejo* (1950), *El testamento* (1955), *Gorra de plato* (1967), *Los vencidos* (1969) e *Icaria, Icaria...* (1974).

Beni Departamento de Bolivia, en el NE del país. 213.564 km². 273.000 h. en 1989. La capital es Trinidad, con 42.300 h. en 1986. Produce yuca, caña de azúcar, maíz y caucho.

Benicarló C. de España, perteneciente a la prov. de Castellón, situada en el NE de la misma, a orillas del mar Mediterráneo. 18.200 h. en 1990. Su economía se basa fundamentalmente en el sector turístico.

Benidorm C. de España, en la prov. de Alicante. 41.556 h. en 1990. Se ha convertido en las últimas décadas en uno de los centros turísticos de más importancia de la costa mediterránea.

benigno, na *adj.* **1.** Se dice de la persona benévola, afable, bondadosa. **2.** Aplicado al clima, la temperatura, etc., templado, moderado, suave. **3.** Se dice de las enfermedades no muy graves. **FAM.** Benignidad.

benimerines *s. m. pl.* Dinastía beréber de Marruecos, fundada por Abu Yusuf Ya'qub (1258-86), que entre los s. XIII y XV creó un poderoso imperio en el N de África. Penetraron en la península Ibérica llamados por el rey de Granada y fueron derrotados en la batalla del Salado por Alfonso XI en 1340. También *adj.* y *s. m.*

Benin Estado de África occidental.

Extensión: 112.622 km².
Límites: al N, con Níger y Burkina Faso; al E, con Nigeria; al S, con el golfo de Guinea, y al O, con Togo.
Población: 4.700.000 h. en 1990.
Densidad: 41,7 h./km².
Capital: Porto-Novo.
División administrativa: 6 provincias.
Ciudades principales: Cotonou, Natitingou, Abomey.
Gentilicio: beninés.
Forma de Estado: república popular.
Idioma: francés.
Religión: animismo, 61,4 %; catolicismo, 18,5 %; islamismo, 15,2 %.
Moneda: franco CFA.
Tasa de natalidad: 51 ‰ en 1990.
Tasa de mortalidad: 19 ‰ en 1990.
Renta per cápita: 340 dólares en 1988.

Geog. Benin se encuentra en la costa N del golfo de Guinea y se extiende hasta el río Níger. El río más importante es el Ouémé, que recorre el país de N a S. El clima es ecuatorial al S y tropical sudanés al N. La población, concentrada en la costa, se dedica principalmente al cultivo del sorgo, tabaco, café, maíz y mandioca; el aceite de palma es producto de exportación. Se han descubierto yacimientos de oro, hierro, fosfato y cromo y se ha iniciado la explotación de una plataforma petrolera. En la capital, Porto-Novo, existen industrias alimentarias y automovilísticas.
Hist. Benin fue cuna y centro de una importante cultura de tipo urbano, que tuvo un gran esplendor entre los s. XIII y XV. En el s. XVI se constituyó el reino de Dahomey para hacer frente a la presencia de los traficantes europeos de esclavos. Los franceses se establecieron en el s. XIX, creando la colonia de Dahomey en 1894. Obtuvo la autonomía en 1958 y la independencia en 1960. En 1975 cambió el nombre de Dahomey por el de Benin.

Benito de Nursia, San (Nursia h. 480 - Montecassino h. 547) Patriarca del monacato de Occidente. De familia noble, a los 20 años se retiró como eremita a Subiaco. En el año 529 fundó el monasterio de Montecassino, donde escribió la regla de la orden benedictina.

Benjamin, Walter (Berlín 1892 - Port-Bou 1940) Escritor alemán. Próximo a la escuela de

Frankfurt, es autor de ensayos de crítica literaria y artística y sobre la sociedad de masas. Destaca entre ellos *La obra de arte en la época de su reproducción técnica* (1936).

benjamín, na *s. m.* y *f.* **1.** Hijo menor. **2.** Miembro más joven de un grupo.

benjuí *s. m.* Resina aromática que se extrae de diversas especies de árboles del género *Styrax*, en particular del *Styrax benzoin*, nativo de Insulindia. Es un bálsamo que contiene ácidos benzoico y cinámico; se usa en medicina como expectorante y en cosmética.

Benlliure, Mariano (Valencia 1862 - Madrid 1947) Escultor español. Su producción incluye obras monumentales, retratos y, sobre todo, temas taurinos como el mausoleo de Joselito en el cementerio de Sevilla.

benteveo *s. m. Arg., Urug.* Nombre común de diversas aves paseriformes de la familia pípridos, género *Pitangus*. El benteveo común *(Pitangus sulphuratus)* tiene plumaje vistoso, oscuro en el dorso, amarillo en el vientre y una franja blanca sobre los ojos y pico corto y ancho. Habita en América.

Bentham, Jeremy (Londres 1748 - íd. 1832) Filósofo y jurisconsulto británico. Teórico del utilitarismo, sigue el principio ético de buscar la mayor felicidad posible para el hombre. Sus obras más significativas son *Introducción a los principios de la moral y de la legislación* (1789), *Teoría de las penas y de las recompensas* (1818), *Libro de las falacias* (1824) y *Deontología* (1834).

bentónico, ca *adj.* Se dice del animal o planta que forma parte del bentos.

bentos *s. m.* Conjunto de plantas y animales que viven en el fondo del mar.

Benxi C. de China, en la prov. de Liaoning, en el NE del país. 826.200 h. en 1986. Es un importante centro industrial, con minas de carbón, siderurgias y fábricas de cemento.

Benyedid, Chadli (Sebaa 1929) Político argelino. Participó en la guerra de independencia frente a Francia. En 1961 formó parte del Alto Estado Mayor del ejército, y apoyó a Bumedian en el golpe de Estado que derribó a Ben Bella. En 1979 fue cooptado presidente de la república tras la muerte de Huari Bumedian, meses después un plebiscito le elevó a presidente. En 1984 y 1988 fue reelegido. A partir de 1989 inició un proceso para democratizar el régimen, que coincidió con el surgimiento del fundamentalismo islámico. Convocó elecciones en 1991, que fueron ganadas por mayoría por el Frente Islámico de Salvación (FIS), que anunció la islamización del estado. Ante esta situación, y para impedir el acceso del FIS al gobierno, dimitió a principios de 1992.

Benz, Carl Friedrich (Karlsruhe 1844 - Ladenburg 1929) Ingeniero alemán. En 1878 inventó un motor de gas de dos tiempos y en 1885 construyó el primer automóvil con motor de combustión interna alimentado con gasolina.

benzodiacepina *s. f.* Fármaco inhibidor de la ansiedad, utilizado en tratamientos prolongados de ciertas neurosis obsesivas.

benzoico, ca *adj.* **1.** Perteneciente o relativo al benjuí. También *s. m.* ‖ **2. ácido benzoico** C_6H_5–COOH. Ácido orgánico formado por la unión de un grupo carboxilo al anillo bencénico. Se ha utilizado desde 1900 como agente antimicrobiano y preservador en productos alimenticios, en concentraciones no superiores al 0,1 %. También se usa como antiséptico suave.

benzol *s. m.* Denominación vulgar del benceno.

Beocia Región de la antigua Grecia, al N del Ática. Las ciudades de Beocia formaron una liga (s. VI a. C.) que perduró hasta que una de ellas, Tebas, se impuso a las demás en el s. V a. C. Constituye el nomo del mismo nombre, en la región de Grecia Central y Eubea.

beocio, cia *adj.* De Beocia. También *s.*

beodo, da *adj.* Borracho. También *s.*

beorí *s. m.* Tapir americano.

Berazategui C. de Argentina. 201.850 h. en 1980. Forma parte del Gran Buenos Aires.

berberecho *s. m.* Nombre común de diversos moluscos lamelibranquios de la familia cárdidos, género *Cardium*. El berberecho común

Berberecho (Cardium edule).

(Cardium edule) mide entre 2 y 5 cm, tiene la concha estriada, casi circular, gruesa y equivalva, y vive en los fondos arenosos de las costas del S de Europa. Es comestible.

berberisco, ca *adj.* **1.** Perteneciente o relativo a la antigua región de Berbería, en el N de África, que comprende hoy día los estados de Marruecos, Argelia y Tunicia. **2.** Se dice de los habitantes de esa región. También *s.*

berbiquí *s. m.* Instrumento formado por un barreno o taladro al que se hace girar con ayuda de un manubrio semicircular y sirve para hacer agujeros.

Berceo, Gonzalo de (Berceo, La Rioja h. 1195 - ? h. 1264) Poeta castellano. El primero de nombre conocido, es el representante más genuino del mester de clerecía. Su obra, de tema religioso y compuesta casi toda en alejandrinos agrupados en cuaderna vía, combina la cultura eclesiástica y la intención didáctica con el empleo de la técnica popular de los juglares. Es autor de vidas de santos, como *Vida de Santo Domingo*, *Vida de San Millán* y *Vida de Santa Oria*, de libros dedicados a la Virgen María, como *Milagros de Nuestra Señora*, considerada su mejor obra, y de obras doctrinales, como *El sacrificio de la Misa* y *De los signos que aparecerán antes del Juicio*.

beréber, bereber o **berebere** *adj.* **1.** Se aplica a un pueblo autóctono del N de África. Vive agrupado en tribus independientes, que a menudo han guerreado entre sí, aunque también han luchado unidas contra invasiones de otros pueblos, como romanos, vándalos y bizantinos. Se convirtió al Islam después de una inicial resistencia a los árabes y pasó a engrosar sus ejércitos, si bien mantuvo siempre su espíritu de independencia. En el s. XI, dos dinastías beréberes, los almorávides y los almohades, crearon extensos imperios en las regiones del Magreb y la Tripolitania y en España. Tras su decadencia, la sociedad beréber retornó a su tradicional fraccionamiento. **2.** De este pueblo. También *s.* ‖ *s. m.* **3.** Idioma hablado por este pueblo. De origen incierto, es el más antiguo del N de África; en la actualidad lo hablan casi 6 millones de personas, desde Libia a Marruecos.

Berengario I (? - Verona 924) Rey de Italia en el año 888 y emperador del Sacro Imperio Romano Germánico en el 915.

Berenguela (Segovia o Burgos 1181 - Burgos 1246) Reina de León (1197-1204), por casamiento con el rey Alfonso IX, y de Castilla (1214-1218), a la muerte de su padre, Alfonso VIII de Castilla. Su hijo, Fernando III el Santo, realizó la unión definitiva de Castilla y León.

Berenguer, Dámaso (San Juan de los Remedios, Cuba 1873 - Madrid 1953) Político y militar español. Fue ministro de la Guerra (1918) y Alto comisario de Marruecos. Alfonso XIII le nombró en 1930 jefe del gobierno, para sustituir a Primo de Rivera. Tuvo que hacer frente a la sublevación republicana de Jaca y dimitió en 1931, dos meses antes de la caída de la monarquía.

Berenguer Ramón Nombre de dos condes de Barcelona.

Berenguer Ramón I (? h. 1006 - Barcelona 1035) Conde de Barcelona (1018-35). Su gobierno es considerado una época de restauración y de pacificación interior, en la que la clase de los mercaderes y comerciantes aumentó su actividad y peso social. Concedió franquicias a los habitantes de Barcelona y continuó la lucha contra los musulmanes.

Berenguer Ramón II (? h. 1053 - ? 1097) Conde de Barcelona (1076-96). Gobernó conjuntamente con su hermano Ramón Berenguer II, con el que luego se enemistó y al que dio muerte. En sus intentos por conquistar Valencia se enfrentó con al-Mutamin, rey moro de Zaragoza, y con el Cid, que le derrotó en varias ocasiones. En 1096 renunció a gobernar su condado, participó en la primera cruzada y murió en Palestina.

Berenice, cabellera de Constelación del hemisferio boreal, cerca de Leo.

berenjena *s. f.* **1.** Planta herbácea de la familia solanáceas, especie *Solanum melongena*. Mide entre 40 y 60 cm de altura, es ramosa, de hojas grandes, flores de color morado y fruto aovado, morado por fuera y lleno de pulpa blanca, comestible. Es originaria de la India y sus diversas variedades se cultivan en regiones de clima cálido. **2.** Fruto de esta planta.

berenjenal *s. m.* **1.** Campo donde se cultivan berenjenas. **2.** Apuro, lío, enredo.

Berg, Alban (Viena 1885 - íd. 1935) Compositor austriaco. Discípulo de Schönberg, utiliza libremente el sistema dodecafónico, alternando sus posibilidades técnicas y expresivas con la música tonal. En su reducida obra destacan dos óperas, *Wozzeck* (1914-21) y *Lulú* (1928-35); un concierto de cámara, *Suite lírica* (1925-26), y concierto para violín y orquesta (1935).

Berg, Paul (Nueva York 1926) Bioquímico estadounidense. Obtuvo el premio Nobel de química (1980), compartido con Walter Gilbert y Frederick Sanger, por sus investigaciones sobre los ácidos nucleicos y, especialmente, sobre las recombinaciones del ADN.

Bergamín, José (Madrid 1895 - San Sebastián 1983) Escritor español. Perteneciente a la generación del 27, cultivó el ensayo, la crítica literaria, la poesía, el aforismo y la paradoja. Católico y republicano de izquierda, editó entre 1933 y 1936 la revista *Cruz y Raya*. Se exilió a México en 1939. Entre sus obras destacan el libro de aforismos *El cohete y la estrella* (1923), el ensayo sobre el toreo *El arte de birlibirloque* (1930) y el estudio sobre el teatro español del s. XVII *Mangas y capirotes* (1933).

José Bergamín.

Bérgamo C. de Italia, cap. de la prov. homónima, en el N del país, en la región de Lombardía. 117.200 h. en 1990. Es importante centro agrícola y comercial.

bergamota *s. f.* **1.** Variedad de pera muy jugosa y aromática. **2.** Variedad de lima muy aromática, de la que se extrae una esencia usada en perfumería.

bergamoto *s. m.* **1.** Limero, cuyo fruto es la bergamota. **2.** Peral que produce la bergamota.

bergante *s. m.* Granuja.

bergantín *s. m.* Barco de dos palos y vela cuadrada o redonda.

Bergen C. de Noruega, cap. del condado de Hordaland. 211.200 h. en 1989. Centro pesquero, cuenta con astilleros e industrias del cuero y papel. Fue capital de Noruega hasta el s. XIV. Su puerto es uno de los más importantes del país.

Bergius, Friedrich (Goldschmieden 1884 - Buenos Aires 1949) Químico alemán. Ideó un método industrial para la obtención de combustibles líquidos por hidrogenación del carbón (1921). Obtuvo el premio Nobel de química en 1931, junto con Karl Bosch.

Bergman, Ingmar (Uppsala 1918) Director de teatro y cine sueco. Sus películas reflejan un mundo personal preocupado por temas como la religión, la muerte, el amor, la incomunicación y los recuerdos infantiles. Entre ellas merecen mencionarse *El séptimo sello* (1956), *Fresas salvajes* (1957), *El manantial de la doncella* (1959), *El silencio* (1963), *Gritos y susurros* (1972) y *Fanny y Alexander* (1983).

Ingrid Bergman.

Bergman, Ingrid (Estocolmo 1915 - Londres 1982) Actriz de cine y teatro sueca. Triunfó en Hollywood con películas como *Intermezzo* (1939), *Casablanca* (1942), *Por quién doblan las campanas* (1943), *Recuerda* (1945) y *Encadenados* (1946). Se casó con Roberto Rossellini, quien la dirigió en *Stromboli* (1952).

Bergson, Henri (París 1859 - íd. 1941) Filósofo francés. Considera la realidad como «impulso vital», como energía creadora que sigue en su evolución dos caminos: el ascendente, que origina la vida, y el descendente, que se concreta en la materia. A su vez, el hombre posee dos tipos de conocimiento: el intelectual, que conoce mediante el análisis y capta la exterioridad transmisible de las cosas, y el intuitivo, que penetra en el interior de lo real y capta lo que éste tiene de único, de inexpresable. Algunas de sus obras más importantes son *La evolución creadora* (1907), *La intuición filosófica* (1911) y, sobre todo, *Las dos fuentes de la moral y la religión* (1932). En 1927 obtuvo el premio Nobel de literatura.

Beria, Laurenti Paulovich (Merjeuli, Georgia 1899 - Moscú 1953) Político soviético. En 1938 fue nombrado jefe de la policía del Estado (NKVD) y en 1942, ministro del Interior, convirtiéndose en uno de los hombres clave del régimen estalinista. Después de morir Stalin, fue encarcelado y ejecutado.

beriberi *s. m.* Enfermedad producida por carencia de la vitamina B_1 (tiamina) y cuyos síntomas son parálisis, edema, hidropesía e insuficiencia cardiaca.

berilio *s. m.* Be. Elemento químico perteneciente al grupo II A del sistema periódico. Su número atómico es 4 y su masa atómica 9,0. Es un metal sólido, de color blanco, que en la naturaleza aparece principalmente en el mineral berilo (silicato de aluminio y berilio), del que se obtiene por reducción del fluoruro de berilo con magnesio. Se emplea sobre todo para fabricar el bronce de berilio (una aleación con cobre) y como moderador y reflector en los reactores nucleares.

berilo *s. m.* $Be_3Al_2(SiO_3)_6$. Mineral silicato alumínico de berilio. Cristaliza en el sistema hexagonal. Es inatacable por los ácidos y funde difícilmente al soplete. Tiene fractura concoidea y es de aspecto transparente o translúcido, de brillo vítreo y color verdoso claro a verde esmeralda, amarillento, azul o rosa. El berilo es la mena más frecuente del berilio. Cabe distinguir el *berilo noble* (esmeralda, aguamarina, berilo dorado), que se encuentra en Colombia, Australia, Brasil, República Sudafricana, etc., y el *berilo común*, de tono más turbio, que forma cristales prismáticos de hasta 6 m de longitud, de color blanco amarillento a verde y se encuentra en yacimientos de Moravia, Noruega, República Sudafricana y Australia.

Berilo cristalizado en prisma hexagonal.

Bering 1. Estrecho entre Asia y América, que comunica el océano Ártico con el mar de Bering y el océano Pacífico.

Berlín: vista del centro de la ciudad, con las ruinas de la iglesia votiva del káiser Guillermo.

2. Isla de la Federación Rusa frente a la península de Kamchatka. **3.** Mar del océano Pacífico entre Alaska, el N de la península de Kamchatka y el archipiélago de las Aleutianas. 2.270.000 km^2. Tiene una profundidad máxima de 4.000 m y mínima de 200 m. En sus aguas viven gran cantidad de focas, cuya caza está prohibida.

Bering, Vitus (Horsens, Jutlandia 1681 - isla de Avacha, actualmente de Bering 1741) Marino y explorador danés. Al servicio de Rusia, descubrió el estrecho que lleva su nombre, las islas Aleutianas, la isla de Kodiak y Alaska.

Berio, Luciano (Oneglia 1925) Compositor italiano. Discípulo de Ghedini y Dallapiccola, se consagró a la música electrónica. Es autor, entre otras obras, de *Thema* (1958), *Epifanía* (1961), *Laberintus II*, *Sinfonía* para ocho voces (1968) y *Opera* (1979).

Berkeley C. de EE UU, en el estado de California. 106.740 h. en 1987. Forma parte de la aglomeración de San Francisco. Es famosa por su universidad (foco de la revolución estudiantil de 1968) y su observatorio astronómico.

Berkeley, Busby (Los Ángeles 1895 - Palm Springs 1976) Coreógrafo y director cinematográfico estadounidense. Revolucionó la coreografía de los musicales de Hollywood. Entre sus coreografías destacan las de las comedias musicales *La calle 42* (1933), *Melodías de Broadway 1933* (1933) y *La bailarina de los Ziegfeld Follies* (1941).

Berkeley, George (Kilkenny, Irlanda 1685 - Oxford 1753) Filósofo y obispo anglicano irlandés. Negó la realidad de las sustancias materiales, sosteniendo que el ser de lo material se reduce a ser percibido, y que sólo existen realmente los espíritus y Dios, que es el que produce en ellos el sueño coherente de un mundo corpóreo. Su obra fundamental es el *Tratado sobre los principios del conocimiento humano* (1710).

berkelio *s. m.* Bk. Elemento químico perteneciente al grupo de los actínidos del sistema periódico. Su número atómico es 97 y su masa atómica 247. Es un metal obtenido artificialmente en 1949. Es radiactivo y tiene una vida media de aproximadamente 4 horas.

Berkshire Condado del Reino Unido, en Inglaterra, situado en el S del país. 1.259 km^2. 740.600 h. en 1989. La capital es Reading, con 123.750 h. en 1981. Posee ganadería porcina, construcciones mecánicas y fundiciones.

Berlage, Hendrik Petrus (Amsterdam 1856 - La Haya 1934) Arquitecto neerlandés. Se le considera como precursor del funcionalismo. Entre sus edificios más conocidos figuran la Bolsa de Amsterdam (1897-1903) y el Museo Municipal de La Haya.

Berlanga, Luis García (Valencia 1921) Director de cine español. Sus películas se caracterizan por la ironía, el humor negro y la sátira social. Su primer gran éxito fue *¡Bienvenido, mister Marshall!* (1952), filme que dirigió junto con Bardem. Otras películas suyas son *Esa pareja feliz* (1951), *Calabuch* (1956), *Los jueves, milagro* (1957), *Plácido* (1961), *El verdugo* (1963), *La escopeta nacional* (1978) y *La vaquilla* (1985).

Berlin, Isaiah (Riga 1909) Filósofo británico de origen letón. En su obra refuta las doctrinas deterministas y relativistas del análisis histórico. De ellas merecen ser resaltadas la biografía *Karl Marx* (1939), *Lo inevitable en la historia* (1945), *Dos conceptos de libertad* (1958) y *Conceptos y categorías* (1978).

Berlin, Israel Baline, llamado **Irving** (Temun, Rusia 1888 - Nueva York 1989) Compositor estadounidense de origen ruso. Vivió en EE UU desde 1893. Fue autor de numerosas canciones ligeras y de comedias musicales que fueron luego llevadas a la pantalla. Entre sus títulos más conocidos figuran *Sombrero de copa* (1935), *Alexander's ragtime band* (1938), *Call me Madam* (1950) y *Navidades blancas* (1950).

Berlín C. de Alemania, cap. del país junto con Bonn, a orillas del río Spree. 3.130.900 h. en 1987. Fue dividida tras la Segunda Guerra Mundial en Berlín Este (zona de la ciudad que había quedado bajo control soviético), antigua capital de la República Democrática, y Berlín Oeste (zona controlada originariamente por ingleses, franceses y estadounidenses), que constituyó un Land de la República Federal.
Hist. En el s. XIII existían en el actual emplazamiento de Berlín dos núcleos urbanos independientes: Kölln y Berlín, que en 1307 se fusionaron formando una pequeña ciudad, cuya prosperidad estuvo ligada a los Hohenzollern, electores de Brandeburgo, que la escogieron por capital. En 1701 fue elegida capital del estado prusiano y durante la época napoleónica fue el centro del resurgir nacionalista alemán. De 1871 a 1918 fue capital del imperio alemán, entre 1919 y 1932 lo fue de la república, entre 1933 y 1945 del Tercer Reich. Durante la Segunda Guerra Mundial sufrió sucesivos bombardeos y, al finalizar el conflicto, quedó dividida en cuatro sectores: francés, británico, estadounidense y soviético. En agosto de 1961, el gobierno comunista consolidó la separación de Berlín en dos zonas al prohibir el tránsito de una a otra parte y levantar un muro de cemento entre ambas. En 1990 el muro fue demolido y se reanudó el libre tránsito de ciudadanos.

Berlín, conferencia de Nombre con que se conoce la serie de reuniones celebradas en Berlín (1884-85), y en las que las potencias europeas trataron sobre el reparto colonial de África.

berlina *s. f.* **1.** Coche cerrado, generalmente de dos asientos. **2.** Automóvil de cuatro puertas.

berlinés, sa *adj.* De Berlín. También *s.*

Berlinguer, Enrico (Sassari, Cerdeña 1922 - Padua 1984) Político italiano. Ingresó en el Partido Comunista italiano en el año 1943 y fue secretario general entre 1972 y 1984. Se le considera el principal impulsor del eurocomunismo.

Berlioz, Hector (La Côte-Saint-André 1803 - París 1869) Compositor francés. Es uno de los representantes más originales del romanticismo musical. Su obra destaca por la orquestación, aspecto en el que se le puede considerar un auténtico innovador. Entre sus obras sobresalen el *Réquiem* (1837), las leyendas dramáticas *La condenación de Fausto* (1828-46) y *Romeo y Julieta* (1839), y la *Sinfonía fantástica* (1830).

bermejo, ja *adj.* Rubio o rojizo, aplicado al color del pelo o de la piel y a las personas que lo tienen. También *s.*

Bermejo, Bartolomé (Córdoba h. 1430 - ? h. 1498) Pintor español. Uno de los principales representantes de la pintura medieval española, estuvo influido por la escuela flamenca. Entre sus obras destacan *Santo Domingo de Silos*, *Adoración de los Reyes*, *Piedad* y *La dormición de la Virgen*.

bermellón *s. m.* **1.** Polvo fino de cinabrio, que se emplea en pintura para obtener un rojo vivo tirando a amarillo. **2.** Color obtenido con esta sustancia.

Bermeo C. de España, en la prov. de Vizcaya. 18.166 h. en 1990. Importante puerto pesquero en el litoral cantábrico, posee astilleros e industrias de conservas y salazones.

bermudas *adj.* Se dice de los pantalones cortos que llegan a la altura de la rodilla. También *s. amb. pl.*

Bermudas (en ingl. *Bermuda Islands*) Archipiélago británico de América del Norte, en el océano Atlántico, a 1.000 km al SE de Florida. 53,5 km². 58.800 h. en 1990. La capital es Hamilton, con 1.700 h. en 1985. Está formado por 20 pequeñas islas habitadas y más de 300 islotes volcánicos. Su población, negra y mestiza en un 60 % y blanca en un 40 %, de habla inglesa y religión protestante, vive del turismo y de la agricultura tropical. Tiene aeropuerto internacional, dos bases navales estadounidenses y una estación de la NASA. Dominio británico desde el s. XVII, obtuvo en 1968 un régimen de autonomía.

Berna (en al. *Bern*) C. de Suiza, cap. del país y del cantón homónimo, a orillas del río Aar. 136.300 h. en 1988 y 300.300 h. en su área metropolitana en 1986. Alberga una floreciente industria editorial, especializada en cartografía, y es un importante centro financiero, cultural y nudo de comunicaciones. Conserva monumentos románicos, como la torre del Reloj, y góticos, como la catedral y el ayuntamiento.

Berna: vista de la zona antigua de la ciudad, con la torre de la catedral en el centro.

Bernabé, San Apóstol y compañero de San Pablo en algunos de sus viajes misioneros. Según la tradición, fundó la iglesia de Antioquía y murió martirizado en Roma.

Bernadette Soubirous, Santa (Lourdes 1844 - Nevers 1879) Religiosa francesa. Según la creencia católica, en 1858, cuando aún era una pastora, se le apareció la Virgen en la gruta de Massabielle, cerca de Lourdes.

Bernadotte Véase **Carlos XIV**, rey de Suecia.

Bernanos, Georges (París 1888 - Neuilly-sur-Seine 1948) Escritor francés. Su primera novela, *Bajo el sol de Satán* (1926), en la que ya estaban patentes sus preocupaciones religiosas, obtuvo un gran éxito y le consagró como escritor. En sus obras ahonda en la psicología del hombre en el que se enfrentan el bien y el mal, la fe y la desesperación. Publicó, entre otros títulos, *La alegría* (1929), *Diario de un cura rural* (1936), *Los grandes cementerios bajo la luna* (1938) y *Diálogos de carmelitas* (1949).

Bernaola, Carmelo Alonso (Ochandiano, Vizcaya 1929) Compositor español. Su obra sigue las experiencias postseriales y aleatorias. Es autor de *Heterofonías* (1965-67), *Sinfonía en do* (1974), *Ayer soñé... que soñaba* (1975) y *Villanesca* (1977).

Bernard, Claude (Saint-Julien, Rhône 1813 - París 1878) Fisiólogo francés. Fue un renovador de la metodología científica y expuso las reglas en su *Introducción al estudio de la medicina experimental* (1865). Realizó trabajos sobre la digestión, describió la función glucogénica del hígado y comprobó la proporción de glucosa en la sangre.

Bernard, Émile (Lille 1868 - París 1941) Pintor francés. Fue amigo de Van Gogh, Gauguin y Cézanne, con los que sostuvo una interesante correspondencia, que se ha publicado. Su estilo está basado en conseguir formas con manchas de color y contornos muy definidos. Entre sus obras sobresale *La piedad* (1890).

Bernardin de Saint-Pierre, Jacques-Henri (El Havre 1737 - Eragny-sur-Oise 1814) Escritor francés. Está considerado como un precursor del romanticismo. Influido por su amigo Jacques Rousseau, escribió *Pablo y Virginia* (1788), exaltación del amor puro.

bernardo, da *adj.* Se dice del monje o monja de la orden del císter. También *s.*

Bernardo de Claraval, San (castillo de Fontaine 1090 - Clairvaux 1153) Doctor de la Iglesia católica. Fundador y primer abad del monasterio de Clairvaux, influyó decisivamente en el auge de los cistercienses frente a los cluniacenses. Predicó la segunda cruzada en 1146.

Bernhard, Thomas (Heerlen, Países Bajos 1931 - Gmunden 1989) Escritor austriaco. Su obra, de un pesimismo extremado, está marcada por la preocupación por la muerte. Es autor de *In ora mortis* (poesía, 1958), las novelas *Trastorno* (1967), *El origen* (1975), *El sótano* (1976) y los dramas *La fuerza de la costumbre* (1974) y *El reformador del mundo* (1979).

Bernhardt, Sarah (París 1844 - íd. 1923) Actriz francesa. Debutó en la Comédie Française en 1860. Recorrió el mundo en triunfo y fue considerada la mejor actriz de su época. En 1915 sufrió la amputación de una pierna, pero no por ello abandonó los escenarios.

Gian Lorenzo Bernini: David *(Galería Borghese, Roma).*

Bernini, Gian Lorenzo (Nápoles 1598 - Roma 1680) Escultor y arquitecto italiano. Plasmó las características del barroco en su famoso baldaquino de la basílica de San Pedro y en la columnata de la plaza de San Pedro, en el Vaticano. En su escultura consiguió reflejar el movimiento y la expresividad en obras de gran teatralidad, como *El éxtasis de Santa Teresa*, *Apolo y Dafne*, y la *Beata Albertoni*.

Bernoulli Familia de científicos suizos, originaria de Amberes. Entre sus miembros destacan **Jacob I** (Basilea 1654 - íd. 1705), matemático y astrónomo, que realizó aportaciones en cálculo diferencial y cuya obra *Ars coniectandi* es clave para la teoría de las probabilidades; **Johann I** (Basilea 1667 - íd. 1748), matemático y físico, adelantado del cálculo exponencial, y **Daniel** (Groninga 1700 - Basilea 1782), matemático y físico, que publicó en 1738 un importantísimo tratado de hidrodinámica y enunció el principio de su nombre, fundamental en la teoría de la dinámica de los fluidos.

Bernstein, Eduard (Berlín 1850 - íd. 1932) Político y economista alemán. Militante del Partido Socialdemócrata alemán desde 1872, sometió a revisión y crítica la obra de Marx y se opuso a la revolución, defendiendo la progresiva implantación del socialismo mediante una estrategia de carácter reformista. Escribió, entre otras obras, *Los presupuestos del socialismo y las tareas de la socialdemocracia* (1899).

Bernstein, Leonard (Lawrence, Massachusetts 1918 - Nueva York 1990) Compositor y director de orquesta estadounidense. Entre sus composiciones más famosas se encuentran las obras sinfónicas *Jeremías* (1944) y *La edad de la ansiedad* (1949) y el drama musical *West Side Story* (1957), llevado al cine en 1962.

berrea *s. f.* **1.** Acción y efecto de berrear. **2.** Celo del ciervo y otros animales salvajes, o época en la que emiten berridos estridentes por la noche para llamar a la hembra.

berrear *v. intr.* **1.** Emitir su voz los becerros y otros animales. **2.** Dar gritos estridentes o voces desentonadas, p. ej. un niño cuando llora o una persona de voz desagradable. **3.** Cantar desafinadamente.

berrendo *s. m.* **1.** Mamífero artiodáctilo de la familia antilocápridos, especie *Antilocapra americana.* Mide unos 92 cm de altura, muda anualmente los cuernos y tiene el pelo del lomo de color castaño grisáceo y el del vientre y la cola blanco. Vive en las llanuras norteamericanas y es un animal protegido. ‖ *adj.* **2.** Con manchas de otro color; se dice especialmente del toro que tiene la piel de ese modo.

berrido *s. m.* **1.** Voz del animal que berrea, como la del becerro. **2.** Grito, voz desagradable o desentonada.

berrinche *s. m.* **1.** *fam.* Lloro fuerte y persistente, especialmente el de los niños. **2.** Disgusto grande o enfado que se manifiesta exageradamente.

berro *s. m.* Nombre común de diversas plantas herbáceas de la familia crucíferas, géneros *Barbarea*, *Cardamine*, *Lepidium* y *Nasturtium*. El berro de agua *(Nasturtium officinale)* mide entre 10 y 60 cm de altura, tiene tallos gruesos y carnosos, flores en racimos terminales de color blanco con las anteras amarillas. Crece en las regiones templadas de Europa. Sus hojas se comen en ensalada.

berrocal *s. m.* Lugar o terreno con berruecos.

berroqueño, ña *adj.* **1.** Se dice de la piedra granítica o granito. También *s. f.* **2.** Fuerte, resistente.

berrueco *s. m.* Roca o peñasco granítico.

Berruguete, Alonso (Paredes de Nava, Palencia h. 1488 - Toledo 1561) Escultor español. En Italia tomó contacto con los maestros de la época. A su regreso se afincó en Valladolid, donde realizó la mayoría de su obra, que destaca por su expresividad, conseguida mediante la distorsión y alargamiento de las figuras, y la intensa religiosidad. Entre sus obras más famosas figuran *San Esteban* y *San Sebastián*, realizadas para el retablo del monasterio de San Benito, en Valladolid, y *La transfiguración*, en la sillería de la catedral de Toledo.

Berruguete, Pedro (Paredes de Nava, Palencia h. 1450 - ? h. 1504) Pintor español. Padre de Alonso, unió a sus primeras influencias flamencas la experiencia italiana que consiguió durante su estancia en la corte renacentista de Urbino, y que más tarde trasladaría a Castilla. Entre sus obras destacan *San Pedro Mártir en oración*, *La degollación del Bautista*, *La anunciación* y *Auto de fe*.

Berry, Chuck (Saint Louis, Missouri 1926) Músico estadounidense. Fue uno de los creadores del *rock and roll* e innovador de la técnica de la guitarra eléctrica. Compuso canciones de gran éxito, como *Johnny B. Goode, Roll over Beethoven* y *Sweet little sixteen.*

Berthelot, Marcellin (París 1827 - íd. 1907) Químico francés. Estudió la variación de energía en los procesos químicos, por lo que es considerado como el iniciador de la termoquímica.

Berthollet, Claude-Louis (Talloires 1748 - Arcueil 1822) Químico francés. Realizó importantes investigaciones sobre el cloro, descubriendo los cloratos y las propiedades decolorantes de los hipocloritos (lejía). Junto con Lavoisier, trabajó para establecer una nomenclatura química racional.

bertólido *adj.* Se dice de los compuestos químicos cuya composición es variable dentro de ciertos límites, no obedeciendo a la ley de las proporciones definidas.

Bertolucci, Bernardo (Parma 1940) Director de cine italiano. Sus películas se caracterizan por un estilo muy cuidado y por el lirismo con que describen los temas personales y políticos. Las más importantes son *Antes de la revolución* (1964), *El conformista* (1970), *El último tango en París* (1972), *Novecento* (1975 y 1976), *El último emperador* (1987) y *El cielo protector* (1990).

Beruete, Aureliano de (Madrid 1845 - íd. 1912) Pintor e historiador de arte español. Destacó por sus paisajes impresionistas. Escribió una monografía sobre Velázquez (1898).

Berwick, James Stuart Fitz-James, duque de (Moulins 1670 - Philippsburg 1734) Mariscal francés. Intervino en la guerra de Sucesión española en apoyo de Felipe V, logrando la victoria de Almansa. En 1714 sitió y ocupó Barcelona, que había apoyado a los Austria en la guerra.

berza *s. f.* **1.** Col o variedad basta de col. ‖ **berzas** *s. m.* y *f.* **2.** Berzotas*.

berzal *s. m.* Lugar plantado de berzas.

Berzelius, Jöns Jacob, barón de (cerca de Linköping 1779 - Estocolmo 1848) Químico sueco. Descubridor del selenio, estudió los fenómenos de la electrólisis. Fue el iniciador del empleo de símbolos para representar los elementos químicos y determinó el peso equivalente de muchos de ellos. Introdujo los términos *isómero* y *catálisis.*

berzotas *s. m.* y *f.* Persona ignorante o necia.

besalamano *s. m.* Carta o tarjeta en que figuran el nombre y cargo del que escribe, la abreviatura BLM (*besa la mano*) y, precedido de *a*, el nombre de la persona a quien va dirigida y el motivo de la comunicación, a menudo una invitación. Actualmente suele sustituirse por el saluda.

besamanos *s. m.* **1.** Forma de saludar a algunas personas, tocando o acercando su mano derecha a los labios y apartándola. **2.** Acto en el que se besa la palma de las manos a un sacerdote tras su primera misa. **3.** Recepción oficial en la que los asistentes expresan su adhesión a los reyes o sus representantes.

besamel o **besamela** *s. f.* Salsa hecha con harina, leche y manteca.

besana *s. f.* Labor de la tierra en surcos paralelos hecha con el arado.

Besançon C. de Francia, cap. del departamento de Doubs y de la región del Franco Condado, en el E del país. 113.300 h. en 1982. Posee industria química y relojera.

besar *v. tr.* **1.** Tocar o apretar a alguien o algo con los labios, contrayéndolos y separándolos, como caricia o saludo. También *v. prnl.* ‖ *v. prnl.* **2.** *fam.* Tratándose de cosas inanimadas, tocarse entre sí. **3.** *fam.* Chocar dos personas inesperadamente con la cara o la cabeza. ‖ **Loc. besar el suelo** *fam.* Caer de bruces.

beso *s. m.* **1.** Acción y efecto de besar. **2.** Ademán o expresión simbólica de besar. ‖ **3. beso de Judas** El que se da con falsa intención; traición. ‖ **Loc. comerse a besos** a uno *fam.* Darle muchos besos y con vehemencia.

Bessemer, Henry (Charlton, Hertfordshire 1813 - Londres 1898) Ingeniero y químico inglés. Entre otros inventos, ideó en 1855 un procedimiento para la obtención de acero a partir del arrabio, que lleva su nombre y que se implantó con rapidez en todo el mundo debido a sus bajos costes.

Besteiro, Julián (Madrid 1870 - Carmona, Sevilla 1940) Político español. Doctor en filosofía, fue catedrático de lógica en la universidad de Madrid entre 1912 y 1936. A los 42 años ingresó en el PSOE. Mantuvo una actitud reformista y moderada e intentó entroncar a Marx con Kant. Ocupó la presidencia del PSOE, de la UGT y de las Cortes Constituyentes de 1931. Miembro del Consejo de Defensa que intentó inútilmente negociar la paz con Franco en 1939, fue condenado a cadena perpetua y murió en prisión. Es autor de *Marxismo y antimarxismo* (1935).

bestia *s. f.* **1.** Animal cuadrúpedo y especialmente el de carga, como la mula. ‖ *s. m.* y *f.* **2.** *fam.* Persona ignorante. También *adj.* **3.** *fam.* Persona de gran fuerza física. También *adj.* **4.** *fam.* Individuo basto, ordinario. **5.** *fam.* Persona muy buena en alguna actividad. ‖ **6. bestia negra** Principal enemigo o dificultad.

bestial *adj.* **1.** Brutal, irracional. **2.** *fam.* Muy grande, extraordinario. **Fam.** Bestialmente.

bestialidad *s. f.* **1.** Cualidad de bestial. **2.** Acción bestial, brutal.

bestialismo *s. m.* Aberración que consiste en mantener una persona relaciones sexuales con un animal.

bestiario *s. m.* **1.** Luchador que se enfrentaba a las fieras en los circos romanos. **2.** Libro que trata sobre animales reales o fantásticos.

best-seller (voz ingl.) *s. m.* Libro que obtiene un gran éxito de ventas.

besugo *s. m.* **1.** Nombre común de diversos peces perciformes de la familia espáridos, género *Pagellus.* El besugo del norte *(Pagellus centrodontus)* mide unos 50 cm de longitud, tiene cuerpo rosado con una mancha negra junto a las agallas y grandes ojos. Habita en el Atlántico y Mediterráneo y es muy apreciado en alimentación. **2.** *fam.* Persona de escasa inteligencia.

Besugo (Pagellus centrodontus).

besuquear *v. tr. fam.* Besar repetida y molestamente. **Fam.** Besucón, besuqueo.

beta *s. f.* **1.** Nombre de la segunda letra del alfabeto griego, que corresponde a nuestra *b.* ‖ **2. partícula beta** *(β)* En fís., partícula emitida por el núcleo atómico durante su desintegración radiactiva. Si está cargada negativamente es idéntica al electrón; si está cargada positivamente se denomina positrón.

Betancourt, Rómulo (Guatire, Miranda 1908 - Nueva York 1981) Político venezolano. Fundador del partido socialdemócrata Acción Democrática, en 1945 encabezó el movimiento que derrocó al presidente Medina Angarita y presidió una junta revolucionaria que puso en marcha el sistema democrático en el país. Presidente entre 1959 y 1964, promovió una reforma agraria de carácter moderado.

Betancur, Belisario (Amagá 1923) Político colombiano. Fue elegido presidente de Colombia para el periodo 1982-86 por el Partido Conservador. Su mandato se caracterizó por una política de reconciliación nacional.

betatrón *s. m.* Mecanismo que actúa como acelerador de partículas negativas, electrones o partículas beta (de donde deriva su nombre), empleados para la generación de rayos X de alta energía o para la desintegración de los átomos.

betel *s. m.* **1.** Planta trepadora de la familia piperáceas, especie *Piper betle.* Presenta hojas aovadas y aguzadas de sabor mentolado y fruto en baya con semilla en forma de grano. Se cultiva en Extremo Oriente. **2.** Mezcla de hojas de betel y nueces de areca *(Areca catechu)* que mastican los asiáticos por su efecto estimulante.

Betelgeuse Estrella alfa de la constelación de Orión.

Bethe, Hans Albrecht (Estrasburgo 1906) Físico estadounidense de origen alemán. En 1935 marchó a EE UU y participó en Los Álamos en el proyecto de la bomba atómica (1943-46). En 1938 descubrió el ciclo de su nombre, conjunto de reacciones termonucleares de fusión. Obtuvo el premio Nobel de física en 1967.

Béthencourt, Juan de (Grainville-la-Teinturière h. 1360 - ? 1442) Navegante normando. Conquistó las islas Canarias en nombre de Enrique III de Castilla entre 1402 y 1412.

Béthune C. de Francia, en el N del país, en el departamento de Nord. 258.400 h. en la aglomeración en 1982. Posee industria de calzado, relojería y neumáticos y es un centro de la minería del carbón.

Béticas, cordilleras Sistemas montañosos del SE de España. Se dividen en cinco zonas: las sierras Subbéticas, límite S del valle del Guadalquivir, de unos 600 km, entre Tarifa y el cabo de la Nao, con las sierras de Cazorla, Segura y Mágina; la depresión Penibética, con la vega de Granada, recorrida por el río Genil, y las hoyas de Baza y Guadix; la cordillera Penibética, con las sierras de Ronda, Sierra Nevada (donde se encuentra el pico más elevado de la Península, el Mulhacén, de 3.478 m) y sierra de los Filabres; el surco Intrapenibético, recorrido por el río Guadalfeo, en la comarca de Las Alpujarras, y por el río Andarax; y las sierras Subpenibéticas, como las de Almijara, Contravieja, Gádor y Gata.

bético, ca *adj.* De la antigua prov. Bética, en la España romana, hoy Andalucía. También *s.*

Betis Nombre romano del río Guadalquivir.

betlemita *adj.* **1.** De Belén. También *s.* **2.** Se dice de los religiosos de una orden fundada en Guatemala en el s. XVII por Pedro de Betencourt.

betónica *s. f.* Planta herbácea de la familia labiadas, especie *Betonica officinalis.* Mide entre 20 y 120 cm de altura, tiene hojas festoneadas y flores moradas en espiga. Crece en bosques, setos y praderas de la península Ibérica.

Betsabé Personaje bíblico, esposa de David y madre de Salomón.

Bettelheim, Bruno (Viena 1903 - Silver Spring, Maryland 1990) Psicoanalista estadounidense de origen austriaco. Fue discípulo de Freud. Internado por los nazis en Dachau y Buchenwald (1938-39), al ser liberado emigró a EE UU. Especializado en el tratamiento de niños psicóticos y autistas, fundó en Chicago una institución para el cuidado de éstos. Es autor de *La fortaleza vacía* (1967) y *Niños soñados* (1967). Se suicidó en 1990.

betuláceas *s. f. pl.* Familia de plantas leñosas del orden fagales, arbóreas o arbustivas, que producen frutos secos e indehiscentes. Cuenta con un centenar de especies, pertenecientes a los géneros *Carpinus* (carpe), *Corylus* (avellano), *Alnus* (aliso), *Betula* (abedul), etc. Crecen en el hemisferio norte. También *adj.* y *s. f.*

betún *s. m.* **1.** Nombre común de diversas sustancias naturales que contienen carbono e hidrógeno. Su densidad es variable y se presentan en estado líquido, pastoso o sólido. Son de cuatro tipos: nafta (petróleo bruto), asfalto, elearita (caucho mineral) y malta (betún glutinoso). **2.** Producto a base de ceras y tintes usado para dar lustre a las pieles curtidas, fundamentalmente a los zapatos.

Beuys, Joseph (Krefeld 1921 - Düsseldorf 1986) Artista y teórico alemán. Destacado representante del arte conceptual, realizó *happenings* y esculturas con materiales de desecho.

Beyle, Henri Véase **Stendhal**.

bezo *s. m.* Labio grueso.

Bhopal C. de la India, cap. del estado de Madhya Pradesh. 671.000 h. en 1981. Importante centro comercial, cuenta con industrias textiles y artesanales. Tiene aeropuerto.

Bhutan Véase **Bután**.

Bhutto, Benazir (Karachi 1953) Política pakistaní. Hija de Zulfikar Ali Bhutto y líder del Partido Popular de Pakistán, fue elegida primera ministra en 1988, convirtiéndose en la primera mujer al frente de un país musulmán. Acusada de corrupción, fue destituida (1990).

Bhutto, Zulfikar Ali (Larkana 1928 - Rawalpindi 1979) Político pakistaní. Fundador del Partido Popular de Pakistán (1967), fue presidente de la república (1971-73) y primer ministro (1973-1977). Reconoció a Bangladesh (1974). Derrocado por el general Zia Ul-Haq, fue juzgado, condenado a muerte y ahorcado.

bi- *pref.* Significa 'dos': *bilabial, bicicleta.*

Bi Símbolo químico del bismuto.

Biafra Nombre que adoptó la región SE de Nigeria al declarar unilateralmente su independencia en el año 1967. 76.366 km^2. 12.394.400 h. en 1963. Poblada por la etnia de los ibo, católicos en su mayoría, y con abundante petróleo y carbón, Biafra sostuvo entre 1967 y 1970 una guerra de secesión contra el poder central, dominado por la etnia hausa, de religión musulmana, y que se saldó con la derrota de los ibo y la muerte de más de dos millones de personas, en su mayoría por falta de alimento.

Biafra, bahía de Parte del golfo de Guinea, en el océano Atlántico, en la costa de Camerún, Nigeria y Guinea Ecuatorial. Desde el año 1975 se llama Bonny. En ella se encuentra la isla de Bioko, antigua Fernando Poo. Sus principales puertos son Port Hartcourt (Nigeria), Douala (Camerún) y Bata (Guinea Ecuatorial).

Bialystok C. de Polonia, cap. del voivodato del mismo nombre. Situada en una zona agraria, cerca de la frontera bielorrusa. 263.900 h. en 1988. Posee industria textil, mecánica y alimentaria.

bianual *adj.* Que ocurre dos veces al año.

biáxico, ca *adj.* **1.** Que tiene dos ejes. **2.** En ópt. y cristalografía, se aplica a los medios que poseen dos ejes ópticos, es decir, dos direcciones en las que las ondas se propagan sin birrefringencia.

bibelot (voz fr.) *s. m.* Objeto decorativo de poco valor.

biberón *s. m.* Botella, generalmente de cristal, con un pezón de goma elástica, utilizada para la lactancia artificial.

Biblia Conjunto de libros sagrados que constituyen el fundamento de la fe religiosa de los cristianos y los judíos. Para estos creyentes, la *Biblia* contiene la palabra de Dios revelada a los hombres a través de los autores de una serie de libros escritos entre los s. IX a. C. y III d. C. Su contenido varía según las diferentes confesiones religiosas. Para los judíos, la *Biblia* comprende los libros del *Pentateuco*, que constituyen la Torá o ley revelada por Dios a Moisés; los libros de los profetas, los poéticos, sapienciales e históricos. Para los cristianos, contiene el Antiguo Testamento, formado por 45 libros, y el Nuevo Testamento, que son 27 libros. El Antiguo Testamento incluye fundamentalmente los libros de la *Biblia* hebrea más algunos otros, mientras que el Nuevo Testamento comprende los cuatro *Evangelios*. La fijación de los textos de la *Biblia* cristiana se realizó mediante la traducción al latín en el s. IV de la versión griega llamada de los *Setenta*. La traducción latina se denomina *Vulgata*, fue realizada por San Jerónimo y es la base del texto que fue reconocido por el Concilio de Trento en 1546 como canónico. La primera versión de la *Biblia* utilizada por los cristianos protestantes es la traducción alemana realizada por Martin Lutero en el s. XVI.

bíblico, ca *adj.* Perteneciente o relativo a la *Biblia*.

bibliobús *s. m.* Autobús utilizado como pequeña biblioteca ambulante.

bibliofilia *s. f.* Afición grande a los libros, especialmente a los raros y curiosos, ya sea por su contenido o por su forma. **FAM.** Bibliófilo.

bibliografía *s. f.* **1.** Descripción y conocimiento de los libros y de sus ediciones. **2.** Lista o catálogo de libros o escritos sobre cierta materia o autor. **FAM.** Bibliográfico, bibliógrafo.

bibliología *s. f.* Estudio de los libros en su aspecto técnico e histórico. **FAM.** Bibliólogo.

bibliomanía *s. f.* Pasión exagerada de coleccionar muchos libros raros, o los de un tipo determinado. **FAM.** Bibliómano.

bibliometría *s. f.* **1.** Técnica de calcular la extensión o medida de la producción bibliográfica bajo los criterios de formato, tipo de letra, cantidad de palabras, clase de papel, etc. **2.** Estudio analítico y cuantitativo de la información bibliográfica que presenta la documentación científica en un determinado campo o disciplina.

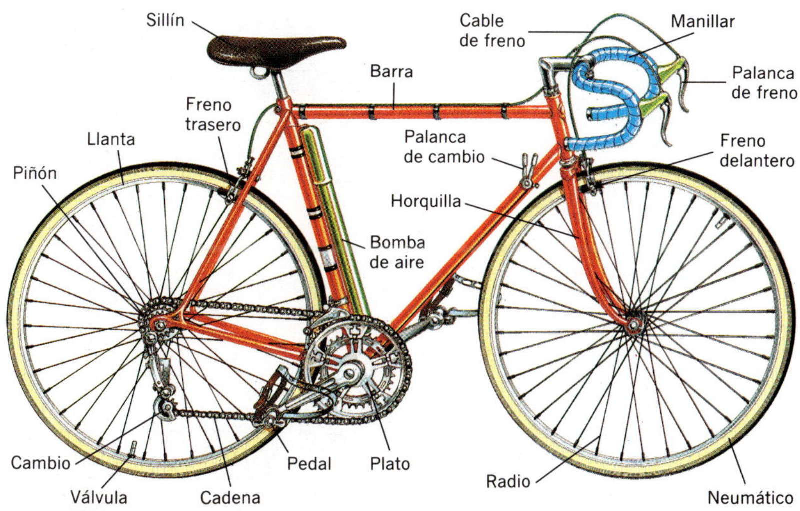

Partes y principales elementos de una bicicleta de carreras.

biblioteca *s. f.* **1.** Local donde se encuentra ordenado un conjunto de libros para su lectura o consulta. **2.** Mueble o dispositivo similar donde se colocan los libros. **3.** El conjunto de estos libros. **4.** Colección de libros con algunas semejanzas entre sí, como autor, material, etc.

bibliotecología *s. f.* Conjunto sistemático de conocimientos relativos al libro o la biblioteca. Comprende dos ramas, la referida particularmente al libro, que a su vez consta de bibliografía, bibliotecnia y bibliografía, y la referida a las bibliotecas, que consta de bibliotecografía y biblioteconomía.

Biblos Antigua ciudad fenicia, situada en el litoral mediterráneo del Líbano. Es la actual población libanesa de Jubail. Desde el IV milenio a. C. constituyó un importante puerto comercial, dependiente de Egipto hasta el s. XII a. C., en que pasó a ser la principal población de Fenicia. Su decadencia había comenzado antes de iniciarse la era cristiana.

bicameral *adj.* Se aplica al sistema parlamentario que está integrado por dos cámaras legislativas.

bicameralismo *s. m.* Sistema político en el que existen dos cámaras legislativas. Ejemplo clásico es el Reino Unido, donde existe una Cámara de los Lores (en la que se ingresa hereditariamente) y una Cámara de los Comunes (en la que se ingresa por elección).

bicarbonato *s. m.* Nombre común de las sales ácidas del ácido carbónico, CO_3H_2, en las que sólo uno de los hidrógenos del ácido es sustituido por un metal. Una de las más conocidas es el bicarbonato de sodio, $NaHCO_3$, empleado como producto farmacéutico para neutralizar la hiperclorhidria o acidez de estómago por exceso de ácido clorhídrico en los jugos gástricos. Otra es el bicarbonato de calcio $Ca(HCO_3)_2$, de gran importancia geológica, pues es el causante de la formación de las estalactitas y estalagmitas.

bicéfalo, la *adj.* **1.** Que tiene dos cabezas. **2.** Se dice de toda organización, grupo o empresa que tiene dos dirigentes o jefes.

bíceps *s. m.* Nombre de dos pares de músculos flexores del cuerpo humano situados en las extremidades anteriores y posteriores. El *bíceps braquial* es responsable de la flexión del brazo y se encuentra articulado con el omóplato y con el radio. El *bíceps crural* o *femoral* se encuentra en el muslo y, al contraerse, flexiona la pierna; se articula con el isquion y con la tibia y el peroné.

bicha *s. f.* **1.** *fam.* Culebra o serpiente. **2.** Figura ornamental zoomorfa y en algunos casos mixta, entre humana y animal, inspirada en modelos orientales. Es característica del arte ibérico y entre ellas destaca la bicha de Balazote, pueblo de Albacete. ‖ **LOC. mentar** (o **nombrar**) **la bicha** *fam.* Mencionar ante alguien algo que le causa disgusto o malestar.

bicharraco *s. m.* **1.** Forma despectiva de bicho. **2.** *fam.* Persona fea, rara o extravagante. **3.** *fam.* Persona de malas intenciones. **4.** *fam.* Aplicado a un niño, travieso, alborotador.

Bichat, Marie François Xavier (Thoirette, Jura 1771 - París 1802) Médico francés. Está considerado como el fundador de la histología. Distinguió 21 clases de tejidos, que combinados daban lugar a los distintos órganos, lo que originó un nuevo enfoque de la anatomía.

bichero *s. m.* Palo largo que en uno de los extremos tiene un hierro con punta y uno o dos ganchos, y que se utiliza en los puertos para mover embarcaciones pequeñas.

bicho *s. m.* **1.** Animal pequeño. Se suele usar en sentido despectivo o por ignorarse el nombre del animal. **2.** Cualquier animal y especialmente los domésticos. **3.** Persona fea, ridícula, rara o extravagante. **4.** Persona de malas intenciones. ‖ **5. bicho viviente** *fam.* Cualquier ser vivo, toda la gente; con negación, nadie. **6. mal bicho** *fam.* Persona malvada, perversa. ‖ **LOC. picarle** a uno **un bicho** *fam.* Estar de mal humor. ■ Se emplea sobre todo en interrogación.

bichoco, ca *adj. Amér. C., Arg., Chile, Urug.* Viejo, inútil; se dice de animales y, p. ext., de personas.

bicicleta *s. f.* Vehículo de dos ruedas, generalmente de igual tamaño, con un sillín y un manillar; el movimiento de los pies se transmite a la rueda trasera mediante dos pedales, un plato, un piñón y una cadena.

biciclo *s. m.* Bicicleta con las ruedas desiguales y tracción delantera, ya en desuso.

bicoca *s. f. fam.* Ganga, chollo.

bicolor *adj.* De dos colores.

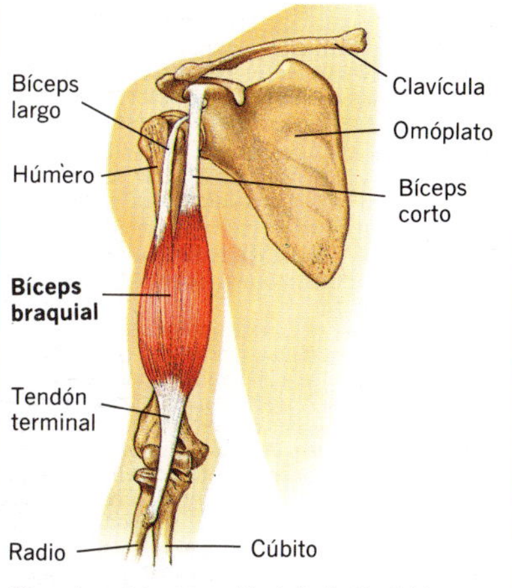

Bíceps braquial, responsable de la flexión del brazo en el cuerpo humano.

bicóncavo, va *adj.* Se dice del cuerpo, y especialmente de la lente, que tiene dos superficies opuestas cóncavas.

biconvexo, xa *adj.* Se dice del cuerpo, y especialmente de la lente, que tiene dos superficies opuestas convexas.

bicorne *adj.* De dos cuernos o puntas.

bicornio *s. m.* Sombrero de dos picos.

bicuadrada, ecuación Toda ecuación que se reduzca a una ecuación de la forma $ax^4 + bx^2 + c = 0$.

biculturalismo *s. m.* Coexistencia de dos culturas nacionales en un mismo país, como p. ej. en Bélgica, donde conviven las culturas flamenca y valona.

bicúspide *adj.* **1.** Que tiene dos cúspides, p. ej. los dientes premolares. **2.** Se dice de la válvula mitral del corazón. También *s. f.*

Bidasoa Río de España, en el NE del país. 60 km. Nace en los Pirineos, recorre el valle del Baztán de E a O y, en su tramo final, sirve de frontera entre España y Francia; desemboca en el Cantábrico.

Bidault, Georges (Moulins 1899 - Cambo-les-Bains 1983) Político francés. Fue presidente del Consejo Nacional de la Resistencia (1943), ministro de Asuntos Exteriores y presidente del Consejo de la Cuarta República. Opuesto a la descolonización de Argelia, apoyó a la OAS.

bidé *s. m.* Especie de lavabo, de poca altura y forma ovalada, para el aseo personal.

bidón *s. m.* Recipiente de forma generalmente cilíndrica, con cierre hermético, que se emplea para guardar o transportar líquidos.

biela *s. f.* Pieza de una máquina que une otras dos y sirve para transformar un movimiento de vaivén en otro de rotación, o viceversa.

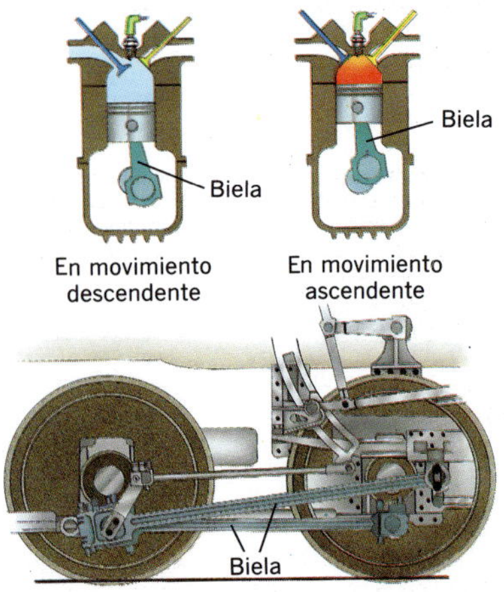

Arriba, biela de un motor de explosión; abajo, biela de una locomotora.

bielda *s. f.* Especie de bieldo para recoger la paja.

bieldo *s. m.* Instrumento compuesto por un palo largo y un travesaño en su extremo, con púas, que se utiliza para aventar las mieses y separar el grano, levantar y cargar los haces, etc.

Bielefeld C. de Alemania, en el Land de Renania Septentrional-Westfalia. 311.950 h. en 1989. Cuenta con industria mecánica, textil y de fabricación de muebles.

Bielorrusia, República de (en ruso *Belorusskaia*) Estado de Europa oriental, antigua república soviética.

Geog. Su relieve es esencialmente llano; tan sólo un conjunto de colinas cuya máxima altura no supera los 346 m se alzan en la región de Minsk. El país está cubierto de bosques y zonas pantanosas, con excepción de los terrenos ganados para la agricultura, y cuenta con gran número de lagos de origen glaciar. Sus principales ríos son el Nieman y el Dvina Occidental al N, y el Prípiat, afluente del Dniéper, al S. Su economía, tradicionalmente basada en la agricultura, que produce lino y patatas, y en la ganadería bovina, experimentó una importante industrialización a partir de la Segunda Guerra Mundial. Cuenta con

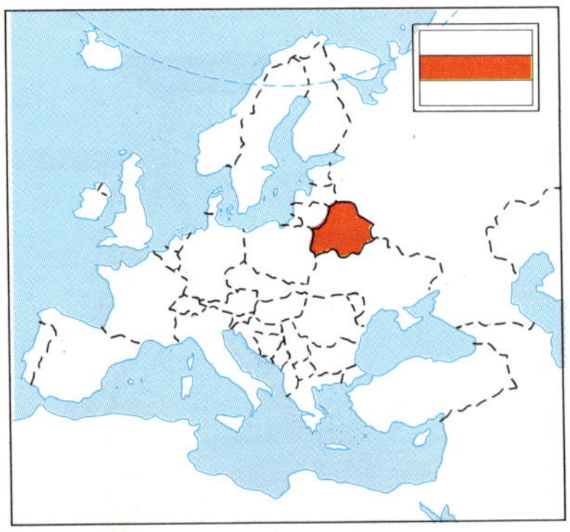

Extensión: 207.600 km^2.
Límites: al N, con Letonia y la Federación Rusa; al E, con la Federación Rusa; al S, con Ucrania, y al O, con Polonia y Lituania.
Población: 10.200.000 h. en 1989.
Densidad: 49,13 $h./km^2$.
Capital: Minsk.
División administrativa: provincias de Brest, Gomel, Grodno, Minsk, Mogilev y Vitebsk.
Ciudades principales: Vitebsk, Gomel, Mogilev.
Gentilicio: bielorruso.
Forma de Estado: república.
Idioma: bielorruso, ruso.
Religión: cristianismo.
Moneda: rublo.
Renta per cápita: 10.144 dólares en 1988.

minas de potasa y con petróleo, e industrias petroquímicas, mecánicas y electromecánicas, que han venido a unirse a las tradicionales de la madera y textil del lino.

Hist. Bielorrusia estuvo poblada en la antigüedad por tribus bálticas, que fueron desplazadas durante los s. V y VI por eslavos orientales. Formó parte del principado de Kiev, del que se emancipó en el s. XII, para entrar bajo la influencia del gran ducado de Lituania. En esta época se produjo la diferenciación cultural de los bielorrusos (rusos blancos) respecto a los grandes rusos de Novgorod y Susdal. A mediados del s. XIV comenzó la influencia polaca, consolidada en el s. XVI con la unión de Polonia y Lituania. Desde entonces Bielorrusia fue disputada por Polonia y Moscú. A fines del s. XVIII se convirtió en provincia rusa. Después de la Primera Guerra Mundial se constituyó en república soviética, y en 1920 fue escenario de la guerra entre Rusia y Polonia, por la que fue dividida en dos sectores adjudicados a ambos estados. En 1939 la URSS recuperó el sector occidental polaco. Tras la Segunda Guerra Mundial quedaron fijadas sus actuales fronteras. En 1991, en el curso de la crisis que llevó a la desaparición de la URSS, su presidente Nicolai Dementei dimitió y el parlamento proclamó la independencia. A fines de ese mismo año participó, junto a Rusia y Ucrania, en la fundación de la Comunidad de Estados Independientes.

Bielsko-Biala (en al. *Bielitz*) C. de Polonia, cap. del voivodato homónimo, en el S del país. 179.600 h. en 1988. Posee industria mecánica, textil y maderera.

bien *s. m.* **1.** Aquello que es bueno según la moral. **2.** Utilidad, provecho, conveniencia. **3.** Cosa buena, favorable o conveniente. ‖ *pl.* **4.** Conjunto de dinero, fincas, inmuebles, valores mobiliarios, maquinaria, etc., que posee una persona, institución o empresa. ‖ *adv. m.* **5.** De manera adecuada a lo que requiere la acción del verbo al que se aplica. **6.** Con gusto, de buena gana, sin inconveniente o dificultad. **7.** Mucho, en abundancia. **8.** Con cantidades, ciertamente, aproximadamente. **9.** A veces se utiliza para expresar asentimiento o conformidad. **10.** Relaciona dos posibilidades distintas o que se realizan alternativa o sucesivamente. **11.** Delante de la preposición *de* y algunos sustantivos, refuerza a éstos. **12.** Después de una pregunta, mandato o ruego, denota asentimiento. **13.** Repetido, hace veces de conjunción distributiva. ‖ *adj.* **14.** De buena posición social y propio de las personas de esa clase. ‖ **15. bienes de producción** (o **de equipo**) Los que sirven para la producción de otros, como las máquinas, herramientas, instalaciones, etc. **16. bienes gananciales** Los adquiridos durante el matrimonio, que pertenecen por igual a los dos cónyuges. **17. bienes inmuebles** Los que están en un lugar y no se pueden mover, como fincas o construcciones. **18. bienes muebles** Los que pueden ser movidos. **19. bienes raíces** Bienes inmuebles.

bienal *adj.* **1.** Que sucede cada dos años. También *s. f.* **2.** Que dura dos años. **3.** Se dice de las plantas que viven dos años. En el primer año germinan y crecen y en el segundo florecen, fructifican y mueren, como la remolacha, el nabo o la berza. **FAM.** Bienalmente.

bienandanza *s. f.* Felicidad, fortuna.

bienaventurado, da *adj.* **1.** Afortunado, feliz. **2.** Que goza de la presencia de Dios en el cielo. También *s.*

bienaventuranza *s. f.* **1.** Para los cristianos, vida eterna y disfrute que proporciona la presencia de Dios en el cielo. **2.** Felicidad, dicha. ‖ *pl.* **3.** Nombre dado a las ocho bendiciones con las que Jesucristo comenzó el sermón de la montaña, según el *Evangelio* de San Mateo.

bienestar *s. m.* **1.** Estado del que se encuentra a gusto, descansado y con buena salud **2.** Buena posición económica. **3.** Conjunto de bienes materiales, sociales, culturales, etc., que proporcionan una adecuada calidad de vida. ‖ **4. sociedad** o **estado del bienestar** En econ. y pol., expresión que se aplica a aquellas sociedades en las que el Estado intenta garantizar, mediante una adecuada distribución de los recursos disponibles, que todos los ciudadanos cubran sus necesidades inmediatas y dispongan de los servicios necesarios (seguridad social, sanidad, educación, etc.), al tiempo que se consigue el pleno empleo y se genera abundancia de bienes.

bienhablado, da *adj.* Que se muestra cortés al hablar.

bienhechor, ra *adj.* Se dice de la persona que protege o ayuda a otra. También *s.*

bienintencionado, da *adj.* Que tiene buena intención.

bienio *s. m.* Periodo de dos años.

bienmandado, da *adj.* Obediente, dócil.

bienquistar *v. tr.* Poner a bien a una persona con otra u otras. También *v. prnl.* ■ Su p. p. es irreg.: *bienquisto.*

bienquisto, ta **1.** *p. p.* irreg. de **bienquistar**. ‖ *adj.* **2.** Estimado, bien visto.

Bienvenida, Antonio Mejías (Caracas 1922 - Madrid 1975) Matador de toros español. De estilo clásico, tomó la alternativa en Madrid (1942). Murió volteado por una vaquilla en un tentadero.

bienvenido, da *adj.* **1.** Se dice de la persona o cosa cuya llegada se recibe con alegría. ‖ *s. f.* **2.** Saludo con que se expresa a alguien alegría por su llegada a un sitio o deseo de que sea su estancia feliz en él.

Bierce, Ambrose (Meigs County, Ohio 1842 - en un lugar de México h. 1914) Periodista y escritor estadounidense. Sus obras, de un humorismo amargo, reflejan en forma cruel y sarcástica las facetas más oscuras de la condición humana. Perdió la vida en la guerra civil mexicana. Es autor de *Telarañas de una calavera vacía* (1874), *Cuento de soldados y de civiles* (1891), *¿Pueden ocurrir cosas semejantes?* (1893) y *El diccionario del diablo* (1911).

Bierzo, El Comarca de España, en el NO de la prov. de León. 2.895 km^2. Tiene ganadería, cultivos de viñedo y huerta y yacimientos de hierro y carbón.

bies *s. m.* Trozo de tela cortado oblicuamente que se coloca en los bordes de prendas de vestir. ‖ **LOC. al bies** *adv.* Forma de estar cortada o colocada una tela, en diagonal a la dirección de los hilos.

bifásico, ca *adj.* Se dice de los sistemas eléctricos con dos corrientes alternas de igual amplitud, pero desfasadas en medio periodo.

bife *s. m.* **1.** *Arg., Chile, Urug.* Trozo de carne que se asa a la brasa o a la plancha. **2.** Bofetón.

bífero, ra *adj.* Se dice de la planta que da fruto dos veces al año.

bífido, da *adj.* Que está dividido en dos.

bifocal *adj.* De doble foco. Se aplica sobre todo a las lentes.

biforme *adj.* Que tiene dos formas.

bifronte *adj.* Que tiene dos caras o frentes, como el dios romano Jano.

bifurcación *s. f.* **1.** Acción y efecto de bifurcarse. **2.** Lugar donde se divide algo en dos ramales.

bifurcarse *v. prnl.* Dividirse en dos ramales o brazos, p. ej. un río, un camino. ▪ Se conjuga como *sacar.*

big bang (voz ingl.) *s. m.* Explosión inicial que, según ciertas teorías, dio origen al universo hace aproximadamente 15.000 millones de años. Esta explicación, formulada por el cosmólogo belga Georges Lemaître en 1931, fue posteriormente modificada y completada por el astrofísico ruso-americano George Gamow.

Biga Partido o bando urbano surgido en la Barcelona de la Baja Edad Media e integrado por los miembros de la oligarquía ciudadana. Enfrentado a la Busca, partido de los pequeños comerciantes, artesanos y elementos populares, protagonizó la guerra civil catalana de 1462-72.

bigamia *s. f.* **1.** Estado del que ha contraído matrimonio con dos personas a la vez. **2.** En derecho penal, delito que comete una persona cuando contrae nuevo matrimonio sin haber sido disuelto el anterior.

bígamo, ma *adj.* Relativo a la bigamia o que la practica. También *s.*

bigardo, da *adj.* Se aplica a la persona viciosa y holgazana. También *s.*

Bigarny, Felipe Véase **Vigarny, Felipe de.**

bígaro *s. m.* Nombre de diversos moluscos gasterópodos marinos de la familia litorínidos, género *Littorina.* El bígaro común *(Littorina littorea)* mide entre 2 y 3 cm y tiene una concha oscura y puntiaguda. Vive fijado a las rocas en aguas litorales y es apreciado en alimentación.

Bígaro (Littorina littorea).

bigornia *s. f.* Yunque con dos puntas.

bigote *s. m.* Pelo que nace sobre el labio superior. También en *pl.* ‖ **Loc. de bigote(s)** *adj. fam.* Excepcional, de consideración. **menear el bigote** *fam.* Comer. **Fam.** Bigotudo.

bigotera *s. f.* **1.** Compás pequeño de precisión que se gradúa con un tornillo. **2.** Utensilio que servía para sujetar los bigotes y darles la forma deseada.

bigudí *s. m.* Pequeño cilindro, largo y estrecho, sobre el que se enrolla un mechón de pelo para rizarlo.

Bihar Estado de la India, en el NE del país. 173.876 km^2. 69.914.700 h. en 1981. La capital es Patna, con 776.400 h. en 1981. Se cultiva arroz y existen minas de carbón, cobre, hierro e industria metalúrgica. El idioma oficial es el hindi.

bija *s. f.* Árbol de la familia bixáceas, especie *Bixa orellana.* Es de pequeño tamaño, tiene hojas alternas, inflorescencias vistosas y fruto en cápsula. Originario de América tropical y las Antillas, se cultiva por su semilla, de la que se obtiene el colorante llamado *annatto.*

Bikila, Abebe (Addis-Abeba 1932 - íd. 1973) Atleta etíope. Venció en el maratón de los Juegos Olímpicos de Roma (1960) y de Tokio (1964).

Bikini Atolón de Micronesia, en el océano Pacífico, perteneciente al archipiélago Marshall. Es base de pruebas nucleares de EE UU.

bilabial *adj.* **1.** Se dice del sonido en cuya pronunciación intervienen los dos labios. **2.** Se aplica a cada una de las letras que representan este sonido, como la *b,* la *m* y la *p.*

Bilbao: puente e iglesia de San Antón, en el popular barrio de Achuri.

bilateral *adj.* Se dice del acuerdo, negociación, etc., que afecta en forma recíproca a dos partes o aspectos.

bilbaíno, na *adj.* De Bilbao. También *s.*

Bilbao C. de España, cap. de la prov. de Vizcaya, en la comunidad autónoma del País Vasco, en la ría del Nervión. 368.710 h. en 1991. Centro industrial, comercial y financiero, cuenta con industria metalúrgica, siderúrgica, naval, química, petroquímica y papelera y con un importante puerto comercial.
Hist. La fundación de Bilbao como Villa se debe a Diego López de Haro alrededor del año 1300. Gracias a su puerto, canalizó el comercio exterior de Castilla en la Edad Moderna y llegó a ser uno de los principales núcleos económicos de la Península. Durante las guerras carlistas fue bastión del bando liberal y sufrió varios asedios. A mediados del s. XIX, con la explotación de las minas y la exportación de hierro al Reino Unido, se convirtió en un centro industrial y financiero de primer orden.

bilbilitano, na *adj.* **1.** De Bílbilis, antigua ciudad romana emplazada cerca de la actual Calatayud. También *s.* **2.** De Calatayud.

biliar *adj.* Perteneciente o relativo a la bilis.

bilingüe *adj.* **1.** Que habla con igual facilidad dos lenguas. **2.** Escrito en dos idiomas.

bilingüismo *s. m.* **1.** Cualidad de bilingüe. **2.** Empleo habitual de dos lenguas en una misma región. El bilingüismo propiamente dicho existe cuando dos lenguas son de uso corriente en una colectividad, bien por grupos distintos, como ocurre en Bélgica entre flamencos y valones, bien cuando el conjunto de la población utiliza indistintamente dos lenguas, p. ej. en algunas áreas de Suiza. Las lenguas de un país pueden tener ambas reconocimiento oficial, como ocurre en España con el castellano y el gallego, vasco y catalán en las respectivas comunidades autónomas.

bilioso, sa *adj.* **1.** Que tiene gran cantidad de bilis. **2.** Que tiene mal genio.

bilirrubina *s. f.* Pigmento biliar de color rojizo. Se forma en el organismo por la degradación de la hemoglobina y se elimina a través de la bilis.

bilis *s. f.* **1.** Líquido amarillo verdoso formado por agua, pigmentos, sales, grasas, colesterol y lectina, de sabor amargo, segregado por el hígado y almacenado en la vesícula biliar. Interviene en la digestión de las grasas y de las vitaminas liposolubles (solubles en grasas), facilita la absorción de calcio, estimula los movimientos del intestino y mantiene el equilibrio de la flora intestinal. **2.** Cólera, ira, mal humor.

billar *s. m.* **1.** Juego de destreza que se realiza en una mesa rectangular, cubierta de paño verde, sobre la que se colocan bolas de marfil que son impulsadas con un taco provisto de una punta de cuero. Las modalidades más extendidas son el billar de carambolas, el billar americano y el *snooker.* **2.** Local público o privado con mesas e instalaciones para practicar este juego. Se usa mucho en *pl.*

billetaje *s. m.* Conjunto de los billetes de un espectáculo, de una rifa, de un transporte público, etc.

billete *s. m.* **1.** Papel moneda que lleva impresa la obligación de un banco de pagar una suma determinada al portador. Constituye un medio legal de pago. **2.** Papel o tarjeta que da derecho a entrar u ocupar un sitio en un espectáculo o en un medio de transporte. **3.** Papel con un número mediante el cual se participa en una rifa o lotería. **4.** En sentido específico, número completo de un sorteo de lotería que puede dividirse en décimos u otras participaciones. **5.** Carta breve enviada con un mensajero.

billetero, ra *s. m.* o *f.* **1.** Cartera pequeña y de bolsillo para llevar billetes de banco. ‖ *s. m.* **2.** *Méx.* Vendedor de lotería.

Billinghurst, Guillermo (Arica 1851 - ? 1915) Político peruano. Elegido presidente de la república por minoría (1912), buscó el respaldo de las masas populares. Decretó algunas mejoras sociales para el país. Fue derrocado por el coronel Benavides (1914) y tuvo que exiliarse.

billón *s. m.* Un millón de millones, que se expresa por la unidad seguida de doce ceros o, en forma de potencia de 10, como 10^{12}. En Francia y EE UU, un billón equivale a un millar de millones, esto es, 10^9.

billonésimo, ma *adj. num. part.* **1.** Se aplica a cada una de las partes iguales de un todo dividido en un billón de ellas. ‖ *adj. num. ord.* **2.** Que ocupa el lugar de una serie, al que preceden 999.999.999.999, o en Francia y EE UU 999.999.999.

bimano o **bímano, na** *adj.* En zool., se aplica al animal de dos manos, especialmente al hombre. También *s.*

bimembre *adj.* Se dice de lo que tiene dos miembros o dos partes.

bimensual *adj.* Que aparece, se produce o se repite dos veces al mes.

bimestral *adj.* **1.** Que aparece, se produce o se repite cada dos meses. **2.** Que dura dos meses.

bimestre *adj.* **1.** Bimestral*. ‖ *s. m.* **2.** Periodo de dos meses.

bimetalismo *s. m.* Sistema monetario que admite la existencia de dos patrones: el oro y la plata, es decir, permite acuñar monedas de uno y otro metal, que tienen una paridad o relación fija de sus valores.

bimotor *s. m.* Avión provisto de dos motores. También *adj.*

binadera *s. f.* Azada que se usa para quitar la hierba o broza.

binar *v. tr.* **1.** Arar por segunda vez las tierras de labor. **2.** Cavar por segunda vez las viñas. **Fam.** Bina.

binario, ria *adj.* Compuesto de dos elementos o unidades.

Binet, Alfred (Niza 1857 - París 1911) Psicólogo francés. Fue colaborador de Charcot y contribuyó a la implantación de los tests de inteligencia. Con el psicólogo Théodore Simon, elaboró la escala de inteligencia Binet-Simon.

bingo *s. m.* **1.** Juego de azar parecido a la lotería. **2.** Local donde se practica este juego.

binocular *adj.* Que ve o hace posible la visión con los dos ojos. Se aplica especialmente al telescopio, anteojo o microscopio que permiten observar simultáneamente con ambos ojos.

binóculo *s. m.* Anteojo con una lente para cada ojo.

binomio *s. m.* **1.** Polinomio que consta de dos términos, o también la suma indicada de dos monomios: p. ej., $x^2 + 4x$. ‖ **2. binomio de Newton** Fórmula que expresa la potencia de un binomio:

$$(a+b)^n = \binom{n}{0} a^n + \binom{n}{1} a^{n-1} b + \binom{n}{2} a^{n-2} b^2 + \dots \binom{n}{n-1} ab^{n-1} + \binom{n}{n} b^n.$$

Para hallar los coeficientes puede utilizarse el llamado *triángulo de Tartaglia* o de *Pascal.*

binza *s. f.* Piel muy fina y flexible que envuelve algo, p. ej. la que recubre el huevo o la cebolla.

bio-, -bio *pref.* y *suf.* Significa 'vida': *biografía, anfibio.*

Bío-Bío 1. Río de Chile, en el S del país. 380 km de longitud. Nace en los Andes, pasa por Concepción y desemboca en el Pacífico. Es el más caudaloso del país.
2. Región de Chile, en el centro del sector meridional del país. 36.007 km^2. 1.656.800 h. en 1989. La capital es Concepción, con 294.400 h. en 1987. Produce trigo, remolacha, vid y hortalizas. Posee también ganadería vacuna, industria siderúrgica, textil y azucarera, yacimientos de carbón y gran potencial hidroeléctrico.

biocatalizador *s. m.* Catalizador que interviene en las reacciones y procesos biológicos regulando la velocidad de los mismos. Se clasifica en: vitaminas, hormonas, enzimas y oligoelementos.

biocenosis *s. f.* Conjunto de los seres vivos que habitan un biotopo o región de caracteres climáticos y geográficos definidos.

biocibernética *s. f.* Ciencia que estudia los procesos de comunicación (recepción y evaluación de la información) y control (autoorganización, autorregulación) por los que los sistemas biológicos se adaptan al medio.

biodegradable *adj.* Se dice de un producto que puede descomponerse en otros por medios biológicos, como la acción de bacterias, hongos, plantas o animales.

biodinámica *s. f.* Parte de la fisiología que estudia la actividad de los fenómenos biológicos.

bioelectricidad *s. f.* Tensión y corriente eléctricas generadas por los seres vivos. En el hombre se producen tensiones eléctricas medibles en el corazón (electrocardiograma) y el cerebro (electroencefalograma). En algunos peces, como la anguila eléctrica y la raya torpedo, existen órganos productores de descargas eléctricas que les sirven para defenderse o atrapar a sus presas.

bioelemento *s. m.* Elemento químico que forma parte de las sustancias orgánicas naturales; los fundamentales son: carbono, hidrógeno, oxígeno y nitrógeno.

bioestratigrafía *s. f.* Rama de la estratigrafía que estudia la presencia de restos fósiles en los estratos y se sirve de ellos para determinar las edades geológicas.

biofeedback (voz ingl.) *s. m.* En med. y psicofisiología, método de monitorización electrónica de diversas funciones biológicas específicas, como la presión sanguínea, etc., cuya finalidad es proporcionar al paciente un mayor control sobre sus procesos fisiológicos inconscientes; ha sido aplicado con éxito en el tratamiento de la hipertensión, dolores de cabeza crónicos, epilepsia y otras enfermedades.

biofísica *s. f.* Ciencia que aplica los métodos de la física al estudio de los seres vivos. Estudia la transmisión de corrientes nerviosas, las bioluminiscencias y problemas relacionados.

biogás *s. m.* Gas metano que se origina por la acción de bacterias sobre sustancias orgánicas, especialmente desechos.

biogénesis *s. f.* Teoría que afirma que todos los seres vivos nacen de otros seres vivos; es opuesta, por tanto, a la teoría de la generación espontánea. **Fam.** Biogenético.

biogeografía *s. f.* Ciencia que estudia la distribución geográfica de los seres vivos y las causas y modificaciones de esta distribución, tanto en una consideración continental como local. Consta de varias ramas: edafología, zoogeografía, ecología, etc. **Fam.** Biogeográfico.

biografía *s. f.* **1.** Narración de la vida de una persona. **2.** Género literario al que pertenecen ese tipo de obras. **3.** Historia de la vida de una persona. **Fam.** Biografiado, biográfico.

biografiar *v. tr.* Hacer la biografía de alguien. ▪ En cuanto al acento, se conjuga como *ansiar*: *biografío*.

biógrafo, fa *s. m.* y *f.* Autor de una biografía.

Bioko Isla de Guinea Ecuatorial, en el océano Atlántico, en la bahía de Biafra. 2.017 km^2. 70.000 h. en 1983. La capital es Malabo, antigua *Santa Isabel*, con 30.700 h. en 1983. Su clima es ecuatorial y posee cultivos de cacao y café. Descubierta a finales del s. XV por el portugués Fernando Poo, pasó a poder de España en 1778. En 1968 fue integrada en la república de Guinea Ecuatorial. Antiguamente se llamó *Fernando Poo*.

biología *s. f.* Ciencia que estudia los seres vivos. Se divide en tres grandes ramas: la microbiología, que trata de los seres microscópicos; la botánica, que estudia las plantas, y la zoología, que se ocupa de los animales. A su vez, cada una de esas ramas puede ocuparse de la estructura del ser vivo (anatomía), de las células que lo componen (citología), de sus tejidos (histología), de su funcionamiento (fisiología), etc. El origen de la biología se remonta a la antigüedad; es una ciencia que desciende de la medicina, la agricultura y la ganadería. A Aristóteles se deben interesantes tratados de anatomía y botánica. La importancia de esta ciencia comenzó a crecer a partir del s. XVI, sobre todo en el campo de la historia natural descriptiva y en la anatomía. Pero fue en los s. XVIII y XIX cuando surgieron los grandes sistematizadores: Linneo, Buffon, Lamarck (que fue el primero, junto con Treviranus, en utilizar el término *biología*), Cuvier, Darwin. Durante la segunda mitad del s. XIX y todo el s. XX tuvo un gran desarrollo, gracias a nombres como Mendel, fundador de la genética, Watson y Crick, que descubrieron la estructura del ADN, lo que permitió el desentrañamiento del código genético en la década de los sesenta y la aparición de la ingeniería genética, que aplica las técnicas de la biología molecular para fabricar numerosas sustancias químicas por medios biológicos. **Fam.** Biológico, biólogo.

bioluminiscencia *s. f.* Producción de luz que realizan organismos vivos por medios químicos. A veces la emplean para atraer a los individuos del sexo opuesto, otras para atrapar a posibles presas. Producen luminiscencia las luciérnagas, algunos peces e invertebrados marinos, ciertos hongos y bacterias terrestres o marinas. **Fam.** Bioluminiscente.

bioma *s. m.* Área dentro de una región biogeográfica con una vegetación y fauna predominantes. Los más característicos son la tundra, la taiga, el bosque caducifolio, el bosque mediterráneo, la pradera, el desierto y la selva virgen.

biomasa *s. f.* Masa total de los organismos de un ecosistema. Suele expresarse en peso o número de individuos por unidad de superficie.

biombo *s. m.* Mampara plegable compuesta de varios bastidores que permite establecer una separación en una habitación o proteger ésta de corrientes de aire, etc.

biometría *s. f.* Medida de las dimensiones de los seres vivos. Se utiliza especialmente en antropología.

biónica *s. f.* Rama de la técnica que tiene por objeto el diseño de sistemas, aparatos o máquinas artificiales que funcionan de acuerdo con principios observados en seres vivos.

biopsia *s. f.* Examen microscópico de un trozo de tejido extraído de un ser vivo, realizado generalmente para diagnosticar alguna enfermedad.

bioquímica *s. f.* Rama de la química orgánica que estudia las sustancias que componen los seres vivos y las reacciones que tienen lugar en el interior de los mismos. Las sustancias más frecuentes se denominan principios inmediatos, y se clasifican en hidratos de carbono, lípidos y proteínas. También son importantes las vitaminas, hormonas y ácidos nucleicos.

bioquímico, ca *adj.* **1.** Perteneciente o relativo a la bioquímica. ‖ *s. m.* y *f.* **2.** Persona que se dedica al estudio de la bioquímica.

biorritmo *s. m.* Ciclo de duración variable (diario, mensual, anual) al que se halla sometida la actividad de los organismos (reproducción celular, fotosíntesis de las plantas, migraciones de los animales, etc.) y que está regulado por ciertos mecanismos del sistema nervioso y del sistema endocrino.

biosfera *s. f.* **1.** Conjunto de los seres vivos que ocupan la superficie de nuestro planeta. **2.** P. ext., conjunto de regiones habitadas por seres vivos. Abarca partes de la litosfera, la hidrosfera y troposfera, capa inferior de la atmósfera.

biosíntesis *s. f.* Conjunto de reacciones químicas que permiten a los seres vivos elaborar sustancias complejas, p. ej. proteínas, grasas, etc., a partir de otras más sencillas. Se llama también *anabolismo*.

biosociología *s. f.* Ciencia que estudia la sociedad a partir de la relación entre las características biológicas y las organizaciones socioculturales de los seres humanos.

biostasia *s. f.* En geol., periodo de estabilidad biológica que sigue al de rexistasia y en el que la erosión prácticamente no actúa.

Biot, Jean-Baptiste (París 1774 - íd. 1862) Físico, matemático y astrónomo francés. En compañía de Gay-Lussac realizó la primera ascensión con fines científicos en globo (1804) y colaboró también con Arago (1806). Estudió la luz polarizada y demostró (1815) que las sustancias orgánicas, líquidas o en solución, pueden hacer rotar dicha luz en el sentido de las agujas del reloj o en el contrario, lo que atribuyó a una asimetría interior de sus moléculas.

biota *s. f.* En ecol., conjunto de los seres vivos de una región.

biotecnología *s. f.* Aplicación de principios y equipos de la ingeniería a las ciencias biológicas.

biótico, ca *adj.* Perteneciente o relativo a los seres vivos.

biotina *s. f.* Sustancia química componente de la vitamina H. Interviene en la transferencia de dióxido de carbono en el metabolismo de los lípidos. Se obtiene del hígado, los riñones, los huevos y la miel.

biotipo *s. m.* **1.** Forma característica o prototípica de cada especie de planta o animal. **2.** Conjunto de individuos que presentan las mismas características constitucionales de carácter hereditario.

biotipología *s. f.* **1.** Parte de la biología que estudia las relaciones entre los biotipos. **2.** En psicol., disciplina que estudia las relaciones entre la constitución somática y la conducta de los individuos.

biotita *s. f.* $K(Mg, Fe)_3 AlSi_3 O_{10} (OH, F)_2$. Mineral filosilicato de hierro y magnesio, llamado también *mica negra*. Cristaliza en el sistema monoclínico y presenta exfoliación muy perfecta en hojitas laminares. Hay importantes yacimientos en la Federación Rusa, Brasil y Groenlandia.

biotopo *s. m.* Área o región donde los factores ambientales se presentan en cierta combinación, lo que da lugar a una flora y fauna características. P. ej., el mar, las aguas dulces, las selvas vírgenes, las estepas, los desiertos, etc.

bióxido *s. m.* En quím., combinación de un radical con dos átomos de oxígeno. Se utiliza también el término *dióxido*.

biozona *s. f.* En geol., división estratigráfica que comprende conjuntos de estratos caracterizados por la presencia de especies fósiles propias.

Bioy Casares, Adolfo (Buenos Aires 1914) Escritor argentino. Autor de cuentos y novelas, destaca por sus narraciones de corte fantástico o intelectual, como *La invención de Morel* (1940), *Plan de evasión* (1945), *La trama celeste* (1948) y *Diario de la guerra del cerdo* (1969). En colaboración con Jorge Luis Borges y con el seudónimo de Honorio Bustos Domecq, publicó relatos policiacos, como *Seis problemas para don Isidro Parodi* (1942).

bipartición *s. f.* **1.** División de algo en dos partes. **2.** Forma de reproducción asexual de las células en la que se originan dos células hijas iguales a partir de una célula madre. La bipartición directa consiste en una división del núcleo de la célula en dos partes iguales, a la vez que se produce un estrangulamiento de la membrana celular a la misma altura por la que se divide el núcleo. Muchas amebas se reproducen por bipartición directa.

bipartidismo *s. m.* Sistema basado en dos grandes partidos políticos, que son los únicos que tienen posibilidades reales de ocupar el poder, como sucede, p. ej. con el Partido Demócrata y el Partido Republicano en EE UU.

bipartito, ta *adj.* Que consta de dos partes o miembros.

bípedo, da *adj.* De dos pies. También *s.*

biplano *s. m.* Avión de cuatro alas dispuestas, dos a dos, en planos paralelos.

biplaza *adj.* Se dice de los vehículos de dos plazas.

bipolar *adj.* **1.** Que tiene dos polos. En fís., se utiliza también el término *dipolar*. ‖ **2. coordenadas bipolares** En mat., sistema de coordenadas cuyos puntos vienen determinados por su distancia a dos puntos fijos llamados *polos.*

biquini o **bikini** *s. m.* **1.** Prenda de baño femenina de dos piezas; una es un sujetador y la otra una braga ceñida. **2.** Prenda interior femenina, braga pequeña.

Bird, Larry (West Baden, Indiana 1956) Jugador de baloncesto estadounidense. Famoso por su dominio de todas las fases del juego (defensa, recuperación, transición y ataque), ha realizado su carrera íntegramente en el equipo *Boston Celtics,* con el que ha obtenido tres campeonatos de la NBA (1981, 1984, 1986).

birdie (voz ingl.) *s. m.* En golf, jugada que consiste en realizar el recorrido de un hoyo en un golpe menos de los fijados en el par.

Birkenhead C. del Reino Unido, en Inglaterra, en el condado metropolitano de Merseyside. 123.900 h. en 1981. Tiene un importante puerto y construcciones navales.

birimbao *s. m.* Instrumento musical en forma de herradura con una lengüeta en medio, que se hace vibrar con un dedo mientras se sujeta el instrumento con la boca.

birlar *v. tr.* Robar.

birlibirloque, por arte de *loc. adv.* Por arte de magia.

birlocha *s. f.* Cometa*, juguete.

Birmania (*Myanmar*) Estado del SE de Asia, en el NO de la península de Indochina.

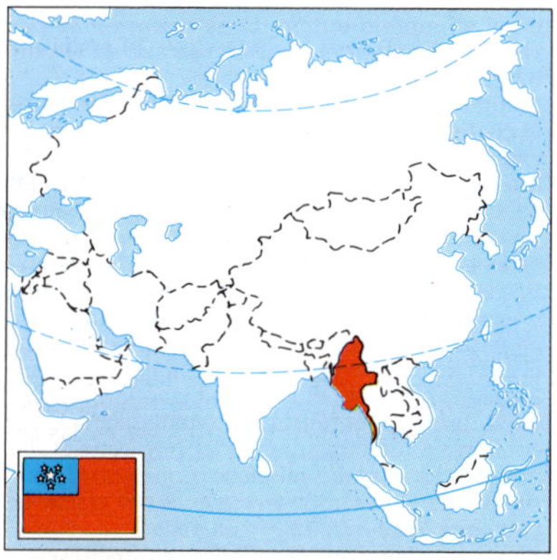

Extensión: 678.033 km^2.
Límites: al N, con China; al E, con Laos, Tailandia y China; al S, con el mar de Andamán, y al O, con el golfo de Bengala, Bangladesh y la India.
Población: 41.300.000 h. en 1990.
Densidad: 60,9 h./km^2.
Capital: Rangún.
División administrativa: siete estados y siete provincias.
Ciudades principales: Mandalay, Bassein, Mulmein.
Gentilicio: birmano.
Forma de Estado: república.
Idioma: birmano.
Religión: budismo, 87,2 %; islamismo, 3,6 %; protestantismo, 3,2 %.
Moneda: kyat.
Tasa de natalidad: 33 ‰ en 1990.
Tasa de mortalidad: 13 ‰ en 1990.
Renta per cápita: 200 dólares en 1986.

Geog. Birmania está atravesada de N a S por la cuenca de los ríos Salween e Irawadi. Al N de la cuenca están los montes Naga y Shin, al E la meseta Shan, al O los montes Arakan y al S el delta del Irawadi. El clima es tropical de tipo monzónico, con temperaturas elevadas. El 67 % del territorio está cubierto de bosque. El delta tiene una extensión de 35.000 km^2 y constituye una zona agrícola dedicada principalmente al cultivo del arroz. El 75 % de la población es birmana; existen minorías de shan, chinos e hindúes. La agricultura es la principal actividad económica: arroz, caña de azúcar, madera. Se extrae petróleo, gas natural y plomo. Existe industria alimentaria, aunque poco desarrollada.
Hist. La unificación de Birmania en un solo reino se produjo en el s. XI bajo los reyes de Pagan. Entre los s. XII y XVI el país fue conquistado por los mongoles y nuevamente dividido. La reunificación se inició bajo la dinastía Taungngu (s. XVI

Birmania: el templo Dhammayangyi, del siglo XII, situado en el gran yacimiento arqueológico de Pagan.

a XVIII) y culminó con la dinastía Alaungpaya (1752-1885). La ocupación británica comenzó hacia 1862. En 1886 los ingleses dominaban todo el país, que pasó a ser provincia dependiente de la India británica hasta 1937. La independencia fue proclamada en 1948. Después se sucedieron una serie de gobiernos socialistas hasta 1962, en que un golpe militar disolvió el Parlamento. En 1974 se promulgó una Constitución que establecía que Birmania era una república socialista de partido único. Tras la revuelta de 1988, el poder fue asumido por una junta militar, presidida por el general Saw Maung, que abolió el sistema de partido único. En 1990 Saw Maung fue nombrado primer ministro y presidente de la república.

birmano, na *adj.* **1.** De Birmania. También *s.* ‖ *s. m.* **2.** Lengua hablada por unos 10 millones de personas en el centro y en el sur de Birmania.

Birmingham C. del Reino Unido, en Inglaterra, cap. del condado metropolitano de West Midlands. 998.000 h. en 1987. Es relevante centro industrial, con fábricas de motores, maquinaria y automóviles, además de un importante nudo de comunicaciones.

Biro, Lazslo (? 1900 - ? 1985) Inventor húngaro. Patentó el bolígrafo en 1938. Perseguido por los nazis, se exilió en Argentina y allí perfeccionó su invento con ayuda de su hermano Georg.

birr *s. m.* Moneda de Etiopía.

birrefringencia *s. f.* Propiedad óptica de ciertos cristales, como el espato de Islandia, por la cual el rayo luminoso incidente se descompone en dos rayos refractados (llamados *ordinario* y *extraordinario*) produciendo doble imagen.

birreme *adj.* Se dice de los barcos antiguos de dos filas superpuestas de remos. También *s. m.*

birreta *s. f.* Gorro o bonete cuadrangular que usan algunos clérigos, con una borla en la parte superior cuyo color depende de la jerarquía.

birrete *s. m.* Gorro de forma prismática con una borla en la parte superior, distintivo de profesores universitarios, jueces y magistrados.

birria *s. f.* Persona o cosa de poco valor o importancia, mal hecha, fea.

birrioso, sa *adj.* Se dice de lo que es o parece una birria.

Biruni, al- (Kat, Juwarizm 973 - Gazni, Afganistán 1048) Historiador y científico persa. Destacó especialmente como matemático y astrónomo. Escribió más de 120 obras de historia, astronomía, astrología, matemáticas y farmacología, entre ellas, *Historia de la India* y *Cronología de los pueblos antiguos.*

bis *adv. c.* **1.** Se emplea para indicar que algo debe repetirse o está repetido, p. ej. un número. ‖ *s. m.* **2.** Repetición de una obra musical o recitada, o de parte de ella, para responder a los aplausos del público. ‖ *interj.* **3.** Se usa para pedir esa repetición.

bis- *pref.* Significa dos veces: *bisabuelo.*

bisabuelo, la *s. m.* y *f.* En relación con una persona, el padre o la madre de su abuelo o abuela.

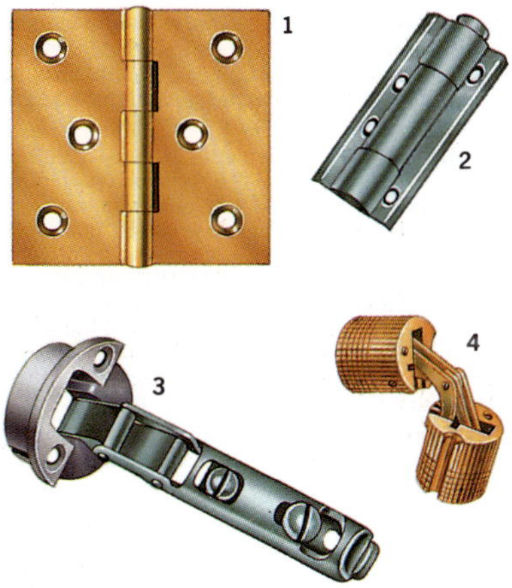

Tipos de bisagra: 1. A tope. 2. A escuadra. 3. Invisible. 4. Encastrada.

bisagra *s. f.* Conjunto de dos láminas metálicas articuladas en un eje común, que sirve para sujetar dos piezas, permitiendo el giro de una de ellas, como una puerta y su marco o la tapa y la base de una caja.

bisar *v. tr.* Repetir un número musical o cualquier otra actuación pública para responder a la petición del público.

bisbisear o **bisbisar** *v. tr. fam.* Hablar muy bajo, de forma que lo que se oye es principalmente el sonido de las eses. **FAM.** Bisbiseo.

bisbita *s. f.* Nombre común de diversas aves de la familia motacílidos, género *Anthus.* La bisbita común *(Anthus pratensis)* mide unos 14 cm de longitud, tiene plumaje pardo, rayado en el dorso, con los bordes de la cola blancos y patas con la uña posterior muy alargada. Habita en Europa y Asia y es ave migratoria.

biscuit (voz fr.) *s. m.* **1.** Bizcocho, helado o batido de vainilla. **2.** Porcelana.

bisector, triz *adj.* **1.** Que divide en dos partes iguales. ‖ *s. m.* **2.** En geom., plano que divide a un ángulo diedro en dos iguales. ‖ *s. f.* **3.** En geom., recta que pasa por el vértice de un ángulo y lo divide en otros dos ángulos iguales. Todo punto de la bisectriz es equidistante de los lados del ángulo.

bisel *s. m.* Corte oblicuo en el borde de un cuerpo, una lámina, etc.

biselar *v. tr.* Hacer biseles.

bisemanal *adj.* Que sucede dos veces por semana.

bisexual *adj.* **1.** Se aplica al organismo que tiene caracteres sexuales de los dos sexos. **2.** Se dice de la persona que experimenta atracción por los dos sexos. También *s.*

bisexualidad *s. f.* **1.** Presencia de órganos o caracteres sexuales de ambos sexos en un mismo individuo. **2.** Tendencia o atracción sexual tanto hacia personas del mismo sexo (homosexualidad) como hacia personas del sexo opuesto (heterosexualidad).

Bishkek Nombre actual de la ciudad de Frunze*.

bisiesto *adj.* Se dice del año en que el mes de febrero tiene 29 días. Se produce periódicamente cada cuatro años. También *s. m.*

bisílabo, ba *adj.* De dos sílabas. También *s.*

Bismarck Archipiélago de Papúa Nueva Guinea, en Melanesia, en el océano Pacífico, al E de Nueva Guinea. 49.119 km^2. 371.400 h. en 1989. La capital es Rabaul con 15.000 h. en 1980, en la isla de Nueva Bretaña. Forman el archipiélago más de cien islas de clima y vegetación ecuatorial. Tiene importancia la producción de madera y cacao. Fue protectorado alemán (1885-1914).

Bismarck, Otto von (Schönhausen 1815 - Friedrichsruh 1898) Político alemán. Impulsó la unidad alemana en torno al reino de Prusia, del que fue nombrado primer ministro por Guillermo I en 1851. Político de ideas conservadoras, gran astucia y profundo autoritarismo, fue llamado el *Canciller de hierro* y acabó convirtiéndose en el árbitro de la política europea de su tiempo.

bismutina *s. f.* Bi_2S_3. Mineral sulfuro de bismuto. Cristaliza en el sistema rómbico y es de color gris o blanco. Es la mena más importante de bismuto. Los principales yacimientos se encuentran en Bolivia, Perú y Australia.

bismuto *s. m.* Bi. Elemento químico metálico perteneciente al grupo VA del sistema periódico. Su número atómico es 83 y su masa atómica 208,9. Es un metal de color blanco grisáceo, que funde a 271 °C y se utiliza en aleaciones de bajo punto de fusión, empleadas en la fabricación de tapones y cierres de seguridad, en calderas y en la industria farmacéutica (tratamientos de úlcera de estómago y sífilis). Se da en la naturaleza en forma de sulfuro (bismutina), de donde se obtiene por tostación y posterior reducción.

bisnieto, ta *s. m.* y *f.* Respecto de una persona, hijo o hija de su nieto o de su nieta.

bisojo, ja *adj.* Bizco. También *s.*

bisonte *s. m.* Mamífero artiodáctilo de la familia bóvidos, con dos especies, el bisonte europeo *(Bison bonasus)*, del que existen varios cientos de ejemplares en reservas de Alemania y Polonia, y el bisonte americano *(Bison bison)*, que se conserva en mayor número en América del Norte. Mide unos 180 cm de altura, tiene pelaje denso de color pardo oscuro, muy largo en la cabeza y pecho, presenta una giba en la parte anterior de la espalda y tiene cuernos curvos verticales.

Bisonte americano (Bison bison).

bisoñé *s. m.* Peluquín*.

bisoño, ña *adj.* **1.** Se dice de aquel que es nuevo o inexperto en cualquier arte u oficio. También *s.* **2.** Se dice del soldado recién ingresado en el ejército. También *s. m.*

Bissau C. de Guinea-Bissau, cap. del país, situada en el estuario del río Geba. 125.000 h. en 1988. Es puerto exportador de arroz, cacahuetes, coco y madera.

bisté o **bistec** *s. m.* Filete de carne de vaca.

bistorta *s. f.* Nombre común de diversas plantas herbáceas de la familia poligonáceas, género *Polygonum*. La bistorta común *(Polygonum bistorta)* mide entre 30 y 100 cm de altura, tiene hojas ovaladas y flores rosas en espiga. Crecen en praderas húmedas.

bistre *s. m.* **1.** Pigmento de color entre el marrón y el amarillo rojizo, utilizado en la elaboración de tinta china; se obtiene de la turba o del hollín de madera. **2.** Este color.

bisturí *s. m.* Instrumento cortante, de hoja fina y mango metálico, que se emplea en cirugía para hacer incisiones o cortes en tejidos blandos.

bisulco, ca *adj.* De pezuñas partidas.

bisulfato (-ito) *s. m.* Denominación vulgar del hidrógeno sulfato (-ito). Sal ácida proveniente del ácido sulfúrico (-oso), en cuya molécula queda uno de los dos hidrógenos del correspondiente ácido, p. ej. el hidrógeno sulfito de potasio, $KHSO_3$.

bisulfuro *s. m.* Denominación vulgar del hidrógeno sulfuro. Sal derivada del sulfuro de hidrógeno, en el que ha sido reemplazado uno de sus dos hidrógenos por un metal, p. ej. el hidrógeno sulfuro de calcio, $Ca(HS)_2$.

bisurco *adj.* Se dice del arado mecánico que tiene dos rejas, por lo que abre dos surcos paralelos.

bisutería *s. f.* **1.** Objeto que imita a las joyas o es usado como tal, pero hecho de materiales no preciosos, e industria que los fabrica. **2.** Local donde se venden estos objetos.

Arquitectura bizantina: la basílica de Santa Sofía, en Estambul, construida en tiempo de Justiniano y convertida hoy en mezquita.

bit (abreviatura del ingl. *binary digit*, dígito binario) *s. m.* En inform., unidad elemental de información, que representa la elección entre dos posibilidades únicas, como los valores 0 y 1. Se utiliza como unidad en teoría de la información y para medir la capacidad de memoria de una computadora o dispositivo electrónico.
Se representa mediante entidades capaces de adoptar dos estados diferentes: interruptores abiertos o cerrados; niveles de tensión altos o bajos en un circuito electrónico; imantación N o S de un material magnético; tensiones eléctricas positivas o negativas; presencia o ausencia de un impulso de corriente, etc. Para medir la capacidad de memoria de una computadora, un disco magnético, etc., se utiliza un múltiplo del bit, el octeto o *byte*, equivalente a ocho bits.

bita *s. f.* Poste en que se aseguran los cables del ancla.

bitácora *s. f.* **1.** Especie de armario cilíndrico, fijo en la cubierta de un barco junto al timón, donde se hallan la brújula y otros instrumentos de navegación. ‖ **2. aguja de bitácora** Aguja de marear, brújula. **3. cuaderno de bitácora** Libro en que se anotan diariamente las incidencias de la navegación.

bíter *s. m.* Bebida de sabor amargo que se suele tomar como aperitivo. Puede ser alcohólica o no.

bitoque *s. m.* Taco de madera con que se cierra el agujero de los toneles.

bituminoso, sa *adj.* **1.** Se dice del depósito o roca, generalmente de pizarras o esquistos, que contiene betún. **2.** Que tiene un aspecto parecido al betún.

biunívoca, correspondencia En mat., correspondencia entre dos conjuntos en la que a cada elemento del primer conjunto corresponde a lo sumo uno del segundo, y a cada elemento del segundo conjunto corresponde, a lo sumo, uno del primero.

bivalente *adj.* En quím., se dice del elemento que puede actuar con doble valencia.

bivalvo, va *adj.* **1.** Se dice de las conchas que tienen dos valvas. ‖ *s. m. pl.* **2.** Lamelibranquios*.

bivitelino, na *adj.* Se aplica a cada uno de los niños nacidos en un único parto, producto de una doble fecundación, es decir, de la unión de dos óvulos con dos espermatozoides. También *s.*

biyectiva, aplicación En mat., se dice de la correspondencia biunívoca en la que, además, todo elemento del primer conjunto tiene correspondiente en el segundo. Condición indispensable es que los dos conjuntos tengan igual número de elementos.

Bizancio Colonia griega fundada por la polis de Megara el año 615 a. C. en la costa europea del estrecho del Bósforo. Se convirtió en la capital del imperio romano en 330 d. C. con el nombre de Constantinopla y desde 395 fue capital del imperio bizantino. En 1453 fue conquistada por los turcos y, con el nombre de *Estambul*, pasó a ser capital del imperio otomano hasta 1923.

bizantinismo *s. m.* **1.** Cualidad de bizantino. **2.** Afición a discusiones inútiles.

bizantino, na *adj.* **1.** De Bizancio. También *s.* **2.** Se dice de las discusiones inútiles, demasiado sutiles o que se pierden en detalles. ‖ **3. rito bizantino** Liturgia de origen antioqueno, común a todas las iglesias ortodoxas desde el s. XII. Se distingue por el esplendor de sus ceremonias y la riqueza de sus himnos. Adopta diferentes formas según la lengua en que se celebra: griego, eslavo, árabe, rumano, etc.
Hist. **imperio bizantino** El origen del imperio bizantino se remonta al s. IV, cuando se hizo necesario crear un centro político en el oriente del imperio romano para hacer frente al empuje de los germanos, eslavos y persas. El emperador Constantino I fundó Constantinopla sobre la antigua Bizancio en 324 e hizo de ella, en 330, segunda capital del imperio romano. Al dividirse el imperio en 395, Constantinopla se convirtió en capital del imperio romano de Oriente o imperio bizantino.
El nuevo Estado se basó en el derecho romano, la civilización helénica y la religión cristiana. Se extendía por Asia Menor, los Balcanes y el Mediterráneo oriental. En el s. VI Justiniano reconquistó la península Itálica, parte del N de África y el SE de Hispania a los reinos germánicos allí establecidos. La expansión islámica arrebató a Bizancio las provincias de África, Egipto y Siria, y llegó a amenazar la propia Constantinopla. El emperador Heraclio reformó la administración y el ejército y logró contener el empuje musulmán. Entre los s. VIII y XI el imperio bizantino se erigió en la primera potencia del Mediterráneo, tras contener a los búlgaros por el N y a los árabes por el S. En el plano religioso, Constantinopla se separó de Roma a consecuencia del cisma del patriarca Miguel Cerulario en 1054.
El imperio entró en decadencia en los s. XI y XII con las dinastías Comneno y Angelo, debido a la presión de los turcos por el E y de los cruzados. Entre los s. XIII y XV, el imperio bizantino fue gobernado por la dinastía Paleólogo (1261-1453). Constantinopla fue conquistada por los otomanos en 1453 y con ello terminó el imperio bizantino. Esta fecha suele considerarse como final de la Edad Media.
Arte El arte bizantino procede del arte helenístico y muestra grandes influencias orientales. Las primeras manifestaciones arquitectónicas son las basílicas de planta circular y cúpula sobre pechinas, como Santa Sofía de Constantinopla (523-537) y San Vital de Ravena (547). Posteriormente, a partir del s. X, las basílicas adoptan la planta de cruz griega con bóvedas de cañón y cúpula sobre tambor poligonal, con empleo del ladrillo como elemento decorativo, como las basílicas de Tesalónica, Atenas, Trebisonda y Mistra. El arte bizantino presenta una decoración muy abundante, suntuosa y abigarrada. Se conservan numerosos retablos, mosaicos, murales, esmaltes, telas, miniaturas y obras de orfebrería. Ha ejercido una decisiva influencia sobre el arte de los pueblos eslavos y caucásicos y también sobre el arte turco y el románico del occidente europeo.

bizarro, rra *adj.* **1.** Valiente, intrépido. **2.** Arrogante, apuesto. **FAM.** Bizarría.

bizco, ca *adj.* **1.** Se dice del que padece estrabismo y tuerce los ojos al mirar. También *s.* **2.** Se dice del toro que tiene un cuerno más bajo que el otro.

bizcochada *s. f.* **1.** Sopa de bizcochos y leche. **2.** Dulce hecho con bizcochos.

bizcochería *s. f. Méx.* Confitería.

bizcocho *s. m.* **1.** Dulce de pasta esponjosa, hecha con harina, huevos y azúcar. ‖ *adj.* **2.** *Méx.* De mala calidad. También, cobarde.

Bizerta (*Banzart*) **1.** Gobernación de Tunicia, en el N del país, junto al mar Mediterráneo. 3.685 km^2. 501.000 h. en 1987.
2. C. de Tunicia, cap. de esta gobernación, situada a orillas del mar Mediterráneo, junto al cabo Blanco. 94.500 h. en 1984. Es un importante enclave portuario y centro de la industria siderúrgica, metalúrgica, cementera y petrolera.

Bizet, Georges (París 1838 - Bougival 1875) Compositor francés. Es autor de las óperas *Los pescadores de perlas* (1862-63) y *Carmen* (1873-1874). Fue también un notable autor de piezas sinfónicas, caracterizadas por la calidad de su instrumentación, como la suite *La Arlesiana* (1872).

bizma *s. f.* Cataplasma hecha con estopa, aguardiente, incienso y otros ingredientes, y lienzo con que se aplicaba.

bizna *s. f.* Membrana que separa los cuatro compartimentos de la nuez.

biznaga *s. f.* Planta arbustiva de la familia umbelíferas, especie *Ammi visnaga*. Mide hasta 1 m de altura, tiene tallo liso, hojas hendidas y flores blancas.

biznieto, ta *s. m.* y *f.* Bisnieto*.

bizquear *v. intr.* Torcer la vista el bizco.

bizquera *s. f.* Estrabismo*.

Bk Símbolo químico del berkelio.

Black, Joseph (Burdeos 1728 - Edimburgo 1799) Físico y químico británico. Fue el primero en distinguir entre calor y temperatura e introdujo los conceptos de calor específico, calor latente de ebullición y calor latente de fusión.

Blackpool C. del Reino Unido, en Inglaterra, en el condado de Lancashire. 147.850 h. en 1981. Importante centro turístico de la costa del mar de Irlanda, cuenta con industrias alimentarias.

Blake, William (Londres 1757 - íd. 1827) Pintor, grabador y poeta inglés. Figura destacada del prerromanticismo, publicó, entre otros escritos, *Cantos de inocencia* (1789), una de las cumbres de la poesía británica; *El libro del infierno* (1789), *América* (1793) y *Cantos de experiencia* (1794). Como grabador ilustró *La tumba*, de Blair; *El libro de Job* y *La Divina Comedia*, de Dante.

William Blake: La vejez enseñando a la juventud *(Tate Gallery, Londres).*

Blanc, Louis (Madrid 1811 - Cannes 1882) Historiador y político francés. Teórico del socialismo, fue miembro del gobierno provisional de 1848. Tuvo que exiliarse al Reino Unido durante el II Imperio. Es autor de *Historia de diez años* (1841) y *El derecho al trabajo* (1848).

blanca *s. f.* **1.** Moneda antigua española que tuvo diferentes valores. **2.** Figura musical cuyo valor es la mitad de una redonda y su signo un círculo no relleno con palo a un lado. ‖ **Loc. estar** uno **sin blanca** o **no tener blanca** *fam.* Estar sin dinero.

Blanca, cordillera Sistema montañoso de Perú, en los Andes. Cuenta con elevados picos, como el Nevado de Huascarán, de 6.746 m.

Blanca de Castilla (Palencia 1188 - Maubuisson 1252) Reina de Francia. Era hija de Alfonso VIII de Castilla, esposa de Luis VIII y madre de Luis IX. A la muerte de su esposo, ejerció la regencia, gobernando con energía, durante la minoría de edad de Luis IX y, nuevamente, al ausentarse éste para tomar parte en la séptima cruzada (1249).

Blanca I de Navarra (? 1386 -? 1441) Reina de Navarra. En 1402 se casó con Martín, rey de Sicilia y, al enviudar, se casó de nuevo en 1419 con Juan II de Aragón. Heredó el trono de Navarra en 1425 a la muerte de su padre Carlos III el Noble. Dejó el reino a su hijo Carlos, príncipe de Viana.

Blanchard, María (Santander 1881 - París 1932) Pintora española. Influida por la vanguardia artística parisina, y en especial por Juan Gris, desarrolló un estilo en el que se unen el cubismo y la figuración, y en el que predomina la figura humana como tema.

blanco, ca *adj.* **1.** De la luz solar, la suma de todos los colores del espectro. También *s. m.* **2.** Se dice de las cosas que son más claras que otras de su especie. **3.** Se dice de la raza humana europea o caucásica y de las personas pertenecientes a ella. También *s.* ‖ *s. m.* **4.** Objeto o punto situado a cierta distancia hacia donde se dirige un disparo. **5.** Objetivo, finalidad. **6.** Espacio vacío entre dos cosas, particularmente en un escrito. ‖ **7. blanco del ojo** Parte visible de la córnea. ‖ **Loc. en blanco** *adj.* Que no está escrito; también indica que alguien no recuerda algo.

Blanco 1. Cabo de Mauritania, en la costa NO, en el océano Atlántico.
2. Mar del océano Glacial Ártico, que comunica con el mar de Barents y baña la costa NO de la Federación Rusa. 90.000 km^2. Está helado gran parte del año.
3. Cabo de Túnez, en el mar Mediterráneo. Constituye el punto más septentrional de África.

Blanco, Andrés Eloy (Cumaná 1897 - México 1955) Escritor y político venezolano. Se opuso a la dictadura de Juan Vicente Gómez. Fue uno de los fundadores del Partido Acción Democrática (1940). Poeta postmodernista, escribió *Tierras que me oyeron* (1921), *Canto a España* (1923) y *Poda* (1934); también publicó *Malvina recobrada* (1937), prosa poética, y *Vargas, albacea de la angustia* (1947), ensayo biográfico.

Blanco, Partido Partido político de Uruguay. Su ideología, de carácter conservador y nacionalista, ha evolucionado hacia posiciones reformistas.

Blanco Encalada, Manuel (Buenos Aires 1790 - Santiago 1876) Militar y político chileno. Destacado independentista, fue elegido presidente provisional de la república (1826), pero dimitió el mismo año. Mandó las tropas en la expedición chilena contra la Confederación Peruboliviana (1837).

Blanco Fombona, Rufino (Caracas 1874 - Buenos Aires 1944) Escritor venezolano. Poeta modernista, escribió entre otros libros *Pequeña ópera lírica* (1904), *Cantos de la prisión y del destierro* (1911) y *Trovadores y trovas.* También escribió narraciones, *Cuentos americanos* (1904), novelas, como *El hombre de oro* (1915), y ensayos.

Blanco White, José María (Sevilla 1775 - Liverpool 1841) Escritor español. Su verdadero nombre es José María Blanco Crespo. Ordenado sacerdote en 1801, una crisis moral le apartó de la fe. Emigró en 1810 a Inglaterra. Aunque no dejó de escribir en español, sus obras más interesantes lo están en inglés. Entre ellas destacan *Cartas desde España* (1822), *Vargas: un cuento español* (1822), *Observaciones sobre herejía y ortodoxia* (1835) y ensayos sobre política y literatura.

Blanco-Amor, Eduardo (Orense 1897 - Vigo, Pontevedra 1979) Escritor español en lengua gallega. Cultivó la poesía, en obras como *Romances galegos* (1928); la novela, como *La parranda* (1959), y el teatro, en *Farsas para títeres* (1973) y *Teatro para la gente* (1974).

blancura *s. f.* Cualidad de blanco.

blancuzco, ca *adj.* Semejante a blanco, o blanco sucio.

blandengue *adj.* **1.** Blando. **2.** De carácter débil. También *s.* **Fam.** Blandenguería.

blandir *v. tr.* Enarbolar un palo, arma o cosa semejante. ■ Es v. defect. Se conjuga como *abolir.*

blando, da *adj.* **1.** Que fácilmente se deforma o cede a la presión. **2.** Aplicado a los ojos, tiernos. **3.** Tratándose del tiempo atmosférico o la estación, templado. **4.** Suave, dulce. **5.** Que le falta fuerza, débil. **6.** Excesivamente benévolo. **7.** Perezoso. **Fam.** Blandura.

Blanes C. de España, en la prov. de Girona. 25.632 h. en 1988. Cuenta con puerto pesquero y deportivo y es un importante centro turístico.

blanquear *v. tr.* **1.** Poner blanca una cosa. **2.** Dar cal o yeso blanco, diluido en agua, a las paredes, techos o fachadas. ‖ *v. intr.* **3.** Mostrar su blancura. **4.** Tirar a blanco. **5.** Ir tomando una cosa color blanco. **6.** Referido al dinero obtenido por medios ilegales, invertirlo en negocios o valores legales. **Fam.** Blanqueador, blanqueamiento.

blanquecer *v. tr.* **1.** Bruñir los metales. **2.** Blanquear, poner blanco. ■ Es v. irreg. Se conjuga como *agradecer.*

blanquecino, na *adj.* Que tira a blanco o es un poco blanco.

blanqueo *s. m.* **1.** Acción y efecto de blanquear. **2.** Breve calentamiento (93-100 °C) de frutas y vegetales en la industria alimentaria para desactivar las enzimas que causarían deterioro o pérdida de sabor.

blanquete *s. m.* Sustancia que se emplea para blanquear.

Blanqui, Louis Auguste (Puget-Théniers 1805 - París 1881) Pensador político francés. Teórico del socialismo, participó en los movimientos revolucionarios de la época y fue encarcelado varias veces, la última, tras el fracaso de la Comuna de París. Sostenía que la insurrección debe llevarse a cabo por pequeños grupos de conspiradores.

blanquillo, lla *adj.* Candeal. También *s. m.*

Blantyre C. de Malawi, cap. del distrito del mismo nombre, situada en el S del país, a orillas del río Shiré. 402.000 h. en 1987. Es un centro comercial, que posee industria de construcciones mecánicas. Antigua capital del país, fue su principal núcleo urbano y comercial.

Blasco Ibáñez, Vicente (Valencia 1867 - Menton, Francia 1928) Novelista español. Su obra, de carácter realista y clara influencia del naturalismo francés, fue muy popular en el primer tercio del s. XX, tanto en Europa como en EE UU, convirtiéndole en uno de los escritores españoles más traducidos. Entre sus novelas más representativas figuran *Arroz y tartana* (1894), *La barraca* (1898), *Cañas y barro* (1902), *Sangre y arena* (1908), *Los cuatro jinetes del Apocalipsis* (1916) y *Mare nostrum* (1917).

Vicente Blasco Ibáñez. Cuadro de Roure (Ateneo de Madrid).

blasfemar *v. intr.* **1.** Decir blasfemias. **2.** Maldecir, hablar mal de algo digno de respeto.

blasfemia *s. f.* Maldición o insulto contra Dios, personas o cosas sagradas.

blasfemo, ma *adj.* **1.** Que contiene blasfemia. **2.** Que blasfema. También *s.*

blasón *s. m.* **1.** Escudo de armas. **2.** Tratado en que se describen y explican los escudos de armas. **3.** Cada una de las figuras o piezas de un escudo de armas. **4.** Gloria, honor.

blasonar *v. intr.* Presumir de algo.

blastocele *s. m.* En biol., cavidad que se forma en el interior de la blástula del embrión.

blastodermo *s. m.* Acumulación de células del embrión tras segmentarse el óvulo fecundado.

blastómero *s. m.* Cada una de las células que componen la blástula.

blástula *s. f.* Fase del desarrollo embrionario en la que, por segmentación del cigoto, se forma una estructura a manera de esfera hueca, constituida por una sola capa de células. Sigue a la fase de mórula y precede a la de gástrula.

Blaue Reiter, Der (en al., *El jinete azul*) Nombre adoptado en 1911 por un grupo de artistas alemanes que se dieron a conocer en Munich y en Berlín. Trataban de superar el impresionismo y lograron una acertada síntesis entre cubismo y un refinado fauvismo. Entre sus miembros figuraron Vasily Kandinsky, Franz Marc, August Macke, Heinrich Campendonk, Gabriele Münter y Paul Klee.

blazer (voz ingl.) *s. m.* Chaqueta de sport, generalmente con doble botonadura metálica.

bledo *s. m.* Cosa de poco o ningún valor.

blefaritis *s. f.* Inflamación aguda o crónica de los párpados.

blenda *s. f.* ZnS. Mineral sulfuro de cinc. Cristaliza en el sistema cúbico, tiene color amarillento (blenda acaramelada) y brillo diamantino. Aparece con frecuencia asociada a la pirita, galena y calcopirita. Es la mena más importante del cinc. Los principales yacimientos del mundo se encuentran en EE UU, Canadá, Australia, México, Perú, Alemania y Zaire.

blenorragia *s. f.* Enfermedad infecciosa del aparato urogenital causada por gonococos. Se contagia en el coito y se trata con penicilina.

blenorrea *s. f.* Blenorragia crónica.

Blériot, Louis (Cambray 1872 - París 1936) Ingeniero y aviador francés. Pionero de la aviación, fue el primero en cruzar el canal de la Mancha en avión, en 1909.

Blest Gana, Alberto (Santiago 1830 - París 1920) Novelista chileno. Seguidor de Balzac, evolucionó del costumbrismo al naturalismo. Entre sus muchos títulos merecen citarse *El primer amor* (1858), *Martín Rivas* (1862), *La flor de la higuera* (1864), *Durante la reconquista* (1897) y *Los trasplantados* (1904).

Bleuler, Eugen (Zollikon, Zurich 1857 - íd. 1939) Psiquiatra suizo. Entre sus aportaciones al desarrollo de la psiquiatría destacan los estudios sobre la esquizofrenia, término que él mismo acuñó, así como el de ambivalencia. Describió diversos trastornos de carácter esquizofrénico como la hebefrenia, las alteraciones afectivas, el autismo y la ambivalencia. Fue autor de *Tratado de psiquiatría* (1911).

blindado, da **1.** *p. p.* de **blindar**. ‖ *adj.* **2.** Protegido o reforzado con planchas metálicas u otros materiales. **3.** Se dice de la columna o división militar que se compone fundamentalmente de carros de combate o fuerzas transportadas en vehículos acorazados. ‖ *s. m.* **4.** Carro de combate.

blindaje *s. m.* **1.** Acción y efecto de blindar. **2.** Conjunto de los elementos que se utilizan para blindar, generalmente planchas de acero o hierro.

blindar *v. tr.* Proteger algo contra las balas, el fuego, los ladrones, etc., con diversos materiales, generalmente con planchas metálicas.

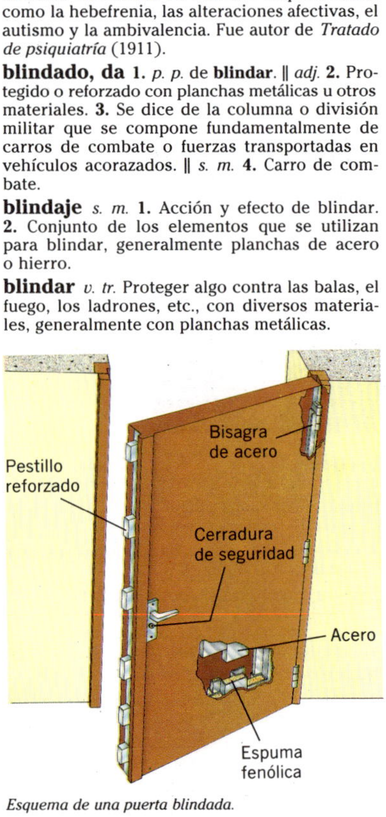

Esquema de una puerta blindada.

bloc *s. m.* Conjunto de hojas de papel unidas por uno de sus cantos de forma que sean fácilmente separables.

blocao *s. m.* **1.** Fortificación de madera fácilmente desmontable y transportable. **2.** P. ext., cualquier fortificación pequeña.

blocar *v. tr.* **1.** En fútbol y balonmano, detener el portero el balón y protegerlo con el cuerpo. **2.** En boxeo, parar con los brazos o los codos un golpe del contrario. ■ Se conjuga como *sacar*.

Bloch, Ernst (Ludwigshafen 1885 - Tubinga 1977) Filósofo alemán. Su pensamiento es una síntesis de marxismo, idealismo hegeliano y mística judeocristiana. Sus obras más notables son *El espíritu de la utopía* (1918), *El principio de esperanza* (1954-59) y *El ateísmo en el cristianismo* (1968).

Bloembergen, Nicolaas (Dordrecht 1920) Físico estadounidense de origen neerlandés. Reside en EE UU desde 1952. Ideó el primer máser de descarga continua. Obtuvo el premio Nobel de física en 1981, compartido con Arthur Leonhard Schawlow y Karl Manne George Siegbahn.

Bloemfontein C. de la República Sudafricana, cap. del estado libre de Orange, situada en el S del mismo. 233.000 h. en 1985. Es la capital judicial del país, importante nudo de comunicaciones y centro comercial y de la industria mecánica y alimentaria.

blonda *s. f.* Encaje de seda.

Blondel, Maurice (Dijon 1861 - Aix-en-Provence 1949) Filósofo francés. Católico, su filosofía de la acción está orientada hacia un pragmatismo con una base religiosa y es una síntesis de las contradicciones entre pensamiento y vida. Entre sus principales obras se cuentan *La ilusión idealista* (1898), *Principios elementales de una lógica de la vida y de la moral* (1903), *El pensamiento* (1934) y *La acción* (1936-37).

blondo, da *adj.* Rubio.

Bloomfield, Leonard (Chicago 1887 - New Haven, Connecticut 1949) Lingüista estadounidense. Es uno de los máximos representantes del estructuralismo, en su corriente conductista y antimentalista. Estudió las lenguas amerindias y malayo-polinesias. Es autor de *Lenguaje* (1933).

bloque *s. m.* **1.** Trozo grande de forma prismática de un material duro o compacto. **2.** Conjunto de cosas de la misma clase. **3.** Edificio de gran tamaño que generalmente está formado por distintas casas de características semejantes con entradas independientes. **4.** Grupo de partidos políticos unidos para una acción determinada, p. ej. unas elecciones. **5.** Agrupación de estados o países, unidos por lazos políticos, económicos, militares, culturales, etc. ‖ **6. bloque del motor** Pieza de fundición que contiene los cilindros de un motor de combustión. **7. bloque errático** En geol., gran masa de roca trasladada por un glaciar. Su estudio ha servido para reconstruir el trazado de los glaciares cuaternarios. También se le llama canto errático. **8. bloques aritméticos multibásicos** En mat., figuras geométricas que permiten visualizar los sistemas de numeración en cualquier base y ayudan a los niños a comprender la estructura del número. Se fabrican en plástico, metal y cartulina. ‖ **Loc. en bloque** *adv.* En conjunto.

bloquear *v. tr.* **1.** Impedir o frenar un movimiento o un proceso con un obstáculo. **2.** Realizar una operación militar para cortar las comunicaciones de una ciudad, de un puerto, de un territorio o de un ejército. **3.** Inmovilizar las autoridades un crédito o bienes, de forma que su dueño no pueda disponer de ellos. **Fam.** Bloqueo.

blue-jeans (voz ingl.) *s. m. pl.* Pantalones vaqueros.

blues (voz ingl.) *s. m.* Canción popular de los negros de EE UU surgida en el s. XIX. Ha influido en el desarrollo del jazz y en la música contemporánea. También puede interpretarse instrumentalmente.

bluff (voz ingl.) *s. m.* Engaño, desilusión.

Blum, Léon (París 1872 - Jouy-en-Josas 1950) Político francés. De tendencia socialista moderada, fue uno de los fundadores del Frente Popular, cuyo gobierno presidió entre 1936 y 1937. Volvió a ocupar la jefatura del gobierno provisional en 1946-47.

blusa *s. f.* Prenda exterior de tela que se usa para cubrir la parte superior del cuerpo.

blusón *s. m.* Blusa larga y suelta.

boa *s. f.* **1.** Nombre común de diversos reptiles ofidios de la familia boidos, géneros *Boa*, *Epicrates*, *Sanzinia*, *Lichanura*, etc. Son serpientes de gran tamaño, que alcanzan hasta 5 m de longitud, cabeza alargada y prominente y coloración diversa. Habitan regiones selváticas de América, desde el S de EE UU hasta Argentina. Las principales son la *Boa constrictor*, que mata a sus presas por estrangulación, la boa de Cuba (*Epicrates angulifer*) y la boa esmeralda (*Boa canina*). En África habita la boa de Madagascar (*Sanzinia madagascariensis*). ‖ *s. m.* **2.** Especie de bufanda larga de uso femenino, que cubre el cuello y está normalmente confeccionada con pieles o plumas.

Boa esmeralda (Boa canina).

Boabdil (Granada h. 1460 - Vado de Bacuna, África 1527) Último rey moro de Granada. Después de una cruenta guerra civil entre las distintas familias nazaríes, entregó la ciudad el 2 de enero de 1492 a los Reyes Católicos. Poco después fue desterrado a Andarax y finalmente pasó a África.

boardilla *s. f.* Buhardilla*.

Boas, Franz (Minden 1858 - Nueva York 1942) Antropólogo estadounidense de origen alemán. Fue promotor del difusionismo, que considera que la cultura se ha realizado desde un pequeño número de regiones mundiales.

boato *s. m.* Pompa, lujo.

bobada *s. f.* Tontería.

Bobadilla, Francisco de (? - Mar de las Antillas 1502) Funcionario colonial español. Nombrado gobernador de Indias (1500-02), actuó duramente contra Cristóbal Colón y sus partidarios. Destituido, murió al naufragar el barco en que regresaba a España.

bobalicón, na *adj.* Bobo, tonto. También *s.*

bobear *v. intr.* Hacer o decir bobadas.

bobería *s. f.* **1.** Cualidad de bobo. **2.** Bobada*.

bóbilis bóbilis, de *loc. adv. fam.* **1.** Gratis. **2.** Sin trabajo, sin esfuerzo.

bobina *s. f.* **1.** Hilo enrollado en un carrete. **2.** Carrete en el que se devana o enrolla hilo, alambre, película cinematográfica, etc. **3.** Rollo de papel que se emplea en las imprentas. **4.** Arrollamiento de espiras de hilo conductor, generalmente de cobre, que se emplea para crear campos magnéticos o para intercalar una inducción en un circuito. ‖ **5. bobina de encendido** Pieza del motor del automóvil que transforma la corriente de baja tensión generada por la batería en corriente de alta tensión para hacer saltar la chispa en la bujía.

bobinado *s. m.* **1.** Acción y efecto de bobinar. **2.** Conjunto de bobinas en una máquina o aparato eléctrico.

bobinar *v. tr.* **1.** Devanar o enrollar hilos, alambres, etc., en una bobina. **2.** Instalar las bobinas y otros conductores de un circuito eléctrico.

bobo, ba *adj.* **1.** Se dice de la persona de poca inteligencia y capacidad. También *s.* **2.** Extremadamente ingenuo y cándido. También *s.* **3.** De poca importancia. ‖ *s. m.* **4.** Personaje de las antiguas comedias españolas que con su simpleza producía gracia.

bobsleigh (voz ingl.) *s. m.* **1.** Deporte de invierno que consiste en correr en un trineo sobre una pista de hielo. Tiene categoría olímpica. **2.** Trineo con que se practica este deporte.

boca *s. f.* **1.** Orificio y cavidad superior del aparato digestivo de los animales, por donde se introducen los alimentos y donde, en algunos casos, se realizan las primeras fases de la digestión. **2.** Entrada o salida de algo, abertura que pone en comunicación lo interior con lo exterior. **3.** Corte de algunas herramientas, como las tenazas. **4.** Cada persona o animal al que se mantiene y da de comer. **5.** Órgano de la palabra. **6.** Referido al vino, gusto o sabor. **7.** Pinza en que acaba cada una de las patas delanteras de los crustáceos. || **8. boca de dragón** Nombre común de diversas plantas de la familia escrofulariáceas, géneros *Anarrhinum* y *Misopates*. La boca de dragón margarita *(Anarrhinum bellidifolium)* mide hasta 70 cm de altura, tiene flores violeta pálido o amarillas. Se cultiva en los jardines como planta ornamental. **9. boca de fuego** Arma cargada. **10. boca de riego** Dispositivo colocado en una cañería de agua al que se acopla una manga para regar calles, jardines, etc. **11. boca del estómago** Zona central del epigastrio. || **Loc. a boca de jarro** (o **bocajarro**) *adv.* Referido a disparo, desde muy cerca; tratándose de la manera de comunicar algo, bruscamente, sin preparación. **a pedir de boca** *adv.* A medida del deseo. **abrir boca** Tomar algo para despertar el apetito. **andar de boca en boca** algo o alguien, o **andar en boca de todos** *fam.* Ser cosa pública u objeto de murmuraciones. **boca a boca** Forma de respiración artificial en la que una persona aplica su boca a la de un accidentado para insuflarle aire con un ritmo determinado. **boca abajo** *adv.* Tumbado con la cara hacia el suelo. **boca arriba** *adv.* Tendido de espaldas. **boca de fraile** Persona muy pedigüeña. **boca de lobo** Lugar muy oscuro; lugar peligroso. **calentársele** a uno **la boca** *fam.* Hablar demasiado sobre algo. **con la boca chica** *fam.* Hacer un ofrecimiento no sincero; tímidamente. **de boca en boca** *adv.* Manera de propagarse una noticia o rumor de unas personas a otras. **hablar** uno **por boca de otro** (o **de ganso**) *fam.* Decir uno cosas que piensa otro o manifestarse de acuerdo con la opinión de otro. **hacer boca** *fam.* Tomar algo que prepare el estómago para la comida. **hacérsele** a uno **la boca agua** *fam.* Pensar con placer en una cosa, especialmente de comer. **partir la boca** *fam.* Dar una paliza. **¡punto en boca!** *excl.* ¡Silencio! ¡A callar! **quitar** algo a alguien **de la boca** *fam.* Adelantarse uno a decir lo que iba a decir otro. **tapar** a alguien **la boca** *fam.* Evitar con amenazas, dinero y otros medios que alguien hable, sobre todo para decir algo comprometedor; también, decir algo que deja a otro sin saber qué responder.
Anat. y ***Fisiol.*** En los vertebrados, la boca es una cavidad donde se encuentran la lengua y los dientes, comunicada con el exterior mediante unos músculos llamados labios. En ella se realizan las funciones de masticación y salivación, se localizan los órganos sensoriales del gusto y tienen lugar las variaciones del sonido laríngeo. La parte superior está formada por la bóveda palatina y el velo del paladar, y la inferior por la lengua y el suelo de la boca; las partes laterales están constituidas por las mejillas. Las tres zonas están recubiertas por una membrana mucosa. La cavidad bucal está soportada por dos mandíbulas o maxilas, la superior, fija, y la inferior, móvil, que son estructuras óseas en forma de arco donde se insertan los dientes.

bocabajo *adv. m.* Boca abajo.

bocacalle *s. f.* Calle secundaria que va a salir a otra principal.

bocacaz *s. m.* Abertura en una presa para dar salida al agua.

bocadillo *s. m.* **1.** Trozo de pan cortado longitudinalmente por la mitad, que se rellena con algo de comer. **2.** En teatro, intervención de pocas palabras de algún actor. **3.** En viñetas de tebeos, cómics, chistes, etc., palabras de un personaje rodeadas de un círculo que le sale de la boca. **4.** *fam.* Pinzamiento muscular. **5.** *amer.* Dulce de leche con azúcar y, a veces, frutas, como guayaba, coco, etc.

bocado *s. m.* **1.** Porción de comida que se toma de una vez. **2.** Un poco de comida. **3.** Mordedura hecha con los dientes. **4.** Trozo que le falta a algo, arrancado o sacado con la boca u otro medio. **5.** Parte del freno que entra en la boca de la caballería. || **6. bocado de Adán** Nuez de los hombres. || **Loc. buen bocado** *fam.* Algo muy bueno, referido a cosas que no son de comer. **con el bocado en la boca** *adv.* Inmediatamente después de comer. **no probar bocado** No comer nada.

bocage o **bocaje** (voz fr.) *s. m.* Tipo de paisaje agrario propio de las regiones de clima atlántico. Lo forman parcelas limitadas por setos vivos y árboles altos. Generalmente se asocia a una actividad ganadera.

bocajarro, a *loc. adv.* **1.** Referido a disparo, desde muy cerca. **2.** De improviso.

bocamanga *s. f.* Parte de la manga más próxima a la muñeca y, sobre todo, por el interior o el forro.

bocamina *s. f.* Entrada de una mina.

bocana *s. f.* **1.** Estrechamiento que da paso a una bahía o fondeadero. **2.** *amer.* Desembocadura de un río.

bocanada *s. f.* **1.** Cantidad de aire, de humo o de líquido que se toma o expulsa de una vez por la boca. **2.** Porción de aire, humo etc., que sale o entra de una vez en algún sitio.

bocarte *s. m.* Boquerón*.

bocata *s. m. fam.* Bocadillo.

bocateja *s. f.* Teja primera de los canales de un tejado.

bocazas *s. m.* y *f. fam.* Que habla más de lo debido o acostumbra a decir indiscreciones. También *adj.*

Boccaccio, Giovanni (Certaldo, Toscana 1313 - íd. 1375) Escritor italiano. Su obra más importante es la colección de cuentos titulada *El Decamerón* (1353), en la que predominan las historias de amores deshonestos y la sátira burlesca, y que influyó de forma extraordinaria en la prosa europea de los s. XIV y XV. Aunque la parte más conocida de la producción literaria de Boccaccio fue compuesta en lengua italiana, también escribió en latín diversas obras líricas, biográficas y didácticas. Sus obras *Ninfale d'Ameto* (1341-42) y *Ninfale fiesolano* (1343-46) sirvieron de punto de partida a la literatura pastoril del Renacimiento; del mismo modo, en *Fiammetta* está el origen de la posterior novela sentimental. También escribió *El Corbacho* (1354-55), una sátira contra las mujeres, que fue imitada más tarde por el Arcipreste de Talavera.

Boccherini, Luigi (Lucca 1743 - Madrid 1805) Compositor italiano. Músico de corte en Madrid, fue un gran virtuoso del violonchelo. Su extensa obra es fiel exponente del estilo musical rococó. Su composición más popular es el *Minueto en la.*

Boccioni, Umberto (Reggio di Calabria 1882 - Verona 1916) Escultor y pintor italiano. Fue uno de los firmantes del manifiesto futurista (1910). De su obra pictórica destacan *La ciudad emerge*, *Elasticidad* y *Fuerza de una calle*, y entre las esculturas, *Síntesis del dinamismo humano.*

bocel *s. m.* Moldura de sección semicircular.

bocera *s. f.* **1.** Resto de comida o bebida que queda en la parte exterior de los labios. **2.** Calentura en las comisuras de los labios. || **boceras** *s. m.* y *f.* **3.** Bocazas, que habla más de lo debido o lo hace de forma jactanciosa o imprudente.

boceto *s. m.* **1.** Esquema de una obra artística, sobre todo en pintura o escultura, hecho en rasgos generales. **2.** P. ext., proyecto de cualquier cosa en el que sólo se exponen los aspectos o datos principales.

bochar *v. tr. amer.* Dar boche.

boche *s. m.* **1.** *amer.* Desplante, desaire. **2.** *amer.* Pelea, follón.

bochinche *s. m.* Alboroto.

bochorno *s. m.* **1.** Viento muy caliente y molesto que se levanta en verano. **2.** Calor sofocante y sensación de agobio producido por el mismo. **3.** Sentimiento de vergüenza y sonrojo que suele acompañar a este sentimiento.

bochornoso, sa *adj.* **1.** Muy caluroso. **2.** Que causa bochorno, vergüenza.

Bochum C. de Alemania, en el O del país, situada en el Land de Renania Septentrional-Westfalia. 389.100 h. en 1989. Cuenta con industria química y siderúrgica.

bocina *s. f.* **1.** Instrumento de distintos tipos, que se acciona mecánicamente en los vehículos y produce un sonido con que el conductor avisa a otros conductores o peatones. **2.** Instrumento músico en forma de cuerno, que suena como la trompa. **3.** Instrumento de metal y forma cónica, que sirve para reforzar la voz humana u otros sonidos.

bocinazo *s. m.* **1.** Toque fuerte de bocina. **2.** *fam.* Grito estrepitoso con que se riñe o amonesta a alguien.

bocio *s. m.* Agrandamiento de la glándula tiroides, situada debajo de la laringe. Puede deberse a la presencia de quistes, al cáncer o a la insuficiencia de yodo en la alimentación. Este último caso se presenta a veces de forma endémica o habitual en ciertas regiones.

Böcklin, Arnold (Basilea 1827 - Fiesole, Italia 1901) Pintor suizo. Evolucionó del romanticismo a una pintura simbólica. En 1870 fijó su residencia en Italia. Su obra más conocida es *La isla de los muertos*, de la que existen varias versiones.

boda *s. f.* **1.** Acto de casarse, ceremonia en que se realiza y fiesta que lo solemniza. Se usa también en *pl.* || **2. bodas de diamante** Sexagésimo aniversario de la boda. **3. bodas de oro** Aniversario quincuagésimo de los mismos hechos. **4. bodas de plata** Vigésimo quinto aniversario.

Bode, Johann Elert (Hamburgo 1747 - Berlín 1826) Astrónomo alemán. Fue director del Observatorio de Berlín (1786). Enunció la ley conocida con el nombre de Bode-Titius, para calcular las distancias relativas de los planetas al Sol. Fundó el *Anuario astronómico berlinés* (1774) y publicó *Explicación de la astronomía* (1776) y *Uranografía* (1801).

bodega *s. f.* **1.** Lugar donde se guarda y cría el vino, generalmente un sótano. **2.** Establecimiento donde se venden vinos y licores y en el que a veces se consumen. **3.** Cosecha o producción de vino en algún lugar. **4.** Sótano que sirve de almacén, sobre todo en los puertos de mar. **5.** En los barcos, compartimiento que va desde la cubierta inferior a la quilla. **6.** *amer.* Tienda o almacén, en especial de comestibles.

bodegón *s. m.* Composición pictórica de objetos, fruta, flores, caza, etc., que se da en las primeras manifestaciones del realismo en pintura y mosaico. Se encuentra en el mundo alejandrino y romano, y ocasionalmente en obras de la Edad Media y Renacimiento, hasta que se constituye definitivamente en género autónomo a partir del s. XVII.

bodeguero, ra *s. m.* y *f.* **1.** Dueño de una bodega de vino. **2.** Persona que se encarga de una bodega.

Bodin o **Bodino, Jean** (Angers 1530 - Laon 1596) Filósofo, jurista y economista francés. Partidario de la monarquía absoluta, sostuvo en su obra *La República* (1576) que el poder no provenía de Dios, sino que era una emanación de la justicia, y que el soberano no era dueño de los bienes de sus súbditos.

bodoque *s. m.* **1.** Relieve de forma redonda que se hace como adorno en un bordado. **2.** *fam.* Persona torpe.

bodorrio *s. m.* **1.** *desp.* Boda en la que existe gran diferencia social entre los novios. **2.** Boda celebrada con lujo excesivo y de mal gusto.

bodrio *s. m.* **1.** Comida de mala calidad o mal guisada. **2.** Cosa mal hecha.

body (voz ingl.) *s. m.* **1.** Maillot de gimnasia. **2.** Prenda interior femenina de una sola pieza que cubre todo el cuerpo excepto las extremidades.

Boecio, Severino (Roma h. 480 - Pavía 524) Filósofo cristiano. Ha sido calificado como «el maestro de lógica de la Edad Media», porque hasta el s. XIII los filósofos medievales estudiaron lógica en las traducciones y comentarios que Boecio realizó del *Isagoge* de Porfirio y de obras de Aristóteles. Su obra principal es *Sobre la consolación por la filosofía* (524).

bóer *adj.* Se dice de los colonos holandeses que se establecieron en África del Sur a partir de 1652. Los bóers afirmaron su presencia frente a las tribus bantúes y crearon las repúblicas de Orange y Transvaal entre 1836 y 1852. Reino Unido anexionó las repúblicas bóers tras la guerra de 1899-1902, concediéndoles cierta autonomía en el marco de la Commonwealth por el tratado de Vereeniging (1902). Sus descendientes se denominan *afrikaners.* También *s.*

Boerhaave, Herman (Voorhout 1668 - Leiden 1738) Médico neerlandés. Intentó compaginar las concepciones clásicas con las teorías patológicas de su tiempo. Creó un sistema de clasificación de las enfermedades.

bofe *s. m.* Pulmón, particularmente el de reses muertas, empleado para el consumo. || **Loc. echar** uno **el bofe** (o **los bofes**) *fam.* Trabajar excesivamente, cansarse.

bofetada *s. f.* **1.** Golpe que se da con la mano abierta en el carrillo. **2.** P. ext., cualquier golpe. **3.** Desaire, ofensa. || **Loc. darse de bofetadas** una cosa con otra *fam.* Desentonar.

bofetón *s. m.* **1.** Bofetada fuerte. **2.** Tramoya de teatro giratoria.

Boff, Leonardo (Concórdia 1938) Teólogo brasileño. Franciscano, es uno de los más significados defensores de la teología de la liberación. Su libro *Iglesia, carisma y poder* (1982) fue condenado por el Vaticano.

bofia *s. f. vulg.* Cuerpo de policía.

Bofill, Ricardo (Barcelona 1939) Arquitecto y urbanista español. Fundó en 1964 el Taller de arquitectura, preocupado por la integración de la vivienda en el paisaje. Posteriormente incorporó a su obra elementos neoclásicos. Entre sus trabajos destacan la remodelación de Les Halles, en París (1974-77), y la remodelación del cauce viejo del Turia, en Valencia (1983).

boga[1] (del lat. *boca*) *s. f.* **1.** Pez de la familia espáridos, orden perciformes, especie *Boops boops.* Mide unos 35 cm, presenta tonos claros con tres o cuatro bandas doradas características a ambos lados. Vive en el Atlántico y el Mediterráneo. **2.** Pez de la familia ciprínidos y especie *Chondrostoma polylepis,* frecuente en los ríos de España.

boga[2] *s. f.* Acción de bogar o remar. || **Loc. estar en boga** Estar de moda, en auge.

bogar *v. intr.* **1.** Remar. **2.** P. ext., navegar. ■ Se conjuga como *pagar.* **Fam.** Bogada.

Bogarde, Dirk (Hampstead 1920) Actor cinematográfico británico. Su nombre real es Derek van den Bogaerde. Tras su acierto interpretativo en *Víctima* (1961), protagonizó cinco películas dirigido por Joseph Losey, entre ellas *El sirviente* (1963) y *Accidente* (1967). A las órdenes de Luchino Visconti intervino en *La caída de los dioses* (1969) y *Muerte en Venecia* (1971).

Bogart, Humphrey (Nueva York 1899 - Hollywood 1957) Actor estadounidense. Creó un arquetipo de hombre duro, rebelde e irónico que ha cautivado a varias generaciones de espectadores. Entre sus películas destacan *El halcón maltés* (1941), *Casablanca* (1942), *Tener y no tener* (1945), *Cayo Largo* (1948), *El tesoro de Sierra Madre* (1948) y *La reina de África* (1952).

bogavante *s. m.* Nombre común de diversos crustáceos decápodos marinos de la familia astácidos, género *Homarus.* Mide unos 50 cm de longitud, presenta color azul violáceo, y tiene un primer par de patas convertidas en grandes pinzas. Vive en fondos rocosos cercanos a las costas y su carne es muy apreciada. Las especies más importantes son la norteamericana *(Homarus americanus)* y la europea *(Homarus gammarus).*

Bogavante europeo (Homarus gammarus).

Bogdanovich, Peter (Kingston, Nueva York 1939) Director cinematográfico estadounidense. Empezó su carrera cinematográfica como crítico. Ha dirigido, entre otras, *La última película* (1971), *¿Qué me pasa, doctor?* (1972), *Luna de papel* (1973) y *Nickelodeon* (1976).

bogie (voz ingl.) *s. m.* En golf, realizar el recorrido de un hoyo en un golpe más de los fijados en el par.

Bogotá: vista aérea de la capital de Colombia.

Bogotá, Santafé de C. de Colombia, cap. del país, en la cordillera oriental de los Andes. 4.446.157 h. en 1989. Primer centro financiero, administrativo, cultural e industrial del país, cuenta con industria alimentaria, textil, siderúrgica, editorial y tabaquera, y es un importante mercado de esmeraldas y orfebrería. Fundada en 1538 por Jiménez de Quesada, fue capital del virreinato de Nueva Granada y de la república tras la independencia. Destacan sus iglesias coloniales del s. XVII, el museo de Bolívar y el museo del Oro de orfebrería indígena.

Bohemia (*Český*) Región histórica de Checoslovaquia. 52.768 km^2 y 6.328.150 h. en 1988. Está constituida por el macizo de Bohemia y la atraviesan los ríos Elba, Moldava y Ohre. El clima es continental. Se cultivan frutales, lino, lúpulo, patatas y remolacha. Posee minas de hierro y carbón e industria metalúrgica y cervecera, del cristal y de la porcelana. Las ciudades principales son Praga y Pilsen.
Hist. Poblada en el 400 a. C. por el pueblo celta de los boios, que dieron su nombre a la región, Bohemia se constituyó en reino en el s. IX. El s. XIV fue para Bohemia un periodo de esplendor, interrumpido por la revuelta religiosa de Jan Hus y la guerra civil de 1436. El reinado de los Habsburgo se inició en 1526, y en 1620 Bohemia fue anexionada a Austria. Bohemia está integrada actualmente en Bohemia-Moravia, estado federado de la república de Checoslovaquia.

Bohemia, macizo de Conjunto de montañas de Checoslovaquia. Comprende los montes Metálicos, los Sudetes, la selva de Bohemia y las colinas de Moravia. Posee importantes explotaciones de hulla, lignito, hierro y uranio y una gran riqueza forestal.

bohemio, mia *adj.* **1.** De Bohemia. También *s.* **2.** Se dice de la persona que lleva una vida poco organizada, informal. También *s.* **3.** Se aplica igualmente a este tipo de vida. También *s.* **4.** Gitano. También *s.*

bohío *s. m.* Cabaña de ramas, cañas, pajas y sin más abertura que la puerta.

Böhl de Faber, Cecilia Véase **Fernán Caballero.**

Böhm, Karl (Graz 1894 - Salzburgo 1981) Director de orquesta austriaco. Destacó por sus interpretaciones de Mozart. Fue director de las óperas de Munich (1923), Darmstadt (1927), Hamburgo (1931), Dresde (1934) y Viena (1943 y 1954).

Böhme, Jakob (Altseidenberg, Görlitz 1575 - Görlitz 1624) Filósofo y místico alemán. Explica el mundo como el resultado de la autogeneración de Dios y admite un dualismo moral del bien y el mal. Como filósofo, influyó en el idealismo alemán poskantiano y, en el terreno religioso, en el pietismo y en los cuáqueros.

Bohr, Niels (Copenhague 1885 - íd. 1962) Físico danés. Elaboró un modelo atómico en el que los electrones giran en ciertas órbitas permitidas alrededor del núcleo, de forma similar a como lo hace un satélite alrededor de su planeta. Los electrones poseen en dichas órbitas un movimento cinético y una energía determinados, con la peculiaridad de que, pese a tener un movimiento circular, no radian energía. Sus postulados enlazan la teoría de la física clásica con los principios de la mecánica cuántica. Obtuvo el premio Nobel de física en 1922.

Niels Bohr.

Boiardo, Matteo Maria (Scandiano, Módena 1441 - Reggio Emilia 1494) Poeta italiano. Miembro de la corte de los Este en Ferrara, es autor del poema caballeresco *Orlando enamorado,* una fantástica visión renacentista de la epopeya medieval, que inspiró a Ariosto. También escribió el cancionero *Amorum libri tres.*

boicot o **boicoteo** *s. m.* Conjunto de medidas de presión que se toman contra una persona, nación, entidad, etc., para privarla de toda relación social o comercial con el fin de perjudicarla y obligarla a ceder en lo que de ella se pretende.

boicotear *v. tr.* Hacer un boicot.

boidos *s. m. pl.* Familia de reptiles perteneciente al orden escamosos y suborden serpientes, que comprende unas 70 especies de boas y pitones. También *adj.* y *s. m.*

Boileau, Nicolas (París 1636 - íd. 1711) Escritor francés. Fue célebre por sus *Sátiras,* publicadas entre 1637 y 1668, y su *Arte poética* (1674), auténtico manifiesto del neoclasicismo.

boina *s. f.* Gorra sin visera, redonda y aplastada, de una sola pieza y tejido blando.

boîte (voz fr.) *s. f.* Sala de fiestas, discoteca.

boj *s. m.* **1.** Nombre común de diversas plantas arbóreas o arbustivas de la familia buxáceas, género *Buxus.* El boj común *(Buxus sempervirens)* mide entre 3 y 5 m de altura, tiene flores monoicas, hojas pequeñas coriáceas y fruto en cápsula. Su madera es dura, de color amarillento y apreciada en tornería. Crece en el centro y S de Europa. **2.** Madera de esta planta.

Bojador Cabo de África, en el NO del continente en el Sáhara occidental.

bojar o **bojear** *v. tr.* **1.** Medir el perímetro de una isla, cabo, etc. || *v. intr.* **2.** Tener una isla, cabo, etc., un determinado perímetro. **3.** Rodear navegando una isla, un cabo, etc.

bojete o **bojote** *s. m. amer.* Paquete, bulto.

Bokassa, Jean Bedel (Bobangui 1921) Militar y político centroafricano. Derribó al presidente David Dacko (1965) y asumió la presidencia. En 1976 se autoproclamó emperador. Fue derrocado en 1979.

bol *s. m.* Tazón sin asas.

bola *s. f.* **1.** Cuerpo esférico de cualquier materia. **2.** *fam.* Embuste, mentira. **3.** Betún. || *pl.* **4.** *vulg.* Testículos. || **Loc. correr la bola** Difundir un rumor. **dejar que ruede la bola** *fam.* Dejar que las cosas sigan su curso sin intervenir en ellas. **pasar la bola** *fam.* No responsabilizarse de algo, endosándoselo a otro. **Fam.** Bolero.

bolada *s. f.* **1.** *amer.* Ocasión favorable, ganga, chollo. **2.** *amer.* Mentira, rumor.

bolado *s. m. amer.* Negocio, asunto.

bolardo *s. m.* Nonay*.

bolchevique *adj.* Del bolchevismo. También *s.*

bolchevismo *s. m.* Corriente política dirigida por Lenin dentro del Partido Obrero Socialdemócrata ruso, que comenzó a definirse en el segundo congreso de este partido (1903), cuando la mayoría se enfrentó a la minoría, dirigida por Martov, a causa del problema de la organización del partido. Los partidarios de Lenin se organizaron en 1912 como partido independiente con el objetivo de preparar la insurrección armada e imponer la dictadura del proletariado, lo que consiguieron en 1917, frente a los partidarios de Martov (mencheviques), que propugnaban la alianza con la burguesía para conseguir la democracia política. En 1918, el partido bolchevique pasó a llamarse Partido Comunista de la Unión Soviética (PCUS).

Bolchoi Teatro estatal ruso de ópera y ballet, con sede en Moscú. Su compañía titular, formada en su propia escuela de danza, goza de prestigio internacional.

boleadora *s. f. amer.* Arma arrojadiza de dos o tres bolas de piedra unidas por una cuerda trenzada. Se usa para cazar animales corredores. Se usa sobre todo en *pl.* **Fam.** Bolear.

Bolena, Ana Véase **Ana Bolena**.

bolera *s. f.* Lugar o establecimiento donde se juega a los bolos.

bolero *s. m.* **1.** Música, canción y danza española de origen andaluz con acompañamiento de castañuelas y guitarras. **2.** Canción lenta y melódica originaria de las Antillas. **3.** Chaquetilla de mujer que sólo llega hasta la cintura.

Boleslao Nombre de varios soberanos de Polonia.
Boleslao I el Valiente (? h. 966 - ? 1025) Duque de Polonia (992), fue el primer rey de este país (1024-25). Utilizó la religión para sus fines políticos. Consolidó su poder sobre Pomerania y se adueñó de Moravia, Milsko y Lusacia.
Boleslao II el Atrevido (? h. 1040 - ? 1081) Duque de Polonia (1058), fue coronado rey (1076). En la querella de las Investiduras, defendió al papa Gregorio VII contra el emperador. Excomulgado por matar a San Estanislao, obispo de Cracovia, se refugió en un convento de Hungría, donde murió.
Boleslao IV el Crespo (? h. 1120 - ? 1173) Duque de Polonia (1146-73). Hizo frente a la invasión de su país por el emperador Federico Barbarroja, del que terminó siendo tributario.

boleta, dar o **dar la** *loc. fam.* Despedir a alguien, romper con él.

boletería *s. f. amer.* Taquilla o despacho de billetes.

boletín *s. m.* **1.** Publicación periódica de información de una determinada entidad o materia. **2.** Periódico que contiene disposiciones oficiales. **3.** Papeleta que se rellena para suscribirse a algo.

boleto *s. m.* **1.** Papeleta con que se participa en una rifa o sorteo. **2.** *amer.* Billete, entrada.

boliche *s. m.* **1.** Bola pequeña para jugar. **2.** Remate torneado o redondeado de algunos muebles. **3.** *Arg., Par., Urug.* Negocio de poca importancia, sobre todo bares o restaurantes.

bólido *s. m.* **1.** Vehículo que alcanza gran velocidad, en especial el automóvil de competición. **2.** Meteorito.

bolígrafo *s. m.* Instrumento para escribir que tiene en su interior una barra de tinta especial y en la punta una bolita metálica que gira libremente.

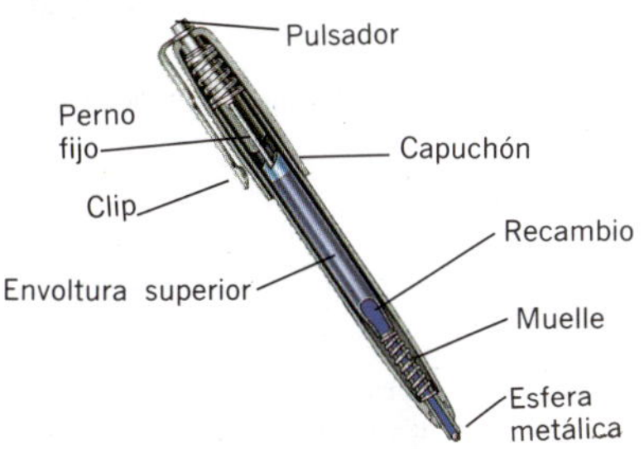

Esquema de un bolígrafo con pulsador.

bolilla *s. f.* **1.** *Arg., Urug.* Bola que se usa en los sorteos. **2.** *Arg., Par., Urug.* Tema que integra el programa de una asignatura escolar.

bolillo *s. m.* Cada uno de los pequeños cilindros donde se arrolla el hilo para hacer encajes y trabajos de pasamanería.

bolina *s. f.* **1.** Cabo con que se tensa hacia proa la relinga de barlovento de una vela. **2.** Jaleo, alboroto. ‖ **Loc. navegar de bolina** Navegar de forma que la dirección de la quilla forme con la del viento el menor ángulo posible.

bolinche *s. m.* Boliche*, bolita y remate.

bolívar *s. m.* Unidad monetaria de Venezuela.

Bolívar 1. Pico de Colombia, en la sierra Nevada de Santa Marta. 5.760 m.
2. Pico de Venezuela, en la sierra Nevada de Mérida. 5.007 m, máxima altura de Venezuela.
3. Departamento de Colombia, en el N del país. 25.978 km^2. 1.280.139 h. en 1989. La capital es Cartagena, con 611.458 h. en 1989. Está atravesado por los ríos Magdalena y Cauca. La población vive principalmente de la ganadería. Se cultiva arroz, algodón y cacao. Hay yacimientos auríferos, petrolíferos y de sal.
4. Estado de Venezuela, situado en el SE del país. 238.000 km^2. 969.700 h. en 1989. La capital es Ciudad Bolívar, con 268.000 h. en 1987. Está atravesado por el río Orinoco. Posee riqueza hidroeléctrica, ganadería vacuna, productos tropicales, maíz, caña de azúcar y arroz. Hay importantes yacimientos de hierro, bauxita y oro. Cuenta con industria siderúrgica.
5. Prov. de Ecuador, situada en el centro del país. 4.142 km^2. 167.200 h. en 1989. La capital es Guaranda, con 14.000 h. en 1983. Cuenta con ganadería, cereales, patata, cacao, café y yacimientos de mercurio y sal.

Simón Bolívar. Retrato atribuido a Antonio Salas, detalle (colección Oswaldo Viteri).

Bolívar, Simón (Caracas 1783 - cerca de Santa Marta, Colombia 1830) Político y militar venezolano, caudillo de la independencia de América del Sur. Fue educado por tutores como Andrés Bello y Simón Rodríguez, que le introdujeron en la lectura de los autores ilustrados del s. XVIII. Realizó varios viajes a Europa. Bolívar retornó a Venezuela en 1807, convencido de la necesidad de la independencia de las colonias españolas. El 5 de julio de 1811, un congreso reunido en Caracas proclamó la independencia de Venezuela, pero los partidarios del nuevo estado fueron derrotados militarmente por los realistas y Bolívar tuvo que refugiarse en Cartagena de Indias, donde redactó su primer escrito importante, el *Manifiesto de Cartagena*.
En 1813, inició una segunda campaña, que culminó con su entrada en Caracas y la proclamación de la segunda república, pero las tropas realistas acabaron imponiéndose de nuevo y le obligaron a abandonar la capital en 1814. Tras una estancia en la isla de Jamaica, donde escribió la *Carta de Jamaica*, Bolívar inició una nueva invasión, atacando esta vez desde las tierras de Nueva Granada, que hoy forman Colombia. Situó su cuartel general en Angostura, donde en 1819 un congreso aprobó la ley fundamental de la República de la Gran Colombia. Faltaba confirmar con las armas estos propósitos, y Bolívar inició una campaña militar cuajada de éxitos: Colombia quedó liberada en 1819, tras la batalla de Boyacá; Venezuela lo fue en 1821, tras la de Carabobo, y Ecuador en 1822. En este último año Bolívar, al que todos llamaban ya el *Libertador*, se entrevistó con el argentino San Martín en Guayaquil para discutir la liberación del Perú, donde aún resistían los realistas. Así culminó la liberación del continente con la toma de las tierras del Alto Perú, que en honor del *Libertador* se denominaron República Bolívar (actual Bolivia).
Pero a partir de ese momento se iniciaron los problemas para Bolívar, que había sido elegido presidente de la Gran Colombia en 1827: sus ideales de un gran estado continental chocaron muy pronto con las tendencias secesionistas en Venezuela, Colombia, Perú y Ecuador. En 1828, tropas peruanas invadieron Ecuador y, en 1830, Venezuela se separó de la Gran Colombia. Tras salir ileso de un atentado, Bolívar decidió trasladarse a Europa, pero murió de tuberculosis en San Pedro Alejandrino, cerca de Santa Marta (Colombia), ese mismo año.

Bolivia Estado de América del Sur, en el sector O del centro del subcontinente.

Extensión: 1.098.581 km^2.
Límites: al N, con Brasil; al E, con Brasil y Paraguay; al S, con Argentina y Paraguay, y al O, con Perú y Chile.
Población: 7.300.000 h. en 1990.
Densidad: 6,6 h./km^2.
Capital: La Paz (sede del gobierno); Sucre (constitucional).
División administrativa (departamentos): Beni, Chuquisaca, Cochabamba, La Paz, Oruro, Pando, Potosí, Santa Cruz, Tarija.
Ciudades principales: Santa Cruz de la Sierra, Cochabamba, Oruro, Potosí.
Gentilicio: boliviano.
Forma de Estado: república.
Idioma: español, quechua (33 %) y aimara (21 %).
Religión: catolicismo, 94,8 %; protestantismo, 2,3 %.
Moneda: peso.
Tasa de natalidad: 38 ‰ en 1990.
Tasa de mortalidad: 12 ‰ en 1990.
Renta per cápita: 570 dólares en 1988.

Geog. física Los Andes recorren Bolivia como gran columna vertebral, que se divide en las cordilleras Occidental y Oriental, entre las cuales se extiende el Altiplano, con una altura media de 3.500 m. En los Andes bolivianos se hallan algunas de las cumbres más elevadas de América: Sajama (6.520 m), Illimani (6.462 m), Ancohuma (6.388 m), Illampu (6.362 m); abundan los volcanes, algunos en actividad. En la parte oriental se encuentran los llanos y en el centro los valles o yungas. Tiene una extensa red hidrográfica: la cuenca amazónica, con los ríos Beni, Mamoré y Guaporé; la cuenca meseteña, con el río Desaguadero, que comunica el lago Titicaca con el Poopó; la cuenca platense, con los ríos Paraguay, Pilcomayo y Bermejo. El clima es de montaña en las cordilleras y el Altiplano y tropical en el resto.

Bolivia: la cordillera Oriental, en el sur del país.

Bolivia: vista de Sucre, con la iglesia de San Miguel en el centro.

Geog. humana y ***económica*** La población se compone de amerindios (quechuas) en un 55 %, mestizos en un 31 % y blancos en un 14 %. La región más densamente poblada es el Altiplano. La agricultura está poco desarrollada. Se cultivan patata, maíz, arroz, caña de azúcar y café. El cultivo de la coca es fuente de un importante comercio ilegal. La cabaña ganadera comprende llamas, alpacas, ovejas y ganado vacuno. Existen grandes reservas forestales. La minería es la principal actividad económica: estaño (sexto productor mundial), cinc, plomo, antimonio (segundo productor mundial), oro, plata, tungsteno, sal y petróleo. Posee industria textil, alimentaria, artesanía y refinado de minerales.

Hist. En el territorio boliviano se desarrollaron en el periodo incaico las culturas quechua y aimara. La conquista española se produjo en la primera mitad del s. XVI; en 1538 se fundó Charcas y en 1545 se descubrieron los yacimientos de plata de Potosí. En la época colonial, el territorio quedó organizado en la audiencia de Charcas, integrada en el virreinato de Perú.

La lucha por la independencia tuvo lugar entre 1809 y 1825, capitaneada por Bolívar y Sucre. En los s. XIX y XX, la historia política de Bolivia presenta una fuerte inestabilidad y una gran influencia militar. En sucesivas guerras con Chile (1879-84) y Paraguay (1932-35), Bolivia perdió su salida al Pacífico y el territorio del Chaco. En 1904 hubo de ceder Acre a Brasil. Los gobiernos de Víctor Paz Estenssoro entre 1952 y 1964 impulsaron las reformas sociales, que fueron paralizadas por los militares. La crisis económica y la inestabilidad política agudizaron los problemas del país. En 1982 se restableció el sistema democrático, siendo designado presidente Hernán Siles Zuazo, que fue reemplazado en el cargo por Víctor Paz Estenssoro tras las elecciones de 1985. En 1989 fue nombrado presidente Jaime Paz Zamora.

Cult. Se conservan restos arqueológicos prehispánicos en torno al lago Titicaca, como los monumentos en piedra de Tiahuanaco (entre ellos la famosa Puerta del Sol) y Cumaná. En época colonial fueron importantes los núcleos de Chuquisaca (Sucre), Potosí y La Paz, que cuentan con iglesias renacentistas y mudéjares y espléndidas realizaciones del barroco andino, como el templo de San Francisco (1753-72), en La Paz, y la Casa de la Moneda, en Potosí.

Junto a los retablos barrocos de numerosas iglesias, hay que citar tallas autóctonas de tipo popular. En las pinturas de Melchor Pérez de Holguín (fines del s. XVII y principios del XVIII) se advierte la influencia de Zurbarán. Del s. XIX data la catedral de Potosí, obra de fray Manuel de Sanahuja. En el s. XX destacan el pintor indigenista Cecilio Guzmán de Rojas y el escultor Emiliano Luján.

La literatura boliviana comienza a adquirir personalidad propia después de la independencia. En el romanticismo destacan escritores como Nataniel Aguirre, autor de la novela histórica *Juan de la Rosa* (1885). El naturalismo está representado, entre otros escritores, por el historiador Alcides Arguedas, que en su novela *Raza de bronce* (1919) denuncia las injusticias que sufren los indios, y los novelistas Santiago Vaca, Jaime Mendoza, Abel Alarcón y Armando Chirveches. Por su parte, el poeta Ricardo Jaimes Freyre es el más eximio exponente del modernismo en Bolivia. En la narrativa y poesía contemporáneas se unen las tradiciones indigenistas con las tendencias estéticas más avanzadas y universales. Merece citarse, entre los narradores, a Antonio Díaz Villamil, Raúl Botelho, Soria Gamarra, y entre los poetas, a Franz Tamayo, Gregorio Reynolds, Kempff Mercado y Jorge Suárez.

La rica tradición de la música popular andina dio lugar en la segunda mitad del s. XIX y principios del XX a la aparición de compositores que supieron aprovecharla y crear obras modernas. Entre ellos sobresalen Simeón Roncal, Eduardo Caba, Humberto Viscarra y José María Velasco.

boliviano, na *adj.* **1.** De Bolivia. También *s.* ‖ *s. m.* **2.** Moneda de plata de Bolivia.

Böll, Heinrich (Colonia 1917 - íd. 1985) Escritor alemán. Autor de novelas y relatos en los que denuncia con ironía los abusos de poder y las injusticias y critica a la sociedad alemana de la posguerra, publicó, entre otras obras, *El tren fue puntual* (1949), *Y no dijo una palabra* (1953), *Casa sin amo* (1954), *Opiniones de un payaso* (1963) y *El honor perdido de Katharina Blum* (1974). En 1972 obtuvo el premio Nobel de literatura.

bollería *s. f.* **1.** Establecimiento donde se hacen o venden bollos o cosas similares. **2.** Conjunto de este tipo de alimentos. **FAM.** Bollero.

bollo[1] (del lat. *bulla*, bola) *s. m.* **1.** Masa de harina cocida al horno, muy esponjosa y generalmente dulce. **2.** Jaleo, embrollo. ‖ **LOC. no estar el horno para bollos** *fam.* No estar alguien o una situación en buena disposición para algo.

bollo[2] (de *abollar*) *s. m.* Abultamiento o hueco que se produce por acción de un golpe o presión en algún objeto o superficie.

bolo *s. m.* **1.** Palo torneado, con base plana para que se tenga en pie, que se usa en distintos juegos. **2.** Bola que se pone como adorno o remate. ‖ *pl.* **3.** Juego que consiste en lanzar una bola hacia un grupo de bolos y derribarlos. Aunque las reglas varían según las zonas, gana quien más piezas derriba o más lejos las manda. ‖ **4. bolo alimenticio** Alimento masticado e insalivado que se traga de una vez.

Bolonia (*Bologna*) C. de Italia, cap. de la prov. homónima y de la región de Emilia-Romaña. 417.410 h. en 1990. Es un centro agrícola y comercial. Cuenta con industria metalúrgica, mecánica y farmacéutica y es un importante nudo de comunicaciones. Posee la universidad más antigua de Europa (1088) y es sede de una feria anual del libro infantil.

bolsa[1] (del lat. *bursa*) *s. f.* **1.** Especie de saco de tela, papel u otro material flexible que se emplea para llevar o guardar alguna cosa. **2.** Especie de maleta de material flexible. **3.** Arruga o pliegue que se forma en las ropas mal ajustadas, o en la piel, p. ej. debajo de los ojos. **4.** Cavidad del cuerpo que contiene algún líquido, p. ej. la bolsa mucosa o sinovial de la rodilla, o en la que se acumula pus, linfa, etc. **5.** Cantidad de dinero que posee una persona. **6.** Zona en que se concentra alguna cosa o un determinado fenómeno, p. ej. bolsa de petróleo, bolsa de pobreza. ‖ **7. bolsa de estudios** Beca o dinero para realizar estudios. **8. bolsa de la compra** Figuradamente, conjunto de artículos de primera necesidad cuyo precio es un índice económico significativo. **9. bolsa de pastor** Planta herbácea de la familia crucíferas, especie *Capsella bursa-pastoris*; muy común en campos cultivados, prados y cunetas de Europa. Mide hasta 80 cm, tiene flores blancas y se usa en medicina. **10. bolsa de trabajo** Organismo que recibe ofertas y peticiones de empleo y las comunica a los interesados.

bolsa[2] (del ital. *borsa*, de Van de *Bursen*, familia de banqueros de Brujas en el s. XV) *s. f.* Mercado en el que se venden y compran valores mobiliarios o títulos, como acciones, obligaciones y rentas. Los vendedores en la bolsa son las empresas privadas y los organismos públicos. Los compradores son los individuos particulares y las empresas.

Econ. La compraventa de valores mobiliarios permite al vendedor obtener capital para financiar sus actividades y al comprador una inversión de su ahorro que puede liquidar o hacer efectiva en cualquier momento y proporcionarle mayores beneficios que el interés que ofrecen los bancos. Esos beneficios vienen dados no sólo por los intereses que periódicamente producen los valores, sino por la posible diferencia entre el precio de compra y el de venta de los mismos. Las bolsas han sido uno de los motores de la industrialización. Su origen se sitúa en las lonjas medievales, en las que los mercaderes se reunían para tratar de sus negocios. Aunque su nombre surgió en la ciudad flamenca de Brujas, el primer edificio para albergar un mercado de valores se construyó en 1487 en Amberes. Más tarde se crearon las bolsas de Amsterdam (1561), Lyon (1595), Berlín (1685), París (1724), Londres (1773) y Nueva York (1792).

bolsear *v. tr. Amér. C., Méx.* Robar del bolsillo.

bolsillo *s. m.* **1.** Bolsa hecha en la ropa para llevar alguna cosa. **2.** Bolsa pequeña o estuche para guardar o llevar monedas. **3.** Dinero de una persona o lugar imaginario donde se guarda. ‖ **LOC. de bolsillo** *adj.* Se dice de aquello que por su tamaño se puede llevar en un bolsillo. También se aplica a otras cosas pequeñas, aunque no quepan en un bolsillo. **meterse** (o **tener**) a alguien **en el bolsillo** *fam.* Ganárselo, contar con él de forma incondicional. **rascarse el bolsillo** *fam.* Pagar.

bolsín *s. m.* Bolsa de comercio de menor importancia.

bolsista *s. m.* y *f.* Persona que se dedica a la compra y venta de valores de bolsa.

bolso *s. m.* **1.** Bolsa con cierre y generalmente con asa, que usan las mujeres para llevar el monedero y otros objetos de uso personal. **2.** Bolsillo de la ropa.

bolsón *s. m.* En geol., depresión cerrada, redonda u ovalada en la que se concentran derrubios y sales disueltas en las aguas.

Bolton C. del Reino Unido, en Inglaterra, en el condado de Lancashire. 146.700 h. en 1981. Posee industrias textiles.

Boltzmann, Ludwig Eduard (Viena 1844 - Duino, Trieste 1906) Físico austriaco. Realizó diversas investigaciones sobre el comportamiento de los gases, especialmente en su aspecto termodinámico.

Boltzmann, constante de Relación o cociente entre la constante de los gases *R* y el número de Avogadro *N*.

boludo, da *adj.* **1.** *amer. vulg.* Tonto. **2.** Vago.

Bolzano C. de Italia, cap. de la prov. homónima, en la región de Trentino-Alto Adigio. 100.700 h. en 1990. Es un importante centro turístico y posee industria metalúrgica.

Bolzano, Bernhard (Praga 1781 - íd. 1848) Lógico y matemático checo. Sacerdote y profesor de teología en la universidad de Praga, fue precursor de la fenomenología de Husserl.

bomba[1] (del lat. *bombus*, ruido) *s. f.* Dispositivo que transforma energía de diversos tipos en energía mecánica, la cual se utiliza para elevar, transportar o comprimir fluidos.

Tecnol. Existen dos tipos de bombas, según su forma de actuar: las **bombas aspirantes**, que arrastran el fluido por succión, y las **bombas impelentes**, que lo desalojan por presión del lugar en el que se encuentra. Los modelos más utilizados son la **bomba de vacío** o **neumática**, bomba aspirante que extrae el aire contenido en un recipiente para producir en éste bajas presiones, y la

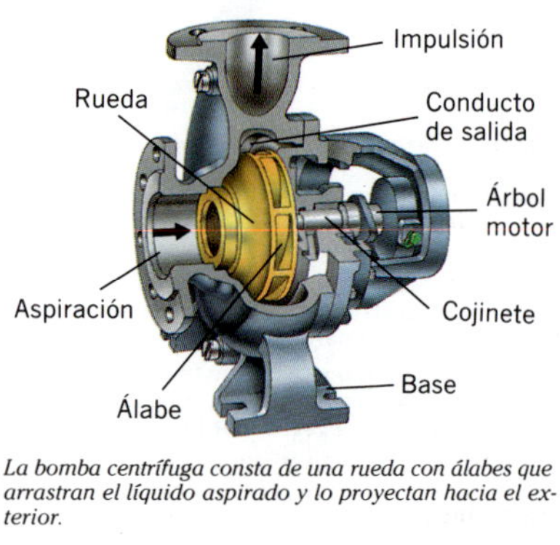

La bomba centrífuga consta de una rueda con álabes que arrastran el líquido aspirado y lo proyectan hacia el exterior.

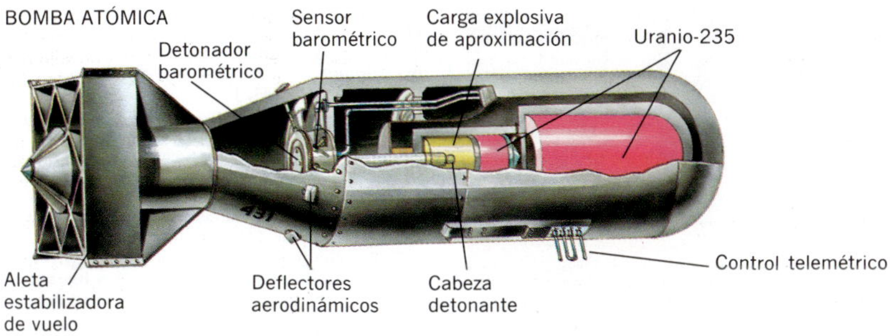

Esquema de la primera bomba atómica, ideada y fabricada por EE UU.

bomba centrífuga, que aplica al tiempo la acción aspirante e impelente, y que consta de un conjunto de paletas que, al girar con un eje, succiona el líquido existente en un depósito y lo impulsa por la tubería que va al exterior. Otros modelos son las bombas de émbolo, rotativa, de paletas, centrífuga, de rosario, helicoidal, etc.

bomba[2] (de *bombarda*, y éste de *lombarda*) *s. f.* **1.** Artefacto explosivo diseñado para detonar en ciertas condiciones, ya sea por impacto o por un mecanismo de relojería o un simple interruptor que pone en marcha un detonador adecuado. **2.** Noticia inesperada que causa sensación o estupor. ‖ **3. bomba atómica** o **bomba de fisión** La formada por materiales (uranio o plutonio) que entran en fisión espontánea y explosiva por ruptura de los núcleos de sus átomos (reacción en cadena). Se utilizó en la Segunda Guerra Mundial en Hiroshima (6 de agosto de 1945) y Nagasaki (9 de agosto de 1945). Las bombas atómicas alcanzan intensidades equivalentes a decenas de miles de toneladas de trinitrotolueno (TNT o trilita) o, en la nomenclatura corriente, decenas de kilotones. **4. bomba de cobalto** Instalación radiactiva con una fuente del isótopo de cobalto-60, empleada con fines terapéuticos para tratar enfermedades tumorales por medio de radiaciones. **5. bomba de neutrones** Tipo de arma nuclear en la que la energía liberada por la explosión se dosifica en un 80 % de radiación de neutrones y un 20 % de efectos caloríficos y onda explosiva. Es de pequeña potencia (un kilotón) y su flujo de neutrones es mortal para los seres vivos, no ocasiona daños a la materia inanimada ni produce contaminación residual. **6. bomba termonuclear** o **bomba de hidrógeno** La que utiliza la energía desprendida en la fusión o unión de núcleos de isótopos del hidrógeno para formar núcleos de helio (la reacción que produce la energía solar). Es detonada por una bomba atómica y puede alcanzar intensidades equivalentes a decenas de millones de toneladas de TNT (decenas de megatones). **7. bomba volcánica** En geol., fragmento de material piroclástico, arrojado por un volcán. Suele presentar forma redondeada o fusiforme a causa de la rotación a la que es sometido. ‖ **Loc. pasarlo bomba** *fam.* Divertirse mucho.

bombacáceas *s. f. pl.* Familia de plantas arbóreas o arbustivas, perteneciente al orden malvales, que comprende los géneros *Bombax, Adansonia, Ceiba,* etc. Se caracterizan por su tallo grueso y flores grandes. Crecen en regiones intertropicales. También *adj.* y *s. f.*

bombacha *s. f. amer.* Pantalón amplio que usa la gente de campo.

bombacho *adj.* Se dice del pantalón ancho y acampanado que lleva los bordes inferiores recogidos y ajustados a las piernas. También *s. m.*

Bombal, María Luisa (Viña del Mar 1910 - Santiago 1980) Escritora chilena. Sus novelas rompen con la tendencia del naturalismo criollista. Es autora de *La última niebla* (1935) y *La amortajada* (1938).

bombarda *s. f.* **1.** Máquina antigua de guerra con cañón de gran calibre. **2.** Nombre genérico de las antiguas piezas de artillería.

bombardear *v. tr.* **1.** Lanzar proyectiles o bombas sobre algún lugar u objeto. **2.** Acosar a alguien con preguntas o con peticiones insistentes. **3.** En fís., proyectar contra el átomo o el núcleo atómico de un elemento ciertas partículas para modificar su estructura atómica o nuclear. **Fam.** Bombardeo.

bombardero, ra *adj.* **1.** Diseñado y equipado especialmente para bombardear. ‖ *s. m.* **2.** Avión con estas características. **3.** Tripulante de un avión encargado de lanzar las bombas.

bombardino *s. m.* Instrumento musical de viento, de metal, inventado por A. Sax en 1843. Tiene la sección cónica, embocadura en cubeta y tubo provisto de pistones, replegado sobre sí mismo.

bombardón *s. m.* Instrumento musical de viento, de la familia del bombardino, que sirve de contrabajo en las bandas de música.

Bombay C. de la India, cap. del estado de Maharashtra, en el O del país. 8.243.400 h. en 1982 y 10.137.000 h. en su área metropolitana en 1985. Puerto en el mar Arábigo, es un gran centro industrial y financiero. Su aeropuerto es uno de los más importantes del mundo, así como su observatorio astronómico. Posee industria textil, química, automovilística, cinematográfica y refinerías de petróleo.

Bombay: vista de la ciudad, en la que aún es muy patente el pasado colonial británico.

bombazo *s. m.* **1.** Explosión o impacto de bomba. **2.** Daño que causa. **3.** Noticia espectacular.

bombear *v. tr.* **1.** Lanzar hacia arriba una pelota o balón de forma que siga una trayectoria parabólica. **2.** Impulsar un líquido con una bomba. Se dice también del corazón. **Fam.** Bombeo.

bombero *s. m.* **1.** Persona cuyo oficio es apagar incendios y prestar auxilio en otros siniestros, como inundaciones, hundimientos, etc. **2.** Persona que maneja bombas hidráulicas.

bombilla[1] (de *bomba*[2]) *s. f.* Lámpara de incandescencia que se utiliza para iluminar y también para calentar. Fue inventada independientemente por el inglés Joseph Wilson Swan (1878) y por el norteamericano Thomas Alva Edison (1879). Está formada por un globo de cristal en cuyo interior se ha hecho el vacío y en el que se coloca un filamento de carbón, tungsteno, platino, etc., por el que se hace pasar la corriente eléctrica.

bombilla[2] (de *bomba*[1]) *s. f. Arg., Par., Urug.* Tubo de metal, que se usa para tomar mate, de unos 20 cm de largo, terminado en una semiesfera agujereada que permite sorber el líquido sin que pase la hierba.

bombillo *s. m. amer.* Bombilla eléctrica.

bombín *s. m.* **1.** Sombrero hongo. **2.** Bomba pequeña, p. ej. la que se usa para hinchar los neumáticos de las bicicletas.

bombo *s. m.* **1.** Tambor muy grande que se toca con una maza. Forma parte de las orquestas y bandas militares. **2.** Músico que toca este instrumento. **3.** Caja esférica o cilíndrica, generalmente de alambre, en cuyo interior se introducen y hacen girar bolas numeradas, papeletas u otros objetos que han de sacarse a la suerte en un sorteo, concurso, etc. **4.** Elogio exagerado con que se alaba a alguien o se anuncia algo. **5.** *fam.* Vientre de las embarazadas, cuando es voluminoso. ‖ **Loc. a bombo y platillo** *adv.* Aparatosamente.

bombón *s. m.* **1.** Dulce de chocolate selecto o azúcar, en cuyo interior puede llevar licor o crema. **2.** *fam.* Persona muy guapa y atractiva.

bombona *s. f.* **1.** Recipiente cilíndrico para guardar fluidos, particularmente el metálico cerrado herméticamente, que contiene gases a presión o líquidos muy volátiles. **2.** Recipiente cilíndrico de metal y poca altura, en el que se guardan algodones o gasas.

bombonera *s. f.* Caja donde se guardan bombones.

bombonería *s. f. amer.* Confitería.

bonachón, na *adj.* Se aplica a la persona de carácter dócil, amable y bondadosa. También *s.*

bonaerense *adj.* De Buenos Aires. También *s.*

bonancible *adj.* Aplicado al mar, al viento, al tiempo, a personas, etc., suave, tranquilo, sereno.

bonanza *s. f.* **1.** Tiempo tranquilo en el mar. **2.** Bienestar.

Bonaparte Familia italiana de origen lombardo, a una de cuyas ramas, establecida desde el s. XVI en Córcega, perteneció Napoleón I.

Bond, William Cranch (Portland, Maine 1789 - Cambridge, Massachusetts 1859) Astrónomo estadounidense. Fue pionero en la aplicación de la fotografía a la astronomía (1850). Descubrió el octavo satélite de Saturno.

bondad *s. f.* **1.** Cualidad de bueno. **2.** Amabilidad, atención. **Fam.** Bondadoso.

Bonet, Antonio (Barcelona 1913 - íd. 1989) Arquitecto y urbanista español. Miembro del GATEPAC, entre sus obras más sobresalientes figuran la urbanización de Punta Ballena en Uruguay (1945-50), el plan urbano para la zona S de Buenos Aires (1957) y la finca La Ricarda, en Prat de Llobregat (1953).

bonete *s. m.* Gorro de distintas formas, generalmente cilíndrico y de cuatro picos, usado por eclesiásticos y seminaristas y, antiguamente, por los estudiantes y graduados.

Bonete, cerro Pico de Argentina, en los Andes. 6.872 m. Es el tercero de América en altitud.

bongo *s. m. amer.* Especie de canoa usada por los indios de América Central.

bongó *s. m.* Instrumento musical de percusión formado por un cilindro hueco cuyo extremo superior está cubierto por una piel muy tensa.

boniato *s. m.* Batata.

Bonifacio Estrecho del mar Mediterráneo, que separa las islas de Córcega y Cerdeña. 20 km de anchura máxima.

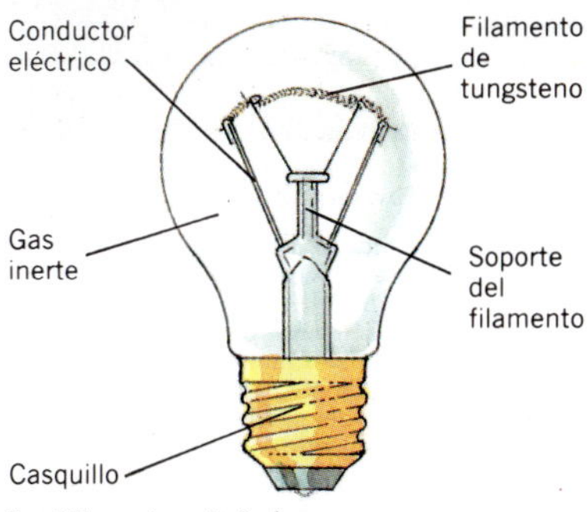

Bombilla: partes principales.

Bonifacio Nombre de varios papas romanos. **Bonifacio VIII** (Anagni h. 1235 - Roma 1303) Papa italiano. De nombre Benedetto Gaetani, su pontificado abarca de 1294 a 1303. Durante el mismo, Roma recuperó su papel como centro de la cristiandad. Intentó sin éxito defender la supremacía del poder pontificio sobre el poder temporal de los reyes, especialmente en su pugna con el rey Felipe IV de Francia. A instancias de éste disolvió la orden del Temple.

Bonifacio, San (Kirton, reino de Wessex h. 680 - Dokkun 754) Monje anglosajón. El papa Gregorio II le envió a predicar el evangelio a los germanos (718). Fundó numerosos monasterios, organizó la iglesia germana y reorganizó la franca. Fue arzobispo de Maguncia (745) y coronó a Pipino el Breve (751). Murió asesinado.

Bonifaz, Ramón (Burgos h. 1200 - íd. 1256) Marino castellano. Formó la flota que intervino en la conquista de Sevilla (1248) y tomó parte en la misma.

bonificación *s. f.* Acción y efecto de bonificar.

bonificar *v. tr.* **1.** Conceder un aumento a alguien en lo que tiene que cobrar o una rebaja en lo que tiene que pagar. **2.** Descontar tiempo o aumentar puntos en ciertas pruebas deportivas. ▪ Se conjuga como *sacar.*

Bonington, Richard Parkes (Arnold, Nottingham 1801 ó 1802 - Londres 1828) Pintor británico. Estudió en Francia y fue discípulo de Gros. En su pintura histórica se advierte la influencia de los pintores venecianos. Destacó como paisajista.

bonitamente *adv. m.* Suavemente, con facilidad, tiento o maña.

bonito *s. m.* Pez perciforme de la familia escómbridos, especie *Sarda sarda.* Mide unos 80 cm de longitud, tiene el cuerpo fusiforme, de color azulado el dorso y plateado la parte inferior. Presenta dos aletas dorsales y un pedúnculo caudal delgado. Habita en el Atlántico y el Mediterráneo. Es apreciado en alimentación.

Bonito (Sarda sarda).

bonito, ta *adj.* **1.** Lindo, agraciado, de cierta belleza. **2.** Bueno.

Bonn: vista de la cancillería federal, uno de los numerosos edificios administrativos que alberga la ciudad.

Bonn C. de Alemania, cap. del país junto con Berlín, situada en el Land de Renania Septentrional-Westfalia. 282.200 h. en 1989. Es ante todo una ciudad administrativa. Su universidad data de 1786. Los principales monumentos son la colegiata románica, de los s. XI y XII; el ayuntamiento, que data del s. XVIII, y la casa donde nació Beethoven, convertida en museo.

Bonnard, Pierre (Fontenay-aux-Roses 1867 - Le Cannet 1947) Pintor, litógrafo e ilustrador francés. Sus cuadros más característicos son naturalezas muertas, jardines, baños y desnudos femeninos que destacan por la riqueza del colorido, la luminosidad y la extraordinaria sabiduría técnica. Entre ellos se cuentan *Comedor, La toilette, Desnudo en el baño* y *Retrato del artista con bata roja.*

Pierre Bonnard: La cafetera *(colección particular).*

Bonnet, Charles (Ginebra 1720 - íd. 1793) Filósofo y naturalista suizo. Descubrió la partenogénesis. Como filósofo intentó conciliar el sensualismo con la doctrina tradicional del alma.

Bonny Véase **Biafra, bahía de**.

bono *s. m.* **1.** Tarjeta que se puede canjear o cambiar por algún artículo o por dinero. **2.** En econ., título de deuda emitido por el Estado o por una empresa. ‖ **3. bono de caja** Efecto que emite una empresa comprometiéndose a pagar una cierta suma en un vencimiento determinado como reembolso de un préstamo a corto plazo que produce intereses. **4. bono del Tesoro** Título de deuda pública que representa un préstamo que recibe el Estado a corto plazo.

bonsai *s. m.* **1.** Técnica japonesa de cultivo que consiste en detener el crecimiento natural de un árbol para obtener miniaturas que conservan las características del mismo árbol desarrollado. **2.** Este mismo árbol.

Ejemplares de bonsai, cuyo cultivo exige podas constantes y el uso de hilos metálicos para detener y encauzar su desarrollo.

bonzo, za *s. m.* y *f.* Monje o monja budista, en Asia oriental.

boñiga *s. f.* Excremento de ganado vacuno y el semejante de otros animales.

boñigo *s. m.* Cada una de las porciones de excremento del ganado vacuno.

boogie-woogie (voz ingl.) *s. m.* **1.** Estilo de jazz, basado en temas de blues interpretados con rapidez, con variaciones melódicas que se acompañan de notas graves. **2.** Tipo de baile muy rápido, que estuvo de moda en EE UU en los años cuarenta.

Boole, George (Lincoln 1815 - Cork 1864) Lógico y matemático británico. Fue el iniciador de la lógica formal simbólica. A él se debe la llamada *álgebra de Boole,* que es una estructura matemática formada por un conjunto en el que se han definido dos operaciones que poseen las propiedades: asociativa, conmutativa, idempotencia, ley de simplificación, elemento neutro, distributiva y la existencia del complementario de cualquier conjunto. Publicó *Análisis matemático de la lógica* (1847).

boom (voz ingl.) *s. m.* Prosperidad, éxito, auge, expansión.

boomerang (voz ingl.) *s. m.* Bumerán*.

Boone, Daniel (cerca de Reading, Pennsylvania 1734 - cerca de Saint-Charles, Missouri 1820) Explorador estadounidense. Llevó a los primeros colonos a tierras de Kentucky y luchó en la guerra de independencia contra los ingleses. Fue inmortalizado por Fenimore Cooper en *El último mohicano.*

Booth, William (Nottingham 1829 - Londres 1912) Predicador religioso británico. Ministro metodista, fundó la *Misión cristiana* (1864) que luego se convirtió en el *Ejército de salvación* (1878).

Bophuthatswana Bantustán de la República Sudafricana, en la frontera con Botswana. 40.330 km^2. 2.005.000 h. en 1988. La capital es Mmabatho, con 9.100 h. La lengua oficial es el tswana. Fue convertido en estado independiente por la República Sudafricana en 1977, con la oposición de la ONU y la OUA. Posee importantes recursos mineros.

boqueada *s. f.* Acción y efecto de boquear. ‖ **Loc. dar** (o **estar dando**) **las últimas boqueadas** *fam.* Estar muriéndose una persona o a punto de acabarse una cosa.

boquear *v. intr.* **1.** Abrir la boca repetidamente. **2.** Expirar, agonizar. **3.** Concluir, terminarse una cosa.

boquera *s. f.* **1.** Calentura que se forma en las comisuras o en otra parte de los labios. **2.** Boca que se abre en una acequia o cauce de agua para regar las tierras.

boquerón *s. m.* Pez clupeiforme de la familia engráulidos, especie *Engraulis encrasicholus.* Mide hasta 20 cm de longitud, tiene el cuerpo comprimido lateralmente, la boca grande y es de color verde azulado en el dorso y plateado en el vientre. Vive en el Mediterráneo y el Atlántico. Es apreciado como alimento.

Boquerón Departamento de Paraguay, en el NO del país, en la región del Chaco. 46.708 km^2. 18.300 h. en 1989. La capital es Doctor Pedro P. Peña. Cuenta con ganadería extensiva, cultivos de maíz y tabaco.

boquete *s. m.* **1.** Entrada estrecha de un lugar. **2.** Abertura o rotura irregular hecha en una pared, en un cristal, etc.

boquiabierto, ta *adj.* **1.** Que tiene la boca abierta. **2.** Asombrado, pasmado, embobado.

boquilla *s. f.* **1.** Pieza pequeña y hueca de los instrumentos musicales de viento, por donde se sopla. **2.** Tubito en uno de cuyos extremos se pone un cigarro para fumarlo. **3.** Parte de la pipa que se introduce en la boca. **4.** Filtro cilíndrico de algunos cigarros, por donde se aspira. **5.** Cualquier pieza que se coloca en la boca o abertura de ciertos objetos. **6.** Abertura que se hace en las acequias a fin de extraer agua para el riego. ‖ **Loc. de boquilla** *adv.* Sin intención de hacer lo que se dice.

boracita *s. f.* $Mg_6B_{14}O_{26}Cl_2$. Mineral cloroborato de magnesio. Cristaliza en el sistema rómbico, es de color azulado o incoloro, transparente y tiene brillo vítreo. Está presente en la mayoría de los yacimientos salinos y es una importante mena de magnesio.

boragináceas *s. f. pl.* Familia de plantas herbáceas o leñosas perteneciente al orden tubiflorales, que comprende unas 1.500 especies de los géneros *Borago, Anchusa, Heliotropium,* etc. Se caracterizan por tener hojas esparcidas y fruto en drupa. Crecen en climas cálidos y templados. También *adj.* y *s. f.*

Boras C. de Suecia, situada en el SO del país. 100.800 h. en 1989. Posee industria textil.

borato *s. m.* Sal o éster de ácido bórico.

bórax *s. m.* $Na_2B_4O_7 \cdot 10H_2O$. Mineral borato de sodio hidratado. Cristaliza en el sistema monoclínico, tiene color incoloro, gris turbio o amarillo y es soluble en agua. Funde al soplete formando una perla clara que disuelve los óxidos metálicos. Hay importantes yacimientos en el

Tíbet, Asia Menor y en EE UU (California y Nevada). Se usa principalmente para aumentar la resistencia del vidrio al calor.

borbollar *v. intr.* Borbotar*.

borbollón *s. m.* Borbotón*.

Borbón Familia noble que reinó en Francia de 1589 a 1792 y de 1814 a 1830, y en España de 1700 a 1868, de 1875 a 1931 y desde 1975. Constituía una rama menor de los Capetos, que tomó su nombre del castillo de Bourbon, en la antigua provincia del Borbonesado. El primer Borbón que reinó en Francia fue Enrique IV (1589) y el último Carlos X (1830). Las líneas colaterales dieron origen a la casa de Orleans, representada por Luis Felipe I de Francia, y a la rama española de los Borbón, que fueron entronizados en 1700 cuando Felipe V (1700-46), nieto de Luis XIV, fue nombrado heredero del trono español en el testamento de Carlos II, último rey español de la casa de Austria, y reconocido como tal por el tratado de Utrecht. Desde 1700 la casa de Borbón ha reinado siempre en España, con excepción de los breves mandatos de José Bonaparte y Amadeo de Saboya, de los periodos de la Primera y Segunda Repúblicas y del franquismo. **FAM.** Borbónico.

borborigmo *s. m.* Ruido producido por el movimiento de los gases en el intestino.

borbotar o **borbotear** *v. intr.* Hervir el agua o salir impetuosamente y con ruido. **FAM.** Borboteo.

borbotón *s. m.* **1.** Erupción o agitación del agua de abajo arriba, p. ej. al hervir, o al salir por un orificio. **2.** Brote violento de sangre por una herida. ‖ **LOC. a borbotones** *adv.* Atropelladamente, con discontinuidad y violencia.

borceguí *s. m.* Botín que llega por encima del tobillo y se ajusta con cordones.

borda *s. f.* **1.** Borde superior del costado de un buque. **2.** Vela mayor de las galeras. ‖ **LOC. echar (o tirar) por la borda** Echar a perder algo. **fuera (de) borda** *adj.* Se dice del motor que va en la parte exterior de una embarcación.

Bordaberry, Juan María (Montevideo 1928) Político uruguayo. Miembro del Partido Blanco, fue elegido presidente (1971) y depuesto por el ejército (1976).

bordada *s. f.* Distancia que un velero recorre sin variar la orientación de las velas.

bordado, da **1.** *p. p.* de **bordar**. También *adj.* ‖ *adj.* **2.** Perfecto, sin ningún fallo. ‖ *s. m.* **3.** Acción y efecto de bordar. **4.** Labor de adorno en relieve, hecha con aguja e hilo, sobre tela u otros materiales. **FAM.** Bordador, bordadura.

CASA DE BORBÓN

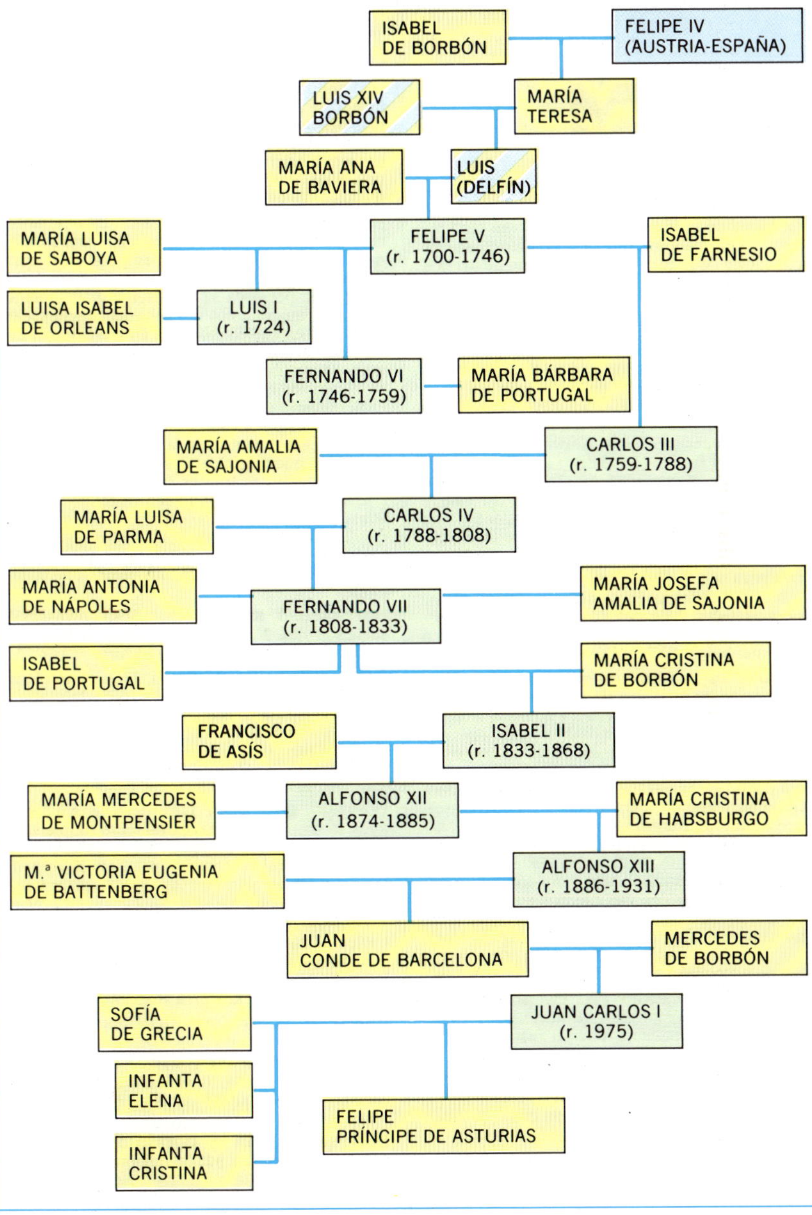

bordar *v. tr.* **1.** Hacer bordados o bordaduras. **2.** Hacer algo con arte y perfección.

borde[1] (del germ. *bord*, lado de la nave) *s. m.* **1.** Extremo u orilla de una superficie o de una cosa. **2.** En un recipiente, contorno o línea que forma la abertura. ‖ **LOC. al borde de** *adv.* Muy cerca de lo que se expresa.

borde[2] *adj.* **1.** Se dice de la persona de trato difícil y mala idea. También *s.* **2.** Tosco, basto. También *s.* **3.** Se aplica a las plantas no injertadas ni cultivadas.

bordear *v. tr.* **1.** Ir por el borde o cerca del borde de algo. **2.** Estar una serie o fila de cosas en el borde u orilla de otra. **3.** Frisar, rondar.

bordelés, sa *adj.* De Burdeos. También *s.*

bordillo *s. m.* Franja de piedras alargadas y estrechas que forma el borde de una acera, de un andén, etc.

bordo *s. m.* **1.** Lado o costado exterior de un barco. **2.** Bordada de un barco. ‖ **LOC. a bordo** *adv.* En la embarcación o aeronave. **de alto bordo** *adj.* Se dice de los buques mayores.

bordón *s. m.* **1.** Bastón más alto que la estatura normal de un hombre, p. ej. el que solían usar los peregrinos. **2.** Verso quebrado que se repite al final de cada copla. **3.** Muletilla*. **4.** En los instrumentos de cuerda, una de las más gruesas, que se encarga de la producción de los sonidos más graves.

bordonear *v. intr.* **1.** Ir tocando el suelo con el bordón o bastón. **2.** Dar golpes con el bordón. **3.** Pulsar el bordón de la guitarra. **4.** Producir un sonido semejante al del bordón, p. ej. los moscardones. **5.** Mendigar.

bordoneo *s. m.* Acción y efecto de bordonear.

boreal *adj.* **1.** Perteneciente al bóreas. **2.** Septentrional. ‖ **3. aurora boreal** Véase **aurora**.

bóreas *s. m.* Viento que sopla del N.

Bores, Francisco (Madrid 1898 - íd. 1972) Pintor español. Residió en París desde 1925. Influido por Juan Gris, su pintura figurativa es de un delicado lirismo y su colorido, tenue y difuso.

Borg, Björn (Södertälje, Estocolmo 1956) Tenista sueco. Obtuvo seis victorias en Roland Garros, cinco en Wimbledon (consecutivas), dos en el Masters y una en la Copa Davis. Se retiró en 1983.

Borges, Jorge Luis (Buenos Aires 1899 - Ginebra 1986) Escritor argentino. Autor de relatos breves, ensayos y poesía, introdujo el ultraísmo en Argentina. Su obra se caracteriza por la precisión del lenguaje y por temas como la dualidad entre la realidad y la fantasía, el significado del tiempo, el pasado, el laberinto como reflejo del mundo. Entre sus libros destacan *Inquisiciones* (1925), *Historia universal de la infamia* (1935), *El jardín de los senderos que se bifurcan* (1941), *Ficciones* (1944), *El Aleph* (1949), *El hacedor* (1960) y *El informe de Brodie* (1970).

Jorge Luis Borges.

Borghese Familia italiana originaria de Siena, cuyos miembros destacaron en los círculos de la nobleza romana desde finales del s. XVI como protectores de las artes y las letras. Su fortuna empezó en 1605 cuando Camilo fue elegido papa con el nombre de Pablo V.

Borgia Versión italiana de Borja, apellido de una familia noble de origen aragonés, cuyo poder se inició con la elección de dos de sus miembros como papas: Alonso, obispo de Valencia, elegido papa en 1455 con el nombre de Calixto III, y Rodrigo, que alcanzó el pontificado en 1492 con el nombre de Alejandro VI.

Borgia, César (Roma 1475 - Mendavia, Navarra 1507) Hijo de Rodrigo Borja (Alejandro VI). Tras abandonar una carrera eclesiástica, que por influencia paterna le había llevado al arzobispado de Valencia antes de cumplir los veinte años, se trasladó a Italia y allí intentó constituir un reino en el centro del país. Su habilidad política mereció la admiración de Maquiavelo.

Borgia, Lucrecia (Roma 1480 - Ferrara 1519) Hermana de César. Casada con Alfonso, príncipe bastardo de Nápoles, participó de la disipada vida de la corte vaticana hasta su nuevo matrimonio con Alfonso de Este. Alejada de Roma, inició una vida sosegada, convirtiendo su corte de Ferrara en un foco renacentista.

borgoña *s. m.* Vino de la región francesa de Borgoña.

Borgoña (*Bourgogne*) **1.** Región de Francia, en el centro del país. 31.582 km^2. 1.610.600 h. en 1982. La capital es Dijon, con 141.000 h. en 1982. Comprende los departamentos de Côte-d'Or, Nièvre, Saône-et-Loire e Yonne. Es una región agrícola y ganadera, famosa sobre todo por sus vinos.
2. Casa ducal francesa fundada por Ricardo el Justiciero, conde de Autun, en el año 880.
Hist. Del s. IX al XII, el ducado de Borgoña fue escenario de importantes hechos religiosos: fundación del monasterio de Cluny (910), reforma cisterciense. En los s. XIII y XIV conoció también un gran desarrollo económico y comercial. A la muerte sin descendencia del duque Felipe de Rouvres (1361) el rey francés Juan II, ejerciendo su derecho señorial, entregó el ducado a su hijo segundogénito Felipe el Atrevido, que mediante su matrimonio con Margarita de Flandes incorporó a sus señoríos Flandes, el condado de Borgoña, Artois y Nevers, sentando las bases del gran estado borgoñón. Felipe mantuvo la apariencia de una sumisión formal a Francia, pero su hijo Juan sin Miedo (1404-19), aprovechando la guerra de los Cien Años, tomó partido por los ingleses y buscó su independencia de la corona. El asesinato de Juan sin Miedo por un miembro del séquito del rey francés provocó una guerra sin cuartel sostenida por el hijo de Juan, Felipe el Bueno (1419-67), que anexionó Namur, Hainant, Holanda, Frisia, Zelanda, Brabante, Limburgo y Luxemburgo, creando así un poderoso estado entre la Francia ocupada por los ingleses y el imperio germánico. Su hijo Carlos el Temerario (1467-77) intentó consolidar el estado borgoñón uniendo sus posesiones del N y el S mediante la conquista de Lorena, lo que equivalía a reconstruir la antigua Lotaringia, pero murió ante Nancy. Su nieta y heredera María se casó con Maximiliano de Austria y fue a su vez sucedida por su hijo Felipe el Hermoso (1482), quien casó con Juana la Loca, heredera de Castilla y Aragón. De esta forma los estados borgoñones pasaron al hijo de ambos, Carlos V, quedando bajo dominio español.

Borgoña, Juan de (? h. 1465 - ¿Toledo? h. 1536) Pintor español de origen borgoñón. Formado en Italia, fue la principal figura de la escuela toledana. Casi toda su obra se encuentra en Toledo: frescos de la sala capitular y de la capilla mozárabe, y retablos de la capilla de la Trinidad, en la catedral, y otros trabajos en las iglesias de San Juan de la Penitencia y en Santo Domingo el Real.

borgoñés, sa o **borgoñón, na** *adj.* **1.** Natural de Borgoña. También *s.* **2.** Perteneciente o relativo a esta región de Francia.

bórico, ca *adj.* **1.** Relativo al boro y sus compuestos. || **2. ácido bórico** H_3BO_3. Ácido muy débil, usado como antiséptico y como conservante de materias orgánicas (colas, engrudos, alimentos).

Boris Nombre de varios reyes de Bulgaria.
Boris I (? - ? 907) Rey de Bulgaria (852-889). Se convirtió al cristianismo (863) y logró la unidad de Bulgaria. Protegió a Cirilo y Metodio, apóstoles de los eslavos. Se retiró a un monasterio (889).
Boris III (Sofía 1894 - íd. 1943) Rey de Bulgaria (1918-43). En 1934 suspendió la Constitución y ejerció un poder dictatorial. Durante la Segunda Guerra Mundial firmó una alianza con Hitler (1941), pese a lo cual fue asesinado por los nazis.

Boris Godunov (? 1551 - Moscú 1605) Zar de Rusia (1598-1605). Regente y sucesor de su cuñado Fiodor I, reprimió el poder de los boyardos, venció a los suecos (1590-95), completó la conquista de Siberia y, al fin de su reinado, tuvo que enfrentarse al falso Demetrio, pretendiente a la corona.

Borja Véase **Borgia**.

Borja, Rodrigo (Quito 1936) Político ecuatoriano. Líder de Izquierda Democrática (partido socialdemócrata), fue elegido presidente de la República en 1988.

borla *s. f.* **1.** Adorno hecho con hilos o cordones sujetos por un extremo y sueltos por el otro. **2.** Utensilios con que las mujeres se dan polvos u otros cosméticos.

Born, Max (Breslau 1882 - Gotinga 1970) Físico británico de origen alemán. Demostró que la afinidad química tiene naturaleza eléctrica, realizó estudios sobre la naturaleza probabilística de la mecánica cuántica y estableció una teoría unitaria del campo electromagnético. Recibió el premio Nobel de física en 1954.

Max Born.

borne *s. m.* **1.** Cada una de las piezas metálicas, en forma de botón o varilla, que sirven para conectar una máquina o aparato eléctrico al hilo conductor de la corriente. **2.** Cada uno de los dos polos de la pila eléctrica y del acumulador o batería.

bornear *v. tr.* Doblar o torcer alguna cosa. **FAM.** Borneo.

Borneo Isla de Insulindia, al SE de la península de Indochina y al NE de la isla de Sumatra. 743.345 km^2. 11.107.000 h. en 1987. El territorio pertenece a tres estados: Kalimantan (539.460 km^2) a Indonesia; Sabah y Sarawak (201.320 km^2) a Malasia, y Brunei (5.765 km^2) que es estado independiente desde 1984. Su clima y vegetación son tropicales. Produce arroz, tabaco, café y caucho. Cuenta con minas de carbón, antimonio y mercurio y con yacimientos y refinerías de petróleo.

bornita *s. f.* $Cu_5 Fe S_4$. Mineral sulfuro de cobre y hierro. Cristaliza en el sistema cúbico, es áspera al tacto y de color rojo pardusco. Constituye una importante mena de cobre. Existen yacimientos en Chile y España.

boro *s. m.* B. Elemento químico no metálico perteneciente al grupo III A del sistema periódico. Su número atómico es 5 y su masa atómica 10,8. Fue descubierto en 1808 por Gay-Lussac, Thenard y Davy. Es un sólido cristalino o un polvo amorfo según su método de obtención. Mal conductor de la electricidad (aunque su conductibilidad aumenta mucho con la temperatura), presenta gran dureza en su forma cristalina, razón por la cual se emplea en algunas aplicaciones como sustituto del diamante. Se encuentra en la naturaleza en el mineral llamado kernita del que existen grandes yacimientos en el desierto de Mohave, en California. Su compuesto más importante es el ácido bórico. Se utiliza para fabricar filamentos de gran resistencia y como detector de neutrones.

Borodin, Alexander (San Petersburgo 1833 - íd. 1887) Compositor ruso. Contribuyó al desarrollo del nacionalismo musical ruso. Entre sus obras destacan la ópera *El príncipe Igor*, que incluye las famosas *Danzas polovtsianas*, y el poema sinfónico *En las estepas del Asia central* (1880).

borona *s. f.* **1.** Maíz. **2.** Pan de maíz. **3.** *amer.* Migaja de pan.

borra *s. f.* **1.** Parte más basta o corta de la lana. **2.** Desperdicio de las manufacturas de la lana y del algodón que se usa para rellenar almohadas, colchones, etc. **3.** Pelusa con polvo que se forma y acumula en los bolsillos, debajo de los muebles, etc.

borrachera *s. f.* Estado de embriaguez.

borracho, cha *adj.* **1.** Se dice del que pierde el control por haber tomado demasiado alcohol. También *s.* **2.** Que consume habitualmente bebidas alcohólicas. También *s.* **3.** Se dice del bizcocho, pastel, etc., empapado en vino o licor. También *s. m.* **4.** Se dice de la persona trastornada o exaltada por el éxito, la alegría, la ira, el poder, etc. **FAM.** Borrachín.

borrador *s. m.* **1.** Escrito provisional que se revisa y corrige hasta darle la forma definitiva. **2.** Libro en el que se hacen apuntes y cuentas que luego se pasan a otro definitivo. **3.** Paño o utensilio para borrar en una pizarra. **4.** Goma de borrar.

borraja *s. f.* **1.** Nombre común de diversas plantas herbáceas de la familia boragináceas, género *Borago*. La borraja común *(Borago officinalis)* mide unos 20 cm de altura, tiene hojas grandes y flores azules. Es originaria del Mediterráneo oriental, se cultiva en Europa y Norteamérica y se emplea para hacer ensaladas y, en infusión, como sudorífica y diurética. || **2. agua de borrajas** Véase **agua**.

borrajear *v. tr.* **1.** Trazar rasgos o hacer dibujos por diversión o para probar la pluma o el bolígrafo. **2.** Escribir algo sin asunto ni propósito definido.

borrar *v. tr.* **1.** Hacer desaparecer algo por cualquier medio, particularmente lo escrito, dibujado o pintado, frotándolo con una goma o raspándolo. También *v. prnl.* **2.** Hacer rayas sobre lo escrito para que no pueda leerse o para dar a entender que no sirve. || *v. prnl.* **3.** Darse de baja. **FAM.** Borradura.

borrasca *s. f.* **1.** Región atmosférica de bajas presiones, por debajo de los 1.013 milibares, también conocida como *depresión* o *centro ciclónico*. **2.** Tempestad, tormenta, temporal en el mar. **3.** Discusión acalorada, enfado, excitación.
Geog. Una borrasca se representa gráficamente mediante un conjunto de isobaras concéntricas con una B en castellano o una L en el Sistema Internacional. La presión aumenta desde el centro de la depresión hacia su periferia. El viento gira en el sentido contrario a las agujas del reloj en el hemisferio norte (y en sentido inverso en el hemisferio sur), en forma de torbellino, de manera que en el centro de la borrasca el aire asciende, lo que origina el descenso de la presión. Se distinguen dos frentes asociados a cada borrasca: uno cálido (donde el aire cálido resbala sobre el frío) y otro frío (donde el frío empuja al cálido). Tanto en los dos frentes como en el centro de la depresión se produce el ascenso de masas de aire, con las consiguientes precipitaciones.

borrascoso, sa *adj.* **1.** Que causa borrascas o suele sufrirlas. **2.** Aplicado a situaciones, a la vida de una persona, etc., agitado, oscuro.

Borrassà, Lluis (Girona h. 1360 - Barcelona h. 1424) Pintor español. Maestro de la pintura medieval catalana, fue el introductor del estilo gótico internacional. Es autor de los retablos de San Pedro (1411-13), en Tarrasa, y de Santa Clara (1414), en el museo de Vich, y del *Santo Entierro* (1410).

borrego, ga *s. m.* y *f.* **1.** Cordero de uno o dos años. **2.** *fam.* Persona excesivamente simple, que no tiene criterios propios y que se deja llevar y dominar por otros. También *adj.* **FAM.** Borreguil.

Borrell II (? h. 915 - Seo de Urgel, Lleida 992) Conde de Barcelona, Girona, Ausona y Urgel. Se separó de la autoridad de los monarcas francos consiguiendo la independencia de los condados catalanes. Reorganizó su reino tras la incursión de Almanzor (985), quien destruyó Barcelona y asoló la Marca Hispánica.

borricada *s. f.* **1.** Conjunto de borricos. **2.** Dicho o hecho necio.

borrico, ca *s. m.* y *f.* **1.** Asno. **2.** *fam.* Persona de poca inteligencia. También *adj.* **3.** *fam.* Persona terca, obstinada. También *adj.* || *s. m.* **4.** Borriqueta*.

borriqueño, ña o **borriquero, ra** *adj.* **1.** Propio del borrico. || **2. cardo borriquero** Véase **cardo**.

borriqueta o **borriquete** *s. f.* o *s. m.* Armazón compuesto de tres maderos que se cruzan en un punto, utilizado como soporte por los carpinteros.

Borromini, Francesco Castelli, llamado (Bissone, Lombardía 1599 - Roma 1667) Arquitecto italiano. Entre sus obras, que pertenecen al estilo barroco, se cuentan las iglesias romanas de Santa Inés, San Carlos de las Cuatro Fuentes y San Ivo de la Sapiencia.

borrón *s. m.* **1.** Mancha de tinta que cae en el papel o tachadura que se hace en el mismo. **2.** Imperfección que desluce o afea. **3.** Bosquejo de un cuadro para ver el efecto de los claroscuros. ‖ **Loc. borrón y cuenta nueva** *fam.* Expresa la decisión de olvidar errores o deudas pasadas para empezar como si no hubieran existido.

borroso, sa *adj.* Que no se distingue con claridad, aplicado sobre todo a un escrito, dibujo, etc. **Fam.** Borrosidad.

Borrow, George (East Dereham, Norfolk 1803 - Oulton Broak, Suffolk 1881) Escritor y viajero británico. En su libro *La Biblia en España* (1843) narra sus viajes y experiencias como propagador de la *Biblia.*

boscaje *s. m.* Conjunto de árboles, arbustos y matas espesas.

Boscán, Juan (Barcelona h. 1487 - íd. 1542) Escritor español. Sirvió en la corte de Fernando el Católico y en la de Carlos I. Se le considera el introductor en la literatura española de la nueva métrica de los renacentistas italianos, especialmente del endecasílabo. De su obra poética destacan los sonetos, la fábula de *Hero y Leandro,* la epístola en tercetos a Diego de Mendoza y la *Octava Rima.*

Bosch, Carl (Colonia 1874 - Heidelberg 1940) Químico alemán. Consiguió la síntesis industrial de amoniaco a partir del nitrógeno atmosférico. Obtuvo el premio Nobel de química, compartido con su compatriota Friedrich Bergius, en 1931.

Bosch, Juan (La Vega 1909) Político y escritor dominicano. Opuesto al régimen dictatorial de Trujillo, fundó el Partido Revolucionario Dominicano. Elegido presidente en 1962, fue derrocado por el ejército al año siguiente. Es autor, entre otras obras, de *Trujillo, una dictadura sin ejemplo* (1959), *El Caribe, frontera imperial* (1970) y de las novelas *Camino real* (1933) y *La muchacha de Guaira* (1955).

Bosch Gimpera, Pedro (Barcelona 1891 - México 1974) Arqueólogo español. Fue rector de la universidad de Barcelona (1932-39) y fundó y dirigió el Museo Arqueológico de Barcelona. Se exilió a México (1939). Entre sus libros más notables figuran *Etnología de la península Ibérica* (1932) y *El poblamiento antiguo y la formación de los pueblos de España* (1945).

Bosco, Jerónimo Bosch, llamado **El** ('s Hertogenbosch h. 1450 - íd. 1516) Pintor y grabador flamenco. Creador de un estilo muy particular, sus invenciones fantásticas están inspiradas en los procedimientos de la miniatura y en las tallas de sillerías de los coros. Su pintura, satírica y mordaz, utiliza símbolos de la astrología, la alquimia y la hechicería. Entre sus obras destacan *El jardín de las delicias, Las tentaciones de San Antonio* y *El juicio final.*

El Bosco: El carro de heno *(Museo del Prado, Madrid).*

boscoso, sa *adj.* Con abundancia de bosques.

Bósforo Estrecho de Turquía que comunica el mar Negro con el mar de Mármara y separa Europa de Asia. Tiene 30 km de longitud y una anchura que varía de 300 a 3.000 m.

Bosnia-Herzegovina, República de (en serbocroata *Bosna i Hercegovina*) Estado de la Europa balcánica, antigua república de Yugoslavia.

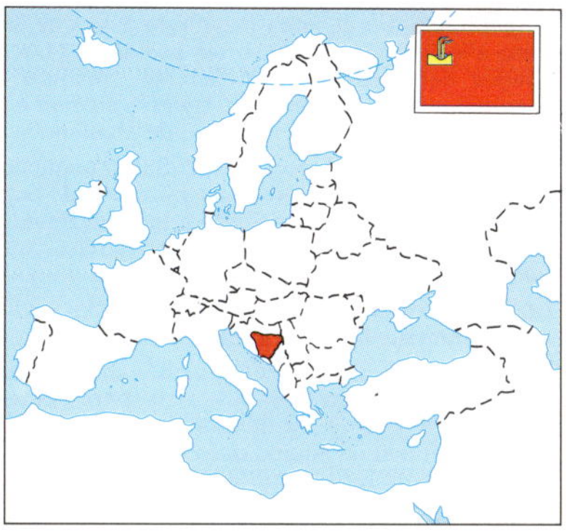

Extensión: 51.129 km^2.
Límites: al N, con Croacia; al E, con Serbia; al S, con Montenegro, y al O, con Croacia y el mar Adriático.
Población: 4.511.000 h. en 1990.
Densidad: 88,2 h./km^2.
Capital: Sarajevo.
Ciudades principales: Banja Luka, Tuzla, Mostar.
Gentilicio: bosnio o bosniaco, herzegovino.
Forma de Estado: república.
Idioma: serbocroata.
Religión: cristianismo ortodoxo, islamismo, catolicismo.
Moneda: dinar.
Renta per cápita: 3.590 dólares en 1991.

Geog. El país presenta un relieve muy accidentado, al estar ocupado en su casi totalidad por los Alpes Dináricos, cuya máxima altura no supera los 2.000 m. El paisaje es cárstico y únicamente en el N, en el valle del río Save, aparecen formaciones de llanura. El río Save y su afluente Drina trazan sus fronteras septentrional y oriental respectivamente, en tanto que el Neretva divide en dos el territorio, para desembocar en el mar Adriático. Su clima es continental, salvo en el bajo Neretva donde es mediterráneo. La población constituye un mosaico interracial, integrado por musulmanes (44 %), serbios (31 %) y croatas (17 %). Su agricultura se centra en el cultivo del tabaco, los productos hortícolas y, en menor medida, el olivo, la vid y los frutales. También posee ganadería bovina y lanar, recursos forestales y minería de carbón, hierro, bauxita, sal gema y manganeso. Las industrias principales son la siderúrgica, metalúrgica, mecánica, química, textil, cementera, papelera y tabaquera.

Hist. Bosnia, que había estado integrada en el imperio romano y en el bizantino, fue ocupada por eslavos en el s. VI. Fue dominada por Bulgaria en el s. X y posteriormente integrada en el imperio croata. Desde 1138 constituyó un principado nominalmente sometido a los reyes de Hungría. En el s. XIV Esteban II consiguió la independencia y su sobrino Tvrtko I se hizo proclamar rey. Surgieron conflictos religiosos, causados por la observancia bogomilana de la iglesia nacional, que debilitaron el país y permitieron su conquista por el imperio otomano, a la que sólo escapó el ducado de Herzegovina, fundado en 1435 por Esteban Bukcic. Bosnia fue escenario de las guerras turcoaustriacas de los s. XVII y XVIII. A fines del s. XIX se produjo un levantamiento contra los otomanos y, después del congreso de Berlín (1878), la región fue administrada por Austria, integrándose en 1908 en el imperio austrohúngaro. El nacionalismo serbocroata rechazó el dominio imperial y provocó el asesinato del archiduque Francisco Fernando, heredero de la corona imperial, en Sarajevo, lo que desencadenó la Primera Guerra Mundial. En 1918 Bosnia se unió al nuevo estado de Yugoslavia y, tras la Segunda Guerra Mundial, se convirtió en república federal yugoslava. En 1991, al estallar la guerra civil, surgió gran tensión entre las poblaciones serbia y croata. En 1992 se aprobó en referéndum su secesión de Yugoslavia y el presidente Alia Izetbegovic proclamó la soberanía de la república, que fue reconocida por EE UU y la Comunidad Europea. Las milicias serbias, con apoyo del ejército federal, desataron una cruenta guerra civil, que alcanzó gran virulencia en Sarajevo y Mostar.

bosque *s. m.* Conjunto numeroso de árboles o arbustos en un territorio.

Geog. Los bosques pueden ser de muy diversos tipos: **bosque ecuatorial**, exuberante, con copas que forman una superficie continua; **bosque templado**, con árboles de hoja caduca, rico en otras especies arbustivas y plantas; **bosque me-**

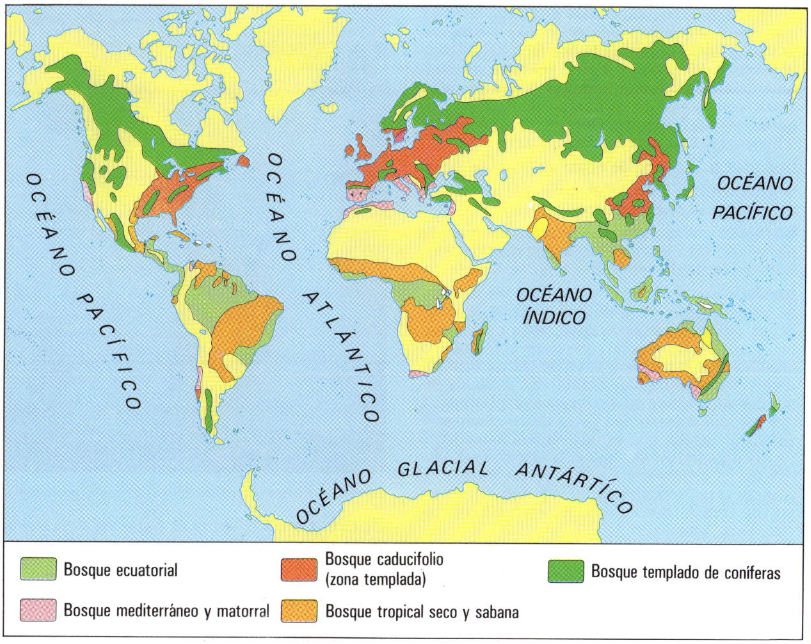

Distribución de los distintos tipos de bosque en la Tierra.

diterráneo, con árboles pequeños y plantas xerófilas; **bosque galería**, característico de los valles formados por ríos; **bosque de ribera**, a la orilla de grandes masas de agua; **bosque mixto**, poblado por varias especies; **bosque virgen**, en el que no se ha producido la acción del hombre, etc.

bosquejar *v. tr.* Hacer el bosquejo de algo.

bosquejo *s. m.* **1.** Diseño provisional en que se trazan o apuntan sin precisión los principales rasgos de una pintura u otra obra de creación. **2.** Idea o plan no elaborado aún del todo.

bosquimano, na *adj.* Se dice de un pueblo negroide de pequeña talla, distribuido por el SE de África, en el desierto de Kalahari. Son recolectores y cazadores nómadas. También *s.*, sobre todo *pl.*

bossa nova (loc. port.) Canción y danza brasileña, modalidad de la samba con influencias del jazz.

Bossuet, Jacques-Bénigne (Dijon 1627 - París 1704) Eclesiástico, orador y escritor francés. Alcanzó celebridad con sus sermones y oraciones fúnebres. Fue discípulo de San Vicente de Paul y obispo de Meaux (1681). Luis XIV lo nombró preceptor del príncipe heredero, para el que escribió su *Discurso sobre la historia universal* (1681).

bostezar *v. intr.* Abrir la boca con movimiento involuntario, haciendo una aspiración lenta y profunda seguida de espiración, generalmente como consecuencia de sueño, aburrimiento o debilidad. ▪ Se conjuga como *cazar.* **FAM.** Bostezo.

Boston C. de EE UU, cap. del estado de Massachusetts, situada en la desembocadura de los ríos Charles y Mystic. 579.900 h. en 1988 y 2.824.000 h. en su área metropolitana en el mismo año. Es un importante centro industrial y del mercado mundial del cuero, lana y peletería. Posee un puerto muy activo. Importante centro cultural, cuenta con varias universidades, entre ellas la de Harvard. Fundada en 1630, en 1773 fue escenario del motín del té, que dio inicio a la guerra de independencia estadounidense.

bota[1] (del lat. *buttis*, odre) *s. f.* Recipiente de cuero, para contener vino, con una abertura por la parte más estrecha, donde se acopla un tapón con un agujero por el que se hace salir el líquido para beber.

bota[2] (del fr. *botte*) *s. f.* **1.** Calzado que cubre el pie y parte de la pierna. Por tradición también se llama bota al calzado que se utiliza para jugar al fútbol, aunque ya no cubra el tobillo. ‖ **2. bota campera** La de media caña o caña alta y piel de becerro. **3. bota de caña alta** La que cubre la pierna hasta la rodilla. **4. bota de media caña** La que cubre la pierna hasta poco más arriba del tobillo. ‖ **LOC. colgar las botas** *fam.* Abandonar la práctica del fútbol, y p. ext., retirarse de cualquier actividad. **morir con las botas puestas** Morir con honor en el campo de batalla. **ponerse** uno **las botas** *fam.* Obtener gran provecho o beneficio, enriquecerse. **FAM.** Botero.

botadura *s. f.* Acto de echar un barco al agua.

botafumeiro *s. m.* Incensario que se usa en determinadas ceremonias religiosas.

botalón *s. m.* **1.** Palo largo que se puede sacar hacia fuera en una embarcación para varios usos. **2.** Bauprés de un velero pequeño. **3.** Mastelero.

botánica *s. f.* Ciencia que estudia las plantas. Se suele dividir en **botánica general**, que se ocupa de los fenómenos comunes a los vegetales, y **botánica especial**, que tiene como objeto clasificar las especies y analizar las particularidades de cada grupo de plantas. La botánica general comprende a su vez la *morfología vegetal*, que estudia la estructura física de las plantas; la *fisiología vegetal*, que estudia el funcionamiento de los organismos vegetales; la *embriología*, que estudia el crecimiento y diferenciación de las plantas; y la *genética vegetal*, que estudia las leyes de transmisión de los caracteres hereditarios. **FAM.** Botánico.

botar *v. intr.* **1.** Saltar o salir despedido un objeto elástico al chocar contra el suelo u otra superficie dura. También como *v. tr.* P. ext., se usa también referido a otros objetos. **2.** Dar saltos una persona o animal. ‖ *v. tr.* **3.** Echar fuera a alguien. **4.** Echar un barco al agua después de construirlo o repararlo.

botarate *s. m. fam.* Hombre sin juicio ni formalidad.

botarel *s. m.* Contrafuerte en que se apoya un arbotante.

botavara *s. f.* Palo horizontal que, apoyado en un mástil, sujeta la vela de popa llamada cangreja.

bote[1] (de *botar*) *s. m.* Salto que se da al botar. ‖ **LOC. dar el bote** *fam.* Despedir, expulsar a alguien. **darse** uno **el bote** *fam.* Marcharse.

bote[2] *s. m.* **1.** Vasija o recipiente pequeño, generalmente cilíndrico y con tapa, que sirve para guardar cosas. **2.** Caja o recipiente de cualquier forma en que los camareros guardan las propinas. **3.** Cantidad de dinero resultante de premios no acertados en algunos juegos de azar que se suma a los premios de un sorteo posterior. ‖ **LOC. chupar del bote** *fam.* Beneficiarse, con pocos escrúpulos, de una situación. **tener** a alguien **en el bote** *fam.* Ganarse la voluntad de alguien.

bote[3] (del ant. ingl. *bot*) *s. m.* **1.** Barco pequeño sin cubierta, movido con remos y atravesado por tablones que sirven de asiento a los que reman. ‖ **2. bote salvavidas** El que llevan los barcos para utilizarlo en caso de naufragio.

bote, de bote en *loc. fam.* Se dice del lugar completamente lleno de gente.

botella *s. f.* **1.** Vasija generalmente alta y cilíndrica, de cuello estrecho, que sirve para contener líquidos y suele ser de cristal, vidrio o plástico. **2.** Cantidad de líquido que cabe en ella. **FAM.** Botellazo, botellería, botillería.

botellero, ra *s. m.* y *f.* **1.** El que fabrica o vende botellas. ‖ *s. m.* **2.** Mueble donde se colocan las botellas.

botellín *s. m.* Botella pequeña.

botepronto *s. m.* Acción de dejar caer la pelota y darle al primer bote. ‖ **LOC. a botepronto** *adv.* De improviso, rápidamente.

botero, ra *s. m.* y *f.* Persona que fabrica botas de vino, odres, etc.

Botero, Fernando (Medellín 1932) Pintor colombiano. De estilo figurativo influido por la escuela muralista mexicana, en sus retratos de personajes gordos realiza una sutil crítica al poder y la burguesía. Es autor, entre otras obras, de *Las enanas* (1969), *Escena familiar* (1969), *Amantes* (1982) y *Tres músicos* (1983).

Fernando Botero: El guitarrista *(colección particular).*

Botha, Louis (Greytown, Natal 1862 - Pretoria 1919) Militar y político sudafricano. Fue comandante en jefe de las tropas bóers en la guerra contra los británicos, primer ministro de Transvaal (1907-10) y luego de la Unión Sudafricana (1910-19).

Botha, Pieter Willem (Paul Roux, Orange 1916) Político sudafricano. Dirigente del Partido Nacional, fue nombrado primer ministro (1978-1984) y elegido presidente de la república en 1984. Inició ciertas reformas en la política de *apartheid.*

Bothe, Walter Wilhelm (Oranienburg, cerca de Berlín 1891 - Heidelberg 1957) Físico alemán. Fue discípulo de Max Planck. Bombardeando el berilo con partículas alfa descubrió un nuevo tipo de radiación formada por neutrones. Obtuvo el premio Nobel de física en 1954, compartido con Max Born.

botica *s. f.* Establecimiento donde se hacen y venden medicinas y otros remedios contra enfermedades.

boticario, ria *s. m.* y *f.* Persona que está al frente de una botica.

botija *s. f.* Vasija de barro redondeada, no muy grande y de cuello corto y estrecho.

botijo *s. m.* Vasija de barro poroso que se usa para mantener fresca el agua. En la parte superior tiene un asa, a uno de los lados una boca para llenarlo de agua y, al otro, un pitorro para echar el agua en la boca desde lo alto. **FAM.** Botijero.

botín[1] (de *bota*[2]) *s. m.* **1.** Bota que llega a la altura del tobillo. **2.** Prenda antigua, de cuero, paño o lienzo, que se llevaba sobre los zapatos y cubría el empeine, los tobillos y parte de la pierna.

botín[2] (del prov. *botin*) *s. m.* **1.** Conjunto de armas y demás pertenencias del enemigo de los que se apodera el ejército vencedor. **2.** P. ext., producto o beneficio de un robo, estafa, atraco, etc.

botiquín *s. m.* Habitación, armario o maleta donde se guardan medicinas y otros útiles para hacer una cura en casos de urgencia.

Botnia Golfo del mar Báltico, entre Suecia y Finlandia. Tiene 650 km de longitud y una anchura que varía de 80 a 240 km. Está helado durante el invierno.

boto *s. m.* Bota alta que se usa para montar a caballo.

botocudo, da *adj.* **1.** Se dice de un pueblo amerindio de las selvas del E de Brasil. Sus individuos acostumbran a llevar discos de madera (botoques) en las orejas y labio inferior. También *s.*, sobre todo *pl.* **2.** Se dice de cada uno de sus miembros. También *s.*

botón *s. m.* **1.** Pieza pequeña, generalmente circular, cosida a la ropa, y que sirve para abrochar o como adorno. **2.** Disco que se pulsa en ciertos aparatos o instrumentos para hacerlos funcionar. **3.** Brote de una planta, antes de que se distingan las hojas, cuando sólo es un pequeño abultamiento. **4.** Capullo de flor completamente cerrado y protegido por las hojas. **5.** Chapita redonda de hierro que se pone en la punta de la espada o del florete para que no hiera en la esgrima. **6.** Pieza circular y metálica que se oprime con el dedo en los instrumentos musicales de pistones. ‖ **LOC. botón de muestra** Ejemplo.

botonadura *s. f.* Conjunto o juego de botones que lleva una prenda.

botones *s. m.* Empleado encargado de hacer recados y servicios pequeños en los hoteles y otros establecimientos.

Botosani C. de Rumania, cap. del distrito del mismo nombre, en el NE del país. 108.800 h. en 1986. Enclavada en el N de la región agrícola de Moldavia, constituye un importante centro de la industria textil.

Botswana Estado del S de África.

Extensión: 600.372 km^2.
Límites: al N, con Namibia y Zambia; al E, con Zimbabwe; al S, con la República Sudafricana, y al O, con Namibia.
Población: 1.200.000 h. en 1990.
Densidad: 2 h./km^2.
Capital: Gaborone.
División administrativa: 10 distritos.
Ciudades principales: Francistown, Molepolole, Serowe.
Gentilicio: botswanés.
Forma de Estado: república.
Idioma: inglés y tswana.
Religión: animismo, 49,2 %; protestantismo, 26,6 %; catolicismo, 9,4 %.
Moneda: pula.
Tasa de natalidad: 40 ‰ en 1990.
Tasa de mortalidad: 11 ‰ en 1990.
Renta per cápita: 1.050 dólares en 1988.

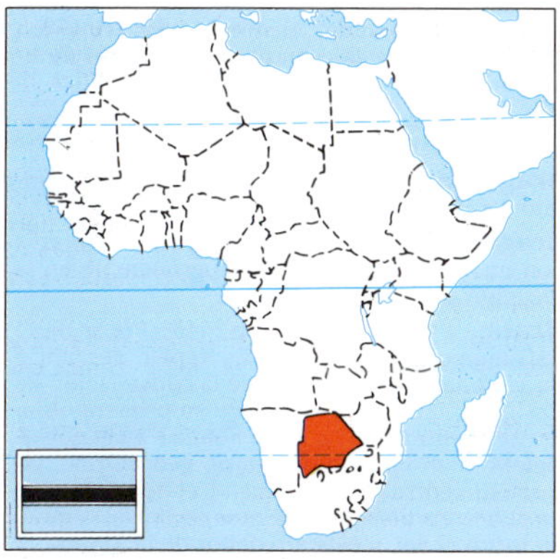

Geog. El territorio está configurado por una meseta de unos 1.000 m de altitud. Pueden distinguirse dos regiones principales: el desierto de Kalahari, en el centro y S, que ocupa la mayor parte del país, y las cuencas pantanosas y bosques del N. Entre ambas existe una gran extensión de sabanas donde se desarrollan la ganadería y la agricultura. La red hidrográfica está formada por los ríos Limpopo y Okawango, los lagos Xau y Ngami, y las marismas de Makarikari y Okawango. El clima es tropical senegalés. Predomina la población bantú, con minorías de bosquimanos, europeos y mestizos. La economía está basada en la agricultura (sorgo, mijo, maíz) y en una ganadería poco desarrollada. Minas de diamantes (segundo productor mundial), níquel, cobre y amianto.

Hist. Reino Unido estableció un protectorado en 1885 para frenar el avance de los bóers y los alemanes. El territorio obtuvo la independencia en 1966, constituyéndose en una república presidencial en el ámbito de la Commonwealth. Una primera etapa de gobierno dictatorial dio paso al establecimiento de una república parlamentaria desde 1980.

Botticelli, Alessandro, llamado **Sandro** (Florencia 1445 - íd. 1510) Pintor renacentista italiano. Influido por Filippo Lippi y Verrocchio, realizó una pintura llena de movimiento y riqueza de color, en la que prevalece la figura humana frente al paisaje. Excepto una temporada en Roma, trabajó en la Florencia de los Médicis. Son famosos sus cuadros mitológicos, como *La primavera* (1478) y *El nacimiento de Venus* (1484); los basados en leyendas y narraciones de su tiempo, como la serie de *Nastagio degli Onesti,* y los religiosos, como la *Madona de la granada* (1487) y la *Coronación de la Virgen* (1488).

Bottrop C. de Alemania, en el Land de Renania-Westfalia. 116.350 h. en 1989. Enclavada en una rica región hullera, es un importante centro industrial (construcciones mecánicas, química).

botulismo *s. m.* Envenenamiento alimenticio causado por la toxina que producen las bacterias del género *Clostridium (Clostridium botulinum).* Se contrae especialmente al ingerir alimentos mal conservados y puede ocasionar trastornos neurológicos, colapsos e incluso la muerte. La toxina se destruye por cocción.

bou (voz cat.) *s. m.* Pequeño barco de pesca, típico del Mediterráneo.

Sandro Botticelli: La historia de Nastagio degli Onesti. *Cuadro II (Museo del Prado, Madrid).*

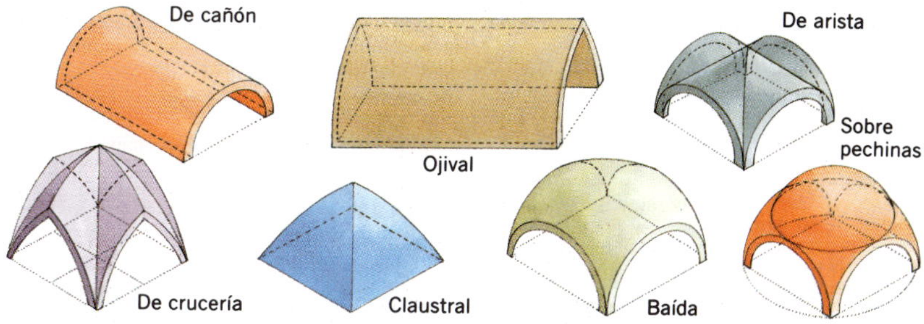

Principales tipos de bóveda.

Boucher, François (París 1703 - íd. 1770) Pintor y grabador francés. Influido por Tiepolo, es un claro exponente del estilo rococó. Fue primer pintor de Luis XIV y en su obra destacan las escenas mitológicas, los desnudos femeninos y los retratos.

Boudin, Eugène (Honfleur 1824 - Deauville 1898) Pintor francés. Precursor de los impresionistas, con los que participó en su primera exposición (1874), se especializó en marinas y escenas portuarias con característicos cielos luminosos. Entre sus lienzos sobresalen *La playa de Trouville, Los acantilados de Dieppe* y *Bañistas de Trouville.*

Bougainville, Louis-Antoine, conde de (París 1729 - íd. 1811) Navegante francés. En una expedición alrededor del mundo, descubrió varios archipiélagos de Polinesia. En 1771 publicó su *Viaje alrededor del mundo.*

Bouillon, Godofredo de (Baisy, Brabante h. 1060 - Jerusalén 1100) Conde de Bouillon y duque de la Baja Lorena. Miembro de una ilustre familia feudal francesa, cuyo origen se remonta al s. VIII, mandó la primera cruzada y llegó a conquistar Jerusalén en el 1099.

Boulanger, Georges (Rennes 1837 - Ixelles, Bélgica 1891) Militar y político francés. Jefe del ejército de ocupación de Túnez (1884) y ministro de la Guerra (1886-87), aglutinó a los sectores contrarios a la Tercera República. Acusado de preparar un golpe de Estado, se exilió a Bélgica, donde se suicidó.

Boulez, Pierre (Montbrison 1925) Compositor y director de orquesta francés. Discípulo de Olivier Messiaen, e influido por Webern y Schönberg, extendió el régimen serial al ritmo, al timbre, a la densidad y a las intensidades. Es autor de *El martillo sin dueño* (1955) y *Pliegue sobre pliegue* (1962).

bouquet (voz fr.) *s. m.* Buqué*.

bourbon *s. m.* Whisky americano de maíz o de maíz y centeno.

Bournemouth C. del Reino Unido, en Inglaterra, en el condado de Dorset. 148.300 h. en 1981. Es un notable centro turístico.

Bousoño, Carlos (Boal, Asturias 1923) Poeta y ensayista español. Su poesía, de fondo existencial, está recogida, entre otros libros, en *Subida al amor* (1945), *Noche del sentido* (1957), *Oda en la ceniza* (1967) y *Las monedas contra la losa* (1973). Entre sus ensayos cabe citar *La poesía de Vicente Aleixandre* (1950) y *El irracionalismo poético* (1978).

boutade (voz fr.) *s. f.* Salida de tono que pretende ser ingeniosa sin conseguirlo.

boutique (voz fr.) *s. f.* **1.** Tienda pequeña especializada en ropa y complementos de moda. **2.** P. ext., nombre que se da a ciertas tiendas especializadas en la venta de productos muy escogidos.

Bouts, Dieric, Dirk o **Thierry** (Haarlem h. 1415 - Lovaina 1475) Pintor flamenco. Formado en el taller de Roger van der Weyden, es un representante del gótico flamenco, que destaca por el tratamiento del paisaje y del color. Su obra maestra es el *Retablo de la Eucaristía* (1464-68).

bóveda *s. f.* **1.** En arq., construcción de forma arqueada que sirve para cubrir el espacio comprendido entre dos muros o entre varios pilares, desviando hacia los lados el peso vertical. Existen numerosos tipos: la de cañón, utilizada en el románico; la de crucería, utilizada en el gótico; la de medio punto, etc. || **2. bóveda celeste** Cielo, firmamento. **3. bóveda craneal** Conjunto de huesos de la parte superior de la cabeza que recubren el cerebro. **4. bóveda palatina** La formada por el paladar.

bovedilla *s. f.* Bóveda pequeña entre viga y viga del techo de una habitación.

Boveri, Theodor Heinrich (Bamberg 1862 - Wurzburgo 1915) Citólogo alemán. Investigó sobre la división celular y estableció la diferencia de los cromosomas.

Boves, José Tomás Rodríguez (Gijón 1783 - Urica, Anzoátegui 1814) Militar español. Combatió a Bolívar, al que venció en la batalla de La Puerta (1814). Murió en la acción de Urica.

bóvidos *s. m. pl.* Familia de mamíferos artiodáctilos, del suborden de los rumiantes, que comprende unas 110 especies de diversos géneros. Se caracterizan por sus cuernos óseos cubiertos de un estuche córneo. Los cuernos, mayores en los machos que en las hembras, en las que pueden no aparecer, varían de tamaño y color según las especies; la dentadura está formada por 32 piezas. Comprende los toros, antílopes, ovejas, cabras, rebecos, etc. También *adj.* y *s. m.*

bovino, na *adj.* **1.** Perteneciente al toro, la vaca o el buey. || *s. m. pl.* **2.** Subfamilia de bóvidos, cuyas especies son por lo general de gran tamaño, como el toro doméstico, el búfalo y los bisontes.

Bowie, David (Londres 1947) Músico inglés. Es uno de los fenómenos más notorios del rock y de la música popular de los años setenta y ochenta, con discos como *Ziggy Stardust* (1972), *Young americans* (1975), *Heroes* (1977) y *Let's dance* (1983).

Bowles, Paul (Nueva York 1911) Escritor y compositor estadounidense. Residente en Tánger, el misterioso y exótico mundo africano es el tema de sus obras. Entre sus títulos sobresalen las novelas *El cielo protector* (1949) y *Déjala que caiga* (1952) y los libros de relatos *Un episodio distante, El tiempo de la amistad* y *Misa de gallo.*

box (voz ingl.) *s. m.* **1.** En la cuadra, compartimiento dotado de los servicios necesarios para cada caballo. **2.** En las carreras de automóviles o motos, recinto donde se disponen los servicios mecánicos de mantenimiento y reparación de las máquinas.

boxcalf (voz ingl.) *s. m.* Piel de becerro curtida con un tratamiento especial, que se utiliza para fabricar calzado y otras prendas y objetos de calidad.

boxear *v. intr.* Practicar el boxeo. **FAM.** Boxeador.

boxeo *s. m.* Deporte de lucha entre dos contendientes sobre un cuadrilátero de 5 a 6 m de lado. Tuvo su origen en el pugilato de la antigua Grecia. Tras siglos de olvido, reapareció en la Inglaterra del s. XVIII, donde se establecieron la mayoría de las reglas que hoy rigen este deporte. Los boxeadores, que se distribuyen por categorías en función de su peso, luchan con las manos cubiertas por guantes y los golpes sólo pueden dirigirse a la parte anterior del cuerpo por encima de la cintura.
Los combates se dividen en asaltos de 3 minutos, con 1 minuto de descanso, y se resuelven por fuera de combate (k.o.), cuando uno de los boxeadores es derribado y no se levanta en 10 segundos, inferioridad de uno de los boxeadores (k.o. técnico) o por puntos concedidos por los jueces. El combate se declara nulo en los casos de igualdad entre los boxeadores. En su modalidad amateur es deporte olímpico desde 1904.

bóxer *adj.* **1.** Se dice de la raza de perros, originaria de Alemania, de rasgos parecidos a los del dogo, tamaño mediano, pelo corto y fuerte complexión. También *s.* ‖ *s. m. pl.* **2.** Nombre de los miembros de una sociedad secreta china, que en 1900 dirigió un levantamiento contra los colonizadores europeos y estadounidenses.

boy scout (voz ingl.) *s. m.* Miembro de una organización fundada en Inglaterra por Baden-Powell y extendida a otros países, cuya actividad fundamental es practicar en común ejercicios al aire libre, como marchas, campamentos, etc., siguiendo reglas que fomentan el compañerismo y la disciplina.

boya *s. f.* **1.** Cuerpo flotante sujeto al fondo del mar, río, etc., que se coloca como señal. **2.** Corcho que se pone en la red o en la caña de pescar para que flote.

Boyacá Departamento de Colombia, en el centro del sector E del país. 23.189 km^2. 1.154.035 h. en 1989. La capital es Tunja, con 108.670 h. en 1989. Tiene cultivos tropicales y ganado vacuno y ovino, recursos mineros (hierro, carbón, esmeraldas y petróleo) e industria siderúrgica, de cemento y textil.

Boyacá, batalla de Batalla librada a orillas del río de este nombre en 1819 entre las fuerzas de Bolívar y las tropas realistas. La victoria de Bolívar le abrió el camino a Santafé de Bogotá y a la conquista de toda Nueva Granada.

boyada *s. f.* Manada de bueyes.

boyante *adj.* Favorable, próspero.

boyardo *s. m.* Antiguo miembro de la nobleza rusa. En algunas zonas del país los boyardos desempeñaron un papel importante en la vida política, participando en la duma (asamblea).

Boyer, Charles (Figeac, Lot 1897 - Phoenix, EE UU 1978) Actor cinematográfico francés. Personificó al amante de aire aristocrático, en películas como *María Walewska* (1937), *El cielo y tú* (1940), *Si no amaneciera* (1941), *Luz que agoniza* (1944) y *Cartas envenenadas* (1951).

boyera *s. f.* Corral donde se recogen los bueyes.

boyero *s. m.* **1.** El que cuida bueyes. **2.** *Arg., Par., Urug.* Nombre común de diversas aves paseriformes de la familia ictéridos, género *Archiplanus*. Miden unos 20 cm de longitud, tienen plumaje negro y pico cónico anaranjado. Suelen posarse sobre los lomos del ganado, donde comen insectos parásitos. Habitan en América del Sur.

Boyero Constelación del hemisferio boreal, en la prolongación de la cola de la Osa Mayor.

Boyle, ley de Establece que, al aumentar o disminuir la presión que se ejerce sobre un gas, el volumen ocupado por éste disminuye o aumenta, respectivamente, de forma proporcional, manteniéndose constante el producto de ambas magnitudes.

Boyle, sir Robert (Lismore Castle 1627 - Londres 1691) Físico y químico angloirlandés. Fue el primero que estableció el concepto de elemento químico, impugnando la tradicional teoría de Aristóteles. Se le deben numerosos e importantes descubrimientos, como el desarrollo de las técnicas del vacío, el aislamiento del hidrógeno, la definición de ácido y el estudio del comportamiento de los gases.

bozal *s. m.* Pieza que se pone en el hocico a algunos animales, para evitar que se paren a comer, muerdan o hagan daño.

bozo *s. m.* Vello que nace sobre el labio superior antes de salir el bigote.

Bq Abreviatura de becquerelio, unidad de medida de la actividad nuclear en el Sistema Internacional (SI).

Br Símbolo químico del bromo.

Brabante Región histórica de Europa occidental, dividida entre Bélgica y los Países Bajos.

braceaje *s. m.* Profundidad del mar en un sitio determinado.

bracear *v. intr.* **1.** Agitar o mover repetidamente los brazos. **2.** Forcejear para soltarse de alguien o algo. **3.** Nadar sacando los brazos del agua y ayudando con el movimiento de éstos a la marcha. **4.** Doblar el caballo los brazos airosamente al andar, levantándolos a bastante altura. **FAM.** Braceo.

bracero *s. m.* Jornalero*.

bráctea *s. f.* Tipo de hoja que nace del pedúnculo de las flores de ciertas plantas y que suele presentar algunas diferencias con las hojas normales.

Bradbury, Ray (Waukegan 1920) Escritor estadounidense. Autor de novelas de ciencia-ficción, entre ellas merecen citarse *Crónicas marcianas* (1950), *El hombre ilustrado* (1951) y *Fahrenheit 451* (1953).

Bradford C. del Reino Unido, en Inglaterra, en el condado metropolitano de York. 462.000 h. en 1987. Es un importante centro de la industria textil.

bradi- *pref.* Significa 'lentitud'.

bradicardia *s. f.* Lentitud en la frecuencia de los movimientos del corazón (por debajo de las sesenta pulsaciones).

bradicinesia *s. f.* Lentitud extrema para la realización de los movimientos voluntarios, consecuencia de diversas enfermedades neuropsiquiátricas (lesiones cerebrales, depresión, esquizofrenia catatónica).

bradilalia *s. f.* Lentitud en el hablar.

Bradley, James (Sherborne, Gloucestershire 1693 - Chalford, Gloucestershire 1762) Astrónomo inglés. Fue director del observatorio de Greenwich. Descubrió la aberración de la luz y la nutación del eje de la Tierra.

braga *s. f.* Prenda interior que usan las mujeres y los niños pequeños y que cubre desde la cintura hasta el comienzo de los muslos, con dos aberturas para las piernas. ‖ **LOC. estar en bragas** *fam.* Carecer de algo, como conocimientos, dinero, etc. **estar hecho una braga** *fam.* Estar agotado. **pillar** (o **coger**) a uno **en bragas** *fam.* Sorprenderle, cogerle desprevenido.

Braga Distrito de Portugal, en el NO del país. 2.673 km^2. 771.400 h. en 1987. La capital es Braga, con 63.800 h. en 1981. Cuenta con agricultura (vid, olivos, cereales), pesca e industria textil y conservera.

bragada *s. f.* Cara interna del muslo del caballo y otros animales.

bragado, da *adj.* **1.** Se aplica a las reses y caballerías que tienen la bragadura de diferente color que el resto del cuerpo. **2.** *vulg.* Decidido, enérgico.

bragadura *s. f.* **1.** Entrepierna del hombre y de los animales. **2.** Parte de las prendas de vestir que se ensancha en la entrepierna.

Braganza (*Bragança*) Distrito de Portugal, en el NE del país. 6.608 km^2. 184.700 h. en 1988. La capital es Braganza, con 13.950 h. en 1981. Su economía es agropecuaria, con cultivos de cereales y vid, y ganadería bovina. Tiene además centrales hidroeléctricas.

Braganza, casa de Dinastía portuguesa cuyos miembros ocuparon el trono de Portugal entre 1640 y 1910 y el de Brasil entre 1822 y 1889.

bragazas *s. m. vulg.* Hombre que se deja dominar con facilidad. También *adj.*

Bragg, sir William Henry (Wigton, Cumberland 1862 - Londres 1942) Físico británico. Investigó sobre radiactividad y estudió la difracción de los rayos X a través de los cuerpos cristalinos, en colaboración con su hijo **William Lawrence** (Adelaida, Australia 1890 - Ipswich 1971). Ambos recibieron el premio Nobel de física en 1915.

braguero *s. m.* Aparato que se usa para contener las hernias.

bragueta *s. f.* Abertura delantera de los pantalones.

braguetazo *s. m. vulg.* Casamiento por interés con una mujer rica. Se usa especialmente en la locución **dar el braguetazo**.

Brahe, Tycho (Knudstrup 1546 - Praga 1601) Astrónomo danés. Maestro de Kepler, descubrió en 1572 una nueva estrella de la constelación de Casiopea, que fue el objeto de su primera obra: *De nova stella*, que ha dado nombre a las novas. Defendió un modelo planetario geocéntrico, intermedio entre el de Tolomeo y el de Copérnico, en el que los planetas distintos de la Tierra giran en torno al Sol, y éste alrededor de la Tierra.

Brahma Divinidad hindú, personificación de lo absoluto. Considerado como dios creador, se le asocia a Visnú, dios conservador, y a Siva, dios destructor.

brahmán *s. m.* **1.** En la religión brahmánica, lo absoluto, el principio de todas las cosas. **2.** Miembro de la casta sacerdotal de la India. **FAM.** Brahmánico.

brahmanismo *s. m.* Sistema religioso y social propio de la India, fundamento del hinduismo. Sus orígenes se remontan a los *Vedas*, libros sagrados escritos entre los s. XV y X a. C. El brahmanismo admite la existencia de numerosos dioses y reconoce un principio supremo al que el hombre debe orientarse en un proceso de purificación a través de varias vidas mediante la ascesis (*yoga*) o la mística (*bhakti*).

Brahmaputra Río del S de Asia. 2.900 km de longitud. 12.000 m^3/s de caudal. Nace en el Tíbet, atraviesa el Himalaya y la llanura de Assam (India), y desemboca en el golfo de Bengala, formando con el Ganges el mayor delta del mundo. Su curso es navegable a lo largo de 1.300 km. También se denomina *Tsangpo*.

Brahms, Johannes (Hamburgo 1833 - Viena 1897) Compositor y pianista alemán. Su obra pertenece a la última época del romanticismo. Es autor de cuatro sinfonías, de varios conciertos, de oberturas como la *Trágica* (1887) y el *Réquiem alemán* (1857-68), y de numerosos *lieder* y piezas para cámara.

Johannes Brahms (Biblioteca Nacional, Madrid).

Braila C. de Rumania, cap. del distrito homónimo, en el SE del país. 235.600 h. en 1986. Posee industria alimentaria, textil, maderera y metalúrgica.

braille, sistema Método de lectura y escritura para ciegos inventado por el pedagogo francés Louis Braille. Se basa en un alfabeto en el que letras, signos de puntuación y símbolos aritméticos son representados a partir de la combinación de seis puntos en relieve. La lectura se realiza pasando las yemas de los dedos por la página grabada y la escritura mediante un punzón y una pauta, aunque en la actualidad existen máquinas de escribir con este sistema e instrumentos electrónicos que automáticamente transcriben documentos impresos al alfabeto braille.

Braille, Louis (Coupvray 1809 - París 1852) Pedagogo francés. Ciego desde los tres años, elaboró un sistema de enseñanza para la lectura de los ciegos por medio de la escritura en relieve.

Braintree C. del Reino Unido, en Inglaterra, en el condado de Essex. 111.800 h. en 1981. Tiene industria mecánica y de confección.

brama *s. f.* **1.** Acción y efecto de bramar. **2.** Celo del ciervo y otros animales y época en que ocurre.

bramante *s. m.* Cuerda delgada hecha de cáñamo que se emplea generalmente para atar paquetes.

Bramante, Donato di Pascuccio di Antonio, llamado (Monte Asdruvaldo, cerca de Urbino 1444 - Roma 1514) Arquitecto y pintor italiano. Sus primeras obras las realizó en Milán, donde conoció a Leonardo y recibió sus influencias (baptisterio de San Sátiro). Al trasladarse a Roma y entrar en contacto directo con la arquitectura clásica, su estilo se volvió más grandioso y severo (templete de San Pietro in Montorio). Su obra capital fue el proyecto de la nueva basílica de San Pedro del Vaticano.

Bramante: San Pietro in Montorio, *en Roma.*

bramar *v. intr.* Dar bramidos.

bramido *s. m.* **1.** Voz del toro, del ciervo y de otros animales que la tienen semejante. **2.** Grito o voz fuerte dado por una persona cuando está airada o furiosa. **3.** Ruido que produce el viento, el mar, etc., cuando están muy agitados.

Brancusi, Constantin (Pestisani Gorj 1876 - París 1957) Escultor rumano. Está considerado como uno de los mayores representantes de la escultura abstracta del s. XX. Entre sus obras destacan *El beso* (1908), *Columna sin fin* (1918) y *Pájaro en el espacio* (1919).

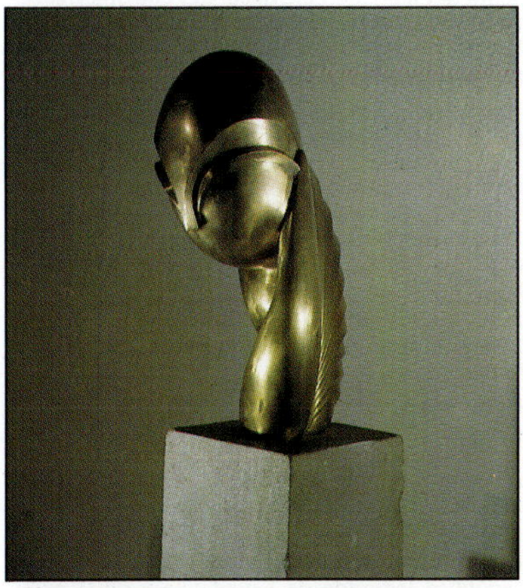

Constantin Brancusi: Señorita Pogarny III *(Centro Georges Pompidou, París).*

Brandeburgo o **Brandemburgo** (*Brandenburg*) **1.** Región histórica del N de Alemania, cuya capital era Berlín. Antigua marca creada por Carlomagno, quedó en poder de la familia de los Hohenzollern en el s. XV; desde entonces su historia corrió pareja a la de Prusia, aunque conservó instituciones propias hasta la unificación de Alemania en el s. XIX. **2.** Land de Alemania, en la parte nororiental del país. Es una región agrícola, que cuenta también con industria química y metalúrgica. Entre las ciudades más importantes destacan Potsdam, Brandeburgo, Frankfurt del Oder y Furstenwalde. **3.** C. de Alemania, situada en el Land del mismo nombre. 95.000 h. en 1989. Tiene puerto y es centro industrial.

Brando, Marlon (Omaha, Nebraska 1924) Actor de cine estadounidense. Formado en el Actor's Studio, sus primeros éxitos le llegaron en películas dirigidas por Elia Kazan: *Un tranvía llamado deseo* (1951), *¡Viva Zapata!* (1952) y *La ley del silencio* (1954). Convertido en uno de los actores más cotizados del cine mundial, actuó también en *Rebelión a bordo* (1961), *La jauría humana* (1965), *El padrino* (1971), *El último tango en París* (1972) y *Apocalipse now* (1979).

Brandt, Willy (Lübeck 1913) Político alemán. Militante del Partido Socialdemócrata alemán (SPD), fue varias veces alcalde de Berlín desde 1957 a 1963. En 1964 fue nombrado presidente de su partido y de 1969 a 1974 fue canciller de la República Federal de Alemania. Durante su mandato impulsó una política de acercamiento al Este. En 1971 obtuvo el premio Nobel de la paz.

brandy (voz ingl.) *s. m.* Aguardiente o licor similar al coñac.

branquia *s. f.* Órgano respiratorio de muchos animales acuáticos. **FAM.** Branquial.
Zool. Para aumentar el intercambio de gases entre la sangre y el medio que los rodea, las branquias contienen numerosos vasos sanguíneos muy ramificados que se extienden por una gran superficie. Dependiendo del tipo de organización, las branquias pueden estar situadas en la cabeza (anélidos), detrás de ésta (cordados) o en cavidades especiales (peces, crustáceos y moluscos).
En los peces condrictios, la cámara branquial comunica con el exterior directamente, a través de varias hendiduras branquiales. En los osteictios, por el contrario, estas hendiduras están protegidas por un repliegue de la piel, el opérculo. El agua entra por la boca o por orificios especiales (espiráculos), penetra en la cavidad branquial y sale al exterior por las hendiduras.

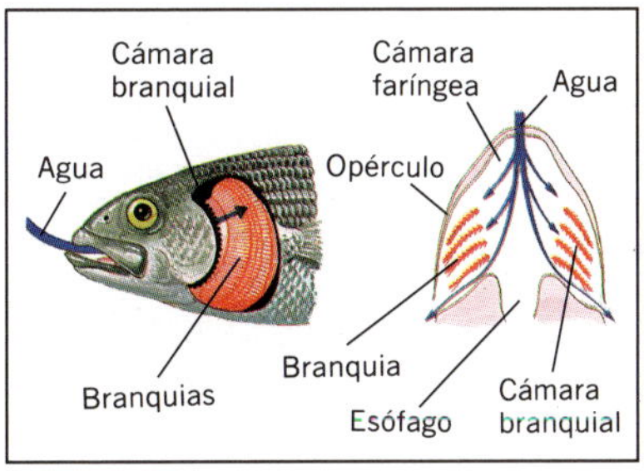

Las branquias permiten el intercambio de gases en el agua.

branquiópodos *s. m. pl.* Subclase de artrópodos crustáceos a la que pertenecen unas 1.200 especies de pequeño tamaño, muy primitivos, caracterizados por poseer una branquia en cada uno de los apéndices torácicos. Viven en aguas dulces o salobres. También *adj.* y *s. m.*

branquiosaurio *s. m.* Reptil anfibio fósil, característico del carbonífero y pérmico en Europa y América del Norte.

braña *s. f.* Pasto de verano.

Braque, Georges (Argenteuil 1882 - París 1963) Pintor francés. Se inició en el fauvismo, desde el que evolucionó hacia el cubismo al mismo tiempo que Picasso. Sus cuadros, en los que abundan las naturalezas muertas, se caracterizan por el uso de colores muy sobrios y por la introducción de materiales como papel o madera. A partir de 1917 se alejó progresivamente del cubismo, para volver a fuentes más clásicas, tanto en sus cuadros (*Los peces negros*) como en sus esculturas, dibujos y litografías.

braqui-[1] (del gr. *brajus*, breve) *pref.* Significa 'corto'.

braqui-[2] *pref.* Significa 'brazo'.

braquial *adj.* Perteneciente o relativo al brazo.

braquicéfalo, la *adj.* De cabeza corta, con el cráneo casi redondo, ya que su diámetro mayor excede en muy poco al menor. También *s.* **FAM.** Braquicefalia.

braquiópodos *s. m. pl.* Tipo de animales invertebrados marinos al que pertenecen unas 260 especies vivas de los géneros *Lingula*, *Terebratella*, *Crania* y otros, y numerosos fósiles del paleozoico. Viven encerrados en una concha de dos valvas, una dorsal y otra ventral, fijados al fondo del mar por medio de un pedúnculo. Poseen tentáculos ciliados y tienen reproducción sexual. También *adj.* y *s. m.*

brasa *s. f.* Trozo incandescente de madera, carbón u otro combustible sólido. ‖ **LOC. a la brasa** *adj.* o *adv.* Modo de asar los alimentos directamente sobre las brasas o sobre una parrilla.

brasero *s. m.* **1.** Recipiente de metal, generalmente redondo, donde se hace lumbre con carbón, cisco, leña, que forma brasa, para calentarse. **2.** Aparato semejante al anterior en el que la lumbre ha sido sustituida por una resistencia eléctrica. **3.** *Méx.* Hogar de la cocina.

brasil *s. m.* Árbol de la familia cesalpináceas, especie *Guillandina echinata*. Crece en Brasil y Paraguay y tiene importancia económica por su madera, llamada *palo de brasil.*

Brasil Estado de América del Sur, a orillas del océano Atlántico.

Extensión: 8.511.965 km^2.
Límites: al N, con Colombia, Venezuela, Guyana, Surinam y Guayana Francesa; al E, con el océano Atlántico; al S, con Uruguay, Argentina y Paraguay, y al O, con Bolivia y Perú.
Población: 150.400.000 h. en 1990.
Densidad: 17,7 h./km^2.
Capital: Brasilia.
División administrativa (estados): Rondônia, Acre, Amazonas, Roraima (territorio federal), Pará, Amapá (territorio federal), Maranhão, Piauí, Ceará, Rio Grande do Norte, Paraíba, Pernambuco, Alagoas, Sergipe, Bahia, Minas Gerais, Espírito Santo, Rio de Janeiro, São Paulo, Paraná, Santa Catarina, Rio Grande do Sul, Goiás, Mato Grosso, Mato Grosso do Sul, Tocantins, Distrito Federal.
Ciudades principales: São Paulo, Rio de Janeiro, Salvador, Belo Horizonte, Recife, Pôrto Alegre, Nova Ignaçú, Curitiba, Belém, Goiânia, Fortaleza, Manaus.
Gentilicio: brasileño.
Forma de Estado: república federal.
Idioma: portugués.
Religión: catolicismo, 87,8 %; protestantismo, 6,1 %; animismo, 3,7 %.
Moneda: cruzado.
Tasa de natalidad: 27 ‰ en 1990.
Tasa de mortalidad: 8 ‰ en 1990.
Renta per cápita: 2.280 dólares en 1988.

Geog. física Es el país más extenso de América del Sur y el quinto del mundo. Su relieve presenta una baja altitud media y se caracteriza por el predominio de las llanuras y las mesetas. Así, el N está ocupado por la llanura amazónica, gran depresión cruzada por el río Amazonas y sus afluentes y cubierta de selva ecuatorial. El Macizo Brasileño se extiende por el centro y S del

Brasil: la bahía de Botafogo, en Rio de Janeiro.

país, con un relieve abrupto en el reborde atlántico, donde destacan la sierra do Mar y la sierra de la Mantiqueira. Hacia el interior, predominan las mesetas, como la del Mato Grosso, y las penillanuras que descienden en suave declive hasta las cuencas del Amazonas en el N y del Paraná y Paraguay en el O y S. Las costas son bajas y arenosas en el N y acantiladas en el S. El clima es ecuatorial en el N y tropical en el centro y la costa.
Geog. humana La población está compuesta por un 53 % de raza blanca, mayoritariamente de origen portugués, un 34 % de mulatos, un 11 % de negros y un 0,1 % de amerindios. Los grandes núcleos del NE (Recife, Salvador) y SE (São Paulo, Santos, Rio de Janeiro) concentran la mayoría de la población. En el s. XX se ha producido una notable inmigración, principalmente de italianos, españoles y japoneses.
Geog. económica La agricultura brasileña está muy diversificada. Produce café (primero del mundo), cacao (segundo del mundo), azúcar (tercero del mundo), algodón, maíz, arroz, mandioca, frutas y legumbres. Cuenta con una extensa cabaña ganadera vacuna (segundo del mundo) y ovina y grandes recursos forestales. La minería es un sector muy rico, con yacimientos de oro, piedras preciosas, manganeso, hierro (segundo productor mundial), bauxita (tercer productor mundial), níquel, volframio, uranio, estaño (primer productor mundial), petróleo y gas natural. La industria abarca la producción alimentaria y textil; el refinado de minerales y su transformación (petroquímica, automovilística, aeronáutica, armamento, astilleros, acero, aluminio) y electrónica. El desarrollo económico más reciente se ha basado en las industrias derivadas de la agricultura, la minería, la construcción naval y la fabricación de armamento.
***Hist.* época colonial** El descubrimiento del país se atribuye al portugués Pedro Alvares Cabral, que en 1500 llegó a la costa de la actual Bahia. Este territorio, muy poco poblado, estaba ocupado por tribus nómadas de tupí-guaraníes. Por el tratado de Tordesillas (1494) se asignó su posesión a Portugal. Durante un largo tiempo la colonización se limitó a las zonas costeras. A mediados del s. XVI se establecieron capitanías centralizadas bajo un gobernador general.
Se sucedieron en los s. XVI y XVII diversos intentos de otros países por asentarse en Brasil: españoles, ingleses, franceses, holandeses, que acabaron fracasando. Entretanto, los *bandeirantes*, grupos de aventureros, exploraban el interior. La principal riqueza en esta época era la caña de azúcar, sustituida en el s. XVIII por el comercio del oro tras descubrirse ricos yacimientos en las regiones de Minas Gerais y Mato Grosso. Portugal, que había cedido en 1703 a Inglaterra el monopolio del comercio brasileño, inició en tiempos del marqués de Pombal, primer ministro de José I de 1757 a 1777, una serie de reformas políticas, sociales y económicas. Diversos tratados firmados entre Portugal y España en la segunda mitad del s. XVIII fijaron las fronteras de sus respectivos dominios.
la independencia En 1808, al ser invadido Portugal por los ejércitos franceses, la familia real se estableció en Brasil, donde permaneció hasta 1821. En ese año quedó como regente el hijo del rey Juan VI, Pedro, quien, presionado por los grandes propietarios de tierras, declaró en 1822 la independencia brasileña, adoptando él el título de emperador. Su deseo de trasladarse a Portugal para suceder a su padre provocó una grave crisis y le llevó a abdicar en 1831 en su hijo Pedro II, que, tras una regencia de nueve años, ascendió al trono en 1840. Su reinado (1840-89) se caracterizó por la expansión económica, debida sobre todo al auge de la industria del café y el crecimiento demográfico. En 1888 decretó la supresión de la esclavitud.
la república En 1889, un golpe militar derrocó a la monarquía e instauró la república, que se dotó de una nueva Constitución en 1891. Desde entonces y hasta 1930 se sucedieron doce presidentes constitucionales. En 1930, una junta militar entregó el poder a Getulio Vargas, que implantó un régimen autoritario de corte nacionalista y populista hasta su muerte por suicidio en 1954 (excepto entre 1945 y 1950, periodo en que fue apartado del poder por los militares). El parlamentarismo duró escasamente diez años, en los que gobernaron el socialdemócrata Juscelino Kubitschek, que trasladó la capital a Brasilia, y João Goulart, que fue derrocado por un golpe militar en 1964. El ejército se mantuvo en el poder hasta 1984, año en el que se convocaron unas elecciones de las que salió elegido presidente Tancredo Neves. Éste murió sin llegar a ocupar el cargo y fue sustituido en 1985 por José Sarney. En las elecciones de 1989 resultó vencedor el conservador Fernando Collor de Mello.
Arte Hasta mediados del s. XVIII la actividad artística se centró en la construcción de iglesias y en la realización de imágenes religiosas, prolongación del arte portugués de la época. Un notable brote artístico brasileño surgió en el s. XVIII en Minas Gerais, destacando la figura de António Francisco Lisboa, llamado O Aleijadinho (1738-1814), escultor, arquitecto y tallista. En el s. XIX, con la corte portuguesa llegaron a Brasil artistas europeos que transmitieron las nuevas tendencias. Se creó la Escuela de Bellas Artes y surgió toda una generación de pintores de estilo académico, hasta que la personalidad de Eliseu Visconti, a comienzos del s. XX, descubrió la pintura impresionista y rompió con los cánones clasicistas. En el s. XX destacan los pintores Lasar Segall, Cândido Portinari, J. da Mota e Silva y Tarsília do Amaral, y las bienales de arte que desde 1951 se celebran en São Paulo.
La arquitectura pasó casi sin transición de la vivienda colonial de un solo piso al rascacielos. Brasil ha realizado uno de los más ambiciosos proyectos arquitectónicos de nuestro tiempo con la creación de la ciudad de Brasilia, en la que han intervenido los arquitectos brasileños Lucio Costa y Oscar Niemeyer.
Lit. Las influencias portuguesa y española prevalecen en la literatura del Brasil colonial. El jesuita José de Anchieta escribe su *Gramática* y sus piezas teatrales. Bento Teixeira Pinto describe por primera vez el paisaje del país en el poema épico *Prosopopeya* (1601). En la oratoria sobresale el jesuita António Vieira. El barroquismo (s. XVII) está presente en la obra del poeta Gregório de Matos Guerra. Entre los s. XVII y XVIII destacan el historiador Sebastião de Rocha Pita y Nuno Marques Pereira, que escribió *Compendio narrativo del peregrino en América*, considerada la primera novela brasileña.
En el s. XVIII se impuso una poesía artificiosa, contra la que reaccionaron los poetas de Minas Gerais, como José Basílio de Gama, fray José de Santa Rita Durão, Ignacio José de Alvarenga Peixoto y Tomás António Gonzaga. Ya en el s. XIX, António Gonçalves Dias, poeta, historiador, dramaturgo y sociólogo, fue la gran figura del romanticismo, movimiento seguido también por José de Alencar, en narrativa, y Luís Carlos Martins Pena, en teatro. El realismo tiene su mejor representante en el novelista Aloísio Azevedo. Entre los poetas parnasianos alcanzaron renombre Olavo Bilac y Vicente de Carvalho y entre los seguidores del simbolismo, João da Cruz e Souza. A una época de transición pertenecen dos figuras, Joaquim Maria Machado de Assis, poeta y novelista entre el romanticismo y el realismo, y el prosista Euclides da Cunha.
En el s. XX, São Paulo es el foco vanguardista, donde surge el modernismo. Tres son sus máximas cumbres, Manuel Bandeira, Mario de Andrade y Oswald de Andrade. Al periodo del llamado segundo modernismo (1930-56) pertenecen los poetas Carlos Drummond de Andrade, Vinicius de Morães, Murilo Mendes y Jorge de Lima, así como los novelistas José Lins do Rêgo, Raquel de Queiroz, Erico Verissimo, Graciliano Ramos y Jorge Amado. Otros autores de la segunda mitad del siglo son los poetas João Cabral de Melo y Mário Chamie; los narradores João Guimarães Rosa, Clarice Lispector y Rubem Fonseca, y los dramaturgos Nelson Rodrigues, Jorge Andrade y Augusto Pinto Boal.
Mús. Los jesuitas introdujeron la música religiosa en Brasil. En 1841 se fundó el conservatorio de Rio de Janeiro, que más tarde se llamó Escola Nacional de Música. Los compositores del s. XIX estuvieron sometidos a la doble influencia de la música europea y del rico folclore autóctono (en el que sobresale la samba), que finalmente predominó y produjo una auténtica escuela nacional. En el s. XX, la figura fundamental fue Heitor Villa-Lobos. Dentro de la música popular actual hay que citar, entre otros, a Ary Barroso, Vinicius de Morães, Maria Creusa, Caetano Veloso, Toquinho, etc.
Cine El cine brasileño fue conocido internacionalmente a partir del triunfo en el festival de Cannes de la película *O Cangaceiro* (1953), de Lima Barreto, y de la aparición en los años sesenta del llamado *cine novo*, del que son figuras sobresalientes Nélson Pereira dos Santos, Glauber Rocha, Ruy Guerra y Julio de Andrade.

brasileño, ña *adj.* De Brasil. También *s.*

Brasilia C. de Brasil, cap. del país y del Distrito Federal. 1.803.500 h. en 1989. Inaugurada en 1960, fue construida según los planos de Lucio Costa y Oscar Niemeyer para colonizar las tierras vírgenes del interior. Presenta notables realizaciones del urbanismo y la arquitectura modernas.

Brasov C. de Rumania, cap. del distrito homónimo, en el centro del país. 351.500 h. en 1986. Posee industria mecánica, eléctrica, automovilística y textil.

Brassens, Georges (Sète 1921 - Saint-Gély-du-Fesc 1981) Compositor y cantante francés. Inconformista, sus canciones, de raíz popular, rebosan ternura e ironía. Entre ellas sobresalen *Le gorille*, *Bonhomme*, *Pauvre Martin* y *Le testament*.

Bratislava C. de Checoslovaquia, cap. de la república federada de Eslovaquia y de la prov. homónima. 435.500 h. en 1989. Centro agrícola y comercial, cuenta con industria textil y maderera. Tiene puerto fluvial y una refinería de petróleo.

Brattain, Walter Houser (Xiamen, China 1902) Físico estadounidense. Trabajó en los laboratorios de la compañía Bell Thelephone y, durante la Segunda Guerra Mundial, en el servicio de armas secretas de la universidad de Columbia. En 1956 obtuvo el premio Nobel de física, compartido con John Bardeen y William Bradford Shockley, por sus estudios sobre los semiconductores y la creación del transistor.

Braudel, Fernand (Lunéville-en-Ornois, Meuse 1902 - París 1985) Historiador francés. Fue director de la revista *Annales* y uno de los renovadores de la historiografía moderna. Escribió *El Mediterráneo y el mundo mediterráneo en la época de Felipe II* (1949) y su ampliación posterior, *Civilización material, economía y capitalismo, siglos XV-XVIII* (1967-69).

Braun, Karl Ferdinand (Fulda 1850 - Nueva York 1918) Físico alemán. Inventó el oscilógrafo catódico (1897). Obtuvo el premio Nobel en 1909, junto con Guglielmo Marconi, por sus trabajos sobre la telegrafía sin hilos.

Braun, Werner von (Wirsitz, Polonia 1912 - Alexandria, Virginia 1977) Científico alemán nacionalizado estadounidense. Responsable del desarrollo del V-2, cohete de guerra alemán utilizado durante la Segunda Guerra Mundial, en 1945 se trasladó a EE UU, donde fue director del programa de armas balísticas del ejército, que puso en órbita el primer satélite estadounidense. Incorporado a la NASA, participó destacadamente en el programa espacial de EE UU, dirigiendo el desarrollo de los cohetes *Saturno*.

bravata *s. f.* **1.** Amenaza exagerada y arrogante. **2.** Dicho con el que alguien presume de valiente.

bravío, a *adj.* **1.** Aplicado a animales, fiero, salvaje, difícil de domesticar. **2.** Aplicado a plantas o árboles, silvestre, sin cultivar. **3.** Aplicado a personas, de carácter rebelde. **4.** Aplicado al mar, alborotado.

bravo, va *adj.* **1.** Valeroso, audaz. **2.** Aplicado a animales, fiero. **3.** Referido al toro o a la vaca, que tiende a embestir. **4.** Referido al mar, alborotado. ‖ *interj.* **5.** Expresa aprobación, satisfacción o entusiasmo. También *s. m.* ‖ **Loc. a** (o **por**) **las bravas** *adv.* Sin contemplaciones.

Bravo Río de América del Norte. 3.540 km. Nace en las Montañas Rocosas y desemboca en el golfo de México. Sirve de frontera entre EE UU y México a lo largo de 2.092 km. Sus afluentes principales son el Pecos, Conchos, Salado y San Juan. Se llama también *Grande del Norte*.

Bravo, Juan (Segovia ? - Villalar, Valladolid 1521) Noble castellano. Fue uno de los jefes de la sublevación de las Comunidades contra la política de Carlos V, como capitán de las fuerzas de Segovia. Fue ejecutado, junto con otros caudillos del movimiento, tras la derrota de Villalar.

Bravo Murillo, Juan (Fregenal de la Sierra, Badajoz 1803 - Madrid 1873) Político español. Ministro de Hacienda y Obras Públicas con Narváez, desarrolló un importante programa de obras públicas. En 1851 fue nombrado presidente del gobierno y firmó con la Santa Sede un concordato.

bravucón, na *adj. fam.* Valiente sólo de palabra. También *s.* **Fam.** Bravuconada, bravuconería.

bravura *s. f.* Valentía.

braza *s. f.* **1.** Unidad de longitud usada generalmente en la marina, que equivale a 1,6718 m. **2.** Estilo de natación en posición boca abajo, en que los hombros se mantienen a nivel del agua y los brazos y las piernas se estiran y encogen simultáneamente.

brazada *s. f.* **1.** Movimiento que se hace con los brazos, encogiéndolos y estirándolos, p. ej. al nadar o al remar. **2.** Cantidad de algunas cosas que se puede abarcar y llevar de una vez con los brazos.

brazaje *s. m.* Braceaje*.

brazal *s. m.* **1.** Tira o banda arrollada al brazo que se usa como distintivo. **2.** Cauce para riego que deriva o proviene de un canal o acequia. **3.** Pieza de la armadura que cubría el brazo. **4.** Asa por la que se coge el escudo.

brazalete *s. m.* **1.** Aro de adorno, de metal u otro material, que rodea el brazo más arriba de la muñeca. **2.** Brazal usado como distintivo.

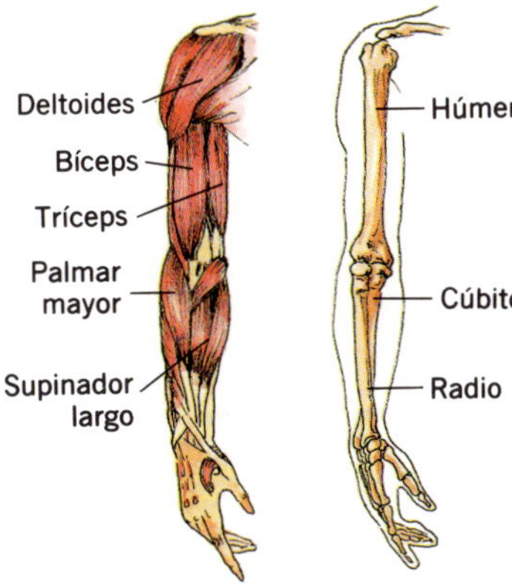

Brazo: músculos y huesos principales.

brazo *s. m.* **1.** Cada una de las extremidades torácicas de ciertos vertebrados (anfibios, reptiles no ápodos y mamíferos), aunque a veces se restringe a los primates. En el hombre se suele llamar brazo a la parte de la extremidad comprendida entre el codo y el hombro. **2.** P. ext., tentáculo de los cefalópodos, radio de las estrellas de mar, etc. **3.** Pata delantera de un cuadrúpedo. **4.** Cada una de las piezas laterales de un sillón destinadas a que apoye los brazos el que está sentado en él. **5.** Candelero que sale del cuerpo central de un candelabro o lámpara. **6.** Cada una de las dos mitades de la barra horizontal de la balanza. **7.** Pértiga articulada de una grúa u otras máquinas. **8.** Cada lado del palo horizontal de una cruz. **9.** Cada una de las partes en que se ramifica algo. **10.** Pieza alargada del tocadiscos, que contiene la aguja. **11.** Cada uno de los grupos que en las antiguas cortes representaban a las distintas clases sociales. ‖ *pl.* **12.** Mano de obra. ‖ **13. brazo de gitano** Pieza de repostería hecha de una capa delgada de bizcocho sobre la que se unta chocolate, crema o mermelada y que luego se enrolla en forma de cilindro. **14. brazo de mar** Canal o trozo de mar que entra en tierra. **15. brazo derecho** Persona de gran confianza de otro. **16. brazo secular** Autoridad que ejercían los tribunales y magistrados no eclesiásticos. ‖ **Loc. a brazo partido** *adv.* Con mucho tesón. **con los brazos abiertos** *adv.* Afectuosamente. **con los brazos cruzados** *adv.* Sin hacer nada. **echarse en brazos** de alguien Mostrarse muy confiado en una persona. **hecho un brazo de mar** *fam.* Muy elegante y bien arreglado. **no dar** uno **su brazo a torcer** *fam.* Mantenerse firme, no ceder.

Anat. El esqueleto del brazo del hombre consta de los siguientes huesos: el húmero, que articula con el omóplato en su extremo superior, el cúbito y los huesos de la mano. Los músculos principales son: en el hombro, el deltoides; en el brazo, el bíceps braquial y tríceps braquial; en el antebrazo, los pronadores, los supinadores, los palmares, los flexores de los dedos y los extensores de los dedos; y en la mano, diversos músculos cortos.

brazuelo *s. m.* Parte de las patas delanteras de los cuadrúpedos entre el codillo y la rodilla.

Brazzaville C. del Congo, cap. del país, en el S. 595.100 h. en su área metropolitana en 1985. Es el centro industrial, comercial, administrativo y cultural del país y nudo de comunicaciones con la República Centroafricana, Chad y Zaire; cuenta con aeropuerto internacional.

brea *s. f.* Sustancia viscosa de color oscuro o negro, fusible y aglomerante, que se obtiene como residuo de la destilación fraccionada del petróleo, el alquitrán de hulla, la madera o ciertas materias grasas. La obtenida del alquitrán de hulla se utiliza como revestimiento de carreteras, tejados, etc.; la de la madera se emplea para fabricar plásticos, aislantes y pinturas protectoras contra la intemperie y los insectos; la de materias grasas se usa en la fabricación de pinturas y barnices.

break (voz ingl.) *s. m.* **1.** En tenis, juego ganado al jugador que tiene el saque. **2.** En boxeo, voz que emplea el árbitro para separar a los púgiles.

brear *v. tr.* Maltratar, molestar, fastidiar.

brebaje *s. m.* **1.** Bebida desagradable al paladar o de mal aspecto. **2.** Veneno. **3.** En sentido despectivo, medicina, pócima.

breca *s. f.* Pez teleósteo de la familia espáridos, especie *Pagellus erythrinus*. Mide unos 60 cm de longitud y su carne es apreciada en alimentación. Habita en las costas de la península Ibérica. También es llamado *pagel*.

brecha *s. f.* **1.** Rotura irregular que se hace en una pared. **2.** Herida. **3.** Rotura de un frente de combate. **4.** En geol., roca clástica compuesta por fragmentos angulosos, de diversos tamaños, generalmente superiores a 2 mm, unidos con distintos cementos. ‖ **Loc. estar en la brecha** Estar siempre preparado y dispuesto para defender algo.

Brecht, Bertolt (Augsburgo 1898 - Berlín 1956) Dramaturgo, poeta y escritor alemán. Está considerado como uno de los renovadores de teatro en el s. XX. Influido por el expresionismo y los espectáculos de cabaret, cultivó un teatro alejado del realismo, en el que tienen cabida la música, la pantomima, las proyecciones o los discursos. Fundó en 1949 su compañía teatral, *Berliner Ensemble*. Entre sus obras dramáticas sobresalen *La ópera de tres peniques* (1928), *Madre Coraje* (1941), *La irresistible ascensión de Arturo Ui* (1941-42), *El círculo de tiza caucasiano* (1948) y *Galileo Galilei* (1953).

brécol *s. m.* Variedad de col, de hojas oscuras no compactadas, que se cultiva y consume como hortaliza.

Breda C. de los Países Bajos, en el S del país. 119.450 h. en 1986. Cuenta con industria alimentaria, metalúrgica y química.

brega *s. f.* Acción y efecto de bregar. ‖ **Loc. andar a la brega** Trabajar afanosamente.

bregar *v. intr.* **1.** Trabajar con gran esfuerzo y ajetreo. **2.** Luchar contra las dificultades. **3.** Reñir con alguien. ▪ Se conjuga como *pagar*.

Brel, Jacques (Bruselas 1929 - Bobigny 1978) Cantante, compositor, actor y director de cine belga. Sus canciones se caracterizaron por su ternura e ironía (*Ne me quitte pas*, *Les burgeois* o *En el puerto de Amsterdam*). Dirigió los filmes *Franz* (1971) y *Far West* (1972).

Bremen C. de Alemania, que junto con Bremerhaven, forma desde 1947 el Land de Bremen. 535.050 h. en 1989. Puerto importante, posee industria de elaboración de tabaco, textil, química y siderúrgica. Su catedral, de los s. XII y XIII, y la ciudad monumental gótica tienen gran importancia histórica.

Bremerhaven C. de Alemania, situada en el Land de Bremen. 127.000 h. en 1989. Puerto en el estuario del Weser, cuenta con astilleros y construcciones mecánicas.

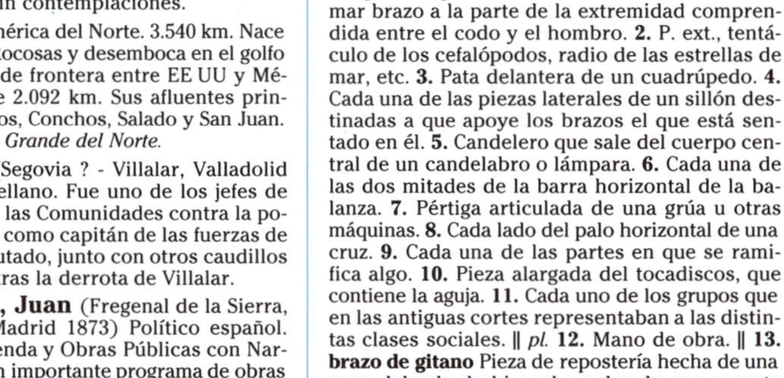

Brasilia: vista panorámica de la capital de Brasil.

Brenan, Gerald (isla de Malta 1894 - Alhaurín el Grande, Málaga 1987) Escritor e hispanista británico. Entre sus obras destacan *El laberinto español* (1943), ensayo sobre los antecedentes y causas de la guerra civil española; *Al sur de Granada* (1957), *San Juan de la Cruz* (1971) y *Memoria personal 1920-1975* (1976).

Brennero Puerto de montaña de los Alpes Réticos, en el Tirol (1.375 m). Comunica Italia con Europa central por carretera y ferrocarril.

Brentano, Clemens (Ehrenbraitstein 1778 - Aschaffenburg 1842) Escritor alemán. De la escuela romántica, frecuentó los círculos de Jena y Heidelberg. En colaboración con su cuñado Achim von Arnim, publicó *El cuerno mágico del muchacho* (1808), colección de canciones populares alemanas. Convertido al catolicismo (1818), sólo escribió obras religiosas. Es autor, entre otros libros, de *Godwi* (novela, 1801), *Ponce de León* (comedia, 1804), *Romance del Rosario* (poesía, 1811) y *Crónica de un estudiante vagabundo* (narración, 1818).

Brentano, Franz (Marienberg 1838 - Zurich 1917) Filósofo austriaco. Profundo conocedor de Aristóteles y de la filosofía escolástica, destaca por sus contribuciones a la psicología y a la teoría de los valores. Entre sus obras figuran *Psicología* (1874), *El origen del conocimiento moral* (1889) y *La doctrina aristotélica sobre el origen del espíritu humano* (1911).

breña *s. f.* Tierra quebrada entre peñas y llena de maleza. **FAM.** Breñal.

bresca *s. f.* Panal de miel.

brescar *v. tr.* Quitar a las colmenas panales con miel dejando los suficientes para que las abejas puedan mantenerse y fabricar nueva miel. ▪ Se conjuga como *sacar*.

Brescia C. de Italia, cap. de la prov. homónima, en la región de Lombardía. 196.950 h. en 1990. Es un centro agrícola e industrial (metalurgia, automóviles, mecánica de precisión). Cuenta con dos catedrales, una del s. XII y otra del XVII, ayuntamiento y castillo medieval, así como importantes ruinas romanas.

Bresson, Robert (Bromont-La-Mothe 1907) Director de cine francés. Sus películas se caracterizan por la sobriedad formal y por los temas centrados en lo personal y religioso. Ha realizado *El diario de un cura rural* (1950), *Un condenado a muerte se ha escapado* (1956), *El proceso de Juana de Arco* (1962), *Cuatro noches de un soñador* (1971), *Lancelot du Lac* (1974) y *El diablo, probablemente* (1977).

Brest C. de Francia, en el departamento de Finistère, en la región de Bretaña. 201.150 h. en la aglomeración en 1982. Principal puerto militar francés en el Atlántico, cuenta con astilleros, industria metalúrgica y química.

Brest-Litovsk C. de la república de Bielorrusia. 258.000 h. en 1989. Mercado de una rica región agrícola y ganadera, posee industria mecánica, textil y maderera. En ella se firmó en 1918 el tratado que puso fin a la intervención rusa en la Primera Guerra Mundial.

Bretaña (en fr. *Bretagne*, en bretón *Breizh*) Región de Francia, en el NO del país. 27.208 km^2. 2.763.200 h. en 1987. La capital es Rennes, con 194.650 h. en 1982. Comprende los departamentos de Côtes-du-Nord, Finistère, Ille-et-Vilaine y Morbihan. El relieve es llano y el clima oceánico. Región agrícola y ganadera, con centros industriales en Nantes y Saint-Nazaire: alimentación, astilleros, metalurgia y petroquímica. ***Hist.*** La disputa entre Francia e Inglaterra por Bretaña se mantuvo durante toda la Edad Media, hasta que en 1532 Francisco I de Francia fue proclamado duque de Bretaña. La región, tradicionalmente aislada, ha mantenido su idioma bretón y tradiciones propias, además de un retraso económico respecto al resto de Francia. El nacionalismo bretón surgió a finales del s. XIX con objetivos autonomistas.

brete *s. m.* **1.** Aprieto, situación apurada. **2.** Cepo formado por dos trozos de hierro con que se sujetaba los pies al reo.

Breton, André (Tinchebray, Orne 1896 - París 1966) Escritor francés. Representante del vanguardismo y fundador y jefe del grupo surrealista, en 1924 escribió el primer *Manifiesto del surrealismo*, al que se adhirieron, entre otros, Paul Éluard, Max Ernst, Salvador Dalí y Luis Buñuel.

André Breton. Retrato de Victor Brauner (colección particular).

Entre sus obras destacan la novela *Nadja* (1928); el segundo *Manifiesto* (1929); los libros de poemas *La Inmaculada Concepción* (1930), escrito en colaboración con Éluard, y *Los vasos comunicantes* (1932).

bretón, na *adj.* **1.** De Bretaña. También *s.* ‖ *s. m.* **2.** Lengua derivada del celta que hablan los habitantes de Bretaña.

Bretón, Tomás (Salamanca 1850 - Madrid 1923) Compositor español. Autor de óperas como *Los amantes de Teruel* (1889) y *La Dolores* (1895), debe su fama a una de las mejores zarzuelas del género chico, *La verbena de la Paloma* (1884).

Bretón de los Herreros, Manuel (Quel, La Rioja 1796 - Madrid 1873) Dramaturgo y poeta español. Hábil versificador, fue muy popular en su tiempo. Influido en sus comienzos por Moratín, se orientó pronto hacia el romanticismo. Su comedia más famosa es *Marcela o ¿cuál de las tres?* (1831). Otras obras suyas son *Don Fernando el Emplazado* (1837) y *Muérete y verás* (1837).

Bretton Woods, conferencia de Reunión celebrada en la ciudad estadounidense de Bretton Woods (1944) por 44 países, aliados en la Segunda Guerra Mundial, en la que se estableció el patrón oro, el Fondo Monetario Internacional (FMI) y el Banco Internacional para la Reconstrucción y el Desarrollo (BIRD).

Breuer, Joseph (Viena 1842 - íd. 1925) Psiquiatra austriaco. Fue el pionero en la utilización de las técnicas de la hipnosis para el tratamiento de la histeria, método terapéutico que fue continuado por Sigmund Freud antes de desecharlo en favor del psicoanálisis. Su principal obra es *Estudios sobre la histeria* (1895), escrita en colaboración con el propio Freud.

Breuer, Marcel (Pecs 1902 - Nueva York 1981) Arquitecto y diseñador húngaro. Director de diseño de muebles en la Bauhaus, creó un tipo de mobiliario de tubos de acero, destinado a la producción industrial. Construyó, junto con Pier Luigi Nervi y Bernard Zehrfuss, el edificio de la UNESCO en París (1953-58).

breva *s. f.* **1.** Primer fruto de la higuera, árbol que en algunas variedades puede dar dos cosechas. Es mayor que el higo. **2.** Ganga, ventaja inesperada. **3.** Cigarro puro ligeramente aplastado y poco apretado. **4.** *amer.* Tabaco de mascar. ‖ **LOC. no (me, te...) caerá esa breva** *fam.* No tendré (tendrás...) esa suerte.

breve *adj.* **1.** De poca duración o extensión. ‖ *s. f.* **2.** Antigua figura musical. ‖ **3. breve pontificio** Documento papal menos solemne que la bula. ‖ **LOC. en breve** *adv.* Dentro de poco tiempo.

brevedad *s. f.* Corta extensión o duración.

breviario *s. m.* **1.** Libro que contiene el rezo eclesiástico. **2.** Tratado breve y resumido de alguna materia.

Brewster, David (Jedburgh, Roxburghshire 1781 - Allerby, Roxburghshire 1868) Físico escocés. Destacó por sus estudios sobre la polarización de la luz. Perfeccionó el estereoscopio e ideó el calidoscopio.

brezal *s. m.* Lugar donde abunda el brezo.

Breznev, Leonid Ilich (Dneprodzerzhinsk, Ucrania 1906 - Moscú 1982) Político soviético. Sucedió a Kruschev en 1964 en el cargo de primer secretario del partido. En 1977 asumió también la presidencia del país. Durante su mandato se produjo la invasión de Checoslovaquia (1968) por las tropas del Pacto de Varsovia. En 1979 firmó con el presidente estadounidense Carter el acuerdo SALT II sobre limitación de armas estratégicas.

brezo *s. m.* Nombre común de diversas plantas arbustivas de la familia ericáceas, géneros *Calluna, Erica*, etc. El brezo común *(Calluna vulgaris)* mide hasta 60 cm de altura, tiene hojas verticiladas y flores rosadas en racimo. Crece en páramos y zonas pantanosas del centro y O de Europa. En horticultura se emplea la llamada *tierra de brezo*, mezcla variable de fragmentos de brezo y arena.

Brezo (Calluna vulgaris).

Briand, Aristide (Nantes 1862 - París 1932) Político francés. Secretario general del Partido Socialista (1901), fue 23 veces ministro y presidente del Consejo en 11 ocasiones. Terminada la Primera Guerra Mundial, firmó el pacto de Locarno (1925) y el pacto Briand-Kellogg (1928). Obtuvo el premio Nobel de la paz en 1926, junto con Gustav Stresemann.

Briansk C. de la Federación Rusa, cap. de la prov. homónima. 452.000 h. en 1989. Posee industria alimentaria y ferroviaria y es un importante nudo de comunicaciones.

briba o **bribia** *s. f.* Vida y mundo de los pícaros.

bribón, na *adj.* Se dice de la persona que engaña o estafa. También *s.* **FAM.** Bribonada, bribonería, bribonzuelo.

bricolaje *s. m.* Conjunto de trabajos manuales y pequeñas reparaciones hechas en casa por alguien que no es especialista.

brida *s. f.* **1.** Conjunto formado por el freno del caballo, el correaje que lo sujeta a la cabeza y las riendas. **2.** Filamentos membranosos que se forman en los bordes de las heridas o en los abcesos y tumores. **3.** Anillo que une dos tubos.

bridge (voz ingl.) *s. m.* Juego de cartas en el que se reparten en su totalidad los 52 naipes de la baraja francesa entre cuatro jugadores que se enfrentan dos contra dos. Consta de dos partes: la subasta, en la que cada pareja indica el número de bazas que se compromete a hacer, y el carteo.

Bridgetown C. de Barbados, cap. del país. 7.500 h. en 1986, 102.000 h. en su área metropolitana. Principal puerto de la isla, exporta azúcar, ron y cigarrillos. Es un centro turístico.

Bridgman, Percy Williams (Cambridge, Massachusetts 1882 - Randolph, New Hampshire 1961) Físico estadounidense. Se dedicó al estudio de las propiedades de la materia sometida a ultrapresiones y a extremas temperaturas. Obtuvo el premio Nobel de física (1946).

brigada *s. f.* **1.** Unidad militar de dos o más regimientos de una misma arma. **2.** Conjunto de personas dedicadas al mismo trabajo. ‖ *s. m.* **3.** En la escala de suboficiales del Ejército, categoría superior a la de sargento primero e inferior a la de subteniente. ‖ **4. Brigadas Internacionales** Unidades militares formadas por voluntarios extranjeros que combatieron en el bando republicano durante la guerra civil española (1936-39).

brigadier *s. m.* Nombre dado antiguamente al oficial que hoy recibe el nombre de general de brigada en el Ejército o contraalmirante en la Marina.

Briggs, Henry (Warley Wood, Yorkshire 1561 - Oxford 1631) Matemático inglés. Formuló el primer sistema de logaritmos, cuya base es el número 10.

Bright, Richard (Bristol 1789 - Londres 1858) Médico británico. Estudió la nefritis crónica, llamada también *enfermedad de Bright*.

Brighton C. del Reino Unido, en Inglaterra, en el condado de Sussex. 146.150 h. en 1981. Posee centrales termoeléctricas e industrias alimentarias y es un importante centro turístico, debido a sus playas.

brillante *adj.* **1.** Que brilla. **2.** Excelente, sobresaliente. || *s. m.* **3.** Diamante tallado por sus dos caras. **FAM.** Brillantez.

brillantina *s. f.* Producto cosmético que se aplica al cabello para darle brillantez.

brillar *v. intr.* **1.** Despedir luz, ya sea propia o reflejada. **2.** Sobresalir por alguna cualidad.

Brillat-Savarin, Anthelme (Belley 1755 - París 1826) Magistrado y escritor francés. Es célebre por su *Fisiología del gusto* (1826), tratado sobre el arte culinario.

brillo *s. m.* **1.** Resplandor, lustre. **2.** Cualidad de brillante. **3.** En astron., flujo luminoso de una estrella, que produce una impresión más o menos intensa en el ojo que la contempla. Depende de la luminosidad de la estrella y de la distancia que la separa de la Tierra. **4.** En geol., propiedad óptica de los minerales relacionada con la reflexión de la luz, la naturaleza de la superficie y el valor de sus índices de refracción y absorción.

brincar *v. intr.* **1.** Dar brincos. **2.** *fam.* Manifestar con excitación un sentimiento. ■ Se conjuga como *sacar.*

brinco *s. m.* Salto.

brindar *v. intr.* **1.** Expresar un deseo al ir a beber vino u otro licor, por lo general levantando y entrechocando las copas. || *v. tr.* **2.** Proporcionar algo a alguien. **3.** Dedicar el torero a alguien que está en la plaza la faena que va a realizar. || *v. prnl.* **4.** Ofrecerse para algún trabajo, servicio o favor.

brindis *s. m.* **1.** Acción de brindar al beber. **2.** Lo que se dice al brindar.

brío *s. m.* Energía y decisión con que se hace algo. **FAM.** Brioso.

brioche (voz fr.) *s. m.* Bollo hecho con harina, manteca y huevos.

briofitas *s. f. pl.* División de plantas metafitas que comprende dos clases, hepáticas y musgos, con unas 23.000 especies terrestres y acuáticas. Las briofitas poseen clorofila y células especializadas para el transporte de sustancias, pero no llegan a formar tejidos conductores típicos. Carecen de hojas, raíces y tallos verdaderos; poseen talo y unos filamentos (rizoides) que las fijan al suelo y absorben el agua y las sustancias minerales. También *adj.* y *s. f.*

briqueta *s. f.* Masa de carbón u otro material combustible en forma de prisma.

brisa *s. f.* **1.** Viento suave y agradable. **2.** Viento que sopla en las costas por el día desde el mar y por la noche desde la tierra.

Brisbane C. de Australia, cap. del estado de Queensland. 1.215.300 h. en la aglomeración en 1987. Primer centro exportador de lana y carne, posee industria alimentaria, del cuero, textil y de vidrio, petroquímica, automovilística y astilleros.

brisca *s. f.* Juego de cartas en el que se reparten tres naipes a cada jugador y se descubre otro para indicar el palo del triunfo; después de cada jugada, los jugadores roban una carta de la baraja hasta que ésta se termina. Gana el jugador que ha conseguido más puntos.

briscado, da *adj.* Se aplica a cierto tipo de hilo de oro o plata que se emplea para entretejerlo en las telas o para hacer bordados.

Bristol C. del Reino Unido, cap. del condado de Avon, en Inglaterra. 384.000 h. en 1987. Puerto en el estuario del río Avon, posee industria alimentaria y aeronáutica. Cuenta con una catedral gótica del s. XII.

Britania Antiguo nombre de Gran Bretaña, derivado del de sus habitantes, a quienes los romanos llamaron *britanni.*

británico, ca *adj.* De Britania o Gran Bretaña. También *s.*

británico, imperio Nombre con que se denominaba a fines del s. XIX al conjunto de posesiones del Reino Unido de Gran Bretaña e Irlanda y que abarcaba Canadá, India, Egipto, el S y parte del E del continente africano, etc. La hegemonía británica en el mundo sustituyó a la de España a partir del s. XVII y se consolidó tras la derrota de Napoleón y la expansión colonial. La crisis del imperio se inició en el s. XX, en el que sus territorios alcanzaron paulatinamente la independencia.

Británico, Museo Museo londinense creado en 1753 y abierto al público en 1759. Tuvo como base la biblioteca y colección de arte de Hans Sloane (adquiridas en 1753) y los manuscritos legados por Robert B. Cotton (1700). Posteriormente se enriqueció con la colección de antigüedades egipcias del rey Jorge III (1801), los mármoles de Townley (1805) y las esculturas del Partenón, aportadas por Elgin (1816). Conserva una de las mejores colecciones de arte antiguo del mundo.

Británico, Tiberio Claudio (? 41 - ? 55) Hijo del emperador Claudio y de Mesalina. La segunda esposa de Claudio, Agripina, logró desheredarle en beneficio de su hijo Nerón, el cual posteriormente le hizo envenenar.

britano, na *adj.* De la antigua Britania. También *s.*

Britten, Benjamin (Lowestoft, Suffolk 1913 - Aldeburg, Suffolk 1976) Compositor, pianista y director de orquesta británico. Fundador del *English Opera Group,* su obra incorpora elementos tradicionales y modernos. Destacan en ella óperas, como *Peter Grimes* (1945), *El rapto de Lucrecia* (1946) y *Muerte en Venecia* (1973), composiciones sinfónicas, como *Sinfonía de primavera* (1949) y *War requiem* (1962), considerada su obra maestra, y varios cuartetos.

brizna *s. f.* **1.** Porción muy pequeña de cualquier cosa. **2.** Filamento o parte muy fina de alguna cosa, especialmente de plantas.

Brno (*Brünn*) C. de Checoslovaquia, cap. de la prov. de Moravia Meridional. 389.900 h. en 1989. Mercado agrícola, cuenta con industria textil, maquinaria y de armas e instrumentos musicales. Es un nudo de comunicaciones y posee universidad y edificios góticos del s. XVI.

broca *s. f.* Barrena cónica que se monta en las máquinas de taladrar.

Broca, Paul (Sainte-Foy-la-Grande 1824 - París 1880) Cirujano francés. Estudió la anatomía del cerebro y situó la sede del lenguaje articulado en la tercera circunvolución frontal o inferior, que lleva su nombre.

brocado *s. m.* **1.** Tela de seda entretejida con hilos de oro o plata que forman dibujos a manera de bordados. **2.** Tejido con dibujos en relieve y de distinto color que el del fondo.

brocal *s. m.* Antepecho que se pone alrededor de la boca de un pozo para evitar que alguien caiga en él.

brocatel *s. m.* **1.** Tejido de cáñamo y seda, parecido al damasco. **2.** Mármol de varios colores.

Brocense, El Véase **Sánchez de las Brozas, Francisco**.

Broch, Hermann (Viena 1886 - New Haven, EE UU 1951) Escritor austriaco. Su obra maestra es la novela *La muerte de Virgilio* (1945), una meditación sobre el valor de la obra de arte en la que utiliza el monólogo interior. Otros títulos suyos son *Los sonámbulos* (1931-32) y *Los inocentes* (1950), novelas cortas.

brocha *s. f.* Pincel grueso o aplanado. || **LOC. de brocha gorda** *adj.* Se dice del pintor o de la pintura de paredes, puertas, etc.

brochado, da *adj.* Se dice de tejidos de seda con alguna labor de oro, plata, etc., en relieve.

brochal *s. m.* Madero cruzado entre dos vigas de un suelo o armazón.

brochazo *s. m.* Cada pasada de un pincel o brocha.

broche *s. m.* **1.** Conjunto de dos piezas, generalmente metálicas, una de las cuales engancha o encaja en la otra, y que se utiliza para cerrar algo. **2.** Joya, adorno, etc., que se lleva prendido en la ropa. **3.** Final de algo, especialmente en la expresión **broche de oro**, final brillante.

brocheta o **broqueta** *s. f.* **1.** Varilla con que se atraviesan pedazos de carne o pescado, para asarlos. **2.** Plato elaborado de esa manera.

Broglie, Louis Victor, príncipe de (Dieppe 1892 - París 1987) Físico francés. Fue el creador de la mecánica ondulatoria. Enunció en 1924 su teoría del corpúsculo-onda, según la cual toda masa en movimiento lleva asociada una onda, lo que permite explicar satisfactoriamente los fenómenos de interferencia y difracción de ondas. Recibió el premio Nobel de física en 1929.

broker (voz ingl.) *s. m.* En econ., persona o entidad que actúa como agente financiero.

broma *s. f.* **1.** Dicho o hecho con que alguien se burla o engaña a otro sin intención de molestar o causar daño. **2.** Actitud o comportamiento no serio, para divertirse o hacer gracia. **3.** Cosa que parece sin importancia, pero que resulta cara o molesta. **4.** Molusco lamelibranquio de la familia teredínidos, especie *Teredo navalis.* Mide unos 9 mm de longitud. Se introduce en los maderos sumergidos en el mar haciendo un agujero, que reviste con sales cálcicas, dejando sólo los sifones en el exterior. Constituye un peligro para las embarcaciones viejas. || **5. broma pesada** La que causa perjuicio o molestia.

bromato (-ito) *s. m.* Sal del ácido brómico (-oso).

bromatología *s. f.* Ciencia que trata de los alimentos, sus características, valor nutritivo, conservación y adulteraciones. **FAM.** Bromatólogo.

bromazo *s. m.* Broma pesada.

bromear *v. intr.* Decir o gastar bromas, estar de broma.

bromeliáceas *s. f. pl.* Familia de plantas herbáceas perteneciente al orden farinales, que comprende más de 1.000 especies de los géneros *Ananas, Billbergia, Bromelia,* y otros. Tienen el tallo poco desarrollado, hojas en roseta y flores en espiga o panícula. Crecen en regiones intertropicales. También *adj.* y *s. f.*

bromhídrico, ca *adj.* **1.** Perteneciente o relativo al ácido bromhídrico. || **2. ácido bromhídrico** HBr. Ácido que se forma al reaccionar con agua el bromuro de hidrógeno. Es un gas incoloro, de olor picante, que humea al aire. Muy soluble en agua; su disolución acuosa es un ácido fuerte.

brómico (-oso) *adj.* **1.** Relativo al óxido y ácido del bromo, en cuyos compuestos este elemento actúa como penta(tri)valente. || **2. ácido brómico** $HBrO_3$. Ácido oxigenado de bromo. Es poco estable y se obtiene tratando bromato con ácido sulfúrico.

bromista *adj.* Aficionado a dar o hacer bromas. También *s.*

Bromley C. del Reino Unido, en el área metropolitana de Londres. 297.000 h. en 1986. Es una ciudad residencial.

bromo *s. m.* Br. Elemento químico no metálico perteneciente al grupo VII A o de los halógenos del sistema periódico. Su número atómico es 35 y su masa atómica 79,9. Fue descubierto por Balard en 1826. Es un líquido volátil de color rojo, tóxico y corrosivo, que produce graves quemaduras en la piel. Se obtiene a partir de los bromuros presentes en el agua del mar. Se emplea para obtener derivados bromados de los hidrocarburos, utilizados como antidetonantes en las gasolinas, para la obtención del tetraetilo de plomo, usado con el mismo fin, y para la fabricación de bromuro potásico.

bromoformo *s. m.* $CHBr_3$. Líquido incoloro, análogo al cloroformo, que se utiliza como anestésico.

bromuro *s. m.* Cualquier sal o éster del ácido bromhídrico (HBr), obtenida al hacerlo reaccionar con un metal, o con un óxido o hidróxido metálico. Entre ellas están el bromuro potásico (KBr), empleado como calmante, y el bromuro de plata (AgBr), que se ennegrece a la luz y se usa como emulsión para recubrir las placas fotográficas.

bronca *s. f.* **1.** Disputa o riña ruidosa. **2.** Reprensión áspera y dura. **3.** Ruido, jaleo. **4.** Protesta colectiva ruidosa en algún espectáculo, particularmente en los toros. **5.** *Arg., Par., Urug.* Enfado, cabreo.

bronce *s. m.* **1.** Cuerpo metálico producto de la aleación del cobre con el estaño y, p. ext., cualquier aleación binaria de cobre y estaño con otro elemento, salvo el cinc, en cuyo caso se denomina latón. Sus propiedades físicas y químicas, así como sus aplicaciones, dependen de la proporción del estaño en el bronce: a mayor cantidad de estaño, mayor dureza, sonoridad y resistencia. Los de bajo contenido en estaño se emplean en la fabricación de medallas y monedas; los de alto contenido se usan para fabricar estatuas, cañones y campanas, grifería, cojinetes, etc. **2.** Cualquier estatua u objeto artístico de bronce. **3.** Galardón de categoría inferior al oro y la plata en ciertas competiciones deportivas, como p. ej. los Juegos Olímpicos. || **4. edad del bronce** Época de la prehistoria caracterizada por el uso de armas y utensilios de bronce y que se extiende, aproximadamente, desde el 3000 al 800 a. C. || **Loc. ligar bronce** *fam.* Broncearse, ponerse moreno, tomar el sol.

Hist. Los restos más antiguos de utensilios de bronce se han encontrado en Anatolia y Balcanes, y han sido fechados en torno al 3000 a. C. Se calcula que el bronce apareció en la cuenca del Indo y en China hacia el 2500 a. C., y en Europa hacia el 2000 a. C. En esta última zona, los especialistas distinguen una primera etapa, entre el 2000 y el 1400 a. C., en la que las hachas, las espadas y puntas de flecha y lanza están fabricadas con bastante tosquedad, y una segunda, entre el 1400 y el 800 a. C., en la que ya aparecen espadas largas, cuchillos de doble filo, hoces y joyas. A la edad del bronce pertenecen las culturas del Argar, en Almería; la de las taulas, talayots y navetas, en las islas Baleares; las culturas de los túmulos y de los campos de urnas, en Centroeuropa; la cretense, la micénica y la de Troya.

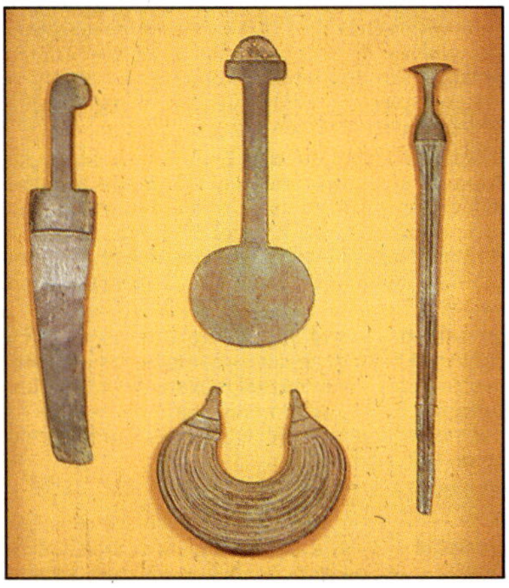

Edad del bronce: armas y adornos de la cultura talayótica, pertenecientes al tesoro de Lloseta (Museo Arqueológico de Barcelona).

bronceado, da 1. *p. p.* de **broncear**. También *adj.* || *s. m.* **2.** Acción y efecto de broncear o broncearse.

bronceador, ra *adj.* Se dice del producto cosmético que favorece el bronceado y protege la piel. También *s. m.*

broncear *v. tr.* **1.** Dar color de bronce. También *v. prnl.* **2.** Poner la piel morena el sol. También *v. prnl.*

broncíneo, a *adj.* **1.** De bronce. **2.** Parecido al bronce.

broncista *s. m.* y *f.* Operario que trabaja el bronce.

broncita *s. f.* Mineral silicato de hierro y magnesio. Cristaliza en el sistema rómbico y suele presentarse en masas fibrosas. Es pesada y exfoliable. Pertenece al grupo de los piroxenos y es, por tanto, un filosilicato.

bronco, ca *adj.* **1.** Se dice del sonido grave, desagradable y áspero y de aquello que lo emite. **2.** Aplicado a materiales, tosco, basto, sin desbastar. **3.** Aplicado a personas, de mal carácter.

bronconeumonía *s. f.* Proceso inflamatorio de los bronquiolos y de uno o varios lóbulos pulmonares. Es provocado por una infección de neumococos u otros gérmenes (bacilos, estreptococos y estafilococos).

bronquio *s. m.* Cada uno de los dos tubos que conectan la tráquea con los pulmones, donde se dividen a su vez en los bronquiolos, que terminan en los alveolos pulmonares. La mucosa bronquial está formada por células productoras de moco y por células ciliales con pestañas en permanente movimiento, que expulsan a través de las vías respiratorias el moco contaminado y las partículas extrañas. **Fam.** Bronquial.

bronquiolo o **bronquíolo** *s. m.* Cada una de las ramificaciones en que se dividen y subdividen los bronquios dentro de los pulmones.

bronquitis *s. f.* Proceso inflamatorio de los bronquios causado por enfriamiento, aspiración de gases tóxicos o a consecuencia de una enfermedad infecciosa (gripe, etc.).

Bronte, Charlotte (Thornton, Yorkshire 1816 - Haworth 1855) y su hermana **Emily** (Thornton 1818 - Haworth 1848) Escritoras británicas. Charlotte alcanzó gran celebridad con la novela *Jane Eyre* (1847). Otras novelas suyas fueron *Shirley* (1849) y *Villete* (1852). Emily es la autora de *Cumbres borrascosas* (1847), obra maestra de la narrativa inglesa.

brontosaurios *s. m. pl.* Género de reptiles fósiles del orden *Sauropoda*. Medían unos 22 m de longitud, pesaban 30 t, tenían la cabeza pequeña y el cuello muy largo y flexible. El cuerpo reposaba en cuatro miembros macizos y acababa en una cola larga y pesada. Eran herbívoros y vivieron en el mesozoico. También *s. m.*

Bronx Uno de los cinco distritos urbanos de Nueva York, el único situado en el continente, separado de la isla de Manhattan por el río Harlem.

Bronzino, Agnolo di Cosimo, llamado (Monticelli 1503 - Florencia 1572) Pintor italiano. Es uno de los representantes del estilo manierista. Sus cuadros, que muestran el nuevo rumbo experimentado por el retrato cortesano, se caracterizan por los colores fríos y la imagen distante del personaje. Entre sus obras destacan *Doña Leonor de Toledo y su hijo Juan* y *Retrato de don García de Médicis.*

Brook, Peter (Londres 1925) Director de teatro y cine británico. Destacó por sus puestas en escena de obras de Shakespeare y por los montajes modernos de espectáculos teatrales, como *Marat-Sade*, de Peter Weiss, que él mismo convirtió luego en película.

Brooklyn Distrito de Nueva York, barrio residencial y comercial en la zona más occidental de Long Island. 3.000.000 h.

Brooks, Richard (Filadelfia 1912 - Beverly Hills, California 1992) Director de cine estadounidense. Ha realizado versiones de famosas obras literarias, como *La última vez que vi París* (1954), *La gata sobre el tejado de cinc* (1958), *Lord Jim* (1965) o *A sangre fría* (1967). Otros filmes suyos son *Los profesionales* (1966) y *Buscando a Mr. Goodbar* (1977).

broquel *s. m.* Escudo, particularmente el pequeño y redondo.

Brossa, Joan (Barcelona 1919) Escritor español en lengua catalana. Vinculado a la vanguardia, fue miembro del grupo Dau al Set. Su obra tiene influencias del surrealismo. Algunos títulos suyos son *Poesia rasa* (1970) y *Rua de llibres* (1980) y, para el teatro, *La red* y *Oro y sal.* Otra faceta interesante es su producción plástica, con los poemas-objetos y los poemas visuales, realizados a partir de 1941.

brotar *v. intr.* **1.** Nacer o salir la planta de la tierra. **2.** Salir en la planta nuevas hojas, flores, etc. **3.** Salir agua u otros líquidos de un manantial o de otro sitio. **4.** Salir a la superficie algo, empezar a manifestarse algo.

brote *s. m.* **1.** Acción de brotar, comenzar algo a manifestarse. **2.** Tallo pequeño y nuevo de una planta. **3.** Bulto que en una planta producen los tallos, las hojas, las flores, etc., cuando van a salir.

Brown, Ford Madox (Calais 1821 - Londres 1893) Pintor británico. Influido por los Nazarenos alemanes y próximo al prerrafaelismo, sus obras más conocidas son *Adiós a Inglaterra* (1855), *Trabajo* (1862-65) y la serie de decoraciones para el ayuntamiento de Manchester.

Brown, Fredric (Cincinnati, Ohio 1906 - Tucson, Arizona 1972) Escritor estadounidense. Es autor de novelas policiacas y de ciencia-ficción, caracterizadas por su humorismo paradójico y provocativo, entre las que destacan *Universo de locos* (1948-49) y *El vagabundo del espacio* (1957). Fue un maestro consumado del relato muy breve, como los recogidos en *El ratón estelar.*

Brown, John (Torrington, Connecticut 1800 - Charlestown, Virginia 1859) Abolicionista estadounidense. Organizó una banda armada para luchar contra los terratenientes de Virginia y de Kansas. Fue capturado, juzgado y ahorcado, pero su ejecución fue preludio de la guerra civil.

browniano, movimiento Se denomina así al movimiento irregular y fluctuante que puede observarse en partículas pequeñas dispersas en un coloide fluido. Es el resultado de los choques de las moléculas del fluido con las partículas de que se trate. Fue descubierto en 1827 por el botánico escocés Robert Brown, observando una suspensión de polen en agua.

Browning, Elizabeth Barrett (Coxhoe Hall, Durham 1806 - Florencia 1861) Poetisa británica. Esposa de Robert Browning, es autora de *El lamento de los niños* (1841) y *Sonetos del portugués* (1847).

Browning, Robert (Londres 1812 - Venecia 1889) Poeta británico. Exponente de la poesía victoriana, conserva un lenguaje romántico pero su expresión es decimonónica. Entre sus títulos sobresalen *Paracelsus* (1835), *Sordello* (1840), *Dramatis personae* (1864) y *El anillo y el libro* (1868-69).

broza *s. f.* **1.** Conjunto de hojas, ramas, cortezas y otros desechos de las plantas. **2.** Desperdicio de cualquier cosa, suciedad, basura. **3.** Espesura de arbustos y plantas en terreno no cultivado. **4.** Relleno, cosas carentes de interés que se dicen o escriben.

brucelosis *s. f.* Enfermedad del ganado vacuno, las cabras y los cerdos, llamada también *fiebre ondulante* o *fiebre de Malta*, que puede transmitirse al hombre por ingestión de leche de animales enfermos o por simple contacto. La producen las bacterias del género *Brucella.*

bruces, de *loc. adv.* **1.** Boca abajo. || **2. darse de bruces** Tropezarse de frente con algo o alguien.

Brücke, Die (en al., 'El puente') Grupo de pintores, fundado en 1905 en Dresde, Alemania, por Ernst Ludwig Kirchner, Erich Heckel, Karl Schmidt-Rottluff y Fritz Bleyl, al que se adhirió Emil Nolde en 1906. Formaron el núcleo del expresionismo alemán. Se separaron en 1913.

Bruckner, Anton (Ansfelden 1824 - Viena 1896) Compositor austriaco. Su obra sinfónica denota la influencia de su formación religiosa y su admiración por Wagner. Es autor de nueve sinfonías y de varias obras religiosas, como el *Te Deum* (1884).

Brueghel, Pieter, llamado **el Viejo** (¿Breda? h. 1525 - Bruselas 1569) Pintor flamenco. Su pintura, influida por la de El Bosco y por el Renacimiento italiano, se caracteriza por la importancia concedida al paisaje, por el tono crítico y humorístico con que retrata numerosas escenas costumbristas y por la riqueza de los colores. Sobresalen la serie dedicada a las estaciones (*Los cazadores en la nieve, La siega del heno, La cosecha*), *El banquete de bodas, La torre de Babel* y *El triunfo de la muerte.*

Pieter Brueghel: La cosecha, *detalle (Narodni Galerie, Praga).*

Brujas (en flamenco *Brugge*, en fr. *Bruges*) C. de Bélgica, cap. de la prov. de Flandes Occidental. 117.750 h. en 1987. Su puerto, en el mar del Norte, es el tercero del país. Cuenta con astilleros, industria metalúrgica y de encajes y es un importante centro turístico y nudo de comunicaciones. En el núcleo monumental medieval destacan la catedral, el ayuntamiento, palacios y lonjas de los gremios.

brujería *s. f.* Forma de hechicería, practicada por quienes se supone que tienen hecho pacto con espíritus malignos o con el demonio. Designa especialmente las prácticas de brujos y brujas en la Europa de los s. XIII al XVIII. Aunque sus fines eran generalmente perversos (privar a alguien de la salud o de la vida, trastornarle el juicio o causarle algún otro mal), también se atribuían a la brujería curaciones extraordinarias, adivinación de cosas ocultas o futuras, encantamientos amorosos, etc. La brujería fue perseguida por la Inquisición, que bajo esta acusación condenó a muerte a miles de personas en los s. XVI y XVII.

brujo, ja *s. m.* y *f.* **1.** Persona que practica la brujería. ‖ *adj.* **2.** Cautivador, muy atractivo. ‖ *s. f.* **3.** Mujer fea, vieja o de aspecto desagradable. **4.** *fam.* Mujer de malas intenciones o mal carácter. ‖ **5. caza de brujas** Persecución por razón de ideas políticas, religiosas o culturales. Se aplica especialmente a la que entre 1947 y 1954 desató en EE UU el senador Joseph McCarthy contra los comunistas y sus simpatizantes.

brújula *s. f.* Instrumento formado por una aguja imantada suspendida sobre un eje, que gira a causa del campo magnético terrestre y señala siempre aproximadamente la dirección N-S. Sirve para orientarse sobre la superficie de la Tierra. Los primeros que utilizaron la brújula fueron los chinos, de quienes la recibieron los árabes, que a su vez la introdujeron en Europa. La primera noticia segura sobre su uso está fechada a fines del s. XIII en Italia. Desempeñó un papel muy importante en los progresos de la navegación de los s. XV y XVI. ‖ **Loc. perder la brújula** Perder una persona el control de sus actos, desorientarse.

brujulear *v. intr. fam.* Ir de un sitio a otro buscando alguna cosa o con el fin de conseguir algo. **Fam.** Brujuleo.

brulote *s. m. amer.* Palabrota ofensiva.

bruma *s. f.* **1.** Niebla de poca densidad que se forma sobre el mar o la tierra, en las capas bajas de la atmósfera. **2.** Oscuridad o confusión en la mente de alguien. **Fam.** Brumoso.

Brumel, Valeri Nicolaievich (Tolbuzino 1942) Atleta ruso. En 1963 batió el récord de salto de altura (2,28 m) y al año siguiente fue campeón olímpico de la especialidad en Tokio.

Brunei Estado de Asia, en el NO de la isla de Borneo.

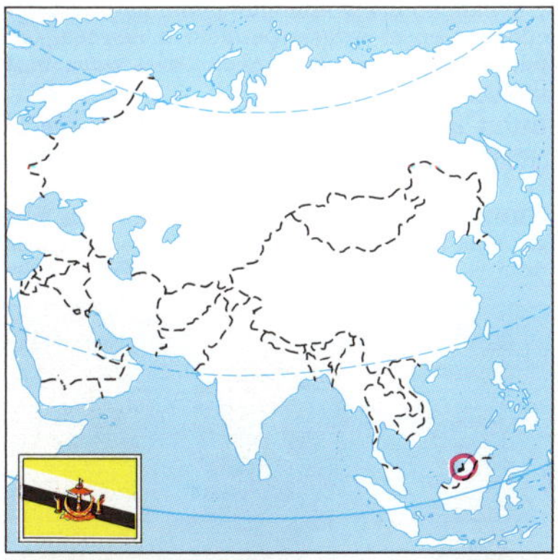

Extensión: 5.765 km^2.
Límites: al N, con el mar de la China Meridional, y al E, S y O, con el estado malasio de Sarawak.
Población: 252.000 h. en 1990.
Densidad: 43,7 h./km^2.
Capital: Bandar Seri Begawan.
División administrativa: 4 distritos.
Ciudades principales: Kuala Belait, Seria, Tutong.
Forma de Estado: sultanato.
Idioma: malayo, inglés y chino.
Religión: islamismo, 64,2 %; budismo, 13 %; catolicismo, 3,2 %.
Moneda: dólar de Brunei.
Tasa de natalidad: 29 ‰ en 1990.
Tasa de mortalidad: 3 ‰ en 1990.
Renta per cápita: 14.120 dólares en 1988.

Geog. El país, que ocupa el NO de la isla de Borneo, es escarpado y montañoso, de suelo estéril, excepto las llanuras aluviales de la costa, que son muy fértiles. Una gran parte está cubierta de bosque y selva. Tiene un clima ecuatorial, cálido y húmedo, dominado por los monzones tropicales. Predomina la población malaya y china. La economía se basa en la producción de petróleo y gas natural.

Hist. La presencia del Islam se remonta al s. XV. El sultanato fue conquistado por los españoles en 1588. Mantuvo un activo comercio con los puertos del S de China hasta el s. XVIII. En 1888 se estableció un protectorado británico. Obtuvo la independencia en 1984, tras haber fracasado el intento de incorporar Brunei a la Federación de Malaisia en 1963.

Brunelleschi, Filippo (Florencia 1377 - íd. 1446) Arquitecto y escultor italiano. A él se deben las primeras formulaciones de la arquitectura renacentista. Su gran aportación residió en el uso de las formas romanas y de la arquitectura medieval toscana, en la búsqueda de la proporción entre las diversas partes del edificio y en el conocimiento de las reglas de la perspectiva. Su primera gran obra fue la cúpula de Santa María de las Flores, en Florencia, para cuya ejecución ideó una serie de andamiajes que renovaron las técnicas de edificación. En la misma ciudad construyó el pórtico del hospital de los Inocentes, la iglesia de San Lorenzo y el palacio Pitti.

Brunete, batalla de Enfrentamiento entre los ejércitos franquista y republicano durante la guerra civil española (1936-39). Tuvo lugar en el pueblo madrileño de Brunete en julio de 1937 y se saldó con la derrota republicana.

bruno, na *adj.* De color negro u oscuro.

Bruno, Giordano (Nola, Nápoles 1548 - Roma 1600) Filósofo italiano. Ingresó en la orden de los dominicos, pero la abandonó después de haber sido acusado de herejía. Encarcelado por la Inquisición, fue quemado vivo en la hoguera al negarse a abjurar de sus doctrinas. Su pensamiento, influido por el neoplatonismo y por la teoría copernicana, defiende la infinitud del universo, al que concibe como un conjunto que se transforma continuamente y que se corresponde con la infinitud de Dios. Sus obras principales son: *De la causa, principio y uno* (1584) y *Del infinito, universo y mundos* (1585).

Bruno, San (Colonia 1035 - Serra San Bruno, Italia 1101) Fundador de la orden de los cartujos. Hacia 1086 se estableció con seis compañeros en un lugar cerca de Grenoble, llamado *Chartreuse*, origen del nombre de cartuja.

Brunswick (*Braunschweig*) **1.** C. de Alemania, en el Land de Baja Sajonia. 253.800 h. en 1989. Cuenta con industria mecánica y automovilística y es un centro comercial. Posee notables monumentos de los s. XII y XIII.
2. Península de Chile, en la región de Magallanes. Se han detectado en ella importantes yacimientos de carbón, cobre y cinc.

Brunswick, Karl Wilhelm Ferdinand, duque de (Wolfenbüttel 1735 - Ottensen, cerca de Altona 1806) Militar prusiano. Jefe de los ejércitos coaligados que invadieron Francia para combatir contra los revolucionarios (1792), amenazó con saquear París si la familia real sufría algún daño; esta proclama causó efectos contrarios a los deseados. Vencido en Geisberg (1793), dimitió.

bruñir *v. tr.* Sacar brillo a algo, particularmente al metal. ■ Es v. irreg. Se conjuga como *mullir.* **Fam.** Bruñido.

brusco, ca *adj.* **1.** Aplicado a cosas, cambios, hechos, etc., repentino, rápido. **2.** Aplicado a personas, a su trato, acciones, etc., áspero, poco amable. **Fam.** Bruscamente.

Bruselas (en flamenco *Brüssel*, en fr. *Bruxelles*) C. de Bélgica, cap. del país y de la prov. de Brabante. 970.400 h. en 1988 en su aglomeración urbana. Posee industria alimentaria, textil, metalúrgica y química. Es centro comercial, administrativo y cultural, además de importante nudo de comunicaciones y sede de diversos organismos internacionales como el Benelux, CECA, CEE, OTAN y EURATOM. Entre sus monumentos sobresalen la catedral gótica; la iglesia de Notre-Dame-de-la-Chapelle, con partes románicas y góticas; la Grand Place, con el ayuntamiento de estilo gótico flamígero del s. XV y edificios barrocos posteriores. Entre las modernas edificaciones destaca el Atomium.

Hist. Bruselas fue residencia de los duques de Brabante y, desde 1430, capital de los Países Bajos españoles. Al proclamarse la independencia de Bélgica en 1830 se convirtió en capital del estado. En 1967 obtuvo un estatuto particular como región bilingüe flamenca y francesa.

bruselense *adj.* De Bruselas. También *s.*

brusquedad *s. f.* **1.** Cualidad de brusco. **2.** Acción brusca.

brutal *adj.* **1.** Propio del bruto, violento, cruel. **2.** Muy intenso o fuerte.

brutalidad *s. f.* **1.** Cualidad de brutal. **2.** Acción brutal.

brutalmente *adv. m.* Con brutalidad.

bruto, ta *adj.* **1.** Se dice de la persona de poca inteligencia, necia e incapaz. También *s.* **2.** Se dice de la persona que utiliza con exceso la fuerza física. También *s.* **3.** Se aplica a la persona grosera, sin educación ni amabilidad. También *s.* **4.** Se aplica a las cosas sin pulir. **5.** Referido al peso, total, sin descontar la tara. **6.** Referido a un sueldo, el total, sin descuentos. ‖ *s. m.* **7.** Animal irracional, especialmente el caballo. ‖ **Loc. en bruto** *adv.* Sin pulir; sin descontar nada.

Bruto, Marco Junio (Roma h. 85 - Filipos 42 a. C.) Patricio romano. Participó activamente en la conjura republicana contra César. Derrotado por Octavio y Marco Antonio en la batalla de Filipos (42 a. C.), se suicidó.

bruza *s. f.* Cepillo de cerdas muy fuertes, generalmente con una correa para agarrarlo, que

Bruselas: la Plaza Mayor, con la Casa del Rey, antiguo mercado de pan, a la derecha.

sirve para limpiar a las caballerías o los moldes de imprenta.

Bryce Echenique, Alfredo (Lima 1939) Escritor peruano. Su obra se caracteriza por la agilidad del estilo y el sentido del humor. Entre sus libros destacan las novelas *Un mundo para Julius* (1970), *La vida exagerada de Martín Romaña* (1981) y *El hombre que hablaba de Octavia de Cádiz* (1985).

buba *s. f.* Tumor blando con pus, sobre todo el debido a enfermedades venéreas, que sale en las ingles y a veces en las axilas y cuello.

Buber, Martin (Viena 1878 - Jerusalén 1965) Filósofo e historiador israelí de origen austriaco. Sionista desde 1898, se trasladó desde Alemania a Palestina en 1938 y defendió una política de coexistencia pacífica entre judíos y árabes. Entre sus obras destacan *Yo y tú* (1923), *Las historias del hasidismo* (1927), *Gog y Magog* (1941) y *Caminos de la utopía* (1949).

bubón *s. m.* Inflamación de un ganglio linfático, en especial de la ingle. Suele ser consecuencia de enfermedades venéreas y, sobre todo, de una enfermedad infecciosa, la peste bubónica, que producen ciertas bacterias transmitidas por las pulgas de los roedores y que puede presentarse en forma de epidemias, una de las cuales (la peste negra) mató a un tercio de la población de Europa en el s. XIV. **FAM.** Bubónico.

buboso, sa *adj.* Que tiene bubas.

bucal *adj.* Perteneciente o relativo a la boca.

bucanero *s. m.* Pirata que en los s. XVII y XVIII saqueaba las posesiones españolas en América. Eran, en su mayoría, aventureros franceses, ingleses y holandeses, y tuvieron sus principales bases en la isla de la Tortuga y, luego, en Jamaica. El más famoso fue Henry Morgan.

Bucaramanga C. de Colombia, cap. del departamento de Santander. 362.000 h. en 1989. Centro agropecuario e industrial, posee también yacimientos de oro.

Bucareli y Ursúa, Antonio María (Sevilla 1717 - México 1779) Militar y administrador español. Fue capitán general de Cuba (1760-71), y virrey de Nueva España (1771-79). Mandó expediciones a la costa del Pacífico y una de ellas fundó la ciudad de San Francisco (1776).

Bucarest (*Bucuresti*) C. de Rumania, cap. del país. 2.014.400 h. en 1987 y 2.197.700 h. en su área metropolitana en 1984. Principal núcleo comercial, financiero e industrial del país, cuenta con industria química y de material electrónico.

Bucarest: vista de la calle Victoriei, en el centro de la ciudad.

búcaro *s. m.* **1.** Vasija de cerámica que se usa especialmente para poner flores. **2.** Botijo.

buccinador *s. m.* Músculo de la cara situado entre el orbicular y el masetero; sirve para soplar e hinchar los carrillos.

buccino *s. m.* Nombre común de diversos gasterópodos de la familia buccínidos, género *Buccinum.* El buccino común *(Buccinum undatum)* presenta una concha alargada en forma de trompa. Habita en mares fríos y su tinta era utilizada en la antigüedad como tinte textil.

bucear *v. intr.* **1.** Nadar bajo la superficie del agua. **2.** Explorar a fondo un asunto. **FAM.** Buceador.

buceo *s. m.* Actividad de bucear.

buche *s. m.* **1.** Compartimiento del aparato digestivo de las aves y otros animales. **2.** Porción de líquido que cabe en la boca. **3.** *fam.* Estómago. ‖ **LOC. hacerse buches** *Arg., Urug.* Enjuagarse la boca con algún líquido, sin tragarlo. ***Biol.*** El buche de las aves es un ensanchamiento que presenta su esófago formando una bolsa muscular, donde se acumulan los alimentos de digestión lenta y desde el que pasan a la molleja. Está muy desarrollado en las aves de presa y en las granívoras. En las palomas, el epitelio del buche segrega durante el periodo de reproducción un líquido que sirve de alimento a los polluelos y que se conoce vulgarmente como *leche de paloma.*

buchinche *s. m.* Cuchitril*.

Buchner, Eduard (Munich 1860 - Focsani, Rumania 1917) Bioquímico alemán. Investigó sobre la fermentación y extrajo de la levadura de cerveza una enzima, la zimasa (1897). También descubrió la invertasa y la lactasa. Recibió el premio Nobel de química en 1907.

Büchner, Georg (Goddelau, cerca de Darmstadt 1813 - Zurich 1837) Escritor alemán. De ideas revolucionarias, es autor de la novela *Lenz,* de los dramas *La muerte de Danton* (1834) y *Leoncio y Lena* (1836) y de la tragedia *Woyzeck,* inconclusa, caracterizados por la fuerza del lenguaje y su apasionado contenido ideológico. Su obra ha influido enormemente en el teatro del s. XX.

Buck, Pearl Sydenstricker (Hillsboro, Virginia 1892 - Danby, Vermont 1973) Novelista estadounidense. Su obra, de concepción clásica, denota un profundo conocimiento del pueblo chino, en títulos como *Viento del este, viento del oeste* (1930), *La buena tierra* (1931) y *La madre* (1934). Obtuvo el premio Nobel de literatura en 1938.

Buckingham, George Villiers, duque de (Brooksby, Leicestershire 1592 - Portsmouth 1628) Político inglés. Favorito de los reyes Jacobo I y Carlos I, pero impopular en el parlamento y entre el pueblo, dirigió la política inglesa desde 1619 hasta su muerte por asesinato.

Buckingham, palacio de Residencia londinense de los soberanos británicos desde la subida al trono de la reina Victoria I (1837). Construido en el parque de Saint James en 1703 para el duque de Buckingham, fue adquirido por Jorge III en 1762. Entre 1821 y 1836, John Nash lo reestructuró y amplió y, en 1913, Aston Webb le dio a la fachada E su aspecto neoclásico.

Buckinghamshire Condado del Reino Unido, en Inglaterra, situado en el S del país. 1.883 km^2. 621.300 h. en 1987. La capital es Aylesbury, con 48.200 h. Posee industrias de artes gráficas y avicultura.

bucle *s. m.* **1.** Tirabuzón. **2.** Cualquier cosa con esta forma. **3.** En inform., serie de instrucciones de un programa cuya ejecución se repite hasta verse cumplido un resultado.

bucofaríngeo, a *adj.* Perteneciente o relativo a la boca y a la faringe.

bucolabial *adj.* Perteneciente o relativo a la boca y a los labios.

bucólico, ca *adj.* **1.** Se aplica a la poesía u otro género literario de asunto pastoril o campestre. También *s. f.* **2.** Perteneciente o relativo a este género literario. **3.** Se dice del poeta que lo cultiva. **4.** Se aplica a la vida en el campo, en especial la de los pastores, a su ambiente y su paisaje.

buda *s. m.* Título dado por los budistas a quien se ha liberado de la transmigración (paso del alma de un cuerpo a otro) por la iluminación o conocimiento perfecto (*bodhi*) después de dominar todo deseo.

Buda Sobrenombre de Siddarta Gautama o Sakyamuni, reformador religioso hindú de los s. VI y V a. C., que a los 30 años abandonó a su familia y sus posesiones para dedicarse a la meditación y la ascesis. Fundó el budismo y lo predicó en el NE de la India. Comunicó lo esencial de su doctrina a su discípulo Ananda.

Budapest C. de Hungría, cap. del país y del condado de Pest. 2.115.000 h. en 1989. Posee in-

Budapest: el río Danubio a su paso por la ciudad.

dustria metalúrgica, química, papelera, maderera, del calzado y fertilizantes, y es un centro comercial y nudo de comunicaciones de Europa central. Alberga importantes monumentos (catedral, parlamento y varios museos). Se creó a partir de la unión en 1873 de dos ciudades a orillas del río Danubio: Buda y Pest. Buda estuvo ocupada por los turcos entre 1541 y 1686. Se convirtió en capital de Hungría en 1867.

budín *s. m.* **1.** Dulce compacto y pastoso que se prepara en un molde con bizcocho o pan reblandecido en leche, azúcar y frutas secas. **2.** P. ext., plato pastoso y confeccionado en molde con otros ingredientes, como arroz, pescado, etc.

budismo *s. m.* Doctrina religiosa fundada por Buda hacia la segunda mitad del s. VI a. C. El budismo se extendió por el N de la India, Ceilán, China, Japón y SE de Asia. En 1989 se estimaba en 312 millones el número de budistas en el mundo, organizados en dos grandes ramas: mahayana ('gran vehículo'), de carácter más místico y predominante en Tíbet, China y Japón, e hinayana ('pequeño vehículo'), más tradicionalista y extendida por Indochina, Birmania y Ceilán. Según el budismo, los dioses protegen al mundo que, al igual que el alma del hombre, nace, se desarrolla, decae y perece para volver a comenzar. El hombre es un ser responsable y puede liberarse de este ciclo de transmigraciones o reencarnaciones por el dogma de las *Cuatro verdades excelentes*: el dolor, su causa, su supresión y el camino hacia esta supresión. La liberación consiste en el éxtasis perfecto o nirvana, que puede alcanzarse a lo largo de varias vidas. **FAM.** Budista.

buen *adj. apóc.* de **bueno**. Se usa delante de sustantivos o delante de verbos en infinitivo: *buen comer, un buen pasar.*

Buena Esperanza Cabo del S de África y lugar más meridional del continente. Se le considera el límite entre los océanos Atlántico e Ín-

Estatua de Buda del siglo XIII, en la ciudad japonesa de Kamakura.

dico. Descubierto en 1486 por el portugués Bartolomeu Dias, que lo llamó cabo de las Tormentas, fue doblado por primera vez por Vasco de Gama en 1497.

buenamente *adv. m.* Fácilmente, cómodamente, sin gran esfuerzo.

buenaventura *s. f.* **1.** Buena suerte. **2.** Adivinación del futuro de alguien que pretenden hacer las gitanas a cambio de dinero, generalmente mirando las rayas de la mano.

Buenaventura C. de Colombia, en el departamento del Valle del Cauca. 193.200 h. en 1985. Es el primer puerto exportador de café del país.

Buenaventura, San (Bagnorea, Toscana 1221 - Lyon 1274) Teólogo escolástico italiano. Vicario general de los franciscanos en 1257, combatió el aristotelismo, al que consideraba erróneo por no subordinar la reflexión racional a las verdades reveladas.

buenazo, za *adj.* Bondadoso, pacífico, de carácter dócil y algo ingenuo. También *s.*

bueno, na *adj.* **1.** Se dice de lo acorde con su naturaleza o función. **2.** Se dice de la persona que piensa y obra bien según la moral. También *s.* **3.** Bien hecho, valioso, de calidad. **4.** Oportuno, útil, conveniente. **5.** Agradable, gustoso, divertido. **6.** Sano. **7.** Referido al tiempo atmosférico, apacible, templado. **8.** No estropeado ni roto, que puede servir. **9.** De tamaño, duración, intensidad o importancia considerables. **10.** *fam.* Se dice de la persona muy atractiva físicamente. || *s. f.* **11.** Equivale a peligro, reprimenda, lío, etc., o en general, a algo negativo o de considerable importancia. || *adv.* **12.** Equivale a *bien* y se emplea para expresar conformidad, asentimiento o resignación, paciencia. || *interj.* **13.** Denota sorpresa desagradable. También se usa como equivalente de *¡basta!* || **Loc. a la buena de Dios** *adv.* Sin preparación o sin cuidado. **¡buenas!** *excl.* Forma de saludo. **de buenas** *adv.* Con *estar* y otros verbos, de buen humor, bien dispuesto. **de buenas a primeras** *adv.* De pronto, a primera vista. **¡estaría bueno!** *excl.* Expresa la decisión de no tolerar algo. **estaría bueno que...** Indica sorpresa o temor de que pueda ocurrir cierta cosa. También indica que se considera una cosa fuera de lugar, injusta. **por las buenas** *adv.* Voluntariamente, sin tener que usar la fuerza o violencia.

Bueno, Gustavo (Santo Domingo de la Calzada, La Rioja 1924) Filósofo español. Considera la filosofía como una totalización del saber y desde el marxismo ha procedido a una refundamentación del materialismo dialéctico. Entre sus obras sobresalen *El papel de la filosofía en el conjunto del saber* (1970), *Etnología y utopía* (1971) y *Ensayos materialistas* (1972).

Buenos Aires 1. Prov. de Argentina, en el E del país. 307.571 km^2. 12.226.000 h. en 1986. La capital es La Plata, con 560.350 h. en 1986. La más extensa y poblada de las provincias del país, está situada en la llanura de la Pampa, de clima templado y atravesada por el río Paraná y Río de la Plata. Tiene una importante cabaña ganadera: vacuno, lanar, caballar, porcino. Produce trigo, maíz y lino. Posee industria siderúrgica, textil y refinería de petróleo.
2. C. de Argentina, cap. del país. 2.924.000 h. en 1986. Es el núcleo del Gran Buenos Aires, segunda aglomeración urbana de América del Sur, con 3.860 km^2 y 10.039.800 h. Su puerto es uno de los más activos del continente. Centro político, financiero, comercial y cultural de Argentina, concentra el 40 % de la industria del país. Cuenta con numerosos monumentos, museos y edificios notables, como el teatro Colón y el palacio del Congreso Nacional.
Hist. La historia de la ciudad se inició en 1536, cuando Pedro de Mendoza fundó Santa María de los Buenos Aires, en la orilla derecha del Río de la Plata, donde levantó un fuerte. En 1580, Juan de Garay decidió la fundación definitiva de la ciudad. Capital del virreinato del Río de la Plata desde 1776, jugó un papel fundamental en la independencia y consolidación de Argentina. Una intensa inmigración convirtió Buenos Aires en un gran centro urbano desde mediados del s. XIX. El crecimiento demográfico fue acompañado de la modernización urbanística, con la realización hacia 1930 de grandes avenidas y parques.

Buero Vallejo, Antonio (Guadalajara 1916) Dramaturgo español. En sus primeras obras refleja y critica la mediocridad de la sociedad es-

Antonio Buero Vallejo.

pañola de la posguerra. *Historia de una escalera* (1949) obtuvo un gran éxito y llevó a la escena española aires de renovación. Otras obras suyas son *En la ardiente oscuridad* (1951), *Un soñador para un pueblo* (1958), *El concierto de San Ovidio* (1962), *El tragaluz* (1967), *La fundación* (1974), *Caimán* (1981), *Diálogo secreto* (1984) y *Lázaro en el laberinto* (1986). En 1986 obtuvo el premio Miguel de Cervantes.

buey *s. m.* **1.** Toro castrado. Su gran fortaleza los hizo idóneos para las tareas agrícolas más duras, hasta ser sustituidos por las máquinas. Hoy, su cría se dedica exclusivamente a la obtención de carne. **2.** Nombre común del crustáceo braquiópodo *Cancer pagurus.* Tiene cinco pares de patas, grandes pinzas de color negro y un caparazón de hasta 30 cm de ancho. Vive en las costas rocosas y su carne es muy apreciada.

Búfalo africano o cafre (Syncerus caffer).

búfalo *s. m.* **1.** Mamífero artiodáctilo rumiante, de la familia bóvidos, con dos especies, el búfalo asiático *(Bubalus bubalus)* y el búfalo africano o cafre *(Syncerus caffer).* El asiático mide unos 2 m de longitud, tiene los cuernos anchos y huecos, muy juntos en la base, una ligera giba, grandes orejas y un pelaje de tono pardo o grisáceo; habita en manadas en las zonas húmedas de la India, Ceilán, Nepal y Assam, y puede ser domesticado. El africano tiene cuernos y pelaje similares al asiático, pero es de menor tamaño. **2.** Denominación que se da a veces al bisonte americano.

bufanda *s. f.* Prenda alargada, generalmente de lana, que se pone alrededor del cuello como abrigo, adorno o distintivo.

Buenos Aires: vista de la avenida del 9 de Julio y de la plaza de la República.

bufar *v. intr.* **1.** Resoplar con ira el toro, el caballo y otros animales. **2.** *fam.* Manifestar alguien enfado resoplando como lo hacen los animales.

bufé *s. m.* **1.** Mesa, mostrador o lugar semejante, en el que se colocan en las fiestas o restaurantes una serie de platos y bebidas para que los asistentes se sirvan. **2.** Este tipo de comida.

bufete *s. m.* **1.** Despacho y clientela del abogado. **2.** Mesa de escribir con cajones.

Buffalo C. de EE UU, en el estado de Nueva York. 323.700 h. en 1988 y 1.182.000 h. en su área metropolitana en 1987. Es un importante centro comercial e industrial (siderurgia, mecánica, refinerías de petróleo, química) y nudo de comunicaciones.

Buffalo Bill, William Frederick Cody, llamado (condado de Scott, Iowa 1846 - Denver 1917) Aventurero estadounidense. Luchó en la guerra contra los cheyenes y los sioux, y más tarde fue contratado para cazar bisontes con destino a suministrar carne a los obreros del ferrocarril. Lució sus habilidades como caballista y tirador en circos y teatros.

Buffet, Bernard (París 1928) Pintor y grabador francés. Figurativo, su pintura se caracteriza por el empleo de tonos fríos y por su dibujo anguloso. Algunos cuadros suyos más conocidos son *La guerra, Nueva York* y *París.* También ha realizado grabados y litografías, así como decorados para el teatro.

Buffon, Georges Louis Leclerc, conde de (Montbard, Borgoña 1707 - París 1788) Naturalista francés. Autor del gran compendio titulado *Histoire naturelle, générale et particulière,* de la que publicó 36 volúmenes, se le considera el introductor del concepto de evolución en las ciencias naturales.

bufido *s. m.* **1.** Sonido que se hace al bufar. **2.** Demostración de enfado.

bufo, fa *adj.* **1.** Cómico, que provoca risa o burla. **2.** Se aplica a un género de ópera surgido en Italia en el s. XVIII que resaltaba, frente a la ópera seria, los aspectos más humorísticos. || *s. m.* y *f.* **3.** En la ópera italiana, personaje que hace el papel de gracioso.

bufón *s. m.* **1.** Persona que vivía en palacio y cuyo trabajo consistía en divertir a reyes y cortesanos con sus gracias grotescas y sus agudezas. **2.** Persona que hace reír. **Fam.** Bufonesco.

bufonada *s. f.* Dicho o hecho propio de bufón.

bugalla *s. f.* Agalla del roble y otros árboles, usada para hacer tinta o tintes.

buganvilla *s. f.* Planta arbustiva o trepadora originaria de Sudamérica, de flores pequeñas, rodeadas de brácteas de brillantes colores que parecen de papel. Se clasifica en la familia nictagináceas y en el género *Bougainvillea.*

bugle *s. m.* Instrumento musical de viento de la familia del metal, grupo de los bombardinos, con un largo tubo cónico de metal y pistones.

buhardilla o **bohardilla** *s. f.* **1.** Ventana en forma de casilla que sobresale por encima del tejado y sirve para dar luz a los desvanes. **2.** Piso de una casa inmediatamente debajo del tejado, por lo que suele tener el techo inclinado.

Bühler, Karl (Meckensheim 1879 - Los Ángeles 1963) Psicólogo y lingüista alemán. Ejerció la docencia en Munich, Dresde y Viena y, tras emigrar a EE UU, en Pasadena (California). Partidario de la escuela de la Gestalt, orientó su investigación hacia el estudio experimental del desarrollo del pensamiento y las funciones expresiva, apelativa y representativa del lenguaje. Entre sus obras destacan *La percepción de la forma* (1913), *El desarrollo psíquico del niño* (1918) y *Teoría del lenguaje* (1934).

búho *s. m.* Nombre común de diversas aves estrigiformes de la familia estrígidos, géneros *Bubo, Asio, Nyctea* y otros. Son rapaces nocturnas que poseen un plumaje suave y esponjoso que las cubre hasta las patas, dos mechones de plumas erectas y grandes ojos, cuyo globo ocular carece de movimiento, por lo que deben girar toda la cabeza. Se alimentan, en general, de pequeños roedores y viven en todo el mundo, a excepción de la Antártida. Las especies más comunes son el búho real *(Bubo bubo),* que mide entre 66 y 71 cm, el búho chico *(Asio otus),* de unos 38 cm

Búho chico (Asio otus).

de longitud; y el búho nival *(Nyctea scandiaca)* que mide entre 53 y 66 cm de longitud y tiene plumaje blanco.

buhonería *s. f.* Mercancías de buhonero, generalmente de poco valor, como botones, cintas, peines, etc.

buhonero *s. m.* Vendedor ambulante, que lleva sus mercancías por la calle o de pueblo en pueblo en una cesta o recipiente similar colgado de los hombros, en un carrito u otro vehículo.

buido, da *adj.* **1.** Afilado, aguzado. **2.** Acanalado, con estrías.

buitre *s. m.* **1.** Nombre común de diversas aves falconiformes de la familia accipítridos, géneros *Aegypius, Gyps* y otros. Son rapaces diurnas que suelen tener la cabeza y el cuello desprovistos de plumas y alimentarse de carroña. Sus grandes alas les permiten volar durante horas a gran altura, aprovechando las corrientes de aire caliente, y detectar así el alimento. El buitre común o leonado *(Gyps fulvus)* mide entre 97 y 104 cm de longitud, vive en las zonas montañosas del S de Europa, África y Asia y puede sobrepasar los 2,5 m de envergadura. El buitre negro o monje *(Aegypius monachus)* es de mayor tamaño que el común y parecida distribución geográfica, pero de él existen muchos menos ejemplares y corre riesgo de extinción en Europa. **2.** *fam.* Persona egoísta y aprovechada.

Buitre leonado (Gyps fulvus).

buitrón *s. m.* **1.** Arte de pesca en forma de cono, en cuya boca hay otro más corto dirigido hacia dentro. **2.** Cierta red para cazar perdices. **3.** Lugar donde cae la ceniza en los hornos metalúrgicos.

Bujarin, Nicolai Ivanovich (Moscú 1888 - íd. 1938) Político soviético. Dirigente bolchevique, participó en la revolución de Octubre y fue el teórico del cambio de orientación de la política económica en 1921, conocido como Nueva Economía Política. Enfrentado a Stalin, fue juzgado y ejecutado. Su figura fue rehabilitada en 1988. Es autor de *Teoría del materialismo histórico* (1921) y *La economía mundial y el imperialismo* (1929).

bujarrón *adj.* Homosexual. También *s. m.*

buje *s. m.* Pieza cilíndrica que reviste interiormente los elementos mecánicos que giran alrededor de un eje, como el de la rueda de un vehículo automóvil.

bujía *s. f.* **1.** Pieza auxiliar de los motores de explosión, como el de los automóviles, que sirve para producir la chispa que inflama la mezcla gaseosa explosiva en la cámara de combustión. **2.** Vela de cera blanca, parafina u otra sustancia.

Bujumbura C. de Burundi, cap. del país y de la prov. homónima. 272.600 h. en 1986. Tiene industria alimentaria, de calzado y textil.

bula *s. f.* **1.** Documento pontificio que trata sobre cuestiones de fe, concesión de privilegios o asuntos de interés general. ‖ **2. bula de la Santa Cruzada** La que concedía diferentes indulgencias y privilegios a quienes participaban en las cruzadas u otras guerras contra infieles o contribuían a costearlas. ‖ **Loc. tener bula para** algo *fam.* Gozar de facilidades con que los demás no cuentan.

Bulawayo C. de Zimbabwe, en el SO del país. 495.300 h. en 1987. Cuenta con un complejo siderúrgico, fábricas de material eléctrico, manufactura del tabaco, montaje de automóviles y minas de oro y asbesto.

bulbar *adj.* Relativo al bulbo raquídeo.

bulbo *s. m.* **1.** Tallo subterráneo de ciertas plantas como el tulipán, la cebolla y el lirio, de forma globular, cubierto por una serie de hojas membranosas o carnosas. ‖ **2. bulbo dentario** Ensanchamiento en el fondo del folículo dental. **3. bulbo piloso** Abultamiento en que termina la raíz del pelo de los mamíferos por su extremo profundo. **4. bulbo raquídeo** Una de las tres partes principales del encéfalo, situada en la base del cráneo, debajo del cerebelo y encima de la médula espinal, de la que constituye un ensanchamiento. Al igual que la médula, el bulbo raquídeo es capaz de elaborar impulsos nerviosos reflejos, necesarios para el mantenimiento de las funciones vitales, que regulan actividades como la deglución, el vómito, los movimientos del corazón y de los órganos respiratorios. Es un órgano conductor de las corrientes nerviosas sensitivas, que se dirigen al encéfalo, y de las motoras, que proceden de éste. **Fam.** Bulboso.

buldog o **bulldog** *s. m.* Perro de presa, originario de Inglaterra, que se distingue por su cara achatada y tener gran robustez.

buldozer o **bulldozer** *s. m.* Máquina excavadora provista de una cuchilla de acero curvada que se acciona mediante brazos móviles.

bulerías *s. f. pl.* **1.** Cante popular andaluz de ritmo vivo, que se acompaña con palmas. **2.** Baile que se ejecuta con este cante.

bulevar *s. m.* Calle ancha con árboles, amplias aceras y paseo central.

Bulgakov, Mijail Afanasievich (Kiev 1891 - Moscú 1940) Escritor soviético. Es autor de novelas como *La guardia blanca* (1924), *La novela teatral* (1962) y *El maestro y Margarita* (1966), caracterizadas por la ironía con que se refleja la cotidianidad.

Bulganin, Nicolai Alexandrovich (Nizhni Novgorod 1895 - Moscú 1975) Político y militar soviético. Nombrado presidente del consejo de ministros en 1955, fue apartado de la política por Kruschev en 1958 durante la desestalinización.

Bulgaria (*Bălgarija*) Estado del SE de Europa, en la península de los Balcanes.

Geog. física De N a S el relieve presenta una alternancia de ejes fluviales y montañosos: valle del Danubio, Balcanes (Stara Planina) y macizo de Sredna Gora; valle del Maritza y montes Ródope. El clima es continental, extremado en las áreas montañosas y mediterráneo en la costa del mar Negro.

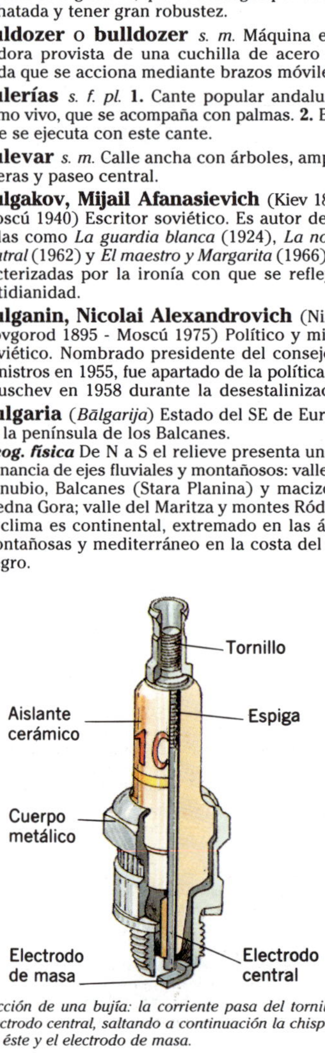

Sección de una bujía: la corriente pasa del tornillo al electrodo central, saltando a continuación la chispa entre éste y el electrodo de masa.

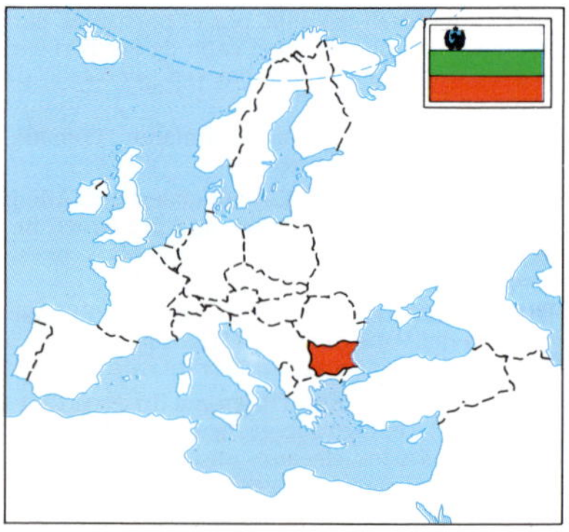

Extensión: 110.912 km².
Límites: al N, con Rumania; al E, con el mar Negro; al S, con Grecia y Turquía, y al O, con Serbia y Macedonia.
Población: 9.000.000 h. en 1990.
Densidad: 81 h./km².
Capital: Sofía.
División administrativa: 28 distritos.
Ciudades principales: Plovdiv, Varna, Ruse, Burgas.
Gentilicio: búlgaro.
Forma de Estado: república.
Idioma: búlgaro.
Religión: cristianismo ortodoxo, 26,7 %; islamismo, 7,5 %.
Moneda: lev.
Tasa de natalidad: 13 ‰ en 1990.
Tasa de mortalidad: 12 ‰ en 1990.
Renta per cápita: 4.150 dólares en 1987.

Geog. humana y ***económica*** La población procede de la fusión de los pueblos tracio, ilirio y eslavo y se concentra en los valles de los ríos Danubio y Maritza. La actividad económica principal es la agricultura, organizada en cooperativas de producción. Se cosechan cereales, algodón, tabaco, rosas y frutales. La industrialización se inició a partir de los derivados de la agricultura, en las ramas alimentaria y textil. Después de 1945 se ha desarrollado la minería, extrayéndose principalmente lignito, hierro, cinc, petróleo y gas natural; y la creación de centros industriales: metalurgia y mecánica en Sofía, química en Dimitrovgrad, textil en Gabrovo, además de industrias del cuero, tabaco, madera, cemento y energía eléctrica.

Hist. Habitado primitivamente por tracios e ilirios, el actual territorio de Bulgaria formó en el s. III la provincia romana de Mesia. En el s. VI los pobladores tracios sufrieron la invasión de los eslavos y los búlgaros, que se convirtieron en el sector dominante de la población. Los búlgaros mantuvieron una prolongada lucha contra los emperadores de Constantinopla, llegando a sitiar la ciudad e imponerle tributo. Los s. X y XII fueron las épocas más importantes del imperio búlgaro. En el s. XIV, el territorio fue ocupado por los turcos, que hicieron de Bulgaria una provincia de su imperio hasta 1878.

Tras un periodo de dominio ruso, Bulgaria formó parte de la Unión Balcánica entre 1908 y 1912. En la Primera Guerra Mundial se alineó con los imperios centrales, y en la Segunda apoyó a las potencias del Eje. Ocupada por el ejército soviético en 1944, en 1946 se formó un gobierno de coalición, y en 1947 se aprobó una Constitución que ilegalizó las tendencias no comunistas y condujo a la creación de una república socialista de partido único. Tras ser durante décadas uno de los regímenes más inmovilistas del bloque soviético, sufrió en 1989 los efectos del proceso reformador iniciado por Gorbachov en la URSS, y Todor Yivkov, secretario general del Partido Comunista búlgaro, fue sustituido en el cargo por Petar Mladenov, hasta entonces ministro de Asuntos Exteriores. En junio de 1990 el Partido Socialista búlgaro (antiguo Partido Comunista) ganó las elecciones y Petar Mladenov se convirtió en jefe del Estado y Andrei Lukanov en primer ministro. En las elecciones de 1992 alcanzó la presidencia el liberal Yeliu Yelev.

Cult. En los orígenes de la literatura búlgara se encuentra la obra de traducción de libros religiosos realizada en el s. IX por los monjes Cirilo y Metodio durante la evangelización del país. Tras el largo periodo de dominación turca, en el s. XIX

Bulgaria: vista de la ciudad de Plovdiv, en el centro del país, a orillas del río Maritza.

se produjo un renacimiento de las letras búlgaras, cuyo principal representante fue Georgi Rakovski. También destacó el poeta Iván Vazov. En el s. XX se cuentan figuras importantes, como los novelistas Jordan Jovkov, Dimitar Blagoev y Dimitar Talev.
En las artes plásticas sobresalen los monumentos y frescos pictóricos de influencia bizantina, que se deja sentir a lo largo de los siglos: iglesia de Preslav (s. IX); iglesia de los Cuarenta Mártires, en Tarnovo (1230); pinturas del convento de Kremikovtsi (1493); la obra del pintor Christo Dimitrov y su escuela (s. XVIII). En la Edad Contemporánea son dignos de mención el pintor de origen checo Jan Mrkvicka, los retratistas Zacarías Zograf y Estanislao Dospevski, y representantes de las corrientes de vanguardia, como el impresionista Nicolás Petrov, el surrealista Papazov y el expresionista Pascin.

búlgaro, ra *adj.* **1.** De Bulgaria. También *s.* ‖ *s. m.* **2.** Lengua búlgara.

bulimia *s. f.* Hambre exagerada e insaciable de carácter patológico.

bulín *s. m.* **1.** *Arg.* Vivienda, apartamento. **2.** *Perú.* Burdel.

bulla *s. f.* **1.** Ruido y confusión de voces, gritos y risas. **2.** Reunión de mucha gente.

bullabesa *s. f.* Sopa de pescado y marisco a la que se añade especias, aceite y vino y que suele servirse con rebanadas de pan.

bullanga *s. f.* Bulla.

bullanguero, ra *adj.* Alborotador, aficionado a armar bullanga.

bullicio *s. m.* **1.** Ruido producido por las voces y risas de mucha gente. **2.** Gran movimiento y actividad. **FAM.** Bullicioso.

bullir *v. intr.* **1.** Hervir el agua u otro líquido cualquiera. P. ext., agitarse una cosa con movimiento similar al del agua hirviendo. **2.** Moverse un gran número de personas, animales u objetos a semejanza del agua o líquidos que hierven. **3.** Entrar en gran actividad cosas inmateriales. **4.** Empezar a moverse alguien o algo que estaba quieto. ▪ Es v. irreg. Se conjuga como *mullir.*

Bulnes, Manuel (Concepción 1799 - Santiago 1866) Militar y político chileno. Intervino como general en la guerra contra Perú y Bolivia (1836-1839), en la que Chile resultó vencedor. Elegido presidente en 1841, se mantuvo al frente del país durante diez años, periodo conocido como *decenio Bulnes* y que se caracterizó por la tolerancia, la prosperidad económica y la expansión del comercio exterior.

bulo *s. m.* Noticia falsa que se difunde con algún fin.

Bülow, Bernhard, príncipe von (Klein-Flottbeck, Schleswig-Holstein 1849 - Roma 1929) Político alemán. Fue secretario de Estado para Asuntos Exteriores (1897) y canciller del Reich (1900-09). Llevó a la práctica la política imperialista de Guillermo II, que consiguió éxitos en el Próximo Oriente y el Lejano Oriente, pero aisló al Reich de Europa.

bulto *s. m.* **1.** Volumen, cualidad de lo que ocupa espacio. **2.** Objeto del que no se distingue bien su forma por estar lejos o cubierto, por falta de luz, etc. **3.** Elevación o saliente causado por tumor, hinchazón u otras causas. **4.** Fardo, paquete, maleta, baúl o cualquier otro elemento de un equipaje. ‖ **5. bulto redondo** Escultura que se ve por todo su contorno por estar aislada. ‖ **LOC. a bulto** *adv.* A ojo, sin precisión. **de bulto** *adj.* Referido a error o cosa similar, grave, de importancia. **escurrir** uno **el bulto** *fam.* Esquivar un problema, trabajo o compromiso. **estar** (o **ir**) **de bulto** o **hacer bulto** *fam.* Asistir a algo sin intervenir o participar en ello. **ir al bulto** En tauromaquia, embestir el toro al cuerpo del torero.

Bulttmann, Rudolf (Wiefelstede, cerca de Oldenburg 1884 - Marburgo 1976) Teólogo luterano alemán. Sobre la base de que para creer es necesario comprender, emprendió la «desmitificación» del Nuevo Testamento, es decir, la interpretación del mensaje evangélico liberándolo de las formas míticas en que está expresado. Es autor, entre otros libros, de *Jesús* (1926), *Teología del Nuevo Testamento* (1948-53), *Creer y comprender* (1965) y *Exegética* (1967).

Bumedian, Huari (Guelma 1925 - Argel 1978) Político y militar argelino. Luchó contra los franceses por la independencia de Argelia. En 1965 dirigió el golpe de Estado que derrocó a Ben Bella, a quien sustituyó en la presidencia. Nacionalizó la industria, impulsó desde 1972 la reforma agraria y apoyó y sostuvo al Frente Polisario en su lucha con Marruecos.

bumerán *s. m.* **1.** Arma arrojadiza, característica de los indígenas australianos, que consiste en una lámina curvada o en forma de ángulo que, una vez lanzada, puede volver al punto de partida. **2.** Aquello que puede volverse contra uno.

bungalow (voz ingl.) *s. m.* **1.** Originariamente, tipo de vivienda inglesa en la India. **2.** Casa de campo de un solo piso y reducidas dimensiones, generalmente construida con materiales ligeros.

Bunge, Mario (Buenos Aires 1919) Filósofo y científico argentino. Su pensamiento se inscribe en el positivismo lógico. Entre sus obras destacan *La causalidad* (1959), *La investigación científica* (1969) y *Materialismo y ciencia* (1980).

Bunin, Ivan Alexeievich (Voronezh 1870 - París 1953) Escritor ruso. Unido en un principio a la Revolución, abandonó Rusia en 1920 para establecerse en París. Escritor realista de estilo sobrio, su novela más famosa es *La aldea* (1909). Otros títulos suyos son *El cáliz de la vida*, *El señor de San Francisco* (1915) y *El amor de Mitia* (1925). Obtuvo el premio Nobel de literatura en 1933.

bunker[1] (voz al.) *s. m.* **1.** En lenguaje militar, construcción de cemento, de gruesos muros, ocupada normalmente por una dotación de hombres con algún armamento de alto calibre. **2.** Refugio subterráneo contra bombardeos. **3.** Grupo político o económico, de ideas muy conservadoras, que se opone a toda evolución o cambio.

bunker[2] (voz ingl.) *s. m.* En el juego de golf, obstáculo natural o artificial en el recorrido, generalmente un hoyo de arena.

Bunsen, Robert Wilhelm Eberhard (Gotinga 1811 - Heidelberg 1899) Químico alemán. Pionero de la espectroscopia química, determinó la existencia de un espectro de emisión característico en cada elemento, descubrió los elementos cesio y rubidio e inventó el quemador de gas o mechero que lleva su nombre. Se le deben, también, entre otros inventos, la pila de carbón y cinc, varios calorímetros, y un termorregulador.

Bunyan, John (Elstow 1628 - Londres 1688) Predicador y escritor místico inglés. De la secta baptista, sufrió encarcelamiento en Bedford (1660-72) por sus sermones. En *Gracia abundante para el mayor de los pecadores* (1666), cuenta la historia de su conversión. Su libro más importante es *El viaje del peregrino* (1678-84).

Buñuel, Luis (Calanda, Teruel 1900 - México 1983) Director de cine español. En colaboración con Salvador Dalí realizó su primera película, *Un perro andaluz* (1928), a la que siguió *La edad de oro* (1930), ambas representativas del surrealismo cinematográfico. Su obra se caracteriza por la mordacidad, el anticlericalismo, el humor negro y el erotismo. Entre sus películas destacan *Los olvidados* (1950), *Nazarín* (1959), *Viridiana* (1962), *El ángel exterminador* (1962), *Belle de jour* (1966), *La vía láctea* (1969), *Tristana* (1970), *El discreto encanto de la burguesía* (1972) y *Ese oscuro objeto de deseo* (1981).

Luis Buñuel.

buñuelo *s. m.* **1.** Masa de harina y agua que, al freírse en aceite, se esponja y toma diversas formas. **2.** Cualquier cosa hecha sin cuidado, mal o chapuceramente. ‖ **3. buñuelo de viento** El relleno de nata, cabello de ángel y otras cremas.

Buonarroti, Michelangelo Véase **Miguel Ángel**.

buque *s. m.* **1.** Barco de gran tamaño. ‖ **2. buque escuela** Barco de la marina de guerra en que completan su instrucción los cadetes de la escuela naval. **3. buque insignia** Aquel en que va el jefe de una escuadra o división naval. ‖ **LOC. cabeza buque** *fam.* Persona que tiene la cabeza muy grande.

buqué *s. m.* Aroma y sabor de los vinos selectos.

burbuja *s. f.* **1.** Bolsa de aire u otro gas que se forma en un líquido y que sale a la superficie del mismo. **2.** Flotador que se ata a la espalda.

burbujear *v. intr.* Hacer burbujas. **FAM.** Burbujeo.

Burckhardt, Jacob (Basilea 1818 - íd. 1897) Historiador suizo. Sus investigaciones sobre el mundo clásico griego y el Renacimiento italiano renovaron la historia del arte e influyeron poderosamente en la historiografía posterior. Entre sus obras destacan *La cultura del Renacimiento en Italia* (1860) y *La historia de la cultura griega* (1898-1902).

burdel *s. m.* Prostíbulo.

burdeos *s. m.* **1.** Vino de Burdeos. ‖ *adj.* **2.** De color rojo violáceo, semejante al de este vino. También *s. m.*

Burdeos (*Bordeaux*) C. de Francia, cap. del departamento de Gironde y de la región de Aquitania. 208.100 h. en 1982 y 640.000 h. en la aglomeración en el mismo año. Es un centro comercial e industrial y un nudo de comunicaciones. Conserva las ruinas de un anfiteatro romano (s. III), monumentos románicos y catedral de los s. XII-XIV.

burdo, da *adj.* Tosco, basto, falto de calidad o delicadeza. **FAM.** Burdamente.

bureo *s. m.* Juerga.

bureta *s. f.* Tubo de vidrio, largo y graduado en décimas de centímetro cúbico, en el que un extremo está abierto y el otro puede abrirse o cerrarse mediante una llave. Se usa en laboratorio para determinar volúmenes.

burgalés, sa *adj.* De Burgos. También *s.*

Burgas C. de Bulgaria, situada en el SE del país. 197.550 h. en 1988. Tiene industria alimentaria, textil, petroquímica y astilleros.

Burgess, Anthony (Manchester 1917) Novelista británico. Alcanzó la fama con su novela *La naranja mecánica* (1962), posteriormente llevada al cine por Stanley Kubrick. Las características principales de su obra son la fusión de los rasgos humorísticos y dramáticos y la ironía y el sarcasmo con los que retrata a la sociedad contemporánea. Entre sus novelas destacan *Miel para los osos* (1963), *Jesús de Nazareth* (1979), *Poderes terrenales* (1980), tal vez su mejor obra, y *Fin de las noticias del mundo* (1982).

burgo *s. m.* **1.** Antigua fortaleza construida por los nobles feudales en toda Europa desde el s. X para proteger el territorio donde ejercían su jurisdicción. **2.** Pequeño núcleo de población.
Hist. A partir del s. XI, y como consecuencia del crecimiento demográfico y económico, los mercaderes se fueron instalando al amparo de las murallas de los burgos en busca de seguridad para sus personas y sus bienes. El crecimiento de la población obligó a extenderse al otro lado de las murallas y así aparecieron barrios que se llamaron «burgos nuevos» y a sus pobladores, mercaderes y artesanos, se les denominó burgueses. Éstos fueron ocupando los puestos de gobierno y controlaron la vida municipal sin oposición hasta la crisis del s. XIV. Los burgos se convirtieron en lugares libres e independientes con estatuto propio y han sido la base del desarrollo urbano en Europa occidental.

burgomaestre *s. m.* Alcalde o primer mandatario municipal en algunas ciudades de Alemania, Suiza, Países Bajos, etc.

Burgos 1. Prov. de España, en la comunidad autónoma de Castilla y León. 14.309 km². 351.968 h. en 1991. En el N se encuentran las estribaciones de la cordillera Cantábrica; en el E y NE, las del sistema Ibérico; el resto del territorio pertenece a la submeseta N. Está atravesada por los ríos Duero, Arlanza, Arlanzón y el alto Ebro. El clima es mediterráneo de interior. La población se concentra principalmente en la capital y en los núcleos industriales de Miranda de Ebro y Aranda de Duero. Produce trigo, cebada, avena, maíz, remolacha y hortalizas. Posee industria metalúrgica, textil y alimentaria.
2. C. de España, cap. de la prov. homónima, a orillas del Arlanzón. 160.381 h. en 1991. Centro comercial y administrativo, cuenta con industria alimentaria, papelera, química y textil y es un importante nudo de comunicaciones. La ciudad vieja es un conjunto monumental: catedral gótica (iniciada en 1221), con la capilla del Condestable; iglesias góticas de San Esteban, San Gil, San Lesmes y San Nicolás (de los s. XIV y XV); casa del Cordón (s. XV) y arco de Santa María (s. XVI). En las cercanías se encuentran el monasterio de las Huelgas (s. XIII) y la cartuja de Miraflores (s. XV).
Hist. Burgos se fundó en el año 884 y se convirtió en centro político y comercial de Castilla durante la Edad Media como mercado de lanas. Su decadencia se inicia en el s. XVI con la crisis de la economía castellana y del comercio lanero, prolongándose hasta el s. XVIII. Durante la guerra civil de 1936-39 fue sede del primer gobierno del general Franco.

Burgos: la catedral, una de las joyas de la arquitectura gótica española, cuya construcción se inició en 1221.

burgués, sa *adj.* **1.** Antiguamente, natural o habitante de un burgo. También *s.* **2.** Propio del burgo. **3.** Por oposición a proletario, se dice de la persona que pertenece a la clase alta o media alta. También *s.* **4.** Se aplica a la persona a la que le gusta vivir cómodamente y sin problemas. **5.** P. ext., también se aplica al sistema capitalista y a lo que está relacionado con él.

burguesía *s. f.* Clase social compuesta por empresarios, comerciantes, banqueros, etc., caracterizada por ser la propietaria de los medios de producción.
Hist. La burguesía surgió hacia el s. XI en las ciudades o burgos de Europa y estaba formada en su origen por quienes no trabajaban la tierra ni estaban sometidos mediante vínculos de dependencia a los señores feudales, en especial, comerciantes y artesanos libres. Los descubrimientos geográficos y el desarrollo del comercio favorecieron a la burguesía comercial en los s. XVI y XVII. Basándose en las ideas de la Ilustración, la burguesía fue la principal impulsora de las revoluciones contra el Antiguo Régimen, cuyo ejemplo más característico es la Revolución Francesa de 1789. El proceso revolucionario burgués, iniciado en Europa a finales del s. XVII, duró hasta 1848, y en América se extendió entre la independencia de EE UU (1776) y la emancipación de América Latina a principios del s. XIX. La revolución industrial convirtió a la burguesía en la clase más poderosa e influyente de la sociedad, tanto en el terreno económico como en el político, enfrentada a la clase obrera o proletariado.

Burguiba, Habib (Monastir 1903) Político tunecino. Fue uno de los líderes de la independencia de Tunicia contra los franceses, representando al ala más moderada. Desde 1957 fue presidente de la república de Tunicia, cargo para el que fue reelegido en varias ocasiones, la última de forma vitalicia (1974). En 1987 fue apartado del poder y sustituido por el entonces primer ministro Zine el Abidin ben Alí.

burgundio, dia *adj.* **1.** Se dice de un antiguo pueblo germánico que habitaba originariamente en Escandinavia y que acabó estableciéndose en las tierras alpinas de la actual Saboya, donde creó un reino. **2.** De este pueblo. También *s.*

Buridan, Jean (Béthune h. 1300 - ? h. 1358) Filósofo francés. Fue discípulo de Ockham y rector de la universidad de París (1327-48). Maestro de lógica nominalista, a él se atribuye la fábula del *asno de Buridan*, que murió al no saber escoger entre un cubo de agua y un saco de cebada, situados a igual distancia del animal. Entre sus escritos destacan las *Summulae* o *Compendium logicae*, publicado en 1487.

buril *s. m.* Punzón de acero usado por los grabadores para trabajar el metal.

burilada *s. f.* **1.** Trazo hecho con el buril. **2.** Porción de plata que se saca con buril de una pieza para comprobar su ley.

burilar *v. tr.* Grabar con buril.

Burjasot C. de España, en la prov. de Valencia. 35.182 h. en 1990. Forma parte del área metropolitana de la ciudad de Valencia.

Burkina Faso Estado de África occidental (antiguo Alto Volta).

Extensión: 274.200 km².
Límites: al N, con Malí; al E, con Níger; al S, con Togo, Ghana y Costa de Marfil, y al O, con Malí.
Población: 9.100.000 h. en 1990.
Densidad: 33,2 h./km².
Capital: Uagadugú.
División administrativa: 30 provincias.
Ciudades principales: Bobo-Diulasso, Kudugu.
Forma de Estado: república.
Idioma: francés, malinké y peul.
Religión: animismo, 44,8 %; islamismo, 43 %; catolicismo, 9,8 %.
Moneda: franco CFA.
Tasa de natalidad: 50 ‰ en 1990.
Tasa de mortalidad: 18 ‰ en 1990.
Renta per cápita: 230 dólares en 1988.

Geog. El país es una vasta planicie con sabanas cubiertas de abundante hierba en las que pasta el ganado. Hay extensos bosques en el S. Cortan el territorio los valles de los ríos Volta Negro, Volta Rojo y Volta Blanco, en los que se desarrollan los principales cultivos: mijo, sorgo, maíz, batata y algodón. El clima es tropical, sudanés en

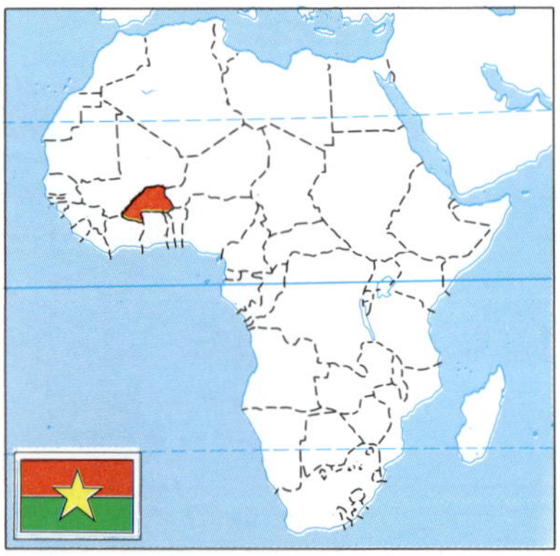

el S y senegalés en el N. La población, de raza negra, está compuesta por las etnias voltaica y mandé. Existe también una minoría blanca. La industria se reduce a la transformación de productos agrícolas.
Hist. El antiguo territorio de los mossi fue ocupado por los franceses en 1896 e integrado en el África occidental francesa. Obtuvo la independencia en 1960; a partir de 1966 se inició un periodo de inestabilidad política, agravada por la difícil situación social: golpes de Estado de 1966, 1977, 1980, 1982 y 1983. En agosto de 1984, el país cambió su antiguo nombre de Alto Volta por el actual de Burkina Faso. En 1987 alcanzó el poder Blaise Compaoré mediante un golpe de Estado.

Burkina Faso: la mezquita de Bobo-Diulasso, segunda ciudad del país.

burla *s. f.* **1.** Acción, gesto o palabras con que se pretende poner en ridículo a una persona o cosa. **2.** Broma. **3.** Engaño. **4.** Desconsideración que puede llegar a ser un desprecio. ‖ **Loc. burla burlando** *adv.* Sin darse cuenta; también, con disimulo.

burladero *s. m.* Trozo de valla puesto delante de la barrera en las plazas de toros y tentaderos para refugiarse detrás de él.

burlador *s. m.* Antiguamente, hombre que acostumbraba a seducir a las mujeres y abandonarlas después.

burlar *v. tr.* **1.** Eludir, esquivar. **2.** Engañar. ‖ *v. prnl.* **3.** Reírse, hacer burla de alguien o algo.

burlesco, ca *adj. fam.* Sin seriedad, con burla.

burlete *s. m.* Tira de tela con algún relleno o fabricada en material plástico esponjoso, que se coloca en los intersticios o rendijas de puertas y ventanas para impedir el paso del aire.

burlón, na *adj.* **1.** Se dice de la persona aficionada a decir o hacer burlas. También *s.* **2.** Que implica o denota burla.

Burne-Jones, sir Edward (Birmingham 1833 - Londres 1898) Pintor británico. Prerrafaelista, fue discípulo de Dante Gabriel Rossetti. Realizó vidrieras para la catedral de Oxford e ilustró una edición de los *Cuentos de Canterbury*, de Chaucer (1896). Entre sus cuadros destacan *Adoración de los magos y de los pastores* (1861-1862) y *El rey y la pobre* (1884).

Burns, Robert (Alloway, Ayrshire 1759 - Dumfries 1796) Poeta escocés. Su obra, culminación del espíritu nacional, anuncia la corriente romántica. Es autor de *Poemas escritos principalmente en dialecto escocés* (1786) y *Tam O'Shanter*, uno de sus poemas más importantes.

buró *s. m.* **1.** Escritorio, especialmente el que tiene cajones y departamentos y una tapa o persiana que cierra el mueble. **2.** Órgano dirigente de algunos partidos políticos.

burocracia *s. f.* **1.** Conjunto de normas, órganos y personal especializado que hacen posible el funcionamiento de toda organización compleja, y especialmente de la administración del Estado. **2.** Burocratismo*. **FAM.** Burocrático.

burócrata *s. m.* y *f.* **1.** Empleado de la administración pública. **2.** En sentido despectivo, persona que da demasiada importancia a los trámites y al papeleo.

burocratismo *s. m.* **1.** Influencia excesiva de los órganos administrativos y de los empleados públicos en las decisiones políticas y en la gestión del Estado. **2.** Tendencia, en el funcionamiento burocrático, a regirse exclusivamente por lo que dicen las normas, lo cual introduce rigidez y lentitud en las gestiones y decisiones.

burocratizar *v. tr.* **1.** Aumentar los poderes y las competencias de los servicios administrativos. **2.** Dar excesiva importancia a los trámites y al papeleo. ▪ Se conjuga como *cazar.*

burótica *s. f.* Método de aplicación de la tecnología informática a las labores de oficina. También se denomina *ofimática.*

burrada *s. f.* **1.** Barbaridad. **2.** Gran cantidad.

burrajo *s. m.* Estiércol seco usado como combustible.

Burriana C. de España, en la prov. de Castellón. 26.067 h. en 1990. Posee cultivos de hortalizas y de cítricos.

burriqueta *s. f.* Borriqueta*.

burro, rra *s. m.* y *f.* **1.** Asno. **2.** Persona ignorante y de poco entendimiento. **3.** Persona que actúa sin delicadeza o abusando de su fuerza. También *adj.* **4.** Persona que trabaja muy duro. ‖ *s. m.* **5.** Borriqueta*. **6.** Nombre de varios juegos de cartas y el que pierde en ellos. **7.** Juego de pídola y aquel al que le toca quedar. ‖ **Loc. apearse (bajarse** o **caer)** alguien **del burro** *fam.* Acabar por convencerse de algo, reconocer un error, ceder. **no ver tres en un burro** *fam.* Ver muy poco.

Burroughs, Edgar Rice (Chicago 1875 - Encino, California 1950) Escritor estadounidense. Creó el personaje de Tarzán. También escribió novelas de ciencia-ficción.

Burroughs, William (San Luis 1914) Escritor estadounidense. Es uno de los máximos representantes de la *beat generation.* Entre su obra, muy influida por sus experiencias con la droga, destacan las novelas *Yonqui* (1953), *El almuerzo desnudo* (1959), *Nova express* (1964) y *Las últimas palabras de Dutch Schultz* (1975).

Bursa C. de Turquía, cap. de la prov. homónima. 614.150 h. en 1985. Cuenta con industria de sedas y tapices y es un centro comercial y turístico.

bursátil *adj.* Relativo a la bolsa de valores, a las operaciones que en ella se hacen y a los valores que cotizan.

burseráceas *s. f. pl.* Familia de plantas leñosas del orden geraniales, que comprende unas 600 especies de los géneros *Bursera, Boswellia, Canarium* y otros. Tienen conductos resiníferos en las capas corticales del tronco, hojas trifoliadas, flores unisexuales y fruto en drupa. Crecen en regiones intertropicales. También *adj.* y *s. f.*

Burton, Richard (Pontrhydfen, País de Gales 1925 - Ginebra 1984) Actor británico. Entre sus películas destacan *La túnica sagrada* (1953), *Cleopatra* (1963), *Becket* (1964), *El espía que surgió del frío* (1965) y *¿Quién teme a Virginia Woolf?* (1966). En teatro merecen mención sus interpretaciones en obras de Shakespeare.

Burton, Richard Francis (Torquay 1821 - Trieste 1890) Orientalista y viajero británico. Viajó por Asia, África oriental y América. Descubrió el lago Tanganica en una expedición con John Hanning Speke.

burucuyá *s. m.* Pasionaria*, planta.

burujo o **borujo** *s. m.* Bulto pequeño o grumo que se forma en la lana, en la masa, en el engrudo, etc.

Burundi Estado de África centrooriental.

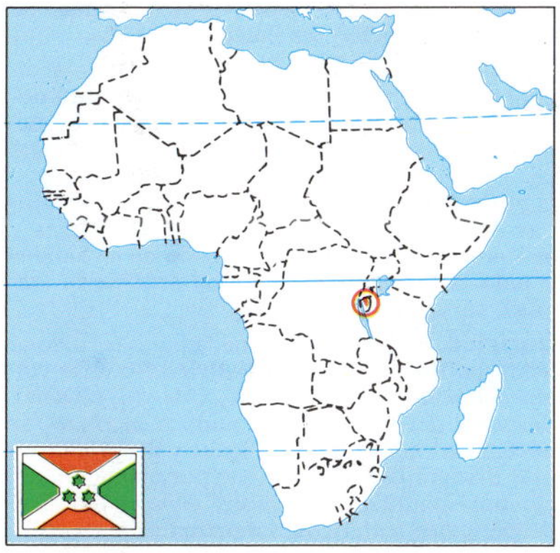

Extensión: 27.834 km^2.
Límites: al N, con Ruanda; al E y S, con Tanzania, y al O, con el lago Tanganica y con Zaire.
Población: 5.600.000 h. en 1990.
Densidad: 201,4 h./km^2.
Capital: Bujumbura.
División administrativa: 15 provincias.
Ciudades principales: Gitega, Muyinga, Ngozi.
Gentilicio: burundiano.
Forma de Estado: república.
Idioma: francés y kirundi.
Religión: catolicismo, 73 %; animismo, 13 %; protestantismo, 4 %.
Moneda: franco burundiano.
Tasa de natalidad: 48 ‰ en 1990.
Tasa de mortalidad: 15 ‰ en 1990.
Renta per cápita: 230 dólares en 1988.

Geog. Al O del país existe una zona montañosa, mientras que en el centro y el E predominan las mesetas y llanuras. El clima es tropical. La etnia tutsi comprende el 15 % de la población, pero ocupa el papel dominante frente al 85 % restante, que pertenece a la etnia hutu. La agricultura constituye la principal actividad económica: café, maíz y mandioca.

Hist. Burundi fue ocupado por los alemanes en 1896 y por los belgas en 1916. Obtuvo la independencia en 1962. La monarquía fue sustituida por la república en 1966. En 1981 se promulgó una Constitución que concedía al Partido de la Unidad y del Progreso Nacional el papel de guía del país. En 1984 fue reelegido presidente Jean-Baptiste Bagaza, depuesto en 1987 por un golpe de Estado del mayor Pierre Buyoya, actual presidente.

bus *s. m.* **1.** *apóc.* de **autobús. 2.** En inform., vía de comunicación en la estructura de un microordenador entre la unidad central y los diferentes órganos que se le conecten.

busca *s. f.* **1.** Acción de buscar. **2.** Rebusca de desperdicios útiles en la basura a que se dedican algunas personas en las ciudades. **3.** Dispositivo que permite a quien lo lleva ser localizado en casos de emergencia en un determinado radio de acción.

Busca Partido o bando urbano surgido en la Barcelona de mediados del s. XV, en oposición a la Biga, partido de la oligarquía ciudadana. Agrupaba a mercaderes miembros de los gremios y elementos populares. Ambos partidos protagonizaron la guerra civil catalana de 1462-72.

buscador, ra *adj.* **1.** Que busca. También *s.* ‖ *s. m.* **2.** Pequeño anteojo auxiliar que sirve para facilitar la puntería en los telescopios.

buscar *v. tr.* **1.** Poner los medios necesarios para encontrar a alguien o algo. **2.** Recoger a alguien. **3.** Provocar algo o a alguien. **4.** En la caza, rastrear, seguir el rastro los perros. **5.** Seguido de infinitivo, intentar, pretender, procurar. ▪ Se conjuga como *sacar.* ‖ **Loc. buscarse la vida** o **buscárselas** *fam.* Ingeniárselas para ganarse el sustento, conseguir trabajo, etc.

buscavidas *s. m.* y *f.* **1.** *fam.* Persona hábil en buscarse el modo de vivir, especialmente el jugador profesional que apuesta contra aficionados. **2.** Persona excesivamente curiosa, entrometida.

Busch, Wilhelm (Wiedensahl, Hannover 1832 - Mechtshausen, Harz 1908) Pintor y escritor humorista alemán. Las historietas de sus dos monitos, *Max y Moritz,* son precursoras de los cómics. Es autor de *El señor y la señora Knopp* (1875-77) y *La mariposa* (1895).

busco *s. m.* Umbral de una puerta de esclusa.

buscón, na *adj.* **1.** Que busca. También *s.* **2.** Se dice de la persona que hurta o estafa. También *s.* ‖ *s. f.* **3.** Prostituta.

Bush, George (Milton, Massachusetts 1924) Político estadounidense. Director de la CIA en 1975 y vicepresidente con Reagan en 1980, fue elegido presidente de EE UU en 1988. Durante su mandato se produjo la invasión iraquí de Kuwait; EE UU encabezó la coalición que liberó el emirato en cumplimiento de las disposiciones de la ONU (1991).

George Bush.

busilis *s. m. fam.* Punto en que radica la dificultad o el interés de un asunto.

búsqueda *s. f.* Busca, particularmente en trabajos policiacos o investigaciones.

Bustamante, Anastasio (Jiquilpan 1780 - San Miguel Allende 1853) Militar y político mexicano. Apoyó primero a los realistas, pero, tras el plan de Iguala, optó por el bando independentista. Ocupó la presidencia mediante un golpe de Estado en 1830 y se mantuvo en el cargo hasta 1832. Volvió a ocuparla entre 1837 y 1841.

Bustamante Rivero, José Luis (Arequipa 1894) Político y jurista peruano. Elegido presidente de la república como representante del Frente Democrático Nacional (1945), fue depuesto por el general Odría (1949) y se exilió en Ginebra. Fue nombrado juez del Tribunal internacional de La Haya (1961) y posteriormente lo presidió (1967-70).

busto *s. m.* **1.** Escultura o pintura que representa la cabeza y parte superior del tórax de una persona. **2.** Parte del cuerpo humano comprendida entre el cuello y la cintura, aunque por lo común con este nombre se alude a la parte anterior. **3.** Pechos de la mujer.

butaca *s. f.* **1.** Silla blanda con brazos y el respaldo generalmente inclinado hacia atrás. **2.** Asiento en el teatro o en el cine, especialmente en la planta baja. **3.** Billete para entrar al teatro o al cine.

butadieno *s. m.* Nombre de dos hidrocarburos dietilénicos: el butadieno 1-2 y el butadieno 1-3. El butadieno 1-3 (CH_2=CH–CH=CH_2), es un gas incoloro, soluble en disolventes orgánicos, inflamable, altamente radiactivo y que tiende a polimerizarse en presencia de oxígeno. Tiene gran importancia por ser la base para la fabricación del caucho sintético (*buna*) y para numerosas síntesis orgánicas.

Bután (*Druk-Yul*) Estado del S de Asia, en el Himalaya oriental.

Extensión: 47.000 km^2.
Límites: al N, con China; al O, E y S, con la India.
Población: 1.600.000 h. en 1990.
Densidad: 34 h./km^2.
Capital: Thimbu (estival); Punakha (invernal).
División administrativa: 18 distritos.
Gentilicio: butanés.
Forma de Estado: monarquía parlamentaria.
Idioma: dzongkha.
Religión: budismo, 69,6 %; hinduismo, 24,6 %; islamismo, 5 %.
Moneda: ngultrum y rupia india.
Tasa de natalidad: 38 ‰ en 1990.
Tasa de mortalidad: 17 ‰ en 1990.
Renta per cápita: 150 dólares en 1988.

Geog. Bután es un país muy montañoso. Entre las grandes cumbres de nieves eternas, que alcanzan hasta 7.554 m en el Kula Kangri, hay varios valles profundos. Al S del país se encuentra la planicie estrecha y boscosa de los Duars. Los ríos más importantes son el Manas, el Amo y el Ma, afluentes del Brahmaputra. El clima es muy frío en las montañas y tropical cálido y lluvioso en los Duars. Se han descubierto yacimientos de cobre, cinc y grafito que permanecen inexplotados. La actividad económica consiste en una agricultura poco desarrollada y centrada en el arroz.

Hist. El reino de Bután se formó en el s. XVII. La influencia británica se convirtió, hacia 1865, en ocupación del territorio, que fue incorporado a la India británica, pero manteniendo su monarquía. Desde 1910, el Reino Unido asumió la defensa y las relaciones exteriores, como más tarde hizo la India en 1949. En 1953 se constituyeron un consejo de ministros, un consejo consultivo y una asamblea. La dinastía reinante tiene su origen en el gobernador de Tongsa, que se proclamó en 1907 maharajá hereditario. En 1972 accedió al trono Jigme Singhye.

Bután: el palacio real de Thimbu, capital estival del país.

butano *s. m.* **1.** $CH_3–CH_2–CH_2–CH_3$. Hidrocarburo saturado o con sólo enlaces sencillos en su molécula, constituida por una cadena abierta de cuatro carbonos; si éstos tienen una estructura lineal, constituyen el butano normal, mientras que si se disponen de forma arborescente forman el isobutano. Ambos tienen propiedades físicas y químicas muy similares y se encuentran en el petróleo y en el gas natural. Es gas a temperatura ordinaria y se emplea fundamentalmente como combustible, envasado en bombonas de acero a alta presión. **2.** Color anaranjado, como el de las bombonas de este gas. También *adj.*

butanol *s. m.* Alcohol butílico*.

butaque *s. m. amer.* Butaca, asiento.

buten, de *loc. vulg.* Buenísimo.

Butenandt, Adolf (Lehe, cerca de Bremerhaven 1903) Bioquímico alemán. Investigó sobre las hormonas sexuales. Logró aislar la progesterona, que sintetizó a partir del colesterol. Recibió el premio Nobel de química en 1939, compartido con Leopold Ruzicka.

butifarra *s. f.* Embutido que se elabora con una gran proporción de tocino, principalmente en Cataluña, Valencia y las Baleares.

butílico, ca *adj.* **1.** Se dice de lo relativo al alcohol butílico y a sus ésteres. ‖ **2. alcohol butílico** $CH_3–CH_2–CH_2–CH_2OH$. Nombre vulgar del butanol. Alcohol derivado del butano, en el que una molécula de hidrógeno ha sido sustituida por el grupo hidroxilo (–OH). Es un líquido incoloro que se obtiene por fermentación de melazas y azúcares, usado para la disolución de alcaloides y para la fabricación de fibras artificiales (rayón), barnices y pinturas.

butírico, ca *adj.* **1.** Perteneciente o relativo al ácido butírico. ‖ **2. ácido butírico** Nombre vulgar del ácido butanoico ($CH_3–CH_2–CH_2–COOH$), derivado del butano. Es líquido e incoloro, se encuentra en la grasa de la leche y desprende un olor desagradable. Se obtiene por oxidación del alcohol isobutílico y se emplea en la elaboración de perfumes sintéticos, saborizantes y en aditivos alimenticios.

Butler, Reginald (Buntingford, Hertfordshire 1913 - Great Berkhampstead, Hertfordshire 1981) Escultor británico. Realizó figuras de arabesco en hierro forjado, como en el monumento *Al preso político desconocido* (1953), en Berlín. También realizó estudios sobre la figura humana.

Butler, Samuel (Strensham, Worcestershire 1612 - Londres 1680) Poeta satírico inglés. Se hizo popular con *Hudibras* (1663-78), extensa sátira de la hipocresía puritana, compuesta en pareados octosilábicos.

Butler, Samuel (Langar, Nottinghamshire 1835 - Londres 1902) Escritor británico. De carácter inconformista, compuso una sátira humorística de la época victoriana, *Erewhon* (1872), continuada en *Regreso a Erewhon* (1901). Otras obras suyas dignas de mención son *Vida y costumbre* (1877), sobre las teorías darwinistas, y la novela, publicada al año siguiente de su muerte, *El camino de toda carne*, en la que arremete contra la educación tradicional.

Butlerov, Alexander Mijailovich (Chistopol 1828 - Kazan 1886) Químico ruso. Estudió el sistema estructural de formulación química y desarrolló el concepto de tautomería, según el cual un compuesto químico puede poseer dos estructuras distintas por sustitución de un átomo de hidrógeno.

Butor, Michel (Mons-en-Baroeul 1926) Escritor francés. Influido por Joyce y Proust, sus novelas se encuadran en el *nouveau roman*. Entre ellas destacan *Pasaje Milán nº 15* (1954), *El empleo del tiempo* (1956), *La modificación* (1957) y *Degrés* (1960). También ha escrito ensayos, como *Repertorio*, en 4 volúmenes.

butrón *s. m.* Boquete abierto por los ladrones en paredes y techos, generalmente desde las estancias contiguas a aquellas en que quieren robar.

buxáceas *s. f. pl.* Familia de plantas leñosas perteneciente al orden sapindales, que comprende los géneros *Buxus*, *Pachysandra* y otros. Tienen flores unisexuales en inflorescencias, hojas enteras y fruto en cápsula. Crecen en la región mediterránea, Asia central y en las Antillas. Ejemplo de buxácea es el boj. También *adj.* y *s. f.*

Buxtehude, Dietrich (Oldesloe, Schleswig-Holstein 1637 - Lübeck 1707) Compositor danés. Fue organista en Elsinor y Lübeck. Organizó los *Abendmusiken*, conciertos de música religiosa. Es autor de cantatas, música para clave y para órgano. Su obra fue muy apreciada por Johann Sebastian Bach.

buzamiento *s. m.* En geol., ángulo que forma con la horizontal la línea de mayor inclinación de un estrato o filón.

buzar *v. intr.* Formar los estratos geológicos un determinado ángulo con la horizontal. ■ Se conjuga como *cazar*.

Buzau C. de Rumania, cap. del distrito del mismo nombre, situada al SE de los Alpes de Transilvania. 136.100 h. en 1986. Constituye un centro de la industria agroalimentaria.

buzo *s. m.* **1.** Persona que tiene por oficio trabajar en el fondo del mar. **2.** Mono, prenda de trabajo.

buzón *s. m.* **1.** Abertura por donde se echan las cartas y papeles para el correo u otro destino. **2.** P. ext., receptáculo o caja en donde quedan depositados.

Buzzati, Dino (Belluno 1906 - Milán 1972) Escritor italiano. Su obra, influida por el surrealismo, es de una fantasía inquietante. Escribió novelas, como *El secreto del viejo bosque* (1935) y *El desierto de los tártaros* (1940); narraciones, como *Miedo en la Scala* (1940) y *Experimento de magia* (1958), y teatro, como *Un caso clínico* (1953).

Bydgoszcz (*Bromberg*) C. de Polonia, cap. del voivodato homónimo. 372.600 h. en 1987. Posee industria metalúrgica, química y textil.

by-pass (voz ingl.) *s. m.* Baipás*.

Byrd, Richard Evelyn (Winchester, Virginia 1888 - Boston 1957) Marino, aviador y explorador estadounidense. Sobrevoló por primera vez los polos norte (1926) y sur (1929). Realizó tres expediciones a la Antártida, con fines científicos (1933-35, 1939-41 y 1946-47).

Byrd, William (¿Lincoln? 1543 - Stondon Massey, Essex 1623) Compositor y organista inglés. Fue discípulo de Tallis y organista de la catedral de Lincoln y de la capilla real. Publicó, junto con Tallis, un libro de *Cantiones sacrae* (1575). Católico, escribió tres misas, aunque también compuso oficios para la Iglesia anglicana. Es autor, además, de *Gradualia* (1605-07) y de varias colecciones de canciones y salmos.

Byron, George Gordon, lord (Londres 1788 - Missolonghi, Grecia 1824) Escritor inglés. Artista apasionado, se le considera el prototipo del héroe romántico. Residió en Bélgica, Suiza e Italia y al fin se trasladó a Grecia para combatir por su independencia contra los turcos. Murió en aquel país a causa de la peste. Dominó la sátira, la ironía, la pintura de costumbres y el retrato de personajes y lugares exóticos. Entre sus obras destacan *La peregrinación de Childe Harold* (4 cantos, de 1812 a 1818); los poemas *El corsario* (1814) y *Don Juan* (1819-24); la tragedia *Manfredo* (1817); los dramas *Marino Faliero* (1821) y *Los dos Foscari* (1821); y los misterios *Caín* (1821) y *El cielo y la tierra* (1823).

Lord Byron (Biblioteca Nacional, Madrid).

byte (voz ingl.) *s. m.* Conjunto de 8 bits, también llamado octeto, característico del tamaño de celda en la memoria de un microordenador. Puede representar 256 estados de información diferentes.

Bytom (*Beuthen*) C. de Polonia, en el S del país. 228.000 h. en 1988. Es uno de los principales centros siderúrgicos del país.

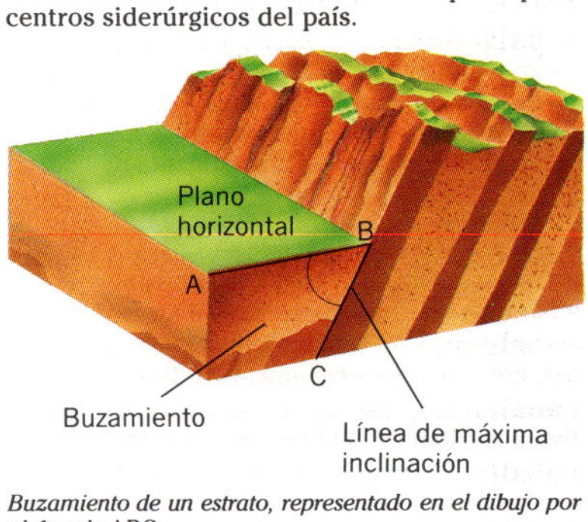

Buzamiento de un estrato, representado en el dibujo por el ángulo ABC.

C

c *s. f.* Tercera letra del abecedario español y segunda consonante. Su nombre es *ce.*

C[1] **1.** Abreviatura de culombio. **2.** Símbolo químico del carbono. **3.** Letra que en la numeración romana equivale a cien.

C[2] Lenguaje de programación de ordenadores de nivel intermedio, cuya utilización se ha extendido considerablemente durante los años ochenta y que se utiliza sobre todo para la programación de sistemas, es decir, para construir sistemas operativos (como UNIX), traductores de otros lenguajes, etc.

¡ca! *interj.* Expresa incredulidad o negación.

Ca Símbolo químico del calcio.

Caaguazú **1.** Sistema montañoso de Paraguay, en la cordillera de Maracajú. 150 km de longitud. Atraviesa de N a S la zona oriental del país y forma la divisoria entre los ríos Paraná y Paraguay.
2. Departamento de Paraguay, en el NE del país. 11.474 km^2. 427.000 h. en 1989. La capital es Coronel Oviedo, con 21.800 h. en 1982. La base de su economía es agropecuaria; posee también una importante riqueza forestal.

Caamaño, José María Plácido (Guayaquil 1838 - Sevilla 1901) Político ecuatoriano. Organizó un golpe de Estado contra el dictador Veintimilla con apoyo del ejército y ocupó la presidencia del país (1884-88).

Caazapá Departamento de Paraguay, en el centro del país. 9.496 km^2. 134.700 h. en 1989. La capital es Caazapá, con 2.950 h. en 1982. Posee cultivos de mate, naranjas y cereales e industria textil.

cabal *adj.* **1.** Exacto en su peso o medida. **2.** Entero, completo. **3.** Se dice de quien es recto y justo. ‖ **Loc. no estar** uno **en sus cabales** Estar loco. **Fam.** Cabalmente.

cábala *s. f.* **1.** Conjunto de doctrinas filosóficas y religiosas de carácter esotérico que surgieron hacia el s. IV en el judaísmo para explicar e interpretar los textos del Antiguo Testamento. Su obra más característica es el *Zóhar,* atribuido al rabino sefardí Moisés de León (s. XIII). **2.** Práctica supersticiosa para adivinar algo. **3.** Intriga. **4.** Suposición, idea o pensamiento que uno se hace de algo sin demasiado fundamento. Se usa sobre todo en *pl.*

cabalgada *s. f.* **1.** Acción y efecto de cabalgar. **2.** Antiguamente, tropa de gente a caballo que salía a recorrer el campo enemigo, y expedición realizada por esta tropa.

cabalgadura *s. f.* Bestia para montar o de carga.

cabalgamiento *s. m.* Superposición de una masa rocosa sobre otra a lo largo de un plano inclinado, debido a las presiones tangenciales. En ciertos casos puede dar lugar a un *manto de corrimiento.*

cabalgar *v. intr.* **1.** Ir montado en una caballería. También *v. tr.* **2.** Ir o estar una cosa sobre otra. ■ Se conjuga como *pagar.*

cabalgata *s. f.* Desfile vistoso de jinetes, carrozas, etc., en alguna celebración o fiesta.

cabalístico, ca *adj.* **1.** Perteneciente o relativo a la cábala. **2.** Enigmático, misterioso.

caballa *s. f.* Pez perciforme de la familia escómbridos, especie *Scomber scombrus.* Mide unos 50 cm de longitud, tiene el cuerpo alarga-

Caballa (Scomber scombrus).

do, de color azulado con bandas transversales en el dorso y plateado en el vientre. Habita en el océano Atlántico y el mar Mediterráneo y es apreciado como alimento.

caballada *s. f.* Manada de ganado caballar.

caballar *adj.* **1.** Perteneciente o relativo al caballo. **2.** Parecido a él.

Caballé, Montserrat (Barcelona 1933) Soprano española. Debutó en Basilea en 1956 y alcanzó ya renombre internacional en los años sesenta. Posee una voz versátil y llena de lirismo que le permite muy diferentes papeles. Es además una excelente intérprete del *lied* alemán.

Montserrat Caballé.

caballeresco, ca *adj.* **1.** Propio del caballero, elegante, cortés. **2.** Perteneciente o relativo a la caballería medieval.

caballería *s. f.* **1.** Cualquier animal que sirve para montar en él, como el caballo, el burro, etc. **2.** Cuerpo del ejército compuesto por soldados montados a caballo o, actualmente, en vehículos motorizados. **3.** Institución medieval de caballeros armados. ‖ **4. caballería andante** Profesión, regla u orden de los caballeros andantes. **5. libros** (o **novelas**) **de caballerías** Género literario medieval en el que se narran aventuras fantásticas, desarrolladas en lugares y tiempos remotos.
Hist. El origen de la caballería medieval se halla en el séquito o hueste armada de los reyes y señores de los reinos germano-romanos. La institución feudal de la caballería englobaba a todo aquel que prestara un servicio de armas a caballo. Constituía una clase social privilegiada,

Libros de caballerías: El rey Arturo entra en Camelot junto a Lancelot. *Miniatura de 1490 (Biblioteca Nacional, París).*

cuyo origen no era necesariamente la nobleza de sangre.
Lit. Los principales temas de los libros de caballerías se incluyen en el ciclo del rey Arturo y los caballeros de la Tabla Redonda y en el ciclo de la búsqueda del Santo Grial. El género alcanzó gran popularidad en España, donde se editaron el *Tirant lo Blanch* (1490), de Joanot Martorell, el *Amadís de Gaula* (1508), etc. Decayó en el s. XVII; Cervantes lo ridiculiza en *El Quijote.*

caballeriza *s. f.* Cuadra para las caballerías.

caballerizo *s. m.* Hombre que cuida de una caballeriza.

caballero, ra *adj.* **1.** Se aplica al hombre elegante y cortés. También *s. m.* ‖ *s. m.* **2.** Antiguamente, el que pertenecía a la nobleza o a la institución armada de la caballería. **3.** Miembro de alguna de las órdenes militares surgidas en la Edad Media. **4.** Forma de tratamiento o cortesía, equivalente a *señor.* **5.** Hombre, sobre todo en contraposición a mujer. ‖ **6. caballero andante** Héroe aventurero de los libros de caballerías. ‖ **Loc. armar caballero** Declarar a alguien miembro de la orden de caballería mediante ciertas ceremonias en las que el rey u otro caballero le entregaba las armas y le ceñía la espada.

Caballero, Bernardino (Ibicuy 1831 - Asunción 1912) Militar y político paraguayo. Uno de los fundadores del Partido Colorado, fue presidente del país (1880-85).

Caballero, Fernán Véase **Fernán Caballero.**

Caballero, José (Huelva 1916 - Madrid 1991) Pintor español. Evolucionó del surrealismo a la abstracción. Amigo de García Lorca, realizó los decorados para *Bodas de sangre.* Entre sus obras destacan *Una fecha determinada* (1947-57), *Tren de rodaje* (1973) y *Autonomía astral* (1973).

Caballero, José Antonio, marqués de (? 1770 - ? 1821) Político español. Miembro de la reacción durante el reinado de Carlos IV, sustituyó a Jovellanos en el ministerio de Gracia y Justicia (1798) y participó en el motín de Aranjuez (1808). Partidario de Napoleón, reconoció a José I y tuvo que exiliarse (1814-20).

Caballero, Manuel Fernández Véase **Fernández Caballero, Manuel.**

Caballero Bonald, José Manuel (Jerez de la Frontera 1926) Poeta y novelista español. En su obra destacan, en poesía, *Las adivinaciones* (1942) y en novela, *Dos días de septiembre* (1961), *Ágata, ojo de gato* (1974), *Toda la noche oyeron pasar pájaros* (1981) y *En la casa del padre* (1988).

Caballero Calderón, Eduardo (Bogotá 1910) Escritor colombiano. Es autor de las novelas de estilo realista *El Cristo de espaldas* (1953), *Siervo sin tierra* (1954) y *El buen salvaje* (1966). También ha escrito ensayos, como *Breviario del Quijote* (1947) y *Ancha es Castilla* (1950).

Caballero y Góngora, Antonio (Priego, Córdoba 1723 - íd. 1796) Religioso y administrador colonial español. Fue arzobispo de Santa Fe de Bogotá (1778-88) y virrey de Nueva Granada (1782-88). Desarrolló una meritoria labor cultural. Fue nombrado cardenal a su vuelta a España.

caballeroso, sa *adj.* Se dice de quien obra con nobleza y generosidad, y de sus acciones o palabras. **Fam.** Caballerosamente, caballerosidad.

caballete *s. m.* **1.** Armazón de madera con tres pies utilizado por los pintores para colocar el lienzo. **2.** Soporte en forma de *v* invertida. **3.** Línea horizontal en que confluyen las dos vertientes de un tejado. **4.** Curvatura pronunciada del cartílago de la nariz.

caballista *s. m.* y *f.* Jinete hábil o persona entendida en caballos.

caballito *s. m.* **1.** *dim.* de **caballo.** ‖ *pl.* **2.** Tiovivo*. ‖ **3. caballito de mar** Nombre común de diversos peces teleósteos gasterosteiformes de la familia signátidos, género *Hippocampus.* Miden entre 4 y 30 cm de longitud, tienen el hocico largo y tubular, la cola prensil, el cuerpo cubierto de escamas dispuestas en anillos y una cabeza que recuerda la de un caballo. Viven cerca de las costas, en el Mediterráneo y el Atlántico. **4. caballito del diablo** Nombre común de diversos insectos odonatos del suborden zigópteros, clasificados en las familias ágridos, cenágridos, platicnemídidos y léstidos. Poseen cuatro alas iguales, que mantienen verticales al posarse, y

Algunas de las principales razas de caballos.

cuerpo muy esbelto de colores vivos; son excelentes voladores. Las patas están dispuestas en posición delantera para atrapar los insectos de que se alimentan. Habitan en lugares húmedos de Asia, Europa y América.

caballo *s. m.* **1.** Mamífero perisodáctilo de la familia équidos, especie *Equus caballus.* Mide unos 150 cm de alzada, tiene la cabeza alargada, las orejas más pequeñas que otros équidos (asnos, cebras, etc.), cerdas fuertes en el cuello (crines) y la cola, y patas digitígradas terminadas en un tercer dedo muy desarrollado que se apoya sobre una uña muy grande llamada *casco.* **2.** Naipe de la baraja que representa a un caballo con su jinete. **3.** Pieza del juego de ajedrez. **4.** Armazón de madera que sirve para realizar ejercicios gimnásticos. **5.** En argot, heroína, droga derivada del opio. || **6. caballo de batalla** Punto conflictivo de un asunto. **7. caballo de vapor** En fís., unidad de potencia, igual a la que se necesita para elevar una masa de 75 kg hasta una altura de 1 m en un segundo. Equivale a 735 vatios. Su abreviatura es CV. || **Loc. a caballo** *adv.* Montado a caballo; también, p. ext., participando de dos cosas, dos situaciones. **a mata caballo** *adv.* Muy deprisa. **Fam.** Caballar.

Zool. Originario de Asia central, el caballo fue domesticado desde la antigüedad y ha sido utilizado como animal de monta, de tiro, de labranza y para la realización de actividades bélicas y deportivas. Hoy ya no existen caballos salvajes; los que viven en libertad son cimarrones, animales domésticos que abandonaron la cautividad y volvieron al medio natural. Existen numerosas razas, obtenidas por selección de los ganaderos y adaptadas a diversas actividades: caballos de monta (como el árabe y el andaluz), caballos fuertes de tiro (como el percherón), caballos enanos (como el poni, que no sobrepasa 1 m de alzada), etc. Los caballos machos utilizados para la reproducción se denominan garañones o sementales; las hembras, yeguas, y los jóvenes, potros. La gestación dura casi un año (330-350 días) y normalmente nace una sola cría.

caballón *s. m.* Lomo entre surco y surco en una tierra labrada, entre bancales, etc.

caballuno, na *adj.* Se dice de la persona y especialmente de la mujer grande y desgarbada, así como de sus rasgos, andares, etc.

cabaña *s. f.* **1.** Casa pequeña y tosca hecha en el campo. **2.** Conjunto de cabezas de ganado de cierta clase o de un determinado espacio geográfico. **3.** *Arg.* Finca para la cría de ganado de raza.

cabañuelas *s. f. pl.* Pronóstico popular sobre el tiempo observando el que hace en los primeros días de enero y agosto.

cabaret *s. m.* Local de diversión, especialmente nocturno, al que la gente acude para beber, bailar y presenciar espectáculos de variedades. **Fam.** Cabaretera.

Cabarrús, Francisco, conde de (Bayona 1752 - Sevilla 1810) Financiero y político español de origen francés. Promovió los llamados *vales reales,* especie de papel moneda (1780) y fundó el Banco Nacional de San Carlos (1782) y la Compañía de Filipinas (1785). Sufrió encarcelamiento por sus ideas ilustradas. Fue ministro de Hacienda de José I.

Cabarrús, Teresa Véase **Tallien, Madame.**

cabás *s. m.* Especie de cartera, en forma de caja o baúl pequeño, que usan los niños para llevar los libros y demás utensilios al colegio.

cabe *prep.* Cerca de, junto a. ▪ Palabra anticuada, sólo se usa en lenguaje literario.

cabecear *v. intr.* **1.** Mover la cabeza a un lado y a otro o de delante atrás. **2.** Dar cabezadas hacia el pecho el que se va durmiendo. **3.** En fútbol, dar al balón con la cabeza. **4.** Moverse una embarcación, levantando alternativamente la proa y la popa. **5.** Moverse un carruaje de manera semejante. **6.** Inclinarse lo que debería permanecer inmóvil o en equilibrio. **Fam.** Cabeceo.

cabecera *s. f.* **1.** Parte de la cama en la que se coloca la almohada. **2.** Tabla o remate que se suele poner en el lado correspondiente a esa parte. **3.** Parte superior de la portada de un periódico, que indica su nombre, la fecha y determinadas referencias técnicas; también, margen superior de un impreso, escrito, etc. **4.** Principio, punto de donde parte algo. **5.** Parte principal o lugar preferente. **6.** Población principal de un territorio, distrito o comarca.

cabecero *s. m.* Cabecera, tabla o remate.

cabecilla *s. m.* El que está al frente de un grupo, banda, sublevación, etc.

cabellera *s. f.* **1.** Conjunto de cabellos, especialmente cuando son largos y abundantes. **2.** Cola luminosa de un cometa.

cabello *s. m.* **1.** Cada uno de los pelos de la cabeza. **2.** Conjunto de todos ellos. || **3. cabello de ángel** Dulce de cidra y almíbar en hebras.

cabelludo *adj.* Véase **cuero cabelludo.**

caber *v. intr.* **1.** Poder contenerse una cosa dentro de otra, haber en un lugar o recipiente espacio para algo o para determinada medida o cantidad. **2.** Poder entrar alguien o algo por una abertura o en un sitio. **3.** Ser una cosa lo bastante grande para poder ponerla alrededor de algo o ajustarla debidamente a ello. **4.** Tocarle a uno o corresponderle algo como *el honor, la felicidad,* etc. **5.** Ser posible. || **Loc. no caber** alguien **en sí de gozo** (o de otro sentimiento) Estar lleno del mismo. ▪ Es v. irreg.

cabestrillo *s. m.* Tira de tela o aparato que se coloca colgando del cuello para sostener la mano o el brazo lesionados.

cabestro *s. m.* **1.** Cuerda o correa con que se ata a la caballería para sujetarla o llevarla. **2.** Buey manso que sirve de guía a las reses bravas. **3.** *fam.* Hombre al que su mujer le es infiel. **4.** *fam.* Hombre malintencionado y torpe.

Cabet, Étienne (Dijon 1788 - San Luis, EE UU 1856) Socialista utópico francés. Desempeñó cargos políticos bajo Luis Felipe. Por sus escritos en *Le Populaire* tuvo que exiliarse en el Reino Unido, donde conoció a Richard Owen. Es autor de *Viaje a Icaria* (1840), cuyo ideal comunista intentó llevar a la práctica en la colonia Nauvoo, en Illinois.

cabeza *s. f.* **1.** Parte superior del cuerpo humano, y superior o anterior del de muchos animales, en donde se encuentran el cerebro y algunos órganos de los sentidos. **2.** Esa misma parte sin la cara. **3.** Principio, parte extrema o delantera de una cosa. **4.** Extremo abultado de algunas cosas, opuesto a la punta, si la tienen. **5.** En electrónica e inform., pieza o dispositivo que sirve para leer o grabar información sobre una superficie magnética (película, cinta o disco). **6.** Res. **7.** Talento, inteligencia. **8.** Mente, pensamiento, imaginación. **9.** Individuo, en un reparto o distribución. **10.** Principal localidad de un territorio. **11.** Persona más importante, que gobierna o dirige una comunidad, corporación o movimiento. También *s. m.* || **12. cabeza cuadrada** Persona terca o poco inteligente. **13. cabeza de ajo** (o **de ajos**) Bulbo del ajo. **14. cabeza de chorlito** *fam.* Se aplica a la persona de poco juicio. **15. cabeza de partido** Ciudad o villa que es capital de un partido judicial. **16. cabeza de puente** Posición militar en territorio enemigo. **17. cabeza de turco** Persona a la que se echa la culpa de algo con cualquier pretexto. || **Loc. bajar** (o **doblar**) uno **la cabeza** Obedecer sin rechistar. **cabeza abajo** *adv.* Al revés, vuelto hacia abajo; también, en total desorden. **calentarle** a alguien **la cabeza** *fam.* Darle motivo de preocupación o de vana esperanza. **calentarse** uno **la cabeza** Pensar mucho o cavilar sobre algo. **de cabeza** Con muchas preocupaciones o problemas. **levantar cabeza** Salir de una mala situación. **perder la cabeza** Perder la serenidad o el juicio. **rom-**

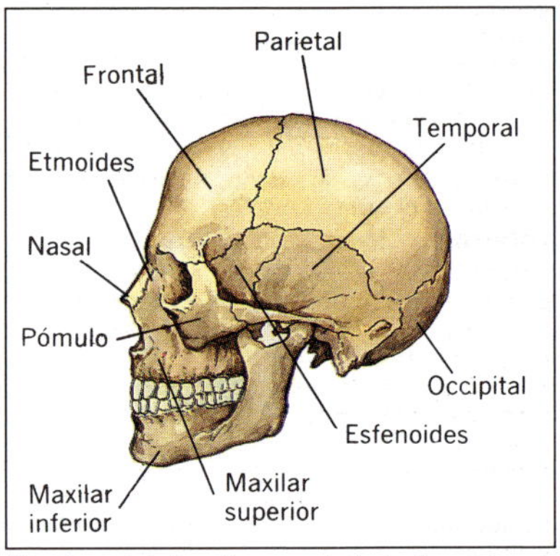

Vista lateral de la cabeza y principales huesos que la forman.

CABER

INDICATIVO

Presente	**Pretérito perf. simple**
quepo	*cupe*
cabes	*cupiste*
cabe	*cupo*
cabemos	*cupimos*
cabéis	*cupisteis*
caben	*cupieron*
Futuro imperf.	**Condicional simple**
cabré	*cabría*
cabrás	*cabrías*
cabrá	*cabría*
cabremos	*cabríamos*
cabréis	*cabríais*
cabrán	*cabrían*

SUBJUNTIVO

Presente	**Pretérito imperfecto**
quepa	*cupiera, -ese*
quepas	*cupieras, -eses*
quepa	*cupiera, -ese*
quepamos	*cupiéramos, -ésemos*
quepáis	*cupierais, -eseis*
quepan	*cupieran, -esen*

Futuro imperfecto

cupiere	*cupiéremos*
cupieres	*cupiereis*
cupiere	*cupieren*

Ciudad del Cabo vista desde Table Mountain. Fundada en 1652 por el holandés Van Riebeeck, cuenta con el mayor astillero del hemisferio austral.

perse uno **la cabeza** Dar muchas vueltas a un asunto. **sentar la cabeza** Hacerse formal o sensato. **subírsele** a uno algo **a la cabeza** Marearle una bebida alcohólica; envanecerle o alterarle un triunfo, un cargo, etc.
Anat. y ***Fisiol.*** La cabeza contiene la mayor parte de los centros nerviosos superiores (ganglios nerviosos en los insectos, encéfalo en los vertebrados) y los principales órganos de los sentidos. En el hombre se divide en dos partes principales: la cara, o región anterior, y el cráneo, o esfera ósea que protege al encéfalo. El conjunto de huesos de la cabeza se denomina *calavera*, y consta de ocho piezas en la región del cráneo (un frontal, dos parietales, dos temporales, un occipital, un etmoides y un esfenoides) y de otras catorce en la región de la cara (un vómer, dos maxilares superiores, dos palatinos, dos pómulos, dos nasales, dos lacrimales, dos cornetes y un maxilar inferior). Estos huesos están recubiertos por numerosos músculos, como el frontal, el occipital, el temporal, los auriculares, los orbiculares, etc.

Cabeza de Vaca, Álvar Núñez (Jerez de la Frontera, Cádiz 1507 - Sevilla 1559) Explorador y conquistador español. Acompañó a Pánfilo de Narváez en la expedición por la costa del golfo de México y de Florida. Más tarde viajó por el Mississippi y N de México. Exploró el Chaco. Escribió su autobiografía, titulada *Los naufragios*.

cabezada *s. f.* **1.** Golpe dado con la cabeza. **2.** Movimiento brusco hacia abajo que hace con la cabeza el que, sin estar acostado, se va durmiendo. **3.** Inclinación de la cabeza como saludo de cortesía. **4.** Correaje que ciñe y sujeta la cabeza de una caballería.

cabezal *s. m.* **1.** Cabecera de la cama. **2.** Pieza generalmente móvil de algunos aparatos colocada en uno de los extremos. **3.** En magnetófonos y aparatos similares, cabeza. **4.** Pieza del brazo de un tocadiscos que contiene la aguja. **5.** *amer.* Travesaño sobre el que descansa un madero, p. ej. en una mina.

cabezazo *s. m.* Golpe dado con la cabeza, p. ej. al balón en el fútbol.

cabezo *s. m.* Montecillo aislado.

cabezón, na *adj.* **1.** Se dice de quien tiene grande la cabeza. También *s.* **2.** *fam.* Cabezota, terco. También *s.* **3.** Se dice de la bebida alcohólica que produce pesadez o dolor de cabeza. ‖ *s. m.* **4.** Cabeza grande.

Cabezón, Antonio de (Castrillo de Matajudíos, Burgos 1510 - Madrid 1566) Organista y compositor español. Ciego de nacimiento, estuvo al servicio de Carlos I y Felipe II. Es considerado uno de los grandes autores de música instrumental de su época. Su hijo Hernando recopiló sus composiciones en *Obras de música para tecla, arpa y vihuela* (1578).

cabezonada o **cabezonería** *s. f. fam.* Acción propia de una persona terca.

cabezota *s. f.* **1.** *aum.* de **cabeza**. ‖ *adj.* **2.** Terco, obstinado. También *s.*

cabezudo, da *adj.* **1.** Se dice de la persona que tiene la cabeza muy grande. ‖ *s. m.* **2.** Personaje disfrazado con una enorme cabeza de cartón que suele actuar en fiestas populares.

cabezuela *s. f.* **1.** *dim.* de **cabeza**. **2.** Conjunto de flores juntas sobre un engrosamiento de la rama llamado receptáculo. **3.** Harina más gruesa que se obtiene del trigo después de sacada la más blanca y fina. **4.** Planta compuesta, de hojas aserradas y flores blancas o purpúreas con los cálices cubiertos de espinas. Corresponde a la especie *Microlonchus clusii*.

cabida *s. f.* **1.** Espacio que tiene una cosa para contener a otra. **2.** Extensión de un terreno.

cabila *s. f.* Tribu de beduinos o bereberes.

cabildear *v. intr.* Procurar con gestiones hábiles conseguir algo en una corporación, organismo público, etc. **FAM.** Cabildeo.

cabildo *s. m.* **1.** Comunidad de eclesiásticos que tienen algún cargo en una catedral. **2.** Corporación del alcalde y concejales que administran un municipio. **3.** Junta celebrada por esta corporación y lugar en que se reúne. **4.** Capítulo de algunas órdenes religiosas. **5.** Corporación local que dirigía la vida de las ciudades en las colonias españolas de América. ‖ **6. cabildo insular** En Canarias, corporación que representa a los pueblos de cada isla y administra los intereses comunes de todos ellos.
Hist. Los cabildos fueron instaurados en las colonias españolas de Indias según el modelo vigente en Castilla en la Edad Media, pero la institución adquirió características propias en el nuevo continente. Al frente del cabildo estaba el alcalde mayor o corregidor. Los cabildos podían adoptar dos formas: **cabildo cerrado**, con reuniones integradas exclusivamente por sus miembros, y **cabildo abierto**, que se convocaba en ocasiones extraordinarias, con asistencia de todos los vecinos. En los últimos tiempos de las colonias, los cabildos, dominados por los criollos, tuvieron un papel básico en el movimiento de independencia, pues de ellos surgieron las juntas de defensa.

Cabimas C. de Venezuela, situada en el estado de Zulia, a orillas del lago de Maracaibo. 216.900 h. en 1987. Su economía se basa en el petróleo (extracción, refinerías, oleoductos, etc.), posee industria maderera y del mueble, óptica y mecánica; su puerto internacional tiene gran importancia en el comercio del petróleo.

cabina *s. f.* **1.** Pequeño departamento, generalmente aislado, con fines muy diversos, p. ej. para uso individual del teléfono, para votar en unas elecciones, para cambiarse de ropa en playas e instalaciones deportivas, etc. **2.** En camiones, aviones, etc., espacio reservado para el conductor o piloto. **3.** Receptáculo donde viajan personas en ascensores, teleféricos, etc.

cabio *s. m.* **1.** Madero delgado que se atraviesa a las vigas para formar suelos y techos. **2.** Travesaño horizontal de la parte inferior y superior del marco de puertas y ventanas. **3.** Cabrio de la armadura del tejado.

cabizbajo, ja *adj.* Abatido, apesadumbrado.

cable *s. m.* **1.** Trenzado de cuerdas, maromas o alambres destinado a soportar grandes tensiones. **2.** Hilo metálico para la conducción eléctrica. **3.** *fam.* Ayuda que se presta a alguien que la necesita. **4.** Cablegrama. **5.** Medida marina de longitud que equivale a la décima parte de la milla o 185 m. ‖ **6. cable óptico** Véase **fibra óptica**.
Tecnol. Los conductores eléctricos aislados están compuestos por uno o varios hilos de cobre envueltos en plástico o caucho. Los **cables aéreos** utilizados para transmisión de energía eléctrica no suelen llevar aislante. Los **cables coaxiales** son líneas de transmisión de alta frecuencia que constan de un conductor central rodeado de un aislante, una vaina entretejida de cobre o aluminio, o un tubo metálico, y una segunda capa aislante. Se utilizan p. ej. para cables de conexión de micrófonos o para antenas de televisión.

cabledifusión *s. f.* Nombre general que recibe un sistema de televisión que distribuye las señales por cable en vez de por ondas.

cablegrafiar *v. tr.* Transmitir un cablegrama. ▪ En cuanto al acento, se conjuga como *ansiar*: *cablegrafío*.

cablegrama *s. m.* Mensaje transmitido por cable submarino.

cabo *s. m.* **1.** Extremo o punta de alguna cosa. **2.** Parte pequeña que queda de una cosa. **3.** Porción de tierra que penetra en el mar. **4.** Individuo de clase de tropa con graduación militar superior a la de soldado. **5.** Hilo, hebra. **6.** Cuerda. ‖ **7. cabo primero** Graduación militar entre las de cabo y sargento. ‖ **LOC. al cabo** *prep.* Al fin. **al cabo de** *prep.* Después de. **al fin y al cabo** *adv.* Después de todo. **atar cabos** *fam.* Asociar datos o informaciones para averiguar o aclarar algo. **de cabo a rabo** *adv.* Del todo, del principio al fin. **estar al cabo de la calle** *fam.* Estar perfectamente enterado. **llevar a cabo** Realizar, concluir.

Cabo, Ciudad del (en afrikaans *Kaapstad*, en ingl. *Cape Town*) C. de la República Sudafricana, cap. de la prov. de El Cabo, junto al cabo de Buena Esperanza. 776.600 h. en 1986 y 1.911.500 h. en su área metropolitana en el mismo año. Es la capital legislativa del país y centro portuario e industrial. Fue el primitivo foco colonizador de los bóers desde 1652 y capital de la colonia británica de Sudáfrica desde 1806 hasta su independencia.

Cabo, El Prov. de la República Sudafricana, en el S del país. 641.379 km². 5.041.150 h. en 1985. La capital es Ciudad del Cabo, con 776.600 h. en 1986. Se cultivan cereales, viñas, frutales y tabaco. Posee gran riqueza minera: diamantes, carbón, cobre y amianto.

Cabo Kennedy Base de lanzamiento de cohetes, satélites y otros aparatos espaciales de EE UU, situada en la península de Florida. También es conocida como *Cabo Cañaveral*.

Cabo Verde Estado de África occidental.

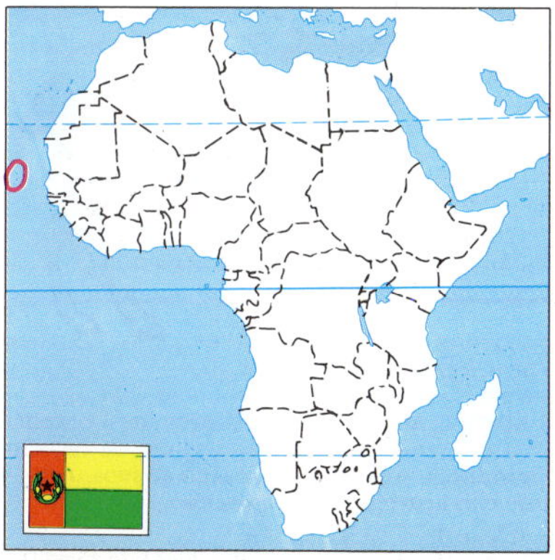

Extensión: 4.033 km².
Situación: en el océano Atlántico, al O de las costas de Mauritania y Senegal.
Población: 339.000 h. en 1990.
Densidad: 84 h./km².
Capital: Praia.
División administrativa: islas de Boa Vista, Brava, Fogo, Maio, Sal, Santiago, Santo Antão, São Nicolau, São Vicente.
Ciudades principales: Mindelo, São Filipe.
Gentilicio: caboverdiano.
Forma de Estado: república presidencialista.
Idioma: portugués.
Religión: catolicismo, 97,8 %.
Moneda: escudo Cabo Verde.
Tasa de natalidad: 38 ‰ en 1990.
Tasa de mortalidad: 10 ‰ en 1990.
Renta per cápita: 500 dólares en 1987.

Geog. Cabo Verde constituye un archipiélago de origen volcánico formado por numerosas islas muy montañosas, cuya mayor altura es el Pico (2.830 m), en la isla de Fogo. Tiene un clima seco

y cálido. La población, formada por negros y mulatos, presenta una tasa de crecimiento demográfico elevada, pero existe una fuerte emigración. Los principales recursos proceden de la agricultura, que produce maíz, batatas, mandioca, bananas, cocos, caña de azúcar y café, de la pesca y de la industria del cemento y extracción de sal.
Hist. Las islas fueron descubiertas por Portugal en 1456 y colonizadas desde 1460. Hasta el s. XVI el archipiélago conoció una época de prosperidad gracias al tráfico de esclavos, pero al desviarse éste hacia Gambia comenzó su decadencia. El movimiento nacionalista fue dirigido por el Partido Africano para la Independencia de Cabo Verde (PAICV). En 1975 Portugal concedió a las islas la independencia y comenzó un proceso de integración en Guinea-Bissau, que fue interrumpido en 1980 por el cambio de régimen político en este país. Aristides Pereira, del PAICV, designado presidente de la república en 1975, fue reelegido en 1980 y 1986. En 1990 anunció un proceso liberalizador.

cabotaje *s. m.* Navegación de los barcos entre los puertos de una misma nación, sin perder de vista la costa y generalmente con fines comerciales.

Caboto, Sebastián (Venecia h. 1480 - Londres 1557) Navegante italiano. Exploró Terranova y la costa norteamericana, y al servicio de Carlos V el estuario del Río de la Plata, remontando los ríos Paraná, Uruguay y Paraguay. Publicó un completo mapamundi (1544).

cabra *s. f.* Nombre común de diversos mamíferos artiodáctilos herbívoros de la familia bóvidos, género *Capra.* Mide entre 60 y 80 cm de altura, tiene cuernos curvados hacia atrás, pelo fuerte, cola corta y, a veces, en los machos, una mata de pelo debajo de la barbilla. El macho se llama *macho cabrío* o *cabrón*, y las crías, *cabritos.* Las especies más importantes son el íbice alpino *(Capra ibex)* y la cabra montés *(Capra pyrenaica)*, a la que pertenece la cabra hispánica *(Capra pyrenaica hispanica)*. La cabra doméstica *(Capra hircus)* se cría como productora de leche, carne y, en algunas razas (Cachemira, Angora) por su lana. ‖ **LOC. estar como una cabra** *fam.* Estar chiflado.

Cabra doméstica (Capra hircus).

Cabra C. de España, en la prov. de Córdoba. 20.530 h. en 1990. Posee agricultura de regadío (hortalizas, frutas) y de secano (olivos, cereales) e industrias de alimentación.

cabracho *s. m.* Escorpena*.

cabrahigo *s. m.* Planta arbustiva o arbórea de la familia moráceas, especie *Ficus carica caprificus.* Mide entre 2 y 8 m de altura, tiene hojas palmeadas con 3 ó 5 lóbulos y fruto en sicono no comestible. Es una higuera silvestre que se utiliza en el proceso de cabrahigadura, consistente en colgar sartas de frutos del cabrahigo en las ramas de la higuera cultivada para favorecer su polinización por los insectos.

Cabral de Melo Neto, João (Recife 1920) Poeta brasileño. De su obra, notable por la perfección métrica de su composición, destacan *Piedra del sueño* (1942) y *El ingeniero* (1945), el ensayo *Joan Miró* (1950) y *Paisaje con figuras* (1955), recuerdos de un viaje por Cataluña.

cabrales *s. m.* Queso asturiano de sabor picante, que toma su nombre del pueblo asturiano donde se fabrica.

cabrear *v. tr. fam.* Enfadar, poner a alguien de mal humor. También *v. prnl.* **FAM.** Cabreado, cabreante, cabreo.

Cabrera Isla de España del archipiélago de las Baleares, situada al S de Mallorca, perteneciente a la prov. de Baleares. 15,7 km^2 de extensión. Carece de población estable.

Cabrera, Miguel (Oaxaca 1695 - ? 1768) Pintor mexicano. Es considerado el más importante de la época virreinal. Destacan sus retratos, en especial el de sor Juana Inés de la Cruz, de 1751.

Cabrera, Ramón (Tortosa, Tarragona 1806 - Wentworth 1877) General carlista español. Durante la primera guerra carlista dominó la región levantina del Maestrazgo. Tras el convenio de Vergara, continuó la lucha en Cataluña y posteriormente se retiró a Francia y Reino Unido, donde murió, distanciado ya de su ideología política inicial.

Cabrera Infante, Guillermo (Gibara 1929) Novelista cubano, nacionalizado británico. Periodista y crítico de cine, se caracteriza por su lenguaje exuberante y sus experimentos estilísticos. Su obra principal es *Tres tristes tigres* (1966). Otros libros suyos son *Vista del amanecer en el Trópico* (1974), *Exorcismos de esti(l)o* (1976) y *La Habana para un infante difunto* (1979).

Guillermo Cabrera Infante.

cabrerizo, za *adj.* **1.** Perteneciente o relativo a las cabras. ‖ *s. m.* y *f.* **2.** Cabrero.

cabrero, ra *s. m.* y *f.* Persona que cuida cabras.

cabrestante *s. m.* Torno de eje vertical que se utiliza para mover grandes pesos o también para soltar o recoger cables.

cabria *s. f.* Mecanismo para levantar grandes pesos, que consta de una polea suspendida de un trípode o del extremo de un brazo giratorio.

cabrilla *s. f.* **1.** Pez perciforme de la familia serránidos, especie *Serranus cabrilla.* Mide hasta 30 cm de longitud, es de color rosado con bandas transversales oscuras y salta mucho sobre la superficie del agua. Vive en el Mediterráneo y el Atlántico E. ‖ *pl.* **2.** Pequeñas olas espumosas que se levantan en el mar cuando éste comienza a agitarse. **3.** Manchas que aparecen en las piernas por estar cerca del fuego.

cabrillear *v. intr.* **1.** Formarse cabrillas en el mar. **2.** Rielar la luz.

cabrio *s. m.* Madero que se coloca paralelo a los pares en la armadura de un tejado y sobre el que se apoya la tablazón.

cabrío, a *adj.* Perteneciente o relativo a las cabras.

cabriola *s. f.* **1.** Pirueta, voltereta. **2.** Salto de danza en el que se cruzan varias veces los pies en el aire. **3.** Salto que da el caballo, soltando un par de coces mientras se mantiene en el aire.

cabriolé *s. m.* **1.** Coche de caballos ligero, de cuatro ruedas y descubierto. **2.** Automóvil descapotable.

cabritilla *s. f.* Piel curtida de cualquier animal pequeño, como cabrito, cordero, etc.

cabrito, ta *s. m.* y *f.* **1.** Cría de la cabra hasta que deja de mamar. **2.** *fam.* Persona de mala intención.

cabrón, na *s. m.* y *f.* **1.** *vulg.* Mala persona. También *adj.* ‖ *s. m.* **2.** *vulg.* Hombre cuya mujer mantiene relaciones sexuales con otro. También *adj.* **3.** Macho de la cabra. **FAM.** Cabronada.

cabruno, na *adj.* Perteneciente o relativo a la cabra.

caca *s. f.* **1.** *fam.* Excremento humano y, más especialmente, el de los niños. **2.** *fam.* En lenguaje infantil, cualquier cosa sucia. **3.** *fam.* Cosa mal hecha o de mala calidad.

Caca-Aca Monte de Bolivia, en la sierra Real. 6.190 m de altura. Se llama también *Huayna Potosí.*

cacahuete *s. m.* **1.** Planta herbácea de la familia papilionáceas, especie *Arachis hypogea.* Mide unos 30 cm de altura, tiene tallos rastreros y flores amarillas, las superiores estériles y las inferiores fértiles; éstas producen el fruto, que está cubierto por una cáscara dura y contiene varias semillas comestibles. Se cultiva en las regiones cálidas de América, en China, India, Senegal, etc., y de sus semillas se obtiene aceite y harina. **2.** Fruto de esta planta.

cacao[1] (del náhuatl *cacáhuatl*) *s. m.* **1.** Árbol de la familia esterculiáceas, especie *Theobroma cacao.* Mide entre 12 y 20 m de altura, tiene flores pequeñas, rosadas o amarillentas, hojas coriáceas lanceoladas y frutos carnosos, de forma ovoide, que contienen entre 20 y 40 semillas. Originario de América, se cultiva en países tropicales (Ghana, Nigeria, Brasil). De las semillas fermentadas se obtiene un polvo con el que se fabrica el chocolate; poseen, además, un 52 % de manteca de cacao, grasa utilizada en la industria. **2.** Semilla de esta planta. **3.** Polvo que se obtiene triturando las semillas de cacao y que se toma disuelto en agua o en leche. **4.** Barra hidratante para los labios, hecha con manteca de cacao.

Frutos del cacao (Theobroma cacao).

cacao[2] *s. m. fam.* Follón, escándalo.

cacarear *v. intr.* **1.** Emitir su voz el gallo o la gallina. ‖ *v. tr.* **2.** *fam.* Alabar con exceso las cosas propias. **FAM.** Cacareo.

cacatúa *s. f.* **1.** Nombre común de diversas aves psitaciformes de la familia psitácidos, géneros *Kakatoë, Calyptorhynchus, Probosciger*, etc. Presentan colores vistosos y se caracterizan por el penacho de plumas a modo de cresta que sobresale en la parte posterior de su cabeza. Su pico es muy robusto y lo utilizan para romper nueces o excavar en busca de gusanos y raíces. Originarias de Australia y la región malaya, se adaptan a la vida en cautividad. Las especies más conocidas son la cacatúa blanca *(Kakatoë galerita)*, la cacatúa inca *(Kakatoë leadbeateri)* y la cacatúa cuervo *(Calyptorhynchus banksi)*. **2.** *fam.* Mujer vieja, fea y muy arreglada.

Cacatúa blanca (Kakatoë galerita).

cacaxtle *s. m.* **1.** *Amér. C., Méx.* Armazón de madera que se utiliza para transportar cargas, sobre todo frutas y verduras. **2.** *Amér. C., Méx.* Esqueleto de los vertebrados y, en especial, del hombre. ■ Se dice también *cacaste* o *cacastle.*

cacera *s. f.* Zanja o canal por donde se lleva el agua para regar.

cacereño, ña *adj.* De Cáceres. También *s.*

Cáceres: vista parcial de esta ciudad extremeña.

Cáceres 1. Prov. de España, en la comunidad autónoma de Extremadura. 19.945 km^2. 404.630 h. en 1991. En su relieve destacan una zona montañosa al N, que comprende la sierra de Gata y la parte occidental de la sierra de Gredos; una zona central más llana, constituida por la vega del Tajo, y una zona meridional, con las sierras de San Pedro y de Guadalupe. El clima es mediterráneo de interior, con inviernos relativamente suaves por la cercanía del océano Atlántico. Las especies características del bosque autóctono son la encina y el alcornoque, pero la mayoría del suelo está ocupado por matorrales de jara, brezo, retama y cantueso. El hábitat es concentrado. Su economía se basa en la agricultura de secano, con áreas de agricultura intensiva (frutales, tabaco) en La Vera y valle del Jerte, y en la ganadería extensiva, sobre todo ovina y porcina. Posee industria de transformación agrícola: tabaco, algodón y pimentón. Sus principales poblaciones son Plasencia y Trujillo.
2. C. de España, cap. de la prov. homónima, en el SO de la provincia. 71.475 h. en 1991. Constituye un centro de servicios, tanto de índole administrativa como comercial. De origen romano, conserva un casco histórico de la época medieval con monumentos de notable interés.

Cáceres, Andrés (Ayacucho 1833 - Lima 1923) Militar y político peruano. Combatió en la guerra del Pacífico (1879 - 83) y dirigió la resistencia contra la ocupación chilena. Presidente del país entre 1886 y 1890, palió la profunda crisis económica. Tomó nuevamente el poder por la fuerza en 1894, pero al año fue derrocado.

cacería *s. f.* **1.** Partida de caza, expedición o excursión de personas que salen a cazar. **2.** Conjunto de piezas cazadas.

cacerola *s. f.* Recipiente, por lo general de metal, de forma cilíndrica y con dos asas, que se emplea para guisar.

cacha *s. f.* **1.** Cada una de las dos piezas que cubren el mango de navajas, cuchillos o de algunas armas de fuego. Se usa sobre todo en *pl.* **2.** *fam.* Nalga. Se usa sobre todo en *pl.* **3.** Muslo. Se usa sobre todo en *pl.* **4.** *amer.* Asta, cuerno. ‖ *s. m.* y *f. pl.* **5.** *fam.* Persona fuerte, musculosa. También *adj.* **6.** *fam.* Persona físicamente muy atractiva. También *adj.*

cachaco, ca *adj. Amér. del S.* Presumido. También *s.*

cachada *s. f. Arg., Par., Urug.* Broma.

cachafaz, za *adj. amer.* Pícaro, desvergonzado. También *s.*

cachalote *s. m.* Nombre común de tres especies de mamíferos cetáceos odontocetos de la familia fisetéridos, géneros *Physeter* y *Kogia.* El cachalote común *(Physeter macrocephalus)* alcanza de 15 a 20 m de longitud y rebasa las 100 t de peso. Su cabeza abarca un tercio del cuerpo y su boca está provista de dientes. Se alimenta principalmente de calamares gigantes. Vive en grupos en todos los mares. Se le caza para obtener su aceite y por una sustancia que contiene su cráneo, que se llama *ámbar gris* o -incorrectamente- *esperma de ballena,* utilizada en perfumería.

cachar *v. tr.* **1.** Hacer cachos o pedazos una cosa. **2.** *Arg., Par., Urug.* Hacer una broma, tomar el pelo a alguien. **3.** Agarrar algo.

cacharpas *s. f. pl. amer.* Trastos, cosas de poco valor.

cacharpaya *s. f. Arg., Bol., Chile, Perú.* Fiesta con que se despide a quienes van a emprender un viaje.

cacharrazo *s. m.* Golpe fuerte y ruidoso.

cacharro *s. m.* **1.** Recipiente, en especial para uso en la cocina. **2.** *fam.* Aparato o máquina viejos, en mal estado o que funcionan mal. **3.** *fam.* Objeto inútil, sin valor. **FAM.** Cacharrería, cacharrero.

cachava *s. f.* Cayado, bastón.

cachaza *s. f.* **1.** *fam.* Lentitud en el obrar o en el hablar. **2.** Aguardiente de melaza de caña. **FAM.** Cachazudo.

cachear *v. tr.* Registrar a una persona sospechosa para ver si lleva armas u otras cosas ocultas. **FAM.** Cacheo.

cachelos *s. m. pl.* Trozos de patata cocida con los que se acompaña en Galicia la carne, el pescado, etc.

cachemir o **cachemira** *s. m.* o *s. f.* Tejido que se fabrica con el pelo de la cabra de Cachemira o con la lana de ovejas merinas.

Cachemira Región de Asia, en el N de la península del Indostán. 222.236 km^2. Se encuentra dividida entre India, Pakistán y China. Posee una próspera agricultura y ganadería lanar, que ha dado origen a una industria textil de fama mundial. Desde la marcha de los británicos en 1947, la región se convirtió en foco de conflictos entre India y Pakistán. En 1948, la ONU la dividió provisionalmente en dos zonas, pero la medida no ha evitado diversos choques armados indo-pakistaníes ni que India se anexionara en 1957 el territorio bajo su control y lo convirtiese en un nuevo estado de su federación.

cachería *s. f. amer.* Tienda pequeña.

cachet (voz fr.) *s. m.* **1.** Carácter distintivo de refinamiento. **2.** Cotización de un artista en el mercado.

cachete *s. m.* **1.** Sopapo, tortazo. **2.** Mejilla, especialmente si es abultada.

cachetón, na *adj.* **1.** *amer.* Cachetudo. **2.** *Méx.* Desvergonzado. **3.** *Chile.* Vanidoso.

cachetudo, da *adj.* Mofletudo.

Cachi, Nevados de Cordón montañoso de los Andes, en la prov. de Salta, Argentina. 6.380 m.

cachicán *s. m.* Capataz de una finca.

cachifollar *v. tr. fam.* Escachifollar*.

cachimba *s. f.* Pipa para fumar tabaco.

cachimbo *s. m. amer.* Cachimba.

cachiporra *s. f.* **1.** Palo que termina en una bola o cabeza abultada. ‖ *adj.* **2.** *Chile.* Farsante, vanidoso. **FAM.** Cachiporrazo.

cachiporrearse *v. prnl. Chile.* Vanagloriarse, jactarse de algo.

cachiquel o **cakchiquel** *adj.* **1.** Se dice de un pueblo amerindio de América Central, perteneciente al grupo quiché de la familia maya que habita la zona de Guatemala comprendida entre el lago Atitlán y la capital. A este pueblo se deben los *Anales de los cachiqueles,* primer manuscrito conocido de una cultura americana precolombina. También *s.* Se usa sobre todo en *pl.* ‖ *s. m.* **2.** Lengua de este pueblo.

cachirulo *s. m.* **1.** Pañuelo que se anuda a la cabeza en el traje regional masculino de Aragón. **2.** Vasija para aguardiente u otros licores.

cachivache *s. m.* Trasto, armatoste. Se usa sobre todo en *pl.*

cacho[1] (del lat. vulg. *cacculus*) *s. m.* Pedazo pequeño de alguna cosa.

cacho[2] *s. m.* **1.** *amer.* Cuerno. **2.** *Amér. del S.* Cubilete del juego de dados.

cachondearse *v. prnl. fam.* Burlarse.

cachondeo *s. m.* **1.** *fam.* Acción y efecto de cachondearse. **2.** *fam.* Juerga, jolgorio.

cachondo, da *adj.* **1.** *vulg.* Que siente deseo sexual. **2.** *fam.* Burlón, divertido. También *s.* **FAM.** Cachondez.

cachorrillo *s. m.* Pistola de bolsillo.

cachorro, rra *s. m.* y *f.* **1.** Perro de poco tiempo. **2.** Cría de otros mamíferos.

cachudo, da *adj. amer.* Se dice del animal que tiene los cuernos grandes.

cachupín *s. m.* y *f.* Gachupín*.

cachupinada *s. f. fam.* Guateque, fiesta en una casa.

cacicazgo *s. m.* **1.** Dignidad y autoridad del cacique. **2.** Territorio bajo su mando.

cacique *s. m.* **1.** Jefe de algunas tribus de América Central y del Sur. **2.** Persona que, valiéndose de su influencia o dinero, interviene de forma abusiva en la política o administración de un pueblo o comarca. **FAM.** Caciquear, caciquil.

caciquismo *s. m.* **1.** Influencia excesiva que en los asuntos políticos y administrativos de pueblos y comarcas españoles ejercieron durante la segunda mitad del s. XIX y comienzos del XX reducidos grupos de personas, vinculadas generalmente a la oligarquía agraria. **2.** P. ext., abuso de intervención de una persona o autoridad en determinados asuntos sociales, económicos y políticos.

caco *s. m.* Ladrón que roba con destreza.

Caco Ladrón mitológico, que vivía en una cueva del monte Aventino de Roma. Fue muerto por Hércules.

cacofonía *s. f.* Defecto del lenguaje consistente en una repetición de sonidos que resulta desagradable al oído. **FAM.** Cacofónico.

cacografía *s. f.* Escritura defectuosa o de ortografía incorrecta.

cactáceas *s. f. pl.* Familia de plantas dicotiledóneas del orden cariofilales que comprende unas 2.000 especies agrupadas en numerosos géneros, entre los que destacan *Opuntia, Echinopsis, Epiphyllum, Mammillaria* y *Rhipsalis.* Se caracterizan por tener las hojas transformadas en espinas, tallos verdes con formas diversas -cilíndricos, ovoides, ramificados, etc.- y cuyo tejido parenquimático está adaptado para retener grandes cantidades de agua, lo que les permite crecer en climas áridos o desérticos. Sus flores son de colores vistosos y a menudo efímeras, y sus frutos son bayas. Son cactáceas las chumberas, cuyos frutos son los higos chumbos. También *adj.* y *s. f.*

cacto o **cactus** *s. m.* Nombre común de diversas plantas de la familia cactáceas y de ciertas especies de otras familias de parecida morfología. Tienen tallos grandes y carnosos que almacenan agua, desprovistos de hojas, pero a menudo cubiertos de espinas y flores de brillantes colores. Están adaptadas para vivir en regiones muy secas y muchas especies son oriundas de América.

Cacto.

cacumen *s. m. fam.* Inteligencia, agudeza.

cada *adj.* **1.** Designa uno por uno los elementos o las divisiones de una serie. **2.** Establece una relación entre dos series. **3.** Se utiliza para ponderar: *Se pone cada sombrero...* ‖ **4. cada cual, cada uno** Cada persona, todas las personas. ‖ **LOC. cada quisque** *fam.* Cada cual. **cada vez que** *conj.* Siempre que.

cadalso *s. m.* **1.** Patíbulo. **2.** Tablado que se levanta para la celebración de un acto solemne.

Cadalso, José (Cádiz 1741 - Gibraltar 1782) Escritor español. Militar de profesión y hombre de ideas ilustradas, escribió teatro y poesía, pero sus mejores libros están en prosa: *Los eruditos a la violeta* (1772); *Cartas marruecas* (1789), donde ofrece una visión crítica de la España de su tiempo, y *Noches lúgubres* (1792), considerado precedente del romanticismo.

José Cadalso. Cuadro de P. de Castro Romero, detalle (Museo Histórico Municipal, Cádiz).

cadáver *s. m.* Cuerpo sin vida.

cadavérico, ca *adj.* **1.** Perteneciente o relativo al cadáver. **2.** Se dice de quien está pálido y demacrado.

caddie (voz ingl.) *s. m.* Persona que lleva los palos y las pelotas al jugador de golf.

cadena *s. f.* **1.** Conjunto de piezas generalmente metálicas y en forma de anillo, enlazadas entre sí. **2.** Conjunto de piezas articuladas, generalmente metálicas, que forma una banda sin fin, y tiene diversos usos. **3.** Conjunto de personas que se unen, cogiéndose de las manos. **4.** Cuerda o fila de presidiarios atados. **5.** Sucesión o serie de cosas o de acontecimientos. **6.** Conjunto de instalaciones por las que pasa sucesivamente un producto industrial en su proceso de fabricación o montaje. **7.** Conjunto de establecimientos, instalaciones o construcciones de la misma clase o función, que pertenecen a una sola empresa o grupo de empresas y se organizan de acuerdo con unas directrices o intereses comunes. **8.** Red de emisoras de radio, de televisión o de periódicos que trabajan en cooperación, conectando unas con otras, produciendo programas conjuntos, publicando los mismos artículos o reportajes, etc. **9.** Canal de televisión. **10.** En quím., conjunto de átomos unidos unos con otros formando una molécula principalmente orgánica. La cadena puede ser cerrada, si forma un ciclo, o abierta, si los átomos se unen linealmente. ‖ **11. cadena de distribución** La que transmite el movimiento del cigüeñal de un motor de automóvil al árbol de levas. **12. cadena de montañas** Cordillera. **13. cadena de música** (o **de sonido**) Conjunto de aparatos de reproducción de sonido, de alta fidelidad e independientes uno de otro, formado básicamente por un plato o giradiscos, amplificador, radio, pletina y altavoces. **14. cadena perpetua** En der., la pena máxima de prisión. **15. cadena trófica** En ecol., secuencia de organismos que se alimentan los unos de los otros. En su base se encuentran los productores, o plantas verdes, únicos seres que pueden sintetizar compuestos orgánicos a partir de elementos minerales. En los siguientes niveles tróficos se sitúan los consumidores primarios (herbívoros), los secundarios (carnívoros) y terciarios o grandes depredadores. **16. producción en cadena** Véase **producción**. **17. reacción en cadena** Véase **reacción**. ‖ **Loc. en cadena** *adj.* y *adv.* Se aplica a acciones o acontecimientos que se producen por transmisión o sucesión continuada.

cadencia *s. f.* **1.** Repetición regular de sonidos, movimientos, hechos o fenómenos. **2.** Distribución agradable de acentos y pausas tanto en la prosa como en el verso. **3.** Ritmo o medida que caracteriza una pieza musical. **4.** Adaptación a este ritmo de los movimientos del que danza. **5.** Manera de terminar una frase musical, con alargamiento de los sonidos. **Fam.** Cadenciosamente, cadencioso.

cadeneta *s. f.* **1.** Labor que se hace con hilo o seda, en figura de cadena. **2.** Adorno que se hace con tiras de papel de varios colores, formando cadena.

cadera *s. f.* **1.** Cada una de las dos partes prominentes, a uno y otro lado de la cintura, formadas por los huesos de la pelvis. **2.** En las caballerías y otros cuadrúpedos, parte lateral del anca.

cadete *s. m.* **1.** Alumno de una academia militar. **2.** *Arg., Chile, Urug.* Aprendiz de comercio.

cadí *s. m.* En los países de civilización islámica, juez.

Cádiz 1. Golfo del océano Atlántico, que se extiende desde el cabo Trafalgar (España) hasta el de Santa María (Portugal).
2. Bahía del océano Atlántico, situada al SO de España, entre Rota, El Puerto de Santa María, San Fernando y el castillo de San Sebastián.
3. Prov. de España, en la comunidad autónoma de Andalucía. 7.385 km^2. 1.072.730 h. en 1991. Se divide en dos partes muy contrastadas: la occidental, que ocupa la margen izquierda del valle bajo del Guadalquivir y es muy llana; y la oriental, donde aparecen de N a S las sierras de Líjar, Grazalema y parte de la de Ronda, con alturas que superan los 1.600 m. La vegetación se compone de pinos piñoneros, eucaliptos, quejigos, encinas y algarrobos. La zona llana está dedicada a cereales, legumbres, vid y olivo, con pastizales para el ganado vacuno y caballar. En cuanto a la economía, cuenta con industria naval, pesca, salinas, explotación de bosques y turismo.
4. C. de España, cap. de la prov. homónima. 153.550 h. en 1991. Es puerto de mar de gran importancia, centro administrativo y comercial. Posee industria naval (en especial astilleros y subsidiarias), del frío, etc. Fundada por los fenicios en el 1100 a. C. con el nombre de *Gadir*, se convirtió en un activo centro marítimo con los cartagineses y luego con los romanos, que la llamaron *Gades*, hasta que la penetración musulmana en el s. VIII acabó con su esplendor. A causa de su situación geográfica y su tradición marinera desempeñó un papel importante en el descubrimiento de América. Durante el s. XIX fue uno de los focos del liberalismo español.

Cádiz: fachada de la catedral, edificio neoclásico que guarda en su tesoro tres custodias y en la cripta la tumba de Falla.

cadmio *s. m.* Cd. Elemento químico metálico perteneciente al grupo II B del sistema periódico. Su número atómico es 48 y su masa atómica 112,4. Fue descubierto en 1817 por Friedrich Stromeyer. De color blanco azulado, escasea en la naturaleza. Se obtiene de los barros que quedan tras la obtención del cinc por electrólisis y se emplea como antioxidante para recubrir el hierro y el latón, como componente en algunas aleaciones de bajo punto de fusión, en la fabricación de conductores eléctricos, en soldadura y en bisutería.

caducar *v. intr.* **1.** Perder su validez o efectividad una ley, costumbre, contrato, etc. **2.** Dejar de ser apto para el consumo un producto alimenticio envasado, un medicamento, etc. ■ Se conjuga como *sacar*.

caducidad *s. f.* **1.** Acción y efecto de caducar. **2.** Cualidad de caduco.

caducifolio, lia *adj.* Se dice de los árboles y arbustos que pierden las hojas en la estación desfavorable.

caduco, ca *adj.* **1.** Muy viejo, anticuado. **2.** Se dice de lo que ya no tiene vigencia o uso. **3.** Perecedero. **4.** Se dice de los órganos de las plantas destinados a caerse. **5.** Falto de facultades físicas o mentales a causa de la edad.

caedizo, za *adj.* Que cae fácilmente, que está destinado a caerse.

Caen C. de Francia, cap. de la región de Baja Normandía y del departamento de Calvados. 113.000 h. en 1990, 183.500 h. en su área metropolitana. Es importante centro minero (hierro), industrial y portuario.

caer *v. intr.* **1.** Moverse un cuerpo de arriba abajo por su propio peso. También *v. prnl.* **2.** Perder el equilibrio hasta ir a parar al suelo o sobre otra cosa firme. También *v. prnl.* **3.** Desprenderse o soltarse una cosa del lugar u objeto al que estaba unida. También *v. prnl.* **4.** Arrojarse. **5.** Llegar inesperadamente, atacar por sorpresa. **6.** Colgar, inclinarse. **7.** Venir a dar un animal o una persona en un engaño o trampa. **8.** Incurrir en una falta o error. **9.** Morir, sucumbir. **10.** Desaparecer, dejar de existir. **11.** Perder una persona su posición, cargo, poder, etc. **12.** Disminuir, bajar. **13.** Venir a encontrarse en determinado estado o situación. **14.** Estar situado en alguna parte. **15.** Tocar la lotería o el premio en un sorteo. **16.** Corresponder una fiesta a determinada fecha o periodo del año. **17.** Tocarle a uno una tarea o algo similar. **18.** Sentar bien o mal un alimento, un traje, etc. **19.** Resultar una persona o cosa lo que se expresa a continuación. **20.** Fallar, fracasar. ■ Es v. irreg. ‖ **Loc. caer muy bajo** Hacer algo indigno o vergonzoso. **dejar caer** En una conversación, insinuar o decir algo con sutileza. **dejarse caer** Acudir a un lugar. **estar al caer** Estar a punto de suceder. **no tener donde caerse muerto** Ser muy pobre.

CAER	
GERUNDIO	
cayendo	
INDICATIVO	
Presente	**Pretérito perf. simple**
caigo	*caí*
caes	*caíste*
cae	*cayó*
caemos	*caímos*
caéis	*caísteis*
caen	*cayeron*
SUBJUNTIVO	
Presente	**Pretérito imperfecto**
caiga	*cayera, -ese*
caigas	*cayeras, -eses*
caiga	*cayera, -ese*
caigamos	*cayéramos, -ésemos*
caigáis	*cayerais, -eseis*
caigan	*cayeran, -esen*
Futuro imperfecto	
cayere	*cayéremos*
cayeres	*cayereis*
cayere	*cayeren*

Caetano, Marcelo (Lisboa 1906 - Rio de Janeiro 1980) Político portugués. Teórico y defensor del corporativismo, fue ministro de Ultramar y sustituyó a Oliveira Salazar en la jefatura del gobierno en 1968. Depuesto por el golpe militar de abril de 1974, se exilió a Brasil.

Cafarnaum C. de la antigua Palestina, en Galilea. Fue escenario de la predicación y milagros de Jesucristo. Es la actual *Kefar Nahum*.

café *s. m.* **1.** Semilla del cafeto, que se obtiene de la baya madura mediante diversos procesos (lavado, maduración) y luego se seca y descascarilla. Antes de ser tratada, la semilla (de 1 cm de largo, aproximadamente) tiene un tono amarillo verdoso; una vez lista para ser comercializada, es de color verde, o marrón si se la somete al proceso de tostación. Los principales países productores de café son Brasil y Colombia. **2.** Cafeto, árbol. **3.** Bebida que se hace por infusión con sus semillas tostadas y molidas. **4.** Establecimiento público en el que se sirven café y otras bebidas, así como aperitivos. ‖ **Loc. tener mal** (o **buen**) **café** Tener mal (o buen) humor.

cafeína *s. f.* $C_8H_{10}N_4O_2H_2O$. Sustancia estimulante del sistema nervioso central y del corazón, presente en bebidas como el té, café, cacao, cola, etc. Es un alcaloide y su abuso produce arritmia, dolor de cabeza e insomnio.

cafetal *s. m.* Lugar poblado de cafetos, plantación de café.

cafetería *s. f.* Local en el que se sirven café y otras bebidas, así como ciertos alimentos sólidos (bollos, bocadillos, platos combinados, etc.).

cafetero, ra *adj.* **1.** Perteneciente o relativo al café, a su cultivo, industria, etc. **2.** Se dice de la persona muy aficionada a tomar café. También *s.* ‖ *s. f.* **3.** Máquina o recipiente en que se prepara o sirve café. **4.** Vehículo de motor, máquina o aparato viejo y en mal estado.

cafetín *s. m.* Café, como establecimiento, de poca importancia.

cafeto *s. m.* Nombre común de diversas plantas arbustivas de la familia rubiáceas, género *Coffea.* Alcanza hasta unos 10 m de altura y tiene flores blancas con olor parecido al jazmín. El fruto es pequeño y carnoso y contiene dos semillas, que se tuestan y muelen y de las que se obtiene la infusión llamada *café.* La planta es originaria de África ecuatorial y se cultiva en las regiones tropicales de todo el mundo. Existen dos especies cultivadas: *Coffea arabica,* especialmente en Asia y América, y *Coffea robusta,* en Asia y África.

Hojas y frutos del cafeto, de cuya baya madura se obtiene el café.

cafre *adj.* **1.** Se dice de algunos pueblos no musulmanes, de color cobrizo, que habitan en la parte oriental de África del Sur. También *s.* **2.** Bruto, maleducado o cruel.

caftán *s. m.* Especie de túnica que cubre hasta la mitad de la pierna, sin cuello y con mangas cortas, usada por turcos y moros.

cagado, da **1.** *p. p.* de **cagar**. También *adj.* ‖ *adj.* **2.** *fam.* Cobarde, apocado. También *s.* ‖ *s. f.* **3.** Excremento expulsado al defecar. **4.** *fam.* Acción estúpida o desacertada **5.** *fam.* Cosa mal hecha o de mala calidad.

cagajón *s. m.* Boñiga.

cagalera *s. f.* **1.** *fam.* Diarrea. **2.** *fam.* Miedo.

cagar *v. intr.* **1.** Expulsar los excrementos a través del recto. También *v. tr.* y *v. prnl.* **2.** *fam.* Deslucir, estropear algo. ‖ *v. prnl.* **3.** *fam.* Tener un miedo enorme. ■ Se conjuga como *pagar.*

cagarruta *s. f.* **1.** Cada porción, generalmente esférica, del excremento del ganado menor y de ciervos, gamos, conejos, etc. **2.** *fam.* Cosa mal hecha o de mala calidad.

Cage, John (Los Ángeles 1912) Compositor estadounidense. Representante destacado de la vanguardia musical, creador del piano preparado -instrumento entre cuyas cuerdas se insertan objetos diversos para alterar su timbre- y de la música aleatoria, es autor, entre otras piezas, de *4' 33"* (1952), *Radio Music* (1956), la sinfonía *Atlas eclipticalis* (1962), *Variaciones* (1958-65) y *Beach birds* (1991), ballet con coreografía de Merce Cunningham.

Cagliari C. de Italia, cap. de la región de Cerdeña, situada en el S de la isla. 219.100 h. en 1990. Tiene industria alimentaria, cerámica, cementera y petroquímica. Antigua colonia púnica, conserva un anfiteatro romano y la catedral (s. XIV).

Cagney, James (Nueva York 1904 - íd. 1986) Actor cinematográfico estadounidense. Aunque se inició en el cine musical y obtuvo un Oscar con la comedia *Yanqui dandy* (1942), se le recuerda sobre todo por sus películas policiacas de la serie negra, casi siempre en el papel de gángster, como *Enemigo público* (1931), *Ángeles con cara sucia* (1938) y *Al rojo vivo* (1949).

cagón, na *adj.* **1.** Que caga muchas veces. **2.** *fam.* Miedoso, cobarde. También *s.*

Caguas C. de Puerto Rico, en el SE de la isla. 126.300 h. en 1986. Es un centro agrícola y comercial.

cagueta *adj.* Cagón. También *s.*

Caicedo, Domingo (Bogotá 1783 - íd. 1843) Militar y político colombiano. Participó en las luchas de independencia de Colombia. Fue jefe de gobierno durante la dictadura de Simón Bolívar (1828-30) y asumió la presidencia interinamente en 1830, 1831, 1839, 1840 y 1841.

caíd *s. m.* Especie de juez o gobernador en algunos países musulmanes.

caído, da **1.** *p. p.* de **caer**. También *adj.* ‖ *adj.* **2.** Desfallecido, abatido, lacio. **3.** Seguido de la preposición *de* y el nombre de una parte del cuerpo, se dice de la persona o animal que tiene muy inclinada esa parte. **4.** Muerto en la guerra, en defensa de una causa. También *s. m.* ‖ *s. f.* **5.** Acción y efecto de caer o caerse. **6.** Pendiente o declive de alguna cosa. **7.** Salto de agua. **8.** Manera de plegarse los paños y ropajes. **9.** Ocurrencia, dicho oportuno. Se usa mucho en *pl.* ‖ **10. caída de ojos** Manera habitual de bajarlos una persona y expresión que da a la mirada. **11. caída de potencial** En electricidad, disminución del potencial o voltaje entre dos puntos del espacio o de un hilo conductor. **12. caída libre** En fís., descenso vertical uniformemente acelerado que realiza un cuerpo con una aceleración *g* de 9,81 m/s^2, afectado únicamente por la fuerza de atracción de la Tierra, sin tomar en consideración otras fuerzas, como la resistencia del aire, la velocidad del viento, etc., por lo que la velocidad desarrollada y el espacio recorrido se hallan únicamente en función de la aceleración y del tiempo. Sus leyes fueron formuladas por Galileo y completadas por Newton.

Caifás Sumo sacerdote judío entre los años 18 y 36, que hizo arrestar y condenar a Jesús de Nazaret.

caimán *s. m.* **1.** Nombre común de diversos reptiles crocodilianos de la familia aligatóridos, géneros *Alligator, Caiman, Melanosuchus* y *Paleosuchus.* Se caracterizan porque su cuarto diente inferior encaja en la mandíbula superior cuando el animal tiene la boca cerrada y no es visible en el exterior, como ocurre en otros cocodrilos. Las especies principales son el caimán del Mississippi *(Alligator mississippiensis),* que puede sobrepasar los 4 m de longitud; el caimán chino *(Alligator sinensis),* de menor tamaño; el caimán almizclado *(Paleosuchus palpebrosus),* característico de la América tropical, y el yacaré *(Caiman latirostris),* que abunda en la Amazonia. **2.** Persona astuta y aprovechada.

Cain, James Mallahan (Annapolis, Maryland 1892 - University Park, Maryland 1977) Escritor estadounidense. Periodista y guionista cinematográfico, alcanzó celebridad con la novela *El cartero siempre llama dos veces* (1934), clásico de la serie negra. Posteriormente publicó *Serenade* (1937), *Mildred Pierce* (1941) y *Las raíces del mal* (1954), entre otras.

Caín Hijo mayor de Adán y Eva, según el libro del *Génesis.* Mató por envidia a su hermano Abel.

cairel *s. m.* **1.** Adorno en forma de fleco de algunos vestidos. Se usa sobre todo en *pl.* **2.** Trozo de cristal, de distintas formas y tamaños, que adorna lámparas, candelabros, etc.

Cairo, El C. de Egipto, cap. del país, en el extremo S del delta del Nilo. 6.325.000 h. en 1986, 13.300.000 h. en su área metropolitana. Es un puerto activo y el centro industrial, cultural y político del país. Destacan las empresas siderúrgicas, químicas, textiles, petrolíferas y los grandes estudios cinematográficos. Es, además, un importante centro turístico: Museo Egipcio, mezquitas de al-Azhar y al-Hakim, etc. La ciudad fue fundada en el s. X, y en el s. XIII, tras la caída de Bagdad, se convirtió en el centro del Islam. La dominación turca (s. XVI al XVIII) redujo su importancia, renovada tras la conquista británica (1882-1922) y la independencia de Egipto.

cairota *adj.* De El Cairo. También *s.*

caja *s. f.* **1.** Objeto hueco de distintas formas y materiales, generalmente con tapa, que sirve para guardar cosas. **2.** Lugar de un banco o de un comercio donde se realizan los cobros y los pagos. **3.** Tambor, instrumento músico. **4.** Ataúd. **5.** Parte

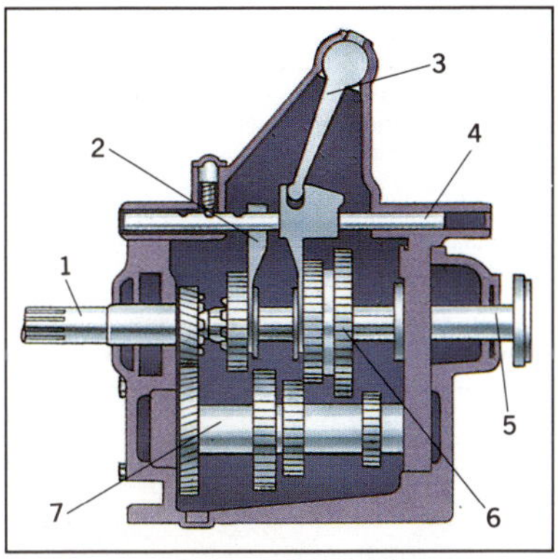

Caja de cambios de un automóvil: 1. Eje primario, que transmite a la caja los movimientos del embrague. 2. Horquilla. 3. Árbol conectado con la palanca de cambios. 4. Barra corredera. 5. Eje secundario, conectado con el árbol de transmisión. 6. Engranaje. 7. Árbol intermediario o contraeje.

exterior de madera que cubre y protege algunos instrumentos musicales o forma parte principal de los mismos, destinada a resonar. **6.** Cubierta que resguarda algunos mecanismos. **7.** Hueco o espacio en que se introduce o acopla alguna cosa, p. ej. en una ensambladura. **8.** En imprenta, cajón con departamentos o cajetines para colocar las letras y los signos tipográficos. Hay dos: *caja alta,* en la que están las mayúsculas y los signos, y *caja baja,* en la que se ponen las minúsculas y los números. De ahí que, en artes gráficas, a la mayúscula se la denomine caja alta y a la minúscula caja baja. **9.** En imprenta, espacio de una página ya compuesta y ajustada. **10.** En anat., espacio cerrado de paredes óseas. ‖ **11. caja B** Aquella por la que pasa el dinero negro o no declarado al fisco en empresas y entidades. **12. caja de ahorros** Entidad privada de crédito, cuyos capitales proceden del ahorro. Carece de socios capitalistas y al no tener finalidad lucrativa sus beneficios se emplean en obras sociales. **13. caja de cambios** Mecanismo de engranajes u otros dispositivos que permite cambiar de velocidad en un coche, mediante una palanca o automáticamente. **14. caja de caudales** o **caja fuerte** Mueble de acero o blindado para guardar dinero y objetos de valor. **15. caja de música** La que tiene un mecanismo que toca una melodía. **16. caja de reclutamiento** (o **de recluta**) Organismo militar encargado de inscribir, clasificar y dar destino a quienes se incorporan al servicio militar. **17. caja negra** Aparato que registra las incidencias del vuelo de un avión o de la navegación de un barco y que, en caso de accidente, sirve para determinar sus causas. **18. caja registradora** La que se utiliza en el comercio para depositar, sumar y apuntar el importe de las ventas. ‖ **Loc. despedir** (o **echar**) a uno **con cajas destempladas** *fam.* Hacerlo de muy malos modos. **hacer caja** En el comercio, contabilizar el importe de las ventas de un día u otro periodo de tiempo; p. ext., recaudar.

El Cairo: vista aérea de la ciudad.

Cajamarca Departamento de Perú, en el NO del país. 34.930 km^2. 1.246.000 h. en 1989. La capital es Cajamarca, con 74.800 h. en 1985. Cuenta con cultivos de patata, arroz, cebada y café, importante ganadería de vacuno y ovino y yacimientos de plata, oro, cobre y cinc.

cajero, ra *s. m.* y *f.* **1.** Persona que en los comercios, bancos, etc., está encargada del control de la caja y cobros. ‖ **2. cajero automático** Dispositivo automático existente en los bancos, que se activa mediante una tarjeta y una clave y que permite realizar una serie de operaciones en cualquier momento.

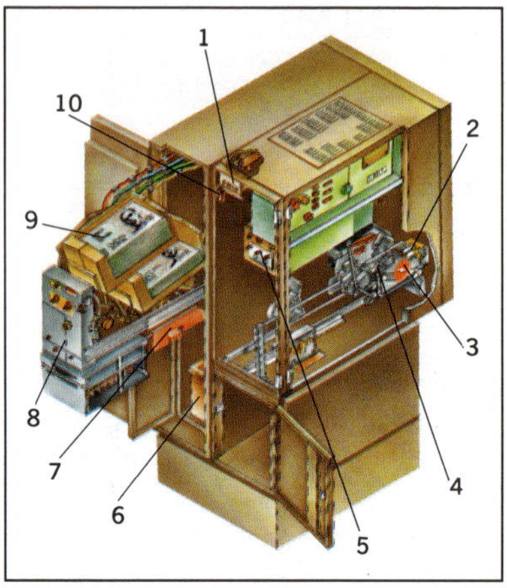

Esquema de un cajero automático: 1. Luces indicadoras. 2. Ranura para introducir las tarjetas. 3. Lector electrónico de tarjetas. 4. Impresora de recibos. 5. Interruptor de encendido. 6. Depósito de dinero. 7. Cinta transportadora de billetes. 8. Panel de operaciones. 9. Cartucho de billetes. 10. Interruptor de apertura.

cajetilla *s. f.* **1.** Paquete de cigarrillos. ‖ *s. m.* **2.** *amer.* Presumido.

cajetín *s. m.* **1.** Caja pequeña con diversos usos. **2.** En imprenta, cada uno de los departamentos de la caja. **3.** Caja de distribución de una instalación eléctrica. **4.** Receptáculo en el que se echan las monedas en un teléfono público. **5.** Sello con que en ciertos documentos se estampa a mano un escrito con espacios en blanco para incluir en ellos distintos datos. **6.** El mismo escrito.

cajista *s. m.* y *f.* Operario de imprenta que compone y ajusta un texto para imprimirlo.

cajo *s. m.* Reborde hecho en el lomo de un libro para encajar las tapas.

cajón *s. m.* **1.** Compartimiento independiente de un mueble, que se puede meter y sacar. **2.** Caja grande. **3.** Espacio entre dos estantes. **4.** Garita que se usa como tienda o pequeño taller. **5.** Compartimiento de forma prismática, con dos puertas levadizas, que se emplea para el traslado de los toros. **6.** En los hipódromos, compartimiento desde el que toman la salida los caballos. **7.** *amer.* Cañada larga por donde corre un río. **8.** *Arg., Chile.* Ataúd. ‖ **9. cajón de sastre** *fam.* Conjunto de cosas diversas y desordenadas. ‖ **Loc. de cajón** *adj.* Evidente, indiscutible.

cajonera *s. f.* **1.** Mueble formado solamente por cajones. **2.** Especie de cajón situado debajo de las mesas escolares para guardar los libros y otros materiales.

cajuela *s. f. amer.* Portaequipajes de un automóvil.

cal[1] (del lat. *calx*) *s. f.* Nombre común del óxido de calcio, CaO (cal viva) y del hidróxido de calcio, $Ca(OH)_2$ (cal apagada). La cal viva es sólida, de color blanco, funde a 2.570 °C y entra en ebullición a 3.500 °C. Se obtiene en hornos de fundido, que la convierten, tras su enfriamiento, en cristales cúbicos de color gris o pardo. Se hidrata y carbonata en contacto con el aire, y se convierte en hidróxido al mezclarse con el agua. Se usa en la fabricación de abonos, cementos y materiales refractarios. La cal apagada es un polvo blanco cristalino que se descompone por encima de los 450 °C. Se obtiene añadiendo agua a la cal viva. En contacto con el aire se endurece (fragua). Se usa en suspensión (lechada de cal) para recubrir superficies. ‖ **Loc. a cal y canto** *adv.* Cerrado de modo que no pueda entrar o salir nadie ni nada. **una de cal y otra de arena** *fam.* Alternancia de cosas buenas y malas.

cal[2] Símbolo de la caloría.

cala[1] *s. f.* **1.** Acción y efecto de calar una fruta para probarla. **2.** Pedazo de una fruta cortado con este fin. **3.** Agujero hecho en algún sitio para explorar su interior. **4.** P. ext., prueba o examen para reconocer la calidad de algo. **5.** Parte más baja en el interior de un buque.

cala[2] (del ár. *kalla*, fondeadero abrigado) *s. f.* Bahía pequeña.

cala[3] (del lat. *calla*) *s. f.* Planta herbácea de la familia aráceas, con dos especies, *Calla palustris* y *Zantedeschia aethiopica*. Son plantas acuáticas que se caracterizan por tener una gran bráctea de color blanco rodeando sus flores amarillas y hojas radicales con largos peciolos. Crecen en charcas y riberas de ríos y lagos. Se cultivan con fines ornamentales.

cala[4] *s. f. fam.* Peseta.

calabacera *s. f.* Nombre común de diversas plantas herbáceas de la familia cucurbitáceas, género *Cucurbita*. Son plantas rastreras, de fruto grande amarillento o anaranjado llamado calabaza, que puede pesar más de 30 kg y contiene numerosas semillas. Las especies principales son *Cucurbita pepo*, una de cuyas variedades produce el calabacín, *Cucurbita maxima* y *Cucurbita moschata*. Se cultivan en Europa y América como alimento. También se llama *calabaza* a la planta.

calabacín *s. m.* **1.** Fruto comestible de una planta hortense de la familia cucurbitáceas, especie *Cucurbita pepo*. Está emparentado con la calabaza, pero es más pequeño y alargado, de carne blanca rodeada por una corteza verde. **2.** *fam.* Persona torpe, poco inteligente.

calabaza *s. f.* **1.** Calabacera, planta cucurbitácea. **2.** Fruto de esta planta. **3.** *fam.* Cabeza. ‖ *pl.* **4.** Suspenso en un examen. ‖ **Loc. dar calabazas** *fam.* Rechazar a un pretendiente.

calabobos *s. m. fam.* Lluvia fina y continua.

calabozo *s. m.* **1.** Prisión subterránea. **2.** Celda incomunicada de una cárcel. **3.** Lugar de un cuartel o comisaría donde se encierra a los arrestados.

Calabria Región de Italia, en el S del país. 15.080 km^2. 2.152.540 h. en 1990. La capital es Catanzaro, con 103.520 h. en 1990. Comprende las provincias de Catanzaro, Cosenza y Reggio di Calabria. Es una región eminentemente agrícola, con cultivos de cereales, vid, olivo y agrios.

caladero *s. m.* Lugar apropiado para calar o echar las redes de pesca.

calado, da 1. *p. p.* de **calar**. ‖ *adj.* **2.** Que tiene agujeros o aberturas. ‖ *s. m.* **3.** Labor que se hace con la aguja, sacando y atando hilos en una tela. **4.** Labor consistente en taladrar papel, tela, madera, metal, etc., según patrón dibujado. **5.** Profundidad que alcanza la parte sumergida de un buque. **6.** Profundidad de las aguas. **7.** Acción y efecto de calarse un motor.

caladura *s. f.* **1.** Acción y efecto de calar el agua. **2.** Acción y efecto de calar una fruta.

calafate *s. m.* El que calafatea embarcaciones.

calafatear *v. tr.* Tapar con estopa y brea las junturas de las maderas de los barcos. **Fam.** Calafateado, calafateador, calafateo.

calagurritano, na *adj.* De Calahorra. También *s.*

Calahorra C. de España, perteneciente a la prov. de La Rioja, situada al SE de la capital Logroño. 18.870 h. en 1990. Es el núcleo urbano de una comarca agrícola y posee industria de conservas vegetales, harina y mermelada. Es la *Calagurris* de época romana.

Calais, paso de Estrecho entre Gran Bretaña y el continente europeo. Une el canal de La Mancha con el mar del Norte y tiene 31 km de ancho, 185 km de longitud y una profundidad máxima de 72 m.

Calalaste Sierra de Argentina, situada entre las provincias de Salta y Catamarca. Su altura máxima alcanza los 5.920 m.

Calama C. de Chile, en la región de Antofagasta. 109.650 h. en 1986. En su municipio se encuentra Chuquicamata, que cuenta con la mayor explotación de cobre a cielo abierto del mundo.

calamaco *s. m. Méx.* Bebida de mezcal y aguardiente.

calamar *s. m.* Nombre común de diversos moluscos cefalópodos teutoideos de la familia loligínidos, género *Loligo*. Carecen de concha externa y poseen una bolsa donde se acumula una sustancia negra, la tinta, que utilizan para enturbiar el agua y ocultarse cuando se sienten perseguidos. Tienen una concha interna, llamada *pluma*, y ocho tentáculos cortos y dos largos, terminados en una expansión en forma de paleta. El calamar común *(Loligo vulgaris)* abunda en el Mediterráneo y en el Atlántico y es apreciado como alimento.

calambre *s. m.* **1.** Contracción involuntaria y dolorosa de un músculo. Es frecuente en las piernas y se corrige mediante masaje o extensión forzada. **2.** Paso de corriente eléctrica a través del cuerpo humano.

calambur *s. m.* Variación del significado de una palabra o frase agrupando de distinto modo sus sílabas: *Oro parece, plátano es* o *plata no es*.

calamidad *s. f.* **1.** Desgracia, infortunio, adversidad. **2.** Persona torpe, inútil. **3.** Cosa mal hecha. **Fam.** Calamitoso.

calamina *s. f.* **1.** Hemimorfita*. **2.** Cinc fundido.

calamita *s. f.* Piedra imán.

calamitoso, sa *adj.* **1.** Que causa calamidades o es propio de ellas. **2.** Desafortunado*.

cálamo *s. m.* **1.** Caña con la que se escribía antiguamente. **2.** En lenguaje poético, pluma de escribir.

calandraco, ca *adj. Amér. C., Col., Ven.* Atolondrado, tarambana.

calandrar *v. tr.* Prensar papel o tela con la calandria para satinarlos.

calandria[1] (del lat. vulg. *calandria*) *s. f.* Nombre común de diversas aves paseriformes de la familia aláudidos, género *Melanocorypha*. La calandria común *(Melanocorypha calandra)* mide unos 19 cm de longitud, tiene el dorso pardo y el vientre claro, con una mancha negra a cada lado del cuello. Su canto es melodioso, parecido al de la alondra. Habita en el S de Europa, anidando en el suelo de pedregales y estepas.

calandria[2] (del fr. *calandre*) *s. f.* **1.** Máquina compuesta de varios cilindros giratorios que se utiliza para prensar y satinar tela o papel. **2.** Torno para levantar pesos. **3.** Recipiente cerrado que tiene en su interior una serie de tubos que forman canales y permiten la separación entre dos líquidos.

calandria[3] *s. f. fam.* Peseta.

calaña *s. f.* Manera de ser de una persona o cosa.

cálao *s. m.* Nombre común de diversas aves coraciformes de la familia bucerótidos, géneros *Bucorvus, Dichoceros, Buceros*, etc. Tiene un gran pico curvo, de vivos colores, provisto a veces de una excrecencia ósea en la parte superior, que se llama *casco*. El plumaje es oscuro y poco vistoso. Vive en las regiones tropicales de África y Asia. Las especies más importantes son el cálao de Abisinia *(Bucorvus abyssinicus)*, el único no arborícola; el cálao bicorne *(Dichoceros bicornis)*, que es el de mayor tamaño; y el cálao rinoceronte *(Buceros rhinoceros)*.

calar[1] *adj.* **1.** Calizo. ‖ *s. m.* **2.** Sitio donde abunda la piedra caliza.

calar[2] (del lat. *chalare*, bajar) *v. tr.* **1.** Penetrar un líquido en un cuerpo permeable. **2.** Atravesar con un instrumento un cuerpo de parte a parte. **3.** Cortar un trozo de fruta para probarla. **4.** Tratándose del sombrero, la gorra, etc., ponérselos. También *v. prnl.* con valor reflex. **5.** Encajar la bayoneta en el fusil. **6.** Hacer labor de calado en una prenda. **7.** *fam.* Conocer el carácter y las intenciones de una persona. **8.** Sumergir las redes u otro instrumento de pesca. **9.** *amer.* Sacar con el calador una muestra de un fardo. **10.** *Col.* Confundir a alguien, apabullar. ‖ *v. intr.* **11.** Permitir un objeto o material que un líquido penetre en él. **12.** Introducirse ideas, sentimientos o palabras en una persona, grupo o país. **13.** Profundizar en el conocimiento de algo. **14.** Alcanzar un buque determinada profundidad en el agua por la parte más baja de su casco. ‖ *v. prnl.* **15.** Empaparse alguien de agua. **16.** Pararse bruscamente un motor por no llegarle suficiente mezcla de carburante y aire.

calasancio, cia *adj.* Escolapio*. También *s. m.*

Calatañazor Pueblo de España, en la prov. de Soria. 85 h. en 1990. En sus inmediaciones tuvo lugar una supuesta batalla entre los cristianos (castellanos, leoneses y navarros) y Almanzor, en el año 1002, con victoria de los primeros.

Calatayud C. de España, perteneciente a la prov. de Zaragoza, situada al SE de la capital, en la confluencia de los ríos Jalón y Jiloca. 17.620 h. en 1990. Es un centro comercial y cuenta con industria alimentaria, del plástico, grifería, piezas de maquinaria agrícola, cuero y calzado. Es la antigua *Bilbilis* celtíbera, importante en época romana, de la que era natural el poeta latino Marcial. Entre sus monumentos destaca la iglesia de Santa María, con su torre octogonal de estilo mudéjar.

calato, ta *adj. Chile, Perú.* Desnudo.

Calatrava, orden de La más antigua orden militar española, fundada en 1158 por el monje cisterciense fray Raimundo de Fitero para defender contra los musulmanes la fortaleza de Calatrava (Ciudad Real). Desempeñó un activo papel en la Reconquista: conquista de Cuenca (1177), batalla de las Navas de Tolosa (1212), campañas de Fernando III en Andalucía (1218-1250), y en las luchas nobiliarias bajomedievales. Fue incorporada a la corona por Fernando el Católico (1488).

calavera *s. f.* **1.** Conjunto de huesos que forman la cabeza. **2.** Insecto lepidóptero de la familia esfíngidos, especie *Acherontia atropos.* Es una mariposa de cuerpo grueso y alas estrechas, que en el dorso tiene unas manchas grises que forman un dibujo parecido a una calavera. Habita en Eurasia. || *s. m.* **3.** Hombre alocado, algo sinvergüenza y amigo de juergas.

calaverada *s. f. fam.* Acción propia de un calavera.

calcáneo *s. m.* Hueso del tarso que en el hombre forma el saliente del talón del pie. Es el más grande de los huesos del tarso y se articula en su parte superior con el astrágalo y en la anterior con el cuboides.

calcañar o **calcañal** *s. m.* Talón del pie.

calcar *v. tr.* **1.** Sacar copia de un original por diversos procedimientos. **2.** Imitar, reproducir algo con la máxima fidelidad. ■ Se conjuga como *sacar.*

calcáreo, a *adj.* Que contiene cal.

calce *s. m.* **1.** Objeto con el que se calza alguna cosa. **2.** Cuña para ensanchar o rellenar un hueco. **3.** *Amér. C., Méx.* Pie de un documento.

calcedonia *s. f.* Mineral variedad microcristalina de cuarzo. Es translúcida, cristaliza en el sistema trigonal y tiene uso ornamental. Entre sus variedades destacan el ónice, la carniola, la cornalina, el ágata y la sardónica.

calceta *s. f.* Tejido de punto.

calcetín *s. m.* Media corta que llega hasta la mitad de la pantorrilla.

calcificar *v. tr.* **1.** Elaborar por medios artificiales carbonato de cal. **2.** Dar a un tejido orgánico propiedades calcáreas. || *v. prnl.* **3.** Transformarse o degenerar los tejidos al depositarse en ellos sales de cal. ■ Se conjuga como *sacar.* **FAM.** Calcificación.

calcinar *v. tr.* **1.** Reducir a cal viva los minerales calcáreos, quitándoles el ácido carbónico por medio del fuego. **2.** Eliminar por el fuego las sustancias volátiles (gaseosas o líquidas) de cualquier mineral. **3.** P. ext., abrasar, quemar. **FAM.** Calcinación.

calcio *s. m.* Ca. Elemento químico metálico perteneciente al grupo II A del sistema periódico. Su número atómico es 20 y su masa atómica 40,0. Fue aislado por Humphry Davy en 1808. Es muy abundante en la naturaleza, formando carbonatos (calcita y aragonita), sulfatos (yeso), fluoruros (fluorita y apatito espatoflúor) y fosfatos (fosforita). Se obtiene del óxido cálcico por aluminotermia. Es de color blanco argénteo, estable en atmósfera seca, pero oxidable frente a la humedad. Se usa como elemento reductor y como componente de algunas aleaciones empleadas en circuitos electrónicos. Forma parte de huesos, espinas y conchas, aparece en la leche y en las verduras y es un elemento importante durante el embarazo y el desarrollo del cuerpo humano hasta la adolescencia. **FAM.** Cálcico.

calcita *s. f.* $CaCO_3$. Mineral carbonato cálcico. Cristaliza en romboedros de caras curvas en el sistema trigonal. Es blando, exfoliable y de colores variados. Muy abundante en la naturaleza, constituye la materia prima del cemento y de la cal; se usa también en metalurgia y como fertilizante.

Calcita.

calcitonina *s. f.* Hormona segregada por la glándula tiroides, que tiene función hipocalcificante, es decir, disminuye el nivel de calcio en la sangre inhibiendo la reabsorción del tejido óseo. Se obtiene artificialmente por síntesis química y se usa en el tratamiento de la enfermedad de Paget, la osteoporosis, la hipercalcemia y otras enfermedades óseas o endocrinas.

calco *s. m.* **1.** Acción y efecto de calcar. **2.** Papel que sirve para calcar.

calcografía *s. f.* Arte de estampar con planchas metálicas, generalmente de cobre, grabadas al buril o bien por corrosión mediante ácido. **FAM.** Calcografiar.

calcolítico, ca *adj.* **1.** Se dice del periodo de la prehistoria en que apareció la metalurgia del cobre. Comenzó en Mesopotamia en torno al 2500 a. C. y se prolongó hasta el 1700 a. C., en que surge la metalurgia del bronce. También *s. m.* **2.** De dicho periodo.

calcomanía *s. f.* **1.** Papel con una imagen engomada que puede estamparse en cualquier lugar, pegándolo por el lado de la imagen y retirando el papel. **2.** Esta técnica de estampado. **3.** Imagen obtenida por este procedimiento.

calcopirita *s. f.* $CuFeS_2$. Mineral sulfuro de cobre y hierro. Cristaliza en el sistema tetragonal. Es de color amarillo, raramente negro azulado, con brillo metálico, duro y frágil. Los principales yacimientos se encuentran en Chile, Francia, Federación Rusa (Urales), Congo, España y EE UU. Es la principal mena de cobre.

calculador, ra *adj.* **1.** Que calcula o que sirve para calcular. También *s.* **2.** Persona interesada, egoísta. También *s.* || *s. f.* **3.** Máquina que realiza operaciones aritméticas sencillas, como suma, resta, multiplicación y división. Las calculadoras científicas obtienen también raíces, funciones exponenciales, logaritmos y funciones trigonométricas.

Tecnol. La primera calculadora fue construida en 1642 por Blaise Pascal. Disponía de 10 ruedas y permitía efectuar sumas y restas. Gottfried Leibnitz introdujo en 1673 algunas mejoras, con lo que también pudieron hacerse multiplicaciones, divisiones y raíces cuadradas. En 1812, el inglés Charles Babbage diseñó la máquina diferencial, calculadora mecánica muy avanzada para su época, que no llegó a construirse por completo. La miniaturización de los componentes electrónicos hizo posible, a partir de los años sesenta, construir calculadoras electrónicas de bolsillo muy potentes, que han desplazado a las reglas de cálculo y las tablas de logaritmos.

calcular *v. tr.* **1.** Hacer cálculos, resolver operaciones matemáticas. **2.** Apreciar, suponer. **3.** Proyectar, prever.

cálculo *s. m.* **1.** Acción y efecto de calcular. **2.** Rama de las matemáticas que se ocupa del estudio de los métodos y reglas que permiten reducir un problema o una expresión algebraica a otras equivalentes, más sencillas o convenientes. Sus operaciones fundamentales son: adición, sustracción, multiplicación, división, potenciación, radicación y logaritmación. **3.** Depósito anormal de sales cálcicas, ácido úrico, colesterina, etc., en órganos como las vías urinarias o la vesícula biliar, y que puede llegar a obstruir los conductos y provocar cólicos nefríticos y hepáticos. || *pl.* **4.** Mal de piedra*. || **5. cálculo diferencial** En mat., el que tiene por objeto principal las reglas de diferenciación o de derivación de las funciones. **6. cálculo infinitesimal** En mat., el que tiene por objeto principal el estudio del comportamiento de una función en el entorno de un punto. **7. cálculo integral** En mat., el que tiene por objeto principal la determinación de una función según su diferencial, así como la determinación de las funciones que, junto con sus derivadas, constituyen determinadas ecuaciones. **8. cálculo lógico** Conjunto sistemático de operaciones desarrolladas mediante unas determinadas reglas, con símbolos que poseen una aplicabilidad múltiple, ya que su simple enunciación no especifica su valor o significado (p. ej. los signos *x, y, z*), y utilizando diversas proposiciones y fórmulas (teoremas).

Calcuta C. de la India, cap. del estado de Bengala Occidental. 3.305.000 h. en 1981 y 9.165.650 h. en su área metropolitana en el mismo año. Concentra gran parte de la industria del país (yute, algodón, té, seda, metalurgia, automóviles), además de la ya tradicional función comercial como puerto exportador e importador. Fue la capital de la India durante la dominación británica.

Calcuta: vista de Chowringhee Road, en el centro de la ciudad.

caldas *s. f. pl.* Termas.

Caldas Departamento de Colombia, en el centro del país. 7.888 km². 871.785 h. en 1989. La capital es Manizales, con 322.641 h. en 1989. Posee cultivos de café, caña de azúcar y plátano, y yacimientos de oro, plata y mercurio.

Caldas, Francisco José de (Popayán 1771 - Bogotá 1816) Geógrafo y naturalista colombiano. Se le considera precursor de la geobotánica. Se relacionó con Humboldt y colaboró con la expedición botánica de José Celestino Mutis (1806). En la guerra por la independencia, murió fusilado por los realistas. Es autor de *Estado de la geografía del virreinato de Santa Fe de Bogotá* y *Del influjo del clima sobre los seres organizados.*

Caldea Antigua región de Asia, en el S de Babilonia (actualmente Irak). En 625 a. C., un gobernador de la región, Nabopolasar, se convirtió en rey de toda Babilonia e inauguró una dinastía caldea que perduró hasta la invasión de los persas al mando de Ciro (539 a. C.).

caldear *v. tr.* **1.** Calentar, especialmente un sitio cerrado. También *v. prnl.* **2.** Acalorar, exaltar los ánimos, el ambiente, etc. También *v. prnl.* **FAM.** Caldeamiento, caldeo.

caldeo, a *adj.* **1.** Se dice de un pueblo semítico de la antigüedad que hablaba y escribía lengua acadia, se estableció en el país de Sumer y en el s. VII a. C. se extendió al conjunto de Babilonia. También *s.* **2.** Perteneciente o relativo a este pueblo y a la región que habitaba.

Calder, Alexander (Filadelfia 1898 - Nueva York 1976) Escultor estadounidense. Sus obras más representativas son los *móviles,* construcciones abstractas realizadas con materiales de poco peso que, suspendidas por alambres o cuerdas, se mueven en el aire.

caldera *s. f.* **1.** Recipiente de metal, grande y redondo, que sirve para calentar o cocer algo. **2.** En geol., cráter de grandes dimensiones, producido por la explosión de un volcán, que forma una amplia depresión en la cima del cono volcánico. ‖ **3. caldera de vapor** Aparato que produce el vapor en algunas máquinas, como la de los antiguos trenes. El agua contenida en su interior se calienta hasta el punto de ebullición mediante un hogar, electricidad u otras formas de energía. **4. calderas de Pedro Botero** *fam.* El infierno.

Caldera, Rafael (San Felipe, Yaracuy 1916) Político venezolano. Fundador y dirigente principal del partido socialcristiano COPEI desde 1946, ocupó la presidencia del gobierno desde 1969 a 1974. Propició moderadas reformas sociales e impulsó la industrialización.

calderada *s. f.* **1.** Lo que cabe en una caldera. **2.** *fam.* Cantidad exagerada de algo.

calderería *s. f.* **1.** Taller en el que se hacen o arreglan calderos y calderas. **2.** Sección de los talleres de metalurgia donde se cortan, forjan y unen barras y planchas de metal. **3.** Oficio del que se dedica a estas actividades. **FAM.** Calderero.

caldereta *s. f.* **1.** Guiso que hacen los pastores con carne de cordero o de cabrito. **2.** Otros platos de carne, pescado o marisco.

calderilla *s. f.* Conjunto de monedas de metal de escaso valor.

caldero *s. m.* **1.** Recipiente de metal, de fondo redondeado y de una sola asa móvil. **2.** Lo que cabe dentro de este recipiente.

calderón *s. m.* **1.** Mamífero cetáceo odontoceto de la familia delfínidos, especie *Globicephala melaena.* Mide hasta 9 m de longitud, tiene la cabeza muy grande y cuerpo de color negro, con manchas blancas en el vientre y cuello. Se alimenta principalmente de calamares y suele formar grandes grupos. **2.** En mús., signo (𝄐) que indica suspensión del compás. **3.** Esta suspensión.

Calderón de la Barca, Pedro (Madrid 1600 - íd. 1681) Dramaturgo español. Cursó estudios eclesiásticos en Alcalá de Henares y en Salamanca. En 1625 entró al servicio del duque de Frías y emprendió su producción dramática. Pronto llegó a ser el autor teatral oficial de la corte. En 1651 se ordenó sacerdote y en 1663 fue nombrado capellán de honor de Felipe IV. Destacan en su teatro la importancia concedida al sentimiento del honor, a la defensa de la autoridad real y la preocupación religiosa; las escenografías complejas y espectaculares, a las que Calderón incorpora la música, y el verso (romances, sonetos, redondillas) culterano y rico en metáforas. Su obra se puede agrupar en comedias de capa y espada y de enredo, como *La dama duende*; de tema histórico, como *El sitio de Breda*; de honor, como *El alcalde de Zalamea* y *El médico de su honra*; filosóficas, como *La vida es sueño*; de tema religioso, como *La devoción de la cruz*; mitológicas, como *Eco y Narciso*; y los autos sacramentales, como *El gran teatro del mundo* y *La cena del rey Baltasar.*

Pedro Calderón de la Barca (Biblioteca Nacional, Madrid).

Calderón Fournier, Rafael Ángel (Diriamba, Nicaragua 1950) Político costarricense. En 1990 fue elegido presidente de la república como candidato del Partido de Unión Socialcristiana (PUSC).

calderoniano, na *adj.* Propio y característico de los escritos e ideas de Calderón de la Barca.

Calders, Pere (Barcelona 1912) Escritor español en lengua catalana. Son notables sus relatos, en los que funde lo fantástico y lo cotidiano, como *El primer arlequín* (1936), *Todos los cuentos* (1968) e *Invasión sutil y otros cuentos* (1978).

caldillo *s. m.* **1.** Salsa de algunos guisados. **2.** *Méx.* Picadillo de carne con caldo, que se sazona con algunas especias, como el orégano.

caldo *s. m.* **1.** Líquido que resulta de cocer en agua carne, pescado, verduras, etc. **2.** Parte líquida de algunos guisos. **3.** Vino. ‖ **4. caldo de cultivo** Líquido preparado para la reproducción de determinadas bacterias. P. ext., ambiente propicio para el desarrollo de algo, especialmente si es perjudicial. ‖ **LOC. hacer** a alguien **el caldo gordo** *fam.* Ayudarle involuntariamente. **FAM.** Caldoso.

caldoso, sa *adj.* Que tiene mucho caldo.

Caldwell, Erskine (White Oak, Georgia 1903 - Paradise Valley, Arizona 1987) Escritor estadounidense. Es autor de novelas de corte realista ambientadas en el sur de EE UU, como *Tobacco road* (1932) y *La granjita de Dios* (1933).

calé *adj.* Gitano. También *s.*

caledoniano, na *adj.* **1.** Se dice del movimiento orogénico desarrollado en la primera mitad del paleozoico y que originó las montañas escocesas, los Alpes escandinavos y gran parte de la Meseta española. También *s. m.* **2.** Perteneciente o relativo a este movimiento orogénico.

calefacción *s. f.* **1.** Sistema para calentar un edificio, un lugar, etc., y mantener la temperatura a un nivel confortable. **2.** Conjunto de aparatos e instalaciones destinados a esta labor. ‖ **3. calefacción central** La que calienta todo el edificio y procede de un solo centro calorífico.

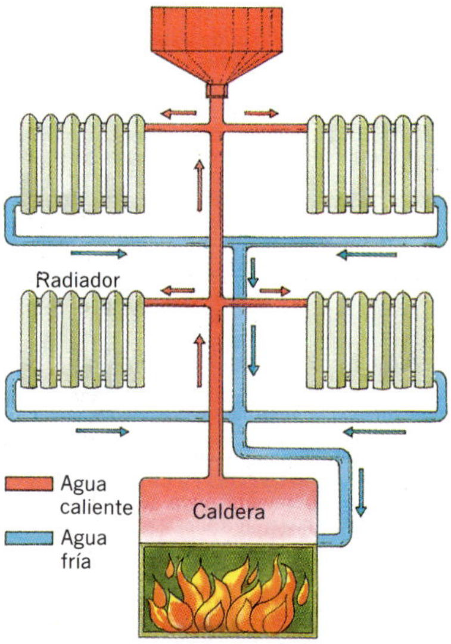

Esquema simplificado de una instalación de calefacción central por agua caliente.

calefactor *s. m.* **1.** Persona que construye, instala, repara o atiende aparatos de calefacción. **2.** Aparato de calefacción.

calefón *s. m. Arg.* Calentador de agua.

caleidoscopio *s. m.* Calidoscopio*.

calendario *s. m.* **1.** Catálogo en el que se registran todos los días del año, distribuidos en semanas y meses, y que incluye otras informaciones, como fiestas religiosas y laborales, datos astronómicos, etc. **2.** Sistema de división del tiempo. **3.** Plan por el que se distribuyen en el tiempo las sucesivas tareas que se han de realizar. **4.** Forma de dividir el año solar teniendo en cuenta los días festivos y el periodo de vacaciones en una determinada actividad.

Hist. Existen tres tipos fundamentales de calendario. El **solar** se basa en la rotación aparente del Sol alrededor de la Tierra, que dura 365,242 días. Este es el sistema que sigue el calendario juliano, implantado en Roma por Julio César el año 46 a. C. (año 708 de la fundación de Roma), que fijó en 365 días la duración del año y añadió un día cada cuatro años. El año que contenía ese día más se llamó *bisiesto.* Este calendario fue reformado en 1582 por Gregorio XIII. El calendario gregoriano, utilizado hoy en la mayor parte de los países, consta de siete meses de 31 días (enero, marzo, mayo, julio, agosto, octubre y diciembre), cuatro de 30 días (abril, junio, septiembre y noviembre) y uno de 28 ó 29 días (febrero). El calendario **lunar** toma como base para medir el tiempo el curso de la Luna. El año se divide en 12 meses de 29 ó 30 días, a los que periódicamente hay que añadir un mes suplementario, con un total de 354 días. Por último, el calendario **luni-solar** tiene elementos de los dos sistemas anteriores, dando al año la duración del solar, mientras que los meses siguen aproximadamente las lunaciones. En América tuvieron gran importancia los calendarios maya y azteca, de una gran complejidad, que combinaban un año solar, de 360 días (18 meses de 20 días) más cinco días suplementarios, y un año sagrado o ritual, de 260 días.

calendas *s. f. pl.* **1.** Primer día de cada mes entre los romanos. **2.** *fam.* Época del pasado, tiempo que ya no volverá. ‖ **3. las calendas griegas** Tiempo que no ha de llegar.

caléndula *s. f.* Nombre común de diversas plantas herbáceas de la familia de las compuestas, género *Calendula.* La caléndula común o maravilla *(Calendula officinalis)*, muy frecuente en el área mediterránea, tiene hojas alternas lanceoladas y flores en cabezuelas anaranjadas.

Caléndula (Calendula officinalis).

calentador, ra *adj.* **1.** Que calienta. ‖ *s. m.* **2.** Aparato que sirve para calentar el agua, sirviéndose generalmente de la electricidad o de algún gas (butano, propano, etc.). **3.** Recipiente con agua o una resistencia eléctrica que sirve para calentar la cama. **4.** Media de lana, sin pie, usada para que no se enfríe la pierna.

calentar *v. tr.* **1.** Comunicar calor a un cuerpo haciendo que se eleve su temperatura. También *v. prnl.* y *v. intr.*, éste con el significado de despedir calor. **2.** Excitar, exaltar. También *v. prnl.* **3.** Avivar el apetito sexual. También *v. prnl.* **4.** *fam.* Dar golpes. También *v. prnl.* **5.** En dep., realizar ejercicios para desentumecer los músculos. También *v. intr.* y *v. prnl.* ■ Es v. irreg. Se conjuga como *pensar.*

calentito, ta *adj.* **1.** *fam.* Agradablemente caliente. **2.** Que está recién hecho, o que acaba de suceder y constituye una novedad.

calentón *s. m.* Calentamiento rápido y breve.

calentura *s. f.* **1.** Fiebre, elevación de la temperatura habitual del cuerpo ocasionada por alguna enfermedad. **2.** Pústula, vejiga con pus que se forma en los labios por haber tenido fiebre. **3.** *Col.* Rabieta, cólera.

calenturiento, ta *adj.* **1.** Se dice del que tiene indicios de calentura. También *s.* **2.** Exaltado, algo extravagante. **3.** *Chile.* Tísico.

calero, ra *adj.* **1.** Perteneciente a la cal. ‖ *s. m.* **2.** Hombre que hace o vende la cal. ‖ *s. f.* **3.** Cantera de piedra caliza. **4.** Horno para calcinar la cal.

calesa *s. f.* Carruaje de dos o cuatro ruedas, con la caja abierta por delante y con capota.

calesero, ra *s. m.* y *f.* **1.** Persona que conduce una calesa. ‖ *s. f.* **2.** Chaqueta con adornos que usa el calesero. **3.** Cante andaluz, especie de seguidilla.

calesita *s. f. Arg., Chile, Par., Urug.* Tiovivo.

caleta *s. f.* **1.** *dim.* de **cala**. Ensenada pequeña. **2.** *amer.* Barco que hace su trabajo en calas o puertos pequeños.

caletre *s. m. fam.* Inteligencia, talento.

Calgary C. de Canadá, situada en el SO del país. 671.300 h. en 1987. Constituye un centro comercial, turístico, metalúrgico, ferroviario, pesquero y de transformación de productos derivados,

Cali: vista aérea del centro de la ciudad.

como abonos, piensos, harinas de pescado y conservas. Fue sede de los Juegos Olímpicos de Invierno de 1988.

Cali C. de Colombia, cap. del departamento de Valle del Cauca. 1.637.000 h. en 1990. Es la tercera ciudad del país, importante centro agrícola (algodón, caña y tabaco) e industrial (minería, textil, caucho).

calibrar *v. tr.* **1.** Medir el calibre de una cosa. **2.** Dar a una cosa el calibre conveniente. **3.** Valorar, estimar. **FAM.** Calibración, calibrado, calibrador.

calibre *s. m.* **1.** Diámetro interior del cañón de las armas de fuego, y, p. ext., de objetos cilíndricos huecos, como tubos y cañerías. **2.** Diámetro de un proyectil o de un alambre. **3.** Nombre de diversos instrumentos que sirven para medir diámetros. **4.** Tamaño, importancia, categoría o clase.

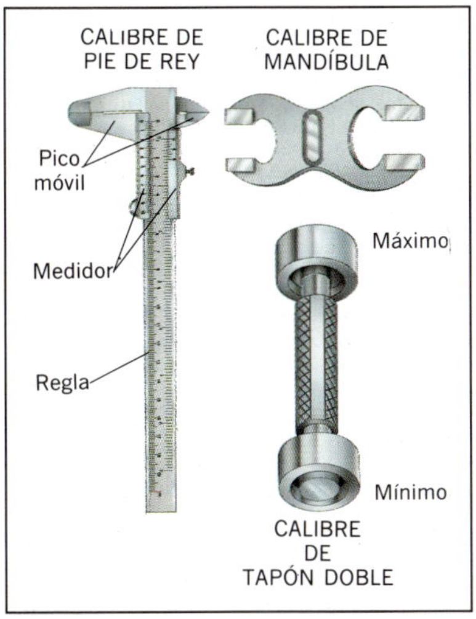

Tipos de calibre: el pie de rey sirve para medir longitudes y espesores pequeños y diámetros exteriores o interiores; el de tapón doble se usa para medir diámetros pequeños.

calicanto *s. m.* Obra de mampostería.

calicata *s. f.* Exploración que se hace en un terreno mediante barrena o sonda para buscar minerales.

caliche *s. m.* Costra de cal que se desprende de las paredes encaladas.

caliciforme *adj.* Que tiene forma de cáliz; se aplica especialmente a elementos vegetales.

Calícrates (s. V a. C.) Arquitecto griego. Colaborador de Fidias e Ictinos en la construcción del Partenón, se le considera autor del templo jónico de Atenea Niké o de la Victoria Áptera, en la acrópolis de Atenas.

calidad *s. f.* **1.** Propiedad o conjunto de propiedades de una cosa que permiten compararla con otras de su especie. **2.** Bondad, superioridad o excelencia. **3.** Condición o función de alguien.

cálido, da *adj.* **1.** Que da calor o que está caliente. **2.** Afectuoso. **3.** En pintura, se dice del colorido en que predominan las tonalidades doradas o rojizas.

calidoscopio *s. m.* Tubo en cuyo interior hay dos o tres espejos dispuestos en ángulo y diversos objetos menudos de figura irregular y colores vivos, contenidos entre dos cristales; al girar el tubo mirando por su extremo, se ven hermosas imágenes de esos objetos en infinitas combinaciones simétricas.

calientacamas *s. m.* Bolsa de agua caliente u otro utensilio para calentar la cama.

calientaplatos *s. m.* Aparato o lugar para mantener calientes los platos.

caliente *adj.* **1.** Que tiene una temperatura superior a la normal en cada caso. **2.** Refiriéndose a habitaciones, vestidos, etc., que proporcionan calor y comodidad. **3.** Se dice de los colores rojizos o dorados. **4.** Se aplica a la persona o animal excitado sexualmente. **5.** Se dice de la persona, situación, etc., en la que existe tensión, apasionamiento. ‖ **LOC. ¡caliente!** *interj.* Se usa para indicar a una persona que está cerca de encontrar un objeto escondido o de acertar algo. **en caliente** *adv.* Inmediatamente, al momento.

califa *s. m.* Título de los sucesores de Mahoma en la dirección y el gobierno de los asuntos políticos y religiosos del Islam. Los primeros califas fueron los ortodoxos (632-661) –Abubeker, Omar, Utmán y Alí–, durante cuyo mandato los musulmanes conquistaron Siria, Egipto, Palestina y Mesopotamia; les sucedieron los omeyas (661-750), con capital en Damasco, que extendieron su influencia por el N de África hasta la península Ibérica y por el E hasta el río Indo; los abasíes (750-1055) trasladaron la capital a Bagdad y se mantuvieron en el poder hasta que fueron desplazados por los turcos selyúcidas. **FAM.** Califal.

califato *s. m.* **1.** Dignidad de los califas. **2.** Tiempo que duraba el gobierno de un califa. **3.** Territorio sobre el que gobernaba. **4.** Periodo histórico en que hubo califas.

calificación *s. f.* **1.** Acción y efecto de calificar. **2.** Nota con la que se califica.

calificado, da **1.** *p. p.* de **calificar**. También *adj.* ‖ *adj.* **2.** Se dice de la persona de autoridad, mérito y prestigio. **3.** Que tiene todas las cualidades y requisitos necesarios para algo.

calificar *v. tr.* **1.** Juzgar las cualidades, aptitudes o circunstancias de una persona o cosa. **2.** Afectar o referirse un adjetivo a cierto sustantivo. **3.** Mostrar alguien con su actuación su manera de ser, sus cualidades, etc. También *v. prnl.* ■ Se conjuga como *sacar.*

calificativo, va *adj.* **1.** Que califica; se dice sobre todo de las palabras, expresiones, etc., que califican o con las que se califica a alguien o algo. ‖ **2. adjetivo calificativo** Aquel que expresa una cualidad del nombre o sustantivo.

California **1.** Península situada en el NO de México, entre el golfo de California y el océano Pacífico. 143.396 km^2. En ella se encuentran los estados mexicanos de Baja California y Baja California Sur.
2. Estado de EE UU, situado en el SO del país. 411.047 km^2. 29.839.300 h. en 1990. La capital es Sacramento, con 341.200 h. en 1989. Las principales ciudades son Los Ángeles, San Francisco, San Diego y San José. Cuenta con agricultura intensiva (frutales, producción vitivinícola), petróleo, industria electrónica, aeronáutica, química, metalúrgica y cinematográfica (Hollywood). El territorio fue colonizado por los españoles y formó parte de México tras la independencia de este país; en 1848 pasó a pertenecer a EE UU.

California, Baja Véase **Baja California**.

California Sur, Baja Véase **Baja California Sur**.

californiano, na *adj.* De California. También *s.*

californio *s. m.* Cf. Elemento químico metálico perteneciente al grupo de los transuránidos del sistema periódico. Su número atómico es 98 y su masa atómica 251. Fue descubierto en 1950 por un equipo de científicos de la universidad de California. Se obtiene artificialmente bombardeando con partículas el núcleo de elementos pesados, como el curio. Posee numerosos isótopos, con vidas medias que oscilan entre unos minutos y cientos de años. Es muy radiactivo, actúa como trivalente y es usado como fuente de neutrones en las reacciones nucleares.

calígine *s. f.* **1.** Niebla, bruma, oscuridad. **2.** *fam.* Bochorno. **FAM.** Caliginoso.

caligrafía *s. f.* **1.** Conjunto de rasgos que distinguen la escritura de una persona, un documento, etc. **2.** Habilidad o arte de escribir con una letra clara y bien formada. **FAM.** Caligrafiar, caligráfico.

calígrafo, fa *s. m.* y *f.* **1.** Persona que escribe a mano con letra clara y bien hecha. **2.** Persona que tiene conocimientos especiales de caligrafía.

caligrama *s. m.* Poema-dibujo, composición poética en la que se representa una idea por medio de recursos tipográficos. Lo utilizaron, entre otros, Apollinaire, Vicente Huidobro y Guillermo de Torre.

Calígula (Antium 12 - Roma 41) Emperador romano (37-41). Era hijo de Germánico y sobrino de Tiberio, a quien sucedió. Su gobierno, iniciado con prudencia y tolerancia, cambió por completo tras una enfermedad que desequilibró su mente, hasta convertirse en una sucesión de extravagancias y crueldades. Murió asesinado por Casio, un oficial de su guardia.

Calila y Dimna Colección de cuentos y apólogos orientales. Su origen está en el *Panchatantra* sánscrito, que fue traducido al árabe en el s. VIII y de éste al castellano por iniciativa de Alfonso X el Sabio en 1251. La obra, de estilo directo, tiene un tono filosófico y moralizante.

calina o **calima** *s. f.* Neblina, fenómeno atmosférico que enturbia el aire con vapor de agua o polvo en suspensión.

Calíope En la mitología griega, musa de la poesía lírica y de la elocuencia.

calipso *s. m.* Canción y baile popular de la isla de Trinidad, en el Caribe.

Calipso En la mitología griega, ninfa que vivía en la isla Ogigia, en el Mediterráneo occidental. La *Odisea* narra cómo acogió a Ulises náufrago.

cáliz *s. m.* **1.** Vaso sagrado que se utiliza para consagrar el vino en la misa. P. ext. vaso de forma semejante para otros usos. **2.** En bot., primer verticilo o cubierta exterior de las flores, constituido por varias hojas verdes llamadas *sépalos.* Si éstos están unidos, la flor se denomina *gamosépala*, y si son independientes, dialisépala. Si falta el cáliz, la flor se denomina *asépala.* ‖ **3. cáliz renal** Nombre de varias cámaras presentes en el riñón, situadas en los extremos de las pirámides renales, que recogen la orina de los tubos uriníferos y la conducen hacia la pelvis renal.

calizo, za *adj.* **1.** Se dice del terreno o de la piedra que tiene cal. ‖ *s. f.* **2.** Roca sedimentaria formada básicamente por calcita (carbonato de calcio). Puede tener un origen mecánico, químico u orgánico (lumaquelas). Cuando sufre un metamorfismo de contacto, cristaliza y forma el mármol. Tiene textura compacta y colores variados, más blancos cuanto mayor sea su pureza. Abunda en la naturaleza y se usa en la industria de la construcción.

callado, da **1.** *p. p.* de **callar**. También *adj.* ‖ *adj.* **2.** Silencioso, reservado. **3.** Se aplica a lo que no hace o no tiene ruido. ‖ **LOC. dar la callada por respuesta** *fam.* No responder.

callampa *s. f.* **1.** *amer.* Seta. **2.** *Chile.* Sombrero. **3.** *Chile.* Chabola y barrio de chabolas.

Callao 1. Prov. constitucional de Perú, en el O del sector central del país. 148 km^2. 589.000 h. en 1990.
2. C. de Perú, cap. de la prov. homónima. 588.600 h. en 1990. Es el puerto comercial y pesquero más importante del país. Posee industria del hierro, de madera, de harina de pescado y astilleros. Fundada en 1537 por los españoles, en 1746 sufrió los devastadores efectos de un maremoto.

callar *v. intr.* **1.** Guardar silencio, dejar de hablar. También *v. prnl.* **2.** Cesar cualquier ruido o sonido. También *v. prnl.* **3.** No decir aquello que se siente o se sabe. También *v. tr.* y *v. prnl.*

Callas, Maria (Nueva York 1923 - París 1977) Soprano estadounidense de origen griego. Se inició como cantante en Atenas en 1945 y obtuvo su consagración internacional en Verona en 1947. Su carrera estuvo muy ligada al teatro de la Scala de Milán.

Maria Callas.

calle *s. f.* **1.** Vía pública de una población, generalmente limitada por dos filas de casas o edificios. **2.** Conjunto de vías públicas, plazas, etc. de una población. **3.** Conjunto de personas que viven en ellas. Frecuentemente se utiliza como sinónimo de público o gente en general. **4.** Camino o espacio limitado por dos hileras de objetos, árboles, columnas, etc. **5.** Serie de casillas en línea por donde se mueven las fichas en el ajedrez y las damas. ‖ **Loc. echar** a uno **a la calle** Despedirle del trabajo. **echar** (o **tirar**) **por la calle de en medio** Actuar sin consideraciones en un asunto. **en la calle** *adv.* Sin empleo, casa, dinero, etc. **llevarse de calle** a alguien Ganarse el cariño, admiración o simpatía de una persona. **traer** (o **llevar**) a alguien **por la calle de la amargura** Proporcionarle disgustos o malos tratos. **Fam.** Calleja, callejuela.

Callejas, Rafael Leonardo (Tegucigalpa 1943) Político hondureño. En 1989 resultó elegido presidente de la república como candidato del conservador Partido Nacional. Tomó posesión en 1990.

callejear *v. intr.* Pasear por las calles.

callejero, ra *adj.* **1.** Que callejea. **2.** Perteneciente o relativo a la calle. ‖ *s. m.* **3.** Lista o guía que contiene el nombre de las calles de una ciudad y, a veces, un plano con su localización.

callejón *s. m.* **1.** Calle o paso largo y estrecho entre paredes. **2.** Calle corta. **3.** En una plaza de toros, espacio entre la barrera que circunda el ruedo y el muro en que comienza el tendido. ‖ **4. callejón sin salida** Asunto de difícil o imposible solución.

Calles, Plutarco Elías (Guaymas, Sonora 1877 - Cuernavaca 1945) Político mexicano. Partidario y colaborador de Obregón, fue secretario de gobernación durante el mandato de éste (1920-24) y le sucedió en la presidencia (1924). Acometió diversas reformas administrativas y militares. Al terminar su periodo presidencial (1928) fundó el Partido Nacional Revolucionario, fue nombrado ministro de Hacienda y promulgó la ley Calles de reforma monetaria.

callicida *s. m.* Sustancia preparada para quitar los callos.

callista *s. m.* y *f.* Persona que se dedica a cortar y curar los callos, uñeros y otras dolencias de los pies.

callo *s. m.* **1.** Dureza que por roce o presión se llega a formar en los pies, manos, etc. **2.** Cicatriz que se forma al soldar los fragmentos de un hueso fracturado. **3.** Persona fea. ‖ *pl.* **4.** Pedazos del estómago de la vaca, ternera o carnero que se comen guisados. ‖ **Loc. dar el callo** *fam.* Trabajar duramente. **Fam.** Calloso.

callosidad *s. f.* **1.** Engrosamiento y endurecimiento de la epidermis, que se forma en las manos, pies, etc., como consecuencia de la aplicación constante de una presión. A diferencia del callo, no tiene núcleo y no suele ser dolorosa. Las callosidades que tienen muchos monos catarrinos en las nalgas se llaman *isquiáticas.* ‖ *pl.* **2.** Durezas en algunas úlceras crónicas.

calma *s. f.* **1.** Estado de la atmósfera o del mar cuando no hay viento ni oleaje. **2.** Tranquilidad, paciencia. **3.** *fam.* Lentitud en el modo de hablar o actuar. **4.** Suspensión momentánea de alguna cosa o actividad. ‖ **5. calma chicha** Inmovilidad completa del aire, sobre todo en el mar.

calmante *adj.* **1.** Que calma. **2.** Se dice de los medicamentos que sirven para calmar el dolor o producir un estado de tranquilidad en personas nerviosas, enfermos mentales, etc. También *s. m.*

calmar *v. tr.* **1.** Tranquilizar. También *v. prnl.* **2.** Aliviar el dolor o un estado de excitación. También *v. prnl.*

calmo, ma *adj.* Tranquilo.

calmoso, sa *adj.* **1.** Que está en calma. **2.** Lento, indolente. También *s.*

caló *s. m.* Lenguaje de los gitanos, que a veces se usa en el habla popular y coloquial.

Calomarde, Francisco Tadeo (Villel, Teruel 1773 - Toulouse 1842) Político español. Fue nombrado ministro de Gracia y Justicia por Fernando VII (1823-32), cargo desde el que reprimió con dureza a los liberales. Fue desterrado por la regente María Cristina a causa de su apoyo a las pretensiones hereditarias del infante Carlos.

calomelanos *s. m. pl.* Nombre vulgar dado en farmacia y medicina al cloruro de mercurio I (Hg_2Cl_2), usado como purgante y antisifilítico.

calor *s. m.* **1.** Energía que se transmite de los cuerpos con mayor temperatura a aquellos cuya temperatura es menor cuando unos y otros entran en contacto, hasta que se equilibran dichas temperaturas. **2.** Sensación que se experimenta al recibir los rayos del sol, al aproximarse a un cuerpo de temperatura más alta o entrar en contacto con él, etc. **3.** Sensación semejante producida por otras causas, normales o patológicas. **4.** Temperatura elevada. **5.** Entusiasmo, interés o afecto con que se recibe o trata a alguien o algo. **6.** Apasionamiento. ‖ **7. calor de reacción** En fís., cantidad de calor que se absorbe o se desprende en el transcurso de una reacción. **8. calor específico** En fís., cantidad de calor que hay que suministrar a un gramo de una sustancia para que aumente 1°C su temperatura. Se mide en cal/g°C y su símbolo es c_e. **9. calor latente** En fís., cantidad de calor que debe absorber o ceder un cuerpo para que un gramo de su materia cambie de estado a temperatura constante. Se mide en calorías (cal). ‖ **10. calor negro** El que producen aparatos o radiadores eléctricos. **11. cantidad de calor** En fís., calor que un cuerpo necesita absorber o ceder para alcanzar determinada temperatura. Se mide en calorías (cal) y su símbolo es *Q*, y se calcula mediante la fórmula: $Q = m\, c_e (t_f - t_i)$, donde *m* es la masa medida en gramos, c_e el calor específico, t_f la temperatura final y t_i la temperatura inicial, medidas ambas en grados Celsius (°C). ‖ **Loc. al calor de** alguien o algo *adv. fam.* Con la ayuda y protección de. **entrar en calor** Empezar a sentirlo el que tenía frío; animarse.
Fís. Un cuerpo que absorbe calor aumenta su temperatura, mientras que un cuerpo que cede calor la disminuye. Cuando los dos cuerpos tienen la misma temperatura, es decir, cuando alcanzan el equilibrio térmico, cesa el tránsito de calor entre ambos. Otros efectos del calor sobre los cuerpos son las dilataciones y los cambios de estado. El calor se puede transmitir por convección (sólidos), por conducción (líquidos y gases) o por radiación (incluso en ausencia de medio natural). La unidad de calor en el Sistema Internacional (SI) es el julio. También se mide en calorías (1 cal = 4,18 julios).

caloría *s. f.* Unidad de calor. Su valor es de 4,1855 julios y equivale a la cantidad de calor que hay que aplicar a un gramo de agua para que aumente de 14,5 a 15,5 °C (un grado Celsius) su temperatura. Suele emplearse con frecuencia el múltiplo kilocaloría (kcal o Cal), equivalente a 1.000 calorías. Su símbolo es *cal.*

calorífero, ra *adj.* **1.** Que produce calor. ‖ *s. m.* **2.** Aparato o dispositivo para calentar una habitación.

calorífico, ca *adj.* **1.** Que produce calor. **2.** Perteneciente o relativo al calor.

calorífugo, ga *adj.* **1.** Que no difunde o transmite el calor. **2.** Incombustible.

calorimetría *s. f.* Parte de la física que estudia la cantidad de calor que se absorbe o cede en los procesos físicos y químicos, y método empleado para determinar el calor específico de los cuerpos. **Fam.** Calorimétrico.

calorímetro *s. m.* Aparato usado para calcular la cantidad de calor liberada o absorbida por un cuerpo bajo determinados procesos físicos o químicos.

calostro *s. m.* Primera leche que da la hembra después de parir.

calote *s. m. Arg., Urug.* Estafa, engaño. **Fam.** Calotear.

calumet *s. m.* Pipa de la paz entre los indios de Norteamérica.

calumnia *s. f.* Acusación falsa hecha contra una persona con la intención de causarle daño. **Fam.** Calumniador, calumniar, calumnioso.

caluroso, sa *adj.* **1.** Que siente calor o que lo causa. **2.** Afectuoso, entusiasta. **Fam.** Calurosamente.

calvario *s. m.* **1.** Representación de las escenas de la pasión de Jesucristo en un camino o en las paredes de una iglesia. **2.** Sufrimientos y desgracias continuadas.

Calvario Montículo situado en las afueras de Jerusalén, donde según los *Evangelios* fue crucificado Jesucristo. Su nombre latino *Calvarium* es traducción del arameo *Golgotha*, lugar de la calavera.

calvero *s. m.* **1.** Claro o parte en el interior del bosque que no tiene árboles. **2.** Terreno arcilloso, gredoso, normalmente encharcado, de color blanquecino o azulado.

Calviá C. de España, situada en la isla de Mallorca, en el O de Palma de Mallorca, de cuya área metropolitana forma parte. 23.300 h. en 1990. Su principal actividad es el turismo, que ha proporcionado al municipio una de las rentas per cápita más elevadas de España.

calvicie *s. f.* Falta o pérdida de pelo en el cuero cabelludo. Puede ocurrir de forma natural o como consecuencia de enfermedades, alteraciones nerviosas, sustos, etc.

Calvin, Melvin (Saint Paul 1911) Bioquímico estadounidense. Especializado en la fotosíntesis, recibió en 1961 el premio Nobel de química por sus investigaciones sobre la absorción de dióxido de carbono por las plantas.

calvinismo *s. m.* Doctrina religiosa de Calvino, una de las más importantes de la Iglesia cristiana de la Reforma. Sus elementos doctrinales más importantes son: la afirmación de la soberanía y trascendencia de Dios, la predestinación, la corrupción de la naturaleza humana por el pecado original, la autoridad plena de las *Escrituras* y la gracia de Dios, que mueve a los justos. Entre sus aspectos formales resaltan su rígida organización social, su rechazo a la curia sacerdotal y su negativa al valor de los sacramentos, con excepción del bautismo y la eucaristía. Fue implantado en la Iglesia-Estado de Ginebra, gobernada por el propio Calvino, se extendió a Francia (hugonotes), Escocia (presbiterianos), Holanda, diversas regiones de Alemania y Hungría, y fue llevado a América por emigrantes europeos. **Fam.** Calvinista.

Calvino, Italo (Santiago de las Vegas, Cuba 1923 - Siena 1985) Escritor italiano. Tras unas primeras obras próximas al neorrealismo, su estilo derivó hacia un mundo fantástico e imaginativo, en el que son de señalar la riqueza del lenguaje, el humor y la ironía. Entre sus obras sobresale la trilogía *Nuestros antepasados*, formada por las novelas *El vizconde demediado* (1952), *El barón rampante* (1957) y *El caballero inexistente* (1959).

Calvino, Juan (Noyon 1509 - Ginebra 1564) Reformador y teólogo protestante francés. Perseguido en Francia, huyó a Basilea, donde publicó en 1536 su obra principal: *Institución de la religión cristiana.* Desarrolló su mayor actividad

Juan Calvino. Anónimo (Museo Histórico, Ginebra).

como predicador religioso en Ginebra, donde consiguió además organizar la vida política de la ciudad, convirtiéndola en la cuna del calvinismo.

calvo, va *adj.* **1.** Se dice de quien ha perdido el pelo de la cabeza. También *s.* **2.** Se aplica al terreno que no tiene vegetación. También *s.* || *s. f.* **3.** Parte de la cabeza en la que se ha caído el pelo. **4.** Trozo sin pelo en una piel, felpa, etc. **5.** Espacio de tierra sin árboles dentro de un bosque.

Calvo de Rozas, Lorenzo (Madrid h. 1780 - íd. h. 1850) Político español. Intendente de Aragón y corregidor de Zaragoza durante la guerra de la Independencia, participó activamente en su defensa ante los franceses. Diputado en las cortes de Cádiz de 1812, fue ministro de Hacienda en el trienio constitucional (1823).

Calvo Sotelo, José (Tuy, Pontevedra 1893 - Madrid 1936) Político español. Fue ministro de Hacienda durante la dictadura de Primo de Rivera. Al proclamarse la Segunda República se exilió, para volver en 1934 y encabezar el Bloque Nacional, partido derechista. Fue asesinado el 13 de julio de 1936 por un grupo de guardias de asalto.

Calvo Sotelo, Leopoldo (Madrid 1926) Político español. Fue ministro en varios gabinetes de la UCD entre 1976 y 1981, sucedió a Adolfo Suárez en la presidencia del gobierno el 25 de febrero de 1981 y ocupó el cargo hasta octubre de 1982.

calypso *s. m.* Calipso.

calza *s. f.* **1.** Cuña que se emplea para calzar. **2.** Media. || *pl.* **3.** Antiguamente, especie de calzones que cubrían todo el muslo o parte de él.

calzada *s. f.* **1.** Camino ancho allanado y empedrado. Se aplica especialmente a las grandes vías construidas por los antiguos romanos o a los trozos de ellas que aún perduran. **2.** Parte de una calle entre las aceras, por donde circula el tráfico rodado.

calzado, da **1.** *p. p.* de **calzar**. También *adj.* || *adj.* **2.** Se dice de las órdenes religiosas cuyos miembros llevaban calzado, por oposición a los descalzos. **3.** Se dice del animal que tiene las extremidades o una parte de ellas de color distinto al resto del cuerpo. || *s. m.* **4.** Conjunto de prendas que sirven para cubrir, proteger o vestir los pies.

calzador *s. m.* Utensilio acanalado que se utiliza para hacer entrar el pie en el zapato. || **Loc. entrar** una cosa **con calzador** *fam.* Ser dificultosa, entrar forzada.

calzar *v. tr.* **1.** Poner en los pies las prendas adecuadas para cubrirlos, protegerlos o vestirlos. También *v. prnl.* **2.** Proporcionar calzado. También *v. prnl.* **3.** Poner una cuña entre el suelo y un objeto para impedir que éste se mueva. **4.** Con expresiones como *muchos* o *pocos alcances* y equivalentes, tener mucho o poco talento. || *v. prnl.* **5.** Conseguir una cosa, apropiársela. **6.** Dominar a alguien, poseer sexualmente a una mujer. ▪ Se conjuga como *cazar*.

calzo *s. m.* **1.** Cuña que se introduce para calzar un cuerpo. || *pl.* **2.** Extremidades de una caballería, especialmente si su color es distinto del resto del cuerpo.

calzón *s. m.* **1.** Pantalón que cubre desde la cintura hasta la rodilla. **2.** Especie de pantalón corto.

calzonazos *s. m. fam.* Hombre de carácter débil, que se deja dominar, sobre todo por las mujeres.

calzoncillo *s. m.* Prenda interior del hombre que cubre generalmente de la cintura a la ingle y puede tener diferentes formas y tamaños. Se usa sobre todo en *pl.*

cama[1] (del lat. hispano *cama*) *s. f.* **1.** Mueble en el que se acuestan las personas para descansar y dormir, y conjunto que forma con el colchón, ropas que lo cubren, etc. **2.** En hospitales, sanatorios, etc., plaza para un enfermo. **3.** Lugar donde se echan los animales para descansar. **4.** Cada una de las capas en que se dispone algo. || **5. cama nido** Cama que se guarda debajo de otra y se saca cuando se va a utilizar, empleándose generalmente la de arriba también como sofá. **6. cama turca** Cama que no tiene cabecera ni pies. || **Loc. caer en cama** Ponerse enfermo. **estar en** (o **guardar**) **cama** Estar acostado por enfermedad. **hacerle** a uno **la cama** Actuar en secreto para perjudicarle. **levantar la cama** Quitar las ropas de la cama, después de haber dormido, para que se ventilen.

cama[2] (del celta *cambos*, curvo) *s. f.* **1.** Cada una de las palancas del freno a cuyos extremos van sujetas las riendas. **2.** Pieza curva del arado en la que se encaja la reja.

Camacho, Marcelino (La Rasa, Burgo de Osma, Soria 1918) Sindicalista español. Miembro del Partido Comunista desde 1935, fue uno de los fundadores del sindicato Comisiones Obreras, en el que ocupó el cargo de secretario general hasta 1987.

camada *s. f.* **1.** Todas las crías que paren los animales de una sola vez. **2.** Capa, conjunto horizontal de cosas para servir de soporte a otras. **3.** Cuadrilla de ladrones, pícaros o personas a los que se alude despectivamente.

camafeo *s. m.* Figura tallada en relieve en ónice u otra piedra preciosa.

Camagüey **1.** Prov. de Cuba, en el E de la isla. 15.990 km^2. 732.100 h. en 1988. Tiene importantes cultivos de arroz, gracias a la abundancia de terrenos pantanosos, caña de azúcar, tabaco y frutas tropicales, y es la principal zona ganadera del país.
2. C. de Cuba, cap. de la prov. homónima. 279.000 h. en 1989. Posee industria azucarera, destilerías de ron, metalurgia y refinería de petróleo.

camaleón *s. m.* **1.** Nombre común de diversos reptiles saurios de la familia camaleónidos, géneros *Chamaeleo*, *Brookesia*, etc. Tienen prensiles las cuatro extremidades y la cola, adaptadas a la vida arborícola, una lengua muy larga y pegajosa que se dispara rápidamente para atrapar a los insectos, y ojos que pueden moverse independientemente. Muchos camaleones poseen una capa de cromatóforos bajo la epidermis, lo que les permite cambiar su color para adaptarse al entorno. El camaleón común *(Chamaeleo chamaeleon)* mide 25 cm y vive en el S de España, N de África y Asia occidental. Otras especies son el camaleón crestado *(Chamaeleo cristatus)* y el camaleón de Jackson *(Chamaeleo jacksoni)*. **2.** Persona que cambia de opinión según conviene a sus intereses.

El camaleón cambia el color de su piel en función de los estímulos luminosos del entorno.

camaleónico, ca *adj.* Voluble, cambiante.

camándula *s. f. fam.* Hipocresía, astucia. **Fam.** Camandulero.

camandulear *v. intr.* Engañar, enredar, sobre todo en política.

cámara *s. f.* **1.** Aparato que sirve para hacer fotografías. **2.** Aparato que registra imágenes animadas para el cine, la televisión o el vídeo. **3.** Frigorífico. **4.** Habitación o pieza que puede tener diversos usos, especialmente las privadas de los reyes. **5.** Asamblea legislativa de una nación.

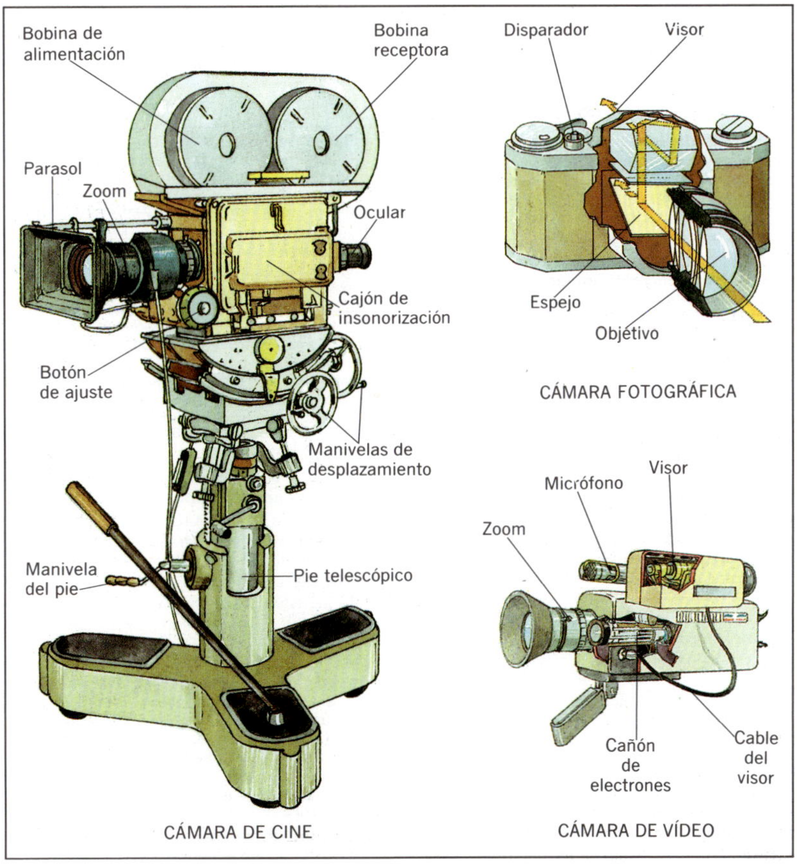

Esquemas de una cámara de cine, de una cámara fotográfica y de una cámara de vídeo.

6. Corporación, organismo, junta. 7. Parte hueca que tienen algunos aparatos o construcciones, como la cámara de combustión de un motor. 8. En los neumáticos, anillo de goma en forma de tubo, que posee una válvula para introducir aire a presión; en algunos balones deportivos, especie de globo de goma con una boquilla. 9. En las armas de fuego, lugar donde está la carga. 10. En anat. y fisiol., ciertas cavidades. ‖ *s. m.* y *f.* 11. Persona que maneja la cámara de cine o televisión. ‖ 12. **cámara acorazada** La construida para proteger del robo y del fuego documentos, valores, joyas, etc. 13. **cámara alta** Senado. 14. **cámara baja** Congreso. 15. **cámara de aire** Espacio hueco que se deja en el interior de muros y paredes para que sirva de aislante. 16. **cámara de combustión** En los motores de explosión, cavidad donde se efectúa la combustión. 17. **cámara de comercio** Asociación de comerciantes para defensa de sus intereses y fomento de sus actividades. 18. **cámara de compensación** Asociación voluntaria de bancos, para facilitar el intercambio de letras, cheques, pagarés, etc., y saldar las diferencias de lo que un banco debe a otro por tales efectos con el menor movimiento posible de dinero. 19. **cámara de gas** Recinto destinado a producir, por gases tóxicos, la muerte. 20. **cámara lenta** En cine, toma o rodaje acelerado de una película, para producir un efecto de lentitud al proyectarla a velocidad normal. 21. **cámara mortuoria** Lugar en que se vela un cadáver. 22. **cámara oscura** Dispositivo que consiste en una caja cerrada, opaca a la luz en toda su superficie, a excepción de un pequeño orificio en su parte anterior que deja pasar la luz, la cual forma una imagen invertida de la realidad exterior en la cara interna opuesta al orificio. En este fenómeno se basa el funcionamiento de las cámaras fotográficas y cinematográficas. 23. **Cámara de los Comunes** Cámara baja del Parlamento británico, cuyos miembros son elegidos por sufragio directo en sus respectivas circunscripciones electorales. 24. **Cámara de los Lores** Cámara alta del Parlamento británico, a la que se accede hereditariamente o por designación real. 25. **música de cámara** La clásica compuesta para un pequeño número de instrumentos.

camarada *s. m.* y *f.* 1. Persona que anda en compañía de otras, especialmente en el trabajo o en el colegio, a las que trata con amistad y confianza. 2. En algunos partidos políticos y sindicatos, compañero.

camaradería *s. f.* Compañerismo, amistad.

camaranchón *s. m.* Desván.

camarero, ra *s. m.* y *f.* 1. Persona que sirve consumiciones en bares, cafeterías, restaurantes, etc. 2. Persona que se ocupa del arreglo de las habitaciones en hoteles, barcos, etc. ‖ *s. f.* 3. Dama al servicio de una reina.

Camargo C. de España, en la prov. de Cantabria. 20.180 h. en 1990. Pertenece al área suburbana de Santander. Su economía se basa en las actividades agropecuarias y en las industrias derivadas.

camarico *s. m.* 1. Tributo que los indios rendían a sus sacerdotes y, posteriormente, a los españoles. 2. *Chile. fam.* Lugar preferido de una persona. 3. *Chile. fam.* Amorío, enredo amoroso.

camarilla *s. f.* 1. Conjunto de personas que, sin estar facultados legalmente, influyen en un personaje importante e incluso en los asuntos de Estado. 2. Grupo de personas que se apropia la dirección de un asunto y deja fuera a los demás interesados.

camarín *s. m.* 1. Capilla o nicho en el que se venera una imagen y que está situado detrás del altar. 2. Habitación en que se guardan las ropas y joyas de una imagen.

camarlengo *s. m.* Dignidad del cardenal que gobierna temporalmente la Iglesia romana desde la muerte de un papa hasta la elección de otro.

camarón *s. m.* Nombre común de diversos crustáceos decápodos de la familia palaemónidos, género *Palaemon*. El camarón común *(Palaemon elegans)* mide hasta 5 cm de longitud y tiene la parte superior de la cabeza aserrada. Vive en los litorales rocosos del océano Atlántico y el mar Mediterráneo, y es apreciado como alimento. Otra especie es el *Palaemon serratus*.

camarote *s. m.* Pequeño aposento con cama dentro de los barcos.

Camas C. de España, en la prov. de Sevilla. 25.950 h. en 1990. Situada en el área suburbana de Sevilla, posee cultivos de olivo, cereales y legumbres.

camastro *s. m.* Cama pobre y sin comodidad.

camastrón, na *adj.* Marrullero, interesado. También *s.*

Camba, Julio (Villanueva de Arosa, Pontevedra 1882 - Madrid 1962) Escritor y periodista español. Sus obras se caracterizan por el humor, la ironía y una gran capacidad para captar personajes y ambientes. Es autor, entre otros títulos, de *Londres* (1916), *Aventuras de una peseta* (1923) y *La ciudad automática* (1932).

Cambaceres, Eugenio (Buenos Aires 1843 - París 1889) Escritor y político argentino. La temática de sus obras es social e inaugura el movimiento naturalista en la literatura argentina. Publicó entre otros libros *Potpourri* (1883), *Sin rumbo* (1885) y *En la sangre* (1887).

cambalache *s. m.* Cambio, a veces malicioso o con ánimo de estafar, de objetos de poco valor. **Fam.** Cambalachear, cambalachero.

cambiante *adj.* 1. Que cambia. ‖ *s. m. pl.* 2. Variedad de colores que, según la luz, toma el nácar, una tela, etc.

cambiar *v. tr.* 1. Dar o tomar una cosa por otra. También *v. prnl.* y, con la preposición *de*, *v. intr.* 2. Reemplazar, sustituir. 3. Trasladar. 4. Modificar. 5. Convertir. También *v. prnl.* 6. Dar o tomar monedas o billetes por sus equivalentes más pequeños o de otro país. 7. Con sustantivos como ideas, palabras, etc., darlas y recibirlas. ‖ *v. intr.* 8. Volverse distinta una persona o cosa. 9. En los vehículos de motor, pasar de una marcha o velocidad a otra. 10. Virar un barco, mudar la dirección del viento. ‖ *v. prnl.* 11. Mudarse.

Cambiaso, Luca (Moneglia 1527 - Madrid 1585) Pintor italiano. Figura destacada de la escuela genovesa del s. XVI, decoró con frescos iglesias y palacios en Génova. Desde 1583 trabajó en el monasterio de El Escorial. Es notable en su pintura el tratamiento de la luz.

cambiazo *s. m.* Cambio fraudulento.

cambio *s. m.* 1. Acción y efecto de cambiar o cambiarse. 2. Cotización de los valores mercantiles. 3. Dinero en billetes o monedas pequeños. 4. Valor relativo de las monedas de países diferentes. 5. Mecanismo para cambiar de vía un tren, un tranvía, etc. 6. En un vehículo de motor, engranaje para pasar de una velocidad a otra. ‖ 7. **cambio de estado** En fís., transformación que experimenta la materia al pasar de un estado de agregación a otro (sólido, líquido o gaseoso). El cambio de estado sólido a líquido se llama *fusión*, de líquido a sólido *solidificación*, de líquido a vapor *vaporización*, de vapor a líquido *condensación*, y de sólido a vapor y viceversa *sublimación*. Cada uno de estos procesos se verifican a temperatura constante. 8. **libre cambio** En econ., librecambio*. 9. **tipo de cambio** En econ., valor de intercambio de la moneda de un país respecto a la de otro u otros. ‖ **Loc. a cambio (de)** *adv.* En su lugar, por ello. **a la(s) primera(s) de cambio** *adv.* Sin esperar, sin preparación. **en cambio** *adv.* En lugar de, en vez de, en reciprocidad. También expresa contraste o compensación.

Cambises II (s. VI a. C.) Rey de Persia. Prosiguió la obra expansionista de su padre, Ciro el Grande, y conquistó Egipto, haciéndose coronar faraón.

cambista *s. m.* y *f.* Persona que se dedica a cambiar moneda.

cambium *s. m.* En bot., conjunto de capas de tejido meristemático situadas entre el líber y el leño que, por multiplicación celular, dan lugar a los tejidos secundarios de la planta y a su crecimiento en espesor.

Cambó, Francesc (Verges, Girona 1876 - Buenos Aires 1947) Político y financiero español. Jefe del partido catalán Liga Regionalista, fundado en 1901, fue uno de los más importantes dirigentes del catalanismo conservador. Ministro de Fomento en 1918 y de Hacienda en 1921, es autor de *Por la concordia* (1928) y *Las dictaduras* (1929).

Camboya, República Popular de Estado del SE asiático, en la península de Indochina. Se ha llamado también *Kampuchea*.

Extensión: 181.035 km^2.
Límites: al N, con Tailandia y Laos; al E, con Vietnam; al S, con Vietnam y el golfo de Siam, y al O, con el golfo de Siam y Tailandia.
Población: 8.592.000 h. en 1990.
Densidad: 47,5 h./km^2.
Capital: Phnom Penh.
División administrativa: 20 provincias.
Ciudades principales: Kampong Cham, Kampong Chhnang, Kratié, Pursat, Svay Rieng.
Gentilicio: camboyano.
Forma de Estado: república popular.
Idioma: khmer.
Religión: budismo, 88,4 %; islamismo, 2,4 %.
Moneda: riel.
Tasa de natalidad: 39 ‰ en 1990.
Tasa de mortalidad: 16 ‰ en 1990.
Renta per cápita: 90 dólares en 1981.

Geog. Camboya ocupa una gran cuenca sedimentaria cuyos accidentes más característicos son el gran lago Tonlé Sap y el río Mekong, que atraviesa el país de N a S. Ambos están situados en una región central de llanuras, bordeada por dos sistemas montañosos: en el N los montes Dang Rack y en el O y S los montes Cardamonos y la cadena del Elefante. En el N y E hay grandes mesetas con vegetación de sabana y bosque. Las cadenas montañosas cercanas a la costa dificultan la penetración del monzón estival. Su clima es tropical, cálido y húmedo. La población, tradicionalmente rural, tendió durante los últimos años a abandonar los campos devastados por la guerra y a instalarse en las ciudades del S. La economía es eminentemente agrícola. Se cultiva sobre todo arroz en la cuenca del Mekong, aprovechando las tierras anegadas de junio a noviembre por el monzón. Otros cultivos importantes son maíz, cacahuete, morera, algodón y frutales; también se explotan la madera y cultivos industriales como caucho y tabaco. Cuenta con ganadería bovina, porcina y de búfalos. La pesca, que abunda en el lago Tonlé Sap, es uno de los principales recursos económicos del país. Del subsuelo se extraen hierro y fosfatos. La industria, tradicionalmente textil, alimentaria y del vidrio, se ha diversificado en los últimos tiempos en los sectores automovilístico, químico, papelero y tabaquero.

Camboya: bonzos ante el palacio de Simanouk.

Hist. La civilización khmer de Camboya se remonta al s. VI y tuvo su época de esplendor entre los s. IX y XIV, con la dinastía de Angkor. Posteriormente subsistió sometida a la presión y al dominio de Siam y Vietnam, sus dos poderosos vecinos, con los que mantuvo frecuentes guerras. En 1863, Camboya se convirtió en protectorado francés. Durante la Segunda Guerra Mundial fue ocupada por Japón, lo que hizo renacer el sentimiento nacionalista khmer. Recibió la autonomía en el seno de la comunidad francesa en 1949 y tras la conferencia de Ginebra de 1954 se retiraron las tropas coloniales estacionadas y el país vio confirmada su independencia. En 1960 murió Norodom Suramarit y le sucedió su hijo Sihanuk, que renunció al título de rey y se convirtió en jefe del Estado. Sihanuk intentó mantenerse neutral en los graves conflictos del sudeste asiático, al tiempo que adoptó una política moderadamente socialista, pero se vio combatido simultáneamente por la guerrilla de los khmers rojos, de ideología comunista, y por EE UU, que finalmente provocaron en 1970 un golpe de Estado que le derrocó y puso en su lugar a Lon Nol, su antiguo primer ministro. Pese a la ayuda estadounidense, el régimen de Lon Nol fue derrotado por la guerrilla en 1975. Se inició entonces la reconstrucción del país, bajo la dirección de los khmers, que desplazaron a Sihanuk y proclamaron en 1976 la Kampuchea Democrática. La dureza de sus medidas políticas y económicas (traslado forzoso de cientos de miles de campesinos a nuevas zonas, creación de comunas campesinas, obligatoriedad del trabajo, desaparición del dinero) y la fuerte represión contra los partidarios de Lon Nol, provocaron gran número de víctimas y arruinaron la economía. En 1978 Vietnam atacó Camboya e impuso un gobierno favorable bajo el mando de Heng Samrin. Parte del país quedó bajo el control del antiguo gobierno (que volvió a aliarse con el príncipe Norodom Sihanuk), por lo que se inició una nueva guerra civil. En 1985 comenzaron negociaciones entre los contendientes para poner fin al conflicto, que se vieron favorecidas por la retirada de las tropas vietnamitas (1989) que combatían a los khmers rojos. Finalmente, en 1991, se llegó al acuerdo de París, suscrito por comunistas, khmers, partidarios de Sihanuk y nacionalistas. Sihanuk fue designado para presidir un Consejo Supremo Nacional encargado del gobierno del país hasta la convocatoria de elecciones libres supervisadas por la ONU.

camboyano, na *adj.* De Camboya. También *s.*

cambriano, na *adj.* **1.** Cámbrico*. **2.** Se aplica a los antiguos habitantes del País de Gales. También *s.*

cámbrico, ca *adj.* **1.** Se aplica al primer periodo de la era paleozoica o primaria, al que se calcula una antigüedad de 570 millones de años y que se desarrolló durante 70 millones de años. Su fauna estaba compuesta en su mayoría por trilobites y braquiópodos y en él aparecieron las primeras plantas terrestres. También *s. m.* **2.** Perteneciente o relativo a este periodo.

Cambridge C. del Reino Unido, cap. del condado de Cambridgeshire, en Inglaterra. 90.400 h. en 1983. Destaca por su célebre universidad, fundada a principios del s. XIII.

Cambridgeshire Condado del Reino Unido, en Inglaterra, en el SE del país. 3.409 km^2. 651.500 h. en 1988. La capital es Cambridge, con 90.400 h. en 1983. Se cultivan cereales, patatas, remolacha, verduras y legumbres. Posee también ganadería vacuna y porcina.

cambucho *s. m.* **1.** *Chile.* Cucurucho. **2.** *Chile.* Cesto para papeles y ropa sucia. **3.** *Chile.* Tugurio. **4.** *Chile, Perú.* Envoltura de paja que se pone a las botellas.

cambullón *s. m.* **1.** *Chile, Perú.* Enredo, trampa. **2.** *Col., Méx.* Cambalache.

camelar *v. tr.* **1.** *fam.* Conquistar o convencer a alguien adulándole o engañándole. **2.** *fam.* Enamorar, galantear. **FAM.** Camelador.

camelia *s. f.* **1.** Nombre común de diversas plantas arbustivas de la familia teáceas, género *Camellia.* La camelia común o rosal de China *(Camellia japonica)* tiene hojas coriáceas y grandes flores rojas, es originaria de Extremo Oriente y se cultiva como planta ornamental. La especie *Camellia sinensis* o *Thea sinensis* es el árbol del té. **2.** Flor de este arbusto.

camélidos *s. m. pl.* Familia de mamíferos rumiantes del orden artiodáctilos, que comprende dos géneros: *Camelus* (camellos y dromedarios), distribuidos por Eurasia y el N de África, y *Lama* (llamas, guanacos, vicuñas y alpacas), que sólo existen en América del Sur. Tienen sólo cuatro dientes, un par de incisivos y otro de caninos superiores, y las patas rematadas en dos amplios cojinetes adaptados a la marcha por la arena o la nieve. También *adj.* y *s. m.*

camellero *s. m.* Persona que conduce o cuida camellos.

camello, lla *s. m.* y *f.* **1.** Mamífero artiodáctilo rumiante de la familia camélidos, género *Camelus.* Animal de gran tamaño (puede alcanzar 3 m de altura), está provisto de una o dos gibas de grasa en la espalda que le permiten resistir largo tiempo sin alimento ni agua, por lo que está adaptado a la vida en regiones áridas. Es originario de Asia central y casi se ha extinguido en estado salvaje, aunque prolifera como animal de carga y monta. Existen dos especies: el camello común o bactriano *(Camelus bactrianus)*, provisto de dos jorobas y abundante pelo hirsuto, natural de Asia; y el dromedario *(Camelus dromedarius)*, que tiene una sola joroba y abunda en Oriente Medio y el N de África. ‖ *s. m.* **2.** Persona que vende droga al por menor.

Camello común o bactriano (Camelus bactrianus).

camelo *s. m.* **1.** *fam.* Cosa que se hace pasar por algo bueno sin serlo. **2.** Noticia falsa. **3.** Dicho o escrito intencionadamente desprovisto de sentido. **4.** Burla, broma.

camembert *s. m.* Tipo de queso suave, fermentado, de leche de vaca, originario del pueblo francés de Camembert.

cameralismo *s. m.* Sistema político en el que el poder ejecutivo está sometido al poder legislativo.

cameraman (voz ingl.) *s. m.* y *f.* Especialista en el manejo de la cámara de cine o televisión.

Camerata Florentina Nombre con que se conoce al grupo de poetas y músicos que se reunían en las mansiones de la aristocracia de Florencia en la segunda mitad del s. XVI y de cuyas discusiones teóricas nació el género de la ópera italiana. Entre ellos destacan Galilei, Peri, Caccini y Cavalieri.

camerino *s. m.* En los teatros, cuarto que sirve para que los actores se cambien de ropa, se maquillen, etc.

camero, ra *adj.* **1.** Se dice de la cama mayor que la normal y menor que la de matrimonio. También *s. f.* **2.** Relativo a ella.

Cameron, Julia Margaret (Calcuta 1815 - Kalutara, Ceilán 1879) Fotógrafa británica. Fue una pionera del arte fotográfico. Su obra se caracteriza por su gran capacidad de captar el espíritu de los personajes. Entre sus retratos destacan los de Darwin, Tennyson y Carlyle. Una importante muestra de su obra está recogida en el libro *Fotógrafos victorianos de hombres y mujeres famosos* (1973).

Camelia común o rosal de China (Camellia japonica).

Camerún Estado de África central.

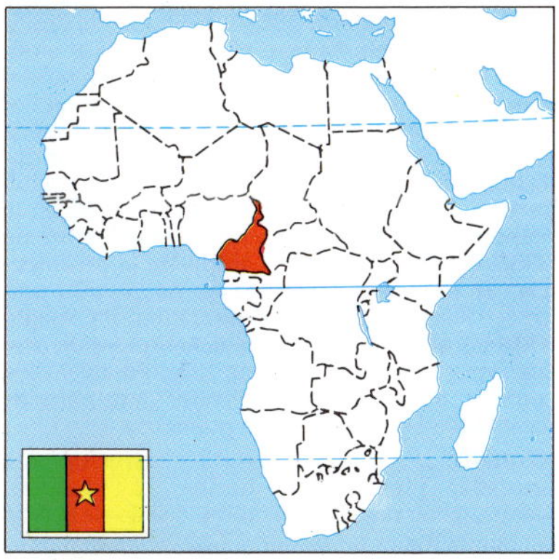

Extensión: 465.460 km^2.
Límites: al N, con Nigeria y Chad; al E, con la República Centroafricana; al S, con Guinea Ecuatorial, Gabón y Congo, y al O, con Nigeria.
Población: 11.900.000 h. en 1990.
Densidad: 25,6 h./km^2.
Capital: Yaundé.
División administrativa: 10 provincias.
Ciudades principales: Duala, N'Kongsamba, Maroua.
Gentilicio: camerunés.
Forma de Estado: república.
Idioma: francés, inglés y varias lenguas nativas.
Religión: catolicismo, 35 %; animismo, 25 %; islamismo, 22 %; protestantismo, 18 %.
Moneda: franco CFA.
Tasa de natalidad: 42 ‰ en 1990.
Tasa de mortalidad: 16 ‰ en 1990.
Renta per cápita: 1.010 dólares en 1988.

Geog. Se pueden diferenciar tres sectores de distinto relieve, clima y vegetación: la franja litoral, cubierta por los deltas de los ríos, pantanosa y poblada de manglares, con un clima de tipo ecuatorial; la meseta, donde el clima es tropical, la vegetación de sabana y las estaciones lluviosas alternan con las secas; y el Sahel, zona de transición al desierto del Sáhara, donde hay una amplitud térmica muy fuerte y, debido a las escasísimas precipitaciones, sólo subsisten pequeños matorrales espinosos. Las actividades económicas se basan en la ganadería extensiva y en la agricultura. En la zona litoral se explotan el aceite de palma, la madera y el caucho, y en la zona de sabana existen cultivos de plantación, como el café, el cacao y el algodón. El subsuelo es rico en bauxita y petróleo. En la industria, poco desarrollada, destaca la siderometalurgia.

Camerún: aldea kirdi, etnia que habita en el extremo norte del país, en la región de los montes del Mandara.

Hist. Los primeros contactos con europeos tuvieron lugar a partir del s. XV, aunque hasta el s. XVIII no se crearon los primeros establecimientos. En 1884 los alemanes firmaron un tratado de protectorado con los principales jefes tribales (pamúes y dualas), pero durante la Primera Guerra Mundial fueron expulsados por las tropas francesas y británicas, que se repartieron el territorio. El régimen colonial fue sustituido por el de tutela, ejercido por Francia en representación de la ONU, desde 1945. Independiente desde 1960 tras un referéndum, el nuevo estado unificado tomó el nombre de República Federal del Camerún y reunió dos estados federados, el Camerún oriental (ex francés) y el Camerún occidental (ex británico), bajo la presidencia de Ahmadu Ahidjo. En 1972 una nueva Constitución modificó su carácter federal y lo convirtió en la República Unida del Camerún. En noviembre de 1982, Paul Biya sucedió a Ahidjo en la presidencia. El régimen camerunés es de partido único, el Reagrupamiento Democrático del Pueblo (RDPC), al frente del cual Biya fue reelegido presidente en las elecciones de 1984. En 1990 Biya anunció un proceso liberalizador para permitir la actividad de los partidos políticos.

camilla *s. f.* **1.** Cama portátil y estrecha, para trasladar a enfermos y heridos. **2.** Mesa redonda, generalmente con faldas, debajo de la cual se puede poner un brasero. También *adj.*

camillero, ra *s. m.* y *f.* **1.** Persona que transporta las camillas de enfermos o heridos. ‖ *s. m.* **2.** Soldado encargado de trasladar heridos en camilla e incluso de hacerles las primeras curas de urgencia.

camilucho, cha *adj. amer.* Se dice del jornalero indio. También *s.*

caminante *adj.* Que camina o va andando. También *s.*

caminar *v. intr.* **1.** Ir andando de un lugar a otro las personas o los animales. **2.** Seguir las cosas su curso, como los astros, los ríos, etc. **3.** Marchar, funcionar. ‖ *v. tr.* **4.** Recorrer a pie una distancia.

caminata *s. f.* Recorrido o paseo a pie, largo y fatigoso.

caminero, ra *adj.* Se aplica al peón encargado de la reparación de caminos y carreteras.

camino *s. m.* **1.** Franja de tierra apisonada y preparada para que la gente, animales y vehículos vayan de un lugar a otro. **2.** Cualquier vía de comunicación. **3.** Viaje. **4.** Trayecto, itinerario. **5.** Dirección que ha de seguirse para llegar a algún lugar. **6.** Medio para hacer o conseguir algo. ‖ **7. camino de cabras** El estrecho y empinado. **8. camino de herradura** El que sólo sirve para caballerías y no para vehículos. **9. camino de hierro** El ferrocarril. **10. camino de Santiago** Vía Láctea. ‖ **Loc. abrir camino** Facilitar el paso y, p. ext., ayudar a alguien a vencer dificultades o a ganarse la vida. **llevar camino de** Proceder una persona o desarrollarse una cosa de modo que se puede predecir lo que va a pasar.

camino de Santiago Vía de peregrinación al sepulcro del apóstol Santiago, que desde mediados del s. IX atrajo a Santiago de Compostela a cristianos de toda Europa. Las distintas vías, procedentes de Francia y Alemania, cruzaban los Pirineos por Jaca y Roncesvalles para reunirse en Puente la Reina. El camino, que continuaba luego por Estella, Nájera, Burgos, Sahagún, León, Astorga y Ponferrada, hasta llegar a Santiago, fue un poderoso vehículo de penetración cultural y económica en los reinos hispánicos medievales.

camión *s. m.* **1.** Vehículo automóvil grande y potente que sirve para el transporte de cargas pesadas, mercancías, etc. **2.** *Méx.* Autobús.

camionero, ra *s. m.* y *f.* Persona que conduce camiones.

camioneta *s. f.* Vehículo automóvil más pequeño que el camión y que se utiliza para transportar todo tipo de mercancías.

camisa *s. f.* **1.** Prenda de vestir que cubre desde el cuello hasta la cintura, generalmente con cuello, botones y puños. **2.** Revestimiento interior de algo, p. ej. de una pieza mecánica. **3.** Sobrecubierta de papel de un libro. **4.** Epidermis de los ofidios que se desprende periódicamente. **5.** Telilla con que están cubiertos algunos frutos, legumbres y granos, como la almendra, el guisante, el trigo, etc. ‖ **6. camisa de fuerza** La cerrada por detrás, que se pone a los locos para inmovilizarlos. **7. camisa negra** Fascista. **8. camisa parda** Nazi. **9. camisa roja** Garibaldino. **10. camisa vieja** Falangista. ‖ **Loc. cambiar de camisa** *fam.* Pasarse de un partido político a otro, cambiar de ideas. **meterse en camisa de once varas** *fam.* Inmiscuirse uno en lo que no le importa. **no llegarle** a alguien **la camisa al cuerpo** *fam.* Estar muy asustado. **perder hasta la camisa** *fam.* Perder uno todo cuanto tiene.

camisería *s. f.* **1.** Tienda en la que se venden camisas. **2.** Taller en el que se confeccionan camisas.

camisero, ra *adj.* **1.** Perteneciente o relativo a la camisa. **2.** Se dice de la blusa o traje de mujer semejante a una camisa de hombre. ‖ *s. m.* y *f.* **3.** Persona que hace o vende camisas.

camiseta *s. f.* Prenda de vestir o interior, sin cuello y con o sin mangas, que se mete por la cabeza.

camisola *s. f.* **1.** Camisa fina que se ponía sobre la interior, con encajes en la abertura del pecho y en los puños. **2.** Camiseta del deportista.

camisón *s. m.* Especie de camisa larga, que cubre total o parcialmente las piernas y que se usa para dormir.

camoatí *s. m.* **1.** *Arg., Par., Urug.* Insecto himenóptero de la familia melipónidos, especie *Melipona interrupta.* Es una avispa gregaria que elabora una miel muy apreciada. **2.** *Arg., Par., Urug.* Panal de este insecto.

Camoens, Luis Vaz de (Lisboa 1524 - íd. 1580) Poeta portugués. Es autor del poema épico *Os Lusiadas* (1572), obra maestra de la literatura portuguesa. En él cuenta el viaje de Vasco de Gama a la India en 1498, lo que le da pie para ensalzar sus hazañas en diez cantos compuestos en octavas reales con un lenguaje que se anticipa al barroco. Es además autor de una importante obra lírica.

camomila *s. f.* Manzanilla, planta.

camorra *s. f. fam.* Bronca, pelea.

Camorra Sociedad secreta que surgió con fines delictivos en el reino de Nápoles a principios del s. XIX. Resurgió a partir de 1970 y en la actualidad es uno de los grandes problemas políticos y sociales del S de Italia.

camorrista *adj. fam.* Que arma camorra o la busca. También *s.*

camote *s. m.* **1.** *amer.* Batata. **2.** *amer.* Enamoramiento. **3.** *amer.* Mentira, embuste.

camp *adj.* Se aplica a cosas pasadas, en especial formas artísticas y literarias, que resurgen y por las que se siente un gusto nostálgico. También *s.*

Camp David, acuerdos de Tratado de paz alcanzado en 1979 entre el presidente egipcio Sadat y el primer ministro israelí Begin en Camp David, Maryland (EE UU), con el patrocinio del presidente estadounidense Carter. Entre los acuerdos logrados destacan el mutuo reconocimiento diplomático, la devolución de la península del Sinaí, ocupada en el curso de la guerra de los Seis Días, y el inicio de negociaciones para resolver la cuestión palestina.

campa *adj.* Se dice de la tierra sin árboles.

campal *adj.* Se aplica a la batalla desarrollada en un espacio abierto; p. ext., se dice de una pelea generalizada.

campamento *s. m.* **1.** Lugar e instalaciones en que se establecen temporalmente tropas militares. **2.** Tropa acampada. **3.** Conjunto de instalaciones donde acampan excursionistas, cazadores, etc. **4.** Lugar acondicionado para albergar provisionalmente a personas que carecen de hogar, a trabajadores eventuales, etc.

campana *s. f.* **1.** Instrumento de metal en forma de copa invertida, que suena al golpearlo con el badajo o martillo. **2.** Cualquier cosa que tiene forma parecida. ‖ **3. campana de buzo** Aparato dentro del cual descienden los buzos para trabajar debajo del agua. **4. campana de Gauss** Representación gráfica de la ecuación matemática correspondiente a una distribución normal. Tiene forma de campana y debe su nombre al matemático alemán. **5. campana extractora** Aparato compuesto por un tubo aspirador y una pieza en forma de campana, que sirve para extraer el humo en cocinas y otros lugares. **6. campana neumática** La de vidrio que permite hacer el vacío en su interior. ‖ **Loc. doblar las campanas** Tocar a muerto. **echar las campanas al vuelo** *fam.* Dar mucha publicidad a una noticia; también, alegrarse mucho por algo. **oír campanas y no saber dónde** *fam.* Entender mal algo; también, tener poca información de un asunto.

campanada *s. f.* **1.** Sonido que produce la campana. **2.** Novedad que provoca sorpresa, comentarios, escándalo.

campanario *s. m.* Lugar, generalmente una torre o espadaña, donde se colocan las campanas en las iglesias; puede tratarse también de un edificio independiente.

campanazo *s. m.* Campanada.

campanear *v. intr.* **1.** Tocar insistentemente las campanas. **2.** Balancear, oscilar. También *v. prnl.* **Fam.** Campaneo, campanero.

Campanella, Tommaso (Stilo, Calabria 1568 - París 1639) Pensador italiano. Religioso dominico, fue perseguido por sus ideas contrarias al aristotelismo escolástico. En 1598 promovió un levantamiento antiseñorial en Calabria y fue encarcelado durante 27 años. Escribió *La filosofía racional* y *La ciudad del Sol*, en la que expone sus doctrinas políticas populistas, de carácter utópico, y describe un Estado teocrático universal, basado en la comunidad de vida.

campanero, ra *s. m.* y *f.* **1.** Persona que toca las campanas. **2.** Persona que vacía y funde las campanas. **3.** *amer.* Correveidile.

El descubrimiento de la tumba del apóstol en tiempos de Alfonso II dio lugar a un gran movimiento peregrino que, entre otros efectos, contribuyó decisivamente a la difusión del arte románico.

Campania Región de Italia, en el S del país. 13.595 km^2. 5.808.700 h. en 1990. La capital es Nápoles, con 1.204.150 h. en 1990. Comprende las provincias de Avellino, Benevento, Caserta, Nápoles y Salerno. Tiene un relieve muy accidentado, con presencia de volcanes (Vesubio) y frecuentes terremotos. Se cultivan cereales, frutales y hortalizas y se cría ganado ovino y bovino. Es la región más industrializada del S de Italia: industria textil, química, del automóvil, etc.

campaniforme *adj.* **1.** De forma de campana. ‖ **2. cultura del vaso campaniforme** Cultura prehistórica desarrollada en Europa durante el neolítico (2200-1900 a. C.), caracterizada por la presencia sistemática de vasijas de barro en forma de campana, decoradas con puntos y rayas paralelas. En la península Ibérica son propios de esta cultura los vasos hallados en Los Millares (Almería) y Carmona (Sevilla).

Vaso campaniforme (Museo Arqueológico, Madrid).

campanil *s. m.* Campanario.

campanilla *s. f.* **1.** Campana pequeña o de mano. **2.** Pequeña masa de tejido muscular, tejido conjuntivo y mucosa suspendida en la parte posterior del velo del paladar a la entrada de la garganta. También se llama *úvula.* **3.** Nombre común de diversas plantas herbáceas de la familia campanuláceas, género *Campanula.* Sus flores, de colores diversos según la especie, tienen la corola en forma de campana, de donde deriva su nombre. La campanilla menor *(Campanula cochleariifolia)* mide entre 8 y 15 cm y tiene flores azul pálido. La campanilla barbuda *(Campanula barbata)* mide entre 4 y 40 cm y sus hojas, tallo y flores son vellosos. La campanilla oscura *(Campanula pulla)* mide entre 5 y 15 cm y tiene flores de color violeta oscuro. **4.** Nombre común de diversas plantas herbáceas de la familia convolvuláceas, géneros *Convolvulus* y *Calystegia.* Las principales especies son *Convolvulus arvensis,* que mide entre 20 y 75 cm de altura y tiene flores rosas, y *Calystegia sepium,* de mayor tamaño y flores blancas. Ambas son plantas trepadoras con flores acampanadas. **5.** Nombre común de diversas plantas herbáceas de la familia amarilidáceas, géneros *Galanthus* y *Leucojum.* La campanilla de invierno *(Galanthus nivalis)* mide entre 7 y 20 cm, tiene dos hojas basales y flores blancas con una mancha verde. Otras especies, de similares características, son la campanilla de otoño *(Leucojum vernum)* y la campanilla de primavera *(Leucojum aestivum).* Crecen en Europa. ‖ **Loc. de** (muchas) **campanillas** *adj. fam.* De mucha importancia o fama. **Fam.** Campanillazo, campanilleo, campanillero.

campanillear *v. intr.* **1.** Tocar reiteradamente la campanilla. **2.** Sonar campanillas.

campante *adj.* **1.** Que campa o sobresale. **2.** *fam.* Tranquilo, contento.

campanudo, da *adj.* Altisonante.

campanuláceas *s. f. pl.* Familia de plantas herbáceas del orden campanuales que comprende unas 2.000 especies de diversos géneros, entre los que destacan *Campanula* y *Phytheuma.* Tienen hojas esparcidas y flores muy vistosas, con la corola en forma de campana. Crecen en regiones templadas y subtropicales, y se cultivan para uso ornamental. También *adj.* y *s. f.*

campaña *s. f.* **1.** Conjunto de actividades que, en un determinado periodo de tiempo, se realizan para conseguir un fin. **2.** Expedición militar y periodo que dura. **3.** Campo llano, sin montes.

campar *v. intr.* **1.** Acampar. **2.** Sobresalir, destacar. ‖ **Loc. campar** alguien **por sus respetos** Actuar con independencia, sin someterse a las normas.

campeador *adj.* Se decía del que sobresalía o se distinguía en la guerra, como el Cid Campeador.

campear *v. intr.* **1.** Destacar una cosa por encima de las demás. **2.** Pacer por el campo los animales. **3.** Verdear los sembrados. **4.** Combatir en campo abierto.

campechano, na *adj.* Se dice de la persona que trata a la gente sin ceremonia, con llaneza, buen humor y cordialidad. También *s.* **Fam.** Campechanía.

Campeche **1.** Bahía del golfo de México que baña parte de la costa de la península de Yucatán.
2. Estado de México, en el SE del país. 50.812 km^2. 528.800 h. en 1990. Su principal riqueza radica en la explotación forestal; posee también cultivos de maíz, plátanos y cítricos, ganadería bovina y porcina, pesca, yacimientos de sal y petróleo e industrias alimentarias.
3. C. de México, cap. del estado homónimo. 128.400 h. en 1980. Es un importante puerto pesquero y exportador de madera.

campeón, na *s. m.* y *f.* **1.** Persona que obtiene la victoria en un campeonato y, p. ext., en cualquier competición deportiva. **2.** Persona que defiende con entusiasmo una causa o una doctrina. **3.** Persona que sobresale en algo. ‖ *s. m.* **4.** Héroe famoso con las armas y en la guerra. **5.** El que en los desafíos o duelos combatía por su causa o la de otro.

campeonato *s. m.* Competición en la que se disputa un premio en ciertos juegos o deportes. ‖ **Loc. de campeonato** *adj. fam.* Muy bueno o grande.

campero, ra *adj.* **1.** Perteneciente o relativo al campo. **2.** Que se hace en el campo. ‖ *s. f.* **3.** *Arg., Chile, Urug.* Cazadora, prenda de vestir. ‖ *s. f. pl.* **4.** Botas de campo de media caña.

campesinado *s. m.* Conjunto o clase social de los campesinos. El término suele englobar tanto a los propietarios y arrendatarios medios y pequeños como a los jornaleros que viven en el campo y generalmente se ocupan de sus tierras.

campesino, na *adj.* **1.** Perteneciente o relativo al campo. **2.** Se dice de la persona que vive y trabaja en el campo. También *s.*

campestre *adj.* **1.** Perteneciente o relativo al campo. **2.** Que se produce o se hace en el campo.

Campina Grande C. de Brasil, en el estado de Paraíba. 301.500 h. en 1989. Es un centro agrícola e industrial.

Campinas C. de Brasil, en el estado de São Paulo. 946.050 h. en 1989. Cuenta con industria alimentaria, textil, metalúrgica y papelera.

camping (voz ingl.) *s. m.* **1.** Lugar preparado para hacer la vida al aire libre en tiendas de campaña o caravana. **2.** Este tipo de actividad.

campiña *s. f.* Espacio grande de tierra llana dedicada al cultivo.

Campisteguy, Juan (Montevideo 1859 - íd. 1937) Político uruguayo. Miembro del Partido Colorado, fue ministro en diversos gobiernos y presidió dos asambleas constitucionales (1916 y 1933). Elegido presidente de la república (1927-31), durante su mandato se produjo una importante escisión en el seno de su partido.

campo *s. m.* **1.** Terreno extenso, sin edificar, que se encuentra fuera de las poblaciones. **2.** Tierra de labor. **3.** Por contraposición a ciudad, conjunto de tierras, poblaciones y formas de vida agrarias. **4.** Terreno reservado y preparado para ciertos usos, como *campo de tiro.* **5.** Espacio real o imaginario que abarca una cosa o en el que se desarrolla. **6.** Ámbito. **7.** Partido o ideología política. **8.** Terreno ocupado por un ejército. **9.** En algunas regiones españolas, comarca. **10.** En fís., espacio en el que se manifiesta una determinada interacción. **11.** En inform., lugar físico donde se almacena una información específica (dato). Puede estar en la memoria interna del ordenador o en un disco u otro tipo de soporte informático. **12.** Porción de espacio que se observa a través de un instrumento óptico. ‖ **13. campo de concentración** Terreno cercado en el que se recluye a los prisioneros de guerra o a otras personas por motivos políticos. **14. campo eléctrico** En fís., zona del espacio en que se manifiestan las fuerzas de atracción y repulsión que una carga eléctrica ejerce sobre otra de distinto o igual signo situada en sus proximidades. **15. campo electromagnético** En fís., espacio en el que se dan simultáneamente un campo eléctrico y otro magnético estrechamente ligados entre sí. **16. campo gravitatorio** En astrofísica, zona del espacio en que se manifiestan las fuerzas de atracción gravitatoria ejercidas por la Tierra y los cuerpos celestes. **17. campo magnético** En fís., espacio que rodea a un imán o a una corriente eléctrica y en el que se manifiestan las fuerzas magnéticas de éstos. **18. campo visual** En oftalmología, sector del espacio que abarca directamente el ojo en visión fija. **19. campos abiertos** En geog., región agrícola caracterizada por la ausencia de vallados, el hábitat concentrado y las parcelas regulares, característico de una agricultura extensiva, principalmente cerealística. **20. campos de urnas** Cultura prehistórica desarrollada en Europa central durante la edad del bronce (s. XII a. C.), caracterizada por los ritos funerarios de cremación y enterramiento de las cenizas dentro de vasijas con forma de urna. ‖ **Loc. a campo raso** *adv.* Al descubierto. **a campo traviesa** (o **través**) *adv.* Cruzando el campo. **dejar el campo libre** Retirarse de un asunto, empresa, etc. **levantar el campo** Abandonar un ejército el campamento; p. ext., retirarse de una empresa, de un asunto, etc.

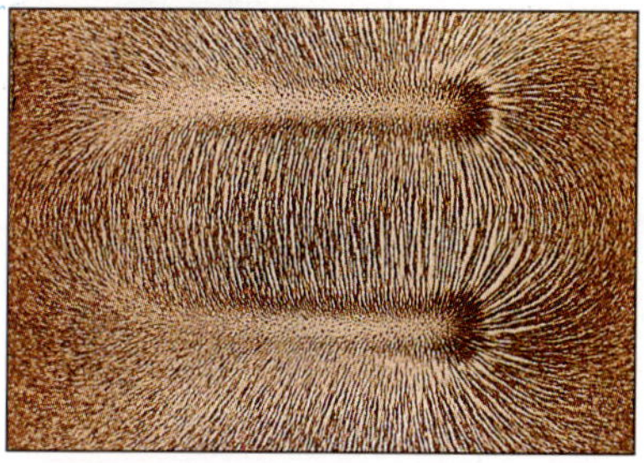

Campo magnético alrededor de un imán.

Campo, Conrado del (Madrid 1876 - íd. 1953) Compositor español. Fue profesor del conservatorio de Madrid. De inspiración romántica, su obra comprende más de 150 composiciones, entre ellas 16 cuartetos; obras sinfónicas, como *La Divina Comedia* (1908) y *Bocetos castellanos* (1929); óperas, como *La tragedia del beso* (1915) y *Lola la Piconera* (1949), y el *Quinteto en mi* (1952), para cuerda y piano.

Campo Grande C. de Brasil, cap. del estado de Mato Grosso do Sul. 435.450 h. en 1989. Es centro agrícola y comercial.

Campoamor, Ramón María de (Navia, Asturias 1817 - Madrid 1901) Escritor y poeta español. Debió su popularidad a los géneros poéticos creados por él: *Doloras* (1846), *Humoradas* (1886-88) y *Pequeños poemas* (1872), breves composiciones de carácter irónico, con argumentos de pretensiones filosóficas y un tanto triviales.

Campomanes, Pedro Rodríguez, conde de (Santa Eulalia de Sorriba, Tineo 1723 - Madrid 1803) Político, economista e historiador español. Miembro de los consejos de Hacienda y Castilla tras la subida al trono de Carlos III, desarrolló durante la segunda mitad del s. XVIII una intensa labor reformadora en la economía y la administración. Presidió los preparativos para la colonización de Sierra Morena y favoreció la creación de sociedades económicas. Fue un destacado representante del despotismo ilustrado y del regalismo.

Cámpora, Héctor José (Mercedes 1909 - Cuernavaca, México 1980) Político argentino. Destacado miembro del partido justicialista, fue elegido presidente de la república (1973), cargo del que dimitió para dar paso a la segunda etapa presidencial de Juan Domingo Perón.

Campos C. de Brasil, en el estado de Rio de Janeiro. 367.200 h. en 1989. Centro comercial, cuenta con industrias de la alimentación (azucareras) y metalúrgica.

Campos, Tierra de Véase **Tierra de Campos**.

camposanto *s. m.* Cementerio católico.

campus *s. m.* Conjunto de espacios verdes y despejados que rodean a los distintos edificios universitarios.

camuesa *s. f.* Variedad de manzana fragante y sabrosa, fruto del camueso.

camueso *s. m.* **1.** Árbol frutal, variedad del manzano. **2.** Necio.

camuflar *v. tr.* **1.** Disimular tropas, armas y demás material de guerra, dándoles otra apariencia para engañar al enemigo. **2.** P. ext., dar a una cosa el aspecto de otra, ocultar, esconder. También *v. prnl.* **FAM.** Camuflaje.

Camuñas *s. m. fam.* Fantasma con que se asusta a los niños, sobre todo en la expresión **el tío Camuñas**.

Camus, Albert (Mondovi, Argelia 1913 - Villeblevin 1960) Escritor francés. Trabajó como periodista en Argel y en París. Relacionados con el pensamiento existencialista, dos temas cobran especial relieve en su obra: el absurdo de la existencia humana y la rebeldía ante el sufrimiento, como lo ponen de manifiesto sus novelas *El extranjero* (1942) y *La peste* (1947); sus dramas *El malentendido* (1944), *Calígula* (1945) y *Los justos* (1949), y sus ensayos *El mito de Sísifo* (1943) y *El hombre en rebeldía* (1951). Recibió en 1957 el premio Nobel de literatura.

Albert Camus.

can *s. m.* **1.** Perro. **2.** Cabeza de una viga que sobresale al exterior y sostiene la cornisa. **3.** Modillón, adorno saliente bajo la cornisa.

Can Mayor Constelación austral, situada debajo y a la derecha de la de Orión.

Can Menor Constelación boreal, situada cerca del ecuador celeste.

cana[1] (del lat. *cana*, de *canus*, blanco) *s. f.* Cabello blanco. ‖ **LOC. echar una cana al aire** *fam.* Divertirse, irse de juerga. **peinar** uno **canas** *fam.* Ser viejo.

cana[2] *s. f. amer.* Cárcel.

Canaán 1. Denominación antigua de una región que comprendía la mayor parte de Siria y Palestina. **2.** Para los israelitas, país de los patriarcas, tierra prometida por Dios, adonde les condujo Moisés desde Egipto. El nombre de Palestina no apareció hasta la época griega.

canaco, ca *adj.* **1.** Se dice de los nativos de varias islas polinesias. También *s.* **2.** Perteneciente o relativo a estos nativos.

Canadá Estado de América del Norte.

Extensión: 9.976.139 km^2.
Límites: al N, con el océano Glacial Ártico; al E, con el océano Atlántico; al S, con EE UU, y al O, con el océano Pacífico y Alaska.
Población: 26.600.000 h. en 1990.
Densidad: 2,66 h./km^2.
Capital: Ottawa.
División administrativa: 10 provincias y 2 territorios.
Ciudades principales: Toronto, Montreal, Vancouver y Quebec.
Gentilicio: canadiense.
Forma de Estado: estado federal, perteneciente a la Commonwealth.
Idioma: inglés y francés.
Religión: catolicismo, 46 %; protestantismo, 41 %.
Moneda: dólar canadiense.
Tasa de natalidad: 14 ‰ en 1990.
Tasa de mortalidad: 7 ‰ en 1990.
Renta per cápita: 16.760 dólares en 1988.

Geog. física Existen en Canadá cuatro grandes regiones naturales: las tierras montañosas del E, continuación de los montes Apalaches, de suave relieve, regadas en el S por el río San Lorenzo; el zócalo canadiense, la parte más antigua del continente americano, muy erosionado y con numerosos lagos de origen glaciar, que se extiende entre el río Mackenzie al NO y la península del Labrador al E; la pradera, entre el escudo y las Montañas Rocosas; y, por último, las montañas del O, prolongación de las Rocosas, que son las

Canadá: paisaje de taiga en el territorio de Yukón, en el noroeste del país.

más jóvenes y altas del país. El clima es continental, a excepción del extremo sudoccidental, donde es oceánico. Toda la zona N está dentro del círculo polar ártico y su vegetación es de tundra. Al S de ésta hay grandes bosques de coníferas, excepto en las zonas más interiores de la pradera, donde la vegetación es mucho más pobre por la escasez de lluvias.

Geog. humana y ***económica*** La densidad de población es muy baja. La parte septentrional del territorio canadiense está casi deshabitada y la población se concentra principalmente en la frontera con EE UU. Canadá cuenta con una gran riqueza de recursos naturales. Su agricultura produce sobre todo cereales (Canadá es el segundo mayor exportador de trigo del mundo y el tercer productor mundial de cebada y avena), frutas, remolacha azucarera y patatas, y es muy importante la ganadería, tanto bovina como porcina. Destacan asimismo la cría de animales para la industria peletera, la pesca de bacalao, salmón, arenque y langosta, y la explotación maderera y minera (carbón, hierro, petróleo, níquel, gas, amianto, uranio, cobre, plata, plomo y cinc). Su gran desarrollo industrial se basa en la siderometalurgia, la aeronáutica y las industrias automovilística y textil.

Hist. Aunque los primeros europeos que visitaron sus costas fueron los vikingos, en el s. XI, la exploración sistemática de la región se inició tras los viajes de Caboto en 1497 y de Verrazano en 1524. El navegante francés Cartier tomó posesión de ella en nombre de Francisco I (1534-41) y la llamó Nueva Francia. En 1608, su compatriota Champlain fundó la ciudad de Quebec, pero muy pronto los colonos franceses hubieron de enfrentarse a los pueblos indígenas y a los ingleses. Estos últimos conquistaron la región de

Canadá: vista de Saint John's, capital de la provincia de Terranova.

Acadia, y en ella establecieron en 1628 la colonia de Nueva Escocia. Se iniciaba así un conflicto entre las dos potencias, que duró más de un siglo. Richelieu intensificó la presencia francesa, y en 1663 el territorio pasó a ser colonia directa de la Corona, mientras que los ingleses fundaban en 1670 la Compañía de la Bahía de Hudson. Inglaterra ocupó las posesiones francesas durante la guerra de los Siete Años y vio luego ratificada su propiedad por el tratado de París (1763), si bien se comprometió a respetar los derechos de los colonos franceses mediante la Quebec Act (1774). La llegada de numerosa población inglesa tras la independencia de EE UU provocó nuevos conflictos y llevó en 1791 a la división de la provincia de Quebec (valle de San Lorenzo) en dos zonas: la provincia del Alto Canadá, de mayoría inglesa, y la del Bajo Canadá, de mayoría francesa. Ambas volvieron a unirse en 1841, ya con el nombre de Canadá. En 1867 se creó la Confederación Canadiense, integrada por las cuatro provincias originales (Nueva Brunswick; Nueva Escocia; Ontario, antiguo Alto Canadá, y Quebec, antiguo Bajo Canadá), a la que se fueron uniendo en años sucesivos otros territorios: Manitoba (1870), Columbia británica (1871), la isla de Príncipe Eduardo (1873), Alberta y Saskatchewan (1905) y Terranova (1949). Miembro de la Commonwealth desde 1926, Canadá participó junto a los aliados en las dos guerras mundiales y fue uno de los países fundadores de la OTAN en 1949. En 1982 se aprobó una nueva Constitución, que desvinculaba a Canadá de toda dependencia política respecto al Reino Unido, aunque la mantenía como miembro de la Commonwealth. El país ha sido gobernado durante buena parte del s. XX por el Partido Liberal (1935-57, 1963-79, 1980-84), que alterna en el poder con el Partido Conservador, vencedor en los comicios celebrados en 1984 y 1988, que llevaron al puesto de primer ministro a su líder Brian Mulroney.

canadiense *adj.* De Canadá. También *s.*

canal *s. m.* **1.** Estrecho, paso natural o artificial entre dos mares. **2.** Cada una de las bandas de frecuencia por las que emite una estación de radio o de televisión. ‖ *s. amb.* **3.** Conducto o cauce artificial de agua, como los que se construyen para el regadío. **4.** Parte más profunda en la entrada de un puerto. **5.** Nombre aplicado a ciertos conductos de los organismos animales y vegetales. **6.** Estría de algunos cuerpos o de algunas columnas. **7.** En un libro, corte acanalado opuesto al lomo. **8.** Res muerta, abierta, a la que se han quitado los despojos. **9.** Teja muy combada, que sirve para formar en los tejados los conductos por donde corre el agua. ‖ **10. canal de comunicación** En teoría de la comunicación, vía o medio utilizado para transmitir los mensajes entre el emisor y el receptor y por el que pasa el flujo de información. **11. canal de desagüe** Parte media de un torrente que recoge las aguas vertidas en la cuenca de recepción. ‖ **LOC. abrir en canal** Abrir de arriba abajo.

canaladura *s. f.* Moldura hueca y vertical en algún elemento arquitectónico.

canalé *s. m.* Tejido de punto que forma estrías en la dirección en que está fabricada la tela.

Canalejas, José (El Ferrol, La Coruña 1854 - Madrid 1912) Político español. Miembro del Partido Liberal de Sagasta, fue ministro de Hacienda en 1894 y jefe de gobierno en 1910. Impulsó una serie de reformas, como la llamada ley del Candado, en contra del establecimiento de nuevas órdenes religiosas, la del servicio militar obligatorio o la reglamentación de la jornada en las minas. Murió asesinado por un anarquista.

canalete *s. m.* Remo de pala muy ancha, ovalada, y mango corto.

Canaletto, Giovanni Antonio Canal, llamado (Venecia 1697 - íd. 1768) Pintor italiano. Es famoso por sus *vedutas* (vistas) de Venecia, caracterizadas por la minuciosa observación del detalle, el preciso dibujo y una gran riqueza de color, que le convirtieron en uno de los precursores del paisajismo moderno. Entre sus obras destaca *El Gran Canal de Venecia con el puente de Rialto.*

Canaletto: El Gran Canal de Venecia con el puente de Rialto, *fragmento (Museo del Prado, Madrid).*

canalizar *v. tr.* **1.** Abrir o hacer canales. **2.** Reforzar artificialmente, y a veces cambiar de dirección, el cauce de un río. **3.** Encauzar u orientar hacia un fin determinado. ▪ Se conjuga como *cazar.* **FAM.** Canalizable, canalización.

canalla *s. m.* y *f.* **1.** Persona despreciable y malvada. ‖ *s. f.* **2.** Gente baja y de condición ruin. **FAM.** Canallada, canallesco.

canalón *s. m.* **1.** Conducto que recibe y vierte el agua de lluvia de los tejados al suelo. **2.** Pieza rectangular de pasta de harina, rellena de carne, pescado, verduras, etc., de origen italiano.

canana *s. f.* Cartuchera.

cananeo, a *adj.* De Canaán. También *s.*

canapé *s. m.* **1.** Especie de diván o sofá. **2.** Pequeña rebanada de pan sobre la que se coloca otro alimento y se sirve como aperitivo.

Canarias Comunidad autónoma insular de España, situada en el océano Atlántico, al O de la costa de Marruecos.

Extensión: 7.500 km^2.
Población: 1.456.500 h. en 1991.
Densidad: 194 h./km^2.
Capital: Santa Cruz de Tenerife.
Provincias: Las Palmas (islas de Gran Canaria, Fuerteventura y Lanzarote) y Santa Cruz de Tenerife (islas de Tenerife, La Palma, La Gomera y El Hierro).

Geog. física Las islas se formaron debido a la actividad volcánica en la era terciaria, como atestiguan el volcán Teide, en Tenerife, de 3.718 m, máxima altura del archipiélago y de España; la caldera de Taburiente, en La Palma, declarada parque nacional; la de las Cañadas, en Tenerife; las de Bandama y Tirajana, en Gran Canaria; los malpaíses de Timanfaya y de La Corona, en Lanzarote, y los numerosos barrancos. El relieve de las islas es montañoso, a excepción de Lanzarote y Fuerteventura. No existen ríos, sino to-

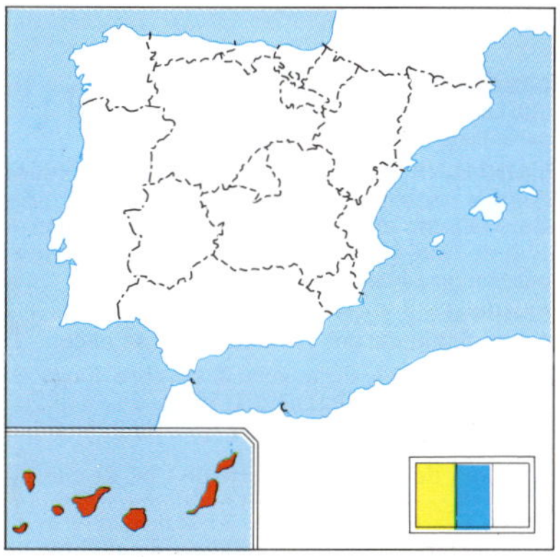

rrentes formados por la lluvia. El clima es variado: desértico en las islas orientales, en las que se alcanzan temperaturas muy altas; en las islas situadas más al O, como Gran Canaria y Santa Cruz de Tenerife, el N está influido por los vientos húmedos, mientras que el S queda expuesto a los secos vientos africanos. La gran altura alcanzada por el Teide permite un clima distinto, compatible con el bosque. La vegetación del archipiélago se caracteriza por la existencia de plantas xerófilas, como las tabaibas, los cardones y las aulagas, y por los bosques de laurisilva (laurel, vinátigo, tilo) y los pinares (pino canario). Existen también palmeras y dragos.

Canarias: el Roque Nublo, en la isla de Gran Canaria.

Geog. humana y ***económica*** La población ha crecido con rapidez en las últimas décadas, debido a las altas tasas de natalidad y a la inmigración, y se concentra principalmente en las ciudades de Santa Cruz de Tenerife y Las Palmas de Gran Canaria. La agricultura, que ocupa al 17,8 % de la población, está dedicada sobre todo a la exportación. Entre los cultivos de regadío destacan el plátano, tabaco, tomate, aguacate, papaya, mango, piña, etc., y entre los de secano la vid, patata, batata y cereales. En ganadería tiene importancia la cabaña caprina, con 185.322 cabezas. La pesca es una actividad económica de gran interés, debido a la proximidad del banco canario-sahariano, uno de los más ricos del mundo. La industria, que ocupa al 20,5 % de la población, se concentra en las islas de Gran Canaria y Tenerife; los sectores más desarrollados son los de la construcción, petróleo, tabaco y alimentación. En el sector terciario, sobresale el turismo, una de las principales fuentes de riqueza de la comunidad.

Hist. Conocidas ya en la antigüedad con el nombre de Afortunadas, las islas estaban habitadas por varios pueblos, entre los que destacaban los guanches. El primer europeo que al parecer las visitó fue el genovés Lancellotto Malocello, en 1312, que abrió la ruta a los navegantes catalanes y sevillanos. La conquista comienza en 1402 por iniciativa de los normandos Jean de Bethencourt y Gadifer de la Salle, que ocuparon las islas orientales en nombre de Enrique III de Castilla. Posteriormente, entre 1477 y 1496 los Reyes Católicos se apoderaron de las restantes, tras vencer una fuerte resistencia indígena. En los siglos siguientes las islas se repartieron jurídicamente en señoríos y en realengos. En 1854 se les concedió franquicia portuaria, lo que impulsó el desarrollo del comercio. La rivalidad entre Santa Cruz de Tenerife y Las Palmas de Gran Canaria por la capitalidad, concluyó en 1927 con la división del archipiélago en dos provincias. En 1978, Canarias obtuvo el estatuto de preautonomía, y en 1982 consiguió la plena autonomía, con la creación de un parlamento con sede en Santa Cruz de Tenerife.

Canarias: vista aérea del Puerto de la Cruz, situado en la isla de Tenerife.

canaricultura *s. f.* Técnica de criar canarios.

canario, ria *adj.* **1.** De las islas Canarias y, para los habitantes de éstas, natural de Gran Canaria. También *s.* ‖ *s. m.* y *f.* **2.** Ave paseriforme de la familia fringílidos, especie *Serinus canarius.* Mide unos 12 cm de longitud, y el color de su plumaje varía entre blanco, amarillo y verdoso. Su canto es armonioso. Originario de las islas Canarias y de Madeira, en la actualidad está extendido por todo el mundo como animal doméstico.

Canaris, Wilhelm (Aplerbeck 1887 - Flossenburg 1945) Almirante y político alemán. Jefe del servicio secreto del ejército (1935), se distanció de Hitler a partir de 1940. Detenido tras el complot de 1944 contra el Führer, fue ejecutado.

canasta *s. f.* **1.** Cesto de mimbre con asas. **2.** Cierto juego de cartas de la baraja francesa. **3.** Aro con redes, fijo en un tablero, donde los jugadores de baloncesto deben meter el balón. **4.** Tanto conseguido en el baloncesto. **FAM.** Canastero.

canastilla *s. f.* **1.** Pequeño cesto de mimbres finos. **2.** Ropa que se prepara para el recién nacido.

canastillo *s. m.* Cesto pequeño.

canasto *s. m.* **1.** Canasta alta y con dos asas. ‖ **¡canastos!** *interj.* **2.** Indica sorpresa, disgusto.

Canberra C. de Australia, cap. del país, situada en el SE. 297.300 h. en 1988. Forma el Territorio de la Capital Australiana y es principalmente un centro administrativo. Fue creada en 1913 según planos del arquitecto estadounidense Walter Burley Griffin.

cáncamo *s. m.* Tornillo que tiene una anilla en vez de cabeza.

cancán *s. m.* **1.** Baile de origen francés, frívolo y movido. **2.** Enagua con muchos volantes, normalmente almidonados, que sirve para mantener holgada la falda.

cancanear *v. intr. Amér. C., Col., Méx.* Tartamudear.

cancel *s. m.* **1.** Contrapuerta formada por un techo y tres paredes, con puertas en las dos laterales, para evitar las corrientes de aire y los ruidos. **2.** Armazón vertical de distintos materiales que divide una habitación.

cancela *s. f.* Verja existente en el umbral de algunas casas.

cancelar *v. tr.* **1.** Anular, dejar sin validez una obligación y el documento en que consta. **2.** Suspender algo que se tenía previsto. **3.** Saldar, pagar del todo una deuda. **FAM.** Cancelación.

cáncer *s. m.* **1.** Enfermedad caracterizada por la aparición en el cuerpo de un proceso descontrolado de reproducción de determinadas células, que invaden los tejidos vecinos, formando tumores y expandiéndose a través del organismo (metástasis). **2.** P. ext., mal social difícil de remediar. **FAM.** Canceroso.
Med. Los cánceres más frecuentes en el hombre son los de pulmón, próstata y estómago, y en la mujer los de mama y útero. Se cree que el cáncer se origina por una alteración en el código genético de una o más células normales. Puede ser causado por la acción de ciertas sustancias químicas (carcinógenos), por el contacto con ciertos materiales (como los asbestos), por radiaciones de alta frecuencia (rayos ultravioleta, rayos X, rayos gamma) o por algunos virus. Se trata mediante cirugía, radiaciones de alta frecuencia (rayos X, isótopos radiactivos) o medicamentos que impiden la división celular (quimioterapia). Hoy día es posible curarlo. El cáncer se llama *carcinoma* si crece en la piel o en las mucosas, y *sarcoma* si crece en el tejido conjuntivo.

Cáncer **1.** Constelación zodiacal. **2.** Cuarto signo del zodiaco, que el Sol recorre aparentemente entre el 21 de junio y el 22 de julio. || *s. m.* y *f.* **3.** Persona nacida bajo este signo. ▪ Con este significado se escribe con minúscula.

cancerar *v. tr.* **1.** Producir cáncer. También *v. prnl.* **2.** Destruir, consumir. También *v. prnl.*

cancerbero *s. m.* **1.** Perro mitológico de tres cabezas que guarda la puerta de los infiernos. ▪ En esta acepción se escribe con mayúscula. **2.** Portero o guarda muy celoso. **3.** En ciertos deportes, portero.

canceriforme *adj.* Que presenta forma o aspecto de cáncer.

cancerígeno, na *adj.* Se dice de lo que puede provocar el cáncer.

cancha *s. f.* **1.** Espacio destinado a diversos deportes, como el fútbol, el tenis, etc. **2.** *amer.* Terreno, espacio, local, etc., llano y despejado. **3.** *amer.* Cercado amplio que se usa como depósito. **4.** *Arg.*, *Chile*, *Par.*, *Urug.* Habilidad que se adquiere con la experiencia. || *interj.* **5.** *amer.* Se utiliza para pedir paso libre. || **LOC. abrir cancha** *amer.* Dejar campo libre. **abrir** (o **dar**) **cancha** a uno *Arg.*, *Chile*, *Par.* Darle ventaja.

canchal *s. m.* Lugar de grandes piedras descubiertas, fragmentadas por la gelifracción, acumuladas al pie de las montañas.

canchar *v. tr. amer.* Tostar.

canchero, ra *adj. Arg.*, *Chile*, *Urug.* Ducho, experto.

canciller *s. m.* **1.** Jefe o presidente de gobierno de algunos estados modernos. **2.** En muchos países, ministro de Asuntos Exteriores. **3.** Empleado auxiliar en embajadas y consulados. **4.** Antiguamente, alto funcionario encargado del sello real, con el que se autorizaban los privilegios y las cartas reales.

cancillería *s. f.* **1.** Oficio del canciller. **2.** Oficina especial de las embajadas o de los consulados de algunos países. **3.** Centro diplomático desde el que se dirige la política exterior de un país.

canción *s. f.* **1.** Composición, generalmente en verso, que se puede cantar. **2.** Música de esta composición. **3.** Composición poética de origen italiano, que suele estar dividida en estrofas largas con el mismo número de versos endecasílabos y heptasílabos, menos la última, que es más breve. Su tema es amoroso y el tono melancólico. Se cultivó sobre todo en el s. XVI. **4.** En la Edad Media, nombre dado a distintas composiciones poéticas de diversos géneros, tonos y formas. **5.** Pretexto, excusa, etc., sin fundamento. **6.** Cosa que se repite con insistencia y pesadez. || **7. canción de cuna** La que se canta para dormir a los niños. || **LOC. esa es otra canción** *fam.* Ese es un asunto distinto.

cancionero *s. m.* Colección de composiciones poéticas de diversos autores, sobre todo las hispánicas bajomedievales, y también libro en que se recogen. Los más importantes son el *Cancionero de Ajuda*, compuesto en el último tercio del s. XIII en la corte portuguesa del rey Dionis; el *Cancionero de Baena*, recopilado por Juan Alfonso de Baena en 1445, que comprende 576 composiciones de autores de la corte de Juan II de Castilla, como el canciller Ayala y Juan de Mena, y el *Cancionero de Stúñiga*, también del s. XV.

candado *s. m.* Cerradura suelta contenida en una caja de metal, de la que sale un asa que sirve para asegurar puertas, maletas, etc.

Candamo, Manuel (Lima 1842 - Yura 1904) Político peruano. Líder del Partido Civilista, presidió la junta de gobierno que siguió a la guerra civil de 1894-95. Fue elegido presidente de la república en 1903.

candeal *adj.* Se dice del trigo que es muy blanco y especialmente del pan que con él se hace.

candela *s. f.* **1.** Cirio, vela. **2.** Lumbre, fuego. **3.** En fís., unidad de intensidad luminosa en el Sistema Internacional. Se define como la intensidad luminosa de la $\frac{1}{600.000}$ parte de 1 m^2 de cuerpo negro a la temperatura de 2.042,5 K, que es la temperatura de fusión del platino. Su símbolo es *cd.* **4.** *fam.* Con *dar*, *arrear*, *atizar*, golpes.

Candela, Félix (Madrid 1910) Arquitecto mexicano de origen español. Formado en Madrid con Torroja, sus estructuras se caracterizan por las cubiertas de cemento armado en forma de paraboloides hiperbólicos. En 1971 se trasladó a EE UU. Entre sus edificios podemos destacar la iglesia de la Milagrosa (1954), en Ciudad de México; el restaurante Los Manantiales, en Xochimilco, y el Palacio de los Deportes de Ciudad de México (1968), en colaboración con A. Pyri y E. Castañeda.

candelabro *s. m.* Soporte con dos o más brazos para colocar velas, que se sostiene sobre su pie o sujeto a una pared.

candelero *s. m.* Utensilio para sostener una candela o vela. || **LOC. en (el) candelero** En posición destacada, de actualidad.

candente *adj.* **1.** Se dice del cuerpo, generalmente metálico, cuando se enrojece o pone blanco por la acción del calor. **2.** Que quema. **3.** De máxima actualidad e interés.

Candía (*Iraklion*) C. de Grecia, en la isla de Creta, situada en la costa septentrional de la misma. 102.400 h. en 1981. Es un centro portuario, comercial y turístico, que posee industrias alimentarias.

candidato, ta *s. m.* y *f.* Persona que aspira a un puesto, cargo, premio, etc.

candidatura *s. f.* **1.** Conjunto de candidatos a un cargo o empleo. **2.** Aspiración a cualquier honor o cargo. **3.** Papeleta en la que va impreso el nombre de uno o varios aspirantes. **4.** Propuesta o presentación de una persona para alguna dignidad o cargo.

candidez *s. f.* Ingenuidad, inocencia.

cándido, da *adj.* Ingenuo, sin malicia y sin experiencia. También *s.* **FAM.** Cándidamente.

candil *s. m.* **1.** Lámpara formada por un recipiente lleno de aceite, de uno de cuyos bordes sale la mecha, y que se cuelga de un gancho. **2.** Cada una de las puntas de la cornamenta de los ciervos. **3.** *Méx.* Araña, lámpara de techo.

candileja *s. f.* **1.** Vaso interior de un candil, o cualquier vaso pequeño en que se pone aceite para que ardan una o más mechas. || *pl.* **2.** Fila de luces situada en el proscenio de un teatro.

candinga *s. f.* **1.** *Chile.* Majadería. **2.** *Hond.* Enredo, lío. **3.** *Méx.* Diablo.

candombe *s. m.* **1.** *amer.* Danza de origen africano que bailaban los esclavos negros, lugar donde se bailaba y tambor con que se acompañaba. **2.** *amer.* Desorden, confusión.

candongo, ga *adj.* **1.** *fam.* Astuto y zalamero. También *s.* **2.** *fam.* Hábil para huir del trabajo. También *s.*

candor *s. m.* Sencillez, ingenuidad. **FAM.** Candoroso.

Cané, Luis (Las Mercedes 1897 - ? 1957) Poeta argentino. Su obra, de carácter popular, aborda temas criollos en *Tiempo de vivir* (1927) y *Marido para mi hermanita* (1927). También cultivó el teatro: *Un agujero para mirar el cielo* (1948).

canear[1] (de *cana*[1]) *v. intr.* Empezar a tener canas.

canear[2] *v. tr. fam.* Pegar a alguien. También *v. prnl.*

canecillo *s. m.* En arq., cabeza de una viga.

caneco, ca *adj.* **1.** *Bol. Ven.* Borracho. || *s. m.* o *f.* **2.** Vasija de barro vidriado para guardar licores.

canela *s. f.* **1.** Corteza de las ramas del canelo o cinamomo, de color rojo amarillento y muy aromática, que desecada se emplea como condimento. **2.** *fam.* Cosa muy buena y exquisita.

canelo, la *adj.* **1.** Que tiene el color de la canela. || *s. m.* **2.** Cinamomo*, árbol. || **LOC. hacer el canelo** *fam.* Mostrarse ingenuo, hacer el primo.

canelón *s. m.* **1.** Carámbano. **2.** Cañería que vierte el agua de los tejados. **3.** Canalón, plato de pasta.

Canelones Departamento de Uruguay, en el S del país. 4.536 km^2. 359.900 h. en 1985. La capital es Canelones, con 17.300 h. en 1985. Se cultivan frutales, hortalizas, maíz y vid, y posee ganado vacuno y porcino.

Canendiyú Departamento de Paraguay, en el E del país. 14.667 km^2. 80.000 h. en 1990. La capital es Salto de Guairá, con 2.100 h. en 1982. Tiene explotaciones madereras.

canesú *s. m.* **1.** Cuerpo de vestido de mujer, corto y sin mangas. **2.** Pieza superior de la camisa o blusa de la mujer, a la que se unen el cuello, las mangas y el resto de la prenda.

Canetti, Elias (Ruschuk 1905) Escritor búlgaro nacionalizado británico. De origen hebreo sefardí, su lengua literaria es el alemán. Entre sus libros destacan la novela *Auto de fe* (1935), el volumen de memorias *La lengua absuelta* (1977) y los ensayos *Masa y poder* (1960), *El otro proceso de Kafka* (1969) y *Poder y supervivencia* (1972). Obtuvo el premio Nobel de literatura en el año 1981.

Cangas C. de España, en la prov. de Pontevedra. 22.940 h. en 1990. Situada junto a la ría de Vigo, su economía se basa en la agricultura (maíz, patatas) y en la pesca (conservas).

Cangas de Narcea C. de España, en la prov. de Asturias. 20.500 h. en 1990. Cuenta con cultivos de maíz, hortalizas y frutales, ganadería y minas de hulla.

Cangas de Onís C. de España, en la prov. de Asturias. 6.430 h. en 1990. Constituye el núcleo urbano de una comarca ganadera y forestal próxima a los picos cantábricos y recorrida por el río Sella. Fue la primera capital del reino de Asturias en época de Don Pelayo y conserva un puente romano.

cangilón *s. m.* Cada uno de los recipientes que sacan el agua en una noria o el fango en una draga.

cangreja *s. f.* Vela en forma de trapecio que va a popa.

Tipos de cangrejo: 1. Cangrejo de mar común. 2. Nécora. 3. Cangrejo ermitaño. 4. Cangrejo violinista. 5. Cangrejo de río.

cangrejo *s. m.* **1.** Nombre común de diversos crustáceos decápodos marinos del grupo braquiuros, con distintos géneros. Tienen el abdomen atrofiado, una cámara branquial casi cerrada, lo que les permite sobrevivir fuera del agua, y unos ojos pedunculados y móviles. Aunque algunas especies nadan, en su mayoría son corredoras. Destacan por su importancia económica el cangrejo de mar *(Portunus astatus, Carcinus maenas* y *Carcinus mediterraneus)*; la nécora *(Macropipus puber)*, que habita en las costas gallegas; el cangrejo azul *(Callinectes sapidus)*, característico de la América atlántica; y el centollo *(Maia squinado)*. **2.** Nombre común de diversos crustáceos decápodos de agua dulce, de los géneros *Astacus, Procambarus*, etc. El cangrejo de río *(Astacus fluviatilis)* mide unos 12 cm de largo, tiene el abdomen alargado y unas pinzas muy desarrolladas. Vive en los riachuelos europeos y su carne es muy apreciada. El cangrejo americano *(Procambarus clarkii)*, de tamaño algo mayor, ha sido introducido en los ríos europeos.

Cangrejo Cáncer, constelación y signo del zodiaco.

cangrena *s. f.* Gangrena*.

canguelo *s. m. fam.* Miedo.

canguro *s. m.* **1.** Nombre común de diversos mamíferos marsupiales de la familia macropódidos, con distintos géneros. Su longitud varía, según la especie, entre 25 cm y 2,5 m. Su cabeza es pequeña y de grandes orejas, sus extremidades anteriores cortas y las posteriores grandes y de largos pies, adaptadas al salto y la carrera, en la que se ayudan de la gran cola como apoyo adicional. Tienen una bolsa (marsupio) en el vientre, en cuyo interior se hallan las mamas y donde se completa el desarrollo posnatal de las crías. Viven en Australia, Nueva Guinea y Tasmania, a menudo formando rebaños. Las especies principales son el canguro gris *(Macropus giganteus)*, el canguro rojo *(Megaleia rufus)*, el canguro rupestre *(Petrogale penicillata)* y los canguros arborícolas del género *Dendrolagus*. ‖ *s. m.* y *f.* **2.** *fam.* Persona que se encarga de cuidar niños a domicilio y cobra por ello.

Canguros grises (Macropus giganteus).

caníbal *adj.* **1.** Se dice de cierto salvaje de las Antillas, del que se suponía que comía carne humana. También *s.* **2.** Que come carne humana. También *s.* **3.** *fam.* Se dice de la persona bruta y feroz.

canibalismo *s. m.* Costumbre de comer carne de individuos de la propia especie. Cuando se trata de seres humanos se denomina *antropofagia* y se basa en la creencia de que la ingestión de su carne proporciona las cualidades de la persona muerta. Entre animales tiene la función de controlar el número de sus miembros.

canica *s. f.* **1.** Bolita de barro, vidrio, etc., para jugar los niños. ‖ *pl.* **2.** Juego en que se utilizan estas bolitas.

caniche *s. m.* y *f.* Raza de perro de tamaño variable, con el pelo rizado y de color generalmente blanco o negro.

canicie *s. f.* Blancura del pelo en una persona.

canícula *s. f.* Periodo del año en que hace más calor. **Fam.** Canicular.

cánidos *s. m. pl.* Familia de mamíferos carnívoros distribuidos en los géneros *Canis* (perros, lobos y chacales), *Lycaon* (perros hiena), *Vulpes* (zorros), *Alopex* (zorro ártico), etc., con 37 especies. Tienen patas largas y delgadas, con dedos provistos de garras no retráctiles, marcha rápida digitígrada y larga cola peluda. Su oído, vista y, sobre todo, olfato son muy finos. Están distribuidos por todo el mundo y viven solitarios, en parejas o en manadas de hasta 30 individuos. También *adj.* y *s. m.*

canijo, ja *adj.* Poco desarrollado, débil, pequeño. También *s.*

canilla *s. f.* **1.** Hueso largo y delgado de la pierna o del brazo, especialmente la tibia. **2.** Parte más delgada de una pierna. **3.** Carrete en que se devana el hilo en las máquinas de coser y de tejer. **4.** Caño pequeño de madera, por donde se vacía una cuba, tinaja o barril. **5.** *Arg., Col.* Pierna, pantorrilla. **6.** *Arg.* Grifo.

canino, na *adj.* **1.** Perteneciente o relativo al perro o propio de él. **2.** Se dice del diente par de los mamíferos, llamado también *colmillo*, situado entre los incisivos y los premolares. Es cónico y puntiagudo y tiene una sola raíz. Está muy desarrollado en los carnívoros, mientras que roedores y rumiantes carecen de él. También *s. m.* ‖ **3. hambre canina** Gana de comer grande o exagerada.

canje *s. m.* Cambio, trueque.

canjear *v. tr.* Intercambiar, permutar. **Fam.** Canjeable.

cannabáceas *s. f. pl.* Familia de plantas herbáceas angiospermas dicotiledóneas perteneciente al orden urticales, que comprende especies de los géneros *Cannabis* y *Humulus*. Tienen tallo erguido, hojas opuestas y flores en cima, y carecen de látex. A ella pertenecen el lúpulo y el cáñamo. También *adj.* y *s. f.*

Cannes C. de Francia, en el departamento de Alpes Marítimos. 72.300 h. en 1982, 295.500 h. en su área metropolitana en el mismo año. Es un gran centro turístico, en el que se celebra desde 1946 un famoso festival cinematográfico.

Cannizzaro, Stanislao (Palermo 1826 - Roma 1910) Químico italiano. Confirmó la ley de Avogadro, precisó la diferencia entre átomos y moléculas de un gas y fue autor de un método para determinar los pesos atómicos de los elementos químicos.

cano, na *adj.* Que tiene el pelo, la barba o el bigote blancos o cubiertos de canas.

Cano, Alonso (Granada 1601 - íd. 1667) Pintor, escultor y arquitecto barroco español. Formado artísticamente en Sevilla con Martínez Montañés, su estilo se caracteriza por la búsqueda de la perfección, el equilibrio y la idealización de los modelos, en contraste con el dramatismo de otras escuelas. En su pintura merecen mención *San Francisco de Borja, San Jerónimo, El milagro de San Isidro* y los lienzos de la *Vida de la Virgen*. Entre sus esculturas sobresale la *Inmaculada Concepción*, y como arquitecto su obra más importante es la fachada de la catedral de Granada.

Alonso Cano: Cristo crucificado *(Museo de la Real Academia de San Fernando, Madrid).*

canoa *s. f.* Embarcación estrecha y sin quilla, a remo o con motor.

canódromo *s. m.* Recinto destinado a las carreras de galgos.

Canogar, Rafael (Toledo 1935) Pintor español. Fue uno de los fundadores del grupo El Paso (1957). De la abstracción pasó a un realismo objetual, para volver a la nueva abstracción. Entre sus obras más representativas pueden mencionarse *El tumulto* (1969), *Policía en acción* (1971) y *El arresto* (1972).

canon *s. m.* **1.** Regla o precepto para hacer algo. **2.** Modelo de características perfectas, especialmente el de la figura humana que reúne las proporciones ideales. **3.** Regla o decisión de la Iglesia católica, establecida por algún concilio. **4.** Parte de la misa entre el prefacio y el padrenuestro. **5.** Impuesto, cantidad que se paga por el disfrute o uso de alguna cosa, particularmente al Estado. **6.** Composición musical de contrapunto, en que van entrando las voces sucesivamente, repitiendo cada una el canto de la anterior. ‖ *pl.* **7.** Derecho canónico. También, conjunto de normas que deben seguirse si se quiere hacer bien las cosas.

canónico, ca *adj.* **1.** Que se ajusta a los cánones. **2.** Se dice de los libros de la tradición judeocristiana que la Iglesia católica considera inspirados por Dios.

canónigo *s. m.* Sacerdote miembro del cabildo de una catedral.

canonista *s. m.* y *f.* Persona especializada en derecho canónico.

canonizar *v. tr.* Declarar el papa santa a una persona, que ya ha sido beatificada, autorizando su culto en toda la Iglesia católica. ■ Se conjuga como *cazar*. **Fam.** Canonizable, canonización.

canonjía *s. f.* **1.** Dignidad de canónigo. **2.** Prebenda o beneficio del canónigo. **3.** Empleo fácil, de poco trabajo y bien remunerado.

canope *s. m.* Vaso que se encuentra en las antiguas tumbas egipcias y que servía para conservar las vísceras de los difuntos.

Canopus Estrella principal de la constelación de la Quilla o Nave de Argos, la más brillante del cielo después de Sirio.

canoro, ra *adj.* Se dice del ave de canto agradable y melodioso. También se aplica a la voz humana, a los sonidos de los instrumentos musicales, etc., cuando tienen esas características.

canoso, sa *adj.* Que tiene muchas canas. También *s.*

canotier *s. m.* Sombrero de paja, de copa plana y corta y ala recta.

Canova, Antonio (Possagno 1757 - Venecia 1822) Escultor italiano. Maestro del neoclasicismo, en su obra se funden la tradición italiana del Renacimiento y Barroco y el arte clásico. Entre sus esculturas destacan *Orfeo*, el monumento funerario de Clemente XIV, *Venus y Adonis, Amor y Psique*, y *Paulina Bonaparte Borghese*.

Cánovas del Castillo, Antonio (Málaga 1828 - Santa Águeda, Guipúzcoa 1897) Político e historiador español. Tras el golpe militar de Martínez Campos (1874) y la proclamación de Alfonso XII como rey, fue nombrado primer ministro, dando así inicio al periodo de la Restauración, caracterizado por la alternancia en el poder de los conservadores, liderados por el propio Cánovas, y los liberales de Sagasta. El modelo canovista aseguró la estabilidad política del país, aunque dejó sin resolver numerosos problemas sociales y la cuestión colonial. Cánovas murió asesinado por el anarquista Angiolillo. De su labor como historiador destacan sus obras *Estudios del reinado de Felipe IV* e *Historia de la decadencia de España*.

Antonio Cánovas del Castillo. Cuadro de Ricardo Madrazo, detalle (Palacio del Congreso, Madrid).

cansado, da **1.** *p. p.* de **cansar**. ‖ *adj.* **2.** Que produce cansancio.

cansancio *s. m.* **1.** Falta de fuerzas y agotamiento como resultado de haberse fatigado física o mentalmente. **2.** Fastidio, aburrimiento.

cansar *v. tr.* **1.** Producir cansancio. **2.** Quitar fertilidad a la tierra. También *v. prnl.* ‖ *v. prnl.* **3.** Experimentar cansancio.

cansino, na *adj.* **1.** Que muestra cansancio. **2.** Lento, tardo.

Cansinos Assens, Rafael (Sevilla 1883 - Madrid 1964) Escritor español. Cultivó sobre todo la crítica literaria y el ensayo, con postulados vanguardistas próximos al ultraísmo. También publicó novelas como *El pobre Baby* (1915) y *La huelga de los poetas* (1921). Póstumamente se inició la publicación de sus memorias con el título *La novela de un literato* (1983).

cantabile o **cantábile** (voz ital.) *s. m.* En mús., indicación de que un pasaje debe tocarse con expresión, de manera que destaque la melodía principal.

cantable *adj.* **1.** Que se puede cantar. ‖ *s. m.* **2.** Parte del libreto de una zarzuela escrita en verso, para ponerle música. **3.** Escena de zarzuela en que se canta.

Cantabria Comunidad autónoma de España, situada en el N del país.

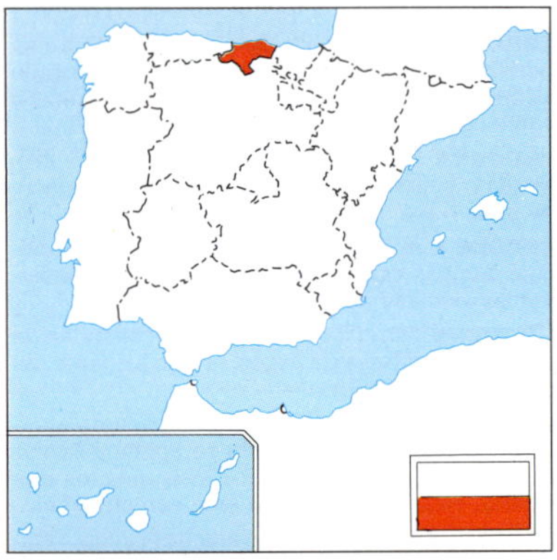

Extensión: 5.290 km^2.
Límites: al N, con el mar Cantábrico; al E, con el País Vasco; al S, con la comunidad de Castilla y León, y al O, con el Principado de Asturias.
Población: 523.630 h. en 1991.
Densidad: 99 h./km^2.
Capital: Santander.
Provincias: Cantabria.

Geog. física En el relieve de esta comunidad, constituido en su mayor parte por la cordillera Cantábrica, pueden señalarse tres regiones: la más montañosa, que se halla en el interior, sobre todo en el S de la provincia, con alturas como Peña Sagra (2.046 m), Peña Labra (2.006 m) y Peña Vieja (2.613 m), esta última en los Picos de Europa; una intermedia, La Montaña, formada por valles separados por montañas; y una costera, La Marina, con formaciones montañosas de poca altitud y valles paralelos al mar. Los ríos son cortos, de caudal constante, y suelen formar rías al desembocar; los principales pertenecen a la vertiente cantábrica y son el Deva (60 km), Saja (58 km), Nansa (50 km) y Pas (50 km). El río Ebro nace también en Cantabria, pero pertenece a la vertiente mediterránea. El clima es atlántico en la mayor parte del territorio, con temperaturas moderadas y lluvias frecuentes; en el S hay zonas con clima de interior (temperaturas más extremas) y de montaña. La vegetación, abundante y propia de climas húmedos, da al paisaje un tono uniforme y verde. Las principales especies autóctonas son el roble, el haya, el castaño y el aliso, destacando también las grandes masas de eucaliptos y pinos, introducidos en este siglo; abundan los prados naturales y los matorrales (helechos, brezos, etc.).

Cantabria: vista de San Vicente de la Barquera, junto a la ría de San Vicente.

Geog. humana y ***económica*** La población se distribuye irregularmente: las mayores concentraciones se dan en la zona costera y en la parte baja de los valles, mientras que el interior montañoso está poco poblado. La ciudad más importante es Santander, seguida de Torrelavega, Santoña, Castro Urdiales, Laredo y Reinosa. La agricultura, que ocupa al 25,2 % de la población activa, destaca por la producción de maíz, judías, patatas, pimientos, lechugas y plantas forrajeras. Sin embargo, la principal riqueza de la comunidad proviene de la ganadería bovina, con 323.730 cabezas, destinadas al consumo de leche y a la producción de carne. También se practica la pesca, tanto de altura como de bajura; los principales puertos son Santoña y Santander, centros de una diversificada industria de conservas. Existen yacimientos de blenda en Reocín y de sal en Cabezón y Polanco. La mayor parte de la energía que se produce en la comunidad es de origen hidroeléctrico, sobre todo en la cuenca del río Nansa. La industria cántabra, a la que se dedica el 33,3 % de la población, se ha desarrollado en los últimos tiempos, especialmente en la zona de Santander y en la cuenca del Besaya: industria alimentaria (lácteas, conservas de pescado, galletas), metalúrgica (acero, electrodomésticos) y química (sosa, papel, neumáticos). Santander tiene un puerto con intenso tráfico. El sector terciario es notable por el turismo, que ha aprovechado la belleza de las playas y del paisaje, la existencia de lugares como Santillana del Mar, con las cuevas de Altamira, o de instituciones como la Universidad Internacional Menéndez Pelayo.

Hist. Cantabria desarrolló una cultura paleolítica que ha dejado magníficos vestigios de arte rupestre (Altamira). En época histórica, la sociedad cántabra -de carácter matriarcal y economía de subsistencia- resistió la dominación romana y visigoda. Durante la Edad Media, al no haber estado su territorio ocupado por los musulmanes, desempeñó un papel importante en la repoblación del valle del Duero. Posteriormente llegó a ser la salida natural de Castilla al mar; los puertos de Laredo, Castro Urdiales, Santander y San Vicente fueron la vía de comercialización de la lana castellana, producida por la Mesta. La crisis del s. XVI produjo su ruina, paliada por la recuperación demográfica del s. XVIII y el auge creciente de las actividades marítimas. La mejora de las vías de comunicación con la Meseta aseguraron su prosperidad y la convirtieron (junto a Vizcaya) en la plataforma comercial del centro de España hacia el canal de la Mancha y mar del Norte. En 1980 adquirió su estatuto de autonomía.

Cantábrica, cordillera Sistema montañoso situado en el N de España. Se extiende paralelo a la costa del mar Cantábrico, a lo largo de 300 km, desde el macizo Galaico al O hasta los Montes Vascos al E. El núcleo más abrupto y elevado son los Picos de Europa, que alcanzan su cota más alta en Torre de Cerredo, de 2.648 m.

cantábrico, ca *adj.* De la cordillera Cantábrica o el mar Cantábrico y las tierras que éste baña.

Cantábrico Mar del océano Atlántico que se extiende entre la costa septentrional de España (hasta el cabo Ortegal, en Galicia) y la costa occidental de Francia. La costa española es abrupta y con muchos acantilados, mientras que la francesa es mucho más baja y rectilínea.

cántabro, bra *adj.* **1.** De Cantabria. También *s.* **2.** Se aplica a un pueblo celta de la España prerromana que habitaba el N de la Península, de estructura social tribal, clan familiar matriarcal y economía ganadera complementada con el pillaje. Resistió la conquista romana hasta que fue sometido por Augusto poco antes del comienzo de la era cristiana. **3.** De este pueblo. También *s.*

Cantacuceno Familia de emperadores bizantinos, déspotas de Mistra (Morea) y hospodares de Valaquia. Sus miembros más destacados son **Juan VI**, emperador de Bizancio (1341-55); su hijo **Mateo**, emperador de Bizancio (1355-57) y déspota de Mistra (Morea) (1380-83); **Serban** (1640-88), hospodar de Valaquia; y **Jorge** (1869-1937), general y político rumano.

cantal *s. m.* **1.** Canto, piedra. **2.** Cantizal*.

cantamañanas *s. m.* y *f.* Persona informal, irresponsable o fantasiosa.

cantante *adj.* **1.** Que canta. ‖ *s. m.* y *f.* **2.** Persona que canta por profesión. Según su registro, y de agudo a grave, se clasifican en: soprano (ligera, lírica o dramática), mezzosoprano, contralto, tenor, barítono, bajo y bajo profundo.

cantaor, ra *s. m.* y *f.* Persona que canta flamenco.

cantar[1] *v. intr.* **1.** Crear con la voz sonidos melodiosos. **2.** Emitir su voz las aves y, p. ext., hacer ciertos ruidos algunos insectos, como la chicharra. También *v. tr.* **3.** Alabar o celebrar algo o a alguien. También *v. tr.* **4.** *fam.* Confesar algo que se mantenía en secreto. También *v. tr.* **5.** *fam.* Sonar bien algo. **6** *fam.* Oler mal, especialmente los pies. **7.** *fam.* Llamar algo excesivamente la atención, ser muy evidente. ‖ *v. tr.* **8.** En el tute, declarar que se tiene el rey y el caballo de un mismo palo. **9.** *fam.* En el bingo, obtener una combinación ganadora y decirlo en voz alta. **10.** *fam.* Decir algo de forma entonada y seguida. ‖ **LOC. cantar las cuarenta** Véase **cuarenta**.

cantar[2] *s. m.* **1.** Composición poética destinada a ser cantada. ‖ **2. cantar de gesta** Poema narrativo que cuenta hechos históricos o legendarios y que era transmitido de forma oral por los juglares. En España se han perdido todos excepto el *Cantar de Mio Cid* y el *Cantar de Roncesvalles.* Del resto sólo se han encontrado vestigios en las crónicas en prosa de la época. Se dividen para su estudio en tres periodos: la época primitiva, hasta mediados del s. XII (*Leyenda de Rodrigo, Poema de Fernán González, Poema de los Infantes de Lara*, etc.); la época de apogeo, en la segunda mitad del s. XII y primera del XIII (*Cantar de Mio Cid, Cantar de Roncesvalles, Poema de Bernardo del Carpio*); y la época de refundiciones y prosificaciones, en la segunda mitad del s. XIII y primera del XIV. **3. Cantar de los Cantares** Título de uno de los libros de la *Biblia*, que forma parte del Antiguo Testamento. Fue compuesto hacia el s. V a. C. Es un poema lírico de gran belleza en el que el judaísmo y el cristianismo han visto la expresión metafórica del amor entre Dios y su pueblo. **4. Cantar de Mio Cid** Único cantar de gesta castellano cuyo texto se conserva casi íntegro. El manuscrito está fechado en 1207 y firmado por Per Abbat, pero Menéndez Pidal mantiene la tesis de que ese nombre es el de un copista y que 1207 es la fecha de la copia y no del texto primitivo, que puede datar del s. XII. Está escrito en series monorrimas de longitud irregular, con una cesura en cada verso y rima asonante. Consta de tres partes: *El cantar del destierro, El cantar de las bodas* y *El cantar de la afrenta de Corpes*, y narra las hazañas del héroe caste-

Cordillera Cantábrica: vista de la zona oriental de los Picos de Europa.

llano Rodrigo Díaz de Vivar, conocido como el Cid Campeador.

cántara *s. f.* Cántaro*.

cantarela *s. f.* Cuerda prima de la guitarra o el violín.

cantárida *s. f.* Insecto coleóptero de la familia meloidos, especie *Lytta vesicatoria.* Mide entre 15 y 20 mm de longitud y es de color verde. Vive en las ramas de tilos y fresnos. De sus élitros se obtiene la cantaridina, que se usa en farmacia como vejigatorio o emplasto.

cantarín, na *adj.* **1.** Que canta o le gusta cantar. **2.** Que produce un sonido agradable.

cántaro *s. m.* **1.** Vasija grande de barro o de metal, de boca estrecha y ancha de barriga. **2.** Líquido que cabe en el cántaro. ‖ **3. alma de cántaro** *fam.* Persona ingenua. ‖ **LOC. a cántaros** *adv.* Abundantemente, con mucha fuerza.

cantata *s. f.* Composición musical para coro y orquesta, destinada a música de cámara, concierto o música religiosa. Tuvo su origen en Italia en el s. XVII y fue muy cultivada en el Barroco, sobre todo por Bach y Haendel.

cantautor, ra *s. m.* y *f.* Cantante melódico que interpreta las canciones que él mismo compone.

cantazo *s. m.* Golpe dado con un canto o piedra.

cante *s. m.* **1.** Acción y efecto de cantar. **2.** Cualquier género de canto popular, particularmente el andaluz. **3.** *fam.* Aquello que desentona por ser muy llamativo o desproporcionado. Se usa sobre todo en la expresión **dar el cante**. ‖ **4. cante hondo** (o **jondo**) Flamenco. ‖ **LOC. quedarse con el cante** *fam.* Captar algo disimuladamente.

cantear *v. tr.* **1.** Labrar los cantos o bordes de una piedra, una tabla, etc. **2.** Colocar de canto los ladrillos. **3.** Poner canto a una tabla de aglomerado.

cantera *s. f.* **1.** Sitio de donde se saca piedra, grava, etc., para la construcción. **2.** Lugar, institución, etc., donde se forman personas bien preparadas para una actividad determinada.

Canterbury C. del Reino Unido, en Inglaterra, en el condado de Kent. 34.510 h. en 1973. Es la sede primada de la Iglesia anglicana y conserva una catedral gótica (s. XI-XVI), construida sobre base románica.

Canterbury: vista de la catedral, obra, entre otros, de los arquitectos Guillermo de Sens y William el Inglés.

cantería *s. f.* **1.** Técnica de labrar las piedras que se utilizan en las construcciones. **2.** Obra de piedra labrada.

cantero *s. m.* **1.** Persona que labra las piedras. **2.** Persona que extrae piedras de una cantera.

cántico *s. m.* **1.** Composición poética, generalmente de carácter religioso en acción de gracias o alabanza a Dios. **2.** Nombre que reciben ciertas poesías profanas.

cantidad *s. f.* **1.** Propiedad de lo que puede ser contado o medido. **2.** Porción o número indeterminado de algo. **3.** Gran número de personas o cosas. **4.** Suma de dinero y cifra que la expresa. **5.** Tiempo que se emplea en la pronunciación de una sílaba. ‖ *adv.* **6.** *fam.* Mucho, en abundancia: *Nos reímos cantidad.* Se usa sobre todo en la expresión **en cantidad**. ‖ **7. cantidad de movimiento** En fís., magnitud vectorial característica de una masa en movimiento, equivalente al producto de dicha masa por la velocidad con que se mueve.

cantiga o **cántiga** *s. f.* Composición poética medieval destinada al canto.

cantil *s. m.* **1.** Sitio que forma escalón en la costa o en el fondo del mar. **2.** Borde de un precipicio.

cantilena *s. f.* **1.** Copla, composición poética breve, hecha generalmente para ser cantada. **2.** *fam.* Repetición molesta e inoportuna de una cosa.

cantimplora *s. f.* **1.** Recipiente de metal o plástico, de forma alargada, cuello estrecho, recubierta a veces de cuero, paño u otro material, que se utiliza para llevar agua en viajes y excursiones. **2.** P. ext., cantidad de líquido que contiene.

cantina *s. f.* Establecimiento público en el que se venden bebidas y comestibles, especialmente los de cuarteles y estaciones. **FAM.** Cantinero.

cantinela *s. f.* Cantilena*.

Cantinflas, Mario Moreno, llamado (Ciudad de México 1911) Actor de cine mexicano. Su gran creación es el personaje cómico Cantinflas, un claro símbolo del «pelado» mexicano y, por extensión, de las clases proletarias de la América Latina. Entre sus películas destacan *Ahí está el detalle* (1940), *Arriba el telón* (1954), *La vuelta al mundo en 80 días* (1957) y *Pepe* (1960).

Mario Moreno Cantinflas.

cantizal *s. m.* Terreno en el que hay muchos cantos y guijarros.

canto[1] (del lat. *cantus*) *s. m.* **1.** Acción y efecto de cantar. **2.** Arte de cantar. **3.** Cada una de las divisiones de un poema épico. **4.** Composición lírica o de otro género. ‖ **5. canto de cisne** Última obra o actuación de una persona.

canto[2] (del lat. *canthus*, orilla, esquina) *s. m.* **1.** Extremidad o borde de una cosa. **2.** Grueso de alguna cosa. **3.** Corte del libro, opuesto al lomo. **4.** Parte opuesta al filo del cuchillo o sable. **5.** Trozo de piedra. ‖ **6. canto rodado** Piedra alisada y redondeada por el arrastre del agua. ‖ **LOC. al canto** *adv.* Inmediata y efectivamente: *pruebas al canto.* También, inevitablemente: *Tendremos discusión al canto.* **de canto** *adv.* De lado. **el canto de un duro** *fam.* Muy poco.

cantón *s. m.* **1.** Esquina de un edificio. **2.** División administrativa de un territorio. P. ej., en la actualidad, Suiza se halla dividida en 27 cantones, cada uno de ellos dotado de asamblea y gobierno propios. **3.** Lugar en el que hay tropas acantonadas. **4.** En heráldica, cada uno de los cuatro ángulos que pueden considerarse en un escudo.

Cantón Véase **Guangzhou**.

cantonal *adj.* **1.** Perteneciente o relativo a un cantón o al cantonalismo. **2.** Partidario o defensor del cantonalismo. También *s.*

cantonalismo *s. m.* Movimiento político partidario de sustituir el poder del Estado central por una confederación de cantones soberanos. Es una variante radical del federalismo, implantada en Suiza, y que en la España del s. XIX dio origen a diversos levantamientos revolucionarios.

cantonalista *adj.* **1.** Relativo al cantonalismo. ‖ *s. m.* y *f.* **2.** Partidario del cantonalismo.

cantonalista, sublevación Movimiento revolucionario que tuvo lugar en España durante la Primera República (1873) y que afectó principalmente a las zonas de Valencia, Murcia y Andalucía. Su objetivo era crear una confederación de cantones soberanos. Fue sofocado por el ejército, enviado por el presidente Salmerón. La última ciudad que se rindió fue Cartagena (1874).

cantonera *s. f.* Pieza que protege la esquina de una cosa.

cantor, ra *adj.* **1.** Que canta. También *s.* **2.** Se dice de las aves que poseen un canto armonioso.

Cantor, Georg (San Petersburgo 1854 - Halle 1918) Matemático alemán de origen ruso. Fue el creador de la teoría de conjuntos. Se le deben, entre otros, los conceptos de correspondencia biunívoca y de conjunto infinito.

cantoral *s. m.* Libro con la letra y la música de los cantos religiosos que se cantan en las iglesias.

cantueso *s. m.* Planta arbustiva de la familia labiadas, especie *Lavandula stoechas.* Mide unos 30 cm de altura, tiene hojas estrechas y alargadas e inflorescencias en espiga con brácteas violetas y flores pequeñas y olorosas. Crece en la región mediterránea.

canturrear *v. intr.* Cantar a media voz y con monotonía. También *v. tr.* **FAM.** Canturreo.

cánula *s. f.* **1.** Tubo de tamaño, forma y materiales diversos, que se emplea en medicina para introducirlo en una abertura del cuerpo. **2.** Pequeño tubo que tiene en su extremo la jeringa, donde se coloca la aguja.

canutas *s. f. pl.* Se usa en la locución **pasarlas canutas**, estar en una situación difícil y comprometida.

canutillo *s. m.* **1.** Tubito de vidrio que se usa en trabajos de bordado y pasamanería. **2.** Moldura convexa y estrecha.

canuto *s. m.* **1.** Trozo de caña cortado entre nudo y nudo. **2.** Tubo cerrado por un extremo, a veces con tapa en el otro, que se emplea para diferentes usos. **3.** *fam.* Porro*.

Canuto o **Knut** Nombre de varios reyes de Dinamarca.

Canuto I el Grande (? 995 - Shaftesbury 1035) Rey de Inglaterra (1017-35), de Dinamarca (1018-35) y Noruega (1028-35). Hijo del rey danés Sven, acompañó a su padre en la conquista de Inglaterra, que completó a la muerte de éste venciendo a los reyes anglosajones Etelredo y Edmundo. Heredó la corona de Dinamarca a la muerte de su hermano Harald y conquistó Noruega al rey Olaf el Santo. No quiso crear un imperio unitario, sino gobernar estados independientes, respetando sus instituciones y leyes. Mantuvo la unidad de Inglaterra, impulsó la integración de anglosajones y daneses, favoreció a la Iglesia y propagó el cristianismo. A su muerte, sus tres reinos fueron repartidos entre sus tres hijos.

Canuto II el Santo (? 1040 - Odense 1086) Rey de Dinamarca (1080-86). Incrementó el poder real y concedió privilegios al clero. Murió asesinado durante una rebelión, mientras proyectaba una expedición a Inglaterra. Fue canonizado en 1101 y declarado patrón de Dinamarca.

Caña de azúcar (Saccharum officinarum).

caña *s. f.* **1.** Tallo de ciertas plantas gramíneas, generalmente hueco y nudoso, con hojas en vaina. **2.** Hueso largo de brazos y piernas. **3.** Parte de la bota, media o calcetín que cubre la pierna. **4.** Vaso alto y cilíndrico y cantidad de cerveza o vino que contiene. **5.** Fuste de una columna. **6.** Nombre común de diversas plantas herbáceas de la familia gramíneas, con distintos géneros. La caña común *(Arundo donax)* mide entre 3 y 6 m de altura, tiene un tallo leñoso hueco y flexible, hojas anchas y ásperas y flores en panículos terminales. Crece en parajes húmedos de la región mediterránea. La caña de azúcar *(Saccharum offici-*

narum) mide entre 2 y 4 m de altura, tiene tallo leñoso, cuya médula contiene gran cantidad de azúcar, hojas anchas y rígidas y flores en panoja de color púrpura. Es originaria de la India y se cultiva en todas las regiones tropicales del globo. || **7. caña de pescar** Instrumento de bambú, fibra de vidrio, etc., que se usa para pescar. **8. caña del timón** Palanca o brazo encajado en la cabeza del timón y que sirve para manejarlo. || **Loc. dar** (o **meter**) **caña** *fam.* Golpear o pegar. También, aumentar mucho la velocidad o intensidad de algo.

cañada *s. f.* **1.** Camino para el ganado trashumante. **2.** Paso estrecho entre dos montañas.

cañal *s. m.* Cañaveral*.

cañamazo *s. m.* **1.** Tejido de hilos muy separados que se usa para bordar sobre él. **2.** Tela tosca de cáñamo. **3.** Apunte o bosquejo de algo.

cáñamo *s. m.* **1.** Nombre común de diversas plantas herbáceas de la familia cannabáceas, género *Cannabis.* El cáñamo común *(Cannabis sativa)* mide de 2 a 4 m de altura, tiene tallo erguido, hueco y velloso y hojas verdes divididas con hojuelas lanceoladas y opuestas. Su simiente es el cañamón. Originaria de Asia central, se cultiva en climas cálidos por sus fibras, que se utilizan para la fabricación de tejidos, cuerdas, etc., y por su semilla, de la que se obtiene aceite y alimento para pájaros. El cáñamo índico *(Cannabis sativa indica)* es una subespecie de menor talla y peor calidad textil, cuya planta femenina contiene una sustancia estupefaciente que se fuma bajo los nombres de hachís, grifa o marihuana. Se cultiva en climas tropicales. **2.** Fibra textil o tela obtenida de estas plantas.

cañamón *s. m.* Simiente del cáñamo, que se suele dar como alimento a los pájaros.

Cañar Prov. de Ecuador, en el centro del país. 5.500 km^2. 209.500 h. en 1989. La capital es Azogues, con 13.562 h. en 1990. Se cultivan cereales, patatas y frutas. Posee yacimientos de oro, plata, mercurio y cobre.

cañaveral *s. m.* **1.** Lugar poblado de cañas. **2.** Plantación de cañas.

cañería *s. f.* Tubo o serie de tubos para la conducción de agua, otro líquido o un gas.

cañí *adj.* De raza gitana. También *s.*

cañinque *adj. amer.* Enclenque, enfermizo. También *s.*

cañizo *s. m.* Tejido hecho con cañas, que se usa para techos, cielos rasos, sombrajos, etc.

caño *s. m.* **1.** Tubo, generalmente de metal, por donde cae el agua. **2.** Tubo corto. **3.** Chorro de agua que cae por una parte estrecha. **4.** Canal estrecho, navegable, de un puerto o bahía.

cañón *s. m.* **1.** Arma de artillería originaria del s. XIV, que dispara proyectiles montada en un vehículo o que dispone de una base fija, con un calibre mayor de una pulgada (2,5 cm). Básicamente está compuesto por un tubo cilíndrico hueco, o boca de fuego, un cierre, un soporte y diversos órganos de puntería. P. ext. se aplica también el nombre a otros aparatos de forma similar, como los *cañones de nieve artificial* o los *cañones de espuma.* **2.** Pieza en forma de tubo de diversos objetos e instrumentos. **3.** Parte córnea y hueca de la pluma del ave. **4.** Pluma del ave cuando empieza a nacer. **5.** Parte del pelo de la barba inmediata a la raíz. **6.** En geog., garganta o cauce fluvial excavado en el terreno, con paredes abruptas, como el cañón del Colorado. **7.** En aposición, bueno, estupendo, atractivo.

cañonazo *s. m.* **1.** Tiro del cañón de artillería. **2.** *fam.* Noticia inesperada y sorprendente. **3.** *fam.* En fútbol y otros deportes, lanzamiento muy fuerte.

cañonear *v. tr.* Disparar cañonazos contra alguien o algo.

cañoneo *s. m.* Acción y efecto de cañonear.

cañonera *adj.* Se dice de la lancha armada con uno o varios cañones. También *s. f.*

Cao, Diogo (s. XV) Navegante portugués. Exploró las costas occidentales de África y descubrió la desembocadura del río Congo (1482-84).

caoba *s. f.* **1.** Nombre común de diversos árboles de la familia meliáceas, género *Swietenia.* La caoba común *(Swietenia mahagoni)* mide hasta 30 m de altura, tiene tronco recto y grueso, hojas compuestas, fruto en cápsula y flores pequeñas y blancas. Su madera, amarilla en estado fresco y rojiza al secarse, es muy apreciada en ebanistería por su hermoso aspecto, fácil pulimento y resistencia a la carcoma. Es originaria de América. **2.** Madera de este árbol.

caolín *s. m.* Mineral de arcilla muy pura y blanca formado fundamentalmente por caolinita. Se utiliza para la fabricación de porcelanas, productos refractarios, papel y en farmacia. Los principales yacimientos se encuentran en China, Alemania y España (Guadalajara y Teruel).

caolinita *s. f.* $Al_4Si_4O_{10}(OH)_8$. Mineral silicato de aluminio hidratado. Se presenta frecuentemente en masas arcillosas, en forma masiva o compacta. Cristaliza en el sistema triclínico, es de color blanco, con brillo mate, untuoso al tacto y muy blando. Los principales yacimientos se encuentran en China. Es la materia prima de la loza y la porcelana.

caos *s. m.* **1.** Estado de confusión o de desorden. **2.** Situación de desorden en que, según ciertas creencias, se encontraba el universo antes de adquirir su ordenación actual.

caótico, ca *adj.* Confuso, desorganizado.

capa *s. f.* **1.** Prenda de abrigo larga y suelta, sin mangas y abierta por delante. **2.** Sustancia que recubre o baña a otra. **3.** Cada uno de los estratos superpuestos de algunas cosas. **4.** Hoja de tabaco que envuelve el cigarro puro. **5.** Capote para torear. **6.** Color de las caballerías, reses y otros animales. **7.** Grupo o estrato social. **8.** Pretexto, apariencia o cualidad que alguien tiene sólo superficialmente. || **9. capa electrónica** En fís., cada uno de los niveles energéticos en los que giran los electrones en torno del núcleo atómico. Se nombran por las letras K, L, M, N, O, P y Q. || **Loc. de capa caída** *adv. fam.* En declive, perdiendo fuerza, mal. **defender a capa y espada** a alguien o algo Con gran decisión. **hacer** uno **de su capa un sayo** *fam.* Hacer uno lo que quiere con sus cosas.

Capa, Robert (Budapest 1913 - Thai Binh, Vietnam 1954) Seudónimo de Andrei Friedmann, fotógrafo húngaro. Renovó el reportaje fotográfico con sus instantáneas de la guerra civil española, la Segunda Guerra Mundial y la guerra de Indochina.

Capablanca, José Raúl (La Habana 1888 - Nueva York 1942) Ajedrecista cubano. Campeón mundial al vencer a Lasker en 1921, conservó el título hasta 1927, en que fue derrotado por el ruso Alekhine.

Capac Yupanqui (s. XIII) Quinto soberano inca. Sucedió a Mayta Capac y extendió el imperio hasta la región de Apurimac.

capacete *s. m.* **1.** En la armadura, especie de casco sin cresta ni visera. **2.** Cualquier otra cosa de figura similar.

capacha *s. f.* **1.** Capacho*. **2.** *Arg., Bol., Chile.* Prisión, cárcel.

capacho *s. m.* Especie de cesto de material flexible, que tiene diversos usos.

capacidad *s. f.* **1.** Propiedad de una cosa de poder contener otra u otras. **2.** Aptitud, conjunto de condiciones que hacen que alguien sirva para algo. **3.** Inteligencia. || **4. capacidad calorífica** En fís., cantidad de calor ganada o cedida por un cuerpo por cada grado en que varía su temperatura. **5. capacidad de memoria** En teoría de la comunicación, cantidad máxima de información susceptible de ser transmitida a través de un canal. Se mide en *bits* por segundo. **6. capacidad eléctrica** En fís., relación entre la cantidad de carga y la diferencia de potencial existente entre los conductores de un sistema. **7. capacidad jurídica** En der., aptitud de los individuos, agrupaciones, instituciones, etc., para ser sujeto activo o pasivo de relaciones jurídicas determinadas.

El Gran Cañón del Colorado, formado por el río Colorado tras recibir las aguas del Little Colorado.

capacitancia *s. f.* Resistencia eléctrica debida a la presencia de un condensador en un circuito de corriente alterna.

capacitar *v. tr.* Hacer a alguien apto o darle derecho para una cosa. También *v. prnl.* **Fam.** Capacitación.

Capadocia Antigua región de Asia Menor, entre los ríos Kizil Irmak y Eúfrates y el mar Negro. Fue el centro del imperio hitita (s. XVI-XIII a. C.).

capar *v. tr.* **1.** Castrar. **2.** Disminuir, reducir algo. **Fam.** Capador, capadura.

caparazón *s. m.* **1.** Cubierta coriácea, silícea, ósea o caliza que protege las partes blandas del cuerpo de los insectos, arácnidos, crustáceos, tortugas y muchos seres vivos unicelulares, como radiolarios, foraminíferos, diatomeas, etc. **2.** Cubierta que se pone sobre algo para protegerlo.

caparidáceas *s. f. pl.* Familia de plantas herbáceas o arbustivas del género caparales, a la que pertenecen unas 800 especies de los géneros *Capparis, Maerua* y *Cleome.* Tienen hojas alternas, simples o digitadas, flores en racimo y fruto de formas diversas. Crecen en regiones cálidas. Caparidácea es el alcaparro. También se llaman *caparáceas.* También *adj.* y *s. f.*

capataz *s. m.* **1.** Persona que manda y vigila a una cuadrilla o grupo de trabajadores. **2.** Persona a cuyo cargo está la labranza y administración de una explotación agrícola.

capaz *adj.* **1.** Que está dispuesto o se atreve a algo. **2.** Con aptitud o capacidad para hacer alguna cosa. **3.** Aplicado a cosas, que puede producir un determinado efecto. **4.** Con capacidad para contener alguna cosa. **5.** Inteligente.

capazo *s. m.* Capacho*.

capcioso, sa *adj.* Con intención engañosa o mala, aplicado sobre todo a preguntas, argumentos, etc. **Fam.** Capciosamente, capciosidad.

Capdevila, Arturo (Córdoba 1889 - Buenos Aires 1967) Escritor argentino. Sobresalió con obras poéticas como *Melpómene* (1912), *Córdoba azul* (1940) y *Musa cívica* (1951); también es autor del ensayo *Babel y el castellano* (1928).

capea *s. f.* Festejo taurino en el que los aficionados lidian becerros o novillos.

capear *v. tr.* **1.** Torear con capa. **2.** Evitar con habilidad algún compromiso, trabajo, etc. **3.** Entretener a una persona con engaños. **4.** Hacer frente una embarcación al mal tiempo con maniobras adecuadas. **5.** Pasar con habilidad un peligro o dificultad en general. **Fam.** Capeo.

Capek, Karel (Male Svatonovice 1890 - Praga 1938) Escritor checo. Cultivó todos los géneros literarios, aunque adquirió fama con la obra teatral *R.U.R.* (*Rossum's universal robots,* 1920), en la que por primera vez aparece la palabra *robot.* También es autor, entre otros títulos, de la obra teatral *La madre* (1938) y de la novela de ciencia-ficción *La guerra de las salamandras* (1936).

capelina o **capellina** *s. f.* Nombre de distintas prendas para cubrir los hombros o la cabeza, usadas sobre todo por las mujeres.

Capella Estrella principal de la constelación del Auriga.

capellán *s. m.* Sacerdote que cumple sus funciones en un establecimiento religioso o seglar, particularmente el titular de una capellanía.

capellanía *s. f.* Fundación que destina sus fondos a misas y obras pías.

capelo *s. m.* **1.** Sombrero rojo de los cardenales. **2.** Dignidad de cardenal.

caperuza *s. f.* **1.** Especie de gorro o bonete terminado en punta. **2.** Cualquier pieza para proteger la punta o el extremo de una cosa.

Capetos Dinastía que reinó en Francia de 987 a 1328 por línea directa y, a través de las líneas colaterales de los Valois y Borbones, hasta la Revolución Francesa (1789). Su fundador fue Hugo Capeto, elegido rey a la muerte del último monarca carolingio, Luis V. Entre los Capetos más importantes destacan Felipe II Augusto, Luis IX y Felipe IV el Hermoso.

capi *s. m. Amér. del S.* Maíz.

capia *s. f. Amér. del S.* Clase de maíz, blanco y muy dulce.

capialzar *v. tr.* Levantar una bóveda o arco con derrame por uno de sus frentes. ■ Se conjuga como *cazar.*

capibara *s. m.* Mamífero roedor de la familia hidrocoéridos, especie *Hydrochoerus hydrochaeris.* Es el mayor roedor que se conoce (puede alcanzar hasta 1,20 m de longitud), de extremidades cortas y vida acuática. Tiene cuatro dedos en las patas anteriores y tres algo palmeados en las posteriores. Vive en América del Sur, donde recibe también el nombre de *carpincho.*

capicúa *adj.* **1.** Se dice del número que es igual leído de izquierda a derecha que de derecha a izquierda, p. ej. 909. También *s. m.* **2.** P. ext., se dice de la palabra o frase que no varía al leerla al revés.

capilar *adj.* **1.** Perteneciente o relativo al cabello. **2.** Se dice de los tubos muy estrechos. También *s. m.* **3.** Se aplica a las últimas ramificaciones de los vasos sanguíneos, de sección muy pequeña (inferior, a veces, a 10 micras), que comunican las arterias con las venas y a través de cuyas paredes se produce el intercambio nutritivo y respiratorio entre la sangre y las células del cuerpo. Fueron descubiertas por Malpighi en 1655 y están formadas por una única capa de células endoteliales. También *s. m.*

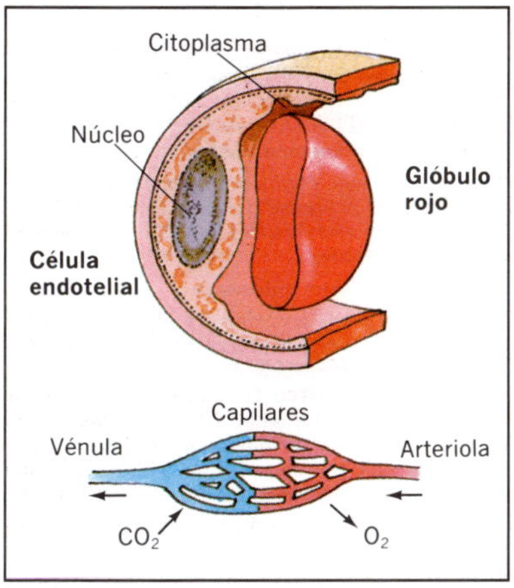

Los capilares son los vasos sanguíneos más pequeños. Arriba, corte transversal de un capilar; abajo, red capilar entre arterias y venas.

capilaridad *s. f.* **1.** Cualidad de capilar. **2.** Conjunto de fenómenos producidos en la superficie de contacto entre un líquido y un sólido por las fuerzas de adhesión y por la tensión superficial. Estos fenómenos explican el ascenso o descenso de líquidos en los vasos capilares, la aparición de películas y burbujas, etc.

capilla *s. f.* **1.** Pequeña iglesia con un solo altar. **2.** Parte de una iglesia que tiene altar o en la que se venera una imagen. **3.** Lugar destinado al culto en una casa privada, una escuela, etc. **4.** Cuerpo de músicos de una iglesia. **5.** Ejemplar, o pliego sin encuadernar, que se aparta después de imprimir una obra. **6.** Pequeño grupo de partidarios de una persona o idea. ‖ **7. capilla ardiente** Lugar en el que se vela a un difunto o se preparan sus funerales. ‖ **Loc. en capilla** *adv. fam.* Situación de un condenado a muerte desde que la sentencia se hace firme hasta su ejecución. También, p. ext., a la espera de conocer el resultado de algo.

capirotada *s. f.* **1.** *amer.* Plato hecho a base de carne, maíz tostado y queso. **2.** *Méx.* En el cementerio, fosa común.

capirotazo *s. m.* Toba, papirotazo.

capirote *s. m.* **1.** Cucurucho de cartón, cubierto de tela, que forma parte del hábito que llevan ciertos cofrades en las procesiones de Semana Santa. **2.** En cetrería, caperuza de cuero que se pone a las aves.

capisayo *s. m.* **1.** Vestidura corta y abierta, que servía de capa y sayo. **2.** *fam.* Vestido de poca calidad, que se usa para todo trote.

capitación *s. f.* Reparto de un impuesto entre los contribuyentes sujetos a él.

capital *adj.* **1.** Muy grave o importante. **2.** Se aplica a la pena de muerte. **3.** Se dice de la letra muy grande y, a veces, decorada con que empieza un capítulo. También *s. f.* ‖ *s. m.* **4.** Conjunto de bienes que posee una persona o sociedad, especialmente en dinero o valores. **5.** Conjunto de los bienes (dinero, maquinaria, etc.) que se emplean en la producción. **6.** Conjunto de valores manejados en el mundo de las finanzas y personas que los poseen. **7.** Dinero del que dispone una persona en un momento determinado. **8.** Cualidad personal. ‖ *s. f.* **9.** Población principal y cabeza de un estado, comunidad autónoma, provincia o distrito. **10.** Ciudad que tiene una posición importante o destacada en algún aspecto, sobre todo económico. ‖ **11. acumulación de capital** En econ., reinversión que una empresa realiza a partir de los beneficios obtenidos. **12. ampliación de capital** En econ., aumento del capital social de una empresa realizado generalmente mediante nuevas aportaciones a su patrimonio. **13. capital circulante** En econ., conjunto de las materias primas, materias en proceso de elaboración, energía, créditos, etc., que cambian de forma según avanza el proceso productivo y dan lugar a los bienes de consumo. **14. capital escriturado** En econ., el que figura en la escritura pública de creación de una sociedad; la parte de ese capital que se ha hecho efectiva se denomina *desembolsado.* **15. capital fijo** En econ., conjunto de terrenos, edificios, instalaciones, etc., necesarios para la puesta en marcha de la actividad productiva; se denomina también *activo inmovilizado* o *fijo.* **16. capital financiero** En econ., suma del capital social de una empresa y las reservas o beneficios no distribuidos. **17. capital social** En econ., valor nominal de las acciones de una sociedad.

capital, El Obra de Karl Marx en la que el autor estudia el origen, desarrollo y funcionamiento del capitalismo. Consta de tres volúmenes, de los que sólo el primero fue editado en vida del autor (1867). Los dos restantes fueron revisados y editados por Friedrich Engels.

capitalidad *s. f.* Característica de ser una población capital de un estado, comunidad, etc.

capitalino, na *adj.* **1.** Perteneciente o relativo a la capital de un país. **2.** Habitante de dicha capital.

capitalismo *s. m.* Sistema socioeconómico basado en la acumulación e inversión de capital por individuos particulares que poseen los medios de producción y distribución de bienes y servicios. Se caracteriza por la motivación económica que busca el máximo beneficio privado, por la libre competencia, la fijación de precios y salarios en función de la oferta y la demanda, un sistema extendido del crédito, la libertad de contratación y un mercado de trabajo regido también por la libre competencia. El sistema, fortalecido por la revolución industrial de finales del s. XVIII y a lo largo del XIX, ha evolucionado y se ha hecho día a día más complejo: concentración de capitales, creación de empresas multinacionales, creciente intervención del Estado, crisis periódicas, etc.

capitalista *adj.* **1.** Propio del capital o del capitalismo. **2.** Se dice de la persona que ha invertido en un negocio. También *s.* ‖ *s. m.* y *f.* **3.** Persona acaudalada. ‖ *s. m.* **4.** *fam.* Aficionado que se lanza al ruedo, al terminar la corrida, para pasear a hombros a un torero.

capitalizar *v. tr.* **1.** Agregar al capital los intereses que éste ha producido. **2.** Fijar el capital que corresponde a un determinado rendimiento o interés. **3.** Allegar o conseguir capital para financiar una empresa, negocio, etc. **4.** Aprovechar cualquier acción en beneficio propio. ■ Se conjuga como *cazar.* **Fam.** Capitalización.

capitán, na *adj.* **1.** Se dice de la nave en que va embarcado el jefe de una escuadra. También *s. f.* ‖ *s. m.* y *f.* **2.** Jefe de un grupo, equipo deportivo, etc. ‖ *s. m.* **3.** Oficial del Ejército que manda una compañía, escuadrón, batería o unidad similar. **4.** Hombre que está al mando de un barco mercante. **5.** Oficial de la Marina de diferente graduación, como *capitán de corbeta, capitán de fragata,* etc. **6.** Genéricamente, caudillo militar. ‖ **7. capitán general** Grado supremo del Ejército español; también, jefe superior de una región militar.

capitanear *v. tr.* **1.** Mandar una tropa, equipo, etc., como capitán. **2.** Dirigir un grupo o una acción, aunque no sea militar.

capitanía *s. f.* **1.** Empleo de capitán. ‖ **2. capitanía general** Cargo de capitán general; p. ext., territorio sobre el que manda y edificio donde reside y tiene sus oficinas.

capitel *s. m.* **1.** Parte superior que corona una columna, semicolumna o pilastra y sostiene un arquitrabe, viga o arco. En general, consta de tres partes: astrágalo, tambor y ábaco. **2.** Remate piramidal de las torres.
Arte Los capiteles más importantes son el egipcio, con decoración lotiforme, papiriforme, fasciculada, etc.; el griego, que varía en los distintos órdenes (dórico, jónico y corintio); el bizantino, que añade al corintio decoración vegetal y del que a su vez deriva el árabe; el románico, basado en el corintio; el gótico, que incorpora temas y figuras vegetales, y el renacentista, que retorna a la tradición griega.

capitolio *s. m.* **1.** Edificio majestuoso y elevado. **2.** En arqueol., acrópolis.

Capitolio Una de las siete colinas de Roma, que en época imperial constituyó la principal zona monumental de la urbe. También se llama *monte Capitolino.*

capitoné *s. m.* **1.** Camión con la caja cubierta y alargada que se utiliza para transportar muebles. **2.** Revestimiento de forma acolchada.

capitoste *s. m. fam. desp.* Persona que tiene mucha influencia y mando.

capitulación *s. f.* **1.** Acción y efecto de capitular. **2.** Tratado en que se establecen las condiciones de una rendición. **3.** Acuerdo que firmaban la monarquía española y un particular y que autorizaba a éste a colonizar ciertas tierras y a obtener beneficios. Estos contratos fueron frecuentes durante la colonización de América. ‖ *pl.* **4.** Acuerdos por los que los futuros esposos determinan el régimen económico de su matrimo-

Distintos tipos de capitel a lo largo de la historia.

nio. ‖ **5. capitulaciones de Santa Fe** Las firmadas en la ciudad de Santa Fe (Granada) entre los Reyes Católicos y Cristóbal Colón, el 17 de abril de 1492, para la conquista de las Indias.

capitular[1] *v. intr.* **1.** Entregarse o rendirse un ejército, una nación, una ciudad, etc., bajo ciertas condiciones. **2.** Abandonar una opinión o postura, ceder.

capitular[2] *adj.* **1.** Perteneciente o relativo al capítulo o cabildo de una orden religiosa. **2.** Se aplica a la letra mayúscula o a la que encabeza un capítulo. También *s. f.*

capítulo *s. m.* **1.** Cada una de las divisiones principales de un libro, un tratado, una ley, etc. **2.** P. ext., apartado, tema. **3.** Reunión de canónigos o religiosos de una orden. ‖ **LOC. llamar a capítulo** Pedir cuentas a alguien sobre su conducta, reprenderle. **ser capítulo aparte** *fam.* Que merece un estudio o trato diferente del general.

capo (voz ital.) *s. m.* **1.** Jefe de la Mafia. **2.** P. ext., jefe, patrón.

Capo d'Istria, Juan Antonio, conde de (Corfú 1776 - Nauplia 1831) Político griego. Participó en el congreso de Viena (1815) como consejero del zar Alejandro I. Desde 1822 impulsó activamente el nacionalismo griego y en 1827 fue elegido presidente de Grecia.

capó *s. m.* Cubierta del motor de un automóvil o de un avión.

capón *adj.* **1.** Se dice de cualquier animal castrado. También *s.* ‖ *s. m.* **2.** Pollo castrado y cebado para comerlo. **3.** Golpe que se da en la cabeza con los nudillos de los dedos o sólo con el del dedo medio.

Capone, Alfonso, llamado **Al** (Nápoles 1899 - Miami 1947) Contrabandista y gángster estadounidense. Controló el mundo del crimen en Chicago entre 1925 y 1931, fecha en la que fue condenado a 11 años de prisión por evadir impuestos.

caporal *s. m.* **1.** Persona que manda un grupo de gente. **2.** El que tiene a su cargo el ganado que se emplea en la labranza.

capota *s. f.* **1.** Cubierta plegable de algunos vehículos. **2.** Especie de sombrero femenino, con cintas que se atan por debajo de la barbilla.

capotar *v. intr.* **1.** Volcar un vehículo automóvil y quedar en posición invertida. **2.** Dar con la proa en tierra un avión.

capotazo *s. m.* Pase que realiza el torero con el capote.

capote *s. m.* **1.** Prenda de abrigo parecida a la capa, pero con mangas y menos vuelo. **2.** Especie de gabán largo que usan los militares. ‖ **3. capote de brega** Capa usada por los toreros para lidiar. **4. capote de paseo** Capa corta de seda, bordada, que los toreros lucen en el paseíllo. ‖ **LOC. echar un capote** *fam.* Acudir en ayuda de alguien.

Truman Capote.

Capote, Truman (Nueva Orleans 1924 - Los Ángeles 1984) Escritor estadounidense. Sus grandes dotes narrativas y la elegancia y sencillez de su prosa le han convertido en uno de los novelistas de la segunda mitad del s. XX más famosos de EE UU. Con su novela *A sangre fría* (1966) inició un nuevo estilo literario, la novela documento, considerada el precedente del nuevo periodismo. Otras obras suyas dignas de mención son *Color local* (1950), *El arpa de hierba* (1951), *Desayuno en Tiffany's* (1958) y *Música para camaleones* (1980).

capotear *v. tr.* **1.** Torear al toro con el capote. **2.** *fam.* Evitar con maña dificultades y compromisos.

capotera *s. f. amer.* Percha para la ropa.

Capra, Frank (Palermo 1897 - La Quinta, California 1991) Director de cine estadounidense de origen italiano. De su obra destaca la serie de comedias que realizó entre 1930 y 1940, como *Sucedió una noche* (1934), *El secreto de vivir* (1936) y *Vive como quieras* (1938), en las que ensalzó el individualismo, la libertad y los valores democráticos, en consonancia con la política reformadora del presidente Roosevelt.

Capri Isla de Italia, en el Mediterráneo, perteneciente a la provincia de Nápoles. 10,4 km^2. 12.100 h. en 1981. Tiene gran importancia turística.

capricho *s. m.* **1.** Deseo intenso y pasajero. **2.** Persona, animal o cosa que es objeto de ese deseo. **3.** Propósito o modo de proceder sin causa razonable. **4.** Variación injustificada en la actitud o conducta de una persona, o en las cosas. **5.** Detalle o adorno imaginativo. **6.** Obra de arte fantástica e ingeniosa y género al que pertenece. En los s. XVI y XVII su temática principal fueron los paisajes inventados; en el s. XVIII predominaron las arquitecturas fantásticas, mientras que en el XIX destacaron las fantasías oníricas e inquietantes, como las realizadas por Goya. **7.** Composición o fragmento musical de forma libre; son famosos los de Rimski-Korsakov y Tchaikovski. **FAM.** Caprichosamente, caprichoso.

Capricornio **1.** Constelación zodiacal. **2.** Décimo signo del zodiaco, que el Sol recorre aparentemente entre el 21 de diciembre y el 20 de enero. ‖ *s. m.* y *f.* **3.** Persona nacida bajo este signo. ■ Con este significado se escribe con minúscula.

caprifoliáceas *s. f. pl.* Familia de plantas arbustivas del orden dipsacales a la que pertenecen unas 450 especies comprendidas en los géneros *Lonicera*, *Sambucus*, *Viburnum* y otros. Tienen tallo leñoso, hojas opuestas, flores pentámeras con pétalos soldados en forma de tubo y fruto en drupa o baya. Crecen en el hemisferio norte y en la cordillera de los Andes. Caprifoliáceas son el saúco y la madreselva. También *adj.* y *s. f.*

caprino, na *adj.* Perteneciente o relativo a la cabra.

capsiense *adj.* Se dice de una cultura prehistórica del mesolítico africano (entre el 9000 y el 3000 a. C.). Se caracteriza por la fabricación en piedra de grandes hojas de dorso rebajado, cuchillos con profundas escotaduras y raspadores redondos. También *s. m.*

cápsula *s. f.* **1.** Cabina con mandos para los tripulantes, que forma parte de un satélite artificial o nave espacial. **2.** Envoltura soluble de algunos medicamentos para tragarlos sin masticar; p. ext., el conjunto de la cápsula y el medicamento. **3.** Casquete de metal u otro material con que se cierran herméticamente las botellas. **4.** Cilindro pequeño y hueco en la base de los cartuchos, en cuyo fondo va el fulminante. **5.** Vasija de bordes bajos que se utiliza en los laboratorios químicos. **6.** En bot., fruto seco y dehiscente que contiene en su interior las semillas. **7.** En anat., envoltura membranosa o fibrosa que rodea ciertos órganos. ‖ **8. cápsula sinovial** En anat., saco de pared membranosa, lleno de un líquido llamado sinovia, que lubrica las articulaciones del cuerpo humano. **9. cápsulas suprarrenales** En anat., órganos secretores situados sobre los dos riñones que, entre otras hormonas, producen adrenalina. **FAM.** Capsular.

captar *v. tr.* **1.** Percibir por medio de los sentidos o con aparatos adecuados. **2.** Darse cuenta, percatarse de algo. **3.** Atraer, ganar, conseguir. También *v. prnl.* **4.** Tratándose de aguas, recoger las de uno o más manantiales.

captor, ra *adj.* **1.** Que capta. **2.** Que captura. También *s.*

captura *s. f.* **1.** Acción y efecto de capturar o apresar. ‖ **2. captura fluvial** Fenómeno por el que un río se apodera de otro y lo hace cambiar de dirección.

capturar *v. tr.* **1.** Detener y apresar a alguien al que se persigue. **2.** Cazar fieras. **3.** En juegos como el ajedrez, comer una ficha.

capucha *s. f.* **1.** Especie de gorro puntiagudo destinado a cubrir la cabeza y que está unido a un abrigo, gabardina, hábito, etc. **2.** Capuchón, objeto que protege el extremo de algo.

capuchino, na *adj.* **1.** Se dice del miembro de la orden religiosa fundada por fray Mateo de Basci en Urbino, Italia, en 1526. Constituye una de las tres ramas autónomas de la orden franciscana. Tiene como finalidad principal la predicación y se caracteriza por su austeridad y pobreza. También *s.* ‖ *s. m. pl.* **2.** Nombre con que se conoce esta orden. ‖ *s. m.* **3.** Café con leche que se distingue por la espuma con que se sirve.

capuchón *s. m.* **1.** *aum.* de **capucha**. **2.** Cubierta que protege el extremo de algunas cosas.

Capuleto Nombre de los miembros de una destacada familia de la ciudad italiana de Verona, enfrentados en el s. XIII por razones políticas a la familia de los Montesco, e inmortalizados por William Shakespeare en su famoso drama *Romeo y Julieta* (1595).

capulí *s. m.* **1.** Árbol de la familia rosáceas, especie *Prunus capuli*. Tiene hojas lanceoladas, flores pequeñas de color blanco y fruto en drupa negro rojizo. Crece en el continente americano. **2.** Fruto de este árbol.

capullo *s. m.* **1.** Envoltura formada por hilo segregado por algunos insectos holometábolos, que protege la ninfa o pupa y dentro de la cual se produce la metamorfosis a su forma adulta. Los del gusano de seda constituyen la materia prima para la industria textil de la seda. **2.** Yema de la flor que está a punto de abrirse. **3.** *fam.* Torpe; inmaduro. También *adj.* **4.** *vulg.* Glande.

capuz *s. m.* **1.** Capucha de una prenda. **2.** Antigua vestidura larga, holgada y con capucha.

Caquetá **1.** Río colombiano afluente del Amazonas. 2.800 km. En territorio brasileño recibe el nombre de Japurá.
2. Departamento de Colombia, en el S del país. 88.965 km^2. 227.277 h. en 1989. La capital es Florencia, con 93.380 h. en 1989. Posee cultivos de maíz, piña y algodón y ganadería vacuna.

caquexia *s. f.* **1.** Grave trastorno del organismo que se caracteriza por la desnutrición y debilitamiento y es producido por infecciones, intoxicaciones, tumores, etc. **2.** En las plantas, destrucción de los cloroplastos; produce decoloración de los órganos verdes.

caqui[1] (del ingl. *khaki*, de color de polvo) *s. m.* **1.** Color entre el amarillo ocre y el verde gris. **2.** Tela de ese color, especialmente la usada en uniformes militares.

caqui[2] *s. m.* Véase **palosanto**.

cara *s. f.* **1.** Parte anterior del hombre y de algunos animales, desde la frente hasta la barbilla. **2.** Expresión del rostro. **3.** Aspecto de alguna cosa o asunto. **4.** En geom., cada uno de los semiplanos que forman un ángulo diedro y cada una de las superficies que forman o delimitan un poliedro. **5.** Fachada o frente de alguna cosa. **6.** Superficie de ciertos objetos planos. **7.** Anverso de una moneda. **8.** *fam.* Descaro, desvergüenza. ‖ *s. m.* **9.** *fam.* Caradura, persona fresca, desvergonzada, cínica. ‖ **10. cara de circunstancias** Expresión afectada para estar a tono con alguna situación. ■ Se usa con los verbos *poner* o *tener*. **11. cara de palo** Gesto serio y severo. **12. cara de perro** (o **de vinagre**) Expresión de hostilidad, de enfado o reprobación. **13. cara de pocos amigos** Semblante desagradable, muy serio. **14. cara de póquer** La carente de expresión o difícil de penetrar. **15. cara dura** Descaro, desvergüenza; también, caradura, desvergonzado. ‖ **LOC. a cara descubierta** *adv.* Abiertamente, sin vergüenza. **a cara o cruz** Con los verbos *echar* o *jugar*, decidir alguna cosa por el procedimiento de tirar una moneda al aire y que ésta muestre el anverso o el reverso. **caérsele** a uno **la cara de vergüenza** *fam.* Sentirse muy avergonzado. **cara a** *adv.* Hacia, en dirección a, mirando hacia: *cara al sur.* **cara a cara** *adv.* En presencia de otro, delante de él: *hablar cara a cara.* **cruzar la cara** a alguien Abofetearle. **dar** (o **plantar**) **la cara** Responder uno de sus actos y cargar con las consecuencias; también, hacer frente a un peligro. **echar en cara** Reprochar. **en la cara** de alguien *adv.* Cara a cara, abiertamente. **lavar la cara** a una cosa *fam.* Limpiarla superficialmente para presentarla con buen aspecto. **plantar cara** a alguien *fam.* Discutir, desafiar a alguien; incumplir sus órdenes. **tener dos** (o **muchas**) **caras** *fam.* Ser falso. **verse las caras** *fam.* Citarse una persona con otra para manifestarle vivamente su enfado o para responder a alguna ofensa. **volver la cara** a alguien Retirarle el saludo.

Anat. y ***Fisiol.*** En el hombre, la cara está formada por un armazón óseo, constituido por 14 huesos: un maxilar inferior, dos maxilares superiores, un vómer, dos palatinos, dos nasales, dos lacrimales, dos molares o pómulos y dos cornetes inferiores. El único que puede moverse es el maxilar inferior, que está articulado con el hueso temporal. La cara consta también de un numeroso conjunto de músculos controlados por el nervio facial y alberga las vías de entrada del aparato digestivo y respiratorio y los órganos del sentido de la vista (ojos), olfato (nariz), oído (orejas) y gusto (boca).

caraba, ser la *loc. fam.* Indica que algo resulta extraordinario o sorprendente, en sentido bueno o malo.

carabao *s. m.* Mamífero artiodáctilo rumiante de la familia bóvidos, especie *Bubalus bubalis kerabau.* Es una variedad del búfalo propia del continente asiático.

carabela *s. f.* Antigua embarcación a vela, de tres palos, larga y estrecha, con una sola cubierta y elevado castillo de popa. Fue muy utilizada por los exploradores portugueses y españoles en el s. XV.

carabina *s. f.* **1.** Arma de fuego parecida a un fusil, pero más corta. **2.** *fam.* Señora de compañía, especialmente mujer de edad que acompañaba a las señoritas para que no salieran solas con el novio. P. ext., persona que acompaña a una pareja no dejándola estar sola. ‖ **LOC. ser la carabina de Ambrosio** *fam.* No servir para nada, ser inútil.

carabinero *s. m.* **1.** Soldado armado con carabina. **2.** Guardia destinado a la persecución del contrabando. **3.** Crustáceo decápodo de la familia peneidos, con dos especies: *Aristeomorpha laciniata* y *Aristeus antenatus.* Vive en el mar y tiene una forma parecida a la de la gamba, pero de mayor tamaño, y color rojo intenso. Es apreciado como alimento.

cárabo *s. m.* Nombre común de diversas aves estrigiformes de la familia estrígidos, género *Atrix.* El cárabo común *(Atrix aluco)* es un ave rapaz de unos 40 cm de longitud, que tiene plumaje color castaño o gris y una cabeza grande, redonda y desprovista de penachos. Habita en toda Europa y anida en bosques, jardines e incluso en núcleos urbanos.

Carabobo Estado de Venezuela, en el N del país. 4.650 km^2. 1.603.700 h. en 1990. La capital es Valencia, con 955.000 h. en 1990. Cuenta con una importante agricultura, en la que destacan los cultivos de patata, algodón, maíz, café y caña de azúcar, e industria (textil, química, alimentaria, mecánica).

Carabobo, batalla de Enfrentamiento que tuvo lugar el 24 de junio de 1821 en las llanuras de Carabobo, entre el ejército de Bolívar y las tropas realistas bajo el mando de La Torre. La victoria de Bolívar decidió la independencia de Venezuela.

caracal *s. m.* Mamífero carnívoro de la familia félidos, especie *Lynx caracal.* Mide unos 65 cm de longitud, tiene orejas puntiagudas rematadas con un penacho de pelo y piel de color pardo claro. Habita en regiones áridas de África y Asia.

Caracalla, Marco Aurelio Antonino, llamado (Lugdunum, actual Lyon 188 - Carras, Mesopotamia 217) Emperador romano (211-217). Hábil militar, reprimió con gran dureza a su hermano Geta y a los partidarios de éste. Promulgó el edicto que concedía la ciudadanía romana a todos los habitantes libres del imperio. Murió asesinado durante una expedición contra los partos.

caracará *s. m. Arg., Par., Urug.* Ave falconiforme de la familia falcónidos, especie *Polyborus plancus.* Mide unos 60 cm de longitud, tiene plumaje con varios tonos de marrón, pico corto y fuerte y un penacho de plumas eréctiles en la cabeza. Habita en América del Norte y también es llamada *carancho.*

caracas *s. m.* **1.** Cacao procedente de las costas de Venezuela. **2.** *Méx.* Chocolate.

Caracas C. de Venezuela, cap. del país y del Distrito Federal, situada en el N del mismo. 1.290.100 h. en 1990, 3.185.000 en su área metropolitana. Su proximidad a la costa le proporciona un clima estable a lo largo del año. Su población ha aumentado espectacularmente, ha-

Caracas: vista aérea de la ciudad.

ciendo de la ciudad una gran urbe con modernos edificios y amplias vías de comunicación. Es centro del comercio petrolero y de la industria alimentaria, química, metalúrgica y mecánica. Fue fundada por Diego de Losada en 1567 con el nombre de Santiago de León de Caracas. En el s. XVII se convirtió en foco del comercio del cacao y en el XVIII la creación de la universidad impulsó definitivamente su importancia. Centro del movimiento independentista, fue nombrada capital de la República de Venezuela en 1830. Entre sus principales monumentos merecen citarse la catedral (del s. XVIII), la Ciudad Universitaria, el Palacio de Justicia, el Panteón Nacional, el Museo de Bellas Artes y el Capitolio.

caracha *s. f. Perú.* Sarna u otro tipo de erupción cutánea.

caracol *s. m.* **1.** Nombre común del conjunto de las especies de moluscos gasterópodos provistos de concha, pertenecientes a las familias helícidos, zonítidos, énidos, etc. Unos son terrestres, otros de agua dulce y otros marinos. El caracol común *(Helix aspersa)* mide unos 4 cm de longitud, tiene una concha de color amarillento con bandas castañas en forma de espira cónica, su masa visceral está retorcida 180°, presenta ojos situados en el extremo de apéndices retráctiles, abunda en la península Ibérica y se utiliza como alimento. Es hermafrodita, vive en lugares húmedos y se mueve lentamente. Otras especies son el caracol de campo *(Helix pomatia),* muy apreciado por su carne, y el caracol de bosque *(Helix nemoralis).* **2.** Una de las cavidades del oído interno de los vertebrados, que en los mamíferos tiene forma de conducto arrollado en espiral. También se denomina *cóclea.* Contiene fluidos y membranas provistas de células nerviosas. El sonido se propaga a través del fluido y las células lo convierten en impulsos nerviosos que se transmiten por el nervio acústico. **3.** Nombre que se da a las conchas en forma de espiral. **4.** Escalera de esta forma. **5.** Rizo del pelo sobre la frente. **6.** En equitación, cada vuelta dada por el

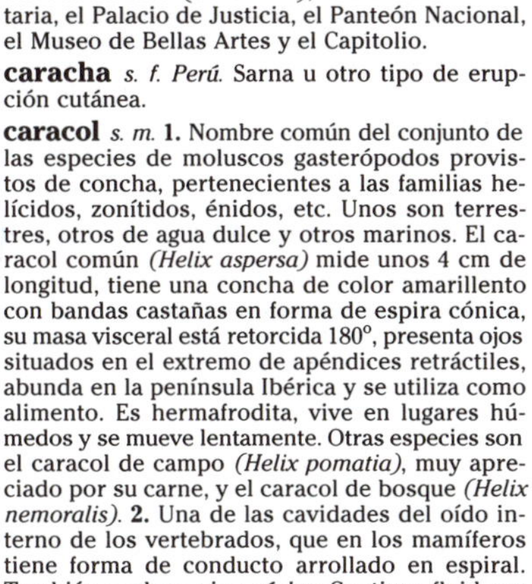

Algunas de las especies más comunes de caracol.

caballo, cuando está inquieto o por gusto del jinete. **7.** *Méx.* Camisón o blusa que usan las mujeres. ‖ **LOC. ¡caracoles!** *interj.* Exclamación que se emplea para indicar asombro, sorpresa, disgusto, etc.

caracola *s. f.* Concha de un caracol marino de gran tamaño y de forma cónica.

caracolada *s. f.* Guiso de caracoles.

caracolear *v. intr.* Hacer caracoles el caballo.

caracoleo *s. m.* Acción y efecto de caracolear.

caracolillo *s. m.* **1.** *dim.* de **caracol**. **2.** Planta herbácea, de la familia papilionáceas, especie *Phaseolus caracalla.* Tiene flores blancas y azules, aromáticas, enroscadas en forma de caracol, y se utiliza como adorno. **3.** Flor de esta planta. **4.** Cierta clase de café de grano pequeño, que es muy apreciada.

carácter *s. m.* **1.** Modo de ser y de comportarse de cada persona, que la hace distinta de las demás. **2.** Genio, humor, temperamento. **3.** Fuerza de voluntad, firmeza, energía. **4.** Conjunto de condiciones y cualidades que diferencian a un grupo de personas o a un pueblo de otros. **5.** Manera de ser de una cosa, condición. **6.** Rasgo distintivo, aspecto, característica. **7.** Marca, señal, signo. **8.** Estilo de un artista o de una obra de arte. **9.** Signo de escritura y su forma. Se usa generalmente en *pl.* **10.** En inform., representación efectiva o codificada de un dígito, letra o signos especiales que admite el ordenador. ‖ *pl.* **11.** Letras de imprenta. ‖ **12. carácter adquirido** En biol., rasgo biológico no heredado, sino incorporado al individuo durante su vida, mediante estímulos internos o externos. **13. carácter alfanumérico** En inform., el que constituye una letra, un dígito, un signo de puntuación u otro signo gráfico, excluidos los caracteres de control. **14. carácter de control** En inform., el que ordena la ejecución de una función, por lo general en un periférico. **15. carácter dominante** En biol., el determinado por un gen dominante; se manifiesta en todos los individuos de la primera generación obtenida al cruzar dos líneas puras. **16. carácter heredado** En biol., rasgo biológico transmitido a través de los genes de una generación a otra. **17. carácter recesivo** En biol., el determinado por un gen recesivo, que no se manifiesta en los individuos de la primera generación y sólo en un cuarto de los de la segunda. **18. caracteres sexuales** En biol., rasgos morfológicos y fisiológicos que en un organismo están relacionados con la sexualidad y la actividad reproductora. Algunos son comunes a los dos sexos, otros son propios y diferencian un sexo del otro. ‖ **LOC. dar** (o **imprimir**) **carácter** Dotar a una persona o cosa de una serie de cualidades o características que la diferencian de las demás.

caracterial *adj.* Perteneciente o relativo al carácter.

caracteriología *s. f.* Caracterología*.

característico, ca *adj.* **1.** Perteneciente o relativo al carácter. **2.** Se aplica a lo que es peculiar de una persona o cosa, o sirve para distinguirla de sus semejantes. ‖ *s. f.* **3.** Rasgo o cualidad que diferencia a alguien o algo. ‖ *s. m.* y *f.* **4.** Actor o actriz especializado en representar papeles de personas de edad. ‖ **5. característica de un logaritmo** En mat., cifra o cifras que expresan la parte entera del logaritmo decimal de un número. Si el número es mayor o igual que 1, la característica de su logaritmo es igual al número de cifras enteras, menos una, de ese número. Si el número está comprendido entre 0 y 1, la característica de su logaritmo es negativa y consta de tantas unidades como ceros haya antes de la primera cifra significativa del número, contando el cero anterior a la coma. P. ej., la característica del logaritmo de 0,0602 es –2.

caracterizado, da **1.** *p. p.* de **caracterizar**. También *adj.* ‖ *adj.* **2.** Muy distinguido, notable o prestigioso.

caracterizar *v. tr.* **1.** Señalar o determinar las cualidades propias de una persona o cosa. Se usa mucho como *v. prnl.* **2.** Distinguir a una persona o cosa sus cualidades o rasgos propios. **3.** Representar un actor su papel con gran fidelidad al personaje que interpreta. ‖ *v. prnl.* **4.** Vestirse y maquillarse el actor o actriz conforme al personaje que va a representar. ■ Se conjuga como *cazar.*

caracterología *s. f.* **1.** Parte de la psicología que estudia el carácter y personalidad del hombre. **2.** Conjunto de peculiaridades o cualidades que constituyen el carácter de una persona.

caracterológico, ca *adj.* Perteneciente o relativo a la caracterología.

caracul *adj.* Karakul*.

caradriformes *s. f. pl.* Orden de aves que comprende unas 300 especies pertenecientes a las familias carádridas, escolopácidas, recurvirróstridas, falaropódidas, láridas, álcidas, etc. Se caracterizan por ser casi todas aves limícolas o ribereñas, de mediano tamaño y por presentar una glándula uropigial emplumada. Caradriformes son los chorlitos, avocetas, alcaravanes, gaviotas, alcas, etc. También *adj.* y *s. f.*

caradura *s. m.* y *f.* Persona sin vergüenza.

carajillo *s. m. fam.* Bebida compuesta de café y coñac, anís o ron.

carajo *s. m.* **1.** Miembro viril, pene. **2.** Con los verbos *importar, ir, mandar* y otros, forma frases despectivas o de rechazo. ‖ *interj.* **3.** Indica asombro o sorpresa. ‖ **Loc. en el quinto carajo** *adv. fam.* En lugar muy apartado.

¡caramba! *interj.* Denota extrañeza, enfado o disgusto: *¡Caramba, qué tarde es!* ■ A veces, precedida de *qué*, se usa para recalcar lo que se dice: *¡Qué caramba, nos hemos ganado un descanso!*

carámbano *s. m.* Pedazo de hielo largo y puntiagudo.

carambola *s. f.* **1.** Jugada de billar en que la bola impulsada toca a las otras dos. **2.** *fam.* Resultado que se alcanza más por suerte que por habilidad. **3.** *fam.* Casualidad. **4.** Acción de conseguir dos o más cosas a la vez.

carambolearse *v. prnl. Chile.* Achisparse.

caramelizar *v. tr.* Dar un baño de caramelo. ■ Se conjuga como *cazar.*

caramelo *s. m.* **1.** Pasta de azúcar hecho almíbar al fuego y endurecido. **2.** Esa misma pasta con alguna esencia. ‖ **3. punto de caramelo** Grado de concentración que se da al almíbar cociéndolo para que, al enfriarse, se endurezca y convierta en caramelo. ‖ **Loc. estar a punto de caramelo** *fam.* Estar algo perfectamente dispuesto y preparado para un fin.

caramillo *s. m.* Flautilla de caña, madera o hueso que produce un sonido muy agudo. Es el precedente popular y antiquísimo del clarinete y el oboe.

Caran d'Ache, Emmanuel Poiré, llamado (Moscú 1858 - París 1909) Dibujante francés. Colaboró en diversas revistas humorísticas e introdujo, con un dibujo de trazo limpio y preciso, el género de historietas sin palabras, considerado precedente del cómic.

Carande, Ramón (Palencia 1887 - Almendral 1986) Historiador español. Catedrático de economía y hacienda de la universidad de Sevilla (1918), orientó su actividad investigadora hacia la historia económica y social. Su obra más destacada es *Carlos V y sus banqueros* (1943-66).

carantoña *s. f. fam.* Caricia y otras demostraciones de cariño que se hacen a alguien para conseguir algo de él.

carapacho *s. m.* Caparazón de las tortugas, moluscos, crustáceos, etc. Se dice también *garapacho.*

¡carape! *interj.* ¡Caramba!*

caraqueño, ña *adj.* **1.** Natural de Caracas. También *s.* **2.** Perteneciente o relativo a esta ciudad.

carate *s. m. amer.* Enfermedad tropical, parecida a la sarna.

carátula *s. f.* **1.** Portada de un libro, disco, casete, etc. **2.** Máscara o maquillaje espeso para ocultar el rostro. **3.** Etiqueta que se pone sobre una carpeta o conjunto de papeles, indicando su contenido. **4.** Profesión teatral.

carau *s. m.* Ave gruiforme de la familia arámidos, especie *Aramus guarauna.* Mide unos 60 cm de longitud, tiene plumaje oscuro con manchas blancas, pico largo y curvo y habita en zonas muy húmedas del NE de América del Sur.

Caravaca de la Cruz C. de España, en la prov. de Murcia. 23.450 h. en 1990. Cuenta con cultivos hortícolas e industrias del cáñamo y esparto.

Caravaggio: Crucifixión de San Pedro *(Santa María del Popolo, Roma).*

Caravaggio, Michelangelo Merisi, llamado (Caravaggio, Lombardía 1571 - Porto Ercole 1610) Pintor barroco italiano. Es el iniciador de la corriente naturalista, basada en la observación directa de la realidad y en la ruptura con el estilo idealizado a la hora de tratar los temas religiosos, y el creador del tenebrismo, que consiste en el empleo de una luz dirigida que al incidir sobre la composición crea fuertes contrastes de zonas iluminadas y oscurecidas y destaca las figuras y los objetos sobre fondos en penumbra. Entre sus obras destacan la *Conversión de San Pablo*, la *Crucifixión de San Pedro*, las *Historias de San Mateo* y la *Resurrección de Lázaro.*

caravana *s. f.* **1.** Grupo de personas que se reúnen para atravesar juntas el desierto, generalmente en camellos. **2.** P. ext., grupo numeroso de personas o coches que van juntos. **3.** Aglomeración de vehículos, en una misma dirección, que dificulta el tráfico. **4.** Remolque habitable.

¡caray! *interj.* Denota extrañeza o enfado.

Carballido, Emilio (Córdoba, Veracruz 1925) Escritor mexicano. De estilo realista, destacó en la novela (*El norte*, 1958; *El sol*, 1970) y el teatro (*Un pequeño día de ira*, 1962).

Carballo C. de España, en la prov. de La Coruña. 28.100 h. en 1990. Su economía se basa en la agricultura (cereales, patatas), ganadería, pesca (conservas) y en las minas de estaño y volframio.

carbohidratos *s. m. pl.* Nombre que reciben los hidratos de carbono o sacáridos.

carbón *s. m.* **1.** Mineral de color negro, formado por carbono y cantidades variables de compuestos de carbono, más pequeñas cantidades de oxígeno, hidrógeno, nitrógeno y azufre. **2.** Brasa o ascua después de apagada. **3.** Carboncillo, lápiz. ‖ **4. carbón activo** Tipo de carbón, poroso y esponjoso, de gran superficie de adsorción, empleado como filtro para retener las impurezas suspendidas en los fluidos. **5. carbón animal** El que se obtiene mediante calcinación de huesos. **6. carbón bituminoso** El formado por acumulación de restos vegetales que han variado poco su configuración morfológica y conservan gran cantidad de materias volátiles. **7. carbón de coque** Véase **coque**. **8. carbón de piedra** El mineral negro, más o menos brillante, procedente de la acumulación de restos vegetales principalmente durante el periodo carbonífero de la era primaria que, por diagénesis, se ha consolidado como roca dura y quebradiza. **9. carbón vegetal** El obtenido de la combustión incompleta de la madera. Se llama también *carbón de leña.*

Min. Los carbones naturales provienen de antiguas masas vegetales que quedaron acumuladas en terrenos pantanosos y sobre las que se amontonaron rocas sedimentarias. La falta de aire y la presión mineralizó los vegetales, produciendo cuatro tipos de carbón: la hulla, la antracita, la turba y el lignito. Su contenido en carbono varía entre el 55 y el 95 % y su poder calorífico entre las 6.000 y las 9.000 kcal/g. Existen carbones de la era paleozoica o primaria (antracita, hulla), del terciario (lignito), del cuaternario y carbones que están actualmente en proceso de formación (turba). Cuanto más antiguos, más ricos son en carbono, lo que significa que arden con más dificultad, pero dan mayor número de calorías.

carbonada *s. f.* **1.** Cantidad grande de carbón que se echa de una vez en un horno, caldera, etc. **2.** *Arg., Urug.* Guiso que se prepara con carne, papas, zapallo, choclo y duraznos.

carbonario, ria *adj.* **1.** Perteneciente o relativo al carbonarismo. ‖ *s. m.* y *f.* **2.** Seguidor de esta sociedad secreta.

carbonarismo *s. m.* Sociedad política secreta, similar a la masonería, que surgió en Italia a principios del s. XIX y desde donde se extendió a Francia y España.

carbonatar *v. tr.* Transformar en carbonato. También *v. prnl.* **Fam.** Carbonatado.

carbonato *s. m.* Nombre que reciben las sales o ésteres del ácido carbónico, como el carbonato de calcio ($CaCO_3$), muy abundante en la naturaleza, pues entra en la composición del mármol, la caliza, la creta, los corales, la cáscara de huevo, los huesos, etc.

carboncillo *s. m.* **1.** Lápiz de madera carbonizada que sirve para dibujar. **2.** Hongo parásito de los cereales.

carbonear *v. tr.* **1.** Hacer carbón de leña. **2.** Cargar carbón un buque para su transporte o consumo. **Fam.** Carboneo.

carbonería *s. f.* **1.** Tienda en la que se vende el carbón. **2.** Almacén de carbón.

carbonero, ra *adj.* **1.** Perteneciente o relativo al carbón. ‖ *s. m.* y *f.* **2.** Persona que hace o vende carbón. ‖ *s. m.* **3.** Nombre común de diversas aves paseriformes de la familia páridos, género *Parus.* El carbonero común *(Parus major)* mide 14 cm de longitud y tiene plumaje amarillo, con la cabeza y cuello negros y dos manchas blancas a ambos lados de la cabeza. El carbonero garrapinos *(Parus ater)* mide 11 cm de longitud y es de color gris, con la cabeza negra y una mancha blanca en la nuca y en ambos lados de la cabeza. Son arborícolas e insectívoros y viven en zonas cálidas y templadas de todo el mundo, excepto América del Sur y Oceanía. ‖ *s. f.* **4.** Pila de leña dispuesta para el carboneo. **5.** Lugar donde se guarda el carbón.

carbónico, ca *adj.* **1.** Perteneciente o relativo al carbono. ‖ **2. ácido carbónico** H_2CO_3. Ácido derivado del dióxido de carbono, del que es una solución acuosa. Es un ácido débil, cuyas sales son los carbonatos y los bicarbonatos. **3. anhídrido carbónico** Antigua denominación del dióxido de carbono (CO_2).

carbonífero, ra *adj.* **1.** Que contiene carbón mineral. **2.** Se dice del quinto periodo de la era paleozoica, comprendido entre el devónico y el pérmico, al que se calcula una antigüedad de unos 345 millones de años y que se prolongó durante 65 millones de años aproximadamente. Está dividido en dos épocas: inferior y superior. En él se desarrolló la orogenia herciniana, crecieron grandes bosques, que al quedar sepultados dieron origen a depósitos de carbón, y aparecieron los primeros reptiles. También *s. m.* **3.** Perteneciente o relativo a este periodo geológico.

carbonilla *s. f.* **1.** Resto menudo que suele quedar donde ha estado el carbón. **2.** Residuo pequeño de carbón que se desprendía de las antiguas locomotoras. **3.** Conjunto de trocitos de carbón a medio quemar que caen con la ceniza de un hogar o lumbre.

carbonilo *s. m.* Grupo =C=O, radical orgánico propio de los ácidos carboxílicos, los aldehídos y las cetonas.

carbonización *s. f.* **1.** Acción y efecto de carbonizar o carbonizarse. **2.** Proceso por el cual los restos vegetales se van convirtiendo lentamente en carbón por pérdida paulatina de hidrógeno y nitrógeno. **3.** Transformación en carbono de las sustancias orgánicas.

carbonizar *v. tr.* **1.** Reducir a carbón un cuerpo. También *v. prnl.* **2.** Quemar, abrasar. También *v. prnl.* ■ Se conjuga como *cazar.*

carbono *s. m.* **1.** C. Elemento químico perteneciente al grupo IV A del sistema periódico. Su número atómico es 6 y su masa atómica 12,0. En la naturaleza se presenta en dos formas alotrópicas: el diamante y el grafito. Es, además, el componente básico de los carbones naturales, empleados como combustible y como agentes reductores en los procesos metalúrgicos. Su capacidad para formar enlaces covalentes le permite establecer largas cadenas y le convierte en elemento constitutivo de más de dos millones de compuestos distintos, en proporción sólo comparable al hidrógeno. Estos compuestos, también llamados *compuestos orgánicos*, desempeñan un papel fundamental en la química de la vida: son los hidratos de carbono, las grasas, las proteínas, los ácidos nucleicos, las vitaminas, etc., cuyas propiedades estudia la bioquímica. El carbono puede encontrarse en rocas y minerales en forma de carbonatos, y como dióxido de carbono (CO_2) en la atmósfera y el agua. No es muy activo y a temperatura ambiente resulta insoluble; a altas temperaturas reacciona con el hidrógeno, azufre, cloro y con los óxidos metálicos. ‖ **2. carbono 14** (C^{14}). Isótopo activo del carbono, utilizado en arqueología para datar yacimientos, fósiles, etc., de hasta 50.000 años de antigüedad. **3. ciclo del carbono** Serie de transformaciones continuas que verifica el carbono en la biosfera y la atmósfera a través de los seres vivos: absorbido en forma de CO_2 por las plantas, pasa a los animales convertido en hidrato de carbono, y éstos, a su vez, lo restituyen a la atmósfera en forma de CO_2 a través de la respiración y la descomposición de restos orgánicos. **4. dióxido de carbono** (CO_2). Gas incoloro e inodoro que se forma por combustión completa de sustancias carbonosas. Constituye el 0,03 % en volumen del aire. Desempeña una actividad fundamental en el fenómeno de la fotosíntesis y en la alteración química de las rocas. Se utiliza para elaborar bebidas efervescentes y disoluciones contra incendios. **5. monóxido de carbono** (CO). Gas incoloro e inodoro que se forma por combustión incompleta de sustancias carbonosas. Es muy tóxico.

carborundo *s. m.* SiC. Nombre comercial del carburo de silicio, sólido de gran dureza, cristalino y transparente. Se fabrica tratando arena silícea y coque en horno eléctrico y se utiliza para fabricar muelas abrasivas y como esmeril.

carboxilación *s. f.* Reacción que crea en una molécula orgánica el grupo carboxilo.

carboxilo *s. m.* Radical monovalente –COOH, propio de los ácidos orgánicos, a los cuales confiere sus propiedades ácidas.

carbunclo *s. m.* **1.** Carbúnculo*. **2.** Carbunco*.

carbunco *s. m.* Enfermedad infecciosa del ganado y los animales domésticos, que se puede transmitir al hombre y es producida por la bacteria *Bacillus anthracis.* También se denomina *ántrax.*

carbúnculo *s. m.* Rubí, piedra preciosa.

carburación *s. f.* **1.** Acción y efecto de carburar. **2.** Operación de someter ciertos cuerpos a la acción del carbono, especialmente el hierro para convertirlo en acero.

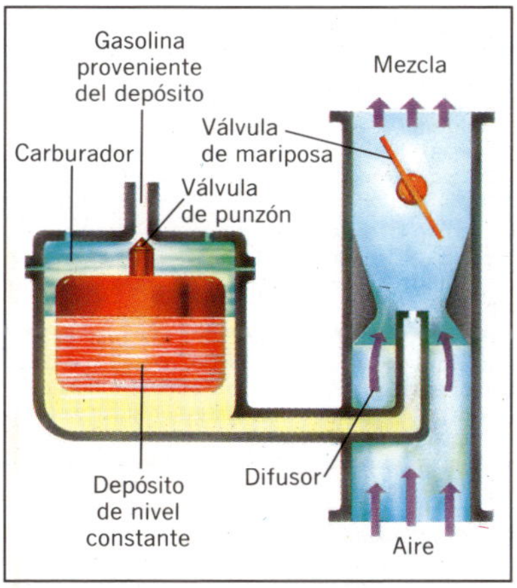

Esquema de un carburador: la gasolina proveniente del depósito sale del difusor y se mezcla con el aire que llega del motor, para dirigirse a continuación a los cilindros.

carburador *s. m.* Dispositivo donde se prepara para la combustión o explosión el carburante líquido empleado en los motores de automóviles, aviones y barcos. Desde el carburador, la mezcla de carburante y aire u otro gas pasa al cilindro, donde tiene lugar la combustión controlada.

carburante *adj.* **1.** Que carbura. ‖ *s. m.* **2.** Mezcla de hidrocarburos que se emplea en los motores de explosión y de combustión interna, como la bencina, la gasolina y el gasoil.

carburar *v. tr.* **1.** Mezclar los gases o el aire atmosférico con carburantes gaseosos o con vapores de carburantes líquidos para hacerlos combustibles o detonantes. También *v. intr.* ‖ *v. intr.* **2.** *fam.* Andar, funcionar.

carburo *s. m.* Combinación binaria del carbono con otros elementos, fundamentalmente metálicos, como el carburo de calcio CaC_2 y el carburo de boro B_4C_3.

carca[1] *adj.* **1.** Carcunda*. **2.** *fam.* Se dice de la persona anticuada, extremadamente conservadora, llena de prejuicios. También *s.*

carca[2] (voz quechua) *s. f.* **1.** *amer.* Olla para cocer la chicha, tipo de bebida. **2.** *amer.* Mugre, suciedad.

Carcagente (*Carcaixent*) C. de España, en la prov. de Valencia. 20.800 h. en 1990. Cuenta con agricultura de regadío (cítricos, arroz) e industria alimentaria.

carcaj *s. m.* Caja en que se llevan las flechas.

carcajada *s. f.* Risa impetuosa y ruidosa.

carcajear *v. intr.* Reír a carcajadas. También *v. prnl.*

Fauna y flora del carbonífero: 1 y 6. Sigillaria. *2.* Lepidodendron. *3.* Meganeura. *4.* Calamites. *5.* Stenodicta. *7.* Diplovertebron. *8.* Medullosa.

carcamal *s. m.* Persona vieja y achacosa. También *adj.*

carcamán, na *s. m.* y *f.* **1.** *Arg., Cuba.* Inmigrante. **2.** *Arg., Perú.* Persona tonta y presuntuosa.

carcasa *s. f.* **1.** Especie de bomba incendiaria. **2.** Clase de fuegos artificiales que se disparan y estallan en las alturas. **3.** Armazón o estructura sobre la que se montan otras piezas.

cárcava *s. f.* **1.** Hoyo grande que hacen en el suelo las crecidas. **2.** Zanja o foso.

cárcel *s. f.* **1.** Edificio en que se encierra a los presos privándoles de libertad. **2.** Dispositivo que sujeta algo con distintos usos, p. ej. piezas de madera para que se peguen.

carcelario, ria *adj.* Perteneciente o relativo a la cárcel.

carcelero, ra *adj.* **1.** Carcelario*. ‖ *s. m.* y *f.* **2.** Persona que cuida de los presos en una cárcel.

Carchi Prov. de Ecuador, situada en el N del país. 4.140 km^2. 148.900 h. en 1989. La capital es Tulcán, con 32.655 h. en 1990. Se cultivan cereales, caña de azúcar, café y posee ganadería vacuna y lanar.

carcinógeno, na *adj.* Se dice de la sustancia o agente capaz de producir cáncer.

carcinoma *s. m.* Cáncer del tejido epitelial, con tendencia a extenderse y producir metástasis.

carcoma *s. f.* **1.** Nombre común de diversos insectos coleópteros de la familia anóbidos, géneros *Anobium, Xestobium* y *Stegobium.* La carcoma común de los muebles (*Anobium punctatum*) es un escarabajo de pequeño tamaño y color oscuro, cuyas larvas excavan galerías en la madera de muebles y edificios, reduciéndola a polvo. Otras especies atacan los libros, tabaco, alimentos y otros productos almacenados. **2.** Polvo que deja este insecto al roer la madera. **3.** Cosa o acción que destruye algo lentamente.

Larva de carcoma (Anobium punctatum).

carcomer *v. tr.* **1.** Destruir la carcoma la madera. **2.** Consumir poco a poco ciertas cosas, como la salud, la paciencia. También *v. prnl.* **3.** Corroer a alguien un sentimiento.

carcunda *adj.* **1.** Se aplicaba despectivamente a los carlistas. También *s.* **2.** P. ext., se dice del partidario de lo antiguo y tradicional y opuesto a lo nuevo. También *s.*

carda *s. f.* **1.** Acción y efecto de cardar. **2.** Cepillo de ganchos de alambre para cardar. **3.** Máquina para limpiar fibras textiles.

cardado *s. m.* **1.** Operación de cardar las materias textiles. **2.** Acción y efecto de cardarse el pelo de la cabeza.

cardador, ra *s. m.* y *f.* **1.** Persona que tiene el oficio de cardar lana. ‖ *s. m.* **2.** Nombre común de diversos miriápodos del género *Julus,* de cuerpo cilíndrico que arrollan en espiral para protegerse; se alimentan de sustancias en descomposición.

cardamomo *s. m.* **1.** Planta arbustiva de la familia zingiberáceas, especie *Elettaria cardamomum.* Sus semillas tienen aplicación carminativa y aromática. Es originaria de las regiones húmedas y montañosas de la India, Ceilán e Indochina. **2.** Fruto de esta planta.

cardán *s. m.* Articulación mecánica para transmitir el movimiento entre dos ejes no alineados, con numerosas aplicaciones en mecánica.

cardar *v. tr.* **1.** Preparar para el hilado las materias textiles. **2.** Sacar con la carda el pelo a los paños. **3.** Ahuecar el pelo de la cabeza con un cepillo o un peine. También *v. prnl.*

cardenal[1] (del lat. *cardinalis,* fundamental) *s. m.* **1.** Cada uno de los prelados que forman el sacro colegio cardenalicio, que eligen al papa reunidos en cónclave y constituyen el consejo de éste. **2.** Nombre común de diversas plantas herbáceas de la familia campanuláceas, género *Lobelia.* La *Lobelia cardinalis* tiene hojas alternas y flores lila claro. Crece en Europa y tiene uso ornamental. **3.** Nombre común de diversas aves paseriformes de la familia embericídos, con diversos géneros. El cardenal rojo *(Richmondena cardinalis)* mide unos 19 cm de longitud, tiene cola negra, moño en punta y pico y plumaje de color rojo, muy brillante en el macho, cuyo canto es armonioso. Vive en América del Norte. El cardenal gris *(Richmondena cardinalis canicaudata)* y el verde *(Gubernatix cristatella)* viven en las selvas de América del Sur. El cardenal rosa *(Pyrrhuloxia sinuata)* vive en América Central y América del Norte.

cardenal[2] *s. m.* Mancha amoratada o amarillenta producida en la piel por un golpe.

Cardenal, Ernesto (Granada, Nicaragua 1925) Poeta, sacerdote y político nicaragüense. Su poesía, en un principio intimista, fue adquiriendo mayor carga política y social, en obras como *Homenaje a los indios americanos* (1969), *Vida en el amor* (1970), *Canto nacional* (1973) y *El evangelio en Solentiname* (1975).

cardenalato *s. m.* Dignidad de cardenal.

cardenalicio, cia *adj.* Perteneciente o relativo al cardenal o al sacro colegio de cardenales.

Cárdenas, Lázaro (Jiquilpan, Michoacán 1895 - Ciudad de México 1970) Político mexicano. Presidente del Partido Nacional Revolucionario desde 1930, accedió a la presidencia del gobierno (1934-40), cargo desde el que reactivó la reforma agraria, creó industrias, nacionalizó las compañías ferroviarias y petrolíferas, fomentó la educación y favoreció la integración del indio. Apoyó al gobierno republicano español y acogió tras la guerra civil a un gran número de exiliados.

Lázaro Cárdenas.

cardencha *s. f.* Nombre común de diversas plantas herbáceas de la familia dipsacáceas, género *Dipsacus.* La cardencha común *(Dipsacus fullonum)* mide entre 60 y 200 cm de altura, es un cardo de tallo espinoso y flores en cabezuela de color lila pálido que crece en bosques, pastos, orillas de arroyos y setos del centro y S de Europa. La cardencha pilosa *(Dipsacus pilosus)*, algo menor, presenta flores de color amarillo.

cardenillo *s. m.* **1.** Mezcla venenosa de carbonatos básicos de cobre, de color verde azulado, que se forma sobre los objetos de este metal cuando se exponen húmedos al aire libre, por la acción del anhídrido carbónico presente en la atmósfera. **2.** Color verde claro. **3.** Acetato de cobre empleado en pinturas.

cárdeno, na *adj.* **1.** De color morado. **2.** Se dice del toro cuyo pelo es de color grisáceo, por tener mezcla de negro y blanco. También *s. m.*

cardiaco o **cardíaco, ca** *adj.* **1.** Perteneciente o relativo al corazón. **2.** Se dice de la persona enferma del corazón. También *s.* **3.** Se dice del medicamento que restaura las fuerzas o el rendimiento del corazón. También *s. m.*

cardialgia *s. f.* Dolor del músculo cardiaco.

cardias *s. m.* Orificio de comunicación entre el estómago y el esófago de los vertebrados.

Cardiff C. del Reino Unido, cap. de Gales, en el S del país. 278.200 h. en 1984. Es un puerto exportador de carbón y tiene industria metalúrgica y mecánica.

cardigan *s. m.* Chaqueta de punto con escote en pico, popularizada por J. Th. Brunedell, séptimo conde de Cardigan.

cardillo *s. m.* Planta herbácea de la familia compuestas, especie *Scolymus hispanicus,* de flores amarillentas y hojas rizadas y espinosas. Crece en sembrados y barbechos y sus hojas son comestibles.

Cardin, Pierre (Sant'Andrea di Barbarana, Treviso 1922) Modisto francés. Fue el creador de la moda *prêt-à-porter* de firma, que introdujo en 1959.

cardinal *adj.* **1.** Se dice de cada uno de los cuatro puntos (norte, sur, este, oeste) que dividen el horizonte en otras tantas partes iguales y sirven para orientarse en cualquier lugar o sobre un mapa. **2.** Fundamental, principal. **3.** Se aplica al adjetivo numeral que indica cantidad. ‖ **4. cardinal de un conjunto** Número de elementos de un conjunto. **5. virtudes cardinales** Las consideradas fundamentales por el cristianismo: prudencia, justicia, fortaleza y templanza.

Cardinale, Claudia (Túnez 1939) Actriz cinematográfica italiana. Inició su carrera con *Rufufú* (1958), a la que siguieron, entre otras, *Rocco y sus hermanos* (1960), *La chica con la maleta* (1961) y *El Gatopardo* (1962), ambas dirigidas por Visconti, y *La piel* (1981).

cardiografía *s. f.* **1.** Estudio de los movimientos del corazón por medio del cardiógrafo. **2.** Gráfico en el que aparecen representados los movimientos del corazón.

cardiógrafo *s. m.* Aparato que sirve para registrar los movimientos del corazón.

cardiograma *s. m.* Trazado que representa los movimientos del corazón y que se obtiene con el cardiógrafo.

cardiología *s. f.* Tratado del corazón, de sus funciones y enfermedades.

cardiólogo, ga *s. m.* y *f.* Médico especialista en las enfermedades del corazón.

cardiópata *adj.* Se dice de la persona que sufre una enfermedad del corazón. También *s.*

cardiopatía *s. f.* Cualquiera de las enfermedades del corazón.

carditis *s. f.* Inflamación del tejido muscular del corazón.

cardo *s. m.* **1.** Nombre común de diversas plantas pertenecientes a distintas familias, como las compuestas, dipsacáceas, solanáceas, papaveráceas, umbelíferas, etc., con numerosos géneros. Se caracterizan por tener espinas puntiagudas en su tallo y hojas. Algunos presentan flores olorosas de bellos colores. Entre las especies más conocidas destacan el cardo común o carlina *(Carlina vulgaris)*, que mide entre 20 y 60 cm de altura y presenta cabezuelas en corimbo con brácteas internas de color pajizo, crece en colinas yermas y soleadas de Europa; el cardo estrellado *(Centaurea calcitrapa)*, que tiene flores púrpura y, raramente, blancas; el cardo borriquero *(Onopordum acanthium)*, que mide hasta 3 m de altura y tiene flores púrpura, y el cardo comestible *(Cynara cardunculus)*, que tiene flores azules y pencas que se comen crudas o cocidas. **2.** Persona arisca e intratable.

Carducci, Giosue (Val di Castello, Lucca 1835 - Bolonia 1907) Poeta italiano. Partidario de restaurar las formas e ideales clásicos, influyó decisivamente en la evolución intelectual de Italia en la segunda mitad del s. XIX. Entre sus libros de poemas destacan *Rimas nuevas* (1861-87), *Odas bárbaras* (1877-89) y *Rimas y ritmos* (1887-93); sus trabajos de crítica política y literaria están recogidos en *Confesiones y batallas* (1882, 1883 y 1884). En 1906 obtuvo el premio Nobel de literatura.

Giosue Carducci.

cardume o **cardumen** *s. m.* Banco de peces.

cardumen *s. m. Chile.* Multitud o abundancia de cosas.

carear *v. tr.* Poner frente a frente a varias personas e interrogarlas juntas para averiguar la verdad, comparando sus versiones y sus reacciones.

carecer *v. intr.* No tener alguna cosa. ■ Se construye con la preposición *de*: *carecer de maldad.* Es v. irreg. Se conjuga como *agradecer.*

Carelia República autónoma de la Federación Rusa, en el N de su sector europeo, entre el mar Blanco y el golfo de Finlandia. 172.000 km^2. 792.000 h. en 1989. La capital es Petrozavodsk, con 270.000 h. en 1989. Es una región de lagos y bosques, que cuenta con minería de hierro, cobre y titanio, e industria de construcciones mecánicas y maderera.

carena *s. f.* **1.** Parte sumergida de una embarcación. **2.** Carenado, reparación del casco de una nave.

carenado *s. m.* **1.** Acción y efecto de carenar o reparar el casco de la nave. **2.** Recubrimiento de la estructura de un vehículo para darle perfil aerodinámico.

carenar *v. tr.* Reparar o componer el casco de una nave.

carencia *s. f.* Falta o privación de una cosa necesaria.

carente *adj.* Se dice de la persona o cosa a la que le falta algo.

careo *s. m.* Acción y efecto de carear.

carero, ra *adj. fam.* Que vende caro. También *s.*

carestía *s. f.* **1.** Escasez de algo. **2.** Circunstancia de estar cara una cosa o, en general, subida del precio de los productos y servicios de mayor consumo debida a la devaluación de la moneda, variaciones entre la oferta y la demanda, etc.

careta *s. f.* **1.** Máscara o mascarilla de cartón u otro material para cubrir la cara. **2.** Mascarilla de alambre que usan los apicultores, los que practican la esgrima, etc., para protegerse la cara. **3.** Disimulo, falsa apariencia. ‖ **LOC. quitarse la careta** Desenmascararse, actuar abiertamente.

careto, ta *adj.* Se dice del animal que tiene la cara blanca y la frente y el resto de la cabeza de color oscuro.

carey *s. m.* **1.** Reptil quelonio de la familia quelónidos, especie *Eretmochelys imbricata.* Es una tortuga marina de 1 m de longitud aproximadamente. Su caparazón, formado por placas córneas imbricadas, de color leonado jaspeado de negro, no tiene el espaldar completamente osificado. Sus patas anteriores están transformadas en aletas y no puede retraer la cabeza dentro de la concha. Vive en mares tropicales y sólo sale a tierra en época de reproducción. **2.** Materia córnea traslúcida que se obtiene del caparazón de esta tortuga y se pulimenta para fabricar peines, cajas, incrustaciones y objetos decorativos.

Tortuga carey (Eretmochelys imbricata).

carga *s. f.* **1.** Acción y efecto de cargar. **2.** Cosa transportada a hombros de una persona, a lomos de una caballería o en un vehículo. **3.** Cantidad de géneros o mercancías transportadas de una vez. **4.** Peso sostenido por una viga, una columna, una estructura, etc. **5.** Cantidad de pólvora, proyectiles, etc., que se echa en el cañón de un arma de fuego. **6.** Cantidad de sustancia explosiva de un barreno o cosa similar. **7.** Impuesto, tributo. **8.** Gravamen, obligación o deuda que pesa sobre una propiedad, generalmente un inmueble. **9.** Obligación propia de un estado, empleo, oficio u ocupación. **10.** Efecto causado en la persona por las preocupaciones, el trabajo, los sufrimientos, etc. **11.** En la milicia, ataque resuelto contra el enemigo. **12.** P. ext., acometida de las fuerzas de seguridad para dispersar a grupos que alteran el orden público. **13.** En fútbol y otros deportes, empujón con el hombro que desplaza lateralmente al contrario. **14.** Repuesto de una materia que se gasta con el uso. **15.** Acción de disparar a un tiempo muchas armas de fuego. **16.** Resistencia que, en un momento dado, debe vencer una máquina o motor. ‖ **17. carga de profundidad** Bomba que se hace estallar a cierta profundidad bajo el mar. **18. carga eléctrica** En fís., cantidad de electricidad que posee un cuerpo o una partícula atómica, como el electrón o los iones, que se manifiesta en la aparición de fuerzas de atracción o de repulsión. Se mide en culombios. **19. carga máxima** La mayor que puede transportar un vehículo. **20. carga útil** La máxima menos la tara. ‖ LOC. **llevar una carga** Asumir la responsabilidad de algo. **volver a la carga** *fam.* Insistir en un tema o pretensión.

cargadero *s. m.* Lugar dispuesto para la carga y descarga de mercancías.

cargado, da 1. *p. p.* de **cargar**. También *adj.* ‖ *adj.* **2.** Completamente lleno. **3.** Se dice del tiempo cuando amenaza lluvia o tormenta. **4.** Pesado. **5.** Borracho. **6.** Se dice de un ambiente impuro. **7.** Que tiene un alto grado de concentración; se dice del café, té, etc. ‖ **8. cargado de espaldas** (o **de hombros**) De espaldas salientes, algo jorobado.

cargador, ra *adj.* **1.** Se dice del instrumento, máquina, etc., que carga o sirve para cargar. También *s.* ‖ *s. m.* y *f.* **2.** Persona que carga o embarca las mercancías. ‖ *s. m.* **3.** Pieza de las armas de fuego que contiene las municiones. **4.** En inform., programa cuya función es cargar en la memoria otros programas a partir de dispositivos externos de almacenamiento, disponiéndolos así para su ejecución.

cargamento *s. m.* Conjunto de mercaderías que carga o lleva una embarcación, camión, tren, etc.

cargante *adj.* **1.** Que carga. **2.** Que importuna o molesta. También *s.*

cargar *v. tr.* **1.** Poner o echar peso sobre una persona o animal. También *v. intr.* **2.** Colocar en un vehículo mercancías para transportarlas. **3.** Introducir la carga en un arma de fuego. **4.** Proveer a un utensilio o aparato de lo que necesita para funcionar. **5.** Admitir, tener cabida para. **6.** Acumular electricidad. **7.** En fútbol y otros deportes, desplazar un jugador a un contrario mediante un choque. **8.** Guardar en abundancia, poner demasiado de algo. **9.** Aumentar, reforzar o intensificar una cosa. **10.** Imponer a las personas o cosas una carga u obligación. **11.** Anotar en las cuentas las cantidades que corresponden al debe. **12.** Achacar o atribuir a uno alguna cosa. **13.** Recaer sobre una persona una tarea, normalmente poco grata. **14.** *fam.* Molestar, enfadar, resultar odioso o insoportable. **15.** *fam.* Llenar los pulmones o un conducto respiratorio de algo que dificulte la respiración normal. También *v. prnl.* **16.** Hacer que el ambiente se ponga irrespirable. Se usa más como *v. prnl.* ‖ *v. intr.* **17.** En la milicia, acometer con fuerza al enemigo. **18.** Arremeter las fuerzas de seguridad contra grupos que alteran el orden público para dispersarlos. **19.** Descansar una cosa sobre otra, que es firme y sólida. **20.** Echar sobre sí un peso, un cuidado, una obligación, etc. **21.** Recaer el acento sobre una determinada letra o sílaba. ‖ *v. prnl.* **22.** Con la preposición *de*, llenarse, tener en abundancia: *cargarse de hijos.* **23.** Nublarse el cielo, cubrirse de nubes. **24.** Experimentar una sensación de cargazón en alguna parte del cuerpo. **25.** Romper, estropear. ■ Se conjuga como *pagar.* ‖ LOC. **cargarse** a uno *fam.* Matarle; también, suspender a alguien. **cargársela** *fam.* Temerse o recibir un castigo, con culpa o sin ella.

cargazón *s. f.* Pesadez que se siente en alguna parte del cuerpo.

cargo *s. m.* **1.** Empleo en el que alguien trabaja, puesto o dignidad que uno ocupa. **2.** Cuidado, custodia o dirección de alguien o de algo. **3.** Acción de cargar. **4.** Carga o peso. **5.** Conjunto de faltas de que se acusa a alguien. **6.** En una cuenta, cantidad de dinero que se debe. ‖ **7. alto cargo** Puesto muy importante y persona que lo ocupa. **8. cargo de conciencia** Motivo para sentirse culpable una persona. ‖ LOC. **a cargo de** *adv.* Al cuidado de; a expensas, a costa, a cuenta de. **al cargo de** *adv.* Con verbos como *poner, estar,* etc., encargarse, ocuparse, estar al frente de la cosa que se indica. **hacer cargos** a alguien Imputarle algo, acusarle de alguna cosa. **hacerse** uno **cargo** Cuidar de algo; también, enterarse, comprender algo.

cargosear *v. tr. Arg., Chile.* Molestar, importunar. FAM. Cargoso.

carguero, ra *adj.* **1.** Que lleva carga. También *s.* ‖ *s. m.* **2.** Buque de carga.

cari *adj.* **1.** *Arg., Chile.* Se dice del color pardo claro. ‖ *s. m.* **2.** *amer.* Zarza. **3.** *Arg.* Tipo de poncho. **4.** *Chile.* Pimienta.

cariacontecido, da *adj.* Que muestra en su rostro pena o preocupación.

cariado, da 1. *p. p.* de **cariar**. ‖ *adj.* **2.** Se dice de la pieza dental que tiene una o más caries.

cariar *v. tr.* Corroer, producir caries. También *v. prnl.*

cariátide *s. f.* Columna con figura de mujer, que se utilizó en los antiguos templos griegos.

Caribdis 1. Personaje mitológico, hija de Poseidón y Gea, que fue castigada por Zeus y encerrada en una cueva frente a la roca de Escila. **2.** Remolino en el estrecho de Mesina, frente al escollo de Escila. ‖ LOC. **entre Escila y Caribdis** Véase **Escila**.

caribe *adj.* **1.** Se dice de un pueblo que habitó en las Antillas y el N de América del Sur. **2.** De este pueblo. También *s.* ‖ *s. m.* **3.** Lengua que hablaba dicho pueblo.

Caribe Mar del océano Atlántico, situado entre América del Sur, las Antillas y América Central. Está separado del golfo de México por el canal de Yucatán. También llamado mar de las Antillas, tiene gran tráfico marítimo, pues es paso obligado hacia el canal de Panamá.

caribeño, ña *adj.* **1.** Natural del Caribe. También *s.* **2.** Perteneciente o relativo al Caribe.

caribú *s. m.* Mamífero artiodáctilo rumiante de la familia cérvidos, especie *Rangifer tarandus caribou.* Es un animal parecido al reno europeo, que presenta diversas variedades: el caribú de los bosques es de gran tamaño, hasta 140 cm de altura, y tiene la cornamenta pequeña; el caribú ártico, por el contrario, es más pequeño, pero con grandes cuernos; existen asimismo un caribú de Groenlandia y un caribú de Terranova. Viven en las regiones frías de América septentrional.

Caribú (Rangifer caribou).

caricato *s. m.* **1.** Cantante que en la ópera hace el papel de bufo. **2.** P. ext., artista que cuenta, dice cosas graciosas o imita a personajes para hacer reír.

caricatura *s. f.* **1.** Representación gráfica en la que se ridiculizan o exageran los rasgos de una persona, cosa o idea, con intención satírica o humorística. **2.** Obra de arte o escrito en el que se ridiculiza a una persona o cosa. **3.** Cosa que se pretende que sea reproducción de otra, pero se queda en una imitación ridícula de ella.

caricaturesco, ca *adj.* Que se refiere a la caricatura o tiene rasgos de ella.

caricaturista *s. m.* y *f.* Dibujante que hace caricaturas.

caricaturizar *v. tr.* Representar o imitar a alguien o algo exagerándolo, desfigurándolo o ridiculizándolo. ■ Se conjuga como *cazar.*

caricia *s. f.* **1.** Demostración de cariño, que consiste en pasar suavemente la mano sobre una persona, un animal, etc. **2.** Roce o impresión suave de algo. **3.** Abrazo, beso u otro gesto con que se demuestra amor.

caridad *s. f.* **1.** Virtud teologal que consiste en amar a Dios y al prójimo. **2.** Sentimiento y actitud que impulsa a interesarse y preocuparse por los demás, a solidarizarse con sus problemas y necesidades, a ayudarles, etc. **3.** Limosna, auxilio o consuelo que se concede a quien lo necesita. ‖ **4. institución de caridad** Aquella que ayuda gratuitamente a los necesitados.

caries *s. f.* **1.** Deterioro producido en un diente o un hueso por la acción de una infección bacteriana. La higiene dental, sobre todo con flúor, protege contra la caries. **2.** Tizón, hongo parásito del trigo.

carilargo, ga *adj.* Se dice del que tiene cara de enfado o disgusto.

carilla *s. f.* **1.** *dim.* de **cara**. **2.** Cara de una hoja de papel.

carillón *s. m.* **1.** Conjunto de campanas que producen un sonido armónico. **2.** Juego de tubos o planchas de acero que producen un sonido musical. Se incorpora a la orquesta moderna. **3.** Reloj con carillón.

cariñena *s. m.* Vino tinto, dulce y oloroso, natural de la comarca de Cariñena, Zaragoza.

Cariñena, campo de Comarca de España, perteneciente a la prov. de Zaragoza, situada entre el río Ebro y las estribaciones del sistema Ibérico. Constituye una importante región vitivinícola, con denominación de origen.

cariño *s. m.* **1.** Inclinación de afecto y amor que se tiene hacia una persona, animal o cosa. **2.** Expresión y señal de esta inclinación o sentimiento. **3.** Apego que se coge a algo de lo que uno no quiere separarse o desprenderse. **4.** Esmero con que se hace una labor o se trata una cosa.

cariñoso, sa *adj.* Que demuestra su afecto y cariño. FAM. Cariñosamente.

carioca *adj.* **1.** Natural de Rio de Janeiro. También *s.* **2.** P. ext., brasileño. También *s.* **3.** Perteneciente o relativo a Rio de Janeiro o a Brasil.

cariocinesis *s. f.* Mitosis*.

cariograma *s. m.* Representación gráfica de la clasificación numeral y morfológica de los cromosomas de un individuo.

cariópside *s. f.* Tipo de fruto, seco e indehiscente, que presenta el pericarpio unido a la semilla, como el del grano de trigo.

cariotipo *s. m.* Conjunto de cromosomas presentes en la dotación genética de una especie determinada. Cada especie tiene un número fijo de cromosomas, que en el hombre es 46, distribuidos en pares.

carisma *s. m.* **1.** En la religión cristiana, don especial concedido por Dios a algunos hombres para realizar ciertas funciones, como el apostolado, la profecía, el servicio a la comunidad, las obras de misericordia, etc. **2.** Cualidad extraordinaria que tienen algunas personas que les hace sobresalir en su grupo social. **3.** Capacidad de atraer vivamente a los demás.

carismático, ca *adj.* **1.** Perteneciente o relativo al carisma. **2.** Se dice de la persona que tiene alguna cualidad extraordinaria o gran poder de atracción.

caritativo, va *adj.* **1.** Se dice de la persona que ejerce la caridad. **2.** Perteneciente o relativo a la caridad, que la demuestra.

cariz *s. m.* Aspecto que va tomando una cosa o asunto.

carlanca *s. f.* **1.** Collar con púas que se pone al perro para defenderlo del ataque de otros perros o de los lobos. **2.** *amer.* Grillete. **3.** *Chile, Hond.* Fastidio, molestia.

carlinga *s. f.* Espacio interior que ocupan en el avión el piloto y la tripulación.

carlismo *s. m.* Movimiento político de carácter conservador, que toma su nombre de Carlos María Isidro, hermano del rey de España Fernando VII, y que surge en 1833 para apoyar sus pretensiones al trono frente a las de Isabel, hija

La primera guerra carlista terminó en 1839 con el abrazo de Vergara entre el carlista Maroto, a la izquierda, y el isabelino Espartero (Museo de San Telmo, San Sebastián, España).

del monarca. Los carlistas eran partidarios del absolutismo, concedían un papel primordial a la influencia de la Iglesia en la dirección de la sociedad y encontraron sus principales apoyos en algunos sectores de la pequeña nobleza, en el ejército, en el clero y en el campesinado del País Vasco, de Navarra, de la zona N de Cataluña y del Maestrazgo. Los carlistas provocaron tres guerras civiles a lo largo del s. XIX (1833-39, 1846-49 y 1872-76), que les fueron desfavorables. Enfrentados a la Segunda República, aportaron gran número de voluntarios a la sublevación militar de 1936 (requetés), aunque en 1937 fueron obligados a fusionarse con la Falange en un solo partido. Durante el franquismo, el movimiento se dividió en varias corrientes (partidarios de Franco, de don Juan, de Carlos Hugo) y, tras la implantación de la democracia en 1977, desapareció virtualmente de la vida política. **FAM.** Carlista.

Carlomagno. Talla del siglo XIV (Museo de la catedral de Girona, España).

Carlomagno o **Carlos I el Grande** (? 742 - Aquisgrán 814) Rey de los francos (768-814), de los lombardos (774-814) y emperador de Occidente (800-814). Hijo primogénito de Pipino el Breve, compartió el trono con su hermano Carlomán, hasta la muerte de éste en el año 771. Carlomagno emprendió una política de expansión que le llevó a conquistar el reino lombardo tras derrotar a su rey Desiderio, incorporar a su dominio Benevento, Aquitania y Baviera, conquistar Sajonia tras una larga lucha con su caudillo Widukindo (799), ocupar Frisia (804), vencer a los ávaros de Panonia (805) y crear las marcas Hispánica y Bretona. Así construyó un vasto imperio que se extendía desde el Atlántico al río Elba y desde el mar Báltico a Cataluña e Italia. En la Navidad del año 800, el papa León III le coronó solemnemente en Roma como emperador. De esta forma quedó constituido el imperio de Occidente o carolingio, que Bizancio no reconoció hasta el 812, a cambio de ciertas concesiones territoriales. Carlomagno instaló su capital en Aquisgrán y organizó el estado en condados y marcas, sometidos a su autoridad por medio de oficiales reales, los *missi dominici*. Asimismo, impulsó la cultura y llevó a su corte a prestigiosos maestros, como Alcuino de York, Paulo Diácono, Pedro de Pisa y Teodulfo de Toledo, que organizaron la Escuela Palatina.

Carlos Nombre de cuatro reyes de España.
Carlos I de España y **V de Alemania** (Gante 1500 - Yuste 1558) Rey de España (1516-56) y emperador del imperio germánico (1519-56). Hijo de Felipe I el Hermoso y Juana I de Castilla, acumuló en su persona por herencia familiar los territorios de España y sus posesiones de ultramar, Austria, los Países Bajos y el S de Italia. Se hizo cargo del trono de España a la muerte de su abuelo Fernando el Católico (1516) por incapacidad de su madre. Nacido y educado en Flandes, no fue bien recibido por los castellanos. Su carácter de extranjero, la imposición de tributos y su marcha a Alemania para ser coronado emperador provocaron la guerra de las Comunidades y de las Germanías (1520), en la que la Corona derrotó a la naciente burguesía de las ciudades. La concesión del imperio a Carlos provocó el enfrentamiento con Francisco I de Francia, con el que sostuvo cuatro guerras (victoria de los imperiales en Pavía y saqueo de Roma) y al que finalmente obligó a abandonar Italia. Luchó también contra los turcos, a los que arrebató en 1535 La Goleta y Túnez, aunque no consiguió debilitar su poder. Su mayor empeño fue el de frenar el avance de la Reforma protestante en Alemania, bien mediante acuerdos, como la dieta de Augsburgo de 1530, bien mediante la guerra (victoria de Mühlberg en 1547), pero sus esfuerzos resultaron inútiles y al final hubo de firmarse la paz de Augsburgo. Durante su reinado se continuó la expansión en América, con la conquista de México y Perú. En 1556 renunció a la corona de España en favor de su hijo Felipe II, y al imperio de Alemania en favor de su hermano Fernando, y se retiró al monasterio de Yuste, en Extremadura.

Carlos I de España. Copia de Tiziano, detalle (colección Banco Exterior de España).

Carlos II el Hechizado (Madrid 1661 - íd. 1700) Rey de España (1665-1700). Heredó la corona a la muerte de su padre, Felipe IV, con cuatro años de edad. Durante la regencia de su madre, Mariana de Austria, y durante su reinado, el gobierno estuvo en manos de una serie de validos (el jesuita Everardo Nithard, Fernando de Valenzuela, Juan José de Austria, el duque de Medinaceli y el conde de Oropesa), que fueron desbordados por la gran crisis económica y por la política expansionista francesa (pérdida en 1674 del Franco Condado). El rey, hombre enfermizo y taciturno, no tuvo descendencia y fue el último monarca de la casa de Austria. Nombró heredero a Felipe de Anjou, nieto del rey francés Luis XIV, pero ello no evitó que a su muerte estallara la guerra de Sucesión.

Carlos II de España. Cuadro de Carreño, detalle (Museo del Prado, Madrid).

Carlos III (Madrid 1716 - íd. 1788) Duque de Parma y Plasencia (1731-35), rey de Nápoles (1734-59) y rey de España (1759-88). Tercer hijo de Felipe V y de Isabel de Farnesio, heredó la corona a la muerte de su hermanastro Fernando. Es el monarca español que mejor representa el despotismo ilustrado. Contando con la colaboración de grandes ministros (Aranda, Grimaldi, Floridablanca, Campomanes) acometió importantes reformas económicas, sociales y políticas: reducción de los privilegios de la Mesta, planes de colonización, creación de nuevas industrias, libertad del comercio americano, reforma de la enseñanza, control de la Inquisición, etc. En política internacional se mantuvo fiel a la alianza con Francia y participó en dos guerras contra el Reino Unido (1762 y 1779): en la primera perdió la isla de la Martinica y Florida y obtuvo Luisiana; en la segunda recuperó Florida y la isla de Menorca.

Carlos III de España. Cuadro de Maella, detalle (Patrimonio Nacional).

Carlos IV (Nápoles 1748 - Roma 1819) Rey de España (1788-1808). Tras una primera etapa en la que, por consejo de su padre, mantuvo en el gobierno al ministro reformista Floridablanca, el poder pasó a manos de Godoy (1792), amante de la reina María Luisa de Parma y partidario de la guerra contra la Francia revolucionaria. El fracaso militar concluyó con el tratado de Basilea (1795) y con la entrada de España en la órbita de la política exterior francesa. La nueva alianza trajo consigo dos guerras contra el Reino Unido, durante las que se produjo la derrota naval de Trafalgar (1805) y un plan de invasión de Portugal, acordado en el tratado de Fontainebleau (1807), que permitió la entrada en España de las tropas francesas y provocó el motín de Aranjuez (1808). Carlos abdicó en su hijo Fernando, recuperó la corona en Bayona gracias a la intervención de Napoleón y, a continuación, la cedió al emperador francés. Mientras, había estallado la guerra de la Independencia. Desde entonces vivió en el destierro, donde murió sin que su hijo le permitiera retornar a España.

Carlos IV de España. Cuadro de Mengs, detalle (Museo del Prado, Madrid).

Carlos Nombre de varios reyes de Francia.
Carlos I Véase **Carlomagno**.
Carlos II el Calvo (Frankfurt del Main 823 - Avrieux, en Saboya 877) Rey de los francos (840-877) y emperador de Occidente (875-877). Hijo de Ludovico Pío, su reinado estuvo caracterizado por las luchas con sus hermanos Lotario y Pipino por la posesión del imperio paterno, que se repartió en el tratado de Verdún (843). A él le correspondió el territorio occidental, que hoy ocupa Francia. Sufrió la invasión de normandos y bretones.
Carlos III el Simple (? 879 - Péronne 929) Rey de los francos (898-923). Hijo de Luis II el Tartamudo, cedió a los normandos en 911 el ducado que hoy se conoce como Normandía. Hizo frente a una coalición formada por Gilberto de Lorena y Roberto de Borgoña, que le derrotaron. Fue capturado durante una revuelta nobiliaria y murió en prisión.
Carlos IV el Hermoso (Clermont 1294 - Vincennes 1328) Rey de Francia y de Navarra (1322-28). Sucedió a su hermano Felipe V. Quiso recuperar para la Corona una serie de cargos y dominios y aumentó los impuestos, lo que le hizo impopular. Con él termina la dinastía de los Capetos.

Carlos V el Sabio (Vincennes 1338 - Nogent-sur-Marne, París 1380) Rey de Francia (1364-80). Hubo de hacer frente a una grave situación interna (sublevación en París, levantamientos campesinos), a la guerra heredada con Inglaterra y a las intrigas navarras. Venció a Carlos el Malo de Navarra en la batalla de Cocherel (1364), redujo las posesiones inglesas en suelo francés e intervino en la guerra civil entre los Trastámara de Castilla. En política interior reformó los impuestos, consiguió sanear la moneda, transformó los edificios palatinos de París y fundó la Biblioteca Real.
Carlos VI el Bienamado (París 1368 - íd. 1422) Rey de Francia (1380-1422). Hijo y sucesor del anterior tras una etapa en la que sus tíos controlaron las riendas de la Corona, intentó recuperar el poder, pero sus ataques de locura convirtieron a Francia en escenario de una guerra civil entre los partidarios de la casa de Orleans (armañacs) y los de Borgoña (borgoñones). Enrique V de Inglaterra aprovechó la situación, derrotó a los franceses en Azincourt (1415) y se hizo proclamar heredero al trono francés, con el apoyo borgoñón.
Carlos VII el Bienservido (París 1403 - Mehun-sur-Yèvre 1461) Rey de Francia (1422-61). Hijo y sucesor del anterior, con la ayuda de Juana de Arco, y tras reconciliarse con los borgoñones, logró la expulsión de los ingleses de la mayor parte del territorio francés, poniendo fin a la guerra de los Cien Años. Reformó el ejército, redujo la oposición de la nobleza y, por medio de la pragmática sanción de Bourges (1438), sometió al clero.
Carlos VIII (Amboise 1470 - íd. 1498) Rey de Francia (1483-98). Por su matrimonio con Ana de Bretaña incorporó este ducado a la Corona. Quiso apoderarse de Nápoles, por lo que pactó con Fernando el Católico, al que devolvió el Rosellón y la Cerdaña, y con Maximiliano de Austria, al que cedió el Franco Condado. Ocupó el reino de Nápoles en 1495, pero los Estados italianos se unieron contra él y tuvo que regresar a Francia.
Carlos IX (Saint-Germain-en-Laye 1550 - Vincennes 1574) Rey de Francia (1560-74). Durante su reinado tuvo lugar la guerra religiosa entre católicos y hugonotes (protestantes), que desembocó en la matanza de la Noche de San Bartolomé (24 de agosto de 1572), inducida por su madre Catalina de Médicis. El rey, pese a sus supuestas simpatías hacia los protestantes, autorizó el hecho y se responsabilizó de él.
Carlos X (Versalles 1757 - Görz 1836) Rey de Francia (1824-30). Pretendió volver más rigurosamente que su antecesor Luis XVIII al antiguo régimen. En julio de 1830 disolvió la Cámara de diputados y derogó la libertad de prensa, lo que provocó una revolución liberal que le expulsó del trono en favor de Luis Felipe de Orleans.

Carlos Nombre de varios reyes de Hungría.
Carlos Martel (1271-1295) Rey titular de Hungría. Nombrado gracias al apoyo de varias potencias, luchó con Andrés III sin conseguir acceder al poder, aunque logró entronizar a su hijo Carlos Roberto.
Carlos I Roberto (o **Caroberto**) (? 1291 - Visegràd 1342) Rey de Hungría. Hijo del anterior, fue coronado tras la muerte de Andrés III. Reformó el ejército, la judicatura y las finanzas, fomentó la agricultura, la minería y el comercio, y consolidó la monarquía feudal.
Carlos IV Véase **Carlos I de Austria**.

Carlos Nombre de dos reyes de Inglaterra, Escocia e Irlanda.
Carlos I (Dunfermline 1600 - Whitehall 1649) Rey de Inglaterra, Escocia e Irlanda (1625-49). Al suceder a su padre, Jacobo I, tuvo que enfrentarse con graves problemas de política exterior, disolvió el Parlamento en 1629, al negarse éste a votar más créditos sin discutir antes la cuestión del respeto a las libertades y a los textos legales. La rígida política religiosa de su consejero Laud provocó una rebelión en Escocia (1638) y un nuevo y más duro enfrentamiento con el Parlamento, que degeneró en dos guerras civiles (1642 y 1647), en las que Carlos fue derrotado. Concluida la segunda con la victoria de Cromwell, el monarca fue condenado a muerte y ejecutado.
Carlos II (Londres 1630 - íd. 1685) Rey de Inglaterra, Escocia e Irlanda (1660-85). Hijo de Carlos I, marchó al exilio tras la derrota de su padre. Luego de un frustrado intento de recuperar la Corona en 1651 mediante un pacto con los escoceses, fue restablecido en el trono como solución a la crisis surgida entre el Ejército y el Parlamento. Tras conceder un perdón total a sus adversarios, intentó una política de tolerancia, pero las dificultades económicas le obligaron a aceptar en 1673 el *bill* del Test propuesto por el Parlamento, que impedía a los católicos acceder a los cargos públicos. Durante su reinado se sentaron las bases políticas y económicas del moderno Reino Unido.

Carlos Nombre de varios emperadores del imperio germánico.
Carlos I Véase **Carlomagno**.
Carlos II Véase **Carlos II de Francia**.
Carlos III el Gordo (Neidingen 839 - íd. 888) Rey de Italia (879-882), rey de Germania (882-887), emperador de Occidente (881-887) y rey de Francia (884-887). Aunque en teoría reunificó el imperio carolingio, disgregado tras el testamento de su padre Luis el Germánico, no pudo hacer frente a los numerosos focos de conflicto que surgieron en sus posesiones. En 886 hubo de pagar a los normandos para que levantaran el sitio de París y un año después fue destronado.
Carlos IV de Luxemburgo (Praga 1316 - íd. 1378) Rey de Germania (1346-78), rey de Bohemia (1346-78) y emperador germánico (1355-78). Promulgó en 1356 la bula de Oro, que estructuraba los distintos principados del imperio y establecía los criterios para la elección imperial.
Carlos V Véase **Carlos I** de España.
Carlos VI de Habsburgo (Viena 1685 - íd. 1740) Emperador germánico (1711-40). Pretendió la corona de España tras la muerte de Carlos II, enfrentándose a Felipe de Borbón en la guerra de Sucesión (1701-14), hasta que renunció a sus derechos en la paz de Utrecht. Durante su reinado intentó que Europa aceptara, a cambio de importantes concesiones, la Pragmática Sanción, que aseguraba la integridad del imperio en la persona de su hija María Teresa.

Carlos Nombre de cuatro reyes de Navarra.
Carlos I Véase **Carlos IV de Francia**.
Carlos II el Malo (? 1332 - ? 1387) Rey de Navarra (1349-87). Yerno de Juan II de Francia, intervino en la política de aquel reino apoyando a los ingleses en la guerra de los Cien Años. Concertó una compleja red de alianzas con los reinos peninsulares.
Carlos III el Noble (Nantes 1361 - Olite 1425) Rey de Navarra (1387-1425). Hijo del anterior, consolidó la paz entre Navarra y Castilla y mantuvo excelentes relaciones con Aragón, Francia e Inglaterra. En el interior no pudo evitar la guerra civil entre agramonteses y beaumonteses. Reorganizó el reino y mandó edificar la catedral gótica de Pamplona y los palacios reales de Tafalla y Olite.
Carlos IV Véase **Viana, príncipe de**.

Carlos Nombre de varios duques de Saboya y reyes de Cerdeña.
Carlos Manuel I (? 1562 - ? 1630) Duque de Saboya (1580-1630). Su política estuvo siempre enfocada a consolidar y a aumentar su Estado, frente a los intereses de Francia y España.
Carlos Alberto (Turín 1789 - Oporto 1849) Rey de Cerdeña (1831-49). Considerado en su juventud como un liberal, reprimió con dureza en 1833 una conspiración de los republicanos de la Joven Italia, dirigida por Mazzini. A pesar de ello, su interés por convertir su reino (que incluía la región del Piamonte) en un Estado desarrollado le convirtió en un símbolo para los patriotas italianos, le obligó a moderar el rigor del régimen político y acabó por enfrentarle con Austria, con quien sostuvo dos desastrosas guerras en 1848 y 1849. Tras la derrota, abdicó en su hijo Victor Manuel II y se exilió a Portugal.

Carlos Nombre de varios reyes de Sicilia y Nápoles.
Carlos I de Anjou (? 1226 - Foggia 1285) Rey de Sicilia (1266-85). Hijo de Luis VIII de Francia y hermano de San Luis, a quien acompañó en la séptima cruzada. Coronado rey de Sicilia por el papa Urbano IV, intentó hacerse con el control de todo el Mediterráneo oriental, lo que no consiguió al instigar contra él Pedro de Aragón una revuelta popular, conocida como las *Vísperas Sicilianas* (1282).
Carlos II el Cojo (? 1248 - ? 1309) Rey de Sicilia (1285-1309). Hijo del anterior, reconoció por el tratado de Caltabellota (1302) la presencia de los catalano-aragoneses en Sicilia, al tiempo que asentó su poder en la Italia peninsular y extendió las posesiones de su familia por la región de los Balcanes.
Carlos IV Véase **Carlos I** de España.
Carlos V Véase **Carlos II** de España.
Carlos VI Véase **Carlos VI**, emperador germánico.
Carlos VII Véase **Carlos III** de España.

Carlos Nombre de varios reyes de Suecia.
Carlos X Gustavo (Nyköping 1622 - Göteborg 1660) Rey de Suecia (1654-60). Conquistó Polonia en 1656 y a continuación se enfrentó a Dinamarca, a la que impuso la paz de Roskilde (1658). Al poco tiempo volvió a invadir este país, pero murió repentinamente, sin poder ocupar Copenhague.
Carlos XI (Estocolmo 1655 - íd. 1697) Rey de Suecia (1660-97). Hijo del anterior, firmó acuerdos con Polonia y Dinamarca y fue aliado del rey de Francia Luis XIV. Impuso el absolutismo y redujo grandemente los bienes y el poder de la nobleza.
Carlos XII (Estocolmo 1682 - Fredrikshald 1718) Rey de Suecia (1697-1718). Hijo del anterior, hizo frente a una alianza entre Dinamarca, Polonia y Rusia, a la que derrotó brillantemente en varios combates. Impuso a Estanislao Leszczynski como rey de Polonia, pero su posterior intento de invadir Rusia concluyó con la derrota de Poltava (1709).
Carlos XIV o **Carlos Juan** (Pau 1763 - Estocolmo 1844) Rey de Suecia y de Noruega (1818-1844), de nombre Juan Bautista Bernadotte. Mariscal francés, fue lugarteniente de Napoleón en Italia, embajador en Viena y ministro de la Guerra. Enemistado con Bonaparte, aceptó en 1810 el título de príncipe heredero de Suecia, y como tal, aliado con los rusos, se enfrentó al emperador francés en 1813.

Carlos Borromeo, San (Arona 1538 - Milán 1584) Prelado italiano, cardenal y arzobispo de Milán. Llevó a cabo una intensa actividad reformadora y contribuyó a que se cumpliesen los decretos del Concilio de Trento.

Carlos de Austria (Valladolid 1545 - Madrid 1568) Heredero al trono de España, hijo de Felipe II y María de Portugal. Persona enfermiza y desequilibrada, mantuvo muy malas relaciones con su padre, quien mandó encarcelarlo en 1568 para evitar una supuesta fuga del príncipe a los Países Bajos. Murió en prisión. Siglos después, los románticos (Alfieri, Schiller) lo convirtieron en uno de sus personajes históricos preferidos, aceptando la versión que de los hechos habían dado los enemigos de Felipe II.

Carlos de Inglaterra (Londres 1948) Primogénito de Isabel II y de Felipe de Mountbatten, duque de Edimburgo. Fue nombrado príncipe de Gales en 1969 y es el actual heredero al trono. En 1981 se casó con Diana Spencer.

Carlos el Temerario (Dijon 1433 - Nancy 1477) Duque de Borgoña (1467-77). Quiso hacer de esta región un reino independiente, por lo que sostuvo continuas luchas contra el rey de Francia Luis XI y contra otras naciones vecinas. Fue derrotado y muerto en Nancy, y Borgoña fue anexionada por Francia.

Carlos I (Persenbeug 1887 - Funchal 1922) Emperador de Austria y rey de Hungría con el nombre de Carlos IV (1916-18). Intentó inútilmente firmar una paz por separado con los aliados en 1917, y al concluir la Primera Guerra Mundial se retiró a Suiza sin abdicar formalmente. En 1919 fue privado por el Parlamento austriaco de todo derecho al trono.

Carlos I (Lisboa 1863 - íd. 1908) Rey de Portugal (1889-1908). En política internacional tuvo que ceder a las presiones británicas en el asunto de las colonias de África oriental. En política interior entregó el poder al dictador João Franco (1906). Murió en atentado, junto a su primogénito Luis.

Carlos María Isidro de Borbón (Madrid 1788 - Trieste 1855) Pretendiente carlista al trono de España, con el nombre de Carlos V. Hermano de Fernando VII, dirigió a sus partidarios en la primera guerra carlista. Tras el acuerdo de Vergara (1839) abandonó España y en 1845 abdicó sus derechos en su hijo Carlos Luis, que adoptó el título de conde de Montemolín.

Carlos Martel (? 685 - Quierzy 741) Mayordomo de Austrasia y de Neustria. Dirigió a partir de 719 la política del reino francomerovingio, escudándose en el rey niño Thierry IV, aunque tras la muerte de éste no le buscó heredero y gobernó abiertamente. Incorporó Baviera al reino franco, consiguió la sumisión de Aquitania, Borgoña y Provenza y sometió a la Iglesia a su autoridad. En 732 frenó en la batalla de Poitiers la penetración musulmana.

Carlyle, Thomas (Ecclefechan, Escocia 1795 - Londres 1881) Historiador y crítico literario británico. Enemigo del racionalismo y del materialismo, se declaró antidemócrata e insistió en la importancia histórica de las grandes individualidades (a los que llamaba *héroes*) frente a los movimientos sociales. Entre sus obras destacan *Vida de Schiller* (1824), *Signos de los tiempos* (1835), *La Revolución Francesa* (1836), *Los héroes* (1840) e *Historia de Federico II de Prusia* (1858).

carmañola *s. f.* Chaqueta corta de cuello estrecho que se usó en Francia en tiempos de la Revolución.

carmelita *adj.* **1.** Se aplica al religioso o religiosa de la orden del Carmen o Carmelo. También *s.* **2.** Se aplica también a los miembros de otras órdenes religiosas, como las carmelitas de la caridad, fundadas por Santa Joaquina de Vedruna. También *s.* **3.** Carmelitano*.

carmelitano, na *adj.* Perteneciente o relativo a la orden del Carmelo o Carmen.

Carmelo o **Carmen** Orden de religiosos mendicantes cuyo origen se remonta a los ermitaños que desde el s. XII vivían en el monte Carmelo, en Palestina, y cuya regla definitiva se debe a Simon Stock en el s. XIII.

carmen *s. m.* En Granada, quinta o villa con huerto o jardín.

carmesí *adj.* De color granate, rojo encendido. También *s. m.*

carmín *s. m.* **1.** Materia de color rojo encendido, que se obtiene principalmente del insecto llamado *cochinilla.* **2.** Este color. También *adj.* **3.** Rosal de flor encarnada. **4.** Barrita de color con la que las mujeres se pintan los labios.

Carmina Burana Colección lírica de estilo goliárdico, compuesta por canciones escritas en bajo latín y alto alemán por diversos autores anónimos, reunida hacia 1230 y conservada en la abadía benedictina de Beuron.

carminativo, va *adj.* Se aplica al medicamento que ayuda a expulsar los gases intestinales. También *s. m.*

Carmona C. de España, en la prov. de Sevilla. 24.500 h. en 1990. Sus cultivos de secano (cereales y olivo) y su ganadería vacuna se complementan con industrias alimentarias. Conserva restos romanos y un alcázar musulmán.

Carnac Población de Francia, en Bretaña, donde se conservan diversas tumbas megalíticas, túmulos y varias alineaciones de menhires.

carnación *s. f.* Color que se da en pintura al cuerpo humano.

carnada *s. f.* **1.** Cebo de carne para cazar o pescar. **2.** Engaño para atraer o convencer a alguien.

carnadura *s. f.* Encarnadura*.

carnal *adj.* **1.** Perteneciente o relativo a la carne. **2.** Sensual, lujurioso. **3.** Se aplica a los parientes de primer grado. **4.** Terrenal, entregado a las cosas de este mundo. ‖ **5. acto carnal** Cópula, coito.

carnalita *s. f.* $KMgCl_3 6H_2O$. Mineral oxicloruro de potasio y magnesio hidratado. Es un haluro que cristaliza en el sistema rómbico, blando y frágil, y constituye la sal potásica más importante. Los principales yacimientos se encuentran en EE UU, Alemania y España. Se usa en la industria de los fertilizantes.

Carnap, Rudolf (Ronsdorf 1891 - Santa Mónica, California 1970) Filósofo y lógico alemán nacionalizado estadounidense. Miembro del Círculo de Viena, emigró en 1935 a EE UU. Profundizó en la obra de Wittgenstein aplicando a la lógica los *Principia Mathematica* de Russell; fruto de ello fue *La construcción lógica del mundo* (1928). Escribió también *Introducción a la semántica* (1942) y *Fundamentos lógicos de la probabilidad* (1951).

carnaval *s. m.* **1.** Periodo de tres días que precede al miércoles de ceniza. **2.** Fiestas y diversiones durante este tiempo. **FAM.** Carnavalesco.

carnavalada *s. f.* **1.** Broma propia del carnaval. **2.** Asunto o reunión grotesco, poco serio.

carnavalito *s. m. Arg., Bol., Chile, Ec., Perú.* Baile popular, de parejas sueltas y distintas figuras.

carnaza *s. f.* **1.** Carne de animales muertos. **2.** Carne abundante y mala. **3.** Cebo para pescar. **4.** Persona o cosa que se utiliza como cebo para conseguir ciertos fines. **5.** *fam.* Abundancia de carnes en una persona.

carne *s. f.* **1.** Parte blanda formada por los músculos del cuerpo del hombre o de los animales. **2.** En especial, la comestible de vaca, ternera, cerdo, etc. **3.** Parte blanda de la fruta, que está debajo de la cáscara o del pellejo. **4.** Sensualidad del ser humano. ‖ **5. carne de cañón** Tropa expuesta a peligro de muerte para sostener la guerra; también se aplica a la gente tratada sin consideración. **6. carne de gallina** Aspecto que presenta la piel de una persona, semejante a la de las gallinas desplumadas, por efecto del frío o del miedo. **7. carne de membrillo** Dulce hecho con la pulpa del membrillo. **8. carne magra** La limpia, sin grasa ni nervios, preparada para el consumo. **9. carnes blancas** Las comestibles de algunas aves y reses tiernas, recomendadas para dietas de personas delicadas. ‖ **LOC. abrírsele** a uno **las carnes** *fam.* Horrorizarse. **echar carnes** *fam.* Engordar. **echar** (o **poner**) **toda la carne en el asador** *fam.* Utilizar todos los recursos de que uno dispone para conseguir un propósito. **en carne viva** *adv.* Se dice de la parte del cuerpo despojada de piel, por lesión; también se emplea en sentido figurado para indicar que una persona está irritada, o para expresar que una ofensa o cualquier cosa que hiere está aún muy viva y presente. **metido en carnes** *fam.* Se dice de la persona algo gruesa, sin ser obesa. **no ser ni carne ni pescado** *fam.* Ser una persona o cosa indecisa, indefinida. **ser** uno **de carne y hueso** Sentir como los demás las penas e incomodidades. **temblarle** a uno **las carnes** *fam.* Tener miedo a alguna cosa.

carné *s. m.* **1.** Documento que acredita o demuestra la identidad de una persona o su pertenencia a un partido, agrupación, sociedad, etc. **2.** Cuadernillo de notas.

carnear *v. tr.* **1.** *amer.* Matar y descuartizar las reses para aprovechar su carne. **2.** *Méx.* Matar o herir a alguien con arma blanca.

Carner, Josep (Barcelona 1884 - Bruselas 1970) Poeta español en lengua catalana. Su obra parte de los postulados estéticos del *noucentisme* y destaca por la riqueza idiomática y por sus temas de la vida cotidiana y sencilla. De sus colecciones de poemas sobresalen *Palabra en el viento* (1914), *El corazón callado* (1925) y *La primavera en la aldea* (1935).

carnerear *v. tr.* **1.** Sacrificar reses a causa de algún daño que han ocasionado. **2.** *Arg.* Eliminar o descartar a un candidato.

carnero *s. m.* **1.** Mamífero artiodáctilo rumiante de la familia bóvidos, especie *Ovis aries.* Mide entre 70 y 80 cm de altura, tiene cuernos huecos y estriados, arrollados en espiral, y el cuerpo recubierto de lana espesa. Es el macho de la oveja y constituye un animal doméstico apreciado por su carne y por su lana. **2.** Pez lofiiforme de la familia lófidos, especie *Lophius budegassa.* Es parecido al rape, de menor tamaño y color rojizo con manchas blancas en el dorso y amarillento en el vientre.

carnero, ra *s. m.* y *f. Arg., Chile, Par.* Persona que no se adhiere a una huelga o protesta de sus compañeros.

Carnero (Ovis aries).

carnestolendas *s. f. pl.* Carnaval*.

carnet *s. m.* Carné*.

carnicería *s. f.* **1.** Tienda o establecimiento en el que se vende carne. **2.** *fam.* Mortandad de gente que causa la guerra u otra catástrofe. **3.** Destrozo efectuado en la carne.

carnicero, ra *adj.* **1.** Se dice del animal que mata a otros para comérselos. También *s.* **2.** Que se complace en hacer mal a un ser viviente. También *s.* ‖ *s. m.* y *f.* **3.** Persona que vende carne.

cárnico, ca *adj.* Perteneciente o relativo a las carnes dedicadas al consumo humano.

carnitas *s. f. pl. Méx.* Trozos de carne que se aderezan y fríen para utilizarlos en sopas, guisos o bocadillos.

carnívoro, ra *adj.* **1.** Se dice del animal que come o se alimenta de carne. También *s.* **2.** Se aplica a ciertas plantas que se nutren de insectos. También *s.* ‖ *s. m. pl.* **3.** Orden de mamíferos que se caracteriza por su dentición, adaptada al consumo de carne (aunque los hay omnívoros), con potentes mandíbulas, molares muy cortantes y grandes caninos. Comprende dos subórdenes: eluroideos, con las familias félidos (gatos, leones, leopardos, tigres, etc.), hiénidos (hienas) y vivérridos (ginetas, mangostas, etc.); y arctoideos, con las familias cánidos (perros, lobos, zorros, chacales), mustélidos (visones, tejones, nutrias, martas, mofetas, etc.), úrsidos (osos) y prociónidos (mapaches, pandas, coatíes). Son animales por lo general de gran tamaño, de movimientos ligeros y poderosas garras. Están extendidos por todo el mundo. También *adj.* y *s. m.*

carnosidad *s. f.* **1.** Carne sobrante que se forma en alguna parte del cuerpo, p. ej. en una llaga. **2.** Gordura, exceso de carne en alguna parte del cuerpo.

carnoso, sa *adj.* **1.** De carne animal. **2.** Que tiene muchas carnes. **3.** Se dice de los frutos y frutas tiernos y con mucha carne.

Carnot, Lazare (Nolay, Borgoña 1753 - Magdeburgo 1823) Militar, político y científico francés. Participó en la Revolución Francesa, fue miembro de la asamblea legislativa, del comité de instrucción pública y del comité de salvación pública. Obtuvo la importante victoria de Wattignies (1793) e intervino en el golpe de Estado de Termidor. Ministro de guerra con Napoleón y ministro del interior durante los Cien Días, a la caída del emperador hubo de abandonar Francia. También fue un notable científico y publicó estudios de mecánica y geometría.

Carnot, Marie-François Sadi (Limoges 1837 - Lyon 1894) Político francés. Nieto del anterior, fue ministro de Obras Públicas (1879) y de Finanzas (1885). Con el apoyo de Clemenceau fue elegido presidente de la república en 1887.

Carnot, Nicolas-Léonard Sadi (París 1796 - íd. 1832) Físico francés. Era hijo de Lazare Carnot. Realizó importantes investigaciones acerca de la destilación de los gases y las propiedades de los vapores. Enunció el *principio de Carnot* o segundo principio de la termodinámica, que establece la necesidad de dos fuentes de calor para los motores térmicos. Demostró la equivalencia entre calor y trabajo, y calculó el equivalente mecánico de la caloría.

caro, ra *adj.* **1.** Se dice de aquellos artículos que tienen un precio excesivo o superior al normal. **2.** De precio elevado. **3.** Se dice de la persona o cosa por la que se siente mucho afecto o cariño. ‖ *adv. m.* **4.** A precio alto o excesivo. ‖ **LOC. costarle** a uno **caro** (o **cara**) una cosa Véase **costar.**

Caro, José Eusebio (Ocaña 1817 - Santa Marta 1853) Escritor y político colombiano. Destacado periodista y fundador del semanario *La estrella nacional.* Fue diputado, director del Crédito Nacional y ministro de Hacienda. De su obra literaria sobresale *Poesías* (1857).

Caro, Rodrigo (Utrera 1573 - Sevilla 1647) Escritor español. Debe su fama a la *Canción a las ruinas de Itálica.* En su labor como erudito destacan los títulos *Antigüedades de Sevilla y chronographia de su convento jurídico* (1634) y *Claros varones en letras naturales de la ilustrísima ciudad de Sevilla.*

Caro Baroja, Julio (Madrid 1914) Etnólogo e historiador español. Entre sus obras principales se encuentran *Los pueblos de España* (1946); *Los vascos* (1949); *Las brujas y su mundo* (1968); *Los Baroja* (1972), libro acerca de la historia de su familia, y *Las formas complejas de la vida religiosa* (1978).

Carolina C. de Puerto Rico, situada en el distrito de Bayamón. 162.900 h. en 1980. Es el núcleo urbano de una región agrícola que produce tabaco y caña de azúcar. Cuenta con ingenios azucareros e industria textil, farmacéutica, de materiales de construcción y metalurgia ligera.

Carolina, La C. de España, perteneciente a la prov. de Jaén, situada en las estribaciones de Sierra Morena. 15.300 h. en 1990. Posee importante minería de plomo e industria del automóvil. Fue fundada por Carlos III en el s. XVIII como enclave para la lucha contra el bandolerismo.

Carolina del Norte (*North Carolina*) Estado de EE UU, en el E del país. 136.413 km^2. 6.657.600 h. en 1990. La capital es Raleigh, con 169.330 h. en 1984. Las principales actividades son la agricultura (tabaco, algodón, maíz) y la pesca.

Carolina del Sur (*South Carolina*) Estado de EE UU, en el E del país. 80.582 km^2. 3.505.700 h. en 1990. La capital es Columbia, con 99.300 h. en 1980. Destacan el cultivo del algodón y la industria textil que ha generado.

Carolinas, islas Archipiélago del Pacífico occidental, en la Micronesia, al N del ecuador, formado por unos 500 islotes en su mayor parte volcánicos. 1.093 km^2. 101.000 h. en 1988. Desde 1945 están bajo tutela de la ONU y administración fiduciaria de EE UU.

carolingio, gia *adj.* **1.** Relativo a Carlomagno, sus descendientes, su imperio y su época. También *s.* ‖ **2. arte carolingio** A partir del s. VIII, Europa asistió al florecimiento de una cultura impulsada por el emperador Carlomagno y sus descendientes, en la que resurgieron las tradiciones romanas. Apareció un arte oficial cortesano que sintetizó lo clásico y lo bárbaro, al tiempo que mostraba también acusadas influencias bizantinas. La arquitectura se caracterizó por la construcción de iglesias (capilla palatina de Aquisgrán, Saint Denis, etc.) y, sobre todo, de los primeros grandes conjuntos monásticos. Cobraron especial importancia el trabajo en marfil y los códices miniados. **3. dinastía carolingia** Nombre de la dinastía que sustituyó a los merovingios en el trono del reino de los francos. Sus primeros miembros ocuparon el cargo de mayordomo de palacio. A principios del s. VIII, Carlos Martel se adueñó del poder, y a su muerte (741) dividió los territorios francos entre sus hijos. Uno de ellos, Pipino el Breve, destronó en 751 al último monarca merovingio y dio inicio al gobierno de los carolingios, que duró hasta 987 en Francia, hasta 911 en Germania y hasta principios del s. X en buena parte de Italia. Su miembro más destacado fue Carlomagno. **4. imperio carolingio** Imperio germano cristiano establecido por Carlomagno en Europa occidental (Galia, Germania, Italia y parte de Cataluña), sacralizado por la Iglesia romana mediante la coronación del rey franco por el papa León III en el año 800. Carlomagno dejó a su hijo Ludovico Pío (814) un estado consolidado, pero débil a causa de la atomización del poder real propia de las relaciones feudales. A la muerte de éste se produjo el reparto de Verdún (843) entre sus tres hijos, Lotario, Luis el Germánico y Carlos el Calvo; éste último fue coronado emperador en el 875 y su sobrino Carlos el Craso realizó una última reunificación en el 885, pero tras él desapareció la dinastía y se consolidaron los capetos en Francia y la casa de Sajonia en Alemania.

carolino, na *adj.* **1.** Relativo o perteneciente a los diversos monarcas llamados Carlos, su reinado y su época. ‖ **2. letra carolina** En paleografía, tipo de escritura desarrollado en el reino franco en el s. VIII, que se extendió al conjunto del imperio carolingio y se impuso en los reinos hispánicos en el s. XII, sustituyendo a la visigótica. De su evolución surgió la escritura gótica.

Caroní Río de Venezuela. 925 km de longitud. Nace en la sierra Paracaíma y discurre en dirección N hasta desembocar en el Orinoco. Sus accidentes más destacados son los saltos del Caroní, sucesión escalonada de cascadas a lo largo de 2.750 m, y la represa Raúl Leoni.

Caronte Personaje de la mitología griega encargado de pasar en barca, mediante el pago de un óbolo, las almas de los muertos, a través de la laguna Estigia y del río Aqueronte, a los infiernos.

carota *adj. fam.* Se dice de la persona descarada, desvergonzada, cínica. También *s.*

caroteno *s. m.* Carotina*.

carotenoide *s. m.* Pigmento natural compuesto de hidrocarburos, que se halla en animales y plantas y se descompone en el hígado de los animales vertebrados para formar vitamina A.

carótida *adj.* Se aplica a cada una de las dos arterias principales del cuello, que conducen la sangre a la cabeza. La carótida izquierda nace en la parte superior del cayado de la aorta y la carótida derecha en el tronco braquiocefálico. También *s. f.*

carotina *s. f.* $C_{40}H_{56}$. Carotenoide presente en vegetales, como la zanahoria, y en la sangre de los animales.

carozo *s. m.* **1.** Corazón o raspa de la panoja del maíz después de desgranada. **2.** *amer.* Hueso de frutos como la aceituna, el melocotón o la ciruela.

carpa[1] (del lat. *carpa*) *s. f.* Pez osteictio de la familia ciprínidos, especie *Cyprinus carpio.* Es un pez de agua dulce que mide hasta un metro de longitud, tiene color pardo oliváceo, está provisto de una aleta dorsal larga, aleta anal corta y cuatro barbillas bajo la boca. Vive en regiones no muy frías de Asia y Europa, en aguas tranquilas con abundante vegetación. Se utiliza como pez ornamental y es el origen de numerosas variedades de brillantes colores (pez dorado) y extrañas formas desarrolladas mediante cría selectiva, especialmente en Extremo Oriente. Algunas variedades son la carpa coriácea, casi desprovista de escamas, y la carpa de espejuelos, con escamas muy grandes.

Carpa de los espejuelos, una de las variedades de la carpa común (Cyprinus carpio).

carpa[2] (del quechua *carppa*, toldo) *s. f.* **1.** Toldo que cubre un circo o un amplio recinto. **2.** *amer.* Comercio de feria cubierto por un toldo. **3.** Tienda de campaña.

Carpaccio, Vittore (Venecia h. 1460 - ¿Capo d'Istria? 1526) Pintor italiano. De la escuela veneciana, fue discípulo de Gentile Bellini. Sus composiciones están ambientadas en la Venecia de su tiempo. Algunas de sus obras más representativas son la serie de la *Vida de Santa Úrsula, San Jorge matando al dragón, Las dos mujeres* y *Caballero en un paisaje.*

carpanel *adj.* Se dice del arco formado por varias porciones de circunferencia tangentes entre sí y trazadas desde distintos centros.

carpanta *s. f. fam.* Hambre atroz.

Cárpatos, montes Cordillera de Europa centroriental. 1.500 km de longitud y 150 km de anchura media. De formación terciaria, se extiende por Checoslovaquia, Polonia, Rumania y la república de Ucrania. Las mayores alturas se alcanzan en los Altos Tatras, con 2.663 m. Es una importante región minera, que cuenta con gas natural, hulla, lignito, hierro y oro.

carpelo *s. m.* Órgano reproductor femenino de las plantas fanerógamas, una de las partes principales de la flor. Tiene forma de botella y está rodeado por estambres si la flor es hermafrodita.

Carpentier, Alejo (La Habana 1904 - París 1980) Escritor cubano. Su prosa, rica y llena de colorido, denota influencias de la literatura española, de la tradición afrocubana y de la cultura francesa. Su afición a la música influye en la estructuración y en la armoniosidad de su estilo. Entre sus novelas destacan *¡Ecué-Yamba-O!* (1933), *Los pasos perdidos* (1953), *El siglo de las luces* (1962), *El recurso del método* (1974) y *La consagración de la primavera* (1978).

carpeta *s. f.* **1.** Especie de cartera, que suele consistir en un cartón doblado y cerrado con gomas, para guardar, archivar y clasificar papeles. **2.** Cubierta que se pone en una mesa de despacho o escritorio para escribir sobre ella y meter papeles.

carpetano, na *adj.* **1.** Se dice de un pueblo ibero que vivió en lo que hoy son provincias de Madrid, Toledo, Ciudad Real y Guadalajara. También *s.* **2.** De este pueblo.

carpetazo *s. f.* **1.** Interrumpir la tramitación o solución de un asunto, no dar curso a un expediente o solicitud. **2.** Dar por terminado un asunto.

carpetovetónico, ca *adj.* Se aplica a lo marcadamente español y que rechaza toda influencia exterior. También *s.*

carpincho *s. m.* Capibara*.

carpintear *v. intr.* Trabajar de carpintero, por oficio o entretenimiento.

carpintería *s. f.* **1.** Lugar en que trabaja el carpintero. **2.** Oficio y actividad del carpintero. **3.** Conjunto de las obras de madera de un edificio. ‖ **4. carpintería metálica** La que utiliza metal, en vez de madera, para la construcción de puertas, ventanas, muebles, etc.

carpintero *s. m.* **1.** Persona que por oficio trabaja la madera para construir objetos útiles, especialmente puertas, ventanas, muebles, etc. ‖ **2. pájaro** (o **pico**) **carpintero** Véase **pico**.

carpo *s. m.* Conjunto de los huesos de la muñeca.

Carrà, Carlo (Quargnento, Alessandria 1881 - Milán 1966) Pintor italiano. Participó en el movimiento futurista y posteriormente evolucionó hacia la pintura metafísica. De su obra merecen mencionarse *Los funerales del anarquista Galli* (1911) y *La musa metafísica* (1917).

carraca[1] (del ár. *harraqa*, nave grande) *s. f.* **1.** Antigua nave de transporte. **2.** Barco viejo o pesado y, p. ext., cosa que funciona mal. **3.** Persona achacosa.

carraca[2] (voz onomat.) *s. f.* **1.** Instrumento de madera, en que los dientes de una rueda levantan sucesivamente una lengüeta flexible, produciendo un ruido seco y desagradable. **2.** Ave coraciforme de la familia corácidos y géneros *Coracias* y *Eurystomus.* Mide entre 25 y 30 cm, tiene el pico robusto y curvado en el extremo y el plumaje de colores muy vivos. La carraca común, *Coracias garrulus*, es de color azul con el dorso pardo, vive en Europa y Asia central y meridional y emigra en invierno a la India y África.

Carracci Familia de pintores italianos que trabajaron en Bolonia a finales del s. XVI y a los que se considera impulsores del Barroco. En 1592 fundaron la Academia de los Encaminados, donde, entre otros, estudiaron Guido Reni y Domenichino. Entre ellos destacan **Ludovico** (Bolonia 1555 - íd. 1619), que realizó una obra llena de profunda religiosidad, como la *Conversión de San Pablo* y la *Predicación de San Juan Bautista*; **Agostino** (Bolonia 1557 - Parma 1602), que se centró en el grabado y en los estudios teóricos, y **Annibale** (Bolonia 1560 - Roma 1609), que retornó a las normas clásicas y desarrolló un estilo caracterizado por el uso de colores claros, formas escultóricas y un poderoso naturalismo, que influyó en la pintura romana. Entre sus mejores obras figuran los frescos de la galería Farnesio y los paisajes que pintó al final de su vida, como *Paisaje con la huida a Egipto.*

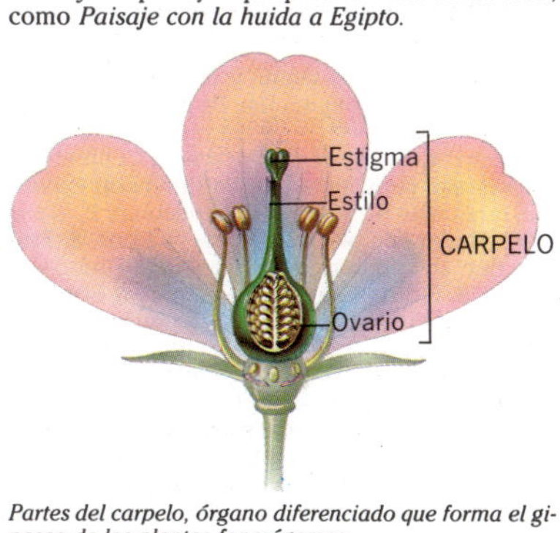

Partes del carpelo, órgano diferenciado que forma el gineceo de las plantas fanerógamas.

carranca *s. f.* Carlanca*.

Carranza, Bartolomé de (Miranda de Arga, Navarra 1503 - Roma 1576) Prelado y teólogo español. Fraile dominico, participó en el Concilio de Trento, fue consultor de la Inquisición, confesor del futuro rey Felipe II y arzobispo de Toledo. Acusado como sospechoso de herejía por algunos pasajes de su libro *Comentarios sobre el catecismo romano*, fue encarcelado, condenado y obligado a abjurar.

Carranza, Eduardo (Apiay 1913 - Bogotá 1985) Poeta colombiano. Miembro del grupo «Piedra y cielo», se opuso a los movimientos de vanguardia y su obra tuvo un carácter intimista. Vivió largas temporadas en España y fue director de la Biblioteca Nacional de Colombia. Publicó, entre otros libros, *Canciones para iniciar una fiesta* (1936), *Azul de ti* (1944), *Poesía en verso* (1953) y *El corazón escrito* (1967).

Carranza, Venustiano (Cuatro Ciénagas, Coahuila 1859 - Tlaxcalantongo, Puebla 1920) Político y militar mexicano. Tras participar en el derrocamiento de Porfirio Díaz, derrotó en 1914 a Victoriano Huerta y fue nombrado presidente provisional. Se enfrentó más tarde a los jefes militares Pancho Villa y Zapata, a los que acabó por doblegar. Convocó en Querétaro el congreso que promulgó la Constitución de 1917. Convertido ya en presidente constitucional, impulsó la reforma agraria y la nacionalización de la minería y el petróleo. Murió asesinado durante la rebelión de Calles y Obregón.

carrara *s. m.* Mármol blanco que se extrae cerca de la ciudad italiana de Carrara.

carrasca *s. f.* Encina, generalmente pequeña, o mata de ella.

carrascal *s. m.* Monte o lugar poblado de carrascas.

carrasco *adj.* **1.** Pino* carrasco. ‖ *s. m.* **2.** Carrasca*.

carraspear *v. intr.* **1.** Tener carraspera. **2.** Emitir, hacer con la garganta una especie de tosecilla para dejarla limpia antes de hablar, o por nerviosismo, burla, etc.

carraspera *s. f.* Aspereza en la garganta que vuelve ronca la voz.

carrasposo, sa *adj.* **1.** Que padece carraspera. También *s.* **2.** *Col.*, *Ven.* Que es áspero al tacto.

Carrasquilla, Tomás (Santo Domingo, Antioquia 1858 - Medellín 1940) Novelista colombiano. Fue el iniciador del criollismo en su país y su obra supone uno de los momentos culminantes del costumbrismo latinoamericano. Su estilo se caracteriza por la ironía, el humor y la riqueza del lenguaje, como se puede apreciar en la trilogía novelística *Hace tiempos* (1935-36) y en los libros de relatos *En la diestra de Dios Padre* (1897) y *Cuentos de tejas arriba* (1936).

Carrel, Alexis (Sainte-Foy-lès-Lyon 1873 - París 1944) Fisiólogo francés. Investigó acerca de la sutura de los vasos sanguíneos y la conservación de células, tejidos y órganos en el exterior del organismo. Recibió el premio Nobel de medicina en 1912.

Carreño de Miranda, Juan (Avilés, Asturias 1614 - Madrid 1685) Pintor barroco español. Su primera producción fue fundamentalmente religiosa, con obras como la *Inmaculada Concepción* y *El martirio de San Bartolomé*. Más tarde sucedió a su maestro Velázquez como retratista de la familia real.

carrera *s. f.* **1.** Acción de ir corriendo de un sitio a otro. **2.** Competición de velocidad entre personas, animales o vehículos. **3.** Recorrido, trayecto. **4.** Curso de los astros. **5.** Conjunto de cursos que constituyen un determinado estudio universitario. **6.** Actividad profesional. **7.** Recorrido de un taxi que transporta viajeros. **8.** Puntos que se sueltan en una media o prenda de punto. **9.** Calle que antes fue camino. ‖ **LOC. a la carrera** *adv.* De prisa. **cubrir la carrera** Situar soldados o vigilancia a ambos lados del trayecto de un cortejo, desfile, procesión, etc. **hacer carrera** Conseguir un buen puesto o una posición acomodada. **hacer la carrera** *fam.* Recorrer la calle una prostituta en busca de cliente. **no poder hacer carrera con** (o **de**) alguien *fam.* No conseguir que haga lo que debe o lo que uno se propone.

Carrera, José Miguel (Santiago de Chile 1785 - Mendoza 1821) Político y militar chileno. Derrocó a la junta de gobierno y se proclamó dictador (1811), pero fue derrotado por los realistas en Chillán (1813) y Rancagua (1814). Se refugió en Argentina, desde donde conspiró contra O'Higgins, hasta que fue apresado y ejecutado.

Carrera Andrade, Jorge (Quito 1900 - íd. 1978) Poeta ecuatoriano. Su obra, que en sus inicios tuvo influencias modernistas, combina el vanguardismo con el sentimiento indigenista y la denuncia social, en libros como *La guirnalda del silencio* (1926), *Biografía para uso de los pájaros* (1937) y *La tierra siempre verde* (1955).

Carreras, José (Barcelona 1946) Tenor español. Debutó en 1970 en el Liceo de Barcelona con *Nabuco*. En su repertorio figuran especialmente óperas italianas (Verdi, Puccini, Donizetti, etc.).

carrerilla *s. f.* Carrera breve para tomar impulso y saltar. ‖ **LOC. de carrerilla** *adv. fam.* De memoria, sin enterarse bien de lo que se dice.

Carrero Blanco, Luis (Santoña, Cantabria 1903 - Madrid 1973) Marino y político español. Íntimo colaborador de Franco, ocupó distintos cargos políticos. En 1973 fue elegido presidente del gobierno. Murió en un atentado de ETA.

carreta *s. f.* Carro de dos o más ruedas con un madero largo que sirve de lanza, donde se sujeta el yugo, al que van uncidos los animales de tiro.

carretada *s. f.* **1.** Carga de una carreta o de un carro. **2.** *fam.* Abundancia de algo. ‖ **LOC. a carretadas** *adv. fam.* En gran cantidad.

carrete *s. m.* **1.** Cilindro taladrado por el eje, con discos en los extremos, en el que se arrolla hilo, alambre, una película, etc. **2.** Ruedecilla unida a la caña de pescar, que sirve para acortar y alargar el sedal o hilo. ‖ **LOC. dar carrete** a uno Entretenerle dándole largas.

carretera *s. f.* Camino público, ancho y pavimentado, para la circulación de vehículos. ‖ **LOC. carretera y manta** *fam.* Se usa para apresurar la marcha de alguien.

carretero *s. m.* **1.** Persona que construye carros y carretas. **2.** Persona que conduce un carro o una carreta. ‖ **LOC. fumar como un carretero** Fumar mucho. **hablar como un carretero** Hablar diciendo muchas palabrotas o de forma grosera.

carretilla *s. f.* **1.** Carro pequeño de mano, generalmente con una rueda delantera y dos varas detrás para conducirlo. **2.** Pequeño vehículo, de motor o remolcado, que se usa para transportar cargas en el interior de almacenes, en muelles, etc. **3.** Utensilio con ruedas al que se agarran los niños cuando aprenden a andar.

carretón *s. m.* **1.** Carro pequeño. **2.** Armazón con una rueda en el que lleva el afilador las piedras y el agua.

Juan Carreño de Miranda: El duque de Pastrana *(Museo del Prado, Madrid).*

carricoche *s. m.* Coche viejo, malo o feo.

Carriego, Evaristo (Paraná 1883 - Buenos Aires 1912) Poeta argentino. Su obra refleja la vida de personas y barrios modestos de Buenos Aires. Entre sus libros destacan *Misas herejes* (1908) y *La canción del barrio* (1913).

carriel *s. m. amer.* Bolsa de viaje hecha de cuero.

carril *s. m.* **1.** Huella que dejan en el suelo las ruedas de un carruaje. **2.** Camino estrecho. **3.** Cada una de las dos barras paralelas de hierro por donde circulan las locomotoras y los vagones en las líneas férreas. **4.** En una carretera o vía pública, parte destinada a una sola fila de vehículos, o reservada para el autobús, taxis, etc.

carrillo *s. m.* **1.** Parte carnosa de la cara, que va desde los pómulos hasta la mandíbula. **2.** Polea. ‖ **LOC. comer a dos carrillos** *fam.* Comer con gula, con rapidez.

Carrillo, Alfonso (Cuenca 1410 - Alcalá de Henares, Madrid 1482) Prelado y político español. Arzobispo de Toledo (1448), fue consejero de Enrique IV, aunque posteriormente se alió con el partido aragonés y promovió la deposición del rey en la Farsa de Ávila (1465). Defendió la causa del infante Alfonso y, cuando murió, la de Isabel la Católica, pero después de la subida al trono de ésta, despechado por no haber obtenido el capelo cardenalicio, se pasó al partido de doña Juana la Beltraneja y participó en las batallas de Medina del Campo y Toro.

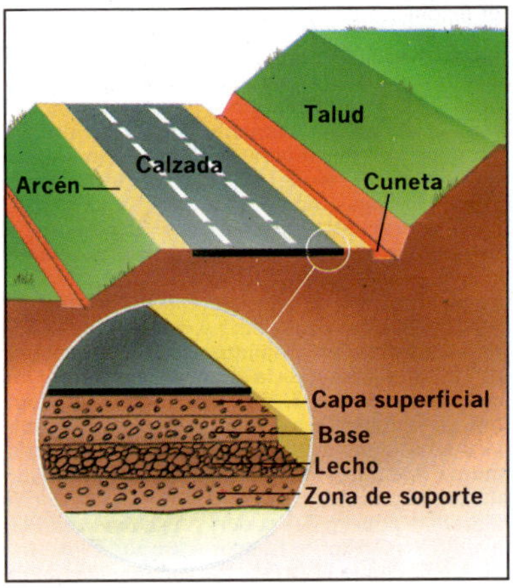

Esquema de una carretera y detalle ampliado de los distintos estratos de la calzada.

Carrillo, Santiago (Gijón, Asturias 1915) Político español. Miembro desde 1936 del Partido Comunista de España (PCE), fue nombrado en el exilio secretario general del mismo en 1960. Retornó a España en 1976 y contribuyó decisivamente para conseguir el pacto entre partidos que dio lugar a la Constitución de 1978. Dimitió de su cargo en 1982 y en 1985 abandonó el PCE y fundó el Partido Comunista de los Trabajadores.

carrizal *s. m.* Lugar poblado de carrizos.

carrizo *s. m.* Planta gramínea que se cría cerca del agua de arroyos y charcas. Se clasifica en la especie *Phragmites communis*.

carro *s. m.* **1.** Carruaje de diversas formas y usos; el más común suele tener dos ruedas y lanza o varas para enganchar el tiro. **2.** Carga transportada por este carruaje. **3.** Constelación de la Osa Mayor. **4.** Parte móvil de algunos aparatos. **5.** *amer.* Automóvil. ‖ **6. carro de asalto** (o **de combate**) Tanque de guerra. ‖ **LOC. aguantar carros y carretas** *fam.* Soportar muchas contrariedades. **parar el carro** *fam.* Contenerse, moderarse el que está enfadado; se usa más en imperativo. **tirar del carro** Recaer sobre uno el trabajo de otro.

carrocería *s. f.* Parte de los vehículos que reviste el motor y otros elementos y dentro de la cual se colocan las personas y también las mercancías.

carrocero, ra *adj.* **1.** Perteneciente o relativo a la carrocería. ‖ *s. m.* y *f.* **2.** Persona que fabrica, monta o repara carrocerías. **3.** Diseñador de automóviles.

Carroll, Lewis (Daresbury, Cheshire 1832 - Guildford 1898) Seudónimo de Charles Lutwidge Dodgson, escritor y matemático británico. Debe su fama al relato *Alicia en el país de las maravillas* (1865), libro infantil que se sirve del mundo de los sueños para describir fantásticas aventuras y personajes absurdos y que ha influido poderosamente en la literatura del s. XX. Es también autor de *Alicia a través del espejo* (1872), nueva entrega de las aventuras de Alicia, *La caza del snark* (1876) y *Silvia y Bruno* (1889-93).

carromato *s. m.* **1.** Carro grande con toldo, dos ruedas y dos varas para enganchar el tiro. **2.** Carruaje grande o incómodo.

carroña *s. f.* Carne corrompida.

carroñero, ra *adj.* Se dice del animal que se alimenta de cadáveres. También *s.*

carroza *s. f.* **1.** Coche tirado por caballos, grande y lujoso, ricamente engalanado, que aún se usa para ciertos actos oficiales. **2.** P. ext., carruaje que se decora para funciones y fiestas públicas. ‖ *s. m.* y *f.* **3.** *fam.* Persona mayor o anticuada. También *adj.* **4.** *Arg., Perú.* Coche fúnebre.

carruaje *s. m.* **1.** Todo tipo de vehículo montado sobre ruedas, especialmente cuando se usa para transportar personas. **2.** Coche grande y lujoso.

carrusel *s. m.* **1.** Espectáculo vistoso en que varios jinetes ejecutan evoluciones. **2.** Caballitos, tiovivo de feria.

carst *s. m.* Modelado del relieve producido por el fenómeno de la disolución en algunas rocas, como la caliza. Se caracteriza por la presencia de grietas, galerías, cañones y cuevas o cavernas. Entre sus formas más características están las simas, dolinas, lapiaces, poljés y cañones. **FAM.** Cárstico.

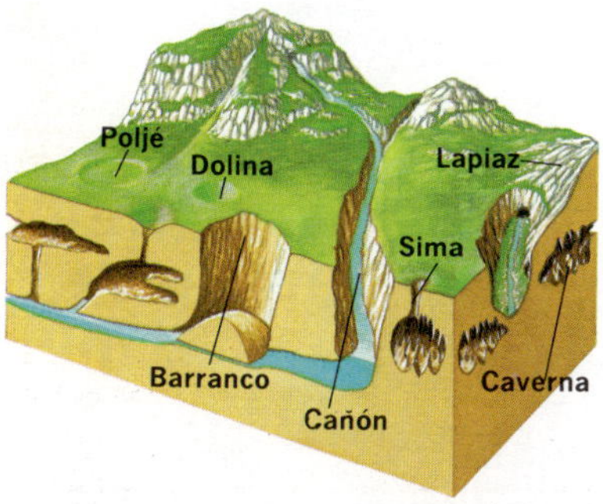

Esquema y formas principales del relieve cárstico.

carta *s. f.* **1.** Escrito, generalmente cerrado, que envía una persona a otra. **2.** Mapa, representación geográfica sobre una superficie plana. **3.** Naipe, cada una de las cartulinas que forman la baraja. **4.** Constitución escrita de un país. **5.** Lista de platos, postres y bebidas que se pueden pedir en un restaurante, cafetería, etc. ‖ **6. carta abierta** La que se dirige a una persona, pero con el fin de que se publique en un periódico o se difunda por cualquier otro medio de comunicación social. **7. carta de ajuste** Figura que aparece en la pantalla del televisor para ajustar la imagen. **8. carta de marear** (o **náutica**) Mapa que representa una parte del mar, con datos útiles para la navegación. **9. carta de naturaleza** Concesión a un extranjero de la nacionalidad de un país. **10. carta de pago** Documento en el que se afirma haber recibido una cantidad como pago de una deuda. **11. carta pastoral** Escrito o discurso que dirige un prelado a sus diocesanos. **12. carta puebla** Documento medieval, otorgado por un rey o señor, que contenía los repartimientos de tierras y los derechos concedidos a los pobladores de un lugar reconquistado o fundado. **13. Carta Magna** Carta de privilegios que la nobleza feudal inglesa impuso al rey Juan sin Tierra en 1215, en la que se limitaba el poder real. Se la suele considerar como el punto de origen de la tradición constitucional inglesa. **14. cartas credenciales** Las que se dan a un embajador o ministro para que se le reconozca como tal. ‖ **LOC. a carta cabal** *adj.* Intachable, completo. **a la carta** *adv.* Con el verbo *comer* y similares, eligiendo los platos que ofrece un restaurante, cafetería, etc. **dar carta blanca** a alguien Autorizar a una persona para que obre en un asunto según su criterio. **echar las cartas** Adivinar el porvenir por medio de las cartas. **jugar la última carta** En caso de apuro, emplear un último recurso. **jugarse** (o **jugárselo**) **todo a una carta** Hacer depender la solución de un asunto de un solo recurso. **no saber a qué carta quedarse** *fam.* Dudar en la resolución de un asunto. **poner las cartas boca arriba** (o **sobre la mesa**) *fam.* Poner al descubierto las intenciones, opiniones, argumentos, etc., propios o ajenos. **tomar cartas en el asunto** Intervenir.

cartabón *s. m.* Utensilio de dibujo lineal en forma de triángulo rectángulo no isósceles, que tiene generalmente graduado el cateto mayor.

Cartagena C. de España, en la prov. de Murcia. 176.000 h. en 1990. Es importante puerto militar y comercial en la bahía del mismo nombre; posee industrias químicas, metalúrgicas, astilleros y refinería de petróleo. Fundada por el cartaginés Asdrúbal entre 228 y 221 a. C. con el nombre de Qart Hadasht (Ciudad Nueva), los romanos la llamaron Cartago Nova. Durante la Primera República fue uno de los focos más activos de la insurrección cantonalista.

Cartagena de Indias C. de Colombia, cap. del departamento de Bolívar. 611.458 h. en 1990. Su economía se basa en actividades agropecuarias, industriales (petroquímica, jabón, grasas vegetales) y mineras. Fundada en 1533, fue en la época de la colonización española un puente entre América y la metrópoli y conserva de aquel tiempo numerosos monumentos.

cartagenero, ra *adj.* **1.** Natural de Cartagena (España) y Cartagena de Indias (Colombia). También *s.* **2.** Perteneciente o relativo a estas ciudades.

cartaginense o **cartaginés, sa** *adj.* De Cartago. También *s.*

Cartago Antigua ciudad del N de África, fundada por los fenicios de Tiro en el 814 a. C., cerca de la actual Túnez. Tras la caída de Tiro en poder de los asirios (574 a. C.), se convirtió en una potencia mercantil y naval del Mediterráneo, lo que la llevó a varios enfrentamientos con los griegos, a los que derrotó en Alalia (535 a. C.), aunque posteriormente fue vencida por éstos en Himera (480 a. C.). Después de esta batalla, la ciudad dirigió durante un tiempo su expansión hacia el interior del continente africano. Su resurgir la enfrentó con Roma, con quien sostuvo entre los s. III y II a. C. las guerras púnicas, que concluyeron con su destrucción en 146 a. C. Augusto mandó reconstruirla en 29 a. C. y desde esta fecha hasta el s. IV recuperó gran parte de su esplendor económico. Ocupada por los vándalos en 439 y por los bizantinos en 553, fue definitivamente destruida por los árabes en 698.

Cartan, Élie-Joseph (Dolomieu 1869 - París 1951) Matemático francés. Investigó la teoría de conjuntos. Desarrolló la estructura de los grupos continuos e infinitos y la teoría de los espacios, enunciando el concepto de espacio con paralelismo absoluto y espacio sin curvatura, por lo que se le considera un precursor de Einstein.

cartapacio *s. m.* **1.** Cartera o carpeta para guardar papeles, documentos, libros, etc. **2.** Cuaderno que se utiliza para tomar apuntes.

cartearse *v. prnl.* Enviarse cartas recíprocamente dos personas.

cartel *s. m.* **1.** Lámina de papel u otra materia, con inscripciones o figuras, que se pone en un lugar público para comunicar avisos, noticias, anuncios, etc. **2.** Reputación, buena consideración, en el asunto de que se trata. ‖ **LOC. en cartel** *adj.* o *adv.* Se dice del espectáculo que se está representando. **FAM.** Cartelón.

cártel *s. m.* Acuerdo entre dos o más empresas con el objeto de limitar los riesgos de la competencia y controlar la producción y los precios de un producto. Se diferencia del *trust* en que, en el cártel, las empresas conservan su independencia.

cartela *s. f.* **1.** Trozo de cartón, madera u otra materia, a modo de tarjeta, en que se escribe algo. **2.** Pieza de hierro u otro material que sostiene un balcón, una repisa, un alero, etc.

cartelera *s. f.* **1.** Superficie adecuada para fijar carteles o anuncios públicos. **2.** Sección de los periódicos en la que aparecen anuncios o información de los espectáculos. **3.** Publicación aparte con esta información.

carteo *s. m.* Acción y efecto de cartearse.

Carter, James E. (Plains 1924) Político estadounidense. Senador demócrata y gobernador de Georgia en 1970, fue elegido presidente de EE UU en 1977. Durante su mandato firmó en 1979 con la URSS el acuerdo Salt II de no proliferación de armas nucleares y propició los acuerdos de Camp David entre Israel y Egipto.

cárter *s. m.* **1.** Cubierta rígida que protege ciertos engranajes y otras piezas del automóvil y de diversas máquinas. **2.** Depósito de lubricante del motor de un automóvil.

cartera *s. f.* **1.** Utensilio plegable de bolsillo para meter el dinero, papeles y documentos. **2.** Utensilio de forma cuadrangular, de materia flexible, con asa, para llevar documentos y libros. **3.** Conjunto de clientes de una compañía, de un vendedor, etc. **4.** Valores comerciales que forman el activo de un banco, sociedad o comerciante. **5.** Empleo de ministro. **6.** *amer.* Bolso de mujer. ‖ **7. ministro sin cartera** El que no está adscrito a un departamento concreto. ‖ **LOC. tener en cartera** algo Tener una cosa en proyecto.

cartería *s. f.* Oficina de correos en la que se reciben y reparten las cartas.

carterista *s. m.* Ladrón de carteras de bolsillo.

cartero, ra *s. m.* y *f.* Persona que se encarga del reparto de las cartas y paquetes de correos.

cartesiano, na *adj.* **1.** Se dice del sistema filosófico de Descartes y de sus discípulos. **2.** Perteneciente o relativo a este sistema o partidario de él. También *s.* **3.** Excesivamente lógico, metódico o racional. También *s.* ‖ **4. coordenada cartesiana** Véase **coordenada**. **FAM.** Cartesianismo.

Cartier, Jacques (Saint-Malo 1491 - íd. 1557) Navegante francés. Exploró las tierras del N de América y tomó posesión de Canadá en nombre de la corona francesa.

Cartier-Bresson, Henri (Chanteloup, Seine-et-Marne 1908) Fotógrafo francés. Destacado representante de la fotografía periodística, su obra se caracteriza por la estética de la composición. Cofundador de la agencia Magnum, entre sus libros sobresalen *Moscú* (1955), *Fotografías de H. C-B.* (1963) y *¡Viva Francia!* (1970).

El carro de combate consiste en un cañón instalado en un vehículo blindado que se mueve mediante cadenas oruga. Fue creado por ingleses y franceses durante la Primera Guerra Mundial.

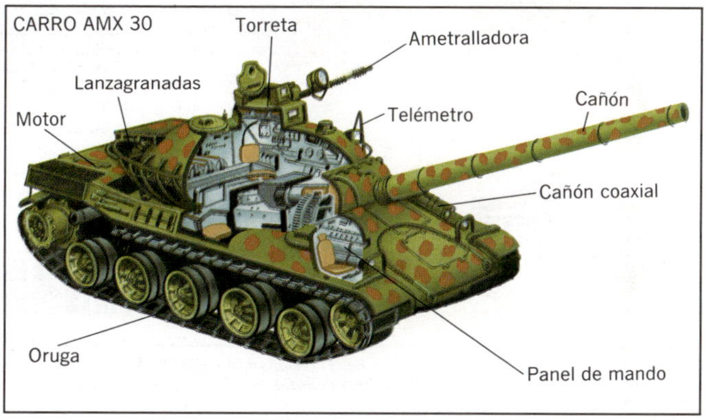

cartilaginoso, sa *adj.* Que es de la naturaleza del cartílago.

cartílago *s. m.* Tejido conectivo animal que cumple funciones esqueléticas, de sostén del organismo. Su resistencia es inferior a la del tejido óseo, pero tiene mayor elasticidad. Consta de unas células llamadas condrocitos, que ocupan unas oquedades limitadas por una pared, denominada cápsula, que se halla en una sustancia intercelular más o menos sólida llamada matriz. Según sea ésta puede ser de tres tipos: cartílago hialino, de pocas fibras y mucha matriz, que se encuentra en la nariz, las articulaciones y en el esqueleto de los embriones; cartílago elástico, con muchas fibras de elastina, presente en los pabellones auditivos (las orejas) y el aparato respiratorio; y cartílago fibroso, con muchas fibras de colágeno, que se halla en los discos intervertebrales.

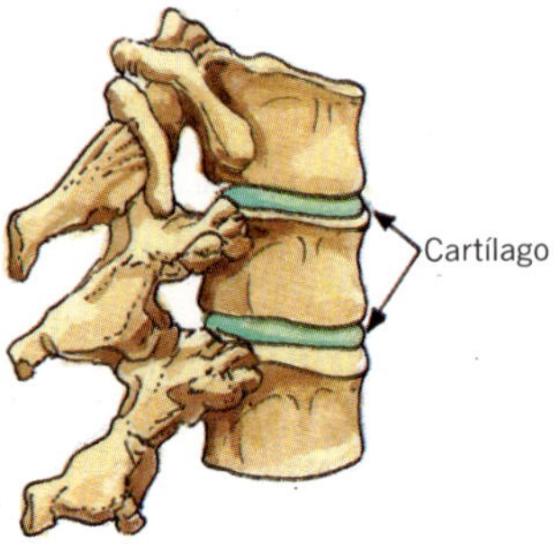

Cartílago en los discos de la columna vertebral.

cartilla *s. f.* **1.** Cuaderno o libro pequeño para aprender a leer. **2.** Libreta en la que se anotan determinados datos. ‖ **Loc. leerle** a uno **la cartilla** *fam.* Reprender a uno severamente; también, aleccionar a una persona.

cartismo *s. m.* Movimiento político y social surgido en el Reino Unido entre 1837 y 1848 como reacción ante la ley electoral, que discriminaba a la clase obrera, las duras condiciones laborales y la Ley de los Pobres de 1834. Alcanzó su mayor actividad bajo la dirección de O'Connor, pero acabó sucumbiendo ante la presión gubernamental.

cartografía *s. f.* **1.** Arte y técnica de hacer cartas o mapas geográficos. **2.** Ciencia que los estudia.
Geog. La cartografía parte de la recogida, sobre el terreno o mediante fotografía u otros métodos, de los datos que se quieren reflejar en el plano o mapa: distancias, extensiones, altitudes, límites políticos, situación de los núcleos de población, etc. Como la superficie de la Tierra es curva, para representarla sobre una superficie plana la cartografía se sirve de los sistemas de proyección. Si un mapa representa las dimensiones planas se denomina planimétrico, y en él pueden aparecer fenómenos como ríos, lagos, mares, pueblos, caminos, fronteras, etc. Si representa el relieve se llama mapa topográfico. **Fam.** Cartográfico, cartógrafo.

cartomancia *s. f.* Adivinación del futuro por medio de las cartas o naipes.

cartometría *s. f.* Técnica de medición de las líneas de un mapa o plano.

cartón *s. m.* **1.** Lámina, o conjunto de láminas, más gruesas que el papel, hechas de pasta de trapos, papel viejo y otras materias. **2.** Recipiente o envase de cartón. **3.** Dibujo hecho normalmente sobre un cartón, que sirve de modelo para un tapiz, un fresco, etc. ‖ **4. cartón de tabaco** Envase que contiene diez paquetes de cigarrillos. **5. cartón piedra** Pasta de papel, yeso y aceite secante, que se endurece mucho al secar y se emplea para hacer figuras y objetos.

cartoné *s. m.* Encuadernación hecha con tapas de cartón, forradas con papel.

cartonero, ra *adj.* **1.** Perteneciente o relativo al cartón. ‖ *s. m.* y *f.* **2.** Persona que hace o vende cartones o cosas hechas de cartón.

cartuchera *s. f.* **1.** Caja para guardar y llevar los cartuchos. **2.** Cinto para llevar cartuchos.

cartucho *s. m.* **1.** Cilindro metálico, de cartón o plástico, que contiene la pólvora para disparar un arma de fuego. **2.** Envoltorio cilíndrico de monedas del mismo valor. **3.** Envoltura de papel o cartón, generalmente cilíndrica. **4.** Carrete cerrado de película fotográfica. **5.** Repuesto o carga de tinta, en un tubo o cilindro, para una pluma estilográfica, bolígrafo, etc. ‖ **Loc. quemar el último cartucho** Utilizar el último recurso en una situación difícil.

cartuja *s. f.* **1.** Monasterio de cartujos. **2.** Orden de los cartujos. ■ En esta segunda acepción se suele escribir con mayúscula.

cartujano, na *adj.* **1.** Perteneciente o relativo a la Cartuja. **2.** Cartujo*. También *s.* **3.** Se dice del caballo o yegua con las características típicas de la raza andaluza.

cartujo *adj.* **1.** Se aplica al religioso de la Cartuja. También *s. m.* **2.** Se dice de la persona que lleva una vida apartada del trato con la gente. También *s. m.* ‖ *s. m. pl.* **3.** Orden monástica fundada por San Bruno en 1084 en Chartreuse (de donde se deriva el nombre de Cartuja), cerca de Grenoble. Los cartujos llevan una vida contemplativa y de gran austeridad y permanecen habitualmente en silencio.

cartulina *s. f.* Especie de cartón delgado, fino y liso.

carúncula *s. f.* **1.** Carnosidad roja y eréctil que tienen en la cabeza algunas aves, como el gallo y el pavo. ‖ **2. carúncula lagrimal** Pequeño abultamiento rosado en el ángulo interno del ojo.

Caruso, Enrico (Nápoles 1873 - íd. 1921) Tenor italiano. Considerado uno de los mejores cantantes de ópera de todos los tiempos, obtuvo sus mayores éxitos con *La Traviata.* Se conservan de él grabaciones discográficas.

Carvajal y Lancáster, José de (Cáceres 1696 - Madrid 1754) Político español. Secretario de Estado con Fernando VII (1746), supo mantener la neutralidad frente a Inglaterra y Francia. Fundó la Academia de Bellas Artes y fue director de la Real Academia Española (1751).

carvallo *s. m.* Roble, árbol.

Carver, Raymond (Clatskanic, Oregón 1938 - Port Angeles, Washington 1988) Escritor estadounidense. Destacado representante del llamado «realismo sucio», su estilo sobrio y escueto se manifiesta sobre todo en los relatos, en los que refleja con sutileza la ambigüedad y las contradicciones del hombre contemporáneo. Es autor de *Catedral* (cuentos), *De qué hablamos cuando hablamos de amor* (cuentos) y *Errand* (1987).

casa *s. f.* **1.** Edificio o parte de él en que vive un individuo o una familia. **2.** Familia, personas que viven juntas. **3.** Descendencia que tiene un mismo apellido y un mismo origen. **4.** Establecimiento industrial o mercantil. **5.** Edificio destinado a reuniones o entretenimiento de personas unidas por vínculos geográficos, políticos, etc. **6.** Delegación o sucursal de una empresa comercial. **7.** Conjunto de personas civiles o militares que tienen un cargo en el palacio real. **8.** Nombre de ciertas casillas del tablero de algunos juegos, como el ajedrez o el parchís. ‖ **9. casa consistorial** Ayuntamiento. **10. casa cuna** Hospicio, asilo de niños. **11. casa de citas** Lugar donde se alquila habitación para tener relaciones sexuales, por lo general con prostitutas. **12. casa de empeño** Establecimiento que presta dinero recibiendo un objeto como prenda. **13. casa de la moneda** La que fabrica moneda o billetes de banco. **14. casa de la villa** Ayuntamiento. **15. casa de socorro** Establecimiento donde se prestan gratuitamente servicios médicos de urgencia. **16. casa real** Familia real. **17. Casa de Contratación** Organismo español creado en Sevilla en 1503 por los Reyes Católicos para promover y regular el tráfico comercial con América. **18. la Casa Blanca** Residencia oficial de los presidentes de EE UU, situada en Washington; p. ext., se aplica al gobierno de este país. **19. la Casa Rosada** Residencia oficial de los presidentes de la República Argentina, en Buenos Aires; p. ext., gobierno de esta nación. ‖ **Loc. caérsele** a uno **la casa encima** *fam.* Encontrarse a disgusto en casa y desear salir de ella; también, sucederle a alguien un gran contratiempo o contrariedad. **como Pedro por su casa** *adv. fam.* Con naturalidad y confianza, sin cumplidos. **echar** (o **tirar**) **la casa por la ventana** *fam.* Hacer un gasto grande con un convite o con cualquier otro motivo. **levantar la casa** *fam.* Mudarse, cambiarse de casa. **para andar por casa** *adj. fam.* Se aplica a las cosas hechas sin mucho cuidado, de cualquier manera. **quedar todo en casa** *fam.* Actuar sin dejar participar a extraños.

Casablanca (*ed-Dar-el-Beïda*) C. de Marruecos, en el NO del país. 2.904.000 h. en 1987. Es puerto importante, tanto pesquero como exportador (fosfato, hierro, manganeso, agrios, cereales, etc.), lo que la convierte en la ciudad comercial más pujante de Marruecos. Cuenta también con industrias del acero, cemento y productos químicos.

Casablanca: vista de la ciudad, con la plaza de las Naciones Unidas en primer plano.

casaca *s. f.* Prenda de vestir, especie de chaqueta ceñida a la cintura y con faldones hasta la parte posterior de las rodillas.

casación *s. f.* En lenguaje jurídico, anulación de una sentencia.

Diversos tipos de casa a lo largo de la historia: 1. Cabaña nigeriana. 2. Casa romana. 3. Casa gremial de estilo gótico. 4. Villa Rotonda, del renacentista Andrea Palladio. 5. Casa de ladrillo inglesa del siglo XVII. 6. Villa Saboya (1929-1931), de Le Corbusier.

casadero, ra *adj.* Se dice de quien está en edad de casarse.

casado, da 1. *p. p.* de **casar**. También *adj.* || *adj.* **2.** Se dice de la persona que ha contraído matrimonio. También *s.*

Casado del Alisal, José (Villada, Palencia 1832 - Madrid 1886) Pintor español. Discípulo de Madrazo, cultivó con gran acierto la pintura de tema histórico, en cuadros como *La leyenda del rey monje* (o *La Campana de Huesca*) y *La rendición de Bailén*, etc. Fue también un destacado retratista.

casal *s. m.* **1.** Casa de labranza, casa de campo. **2.** Solar noble, casa más antigua de una familia. **3.** *Can.*, *Arg.*, *Urug.* Pareja de macho y hembra.

Casal, Julián del (La Habana 1863 - íd. 1893) Poeta cubano. Considerado como el enlace entre el romanticismo y el modernismo, es autor, entre otras obras, de *Hojas al viento* (1890), *Nieve* (1892) y *Bustos y rimas* (1893).

Casals, Pablo (Vendrell 1876 - San Juan de Puerto Rico 1973) Violonchelista, compositor y director de orquesta español. Está considerado como el mejor intérprete de la obra de Bach y uno de los grandes violonchelistas de todos los tiempos. Entre sus obras destacan el oratorio *El pesebre* y el *Himno de las Naciones Unidas*.

casamata *s. f.* Bóveda muy resistente en que se instalan piezas de artillería.

casamentero *adj.* Se dice de la persona que es muy aficionada a casar a los demás. También *s.*

casamiento *s. m.* Acción y efecto de casar o casarse, contraer matrimonio.

Casanare Departamento de Colombia, en el E del país. 44.640 km^2. 115.864 h. en 1989. La capital es Yopal, con 30.000 h. en 1989. Posee ganadería intensiva e industrias de la madera.

Casandra Sibila mítica, hija de Príamo y Hécuba. Profetizó la ruina de Troya, pero no fue creída. Esclava de Agamenón, fue muerta por Clitemnestra, esposa de aquél.

Casanova, Giacomo (Venecia 1725 - Dux, Bohemia 1798) Aventurero italiano. Sus amores, su deambular por Europa y sus actividades como tahúr, mago, agente secreto, astrólogo, han hecho de él el prototipo del donjuán. Dejó escritas sus *Memorias* (1822-28).

casar[1] (del lat. *cassare*) *v. tr.* Anular una sentencia.

casar[2] *v. intr.* **1.** Contraer matrimonio. Se usa más como *v. prnl.* **2.** Ajustar, cuadrar una cosa con otra. || *v. tr.* **3.** Autorizar, quien tiene autoridad para ello, el matrimonio de dos personas y realizar o presidir la ceremonia correspondiente. **4.** Disponer un padre o superior el casamiento de un hijo o de alguien que depende de él. **5.** Unir o juntar una cosa con otra. **6.** Disponer y ordenar dos o más cosas de modo que hagan juego o armonicen entre sí. También *v. intr.* || **Loc. no casarse con nadie** *fam.* Conservar la independencia al pensar y obrar, no dejarse influir.

casar[3] *s. m.* Conjunto de casas que no llegan a formar pueblo.

Casares, Julio (Granada 1877 - Madrid 1964) Lexicógrafo y crítico literario español. Es autor de un importante *Diccionario ideológico de la lengua española* (1943).

Casares Quiroga, Santiago (La Coruña 1884 - París 1950) Político español. Colaborador de Azaña, fue varias veces ministro durante la Segunda República. Ocupaba la presidencia del gobierno y el ministerio de la Guerra cuando se produjo la sublevación militar del 17 de julio de 1936. Tras oponerse a la distribución de armas entre las organizaciones de izquierda, dimitió de sus cargos el 18 de julio.

Casas, fray Bartolomé de las (Sevilla 1474 - Madrid 1566) Fraile dominico español. Fue obispo de Chiapas. Dedicó su vida a denunciar los abusos de la colonización y a luchar por la mejora de la condición de los indios americanos. Su labor, mal comprendida por la mentalidad de la época, se halla glosada en sus obras *Brevísima relación de la destrucción de las Indias* (1552) e *Historia de las Indias* (publicada en 1875).

Casas Carbó, Ramón (Barcelona 1866 - íd. 1932) Pintor y dibujante español. Es uno de los más destacados representantes del modernismo catalán. Sobresalen sus cuadros *La carga*, *Salida de la procesión del Corpus de la iglesia de Santa María* y *Garrote vil*, y sus retratos y carteles publicitarios.

Ramón Casas: La carga, *fragmento (Museo de Arte Moderno de Olot, España).*

Casas y Novoa, Fernando de (? h.1670 - Santiago de Compostela 1749) Arquitecto español. Representante del barroco gallego, su obra más característica es la fachada del Obradoiro de la catedral de Santiago (1738-47).

casca *s. f.* **1.** Cáscara. **2.** Hollejo de uva pisada y exprimida. **3.** Corteza de ciertos árboles que se usa para curtir pieles. || *pl.* **4.** Trozos de cáscara de frutas confitados.

cascabel *s. m.* **1.** Bola hueca de metal, con asa y una ranura u orificio; dentro lleva una piedrecita o un pedacito de metal para que suene al moverla. **2.** Persona alegre. || **3. serpiente de cascabel** Crótalo, serpiente. || **Loc. poner el cascabel al gato** *fam.* Hacer o decir cierta cosa difícil o desagradable.

cascabelear *v. intr.* Hacer sonar cascabeles o producir sonidos semejantes al cascabel. **Fam.** Cascabeleo.

cascabelero, ra *adj.* Se dice de la persona alegre, desenfadada, de poco juicio. También *s.*

cascada *s. f.* **1.** Caída desde cierta altura del agua de un río o arroyo, por desnivel brusco del terreno. **2.** Cosa que por su forma o aspecto recuerda una cascada.

Cascadas, cordillera de las Cordillera de América del Norte, que se extiende desde la Columbia Británica (Canadá) hasta Oregón (EE UU), a lo largo de 1.000 km de longitud. La parte S, más elevada, es de origen volcánico. Destaca el volcán Rainier (4.391 m).

cascado, da 1. *p. p.* de **cascar**. También *adj.* || *adj.* **2.** Se dice de la persona o cosa muy trabajada o gastada. **3.** Se dice de la voz o el sonido que carece de entonación y sonoridad.

cascajo *s. m.* **1.** Trozos de piedras y otros minerales parecidos. **2.** Conjunto de frutos de cáscara seca, como avellanas, almendras, nueces, etc. **3.** Cosa vieja, estropeada, inútil.

cascanueces *s. m.* Utensilio en forma de tenazas para partir nueces.

cascar *v. tr.* **1.** Romper una cosa quebradiza. También *v. prnl.* **2.** *fam.* Golpear, pegar. || *v. intr.* **3.** *fam.* Hablar mucho y fuera de tiempo y de lugar. También *v. tr.* **4.** *fam.* Morir. ■ Se conjuga como *sacar*.

Fray Bartolomé de las Casas. Retrato anónimo, detalle (Biblioteca Colombina, Sevilla).

cáscara *s. f.* **1.** Cubierta exterior de huevos, frutos, etc. || *pl. interj.* **2.** *fam.* Denota sorpresa o admiración.

cascarilla *s. f.* **1.** Cubierta o envoltura más fina y quebradiza que la cáscara, como la del grano de los cereales, la de los cacahuetes, etc. **2.** Laminilla de metal u otro material, que recubre ciertos objetos, o trozo que se desprende de ella.

cascarón *s. m.* **1.** *aum.* de **cáscara**. **2.** Cáscara de huevo y, en especial, cuando está vacía. || **3. cascarón de nuez** *fam.* Embarcación pequeña y frágil. || **Loc. recién salido del cascarón** *adj. fam.* Se aplica a la persona joven y con poca experiencia.

cascarrabias *s. m.* y *f.* Persona que se enfada con mucha facilidad.

cascarria *s. f.* Salpicadura de barro en la parte de la ropa que va cerca del suelo. Se usa mucho en *pl.*

casco *s. m.* **1.** Pieza, generalmente de metal o de plástico, que cubre y protege la cabeza. **2.** Recipiente que sirve para contener líquidos. **3.** Cuerpo de un barco, sin la maquinaria ni la arboladura. **4.** Gajo de algunas frutas. **5.** Uña de las caballerías. **6.** Parte carnosa de la cebolla. **7.** Núcleo, conjunto de edificaciones de una ciudad, hasta donde termina su agrupación. || *pl.* **8.** Cabeza. **9.** Auriculares. || **10. cascos azules** Nombre que reciben los soldados de la ONU y que deriva del color del casco que utilizan. || **Loc. calentarse** (o **romperse**) **los cascos** *fam.* Pensar, cavilar mucho; también, estudiar fuerte.

cascote *s. m.* **1.** Fragmento de una construcción derribada. **2.** Conjunto de escombros.

caseína *s. f.* Proteína de la leche de los mamíferos, con gran contenido de fosfato.

cáseo, a o **caseoso, sa** *adj.* Relativo al queso o semejante a él.

caserío *s. m.* **1.** Casa de campo aislada, particularmente la del País Vasco. **2.** Conjunto de casas que no llega a formar un pueblo, característico del hábitat rural disperso.

casero, ra *adj.* **1.** Que se hace o se cría en casa o pertenece a ella. **2.** Como de casa, de confianza, sin formalidades. **3.** Se dice del árbitro que favorece al equipo que juega en casa. **4.** Se aplica a la persona que gusta de estar mucho en casa. || *s. m.* y *f.* **5.** Dueño de una casa que alquila a otro. **6.** Administrador de una casa. **7.** Persona que cuida de una casa, ausente el dueño.

caserón *s. m.* **1.** *aum.* de **casa**. **2.** Casa muy grande y destartalada.

caseta *s. f.* **1.** En los balnearios, playas, piscinas e instalaciones deportivas, cuarto pequeño para cambiarse de ropa. **2.** En las ferias, barraca desmontable. **3.** Casa pequeña que sólo tiene una planta. || **Loc. enviar** (o **mandar**) **a la caseta** Expulsar, echar fuera del terreno de juego un árbitro a un jugador.

casete *s. amb.* **1.** Cajita de plástico que guarda una cinta magnética para grabar y reproducir el sonido. **2.** La cinta misma. **3.** Aparato grabador o reproductor de sonidos.

casetón *s. m.* Cada uno de los espacios en que se divide un techo artesonado.

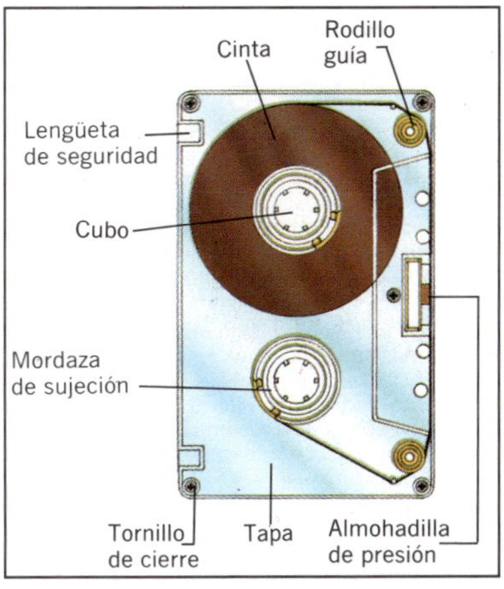

Esquema de una casete de magnetofón.

cash-flow *s. m.* En econ., magnitud que resulta de restar los costes de los ingresos.

casi *adv. c.* **1.** Denota que falta poco para que se cumpla o complete lo significado por la palabra a la que acompaña. || *adv. m.* **2.** Indica indecisión o duda.

casida *s. f.* Qasida*.

casilla *s. f.* **1.** Casa pequeña y aislada, donde de manera provisional se refugia el guarda de un campo, de un paso a nivel, etc. **2.** Cada una de las divisiones del papel rayado verticalmente o en cuadrículas. **3.** Cada uno de los cajetines de un casillero. **4.** Cada uno de los compartimientos en que se dividen los tableros de ciertos juegos. || **Loc. sacar** a uno **de sus casillas** *fam.* Enfadarle o alterar su modo de vida. **salir** (o **salirse**) uno **de sus casillas** *fam.* Enfadarse mucho, enfurecerse.

casillero *s. m.* **1.** Mueble con varios compartimientos o divisiones, que sirve para guardar papeles, sobres, etc. **2.** Marcador deportivo.

casino *s. m.* **1.** Sociedad o agrupación de personas, que se reúnen para charlar, jugar o con fines culturales, en la que se paga una cuota periódica por pertenecer a la misma y disfrutar de sus instalaciones. **2.** Edificio en que se reúnen. **3.** Establecimiento de juegos de azar.

Casiodoro, Flavio Magno Aurelio (Scylacium, Calabria h. 490 - monasterio de Vivarium h. 575) Escritor latino. Desempeñó cargos importantes en la administración bajo Teodorico. Discípulo de Boecio, fundó el monasterio de Vivarium, en el S de Italia, donde los monjes transcribieron buen número de manuscritos clásicos, salvando así el legado cultural romano. Es autor de *Instituciones de las letras divinas y humanas* (epístolas y documentos) y de una *Crónica* universal desde la creación del mundo hasta el 519.

casita *adj.* **1.** Se dice de un pueblo de la antigüedad que habitaba en la región meridional de los montes Zagros, al O del actual Irán. En 1531 a. C. conquistaron Babilonia, estableciendo la tercera dinastía de Babilonia, que perduró hasta 1160, en que fue derrotada por Elam. Conocían el caballo y el carro de combate, pero no la escritura. **2.** Se dice de cada uno de los individuos de este pueblo. También *s.*

casiterita *s. f.* SnO_2. Mineral óxido de estaño. Cristaliza en el sistema tetragonal en forma de pirámides y prismas, y en maclas. Es amarillenta o parda, raramente negra, con brillo diamantino o mate, dura y no atacable por los ácidos. Se presenta en placeres y rocas graníticas y sus más importantes yacimientos se encuentran en el Reino Unido, Checoslovaquia, Alemania, Bolivia y sudeste asiático. Constituye la principal mena del estaño.

caso *s. m.* **1.** Cosa que sucede. **2.** Circunstancia o combinación de circunstancias. **3.** Situación en que se encuentra uno. **4.** Cada manifestación personal de una enfermedad o de un determinado hecho. **5.** Asunto de que se trata o que se propone para consultar o explicar algo. **6.** Causa penal o civil que se sigue contra una persona. **7.** En ling., posibilidad de variación de la forma del sustantivo, el adjetivo, el pronombre, etc., según la función sintáctica que desempeñen en la oración. || **8. caso clínico** Proceso de una enfermedad en su manifestación concreta en un sujeto; también, el que no es corriente. **9. caso perdido** Persona de mala conducta, de la que no se puede esperar enmienda. || **Loc. en caso de que** *adv.* Si sucede tal o tal cosa. **en todo caso** *adv.* De todas maneras, sea lo que fuere. **en último caso** *adv.* Si no queda otro remedio. **hacer al caso** una cosa *fam.* Venir a propósito de lo que se trata; ser conveniente para algún fin. **hacer caso** Prestar atención, tomar en cuenta. **hacer caso omiso** Prescindir, no hacer caso de algo o de alguien. **ser un caso** *fam.* Ser alguien extraordinario, para bien o para mal.

Caso, Alfonso (Ciudad de México 1896 - íd. 1970) Historiador y arqueólogo mexicano. Dirigió las excavaciones en Monte Albán (1932). Fue director del Instituto Nacional de Antropología y rector de la Universidad Nacional Autónoma de México.

casón *s. m. aum.* de **casa**.

casona *s. f.* Casa señorial antigua.

Casona, Alejandro (Besullo, Asturias 1903 - Madrid 1965) Seudónimo de Alejandro Rodríguez Álvarez, dramaturgo español. Tras la guerra civil se exilió en México y en Argentina. Los elementos más importantes de su obra son el tono poético y la combinación de fantasía y realidad, en dramas como *La sirena varada* (1934), *Nuestra Natacha* (1935), *La dama del alba* (1944), *Los árboles mueren de pie* (1949) y *La casa de los siete balcones* (1957).

casorio *s. m.* Casamiento desigual o que se hace sin pensarlo mucho o con poco lucimiento.

caspa *s. f.* **1.** Especie de pequeñas escamas o partículas blancas que se forman en la cabeza por descamación del estrato córneo del cuero cabelludo, comúnmente acompañada por picores. **2.** P. ext., la que se forma en afecciones de la piel.

Caspe C. de España, en la prov. de Zaragoza. 8.290 h. en 1988.

Caspe, compromiso de Acuerdo al que llegaron los representantes de Aragón, Cataluña y Valencia, reinos de la corona de Aragón, en 1412 para designar el sucesor de Martín I el Humano, muerto sin descendencia. Después de dos meses de deliberaciones se impuso el candidato del papa Luna, apoyado por San Vicente Ferrer, Fernando de Antequera, infante castellano de la casa de Trastámara, sobrino del rey fallecido.

Caspio Mar interior situado en el SE de Europa. Su extensión es de 371.000 km^2. Sus aguas bañan Kazajstán, Rusia, Azerbaiyán, Irán y Turkmenistán. Ocupa una depresión de 28 m por debajo del nivel del mar y alcanza una profundidad máxima de unos 1.000 m. Debido a la gran evaporación, causada por la aridez de la zona, sus aguas pierden nivel, a pesar de las aportaciones de los ríos Volga, Ural y Kura, que desembocan en él.

caspiroleta *s. f. amer.* Bebida hecha con leche caliente, huevos, canela, azúcar y aguardiente.

¡cáspita! *interj.* Expresa extrañeza, enfado o admiración.

casquería *s. f.* Tienda donde se venden tripas, callos y demás vísceras de las reses. **Fam.** Casquero.

casquete *s. m.* **1.** Cubierta de tela o cuero que se ajusta a la cabeza. || **2. casquete esférico** En geom., cada una de las dos partes que resultan al cortar una superficie esférica con un plano. **3. casquete glaciar** Conjunto de territorios de las regiones polares cubiertos de hielo. También, masa de nieve que cubre las cumbres redondeadas de algunas montañas, como el Mont Blanc o ciertas áreas de Islandia (Watnajökull, Myrdalsjökull).

casquijo *s. m.* Piedra menuda que sirve como grava o para hacer hormigón.

casquillo *s. m.* **1.** Anillo, abrazadera o tapón de metal que refuerza o protege la extremidad de una pieza de madera. **2.** Parte metálica del cartucho de cartón, cápsula. **3.** Cartucho metálico vacío. **4.** Soporte metálico de la bombilla, que enroscándolo permite la conexión con el circuito eléctrico. **5.** Portalámparas en el cual se enrosca.

casquivano, na *adj.* **1.** *fam.* Se dice de la persona de poco juicio, alocada. También *s.* || *s. f.* **2.** Mujer que no tiene formalidad en su trato con los hombres.

Cassini, Gian Domenico (Perinaldo, cerca de Niza 1625 - París 1712) Astrónomo francés de origen italiano. Estableció los periodos de rotación de Marte, Venus y Júpiter y localizó cuatro satélites de Saturno (1671-84), descubrió la división de su anillo y calculó la distancia entre Marte y la Tierra y entre ésta y el Sol.

casta *s. f.* **1.** Variedad formada en una especie animal por la transmisión de algunos caracteres hereditarios. **2.** Ascendencia y descendencia de una persona. **3.** Parte de los habitantes de un país que forma clase especial, como ocurre en la India. **4.** Grupo social muy cerrado, que no se mezcla con los demás por diversos motivos. **5.** Clase o condición.

Castagno, Andrea del Véase **Andrea del Castagno**.

castaña *s. f.* **1.** Fruto del castaño. **2.** Moño de pelo que se hacen las mujeres en forma de castaña. **3.** *fam.* Bofetada, puñetazo. **4.** *fam.* Golpe, choque violento. **5.** *fam.* Borrachera. **6.** *fam.* Persona o cosa aburrida, pesada. **7.** Cosa que funciona mal. || *pl.* **8.** *fam.* Años de edad, especialmente cuando son o se consideran muchos. || **9. castaña pilonga** La que se seca al humo y se conserva todo el año. || **Loc. sacar** a uno **las castañas del fuego** *fam.* Resolverle un problema, sacarle de un apuro. **¡toma castaña!** *excl. fam.* Expresa satisfacción o complacencia en el mal ajeno, o ante una respuesta ingeniosa dada a alguien.

castañar *s. m.* Lugar poblado de castaños.

castañero, ra *s. m.* y *f.* Persona que vende castañas.

castañeta *s. f.* **1.** Chasquido que resulta de juntar la yema del dedo medio con la del pulgar y hacerla resbalar bruscamente para que choque con el pulpejo de la mano. **2.** Castañuela, instrumento músico de percusión.

castañetazo *s. m.* **1.** Golpe fuerte dado con las castañetas o castañuelas, o con los dedos. **2.** Estallido de la castaña al reventar por efecto del fuego. **3.** P. ext., cualquier chasquido parecido. **4.** *fam.* Puñetazo, golpe.

castañetear *v. tr.* **1.** Tocar las castañuelas. || *v. intr.* **2.** Sonarle a uno los dientes dando los del maxilar superior contra los del inferior. **3.** Sonarle a uno las rótulas de las rodillas al moverlas o doblarlas. **Fam.** Castañeteo.

castaño, ña *adj.* **1.** Que es del color de la cáscara de la castaña. || *s. m.* **2.** Nombre común de diversos árboles de la familia fagáceas, género *Castanea.* El castaño común *(Castanea sativa)* alcanza unos 20 m de altura, tiene hojas lanceoladas y dentadas, flores blancas cremosas agrupadas en largas espigas y fruto comestible, la castaña, contenido en una cápsula espinosa. Es propio de Europa central y meridional. Su madera se utiliza en ebanistería y construcción. **3.** Madera de este árbol. || **4. castaño de Indias** Nombre común de diversos árboles de la familia hipocastanáceas, género *Aesculus.* Puede alcanzar los 30 m de altura, tiene hojas palmeadas características, flores blanco-rojizas y fruto encerrado en una cápsula espinosa. La especie *Aesculus hippocastanum* procede del Mediterráneo oriental, pero se halla muy extendido, pues se utiliza como árbol ornamental. || **Loc. pasar de castaño oscuro** *fam.* Ser una cosa muy grave e intolerable, haber ido demasiado lejos.

Castaño común (Castanea sativa).

Castaños, Francisco Javier (Madrid 1756 - íd. 1852) Militar español. Durante la guerra de la Independencia logró una importante victoria en la batalla de Bailén (19 de julio de 1808) sobre las tropas francesas de Dupont.

castañuela *s. f.* Instrumento músico de percusión compuesto por dos piezas cóncavas de madera que al chocar una contra otra producen un determinado sonido. Se tocan por pares, de sonido distinto. Su origen es ibérico y su uso se encuentra ligado a ritmos bailables específicamente españoles. Wagner fue el primero que la incorporó a la orquesta. || **Loc. estar** alguien **como unas castañuelas** *fam.* Estar muy alegre.

Castelao, Alfonso Rodríguez (Rianxo, La Coruña 1886 - Buenos Aires 1950) Escritor en lengua gallega, político y dibujante español. Inspirador del movimiento galleguista, fue diputado durante la Segunda República y se exilió al finalizar la guerra civil. Su ideario político está

Castelao: Yo no quería morir allí ¿sabes, madre mía?

recogido en *Siempre en Galicia* (1944). Otras obras significativas suyas son *Cosas de la vida* (1926), conjunto de breves relatos sobre la realidad gallega, y sus colecciones de dibujos *Nos* y *Galicia mártir.*

Castelar, Emilio (Cádiz 1832 - San Pedro del Pinatar, Murcia 1899) Político español. Exiliado en Francia por conspirar contra Isabel II, retornó en 1868. Elegido diputado, alcanzó gran popularidad por la elocuencia de sus discursos. Durante la Primera República ocupó la presidencia del gobierno, desde la que hubo de hacer frente a la rebelión de cantonalistas y carlistas. Fue destituido en 1874 por el golpe militar del general Pavía.

castellanismo *s. m.* **1.** Palabra o modo de hablar propios de Castilla. **2.** Voz o expresión castellana adoptada por otra lengua.

castellanizar *v. tr.* Dar forma castellana a una palabra de otro idioma. ▪ Se conjuga como *cazar.*

castellano, na *adj.* **1.** Perteneciente o relativo a Castilla. **2.** Natural de esta región española. También *s.* ‖ *s. m.* **3.** Idioma o lengua oficial de España y de la América hispánica. **4.** Gobernador o señor de un castillo.

Ling. El castellano fue en su origen un dialecto romance, es decir, una lengua derivada del latín, con la que se entendían los pobladores del condado de Castilla a mediados del s. X. En esta lengua ejerció una especial influencia el habla de Burgos, que asimiló algunos elementos de otras variedades dialectales, como el cántabro, el asturleonés, el riojano, el navarro-aragonés, el mozárabe, etc. Al convertirse Castilla en reino independiente en el año 1035 bajo Fernando I, se afianza y se extiende la supremacía del castellano, que del s. XI al XIII absorbe e integra, además de nuevos rasgos de los romances antes citados, numerosos arabismos y galicismos. En el s. XIII, con Fernando III el Santo, el romance castellano fue declarado lengua oficial del reino y comienza a sustituir al latín en los documentos jurídicos. En la segunda mitad de ese mismo siglo, gracias a la gran labor literaria y científica de Alfonso X el Sabio, el castellano adquiere una mayor perfección, ajustándose a unas normas que toman como base la lengua hablada y escrita por las personas cultas de Toledo. El cultivo literario del castellano durante los s. XIV y XV contribuyó aún más a su enriquecimiento. Al realizarse bajo los Reyes Católicos, a comienzos del s. XVI, la unidad política nacional, la lengua de Castilla fue consolidándose como lengua común de todos los pueblos de España. Al mismo tiempo, fue llevada a América por los descubridores y conquistadores. Para entonces el castellano, o español, como empezó a ser denominado, ya disponía de abundantes diccionarios, gramáticas y otros materiales para poder ser enseñado a otros pueblos. Entre las obras más conocidas cabe citar la *Gramática castellana,* de Elio Antonio de Nebrija, publicada en 1492, y el *Tesoro de la lengua castellana o española,* de Sebastián de Covarrubias, que apareció en 1611. En 1714 fue fundada la Real Academia Española para velar por la unidad, la pureza y la vitalidad del idioma español. Su obra inicial y magna fue el llamado *Diccionario de autoridades,* cuyos seis tomos se publicaron entre 1726 y 1739.

Castellanos, Rosario (en el estado de Chiapas 1925 - Roma 1973) Escritora mexicana de la corriente indigenista. Es autora de libros de poesía, como *Al pie de la letra* (1959) y *Materia memorable;* de novelas como *Balún Canán* (1955) y *Oficio de tinieblas* (1962), y de narraciones y obras teatrales.

Castelldefels C. de España, en la prov. de Barcelona. 32.100 h. en 1990. Es un importante centro turístico, que cuenta también con actividad agrícola (productos hortofrutícolas) e industrial (maquinaria y cerámica).

Castelli, Juan José (Buenos Aires 1764 - íd. 1812) Patriota argentino. Fue uno de los fundadores de la Sociedad Patriótica, Literaria y Económica (1801). En 1810 colaboró con Belgrano en la revolución de mayo, fue miembro de la junta revolucionaria que gobernó el virreinato y mandó el ejército del Norte.

Castellón Prov. de España, en la Comunidad Valenciana. 6.679 km^2. 445.065 h. en 1991. Está rodeada por una serie de sierras, que son estribaciones del Sistema Ibérico y, excepto la cornisa litoral, todo su territorio se halla a gran altura, por lo que los inviernos suelen ser fríos. En esta región se dan encinas y quejigos e incluso algún hayedo. Los llanos litorales son mucho más secos y en ellos abundan pinares y matorrales como la jara, el romero y el tomillo. La mayoría de la población se concentra en el litoral, aunque en el interior existen ciudades de gran raigambre histórica, como Morella, capital de la comarca del Alto Maestrazgo. La agricultura es de secano y cerealística en el interior, mientras que en la franja costera hay cultivo intensivo de regadío de frutales y arroz. Las industrias más importantes son la petroquímica, la cerámica, los fertilizantes, la papelera y el calzado. A partir de 1960 cobra gran auge el turismo. Sus principales localidades son Vinaroz, Villarreal y Burriana.

Castellón de la Plana C. de España, cap. de la prov. de Castellón. 131.180 h. en 1991. Cabeza comercial de la comarca agrícola que lo circunda, es puerto exportador de cítricos y azulejos. La mayoría de la industria (refinado de petróleo, central térmica) se concentra en El Grao, a pocos kilómetros de la ciudad.

Castellón de la Plana: El Fadri, torre de la catedral, construida a principios del siglo XVII.

castellonense *adj.* **1.** Natural de Castellón o Castellón de la Plana. También *s.* **2.** Perteneciente o relativo a esta provincia o ciudad.

Castelo Branco Distrito de Portugal, en el centro del país. 6.675 km^2. 221.200 h. en 1989. La capital es Castelo Branco, con 21.300 h. en 1981. Se cultivan cereales, legumbres y olivos; posee industria textil e hidroeléctrica.

Castelo Branco, Camilo (Lisboa 1825 - San Miguel de Ceide 1890) Escritor portugués. Es uno de los principales representantes de la novela realista de su país, con obras como *Amor de perdición* (1862), *Amor de salvación* (1864) y *Cuentos del Miño* (1877).

casticismo *s. m.* Amor a lo puro y castizo en las costumbres, usos y modales, especialmente en la forma de hablar y escribir.

castidad *s. f.* Actitud de quien renuncia a los deseos y actos sexuales o los ordena y dirige atendiendo a ciertos principios morales o religiosos.

castigador, ra *adj.* **1.** Que castiga. También *s.* **2.** *fam.* Que gusta de enamorar a personas del otro sexo con coqueterías, por pasatiempo. También *s.*

castigar *v. tr.* **1.** Imponer un castigo por un delito o una falta. **2.** Hacer padecer a alguien, aunque no tenga culpa. **3.** Estimular con el látigo o las espuelas a una caballería para que vaya más deprisa. **4.** Enamorar a alguien con coquetería, por pasatiempo. **5.** Estropear, dañar algo un fenómeno natural. ▪ Se conjuga como *pagar.*

Castiglione, Baltasar de (Casatico, Mantua 1478 - Toledo 1529) Humanista y político italiano. Enviado a España por el papa Clemente VII para tratar con Carlos I, el emperador le protegió cuando cayó en desgracia ante el pontífice y le hizo obispo de Ávila. Su obra más importante es *El cortesano* (1528), en la que describe el ideal de vida del Renacimiento. Escribió también poesía, como la égloga *Tirsis* (1506).

castigo *s. m.* **1.** Pena o daño que se impone al que ha cometido una falta o delito. **2.** Persona o cosa que no para de causar molestias, trastornos, sufrimientos, etc. ‖ **3. castigo ejemplar** El duro y severo que se aplica para que sirva de lección.

Castilla Región histórica de España, situada en el centro y NO de la península Ibérica, que comprende la mayor parte de la Meseta. El Sistema Central divide la Meseta en dos submesetas. En la submeseta norte se halla la actual comunidad autónoma de Castilla y León, y en la submeseta sur, la de Castilla-La Mancha. El nombre de Castilla proviene del gran número de castillos que se construyeron en estas tierras durante la Reconquista para frenar las incursiones musulmanas.

Hist. En su origen Castilla fue un territorio dependiente del reino de León, paulatinamente repoblado por el sistema de la presura. Fernán González unificó en el s. X los distintos condados que lo componían y lo independizó de la corona de León. Al ser asesinado el conde García Sánchez, el condado pasó a poder de su hermana doña Mayor, esposa de Sancho III de Navarra, que a su vez lo cedió a su hijo Fernando, primer rey de Castilla (1037). Con Fernando se produjo la unificación de los reinos de Castilla y León, aunque ésta no fue definitiva hasta el s. XIII. Con Alfonso VI, coronado en 1072, el reino castellano extendió su frontera meridional hasta Toledo, lo que permitió un fructífero contacto entre las culturas cristiana y musulmana. Por entonces el reino castellano se había ya feudalizado y conocía una importante expansión agrícola, ganadera y comercial, impulsada esta última por el auge de las ciudades del camino de Santiago. Tras la participación de Alfonso VIII en la victoria sobre los almohades en las Navas de Tolosa, Castilla inició su definitiva expansión hacia el S con Fernando III, que conquistó Sevilla en 1248. El reinado de su hijo Alfonso X abrió una época de gran esplendor cultural. En el s. XIV, el reino conoció un notable crecimiento de su ganadería, a pesar de los estragos provocados por la peste negra (1348-50), y un aumento de las luchas políticas, que desembocaron en la guerra civil entre Pedro I el Cruel y su hermano bastardo Enrique de Trastámara, que contaba con el apoyo de Aragón, Francia y el papado. La victoria de Enrique trajo consigo la llegada de la dinastía Trastámara al trono, en el que se mantuvo entre 1369 y 1474. El último monarca de la dinastía fue Enrique IV, coronado en 1454, que hubo de hacer frente a gran parte de la nobleza, partidaria primero de su hermanastro Alfonso y, a su muerte, de su hermanastra Isabel. Los dos rivales pactaron la sucesión en los Toros de Guisando (1468), e Isabel, casada con Fernando, el heredero de Aragón, fue proclamada reina de Castilla en 1474. En 1479 su esposo accedía al trono aragonés, quedando así unificados los dos reinos, cuya historia se funde a partir de entonces con la de España.

Castilla, ancha es *loc. fam.* Se utiliza para animarse uno a sí mismo o animar a otros a obrar con entera libertad, sin obstáculos o inconvenientes, incluso a adoptar actitudes o comportamientos censurables o criticables.

Castilla, Ramón (? 1796 - ? 1867) Militar y político peruano. Presidente de la república (1845-51 y 1854-62), proclamó la abolición de la esclavitud y mantuvo una guerra con Ecuador por problemas territoriales.

Castilla del Oro Nombre que desde 1513 recibió la costa oriental de América Central, región que hoy corresponde a Nicaragua, Costa Rica y Panamá.

Castilla-La Mancha Comunidad autónoma de España, situada en el centro del país.

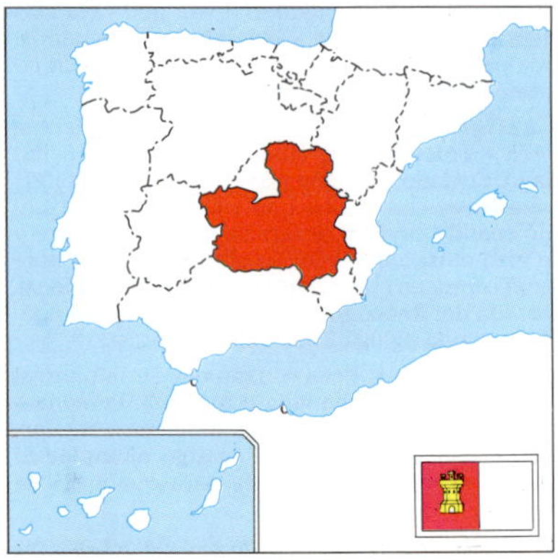

Extensión: 79.225 km^2.
Límites: al N, con el Sistema Central y las comunidades de Castilla y León y Aragón; al S, con los sistemas Béticos y las comunidades de Andalucía y Región de Murcia; al E, con la Comunidad Valenciana, y al O, con las comunidades de Madrid y Extremadura.
Población: 1.650.080 h. en 1991.
Densidad: 20,8 h./km^2.
Capital: Toledo.
Provincias: Albacete, Ciudad Real, Cuenca, Guadalajara y Toledo.

Geog. física El territorio se divide en tres partes bien diferenciadas: las montañas interiores, los bordes montañosos y las tierras llanas. Las primeras están constituidas por los montes de Toledo, al O de la comunidad, entre las cuencas de los ríos Tajo y Guadiana, con alturas que no sobrepasan los 1.500 m, y por el Campo de Calatrava, macizo situado en el centro y S de la provincia de Ciudad Real. Forman los bordes montañosos algunas sierras de los sistemas Central, Ibérico y Bético y de Sierra Morena. La zona llana está ocupada en su mayor parte por La Mancha: al N de ésta por La Alcarria, al O por la Sagra, y al S por el Campo de Montiel. Existen dos cuencas hidrográficas principales: la del río Tajo al N y la del Guadiana al S. El clima es mediterráneo de interior, con veranos cálidos y secos e inviernos fríos; existen también algunas zonas que cuentan con clima de montaña. La vegetación, muy variada, incluye desde el matorral bajo, la encina y el enebro hasta los pastos alpinos en las zonas más altas.
Geog. humana y ***económica*** La densidad de la población es baja debido, en parte, a la masiva emigración de los años sesenta, y se concentra en núcleos en su mayoría cercanos a los dos principales ríos. La economía está fuertemente vinculada al sector agrícola, pues un 53 % de la superficie es cultivable. El 30 % de la población trabaja en el sector primario. La mayor parte del suelo agrícola se dedica al cultivo de cereales de secano. Un capítulo importante lo forma la vid, con 750.000 hectáreas de viñedos, que producen 19 millones de hectolitros y representan el 50 % de la producción española. Existen denominaciones de origen para el vino de Valdepeñas, Méntrida, La Mancha y Almansa. Cuenca y Albacete son los mayores productores de ajos del país. Tienen también importancia los cultivos de girasol y olivo. La cabaña ganadera es fundamentalmente ovina y representa el 45 % de la española. Con la leche de la oveja manchega se fabrica el apreciado queso manchego. La comarca de La Alcarria, en Guadalajara, es famosa por la producción de miel. El sector industrial está reducido casi exclusivamente a la refinería de Puertollano (Ciudad Real). Esta localidad, además, cuenta con una central termoeléctrica, industria petroquímica y construcciones mecánicas. Albacete y Guadalajara han recibido un fuerte impulso industrial en los últimos años. Abundan las pequeñas empresas de productos alimentarios, como las de miel en Guadalajara y las de turrones y mazapanes en Toledo, y las textiles (lana). Entre las riquezas del subsuelo destaca la mina de cinabrio de Almadén (Ciudad Real), que ya se explotaba en tiempo de los romanos, y las de hierro y caolín en Guadalajara. El sector secundario ocupa al 34 % de la población (especialmente en Toledo y Ciudad Real), mientras que el de servicios emplea al 36 %, sobre todo en Toledo, por ser centro administrativo, y en Ciudad Real. El turismo es una importante fuente de ingresos, en particular para Toledo, una de las ciudades más visitadas de España. Otro factor de atracción es la actividad cinegética: en el 90 % del territorio se practica la caza de perdices, conejos, liebres y ciervos.
Hist. En época prerromana, la región estuvo habitada por pueblos celtíberos, que integraron una sociedad tribal, dedicada a la agricultura y ganadería. Dominada por Roma, surgieron las primeras ciudades, fundamentalmente a lo largo de la calzada que unía las provincias Tarraconense y Emeritense. El reino visigodo, constituido en el s. V, estableció su centro político en Toledo. Fue conquistada por el Islam en el s. VIII y desde fines del s. IX formó el reino taifa de Toledo. Fue recuperada para la cristiandad por Alfonso VI de Castilla. Toledo se convirtió en capital de España, tras la unificación del reino por los Reyes Católicos, hasta que el rey Carlos I trasladó la corte a Valladolid en 1518. Su economía se basó en la ganadería lanar, regulada por el concejo de la Mesta, hasta el s. XVIII, en que aparecieron las primeras industrias manufactureras y textiles. A lo largo de ese siglo cambió la estructura de propiedad de la tierra, que pasó de manos de nobles, Iglesia y Estado a particulares latifundistas. En el s. XIX fue trazada la red de ferrocarriles. En el s. XX se mejoró la agricultura gracias al regadío, alimentado por embalses y canalizaciones, y algunas localidades, como Almansa y Puertollano, situadas en una zona de yacimientos de carbón, plomo y mercurio, se industrializaron; pese a ello se produjo una fuerte pérdida de población a causa de la emigración en los años cincuenta y sesenta. En 1982 se aprobó el estatuto de autonomía.

Castilla la Nueva Región histórica española, perteneciente a Castilla, que incluía las provincias de Madrid, Toledo, Ciudad Real, Cuenca y Guadalajara.

Castilla la Vieja Región histórica española, perteneciente a Castilla, que incluía las provincias de Santander (en la actualidad Cantabria), Burgos, Logroño (hoy La Rioja), Soria, Segovia, Ávila, Valladolid y Palencia.

Castilla y León Comunidad autónoma de España, situada en el NO del país.

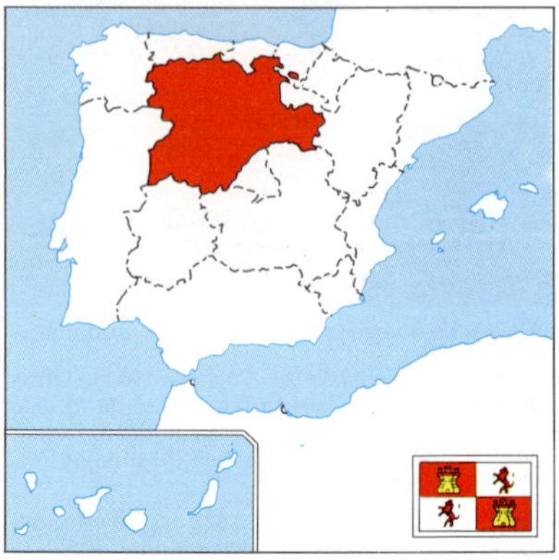

Extensión: 94.146 km^2.
Límites: al N, con las comunidades de Cantabria y Asturias; al S, con las de Madrid, Castilla-La Mancha y Extremadura; al E, con las del País Vasco, La Rioja y Aragón, y al O, con Portugal y la comunidad de Galicia.
Población: 2.537.500 h. en 1991.
Densidad: 26,9 h./km^2.
Capital: Valladolid.
Provincias: Ávila, Burgos, León, Palencia, Salamanca, Segovia, Soria, Valladolid y Zamora.

Geog. física La comunidad ocupa la submeseta norte y queda enmarcada por los sistemas montañosos de la cordillera Cantábrica al N, el Sistema Ibérico al E, el Sistema Central al S y los montes de León al O, que contrastan con los llanos de León, Burgos, Tierra de Campos y con toda la provincia de Valladolid. Entre las montañas y las llanuras existe una tercera unidad de relieve: los páramos. Toda la región forma parte de la cuenca del río Duero, que nace en la provincia de Soria y atraviesa las de Burgos, Valladolid, Zamora y Salamanca; sus principales afluentes son Pisuerga, Esla, Tormes y Carrión. El clima, que se extrema en las zonas interiores, es mediterráneo de interior, con veranos cortos y calurosos e inviernos fríos y largos; en el N de León y Burgos es de tipo atlántico, y en determinadas zonas, de montaña. Las lluvias son escasas, excepto en las zonas montañosas, donde en invierno se producen precipitaciones de nieve e incluso neveros perpetuos, como en las estribaciones de la cordillera Cantábrica. La vegetación varía con la zona: matorral y monte bajo en los páramos; en zonas menos secas, encinas, pinos, y en los lugares más húmedos, robles y hayas. En las orillas de los ríos abundan chopos, fresnos y álamos.
Geog. humana y ***económica*** La densidad de población es baja debido, sobre todo, a la emigración hacia Madrid y otras grandes ciudades que tuvo lugar en los años cincuenta y sesenta. El poblamiento es disperso, con cientos de pequeños pueblos. Las ciudades más importantes son Valladolid, Salamanca, Burgos y León. La economía es fundamentalmente agraria. El 31,6 % de la población se dedica al sector primario, y en especial al cultivo extensivo de cereales, como el trigo, la cebada y el centeno, y de leguminosas, como garbanzos, habas, alubias y lentejas. También hay patata, remolacha azucarera (principal cultivo de regadío), lúpulo, plantas forrajeras y vid (Tierra del Vino en Zamora, Rueda en Valladolid, Cebreros en Ávila, Cacabelos en León, etc.). La cabaña ganadera es una de las más numerosas de España: primera en cabezas de ganado ovino (3.866.371 c.) y segunda en bovino (904.369 c.); destacan, además, las granjas avícolas de Valladolid. En minería sobresalen los yacimientos de carbón del N de León, y los de estaño y volframio en Salamanca. Tiene importancia la producción de energía hidroeléctrica. El sector industrial ocupa al 28,6 % de la población, pero

Castilla-La Mancha: vista del pueblo de Jadraque, en la provincia de Guadalajara, con el castillo levantado por el cardenal Mendoza en el siglo XV.

Castilla y León: paisaje de la comarca de El Bierzo, situada en el noroeste de la provincia de León.

se concentra en puntos muy concretos y emplea a la mayoría de los habitantes de esa zona. Tal es el caso de Valladolid, con industria siderúrgica, mecánica, de material ferroviario, automovilística (Renault), química, de celulosa, textil y alimentaria; de Burgos, con industria mecánica, láctea y farmacéutica; de Aranda de Duero, con industria agropecuaria (Pascual); de León, Miranda de Ebro, con industria textil; de Ponferrada, con industria metálica y de cemento, etc. El sector terciario ocupa al 39,8 % de la población. El turismo se localiza en ciudades como Salamanca, Ávila, Segovia, etc., y en la ruta del camino de Santiago (Burgos, Silos, Frómista, Carrión, Sahagún, León, etc.), del románico, de los castillos, etc.

Hist. En la antigüedad habitaron la región diversos pueblos, entre los que destacaron arévacos y vacceos, que desarrollaron una cultura eminentemente agrícola y cerealista. La conquista romana se llevó a cabo con grandes dificultades (asedio de Numancia) y supuso la aparición de ciudades y la edificación de grandes obras de ingeniería, como el acueducto de Segovia. Tras la llegada de los visigodos, gran número de éstos se establecieron en sus tierras. Con la conquista musulmana y la formación del reino cristiano de Asturias, el territorio se convirtió en frontera, quedando despoblado el valle del Duero. Alfonso III comenzó su reconquista, trasladando la capital a la ciudad de León, lo que dio origen al reino de León. En su extremo oriental se constituyó el condado de Castilla, que logró su independencia con Fernán González y pasó a ser en el s. XI, con Fernando I, reino de Castilla. Tras diversas vicisitudes, ambos reinos se unieron en 1230, en la época de Fernando III. Los monarcas castellano-leoneses extendieron su dominio a los valles del Tajo y del Guadalquivir. Se completó la Reconquista con la toma de Granada por los Reyes Católicos. En el año 1492, naves castellanas mandadas por Cristóbal Colón descubrieron América, iniciando la Corona una inmensa obra de conquista y colonización. Durante el reinado del emperador Carlos I se sublevaron las Comunidades de Castilla, que fueron derrotadas en Villalar; en recuerdo de aquella jornada se celebra el Día de Castilla y León. En el s. XVI alcanzó gran prosperidad, gracias al oro y la plata llegados de América; se desarrolló la agricultura; la producción de lana de los rebaños de la Mesta generó un floreciente comercio con Flandes, y la feria de Medina del Campo llegó a ser una de las principales de Europa. Su escasa industrialización provocó un declive económico en la Edad Contemporánea; a causa de la emigración descendió considerablemente el número de sus habitantes. En 1983 se aprobó el estatuto de autonomía.

Castillejo, Cristóbal de (Ciudad Rodrigo h. 1490 - Viena 1550) Poeta español. Monje cisterciense, viajó por Europa como secretario del archiduque Fernando, rey de Bohemia. Pese a su defensa de la métrica castellana frente al verso italiano, se advierte una clara influencia del Renacimiento italiano en su poesía amorosa y en sus diálogos filosóficos. Entre sus composiciones destacan *Sermón de amores* (1542) y *Diálogo de mujeres* (1544).

castillete *s. m.* **1.** *dim.* de **castillo**. **2.** Armazón de distintas formas y materiales que sirve para sostener algo.

castillo *s. m.* **1.** Edificio fortificado y cercado de murallas y fosos. **2.** En heráldica, figura que se representa por una o más torres. **3.** Parte de la cubierta principal de un barco, entre el palo trinquete y la proa. **4.** Cubierta parcial que en esa parte tienen algunos barcos, a la altura de la borda. ‖ **5. castillo de fuegos artificiales** Conjunto aparatoso de fuegos artificiales y cohetes. ‖ **LOC. castillos en el aire** Ilusiones con poco o ningún fundamento. Se usa con verbos como *hacer, forjar,* etc.

castizo, za *adj.* **1.** Se dice del lenguaje puro, sin mezcla de voces ni giros extraños. **2.** De buen origen y casta. **3.** Se aplica a la persona y a las cosas que representan las características típicas de un país, de una raza, de una profesión, etc. **4.** Se dice de la persona simpática, graciosa, desenvuelta. También *s.* **FAM.** Castizamente.

Castle, William Boswoth (Cambridge, Massachusetts 1897) Médico estadounidense. Realizó importantes estudios sobre el papel de la secreción gástrica en la anemia perniciosa. Obtuvo el premio Nobel de medicina en 1934.

casto, ta *adj.* **1.** Se dice de la persona que practica la castidad. También *s.* **2.** Se aplica a acciones, dichos o cosas que denotan esta actitud.

castor *s. m.* **1.** Mamífero roedor anfibio de la familia castóridos, género *Castor*, que comprende dos especies. El castor común *(Castor fiber)* mide unos 90 cm de longitud, de los que 30 corresponden a la cola, es un animal acuático que tiene el cuerpo grueso, cubierto de pelo castaño, ojos y oídos que puede cerrar bajo el agua, patas cortas con pies palmeados y cola escamosa y aplanada. Realiza construcciones y diques en los ríos y se alimenta de hojas y corteza de árboles. Vive en el N de Europa y en Asia. El castor americano *(Castor canadensis)*, muy similar al anterior, vive en América del Norte. Se caza por su piel, muy apreciada en peletería. **2.** Pelo de este animal. **3.** Paño o fieltro hecho con ese pelo. **4.** Tela de lana de pelo suave.

Cástor En la mitología griega, uno de los Dióscuros o hijos de Zeus. Participó con su hermano Pólux en la expedición de los argonautas y juntos fundaron varias ciudades. Fueron convertidos por Zeus en la constelación de Géminis.

castoreño *s. m.* Sombrero que llevan los picadores de toros.

castración *s. f.* **1.** Acción y efecto de castrar. **2.** Extirpación de los testículos u ovarios. ***Biol.*** La castración en los animales domésticos (cerdo, caballo, gallo) se utiliza para impedir la reproducción, reducir la agresividad o aumentar la producción de carne. El toro castrado se llama buey, y el gallo castrado, capón.

castrado, da **1.** *p. p.* de **castrar**. También *adj.* ‖ *s. m.* **2.** Cantante al que se extirpaban los órganos genitales antes de la pubertad para que conservara el timbre de la voz infantil. Fueron frecuentes entre los s. XVI y XVIII.

castrar *v. tr.* **1.** Extirpar o inutilizar los órganos genitales. **2.** Debilitar, quitar a los hombres vigor y energía. **3.** Quitar a las colmenas parte de los panales con miel.

castrense *adj.* Se dice de las personas y cosas pertenecientes o relativas al ejército y a la vida y profesión militar.

Castries C. de Santa Lucía, cap. del país. 55.000 h. en 1989. Es el principal puerto de esta isla de las Pequeñas Antillas y centro de su actividad económica.

Castrillón C. de España, en la prov. de Asturias. 22.550 h. en 1990. Tiene cultivos de maíz, patatas y legumbres, ganadería vacuna e industrias químicas y metalúrgicas.

castro *s. m.* **1.** Altura donde hay restos de fortificaciones antiguas. ‖ **2. cultura de los castros** Cultura prehistórica desarrollada en la Meseta central y el NO ibérico por pueblos celtíberos durante la última fase de la edad del bronce y la edad del hierro, y que se caracteriza por la construcción de recintos fortificados y por sus estatuas con representaciones zoomórficas, como los toros de Guisando, en El Tiemblo (Ávila).

Castro, Américo (Cantagallo, Brasil 1885 - Lloret de Mar, Girona 1972) Filólogo e historiador español. Fue uno de los fundadores de la *Revista de Filología Española*. En su obra *España en su historia* (1948), reeditada con el título de *La realidad histórica de España* (1954), enunció su célebre doctrina sobre la esencia de España y lo

Castor común (Castor fiber).

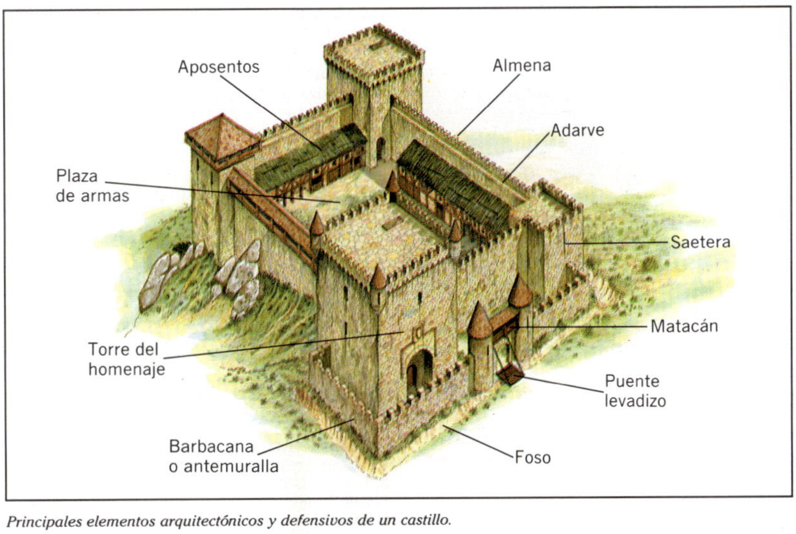

Principales elementos arquitectónicos y defensivos de un castillo.

español, cuyo origen atribuye a la coexistencia en la península Ibérica de las culturas cristiana, judía y musulmana; teoría que desató una agria polémica con el historiador Claudio Sánchez Albornoz.

Castro, Cipriano (Capacho, Táchira 1859 - Puerto Rico 1924) Militar y político venezolano. Encabezó el llamado grupo «de los sesenta», que invadió Venezuela desde Colombia (1899) y derribó el gobierno de Ignacio Andrade. Asumió la presidencia del país e instauró un régimen dictatorial. Tuvo que hacer frente al bloqueo de los puertos venezolanos por buques de Alemania y Gran Bretaña, que exigían el pago de deudas a súbditos de estos países. Fue derrocado por un golpe de Estado que dirigió Juan Vicente Gómez (1908).

Castro, Fidel (Biran, Mayarí 1926) Político cubano. En 1956 organizó un foco guerrillero en Sierra Maestra que, tres años después, consiguió derrocar al presidente Batista. Una vez en el poder, formó un gobierno revolucionario que decretó la reforma agraria y nacionalizó las principales empresas. En 1961 se proclamó marxista-leninista y se alineó junto a la URSS. Secretario general del Partido Comunista de Cuba desde 1965, fue nombrado en 1976 presidente de la república y del gobierno. Se mostró contrario al proceso reformador iniciado por Gorbachov en la URSS y a abandonar el sistema comunista.

Fidel Castro.

Castro, Guillén de (Valencia 1569 - Madrid 1631) Escritor español. Dramaturgo, fue amigo y seguidor de Lope de Vega. Pasó un tiempo en Italia y en 1609 se estableció en Madrid, donde sirvió a las órdenes del primogénito del duque de Osuna. Murió en la pobreza. Entre sus comedias más logradas están *Los amores de Dido y Eneas*, *El conde Alarcos*, *El narciso en su opinión* y la famosa *Las mocedades del Cid* (1618).

Castro, Rosalía de (Santiago de Compostela 1837 - Padrón, La Coruña 1885) Escritora española en lengua gallega y castellana. Su poesía, de intenso carácter romántico, huye de las formas tradicionales, utiliza ritmos nuevos y se caracteriza por la sencillez de la expresión, la sensibilidad, los temas de denuncia social y la nostalgia de su tierra. Sus principales libros de poemas en gallego son *Cantares gallegos* (1863) y *Follas novas* (1880), y en castellano, *En las orillas del Sar* (1884); en prosa se recuerda su novela en castellano *La hija del mar* (1859).

Rosalía de Castro.

casual *adj.* **1.** Que sucede o se da por casualidad. **2.** En ling., perteneciente o relativo al caso. **Fam.** Casualmente.

casualidad *s. f.* **1.** Combinación de circunstancias imprevisibles e inevitables. **2.** Suceso imprevisto, fortuito, impensado.

casuario *s. m.* Nombre común de tres especies de aves casuariformes de la familia casuáridos, género *Casuarius.* Mide de 130 a 150 cm de altura, presenta una prominente cresta ósea sobre la cabeza, que es de color azul o púrpura. Su cuerpo está cubierto de plumas sedosas, tiene patas terminadas en tres dedos, el interior provisto de una gran uña, y sus pequeñas alas no le permiten volar. Vive en regiones boscosas de Australia septentrional y Nueva Guinea.

casucha *s. f.* Casa pequeña y de mala construcción.

casuística *s. f.* **1.** Parte de la ética que, aplicando las normas generales, trata de determinar si casos concretos, en especial los dudosos o complicados, son lícitos o ilícitos, morales o inmorales. **2.** Conjunto de casos particulares en que se puede desarrollar o explicar una determinada materia, doctrina, regla, etc.

casulla *s. f.* Vestidura sagrada que se pone el sacerdote para celebrar la misa.

casus belli *loc. lat.* Caso o motivo de guerra.

cata *s. f.* **1.** Acción y efecto de catar o de probar una cosa. **2.** Porción de alguna cosa que se cata o prueba.

cata- *pref.* Significa 'abajo', 'debajo' o 'hacia abajo', y aparece en palabras como *catacumbas*, *catástrofe*, etc.

catabolismo *s. m.* Fase destructiva del metabolismo celular, opuesta al anabolismo. Constituye un conjunto de reacciones bioquímicas que transforman las grandes moléculas orgánicas o macromoléculas en moléculas pequeñas, liberándose la energía almacenada en los enlaces químicos que se han destruido.

catacaldos *s. m.* y *f.* **1.** *fam.* Persona que comienza muchas cosas y no acaba ninguna. **2.** Persona entremetida.

cataclismo *s. m.* **1.** Desastre de grandes proporciones, especialmente el producido por las fuerzas de la naturaleza, como un terremoto, maremoto, erupción volcánica, etc. **2.** Gran trastorno político, económico o social.

catacumbas *s. f. pl.* Galerías subterráneas excavadas en el suelo de la antigua Roma y de otros lugares como Nápoles, Sicilia y Malta, en las que los primitivos cristianos enterraban a sus muertos y se reunían para practicar sus cultos.

catadióptrica *s. f.* Parte de la física que estudia los efectos conjuntos de la reflexión y de la refracción de la luz.

catadióptrico, ca *adj.* Se dice del aparato o dispositivo compuesto por un espejo que refleja la luz y una o más lentes que la refractan, como los utilizados en los faros traseros de los vehículos. También *s. m.*

catador, ra *s. m.* y *f.* Persona que cata o prueba por oficio, especialmente vino.

catadura *s. f.* Gesto, semblante, aspecto.

catafalco *s. m.* Armazón revestido de negro que imita un sepulcro o ataúd y que se levanta en las iglesias para celebrar los funerales por un difunto.

catafrenia *s. f.* Estado mental caracterizado por alteraciones temporales de la consciencia de la realidad y de la experiencia.

catagrafía *s. f.* Trastorno de la escritura que se caracteriza por la aparición de palabras y letras repetidas.

catalán, na *adj.* **1.** Perteneciente o relativo a Cataluña. **2.** Natural de esta comunidad autónoma española. También *s.* ‖ *s. m.* **3.** Idioma de Cataluña y de otros territorios de la antigua corona de Aragón.
Ling. El catalán es una de las nueve lenguas romances o románicas, es decir, que procede del latín. El dominio lingüístico del catalán comprende en la actualidad Cataluña, la Comunidad de Valencia, las islas Baleares, Andorra, la comarca francesa del Rosellón y alguna otra área de menor importancia. Se calcula que constituye la lengua materna de unos cinco millones de personas.

catalanidad *s. f.* Cualidad o carácter de lo catalán.

catalanismo *s. m.* **1.** Cualidad de catalán. **2.** Término o expresión propios del idioma catalán. **3.** Doctrina, tendencia o postura política que defiende la autonomía o la independencia de Cataluña.
Hist. El catalanismo surgió como movimiento político en el s. XIX. Hasta la Segunda República estuvo dirigido por los sectores moderados y burgueses y por su partido, la Liga Regionalista, fundada en 1901 por Cambó, entre otros. A partir de 1931 la hegemonía pasó a Esquerra Republicana, de tendencia más radical, cuyos principales representantes fueron Macià y Companys. Tras el retorno de la democracia, el catalanismo volvió a convertirse en la principal fuerza política de Cataluña, a través de la coalición Convergencia y Unión, y es también sustentado por otros partidos.

catalanista *adj.* **1.** Perteneciente o relativo al catalanismo. **2.** Partidario del catalanismo. También *s.*

Cataláunicos, Campos Lugar de la Galia, situado en la región actual de Champagne (Francia), donde Atila, rey de los hunos, fue derrotado en 451 por una coalición de los ejércitos de Aecio, general romano, y de Teodorico I, rey visigodo.

catalejo *s. m.* Anteojo para ver a larga distancia.

catalepsia *s. f.* Estado nervioso patológico, que se caracteriza por la inmovilidad y rigidez del cuerpo, pérdida de la sensibilidad y de la capacidad de contraer los músculos voluntariamente. **Fam.** Cataléptico.

catalexia *s. f.* Trastorno de lectura consistente en una repetición de la frase ya leída, una vuelta atrás en la lectura, sin que haya una causa que lo justifique. Forma parte de los trastornos de tipo disléxico.

Catalina Nombre de dos emperatrices rusas.
Catalina I (Jakobstadt, Curlandia 1684 - San Petersburgo 1727) Emperatriz de Rusia (1725-27). Antigua sirviente y amante de Menchikov, principal colaborador de Pedro I el Grande, casó con el zar en 1706 y a su muerte heredó el trono, a pesar de la oposición del clero y parte de la nobleza. Delegó los asuntos del gobierno en manos de Menchikov, quien intentó proseguir la política de Pedro el Grande.
Catalina II la Grande (Stettin 1729 - San Petersburgo 1796) Emperatriz de Rusia (1762-96). De origen alemán, se casó con el futuro rey Pedro III, a quien apartó del trono en 1762 y más tarde mandó asesinar. Favoreció el poder político y económico de la nobleza en perjuicio de los campesinos y sofocó el levantamiento de Pugachev (1773-74). Representante del despotismo ilustrado, impulsó el desarrollo del comercio y la industria, confiscó a la Iglesia sus bienes y reformó la administración. Su corte se convirtió en centro de reunión de intelectuales y artistas. En política exterior, conquistó diversos territorios a los turcos y obtuvo Bielorrusia, Lituania y Ucrania en los tres repartos de Polonia. Es autora de unas *Memorias.*

Catalina II de Rusia. Retrato de V. Erichsen, detalle (Museo de Bellas Artes de Chartres, Francia).

Catalina de Aragón (Alcalá de Henares, Madrid 1485 - Kimbolton 1536) Reina de Inglaterra (1509-36). Hija de los Reyes Católicos, fue la primera esposa de Enrique VIII de Inglaterra y madre de María Tudor. Repudiada ante la falta de un heredero varón, no renunció a sus derechos de reina.

Catalina de Médicis (Florencia 1519 - Blois 1589) Reina de Francia. Hija de Lorenzo II de Médicis y esposa de Enrique II de Francia, no intervino en la política del país hasta la proclamación de su hijo Carlos IX, de quien fue regente. Tomó partido a favor de los católicos en los conflictos que éstos mantenían con los hugonotes, y fue una de las inductoras de la matanza de la noche de San Bartolomé.

Catalina de Navarra (? 1468 - ? 1518) Reina de Navarra (1483-1513). Heredó el trono a la muerte de su hermano Francisco Febo. Casada con Juan II de Albret, hubo de hacer frente a los ataques del partido beaumontés y a la política de expansión de Francia y de Castilla. Finalmente, Fernando el Católico invadió Navarra en 1513 y la incorporó a sus reinos.

Catalina de Siena, Santa (Siena 1347 - Roma 1380) Religiosa dominica italiana. Es famosa su intervención en favor del regreso de los papas de Aviñón a Roma. Sus *Cartas* dan testimonio de una elevada vida mística.

catálisis *s. f.* Variación de la velocidad de una reacción química debida a la presencia de un catalizador. Puede ser *heterogénea*, cuando las sustancias de la reacción son absorbidas por el catalizador, u *homogénea*, cuando el catalizador se une a una de las sustancias de la reacción, facilitando ésta.

catalizador *s. m.* **1.** En quím., sustancia que acelera o retarda la velocidad de una reacción, sin modificar la constante de equilibrio de ésta ni alterarse. Los que aceleran la reacción se denominan positivos y los que la retardan, negativos. **2.** Persona o cosa que aviva, acelera, confiere nuevos ímpetus a algo.

catalogable *adj.* Que se puede catalogar.

catalogación *s. f.* Acción y efecto de catalogar.

catalogar *v. tr.* **1.** Apuntar o registrar por orden libros, manuscritos u otras cosas. **2.** Clasificar, separar por clases, colocar en una clase o grupo. **3.** Suponer en alguien determinadas cualidades o condiciones, o que forma parte de un partido, grupo, etc. ■ Se conjuga como *pagar.*

catalogía *s. f.* Trastorno del lenguaje, de origen psíquico, caracterizado por un habla repetitiva. Es característica de cuadros como la esquizofrenia y la demencia.

catálogo *s. m.* Lista de personas, cosas o sucesos, puestos en orden o por clases.

Cataluña (*Catalunya*) Comunidad autónoma de España, situada en el NE del país.

Extensión: 31.930 km^2.
Límites: al N, con Francia y los Pirineos; al S, con la Comunidad Valenciana y el sistema Ibérico; al O, con la comunidad de Aragón, y al E, con el mar Mediterráneo.
Población: 5.959.930 h. en 1991.
Densidad: 186,6 h./km^2.
Capital: Barcelona.
Provincias: Barcelona, Girona, Lleida y Tarragona.

Geog. física El relieve es muy montañoso y en él pueden distinguirse varias unidades: el Pirineo, en su sector central, donde están las mayores alturas de la comunidad (Estats, 3.143 m), y el oriental, más bajo (Puigmal, 2.909 m), ambos separados por la depresión de la Cerdaña; el Prepirineo, que es un conjunto de sierras paralelas al Pirineo, como las de Cadí (canal Baridana, 2.647 m), Boumort y Montsec; la sierra Transversal, que se extiende en dirección NO-SE desde el Pirineo (Puigsacalm, 1.515 m); el sistema Costero Catalán, formado por la cordillera Prelitoral, que se extiende paralela a la costa, con sierras como Montseny (Turó de l'Home, 1.712 m) y la cordillera Litoral, que es la de menor altura; la depresión Central, que incluye los llanos de Lleida y Urgel; la depresión Prelitoral, situada entre las dos cordilleras costeras, y los llanos litorales, como el Ampurdán, el Maresme, el campo de Tarragona y las tierras del Ebro. El clima es variado, de acuerdo con el cambiante relieve. Así, la zona costera tiene un clima mediterráneo, mientras que casi todo el resto de Cataluña tiene clima interior (mediterráneo continentalizado) y en la zona pirenaica se da el clima de montaña. Los límites de la comunidad coinciden casi con los de la cuenca hidrográfica del Pirineo oriental: el río más largo es el Segre (261 km), seguido del Ter (209 km) y del Llobregat (157 km); el Ebro, que nace en la cordillera Cantábrica, recorre en su último tramo la provincia de Tarragona. La vegetación es muy variada: pino, alcornoque, encina, abeto, etc.

El monasterio de Santa María de Montserrat, situado a 58 km de Barcelona.

Geog. humana y ***económica*** Cataluña, a diferencia de otras comunidades autónomas, ha sido un foco de atracción para los inmigrantes. Su densidad de población es la tercera de España, después de la de Madrid y el País Vasco. Su distribución, sin embargo, no es uniforme, pues la mayor parte de los catalanes se concentra en Barcelona y ciudades limítrofes: Badalona, Hospitalet, Santa Coloma, Mataró, Sabadell, Tarrasa, etc., de gran pujanza industrial. Aunque sólo el 7,2 % de la población se dedica al sector primario, la agricultura tiene gran importancia, con cultivos de trigo, cebada, maíz, arroz (en el delta del Ebro), vid (vinos del Penedés y el Priorato, cavas), frutales (tierras llanas de Lleida), flores (Maresme), etc. La ganadería adquiere pujanza sobre todo en las zonas montañosas de los Pirineos, donde se crían bovinos para la producción de leche. También destaca la cría de cerda. La pesca es escasa y se limita al litoral. Tampoco son abundantes los recursos minerales: sal potásica en Barcelona, petróleo en la costa de Tarragona y carbón en el N de la comunidad (Berga), pero en cambio se produce mucha energía hidroeléctrica. Cataluña es la primera comunidad industrial de España: el 45,8 % de la población se dedica al sector secundario. Al tradicional sector textil se han unido los transformados metálicos (maquinaria, herramientas, vehículos), la industria química, la papelera y la de artes gráficas, la alimentaria, etc., concentrados en su mayoría en el área metropolitana de Barcelona. Tarragona está adquiriendo un papel también relevante gracias a la industria petroquímica. Los servicios ocupan al 47 % de la población, que se divide entre los servicios típicos de zonas urbanas, los financieros y los turísticos. Estos últimos conocen un gran auge, especialmente en el litoral (Costa Brava y Costa Dorada), Pirineos (estaciones de Baqueira-Beret, La Molina, Nuria), etc., y se han visto incrementados gracias a la elección de Barcelona como sede de los Juegos Olímpicos de verano de 1992. En 1988 el Parlamento catalán aprobó dividir la comunidad, a efectos administrativos, en 41 comarcas: Val d'Aran, Pallars Sobirà, Alta Ribagorça, Pallars Jussà, Alt Urgell, Cerdanya, Berguedà, Ripollès, Garrotxa, Alt Empordà, Pla de l'Estany, Noguera, Solsonés, Osona, La Selva, Gironès, Baix Empordà, Lleida, Pla d'Urgell, Urgell, Segarra, Anoia, Bages, Vallès Occidental, Vallès Oriental, Maresme, Garrigues, Conca de Barberà, Alt Camp, Alt Penedès, Baix Penedès, Garraf, Baix Llobregat, Barcelonès, Terra Alta, Ribera d'Ebre, Priorat, Baix Camp, Tarragonès, Baix Ebre y Montsià.

Hist. **antigüedad** y **Edad Media** Poblada por tribus iberas y celtas ya en el s. VIII a. C., la región albergó en el s. VI a. C. las principales colonias griegas de la Península: Emporion (Ampurias) y Rhode (Rosas). Pasó luego a poder de los cartagineses, que a su vez fueron desplazados por los romanos entre el 218 y el 195 a. C. Después de vencer la resistencia indígena, Roma incorporó el territorio a su imperio. La futura Cataluña formó primero parte de la Hispania Citerior y más tarde de la provincia Tarraconense. Como resultado de las invasiones germánicas perteneció al reino visigodo desde el 548 al 717, año en que fue invadida por los árabes. La Reconquista fue, sin embargo, muy rápida, ya que el imperio carolingio ocupó en el NE de la Península una zona que se extendía desde Navarra hasta el Mediterráneo (la Marca Hispánica) y creó en ella con finalidad defensiva una serie de condados feudatarios. Uno de ellos, el de Barcelona, aumentó su importancia bajo el gobierno de Wifredo el Velloso (878-897), que extendió su poder a los de Girona, Urgel y Cerdaña y creó la dinastía de la casa de Barcelona. En 1137, Ramón Berenguer IV se casó con Petronila, hija de Ramiro el Monje, rey de Aragón, lo que dio lugar a la unión de Cataluña y Aragón.

Edad Moderna La nueva confederación, que mantuvo sus propias instituciones después del matrimonio de Isabel de Castilla y Fernando de Aragón, se convirtió en una potencia política y comercial en el Mediterráneo, pero tras el descubrimiento del Nuevo Mundo quedó marginada del comercio americano. En 1640, durante el reinado de Felipe IV, Cataluña inició con apoyo de Francia un movimiento anticastellano e independentista, que se saldó con la pérdida del Rosellón y la Cerdaña (ocupados por Francia). Las instituciones propias de gobierno, respetadas a pesar de la derrota, fueron suprimidas en 1715 por Felipe V a causa del apoyo catalán al archiduque Carlos en la guerra de Sucesión. El s. XVIII fue la época del despegue económico de Cataluña, centrado en el sector textil.

Edad Contemporánea A lo largo del s. XIX la región conoció un fuerte proceso de industrialización, que originó una pujante burguesía y una numerosa y combativa clase obrera. Marginada del poder político central y preocupada por el auge del movimiento obrero, la burguesía catalana optó por un nacionalismo moderado (creación de la Liga Regionalista en 1901) que obtuvo en 1914 una limitada autonomía, representada por la Mancomunidad (1914-17), que presidió Prat de la Riba. Sin embargo, la dureza de las luchas obreras en Barcelona, donde el proletariado se había adherido en gran parte al anarcosindicalismo, la llevó nuevamente a intentar la colaboración con el gobierno central y a aceptar, en 1923, como un mal menor la dictadura de Primo de Rivera, que derogó la Mancomunidad en 1925.

La proclamación de la Segunda República hizo posible la creación del gobierno autónomo de la Generalitat, presidido por Macià, primero, y luego por Companys, y la aprobación del estatuto de autonomía (1932). Tras un periodo de suspensión, motivado por el levantamiento revolucionario de 1934, que llevó a Companys y a su gobierno a la cárcel, la institución fue restablecida tras la victoria del Frente Popular (1936). Cataluña fue uno de los bastiones de la República durante la guerra civil y sólo fue ocupada por las tropas de Franco a principios de 1939. Sus instituciones fueron abolidas y no se restablecieron hasta 1977, con Tarradellas como presidente. Un año después obtuvo un régimen preautonómico y en 1979 las Cortes españolas aprobaron el nuevo estatuto de autonomía, que fue ratificado en referéndum por el pueblo catalán. En 1980 se celebraron las primeras elecciones para el Parlamento de Cataluña.

Lit. El primer texto literario en catalán es *Homilies d'Organyà* (sermonario del s. XII) y el primer gran autor, el mallorquín Ramon Llull (s. XIII-XIV), con el que alcanza la prosa catalana plena madurez. En esta época cultivaron la crónica histórica Bernat Desclot y Ramon Muntaner. En el periodo clásico (finales del s. XIV y s. XV), brillan Bernat Metge, Francesc Eiximenis, el novelista Joanot Martorell y los poetas Jaume Roig, Andreu Febrer, Jordi de Sant Jordi, Joan Rois de Corella y, en especial, Ausiàs March, una de las cimas de la lírica peninsular. A partir de 1500 hasta mediados del s. XVI se produce una postración casi total de las letras catalanas. La *Renaixença*, o resurgimiento, devuelve su vitalidad a la literatura. El proceso dio comienzo con la *Oda a la pàtria* (1833), de Aribau; se consolida con los Juegos Florales de 1859 y alcanza su esplendor con Jacint Verdaguer y su *L'Atlàntida* (1877); otros autores son el dramaturgo Àngel Guimerá, el poeta Apel·les Mestres y los novelistas Narcís Oller y Víctor Català. El modernismo está representado por Joan Maragall (poesía) y Santiago Rusiñol (teatro). En el s. XX, merecen especial mención los nombres de Eugenio d'Ors, ensayista y escritor; de poetas como Josep Carner, Carles Riba, Joan Salvat-Papasseit, Josep Vicenç Foix, Josep Maria de Sagarra (también novelista), Joan Oliver (con el seudónimo de *Pere Quart*), Gabriel Ferrater, Joan Brossa, Pere Gimferrer, Salvador Espriu (también autor teatral), etc. En la prosa destaca la maestría de Josep Pla, y en la narrativa sobresalen Llorenç Villalonga, Mercè Rodoreda, Xavier Benguerel, Manuel de Pedrolo, Joan Perucho, Baltasar Porcel, Terenci Moix y Pere Calders.

catamarán *s. m.* **1.** Embarcación deportiva de vela provista de dos cascos a modo de patines y una plataforma. **2.** Conjunto de dos flotadores de un hidroavión. **3.** Balsa hindú de tres o cinco troncos propulsada a remo o a vela.

Catamarca 1. Prov. de Argentina, en el NO del país. 102.602 km^2. 233.000 h. en 1989. Su principal riqueza son los cultivos de vid, olivo y árboles frutales y la ganadería caprina.
2. C. de Argentina, cap. de la prov. homónima. 88.600 h. en 1980. Cuenta con industrias lácteas, textiles y de cuero.

Catania C. de Italia, cap. de la prov. homónima, en el E de la isla de Sicilia. 366.200 h. en 1990. Es un importante centro agrario, comercial, industrial (química, mecánica, alimentaria, etc.) y portuario. Antigua colonia griega, ha sufrido los efectos del volcán Etna.

Catanzaro C. de Italia, cap. de la región de Calabria. 103.500 h. en 1990. Su economía se centra en el comercio y el turismo.

cataplasma *s. f.* **1.** Medicamento externo de consistencia blanda, en forma de pasta, que se utiliza como calmante para alguna dolencia. **2.** *fam.* Persona pesada y molesta. **3.** *fam.* Persona achacosa. **4.** *fam.* Chapuza.

cataplejía *s. f.* Pérdida momentánea de la capacidad de sostenerse en pie, causada por un súbito descenso del tono muscular que suele acompañar a emociones intensas, estados de hilaridad, etc.

¡cataplum! *interj.* Expresa el ruido de una cosa cuando cae, una explosión o un golpe.

catapulta *s. f.* **1.** Máquina militar antigua que se utilizaba para lanzar piedras. **2.** Mecanismo para proporcionar velocidad de despegue a los aviones desde un barco.

catapultar *v. tr.* **1.** Disparar con una catapulta. **2.** Lanzar con la catapulta los aviones. **3.** Promocionar mucho y rápidamente a alguien.

catar *v. tr.* **1.** Probar una cosa para juzgar su sabor. **2.** Ver, examinar, registrar. **3.** Experimentar la sensación que causa algo.

catarata *s. f.* **1.** Salto grande del agua de un río, que cae por un descenso brusco del terreno. **2.** Opacidad o pérdida de transparencia del cristalino del ojo, producida por la aparición de depósitos de albúmina entre sus fibras. Puede ser congénita, por la secuela de alguna enfermedad durante el embarazo (rubeola, toxoplasmosis, desnutrición), o aparecer con la edad, en uno o los dos ojos. Se elimina extirpando el cristalino.

Las cataratas del Niágara, situadas entre EE UU y Canadá.

cátaro *s. m.* Nombre común a los miembros de diversas sectas cristianas de la Europa de los s. XII y XIII, cuya doctrina reflejaba un gran contenido maniqueísta, ya que sostenían la existencia de dos principios, un principio del bien y otro del mal, y condenaban la vida material como obra de este último. Los cátaros –en griego *puros*– practicaban una vida espiritual y ascética. En Francia se les denominó albigenses.

catarrinos *s. m. pl.* Uno de los dos infraórdenes en que se dividen los mamíferos primates del suborden antropoides, que comprende al hombre y a todos los simios que tienen los orificios nasales próximos entre sí, con las aberturas dirigidas hacia abajo. Carecen de cola prensil y habitan en Asia y África. Comprende las familias cercopitécidos (monos provistos de cola, como el macaco y el langur), póngidos (monos antropoides, como el gibón, orangután, gorila y chimpancé) y homínidos (el hombre y sus antepasados directos). También *adj.* y *s. m.*

catarro *s. m.* **1.** Secreción procedente de las membranas mucosas. **2.** Inflamación aguda o crónica de las membranas mucosas, especialmente del aparato respiratorio, con aumento de secreción. Suele producirse por enfriamiento. **FAM.** Catarral.

Catarroja C. de España, en la prov. de Valencia. 21.050 h. en 1990. Tiene cultivos de arroz, cereales y vid, pesca (anguila) e industrias alimentarias (conservas, chocolate).

catarroso, sa *adj.* Que padece catarro con frecuencia. También *s.*

catarsis *s. f.* **1.** Entre los griegos, purificación, sosiego de las pasiones producido en el espectador por la contemplación de la tragedia. **2.** P. ext., sentimiento de liberación o de serenidad suscitado por la vivencia de una obra de arte o por otras causas.

catártico, ca *adj.* **1.** Relativo a la catarsis o que la causa. **2.** Se dice del medicamento purgante. También *s. m.*

catasalsas *s. m.* y *f.* Catacaldos*.

catastro *s. m.* **1.** Censo estadístico de la propiedad territorial urbana y rústica que tiene por objeto su ordenamiento fiscal, administrativo y jurídico. Consta de un plano del término municipal donde aparecen los polígonos con sus parcelas (en escala que oscila entre 1:2.000 y 1:10.000, dependiendo del tamaño de las propiedades) y de un documento donde figura el propietario de cada parcela. **2.** Impuesto que se paga por la posesión de una finca. **FAM.** Catastral.

catástrofe *s. f.* **1.** Acontecimiento que causa gran destrucción en personas o cosas. **2.** *fam.* Se aplica a una desgracia, cosa mal hecha o de mala calidad, o que causa mala impresión.

catastrófico, ca *adj.* **1.** Relativo a una catástrofe o que tiene caracteres de tal. **2.** Se dice de aquello que es desastroso o muy malo.

catastrofismo *s. m.* **1.** Teoría desarrollada por el naturalista francés Georges Cuvier, según la cual las grandes diferencias entre la fauna actual y otras existentes en el pasado se deben a la desaparición de estas últimas a causa de grandes catástrofes naturales. **2.** Opinión o sentimiento muy pesimista, que tiende a pronosticar un final desastroso a un determinado asunto, especialmente en el campo económico o social.

catastrofista *adj.* **1.** Perteneciente o relativo a la teoría del catastrofismo. **2.** Se dice de la persona o de la opinión exageradamente pesimista que tiende a pronosticar un final desastroso a un determinado asunto. También *s.*

catatar *v. tr. amer.* Fascinar, seducir.

catatonía *s. f.* Síndrome psicomotor propio de enfermedades psiquiátricas, fundamentalmente la esquizofrenia. Su sintomatología más habitual son perturbaciones de la movilidad y de la voluntad. En sus cuadros mayores se produce la inmovilidad plena, en la que el paciente adopta la posición fetal.

catatónico, ca *adj.* **1.** Perteneciente o relativo a la catatonía. ‖ *s. m.* y *f.* **2.** Persona que padece catatonía.

catatumba *s. f.* **1.** *Col.* Labor de encaje. **2.** *Méx.* Voltereta.

catavino *s. m.* **1.** Jarrillo o taza para probar el vino de las cubas. **2.** Copa de cristal fino con la que se huelen y prueban los licores. ‖ **catavinos** *s. m.* y *f.* **3.** Persona que tiene por oficio probar el vino para determinar su calidad y sazón.

catch *s. m.* Lucha libre americana.

catchup *s. m.* Salsa de tomate muy espesa, preparada con vinagre, azúcar y especias. ■ Se dice también *ketchup* y *kechup*.

cate *s. m.* **1.** Bofetada o golpe que se da a alguien. **2.** Nota de suspenso en un examen.

cateador *s. m. Arg., Chile, Méx., Perú.* El que catea o busca minerales.

catear *v. tr.* **1.** *fam.* Suspender en los exámenes a un alumno o suspender un alumno una asignatura. **2.** *amer.* Explorar terrenos en busca de filones de mineral, agua, etc. **3.** *amer.* Entrar la policía sin permiso en un domicilio.

catecismo *s. m.* **1.** Libro en el que se contiene y explica la doctrina de la religión cristiana, redactado generalmente en forma de diálogo. **2.** Obra que resume alguna doctrina o ciencia.

catecolamina *s. f.* Nombre común de los compuestos químicos que presentan en su núcleo estructural un anillo bencénico y una cadena lateral de etilamina. Tres sustancias naturales tienen esta estructura química: la adrenalina, la noradrenalina y la dopamina, segregadas por la médula suprarrenal y el tejido cromafín.

catecúmeno, na *s. m.* y *f.* **1.** Persona que se está instruyendo en la doctrina de la fe católica con el fin de recibir el bautismo. **2.** P. ext., persona que se está preparando en cualquier doctrina.

cátedra *s. f.* **1.** Asiento elevado desde el que el profesor explica la lección a sus alumnos. **2.** Empleo y plaza de catedrático; también, asignatura que éste imparte y departamento dependiente de su autoridad. **3.** Aula. **4.** Dignidad del papa o de los obispos. ‖ **5. cátedra de San Pedro** Dignidad del papa. ‖ **LOC. poner** (o **sentar**) **cátedra** uno Actuar o hablar con autoridad, dominando la materia.

catedral *s. f.* Iglesia de gran tamaño, sede de una diócesis. También *adj.* ‖ **LOC. como una catedral** *fam.* Pondera la magnitud, belleza, importancia, etc., de alguien o algo. **FAM.** Catedralicio.

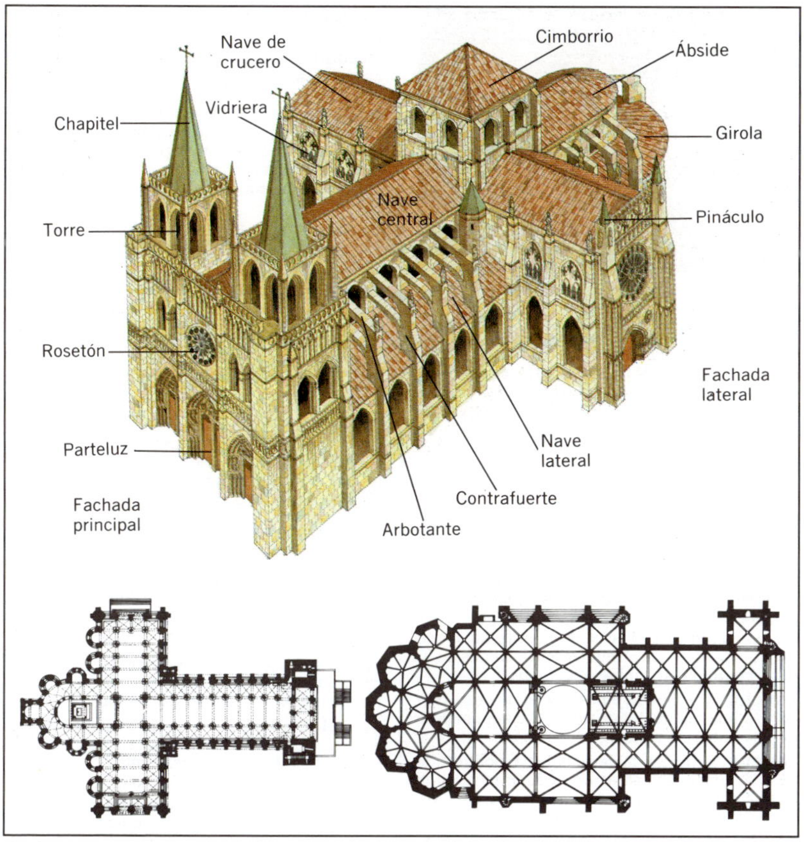

Arriba, principales elementos de una catedral gótica. Abajo, plantas de dos catedrales españolas: a la izquierda, la románica de Santiago de Compostela; a la derecha, la gótica de León.

Hist. y ***Arte*** La mayoría de las catedrales fueron construidas durante la Edad Media, fruto del resurgir de la vida ciudadana, de la aparición de las clases burguesas y del fervor religioso de la época. Aunque existen importantes catedrales románicas, como las de Santiago de Compostela, Pisa, Winchester o Maguncia, el esplendor de la arquitectura catedralicia llegó con el estilo gótico (s. XII a XIV), al que pertenecen las de León, Toledo, Burgos, Chartres, Reims, Siena, Milán, Canterbury y Colonia. Durante el Renacimiento, época dominada por la arquitectura civil, destaca sobre todo la de San Pedro de Roma. También pertenecen a esta época las de Granada y Valladolid, en España. Algunas de las principales catedrales barrocas fueron erigidas en América Latina, muy influidas por la cultura indígena, como las de Ciudad de México, Puebla y Lima; en Europa son barrocas las fachadas de las catedrales de Santiago de Compostela, Granada y Murcia y las obras finales de la de San Pedro de Roma.

catedrático, ca *s. m.* y *f.* Profesor que posee la categoría máxima de la docencia universitaria y de institutos de segunda enseñanza y ejerce su actividad en una cátedra.

categoría *s. f.* **1.** Cada apartado o grupo en que se ordena la realidad de acuerdo con los sistemas conceptuales empleados. **2.** Cada uno de los grados o jerarquías de una profesión o carrera. **3.** Importancia, valor, prestigio. ‖ **4. categoría lingüística** Clase, grupo o paradigma en que se distinguen los elementos o unidades que componen el lenguaje. Estas unidades se clasifican desde los puntos de vista fonológico (fonemas), gramatical (morfología y sintaxis) y semántico (significado). ‖ **Loc. de categoría** *adj.* Se aplica a las personas o cosas buenas, importantes, elegantes, valiosas o simplemente grandes.

categórico, ca *adj.* Se dice de aquello que se afirma o se niega sin dejar lugar a la duda, a la vacilación o rectificación. **Fam.** Categóricamente.

categorizar *v. tr.* Organizar o clasificar en categorías. ■ Se conjuga como *cazar.*

catequesis *s. f.* Enseñanza de la doctrina cristiana a las personas que se convierten a la fe en Jesucristo para prepararlas a recibir el bautismo; o a los niños bautizados preparándoles para asistir a la celebración de la eucaristía o misa, recibir la comunión y demás sacramentos, etc.

catequético, ca *adj.* **1.** Perteneciente o relativo a la catequesis. ‖ *s. f.* **2.** Disciplina que trata de los métodos de enseñanza de las verdades religiosas.

catequista *s. m.* y *f.* Persona que instruye a los catecúmenos y les enseña la doctrina cristiana.

catequístico, ca *adj.* Perteneciente o relativo a la catequesis o a la doctrina cristiana.

catequizar *v. tr.* **1.** Instruir en la doctrina de la fe cristiana. **2.** Convencer a alguien hábilmente para que haga algo o acepte unas ideas determinadas. ■ Se conjuga como *cazar.*

catering (voz ingl.) *s. m.* Empresa de servicios que se ocupa de comercializar comidas preparadas, sobre todo las empaquetadas que las líneas aéreas sirven a sus pasajeros en vuelo.

caterva *s. f.* Multitud de personas o cosas, sin orden ni concierto, o de poco valor e importancia.

catéter *s. m.* Sonda utilizada en medicina para desobstruir y explorar conductos o cavidades naturales del organismo.

cateterismo *s. m.* Operación quirúrgica o exploratoria, consistente en introducir un catéter en un conducto o cavidad.

cateto *s. m.* **1.** Cada uno de los dos lados que forman el ángulo recto de un triángulo rectángulo. ‖ **2. teorema del cateto** En un triángulo rectángulo cada cateto es media proporcional entre la hipotenusa y su proyección sobre ella.

cateto, ta *s. m.* y *f.* Persona ignorante y tosca, sin formación, sin cultura.

Catilina, Lucio Sergio (? 109 - Pistoia 62 a. C.) Político romano. De origen aristocrático, entró en política como representante de las clases populares, pero su camino al consulado se vio bloqueado por un grupo de senadores encabezado por su gran enemigo Cicerón. En 62 a. C. preparó una insurrección en Roma, pero Cicerón, avisado de los hechos, la denunció en el Senado mediante una serie de discursos conocidos como las *Catilinarias.* Ante el fracaso de la conjura, intentó pasar a la Galia, pero fue derrotado y muerto por las tropas del cónsul Cayo Antonio.

Catilinarias *s. f. pl.* **1.** Nombre con el que se conocen los discursos de Cicerón contra Catilina ‖ *s. f.* **2.** Escrito o discurso muy duro dirigido contra alguien.

catión *s. m.* Ion con carga eléctrica positiva generado por la pérdida de electrones en átomos o por la ganancia de protones en moléculas. Durante la electrólisis es atraído por el cátodo.

catirrinos *s. m. pl.* Catarrinos*.

catoche *s. m. Méx.* Mal humor, apatía, displicencia.

catódico, ca *adj.* **1.** Perteneciente o relativo al cátodo. ‖ **2. rayos catódicos** Rayos formados por chorros de electrones, emitidos por el cátodo en un tubo de vacío. Atraídos por el ánodo, se precipitan sobre una pantalla fluorescente, donde producen puntos luminosos que pueden dirigirse por medio de dispositivos electromagnéticos adecuados. Se utilizan en los tubos de imagen de la televisión y en el microscopio electrónico.

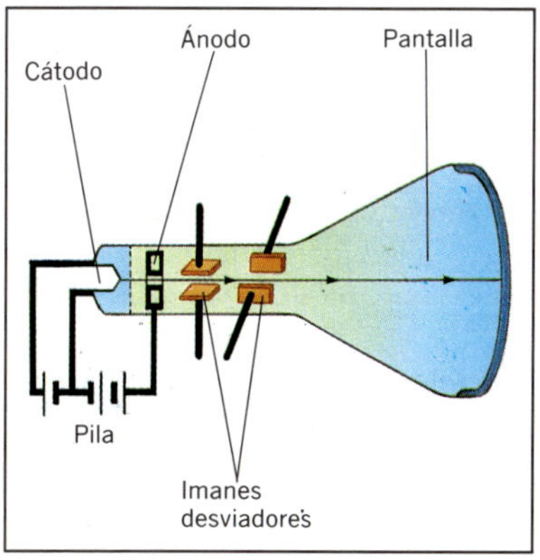

Esquema de un tubo de rayos catódicos: el rayo, emitido por el cátodo, es atraído por el ánodo y desviado luego para conseguir que recorra todos los puntos de la pantalla.

cátodo *s. m.* Electrodo negativo de una pila o generador eléctrico, desde donde los electrones inician su transición hacia el ánodo por el circuito externo de la instalación o al que se dirigen los cationes en una cuba electrolítica.

catolicidad *s. f.* **1.** Universalidad, carácter universal de la doctrina y de la Iglesia católica. **2.** Cualidad de católico.

catolicismo *s. m.* **1.** Doctrina y creencias de la Iglesia cristiana romana, llamada católica. **2.** Cualidad de católico.

católico, ca *adj.* **1.** Perteneciente o relativo al catolicismo. **2.** Se dice de la persona que profesa la religión católica. También *s.* **3.** Título antiguo de los reyes de España. ‖ **Loc. no estar** alguien **muy católico** *fam.* No encontrarse bien de salud.

catón[1] (de Dionisio *Catón,* gramático latino) *s. m.* Nombre que antiguamente recibía un libro con lecturas elementales para aprender a leer.

catón[2] (de Marco Porcio *Catón,* censor romano) *s. m.* Persona que juzga con severidad la conducta de la gente.

Catón, Marco Porcio, llamado **el Viejo** o **el Censor** (Tusculum 234 - íd. 149 a. C.) Escritor, orador y político romano. Enemigo de los griegos y de todo lo relacionado con Oriente, defendió las tradiciones romanas y atacó siempre a Cartago. Escribió el *Tratado sobre la agricultura,* en el que recomendaba a los campesinos fórmulas para mejorar su producción, y *Orígenes,* estudio de la historia de Roma.

Catón, Marco Porcio, llamado **el Joven** (? 95 - Útica 46 a. C.) Militar romano. Bisnieto de Catón el Viejo. Combatió a favor de Pompeyo y, al ser rodeadas sus tropas en África, optó por el suicidio. Fue uno de los principales representantes de la filosofía estoica.

catóptrica *s. f.* Rama de la óptica que estudia la luz reflejada.

catorce *adj. num. card.* **1.** Diez más cuatro. También *pron.* y *s. m.* || *adj. num. ord.* **2.** Decimocuarto. También *pron.* || *s. m.* **3.** Conjunto de signos que representan este número.

catorceavo o **catorzavo, va** *adj. num. part.* Se dice de cada una de las catorce partes iguales en que se encuentra dividido un todo. También *s. m.*

catorrazo *s. m. Méx.* Golpe, bofetada.

catorro *s. m. Méx.* Golpe, encuentro violento.

catre *s. m.* Cama ligera para una sola persona, generalmente plegable, como el catre de tijera, que consiste en una tela sostenida por cuatro pies cruzados en aspa.

Catulo, Cayo Valerio (Verona 81 - íd. 34 a. C.) Poeta latino. Discípulo de Valerio Catón, adoptó su poética, influida por los líricos griegos. Su poesía, culta y dirigida a una minoría, refleja la sociedad decadente de la república. En su obra destacan los *nugae*, pequeños poemas sobre temas cotidianos; las *Carmina docta*, poemas épico-líricos sobre temas mitológicos en estilo alejandrino y epitalamios, como *Las bodas de Tetis y Peleo*; y los *Epigramas*, algunos de fuerte contenido erótico.

Cauca Departamento de Colombia, en el SO del país. 29.308 km^2. 823.931 h. en 1989. La capital es Popayán, con 187.153 h. en 1989. Tiene cultivos de cacao, caña de azúcar, plátanos, gran riqueza forestal y yacimientos de oro, petróleo y carbón.

Caucasia Región del SE de Europa, entre los mares Caspio y Negro. Cruzada por la cordillera del Cáucaso, comprende las repúblicas de Georgia, Armenia, Azerbaiyán y algunas repúblicas autónomas de Rusia.

caucasiano, na *adj.* **1.** Natural del Cáucaso. También *s.* **2.** Perteneciente o relativo al Cáucaso.

caucásico, ca *adj.* Se dice de la raza blanca o indoeuropea, por suponerla oriunda del Cáucaso. También *s.*

Cáucaso **1.** Cordillera del SE de Europa, entre el mar Negro y el mar Caspio. 1.000 km de longitud. Es la más alta de Europa y actúa como frontera natural entre Asia y Europa. Sus picos más altos son el Elbrus (5.633 m) y el Kazbek (5.043 m), ambos en la zona central del macizo. Posee gran riqueza minera, especialmente petróleo.
2. Caucasia*.

El monte Elbrus, cumbre de la cordillera del Cáucaso.

caucasoide *adj.* Se aplica a la raza blanca y a cada uno de sus individuos. También *s.*

cauce *s. m.* **1.** Concavidad del terreno por donde corren las aguas de los ríos y arroyos. **2.** Conducto descubierto por donde corren las aguas para riego u otros usos. **3.** Modo, norma, procedimiento.

cauchero, ra *adj.* **1.** Perteneciente o relativo al caucho. || *s. m.* y *f.* **2.** Persona que recoge o trabaja el caucho.

Hevea brasiliensis *al que se ha practicado un corte para obtener el caucho.*

caucho *s. m.* Sustancia impermeable, elástica, tenaz y resistente a la abrasión y a las corrientes eléctricas, que se obtiene del látex de numerosas plantas tropicales, en especial de los árboles *Hevea brasiliensis* y *Hevea guyanensis*, nativos de Sudamérica. El caucho es pegajoso, blando en caliente y duro y fácil de quebrar en frío y se oxida rápidamente, por lo que se le somete al tratamiento llamado vulcanización para aumentar su resistencia y poder comercializarlo. Se utiliza para fabricar neumáticos, tuberías, aislantes, etc. Hoy día se elaboran diversos tipos de cauchos sintéticos.

Cauchy, Augustin-Louis, barón de (París 1789 - Sceaux 1857) Matemático francés. Es el creador de la teoría de funciones analíticas y uno de los impulsores del cálculo infinitesimal, que ayudó a renovar al introducir las nociones de límite, continuidad e integral definida.

caución *s. f.* Objeto o medio con que una persona o una institución asegura el cumplimiento de una obligación, pacto, contrato, etc.

caucus *s. m.* En la terminología política de EE UU, junta o asamblea de carácter local en la que se elige a los candidatos brazo en alto, sin necesidad de urnas. ■ Su plural es *caucuses.*

caudal[1] (del lat. *capitalis*, principal) *s. m.* **1.** Cantidad de agua que transporta un curso fluvial. El caudal absoluto se mide en m^3/s y el caudal relativo en l/s/km^2. **2.** Conjunto de bienes que alguien posee, en especial dinero. **3.** Abundancia de cosas.

caudal[2] (del lat. *cauda*, cola) *adj.* Perteneciente o relativo a la cola.

caudaloso, sa *adj.* **1.** Que tiene mucha agua. **2.** Que tiene mucho dinero o bienes.

caudillaje *s. m.* **1.** Mando o gobierno que tiene un caudillo. **2.** Sistema político que propugna la dirección del Estado por un caudillo carismático. Es característico de los regímenes de corte fascista, como los impuestos por el *Führer* Adolf Hitler en Alemania, el *Duce* Benito Mussolini en Italia, el *Conductor* Nicolae Ceaucescu en Rumania o el *Caudillo* Francisco Franco en España. **3.** *amer.* Caciquismo.

caudillismo *s. m.* Caudillaje*.

caudillo *s. m.* **1.** Persona que manda o dirige gente, especialmente en guerra. **2.** Militar que impone su dominio o toma el poder político por la fuerza de las armas. **3.** Título dado al que fue jefe del Estado español Francisco Franco.

caula *s. f.* **1.** *Amér. C., Chile.* Artimaña, treta, engaño. **2.** *amer.* Cábala, negociación secreta.

Caupolicán (Pilmaiquén ? - Cañete, Concepción 1558) Cacique araucano. Luchó contra los españoles, a los que derrotó en varias ocasiones, hasta que cayó en poder de Hurtado de Mendoza y murió empalado. Sus hazañas fueron cantadas por Alonso de Ercilla en su poema épico *La Araucana.*

causa[1] (del lat. *causa*) *s. f.* **1.** Aquello que es origen de algo o lo produce. **2.** Motivo o razón para hacer alguna cosa. **3.** Empresa o ideal que se toma con interés, por cuya realización alguien se esfuerza. **4.** Proceso judicial. || **Loc. hacer causa común** Unirse a otro u otros para conseguir un mismo fin.

causa[2] (del quechua *causay*, sustento) *s. f. Chile.* Merienda o comida ligera hecha a deshora.

causal *adj.* **1.** Que se refiere a la causa, es propio de ella o la expresa. **2.** Se aplica especialmente a las oraciones subordinadas que indican la causa de la principal y a las conjunciones con que se unen a ésta, como *porque, pues, puesto que, ya que*, etc.

causalidad *s. f.* **1.** Relación entre la causa y el efecto o resultado de una cosa. **2.** Causa o conjunto de causas de algo. **3.** En fil., influjo de la causa sobre su efecto, así como el tipo de relación que se funda en dicho influjo. || **4. principio de causalidad** En fil., principio que establece que todo tiene una causa y que en idénticas condiciones las mismas causas producen los mismos efectos.

causar *v. tr.* **1.** Producir la causa su efecto. **2.** Ser causa, motivo u origen de algo. **Fam.** Causante.

causativo, va *adj.* **1.** Se dice de lo que es origen o causa de alguna cosa. **2.** Factitivo*.

causear *v. intr. Chile.* Merendar.

causón *s. m.* Calentura o fiebre fuerte y pasajera, que no tiene malas consecuencias.

causticidad *s. f.* Cualidad de cáustico.

cáustico, ca *adj.* **1.** Se dice de las sustancias que queman o destruyen los tejidos orgánicos. **2.** Se aplica también a los medicamentos que cauterizan con fines curativos, p. ej. para cicatrizar. También *s. m.* **3.** Se aplica a la persona o dicho que tiene ironía maligna y agresiva. También *s.* **Fam.** Cáusticamente.

cautela *s. f.* **1.** Precaución, cuidado o reserva con la que se actúa para evitar un peligro, no ser notado, etc. **2.** Astucia para engañar.

cautelar[1] *v. tr.* Poner los medios necesarios para evitar riesgos. También *v. prnl.*

cautelar[2] *adj.* En der., se dice de las medidas que se toman para asegurar la consecución de un fin o impedir lo que pueda dificultarlo.

cauteloso, sa *adj.* **1.** Que actúa con cautela. **2.** Se dice también de las acciones o cosas hechas con cautela. **Fam.** Cautelosamente.

cauterio *s. m.* **1.** Acción y efecto de cauterizar. **2.** Medio utilizado en cirugía para quemar tejidos. **3.** Remedio eficaz de algún mal.

cauterización *s. f.* **1.** Acción y efecto de cauterizar. **2.** Tratamiento médico en que se aplica calor o sustancias cáusticas para eliminar tejidos anormales y para curar lesiones poco importantes.

cauterizar *v. tr.* **1.** Curar las heridas y otras dolencias aplicando una pieza metálica candente o una sustancia cáustica. **2.** Corregir con rigor y severidad cualquier defecto, vicio, trastorno social, etc. ■ Se conjuga como *cazar.*

cautivador, ra *adj.* Se dice de la persona o cosa que cautiva o que atrae con su gracia, encanto, belleza, etc.

cautivar *v. tr.* **1.** Atraer de manera irresistible a alguien por el encanto, la gracia, la belleza, etc. **2.** Aprisionar, privar de libertad, especialmente al enemigo en la guerra.

cautiverio *s. m.* **1.** Pérdida de la libertad en manos de un enemigo o en la cárcel; se refiere especialmente al tiempo que dura. **2.** Estado de los animales a los que se priva de libertad.

cautividad *s. f.* Cautiverio o estado del cautivo.

cautivo, va *adj.* **1.** Se dice de la persona o animal que ha perdido su libertad y es retenido por la fuerza. También *s.* **2.** Se aplica a la persona entregada a un vicio o pasión. También *s.* **3.** Se dice de la persona dominada por el atractivo de alguien o algo. También *s.*

cauto, ta *adj.* Se dice de quien obra con mucho cuidado y precaución. También *s.* **Fam.** Cautamente.

cava[1] (de *cavar*) *s. f.* **1.** Acción y efecto de cavar. **2.** Bodega subterránea en la que se guardan vinos para que envejezcan. **3.** Foso que rodea una fortaleza. **4.** Hoyo en el suelo de un taller mecánico que se utiliza para arreglar las partes bajas de los coches. || *s. m.* **5.** Vino blanco espumoso cuyo proceso de elaboración y crianza tiene lugar en la misma botella.

cava[2] (del lat. *cavus*, hueco) *s. f.* Cada una de las dos grandes venas, superior e inferior, que reúnen la sangre venosa procedente de todo el cuerpo y la conducen a la aurícula derecha del corazón. La vena cava superior transporta la sangre de la parte superior del cuerpo y la cava inferior recoge la de la mitad inferior.

Cavaco Silva, Aníbal (Boliqueime, Algarve 1939) Político portugués. Del Partido Socialdemócrata, fue ministro de Finanzas (1980) y elegido primer ministro en 1985.

Cavafis, Constantino Véase **Kavafis**.

Cavalcanti, Guido (Florencia h. 1250 - íd. 1300) Poeta italiano. De noble familia güelfa, intervino en la vida política de la ciudad. Fue amigo de Dante y uno de los primeros líricos del *dolce stil nuovo*. Es autor de sonetos y baladas.

Cavalieri, Bonaventura (Milán h. 1598 - Bolonia 1647) Matemático italiano. Es autor del método de los indivisibles para hallar la medida de las figuras geométricas, considerado como el precedente del cálculo integral.

Cavalli, Francesco (Crema 1602 - Venecia 1676) Compositor y organista italiano. Discípulo de Monteverdi, fue organista y maestro de capilla de San Marcos, en Venecia. Escribió más de 40 óperas, en las que buscó un equilibrio entre texto y música. Entre las conservadas sobresalen *Dido* (1641), *Egisto* (1643), *Jasón* (1662) y *Escipión el Africano* (1664).

cavar *v. tr.* **1.** Levantar, mover o ahondar la tierra con la azada o con cualquier otro instrumento, especialmente para cultivarla. **2.** Hacer un hoyo o zanja. **FAM.** Cavador.

cavatina *s. f.* Aria corta.

cávea *s. f.* Cada una de las zonas en que se dividía el graderío de los teatros y circos romanos.

Cavendish, Henry (Niza 1731 - Londres 1810) Físico y químico británico. Llevó una vida recogida, dedicada a la investigación, por lo que muchos de sus descubrimientos quedaron inéditos hasta después de su muerte. Estudió un «gas inflamable» en 1760, que después fue conocido como hidrógeno; sintetizó el agua, demostrando que estaba compuesta por dos elementos; en 1783 estableció la composición de la atmósfera, en la que descubrió la presencia del argón; y en 1798 descubrió la masa y la densidad media de la Tierra utilizando un ingenio que ha sido llamado *balanza de Cavendish*, un tipo de balanza de torsión que permite medir la fuerza de atracción gravitatoria entre dos masas y así calcular la constante de gravitación universal. Realizó también importantes estudios sobre electricidad, en los que avanzó la ley de atracción entre cargas eléctricas.

caverna *s. f.* **1.** Cavidad profunda subterránea o entre rocas. **2.** Cavidad patológica que se forma en los pulmones debida a la destrucción causada por la tuberculosis.

cavernario, ria *adj.* **1.** Perteneciente o relativo a las cavernas. **2.** Se dice del hombre prehistórico que habitaba en cavernas.

cavernícola *adj.* **1.** Que habita en cavernas. También *s.* **2.** *fam.* Se aplica a la persona de ideas o costumbres anticuadas. También *s.*

cavernoso, sa *adj.* **1.** Que tiene cavernas. **2.** Semejante a la caverna en alguna de sus cualidades; especialmente se dice de la voz, de la tos o de cualquier sonido sordo y bronco.

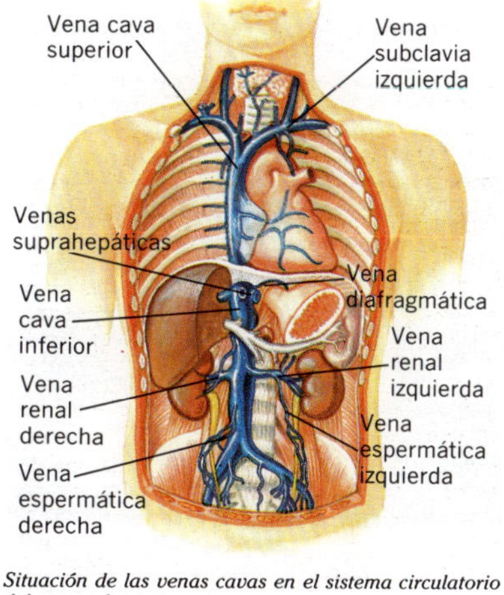

Situación de las venas cavas en el sistema circulatorio del cuerpo humano.

caviar *s. m.* Alimento muy apreciado que se prepara con huevas de distintos peces, especialmente del esturión.

cavidad *s. f.* **1.** Espacio hueco dentro de un cuerpo o que se abre en su superficie. **2.** En anat., nombre de las estructuras orgánicas que no están ocupadas por un parénquima macizo. En el cuerpo humano son: cavidad craneal, cavidad torácica y cavidad abdominal.

cavilación *s. f.* **1.** Acción y efecto de cavilar. **2.** Aprensión, miedo sin fundamento.

cavilar *v. intr.* Reflexionar o pensar en una cosa con insistencia o preocupación, dándole mucha importancia.

caviloso, sa *adj.* Se dice de la persona que tiene tendencia a cavilar y desconfiar, que se preocupa innecesaria o excesivamente. **FAM.** Cavilosamente, cavilosidad.

Cavour, Camillo Benso, conde de (Turín 1810 - íd. 1861) Político italiano. Nombrado primer ministro del reino de Piamonte y Cerdeña en 1852, fomentó su desarrollo económico y lo convirtió en el principal impulsor de la unidad italiana.

Camillo Benso, conde de Cavour.

Caxias C. de Brasil, en el estado de Rio Grande do Sul. 298.100 h. en 1989. Es centro comercial y tiene industria de derivados de la agricultura.

cayado, da *s. m.* y *f.* **1.** Bastón arqueado por la parte superior, que usan sobre todo los pastores. ‖ *s. m.* **2.** Báculo que llevan los obispos. ‖ **3. cayado de la aorta** Arco que describe esta arteria al salir del corazón.

Cayambe Volcán de Ecuador, en el N del país. 5.790 m. Actualmente está extinguido.

Cayena C. de la Guayana francesa, cap. de este departamento francés de ultramar, situada en la costa del océano Atlántico, en la desembocadura del río Comté. 38.200 h. en 1987. Es un centro administrativo, portuario y comercial.

Cayley, Arthur (Richmond, Surrey 1821 - Cambridge 1895) Matemático británico. Formuló la teoría de los invariantes y los determinantes, introdujo la geometría del absoluto y dio una formulación a conceptos de geometría proyectiva.

cayo *s. m.* Isla rasa y arenosa, abundante en el mar de las Antillas y en el golfo de México.

cayuco *s. m. amer.* Embarcación de fondo plano y sin quilla usada por los aborígenes del Caribe y del N de América del Sur.

caz *s. m.* Canal para llevar el agua al lugar donde es necesaria.

caza *s. f.* **1.** Acción y efecto de cazar. **2.** Animales que se cazan. **3.** Carne de estos animales. ‖ *s. m.* **4.** Avión de combate de tamaño reducido y gran velocidad. ‖ **5. caza mayor** La de animales grandes, como ciervos, jabalíes, etc. **6. caza menor** La de animales pequeños, como conejos, perdices, etc. ‖ **LOC. andar a la caza** de algo *fam.* Empeñarse, hacer esfuerzos para conseguirlo. **dar caza** Perseguir algo hasta alcanzarlo. **espantar la caza** *fam.* Malograr, perder algo por precipitarse. **levantar la caza** Espantar a los animales para que salgan al descubierto y puedan ser cazados. En sentido figurado, llamar la atención sobre un asunto que no interesa descubrir, dando lugar a que otro se entremeta en él.

cazabombardero *adj.* Se dice del avión de combate capaz de realizar distintas misiones: interceptar aparatos enemigos, apoyar a las fuerzas de tierra, bombardear objetivos terrestres o navales, etc. También *s. m.*

cazadero *s. m.* Lugar en el que se caza o que es apropiado para cazar.

cazador, ra *adj.* **1.** Que caza. También *s.* **2.** Se dice de los animales que por instinto cazan y persiguen a otros animales. También *s.* ‖ *s. m.* **3.** Nombre de ciertos soldados de tropas ligeras. ‖ *s. f.* **4.** Especie de chaqueta de corte deportivo.

cazadotes *s. m.* Hombre que intenta casarse con una mujer rica.

cazalla *s. f.* Aguardiente seco elaborado en Cazalla de la Sierra, localidad de la provincia de Sevilla. P. ext., se da este nombre a otros aguardientes similares.

cazar *v. tr.* **1.** Buscar animales para matarlos o apresarlos. **2.** *fam.* Conseguir algo bueno o difícil, en especial con maña o habilidad. **3.** *fam.* Atraer a alguien, ganarse su voluntad. **4.** *fam.* Sorprender a alguien en un error, descuido o acción que desearía ocultar. **5.** Captar, comprender con rapidez. ▪ La *z* de la raíz cambia en *c* ante *e*. ‖ **LOC. cazarlas al vuelo** Entender las cosas con facilidad y rapidez.

cazasubmarino *s. m.* Buque de guerra preparado para la lucha contra submarinos mediante cargas de profundidad.

cazatalentos *s. m.* y *f.* En el mundo del espectáculo, la empresa, etc., agente especializado en descubrir nuevos valores.

cazatorpedero *s. m.* Buque de guerra, pequeño y bien armado, destinado a perseguir a los torpederos.

cazcarria *s. f.* Cascarria*.

cazo *s. m.* **1.** Vasija metálica cilíndrica o semiesférica, con fondo plano y un mango largo, que se emplea sobre todo para cocer ciertos alimentos. **2.** Utensilio de cocina formado por un pequeño recipiente semiesférico con mango largo, que sirve para pasar líquidos de un recipiente a otro. **3.** Cantidad de líquido que contiene ese utensilio. **4.** *fam.* Bruto, torpe. **5.** *fam.* Aplicado a personas, feo. ‖ **LOC. poner el cazo** *fam.* Cobrar un dinero inmerecido.

cazoleta *s. f.* **1.** Recipiente parecido al cazo. **2.** Pieza de las antiguas armas de fuego, en la que se colocaba la pólvora. **3.** Pieza de hierro u otro metal con forma de cazo que protege el puño de armas blancas largas, como la espada. **4.** Pieza de la pipa en que se coloca el tabaco.

cazuela *s. f.* **1.** Recipiente de cocina de forma cilíndrica, que sirve para guisar. **2.** Guiso, por lo general de carne, hecho en este utensilio. **3.** Parte de los antiguos teatros reservada a las mujeres. **4.** Paraíso, gallinero del teatro.

cazurro, rra *adj.* **1.** *fam.* Se dice de la persona de pocas palabras y que parece ignorante y simple, pero actúa con desconfianza y astucia para su conveniencia. También *s.* **2.** Torpe, de pocos alcances o entendederas. **FAM.** Cazurrería.

CC OO Siglas de Comisiones* Obreras.

CCTV Siglas de circuito* cerrado de televisión.

Cd Símbolo químico del cadmio.

CD Siglas de disco compacto*.

CDC Siglas de Convergencia* Democrática de Cataluña.

CDL *s. m.* En inform., lenguaje que describe el soporte físico de un ordenador.

CDROM *s. m.* En inform., sistema para conectar la memoria de un ordenador personal con un disco óptico, para hacer posible la lectura de información digitalizada. Es muy utilizado en enseñanza asistida por ordenador con empleo de hipertexto.

CDS Siglas de Centro* Democrático y Social.

ce *s. f.* Nombre de la letra *c*. ‖ **LOC. ce por be** *adv. fam.* Con todo detalle, punto por punto. **por ce o por be** *adv. fam.* Por una causa o por otra.

Ce Símbolo químico del cerio.

Ceará Estado de Brasil, en el NE del país. 148.016 km^2. 6.471.800 h. en 1990. La capital es Fortaleza, con 1.763.500 h. en 1989. A los cultivos de algodón, caña de azúcar, café y maíz hay que añadir la pesca y la minería (berilio y magnesita).

Ceaucescu, Nicolae (Scornicesti 1918 - ? 1989) Político rumano. Secretario general del Partido Comunista en 1965 y presidente de la república en 1974, mantuvo una política de relativa independencia frente a la URSS, y en 1968 desaprobó la invasión de Checoslovaquia por las tropas del Pacto de Varsovia. Su política interior se caracterizó por un creciente totalitarismo y por la creación de un régimen centrado casi exclusivamente en su persona y contrario a toda reforma democrática. En 1989, ante una importante sublevación popular, fue derrocado por el Ejército y posteriormente ejecutado.

ceba *s. f.* **1.** Acción de cebar animales. **2.** Alimentación abundante y esmerada que se da al ganado para que engorde.

cebada *s. f.* Nombre común de diversas plantas herbáceas de la familia gramíneas, género *Hordeum.* Es un cereal parecido al trigo y al centeno, que mide entre 60 y 100 cm de altura, tiene las hojas anchas y flores en espiga simple dentada. Se cultiva en todo el mundo en países cálidos y templados para la alimentación humana y del ganado y para la fabricación de cerveza y otras bebidas alcohólicas. La especie principal *Hordeum sativum* es originaria de Asia y de ella proceden todas las especies cultivadas. En España se cultiva la *Hordeum distichum.*

cebado, da **1.** *p. p.* de **cebar**. También *adj.* ‖ *s. m.* **2.** Acción de cebar o alimentar una bomba o un motor.

cebador *s. m.* Dispositivo que se utiliza para encender lámparas de neón y otras similares.

cebadura *s. f. Arg., Par., Urug.* Cantidad de yerba que se pone en el mate para tomar la infusión.

cebar *v. tr.* **1.** Dar comida a los animales para que aumenten de peso. También, en sentido figurado, se aplica a personas. También *v. prnl.* **2.** Poner en un anzuelo, en una trampa, etc., comida para atraer a los animales. **3.** Referido a máquinas, calderas, dispositivos, etc., echarles el combustible necesario o prepararlos convenientemente para que puedan desempeñar su función. **4.** Fomentar o avivar un sentimiento, pasión, etc. **5.** *Arg., Par., Urug.* Preparar la infusión de mate. ‖ *v. prnl.* **6.** Exagerar la crueldad con una víctima o enemigo, reprender con excesivo rigor.

cébidos *s. m. pl.* Familia de mamíferos primates platirrinos que comprende 26 especies pertenecientes a los géneros *Cebus, Ateles, Aotus,* etc. Se caracterizan por su cola larga y prensil, adaptada a la vida arborícola. Habitan en bosques de América tropical. Cébido es el mono araña. También *adj.* y *s. m.*

cebo *s. m.* **1.** Comida que se da a los animales para que engorden. **2.** Comida con que se atrae a los animales para atraparlos. **3.** Artificios que simulan estos alimentos. **4.** Pequeña cantidad de pólvora que se pone en las armas de fuego para que produzca la explosión de la carga. **5.** Persona o cosa que sirve para atraer, persuadir o inducir a alguien a hacer algo. **6.** Estímulo o fomento que se da a un afecto o pasión.

cebolla *s. f.* **1.** Nombre común de diversas plantas herbáceas de la familia liliáceas, género *Allium.* Son plantas de huerta bianuales que poseen un bulbo comestible de color blanco, rojo o amarillo, llamado asimismo cebolla. Tienen el tallo hueco, hojas largas y flores blancas. Su bulbo se caracteriza por un olor y sabor fuerte y picante motivado por la presencia de un aceite volátil muy rico en azufre. La cebolla común *(Allium cepa)* procede de la región mediterránea y de Asia meridional y se utiliza en alimentación. **2.** Bulbo

Cebolla común (Allium cepa) *y corte transversal del bulbo.*

de esta planta. **3.** Pieza agujereada, de metal u otro material, que sirve de filtro en ciertos conductos de agua.

cebollar *s. m.* Lugar sembrado de cebollas.

cebolleta *s. f.* **1.** Especie de cebolla, pero con bulbo más pequeño y parte de las hojas comestible. **2.** Cebolla replantada y que se come tierna antes de florecer. **3.** Planta herbácea de la familia liliáceas, especie *Allium fistulosum.* Mide entre 40 y 100 cm de altura, tiene un escapo abultado de florecitas verdes en el extremo del tallo y un bulbo pequeño en la raíz. Es nativa del SE de Siberia y crece en toda Europa. También es llamada *cebollino inglés.*

cebollino *s. m.* **1.** Sementero de cebollas, cuando están maduras para ser trasplantadas. **2.** Simiente de cebolla. **3.** Cebolleta. **4.** Planta herbácea de la familia liliáceas, especie *Allium schoenoprasum.* Mide entre 15 y 45 cm de altura, tiene las hojas frágiles y un escapo terminal con flores violáceas o rosas. Crece en praderas de Europa central y meridional. También es llamada *ajo morisco.* **5.** Persona torpe o ignorante. ‖ **Loc. mandar** a uno **a escardar cebollinos** *fam.* Echarle de un sitio o dejar de tratarle.

cebón, na *adj.* **1.** Se dice del animal que está cebado. También *s.* ‖ *s. m.* **2.** Puerco, cerdo.

Cebra de montaña (Equus zebra).

cebra *s. f.* **1.** Nombre común de diversos mamíferos perisodáctilos de la familia équidos, género *Equus.* Su talla en la cruz varía entre 125 y 160 cm; tienen las orejas grandes, el cuello corto y robusto y patas con una sola uña desarrollada. Su piel presenta numerosas franjas blancas y negras en la cabeza y el cuerpo, a excepción del vientre y parte de las patas. Habitan en las sabanas de África subecuatorial, donde viven en manadas. Las especies principales son la cebra de montaña *(Equus zebra),* la cebra de Burchell *(Equus burchelli)* y la cebra imperial *(Equus grevyi).* ‖ **2. paso de cebra** Paso de peatones marcado en la calzada con rayas paralelas blancas.

Cebú indio (Bos indicus).

cebú *s. m.* Mamífero artiodáctilo de la familia bóvidos, especie *Bos indicus.* Mide unos 150 cm de altura en la cruz, tiene grandes cuernos verticales, una giba en la espalda donde almacena grasa, gran papada y orejas colgantes; su color es grisáceo. Está muy extendido en la India, donde el hinduismo lo considera animal sagrado y prohíbe comer su carne; ha sido domesticado desde la antigüedad y utilizado como animal de tiro y silla y para la obtención de leche. En África existe una variedad de cebú africano, que se caracteriza por tener dos gibas, la segunda de ellas en la región cervical.

Cebú **1.** Isla y prov. de Filipinas, en el archipiélago de las Visayas. 5.088 km^2. 2.091.600 h. en 1980.
2. C. de Filipinas, cap. de la prov. homónima. 552.200 h. en 1990. Es puerto importante, centro comercial y posee industrias químicas.

cebuano, na *adj.* **1.** Natural de Cebú. También *s.* **2.** Perteneciente o relativo a esta isla de Filipinas. ‖ *s. m.* **3.** Lengua hablada en ella.

ceca *s. f.* Antiguamente, casa donde se acuñaba moneda.

Ceca Nombre dado por los cristianos mozárabes a la mezquita de Córdoba. ‖ **Loc. de la Ceca a la Meca** *fam.* De aquí para allá, de un sitio a otro.

CECA Siglas de Comunidad* Europea del Carbón y del Acero.

cecal *adj.* Perteneciente o relativo al intestino ciego.

ceceante *adj.* Que cecea, es decir, que pronuncia la *s* como la *c* interdental. También *s.*

cecear *v. intr.* Pronunciar la *s* como *c* interdental.

ceceo *s. m.* Acción y efecto de cecear.

cecilia *s. f.* Nombre común de diversas especies de anfibios ápodos ciegos, de la familia cecílidos y género *Caecilia.*

Cecilia, Santa (? - Roma 232) Virgen y mártir de la Iglesia romana, patrona de la música.

cecina *s. f.* Carne salada y seca.

ceda *s. f.* Zeta*.

CEDA Siglas de Confederación* Española de Derechas Autónomas.

cedazo *s. m.* **1.** Instrumento compuesto por un aro y una tela de tejido muy claro (poco tupido), o una malla metálica muy fina, utilizado para separar las partes gruesas de las finas de una cosa, como la harina de la cascarilla. **2.** Cierta red grande de pesca.

ceder *v. tr.* **1.** Dar o dejar voluntariamente a otro una cosa, acción, disfrute, derecho. ‖ *v. intr.* **2.** Cesar la resistencia u oposición de una persona. **3.** Disminuir la fuerza de ciertas cosas, como el viento, el dolor, etc. **4.** Aflojarse algo que estaba tenso. **5.** Romperse una cosa sometida a una fuerza grande.

cedi *s. m.* Moneda oficial de Ghana.

cedilla *s. f.* **1.** Letra de la antigua escritura española y de idiomas como el francés, que es una *c* con una virgulilla o trazo pequeño debajo (ç). **2.** Esta virgulilla.

cedro *s. m.* **1.** Nombre común de cuatro especies de árboles coníferos de la familia pináceas, género *Cedrus.* Pueden alcanzar hasta 40 m de altura, su copa es de forma piramidal, tienen hojas perennes, cortas y aciculares, y piñas grandes, que crecen hacia arriba y miden hasta 10 cm de longitud. Las cuatro especies son: cedro del Atlas *(Cedrus atlantica),* originario del N de África y cultivado en los parques y jardines de Europa; cedro del Líbano *(Cedrus libani),* famoso desde la antigüedad por su madera; deodar o cedro del Himalaya *(Cedrus deodara),* y cedro de Chipre

Cedro del Atlas (Cedrus atlantica).

(Cedrus brevifolia). Su madera es blanda y duradera y se utiliza en la construcción. Otras coníferas no emparentadas con los cedros (como los juníperos y el cedro de incienso) reciben a veces este nombre y de ellas se obtiene la «madera de cedro», que se utiliza para hacer lápices y en carpintería. **2.** Madera de estos árboles.

cédula *s. f.* **1.** Pedazo de papel escrito o para escribir en él alguna cosa. **2.** Documento, p. ej. aquel en el que se hace constar el reconocimiento de una deuda u obligación, o los datos de una persona.

CEE Siglas de la Comunidad* Económica Europea.

cefalalgia *s. f.* Dolor de cabeza.

cefalea *s. f.* Dolor intenso de cabeza, como la jaqueca.

cefálico, ca *adj.* **1.** Perteneciente o relativo a la cabeza. ‖ **2. índice cefálico** Relación existente entre la anchura y la longitud máximas de la cabeza, expresada en tantos por ciento. Refleja la forma de la cabeza: dolicocéfala (alargada) o braquicéfala (achatada).

cefalitis *s. f.* Inflamación de la cabeza.

cefalización *s. f.* Concentración de los órganos de los sentidos y del sistema nervioso central en un extremo del cuerpo de los animales, que llevó a la aparición de la cabeza en la mayor parte de los grandes tipos de organización.

cefalocordados *s. m. pl.* Subtipo de animales cordados que comprende animales de cuerpo pisciforme (en forma de pez), que poseen un cordón dorsal persistente llamado notocordio, extendido a lo largo del cuerpo para proteger la médula espinal. A él pertenecen unas 30 especies de anfioxos, entre las que destaca el *Branchiostoma lanceolatus*, que mide entre 2 y 7 cm de longitud, tiene el cuerpo transparente, vive enterrado en la arena de las aguas costeras de Europa y se alimenta filtrando partículas del agua que le penetra por la boca y sale por las branquias. También *adj.* y *s. m.*

cefalometría *s. f.* Medición del tamaño y forma de la cabeza con determinación de la posición de las cisuras y circunvoluciones cerebrales.

Cefalonia *(Kephallenia)* Isla de Grecia, en el mar Jónico, embocadura del golfo de Patrás. 904 km^2. 32.300 h. en 1981. La capital es Argostoli, con 7.200 h. en 1981. Conserva importantes restos de la cultura micénica.

cefalópodos *s. m. pl.* Clase de moluscos marinos de cuerpo simétrico, cabeza grande y dos ojos bien desarrollados. Su boca está rodeada de cierto número de tentáculos provistos de ventosas. La mayor parte de las formas actuales carecen de concha externa, pero algunas tienen una concha interna, denominada *pluma*. Son los moluscos más evolucionados y se dividen en tres subclases: nautiloideos, de los que sólo sobrevive el género *Nautilus*, provistos de dos pares de branquias y concha externa dividida en cámaras; amnoideos, totalmente extinguidos, y coloideos, con un par de branquias, que carecen de concha externa y poseen una bolsa donde se acumula una sustancia negra, la tinta, que les sirve para enturbiar el agua cuando se sienten perseguidos. A su vez, los coloideos se dividen en cuatro órdenes: octópodos (pulpos), que tienen ocho brazos; sepioideos (sepias); tentoideos (calamares), con ocho brazos y dos tentáculos rematados en una expansión en forma de paleta, y vampiromorfos (pulpos vampiro). También *adj.* y *s. m.*

cefalorraquídeo *adj.* **1.** Se aplica al sistema nervioso central, parte del sistema nervioso de los animales superiores relacionada con la cabeza y la columna vertebral, es decir, el encéfalo y la médula espinal. ‖ **2. líquido cefalorraquídeo** Líquido presente en las cavidades del sistema nervioso central, entre la aracnoides y la piamadre, que protege, nutre e inmuniza los órganos de dicho sistema.

cefalotórax *s. m.* Parte del cuerpo de los invertebrados arácnidos y de algunos crustáceos, formada por la unión de la cabeza y el tórax.

cefeida *adj.* Se dice de las estrellas caracterizadas por la regularidad y brevedad de su periodo, que dura unas 24 horas. También *s. f.*

Cefeo Constelación boreal situada en las proximidades del polo norte celeste.

céfiro *s. m.* **1.** Viento cálido de poniente. **2.** Cualquier viento suave y apacible.

Céfiro En la mitología griega, hijo de la Aurora, dios del viento de poniente.

cegador, ra *adj.* Que ciega.

cegar *v. intr.* **1.** Perder enteramente la vista. ‖ *v. tr.* **2.** Privar de la vista a alguien de forma temporal o permanente. También *v. prnl.* **3.** Impedir a alguien razonar debidamente. También *v. intr.* y *v. prnl.* **4.** Cerrar, tapar alguna cosa que estaba abierta o hueca. ■ Es v. irreg. Se conjuga como *regar*.

cegato, ta *adj. fam.* Se dice de la persona que ve poco, especialmente por ser corta de vista o miope. También *s.*

cegesimal *adj.* Se dice del sistema de unidades físicas en el que se toman como magnitudes fundamentales el centímetro, el gramo y el segundo. Su abreviatura es *cgs*.

cegrí *s. m.* y *f.* Zegrí*.

ceguedad *s. f.* **1.** Privación total de la vista. **2.** Incapacidad o dificultad de razonar o pensar con claridad, de comprender algo como realmente es.

ceguera *s. f.* **1.** Pérdida total o parcial de la visión, debida a daños producidos en los ojos por traumatismos, enfermedades, desnutrición o defectos congénitos. Si se debe a cataratas, puede eliminarse mediante la extirpación del cristalino. **2.** Ceguedad, ofuscación de la razón.

Ceilán Isla del océano Índico, que constituye actualmente el estado de Sri Lanka.

ceja *s. f.* **1.** Reborde situado encima del ojo y cubierto de pelo. **2.** Parte que sobresale de algo. **3.** Cejilla*. **4.** Pieza de los instrumentos de cuerda, entre el clavijero y el mástil, para apoyo y separación de las cuerdas. ‖ LOC. **entre ceja y ceja** *fam.* Con los verbos *llevar, tener, metérsele* a uno, empeñarse en algo, obsesionarse con ello. **fruncir las cejas** Arrugarlas en gesto de enfado o preocupación. **hasta las cejas** *adv. fam.* Harto de alguien o algo. También, en gran manera, intensamente. **tener** a alguien **entre ceja y ceja** *fam.* Tenerle antipatía.

cejar *v. intr.* **1.** Andar hacia atrás, especialmente las caballerías que tiran de un carruaje. **2.** Ceder en un negocio, empeño o discusión, perder ímpetu o ánimo. Se usa en frases negativas.

cejijunto, ta *adj.* **1.** Se dice de la persona que tiene las cejas muy pobladas y juntas. También *s.* **2.** Se aplica a la persona que arruga mucho el ceño por enfado u otra causa. También *s.*

cejilla *s. f.* **1.** Abrazadera que se fija al mástil de la guitarra para acortar la longitud vibrante de las cuerdas y elevar el tono de su sonido. **2.** Posición del dedo índice de la mano izquierda sobre varias cuerdas del mismo traste de la guitarra, ejerciendo presión en ellas.

cejudo, da *adj.* Se dice del que tiene grandes y pobladas cejas.

Camilo José Cela.

Cela, Camilo José (Iria Flavia, La Coruña 1916) Escritor español. Su primera novela, *La familia de Pascual Duarte* (1942), produjo un gran impacto en la vida intelectual de la posguerra española. Su prosa, originalmente de estilo naturalista, caracterizada por la gran crudeza y frialdad en los temas y su tratamiento, evolucionó más tarde hacia recursos expresivos dominados por un pensamiento más libre, directo y sincero, inspirado en la observación y descripción de caracteres y costumbres típicos de la sociedad española. A menudo experimenta con las formas y los temas. Entre sus obras destacan las novelas *Pabellón de reposo* (1944); *La colmena* (1951), uno de los libros que inició en España la renovación de las técnicas narrativas; *Mrs. Caldwell habla con su hijo* (1953); *La catira* (1955); *Oficio de tinieblas 5* (1973); *Mazurca para dos muertos* (1983); *Cristo versus Arizona* (1988), y los libros de viajes *Viaje a la Alcarria* (1948) y *Del Miño al Bidasoa* (1952). En 1989 obtuvo el premio Nobel de literatura.

celacanto *s. m.* Pez crosopterigio de la familia latiméridos, especie *Latimeria chalumnae*. Alcanza hasta 150 cm de longitud, tiene las aletas pectorales pedunculadas, las dorsales y anal unidas en la cola, el cuerpo rechoncho y cubierto de gruesas escamas azules. Pertenece al orden celacantiformes, que se creía extinguido desde finales de la era mesozoica, pero en 1938 fue capturado un ejemplar frente a las costas de Madagascar. Habita en aguas de más de 300 m de profundidad.

celada^1 (del lat. *caelata*, cincelada) *s. f.* Pieza de la armadura antigua que cubría la cabeza.

celada^2 (de *celar*^{2}) *s. f.* **1.** Emboscada de gente armada en un lugar oculto. **2.** Engaño con el que se obliga a alguien a aceptar o decir lo que no quería.

celador, ra *adj.* **1.** Se dice de la persona que cela o vigila. ‖ *s. m.* y *f.* **2.** Persona destinada por la autoridad o alguna institución para vigilar a otras y mantener el orden.

celaje *s. m.* **1.** Aspecto que presenta el cielo con nubes poco densas y de distintos matices. **2.** Conjunto de nubes.

celar^1 (del lat. *zelare*, emular) *v. tr.* **1.** Procurar con especial cuidado el cumplimiento de las leyes, estatutos y otras obligaciones. **2.** Cuidar, vigilar, en especial a alguien de quien se desconfía.

celar^2 (del lat. *celare*, ocultar) *v. tr.* Poner o mantener oculto algo para que no sea visto o conocido. También *v. prnl.*

Celaya C. de México, perteneciente al estado de Guanajuato. 219.000 h. en 1980. Es un centro agrícola y ganadero y nudo ferroviario, que posee industria textil y alimentaria.

Celaya, Gabriel (Hernani, Guipúzcoa 1911 - Madrid 1991) Seudónimo de Rafael Múgica, poeta español. Frente al clasicismo de la poesía de la posguerra desarrolló un estilo directo y una temática vital y cotidiana, que evolucionó hacia la denuncia social, en libros como *Tranquilamente hablando* (1947), *Las cartas boca arriba* (1951) y *Poesía urgente* (1960).

celda *s. f.* **1.** Cuarto o aposento pequeño en una cárcel, un convento, un colegio, etc. **2.** Celdilla de un panal de abejas. **3.** Recinto cerrado o compartimiento, p. ej. donde están las semillas de algunos frutos. ‖ **4. celda de castigo** En una cárcel, habitación inhóspita donde se encierra a un preso al que se quiere castigar con especial dureza.

celdilla *s. f.* **1.** Celda pequeña. **2.** Cada una de las casillas de un panal de abejas. **3.** Nicho en un muro. ‖ **4. celdilla de memoria** En inform., cantidad mínima de memoria direccionable de manera individual por un ordenador y que actúa como unidad. Puede tener una longitud de *bits* variable, y cada celdilla se fracciona en unidades más pequeñas (subceldillas o celdillas secundarias), cuya capacidad de almacenamiento es de un solo *bit*. **5. celdilla unidad** Unidad mínima de la red cristalográfica, a partir de la cual puede construirse toda la red por repetición.

celebérrimo, ma *adj. sup.* de **célebre**. Muy célebre o famoso.

Célebes **1.** Mar del océano Pacífico, situado entre el S de Filipinas, el O de Borneo y el N de las islas Célebes. 435.000 km^2 de extensión y una profundidad media de 5.000 m.
2. Archipiélago de Indonesia, al E de Borneo. 189.213 km^2, de los que 179.400 corresponden a la mayor de las islas, la Célebes. 12.316.500 h. en 1989. Fue descubierto en 1512 por portugueses y colonizado primero por Portugal y después por Holanda. Su economía se basa en la agricultura (café, caña de azúcar, tabaco y cocoteros), el comercio marítimo y la minería de hierro, oro, cobre y níquel.

celebración *s. f.* Acción y efecto de celebrar.

celebrante *adj.* **1.** Que celebra. ‖ *s. m.* **2.** Sacerdote que está diciendo misa o que está preparado para decirla.

celebrar *v. tr.* **1.** Dar importancia o solemnidad a una fecha, a un acontecimiento, p. ej. con una fiesta. También *v. prnl.* **2.** Llevar a cabo actos como reuniones, juntas, entrevistas, ceremonias, etc. También *v. prnl.* **3.** Decir misa. También *v. intr.* **4.** Alegrarse de una cosa buena para alguien. **5.** Reír a alguien o algo. **6.** Alabar a una persona o cosa.

célebre *adj.* Famoso, que tiene fama.

celebridad *s. f.* **1.** Fama o renombre que tiene una persona o cosa. **2.** Persona famosa.

celemín *s. m.* **1.** Medida de capacidad para áridos, equivalente a 4,625 litros. **2.** Porción de grano que tiene esta medida. **3.** Medida de superficie, equivalente a 537 m^2 en Castilla.

celentéreos *s. m. pl.* Tipo de animales invertebrados metazoos que comprende los órdenes hidrozoos, escifozoos y antozoos. Presentan simetría radial y se caracterizan por tener un ciclo vital con dos fases, pólipo y medusa, aunque puede faltar una de las dos. Albergan una cavidad gastrovascular comunicada con el exterior mediante una boca rodeada de tentáculos, carecen de aparatos circulatorio y excretor, respiran por difusión y su sistema nervioso está formado por una red difusa de células nerviosas. En su fase de pólipo son sedentarios y viven solitarios o en colonias en fondos marinos de poca profundidad; al reproducirse por fragmentación dan lugar a las medusas, que tienen vida libre y se reproducen sexualmente. Muchas colonias de pólipos desarrollan un esqueleto externo de cal que forma arrecifes coralinos. También se llaman *cnidarios.* También *adj.* y *s. m.*

celeridad *s. f.* **1.** Rapidez en el movimiento, en la ejecución de algo. **2.** En fís., valor del módulo del vector velocidad que indica el grado de rapidez con que se mueve un móvil.

celesta *s. f.* Instrumento musical de teclado, en que los macillos producen el sonido golpeando unas láminas de acero.

celeste *adj.* **1.** Perteneciente o relativo al cielo. **2.** De color azul claro. También *s. m.* ‖ **3. celeste imperio** Nombre dado antiguamente a China.

celestial *adj.* **1.** Que se refiere al cielo o al paraíso. **2.** Delicioso, perfecto. ‖ **3. música celestial** *fam.* Promesas vanas; también, palabras, consejos, amonestaciones, etc., que se escuchan sin hacer caso de ellos.

celestina *s. f.* Mujer que hace de intermediaria para que un hombre o una mujer consigan su deseo de tener relaciones amorosas o sexuales. ‖ **Loc. polvos de la madre Celestina** *fam.* Polvos mágicos.

Celestina, La Nombre con que se conoce desde el s. XVI la *Tragicomedia de Calisto y Melibea,* de Fernando de Rojas, obra maestra de la literatura castellana. Es una pieza dramática, aunque algunos la califican de «novela dialogada», en la que se narran los amores de Calisto y Melibea, facilitados por la intervención de Celestina, una vieja medio hechicera. Destaca por su realismo y crudeza, y está considerada como obra terminal de la Edad Media y anunciadora de los ideales renacentistas.

celiaco o **celíaco, ca** *adj.* Perteneciente o relativo a los intestinos o el vientre. P. ej., la arteria celiaca se llama así porque lleva sangre al vientre.

celibato *s. m.* Estado del que no se ha casado, especialmente por motivos religiosos.

célibe *adj.* Soltero. También *s.*

celinda o **celindo** *s. f.* o *s. m.* Planta arbustiva de la familia hidrangeáceas, especie *Philadelphus coronarius.* Tiene flores blancas y fragantes, de cuatro pétalos. Se utiliza como planta ornamental en jardinería. También es llamada *jeringuilla.*

Céline, Louis-Ferdinand Destouches, llamado **Louis-Ferdinand** (Courbevoie 1894 - Meudon, París 1961) Escritor francés. Su novela *Viaje al fondo de la noche* (1932), violenta sátira de la condición humana, es considerada como una de las obras más renovadoras e influyentes del s. XX. Su postura antisemita durante la Segunda Guerra Mundial le obligó a vivir exiliado en Dinamarca entre 1944 y 1951, experiencia que reflejó en su novela *De un castillo a otro* (1957).

cella *s. f.* Naos*.

Cellini, Benvenuto (Florencia 1500 - íd. 1571) Escultor y orfebre italiano. Su obra, de estilo manierista, recibió influencias de Miguel Ángel y se caracteriza por su rebuscada ornamentación. Realizó importantes trabajos de orfebrería, como el salero de Francisco I, y entre sus esculturas destacan *La Ninfa de Fontainebleau* y *Perseo.* Escribió sus *Memorias* y un *Tratado de orfebrería.*

cellisca *s. f.* Temporal de agua y nieve muy menudas y acompañadas de fuerte viento.

celo[1] (del lat. *zelus*) *s. m.* **1.** Impulso que mueve a alguien a hacer bien las cosas. **2.** Periodo durante el cual las hembras de muchos animales son receptivas para la reproducción e inducen en los machos, por medio de señales visuales, auditivas u olfativas, una conducta especial llamada galanteo. **3.** Conjunto de fenómenos que aparecen en muchos animales durante este periodo. **4.** Apetito sexual en los animales. **5.** En lenguaje religioso, actitud del que busca con empeño cumplir la voluntad de Dios y hacer bien a los demás. ‖ *pl.* **6.** Sospecha o temor de que la persona a la que uno ama quiera o prefiera a otro. **7.** Envidia de alguien, en especial de un niño, hacia otro.

celo[2] (de *Cello,* marca registrada) *s. m.* Cinta adhesiva transparente.

celofán (del fr. *Cellophane,* marca registrada) *s. m.* Especie de papel fino y transparente que se usa principalmente para envolver.

celoma *s. m.* Cavidad interior del cuerpo de la mayor parte de los animales metazoos, que por ello reciben el nombre de celomados. Ocupa el espacio entre el endodermo y el ectodermo y contiene los órganos más importantes del cuerpo.

celomado, da *adj.* Se dice del animal provisto de celoma. También *s. m.*

celosía *s. f.* **1.** Enrejado tupido de madera o hierro, que se pone en las ventanas u otro sitio; permite ver de dentro hacia fuera y no al contrario. **2.** Cualquier estructura de barras o listones cruzados en diagonal.

celoso, sa *adj.* **1.** Se dice del que tiene celo, que obra con cuidado e interés, etc. **2.** Se aplica a la persona que experimenta celos o envidia. También *s.* **3.** *Arg., Chile.* Se dice del arma que se dispara con facilidad. **Fam.** Celosamente.

celotipia *s. f.* Sentimiento de celos exagerados o sin fundamento real, que llevan al sujeto a conductas desadaptadas e incluso patológicas.

celsitud *s. f.* Elevación, grandeza o excelencia de alguien o algo.

celsius *adj.* Se dice de los grados de la escala centígrada de temperatura.

celsius, escala Escala termométrica dividida en cien grados iguales, razón por la cual también se le llama *centígrada,* que abarca desde la temperatura de fusión del hielo (0 °C) a la de ebullición del agua (100 °C), a presión normal.

Celsius, Anders (Uppsala 1701 - íd. 1744) Físico y astrónomo sueco. Estudió la variación diurna de la declinación magnética y las perturbaciones provocadas por las auroras polares. Ideó la escala termométrica centesimal que lleva su nombre (1742).

celta *adj.* **1.** Se dice de los pueblos indoeuropeos que ocuparon Europa occidental en el s. VI a. C. **2.** De estos pueblos. También *s.* ‖ *s. m.* **3.** Lenguas habladas por estos pueblos.
Hist. El pueblo celta habitó originariamente en la cuenca alta del Rhin (SO de Alemania) y conoció su mayor expansión durante la cultura de La Tène, en la edad del hierro, entre los s. VI y V a. C. Los celtas penetraron en la península Ibérica entre los s. VIII y VI a. C. y, aunque sus primeros asentamientos los realizaron en la Meseta, sus huellas han pervivido sobre todo en las tierras del NO. A partir del s. VI se establecieron en Bohemia, Galia y las islas Británicas (donde ya existían anteriores poblamientos); en el s. IV desplazaron a los etruscos del N de Italia, crearon la Galia Cisalpina y llegaron a penetrar en Roma, donde se les conocía con el nombre de galos. A partir del s. II a. C. se inició su decadencia. Vivían en pequeños núcleos rurales y su única organización social era el clan familiar, al mando de un jefe que controlaba un territorio. Nunca crearon estados, aunque poseían conciencia de su unidad cultural. Practicaban una religión naturalista y mistérica, cuyos sacerdotes eran los druidas. Tecnológicamente fue un pueblo avanzado, que inventó el arado de ruedas, perfeccionó la técnica del esmalte y se hizo famoso por la calidad de sus herreros y carreteros. Creó un arte de gran poder expresivo, en el que destacan la orfebrería y la cerámica, decoradas con motivos abstractos, y sus estilizadas figuras humanas.

Celtiberia Territorio ocupado en la península Ibérica por los celtíberos, que se extendía aproximadamente por la submeseta N, el valle del Jalón y la cuenca media del Ebro. Las principales ciudades eran Numancia, Segóbriga y Termancia.

celtibérico, ca *adj.* Perteneciente o relativo a los celtíberos o al territorio que habitaron. También *s.*

celtíbero o **celtibero, ra** *adj.* **1.** Se dice del antiguo pueblo hispánico que vivió en la época prerromana en la submeseta N, valle del Jalón y cuenca media del Ebro. **2.** De este pueblo. También *s.* **3.** Se aplica a personas, cosas, acciones, etc., típicamente españolas, a veces con un sentido despectivo. También *s.* ‖ *s. m.* **4.** Lengua indoeuropea hablada por este pueblo y que se extinguió seguramente a comienzos de la era cristiana.
Hist. Los celtíberos fueron pueblos celtas llegados a la península Ibérica en la última ola de invasiones, a finales de la edad del bronce, y que adoptaron muy pronto rasgos de la cultura ibera. Los principales eran los arévacos, pelendones, titos y lusones. Habitaban en poblados amurallados llamados castros y sus viviendas solían ser subterráneas. Su religión era naturalista y su economía se basaba en la agricultura del cereal. En los s. III y II a. C. se enfrentaron a cartagineses y romanos; en 134 a. C. mantuvieron frente a Escipión Emiliano una heroica defensa en Numancia.

céltico, ca *adj.* Perteneciente o relativo a los celtas.

célula *s. f.* **1.** Unidad fundamental de los seres vivos. **2.** Cada unidad o grupo que funciona por separado dentro de una organización. ‖ **3. célula electrolítica** En fís., recipiente en el que se obtiene, mediante el paso de una corriente continua, los componentes de un electrólito fundido o en disolución. En ella la energía eléctrica se transforma en energía química. **4. célula fotoeléctrica** En fís., nombre que reciben ciertos dispositivos eléctricos que reaccionan frente a la luz. Contienen ciertos metales que, en presencia de la luz, emiten electrones. **5. célula galvánica** En fís., mecanismo o vaso en el cual se producen reacciones o transformaciones químicas, cuya energía se puede transformar en electricidad. En ella se fundamentan las pilas empleadas en transistores, linternas, juguetes, etc.

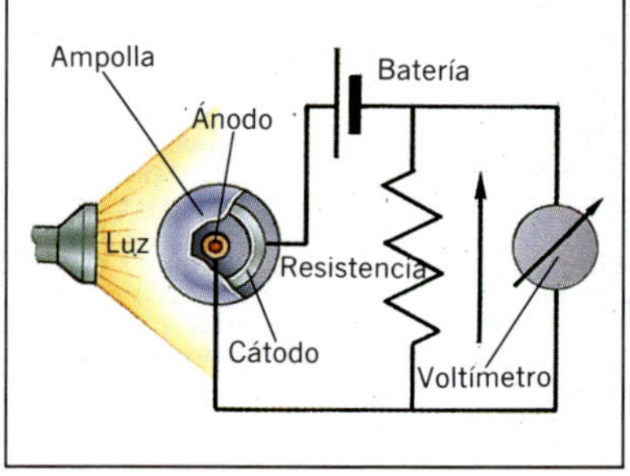

Célula fotoeléctrica: al interponer un objeto entre el foco luminoso y la célula, el cátodo recubierto deja de emitir electrones y se interrumpe la corriente eléctrica, lo que acciona un mecanismo.

Biol. Aunque su tamaño varía, las células suelen ser visibles sólo con microscopio. Pueden hacer vida independiente (móneras y protistas) o formar parte de seres vivos de orden superior (hongos, metafitas o vegetales y metazoos o animales). Las principales diferencias entre las células vegetales y las animales radican en que las primeras están rodeadas por una pared rígida, llamada pared celular, que no existe en las animales, y poseen unos órganos, llamados plastos, y unas vacuolas de gran tamaño de los que carecen las células animales. Las células pueden

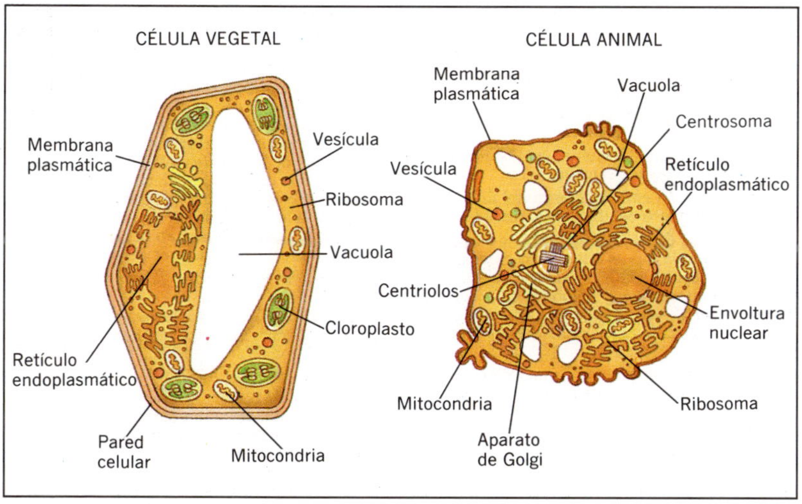

Diferencias entre las células vegetal y animal: mientras la vegetal posee cloroplastos, vacuolas grandes y una pared celular, la animal posee vacuolas pequeñas y centrosoma.

tener verdadero núcleo (eucariotas) o carecer de él (procariotas). En el primer caso, su sustancia se divide en tres partes: membrana, citoplasma y núcleo. Este último contiene el material genético (cromosomas, formados por ADN, y proteínas). El citoplasma contiene mitocondrias, responsables de la respiración celular; ribosomas, utilizados para la síntesis de las proteínas; retículo endoplasmático, que sirve de soporte a la célula; aparato de Golgi, que sintetiza glúcidos y almacena todo tipo de principios inmediatos; lisosomas, que contienen enzimas digestivos y realizan la digestión de las sustancias ingeridas por la célula; cloroplastos, exclusivos de las células vegetales, que contienen la clorofila y cuya función es la fotosíntesis. La célula realiza tres tipos de funciones: la de nutrición, la de relación y la de reproducción. La nutrición puede ser autótrofa, si la célula transforma materia inorgánica en materia orgánica celular propia, o heterótrofa, cuando la célula consume materia orgánica ya formada. La función de relación se realiza mediante mecanismos como la sensibilidad celular y la producción de respuestas, y tiene como misión la adaptación de la célula a los cambios del medio. La función de reproducción se realiza por bipartición o mediante la mitosis, que produce descendencia de células idénticas a la célula madre, y la meiosis, que produce células con la mitad de cromosomas que la célula madre.

celular *adj.* **1.** Perteneciente o relativo a las células. **2.** Se dice del establecimiento penitenciario donde los reclusos están incomunicados. || **3. coche celular** El que traslada a personas arrestadas o a presos.

celulitis *s. f.* Cualquier inflamación de un tejido celular, en especial del tejido adiposo subcutáneo de los muslos y parte interna de las rodillas.

celuloide *s. m.* **1.** Material plástico producto de la mezcla de un derivado nitrado de la celulosa llamado piroxilina con alcohol y alcanfor, a temperaturas elevadas. Se emplea en la industria fotográfica y cinematográfica y es el plástico más antiguo, fabricado industrialmente desde 1869. Hoy se emplean materiales menos inflamables. **2.** Cine, arte cinematográfico.

celulosa *s. f.* $(C_6H_{10}O_5)_n$ Hidrato de carbono complejo que constituye el componente fundamental de la pared celular que rodea la membrana de las células de muchos hongos y vegetales. Es fibrosa, blanca, sin olor ni sabor y sólo puede ser disuelta por el licor de Schweitzer (óxido de cobre y amoniaco). Puede ser digerida por algunos animales, los herbívoros, pero no por el hombre. Se utiliza en la industria del papel, para fabricar fibras textiles, plásticos, explosivos, cajas, etc.

cementación *s. f.* **1.** Acción y efecto de cementar. **2.** En geol., acción y efecto de rellenarse los huecos de una roca por precipitación de sustancias disueltas en agua. El cemento suele ser calcáreo, arcilloso, ferruginoso o silíceo.

cementar *v. tr.* Calentar un metal en contacto con otra materia en polvo o pasta, denominada cemento, para modificar su composición; así, p. ej., el acero con el carbono para endurecer su superficie.

cementerio *s. m.* **1.** Terreno destinado a enterrar a los muertos. También, p. ext., lugar donde se entierran animales. || **2. cementerio de coches** Lugar donde se amontonan los coches inservibles.

cemento *s. m.* **1.** Material en forma de polvo que, mezclado con agua, se utiliza para adherir entre sí dos superficies o para llenar espacios huecos formando un todo compacto con las paredes de dichos espacios. Se emplean como cementos sustancias como el yeso o la cal, mezclados o no con arena; el asfalto y el alquitrán; resinas sintéticas, plásticos, etc. **2.** Material de construcción, formado por una mezcla de óxidos de calcio, aluminio y silicio, que una vez hidratado se endurece al contacto con el aire (fraguado) y adquiere una gran resistencia. **3.** Materia con que se cementa un metal. **4.** Masa mineral que une los fragmentos o arenas de algunas rocas, como conglomerados, brechas y pudingas. **5.** Tejido óseo que cubre el marfil en la raíz de los dientes. || **6. cemento armado** Material de construcción que consiste en piezas hechas de cemento u hormigón con una armadura de hierro.
Quím. El cemento se obtiene calentando la mezcla de calizas y arcillas en hornos rotatorios. Existen diversas variedades: los **cementos naturales**, que se obtienen de rocas calizas muy arcillosas, se endurecen con rapidez y no son muy resistentes; los **Portland**, que se obtienen de una mezcla vitrificada de caliza y arcilla (*klinker*), fraguan despacio y son muy resistentes; los **aluminosos**, que se obtienen de una mezcla de caliza y bauxita, fraguan rápido y son muy duros; los **puzolánicos**, que se obtienen de una mezcla de klinker y puzolana (sílice y aluminio) y son muy resistentes a la corrosión; los **especiales**, en los que se han incrementado algunas de sus propiedades con el añadido de ciertas sustancias.

cena *s. f.* **1.** Última comida del día, que se hace al atardecer o por la noche. **2.** Lo que se toma en esa comida. **3.** Por antonomasia, última cena de Jesucristo con sus apóstoles antes de ser crucificado; también se dice *santa* o *sagrada cena.*

cenáculo *s. m.* **1.** Sala en la que Jesucristo celebró la última cena. **2.** Grupo de personas, unidas por intereses o gustos, que se mantiene aparte.

cenador *s. m.* Espacio generalmente redondo que suele haber en los jardines, cercado y revestido de plantas trepadoras.

cenagal *s. m.* **1.** Lugar lleno de cieno. **2.** Asunto de difícil salida, situación apurada.

cenagoso, sa *adj.* Que está lleno o cubierto de cieno.

cenar *v. intr.* **1.** Tomar la cena. || *v. tr.* **2.** Tomar una cosa determinada como cena.

cenceño, ña *adj.* Delgado, flaco.

cencerra *s. f.* Cencerro*.

cencerrada *s. f.* Ruido hecho con cencerros, cuernos y otros utensilios; p. ej., la broma que se gasta a los viudos en la primera noche de su nueva boda.

cencerrear *v. intr.* **1.** Sonar o tocar cencerros insistentemente. **2.** *fam.* Tocar mal un instrumento o tocar un instrumento desafinado, especialmente la guitarra. **3.** *fam.* Hacer ruido los herrajes de puertas y ventanas por no estar bien ajustadas, o los hierros de una máquina o cualquier otra cosa.

cencerro *s. m.* Especie de campana tosca que se ata al cuello de las reses para localizarlas mejor. || **Loc. estar como un cencerro** *fam.* Estar loco, chiflado.

cendal *s. m.* **1.** Tela de seda o lino muy fina y transparente. **2.** P. ext., cualquier velo fino o cosa que se le asemeja.

Cendrars, Frédéric Sauser, llamado **Blaise** (La Chaux-de-Fonds 1887 - París 1961) Escritor francés de origen suizo. Empedernido viajero, refleja en sus obras autobiográficas su experiencia aventurera. Escribió novelas, como *El oro* (1925), *Moravagine* (1926), *La vida peligrosa* (1938), *El hombre fulminado* (1945) y *La mano cortada* (1946), y libros de poesía, como *La leyenda de Novgorod* (1909) y *Pascua en Nueva York* (1913).

cenefa *s. f.* **1.** Lista superpuesta o tejida en los bordes de las cortinas, pañuelos, toallas, etc. **2.** Banda con dibujos de adorno a lo largo de paredes, techos y pavimentos.

cenestesia *s. f.* Conjunto de sensaciones internas del organismo que proporcionan un conocimiento difuso, más o menos consciente, del estado general y funcionamiento del propio cuerpo.

cenicero *s. m.* **1.** Recipiente en el que se recoge o echa la ceniza. **2.** Platillo en el que el fumador deja el cigarro y echa las cenizas del mismo y la colilla.

cenicienta *s. f.* Por alusión al cuento de este nombre, persona o cosa injustamente olvidada, despreciada o marginada.

ceniciento, ta *adj.* Que es del color de la ceniza.

cenit *s. m.* **1.** Punto del hemisferio celeste situado en la vertical del observador. **2.** Punto culminante, momento de apogeo de una persona o cosa.

cenital *adj.* Perteneciente o relativo al cenit; se dice especialmente de la luz que viene de una abertura en el techo.

ceniza *s. f.* **1.** Polvo de color gris claro que queda como resto de algo que se quema por completo. || *pl.* **2.** Restos o residuos de un cadáver. || **3. ceniza volcánica** El material sólido más fino arrojado por el volcán. **4. miércoles de ceniza** Véase **miércoles**. || **Loc. reducir a cenizas** Destruir enteramente, devastar.

cenizo, za *adj.* **1.** Que tiene el color de la ceniza. || *s. m.* **2.** Planta silvestre de la familia de las quenopodiáceas, con hojas dentadas y flores verdosas en panoja. **3.** Persona que trae o que tiene mala suerte.

cenobio *s. m.* Casa, por lo general en despoblado, donde viven monjes en comunidad.

cenobita *s. m.* y *f.* **1.** Persona que profesa la vida monástica. **2.** P. ext., persona que lleva voluntariamente una vida retirada.

cenotafio *s. m.* Monumento funerario en el que no está el cadáver, pero que recuerda la memoria de un personaje fallecido.

cenozoico, ca *adj.* **1.** Se dice de la tercera o última era en que se divide el eón fanerozoico, y que a su vez está dividida en los periodos terciario y cuaternario, en el que aún vivimos. Se le calcula una antigüedad de 65 millones de años y durante su transcurso se produjo la orogenia alpina. Los fósiles de esta era se encuentran en los yesos, las arcillas y los conglomerados. En ella se diversificaron los mamíferos, las aves y las plantas angiospermas y apareció el hombre. Comprende las épocas del paleoceno, eoceno, oligoceno, mioceno, plioceno, pleistoceno y holoceno. También *s. m.* **2.** Perteneciente o relativo a esta era.

censal *adj.* Perteneciente o relativo al censo.

censar *v. tr.* **1.** Incluir o registrar en el censo. ‖ *v. intr.* **2.** Hacer un censo o empadronamiento.

censo *s. m.* **1.** Recuento y lista de los habitantes de una unidad de población o de la riqueza de una nación o de un pueblo. **2.** Lista de todos los ciudadanos de una nación que tienen derecho a votar en las elecciones. **3.** Obligación o carga que pesa sobre una propiedad inmueble y que debe pagar el que disfruta de ella. **4.** Lista que los censores romanos hacían de las personas y de sus bienes. ‖ **Loc. ser** uno o una cosa **un censo** *fam.* Ser alguien o algo motivo de gastos continuos.

censor *s. m.* **1.** Persona encargada de censurar libros, periódicos, obras artísticas, etc. **2.** Magistrado de la república romana encargado del censo. **3.** Persona que critica severamente la conducta y las costumbres ajenas. ‖ **4. censor jurado de cuentas** Persona especializada en examinar las cuentas de las empresas, por encargo de éstas.

censorio, ria *adj.* Perteneciente o relativo al censor o la censura.

censual *adj.* Censal*.

censura *s. f.* **1.** Acción y efecto de censurar. **2.** Organismo oficial encargado de censurar obras, escritos, etc., destinados a la difusión pública. **3.** Cargo y funciones del censor.

censurable *adj.* Se dice de la persona, acción o cosa que es digna de censura, reproche o rechazo.

censurar *v. tr.* **1.** Formar un juicio sobre una cosa después de haberla examinado, en especial sobre una obra destinada al público para ver si, en el aspecto político o moral, puede publicarse o exhibirse, entera o parcialmente. **2.** Suprimir algo en una obra destinada al público. **3.** Manifestar que alguien ha obrado mal o que algo está mal hecho.

centauro *s. m.* Animal mitológico, mitad hombre y mitad caballo.

Centauro *s. m.* Constelación del hemisferio austral, situada entre las de Cruz e Hidra.

centavo, va *adj. num. part.* **1.** Se dice de cada una de las cien partes de un todo. ‖ *s. m.* **2.** Moneda americana, que vale un céntimo de peso. En EE UU, centésima parte del dólar; en Ecuador, del sucre; y en Perú, del sol oro.

centella *s. f.* **1.** Rayo, chispa eléctrica en las nubes. **2.** Partícula de fuego que salta, p. ej. del pedernal. **3.** Punto de luz muy viva e intermitente. **4.** Persona o cosa muy rápidas.

centellar *v. intr.* Centellear*.

centelleante *adj.* Que centellea o despide destellos.

centellear *v. intr.* Despedir destellos con intensidad cambiante.

centelleo *s. m.* Acción y efecto de centellear.

centena *s. f.* Conjunto de cien unidades.

centenar *s. m.* **1.** Centena*. ‖ *pl.* **2.** Muchas personas o cosas de las que se expresan. ‖ **Loc. a centenares** *adv.* En gran cantidad, en abundancia.

centenario, ria *adj.* **1.** Se dice de la persona que ha cumplido o está cerca de cumplir los cien años. También *s.* **2.** P. ext., muy viejo y digno de estima. ‖ *s. m.* **3.** Fecha en que se cumplen cien años, o varios centenares de años, de un acontecimiento histórico, del nacimiento o muerte de algún personaje, etc. **4.** Fiestas con que se celebra esa fecha.

centeno *s. m.* Planta herbácea de la familia gramíneas, especie *Secale cereale.* Es un cereal anual cultivado, que tiene espigas fibrosas de grano alargado y hojas verde azuladas. Es originario de Asia Menor y se cultiva en los países cálidos por su grano panificable, aunque de menor calidad que el de otros cereales, su paja y como forraje.

centesimal *adj.* **1.** Dividido en cien partes. **2.** Relativo a la centésima parte. **3.** Se dice de la fracción cuyo denominador es cien. ‖ **4. sistema centesimal** Sistema de medida de ángulos que corresponde a un ángulo recto dividido en cien partes iguales, cada una llamada *grado centesimal.* El grado centesimal se divide a su vez en cien partes, llamada cada una *minuto,* y el minuto en cien partes iguales, llamadas *segundos.* Una circunferencia mide, pues, 400 grados centesimales.

centésimo, ma *adj. num. ord.* **1.** Que ocupa por orden el número cien. También *s.* ‖ *adj. num. part.* **2.** Se dice de cada una de las cien partes en que se divide un todo. Es igual a 1/100, o también a 0,01. También *s.*

centi- *pref.* Significa 'cien o centésima parte': *centímetro, centígrado, céntimo.*

centiárea *s. f.* Centésima parte del área, equivalente a un metro cuadrado. Su símbolo es *ca.*

centígrado, da *adj.* **1.** Se dice de la escala termométrica en la que el valor cero corresponde al punto de fusión del hielo y el valor 100 al punto de ebullición del agua. También se la conoce como *escala Celsius.* ‖ *s. m.* **2.** Cada una de las divisiones en una escala Celsius y cuya notación es °C.

centigramo *s. m.* Medida de masa que corresponde a la centésima parte de un gramo. Su símbolo es *cg.*

centil *s. m.* En estadística, cada uno de los noventa y nueve valores ponderados resultantes de dividir una distribución en cien partes iguales de frecuencia. P. ej., un centil 30 indica que el sujeto que obtiene esa puntuación ha alcanzado un valor igual o superior al 30 % de la muestra.

centila *s. f.* En estadística, unidad que equivale a la centésima parte de un conjunto de datos en un orden determinado.

centilitro *s. m.* Medida de capacidad que es la centésima parte del litro. Su símbolo es *cl.*

centímetro *s. m.* **1.** Medida de longitud que es la centésima parte del metro. Su símbolo es *cm.* ‖ **2. centímetro cuadrado** Unidad de superficie que equivale a un cuadrado de un centímetro de lado. Su símbolo es cm^2. **3. centímetro cúbico** Unidad de volumen que equivale a un cubo de un centímetro de arista. Su símbolo es cm^3.

céntimo, ma *adj. num. part.* **1.** Se dice de cada una de las cien partes de un todo. ‖ *s. m.* **2.** Moneda que equivale a la centésima parte de la unidad monetaria.

centinela *s. m.* y *f.* **1.** Soldado que está de vigilancia. **2.** Persona que vigila, defiende o protege alguna cosa.

centolla *s. f.* Centollo*.

centollo *s. m.* Crustáceo decápodo marino, que se clasifica en la familia maidos y especie *Maia squinado.* Tiene el caparazón redondeado, peludo y provisto de espinas, y cinco pares de largas patas vellosas. Vive en las costas atlánticas, entre las rocas del fondo del mar, y es muy apreciado por su carne.

centón *s. m.* **1.** Manta hecha de muchas piezas de diversos colores. **2.** Obra literaria compuesta, enteramente o en su mayor parte, de fragmentos y sentencias ajenos.

centrado, da **1.** *p. p.* de **centrar**. ‖ *adj.* **2.** Se dice de aquello cuyo centro se halla en la posición que debe ocupar. **3.** Se dice de la persona equilibrada, que se ha adaptado bien a una situación, que se encuentra a gusto en un sitio.

central *adj.* **1.** Perteneciente o relativo al centro. **2.** Que está en el centro o entre dos extremos. **3.** Que ejerce su acción sobre un conjunto, un territorio, un sistema, etc. **4.** Esencial, fundamental. ‖ *s. f.* **5.** Oficina o establecimiento principal, del cual dependen otros. ‖ *s. m.* **6.** En un equipo de fútbol, el que juega como defensa central. ‖ **7. central eléctrica** Estación generadora de energía eléctrica con objeto de distribuirla para el uso industrial y doméstico. **8. central eólica** La que transforma la energía del viento en energía eléctrica. Pese a ser inagotable y no polucionante, la energía eólica es una energía menor que difícilmente podrá ser una gran fuente de abastecimiento para la humanidad, dado el carácter intermitente del viento. **9. central hidráulica** La que transforma la energía potencial del agua embalsada en un lago o curso fluvial en energía eléctrica. El agua es conducida por medio de tuberías hasta las paletas de una turbina, que a su vez mueve un generador eléctrico (alternador o dinamo). **10. central nuclear** Aquella que produce la energía mediante reacciones nucleares de fisión del uranio o del plutonio, que tienen lugar de forma controlada en el interior de un reactor nuclear. **11. central sindical** Federación o confederación de sindicatos. **12. central solar** La que transforma la radiación del sol en energía eléctrica. Puede ser de dos clases principales: las que concentran los rayos solares por medio de espejos parabólicos, utilizando la energía térmica para vaporizar el agua, y que a partir de ese momento funcionan como una central térmica; o las que transforman directamente la energía luminosa en energía eléctrica por medio de baterías de células de materiales fotoeléctricos, como el selenio, que desprenden electrones al someterlos a la acción de la luz. **13. central térmica** La que utiliza la energía desprendida en la combustión de un material inflamable (carbón, petróleo o gas natural) para evaporar el agua de una caldera. El vapor caliente a presión mueve las paletas de una turbina.

Central Departamento de Paraguay, en el S del país. 2.465 km². 769.100 h. en 1990. La capital es Ypacaraí, con 5.700 h. en 1982. Posee cultivos de algodón, caña de azúcar, tabaco y arroz.

Central, Sistema Cordillera de la península Ibérica, que divide en dos partes la Meseta. Tiene aproximadamente 700 km de longitud y constituye la divisoria de aguas entre los valles de los ríos Duero y Tajo. Las mayores alturas se alcanzan en el macizo de Gredos, que culmina en el pico Almanzor (2.592 m). Otras sierras importantes son las de Guadarrama, Peña de Francia y Gata, en España, y Estrella en Portugal.

centralismo *s. m.* **1.** Doctrina y sistema de gobierno que concentra la acción política y administrativa en manos de un poder central, que asume las funciones propias de los organismos regionales y locales. Se contrapone al federalismo. Fue uno de los medios más eficaces con que contaron las monarquías del Antiguo Régimen para la creación del Estado moderno. **2.** En cualquier organización, tendencia a centralizar decisiones y actuaciones.

centralista *adj.* Partidario de la centralización política, administrativa u organizativa. También *s.*

centralita *s. f.* **1.** Aparato para conectar una o varias líneas telefónicas con otros teléfonos interiores. **2.** Lugar donde se encuentra.

centralización *s. f.* Acción y efecto de centralizar o centralizarse.

centralizar *v. tr.* **1.** Reunir varias cosas en un centro común. También *v. prnl.* **2.** Hacer que la administración y atribuciones locales dependan de un gobierno central. También *v. prnl.* ■ Se conjuga como *cazar.* **Fam.** Centralizador.

centrar *v. tr.* **1.** Colocar una cosa en el centro de otra o de modo que su centro esté en el sitio adecuado. **2.** Dirigir las acciones hacia un objetivo fijado. **3.** En el fútbol, pasar el balón un jugador a otro. **4.** Atraer hacia sí la atención, el interés, las miradas, etc., de los demás. **5.** Hacer que una persona encuentre el equilibrio o una orientación en su forma de vivir. También *v. prnl.* **6.** Hacer coincidir en el lugar conveniente los proyectiles de las armas de fuego, los rayos de luz de los focos, etc. ‖ *v. prnl.* **7.** Acostumbrarse a una nueva situación, a un nuevo empleo, lugar, etc.

céntrico, ca *adj.* Se dice de aquello que está en el centro, especialmente lo situado en el centro de una población.

centrifugación *s. f.* **1.** Acción de centrifugar. **2.** Método físico que utiliza la fuerza centrífuga en recipientes (rotores) que giran a gran velocidad; se emplea para secar ropa u otros objetos o sustancias, para separar líquidos de distinta densidad o sólidos de líquidos y, en la investigación espacial, para acostumbrar a los astronautas a grandes aceleraciones y para simular la ausencia de gravedad.

centrifugado, da **1.** *p. p.* de **centrifugar**. También *adj.* ‖ *s. m.* **2.** Acción y efecto de centrifugar.

centrifugador, ra *adj.* Se dice de la máquina en que se aprovecha la fuerza centrífuga para secar ciertos objetos y sustancias o para separar los componentes de una masa o mezcla de líquido según sus distintas densidades. También *s.*

centrifugar *v. tr.* Aplicar la fuerza centrífuga para secar objetos o separar los componentes de una masa o de una mezcla de líquido. ■ Se conjuga como *pagar.*

centrífugo, ga *adj.* **1.** Que aleja o se aleja del centro. ‖ **2. fuerza centrífuga** La que impulsa a

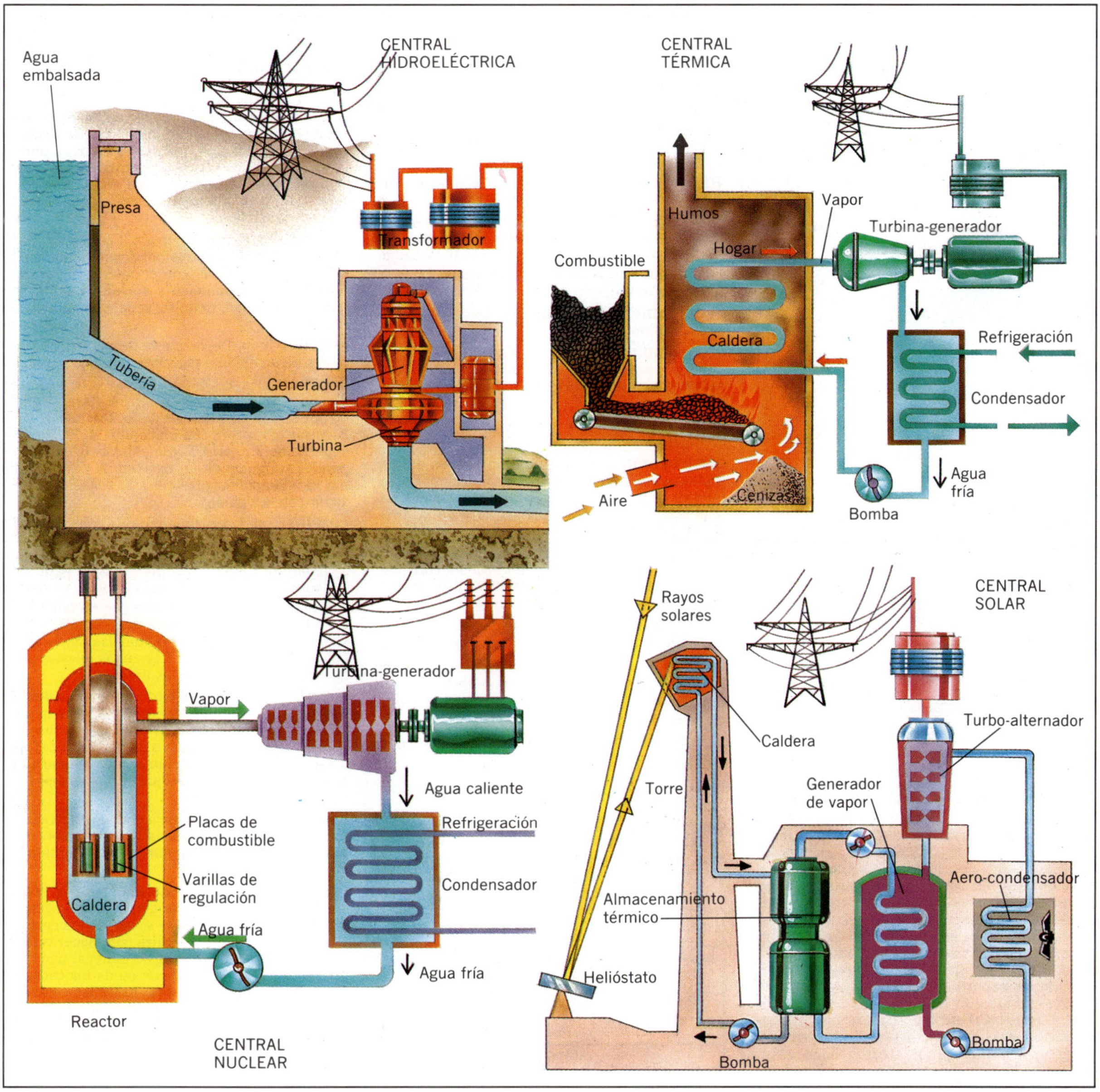

Esquema de diferentes tipos de central para la producción de energía eléctrica.

un cuerpo a alejarse del centro alrededor del cual gira.

centriolo *s. m.* En citología, cada uno de los dos corpúsculos del centrosoma o diplosoma de las células eucariotas.

centrípeto, ta *adj.* **1.** Que atrae, dirige o impele hacia el centro. ‖ **2. fuerza centrípeta** La que atrae a un cuerpo al centro alrededor del cual gira.

centrista *adj.* Partidario de una política de centro, entre la izquierda y la derecha. También *s.*

centro *s. m.* **1.** Punto medio o lugar que está a la misma distancia de los que hay a su alrededor en cualquier dirección. **2.** Lugar, cosa, asunto o ser vivo que ocupa una posición central o de mayor importancia. **3.** Punto de donde parten o en donde se reúnen ciertas cosas o actividades. **4.** Lugar en que se concentra una actividad. **5.** Zona central de una población, donde suele haber más tiendas, oficinas, tráfico, etc. **6.** Persona, acción u objeto en que se concentra la atención, el interés. **7.** Institución, círculo, club, establecimiento benéfico, educativo, cultural o deportivo. **8.** En pol., partido o sector moderado, que se considera intermedio entre la derecha y la izquierda. **9.** En el fútbol, pase largo que se da a un compañero de equipo. ‖ **10. centro de gravedad** En fís., punto de un cuerpo sobre el que se aplica la resultante del peso total del cuerpo, obtenido por la suma de los pesos de las partículas que lo componen. En los cuerpos homogéneos y regulares, el centro de gravedad coincide con el centro geométrico, pero no sucede así en los heterogéneos e irregulares. **11. centro de masas** En fís., punto equivalente al centro de gravedad de un conjunto o sistema de masas separadas. Su comportamiento dinámico es el mismo que si todas ellas estuvieran concentradas en ese punto. **12. centro de mesa** Objeto de adorno, generalmente un jarrón con flores, que se coloca en medio de la mesa. **13. centro de simetría de una figura** En geom., punto respecto al cual todos los puntos de la figura son simétricos de dos en dos. El *centro de una circunferencia* es el punto del cual equidistan todos los puntos de la misma; el *centro de una elipse* es el punto medio de su eje mayor, o de su eje menor; el *centro de una esfera* es el punto del cual equidistan todos los puntos de la superficie esférica correspondiente; el *centro de una hipérbola* es el punto medio de su eje real; el *centro de un poliedro regular* es el punto de intersección de sus diagonales o centro de la superficie esférica circunscrita al poliedro; el *centro de un polígono regular* es el punto de intersección de sus diagonales o centro de la circunferencia circunscrita al polígono. **14. centro nervioso** En anat. y fisiol., parte del sistema nervioso donde se integran los impulsos nerviosos sensitivos y se originan las respuestas fisiológicas adecuadas. En los vertebrados, los centros nerviosos son el encéfalo y la médula espinal, que en conjunto reciben el nombre de sistema nervioso central. **15. centro óptico** En fís., centro de una lente; tiene la propiedad de que los rayos luminosos que pasan por el mismo no sufren ninguna desviación.

Centro Región de Francia, en el centro del país. 39.151 km^2. 2.369.200 h. en 1990. La capital es Orleans, con 102.700 h. en 1982. Comprende los departamentos de Cher, Eure-et-Loire, Indre-et-Loire, Indre, Loiret, Loir-et-Cher. Es una rica región agrícola y ganadera, en la que se ha producido una moderada industrialización.

Centro América, Provincias Unidas de Estado federal centroamericano surgido en 1824, tras la caída del imperio mexicano de Agustín Iturbide, e integrado por Costa Rica, El Salvador, Guatemala, Nicaragua y Honduras. Desapareció en 1838 a causa de la inestabilidad provocada por las pugnas entre liberales y conservadores, que llevó a la guerra de 1832 y a la dictadura del mestizo Rafael Carrera.

Centro Democrático y Social (CDS) Partido político español, de ideología centrista, fundado en 1982 por Adolfo Suárez.

Centroafricana, República Estado de África central.

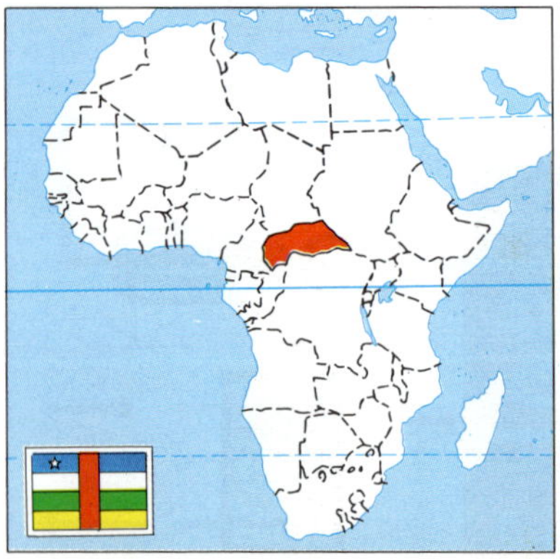

Extensión: 622.984 km^2.
Límites: al N, con Chad; al E, con Sudán; al S, con el Congo y Zaire, y al O, con Camerún.
Población: 2.900.000 h. en 1990.
Densidad: 4,6 h./km^2.
Capital: Bangui.
División administrativa: 16 prefecturas y un distrito federal.
Ciudades principales: Bambari, Bouar, Berberati.
Gentilicio: centroafricano.
Forma de Estado: república.
Idioma: francés y sango.
Religión: protestantismo, 50 %; catolicismo, 33 %; animismo, 12 %; islamismo, 3 %.
Moneda: franco CFA.
Tasa de natalidad: 44 ‰ en 1990.
Tasa de mortalidad: 19 ‰ en 1990.
Renta per cápita: 390 dólares en 1988.

Geog. El territorio tiene un relieve accidentado, aunque poco elevado. Según el tipo de vegetación se distinguen dos regiones bien diferenciadas: selva ecuatorial en el S y sabana en el N. Su principal arteria fluvial la constituye el río Ubangui, afluente del Congo. La población es muy escasa, sobre todo en las zonas septentrional y oriental, y los núcleos se suelen situar a lo largo de las vías de comunicación. El 68 % de la población se dedica a tareas agrícolas, en las que destaca la producción de café, mandioca, algodón, mijo y plátanos. Existe una importante industria de extracción de diamantes, que representa el 30 % de las exportaciones del país, además de reservas de uranio y de hierro.
Hist. El territorio estaba ocupado antes de la colonización europea por etnias como los banda y los azande, y en él sólo se crearon algunos sultanatos (Alto Ubangui, Mbomu), que dependieron de la autoridad de Egipto hasta finales del s. XIX. A partir de 1896 fue ocupado por los franceses, que crearon la colonia de Ubangui-Chari (1905), y sometido a fuerte explotación por parte de diversas compañías concesionarias, lo que provocó numerosas revueltas. Alcanzó la autonomía en 1957, gracias a la presión del MESAN (Movimiento para la Evolución Social del África Negra), fundado por Barthélemy Boganda, y logró la independencia en 1960. Su primer presidente fue David Dacko, derrocado por el coronel Bokassa en 1965 y de nuevo en el poder en 1979, gracias a la ayuda francesa. En 1981, otro golpe de Estado situó en la presidencia al general André Kolingba, líder del partido único Reagrupamiento Democrático Centroafricano.

República Centroafricana: el río Ubangui a su paso por Bangui, capital del país.

centroafricano, na *adj.* De África central y especialmente de la República Centroafricana. También *s.*

Centroamérica Nombre que suele darse a América Central.

centroamericano, na *adj.* De Centroamérica. También *s.*

centrocampista *s. m.* y *f.* En el fútbol y otros deportes, jugador que se sitúa en el centro del campo y sirve de enlace entre la defensa y la delantera.

centroeuropeo, a *adj.* De Europa central. También *s.*

centrosoma *s. m.* Región diferenciada del citoplasma de la célula, próxima al núcleo. En su interior se hallan los centríolos y desempeña un importante papel en la mitosis, fase de la división celular.

centuplicar *v. tr.* **1.** Hacer cien veces mayor una cosa o, simplemente, hacerla mucho mayor. También *v. prnl.* **2.** Multiplicar una unidad por ciento. ▪ Se conjuga como *sacar.*

céntuplo, pla *adj.* Se dice del producto de multiplicar por cien una cantidad. También *s.*

centuria *s. f.* **1.** Siglo, cien años. **2.** En el ejército romano, compañía de cien hombres.

centurión *s. m.* Soldado romano que tenía a su cargo el mando de una centuria.

cenutrio, tria *adj.* Torpe, estúpido. También *s.*

cenzonte *s. m.* Sinsonte*.

ceñidor *s. m.* Faja, cinta o cinturón con que se rodea la cintura.

ceñir *v. tr.* **1.** Rodear apretadamente la cintura o cualquier parte del cuerpo un vestido u otra cosa. **2.** Rodear una cosa a otra. **3.** Poner alguien, o llevar puesta, una cosa alrededor de otra. ‖ *v. prnl.* **4.** Moderarse en los gastos, amoldarse a lo que se tiene. **5.** Limitarse a una ocupación o materia o a cierta cosa que se expone, se trata, etc. ▪ Es v. irreg.

CEÑIR

GERUNDIO: *ciñendo*

INDICATIVO

Presente	Pretérito perf. simple
ciño	*ceñí*
ciñes	*ceñiste*
ciñe	*ciñó*
ceñimos	*ceñimos*
ceñís	*ceñisteis*
ciñen	*ciñeron*

SUBJUNTIVO

Presente	Pretérito imp.	Fut. imp.
ciña	*ciñera, -ese*	*ciñere*
ciñas	*ciñeras, -eses*	*ciñeres*
ciña	*ciñera, -ese*	*ciñere*
ciñamos	*ciñéramos, -ésemos*	*ciñéremos*
ciñáis	*ciñerais, -eseis*	*ciñereis*
ciñan	*ciñeran, -esen*	*ciñeren*

IMPERATIVO: *ciñe* *ceñid*

ceño[1] (del gr. *skunion,* sobrecejo) *s. m.* **1.** Gesto que consiste en arrugar la frente o el entrecejo en señal de enfado. **2.** Aspecto amenazador que presentan algunas cosas.

ceño[2] (del lat. *cingulum,* ceñidor) *s. m.* Cerco o aro que rodea alguna cosa.

ceñudo, da *adj.* **1.** Se dice de la persona que tiene ceño o cara de enfado. **2.** Que presenta un aspecto amenazador.

CEOE Siglas de Confederación* Española de Organizaciones Empresariales.

cepa *s. f.* **1.** Parte del tronco que está dentro de la tierra y unida a la raíz. **2.** Tronco de la vid y, p. ext., toda la planta. **3.** Tronco, raíz de una familia. ‖ **4. cepa bacteriana** Conjunto de bacterias presentes en un cultivo o colonia, procedentes de un único individuo inicial mediante sucesivas biparticiones. Constituyen cultivos puros, cuyos individuos poseen las mismas propiedades patógenas. ‖ **Loc. de pura** (o **buena**) **cepa** *fam.* Auténtico, que tiene calidad u origen reconocidos por buenos.

CEPAL Siglas de Comisión Económica para América Latina. Organismo dependiente de la ONU, creado en 1948 con el objetivo de ayudar al desarrollo económico y social de los países latinoamericanos, tiene su sede en Santiago de Chile.

cepellón *s. m.* Tierra que se deja adherida a las raíces de una planta para trasplantarla mejor.

cepillar *v. tr.* **1.** Quitar el polvo o la suciedad con un cepillo. También *v. prnl.* **2.** Pasar el cepillo por el pelo para desenredarlo. También *v. prnl.* **3.** Alisar la madera con un cepillo. **4.** Pulir otras superficies. ‖ *v. prnl.* **5.** *fam.* Matar. **6.** *fam.* Suspender a alguien en un examen. **7.** *fam.* Terminar rápidamente alguna cosa. **8.** *vulg.* Poseer sexualmente a alguien.

cepillo *s. m.* **1.** Instrumento que consta de una plancha de madera u otro material a la que van sujetas cerdas o púas y que se utiliza para quitar el polvo de la ropa, de los zapatos, para limpiarse los dientes, para barrer, etc. **2.** Instrumento de carpintería formado por un bloque de madera en el que va sujeta una cuchilla y que sirve para rebajar, alisar o pulir las maderas. **3.** Caja con una ranura que hay en las iglesias para que los fieles depositen las limosnas.

cepo *s. m.* **1.** Trampa para cazar animales. **2.** Instrumento compuesto de dos maderos que, al unirse, dejan uno o varios agujeros en los que se aprisionaba la garganta o un miembro del reo. **3.** Utensilio destinado a sujetar o aprisionar algo. **4.** Engaño habilidoso en que se hace caer a alguien.

ceporro *s. m.* **1.** Cepa vieja que se arranca para hacer leña. **2.** Persona necia o torpe. ‖ **Loc. dormir como un ceporro** *fam.* Dormir profundamente, como un tronco.

cera *s. f.* **1.** Mezcla de ésteres orgánicos, sólida e insoluble en agua, de origen animal, vegetal o mineral. Entre las primeras se cuentan la cera de abejas, amarilla, que se utiliza para hacer velas y en escultura, y el esperma de ballena, una cera blanca que se extrae del cráneo de los cachalotes y se utiliza en cosmética. Entre las ceras vegetales pueden citarse la cera del Japón y la cera de carnauba, y entre las minerales (hidrocarburos sólidos, parcialmente oxidados) la ozocerita. También se fabrican ceras artificiales, que son hidrocarburos de cadena larga provenientes de la destilación del petróleo, lignito, etc. **2.** Nombre de algunas sustancias parecidas a la cera. **3.** Conjunto de velas o cirios. **4.** Al hacer una comparación, algo blando, blanco y moldeable. ‖ **5. cera de los oídos** Cerumen, secreción de los oídos. **6. cera virgen** La pura, tal como sale del panal. ‖ **Loc. dar cera** *fam.* Golpear, dar leña. **hacerse la cera** Depilarse utilizando cera. **no hay más cera que la que arde** *fam.* Indica que de cierta cosa no queda más que lo que está a la vista, lo que conocemos. **sacar la cera** Frotar, sacar brillo a lo que se ha dado cera anteriormente.

cerámico, ca *adj.* **1.** Perteneciente o relativo al arte de fabricar vasijas y otros objetos de barro, loza o porcelana. ‖ *s. f.* **2.** Este arte. **3.** Objeto o conjunto de objetos de esta clase.

ceramista *s. m.* y *f.* Persona que se dedica a la fabricación de objetos de cerámica.

cerbatana *s. f.* Caña estrecha o canuto que se usa para arrojar dardos o bolitas, soplando por un extremo.

Cerbero Perro del Hades, uno de los monstruos que, según la mitología griega, guardaban la puerta de los infiernos. Se le representaba con tres o más cabezas. También se le llama *Cancerbero.*

cerca[1] *s. f.* Valla o muro que se pone alrededor de una casa o de una finca.

cerca[2] (del lat. *circa*) *adv. l.* **1.** Indica proximidad en el espacio: *Estamos cerca de casa.* ‖ *adv. t.* **2.** Expresa proximidad en el tiempo futuro: *Ya está cerca la Navidad.* ‖ **Loc. cerca de** *adv.* A punto de suceder: *Estuvimos cerca de conseguir el premio.* También, referido a cantidades, casi, aproximadamente: *Pagó cerca de dos millones de pesetas por el coche.*

cercado, da **1.** *p. p.* de **cercar**. También *adj.* ‖ *adj.* **2.** Que está rodeado por todos los lados. ‖ *s. m.* **3.** Huerto, prado u otro lugar rodeado de valla o tapia. **4.** Muro, tapia, valla.

cercanía *s. f.* **1.** Cualidad o condición de cercano. ‖ *pl.* **2.** Contornos, alrededores de un sitio. **3.** Territorio en torno a una población.

cercano, na *adj.* **1.** Que está próximo en el espacio o en el tiempo. **2.** Se dice de la persona o cosa ligada a otra por un fuerte vínculo y, también, de esta misma relación. **3.** Semejante, parecido.

cercar *v. tr.* **1.** Rodear un lugar con una cerca o valla. **2.** Sitiar, poner cerco. **3.** Rodear mucha gente a una persona o cosa. ■ Se conjuga como *sacar.*

cercen o **cercén, a** *loc. adv.* Enteramente y en redondo, de raíz.

cercenadura *s. f.* **1.** Acción y efecto de cercenar. **2.** Parte que se quita de la cosa cercenada.

cercenamiento *s. m.* Acción y efecto de cercenar.

cercenar *v. tr.* **1.** Cortar las extremidades de un ser vivo o los extremos de alguna cosa. **2.** Disminuir o acortar atribuciones, derechos, gastos, etc.

cerceta *s. f.* Nombre común de diversas aves anseriformes de la familia anátidos, géneros *Anas* y *Marmaronetta.* La cerceta común *(Anas crecca)* mide unos 36 cm de longitud y tiene la cabeza de color rojo y verde y el cuerpo grisáceo con el pecho moteado en el macho y el plumaje pardo oscuro en la hembra; la cerceta carretona *(Anas querquedula)* es algo mayor y también presenta dimorfismo sexual; la cerceta pardilla *(Anas angustirostris)* tiene plumaje pardo con motas claras y el macho, además, un pequeño moño en la nuca. Habitan en Europa, Asia y Norteamérica, en zonas acuáticas, y son aves migratorias.

Cerceta carretona (Anas querquedula).

cercha *s. f.* Estructura o armazón que sostiene un arco o bóveda mientras se construye.

cerciorar *v. tr.* Asegurar a alguien la verdad o certeza de algo. También *v. prnl.* ■ Se construye con la preposición *de*: *Me cercioré de que no estaba en casa.*

cerco *s. m.* **1.** Aquello que rodea o ciñe alguna cosa. **2.** Acción de rodear una ciudad o posición enemiga para aislarla y tomarla. **3.** Marco de una puerta o ventana. **4.** Círculo luminoso alrededor de un astro. **5.** Cerca, valla alrededor de un terreno.

cercopitécidos *s. m. pl.* Familia de mamíferos primates antropoides a la que pertenecen unas 60 especies de los géneros *Colobus, Presbytis, Cercopithecus, Mandrillus, Theropithecus* y *Macaca.* Son monos catarrinos que caminan sobre sus cuatro extremidades, con gran expresividad mímica y cuyos machos están provistos de poderosos colmillos; algunas especies son herbívoras y tienen estómagos complejos, otras son omnívoras y poseen bolsas bucales llamadas *abazones.* Habitan en regiones de selva y meseta en África y Asia. Cercopitécidos son los colobos, langures, monas vervet, mandriles, geladas y macacos. También *adj.* y *s. m.*

Los cercopitecos son animales gregarios que forman grupos de hasta 40 individuos.

cercopiteco *s. m.* Género de monos catarrinos de la familia cercopitécidos, que tienen los brazos más cortos que las piernas y la cola larga. Hacen vida predominantemente arbórea y viven en África. Entre las principales especies destacan el cercopiteco mona *(Cercopithecus mona)*, el cercopiteco de nariz blanca *(Cercopithecus nictitans)*, el cercopiteco diana *(Cercopithecus diana)* y la tota *(Cercopithecus aethiops).* También *adj.*

cerda *s. f.* **1.** Pelo duro, grueso y largo que tienen las caballerías en la cola y en la crin y otros animales en el cuerpo, como el jabalí o el cerdo. **2.** P. ext., pelo de cepillo, de cualquier clase que sea. ‖ **3. ganado de cerda** Ganado porcino.

Cerda, Infantes de la Nombre con que son conocidos los hermanos **Alfonso** y **Fernando**, hijos del infante primogénito Fernando de la Cerda y de Blanca de Francia y nietos de Alfonso X el Sabio. Muerto su padre (1275), fueron privados de sus derechos al trono castellano por su tío Sancho IV. Los infantes se acogieron a la corona catalano-aragonesa y recibieron protección de Alfonso II y Jaime II. Su causa motivó el enfrentamiento de los Lara y de los Haro. Alfonso de la Cerda fue proclamado en Jaca rey de Castilla, pero en 1331 los infantes renunciaron a sus derechos y rindieron homenaje a Alfonso XI.

Cerdá, Ildefonso (Mas Cerdá, Centellas 1815 - Caldas de Besaya 1876) Ingeniero y urbanista español. Proyectó el plan de ensanche de Barcelona (1859).

cerdada *s. f.* **1.** Acción sucia. **2.** Mala jugada que se hace a alguien.

Cerdanyola del Vallés C. de España, perteneciente a la prov. de Barcelona, situada en el Vallés occidental, en el área metropolitana de Barcelona. 56.500 h. en 1990. Es un importante centro de la industria metalúrgica, de materiales de construcción, química y electrónica.

Cerdaña Antiguo condado catalán de la Marca Hispánica, cuna de los condes de Barcelona (s. IX), quienes al acceder al trono aragonés lo incorporaron a la corona de Aragón. Perteneció a ésta hasta la paz de los Pirineos (1659), en que fue cedida su parte septentrional a la monarquía francesa. En la actualidad está dividida entre Francia (Cerdagne, cantón de Pyrénées-Orientales) y España (parte de las provincias de Girona y Lleida).

Cerdeña Región de Italia que ocupa la isla homónima. 24.090 km^2. 1.657.600 h. en 1990. La capital es Cagliari, con 219.100 h. en 1990. Comprende las provincias de Cagliari, Nuoro, Oristano y Sassari. La isla está situada en el Mediterráneo occidental, separada de la de Córcega por el estrecho de Bonifacio. En su relieve destacan la llanura de Campidano, en el SO, y numerosas cadenas montañosas que culminan en el pico La Marmora (1.834 m). Su economía ha sido tradicionalmente agraria, pero en los últimos tiempos el turismo ha experimentado un rápido desarrollo, especialmente en la Costa Esmeralda, en el NE de la isla. La principal industria es la petroquímica, radicada en Puerto Torres y Cagliari. La isla fue ocupada, entre otros, por vándalos, bizantinos y aragoneses, y pasó a Saboya, cuna del reino de Italia, en 1718.

Cerdo ibérico.

cerdo, da *s. m.* y *f.* **1.** Mamífero artiodáctilo de la familia suidos, género *Sus.* Desciende del jabalí *(Sus scrofa)*, excepto algunas razas que proceden del cerdo asiático *(Sus scrofa cristatus).* Su cabeza es alargada, con un prominente hocico o jeta, la cola es corta y las patas terminan en cuatro dedos, de los que dos, provistos de pezuñas, se apoyan en el suelo. Es un animal doméstico, del que se obtiene principalmente carne y grasas, aprovechándose prácticamente la totalidad del animal. Es apto para el engorde y muy fecundo, lo que facilita la mejora y selección de las razas. Existen especies semisalvajes, como el cerdo papú de Nueva Guinea *(Sus papuensis).* **2.** *fam.* Persona sucia. **3.** *fam.* Persona grosera y de malos modales. **4.** *fam.* Persona sin escrúpulos, despreciable. ‖ *s. m.* **5.** Carne de ese animal.

cerduno, na *adj.* Propio del cerdo o parecido a alguno de sus rasgos o propiedades; suele usarse en sentido despectivo.

cereal *adj.* **1.** Se dice de diversas especies de plantas herbáceas de la familia gramíneas, entre las que se hallan el trigo, centeno, cebada, arroz, maíz y avena. Son plantas anuales, de raíces fasciculadas, tallos cilíndricos y huecos y semillas farináceas. Desempeñan un papel importante en la alimentación del hombre y los animales domésticos de todo el mundo, pues contienen abundantes hidratos de carbono, grasas, proteínas y vitaminas. Su gran variedad permite que sean cultivadas en los climas más diversos. También *s. m.* **2.** Perteneciente o relativo a la diosa Ceres. **3.** Se dice de las fiestas que se celebraban en honor de esta diosa. También *s. f. pl.*

Tipos de cereales: arriba, los originarios del hemisferio norte; abajo, los del hemisferio sur.

cerealista *adj.* Relativo a la producción y comercio de cereales.

cerebelo *s. m.* Órgano del sistema nervioso central, una de las tres partes principales del encéfalo junto con el cerebro y el bulbo raquídeo, situada entre las otras dos.
Anat.* y *Fisiol. Como el cerebro, el cerebelo se divide en dos hemisferios, cuya superficie está recorrida por numerosas circunvoluciones y que se sitúan a ambos lados de un cuerpo central llamado *vermis.* Al revés que la médula, tiene por fuera la sustancia gris y por dentro la blanca, que forma unos dibujos arborescentes, antiguamente denominados *árbol de la vida.* El cerebelo ejerce el control del equilibrio, del mantenimiento de la postura del cuerpo y de la función muscular motora, aunque en este caso está en combinación con el cerebro, pues éste pone en marcha los movimientos y el cerebelo se ocupa de que éstos se realicen de forma coordinada, relacionando entre sí la acción de los distintos músculos. Las lesiones del cerebelo producen ataxia, es decir, movimientos desordenados.

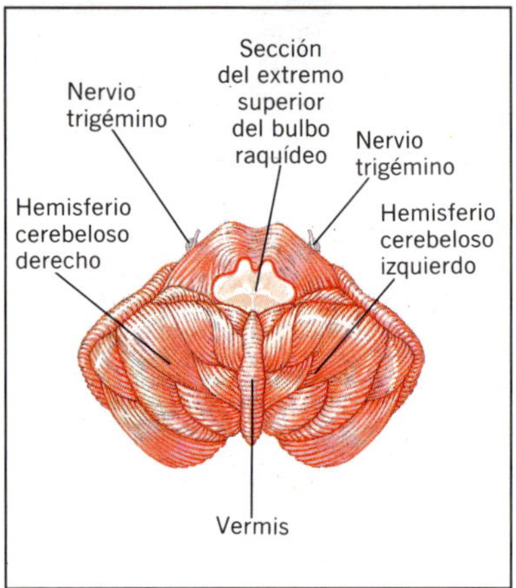

El cerebelo está situado en la parte posterior del encéfalo y tiene una estructura parecida al cerebro. Coordina funciones neuromusculares.

cerebral *adj.* **1.** Perteneciente o relativo al cerebro. **2.** Racional, intelectual, en oposición a apasionado o afectivo. También *s.*

cerebro *s. m.* **1.** Órgano del sistema nervioso central, una de las tres partes principales del encéfalo, situada sobre el cerebelo y el bulbo raquídeo, en el interior del cráneo. **2.** Capacidad de pensar y razonar, talento. **3.** Persona que proyecta o dirige un plan, un grupo, etc. **4.** Persona que sobresale en el campo cultural o científico. ‖ **5. cerebro electrónico** Ordenador. **6. cerebro gris** Persona que dirige un grupo o una actividad, manteniéndose en la sombra. ‖ **Loc. estrujarse el cerebro** *fam.* Romperse la cabeza, pensar con intensidad.
Anat.* y *Fisiol. Como el cerebelo, el cerebro se divide en dos hemisferios, cuya superficie está recorrida por numerosas circunvoluciones y que están unidos por el cuerpo calloso. Al revés que la médula, pero al igual que el cerebelo, tiene por fuera la sustancia gris (corteza cerebral) y por dentro la blanca. En cada hemisferio se distinguen cuatro regiones o lóbulos, separadas entre sí por tres cisuras: la central o de Rolando, la lateral o de Silvio y la posterior o parietooccipital. Los lóbulos se denominan *frontal* (el anterior), *parietal* (el central), *temporal* (el lateral) y *occipital* (el posterior). Regado por las dos arterias carótidas internas y las dos arterias vertebrales, el cerebro es responsable de la percepción de las sensaciones, de los movimientos voluntarios, del conocimiento, el lenguaje, la memoria y la actividad mental. Se conoce la localización concreta de algunas funciones; el centro visual se encuentra en el lóbulo occipital y el auditivo en el lóbulo temporal. La destrucción de uno de estos centros provoca la pérdida de la sensibilidad correspondiente, aun cuando los órganos de los sentidos no hayan sido afectados. Los daños en un área motora cerebral provocan la parálisis del órgano correspondiente. En el área del lenguaje, provocan afasia (incapacidad de hablar). La pérdida de memoria como consecuencia de una lesión cerebral se denomina *amnesia.*

cerebroespinal *adj.* Relativo al cerebro y a la médula espinal.

ceremonia *s. f.* **1.** Acto solemne que se celebra con ciertas normas o ritos. **2.** Conjunto de cosas lujosas, adornos, acciones vistosas y elegantes con que se da solemnidad a algo. **3.** Manera de tratar a alguien con cortesía y consideración, en especial si es afectada y exagerada o responde a ciertas normas o convenciones. ‖ **4. maestro de ceremonias** Véase **maestro**.

ceremonial *adj.* **1.** Perteneciente o relativo al uso de las ceremonias. **2.** Conjunto de reglas o formalidades para la celebración de algunos actos públicos. **3.** Libro en el que están escritas estas reglas.

ceremoniosamente *adv. m.* Con ceremonia.

ceremoniosidad *s. f.* Cualidad de ceremonioso, solemnidad.

ceremonioso, sa *adj.* **1.** Se dice de la persona que gusta de ceremonias o de cumplidos. **2.** Se aplica a la persona, acción o cosa que observa con exactitud las ceremonias.

céreo, a *adj.* De cera o parecido a ella en el color o el brillo.

cerería *s. f.* Casa o tienda en la que se trabaja o vende la cera.

Ceres **1.** Diosa romana, protectora de la agricultura, identificada con la Deméter griega.
2. Asteroide situado entre las órbitas de Marte y Júpiter, el de mayor diámetro del Sistema Solar (950 km).

cerevisina *s. f.* Levadura de cerveza empleada como medicamento.

cereza *s. f.* **1.** Fruto del cerezo, que es casi redondo, de piel encarnada y rabillo largo; su carne es dulce y jugosa. ‖ *adj.* **2.** De color rojo parecido al de esta fruta.

cerezal *s. m.* Lugar poblado de cerezos.

cerezo *s. m.* **1.** Nombre común de diversos árboles de la familia rosáceas, género *Prunus.* Mide unos 5 m de altura y tiene el tronco liso, hojas lanceoladas, flores blancas y fruto en drupa, llamado *cereza* o *guinda,* de color rojo y pedúnculo largo. Las especies principales son el cerezo negro *(Prunus avium),* originario de los bosques europeos, y el guindo *(Prunus cerasus).* El cerezo aliso *(Prunus padus),* de fruto negro brillante, está muy extendido por la península Ibérica. Se cultiva por su fruto comestible y su madera, que se utiliza en ebanistería. **2.** Madera de este árbol.

Cerezo, Vinicio (Guatemala 1943) Político guatemalteco. Abogado y secretario general del Partido de la Democracia Cristiana, fue presidente de la república (1985-91).

cerilla *s. f.* **1.** Especie de palillo, trozo de papel enrollado u otro material combustible, con fósforo en uno de los extremos, que se inflama por fricción; se emplea para encender fuego, un cigarro, etc. **2.** Cera de los oídos.

cerillero, ra *s. m.* y *f.* **1.** Persona que se dedica a la venta de tabaco y cerillas. **2.** Caja en la que se guardan las cerillas.

cerio *s. m.* Ce. Elemento químico perteneciente al grupo de los lantánidos o tierras raras del sistema periódico. Su número atómico es 58 y su masa atómica 140,1. Fue descubierto en 1803 por Klaproth, Berzelius y Hisinger y preparado como metal en 1875 por Hillebrand y Norton. Funde a 799 °C, se oxida fácilmente y es atacado por los ácidos. Es uno de los lantánidos más abundantes y su principal mena es la monacita. En forma de óxido se usa para el pulimento y purificación de componentes ópticos y, mezclado con otros lantánidos, para aumentar la resistencia de aleaciones de aluminio y níquel. También se emplea en electrónica, en reactores nucleares y en medicina para el tratamiento del cáncer.

cernedor, ra *s. m.* y *f.* **1.** Persona que cierne. ‖ *s. m.* **2.** Utensilio para cerner o cribar, que consta de un aro o cilindro tapado en una de sus bases por una tela poco tupida o agujereada.

cerner *v. tr.* **1.** Separar lo grueso de lo fino en cualquier materia reducida a polvo, especialmente la harina del salvado, haciéndola pasar a través de un cedazo o criba. ‖ *v. prnl.* **2.** Aletear las aves, manteniéndose en el mismo lugar. **3.** Caminar moviendo el cuerpo a uno y otro lado. **4.** Amenazar de cerca algún mal. ■ Es v. irreg. Se conjuga como *tender.* También se usa *cernir.*

cernícalo *s. m.* **1.** Nombre común de diversas aves falconiformes de la familia falcónidos, género *Falco.* El cernícalo vulgar *(Falco tinnunculus)* mide unos 34 cm de longitud y su color es rojizo manchado, con una banda negra en la cola. Se alimenta de animales pequeños, como roedores e insectos y vive en Eurasia y África. Otras especies son el cernícalo patirrojo *(Falco vespertinus),* de menor tamaño y color negro con las patas rojas, y el cernícalo primilla *(Falco naumanni),* parecido al vulgar, pero sin motas oscuras en el dorso. **2.** *fam.* Hombre torpe, ignorante o rudo en sus modales.

cernido, da **1.** *p. p.* de **cerner**. También *adj.* ‖ *s. m.* **2.** Acción de cerner.

cernir *v. tr.* Cerner*. ■ Es v. irreg. Se conjuga como *discernir.*

Cernuda, Luis (Sevilla 1902 - Ciudad de México 1963) Poeta español. Perteneció a la generación del 27. En 1938 marchó al Reino Unido y luego a EE UU y a México. Su estilo es amargo, introvertido. Utiliza verso libre o verso blanco, aunque también emplea formas clásicas. Algunos de los títulos más significativos de su obra son *Los placeres prohibidos* (1931), *Donde habite el olvido* (1934), *Ocnos* (prosa poética, 1942), *Como quien espera el alba* (1947) y *Desolación de la quimera* (1956-62); reunió toda su poesía bajo el título de *La realidad y el deseo.*

cero *s. m.* **1.** Símbolo numérico sin valor por sí mismo. **2.** Símbolo que lo expresa: *0.* **3.** Nada, ninguno. **4.** Punto de partida de una escala. **5.** Pésima calificación. ‖ **6. cero absoluto** En fís., temperatura mínima que pueden alcanzar los cuerpos, y que equivale a −273 °C aproximadamente. Constituye el nivel más bajo posible de la energía cinética de los átomos o moléculas de un cuerpo. **7. cero de un polinomio** En mat., número para el cual el valor numérico del polinomio es cero. También se denomina *raíz.* P. ej., el polinomio x^2-1 tiene el valor numérico cero para $x = 1$ y $x = -1$; por tanto, 1 y −1 son los dos ceros del polinomio x^2-1. **8. cero de una función** En mat., valores de la variable independiente x para los que $f(x) = 0$. ‖ **Loc. a cero** *adv.* En ciertos deportes, con empate, sin goles. **al cero** *adv.*

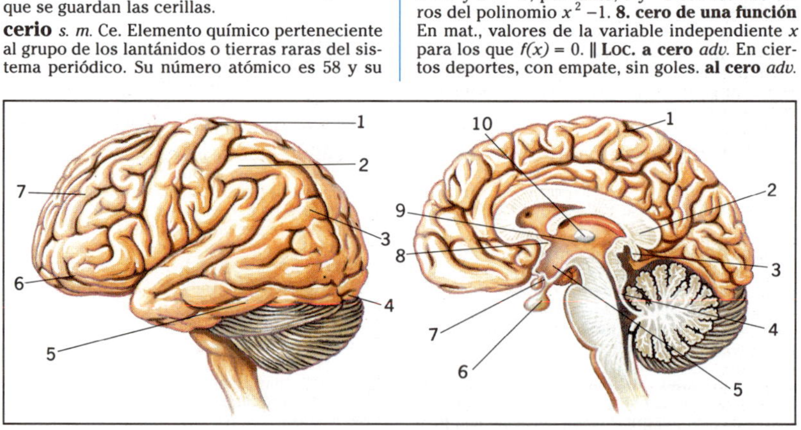

A la izquierda, morfología externa del cerebro: 1. Cisura de Rolando. 2. Lóbulo parietal. 3. Corteza cerebral. 4. Lóbulo occipital. 5. Lóbulo temporal. 6. Cisura de Silvio. 7. Lóbulo frontal. A la derecha, morfología interna: 1. Cisura de Rolando. 2. Cuerpo calloso. 3. Epífisis. 4. Acueducto de Silvio. 5. Hipotálamo. 6. Hipófisis. 7. Quiasma óptico. 8. Comisura blanca anterior. 9. Tálamo. 10. Comisura gris.

Modo de llevar el pelo, cortado al rape, a raíz. **de** (o **desde**) **cero** *adv.* De nuevo, desde el principio o con muy pocos recursos. **estar a cero** *fam.* Encontrarse sin dinero o no tener nada de alguna otra cosa. **ser un cero a la izquierda** *fam.* No ser tenido en cuenta para nada.
Mat. En la teoría de conjuntos el cero es el número que simboliza el cardinal del conjunto vacío (que no tiene elementos). Se representa por 0. En un sistema de numeración posicional, el símbolo cero significa que no existen unidades del orden correspondiente a la posición que ocupa. Así, en el sistema decimal, el número 302 representa 3 centenas, carencia de decenas y 2 unidades.

cerote *s. m.* **1.** Mezcla de pez y cera con que se enceran los hilos para coser zapatos. **2.** *fam.* Miedo.

cerrado, da **1.** *p. p.* de **cerrar**. También *adj.* || *adj.* **2.** Se dice de algo que no tiene comunicación con el exterior. **3.** Se aplica a la curva muy pronunciada. **4.** Incomprensible, ininteligible, oscuro. **5.** Se dice de la noche muy oscura. **6.** Se aplica al cielo muy cargado de nubes. **7.** Se dice del lugar desde el que se divisa poco espacio, porque está rodeado de casas, árboles, maleza, etc. **8.** P. ext., se dice de aquello que en sentido material o figurado ofrece mala o poca perspectiva. **9.** Torpe. **10.** Poco comunicativo, callado. **11.** Obstinado, terco, rígido. **12.** Referido a la barba, espesa. **13.** Referido a fuego, descarga, carga, etc., simultáneo, compacto. **14.** Referido a un aplauso, nutrido. **15.** Se dice de la persona que conserva muy pronunciado el acento local en el habla; también se aplica a este acento o habla. **16.** Se dice, en oposición a abierta, a la articulación en que se estrecha el paso del aire, como en las vocales *i, u.* || *s. m.* **17.** Cercado.

cerradura *s. f.* **1.** Acción y efecto de cerrar o de asegurar algo. **2.** Mecanismo metálico que se fija en las puertas y que sirve para cerrar por medio de pestillos, llaves, etc.

cerraja *s. f.* Cerradura, mecanismo utilizado para cerrar.

cerrajería *s. f.* **1.** Oficio de cerrajero. **2.** Taller en el que se fabrican y tienda en que se venden cerraduras y otros instrumentos de hierro.

cerrajero, ra *s. m.* y *f.* Persona que fabrica cerraduras, llaves, cerrojos y otros instrumentos de metal.

cerramiento *s. m.* **1.** Acción y efecto de cerrar. **2.** Cosa que cierra o tapa, especialmente una valla, una pared, una mampara o cualquier dispositivo para cercar un lugar.

cerrar *v. tr.* **1.** Asegurar algo con una cerradura, pestillo o tapa, para impedir que se abra. También *v. prnl.* **2.** Encajar las hojas de una puerta, ventana, etc. También *v. intr.* y *v. prnl.* **3.** Hacer que el interior de un edificio, recinto, etc., quede incomunicado con el exterior. **4.** Cercar un lugar. **5.** Juntar los párpados, los labios o los dientes. **6.** Juntar miembros, cosas o partes de una cosa que estaban separadas. **7.** Plegar, doblar. También *v. prnl.* **8.** Hacer entrar de nuevo los cajones abiertos en su hueco correspondiente. **9.** Impedir el paso por un sitio. También *v. prnl.* **10.** P. ext., dificultar una acción o la realización de algo. También *v. prnl.* **11.** Obstruir, tapar huecos, conductos. También *v. prnl.* **12.** Poner un grifo, espita, llave, etc., de forma que impida la salida de un líquido. También *v. prnl.* **13.** Hacer coincidir el principio y el final de algo. **14.** Apiñar, unir estrechamente. También *v. prnl.* **15.** Pegar o lacrar sobres, paquetes, etc., de modo que no puedan abrirse sin romperlos o deshacerlos. **16.** Concluir alguna cosa o ponerle término. **17.** Dar por terminado un plazo o caducado un derecho. También *v. prnl.* **18.** Interrumpir temporal o definitivamente las tareas, ejercicios o negocios propios de una profesión o de establecimientos políticos, administrativos, literarios, artísticos, científicos, comerciales o industriales. También *v. intr.* y *v. prnl.* **19.** Concertar un trato. **20.** Ir el último en una sucesión, en una hilera. **21.** En fon., hacer que se aproximen entre sí los órganos articuladores, estrechando el paso del aire al emitir un sonido. **22.** Referido a paréntesis y comillas, escribir su signo al final de palabra o frase. **23.** Ajustar, confeccionar la última página de un diario, revista, libro, etc., y darlos a la imprenta. || *v. intr.* **24.** Cicatrizar una herida o llaga. También *v. prnl.* **25.** En el juego del dominó, colocar una ficha que impide seguir colocando otras que aún tengan los jugadores. **26.** Igualarse todos los dientes de una caballería, lo que ocurre a la edad de siete años. **27.** Seguido de *con* o *contra*, entablar combate, luchar: *cerrar contra el enemigo.* **28.** Hacerse completamente de noche. También *v. prnl.* || *v. prnl.* **29.** Juntarse unos con otros los pétalos de las flores sobre el botón o capullo. **30.** Cubrirse de nubes el cielo. **31.** Ceñirse mucho en una curva un corredor, un conductor o un vehículo. **32.** Negarse a algo. || **Loc. cerrar filas** Agruparse una unidad militar; en sentido figurado, unirse un grupo en torno a una persona, idea, proyecto, etc. **cerrarse a la banda** (o **en banda**) Véase **banda**. **cerrarse en falso** Formar costra y parecer curada una herida sin estarlo. ■ Es v. irreg. Se conjuga como *pensar.*

cerrazón *s. f.* **1.** Oscuridad grande que precede a una tempestad, al cubrirse el cielo de nubes. **2.** Incapacidad para entender algo por ignorancia o prejuicios. **3.** Actitud cerrada, obstinación.

cerril *adj.* **1.** Terco, obstinado. **2.** Tosco, grosero. **3.** Se dice del ganado salvaje.

cerrilidad *s. f.* Cualidad y condición de cerril.

cerrilismo *s. m.* **1.** Cualidad y condición de cerril. **2.** Actitud de la persona difícil de convencer en cosas razonables.

cerro *s. m.* **1.** Elevación del terreno, menor que una montaña. **2.** Cuello de los animales. **3.** Lomo de los animales. **4.** Acumulación de cosas, montón. || **5. cerro testigo** Elevación del terreno, aislada y respetada por la erosión, que sirve para conocer el antiguo nivel de la zona circundante. || **Loc. irse por los cerros de Úbeda** *fam.* Divagar, separarse mucho del asunto de que se trata.

Cerro Largo Departamento de Uruguay, en el NE del país. 13.648 km^2. 78.000 h. en 1985. La capital es Melo, con 42.300 h. en 1985. Posee cultivos de cereales y ganado vacuno y lanar.

cerrojazo *s. m.* **1.** Acción y efecto de cerrar con brusquedad. **2.** En fútbol, juego defensivo a ultranza.

cerrojo *s. m.* **1.** Barra generalmente de hierro que se mueve entre unas anillas y sirve para cerrar puertas y ventanas. **2.** En algunas armas de fuego, pieza que contiene el percutor y cierra la recámara. **3.** En el fútbol y en otros deportes, repliegue de los jugadores en la defensa.

certamen *s. m.* **1.** Discusión literaria para tratar de un tema. **2.** Concurso con premios para estimular determinadas actividades artísticas, científicas, deportivas, etc.

certeneja *s. f. Méx.* Pantano pequeño y profundo.

certero, ra *adj.* **1.** Se dice de la persona que tiene destreza y habilidad en el tiro y también del tiro o disparo que da en el blanco. **2.** Acertado, que está conforme con la razón o verdad. **3.** Bien informado. **Fam.** Certeramente.

certeza *s. f.* **1.** Conocimiento cierto y seguro de alguna cosa. **2.** Cualidad de cierto.

certidumbre *s. f.* Certeza*.

certificación *s. f.* **1.** Acción y efecto de certificar. **2.** Documento en que se asegura la verdad de un hecho.

certificado, da **1.** *p. p.* de **certificar**. También *adj.* || *adj.* **2.** Se dice de la carta o del paquete que se certifica. || *s. m.* **3.** Certificación*.

certificar *v. tr.* **1.** Dar por cierta alguna cosa, particularmente un funcionario autorizado y con un documento oficial. **2.** Asegurar el envío de una carta o de un paquete mediante un resguardo. ■ Se conjuga como *sacar.*

Cerulario, Miguel (Constantinopla h. 1000 - íd. 1059) Patriarca de Constantinopla. Intervino activamente en la política de Bizancio. No aceptó la primacía de Roma, fue excomulgado y respondió anatematizando los legados del papa León IX, lo que dio lugar a la ruptura entre la Iglesia bizantina y la romana (1054), conocida como *cisma de Oriente.*

cerúleo, a *adj.* Se dice del color azul del cielo despejado, del mar en calma o de los grandes lagos.

cerumen *s. m.* Cera que segregan los oídos.

cerusita *s. f.* $PbCO_3$. Mineral carbonato de plomo. Cristaliza en el sistema rómbico, es de color generalmente blanco o incoloro, con brillo vítreo, pesada y frágil. Es mena del plomo y sus principales yacimientos se encuentran en Namibia, EE UU, Siberia, Italia y España.

cerval *adj.* **1.** Se dice del miedo grande o excesivo. **2.** Perteneciente o relativo al ciervo, parecido a él o a alguna de sus propiedades.

Cervantes y Saavedra, Miguel de (Alcalá de Henares, Madrid 1547 - Madrid 1616) Escritor español. Se sabe poco de su infancia y juventud. En Madrid fue discípulo de López de Hoyos y a los 32 años marchó a Roma al servicio del cardenal Acquaviva. Más tarde se alistó como soldado y tomó parte en la batalla de Lepanto, donde perdió el uso de la mano izquierda. En su viaje de regreso a España fue apresado por piratas, que le llevaron a Argel, donde sufrió cinco años de cautiverio. De nuevo en España, como su actividad literaria no le proporcionaba ingresos suficientes, trabajó de alcabalero y recaudador de contribuciones y sufrió cárcel en dos ocasiones por fraude y por deudas. Su época más floreciente empezó en 1600 al establecerse en Madrid y publicar sus libros. Aunque escribió obras poéticas, como *Viaje del Parnaso* (1614), el mismo Cervantes reconoce que la poesía es una «gracia que no quiso darme el cielo». Más estimable es su producción como autor teatral, en la que sobresalen las comedias *El gallardo español, Los baños de Argel, El laberinto del amor* y *Pedro de Urdemalas*, y los entremeses *El juez de los divorcios* y *El retablo de las maravillas.* Con todo, el género en el que alcanzó las más altas cotas de la creación literaria fue la novela, en el que se inició en 1586 con *La Galatea*, novela pastoril, a la que siguió la primera parte de *El ingenioso hidalgo don Quijote de la Mancha* (1605), la obra más importante de la literatura española y una de las obras cumbre de la literatura universal. Al género narrativo pertenecen también las *Novelas ejemplares* (1613), que incluyen relatos tan famosos como *Rinconete y Cortadillo, El coloquio de los perros, El licenciado Vidriera, La ilustre fregona* y *La gitanilla*; la segunda parte del *Quijote* (1615) y *Los trabajos de Persiles y Sigismunda* (1617), de estilo bizantino.

Miguel de Cervantes. Cuadro de Juan de Jáuregui (Real Academia Española, Madrid).

cervantino, na *adj.* **1.** Propio y característico de Cervantes y de su obra literaria. **2.** Que tiene alguna de las cualidades de ésta.

cervantista *adj.* Se aplica a la persona que estudia las obras de Cervantes o es experto en ellas. También *s.*

cervatillo *s. m. dim.* de **cervato**.

cervato *s. m.* Ciervo que no ha cumplido los seis meses.

cervecería *s. f.* Establecimiento en el que se vende o se toma cerveza.

cervecero, ra *adj.* **1.** Perteneciente o relativo a la cerveza. || *s. m.* y *f.* **2.** Persona que fabrica o vende cerveza.

cerveza *s. f.* Bebida alcohólica obtenida por fermentación de la cebada y aromatizada con lúpulo.

cervical *adj.* Perteneciente o relativo al cuello. En particular, se dice de las vértebras cervicales (7 en el hombre) que forman la parte de la columna vertebral correspondiente al cuello, de las arterias que riegan el cuello (5 en el hombre) y de los pares nerviosos que nacen en la médula espinal (8 pares en el hombre). También *s. f. pl.*

cérvidos *s. m. pl.* Familia de mamíferos artiodáctilos, que comprende unas 50 especies pertenecientes a los géneros *Cervus, Moschus, Pudú, Alces, Hydropotes*, etc. En la mayoría de las especies los machos tienen cuernos ramificados y caducos, que renuevan anualmente tras la época de celo, mientras que las hembras carecen de ellos. Son rumiantes gregarios que viven en Eurasia y América. Cérvidos son el ciervo, el gamo, el corzo, el alce, el reno, el caribú, etc. También *adj.* y *s. m.*

Cervino (en al. *Matterhorn*) Monte de los Alpes Peninos (4.478 m), en la frontera entre Italia y Suiza. Es un destacado centro de alpinismo y turismo.

cerviz *s. f.* Nuca, parte posterior del cuello. ‖ **Loc. bajar** (o **doblar**) **la cerviz** Someterse, humillarse.

cervuno, na *adj.* **1.** Perteneciente o relativo al ciervo. **2.** Parecido o semejante a él.

cesación *s. f.* Acción y efecto de cesar o acabar.

cesante *adj.* **1.** Que cesa. **2.** Se dice del empleado, especialmente del funcionario público, a quien se priva del empleo. También *s.*

cesantía *s. f.* Estado en que se encuentra la persona cesante.

cesar *v. intr.* **1.** Acabarse una cosa, dejar de producirse una acción, dejar alguien de hacer lo que estaba haciendo. **2.** Dejar de desempeñar algún cargo o empleo. ▪ Se construye con las preposiciones *con, de* y *en*: *cesar con dignidad; cesar de un cargo; cesar en las funciones.*

Cesar Departamento de Colombia, en el NE del país. 22.905 km^2. 628.595 h. en 1989. La capital es Valledupar, con 205.761 h. en 1989. Posee cultivos de algodón, arroz, maíz y plátanos, riqueza ganadera y yacimientos de petróleo.

césar *s. m.* **1.** Título de los emperadores romanos. **2.** Emperador.

César, Cayo Julio (Roma 100 a. C. - íd. 44 a. C.) Político, militar y escritor romano. Miembro de la familia de los Julios, alcanzó los cargos de cuestor (69 ó 68 a. C.), edil (65 a. C.) y pontífice máximo (62 a. C.). Como gobernador de Hispania Ulterior (61 a. C.) obtuvo victorias sobre lusitanos y galaicos. De nuevo en Roma, formó con Pompeyo y Craso el primer triunvirato (60 a. C.) y obtuvo el nombramiento de cónsul (59 a. C.) pese a la oposición del Senado. Sus victoriosas campañas en la Galia y Britania (59 a 51 a. C.) aumentaron su prestigio, pero también el recelo de sus enemigos políticos, que habían nombrado a Pompeyo cónsul único. Desposeído de su cargo en la Galia, se negó a disolver su ejército, cruzó la frontera del río Rubicón (49 a. C.) sin permiso del Senado y dio inicio a una guerra civil, que concluyó con la derrota de Pompeyo en Farsalia (48 a. C.). Intervino luego en las querellas dinásticas de Egipto, donde tuvo un hijo con Cleopatra, y retornó triunfante a Roma. Allí acumuló todo el poder, hasta ser nombrado dictador vitalicio e *imperator* (45 a. C.), y emprendió una intensa política de reformas. Murió asesinado, víctima de una conjura de senadores dirigida por Casio y Bruto, partidarios de las instituciones republicanas. Dejó, entre otros escritos, *De bello gallico* y *De bello civili,* en los que relata sus campañas militares contra los galos y Pompeyo.

Cesarea de Capadocia Véase **Kayseri**.

cesáreo, a *adj.* **1.** Perteneciente o relativo al emperador. ‖ *s. f.* **2.** Operación quirúrgica para extraer el hijo del vientre de la madre mediante incisión o corte de la pared abdominal y del útero.

cesarismo *s. m.* **1.** Sistema de gobierno en el cual una sola persona ejerce un poder absoluto. **2.** Tendencia del que ha sido elegido por el pueblo para jefe de gobierno a ejercer todos los poderes. **3.** Aumento del poder ejecutivo del Estado sobre los demás poderes. **4.** Doctrina favorable al imperio. **Fam.** Cesarista.

cesaropapismo *s. m.* Intervención del emperador en los asuntos de la Iglesia cristiana. Se dio sobre todo en el imperio romano, desde Constantino, en el bizantino, en el carolingio y en el germánico.

cese *s. m.* **1.** Acción y efecto de cesar en un cargo o empleo. **2.** Documento en el cual se acredita que alguien deja un empleo o función.

cesio *s. m.* Cs. Elemento químico perteneciente al grupo I A del sistema periódico. Su número atómico es 55 y su masa atómica 132,9. Fue descubierto por Bunsen y Kirchhoff en 1860. Es un metal blando, de brillo argénteo y buen conductor de la electricidad, que funde a 28 °C y se oxida en contacto con el aire. Suele aparecer asociado al rubidio en minerales como la lepidolita y la carnalita. La gran facilidad con la que pierde su electrón más externo por acción de la luz le hace apto para ser empleado en las células fotoeléctricas y en cámaras de ionización.

cesión *s. f.* **1.** Acción y efecto de ceder o renunciar a alguna cosa. ‖ **2. cesión de bienes** En der., la que lleva a cabo un deudor en favor de los acreedores.

cesionario, ria *s. m.* y *f.* Persona que recibe una cosa cedida por otra.

cesionista *s. m.* y *f.* Persona que cede algo a otra.

césped *s. m.* **1.** Hierba menuda y fina que cubre el suelo. **2.** P. ext., campo de fútbol. **3.** Trozo de tierra con césped.

Céspedes, Carlos Manuel de (Bayamo 1819 - Sierra Maestra 1874) Patriota cubano. Inició la lucha por la independencia cubana con el grito de Yara en 1868. Proclamó la república, de la que fue presidente entre 1869 y 1873, en que fue destituido. Se suicidó para no caer en manos de los españoles.

Céspedes, Carlos Manuel de (Nueva York 1871 - La Habana 1939) Político cubano. Hijo del anterior, desempeñó misiones diplomáticas y fue secretario de Estado con Zayas. Elegido presidente de la república a la caída de Machado (1933), fue derrocado el mismo año por el golpe de Estado de Batista.

cesta *s. f.* **1.** Recipiente hecho de mimbre, caña, varas u otro material entretejido, que sirve para contener y llevar objetos. **2.** Especie de pala cóncava que se usa en una variedad del juego de pelota. **3.** En baloncesto, red pendiente de un aro que está sujeto a un tablero vertical y a través del cual hay que introducir el balón para conseguir tantos. **4.** Cada tanto o vez que entra el balón por este aro. ‖ **5. cesta de la compra** Conjunto de alimentos y productos de uso cotidiano en la casa, así como su precio medio.

cestería *s. f.* **1.** Arte del cestero. **2.** Taller en el que se hacen cestas o cestos y lugar en que se venden.

cestero, ra *s. m.* y *f.* Persona que hace o que vende cestas o cestos.

cesto *s. m.* **1.** Cesta grande y más alta que ancha. ‖ **2. cesto de los papeles** Recipiente, generalmente situado junto a la mesa de trabajo, para echar los papeles inútiles. ‖ **Loc. echar** (o **tirar**) algo **al cesto de los papeles** *fam.* Desecharlo porque está mal redactado, no interesa o no sirve para nada.

cestodos *s. m. pl.* Clase de gusanos platelmintos que comprende unas 1.500 especies distribuidas en los órdenes seudofilideos, tetrafilideos, ciclofilideos, tripanorrincos y proteocefaloideos. Son parásitos del hombre y los animales vertebrados, en cuyo aparato digestivo se desarrollan en estado adulto adhiriéndose mediante garfios o ventosas situados en su extremo anterior. No poseen aparato digestivo y absorben por la piel los líquidos alimenticios del huésped. En estado larvario forman quistes en ciertos órganos de los animales que parasitan y su desarrollo consta de diversas fases en distintos huéspedes. El más conocido es la tenia o solitaria *(Taenia solium).* También *adj.* y *s. m.*

cesura *s. f.* En la poesía moderna, pausa que se hace en el interior de un verso después de cada acento que marca el ritmo y la armonía. En la poesía clásica griega y latina, sílaba con que termina la palabra final de un pie y empieza otro.

ceta *s. f.* Zeta*.

cetáceos *s. m. pl.* Orden de mamíferos marinos que comprende unas 83 especies incluidas en dos subórdenes: odontocetos o cetáceos con dientes (delfines, marsopas, narvales, orcas y cachalotes), y misticetos o cetáceos provistos de barbas en lugar de dientes (ballenas y rorcuales). Son animales de gran tamaño, con cuerpo en forma de pez, las extremidades anteriores transformadas en aletas, las posteriores englobadas en la piel y una aleta caudal horizontal y aplanada. Tienen la piel desnuda y sin pelo y una gruesa capa de grasa subcutánea para defenderse del frío. Pueden permanecer mucho tiempo bajo el agua, se alimentan de carne o plancton y viven en todos los mares del planeta. También *adj.* y *s. m.*

Cetina, Gutierre de (Sevilla 1520 - México h. 1557) Poeta y militar español. Cultivó la poesía tradicional de metros cortos (octosílabos) y la de influencia italiana y petrarquista. Debe su fama al madrigal que comienza con el verso *«Ojos claros, serenos...».*

cetona *s. f.* Cualquier compuesto orgánico en cuya molécula aparezca una o más veces el grupo funcional carbonilo –CO–, donde C es un carbono secundario. Los que no superan los 10 átomos de carbono son líquidos, incoloros y de olor agradable. A partir de ese número son sólidos y tienen, a veces, un olor desagradable. Se emplean como disolventes. La más simple es la propanona o acetona.

cetrería *s. f.* **1.** Arte de criar y adiestrar a los halcones y otras aves para la caza. **2.** Caza con halcones y otras aves de presa.

cetrino, na *adj.* **1.** De color amarillento verdoso. **2.** Serio, triste, melancólico, huraño.

cetro *s. m.* **1.** Bastón, generalmente de metal precioso, que simboliza mando, dignidad o alta posición, como los usados por los soberanos; p. ext., este mismo mando o dignidad. **2.** Supremacía o superioridad en alguna cosa.

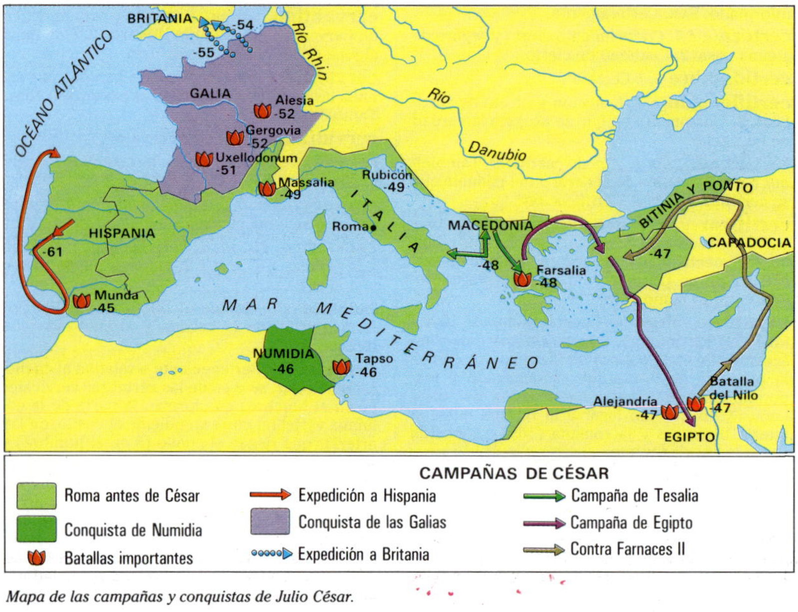

Mapa de las campañas y conquistas de Julio César.

Ceuta: vista de la céntrica plaza de España.

Ceuta C. de España, en el N de África, junto al estrecho de Gibraltar, rodeada por territorio marroquí. 19 km^2. 68.300 h. en 1991. Tiene estatuto de puerto franco y es base de una activa flota pesquera. Conquistada por los portugueses en 1415, pasó a poder de España cuando Felipe II ocupó también el trono de Portugal. En 1640, al separarse de nuevo Portugal, Ceuta decidió seguir unida a España.

ceutí *adj.* De Ceuta. También *s.*

Cézanne, Paul (Aix-en-Provence 1839 - íd. 1906) Pintor francés. En París conoció a los impresionistas, pero a diferencia de ellos su obra tiende a resaltar, mediante el uso del color, el contorno y el volumen de los objetos y figuras antes que a reflejar los efectos de la luz. Incomprendido hasta casi el final de su vida, centró sus temas en el paisaje, las naturalezas muertas y el retrato. Su pintura, encuadrada en el postimpresionismo, ha influido poderosamente en las vanguardias artísticas del s. XX, con cuadros como *La casa del ahorcado* (1873), *La montaña de Santa Victoria* (1887), *Jugadores de cartas* (1890) y la serie *Bañistas* (1895-1905).

Cf Símbolo químico del californio.

cg Símbolo del centigramo, unidad de masa.

cgs Abreviatura de cegesimal.

CGT Siglas de Confederación General del Trabajo.

ch Grafía que representa el sonido palatal africado sordo: *chico, chatarra*. Actualmente se alfabetiza dentro de la letra *c*.

chabacanada *s. f.* Chabacanería*.

chabacanería *s. f.* **1.** Falta de gusto y arte. **2.** Cosa, dicho o hecho chabacano.

chabacano, na *adj.* Grosero, basto y de mal gusto. **FAM.** Chabacanamente.

Chaban-Delmas, Jacques (París 1915) Político francés. Participó activamente en la Resistencia. Miembro del Partido Radical, pasó luego al gaullismo, fue alcalde de Burdeos, varias veces ministro y primer ministro (1969-72) bajo la presidencia de Pompidou. En 1976 se integró en el partido de Chirac (Reagrupación para la República).

chabola *s. f.* **1.** Choza o casa muy pequeña, generalmente construida en el campo. **2.** Casucha de materiales miserables que suele estar situada en suburbios sin urbanizar. Las chabolas reciben otros nombres, como *favelas* en Brasil o *ranchos* en Venezuela.

Paul Cézanne: Autorretrato *(The Phillips Collection, Washington).*

Cetáceos: 1. Ballena gris (Eschrichtius gibbosus). *2. Marsopa común* (Phocaena communis). *3. Cachalote* (Physeter macrocephalus). *4. Narval* (Monodon monoceros). *5. Gran calderón* (Hyperoodon amapullatus). *6. Orca* (Orcinus orca). *7. Delfín común* (Delphinus delphis).

chabolismo *s. m.* **1.** Tendencia a la concentración de chabolas en las zonas marginales de las ciudades. **2.** Forma y condiciones de vida propias de las chabolas. **FAM.** Chabolista.

Chabrier, Emmanuel (Ambert 1841 - París 1894) Compositor francés. Hábil instrumentador, escribió una música colorista. Entre sus títulos más representativos figuran *España* (1882), *Habanera* (1885), *Bourrée fantasque* (1891) y las óperas *Gwendoline* (1885) y *Le roi malgré lui* (1887).

Chabrol, Claude (París 1930) Director de cine francés. Miembro de la *nouvelle vague*, ha dedicado sus mejores películas al análisis de las relaciones amorosas, ambientándolas entre la clase media francesa. En su obra, muy influida por Hitchcock y el cine de suspense, sobresalen *Las buenas mujeres* (1960), *La mujer infiel* (1969) y *El carnicero* (1970).

Chac Dios de la lluvia entre los antiguos mayas.

Chacabuco, batalla de Batalla de la guerra de independencia hispanoamericana, en la que el ejército realista, mandado por el brigadier Maroto, fue derrotado por las tropas de San Martín (1817). A consecuencia de la misma Chile obtuvo la independencia, proclamada al año siguiente.

chacal *s. m.* Nombre común de diversos mamíferos carnívoros de la familia cánidos, género *Canis*. El chacal común *(Canis aureus)* mide unos 45 cm de altura, su pelaje es amarillo grisáceo en el lomo y blanquecino en el vientre, tiene el hocico puntiagudo y las orejas largas; habita en Asia, Europa y África. El chacal de lomo negro *(Canis mesomelas)* presenta color gris plateado en el lomo y es un veloz corredor; habita en África oriental y meridional. El chacal rayado *(Canis adustus)* tiene orejas puntiagudas y en su lomo, de color pardo grisáceo, presenta franjas amarillas; habita en África central. Tienen costumbres nocturnas, viven generalmente en manadas y se alimentan de animales pequeños o de carroña.

Chacal común (Canis aureus).

chacanear *v. tr.* **1.** *Chile.* Espolear al caballo o aguijar al buey. **2.** *Arg., Bol.* Hacer mal uso de una cosa, estropearla.

chácara *s. f.* **1.** *Col.* Bolsa, billetero. **2.** *fam. Amér. del S.* Chacra, granja. ‖ *s. m.* **3.** *Perú.* Sacerdote del Sol.

chacarera *s. f.* Danza tradicional argentina de parejas sueltas.

chacarero, ra *adj.* **1.** Perteneciente o relativo a la chácara, granja. También *s.* ‖ *s. m.* y *f.* **2.** *Col.* Curandero.

Chacel, Rosa (Valladolid 1898) Escritora española. En su obra, caracterizada por una prosa muy elaborada y un tono intimista y autobiográfico, destacan las novelas *Memorias de Leticia Valle* (1945), *La sinrazón* (1960) y *Barrio de Maravillas* (1976).

chacha *s. f.* **1.** *fam.* Nombre que dan los niños a algunas personas, particularmente a la niñera. **2.** *fam.* Empleada del hogar, sirvienta.

chachacoma *s. f.* **1.** *Chile.* Planta saxifragácea medicinal andina *(Senecio eriophyton)*, de flores amarillentas y hasta 50 cm de altura. **2.** *Perú.* Planta saxifragácea de tallo fuerte y piloso *(Escallonia resinosa)*; tiene usos medicinales.

Chachani Volcán extinguido de los Andes peruanos. 6.084 m.

cháchara *s. f.* **1.** *fam.* Abundancia de palabras inútiles. **2.** Conversación frívola. ‖ *pl.* **3.** Baratijas, cachivaches.

chachi *adj.* **1.** *fam.* Estupendo. ‖ *adv. m.* **2.** Estupendamente.

chacho, cha *s. m.* y *f. fam.* Muchacho, en tratamiento popular.

chacina *s. f.* **1.** Carne de cerdo desecada o preparada para hacer embutidos. **2.** Conjunto de embutidos hechos con carne de cerdo.

chacinería *s. f.* Tienda en que se vende chacina y otros embutidos. **FAM.** Chacinero.

Chaco **1.** Región central de América del Sur, llamada también *Gran Chaco*, compartida por Argentina, Paraguay y Bolivia. Es una gran cuenca endorreica de 675.000 km^2, limitada por la cordillera andina al O, la selva amazónica al N, el río Paraguay al E y la Pampa argentina al S. Se trata de una extensión muy árida, con vegetación esteparia y algunos pequeños núcleos de bosque subtropical. Su mayor riqueza reside en las reservas petrolíferas que hay en la parte S de la zona.
2. Prov. de Argentina, situada en el N del país. 99.633 km^2. 762.000 h. en 1984. La capital es Resistencia, con 220.100 h. en 1986.
3. Departamento de Paraguay, situado en la región homónima, en el sector occidental del país. 36.367 km^2, 280 h. en 1982. La capital es Mayor Pablo Lagerenza.

Chaco, guerra del Contienda entre Paraguay y Bolivia por la posesión de esta región (1932-1935). En 1938 se firmó en Buenos Aires un tratado de paz y límites entre los dos países.

chacolí *s. m.* Vino ácido y algo ligero que se hace en el País Vasco, Cantabria y Chile.

Chacón y Calvo, José María (Santa María del Rosario 1893 - La Habana 1969) Erudito cubano. Especialista en la época colonial española, trabajó en los archivos españoles y reivindicó a personajes como el padre Vitoria y el padre Las Casas. Es autor, entre otros libros, de *Ensayos de literatura cubana* (1922), *Ensayos de literatura española* (1928), *Cedulario cubano* (1929), *Nueva vida de Heredia* (1930) y *Estudios heredianos* (1939).

chacona *s. f.* Baile español de los s. XVI y XVII, su música y la letra de éste.

chacota *s. f.* Risa, broma o burla.

chacra *s. f. Amér. del S.* Granja, casa de campo.

Chad Lago de África central. Situado en el país del mismo nombre, sus aguas forman frontera con Níger, Nigeria y Camerún. Tiene grandes variaciones en su extensión (entre 10.000 y 30.000 km^2), y una escasa profundidad media. Sus principales aprovechamientos son la pesca y las salinas.

Chad (en fr. *Tchad* y en ár. *Tashad*) República de la zona central de África.

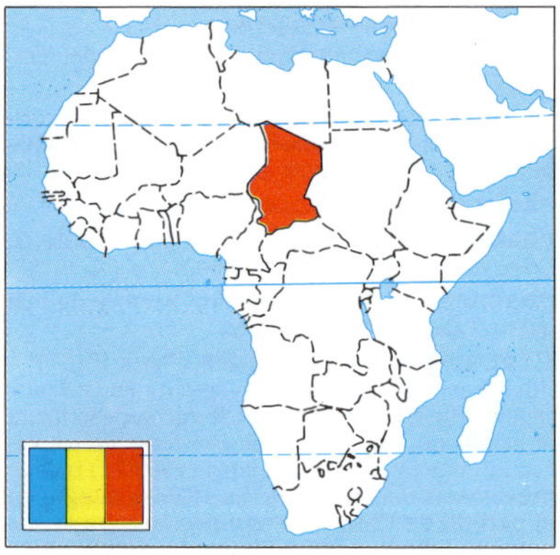

Extensión: 1.284.000 km^2.
Límites: al N, con Libia; al E, con Sudán; al S, con República Centroafricana y Camerún, y al O, con Camerún, Nigeria y Níger.
Población: 5.538.000 h. en 1990.
Densidad: 4,3 h./km^2.
Capital: N'Djamena.
Ciudades principales: Sarh, Moundou, Abéché.
Gentilicio: chadiano.
Forma de Estado: república.
Idioma: francés, árabe y dialectos sudaneses.
Religión: islamismo, 44 %; cristianismo, 33 %; animismo, 22 %.
Moneda: franco CFA.
Tasa de natalidad: 44‰ en 1990.
Tasa de mortalidad: 20 ‰ en 1990.
Renta per cápita: 160 dólares en 1988.

Geog. El país está dividido en dos regiones. En el N -por encima del paralelo 13°- se halla la zona desértica, donde destaca el relieve montañoso del Tibesti; sus pobladores son nómadas de raza camita, que profesan la religión islámica. En el S se encuentra una gran parte de la cuenca endorreica abandonada por la reducción del lago Chad, en la que las elevaciones montañosas son muy escasas y el clima no es tan seco como en el desierto. La mayoría de la población es negra y se dedica a la cría de camellos y a la ganadería; son importantes los cultivos de mijo, arroz y algodón. Chad es uno de los países más pobres de la tierra.
Hist. La región estuvo habitada primitivamente por tribus de origen étnico diverso que, al entrar en contacto con los árabes, desarrollaron el comercio y crearon un Estado centralizado, con una aristocracia dirigente; los reyes se convirtieron al islamismo en el s. XI. En el s. XIX llegaron los europeos y la zona quedó bajo protectorado francés. El primer periodo colonial se caracterizó por un régimen militar. En 1945 se celebraron las primeras elecciones. El Partido Progresista, fundado en 1947, consiguió la mayoría en la Asamblea Territorial en 1957. En 1960 se proclamó la independencia y fue elegido presidente de la república François Tombalbaye, que desarrolló una política profrancesa. Fue sustituido en 1975 por el gobierno militar del general F. Malloum, quien, a su vez, se vio obligado a dimitir en 1979. El enfrentamiento entre dos facciones del FROLINAT (*Front de Libération Nationale*), encabezadas por G. Ueddei e Hissène Habré y apoyadas respectivamente por Libia y Francia, provocó una guerra civil, en el curso de la cual Habré conquistó N'Djamena en 1982 y se proclamó presidente de la república. A principios de 1986 se reanudó la guerra, en la que intervinieron activamente Libia y Francia. Ueddei y Habré aunaron sus fuerzas para combatir a las tropas libias, que controlaban el N del país, hasta el paralelo 16. En las elecciones de 1989 resultó vencedor Hissène Habré, pero un año después fue derrocado por el Movimiento Patriótico de Salvación, liderado por el coronel Idriss Deby, quien pasó a presidir el Consejo de Estado. En 1991 se produjo un fracasado golpe de Estado, dirigido por el ministro del interior Maldoum Bada Abbas.

Chadli Bendjedid (Boutledja, Annaba 1929) Militar y político argelino. Participó en el golpe de Estado que derribó a Ben Bella (1965). Sucedió a Bumedian en la dirección del FLNA y en la presidencia de la república (1983). Emprendió una política de liberalización del régimen que culminó con la convocatoria de elecciones libres en 1991. Ante el triunfo del Frente Islámico de Salvación dimitió a principios de 1992, a fin de paralizar el proceso electoral y evitar el acceso al poder de este partido fundamentalista.

Chadwick, James (Manchester 1891 - Londres 1974) Físico británico. Investigó la estructura del átomo y descubrió los neutrones, por lo que recibió el premio Nobel de física en 1935.

chafar *v. tr.* **1.** Aplastar, arrugar, estropear o deshacer una cosa apretándola, pisándola, etc. También *v. prnl.* **2.** *fam.* Apabullar, confundir a alguien, p. ej. en una conversación con palabras que le dejan sin saber qué responder. **3.** *fam.* Desengañar, desilusionar, deprimir a alguien. También *v. prnl.* **4.** *fam.* Echar a perder algo.

Chafarinas, islas Pequeño archipiélago en el O del Mediterráneo, frente a la costa marroquí. Pertenece a España y depende de Melilla.

chafarrear *v. intr.* **1.** *Amér. del S.* Hablar mucho y con jactancia. **2.** Vestir con mal gusto.

chafarrinón o **chafarrinada** *s. m.* o *f.* Borrón o mancha irregular que desluce algo.

chaflán *s. m.* **1.** Cara que resulta en un sólido al cortar una de sus esquinas o aristas. **2.** Corte plano en que suelen terminar las esquinas de algunos edificios.

Chagall, Marc (Vitebsk 1887 - Saint-Paul-de-Vence 1985) Pintor francés de origen judeo-ruso. Se formó en San Petersburgo y en 1910 se instaló en París. Su estilo es muy personal, mezcla de cubismo, fantasía surrealista y viejas tradiciones judías. Entre sus obras destacan *Homenaje a Apollinaire* (1911-12), *Autorretrato con siete dedos* (1912-13), *Doble retrato con vaso de vino* (1917-18) y *A mi mujer* (1933-34). Desde 1940 se dedicó a grandes composiciones, como las vidrieras de la catedral de Metz (1958-68) o los murales de la Ópera de Nueva York (1965).

chagual *s. m. Arg., Chile, Perú.* Planta arbustiva de la familia bromeliáceas, especie *Tillandsia rubra.* Tiene el tallo áspero y flores verdosas. Los tallos tiernos se comen y las fibras se usan en aplicaciones textiles; con la madera seca se suaviza o asienta el filo de instrumentos cortantes.

Chaikovski, Piotr Ilich Véase **Tchaikovski**.

Chailley, Jacques (París 1910) Musicólogo y compositor francés. Especialista en música medieval, ha publicado ediciones críticas. Entre sus obras destacan *La tentación de San Antonio* (1936), el ballet *La dama del unicornio* (1953), de Cocteau, y *Thyl de Flandre* (ópera, 1954).

Chain, Ernst (Berlín 1906 - Castlebar, Dublín 1979) Bioquímico británico. Junto con Howard Florey aisló el agente antibacteriano de la penicilina, lo que permitió su difusión como fármaco. Recibió el premio Nobel de medicina en 1945, compartido con Fleming y Florey.

chaira (voz gall.) *s. f.* **1.** Cuchilla que usan los zapateros. **2.** Cilindro de acero en el que carniceros y carpinteros afilan sus cuchillos. **3.** En argot, navaja.

chaise-longue (voz fr.) *s. f.* Especie de sofá alargado sin brazos.

chajá *s. m. Arg., Bol., Par., Urug.* Ave zancuda de la familia anímidos *(Chauna chavaria)*, de unos 50 cm de altura; tiene el dorso gris oscuro y la

Marc Chagall: A mi mujer *(Museo Nacional de Arte Moderno, París).*

zona ventral clara, pico corto y fuerte, un penacho de plumas negras en la cabeza y dos púas recias en la parte anterior de las alas. Se suele domesticar, a modo de guardián, ya que advierte con sus gritos de la presencia de extraños.

chajuán *s. m.* **1.** *Col.* Calor sofocante. **2.** *Col.* Fatiga.

chal *s. m.* **1.** Prenda más larga que ancha que llevan sobre los hombros las mujeres como abrigo o adorno. **2.** Prenda, generalmente de lana, que se utiliza para abrigar hombros y espalda o para envolver a los bebés.

chala *s. f. Amér. del S.* Hoja que rodea la mazorca del maíz y que, una vez seca, se usa para liar cigarros.

chalado, da **1.** *p. p.* de **chalar**. ‖ *adj.* **2.** *fam.* Loco, chiflado. También *s.* **3.** Se dice del que está muy enamorado. También *s.*

chaladura *s. f.* **1.** *fam.* Locura. **2.** *fam.* Enamoramiento.

chalán, na *adj.* **1.** Que trata en compras y ventas, especialmente de caballos y otros animales. También *s.* **2.** Tramposo, estafador. También *s.* ‖ *s. m.* **3.** *amer.* Domador de caballos.

chalana *s. f.* Pequeña embarcación de fondo plano, empleada para transportes en sitios de poco calado.

chalanear *v. tr.* **1.** Tratar toda clase de negocios con mucha maña y astucia. **2.** *amer.* Domar y adiestrar caballos. **FAM.** Chalaneo.

chalanería *s. f.* Astucia de los chalanes para vender y comprar.

chalar *v. tr.* **1.** Trastornar, enloquecer. También *v. prnl.* **2.** Enamorar. También *v. prnl.*

chalaza *s. f.* En los huevos, cada uno de los dos ligamentos que mantiene la yema en medio de la clara.

chalchal *s. m. Amér. del S.* Árbol sapindáceo *(Schmidelia edulis)*, de hasta 5 m de altura, tronco fuerte y fruto dulce, del que se fabrica una bebida alcohólica; crece en la región N de Argentina, O de Paraguay, S de Bolivia y N de Chile.

chalé o **chalet** *s. m.* Vivienda unifamiliar, de una o pocas plantas, con jardín.

chaleco *s. m.* **1.** Prenda de vestir sin mangas, que cubre el pecho y la espalda hasta la cintura y se coloca encima de la camisa. ‖ **2. chaleco antibalas** El blindado que se utiliza para la protección del torso. **3. chaleco salvavidas** El neumático o de otro sistema que se utiliza en los naufragios.

Chalgrin, Jean (París 1739 - íd. 1811) Arquitecto francés. De estilo clasicista, es autor de la escalera principal del palacio de Luxemburgo, de la iglesia de Saint-Philippe-du-Roule (1774-84) y de los planos del Arco de la Estrella (1806), todos ellos en París.

chalina *s. f.* Corbata ancha que se anuda con lazada y es usada tanto por hombres como por mujeres.

Chalmers, Thomas (Anstruther 1780 - Edimburgo 1847) Pastor calvinista. Se distinguió como economista y matemático. Fue el fundador de la Iglesia libre de Escocia (1843).

chalupa *s. f.* **1.** Pequeña embarcación mayor que el bote y menor que la lancha. ‖ *adj.* **2.** *fam.* Chiflado. **3.** Muy enamorado.

chamaco, ca *s. m.* y *f. Méx.* Niño, muchacho.

chamagoso, sa *adj. Méx.* Sucio, de aspecto lamentable.

chamán *s. m.* Sacerdote o hechicero que entra en relación con los espíritus, frecuentemente en estado de éxtasis, y es capaz de influir sobre ellos, para desempeñar ciertas funciones de adivinación o curación.

chamanismo *s. m.* Religión dominante en la antigüedad entre los pueblos uraloaltaicos del Asia septentrional. En la antropología cultural actual, designa cualquier culto animista.

chamanto *s. m. Chile.* Manta fina, generalmente multicolor, que se usa como abrigo en zonas rurales.

chamarilear *v. tr.* Cambiar, comerciar de manera informal. **FAM.** Chamarileo.

chamarilería *s. f.* Tienda en la que se compran y venden cosas usadas.

chamarilero, ra *s. m.* y *f.* Persona que se dedica a comprar y vender trastos viejos y usados.

chamarra *s. f.* **1.** Especie de vestidura de paño basto parecida a la zamarra. **2.** *Méx.* Cazadora, prenda de vestir. **3.** *Amér. C., Ven.* Prenda de lana que sirve de poncho o capa durante el día y de manta durante la noche. **4.** *Amér. C.* Engaño, mentira, timo.

chamba[1] *s. f.* Casualidad, suerte.

chamba[2] *s. f.* **1.** *Col., Ven.* Cerca que limita los predios o haciendas. **2.** *Méx.* Trabajo, ocupación, generalmente eventual y mal pagado.

chambelán *s. m.* Gentilhombre de cámara, noble que acompañaba al rey.

chambergo *s. m.* **1.** Sombrero de ala ancha levantada por un lado. **2.** P. ext., cualquier sombrero. **3.** Chaquetón tres cuartos.

Chamberlain, Arthur Neville (Edgbaston, Birmingham 1869 - Westbourne, Birmingham 1940) Político británico conservador. Elegido primer ministro (1937), intentó mantener la paz cediendo a las reivindicaciones de Hitler sobre los Sudetes y firmó los acuerdos de Munich (1938). Cuando las tropas alemanas invadieron el territorio polaco, declaró la guerra a Alemania. Dimitió en 1940 y le sucedió Winston Churchill.

Chamberlain, Houston Stewart (Portsmouth 1855 - Bayreuth 1927) Escritor alemán de origen británico. Fue un defensor del pangermanismo y del racismo. Sus ideas, expresadas en *Los fundamentos del siglo XIX* (1899), fueron adoptadas por los nazis.

Chamberlain, Joseph (Londres 1836 - íd. 1914) Político británico. Nombrado alcalde de Birmingham (1873), transformó la ciudad y fundó su universidad. Creó el Partido Liberal Unionista. Ministro de las Colonias (1895-1903), desencadenó la guerra contra los bóers y otorgó el estatuto de dominio a Australia y a Nueva Zelanda (1900).

Chamberlain, Owen (San Francisco 1920) Físico estadounidense. En colaboración con el físico italiano Emilio Segrè descubrió el antiprotón, por lo que ambos recibieron el premio Nobel de física en 1959.

Chamberlain, Wilt (Filadelfia 1936) Jugador de baloncesto estadounidense. Fue un pívot dotado de unas cualidades físicas excepcionales. Jugó con los *Philadelphia Seventy Sixers*, participó en 1.945 partidos de la NBA y posee el récord anotador en un solo encuentro (100 puntos).

chambón, na *adj.* **1.** *fam.* Se aplica al jugador poco hábil, pero que consigue buenas jugadas por casualidad. También *s.* **2.** Se aplica al que consigue algo por casualidad. También *s.*

chambonada *s. f.* **1.** *fam.* Chamba, casualidad. **2.** *fam.* Desacierto propio del chambón. **3.** *amer.* Chapuza.

chambonear *v. intr.* **1.** Hacer chambonadas. **2.** *Amér. del S.* Hacer chapuzas.

Chambord, Enrique de Borbón, conde de (París 1820 - Frohsdorf, Austria 1883) Príncipe francés. Desde 1870 fue pretendiente a la corona francesa con el nombre de Enrique V. Apoyado por Mac-Mahon, estuvo a punto de subir al trono, pero su intransigencia reaccionaria lo imposibilitó.

chamelo *s. m.* Variedad del juego de dominó.

chamico *s. m. Amér. del S., Méx.* Variedad de estramonio, planta solanácea *(Datura stramonium)*, que tiene usos medicinales. ‖ **LOC. dar chamico** *fam. Méx.* Hechizar, seducir, atontar.

Chaminade, Guillaume-Joseph (Périgueux 1761 - Burdeos 1850) Sacerdote francés. En 1817 fundó la Compañía de María (marianistas), dedicada a la enseñanza.

Chamisso de Boncourt, Adalbert von (castillo de Boncourt, Champagne 1781 - Berlín 1838) Escritor alemán de origen francés. Figura destacada del grupo romántico berlinés, se recuerda sobre todo su obra *La maravillosa historia de Peter Schlemihl* (1814).

chamiza *s. f.* Hierba que crece en sitios húmedos y se emplea para techumbre de chozas.

chamizo *s. m.* **1.** Choza cubierta de chamiza. **2.** *fam.* P. ext., tugurio sórdido, vivienda pobre, sucia y desordenada.

Chamonix-Mont-Blanc C. de Francia, situada en el departamento de Alta Saboya, al pie del macizo Mont Blanc. 8.000 h. en 1980. Es el principal centro francés de deportes de invierno.

Chamorro, Pedro Joaquín (Managua 1925 - íd. 1978) Periodista y político nicaragüense. Fundó y dirigió el diario *La Prensa* y fue uno de los líderes de la oposición al dictador Somoza. Murió asesinado por grupos paramilitares somocistas.

Chamorro, Violeta (Rivas 1929) Política nicaragüense. Viuda de Pedro Joaquín Chamorro, a la muerte de éste se hizo cargo de la dirección del diario *La Prensa* y formó parte de la junta revolucionaria sandinista (1979-80). Tras su ruptura con el sandinismo, se convirtió en líder de la Unión Opositora Nacional, al frente de la cual ganó las elecciones presidenciales de 1990.

Chamoun, Camille (Deir-el-Qamar 1900) Político libanés. Cristiano maronita, fue ministro en varias ocasiones y presidente de la República (1952-58). Su política prooccidental irritó a la población árabe y propició la guerra civil. Fundó el Partido Liberal Nacional (1958) y, al comenzar la guerra del Líbano, era uno de los líderes más importantes de la derecha cristiana. Formó parte de varios gobiernos y en septiembre de 1976 ocupó provisionalmente el cargo de primer ministro.

champagne (voz fr.) *s. m.* Champán*, vino.

Champagne-Ardenne Región de Francia, en el NE del país. 25.606 km^2. 1.345.700 h. en 1990. La capital es Reims, con 177.250 h. en 1982. Comprende los departamentos de Ardenne, Aube, Marne y Alto-Marne. Es un territorio de mesetas y llanuras, regado por el río Sena. En su economía destacan los cultivos de cereales, y viñedos, la ganadería bovina, y la industria automovilística, aeronáutica, química, farmacéutica y alimentaria. Goza de gran prestigio su vino espumoso.

Champaigne, Philippe de (Bruselas 1602 - París 1674) Pintor francés originario de Brabante. Fue pintor de cámara del cardenal Richelieu y de los jansenistas de Port-Royal. Destacó como retratista: *Luis XIII, Richelieu, Saint-Cyran*, etc. Otras obras importantes suyas son *El cristo muerto, El exvoto* y *El niño del halcón.*

champán[1] (de *Champagne*, comarca francesa) *s. m.* **1.** Vino blanco espumoso elaborado en la región francesa de Champagne. **2.** P. ext., ciertos vinos espumosos.

champán[2] (de malayo *campán*, y éste del chino *san pan*, tres tablas) *s. m.* Sampán*, barco de río.

champaña *s. m.* Champán*, vino.

champiñón *s. m.* Hongo basidiomiceto del orden agaricales, familia agaricáceas, con diversos géneros. Se caracteriza por su seta en forma de paraguas. Las principales especies son el champiñón de campo, *Agaricus campestris* o *Psalliota campestris*, y el champiñón cultivado, *Agaricus bisporus*, que se utiliza como alimento.

Champiñón de campo (Agaricus campestris).

Champlain, Samuel de (Brouage h. 1567 - Quebec 1635) Marino y explorador francés. Fundó la ciudad de Quebec (1608) y la colonia de Nueva Francia (Canadá). Exploró el río Ottawa y los Grandes Lagos.

Champollion, Jean-François (Figeac 1790 - París 1832) Egiptólogo francés. El estudio de las inscripciones de la piedra de Rosetta le permitió interpretar los jeroglíficos que constituyen la base de la escritura egipcia antigua.

champú *s. m.* Cualquier jabón o detergente especial para lavarse el pelo.

chamullar *v. intr.* Hablar, en especial de manera incomprensible. También *v. tr.*

chamuscar *v. tr.* Quemar una cosa superficialmente. También *v. prnl.* ▪ Se conjuga como *sacar.*

chamusquina *s. f.* **1.** Acción o efecto de chamuscar o chamuscarse. **2.** *fam.* Riña. ‖ **Loc. oler a chamusquina** *fam.* Recelar o temer una regañina o un castigo.

chancaca *s. f. Amér. del S.* Dulce preparado con azúcar moreno, al que se agrega puré de batatas o frutos secos en trozos. También se llama *rapadura.*

chancar *v. tr.* **1.** *Amér. del S.* Moler o desmenuzar. **2.** *Chile, Perú.* Maltratar a alguien o algo. ▪ Se conjuga como *sacar.*

chancear *v. intr.* Bromear, usar burlas y chanzas. También *v. prnl.*

chanchero, ra *adj. Amér. del S.* Se dice del que cría o vende cerdos. También *s.*

chanchi *adj.* **1.** *fam.* Chachi*, estupendo. ‖ *adv. m.* **2.** *fam.* Estupendamente.

chancho, cha *s. m.* y *f. Amér. del S.* Cerdo, puerco.

chanchullero, ra *adj.* Tramposo, maniobrero. También *s.*

chanchullo *s. m. fam.* Manejo ilícito para conseguir cualquier fin y especialmente para enriquecerse.

chancillería *s. f.* En España, antiguo tribunal superior de justicia.

chancla *s. f.* **1.** Zapato viejo, con el talón caído por el uso. **2.** Chancleta*.

chancleta *s. f.* **1.** Zapatilla o sandalia sin talón o con el talón caído, que se usa para andar por casa. **2.** *Arg., Chile, Urug.* Mujer o niña. ‖ *s. m.* y *f.* **3.** *fam.* Persona inepta. ‖ **Loc. en chancletas** *adv.* Sin llevar metido el talón del zapato, pisándolo.

chancletear *v. intr.* **1.** Andar en chancletas. **2.** *Arg., Chile, Méx.* Caminar arrastrando los talones.

chancleteo *s. m.* Ruido producido al andar en chancletas.

chanclo *s. m.* **1.** Zapato de madera, con la punta levantada y gruesos tacos en la suela, que se emplea para andar sobre el barro. **2.** Zapato de caucho, goma u otra sustancia elástica, que se pone sobre el calzado ordinario para preservarlo del barro o la lluvia.

chancro *s. m.* Pequeña úlcera contagiosa de origen sifilítico.

chándal *s. m.* Prenda deportiva compuesta por un pantalón largo y un jersey amplio.

Chandigarh C. de la India, cap. del estado del Punjab, situada en el N del país, junto a la cordillera del Himalaya. 373.800 h. en 1981. Es una ciudad nueva, planificada por arquitectos europeos; posee importantes industrias, especialmente metalúrgicas.

Raymond Chandler.

Chandler, Raymond (Chicago 1888 - La Jolla, California 1959) Novelista estadounidense. Es uno de los maestros del género de la novela negra policiaca y creador del personaje del detective Philip Marlowe. Trabajó como guionista en Hollywood. Entre sus obras merecen citarse *El sueño eterno* (1939), *Adiós, muñeca* (1940), *La dama del lago* (1943) y *El largo adiós* (1954).

Chandragupta (s. IV-III a. C.) Primer rey de la India (313 - 289 a. C.), fundador de la dinastía Maurya. Su reinado se extendió por todo el norte de la India y tuvo que enfrentarse a Seleuco I Nicátor, al que obligó a firmar un tratado de paz. Su reinado marca el principio de la expansión del budismo.

Chandrasekhar, Subrahmanyan (Lahore 1910) Astrofísico estadounidense de origen indio. Estudió la estructura de las estrellas enanas blancas, estableciendo que, cuando su masa supera un límite determinado (1,5 veces la masa del Sol), hacen explosión, convirtiéndose en supernovas. Predijo la existencia de estrellas de neutrones antes de ser detectadas en forma de púlsares. Recibió el premio Nobel de física en 1983.

Chanel, Gabrielle, llamada **Coco** (cerca de Issoire 1883 - París 1971) Modista francesa. Sus diseños combinaban la sencillez con la elegancia y revolucionaron el mundo de la alta costura femenina, haciéndole perder el recargamiento y la incomodidad que lo caracterizaban. Trabajó también en el campo de la joyería y de los perfumes.

Chaney, Lon (Colorado Spring 1883 - Los Ángeles 1930) Actor cinematográfico estadounidense. Alcanzó gran popularidad en el cine mudo interpretando papeles de seres grotescos y monstruosos, como en *El jorobado de Notre-Dame* (1923) y *El fantasma de la ópera* (1925).

chanfle *s. m. Amér. del S.* En carpintería o mecánica, corte en diagonal.

chanflear *v. tr. Amér. del S.* Hacer un chanfle, cortar un objeto en ángulo de 45°.

changa *s. f.* **1.** *fam.* Trato, trueque o negocio de poca importancia. **2.** *fam. Amér. del S.* Chapuza, trabajo eventual. **3.** *fam. Chile.* Bulla, parloteo.

changador *s. m. Amér. del S.* Mozo de cuerda.

changar *v. tr. fam.* Romper, destrozar. También *v. prnl.* ▪ Se conjuga como *pagar.*

Changchun C. de China, cap. de la prov. de Jilin, situada en el NE del país. 2.020.000 h. en 1989. Importante nudo de transportes, posee industria ferroviaria y del automóvil.

Changjian Véase **Yangtsé-kiang**.

chango, ga *s. m.* y *f.* **1.** *Arg., Bol., Méx.* Niño pequeño. ‖ *adj.* **2.** *Chile.* Pesado, torpe.

Changsha C. de China, cap. de la prov. de Hunan, situada en el SE del país. 1.062.800 h. en 1989. Es un centro agrícola, de larga tradición cultural. Tiene un importante puerto fluvial.

changurro *s. m.* Plato de la cocina vasca hecho con centollo cocido, desmenuzado y condimentado, que se sirve en el propio caparazón.

chanquete *s. m.* Pez teleósteo de la familia góbidos, especie *Aphia minuta.* Por su aspecto y tamaño, se asemeja a la cría del boquerón. Es apreciado como alimento.

Chanson de Roland Canción de gesta francesa de finales del s. XI y autor desconocido, compuesta por 4.002 versos de diez sílabas con rima asonante. Narra un acontecimiento histórico ocurrido en el año 778, durante la retirada de las huestes de Carlomagno al fracasar en su intento de tomar Zaragoza.

chantaje *s. m.* Amenaza de un daño cualquiera que se hace a una persona con el fin de obtener dinero o cualquier otra ventaja.

chantajear *v. tr.* Hacer chantaje a alguien.

chantajista *s. m.* y *f.* Persona que hace chantaje.

chantar *v. tr. Arg., Chile.* Poner a alguien o algo en un sitio violentamente.

chantillí o **chantilly** *s. m.* **1.** Crema de pastelería hecha de nata o claras de huevo batidas con azúcar. ‖ **2. encaje de Chantilly** El realizado con bolillos, en colores negro y blanco, y con figuras de pájaros, mariposas, flores, etc. **3. porcelana de Chantilly** La fabricada en esta ciudad, en los s. XVIII y XIX, con formas europeas y decoración japonesa.

chantre *s. m.* Canónigo a cuyo cargo estaba la dirección del canto en el coro de las catedrales.

chanza *s. f.* Dicho festivo y gracioso, broma ingeniosa que se dirige a alguien sin malicia.

chañar *s. m.* **1.** *Amér. del S.* Árbol de la familia papilionáceas, especie *Gourliea decorticans.* Tiene tamaño mediano, hojas compuestas, flores amarillas y fruto redondo que se utiliza para fabricar aloja y dulces. **2.** Fruto de este árbol.

chaño *s. m. Arg., Chile.* Trozo de tejido de lana que se usa como colchón, manta o abrigo.

¡chao! *interj.* Se emplea para despedirse. Equivale a *¡adiós!*

chapa *s. f.* **1.** Hoja o lámina de cualquier material duro, especialmente de metal o madera. **2.** Tapón metálico utilizado en algunas botellas. **3.** Pequeño trozo de hojalata, metal u otra materia que se emplea como distintivo o contraseña. **4.** Rubor que aparece en las mejillas, p. ej. con el frío. ‖ *pl.* **5.** Juego infantil que consiste en hacer carreras con chapas de botella por un circuito. ‖ **Loc. estar sin chapa** *fam.* Estar sin dinero. **no pegar ni chapa** *fam.* No trabajar, estar ocioso.

chapado, da **1.** *p. p.* de **chapar**. ‖ *adj.* **2.** Recubierto de chapa. **3.** Se dice del objeto recubierto de una capa de metal precioso. ‖ **Loc. chapado a la antigua** *adj.* Se dice de la persona con ideas o costumbres anticuadas.

chapalear *v. intr.* Chapotear*.

chapaleo *s. m.* **1.** Acción y efecto de chapalear. **2.** *Ven.* Baile del candil.

chapapote *s. m. Col., Ven.* Confusión, enredo.

Chapaprieta, Joaquín (Torrevieja, Alicante 1871 - Madrid 1951) Político y economista español. Fue en varias ocasiones ministro de Hacienda y presidió dos gobiernos republicanos (1935). La división de radicales y cedistas y los escándalos del estraperlo y de Nombela le hicieron renunciar a la oferta de Alcalá Zamora para formar un nuevo gobierno.

chapar *v. tr.* **1.** Chapear, recubrir con chapas. **2.** Recubrir una cosa con una capa de metal precioso. **3.** *Arg., Perú.* Apresar a alguien o algo. ‖ *v. intr.* **4.** *fam.* Trabajar. **5.** *fam.* Estudiar.

chaparrada *s. f.* Chaparrón*.

chaparral *s. m.* Terreno o lugar poblado de chaparros.

chaparrear *v. impers.* Llover con fuerza.

chaparro, rra *s. m.* **1.** Mata de encina o roble de muchas ramas y poca altura. ‖ *adj.* **2.** Se dice de la persona de constitución bajita y rechoncha. También *s.* **3.** *Méx.* Niño, joven. También *s.*

chaparrón *s. m.* **1.** Lluvia que cae con mucha fuerza y es de corta duración. **2.** Afluencia o abundancia grande de cosas. **3.** *fam.* Bronca, fuerte reprimenda.

chaparrudo, da *adj.* Achaparrado, rechoncho.

chapeado, da **1.** *p. p.* de **chapear**. ‖ *adj.* **2.** Chapado, cubierto o guarnecido con chapa. **3.** Se dice del objeto recubierto con una capa de metal precioso.

chapear *v. tr.* **1.** Chapar, cubrir o guarnecer con chapas. **2.** *Chile.* Lograr una buena situación económica.

chapela *s. f.* Boina vasca.

chapeo *s. m.* Sombrero.

chapera *s. f.* Tabla con travesaños sobrepuestos y clavados que suple a las escaleras en las obras.

chapero *s. m.* En argot, homosexual que se dedica a la prostitución.

chapeta *s. f.* **1.** *dim.* de **chapa**. **2.** Mancha de color rosáceo que aparece en las mejillas, p. ej. con el frío.

chapetón, na *adj. amer.* Se decía despectivamente del español recién llegado a América y, p. ext., del europeo en iguales condiciones. También *s.*

Chapí, Ruperto (Villena, Alicante 1851 - Madrid 1909) Compositor español. Fue discípulo de Arrieta y uno de los creadores de la zarzuela moderna, género al que aportó obras tan populares como *La tempestad* (1882), *El rey que rabió* (1891) y *La revoltosa* (1897).

chapico *s. m. Chile.* Planta arbustiva de la familia desfontaineáceas, especie *Desfontainia spinosa.* Tiene un tallo espinoso y hojas perennes, que se usan para elaborar un tinte amarillo.

chapín *s. m.* Antiguo calzado femenino con suela de corcho.

chápiro *s. m. fam.* Se usa en expresiones de enojo o enfado y casi únicamente en cómics, tebeos o similares: *¡Voto al chápiro!*

chapista *adj.* **1.** Se dice del obrero que trabaja en chapa de metal. También *s.* **2.** Se dice de la persona que repara carrocerías. También *s.*

chapitel *s. m.* **1.** Remate en forma de pirámide de una torre. **2.** Capitel*.

Chaplin, Charles Spencer (Londres 1889 - Vevey, Suiza 1977) Actor y director de cine británico. En 1912 se estableció en EE UU y fue contratado por Mack Sennet para sus películas cómicas cortas, donde empezó a adoptar la indumentaria de Charlot, el personaje que le hizo famoso. Sus setenta películas, a través de medio siglo, le dieron una enorme popularidad; en ellas evolucionó desde lo bufo y disparatado a lo humano y sentimental, creando un tipo de hombre noble y vagabundo, honesto y pícaro a la vez. Entre sus filmes destacan *El chico* (1921), *La quimera del oro* (1925), *El circo* (1928), *Luces de la ciudad* (1931), su primera película sonora, *Tiempos modernos* (1936), *El gran dictador* (1940) y *Monsieur Verdoux* (1947). En 1952, huyendo de la persecución del senador ultraconservador McCarthy, se instaló en Europa, donde realizó *Candilejas* (1952), *Un rey en Nueva York* (1957) y *La condesa de Hong Kong* (1966). En 1964 publicó sus memorias, tituladas *Mi autobiografía.*

Charles Chaplin. Fotograma de la película La quimera del oro *(1925).*

Chapman, George (Hitchin, Hertford 1559 - Londres 1634) Dramaturgo inglés. Amigo de Marlowe, terminó el poema de éste, *Hero y Leandro* (1598). En sus obras se advierte excesivo melodramatismo. Algunos de sus títulos más significativos son *El mendigo ciego de Alejandría* (1596), *Bussy d'Amboise* (1597), *Todos locos* (1605), *El ujier gentilhombre* (1606), *La conspiración* (1608) y *La tragedia de Chabot* (1613).

chapó *s. m.* **1.** Partida de billar que se juega en mesa grande con troneras, colocando cinco palitos en el centro de la mesa. ‖ *interj.* **2.** Se emplea para recalcar la admiración por algo o por alguien.

chapodar *v. tr.* **1.** Podar los árboles. **2.** Cercenar, reducir.

chapón *adj.* **1.** *fam.* Estudioso. También *s.* **2.** *fam.* Trabajador. También *s.* ‖ *s. m.* **3.** Borrón, mancha de tinta.

chapotear *v. intr.* **1.** Hacer ruido removiendo el agua, p. ej. con las manos o los pies, o pisando el barro. También *v. tr.* **2.** Sonar el agua al ser golpeada. **FAM.** Chapoteo.

chapucear *v. tr.* Realizar algo deprisa y mal.

chapuceramente *adv. m.* Con chapucería.

chapucería *s. f.* **1.** Descuido o tosquedad con que se hace algo. **2.** Chapuza, cosa o trabajo mal hecho o realizado con descuido.

chapucero, ra *adj.* **1.** Se aplica a lo hecho mal o con poco cuidado. **2.** Se dice del que trabaja de este modo. También *s.*

chapulín *s. m.* **1.** *amer.* Langosta, insecto. **2.** *Amér. C.* Niño.

Chapultepec Cerro, castillo y parque de la Ciudad de México. Era una antigua población tolteca, ocupada por los aztecas en 1299, en la que el virrey Bernardo de Gálvez construyó una residencia. Ampliada en 1840, fue sucesivamente colegio militar, residencia presidencial de verano y, desde 1965, museo de antropología.

chapurrar *v. tr.* **1.** Chapurrear*. También *v. intr.* **2.** *fam.* Mezclar varios licores.

chapurrear *v. tr.* Hablar mal o con dificultad un idioma. También *v. intr.*

chapuza *s. f.* **1.** Trabajo de poca importancia o que se realiza ocasionalmente. **2.** Cosa o trabajo realizado deprisa, mal, con poco cuidado.

chapuzar *v. tr.* Meter bruscamente en el agua a una persona, animal o cosa. También *v. intr.* y *v. prnl.* ■ Se conjuga como *cazar.*

chapuzón *s. m.* Acción y efecto de chapuzar o chapuzarse.

chaqué *s. m.* Prenda de etiqueta masculina, parecida a la chaqueta, que, a partir de la cintura, se abre hacia atrás formando dos faldones.

chaqueta *s. f.* Prenda exterior de vestir, con mangas y abierta por delante, que cubre el tronco hasta más abajo de la cintura. ‖ **LOC. cambiar** (o **volver**) **la chaqueta** *fam.* Variar de opinión o de partido político.

chaquetear *v. intr.* **1.** *fam.* Cambiar de ideas u opiniones, principalmente políticas, con el deseo de medrar o para obtener algún tipo de beneficio. **2.** *fam.* Tener miedo, escapar.

chaquetero, ra *adj. fam.* Se dice de la persona que cambia de ideas u opiniones, principalmente políticas, para lograr beneficios. También *s.*

chaquetilla *s. f.* **1.** Prenda de vestir que cubre la parte superior del cuerpo, más corta que la chaqueta y casi siempre con adornos. **2.** P. ext., la que usan los toreros en el traje de luces.

chaquetón *s. m.* Prenda exterior de abrigo más larga que la chaqueta.

Char, René (L'Isle-sur-la-Sorgue, Vaucluse 1907) Poeta francés. Vinculado originalmente al surrealismo, evolucionó hacia una poesía en la que refleja un mundo irreal y misterioso. Entre sus obras sobresalen *Las hojas de Hipnos* (1946) y *Furor y misterio* (1948).

charabón *s. m.* **1.** *Amér. del S.* Polluelo del ñandú. **2.** *Amér. del S.* P. ext., joven de poca edad.

charada *s. f.* Pasatiempo en el que se propone encontrar una palabra a partir de algunas pistas sobre su significado y de las palabras que se pueden formar con sus sílabas.

charanga *s. f.* **1.** Banda de música poco importante formada por instrumentos de viento, especialmente de metal. **2.** Grupo musical de carácter jocoso.

charango *s. m.* Instrumento musical de cinco cuerdas dobles, parecido a la bandurria, de sonido muy agudo, que se fabrica con un caparazón de quirquincho o mulita; es típico de la zona andina central.

charape *s. m. Méx.* Bebida fermentada que se prepara con pulque, panoja, miel y canela.

charca *s. f.* Charco grande, remanso de agua de cierta consideración.

charcal *s. m.* Sitio en que abundan los charcos.

Charcas Antigua audiencia colonial española situada en el territorio de la actual Bolivia. Creada en 1558 por Felipe II, dentro del virreinato del Perú, su capital era Sucre (hoy Chuquisaca) y se destacó por la riqueza de sus encomiendas y de las minas de Potosí y Oruro.

charco *s. m.* Agua retenida en un hoyo o cavidad de la tierra, por lo general de poca importancia y como consecuencia de lluvias. ‖ **LOC. pasar** (o **cruzar**) uno **el charco** *fam.* Cruzar el mar, especialmente el océano Atlántico de un continente a otro.

Charcot, Jean Martin (París 1825 - lago Settons 1893) Médico francés. Iniciador de la neurología y maestro de Sigmund Freud, son famosas sus investigaciones sobre la histeria.

charcutería *s. f.* Establecimiento donde se venden fiambres, embutidos, etc.

Chardin, Jean-Baptiste Siméon (París 1699 - íd. 1779) Pintor francés. Fue discípulo de Van Loo, de quien adquirió el interés por el tratamiento de la luz propio de la escuela flamenca. La temática de su obra refleja el espíritu burgués, expresado en bodegones y naturalezas muertas, que realizó con un colorido de tonos suaves y una textura de empastado. Fue asimismo autor de retratos y escenas cotidianas, compuestas con armoniosa sobriedad. Entre sus obras principales figuran *El niño con la perinola, El castillo de naipes* y *El conejo muerto.*

Jean-Baptiste Siméon Chardin: Retrato de madame Chardin *(Museo del Louvre, París).*

Charisse, Tula Ellice Finklea, llamada **Cyd** (Amarillo, Texas 1923) Bailarina y actriz cinematográfica estadounidense. Pareja de Fred Astaire y de Gene Kelly, entre sus filmes destacan *Cantando bajo la lluvia* (1952), *Brigadoon* (1954), *Siempre hace buen tiempo* (1955) y *La bella de Moscú* (*Silk Stockings,* 1957).

charla *s. f.* **1.** *fam.* Acción de charlar, conversación. **2.** Conferencia sobre algún tema, sin excesivas pretensiones o solemnidad.

charlador, ra *adj. fam.* Hablador. También *s.*

charlar *v. intr.* **1.** Hablar, conversar. **2.** Hablar demasiado, sin interés o fuera de lugar.

charlatán, na *adj.* **1.** Se aplica a la persona que habla mucho y sin sentido ni provecho. También *s.* **2.** Indiscreto, que cuenta cosas que debería callar. También *s.* **3.** Embaucador, farsante. También *s.* **4.** Se aplica al vendedor callejero, que hace propaganda de su mercancía hablando sin parar y a grandes voces. También *s.*

charlatanear *v. intr.* Charlar, especialmente en sentido despectivo.

charlatanería *s. f.* **1.** Cualidad o característica del charlatán. **2.** Cosas que dice un charlatán y que no deben tenerse en cuenta.

charlatanismo *s. m.* Charlatanería*.

Charleroi C. de Bélgica, en el departamento de Hainaut, a orillas del río Sambre. 206.800 h. en 1990. Centro de una cuenca minera, posee industria siderúrgica, química, de material eléctrico y de vidrio.

Charles, Ray (Albany 1932) Cantante, pianista y compositor estadounidense de raza negra. A los seis años perdió la vista y estudió música en una institución para disminuidos físicos. En su estilo se mezclan el blues, el gospel y el rock and roll. Difundió bailes como el *twist* y el *madison.*

charlestón *s. m.* **1.** Baile de los negros estadounidenses. Convertido en baile de sociedad, tuvo gran difusión en Europa después de la Primera Guerra Mundial. Recibe su nombre de la localidad de Charleston en Carolina del Sur. **2.** Instrumento musical de percusión que forma parte de la batería. Está formado por dos platillos enfrentados, sostenidos por un pie, que golpean entre sí al presionar un pedal. Se llama también *charles* o *chaston.*

charlista *s. m.* y *f.* Conferenciante.

Charlot Nombre de un personaje creado por el actor y director de cine Charles Chaplin, que lo encarnó en la mayoría de sus películas. Caracterizado por el bombín, unos pantalones muy anchos, un bastón flexible y unas botas viejas, Charlot era un individuo socialmente marginado, que siempre hacía gala de picardía, buenos sentimientos y una gran dignidad.

charlotada *s. f.* **1.** Actuación ridícula. **2.** Espectáculo taurino de carácter cómico.

charlotear *v. intr.* Charlar.

charloteo *s. m.* Acción de charlotear.

Charlotte C. de EE UU, cap. del estado de Carolina del Norte. 372.600 h. en 1989. Es un centro de la industria textil, de maquinaria eléctrica y del mueble.

charnela *s. f.* **1.** Bisagra de puertas, ventanas, tapaderas, etc. **2.** Articulación de las dos piezas de la concha de un molusco. **3.** En geol., pliegue.

charol *s. m.* **1.** Barniz muy brillante que queda perfectamente adherido al cuerpo al que se aplica. **2.** Cuero con este barniz.

charola *s. f. amer.* Bandeja.

charolado, da 1. *p. p.* de **charolar**. || *adj.* **2.** De charol o brillante como él.

charolar *v. tr.* Barnizar algo con charol u otro líquido que lo imite.

charolés, sa *adj.* Se dice de una raza de reses bovinas para carne, de gran altura y pelaje blanquecino. Es originaria de Francia y se ha extendido a muchos países. También *s.*

Charonton o **Charreton, Enguerrand** Véase **Quarton, Enguerrand**.

Charpentier, Gustave (Dieuze 1860 - París 1956) Compositor francés. Discípulo de Massenet, merece sobre todo mención su ópera *Luisa* (1900). Otras óperas suyas son *Impresiones de Italia* (1890), *La vida del poeta* (1892) y la refundición de ésta, con el título de *Julien* (1913).

Charpentier, Marc Antoine (París h. 1636 - íd. 1704) Compositor francés. Formado con Carissimi en Italia, contribuyó a desarrollar en Francia la música religiosa del Barroco italiano. Entre sus obras destacan un *Te Deum* (1687) y el oratorio *El juicio de Salomón* (1702).

charqui *s. m. Amér. del S.* Tasajo, carne salada.

charquicán *s. m. Amér. del S.* Chatasca*.

charrán *s. m.* Golondrina* de mar.

charrán, na *adj. fam.* Pillo, tunante. También *s.*

charranada *s. f. fam.* Acción injusta con que una persona perjudica a otra.

charrar *v. intr. fam.* Hablar excesiva e indiscretamente. También *v. tr.*

charrasca *s. f. fam.* Arma blanca, como navaja, sable, etc.

charrasco *s. m. fam.* Charrasca*.

charretera *s. f.* Insignia militar de oro, plata o seda en forma de pala, que se sujeta al hombro por una presilla y de la cual cuelga un fleco.

charro, rra *adj.* **1.** De la provincia española de Salamanca, especialmente aplicado a los campesinos. También *s.* **2.** De muchos colores, de mal gusto o muy recargado de adornos. **3.** *Méx.* Se dice del jinete que viste un traje tradicional de chaqueta corta y pantalón ajustado, ambos con bordados multicolores, camisa blanca, faja y sombrero de alas muy anchas y copa cónica. También *s. m.*

charrúa *adj.* **1.** Se aplica a diversas tribus amerindias que habitaban entre los ríos Uruguay, Paraná y el estuario del Río de la Plata, que constituyeron un grupo lingüístico. También *s.* **2.** De estas tribus. También *s.* **3.** Se dice de las lenguas de este grupo lingüístico. **4.** Uruguayo.

charter *adj.* Se dice del avión o vuelo contratado por una organización turística; sus tarifas son inferiores a las de las líneas regulares. También *s. m.*

Chartres C. de Francia, cap. del departamento de Eure-et-Loire, a orillas del Eure. 37.100 h. en 1982. Conserva una de las catedrales góticas más bellas de Francia (s. XII-XIII).

chartreuse *s. m.* Licor fabricado con plantas aromáticas, alcohol y azúcar por los cartujos.

chasca[1] *s. f.* Leña menuda que procede de la poda de árboles o arbustos.

chasca[2] (del quechua *chashca*, pelo desgreñado) *s. f.* **1.** *Chile.* Mechón de crines que le cae al caballo sobre la frente. **2.** *Arg., Chile, Perú, Urug.* Pelo sin peinar, greña.

chascar *v. intr.* Dar chasquidos. También *v. tr.* ■ Se conjuga como *sacar.*

chascarrillo *s. m. fam.* Anécdota o cuento breve de carácter gracioso.

chasco *s. m.* **1.** Burla o engaño que se hace a alguien. **2.** Desengaño o sorpresa que produce un suceso adverso o contrario a lo que se esperaba.

Chase, James Hadley (Londres 1906 - Vevey, Suiza 1985) Escritor británico. Es autor de novelas policiacas al estilo de la serie negra estadounidense, entre las que destaca *El secuestro de miss Blandish* (1939).

chasis *s. m.* **1.** Bastidor o armazón que sostiene la carrocería de un automóvil, un vagón, etc. **2.** Estuche plano o bastidor donde se colocan, en ciertas máquinas, hojas de papel o cosas parecidas. **3.** *fam.* Esqueleto. || **Loc. estar** (o **quedarse**) alguien **en el chasis** *fam.* Quedarse en los huesos, estar muy flaco.

chasque *s. m. Amér. del S.* Mensajero, correo.

chasquear *v. tr.* **1.** Dar un chasco a alguien, burlarse de él. **2.** Producir un chasquido con el látigo o con la lengua. || *v. intr.* **3.** Dar chasquidos la madera u otra materia por la sequedad. || *v. prnl.* **4.** Llevarse una decepción.

chasqui *s. m.* Chasque*.

chasquido *s. m.* **1.** Sonido que se hace con un látigo al sacudirlo en el aire. **2.** Ruido seco y súbito que se produce al romperse o desgajarse alguna cosa, como p. ej. la rama de un árbol. **3.** Ruido que se hace con la lengua al separarla rápidamente del paladar.

chata *s. f.* **1.** *Arg., Par., Urug.* Carro sin toldo, de cuatro ruedas, que se usa para transportar mercancías. **2.** *Arg., Par., Urug.* P. ext., vagón de carga abierto del ferrocarril.

chatarra *s. f.* **1.** Escoria del mineral de hierro. **2.** Trozos de hierro o de cualquier otro metal de desecho que proceden de utensilios viejos. **3.** *fam.* Máquinas o aparatos viejos y que son ya casi inservibles. **4.** *fam.* Cosa de poco valor. **5.** *fam.* Calderilla.

chatarrería *s. f.* Tienda o lugar donde se compra y vende chatarra.

chatarrero, ra *s. m.* y *f.* Persona que se dedica a recoger o comerciar con chatarra.

chatasca *s. f. Amér. del S.* Guiso que se prepara con distintas hortalizas y charqui molido.

chatear *v. tr.* Beber chatos de vino con los amigos por las tabernas.

chateaubriand *s. m.* Solomillo grueso hecho a la parrilla.

Chateaubriand, François-René, vizconde de (Saint-Malo 1768 - París 1848) Escritor francés. Es una de las figuras más representativas del Romanticismo, que trató múltiples temas con un estilo exaltado y colorista, en obras como *Ensayo histórico, político y moral sobre las revoluciones* (1797); *El genio del cristianismo* (1802), que comprende las novelas *Atalaya* y *René*; *Los mártires* (1811); *Memorias de ultratumba* (1841) y *Vida de Rancé* (1844).

chateo *s. m.* Acción y efecto de chatear.

chato, ta *adj.* **1.** Se dice de la nariz pequeña y aplastada. **2.** Se dice del que tiene esa nariz. También *s.* **3.** Más plano o de menos altura de lo normal. **4.** Mediocre, de escasa calidad. || *s. m.* y *f.* **5.** Apelativo cariñoso. || *s. m.* **6.** Vaso bajo y ancho empleado en bares y tabernas. **7.** Pequeña cantidad de vino que se sirve en dicho vaso.

Catedral de Chartres, ejemplo del gótico francés y caracterizada por sus torres asimétricas.

Chattanooga C. de EE UU, en el estado de Tennessee, situada en el S del mismo, a orillas del río Tennessee. 166.050 h. en 1988. Es un importante centro ferroviario y puerto fluvial, que posee industrias de construcciones mecánicas, químicas y textiles.

Chaucer, Geoffrey (Londres 1340 - íd. 1400) Escritor inglés. Gran conocedor de la cultura europea, su obra más importante, *Cuentos de Canterbury* (1387-1400), es una colección de relatos en verso, inspirados en *El Decamerón*, que contribuyó enormemente al afianzamiento del inglés como lengua literaria. Otras obras suyas son *Troilo y Cresida* (1380-85) y *La leyenda de las mujeres virtuosas* (1386).

chaucha *s. f.* **1.** *Amér. del S.* Judía verde. **2.** *Arg., Chile, Par., Urug.* Monedas u objetos de poco valor. **3.** *Bol., Perú.* Cuchillo, facón.

chauvinismo *s. m.* Chovinismo*.

chauvinista *adj.* Chovinista*.

chaval, la *s. m.* y *f.* Niño o muchacho, en lenguaje popular. También *adj.*

chavea *s. m. fam.* Chaval, muchacho.

Chaves, Nuflo de (Trujillo h. 1518 - Charcas 1568) Conquistador y colonizador español. Emparentado con los Pizarro, tomó parte en la expedición de Álvar Núñez Cabeza de Vaca (1540-44) y en la de Domingo Martínez de Irala a la Sierra de la Plata (1548). Exploró los llanos orientales de Charcas y fundó Santa Cruz de la Sierra (1561), de donde fue gobernador. Murió asesinado por los indígenas.

chaveta *s. f.* **1.** Clavija o pasador que puede introducirse en el orificio de una barra, de manera que impide la salida de las cosas que ésta sujeta o que ella misma se salga de donde está metida. **2.** Clavo hendido en casi toda su longitud que, introducido por el agujero de un hierro o madero, se remacha separando las dos mitades de su punta. **3.** *Chile, Perú.* Navaja. || **Loc. estar** (**mal de la**) **chaveta** *fam.* Estar mal de la cabeza. **perder** uno **la chaveta** *fam.* Perder la razón, volverse loco.

François-René de Chateaubriand. Cuadro de Girodet, detalle (Museo de Saint-Malo, Francia).

Chávez, Carlos (Ciudad de México 1899 - íd. 1978) Compositor y director de orquesta mexicano. Alumno de Manuel Ponce, es el principal creador del movimiento musical mexicano contemporáneo. Entre sus obras sobresalen *Los cuatro soles* (ballet, 1930), *Tierra mojada* (poema sinfónico para coro, oboe y corno inglés, 1933) y *Sinfonía india* (estrenada en 1936).

Chavín Uno de los más importantes centros arqueológicos precolombinos de Perú, situado en Chavín de Huantar, en el departamento de Ancash, provincia de Huari. Sus primeros yacimientos datan del s. IX a. C. Destacan los restos de templos, esculturas, cerámica, orfebrería, objetos de hueso y concha, etc.

chavo *s. m.* **1.** Moneda de poco valor. **2.** *Méx.* Medida de superficie equivalente a 350 m^2. || **Loc. estar sin** (o **no tener** o **quedarse sin**) **un chavo** *fam.* Estar sin dinero o arruinado.

chaya *s. f. Arg., Bol., Chile.* Fiesta tradicional indígena en su origen, asimilada al carnaval.

chayotera *s. f.* Planta trepadora de la familia cucurbitáceas, especie *Sechium edule.* Tiene hojas lobuladas de color blancuzco y fruto grande, el chayote, en forma de pera, de cáscara gruesa y con algunas espinas y carne dulce comestible, con la que se hacen confituras y dulces. Crece en el continente americano.

che *s. f.* Nombre de la letra *ch*, actualmente alfabetizada dentro de la *c.*

¡che! *interj.* En Valencia y algunos países de América del Sur, forma de llamar la atención de una persona durante una conversación o en un encuentro, etc. También se emplea como simple muletilla.

Cheboksari C. de la Federación Rusa, cap. de la república autónoma de los Chuvashi, al E de Moscú, a orillas del Volga. 420.000 h. en 1989. Es un importante puerto fluvial, que posee industrias de construcciones mecánicas y eléctricas, de cerámica, textil, papelera y alimentaria.

checa *s. f.* **1.** Comité de policía política en la desaparecida URSS. **2.** Organismo semejante que ha funcionado en otros países, como España, y que sometía a tortura a los detenidos. **3.** Local en que actuaban estos organismos.

Chechen e Ingush República autónoma de la Federación Rusa, situada en el Cáucaso oriental. 19.300 km^2. 1.277.000 h. en 1989. La capital es Grozny, con 401.000 h. en 1989. La república, poblada fundamentalmente por musulmanes chechenes y turcos ingushes, se proclamó independiente en 1991, bajo el liderazgo del general Yojar Dudaiev. El presidente ruso, Boris Yeltsin, declaró ilegal su independencia.

chécheres *s. m. pl. Col.* Baratijas.

checo, ca *adj.* **1.** Bohemio de raza eslava. También *s.* **2.** De Checoslovaquia. También *s.* ‖ *s. m.* **3.** Una de las dos lenguas oficiales que hay en Checoslovaquia.

checoslovaco, ca *adj.* De Checoslovaquia. También *s.*

Checoslovaquia República del centro de Europa.

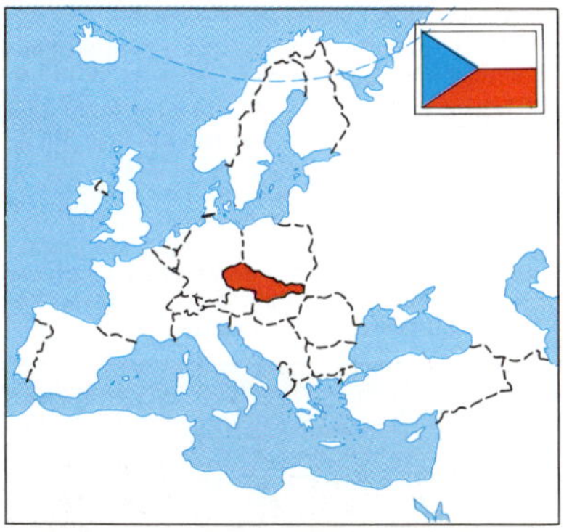

Extensión: 127.903 km^2.
Límites: al N, con Alemania y Polonia; al E, con Ucrania; al S, con Hungría y Austria, y al O, con Alemania.
Población: 15.700.000 h. en 1990.
Densidad: 122,7 h./km^2.
Capital: Praga.
División administrativa: República Federal de Bohemia - Moravia (8 provincias) y República Federal de Eslovaquia (4 provincias).
Ciudades principales: Brno, Bratislava, Pilsen, Ostrava, Košice.
Gentilicio: checoslovaco.
Forma de Estado: república.
Idioma: checo y eslovaco.
Religión: catolicismo, 65 %; Iglesia checoslovaca, 4 %.
Moneda: corona.
Tasa de natalidad: 14 ‰ en 1990.
Tasa de mortalidad: 11 ‰ en 1990.
Renta per cápita: 5.820 dólares en 1987.

Geog. física Checoslovaquia es un país montañoso, en el que se pueden distinguir los montes de Bohemia, al O, la zona de los Sudetes y los Cárpatos eslovacos, al E y los Montes Metálicos al N. En el centro se extiende la depresión de Moravia. Los principales ríos que riegan sus tierras son el Elba, con su afluente el Moldava, que pasa por Praga, y el Danubio, con su afluente el Morava. El clima, continental en todo el territorio, se extrema en el N y en el E. La vegetación es de bosque mixto, alternando coníferas de hoja perenne con especies caducifolias; estas últimas abundan sobre todo en Bohemia.

Geog. humana y ***económica*** El país está densamente poblado, aunque su crecimiento actual sea nulo. La economía se centra en los bienes de equipo y en la industria pesada, sectores que han

Checoslovaquia: a la izquierda, la ciudad de Stribro, en Bohemia occidental; a la derecha, plaza Namesti Svobody, en Brno, Moravia.

sufrido una reconversión muy dura. En la agricultura, la mayor parte de la producción se destina a usos industriales (colza, forrajeras, remolacha azucarera, cereales y leguminosas). La ganadería es, en general, intensiva y estabulada. Posee notables recursos mineros; produce lignito (tercero del mundo), hulla, hierro, mercurio, antimonio y magnesita (primero del mundo). Cuenta con industria textil, siderúrgica, metalúrgica, mecánica, del caucho, etc. Checoslovaquia comprende dos repúblicas federadas: la República Checa (Bohemia, Moravia y Silesia) y la República Eslovaca.

Hist. Del territorio actualmente ocupado por Checoslovaquia, la parte occidental estuvo habitada desde el s. V a. C. por los boios, pueblo celta procedente de la Galia. Posteriormente se establecieron diversas tribus eslavas, que constituyeron en el s. VII el primer estado independiente de la Europa central, el imperio de Samo, que se extendió por Bohemia y Moravia. Tras la muerte de Samo (658), el imperio se dividió en varios comitados, de entre los que surgió el principado de Nitra, que en 830 se incorporó al ducado de Moravia y constituyó el reino independiente de la Gran Moravia, cristianizado por Cirilo y Metodio. Este reino se desmembró, porque los húngaros o magiares dominaron a los eslovacos, mientras que los checos formaron el reino de Bohemia. En el reinado de Carlos I (1346-78) se engrandecieron los países bohemios. En 1415 se produjo la muerte en la hoguera del reformador religioso Jan Hus, que desencadenó la revolución husita, movimiento social, político y religioso contra la Iglesia y los señores feudales. Un señor husita, Jorge de Podebrady, reinó en Bohemia de 1458 a 1471. En 1526, la dieta de Praga nombró rey de Bohemia a Fernando I de Habsburgo, que también fue nombrado rey de Hungría, pasando Bohemia y Eslovaquia a formar parte del imperio austrohúngaro hasta la disolución de éste. Bajo el emperador Matías (1612-19) tuvo lugar el episodio de la defenestración de Praga (1618), en el que los checos protestantes se alzaron contra el imperio. En 1918 se proclamó la república checoslovaca, con Masaryk como primer presidente. El nuevo estado comprendía los territorios de Bohemia, Moravia, la Silesia checa y Eslovaquia; en 1919 se adhirió la Rutenia. En 1939, Hitler invadió el país, reconoció la independencia de Eslovaquia y declaró protectorados a Bohemia y Moravia. El movimiento de resistencia, que actuó en el exilio durante la Segunda Guerra Mundial, culminó con el levantamiento nacional eslovaco de 1944 y la revolución de Praga. Tras la liberación del país por las tropas soviéticas, las elecciones de 1946 dieron un gran porcentaje al Partido Comunista y se formó un gobierno de coalición, bajo la presidencia del comunista K. Gottwald. En 1948 se proclamó la república popular y el país pasó a depender de la hegemonía soviética. El proceso democratizador conocido como la *primavera de Praga*, iniciado por Alexander Dubcek, provocó la intervención de las tropas del Pacto de Varsovia, que ocuparon el país en 1968. El 17 de abril de 1969, y bajo presión soviética, Dubcek fue sustituido por Gustav Husak. Éste fue reemplazado, a su vez, por Milos Jakes en 1987. En 1989 comenzó un movimiento de agitación popular en demanda de reformas para la liberalización del régimen. Ese mismo año se eligió presidente al dramaturgo disidente Vaclav Havel, vencedor de las elecciones de 1990. Después de las elecciones de 1992, los jefes de los partidos vencedores, el nacionalista eslovaco Vladimir Meciar y el conservador checo Vaclav Klaus, acordaron la división del país en dos estados.

Cheever, John (Quincy 1912 - Nueva York 1982) Escritor estadounidense. En su obra narrativa describe, con tono satírico no exento de amargura, la vida cotidiana de su país, en ambientes rurales y residenciales. Entre sus principales novelas se cuentan *El escándalo Wapshot* (1964) y *¡Oh, esto parece el paraíso!* (1982). Alcanzó gran celebridad por sus relatos cortos, como *El nadador.*

chef *s. m.* Jefe de cocina de un restaurante, hotel, etc.

Chejov, Anton (Taganrog 1860 - Badenweiler, Alemania 1904) Escritor ruso. Su obra se caracteriza en general por la crítica y el humor. Dominó el cuento y el relato corto. Entre sus narraciones merecen citarse *La estepa* (1888), *La sala número 6* (1892), *La cigarra* (1892) y *Los campesinos* (1897). Para el teatro escribió *La gaviota* (1896), *Tío Vania* (1897), *Las tres hermanas* (1901) y *El jardín de los cerezos* (1904).

Anton Chejov. Cuadro de O. E. Braz, detalle (Galería Tretiakov, Moscú).

chele *adj.* **1.** *Amér. C.* Se aplica a la persona muy rubia y blanca; extranjero. También *s.* ‖ *s. m.* **2.** *Amér. C.* Legaña.

cheli *s. m.* **1.** Jerga madrileña compuesta por palabras y expresiones castizas y de argot. ‖ *s. m.* y *f.* **2.** Apelativo cariñoso y achulado. También *adj.*

Cheliabinsk C. de la Federación Rusa, situada al pie de los Urales, en su vertiente oriental. 1.143.000 h. en 1989. Cuenta con una importante industria metalúrgica y mecánica.

Chelif Río de Argelia, el principal del NO de África. 724 km. Nace en el Atlas, atraviesa Argelia de N a S y desemboca en el Mediterráneo, junto a Mostaganem. Su caudal es muy irregular.

chelín[1] (del ingl. *shilling*) *s. m.* Moneda inglesa que valía la vigésima parte de la libra esterlina.

chelín[2] (del al. *Schilling*) *s. m.* Unidad monetaria austriaca.

chelo *s. m.* Violonchelo*.

Chemnitz Véase **Karl-Marx-Stadt**.

Chengdu C. de China, cap. de la prov. de Sichuan, situada en el sector centromeridional del país. 2.740.000 h. en 1989. Es importante nudo de comunicaciones y mercado agrícola.

Chénier, André (Constantinopla 1762 - París 1794) Poeta francés. Partidario de una monarquía constitucional, participó con entusiasmo en los primeros momentos de la Revolución Francesa, pero pronto se mostró en desacuerdo con los métodos empleados y, considerado sospechoso, fue encarcelado y guillotinado. En su poesía tiende a conciliar la estética clásica con las inquietudes de su tiempo; influyó en los románticos y parnasianos. Casi toda su obra, *Odas*, *Bucólicas*, *Elegías*, etc., se publicó póstumamente a partir de 1819.

chepa *s. f. fam.* Joroba, protuberancia en la espalda o en el pecho, o en ambos, producida por la deformación de la columna vertebral.

cheposo, sa *adj. fam.* Jorobado.

cheque *s. m.* **1.** Documento por medio del cual una persona puede retirar de un banco cierta cantidad de dinero de los fondos o cuenta del librador, que es la persona que firma el cheque. ‖ **2. cheque al portador** El que se paga a la persona que lo presenta en el banco. **3. cheque cruzado** El que lleva dos líneas paralelas transversales y obliga al poseedor a ingresarlo en una cuenta corriente; está ideado para disminuir los riesgos de pérdida. **4. cheque de viaje** El extendido por un banco u otra entidad a nombre de una persona y firmado por ésta, la cual, para cobrarlo o pagar con él en un establecimiento, tiene que volver a firmarlo delante del cajero o cobrador. **5. cheque en blanco** El que está firmado por el librador, pero sin poner ninguna cantidad. También, poder o permiso ilimitado. **6. cheque nominativo** El que sólo puede ser cobrado por la persona a cuyo nombre está extendido, una vez comprobada su identidad. **7. cheque sin fondos** (o **en descubierto**) El que no puede pagarse al ser presentado al cobro, porque la cuenta del librador carece de los fondos necesarios.

chequear *v. tr.* **1.** Examinar, revisar, comparar una cosa con otra para comprobar algo. **2.** Hacer a alguien un reconocimiento médico.

chequén *s. m. Amér. del S.* Planta mirtácea de la especie *Myrtus checken*, con hojas lanceoladas, coriáceas, de olor suave y sabor amargo y agradable, de uso medicinal.

chequeo *s. m.* **1.** Acción y efecto de chequear. **2.** Reconocimiento médico completo, realizado por un grupo de especialistas.

chequera *s. f.* **1.** Talonario de cheques. **2.** Cartera para guardar ese talonario.

Cherburgo (*Cherbourg*) C. de Francia, en el departamento de La Mancha. 96.500 h. en 1982. Es un importante puerto del Atlántico y cuenta con astilleros y una base naval.

Cherkasov, Nikolai (San Petersburgo 1903 - Leningrado 1966) Actor de cine y teatro soviético. Empezó como mimo y realizó en la pantalla interpretaciones memorables de grandes personajes. Entre sus filmes figuran *Pedro el Grande* (1937), *Alejandro Nevski* (1938), *Lenin en 1918* (1939), *Iván el Terrible* (1944-46) y *Don Quijote* (1957). Es autor de *Notas de un actor soviético*.

cherkés *adj.* **1.** Se dice de un pueblo caucásico que habita la región occidental y central del N del Cáucaso. **2.** De este pueblo. También *s.* ‖ *s. m.* **3.** Lengua hablada por este pueblo.

cherna *s. f.* Mero, pez.

Chernenko, Konstantin Ustinovich (Bolshaia Tes 1911 - Moscú 1985) Político soviético. Militante del Partido Comunista desde 1931, fue elegido miembro del comité central en 1966 y del politburó en 1978. Estrecho colaborador de Brevnev, fue elegido presidente del gobierno a la muerte de Andropov (1984).

Chernobyl C. de la república de Ucrania, situada al N de Kiev. En sus inmediaciones existe una importante central nuclear que en 1986 sufrió un grave accidente, causando numerosas víctimas y daños materiales.

chernoziom *adj.* Se aplica a un tipo de suelo, propio de Ucrania y el S de Rusia, entre pardo y negro, rico en humus y, por tanto, muy fértil. También *s. m.*

cherokee *adj.* Cheroque*.

cheroque o **cheroqui** *adj.* **1.** Se dice de una tribu amerindia que habitaba en las tierras del actual estado de Tennessee, EE UU. A mediados del s. XIX fue trasladada al estado de Oklahoma. **2.** De esta tribu. También *s.*

Cherubini, Luigi (Florencia 1760 - París 1842) Compositor italiano. Desde 1787 vivió en París, en cuyo conservatorio fue profesor de composición. Entre sus obras más importantes, cuyo estilo es de transición entre el clasicismo y el romanticismo, destacan la ópera *Medea* (1797), la *Sinfonía en re mayor* (1815) y un *Réquiem* (1816).

Chesapeake Bahía de la costa E de EE UU, en el océano Atlántico, entre los estados de Virginia y Maryland. 300 km de longitud.

Cheshire Condado inglés del Reino Unido, lindante con Gales. 2.322 km². 955.800 h. en 1988. La capital es Chester, con 58.400 h. en 1981.

chéster *s. m.* Queso de leche de vaca parecido al manchego.

Chesterton, Gilbert Keith (Londres 1874 - Beaconsfield 1936) Ensayista y novelista británico. Convertido al catolicismo en 1922, sus escritos se caracterizan por la preocupación religiosa, el agudo sentido del humor, el espíritu crítico y el empleo de la paradoja. Es muy conocido por la serie de novelas policiacas protagonizadas por el padre Brown, sacerdote católico. Entre sus obras principales se cuentan *El club de los negocios raros* (1908), *El hombre que fue jueves* (1908), *La esfera y la cruz* (1910) y *La época victoriana en la literatura* (1913).

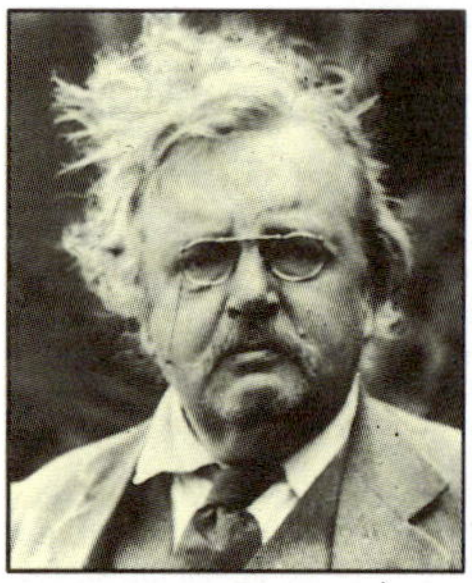

Gilbert Keith Chesterton.

Chevalier, Maurice (Ménilmontant, París 1888 - París 1972) Cantante y actor francés. Debutó en cafés-cantante y desde 1909 formó pareja con la célebre Mistinguett. Actuó en diversas comedias cinematográficas, como *El desfile del amor* (1929), *La viuda alegre* (1934) y *Gigi* (1958).

chévere *adj. Amér. C., Col., Ven.* Excelente.

cheviot o **chevió** *s. m.* Tela de lana, ligera y flexible, de origen inglés.

cheyene *adj.* **1.** Se dice de la tribu amerindia establecida al S del lago Superior, EE UU. A mediados del s. XIX, parte se trasladó al estado de Montana y parte al de Oklahoma. **2.** De esta tribu. También *s.*

chía *s. f.* Planta labiada del género *Salvia* y especie *Salvia chia*, con cuyas semillas se fabrica un aceite usado en pinturas y un jarabe que se diluye con agua para preparar un refresco. ‖ **Loc. meter chía** *fam. Méx.* Sembrar cizaña.

Chiang Kai-chek (Fenghua 1887 - Taipei 1975) Militar y estadista chino. Al morir Sun Yat-sen (1925), se puso al frente del Kuomingtang. Con la ayuda soviética entró victorioso en Pekín y consiguió la unidad del país y el reconocimiento internacional de su gobierno. Como presidente del Consejo Nacional Militar, realizó una política de represión contra los comunistas, a los que obligó en 1934 a iniciar la Larga Marcha. Durante la Segunda Guerra Mundial tuvo que aliarse con ellos para combatir la invasión japonesa. A partir de 1946 se reanudó la guerra civil y Mao Zedong ocupó el N y centro de China; Chiang Kai-chek marchó a Formosa (Taiwan), donde constituyó en 1949, con apoyo estadounidense, el estado independiente de Taiwan.

chianti *s. m.* Vino tinto que se cosecha en la comarca italiana de Chianti, en Toscana, entre los ríos Arno y Ombrone.

Chiapas Estado de México, situado en el S del país, junto a la frontera guatemalteca. 74.211 km². 3.204.000 h. en 1990. Posee importantes yacimientos arqueológicos de la cultura maya. La capital es Tuxtla Gutiérrez, con 166.500 h. en 1985.

chiar *v. intr.* Piar, emitir las aves cierto género de sonido. ■ En cuanto al acento, se conjuga como *ansiar*: *chío*.

Chiari, Roberto Francisco (Panamá 1905 - íd. 1981) Político panameño. De ideología liberal, fue presidente de la república (1960-64), cargo desde el que se mostró enemigo del régimen de Fidel Castro en Cuba. Trató de conseguir nuevos acuerdos sobre el canal con EE UU.

Chiari, Rodolfo (Aguadulce 1869 - Los Ángeles 1937) Político panameño. Padre del anterior. Líder liberal, ocupó interinamente la presidencia de la república en dos ocasiones (1917 y 1923) y fue elegido presidente para el periodo 1924-28. Denunció la intervención de EE UU en las elecciones de su país, aunque hubo de recurrir a la ayuda estadounidense para reprimir la revuelta de 1925.

Chiba C. de Japón, situada en la isla de Honshu, cerca de la bahía de Tokio. 822.600 h. en 1988. Alberga un importante puerto de pesca e industrias de la alimentación, textil y papelera.

chibcha *adj.* **1.** Se dice de un pueblo amerindio que habitaba principalmente el altiplano cundiboyacense, en Colombia. Hacia el s. II ya existían algunas tribus organizadas, que luego originaron la cultura chibcha. Los chibchas, también conocidos como *muiscas*, destacaron en la cerámica y en la orfebrería. Sus relatos dieron origen a la leyenda de El Dorado. **2.** De este pueblo. También *s.* ‖ *s. m.* **3.** Lengua de este pueblo.

chic *adj.* Se aplica a la persona o cosa elegante o distinguida. También *s.*

Chicago C. de EE UU, situada en el N del país, en el estado de Illinois, a orillas del lago Michigan. 2.988.300 h. en 1989 y 8.116.000 en el conjunto de su área metropolitana. La ciudad fue totalmente reedificada después del incendio de 1871. Centro del comercio mundial de granos, posee una industria muy desarrollada: agrícola, ganadera, química, metalúrgica, mecánica, etc. Cuenta con cuatro universidades.

Chicago: vista del centro urbano y el lago Michigan.

Chicago, escuela de **1.** Escuela arquitectónica surgida en Chicago a finales del s. XIX, cuyos principales representantes fueron William Le Baron Jenney, William Holabird, Louis Henry Sullivan y Frank Lloyd Wright. Sus obras se caracterizan por las grandes estructuras de hierro laminado, el funcionalismo y la ornamentación modernista. **2.** Escuela económica surgida en Chicago en torno a Milton Friedman, de orientación monetarista, que preconizó la aplicación radical del liberalismo económico.

chicana *s. f.* **1.** Artimaña, triquiñuela. **2.** Broma, burla.

chicanear *v. intr.* **1.** Utilizar chicanas. **2.** *Arg., Urug.* Molestar, fastidiar.

chicano, na *adj.* **1.** Se aplica a la minoría de origen mexicano asentada en EE UU. **2.** Se dice de cada uno de sus miembros. También *s.* **3.** Se aplica al movimiento reivindicador de los derechos de esta minoría y del desarrollo de su peculiar cultura.

chicarrón, na *adj.* Se dice del chico o joven muy desarrollado y fuerte. También *s.*

chicha[1] *s. f.* Carne comestible. ‖ **Loc. de chicha y nabo** *adj. fam.* De poca importancia, despreciable. **no ser** una persona o una cosa **ni chicha ni limonada** *fam.* No ser ni bueno ni malo, ni una cosa ni la contraria.

chicha[2] (de la lengua aborigen panameña *chichab,* maíz) *s. f.* **1.** *Amér. del S.* Bebida alcohólica que se obtiene por fermentación del maíz. **2.** *Chile.* Bebida que se obtiene del zumo de la uva o de la manzana.

chicha[3] (del fr. *chiche,* escaso) *adj.* Véase **calma chicha**.

chícharo *s. m.* Guisante, judía o garbanzo, según distintas regiones.

chicharra *s. f.* **1.** Cigarra*. **2.** Timbre eléctrico de sonido sordo. **3.** Juguete parecido a una zambomba. **4.** *fam.* Persona habladora.

chicharrero, ra *adj.* **1.** De Santa Cruz de Tenerife, Canarias. También *s.* ‖ *s. m.* **2.** *fam.* Lugar muy caluroso.

chicharro *s. m.* Jurel*.

Chicharro, Eduardo (Madrid 1873 - íd. 1949) Pintor español. Fue director del Colegio Español en Roma. En su pintura, caracterizada por el vigoroso colorido, sobresalen *El dolor, Gitana, Las tentaciones de Buda* y *La fiesta del pueblo.*

chicharrón *s. m.* **1.** Residuo muy frito de las pellas del cerdo, después de derretida la manteca. **2.** Alimento requemado. **3.** *fam.* Persona muy tostada por el sol. ‖ *pl.* **4.** Fiambre consistente en un conglomerado de trozos de carne de distintas partes del cerdo.

chiche[1] (del náhuatl *chichi*) *s. f.* **1.** *amer.* Pecho de la mujer, teta. **2.** *Méx.* Ama de cría, nodriza.

chiche[2] (del náhuatl *celic,* cosa blanca) *adj.* **1.** *Arg., Chile.* Bonito, elegante. ‖ *s. m.* **2.** *Arg., Chile.* Juguete, chuchería.

Chichén Itzá Antigua capital de los itzáes, tribu maya que habitó en Yucatán. Constituye un conjunto arqueológico muy importante con restos de dos periodos: uno, del s. VI al X, y otro, del XI al XIV.

Observatorio astronómico del conjunto de Chichén Itzá.

chichería *s. f. Amér. del S.* Tienda donde se vende chicha.

Chichester de Belfast, Arthur (? 1563 - ? 1625) Político y militar inglés. Nombrado lord diputado de Irlanda (1604), puso fin a la guerra del Ulster (1601-07), tras la huida de los condes de Tyrone y de Tyrconnell. Su política fracasó por la oposición de Jacobo I.

chichicaste *s. m.* **1.** *Guat., Méx.* Ortiga. **2.** *Guat., Méx.* Arbusto silvestre de la familia urticáceas y especie *Urtica baccifera.* Tiene hojas dentadas cubiertas de pelos urticantes y tallo leñoso, del que se obtienen fibras usadas en cordelería.

chichimeca *adj.* **1.** Se dice de una tribu que llegó a la meseta central de México, procedente del N, a fines del s. XII y principios del XIII. Su arte y su cultura adquirieron cierta grandiosidad, sobre todo a partir de 1327, en que la capital se instaló en Texcoco y se fundó el reino de Acolhuacán. La arquitectura está representada por las ruinas del templo solar de Tenayuca, originalmente formado por un tronco de pirámide escalonada. **2.** De esta tribu. También *s.*

chichinabo, de *loc. adj. fam.* De chicha* y nabo.

chicho *s. m.* **1.** *fam.* Rizo pequeño de cabello en la frente. **2.** Rulo, objeto cilíndrico para rizar o moldear el cabello.

chichón *s. m.* Bulto que se forma en la cabeza como consecuencia de un golpe.

chichonera *s. f.* **1.** Gorro duro que se utilizaba para proteger la cabeza de los niños. **2.** Gorro o casco con que se protege la cabeza en ciertos deportes.

chiclán *adj.* Que tiene un solo testículo.

Chiclana de la Frontera C. de España, situada en la prov. de Cádiz, al SE de la capital. 45.000 h. en 1990. Su economía es esencialmente agrícola, con productos de huerta, cereales y vid. Tienen también importancia la pesca de atún y las salinas. En su comarca se elabora un vino de calidad.

Chiclayo C. de Perú, cap. del departamento de Lambayeque, situada cerca de la costa, en el valle del río Chancay, en el N del país. 409.600 h. en 1989. Es centro comercial e industrial.

chicle *s. m.* **1.** Látex o jugo del árbol chicozapote o sapodilla *(Achras sapota),* originario de Yucatán, que se emplea para fabricar goma de mascar y que ya utilizaban con este fin los nativos de la región desde hace siglos. **2.** P. ext., cualquier goma de mascar aromatizada.

chico, ca *adj.* **1.** Pequeño, de poco tamaño. **2.** Niño, muchacho. También *s.* ‖ *s. m.* **3.** Muchacho que hace recados y ayuda en un comercio, negocio, oficina, etc. ‖ *s. f.* **4.** Criada, muchacha de servicio doméstico.

chicolear *v. intr.* Piropear.

chicoleo *s. m.* Piropo.

chicotazo *s. m. Arg., Chile, Col., Méx., Ven.* Latigazo.

chicote, ta *s. m.* y *f.* **1.** *fam.* Niño o muchacho fuerte y robusto. ‖ *s. m.* **2.** *amer.* Látigo.

chicuelina *s. f.* En el toreo, lance de capa en que el torero gira en sentido contrario al viaje del toro.

Chièvres, Guillaume de Croÿ, señor de (Chièvres, Flandes 1458 - Worms 1521) Noble flamenco al servicio de los Austrias. Fue gobernador de los Países Bajos. Preceptor del futuro Carlos V, acompañó al emperador a España, en calidad de consejero. Su rapacidad y medidas impopulares fueron algunos de los motivos de la sublevación de los comuneros. Tuvo una destacada actuación en la dieta de Worms.

chiffon (voz fr.) *s. m.* Tejido de seda brillante y transparente.

chifla[1] *s. f.* **1.** Acción y efecto de chiflar. **2.** Silbato.

chifla[2] (del ár. *sifra,* cuchilla) *s. f.* Cuchilla ancha para raspar y adelgazar pieles.

chiflado, da **1.** *p. p.* de **chiflar**. ‖ *adj.* **2.** Se dice de la persona maniática o que tiene sus facultades mentales alteradas. También *s.* **3.** Se aplica al que es muy aficionado a algo. **4.** Se aplica a la persona muy enamorada de otra.

chifladura *s. f.* Locura, manía.

chiflar *v. intr.* **1.** Silbar con un silbato o imitar su sonido con la boca. **2.** *fam.* Gustarle mucho a alguien una persona o cosa. También *v. prnl.* ‖ *v. prnl.* **3.** *fam.* Volverse loco. **4.** *fam.* Burlarse.

chiflido *s. m.* Silbido.

chiflo *s. m.* Silbato.

chiflón *s. m.* **1.** *Arg., Chile.* En minería, plano inclinado. **2.** *Chile, Méx.* Canal o corriente impetuosa. **3.** *Méx.* Derrumbe en el interior de una mina.

chifonier *s. m.* Especie de cómoda, más alta que ancha, con cajones superpuestos y poco amplios.

chigre *s. m.* **1.** En Asturias, tienda donde se vende sidra u otras bebidas al por menor. **2.** P. ext., chiringuito.

chigua *s. f. Arg., Bol., Chile.* Cesto de soga de forma oval y con la boca enmarcada en madera. Se usa para transportar objetos y también como cuna.

chihuahua *s. m.* Raza de perros muy pequeños, de cabeza redonda y orejas grandes, originarios de México.

Chihuahua **1.** Estado de México, en el N del país, junto a la frontera con EE UU. 244.938 km^2. 2.440.000 h. en 1990. En su interior se localiza la zona más árida de México, el bolsón de Mapimí. Las principales ciudades son Chihuahua, la capital, y Ciudad Juárez, con 797.700 h. en 1990.
2. C. de México, cap. del estado del mismo nombre. 530.500 h. en 1989. Es un importante centro ganadero, agrícola, minero, industrial y comercial, y nudo de comunicaciones aéreas y ferroviarias. Cuenta con industria alimentaria y cementera.

chií *adj.* Chiita*.

chiismo *s. m.* Nombre que recibe una de las dos grandes divisiones religiosas del mundo islámico (la otra es el *sunnismo*). Los chiitas o chiíes consideran al yerno de Mahoma, Alí, y a sus sucesores como únicos califas legítimos. Creen en el carácter semidivino del imán, o caudillo carismático, y aguardan una especie de mesías (*mahdí*). Es el grupo islámico predominante en Irán.

chiita *adj.* Se aplica al musulmán seguidor del chiismo. También *s.*

Chikamatsu Monzaemon, Sugimori Nobumori, llamado (Hagi 1653 - Osaka 1724) Dramaturgo japonés. Después de un periodo en que trabajó casi exclusivamente para el *kabuki* y para el teatro de marionetas o *bunraku,* escribió dramas históricos y burgueses, como *Suicidio por amor en Sonezaki* (1703), *Yugiri y el torbellino de Awa, Los combates de Koxinga* (1715) y *La venganza de los Soga* (1718).

chilaba *s. f.* Túnica con capucha que usan los árabes.

Chilam Balam Libros escritos en lengua maya y redactados en el siglo siguiente a la conquista española. En ellos se registran los más destacados acontecimientos del pueblo maya, así como ritos, profecías, etc.

Childe, Vere Gordon (Sydney 1892 - Mount Victoria 1957) Prehistoriador australiano. Está considerado una autoridad en arqueología del neolítico y de la edad del bronce. Es autor, entre otros libros, de *Los arios* (1926), *Los orígenes de la civilización* (1936), *La evolución de la sociedad* (1951) y *La aurora de la civilización* (1957).

chile *s. m.* Ají o pimiento pequeño muy picante.

Chile República del SO de América del Sur.

Extensión: 756.626 km^2, excluida la zona antártica.
Límites: al N, con Perú; al E, con Bolivia y Argentina; al S y O, con el océano Pacífico.
Población: 13.200.000 h. en 1990.
Densidad: 17,4 h./km^2.
Capital: Santiago.
División administrativa (regiones): Metropolitana de Santiago, I Tarapacá, II Antofagasta, III Atacama, IV Coquimbo, V Valparaíso, VI Libertador General Bernardo O'Higgins, VII Maule, VIII Bío-Bío, IX La Araucanía, X Los Lagos, XI Aisén del General Carlos Ibáñez del Campo, XII Magallanes y Antártica chilena.
Ciudades principales: Valparaíso, Viña del Mar, Concepción, Antofagasta, Talcahuano, Iquique.
Gentilicio: chileno.
Forma de Estado: república.
Idioma: español.
Religión: catolicismo, 79 %; protestantismo, 6 %.
Moneda: peso.
Tasa de natalidad: 22 ‰ en 1990.
Tasa de mortalidad: 6 ‰ en 1990.
Renta per cápita: 1.510 dólares en 1988.

Geog. física Chile ocupa un territorio estrecho y alargado, que, de N a S, supera los 4.300 km de longitud, mientras que su anchura media es de 200 km. Se pueden diferenciar tres grandes conjuntos de relieve en sentido longitudinal. El primero, al E, está formado por la cordillera de los Andes, con picos que sobrepasan los 6.000 m de altura. La segunda franja corresponde a la depresión intermedia, ocupada por regiones muy áridas en el N. Y en la tercera, al O, se encuentra

la cordillera de la Costa, que en la parte septentrional presenta grandes acantilados, los cuales se van haciendo progresivamente menos escarpados en el S. El clima, dada la variedad zonal del país, es variadísimo: desértico en Atacama, al N del país; mediterráneo en el centro; fresco y lluvioso hacia el S, y frío en los hielos casi perpetuos del estrecho de Magallanes. Los ríos son cortos y discurren de E a O. La vegetación, muy ligada al clima, es también muy variada, excepto en el N, donde, por la extrema sequedad, no crece prácticamente nada. Sólo en alturas de unos 3.000 a 4.000 m brotan matorrales y algún tipo de cactus. A esta misma altura, en la región central, hay acacias y palmeras chilenas, y más hacia el S bosques de caducifolias, junto a helechos y musgos. En el extremo S aparece ya la vegetación típica de la tundra.

Geog. humana y ***económica*** Chile está poco poblado; sus habitantes se concentran en torno a Santiago, mientras que tanto la zona meridional como la septentrional se encuentran casi deshabitadas. El ritmo de crecimiento demográfico es bajo, apenas el 1,7 % anual. Muy poca superficie está cultivada. Entre los cultivos industriales sobresale el de la remolacha azucarera. Especial relieve tiene la pesca (quinto puesto mundial), como consecuencia de la corriente fría de Humboldt. Tiene importancia la explotación forestal, sobre todo de madera de laurel, lingue, alerce, ciprés y pino. Una de las grandes riquezas chilenas es la minería: nitratos y yodo de los desiertos, carbón y sobre todo los metales: hierro, manganeso, oro, plata, plomo, mercurio y especialmente cobre, del que Chile es el primer productor mundial. Dentro de la actividad industrial destaca la producción de bienes de consumo.

***Hist.* época colonial** Los habitantes de Chile en el periodo precolonial constituían diversos grupos autóctonos, entre los que cabe señalar los atacameños, los diaguitas, los changos y los araucanos. En 1536, el español Diego de Almagro descubrió el territorio chileno. Pedro de Valdivia fundó en 1541 la ciudad de Santiago del Nuevo Extremo y, en su segunda expedición, Concepción, Valparaíso, Valdivia y otras. La audiencia se instaló definitivamente, en 1609, en Santiago y dependía de la autoridad virreinal de Lima (Perú). La lucha entre araucanos y españoles fue continua hasta que Felipe III ordenó que se hiciese la paz con los indios y se estableciese el límite territorial entre españoles e indígenas en el río Bío-Bío. El s. XVIII fue para Chile una etapa de paz y prosperidad, en la que se fundaron nuevas ciudades y la universidad de San Felipe y se registró un notable progreso económico.

la independencia Cuando comenzaron los movimientos de independencia, Chile se emancipó del virreinato de Perú (1810) y constituyó una junta de gobierno, formada por criollos, que asumió el poder. En 1814, el ejército realista impuso su autoridad, hasta la llegada de San Martín, que, unido a O'Higgins, venció a los realistas en las batallas de Chacabuco y Maipú, proclamando la independencia de Chile el 12 de febrero de 1818 y nombrando a O'Higgins director supremo. Hasta 1830 siguió una etapa de inestabilidad política, durante la cual se crearon los dos partidos fundamentales de Chile, el Liberal (*pipiolos*) y el Conservador (*pelucones*).

de la Constitución de 1833 a la etapa parlamentaria En 1833 se promulgó una Constitución por la cual se reorganizó de modo definitivo el Estado y se le dotó de un ejecutivo fuerte, que inició un largo periodo de estabilidad y prosperidad. La guerra contra la confederación peruano-boliviana (1836-39) supuso una victoria para Chile, que más tarde se anexionó la rica provincia salitrera de Tarapacá en la guerra del Pacífico (1879-83). Durante la presidencia de Balmaceda (1886-91) se produjo una crisis política promovida en parte por movimientos obreros y por la creación de nuevos partidos. Con la revolución de 1891 terminó el periodo presidencial y comenzó la etapa parlamentaria, que duró hasta 1925 y durante la cual el país sufrió sucesivos conflictos sociales y políticos.

época actual En 1932, bajo el mandato de Arturo Alessandri, se restableció la normalidad constitucional. De 1938 a 1946 gobernó un Frente Popular. Durante el gobierno de Carlos Ibáñez del Campo (1952-58) se constituyó el Frente Revolucionario de Acción Popular (FRAP) y cobró nuevo auge la Democracia Cristiana, los dos partidos predominantes bajo el mandato de Jorge Alessandri (1958-64), periodo en el que se realizaron importantes reformas económicas y administrativas. En las elecciones de 1964 obtuvieron la victoria la Democracia Cristiana y su candidato Eduardo Frei, quien nacionalizó la explotación del cobre y emprendió una moderada reforma agraria. En las elecciones de 1970 fue elegido presidente Salvador Allende, candidato de la Unidad Popular (comunistas, socialistas y otras minorías de izquierda), que puso en marcha un plan de reformas más amplio y radical. El 11 de septiembre de 1973, una junta militar, presidida por Augusto Pinochet, dio un golpe de Estado y derrocó a Allende. Pinochet fue nombrado presidente de la nación en 1981 por ocho años. En octubre de 1984, Argentina y Chile firmaron en el Vaticano el compromiso que puso fin a la disputa histórica sobre el canal de Beagle. En 1988 se celebró un referéndum sobre la continuidad de Pinochet como presidente del país hasta 1996, en el que triunfaron los partidarios del no. Como consecuencia de este referéndum fueron convocadas elecciones presidenciales, las primeras después de 16 años, en las que resultó vencedor el candidato del bloque opositor, Patricio Aylwin. El general Pinochet abandonó la presidencia en 1990, reservándose el mando del Ejército.

Arte Del pasado precolombino quedan ruinas de la cultura atacameña: construcciones megalíticas de Socaire y Calar, cerámica roja de San Pedro, poblados amurallados (*pucarás*) y litogrifos tallados o esculpidos. En la isla de Pascua, constituyen un enigma las esculturas gigantescas de piedra volcánica, de hasta 10 m de altura, de las que se ignora su significado, su antigüedad y su procedencia. En el S del país, los araucanos se distinguieron en la talla de postes totémicos. Casi todos los primitivos edificios de la época colonial fueron destruidos por los terremotos de 1647 y 1730. En pintura sobresalieron Juan Zapata Inca, que decoró con 42 cuadros el claustro de San Francisco, en Santiago (1684), y el jesuita alemán Carlos Huymhaussen, que realizó algunas pinturas para iglesias y creó un taller del que salieron retablos, tallas y piezas de orfebrería. La llegada a Santiago (1780) del italiano Joaquín Toesca Ricci supuso un renacer de la arquitectura: palacio de la Moneda, fachada de la catedral, iglesia de la Merced, hospital de San Juan de Dios, etc. En el periodo de la independencia destacaron Ignacio Andía y Varela, pintor y escultor, y el peruano José Gil de Castro, *el mulato Gil*, que retrató (1812-20) a los personajes chilenos de la época. Los extranjeros marcaron la pauta a mediados del s. XIX: en pintura, el francés Raymond Q. Monvoisin y el paisajista alemán Johann Moritz Rugendas, y en arquitectura, Claude Brunet de Baines, francés, fundador en Santiago de la primera escuela de arquitectura (1850). Otros pintores de interés fueron Manuel Antonio Caro, Francisco Mandiola, Antonio Smith y, al final del siglo, Alfredo Valenzuela Puelma, Alberto Valenzuela Llanos, Pedro Lira, Juan Francisco González, etc. En el s. XX descollaron, en arquitectura, R. Dávila y J. Martínez; en pintura, Pedro Subercaseaux, la generación del 35 (Enrique Bertrix, Abelardo Bustamante, Ezequiel Plaza, Guillermo Vergara, etc.), Pedro Reszka y Julio Ortiz de Zárate; y en escultura, Lorenzo Domínguez, Tótila Albert, L. Garafulic y Marta Colvin. Posteriormente, cobran importancia el grupo de pintores Rectángulo, fundado en 1955 (Claudio Román, Elsa Bolívar, Miguel Cosgrove, etc.); el movimiento popular de la pintura mural y el cartel, así como el surrealismo de Roberto Matta y el realismo de Bravo y de Toral.

Lit. Como primeras muestras de la actividad literaria en la época colonial se pueden mencionar dos poemas épicos del s. XVI: *La Araucana* (1569), del español Alonso de Ercilla, y *El arauco domado* (1596), del chileno Pedro de Oña. Llegada la independencia, ya en el s. XIX, tiene interés histórico la obra de los dramaturgos Camilo Henríquez y Juan Egaña. Cultivó el costumbrismo José Vallejo Borkoski Jotabeche. Muy vinculada a Chile estuvo la labor literaria del venezolano Andrés Bello y del argentino Domingo Faustino Sarmiento. El Romanticismo está representado por Victorino Lastarria, iniciador del movimiento «Del 42», que exaltaba lo vernáculo en oposición a las formas españolas y francesas; por Alberto Blest Gana, que en sus novelas describe magistralmente tipos y ambientes; en el teatro, por Daniel Barros, y en la poesía por Salvador Sanfuentes, Eusebio Lillo, Guillermo Blest Gana y José Antonio Soffia. Rubén Darío, que residió en Chile, marca los inicios del modernismo, corriente en la que se inscriben Manuel Magallanes Moure y Carlos Pezoa Véliz. En el s. XX, la narrativa cuenta con figuras como Luis Orrego Luco (*Casa grande*), Augusto d'Halmar (*La sombra del humo en el espejo, Pasión y muerte del cura Deusto*), Eduardo Barrios (*Un perdido, Gran señor y rajadiablos*), Joaquín Edwards Bello (*Valparaíso, la ciudad del viento*), el poeta Pedro Prado (*La reina de Rapa Nui, Alsino*) y Manuel Rojas (*Hijo de ladrón*). La poesía alcanza dimensión internacional con un trío de poetas: Gabriela Mis-

Chile: alameda O'Higgins, en Santiago de Chile.

Chile: ciudad de Puerto Montt y el lago Llanquihue.

tral (premio Nobel en 1945), que canta al amor y la naturaleza (*Desolación, Ternura, Tala*), Vicente Huidobro, creacionista (*Poemas árticos, Altazor*), y Pablo Neruda (premio Nobel en 1971), realista, vanguardista y socialmente comprometido (*Residencia en la tierra, Canto general*). Otros poetas dignos de mención son Pablo de Rokha, Rosamel del Valle, Juvencio del Valle, Nicanor Parra (con su *antipoesía*), Enrique Lihn, Miguel Arteche, Jorge Teillier, Raúl Zurita y Gonzalo Rojas. Entre los nombres más recientes merecen ser citados los narradores José Donoso (*El obsceno pájaro de la noche*), Carlos Droguett (*Todas esas muertes*), Fernando Alegría, Enrique Lafourcade (*Frecuencia modulada*), Jorge Edwards (*Persona non grata*), Mauricio Vasquez y Antonio Skármetta, y los dramaturgos Sergio Vodanovic y Jorge Díaz.
Mús. y ***Cine*** Entre el rico folclore chileno sobresale la *cueca*, que es considerado el baile nacional. El primer compositor chileno fue Manuel Robles. En el s. XX, Humberto Allende impulsó el nacionalismo musical y Domingo Santa Cruz Wilson fue un divulgador de la música clásica europea. Han trascendido las fronteras chilenas el pianista Claudio Arrau y, en la música popular, Violeta Parra, Víctor Jara y los conjuntos Inti-Illimani y Quilapayún. En la producción cinematográfica deben mencionarse los nombres de Littin, Soto, Chaskel, Guzmán y Ruiz.

chilenismo *s. m.* Vocablo, giro o modo de hablar propio de los chilenos.

chileno, na *adj.* De Chile. También *s.*

chilindrina *s. f. fam.* Pequeñez, cosa de poca importancia.

chilindrón *s. m.* Condimento a base de pimiento y tomate, al que a veces se le añaden otros ingredientes.

Chillán C. del centro de Chile, en la región de Bío-Bío. 148.800 h. en 1986. Es centro comercial y agrícola y nudo de comunicaciones.

chillar *v. intr.* **1.** Producir sonidos estridentes con la garganta personas y animales. **2.** Levantar mucho la voz al hablar o hacerlo con enfado al dirigirse a alguien. **3.** Desentonar los colores por demasiado vivos o mal combinados.

chillería *s. f.* Conjunto de chillidos.

Chillida, Eduardo (San Sebastián, Guipúzcoa 1924) Escultor español. Exponente de la expresión no figurativa, emplea preferentemente la técnica de la forja en hierro, aunque también trabaja la madera, el granito y el hormigón. Entre sus obras destacan las puertas de la basílica de Aránzazu (1954), *Abesti gogora* (Houston, 1966), la escultura en hierro para la UNESCO (1969) y la serie *Aldikatu* (1973).

Eduardo Chillida: escultura en hierro en un parque público de Vaduz, Liechtenstein.

chillido *s. m.* Sonido agudo y desagradable producido con la garganta.

chillón, na *adj.* **1.** Que chilla mucho. También *s.* **2.** Se aplica a cualquier sonido agudo, desagradable. **3.** Se dice de los colores demasiado vivos o mal combinados y de las cosas que los tienen.

Chiloé Isla del S de Chile, en la región de Los Lagos. 8.300 km^2. 112.000 h. en 1982. Posee pesca y ostricultura.

chimbo, ba *adj.* **1.** *Col.* Gastado. ‖ *s. m.* **2.** *Amér. del S.* Confitura que se prepara con huevos, almíbar y almendras.

Chimborazo 1. Pico más alto de los Andes ecuatorianos. 6.310 m. De naturaleza volcánica, está cubierto por un casquete glaciar de numerosas lenguas.
2. Prov. de Ecuador, situada en el sector central del país. 5.800 km^2. 380.000 h. en 1989. La capital es Riobamba, con 74.855 h. en 1990.

Chimbote C. del N de Perú, en el departamento de Ancash, junto al océano Pacífico. 253.300 h. en 1985. Importante puerto, posee industrias siderúrgicas, pesqueras y harineras y aeropuerto.

chimenea *s. f.* **1.** Conducto que da salida al humo resultante de la combustión en una caldera, cocina u horno. **2.** Espacio en una habitación acondicionado para encender fuego y provisto de una salida de humo. **3.** Conducto de un volcán por donde se expulsan lava y otros materiales. **4.** En alpinismo, grieta vertical en un muro o glaciar. **5.** Orificio en el centro de un paracaídas para dar salida al aire y asegurar su estabilidad. ‖ **6. chimenea de ventilación** En un edificio, patinillo angosto utilizado solamente para ventilación. **7. chimenea francesa** La que sirve sólo para calentarse; tiene un marco y una repisa en su parte superior, donde se suelen colocar objetos de adorno.

chimichurri *s. m. Arg., Urug.* Salsa hecha con salmuera, hierbas aromáticas, ají picante molido, aceite y vinagre, con que se acompaña la carne.

Chimkent C. de la república de Kazajstán, situada en el S de la misma. 393.000 h. en 1989. Enclavada en un área minera, constituye un núcleo industrial con producción metalúrgica, mecánica, química, farmacéutica, textil, alimentaria y refinería de petróleo.

Chimpancé (Pan troglodytes).

chimpancé *s. m.* Nombre común de diversos mamíferos antropoides primates de la familia póngidos, género *Pan*. El chimpancé común *(Pan troglodytes)* habita en las selvas de África tropical y alcanza tamaños muy variables, comprendidos entre 1 y 1,7 m de altura. Su pelo es negro y la cara lampiña, provista de orejas grandes. Vive en pequeños grupos, en el suelo o en los árboles, y se alimenta de frutas, hojas y semillas, así como de insectos y animales pequeños. Alcanza un promedio de unos 40 años de vida. El chimpancé pigmeo *(Pan paniscus)* tiene menor tamaño y constitución más esbelta.

chimú *adj.* **1.** Se dice de un pueblo amerindio de la familia de los yuncas, que habitaba en el N del Perú y constituyó un reino entre los s. XI y XV. **2.** De este pueblo. También *s.* ‖ *s. m.* **3.** Lengua hablada por este pueblo.

Chimú Reino preincaico de la zona N de Perú que se desarrolló entre los años 1000 y 1470. Poseía una organización política y social muy desarrollada, así como una avanzada técnica, puesta de manifiesto en la arquitectura de Chanchán, su capital, en la cerámica, tejidos y trabajos en metal. Muchos de los rasgos culturales chimúes fueron heredados por los incas, sus conquistadores.

china[1] *s. f.* **1.** Piedra pequeña y redondeada. **2.** Pequeña cantidad de hachís. ‖ **Loc. tocarle** a uno **la china** *fam.* Corresponderle, entre varios, la peor parte o el trabajo más difícil o comprometido.

china[2] (voz quechua) *s. f.* **1.** *amer.* Mujer india. **2.** *amer.* Criada, sirvienta.

China República Popular China, en Asia centro-oriental.

Extensión: 9.572.900 km^2.
Límites: al N, con la URSS y Mongolia; al E, con la URSS, Corea del Norte, mar Amarillo y mar de la China Oriental; al S, con el mar de la China Meridional, Vietnam, Laos, Birmania, India, Bután y Nepal, y al O, con India, Pakistán, Afganistán y la URSS.
Población: 1.119.900.000 h. en 1990.
Densidad: 117 h./km^2.
Capital: Pekín (Beijing).
División administrativa: 22 provincias, 5 regiones autónomas y 3 municipalidades especiales.
Ciudades principales: Shanghai, Tianjin, Guangzhou, Shenyang, Wuhan.
Gentilicio: chino.
Forma de Estado: república socialista.
Idioma: chino, tibetano, mongol, uigur.
Religión: confucianismo, 20 %; budismo, 14 %; islamismo, 4 %; taoísmo, 2 %.
Moneda: yuan.
Tasa de natalidad: 21 ‰ en 1990.
Tasa de mortalidad: 7 ‰ en 1990.
Renta per cápita: 330 dólares en 1988.

Geog. física Se pueden distinguir cinco grandes regiones naturales: 1. La China septentrional, que comprende la meseta de loess (polvo amarillo depositado por el viento), donde se extiende el valle del Huang-ho o río Amarillo (Huang He); Manchuria, al NE de la meseta, con las cordilleras de Gran Shingan, Pequeño Shingan o Ilkurri Shan, y la llanura situada entre la meseta de loess y el mar Amarillo. 2. La China central, integrada por la cuenca Roja, que atraviesa el Yangtsé-kiang (Chang Jiang), originando una planicie aluvial y un gran delta. 3. La China meridional, con ondulaciones de valles y montañas que descienden de E a O. 4. El Tíbet, meseta situada a más de 3.600 m de altitud, entre la cordillera del Himalaya al S, y los montes Kunlun y Altin, al N, y recorrida a su vez por tres cordilleras, Tanglha, Nienchen Tanglha y Aling Kangri. 5. Las cuencas de Tarim y Dzungaria, al N del Tíbet, región árida con desiertos (Takla Makan) y lagos salados; y los montes Tien que sirven de frontera con la URSS. Los principales ríos son el Huang-ho o Amarillo (Huang He); el Yangtsé-kiang o Azul (Chang Jiang); el Sikiang, que, con el Pei y el Yu, forma el delta de Guangzhou, el Saluen y el Mekong, que nacen en el Tíbet pero que no desembocan en territorio chino. Entre los grandes lagos sobresalen el Dongting, el Boyang y el Hongze. El litoral, que alcanza los 4.800 km de longitud, es generalmente bajo y arenoso; al N forma la península de Shandong y en el S la de Leizhou frente a la isla de Hainan. Los climas son muy variados: desértico en el Turquestán y Mongolia; de alta montaña en el Tíbet; templado pero bastante extremado, debido a la lejanía del mar, en el resto del interior de China, y por último, subtropical, es decir con una estación muy seca y otra lluviosa, con influjo de los monzones, en la zona costera del SE. La enorme presión demográfica sobre el terreno ha hecho que la vegetación del interior de China sea prácticamente inexistente. En la cuenca del Yangtsé-kiang se conservan restos de antiguos bosques de pinos, robles, encinas y bambúes, y en el SE vegetación de tipo tropical. Los bosques ocupan sólo el 14 % del territorio.
Geog. humana y ***económica*** China tiene una altísima densidad de población: con una exten-

China: la Gran Muralla, que se extiende a lo largo de 6.000 km.

sión un poco mayor que la de EE UU, aloja a una cuarta parte de la población mundial. El crecimiento anual sigue siendo alto (1,4 % en 1990), aunque el gobierno ha dictado medidas para evitar que los matrimonios tengan más de un hijo. La población está desigualmente repartida; se concentra en la costa y es muy escasa en la alta montaña, el Tíbet y Mongolia. La actividad económica se centra en la agricultura. Los campesinos se agrupan en cooperativas y éstas a su vez en comunas populares, que fijan las estrategias, el tipo de cultivos y los presupuestos para maquinaria, fertilizantes u otras mejoras. Destaca la producción de arroz, trigo, maíz, cebada, mijo, patata, azúcar, té, soja, agrios, tabaco, algodón, seda y colza. Del mismo modo se lleva a cabo la explotación de la ganadería, en la que sobresalen la porcina, caprina, ovina y bovina. La pesca, principalmente de bajura, tiene gran importancia (tercer puesto mundial), especialmente para el consumo interno. También ha adquirido gran desarrollo la minería, siendo uno de los países de mayor producción. Las principales producciones son las de carbón (primer puesto mundial), petróleo, hierro, tungsteno, plomo, mercurio, antimonio, cinc, estaño y fosfatos. La industria –siderúrgica, textil y alimentaria– no representa un gran porcentaje de la riqueza nacional. En cuanto al comercio, es de señalar la creciente apertura de China a las inversiones e importaciones provenientes de los países más desarrollados, que ha dado lugar a la aparición de zonas autorizadas de economía mixta, como medio de impulsar el desarrollo industrial, especialmente en la producción de bienes de servicio.

Hist. **de la dinastía Xia a la Qin** Los primeros datos de la historia china hablan de una serie de emperadores, quizá legendarios, presentados como sabios e inventores de técnicas e instituciones, fundadores de la dinastía Xia, que, según la tradición, existió de 2205 a 1776 a. C.; se trataba de una civilización agrícola y patriarcal, situada en una etapa prehistórica. Los tiempos históricos se inician con la dinastía Shang, que desarrolló una importante civilización, confirmada por los descubrimientos arqueológicos. Desde entonces se sucedieron diversas dinastías, alternándose periodos de unificación política con otros de fragmentación; entre las dinastías destaca la Zhou (1050-250 a. C.). En este periodo, China, organizada en una especie de sistema feudal, se fragmentó en numerosos principados. Surgieron las doctrinas de los grandes maestros religiosos: Lao-tse, que divulgó el taoísmo, y Confucio, que predicó el confucianismo. Con la dinastía Qin (250-206 a. C.) se llevó a cabo la unificación política de China, bajo el mandato del emperador Qin Shi Huang, que construyó la Gran Muralla como medida defensiva contra las tribus nómadas.

de la dinastía Han a los mongoles La dinastía Han (206 a. C. - 220) transcurrió bajo el signo de la invasión territorial, pero aún más del desarrollo político y florecimientos cultural y religioso (introducción del budismo). Uno de los emperadores más sobresalientes fue Wu-ti, que creó un nuevo funcionariado, los mandarines. Tras el periodo de los Tres reinos y las Seis dinastías, en que China se vio dividida en tres reinos: Wei, al N; Wu, al S, y Shu, en Sechuan, aparece un brillante guerrero, el emperador Tai Tsung, de la dinastía Tang, que restableció el orden y la prosperidad. A esta última dinastía la sucedió la Song (960-1279). Luego China cayó bajo el dominio de los mongoles, que tomaron Pekín y gran parte del N de China y gobernaron de 1279 a 1368. La gran extensión de los dominios mongoles facilitó el contacto entre China y las regiones occidentales y meridionales. En esta época tuvo lugar el viaje de Marco Polo.

la dinastía Ming y los manchúes La revolución de Chu Yüan-chang (1353) expulsó a los mongoles y dio inicio a la dinastía Ming (1368-1644), bajo la cual se desarrolló una intensa actividad marítima, y navegantes chinos llegaron a las costas de Arabia y África, abriéndose definitivamente la ruta de la seda. La dinastía Ming fue sustituida por los manchúes, que gobernaron China durante casi tres siglos, hasta 1912, con el nombre de dinastía Qing. La primera época manchú fue de gran prosperidad y enorme crecimiento demográfico. A finales del s. XVIII, la autoridad de los manchúes se debilitó, ocasión que aprovecharon los europeos para conquistar el mercado chino. En la llamada guerra del Opio (1839-42), Inglaterra consiguió la isla de Hong Kong. En 1911 estalló una revolución, dirigida por Sun Yat-sen, que forzó la abdicación del emperador y proclamó la república, nombrando presidente, en 1912, a Yuan Shihkai.

guerra civil y guerra chino-japonesa A su muerte (1916) se produjo una guerra civil entre republicanos y generales que dividió al país: el N, dominado por los generales, estaba apoyado por Japón, y en el S, los republicanos organizaron el Kuomingtang (partido nacionalista) y se aliaron con la URSS. En 1925, Chiang Kai-chek pasó a dirigir el Kuomingtang y rompió con la URSS y con los comunistas. En 1931-32 Japón se apoderó de Manchuria, donde estableció el protectorado de Manchukuo. Ello provocó el estallido de la guerra chino-japonesa, en la que los comunistas, que habían sido obligados por el Kuomingtang a abandonar sus territorios y retirarse a la región de Yunan (Larga Marcha, 1934-1936), se aliaron con los nacionalistas. Después de la Segunda Guerra Mundial y la rendición del Japón, el ejército nacionalista del Kuomingtang, encabezado por Chiang Kai-chek, con el apoyo de EE UU, recuperó todo el territorio chino, pero fracasaron los contactos entre nacionalistas y comunistas para formar un gobierno de coalición, lo que provocó los primeros choques entre los dos bandos.

la República Popular A partir de 1947, la URSS decidió apoyar fuertemente a los comunistas, encabezados por Mao Zedong, con lo que la guerra entró en una fase decisiva, que terminó con la proclamación de la República Popular China, el 1 de octubre de 1949. El gobierno y el ejército del Kuomingtang se refugiaron en la isla de Formosa (Taiwan) y constituyeron la China nacionalista. La firma, en 1950, de un pacto de amistad y ayuda entre las nuevas autoridades chinas y la URSS, integró a la República Popular China en el bloque oriental, mientras que la República de la China nacionalista prosiguió en la órbita occidental. En 1958 el Partido Comunista impulsó la industrialización (campaña del Gran Salto Adelante) y la creación de comunas, en un esfuerzo por acelerar el ritmo de la revolución, pero el proyecto fracasó y en los primeros años de la década de los sesenta la dirección comunista optó por una línea menos radical. En 1962 se consumó la ruptura con la URSS, que ya se fraguaba desde el XX Congreso del PCUS, en 1956. A mediados de los años sesenta el presidente Mao dio inicio a la Gran Revolución Cultural Proletaria, un intento por acabar con lo que se consideraban herencias del capitalismo y que contó con el apoyo entusiasta de los estudiantes. El movimiento provocó la caída de dirigentes moderados como Liu Shao-qui y Deng Xiaoping y dio lugar a graves excesos que Mao no pudo controlar. En 1971 murió en confusas circunstancias Lin Biao, cabeza visible del movimiento radical y previsible sucesor de Mao, al que se acusó de organizar un golpe de Estado contra el presidente. Tras la muerte de Mao en 1976 llegó al poder Hua Guofeng, al que se consideró un hombre de compromiso entre el sector más izquierdista, encabezado por la viuda de Mao, Jiang Qing, y el sector reformista de Deng Xiaoping, que finalmente se impuso. En 1978 se firmó un tratado de paz con Japón, que puso fin al largo enfrentamiento entre ambos países, y fue elegido vicepresidente del gobierno Deng Xiaoping. Iniciada la caída de Hua Guofeng, fue sustituido como primer ministro por Zhao Ziyang (1980) y en la presidencia del Partido Comunista por Hu Yaobang (1981). El Congreso Nacional del Pueblo aprobó la nueva Constitución (1982). En 1983 fue confirmado en su puesto Zhao Ziyang, Deng Xiaoping fue nombrado presidente de la Comisión Central Militar y Li Xiannian fue designado presidente de la República. Triunfaba así la línea reformista y pragmática de Deng, partidaria del crecimiento económico y de la modernización del país. Pero pronto surgieron conflictos sobre el ritmo al que debían realizarse las reformas sociales y políticas y en 1987 Hu Yaobang, uno de los principales impulsores del cambio, fue apartado de la presidencia del país. Su fallecimiento (1989) originó un gran movimiento estudiantil y popular que exigió la democratización de China y la dimisión de Deng Xiaoping. Las manifestaciones, celebradas en la plaza pequinesa de Tiananmen y en otros lugares del país, fueron finalmente reprimidas por el ejército, con un saldo muy elevado de muertos. La crisis se resolvió con un nuevo triunfo de Deng y con el apartamiento del poder de Zhao Ziyang, representante del ala más reformista, acusado de alentar la protesta y de utilizarla para sus propios fines políticos.

Arte China, una de las culturas más antiguas, no concedió tanta importancia a la arquitectura como la que prestó a la pintura, a la cerámica o al trabajo del bronce. En arquitectura, los monumentos más antiguos que se conservan son de

Arte chino: pintura mural del siglo VIII, procedente de la tumba de Li Xianhui Xianhui, en la provincia de Shaanxi.

carácter religioso y están relacionados con el budismo. Las primeras pagodas se empezaron a edificar en el s. VI; su planta suele ser cuadrada o poligonal y consta de varios cuerpos superpuestos. Con la dinastía Ming, la arquitectura civil alcanzó su apogeo y la estructura de los edificios quedó establecida en tres zonas: zócalo, muros o pies derechos y sistema de cubierta; el sistema arquitectónico dominante fue el adintelado. Los principales monumentos civiles se hallan en Pekín, en cuyo centro se alza la *Ciudad Prohibida* (s. XV), sede del Palacio Imperial. Otro aspecto interesante de la arquitectura son las tumbas imperiales, como la de Yung-Lo (s. XV), también en Pekín. En escultura, el espectacular descubrimiento arqueológico de la tumba del emperador Qin Shi Huang, en Si-ngan, sacó a luz más de 6.000 guerreros de terracota, del s. III a. C. Desde la época Shang son notables los bronces, que denotan una gran maestría y una técnica con elevado grado de perfección. En la época Han (s. II a. C. - s. II d. C.) florece la gran estatuaria, los bajorrelieves grabados, las estelas esculpidas y las figuritas de tierra cocida. Hacia comienzos del s. V aparecen las estatuas colosales de Buda (de influencia india) y de la diosa Kuan-yin. La formación de la pintura china dependió en gran manera de la caligrafía, lo que explica la importancia que en ella tiene la línea. El color aparece en un plano secundario, utilizado para rellenar formas. Los pintores chinos tienen una manera peculiar de concebir el espacio, normalmente desarrollado en altura y no en profundidad. Existe gran variedad en cuanto a la temática: religiosa, cortesana, épica, paisaje y sobre todo animales y vegetales. Las primeras representaciones pictóricas son frescos y pintura sobre seda con una técnica propia. Los primeros ensayos de paisaje se realizaron en la época Tang (s. VII-IX), llegando a ser en la Song (s. X-XIII) el género más cultivado. Mención especial merece la cerámica, de gran elegancia y variación desde la antigüedad. La invención de la porcelana en el s. X, más de 700 años antes de que se conociera en Occidente, inicia el apogeo de la cerámica china, de una belleza y un colorido inigualables. A principios del s. XIV se descubrió la pintura en azul cobalto bajo barniz, punto de partida de una gran revolución de la cerámica china.

Lit. Los primeros libros de los que se tiene noticia son los llamados clásicos o canónicos, de los cuales los más importantes son cinco: *She king* (libro de la poesía), *Shu king* (libro de la historia), *Yi king* (libro de las adivinaciones), *Li king* (libro de los ritos) y *Chun Tsin* (primera crónica fechada). A éstos se añaden los *Cuatro libros* relacionados con Confucio. En el periodo clásico, de los s. VI al III a. C., se comentan estos libros y conviven taoísmo, budismo y confucianismo. A este periodo pertenecen *Chuang-tsé*, tratado filosófico, y *Elegías del país de Chu*, antología poética que comprende las obras del poeta Kiu-yuan. Con la dinastía Han (206 a. C. - 220) se impone el confucianismo como credo oficial y la prosa alcanza su madurez; destacan Wang Chung y Sse Ma-tsien y, en poesía, Mei Sheng y Ssuma Hsiang Ju. En el periodo de los Tres reinos y las Seis dinastías, de los s. III al VI, se inicia la crítica literaria; sobresalen Lieu-hie, con *Wen-sin Tiao-long*; Ko-hong, con *Pao Pu-tsé*, y, entre los poetas, Shen Yo, Tao Tsien y Hsie Ling Yun. En la época de los Tang, s. VII y VIII, la invención de la imprenta contribuye a la difusión de los textos. La poesía está representada por Li-po, Tu-fu y Po Kiu-yi. Bajo la dinastía Song (960-1279), la política preocupa a los escritores; Sse Ma-kuang escribe *Tsê-che Tong-kien*, una especie de espejo para gobernantes; otros poetas y escritores de este periodo son Ngeu Yang-sien y Su-she, autor de varios *tse* (poemas para ser contados). La época Yuan (1279-1368) trae la novedad del teatro, cuyas reglas se formulan. Bajo la dinastía Ming (1368-1644) florecen el teatro y la novela, especialmente la histórica. Con los manchúes (dinastía Qing, 1644-1912), la novela continúa en la misma línea, hasta el descubrimiento, a fines del s. XIX, de la literatura occidental. También aparece bajo esta dinastía el teatro popular, punto de partida del actual teatro chino. El s. XX está marcado por la apertura a Occidente. A la cabeza de un movimiento renovador figuran Chen Tu-shiu y Hu-she; los novelistas Lu-siun, Maotuen y Pa-kin; el ensayista Kuo Mo-jo; Lao-she, autor satírico, y entre los poetas, el mismo presidente Mao Zedong. A la muerte de éste, se intenta encontrar nuevos cauces, sin olvidar la tradición y lo popular, como atestiguan en la novela Lin Hsin-wu (*El lugar del amor en la vida*), Wang Ya-ping (*El deber sagrado*) y Kung Chieh-sheng (*Matrimonio*).

Mús. La música se ha cultivado en China desde la más remota antigüedad y gran número de sus tradiciones aún perviven. Sus orígenes son a la vez sagrados, aristocráticos y populares. Su sistema musical, diferente al occidental, constaba de doce notas y se basaba en los *liu*, serie de tubos sonoros de bambú, el primero de los cuales producía el llamado *huang chung* (campana amarilla) o sonido fundamental. Los instrumentos se dividían en ocho grupos, según el material del que estuvieran hechos (metal, piedra, seda, bambú, madera, piel, calabaza o barro). Actualmente se cultivan la música tradicional, en especial la ligada a la ópera clásica; la música vocal e instrumental, y la popular, cantos de trabajo y de fiesta, muy frecuentes en las poblaciones rurales.

Cine La cinematografía china se inició en Shanghai y cobró gran impulso entre 1920 y 1930; la cantidad era importante, pero la calidad baja. Desde 1931 se cuidaron más los filmes; un ejemplo es *La canción del pescador* (1935), de Tsai Tsusen. El triunfo socialista trajo una reducción drástica del número de filmes, realizados con pocos medios; en esta etapa destacan *Muchachas de China* (1949), de Ling Tse-feng, y *El río corre hacia el este*, de Tsai Tsu-sen. En los últimos tiempos, aparte de documentales y filmes de dibujos animados, se realizan películas históricas o de contenido ideológico. En 1988 fue premiada en Berlín *Sorgo rojo*, de Zhan Yimeu.

chinama *s. f.* **1.** *Amér. C.* Cobertizo. **2.** *Amér. C. y del S.* Chiringuito.

chinancal *s. m. Méx.* Choza.

chinarro *s. m.* Piedra algo mayor que una china.

chinazo *s. m.* **1.** *aum.* de **china**, piedra pequeña. **2.** Pedrada dada con una china.

chinchar *v. tr. fam.* Fastidiar, molestar. También *v. prnl.*

Chinches: A. Chinche zapatero (Pyrrhocoris apterus). *B. Chinche común* (Cimex lectularius).

chinche *s. f.* **1.** Nombre común de diversos insectos hemípteros del suborden heterópteros, con varias familias. La chinche común, parásita del hombre y algunas aves y mamíferos, pertenece a la familia cimícidos y comprende unas 75 especies. Los adultos son rojizos y aplanados, miden unos 5 mm y se alimentan chupando la sangre de sus huéspedes. Sus alas están atrofiadas y producen una secreción aceitosa de olor característico. Las especies *Cimex lectularius* y *Cimex hemipterus* son parásitas del hombre. Están extendidas por todo el planeta. No se sabe que transmitan enfermedades. Las chinches de campo son insectos heterópteros pertenecientes a la familia ligeidos y causan daños en los cultivos de cereales. **2.** Chincheta*. ‖ *adj.* **3.** Se dice de la persona demasiado exigente en cosas de poca importancia. También *s.* **4.** Se aplica a la persona molesta. También *s.* ‖ **Loc. caer** (o **morir**) **como chinches** *fam.* Haber gran mortandad.

chincheta *s. f.* Clavito metálico, de cabeza circular y chata, y punta acerada.

chinchilla *s. f.* Mamífero roedor clasificado en la familia chinchíllidos, especie *Chinchilla lanigera*. Originaria de regiones montañosas de América del Sur, donde vive en pequeñas comunidades subterráneas, es hoy objeto de una cría intensa para obtener su piel de color gris pálido, muy apreciada en peletería. Tiene orejas largas y cola muy grande. Las variedades que subsisten son la boliviana, la cordillerana y la costera.

chinchín *s. m.* **1.** Música de una banda o charanga. **2.** Brindis.

chinchón[1] *s. m.* Aguardiente anisado que recibe su nombre de la ciudad de Chinchón (España), donde se elabora.

chinchón[2] *s. m.* Juego de naipes en el que se reparten siete cartas y gana el jugador que antes las liga en tríos y escaleras.

Chinchón C. de España, en la prov. de Madrid. 4.000 h. en 1990. Posee famosas destilerías en las que se produce el aguardiente llamado *chinchón*. Entre sus monumentos destacan la plaza porticada y la iglesia parroquial del s. XVI, con el cuadro *La Asunción*, de Goya.

chinchorrear *v. intr.* **1.** *fam.* Traer y llevar chismes y cuentos. ‖ *v. tr.* **2.** *fam.* Fastidiar, chinchar.

chinchorrería *s. f.* **1.** *fam.* Minuciosidad o pesadez que muestra una persona al repetir machaconamente una cosa. **2.** *fam.* Chisme, habladuría.

chinchorrero, ra *adj.* **1.** *fam.* Se aplica a la persona muy exigente en los detalles de cualquier servicio que se le presta y también muy mirada con las formas sociales. **2.** Se aplica al que gusta de contar o escuchar habladurías y chismes.

chinchorro *s. m.* **1.** Bote pequeño de remos. **2.** Hamaca de cuerda, que se usa para dormir. **3.** Red barredera, especie de jábega.

chinchoso, sa *adj. fam.* Se aplica a la persona molesta y pesada. También *s.*

chinchulín *s. m. Arg., Ec., Par., Urug.* Intestino delgado de bovino u ovino que se prepara asado a la brasa. En Venezuela se denomina *chinchurria*.

chinchurria *s. f. Ven.* Chinchulín.

Chindasvinto (? h. 563 - Toledo 653) Rey visigodo de España (642-653). Su reinado se caracterizó por la firmeza frente a la nobleza. Convocó el VII concilio de Toledo (646) y asoció al trono a su hijo Recesvinto (649), quien le sucedió.

chiné *adj.* Se dice de la tela rameada y de muchos colores, y del vestido hecho con esta tela. También *s.*

chinela *s. f.* Zapatilla sin talón que se usa dentro de casa.

chinesco, ca *adj.* **1.** Perteneciente a China. **2.** Similar o parecido a las cosas de China. ‖ *s. m.* **3.** Instrumento musical de percusión compuesto de una armadura de la que cuelgan campanillas y cascabeles.

chingada *s. f.* **1.** *Méx.* Nombre que se da a la muerte. ‖ **2. hijo de la chingada** Hijo de puta. ‖ **Loc. ¡vete a la chingada!** ¡Vete al diablo, al cuerno!

chingado, da *adj.* **1.** Molesto, enfadado. **2.** Se aplica a lo que está estropeado, averiado.

chingar *v. tr.* **1.** *fam.* Fastidiar o molestar. También *v. prnl.* **2.** *fam.* Beber con frecuencia vino o licores. **3.** *fam.* Estropear. También *v. prnl.* **4.** *vulg.* Copular, realizar el acto sexual. ‖ *v. intr.* **5.** *Arg., Chile, Col., Perú.* Errar, fallar, fracasar. **6.** *Arg., Urug.* Colgar más de un lado que de otro el dobladillo de un vestido o una falda. ‖ *v. prnl.* **7.** *fam.* Emborracharse. ■ Se conjuga como *pagar*.

chino *s. m.* China, piedra pequeña. ‖ **Loc. jugar a los chinos** Adivinar la cantidad de piedras o monedas que guardan en la mano los que están jugando.

chino, na[1] *adj.* **1.** De China. También *s.* ‖ *s. m.* **2.** Lengua del grupo chino-tibetano hablada en

Chinchilla costera (Chinchilla lanigera).

China. || *s. f.* **3.** Porcelana traslúcida de la que se hacen tazas, platos y otros objetos. || **4. cuento chino** Véase **cuento.** || **Loc. engañar** a alguien **como a un chino** *fam.* Engañarle por completo. **ser trabajo de chinos** *fam.* Ser un trabajo complicado y minucioso.

Ling. Existe una gran cantidad de dialectos chinos y sus variedades lingüísticas son enormes. La unificación de China efectuada bajo las dinastías Sui (581-618) y Tang (618-907) hizo que se extendiese a todo el imperio la lengua utilizada por los círculos cultos de Pekín, que dio lugar al llamado *chino medio,* del que proceden los distintos dialectos modernos (mandarín, wu, min, cantonés, etc.). Actualmente tiene unos mil millones de hablantes. Es muy grande la diferencia que existe entre la lengua hablada y la escrita, y esta última, más concisa y menos diversificada, ha desempeñado en China un papel principal. No existe un alfabeto chino, sino un sistema de escritura ideográfica, que se escribe de arriba a abajo. Es además una lengua monosilábica (cada palabra está formada por una sílaba), excepto en la lengua hablada, que introduce algunos bisílabos. Las palabras son invariables y es generalmente la posición que ocupan en la frase la que indica su función sintáctica. No tiene una fonética rica, pero sí un sistema de tonos por el que cada palabra se pronuncia a una altura musical distinta según su significado.

chino, na[2] (del quechua *china,* mujer) *adj.* **1.** *Arg., Chile, Par., Urug., Ven.* Se aplica a la persona de rasgos parecidos a los de los indios. También *s.* || *s. m.* y *f.* **2.** *amer.* Se usa como término afectivo, con sentido cariñoso o despectivo.

chip (voz ingl.) *s. m.* En electrónica, circuito integrado de tamaño minúsculo. Consiste en una placa de silicio que incorpora diversos componentes electrónicos, suficientes para una función determinada, y está provista de numerosas patas, donde se efectúan las conexiones.

chipá *s. m. Arg., Par., Urug.* Torta de harina de mandioca, aceite y requesón.

chipé *adj.* Chipén*.

chipén *adj.* **1.** *fam.* Estupendo, excelente. **2.** *fam.* Verdadero. || *adv. m.* **3.** *fam.* Estupendamente.

chipirón *s. m.* Calamar pequeño.

chippendale (voz ingl.) *adj.* Se dice del estilo de muebles creado en el s. XVIII por el ebanista británico Thomas Chippendale. Se inspiró principalmente en el estilo francés Luis XV, al que incorporó elementos góticos, neerlandeses y chinos. También *s. m.*

Chippendale, Thomas (Otley, Yorkshire h. 1718 - Londres 1779) Ebanista británico. Se estableció en Londres (1737) y fue el creador del estilo que lleva su nombre. Publicó un álbum con sus diseños titulado *Guía del caballero y del ebanista* (1754, 1755 y 1762).

Chipre Estado insular del Mediterráneo oriental.

Extensión: 9.251 km^2.
Situación: frente a las costas de Turquía y Siria.
Población: 739.000 h. en 1990.
Densidad: 80 h./km^2.
Capital: Nicosia.
División administrativa: 8 distritos. En la actualidad está dividida en dos sectores: grecochipriota y turcochipriota.
Ciudades principales: Limassol, Famagusta, Larnaca.
Gentilicio: chipriota.
Forma de Estado: república unitaria.
Idioma: griego y turco.
Religión: cristianismo ortodoxo, 76 %; islamismo, 19 %.
Moneda: libra chipriota.
Tasa de natalidad: 19,2 ‰ en 1990.
Tasa de mortalidad: 8,8 ‰ en 1990.
Renta per cápita: 5.210 dólares en 1987.

Geog. La isla está recorrida por dos cordilleras que bordean una depresión interior. La cordillera N o de Kyrenia, de naturaleza calcárea, no supera los 1.000 m de altura. La depresión central de Mesorea incluye sectores muy áridos y sufre periódicamente catastróficas inundaciones. La cordillera S o montes Tróodos, de material volcánico, alcanza casi los 2.000 m de altura; se trata de una zona prácticamente deshabitada. El clima es mediterráneo, muy cálido en verano y suave en invierno. La vegetación está compuesta por algarrobos, olivos, pinos y enebros. Desde hace unos años se ha puesto en práctica una política de regadío y de construcción de embalses. En la agricultura predominan los cultivos de cereales, cítricos, algodón y viñedos. La minería es rica en piritas de hierro, cupríferas y en azufre; la industria es casi inexistente y las principales bases del desarrollo económico son el turismo y el sector servicios.

Chipre: característico paisaje mediterráneo, con la ciudad de Lefkara al fondo.

Hist. Su situación estratégica en el mar Mediterráneo y sus riquezas minerales atrajeron desde la antigüedad el interés de los grandes imperios. Estuvo en poder de los egipcios, asirios, persas, de Alejandro Magno y de Roma. En la Edad Media constituyó un reino cristiano hasta 1489, en que Catalina Cornaro cedió la isla a Venecia. Más tarde fue conquistada por Turquía (1570) y cedida en 1878 al Reino Unido, que la convirtió en colonia en 1925. En 1931 estallaron las primeras revueltas en favor de su unión con Grecia (la *Enosis*). La guerra civil terminó con los acuerdos de Zurich y de Londres (1959), firmados por el Reino Unido, Grecia y Turquía, que concedieron la independencia a la isla (16 de agosto de 1960). El arzobispo Makarios fue elegido presidente de la nueva república, cargo que ocupó hasta su muerte en 1977. En 1963 estalló la guerra civil entre las comunidades griega y turca; la intervención de las fuerzas de la ONU mitigó el conflicto. Desaparecido Makarios, fue nombrado presidente Spyros Kyprianu. Los choques no terminaron y en 1983 la comunidad turcochipriota declaró unilateralmente su independencia con el nombre de República Turca de Chipre del Norte (con capital en Kyrenia) y fue elegido presidente de la misma Rauf Denktas. Esta república no ha sido reconocida por la comunidad internacional. En 1988 fue elegido presidente Georgios Vassiliou.

chipriota *adj.* De Chipre. También *s.*

chiquero *s. m.* **1.** Pocilga, choza donde se recogen de noche los puercos. **2.** Toril*.

chiquero, ra *adj.* **1.** Se dice de la persona aficionada a los niños o chicos. **2.** *fam.* Se dice del chico muy aficionado a las chicas o viceversa.

chiquilicuatro o **chiquilicuatre** *s. m. fam.* Mequetrefe*.

chiquillada *s. f.* Acción propia de chiquillos, poco sensata e inmadura.

chiquillería *s. f. fam.* Multitud de chiquillos.

chiquillo, lla *adj.* Niño, muchacho, chaval. También *s.*

chiquito, ta *adj.* **1.** *dim.* de **chico.** Aplicado a personas, también *s.* || *s. m.* **2.** Vaso pequeño de vino, especialmente en el País Vasco. || **Loc. andarse con** (o **en**) **chiquitas** *fam.* Emplear rodeos, tener contemplaciones para esquivar o no hacer frente a algo. Se usa más en frases negativas.

Chirac, Jacques (París 1932) Político francés. Fue primer ministro de 1974 a 1976. Como presidente del partido RPR (Reagrupamiento para la República), de ideología conservadora, fue nuevamente primer ministro (1986-88) bajo la presidencia de François Mitterrand.

chirca *s. f. Amér. C. y del S.* Planta arbustiva de la familia euforbiáceas, especie *Croton ciliatoglandulosum.* Tiene madera dura, hojas ásperas, flores amarillas y fruto similar a la almendra.

chircalero *s. m. Col.* Alfarero, fabricante de tejas.

chiribita *s. f.* **1.** Chispa. || *pl.* **2.** Lucecillas que durante un tiempo muy corto dificultan la visión. || **Loc. echar** uno **chiribitas** *fam.* Estar muy enfadado, colérico.

chiribitil *s. m.* **1.** Desván, escondrijo bajo y estrecho. **2.** *fam.* Cuarto muy pequeño.

chiricatana *s. f. Bol., Ec.* Poncho de tejido grueso.

Chirico, Giorgio de (Volo, Grecia 1888 - Roma 1978) Pintor italiano. Desde 1911 trabajó en París y su pintura de esta etapa es considerada como precursora del surrealismo. A partir de 1920, su arte evolucionó hacia un academicismo neoclásico. Entre sus principales obras se cuentan *El enigma del oráculo* (1909), *Retrato premonitorio de Apollinaire* (1914), *El gran metafísico* (1917) y *Las musas inquietantes* (1917).

Giorgio de Chirico: Pintura metafísica *(Museo Wuppertal, Alemania).*

chirigota *s. f.* **1.** Burla o broma sin mala intención. **2.** Conjunto que en carnaval canta coplas festivas.

chirigotero, ra *adj.* Aficionado a hacer chirigotas.

chirimbolo *s. m.* **1.** *fam.* Objeto, por lo general de forma complicada, que no se sabe cómo nombrar. **2.** Remate torneado de algo.

chirimía *s. f.* Instrumento musical de viento, parecido a la flauta, con diez agujeros y lengüeta de caña.

chirimoya *s. f.* Fruto del chirimoyo.

chirimoyo *s. m.* Árbol de la familia anonáceas, especie *Annona cherimolia.* Alcanza 10 m de altura, tiene hojas largas, elípticas y aterciopeladas y se cultiva por su fruto, grande y pulposo, que contiene semillas negras en forma de judía que se utilizan como insecticidas. Es oriundo de América tropical.

chiringuito *s. m.* **1.** Quiosco o bar pequeño, generalmente al aire libre, en el que se sirven bebidas y comidas sencillas. **2.** Negocio de poca importancia.

Chirino, Martín (Las Palmas de Gran Canaria 1925) Escultor español. Formó parte del grupo El Paso. Su obra, de una fuerte expresividad, es una síntesis de elementos de las culturas canaria y africana. Entre sus esculturas destacan las series *AfroCán* (1975) y *Aeróvoro* (1973-80).

chiripa *s. f.* Suerte, casualidad, especialmente en el juego.

chiripá *s. m. Arg., Par., Urug.* Prenda de vestir usada por los gauchos.

Chirivella (*Xirivella*) C. de España, en la prov. de Valencia, junto a la capital. 25.900 h. en 1990. Su economía se basa en los cultivos de huerta y las industrias textil y química.

chirivía *s. f.* Planta herbácea de la familia umbelíferas, especie *Pastinaca sativa*. Mide entre 30 y 100 cm de altura, presenta el tallo estriado, inflorescencias en umbela de color amarillo y raíz napiforme comestible de color blanco o rojizo. Está muy difundida y crece en baldíos y cunetas.

chirla *s. f.* Molusco bivalvo de la familia venéridos, especie *Venus gallina*. Es más pequeño que la almeja y habita en las costas atlánticas y mediterráneas. Su carne es apreciada como alimento.

chirle *adj.* **1.** *fam.* Se aplica a lo que es insípido, de sabor indefinido, insustancial. **2.** *Arg., Par., Urug.* Poco denso, claro. ‖ *s. m.* **3.** Excremento del ganado lanar y cabrío.

chirlo *s. m.* **1.** Herida alargada en el rostro. **2.** Cicatriz de esta herida. **3.** *Arg., Chile.* Azote que se da a un niño.

chirola *s. f. Arg., Chile, Urug.* Moneda de poco valor.

chirona *s. f. fam.* Cárcel.

chirriante *adj.* Que chirría.

chirriar *v. intr.* **1.** Producir un sonido estridente y molesto algunas cosas, por sí solas o por el roce con otras. **2.** Chillar los pájaros que cantan sin armonía. **3.** *fam.* Desafinar al cantar. ■ En cuanto al acento, se conjuga como *ansiar*: *chirría*.

chirrido *s. m.* Sonido agudo y desagradable producido al chirriar.

chirucas *s. f. pl.* Botas de lona, con suela de goma, ligeras y resistentes.

chirusa *s. f. Amér. del S.* Mujer de origen humilde.

Chirveches, Armando (La Paz 1881 - París 1926) Escritor boliviano. En su primera etapa de poeta modernista publicó, entre otros libros, *Noche estival* (1904) y *Añoranzas* (1912). Pero se le recuerda sobre todo como novelista e introductor del naturalismo en su país, con *La candidatura de Rojas* (1909), *Casa solariega* (1916) y *La virgen del lago* (1920).

¡chis! *interj.* **1.** Se usa para hacer callar a alguien. **2.** Voz para llamar a alguien. ■ Se dice también *¡chist!*

chiscar *v. tr.* Sacar chispas del eslabón chocándolo con el pedernal. ■ Se conjuga como *sacar*.

Chirimoyo (Annona cherimolia).

chiscón *s. m. fam. desp.* Habitación muy pequeña.

chisgarabís *s. m. fam.* Hombre insignificante y embarullador.

chisguete *s. m. fam.* Trago de vino.

chisme *s. m.* **1.** Noticia, verdadera o falsa, con que se pretende desacreditar a alguien o enemistar a unas personas con otras o simplemente murmurar. **2.** *fam.* Objeto inútil o que estorba. **3.** *fam.* Objeto o utensilio del que se ignora su nombre.

chismear *v. intr.* Chismorrear*.

chismografía *s. f.* **1.** *fam.* Ocupación de traer y llevar chismes, habladurías. **2.** *fam.* Conjunto de chismes sobre alguien o algo.

chismorrear *v. intr. fam.* Difundir, traer y llevar chismes.

chismorreo *s. m. fam.* Acción de chismorrear.

chismorrería *s. f.* Chismorreo*.

chismoso, sa *adj.* Se dice de la persona aficionada a contar chismes y cotilleos. También *s.*

chispa *s. f.* **1.** Partícula encendida que salta de una materia que arde o del roce de dos objetos duros. **2.** Descarga luminosa originada por dos cuerpos cargados eléctricamente con potenciales diferentes. **3.** Brillo, destello. **4.** Gota pequeña de lluvia. **5.** Porción muy pequeña de algo. **6.** Gracia, ingeniosidad. **7.** *fam.* Borrachera. ‖ **Loc. echar** uno **chispas** *fam.* Estar muy enfadado. **ser** alguien **una chispa** *fam.* Ser muy vivo, muy espabilado.

chispazo *s. m.* **1.** Salto repentino de una chispa entre dos conductores eléctricos. **2.** Suceso aislado que precede o sigue al conjunto de otros de mayor importancia. **3.** *fam.* Ocurrencia brillante.

chispeante *adj.* **1.** Que chispea. **2.** Agudo, ingenioso.

chispear *v. intr.* **1.** Echar chispas. **2.** Relucir, despedir destellos. ‖ *v. impers.* **3.** Caer poca lluvia en forma de pequeñas gotas.

chispero *s. m.* Antiguamente, hombre del pueblo de ciertos barrios de Madrid.

chispo, pa *adj. fam.* Borracho, bebido.

chisporrotear *v. intr. fam.* Despedir chispas con intensidad al arder.

chisporroteo *s. m. fam.* Acción de chisporrotear.

chisquero *s. m.* Encendedor antiguo de bolsillo, compuesto de yesca y pedernal, y, p. ext., cualquier encendedor.

Chissano, Joaquim Alberto (Chibuto, Gaza 1939) Político mozambiqueño. Fue uno de los fundadores del FRELIMO, primer ministro en el gobierno de transición (1974-75) y ministro de Asuntos Exteriores (1975-86). Sucedió a Samora Machel en la presidencia del país (1986).

¡chist! *interj.* ¡Chis!*.

chistar *v. intr.* **1.** Hacer ademán de hablar, decir algo. Se usa sólo en frases negativas. **2.** Llamar la atención de una persona con repetidos *chist*.

chiste *s. m.* **1.** Cuento breve, dicho gracioso o dibujo que provoca la risa. **2.** Chispa, gracia. ‖ **Loc. tener chiste** una cosa *fam.* Parecerle a uno injusta o desconsiderada; se usa en tono de queja.

chistera *s. f.* Sombrero de copa alta que se emplea en ceremonias y solemnidades.

chistido *s. m. Arg., Bol., Chile, Perú.* Acción de chistar.

chistoso, sa *adj.* **1.** Se aplica a la persona que cuenta o hace chistes, o que tiene gracia. También *s.* **2.** Se dice de cualquier cosa o hecho gracioso. **Fam.** Chistosamente.

chistu *s. m.* Instrumento musical de viento, parecido a la flauta, utilizado en el País Vasco.

chistulari *s. m.* Individuo que toca el chistu.

chita *s. f.* **1.** Astrágalo, hueso. **2.** Chito, juego. ‖ **Loc. a la chita callando** *adv. fam.* Silenciosamente, sin llamar la atención.

Chitá C. de la Federación Rusa, situada al E del lago Baikal. 366.000 h. en 1989. Enclavada en una región rica en minerales, posee industrias automovilísticas y ferroviarias, alimentarias, de la madera y del cuero.

chito *s. m.* **1.** Juego que consiste en derribar con tejos un cilindro de madera, o de otro material, que está puesto vertical en el suelo. **2.** Dicho cilindro o palo, que se coloca verticalmente para jugar. ‖ *interj.* **3.** *fam.* ¡Chitón!

¡chitón! *interj. fam.* Indica a alguien que guarde silencio.

Chittagong C. de Bangladesh, en el golfo de Bengala, a orillas del río Karnaphuli. 2.030.000 h. en 1989. Principal puerto del país, es un centro comercial y cuenta con industria siderúrgica, naval, química, papelera y de fertilizantes. Posee universidad y aeropuerto.

chivarse *v. prnl.* Denunciar a alguien con perjuicio para esa persona; irse de la lengua.

chivatazo *s. m.* Denuncia, acción propia del chivato.

chivatear *v. tr. fam.* Acusar, chivarse. También *v. prnl.*

chivateo *s. m.* Acción y efecto de chivatear.

chivato, ta *adj.* **1.** Soplón, delator. También *s.* ‖ *s. m.* **2.** Dispositivo, sonoro o visual, que llama la atención sobre algo.

chivo, va *s. m. y f.* **1.** Cría de la cabra, desde que deja de mamar hasta que llega a la edad de procrear. ‖ *s. f.* **2.** *amer.* Barba, perilla. **3.** *amer.* Manta. ‖ **4. chivo expiatorio** El elegido por los judíos en la fiesta de las expiaciones para descargar sobre él las culpas de todo el pueblo, en un acto de reparación a la divinidad. P. ext., individuo al que en una situación o negocio conflictivo se le echa la culpa de que las cosas vayan mal. ‖ **Loc. estar como una chiva** *fam.* Estar chiflado, proceder extravagantemente.

Chladni, Ernst (Wittenberg 1756 - Breslau 1827) Físico alemán. Se le considera padre de la acústica por sus estudios sobre la transmisión del sonido. Midió la velocidad del sonido en diversos gases y fue uno de los primeros en afirmar el origen cósmico de los meteoritos. Ideó el eufonio, un instrumento musical formado con barras de acero y tubos de cristal.

Cho Oyu Pico del Himalaya, situado en Nepal. 8.194 m de altura. Es uno de los más elevados de la cordillera.

Chocano, José Santos (Lima 1875 - Santiago, Chile 1934) Poeta y diplomático peruano. Desarrolló una accidentada actividad política. En su poesía, de tono oratorio, subrayó la importancia del indígena y del paisaje virgen, como puede apreciarse en sus libros *En la aldea* (1893), *Alma América* (1906), *Poemas del amor doliente* (1937) y *Oro de Indias* (1941).

chocante *adj.* **1.** Que choca. **2.** Que produce o causa extrañeza. **3.** Gracioso, extravagante.

chocar *v. intr.* **1.** Encontrarse dos cuerpos de manera brusca y violenta, dándose un golpe; pueden estar los dos en movimiento o sólo uno de ellos. **2.** Pelear, combatir. **3.** Discutir o reñir una persona con otra. **4.** Ser contrarias dos o más personas o cosas, estar en desacuerdo. **5.** Causar extrañeza algo. ‖ *v. tr.* **6.** Darse las manos en señal de saludo, felicitación, conformidad, etc. También *v. intr.* **7.** Juntar los vasos o copas al brindar. ■ Se conjuga como *sacar*.

chocarrería *s. f.* Gracia de mal gusto.

chocarrero, ra *adj.* **1.** Que tiene gracia grosera, burda. **2.** Se aplica a la persona que dice o hace chocarrerías. También *s.*

chocha *s. f.* Becada*.

chochaperdiz *s. f.* Becada*.

chochear *v. intr.* **1.** Tener las facultades físicas y mentales disminuidas por la edad. **2.** *fam.* Tener excesivo afecto y afición a personas o cosas.

chochera o **chochez** *s. f.* **1.** Cualidad de chocho. **2.** Dicho o hecho de alguien que chochea.

chocho, cha *adj.* **1.** Se dice de la persona que chochea. **2.** Se aplica a la persona que siente mucho cariño o simpatía por otra, o una afición fuera de lo normal por alguna cosa. ‖ *s. m.* **3.** Altramuz. **4.** *vulg.* Órgano genital femenino.

choclo *s. m. amer.* Mazorca de maíz tierno.

choco *s. m.* Jibia pequeña.

choco, ca *adj.* **1.** *amer.* Rabicorto y, p. ext., se aplica a la persona o al animal al que le falta una extremidad. **2.** *Chile, Ec.* De pelo rizado. ‖ *s. m.* **3.** *amer.* Perro de aguas o común.

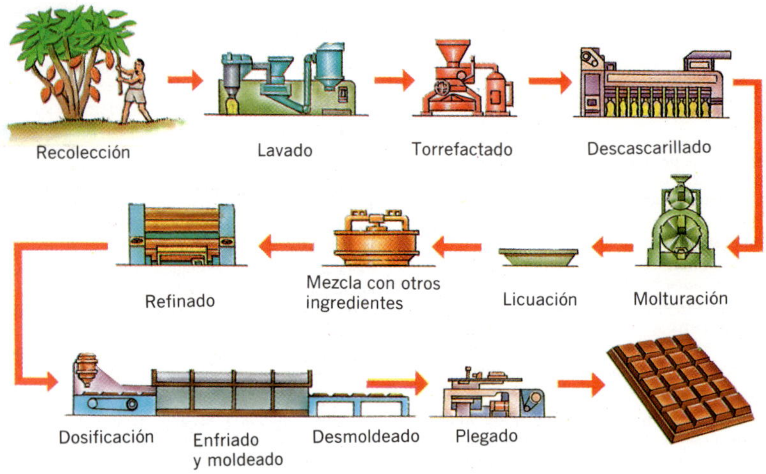

Proceso de fabricación del chocolate: con las semillas de cacao, tostadas y descascarilladas, se elabora una pasta a la que se añade azúcar, manteca de cacao y lecitina.

Chocó Departamento de Colombia, en el O del país, a orillas del océano Pacífico. 46.530 km^2. 338.976 h. en 1989. La capital es Quibdó, con 84.873 h. en 1989. Su economía se basa en una rica minería de platino, oro y plata, recursos forestales, ganadería e industrias alimentarias.

chocolate *s. m.* **1.** Mezcla hecha con cacao, azúcar y, a veces, canela o vainilla. Generalmente se prepara en tabletas, bombones, chocolatinas y otros dulces. **2.** Bebida que se prepara con esta sustancia disuelta en agua o leche. **3.** *fam.* Hachís. ‖ **Loc. el chocolate del loro** *fam.* Ahorro sin importancia en un gasto o presupuesto elevados.

chocolatería *s. f.* **1.** Fábrica de chocolate. **2.** Establecimiento en el que se sirve al público esta bebida caliente, así como leche o bollos.

chocolatero, ra *adj.* **1.** Se dice de la persona muy aficionada a tomar chocolate. También *s.* ‖ *s. m.* y *f.* **2.** Persona que fabrica o vende chocolate. ‖ *s. f.* **3.** Recipiente en que se hace el chocolate a la lumbre, para tomarlo líquido, y vasija en que se sirve.

chocolatín *s. m. dim.* de **chocolate**. Chocolatina*.

chocolatina *s. f.* Tableta pequeña y delgada de chocolate.

Chocrón, Isaac (Maracay 1933) Escritor venezolano. Autor de novelas, como *Se ruega no tocar la carne por razones de higiene* (1970), es en el campo teatral donde ha obtenido sus mayores éxitos, con *El quinto infierno* (1961), *Animales feroces* (1963), *O.K.* (1969) y *La máxima felicidad* (1975).

chófer *s. m.* Persona cuya profesión consiste en conducir vehículos, como coches, camiones, furgonetas, etc.

Choiseul, Étienne-François, duque de (? 1719 - París 1785) Militar y político francés. Fue mariscal de campo (1748) y, protegido por la Pompadour, embajador en Roma y en Viena. Dirigió la política exterior francesa entre 1758 y 1770. Firmó con Carlos III el tercer Pacto de familia (1761), suprimió la Compañía de Jesús (1764), anexionó Lorena (1766) y Córcega (1768) y reorganizó la marina y el ejército. Intentó establecer un régimen aristocrático que debilitara el poder real y fue desterrado (1770).

chola o **cholla** *s. f. fam.* Cabeza.

chollo *s. m.* Ganga, cosa provechosa que se consigue con un gasto o esfuerzo mínimos.

cholo, la *adj.* **1.** *amer.* Mestizo de sangre indígena y europea. También *s.* ‖ *s. m.* y *f.* **2.** *Ec., Perú, Ven.* Tratamiento cariñoso, especialmente en su forma diminutiva.

Cholula de Rivadabia C. de México, en el estado de Puebla, cabecera del municipio de San Pedro de Cholula. 15.400 h. en 1970. Entre sus restos arqueológicos sobresale una pirámide del s. III, la mayor del país. También destacan las iglesias de San Pedrito Colomoxco, Santa María y el monasterio franciscano de San Gabriel.

chomba o **chompa** *s. f. amer.* Jersey.

Chomón, Segundo de (Teruel 1871 - París 1929) Cineasta español. Instaló en Barcelona un taller para el coloreado a mano de películas cinematográficas y se especializó en trucajes. En 1906 marchó a París para trabajar con la productora Pathé, siendo el introductor del uso del *travelling.*

Chomsky, Noam (Filadelfia 1928) Lingüista estadounidense. Creador de la gramática generativo-transformacional, se ha ocupado también de temas de política internacional, desde posiciones muy críticas hacia los EE UU. Entre sus obras sobresalen *Estructuras sintácticas* (1957), *Cuestiones frecuentes en la teoría lingüística* (1964), *La responsabilidad de los intelectuales* (1969), *Resultados empíricos de la gramática transformacional* (1973) y *La cultura del terrorismo* (1988).

chongo *s. m.* **1.** *Méx.* Moño de pelo; también, rizo. **2.** *Méx.* Broma.

Chongqing C. de China, situada en el sector central del país, a orillas del Yangtsé-kiang. 2.750.000 h. en 1989. Nudo de transporte ferroviario e importante puerto fluvial, posee también numerosas industrias.

chontal *adj.* **1.** Se aplica a un grupo de tribus maya-quiché de Oaxaca y Tabasco (México) y a los individuos de este grupo. También *s.* **2.** *Amér. del S.* Se dice de la persona basta. También *s.*

chopera *s. f.* Lugar donde abundan los chopos.

Chopin, Frédéric (Zelazowa Wola, Polonia 1810 - París 1849) Compositor y pianista polaco. Es uno de los creadores del romanticismo musical, al que aporta una producción original, caracterizada por sus geniales intuiciones armónicas. Establecido en París (1831), tuvo relaciones amorosas con la escritora George Sand. Se dedicó casi exclusivamente a la composición de piezas para piano, instrumento a cuyo desarrollo contribuyó decisivamente: 27 estudios, 51 mazurcas, 20 nocturnos, 14 polonesas, 3 sonatas. Compuso también dos conciertos para piano y orquesta.

Frédéric Chopin. Retrato de Eugène Delacroix (Museo del Louvre, París).

chopo *s. m.* Álamo* negro.

chopped (voz ingl.) *s. m.* Embutido grueso semejante a la mortadela.

choque *s. m.* **1.** Acción y efecto de chocar. **2.** Shock*. **3.** Impresión o emoción fuerte.

choquezuela *s. f.* Rótula*, hueso pequeño de la rodilla.

chorar *v. tr. fam.* Robar.

chorbo, ba *s. m.* y *f.* **1.** *fam.* Novio o acompañante frecuente. **2.** *fam.* Tipo, fulano, persona joven. **3.** *fam.* Apelativo amistoso.

choricear o **chorizar** *v. tr. fam.* Robar. ■ La forma *chorizar* se conjuga como *cazar.*

choricero, ra *s. m.* y *f.* Persona que fabrica o vende chorizos.

chorizo[1] (del lat. *salsicium*) *s. m.* **1.** Embutido hecho con carne de cerdo picada y adobada con pimentón. **2.** *vulg.* Excremento. **3.** *amer.* Cilindro de una mezcla de barro y paja que se usa en la construcción de una casa.

chorizo[2] (del caló *chori*, ladrón) *s. m. fam.* Ladrón de poca importancia.

chorlito *s. m.* **1.** Nombre común de diversas aves caradriformes de la familia carádridos, que comprende unas 50 especies de géneros como *Charadrius, Pluvialis,* etc. Son aves que alcanzan unos 30 cm de longitud y tienen el pico recto y corto, y las patas y alas largas. Su plumaje es castaño, gris o amarillo en el dorso y blanco en el vientre. Se alimentan de pequeños animales acuáticos que cazan en las playas. Otros son insectívoros y viven en tierras altas. Se encuentran en casi todo el mundo y algunos son migradores. ‖ **2. cabeza de chorlito** Véase **cabeza**.

Chorlito dorado común (Pluvialis apricaria).

choro *s. m. Chile, Perú.* Mejillón*.

Chorolque, nevado de Volcán extinguido de los Andes bolivianos, en el departamento de Potosí. 5.614 m de altura. En él existen importantes minas de estaño y bismuto.

chorote *s. m. Méx.* Bebida hecha con pinole, cacao molido, azúcar y especias.

chorra *adj.* **1.** *vulg.* Se dice de la persona necia, tonta. También *s. m.* ‖ *s. f.* **2.** *fam.* Casualidad, suerte. **3.** *vulg.* Pene.

chorrada *s. f.* **1.** *fam.* Necedad, tontería, dicho fuera de lugar. **2.** *fam.* Cosa inútil o de poco valor.

chorreado, da **1.** *p. p.* de **chorrear**. También *adj.* ‖ *s. f.* **2.** Pequeña cantidad de líquido que se echa a chorro.

chorreadura *s. f.* **1.** Chorreo*. **2.** Mancha que deja un líquido al chorrear sobre algo.

chorrear *v. intr.* **1.** Caer o salir un líquido a chorros de algún sitio. También *v. tr.* **2.** Salir el líquido lentamente, goteando. También *v. tr.* **3.** *fam.* Estar una persona o cosa empapada, muy mojada. **4.** Llegar o producirse una cosa poco a poco y con intervalos. ‖ *v. tr.* **5.** *fam.* Reprender o reñir a alguien violentamente.

chorreo *s. m.* **1.** Acción y efecto de chorrear. **2.** *fam.* Gasto continuo y abundante de algo, en especial de dinero. **3.** *fam.* Bronca, regañina.

chorrera *s. f.* **1.** Lugar por donde corre una pequeña porción de líquido. **2.** Marca que deja el agua por donde ha corrido. **3.** Adorno de encaje, generalmente en la pechera de la camisa. **4.** Tramo del río en el que por el declive el agua corre con gran velocidad. **5.** Cascada de agua.

chorretada *s. f.* Chorro que sale con fuerza.

chorro *s. m.* **1.** Líquido o gas que sale por un orificio con alguna fuerza. **2.** Pequeño caudal de agua que fluye por un cauce. **3.** P. ext., caída continuada de cosas iguales y menudas. **4.** Salida abundante e impetuosa de cualquier cosa. **5.** *Arg.,*

Urug. Ladrón, estafador. || **6. chorro de arena** Procedimiento para limpiar o pulir una superficie metálica consistente en proyectar una masa de arena mediante aire comprimido. **7. chorro de voz** Voz muy potente. || **Loc. a chorros** *adv.* Con gran abundancia, de manera incontenible. **como los chorros del oro** *fam.* Limpísimo.

chorvo, va *s. m.* y *f.* Chorbo*.

Chorzów C. de Polonia, en la Alta Silesia, en las proximidades de Katowice. 133.300 h. en 1988. Es un centro minero del carbón, que posee industria siderúrgica, química y de material ferroviario.

chotacabras *s. f.* Nombre común de diversas aves caprimulgiformes de la familia caprimúlgidos, con varios géneros entre los que destaca el *Caprimulgus.* Son aves insectívoras, de unos 30 cm de longitud y plumaje gris, castaño o rojizo, con cabeza grande y aplanada, provistas de enormes fauces que utilizan para cazar insectos al vuelo. El chotacabras gris *(Caprimulgus europaeus)* vive en Eurasia y África; otras especies habitan en América y Australia.

chotearse *v. prnl. fam.* Burlarse de alguien.

choteo *s. m. fam.* Burla, mofa.

chotis *s. m.* **1.** Baile de parejas muy generalizado en España, y especialmente en Madrid, desde finales del s. XIX. Es de movimiento lento y compás de cuatro tiempos. **2.** Música de este baile.

choto, ta *s. m.* y *f.* **1.** Cría de la vaca, mientras mama. **2.** Cabrito. **3.** *fam.* Toro pequeño. || *adj.* **4.** *fam. Col.* Manso, mimado. **5.** *fam. Arg.* Feo, estropeado. || **Loc. estar como una chota** *fam.* Ser una persona alocada, de poco juicio.

chott *s. m.* Nombre que reciben los lagos salados en las regiones del N de África.

chotuno, na *adj.* Se aplica al ganado cabrío mientras mama.

chova *s. f.* **1.** Nombre común de diversas aves paseriformes, de la familia córvidos, género *Pyrrhocorax.* Tienen el plumaje negro azulado y las patas rojas. Miden cerca de 40 cm y viven en zonas montañosas de la región mediterránea. Existen dos especies principales, la chova piquirroja *(Pyrrhocorax pyrrhocorax)* y la chova piquigualda *(Pyrrhocorax graculus)*, que se distinguen por el color del pico, rojo la primera, amarillo la segunda. **2.** Corneja*.

chovinismo *s. m.* Amor exagerado a todo lo de la propia patria y desprecio por lo extranjero.

chovinista *adj.* Que practica el chovinismo. También *s.*

chow-chow *adj.* Se dice de una raza de perros de origen chino, fuerte, de cabeza grande y pelo largo. También *s. m.*

choza *s. f.* **1.** Cabaña construida generalmente con madera y cubierta de ramas o paja. **2.** Casa mísera construida con cualquier material.

chozo *s. m.* Choza pequeña.

Chrétien de Troyes (h. 1135 - h. 1190) Escritor medieval francés. Son célebres sus obras *Lanzarote o El caballero de la carreta* y *Perceval o El cuento del Grial,* novelas en verso en las que se relatan hazañas caballerescas y fantásticas.

Christchurch C. de Nueva Zelanda, en la costa N del país. Es capital del área estadística de Canterbury. 167.700 h. en 1989, 300.700 h. en su área metropolitana. Fundada en 1850, tiene universidad y aeropuerto.

Christensen, Jens Christian (Houen 1856 - Hee 1930) Político danés. De izquierda moderada, fue jefe de gobierno (1905-08), varias veces ministro y presidente de la Folketing o Cámara baja (1912-13).

Christiansen, Sigurd (Drammen 1891 - íd. 1947) Escritor noruego. Influido por Dostoievski, escribió novelas de corte psicológico entre las que destacan *Un viaje en la noche* (1931), *Dos muertos y un vivo* (1931), *El sueño y la vida* (1935) y *El destino de los hombres* (1945).

Christie, Julie (Assam, India 1941) Actriz de cine británica. Su primer filme importante fue *Billy Liar* (1963), dirigido por John Schlesinger. Otras películas suyas destacadas son *Darling* (1965), *Doctor Zhivago* (1965), *Fahrenheit 451* (1966), *Lejos del mundanal ruido* (*Far from the Madding Crowd,* 1966) y *Petulia* (1968).

Agatha Christie.

Christie, Mary Clarisse Miller, llamada **Agatha** (Torquay, Devon 1891 - Wallingford, Oxfordshire 1976) Escritora británica de novelas policiacas. Protagonizan sus novelas varios investigadores, como Hercules Poirot, detective belga, y Miss Marple, anciana solterona típicamente inglesa. Entre su extensa obra, caracterizada por la ingeniosidad de la trama, destacan *El misterioso caso de Styles* (1921), *El asesinato de Rogelio Ackroyd* (1926), *El misterio del tren azul* (1928), *Diez negritos* (1939) y *Cianuro espumoso* (1946). Es también autora de obras teatrales, como *Tres ratones ciegos* (1952), y de una autobiografía.

christmas (voz ingl.) *s. m.* Crismas*.

Christo, Javacheff (Gabrovo 1935) Artista búlgaro. Abandonó su país para residir en Viena, París y, finalmente, Nueva York (1964). Representante del arte conceptual, empezó a envolver objetos en papel, tela o plástico, hasta extender sus embalajes a monumentos y accidentes geográficos, como el embalaje del Museo de Arte Contemporáneo de Chicago (1969), la *Cortina del valle,* telón de nailon situado en una garganta de Colorado (1971-72) y el montaje de 3.100 sombrillas en Tejón, California (de color amarillo) e Hitachi, Japón (de color azul) en 1991.

Christophe, Henri (isla de Granada 1767 - Puerto Príncipe 1820) Dictador y rey de Haití. Fue uno de los jefes, junto con Toussaint Louverture y Dessalines, de la sublevación negra contra los franceses en la isla. Nombrado presidente (1807), se erigió en dictador y se proclamó rey (1811), con el nombre de Enrique I. En 1820 sufrió una parálisis y se suicidó.

Chu En-lai (Huai-yin, Kiang-si 1898 - Pekín 1976) Político chino. En 1936, como vicepresidente del comité militar revolucionario, pactó con Chiang Kai-chek la unidad de acción contra los japoneses. En 1945 era miembro del politburó del Partido Comunista y uno de los líderes carismáticos del movimiento revolucionario, que acabó por imponerse en 1948. Proclamada la República Popular China, fue presidente del consejo de ministros de 1958 a 1976.

chubasco *s. m.* **1.** Lluvia momentánea, más o menos fuerte, y en algunas ocasiones acompañada de viento. **2.** Mala racha, contratiempo pasajero.

chubasquero *s. m.* Impermeable ligero.

Chubut Prov. de Argentina, situada en la Patagonia, al S del país. 224.686 km^2. 328.000 h. en 1989. Sus principales actividades económicas son la extracción de petróleo y la cría de ovinos. La capital es Rawson, con 13.000 h. en 1980, pero la ciudad más importante es Comodoro Rivadavia, con 96.800 h. en 1980.

chúcaro, ra *adj. Amér. del S.* Bravío, sin domar, arisco.

chuchería *s. f.* **1.** Objeto de poca importancia y sin utilidad, pero delicado y que puede ser estimado. **2.** Alimento ligero, generalmente apetitoso.

chucho *s. m.* **1.** *Amér. del S.* Escalofrío. **2.** *Amér. del S.* Fiebre palúdica.

chucho, cha *s. m.* y *f.* **1.** *fam.* Perro que no es de raza. También, en sentido desp., todo tipo de perros. || *s. f.* **2.** *fam.* Galbana, pereza. **3.** *fam.* Borrachera. **4.** *fam.* Peseta.

chuchurrido, da o **chuchurrío, a** *adj.* **1.** *fam.* Marchito, lacio. **2.** *fam.* Decaído, apagado.

chucrut *s. m.* Plato típico alsaciano a base de col fermentada y aderezada con sal, pimienta, bayas de enebro y, en algunos casos, laurel.

Chueca, Federico (Madrid 1846 - íd. 1908) Compositor español. Suplió su escasa formación con un gran talento intuitivo. Fue autor de zarzuelas tan populares como *La Gran Vía* (1886), *Agua, azucarillos y aguardiente* (1887) y *El año pasado por agua* (1889).

chueco, ca *adj.* **1.** *Amér. del S.* Que tiene las piernas torcidas en arco. **2.** *Amér. C., Méx., Ven.* Torcido, desviado.

chueta *s. m.* y *f.* Nombre que se da en las islas Baleares a las personas de ascendencia judía.

chufa *s. f.* **1.** Cada uno de los tubérculos de la juncia. Son comestibles, de sabor dulce y color amarillo por fuera y blanco por dentro, y con ellos se prepara la horchata. **2.** La misma planta. **3.** *fam.* Golpe, bofetada.

chufla *s. f.* Broma, tomadura de pelo.

chufo *s. m.* **1.** Pequeña porción de cabello que se arrolla en un bigudí u otro utensilio para rizarlo. **2.** Rulo o bigudí en que se arrolla.

chuico *s. m. Chile.* Damajuana, garrafa.

chulada *s. f.* **1.** Chulería, insolencia, desplante. **2.** *fam.* Objeto vistoso, que llama poderosamente la atención por alguna razón.

Chulalongkorn o **Rama V** (Bangkok 1853 - íd. 1910) Rey de Siam (1868-1910). Realizó la modernización de su país para poder mantener su independencia frente a las ambiciones políticas de Francia y Reino Unido. Fijó las fronteras de su país y cedió Angkor y Battambang a la Camboya francesa (1907) y la soberanía de los estados malayos al Reino Unido (1909).

chulángano, na *adj.* Chulo*.

chulapo, pa *s. m.* y *f.* **1.** Chulo, madrileño castizo. **2.** Chulo, provocador.

chulapón, na *s. m.* y *f.* Chulapo, madrileño castizo.

chulear *v. tr.* **1.** Hacer burla de alguien con gracia. Se usa más como *v. prnl.* **2.** Vivir a costa de una mujer. || *v. prnl.* **3.** Presumir, especialmente de ser valiente.

chulería *s. f.* Actitud, hecho o dicho propios del chulo.

chulesco, ca *adj.* Perteneciente o relativo al chulo y a la chulería.

chuleta *s. f.* **1.** Costilla de ternera, buey, cerdo o cordero, con carne pegada a ella. **2.** *fam.* Entre estudiantes, papelito con fórmulas y otros apuntes que se lleva oculto para consultarlo disimuladamente en los exámenes. **3.** *fam.* Bofetada. || *s. m.* **4.** *fam.* Chulo, presumido. También *adj.*

chulla *adj. Bol., Col., Ec., Perú.* Desparejado, que ha perdido su pareja.

chullo *s. m. Arg., Bol., Perú.* Gorro de lana de colores vivos y dibujos geométricos.

chulo, la *adj.* **1.** Se dice del que tiene o adopta una actitud insolente o de desafío. También *s.* **2.** Orgulloso o presumido. **3.** *fam.* Bonito, vistoso. || *s. m.* y *f.* **4.** Individuo castizo de ciertos barrios de Madrid. || *s. m.* **5.** Hombre que explota a prostitutas y vive de lo que ellas ganan.

chumacera *s. f.* **1.** Pieza de una maquinaria sobre la cual gira un eje u otra pieza. **2.** En una embarcación de remo, tablita o pieza donde va el tolete para que no se desgaste el borde del barco. **3.** Muesca, generalmente formada de metal, que sustituye al tolete.

Chumacero, Alí (Acaponeta 1918) Poeta mexicano. Promotor de revistas capitales en la cultura mexicana de los años cuarenta, como *Tierra nueva, Letras mexicanas* o *El hijo pródigo,* es autor de una poesía pura, escueta y, en ocasiones, difícil. Algunos de sus principales títulos son *Páramo de sueños* (1944), *Imágenes desterradas* (1948) y *Palabras en reposo* (1965).

chumbar *v. tr.* **1.** *Arg., Bol.* Disparar con balas. || *v. intr.* **2.** *Arg., Urug.* Ladrar. **3.** *Arg., Urug.* Azuzar al perro para que ladre.

chumbera *s. f.* Higuera chumba o nopal*.

chumbo *s. m. Arg., Par., Urug.* Bala, proyectil.

chumbo, ba *adj.* Se dice del higo procedente de la chumbera o nopal. También *s. m.*

chungo, ga *adj.* **1.** *fam.* Malo, estropeado. **2.** *fam.* Difícil, enrevesado. **3.** *fam.* Persona que no es de fiar. || *s. f.* **4.** *fam.* Broma, burla graciosa. || **Loc. tomar a chunga** *fam.* Tomar en broma, no dar importancia.

chungón, na *adj. fam.* Bromista, guasón.

chunguearse *v. prnl.* Burlarse.

chungueo *s. m. fam.* Acción de chunguearse.

chuña *s. f. Amér. del S.* Ave gruiforme de la familia cariámidos, géneros *Cariama* y *Chunga.* Tiene color pardo, patas y cuello largos, pico corto y fuerte, sobre cuya base se inserta un abanico de plumas finas. Su carne es muy apreciada en alimentación. Se alimenta de culebras y tiene un canto áspero y fuerte. Existen dos variedades: la chuña real *(Cariama cristata),* que abunda en Brasil, Paraguay y NE de Argentina, y la chuña común *(Chunga burmeisteri),* que vive en la zona litoral argentina.

chuño *s. m.* **1.** *Amér. del S.* Fécula de patata. **2.** *Amér. del S.* Crema preparada con fécula de patata, leche y azúcar.

chupa *s. f.* Chaqueta o cazadora. ‖ **Loc. poner** a una persona **como chupa de dómine** *fam.* Insultarle o reñirle duramente.

chupa-chups *s. m.* Caramelo, generalmente redondo, con un palito que le sirve de mango.

chupacirios *s. m. fam.* Despectivamente, beato, santurrón.

chupada *s. f.* Acción de chupar.

chupado, da **1.** *p. p.* de **chupar**. ‖ *adj.* **2.** *fam.* Muy flaco, débil y agotado. **3.** *fam.* Se dice de lo que es o se considera muy fácil de hacer o de lograr. **4.** *Amér. del S.* Bebido, borracho.

chupador, ra *adj.* Que chupa.

chupar *v. tr.* **1.** Sacar o extraer con los labios o el órgano adecuado el jugo o líquido de una cosa. También *v. intr.* **2.** Meter en la boca alguna cosa humedeciéndola con saliva. **3.** Lamer, pasar la lengua por una cosa. **4.** Absorber, embeber un líquido. **5.** *fam.* Despojar a alguien, quitarle una cosa. **6.** *fam.* Sacar provecho o ganancia sin esfuerzo. También *v. intr.* **7.** *fam.* Verse obligado a soportar algo desagradable. **8.** *fam.* En ciertos deportes, abusar del juego individual, sin tener muy en cuenta al resto del equipo. **9.** *Amér. del S.* Beber. ‖ *v. prnl.* **10.** *fam.* Irse enflaqueciendo una persona. ‖ **Loc. chupar banquillo** *fam.* En ciertos deportes, estar de suplente. **chupar del bote** *fam.* Aprovecharse de algo. **chupar rueda** En ciclismo, seguir un corredor inmediatamente pegado a la rueda de otro. P. ext. , se dice de una persona que se aprovecha del empuje o iniciativa de otra. **chuparse el dedo** Véase **dedo**. **chuparse una clase** Saltársela, no asistir a ella. **¡chúpate esa!** *excl. fam.* Fastídiate. También, recalca algo ingenioso u oportuno que se ha dicho.

chupatintas *s. m. fam.* Empleado de oficina, en sentido despectivo.

chupe *s. m.* Chupete*.

chupeta *s. f.* Chupete*.

chupete *s. m.* **1.** Pieza de goma en forma de pezón que se da a los niños pequeños para que lo chupen. **2.** Tetina del biberón.

chupetear *v. tr.* Chupar poco pero continuadamente. También *v. intr.*

chupeteo *s. m.* Acción de chupetear.

chupetín *s. m. Amér. del S.* Piruleta.

chupetón *s. m.* Acción y efecto de chupar con fuerza.

chupi *adj. fam.* Estupendo, excelente.

chupinazo *s. m.* **1.** Disparo de un cohete de fuegos artificiales. **2.** Cañonazo. **3.** *fam.* En fútbol, fuerte disparo.

chupito *s. m.* Sorbo, trago de vino o licor.

chupón, na *adj.* **1.** Que chupa. **2.** Se aplica al que saca dinero o cualquier otra cosa en su provecho con astucia y engaño. También *s.* **3.** En ciertos deportes, jugador muy individualista. También *s.* ‖ *s. m.* **4.** Émbolo de las bombas de desagüe. **5.** Brote que en una planta se desarrolla demasiado y no la deja desarrollarse o disminuye el fruto. **6.** Carámbano.

chupóptero, ra *s. m.* y *f. fam.* Persona que vive sin trabajar o que, sin merecerlo, disfruta de uno o más sueldos.

chuquisa *s. f. Chile, Perú.* Prostituta.

Chuquisaca Departamento de Bolivia, en el S del país. 51.524 km^2. 498.000 h. en 1990. La capital es Sucre, con 89.000 h. en 1986. Tiene un relieve montañoso en el E, con las estribaciones de los Andes, y de valles y puna erosionada el resto. Su economía es eminentemente agrícola, con cultivos de trigo, maiz y viñedo, y posee recursos forestales, petrolíferos e industria manufacturera.

Church, Alonzo (Washington 1903) Lógico y matemático estadounidense. Sus mayores contribuciones han sido en el campo de la metalógica. Demostró la indecidibilidad del cálculo de los predicados de primer orden (1936).

Churchill, sir Winston Leonard Spencer (Blenheim Palace, Oxfordshire 1874 - Londres 1965) Político y escritor británico. Miembro del Partido Conservador (salvo en el periodo 1904-24, en que militó en el Liberal). Al estallar la Primera Guerra Mundial, ocupaba el cargo de lord del Almirantazgo. Nombrado primer ministro en 1940, se convirtió en el símbolo de la resistencia británica contra Hitler durante la Segunda Guerra Mundial. Al finalizar el conflicto, participó en la conferencia de Potsdam. En 1945, las elecciones generales dieron el poder a los laboristas, pero volvió a ocupar la presidencia del gobierno con un gabinete conservador entre 1951 y 1955. Escribió varias obras de tema histórico y político, como *The world crisis, 1911-1918,* y una autobiografía. En 1953 le fue concedido el premio Nobel de literatura.

Winston Churchill.

churo, ra *adj.* **1.** *Arg., Bol., Chile, Perú.* Bonito, agraciado. También *s.* ‖ *s. m.* **2.** *Col., Ec.* Rizo.

churrasco *s. m.* Carne asada a la parrilla o a la plancha.

churre *s. m. fam.* Grasa sucia que escurre de algo.

churrería *s. f.* Lugar donde se hacen y venden churros.

churrero, ra *s. m.* y *f.* **1.** Persona que hace y vende churros. ‖ *s. f.* **2.** Utensilio para hacer churros. ‖ *adj.* **3.** *fam.* Se dice de la persona que tiene buena suerte. También *s.* **4.** *fam.* Que hace las cosas con poco cuidado. También *s.*

churretada *s. f.* Churrete grande.

churrete *s. m.* **1.** Mancha, especialmente en la cara, las manos o cualquier otra parte del cuerpo. **2.** *Arg., Urug.* Burla, broma pesada. ‖ **Loc. tomar** a alguien **para el churrete** *fam. Arg., Urug.* Burlarse de una persona.

churretón *s. m.* Churrete, mancha.

churretoso, sa *adj.* Se aplica a la persona que suele estar llena de churretes.

Churriguera Familia de arquitectos y escultores españoles, representantes de un barroco popular. **José Benito** (Madrid 1665 - íd. 1725) aúna en su obra escultórica la monumentalidad y la libertad decorativa; son características las columnas salomónicas profusamente ornamentadas, como las del retablo de San Esteban de Salamanca (1693). Como constructor muestra un estilo más sobrio y funcional, patente en el palacio Goyeneche de Madrid, hoy Academia de San Fernando, y en el proyecto de la ciudad y palacio de Nuevo Baztán (1709-13). A su hermano **Joaquín** (Madrid 1674 - Salamanca 1724) se deben el colegio de Calatrava y la cúpula de la catedral nueva, en Salamanca. Las obras más importantes de **Alberto** (Madrid 1676 - Orgaz, Toledo 1750), hermano de los anteriores, son, también en Salamanca, el trascoro y sillería de la catedral nueva (1724) y la Plaza Mayor (1729-33).

churrigueresco, ca *adj.* **1.** Se dice del estilo barroco español desarrollado por el arquitecto José Benito Churriguera y sus imitadores en el s. XVIII y que se caracteriza por la gran cantidad de adornos. **2.** Muy recargado de adornos.

churro *s. m.* **1.** Masa de harina y agua, a la que se da forma de cordón grueso estriado con un aparato especial y se fríe en aceite. **2.** *fam.* Chapuza, cosa mal hecha. **3.** Buena suerte, acierto casual.

churro, rra *adj.* **1.** Se dice del ganado ovino cuya lana es más basta y larga que la merina. También *s.* **2.** Se dice de esta lana. ‖ **Loc. no mezclar (las) churras con (las) merinas** *fam.* Se emplea para resaltar que no deben confundirse personas o cosas muy distintas.

Churruca y Elorza, Cosme Damián (Motrico, Guipúzcoa 1761 - batalla de Trafalgar 1805) Marino español. Participó en varias expediciones de carácter científico, entre las que destaca la de 1791 para realizar un atlas marítimo de América del Norte. Murió en la batalla de Trafalgar, en la que mandaba el navío *San Juan Nepomuceno.*

churruscar *v. tr.* Asar o tostar demasiado un alimento. Se usa más como *v. prnl.* ▪ Se conjuga como *sacar.*

churrusco *s. m.* Trozo de pan muy tostado o que se empieza a quemar.

churumbel *s. m. fam.* Niño o muchacho.

chuscada *s. f.* Gracia o chiste basto.

chusco, ca *adj.* **1.** Que tiene gracia y picardía. Se aplica a personas, cosas y acciones. También *s.* ‖ *s. m.* **2.** Pedazo de pan. **3.** Pieza de pan, más pequeña que la barra.

chusma *s. f.* Conjunto de gente basta y grosera.

chusmear *v. tr. Amér. del S.* Cotillear. También *v. intr.*

chuspa *s. f. Amér. del S.* Alforja, bolsa.

chusquero *adj.* Se aplica al jefe u oficial del ejército que no ha pasado por la academia militar. También *s. m.*

chut (voz ingl.) *s. m.* En fútbol, acción y efecto de chutar.

chuta *s. f.* En argot, jeringuilla para inyectarse droga.

chutar *v. intr.* **1.** En fútbol, lanzar fuertemente el balón con el pie. También *v. tr.* **2.** *fam.* Funcionar, marchar bien alguien o algo. ‖ *v. prnl.* **3.** En argot, inyectarse droga.

chutazo *s. m.* Chut*.

chute *s. m.* En argot, inyección de droga.

chuva *s. f.* Mono platirrino de la familia cébidos, especie *Ateles variegatus.* Habita en el Amazonas.

chuyaco *s. m. Col.* Dulce que se prepara con guanabana, azúcar, vino y canela.

chuzo *s. m.* **1.** Palo con un pincho de hierro, que usaban especialmente los serenos. **2.** *Chile.* Barra de metal puntiaguda con la que se horada la tierra. ‖ **Loc. caer chuzos de punta** *fam.* Llover fuerte y mucho.

José Benito Churriguera: retablo mayor, convento de San Esteban (Salamanca, España).

CIA (siglas de *Central Intelligence Agency*) Organismo que controla y dirige el espionaje y el contraespionaje de EE UU. Fue creado en 1947.

ciaboga *s. f.* Maniobra que consiste en hacer girar una embarcación moviendo los remos de cada banda en sentido contrario.

cian- *pref.* Forma palabras científicas, añadiéndoles el significado de 'azul': *cianosis, cianuro.*

cianamida *s. f.* NH_2–CN. Compuesto químico derivado del amoniaco por sustitución de un átomo de hidrógeno por el grupo –CN. Su derivado más importante es la *cianamida cálcica* ($CaCN_2$), sal obtenida por reacción del carburo de calcio con nitrógeno que se emplea como fertilizante.

cianhídrico, ca *adj.* **1.** Perteneciente o relativo al ácido cianhídrico. || **2. ácido cianhídrico** HCN. Nitrilo del ácido fórmico, ácido líquido e incoloro, soluble en agua, que se convierte en vapor a 25 °C. Arde en contacto con el aire y produce mezclas explosivas al reaccionar con el oxígeno. Se usa como insecticida.

Ciano, Galeazzo (Liorna 1903 - Verona 1944) Político italiano. Yerno de Mussolini, fue ministro de Asuntos Exteriores (1936-43) y embajador ante la Santa Sede. En 1943 votó la dimisión del Duce en el Gran Consejo fascista. Liberado Mussolini por los alemanes, Ciano fue juzgado por traición y ejecutado.

cianobacterias *s. f. pl.* Clase de organismos unicelulares procariotas del reino móneras, que tienen una estructura similar a las bacterias por carecer sus células de membrana nuclear, ser autótrofas, es decir, capaces de realizar la fotosíntesis, y poseer clorofila y otros pigmentos que les dan un color verdeazulado. Viven en ambientes acuáticos, aisladas o agrupadas en colonias o filamentos. Ciertas especies construyen arrecifes, algunos de los cuales están entre las formaciones vivas más antiguas que se conocen, pues se remontan a miles de millones de años. Cianobacterias son *Nostoc*, *Oscillatoria* y *Spirulina.* También *adj.* y *s. f.*

cianosis *s. f.* Coloración azul o negruzca de la piel de una persona, producida por una alteración circulatoria, especialmente por oxigenación insuficiente de la sangre.

cianótico, ca *adj.* **1.** Perteneciente o relativo a la cianosis. **2.** Se dice de la persona que la padece. También *s.*

cianuración *s. f.* Método de obtención de algunos metales, especialmente el oro y la plata, a partir de sus minerales tratados con cianuros solubles.

cianuro *s. m.* Nombre común de las sales derivadas del ácido cianhídrico, como el cianuro de sodio (NaCN) o el cianuro de potasio (KCN). Son compuestos muy tóxicos y se emplean en los procesos de cianuración.

ciar *v. intr.* Remar hacia atrás para que la embarcación retroceda o dé una vuelta en redondo. ▪ En cuanto al acento, se conjuga como *ansiar. cío.*

ciático, ca *adj.* **1.** De la cadera. Particularmente, se dice de cada uno de los dos nervios formados a partir de los seis pares de nervios sacros, que se originan en la región sacra de la médula espinal. Recorren el muslo, se bifurcan en la rodilla e inervan la pierna y el pie. También *s. m.* || *s. f.* **2.** Neuralgia del nervio ciático causada por compresión o irritación de éste. Produce un dolor, a veces muy fuerte, que se extiende por la nalga, parte posterior del muslo, pantorrilla y pie, y se trata mediante analgésicos, fisioterapia e infiltraciones locales.

Cibeles Diosa frigia de la fertilidad, venerada en toda Asia y cuyo culto fue adoptado por los griegos y los romanos. En su honor se celebraban orgías. Se la representa en un carro tirado por dos leones.

cibernética *s. f.* Ciencia que estudia comparativamente los sistemas de comunicación y de regulación automática o control en los seres vivos y en las máquinas. Fue fundada en 1948 por Norbert Wiener. Los métodos cibernéticos, basados en el *feed-back* o realimentación, se ocupan de los procesos de transformación de un estímulo exterior en información (entrada) y de la reacción del sistema mediante una respuesta (salida). Pueden aplicarse por igual a la biología y a máquinas complejas, como las computadoras electrónicas, así como a la lingüística, la economía, la teoría de la información, etc. **FAM.** Cibernético.

cicadáceas *s. f. pl.* Familia de plantas leñosas gimnospermas de la clase cicadinas que comprende diversas especies pertenecientes al género *Cycas* y otros. Tienen hojas pinnadas que se agrupan formando un penacho en el ápice del tronco y son dioicas; su aspecto externo recuerda a las palmeras y los helechos arborescentes. Crecen en las regiones intertropicales y subtropicales. También *adj.* y *s. f.*

cicatear *v. intr.* Escatimar, racanear.

cicatero, ra *adj.* Tacaño, avaro. También *s.* **FAM.** Cicatería.

cicatriz *s. f.* **1.** Señal que queda en la piel o en los tejidos después de la curación de un herida, corte, ampolla, etc. **2.** Impresión que deja en una persona una pena, un sufrimiento, un desengaño, etc.

cicatrización *s. f.* **1.** Acción y efecto de cicatrizar. **2.** En med., formación espontánea de tejidos nuevos que reemplazan a los que han sido dañados por heridas, llagas, quemaduras, etc. La señal que queda en el lugar de una cicatrización se llama cicatriz. Si los daños fueron muy extensos, puede ser preciso realizar un trasplante de piel para conseguir así la curación.

cicatrizar *v. tr.* **1.** Cerrar, curar una llaga o herida. También *v. intr.* y *v. prnl.* **2.** Hacer olvidar o superar una mala experiencia. También *v. intr.* y *v. prnl.* ▪ Se conjuga como *cazar.* **FAM.** Cicatrizante.

cícero *s. m.* En imprenta, unidad de medida que equivale a 12 puntos tipográficos del sistema Didot, y a algo más de 4,5 mm.

Cicerón, Marco Tulio (Arpino 106 a. C. - Formies 43 a. C.) Orador, escritor y político romano. Partidario de las instituciones republicanas, se enfrentó a Catilina, contra quien pronunció sus famosos discursos llamados *Catilinarias*, a César, y a Marco Antonio, a quien combatió con las *Filípicas.* Entre sus libros merecen recordarse *De oratore* (55 a. C.), sobre la elocuencia; *De republica* (52 a. C.), sobre la política; *De amicitia* (45 a. C.), diálogo sobre la amistad, y *De senectute* (45 a. C.), elogio de la vejez.

Cicerón (Museo Capitolino, Roma).

cicerone *s. m.* y *f.* Persona que enseña y explica a otras las cosas interesantes de una ciudad, un monumento, un museo, etc.

ciceroniano, na *adj.* Propio del orador romano Cicerón o semejante a alguna de sus características literarias.

Cícladas, islas Archipiélago del mar Egeo. Constituye un nomo de la república de Grecia. 2.572 km^2. 88.400 h. en 1981. Las principales islas son Delos, Andros, Naxos y Paros.

ciclamen *s. m.* Nombre común de diversas plantas herbáceas de la familia primuláceas, género *Cyclamen.* La especie *Cyclamen europeum* posee un gran tubérculo, raíces fibrosas, hojas acorazonadas y flores blancas y rosadas. Se cultiva como planta ornamental.

cíclico, ca *adj.* **1.** Que se repite cada cierto tiempo. **2.** Se aplica a la enseñanza dividida en ciclos. **FAM.** Cíclicamente.

ciclismo *s. m.* Deporte que se practica sobre bicicleta, por afición o en diversas competiciones. El ciclismo se practica en dos grandes modalidades: fondo en carretera (mundial de fondo y carreras por etapas) y pista (velocidad, ciclismo tras moto, persecución, etc.). Las principales pruebas de fondo son las carreras por etapas, competición abierta a equipos profesionales, entre las que destacan el Tour de Francia, la Vuelta de España y el Giro de Italia.

ciclista *adj.* **1.** Perteneciente o relativo al ciclismo. || *s. m.* y *f.* **2.** Persona que monta en bicicleta, particularmente si lo hace como deporte. **3.** Profesional del deporte de la bicicleta.

ciclo *s. m.* **1.** Conjunto de periodos, fases de un fenómeno, operaciones, etc., que se suceden unas a otras hasta volver a repetirse en el mismo orden. **2.** Serie de actos de carácter cultural, relacionados entre sí. **3.** Conjunto de poemas, en especial épicos, u otras obras literarias o artísticas, sobre un mismo tema, un mismo personaje, etc. **4.** Cada una de las divisiones de un plan de estudios. **5.** En biol., circulación continua de materia o energía a través de un sistema ecológico. **6.** Conjunto de reacciones químicas que permiten a los seres vivos absorber o utilizar energía. P. ej., el ciclo de la fotosíntesis, que hace posible a las plantas absorber energía solar y convertirla en energía química. || **7. ciclo biológico** Conjunto de fases en la evolución de una especie vegetal o animal, desde su formación hasta la creación de descendientes. **8. ciclo de erosión** En geol., serie de fenómenos que desgastan las estructuras geológicas desde su formación. **9. ciclo de memoria** En inform., tiempo mínimo que se requiere para que una operación de acceso a la memoria central sea efectuada. **10. ciclo económico** Conjunto de cambios que se producen de forma regular en la actividad económica en periodos de tiempo determinados. El ciclo suele dividirse en cuatro fases: expansión, crisis, recesión y recuperación. **11. ciclo menstrual** Conjunto periódico de cambios que experimenta el organismo de la mujer en relación con la ovulación, en especial, la expulsión de sangre procedente del útero cuando el óvulo no es fecundado. Si el óvulo es fecundado, se detiene el ciclo menstrual durante todo el embarazo. Este ciclo también existe en las hembras de los demás mamíferos, donde se llama *ciclo estrual.*

Biol. y ***Ecol.*** Las plantas verdes (con clorofila) toman elementos químicos del suelo y del aire y los incorporan a su organismo. Luego esos elementos pueden pasar a formar parte de los animales que se alimentan de plantas. Finalmente vuelven a la tierra al descomponerse el cuerpo de los animales en los que están contenidos. Paralelamente a este flujo de los elementos se produce un intercambio de energía. Para transformar la materia mineral en orgánica, las plantas verdes emplean la energía solar y la acumulan en forma de energía química en su organismo. Esta energía es devuelta continuamente a la atmósfera en forma de calor a través de la respiración. En este sentido, los ciclos más importantes son los del agua, carbono, oxígeno y nitrógeno.

cicloalcano *s. m.* C_nH_{2n}. Nombre común de los hidrocarburos alcanos cuya molécula es cerrada. Los más estables son el ciclopentano (C_5H_{10}) y el ciclohexano (C_6H_{12}), en cuyas moléculas los carbonos ocupan los vértices de un pentágono y hexágono, respectivamente.

cicloalqueno *s. m.* Hidrocarburo alqueno cuya molécula es cerrada.

ciclo-cross *s. m.* Modalidad de ciclismo a campo traviesa o por circuitos accidentados.

cicloide *s. f.* Curva engendrada por un punto de una circunferencia al girar o rodar ésta sobre una recta sin deslizarse.

ciclomotor *s. m.* Motocicleta de pequeña cilindrada y cambio automático, de forma semejante a la de una bicicleta.

ciclón *s. m.* **1.** Viento muy fuerte producido por una depresión atmosférica. **2.** Masa atmosférica, también denominada borrasca, en la que el aire gira alrededor de un centro de bajas presiones. **FAM.** Ciclónico.

cíclope o **ciclope** *s. m.* Gigante mitológico que tenía un solo ojo en medio de la frente. Es célebre el cíclope Polifemo, que aparece en la *Odisea.*

ciclópeo, a *adj.* **1.** Perteneciente o relativo a los cíclopes. **2.** Gigantesco, enorme. **3.** Se dice de ciertas construcciones muy antiguas, hechas con piedras enormes sin tallar, superpuestas generalmente sin argamasa.

ciclosilicato *s. m.* Grupo de silicatos cuyas estructuras tetraédricas de SiO_4^{4-} forman anillos. A él pertenecen el berilo y la turmalina.

ciclostil o **ciclostilo** *s. m.* **1.** Técnica para reproducir muchas veces un escrito o un dibujo mediante clichés perforados por los que pasa la tinta. **2.** Aparato que utiliza esta técnica.

ciclostilar *v. tr.* Sacar copias en el ciclostil.

ciclóstomos *s. m. pl.* Grupo de peces perteneciente a la superclase agnatos, que comprende unas 60 especies de mixinos y lampreas marinas y fluviales. Se caracterizan por carecer de escamas y de mandíbulas. Tienen el cuerpo largo y cilíndrico y se alimentan de restos orgánicos o parasitan a otros peces, sujetándose a ellos con una boca redonda que actúa como una ventosa. Ciclóstomos son el mixino *(Myxine glutinosa)*, la lamprea marina *(Petromyzon marinus)* y la lamprea de río *(Lampetra fluviatilis)*. También *adj.* y *s. m.*

ciclotimia *s. f.* Estado mental que se caracteriza por fuertes variaciones de humor, que pasan de periodos de exaltación (alegría) a otros de depresión (tristeza, melancolía). La intensificación de estos cambios puede dar lugar a trastornos de carácter psicótico. **FAM.** Ciclotímico.

ciclotrón *s. m.* Acelerador de partículas cargadas que somete a éstas a la acción de un campo magnético intenso, que las acelera y las obliga a describir una curva en espiral. Un electrodo auxiliar imprime a las partículas un movimiento rectilíneo para que actúen de proyectiles sobre el núcleo del átomo que se pretende bombardear para desintegrarlo. Fue creado en torno a 1930 por E. O. Lawrence, físico estadounidense.

cicónidos *s. m. pl.* Familia de aves perteneciente al orden ciconiformes que incluye unas 17 especies de cigüeñas, marabúes y tántalos. Se caracterizan por carecer de garra pectinada en los pies, cuyos dedos son cortos y parcialmente palmeados. Habitan en áreas pantanosas de regiones cálidas y tropicales. También *adj.* y *s. m.*

ciconiforme *adj.* **1.** En forma de cigüeña o semejante a ella. ‖ *s. m. pl.* **2.** Orden de aves que comprende siete familias: cicónidos, ardeidos, coclearidos, balenicipítidos, escópidos, tresquiornítidos y foenicoptéridos. Se caracterizan por tener generalmente las patas y cuello largos, alas amplias y pies con cuatro dedos. Se alimentan de animales acuáticos e insectos. Ciconiformes son las garzas, cigüeñas, ibis, flamencos, etc. También *adj.* y *s. m.*

cicuta *s. f.* **1.** Nombre común de diversas plantas de la familia umbelíferas, géneros *Aethusa*, *Conium*, *Cicuta* y *Anthriscus*. Tienen tallo hueco, flores blancas en umbela y hojas compuestas. Sus hojas y sus frutos contienen un alcaloide, la cicutina, usado antiguamente como fármaco y de gran toxicidad. Crecen en lugares húmedos, pantanos y costas, y en los campos como malas hierbas. Las especies principales son la cicuta mayor *(Conium maculatum)*, que mide entre 50 y 200 cm de altura y tiene el tallo estriado; la cicuta menor o perejil de perro *(Aethusa cynapium)*, que mide entre 7 y 125 cm y tiene hojas bipinnadas, y la cicuta acuática o perejil de pantano *(Cicuta virosa)*, que mide entre 50 y 150 cm de altura y crece en estanques o riachuelos. **2.** Veneno que se extrae de las hojas y frutos de estas plantas.

Cid Campeador, Rodrigo Díaz de Vivar, llamado **El** (Vivar, Burgos 1043 - Valencia 1099) Caballero castellano. Creció al servicio de Sancho II de Castilla, siendo nombrado alférez. Tras la muerte del rey en el sitio de Zamora, hizo prestar juramento a Alfonso VI en Santa Gadea de Burgos de que no había participado en el asesinato de su hermano. Las relaciones del Cid con el nuevo monarca no se rompieron de inmediato ni por esta razón, sino por el reparto de unos tributos obtenidos de los musulmanes en 1079. Desterrado de Castilla, entró al servicio del rey de Zaragoza, al-Mutamin. Sin embargo, no guerreó nunca contra Alfonso VI, al que consideró siempre su señor y con el que se reconcilió en varias ocasiones. En una de ellas, tras la batalla de Zalaca, el rey le concedió todos los territorios que pudiera conquistar en el Levante, lo que le llevó a apoderarse en 1094 de la ciudad de Valencia, donde se mantuvo hasta su muerte. Su personalidad y sus hazañas fueron cantadas en numerosos romances y poemas, el más importante de los cuales es el *Cantar de Mio Cid*.

-cida *suf.* Significa 'que mata o extermina': *fratricida, raticida*.

-cidio *suf.* Significa 'acción de matar': *genocidio, homicidio*.

cidra *s. f.* **1.** Fruto del cidro, esperidio semejante al limón, pero de mayor tamaño, de corteza rugosa y pulpa agria. Su zumo, semilla y corteza se usan en medicina. ‖ **2. cidra cayote** Planta de la familia cucurbitáceas, especie *Cucurbita maxima*, de cuyo fruto se obtiene el dulce llamado *cabello de ángel*.

cidro *s. m.* Árbol de la familia rutáceas, especie *Citrus medica*. Mide unos 5 m de altura, tiene el tronco liso, hojas perennes verdes por el haz y rojizas por el envés y flores encarnadas y olorosas. Su fruto es la cidra.

ciego, ga *adj.* **1.** Privado de la vista. También *s.* **2.** Cegado, deslumbrado. **3.** Poseído violentamente por un sentimiento o pasión. **4.** Se dice de la persona que no quiere ver algo que resulta muy claro para los demás. **5.** Se dice de cualquier conducto u orificio completamente tapado. **6.** Borracho o bajo el efecto de una droga. ‖ *s. m. pl.* **7.** Lotería de la ONCE (Organización Nacional de Ciegos de España). ‖ **8. intestino ciego** Ensanchamiento situado en el punto de encuentro del intestino delgado y el intestino grueso, en cuyas paredes se produce la absorción de sales y fluidos. Los herbívoros tienen ciegos de gran tamaño, mientras que los carnívoros lo tienen generalmente pequeño. El apéndice vermiforme surge del intestino ciego. **9. punto ciego** Zona de la retina del ojo donde penetran los vasos sanguíneos y el nervio óptico y que, por carecer de células sensibles a la luz, no responde a la acción de ésta. ‖ **LOC. a ciegas** *adv.* Sin reflexión, sin conocer bien el asunto. **ponerse ciego** *fam.* Saciarse de comida, bebida u otras cosas agradables.

Ciego de Ávila Prov. de Cuba, en el centro del país. 6.910 km^2. 358.000 h. en 1989. La capital es Ciego de Ávila, con 90.100 h. en 1986. Posee cultivos de caña de azúcar y tabaco.

cielito *s. m.* **1.** *dim.* de **cielo**. Se usa como apelativo cariñoso. **2.** *Arg., Chile, Urug.* Danza popular de ritmo de vals, incorporada a la coreografía del pericón.

cielo *s. m.* **1.** Espacio que rodea la Tierra. **2.** Lugar o estado en el que, según ciertas religiones, los bienaventurados gozan de la presencia de Dios. **3.** Parte superior que cubre alguna cosa. **4.** Dios o su providencia. **5.** Apelativo cariñoso que se aplica a una persona. ‖ **6. cielo raso** Techo plano y liso de una habitación. ‖ **LOC. a cielo abierto** *adv.* Al aire libre, a la intemperie, sin techo. **bajado** (o **llovido** o **venido**) **del cielo** *adj. fam.* Se dice de algo, o de alguien, que aparece oportunamente; también, prodigioso, excelente, o conseguido sin esfuerzo. **¡cielos!** *interj.* Expresa admiración o extrañeza. **clamar** una cosa **al cielo** Ser muy injusta, cruel o disparatada. **escupir** uno **al cielo** *fam.* Decir o hacer cosas que luego se vuelven contra uno. **estar en el** (**séptimo**) **cielo** *fam.* Encontrarse muy a gusto. **remover cielo y tierra** *fam.* Hacer todo tipo de gestiones o esfuerzos para conseguir una cosa. **ver** uno **el cielo abierto** (o **los cielos abiertos**) *fam.* Presentársele ocasión o solución favorable para conseguir lo deseado.

ciempiés *s. m.* Nombre común de los artrópodos terrestres de la clase quilópodos, de los que se conocen unas 2.500 especies. Miden entre 0,5 y 30 cm, tienen el cuerpo dividido en numerosos segmentos provistos de patas, de las que posee entre 15 y 174 pares. El primer par está modificado en forma de pinzas o tenazas, con las que pueden inyectar veneno. El ciempiés común es la escolopendra *(Scolopendra morsitans)*.

Ciempiés (Scolopendra morsitans).

cien *adj. num. card.* **1.** Diez veces diez. También *pron.* y *s. m.* ‖ *adj. num. ord.* **2.** Centésimo. También *pron.* ‖ *s. m.* **3.** Signos que representan este número. **4.** Centena, centenar. ‖ **LOC. cien por cien** Totalmente, absolutamente. **poner** a uno **a cien** *fam.* Enfadarle o ponerle muy nervioso; también, excitarle sexualmente.

Cien Años, guerra de los Conjunto de conflictos armados que enfrentaron a Inglaterra y Francia entre 1339 y 1475. Fueron motivados por: la existencia del señorío de los Plantagenet, reyes de Inglaterra desde Enrique II y duques de Normandía, Anjou y Aquitania, lo que les convertía en vasallos del rey de Francia y, al tiempo, señores de un vasto dominio cuyo poder era equiparable al de la propia realeza francesa; el dominio del canal de La Mancha, ámbito económico de primer orden en la Edad Media; la situación jurídicoeconómica del condado de Flandes, vasallo de Francia, pero dependiente de la lana inglesa para la prosperidad de su industria textil; la aparición de los grandes señoríos jurisdiccionales, casa de Borgoña en Francia, casa de Lancaster en Inglaterra, culminación del régimen feudoseñorial. En el curso de la guerra se produjeron formidables transformaciones en la Europa medieval cristiana: el nacimiento del sentimiento nacional, como superación del modelo feudal, simbolizado por Juana de Arco; la aparición de la burguesía y el campesinado como fuerza política con las revueltas de Étienne Marcel en París y la *jacquerie* en Francia, y el movimiento de John Ball y la heterodoxia religiosa de Wickliff en Inglaterra; y las derrotas del ejército feudal francés a manos de un ejército de infantes armados con arco (Crécy, Poitiers, Azincourt) con todas las implicaciones sociales que conllevó.

Cien mil hijos de San Luis Nombre que se dio al ejército que, por acuerdo de la Santa Alianza, Luis XVIII de Francia envió a España en 1823, al mando del duque de Angulema, en apoyo de Fernando VII, para restablecer el absolutismo.

ciénaga *s. f.* Lugar pantanoso, lleno de barro y cieno.

Ciénaga C. de Colombia, en el departamento de Magdalena, junto al mar Caribe. 120.300 h. en 1985. Es centro agrícola, ganadero y pesquero. Posee industrias alimentarias.

ciencia *s. f.* **1.** Actividad humana que trata de descubrir las leyes, principios, causas, etc., de la realidad del mundo y del hombre en sus múltiples aspectos. **2.** Habilidad o maestría en cualquier cosa. ‖ *pl.* **3.** Por oposición a letras, estudios que comprenden las matemáticas, la física, la química y las ciencias naturales. ‖ **4. ciencia infusa** La que, según algunas religiones, viene directamente de Dios por inspiración; también se usa para indicar, en son de burla, lo que alguien pretende saber sin haberlo aprendido. **5. ciencia-ficción** Género literario narrativo cuyas tramas se ambientan en el futuro o en un presente tecnificado, y que presentan posibles formas de vida como consecuencia del desarrollo de la ciencia, las innovaciones tecnológicas y los viajes de exploración del espacio exterior. Los precursores del género fueron Julio Verne y H. G. Wells, y sus más destacados representantes Ray Bradbury, Arthur C. Clarke, Isaac Asimov, Frederic Brown, etc. El género ha tenido asimismo un considerable desarrollo en el cómic y el cine. **6. ciencias aplicadas** Aquellas que tienen como finalidad aplicar los resultados de la investigación a la resolución de problemas prácticos. **7. ciencias de la información** Las que se ocupan del estudio y tratamiento de la información, como el periodismo, las técnicas de la imagen y medios audiovisuales, la publicidad, etc. **8. ciencias exactas** La matemática y la lógica. **9. ciencias humanas** o **del hombre** Véase **humanidades. 10. ciencias naturales** Las que estudian los fenómenos de la naturaleza a partir de los datos suministrados por la experiencia sensible y utilizan sobre todo el método científico o experimental. **11. ciencias ocultas** Conocimientos y prácticas misteriosos que pretenden dominar los secretos de la naturaleza, como la alquimia, magia, astrología, etc. **12. ciencias puras** Las que tienen por objeto el conocimiento de la realidad prescindiendo de su utilidad o aplicación práctica. **13. ciencias sociales** Las que estudian a los seres humanos en su organización, conducta, etc., desde un punto de vista individual y social, como la antropología, la economía, la ciencia política, la historia, la sociología, etc. || Loc. **a ciencia cierta** *adv.* Con toda seguridad, sin duda alguna. **no tener ciencia** (o **tener poca ciencia**) una cosa *fam.* No encerrar ningún secreto, ser fácil de hacer.

Cienc. La ciencia constituye un conjunto o sistema de conocimientos basado en axiomas, postulados y en leyes. El conocimiento científico, para ser tal, ha de contar, por un lado, con un lenguaje que exprese unos conceptos concretos e inequívocos (lenguaje formalizado) y, por otro, servirse de unos procedimientos e investigación de la realidad (métodos) que respondan a unos principios lógicos (a partir del dato más general puede llegarse, por deducción, al fenómeno último o muy particular; inversamente, a partir del fenómeno particular puede obtenerse por inducción el más general). La ciencia, pues, consiste en una teoría o conjunto de ideas y en un tipo de actividad que el hombre lleva a cabo con el objetivo de describir la organización o estructura de lo real, del mundo. Es esencial en esta descripción el carácter objetivo del conocimiento que se obtenga (lo descrito existe fuera del sujeto y es independiente de él) y que le vendrá dado, bien por la verificación o comprobación del cumplimiento de las leyes, bien por la posibilidad de llevar a cabo aplicaciones técnicas. Una clasificación muy simplificada de las ciencias suele distinguir entre las llamadas **especulativas**, que estudian las relaciones entre conceptos abstractos (p. ej., la matemática); las **ciencias de la naturaleza** (física, química, biología, geología, etc.), cuyo estudio puede ser teórico o aplicado y que generalmente se basan en el método experimental, y las **ciencias humanas** o **del hombre**, que tienen a éste como sujeto de estudio desde la perspectiva individual o bien desde la social (historia, sociología, psicología, antropología, etc.).

Cienfuegos 1. Prov. de Cuba, en el centro del país. 4.185 km^2. 358.600 h. en 1989. Su principal recurso económico es el azúcar.
2. C. de Cuba, cap. de la prov. homónima. 120.600 h. en 1986. Cuenta con industrias de azúcar y tabaco.

Cienfuegos, Nicasio Álvarez de (Madrid 1764 - Orthez, Francia 1809) Poeta español. Tras una primera etapa de carácter neoclásico pasó a escribir una poesía prerromántica. Entre sus composiciones destacan *El túmulo*, *A la primavera*, *La escuela del sepulcro* y *La rosa del desierto*.

cienmilésimo, ma *adj. num. part.* Se dice de cada una de las cien mil partes iguales en que se divide algo. También *s.*

cienmilímetro *s. m.* Centésima parte del milímetro. Su símbolo es *cmm.*

cienmillonésimo, ma *adj. num. part.* Se dice de cada uno de los cien millones de partes iguales en que se divide un todo. También *s.*

cieno *s. m.* Barro blando y sucio que se deposita en aguas estancadas, en el cauce y desembocadura de un río, etc.

cientificismo *s. m.* Tendencia a dar un valor excesivo al conocimiento científico, en particular al de las ciencias basadas en los datos de la experiencia, al que considera el único conocimiento válido. Según el cientificismo, el método científico debe extenderse a todos los ámbitos de la vida intelectual y moral. Fam. Cientificista.

científico, ca *adj.* **1.** Perteneciente o relativo a las ciencias, conforme a sus reglas, leyes o principios. **2.** Se dice de quien se dedica a una o más ciencias. También *s.* Fam. Científicamente.

cientifismo *s. m.* Cientificismo*.

ciento *adj. num. card.* **1.** Diez veces diez. || *adj. num. ord.* **2.** Centésimo. || *s. m.* **3.** Centenar. || Loc. **a cientos** *adv.* En gran cantidad. **ciento y la madre** *fam.* Muchísima o demasiada gente. **por ciento** De cada ciento. ▪ Se construye precedido de un número, que indica la cantidad que se toma de cada ciento: *el tres por ciento*, y se representa con el signo *%*.

cierne *s. m.* Acción de fecundarse la flor de la vid o de otras plantas. || Loc. **en ciernes** *adv.* En los comienzos; también, en potencia.

cierre *s. m.* **1.** Acción y efecto de cerrar en cualquiera de sus acepciones. **2.** Lo que sirve para cerrar algo o mantenerlo cerrado. **3.** Cerca, pared, etc., que rodea un lugar. **4.** Acción de dar por terminada la edición de un diario, revista o libro. **5.** En imprenta, orla o recuadro para destacar algún texto. || **6. cierre en fundido** En cinematografía, desaparición gradual de la imagen hasta la oscuridad total. Se dice también *fundido en negro.* **7. cierre metálico** Persiana o reja metálica para defensa de puertas, escaparates, etc. **8. cierre relámpago** Cremallera. || Loc. **echar el cierre** Cerrar un establecimiento al terminar la jornada laboral; también, callarse, cerrar la boca uno.

cierto, ta *adj.* **1.** Verdadero, exacto. **2.** Que está seguro de algo. **3.** Delante de sustantivo, se emplea para referirse a algo o alguien que no se puede precisar; también, un poco de algo. || *adv. afirm.* **4.** Sí, con certeza. || Loc. **de cierto** *adv.* Con seguridad. **estar en lo cierto** Tener razón. **por cierto** *adv.* Se emplea para iniciar una frase con algo recordado o sugerido en una conversación. **sí** (o **no**), **por cierto** *adv.* Sí (o no), ciertamente; se emplea con ironía.

Cierva, Juan de la (Murcia 1895 - Croydon, Londres 1936) Ingeniero español. Inventó el autogiro, que se elevó por vez primera, en 1923, en el aeródromo de Getafe (Madrid). Murió en accidente de aviación.

ciervo, va *s. m.* y *f.* **1.** Nombre común de diversos mamíferos artiodáctilos de la familia cérvidos, géneros *Cervus*, *Hippocamelus*, *Blastocerus*, *Hydropotes*, etc. El ciervo común *(Cervus elaphus)* alcanza 130 cm de altura, tiene piel parda rojiza, patas largas y cola pequeña; el macho posee cuernos de hasta 90 cm de longitud, ramificados en 10 puntas y que se renuevan cada año. El ciervo acuático *(Hydropotes inermis)* mide unos 90 cm de altura, carece de astas y es originario de China. El ciervo virginiano *(Odocoileus virginianus)* tiene el pelaje gris claro en invierno y pardo rojizo en verano. Viven en Eurasia y América del Norte. En América del Sur habitan otras especies importantes, como el huemul *(Hippocamelus bisulcus)*, el ciervo de las Pampas *(Ozotoceros bezoarticus)*, el cariacú común *(Odocoileus suacuapura)* y la corzuela roja *(Mazama rufa)*. || **2. ciervo volante** Insecto coleóptero de la familia lucánidos, especie *Lucanus cervus.* Es un escarabajo de gran tamaño, entre 2 y 7,5 cm de longitud, cuyo macho tiene unas protuberancias mandibulares que semejan cuernos de ciervo. Presenta un acusado dimorfismo sexual. Habita en Europa.

Ciervo común (Cervus elaphus).

cierzo *s. m.* Viento frío que sopla del norte.

Cieza C. de España, situada en la prov. de Murcia. 31.300 h. en 1990. Tiene cultivos de hortalizas, frutales, vid y olivo, e industrias de cemento, textil y alimentación (conservas vegetales).

Cieza de León, Pedro (Llerena, Badajoz h. 1520 - Sevilla 1554) Soldado e historiador español. Tomó parte en la conquista del Perú y en las guerras civiles que la siguieron, y fue cronista oficial de Pedro de la Gasca. Escribió una *Crónica del Perú*, en cuatro partes, de la que se ha perdido la tercera (dedicada a la conquista) y dos libros de los cinco que componían la cuarta.

CIF Siglas de *cost, insurance and freight*, 'coste, seguro y flete', que indican que en el precio de una mercancía se incluyen los costes de seguro y transporte.

cifosis *s. f.* Convexidad o curvatura anormal de la columna vertebral que puede manifestarse externamente por una chepa o joroba. Su origen puede ser tuberculoso (destrucción de una vértebra debido al mal de Pott), traumático y degenerativo, entre otros.

cifra *s. f.* **1.** Signo con que se representa un número. **2.** Número, cantidad. **3.** Escritura secreta. **4.** Algo que reúne o resume lo que se expresa.
Mat. En el sistema de numeración decimal se utilizan 0, 1, 2, 3, 4, 5, 6, 7, 8 y 9. En cualquier otro sistema hay que utilizar tantas cifras como números indique la base del sistema de numeración. Así, en el sistema binario (base 2), se utilizan las cifras 0 y 1; en el sistema de base 16, además de las diez cifras del sistema decimal, hay que utilizar otras seis cifras, como letras del alfabeto A, B, C, etc., u otros símbolos cualquiera. Las cifras del sistema decimal se llaman *arábigas* porque fueron introducidas en Europa en el s. X a través de la España musulmana, aunque su origen parece ser hindú. Los romanos utilizaban las letras I, V, X, L, C, D, M, cuya equivalencia en el sistema decimal es 1, 5, 10, 50, 100, 500, 1.000, respectivamente. En el sistema de numeración romano, cuando a una letra se le coloca un trazo segmentario encima, su valor queda multiplicado por 1.000. Así, $\overline{X}$ significa 10.000.

cifrar *v. tr.* **1.** Escribir en cifra o en clave. **2.** Considerar una única cosa o un conjunto muy pequeño de ellas lo mejor o más importante. También *v. prnl.*

cigala *s. f.* Crustáceo decápodo de la familia nefrópidos, especie *Nephrops norvegicus.* Mide entre 14 y 18 cm de longitud, tiene el caparazón duro, dos fuertes pinzas de gran tamaño y el abdomen alargado. Es de color pardo rojizo claro. Vive en el Atlántico y en el Mediterráneo y su carne es muy apreciada.

Cigala (Nephrops norvegicus).

cigarra *s. f.* Insecto hemíptero del suborden homópteros y la familia cicádidos, que comprende unas 1.500 especies de diversos géneros. Mide unos 5 cm de longitud y tiene la cabeza ancha, los ojos salientes y las alas translúcidas. Se alimenta de savia y vive varios años en estado de larva, que hace vida subterránea, chupando los jugos de las raíces de las plantas. El adulto vive sólo unos 15 días. Los machos poseen unas membranas llamadas tímbalos sobre unas cavidades resonantes con las que producen un canto monótono y estridente. La especie europea más común es la *Cicada plebeia*, que tiene color negro con manchas amarillentas. En la península Ibérica habitan la *Cicada orni* y la *Lyristes plebejus.*

Cigarra (Cicada plebeia).

cigarral *s. m.* Finca de recreo fuera de la ciudad, con árboles frutales y casa.

cigarrería *s. f. amer.* Tienda en la que se vende tabaco.

cigarrero, ra *s. m.* y *f.* **1.** Persona que hace o vende cigarros. || *s. f.* **2.** Caja o estuche en el que se guardan los cigarros o cigarrillos.

cigarrillo *s. m.* Cilindro de tabaco picado y envuelto en papel para fumarlo.

cigarro *s. m.* **1.** Rollo de hojas de tabaco que se fuma. ▪ También se dice *cigarro puro* o *puro.* **2.** Cigarrillo*.

cigarrón *s. m.* Saltamontes*.

cigomático, ca *adj.* Perteneciente o relativo a la mejilla o al pómulo.

cigoñino *s. m.* Pollo de la cigüeña.

cigoto *s. m.* Célula huevo que resulta de la fecundación o unión de las células reproductoras o gametos.

cigüeña *s. f.* Nombre común de diversas aves ciconiformes de la familia cicónidos, género *Ciconia.* Su cuello es largo, el pico largo y recto y las patas largas, parcialmente desprovistas de plumas. Anida en torres, tejados y árboles y se alimenta de animales pequeños, como ranas, reptiles, gusanos, etc. Vive en Europa y Asia en épocas cálidas y en África en invierno. La cigüeña blanca o común *(Ciconia ciconia)* mide unos 100 cm de longitud, es de color blanco con las alas blancas y negras y el pico y las patas rojos. La cigüeña negra *(Ciconia nigra)* mide unos 97 cm de longitud, tiene el plumaje negro con el vientre blanco y habita en zonas palustres. ‖ **Loc. esperar la cigüeña** *fam.* Esperar un hijo. **venir la cigüeña** *fam.* Nacer un hijo.

Cigüeña blanca (Ciconia ciconia) *y cigüeña negra* (Ciconia nigra).

cigüeñal *s. m.* Eje de transmisión de ciertas máquinas que transforma en rotatorio el movimiento alternativo rectilíneo o a la inversa. Se utilizó desde la antigüedad en los molinos y se aplicó después a las máquinas de vapor y a los motores de combustión interna. Suele tener varios codos, en los que lleva articulada una biela.

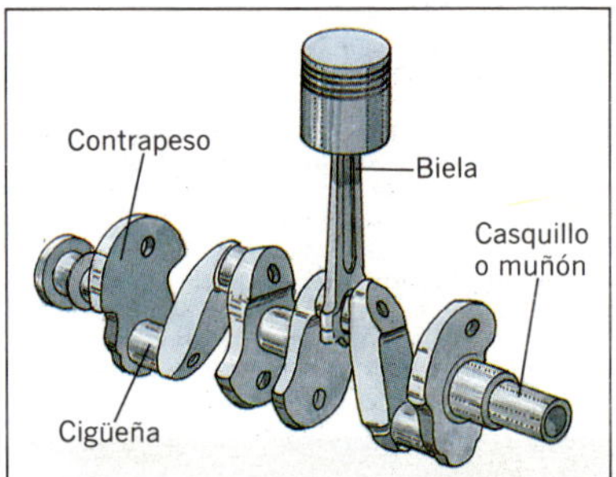

El cigüeñal, que recibe el impulso de los cilindros, transmite el movimiento a la distribución y al encendido del automóvil.

cigüeñato *s. m.* Cigoñino*.

Cilea, Francesco (Palmi, Calabria 1866 - Varazza 1950) Compositor italiano. Seguidor de Puccini, se enmarca en la escuela del verismo operístico. Entre sus principales óperas se cuentan *La arlesiana* (1897), *Adriana Lecouvreur* (1902) y *Gloria* (1907).

ciliados *s. m. pl.* Tipo de protozoos unicelulares al que pertenecen unas 7.200 especies. Poseen numerosas prolongaciones parecidas a pelos cortos, los cilios, que utilizan para moverse. Generalmente tienen dos núcleos: un macronúcleo que dirige las funciones vegetativas, y un micronúcleo que se ocupa de la reproducción, que puede ser asexual o sexual. Destacan el paramecio y la vorticela. También son llamados *infusorios,* porque aparecen en gran número en las infusiones. También *adj.* y *s. m.*

ciliar *adj.* Perteneciente o relativo a las cejas o a los cilios.

cilicio *s. m.* **1.** Vestidura áspera que se usaba antiguamente para hacer penitencia o mortificación. **2.** Instrumento con cerdas o pinchos que se lleva ceñido a la carne con el mismo fin.

cilindrada *s. f.* Capacidad del cilindro o cilindros de un motor, expresada en centímetros cúbicos.

cilíndrico, ca *adj.* **1.** Perteneciente o relativo al cilindro o con forma de cilindro. ‖ **2. superficie cilíndrica** Superficie engendrada en el espacio por una recta, llamada *generatriz,* que se traslada paralelamente a sí misma y pasa por una curva no situada en el mismo plano, denominada *directriz.*

cilindro *s. m.* **1.** Cuerpo geométrico limitado por una superficie cilíndrica de directriz cerrada y dos planos que la cortan y que constituyen sus bases. **2.** Cualquier objeto de esta forma. **3.** Tubo en que se mueve el émbolo de una máquina; p. ej., el cilindro del motor de explosión. **4.** Pieza cilíndrica de la máquina de imprimir que efectúa la impresión; también, la que al girar toma la tinta con que los rodillos bañan el molde. **5.** Bombona metálica para contener gases y líquidos. ‖ **6. cilindro de revolución** Cilindro engendrado por un rectángulo que gira alrededor de uno de sus lados. **7. cilindro eje** Neurita*. **8. cilindro oblicuo** Cilindro de bases paralelas pero no perpendiculares a las generatrices. **9. cilindro recto** Cilindro de bases paralelas no necesariamente circulares y perpendiculares a las generatrices.

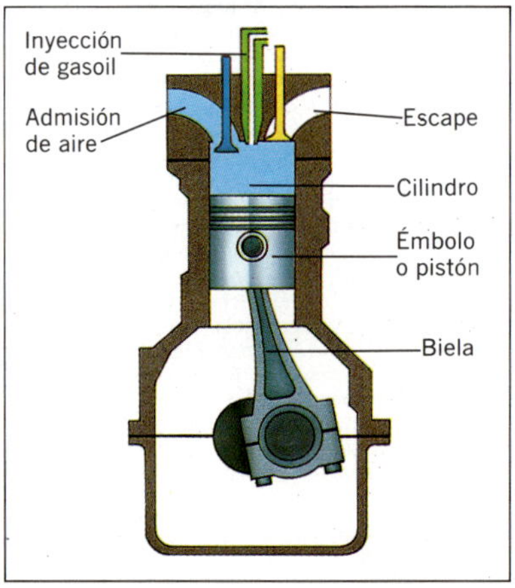

Esquema de un cilindro de motor diesel: en él explota la mezcla y se desliza el émbolo.

cilindroeje *s. m.* Neurita*, axón.

cilio *s. m.* Filamento vibrátil consistente en una prolongación corta y delgada, parecida a un pelo, que surge del protoplasma de ciertos protozoos, como los ciliados, y de células de ciertos animales y vegetales, como las células de las vías respiratorias del hombre. Si las células viven fijas, el movimiento de los cilios hace circular el fluido que las rodea; si son libres, les permite moverse. Se diferencian de los flagelos por ser más numerosos y más cortos.

cima *s. f.* **1.** Parte más alta de un monte, montaña, árbol y, p. ext., de otras cosas. **2.** Situación o momento de máximo esplendor o perfección. **3.** Inflorescencia en la que tanto el eje principal como los secundarios terminan en una flor, como la del castaño de Indias. ‖ **Loc. dar cima** a una cosa Concluirla.

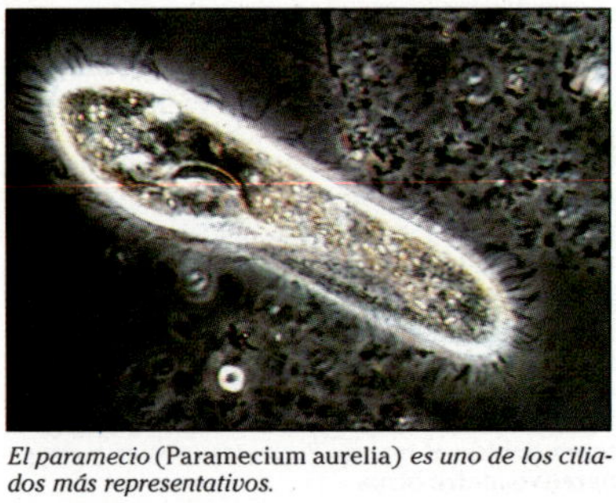

El paramecio (Paramecium aurelia) *es uno de los ciliados más representativos.*

Cima da Cornegliano, Giovanni Battista (Cornegliano h. 1459 - íd. h. 1517) Pintor italiano. De la escuela veneciana, en su pintura se nota la influencia de Giovanni Bellini. Su obra más representativa es *La Virgen del naranjo.* Otras pinturas suyas significativas son *Bautismo de Cristo* y *San Pedro Mártir.*

Cimabue, Giovanni (Florencia h. 1240 - Pisa h. 1302) Pintor italiano. Maestro de Giotto, inició la renovación del estilo bizantino, con una serie de obras caracterizadas por la fuerza del dibujo, el realismo y el equilibrio compositivo, como *Cristo en la cruz* y la *Maestà.*

cimacio *s. m.* **1.** Moldura en forma de *S.* **2.** Elemento que remata el capitel de la columna.

Cimarosa, Domenico (Aversa, Nápoles 1749 - Venecia 1801) Compositor italiano. Es uno de los más destacados maestros de la ópera bufa napolitana. Residió en la corte de Catalina II, en San Petersburgo (1787-91). Su ópera más famosa es *El matrimonio secreto* (1792); otras óperas notables suyas son *La italiana en Londres* (1779), *Cleopatra* (1789) y *Las astucias femeninas* (1794).

cimarra, hacer *loc. fam. Arg., Chile.* Hacer novillos.

cimarrón, na *adj.* **1.** Se dice del animal o planta silvestres, en especial del animal doméstico que huye al campo y se hace salvaje. También *s.* **2.** En América, se aplicaba al esclavo que huía al campo y se refugiaba en los montes buscando la libertad. También *s.*

címbalo *s. m.* **1.** Campana pequeña. **2.** Instrumento musical similar a los platillos, que usaban los antiguos griegos y romanos. **3.** Instrumento de música consistente en una caja de resonancia de forma trapezoidal con cuerdas metálicas, que se golpean con palos de madera en forma de cuchara.

cimbel *s. m.* Ave, real o imitada, empleada como señuelo o engaño para atraer la caza.

cimborrio o **cimborio** *s. m.* **1.** Cuerpo cilíndrico o poligonal que sirve de base a la cúpula. **2.** Cúpula*.

cimbra *s. f.* **1.** Cercha*. **2.** Curvatura interior de un arco o bóveda.

cimbreante *adj.* Flexible, que se cimbrea fácilmente.

cimbrear o **cimbrar** *v. tr.* **1.** Hacer vibrar un objeto largo, delgado y flexible. También *v. prnl.* **2.** Contonear el cuerpo o parte de él al andar. Se usa más como *v. prnl.* **Fam.** Cimbreo.

cimbrio, bria *adj.* **1.** Se dice del pueblo germánico que a fines del s. II a. C., asociado al teutón, invadió y devastó la Galia. Tras vencer a los romanos pasaron a Hispania, donde fueron derrotados por los celtíberos; en su retirada fueron vencidos por el cónsul romano Mario, en Vercelli (101 a. C.). **2.** De este pueblo. También *s.*

cimbrón *s. m.* **1.** *Arg.* Sacudida violenta. **2.** *Chile, Méx.* Golpe dado con el cinturón.

cimbronazo *s. m.* **1.** *amer.* Espasmo nervioso. **2.** *Amér. C., Ven.* Temblor de tierra.

cimentar *v. tr.* **1.** Poner los cimientos de un edificio. **2.** Edificar, fundar; afianzar. **Fam.** Cimentación.

cimera *s. f.* Parte superior de la celada, que solía adornarse con plumas y otras cosas.

cimerio, ria *adj.* **1.** Se dice de un pueblo establecido en la antigüedad al N del mar Negro. Expulsados por los escitas, invadieron Asia Menor en el s. VII a. C., donde fueron detenidos por los asirios y derrotados por los lidios. **2.** De este pueblo. También *s.*

cimero, ra *adj.* Que está en la cima, en lo más alto.

cimiento *s. m.* **1.** Parte del edificio que está debajo de tierra y sostiene la construcción. **2.** Origen o fundamento de alguna cosa.

Cimino, Michael (Nueva York 1941) Director y guionista de cine estadounidense. En 1978 alcanzó un gran éxito con su filme *El cazador,* premiado con cinco Oscar. Otros filmes suyos son *La puerta del cielo* (1980) y *Horas desesperadas* (1991).

cimitarra *s. f.* Especie de sable muy curvo usado por los turcos, persas y otros pueblos orientales.

Cimón (? h. 510 - ? 449 a. C.) Político y estratega ateniense. Hijo de Milcíades, fue elegido estratega por la liga de Delos. Consiguió derrotar a los persas en la batalla naval de Eurimedonte (468 a. C.). Condenado al ostracismo, Pericles lo rehabilitó y pudo volver a Atenas. Emprendió nuevamente la lucha contra los persas, a los que venció cerca de Chipre, pero murió frente a Citio.

cinabrio *s. m.* HgS. Mineral sulfuro de mercurio. Cristaliza en el sistema hexagonal, generalmente en maclas de penetración. Es de color rojo bermellón, tiene brillo diamantino y es pesado. Constituye la más importante mena del mercurio. Los principales yacimientos se encuentran en España (Almadén), Idria (Italia) y Nikitovna (Ucrania).

cinamomo *s. m.* **1.** Nombre común de diversos árboles de la familia lauráceas, género *Cinnamomum.* Miden unos 6 m de altura, tienen hojas alternas, flores de color violeta o blanco y frutos pequeños en cápsula. El cinamomo de Ceilán o canelo *(Cinnamomum zeylanicum)* es originario de esta isla y de él se obtiene la canela. Del *Cinnamomum camphora,* de Extremo Oriente, se extrae el alcanfor. **2.** Planta arbustiva de la familia eleagnáceas y especie *Elaeagnus angustifolia.* Mide hasta 8 m de altura, es espinosa, con hojas de envés blanco plateado y fruto en forma de baya rojo amarillento. Abunda en la región mediterránea. También se llama *árbol del paraíso.*

cinc *s. m.* Zn. Elemento químico perteneciente al grupo II B del sistema periódico. Su número atómico es 30 y su masa atómica 65,4. Es un metal de color blanco azulado y brillo intenso, que cristaliza en el sistema hexagonal. Funde a una temperatura de 420 °C, es estable al aire, pero fácilmente atacable por los ácidos, con desprendimiento de hidrógeno. Se usa en el galvanizado del hierro y como componente de numerosas aleaciones. En la naturaleza escasea en estado libre, pero sí se encuentra en diversos minerales, como la blenda o sulfuro de cinc, de donde se obtiene su óxido por tostación y, a partir de éste, el metal por lixiviación y posterior electrólisis o por reducción. Los yacimientos de sus minerales se encuentran en Canadá, EE UU, Perú y Polonia. ▪ También se escribe *zinc.*

Cinc.

cincel *s. m.* Herramienta con punta acerada de doble bisel, que sirve para trabajar la piedra y el metal.

cincelar *v. tr.* Labrar con cincel piedras o metales. **FAM.** Cincelador.

cincha *s. f.* Faja o correa colocada debajo del vientre de una caballería para sujetar la silla o albarda.

cinchar *v. tr.* **1.** Poner la cincha a una caballería. **2.** Asegurar algo con cinchos o aros de hierro.

cincho *s. m.* **1.** Faja ancha que usan los campesinos. **2.** Aro de hierro que rodea y refuerza algunas cosas, como las ruedas del carro y las duelas o tablas de los toneles.

Cincinnati C. de EE UU, en el estado de Ohio. 372.300 h. en 1989 y 1.690.000 h. en su área metropolitana. Es un importante puerto fluvial en el río Ohio, centro de una rica región agrícola y núcleo industrial, con producción de acero, maquinaria, automóviles, industrias químicas, alimentarias y textiles.

cinco *adj. num. card.* **1.** Cuatro y uno. También *pron.* y *s. m.* ‖ *adj. num. ord.* **2.** Quinto. También *pron.* ‖ *s. m.* **3.** Signo que representa este número. ‖ **4. esos cinco** *fam.* Con verbos como *chocar, dar, venir,* etc., la mano: *Choca esos cinco.* ‖ **LOC. estar sin** (o **no tener ni**) **cinco** *fam.* No tener nada de dinero.

cincuenta *adj. num. card.* **1.** Cinco veces diez. También *pron.* y *s. m.* ‖ *adj. num. ord.* **2.** Quincuagésimo. También *pron.* ‖ *s. m.* **3.** Signos que representan este número.

cincuentavo, va *adj. num. part.* Se dice de cada una de las cincuenta partes iguales en que se divide un todo. También *s. m.*

cincuentena *s. f.* Conjunto de cincuenta unidades.

cincuentenario *s. m.* Conmemoración del día en que se cumplen cincuenta años de algún suceso.

cincuentón, na *adj.* Se dice de la persona que tiene entre cincuenta y sesenta años. También *s.*

cine *s. m.* **1.** Técnica, arte e industria de la cinematografía. **2.** Local público en el que se exhiben películas cinematográficas. ‖ **3. cine club** Asociación para la divulgación de la cultura cinematográfica. **4. cine fórum** Acto consistente en la proyección de un filme y en la posterior discusión sobre el mismo por los asistentes. **5. cine mudo** El que carecía de voces y sonidos. **6. cine sonoro** El que reproduce las voces y demás sonidos y tiene un fondo musical que subraya la acción. Tradicionalmente se considera que nació en 1927 con la película *El cantor de jazz.*

Hist. El año 1895 señala el nacimiento del cine con la proyección de la primera película, *La salida de los obreros de la fábrica,* de los hermanos Lumière, en el salón de un café parisiense. Las primeras cintas fueron documentales hasta que otro francés, Georges Méliès, aportó al nuevo descubrimiento los recursos del teatro; su mejor obra fue *Viaje a la Luna* (1902). El invento se difundió con rapidez y arraigó en EE UU, donde se desarrolló técnicamente y estableció su sede en Hollywood, en Los Ángeles, California. Allí el director D. W. Griffith contribuyó en gran manera a la creación del lenguaje cinematográfico. El cine mudo estadounidense logró imponerse en los países europeos, paralizados por la guerra. Grandes estrellas de aquella época fueron Mary Pickford y Douglas Fairbanks. Otros nombres importantes del cine de Hollywood fueron Cecil B. de Mille, Charles Chaplin y Buster Keaton. En Europa se distinguieron en el cine mudo la escuela sueca, en apogeo entre 1913 y 1923, con Victor Sjöstrom y Mauritz Stiller; la danesa, con Carl Dreyer; el expresionismo alemán, con F. W. Murnau y Fritz Lang; el impresionismo francés, con Louis Delluc y Abel Gance, y el cine soviético, con Eisenstein (*El acorazado Potemkin,* 1925), Pudovkin y Dovjenko. Hollywood marcó otros dos hitos: el nacimiento del cine sonoro (1927), con *El cantor de jazz,* de Alan Crosland, también primer filme musical, y la utilización del color, en películas como *La feria de las vanidades* (1935), de Mamoulian, y sobre todo *Lo que el viento se llevó* (1939), de Victor Fleming. Mientras se consagraba el *star system,* directores de la talla de Josef von Sternberg, John Ford, Howard Hawks, King Vidor, William Wyler, George Cukor, Frank Capra, Alfred Hitchcock y Orson Welles llevaron el cine estadounidense a su madurez. Después de la Segunda Guerra Mundial nació en Italia el neorrealismo, con directores como Luchino Visconti, Roberto Rossellini y Vittorio de Sica. Hacia 1949 aparece la televisión como gran competidora del cine, y se buscan nuevos procedimientos técnicos para la pantalla grande (cinemascope, cinerama, todd-ao, sonido estereofónico, etc.). Junto a los directores consagrados de Hollywood, otros más jóvenes contribuyen con su labor a superar la crisis: Billy Wilder, John Huston, Robert Aldrich, Elia Kazan, Vincente Minnelli, Joseph Mankiewicz, Nicholas Ray... Renacen las cinematografías europeas: la *nouvelle vague* francesa y el *free cinema* británico. En los años sesenta, las vanguardias están representadas por el *underground cinema,* que de EE UU pasa al resto del mundo, y el *novo cinema*

Cine: de izquierda a derecha, arriba, El cantor de jazz *(1927), de Alan Crosland, primera película hablada, e* Iván el terrible *(1945), de Sergei Eisenstein; en el centro,* Blancanieves *(1938), de Walt Disney, y* Lo que el viento se llevó *(1939), de Victor Fleming; abajo, el western* El retorno de los siete magníficos *(1966) y* Batman *(1988), de Tim Burton.*

brasileño. En las últimas dos décadas han sobresalido los directores estadounidenses Arthur Penn, Stanley Kubrick, Steven Spielberg, Francis F. Coppola, Martin Scorsese y Woody Allen; los japoneses Kurosawa, Mizoguchi y Ozu; los italianos Federico Fellini, Pier Paolo Pasolini y Bernardo Bertolucci; el sueco Ingmar Bergman; el polaco Roman Polanski; los alemanes Wim Wenders y R. W. Fassbinder, etc. En España cabe citar, entre otros, a Luis Buñuel, Luis García Berlanga, Juan Antonio Bardem, Carlos Saura, José Luis Borau, Víctor Erice y Pedro Almodóvar.

cineasta *s. m.* y *f.* Persona que se dedica al cine, especialmente a la dirección de películas.

cinéfilo, la *adj.* Se dice de la persona que es muy aficionada al cine. También *s.*

cinegético, ca *adj.* **1.** Perteneciente o relativo a la caza. || *s. f.* **2.** Arte de la caza.

cinema *s. m.* Local en el que se proyectan películas.

cinemascope *s. m.* Procedimiento cinematográfico consistente en tomar las imágenes con una cierta compresión, lo que permite proyectarlas sobre pantallas curvas y dar sensación de perspectiva.

cinemateca *s. f.* Filmoteca*.

cinemática *s. f.* Parte de la física que estudia el movimiento de los cuerpos sin relacionarlos con las causas que lo producen o modifican. **FAM.** Cinemático.

cinematografía *s. f.* Arte de representar imágenes en movimiento por medio del cinematógrafo. Técnicamente se basa en un procedimiento óptico-mecánico que descompone fotográficamente el movimiento en una serie de imágenes fijas de sus fases sucesivas y que permite su posterior reproducción, creando la ilusión del movimiento por la proyección de tales imágenes sobre una pantalla. **FAM.** Cinematográfico.

cinematografiar *v. tr.* Filmar*. ■ En cuanto al acento, se conjuga como *ansiar*: *cinematografío.*

cinematógrafo *s. m.* **1.** Aparato que reproduce en proyección imágenes animadas. **2.** Cine, edificio público en el que se proyectan películas cinematográficas.

cinerama *s. m.* Procedimiento cinematográfico consistente en el empleo simultáneo de tres cámaras durante la filmación y otros tres proyectores en la proyección, para conseguir un mayor relieve o realismo.

cinerario, ria *adj.* Perteneciente o relativo a la ceniza; destinado a contener cenizas de cadáveres.

cinesia *s. f.* Kinesia*.

cinesiología *s. f.* Kinesiología*.

cinesioterapia *s. f.* Kinesiterapia*.

cinestesia *s. f.* Capacidad sensorial de percibir el movimiento muscular, peso, posición, etc., de las diferentes partes del propio cuerpo.

cinético, ca *adj.* **1.** Perteneciente o relativo al movimiento. || *s. f.* **2.** Parte de la mecánica que estudia el movimiento. **3.** Parte de la química que estudia la velocidad de las reacciones. || **4. arte cinético** El que pretende conseguir impresiones ópticas cambiantes mediante estructuras dotadas de movimiento; entre sus más destacados seguidores se encuentran Victor Vasarely, Julio Le Parc y Eusebio Sempere.

cineticomolecular, teoría Teoría que estudia el comportamiento de las moléculas de los gases en sus movimientos, colisiones, energía e interacción, para de ellos deducir las ecuaciones referidas a dichos gases.

cingalés, sa *adj.* De Ceilán. También *s.*

cíngaro, ra *adj.* Gitano de Europa central. También *s.*

cinglar[1] (del escandinavo *sigla*, navegar) *v. tr.* Mover un bote, canoa, etc., con un solo remo situado a popa.

cinglar[2] (del lat. *cingulare*, ceñir) *v. tr.* Forjar el hierro para limpiarlo de escorias.

cíngulo *s. m.* **1.** Cordón con que el sacerdote se ciñe el alba para decir misa u oficiar otras ceremonias. || **2. cíngulo torácico** Cintura* escapular.

cínico, ca *adj.* **1.** Se dice de una escuela filosófica fundada por Antístenes, discípulo de Sócrates, en Grecia a comienzos del s. IV a. C. Mantenía que la ciencia era tan inútil como imposible y que la salud, las riquezas y los honores no son auténtico bien. Sus miembros, entre los que destaca Diógenes, practicaban una vida austera, de desprecio por las cosas materiales, y fustigaban a la sociedad con su ejemplo y sus comentarios incisivos. **2.** De esta escuela. También *s.* **3.** Se dice de la persona que hace algo que no está bien, sin sentir por ello ninguna vergüenza. También *s.* **4.** Hipócrita descarado. También *s.* **FAM.** Cínicamente.

cínife *s. m.* Mosquito*, insecto.

cinismo *s. m.* **1.** Doctrina de los filósofos cínicos. **2.** Desvergüenza. **3.** Hipocresía descarada.

Cinna, Lucio Cornelio (? - Ancona 84 a. C.) Político romano. Cónsul (87-85 a. C.), aprovechó la ausencia de Sila para levantar una revuelta popular contra los partidarios de éste. Murió asesinado por sus propios soldados.

cinocéfalo, la *adj.* Se aplica a diversas especies de simios africanos de la familia cercopitécidos, como los babuinos y los papiones, cuya cabeza es parecida a la de los perros. También *s.*

cinquecento (voz ital.) *s. m.* Término con que en la historia del arte y de la cultura se denomina al s. XVI.

cinta *s. f.* **1.** Tira larga y estrecha de material flexible y usos diversos. **2.** Adorno o relieve arquitectónico a manera de banda. **3.** Filme, película. **4.** Cinta magnética. **5.** Pieza de carne larga y ovalada que se obtiene del lomo del cerdo. || **6. cinta aislante** Tira de materia generalmente plástica, impregnada de una sustancia adhesiva, que se emplea para recubrir y aislar los empalmes de los cables eléctricos. **7. cinta magnética** Tira de materia plástica de gran longitud, con una emulsión de hierro, cromo o níquel, que sirve para registrar sonido e imagen en forma de señales magnéticas. Se emplea en magnetófonos, aparatos de vídeo, etc. **8. cinta métrica** Cinta de tela, metal u otro material, que tiene marcada la longitud del metro y sus divisiones y se utiliza para medir. **9. cinta perforada** La de papel con orificios que sirve para registrar, almacenar y reproducir información. Actualmente sólo se utiliza en teletipos. **10. cinta transportadora** La que está en continuo movimiento y sirve para transportar diversas mercancías u objetos, como los equipajes en los aeropuertos.

cintarazo *s. m.* **1.** Golpe que se da de plano con la espada. **2.** Golpe dado con un cinto, correa o látigo.

cinto *s. m.* Cinturón o ceñidor.

cintra *s. f.* Curvatura de un arco o bóveda.

cintura *s. f.* **1.** Estrechamiento del cuerpo humano entre las caderas y el tronco. **2.** Parte del vestido que corresponde a la cintura del cuerpo. || **3. cintura escapular** Estructura ósea donde se une el miembro superior de ciertos vertebrados. En el hombre está formada por el omóplato y la clavícula. **4. cintura pelviana** Estructura ósea donde se une el miembro inferior de ciertos vertebrados. En el hombre está formada por los huesos coxales y el sacro. || **LOC. meter en cintura** a uno *fam.* Someterle a disciplina.

cinturilla *s. f.* Tira de tela fuerte que se pone en la cintura de vestidos, faldas, etc., para ajustar la prenda.

cinturón *s. m.* **1.** Ceñidor, cinta o correa para ajustar una prenda a la cintura o del que pende alguna cosa, p. ej. un arma. **2.** Cinta que ciñe el traje en las artes marciales e indica con su color la categoría de los deportistas. **3.** Conjunto de personas o cosas que rodean a otras. **4.** En geog., área de gran extensión y de forma alargada dedicada a un cultivo determinado, como el trigo o el maíz, característica, sobre todo, de EE UU. || **5. cinturón de castidad** El de hierro o cuero con cerradura que en la Edad Media se colocaba a las mujeres para impedirles realizar el acto sexual. **6. cinturón de seguridad** El que sujeta al conductor y ocupantes de ciertos vehículos a sus asientos. **7. cinturón industrial** Zona industrial que rodea los núcleos de población. **8. cinturones de Van Allen** Regiones de radiación de alta energía que circundan la Tierra en las proximidades del ecuador y que se curvan en las regiones polares, donde dichas radiaciones son mucho menores. || **LOC. apretarse el cinturón** *fam.* Reducir gastos.

Cinturón de Fuego del Pacífico Zona volcánica que se extiende por las costas del océano Pacífico, es decir, las orientales de Asia (Japón, Filipinas, Insulindia, Nueva Zelanda) y las occidentales de América (cordillera de los Andes).

-ción *suf.* Forma sustantivos a partir de un verbo a los que añade el significado de 'acción y efecto'.

Cioran, Émile Michel (Rasinari 1911) Filósofo francés de origen rumano. Su obra se caracteriza por un pesimismo de naturaleza casi nihilista, en el que, sin embargo, tienen cabida la ironía y el humor, y por un brillante estilo literario. Entre sus libros merecen citarse *Breviario de podredumbre* (1949), *La tentación de existir* (1956), *Historia y utopía* (1960) y *Desgarradura* (1979).

cipayo *s. m.* Soldado indio que en los s. XVIII y XIX servía en los ejércitos de Francia, Portugal y Reino Unido.

cipo *s. m.* **1.** Pilastra o columna en memoria de un muerto. **2.** Poste en los caminos para indicar la dirección o la distancia. **3.** Hito, mojón.

Cipolla, Carlo Maria (Pavía 1922) Economista italiano. Investigador de la historia de la economía, ha profundizado especialmente en el funcionamiento de la economía antes de la revolución industrial. Es autor, entre otros títulos, de *Estudios de historia de la moneda* (1948), *Historia económica de la población mundial* (1962), *Historia económica de la Europa preindustrial* (1974) y *Cañones y velas* (1984).

cipote *s. m.* **1.** Mojón de piedra. **2.** Persona torpe. **3.** *vulg.* Miembro viril. **4.** *Amér. C.* Chico, golfillo.

ciprés *s. m.* Nombre común de diversos árboles de la familia cupresáceas, género *Cupressus.* Miden de 15 a 25 m de altura, tienen tronco recto, hojas perennes, pequeñas y escamosas, de color verde oscuro, flores amarillentas y frutos en piñas esféricas. El ciprés italiano *(Cupressus sempervirens)* se emplea en ebanistería y como planta ornamental en parques y cementerios; su resina, de olor balsámico, se empleó antiguamente en medicina. Otras especies son el ciprés de Arizona *(Cupressus arizonica)* y el ciprés de Monterrey *(Cupressus macrocarpa).*

cipresal *s. m.* Lugar poblado de cipreses.

ciprínidos *s. m. pl.* Familia de peces perteneciente al orden cipriniformes, que comprende numerosas especies de diversos géneros, entre los que destaca *Cyprinus.* Son peces de boca grande, con labios gruesos, que carecen de dientes, pero tienen unas formaciones córneas en la mandíbula inferior que actúan sobre una placa ósea situada en el paladar (la piedra de la carpa). Poseen además numerosas glándulas mucosas en la piel. Están extendidos por todo el mundo, excepto América del Sur y Oceanía. A esta familia pertenecen las carpas, barbos, tencas, etc. También *adj.* y *s. m.*

circadiano, na *adj.* Se dice del ritmo interno que poseen los animales y plantas, cuyo ciclo es aproximadamente de un día, y que regula fenómenos como la alternancia de vigilia y sueño, los movimientos de las hojas, la temperatura del cuerpo, etc. Este ritmo puede reajustarse sometiendo a los seres vivos a periodos de luz y oscuridad distintos del solar.

circense *adj.* Perteneciente o relativo al circo.

circo *s. m.* **1.** Lugar destinado por los antiguos romanos a algunos espectáculos, como las carreras de carros, las fieras, la luchas de gladiadores, etc. **2.** Recinto circular con gradas para el público, generalmente cubierto con una carpa, donde actúan malabaristas, trapecistas, payasos, animales amaestrados, etc. **3.** El propio espectáculo. **4.** Conjunto de artistas, animales, material, etc., que integran este espectáculo. **5.** En geog., espacio semicircular rodeado de montañas. || **6. circo glaciar** Cavidad semicircular de paredes escarpadas, situada en la cabecera de un valle, en la zona de nieves perpetuas, que alimenta un glaciar.

circón *s. m.* $ZrSiO_4$. Mineral silicato de circonio. Cristaliza en el sistema tetragonal, presenta color rojo, pardo o es incoloro, tiene brillo diamantino, y es de gran dureza y pesadez. Existen yacimientos en Australia, Sri Lanka y los Urales. Su variedad transparente e incolora se utiliza en joyería. De él se obtiene el circonio. ■ También se escribe *zircón.*

circonio *s. m.* Zr. Elemento químico perteneciente al grupo IV B del sistema periódico. Su número atómico es 40 y su masa atómica 91,2. Fue descubierto por N. H. Klaproth en 1789. Es un metal duro, resistente a la acción de los ácidos, combustible en el aire sólo a altas temperaturas y muy radiactivo. Abunda en la corteza terrestre como componente de los minerales circón y badelevita. Se usa en una aleación llamada *zircaloy*, empleada como vaina de los elementos combustibles en los reactores nucleares y, en joyería, como imitación del diamante. ▪ También se escribe *zirconio*.

circonita *s. f.* Nombre de diversas variedades de circón, de color gris o pardo, utilizadas en joyería.

circuir *v. tr.* Cercar, rodear. ▪ Es v. irreg. Se conjuga como *huir*.

circuito *s. m.* **1.** Camino o recorrido que vuelve al punto de partida. **2.** Conjunto de conductores conectados por donde pasa la corriente eléctrica. **3.** Contorno, perímetro. ‖ **4. circuito abierto** Circuito eléctrico interrumpido. **5. circuito cerrado** Circuito por el que está pasando la corriente eléctrica; también, en televisión, instalación de una cámara unida directamente con un aparato receptor para transmitir imágenes de un sitio a otro. **6. circuito impreso** El montado sobre una lámina de plástico, cubierta en parte por una aleación conductora, que forma un croquis correspondiente a la conexión entre los componentes. **7. circuito integrado** Circuito en el que todas las vías y componentes se encuentran formados por medios químicos sobre una única pieza o bloque de material superconductor. Cuanto mayor es la integración, menor es el tamaño del circuito y mayores sus prestaciones. **8. corto circuito** Cortocircuito*.
Fís. Los elementos imprescindibles para crear un circuito eléctrico son el generador y el conductor. El generador establece una diferencia de potencial entre sus polos. El conductor, normalmente de cobre, permite el paso de los electrones desde el polo negativo del generador hasta el polo positivo. Los circuitos eléctricos suelen tener, además, un interruptor. Los aparatos que se conectan a un circuito transforman la energía eléctrica en otros tipos de energía: luminosa (bombilla), térmica (resistencia), mecánica (motor). Cuando los aparatos se colocan uno detrás de otro, y los electrones que pasan por el primer aparato siguen también por los restantes, el circuito está conectado *en serie*. Cuando los aparatos se conectan a los dos mismos puntos del circuito se dice que es una conexión *en paralelo*.

circulación *s. f.* **1.** Paso de algo por un circuito. **2.** Movimiento de personas y vehículos por la vías públicas. **3.** Recorrido que hace la sangre por el cuerpo o la savia por el interior de las plantas. **4.** Movimiento de monedas, artículos de comercio, valores bancarios y, en general, de la riqueza. ‖ **5. circulación atmosférica** Movimiento de masas de aire dentro de la atmósfera que tiende a distribuir la energía térmica recibida del Sol sobre la superficie terrestre. El desplazamiento de masas de aire tiene lugar mediante corrientes verticales de ascenso y descenso, combinadas con largas corrientes horizontales a diferente altura. **6. circulación de la savia** En bot., movimiento de la savia en el interior de las plantas cormófitas (plantas con raíz, tallo y hojas verdaderos y tejidos diferenciados) a través de los tejidos conductores. Las raíces extraen del suelo el agua y las sales minerales (savia bruta) necesarias para la alimentación del vegetal. Los vasos leñosos transportan la savia bruta hasta las hojas, donde tiene lugar la fotosíntesis. Del mismo modo, la glucosa y otros componentes orgánicos producidos por la fotosíntesis en las hojas (savia elaborada) son distribuidos por los vasos cribosos a todos los tejidos. **7. circulación fiduciaria** Conjunto de billetes emitidos por un banco central. **8. circulación linfática** Paso de la linfa a través de los vasos y capilares linfáticos. Los capilares linfáticos recogen el plasma intersticial procedente de los capilares sanguíneos y lo conducen a los vasos linfáticos. Éstos, por su parte, absorben las grasas del quilo intestinal y devuelven la linfa a la circulación sanguínea. **9. circulación marina** Movimientos de agua originados por la acción de los vientos locales sobre las capas superficiales del océano o por diferencias de densidad entre masas de agua de distintas características, y que dan lugar a las corrientes marinas. **10. circulación sanguínea** Función fisiológica de los animales pluricelulares que hace que el oxígeno necesario para la respiración celular y el alimento que les permite realizar sus funciones vitales lleguen a todas las células del organismo, distribuyéndose a través de un líquido (la sangre) que se desplaza por una red de conductos (los vasos sanguíneos) bajo los impulsos del corazón. Las aves y los mamíferos tienen una circulación doble, con un corazón provisto de dos aurículas y dos ventrículos. ‖ **Loc. poner en circulación** Poner en uso billetes de banco; lanzar y distribuir una publicación; decir algo para que se transmita de unas personas a otras. **retirar de la circulación** Hacer que algo deje de ser usado, vendido, etc.
Biol. En la circulación sanguínea mayor, la sangre oxigenada (sangre arterial) sale del ventrículo izquierdo del corazón por la arteria aorta, que la distribuye por el resto del cuerpo, a través de las demás arterias, arteriolas y capilares. Sin oxígeno y cargada de dióxido de carbono (sangre venosa), vuelve a la aurícula derecha por las dos venas cavas. En la circulación sanguínea menor, la sangre desprovista de oxígeno sale del ventrículo derecho por la arteria pulmonar, que la conduce a los pulmones, donde se oxigena, volviendo al corazón por la vena pulmonar, que penetra en la aurícula izquierda. Esta circulación doble es también *completa*, puesto que la sangre arterial y la venosa se mantienen separadas en cada una de las dos mitades independientes del corazón. Si en el corazón se mezclan la sangre venosa y la arterial (en el único ventrículo del órgano), la circulación se llama *incompleta*.

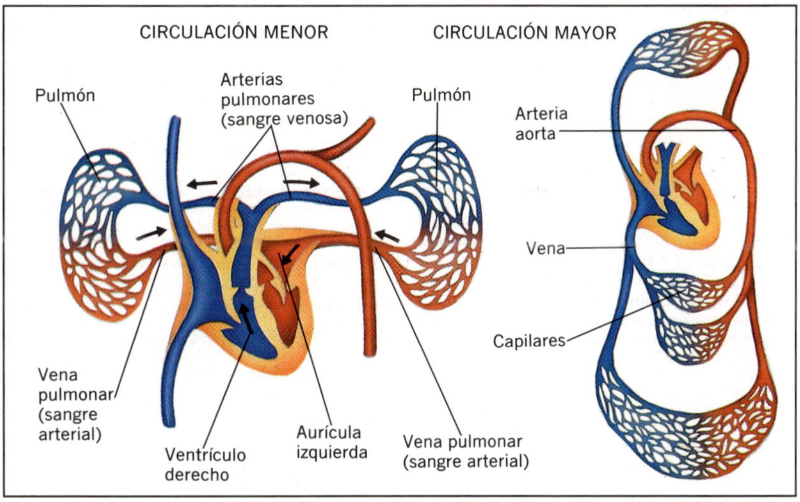

Esquema de la circulación de la sangre: en la circulación mayor, la sangre va a las células de los diferentes tejidos para llevar alimento y oxígeno y vuelve con dióxido de carbono y desechos; en la menor, obtiene oxígeno en los pulmones y deposita el dióxido de carbono.

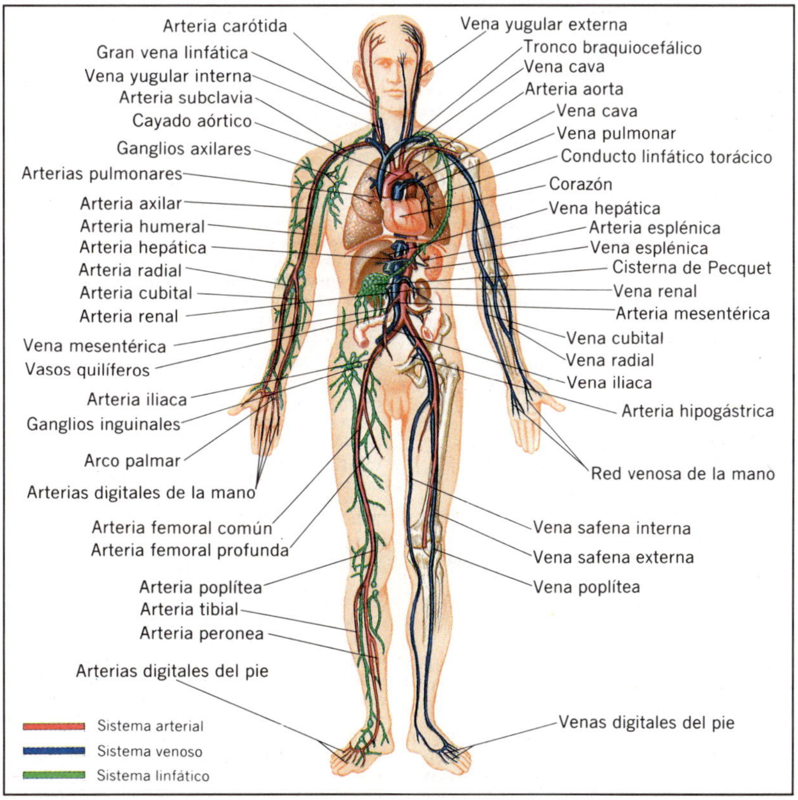

Esquema del aparato circulatorio del cuerpo humano.

circular[1] (del lat. *circulare*) *v. intr.* **1.** Moverse o dar vueltas algo dentro de un circuito. **2.** Ir y venir algo por un conducto o camino. **3.** No quedarse parado. **4.** Propagarse alguna cosa. **5.** Pasar repetidamente los valores, monedas, etc., de una persona a otra. **6.** Partir de un centro órdenes, instrucciones, normas, etc., dirigidos en los mismos términos a varias personas. También *v. tr.*

circular[2] (del lat. *circularis*) *adj.* **1.** Que tiene forma de círculo o pertenece a él. ‖ *s. f.* **2.** Escrito que se dirige a varias personas con el fin de ordenar o comunicar algo. **FAM.** Circularmente.

circulatorio, ria *adj.* **1.** Perteneciente o relativo a la circulación, en especial a la de la sangre. ‖ **2. aparato circulatorio** Conjunto de órganos encargados de distribuir la sangre (u otro líquido orgánico) por todo el organismo. Consta de un órgano central que actúa como una bomba impelente, el corazón, que impulsa la sangre a lo largo de los vasos sanguíneos. Éstos pueden ser de tres tipos: arterias, que conducen la sangre desde el corazón hasta los distintos órganos del cuerpo; venas, que conducen la sangre desde los distintos órganos al corazón; y capilares, pequeños vasos que filtran el plasma sanguíneo y los nutrientes hacia las células, y los productos de desecho hacia los vasos.

círculo *s. m.* **1.** Superficie plana contenida dentro de una circunferencia. **2.** Circunferencia. **3.** Corro, cerco. **4.** Grupo de personas que se reúnen para jugar, conversar o desarrollar alguna actividad. **5.** Edificio o lugar donde se reúnen. **6.** Amigos y relaciones de una persona. **7.** Sector o ambiente social. ‖ **8. círculo de calidad** Grupo de personas que desempeñan su actividad profesional en una misma área de trabajo y se reúnen periódicamente de forma voluntaria para identificar, analizar y resolver los problemas que su propio trabajo les plantea, utilizando para ello técnicas específicas de pensamiento grupal. Es característico de procesos de desarrollo organizativo de empresas y de sistemas de control de calidad. **9. círculo máximo** En geog., cada uno de los que dividen el globo terrestre o la esfera celeste en dos partes iguales, como el ecuador y los meridianos. **10. círculo máximo de una esfera** Cualquiera de los círculos que se obtienen por la intersección de una esfera con un plano que pase por su centro. Este plano divide a la esfera en dos partes iguales. El borde de un círculo máximo se llama *circunferencia máxima.* **11. círculo menor de una esfera** Círculo obtenido por la intersección de una esfera con un plano que no pase por el centro. El borde del círculo menor se llama *circunferencia menor.* **12. círculo polar** En la esfera terrestre, cada uno de los círculos menores, paralelos al ecuador, situados a 23° 30' del polo respectivo; el del hemisferio norte se llama *ártico*, y el del hemisferio sur, *antártico.* **13. círculo vicioso** Defecto que se comete cuando dos cosas se explican una por otra recíprocamente y ambas quedan sin explicación; también, p. ext., situación o problema sin salida ni solución posibles.

circumpolar *adj.* Se aplica a las zonas situadas alrededor de los polos y a las cosas que se encuentran en ellas.

circun- *pref.* Significa 'alrededor': *circundar.*

circuncentro *s. m.* Centro de la circunferencia circunscrita a un polígono. En el triángulo coincide con el punto en donde se cortan las tres mediatrices.

circuncidar *v. tr.* Cortar circularmente una porción del prepucio o piel móvil del pene.

circuncisión *s. f.* Acción y efecto de circuncidar.

circunciso, sa *p. p.* irreg. de **circuncidar**. También *adj.*

circundante *adj.* Que circunda o rodea alguna cosa.

circundar *v. tr.* Cercar, rodear.

circunferencia *s. f.* **1.** Conjunto formado por todos los puntos del plano que equidistan de un punto dado, llamado *centro.* La distancia de los puntos de la circunferencia al centro de la misma se llama *radio (r)*; la longitud de la circunferencia es igual a $2\pi r$. **2.** Contorno de una superficie, territorio, etc. ‖ **3. posición relativa de dos circunferencias** Dos circunferencias situadas en el mismo plano son *exteriores* cuando la distancia entre sus centros es mayor que la suma de sus radios; *tangentes*, cuando tienen un solo punto en común; *secantes*, cuando tienen dos puntos comunes; e *interiores*, cuando carecen de puntos comunes y la distancia entre sus centros es menor que el radio de más longitud.

circunflejo *adj.* Se dice de un tipo de acento (ˆ), que se usa en algunas lenguas, como el francés. También *s. m.*

circunlocución *s. f.* Figura retórica que consiste en expresar por medio de un rodeo de palabras algo que se hubiera podido decir con menos, bien para dar a la frase más belleza o fuerza, bien por temor a mencionar algo directamente.

circunloquio *s. m.* Rodeo o abundancia de explicaciones para expresar algo.

circunnavegar *v. tr.* Navegar alrededor de algo. ■ Se conjuga como *pagar.*

circunscribir *v. tr.* **1.** Reducir a ciertos términos o límites alguna cosa. También *v. prnl.* **2.** Trazar una figura geométrica que rodea a otra, tocándose ambas en el mayor número posible de puntos. ■ Se conjuga como *escribir.*

circunscripción *s. f.* **1.** Acción y efecto de circunscribir. **2.** División administrativa, eclesiástica, electoral o militar de un territorio.

circunscrito, ta *p. p.* irreg. de **circunscribir**. También *adj.*

circunspección *s. f.* Cualidad de circunspecto.

circunspecto, ta *adj.* Se dice de la persona reservada y seria, que no exterioriza sus sentimientos ni se permite familiaridades con los demás.

circunstancia *s. f.* **1.** Cualquiera de las condiciones, situaciones, etc., que rodean a una persona o cosa y pueden influir sobre ella. **2.** Motivo legal que modifica la responsabilidad de la persona que ha cometido un delito. ‖ **LOC. de circunstancias** *adj.* Se dice de lo que está influido o determinado por una situación o necesidad pasajera.

circunstanciado, da **1.** *p. p.* de **circunstanciar**. ‖ *adj.* **2.** Detallado, pormenorizado. **FAM.** Circunstanciadamente.

circunstancial *adj.* **1.** Casual, imprevisto. **2.** En ling., se aplica al complemento, construcción, etc., que indica alguna circunstancia, p. ej. el tiempo, el espacio o el modo.

circunstanciar *v. tr.* Determinar las circunstancias o pormenores de algo.

circunstante *adj.* **1.** Que está alrededor. ‖ *pl.* **2.** Se dice de las personas que están presentes cuando ocurre cierta cosa. También *s.*

circunvalación *s. f.* **1.** Acción y efecto de circunvalar. ‖ **2. carretera de circunvalación** La que rodea una ciudad. **3. línea de circunvalación** Línea de transporte que cubre un trayecto cerrado.

circunvalar *v. tr.* Rodear, cercar un lugar.

circunvolar *v. tr.* Volar alrededor de alguna cosa. ■ Es v. irreg. Se conjuga como *contar.*

circunvolución *s. f.* **1.** Vuelta que se forma en alguna cosa. **2.** Cada uno de los pliegues del cerebro, separados por unos surcos llamados cisuras.

cirial *s. m.* Cada uno de los soportes altos con cirios que se utilizan en algunas celebraciones de iglesia.

cirílico, ca *adj.* **1.** Se dice del alfabeto atribuido a San Cirilo, usado en ruso y otras lenguas eslavas. **2.** Perteneciente o relativo a este alfabeto.

Cirilo, San (Salónica 827 - Roma 869) Evangelizador, junto con su hermano San Metodio, de los pueblos eslavos. Ambos tradujeron a la lengua eslava la *Biblia*, utilizando un nuevo alfabeto basado en los caracteres griegos mayúsculos, al que se llamó *cirílico* y que sigue en uso.

cirio *s. m.* **1.** Vela de cera, larga y gruesa. **2.** *fam.* Jaleo, pelea. ‖ **3. cirio pascual** El que en la liturgia cristiana se bendice el Sábado Santo y se enciende en misas y otras solemnidades hasta el día de la Ascensión.

Ciro II el Grande (? h. 559 - ? h. 529 a. C.) Rey persa de la dinastía aqueménida. Hijo de Cambises I, sometió a los medos (h. 550 a. C.), derrotó a Creso (546 a. C.), guerreó contra las ciudades jónicas de Asia Menor (545-539 a. C.) y conquistó Babilonia (539 a. C.), donde liberó a los judíos. Extendió su imperio hasta el río Indo y el mar Caspio.

cirrípedos o **cirrópodos** *s. m. pl.* Subclase de artrópodos crustáceos a la que pertenecen unas 800 especies distribuidas en los géneros *Balanus, Pollicipes, Sacculina*, etc. Son animales marinos que viven en su mayoría fijos en las rocas y objetos sumergidos, a los que se adhieren por la cabeza o mediante un pedúnculo; otros son comensales o parásitos. Son hermafroditas y su cuerpo, que carece de segmentación, está protegido por placas calizas por entre las que el animal proyecta sus apéndices a través de una abertura. Cirrípedos son los percebes y los bálanos. También *adj.* y *s. m.*

cirro[1] (del lat. *cirrus*, rizo) *s. m.* **1.** Nube de color blanco de aspecto filamentoso, que se forma en las capas altas de la atmósfera. **2.** Zarcillo de las plantas. **3.** Cada uno de los apéndices de los cirrípedos, que suelen servirles para procurarse alimento.

cirro[2] (del lat. *scirrhos*, y éste del gr. *skirros*, duro) *s. m.* Tumor duro que se forma en diferentes partes del cuerpo y que no suele producir dolor.

cirrosis *s. f.* Enfermedad que afecta a determinados órganos y produce el endurecimiento de sus tejidos conjuntivos y la atrofia o degeneración de los demás. La más frecuente es la del hígado, o hepática, causada por el alcoholismo o por algunos casos de hepatitis. Este tipo de cirrosis es irreversible, pero puede atenuarse con dietas adecuadas y con la administración de diuréticos.

cirrótico, ca *adj.* **1.** Perteneciente o relativo a la cirrosis. **2.** Que padece cirrosis. También *s.*

cirrus *s. m.* Cirro*, nube.

ciruela *s. f.* Fruta del ciruelo. Es dulce y jugosa, y de tamaño, consistencia y color muy variables.

ciruelo *s. m.* Nombre común de diversos árboles de la familia rosáceas, género *Prunus.* Tiene hojas dentadas oblongas, flores blancas y fruto en drupa. Las especies principales son el ciruelo común *(Prunus domestica)*, originario de Siria, y el ciruelo japonés *(Prunus triflora).* Se cultiva por su fruto comestible, la ciruela.

Ciruelo común (Prunus domestica).

cirugía *s. f.* Rama de la medicina que se ocupa de la curación de enfermedades o lesiones mediante operaciones quirúrgicas para extirpar o reparar tejidos del cuerpo. La cirugía consta de diversas especialidades: cirugía cardiovascular, que actúa sobre el corazón y los vasos sanguíneos principales; cirugía plástica, que se ocupa de la restauración de la piel; neurocirugía, que opera sobre el sistema nervioso; cirugía estética, cuyo fin es corregir fealdades.

cirujano, na *s. m.* y *f.* Médico que se dedica a la cirugía.

cis- *pref.* Significa 'del lado de acá': *cisalpino.*

Cisalpina, República Estado creado por Napoleón en 1797 en el N de Italia. Fue el núcleo del reino de Italia, constituido por Napoleón en 1805.

cisalpino, na *adj.* En lenguaje histórico, se dice de la región situada en la parte de acá de los Alpes, vistos desde Roma.

ciscar *v. tr.* **1.** Ensuciar alguna cosa. También *v. prnl.* **2.** *fam.* Fastidiar, incordiar, revolver. ‖ *v. prnl.* **3.** *fam.* Cagarse, evacuar el vientre. Se usa despectivamente. ▪ Se conjuga como *sacar.*

cisco *s. m.* **1.** Carbón vegetal menudo. **2.** *fam.* Alboroto, jaleo, discusión, pelea. ‖ **Loc. hacer cisco** a alguien o algo *fam.* Destruir, destrozar en sentido físico o moral.

Cisjordania Región de la Palestina histórica perteneciente a Jordania desde 1950. Comprende los distritos de Nablus, El Quds y Hebrón. 5.878 km^2. 860.000 h. en 1987. En 1967, en el curso de la guerra árabe-israelí, fue ocupada por Israel, que mantiene su dominio sobre ella en medio de grandes tensiones con la población musulmana.

Ciskei Bantustán de la República Sudafricana, en el SE del país. 12.075 km^2. 946.000 h. en 1988. La capital es Bisho. Desde 1981 constituye un estado independiente no reconocido por la ONU.

cisma *s. m.* **1.** Separación de un grupo de personas de la doctrina de una iglesia o religión. **2.** Doctrina o ideas defendidas por los que se separan. Creencia que defienden. **3.** División entre los individuos de un cuerpo o comunidad. ‖ **4. cisma de Occidente** División de la Iglesia Católica producida desde 1378 hasta 1417 por la existencia de dos papas a la vez (tres en su etapa final), que eran cabeza de sus Iglesias respectivas. **5. cisma de Oriente** Separación de la Iglesia oriental bizantina y la occidental romana.
Hist. El cisma de Oriente se inició en 858 al no aceptar Roma la elección de Focio como patriarca de Constantinopla. La ruptura definitiva tuvo lugar en 1054, siendo patriarca de Constantinopla Miguel Cerulario. Este cisma dio origen a la Iglesia ortodoxa griega.
El cisma de Occidente se inició a la muerte de Gregorio XI, papa que había puesto término a la residencia de la Iglesia en Aviñón. El cónclave de los cardenales eligió nuevo pontífice a un italiano, Urbano VI, pero los cardenales franceses impugnaron esta decisión y reunidos en nuevo cónclave eligieron a su compatriota Clemente VII. Aquél permaneció en Roma y éste se estableció de nuevo en Aviñón. A la muerte de Clemente VII los cardenales de su Iglesia eligieron a Benedicto XIII, el papa Luna, y a su vez Urbano VI fue sucedido por Bonifacio IX, éste por Inocencio VII, y éste por Gregorio XII. La división de la Iglesia fue posible porque los estados europeos prestaron fidelidad a los papas cismáticos, Castilla y Escocia a los de Aviñón; Italia, Inglaterra y el imperio a los de Roma, y Francia primero al de Aviñón y después al de Roma. Para solventar el conflicto se reunió el concilio de Pisa (1409) que depuso a ambos papas y eligió a un tercero, Alejandro V, que fue sucedido a su muerte por Juan XXIII, con lo cual se agravó la crisis. El emperador Segismundo, necesitado de unidad en la Iglesia, obligó a abdicar a Juan XXIII, logró que Gregorio XII lo hiciera voluntariamente, y reunió el concilio de Constanza (1414) en el que estuvieron representadas todas las naciones europeas y donde se eligió a Martín V, con lo que se puso fin al cisma. Benedicto XIII se negó a abdicar, pero perdió la obediencia de su iglesia y pasó sus últimos años en el castillo de Peñíscola.

cismático, ca *adj.* Perteneciente o relativo al cisma, lo produce o es partidario de él. También *s.*

cisne *s. m.* **1.** Nombre común de diversas aves anseriformes de la familia anátidos, género *Cygnus.* El cisne común o mudo *(Cygnus olor)* mide unos 150 cm de longitud, tiene plumaje blanco, pico anaranjado con boceras negras y largo cuello en forma de S; nada con las alas ligeramente levantadas y se ha adaptado a vivir en estanques de parques y jardines. El cisne cantor *(Cygnus cygnus)* se distingue por tener el pico amarillo en la base y el cuello erguido. Crían en el N de Eurasia y Norteamérica y emigran al S en invierno. Otras especies son el cisne de cuello negro sudamericano *(Cygnus melanocoriphus)* y el cisne negro australiano *(Cygnus atratus).* ‖ **2. canto de cisne** Véase **canto.**

Cisneros, Francisco Jiménez de (Torrelaguna, Madrid 1436 - Roa, Burgos 1517) Clérigo franciscano y estadista español. Confesor de Isabel la Católica, fue nombrado por la reina arzobispo de Toledo (1495) y elevado a cardenal por el papa Julio II. Fue regente de Castilla de 1506 a 1510, por ausencia de Fernando el Católico, y de 1516 a 1517, tras la muerte del rey y hasta la llegada de Carlos I. En el primer periodo impulsó la conquista de algunas plazas en el N de África. En el segundo hubo de hacer frente a levantamientos en algunas ciudades, resolver conflictos entre la nobleza y derrotar a los franco-navarros, que querían restablecer en el trono de Navarra a Juan de Albret. Fundó la universidad de Alcalá de Henares y promovió la edición de la *Biblia políglota complutense.*

Cisneros Betancourt, Salvador (Camagüey 1828 - La Habana 1914) Político cubano. En 1868 liberó a los esclavos de sus plantaciones y pasó a luchar por la independencia cubana. Fue presidente de la república en armas (1873-75) y nuevamente desempeñó este cargo (1895-97).

cisoria *adj.* Se dice del arte de trinchar o cortar los alimentos, particularmente las carnes.

Císter Orden monástica fundada en 1098 en Cîteaux, cerca de Dijon, en Francia, por San Roberto, abad de Molesmes, para hacer resurgir la primitiva austeridad de vida de los benedictinos. San Bernardo de Claraval, que ingresó en la orden en 1113 y fundó la abadía de Clairvaux, dio al Císter nuevo vigor y sus monasterios y su arte se extendieron por toda Europa.

cisterciense *adj.* **1.** Perteneciente o relativo al Císter. También *s. m.*, sobre todo *pl.* ‖ **2. arte cisterciense** El arte cisterciense surgió en la primera mitad del s. XII como una reacción de austeridad al lujo y al esplendor de Cluny. En lo arquitectónico mantuvo algunos elementos románicos, pero se sirvió ya del arco apuntado y de la bóveda de crucería, así como de pilares o columnas a manera de soporte. Las iglesias eran grandes, preferentemente de tipo basilical, con tres naves. Sus monasterios se extendieron por toda Europa, especialmente por Francia (Noirlac), Italia (Fosanova) y España (Poblet y Las Huelgas), y en ellos destaca la ausencia de escultura y pintura, así como el escaso desarrollo de las artes aplicadas.

cisterna *s. f.* **1.** Depósito, generalmente subterráneo, en donde se recoge el agua de lluvia o de un río o manantial. **2.** Depósito de agua de un retrete o urinario. **3.** En aposición al nombre de algunos vehículos o barcos, significa que están construidos para transportar líquidos.

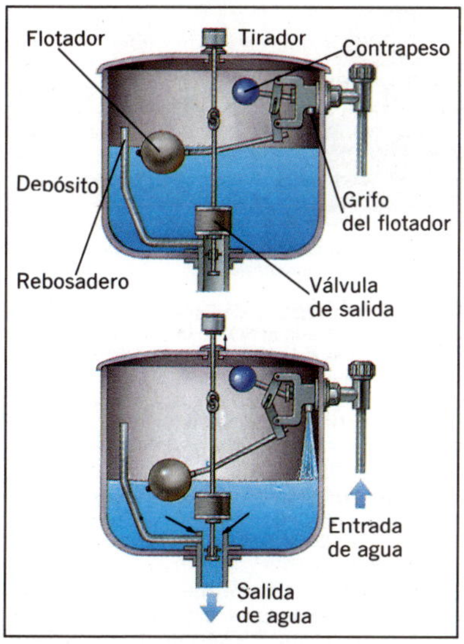

Esquema, partes principales y funcionamiento de una cisterna.

cistitis *s. f.* Inflamación de la pared de la vejiga de la orina producida por una infección de microorganismos. Suele ir acompañada de incontinencia, aumento en la frecuencia de la micción, ardor al orinar y disminución de la cantidad de orina eliminada.

cistoscopia *s. f.* Examen del interior de la vejiga de la orina por medio del cistoscopio.

cistoscopio *s. m.* Aparato consistente en un tubo óptico con una pequeña lámpara en un extremo, empleado para explorar el interior de la vejiga de la orina.

cisura *s. f.* **1.** Abertura, hendidura o grieta muy fina. **2.** Cada uno de los surcos que dividen las superficies de ciertas vísceras, como los pulmones y el cerebro.

cita *s. f.* **1.** Acuerdo entre dos o más personas para encontrarse o reunirse en el día, hora y lugar que señalan. **2.** El mismo encuentro o reunión. **3.** Mención de un texto, dato o autor, que se hace como prueba o en apoyo de lo que se dice o por alguna relación que guarda con ello.

citación *s. f.* **1.** Acción y efecto de citar, particularmente un juez. **2.** Documento o papel en el que se cita.

citar *v. tr.* **1.** Indicar a una persona la hora, el día y lugar para encontrarse o reunirse con ella. También *v. prnl.* **2.** Mencionar autores y textos como prueba o apoyo de lo que se dice o por alguna relación que guardan con ello. **3.** Hacer mención de una persona o cosa. **4.** Provocar al toro para que embista. **5.** Llamar el juez a una persona ante su presencia.

cítara *s. f.* **1.** Instrumento musical de la antigua Grecia, derivado de la lira, compuesto por una caja de resonancia plana y de 5 a 11 cuerdas que se tocan con púa. **2.** Instrumento musical cuyas cuerdas se extienden sobre una caja de forma trapezoidal y que es característico del folclore de los países de Europa central.

citarista *s. m.* y *f.* Persona que toca la cítara.

citerior *adj.* **1.** Que está en la parte de acá. ‖ **2. Hispania citerior** Antigua provincia de la Hispania romana, que comprendía las tierras situadas al N del río Ebro hasta los Pirineos. Desapareció con las reformas administrativas del año 27, en que pasó a llamarse *Tarraconense.*

citocromo *s. m.* Cromoproteína contenida en las mitocondrias de las células de los organismos aerobios y anaerobios, que desempeña una función esencial en la respiración celular.

citología *s. f.* **1.** Rama de la biología que estudia la anatomía, fisiología y bioquímica de las células. **2.** Examen citológico.

citológico, ca *adj.* **1.** Perteneciente o relativo a las células. ‖ **2. examen citológico** Análisis de las células de la sangre, secreciones, etc.

citoplasma *s. m.* Parte del protoplasma que rodea el núcleo de las células eucariotas. Es un coloide complejo, constituido principalmente por agua que contiene en suspensión o solución sales diversas, hidratos de carbono, lípidos y proteínas. Está surcado por el retículo endoplasmático y, además del núcleo, engloba corpúsculos diversos, como las mitocondrias, el aparato de Golgi, los ribosomas, los plastos (en los vegetales), las vacuolas, etc.

citrato *s. m.* Sal del ácido cítrico.

cítrico, ca *adj.* **1.** Perteneciente o relativo al limón. ‖ *s. m.* **2.** Agrio, fruta de sabor ácido o agridulce, como el limón, naranja, pomelo, mandarina, etc. **3.** Planta que produce agrios, como el limonero o el naranjo; tiene flores fragantes, con frutos en hesperidio, que se utilizan como alimento dado su alto contenido en vitamina C. Se cultiva generalmente en regiones cálidas o templadas. ‖ **4. ácido cítrico** $HOOC{-}CH_2{-}C(OH)CO_2H{-}CH_2{-}CO_2H$. Nombre común de un compuesto orgánico en cuya molécula hay un grupo alcohol y tres grupos carboxilos, presente en los frutos cítricos, como la naranja y el limón. Es un sólido cristalino soluble en agua y alcohol. Puede obtenerse también a partir de la fermentación de la sacarosa. Se utiliza en la fabricación de bebidas refrescantes y en farmacia.

citrícola *adj.* Perteneciente o relativo al cultivo de los cítricos.

Citroën, André (París 1878 - íd. 1935) Ingeniero e industrial francés. Fue el primero en implantar en Europa los métodos de fabricación estadounidenses, con los que logró aumentar espectacularmente la producción de vehículos en la fábrica Mors (1908). En 1915 creó su propia empresa.

city (voz ingl.) *s. f.* Zona central de una ciudad, donde se concentran las actividades financieras y administrativas. La más famosa es la City de Londres.

ciudad *s. f.* **1.** Población, particularmente la de considerable tamaño e importancia, cuyos habitantes se dedican sobre todo a actividades no agrícolas. **2.** Población no rural en general, por oposición a campo. ‖ **3. ciudad abierta** La que no es objetivo militar en una guerra o de antemano se declara que no será defendida. **4. ciudad administrativa** Aquella que, por ser capital de una nación, provincia, etc., acoge organismos públicos de importancia. **5. ciudad comercial** Aquella en la que un gran porcentaje de su población activa practica el comercio. **6. ciudad de recreo** Aquella en que predomina el sector de servicios y está dedicada principalmente al turismo, con instalaciones como casinos, hoteles, balnearios, etc. **7. ciudad defensiva** La nacida en torno a una guarnición militar permanente o base naval. **8. ciudad dormitorio** Núcleo residencial habitado por población laboral que trabaja en una urbe cercana. **9. ciudad industrial** Aquella en que una gran parte de su población activa trabaja en la industria. **10. ciudad jardín** Núcleo residencial de viviendas unifamiliares en un entorno ajardinado. **11. ciudad santa** Denominación que se da a algunas ciudades, como Jerusalén, Roma, La Meca, Medina, etc., de especial significado para las distintas religiones. **12. ciudad satélite** Población situada en el área suburbana de una gran ciudad y separada de ella por un espacio no urbanizado. **13. la ciudad eterna** Roma.
Hist. La ciudad surgió hace aproximadamente cinco milenios, tras el paso del nomadismo al sedentarismo, como agrupación de viviendas con carácter defensivo, centro de culto religioso, sede del poder político y militar y de la administración o como lugar donde se realizaban los intercambios de mercancías, la artesanía y otras actividades económicas distintas de la agricultura. También fueron las ciudades focos de cultura. Las ciudades más antiguas halladas en excavaciones arqueológicas estaban situadas en las regiones de la baja Mesopotamia, la cuenca del Nilo, la cuenca del Indo y la China oriental. El modelo de ciudad-estado característico de la antigüedad, como conjunto políticamente independiente formado por una población y el territorio que la rodeaba, tuvo su expresión clásica en la polis griega. Los romanos fundaron numerosas ciudades en su extenso imperio e introdujeron grandes mejoras urbanísticas. Tras una época de decadencia urbana, que se extendió entre los s. V y X, la ciudad renació en diferentes formas: como sede episcopal (*civitas*), como conjunto de edificios de una instalación agrícola (*villa*), como plaza fuerte o castillo (*burgo*), como núcleo de repoblación y colonización y como centro comercial con importantes mercados y ferias. En la Edad Media la ciudad fue un ámbito de libertad, en contraste con el «territorio» sometido a dependencia feudal, y en ella surgió una clase social o estamento nuevo, la burguesía, nacida del auge del comercio. La industrialización hizo nacer a lo largo del s. XIX una nueva clase social, el proletariado, que se albergaba en ensanches que crecían aceleradamente y que carecían de las mínimas condiciones de habitabilidad. La distribución por barrios dejó de corresponder a la división por gremios y comenzó a obedecer a causas económicas. La ciudad siguió creciendo en el s. XX, al persistir la emigración de la población del campo y al concentrarse en el recinto urbano los centros de producción y trabajo y los servicios, lo que trajo consigo la edificación en altura y la absorción de las zonas circundantes (área metropolitana).

Ciudad Bolívar C. de Venezuela, cap. del estado de Bolívar, en la orilla del Orinoco. 391.600 h. en 1990. Es puerto fluvial y tiene industrias siderúrgicas. En ella se reunió el congreso de Angostura (antiguo nombre de la ciudad), que creó la Gran Colombia en 1819.

Ciudad de Ho Chi Minh Véase **Ho Chi Minh, Ciudad de.**

Ciudad de México Véase **México, Ciudad de.**

Ciudad del Cabo Véase **Cabo, Ciudad del.**

Ciudad del Vaticano Véase **Vaticano, Ciudad del.**

Ciudad Guayana C. de Venezuela, en el estado de Bolívar. 491.200 h. en 1987. Posee industria metalúrgica.

Ciudad Juárez C. de México, en el estado de Chihuahua, junto a la frontera de EE UU, frente a la ciudad tejana de El Paso. 797.700 h. en 1990. Es un importante centro comercial.

Ciudad Madero C. de México, en el estado de Tamaulipas, junto a la costa del golfo de México. 132.450 h. en 1980. Es centro turístico y cuenta con yacimientos petrolíferos.

Ciudad Obregón C. de México, en el estado de Sonora, junto al río Yaqui. 165.800 h. en 1980. Es mercado agrícola, especialmente del algodón, que ha crecido gracias al regadío de la región.

Ciudad Quezón C. de Filipinas, situada en la isla de Luzón, al E de Manila, a cuya área metropolitana pertenece. 1.587.100 h. en 1990. Fundada en 1940 como ciudad residencial, posee industrias metalúrgicas, químicas, textiles, alimentarias y de la madera.

Ciudad Real 1. Prov. de España, perteneciente a la comunidad autónoma de Castilla-La Mancha. 19.748 km^2. 473.900 h. en 1991. El N de la provincia se encuentra accidentado por los montes de Toledo y el S por la Sierra Morena, mientras que el resto del territorio es predominantemente llano, en especial la zona de La Mancha. Las precipitaciones son relativamente escasas, y existe una fuerte diferencia térmica entre el verano y el invierno. Su río principal es el Guadiana, que recorre la provincia de E a O. La población se concentra sobre todo en las áreas llanas de la mitad E. Destacan los núcleos urbanos de Ciudad Real, Puertollano, Tomelloso, Alcázar de San Juan y Valdepeñas. Los principales cultivos son la vid y los cereales. Puertollano es el complejo industrial más importante, mientras que Ciudad Real es el principal centro comercial y de servicios.
2. C. de España, cap. de la prov. homónima. 56.300 h. en 1991. Cuenta con industrias alimentarias y de la construcción, aunque su principal actividad es la terciaria. Fue fundada en el s. XIII por Alfonso X el Sabio. Se conservan la catedral, de los s. XV-XVI, y restos de murallas.

Ciudad Real: vista de la catedral de Santa María del Prado, de estilo renacentista.

Ciudad Rodrigo C. de España, en la prov. de Salamanca, situada al SO de la capital de la provincia, a orillas del río Águeda. 16.000 h. en 1990. Es el núcleo urbano de una comarca agrícola y minera, que posee industria agropecuaria y actividad turística. Entre sus monumentos sobresalen las murallas medievales, el alcázar y la catedral del s. XIII.

Ciudad Victoria C. de México, cap. del estado de Tamaulipas, al pie de la Sierra Madre Oriental. 153.200 h. en 1982. Es centro agrícola y comercial.

ciudadanía *s. f.* **1.** Cualidad y derechos del ciudadano de algún lugar. **2.** Comportamiento de un buen ciudadano. **3.** Conjunto de los ciudadanos de un lugar.

ciudadano, na *adj.* **1.** Perteneciente o relativo a la ciudad. **2.** Se dice del habitante y vecino de una ciudad. También *s.* **3.** Se dice de la persona que disfruta de los derechos civiles y políticos de una nación. También *s.*

ciudadela *s. f.* Recinto fortificado o refugio en el interior de una ciudad.

Ciudadela de Menorca (*Ciutadella de Menorca*) C. de España, en la prov. de Baleares, en la isla de Menorca. 21.100 h. en 1990. Posee ganadería vacuna, industrias de calzado, bisutería y licoreras. Fundada sobre un antiguo núcleo romano, fue capital de la isla hasta 1722. Destacan los restos amurallados y sus numerosos edificios del s. XVIII.

ciudadrealeño, ña *adj.* De Ciudad Real. También *s.* ■ Se escribe también *ciudad-realeño.*

civeta *s. f.* Nombre común de diversos mamíferos carnívoros de la familia vivérridos, géneros *Viverra, Civettictis*, etc. La civeta de la India *(Viverra zivetha)* mide unos 75 cm de longitud, tiene formas esbeltas y la piel listada y con anillos negros en la cola. La civeta africana o gato de algalia *(Civettictis civetta)* posee una bolsa llena de una secreción (la civeta o algalia) que se utiliza en perfumería. Viven en Asia y África.

cívico, ca *adj.* **1.** Perteneciente o relativo a la ciudad o a los ciudadanos. **2.** Que muestra civismo o un comportamiento propio de un buen ciudadano.

civil *adj.* **1.** Perteneciente o relativo a la ciudad o a los ciudadanos. **2.** Se dice de la persona o cosa que no es militar ni eclesiástica. También *s.* **3.** Se dice del derecho que regula las relaciones e intereses particulares entre ciudadanos. **4.** Cívico, educado. ‖ *s. m.* **5.** *fam.* Guardia civil. **FAM.** Civilmente.

civilidad *s. f.* **1.** Civismo, urbanidad. **2.** Sociabilidad, amabilidad.

civilista *adj.* Se dice del abogado especialista en derecho civil o que preferentemente defiende asuntos civiles. También *s.*

civilización *s. f.* **1.** Conjunto de conocimientos, cultura, artes y modos de vida de un pueblo o de una raza. **2.** Acción y efecto de civilizar o civilizarse.

civilizado, da **1.** *p. p.* de **civilizar**. También *adj.* ‖ *adj.* **2.** Se dice de la persona o pueblo que posee los conocimientos, cultura y formas de vida propios de los países más desarrollados. **3.** Cívico, educado.

civilizar *v. tr.* **1.** Sacar a una persona o pueblo del estado primitivo o salvaje y llevarle los conocimientos y formas de vida de otros más desarrollados. También *v. prnl.* **2.** Convertir a una persona tosca, ignorante e insociable en educada y sociable. También *v. prnl.* ■ Se conjuga como *cazar.*

civismo *s. m.* **1.** Cualidad o comportamiento del ciudadano que cumple con sus obligaciones hacia la comunidad y tiene una actitud generosa frente a ella. **2.** Cualidad de cortés o educado.

Civitavecchia C. de Italia, situada en Lacio, a orillas del mar Tirreno. 50.850 h. en 1987. Es un importante centro portuario, que cuenta con industria metalúrgica, química, cementera y alimentaria.

cizalla *s. f.* **1.** Instrumento semejante a unas tijeras grandes que sirve para cortar metal y otros materiales. P. ext. reciben también este nombre algunos aparatos eléctricos de similar función. **2.** Especie de guillotina para cortar metal, papel, cartón, etc.

cizaña *s. f.* **1.** Planta herbácea de la familia gramíneas, especie *Lolium temulentum.* Es una planta anual de hojas estrechas y flores en espiga, cuyos granos contienen una sustancia tóxica. Es perjudicial para la agricultura porque crece en los sembrados y resulta muy difícil de desarraigar. **2.** Motivo de enemistad que alguien introduce en las relaciones entre personas.

cizañar *v. tr.* Encizañar*.

cizañero, ra *adj.* Que tiene la costumbre de meter cizaña, de enemistar. También *s.*

cl Símbolo del centilitro, medida de capacidad.

Cl Símbolo químico del cloro.

clac *s. f.* Claque*.

Clair, René (París 1898 - íd. 1981) Director de cine francés. Influido en sus comienzos por el surrealismo y el dadaísmo (*París dormido*, 1924; *Entreacto* 1924), se especializó en el género de la comedia y de la sátira social con matices sentimentales (*Un sombrero de paja de Italia*, 1927; *Bajo los techos de París*, 1930). En 1941 emigró a EE UU (*Me casé con una bruja*, 1942). Reanudó su carrera en Francia en 1947 realizando comedias de carácter romántico (*La puerta de las lilas*, 1957; *Fiestas galantes*, 1965).

clamar *v. intr.* **1.** Dar voces o gritos protestando, pidiendo algo, etc. También *v. tr.* **2.** Tratándose de cosas inanimadas, exigir, pedir algo. ‖ **Loc. clamar al cielo** Véase **cielo**. **clamar en el desierto** *fam.* Tratar inútilmente de convencer a alguien de una cosa razonable.

clámide *s. f.* Capa corta y ligera que usaban los antiguos griegos y romanos.

clamor *s. m.* **1.** Griterío o conjunto de ruidos simultáneos fuertes y confusos. **2.** Grito de dolor, queja, protesta, etc. **3.** Toque de campanas por los difuntos.

clamorear *v. tr.* **1.** Clamar con insistencia. **2.** Doblar, tocar a muerto las campanas.

clamoreo *s. m.* Clamor repetido o continuado.

clamoroso, sa *adj.* Que va acompañado del clamor de la gente, en especial del entusiasta.

clan *s. m.* **1.** Grupo formado por personas de un mismo tronco familiar, en que se concede gran importancia a los lazos de parentesco y a la autoridad del jefe. **2.** Grupo organizado de personas unidas por un interés común.

clandestinidad *s. f.* Cualidad o situación de clandestino.

clandestino, na *adj.* Se aplica a lo que se dice o se hace secretamente, de manera oculta, en especial por temor a la ley o para tratar de eludirla. **Fam.** Clandestinamente.

Claparède, Édouard (Ginebra 1873 - íd. 1940) Psicólogo y pedagogo suizo. Fue uno de los fundadores, en 1912, del Instituto J. J. Rousseau (actualmente Escuela de Psicología y Ciencias de la Educación), dedicado a la investigación de la psicología infantil con fines pedagógicos. Es uno de los iniciadores de la educación funcional, basada en las necesidades e intereses del niño, y defensor de la enseñanza individualizada.

Clapeyron, Benoît-Paul-Émile (París 1799 - íd. 1864) Ingeniero y físico francés. Trabajó en Rusia (1820-30) y, de vuelta a Francia, dirigió el trazado de algunas líneas de ferrocarriles. Su memoria *Sobre la potencia motriz del calor* (1834) fue fundamental para el desarrollo de la termodinámica.

claque *s. f.* **1.** Conjunto de personas que aplauden en un espectáculo a cambio de asistir gratis al mismo o de recibir de los empresarios o artistas dinero u otra recompensa. **2.** P. ext., conjunto de personas que aplauden o alaban las acciones de otra.

claqué *s. m.* Tipo de baile, creado por los negros estadounidenses, en que los movimientos se acompañan de un repiqueteo rítmico hecho con la punta y el tacón de los zapatos.

claqueta *s. f.* Pizarra que se utiliza en el rodaje de un filme en la que figuran datos técnicos de éste; lleva una pieza móvil que al golpear la pizarra hace un ruido que sirve como señal para que comience el rodaje.

clara *s. f.* **1.** Materia albuminoidea, transparente y blanquecina, que rodea la yema del huevo. **2.** Parte de la cabeza con escaso pelo. **3.** Parte de un paño que por no estar bien tejido se transparenta. **4.** Interrupción breve de la lluvia. **5.** Cerveza con gaseosa o con un refresco de limón.

Clara, Santa (Asís 1194 - íd. 1253) Religiosa italiana. De noble familia, a los dieciocho años escapó de casa para seguir a San Francisco de Asís y fundar el primer convento femenino de la orden de monjas franciscanas o clarisas.

Clará, José (Olot 1878 - Barcelona 1958) Escultor español. Influido por Rodin, es un claro exponente del clasicismo mediterráneo de la primera mitad del s. XX. Entre sus esculturas destacan *La diosa* (1908), *Serenidad* (1918) y *Juventud* (1934). Su estudio barcelonés se ha acondicionado para museo de su obra.

claraboya *s. f.* Ventana abierta en el techo o en la parte alta de una pared.

Claraval (en fr. *Clairvaux*) Abadía cisterciense fundada en 1115 en Aube (Francia), cuyo primer abad fue San Bernardo.

clarear *v. impers.* **1.** Empezar a amanecer. También *v. intr.* **2.** Irse disipando las nubes del cielo. También *v. intr.* ‖ *v. prnl.* **3.** Gastarse o perder consistencia algo que cubría una cosa de modo que deja entreverla. También *v. intr.* **4.** Mostrarse las intenciones, carácter, etc., de alguien de manera involuntaria.

Clarendon, Edward Hyde, primer conde de (Dinton, Wiltshire 1609 - Ruán 1674) Político inglés. Realista moderado, permaneció leal a Carlos I durante la guerra civil y acompañó a su hijo, el príncipe Carlos, al exilio (1645). Después de la Restauración, fue primer ministro de Carlos II (1660-67). Su política moderada le enfrentó a realistas y puritanos. Tras la derrota (1667) en la guerra con los Países Bajos, huyó a Francia, donde escribió *Historia de la rebelión y de las guerras civiles en Inglaterra* (1702-04).

clarete *adj.* Se dice del vino tinto de color claro, rosáceo. También *s. m.*

claretiano, na *adj.* **1.** Se dice del religioso perteneciente a la congregación de los Hijos del Corazón de María, fundada por San Antonio María Claret. También *s.* **2.** Perteneciente o relativo a esta congregación, a su fundador o a su doctrina.

claridad *s. f.* **1.** Cualidad de claro. **2.** Efecto que se produce cuando la luz ilumina algo y permite distinguirlo.

clarificar *v. tr.* **1.** Poner en claro. **2.** Aclarar alguna cosa, particularmente un líquido, que estaba denso, turbio o espeso ■ Se conjuga como *sacar*. **Fam.** Clarificación.

clarín *s. m.* **1.** Instrumento musical de viento, de metal, parecido a la trompeta, pero más pequeño, de sonido más agudo y sin llaves ni pistones. **2.** Persona que toca este instrumento.

Clarín, Leopoldo Alas, llamado (Zamora 1852 - Oviedo, Asturias 1901) Escritor español. Catedrático de derecho de la universidad de Oviedo, fue hombre de espíritu abierto, liberal, anticlerical y republicano, influido en su juventud por el krausismo. Su obra más importante, la novela *La Regenta* (1884-85), constituye un retrato naturalista de la sociedad ovetense a través del drama personal de la protagonista. Escribió también otra novela, *Su único hijo* (1892); novelas cortas, *Doña Berta, Cuervo, Superchería* (1892); las colecciones de cuentos *Pipá* (1886), *El Señor y lo demás son cuentos* (1893), *Cuentos morales* (1896) y *El gallo Sócrates* (1901), y *Solos de Clarín* y *La literatura en 1881* (1882), dos libros de crítica literaria.

Leopoldo Alas «Clarín».

clarinete *s. m.* **1.** Instrumento musical de viento, que consta de una boquilla con lengüeta simple, que vibra al paso del aire, y un tubo con agujeros, que se tapan con los dedos o se cierran con llave. Fue inventado en 1690 por el fabricante alemán de instrumentos Johann Christoph Denner. **2.** Persona que toca este instrumento.

clarinetista *s. m.* y *f.* Persona que toca el clarinete.

clarisa *adj.* Se aplica a la religiosa de la segunda orden de San Francisco, fundada por Santa Clara. También *s. f.*

clarividencia *s. f.* **1.** Capacidad de comprender claramente las cosas. **2.** Don de prever y percibir cosas que a otros pasan inadvertidas.

clarividente *adj.* Que posee clarividencia. También *s.*

Clark, Colin Grant (Townsville, Queensland 1905) Economista británico de origen australiano. En su obra *Las condiciones del desarrollo económico* (1940) formuló por primera vez la tipología de los sectores económicos: primario, secundario y terciario. Otras obras destacadas suyas son *Renta y gastos nacionales* (1938), *Bienestar y tributación* (1954), *Crecimiento demográfico y utilización del suelo* (1968) y *Miseria y abundancia* (1970).

Clark, John Maurice (Northampton, Massachusetts 1884 - Wesport 1963) Economista estadounidense. Ha estudiado, entre otros temas, la distinción entre los costes sociales y los costes privados y el concepto de aceleración, según el cual la inversión en un determinado periodo es proporcional al incremento del producto añadido en ese mismo periodo. Entre sus obras sobresalen *Estudios sobre las economías de costes generales* (1923) y *Fundamento ético de la libertad económica* (1955).

Clark, Mark Wayne (Madison Barracks 1896) Militar estadounidense. Durante la Segunda Guerra Mundial, dirigió el desembarco en Italia (1944). Fue nombrado comandante en jefe de las fuerzas de la ONU en Corea (1952-53) y de las fuerzas estadounidenses en Extremo Oriente. Se retiró en 1953.

Clarke, Arthur Charles (Minehead, Somerset 1917) Escritor británico. Es famoso por sus relatos de ciencia-ficción, entre los que destacan *Las arenas de Marte* (1951), *La ciudad y las estrellas* (1956), *2001: odisea del espacio* (1968) y *Fuentes del Paraíso* (1979).

claro, ra *adj.* **1.** Que tiene luz o mucha luz. **2.** Se dice del color que tiene mucho blanco en su mezcla. **3.** Evidente, que se percibe o se comprende perfectamente. También *adv.* **4.** Se dice de la persona que se explica de manera que puede ser entendida. **5.** Directo, sin rodeos. También se aplica a la persona que habla o actúa de ese modo. **6.** Transparente, no enturbiado. **7.** Poco espeso o consistente. **8.** Aplicado al tiempo y al cielo, despejado. **9.** Poco tupido, ralo. **10.** Se dice de los sonidos de timbre dulce y agudo. **11.** Limpio, puro, sin trampa. **12.** Se dice del toro que acomete con nobleza. ‖ *s. m.* **13.** Espacio vacío en un conjunto de cosas. **14.** Tiempo durante el cual se interrumpe una actividad o fenómeno. ‖ *adv.* **15.** Se usa para afirmar: *¿Te gusta esa chica? Claro*; también se emplea para indicar que una persona se ha dado cuenta de cierta cosa: *Claro, por eso me saludó.* ‖ **Loc. a las claras** *adv.* Abiertamente. **pasar la noche en claro** (o **de claro en claro**) Pasarla sin dormir. **Fam.** Claramente.

claroscuro *s. m.* Contraste de luces y sombras en un cuadro, dibujo, fotografía, etc., para destacar o dar mayor expresividad a las imágenes representadas.

clase *s. f.* **1.** Cada una de las divisiones de personas, animales o cosas que resulta al agruparlas según unas mismas características. **2.** Categoría. **3.** Grupo taxonómico en que se clasifican los seres vivos, y que a su vez comprende varios órdenes; p. ej., constituyen clases las plantas monocotiledóneas, los mamíferos y las aves. **4.** Manera de ser de personas o cosas. **5.** Conjunto de estudiantes que reciben el mismo tipo de enseñanza. **6.** Aula. **7.** Enseñanza de una materia. **8.** Distinción, personalidad. **9.** Grupo social caracterizado fundamentalmente por tener unos medios económicos y unos modos de vida similares. ■ También se le llama *clase social.* **10.** En mat., conjunto de valores que puede adoptar una variable estadística, agrupados en intervalos. ‖ **11. clase cristalina** En geol., combinación fija y característica de los cristales, según sus elementos de simetría. Son posibles 32 clases, que se clasifican a su vez en 7 sistemas cristalinos. **12. clase de equivalencia** En mat., subconjunto de cierto conjunto, que está formado por todos los elementos de éste vinculados entre sí mediante una relación de equivalencia. ‖ **13. clases pasivas** Conjunto de personas que, sin realizar un trabajo, disfrutan de una pensión del Estado, como jubilación, retiro, viudedad, etc.

Soc. Tradicionalmente suelen distinguirse tres clases sociales: la clase alta, identificada en las distintas épocas históricas con la aristocracia, la nobleza guerrera, los terratenientes, la gran burguesía, etc.; la clase baja, identificada con los sectores sociales más humildes, como los campesinos sin tierra, el proletariado, etc., y la clase media, integrada por profesionales, comerciantes, pequeños propietarios agrícolas, etc. Aunque en casi todas las sociedades se han dado diferencias en la organización y en las relaciones entre los individuos, el concepto de clase social adquiere una importancia decisiva en el pensamiento de Marx, Engels y sus seguidores. Según ellos, todas las sociedades basadas en la propiedad privada están divididas en grupos diferenciados por su relación con la propiedad de los medios de producción. En el capitalismo, el marxismo distingue dos clases sociales fundamentales, la burguesía y el proletariado, y considera que su lucha determina la evolución histórica de las sociedades modernas. Otras escuelas sociológicas manejan también el concepto de clase social (Weber, Durkheim, Duverger, Gurvitch, Parsons), pero han criticado al marxismo por la excesiva importancia que concede a la lucha de clases, al tiempo que subrayan la aparición y consolidación de nuevas clases y capas sociales a lo largo del s. XX y los profundos cambios sufridos por la burguesía y el proletariado.

clasicismo *s. m.* Tendencia estética que valora especialmente la armonía en las proporciones y, en particular, la de los modelos griegos y latinos. Aunque se trata de un fenómeno relativamente frecuente en la historia del arte, los dos momentos en los que cobró más auge fueron el Renacimiento (s. XV y XVI en Italia y otros países europeos) y el neoclasicismo, que triunfó en Europa en la segunda mitad del s. XVIII como reacción contra el Barroco y el rococó. **FAM.** Clasicista.

clásico, ca *adj.* **1.** Perteneciente o relativo a las antiguas Grecia y Roma. **2.** Se dice del autor, obra, etc., que pertenece a un periodo de esplendor en literatura o arte, p. ej., en España, al Siglo de Oro. También *s.* **3.** Se dice de la música de fines del s. XVIII. También, por oposición a ligera, pop, etc., se aplica a la música que se ajusta a determinados cánones de estilo, instrumentación, etc., como la música sinfónica, la de cámara, etc. **4.** Aplicado a artistas, obras, etc., que han entrado a formar parte de la tradición y son tomados como modelo. También *s.* **5.** Que se ajusta a la estética tradicional. También *s.* **6.** Típico de alguien o algo. **FAM.** Clásicamente.

clasificación *s. f.* **1.** Acción y efecto de clasificar. ‖ **2. clasificación de un conjunto** En mat., agrupación de los elementos de un conjunto en las diferentes clases que produce una relación de equivalencia. **3. clasificación decimal universal** Sistema de clasificación del campo total de los conocimientos y de la documentación bibliográfica correspondiente. Fue diseñado por el bibliotecario Melvin Dewey, y parte de diez grandes ramas o campos de conocimiento que se diversifican en sucesivas subdivisiones, siempre de diez en diez, avanzando en la especialización.

clasificador, ra *adj.* **1.** Que clasifica. También *s.* ‖ *s. m.* **2.** Mueble de un despacho u oficina para guardar y clasificar los papeles y documentos.

clasificar *v. tr.* **1.** Ordenar un conjunto por clases. También *v. prnl.* **2.** Asignar una persona, animal o cosa a un determinado grupo. ‖ *v. prnl.* **3.** Lograr un determinado puesto en una competición o en un torneo deportivo. **4.** Obtener un puesto que permite la permanencia en una competición. ■ Se conjuga como *sacar.* **FAM.** Clasificable.

clasista *adj.* Se dice de la persona, y de sus opiniones, actitudes, etc., que valora a los demás según la clase social a la que pertenecen, y particularmente la que desprecia o discrimina a los individuos de las clases sociales más desfavorecidas. También *s.* **FAM.** Clasismo.

clástico, ca *adj.* Se aplica a la roca consolidada o a los fragmentos de rocas sedimentarias que resultan de la erosión de otras rocas preexistentes.

clastomanía *s. f.* Tendencia patológica a destruir objetos. Se denomina también *monomanía destructora.*

Claude, Albert (Longlier, Bélgica 1898 - Bruselas 1983) Biólogo estadounidense de origen belga. En 1974 obtuvo el premio Nobel de medicina, compartido con Christian de Duve y George Emil Palade, por sus estudios sobre la estructura y funcionamiento de la célula.

Claude, Georges (París 1870 - Saint-Cloud, Seine-et-Oise 1960) Químico francés. Entre sus descubrimientos destacan la obtención de aire líquido y de cloro líquido para utilizarlo como gas venenoso durante la Primera Guerra Mundial. Inventó el procedimiento para la iluminación con tubos llenos de gas neón.

Claudel, Paul (Villeneuve-sur-Fère, Aisne 1868 - París 1955) Poeta y dramaturgo francés. Diplomático, fue embajador en Japón, EE UU, China, Bélgica, etc. Tras una crisis espiritual, retornó al catolicismo (1886). En su obra se advierte la influencia de Mallarmé. Entre sus dramas destacan *Cabeza de oro* (1889), *Reparto de mediodía* (1905), *La anunciación a María* (1912), *El zapato de raso* (1927) y *Juana de Arco en la hoguera* (1935), y entre sus libros de poesía, *Cinco grandes odas* (1910) y *Cantata a tres voces* (1913).

claudia *adj.* Se dice de cierta ciruela de color verde claro, muy jugosa y dulce. También *s. f.*

claudicar *v. intr.* **1.** Dejar de cumplir un deber, abandonar un principio o convicción. **2.** Ceder, rendirse. ■ Se conjuga como *sacar.*

Claudín, Fernando (Zaragoza 1913 - Madrid 1990) Político y escritor español. Teórico del marxismo y miembro del Partido Comunista, del que fue expulsado en 1965 acusado de revisionista, es autor de ensayos políticos como *La crisis del movimiento comunista: de la Komintern al Kominform* (1970) y *Marx, Engels y la revolución de 1848* (1975).

Claudio, Tiberio (Lugdunum, actual Lyon 10 a. C. - Roma 54 d. C.) Emperador romano. Ascendió al poder en 41 d. C. Reorganizó la administración imperial y extendió la ciudadanía romana a los habitantes de diversas provincias. Conquistó Britania (43 d. C.), reforzó la frontera del Danubio, fundó Colonia y anexionó Tracia y Mauritania, esforzándose por romanizar los territorios ocupados. Murió envenenado por su esposa Agripina.

Clausell, Joaquín (Campeche 1866 - ? 1935) Pintor mexicano. Residió en la capital desde 1886. Máximo representante del impresionismo en su país, ofrece en sus cuadros una nueva visión del paisaje mexicano.

Clausewitz, Karl von (Burg, cerca de Magdeburgo 1780 - Breslau 1831) Militar y escritor prusiano. Tomó parte en las campañas contra Napoleón y fue director de la Academia de la Guerra en Berlín (1818). Está considerado como uno de los grandes teóricos militares de todos los tiempos. Sus escritos se publicaron póstumamente con el título *Sobre la guerra.*

Clausius, Rudolf Julius Emanuel (Köslin, Pomerania 1822 - Bonn 1888) Físico alemán. Sobresalió más como teórico que por sus experimentaciones. Investigó en los campos de la óptica, electricidad y elasticidad, pero su gran aportación fue en el de la termodinámica, donde estableció el principio de su nombre (entre dos cuerpos, el calor pasa del que tiene mayor temperatura al que la tiene más baja) e introdujo el concepto de entropía.

claustro *s. m.* **1.** Galería cubierta con soportes que rodea el patio interior de un monasterio, convento, iglesia, etc. En la Edad Media solían construirse adosados a las catedrales. **2.** P. ext., convento, vida religiosa. **3.** Junta formada por el rector y profesores de la universidad o de otro centro docente. ‖ **4. claustro materno** Matriz en que se desarrolla el feto. **FAM.** Claustral.

claustrofobia *s. f.* Temor angustioso y anormal que padecen ciertas personas al encontrarse en espacios cerrados.

cláusula *s. f.* **1.** Cada una de las disposiciones de un contrato u otro documento. **2.** Oración, frase.

clausura *s. f.* **1.** Acción y efecto de clausurar. **2.** Acto solemne con el que finaliza una determinada actividad. **3.** Vida religiosa en el interior de un convento, sin salir de él. **4.** Parte de un convento en la que viven los religiosos y donde no pueden entrar otras personas.

clausurar *v. tr.* **1.** Poner fin solemnemente a la actividad de organismos públicos, instituciones docentes o científicas, etc. **2.** Cerrar algún edificio o negocio por mandato de la autoridad competente.

clava *s. f.* Palo tosco, más grueso por uno de sus extremos que por el otro.

clavado, da **1.** *p. p.* de **clavar**. También *adj.* ‖ *adj.* **2.** *fam.* Muy parecido a alguien o algo. **3.** *fam.* Fijo, sin moverse. ‖ **Loc. dejar clavado** a uno *fam.* Dejarle atónito, confuso, sin saber reaccionar.

clavar *v. tr.* **1.** Introducir un clavo u otra cosa puntiaguda en un sitio mediante golpes, presión, etc. **2.** Asegurar alguna cosa con clavos. **3.** Introducir cualquier objeto puntiagudo. También *v. prnl.* **4.** Fijar, parar, poner. También *v. prnl.* **5.** Cobrar a uno más de lo normal.

clave *s. f.* **1.** Sistema de signos utilizados para escribir un mensaje secreto. **2.** Explicación de esos signos. **3.** Aquello que explica o resuelve algo. **4.** En aposición, fundamental, decisivo: *fecha clave.* **5.** Piedra central que cierra un arco o una bóveda. **6.** En mús., signo de notación que, colocado al comienzo del pentagrama, da valor a las notas situadas en los distintos espacios y líneas del mismo. Las claves más usadas son las de *sol en segunda,* que indica que la nota *sol* está en la segunda línea, la de *fa en cuarta,* con la nota *fa* en la cuarta línea, y la de *do en tercera,* con *do* en la tercera línea. ‖ *s. m.* **7.** Antiguo nombre del clavicémbalo o clavecín.

Clavé, Antonio (Barcelona 1913) Pintor español. En 1939 se estableció en París, donde triunfó como ilustrador de libros, decorador y figurinista teatral. De estilo expresionista, su obra muestra una fuerte influencia de Picasso. Destacan su obra gráfica, como *Homenaje a D. Theotokopoulos* (1968) y *La gloria de los reyes* (1977), y sus collages.

Clavé, José Anselmo (Barcelona 1824 - íd. 1874) Músico y político catalán. Sufrió encarcelamiento por participar en la revolución de 1843 y llegó a ser dirigente del Partido Republicano Federal. Fue el impulsor del arte coral en Cataluña al fundar varios coros formados por obreros. Compuso piezas de claro carácter popular, como *Els xiquets de Valls, La maquinista* y *Els pescadors.*

Clavé, Pelegrín (Barcelona 1811 - íd. 1880) Pintor español. Su pintura denota la influencia del grupo de los nazarenos. En 1846 se trasladó a México, donde fue nombrado director de la Academia de San Carlos. Regresó a Barcelona en 1868. Entre sus obras más notables figuran *Parábola del buen samaritano, La locura de la reina Isabel de Portugal, La primavera, La señorita María Echevarría, La señora Roquer de Clavé* y la decoración de la cúpula de la Profesa, en la capital mexicana.

clavecín *s. m.* Clavicémbalo*.

clavecinista *s. m.* y *f.* **1.** Persona que compone obras para clavecín. **2.** Músico que toca este instrumento.

clavel *s. m.* **1.** Nombre común de diversas plantas herbáceas de la familia cariofiláceas, género *Dianthus.* La especie común es el clavel de

Claustro románico del monasterio de Santo Domingo de Silos, en Burgos (España).

florista *(Dianthus caryophyllus)*, que mide entre 30 y 40 cm de altura, tiene hojas verdosas opuestas y flores olorosas de diversos colores, rojas, rosadas, blancas o jaspeadas, según las distintas variedades. Florece en primavera y verano y se cultiva como planta ornamental. **2.** Flor de esta planta. ‖ **3. clavel reventón** El de color rojo oscuro y muchos pétalos.

clavellina *s. f.* **1.** Variedad de clavel, de tallos, hojas y flores más pequeños. **2.** Flor de esta planta.

clavero *s. m.* Clavo, árbol.

clavetear *v. tr.* **1.** Adornar con clavos alguna cosa. **2.** Poner clavos en alguna cosa con poca habilidad.

clavicembalista *s. m.* y *f.* Persona que toca el clavicémbalo.

clavicémbalo *s. m.* Instrumento musical de teclado, que surgió en el s. XVI y fue muy usado por los músicos barrocos. Produce el sonido al vibrar las cuerdas pulsadas por cañones de pluma de cuervo, accionados por un teclado. Además dispone de registros que permiten alterar el timbre y la intensidad del sonido.

clavicordio *s. m.* Instrumento musical de teclado surgido en torno al s. XIV, considerado precedente del piano. Produce el sonido mediante cuerdas que vibran al ser percutidas por láminas de latón articuladas al teclado.

clavícula *s. f.* Cada uno de los dos huesos que forman parte de la cintura escapular, unidos por un lado con la escápula –el omóplato en el hombre– y por el otro con el esternón. La clavícula humana tiene forma de *S* alargada y se fractura con cierta facilidad. **FAM.** Clavicular.

clavija *s. f.* **1.** Pieza que se encaja en un agujero y que sirve para sujetar, ensamblar o conectar. **2.** Cada una de las llaves de madera que llevan los instrumentos musicales para sujetar y tensar las cuerdas. ‖ **LOC. apretar** a uno **las clavijas** *fam.* Presionarle para que haga algo o controlarle severamente.

clavijero *s. m.* Pieza en que se alojan las clavijas de un instrumento musical.

Clavijero, Francisco Javier (Veracruz 1731 - Bolonia 1787) Historiador mexicano. Ingresó en la Compañía de Jesús (1748) y, suprimida ésta, marchó a Italia. Conocedor de las lenguas náhuatl y otomí, es autor de dos libros capitales en la historiografía americana, *Historia de México* (1780-81) e *Historia de California* (1789).

clavillo *s. m.* **1.** *dim.* de **clavo**. **2.** Pasador que sujeta las varillas de un abanico, las dos hojas de una tijera o cosa semejante.

clavo *s. m.* **1.** Barrita de metal, con punta en un extremo y cabeza en el otro. **2.** Pieza metálica para fijar fragmentos de huesos. **3.** Callosidad dura que sale en los dedos de los pies o de las manos. **4.** Árbol perenne de la familia mirtáceas, especie *Syzygium aromaticum*. Alcanza hasta 10 m de altura, tiene hojas oblongas y flores purpúreas. Es originario de las islas Molucas y se cultiva en países tropicales. De los capullos secos de sus flores se obtiene la especia del mismo nombre, que se utiliza para sazonar alimentos y como estimulante en medicina. Se llama también *clavero*. **5.** Condimento aromático de sabor picante que se obtiene de la flor del árbol del mismo nombre. **6.** Tejido muerto o pus de un absceso. **7.** Gasa introducida en una herida para que ésta pueda supurar. ‖ **LOC. agarrarse a un clavo ardiendo** *fam.* Valerse de cualquier medio para salir de un apuro. **como un clavo** *adj.* Puntual. **dar en el clavo** *fam.* Acertar plenamente, en especial cuando no está clara la resolución. **remachar** uno **el clavo** *fam.* Acumular errores, queriendo enmendar un desacierto; también, añadir argumentos a una verdad ya probada. **un clavo saca otro clavo** Indica que un mal, un problema, una pena o preocupación hace olvidar otro anterior.

claxon *s. m.* Bocina eléctrica de los automóviles.

Clay, Cassius (Louisville 1942) Boxeador estadounidense. Fue campeón del mundo del peso pesado entre 1964 y 1967, año en que fue desposeído del título por negarse a participar en la guerra de Vietnam, y entre 1974 y 1978. Convertido al islamismo en 1965, adoptó el nombre de Muhammad Alí.

clearing (voz ingl.) *s. m.* En econ., convenio entre dos o más países por el que la balanza comercial se equilibra compensando recíprocamente las importaciones con las exportaciones, para evitar la transferencia de oro o divisas.

clemátide *s. f.* Nombre común de diversas plantas arbustivas de la familia ranunculáceas, género *Clematis*. La clemátide vulgar o hierba de los pordioseros *(Clematis vitalba)* es una planta trepadora de tallo sarmentoso, hojas con zarcillos y flores de color blanco, azul o violeta. Se cultiva en jardines y tiene uso medicinal. La *Clematis viticella* alcanza hasta 4 m de altura, es también trepadora y presenta flores azules o rojas. Crece en el S de Europa.

Clemenceau, Georges (Mouilleron-en-Pareds 1841 - París 1929) Político y periodista francés. Republicano y anticlerical, dirigió el periódico *L'Aurore*. Presidente del consejo de ministros en 1914, impulsó la política de unidad nacional durante la Primera Guerra Mundial y luego participó destacadamente en la conferencia de paz y en el tratado de Versalles (1919).

clemencia *s. f.* Moderación a la hora de juzgar o castigar, tendencia a perdonar.

Clément, René (Burdeos 1913) Director cinematográfico francés. Su primera película, *La batalla del raíl* (1945), es una buena muestra de cine documental. Otros filmes destacados suyos son *Demasiado tarde (Au delá des grilles*, 1949), *Juegos prohibidos* (1952), *A pleno sol* (1960) y *¿Arde París?* (1965).

clemente *adj.* Que muestra clemencia.

Clemente Nombre de varios papas y antipapas.

Clemente V (Villandraut 1264 - Roquemaure 1314) Papa francés. De nombre Bertrand de Got, su pontificado abarca de 1305 a 1314. Fue elegido gracias a las presiones del rey francés Felipe IV. Trasladó su residencia de Roma a Aviñón y aseguró la continuidad de los papas franceses al nombrar una mayoría de cardenales de esa nacionalidad. Suprimió la orden de los templarios en el concilio de Vienne (1311-12).

Clemente VI (Maumont, Limousin 1291 - Aviñón 1352) Papa francés. De nombre Pierre Roger, su pontificado abarca de 1342 a 1352. Era monje benedictino. Residió en Aviñón y mandó construir el palacio de los papas. Protegió a Petrarca.

Clemente VII (Florencia 1478 - Roma 1534) Papa italiano. De nombre Julián de Médicis, su pontificado abarca de 1523 a 1534. Participó en los conflictos entre Francisco I de Francia y Carlos I de España. En 1527 las tropas de Carlos I saquearon Roma, lo que le obligó a ceder al emperador el reino de Nápoles. Durante su pontificado progresó la Reforma en Alemania e Inglaterra se separó de la Iglesia romana.

Clemente VIII (Teruel h. 1380 - Mallorca 1446) Antipapa español. De nombre Gil Sánchez Muñoz, fue elegido papa en 1423 por algunos cardenales a la muerte del antipapa Benedicto XIII. Residió en Peñíscola y renunció en 1429.

Clemente VIII (Fano 1536 - Roma 1605) Papa italiano. De nombre Ippolito Aldobrandini, su pontificado abarca de 1592 a 1605. Reconcilió a Enrique IV de Francia con la Iglesia y le reconoció como legítimo heredero al trono, con lo que se puso fin a la guerra de religión en aquel país. Impulsó la Contrarreforma y publicó la *Vulgata* (versión latina de la *Biblia*).

Clemente XII (Florencia 1652 - Roma 1740) Papa italiano. De nombre Lorenzo Corsini, su pontificado abarca de 1730 a 1740. Fomentó las misiones y condenó la masonería, amenazando con la excomunión a los católicos que militaran en ella.

Clemente XIV (Sant'Arcangelo di Romagna 1705 - Roma 1774) Papa italiano. De nombre Giovanni Vincenzo Ganganelli, su pontificado abarca de 1769 a 1774. Se vio obligado a disolver la Compañía de Jesús ante la presión de Francia, España, Portugal y Nápoles.

Clemente de Alejandría, San (Atenas h. 150 - ? h. 213) Padre de la Iglesia griega. Fue maestro de la escuela de catequistas de Alejandría, que en el s. III fue el centro más activo del pensamiento cristiano. Su obra es un intento de asimilar la tradición filosófica griega dentro del cristianismo. Sus escritos más destacados son el *Pedagogo* y los *Stromata*.

clementina *s. f.* Variedad de mandarina de piel más roja y carne muy dulce.

Cleomenes Nombre de varios reyes de Esparta.

Cleomenes I (? - Esparta h. 490 a. C.) Rey de Esparta (520-490 a. C.). Combatió contra los argivos y fue derrotado. Apoyó al partido aristocrático contra Clístenes y consolidó su hegemonía sobre Grecia. Intrigó para que su adversario Demarato fuese depuesto, pero descubierta su intriga, hubo de exiliarse a Tesalia, donde se suicidó.

Cleomenes III (? - ? h. 219 a. C.) Rey de Esparta (235-222 a. C.). Pretendió extender su autoridad a todo el Peloponeso. Introdujo reformas sociales y luchó contra la liga aquea. Vencido en Selacia (222 a. C.) por Antígono Dosón, rey de Macedonia, se refugió en Egipto, donde acabó suicidándose.

Cleopatra VII (Alejandría 69 - íd. 30 a. C.) Reina de Egipto (51-30 a. C.). Desde 51 a. C. sostuvo una guerra civil con su hermano Tolomeo XIII, en la que venció gracias a la ayuda de Julio César, con el que tuvo un hijo. Establecida en Roma, tras el asesinato de César retornó a Egipto, donde contrajo matrimonio en 37 a. C. con Marco Antonio, que gobernaba en Oriente. Juntos intentaron crear un reino de tipo helenístico, lo que provocó la intervención de Octavio, que les derrotó en Actium (31 a. C.). De vuelta a Egipto, se suicidaron.

clepsidra *s. f.* Reloj* de agua.

cleptomanía *s. f.* Propensión patológica a robar. **FAM.** Cleptómano.

clerecía *s. f.* **1.** Conjunto de personas que componen el clero. **2.** Estado de clérigo.

clergyman (voz ingl.) *s. m.* Traje eclesiástico de americana y pantalón grises o negros y alzacuello.

clerical *adj.* **1.** Perteneciente o relativo al clero. **2.** Partidario de los clérigos y del clericalismo.

clericalismo *s. m.* **1.** Influencia excesiva de la Iglesia, y sobre todo de los clérigos, en los asuntos políticos. **2.** Actitud de los que apoyan al clero y su influencia.

clericato *s. m.* Condición o dignidad de clérigo.

clérigo *s. m.* **1.** Persona que ha recibido alguna de las órdenes sagradas. **2.** En la Edad Media, hombre docto.

Clermont-Ferrand C. de Francia, cap. de la región de Auvernia y del departamento de Puy-de-Dôme. 136.000 h. en 1990, 256.200 en el área metropolitana. Es un centro turístico e industrial, en el que destaca la fabricación de neumáticos. Fue fundada por los romanos.

clero *s. m.* **1.** Conjunto de los clérigos y grupo social que constituyen. ‖ **2. clero regular** Conjunto de sacerdotes que pertenecen a una regla u orden religiosa y han hecho votos de pobreza, castidad y obediencia. **3. clero secular** Sacerdotes que no pertenecen a una orden religiosa.

clerofobia *s. f.* Odio hacia el clero. **FAM.** Clerófobo.

Cleveland 1. Condado del Reino Unido, en el NE de Inglaterra. 583 km^2. 553.100 h. en 1988. La capital es Middlesbrough, con 159.400 h. en 1982. **2.** C. de EE UU, en el estado de Ohio. 523.900 h. en 1989, 2.766.000 en el área metropolitana. Es un centro industrial notable, con siderurgia, refinería de petróleo, astilleros y producción textil.

Cleveland, Stephen Grover (Caldwell, New Jersey 1837 - Princeton 1908) Político estadounidense. Miembro del Partido Demócrata, fue alcalde de Buffalo (1881), gobernador del estado de Nueva York (1882) y presidente de la nación (1885-89 y 1893-97). Instauró un programa de austeridad y reprimió con las tropas federales la gran huelga de Chicago (1894). Se mostró neutral en el conflicto entre los insurrectos cubanos y el gobierno español.

cliché *s. m.* **1.** Plancha o grabado para la impresión. **2.** Imagen fotográfica negativa. **3.** Idea o expresión muy repetida.

cliente, ta *s. m.* y *f.* **1.** Persona que utiliza los servicios de un profesional. **2.** Persona que compra o consume en un establecimiento, sobre todo si lo hace habitualmente. **3.** En la antigua Roma, plebeyo que estaba bajo la protección de un patricio.

clientela *s. f.* **1.** Conjunto de clientes de un profesional, un comercio, etc. **2.** Conjunto de personas que estaban bajo la protección de otra más poderosa en la antigua Roma y en las culturas nómadas, especialmente la árabe; también, relación que establecían.

Clift, Montgomery (Omaha, Nebraska 1920 - Nueva York 1966) Actor cinematográfico estadounidense. Alumno del *Actor's Studio*, destacó por su interpretación de personajes complejos, sensibles y atormentados, en películas como *Río Rojo* (1948), *Un lugar en el sol* (1951), *Yo confieso* (1953), *De aquí a la eternidad* (1953) y *Vidas rebeldes* (*The Misfits*, 1961).

Montgomery Clift.

clima *s. m.* **1.** Sucesión de tipos de tiempo atmosférico en un lugar durante un largo periodo de observación. El clima está determinado por una serie de elementos: temperatura, humedad del aire, nubosidad, presencia o ausencia de precipitaciones, viento, insolación, presión atmosférica, evaporación, etc. **2.** Ambiente, condiciones que caracterizan una situación o rodean a una persona. ‖ **3. clima de grupo** En sociol., resultante del conjunto de fuerzas que interactúan en un grupo, que depende de las características del propio grupo y de las características personales de cada uno de los individuos que lo componen.

Geog. Hay diversas clasificaciones de climas, pero una de las más útiles es la siguiente: **climas cálidos**, que afectan a la zona terrestre comprendida entre los dos trópicos y donde las temperaturas son altas todo el año; se dividen en clima ecuatorial, clima tropical (que incluye el subtipo de clima monzónico) y el clima desértico; **climas templados**, que afectan a las tierras comprendidas entre los trópicos y los círculos polares, y que se subdividen en clima templado oceánico, clima mediterráneo y clima continental; y **climas fríos**, que se dan en las zonas polares y en las altas montañas, y que se subdividen en clima polar y clima de alta montaña.

climaterio *s. m.* Periodo de la vida en el que cesa la actividad de los órganos reproductores. En el hombre tiene lugar a edad variable, pero en la mujer suele aparecer entre los 42 y los 52 años y se llama *menopausia*. **FAM.** Climatérico.

climático, ca *adj.* Perteneciente o relativo al clima.

climatizar *v. tr.* Crear o mantener en un recinto determinadas condiciones de temperatura, humedad, aire, etc., necesarias para la vida o la comodidad de los seres vivos que lo ocupan. ■ Se conjuga como *cazar*.

climatograma *s. m.* Representación gráfica de un clima. Resulta de la combinación de una gráfica térmica, que registra las temperaturas medias mensuales, y una pluviométrica, que muestra las precipitaciones mensuales. Se denomina también *diagrama ombrotérmico*.

climatología *s. f.* **1.** Ciencia que trata del clima. **2.** Objeto que estudia esta ciencia. **FAM.** Climatológico.

clímax *s. m.* **1.** En retórica, gradación ascendente. También, punto más alto de esta gradación. **2.** Momento culminante de un proceso, obra literaria, etc.

climograma *s. m.* Climatograma*.

clínico, ca *adj.* **1.** Perteneciente o relativo a la clínica o enseñanza práctica de la medicina. ‖ *s. m.* y *f.* **2.** Persona dedicada al ejercicio práctico de la medicina. ‖ *s. f.* **3.** Establecimiento hospitalario o de atención a los enfermos, generalmente privado. **4.** Parte práctica de la enseñanza de la medicina. **5.** Departamento de los hospitales dedicado a esta enseñanza. ‖ **6. caso clínico** Véase **caso**. **7. historia clínica** Conjunto de datos de un paciente relativos a su enfermedad. **8. ojo clínico** Véase **ojo.**

clinker *s. m.* Material granuloso y sin escorias, obtenido mediante cocción de una mezcla de caliza y arcilla, que se utiliza para la fabricación de cemento.

clinómetro *s. m.* **1.** Aparato topográfico que se emplea para medir la pendiente de un terreno. **2.** Aparato con que se mide la diferencia de calado entre la popa y la proa de una embarcación.

Clío En la mitología griega, musa de la historia y de la poesía épica.

clip (voz ingl.) *s. m.* **1.** Utensilio hecho con alambre de acero o con plástico, que sirve para sujetar los papeles. **2.** Mecanismo de cierre a presión de ciertos pendientes, broches, adornos, etc. **3.** Fragmento de película o vídeo breve, generalmente musical, para su presentación o anuncio.

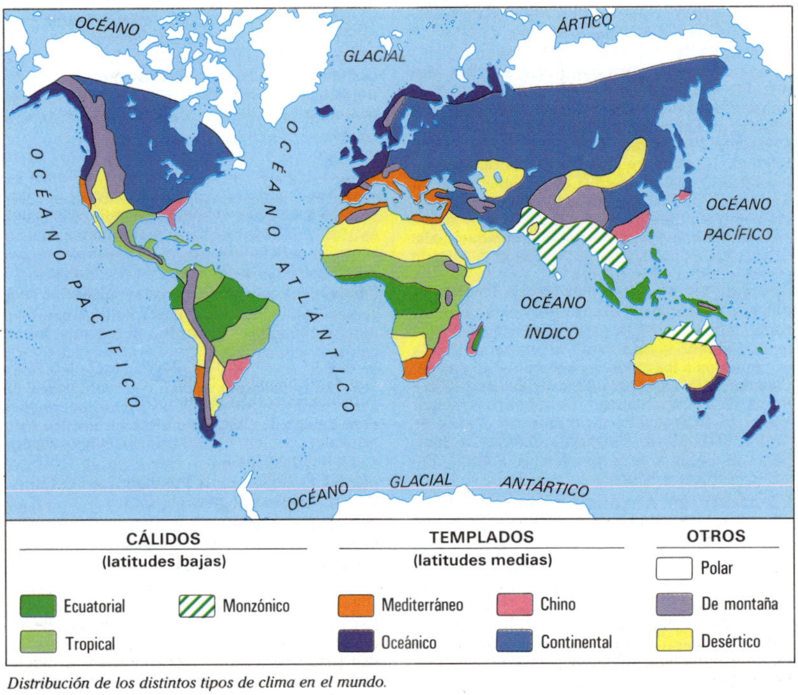

Distribución de los distintos tipos de clima en el mundo.

clíper *s. m.* **1.** Buque de vela fino y ligero, pero de mucha resistencia, característico del s. XIX. **2.** Avión grande de pasajeros, que se utiliza en vuelos de largo recorrido.

clisar *v. tr.* Reproducir en planchas metálicas la composición de imprenta o los grabados.

clisé *s. m.* Cliché para la impresión.

Clístenes (s. VI a. C.) Político ateniense. Participó en la revuelta que acabó con la dictadura de Hipias (510 a. C.). Nombrado arconte, reformó la Constitución de Solón en un sentido democrático y concedió la ciudadanía ateniense a todos los hombres libres del Ática. Se le considera creador del ostracismo político.

Clitemnestra Esposa de Agamenón. Durante la guerra de Troya tuvo relaciones con Egisto, que le ayudó luego a asesinar a su esposo. Fue madre de Electra y Orestes; este último vengó a su padre dando muerte a los amantes.

clítoris *s. m.* Órgano eréctil que poseen las hembras de los mamíferos en la parte superior de la vulva y algunas aves y reptiles en el interior de la cloaca. En la mujer desempeña un papel importante en la actividad sexual.

cloaca *s. f.* **1.** Cámara corporal interna de muchos vertebrados, donde confluyen los conductos intestinal, urinario y genital y que se abre al exterior. Está presente en los anfibios, reptiles, aves, algunos peces y en los monotremas. **2.** Sistema de tuberías o conductos subterráneos que recogen los desperdicios líquidos y semisólidos de una población y los descargan en las aguas continentales o en el mar. Su utilización se remonta al principio de la historia, siendo famosa la cloaca máxima de Roma. **3.** Lugar sucio, inmundo.

clocar *v. intr.* Cloquear*. ■ Se conjuga como *sacar*.

Clodomiro (? 495 - ? 524) Rey franco (511-524). Su reino se extendía entre el Loira y el Garona, con capital en Orleans. Fue derrotado y muerto por los burgundios.

Clodoveo I (Tournay 466 - París 511) Rey franco de la dinastía merovingia. Derrotó a Siagrio, último representante del poder romano (486) y al rey de los visigodos Alarico en Vouillé (507), sometió a turingios y alamanes y engrandeció el reino de los francos, fijando su capital en París. En torno a 498 se convirtió al cristianismo, influido por su esposa Clotilde, hecho fundamental para la consolidación de su reino.

clon[1] (del ingl. *clown*) *s. m.* Clown*.

clon[2] (del gr. *klon*, rama, retoño) *s. m.* Grupo de células o individuos procedentes, por división vegetativa (asexual), de una sola célula madre o un solo individuo y, por tanto, genéticamente iguales.

clonación *s. f.* Operación de aislar clones.

clónico, ca *adj.* Perteneciente o relativo a los clones, grupos de células.

cloquear *v. intr.* Emitir la gallina clueca su sonido característico. **FAM.** Cloqueo.

cloración *s. f.* **1.** Acción de añadir cloro al agua potable o al agua de las piscinas para eliminar bacterias perjudiciales. **2.** Introducción de cloro en un compuesto orgánico.

cloramfenicol *s. m.* Antibiótico obtenido a partir del hongo *Streptomyces venezuelae*. Aislado por Burkholder en 1948 , fue el primer antibiótico de amplio espectro. Hoy día su uso está restringido, pues puede producir una forma de anemia. También es llamado *cloromicetina*.

clorato (-ito) *s. m.* Nombre común de las sales derivadas del ácido clórico (-oso), obtenidas al reemplazar en éste el átomo de hidrógeno por un metal. Es importante el clorato potásico, utilizado en la fabricación de explosivos.

clorhídrico, ca *adj.* **1.** Perteneciente o relativo al ácido clorhídrico. ‖ **2. ácido clorhídrico** HCl. Solución acuosa del cloruro de hidrógeno. Es un ácido fuerte, que reacciona con todos los metales excepto con el oro, la plata y el mercurio. En la naturaleza se encuentra en las emanaciones volcánicas e industrialmente se obtiene por síntesis directa de sus elementos. Se descompone al reaccionar con flúor, oxígeno a altas temperaturas, ácido nítrico y oxidantes fuertes, dando lugar a gas de cloro. En estado puro es incoloro, mientras que en estado ordinario (en proporción de un 30 %) tiene color amarillento. Se usa en metalurgia y en la industria azucarera.

clórico, ca *adj.* Relativo al oxácido del cloro ($HClO_3$), cuando este elemento actúa con valencia 5.

clorita *s. f.* $(Mg, Al, Fe)_{12}$ $(Si, Al)_8$ O_{20} $(OH)_{16}$. Mineral silicato hidratado de aluminio, hierro y magnesio. Cristaliza en el sistema monoclínico y se presenta en láminas de color verde y flexibles. Aparece en diversas variedades en función de la mayor presencia de uno u otro elemento.

cloro *s. m.* Cl. Elemento químico perteneciente al grupo VII A del sistema periódico. Su número atómico es 17 y su masa atómica 35,5. Fue descubierto por Carl Wilhelm Scheele en 1774, al atacar dióxido de manganeso con ácido clorhídrico, método aún empleado en los laboratorios para generar una corriente de cloro. En la naturaleza se presenta formando sales, como el cloruro de sodio en el agua del mar y el cloruro de potasio en las minas de sal gema. Es un gas de color verde amarillento, olor fuerte y característico, irritante, tóxico y corrosivo. Es muy reactivo, se combina con casi todos los no metales y forma cloruros con todos los metales (sales del ion Cl^-). Tiene gran importancia industrial y se emplea como blanqueador, desinfectante y como materia prima de colorantes y plásticos.

clorofíceas *s. f. pl.* Clase de algas, denominados también *algas verdes*, que comprende siete órdenes: volvocales, clorococales, ulotricales, quetoforales, edogoniales, sifonocladales y sifonales. Son organismos unicelulares o con células reunidas en talos, a veces con uno o varios núcleos. Su reproducción puede ser sexual o asexual y se multiplican con rapidez en medio favorable, colonizando charcos, estanques y ríos de condiciones ecológicas poco estables, y cubriendo de verdín el tronco de árboles y los muros. Se conocen unas 2.500 especies de agua dulce y marina. En estas algas la clorofila no va acompañada de ningún pigmento suplementario, por lo que su color es verde. Clorofícea es, entre otras, la lechuga de mar *(Ulva lactuca)*. También *adj.* y *s. f.*

clorofila *s. f.* Conjunto de pigmentos de color verde, presentes en las hojas y tallos verdes de gran número de vegetales autótrofos, responsables de la fotosíntesis. La clorofila, mediante la fotosíntesis, absorbe la energía de la luz solar y la transforma en energía química, necesaria para sintetizar compuestos orgánicos. Por sus propiedades desodorantes y aromáticas, la clorofila es usada en farmacia, cosmética, etc. **FAM.** Clorofílico.

cloroformizar *v. tr.* Aplicar el cloroformo como anestesia. ■ Se conjuga como *cazar.*

cloroformo *s. m.* $CHCl_3$. Nombre común del triclorometano, compuesto clorado derivado del metano. Es un líquido incoloro de olor característico, soluble en alcohol y éter e incombustible. Por sus propiedades anestésicas se empleó para insensibilizar a los enfermos que iban a ser sometidos a operaciones quirúrgicas, pero al oxidarse por efecto del aire y la luz convirtiéndose en fosgeno, un gas tóxico, hoy se aplica mezclado con alcohol.

cloromicetina *s. f.* Cloramfenicol*.

cloroplasto *s. m.* Orgánulo ovoide de color verde presente en las células de las plantas autótrofas, que contiene el pigmento llamado *clorofila.* Su función es realizar la fotosíntesis. Está limitado por dos membranas, una externa y otra interna, y en su interior se encuentra el estroma, líquido rico en enzimas que contiene unos sacos membranosos aplanados llamados *tilacoides.*

cloropreno *s. m.* Derivado clorado del butadieno, cuya polimerización produce un tipo de caucho de propiedades similares al natural.

clorosis *s. f.* Color amarillento de las hojas de las plantas por destrucción de la clorofila.

cloruro *s. m.* Sal del ácido clorhídrico, resultado de reemplazar el átomo de hidrógeno del ácido clorhídrico (HCl) por un metal. Los cloruros abundan en la naturaleza; el más conocido es el cloruro de sodio (NaCl) o sal común, empleado para sazonar los alimentos.

closet *s. m. Arg.* Armario empotrado.

Clotario Nombre de dos reyes francos. **Clotario I** (? 497 - Compiègne 561) Rey franco (511-561). Gobernó sobre la parte N del país. En unión de su hermano Childeberto luchó contra los burgundios (523-526). A la muerte de éste quedó como único rey del Regnum Francorum. **Clotario II** (? 584 - ? 629) Rey franco (584-629). Sucedió a su padre, Chilperico I, con sólo cuatro meses y fue tutelado por su madre y por su tío Gontrán, rey de Borgoña. Consiguió reunificar el reino a cambio de concesiones a los nobles.

Clouet Familia de pintores franceses de origen flamenco. **Jean** (Bruselas h. 1475 - París 1541) De estilo renacentista, fue pintor de cámara de Francisco I (1523). Entre sus retratos sobresalen los de Francisco I, Margarita de Valois y Catalina de Médicis. **François** (Tours h. 1515 - París 1572) Hijo del anterior, sucedió a su padre como pintor de cámara de Francisco I (1541). De estilo manierista, alcanzó fama con sus retratos y cuadros mitológicos, como los titulados *Diana en el baño, La duquesa d' Étampes* y *El botánico Pierre Quthe.*

Clouzot, Henri-Georges (Niort 1907 - París 1977) Director cinematográfico francés. Se especializó en filmes policiacos y de suspense, entre los que merecen mencionarse *El asesino vive en el 21* (1942), *El cuervo* (1943), *El salario del miedo* (1953), *Las diabólicas* (1955) y *La prisionera* (1968).

clown (voz ingl.) *s. m.* Payaso.

club *s. m.* **1.** Asociación de personas con fines recreativos, sociales, deportivos, etc., y lugar donde tiene su sede. **2.** Local de diversión, con o sin atracciones, donde se bebe y baila. **3.** En teatros y cines, filas delanteras del primer piso. ‖ **4. Club de Roma** Asociación internacional de carácter privado, fundada por Aurelio Peccei en 1968 para la investigación de los grandes problemas que afectan a la sociedad moderna. Tiene su sede en Roma.

clueca *adj.* Se dice de las gallinas y otras aves en el periodo en que empollan los huevos. También *s. f.*

Cluj-Napoca C. de Rumania, en el NO del país, situada en Transilvania. 310.700 h. en 1986. Es centro comercial, cultural e industrial.

cluniacense *adj.* **1.** Perteneciente o relativo a la abadía y congregación de benedictinos de Cluny, en Borgoña (Francia). **2.** Se dice de los monjes de esta orden. También *s.* ‖ **3. arte cluniacense** Corriente artística surgida en los s. XI y XII, propia de los templos de los monjes benedictinos de la orden de Cluny. Aportó innovaciones al arte románico, como la abertura de ventanas en la zona alta de la nave central, la división vertical de ésta en tres pisos y una gran riqueza decorativa. Los ejemplos más representativos de este arte son la abadía de Cluny (destruida en el s. XIX) y la basílica de la Magdalena, de Vézelay, ambas en Francia.

Arte cluniacense: basílica de la Magdalena de Vézelay (Yonne, Francia).

Cluny Abadía fundada en esta ciudad francesa por el duque de Aquitania en 910. Los monjes de Cluny, llamados *cluniacenses*, eran benedictinos reformados y llegaron a contar con más de un millar de abadías filiales, que ejercieron una enorme influencia religiosa y cultural en todo Occidente.

clupeidos *s. m. pl.* Familia de peces teleósteos del orden cupleiformes, que comprende numerosas especies de los géneros *Clupea, Sardina, Alosa* y otros. Se caracterizan por tener radios blandos, aletas pelvianas abdominales y vejiga natatoria comunicada con el esófago. Clupeidos son los arenques, sardinas y sábalos. También *adj.* y *s. m.*

cm Símbolo del centímetro, unidad de longitud.

Cm Símbolo químico del curio.

cnidarios *s. m. pl.* Celentéreos*. También *adj.* y *s. m.*

Cnosos Antigua ciudad de Creta y uno de los centros más importantes de la civilización minoica hacia la mitad del segundo milenio a. C. Excavada de 1900 a 1908 por Arthur Evans, aparecieron en ella diversos restos urbanos, en especial los de un palacio real.

CNT Siglas de Confederación* Nacional del Trabajo.

co- *pref.* Significa 'unión, compañía, participación': *cooperación, coautor.*

Co Símbolo químico del cobalto.

coacción *s. f.* **1.** Violencia física o psicológica sobre alguien para obligarle a decir o hacer lo que no quiere. **2.** En der., empleo de la fuerza legítima para hacer cumplir una norma, una sentencia o algunas otras disposiciones.

coaccionar *v. tr.* Ejercer coacción, forzar a una persona a decir algo o a obrar de una manera determinada.

coactivo, va *adj.* Que sirve para obligar.

coadjutor, ra *s. m.* y *f.* **1.** Persona que acompaña y ayuda a otra en determinados trabajos o cargos. También *s.* ‖ *s. m.* **2.** Eclesiástico que ayuda al párroco.

coadyuvar *v. tr.* Contribuir, colaborar. **FAM.** Coadyuvante.

coagente *adj.* Que contribuye a la realización de algo. También *s.*

coagulación *s. f.* **1.** Acción y efecto de coagular o coagularse. ‖ **2. coagulación sanguínea** Propiedad de la sangre de condensarse formando masas llamadas *coágulos* que taponan los vasos sanguíneos que se han roto y detienen así la hemorragia. Cuando el coágulo se forma en el interior de un vaso (trombo), puede ocurrir que se obstruya el paso de la sangre y provoque una trombosis.

coagular *v. tr.* Convertir en una masa semisólida la sustancia albuminosa contenida en ciertos líquidos, como la leche, la sangre, etc. También *v. prnl.*

coágulo *s. m.* Masa de sustancia coagulada, particularmente de sangre.

Coahuila Estado de México, en el N del país. 149.982 km^2. 1.975.350 h. en 1990. La capital es Saltillo, con 322.000 h. en 1981. Posee cultivos de algodón, cereales, vid, ganadería vacuna y yacimientos de carbón, hierro, cobre y plomo.

coalescencia *s. f.* **1.** Propiedad de las cosas de unirse o fundirse. **2.** Tendencia a unirse o unión de las partículas que están en suspensión coloidal o de las gotas de una emulsión para formar granos o gotas mayores.

coalescente *adj.* **1.** Que une o funde. **2.** Se aplica a las cosas que se unen o funden.

coalición *s. f.* Unión de países, partidos políticos o personas para conseguir algún fin.

coaligar *v. tr.* Asociar países, partidos políticos, personas, etc., con un fin. Se usa más como *v. prnl.* ■ Se conjuga como *pagar.*

coartada *s. f.* **1.** Argumento o prueba que da un acusado para demostrar que no es culpable de un delito, indicando que estaba en un lugar ajeno a los hechos en el momento en que éstos sucedieron. **2.** Disculpa, excusa.

coartar *v. tr.* Limitar, estorbar o impedir la libertad de alguien. **FAM.** Coartación.

Coase, Ronald (Willesden, Middelessex 1910) Economista estadounidense de origen británico. Obtuvo el premio Nobel de economía en 1991 por sus investigaciones sobre el significado de los costes de transacción y los derechos de propiedad para la estructura institucional y el funcionamiento de la economía.

Coatí rojo (Nasua nasua).

coatí *s. m.* Nombre común de diversos mamíferos carnívoros de la familia prociónidos, género *Nasua.* Tienen la cabeza alargada, que termina en un hocico estrecho, y una gran cola. Son omnívoros y arborícolas y viven en el continente americano, desde México hasta el N de Argentina. Las principales especies son el coatí común *(Nasua narica)* de color gris amarillento, con las patas negras y la cola anillada en negro, y el coatí rojo *(Nasua nasua)* de color rojo leonado.

Coatzacoalcos C. de México, perteneciente al estado de Veracruz, en el istmo de Tehuantepec, a orillas del golfo de México. 186.150 h. en 1980. Es un centro agrícola, portuario y comercial que posee industria petroquímica.

coautor, ra *s. m.* y *f.* Autor o autora que colabora con otro u otros

coaxial *adj.* **1.** Que tiene el mismo eje. ‖ **2. cable coaxial** Cable de telecomunicación en el que las distintas líneas se encuentran dispuestas concéntricamente en torno al eje longitudinal, separadas por capas aislantes. Se usa sobre todo para la transmisión de altas frecuencias.

coba *s. f.* Elogio excesivo o insincero.

cobáltico (-oso) *adj.* Relativo al cobalto y a sus compuestos cuando en éstos actúa con valencia 3 (o 2).

cobalto *s. m.* Co. Elemento químico perteneciente al grupo VIII B del sistema periódico. Su número atómico es 27 y su masa atómica 58,9. Aunque se han encontrado vestigios de este elemento en vasijas y objetos del antiguo Egipto, fue descubierto en 1735 por Georg Brandt. Es un metal duro, de color argénteo, que tiene propiedades ferromagnéticas y reacciona con los ácidos y los álcalis. Forma con el volframio y manganeso aleaciones para fabricar herramientas y estructuras duras muy resistentes a la oxidación. Su isótopo cobalto-60, emisor de rayos gamma, se emplea en la terapia del cáncer, en la llamada *bomba de cobalto.* En la naturaleza aparece asociado al níquel y al arsénico y sus principales yacimientos se encuentran en Zimbabwe, Congo, Canadá y Australia.

cobarde *adj.* **1.** Se dice del que carece de valor para enfrentarse a un peligro, dificultad o esfuerzo. Asimismo, se dice de sus acciones, palabras, etc. También *s.* **2.** Se aplica al que ataca sin dar la cara o hace daño a otro más débil. También *s.* **FAM.** Cobardemente.

cobardía *s. f.* Cualidad de cobarde o acción propia de él.

Cobaya (Cavia cutleri).

cobaya *s. amb.* **1.** Nombre común de diversos mamíferos roedores de la familia cávidos, género *Cavia.* Miden unos 20 cm de longitud, tienen pelo fuerte y abundante de color pardo oscuro o amarillento y prácticamente carecen de cola. Habitan en América del Sur. La cobaya doméstica *(Cavia cutleri),* también llamada *conejillo de Indias,* puede presentar pelaje blanco o negro y se utiliza como animal casero y en investigaciones médicas. **2.** Persona o cosa con la que se experimenta algo.

cobertera *s. f.* **1.** Tapa, generalmente circular, de los cacharros de cocina. **2.** Cada una de las plumas que en las aves cubre la intersección entre las plumas remeras y las timoneras. **3.** Conjunto de terrenos que cubren a otros más antiguos.

cobertizo *s. m.* Lugar con techo o tejadillo que sobresale de una pared y que sirve para resguardarse.

cobertor *s. m.* Colcha o manta de la cama.

cobertura *s. f.* **1.** Cualquier cosa que se coloca sobre otra o la recubre. **2.** Garantía para efectuar operaciones financieras o mercantiles. **3.** Protección, apoyo, especialmente en una operación militar, policial, etc. **4.** Capacidad de un medio de comunicación para llegar a un cierto territorio, y territorio y población que cae dentro de la acción de ese medio. **5.** Empleo de las personas necesarias para informar ampliamente sobre un acontecimiento.

cobija *s. f.* **1.** Teja que se coloca con la parte cóncava hacia abajo. **2.** En las aves, cada una de las plumas pequeñas que cubren el arranque de las plumas grandes (penas). **3.** Cubierta, tapa. **4.** *amer.* Manta para abrigarse. **5.** *amer.* Ropa de la cama.

cobijar *v. tr.* **1.** Dar albergue o refugio. También *v. prnl.* **2.** Poner a cubierto, resguardar. También *v. prnl.*

cobijo *s. m.* **1.** Acción y efecto de cobijar o cobijarse. **2.** Lugar para cobijarse. **3.** Persona que consuela o protege a otra.

cobista *s. m.* y *f.* Persona que da coba. También *adj.*

Coblenza (*Koblenz*) C. de Alemania, en el Land Renania-Palatinado. 110.300 h. en 1987. Posee industria azucarera y vinícola, de maquinaria, papel y productos químicos. Fundada por los romanos, conserva notables edificios, como la iglesia de San Cástor (s. IX) y el castillo de los electores de Tréveris.

Cobo, Bernabé (Lopera, Jaén 1579 - Lima 1657) Historiador de Indias español. Participó en una expedición en busca de El Dorado (1595), recorrió las Antillas y Venezuela y residió en Lima y en México (1630-50). Ingresó en la Compañía de Jesús (1612). Es autor de una *Historia del Nuevo Mundo,* terminada en 1653, de la que se ha perdido una buena parte.

COBOL (siglas de las palabras inglesas *Common Business Oriented Language*) *s. m.* Lenguaje de alto nivel de programación de ordenadores, dedicado especialmente a las aplicaciones comerciales.

Cobos, Francisco de los (Úbeda h. 1477 - íd. 1547) Administrador español. Secretario de Carlos I (1517), llegó a convertirse en su principal consejero y dirigió la política española desde 1534 hasta su muerte.

cobra[1] (del port. *cobra,* culebra) *s. f.* Nombre común de diversos reptiles escamosos de la familia elápidos, géneros *Naja, Ophiophagus,* etc. Son serpientes cuyo tamaño oscila entre 1,5 y 5,5 m de longitud. Tienen glándulas venenosas, conectadas a colmillos acanalados y pueden dilatar los costados de su región cervical, ensanchando su rostro. Habitan en las zonas cálidas de África, Asia y Oceanía. Las especies más conocidas son la cobra común *(Naja haje),* de 2,4 m de longitud, propia de África y de la península Arábiga; la cobra de anteojos *(Naja naja),* que no sobrepasa 1,9 m de longitud y vive en Asia meridional y Australia; y la cobra real *(Ophiophagus hannah),* que supera los 5 m y habita las selvas del SE de Asia.

cobra[2] *s. f.* Acción de buscar el perro la pieza muerta o herida y traerla al cazador.

CoBrA Grupo de artistas y escritores de vanguardia que desarrolló su trabajo entre 1948 y 1951 en diversos países europeos. Su nombre responde a las iniciales de Copenhague, Bruselas y Amsterdam (lugares de donde procedían los fundadores). A él pertenecieron, entre otros, Appel y Alechinsky.

cobrador, ra *s. m.* y *f.* Persona encargada de cobrar recibos a domicilio, billetes en el transporte público, etc.

cobranza *s. f.* Acción y efecto de cobrar.

cobrar *v. tr.* **1.** Recibir una cantidad como pago de algo. También *v. prnl.* **2.** Adquirir, empezar a tener. **3.** Conseguir piezas en la caza. **4.** Quitar al enemigo algún botín o prisioneros. **5.** Tirar de una cuerda, soga, etc., recogiéndola. ‖ *v. intr.* **6.** *fam.* Recibir una paliza.

cobre *s. m.* Cu. Elemento químico perteneciente al grupo I B del sistema periódico. Su número atómico es 29 y su masa atómica 63,5. Conocido ya en el neolítico, es un metal de color pardo rojizo, muy dúctil y maleable, y resistente a la oxidación, aunque puede cubrirse de cardenillo verdoso, que es una mezcla de sulfato y carbonato hidratado. En la naturaleza se encuentra en estado puro y como mineral, en forma de sulfuros, como las piritas, y de sulfatos y óxidos como la cuprita. Existen importantes yacimientos en Chile, EE UU y España. Se emplea en instalaciones eléctricas como hilo conductor, en aleaciones como el bronce y el latón, en construcción, calderería, etc. ‖ **LOC. batir** (o **batirse**) **el cobre** *fam.* Tratar un asunto con mucho interés y empeño, enfrentarse a algo o tomar parte en una actividad con gran esfuerzo.

Cobre.

cobrizo, za *adj.* **1.** Se dice del mineral que tiene cobre. **2.** Que es de un color parecido al del cobre.

cobro *s. m.* Acción y efecto de cobrar.

coca[1] (del quechua *cuca*) *s. f.* **1.** Planta arbustiva de la familia eritroxiláceas, especie *Erythroxylum coca.* Alcanza de 1 a 3 m de altura, es ramosa, con hojas elípticas y flores pequeñas pedunculadas de color blanco. Su fruto es una drupa de color rojo. Sus hojas contienen un poderoso alcaloide, la cocaína. Es originaria de la región andina y se cultiva sobre todo en Bolivia y Colombia. **2.** Hoja de este arbusto. **3.** En argot, cocaína.

coca[2] (del lat. *concha,* concha) *s. f.* **1.** Antigua embarcación de casco redondo y velas cuadradas, con gran capacidad de carga. Originaria del mar Báltico, en el s. XIII fue adoptada por los navegantes franceses y posteriormente introducida en el Mediterráneo. De ella derivan la nao y la carabela. **2.** Recogido de pelo a ambos lados de la cabeza en forma de rulo o pequeño moño. **3.** *fam.* Cabeza del hombre o del animal. **4.** *fam.* Capón, golpe.

coca[3] *s. f.* Especie de torta grande típica de la región valenciana cuyos ingredientes pueden ser dulces o salados.

cocacho *s. m. Amér. del S.* Golpe, coscorrón.

cocada *s. f.* **1.** Dulce hecho principalmente de coco rallado. **2.** *Bol., Col.* Especie de turrón. **3.** *Bol., Col., Perú.* Provisión de hojas de coca.

cocaína *s. f.* Alcaloide extraído de las hojas de la coca, que a veces se utiliza como anestésico local. Aspirada en forma de polvo o inyectada, constituye una droga que actúa sobre el sistema

Cobra real (Ophiophagus hannah).

nervioso central y provoca euforia; su uso continuado puede dar lugar a graves trastornos psíquicos y físicos.

cocainómano, na *adj.* Adicto a la cocaína. También *s.* **FAM.** Cocainomanía.

cocal[1] (de *coco*[1]) *s. m. amer.* Cocotal*.

cocal[2] (de *coca*[1]) *s. m.* Lugar plantado de coca.

cocazo *s. m. Arg., Par., Urug.* Cabezazo.

Coccioli, Carlo (Livorno 1920) Novelista italiano. Sus obras están presididas por un profundo pesimismo. Algunas de sus novelas más notables son *El cielo y la tierra* (1950), *Fabrizio Lupo* (1952), *La imagen y las estaciones* (1954), *Manuel el mexicano* (1956), *El tormento de Dios* (1964) y *David* (1976).

cocción *s. f.* **1.** Acción del calor sobre una sustancia sumergida en un líquido en ebullición, con el fin de que cambien sus propiedades y se produzcan reacciones químicas o intercambio de sustancias del sólido al líquido. **2.** Acción del calor sobre el contenido de un horno, con el fin de que pierda humedad o se modifiquen sus propiedades. Ejemplos típicos son la cocción del pan y la de ladrillos, cerámica, etc.

cóccix *s. m.* Coxis*.

cocear *v. intr.* Dar coces.

cocedero *s. m.* Lugar en que se cuece algo, especialmente mariscos.

cocer *v. tr.* **1.** Realizar la cocción de una cosa. **2.** Hacer hervir un líquido con alguna finalidad. También *v. intr.* ‖ *v. prnl.* **3.** Tramarse, prepararse algo en secreto. **4.** *fam.* Pasar mucho calor. **5.** *fam.* Emborracharse. ▪ Es v. irreg. que además cambia en *z* la *c* de la raíz ante *a* y *o*.

COCER		
INDICATIVO	**SUBJUNTIVO**	**IMPERATIVO**
Presente	**Presente**	
cuezo	*cueza*	
cueces	*cuezas*	*cuece*
cuece	*cueza*	
cocemos	*cozamos*	
cocéis	*cozáis*	*coced*
cuecen	*cuezan*	

Cochabamba **1.** Macizo montañoso de Bolivia, al O de la Puna, que supera los 5.000 m. Destaca en él el Nevado del Tunari, con 5.206 m. **2.** Departamento de Bolivia, en el centro del país. 55.631 km^2. 1.098.000 h. en 1990. Posee cultivos de cereales, patatas y hortalizas, y yacimientos de volframio y estaño. **3.** C. de Bolivia, cap. del departamento homónimo. 377.250 h. en 1988. Es centro comercial y de industrias derivadas de la agricultura y la ganadería.

cochambre *s. f.* **1.** Suciedad, porquería. **2.** Conjunto de cosas sucias, viejas, rotas, etc.

cochambroso, sa *adj.* **1.** Lleno de cochambre, muy sucio. **2.** Descuidado, desarreglado.

coche *s. m.* **1.** Automóvil*. **2.** Carruaje de cuatro ruedas, para transportar viajeros, tirado por caballerías. **3.** Vagón de ferrocarril que transporta viajeros. ‖ **4. coche cama** Vagón de ferrocarril con compartimientos provistos de camas. **5. coche celular** El preparado para el transporte de personas arrestadas o de presos. **6. coche de línea** El que hace el servicio regular de viajeros entre dos poblaciones. **7. coche de punto** El destinado al servicio público por alquiler y que tiene un punto fijo de parada en una calle o plaza. **8. coche escoba** El que en una carrera ciclista recoge a los corredores que abandonan. **9. coche fúnebre** El construido para la conducción de cadáveres al cementerio. **10. coche parado** Se aplica al balcón, ventana o mirador que da a un sitio muy concurrido. **11. coche patrulla** Vehículo de la policía que recorre un lugar para vigilarlo y mantener el orden.

cochera *s. f.* Lugar donde se guardan coches u otros vehículos.

cochero *s. m.* Persona que guía un carruaje tirado por caballos.

cochifrito *s. m.* Guisado de cabrito o cordero que, una vez cocido, se fríe y adereza.

Cochin C. de la India, en el estado de Kerala. 513.000 h. en 1981. Importante puerto, cuenta con industria alimentaria, textil y química.

cochinada *s. f.* **1.** *fam.* Acción grosera, indecorosa o injusta. **2.** *fam.* Cosa sucia.

Cochinchina Región natural de Vietnam, en el S del país, que está formada por una gran llanura aluvial. 64.100 km^2. Tiene una importante producción de arroz (delta del Mekong) y cultivos de pimienta, frutales, cocoteros, morera, etc. Posee industrias alimentarias. Conquistada por Francia en 1874, se integró en la República de Vietnam del Sur en 1955, y tras la guerra civil forma parte de la República Socialista de Vietnam (1975).

cochinería *s. f. fam.* Cochinada*.

Cochinilla (Oniscus scaber).

cochinilla *s. f.* **1.** Nombre común de diversos crustáceos malacostráceos, del orden isópodos, familia oniscoideos, géneros *Oniscus* y *Porcellio.* Miden de 7 a 20 mm, tienen el cuerpo segmentado, de figura aovada y color oscuro, con patas muy cortas. Viven en ambientes húmedos, bajo piedras u hojarasca, y al ser tocados se enroscan en forma de bola. **2.** Nombre común de diversos insectos hemípteros de la superfamilia cocoideos, con muy diversos géneros. Las hembras son generalmente ápteras, ápodas y con antenas minúsculas, están cubiertas por una masa de hebras céreas que segregan ellas mismas y viven adheridas a las plantas por su trompa. Los machos poseen alas y tienen las piezas bucales atrofiadas. Muchas de sus especies constituyen plagas muy dañinas para la agricultura, como la cochinilla del naranjo *(Planococcus citri)*, la cochinilla acanalada *(Icerya purchasi)* o la cochinilla serpeta *(Lepidosaphes ulmi).* Otras son beneficiosas, como *Laccifer lacca,* que segrega una materia resinosa a partir de la cual se obtiene goma laca, utilizada para la preparación de barnices. Están extendidas por todo el mundo.

cochinillo *s. m.* Lechón, cerdo de leche.

cochino, na *s. m.* y *f.* **1.** Cerdo, animal. **2.** Persona sucia, desaseada o indecorosa. También *adj.* **FAM.** Cochinamente.

cochiquera *s. f. fam.* Pocilga*.

Cochrane, Thomas Alexander (Annsfield, Lanarkshire 1775 - Kensington 1860) Almirante británico. Participó en las campañas contra EE UU y Napoleón. Acusado de corrupción, fue expulsado de la armada real (1814). Pasó a América, donde se puso al servicio de los americanos que luchaban por emanciparse de España y ayudó a los independentistas chilenos y peruanos (1818-21). Luego, mandó las fuerzas navales de Brasil (1823) y luchó en favor de la República griega (1827). En 1832 reingresó en la armada británica.

cochura *s. f.* **1.** Cocción en horno. **2.** Cantidad o conjunto de panes, cacharros, ladrillos, etc., que se cuecen de una vez.

cocido, da **1.** *p. p.* de **cocer**. También *adj.* ‖ *adj.* **2.** Borracho. ‖ *s. m.* **3.** Guiso de garbanzos, carne, tocino, etc., muy popular en España.

cociente *s. m.* **1.** Resultado que se obtiene al dividir una cantidad por otra. El cociente de la división del número *a* entre el número *b*, es el número *c*, porque se verifica $b \cdot c = a$. ‖ **2. cociente intelectual** En psicol., índice cuantitativo que mide el desarrollo mental alcanzado por un individuo. Se calcula mediante la aplicación de tests y expresa la relación entre la edad mental y la edad cronológica.

cocimiento *s. m.* **1.** Acción y efecto de cocer o cocerse. **2.** Líquido que se obtiene cociendo hierbas u otras sustancias medicinales. **3.** Baño a que se somete la lana para que absorba mejor el tinte.

cocina *s. f.* **1.** Habitación donde se elaboran las comidas. **2.** Aparato con hornillos para hacer la comida. **3.** Arte de preparar los distintos platos. **4.** Conjunto de guisos o platos típicos de cada región o país.

cocinar *v. tr.* **1.** Guisar, preparar los alimentos para que se puedan comer. También *v. intr.* **2.** En Canarias y América, cocer.

cocinero, ra *s. m.* y *f.* Persona que cocina o tiene por oficio cocinar.

cocinilla *s. f.* **1.** Hornillo portátil. **2.** *fam.* Hombre muy aficionado a las tareas del hogar, especialmente de la cocina.

Cockcroft, John Douglas (Todmorden 1897 - Cambridge 1967) Físico británico. Investigó intensamente en el campo de la física nuclear. En 1932, junto con Ernest Thomas Sinton Walton, consiguió la primera reacción nuclear producida por partículas aceleradas artificialmente, lo que les valió el premio Nobel de física (1951). Durante la Segunda Guerra Mundial colaboró en el desarrollo del radar y de la bomba atómica.

cocker (voz ingl.) *s. m.* y *f.* Raza de perros de mediano tamaño, abundante pelo y orejas grandes y caídas. Son buenos cazadores de aves acuáticas, pero se usan sobre todo como animales de compañía. También *adj.*

cóclea *s. f.* Caracol*, cavidad del oído.

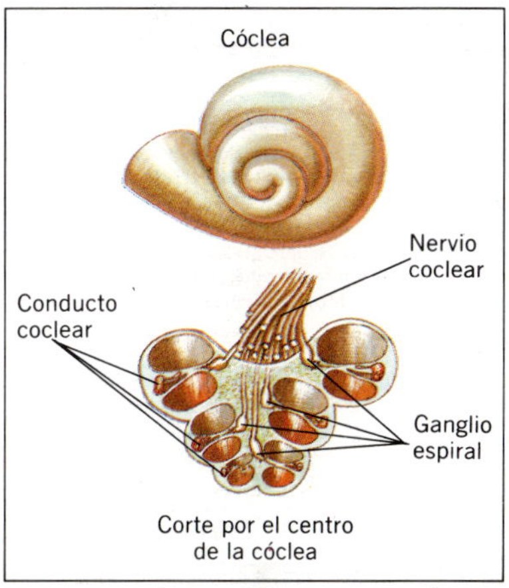

La cóclea o caracol contiene el conducto coclear, en que está situado el órgano de Corti con sus terminaciones nerviosas.

coco[1] *s. m.* **1.** Fruto del cocotero. Es una drupa formada por una cáscara de color pardo oscuro y textura fibrosa o leñosa en cuyo interior se encuentra una pulpa carnosa de color blanco, bañada en un líquido de sabor dulce llamado *leche* o *agua de coco.* Es apreciado como alimento y se usa en la industria cosmética. **2.** *fam.* Cabeza humana, mente. **3.** Ser imaginario con que se mete miedo a los niños pequeños. **4.** *fam.* Persona muy fea. ‖ **LOC. comer** a alguien **el coco** *fam.* Embaucarle, engañarle, meterle algo en la cabeza. **comerse** uno **el coco** *fam.* Darle vueltas a un problema, obsesionarse con él. **estar hasta el coco** *fam.* Estar harto.

coco[2] (del lat. *coccum*) *s. m.* **1.** Gorgojo*. **2.** Micrococo, bacteria esférica o elíptica, que puede presentarse aislada o formando grupos característicos de cada especie: estreptococos, estafilococos, diplococos, etc.

cococha *s. f.* Protuberancia carnosa en la parte inferior de la cabeza de la merluza y del bacalao, que constituye un manjar muy apreciado.

cocodrilo *s. m.* Nombre común de diversas especies de reptiles escamosos del orden crocodilianos, familia crocodílidos, género *Crocodylus.* Miden de 4 a 5 m de longitud media, tienen la piel muy dura y de color verdoso con manchas amarillo-rojizas, los dedos de las patas posteriores palmeados, la cola robusta y comprimida, con dos crestas laterales en la parte superior; boca grande y lengua corta, casi por completo adherida a la mandíbula inferior, y numerosos dientes, fuertes y afilados. Viven en los grandes ríos de las regiones intertropicales y nadan y corren con mucha rapidez. Destacan el cocodrilo del Nilo *(Crocodilus niloticus)*, que al-

Cocodrilo del Nilo (Crocodilus niloticus).

canza los 5 m y está extendido por los grandes ríos africanos; el caimán americano *(Crocodilus americanus)*, que puede alcanzar los 7 m; y el cocodrilo marino *(Crocodilus porosus)*, que vive en las zonas salobres de los ríos, desde la India hasta Australia.

cocoliche *s. m.* **1.** *Arg.* Castellano defectuoso o macarrónico que hablan los italianos inmigrantes en Argentina. ‖ *s. m.* y *f.* **2.** *Arg.* Persona que utiliza este lenguaje.

cocorota *s. f.* **1.** *fam.* Cabeza humana. **2.** Coronilla, parte superior del cráneo. **3.** Parte más alta de algo.

cocotal *s. m.* Lugar poblado de cocoteros.

cocotero *s. m.* Árbol de la familia palmáceas, especie *Cocos nucifera.* Puede llegar a alcanzar una altura de hasta 25 m y tiene el tronco esbelto, coronado por un penacho de hojas grandes. Su fruto es el coco, que nace en grandes racimos. Crece en las regiones tropicales y es característico de los atolones de Polinesia. De la corteza se obtiene resina, y las raíces masticadas tienen efectos narcóticos. La madera se usa en construcción y en ebanistería y las hojas se emplean para fabricar esteras, cestos y sombreros.

Cocteau, Jean (Maisons-Laffite 1889 - Milly-la-Forêt 1963) Escritor francés. Se interesó por todo tipo de manifestaciones artísticas; fue dibujante y pintor; escribió libretos para ballet y dirigió películas llenas de fantasía y simbolismo, como *La sangre de un poeta* (1930) y *Orfeo* (1949). En el campo literario publicó novelas, como *Los niños terribles* (1929), poesía, como *El cabo de Buena Esperanza* (1919), y obras teatrales, como *Romeo y Julieta* (1926) y *El águila de dos cabezas* (1946).

Jean Cocteau.

cóctel o **coctel** *s. m.* **1.** Bebida preparada con la mezcla de diversos licores, a la que se añaden otros ingredientes. **2.** Reunión o fiesta en la que se sirven sobre todo bebidas y aperitivos. ‖ **3. cóctel de mariscos** Plato frío, preparado con gambas y otros mariscos, lechuga y salsa rosa. **4. cóctel molotov** Bomba incendiaria de elaboración casera, hecha con una botella de vidrio llena de líquido inflamable, generalmente gasolina, y provista de una mecha.

coctelera *s. f.* Recipiente en el que se mezclan los componentes de un cóctel.

cocuy *s. m.* **1.** Cocuyo. **2.** *amer.* Pita*.

Cocuy, Nevado de Pico de Colombia, en la cordillera Oriental de los Andes, con 5.493 m de altitud.

cocuyo *s. m. amer.* Luciérnaga, coleóptero del género *Pyrophorus.*

coda[1] (del ital. *coda*, cola) *s. f.* En una composición musical, periodo o parte final que generalmente repite los motivos principales.

coda[2] *s. f.* Pieza triangular de madera que refuerza la unión de dos tablas en ángulo.

codaste *s. m.* Prolongación hacia arriba de la quilla de una embarcación por la parte de popa, que sirve de soporte al armazón de la nave y al timón.

codazo *s. m.* Golpe dado con el codo.

codear *v. intr.* **1.** Mover los codos o golpear con ellos. ‖ *v. prnl.* **2.** Tratarse de igual a igual con otra persona.

codeína *s. f.* Alcaloide de la familia de la morfina, que se extrae del opio. Es una base cristalina soluble en alcohol. Se utiliza en farmacia en forma de sales, como narcótico y analgésico, y para combatir la tos y la diarrea.

codera *s. f.* **1.** Brillo o deformación producidos por el uso en las mangas de una prenda de vestir. **2.** Remiendo, refuerzo o adorno que se pone en la manga por la parte del codo.

Coderch, José Antonio (Barcelona 1913 - íd. 1984) Arquitecto español. Trabajó en colaboración con Manuel Valls. En 1951 obtuvo el gran premio en la Trienale de Milán. Entre sus obras destacan la casa Garriga Nogués (1945), en Sitges, y la casa Tàpies (1962) y los edificios Trade (1968), en Barcelona.

codex *s. m.* Códice*.

códice *s. m.* Libro manuscrito antiguo, de importancia histórica o literaria. En sentido estricto, se dice de aquellos manuscritos anteriores a la invención de la imprenta.

codicia *s. f.* **1.** Deseo exagerado de riqueza u otras cosas. **2.** Cualidad del toro de perseguir el engaño. **3.** En dep., combatividad, deseo de victoria.

codiciar *v. tr.* Desear con ansia riquezas u otras cosas; suele tener sentido peyorativo. **FAM.** Codiciable, codiciado.

codicilo *s. m.* Escrito de última voluntad que sirve de testamento o es complemento o modificación de un testamento anterior.

codicioso, sa *adj.* Que tiene o muestra codicia. También *s.* **FAM.** Codiciosamente.

codificación *s. f.* **1.** Acción y efecto de codificar. **2.** En teoría de la comunicación, operación o conjunto de operaciones que realiza el emisor para construir el mensaje que desea hacer llegar al receptor, de acuerdo con un sistema convencional de reglas (*código*). Es el proceso inverso a la *decodificación.*

codificar *v. tr.* **1.** Organizar en forma de código un conjunto de leyes. **2.** Formular un mensaje de acuerdo con las reglas de un código. **3.** En inform., expresar la información en el lenguaje del ordenador. ■ Se conjuga como *sacar.* **FAM.** Codificador.

código *s. m.* **1.** Recopilación sistemática de leyes. **2.** Conjunto de normas de una determinada actividad, p. ej. el código de la circulación. **3.** Sistema de signos que permite formular y comprender un mensaje. **4.** Signo o signos, p. ej. un número, que expresa una información en un sistema. ‖ **5. código de barras** Sistema internacional de identificación de productos comerciales que consiste en una serie de barras negras y blancas sobre un número de varias cifras: las dos primeras cifras indican el país en que se ha fabricado el producto, las cinco siguientes se refieren al fabricante, las otras cinco al producto y la última al código de control. **6. código genético** Clave para la traducción de la información o mensaje genético contenido en los genes y que se ha de traspasar a las proteínas. En el código genético, cada gen es un segmento del ácido desoxirribonucleico (ADN) con información para un carácter o rasgo de un ser vivo. Al ser la molécula de ADN muy grande y contener muchos genes, el mensaje se traduce en ARN (ácido ribonucleico) mensajero, que es una molécula pequeña, y da lugar a la formación de aminoácidos y proteínas. Las proteínas son la expresión del mensaje genético y de ellas depende la totalidad de los caracteres de un ser vivo.

codillo *s. m.* **1.** En los cuadrúpedos, articulación del brazo próxima al pecho, y parte comprendida entre esta unión y la rodilla. **2.** Particularmente, el del cerdo, muy apreciado en gastronomía. **3.** Hueso del jamón. **4.** Codo, tubo doblado en ángulo. **5.** Parte de la rama que queda unida al tronco al ser cortada.

codo *s. m.* **1.** Parte posterior y saliente de la articulación del brazo con el antebrazo. **2.** Codillo de los cuadrúpedos. **3.** Trozo de tubo doblado en ángulo. **4.** Medida de longitud, de unos 42 cm, y que es aproximadamente la distancia desde el codo hasta el extremo de los dedos. ‖ **LOC. codo con codo** *adv.* En colaboración, en compañía; también, modo de conducir a los presos con los codos atados. **empinar el codo** *fam.* Beber con exceso vino o bebidas alcohólicas. **hablar por los codos** *fam.* Hablar demasiado. **hincar** uno **el codo** (o **los codos**) *fam.* Estudiar mucho.

codo, da *adj. Amér C.* Tacaño. También *s.*

codón *s. m.* Unidad básica del código genético, formada por tres nucleótidos consecutivos en una cadena de ADN o de ARN.

codorniz *s. f.* **1.** Ave galliforme de la familia fasiánidos, especie *Coturnix coturnix.* Mide unos 18 cm de longitud, tiene el dorso pardo arenoso, recorrido por listas blancas en los flancos, y el pecho rojizo ocre. Vive en praderas y sembrados de Europa, norte de África y Asia; se alimenta sobre todo de semillas. Es muy apreciada como pieza de caza. **2.** En América, nombre común de diversas aves galliformes de la familia fasiánidos, géneros *Collinus* y *Callipepla.* Son piezas de caza.

Codorniz (Coturnix coturnix).

coedición *s. f.* Publicación hecha entre varios editores.

coeditar *v. tr.* Publicar una obra entre varios editores.

coeducación *s. f.* Educación impartida conjuntamente a alumnos de ambos sexos.

coeficiente *s. m.* **1.** Número que, escrito a la izquierda e inmediatamente antes de un monomio, binomio o polinomio, hace de multiplicador. **2.** Factor que mide el grado o intensidad de cierta propiedad o de un fenómeno. **3.** En mat., número que multiplica a la variable x, o en general a cualquier función de x, en una expresión algebraica. ‖ **4. coeficiente angular** También llamado *pendiente de una recta,* es el número que multiplica a la variable x en la ecuación explícita de la recta: $y = ax + b$. **5. coeficiente de autoinducción** En fís., relación, simbolizada por L, entre la fuerza electromotriz de autoinducción E y la rapidez con que varía la intensidad de corriente en un conductor (di/dt, o derivada de la intensidad con respecto al tiempo). Se define mediante la expresión $L = -\frac{E}{di/dt}$. Su unidad de medida en el SI es el henrio u ohmio por segundo ($\Omega \cdot s$). El valor del coeficiente de autoinducción de un conductor depende de sus propias características físicas (material, longitud, sección) y no de la intensidad de la corriente eléctrica que circula por él. **6. coeficiente de dilatación** En fís., número que indica el aumento relativo de longitud (coeficiente de dilatación lineal), superficie (coeficiente de dilatación superficial) o volumen (coeficiente de dilatación cúbica) que experimenta un cuerpo cuando se aumenta un grado centígrado su temperatura.

Coello, Claudio (Madrid 1642 - íd. 1693) Pintor barroco español, de origen portugués. Discípulo de Francisco Rizzi, recibió influencias de Carreño de Miranda, a quien sustituyó en 1684 como pintor de cámara de Carlos II. Sus temas preferidos son el retrato y los grandes cuadros de altar. Entre sus obras destacan *La Sagrada Forma, Triunfo de San Agustín* y *Lapidación de San Esteban.*

coenzima *s. f.* Pequeña molécula orgánica, de naturaleza no proteínica, que es necesaria para el funcionamiento de una enzima.

coercer *v. tr.* Reprimir, coartar. ▪ La *c* final de la raíz cambia en *z* ante las vocales *a* y *o*. **FAM.** Coercible.

coerción *s. f.* Acción y efecto de coercer.

coercitivo, va *adj.* Se dice de aquello que coerce o reprime.

coetáneo, a *adj.* De la misma edad o de la misma época que otro. También *s.*

coexistencia *s. f.* Existencia simultánea o convivencia.

coexistir *v. tr.* Existir al mismo tiempo.

cofa *s. f.* Plataforma colocada en el palo de un barco y que sirve para diversos usos, como vigilar, maniobrar las velas altas, etc.

cofia *s. f.* **1.** Tocado femenino que recoge el pelo; p. ej. el que usan las enfermeras. **2.** Extremo duro o casquete que protege la punta de la raíz de las plantas. **3.** Cubierta membranosa de algunas semillas.

cofín *s. m.* Cesto o canasto de esparto, mimbre o madera.

cofolalia *s. f.* Alteración en la voz y en el habla que tiene su origen en una pérdida de la capacidad auditiva. El término sólo se aplica cuando estas alteraciones se producen después de que el sujeto ha adquirido el lenguaje.

cofosis *s. f.* Sordera profunda.

cofrade *s. m.* y *f.* Persona que pertenece a una cofradía.

cofradía *s. f.* Asociación de personas, especialmente de carácter religioso o profesional.

cofre *s. m.* Arca o caja para guardar cosas, especialmente si son de valor.

cogedor *s. m.* Utensilio en forma de pala o cajón, provisto de mango para recoger basura, cenizas, etc.

coger *v. tr.* **1.** Asir, agarrar, sujetar. También *v. prnl.* **2.** Recoger, juntar cosas. **3.** Retener, atraer. **4.** Apoderarse de alguien o algo. **5.** Adquirir, contraer o padecer lo expresado por el complemento. **6.** Alcanzar. **7.** Atropellar a alguien un vehículo. **8.** Herir o enganchar el toro con los cuernos. **9.** Percibir, captar, recibir. **10.** Descubrir, sorprender. **11.** Montarse en un vehículo. **12.** Suceder algo a alguien en determinadas circunstancias. **13.** Encontrar de cierta forma. **14.** Aceptar. **15.** Contratar, alquilar. **16.** Conseguir. **17.** Incorporarse a algo en un momento determinado. **18.** Emprender, retomar. **19.** Abarcar, ocupar. **20.** Seguido de la conjunción *y* y de un verbo pronominal, realizar resueltamente lo que éste indica: *Si no me gusta, cojo y me voy.* **21.** *amer. vulg.* Poseer sexualmente. ‖ *v. intr.* **22.** Caber, tener capacidad. **23.** Hallarse, estar situado. **24.** Prender, arraigar. ▪ La *g* de la raíz cambia en *j* ante las vocales *a* y *o*. ‖ **LOC. coger** a uno **de nuevas** una cosa Extrañarle por no tener noticia alguna de ella. **cogerla** *fam.* Emborracharse.

cogestión *s. f.* Participación conjunta de todas las personas implicadas en un asunto, en la organización y dirección del mismo, p. ej. de los directivos y trabajadores en la administración de una empresa.

Claudio Coello: La Sagrada Forma *(Sacristía del monasterio del Escorial, Madrid).*

cogido, da **1.** *p. p.* de **coger**. También *adj.* ‖ *adj.* **2.** Obligado a hacer determinada cosa. ‖ *s. m.* **3.** Sujeción o pliegue en la tela de un vestido, en una cortina, etc. ‖ *s. f.* **4.** Acción de coger, en especial de cornear el toro a una persona.

cognación *s. f.* Parentesco por línea femenina y, p. ext., cualquier parentesco.

cognición *s. f.* En fil. y psicol., acción y efecto de conocer.

cognitivismo *s. m.* Conjunto de teorías psicológicas que conceden mayor importancia a los factores o aspectos intelectuales del comportamiento humano que a los afectivos o emocionales, centrando su objeto de estudio en ellos.

cognitivo, va *adj.* Perteneciente o relativo a la cognición.

cognoscible *adj.* Que se puede conocer.

cognoscitivo, va *adj.* Perteneciente o relativo a la capacidad de conocer.

cogollo *s. m.* **1.** Parte interior de las hortalizas, como el repollo o la lechuga. **2.** Brote de un vegetal. **3.** Parte central o principal, núcleo.

cogorza *s. f. fam.* Borrachera*.

cogote *s. m.* Parte posterior y superior del cuello.

cogotera *s. f.* Prenda o parte de ella que sirve para proteger el cogote.

cogotudo, da *adj.* **1.** Que tiene el cogote muy grueso. ‖ *s. m.* y *f.* **2.** *amer.* Nuevo rico.

cogulla *s. f.* Hábito de ciertos monjes, generalmente con capucha.

cohabitación *s. f.* **1.** Acción y efecto de cohabitar. **2.** En ciertos sistemas políticos, especialmente el francés, pertenecer el presidente y el primer ministro a partidos de signo opuesto.

cohabitar *v. intr.* **1.** Convivir, vivir una persona con otra o con otras. **2.** Hacer vida marital el hombre y la mujer.

cohechar *v. tr.* **1.** Realizar un cohecho. **2.** Preparar la tierra para la siembra.

cohecho *s. m.* Soborno a un juez o funcionario público.

Cohen, Hermann (Coswig 1842 - Berlín 1918) Filósofo alemán. Fundador y principal representante de la escuela neokantiana de Marburgo, profundizó en el método trascendental kantiano y llegó a un idealismo lógico en el que identifica ser y pensar. Es autor, entre otros libros, de *La teoría de la experiencia pura de Kant* (1871), *Lógica del conocimiento puro* (1902), *Ética de la voluntad pura* (1907) y *Estética del sentimiento puro* (1912).

Cohen, Leonard (Montreal 1934) Cantante y escritor canadiense. Alcanzó gran celebridad como compositor e intérprete a partir de 1967. Sus canciones, cálidas e intimistas, se caracterizan por la belleza de las melodías y la profundidad e intención de las letras. Entre ellas sobresalen *Suzanne, Chelsea hotel* y *The partisan.* Es autor de libros de poesía, como *Flores para Hitler* (1964), *Parasites of heaven* (1966) y *Energía de los esclavos* (1972), y de novelas.

coheredar *v. tr.* Heredar juntamente con otro u otros. **FAM.** Coheredero.

coherencia *s. f.* **1.** Armonía o relación lógica de una cosa con otra, de forma que no haya entre ellas contradicciones. **2.** Cohesión, atracción de las moléculas de un cuerpo.

coherente *adj.* Que presenta coherencia, armonía.

cohesión *s. f.* **1.** Acción y efecto de unirse o estar unidas cosas o personas entre sí. **2.** En fís., atracción recíproca de las moléculas de una sustancia, especialmente referida a los fluidos. Si la cohesión es mayor que la adhesión, el líquido no moja las paredes del recipiente, como ocurre con el mercurio en un recipiente de vidrio.

cohesivo, va *adj.* Que produce cohesión.

cohesor *s. m.* Detector de ondas electromagnéticas creado por Marconi y utilizado en los primeros tiempos de la radiotelegrafía.

cohete *s. m.* **1.** Fuego de artificio consistente en un cartucho cargado de pólvora, unido a una varilla ligera; sube impulsado por la combustión de la pólvora y estalla en el aire con variados efectos luminosos. **2.** Aparato volador que se mueve en el espacio por propulsión a chorro.

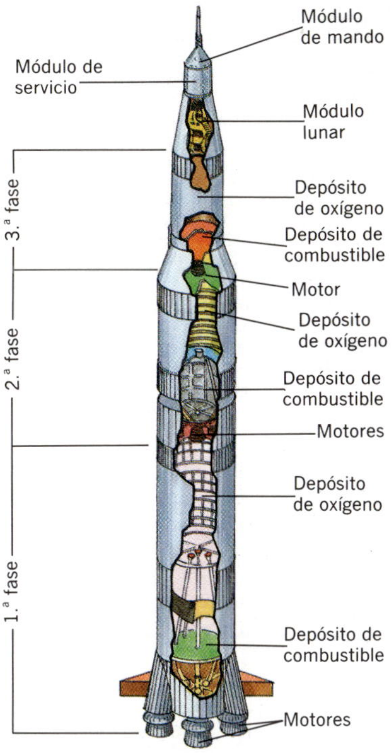

Esquema del cohete estadounidense Saturno.

Tecnol. Los cohetes de combustible sólido (pólvora) ya existían en la China del s. XIII. Los cohetes de combustible líquido (oxígeno líquido y etanol o hidrógeno líquido), capaces de funcionar en ausencia de atmósfera, fueron inventados por Robert Hutchings Goddard, uno de los pioneros de la astronáutica, a quien también se debe el cohete de varias etapas o fases. En la década de 1960, los cohetes pusieron en órbita numerosos satélites artificiales y permitieron al hombre llegar a la Luna. Se utilizan también como armas de guerra.

cohetería *s. f.* **1.** Taller o fábrica donde se hacen los cohetes o tiendas en que se venden. **2.** Conjunto de cohetes que se disparan juntos.

cohetero, ra *s. m.* y *f.* Persona que hace cohetes y otros artículos pirotécnicos.

cohibir *v. tr.* Reprimir los impulsos, acciones, etc., de una persona. También *v. prnl.* ▪ En cuanto al acento, se conjuga como *prohibir.*

cohombro *s. m.* **1.** Nombre común de diversas plantas herbáceas de la familia cucurbitáceas, género *Cucumis.* Es una variedad del pepino, de fruto largo y torcido, que se cultiva en huerta. **2.** Fruto de esta planta. ‖ **3. cohombro de mar** Nombre común de diversos equinodermos holoturoideos de la familia holotúridos, géneros *Holothuria, Leptosynapta,* etc. Tienen el cuerpo cilíndrico y alargado, piel coriácea y tentáculos alrededor de la boca; yacen tumbados sobre uno de sus costados. Viven en todos los mares.

cohonestar *v. tr.* **1.** Dar apariencia de bueno o justo a lo que no lo es. **2.** Hacer compatibles dos cualidades, cosas o acciones.

cohorte *s. f.* **1.** División de la legión romana, formada por varias centurias. **2.** Conjunto, serie, particularmente de personas o de hechos. **3.** Conjunto de individuos que han vivido un mismo acontecimiento susceptible de estudio demográfico o sociológico, en el mismo periodo de tiempo; p. ej., los que han contraído matrimonio en el mismo año civil, se han divorciado, han hecho el servicio militar, han realizado estudios de bachillerato, etc.

COI Siglas de Comité* Olímpico Internacional.

coima[1] (del ár. *quwaima,* muchacha) *s. f.* Concubina.

coima[2] (voz port.) *s. f.* **1.** Comisión que recibe el encargado de una timba o garito. **2.** *Amér. del S.* Dinero con que se soborna a un funcionario público.

Coimbatore C. de la India, en el estado de Tamil Nadu. 704.500 h. en 1981 y 917.000 h. en su área metropolitana en el mismo año. Cuenta con industria alimentaria (azucarera), textil y del cemento.

Coimbra 1. Distrito de Portugal, en el centro del país. 3.947 km^2. 446.600 h. en 1989. Se cultivan cereales, olivos, hortalizas. Existen yacimientos de lignito y salinas.
2. C. de Portugal, cap. del distrito homónimo. 71.700 h. en 1981. Alberga la universidad más antigua del país (1290) y una gran riqueza monumental, siendo dignas de mención la catedral románica y la iglesia de Santa Cruz.

coimero, ra *s. m.* y *f. Amér. del S.* Persona que recibe coima, soborno.

Coín C. de España, situada en la prov. de Málaga. 20.540 h. en 1990. Posee agricultura de regadío (frutales, patatas, hortalizas) y de secano (cereales, vid, olivo), ganadería y canteras de mármol.

coincidencia *s. f.* **1.** Acción y efecto de coincidir. **2.** Casualidad.

coincidente *adj.* Que coincide.

coincidir *v. intr.* **1.** Estar de acuerdo o ser iguales personas o cosas. **2.** Ajustar una cosa con otra. **3.** Ocurrir varias cosas a un mismo tiempo o en un mismo sitio. **4.** Encontrarse dos o más personas en un mismo lugar.

coito *s. m.* Unión sexual de los animales superiores y, particularmente, del hombre y la mujer.

cojear *v. intr.* **1.** Andar defectuosamente a causa de alguna lesión, deformidad, enfermedad, etc. **2.** Moverse un mueble por no asentar bien en el suelo. **3.** Tener alguna deficiencia. ‖ **Loc. cojear del mismo pie** dos o más personas *fam.* Tener los mismos defectos. **saber de qué pie cojea** alguien *fam.* Conocer sus defectos.

Cojedes Estado de Venezuela, en el N del país. 14.800 km^2. 196.500 h. en 1990. La capital es San Carlos, con 37.900 h. en 1981. Cuenta con cultivos de tabaco, arroz, maíz y café y una rica ganadería (vacuno).

cojera *s. f.* Forma defectuosa de andar debida a defecto, lesión, accidente o enfermedad.

cojín *s. m.* Especie de bolsa rellena de material esponjoso que sirve para sentarse o apoyarse sobre él.

cojinete *s. m.* **1.** Almohadilla. **2.** Pieza de hierro que sujeta los carriles a las traviesas en el ferrocarril. **3.** Pieza que sirve de apoyo al eje giratorio de una rueda o máquina. Para disminuir la fricción, los cojinetes suelen lubricarse con grasa o aceite. Los cojinetes formados por bolas o rodillos se llaman *rodamientos.*

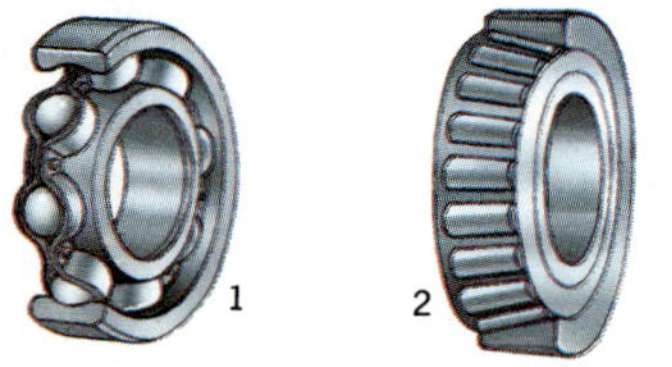

Tipos de cojinete: 1. De bolas. 2. De rodillos cónicos.

cojitranco, ca *adj. fam.* Cojo. También *s.*

cojo, ja *adj.* **1.** Que cojea. También *s.* **2.** Que le falta una pierna o pata. También *s.* **3.** Se dice de los muebles cuyas patas no asientan bien. **4.** Se dice del razonamiento, frase, verso, etc., que resulta incompleto o imperfecto. ‖ **Loc. a la pata coja** Dando saltos sobre una pierna y llevando la otra encogida.

cojón *s. m. vulg.* Testículo.

cojonudo, da *adj. vulg.* Estupendo, excelente.

col *s. f.* Planta de la familia crucíferas, especie *Brassica oleracea.* Tiene un tallo grueso de 50 a 150 cm de altura, hojas anchas y radiales, flores blancas o amarillas y semillas muy pequeñas y lisas. Crece en la Europa atlántica y mediterránea, donde se cultivan muchas variedades, todas ellas comestibles. Las coles acumulan sustancias de reserva en distintos órganos, según la variedad de la planta. Entre ellas podemos citar la coliflor, la col gallega, la col de Bruselas, la col lombarda, el repollo y la col forrajera o berza.

cola[1] (del lat. *cauda*) *s. f.* **1.** Extremidad posterior de muchos animales, que prolonga a veces la columna vertebral. En los peces, la cola está rematada por la aleta caudal. En los anfibios puede faltar en el estado adulto. En los reptiles presenta formas y tamaños muy variados. En las aves está constituida por el conjunto de plumas situadas en la rabadilla y sirve de timón en el vuelo. En algunos vertebrados, como los arborícolas, es prensil, por lo que puede utilizarse como quinto miembro; en otros, como los canguros, sirve como tercera pata trasera, para facilitar el movimiento y el equilibrio. **2.** Extremo o parte posterior de una cosa. **3.** Hilera de personas o vehículos que esperan turno para algo. **4.** Conjunto de huellas, consecuencias, etc., que deja un suceso. **5.** *fam.* Pene. ‖ **6. cola de caballo** Nombre común de diversas plantas de la familia equisetáceas, género *Equisetum.* Son helechos que miden entre 10 y 50 cm de altura, tienen tallos estriados, con entrenudos verticilados, y hojas muy pequeñas, soldadas en una vaina alrededor de los nudos; crecen en lugares húmedos de toda Europa. También, coleta larga en la parte posterior de la cabeza. **7. cola de milano** En arq. y carpintería, espiga de ensamblaje en forma de trapecio.

cola[2] (del lat. *colla,* y éste del gr. *kolla*) *s. f.* **1.** Pasta adhesiva. ‖ **2. cola de pescado** Gelatina fabricada con pieles y despojos de pescados y, especialmente, con la vejiga natatoria del esturión. ‖ **Loc. no pegar** una cosa **ni con cola** *fam.* No tener ninguna relación con otra, desentonar por completo.

cola[3] (voz de or. africano) *s. f.* **1.** Nombre de dos árboles de la familia esterculiáceas, especies *Cola vera* y *Cola acuminata.* Tienen un fruto en folículo de cuyas semillas se extraen sustancias medicinales. Crecen en África ecuatorial. **2.** Fruto de estos árboles, llamado también *nuez de cola.*

-cola *suf.* **1.** Forma adjetivos y sustantivos con el significado de habitante: *arborícola.* **2.** Forma adjetivos que expresan relación a algún cultivo: *agrícola.*

Cola di Rienzo, Nicola di Lorenzo, llamado (Roma 1313 - íd. 1354) Político romano. Miembro del partido popular, recibió del parlamento de Roma poderes dictatoriales. Se enfrentó al papa, que residía en Aviñón, y al emperador para intentar devolver a Roma su antiguo esplendor. Expulsado de Roma, fue llamado de nuevo por el papa Inocencio VI (1354) para restaurar el poder pontificio.

colaboración *s. f.* **1.** Acción y efecto de colaborar. **2.** Escrito de un colaborador en una publicación.

colaboracionismo *s. m.* Actitud y conducta de apoyo activo a un régimen político que la mayoría de los ciudadanos rechaza, especialmente si se trata de un régimen de ocupación. El término surgió en la Segunda Guerra Mundial para designar a los que colaboraban con los gobiernos impuestos por los alemanes en los países invadidos. **Fam.** Colaboracionista.

colaborador, ra *adj.* **1.** Que colabora. **2.** Se dice de la persona que trabaja con otra u otras en alguna obra, especialmente literaria o científica. También *s.* **3.** Se aplica al autor que escribe habitualmente en un periódico o revista, sin estar fijo en la plantilla del mismo. También *s.*

colaborar *v. intr.* **1.** Trabajar con otras personas en una tarea común. **2.** Escribir habitualmente en un periódico o en una revista. **3.** Contribuir con un donativo a una obra. **4.** Ayudar una cosa al logro de otra.

colación *s. f.* **1.** Acto de otorgar un beneficio eclesiástico, un título universitario, etc. **2.** Comida ligera. **3.** Comparación o confrontación de una cosa con otra. ‖ **Loc. sacar** (o **traer**) **a colación** Mencionar a alguien o algo.

colada *s. f.* **1.** Acción y efecto de colar. **2.** Lavado periódico de la ropa de casa. **3.** El conjunto de esa ropa lavada. **4.** Operación de sacar el hierro fundido en un alto horno. **5.** Lugar o camino por donde puede pasar el ganado. **6.** Paso estrecho y difícil entre montañas. ‖ **7. colada volcánica** Manto de lava que fluye siguiendo la inclinación de la pendiente.

coladero *s. m.* **1.** Colador. **2.** Paso estrecho. **3.** Boquete en el piso de una mina para echar por él el mineral. **4.** *fam.* Lugar donde es muy fácil colarse. **5.** *fam.* Entre estudiantes, centro de enseñanza en el que se aprueba fácilmente.

colado, da 1. *p. p.* de **colar.** También *adj.* ‖ *adj.* **2.** Se dice del hierro fundido que no ha sido refinado. **3.** *fam.* Muy enamorado.

colador *s. m.* Utensilio, especialmente de cocina, que se utiliza para colar los líquidos y que suele estar hecho de una tela, de un entrecruzado de hilos metálicos muy finos o de una plancha con agujeros.

coladura *s. f.* **1.** Acción y efecto de colar líquidos. **2.** *fam.* Equivocación, desacierto.

colágeno *s. m.* Grupo de sustancias proteínicas ricas en el aminoácido glicocola, que forman parte de ciertos tejidos orgánicos, como huesos, cartílagos y tejido conjuntivo. Por cocción se obtiene de ella la gelatina.

colagogo, ga *adj.* Se aplica al medicamento que estimula e incrementa la expulsión de la bilis almacenada en la vesícula biliar. También *s. m.*

colapsar *v. tr.* **1.** Producir colapso. ‖ *v. intr.* **2.** Sufrir colapso o caer en él. También *v. prnl.*

colapso *s. m.* **1.** Debilitamiento brusco y extremo de una persona con fallo de las funciones del corazón. **2.** Paralización o disminución importante de cualquier actividad. **3.** Alteración, destrucción o ruina.

colar *v. tr.* **1.** Hacer pasar un líquido por una tela, filtro o utensilio con agujeros para separar las partículas sólidas o las impurezas. **2.** *fam.* Dar o pasar mediante engaño una cosa falsa, ilegal o sin validez. **3.** *fam.* Hacer creer a alguien una cosa falsa. **4.** *fam.* Introducir una cosa en el interior de otra o hacer que pase a través de ella. También *v. prnl.* ‖ *v. intr.* **5.** *fam.* Ser creído un engaño o mentira. ‖ *v. prnl.* **6.** *fam.* Introducirse alguien o algo ocultamente en algún sitio. **7.** *fam.* Saltarse uno o más turnos en una cola. **8.** *fam.* Equivocarse, meter la pata. **9.** *fam.* Estar muy enamorado. ■ Es v. irreg. Se conjuga como *contar.*

colateral *adj.* **1.** Se dice de las cosas que están a uno y otro lado de otra principal. **2.** Se aplica al pariente que no lo es por línea directa. También *s.*

Colbert, Claudette (París 1905) Actriz cinematográfica estadounidense. Su verdadero nombre es Claudette Lily Chauchoin. Se consagró como intérprete de comedias, aunque sus primeros triunfos los obtuvo en superproducciones de Cecil B. de Mille, como *El signo de la Cruz* (1932) y *Cleopatra* (1934). Otras películas suyas de interés son *Sucedió una noche* (1934) y *La octava mujer de Barba Azul* (1938).

Colbert, Jean-Baptiste (Reims 1619 - París 1683) Político francés. Protegido de Mazarino y ministro de Luis XIV, se encargó de dirigir la economía francesa, a la que convirtió en una de las más poderosas de su tiempo. Partidario del mercantilismo, que en su honor ha sido llamado también *colbertismo,* impulsó la creación de manufacturas, tanto reales (Los Gobelinos) como privadas; desarrolló el comercio y reformó los métodos de contabilidad. También fomentó la investigación científica mediante la creación del Observatorio Astronómico de París, la Academia de Ciencias y el Jardín Botánico.

colcha *s. f.* Cobertura sobre la cama que sirve de adorno y abrigo.

colchón *s. m.* **1.** Saco plano, cerrado por todos sus lados y relleno de lana, plumas, gomaespuma, etc., o provisto de muelles, que se pone en la cama o en cualquier otro sitio para acostarse encima. ‖ **2. colchón de aire** Capa de aire proyectada por ciertos vehículos, como el aerodeslizador y el aerotrén, que incrementa su capacidad de marcha al disminuir el rozamiento contra la superficie por la que se desplazan.

colchonería *s. f.* Establecimiento donde se hacen o venden colchones, almohadas, cojines y otros objetos semejantes.

colchonero, ra *s. m.* y *f.* Persona que se dedica a hacer o vender colchones y otros componentes de la cama.

colchoneta *s. f.* **1.** Colchón delgado. ‖ **2. colchoneta neumática** La que se llena de aire a presión; su cubierta es de tela recauchutada o de material plástico, y suele usarse en la playa.

Cole, George Douglas Howard (Cambridge 1889 - Londres 1959) Economista e historiador británico. Fue presidente de la Sociedad Fabiana (1952). Es autor de diversos estudios sobre la historia del socialismo y del movimiento obrero, como *Breve historia de la clase obrera británica, 1789-1947* (1948) e *Historia del pensamiento socialista* (1953-58).

Cole, Thomas (Bolton-le-Moors, Inglaterra 1801 - Castkill, Nueva York 1848) Pintor estadounidense. Paisajista romántico, es el principal representante de la escuela del río Hudson. Entre sus cuadros destacan *Paisaje con tronco de árbol* (h. 1827), *Evolución del imperio* (serie de cinco lienzos, 1836) y *El viaje de la vida.*

colear *v. intr.* **1.** Mover la cola. **2.** Durar todavía las consecuencias de algo. ‖ *v. tr.* **3.** En las corridas de toros, agarrar al toro por el rabo, tirando con fuerza. **4.** *amer.* Derribar el jinete una res tirándola de la cola.

colección *s. f.* **1.** Conjunto de cosas, generalmente de una misma clase. **2.** Gran cantidad o número.

coleccionar *v. tr.* Hacer colección de alguna cosa.

coleccionismo *s. m.* Afición a coleccionar objetos y técnica de ordenarlos debidamente.

coleccionista *s. m.* y *f.* Persona aficionada a coleccionar cosas.

colecta *s. f.* Recaudación de dinero u otros donativos, generalmente para fines benéficos.

colectivero *s. m. amer.* Conductor de colectivo o autobús pequeño.

colectividad *s. f.* **1.** Grupo social al que alguien pertenece, conjunto de personas. **2.** Totalidad de los seres humanos.

colectivismo *s. m.* Doctrina y sistema político-económico en el cual la actividad productiva debe estar controlada por la gestión colectiva y no por la iniciativa privada de los individuos. Por ello, en un sistema colectivista, los medios de producción y distribución son propiedad del Estado o de organismos colectivos y la economía está sometida a la planificación. El colectivismo se aplicó, con distintas variantes, en los países de régimen comunista.

colectivizar *v. tr.* Transformar lo individual en colectivo. ▪ Se conjuga como *cazar.* **FAM.** Colectivización.

colectivo, va *adj.* **1.** Perteneciente o relativo a una colectividad o grupo. **2.** Hecho por varios. **3.** Se dice del sustantivo que en singular significa pluralidad, conjunto de personas, animales o cosas, como *ejército, rebaño, bosque, maquinaria,* etc. ‖ *s. m.* **4.** Grupo de personas con fines o intereses comunes. **5.** *amer.* Microbús. ‖ **6. billete colectivo** En medios de transporte, el que se da a precio reducido para un grupo de personas que viajan conjuntamente. **FAM.** Colectivamente.

colector, ra *adj.* **1.** Que colecta o recoge. ‖ *s. m.* **2.** Canal o conducto que recoge las aguas, materiales, etc., que transportan otros. **3.** En fís., anillo metálico partido en dos al que van conectadas unas escobillas que, en un generador de corriente alterna, transmiten la corriente producida en el rotor hacia el circuito exterior.

colédoco *adj.* Se dice del conducto biliar, formado por la unión de los conductos cístico y hepático, que desemboca en el duodeno. También *s. m.*

colega *s. m.* y *f.* **1.** Persona que tiene la misma profesión que otra. **2.** *fam.* Compañero, amigo.

colegiado, da **1.** *p. p.* de **colegiarse**. También *adj.* ‖ *adj.* **2.** Se aplica al órgano constituido por varias personas. ‖ *s. m.* **3.** En deportes como el fútbol, baloncesto, etc., árbitro.

colegial *adj.* Perteneciente o relativo al colegio.

colegial, la *s. m.* y *f.* Estudiante de un colegio.

colegiarse *v. prnl.* **1.** Formar colegio las personas de una misma profesión o clase. **2.** Inscribirse en un colegio profesional.

colegiata *s. f.* Iglesia que posee un cabildo colegial.

colegio *s. m.* **1.** Establecimiento dedicado a la enseñanza. **2.** P. ext., clase. **3.** Agrupación de personas que pertenecen a una misma profesión. ‖ **4. colegio de cardenales** (o **sacro colegio**) Conjunto de los cardenales de la Iglesia romana. **5. colegio electoral** Conjunto de electores de un distrito; también, lugar donde se reúnen. **6. colegio mayor** Residencia de estudiantes universitarios. **7. colegio universitario** Centro de enseñanza adscrito a una universidad estatal, donde se imparten las disciplinas correspondientes al primer ciclo o diplomatura.

colegir *v. tr.* Deducir. ▪ Es v. irreg. Se conjuga como *regir.*

Coleman, Bill (Paris, Kentucky 1904 - Toulouse 1981) Trompetista de jazz estadounidense. Influido por Armstrong, se caracterizó por su fuerza expresiva y su riqueza melódica. En 1952 fijó su residencia en Francia.

cóleo *s. m.* Nombre común de diversas plantas herbáceas de la familia labiadas, género *Coleus.* Tienen hojas sencillas y dentadas y flores pequeñas agrupadas en racimos. Crecen en las regiones cálidas de Eurasia, África y Australia y se usan como plantas ornamentales. Entre sus especies destaca el *Coleus aromaticus* de la India, de hojas muy olorosas, que se emplean contra las fiebres y la disentería.

coleópteros *s. m. pl.* Orden de insectos al que pertenecen unas 300.000 especies de escarabajos comprendidos en numerosas familias. Su tamaño varía entre 0,1 mm y 15 cm. Están provistos de un primer par de alas duras (élitros) que envuelven al segundo par, membranoso y plegado en forma de abanico, que sirve para el vuelo. En la boca poseen un labio superior, un par de mandíbulas, otro de maxilas y un labio inferior. Tienen 2 ojos compuestos y antenas formadas por 11 artejos. Presentan metamorfosis completa con pupa libre. Forman el conjunto más extenso de los seres vivos y están adaptados a cualquier clase de existencia. Muchos son perjudiciales para el hombre al constituir plagas de la agricultura. También *adj.* y *s. m.*

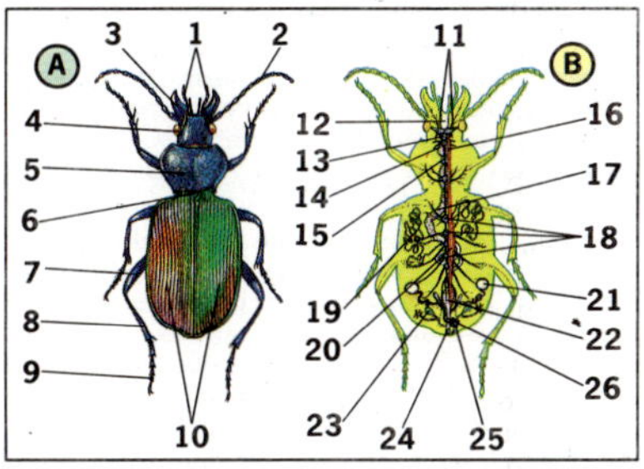

Anatomía externa (A) e interna (B) de un coleóptero carábido: 1. Palpos. 2. Antena. 3. Mandíbula. 4. Ojo. 5. Protórax. 6. Escudete. 7. Fémur. 8. Tibia. 9. Tarso. 10. Élitros. 11. Ganglios cerebroides. 12. Boca. 13. Esófago. 14. Buche. 15. Molleja. 16. Aorta. 17. Intestino. 18. Ganglios ventrales. 19. Tubos de Malpighi. 20. Corazón. 21. Testículo. 22. Recto. 23. Glándula anal. 24. Ano. 25. Pene. 26. Canal eyaculador.

cólera *s. f.* **1.** Enfado muy violento. ‖ *s. m.* **2.** Enfermedad epidémica e infecciosa causada por la bacteria *Vibrio cholerae,* endémica de la India y de otros países del SE asiático, que se transmite a través de las aguas contaminadas. Produce dolores abdominales, vómitos y diarrea, que pueden causar la muerte por deshidratación. Existe una vacuna que proporciona una protección temporal. ‖ **LOC. montar en cólera** Encolerizarse, enfadarse mucho.

colérico, ca *adj.* **1.** Perteneciente o relativo a la cólera. **2.** Que se deja llevar por la cólera. **3.** Perteneciente o relativo al cólera, enfermedad epidémica. **4.** Atacado de la enfermedad del cólera. También *s.*

Coleridge, Samuel Taylor (Ottery Saint-Mary, Devonshire 1772 - Londres 1834) Poeta, crítico y filósofo inglés. Su poesía se caracteriza por la evocación de lo fantástico y lo exótico en versos de gran musicalidad. Entre sus obras poéticas sobresalen *Baladas líricas* (1798), en colaboración con Wordsworth, *La balada del viejo marinero* (1798), *Christabel* (1800) y *Kubla Khan* (1816).

colesterol *s. m.* Sustancia de origen graso que se sintetiza en el hígado y se ingiere con los alimentos. De ella se obtienen sales biliares y hormonas sexuales y suprarrenales. Puede producir arteriosclerosis al depositarse en las paredes de los vasos sanguíneos.

coleta *s. f.* Mechón de pelo recogido con una cinta, pasador, etc. ‖ **LOC. cortarse la coleta** Retirarse el torero de su profesión; p. ext., abandonar cualquier otra profesión o dejar una costumbre.

coletazo *s. m.* **1.** Golpe dado con la cola. **2.** Última manifestación de algo próximo a terminarse.

coletilla *s. f.* **1.** *dim.* de **cola**. **2.** Añadido breve a un escrito o discurso. **3.** Expresión, palabra, etc., que, como apoyo o por costumbre, se repite insistentemente durante la conversación.

coleto *s. m.* **1.** *fam.* Cuerpo humano. **2.** *fam.* Interior de la persona. ‖ **LOC. echarse** algo **al coleto** *fam.* Comerlo o beberlo. También, acabar algo rápidamente.

Colette, Sidonie Gabrielle (Saint-Sauveur-en-Puisaye, Yonne 1873 - París 1954) Novelista francesa. Publicó sus primeros libros, la serie de *Claudina* (1900-03), con el nombre de Willy, seudónimo de su marido, el escritor Henri Gauthier-Villars, del que se separó pocos años después. Sus obras, caracterizadas por la precisión y sencillez del estilo, el fondo autobiográfico, la penetración psicológica y la sensualidad, la convirtieron en la escritora francesa más famosa de su tiempo. Entre ellas destacan *Renée* (1910), *La vagabunda* (1911), *Querido* (1920) y *Gigi* (1945).

colgadero *s. m.* Lugar, utensilio o dispositivo que se utiliza para colgar o tender.

colgado, da **1.** *p. p.* de **colgar**. También *adj.* ‖ *adj.* **2.** *fam.* Sin conseguir lo que quería, sin poder hacer alguna cosa. ‖ **LOC. estar** (o **quedarse**) **colgado** *fam.* Encontrarse sin dinero, sin amigos, etc.; también, estar bajo los efectos de la droga.

colgador *s. m.* Utensilio que sirve para colgar la ropa.

colgadura *s. f.* Conjunto de telas que cubren y adornan las paredes o balcones de un edificio.

colgajo *s. m.* **1.** Cualquier cosa que cuelga, en especial un trapo o andrajo. **2.** Racimo de frutas que se cuelga para que se seque.

colgante *adj.* **1.** Que cuelga. ‖ *s. m.* **2.** Joya de adorno que pende o cuelga.

colgar *v. tr.* **1.** Sujetar una cosa a otra de forma que la mayor parte de ella quede libre o suelta, sin que toque el suelo. **2.** *fam.* Ahorcar. También *v. prnl.* **3.** Atribuir algo a una persona. **4.** Abandonar una profesión o actividad. **5.** Interrumpir una comunicación telefónica. ‖ *v. intr.* **6.** Estar una cosa en el aire sujeta por un punto a otra. **7.** Ser desiguales los bordes de una prenda. **8.** Depender de la voluntad o decisión de alguien. **9.** *fam.* Suspender un examen o prueba. ‖ *v. prnl.* **10.** Depender de la droga y, p. ext., de otras cosas. ▪ Es v. irreg.

COLGAR	
INDICATIVO	
Presente	**Pretérito perfecto simple**
cuelgo	*colgué*
cuelgas	*colgaste*
cuelga	*colgó*
colgamos	*colgamos*
colgáis	*colgasteis*
cuelgan	*colgaron*
SUBJUNTIVO	**IMPERATIVO**
Presente	
cuelgue	
cuelgues	*cuelga*
cuelgue	
colguemos	
colguéis	*colgad*
cuelguen	

colibacilo *s. m.* Bacteria en forma de bastón que vive como comensal en el intestino del hombre y otros animales. En condiciones normales es inofensivo, pero cuando aumenta la intensidad de su acción patógena o disminuyen las defensas del organismo, puede adquirir virulencia y provocar diarreas, e incluso enfermedades infecciosas de mayor gravedad si pasa del aparato digestivo a otros órganos.

colibrí *s. m.* Nombre común de diversas aves apodiformes de la familia troquílidos, pertenecientes a diversos géneros. Tienen tamaño pequeño (5 cm de longitud en algunas especies), el

Colibrí (Hylocharis leucotis).

pico largo y estrecho, lengua tubular extensible y plumaje de colores brillantes. Al volar agitan las alas velozmente y son capaces de detenerse en vuelo. Se alimentan del néctar de las flores y viven en regiones tropicales de América. Se les conoce también con el nombre de *pájaro-mosca.*

cólico *s. m.* Dolor abdominal agudo ocasionado por contracciones espasmódicas del colon (cólico intestinal), de los uréteres o la vejiga de la orina (cólico nefrítico) o de la vesícula biliar (cólico hepático). Se trata con medicamentos (espasmolíticos) y, en casos extremos, mediante cirugía.

coliflor *s. f.* Variedad de col *(Brassica oleracea botrytis).* Durante el primer año de su ciclo biológico acumula sustancias de reserva en la yema, que se transforma en una masa blanca llamada *pella,* protegida por unas grandes hojas exteriores, y constituye la parte comestible de la planta.

coligarse *v. prnl.* Unirse o asociarse para un fin común. ■ Se conjuga como *pagar.* **FAM.** Coligación, coligado.

Coligny, Gaspard de Châtillon, conde de (Châtillon-sur-Loire 1519 - París 1572) Almirante y político francés. Nombrado almirante en 1552, fue hecho prisionero por los españoles en la batalla de San Quintín (1557). Convertido al protestantismo, fue jefe de los hugonotes. Luchó en las primeras guerras de religión a las órdenes del príncipe de Condé. Murió asesinado en la Noche de San Bartolomé.

coligüe *s. m. Arg., Chile.* Planta gramínea trepadora, de madera dura, cuyo fruto es comestible para personas y ganado.

colilla *s. f.* Extremo o punta del cigarro que ya no se fuma.

Colima 1. Estado de México, en el SO del país. 5.191 km^2. 424.650 h. en 1990. Está accidentado por la cordillera Neovolcánica y regado por los ríos Armería y Coahuayana. Cuenta con cultivos de frutas tropicales, maíz y algodón e industria siderúrgica, minera y eléctrica.
2. C. de México, cap. del estado del mismo nombre. 86.000 h. en 1980. Importante centro agrícola, su industria está poco desarrollada. Fue fundada en 1523 por Gonzalo de Sandoval.

colimador *s. m.* Dispositivo o aparato óptico que transforma en paralelos los rayos luminosos que parten divergentes del foco emisor.

colimar *v. tr.* Obtener un haz de rayos paralelos a partir de un foco luminoso. **FAM.** Colimación.

colimbo *s. m.* Nombre común de diversas aves gaviformes de la familia gávidos, género *Gavia.* Miden entre 50 y 80 cm de longitud, tienen color oscuro con pintas blancas, membranas interdigitales completas, pico comprimido y alas pequeñas. Viven en las zonas costeras de regiones de clima frío. Nadan y bucean en busca de peces que les sirven de alimento. Las especies más comunes son el colimbo ártico *(Gavia arctica),* el colimbo chico *(Gavia stellata)* y el colimbo grande *(Gavia immer).*

colín, na *adj.* **1.** Se dice de los animales que tienen la cola cortada, especialmente los caballos. ‖ *s. m.* **2.** Barrita de pan del grosor de un dedo. **3.** Piano de cola de pequeño tamaño.

colina *s. f.* Elevación del terreno, menor que la de un monte, de forma suave y ondulada.

colindante *adj.* Se dice de los campos, edificios, municipios, etc., que tienen un límite común.

colindar *v. intr.* Tener una casa, campo, terreno, etc., un límite común con otro.

colirio *s. m.* Medicamento que se emplea en ciertas enfermedades de los ojos.

coliseo *s. m.* **1.** Anfiteatro Flavio de Roma, iniciado por Vespasiano en el año 72 y terminado por Tito en el 80. Debe su nombre a la colosal estatua de Domiciano erigida junto a él. ■ En esta acepción suele escribirse con mayúscula. **2.** Cine o teatro de alguna importancia.

colisión *s. f.* **1.** Choque de dos cuerpos. **2.** Contraposición de ideas, actitudes o personas, etc.

colisionar *v. intr.* Chocar.

colista *adj.* Se dice de la persona o equipo que va en el último lugar de una clasificación. También *s.*

colitis *s. f.* Inflamación del colon producida por una infección o a consecuencia de enfermedades crónicas. Según los casos, se trata con antibióticos, esteroides, aspirina, etc. Se caracteriza por la aparición de cólicos o diarrea.

collado *s. m.* **1.** Pequeña elevación de terreno. **2.** Depresión suave por donde se atraviesa fácilmente una sierra.

Collado Villalba C. de España, en la prov. de Madrid, al NE de la capital. 25.900 h. en 1990. Importante nudo ferroviario, en los últimos años, ha experimentado un gran crecimiento.

collage (voz fr.) *s. m.* **1.** Composición pictórica realizada por el procedimiento de pegar sobre un lienzo o tabla diversos materiales, especialmente papeles. Esta técnica fue muy usada por los pintores cubistas (Braque y Picasso) y otros movimientos de vanguardia posteriores. **2.** Técnica con que se realizan estas composiciones.

Collantes, Francisco (Madrid 1599 - íd. 1656) Pintor español. Influido en un principio por el tenebrismo de José de Ribera, consiguió un estilo propio con influencias de los maestros flamencos, venecianos y napolitanos. Entre sus obras mas sobresalientes figuran *La zarza ardiente, Visión de Ezequiel* y *San Onofre.*

collar *s. m.* **1.** Adorno que rodea el cuello. **2.** Correa, cadena, etc., que se pone alrededor del cuello de los animales, especialmente del perro. **3.** Insignia de algunas magistraturas, dignidades u órdenes. **4.** Banda de plumas que algunas aves tienen alrededor del cuello. **5.** Cualquier pieza que abraza un objeto, en especial si éste es circular.

collarín *s. m.* **1.** Alzacuello de los eclesiásticos. **2.** Aparato ortopédico, en forma de collar, para mantener el cuello y la cabeza en su posición normal. **3.** Etiqueta que va en el cuello de algunas botellas.

collarino *s. m.* Pequeña moldura curvilínea que rodea la parte superior del fuste de una columna, pilastra, pedestal, etc.

Colleoni, Bartolomeo (Solza 1400 - Malpaga, Bérgamo 1476) Condotiero italiano. Estuvo al servicio de las repúblicas de Milán y de Venecia, que le nombró capitán general (1454). En esta ciudad se conserva su estatua ecuestre, obra de Verrocchio.

collera *s. f.* **1.** Collar de cuero o lona, relleno de paja, borra, etc., que se pone a las caballerías y bueyes, para sujetar a él los arreos. **2.** *amer.* Pareja. **3.** *Arg.* Gemelos para los puños de las camisas, o cualquier otro par de objetos iguales.

collerón *s. m.* Collera de lujo que se usa para los caballos que tiran de los coches y carrozas.

Collins, William Wilkie (Londres 1824 - íd. 1889) Escritor británico. Amigo y colaborador de Charles Dickens, es considerado el padre de la novela policiaca. Sus obras se caracterizan por la atmósfera de misterio y fantasía, el suspense melodramático y el relato minucioso: *La reina de corazones* (1859), *La dama vestida de blanco* (1860) y *La piedra lunar* (1868).

Collodi, Carlo Lorenzini, llamado **Carlo** (Florencia 1826 - íd. 1890) Escritor italiano. Fue autor de famosos relatos infantiles plenos de imaginación y fantasía, como *El viaje por Italia de Giannettino* (1876) y, sobre todo, *Aventuras de Pinocho* (1880-83).

Collor de Melo, Fernando (Alagoas 1949) Político brasileño. Populista de derecha, fue elegido presidente de la república (1989).

colmado, da **1.** *p. p.* de **colmar**. También *adj.* ‖ *s. m.* **2.** Tienda de comestibles.

colmar *v. tr.* **1.** Llenar algo hasta los bordes. **2.** Dar con abundancia. **3.** Satisfacer plenamente.

colmena *s. f.* **1.** Lugar o recipiente en el que viven las abejas y donde fabrican los panales de miel. Las construidas por el hombre suelen consistir en una gran caja de madera o corcho con dos tapas superiores y una serie de cuadros de alambres. **2.** Conjunto de abejas que viven juntas. **3.** *fam.* Edificio con un gran número de pequeñas viviendas.

colmenar *s. m.* Lugar donde se encuentran las colmenas.

Colmenar Viejo C. de España, en la prov. de Madrid. 37.150 h. en 1990. Cuenta con cultivos de cereales y vid y ganadería lanar y de reses bravas. De ella se segregó en 1991 el municipio de Tres Cantos.

colmenero, ra *adj.* **1.** Se dice del oso aficionado a robar miel de las colmenas. ‖ *s. m.* y *f.* **2.** Apicultor*.

colmillada *s. f.* Mordedura hecha con los colmillos.

colmillo *s. m.* Cada uno de los cuatro dientes puntiagudos que poseen los mamíferos y que están situados entre el último incisivo y el primer molar. Se denominan también *caninos.* ‖ **Loc. tener el colmillo retorcido** (o **los colmillos retorcidos**) *fam.* Ser uno muy astuto o difícil de engañar.

colmo *s. m.* **1.** Porción de alguna cosa que desborda el recipiente. **2.** Grado más alto a que se puede llegar en una cosa. **3.** Complemento, añadido. ‖ **Loc. ser el colmo** *fam.* Ser una cosa intolerable o sorprendente; aplicado a persona, ser extraordinaria, para bien o para mal.

colocación *s. f.* **1.** Acción y efecto de colocar o colocarse. **2.** Situación de personas o cosas. **3.** Empleo, destino.

colocado, da **1.** *p. p.* de **colocar**. También *adj.* ‖ *adj.* **2.** En hípica, se dice del caballo que queda en segundo lugar. También *s.* **3.** *fam.* Que está bajo los efectos de una droga.

colocar *v. tr.* **1.** Poner a una persona o cosa en su debido lugar, posición u orden. También *v. prnl.* **2.** Tratándose de dinero, invertir, emplearlo en algo, especialmente para que produzca beneficio. **3.** Proporcionar a alguien estado o empleo. También *v. prnl.* **4.** *fam.* Lograr que alguien acepte, compre, escuche, etc., algo que no desea. ‖ *v. prnl.* **5.** *fam.* Llegar al estado de euforia con la bebida o la droga. ■ Se conjuga como *sacar.*

Colocolo (? h. 1515 - en la batalla de Lomaco 1561) Cacique araucano. Presentó tenaz resistencia a los españoles y, en unión de Caupolicán, los venció en la batalla de Tucapel (1553). Desaparecido Caupolicán, firmó la paz en 1559, primer tratado escrito entre españoles y araucanos, pero volvió a la lucha hasta su muerte.

colocón *s. m. fam.* Borrachera o estado producido por la droga.

colodión *s. m.* Disolución de nitrocelulosa en una mezcla de alcohol y éter, o de cualquier otro producto celulósico en un disolvente orgánico. Expuesta al aire forma una masa sólida y tenaz. Se usa en fotografía, como aglutinante en cirugía y en preparación de explosivos.

colodra *s. f.* **1.** Recipiente de madera que usan los pastores para ordeñar. **2.** Cuerna, vaso hecho con cuerno.

colodrillo *s. m. fam.* Occipucio*.

colofón *s. m.* **1.** Anotación que traen algunos libros en la última página, donde se expresan la fecha y otros datos de la impresión. **2.** Complemento final de algo, remate.

colofonia o **colofonía** *s. f.* Resina sólida y translúcida que se obtiene en la destilación de la trementina del pino y se utiliza en cosmética, farmacia, fabricación de aguarrás, etc.

cologaritmo *s. m.* Logaritmo del número inverso. El cologaritmo de x es igual al logaritmo de $1/x$ e igual a $-$logaritmo de x.

coloidal *adj.* **1.** Relativo a los coloides. **2.** Se dice del estado de un cuerpo disgregado, que no llega a formar una disolución y cuyas partículas miden menos de 2 micras de diámetro.

coloide *s. m.* Conjunto de partículas muy pequeñas que se encuentran en suspensión o disueltas en un líquido, sin precipitar, gracias a su viscosidad y carga eléctrica. Tienen un diámetro inferior a 2 micras y sólo son visibles al microscopio.

Colombia Estado de América del Sur.

Extensión: 1.141.748 km^2.
Límites: al N, con el mar Caribe; al E, con Venezuela y Brasil; al S, con Perú y Ecuador, y al O, con el océano Pacífico y Panamá.
Población: 32.978.000 h. en 1990.
Densidad: 28,9 h./km^2.
Capital: Santafé de Bogotá.
División administrativa: Santafé de Bogotá D. C. y los departamentos de Amazonas, Antioquia, Arauca, Atlántico, Bolívar, Boyacá, Caldas, Caquetá, Casanare, Cauca, César, Chocó, Córdoba, Cundinamarca, Guainía, Guajira, Guaviare, Huila, Magdalena, Meta, Nariño, Norte de Santander, Putumayo, Quindío, Risaralda, San Andrés y Providencia, Santander, Sucre, Tolima, Valle del Cauca, Vaupés y Vichada.
Ciudades principales: Medellín, Cali, Cartagena, Barranquilla.
Gentilicio: colombiano.
Forma de Estado: república.
Idioma: español.
Religión: catolicismo, 97 %.
Moneda: peso colombiano.
Tasa de natalidad: 28 ‰ en 1990.
Tasa de mortalidad: 7 ‰ en 1990.
Renta per cápita: 1.190 dólares en 1989.

Geog. física El relieve presenta dos sectores claramente diferenciados. El occidental es muy montañoso, al estar recorrido por los Andes, que presentan tres alineaciones principales: las cordilleras Occidental, Central y Oriental. Entre la primera y la segunda está enmarcado el valle del río Cauca, y entre la segunda y la tercera el valle del Magdalena. En esta parte del país se encuentran las cumbres más elevadas, como el Nevado de Cocuy (5.493 m), el Huila (5.750 m) y el Ruiz (5.400 m). En cambio, el sector oriental es muy llano, abarcando parte de la región conocida como Los Llanos, al N, y de la Amazonia, al S, territorios pertenecientes a las cuencas hidrográficas de los ríos Orinoco y Amazonas, respectivamente. Al N destaca la Sierra Nevada de Santa Marta, con los picos Cristóbal Colón y Simón Bolívar. El clima es cálido y húmedo, ecuatorial en la Amazonia, tropical en Los Llanos y tropical de altura en las regiones andinas. Las formaciones vegetales predominantes son la selva ecuatorial, el bosque claro y la sabana, existiendo dentro del área andina un escalonamiento característico de la vegetación en pisos de diferente altitud.
Geog. humana La población colombiana ha experimentado un rápido crecimiento (2 millones de h. en 1800), impulsado por unas altas tasas de natalidad, que sólo en los últimos años han bajado del 30 ‰. Predominan los mestizos (55 %), mulatos (17 %) y blancos (20 %). La población se concentra sobre todo en el sector andino, entre los 1.000 y los 3.000 m de altitud, porque las temperaturas no son tan altas como a nivel del mar. Allí se localizan las principales ciudades del país, como Santafé de Bogotá, la capital, Medellín y Cali. Otro foco de concentración demográfica es la costa caribeña, con los centros portuarios de Barranquilla y Cartagena. En cambio, Los Llanos y la Amazonia, fundamentalmente por razones climáticas, se encuentran casi deshabitados.
Geog. económica En la economía, la agricultura continúa ocupando un lugar destacado, al aportar los principales productos para la exportación, como el café (segundo productor mundial), el algodón, las bananas, el cacao, el tabaco y la caña de azúcar; entre los productos agrícolas dedicados al autoconsumo figuran el maíz, el arroz y la patata. Posee una importante ganadería vacuna y caballar. En el sector minero es importante la producción de carbón, hierro, oro, níquel y petróleo. En cuanto a la industria, han experimentado un rápido desarrollo las del refino del petróleo, siderurgia, metalurgia del aluminio, química y mecánica, que coexisten con otras de tipo tradicional, como la textil y la alimentaria. Los principales ejes de comunicaciones del país se orientan de N a S, y conectan los centros urbanos de las regiones andinas con los puertos del Caribe. Estos últimos juegan un papel fundamental en el comercio exterior.
***Hist.* época precolombina y descubrimiento** Habitada en torno al 8000 a. C. por pueblos paleoamericanos, y centro de la cultura arawak en el 4000 a. C., las tierras de la actual Colombia albergaron en tiempos precolombinos a numerosas culturas (taironas, quimbayá, pijaos, muiscas), entre las que destacó la muisca, que poblaba las altiplanicies de la cordillera Oriental y alcanzó un alto grado de desarrollo cultural y de unidad política. Su capital estaba en Bacatá, donde hoy se encuentra Santafé de Bogotá. El descubrimiento, la exploración y la conquista española comprenden un periodo de cerca de cuarenta años, que va desde el descubrimiento de las costas atlánticas por Alfonso de Ojeda (1499) hasta la sumisión de la civilización chibcha, lograda por Jiménez de Quesada en 1538, año en que fundó la ciudad de Santafé de Bogotá y el territorio pasó a formar parte del imperio colonial español con el nombre de *Nueva Granada.* Los españoles ejercieron el poder civil primero a través de la Audiencia Real de Bogotá (1549) y después a través de un virrey que dependía directamente de la metrópoli. El virreinato de Nueva Granada fue creado el 9 de mayo de 1717 y establecido definitivamente en 1740. La época del virreinato constituyó, a pesar del aislamiento entre las distintas zonas, una etapa de prosperidad económica. La etapa final del s. XVIII estuvo marcada por las tendencias liberales de los criollos, que reaccionaban ante la inflexibilidad de la política económica española. La independencia de los EE UU significó un ejemplo para los reformadores liberales de Hispanoamérica. **la independencia** La independencia de Nueva Granada se consiguió el 7 de agosto de 1819 en la batalla de Boyacá, en la que Simón Bolívar derrotó al ejército realista. En el congreso de Angostura (17 de diciembre de 1819) Bolívar instituyó la república de la Gran Colombia, integrada por Nueva Granada, Venezuela y Ecuador. Al separarse Venezuela en 1829 y Ecuador en 1830, Nueva Granada quedó sola y adoptó el nombre de *Colombia.* La nueva nación, que basaba su economía en la producción y exportación de café, tabaco y algodón, se vio sometida a lo largo de todo el s. XIX a grandes tensiones políticas, fruto de las luchas entre liberales y conservadores que motivaron varios conflictos civiles que culminaron en la guerra de los Mil Días (1899-1903). Panamá, que hasta entonces pertenecía a Colombia, se separó en 1903 con el apoyo de EE UU. **época actual** Las tres primeras décadas del s. XX fueron de notable prosperidad económica, pero la crisis de 1929 detuvo el proceso. Asumieron entonces los liberales el poder hasta 1946, año en que el conservador Mariano Ospina ocupó la presidencia y se enfrentó a un cruento conflicto originado por el asesinato del líder Jorge E. Gaitán, que concluyó con la implantación de la dictadura militar por parte del general Rojas Pinilla desde 1953 a 1957. Ese mismo año liberales y conservadores se comprometieron, mediante el pacto de Sitges, a respetar una cierta alternancia en el poder, lo que favoreció la estabilidad política. Apartado Rojas Pinilla por un golpe militar, se han sucedido desde entonces en la presidencia Lleras Camargo (1958), León Valencia (1962), Lleras Restrepo (1966), Pastrana Borrero (1970), López Michelsen (1974), Turbay Ayala (1978), Belisario Betancur (1982), Virgilio Barco (1986) y César Gaviria (1990), que han tenido que hacer frente, por un lado, a la presión que ejercen las fuerzas guerrilleras (ELN, Ejército de Liberación Nacional; FARC, Fuerzas Armadas Revolucionarias Colombianas) y, por otro, a los problemas del narcotráfico y de la deuda externa. En las elecciones territoriales de 1991 concurrió por primera vez la Alianza Democrática M19, antiguo movimiento guerrillero que había abandonado las armas en 1989.
Arte El arte en el periodo precolonial constituye un rico conjunto arqueológico; la cerámica presenta gran riqueza y variedad en el modelado, y en los trabajos realizados en oro sobresalen las joyas, máscaras y utensilios. Durante la época colonial, los jesuitas fueron los principales difusores de las nuevas corrientes artísticas. La influencia española y europea en general se fusionó con las manifestaciones artísticas del país. La arquitectura y la escultura siguieron las pautas del arte de la metrópoli, manifestándose en el arte religioso. Sin embargo, la pintura tuvo gran importancia, formándose en Bogotá a fines del s. XVI una de las más importantes escuelas pictóricas de la América colonial. Después de la independencia adquirió importancia la escuela costumbrista, cuyo máximo representante fue Ramón Torres Méndez. En la segunda década del s. XX se produjo un movimiento de renovación con una exaltación de los valores nacionales. En la segunda mitad del siglo destaca la obra pictórica y escultórica de Fernando Botero. La arquitectura sigue la línea del moderno funcionalismo.
Lit. El primer movimiento que aparece después de la independencia es el Romanticismo, con poetas como José Eusebio Caro, Julio Arboleda y Gregorio Gutiérrez González. A caballo entre el Romanticismo y un realismo costumbrista está la obra novelística de Eugenio Díaz, Jorge Isaacs y Tomás Carrasquilla. El teatro se fue orientando en la segunda mitad del s. XIX hacia temas costumbristas y sociales, con Federico Rivas Frade y Adolfo León Gómez. En ensayo y erudición destacan José María Vergara y Baldomero Sanín Cano. A finales de siglo aumenta la influencia literaria extranjera. El poeta José Asunción Silva, introductor del modernismo, representa esta bohemia cosmopolita, más moderada en Guillermo Valencia y Víctor M. Londoño. El simbolismo y el parnasianismo están representados por Cornelio Hispano y Max Grillo. Poetas vanguar-

Colombia: vista general de Medellín, capital del departamento de Antioquia.

distas son León de Greiff, Rafael Maya y otros colaboradores de la revista *Panida*, de Medellín. La generación de 1930 cuenta con Vargas Osorio y Eduardo Carranza, entre otros. En el s. XX la novela evoluciona lentamente. J. Manuel Marroquín, José Eustasio Rivera y César Uribe Piedrahita persisten en los temas ya conocidos, mientras que Antonio Osorio Lizarazo introduce elementos naturalistas. Gabriel García Márquez crea con su novela *Cien años de soledad* una de las obras cumbre del «realismo mágico». Otros novelistas dignos de mención son Eduardo Zalamea y Eduardo Caballero Calderón. En teatro se distinguen Antonio Álvarez Lleras, Ángel María Céspedes y Jorge Zalamea. En el ensayo merece citarse a Germán Arciniegas y en la crítica a Eduardo Nieto Caballero.

colombianismo *s. m.* Palabra o expresión propios del español de Colombia.

colombiano, na *adj.* De Colombia. También *s.*

colombicultura *s. f.* Arte de criar palomas.

colombino, na *adj.* Perteneciente o relativo a Cristóbal Colón.

Colombo C. de Sri Lanka, cap. del país, en el O del mismo. 609.000 h. en 1988. Es importante puerto exportador de té, cacao, copra, y escala en las líneas de navegación del océano Índico.

Colombo, Emilio (Potenza 1920) Político italiano. Democristiano, fue presidente del gobierno (1970-72) y del Parlamento europeo (1977-79).

colombofilia *s. f.* Afición a la cría de las palomas, particularmente las mensajeras.

colon *s. m.* Parte del intestino grueso de los mamíferos, situada entre el ciego y el recto. Se divide en tres secciones, llamadas *colon ascendente*, *colon transverso* y *colon descendente*. Contiene numerosas bacterias que viven como comensales y participan en la digestión de los alimentos, aunque a veces pueden causar enfermedades. En él se produce, además, una intensa absorción de las sustancias nutritivas del líquido alimenticio (el quilo), que se espesa y se convierte en las heces fecales. La inflamación del colon se llama *colitis*.

colón *s. m.* Unidad monetaria de Costa Rica y El Salvador.

Colón, archipiélago de Véase **Galápagos**.

Colón, Bartolomé (Génova h. 1461 - Santo Domingo 1514) Navegante genovés. Era hermano de Cristóbal Colón, que le nombró en 1496 adelantado de las Indias. Exploró la isla de La Española, donde fundó la ciudad de Santo Domingo.

Colón, Cristóbal (Génova 1451 - Valladolid 1506) Navegante genovés al servicio de los Reyes Católicos. Concibió el proyecto de viajar por mar a las Indias siguiendo la ruta de E a O, y buscó un patrocinador para su viaje. Tras un intento fallido en Portugal, se trasladó a Castilla, donde los Reyes Católicos accedieron a financiar su plan según las condiciones acordadas en las capitulaciones de Santa Fe. Partió del puerto de Palos el 3 de agosto de 1492, al mando de las carabelas *Pinta*, *Niña* y *Santa María* y alcanzó la isla de Guanahaní (a la que llamó *San Salvador*) el 12 de octubre; más tarde descubrió Cuba y Haití (bautizadas como *Juana* y *La Española*), que exploró en su segundo viaje (1493-96), en el que además llegó a la isla de Jamaica. En el tercero (1498-1500) arribó a la isla de Trinidad y luego viajó a La Española, que encontró sumida en el desgobierno a causa de la rebelión de Francisco Roldán. El comendador Francisco de Bobadilla, enviado por los Reyes Católicos, tomó partido en contra de Colón y de su hermano Bartolomé y los envió presos a España. Una vez rehabilitado, emprendió su cuarto y último viaje (1502-04), en el que recorrió la costa de América Central. Retornado a España, murió mientras intentaba conseguir que la Corona le concediera los privilegios de almirante y gobernador de las tierras conquistadas.

Colón, Diego (Génova h. 1465 - Sevilla 1515) Navegante genovés al servicio de los Reyes Católicos. Hermano menor de Cristóbal Colón, fue gobernador de La Española y posteriormente estuvo al mando de La Isabela. Apresado por Bobadilla, junto con sus dos hermanos, fue enviado a España (1500).

Colón, Diego (Lisboa o Porto Santo h. 1478 - Puebla de Montalbán 1526) Almirante y administrador español. Era hijo primogénito de Cristóbal Colón. Nombrado segundo almirante y gobernador de Indias (1508), residió en Santo Domingo. Fue llamado a España en dos ocasiones para responder de las acusaciones formuladas contra él, y en 1523 Carlos I le suspendió de sus funciones.

Colón, Hernando (Córdoba 1488 - Sevilla 1539) Cosmógrafo y bibliófilo español. Era hijo natural de Cristóbal Colón y de Beatriz Enríquez. Acompañó a su padre en el cuarto viaje al Nuevo Mundo. Autor de una *Historia del almirante don Cristóbal Colón*, publicada en 1571, dejó a su muerte una biblioteca de más de 15.000 volúmenes.

colonato *s. m.* Sistema de explotación o cultivo de tierras por medio de colonos.

colonia[1] (del lat. *colonia*, de *colonus*, labrador) *s. f.* **1.** Territorio ocupado y administrado por un país, situado fuera de sus fronteras. **2.** Grupo de personas que se establecen en otro país, territorio, etc. **3.** Lugar donde se establecen. **4.** Grupo de viviendas. **5.** Grupo de individuos que se establecen en un lugar, durante una temporada. **6.** Agrupación de animales que viven juntos. **7.** Agrupación de células animales y vegetales. **8.** Grupo de viviendas. **9.** *Méx.* Barrio.

colonia[2] (de *Colonia*, ciudad de Alemania) *s. f.* Agua perfumada por la solución de alcohol y esencias aromáticas que contiene.

Colonia (*Köln*) C. de Alemania, en el Land de Renania Septentrional-Westfalia, junto al Rhin. 937.500 h. en 1989. Es importante centro industrial y comercial. Sufrió intensos bombardeos durante la Segunda Guerra Mundial, quedando prácticamente destruida, excepto la catedral.

Colonia Departamento de Uruguay, en el SO del país. 6.106 km^2. 112.300 h. en 1985. La capital es Colonia del Sacramento, con 19.000 h. en 1985. Se cultivan cereales, girasol, lino y frutales y posee una importante ganadería ovina.

Colonia Familia de arquitectos y escultores españoles de origen alemán.
Juan de Colonia (Colonia h. 1410 - Burgos 1481) Representante del estilo gótico flamígero en Castilla, se instaló en Burgos (h. 1440), donde fue maestro mayor de la catedral. Su principal obra conservada son las agujas de las torres de la catedral.
Simón de Colonia (Burgos h. 1450 - ? 1511) Hijo del anterior. Introdujo elementos mudéjares en el arte gótico y contribuyó al triunfo del estilo isabelino. Como arquitecto, su obra maestra es la capilla del Condestable, en la catedral de Burgos. Como escultor, destaca su trabajo en la parte baja de la fachada de San Pablo de Valladolid.

coloniaje *s. m. amer.* Nombre dado al periodo colonial español en algunos países de América.

colonial *adj.* **1.** Perteneciente o relativo a la colonia. ‖ *s. m. pl.* **2.** Artículos alimenticios procedentes de las colonias y, p. ext., cualquier comestible.

colonialismo *s. m.* **1.** Conjunto de acciones por las que una nación (metrópoli) ocupa y mantiene sometido a su poder político un territorio o país extranjero (colonia). Aunque diversos pueblos de la antigüedad tuvieron colonias (fenicios, griegos, romanos, etc.), se suele dar el nombre de *colonialismo* al fenómeno que se inició con los viajes y las exploraciones de portugueses y españoles en los s. XV y XVI, que originaron los primeros dos grandes imperios de la Edad Moderna. En los s. XVII y XVIII se crearon y consolidaron los de Reino Unido, Francia y Holanda. En el s. XIX, estos tres países constituyeron las principales potencias coloniales, con innumerables posesiones en Asia meridional, África, las Antillas y Oceanía; España perdió la casi totalidad de sus posesiones, mientras que naciones europeas de reciente creación, como Alemania, lucharon por conseguir un puesto en el reparto de África. **2.** Teoría que defiende esta política de expansión. **FAM.** Colonialista.

colonizar *v. tr.* **1.** Convertir un territorio en colonia de otro. **2.** Establecer colonias. **3.** Transmitir una metrópoli su civilización y su cultura a la colonia. **4.** Establecer colonos en algún lugar. ▪ Se conjuga como *cazar*. **FAM.** Colonización, colonizador.

Colonia: vista de la ciudad, con la catedral y el río Rhin al fondo.

Colonna Familia romana de origen feudal y tradición gibelina, rival de los Orsini y destacada en la historia de la Iglesia desde el s. XIII. Entre sus miembros sobresalen: **Oddone**, papa con el nombre de Martín V; **Prospero** (Lanuvio 1452 - Milán 1523), condotiero, que ayudó a Carlos VIII en la conquista del reino de Nápoles y posteriormente estuvo al servicio de Fernando II de Aragón, al frente de cuyo ejército derrotó a los franceses en Bicocca (1522); **Fabrizio** (? - ? 1522), condotiero, primo del anterior, que sirvió a Carlos VIII, a Fernando el Católico y a Julio II; **Vit-**

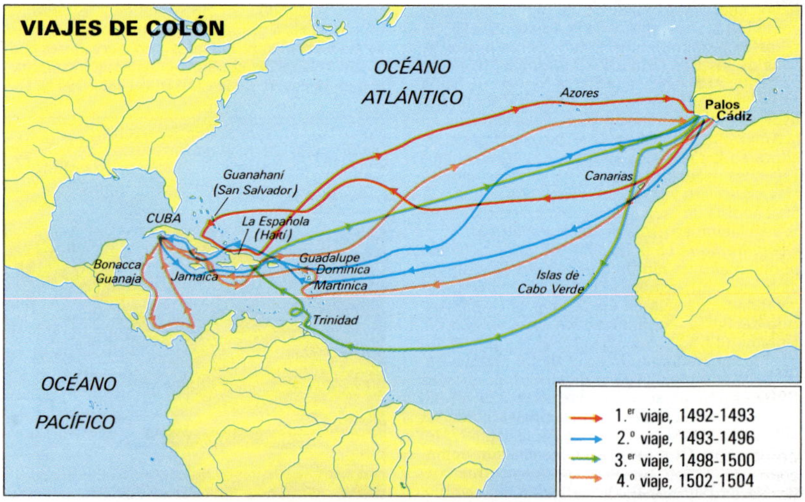

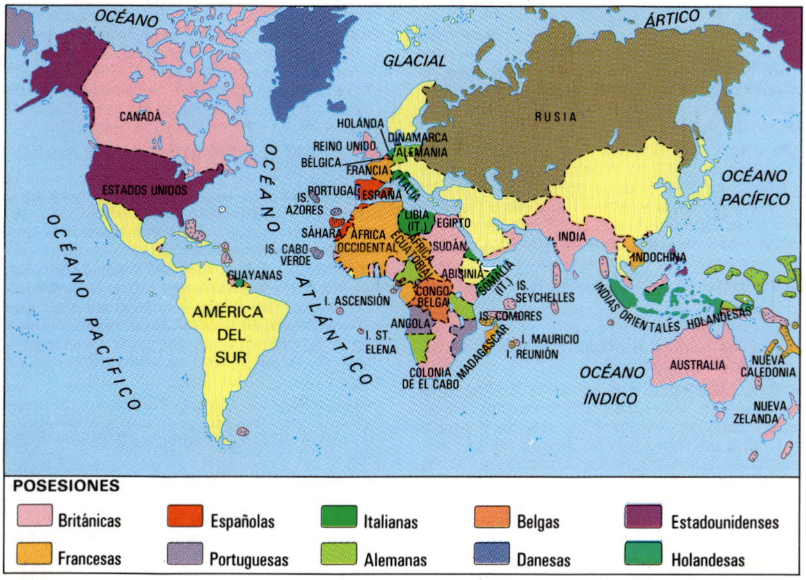

La situación colonial en el mundo poco antes de la Primera Guerra Mundial.

toria (Marino, Roma 1490 - Roma 1547), hija del anterior, destacada poetisa amiga de Miguel Ángel. Sus versos se publicaron con el título de *Rimas de Vittoria Colonna*; y **Marcantonio** (Lanuvio 1535 - Medinaceli, Soria 1584), jefe de la escuadra pontificia en la batalla de Lepanto (1571).

colono *s. m.* **1.** Persona que se instala en un lugar para habitarlo y, particularmente, agricultor que se establece en un territorio virgen para vivir y trabajar en él. **2.** Habitante de una colonia. **3.** Labrador que cultiva, mediante un contrato, generalmente de arrendamiento, las tierras de otro.

coloquial *adj.* Se dice del lenguaje empleado normalmente en la conversación.

coloquio *s. m.* Conversación entre dos o más personas y, especialmente, debate preparado sobre algún tema, moderado por alguna de las personas que intervienen en él.

color *s. m.* **1.** Impresión o sensación que producen en la retina del ojo las radiaciones cuya frecuencia pertenece al espectro visible y cuya longitud de onda está comprendida entre unos 7.500 Å (rojo) y 4.000 Å (violeta). El color de los cuerpos depende fundamentalmente de la longitud de onda de los rayos de luz que son capaces de reflejar. También se llama color al negro, que constituye la ausencia de toda impresión luminosa. **2.** Sustancia preparada para pintar, teñir, etc. **3.** Coloración, colorido. **4.** Ideología o partido. **5.** Carácter peculiar, cualidad o aspecto de alguna cosa. **6.** Viveza, animación, interés. ‖ *pl.* **7.** Los elegidos por una entidad, equipo o club para su escudo, uniforme, etc. ‖ **8. color del espectro solar** Cada uno de los siete rayos en que se descompone la luz del sol: rojo, anaranjado, amarillo, verde, azul, añil y violeta. **9. colores complementarios** Los que, superpuestos sobre la retina, producen el efecto del blanco. **10. colores heráldicos** Los empleados en heráldica; son cinco: *azur* (azul), *gules* (rojo), *sinople* (verde), *púrpura* (violeta) y *sable* (negro). ‖ **Loc. de color** *adj.* Se dice de lo que no es ni blanco ni negro; también se aplica a los hombres que no son de raza blanca, especialmente a los negros y mulatos. **de color de rosa** *adj.* Con optimismo. **mudar** (o **cambiar**) **de color** *fam.* Alterarse fuertemente. **ponerse de mil colores** Ruborizarse, subirle a uno el color al rostro por vergüenza o enfado. **sacarle** (o **salirle**) a alguien **los colores** (**a la cara**) Avergonzar a alguien o avergonzarse; también, ponerse colorado por haber comido y bebido demasiado. **so color de** *prep.* Bajo el pretexto de.

coloración *s. f.* **1.** Color o combinación de colores. **2.** Tonalidad de color de una cosa. **3.** Acción y efecto de colorar o colorear.

colorado, da **1.** *p. p.* de **colorar**. ‖ *adj.* **2.** De color rojo. ‖ **Loc. poner** (o **ponerse**) **colorado** Enrojecer o enrojecérsele a alguien el rostro.

Colorado **1.** Río de EE UU, en el SO del país. 2.250 km de longitud. Nace en las Montañas Rocosas y desemboca en el océano Pacífico, en el estado de California. Su gran poder de erosión ha creado el Gran Cañón del Colorado. **2.** Estado de EE UU, en el centro del país. 269.595 km². 3.308.000 h. en 1990. La capital es Denver, con 494.600 h. en 1989, 1.847.000 en su área metropolitana. En su economía sobresalen los cultivos de remolacha azucarera y cereales, la ganadería bovina y ovina y los yacimientos de plata, oro, carbón, petróleo, uranio y molibdeno.

Colorado, Gran Cañón del Garganta excavada por el río Colorado en la meseta del mismo nombre, en el estado de Arizona, en EE UU. Mide 350 km de longitud y en ocasiones alcanza los 12 km de anchura. Ha sido declarado parque nacional.

Colorado, Partido Partido político de Uruguay, fundado en 1836 por el general José Fructuoso Rivera. Es de tendencia liberal y se opone al Partido Blanco. Gobernó el país desde 1865 a 1958 y ganó las elecciones en 1984, tras doce años de dictadura militar.

colorante *adj.* Se dice de la sustancia soluble cuya disolución es capaz de teñir y dar un nuevo color a tejidos, alimentos, etc. Puede ser de origen natural (especialmente vegetal, aunque también animal, como la púrpura, o mineral, como el ocre) o sintético (como los colorantes sintetizados a partir de hidrocarburos aromáticos). También *s. m.*

colorar o **colorear** *v. tr.* **1.** Dar color a una cosa. ‖ *v. intr.* **2.** Mostrar una cosa su color característico. ‖ *v. prnl.* **3.** Tomar una cosa color.

colorete *s. m.* Polvos de color encarnado que se aplican sobre las mejillas como maquillaje.

colorido *s. m.* **1.** Conjunto y disposición de colores de una cosa. **2.** Animación, vistosidad.

colorimetría *s. f.* Procedimiento de análisis químico que se basa en la intensidad del color de las disoluciones.

colorímetro *s. m.* Instrumento que mide la intensidad de color de una disolución.

colorín *s. m.* **1.** Color vivo y chillón. Se usa sobre todo en *pl.* **2.** Jilguero*. **3.** En Can., tebeo.

colorinche *s. m. Arg., Urug.* Combinación de colores fuertes o chillones, que no armonizan.

colorista *adj.* **1.** Que tiene mucho colorido. **2.** Se dice del pintor que usa con abundancia y acierto el color, y de su estilo y obra. También *s.* **3.** Se dice de la persona, y en especial del autor literario, que gusta de emplear modos de expresión llamativos; se aplica asimismo a sus palabras, estilo, obra, etc. También *s.* **Fam.** Colorismo.

colosal *adj.* **1.** De la estatura propia de un coloso. **2.** Magnífico, extraordinario.

coloso *s. m.* **1.** Estatua de tamaño mucho mayor que el natural. **2.** Persona o cosa muy destacada.

colt *s. m.* Revólver provisto de un cilindro giratorio perforado donde se disponen las balas, inventado en 1830 por Samuel Colt.

Colt, Samuel (Hartford, Connecticut 1814 - íd. 1862) Militar y fabricante de armas estadounidense. En 1835 patentó el revólver de cilindro giratorio que lleva su nombre. Sus fábricas de armamento se especializaron en armas de fuego portátiles.

Coltrane, John (Hamlet 1926 - Huntington, Nueva York 1967) Músico estadounidense. Saxofonista de jazz, colaboró con Dizzy Gillespie, Miles Davies y Thelonius Monk antes de formar su propio cuarteto. Fue uno de los pioneros del *free-jazz* y un instrumentista excepcional. Entre sus grabaciones merecen ser resaltadas *Blue train* (1957), *Giants steps* (1959), *Africa* (1961) y *Ascension* (1965).

colúbridos *s. m. pl.* Familia de reptiles del orden escamosos a la que pertenecen unas 2.500 especies de serpientes comprendidas en unos 250 géneros, entre los que destacan *Coluber, Natrix* y *Elaphe*. Son animales terrestres, arbóreos o acuáticos; se caracterizan por tener en la cabeza grandes escamas de disposición específica y pupila generalmente redondeada. La mayoría de las especies son inofensivas, pero algunas son muy venenosas. Habitan en todo el mundo. Colúbridos son las culebras de collar. También *adj.* y *s. m.*

Columbano, San (prov. de Leinster, Irlanda h. 540 - Bobbio, Italia 615) Monje irlandés. Fundó en las Galias el monasterio de Luxeil (590), al que siguieron otros en Suiza e Italia. Con su severa regla fue uno de los creadores del monaquismo medieval.

Columbia **1.** Río de América del Norte. Tiene una longitud de 1.953 km. Nace en las Montañas Rocosas canadienses, atraviesa la cordillera de las Cascadas, donde forma cañones de gran belleza, y desemboca en el Pacífico. Se utiliza para el transporte de maderas, aprovechamiento hidroeléctrico y regadío. **2.** Distrito de EE UU, situado en la costa E del país. 178 km². 609.900 h. en 1990. La capital es Washington, con 604.000 h. en 1990, 3.563.000 h. en su área metropolitana. Es la sede de la Casa Blanca, del Congreso de EE UU (Capitolio), del Tribunal Supremo y del Estado Mayor del Departamento de Defensa (Pentágono).

Columbia Británica Prov. de Canadá, en el SO del país. 947.800 km². 3.138.900 h. en 1990. La capital es Victoria, con 66.300 h. en 1986, 260.400 h. en 1987 en su área metropolitana, y la principal ciudad es Vancouver, con 1.412.700 h. en 1987 en su área metropolitana. Limita con el Pacífico por el O y su territorio es muy montañoso. Cuenta con minería, pesca y ganadería.

columbicultura *s. f.* Colombicultura*.

colúmbidos *s. m. pl.* Familia de aves perteneciente al orden columbiformes, que comprende unas 289 especies comprendidas en diversos géneros, entre los que destaca el *Columba*. Tienen el cuello corto, cabeza pequeña y pico grácil. Habitan en todo el mundo y algunas especies están adaptadas a la vida urbana. Colúmbidos son las palomas y las tórtolas. También *adj.* y *s. m.*

columbino, na *adj.* Relativo o semejante a la paloma.

columbrar *v. tr.* **1.** Empezar a ver, o ver desde lejos, una cosa sin poder todavía identificarla. **2.** Percibir por indicios una cosa.

columbrete *s. m.* Montículo poco elevado en medio del mar.

Columbus C. de EE UU, cap. del estado de Ohio. 566.000 h. en 1986. Su economía está basada en la explotación minera y en la industria mecánica y de armamento tecnificado.

Columela, Lucio Junio Moderato (Cádiz ? - ? h. 54) Escritor latino. Dedicado al estudio de la agronomía, escribió *De re rustica*, en 12 libros, obra clásica en su género.

columna *s. f.* **1.** Elemento arquitectónico, generalmente cilíndrico, que sirve como estructura de apoyo o tiene funciones decorativas. **2.** En impresos o manuscritos, cualquiera de las partes en que se divide verticalmente una pá-

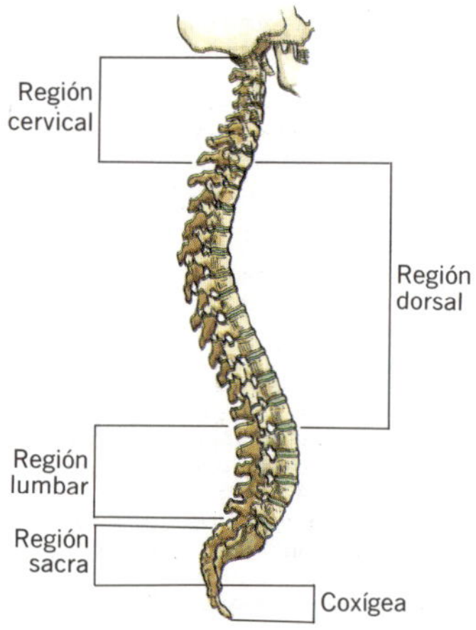

Regiones de la columna vertebral: cervical, en el cuello; dorsal y lumbar, en la espalda; sacra, en la zona glútea, y coxígea, al final de la columna.

gina. **3.** Forma más o menos cilíndrica que toman algunos fluidos en su subida. **4.** Porción de fluido contenido en un cilindro vertical. **5.** Serie de cosas colocadas ordenadamente unas sobre otras. **6.** Conjunto de soldados, vehículos, etc., dispuestos en formación de poco frente y mucho fondo. **7.** Persona o cosa que sirve de protección o apoyo. || **8. columna blindada** La formada por tropas de infantería y carros de combate. **9. columna mixta** Agrupación de tropas de diversas armas. **10. columna vertebral** Estructura central o eje del sistema esquelético del tronco de los animales vertebrados. En el hombre está situada en la parte posterior del tronco, tiene forma de ese alargada y está constituida por un conjunto de 33 ó 34 huesos pequeños, llamados *vértebras*, separadas entre sí por unas porciones cartilaginosas llamadas *discos intervertebrales*. Alberga la médula espinal y desempeña importantes funciones en el aparato locomotor. Consta de cinco regiones: *cervical*, en el cuello, que articula el movimiento de la cabeza mediante las vértebras atlas y axis; *dorsal*, en la espalda, donde se articulan las costillas; *lumbar*, en la parte inferior de la espalda; *sacra*, en la región glútea, cuyas vértebras soldadas forman el hueso sacro; y *coxígea*, cuyas vértebras soldadas forman el coxis. También, en sentido figurado, eje, sostén, conjunto de elementos fundamentales de algo. **11. columnas de Hércules** Nombre que antiguamente se daba a los dos promontorios situados en el estrecho de Gibraltar: Calpe, al N, y Abila, al S. **12. quinta columna** En la guerra, conjunto de personas que combate al enemigo dentro del territorio ocupado o desde las propias filas de éste. P. ext., cualquier grupo de personas que defiende o apoya una causa dentro del campo contrario.

Arq. La columna es un elemento arquitectónico conocido desde la antigüedad. Se construye generalmente en piedra, pero también en madera o hierro, y puede estar adosada a una pared o muro, o exenta. Generalmente está formada por un cuerpo o fuste, una basa que le sirve de asiento y un capitel que la corona. Según el tipo de capitel puede ser de estilo dórico, jónico, corintio, toscano o compuesto; y según el tipo de fuste puede ser lisa, estriada o acanalada, o salomónica. Existen columnas conmemorativas que carecen de función estructural, se hallan exentas y suelen tener esculpidos en su fuste motivos relacionados con el hecho histórico que conmemoran, como p. ej. la columna de Trajano en Roma.

columnata *s. f.* Estructura arquitectónica, serie de columnas regularmente alineadas en una o varias hileras, delante o alrededor de un edificio. Es un motivo frecuente en la arquitectura clásica y en la barroca.

columnista *s. m.* y *f.* Colaborador de un periódico que tiene a su cargo la redacción de una sección habitual.

columpiar *v. tr.* **1.** Empujar al que está sentado en un columpio o dar a cualquier cosa un movimiento semejante. También *v. prnl.* || *v. prnl.* **2.** *fam.* Equivocarse, meter la pata.

columpio *s. m.* **1.** Asiento suspendido por dos cuerdas, cadenas o barras metálicas de la rama de un árbol, o de una barra fija, etc., y que sirve para balancearse. || *pl.* **2.** P. ext., en lenguaje infantil, conjunto de aparatos como balancines, toboganes, etc., que existen en los parques para diversión de los niños.

Colunge, Gil (Ciudad de Panamá 1831 - Tabio, Colombia 1899) Político y escritor panameño. Formó parte de la primera asamblea legislativa del estado federal de Panamá (1856) y fue presidente del mismo (1865-67). Escribió *La virtud triunfante* (1850), novela romántica, y *28 de noviembre* (1852), oda patriótica.

colutorio *s. m.* Enjuague medicinal para la boca.

coluvión *s. m.* Material depositado al pie de una vertiente por efecto del agua de arroyada y que se encuentra poco alterado debido al corto trayecto de su transporte.

colza *s. f.* Planta herbácea de la familia crucíferas, especie *Brassica napus oleifera*, variedad del nabo. Sus hojas inferiores son ásperas, dentadas y rizadas, mientras que las superiores son acorazonadas. De sus semillas se obtiene un aceite usado como lubricante y como condimento alimenticio. Se cultiva también como forraje. Sus mayores productores son Canadá, China, Alemania, Francia y Suecia.

coma[1] (del lat. *comma*, y éste del gr. *komma*, trozo) *s. f.* **1.** Signo ortográfico de puntuación (,) que indica una pausa breve. **2.** En mat., signo utilizado en los números no enteros para separar la parte entera de la parte decimal o fraccionaria; p. ej., 2,123.

coma[2] (del gr. *koma*, sopor) *s. m.* Estado de inconsciencia, reversible o no, causado por traumatismo craneal, envenenamiento, diabetes, hemorragia cerebral y otras lesiones o enfermedades. El enfermo pierde la sensibilidad y la capacidad de movimiento, pero mantiene la función respiratoria y la circulatoria. Es un estado crítico que requiere tratamiento urgente y hospitalización.

comadre *s. f.* **1.** Comadrona*. **2.** La madrina de un niño respecto de la madre, el padre o el padrino del mismo. **3.** *fam.* Vecina con la que se tiene más trato y con la que se chismorrea. **4.** *fam.* Mujer chismosa, murmuradora.

comadrear *v. intr. fam.* Chismorrear. **Fam.** Comadreo.

comadreja *s. f.* Mamífero carnívoro de la familia mustélidos, especie *Mustela nivalis*. Mide unos 25 cm de longitud, de los que 5 corresponden a la cola, tiene el cuerpo muy delgado y flexible, orejas redondas, ojos pequeños y brillantes, patas cortas y delgadas y pelaje rojizo, salvo en el vientre y parte inferior del cuello, donde es blanco. De costumbres nocturnas, se alimenta de ratones, ardillas e insectos, crías de aves y más raramente de aves adultas. Vive en Europa, N y centro de Asia y N de África.

Comadreja (Mustela nivalis).

comadrona *s. f.* Mujer que ayuda a dar a luz a la parturienta.

comanche *adj.* **1.** Se dice del pueblo amerindio de la familia shoshon, que vivía al E de las Montañas Rocosas, dedicado a la caza del búfalo. Derrotados y casi exterminados por los colonizadores, fueron recluidos en 1874 en reservas en el estado de Wyoming. **2.** De este pueblo. También *s.*

comandancia *s. f.* **1.** Grado o empleo del comandante. **2.** División territorial que está mandada por un comandante. **3.** Edificio o cuartel donde está la oficina del comandante.

comandante *s. m.* **1.** Militar cuya graduación está entre la de capitán y la de teniente coronel. **2.** Jefe de un puesto militar cualquiera, independientemente de su graduación. **3.** Piloto que tiene el mando de un avión. || **4. comandante en jefe** Oficial al mando de todas las fuerzas armadas de un país, de un ejército o de una operación.

comandar *v. tr.* Mandar un ejército, una flota, un destacamento, etc.

comandita *s. f.* Término que se emplea en la expresión **sociedad en comandita**, sociedad mercantil en la que existen dos tipos de socios: unos, los *comanditados*, que ejercen la gestión y tienen una responsabilidad ilimitada y colectiva sobre los resultados; y otros, llamados *comanditarios*, que tienen limitados sus derechos y obligaciones; en general, suministran fondos y perciben beneficios, sin participar en la gestión de la sociedad. || **Loc. en comandita** *adv.* En grupo.

comanditario, ria *adj.* Perteneciente o relativo a la sociedad en comandita y a los socios con responsabilidad y derechos limitados. También *s.*

comando *s. m.* **1.** Pequeño y escogido grupo armado al que se encarga misiones especiales. **2.** Cada uno de los hombres que lo forman. **3.** Cierta prenda de abrigo. **4.** En inform., cualquier tipo de instrucción para que el ordenador realice una operación.

comarca *s. f.* División territorial de dimensiones variables, generalmente más pequeña que la región, que obedece a criterios como la unidad física, agrícola o económica. Suele tener una cabecera comarcal, que es la ciudad que organiza ese territorio y donde se concentran los distintos servicios.

comarcano, na *adj.* Se dice de poblaciones, campos, etc., cercanos.

comatoso, sa *adj.* **1.** Perteneciente o relativo al estado de coma. **2.** Se dice del enfermo en este estado.

comba *s. f.* **1.** Juego que consiste en saltar repetidamente sobre una cuerda que uno mismo u otros sostienen y mueven, generalmente haciéndola pasar por debajo de los pies y sobre la cabeza. **2.** Cuerda que se emplea en este juego. **3.** Curvatura que toman algunos cuerpos sólidos, como la madera. || **Loc. dar a la comba** Hacerla girar para saltar uno mismo o para que salten otros. **no perder comba** *fam.* Aprovechar todas las ocasiones favorables.

combadura *s. f.* Acción y efecto de combar o combarse.

combar *v. tr.* Curvar, torcer una cosa. También *v. prnl.* **Fam.** Combado.

combate *s. m.* Lucha, pelea. || **Loc. fuera de combate** *adv.* Se aplica al que ha sido vencido de tal manera que no puede continuar la lucha.

combatiente *adj.* Que combate o pelea. También *s.*

combatir *v. intr.* **1.** Luchar, pelear. || *v. tr.* **2.** Atacar, tratar de destruir lo que se considera un mal o un daño. **3.** Contradecir, oponerse a alguien o algo.

combatividad *s. f.* **1.** Inclinación o gran capacidad de lucha de una persona o un animal. **2.** Capacidad de trabajo, iniciativa, resistencia, etc.

combativo, va *adj.* **1.** Dispuesto o inclinado a la lucha. **2.** Trabajador, emprendedor, resistente.

combe (voz fr.) *s. f.* En geol., depresión labrada por la erosión a lo largo de la charnela de un pliegue anticlinal. Sus bordes suelen quedar muy en resalte y reciben el nombre de *crestas*.

combinable *adj.* Que se puede combinar.

combinación *s. f.* **1.** Acción y efecto de combinar o unir. **2.** Plan o arreglo para conseguir o solucionar algo. **3.** Clave que permite abrir una caja fuerte u otro mecanismo de seguridad, y disposición de la cerradura que permite realizar esa operación. **4.** Enlace entre dos o más medios de transporte. **5.** Prenda de vestir femenina que se lleva debajo del vestido y por encima de la ropa interior. **6.** En fútbol y otros deportes, pase del balón entre dos o más jugadores del mismo equipo. **7.** En mat., toda agrupación posible de elementos de un conjunto que contenga al menos un elemento distinto de las restantes agrupaciones. El número de combinaciones ordinarias de *n* elementos tomados de *r* en *r* es:

$$Cn, r = \binom{n}{r} = \frac{n\,(n-1)\dots(n-r+1)}{r\,(r-1)\dots 2\cdot 1}$$

8. En quím., unión de dos o más átomos para formar un compuesto, del cual no se pueden recuperar por medios físicos los elementos que lo forman; p. ej. el agua.

combinado, da **1.** *p. p.* de **combinar**. También *adj.* ‖ *s. m.* **2.** Conjunto, mezcla o cuerpo que resulta de una combinación. **3.** Mezcla de bebidas, generalmente una de ellas alcohólica. ‖ *s. f.* **4.** En dep., competición con pruebas de distinta naturaleza.

combinar *v. tr.* **1.** Unir diversas cosas para que formen un conjunto o compuesto. **2.** Armonizar o poner de acuerdo dos o más personas, aspectos, etc., para obtener un resultado. También *v. prnl.* ‖ *v. intr.* **3.** En fútbol y otros deportes, pasarse el balón dos o más jugadores de un mismo equipo.

combinatorio, ria *adj.* **1.** Perteneciente o relativo a la combinación o a la combinatoria. ‖ *s. f.* **2.** Parte de las matemáticas que trata de la formación de agrupaciones de elementos de un conjunto, y del número de las mismas, atendiendo a diferentes reglas de formación. Las agrupaciones pueden ser: variaciones con repetición, variaciones ordinarias, permutaciones con repetición, permutaciones ordinarias, combinaciones con repetición y combinaciones ordinarias.

combo *s. m.* Pequeño conjunto musical, generalmente de música latina.

combo, ba *adj.* Combado, arqueado.

comburente *adj.* Se aplica a la sustancia que causa o favorece la combustión de otras. También *s. m.*

combustible *adj.* **1.** Que puede arder o que arde con facilidad. ‖ *s. m.* **2.** Sustancia o producto que se quema para producir calor o energía, como la leña, el carbón, petróleo, gas, etc.

combustión *s. f.* **1.** Acción y efecto de arder un cuerpo. **2.** En quím., reacción del oxígeno con una sustancia combustible, con desprendimiento de calor, de dióxido de carbono y de agua en forma de vapor. ‖ **3. combustión espontánea** Oxidación que produce un incremento tan elevado de la temperatura que el combustible arde espontáneamente al alcanzar el punto de inflamación; p. ej. el metano en aguas pantanosas.

comecocos *s. m.* **1.** *fam.* Persona, doctrina, institución, etc., que enajena a alguien, haciéndole perder sus propias ideas o forma de ser y comportarse. **2.** *fam.* Cualquier cosa que absorbe o distrae en exceso a alguien.

comecome *s. m. fam.* Comezón*.

COMECON Nombre con el que se conoce al Consejo* de Asistencia Económica Mutua.

comedero *s. m.* **1.** Lugar o recipiente en el que se echa la comida a los animales. **2.** Sitio adonde acuden los animales a comer.

comedia *s. f.* **1.** Cualquier obra escrita para representarse en un teatro, especialmente la de asunto ligero, divertido o de enredo y desenlace feliz. **2.** Película con dichas características. **3.** Género cómico. **4.** Situación cómica o ridícula. **5.** Fingimiento, engaño. ‖ **6. comedia de capa y espada** La de costumbres caballerescas propias del teatro español del s. XVII. **7. comedia de costumbres** La que presenta actos y personajes comunes de la vida cotidiana de una sociedad. **8. comedia de enredo** Aquella que se basa en lo ingenioso y complicado del argumento. **9. comedia del arte** (o **italiana**) Obra burlesca, nacida en Italia en el s. XVI, cuyos personajes son tradicionales: Arlequín, Colombina, Pedrolino, Polichinela, etc. **10. comedia musical** Aquella en la que el argumento se acompaña con canciones y bailes. Tiene una estructura similar a la de la opereta y la revista. Como género cinematográfico ha tenido especial auge en Hollywood.

comediante, ta *s. m.* y *f.* **1.** Actor o actriz de teatro. **2.** Persona que aparenta y finge. También *adj.*

comedido, da **1.** *p. p.* de **comedirse**. ‖ *adj.* **2.** Se aplica a la persona cortés, moderada en sus actitudes. **FAM.** Comedidamente.

comedimiento *s. m.* Cortesía, moderación.

comediógrafo, fa *s. m.* y *f.* Autor de comedias, especialmente las de asunto ligero, desenlace feliz, etc.

comedirse *v. prnl.* Moderarse, contenerse. ■ Es v. irreg. Se conjuga como *pedir.*

comedor, ra *adj.* **1.** Se dice de quien come mucho. ‖ *s. m.* **2.** Habitación destinada para comer. **3.** Conjunto de los muebles de esta habitación. **4.** Establecimiento donde se sirven comidas.

comején *s. m.* Termes, insecto.

comendador, ra *s. m.* y *f.* **1.** Superior de algunas órdenes religiosas. ‖ *s. m.* **2.** Caballero que tiene una encomienda en una orden militar.

Comenio, Jan Amos Komensky, llamado (Uhersky Brod 1592 - Amsterdam 1670) Pedagogo y educador checo. Sus ideas didácticas, muy influidas por su mentalidad religiosa, fueron innovadoras. Luchó por una educación igual para todos los hombres. Escribió, entre otras obras, *Didactica magna* (1632) y *El mundo ilustrado de los sentidos* (1658).

comensal *s. m.* y *f.* **1.** Cada una de las personas que están comiendo en cierto sitio. **2.** Ser que vive a expensas de otro. También *adj.*

comensalismo *s. m.* Forma de asociación biológica de dos especies animales para beneficio alimenticio de una de ellas o de ambas, sin que ninguna reciba perjuicio. Son comensales, p. ej., los peces piloto de los tiburones.

Comensalismo: el pez rémora se adhiere al vientre del tiburón para alimentarse de los restos de su comida.

comentar *v. tr.* Hacer o escribir comentarios sobre alguna cosa.

comentario *s. m.* **1.** Opinión, impresión o juicio que se dice o escribe sobre alguien o algo. **2.** Escrito que contiene explicaciones u observaciones sobre ciertas cosas, en especial textos u obras, para hacerlos más comprensibles.

comentarista *s. m.* y *f.* Profesional que hace o escribe comentarios sobre algún tema.

comenzar *v. tr.* Empezar. ■ Es v. irreg.

COMENZAR

INDICATIVO	
Presente	**Pretérito perf. simple**
comienzo	*comencé*
comienzas	*comenzaste*
comienza	*comenzó*
comenzamos	*comenzamos*
comenzáis	*comenzasteis*
comienzan	*comenzaron*

SUBJUNTIVO	IMPERATIVO
Presente	
comience	
comiences	*comienza*
comience	
comencemos	
comencéis	*comenzad*
comiencen	

comer *v. intr.* **1.** Tomar alimento. También *v. tr.* y *v. prnl.* **2.** Masticar los alimentos y hacerlos pasar al estómago. También *v. tr.* **3.** Tomar la comida principal del día. ‖ *v. tr.* **4.** Gastar, destruir, debilitar algo un agente físico o químico. También *v. prnl.* **5.** Producir algo picor, desazón o inquietud. También *v. prnl.* **6.** Hacer que algo parezca más pequeño de lo que es. También *v. prnl.* **7.** En juegos como el ajedrez, las damas, etc., eliminar una pieza del contrario. También *v. prnl.* ‖ *v. prnl.* **8.** Con sustantivos que indiquen dinero o bienes, consumir por completo. **9.** Omitir alguna cosa al hablar o escribir. ‖ **LOC. comerse vivo** a uno *fam.* Sentir gran enojo contra alguien; también, llenar de picaduras a una persona o animal los insectos. **echar** (o **dar**) a alguien **de comer aparte** *fam.* Considerar y tratar de forma distinta a una persona. **sin comerlo ni beberlo** *fam.* Sin haber intervenido, sin haber hecho nada para que algo, bueno o malo, ocurra.

comercial *adj.* **1.** Perteneciente o relativo al comercio. **2.** Se dice de aquello que tiene fácil venta o buena aceptación en el mercado. ‖ *s. m.* y *f.* **3.** Encargado del lanzamiento en el mercado y venta de un producto.

comercializar *v. tr.* Poner a la venta un producto dándole las características necesarias para ello y creando la organización que lo permita. ■ Se conjuga como *cazar.* **FAM.** Comercialización.

comerciante *adj.* **1.** Que comercia. También *s.* **2.** Se dice de la persona que se preocupa sobre todo de ganar dinero. También *s.* ‖ *s. m.* y *f.* **3.** Persona que se dedica profesionalmente al comercio.

comerciar *v. intr.* **1.** Comprar, vender o cambiar productos para obtener un beneficio. **2.** Tratar unas personas con otras. **3.** Negociar para sacar provecho ilícito de algo. **FAM.** Comerciable.

comercio *s. m.* **1.** Actividad del que comercia. **2.** Tienda. **3.** Conjunto de establecimientos, tareas y personas dedicadas a dicha actividad. **4.** Comunicación, trato de la gente entre sí. **5.** Relación sexual.

Hist. Las formas más primitivas de actividad comercial se basaban en el trueque o cambio de un objeto por otro. Posteriormente, ciertas personas e incluso grupos enteros se especializaron en esta actividad, cuyo desarrollo estaba estrechamente ligado al de la economía y el transporte. Aunque se tiene noticia de viajes comerciales realizados por naves de los faraones, el comercio en Egipto tuvo menor desarrollo que en Mesopotamia, Babilonia, Persia o Creta. Esta última se vio desplazada en el comercio mediterráneo por los fenicios (s. XII a. C.), que a su vez lo fueron por los griegos (s. VIII a. C.). Roma no fue una potencia directamente interesada en el comercio, pero la gran extensión de sus posesiones obligó a un intenso tráfico de mercancías. Las invasiones bárbaras y la llegada de los musulmanes redujeron la actividad comercial en Occidente entre los s. V y XI, en beneficio del Mediterráneo oriental. La recuperación se produjo gracias a las cruzadas y a la aparición en las ciudades europeas de numerosas ferias, lo que a su vez dio lugar al surgimiento de una nueva clase de comerciantes, agrupados en guildas y hansas. Los descubrimientos geográficos de los s. XV y XVI desplazaron la actividad comercial del Mediterráneo al Atlántico, que se convirtió en el centro del tráfico internacional.

comestible *adj.* **1.** Que se puede comer. ‖ *s. m.* **2.** Alimento, cosa de comer.

cometa *s. m.* **1.** Astro formado por un núcleo poco denso, rodeado de una esfera gaseosa o cabellera, y por una larga prolongación brillante llamada cola. Describe alrededor del Sol una órbita elíptica muy excéntrica, a veces prácticamente parabólica. Los cometas Halley, Encke, Biela y Brooks visitan periódicamente el sector interno del Sistema Solar. ‖ *s. f.* **2.** Juguete formado por una armazón ligera, que mantiene tenso un papel, un plástico o una tela, que, sujeta con un cordel, se eleva en el aire aprovechando la fuerza y dirección del viento.

cometer *v. tr.* Referido a delitos, errores, etc., llevarlos a cabo.

cometido *s. m.* **1.** Trabajo u obligación que corresponde a alguien. **2.** Encargo.

comezón *s. f.* **1.** Picazón muy molesta que produce desasosiego. **2.** Inquietud o intranquilidad causada por el deseo de algo, una preocupación, la impaciencia, etc.

cómic *s. m.* Relato ilustrado cuya acción se desarrolla en varias escenas o viñetas y en el que las palabras de los personajes están encerradas en un globo o bocadillo.

Arte Aunque el cómic tiene precedentes en la historia del arte, no aparece con sus características actuales hasta finales del s. XIX, cuando los periódicos estadounidenses de las cadenas de Hearst y Pulitzer empezaron a publicar historie-

Cómic: de izquierda a derecha, arriba, Astérix y Obélix, *de los franceses Goscinny y Uderzo, y* Tintín, *del belga Hergé; en el centro,* Mortadelo y Filemón, *del español Ibáñez; abajo,* Charlie Brown y Snoopy, *del estadounidense Schulz; el* Príncipe Valiente, *del también estadounidense Harold Foster, y* Mafalda, *del argentino nacionalizado español Quino.*

tas humorísticas y de aventuras. Tradicionalmente se considera que el primer personaje de la historia del cómic es *Yellow Kid.* El éxito de las historietas gráficas fue tan grande que pronto surgieron importantes empresas, como King Features y Disney, dedicadas exclusivamente a su realización, lo que provocó la aparición de populares personajes, como *Micky Mouse, Betty Bop, Popeye, Tarzán, Mandrake, el Hombre Enmascarado, Supermán, el Príncipe Valiente, Charlie Brown,* etc. En Europa, donde los pioneros fueron belgas y franceses (Hergé, Jacob, Goscinny), el cómic se ha desarrollado con gran fuerza y cuenta en la actualidad con dibujantes tan destacados como Moebius, Hugo Pratt, Liberatore, Lauzier, Torres, etc. En Latinoamérica, el núcleo más importante surgió en Argentina, con autores como Brescia, Copi y Quino.

comicastro *s. m. desp.* Cómico*.

comicidad *s. f.* Cualidad de cómico.

comicios *s. m. pl.* **1.** Asamblea que tenían los romanos para tratar de los asuntos públicos. **2.** Elecciones, votación.

cómico, ca *adj.* **1.** Perteneciente o relativo a la comedia. **2.** Que puede divertir o producir risa. **3.** Se dice del actor o actriz que representa comedias. También *s.* ‖ *s. m.* y *f.* **4.** Artista dedicado a espectáculos humorísticos. **5.** Actor. ‖ **6. cómico de la legua** El que va representando obras de pueblo en pueblo. **FAM.** Cómicamente.

comida *s. f.* **1.** Alimento, conjunto de cosas que se comen. **2.** Acción de tomar habitualmente alimentos a una hora determinada. **3.** Alimento principal del día, que se toma a mediodía o a primeras horas de la tarde. **4.** En ciertos lugares, cena.

comidilla *s. f.* Tema de murmuración.

comido, da **1.** *p. p.* de **comer**. También *adj.* ‖ *adj.* **2.** Se dice del que ha comido. ‖ **LOC. lo comido por lo servido** Expresa la falta de beneficio en un negocio o asunto.

comienzo *s. m.* Principio, origen.

comillas *s. f. pl.* Signo ortográfico (" ", « ») que se pone al principio y al final de una cita o de ciertas palabras o expresiones que se quieren destacar por alguna razón.

comilón, na *adj.* Se dice de la persona a quien gusta mucho comer o come mucho o desordenadamente. También *s.*

comilona *s. f. fam.* Comida muy abundante o con diversidad de manjares.

cominería *s. f.* Cosa sin importancia que es motivo de murmuración o queja.

comino *s. m.* **1.** Planta herbácea de la familia umbelíferas, especie *Cuminum cyminum.* Mide de 30 a 40 cm de altura, y tiene un tallo ramoso y flores pequeñas, blancas o rojizas, agrupadas en umbelas. Originaria del Próximo Oriente, se cultiva en los suelos calcáreos de las zonas templadas de Europa. Su semilla tiene olor aromático y se utiliza en medicina y como condimento en las comidas. **2.** Semilla de esta planta. **3.** Cosa pequeña y de poca importancia. **4.** Persona de poco tamaño; se aplica, sobre todo, cariñosamente a los niños.

comisaría *s. f.* **1.** Empleo y cargo del comisario. **2.** Oficina de éste. ‖ **3. comisaría de policía** En España, oficina permanente de la policía, situada en cada distrito ciudadano y en las ciudades de más de 20.000 h.

comisariado *s. m.* Organismo, dependiente de alguna institución nacional o internacional, que se ocupa de un problema o aspecto concreto que concierne a dicha institución.

comisario, ria *s. m.* y *f.* **1.** Persona que ha recibido poder para llevar a cabo una tarea o gestión determinada. ‖ **2. comisario de policía** Agente del cuerpo general de policía encargado de un distrito. **3. comisario político** En algunos países o movimientos comunistas, delegado del poder civil o de un partido político, adjunto a los jefes militares, especialmente en tiempos de guerra, para la educación político-social del Ejército.

comiscar *v. tr.* Comer a menudo de varias cosas y en pequeñas cantidades. ■ Se conjuga como *sacar.*

comisión *s. f.* **1.** Acción y efecto de cometer. **2.** Conjunto de personas comisionadas para algo. **3.** Encargo que una persona hace a otra para que realice algo. **4.** Porcentaje que cobra un vendedor en sus ventas. ‖ **LOC. en comisión** *adv.* Dejar las mercancías al vendedor en depósito, sin cobrar su importe hasta que se vendan y descontando entonces la comisión que corresponda al comerciante. **en comisión de servicio** *adv.* En cumplimiento del encargo que recibe de la administración un funcionario para realizar un trabajo fuera de su puesto oficial y por un periodo de tiempo determinado.

comisionar *v. tr.* Encargar a alguien una tarea o gestión.

Comisiones Obreras (CC OO) Sindicato español surgido en 1962-63 durante las huelgas en la cuenca minera asturiana. Vinculado al PCE, fue la organización obrera más importante en los últimos años del franquismo, a pesar de haber sido declarada ilegal en 1966. Fue legalizado en 1977 y es, junto a UGT, el principal sindicato del país.

comisionista *s. m.* y *f.* Persona que se dedica a vender por cuenta de otro y cobra una comisión.

comiso *s. m.* Decomiso*.

comisquear *v. tr.* Comiscar*.

comistrajo *s. m. desp.* Comida mala, mal hecha o mal presentada.

comisura *s. f.* **1.** Punto de unión de ciertas partes del cuerpo, como la de los labios a ambos lados de la boca, o la de los párpados a uno y otro lado de cada ojo. **2.** Sutura de los huesos del cráneo, mediante bordes en forma de sierra. **3.** Tejido que une algunas partes o centros del encéfalo y médula espinal.

comité *s. m.* Grupo de personas encargadas de un asunto.

Comité Olímpico Internacional (COI) Organismo rector de los Juegos Olímpicos y de todo lo relacionado con el deporte amateur. Fue creado en 1894 por el barón Pierre de Coubertin, el hombre que tuvo la idea de revivir la tradición de los antiguos juegos griegos, y tiene su sede en Lausana (Suiza).

comitente *adj.* Se dice de la persona que encarga a otra que la represente.

comitiva *s. f.* Acompañamiento, cortejo.

cómitre *s. m.* Hombre que en las galeras dirigía y castigaba a los remeros.

Commonwealth of Nations Organización formada por las antiguas colonias británicas, hoy independientes, que mantienen con la metrópoli estrechos vínculos culturales y económicos y reconocen al monarca británico como cabeza o jefe de la comunidad. Su creación tuvo lugar en las conferencias de Londres de 1921 y 1926. En 1931, el estatuto de Westminster definió jurídicamente la comunidad, sustituyendo el término *imperio británico* por *British Commonwealth of Nations.* En 1961 fue expulsada la República Sudafricana y, en 1965, Rhodesia (actual Zimbabwe).

Comneno Nombre de una influyente familia bizantina, algunos de cuyos miembros fueron emperadores de Constantinopla entre 1057 y 1185, como Alejo I, Juan II y Andrónico I, el último que ocupó el trono.

como *adv. m.* **1.** Del modo o la manera que. **2.** En sentido comparativo, indica equivalencia, semejanza o igualdad: *Es claro como el agua.* **3.** Se utiliza para introducir ejemplos: *Algunos animales, como el perro, son domésticos.* **4.** Según, conforme: *No pasó nada, como puede comprobarse.* **5.** En calidad de: *Viaja como diplomático.* **6.** Aproximadamente, más o menos. ‖ *adv. m. interr.* y *excl.* **7.** De qué modo o manera: *¿Cómo lo haces?* ‖ *adv. m. interr.* **8.** Por qué motivo: *¿Cómo se te ocurrió llamarle?* ‖ *conj.* **9.** Tiene valor condicional: *Como no me lo digas, me voy.* **10.** Con valor causal, equivale a *porque*: *Como no recibí la invitación, no fui.* **11.** Hace el oficio de conjunción completiva: *Verás como ganas el partido.* ‖ *s. m.* **12.** La manera, el modo. ‖ *interj.* **13.** Demuestra asombro, enfado, disgusto. ‖ **LOC. ¿a cómo?** *interr.* Se utiliza para preguntar el precio de algo. **¡cómo no!** *excl.* Equivale a ¿cómo podría ser de otro modo? o con mucho gusto: *¿Me dice la hora? ¡Cómo no!* **como si tal cosa** *adv.* Con indiferencia, tan tranquilamente.

Como Lago de Italia, situado al pie de los Alpes, en la región de Lombardía. Tiene una longitud de 148 km y una superficie de 150 km^2. El río Adda es su emisario e inmisario. Constituye un importante centro de atracción turística.

cómoda *s. f.* Mueble con un tablero horizontal en la parte superior y cajones que ocupan todo el frente, que se usa normalmente para guardar la ropa.

comodidad *s. f.* **1.** Cualidad de cómodo, estado del que se encuentra bien, a gusto, sin molestias. **2.** Facilidad para hacer algo. **3.** Buena disposición de las cosas para el uso que se ha de hacer de ellas. **4.** Resistencia a hacer esfuerzos o a molestarse. ‖ *pl.* **5.** Abundancia de cosas que permiten vivir o estar a gusto en un lugar.

comodín *s. m.* **1.** En ciertos juegos de naipes, carta que tiene el valor que le da el jugador que la posee; también, cara de los dados a la que se da el valor que se necesite. **2.** Persona o cosa que sirve para distintos fines. **3.** Pretexto habitual. **4.** Cómoda pequeña.

cómodo, da *adj.* **1.** Se dice de lo que contribuye a que uno se sienta a gusto y con sensación de descanso. **2.** De fácil uso o realización. **3.** Se dice de la persona que se encuentra a gusto en un lugar o bajo determinadas circunstancias. También *s.* **4.** Se dice de la persona que se resiste a hacer cualquier esfuerzo. También *s.*

Cómodo, Lucio Aurelio (Lanuvium 161 - Roma 192) Emperador romano (180-192). Hijo de Marco Aurelio, no continuó los proyectos de expansión del imperio y pactó con los germanos el restablecimiento de la frontera del Danubio. Su gobierno fue despótico y arbitrario. Murió asesinado, víctima de una conjura de sus favoritos.

comodón, na *adj.* Se dice de la persona que evita cualquier esfuerzo o molestia. También *s.*

comodoro *s. m.* **1.** Título que se da, en la marina de algunos países, al capitán de navío que manda una división naval. **2.** Oficial al mando de un grupo de barcos. **3.** *Arg.* Oficial de la fuerza aérea cuyo grado equivale al de coronel.

Comodoro Rivadavia C. de Argentina, situada en el S del país, en la provincia de Chubut. 96.800 h. en 1980. Enclavada en el golfo de San Jorge, tiene un activo puerto, desde el que exporta petróleo y pesca; cuenta también con industria química, de cinc y de cemento.

Comonfort, Ignacio (Puebla 1812 - cerca del Molino de Soria, Guanajuato 1863) Militar y político mexicano. Promovió los planes de Ayutla y Acapulco, que derribaron a Santa Anna. Sustituyó a Juan Álvarez en la presidencia de la nación (1855), pero hasta dos años después no fue presidente constitucional. Disolvió el congreso (1857) y tuvo que exiliarse a EE UU. Volvió a México después de la invasión francesa y fue general del ejército de Juárez. Murió asesinado.

comoquiera *adv. m.* **1.** De la manera que sea: *Sea comoquiera, no faltes.* **2.** Seguido de *que*, equivale a *como* con valor de conjunción causal: *Comoquiera que se va a enterar, mejor será que se lo digas tú.* ■ Puede escribirse separado: *como quiera.*

Comores (*al-Qumur*) Estado del SE de África.

Extensión: 1.862 km².
Situación: En el océano Índico, frente a las costas de Mozambique, al N de Madagascar.
Población: 463.000 h. en 1990.
Densidad: 248,6 h./km².
Capital: Moroni.
División administrativa: en 3 gobiernos insulares.
Ciudades principales: Mutsamudu, Domoni, Ouani, Tsembehou.
Forma de Estado: república federal.
Idioma: árabe, francés.
Religión: islamismo sunní, 99,7 %.
Moneda: franco de las Comores.
Tasa de natalidad: 47 ‰ en 1990.
Tasa de mortalidad: 13 ‰ en 1990.
Renta per cápita: 460 dólares en 1989.

Geog. El archipiélago de las Comores constituye un grupo insular de origen volcánico, cuyas principales islas son Gran Comore, Mohéli, Anjouan y Mayotte. Tiene un relieve muy accidentado, con la máxima altura en el pico Karthala (2.560 m), en la Gran Comore. Las costas están rodeadas de arrecifes coralinos. El clima es tropical, así como la vegetación. Está poblado por una mayoría de árabes y por grupos de negros, malgaches y asiáticos. Su economía es agropecuaria, con cultivos de vainilla, clavo, sisal, ylang-ylang (planta aromática para elaborar perfume), nuez de coco, copra, arroz, maíz, batata y ganadería caprina y bovina.
Hist. Las Comores estaban profundamente arabizadas cuando comenzó la colonización francesa a mediados del s. XIX. En 1909 se convirtieron en protectorado y en 1912 en colonia dependiente de Madagascar. En 1961 adquirieron la autonomía y en 1975 la independencia, de la que quedaba autoexcluida Mayotte. El primer presidente, Ahmed Abdallah, fue depuesto por el Frente Nacional Unido y, poco después (1976), fue elegido Ali Soilih, quien practicó una política marxista. En 1978 Ahmed Abdallah recuperó el poder, pero tras reformar la constitución para poder ocupar la presidencia por tercera vez consecutiva, fue asesinado en un golpe de Estado militar. El presidente del tribunal supremo de justicia Said Mohamed Djohar ocupó la presidencia de forma interina y, en las elecciones de 1990, resultó elegido presidente con el apoyo del partido Unión para el Progreso (Udzima).

Mapa de los países miembros de la Commonwealth.

compacidad *s. f.* Cualidad de compacto.

compactar *v. tr.* Hacer compacto algo. **Fam.** Compactación.

compacto, ta *adj.* **1.** Se aplica a las cosas o materias de estructura apretada, con pocos huecos o poros. **2.** Se dice del grupo de personas, animales o cosas muy juntos, apiñados. **3.** Se dice del aparato que en un solo conjunto tiene amplificador, receptor de radio, tocadiscos y reproductor de casetes. También *s. m.* ‖ *s. m.* **4.** Reproductor de discos compactos. ‖ **5. disco compacto** El que utiliza la técnica de grabación digital del sonido; está constituido por una superficie metalizada recubierta de plástico; tiene 120 mm de diámetro, 1,2 mm de espesor y está grabado por una sola cara, que se lee mediante rayo láser.

compadecer *v. tr.* Compartir la desgracia ajena y sentir lástima por ella. También *v. prnl.* ■ Es v. irreg. Se conjuga como *agradecer.*

compadraje *s. m.* Unión o acuerdo de dos o más personas para ayudarse, por lo general en algo malo o ilícito.

compadrazgo *s. m.* **1.** Parentesco que contraen los padres de una criatura con el padrino de ésta. **2.** Compadraje*.

compadre *s. m.* **1.** Padrino de un niño, respecto de la madre, el padre o la madrina de éste. **2.** Padre de ese niño con respecto al padrino o a la madre. **3.** En algunos lugares, tratamiento entre hombres, especialmente entre amigos o compañeros. ‖ *adj.* **4.** *Arg., Urug.* Que compadrea.

compadrear *v. intr. Arg., Par., Urug.* Fanfarronear, comportarse con arrogancia.

compadreo *s. m.* Compadraje*.

compadrito *s. m. Arg., Urug.* Persona que frecuenta los bajos fondos, fanfarrón, matón. También *adj.*

compaginar *v. tr.* **1.** Poner en buen orden cosas, ideas, posturas, etc., que tienen alguna relación entre ellas. **2.** Hacer compatibles dos o más cosas entre sí, de manera que no se estorben o impidan unas a otras. También *v. prnl.* **3.** Ajustar las galeradas para formar páginas. ‖ *v. prnl.* **4.** Corresponderse bien una cosa con otra. **Fam.** Compaginación.

Companys, Lluís (Tarrós, Lleida 1882 - Barcelona 1940) Político y abogado español. Miembro fundador de Esquerra Republicana de Cataluña, ocupó la presidencia de la Generalitat en 1934, tras la muerte de Macià. En octubre de ese año se sublevó contra el gobierno central y proclamó el Estado Catalán, pero el Ejército sofocó el levantamiento y Companys fue encarcelado. Al triunfar el Frente Popular en 1936 volvió a ocupar su cargo. Exiliado tras la victoria de Franco, fue detenido en París por los alemanes y enviado a España, donde fue fusilado en el castillo de Montjuich.

Lluís Companys.

compaña *s. f.* Compañía, persona o conjunto de personas que acompañan a alguien.

compañerismo *s. m.* Actitud amistosa y de ayuda entre compañeros.

compañero, ra *s. m.* y *f.* **1.** Persona con la que se comparten algunas experiencias, tareas, actividad, etc., especialmente con la que se mantiene una relación profesional o de estudios. **2.** Persona con la que se convive maritalmente sin estar casado con ella. **3.** Cosa que hace juego con otra u otras.

compañía *s. f.* **1.** Acción y efecto de acompañar. **2.** Persona, animal o cosa que acompaña a otra u otras. **3.** Sociedad, grupo de personas que se asocian con un fin. **4.** Conjunto de actores, director, etc., formado para representar obras teatrales. **5.** Unidad militar bajo el mando de un capitán. ‖ **6. Compañía de Jesús** Orden de los jesuitas.

comparable *adj.* Similar, que puede compararse con otra persona o cosa.

comparación *s. f.* **1.** Acción y efecto de comparar. **2.** Expresión de igualdad o diferencia entre dos o más cosas. Puede ser de superioridad, de inferioridad y de igualdad. **3.** Figura retórica que consiste en comparar una cosa con otra para expresar con más viveza lo que es una de ellas. ‖ **Loc. en comparación con** *prep.* Relativamente, si se compara con. **sin comparación** *adv.* Con gran diferencia.

comparar *v. tr.* Observar dos o más personas o cosas para descubrir la relación que existe entre ellas y ver las semejanzas y diferencias.

comparativo, va *adj.* **1.** Que contiene comparación. **2.** Se aplica al grado del adjetivo y al adjetivo que nombra la cualidad de un sustantivo comparándola con la misma cualidad de otro sustantivo. Esta relación, que puede ser de inferioridad, igualdad o superioridad, puede formarse mediante afijos: *superior, inferior,* o mediante adverbios: *menos bajo, igual, tan bajo, más bajo.* También *s. m.* **3.** Se aplica a las oraciones o construcciones que denotan comparación. También *s. f.* **Fam.** Comparativamente.

comparecencia *s. f.* Acción y efecto de comparecer, en especial ante alguna autoridad.

comparecer *v. intr.* **1.** Presentarse uno cuando ha sido llamado, y especialmente para realizar un acto legal. **2.** Aparecer alguien de forma inoportuna o de manera inesperada. ▪ Es v. irreg. Se conjuga como *agradecer.* **Fam.** Compareciente.

comparsa *s. m.* y *f.* **1.** En el teatro, persona que sale a escena pero que no habla. **2.** Persona o entidad subordinada a otra y sin ningún protagonismo. ‖ *s. f.* **3.** En el teatro, conjunto de los figurantes. **4.** En algunas fiestas populares, grupo de personas que cantan y se disfrazan para divertir a la gente.

compartimentar *v. tr.* Dividir en compartimientos. **Fam.** Compartimentación.

compartimiento o **compartimento** *s. m.* **1.** Cada una de las partes en que se divide un espacio, p. ej. con paredes, tablas, etc. **2.** Departamento de un vagón de viajeros. ‖ **3. compartimiento estanco** Cada una de las partes incomunicadas en que se divide algo. También, división o clasificación rígida que se hace de algo.

compartir *v. tr.* **1.** Distribuir algo para que alguien pueda recibir o beneficiarse de algo. **2.** Tener conjuntamente con alguien algo para que todos puedan hacer uso de ello. **3.** Tener unas mismas experiencias, formas de pensar, gustos, etc. **Fam.** Compartible.

compás *s. m.* **1.** Instrumento formado por dos varillas articuladas entre sí por uno de sus extremos, que sirve para trazar curvas y para medir distancias. **2.** Cada uno de los periodos o intervalos de tiempo regulares en que se marca el ritmo de una frase musical. El compás musical se expresa mediante un quebrado cuyo numerador indica los tiempos en que está dividido y el denominador la figura que contiene cada tiempo. P. ej., el compasillo, o 4/4, está dividido en cuatro tiempos, cada uno de los cuales contiene una nota negra. Los compases pueden ser **binarios** (dos tiempos), **ternarios** (tres tiempos) o **cuaternarios** (cuatro tiempos), y asimismo pueden ser **simples** o **compuestos**, según que los tiempos estén divididos en dos o tres subunidades. Se llama **compás menor** al de compasillo o 4/4 y **compás mayor** al de 4/2. **3.** Movimiento de la mano o batuta, golpe u otra manera con que se señalan esos intervalos. **4.** Espacio o división del pentagrama en que se escriben las notas correspondientes a cada uno de dichos intervalos. **5.** Ritmo de un pieza musical. **6.** P. ext., ritmo en un proceso o actividad. ‖ **7. compás de espera** En mús., silencio que dura el tiempo de un compás; también, detención de un asunto por corto tiempo. ‖ **Loc. al compás de** *prep.* En consonancia con algo, a su ritmo. **llevar el compás** Dirigir una orquesta o coro. También, dirigir otra cosa.

compasillo *s. m.* En mús., compás de cuatro tiempos (4/4).

compasión *s. f.* Sentimiento de pena que una persona tiene por los sufrimientos de otra.

compasivo, va *adj.* **1.** Que tiene compasión. **2.** Que fácilmente se mueve a compasión. **Fam.** Compasivamente.

compatibilidad *s. f.* **1.** Cualidad de compatible. **2.** En inform., medida en que dos ordenadores pueden servirse de los mismos programas, los mismos ficheros de datos y los mismos formatos de almacenamiento.

compatible *adj.* Se dice de lo que puede ocurrir, hacerse, utilizarse, etc., junto con otra cosa.

compatriota *s. m.* y *f.* Persona que ha nacido en el mismo país que otra.

compeler *v. tr.* Obligar a una persona, por la fuerza o la autoridad, a que haga algo.

compendiar *v. tr.* Resumir.

compendio *s. m.* **1.** Tratado breve sobre alguna materia, resumen. **2.** Alguien o algo que reúne todas las cosas que se expresan.

compendioso, sa *adj.* **1.** Reducido, abreviado. **2.** Se dice de lo que reúne brevemente muchas cosas. **Fam.** Compendiosamente.

compenetración *s. f.* **1.** Situación de las personas o cosas que se compenetran. **2.** Acción y efecto de compenetrarse.

compenetrarse *v. prnl.* **1.** Entenderse o comprenderse bien varias personas, coincidir en ideas, opiniones, sentimientos, gustos, etc. **2.** Penetrar las partículas de una sustancia en las de otra.

compensación *s. f.* **1.** Acción y efecto de compensar. **2.** Cosa que sirve como recompensa por algo o reparación de algún mal. **3.** En med., modificación o mayor desarrollo y eficacia en su función que experimenta un órgano para remediar o suplir la ausencia, fallo o lesión de otro o del mismo órgano. **4.** En der., entre dos personas que tienen deudas recíprocas, acción por la que se considera pagado por una de ellas el equivalente de lo que le debe la otra. **5.** Entre bancos y otras entidades financieras, intercambio de cheques, letras de cambio u otros instrumentos de crédito y liquidación de los saldos de esos efectos. **6.** En las aeronaves, mecanismo que mediante aletas o un servomotor reduce la resistencia a la maniobra de timones y alerones. ‖ **7. cámara de compensación** Véase **cámara**.

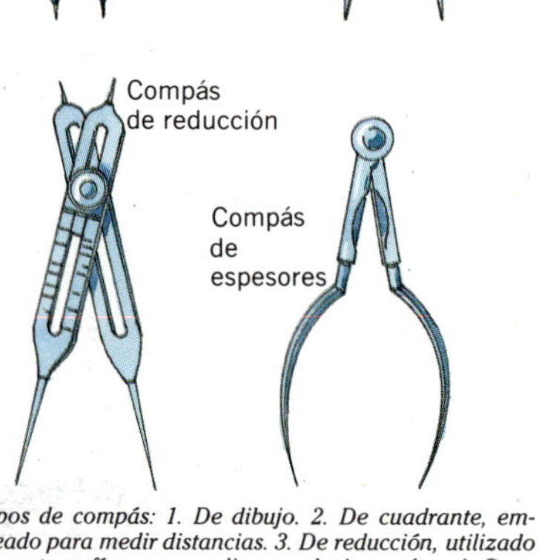

Tipos de compás: 1. De dibujo. 2. De cuadrante, empleado para medir distancias. 3. De reducción, utilizado en cartografía para ampliar y reducir escalas. 4. Compás de espesores.

compensar *v. tr.* **1.** Equilibrar o considerar equilibradas las deficiencias o los efectos negativos de alguna cosa con los aspectos positivos de otra. También *v. intr.* y *v. prnl.* **2.** Dar alguna cosa material o un beneficio por un daño o perjuicio. También *v. prnl.* **3.** Merecer a alguien la pena hacer algo.

compensatorio, ria *adj.* Que sirve para compensar.

competencia *s. f.* **1.** Oposición y rivalidad entre personas, animales u organizaciones que aspiran a lograr una misma cosa. **2.** Circunstancia de corresponderle a alguien hacer algo o actuar en algún asunto. **3.** Capacidad de alguien o algo para llevar a cabo una tarea con eficacia.

competente *adj.* **1.** Se dice de la persona u organismo a quien compete algo. **2.** Se dice de la persona capaz de realizar algo con eficacia o experta en alguna cosa. **Fam.** Competentemente.

competer *v. intr.* Corresponder una cosa, acción, obligación, etc., a una persona u organismo.

competición *s. f.* **1.** Acto o conjunto de ellos durante los cuales se compite por algo, p. ej. por un triunfo deportivo. **2.** Acción y efecto de competir.

competidor, ra *adj.* Se dice de la persona o animal que compite con otro por algo. También *s.*

competir *v. intr.* **1.** Aspirar dos o más personas, animales, organizaciones, etc., a una misma cosa y luchar o esforzarse por conseguirla. **2.** Presentarse una cosa en igualdad de condiciones que otra. ▪ Es v. irreg. Se conjuga como *pedir.*

competitividad *s. f.* **1.** Capacidad de competir en condiciones de igualdad, especialmente en deportes y en economía. **2.** Competencia, rivalidad.

competitivo, va *adj.* **1.** Que es capaz de competir en condiciones de igualdad, sobre todo en deportes y economía. **2.** Que le gusta competir.

compilación *s. f.* **1.** Acción y efecto de compilar. **2.** Obra formada por partes o textos de otros libros o documentos.

compilador, ra *adj.* **1.** Se dice de la persona que compila. También *s.* ‖ *s. m.* **2.** En inform., programa cuya función es traducir el texto de un programa fuente escrito en un lenguaje de alto nivel, de modo que se obtenga una versión de éste que sea ejecutable por el ordenador.

compilar *v. tr.* **1.** Reunir en una sola obra partes o textos de otros libros o documentos. **2.** En inform., traducir un programa fuente, en lenguaje de alto nivel, a código máquina o binario.

compinche *s. m.* y *f. fam.* Compañero, en especial de diversiones o de fechorías.

complacencia *s. f.* **1.** Placer y contento que resulta de alguna cosa. **2.** Actitud de quien permite a alguien hacer lo que quiere, aunque no sea correcto.

complacer *v. tr.* **1.** Satisfacer, dar gusto a otra persona, acceder a sus deseos. ‖ *v. prnl.* **2.** Sentir satisfacción por algo que se expresa. ▪ Es v. irreg. Se conjuga como *agradecer.*

complaciente *adj.* **1.** Que implica complacencia. **2.** Se dice de la persona que procura complacer o agradar.

complejidad *s. f.* Cualidad de complejo.

complejo, ja *adj.* **1.** Se dice de lo que se compone de elementos diversos. **2.** Complicado. ‖ *s. m.* **3.** Conjunto o unión de dos o más cosas. **4.** Conjunto de establecimientos industriales, comerciales, turísticos, etc., situados en el mismo sitio. **5.** En psicol., conjunto de vivencias, ideas y sentimientos, conscientes e inconscientes, que influyen en la personalidad del individuo y en sus acciones y emociones; p. ej., complejo de superioridad, especialmente cuando tiene un carácter patológico. **6.** En quím., compuesto inorgánico formado por un catión central, generalmente de un metal de transición, al que se unen moléculas neutras o iones mediante un enlace que no es iónico ni covalente puro. ‖ **7. número complejo** En mat., par ordenado de números reales *(a, b),* que también puede representarse como $a + bi$, donde i es la llamada *unidad imaginaria* o símbolo que verifica la condición $i^2 = -1$. La forma de representación *(a, b)* se llama *carte-*

siana y la forma *a + bi* se llama *binómica*. Para representar el número complejo *(a, b)*, la parte real *(a)* se representa en el eje X y la parte imaginaria *(b)* se representa en el eje Y.

complementar *v. tr.* Añadir un complemento a algo. También *v. prnl.*

complementariedad *s. f.* Cualidad o condición de complementario.

complementario, ria *adj.* **1.** Que sirve para complementar o completar alguna cosa. **2.** Se aplica a los ángulos que suman 90°. **3.** Se dice de los colores que superpuestos producen el efecto del blanco.

complemento *s. m.* **1.** Aquello que se añade a una persona o cosa para completarla o para darle otras propiedades, más calidad, etc. **2.** Cada una de las cosas que se completan entre sí. **3.** En ling., palabra, sintagma o proposición que completa el significado de uno o varios componentes de la oración, o de la oración entera. || **4. complemento de un ángulo** En geom., ángulo que sumado al primero da 90°. **5. complemento** (o **complementario**) **de un conjunto** Dado un conjunto *U* y un subconjunto suyo *A*, el complemento de *A* en *U*, o conjunto complementario, es el conjunto formado por los elementos de *U* que no pertenecen a *A*.

Ling. Según afecten a uno u otro componente de la oración, los complementos se dividen en complementos del nombre y complementos del verbo. Los **complementos del nombre** forman junto con el nombre o sustantivo, que constituye el núcleo, el grupo nominal. Pueden ser de varias clases: adjetivos calificativos: *juego divertido*; adjetivos determinantes: *este juego, algunos juegos, tu juego*; nombres o grupos nominales con preposición: *juego del ajedrez*; nombres en aposición: *juego sorpresa*. Los **complementos del verbo** forman con el verbo, que constituye el núcleo, el grupo verbal. También pueden ser de varias clases. El **complemento directo** indica qué o quién recibe directamente la acción del verbo: *Come pan*; puede llevar la preposición *a*: *Saludó a sus amigos*. El **complemento indirecto** indica qué o quién recibe daño o provecho de la acción del verbo; lleva la preposición *a*: *Escribe una carta a sus padres*. El **complemento circunstancial** indica diversas circunstancias y puede llevar distintas preposiciones: de lugar: *Estudia en casa*; de tiempo: *Fue ayer*; de modo: *Canta bien*; instrumento: *Juega con un balón*; causa: *Lo hace por cariño*; compañía: *Fue conmigo*; finalidad: *Necesita dinero para comprar ropa*.

completamente *adv. m.* De manera completa, sin que falte nada.

completar *v. tr.* Hacer que algo quede completo, lleno o terminado.

completivo, va *adj.* Se aplica a la proposición subordinada que desempeña la función de complemento directo en una oración compuesta y que suele ir introducida por las conjunciones *que, como* y *si*, que también se denominan *completivas*. También *s. f.*

completo, ta *adj.* **1.** Con todas sus partes, sin que falte nada o nadie. **2.** Perfecto, que tiene todas las cualidades necesarias. **3.** Total. **4.** Lleno. || *s. m.* **5.** La totalidad de los miembros de un grupo. **6.** Plato o comida con todos los complementos. **7.** *Col., P. Rico.* Resto de una deuda. || *s. f. pl.* **8.** Última parte del oficio divino.

complexión *s. f.* Constitución física de un individuo.

complicación *s. f.* **1.** Acción y efecto de complicar. **2.** Cualidad de lo que es difícil de comprender o resolver, generalmente por tener elementos o aspectos diversos. **3.** Aquello que hace más difícil o estorba la realización de algo. **4.** Fenómeno que ocurre inesperadamente en el curso de una enfermedad sin ser propio de ella y que generalmente la agrava o alarga.

complicar *v. tr.* **1.** Hacer una cosa difícil o más difícil de lo que era, recargar, mezclar cosas diversas entre sí. También *v. prnl.* **2.** Comprometer a alguien en un asunto. También *v. prnl.* ■ Se conjuga como *sacar*.

cómplice *s. m.* y *f.* **1.** Persona que contribuye a un delito o falta, sin participar en su ejecución material. **2.** Persona que comete con otras un delito o falta.

complicidad *s. f.* Cualidad de cómplice.

complot o **compló** *s. m.* Conspiración, trato secreto entre dos o más personas para actuar contra algo o alguien o para lograr algo.

complutense *adj.* **1.** Que ha nacido en Alcalá de Henares. También *s.* **2.** Perteneciente o relativo a esta ciudad. **3.** Se aplica a una de las universidades madrileñas, procedente de la antigua Universidad Central. También *s. f.*

componedor, ra *s. m.* y *f.* **1.** Persona que compone. **2.** Persona cuya decisión se comprometen a aceptar otras dos que tienen diferencias.

componenda *s. f.* Arreglo incompleto o provisional de un asunto, particularmente el censurable acordado entre varias personas.

componente *adj.* Que entra en la composición o formación de un todo. También *s.*

componer *v. tr.* **1.** Formar algo juntando varias cosas. También *v. prnl.* **2.** Constituir varias personas o cosas lo que se expresa. También *v. prnl.* **3.** Crear obras literarias, científicas y, particularmente, musicales. También *v. intr.* **4.** Condimentar, aderezar. **5.** Arreglar, reparar. **6.** Mejorar, restablecer. **7.** Adornar o arreglar a una persona. También *v. prnl.* **8.** Preparar un texto para que pueda imprimirse. || Loc. **componérselas** *fam.* Actuar con habilidad para salir de un apuro o conseguir algo. ■ Es v. irreg. Se conjuga como *poner*.

comportamiento *s. m.* **1.** Manera de actuar o portarse una persona o un animal. **2.** Modo de producirse ciertos fenómenos. **3.** Funcionamiento, rendimiento de una máquina o reacción de un material o sustancia en determinadas circunstancias.

comportar *v. tr.* **1.** Implicar, llevar consigo algo. || *v. prnl.* **2.** Actuar del modo que se expresa. **3.** Portarse bien, con educación.

composición *s. f.* **1.** Acción y efecto de componer. **2.** Obra literaria, científica o musical. **3.** Redacción. **4.** Técnica y arte de la creación de obras musicales. **5.** En pintura, fotografía, escultura, etc., arte de disponer las diferentes personas, objetos, etc., representados. **6.** En ling., procedimiento de formación de nuevas palabras mediante la unión de dos o más vocablos. **7.** Manera de estar compuesta una sustancia o proporción de los elementos que la forman. || Loc. **composición de lugar** *fam.* Estudiar detenidamente todas las circunstancias de un asunto y formarse una idea o proyecto.

Mat. **ley de composición externa** Aplicación de los elementos de los conjuntos de $E \times V$ en V, en la que a cada par (a, x) de $E \times V$ se le hace corresponder un elemento y de V.

ley de composición interna Aplicación de los elementos de los conjuntos $E \times E$ en E, en la que a cada par (x, y) de $E \times E$ se le hace corresponder un elemento z de E.

compositor, ra *s. m.* y *f.* Persona dedicada a la composición de obras musicales.

compostelano, na *adj.* De la antigua Compostela o de la actual Santiago de Compostela. También *s.*

compostura *s. f.* **1.** Comedimiento, buenos modales, moderación en el modo de actuar. **2.** Acción y efecto de componer, reparar u ordenar. **3.** Arreglo en el aspecto de una persona o cosa.

compota *s. f.* Dulce de frutas cocidas con azúcar.

compotera *s. f.* Recipiente donde se guarda y sirve la compota o la mermelada.

compra *s. f.* **1.** Acción y efecto de comprar. **2.** Lo que se compra. **3.** Particularmente, acción de comprar los alimentos y demás cosas necesarias para el consumo diario; también, las cosas que compran.

comprador, ra *adj.* Se dice de quien compra. También *s.*

comprar *v. tr.* **1.** Adquirir mediante dinero alguna cosa. **2.** Sobornar. FAM. Comprable.

compraventa *s. f.* **1.** Acción y efecto de comprar y vender. **2.** Comercio donde compran y venden ciertas cosas, en especial antigüedades u objetos usados.

comprender *v. tr.* **1.** Abarcar, incluir dentro de sí. También *v. prnl.* **2.** Llegar al conocimiento de una cosa, percibir su significado y alcance. **3.** Encontrar razonables, justificados, los actos y sentimientos de otro. || *v. prnl.* **4.** Llevarse bien dos o más personas.

comprensible *adj.* Se dice de aquello que se puede comprender.

comprensión *s. f.* **1.** Acción y efecto de comprender. **2.** En lóg., conjunto de notas que constituyen un concepto. Así, el concepto hombre queda comprendido por las notas «animal» y «racional». Su categoría inversa es la *extensión*.

comprensivo, va *adj.* Se dice de la persona, actitud, conducta, etc., tolerante con los demás.

compresa *s. f.* Gasa o lienzo con varios dobleces, y que tiene diversos usos, como cubrir heridas, contener hemorragias, etc.

compresibilidad *s. f.* **1.** Cualidad de compresible. **2.** Propiedad de los fluidos, y en especial los gases, de disminuir su volumen cuando aumenta la presión a la que están sometidos.

compresible *adj.* Que se puede comprimir.

compresión *s. f.* **1.** Acción y efecto de comprimir. **2.** Fase del ciclo del motor de explosión, en la que se comprime la mezcla en el interior del cilindro.

compresor, ra *adj.* **1.** Que comprime o que sirve para comprimir. También *s. m.* || *s. m.* **2.** Aparato o máquina que sirve para comprimir un fluido.

comprimido, da **1.** *p. p.* de **comprimir**. También *adj.* || *s. m.* **2.** Medicamento en forma de pastilla o píldora.

comprimir *v. tr.* **1.** Reducir a menor volumen una cosa, particularmente un fluido, aplicándole una fuerza. También *v. prnl.* || *v. prnl.* **2.** Pasar una persona o grupo a ocupar un espacio más reducido del que tenía.

comprobante *adj.* **1.** Que prueba o demuestra algo. También *s. m.* || *s. m.* **2.** Recibo de haber efectuado un pago, cobro, entrega, etc.

comprobar *v. tr.* **1.** Examinar algo para ver si es verdad o exacto, si está en buenas condiciones, etc. **2.** Confirmar alguien o algo que una cosa es verdadera, exacta, etc. ■ Es v. irreg. Se conjuga como *contar*.

comprobatorio, ria *adj.* Se aplica a lo que comprueba o sirve para comprobar.

comprometedor, ra *adj.* Se aplica a la persona o cosa que compromete. También *s.*

comprometer *v. tr.* **1.** Implicar a alguien en un asunto perjudicial. También *v. prnl.* **2.** Exponer a alguien o algo a un riesgo, un apuro, perjuicio, etc. También *v. prnl.* **3.** Obligar a alguien a hacer algo o a responsabilizarse de ello. Se usa sobre todo como *v. prnl.* **4.** Llegar a un acuerdo de carácter económico, p. ej. una compraventa. También *v. prnl.* || *v. prnl.* **5.** Darse promesa de matrimonio. **6.** Tomar partido una persona o grupo en una situación política o social manifestando con claridad su posición ideológica.

comprometido, da **1.** *p. p.* de **comprometer**. También *adj.* || *adj.* **2.** Peligroso, delicado, apurado. **3.** Que toma abiertamente partido ante los problemas sociales, políticos, etc.

compromisario, ria *adj.* **1.** Se dice de la persona en quien delegan otras para que realice o resuelva algo. También *s.* || *s. m.* **2.** Representante de los electores primarios para votar en elecciones de segundo grado. **3.** Persona imparcial que media en un conflicto.

compromiso *s. m.* **1.** Acuerdo, promesa de alguien por la que se compromete a hacer algo. **2.** Dificultad, apuro. **3.** Elección o designación de compromisarios o representantes. **4.** Acto por el que los novios se prometen en matrimonio. **5.** Actitud de quien se compromete políticamente. || Loc. **sin compromiso** *adv.* Sin ninguna obligación; también, sin novio o novia.

comprueba *s. f.* Prueba de imprenta ya corregida, que sirve para ver si en las nuevas pruebas se han hecho las correcciones marcadas.

Compton, Arthur Holly (Wooster, Ohio 1892 - Berkeley 1962) Físico estadounidense. Realizó estudios sobre los rayos X, las radiaciones cósmicas y la energía atómica. Descubrió el efecto que lleva su nombre. Obtuvo el premio Nobel en 1927.

Compton, efecto Fenómeno físico consistente en que la energía de un fotón incidente no se emplea íntegramente en arrancar un electrón del elemento sobre el que choca, sino que además se forma otro fotón de menor frecuencia o mayor longitud de onda que el original.

Compton-Burnett, Ivy (Londres 1892 - íd. 1969) Novelista británica. En sus obras critica despiadadamente a la alta burguesía victoriana y eduardiana. Entre sus novelas principales figuran *Hermanos y hermanas* (1929), *Esposos y esposas* (1931), *Padres e hijos* (1941) y *Un dios y sus dones* (1963).

compuerta *s. f.* **1.** Obstáculo móvil que se coloca en los canales o presas para cortar o graduar el paso del agua. **2.** Media puerta que cierra sólo la parte inferior de la entrada.

compuestas *s. f. pl.* Familia de plantas perteneciente al orden asterales que comprende más de 14.000 especies distribuidas en los géneros *Bellis, Carduus, Carlina, Cirsium, Cynara, Echinops, Silybum* y otros. Se caracterizan por tener flores reunidas en inflorescencias de tipo cabezuela, con todas las flores componentes reunidas sobre un recinto común que presenta el aspecto de una flor más grande. Compuestas son el girasol, la margarita, la alcachofa y los cardos. También *adj.* y *s. f.*

compuesto, ta **1.** *p. p.* irreg. de **componer**. También *adj.* ‖ *adj.* **2.** Se dice de los tiempos del verbo que se conjugan con el participio pasado, precedido de un verbo auxiliar. ‖ *s. m.* **3.** Mezcla de varias cosas que componen un todo. **4.** En quím., sustancia formada por la combinación de dos o más elementos en una proporción fija; p. ej., el agua es un compuesto de dos átomos de hidrógeno y uno de oxígeno. ‖ **Loc. quedarse** una persona **compuesta y sin novio** *fam.* No lograr algo después de haber hecho preparativos para ello.

compulsa *s. f.* **1.** Acción y efecto de compulsar. **2.** Copia compulsada de algún documento.

compulsar *v. tr.* **1.** Comparar una copia con el documento original para comprobar si coinciden. **2.** Obtener una copia legalizada de un documento. **Fam.** Compulsación.

compulsión *s. f.* **1.** Acción y efecto de compeler. **2.** Tendencia obsesiva a la repetición de determinadas acciones.

compulsivo, va *adj.* Que tiene poder para obligar.

compunción *s. f.* **1.** Dolor de haber obrado mal. **2.** Pena que causa la aflicción ajena.

compungido, da **1.** *p. p.* de **compungir**. ‖ *adj.* **2.** Apenado, dolorido, especialmente por haber obrado mal o a causa de la aflicción de otro.

compungir *v. tr.* Hacer que alguien sienta dolor por su mal comportamiento o el sufrimiento ajeno. También *v. prnl.* ■ Se conjuga como *surgir.*

computador, ra *adj.* **1.** Que computa o calcula. También *s.* ‖ *s. amb.* **2.** Ordenador, máquina.

computar *v. tr.* **1.** Contar o medir una magnitud según ciertas unidades. **2.** Tomar en cuenta algo como equivalente a determinado valor. **Fam.** Computable, computación.

cómputo *s. m.* **1.** Cuenta o cálculo. ‖ **2. cómputo eclesiástico** Cálculo para determinar la fecha de las fiestas movibles, como la pascua de resurrección.

Auguste Comte.

Comte, Auguste (Montpellier 1798 - París 1857) Filósofo francés. Fue el creador del positivismo. El objetivo de su obra es promover una reforma de la sociedad mediante la creación de una ciencia y de una religión nuevas. La primera, que llamó sociología, estudiaría los fenómenos sociales hasta llegar a unas conclusiones científicas que tuvieran que ser admitidas por todos los hombres; la segunda establecería vínculos de solidaridad entre los hombres al unirlos en unas creencias comunes. Entre sus obras más importantes figuran *Curso de filosofía positiva* (1842), *El catecismo positivista* (1852) y *El sistema de la política positivista* (1854).

comulgar *v. intr.* **1.** Recibir la comunión. **2.** Compartir las mismas ideas y sentimientos que otras personas. ■ Se conjuga como *pagar.* ‖ **Loc. comulgar con ruedas de molino** *fam.* Creerse algo increíble o inverosímil.

comulgatorio *s. m.* Barandilla situada delante del altar en las iglesias donde los fieles se colocan para recibir la comunión.

común *adj.* **1.** Se dice de aquello que pertenece a varias personas, grupos, etc., o se da en ellos. **2.** Frecuente, corriente. **3.** Vulgar, que no es selecto. **4.** En ling., se aplica al nombre o sustantivo que designa un elemento representante de una clase: *niño, mesa, lápiz.* Los nombres comunes son genéricos y pueden aplicarse a toda una clase o categoría: *el hombre, la flor.* **5.** Se dice del género gramatical que referido a personas se indica a través del artículo masculino o femenino, lo que supone un cambio de significado: *el cantante, la cantante.* ‖ *s. m.* **6.** Población de una provincia, ciudad y, particularmente, de un municipio. **7.** Generalidad de las personas. **8.** Retrete. ‖ **Loc. el común de las gentes** La mayor parte de las gentes. **en común** *adv.* Juntamente con otro u otros, entre varios, para todos; también indica que dos o más personas o cosas poseen una misma cualidad o característica. **por lo común** Comúnmente, corrientemente.

comuna *s. f.* **1.** Unidad de organización económica y administrativa basada en la propiedad colectiva. **2.** Unidad de organización social en la que sus miembros habitan en una misma casa, en contacto con la naturaleza y llevan una vida en común en todos sus aspectos. **3.** *amer.* Municipio, ayuntamiento. ‖ **4. comuna de París** Nombre del gobierno municipal de París desde 1789 a 1795. Estuvo dirigida por los jacobinos y otros grupos radicales hasta 1793 y desapareció al crearse el Directorio en 1795. También, gobierno revolucionario que ejerció el poder en París de marzo a mayo de 1871, fruto del levantamiento popular que siguió a la derrota de Francia frente a Prusia. Fue disuelta por Thiers y seguida de una dura represión. **5. comuna popular** Forma de organización económica y administrativa de los campesinos en la República Popular de China, instituida oficialmente en 1958 y abolida en 1982. Abarcaba varias aldeas y a unos 50.000 campesinos y en ella estaban colectivizados tanto la tierra como los medios de producción.

comunal *adj.* Del común, comunidad municipal.

comunero, ra *adj.* **1.** Perteneciente o relativo a las Comunidades de Castilla, levantamiento contra Carlos I. ‖ *s. m.* y *f.* **2.** Persona que luchó en ellas.

comunicación *s. f.* **1.** Acción y efecto de comunicar o comunicarse. **2.** Aviso o escrito en que se comunica alguna cosa. **3.** Escrito sobre un tema concreto que el autor presenta a un congreso o reunión de especialistas para su conocimiento y discusión. **4.** Unión o paso entre ciertas cosas, como mares, pueblos, habitaciones, etc. ‖ *pl.* **5.** Correos, telégrafo, carreteras, medios de transporte, etc. ‖ **6. comunicación de masas** La que se realiza por los medios que, gracias a las modernas técnicas, transmiten información a grupos sociales muy numerosos. **7. medios de comunicación** Conjunto formado por la prensa, radio, televisión, etc.

comunicado, da **1.** *p. p.* de **comunicar**. También *adj.* ‖ *s. m.* **2.** Escrito enviado a la prensa para su publicación. **3.** Nota que se comunica para conocimiento público.

comunicante *adj.* **1.** Que comunica o se comunica. **2.** Se dice en especial de la persona que informa espontáneamente de algo a un periódico, radio, etc. También *s.*

comunicar *v. tr.* **1.** Hacer saber a otro u otros alguna cosa. **2.** Transmitir sentimientos, costumbres, enfermedades, etc. **3.** Trasladar a un mecanismo una fuerza o movimiento. **4.** Establecer paso o comunicación de un lugar a otro. También *v. intr.* y *v. prnl.* ‖ *v. intr.* **5.** Tomar contacto unas personas con otras. También *v. prnl.* **6.** Dar un teléfono, al marcar un número, la señal que indica que esa línea está ocupada. ‖ *v. prnl.* **7.** Extenderse, propagarse algo. ■ Se conjuga como *sacar.*

comunicativo, va *adj.* **1.** Perteneciente o relativo a la comunicación. **2.** Se dice de la persona inclinada a comunicar a otras sus ideas, estados de ánimo, etc.

comunicólogo, ga *s. m.* y *f.* Persona que estudia los medios de comunicación y su influencia en la sociedad.

comunidad *s. f.* **1.** Grupo social o agrupación de personas con intereses o fines comunes. **2.** División administrativa o territorial con instituciones comunes. **3.** Nombre de diversas asociaciones u organismos internacionales. **4.** Cualidad de común o compartido por varios. ‖ **5. comunidad autónoma** Cada una de las 17 divisiones territoriales en que está organizado el Estado español según la Constitución de 1978. Las comunidades autónomas pluriprovinciales son Andalucía, Aragón, Canarias, Castilla y León, Castilla-La Mancha, Cataluña, Comunidad Valenciana, Extremadura, Galicia y País Vasco; las uniprovinciales son Comunidad Autónoma de las Islas Baleares, Cantabria, Comunidad de Madrid, La Rioja, Comunidad Foral de Navarra, Principado de Asturias y Región de Murcia. **6. comunidad de bienes** Régimen económico de ciertas instituciones en el que cada miembro aporta a la misma lo que posee y obtiene de su trabajo. **7. comunidades de base** En rel., grupos de católicos que tratan de llevar una vida más de acuerdo con el modelo de los primeros cristianos y que a veces mantienen una cierta independencia de la jerarquía oficial. ‖ **Loc. en comunidad** *adv.* Juntos, formando una comunidad. También, sin pertenecer a nadie en particular.

Comunidad de Estados Independientes (CEI) Comunidad de estados creada en 1991 por Rusia, Bielorrusia y Ucrania, a la que se unieron Kazajstán y, posteriormente, gran parte de las antiguas repúblicas soviéticas. Sustituyó a la Unión de Estados Soberanos creada por Gorbachov, que a su vez había reemplazado a la antigua URSS.

Comunidad Económica Europea (CEE) Organismo europeo formado por Bélgica, Países Bajos, Luxemburgo, Francia, República Federal de Alemania, Italia, Reino Unido, Irlanda, Dinamarca, Grecia, España y Portugal. La CEE, conocida también como Mercado Común, tuvo su origen en el tratado de Roma, firmado el 25 de marzo de 1957 por los seis primeros países, a los que se unieron en 1973 Dinamarca, Reino Unido e Irlanda, en 1981 Grecia y en 1986 España y Portugal. Su finalidad era la de crear un mercado común entre los países miembros, fomentar el desarrollo armónico de sus estructuras económicas y aumentar el nivel de vida de sus habitantes. En 1968 se implantó la unión aduanera, que facilita el tránsito de mercancías, capitales y personas; en el terreno fiscal, se impuso el IVA, impuesto sobre el valor añadido; en el monetario, se creó el ECU, unidad de cuenta europea (1979); en el de las comunicaciones, la red Euronet (1980). Políticamente, se ha llegado a la elección directa de diputados para el Parlamento Europeo de Estrasburgo (1979), si bien los poderes reales de esta cámara son muy escasos, por lo que existe desde 1983 un anteproyecto para otorgarle poder legislativo. Los auténticos centros de decisión de la CEE son la Comisión, encargada de los asuntos reglamentarios, y el Consejo, integrado por un ministro de cada país, en el que reside el poder ejecutivo. En 1992 la Comunidad suscribió un acuerdo con la EFTA (Austria, Suiza, Noruega, Suecia, Finlandia, Islandia y Liechtenstein) para la creación de un mercado único europeo en el ámbito de la Europa occidental.

Comunidad Europea de Energía Atómica (EURATOM) Organización creada en 1957 al mismo tiempo que la CEE y constituida por sus países miembros. Su objetivo es lograr la utilización racional de la energía nuclear y la creación de un mercado europeo para los productos derivados de ella.

Comunidad Europea del Carbón y del Acero (CECA) Organización fundada en 1951 por Francia, República Federal de Alemania, Bélgica, Países Bajos, Luxemburgo e Italia, con el objetivo de crear un mercado único para el carbón y el acero mediante la desaparición de las barreras arancelarias. Este organismo sirvió de base para la posterior creación de la CEE.

Comunidades, guerra de las Levantamiento de las ciudades castellanas contra la política de Carlos I en 1520. Las causas inmediatas fueron el reparto de cargos a extranjeros y la aprobación de nuevos impuestos, que dañaban los intereses de la burguesía urbana. La sublevación se inició en Toledo y a ella se unieron Segovia, Madrid, Zamora, Burgos y León, entre otras. El éxito les acompañó en los primeros meses, pero las hábiles medidas políticas que tomó Carlos I desde Alemania y la confusión entre sus propias filas debilitaron su situación. La batalla decisiva tuvo lugar en Villalar (Valladolid) en 1521 y concluyó con victoria real. Al día siguiente fueron decapitados Juan Bravo, Juan de Padilla y Francisco Maldonado, principales dirigentes de la sublevación.

comunión *s. f.* **1.** Unión. **2.** Circunstancia de tener algo en común. **3.** Grupo de personas que tienen las mismas ideas políticas, religiosas, etc. **4.** En la Iglesia católica, sacramento de la eucaristía y acto en que se da o recibe este sacramento. ‖ **5. comunión de los santos** Dogma católico que define la unión de los fieles vivos, las almas del purgatorio y los bienaventurados del cielo, como miembros de un mismo cuerpo, la Iglesia.

comunismo *s. m.* **1.** Doctrina política y económica partidaria de la desaparición de la propiedad privada y de la posesión colectiva de los bienes sociales. **2.** Sistema político basado en esta doctrina. **FAM.** Comunista.

Pol. Aunque las teorías que sostienen el comunismo son casi tan antiguas como la propia filosofía y aparecen en textos de Platón (*La república*), de Tomás Moro (*Utopía*), de Campanella (*La ciudad del sol*), en las doctrinas de ciertos movimientos medievales, como los cátaros, o en la obra de los socialistas utópicos, el término está hoy ligado a la doctrina de Marx. Para el autor de *El capital*, el comunismo es el resultado de la evolución histórica de la sociedad y se alcanzará con la desaparición de las clases sociales tras un periodo de transición llamado *dictadura del proletariado*. A partir de 1918, el término se adoptó para denominar a los bolcheviques rusos y a los socialistas de todo el mundo partidarios de las tácticas de Lenin y de la Tercera Internacional. El movimiento obrero de raíz marxista quedó así dividido en dos grupos: comunistas y socialistas o socialdemócratas. Hasta pasada la Segunda Guerra Mundial, el comunismo internacional estuvo íntimamente vinculado a la URSS. Desde entonces se produjeron rupturas (China, Yugoslavia, Albania) y surgieron corrientes como el eurocomunismo, que pretendió adecuar su estrategia a la realidad de las sociedades capitalistas avanzadas. El bloque de países comunistas, encabezado por la URSS, vivió etapas de gran tirantez con los países capitalistas (guerra fría, crisis de Cuba, guerra de Vietnam). A finales de la década de los ochenta, tras la llegada al poder de Gorbachov en la URSS y a resultas de una difícil situación económica, los regímenes comunistas del E de Europa comenzaron a desmoronarse, se produjo la reunificación de Alemania y desapareció el sistema de partido único. El fracaso del golpe de Estado contra la política reformista de Gorbachov en 1991, aceleró la caída del partido comunista soviético y, consecuentemente, del comunismo internacional.

Comunismo, pico Cumbre del macizo de Pamir, en Tayikistán, con 7.496 m de altitud.

Comunista de España, Partido (PCE) Partido político español fundado en 1921. Fue un grupo minoritario y de escasa importancia hasta que la Internacional Comunista impulsó en 1935 la política de frentes populares y rompió así su aislamiento. Durante la guerra civil de 1936-39 fue una fuerza decisiva en el bando republicano, gracias a su buena organización y al prestigio e influencia que le reportaba la ayuda militar de la URSS. Durante el franquismo se convirtió en la principal organización clandestina. En 1977 fue legalizado y desempeñó un importante papel en la transición democrática. En los últimos años ha sufrido varias escisiones (una de ellas dirigida por Santiago Carrillo, su secretario general hasta 1984) y encabeza la coalición electoral Izquierda Unida.

comunitario, ria *adj.* Perteneciente o relativo a la comunidad.

comúnmente *adv. m.* Frecuentemente, corrientemente, casi siempre.

con *prep.* **1.** Indica el medio o instrumento con que se hace una cosa. **2.** Expresa compañía o relación: *Vive con su mujer. Habla con un amigo.* **3.** Modo o manera de realizar una acción: *Come con apetito.* **4.** Indica contenido, posesión: *una cartera con dinero; un hombre con sabiduría.* **5.** En construcciones de infinitivo suele indicar medio o condición para que se realice algo: *Con callar te evitas discusiones.* **6.** A pesar de: *Con lo bien que conduce y ha tenido un accidente tonto.* ‖ **LOC. con (tal o sólo) que** *conj.* Introduce frases que expresan condición: *Con que se lo digas, basta.*

con- *pref.* Significa 'unión, cooperación': *confluir, conciudadano, convenir.*

Conakry C. de la República de Guinea, cap. del país, situada en la costa del océano Atlántico. 705.300 h. en 1983. Ciudad administrativa, portuaria y comercial, posee industria alimentaria y de construcciones mecánicas.

Conakry: vista de la catedral.

conato *s. m.* Intento, acción o suceso que no llega a realizarse por completo.

concatenación *s. f.* Acción y efecto de concatenar o concatenarse.

concatenar *v. tr.* Encadenar, unir, enlazar. Se usa más como *v. prnl.*

concavidad *s. f.* **1.** Cualidad de cóncavo. **2.** Lugar o parte cóncava.

cóncavo, va *adj.* **1.** Se dice de la superficie curva que tiene su parte hundida en el lado por el que se la mira o considera. **2.** En geom., se dice de una figura plana (p. ej. un polígono o un ángulo) cuando el segmento que une dos puntos cualesquiera de su interior puede no estar incluido en dicha figura.

concebir *v. intr.* **1.** Formar en la mente ideas, proyectos, etc. **2.** Creer posible algo, comprender. **3.** Con palabras que indiquen sentimientos, empezar a tenerlos. ‖ *v. intr.* **4.** Quedar fecundada la hembra. También *v. tr.* ■ Es v. irreg. Se conjuga como *pedir.* **FAM.** Concebible.

conceder *v. tr.* **1.** Dar algo, en especial porque se tiene autoridad o poder para hacerlo. **2.** Estar de acuerdo con lo que uno dice o afirma. **3.** Atribuir a una persona o cosa la cualidad o condición que se expresa.

concejal, la *s. m.* y *f.* Persona que forma parte de un concejo o ayuntamiento.

concejalía *s. f.* Cargo y oficina del concejal.

concejil *adj.* Perteneciente o relativo al concejo.

concejo *s. m.* **1.** Corporación municipal, ayuntamiento. **2.** Sesión del ayuntamiento.

concelebrar *v. tr.* Celebrar varios sacerdotes juntos la misa u otra función litúrgica.

concentración *s. f.* **1.** Acción y efecto de concentrar o concentrarse. **2.** Reunión de muchas personas o cosas en un lugar para algún fin. **3.** En quím., medida de la cantidad de soluto existente por unidad de disolución o disolvente. Puede expresarse en gramos/litro, moles/litro, etc. ‖ **4. concentración parcelaria** Agrupación de diferentes parcelas rústicas en una sola, efectuando una redistribución de la propiedad para facilitar la explotación agrícola.

concentrar *v. tr.* **1.** Reunir en el centro, o en un punto determinado, personas o cosas que estaban separadas. También *v. prnl.* **2.** Con palabras como *atención*, atraerla o fijarla. También *v. prnl.* **3.** Aumentar la proporción de la materia disuelta en una solución, disminuyendo el líquido. También *v. prnl.* ‖ *v. prnl.* **4.** Fijar la atención en algo.

concéntrico, ca *adj.* Se dice de las figuras geométricas que tienen un mismo centro.

concepción *s. f.* **1.** Acción y efecto de concebir. **2.** Por excelencia, acción de engendrar la Virgen María a Jesús. ‖ **3. Inmaculada** o **Purísima Concepción** Concepción sin pecado de la Virgen María.

Concepción 1. Departamento de Paraguay, en el N del país. 18.051 km^2. 181.500 h. en 1990. Su economía se centra en la ganadería y en la explotación forestal.
2. C. de Paraguay, cap. del departamento del mismo nombre. 62.600 h. en 1990.
3. C. de Chile, cap. de la región de Bío-Bío, situada en la costa, al S de la capital del país. 303.700 h. en 1990. Cuenta con industrias de cuero y calzado, siderurgia y refinería de petróleo.

concepcionista *adj.* Se aplica a la religiosa perteneciente a la orden franciscana de la Inmaculada Concepción. También *s. f.*

conceptismo *s. m.* Estilo literario caracterizado por el uso de conceptos agudos, rebuscados y complicados, la asociación ingeniosa de ideas y palabras y la brevedad y concisión de las frases. Es característico del Barroco español y se inició a fines del s. XVI. Suele contraponerse al culteranismo, la otra gran tendencia del Barroco, pero no es fácil señalar la frontera entre ambos estilos, que tienen numerosos puntos de contacto y coinciden a menudo en ser artificiosos y oscuros. El autor más representativo es Baltasar Gracián. **FAM.** Conceptista.

concepto *s. m.* **1.** Idea abstracta que la mente elabora sobre un objeto, fenómeno o realidad a partir de sus propiedades, características, etc., y que puede ser generalizable a todos los objetos, fenómenos y realidades de la misma categoría. **2.** Idea, opinión. **3.** Razón, motivo. ‖ **LOC. en concepto de** *prep.* Como, en calidad de.

conceptual *adj.* **1.** Perteneciente o relativo al concepto. ‖ **2. arte conceptual** Corriente surgida a mediados de los años sesenta y que se caracteriza por rechazar los productos artísticos tradicionales, como el cuadro de caballete o la escultura, en favor de un arte en el que las formas y las imágenes son sustituidas por reflexiones sobre los mecanismos de producción y consumo de las obras de arte, realizadas con ayuda del teatro, la mímica, la literatura, la caligrafía, etc. Entre sus representantes destacan Beuys, Kosuth, Burgin y Ramsden.

conceptualizar *v. tr.* **1.** Elaborar conceptos sobre algo. **2.** Organizar en forma de conceptos. ■ Se conjuga como *cazar.* **FAM.** Conceptualización.

conceptuar *v. tr.* Formar concepto o juicio de una persona o cosa. ■ En cuanto al acento, se conjuga como *actuar*: *conceptúo.*

conceptuosidad *s. f.* Cualidad de conceptuoso.

conceptuoso, sa *adj.* Se aplica al lenguaje, estilo, obra, etc., conceptualmente complicado.

concerniente *adj.* Que concierne, atañe o hace referencia a alguien o a algo.

concernir *v. intr.* **1.** Corresponder a alguien una función o responsabilidad, etc. **2.** Tener algo interés o consecuencias para alguien. ■ Es v. irreg. Se conjuga como *discernir.* Es defectivo, sólo se emplea en el infinitivo, gerundio y en la tercera persona del presente y del pretérito imperfecto de indicativo y subjuntivo.

concertación *s. f.* Acción y efecto de concertar o pactar.

concertadamente *adv. m.* **1.** Con acuerdo. **2.** Con orden y armonía.

concertante *adj.* Se aplica a la música que emplea como recursos artísticos las posibilidades artísticas de la agrupación de varios instrumentos solistas entre sí, varios instrumentos solistas con orquesta o las de varios grupos instrumentales. También *s. m.*

concertar *v. tr.* **1.** Decidir varias personas una cosa de común acuerdo. También *v. prnl.* **2.** Poner acordes voces o instrumentos musicales. **3.** Armonizar personas o cosas para un mismo fin. ‖ *v. intr.* **4.** Estar de acuerdo una cosa con otra. **5.** En ling., concordar. ■ Es v. irreg. Se conjuga como *pensar.*

concertina *s. f.* Acordeón de fuelle largo y caras de forma hexagonal u octogonal, con teclado en ambas caras, muy usado en el circo.

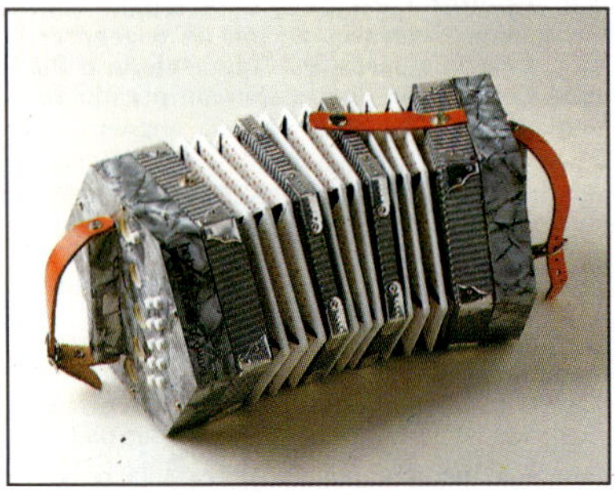

Concertina.

concertino *s. m.* **1.** Primer violinista de una orquesta, que ejecuta los solos de violín. **2.** Conjunto solista en el *concerto grosso.*

concertista *s. m.* y *f.* Músico que actúa en un concierto como solista.

concerto grosso (expr. ital.) *s. m.* Composición orquestal propia del Barroco, en la que un grupo de instrumentos solistas, llamado *concertino*, se opone al conjunto de la orquesta. Se cultivó en los s. XVII y XVIII.

concesión *s. f.* **1.** Acción y efecto de conceder. **2.** Contrato hecho por la administración a un particular, o a una empresa, para construir o explotar algo que pertenece a aquélla. **3.** La explotación o el servicio concedido. **4.** Derecho que una empresa concede a otra, o a un particular, para vender o administrar sus productos en un lugar determinado. **5.** Acción y efecto de ceder en una opinión, creencia, actitud, etc. **6.** Territorio de un país en el que el gobierno concede a los ciudadanos de otro Estado una serie de derechos, especialmente el de no estar sujetos a su jurisdicción (derecho de extraterritorialidad). Fueron frecuentes en China durante el s. XIX (p. ej. la concesión británica de Hong Kong) y surgieron por motivos comerciales.

concesionario, ria *s. m.* y *f.* Persona o entidad a la que se hace una concesión, especialmente de un servicio u obra pública o de la distribución de un producto.

concesivo, va *adj.* Se dice de la oración subordinada que indica la razón que se opone a la principal, sin que esa oposición impida que se cumpla lo que la principal expresa: *Aunque llovía mucho, se celebró la corrida.* Se aplica también a las conjunciones o locuciones que introducen estas oraciones, como *aunque, aun cuando, por más que*, etc. También *s. f.*

concha *s. f.* **1.** Esqueleto calcáreo producido por la secreción del manto de los moluscos. Tiene función protectora y consta de tres partes: cutícula externa, capa intermedia de carbonato cálcico y capa de nácar formada por numerosas laminillas. En los lamelibranquios consta de dos valvas y en los gasterópodos de una sola; en casi todos los cefalópodos es interna. **2.** Cualquier cosa que tenga la forma de concha. **3.** Carey, material sacado del caparazón de esta clase de tortuga. **4.** Mueble en forma de concha, colocado en la parte delantera del escenario de un teatro, para ocultar al apuntador. **5.** Ensenada o golfo muy cerrado y poco profundo. **6.** *amer. vulg.* Órgano sexual femenino. ‖ **7. concha de peregrino** Valva de venera, que los peregrinos a Santiago de Compostela solían llevar cosida en la esclavina. ‖ **Loc. tener más conchas que un galápago** *fam.* Ser muy reservado o astuto.

Concha, José Vicente (Bogotá 1867 - Roma 1929) Político colombiano. Conservador, representó la tendencia progresista dentro de su partido. Luchó por la ampliación de las libertades y se opuso a la reanudación de relaciones con EE UU. Presidente de la nación (1914-18), resolvió una disputa de límites con Ecuador y mantuvo neutral al país durante la Primera Guerra Mundial.

conchabar *v. tr.* **1.** *fam.* Poner de acuerdo a varias personas para ir contra otra o para algún fin, generalmente no lícito. Se usa sobre todo como *v. prnl.* **2.** *amer.* Contratar a alguien como criado o para un trabajo subalterno. **Fam.** Conchabamiento.

conchudo, da *adj.* **1.** *Arg. vulg.* Que tiene mucha suerte. **2.** *Ec., Méx., Perú.* Desvergonzado.

conciencia *s. f.* **1.** Conocimiento que el ser humano tiene de sí mismo y del mundo que lo rodea. **2.** Noción del bien y del mal, según la cual el hombre juzga la moralidad de sus acciones. ‖ **3. cargo de conciencia** Motivo para sentirse culpable. **4. caso de conciencia** Hecho o cuestión cuya resolución plantea un deber moral. **5. examen de conciencia** Acto de recordar el católico las faltas o pecados antes de la confesión; p. ext., reflexión sobre la propia conducta. ‖ **Loc. a conciencia** *adv.* Con mucho interés y detenimiento. **en conciencia** *adv.* Con honradez, sinceramente, de acuerdo con los principios de uno. **tomar** (o **tener**) **conciencia** de algo Considerar, darse cuenta de ello.

concienciar *v. tr.* Hacer que alguien sea consciente o conozca la realidad de un problema o situación, especialmente de carácter social. También *v. prnl.*

concienzudamente *adv. m.* A conciencia, con mucho cuidado.

concienzudo, da *adj.* **1.** Se dice de la persona que hace las cosas con mucha atención, cuidado y detenimiento. **2.** Que está hecho a conciencia.

concierto *s. m.* **1.** Trato o acuerdo. **2.** Función en la que se ejecutan en público obras musicales. **3.** Composición para uno o varios instrumentos solistas con acompañamiento de orquesta. Procede de Italia y se remonta al s. XVII, donde fue desarrollado por músicos barrocos como Albinoni, Vivaldi y Corelli. ‖ **4. concierto económico** Acuerdo entre el gobierno central de España y una comunidad autónoma sobre el reparto de los tributos entre ambos y la financiación de los gastos públicos de dicha comunidad. ‖ **Loc. sin orden ni concierto** *adv.* De cualquier modo, sin regla ni medida.

conciliábulo *s. m.* **1.** Concilio no convocado por una autoridad competente o legítima. **2.** Reunión para tratar de algo que se quiere mantener en secreto.

conciliación *s. f.* **1.** Acción y efecto de conciliar. ‖ **2. acto de conciliación** Acto en el que el juez intenta poner de acuerdo a las partes enfrentadas para evitar el litigio o procedimiento contencioso.

Conchas de diversas clases de moluscos.

conciliar[1] *adj.* **1.** Perteneciente o relativo a los concilios. ‖ *s. m.* **2.** Persona que asiste a un concilio.

conciliar[2] (del lat. *conciliare*) *v. tr.* **1.** Poner de acuerdo o en paz a dos o más personas u organizaciones que estaban en desacuerdo. También *v. prnl.* **2.** Armonizar, conformar dos o más doctrinas que pueden parecer contrarias. También *v. prnl.* ‖ **Loc. conciliar el sueño** Lograr dormirse. **Fam.** Conciliable.

conciliatorio, ria *adj.* Que puede conciliar o se dirige a este fin.

concilio *s. m.* **1.** Reunión de personas para tratar una cosa y, particularmente, asamblea de los obispos y otros eclesiásticos de la Iglesia católica para deliberar y decidir sobre cuestiones importantes de la fe, la moral, la liturgia y la disciplina. Pueden ser locales (provinciales, diocesanos, nacionales...) o universales. ‖ **2. concilio universal** (o **ecuménico**) El que congrega a los obispos de toda la cristiandad bajo la presidencia del papa o sus legados y es, unido al papa, la más alta autoridad de la Iglesia.

concisión *s. f.* Brevedad y acierto en el modo de expresar algo.

conciso, sa *adj.* Que tiene concisión o brevedad. **Fam.** Concisamente.

concitar *v. tr.* Atraer una persona o cosa contra sí misma o contra otra, un sentimiento o actitud desfavorables. También *v. prnl.*

conciudadano, na *s. m.* y *f.* Cada uno de los habitantes de una misma ciudad o nación respecto de los demás.

cónclave o **conclave** *s. m.* **1.** Reunión de cardenales para elegir un nuevo papa. **2.** Lugar en que se reúnen. **3.** P. ext., reunión de alto nivel para tratar un asunto.

concluir *v. tr.* **1.** Acabar, terminar. También *v. prnl.* y *v. intr.* **2.** Deducir, llegar a una conclusión. ■ Es v. irreg. Se conjuga como *huir.*

conclusión *s. f.* **1.** Acción y efecto de concluir o concluirse. **2.** Resolución a la que se llega después de tratar una cosa o pensar sobre ella. **3.** En lóg., proposición que se deduce de las premisas. ‖ **Loc. en conclusión** *adv.* En suma, en resumen. **sacar en conclusión** Deducir, sacar como consecuencia. **Fam.** Conclusivo.

concluso, sa **1.** *p. p.* irreg. de **concluir**. También *adj.* ‖ *adj.* **2.** Se dice del juicio que está visto para sentencia.

concluyente *adj.* Que no admite discusión o réplica. **Fam.** Concluyentemente.

concoide o **concoideo, a** *adj.* De forma de concha; se aplica a ciertas fracturas.

concomerse *v. prnl.* **1.** Estar inquieto o molesto por algo, en especial por sentimientos de envidia o rabia. **2.** Mover los hombros y la espalda por nerviosismo, picor, etc.

concomitancia *s. f.* Circunstancia de ir juntas dos cosas o acciones o cooperar al mismo efecto.

concomitante *adj.* Se dice de lo que acompaña a otra cosa o actúa juntamente con ella.

concordancia *s. f.* **1.** Correspondencia o conformidad de una cosa con otra. **2.** Correspondencia entre los morfemas gramaticales de las palabras variables que forman parte de una misma frase u oración. El artículo concuerda con el sustantivo en género y número: *el señor, la señora; unos perros, unas perras.* El adjetivo concuerda en género y número con el sustantivo: *perro bueno, perra buena; perros buenos, perras buenas.* El verbo concuerda con el sujeto en número y persona: *Yo quiero. Vosotros os quedáis. Ellos me llamarán.* **3.** En geol., estratificación paralela de distintas capas de sedimentos de modo que todas ellas presentan igual inclinación, radio de curvatura, etc.

concordante *adj.* Que concuerda.

concordar *v. intr.* **1.** Coincidir, estar de acuerdo una cosa con otra. **2.** Tener concordancia gramatical dos o más palabras variables. ■ Es v. irreg. Se conjuga como *contar.*

concordato *s. m.* Tratado sobre asuntos eclesiásticos entre la Santa Sede y un Estado.

concorde *adj.* Se dice de la persona que piensa como otra o está de acuerdo en hacer algo; también se aplica a las cosas o ideas que se corresponden o coinciden.

concordia *s. f.* **1.** Acuerdo, armonía entre personas. **2.** Avenencia o convenio entre las partes de un litigio y documento en que consta.

concreción *s. f.* **1.** Acción y efecto de concretar. **2.** Masa, especialmente la de un mineral, formada por depósito o desecación y compactada por cualquier causa.

Concreciones formadas por el deslizamiento de agua caliente en Pamukkale (Turquía).

concretar *v. tr.* **1.** Hacer concreta, exacta y precisa una cosa. **2.** Reducir a lo más esencial aquello de que se trata. ‖ *v. prnl.* **3.** Limitarse a una sola cosa, excluyendo las demás.

concreto, ta *adj.* **1.** Se dice, por oposición a abstracto o general, de las cosas individuales o particulares. **2.** Se aplica a una persona o cosa determinada, no a una cualquiera de las indicadas por el sustantivo: *Busco un disco concreto.* **3.** Preciso, no vago o general. ‖ *s. m.* **4.** *amer.* Hormigón. ‖ **5. música concreta** La que a partir de un sonido cualquiera obtiene otro diferente con la ayuda de aparatos electrónicos. Tuvo su origen en los experimentos realizados desde 1948 por Pierre Schaeffer y Pierre Henry. ‖ **LOC. en concreto** *adv.* Se emplea para introducir la referencia a algo determinado; también, en resumen, en conclusión. **FAM.** Concretamente.

concubina *s. f.* Nombre que se daba a la mujer que hacía vida marital con un hombre sin estar casada con él.

concubinato *s. m.* Relación entre un hombre y una mujer que hacen vida marital sin estar casados.

conculcación *s. f.* Acción y efecto de conculcar.

conculcar *v. tr.* Obrar en contra de una ley, una obligación, etc. ▪ Se conjuga como *sacar.*

concuñado, da *s. m.* y *f.* **1.** Hermano de uno de los cónyuges con relación a los hermanos del otro. **2.** Cónyuge de una persona respecto del cónyuge de un hermano de la primera.

concupiscencia *s. f.* Deseo desmedido de placeres sensuales, en particular de los relacionados con el sexo. **FAM.** Concupiscente.

concurrencia *s. f.* **1.** Reunión de personas en un lugar, espectáculo, etc. **2.** Acción de darse al mismo tiempo varios sucesos, circunstancias, etc. **3.** En econ., competencia.

concurrente *adj.* **1.** Que concurre. También *s.* ‖ **2. rectas concurrentes** Las que pasan por un mismo punto.

concurrido, da **1.** *p. p.* de **concurrir**. También *adj.* ‖ *adj.* **2.** Se dice de los lugares o espectáculos a los que acude mucha gente.

concurrir *v. intr.* **1.** Juntarse en un mismo lugar y a un mismo tiempo varias personas o cosas. **2.** Acudir a algún sitio varias personas. **3.** Darse a la vez ciertas condiciones en algo o alguien. **4.** Influir ciertas circunstancias en algo o alguien. **5.** Tomar parte en un concurso o examen. **6.** En geom., pasar varias líneas por un mismo punto.

concursante *adj.* **1.** Que concursa. ‖ *s. m.* y *f.* **2.** Persona que participa en un concurso o competición.

concursar *v. intr.* **1.** Tomar parte en un concurso convocado para otorgar premios, seleccionar personas, conceder una ejecución de obras, etc. ‖ *v. tr.* **2.** En der., declarar insolvente a una persona que tiene diversos acreedores.

concurso *s. m.* **1.** Competición en la que se disputa un premio. **2.** Procedimiento para cubrir un puesto de trabajo o un cargo en el que los aspirantes tienen que realizar ciertos ejercicios o alegar sus méritos. También, parte o fase de este tipo de pruebas en la que se presentan los méritos de los candidatos, p. ej. sus estudios o trabajos realizados. **3.** Competencia entre las personas o empresas que aspiran a encargarse de ejecutar una obra, prestar un servicio, etc., a fin de elegir la propuesta que ofrezca más ventajas. **4.** Cantidad grande de personas que se junta en un mismo lugar. **5.** Reunión de circunstancias, sucesos, etc., que contribuyen a la realización de algo. **6.** Ayuda.

concusión *s. f.* **1.** Golpe violento, sacudida. **2.** Cobro injusto realizado por un funcionario público en provecho propio.

condado *s. m.* **1.** Dignidad o título del conde. **2.** Territorio o lugar a que se refiere este título y al que se extendía su jurisdicción. **3.** Circunscripción territorial administrativa de algunos países, como el Reino Unido, EE UU, Canadá, etc.

condal *adj.* Perteneciente o relativo al conde.

conde, desa *s. m.* y *f.* **1.** Título nobiliario inferior a marqués y superior a vizconde. **2.** Persona que posee este título. **3.** En la Edad Media, título ostentado por ciertos miembros de la aristocracia militar o palatina. Su origen se halla en el *comitatus* bajoimperial; en la Edad Media designó a miembros del oficio de palacio o del séquito real, así como a príncipes soberanos (como, p. ej., los condes castellanos o gallegos) o a gobernadores de circunscripciones territoriales (condado). ‖ *s. f.* **4.** Mujer del conde.

Condé, Luis II de Condé, llamado **El gran** (París 1621 - Fontainebleau 1686) Militar francés. Obtuvo sobre los españoles las decisivas victorias de Rocroi (1643) y Lens (1648), aunque luego se puso al servicio del monarca español Felipe IV. Regresó a Francia tras la paz de los Pirineos y realizó nuevas campañas triunfales en el Franco-Condado (1668), Flandes (1672) y Alsacia (1675).

condecoración *s. f.* **1.** Acción y efecto de condecorar. **2.** Insignia con la que se condecora.

condecorar *v. tr.* Conceder a alguien un honor o distinción cuya señal externa suele ser una insignia. **FAM.** Condecorado.

condena *s. f.* **1.** Acción y efecto de condenar. **2.** Pena impuesta.

condenación *s. f.* Acción y efecto de condenarse, ir al infierno.

condenado, da **1.** *p. p.* de **condenar**. También *adj.* ‖ *adj.* **2.** Se dice de las personas, particularmente de los niños, y de las cosas que causan enfado, molestia, etc.

condenar *v. tr.* **1.** Pronunciar el juez una sentencia en la que impone una pena o castigo. **2.** Reprobar, desaprobar. **3.** Cerrar o tapiar puertas, ventanas, etc. ‖ *v. prnl.* **4.** Según algunas religiones, ser castigado con la pena eterna, ir al infierno.

condenatorio, ria *adj.* Se dice de aquello que contiene condena o puede motivarla.

condensación *s. f.* **1.** Acción y efecto de condensar o condensarse. **2.** En fís., cambio de estado regresivo de la materia, por el que un gas pasa a estado líquido. La condensación más común es la que se produce cuando el aire está saturado de vapor de agua, por lo que su sobrante se condensa dando lugar a rocíos o escarchas.

condensador, ra *adj.* **1.** Que condensa. ‖ *s. m.* **2.** En fís., sistema formado por dos conductores de igual forma, cargados con la misma cantidad de carga, pero de signo opuesto, y separados por una pequeña distancia, que sirve para almacenar energía eléctrica. Según la forma de los conductores, el condensador puede ser plano, esférico, cilíndrico, etc. **3.** Dispositivo empleado para condensar gases por medio de agua o aire fríos. Se usa en laboratorios y en máquinas como los frigoríficos. **4.** Sistema óptico que concentra sobre un objeto los rayos luminosos procedentes de una fuente de luz.

condensar *v. tr.* **1.** Convertir un vapor en líquido o en sólido. También *v. prnl.* **2.** Reducir algo a menor volumen, hacerlo más denso. También *v. prnl.* **3.** Resumir. **FAM.** Condensable.

condescendencia *s. f.* Actitud de la persona que es condescendiente con los demás.

condescender *v. intr.* Acomodarse o adaptarse por bondad, amabilidad u otras causas, al gusto y deseos de otra persona. ▪ Es v. irreg. Se conjuga como *tender.*

condescendiente *adj.* Se dice de quien es complaciente y se adapta a lo que quieren los demás.

condestable *s. m.* En la Edad Media, persona que ejercía en nombre del rey la primera autoridad en la milicia.

condición *s. f.* **1.** Naturaleza, modo de ser. **2.** Manera de ser de las personas, especialmente desde el punto de vista moral. **3.** Situación especial en que se halla una persona. **4.** Clase o posición social. **5.** Cosa necesaria para que otra se dé u ocurra. **6.** Cada una de las disposiciones o cosas que se establecen en un contrato. **7.** Circunstancia o elemento que determina a una persona o cosa. ‖ *pl.* **8.** Modo de estar algo. **9.** Aptitud, cualidades. ‖ **10. condición sine qua non** Aquella indispensable, absolutamente necesaria para algo. ‖ **LOC. en condiciones** *adv.* En buen estado, apto para lo que se desea. **sin condiciones** *adv.* Sin pedir nada para hacer la cosa de que se trata.

condicional *adj.* **1.** Se dice de aquello que, para cumplirse o tener completa validez, necesita que se dé una condición. **2.** Se dice de la oración subordinada que establece una condición para que se cumpla la acción expresada en la oración principal: *Si vienes a casa, te invito a merendar.* También, se aplica a las conjunciones que unen una oración subordinada condicional con su principal, p. ej. *si, como, cuando, con tal que,* etc. También *s. f.* ‖ *s. m.* **3.** Denominación de dos tiempos verbales del modo indicativo: **condicional simple**, que indica una acción futura respecto de otra acción pasada: *Dijo que vendría*; y **condicional compuesto**, que indica una acción acabada y futura respecto de otra acción pasada: *Habría ido si hubiera podido.* **FAM.** Condicionalmente.

condicionamiento *s. m.* **1.** Acción y efecto de condicionar. **2.** Circunstancia que influye en una persona, particularmente si constituye una limitación. **3.** En psicol., proceso por el que se establece una conexión entre un estímulo particular y una respuesta, de forma que el estímulo –previamente neutral– adquiere la capacidad de generar la respuesta. Una vez establecida esta asociación, el sujeto tenderá a dar la respuesta cada vez que esté presente el estímulo.

condicionar *v. tr.* **1.** Hacer depender una cosa de una condición. **2.** Influir en personas o grupos, determinar sus actitudes, conductas, etc. **FAM.** Condicionante.

condigno, na *adj.* Se dice de lo que corresponde a una cosa o se deriva naturalmente de ella.

Condillac, Étienne Bonnot de (Grenoble 1715 - abadía de Flux 1780) Filósofo francés. Amigo de la mayor parte de los enciclopedistas,

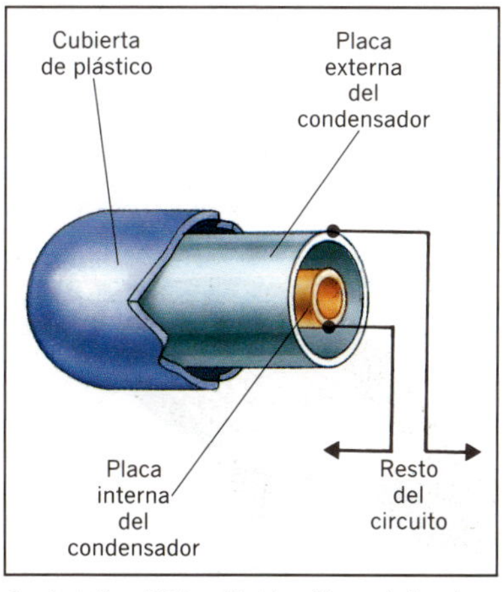

Condensador eléctrico cilíndrico. Si una de las placas recibe una carga eléctrica positiva, en la otra se origina una carga negativa de igual magnitud.

seguidor de Locke, mantiene que el origen de todo conocimiento se encuentra en la sensación, si bien ésta es sólo un signo de las cosas, ya que la realidad exterior permanece incognoscible. Entre sus obras más importantes se cuentan *Ensayos sobre el origen de los conocimientos humanos* (1746), *Tratado de los sistemas* (1749) y *Tratado de las sensaciones* (1754).

cóndilo *s. m.* Extremidad de un hueso, en forma de cabeza redondeada, que se articula encajando en el hueco de otro.

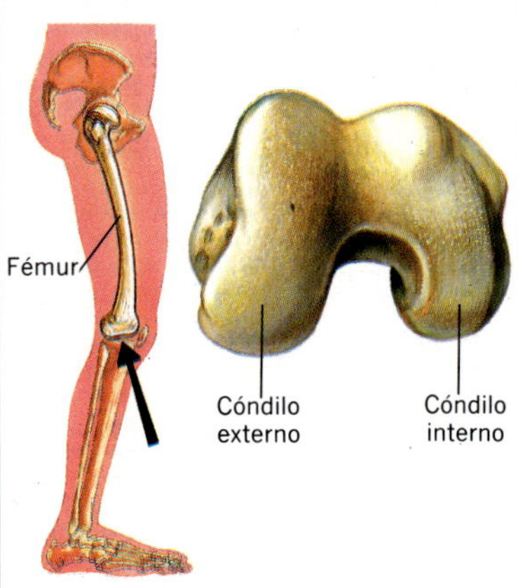

Cóndilos del extremo inferior del fémur derecho, vistos desde abajo.

condimentar *v. tr.* Añadir a los alimentos ciertas sustancias para hacerlos más sabrosos. **FAM.** Condimentación.

condimento *s. m.* Sustancia que se añade a las comidas para hacerlas más sabrosas, como la sal, el aceite, el vinagre, etc.

condiscípulo, la *s. m.* y *f.* Compañero de estudios.

condolencia *s. f.* Participación en el dolor ajeno y expresión con que se manifiesta.

condolerse *v. prnl.* Compartir el dolor de alguien que ha sufrido una desgracia. ▪ Es v. irreg. Se conjuga como *mover.*

condominio *s. m.* **1.** Posesión de una cosa por dos o más personas en común o un territorio por varios países. **2.** La cosa o el territorio así poseídos.

condón *s. m.* Preservativo*.

condonar *v. tr.* Perdonar una pena o una deuda. **FAM.** Condonación.

cóndor *s. m.* **1.** Nombre común de diversas aves falconiformes de la familia catártidos, con diversos géneros. Es la mayor de todas las aves voladoras, ya que puede superar los 3 m de envergadura. Su plumaje es de color negro, excepto en las alas y un collar, que son blancos. El cuello y la cabeza están desnudos y tienen color oscuro. El cóndor real *(Sarcorhamphus papa)* presenta excrecencias en el pico y habita desde el S de México hasta el N de Argentina. El cóndor de los Andes *(Vultur gryphus)* vive en la Patagonia y en la cordillera de los Andes y se alimenta de carroña. El cóndor de California *(Gymnogyps californianus)* es de menor tamaño y está en peligro de extinción. **2.** Cierta moneda de Chile, Colombia y Ecuador.

Cóndor de los Andes (Vultur gryphus).

Condorcet, Marie Jean Antoine de Caritat, marqués de (Ribemont 1743 - Bourg-la-Reine 1794) Filósofo, matemático y político francés. Colaborador de la *Enciclopedia* y editor de las obras de Voltaire, fue diputado en la Asamblea legislativa y en la Convención. Encarcelado por sus simpatías hacia los girondinos, se suicidó en prisión. Redactó en la cárcel su obra maestra, *Bosquejo de un cuadro histórico de los progresos del espíritu humano,* donde defiende el perfeccionamiento indefinido de la humanidad, una de las ideas básicas de los ilustrados.

condotiero *s. m.* Jefe de una tropa de soldados mercenarios en Italia y, p. ext., en otros países europeos, en los s. XIII al XV.

condrictios o **condroíctios** *s. m. pl.* Una de las clases en que se divide la superclase peces del tipo cordados. Estos peces poseen mandíbulas y esqueleto cartilaginoso, numerosos dientes, escamas óseas y una línea lateral sensible a las variaciones de presión del agua, que les avisa de los peligros y la presencia de presas. Se dividen en tres órdenes: selacios (tiburones), batoideos (rayas) y quimeriformes (quimeras). También *adj.* y *s. m.*

condrósteos *s. m. pl.* Superorden de peces osteictios, de esqueleto óseo, escamas esmaltadas y boca muy larga, con la mandíbula inferior atrasada. Comprende numerosos representantes fósiles. Las 33 especies actuales se dividen en dos órdenes: polipteriformes (bichires) y acipenseriformes (esturiones). También *adj.* y *s. m.*

cóndrulo *s. m.* Cada uno de los granos esféricos que aparecen en la superficie de los meteoritos, compuestos de silicatos de hierro y magnesio.

conducción *s. f.* **1.** Acción y efecto de conducir. **2.** Conjunto de conductos para dar paso a un fluido. **3.** En fís., forma de transmisión del calor a través de un medio sólido en el que las moléculas comunican a las más próximas una cierta energía térmica.

conducente *adj.* Se dice de lo que conduce al resultado que se expresa.

conducir *v. tr.* **1.** Llevar de una parte a otra, guiar. **2.** Manejar un vehículo. **3.** Dirigir, mandar. **4.** Llevar a cierto resultado. También *v. intr.* ‖ *v. prnl.* **5.** Comportarse. ▪ Es v. irreg.

CONDUCIR

INDICATIVO

Presente	**Pretérito perf. simple**
conduzco	*conduje*
conduces	*condujiste*
conduce	*condujo*
conducimos	*condujimos*
conducís	*condujisteis*
conducen	*condujeron*

SUBJUNTIVO

Presente	**Pretérito imperfecto**
conduzca	*condujera, -ese*
conduzcas	*condujeras, -eses*
conduzca	*condujera, -ese*
conduzcamos	*condujéramos, -ésemos*
conduzcáis	*condujerais, -eseis*
conduzcan	*condujeran, -esen*

Futuro imperfecto
condujere
condujeres
condujere
condujéremos
condujereis
condujeren

conducta *s. f.* **1.** Forma de comportarse una persona, modo de reaccionar un ser vivo ante el medio que le rodea. **2.** En psicol., conjunto de respuestas materiales observables en un organismo (motrices, fisiológicas, etc.), así como de las operaciones mentales y manifestaciones psíquicas de un sujeto. La conducta es el resultado de la interacción dinámica del ser vivo con su medio, que permite al organismo recuperar el equilibrio perdido como resultado de los estímulos del ambiente.

conductancia *s. f.* En fís., magnitud inversa de la resistencia eléctrica. Su unidad es el *mho* o *siemens.*

conductibilidad *s. f.* Conductividad*.

conductismo *s. m.* Corriente psicológica iniciada por el estadounidense John B. Watson en 1913, que sostiene que la conducta de los organismos debe ser considerada como una respuesta o reacción a los estímulos del ambiente. Centra su investigación sólo en lo objetivamente observable y excluye el estudio de las emociones y de la experiencia mental interior. Desde 1950, el principal representante de esta escuela ha sido Burrhus Frederic Skinner.

conductividad *s. f.* Cualidad de buen conductor del calor o de la electricidad. La *conductividad eléctrica* es la constante inversa a la resistividad de un material. La *conductividad térmica* es la cantidad de calor que atraviesa la unidad de longitud de un conductor de 1 m^2 de sección en un segundo, cuando los extremos de dicha longitud se diferencian en un grado centígrado de temperatura. ▪ Se dice también *conductibilidad.*

conducto *s. m.* **1.** Canal o tubo por el que circula un fluido. **2.** Cada uno de los tubos o canales anatómicos del organismo. **3.** Intervención de una persona para la solución de un asunto, obtención de noticias, etc. **4.** Camino que sigue una instancia, orden u otro documento. ‖ **LOC. por conducto de** *adv.* A través de, por medio de.

conductor, ra *adj.* **1.** Que conduce. También *s.* **2.** Se dice de los cuerpos que transmiten el calor o la electricidad. La conducción de corriente eléctrica implica el movimiento ordenado de los electrones de las capas externas de los átomos. Por tanto, los materiales cuyos electrones tienen facilidad para desligarse de sus correspondientes átomos permiten el paso de la corriente eléctrica a su través y son conductores, como p. ej., los metales. También *s. m.* ‖ *s. m.* y *f.* **3.** Persona que conduce o guía un vehículo.

condumio *s. m. fam.* Comida, alimento.

Condylis, Georgios (Trícala, Tesalia 1879 - Atenas 1936) Militar y político griego. Después de la derrota griega frente a Turquía, impulsó el movimiento que obligó a Constantino I a abdicar en favor de su hijo Jorge II (1922). En 1926 mediante un golpe de Estado derribó al general Pangalos y gobernó el país unos meses. Aplastó la insurrección de Venizelos (1935) y dirigió el golpe de Estado contra Tsaldaris que propició la vuelta de Jorge II (1935).

conectar *v. tr.* **1.** Unir o poner en contacto una parte de un mecanismo, sistema, etc., a otra. También *v. intr.* y *v. prnl.* **2.** Relacionar, enlazar, establecer comunicación. También *v. intr.*

conectivo, va *adj.* **1.** Que une o liga partes de un mismo aparato o sistema. ‖ *s. f.* **2.** En lóg., toda partícula que se utiliza para crear, a partir de una o más proposiciones lógicas, una nueva proposición. Las conectivas más usadas son la negación *no* (símbolo $\sim$), la conjunción *y* (símbolo $\wedge$), la disyunción *o* (símbolo $\vee$) y la condicional *si* (símbolo $\rightarrow$).

conejero, ra *adj.* **1.** Que caza conejos. ‖ *s. m.* y *f.* **2.** Persona que cría o vende conejos. ‖ *s. f.* **3.** Madriguera donde se crían los conejos. **4.** Cueva estrecha y profunda. **5.** *fam.* Lugar estrecho donde viven demasiadas personas juntas en malas condiciones.

conejillo 1. *dim.* de **conejo.** ‖ **2. conejillo de Indias** Cobaya*. P. ext., persona en quien se ensaya algo.

conejo, ja *s. m.* y *f.* **1.** Nombre común de diversos mamíferos lagomorfos de la familia lepóridos, géneros *Oryctolagus, Sylvilagus,* etc. El conejo común *(Oryctolagus cuniculus)* mide unos 40 cm, tiene orejas largas, cola corta, patas posteriores muy desarrolladas y pelo gris. Originario de Europa y del N de África, en la actualidad está extendido por todo el mundo. En estado salvaje forma pequeños grupos familiares y vive en madrigueras; es muy prolífico y tiene camadas de 5 a 12 crías, llamadas *gazapos.* Domesticado por el hombre desde la Edad Media, es objeto de cría industrial para la obtención de carne, piel y pelo. Entre las numerosas razas obtenidas por selección destacan el conejo doméstico común (muy parecido al silvestre), el plateado, el de Angora, etc. En las zonas áridas de América existen unas 15 especies de conejos, clasificados en el género *Sylvilagus.* ‖ *s. f.* **2.** *fam.* Mujer muy fértil y que tiene muchos hijos.

conexión *s. f.* **1.** Acción y efecto de conectar. **2.** Enlace entre las piezas de una máquina o aparato, o de éstos con la corriente eléctrica, o de varios aparatos o conductores eléctricos entre sí. **3.** Enlace de una emisora de radio o televisión con otra para transmitir conjuntamente.

conexo, xa *adj.* Se dice de la cosa que está en conexión o relación con otra.

confabularse *v. prnl.* Ponerse de acuerdo dos o más personas, en secreto, generalmente con el fin de perjudicar a alguien.

confección *s. f.* **1.** Acción y efecto de confeccionar. **2.** Fabricación de ropa, particularmente la que se hace en serie.

confeccionar *v. tr.* Hacer determinadas cosas, especialmente prendas de vestir, páginas de libros o periódicos, listas, presupuestos, etc.

confederación *s. f.* **1.** Unión o asociación entre personas, grupos o empresas, y cada uno de los organismos resultantes. **2.** Unión de Estados que, conservando su soberanía y su gobierno, se organizan con instituciones y leyes comunes y actúan conjuntamente, sobre todo en el campo internacional. La confederación se caracteriza por su naturaleza inestable y su tendencia a disolverse o a transformarse en federación. **3.** Nombre de distintas organizaciones sindicales nacionales e internacionales.

Confederación Española de Derechas Autónomas (CEDA) Organización política española creada en 1933 por José María Gil Robles mediante la fusión de su partido, Acción Popular, y la Derecha Regional Valenciana. Fue el partido conservador más votado en las elecciones de 1933 y sus miembros ocuparon diversos ministerios en los gobiernos radicales de 1934 y 1935.

Confederación Española de Organizaciones Empresariales (CEOE) Organización patronal española creada en 1977. Agrupa a la mayoría de las empresas para defender sus intereses ante el gobierno y los sindicatos.

Confederación General del Trabajo Sindicato francés, creado en 1895. Anarcosindicalista en sus orígenes, derivó hacia la influencia comunista.

Confederación Helvética Agrupación de los 27 cantones que forman Suiza.

Confederación Nacional del Trabajo (CNT) Organización sindical española de tendencia anarcosindicalista, fundada en Cataluña en 1910 y que adoptó su nombre actual en 1911. Consiguió su mayor implantación entre el campesinado andaluz y en las zonas industriales de Cataluña y llegó a ser, junto a la UGT socialista, el sindicato más importante del país. Su principal arma de lucha era la huelga general revolucionaria. En las elecciones de 1936 ayudó al triunfo del Frente Popular y más tarde intervino activamente en la guerra civil. Muy castigada por la represión en la época de Franco, volvió a ser legalizada en 1977.

Confederación Sudista Asociación constituida en 1860 por 11 estados del Sur de la Unión Americana, partidarios de que las leyes federales se aprobasen en los respectivos estados antes de entrar en vigor. Las más conflictivas eran la de la abolición de la esclavitud y la del proteccionismo económico. En 1861 aprobaron una constitución y nombraron presidente a Jefferson Davis, lo que dio paso a la guerra de Secesión.

confederado, da **1.** *p. p.* de **confederarse**. También *adj.* ‖ *adj.* **2.** Perteneciente o relativo a una confederación. También *s.* **3.** Perteneciente o relativo a los estados de la Confederación Sudista de EE UU (1861-65). También *s.*

confederarse *v. prnl.* **1.** Asociarse personas, grupos o empresas para determinados fines. **2.** Unirse varios estados adoptando organismos políticos comunes sin renunciar a su soberanía ni a su gobierno.

confer (voz lat.) Se usa para remitir a una obra o texto que se aconseja consultar. ▪ Su abreviatura es *cf.* o *cfr.*

conferencia *s. f.* **1.** Exposición en público de algún tema o materia. **2.** Comunicación telefónica entre dos ciudades. **3.** Reunión entre los representantes de entidades, gobiernos, etc., para tratar algún asunto. ‖ **4. conferencia de prensa** Reunión convocada por una o varias personalidades para informar a los periodistas y someterse a sus preguntas. **5. conferencia episcopal** Junta de los obispos católicos de un país, para promover la acción pastoral y adaptarla a las circunstancias de nuestro tiempo; fueron concebidas por el Concilio Vaticano II.

conferenciante *s. m.* y *f.* Persona que da una conferencia.

conferenciar *v. intr.* Conversar varias personas para tratar de un asunto o negocio.

conferir *v. tr.* **1.** Conceder a alguien una dignidad, empleo, facultades, derechos, etc. **2.** Comunicar a una persona o cosa cierta cualidad o valor. ▪ Es v. irreg. Se conjuga como *sentir.*

confesar *v. tr.* **1.** Decir alguien una cosa que antes ha ocultado. **2.** Reconocer alguien el delito de que se le acusa. También *v. prnl.* **3.** Manifestar uno sus hechos, ideas o sentimientos. También *v. prnl.* **4.** Decir el penitente los pecados al confesor. También *v. prnl.* **5.** Recibir el sacerdote la confesión de un penitente. ▪ Es v. irreg. Se conjuga como *pensar.*

confesión *s. f.* **1.** Acción y efecto de confesar o confesarse. **2.** Creencia religiosa y conjunto de personas que la profesan.

confesional *adj.* **1.** Perteneciente o relativo a una confesión religiosa. **2.** Se aplica a la institución, en especial al Estado, que se declara oficialmente adscrito a una religión.

confesionario *s. m.* Especie de cabina de madera en la que el sacerdote escucha a los penitentes en confesión.

confeso, sa *adj.* **1.** Se dice de la persona que ha confesado su delito o falta. También *s.* **2.** Se aplicaba al judío convertido al cristianismo. También *s.*

confesor *s. m.* **1.** Sacerdote que confiesa a los penitentes y perdona sus pecados. **2.** Cristiano que en tiempo de persecución confiesa públicamente su fe.

confeti *s. m.* Pedacitos de papel de diversos colores, que se arrojan unas personas a otras en algunas fiestas.

confiado, da **1.** *p. p.* de **confiar**. También *adj.* ‖ *adj.* **2.** Que muestra confianza en alguien o algo. **3.** Se aplica a la persona inclinada a confiar en cualquiera. **4.** Se dice de la persona que tiene seguridad en sí misma.

Distintas razas de conejos.

confianza *s. f.* **1.** Actitud de tranquilidad ante una persona o cosa de la que se espera que se porte o funcione bien, o que ocurra tal como se pensaba. **2.** Seguridad que uno tiene en sí mismo, en sus cualidades. **3.** Ánimo o decisión para obrar. **4.** Naturalidad o sinceridad en el trato entre personas. P. ext., y sobre todo en plural, familiaridad o libertad excesiva y molesta de una persona con otra u otras. ‖ **Loc. de** (o **de toda**) **confianza** *adj.* Se dice de la persona o cosa en la cual se puede confiar. También se dice de la persona con quien se tiene trato familiar. **en confianza** *adv.* En secreto, reservadamente; también, sin ceremonias.

confianzudo, da *adj.* Se dice de la persona que se toma excesivas confianzas en el trato con los demás.

confiar *v. intr.* **1.** Tener confianza en una persona o cosa. También *v. prnl.* ‖ *v. tr.* **2.** Encargar a alguien de algo. **3.** Depositar en alguien o algo, los propios bienes, un secreto, etc. También *v. prnl.* ‖ *v. prnl.* **4.** Descuidarse por haber confiado excesivamente en algo. ▪ En cuanto al acento, se conjuga como *ansiar. confío.*

confidencia *s. f.* Acción de comunicar algo en secreto o de manera reservada a alguien, y lo que así se comunica.

confidencial *adj.* Que se hace o se dice en confianza. **Fam.** Confidencialmente.

confidente *s. m.* y *f.* **1.** Persona a quien otra confía sus secretos. **2.** Persona que obtiene y proporciona información de otras por dinero u otro beneficio, y especialmente el que lo hace para la policía. ‖ *s. m.* **3.** Cierto tipo de sofá de dos asientos.

configuración *s. f.* **1.** Acción y efecto de configurar. **2.** Aspecto exterior de una cosa. **3.** Disposición de las partes que componen una cosa. ‖ **4. configuración electrónica** En fís., notación que indica cómo están distribuidos los electrones de un átomo en torno a su núcleo. El nivel o capa se expresa con un número y el subnivel con letras (*s, p, d, f*) afectadas con exponentes que denotan cuántos electrones ocupan cada subnivel. Así, la configuración electrónica del cloro, con 17 electrones es: $1s^22s^2p^63s^2p^5$.

configurar *v. tr.* **1.** Dar una determinada forma, estructura o figura a una cosa. También *v. prnl.* ‖ *v. prnl.* **2.** Presentarse una persona o cosa con unos rasgos o características determinadas.

confín *s. m.* **1.** Punto más lejano que se alcanza con la vista. P. ext., lo más alejado del centro de un lugar, territorio, país, etc. **2.** Límite que separa dos territorios. Se usa sobre todo en *pl.*

confinamiento *s. m.* **1.** Acción y efecto de confinar. **2.** En der., pena que obliga al condenado a vivir forzosamente en un determinado lugar bajo la vigilancia de las autoridades.

confinar *v. intr.* **1.** Conducir a alguien a un lugar determinado con la prohibición de abandonarlo. **2.** Encerrar, recluir. También *v. prnl.* **3.** Tener un grupo de personas apartado de su trato a alguien que pertenece a dicho grupo. ‖ *v. intr.* **4.** Estar un territorio al lado de otro, de un río, del mar, etc. **5.** Rayar, estar muy próximo, ser muy parecido a algo. **Fam.** Confinante.

confirmación *s. f.* **1.** Acción y efecto de confirmar. **2.** Aquello que confirma la certeza de algo. **3.** Sacramento de varias Iglesias cristianas que confirma la gracia del bautismo.

confirmando, da *s. m.* y *f.* Persona que va a recibir el sacramento de la confirmación.

confirmar *v. tr.* **1.** Volver a afirmar algo cierto o asegurar algo que era dudoso. **2.** Mantener la validez de algo o dar validez definitiva a lo que sólo la tenía provisional. **3.** Dar a una persona o cosa mayor firmeza o seguridad. También *v. prnl.* **4.** Administrar el sacramento de la confirmación. ‖ *v. prnl.* **5.** Recibir este sacramento.

confirmatorio, ria *adj.* Que confirma; se aplica especialmente a la sentencia judicial que confirma otra anterior.

confiscar *v. tr.* **1.** Privar el Estado a alguien de sus bienes y entregarlos al Tesoro o Hacienda pública. **2.** Apoderarse las autoridades o agentes del gobierno de ciertas cosas implicadas en un delito. ▪ Se conjuga como *sacar.*

confitar *v. tr.* **1.** Cubrir las frutas, almendras, piñones, etc., de un baño de azúcar. **2.** Cocer las frutas con almíbar para su conservación.

confite *s. m.* Golosina, generalmente en forma de bolita, hecha de pasta de azúcar y algún otro ingrediente en su interior, p. ej. un piñón o un grano de anís. Se usa sobre todo en *pl.*

confitería *s. f.* Establecimiento en el que se hacen o venden dulces.

confitero, ra *s. m.* y *f.* Persona que hace o vende dulces y confituras.

confitura *s. f.* Fruta cocida con azúcar.

conflagración *s. f.* Conflicto violento, especialmente la guerra, entre dos o más naciones.

conflictivo, va *adj.* **1.** Que origina conflicto. **2.** Perteneciente o relativo al conflicto. **3.** Se dice del tiempo, situación y circunstancias en los que hay conflictos.

conflicto *s. m.* **1.** Situación de lucha o desacuerdo entre personas o cosas. **2.** Situación de difícil salida. **3.** En psicol., existencia simultánea en un individuo de ideas, tendencias y deseos opuestos y de intensidad parecida; si no son resueltos, paralizan la acción del sujeto y provocan ansiedad. ‖ **4. conflicto colectivo** El laboral entre trabajadores y empresarios cuando sus posiciones son tan opuestas que no consiguen llegar a un acuerdo.

confluencia *s. f.* **1.** Acción y efecto de confluir. **2.** Lugar donde confluyen ríos, caminos, calles, etc.

confluir *v. intr.* **1.** Juntarse en un determinado punto varios caminos, corrientes de agua, una multitud de personas, etc. **2.** Coincidir ideas, opiniones, actitudes, etc. ■ Es v. irreg. Se conjuga como *huir.* **FAM.** Confluente.

conformación *s. f.* Distribución o disposición de las partes que forman un todo.

conformar *v. tr.* **1.** Dar forma a algo. **2.** Hacer coincidir una cosa con otra. También *v. prnl.* **3.** Poner de acuerdo a personas enfrentadas. **4.** Poner el conforme en un escrito o documento. ‖ *v. prnl.* **5.** Aceptar sin protesta algo insuficiente, molesto, contrario a los propios deseos, etc.

conforme *adj.* **1.** Que se adapta a aquello que se expresa o está de acuerdo con ello. **2.** Contento o satisfecho con alguna cosa. ‖ *s. m.* **3.** Asentimiento o aprobación que se pone al pie de un escrito. ‖ *adv. m.* **4.** Según, con arreglo a, de acuerdo con. **5.** Indica el desarrollo simultáneo de dos acciones: *Entraban en clase conforme iban llegando.*

conformidad *s. f.* **1.** Consentimiento, aprobación. **2.** Tolerancia, resignación. **3.** Unión, acuerdo o correspondencia entre personas o cosas. ‖ **LOC. en** (o **de**) **conformidad con** *adv.* Según, de acuerdo con.

conformismo *s. m.* Actitud o comportamiento de la persona que fácilmente se adapta a lo establecido o predominante, incluso a circunstancias negativas, insatisfactorias o contrarias a sus convicciones, etc. **FAM.** Conformista.

confort *s. m.* Bienestar, comodidad.

confortable *adj.* **1.** Cómodo, agradable. **2.** Que conforta, alienta o consuela. **FAM.** Confortablemente.

confortador, ra o **confortante** *adj.* Que conforta. También *s.*

confortar *v. tr.* **1.** Dar fuerza y vigor a alguien. También *v. prnl.* **2.** Animar o consolar a una persona. También *v. prnl.*

confraternidad *s. f.* Relación de amistad que se establece entre personas, grupos, países, etc.

confraternizar *v. intr.* Tratarse con amistad y compañerismo. ■ Se conjuga como *cazar.*

confrontación *s. f.* **1.** Acción y efecto de confrontar o confrontarse. **2.** Enfrentamiento.

confrontar *v. tr.* **1.** Comparar dos o más cosas. **2.** Poner frente a frente a dos o más personas para que declaren sobre un mismo asunto, especialmente en un juicio. **3.** Estar o ponerse una persona o cosa frente a otra. También *v. prnl.* **4.** Hacer frente a dificultades o peligros.

confucianismo *s. m.* Conjunto de creencias y prácticas religiosas, éticas, sociales, políticas y económicas basadas en las enseñanzas de Confucio, que se practican en Japón y, sobre todo, en China. En el confucianismo no hay dioses, sacerdotes, iglesia ni dogmas. Es más una filosofía y una moral que una religión. Predica la amistad y la equidad, el cultivo de la propia personalidad y la fidelidad a la tradición nacional y familiar. **FAM.** Confucianista.

confuciano, na *adj.* Perteneciente o relativo a la doctrina de Confucio o seguidor de ella. También *s.*

Confucio (país de Lu, actual Shandong h. 551 - íd. 479 a. C.) Nombre latinizado del sabio chino Kung Fu-tse, fundador del confucianismo. Tras ocupar cargos políticos en su reino natal, residió en diversas cortes, en las que ofrecía consejos sobre la organización de la sociedad a los gobernantes. Creó luego una especie de escuela o academia en la que se dedicó a la revisión de los textos clásicos chinos y a la enseñanza de temas literarios, políticos y morales. No dejó escrito alguno. Durante siglos, y hasta principios del s. XX, se le rindió culto público en China y su ética se enseñó en las escuelas.

confucionismo *s. m.* Confucianismo*.

confundir *v. tr.* **1.** Tomar o entender una cosa por otra. También *v. prnl.* **2.** Mezclar personas o cosas diversas de forma que no puedan distinguirse unas de otras. También *v. prnl.* **3.** Desordenar, trastocar. También *v. prnl.* **4.** Producir en alguien una impresión de desconcierto, inseguridad, vergüenza o duda. También *v. prnl.*

confusión *s. f.* **1.** Equivocación, error. **2.** Desorden, falta de claridad. **3.** Turbación en el ánimo, perplejidad o vergüenza.

confusionismo *s. m.* Falta de claridad en las ideas o en el lenguaje.

confuso, sa *adj.* **1.** Falto de claridad, de orden. **2.** Difícil de percibir o distinguir. **3.** Se aplica a la persona que no sabe qué hacer o qué decir. **4.** Avergonzado, humillado.

conga *s. f.* **1.** Baile popular cubano, de origen africano, en el que los participantes, unos detrás de otros y agarrados por la cintura, marcan tres pasos al compás de un tambor, seguidos de un sacudimiento de todo el cuerpo. **2.** Música que acompaña a este baile.

congelador *s. m.* Compartimiento de la nevera o frigorífico que sirve para hacer hielo o para congelar y conservar los alimentos.

congelar *v. tr.* **1.** Convertir un líquido en sólido por efecto del frío. También *v. prnl.* **2.** Enfriar un sólido hasta que quede helada su parte líquida, como se hace, p. ej., con los alimentos para su conservación. También *v. prnl.* **3.** Producir lesiones en los tejidos orgánicos a temperaturas inferiores a 0 °C. También *v. prnl.* **4.** Inmovilizar una autoridad los fondos o propiedades de alguien o impedir que sufran modificaciones ciertos factores económicos, p. ej. precios y salarios. También *v. prnl.* **5.** Enfriar o bloquear las relaciones entre países, personas, etc. ‖ *v. prnl.* **6.** Tener mucho frío una persona. **FAM.** Congelación, congelado, congelamiento, congelante.

congénere *adj.* Que es del mismo género, clase u origen. También *s.*

congeniar *v. intr.* Entenderse bien dos o más personas por tener carácter parecido.

congénito, ta *adj.* **1.** Se dice del rasgo o carácter que nace con el ser y que no depende de factores hereditarios, sino que es adquirido durante los periodos embrionario y fetal, p. ej. la sordera congénita por efectos de la rubeola materna o por medicación. **2.** En sentido amplio, se aplica tanto a los caracteres hereditarios como a los adquiridos antes del nacimiento.

congestión *s. f.* **1.** Acumulación excesiva o anormal de sangre en alguna parte del cuerpo. Suele deberse a alteraciones en la circulación de la sangre (trombosis, embolias, etc.) o en la acción del corazón. **2.** Aglomeración, en especial de gente, de vehículos, etc., que entorpece la normal circulación.

congestionar *v. tr.* Producir congestión. También *v. prnl.*

congestivo, va *adj.* **1.** Perteneciente o relativo a la congestión. **2.** Se dice de la persona propensa a ella.

conglomerado, da **1.** *p. p.* de **conglomerar**. También *adj.* ‖ *adj.* **2.** Se dice de las flores de inflorescencia apretada. ‖ *s. m.* **3.** Roca sedimentaria formada por los fragmentos de diversas rocas o minerales unidos por un cemento. Si son de cantos angulosos se llaman *brechas,* y si están formadas por cantos rodados, *pudingas.* **4.** Masa compacta de materiales unidos artificialmente. **5.** Acumulación de cosas inmateriales.

Conglomerado del mioceno, en Cala Morell, Menorca (España).

conglomerar *v. tr.* Unir fuertemente partículas de una o varias sustancias, de modo que resulte una masa compacta. También *v. prnl.* **FAM.** Conglomeración.

Congo Antiguo nombre del río Zaire.

Congo, República Popular del Estado de África ecuatorial.

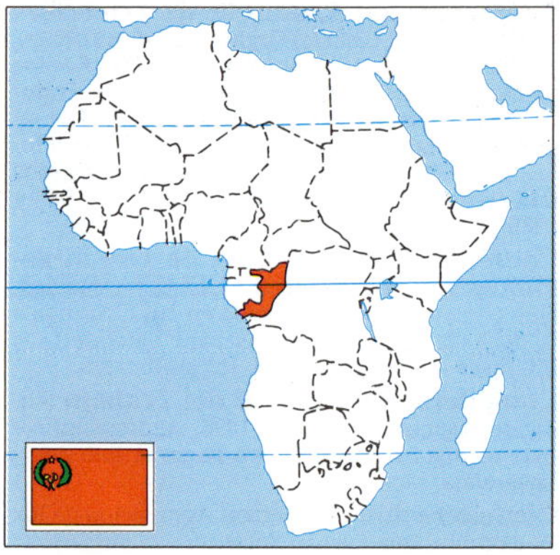

Extensión: 342.000 km^2.
Límites: al N, con Camerún y la República Centroafricana; al E, con Zaire; al S, con Zaire y Angola, y al O, con Gabón y el océano Atlántico.
Población: 2.326.000 h. en 1990.
Densidad: 6,8 h./km^2.
Capital: Brazzaville.
División administrativa: 9 regiones.
Ciudades principales: Pointe-Noire, Loubomo.
Gentilicio: congoleño.
Forma de Estado: república popular.
Idioma: francés (oficial), lingala y kikongo.
Religión: catolicismo, 54 %; protestantismo, 25 %; cristianismo africano, 14%; religiones tradicionales, 5%.
Moneda: franco CFA.
Tasa de natalidad: 44 ‰ en 1990.
Tasa de mortalidad: 14 ‰ en 1990.
Renta per cápita: 930 dólares en 1989.

Geog. El territorio del Congo ocupa la vertiente derecha de la cuenca del río Zaire y comunica con el Atlántico a través de un pequeño pasillo. Está atravesado por la línea del ecuador, por lo que tanto el clima como la vegetación son ecuatoriales: no hay estación seca y las precipitaciones son casi diarias y en forma de chubascos. En el interior, más seco, se dan formaciones de sabana. La parte más poblada y desarrollada del país es la meridional, donde se encuentran las principales ciudades. Hay numerosas plantaciones de productos tropicales, como azúcar, ananas, café, cacao y tabaco, lo que da lugar a industrias de transformación, como refinerías azucareras y factorías de aceite de palma. Una parte importante de la economía la representan el sector minero (cobre, plomo, estaño, sales potásicas) y el sector maderero, así como el petróleo y el gas natural.

Hist. Originariamente habitada por pigmeos, la zona empezó a ser ocupada a partir del s. XIV por las tribus bataké y vili. Estos últimos se extendieron considerablemente y crearon el reino Longo. A fines del s. XVIII llegó, procedente del Alto Congo, una nueva tribu, los bakongo. Los europeos arribaron a sus costas en 1482 (expedición del portugués Diego Cao) y muy pronto

República Popular del Congo: vista del río Congo, en las proximidades de Brazzaville.

convirtieron la zona en uno de los principales centros de captura de esclavos. En el s. XIX, Stanley y Brazza exploraron la región, que fue atribuida a Francia por el tratado de Berlín (1884). Explotado durante más de medio siglo por diversas compañías privadas (lo que produjo levantamientos como el de André Matswa, 1929-31), el país consiguió la autonomía en 1958 y la independencia en 1960. El primer presidente fue Fulbert Youlou, depuesto en 1963 por un golpe militar dirigido por Massemba-Débat, que implantó un régimen socialista. Los sectores más radicales del ejército intervinieron de nuevo en 1968, derrocaron a Massemba-Débat y proclamaron presidente al capitán N'Gouabi. Bajo su mandato se nacionalizó el petróleo, se creó el Partido Congoleño del Trabajo y se desarrolló el carácter marxista del nuevo régimen. Muerto durante un complot en 1977, N'Gouabi fue reemplazado por un comité militar presidido por Opango, pero controlado por Sassou Nguesso, que en 1979 se hizo con el total control del poder. En 1991 una conferencia nacional democrática despojó a Nguesso de gran parte de sus poderes e impuso como jefe de gobierno a André Milongo, quien convocó un referéndum para cambiar la Constitución. En enero de 1992 una asonada militar dirigida por el general Jean Marie Michel Mokoko obligó a Milongo a abandonar el país e interrumpió el proceso democratizador.

congoja *s. f.* Pena o angustia muy intensa.

congoleño, ña o **congolés, sa** *adj.* De la República Popular del Congo. También *s.*

congraciar *v. tr.* Ganar la simpatía, afecto, apoyo, etc., de otro. Se usa más como *v. prnl.*

congratulación *s. f.* Acción y efecto de congratular o congratularse.

congratular *v. tr.* Manifestar alegría y satisfacción a una persona a la que le ha sucedido algo bueno. También *v. prnl.*

congregación *s. f.* **1.** Acción de congregar o congregarse. **2.** Reunión de religiosos o seglares que siguen unas mismas normas o persiguen un determinado fin. **3.** En el Vaticano, cada una de las distintas secciones compuestas de cardenales, prelados y otras personas, que se encargan de ciertos asuntos.

congregante, ta *s. m.* y *f.* Miembro o socio de una cofradía.

congregar *v. tr.* Reunir o atraer a gente. También *v. prnl.* ▪ Se conjuga como *pagar.*

congresista *s. m.* y *f.* **1.** Persona que participa en un congreso. **2.** Persona que forma parte del Congreso, cámara legislativa.

congreso *s. m.* **1.** Reunión de personas para tratar cuestiones previamente fijadas, de carácter científico, social, profesional, etc. **2.** Reunión de gobernantes o políticos para deliberar y negociar sobre asuntos internacionales, como poner fin a un conflicto militar; p. ej., el Congreso de Viena (1815). **3.** En algunos países, asamblea legislativa nacional. **4.** Edificio donde se reúne esta asamblea. ‖ **5. Congreso de los Diputados** Órgano legislativo que compone, junto con el Senado, las Cortes generales españolas. Lo constituyen 350 diputados, elegidos por sufragio universal directo y secreto en cada una de las circunscripciones. **6. Congreso eucarístico** Reunión internacional, nacional o regional que tiene por objeto expresar y fomentar, mediante la celebración eucarística, la unidad de la fe católica y la unión de todos los fieles en Cristo.

Congreve, William (Bardsey, Yorkshire 1670 - Londres 1729) Dramaturgo británico. Su teatro es una muestra brillante de la Restauración y de la reacción contra el puritanismo de la época anterior. Entre sus obras destacan *El solterón* (1693), *Amor por amor* (1695), *La novia de luto* (1697) y *Así va el mundo* (1700).

congrio *s. m.* Pez osteíctio anguiliforme de la familia cóngridos, géneros *Conger, Ariosoma,* etc. El congrio común *(Conger conger)* tiene el cuerpo subcilíndrico alargado, mide de 2 a 3 m de longitud y es de color gris pardusco. No tiene escamas, sus aberturas branquiales son grandes y posee una larga aleta dorsal. Se reproduce sólo una vez, poniendo la hembra una enorme cantidad de huevos, y poco después se reblandece su esqueleto y muere. Vive en todos los mares no árticos y su carne es muy apreciada.

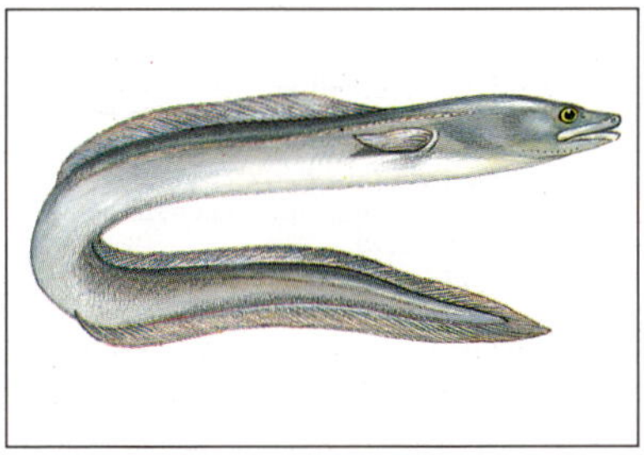

Congrio común (Conger conger).

congruencia *s. f.* **1.** Coherencia, relación de armonía o conformidad. **2.** En der., conformidad en un juicio entre el fallo y las pretensiones de las partes litigantes. **3.** En mat., relación entre dos números enteros *a* y *b* cuando, al ser divididos por otro número entero *m*, dan el mismo resto. **4.** En geom., relación entre dos figuras planas que pueden superponerse mediante una serie de giros, traslaciones y simetrías.

congruente *adj.* Que presenta congruencia.

congruo, grua *adj.* Conveniente, oportuno.

cónico, ca *adj.* **1.** Perteneciente o relativo al cono o con su forma. ‖ *s. f.* **2.** En geom., cada una de las diferentes curvas planas (circunferencia, elipse, hipérbola y parábola) que pueden obtenerse como intersección de un plano con un cono de revolución.

coníferas *s. f. pl.* Subclase de plantas gimnospermas a la que pertenecen los órdenes voltziales (extinguido) y pinales (pinos, abetos, cipreses, etc.). Se caracterizan por tener flores masculinas con estambres en forma de escudo, de cuyos granos de polen no se desarrollan espermatozoides. Son leñosas, con hojas pequeñas en forma de escama, lineales o lanceoladas y con frecuencia aciculares. Poseen fructificaciones cónicas o esféricas y semillas, unas veces carnosas, con un tegumento endurecido en su interior, y otras con la cubierta seca y más o menos leñosa. Son plantas monoicas o dioicas, cuya polinización se efectúa por medio del aire. También *adj.* y *s. f.*

conjetura *s. f.* Suposición que se hace a partir de ciertos indicios o sospechas.

conjeturar *v. tr.* Formarse o emitir conjeturas. **FAM.** Conjeturable.

conjugación *s. f.* **1.** Acción y efecto de conjugar. **2.** Conjunto de formas de un verbo que expresan persona, número, tiempo y modo. **3.** Cada uno de los tres grupos en que se dividen los verbos según la terminación del infinitivo: en *-ar*, en *-er* y en *-ir*. **4.** En biol., forma de reproducción sexual que presentan algunos organismos unicelulares, en la que dos células se ponen en contacto e intercambian material genético.

Ling. La conjugación es el conjunto ordenado de todas las formas de un verbo. Estas formas resultan de añadir al lexema o raíz los morfemas verbales o terminaciones correspondientes. Los morfemas verbales indican persona, número, tiempo y modo. En *cant-a-d, cant-* es la raíz, el morfema *-a* indica segunda persona, modo imperativo, y el morfema *-d* indica número plural. Los morfemas verbales suelen unirse a la raíz a través de una vocal, llamada *vocal temática.* Según cual sea la vocal temática del infinitivo, los verbos españoles se organizan en tres conjugaciones. Los verbos de la primera tienen el infinitivo acabado en *-ar*, como *cantar*; los de la segunda, en *-er*, como *temer*; los de la tercera en *-ir*, como *partir.* Tres son también los modos verbales: indicativo, subjuntivo e imperativo. Al lado de estos modos, cuyos tiempos tienen formas personales, están las formas no personales: infinitivo simple o compuesto, gerundio simple o compuesto y participio. Los tiempos son presente, pretérito y futuro. Los tiempos pueden ser simples, si solamente tienen una forma verbal: *quiero*; o compuestos, si necesitan un verbo auxiliar: *he querido.* Las voces son dos: activa, en la que el sujeto es un sujeto agente, que realiza la acción: *El hombre ama la vida*; y pasiva, en la que el sujeto es un sujeto paciente, que recibe la acción del verbo: *La vida es amada por el hombre.*

conjugado, da **1.** *p. p.* de **conjugar**. También *adj.* ‖ **2. número conjugado** En mat., número complejo que, respecto a otro, tiene igual la parte real, e igual pero de signo contrario la parte imaginaria. P. ej., el conjugado de $\overline{z} = a - bi$ es $a + bi$.

conjugar *v. tr.* **1.** Poner un verbo en las distintas formas que indican persona, número, tiempo y modo. **2.** Poner de acuerdo, combinar o coordinar varias cosas. ▪ Se conjuga como *pagar.* **FAM.** Conjugable.

conjunción *s. f.* **1.** Parte invariable de la oración que enlaza dos oraciones o dos elementos de una misma oración, los cuales tienen la misma función respecto al verbo o a cualquier otra palabra. **2.** Unión, coincidencia. **3.** En astron., situación relativa de astros cuyos centros tienen la misma longitud eclíptica. **4.** En lóg., partícula conectiva, de símbolo $\wedge$, que se traduce por *y.* Para que sea cierta la proposición $p \wedge q$, deben ser ciertas ambas proposiciones, *p* y *q*; si una de ellas o las dos son falsas, también es falsa la conjunción $p \wedge q$.

Ling. Las conjunciones se dividen en coordinantes y subordinantes, también llamadas *coordinadas* y *subordinadas.* Son conjunciones **coordinantes** las que enlazan oraciones coordinadas: *Llegó a casa y se acostó*; y **subordinantes** las que unen una oración subordinada a su principal: *Quiero comer, si queda algo en la nevera.* Según lo que indiquen, las conjunciones coordinantes se dividen en copulativas (*y, e, ni*), disyuntivas (*o, u, bien...bien, ya...ya, ora...ora*) y adversativas (*mas, pero, sino, salvo, sin embargo, no obstante*). Las conjunciones subordinantes, atendiendo a la relación que expresan, se clasifican en adverbiales de lugar, de tiempo, de modo, de cantidad, condicionales, concesivas, consecutivas, causales, comparativas y finales.

conjuntamente *adv. m.* De manera conjunta, en cooperación.

conjuntar *v. tr.* **1.** Reunir o combinar de modo adecuado los distintos elementos de un conjunto. También *v. prnl.* **2.** Combinar la ropa de manera que la persona vaya elegantemente vestida.

conjuntivitis *s. f.* Inflamación de la conjuntiva del ojo, que puede ser causada por infección, alergia o invasión de cuerpos irritantes.

conjuntivo, va *adj.* **1.** Que junta y une; particularmente, se aplica al tejido orgánico que sirve para unir otros tejidos y órganos del cuerpo. **2.**

En ling., perteneciente o relativo a la conjunción. || *s. f.* **3.** Mucosa que recubre la parte interior del párpado (conjuntiva palpebral) y la porción anterior del globo ocular (conjuntiva ocular), protegiéndolos y lubricándolos. || **4. tejido conjuntivo** Tejido formado por una red de fibras colágenas, elásticas y reticulares, sumergidas en una sustancia fundamental. Sirve para unir otros tejidos y órganos del cuerpo y se clasifica, según los elementos que lo constituyen, en gelatinoso, reticular y fibrilar.

conjunto, ta *adj.* **1.** Se aplica a aquellas cosas que se dan al mismo tiempo, están unidas o tienden al mismo fin. || *s. m.* **2.** Reunión de personas, animales o cosas. **3.** Juego de vestir compuesto de dos o más prendas combinadas. **4.** Combinación de elementos accesorios de la vestimenta femenina, como guantes, bolso, cinturón, etc. **5.** Grupo de músicos o cantantes, o de ambas cosas, que actúan juntos. **6.** En mat., grupo o colección de objetos distintos que cumplen una determinada condición, p. ej. el conjunto de todos los edificios de más de cinco pisos de una ciudad. || **LOC. en conjunto** *adv.* En su totalidad, sin entrar en detalles: *La obra, en conjunto, me gustó.* ***Mat.*** Los conjuntos y su teoría, desarrollada en 1874 por Georg Cantor, son parte fundamental de la matemática moderna. Cada uno de los objetos que integran un conjunto se llama *elemento* o *miembro* del conjunto. Normalmente el conjunto se representa con una letra mayúscula y los elementos que lo forman, con letras minúsculas. Cuando se quiere indicar que un elemento a pertenece a un conjunto A, se escribe $a \in A$; para indicar que un elemento b no pertenece al conjunto A, se escribe $b \notin A$. Dos conjuntos son iguales cuando tienen exactamente los mismos elementos. Para saber si un elemento pertenece o no a un determinado conjunto es necesario establecer un criterio o, lo que es igual, **definir** ese conjunto. Esta operación se puede realizar de dos formas: por **extensión**, enumerando todos los elementos que lo forman, en cuyo caso se escriben entre llaves y separados por comas, p. ej. $A = \{a, e, i, o, u\}$; y por **comprensión**, indicando una propiedad que caracteriza a todos los elementos (llamada **propiedad característica**), p. ej. $A = \{x/x$ es una vocal$\}$, que significa que x forma parte de A siempre que cumpla la condición de ser vocal (la raya / significa 'tal que'). La definición por comprensión resulta muy útil en aquellos conjuntos con un elevado (o infinito) número de elementos. Gráficamente, un conjunto se suele representar mediante diagramas, a los que se da el nombre de diagramas de Euler-Venn. Las dos operaciones fundamentales que pueden definirse entre dos conjuntos son la **unión** y la **intersección**. La unión de dos conjuntos A y B se representa por $A \cup B$ y es el conjunto formado por los elementos de A y B. P. ej. si $A = \{1, 2, 3\}$ y $B = \{3, 4, 5\}$, $A \cup B = \{1, 2, 3, 4, 5\}$. La intersección de dos conjuntos A y B se representa por $A \cap B$ y es el conjunto de los elementos que pertenecen a la vez a A y a B. P. ej. si $A = \{1, 2, 3\}$ y $B = \{3, 4, 5\}$, $A = \cap B = \{3\}$. Cuando dos conjuntos no tienen ni un solo elemento en común, se dice que su intersección es el **conjunto vacío** (representado por el símbolo $\varnothing$) o conjunto que carece de elementos. **conjunto de las partes de un conjunto** Dado un conjunto A, el conjunto de las partes de A es un conjunto cuyos elementos son cada uno de los subconjuntos de A. Se representa por $P(A)$. **conjunto finito** Conjunto que tiene un número finito de elementos. **conjunto infinito** Conjunto que tiene un número infinito de elementos. **conjunto unitario** Conjunto que tiene un solo elemento. **conjunto universal** Referido exclusivamente al conjunto $P(A)$, o conjunto de las partes de un conjunto A, suele decirse que A es el conjunto universal, por contener a todos los elementos de $P(A)$. **conjuntos disjuntos** Conjuntos que no tienen elementos comunes y cuya intersección es, por tanto, el conjunto vacío. **conjuntos equivalentes** Conjuntos que tienen el mismo número de elementos. **conjuntos iguales** Conjuntos que tienen los mismos elementos.

conjura o **conjuración** *s. f.* Acción y efecto de conjurar o conjurarse.

conjurar *v. tr.* **1.** Exorcizar a los demonios. **2.** Alejar daños, peligros, temores, etc. || *v. prnl.* **3.** Unirse con otros mediante compromiso, para conseguir algún fin, especialmente para actuar contra alguien, la autoridad, etc.

conjuro *s. m.* **1.** Palabra o fórmula de hechicería o exorcismo. **2.** Acción o dicho de gran poder. || **LOC. al conjuro de** *prep.* Por la acción de lo que se expresa, por su poder.

conllevar *v. tr.* **1.** Implicar, suponer. **2.** Sobrellevar*.

conmemoración *s. f.* **1.** Acción y efecto de conmemorar. **2.** Celebración en que se lleva a cabo.

conmemorar *v. tr.* Recordar un suceso, personaje, etc., en especial si se celebra una ceremonia o fiesta para hacerlo.

conmemorativo, va *adj.* Que sirve para recordar a una persona o cosa.

conmensurable *adj.* **1.** Que puede medirse. **2.** En mat., se dice de la magnitud cuyo valor puede expresarse mediante un número racional; p. ej., la longitud del lado de un cuadrado.

conmensurar *v. tr.* Medir proporcionalmente.

conmigo *pron. pers. m. y f. sing. de 1.ª pers.* Expresa compañía.

conmilitón *s. m.* Soldado compañero de otro.

conminar *v. tr.* **1.** Pedir bajo amenaza. **2.** Amenazar a alguien con un castigo, especialmente quien tiene autoridad para ello.

conminatorio, ria *adj.* **1.** Que conmina. **2.** Se dice del mandato que incluye amenaza de algún castigo. También *s. m.*

conmiseración *s. f.* Compasión que se siente por la desgracia de otra persona.

conmoción *s. f.* **1.** Perturbación o agitación violentas. || **2. conmoción cerebral** Estado de aturdimiento o pérdida del conocimiento, con náuseas y pulso débil, producido por algún golpe violento en la cabeza.

conmocionar *v. tr.* Producir conmoción.

conmovedor, ra *adj.* Que conmueve o emociona.

conmover *v. tr.* **1.** Causar emoción o compasión, enternecer. También *v. prnl.* **2.** Estremecer, sacudir, perturbar. También *v. prnl.* ▪ Es v. irreg. Se conjuga como *mover.*

conmutador, ra *adj.* **1.** Que conmuta. || *s. m.* **2.** Aparato que sirve para cambiar la dirección de una corriente eléctrica. **3.** Dispositivo para cambiar el sentido del movimiento en una máquina.

conmutar *v. tr.* **1.** Cambiar una cosa por otra. **2.** Sustituir una pena, particularmente la de muerte, por otra menos grave. **FAM.** Conmutable.

conmutativo, va *adj.* **1.** Que conmuta o que tiene la virtud de conmutar. || **2. propiedad conmutativa** En mat., se aplica a la operación $*$ definida en el conjunto A si verifica $x * y = y * x$, para todo par de elementos de A.

connatural *adj.* Propio de la naturaleza de cada ser.

connaturalizar *v. tr.* Hacer connatural, acostumbrar a alguien a algo que le resulta extraño. También *v. prnl.* ▪ Se conjuga como *cazar.* **FAM.** Connaturalización.

Connecticut Estado de EE UU, situado al NE del país, próximo a Nueva York. 12.997 km^2. 3.295.700 h. en 1990. La capital es Hartford, con 141.200 h. en 1988. Es un estado muy urbanizado, en el que la principal actividad económica se centra en las industrias aeronáutica, mecánica, de precisión, textil y electrónica.

Connery, Sean (Edimburgo 1930) Actor cinematográfico británico. Encarnó en la pantalla el personaje de James Bond, agente secreto creado por el escritor Ian Fleming, en filmes como *Dr. No* (1962), *Desde Rusia con amor* (1963), *Goldfinger* (1964) y *Nunca digas nunca jamás* (1983). Otras películas suyas destacadas son *El nombre de la rosa* (1987) y *La casa Rusia* (1990).

connivencia *s. f.* **1.** Acuerdo entre dos o más personas para llevar a cabo un engaño o un delito. **2.** Tolerancia de un superior con las faltas que cometen sus subordinados.

connivente *adj.* **1.** Que comete connivencia. **2.** En bot., se dice de las hojas u otras partes de la planta que tienden a aproximarse.

Connors, Jimmy (East Saint Louis, Illinois 1952) Tenista estadounidense. Fue campeón de EE UU (1974, 1976 y 1979) y de Wimbledon (1974 y 1982). Ganó el Masters de 1974.

connotación *s. f.* **1.** Acción y efecto de connotar. **2.** Significación añadida que adquiere una palabra o expresión debido a una valoración, juicio o intención por parte del hablante. **3.** Matiz, tono.

connotar *v. tr.* **1.** Presentar connotación una palabra o expresión. **2.** Suponer, implicar.

connotativo, va *adj.* Que connota.

connubio *s. m.* Matrimonio, casamiento.

cono *s. m.* **1.** Cuerpo geométrico limitado por una superficie cónica de directriz cerrada y un plano que, sin pasar por el vértice, corta a la superficie cónica y constituye su base. **2.** P. ext., cualquier objeto con la forma de este cuerpo geométrico. **3.** Inflorescencia de las coníferas. **4.** En biol., cada una de las células cónicas que, junto a los bastones, forman la segunda capa de la retina. Son sensibles a la frecuencia de la luz y gracias a ellos se distinguen los colores. Su alteración origina el daltonismo. || **5. cono adventicio** Pequeño cráter secundario que aparece junto al cráter principal en un volcán. **6. cono circular** En geom., cono de base circular. **7. cono circular oblicuo** En geom., cono circular cuyas generatrices son de distinta longitud. **8. cono circular recto** En geom. cono circular en el que todas las generatrices tienen la misma longitud. También se llama *cono de revolución*, y puede imaginarse como engendrado por un triángulo rectángulo que gira alrededor de uno de sus catetos. **9. cono de deyección** En geol., superficie de planta cónica que forma la parte final de un torrente, en la que se acumulan los materiales arrastrados por sus aguas. **10. cono de luz** En fís., haz de rayos luminosos procedentes de un punto de un foco de luz. **11. cono de sombra** En fís., zona oscura producida por la interposición de un objeto circular en el camino de los rayos luminosos procedentes de una fuente extensa de luz. **12. cono truncado** En geom., porción de cono comprendida entre su base y un plano paralelo a la misma. **13. cono volcánico** Montaña o acumulación de lavas, cenizas y otras materias, de forma cónica. **14. Cono Sur** Área geopolítica que incluye a Argentina, Chile, Paraguay y Uruguay.

conocedor, ra *adj.* Que conoce o está enterado de algo.

conocer *v. tr.* **1.** Estar enterado de algo. **2.** Saber algo por haberlo estudiado o practicado. **3.** Saber cómo es una persona. También *v. prnl.* **4.** Tener trato y comunicación con alguien. También *v. prnl.* **5.** Reconocer. **6.** Sospechar lo que puede suceder, estar preparado para algo. **7.** En construcción impersonal, parecer lo que se expresa: *Se conoce que va a llover.* **8.** Entender en

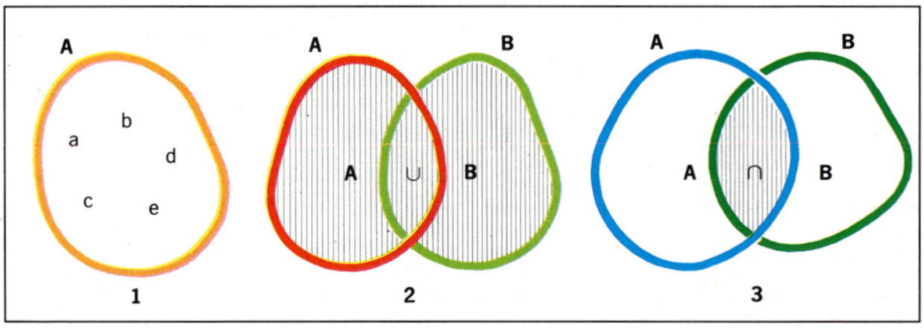

1. Diagrama de Euler-Venn que representa el conjunto A = {a, b, c, d, e}. *2. Unión de los conjuntos* A *y* B: A ∪ B. *3. Intersección de los conjuntos* A *y* B: A ∩ B.

un asunto con facultad legítima para ello. **9.** Notar, percibir. **10.** Tener relaciones sexuales. También *v. prnl.* ■ Es v. irreg. Se conjuga como *agradecer.*

conocido, da 1. *p. p.* de **conocer**. También *adj.* ‖ *adj.* **2.** Sabido por muchos. **3.** Ilustre, famoso. ‖ *s. m.* y *f.* **4.** Persona a la que se conoce o con la que se tiene algún trato, pero no amistad.

conocimiento *s. m.* **1.** Acción y efecto de conocer. **2.** Entendimiento, capacidad de conocer, entender, juzgar las cosas. **3.** Consciencia. ‖ *pl.* **4.** Conjunto de nociones y saberes de una ciencia, materia, etc. **5.** Personas con las que se tiene trato. ‖ **6. conocimiento de embarque** Documento en que el capitán de un buque mercante declara las mercancías embarcadas y sus destinatarios. **7. teoría del conocimiento** Disciplina filosófica que estudia el conocimiento, su descripción o fenomenología, las posibilidades del mismo, sus fundamentos, sus formas, etc. También se denomina *epistemología* y *gnoseología.* ‖ **Loc. con conocimiento de causa** *adv.* Conociendo a fondo los motivos o antecedentes que justifican una acción. **venir en conocimiento de** Llegar a enterarse.

conoide *s. m.* **1.** Sólido que está limitado por una superficie curva con un vértice, como el cono. **2.** Superficie curva, cerrada por una parte y prolongada indefinidamente por la otra.

conopial *adj.* Se dice del arco apuntado y muy rebajado en el que la punta está formada por dos curvas inversas a las que forman el arranque.

conque *conj.* **1.** Expresa una consecuencia de lo que acaba de decirse y equivale a *así que, de modo que,* etc.: *No quiero ver a nadie, conque vete.* **2.** *fam.* Se utiliza para referirse a algo sabido, para confirmar algo o para apoyar una frase: *¡Conque tienes coche nuevo!*

conquense *adj.* De Cuenca. También *s.*

conquista *s. f.* **1.** Acción y efecto de conquistar. **2.** Cosa o persona conquistada.

conquistador, ra *adj.* **1.** Se dice de quien conquista alguna cosa, especialmente territorios. También *s.* **2.** Se aplica a la persona que enamora con facilidad a las del otro sexo. También *s.*

conquistar *v. tr.* **1.** Tomar por las armas algún territorio. **2.** Conseguir algo con esfuerzo o habilidad. **3.** Enamorar a alguien. **4.** Atraer, ganar la simpatía, el afecto, etc., de alguien. **Fam.** Conquistable.

Conrad, Józef Teodor Konrad Korzeniowski, llamado **Joseph** (Berdichev, Ucrania 1857 - Bishopsbourne, Kent 1924) Escritor inglés de origen polaco. Fue marino de profesión hasta que un viaje por el río Congo dañó su salud y le obligó a retirarse en 1893. Sus experiencias y aventuras le sirvieron como fondo y argumento para sus libros, caracterizados por el profundo estudio psicológico de los personajes. Entre sus novelas sobresalen *El negro del Narcissus* (1898), *Lord Jim* (1900), *El corazón de las tinieblas* (1902), *Tifón* (1903), *Nostromo* (1904), *El agente secreto* (1907).

Joseph Conrad.

Conrado II el Sálico (? h. 990 - Utrecht 1039) Emperador del Sacro Imperio Romano Germánico (1027-39). Fundador de la dinastía franconiana de los salios o sálicos, continuó la política expansionista de sus antecesores e incorporó Bohemia y Borgoña al imperio.

consabido, da *adj.* **1.** Que es sabido por cuantos están presentes o se comunican. **2.** Se dice de lo ya conocido o habitual a fuerza de ser repetido. **3.** Mencionado con anterioridad.

consagración *s. f.* **1.** Acción y efecto de consagrar o consagrarse. **2.** Momento de la misa en que el sacerdote pronuncia las palabras rituales para que el pan y el vino se transformen en el cuerpo y la sangre de Cristo.

consagrar *v. tr.* **1.** Hacer o declarar sagrada a una persona o cosa. **2.** En la misa, convertir el sacerdote el pan y el vino en el cuerpo y sangre de Cristo pronunciando las palabras rituales. **3.** Ofrecer a Dios un sacrificio, una persona, etc. También *v. prnl.* **4.** Dedicar a alguien o algo a una actividad o un fin determinado. También *v. prnl.* **5.** Levantar o destinar un monumento, un edificio, una estatua, etc., para perpetuar la memoria de una persona o suceso. **6.** Dar fama y prestigio. También *v. prnl.* **Fam.** Consagrante.

consanguíneo, a *adj.* **1.** Se dice de la persona que es pariente de otra por tener la misma sangre, es decir, antepasados comunes. También *s.* **2.** Se dice de los hermanos que lo son solamente de padre. También *s.*

consanguinidad *s. f.* Cualidad de consanguíneo.

consciencia *s. f.* Cualidad o estado de consciente o en pleno uso de sus facultades y sentidos.

consciente *adj.* **1.** Que tiene conocimiento de sus actos y de las consecuencias de los mismos. **2.** Se dice de la persona que no ha perdido el conocimiento, que está en pleno uso de sus facultades y sentidos. **3.** Sensato, responsable. **Fam.** Conscientemente.

conscripción *s. f. amer.* Servicio militar obligatorio, reclutamiento.

conscripto *s. m. amer.* Recluta.

consecución *s. f.* Acción y efecto de conseguir o lograr algo.

consecuencia *s. f.* **1.** Hecho que resulta de otro. **2.** Idea o proposición que se deriva o se deduce de otra. **3.** Cualidad de consecuente. ‖ **Loc. a consecuencia de, en** (o **por**), **consecuencia** *conj.* Como resultado de lo que se expresa o de algo ya sabido.

consecuente *adj.* **1.** Aplicado a personas y a su comportamiento, ideas, etc., coherente, razonable. ‖ *s. m.* **2.** En geog., río cuya dirección sigue la inclinación o buzamiento de los estratos. Se llama también *cataclinal.* **3.** En lóg., segunda de las proposiciones unidas por una relación de implicación. La primera recibe el nombre de *antecedente.* P. ej., en la proposición *Si llueve nos mojamos, Si llueve* es el antecedente y *nos mojamos* el consecuente. **4.** En mat., denominador de una fracción. Suele utilizarse este nombre en las proporciones $\frac{a}{b}=\frac{c}{d}$, siendo b y d los consecuentes.

consecuentemente *adv. m.* **1.** De manera consecuente. **2.** Por consiguiente.

consecutivamente *adv. m.* **1.** Inmediatamente después, a continuación. **2.** Uno después de otro.

consecutivo, va *adj.* **1.** Que sigue inmediatamente o sin interrupción a otra cosa. **2.** Se dice de la oración que expresa consecuencia de lo indicado en otra o en otras. También *s. f.* Se aplica también a las conjunciones y locuciones conjuntivas que sirven para introducirlas, como *conque, luego, pues, por tanto, de modo que,* etc.

conseguido, da 1. *p. p.* de **conseguir**. También *adj.* ‖ *adj.* **2.** Bien hecho, tal como se pretendía.

conseguir *v. tr.* Llegar a tener o hacer lo que se pretende. ■ Es v. irreg. Se conjuga como *seguir.*

conseja *s. f.* Narración popular de carácter fantástico.

consejería *s. f.* **1.** Organismo de consulta, administrativo o de gobierno. **2.** Lugar u oficina donde funciona este organismo. **3.** Cargo de consejero. **4.** En España, cada departamento que se ocupa de las distintas áreas de gobierno en una comunidad autónoma.

consejero, ra *s. m.* y *f.* **1.** Persona que aconseja o que sirve para aconsejar. **2.** Miembro de ciertos organismos de consulta, administración o gobierno. **3.** Persona que forma parte de un consejo. **4.** En España, responsable de una consejería en una comunidad autónoma.

consejo *s. m.* **1.** Recomendación que se da a alguien sobre lo que se debe o no debe hacer. **2.** Opinión sobre cierto tema y decisión que se toma al respecto. **3.** Organismo de consulta, administración o gobierno, formado por varias personas. **4.** Cada reunión de este tipo de organismo y lugar en que se reúne. **5.** Principal órgano de la administración española entre los s. XVI y XVIII, derivado de los antiguos consejos medievales de Castilla y Aragón. De carácter consultivo en un principio, llegó a ser la máxima institución administrativa, judicial y, en ocasiones, legislativa. Algunos tenían carácter territorial, como los de Navarra (1515), Indias (1524) o Flandes (1555), y otros sectorial, como los de la Inquisición (1478), Guerra (1522) o Hacienda (1523). Fueron perdiendo importancia con la llegada de los Borbones. ‖ **6. consejo de administración** Organismo colegiado que controla la marcha de una sociedad anónima, y cuyos miembros han sido elegidos por la Junta General de Accionistas. **7. consejo de Ciento** Antigua corporación municipal de Barcelona, creada por Jaime I en 1249. Entre 1265 y 1321 estuvo formado por cien consejeros, de donde deriva su nombre, aunque más tarde su composición varió. Fue suprimido en 1740, al finalizar la guerra de Sucesión española. **8. consejo de familia** Conjunto de personas designadas legalmente para ocuparse de un menor de edad o de un incapacitado. **9. consejo de guerra** Tribunal formado por jefes u oficiales del Ejército que, con asistencia de un asesor jurídico, entiende en las causas de la jurisdicción militar. También, causa que se sigue a una persona ante este tribunal. **10. consejo de Indias** Organismo creado por Carlos I en 1524 para dirigir todos los asuntos relacionados con las nuevas tierras conquistadas en América, ya fuesen políticos, administrativos, judiciales o económicos. Disfrutaba de completa autonomía y sólo debía rendir cuentas al propio rey. **11. consejo de ministros** Reunión periódica de los ministros de un gobierno, presidida por el jefe del mismo, para tratar los asuntos del Estado. **12. consejo escolar** En España, órgano colegiado de gobierno de los centros públicos y concertados de enseñanza primaria y secundaria.

Consejo de Asistencia Económica Mutua (COMECON) Organización económica de los países socialistas, creada en 1949 por la URSS, Bulgaria, Checoslovaquia, Hungría, Polonia y Rumania, y a la que más tarde se adhirieron Albania (hasta 1962), la República Democrática Alemana, Mongolia, Cuba y Vietnam. Tuvo su sede en Moscú y su objetivo principal fue la cooperación económica mediante las relaciones comerciales y la industrialización. Desapareció en 1991.

Consejo de Europa Organismo internacional fundado en 1949, con sede en Estrasburgo. Sus objetivos son promover la solidaridad y la cooperación de los países de Europa. Lo componen los ministros de Exteriores de los países miembros y una asamblea de 144 parlamentarios.

Consejo de Seguridad Órgano ejecutivo de las Naciones Unidas en materia política. Desde 1965 se compone de quince miembros, cinco de ellos permanentes y con derecho a veto (EE UU, China, Francia, Reino Unido y Federación Rusa) y los diez restantes elegidos cada dos años.

Consejo General del Poder Judicial En España, órgano de gobierno de jueces y magistrados.

Consejo Superior de Investigaciones Científicas (CSIC) Organismo creado en España en 1939 con el fin de estimular y coordinar la investigación científica en el país. Está compuesto por ocho patronatos, que a su vez agrupan corporaciones más especializadas.

consenso *s. m.* **1.** Acuerdo entre todas las personas que componen un grupo social, una corporación, o de varios partidos políticos, etc. **2.** Consentimiento.

consensual *adj.* Se dice del contrato que se perfecciona o realiza con sólo el consentimiento de las partes interesadas.

consensuar *v. tr.* Llegar a un acuerdo por consenso. **Fam.** Consensuado.

consentido, da 1. *p. p.* de **consentir**. También *adj.* ‖ *adj.* **2.** Mimado con exceso. También *s.* **3.** Se aplica al marido que consiente la infidelidad de su mujer. También *s. m.*

consentidor, ra *adj.* Se dice de la persona que consiente o permite que se haga una cosa, pudiendo y debiendo impedirla. También *s.*

consentimiento *s. m.* **1.** Acción y efecto de consentir o permitir. **2.** Palabras o escrito con que se expresa.

consentir *v. tr.* **1.** Permitir una cosa, dejar que se haga. También *v. intr.* **2.** Ser excesivamente tolerante con alguien. **3.** Resistir, aguantar. || *v. intr.* **4.** Particularmente, permitir el marido la infidelidad de su mujer. ■ Es v. irreg. Se conjuga como *sentir.*

conserje *s. m.* Persona que tiene a su cargo la vigilancia, limpieza y llaves de un edificio o establecimiento público.

conserjería *s. f.* **1.** Oficio y empleo de conserje. **2.** Habitación que éste ocupa.

conserva *s. f.* **1.** Acción y efecto de conservar. **2.** Alimento preparado y envasado convenientemente para que dure mucho tiempo.

conservación *s. f.* **1.** Acción y efecto de conservar o conservarse. **2.** Proceso en virtud del cual se aumenta la duración de los alimentos, sometiéndolos a técnicas como el enlatado, refrigeración, adición de productos químicos, etc. || **3. conservación del medio ambiente** En ecol., defensa de los ecosistemas naturales: protección del suelo frente a la erosión, mantenimiento de los bosques y el equilibrio ecológico, lucha contra la desaparición de especies animales o vegetales, etc.

conservador, ra *adj.* **1.** Que conserva. También *s.* **2.** Se dice de la persona, partido político, idea u opinión que defiende moderación en la cantidad y el tipo de reformas que se deben llevar a cabo en la sociedad, y procura evitar las rupturas con la situación anterior y los valores de tradición. También *s.* || *s. m.* y *f.* **3.** Persona encargada de conservar un museo o cosa semejante. || **4. Partido Conservador** Partido político británico creado en 1834 a partir del manifiesto de Tamworth, redactado por sir Robert Peel. Recibe tradicionalmente el apoyo de la nobleza, de los propietarios rurales y del mundo empresarial. En el s. XIX se enfrentó electoralmente al Partido Liberal y en el s. XX lo hace al Laborista. Entre sus líderes han desempeñado un papel predominante Benjamin Disraeli, Winston Churchill, Anthony Eden, Edward Heath, Margaret Thatcher y John Major.

conservadurismo *s. m.* **1.** Doctrina política de los partidos conservadores. **2.** Actitud conservadora en política, en ideas, etc. **3.** Conformismo, falta de ambición.

conservante *adj.* **1.** Que conserva. || *s. m.* **2.** Sustancia química que se añade a un alimento para evitar su alteración y alargar así su duración. Los más usados son el ácido cítrico, el ácido tartárico (de origen natural) y el ácido ascórbico (sintético).

conservar *v. tr.* **1.** Mantener una persona o cosa sus características a lo largo del tiempo. También *v. prnl.* **2.** Guardar, contener. **3.** Retener, seguir teniendo. **4.** Continuar practicando una costumbre, una virtud, etc. **5.** Hacer conservas.

conservatorio *s. m.* Establecimiento público que tiene como misión la enseñanza de los distintos estudios musicales. Los primeros se crearon en Italia en el s. XVI.

conservería *s. f.* Arte o industria de hacer conservas.

conservero, ra *adj.* **1.** Perteneciente o relativo a las conservas. || *s. m.* y *f.* **2.** Propietario de una industria de conservas.

considerable *adj.* **1.** Digno de consideración. **2.** Grande, cuantioso. **FAM.** Considerablemente.

consideración *s. f.* **1.** Acción y efecto de considerar. **2.** Respeto hacia los demás. **3.** Cuidado con las cosas. **4.** Estimación por una persona. **5.** Trato de excepción. || **LOC. de consideración** *adj.* Importante. **en consideración a** *adv.* En atención a. **tener** (o **tomar**) **en consideración** Considerar digno de atención; también, declarar una asamblea que una sugerencia, proposición, etc., merece ser discutida.

considerado, da 1. *p. p.* de **considerar**. También *adj.* || *adj.* **2.** Que obra con consideración. **3.** Que es estimado y respetado por los demás. **FAM.** Consideradamente.

considerando *s. m.* Motivo que precede o sirve de fundamento a una resolución, al fallo de un certamen, al texto de una ley, etc.

considerar *v. tr.* **1.** Pensar una cosa con atención. **2.** Tener en cuenta. **3.** Formar un juicio sobre alguien o sobre algo. También *v. prnl.* **4.** Tener aprecio o estima a alguien. **5.** Tratar con educación y respeto.

consigna *s. f.* **1.** En el ejército, orden que se da al jefe de un puesto o a un centinela. **2.** P. ext., instrucción que un dirigente u organismo da a sus subordinados o afiliados, o que se transmiten unas personas a otras en determinadas situaciones. **3.** En las estaciones de ferrocarriles, de autobuses, etc., lugar en que se pueden dejar depositados los equipajes.

consignador, ra *adj.* Se aplica a la persona que consigna o envía mercancías o naves a un corresponsal suyo. También *s.*

consignar *v. tr.* **1.** Señalar en un presupuesto una cierta cantidad para un fin determinado. **2.** Hacer constar por escrito una opinión, un dato, un voto, etc. **3.** Entregar una cosa en depósito. **4.** Indicar el lugar donde se ha de enviar una cosa. **5.** Enviar una mercancía a su destinatario. **FAM.** Consignación.

consignatario, ria *s. m.* y *f.* **1.** Entidad o persona a quien va destinada una mercancía o recibe algo en depósito. **2.** Persona que en los puertos de mar representa al armador de un buque para intervenir en lo relacionado con la carga y pasaje.

consigo *pron. pers. m. y f. de 3.ª pers.* Equivale a *con él mismo: Trajo consigo los papeles.*

consiguiente *adj.* Que depende o se deduce de otra cosa. || **LOC. por consiguiente** *conj.* Por o como consecuencia. **FAM.** Consiguientemente.

consiliario, ria *s. m.* y *f.* Consejero de un organismo o sociedad.

consistencia *s. f.* **1.** Propiedad que tienen algunas cosas de no ceder ni romperse. **2.** Adhesión de las partículas de un cuerpo. **3.** Fundamento, estabilidad, solidez.

consistente *adj.* **1.** Que consiste en lo que se indica. **2.** Que tiene consistencia.

consistir *v. intr.* **1.** Ser, equivaler, estar formado por lo que se expresa. Se emplea para definir algo. **2.** Basarse, estar fundada una cosa en otra.

consistorio *s. m.* **1.** Ayuntamiento o cabildo. **2.** Asamblea de cardenales de la Iglesia romana presidida por el papa. **FAM.** Consistorial.

consocio, cia *s. m.* y *f.* Persona que forma sociedad con otra o que pertenece a la misma asociación que otra.

consola *s. f.* **1.** Mesa decorativa hecha para estar arrimada a la pared. **2.** Panel de mandos e indicadores, p. ej. de un avión o de un sistema informático; también, conjunto de teclado y pantalla de un ordenador. **3.** Parte del órgano en que se encuentran los teclados, los registros, los pedales, etc.

consolación *s. f.* **1.** Acción y efecto de consolar o de consolarse. || **2. trofeo o torneo de consolación** El que se disputa entre los no finalistas.

consolar *v. tr.* Ayudar a alguien a soportar una pena, disgusto, etc. También *v. prnl.* ■ Es v. irreg. Se conjuga como *contar.*

consolidación *s. f.* Acción y efecto de consolidar o consolidarse.

consolidar *v. tr.* **1.** Dar firmeza y solidez a cosas materiales o inmateriales. **2.** En econ., convertir una deuda a corto plazo en una deuda a medio o largo plazo, para conseguir una mayor estabilidad financiera. **3.** En econ., realizar una serie de operaciones de contabilidad para conocer la situación de un grupo, eliminando las transacciones entre las empresas que lo forman.

consomé *s. m.* Caldo de carne.

consonancia *s. f.* **1.** Relación de igualdad o conformidad que tienen algunas cosas entre sí. **2.** Identidad de todos los sonidos finales a partir de la última vocal acentuada en dos o más versos. || **LOC. en consonancia con** *adv.* De acuerdo con, en armonía con.

consonante *adj.* **1.** Se dice del sonido de una lengua originado por el cierre total o parcial de los órganos de articulación, seguido de una apertura que permite el paso del aire y la producción de dicho sonido; se aplica asimismo a la letra que lo representa. También *s. f.* **2.** Se dice de la rima en consonancia. **3.** Que tiene relación de igualdad o conformidad con otra cosa.

consonántico, ca *adj.* Perteneciente o relativo a los sonidos consonantes.

consorcio *s. m.* **1.** Unión de personas que tienen intereses comunes. **2.** Gran empresa formada por otras entidades de menor tamaño.

consorte *s. m.* y *f.* **1.** El marido con respecto a la esposa y viceversa. **2.** Persona que comparte con otro, o con otros, una misma suerte. || *pl.* **3.** En der., los que pleitean unidos formando una sola parte.

conspicuo, cua *adj.* Ilustre, sobresaliente, notable.

conspiración *s. f.* Acción de conspirar contra alguien o algo.

conspirar *v. intr.* **1.** Planear una acción contra alguien o algo, especialmente contra una autoridad o el orden establecido. **2.** Contribuir varias cosas a un mismo fin, generalmente malo. **FAM.** Conspirador.

Constable, John (East Bergholt 1776 - Londres 1837) Pintor británico. Renovador del género paisajístico, su originalidad reside en la habilidad con que plasmó los efectos atmosféricos. Entre sus obras destacan la serie dedicada a la *catedral de Salisbury* y *La carreta de heno.*

constancia *s. f.* **1.** Hecho de constar, quedar registrado. **2.** Firmeza de ánimo y perseverancia en continuar algo que se ha comenzado. **3.** Certeza o prueba de la exactitud de un dicho o de

John Constable: Vista de la catedral de Salisbury *(National Gallery of Art, Washington).*

un hecho. ‖ **4. constancia perceptiva** En psicol., proceso de compensación perceptiva por el que los objetos mantienen sus propiedades perceptivas constantes a pesar de sus cambios objetivos.

Constancio Nombre de varios emperadores romanos.

Constancio I Cloro (? h. 225 - Eboracum, actual York, 306) Emperador romano (305-306). En el sistema de la tetrarquía, fue césar del augusto Maximiano y, tras la abdicación de éste, elegido augusto. Reconquistó Bretaña y derrotó repetidas veces a los germanos. Partidario del monoteísmo, fue tolerante con los cristianos.

Constancio II (Sirmium, actualmente Sremska Mitrovika, Yugoslavia 317 - Tarso 361) Emperador romano (337-361). Heredó de su padre, Constantino I, la parte oriental del imperio, que logró reunificar en el 350 tras vencer a Magnencio. Fue partidario del arrianismo.

Constancio III (Nisch ? - Ravena 421) Emperador romano (421). General de Honorio, venció al usurpador Constantino. Casó con Gala Placidia, hermana de Honorio; éste lo asoció al poder.

Constant de Rebecque, Benjamin (Lausana 1767 - París 1830) Escritor y político francés. Su vida está ligada a la de Mme. Staël. Destacado liberal, se mostró hostil a Napoleón. En *Curso de política constitucional* (1818) expuso el ideario de la Restauración. Es autor de la novela *Adolfo* (1816), su obra más conocida, y de *Memoria sobre los Cien días* (1820).

constante *adj.* **1.** Se aplica a lo que no varía o se interrumpe. **2.** Se dice de la persona que tiene constancia. **3.** Muy frecuente, continuo. ‖ *s. f.* **4.** En mat. y otras ciencias, valor que se mantiene fijo, independiente de las variables, p. ej. el número π (3,1416), *c* (la velocidad de la luz), etc. ‖ **5. constante de desintegración** En fís., probabilidad de desintegración por unidad de tiempo de un núcleo radiactivo. **6. constante de gravitación universal** En fís., fuerza de atracción mutua ejercida entre dos masas de 1 kg, separadas por una distancia de un metro. Se suele representar por *G* y vale $6{,}67 \cdot 10^{-11}$. **7. constante solar** En fís., cantidad de calor procedente del Sol que alcanza las capas altas de la atmósfera. Equivale a 1,99 calorías partido por cm^2 y por minuto.

Constante I (? 320 - ? 350) Emperador romano (337-350). Hijo de Constantino I, compartió el poder con sus hermanos Constancio y Constantino. Gobernó sobre Italia, Panonia, Dacia y África y en 340 se convirtó en único emperador de Occidente al vencer a su hermano Constantino II. Fiel a la ortodoxia, persiguió el arrianismo y el paganismo

Constante II Heraclio (? 630 - Siracusa 668) Emperador bizantino (641-668), hijo de Constantino III Heraclio. Reorganizó el ejército para intentar contener el avance árabe. En 648, trató de acallar las disputas religiosas por medio de un edicto, *Typos*, que prohibía toda discusión cristológica, hecho que indignó al papa Martín, que fue llevado prisionero a Constantinopla, donde murió. Consolidó el imperio de Occidente al vencer a los lombardos (663). Fijó su residencia en Siracusa, donde murió asesinado por un servidor de palacio.

constantemente *adv. m.* Continuamente, frecuentemente.

Constantina C. de Argelia, cap. del wilayato del mismo nombre, situada en el NE del país, sobre el cañón del río Rummel. 449.600 h. en 1987. Centro administrativo, comercial y universitario, posee industria textil y de construcciones mecánicas.

Constantino Nombre de varios emperadores del imperio romano y bizantino.

Constantino I el Grande (Naissus h. 280 - Nicomedia 337) Emperador romano (306-337). Candidato del ejército a la corona imperial, derrotó en 312 a Majencio, su principal rival, en la batalla de Puente Milvio. En 323 se impuso a su antiguo aliado Licinio, emperador de Oriente, y reunificó así el imperio. Promulgó el edicto de Milán (313), que permitía la libertad de culto al cristianismo, y convocó y presidió el concilio de Nicea (325), en el que se condenó el arrianismo. Mandó reedificar una nueva ciudad sobre el lugar de Bizancio, llamada Constantinopla, a la que trasladó en 330 la capital del imperio. Creó una monarquía de estilo oriental, en la que el cristianismo fue adquiriendo creciente influencia.

Constantino VII Porfirogéneta (Constantinopla 905 - ? 959) Emperador bizantino (912-959). Empezó a gobernar en 945, pues anteriormente estuvo bajo la tutela de su tío Alejandro (912-913) y de su madre Zoe (913-919) y sometido a su suegro Romano I Lecapeno (920-944). Continuó la lucha con los musulmanes, rechazó a los húngaros y ganó varias batallas en Mesopotamia. Es autor de un *Tratado de ceremonias* (953) y de *Vida de Basilio I* (957).

Constantino X Ducas (? h.1007 - ? 1067) Emperador bizantino (1059-67). Subió al trono tras la abdicación de Isaac I Comneno. Durante su reinado se incrementó la penetración normanda en el S de Italia, los húngaros ocuparon Belgrado (1064) y los turcos saquearon Armenia.

Constantino XII Paleólogo (? 1404 - Constantinopla 1453) Último emperador bizantino (1449-1453). Sucedió a su hermano Juan VIII. Proclamó la unión de las iglesias de Oriente y Occidente. Luchó heroicamente contra los turcos y murió en el asedio de Constantinopla por Mehmet II el Conquistador.

Constantino Nombre de dos reyes de Grecia.

Constantino I (Atenas 1868 - Palermo 1923) Rey de Grecia (1913-17 y 1920-22). Durante la Primera Guerra Mundial se negó a combatir a los imperios centrales. Abdicó en 1917 en favor de su hijo Alejandro, pero al morir éste ocupó de nuevo el trono en 1920. Volvió a abdicar en 1922 en favor de su hijo Jorge III.

Constantino II (Psixico 1940) Rey de Grecia (1964-74). Destituyó a Papandreu en 1965 y buscó el apoyo de los sectores derechistas y del Ejército. Tras el golpe militar de 1967 abandonó el país, al que retornó en 1974, tras la caída de los coroneles. Derrotada en referéndum la continuidad de la monarquía, volvió a exiliarse.

Constantino Asen Tech (? - cerca de Tarnovo 1277) Rey de Bulgaria (1257-77). Tuvo que luchar con tártaros, húngaros y bizantinos. Fue víctima de una sublevación campesina.

Constantinopla Antiguo nombre de la ciudad de Estambul. Fue fundada por el emperador Constantino en el año 324 en el emplazamiento de la antigua Bizancio, con una posición estratégica excepcional sobre el Bósforo. Tras la caída del imperio romano de Occidente, Constantinopla, como capital del imperio bizantino, subsistió hasta el año 1453, en que fue conquistada por los turcos otomanos. Fue sede patriarcal de la Iglesia ortodoxa y centro comercial e intelectual de primera magnitud.

constantinopolitano, na *adj.* De Constantinopla. También *s.*

Constanza Lago situado entre la República Federal de Alemania, Austria y Suiza. 537 km^2 de superficie y 395 m de profundidad máxima. Es de origen glaciar y su emisario y tributario es el río Rhin.

Constanza **1.** Distrito de Rumania, en el extremo SE del país. 7.055 km^2. 707.500 h. en 1989. **2.** C. rumana, cap. del distrito del mismo nombre, situada a orillas del mar Negro. 327.700 h. en 1986.

constar *v. intr.* **1.** Ser cierta o sabida para alguien una cosa. **2.** Estar alguien o algo registrado en algún sitio. **3.** Estar formado por determinadas partes. ‖ **Loc. hacer constar** Manifestar, consignar.

constatar *v. tr.* Comprobar un hecho o dar constancia de él. **Fam.** Constatación.

constelación *s. f.* **1.** Conjunto de estrellas agrupadas por el hombre para su reconocimiento, localización, estudio, etc., que sugiere una figura determinada y al que suele darse un nombre propio. Entre las más conocidas se cuentan las 12 del zodiaco. Entre 1922 y 1928 la Unión Astronómica Internacional fijó su número en 88 y las delimitó para evitar la multiplicación de agrupaciones distintas. **2.** P. ext., conjunto de otras cosas o personas.

Constantino I el Grande. Bronce del siglo IV.

consternación *s. f.* Acción y efecto de consternar o de consternarse.

consternar *v. tr.* Causar a alguien pena, dolor, abatimiento. También *v. prnl.* **Fam.** Consternado.

constipado, da **1.** *p. p.* de **constiparse**. También *adj.* ‖ *adj.* **2.** Se dice de quien está acatarrado. ‖ *s. m.* **3.** Catarro, resfriado. ▪ Se dice también *costipado*.

constiparse *v. prnl.* Resfriarse, acatarrarse. ▪ Se dice también *costiparse*.

constitución *s. f.* **1.** Acción y efecto de constituir. **2.** Manera de estar constituida físicamente una persona, que determina su grado de fuerza y vitalidad. **3.** Carta magna, ley fundamental de la organización de un Estado. La primera Constitución escrita fue la de EE UU, en 1787, aún vigente. A ella siguió la francesa, que data de 1791. En España, el primer texto constitucional fue redactado por las Cortes de Cádiz en 1812 y tuvo un carácter avanzado y liberal. ▪ En esta acepción suele escribirse con mayúscula. **4.** Cada una de las normas o estatutos por los que se rige una asociación.

constitucional *adj.* **1.** Perteneciente o relativo a la Constitución de un Estado. **2.** Se dice de lo que se refiere o pertenece a la constitución física de un individuo. **Fam.** Constitucionalidad.

constitucionalismo *s. m.* Forma de vida política en la que los ciudadanos poseen unos derechos que garantiza la Constitución, a la que tanto gobernantes como gobernados deben sumisión y obediencia. **Fam.** Constitucionalista.

constituir *v. tr.* **1.** Formar, componer. **2.** Ser una cosa lo que se expresa a continuación. **3.** Establecer, fundar. También *v. prnl.* **4.** Convertir, hacer de alguien o algo lo que se indica. ‖ *v. prnl.* **5.** Asumir una obligación, cargo o cuidado. **6.** Reunirse las personas que forman un tribunal, la presidencia de un acto, etc., para cumplir su cometido. **7.** Personarse, acudir alguien al lugar donde debe realizar cierto trabajo. ▪ Es v. irreg. Se conjuga como *huir*.

constitutivo, va *adj.* **1.** Que constituye una parte o elemento de otra cosa. También *s.* **2.** Que constituye o es lo que se indica a continuación.

constituyente *adj.* **1.** Que constituye una parte o elemento de algo. **2.** Se dice de las cortes, asambleas, congresos, etc., convocados para elaborar o reformar la Constitución de un Estado. También *s. f.*

constreñir *v. tr.* **1.** Obligar a una persona a que haga una cosa. También *v. prnl.* **2.** Limitar, restringir. También *v. prnl.* **3.** En med., cerrar apretando, p. ej. un conducto. También *v. prnl.* ▪ Es v. irreg. Se conjuga como *ceñir.* **Fam.** Constreñimiento, constrictivo.

constricción *s. f.* **1.** Acción y efecto de constreñir. **2.** Estrechamiento.

constrictor, ra *adj.* **1.** Se dice del músculo que contrae o cierra una cavidad. También *s. m.* **2.** Se dice del medicamento o instrumento que se utiliza para constreñir. También *s. m.*

construcción *s. f.* **1.** Acción y efecto de construir. **2.** Técnica y actividad de construir. **3.** Obra construida. **4.** Ordenamiento y disposición de las palabras de una frase para expresar un concepto correctamente.

constructivismo *s. m.* vMovimientoartístico ruso, influido por el cubismo y el futurismo. Nació en 1913 con la obra abstracta y geométrica de Vladimir Tatlin y se consolidó como grupo en 1920 con la publicación del *Manifiesto realista*. Entre sus miembros destacaron Pevsner, Gabo, Rodchenko y El Lissitzky. Admiradores de la tecnología, las máquinas y la estética funcional, utilizaron en sus obras los materiales industriales de su tiempo, como el cristal, el metal o el plástico, e influyeron poderosamente en el arte y en la arquitectura del s. XX. **Fam.** Constructivista.

constructivo, va *adj.* **1.** Que construye o sirve para construir. **2.** Que contribuye a mejorar algo.

constructo *s. m.* Hipótesis formulada para explicar fenómenos o procesos reales, con independencia de que sea o no directamente observable como tal.

constructor, ra *adj.* **1.** Que construye. ‖ *s. m.* y *f.* **2.** Persona que se dedica a la construcción. ‖ *s. f.* **3.** Empresa encargada de obras de construcción.

construir *v. tr.* **1.** Hacer una cosa juntando los elementos necesarios; especialmente, realizar una obra de albañilería. **2.** Idear cosas inmateriales, como una teoría o un plan. **3.** Ordenar o unir las palabras o frases con arreglo a las normas gramaticales. ▪ Es v. irreg. Se conjuga como *huir.*

consubstancial *adj.* Consustancial*.

consuegro, gra *s. m.* y *f.* Padre o madre de uno de los cónyuges respecto del padre o madre del otro.

consuelo *s. m.* Alivio en una pena, dolor, disgusto, etc.

consuetudinario, ria *adj.* Se dice de lo que es de costumbre y, en particular, del derecho que se basa en los usos y costumbres jurídicos de una comunidad y no en las leyes escritas.

cónsul *s. m.* **1.** Agente diplomático de un país, que en una población extranjera se encarga de proteger a las personas y los intereses de sus compatriotas residentes en ella. **2.** Máxima autoridad de ciertos sistemas políticos en diferentes países y épocas; particularmente, las que ejercieron el mando supremo durante el periodo republicano de la antigua Roma y en una de las etapas de la Revolución Francesa.

consulado *s. m.* **1.** Cargo, oficina y jurisdicción del cónsul, agente diplomático. **2.** Cargo que ostenta el cónsul o máxima autoridad de ciertos sistemas políticos. También, tiempo que dura en este cargo. **3.** Sistema político en que la máxima autoridad es ejercida por un cónsul.

consular *adj.* Perteneciente o relativo al cónsul o al consulado.

consulta *s. f.* **1.** Acción y efecto de consultar. **2.** Examen de un médico a sus enfermos y clínica u otro lugar adecuado donde la realiza. **3.** Reunión de profesionales para resolver alguna cosa; en especial, la de médicos para discutir el diagnóstico y tratamiento de una enfermedad grave.

consultar *v. tr.* **1.** Pedir parecer, dictamen o consejo o tratar con alguien sobre un asunto. **2.** Buscar datos, aclarar dudas en libros, periódicos, ficheros, etc. **3.** Hacerse reconocer por un médico. **Fam.** Consultante.

consulting (voz ingl.) *s. m.* Consultoría*.

consultivo, va *adj.* Se dice de los organismos establecidos para ser consultados.

consultor, ra *adj.* **1.** Consultivo*. **2.** Que consulta. También *s.* ‖ *s. m.* **3.** Libro que sirve para consultar. ‖ *s. m.* y *f.* **4.** Persona dedicada a la consultoría.

consultoría *s. f.* **1.** Entidad especializada en asesorar a empresas en asuntos como el marketing, la organización, la fiscalidad, etc. **2.** Actividad que realiza.

consultorio *s. m.* **1.** Establecimiento médico en el que hay varios médicos de distintas especialidades para examinar a los enfermos. **2.** Consulta en la que el médico examina a los pacientes. **3.** Lugar en el que se pasan consultas sobre alguna materia. **4.** Sección de periódicos, revistas, radio, etc., destinada a contestar las consultas del público.

consumación *s. f.* **1.** Acción y efecto de consumar. **2.** Acabamiento total, extinción.

consumado, da **1.** *p. p.* de **consumar**. También *adj.* ‖ *adj.* **2.** Que alcanza un alto grado de perfección. **Fam.** Consumadamente.

consumar *v. tr.* **1.** Llevar a cabo alguna cosa hasta su terminación; se usa mucho refiriéndose a actos delictivos. **2.** Dar cumplimiento a un contrato o a otro acto jurídico. También *v. prnl.* ‖ **Loc. consumar el matrimonio** Unirse carnalmente los que se han casado.

consumición *s. f.* **1.** Acción y efecto de consumir o consumirse. **2.** Lo que se consume en un café, bar, cervecería, discoteca, etc.

consumido, da **1.** *p. p.* de **consumir**. También *adj.* ‖ *adj.* **2.** Muy flaco, extenuado.

consumidor, ra *adj.* Que consume; especialmente, se aplica al que compra productos de consumo. También *s.*

consumir *v. tr.* **1.** Tomar una persona alimentos o bebidas. Se dice mucho cuando se toman en bares, cafeterías, etc. **2.** Utilizar las cosas, particularmente comprar y usar los productos que ofrece el mercado. **3.** Gastar una máquina, un aparato, etc., algo para su funcionamiento o mantenimiento. También *v. prnl.* **4.** Hacer que se reduzca el volumen o cantidad de una sustancia, extinguir. También *v. prnl.* **5.** Debilitar, poner flaco a alguien. También *v. prnl.* **6.** Desazonar, causar ansiedad. También *v. prnl.*

consumismo *s. m.* Comportamiento social consistente en adquirir y desechar bienes de consumo en plazos muy breves, más por razones de moda, prestigio, imitación, etc., que por necesidad real. **Fam.** Consumista.

consumo *s. m.* **1.** Acción y efecto de consumir, especialmente para el sustento o para cubrir necesidades básicas. **2.** Fase final del proceso económico en la que los bienes y servicios son utilizados para la satisfacción de las necesidades.

consunción *s. f.* Acción y efecto de consumir o consumirse, agotarse o enflaquecer.

consuno, de *loc. adv.* Juntamente, en unión, de común acuerdo.

consuntivo, va *adj.* Que consume o puede consumir, enflaquecer; se dice especialmente de las enfermedades.

consustancial *adj.* Se dice de aquello que los seres y cosas poseen por su naturaleza.

contabilidad *s. f.* **1.** Actividad de llevar las cuentas de la administración de un negocio, sociedad, oficina, etc., y sistema empleado para ello. **2.** Conjunto de esas cuentas.

contabilizar *v. tr.* **1.** Computar, contar, llevar la cuenta. **2.** Apuntar las cantidades en los libros de contabilidad. **3.** Considerar algo de determinada manera. ▪ Se conjuga como *cazar.*

contable *adj.* **1.** Que puede ser contado. **2.** Se aplica a los nombres que designan conceptos que pueden ser contados. ‖ *s. m* . y *f.* **3.** Persona que lleva la contabilidad de un negocio o empresa.

contactar *v. intr.* Establecer contacto o comunicación con alguien.

contacto *s. m.* **1.** Acción y efecto de tocar o tocarse dos o más personas o cosas. **2.** Relación entre personas, instituciones, organismos, etc. **3.** Persona que sirve de enlace entre personas, grupos u organizaciones. **4.** Conexión entre dos partes de un circuito eléctrico. **5.** Copia al mismo tamaño que se saca de un cliché fotográfico, obtenida al colocar éste encima del papel.

contado, da **1.** *p. p.* de **contar**. También *adj.* ‖ *adj.* **2.** Poco, raro, no frecuente. Se usa sobre todo en *pl.* ‖ **Loc. al contado** *adv.* Que se paga de una vez, no a plazos.

contador, ra *adj.* **1.** Que cuenta o que sirve para contar. También *s.* ‖ *s. m.* **2.** Aparato que sirve para medir o contar algo, como, p. ej. el gasto del agua, del gas, la luz, etc. **3.** Instrumento que sirve para detectar las radiaciones y contabilizar partículas radiactivas. Uno de los más conocidos es el contador Geiger, inventado por el físico alemán Johannes Wilhelm Geiger. **4.** Contable, persona que lleva la contabilidad.

Contadora, grupo de Grupo de países latinoamericanos, formado por México, Colombia, Panamá y Venezuela, que se reunieron por primera vez en 1983 en la isla panameña de Contadora para intentar encontrar una solución pacífica y sin injerencias exteriores a los problemas y conflictos de América Central.

contaduría *s. f.* **1.** Contabilidad, oficio del contable. **2.** Oficina donde se llevan las contabilidades. **3.** En cines, teatros, etc., despacho donde se adquieren entradas con anticipación y, a veces, a mayor precio.

contagiar *v. tr.* **1.** Transmitir una enfermedad por contacto directo o indirecto. También *v. prnl.* **2.** Comunicar a otro costumbres, gestos, gustos, vicios, etc. También *v. prnl.*

contagio *s. m.* **1.** Transmisión de una enfermedad infecciosa por contacto directo o indirecto. **2.** Comunicación de actitudes, sentimientos, simpatías, etc., a consecuencia de influencias de distinta clase.

contagioso, sa *adj.* **1.** Se dice de las enfermedades que se transmiten por contagio. **2.** Se dice de la persona que sufre una de estas enfermedades. También *s.* **3.** Se dice de lo que se contagia o pega con el trato, como la risa. **Fam.** Contagiosidad.

container (voz ingl.) *s. m.* Contenedor*.

contaminación *s. f.* **1.** Acción y efecto de contaminar o contaminarse. **2.** Alteración o trastorno de los distintos medios naturales (atmósfera, agua, suelo, etc.) por la presencia de sustancias o formas de energía extrañas, que rompen el equilibrio ecológico y destruyen o dañan a las especies animales y vegetales. La contaminación del medio ambiente es, sobre todo, el resultado del proceso de industrialización y de concentración de la población que ha tenido lugar a lo largo del s. XX en los países más desarrollados del planeta. La lucha contra la contaminación exige, entre otras cosas, un mejor conocimiento de los ecosistemas naturales, la modernización de los procesos de fabricación, el reciclado de residuos, la prohibición de vertidos, la creación de plantas depuradoras, etc.

contaminar *v. tr.* **1.** Alterar las condiciones y características de los distintos medios naturales con sustancias o formas de energía perjudiciales. También *v. prnl.* **2.** Alterar la pureza de algunas cosas, como los alimentos. También *v. prnl.* **3.** Transmitir a algo o alguien una mala cualidad o un mal estado. También *v. prnl.* **4.** Convertir algo en impuro o despreciable. También *v. prnl.* **5.** Alterar la forma de una palabra, expresión, texto, etc. por la influencia de otros. **Fam.** Contaminador, contaminante.

contante *adj.* Se dice del dinero en efectivo y se usa casi exclusivamente en la expresión **contante y sonante**.

contar *v. tr.* **1.** Calcular el número de una serie de unidades asignando a la primera el uno, el dos a la segunda y así sucesivamente. **2.** Añadir algo en una cuenta. **3.** Relatar un suceso, real o imaginario. **4.** Tener en cuenta, considerar de cierta manera. **5.** Poner a alguien o algo en el número, clase u opinión que le corresponde. También *v. prnl.* **6.** Refiriéndose a cosas que se pueden numerar, tener, haber. ‖ *v. intr.* **7.** Enunciar los números ordenadamente. **8.** Hacer cuentas según las reglas de la aritmética. **9.** Tener importancia. **10.** Equivaler, valer por. **11.** Hacer al caso, entrar en cuenta, valer. ▪ Es v. irreg. ‖ **Loc. contar con** Tener presente. **contar con** una persona o cosa **para** Confiar en que se puede disponer de ella.

CONTAR

INDICATIVO	SUBJUNTIVO	IMPERATIVO
Presente	**Presente**	
cuento	*cuente*	
cuentas	*cuentes*	*cuenta*
cuenta	*cuente*	
contamos	*contemos*	
contáis	*contéis*	*contad*
cuentan	*cuenten*	

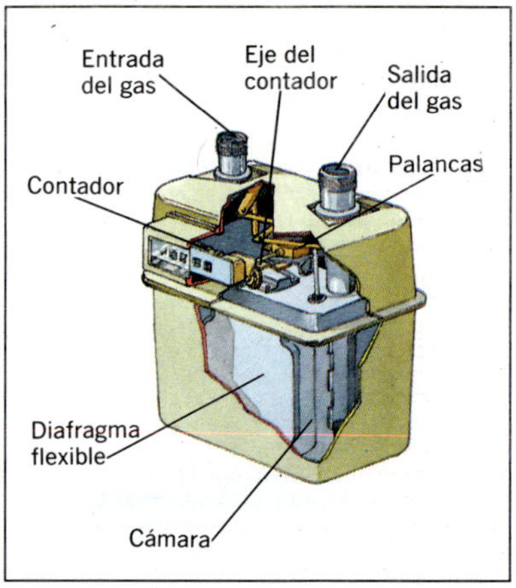

El contador de gas doméstico consta de dos cámaras con diafragmas flexibles, una de las cuales se llena de gas cuando la otra se vacía; bajo el efecto de la presión del gas, unas palancas mueven el eje del contador.

contemplación *s. f.* **1.** Acción y efecto de contemplar. **2.** Visión o meditación profunda de naturaleza religiosa. || *pl.* **3.** Miramientos, cuidados especiales que se observan con una persona.

contemplar *v. tr.* **1.** Mirar una cosa con tranquilidad, recreándose en la visión. **2.** Considerar, tener en cuenta. **3.** Complacer a una persona, ser demasiado condescendiente con ella. **4.** Practicar la contemplación religiosa.

contemplativo, va *adj.* **1.** Perteneciente o relativo a la contemplación. **2.** Que contempla. **3.** Que acostumbra meditar intensamente. **4.** Que practica o experimenta la contemplación religiosa. También *s.*

contemporáneo, a *adj.* **1.** Que existe al mismo tiempo que otra persona o cosa. También *s.* **2.** Perteneciente o relativo a la época actual. También *s.* **FAM.** Contemporaneidad.

contemporizar *v. intr.* **1.** Acomodarse a los gustos, ideas, manera de ser ajenos, para evitar enfrentamientos, conflictos, etc. **2.** Ceder ante las ideas, aspiraciones o pretensiones de otro por conveniencia, indiferencia o por falta de escrúpulos. ■ Se conjuga como *cazar.* **FAM.** Contemporización, contemporizador.

contención *s. f.* Acción y efecto de contener, sujetar, frenar un movimiento, un impulso, etc.

contencioso, sa *adj.* **1.** Se dice de las materias sobre las que se disputa en pleito. **2.** Se aplica a los asuntos sometidos al fallo o sentencia de los tribunales, en contraposición a los actos que dependen de una autoridad.

contender *v. intr.* **1.** Luchar con las armas. **2.** Discutir. **3.** Competir. ■ Es v. irreg. Se conjuga como *tender.*

contendiente *adj.* Que contiende. También *s.*

contenedor, ra *adj.* **1.** Que contiene. || *s. m.* **2.** Embalaje de grandes dimensiones, generalmente metálico, para transportar mercancías a grandes distancias. **3.** Recipiente metálico, de fácil transporte en camiones especiales, en el que se echan los escombros de las obras. **4.** Recipiente grande para depositar la basura en la calle.

contener *v. tr.* **1.** Llevar o tener dentro de sí una cosa a otra. **2.** Sujetar o impedir el movimiento de un cuerpo. También *v. prnl.* **3.** Reprimir un impulso, un sentimiento, deseo, etc. Se usa más como *v. prnl.* ■ Es v. irreg. Se conjuga como *tener.*

contenido, da **1.** *p. p.* de **contener**. También *adj.* || *s. m.* **2.** Lo que se contiene dentro de una cosa. **3.** Significado de un signo lingüístico o de un enunciado.

contentadizo, za *adj.* Se dice de la persona fácil de contentar.

contentar *v. tr.* **1.** Alegrar a alguien, satisfacer sus gustos, deseos, aspiraciones. || *v. prnl.* **2.** Conformarse, darse por satisfecho. **FAM.** Contentamiento.

contento, ta *adj.* **1.** Alegre, feliz. **2.** Satisfecho, conforme. || *s. m.* **3.** Alegría, satisfacción. || **LOC. darse (o tenerse) por contento** *fam.* Aceptar de buen grado cierta cosa, aunque no sea tal como se desea o espera.

conteo *s. m.* Cálculo, recuento.

contera *s. f.* Pieza de metal u otro material resistente que se pone como remate en el extremo opuesto al puño de un bastón, paraguas, o para proteger la punta de un lápiz, etc.

contertulio, lia *s. m.* y *f.* Persona que asiste a la misma tertulia que otra.

contesta *s. f.* **1.** *amer.* Contestación. **2.** *Méx., Perú.* Charla, conversación.

contestación *s. f.* **1.** Acción y efecto de contestar. **2.** Oposición o protesta.

contestador, ra *adj.* **1.** Que contesta. || *s. m.* **2. contestador automático** Aparato conectado a un teléfono que da una contestación previamente grabada y registra a su vez los mensajes que se reciben.

contestar *v. tr.* **1.** Dar respuesta a lo que otro pregunta o manifiesta y, p. ext., hacerlo con respecto a una acción, conducta, etc. || *v. intr.* **2.** Oponer alguien inconvenientes a lo que otra persona le indica u ordena o responderle de malos modos. **3.** Adoptar actitud de oposición o protesta, a veces violenta, contra lo establecido.

contestatario, ria *adj.* Que se opone o protesta contra lo establecido. También *s.*

contestón, na *adj.* Respondón, que suele replicar de malos modos, en especial a superiores o mayores. También *s.*

contexto *s. m.* **1.** Lo que precede o sigue a un texto; hilo o curso de un escrito, relato, historia, discurso, etc. **2.** Conjunto de hechos, cosas o circunstancias que rodean a alguien o algo. **FAM.** Contextual.

contextualizar *v. tr.* Interpretar o situar algo dentro de un contexto. ■ Se conjuga como *cazar.* **FAM.** Contextualización.

contextura *s. f.* **1.** Manera de estar dispuestos los elementos de un todo, especialmente de un tejido o tela. **2.** Configuración corporal de una persona.

Conti, Haroldo (Buenos Aires 1925 - ? 1976) Escritor argentino. Sus novelas, escritas en un lenguaje sencillo, están protagonizadas por personas marginadas. Fue uno de los desaparecidos durante la dictadura militar. Entre sus obras destacan *Todos los veranos* (1964), *Alrededor de la jaula* (1967) y *En vida* (1971).

contienda *s. f.* **1.** Guerra, lucha armada. **2.** Disputa, enfrentamiento.

contigo *pron. pers. m.* y *f. sing. de 2.ª pers.* Expresa compañía con la persona representada por *tú*: Iré contigo a ver la exposición.

contigüidad *s. f.* Relación entre personas o cosas que están contiguas.

contiguo, gua *adj.* **1.** Se dice de la persona o cosa que está junto a otra. **2.** En geom., se dice de los ángulos que tienen el vértice y un lado comunes.

continencia *s. f.* **1.** Cualidad que consiste en moderar y refrenar las pasiones, impulsos, afectos, etc. **2.** Acción de privarse de toda actividad sexual.

continental *adj.* **1.** Perteneciente o relativo a un continente y a los países que lo forman. **2.** Se dice del tipo de clima que se caracteriza por la fuerte amplitud anual de las temperaturas, con un invierno frío y un verano cálido, y la escasez de lluvias, más frecuentes en verano. Es el clima dominante entre los 40° y los 60° del hemisferio N (EE UU, Canadá, Europa), mientras que en el hemisferio S se encuentra sólo en Argentina (Pampa seca del SE, en Patagonia).

continentalidad *s. f.* Factor geográfico caracterizado por la ausencia de influencia marina. Se aprecia en el interior de los continentes o en regiones aisladas del mar por las montañas.

continente *adj.* **1.** Que contiene en sí a otra cosa. También *s. m.* **2.** Se dice de la persona que practica la continencia. || *s. m.* **3.** Cada una de las seis grandes unidades en que se divide la superficie terrestre. Europa, Asia, África, América, Oceanía y Antártida, que ocupan un 29 % de la superficie del planeta (unos 149 millones de km^2). Los continentes se originaron hace millones de años al sufrir enormes presiones los materiales del manto de la Tierra y ascender a elevadas temperaturas hasta la superficie; después, al enfriarse, cristalizaron. Gran aceptación ha tenido la teoría del científico alemán Alfred Wegener sobre la deriva de los continentes, completada y corregida recientemente con la teoría de las placas continentales. **4.** Gran extensión de tierra que no es una isla. **5.** Aspecto de una persona.

contingencia *s. f.* **1.** Cualidad de contingente. **2.** Posibilidad, generalmente lejana, de que una cosa suceda o no. **3.** Este mismo suceso.

contingente *adj.* **1.** Que puede suceder o no. **2.** En la filosofía aristotélico-escolástica, se dice de lo que puede ser y no ser. Se opone a lo necesario. Se dice también de aquello cuya existencia depende de otro. || *s. m.* **3.** Contingencia, cosa que puede suceder. **4.** Fuerzas militares. **5.** Grupo, conjunto. **6.** Parte que le corresponde aportar a cada miembro de un grupo para una causa o fin común. **7.** Cantidad señalada a un país, industria, etc., para la importación, exportación o producción de determinadas mercancías.

continuación *s. f.* **1.** Acción y efecto de continuar. **2.** Cosa o parte con que continúa algo.

continuar *v. tr.* **1.** Proseguir una tarea, una acción, etc., ya comenzada. || *v. intr.* **2.** Durar, permanecer. **3.** Estar realizándose o existir todavía una acción o estado. **4.** Seguir, extenderse. También *v. prnl.* **FAM.** Continuador.

continuidad *s. f.* **1.** Unión que tienen entre sí las partes de un todo continuo. **2.** Circunstancia de ocurrir o hacerse algo sin interrupción. **3.** Continuación o prolongación de algo. || **4. solución de continuidad** Interrupción, falta de continuidad.

continuo, nua *adj.* **1.** Que no tiene ninguna interrupción en el espacio o en el tiempo, que no cesa. **2.** Que ocurre frecuente y repetidamente. || *s. m.* **3.** Todo compuesto de partes unidas entre sí. || **LOC. de continuo** *adv.* De manera continua. **FAM.** Continuamente.

conto *s. m.* Unidad de cuenta de Portugal que vale mil escudos.

contonearse *v. prnl.* Mover exagerada o afectadamente los hombros y las caderas al andar. **FAM.** Contoneo.

contornear *v. tr.* Seguir o dibujar el contorno de alguna cosa o figura.

contorno *s. m.* **1.** Línea formada por el borde de una superficie o un dibujo. **2.** Conjunto de tierras que están situadas en los alrededores de una ciudad, comarca, etc. Se usa más en *pl.*

contorsión *s. f.* **1.** Movimiento o torsión bruscos o forzados del cuerpo o de cualquiera de sus partes. **2.** Gesto cómico o ridículo.

contorsionarse *v. prnl.* Hacer contorsiones.

contorsionista *s. m.* y *f.* Artista que ejecuta contorsiones difíciles en los circos u otros espectáculos.

contra[1] *prep.* **1.** Denota oposición, lucha o enfrentamiento: *la lucha contra el cáncer.* **2.** A cambio de: *Recibió un regalo contra entrega del bono.* **3.** Indica la posición de una cosa apoyada en otra vertical: *Dejó la escalera contra la pared.* **4.** Cuanto; este uso vulgar es generalmente rechazado: *Contra más tiene más quiere.* || *s. m.* **5.** Dificultad, inconveniente. **6.** Contrarrevolucionario, persona que hace la contrarrevolución. || *s. f.* **7.** Contrarrevolución*. **8.** Contraataque*. **9.** En boxeo, modo de pelear en el que se golpea aprovechando el ataque del rival; también, golpe dado de esa forma. || *interj.* **10.** Expresa enfado, sorpresa. || **LOC. hacer** (o **llevar**) a uno **la contra** *fam.* Oponerse a lo que dice, quiere o intenta.

contra[2] *s. f.* **1.** *apoc.* de **contraventana**. **2.** *apoc.* de **contratapa**, carne de vaca.

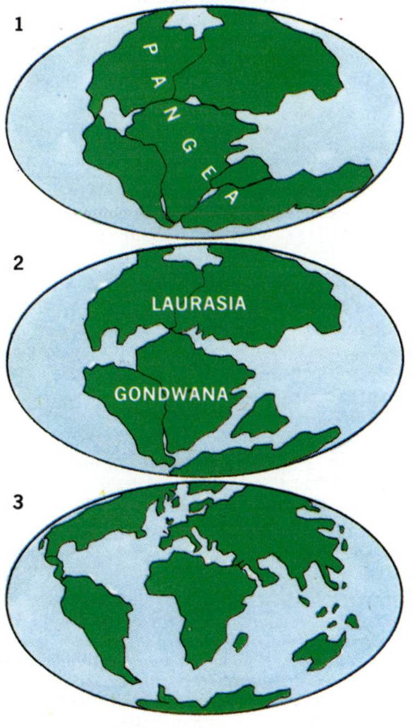

Al principio del paleozoico todos los continentes estaban unidos y formaban una única masa de tierra llamada Pangea, que después se fragmentó. 1. La Tierra al final del paleozoico. 2. La Tierra al final del mesozoico. 3. En el cuaternario los continentes tenían ya la forma actual.

contra natura *loc. lat.* **1.** Contra la naturaleza, antinatural. **2.** P. ext., muy extraño, ilógico, inesperado.

contra- *pref.* Significa 'oposición','refuerzo', 'duplicación', 'categoría inferior', etc.: *contraataque, contrafuerte, contrachapado, contralmirante.*

contraalisio *adj.* Se dice de la corriente de aire que se forma en el ecuador y circula por las capas altas de la atmósfera, opuesta a los vientos alisios. También *s. m.*, sobre todo *pl.*

contraalmirante *s. m.* Contralmirante*.

contraatacar *v. tr.* Realizar un contraataque. ■ Se conjuga como *sacar.*

contraataque *s. m.* Ataque u ofensiva en respuesta a otro de un enemigo, contrario o rival.

contraaviso *s. m.* Aviso que contradice otro anterior.

contrabajo *s. m.* **1.** Instrumento musical de cuerda y arco; es el más grave y el de mayor tamaño de la familia de los violines y se toca de pie, apoyándolo en el suelo. Se introdujo en la orquesta en el s. XVIII y es muy usado por los intérpretes de jazz. **2.** Persona que toca este instrumento. **3.** Voz más grave que la del bajo y persona que tiene esta voz.

contrabalancear *v. tr.* **1.** Equilibrar la balanza. **2.** Compensar una cosa o acción con otra de efecto contrario.

contrabandista *adj.* Que se dedica al contrabando. También *s.*

contrabando *s. m.* **1.** Hecho de introducir en un país, o sacar de él, mercancías prohibidas o sin pagar los derechos de aduana. **2.** Estas mercancías u otros géneros prohibidos. **3.** Lo que es o parece ilícito y se tiene o se hace a escondidas. **FAM.** Contrabandear.

contrabarrera *s. f.* Segunda fila de asientos en los tendidos de las plazas de toros.

contracción *s. f.* **1.** Acción y efecto de contraer o contraerse. **2.** Unión en una sola de dos palabras, una de las cuales termina y la otra comienza por vocal, suprimiendo una de estas vocales. P. ej., *al*, contracción de *a* y *el.* **3.** Reducción a una sola sílaba, dentro de una misma palabra, de vocales que normalmente se pronuncian en sílabas distintas, como *aho-ra*, por *a-ho-ra.*

contrachapado o **contrachapeado, da** **1.** *p. p.* de **contrachapar** o **contrachapear**. ‖ *adj.* **2.** Se dice del tablero formado por varias capas de madera, encoladas entre sí de forma que las fibras alternen en direcciones perpendiculares. También *s. m.* **3.** Operación de contrachapar o contrachapear.

contrachapar o **contrachapear** *v. tr.* Encolar láminas de madera muy delgadas formando un contrachapado.

contracorriente *s. f.* Corriente de aire, agua, etc., de sentido contrario a la principal de la que procede. ‖ **LOC. a contracorriente** *adv.* En contra de la opinión o tendencia general.

contráctil *adj.* Capaz de contraerse con facilidad. **FAM.** Contractilidad

contracto, ta *adj.* Se aplica a la palabra que resulta de la unión de otras dos, p. ej. el artículo contracto *del*, de *de* y *el.*

contractual *adj.* Procedente del contrato o derivado de él.

contractura *s. f.* **1.** Contracción involuntaria de uno o más grupos musculares. **2.** Disminución del diámetro del fuste de una columna en su parte superior.

contracubierta *s. f.* **1.** Parte interior de la cubierta de un libro. **2.** P. ext., parte posterior de la cubierta de un libro o revista.

contracultura *s. f.* Conjunto de fenómenos y movimientos surgidos a partir de 1960 en EE UU y Europa occidental como alternativa a la cultura y formas de vida convencionales. Muy influida por el pensamiento oriental, la tradición libertaria y por doctrinas como el psicoanálisis (Herbert Marcuse, Wilhem Reich) y el surrealismo, sus representantes más conocidos fueron los hippies. Decayó hasta casi desaparecer en la década de los setenta. **FAM.** Contracultural.

contradanza *s. f.* Baile que ejecutan varias parejas a la vez combinando figuras.

contradecir *v. tr.* **1.** Decir lo contrario de lo que otro afirma o negar lo que otro da por cierto. **2.** Oponerse alguien o algo a determinada cosa. También *v. prnl.* ‖ *v. prnl.* **3.** Decir o hacer algo opuesto a lo que se ha dicho o hecho antes. ■ Es v. irreg. Se conjuga como *decir.*

contradicción *s. f.* **1.** Acción y efecto de contradecir o de contradecirse. **2.** Oposición que hay entre dos cosas, acciones, cualidades, ideas, etc. **3.** Conjunto de dos o más cosas que se contradicen. ‖ **4. principio de contradicción** En fil., principio, más exactamente llamado de no contradicción, que sostiene que es imposible que una cosa sea y no sea al mismo tiempo y bajo el mismo aspecto. Como principio lógico se enuncia: no puede predicarse de un sujeto a la vez *p* y no *p*, p. ej. *Luis es alto y no alto.* **FAM.** Contradictor.

contradictorio, ria *adj.* **1.** Que está en contradicción con otra persona o cosa o consigo mismo, por lo que da lugar a confusión. ‖ *s. f.* **2.** En lóg., cualquiera de dos proposiciones, de las cuales una afirma lo que la otra niega, y no pueden ser a la vez verdaderas o a la vez falsas. P. ej., en las proposiciones *todos sus cuadros son bonitos* (A) y *algunos de sus cuadros no son bonitos* (B), si A es verdadera, B es falsa; y si A es falsa, B es verdadera. **FAM.** Contradictoriamente.

contraer *v. tr.* **1.** Reducir una cosa a menor tamaño, bien en longitud, bien en volumen; también, reducir algo en cantidad, extensión, etc. También *v. prnl.* **2.** Adquirir ciertas cosas, como costumbres, compromisos, enfermedades, vínculos de parentesco, etc. ‖ *v. prnl.* **3.** Encogerse un músculo, nervio, etc. **4.** *amer.* Concentrarse, dedicarse exclusivamente a algo. ■ Es v. irreg. Se conjuga como *traer.*

contraespionaje *s. m.* Servicio de seguridad de un país contra el espionaje extranjero.

contrafilo *s. m.* Filo que se saca a veces a las armas blancas por el lado contrario al corte y cercano a la punta.

contrafuero *s. m.* Acción con que se hace algo contra un fuero o no se cumple lo que éste dispone.

contrafuerte *s. m.* **1.** Pilar o arco adosado a un muro, al que sirve de refuerzo. **2.** Cadena secundaria de montañas que arranca de la principal. **3.** Pieza de cuero u otro material con que se refuerza el calzado por la parte del talón. **4.** Correa de la silla de montar donde se afianza la cincha.

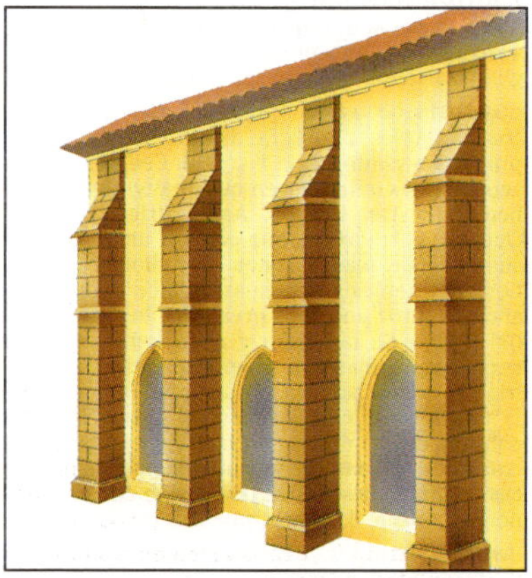

Contrafuertes exteriores adosados al muro.

contragolpe *s. m.* **1.** Golpe, ataque, réplica, etc., que se ejecuta en respuesta a otro. **2.** Efecto producido por un golpe en sitio distinto de aquel en que se recibe.

contrahecho, cha *adj.* Jorobado, con el cuerpo torcido. También *s.*

contraindicación *s. f.* Circunstancia que se opone al empleo de un medicamento, remedio, tratamiento, etc.

contraindicado, da **1.** *p. p.* de **contraindicar**. ‖ *adj.* **2.** Se dice del medicamento, alimento o acción que es perjudicial para algo.

contraindicar *v. tr.* Señalar como perjudicial en algunos casos cierto remedio, alimento o acción. ■ Se conjuga como *sacar.*

contralmirante *s. m.* Oficial general de la armada, inmediatamente inferior al vicealmirante.

contralto *s. m.* **1.** En mús., voz media entre la de tiple y la de tenor. ‖ *s. m.* y *f.* **2.** Persona que tiene esta voz.

contraluz *s. amb.* **1.** Vista o aspecto de las cosas por el lado contrario a aquel por el que les da la luz. **2.** Fotografía o pintura hecha en estas condiciones. ■ Se usa más como *s. m.*

contramaestre *s. m.* **1.** Suboficial de marina que se encarga de la marinería y tiene diversos cometidos a bordo. **2.** En algunas fábricas y talleres, capataz.

contramano, a *loc. adv.* En dirección contraria a la corriente o a lo establecido.

contramarcha *s. f.* Vuelta atrás o retroceso en una marcha, especialmente militar. **FAM.** Contramarchar.

contramuro *s. m.* Muro construido delante de otro para reforzarlo o protegerlo.

contraofensiva *s. f.* Maniobra militar que consiste en atacar cuando el enemigo ya lo ha hecho antes, obligando a éste a pasar a la defensiva.

contraorden *s. f.* Orden que anula otra dada con anterioridad.

contrapartida *s. f.* **1.** Cosa que produce efectos contrarios a otra o que se da o hace para compensar otra. **2.** En un tratado comercial, ventaja que la parte más interesada, el vendedor o la que tiene saldo positivo, concede a la otra. **3.** Anotación de dinero que se hace para corregir algún error en la contabilidad. **4.** Anotación en el haber que tiene su compensación en el debe o viceversa.

contrapear *v. tr.* **1.** Aplicar unas piezas de madera contra otras, de manera que sus fibras estén cruzadas. **2.** Revestir con chapas de madera noble objetos construidos con maderas corrientes. **3.** Colocar cosas en posición alternada.

contrapelo, a *loc. adv.* **1.** Contra la dirección del pelo. **2.** *fam.* Contra la naturaleza de las cosas o la inclinación de alguien, contra el sentir general.

contrapesar *v. tr.* **1.** Hacer o servir de contrapeso. **2.** Equilibrar un peso con otro. **3.** Compensar, contrarrestar.

contrapeso *s. m.* **1.** Peso con que se equilibra otro. **2.** Aquello que compensa o equilibra una cosa. **3.** Balancín de los equilibristas.

contrapié, a *loc. adv.* Indica que se tiene el pie en mala postura para lo que se quiere hacer. También, en sentido figurado, inoportunamente.

contraponer *v. tr.* **1.** Oponer una persona, idea o cosa a otra para impedir su acción. También *v. prnl.* **2.** Comparar una cosa con otra. ■ Es v. irreg. Se conjuga como *poner.*

contraportada *s. f.* **1.** Página anterior a la portada o, lo que es lo mismo, posterior a la portadilla o anteportada de un libro, donde figuran diversos detalles de éste. **2.** P. ext., contracubierta, parte posterior de la cubierta de un libro o revista.

contraposición *s. f.* Acción y efecto de contraponer o contraponerse.

contraprestación *s. f.* Prestación (cosa o servicio) que debe una parte contratante por razón de la que ha recibido o ha de recibir.

contraproducente *adj.* Que produce efectos contrarios a lo que se pretende o se espera.

contraproposición *s. f.* Contrapropuesta*.

contrapropuesta *s. f.* Propuesta con que se responde a otra.

contraproyecto *s. m.* Proyecto que se hace o presenta frente a otro anterior.

contrapuerta *s. f.* **1.** Puerta situada inmediatamente detrás de otra. **2.** Puerta que separa el portal o zaguán del resto de la casa.

contrapuesto, ta *p. p.* irreg. de **contraponer**. También *adj.*

contrapuntear *v. tr.* **1.** Cantar o tocar de contrapunto. **2.** *amer.* En la canción popular, competir entre sí dos o más guitarristas y copleros improvisando versos. **FAM.** Contrapunteo.

contrapuntista *s. m.* Compositor que practica el contrapunto con preferencia o con habilidad.

contrapunto *s. m.* **1.** Técnica de composición musical que ordena el desarrollo simultáneo de varias voces o melodías en un conjunto, en que cada una conserva su independencia y está, a la vez, sujeta al todo. **2.** Contraste entre dos o más cosas. **3.** *amer.* Desafío o competición entre dos o más guitarristas y copleros.

contrariar *v. tr.* **1.** Contradecir a alguien o estorbar sus intenciones, pretensiones o propósitos. También *v. prnl.* **2.** Disgustar, molestar a alguien, especialmente por no cumplirse lo que esta persona preveía o esperaba. También *v. prnl*

contrariedad *s. f.* **1.** Relación entre dos cosas contrarias. **2.** Contratiempo, imprevisto. **3.** Disgusto, decepción.

contrario, ria *adj.* **1.** Que se opone totalmente a algo. **2.** Desfavorable, que perjudica. || *s. m.* y *f.* **3.** Enemigo, rival. **4.** Persona que sigue pleito contra otra. **5.** En lóg., se dice de cualquiera de dos proposiciones con el mismo sujeto y predicado, de las que una es afirmativa y la otra negativa: *Todos los A son B* y *Ningún A es B.* Dos proposiciones contrarias no pueden ser a la vez verdaderas, pero sí pueden ser a la vez falsas, p. ej., las proposiciones *Todos los hombres son altos* y *Ningún hombre es alto.* || **LOC. al** (o **por el**) **contrario** *adv.* Al revés, de un modo opuesto. **de lo contrario** *adv.* En caso contrario. **llevar la contraria** a alguien Oponerse por sistema a lo que dice o hace.

Contrarreforma *s. f.* Movimiento de reforma religiosa que tuvo lugar en la Iglesia católica desde el concilio de Trento (1545-63) hasta el final de la guerra de los Treinta Años (1648) como respuesta al protestantismo y al deseo de numerosos sectores dentro de la propia Iglesia de llevar a cabo una auténtica renovación de la fe y la vida cristianas. En ella destacaron pontífices como Pío V, prelados como Carlos Borromeo, religiosos como Pedro Canisio y órdenes enteras consagradas al apostolado, como los jesuitas, teatinos, oratorianos, etc. El espíritu de la Contrarreforma halló su expresión plástica en las manifestaciones del arte barroco.

contrarreloj *adj.* En dep., se dice de la prueba en la que los participantes o los equipos salen de uno en uno, a intervalos regulares de tiempo. También *s. f.* **FAM.** Contrarrelojista.

contrarréplica *s. f.* **1.** Contestación dada a una réplica. **2.** En der., escrito en que el demandado contesta a la réplica del demandante.

contrarrestar *v. tr.* **1.** Hacer frente u oposición a algo. **2.** Debilitar o tratar de impedir el efecto o influencia de una cosa con otra contraria.

contrarrevolución *s. f.* Movimiento dirigido contra una revolución. **FAM.** Contrarrevolucionario.

contrasentido *s. m.* Acción, actitud, pensamiento, etc., que carece de sentido o lógica, que incluye una contradicción.

contraseña *s. f.* Señal acordada previamente que se dan unas personas a otras para poder reconocerse, ser identificadas, entenderse entre sí, etc.

contrastar *v. tr.* **1.** Poner a prueba la autenticidad, pureza, validez de una cosa. **2.** Verificar la exactitud de pesas y medidas. **3.** Comprobar y fijar la ley, peso y valor de los objetos de oro o plata para ponerles después el contraste o marca de garantía. || *v. intr.* **4.** Mostrar gran diferencia una cosa entre otras por ser opuesta o muy distinta de ellas. **FAM.** Contrastable.

contraste *s. m.* **1.** Acción y efecto de contrastar. **2.** Relación de oposición entre personas o cosas. **3.** Oficina o lugar donde se contrastan pesos, medidas, etc. y persona encargada de ello. **4.** Marca que se graba en objetos de metal noble como garantía de haber sido contrastados.

contrata *s. f.* **1.** Contrato que se hace con el gobierno, con un organismo público o un particular para ejecutar una obra o prestar un servicio por un precio. **2.** Entre artistas, toreros, etc., contrato de actuación.

contratapa *s. f.* Carne de vaca entre la babilla y la tapa. ▪ Se dice también *contra.*

contratar *v. tr.* **1.** Llegar a un acuerdo una persona, empresa, institución, etc., con otra por el que una se obliga a dar o hacer algo a la otra a cambio de dinero u otra compensación. **2.** Tomar a una persona para algún servicio o trabajo, determinando precio y condiciones. **FAM.** Contratación, contratante.

contratiempo *s. m.* Imprevisto que origina un trastorno a una persona. || **LOC. a contratiempo** *adj.* y *adv.* Se dice en música cuando la duración de una nota se extiende a dos tiempos del compás, comprendiendo sólo una parte del primero.

contratipo *s. m.* **1.** En artes gráficas, molde de un tipo, en relieve o en hueco. **2.** En cine y fotografía, negativo obtenido a partir de un positivo, o viceversa.

contratista *s. m.* y *f.* Persona o entidad que realiza una obra o servicio por contrata.

contrato *s. m.* **1.** Convenio o acuerdo entre dos o más personas, empresas, instituciones, etc., por el que se obligan a cumplir determinadas cosas y documento que lo acredita. || **2. contrato social** En pol., pacto entre el pueblo y el Estado que da origen a la sociedad política, según la teoría enunciada por Rousseau. El ciudadano renuncia a sus derechos naturales en favor del Estado, que a su vez asume, en nombre del pueblo soberano, la obligación de mantener la igualdad y la libertad, protegiendo al conjunto del pueblo de los intereses de individuos o minorías.

contratorpedero *s. m.* Cazatorpedero*.

contratransferencia *s. f.* En el psicoanálisis, conjunto de reacciones emocionales conscientes e inconscientes del analista hacia la persona del analizado, y más particularmente hacia los afectos transferidos o proyectados por el paciente en el terapeuta.

contratuerca *s. f.* Tuerca que se superpone a otra para evitar que ésta se afloje.

contravención *s. f.* Acción y efecto de contravenir.

contraveneno *s. m.* Antídoto para combatir los efectos de un veneno.

contravenir *v. tr.* Obrar en contra de lo mandado o establecido. También *v. intr.* ▪ Es v. irreg. Se conjuga como *venir.*

contraventana *s. f.* **1.** Especie de puerta que interiormente cierra sobre los cristales de ventanas y balcones para que no entre la luz. **2.** Puerta que se coloca en la parte de afuera de ventanas y vidrieras para mayor protección y resguardo.

contraventor, ra *adj.* Que contraviene una orden, disposición, etc. También *s.*

contrayente *adj.* Que contrae, principalmente referido a la persona que contrae matrimonio. También *s.*

contribución *s. f.* **1.** Acción y efecto de contribuir. **2.** Pago que tienen que hacer los ciudadanos de un Estado para ayudar a sostener los gastos de éste o los de la comunidad o municipio. **3.** Dinero o cualquier cosa que se da para contribuir a algo.

contribuir *v. tr.* **1.** Pagar cada uno la cuota que le corresponde de un impuesto. También *v. tr.* **2.** Dar voluntariamente una cantidad de dinero u otra cosa para un determinado fin. **3.** Ayudar junto con otras personas o cosas a que pueda realizarse algo. ▪ Es v. irreg. Se conjuga como *huir.* **FAM.** Contribuidor.

contribuyente *adj.* Que contribuye, especialmente que paga contribución al Estado. También *s.*

contrición *s. f.* Pena o arrepentimiento por haber ofendido a Dios.

contrincante *s. m.* y *f.* Persona que se enfrenta o compite con otra u otras para lograr algo, especialmente en una competición deportiva.

contrito, ta *adj.* Que tiene contrición.

control *s. m.* **1.** Examen o comprobación de personas o cosas cuyo conocimiento interesa. **2.** Vigilancia. **3.** Limitación. **4.** Cuenta, medida. **5.** Dominio, dirección, predominio. **6.** Regulación. **7.** Lugar donde se controla. **8.** Dispositivo para comprobar el funcionamiento de una máquina o mecanismo. || **9. control de calidad** Verificación de que un producto cumple las condiciones requeridas por las leyes o normas o por las propias exigencias del productor. **10. control de natalidad** Regulación, y especialmente limitación, de la frecuencia de los embarazos. **11. control experimental** En psicol., método de experimentación que consiste en contrastar un grupo de control (grupo no sometido al efecto de una variable independiente) con el gupo de experimentación (sometido al efecto de dicha variable). || **12. control remoto** Utilización de dispositivos de mando a distancia para accionar o modificar el funcionamiento de motores y otros aparatos. || **13. teoría de control** Rama de la cibernética que estudia la manera de controlar de forma óptima sistemas y procesos físicos que varían a lo largo del tiempo. Tiene aplicaciones en el control automático de mecanismos, el control de procesos por ordenador, el estudio del control de los procesos biológicos, etc.

controlador, ra *s. m.* y *f.* **1.** Persona que controla. || **2. controlador aéreo** Técnico encargado de orientar, regular, vigilar, etc., el despegue, ruta de vuelo y aterrizaje de aviones.

controlar *v. tr.* **1.** Ejercer control sobre alguien o algo. || *v. prnl.* **2.** Dominarse, no dejarse llevar de los impulsos. **FAM.** Controlable.

controversia *s. f.* Discusión larga y continuada entre personas que defienden opiniones contrarias.

controvertir *v. intr.* Discutir extensa y detenidamente. ▪ Es v. irreg. Se conjuga como *sentir.* **FAM.** Controvertible.

contubernio *s. m.* **1.** Confabulación de personas o grupos con intereses, proyectos, etc., de carácter ilícito, secreto o censurable. **2.** Amancebamiento, cohabitación ilícita.

contumacia *s. f.* **1.** Acción o actitud de mostrarse contumaz. **2.** En der., no comparecencia en un juicio.

contumaz *adj.* **1.** Se dice de la persona que se mantiene obstinadamente en un error. **2.** En der., rebelde, declarado en rebeldía. También *s.*

contundente *adj.* **1.** Se dice de lo que puede producir contusión. **2.** Evidente, claro, decidido. **3.** Que convence de una manera indudable o decisiva. **FAM.** Contundentemente.

conturbación *s. f.* Inquietud, turbación.

conturbar *v. tr.* Alterar, inquietar a alguien un suceso desgraciado. También *v. prnl.*

contusión *s. f.* Lesión producida por un golpe que no causa herida exterior.

contusionar *v. tr.* Provocar contusiones. También *v. prnl.*

contuso, sa *adj.* Que ha recibido una contusión. También *s.*

conurbación *s. f.* Área o región formada por el crecimiento de dos o más núcleos urbanos que se han unido y forman un continuo en el espacio. Actualmente existen conurbaciones en la costa E de EE UU, desde Boston a Washington; en el Reino Unido, en el área industrial de Manchester-Birmingham-Leeds; en la República Federal de Alemania, en la zona del Ruhr; y en Japón, en el centro y S de la isla de Hondo. Cuando la conurbación adquiere un tamaño desmesurado se llama *megalópolis.*

convalecencia *s. f.* **1.** Estado en que se encuentra una persona después de haber pasado una enfermedad y mientras se está recuperando de ella. **2.** Tiempo que dura este estado.

convalecer *v. intr.* **1.** Recobrar las fuerzas perdidas en una enfermedad, después de curada ésta. **2.** Reponerse una persona o una comunidad de un mal sufrido. ▪ Es v. irreg. Se conjuga como *agradecer.*

convaleciente *adj.* Que convalece de una enfermedad. También *s.*

convalidar *v. tr.* **1.** Confirmar, dar como válida una cosa. **2.** Dar validez académica en un país, centro, etc., a estudios aprobados en otro. **FAM.** Convalidación.

convección *s. f.* **1.** Transmisión del calor en líquidos y gases mediante corrientes de sus partículas debidas a los cambios de densidad que provoca el aumento de temperatura. Su efecto se aprecia en la formación de los vientos y es también el fundamento de los sistemas de calefacción por agua caliente. **2.** Movimiento de ascenso vertical de una masa gaseosa o fluida. Generalmente se refiere al aire o a las corrientes magmáticas que ascienden con el calentamiento.

convecino, na *adj.* Con respecto a una persona, aquella que es vecina suya. También *s.*

convector *s. m.* Aparato de calefacción por convección.

convencer *v. tr.* **1.** Conseguir que una persona se decida a hacer cierta cosa o que crea o acepte algo. También *v. prnl.* **2.** Gustar, satisfacer. ‖ *v. prnl.* **3.** Asegurarse de alguna cosa. ■ La *c* de la raíz cambia en *z* ante *a* y *o*.

convencimiento *s. m.* **1.** Acción y efecto de convencer o convencerse. **2.** Certeza o convicción que se tiene de alguna cosa.

convención *s. f.* **1.** Acuerdo, convenio entre personas, instituciones, Estados, etc. **2.** Asamblea, reunión, especialmente de representantes de un mismo partido, profesión, etc. **3.** En EE UU, reunión preelectoral donde los delegados de cada Estado de un partido político eligen a un candidato. **4.** Nombre de la Asamblea constituyente que proclamó en Francia la primera república (1792); gobernó hasta 1795, año en que se sustituyó por el directorio. **5.** Norma o práctica admitida por acuerdo, por asentimiento general, por responder a la costumbre, etc.

convencional *adj.* **1.** Que se establece por costumbre, acuerdo o asentimiento general. **2.** Que responde a fórmulas de valor convenido y no es ni espontáneo ni sincero. **3.** Se dice de las armas tradicionales por oposición a las nuevas (nucleares, químicas, etc.). **4.** Perteneciente o relativo al convenio o acuerdo. **FAM.** Convencionalmente.

convencionalismo *s. m.* **1.** Idea, comportamiento, procedimiento, etc., que se acepta y se pone en práctica por tradición, costumbre, uso generalizado o conveniencia, pero que no expresa sentimientos particulares. **2.** Doctrina que considera que los principios de las ciencias son meras convenciones y acuerdos y no verdades absolutas.

conveniencia *s. f.* **1.** Cualidad de conveniente. **2.** Provecho, utilidad. ‖ *pl.* **3.** Normas de comportamiento socialmente aceptadas.

conveniente *adj.* **1.** Útil, provechoso. **2.** Adecuado, apropiado. **FAM.** Convenientemente.

convenio *s. m.* **1.** Acuerdo o pacto hecho entre personas, instituciones, estados, etc. ‖ **2. convenio colectivo** Acuerdo sobre salarios y condiciones laborales establecido entre los representantes de los empresarios y los de los trabajadores.

convenir *v. intr.* **1.** Ser de una misma opinión o ponerse de acuerdo en algo. También *v. tr.* y *v. prnl.* **2.** Ser oportuno, adecuado, útil, beneficioso. ■ Es v. irreg. Se conjuga como *venir*.

convento *s. m.* **1.** Casa en la que viven, generalmente en clausura, religiosos o religiosas de una misma orden. **2.** Comunidad que habita en el convento. **FAM.** Conventual.

convergencia *s. f.* **1.** Acción y efecto de converger. **2.** Unión de dos líneas, caminos, opiniones, etc., en un punto o aspecto. **3.** En fís., poder de desviación de una lente, y p. ext. de un sistema óptico, sobre los rayos luminosos. Su valor es el inverso de la distancia focal expresada en metros, y viene dado en dioptrías. **4.** En climatología, movimiento de aproximación de dos masas de aire hasta producirse el contacto. La línea de convergencia se denomina frente. ‖ **5. convergencia evolutiva** En biol., proceso por el cual dos especies animales no emparentadas entre sí llegan a adoptar características similares como consecuencia de la acción de la selección natural. Un ejemplo típico es el de las semejanzas en la anatomía externa del topo (mamífero) y del grillo topo (insecto), debidas a la adaptación de ambos a la vida subterránea.

Convergencia Democrática de Cataluña (CDC) Partido político nacionalista catalán, de carácter centrista, fundado en 1974. Sus principales dirigentes son Jordi Pujol y Miquel Roca.

convergente *adj.* **1.** Que converge. ‖ **2. sucesión convergente** En mat., sucesión que tiene límite.

converger o **convergir** *v. intr.* **1.** Dirigirse dos o más líneas, caminos, etc., a un mismo punto, en el que se unen. **2.** Tener un mismo fin, en especial hablando de ideas, acciones, opiniones, propósitos, etc. ■ *Converger* se conjuga como *coger* y *convergir* como *surgir*.

conversación *s. f.* **1.** Acción y efecto de conversar. **2.** Manera o forma de conversar. ‖ **LOC. dar conversación** Entretener una persona a otra hablando con ella.

conversacional *adj.* Se dice de la lengua y del estilo propios de una conversación corriente.

conversada *s. f. Arg., Chile, Par., Urug.* Conversación o charla extensa.

conversador, ra *adj.* Se dice de la persona a la que le gusta conversar o tiene una conversación grata e interesante. También *s.*

conversar *v. intr.* Hablar, en especial familiarmente, unas personas con otras.

conversión *s. f.* **1.** Acción y efecto de convertir o de convertirse. **2.** Cambio de una cosa en otra. **3.** En lóg., operación que consiste en invertir, según ciertas leyes, el orden de sujeto y predicado en una proposición sin alterar la verdad o falsedad de la misma. P. ej., *Todos los hombres son seres racionales* se convierte en *Todos los seres racionales son hombres.*

converso, sa *adj.* Se dice de la persona convertida al cristianismo, especialmente la que antes era musulmana o judía. También *s.*

convertible *adj.* **1.** Que puede ser convertido o transformado en otra cosa. **2.** Se dice de la moneda que puede transformarse en oro o en moneda de otro país. ‖ *s. m.* **3.** Automóvil descapotable. **FAM.** Convertibilidad.

convertidor *adj.* **1.** Se dice del aparato, dispositivo, etc., que convierte o transforma las propiedades de algo. También *s. m.* ‖ *s. m.* **2.** Caldera ideada en 1859 por el ingeniero inglés Bessemer para convertir la fundición de hierro en acero. **3.** En inform., dispositivo que, sin la intervención del procesador central, puede transferir información o datos de un soporte (p. ej., una cinta) a otro (p. ej., un disco) o traducir señales de un código a otro.

convertir *v. tr.* **1.** Cambiar una cosa, cualidad, acción, situación, etc., en otra. También *v. prnl.* **2.** Hacer que una persona o una cosa llegue a ser algo que se indica. **3.** Hacer que alguien adquiera una ideología o creencia, en especial religiosa, o cambie de parecer. También *v. prnl.* ■ Se conjuga como *sentir*.

convexo, xa *adj.* **1.** Se dice de la línea o superficie curva que tiene su parte abombada en el lado por el que se la mira. **2.** En geom., se dice de una figura plana, p. ej. un polígono o un ángulo, cuando el segmento que une dos puntos cualesquiera de su interior está incluido en dicha figura. **FAM.** Convexidad.

convicción *s. f.* **1.** Acción y efecto de convencer o convencerse. **2.** Seguridad que se tiene de una cosa. ‖ *pl.* **3.** Ideas religiosas, éticas o políticas en las que se cree firmemente.

convicto, ta *adj.* Se aplica al acusado de un delito cuando ha sido probada su culpabilidad, aun en el caso de que no haya confesado ser el autor del mismo.

convidado, da **1.** *p. p.* de **convidar**. También *adj.* ‖ *s. m.* y *f.* **2.** Persona que ha recibido una invitación o convite. ‖ *s. f.* **3.** Invitación, especialmente a beber. ‖ **4. convidado de piedra** Persona que no está en una reunión, aunque había preparado un sitio para ella. También, persona que en una reunión permanece callada y quieta, por alusión a don Gonzalo de Ulloa, personaje de *El burlador de Sevilla y convidado de piedra*, de Tirso de Molina.

Convergencia evolutiva: el topo y el grillo topo tienen las patas anteriores parecidas, adaptadas para excavar.

convidar *v. tr.* **1.** Ofrecer y proporcionar a una persona una cosa agradable, como una comida, un espectáculo, etc. **2.** Mover, animar una persona o cosa a hacer algo. ‖ *v. prnl.* **3.** Presentarse espontáneamente sin ser invitado.

convincente *adj.* Que convence o tiene capacidad para convencer. **FAM.** Convincentemente.

convite *s. m.* **1.** Acción y efecto de convidar, invitar. **2.** Comida, banquete, etc., a que uno es invitado. **3.** *Amér. C., Méx.* Mojiganga o mascarada que recorre las calles anunciando fiesta. **4.** *Col., Ven.* Reunión de trabajadores que prestan sus servicios a cambio sólo de la comida.

convivencia *s. f.* **1.** Acción y efecto de convivir. **2.** Relación de buena armonía entre personas que viven juntas.

convivir *v. tr.* **1.** Vivir en compañía de otros en la misma casa, la misma ciudad, la misma época, etc. **2.** Vivir en concordia o buena armonía.

convocar *v. tr.* **1.** Llamar a varias personas para que acudan a un lugar o a un acto determinado. **2.** Anunciar un examen, concurso, reunión, elecciones, etc. ■ Se conjuga como *sacar*.

convocatoria *s. f.* **1.** Acción de convocar. **2.** Escrito o anuncio con que se convoca.

convolvuláceas *s. f. pl.* Familia de plantas herbáceas y leñosas del orden solanales que comprende unas 1.500 especies pertenecientes a los géneros *Convolvulus, Pharbitis, Ipomoea, Exogonium*, etc. Presentan tallo voluble, hojas pequeñas, flores solitarias o agrupadas en cimas y fruto en cápsula. Crecen en climas cálidos. Convolvuláceas son la campanilla, la maravilla, la batata, etc. También *adj.* y *s. f.*

convoy *s. m.* **1.** Escolta que acompaña a una expedición de barcos o vehículos para una mayor seguridad de que lleguen a su destino. **2.** Conjunto de barcos o vehículos escoltados. **3.** Tren, serie de vagones enlazados y arrastrados por una máquina. **4.** Vinagreras para el servicio de mesa.

convoyar *v. tr.* **1.** Escoltar un convoy. **2.** *Chile.* Ayudar a alguien en un negocio. **3.** *P. Rico.* Intentar conseguir algo de una persona con falsos halagos. ‖ *v. prnl.* **4.** *P. Rico, Ven.* Confabularse, conchabarse.

convulsión *s. f.* **1.** Movimiento brusco e involuntario de contracción y estiramiento del cuerpo y los músculos por causas patológicas. Suele estar relacionada con enfermedades nerviosas, como la epilepsia. Si es prolongada, se denomina tónica; si es rápida, clónica. **2.** Sacudida de la tierra o del mar por efecto de los terremotos. **3.** Agitación violenta que altera la vida colectiva.

convulsionar *v. tr.* Producir convulsiones. También *v. prnl.*

convulsivo, va *adj.* Relativo a las convulsiones o que las provoca.

convulso, sa *adj.* **1.** Que tiene convulsiones. **2.** Tembloroso, agitado, excitado.

conyugal *adj.* Perteneciente o relativo a los cónyuges o al matrimonio.

cónyuge *s. m.* y *f.* Marido respecto de la mujer o mujer respecto del marido.

coña *s. f.* **1.** *vulg.* Guasa, burla disimulada. **2.** *vulg.* Cosa molesta, pesada. ‖ **LOC. ni de coña** *vulg.* De ninguna manera, ni hablar.

coñac *s. m.* Bebida alcohólica de fuerte graduación que se obtiene destilando diversas clases de vino y que se conserva durante algún tiempo en toneles de roble para darle sabor, según el procedimiento usado en Cognac (Francia) y su región.

coñazo *s. m. vulg.* Persona o cosa molesta, pesada, aburrida. También *adj.*

coño *s. m.* **1.** *vulg.* Parte externa del aparato genital femenino. ‖ *interj.* **2.** Indica enfado o asombro.

Cook **1.** Estrecho de Nueva Zelanda que separa la Isla del Norte y la Isla del Sur. Tiene una anchura mínima de 15 km y comunica el mar de Tasmania con el océano Pacífico.

2. Archipiélago de Polinesia, situado al O de Tahití, perteneciente a Nueva Zelanda desde 1901. 240,1 km^2. 17.200 h. en 1986. Tienen importancia los cultivos de bananas, coco y agrios, la pesca y el turismo.

Cook, James (Marton, Yorkshire 1728 - Hawai 1779) Navegante, científico y cartógrafo británico. Exploró el archipiélago de la Sociedad, Nueva Zelanda, las islas Tubuai y las Hawai, donde murió en un enfrentamiento con los nativos. Elaboró numerosos mapas del océano Pacífico y describió en varias memorias las tierras por él descubiertas.

James Cook. Cuadro de Nathaniel Dance (National Maritime Museum, Greenwich, Reino Unido).

cool (voz ingl.) *adj.* Se dice de un estilo de música jazz desarrollado en los años cincuenta, generalmente por músicos blancos, caracterizado por conceder mayor importancia a la melodía que al ritmo y por una forma de interpretar intimista y contenida.

Coolidge, Calvin (Plymouth, Vermont 1872 - Northampton, Massachusetts 1933) Político estadounidense. Miembro del Partido Republicano, fue elegido vicepresidente del país (1921) y ocupó la presidencia a la muerte de Harding (1923). Elegido nuevamente para el periodo 1924-1929, restableció la normalidad en las relaciones con México. Su política económica fue una de las causas de la depresión de 1929.

Coolidge, William David (Hudson, Massachusetts 1873 - Schenectady, Nueva York 1975) Físico estadounidense. En 1909 patentó la técnica de fabricación de tungsteno flexible, empleado como filamento para las bombillas. También utilizó un bloque de tungsteno como ánodo en los tubos de rayos X. Durante la Segunda Guerra Mundial participó en Hanford en las investigaciones sobre la bomba atómica.

coolie (voz ingl.) *s. m.* Culi*.

Cooper, Gary (Helena, Montana 1900 - Hollywood 1961) Actor cinematográfico estadounidense. A partir de los años treinta se convirtió en uno de los galanes más populares de Hollywood, personificando en *westerns*, comedias y películas de aventuras al prototipo del héroe sencillo y lleno de humanidad. Entre sus numerosas películas merecen mención *Tres lanceros bengalíes* (*The Lives of a Bengal Lancer*, 1935), *Beau Geste* (1939), *El sargento York* (1941), *Bola de fuego* (1941) y *Solo ante el peligro* (*High Noon*, 1952).

Gary Cooper.

Cooper, James Fenimore (Burlington, New Jersey 1789 - Cooperstown, Nueva York 1851) Novelista estadounidense. Debe su fama a los relatos de aventuras ambientados en las luchas entre los indios y los pioneros americanos. Entre ellos destacan *El espía* (1821); *Los pioneros* (1823); *El último mohicano* (1826), su novela más famosa; *El trampero* (1840) y *El cazador de gamos* (1841).

Cooper, Leon N. (Nueva York 1930) Físico estadounidense. En 1972 obtuvo el premio Nobel de física, compartido con John Bardeen y John Robert Schrieffer, por su teoría cuántica general de los superconductores.

cooperante *adj.* **1.** Que coopera. **2.** Se aplica en especial a las personas que prestan voluntariamente su colaboración en países subdesarrollados. También *s.*

cooperar *v. intr.* Colaborar con otros para conseguir un mismo fin. **FAM.** Cooperación, cooperador.

cooperativismo *s. m.* Sistema económico y social basado en la asociación de personas en cooperativas para conseguir la mayor satisfacción de las necesidades comunes de los socios. El movimiento tuvo su origen en el Reino Unido a finales del s. XVIII, pero alcanzó su auge a principios del s. XX.

cooperativista *adj.* **1.** Perteneciente o relativo a la cooperativa o al cooperativismo. **2.** Se dice de los miembros que forman parte de una cooperativa. También *s.* **3.** Partidario del cooperativismo. También *s.*

cooperativo, va *adj.* **1.** Se dice de lo que coopera, puede cooperar o hacerse en cooperación. ‖ *s. f.* **2.** Asociación de personas que tienen intereses comunes, para conseguir ciertos fines que benefician a todos. Hay tres tipos principales de cooperativas: **cooperativas de producción**, asociaciones de trabajadores que desempeñan colectivamente las tareas de gestión; **cooperativas de distribución y venta**, asociaciones para conseguir una mejor comercialización de los productos de sus socios, y **cooperativas de consumo**, asociaciones de consumidores para obtener determinados artículos en condiciones ventajosas; entre estas últimas tienen especial importancia las cooperativas de vivienda, que facilitan a sus miembros la adquisición de la misma a menor coste. **3.** Establecimiento donde se venden los artículos de una cooperativa.

coordenado, da *adj.* **1.** Se aplica a las líneas, ejes, planos, etc., que sirven para determinar la posición de un punto. También *s. f.* ‖ **2. coordenadas astronómicas** Las que sirven para definir la posición de un astro en la esfera celeste. **3. coordenadas cartesianas** En el plano, par de números mediante los cuales se representa un punto en un par de rectas (ejes) concurrentes y graduadas. Se llaman coordenadas cartesianas rectangulares si los ejes son perpendiculares, y oblicuas, si no lo son. En el espacio, terna de números mediante los cuales se representa un punto del espacio respecto de tres ejes concurrentes y no situados en el mismo plano. **4. coordenadas esféricas** En geom., aquellas que definen un punto del espacio por su distancia a un punto fijo del espacio (llamado origen) y por los ángulos que forma el radio vector (segmento que une al punto con el origen) con dos planos perpendiculares en cuya intersección se halla el origen. **5. coordenadas geográficas** Las que sirven para determinar la posición de un punto en la superficie de la Tierra, conociendo su latitud y su longitud. **6. coordenadas polares** En geom., aquellas que determinan la posición de un punto en un plano a partir de su distancia a un punto fijo del plano (llamado origen) y por el ángulo que forman la recta que une el punto y el origen y otra recta que pasa también por el origen.

coordinación *s. f.* **1.** Acción y efecto de coordinar. **2.** En ling., relación que existe entre dos o más sintagmas u oraciones de la misma categoría y función sintáctica que se unen mediante una conjunción copulativa (*y, e, ni*), adversativa (*mas, pero, sino...*) o disyuntiva (*o, u*). P. ej., entre dos sustantivos con función de sujeto: *Iremos mi hermano y yo*; entre dos adjetivos con función de atributo: *El coche no es blanco, sino gris*; entre dos oraciones afirmativas: *Hoy pasearé o iré al cine.*

coordinado, da 1. *p. p.* de **coordinar**. También *adj.* ‖ *adj.* **2.** Que tiene o muestra coordinación. **3.** Se dice de las oraciones, frases o términos entre los cuales hay coordinación. También *s. f.* **FAM.** Coordinadamente.

coordinante *adj.* **1.** Que coordina. **2.** Se aplica en especial a las conjunciones que unen sintagmas u oraciones coordinados.

coordinar *v. tr.* Ordenar u organizar varias cosas o acciones para que colaboren a un fin general. **FAM.** Coordinador.

copa *s. f.* **1.** Vaso, generalmente acampanado, sostenido sobre un pie, que se usa para beber. **2.** El líquido que contiene. **3.** Premio o trofeo que se concede al ganador en una competición deportiva. P. ext., la propia competición. **4.** Parte hueca del sombrero, en que entra la cabeza. **5.** Parte superior de un árbol, formada por las ramas y las hojas. **6.** Cada uno de los naipes del palo de copas. ‖ *pl.* **7.** Uno de los cuatro palos de la baraja española.

copar *v. tr.* **1.** Acorralar a alguien, cortarle la retirada o impedir su huida. **2.** En ciertos juegos de azar, hacer una apuesta equivalente a todo el dinero con que responde la banca. **3.** Conseguir en unas elecciones todos los puestos. **4.** P. ext., ocupar por completo un lugar, ganar todos los premios, etc.

coparticipación *s. f.* Acción de participar con otros en alguna cosa.

copartícipe *s. m.* y *f.* Persona que tiene alguna cosa en coparticipación con otra.

copazo *s. m. fam.* Un buen trago de una bebida alcohólica.

copear *v. intr.* Tomar copas de vino o licor.

cópec *s. m.* Moneda rusa, centésima parte de un rublo. ▪ También se escribe *kopek.*

copela *s. f.* **1.** Crisol hecho con cenizas de huesos calcinados, donde se ensayan y purifican los minerales de oro y plata. **2.** Suelo de arcilla apisonada en el interior de los hornos de copela.

copelar *v. tr.* Separar mediante oxidación minerales de oro, plata, etc., en un horno denominado de *copela*, en el que se introduce una fuerte corriente de aire. **FAM.** Copelación.

Copenhague (*København*) C. de Dinamarca, cap. del país, situada en la isla de Sjaelland, en la costa E de la misma. 46.850 h. en 1989, 1.343.900 h. en 1985 en su área metropolitana. Es importante centro portuario, tanto comercial como de pasajeros, centro administrativo y cultural. Cuenta con numerosas industrias, entre las que destacan la naval, de maquinaria, alimentación y la fabricación de porcelana. Fundada en 1167 por el obispo Absalón, conserva importantes monumentos, como el edificio de la Bolsa, el castillo de Rosenborg, el palacio barroco de Charlottenborg, la catedral neoclásica y el parque de atracciones Tívoli.

Copenhague: vista de la ciudad, con la torre de San Nicolás a la derecha.

copeo *s. m.* Acción y efecto de copear, tomar copas.

copépodos *s. m. pl.* Subclase de crustáceos, por lo común microscópicos, que abundan en aguas dulces y en el mar, y que incluye unas 7.500 especies. La mayoría de ellas miden de 0,1 a 2,5 cm. Algunos llevan vida semiparásita y otros son parásitos. No poseen ni aparato circulatorio ni excretor diferenciado y su sistema nervioso es muy reducido. Los sexos están separados. Los copépodos son importantes porque forman la mayor parte del zooplancton, alimento habitual de muchos vertebrados marinos. La familia principal es la de los calánidos, en la que se encuentra la especie *Calanus finmarchicus*, muy frecuente en todos los océanos. También *adj.* y *s. m.*

copernicano, na *adj.* **1.** Perteneciente o relativo a Copérnico y a sus teorías. ‖ **2. giro copernicano** Transformación radical de una situación, creencia, etc.

Copérnico, Nicolás (Torun 1473 - Frauenburg, Prusia, actual Frembork, Polonia 1543) Astrónomo polaco. A él se debe el impulso de la teoría heliocéntrica del Sistema Solar, según la cual la Tierra y los demás planetas giran en torno a un punto próximo al Sol. Tras estudiar en las universidades de Cracovia, Bolonia y Padua, obtuvo una canonjía en la catedral de Frauenburg, ciudad en la que permaneció hasta su muerte. Sus observaciones y descubrimientos circulaban ya en torno a 1510 con el título de *Commentariolus*, pero no fueron definitivamente publicados hasta 1543 en la obra *De revolutionibus orbium caelestium*. Su aportación a la astronomía significó una auténtica revolución científica, continuada por Kepler y Galileo y culminada por Newton.

Nicolás Copérnico.

copero, ra *adj.* **1.** Perteneciente o relativo a una copa deportiva, a la competición para conseguirla y a los equipos con tradición victoriosa en ese torneo. ‖ *s. m.* **2.** Servidor que tenía por oficio traer la copa y dar de beber a su señor.

copete *s. m.* **1.** Mechón de pelo sobre la frente. **2.** Penacho de algunas aves, como p. ej. el pavo real. **3.** Adorno en la parte superior de espejos, sillones, sillas, etc. ‖ **Loc. de alto copete** *adj.* Noble, de alta categoría, de importancia.

copetín *s. m.* **1.** *amer.* Copa de licor, aperitivo. **2.** *amer.* Cóctel.

copetón, na *adj.* **1.** *amer.* Copetudo. **2.** *Col.* Bebido, borracho. **3.** *Arg.*, *Méx.*, *Par.*, *Urug.* Elegante. También *s.*

copetudo, da *adj.* **1.** Que tiene copete. **2.** *fam.* Encopetado, vanidoso. **3.** *Arg.*, *Urug.* Influyente, poderoso.

copia *s. f.* **1.** Reproducción exacta de una cosa y ejemplar que resulta. **2.** Imitación. **3.** Abundancia. ‖ **4. copia cero** Primera copia que se obtiene de una película, sobre la que se efectúan las correcciones necesarias antes de producir ejemplares para distribución.

copiador, ra *adj.* **1.** Que copia. **2.** Se dice de la máquina que saca copias de originales o de negativos. También *s. f.*

Copiapó Volcán de Chile, en la región de Atacama, próximo a la frontera con Argentina. 6.080 m. También se denomina *Cerro Azufre*.

copiar *v. tr.* **1.** Escribir lo que ya está en otra parte o lo que otro dicta. **2.** Reproducir algo exactamente, tomar una cosa como modelo. **3.** Realizar un examen o trabajo reproduciendo indebidamente el de un compañero, unos apuntes, etc., en lugar de hacerlo por uno mismo. También *v. intr.* **4.** Reflejar, imitar.

copihue *s. m.* Planta arbustiva de la familia liliáceas, especie *Lapageria rosea*. Es una trepadora de flores blancas o rojas, cuyos frutos son bayas parecidas al ají o pimiento verde. Abunda en Chile y en el S de Argentina.

copiloto *s. m.* Piloto auxiliar.

copión, na *adj.* **1.** *fam.* Que copia indebidamente de otro. También *s.* **2.** *fam.* Se dice de la persona que imita a otra. También *s.* ‖ *s. m.* **3.** En cine, película positiva formada por los planos rodados, sobre la que hacen su trabajo de selección y montaje el director y el montador.

copioso, sa *adj.* Abundante, numeroso. **Fam.** Copiosamente.

copista *s. m.* y *f.* Persona que hace copias, particularmente de obras de arte o de manuscritos.

copla *s. f.* **1.** Composición poética, generalmente de cuatro versos, que suele ser letra de canciones populares. **2.** Cosa que se repite con insistencia y pesadez. ‖ *pl.* **3.** *fam.* Versos. **4.** Habladurías, rumores. ‖ **5. copla de arte mayor** Se compone de ocho versos de doce sílabas cada uno, de los cuales riman entre sí el primero, cuarto, quinto y octavo, y el segundo, tercero, sexto y séptimo. **6. copla de arte menor** La compuesta por dos redondillas de ocho sílabas, con tres rimas en forma cruzada. **7. copla de pie quebrado** Composición en que alterna el verso corto de este nombre con otros más largos. ‖ **Loc. andar en coplas** *fam.* Indica que ya es pública una cosa, especialmente cuando es contra la fama de alguien.

coplanario, ria *adj.* Se dice de las rectas, puntos, etc., contenidos en un mismo plano.

Copland, Aaron (Nueva York 1900) Pianista y compositor estadounidense. En su música, de escritura politonal, se advierte la influencia del jazz y también del folclore estadounidense y sudamericano. Entre sus principales obras figuran *Música para teatro* (1925), *El salón México* (1936) y los ballets *Billy el Niño* (1938), *Rodeo* (1942) y *Appalachian Spring* (1944); también ha compuesto sinfonías y música de cámara.

coplero, ra *s. m.* y *f.* **1.** Persona que escribe o vende coplas, romances, etc. **2.** *fam.* Poeta malo.

Copley, John Singleton (Boston 1738 - Londres 1815) Pintor estadounidense. Se estableció en Londres en 1775. Cultivó especialmente el retrato, para su clientela de Nueva Inglaterra, y también pintó cuadros de historia, siguiendo la moda romántica. Algunos de sus títulos más representativos son *Brook Watson y el tiburón* (1778), *La muerte de Chatham* (1780) y *Muerte del mayor Peirson* (1783).

copo[1] *s. m.* **1.** Cada una de las porciones en que cae la nieve y, p. ext., otras cosas parecidas. **2.** Porción de algodón, cáñamo, lana, etc., dispuesto para ser hilado. ‖ **3. copos solares** En astron., nubes de calcio presentes en la atmósfera del Sol. Fueron descubiertas por el estadounidense George Hale.

copo[2] *s. m.* **1.** Acción de copar. **2.** Bolsa de red en que terminan algunas artes de pesca y pesca realizada con las mismas.

copolímero *s. m.* Polímero formado por monómeros de distinta naturaleza.

copón *s. m.* Copa grande en la que el sacerdote guarda en el sagrario las hostias consagradas.

Coppi, Fausto (Castellania 1919 - Novi Ligure 1960) Ciclista italiano. Considerado como uno de los mejores corredores de todos los tiempos, fue campeón del mundo de persecución y fondo en carretera, récord de la hora y vencedor de cinco ediciones del Giro de Italia (1940, 1947, 1949, 1952, 1953) y dos del Tour de Francia (1949, 1952).

Coppola, Francis Ford (Detroit 1939) Director de cine, productor y guionista estadounidense. Tras unos inicios fallidos, obtuvo en 1972 el reconocimiento de crítica y público con *El padrino*, de la que realizó en 1974 y en 1990 dos nuevas entregas. Otras películas suyas son *Apocalypse Now* (1979), *Corazonada* (*One from the hearth* 1982), *Rebeldes* (1982-83), *La ley de la calle* (*The Rumble Fish*, 1984) y *Cotton Club* (1986).

Francis Ford Coppola.

copra *s. f.* Médula de coco desecada, de la que se extrae el aceite.

coproducción *s. f.* Producción en común, especialmente la de películas cinematográficas en la que toman parte productoras de varios países.

coprofagia *s. f.* Tendencia a la ingestión de excrementos o materias sucias, que se manifiesta principalmente en oligofrénicos profundos, dementes seniles y en algunos casos de trastornos neuróticos graves. En los niños suele aparecer en el paso de la fase oral a la fase anal.

coprófago, ga *adj.* **1.** Se dice del que practica la coprofagia. **2.** Se dice del animal que se alimenta de excrementos o estiércol, como p. ej. el escarabajo.

coprofilia *s. f.* Tendencia morbosa a manipular, jugar y ensuciarse con materias fecales.

coprofobia *s. f.* Temor o aversión excesiva a los excrementos o a todo lo que pueda representar suciedad.

copropiedad *s. f.* Propiedad en común.

copropietario, ria *adj.* Que tiene copropiedad con otro u otros. También *s.*

copto, ta *adj.* **1.** Se dice de los cristianos de Egipto y Etiopía y de lo relativo a los mismos. También *s.* ‖ *s. m.* **2.** Idioma evolucionado del egipcio antiguo, que se escribe con un alfabeto derivado del griego, y hoy sólo se utiliza en la liturgia copta.

copudo, da *adj.* Se dice del árbol que tiene mucha copa.

cópula *s. f.* **1.** Unión de una cosa con otra. **2.** Unión sexual del macho y la hembra para la fecundación. **3.** Palabra que sirve de unión entre dos oraciones o sintagmas, como las conjunciones y los verbos copulativos.

copular *v. intr.* Realizar la cópula sexual. **Fam.** Copulación.

copulativo, va *adj.* **1.** Se aplica a los verbos que, como *ser* o *estar*, unen el sujeto con su atributo. **2.** Se dice de las conjunciones coordinantes que unen oraciones o partes de la oración añadiendo simplemente una a otra, como *y*, *e*, *ni*, y, también, de las oraciones unidas por estas conjunciones: *Fue a casa y se cambió de ropa. Ni come ni deja comer.*

copyright (voz ingl.) *s. m.* Propiedad intelectual y literaria de una obra. Se indica con el signo ©.

coque *s. m.* Combustible que se obtiene de la calcinación o destilación seca de carbón mineral, sobre todo de la hulla, y por craqueo del petróleo. Está compuesto principalmente por carbono y tiene un alto poder calorífico. Se emplea en metalurgia y altos hornos y para la fabricación de electrodos, abrasivos, colorantes, etc.

coquetear *v. intr.* **1.** Tratar de agradar o atraer a alguien con actitudes estudiadas. **2.** Procurar agradar a muchos a un tiempo. **3.** Tener contacto superficial con algo. **Fam.** Coqueteo.

coquetería *s. f.* **1.** Acción y efecto de coquetear. **2.** Actitud o cualidad de la persona coqueta. **3.** Estudiada afectación en la forma de ser y de vestir.

coqueto, ta *adj.* **1.** Que le gusta coquetear. También *s.* **2.** Se aplica a la persona que cuida excesivamente su aspecto. También *s.* **3.** Agradable, gracioso. ‖ *s. f.* **4.** Mueble parecido a una mesa, con espejo y cajones, que se usa como tocador.

coquetón, na *adj.* **1.** Agradable, gracioso. **2.** Que le gusta coquetear. También *s.*

coquilla *s. f.* En algunos deportes, aparato que se colocan los hombres para proteger los genitales.

Coquimbo **1.** Región de Chile, situada en el sector central-septentrional del país. 40.656 km^2. 477.700 h. en 1989. Su capital es La Serena, con 113.900 h. en 1989. Tiene importantes yacimientos de hierro, cobre, oro y manganeso y cultivos de cereales y vid.
2. C. de Chile, perteneciente a la región homónima, situada en la costa central del país. 112.300 h. en 1989. Posee recursos mineros de plata, hierro y azufre e industria agropecuaria.

coquina *s. f.* Nombre común de diversos moluscos lamelibranquios de la familia donácidos, género *Donax*, y la familia tellínidos, género *Tellina*. Tienen valvas finas, ovales y muy aplastadas. Abundan en el litoral SO de la península Ibérica y son muy apreciados como alimento.

coracero *s. m.* Soldado de caballería armado de coraza.

coracha *s. f.* Saco de cuero que se usa en América para llevar tabaco, cacao y otros géneros. ‖ Loc. **fumar como una coracha** *fam.* Fumar mucho.

coraje *s. m.* **1.** Ánimo, valor, ímpetu. **2.** Rabia, enfado.

corajina *s. f. fam.* Ataque de ira, rabieta.

corajudo, da *adj.* **1.** Que tiene o demuestra coraje. **2.** Colérico, irritable.

coral[1] (del lat. *corallium*, y éste del gr. *korallion*) *s. m.* **1.** Nombre común de diversos celentéreos del tipo cnidarios, pertenecientes en su mayoría a la clase antozoos y algunas especies de la clase hidrozoos. Son pequeños pólipos que poseen exoesqueleto calcáreo, cuyo color en general varía del rojo intenso al rosa pálido, y se reproducen por gemación. Viven generalmente en colonias, en las que la acumulación de individuos adquiere aspecto arborescente, configurando los arrecifes coralinos. Habitan en mares tropicales a profundidades que no superan los 50 m. Fueron muy numerosos en el devónico y el silúrico, con más de 5.000 especies, reducidas en la actualidad a unas 2.500. La especie más conocida es el coral rojo *(Corallium rubrum)*. **2.** Secreción calcárea de dicho animal, dura y de color rojo, que después de pulimentada se utiliza en joyería. **3.** Color rojo de la tonalidad de dicha materia calcárea. ‖ **4. serpiente de coral** Nombre común de diversos reptiles escamosos del suborden serpientes, familia elápidos, género *Micrurus.* Alcanzan hasta 150 cm de longitud, presentan la piel rayada en bandas negras, rojas y amarillas y son muy venenosas. Habitan en las regiones templadas y tropicales de América. Se llaman también *coralillo.*

Colonia de corales rojos (Corallium rubrum).

coral[2] *adj.* **1.** Perteneciente o relativo al coro. ‖ *s. f.* **2.** Coro, agrupación de cantantes. ‖ *s. m.* **3.** Composición musical, vocal o instrumental, de ritmo lento y carácter religioso.

Coral, mar del Mar del océano Pacífico, entre las islas de Nueva Guinea, Salomón, Nueva Caledonia y Nuevas Hébridas, al NE de Australia. Tiene importantes formaciones coralinas, entre las que destaca la Gran Barrera.

coralífero, ra *adj.* Que tiene corales.

coralillo *s. m.* Serpiente de coral*.

coralino, na *adj.* De coral o parecido a él.

Corán Libro sagrado del Islam, que contiene la palabra de Dios revelada a su profeta Mahoma. El *Corán* se compone de 114 capítulos, llamados *suras*, cada uno de los cuales está formado por un número variable de versículos, llamados *aleyas.* El *Corán* es la base de la civilización musulmana, así como de la vida religiosa y política, del derecho, etc., de numerosos estados islámicos.

coránico, ca *adj.* Perteneciente o relativo al *Corán.*

coraza *s. f.* **1.** Armadura de hierro y acero que se utilizaba para protegerse el pecho y la espalda. **2.** Blindaje, revestimiento de protección de una embarcación de guerra, de los carros de combate, etc. **3.** Caparazón de algunos animales, p. ej. las tortugas y galápagos. **4.** Cualquier cosa inmaterial que aísla o protege.

corazón *s. m.* **1.** Órgano central del aparato circulatorio de los animales. En el hombre está situado en el centro de la cavidad torácica, desviado hacia la parte izquierda; es de forma cónica y tiene aproximadamente el tamaño de un puño. Está dividido en dos cavidades superiores, llamadas *aurículas*, y dos inferiores, llamadas *ventrículos.* **2.** Cualquier objeto que tiene forma parecida a este órgano. **3.** En el lenguaje

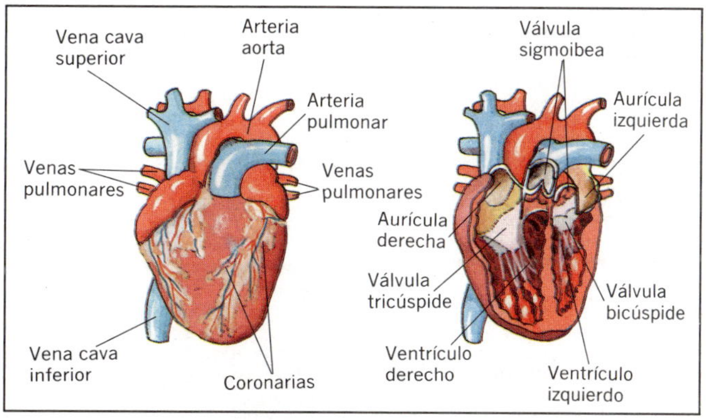

A la izquierda, vista externa del corazón, con los vasos sanguíneos que entran y salen de él. A la derecha, interior del corazón, con sus diferentes cavidades y válvulas.

corriente, este órgano considerado como el lugar en que se experimentan los sentimientos, los deseos y las pasiones. **4.** Ánimo, valor. **5.** Persona, lugar, etc., central o más importante de algo. **6.** Apelativo cariñoso. **7.** El tercero y más largo de los dedos de la mano. **8.** En la baraja francesa, cualquiera de los naipes del palo de corazones. ‖ *pl.* **9.** Uno de los cuatro palos de la baraja francesa. ‖ Loc. **a corazón abierto** *adj.* y *adv.* Se aplica a la operación quirúrgica en la que se desvía la circulación por medio de un corazón artificial, antes de abrir las cavidades cardiacas. **anunciarle** (**darle** o **decirle**) a uno una cosa **el corazón** Hacérsela presentir. **con el corazón en la mano** *adv.* Con toda franqueza y sinceridad. **de** (**todo**) **corazón** *adv.* Con verdad y afecto. **el corazón en un puño** Angustia, gran temor. **encogérsele** a uno **el corazón** Sentirse asustado, acobardado, angustiado. **no caberle** a uno **el corazón en el pecho** Estar muy inquieto por algún motivo; también, ser muy buena persona. **partir** (o **romper**) **el corazón** a alguien una cosa Dar mucha pena o lástima. **romper** (o **partir**) **corazones** Enamorar, seducir. **salirle** a uno una cosa **del corazón** *fam.* Hacerla o decirla con sinceridad. **tocarle** a uno **en el corazón** Disponerle a hacer el bien.

Anat. y ***Fisiol.*** El corazón es un órgano muscular hueco que desempeña el papel de bomba aspirante e impelente, recogiendo en sus cavidades la sangre que circula por las venas e impulsándola por medio de las arterias aorta y pulmonar hacia todas las redes capilares del organismo. En el corazón de los mamíferos cada aurícula comunica con su ventrículo correspondiente por un orificio, el izquierdo cerrado por la válvula bicúspide o mitral y el derecho por la tricúspide. Estas válvulas dejan pasar la sangre sólo en sentido aurícula-ventrículo. Del ventrículo izquierdo sale la arteria aorta, y del derecho la arteria pulmonar; en la aurícula izquierda desembocan las cuatro venas pulmonares, y en la derecha, las venas cava superior e inferior. En la sístole o contracción, el corazón hace pasar la sangre de los ventrículos a las arterias, y en la diástole o relajación la hace pasar de las venas a las aurículas. La masa contráctil del corazón está formada por un tejido muscular, el miocardio, recubierto en su interior por el endocardio, y en su exterior por el pericardio, dos membranas serosas. Los mamíferos y las aves tienen un corazón con cuatro cavidades, como el hombre; el de los reptiles y anfibios tiene dos aurículas y un ventrículo y el de los peces cuatro cavidades alineadas. Las principales afecciones cardiacas son la angina de pecho, infarto de miocardio, endocarditis, miocarditis, pericarditis, etc.

corazonada *s. f.* **1.** Presentimiento, presagio. **2.** Impulso espontáneo que mueve a ejecutar cierta acción.

corbata *s. f.* **1.** Tira de tela que se anuda al cuello de la camisa dejando caer las puntas sobre el pecho o haciendo con ellas lazos de varias formas. **2.** Banda que se pone en las astas de las banderas o estandartes. **3.** Insignia de algunas órdenes civiles. **4.** En el billar, jugada en la que la bola blanca, al ser impulsada, rodea a otra bola pasando entre ella y una o dos bandas, fallándose la carambola.

corbatín *s. m.* **1.** Corbata de lazo sin caídas, especialmente la que se abrocha por detrás. **2.** Condecoración que se pone como un lazo en las astas de las banderas o estandartes.

corbeta *s. f.* **1.** Barco ligero de guerra, más pequeño que la fragata. **2.** Antigua embarcación de guerra, con tres palos y vela cuadrada.

Corbusier, Charles Édouard Jeanneret, llamado **Le** (La Chaux-de-Fonds 1887 - Roquebrune-Cap-Martin 1965) Arquitecto y urbanista suizo, nacionalizado francés. Gran teórico de la arquitectura y partidario de la construcción en serie, creó un nuevo estilo caracterizado por el uso de formas geométricas simples y terrazas ajardinadas, grandes bloques sostenidos por *pilotis* (columnas) y ventanas longitudinales. Entre sus obras destacan Villa Saboya (1929-31), el ministerio de Educación y Sanidad en Río de Janeiro (1936) y la capilla de Ronchamp (1950-

Centro «Le Corbusier», museo diseñado por el arquitecto en 1950, en Zurich, Suiza.

1953). Es además autor de los libros *Hacia una arquitectura* (1923) y *Urbanismo* (1925).

Córcega Isla del mar Mediterráneo que constituye una región de Francia, formada por dos departamentos, Alta Córcega y Córcega del Sur. 8.680 km^2. 242.200 h. en 1990. La capital del primero es Bastia, con 44.000 h. en 1982, y la del segundo Ajaccio, con 54.100 h. en 1982. Su relieve es muy montañoso (monte Cinto, 2.710 m) y la vegetación variada, desde el matorral mediterráneo hasta los bosques de castaños de las zonas más elevadas y húmedas. Las principales actividades económicas son la ganadería lanar, la explotación maderera y el turismo.

corcel *s. m.* En lenguaje culto o literario, caballo, en especial el ligero, de gran alzada y bella estampa.

corchea *s. f.* Figura musical que equivale a la octava parte de una redonda y a la mitad de una negra y se representa mediante un punto negro con una cola y un corchete.

corchero, ra *adj.* **1.** Perteneciente o relativo al corcho. ‖ *s. m.* **2.** Obrero que descorcha los alcornoques. ‖ *s. f.* **3.** Cuerda o cable que delimita las calles en las piscinas de competición.

corcheta *s. f.* Pieza del corchete con un asa donde se engancha la otra pieza.

corchete *s. m.* **1.** Broche de dos piezas, una con un asa y otra con un gancho que se introduce en aquélla. **2.** De esas dos piezas, la provista de gancho. **3.** Signo ortográfico equivalente al paréntesis, { } o [ ], que se emplea además para otros usos, como el de unir la parte final de un escrito que no cabe en la misma línea y se coloca encima o debajo de ésta. **4.** Antiguamente, funcionario de justicia encargado de prender a los delincuentes. **5.** *amer.* Grapa.

corcho *s. m.* **1.** Conjunto de capas que se depositan en la corteza de ciertos árboles y arbustos, especialmente en el alcornoque, donde alcanza considerable espesor. Se utiliza en una extensa gama de industrias, entre las que destacan la de tapones, calzado, pavimentos, etc. **2.** Tapón elaborado con un trozo de esa corteza. **3.** Lámina de este material, con distintos usos.

Alcornoque al que se ha quitado parte de la corteza para la obtención de corcho.

¡córcholis! *interj.* Indica extrañeza o enfado.

corcova *s. f.* Joroba, abultamiento que sale en la espalda, en el pecho o en ambas partes a la vez.

corcovado, da **1.** *p. p.* de **corcovar**. ‖ *adj.* **2.** Jorobado, giboso.

Corcovado Monte de Brasil, sobre la bahía de Rio de Janeiro. 704 m de altura. Es una roca granítica cubierta de arbolado, en cuya cumbre se alza una gran estatua de Cristo, obra del escultor francés Paul Landowski.

corcovar *v. tr.* Encorvar, hacer que una cosa tenga corcova.

corcovear *v. intr.* Hacer corcovos, especialmente las caballerías.

corcovo *s. m.* Salto que dan algunos animales encorvando el lomo.

corcusido *s. m. fam.* Costura o zurcido mal hechos.

cordada *s. f.* Grupo de alpinistas sujetos por una misma cuerda.

cordados *s. m. pl.* Tipo de metazoos que comprende animales muy heterogéneos, tanto en su morfología externa como en su anatomía interna. Presentan las siguientes características: simetría bilateral, celoma bien desarrollado, notocordio (cordón nervioso dorsal y tubular que suele ensancharse en la parte anterior para formar el cerebro), corazón ventral con un sistema sanguíneo cerrado y sistema digestivo completo. Con frecuencia tienen un endoesqueleto cartilaginoso u óseo. Se dividen en tres subtipos: urocordados (ascidias), cefalocordados (anfioxos) y vertebrados. También *adj.* y *s. m.*

cordaje *s. m.* Conjunto de cuerdas, especialmente de una embarcación o de un instrumento musical.

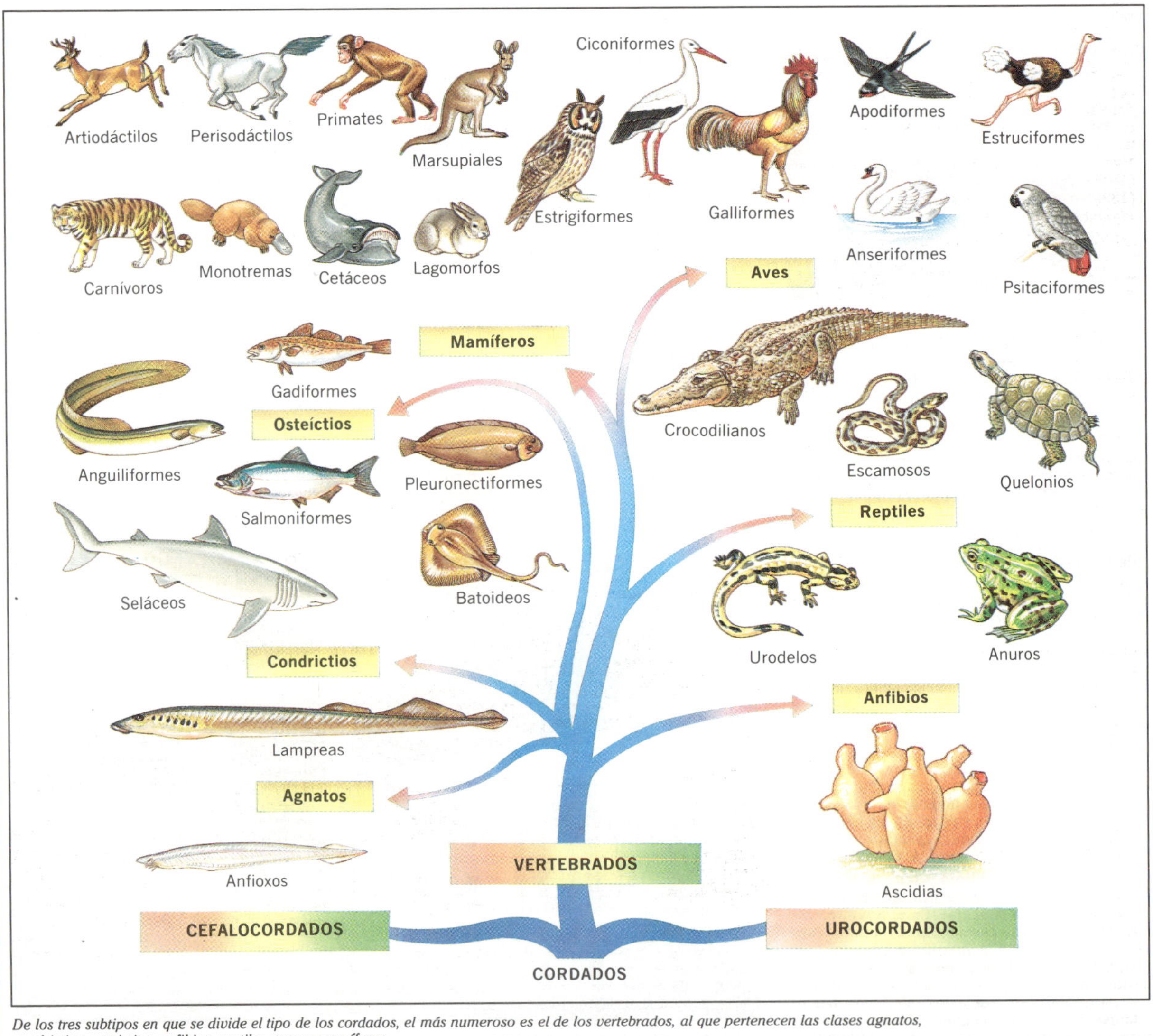

De los tres subtipos en que se divide el tipo de los cordados, el más numeroso es el de los vertebrados, al que pertenecen las clases agnatos, condrictios, osteictios, anfibios, reptiles, aves y mamíferos.

cordal[1] *s. m.* En un instrumento musical de cuerdas, pieza de madera donde se sujetan éstas y que está situado al otro extremo del clavijero.

cordal[2] (de *cuerdo*) *adj.* Se dice de cada una de las muelas del juicio. También *s. m.*

cordel *s. m.* Cuerda delgada. || **Loc. a cordel** *adv.* Hablando de edificios, árboles, caminos, etc., en línea recta.

cordelería *s. f.* **1.** Oficio de cordelero. **2.** Sitio donde se hacen o venden cordeles y otros productos de cáñamo. **3.** Conjunto de cuerdas.

cordelero, ra *s. m.* y *f.* Persona que hace o vende cordeles, sogas, cabos, etc.

Cordeliers, club de los Club revolucionario fundado en París en 1790, dirigido por Danton, Marat, Desmoulins, Hébert y Chaumette, e instalado en el convento de los franciscanos, llamados *cordeliers.* Representó una facción más radical que la de los jacobinos y desapareció en 1794 con la depuración de los hebertistas.

corderillo *s. m.* **1.** *dim.* de **cordero**. **2.** Piel de cordero curtida con su lana.

cordero, ra *s. m.* y *f.* **1.** Cría de la oveja que todavía no ha cumplido un año. **2.** Persona dócil. || **3. Cordero de Dios** Jesucristo.

Cordero, Juan (Teziutlán, Puebla 1822 - ? 1884) Pintor mexicano. De estilo academicista, destacó por sus retratos, de los que son buena muestra el de *Los jóvenes escultores Pérez y Valero* (1847) y el ecuestre del general *Santa Anna* (1855). También pintó cuadros históricos, como *Colón ante los Reyes Católicos,* religiosos, como *El Redentor y la mujer adúltera* (1853), y murales en la capilla del Señor de Santa Teresa (1855-57) y en la cúpula de la iglesia de San Fernando (1858-59).

Cordero, Luis (Déleg, Cañar 1833 - Cuenca 1912) Escritor y político ecuatoriano. Miembro del Partido Liberal, ocupó la presidencia del país en 1892, pero tuvo que abandonar ante la sublevación del general Eloy Alfaro (1895). Entre sus obras sobresalen *Dos cantos a la raza latina* (1883), *Poesías jocosas* (1895) y *Poesías serias* (1895). También es autor de un *Diccionario del idioma quechua* (1910).

cordial *adj.* **1.** Afectuoso, amable. || *s. m.* **2.** Bebida que se da a los enfermos para reconfortarlos. **Fam.** Cordialidad, cordialmente.

cordillera *s. f.* Sucesión de montañas enlazadas entre sí.

Cordillera Departamento de Paraguay, situado en las estribaciones de la sierra de Caaguazú. 4.948 km^2. 222.200 h. en 1990. La capital es Caacupé, con 9.100 h. en 1982. Tiene una economía agrícola y forestal.

córdoba *s. m.* Unidad monetaria de Nicaragua.

Córdoba 1. Prov. de España, perteneciente a la comunidad autónoma de Andalucía. 13.718 km^2. 751.700 h. en 1991. Limita al N con Ciudad Real y Badajoz, al E con Jaén, al O con Sevilla y al S con Granada, Málaga y Sevilla. Su relieve es muy variado. Al NO de la capital están las serranías de Córdoba y de los Santos y al N Los Pedroches, pertenecientes a Sierra Morena. El río Guadalquivir forma una rica vega a su paso por el centro de la provincia. Al S destacan las sierras de Rute y de la Horconera, que forman parte de las sierras Béticas, donde se alcanzan alturas de 1.600 m. El clima es mediterráneo de interior por estar aislada la provincia entre montañas. En la vegetación, también mediterránea, abundan la jara, el cantueso y los bosques de encinas y alcornoques. La población se reparte equilibradamente a lo largo de todo el territorio, incluso en la sierra, que posee riqueza minera (carbón y plomo). Los pueblos son grandes y el hábitat concentrado. Destacan por su importancia la agricultura de secano (olivo y vid), de regadío (algodón y hortalizas), el cereal y la ganadería ovina y porcina. Las principales industrias son las derivadas de la agricultura y la metalúrgica.
2. C. de España, cap. de la prov. del mismo nombre. 300.200 h. en 1991. En ella reside el 40 % de la población de la provincia. Es centro industrial, comercial, turístico y administrativo. Posee gran importancia monumental: puente romano sobre el Guadalquivir, mezquita árabe de los s. VIII-X, edificios mudéjares y renacentistas, etc. Municipio romano hacia el 152 a. C., fue capital de la Hispania Ulterior y cuna de personajes

Córdoba: vista aérea de la ciudad, con el río Guadalquivir en primer plano.

como Séneca y Lucano. Conquistada por los musulmanes en el 711, se convirtió en la capital del emirato independiente (756) y más tarde en la del califato (929). En esta última fecha era, con sus 250.000 h., una de las mayores ciudades de Occidente y un gran centro artístico y cultural. En 1236 fue ocupada por el rey Fernando III el Santo y, al perder su condición de capital, comenzó su decadencia.

Córdoba 1. Prov. de Argentina, situada en el sector central del país. 165.321 km^2. 2.748.000 h. en 1989. Cuenta con cultivos de cereales, lino y cacahuete y ganadería vacuna. Es el segundo foco industrial del país, con producción alimentaria, metalúrgica, automovilística y textil.
2. C. de Argentina, cap. de la prov. del mismo nombre. 968.700 h. en 1980. Es la segunda ciudad del país y un importante centro comercial e industrial.
3. Departamento de Colombia, situado en el NO del país. 25.020 km^2. 1.013.200 h. en 1986. La capital es Montería, con 157.450 h. en 1985. Tiene ganadería vacuna y cultivos tropicales.

Córdoba, Jorge (La Paz 1822 - Loreto 1861) Militar y político boliviano. Presidente del país (1855-57), llevó a cabo una política liberal. Fue derrocado por Linares (1857).

cordobán *s. m.* Piel curtida de macho cabrío o de cabra.

cordobés, sa *adj.* De Córdoba. También *s.*

cordón *s. m.* **1.** Cuerda fina terminada en dos remates, que sirve para atarse los zapatos. **2.** Cuerda con que se ciñen el hábito algunos religiosos. **3.** Cable conductor de algunos aparatos eléctricos. **4.** Conjunto de personas colocadas de distancia en distancia para impedir el paso. **5.** Conjunto de medidas con que se intenta contener o detener algo en un determinado espacio, p. ej. una epidemia. **6.** Moldura en forma de cuerda. **7.** *Arg., Chile, Urug.* Bordillo de la acera. || **8. cordón litoral** Barrera que se forma en las playas por la acumulación de materiales detríticos arrastrados por las mareas. **9. cordón umbilical** Conjunto de vasos que unen al feto con la placenta de la madre durante el embarazo.

cordoncillo *s. m.* **1.** Lista en relieve de algunas telas. **2.** Adorno del borde de monedas y medallas. **3.** Línea de bordado. **4.** P. ext., reborde o resalte pequeño y alargado, p. ej. en la juntura de algunos frutos como la nuez.

cordura *s. f.* Sensatez, prudencia.

corea *s. f.* Enfermedad neurológica que se manifiesta en la aparición de movimientos involuntarios breves, rápidos, irregulares y de gran amplitud en las extremidades del paciente. Puede ser crónica, **corea de Huntington**, o aguda, **corea de Sydenham** (el llamado *baile de San Vito*), de origen infeccioso.

Corea Península del E de Asia, situada entre el mar del Japón al E, el mar de la China Oriental al S y el mar Amarillo al O. Al N limita con China y la Federación Rusa. En la actualidad se encuentra dividida en dos estados: la República de Corea (Corea del Sur) y la República Democrática Popular de Corea (Corea del Norte).

Hist. Habitado desde el año 3000 a. C., el territorio de Corea estuvo muy pronto bajo soberanía china, que se prolongó hasta el s. I a. C. Después se crearon tres reinos indígenas, Paikche, Kokuryo y Silla. Este último llevó a cabo la unificación del país entre los s. VII y IX. Le sucedió la dinastía Koryo, que no pudo evitar en el s. XIII la invasión de los mongoles. En el s. XIV subió al trono la dinastía Li, que se mantuvo hasta el s. XVII, en que se impuso de nuevo el dominio chino. Tras sufrir la guerra chino-japonesa (1894-95), Corea adquirió la independencia en virtud del tratado de Shimonoseki. Entre 1898 y 1904, el país, debido a su importancia estratégica, fue escenario de la rivalidad entre los rusos, que penetraban por el N, y los japoneses, que controlaban los puertos del S. Se llegó así a la guerra ruso-japonesa (1904-05), que terminó con la anexión de Corea por Japón. Tras la Segunda Guerra Mundial, la conferencia de Yalta (1945) acordó que el N del territorio coreano, hasta el paralelo 38, quedara bajo influencia soviética y el S bajo control estadounidense. El 15 de agosto de 1948, Corea del Sur proclamó una república apoyada por EE UU, con capital en Seúl y presidida por el nacionalista de derechas Syngman Rhee, y el 9 de septiembre Corea del Norte proclamó la República Democrática Popular, de carácter comunista, con capital en Pyongyang y con Kim Il Sung como hombre fuerte. La partición culminó en un conflicto armado (1950-53), en el que China ayudó a Corea del Norte y EE UU a Corea del Sur y que concluyó con el armisticio de Panmunjon. Desde entonces, las relaciones entre ambos estados han pasado por momentos de tirantez y no se han dado pasos importantes para la reunificación. En 1987, Corea del Sur inició un proceso de transición hacia la democracia con la convocatoria de elecciones libres, en las que resultó elegido presidente de la república el candidato gubernamental Roh Tae Woo. En 1988 se celebraron en Seúl los Juegos Olímpicos de verano. El jefe de Estado de Corea del Norte es el líder del Partido de los Trabajadores Kim Il Sung.

Corea, República de (Corea del Sur) Estado del E de Asia.

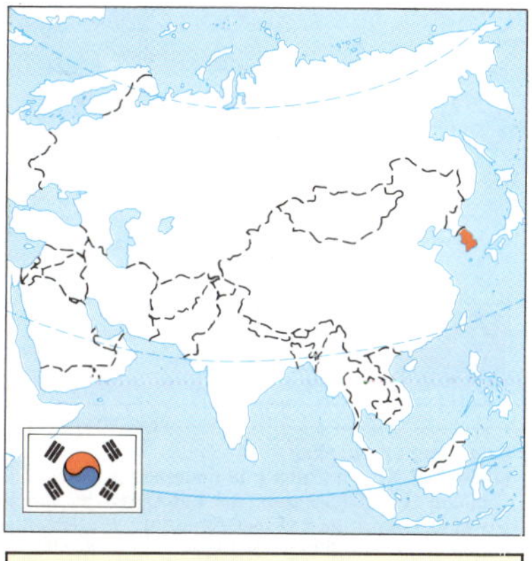

Extensión: 99.237 km^2.
Límites: al N, con Corea del Norte; al E, con el mar del Japón; al S, con el mar de la China Oriental, y al O, con el mar Amarillo.
Población: 42.793.000 h. en 1990.
Densidad: 431,2 h./km^2.
Capital: Seúl.
División administrativa: 9 provincias y 5 distritos.
Ciudades principales: Pusan, Taegu, Inchon, Kwangju.
Gentilicio: surcoreano.
Forma de Estado: república.
Idioma: coreano.
Religión: budismo, 48,2 %; protestantismo, 34,2 %; catolicismo 10,2 %; confucianismo, 5 %.
Moneda: won.
Tasa de natalidad: 16 ‰ en 1990.
Tasa de mortalidad: 6 ‰ en 1990.
Renta per cápita: 3.530 dólares en 1988.

Geog. El país ocupa la parte meridional de la península de Corea, hasta el paralelo 38. La zona oriental está recorrida por los montes Taebaek y sus costas son rectas. Las zonas occidental y meridional son más llanas y su litoral, mucho más recortado, tiene numerosos entrantes y salien-

Corea del Sur: parque nacional de Chii-san, en la provincia de Kyongsang-nando, situada en el sudeste de la península.

tes. Más poblado que su vecino del N, posee superiores recursos agrícolas (arroz, mijo, sorgo, patatas, soja), aunque el principal rasgo de su economía es la industrialización acelerada que el país ha conocido en las últimas décadas, impulsada por la inversión de capitales estadounidenses y japoneses y por la existencia de una numerosa y barata mano de obra. Existen importantes recursos mineros (carbón, oro, plata, molibdeno, volframio, hierro), industria pesada (cemento, siderometalurgia), e industria textil, mecánica, electrónica y de construcción naval. Su flota pesquera es la séptima del mundo.

Corea, República Democrática Popular de (Corea del Norte) Estado del E de Asia.

Extensión: 122.400 km^2.
Límites: al N, con China y la Federación Rusa; al E, con el mar del Japón; al S, con Corea del Sur, y al O, con China y el mar Amarillo.
Población: 22.937.000 h. en 1990.
Densidad: 187,4 h./km^2.
Capital: Pyongyang.
División administrativa: 9 provincias y 4 distritos.
Ciudades principales: Hamhung-Hungnam, Wonsan, Chongjin.
Gentilicio: norcoreano.
Forma de Estado: república.
Idioma: coreano.
Religión: creencias tradicionales, 15 %; chondogyo, 13 %.
Moneda: won.
Tasa de natalidad: 26 ‰ en 1990.
Tasa de mortalidad: 5 ‰ en 1990.
Renta per cápita: 910 dólares en 1988.

Geog. Tanto el relieve como las costas presentan formas muy abruptas y recortadas. Destaca la elevada altitud media de todo el territorio. El clima es tropical en verano, por influencia del monzón, y continental en invierno. En la vegetación, muy variada, alternan coníferas y castaños con bambúes y lianas. Los bosques ocupan el 74,4 % de la superficie nacional, pero las malas comunicaciones dificultan la explotación de la madera. En la producción agrícola destacan los cultivos de arroz, soja, trigo, patatas y maíz. Los recursos mineros son abundantes: carbón, lignito, hierro, cobre, cinc y plomo. En la industria destacan el sector siderúrgico, el metalúrgico y el textil.

coreano, na *adj.* **1.** De la península de Corea y cada uno de los dos estados que la componen. También *s.* ‖ *s. m.* **2.** Lengua hablada en estos países.

corear *v. tr.* **1.** Repetir un grupo de personas al mismo tiempo las palabras de alguien, una canción, etc. **2.** Mostrar completa aprobación un grupo de personas al mismo tiempo a lo que otra dice, especialmente por adulación.

Corelli, Arcangelo (Fusignano 1653 - Roma 1713) Violinista y compositor italiano. Es uno de los creadores de la moderna técnica violinística y del *concerto grosso.* Entre sus obras sobresalen *Concierto de Navidad* y *La Folia.*

coreografía *s. f.* **1.** Conjunto de movimientos y pasos que ejecuta un grupo de baile. **2.** Arte de componer y dirigir estos movimientos y del baile en general. **FAM.** Coreográfico.

coreógrafo, fa *s. m.* y *f.* Persona que compone o dirige coreografías.

Corfú Isla de Grecia, situada en el N del mar Jónico (E del Mediterráneo). 641 km^2. 99.500 h. en 1981. De relieve muy montañoso, tiene una agricultura típicamente mediterránea, con cultivos de vid, olivo, trigo y cítricos. Constituye un importante centro turístico.

Cori, Carl Ferdinand (Praga 1896 - Cambridge, EE UU 1984) Bioquímico estadounidense de origen checoslovaco. Director del laboratorio de biología de la universidad de Harvard (1947), obtuvo el premio Nobel de medicina y fisiología en 1947, compartido con su esposa, **Gerty Theresa Radnitz** (Praga 1896 - San Luis, EE UU 1957) y con Bernard Houssay, por su investigación sobre el metabolismo de los hidratos de carbono.

Coria del Río C. de España, perteneciente a la prov. de Sevilla, situada a orillas del Guadalquivir, aguas abajo de la ciudad de Sevilla. 22.450 h. en 1990. Constituye el núcleo urbano de una importante comarca agrícola que produce algodón, remolacha, cereales y colza.

coriáceo, a *adj.* **1.** Parecido al cuero. **2.** Fuerte, resistente.

corifeo *s. m.* **1.** Jefe del coro en las tragedias griegas. **2.** P. ext., persona a la que siguen otras o habla en nombre de ellas. ▪ A veces se usa impropiamente con el significado de adulador, cobista de un personaje importante.

corimbo *s. m.* Inflorescencia en que las flores están al mismo nivel, pero los pedúnculos arrancan de distintas alturas, como p. ej. las flores del peral.

corindón *s. m.* Al_2O_3. Mineral óxido de aluminio. Cristaliza en el sistema trigonal. De color variable y extraordinaria dureza, presenta numerosas variedades, entre las que destacan el zafiro, el rubí y el esmeril, que alcanza la dureza 9 en la escala de Mohs y se usa para tallar diamantes. Sus principales yacimientos se hallan en Sri Lanka, Zimbabwe, India y Sudáfrica.

Corea del Norte: monumento a Kim Il Sung en Pyongyang.

corintio, tia *adj.* **1.** De Corinto. También *s.* **2.** Se dice de uno de los órdenes de la arquitectura clásica griega y de sus elementos; se caracteriza por el capitel adornado con hojas de acanto y un ábaco más curvo y fino que el del jónico. Fue creado por el escultor griego Calímaco en el s. V a. C. También *s. m.*

corinto *s. m.* Color rojo oscuro, tirando a violáceo, como el de las pasas de Corinto.

Corinto C. de Grecia, situada en el istmo del mismo nombre, entre la península Balcánica y el Peloponeso. 22.700 h. en 1981. Es una de las principales ciudades históricas griegas. Alcanzó su máximo desarrollo en los s. VII y VI a. C. gracias a sus actividades comerciales y a sus colonias en el Mediterráneo oriental y en Sicilia. Fue conquistada por Roma (146 a. C.) y en la Edad Media dominada por Venecia (1087). En 1458 pasó a formar parte del imperio otomano.

Corinto, canal de Canal artificial que comunica el mar Jónico con el Egeo, atravesando el istmo que une la península del Peloponeso con el resto del territorio griego. Tiene 6.300 m de longitud y fue abierto en 1893.

Coriolis, fuerza de Inercia que experimentan todos los cuerpos en movimiento en la superficie de la Tierra, debido a la rotación de ésta. En el hemisferio norte los cuerpos son desviados hacia la derecha y en el hemisferio sur hacia la izquierda.

Coriolis, Gaspard Gustave de (París 1792 - íd. 1843) Matemático e ingeniero francés. Estudió el movimiento de los cuerpos en un sistema de referencia rotatorio e introdujo el concepto de fuerza de inercia o fuerza de Coriolis, de importancia en meteorología, balística, lanzamiento de cohetes, etc.

corión *s. m.* La más exterior de las dos membranas que envuelven al feto.

corista *s. f.* En las revistas y otros espectáculos teatrales, mujer que forma parte del coro.

coriza *s. f.* Catarro de la mucosa nasal.

Cork (en gaélico *Corcaigh*) C. de la República de Irlanda, cap. de la prov. homónima, situada en el S del país, en el estuario del río Lee. 133.300 h. en 1986. Es un centro portuario importante para el comercio de petróleo y productos agrícolas. Cuenta con industria textil, alimentaria, electrónica, automovilística, astilleros, construcciones mecánicas y refinería de petróleo.

Cormack, Allan MacLeod (Johannesburgo 1924) Físico estadounidense de origen sudafricano. En 1979 fue premiado con el Nobel de física, compartido con Godfrey Newbold Hounsfield, por su contribución al desarrollo del método de tomografía (escáner).

cormo *s. m.* Conjunto de raíz, tallo y hojas de un vegetal, recorridos interiormente por un sistema de tejidos conductores.

cormofito, ta *adj.* Se aplica a los vegetales que tienen cormo. Las cormofitas comprenden las pteridofitas y las espermatofitas o plantas fanerógamas. También *s.*, sobre todo *pl.*

cormorán *s. m.* Nombre común de diversas aves pelecaniformes de la familia falacrocorácidos, género *Phalacrocorax.* Su tamaño varía entre los 48 y los 95 cm, tienen plumaje oscuro, cuello largo, pico ganchudo, patas fuertes con dedos grandes y unidos por una membrana, lo que las convierte en grandes nadadoras, y alas cortas poco aptas para el vuelo. Las principales especies son el cormorán grande *(Phalacrocorax carbo)*, el cormorán moñudo *(Phalacrocorax aristotelis)* y el cormorán enano *(Phalacrocorax pygmaeus).* Habitan en las costas marinas y lagos de todo el mundo.

Cormorán grande (Phalacrocorax carbo).

cornada *s. f.* Embestida de un animal con los cuernos y herida que produce.

cornamenta *s. f.* Conjunto de los cuernos de algunos animales cuadrúpedos. Si son ramificados, como en los cérvidos, pueden estar formados por un tronco (estaca), del que derivan los candiles. La cornamenta se denomina horcada cuando hay un candil, tricorne cuando hay dos candiles y ramosa si hay más.

cornamusa *s. f.* **1.** Trompeta larga, con una vuelta en el centro del tubo y un pabellón muy ancho. **2.** Gaita, instrumento musical.

córnea *s. f.* Capa membranosa transparente que forma la parte anterior del globo ocular. Ocupa la sexta parte de la circunferencia del ojo y su espesor medio es de 1 mm. La superficie de unión entre la córnea y la esclerótica se denomina limbo y contiene vasos linfáticos y sanguíneos destinados a la nutrición de la córnea, que carece de ellos.

cornear *v. tr.* Dar cornadas.

Corneille, Pierre (Ruán 1606 - París 1684) Dramaturgo francés. Renovador del concepto del teatro clásico, su obra se caracteriza por el vigor de su estilo oratorio y la apasionada fuerza y grandeza moral de sus héroes. Escribió sus mejores dramas entre 1631 y 1651, año en que sufrió una profunda crisis que le alejó temporalmente del teatro; a ese periodo pertenecen *Medea* (1635), *La ilusión cómica* (1636), *El Cid* (1637), *Horacio* (1640), *Cinna* (1640), *El mentiroso* (1643) y *Andrómeda* (1650). A su vuelta no logró los éxitos anteriores, eclipsado por Racine. A esta segunda época corresponden *Agesilao* (1666) y *Atila* (1667).

Pierre Corneille.

corneja *s. f.* Nombre común de diversas aves paseriformes de la familia córvidos, género *Corvus.* Son aves parecidas al cuervo, pero de menor tamaño (unos 47 cm) y con el pico más puntiagudo. Las especies más conocidas son la corneja negra *(Corvus corone corone)*, que tiene un plumaje negro brillante y anida en los árboles de España, Francia e Inglaterra, y la corneja cenicienta *(Corvus corone cornix)*, de plumaje gris y negro, extendida por toda Europa.

Cornelitz van Haarlem, Cornelis (Haarlem 1562 - íd. 1638) Pintor neerlandés. Representante del último manierismo, cultivó el desnudo en temas mitológicos y religiosos. Precede a Frans Hals en la pintura de retratos colectivos. Algunas de sus obras más notables son *Banquetes de guardias ciudadanos* (1583), *Betsabé en el baño* (1594), *Adán y Eva* (1620) y *El pecado original* (1622).

Cornelius, Peter von (Düsseldorf 1783 - Berlín 1867) Pintor alemán. Perteneció al grupo de los nazarenos en Roma. En su estilo se advierte la influencia de Rafael. Fue director de las academias de Düsseldorf y de Munich. Decoró la gliptoteca de Munich (1819-30), ciudad donde está la mayoría de su obra.

Cornellà de Llobregat C. de España, en la prov. de Barcelona, al SO de la capital, a cuyo cinturón industrial pertenece. 86.300 h. en 1990. Existen en su término municipal numerosas industrias de hilados y tejidos, material eléctrico y electrónico, construcción, maquinaria textil, vidrio y electroquímica.

córneo, a *adj.* De cuerno o de consistencia parecida a él.

córner *s. m.* En el fútbol y otros deportes, falta que se produce al enviar un jugador el balón fuera de la línea de fondo de su propio campo y que saca un contrario desde una esquina del mismo.

corneta *s. f.* **1.** Instrumento músico de viento semejante al clarín, formado por un tubo de metal enrollado, de sección cónica, que termina con un pabellón en forma de campana. Se utiliza en el ejército para dar los toques reglamentarios y forma parte de sus bandas. ‖ *s. m.* **2.** El que toca la corneta.

cornete *s. m.* Cada una de las dos láminas óseas, de forma abarquillada, situadas en el interior de las fosas nasales.

cornetín *s. m.* **1.** Instrumento musical de viento, semejante al clarín, con tres pistones. **2.** Persona que toca este instrumento. ‖ **3. cornetín de órdenes** En el ejército, especie de clarín para dar órdenes a la tropa; también, el soldado que toca este instrumento.

cornezuelo *s. m.* Hongo ascomiceto de la familia clavicipitáceas, especie *Claviceps purpurea*, que es parásito del centeno. Ataca y destruye los ovarios de las flores del centeno que no están fecundadas. Contiene principios activos usados en medicina. El pan amasado con harina de centeno que lleva cornezuelo puede producir una intoxicación que se conoce con el nombre de ergotismo.

Cornforth, John Warcup (Sydney 1917) Químico británico de origen australiano. Con Robert Robinson logró la síntesis del colesterol. En 1975 obtuvo el premio Nobel de química, compartido con Vladimir Prelog, por sus trabajos sobre el mecanismo estereoquímico de las reacciones enzimáticas.

cornisa *s. f.* **1.** Conjunto de molduras o salientes que remata la parte superior de un edificio o parte de él. **2.** Remate similar en habitaciones, muebles, etc. **3.** Saliente rocoso y estrecho de una meseta, montaña, acantilado, etc. **4.** Costa alta y recortada, como la del Cantábrico.

cornisamento *s. m.* Entablamento*.

corno *s. m.* **1.** Instrumento músico de viento, de la familia del oboe, formado por un tubo de metal cónico y curvado. ‖ **2. corno inglés** Oboe más grande que el ordinario y de sonido más grave, constituido por un tubo de madera y doble lengüeta.

cornucopia *s. f.* **1.** Vaso en forma de cuerno del que rebosan frutas y flores y que entre griegos y romanos era símbolo de abundancia. **2.** Espejo con marco ancho tallado y dorado y, a veces, con soportes para velas.

cornudo, da *adj.* **1.** Que tiene cuernos. **2.** *fam.* Se aplica al marido cuya mujer le es infiel. También *s. m.*

cornúpeta *s. m.* y *f.* **1.** Animal con cuernos, en especial el toro de lidia. ‖ *s. m.* **2.** *fam.* Marido cornudo.

cornúpeto *s. m.* Cornúpeta*.

coro *s. m.* **1.** Conjunto de cantores, agrupados por sus registros vocales, que interpretan juntos una pieza musical. **2.** Particularmente, conjunto de personas que cantan en una ópera, zarzuela, etc. **3.** Pieza musical que cantan. **4.** Composición poética que sirve para ser cantada por un conjunto de personas. **5.** En las tragedias griegas y romanas, conjunto de actores o actrices que durante la representación permanecían en silencio, pero en los intervalos tenían una participación colectiva. **6.** Conjunto de eclesiásticos, monjes o monjas que cantan o rezan los divinos oficios. **7.** Rezo y canto religiosos. **8.** Lugar de las iglesias donde está el órgano y una serie de asientos para los cantores; suele estar artísticamente decorado. **9.** En los conventos de monjas, sitio en que éstas se reúnen para los rezos en común. **10.** Cada uno de los nueve grupos de ángeles o espíritus celestiales. ‖ **Loc. a coro** *adv.* Al mismo tiempo, unánimemente. **hacer coro** *fam.* Corear, unirse a otro en sus opiniones, especialmente para adularle.

Coro C. de Venezuela, cap. del estado de Falcón, situada en el extremo septentrional del país. 134.800 h. en 1990. Constituye el núcleo urbano de una importante zona petrolífera.

coroides *s. f.* Membrana oscura y vascular del ojo, situada entre la esclerótica y la retina, cuya función es nutrir a ésta y al cristalino.

corola *s. f.* Capa interna de ciertas flores, formada por los pétalos. Normalmente presenta una textura fina y de colores brillantes, que sirve a la planta como aparato de reclamo de los insectos para favorecer así la polinización.

corolario *s. m.* **1.** Afirmación que se deduce fácilmente de lo demostrado o afirmado antes. **2.** Consecuencia, resultado.

Corominas, Joan (Barcelona 1905) Filólogo español nacionalizado estadounidense. Exiliado en 1939, al finalizar la guerra civil española, residió en Argentina y EE UU. Es autor de un fundamental *Diccionario crítico etimológico de la lengua castellana* (1954) y de un *Diccionario etimológico y complementario de la lengua catalana* (empezado a publicar en 1980).

corona *s. f.* **1.** Aro de ramas, flores, metal, etc., con que se ciñe la cabeza, como premio o símbolo de dignidad. También, la propia dignidad o soberanía, en especial la monárquica. **2.** Reino o monarquía. ■ En esta acepción suele escribirse con mayúscula. **3.** Aquello que rodea la parte más alta de algo, normalmente como adorno. **4.** Conjunto de flores y hojas dispuestas en círculo. **5.** Aureola de las imágenes de los santos. **6.** Aureola de un astro. **7.** Ruedecilla dentada que en algunos relojes sirve para darles cuerda o ponerlos en hora. **8.** Parte descubierta y esmaltada de los dientes. **9.** Pieza o elemento artificial con que se protege o sustituye ésta. **10.** Moneda antigua de diversos países. **11.** Moneda actual de Checoslovaquia, Dinamarca, Islandia, Noruega y Suecia. **12.** Coronilla*. **13.** Coronamiento, culminación. **14.** Acción, virtud, cualidad, etc., que ennoblece a la persona. ‖ **15. corona circular** En geom., porción de plano comprendida entre dos circunferencias concéntricas. **16. corona solar** Aureola que se observa alrededor del Sol en los eclipses totales.

coronación *s. f.* **1.** Acto de coronar a alguien, especialmente a un rey o emperador y ceremonia con la que se da solemnidad a este acto. **2.** Terminación o culminación de una cosa. **3.** Coronamiento, adorno de un edificio en su parte superior.

Coronado, Carolina (Almendralejo, Badajoz 1823 - Lisboa 1911) Poetisa española. Organizó en su casa madrileña una famosa tertulia literaria que se convirtió en refugio de liberales. Su poesía, por su intimismo y musicalidad, puede considerarse posromántica. La primera edición de sus *Poesías* es de 1843. También escribió novelas, como *Paquita* y *La enclaustrada*, obras teatrales y ensayos literarios.

coronamiento *s. m.* **1.** Fin de una obra. **2.** Adorno que remata un edificio, un mueble, etc. **3.** Parte de la borda que corresponde a la popa de un barco.

coronar *v. tr.* **1.** Colocar una corona a alguien, especialmente a un rey o emperador al comenzar su reinado. También *v. prnl.* **2.** Finalizar una cosa, culminar. **3.** Ser una cosa el final justo o el premio merecido. **4.** Colocar personas o cosas en la parte superior de algo. También *v. prnl.* **5.** En ajedrez, alcanzar con un peón la octava fila del tablero, para poder así cambiarlo por cualquier otra ficha del mismo color. **6.** En el juego de damas, colocar una ficha sobre otra cuando ésta es dama, por haber logrado llegar a la línea de fondo del contrincante. ‖ *v. prnl.* **7.** Asomar el feto la cabeza en el momento del parto. ‖ **Loc. coronar una posición** Tomarla con tropas, después de expulsar a los defensores.

coronario, ria *adj.* **1.** Se aplica a diversas arterias distribuidas por el corazón, el estómago, el esófago y los labios, y a las enfermedades producidas por insuficiencia de dichas arterias, como la trombosis coronaria, la angina de pecho y el infarto de miocardio. También *s. f.* **2.** Relativo a la corona o en

Corola de pétalos libres (pensamiento), de pétalos soldados (campanilla) e irregular (pajarita).

forma de corona. || **3. unidad coronaria** Zona de un hospital reservada a los enfermos afectados por una enfermedad coronaria, donde reciben vigilancia permanente y cuidados intensivos.

corondel *s. m.* **1.** En artes gráficas, regleta que se utiliza en el molde para dividir la plana en columnas o blanco. **2.** P. ext., raya o blanco que separa columnas en un texto.

coronel *s. m.* Jefe militar que manda un regimiento o una base aérea; su graduación se encuentra entre la de teniente coronel y la de general.

Coronel Urtecho, José (Granada 1906) Poeta nicaragüense. Fue miembro del grupo poético Vanguardia. Tras una etapa experimental, pasó por un periodo clásico y tradicional, tanto en la forma como en el contenido, para volver a escribir una poesía hermética. Entre sus obras más significativas están *La muerte del hombre símbolo*, novela (1939), *Pol-lá d'ananta, katanta, paranta. Imitaciones y traducciones* (1970) y *Rápido tránsito*, de carácter autobiográfico.

coronilla *s. f.* **1.** Parte superior y posterior de la cabeza de donde arranca el pelo. **2.** Corte de pelo en forma de pequeño redondel que en esa parte de la cabeza se hacía a los clérigos. || **Loc. estar hasta la coronilla** Estar harto.

coronógrafo *s. m.* Instrumento que sirve para observar la corona solar en ausencia de eclipses y en lugares de gran altitud.

Coropuna Pico montañoso del Perú, en la cordillera de los Andes, cerca de Arequipa. 6.615 m de altura.

Corot, Jean-Baptiste-Camille (París 1796 - íd. 1875) Pintor francés. Destacado paisajista, se caracteriza por la captación poética de la naturaleza, la importancia que da a la luz y el predominio del dibujo sobre el color. Entre sus obras más logradas se encuentran *Vista del puente de Narni* (1826) y *La danza de ninfas* (1850-51).

Camille Corot: La catedral de Chartres *(Museo del Louvre, París).*

corotos *s. m. pl. amer.* Trastos, bártulos.

corpachón *s. m. fam. aum.* de **cuerpo**. Cuerpo de una persona corpulenta.

corpiño *s. m.* Prenda de vestir muy ajustada y sin mangas, que cubre el pecho y la espalda hasta la cintura.

corporación *s. f.* **1.** Organismo oficial, independiente de la administración del Estado, con fines de utilidad pública y carácter diverso, como los ayuntamientos, las reales Academias o las cámaras de comercio. **2.** Organización que agrupa a los miembros de una misma profesión para la defensa de sus intereses, como los colegios de abogados, médicos, arquitectos, etc. **3.** En los países anglosajones, empresa o sociedad grande.

corporal *adj.* **1.** Que tiene relación con el cuerpo, especialmente el humano. || *s. m. pl.* **2.** Lienzo cuadrado sobre el que se pone el cáliz y la hostia en el sacrificio de la misa. **Fam.** Corporalmente.

corporativamente *adv. m.* En corporación.

corporativismo *s. m.* **1.** Doctrina política y económica que propugna la integración en una única organización de los trabajadores y empresarios de una misma actividad profesional. Surgió a finales del s. XIX como reacción contra el liberalismo y más tarde fue asumido por regímenes políticos, como el fascismo italiano, el salazarismo portugués o el franquismo español. **2.** Tendencia a defender los intereses de un sector profesional por encima de los generales de la sociedad. **Fam.** Corporativista.

corporativo, va *adj.* Perteneciente o relativo a una corporación.

corpore insepulto *loc. lat. adj.* y *adv.* Significa 'con el cuerpo sin sepultar' y expresa que un acto funerario se realiza en presencia del cadáver.

corporeidad *s. f.* Cualidad de corpóreo.

corpóreo, a *adj.* **1.** Que tiene cuerpo o consistencia. **2.** Perteneciente o relativo al cuerpo.

corps (voz fr.) *s. m.* Denominación de algunos empleos, destinados principalmente al servicio del rey, como guardia de corps.

corpulento, ta *adj.* Que tiene mucho cuerpo, alto, grande, fuerte. Se aplica a personas, animales y árboles. **Fam.** Corpulencia.

corpus (voz lat.) *s. m.* **1.** Conjunto o recopilación de materiales, datos, etc., sobre una materia, doctrina, teoría, etc. **2.** Conjunto de obras de un mismo autor.

Corpus *s. m.* Día en que la Iglesia católica celebra la institución de la eucaristía. ▪ Se dice también *Corpus Christi.*

Corpus Barga Véase **Barga, Andrés García de la Barga,** llamado **Corpus.**

Corpus Christi *s. m.* Corpus*.

corpúsculo *s. m.* **1.** Cuerpo muy pequeño, partícula de materia. **2.** Nombre genérico que recibe una serie de pequeñas estructuras de tejidos, células o inclusiones celulares. **Fam.** Corpuscular.

corral *s. m.* **1.** Lugar cercado y descubierto donde se guardan los animales domésticos o el ganado. **2.** Patio descubierto donde se daban representaciones teatrales. **3.** *fam.* Cuarto muy sucio.

corraliza *s. f.* Corral, patio.

correa *s. f.* **1.** Tira de cuero o de otro material, larga y estrecha, en especial la que sirve para atar o ceñir. **2.** Banda de transmisión que conecta dos ejes de rotación por medio de poleas. **3.** *fam.* Aguante para soportar trabajos, bromas, etc.

Correa, Juan (s. XVII - XVIII) Pintor mexicano. Figura del Barroco colonial, está documentado entre 1674 y 1739. Entre sus obras destacan las escenas de la *Vida de San Francisco*, en San Diego de Aguascalientes, y *La entrada en Jerusalén* y *La Asunción*, en la sacristía de la catedral de México.

Correa de Arauxo, Francisco (Sevilla h. 1575 - ? h. 1663) Organista y compositor español. Continuador de la escuela de Cabezón, se muestra como un gran teórico y un consumado maestro en su *Libro de tientos y discursos de música práctica y teórica de órgano* (1626).

correaje *s. m.* Conjunto de correas, especialmente el del equipo de los militares.

correazo *s. m.* Golpe dado con una correa.

corrección *s. f.* **1.** Acción y efecto de corregir. **2.** Cambios que se hacen en los escritos al corregirlos. **3.** Comportamiento de las personas que actúan según las normas del trato social.

correccional *adj.* **1.** Que sirve para corregir. || *s. m.* **2.** Reformatorio para menores.

correctivo, va *adj.* **1.** Que corrige. **2.** Se dice de todo lo que modera o repara algo. También *s. m.* || *s. m.* **3.** Castigo aplicado para corregir una falta.

correcto, ta *adj.* **1.** Se dice de lo que no tiene error o se hace según las reglas fijadas. **2.** Educado, cortés, atento. **Fam.** Correctamente.

corrector, ra *adj.* **1.** Que corrige. También *s.* || *s. m.* y *f.* **2.** En las editoriales, periódicos e imprentas, persona encargada de revisar y corregir las pruebas antes de la impresión.

corredero, ra *adj.* **1.** Se dice de lo que corre o resbala. || *s. f.* **2.** Ranura o carril por donde resbala una pieza en ciertas máquinas o artefactos. **3.** La pieza que resbala o corre. **4.** Cucaracha, insecto. **5.** Nombre de algunas calles o plazas que antiguamente fueron lugares destinados para correr caballos. || **Loc. de corredera** *adj.* Se dice de las puertas y ventanas que se abren y cierran deslizándose por ranuras o guías.

corredizo, za *adj.* Se dice de lo que se desata o corre con facilidad, como algunos nudos.

corredor, ra *adj.* **1.** Que corre mucho. También *s.* **2.** Se dice del ave que no está capacitada para volar pero posee fuertes patas con las que alcanza gran velocidad. || *s. m.* y *f.* **3.** Persona que toma parte en una carrera. || *s. m.* **4.** Pasillo, pieza de paso en un edificio. **5.** Galería abierta o con vidrieras que rodea el patio de algunas casas. **6.** Agente que por oficio interviene en operaciones comerciales o de compraventa. || *s. f. pl.* **7.** Grupo constituido por las aves antes mencionadas. || **8. corredor aéreo** Ruta controlada por la que deben ir obligatoriamente los aviones de pasajeros.

correduría *s. f.* **1.** Oficio o actividad de corredor comercial. **2.** Corretaje*.

corregente *adj.* Se dice de quien ejerce la regencia con otro. También *s.*

Correggio, Antonio Allegri, llamado **il** (Correggio h. 1489 - íd. 1534) Pintor italiano. De la escuela de Parma, contribuyó a la implantación del manierismo con su pintura delicada y sensual. Consiguió notables efectos con el difuminado, el escorzo y las composiciones poco simétricas en las que domina la línea diagonal. Entre sus obras principales figuran *La Madonna de San Jerónimo, La noche* y *El día* (1522), *Natividad de Jesús, Noli me tangere,* y en Parma, los frescos de la cúpula de San Juan Evangelista (1520-24) y de la catedral (1526-30).

Il Correggio: Noli me tangere *(Museo del Prado, Madrid).*

corregidor *s. m.* **1.** Antiguamente, magistrado de justicia en algunas poblaciones. **2.** Antiguamente, cargo semejante al de alcalde.

corregir *v. tr.* **1.** Señalar, modificar o eliminar los errores o imperfecciones de algo o de alguien. También *v. prnl.* **2.** Decir a alguien que ha hecho mal cierta cosa. **3.** Examinar y valorar el profesor los ejercicios de los alumnos. ▪ Es v. irreg. Se conjuga como *regir.* **Fam.** Corregible.

correlación *s. f.* **1.** Relación mutua entre dos o más personas, cosas, acciones o conceptos. **2.** Correspondencia entre dos series de cosas. **3.** En estadística, relación que se establece entre el valor de dos variables, como, p. ej., la altura de los individuos de una población y el porcentaje de proteínas en su alimentación.

correlativo, va *adj.* **1.** Se dice de personas o cosas que están en correlación. **2.** Que sigue inmediatamente a otro o que se suceden unos a otros de modo inmediato. **3.** Se aplica a las oraciones unidas por partículas o nexos que indican que las acciones de ambas se corresponden, p. ej.: *Cuanto más ahorres, (tanto) antes te podrás comprar la moto.* **4.** Se aplica también a las partículas y parejas de palabras que indican esta relación, como *cuanto... tanto, así... como.* **Fam.** Correlativamente.

correlato *s. m.* Término o elemento que está en correlación con otro.

correligionario, ria *adj.* **1.** Que profesa la misma religión que otro. También *s.* **2.** Se aplica al individuo que pertenece al mismo partido o grupo ideológico o político que otro. También *s.*

correlón, na *adj.* **1.** *amer.* Que corre mucho. **2.** *Col., Méx., Ven.* Cobarde.

correntada *s. f. amer.* Corriente muy fuerte de agua.

correntoso, sa *adj. amer.* Torrencial.

correo *s. m.* **1.** Medio de comunicación por el cual los hombres se intercambian noticias, objetos, etc. **2.** Servicio público que regula este medio de comunicación y se ocupa del transporte y reparto de la correspondencia. Se usa mucho en *pl.* **3.** Conjunto de cartas escritas o recibidas. **4.** Vapor, tren, coche, etc., que lleva correspondencia. **5.** Edificio donde se organiza el transporte y reparto de correspondencia. Se usa más en *pl.* **6.** Persona que tenía por oficio llevar correspondencia de un sitio a otro. P. ext., persona que lleva un mensaje. ‖ **7. correo electrónico** Servicio incorporado en algunos sistemas teleinformáticos que permite que los distintos usuarios se comuniquen de forma fácil y cómoda entre sí y con el sistema. Consiste básicamente en un área de memoria reservada para cada usuario, que actúa como buzón, y una serie de programas que recogen y envían los mensajes.

correoso, sa *adj.* **1.** Que se estira y se dobla fácilmente sin romperse. **2.** Se dice del pan y otros alimentos cuando están blandos, pero son difíciles de partir. **3.** Se dice de la persona que posee mucha resistencia, combatividad y empuje.

correr *v. intr.* **1.** Andar rápidamente y con tanto impulso que, entre un paso y el siguiente, quedan por un instante los dos pies en el aire. **2.** Ir de prisa hacia un lugar o situación. **3.** Hacer alguna cosa con rapidez. **4.** Moverse el agua, el aire, etc. **5.** Transcurrir el tiempo. **6.** Encargarse alguien del cuidado o pago de algo, o estar eso a su cargo. **7.** Extenderse de una parte a otra. **8.** Circular, difundirse una noticia, un rumor. También *v. tr.* **9.** Tener que ser abonado un pago, retribución, interés, etc., o adquirir derecho a ello. **10.** Ser admitida como válida una cosa, particularmente ser de curso legal una moneda. ‖ *v. tr.* **11.** Perseguir a un animal, acosándolo. **12.** Lidiar toros. **13.** Hacer ejercitarse a un caballo al que se monta. **14.** Echar los cerrojos, llaves, el pestillo, etc. **15.** Mover a un lado o a otro cortinas, visillos, toldos, etc. También *v. prnl.* **16.** Mover o apartar a una persona o cosa. También *v. prnl.* **17.** Estar expuesto a peligros, experimentar cosas como aventuras. **18.** Recorrer, visitar lugares. **19.** Avergonzar, confundir. También *v. prnl.* ‖ *v. prnl.* **20.** Hablando de colores, tintas, manchas, etc., extenderse. **21.** *vulg.* Eyacular, llegar al orgasmo. ‖ **Loc. a todo correr** *adv.* Lo más rápido posible. **correrla** *fam.* Ir de juerga. **dejar correr** No intervenir, no preocuparse de alguna cosa o asunto. **el que no corre, vuela** *fam.* Expresa que, en ciertas situaciones o ambientes, las personas actúan con rapidez para no perder ninguna oportunidad que les sea beneficiosa.

correría *s. f.* **1.** Ataque o incursión en territorio enemigo, en la que se arrasa y saquea. **2.** Desplazamiento rápido y de corta duración. Se usa más en *pl.* ‖ *pl.* **3.** Aventuras, travesuras.

correspondencia *s. f.* **1.** Acción y efecto de corresponder o corresponderse. **2.** Relación recíproca entre dos personas por correo. **3.** Cartas que se envían o que se reciben. **4.** Comunicación entre lugares, ámbitos, medios o líneas de transporte, etc. **5.** En mat., ley mediante la cual se asigna a algunos elementos de un conjunto elementos de otro conjunto.

corresponder *v. intr.* **1.** Tener relación o proporción una cosa con otra. También *v. prnl.* **2.** Compensar los afectos, beneficios, favores, etc., responder con el mismo sentimiento, gesto o actitud. También *v. tr.* y *v. prnl.* **3.** Tocar, pertenecer.

correspondiente *adj.* **1.** Se dice de lo que corresponde a otra cosa, se sigue de ella o le es natural. **2.** Se aplica a lo que es oportuno, conveniente, proporcionado para alguien o algo. **3.** Se aplica a la persona que mantiene correspondencia con otra o con un organismo o corporación. También *s.* **4.** Se dice de los miembros de una corporación que por lo general viven fuera del lugar donde ésta está situada y mantienen con ella diversas relaciones. También *s.* **Fam.** Correspondientemente.

corresponsal *adj.* **1.** Se dice de la persona que se relaciona con otra por correspondencia. También *s.* **2.** Se aplica a la persona con quien una empresa, un comerciante, etc., mantiene relaciones en otro país o lugar. También *s.* **3.** Se dice del periodista destacado en otra población o en el extranjero para que envíe crónicas o noticias a un periódico u otro medio informativo. También *s.*

corresponsalía *s. f.* Cargo del corresponsal de un medio informativo.

corretaje *s. m.* Comisión que percibe el corredor de comercio por su trabajo.

corretear *v. intr.* **1.** Correr en varias direcciones, como los niños en sus juegos. **2.** Andar vagando de un sitio a otro sin rumbo fijo. **Fam.** Correteo.

correveidile o **correvedile** *s. m.* y *f.* Persona que se dedica a llevar y traer chismes y cuentos.

corrida *s. f.* **1.** Acción de correr cierto espacio. **2.** Lidia de toros en una plaza adecuada para ello. **3.** Los toros lidiados en ese festejo. ‖ **Loc. de corrida** *adv.* De memoria, de carrerilla; también, con presteza, sin entretenerse.

corrido, da **1.** *p. p.* de **correr**. También *adj.* ‖ *adj.* **2.** Que excede o pasa algo de peso o de la medida de que se trata. **3.** Refiriéndose a algunas partes de un edificio, que van de un lado a otro sin interrupción. **4.** Avergonzado, confundido. **5.** *fam.* Se aplica a la persona de mundo, experimentada. También *s.* ‖ *s. m.* **6.** Romance interpretado a dos voces, con acompañamiento musical, propio de México, Venezuela y otros países hispanoamericanos. ‖ **Loc. de corrido** *adv.* De corrida, de memoria o carrerilla.

corriente *adj.* **1.** Que corre. **2.** Se dice del día, semana, mes, año o siglo actual, en curso. **3.** Aplicado a ciertos documentos, a periódicos, a recibos, etc., el último aparecido. **4.** Normal, ordinario, ni bueno ni malo, ni bonito ni feo. **5.** Se aplica a aquello que ocurre muchas veces o es propio de mucha gente o de muchos sitios. ‖ *s. f.* **6.** Movimiento de masas líquidas o gaseosas. **7.** Movimiento de ideas, pensamientos, modas... **8.** Corriente eléctrica. ‖ **9. corriente eléctrica** Movimiento ordenado de los electrones a través de un hilo conductor entre dos puntos del mismo en los que existe una diferencia de potencial. Cuando esa diferencia es constante se provoca el desplazamiento de los electrones desde el punto de mayor potencial al punto de menor potencial y origina lo que se denomina una *corriente continua* (p. ej., la generada por una pila). Si la diferencia de potencial no es constante, sino que cambia periódicamente de valor y de sentido, la corriente experimenta análogos cambios y se denomina *corriente alterna.* **10. corriente marina** Movimiento de una gran masa de agua marina que fluye en una determinada dirección por efecto de los vientos y de las diferencias de temperatura y salinidad. Su velocidad es variable, p. ej. la corriente del Golfo alcanza los 5 km/h en verano, pero no supera los 4 km/h en invierno; su profundidad oscila entre los 400 y los 800 m y su anchura ronda los 50 km. Las corrientes influyen en la temperatura de la Tierra: algunas calientan las zonas a las que llegan, como ocurre con la del Golfo que, proveniente de México, suaviza el clima de las costas del mar del Norte; otras las enfrían, como hace la de Humboldt, proveniente del Antártico, con las costas de Chile, Perú y Ecuador. Otras corrientes importantes son las del Labrador, Groenlandia y Benguela, en el Atlántico; las de Oya Shivo y Kuro Shivo, en el Pacífico, y las de Agujas y Mozambique, en el Índico. ‖ **Loc. al corriente** *adv.* Sin atraso, al día; también, enterado, informado. **contra corriente** A contracorriente*. **corriente y moliente** *adj. fam.* Ordinario, normal. **dejarse llevar por** (o **de**) **la corriente** Seguir la opinión de los demás, aunque no se esté de acuerdo. **llevar** (o **seguir**) a uno **la corriente** Mostrarse conforme con lo que dice o hace; no oponerse a sus deseos.

corrientemente *adv. m.* **1.** De manera habitual, comúnmente. **2.** De manera normal u ordinaria, ni mal ni bien.

Corrientes **1.** Prov. de Argentina, en el NE del país. 88.199 km^2. 749.000 h. en 1989. Destaca la actividad agrícola, con cultivos de tabaco, arroz y cítricos, y ganadera.
2. C. de Argentina, cap. de la prov. del mismo nombre. 180.600 h. en 1980. Puerto en la margen izquierda del río Paraná, posee establecimientos textiles y astilleros.

corrillo *s. m.* Corro o grupo de personas que se juntan para hablar, discutir, etc.

corrimiento *s. m.* **1.** Acción y efecto de correr o de correrse. **2.** Deslizamiento de una gran extensión de terreno. **3.** Fenómeno tectónico en el que una capa estratigráfica se desplaza, colocándose encima de otra. Es característico del relieve alpino.

corro *s. m.* **1.** Grupo de gente que se dispone en círculo, generalmente para charlar o distraerse. **2.** Juego de niños que forman un círculo tomados de las manos. **3.** Superficie más o menos circular. ‖ **Loc. hacer corro** Formar corro alrededor de alguien.

corroborar *v. tr.* Confirmar una teoría, opinión, etc., con nuevos datos o argumentos. También *v. prnl.* **Fam.** Corroboración, corroborante.

corroer *v. tr.* **1.** Desgastar o destruir poco a poco una cosa la acción de un fenómeno físico o químico. También *v. prnl.* **2.** Causar un sentimiento en el hombre angustia o remordimiento. También *v. prnl.* ■ Es v. defect. Se conjuga como *roer.*

corromper *v. tr.* **1.** Descomponer, echar a perder una cosa. También *v. prnl.* **2.** Pervertir. También *v. prnl.* **3.** Estropear cosas no materiales. **4.** Sobornar a alguien.

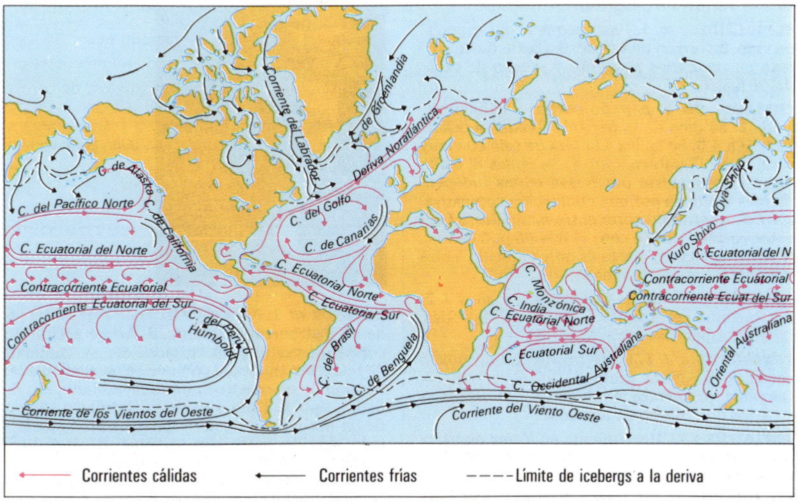

Mapa en el que pueden apreciarse las principales corrientes marinas.

corrongo, ga *adj. C. Rica, Cuba.* Bonito, simpático.

corrosión *s. f.* **1.** Destrucción progresiva de la superficie de un cuerpo por la acción de fenómenos físicos o químicos. La corrosión en los metales puede estar causada por el oxígeno del aire en medio húmedo (oxidación), aunque algunos forman una capa de óxido que impide que la corrosión se propague al interior. Esto no ocurre en el hierro, por lo que es preciso protegerlo con pinturas, barnices o capas de otros metales, como el cinc (galvanizado). **2.** En geol., erosión de las rocas por la arena, la nieve o el hielo arrastrados por el viento, o por la acción química del agua y de los ácidos disueltos en la misma.

corrosivo, va *adj.* **1.** Que corroe. **2.** Aplicado a personas, lenguaje, crítica, etc., hiriente, destructivo.

corrupción *s. f.* **1.** Acción y efecto de corromper o corromperse. **2.** Error o alteración en un escrito.

corruptela *s. f.* **1.** Corrupción, acción de corromper. **2.** Mala costumbre o abuso contrarios a la ley en el ejercicio de una función o actividad.

corruptible *adj.* Que puede corromperse. **FAM.** Corruptibilidad.

corrupto, ta *adj.* Que está corrompido física o moralmente.

corruptor, ra *adj.* Que corrompe. También *s.*

corrusco *s. m.* **1.** Pedazo de pan duro. **2.** Extremo redondeado de una barra de pan.

corsario, ria *adj.* **1.** Se dice de la embarcación que navega al corso, es decir, autorizada por su gobierno para atacar y saquear buques enemigos. **2.** Se aplica al capitán y tripulación de estas naves. También *s.* ‖ *s. m.* **3.** Pirata*.

corsé *s. m.* **1.** Prenda interior que usan las mujeres para ajustarse el cuerpo. ‖ **2. corsé ortopédico** El que sirve para corregir o prevenir las desviaciones de la columna vertebral.

corsetería *s. f.* Establecimiento donde se hacen o venden corsés y otras prendas interiores femeninas. **FAM.** Corsetero.

corso *s. m.* **1.** Campaña que, por mandato de su gobierno, efectúan algunos barcos en tiempo de guerra; haciéndose pasar por mercantes, se dedican a combatir a los barcos enemigos. ‖ **2. patente de corso** Autorización para navegar al corso; también, permiso que alguien tiene o se toma para realizar actos prohibidos a los demás.

corso, sa *adj.* **1.** De Córcega. También *s.* ‖ *s. m.* **2.** Dialecto italiano que se habla en Córcega.

corta *s. f.* Tala, acción de cortar árboles y otras plantas.

cortacésped *s. amb.* Máquina para segar el césped.

cortacigarros *s. m.* Cortapuros*.

cortacircuitos *s. m.* Aparato que interrumpe automáticamente la corriente eléctrica cuando ésta es excesiva o peligrosa.

cortadillo *s. m.* **1.** Vaso pequeño, en especial de vino. **2.** Terrón de azúcar. **3.** Cierto dulce cortado en cuadrados pequeños y relleno de cabello de ángel.

cortado, da **1.** *p. p.* de **cortar**. También *adj.* ‖ *adj.* **2.** Se dice de la persona tímida, apocada. También *s.* **3.** Se aplica a la taza de café con muy poca leche. También *s. m.* **4.** Se aplica al estilo literario compuesto por frases cortas independientes o unidas por una conjunción copulativa. ‖ *s. f.* **5.** Abertura o corte entre montañas. ‖ **LOC. estar cortado por** (o **con**) **el mismo patrón** *fam.* Indica que alguien o algo es muy parecido a otra persona o cosa determinada.

cortador, ra *adj.* **1.** Que corta. ‖ *s. m.* y *f.* **2.** Persona que corta trajes o piezas en sastrerías, talleres, zapaterías, etc.

cortadura *s. f.* **1.** Corte hecho con un objeto cortante. **2.** Grieta profunda en el terreno. **3.** Garganta, paso entre montañas. ‖ *pl.* **4.** Recortes o trozos que sobran de una cosa.

cortafrío *s. m.* Herramienta en forma de barra que se usa para cortar a golpes de martillo metales u otros materiales en frío.

cortafuego *s. m.* **1.** Vereda o zanja que se hace en sembrados y bosques para que no se propague el fuego en caso de incendio. **2.** Pared que separa un edificio de otro con el mismo fin.

cortante *adj.* **1.** Que corta. **2.** Aplicado al estilo, la manera de hablar, etc., brusco, tajante. **3.** Se aplica al aire o al viento penetrante.

cortapapeles *s. m.* Instrumento parecido a un cuchillo poco afilado que sirve para cortar las hojas de los libros o papeles doblados.

cortapisa *s. f.* **1.** Condición o limitación con que se concede o se posee una cosa. **2.** Dificultad, impedimento. Se usa más en *pl.*

cortaplumas *s. m.* Navaja pequeña que antiguamente se utilizaba para cortar las plumas de ave con que se escribía y que modernamente tiene múltiples usos.

cortapuros *s. m.* Utensilio que sirve para cortar la punta de los cigarros puros.

cortar *v. tr.* **1.** Dividir una cosa o separar sus partes con un objeto afilado. También *v. prnl.* **2.** Dar con las tijeras u otro instrumento la forma necesaria a las piezas que, cosidas, constituirán un vestido, un calzado, etc. **3.** Dividir o partir algo en porciones. **4.** Separar en dos partes el mazo de cartas. **5.** Recortar. **6.** Atravesar un gas o un líquido. **7.** Agrietar la piel el frío intenso. También *v. prnl.* **8.** Suprimir parte de un texto, discurso, comedia, etc. **9.** Interrumpir, detener o impedir el paso. También *v. prnl.* **10.** Cohibir. También *v. prnl.* **11.** En geom., cruzarse dos líneas, superficies o cuerpos que tienen algún elemento común. También *v. prnl.* **12.** Mezclar un líquido con otro para modificar su fuerza o su sabor. ‖ *v. intr.* **13.** Atajar, tomar el camino más corto. ‖ *v. prnl.* **14.** Hacerse un corte, herirse. **15.** Separarse los elementos que debían formar un todo unido en la leche, una salsa, crema, etc. **16.** Turbarse, quedarse sin saber qué hacer o decir. ‖ **LOC. cortar por lo sano** *fam.* Poner fin de una manera expeditiva y sin contemplaciones a una situación que causa disgusto.

cortaúñas *s. m.* Especie de pinzas para cortarse las uñas.

cortaviento *s. m.* Dispositivo en la parte delantera de un vehículo que sirve para cortar o reducir el viento.

Cortázar, Julio (Bruselas 1914 - París 1984) Escritor argentino nacionalizado francés. Destaca sobre todo como autor de libros de relatos breves, caracterizados por la fantasía, el humor, la paradoja y el juego con los conceptos del tiempo y el espacio. Entre ellos sobresalen *Bestiario* (1951), *Final del juego* (1956), *Las armas secretas* (1959), *Historia de cronopios y famas* (1962), *Todos los fuegos el fuego* (1966), y *La vuelta al día en 80 mundos* (1967). Entre sus novelas deben citarse *Los premios* (1960), *Rayuela* (1963) y *El libro de Manuel* (1973), donde fundió el estilo vanguardista con su creciente interés por los aspectos políticos y sociales de la realidad latinoamericana, abiertamente presentes ya en libros posteriores, como *Nicaragua, tan violentamente dulce* (1984), en el que expresó su apoyo a la revolución sandinista.

Julio Cortázar.

corte[1] *s. m.* **1.** Acción y efecto de cortar. **2.** Filo de un instrumento cortante. **3.** Arte y acción de cortar un vestido, un calzado, etc., y cantidad de tela u otro material con que se confecciona. **4.** Sección de un objeto en un dibujo, plano, etc. **5.** Estilo, tipo. **6.** Cada uno de los bordes o cantos de un libro que no son el lomo. **7.** Trozo de helado servido entre dos galletas. **8.** *fam.* Vergüenza, apuro. **9.** *fam.* Desaire o réplica que produce desconcierto. ‖ **10. corte de mangas** *fam.* Ademán despectivo que se hace con la mano, extendiendo el dedo corazón y juntando los otros, a la vez que se levanta el brazo y se golpea en él con la otra mano. **11. corte geológico** Representación de la topografía y estructura de un relieve, en la que se conjuga la presencia y disposición de los materiales geológicos. **12. corte topográfico** Representación lineal que muestra la topografía de un terreno.

corte[2] (del lat. *cohors, cohortis,* cohorte) *s. f.* **1.** Conjunto del rey, la familia real y sus servidores. **2.** Población donde habitualmente residía un soberano. **3.** Acompañamiento del rey o de un personaje importante. **4.** *amer.* Tribunal de justicia. ‖ *pl.* **5.** Nombre que en la España medieval empezó a darse en el s. XII a las asambleas de la curia regia, convocadas y presididas por el rey, en las que participaban representantes de la nobleza, el clero y el estamento ciudadano, y en las que se trataban cuestiones referidas al gobierno del reino, especialmente la concesión de subsidios extraordinarios al monarca y ley de la moneda acuñada. Las Cortes se reunían por iniciativa del rey, que abría las sesiones con un discurso de *proposición*; los estamentos debatían las propuestas reales y votaban su aprobación; posteriormente, formulaban sus *peticiones* al monarca, que de ser aprobadas por éste adquirían carácter de ley y eran recogidas en los *cuadernos de corte.* Las primeras Cortes se reunieron en León en 1188, Castilla a fines del s. XII, Cataluña en 1218, Portugal en 1254, Aragón en 1274 y Navarra en 1300. Las últimas Cortes de Castilla fueron convocadas por Carlos IV en 1789, muy mermadas en su importancia por el absolutismo. En el s. XIX recuperaron su importancia, convertidas en órgano legislativo, en las Cortes de Cádiz (1812), donde se promulgó la Constitución liberal. **6.** En España, poder legislativo, compuesto por el Senado y el Congreso. ▪ En estas dos últimas acepciones suele escribirse con mayúscula. ‖ **7. corte celestial** El cielo, conjunto de ángeles, santos, bienaventurados, etc. ‖ **LOC. hacer la corte** Galantear, cortejar.

cortedad *s. f.* **1.** Cualidad o condición de corto. **2.** Falta de talento e inteligencia.

cortejar *v. tr.* **1.** Galantear, procurar agradar y atraer a una mujer. **2.** Halagar interesadamente a una persona. **FAM.** Cortejador.

cortejo *s. m.* **1.** Acción y efecto de cortejar. **2.** Acompañamiento del rey o de un personaje. **3.** Conjunto de personas que desfilan en una ceremonia. **4.** Conjunto de actitudes que preceden al coito entre los animales.

cortés *adj.* Se dice de la persona educada, que se comporta de acuerdo con las normas del trato social, así como de sus palabras, conducta, etc. ‖ **LOC. lo cortés no quita lo valiente** *fam.* Indica que la amabilidad y educación no son incompatibles con la energía a la hora de tomar una decisión, defender un derecho u opinión, etc. **FAM.** Cortésmente.

Hernán Cortés.

Cortés, Hernán (Medellín, Badajoz 1485 - Castilleja de la Cuesta, Sevilla 1547) Explorador y conquistador español. Intervino en 1511 en la conquista de Cuba junto con Diego Velázquez, quien le envió en 1519 a explorar parte de las costas del golfo de México, donde fundó la ciudad de Veracruz. Contra la voluntad de Velázquez, emprendió una exploración tierra adentro y llegó a la ciudad de Tenochtitlan en 1519. Al tiempo que mantenía relaciones con los aztecas y su emperador Moctezuma, avivaba contra ellos la sublevación de otros pueblos, como los tlaxcaltecas. El 1 de julio de 1520 los españoles fueron expulsados de Tenochtitlan (la *Noche triste*). Cortés sitió entonces la ciudad, que cayó en su poder en 1521. Nombrado en 1522 capitán general del reino de Nueva España, se mantuvo en el cargo hasta 1528, en que fue destituido por el Consejo de Indias. En compensación se le nombró marqués del Valle de Oaxaca, donde residió entre 1530 y 1540, época en la que realizó diversas expediciones por el S de California. De vuelta a España, participó en 1541 en la expedición contra Argel.

Cortés Castro, León (Alajuela 1882 - Santa Ana 1946) Político costarricense. Miembro del Partido Republicano, fue presidente de la república (1936-40). Durante su mandato construyó puertos y ferrocarriles e introdujo algunas reformas, pero fracasó en su intento de arreglo de frontera con Panamá.

cortesano, na *adj.* **1.** Perteneciente o relativo a la corte. ‖ *s. m.* **2.** Persona que sirve al rey y a su familia en la corte. ‖ *s. f.* **3.** Prostituta refinada y culta.

cortesía *s. f.* **1.** Cualidad de cortés, buena educación. **2.** Regalo, atención. **3.** Espacio de tiempo concedido a alguien para llegar a un sitio después de la hora fijada. **4.** Hoja, página o parte de ella que se deja en blanco en libros y otros impresos. ‖ **LOC. de cortesía** *adj.* Se dice de lo que se hace para cumplir las reglas de la buena educación.

córtex *s. m.* Capa más externa y superficial de cualquier órgano, p. ej. del cerebro.

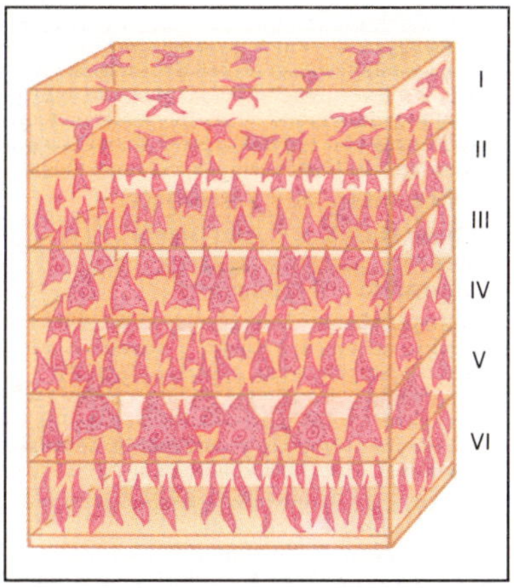

Corteza cerebral: representación esquemática en la que pueden verse las seis capas que la componen, con neuronas y fibras de distintas formas. Las células de la corteza están relacionadas entre sí por prolongaciones dendríticas y axones.

corteza *s. f.* **1.** Parte externa de una planta, compuesta por el tejido epidérmico, formado por células impermeables, el tejido suberoso (si existe) y el tejido parenquimatoso o parénquima, formado por células vivas que realizan la función clorofílica y sirven para almacenar reservas alimenticias. Suele aplicarse este nombre, sobre todo, a la capa que recubre el tronco, las ramas y las raíces de los árboles, así como a la parte exterior más dura de algunos frutos. **2.** P. ext., capa, endurecida o no, que recubre algunas cosas. **3.** Aspecto visible de una persona o de una cosa, que puede encubrir otra muy distinta. ‖ **4. corteza cerebral** Parte superficial del cerebro, formada por materia gris, que a su vez está constituida por los cuerpos de numerosas neuronas interconectadas entre sí. La corteza cerebral es responsable de los movimientos voluntarios, la sensibilidad consciente y el comportamiento inteligente. **5. corteza electrónica** En fís., denominación general de los niveles o capas donde se encuentran los electrones de un átomo. **6. corteza suprarrenal** Véase **suprarrenal**. **7. corteza terrestre** Capa superior de la Tierra, cuyo espesor medio se calcula en 35 km y cuyo límite inferior está marcado por la discontinuidad de Mohorovicic. El elemento más abundante es el oxígeno, que ocupa el 93,7 % de su volumen. Se encuentra, a su vez, dividida por la discontinuidad de Conrad en una *corteza superior* (tradicionalmente llamada *sial*), en la que predominan los feldespatos, y una *corteza inferior* (tradicionalmente llamada *sima*), en la que abundan los silicatos de magnesio.

La Coruña: vista de la ciudad, con la dársena en primer plano y las casas acristaladas de la avenida de la Marina.

Corti, órgano de Aparato situado en el oído interno y constituido por células de sostén y células auditivas que reciben los estímulos acústicos.

cortical *adj.* Perteneciente o relativo a la corteza.

corticoide o **corticosteroide** *s. m.* Nombre genérico de diversos compuestos químicos, naturales o sintéticos, de actividad semejante a la de las hormonas derivadas del colesterol producidas en la corteza de las cápsulas suprarrenales. Se utilizan como medicamentos contra el reúma, asma, alergias y, sobre todo, como antiinflamatorios.

cortijero, ra *s. m.* y *f.* **1.** Persona que vive en un cortijo y cuida de él. ‖ *s. m.* **2.** Capataz de un cortijo.

cortijo *s. m.* **1.** Finca rústica con casa de labor, típica de Andalucía. **2.** Esta casa.

cortina *s. f.* **1.** Paño grande que se cuelga, p. ej. en puertas y ventanas, como adorno, para abrigar o dividir en dos partes una habitación, delante de un escenario, etc. **2.** Lo que encubre y oculta lo que está detrás. **3.** Lienzo de muralla que está entre dos baluartes. ‖ **4. cortina de humo** La utilizada para ocultarse del enemigo; también, cosa o acción destinada a encubrir otra. **FAM.** Cortinón.

Cortina d'Ampezzo C. de Italia, perteneciente a la región de Véneto, situada en los Alpes Dolomitas. 8.200 h. Es un importante centro turístico y de deportes de invierno y fue sede de los Juegos Olímpicos de 1956.

cortinaje *s. m.* Conjunto o juego de cortinas de una casa.

cortinilla *s. f. dim.* de **cortina**. Cortina pequeña, particularmente la que se coloca en el interior de ventanillas de carruajes, trenes, etc.

cortisona *s. f.* Corticoide segregado por la corteza suprarrenal, responsable de la conversión de proteínas en hidratos de carbono y que influye en el metabolismo de la sal. Preparada sintéticamente se ha utilizado como antiinflamatorio y para el tratamiento de la artritis.

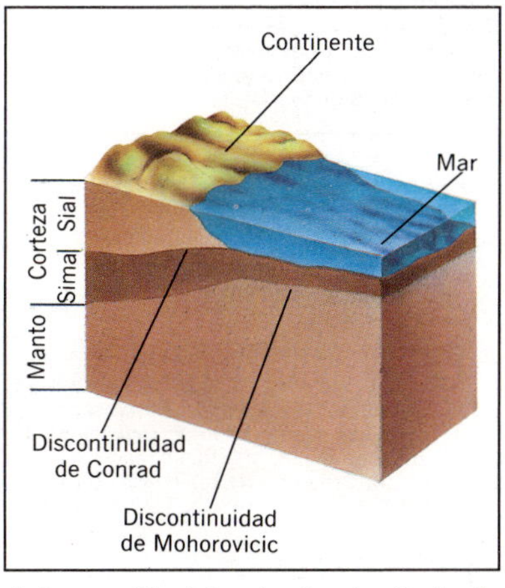

Corte esquemático de la corteza terrestre, situada sobre el manto.

corto, ta *adj.* **1.** Se aplica a aquello que tiene poca longitud o es menos largo de lo debido. **2.** Que dura poco tiempo o parece que dura poco. **3.** Escaso, con poca cantidad, defectuoso. También *s. m.* **4.** Tímido, vergonzoso. **5.** Torpe, de poco talento o que carece de facilidad para expresarse. **6.** Ignorante, de poca instrucción. ‖ *s. m.* **7.** Cortometraje*. ‖ *s. f.* **8.** Luz corta de un vehículo. Se usa mucho en *pl.* ‖ **LOC. a la corta o a la larga** *adv.* Más tarde o más temprano. **ni corto ni perezoso** *adv.* Con decisión, sin pensárselo dos veces. **quedarse corto** Al contar, comprar, coger o pedir algo, hacerlo en menor medida de lo necesario. Asimismo, decir de una cosa mucho menos de lo que merece.

cortocircuito *s. m.* Fenómeno eléctrico que se produce accidentalmente en una instalación por contacto entre dos conductores, originándose una corriente de gran intensidad.

cortometraje *s. m.* Película cinematográfica de corta duración, que no pasa de los 30 minutos.

cortón *s. m.* Insecto ortóptero de la familia grillotálpidos, especie *Gryllotalpa gryllotalpa.* Es semejante al grillo, pero bastante mayor, y tiene las patas delanteras adaptadas para excavar. También se llama *alacrán cebollero* o *grillo-topo.*

Coruña, La (*A Coruña*) **1.** Prov. española perteneciente a la comunidad autónoma de Galicia. 7.876 km^2. 1.088.500 h. en 1991. Limita al N y O con el océano Atlántico, al S con Pontevedra y al E con Lugo. Su relieve es montañoso (Macizo Galaico). Los ríos (Ulla, Tambre, Eume), cortos y de gran caudal, forman al desembocar las Rías Altas al N (Ortigueira, El Ferrol, Betanzos) y las Rías Bajas al S (Corcubión, Muros y Noya, Arosa). La costa presenta un perfil recortado, pero también posee grandes playas. En el interior se alternan las llanuras con los montes de baja altura. El clima, oceánico, está muy suavizado por la influencia del mar; la vegetación es abundante, aunque las especies autóctonas, robles, serbales y castaños, han sido sustituidas masivamente por eucaliptos y pinos. La población se concentra en las zonas costeras, mientras que en el medio rural el hábitat es disperso. Dentro de la actividad agraria destacan el cultivo de forrajeras, la ganadería vacuna (productos lácteos) y las patatas. Tienen gran importancia la pesca de altura y bajura y la riqueza de mariscos. Merecen también mención las conservas de pescado, las industrias químicas y madereras y los astilleros de El Ferrol.
2. C. de España, cap. de la prov. del mismo nombre. 245.450 h. en 1991. Importante puerto pesquero, cuenta con numerosas industrias conserveras, metalúrgicas y de refino. Entre sus monumentos sobresalen la torre de Hércules, construcción romana convertida en faro, la iglesia románica de Santa María del Campo y la barroca de Santo Domingo.

coruñés, sa *adj.* De La Coruña. También *s.*

corvejón[1] (de *corvo*) *s. m.* Articulación entre la parte inferior de la pierna y superior de la caña en las extremidades posteriores de los cuadrúpedos.

corvejón[2] (del lat. *corvus,* cuervo) *s. m.* Cormorán*.

corveta *s. f.* Movimiento del caballo consistente en caminar sobre las patas traseras y con las delanteras en alto.

corvetear *v. intr.* Hacer corvetas el caballo.

córvidos *s. m. pl.* Familia de pájaros pertenecientes al orden paseriformes, que comprende 102 especies de los géneros *Corvus, Nucifraga*, etc. Son aves robustas, generalmente omnívoras, muy ruidosas, extendidas por todo el mundo, excepto Nueva Zelanda y algunas islas de Oceanía. Córvidos son los cuervos, cornejas, urracas y grajos. También *adj.* y *s. m.*

corvo, va *adj.* **1.** Curvo. ‖ *s. f.* **2.** Parte de la pierna opuesta a la rodilla, por donde se dobla.

corzo, za *s. m.* y *f.* Mamífero artiodáctilo rumiante de la familia cérvidos, especie *Capreolus capreolus*. Mide unos 120 cm de longitud y 75 cm de altura en la cruz, tiene pelo rojizo en verano y grisáceo en invierno, con una mancha blanca en los cuartos traseros. Los machos poseen astas cortas y ramificadas, con un máximo de tres puntas, que caen a principios del invierno. Se alimenta de brotes, hojas, etc., y vive solitario o en grupos reducidos en los bosques de Eurasia.

Corzo (Capreolus capreolus).

cosa *s. f.* **1.** Todo aquello que de algún modo existe, sea real o imaginario, concreto o abstracto. **2.** Objeto inanimado, en contraposición a los seres vivos. **3.** Asunto, cuestión. **4.** Quehacer, ocupación. Se usa sobre todo en *pl.* **5.** En contraposición a persona o sujeto, el objeto de las relaciones jurídicas. **6.** El objeto material, en oposición a los derechos creados sobre él y a las prestaciones personales. **7.** Invención, ocurrencia. Se usa sobre todo en *pl.* ‖ *pl.* **8.** Sucesos, acciones que afectan a alguien. **9.** Útiles, instrumentos u objetos que pertenecen a alguien. **10.** Dichos o acciones propios de alguien, sobre todo rarezas, defectos, etc. ‖ **Loc. a cosa hecha** *adv.* Expresamente, con intención, sabiendo bien lo que se quiere. También, con éxito seguro, estando todo preparado. **como quien no quiere la cosa** *adv.* Con disimulo; también, sin darle la importancia que la cosa tiene. **como si tal cosa** *adv.* Como si no hubiera pasado nada; también, sin darle importancia. **(como) cosa de** *adv. fam.* Aproximadamente, poco más o menos. **decir** a alguien **cuatro cosas** *fam.* Decirle algunas verdades. **dejarse de cosas** *fam.* Dejar de ocuparse de cosas que pueden perjudicar o distraer. **¡habrá cosa igual** (o **parecida**)! *excl.* Expresa asombro o disgusto. **lo que son las cosas** *fam.* Anticipa que en lo que se va a decir hay algo extraño. **no haber tal cosa** *fam.* No ser así, ser falso lo que se dice. **no sea cosa que** *conj.* Indica precaución. **poquita cosa** *adj. fam.* Se aplica a la persona débil de cuerpo o de poco ánimo. **por una(s) cosa(s) o por otra(s)** *adv.* Siempre. **ser** algo **cosa** de uno Corresponderle, ser de su incumbencia. **ser cosa de** Expresa la necesidad de pensar en algo o de hacerlo. **ser** algo **cosa de** Consistir algo o la solución de algo en lo que se dice.

Cosa, Juan de la (Santoña, Cantabria h. 1460 - Colombia 1510) Cartógrafo y marino español. Efectuó exploraciones por la costa de África y acompañó a Colón en sus dos primeros viajes a las Indias. Trazó en 1500 el primer mapamundi en que figuran las islas y tierras descubiertas en el Nuevo Mundo. Murió asesinado por los indígenas de Tierra Firme.

Cosa Nostra (voz ital.) *s. f.* Mafia*.

cosaco, ca *adj.* **1.** Se dice de un antiguo pueblo nómada o semisedentario que desde el s. XV se estableció en las estepas del S de Rusia, en las cuencas de los ríos Dniéper y Don. **2.** De este pueblo. También *s.* ‖ *s. m.* **3.** Antiguo soldado ruso de infantería o caballería ligera.

cosario *s. m.* El que tiene por oficio llevar objetos o encargos de una población a otra.

coscoja *s. f.* Árbol o arbusto de la familia fagáceas, especie *Quercus coccifera*. Es parecido a la encina, alcanza hasta 2 m de altura, tiene hojas perennes, pequeñas, de borde dentado muy espinoso y superficie brillante, flores en amento las masculinas y solitarias las femeninas, y fruto en bellota. A pesar de su tala abusiva, aún existe en distintas regiones de España.

coscojo *s. m.* Agalla de la coscoja.

coscorrón *s. m.* Golpe en la cabeza.

coscurro *s. m.* Cuscurro*.

cosecante *s. f.* Función recíproca o inversa de la función seno. Referida, p. ej., al ángulo α,

$$\text{cosec}\,(\alpha) = \frac{1}{\text{sen}\,(\alpha)}.$$

cosecha *s. f.* **1.** Conjunto de productos agrícolas que se recogen cuando ya están maduros. **2.** Ocupación de recoger esos frutos y época en que se realiza. ‖ **Loc. de la cosecha** de uno *fam.* De su propia invención.

cosechador, ra *adj.* **1.** Que cosecha. También *s.* ‖ *s. f.* **2.** Máquina que sirve para el corte y recogida de la cosecha, especialmente la de los cereales.

cosechar *v. intr.* **1.** Recoger los productos del campo cuando están maduros. También *v. tr.* ‖ *v. tr.* **2.** Ganarse o atraerse odios, simpatías, fracasos, éxitos, etc.

cosechero, ra *adj.* **1.** Perteneciente o relativo a la cosecha. ‖ *s. m.* y *f.* **2.** Persona que cosecha.

cosedor, ra *s. m.* y *f.* **1.** Persona que cose. ‖ *adj.* **2.** Se aplica a la máquina que cose los pliegos de un libro, revista, etc. También *s. f.*

coseno *s. m.* Una de las funciones trigonométricas. En un triángulo rectángulo, el coseno de un ángulo agudo es el cociente entre el cateto adyacente al ángulo y la hipotenusa.

Cosenza C. de Italia, situada en la región de Calabria. 105.350 h. en 1990. Es centro agrícola y comercial.

coser *v. tr.* **1.** Unir con hilo, generalmente enhebrado en una aguja, dos o más pedazos de tela, cuero, un botón a la ropa, etc. **2.** Hacer pespuntes y labores de aguja. **3.** Grapar. **4.** Unir una cosa con otra de manera que queden muy juntas. **5.** Producir muchas heridas, especialmente con arma punzante o con balas. ‖ **Loc. ser** una cosa **coser y cantar** *fam.* Ser muy fácil.

Coseriu, Eugenio (Mihaileni, Moldavia 1921) Lingüista rumano, nacionalizado uruguayo. Su gran conocimiento de las lenguas clásicas y modernas y la claridad de su pensamiento le han convertido en figura destacada del estructuralismo europeo. Entre sus obras sobresalen *Sincronía, diacronía e historia* (1958), *Teoría del lenguaje y lingüística general* (1967) y *Gramática, semántica, universales* (1978).

Cosgrave, William Thomas (Dublín 1880 - íd. 1965) Político irlandés. Miembro del movimiento nacionalista Sinn Fein, fue el primer presidente del estado libre de Irlanda (1922-32). Su política conservadora, unida a problemas económicos, hizo que perdiera las elecciones frente a Eamon de Valera.

cosido, da **1.** *p. p.* de **coser**. También *adj.* ‖ *adj.* **2.** Muy pegado a una persona, dependiendo de ella. ‖ *s. m.* **3.** Costura, acción y serie de puntadas. **4.** Calidad de la costura.

cosificar *v. tr.* **1.** Convertir algo en cosa. **2.** Considerar como cosa algo que no lo es, p. ej. una persona. ■ Se conjuga como *sacar*. **Fam.** Cosificación.

cosijo *s. m. amer.* Disgusto, desazón.

Cosío Villegas, Daniel (Ciudad de México 1900 - íd. 1976) Historiador mexicano. Se especializó en la historia contemporánea de su país. Fue fundador y director del Colegio de México. Entre sus obras destacan *El sistema político mexicano* e *Historia moderna de México* (1955-72).

Coslada C. de España, en la prov. de Madrid. 73.250 h. en 1990. Es una ciudad dormitorio, que forma parte de la aglomeración urbana de la capital.

cosmético, ca *adj.* **1.** Se dice de los productos que se emplean para cuidar o embellecer la piel o el cabello. También *s. m.* ‖ *s. f.* **2.** Técnica de crear y fabricar tales productos.

cósmico, ca *adj.* Perteneciente o relativo al cosmos.

cosmogonía *s. f.* **1.** Rama de la astronomía que trata del origen y la formación de los objetos celestes, como estrellas, galaxias, planetas y satélites. **2.** Teoría filosófica, mítica o religiosa sobre el origen y la organización del universo. **Fam.** Cosmogónico.

cosmografía *s. f.* Parte de la astronomía que se ocupa de la descripción del universo. **Fam.** Cosmográfico, cosmógrafo.

cosmología *s. f.* Rama de la astronomía que se ocupa de establecer el origen del universo, descubrir las leyes generales que rigen su funcionamiento y determinar su posible evolución, utilizando para ello los datos proporcionados por la cosmogonía. **Fam.** Cosmológico, cosmólogo.

cosmonauta *s. m.* y *f.* Astronauta*.

cosmonáutica *s. f.* Astronáutica*. **Fam.** Cosmonáutico.

cosmonave *s. f.* Astronave*.

cosmopolita *adj.* **1.** Se dice de la persona que ha vivido en muchos países y conoce lugares, gentes y costumbres muy diversos. También *s.* **2.** Se aplica a lo que suele ser común a todos o a la mayor parte de los países. **3.** Se dice de los lugares en que hay gente y costumbres de numerosos países. **Fam.** Cosmopolitismo.

cosmos *s. m.* El universo, en especial considerado como un todo ordenado.

cosmovisión *s. f.* Forma de concebir e interpretar el mundo.

coso *s. m.* **1.** Plaza de toros. **2.** Calle principal de algunas poblaciones.

cosque o **cosqui** *s. m. fam.* Coscorrón*.

cosquillas *s. f. pl.* Sensación nerviosa que se experimenta en algunas partes del cuerpo, causada por roces de diverso tipo, y que produce involuntariamente risa. ‖ **Loc. buscarle** a uno **las cosquillas** *fam.* Procurar impacientarle o irritarle. **Fam.** Cosquilloso.

cosquillear *v. tr.* Hacer cosquillas.

cosquilleo *s. m.* **1.** Sensación producida por las cosquillas u otra cosa semejante. **2.** Inquietud.

Cosroes Nombre de dos reyes sasánidas de Persia.

Cosroes I (? - ? 579) Rey sasánida de Persia (531-579). Su reinado supone el periodo culminante de

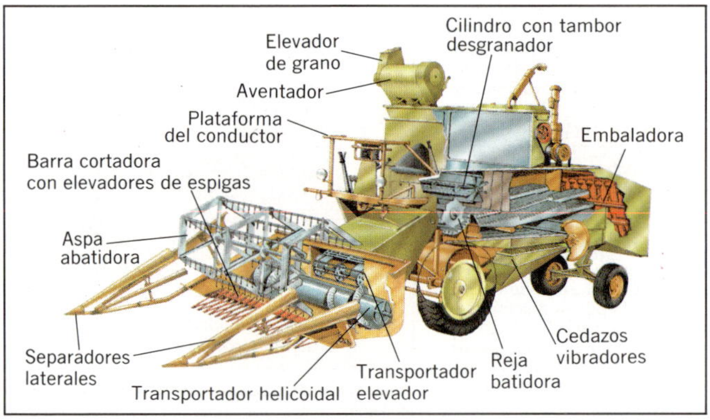

Partes principales de una cosechadora.

la dinastía. Guerreó contra Justiniano y extendió sus dominios hasta el Amu Daria. Fue derrotado por los bizantinos cerca de Melitene. Protegió a los filósofos de la escuela de Atenas, expulsados por Justiniano (529).

Cosroes II (? - ? 628) Rey sasánida de Persia (590-628). Era nieto del anterior. En pugna con Bizancio, logró reconstruir el antiguo imperio de Darío, pero Heraclio derrotó a los persas en Nínive (628) y Cosroes huyó a Ctesifonte, donde fue asesinado por su hijo Kavad II.

Cossa, Francesco del (Ferrara h. 1436 - Bolonia 1478) Pintor italiano. Formado con Cosmè Tura, en su pintura se advierte la influencia de Mantegna y de Piero della Francesca. Mostró una fuerte vena narrativa en los frescos (*Marzo, Abril* y *Mayo*) que pintó en el salón del palacio Schifanoia, en Ferrara. Otras obras suyas destacadas son *Anunciación, Virgen y el Niño* y el tríptico de *San Vicente Ferrer.*

Cossiga, Francesco (Sassari 1928) Político italiano. Democratacristiano, fue ministro en varias ocasiones, jefe de gobierno (1979-80) y presidente del Senado (1983-85). En 1985 fue elegido presidente de la república.

Cossío, Francisco Gutiérrez, llamado **Pancho** (Pinar del Río, Cuba 1889 - Alicante 1970) Pintor español. Residió en París (1923-31). Influido por Braque, su obra se encuadra en el poscubismo; sus creaciones están envueltas en una atmósfera irreal, poética, y tienden a una austeridad de color. Destacó por sus retratos, marinas y bodegones.

Cossío, Manuel Bartolomé (Haro, La Rioja 1857 - Collado Mediano, Madrid 1935) Pedagogo y crítico de arte español. Fue rector de la Institución Libre de Enseñanza, director del Museo Pedagógico Nacional y presidente del Patronato de misiones pedagógicas (1931). Su obra *El Greco* (1908) es clave para comprender la verdadera significación del pintor.

costa[1] (del lat. *costa,* lado, costilla) *s. f.* Franja de tierra en contacto con el mar o cerca de él. Puede presentar diversas formas: costa en acantilado, playa, marisma, delta, estuario, arrecife coralino, ría, fiordo, etc. Ello depende del tipo de relieve continental y del efecto de las olas y corrientes marinas.

costa[2] (de *costar*) *s. f.* **1.** Cantidad que se paga por una cosa. Se usa sobre todo en *pl.* ‖ *pl.* **2.** Gastos de un juicio. ‖ **Loc. a costa de** *adv.* A fuerza de, mediante; también, aprovechándose de otro. **a toda costa** *adv.* Sin detenerse ante ningún gasto, esfuerzo, trabajo, etc.

Costa, Joaquín (Monzón, Huesca 1846 - Graus, íd. 1911) Escritor y político español. Fue notario, profesor de la Institución Libre de Enseñanza, académico y uno de los impulsores del movimiento regeneracionista, que dio lugar en 1899 a la creación de la Unión Nacional; posteriormente se adhirió al republicanismo. Defendió la necesidad de una reforma y modernización de las estructuras agrarias, de la vida política y del sistema educativo. Publicó, entre otras obras, *Colectivismo agrario* (1898) y *Oligarquía y caciquismo* (1902).

Joaquín Costa. Cuadro de J. J. Gárate (Ateneo de Madrid).

Costa, Lúcio (Tolón, Francia 1902) Arquitecto y urbanista brasileño. Fue director de la Escuela de Bellas Artes de Rio de Janeiro, donde introdujo las nuevas técnicas y tendencias arquitectónicas. En sus proyectos se advierte la influencia de Le Corbusier. Trazó el plano general de Brasilia, la nueva capital brasileña (1956).

Costa Azul (*Côte d'Azur*) Zona de la costa mediterránea francesa comprendida entre Marsella y la frontera con Italia. Es una región turística de primer orden, cuyos principales núcleos son Montecarlo, Niza y Cannes.

Costa Blanca Zona de la costa mediterránea española entre la ciudad de Valencia y La Manga del Mar Menor, en Murcia. Tiene una gran importancia turística, con centros como Cullera, Denia, Benidorm, Guardamar y Torrevieja.

Costa Brava Zona de la costa mediterránea catalana, que comprende el litoral de la provincia de Girona. Es una de las principales regiones turísticas de España, con centros como Lloret de Mar, Tossa, Playa de Aro y Rosas.

Costa de Marfil (en fr. *Côte d' Ivoire*) Estado de África occidental.

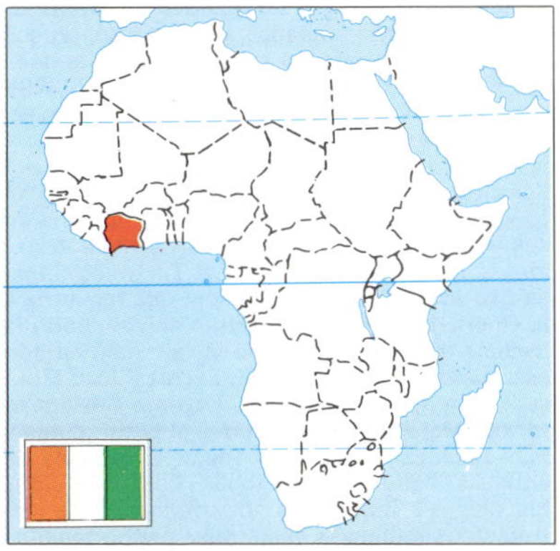

Extensión: 320.763 km^2.
Límites: al N, con Malí y Burkina Faso; al E, con Ghana; al S, con el océano Atlántico, y al O, con Liberia y Guinea.
Población: 12.657.000 h. en 1990.
Densidad: 39,5 h./km^2.
Capital: Abidjan.
División administrativa: 34 departamentos.
Ciudades principales: Bouaké, Yamoussoukro, Daloa, Man.
Gentilicio: marfileño.
Forma de Estado: república.
Idioma: francés y lenguas indígenas.
Religión: animismo, 43,8 %; cristianismo, 32 %; islamismo, 24 %.
Moneda: franco CFA.
Tasa de natalidad: 51 ‰ en 1990.
Tasa de mortalidad: 14 ‰ en 1990.
Renta per cápita: 790 dólares en 1989.

Geog. Su relieve está constituido por una gran meseta interior, con vegetación de sabana, y una franja litoral cubierta de selva ecuatorial. El clima es ecuatorial, con lluvias continuas y abundantes, sobre todo en la costa, aunque se va haciendo progresivamente más seco y tropical a medida que se avanza hacia el N, donde el relieve es más montañoso. La costa, rectilínea, presenta grandes playas. La vegetación es muy densa, tanto en el bosque ecuatorial como en la sabana arbolada. La población, formada por varios grupos étnicos de negros sudaneses, se reparte equilibradamente por el territorio, aunque las densidades bajan un poco en la sierra. Es uno de los países más prósperos del África negra. La agricultura se orienta mayoritariamente a la exportación y cuenta con grandes plantaciones de cacao (primer productor del mundo en 1988), tabaco, palma, café, piña, arroz, algodón, mandioca y maíz. Tiene también importancia la explotación forestal. La minería se centra en la explotación del manganeso, los diamantes y el oro. Las industrias principales son la textil y la de alimentación.

Costa de Marfil: vista de Man, ciudad situada en el oeste del país.

Hist. El N del territorio, poblado por las tribus senufa y malinke, quedó a partir del s. XVIII bajo la influencia de los diula mandinga, de religión musulmana, mientras que el S mantuvo una estructura tribal muy primitiva hasta tiempos recientes. Los primeros europeos que visitaron la región fueron los franceses y los portugueses. Francia colonizó el territorio a partir de 1842 y estableció el protectorado en 1899, tras derrotar al rey malinke Samory. En 1958 el país se convirtió en estado autónomo en el seno de la comunidad francesa y en 1960 obtuvo la independencia total. Fue elegido presidente Felix Houphouët-Boigny, creador del Partido Democrático y líder histórico de la lucha independentista. Houphouët-Boigny desarrolló desde su nombramiento una política de moderado nacionalismo, bajo la influencia francesa. A fines de la década de los ochenta la caída del precio del cacao en los mercados internacionales sumió al país en una grave crisis económica. En 1990 estallaron violentos conflictos sociales que obligaron a Houphouët-Boigny a anunciar la autorización del multipartidismo.

Costa del Sol Zona de la costa mediterránea del SE de España, que se extiende entre Motril (Granada) y Estepona (Málaga). Cuenta con centros turísticos de la importancia de Torremolinos, Marbella y Fuengirola.

Costa e Silva, Arturo da (Taquarí, Rio Grande do Sul 1902 - Rio de Janeiro 1969) Militar y político brasileño. Tomó parte en el golpe militar de 1964 y fue presidente de la república (1966-69).

Costa Rica Estado de América Central.

Extensión: 51.100 km^2.
Límites: al N, con Nicaragua; al E, con Panamá y el mar Caribe, y al S y al O, con el océano Pacífico.
Población: 3.015.000 h. en 1990.
Densidad: 59 h./km^2.
Capital: San José.
División administrativa: provincias de Alajuela, Cartago, Guanacaste, Heredia, Limón, Puntarenas, San José.
Ciudades principales: Limón, Alajuela, Puntarenas, Cartago.
Gentilicio: costarricense.
Forma de Estado: república.
Idioma: español.
Religión: catolicismo, 91 %.
Moneda: colón.
Tasa de natalidad: 29 ‰ en 1990.
Tasa de mortalidad: 4 ‰ en 1990.
Renta per cápita: 1.760 dólares en 1988.

Costa Rica: vista de la capital, San José.

Geog. física El relieve costarricense presenta grandes contrastes. Un sistema de cordilleras recorre el país de N a S: Guanacaste y Central, de origen volcánico, donde se alza el Irazú (3.432 m), y Talamanca, donde se alcanza la mayor altura en el Chirripó (3.819 m). En el N, entre las cadenas montañosas, está el altiplano de la Meseta Central, con una altura media de 1.000 m. La costa del Caribe es rectilínea, y la del Pacífico presenta las penínsulas de Nicoya y Osa. El clima es tropical húmedo, con una estación seca en invierno y una lluviosa en verano. La red hidrográfica está dividida en tres vertientes: la pacífica, con ríos cortos y torrenciales; la caribeña, con zonas pantanosas, y la del lago Nicaragua, con ríos también cortos que vienen de la sierra. La vegetación es de selva tropical.
Geog. humana y ***económica*** La población, que experimenta un crecimiento acelerado, dada la disminución espectacular de la mortalidad infantil y las altas tasas de natalidad, se concentra en torno a la capital y sus alrededores. La economía se basa en la agricultura de monocultivo para la exportación: café, plátanos, cacao, caña de azúcar, maíz y arroz. La industria, fundamentalmente manufacturera, se centra en la transformación de productos agrícolas: azúcar, aceite, etc. En torno a la capital existe una pequeña industria mecánica, farmacéutica y química, y en Limón una refinería de petróleo e industria tabaquera.
Hist. El territorio de la actual Costa Rica poseía en época precolombina una población indígena escasa y dispersa, cuyos principales grupos eran los talamancas, güetaros, chorotecas y borucas. El país fue descubierto por Colón en 1502 y su conquista se inició con las expediciones de Juan Carvallón Arboleda y Juan de Estrada Rábago, en 1560. Juan Vázquez de Coronado fue nombrado alcalde mayor de Costa Rica y Nueva Cartago por la audiencia de Guatemala y fundó en 1564 la ciudad de Cartago, que fue la capital hasta la independencia. Una vez realizada la conquista, Costa Rica se incorporó en 1569 como provincia a la capitanía general de Guatemala. La colonia tenía escasa población y ausencia de recursos mineros, por lo que no resultó muy rentable económicamente a la metrópoli, que además tuvo que hacer frente a numerosos ataques de piratas y de los indios misquitos. La introducción del cultivo del tabaco en el s. XVIII mejoró, sin embargo, la situación de la región. Costa Rica alcanzó la independencia en 1821, como parte de las Provincias Unidas de Centroamérica, y en 1838 su total independencia como país. A partir de entonces los conflictos políticos fueron escasos. Los dos principales partidos eran el Liberal y el Conservador. Desde mediados del s. XIX se apreció un cambio considerable en la economía: se realizaron importantes reformas en las comunicaciones y se crearon grandes campos de producción de café y plátanos, que pronto fueron controlados por las compañías estadounidenses, fusionadas posteriormente en la poderosa *United Fruit Company*. Desde que Ricardo Jiménez (1910-14) estableció el voto directo para la elección de presidente, Costa Rica ha vivido casi ininterrumpidamente bajo una serie de gobiernos constitucionales. La negativa del presidente Teodoro Picado a ceder el poder en 1948, por desacuerdo con el resultado electoral, provocó una guerra civil que se saldó con la creación de la segunda república, la supresión del ejército y la llegada a la presidencia del reformista José Figueres (1953-58 y 1970-74). Durante esta época los gobiernos han intentado impulsar la industrialización y profundizar la reforma agraria. Su desarrollo político y económico han concedido a Costa Rica un papel destacado en la crisis centroamericana, en la que ha defendido soluciones negociadas. En 1990, el socialcristiano Rafael Calderón Fournier sustituyó a Óscar Arias en la presidencia.
Arte De la época precolombina se conservan restos de tres culturas: la de la península de Nicoya, caracterizada por las grandes esculturas de formas humanas, talladas en un solo bloque de piedra, y la cerámica pintada de azul; la de la cuenca del río Diquis, con esculturas en piedra de grande y pequeño formato, estas últimas representando lagartos, y abundante orfebrería; y la de la Meseta Central, con cerámica realista policromada. En la época colonial no existió una producción artística importante y la mayoría de sus edificios han sido destruidos por los terremotos. En 1897 se construyó el Teatro Nacional en San José, edificio de mármol que recuerda a la Ópera de París. En el mismo año se fundó la Escuela de Bellas Artes, de la que han surgido escultores como Fadrique Gutiérrez y Juan Mora (s. XIX) y arquitectos como Eugenio Gordienko (s. XX). Merece también citarse al pintor cubista Max Jiménez. La música popular es la suma de antiguas culturas autóctonas con elementos hispánicos e influencias afroantillanas. Los instrumentos indígenas están muy perfeccionados desde el punto de vista acústico y pertenecen a la familia de la flauta, el tambor y la guitarra. Entre los compositores destacan Ismael Cardona (1877-1964) y Julio Fonseca (1885-1950).
Lit. Al igual que en otros países hispanoamericanos, en la segunda mitad del s. XIX impera la tradición en poesía, en la que destacan Aquileo J. Echevarría (*Romances*, 1903) y Lisímaco Chavarría, y el costumbrismo y realismo en la prosa, con autores como Manuel González Magón, Ricardo Fernández Guardia y Jenaro Cardona (*El primo*, 1905). El modernismo está representado por los poetas Roberto Brenes, Rafael Cardona y Julio Marchena y los prosistas Rafael Ángel Troyo y Luis Dobles Segreda (*Caña brava*, 1926). El naturalismo es cultivado en la narrativa por Joaquín García Monge, Carmen Lyra y Moisés Vicenzi. Otros narradores notables son José Marín Cañas (*Infierno verde*, 1935), Carlos Luis Fallas (*Mamita Yunai*, 1941), León Pacheco y otros.

costado *s. m.* **1.** Cada una de las dos partes laterales del cuerpo humano que están debajo de los brazos, entre el pecho y la espalda. **2.** P. ext., lado de una cosa. || **Loc. por los cuatro costados** *adv. fam.* Por todas partes, se mire por donde se mire.

Costa-Gavras, Constantinos (Lutra-Iraias, Grecia 1933) Director cinematográfico francés de origen griego. Se ha especializado en filmes de tema político, entre los que sobresalen *Z* (1969), *La confesión* (1970), *Estado de sitio* (1972), *Desaparecido* (1982) y *La caja de música* (1989).

costal *adj.* **1.** Perteneciente o relativo a las costillas. || *s. m.* **2.** Saco grande, generalmente de tela tosca.

costalada *s. f.* Golpe que uno recibe al caerse de lado o de espaldas.

costalazo *s. m.* Costalada*.

costalero *s. m.* Hombre de los que llevan a hombros los pasos de Semana Santa.

costanera *s. f. amer.* Paseo marítimo.

costanilla *s. f.* Calle estrecha y en cuesta.

costar *v. intr.* **1.** Valer una cosa cierta cantidad de dinero. **2.** Ocasionar o precisar una cosa trabajo, molestias, esfuerzos, perjuicios, etc. **3.** Llevar un trabajo o una ocupación cierto tiempo. ▪ Es v. irreg. Se conjuga como *contar.* || **Loc. costarle** a uno **caro** (o **cara**) una cosa *fam.* Acarrearle mucho daño o perjuicio.

costarricense o **costarriqueño, ña** *adj.* De Costa Rica. También *s.*

coste *s. m.* Gasto que ocasiona alguna cosa.

costear[1] (de *costar*) *v. tr.* Pagar o cubrir los gastos de alguien o algo. También *v. prnl.*

costear[2] (de *costa*[1]) *v. tr.* Ir un barco bordeando la costa.

costeño, ña *adj.* **1.** Costero, relativo a la costa. **2.** Natural de la costa de un país o región. También *s.*

costero, ra *adj.* **1.** Perteneciente o relativo a la costa. || *s. m.* **2.** Pieza de madera, casi toda corteza, de las que salen al serrar un tronco a lo largo. || *s. f.* **3.** Temporada de pesca de una especie.

Costero Catalán, sistema Conjunto de sierras que se extienden de NE a SO a lo largo del litoral catalán. Está formado por la cordillera Prelitoral, con las sierras de Montseny (Turó de l'Home, 1.712 m) y Montserrat, y la cordillera Litoral, separadas por una depresión de origen tectónico.

costilla *s. f.* **1.** Cada uno de los huesos largos y arqueados que salen de las vértebras dorsales y delimitan la caja torácica. En el hombre son doce pares; las siete primeras se llaman esternales o costillas verdaderas, porque se unen directamente al esternón por delante, y las cinco siguientes asternales o costillas falsas, por no unirse al esternón. Éstas pueden unirse a otra costilla anterior mediante cartílagos o tener, como los dos últimos pares, los extremos libres, por lo que se denominan costillas flotantes. **2.** Cada uno de estos huesos, con carne adherida, de las reses preparadas para el consumo. **3.** Nombre dado a algunos objetos de forma similar a la de estos huesos y que forman la estructura o armazón de alguna cosa, como p. ej. las cuadernas de un barco. **4.** *fam.* Esposa. || *pl.* **5.** *fam.* Espaldas. || **Loc. medir** a uno **las costillas** *fam.* Golpearle, pegarle.

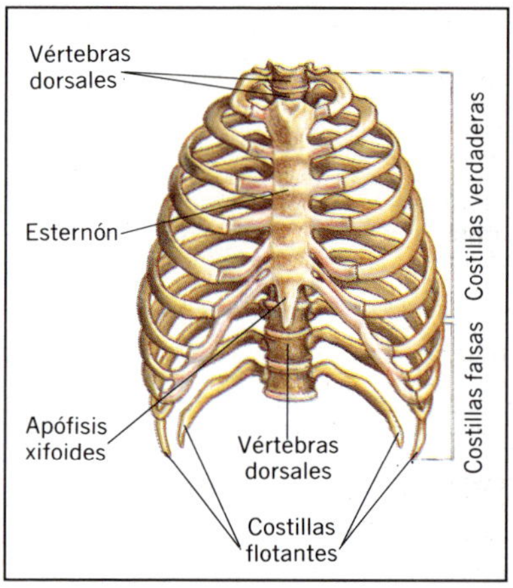

Caja torácica del hombre, formada por las costillas, las vértebras dorsales y el esternón.

costillar *s. m.* Conjunto de las costillas y parte del cuerpo donde se encuentran.

costipado, da *p. p.* de **costiparse**. Constipado*.

costiparse *v. tr.* Constiparse*.

costo *s. m.* **1.** Coste*. **2.** En argot, hachís.

costoso, sa *adj.* Que cuesta mucho dinero o mucho esfuerzo. **Fam.** Costosamente.

costra *s. f.* **1.** Capa exterior que se forma al endurecerse alguna cosa húmeda o blanda. **2.** Placa dura que se forma en las heridas al secarse. **Fam.** Costroso.

costumbre *s. f.* **1.** Forma de conducta estable que se adquiere por la repetición de los mismos actos o por tradición. **2.** Habilidad para una determinada actividad que se adquiere con la práctica. || **Loc. de costumbre** *adj.* y *adv.* Usual, ordinario; normalmente.

costumbrismo *s. m.* En literatura y pintura, atención especial que se dedica a la descripción de las costumbres típicas de un lugar, región o país y, también, estilo artístico que cultiva primordialmente este aspecto. **Fam.** Costumbrista.

costura *s. f.* **1.** Acción y efecto de coser. **2.** Labor que se está cosiendo. **3.** Serie de puntadas que unen dos piezas de tejido. **4.** Técnica y actividad de la confección de ropa. || **5. alta costura** La de los grandes modistos y modistas que crean modelos originales.

costurar *v. tr. amer.* Coser*.

costurera *s. f.* Mujer que tiene como oficio la costura.

costurero *s. m.* **1.** Pequeño mueble, caja, cestillo, etc., donde se guardan los útiles de coser. **2.** Cuarto de costura.

costurón *s. m.* **1.** Costura mal hecha. **2.** Cicatriz o señal muy visible de una herida.

cota[1] (del lat. *quota*) *s. f.* **1.** Número que señala en los mapas las alturas sobre el nivel del mar u otro plano de nivel. **2.** Esta misma altura. **3.** Importancia, categoría, valor.

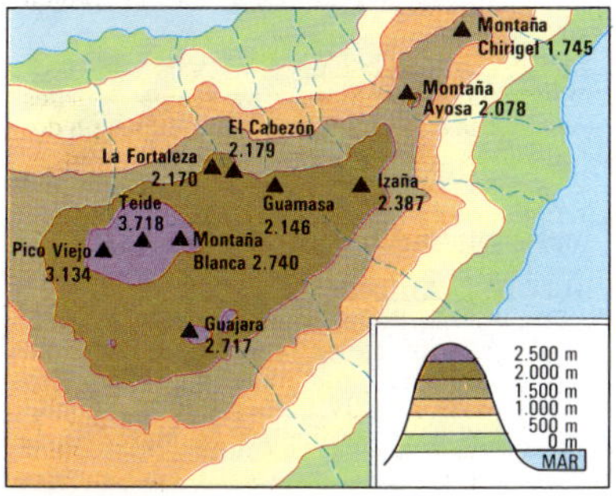

Cotas de la cordillera Dorsal y del Teide, en la isla de Tenerife.

cota[2] (del germ. *kotta*, paño basto de lana) *s. f.* Antigua armadura para proteger el cuerpo, hecha de malla de hierro o de cuero guarnecido con clavos.

Cota, Rodrigo (segunda mitad del s. XV) Poeta español. Se tienen pocas noticias de su vida, aunque se sabe que era un judío converso que residió en Toledo. Su obra maestra es *Diálogo entre el amor y un viejo*, compuesta por setenta estrofas de nueve versos.

cotangente *s. f.* Función recíproca o inversa de la función tangente. Referida, por ejemplo, al ángulo α, $\text{cotg}\,(\alpha) = \dfrac{1}{\text{tg}\,(\alpha)}$.

cotarro *s. m.* **1.** Antiguamente, albergue nocturno para vagabundos y peregrinos. **2.** *fam.* Grupo de personas inquieto, agitado. **3.** *fam.* Ambiente, círculo. **4.** *fam.* Asunto, actividad, negocio.

cotejar *v. tr.* Comparar una cosa con otra u otras. **FAM.** Cotejable.

cotejo *s. m.* Acción y efecto de cotejar.

cotelé *s. m. Chile.* Pana*.

cotidiano, na *adj.* Que sucede o se hace diariamente, cada día.

cotiledón *s. m.* Primera o cada una de las primeras hojas que se forman en torno al embrión de las plantas espermafitas o fanerógamas, al que suministran alimento. Por el número de cotiledones, las angiospermas se dividen en monocotiledóneas (un solo cotiledón) y dicotiledóneas (dos cotiledones).

Cotiledones y primeras hojas en la planta de la judía.

cotiledóneo, a *adj.* Se aplica a las plantas que poseen uno o más cotiledones. También *s. f.*

cotilla *s. m.* y *f. fam.* Persona aficionada a cotillear, chismoso.

cotillear *v. intr.* **1.** Chismorrear, andar con chismes y cuentos. **2.** Curiosear. También *v. tr.* **FAM.** Cotilleo.

cotillo *s. m.* **1.** En el martillo e instrumentos semejantes, parte con que se golpea. **2.** En algunos instrumentos cortantes, como el hacha, la azada, etc., parte opuesta al filo.

cotillón *s. m.* Baile y fiesta con que se celebra algún día señalado, especialmente el de fin de año.

cotización *s. f.* Acción y efecto de cotizar, especialmente precio que cada día tienen en la bolsa las acciones y demás valores.

cotizar *v. tr.* **1.** Pagar una cuota o parte correspondiente de gastos colectivos, contribuciones, etc. También *v. intr.* **2.** Publicar en la bolsa el precio de las acciones y valores. **3.** Valorar, estimar. ‖ *v. intr.* **4.** Alcanzar acciones o valores determinado precio en bolsa; también, entrar dichas acciones o valores en el mercado bursátil. ■ Se conjuga como *cazar.*

coto[1] (del lat. *cautus*, asegurado) *s. m.* Terreno reservado para un uso determinado, generalmente para la caza y la pesca, o para la protección de ecosistemas y especies animales y vegetales. ‖ **LOC. poner coto** Impedir que continúe un desorden, un abuso, etc.

coto[2] (voz quechua) *s. m. Amér. del S.* Papera, bocio.

cotona *s. f.* **1.** *amer.* Camiseta gruesa de algodón. **2.** *amer.* Chaqueta de gamuza o de otro tejido, según los países.

Cotonou C. de Benin, situada en la costa al O de la capital, Porto-Novo. 478.000 h. en 1984. Es un importante centro portuario, que posee industria alimentaria, textil, mecánica, cementera y del calzado.

El volcán Cotopaxi.

Cotopaxi **1.** Volcán de Ecuador, en la Sierra Real, cordillera de los Andes, de 5.987 m de altura. Se encuentra actualmente en actividad. **2.** Prov. de Ecuador, situada en el sector central del país. 5.100 km^2. 327.800 h. en 1989. La capital es Latacunga, con 26.782 h. en 1990. Tiene cultivos de cereales, maíz, patatas, legumbres, café y caña de azúcar; ganadería de ovejas, llamas y alpacas; y minería de cobre, plata, oro, caolín y yeso.

cotorra *s. f.* **1.** Nombre común de diversas aves psitaciformes de la familia psitácidos, géneros *Amazona, Psittacula, Chrysotis* y *Myiopsitta*, entre otros. Son aves prensoras, de cabeza grande, pico fuerte y ganchudo, con alas y cola largas y de diversos colores, entre los que domina el verde. Numerosas especies habitan en la América tropical. **2.** *fam.* Persona muy habladora e indiscreta.

cotorrear *v. intr.* Hablar con exceso, sin decir nada importante. **FAM.** Cotorreo.

Cottbus C. de Alemania, situada en el Land de Brandeburgo, a orillas del río Spree. 128.600 h. en 1989. Es un importante centro comercial y nudo de comunicaciones, que posee industria alimentaria, textil y de construcciones mecánicas y eléctricas.

Cotten, Joseph (Petersburg, Virginia 1905) Actor cinematográfico estadounidense. Tras destacar como intérprete teatral, fue incorporado al cine por Orson Welles en *Ciudadano Kane* (1941). Otros filmes suyos importantes son *El cuarto mandamiento* (*The Magnificent Ambersons*, 1942), *Estambul* (*Journey into Fear*,1942), *La sombra de una duda* (1943), *Duelo al sol* (1946), *El tercer hombre* (1949) y *Niágara* (1953).

Cotton, Aimé-Auguste (Bourg-en-Bresse 1869 - Sèvres 1951) Físico francés. Realizó estudios sobre magnetismo e ideó la balanza de su nombre, instrumento para la medición de la intensidad de un campo magnético. En colaboración con Mouton, inventó un ultramicroscopio e investigó la birrefringencia en líquidos sometidos a la acción de campos magnéticos.

cotufa *s. f.* **1.** Chufa. **2.** Palomita de maíz.

coturno *s. m.* **1.** Calzado que usaban los griegos y los romanos, que cubría el pie y la pierna hasta la pantorrilla. **2.** Calzado de suela muy gruesa que, para parecer más altos, empleaban los actores en el teatro grecorromano. ‖ **LOC. de alto coturno** *adj.* De categoría elevada.

Coty, René (Le Havre 1882 - íd. 1962) Político francés. Elegido presidente de la República (1953), tras la crisis de Argelia nombró primer ministro al general Charles de Gaulle (1958) y al año siguiente le traspasó los poderes presidenciales.

Coubertin, Pierre, barón de (París 1863 - Ginebra 1937) Pedagogo y deportista francés. Creó los Juegos Olímpicos modernos, que se celebraron por primera vez en Atenas en 1896, convencido de que este tipo de competiciones deportivas entre atletas aficionados reducirían las tensiones mundiales. Fue también partidario de la introducción del deporte en la escuela.

Coulomb, Charles-Augustin de (Angulema 1736 - París 1806) Físico francés. Tras estudiar el comportamiento de las cargas eléctricas mediante una balanza de torsión que él mismo diseñó, enunció la ley que desde entonces se conoce como **ley de Coulomb** y que establece que dos cargas se atraen si son de distinto signo, o se repelen si son del mismo, con una fuerza directamente proporcional al producto de su carga eléctrica e inversamente proporcional al cuadrado de la distancia que las separa.

country (voz ingl. que significa 'campo') *s. m.* Música folclórica del SE y O de EE UU, denominada también *música vaquera*, que se caracteriza por sus formas simples y melódicas. Entre sus intérpretes destacan Johnny Cash, Carl Perkins, Dolly Parton, etc.

Couperin, François (París 1668 - íd 1733) Compositor, organista y clavecinista francés, llamado *el Grande*, para distinguirlo de otro familiar también músico. Maestro del clavecín, compuso 240 piezas para este instrumento, agrupadas en cuatro libros (1713-30). Es autor de *El arte de tocar el clavecín* (1716).

Diversas especies de cotorras: 1. Cotorra común (Myopsitta monacha). *2. Cotorrita del Himalaya* (Psittacula himalayana). *3. Cotorrita de Kramer* (Psittacula krameri). *4. Cotorra de Carolina* (Conuropsis carolinensis). *5. Cotorra dorada* (Aratinga guarouba).

Gustave Courbet: Entierro en Ornans *(Museo del Louvre, París).*

Courbet, Gustave (Ornans 1819 - La Tour-de-Peilz, Suiza 1877) Pintor francés. Principal representante del realismo del s. XIX, plasmó en sus paisajes, retratos y escenas cotidianas su interés por lo popular, con técnicas de color y composición que debían mucho a la tradición barroca. Entre sus obras destacan *¡Buenos días, señor Courbet!* (1854) y *El estudio del artista* (1855).

Cournand, André Fréderic (París 1895 - Great Barrington 1988) Fisiólogo francés, nacionalizado estadounidense en 1941. Destacado por sus trabajos sobre el cateterismo cardiaco, obtuvo el premio Nobel de medicina (1956), compartido con Werner Forssmann y Dickinson Woodrup Richards.

Cournot, Antoine-Augustin (Gray 1801 - París 1877) Economista, matemático y filósofo francés. Realizó aportaciones fundamentales al desarrollo de la teoría económica, especialmente en el estudio del precio, del costo, del monopolio y del duopolio.

Courrèges, André (Pau 1923) Modisto francés. Han sido muy celebradas sus colecciones de *prêt-à-porter* de aire juvenil y deportivo, así como su línea de perfumes.

Cousteau, Jacques-Yves (Saint-André-de-Cubzac 1910) Marino y explorador francés. Inventor de la escafandra autónoma y de un procedimiento para realizar filmaciones de televisión bajo el agua, es autor de numerosos libros y películas sobre sus expediciones, como los filmes *El mundo del silencio* (1956) y *El hombre y el mar* (1969). Fue nombrado director del Museo Oceanográfico de Mónaco en 1957.

covacha *s. f.* **1.** Cueva pequeña. **2.** Vivienda o habitación pobre e incómoda.

Covadonga Sierra de España, en los Picos de Europa, prov. de Asturias. Su máxima altura es la Peña Santa de Castilla (2.596 m). En ella, hacia el 722, los asturianos, mandados por Pelayo, derrotaron al ejército musulmán de Alqama. Tradicionalmente se ha considerado esta victoria el inicio de la Reconquista. Es parque nacional. La basílica de Santa María la Real de Covadonga fue construida en estilo neogótico a fines del s. XIX.

covalencia *s. f.* Enlace químico entre dos átomos en el que comparten pares de electrones.

covalente *adj.* Relativo al enlace de covalencia o a los compuestos unidos por el mismo.

covariación *s. f.* Relación entre dos fenómenos o variables que tienden a variar interrelacionadamente. Cuando los cambios se producen en el mismo sentido en ambas variables, la covariación es positiva; cuando las modificaciones se experimentan en sentido contrario, la covariación es negativa.

Covarrubias, Alonso de (Torrijos, Toledo 1488 - Toledo 1570) Arquitecto español. Su obra evolucionó del estilo plateresco (retablo de Santa Librada en la catedral de Sigüenza, patio del hospital de Santa Cruz en Toledo y fachada, escalera y patio del palacio arzobispal de Alcalá de Henares) a otro más sobrio y clasicista (alcázar, hospital Tavera y puerta nueva de Bisagra, los tres en Toledo).

Covarrubias, Sebastián de (Toledo 1539 - Cuenca 1613) Gramático español. Fue canónigo de Cuenca, capellán de Felipe III y consultor del Santo Oficio. Profundo conocedor de la cultura clásica, su obra más importante es el *Tesoro de la lengua castellana o española* (1611), primer gran diccionario del español.

Coventry C. del Reino Unido, situada en el condado inglés de Westmidlands, al E de Birmingham. 322.600 h. en 1982. Centro del comercio de la lana durante la Edad Media, en la actualidad es un importante núcleo comercial y de la industria automovilística, aeronáutica, de maquinaria y textil. Fue arrasada por la aviación alemana durante la Segunda Guerra Mundial.

Coward, Noel (Teddington 1899 - Port Maria, Jamaica 1973) Comediógrafo y actor teatral y cinematográfico británico. Alcanzó la fama con brillantes comedias, como *El torbellino* (1924), *Ángeles caídos* (1925), *Agridulce* (1929), *Vidas privadas* (1930) y *Un espíritu burlón* (1941).

cowboy (voz ingl.) *s. m.* Vaquero en los ranchos del O. de EE UU.

Cowell, Henry Dixon (Menlo Park, California 1897 - Nueva York 1962) Compositor y pianista estadounidense. Músico experimental, ideó el *clusters* o racimos de notas que, por la proximidad de las mismas y por ser ejecutadas simultáneamente, dan la sensación de un gran ruido. Inventó el *rhytmicon* (1930), instrumento-teclado, que produce toda clase de combinaciones rítmicas. Es autor de más de 700 composiciones, entre ellas 21 sinfonías, conciertos y una ópera inacabada, *O'Higgins de Chile* (1950).

coxal *adj.* Perteneciente o relativo a la cadera.

coxis *s. m.* Hueso que constituye la última sección de la columna vertebral. Formado por la unión de cuatro o cinco vértebras rudimentarias, está articulado con el sacro y es propio del hombre y los monos antropoides, que carecen de cola. Se dice también *cóccix.*

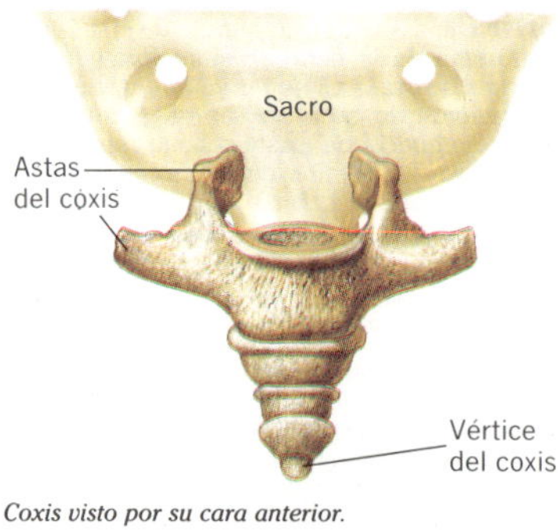

Coxis visto por su cara anterior.

coyote *s. m.* Mamífero carnívoro de la familia cánidos, especie *Canis latrans.* Parecido al lobo, pero de menor tamaño, mide 140 cm de longitud y 50 de altura, y presenta pelaje negro-parduzco y amarillento. Es un depredador que se alimenta de pequeños roedores, a los que caza gracias a su gran velocidad (hasta 64 km/h), y de carroña. Habita en las praderas de América del Norte y Central, en solitario o formando manadas. Tambien es llamado *lobo de las praderas.*

Coyote (Canis latraus).

Coysevox, Antoine (Lyon 1640 - París 1726) Escultor francés. Retratista de Luis XIV y su corte, trabajó intensamente en Versalles. De estilo barroco, se conservan gran número de bustos, entre ellos los de Luis XIV, Colbert y el Gran Condé, y esculturas para las tumbas de Mazarino, Le Brun y Colbert.

coyunda *s. f.* **1.** Correa o soga para atar los bueyes al yugo. **2.** Unión conyugal. **3.** Sujeción, dependencia, dominio.

coyuntura *s. f.* **1.** Conjunto de elementos y circunstancias que configuran una situación determinada, generalmente en el ámbito político, económico, social, etc. También, esa situación. **2.** Ocasión favorable para algo. **3.** Articulación, unión móvil de un hueso con otro.

coyuntural *adj.* Que depende de la coyuntura o circunstancia.

coz *s. f.* **1.** Sacudida hacia atrás de una caballería con cualquiera de sus patas y golpe que propina. **2.** *fam.* Patada que da una persona. **3.** *fam.* Retroceso del arma de fuego al dispararla. **4.** *fam.* Dicho o hecho injurioso o grosero.

Cr Símbolo químico del cromo.

crac *s. m.* **1.** Desastre financiero. Se comenzó a usar a raíz de la crisis de la bolsa de Nueva York en octubre de 1929. **2.** P. ext., caída brusca en la actividad, vitalidad, etc., de alguien.

-cracia *suf.* Significa 'dominio, gobierno, poder': *aristocracia, democracia.*

crack (voz ingl.) *s. m.* **1.** Tipo de droga compuesta principalmente por cocaína. **2.** En fútbol, jugador de extraordinaria calidad.

cracking (voz ingl.) *s. m.* Craqueo*.

Cracovia C. de Polonia, situada en el S del país, a orillas del río Vístula. 743.700 h. en 1989. Es un importante centro cultural y comercial, junto al cual se ha creado el núcleo satélite de Nowa Huta, de marcado carácter industrial. Fue capital de Polonia de 1320 a 1595 y república independiente de 1815 a 1848.

Craiova C. de Rumania, situada en el SO del país, a orillas del río Jiu. 281.050 h. en 1986. Es un centro administrativo, comercial y cultural, que posee industria de construcciones mecánicas, química y de electrodomésticos.

Cramer, Gabriel (Ginebra 1704 - Bagnols 1752) Matemático suizo. Escribió una memoria sobre los motivos de la inclinación de las órbitas planetarias, que presentó en la Academia de Ciencias de París (1731). Su libro fundamental es *Introducción al análisis de las curvas algebraicas* (1750), tratado de geometría analítica.

crampón *s. m.* **1.** Clavija de gran tamaño que se utiliza en alpinismo. **2.** Pieza metálica que se fija a la suela del calzado para no resbalar sobre el hielo o la nieve.

Cranach, Lucas, llamado **el Viejo** (Kronach 1472 - Weimar 1553) Pintor y grabador alemán. Partidario de la Reforma, ilustró la *Biblia* de Lutero. Realizó magníficos retratos de éste y de Melanchthon, así como de los príncipes electores de Sajonia, de los que era pintor de cámara. Su estilo se caracteriza por la riqueza del dibujo y la valoración del paisaje. Es de destacar también la serena belleza de sus desnudos.

Crane, Stephen (Newark, New Jersey 1873 - Badenweiler, Alemania 1900) Escritor y periodista estadounidense. Es autor de novelas y cuentos en los que se describe con realismo y gran fuerza expresiva ambientes y sentimientos. Entre sus principales obras figuran las novelas *Maggie, una chica del arroyo* (1893) y *La roja insignia del valor* (1894).

craneal o **craneano, na** *adj.* Perteneciente o relativo al cráneo.

cráneo *s. m.* Caja ósea que contiene el encéfalo y lo protege. Forma la parte superior y posterior de la cabeza y está compuesto por ocho huesos: un frontal, dos parietales, dos temporales, un occipital, un etmoides y un esfenoides, articulados entre sí por medio de suturas. ‖ LOC. **ir uno de cráneo** *fam.* Tener dificultades o muy pocas posibilidades de conseguir algo.

craneometría *s. f.* Disciplina de la antropobiología que se ocupa del estudio de las medidas del cráneo.

Cranmer, Thomas (Aslacton 1489 - Oxford 1556) Eclesiástico inglés y mártir protestante. Arzobispo de Canterbury, promovió la Reforma y fue el verdadero creador de la Iglesia nacional de Inglaterra. A él se debe en gran parte el *Libro de oraciones.* Fue condenado a la hoguera en el reinado de la católica María Tudor.

crápula *s. m.* **1.** Hombre de vida viciosa o deshonesta. ‖ *s. f.* **2.** Esta clase de vida. FAM. Crapuloso.

craqueo *s. m.* Proceso químico industrial mediante el cual se someten a temperaturas y presiones elevadas los productos de moléculas largas derivados del petróleo para, por rompimiento, obtener otros más ligeros que se pueden mezclar con gasolinas.

craso, sa *adj.* **1.** Gordo, grueso o espeso. **2.** Aplicado a palabras como *error, ignorancia, disparate* y otras semejantes, grande, burdo.

Craso, Marco Licinio (? h. 115 - 53 a. C.) Político y hombre de negocios romano. Logró acumular una de las mayores fortunas de Roma. Apoyó a Sila durante la guerra civil con Mario y acabó con la sublevación de Espartaco. Con César y Pompeyo constituyó el primer triunvirato (60 a. C.). Siendo cónsul de Siria, se enfrentó a los partos, pero fue derrotado en la batalla de Carrae y muerto al poco tiempo mientras negociaba con el jefe parto.

crasuláceas *s. f. pl.* Familia de plantas herbáceas del orden rosales, que comprende unas 1.300 especies de los géneros *Crassula, Sempervivum, Sedum, Echeveria* y otros. Tienen tallo y hojas carnosos y flores en inflorescencias agrupadas en cimas. Crecen en regiones cálidas y templadas. Crasuláceas son la siempreviva, la uña de gato, etc. También *adj.* y *s. f.*

cráter *s. m.* **1.** Depresión, generalmente en forma de embudo, situada en la parte superior o en los laterales de los volcanes, así como la abertura por donde éstos expulsan lava y gases al exterior durante las erupciones. **2.** Hundimiento o cavidad de tamaño muy variable (desde pocos metros a 100 km de diámetro) que aparece en la superficie de la Luna y de la Tierra, causado normalmente por el impacto de algún meteorito.

cratera o **crátera** *s. f.* Vaso grande y de boca ancha, donde griegos y romanos mezclaban el vino y el agua antes de servirlo en copas.

Crawford, Joan (San Antonio, Texas 1904 - Nueva York 1977) Actriz de cine estadounidense. Tras encarnar durante los últimos años veinte el prototipo de la joven frívola y emancipada de la era del charlestón, en comedias como *Vírgenes modernas* (*Our Dancing Daughters*, 1928), se convirtió en una de las más versátiles y duraderas estrellas de Hollywood, dueña de una fuerte personalidad y un gran talento dramático. Entre sus películas destacan *Gran Hotel* (1932), *La mujer* (1939), *Alma en suplicio* (*Mildred Pierce*, 1945), *Johnny Guitar* (1954) y *¿Qué fue de Baby Jane?* (1962).

crawl (voz ingl.) *s. m.* Crol*.

Craxi, Bettino (Milán 1934) Político italiano. Secretario general del Partido Socialista desde 1976, fue jefe de gobierno (1983-87), gracias a un pacto con los demócratacristianos, socialdemócratas, liberales y republicanos.

creación *s. f.* **1.** Acción y efecto de crear o de producir algo. **2.** Acto de crear Dios todas las cosas de la nada y, p. ext., esa obra por Él creada.

creacionismo *s. m.* **1.** Movimiento literario de vanguardia, heredero del ultraísmo, que apareció en 1916 en Francia con Pierre Reverdy y en Hispanoamérica con Vicente Huidobro, quien lo introdujo en España. Su objetivo era crear una poesía abstracta, en la que las palabras no se valoraran por su significado, sino por su capacidad para reflejar la belleza y sugerir imágenes. Influyó en autores como Gerardo Diego y Juan Larrea. **2.** Doctrina que mantiene que el mundo ha sido creado por Dios de la nada. **3.** Doctrina según la cual las almas son creadas directamente por Dios. FAM. Creacionista.

creador, ra *adj.* **1.** Que crea. También *s.* ‖ *s. m.* **2.** Por antonomasia, Dios. ■ En esta acepción suele escribirse con mayúscula.

crear *v. tr.* **1.** Sacar o hacer algo de la nada. **2.** Hacer que empiece a existir algo. **3.** Producir una obra artística, literaria o científica. **4.** Establecer un nuevo empleo, cargo, función, etc. **5.** Tratándose de dignidades elevadas, designar, elegir. **6.** Representar de forma extraordinaria y con personalidad un personaje en la escena. ‖ *v. prnl.* **7.** Imaginarse, idear.

creatividad *s. f.* **1.** Capacidad de crear, particularmente la que hace que una persona sea capaz de imaginar, idear y hacer cosas originales y artísticas. **2.** Cualidad de creativo.

creativo, va *adj.* **1.** Que posee capacidad de creación e inventiva. **2.** Que estimula o implica esta capacidad. ‖ *s. m.* y *f.* **3.** En agencias de publicidad y otras empresas, persona que idea los anuncios, campañas de promoción, etc.

crecedero, ra *adj.* Que puede crecer o hacerse más grande; se dice especialmente de la ropa de niño que se hace o compra grande para que le pueda servir cuando crezca.

crecepelo *s. m.* Sustancia empleada para hacer crecer el pelo.

crecer *v. intr.* **1.** Aumentar de tamaño, especialmente en altura, los seres vivos. **2.** Aumentar algo en tamaño, volumen, cantidad, importancia, etc. **3.** Darse algo, especialmente una planta, en determinado lugar o ambiente. **4.** Aumentar la parte visible de la Luna. **5.** Añadir gradualmente puntos en una labor de punto o de ganchillo. ‖ *v. prnl.* **6.** Adquirir más seguridad en sí mismo, más atrevimiento, mayor aptitud en una actividad, etc. ■ Es v. irreg. Se conjuga como *agradecer.*

creces *s. f. pl.* Aumento, exceso. Se usa casi exclusivamente en la loc. adv. **con creces**, sobradamente, más de lo necesario o suficiente.

crecida *s. f.* Aumento del caudal de un río debido a las lluvias o al deshielo.

crecido, da **1.** *p. p.* de **crecer**. También *adj.* ‖ *adj.* **2.** Grande, numeroso. ‖ *s. m. pl.* **3.** Puntos que se aumentan en una labor de punto o de ganchillo.

creciente *adj.* **1.** Que crece o aumenta. **2.** Aplicado a las fases de la Luna, la intermedia entre la Luna nueva y la Luna llena. ‖ *s. f.* **3.** Subida del agua del mar por efecto de la marea. ‖ **4. función creciente** En mat., se dice de una función $f(x)$ en la que se cumple que, a incrementos de x, se producen incrementos de la función. **5. sucesión creciente** En mat., sucesión que verifica que cada término es mayor o igual que el anterior.

crecimiento *s. m.* **1.** Acción y efecto de crecer. **2.** Particularmente, aumento de tamaño de un organismo, que puede deberse al aumento del número de sus células por división celular o al engrosamiento de cada una de ellas por introducción o síntesis de sustancias en su protoplasma. ‖ **3. crecimiento demográfico** En geog., variación del total de población durante un periodo de tiempo determinado teniendo en cuenta los nacimientos, las defunciones y las migraciones. **4. crecimiento económico** Incremento del producto nacional bruto (PNB) de un país o países, lo que supone un aumento del nivel de vida y del poder adquisitivo de la población. **5. crecimiento natural** En geog., diferencia entre el número de nacidos y el de fallecidos en una región o país durante un determinado periodo de tiempo. Se denomina también *crecimiento vegetativo.*

credencial *adj.* **1.** Que acredita. ‖ *s. f.* **2.** Documento en el que consta el nombramiento de un funcionario para que éste pueda tomar posesión de su cargo.

credibilidad *s. f.* Cualidad de creíble.

crediticio, cia *adj.* Perteneciente o relativo al crédito público o privado.

crédito *s. m.* **1.** Préstamo, dinero que se pide prestado a un banco o a una entidad similar. **2.** Posibilidad que se tiene para obtener dinero prestado. **3.** Deuda que alguien tiene derecho a cobrar. **4.** Aceptación de algo como cierto o verdadero. **5.** Prestigio, buena fama. **6.** En la enseñanza media y superior, unidad organizativa y de evaluación del progreso escolar; la adquisición de un número determinado de créditos faculta al alumno para acceder a un nivel académico superior. ‖ *s. m. pl.* **7.** Relación de personas y entidades que han intervenido en la realización de un filme cinematográfico, disco fonográfico, libro, etc., y que figura en los mismos. ‖ LOC. **a crédito** *adj.* y *adv.* Fiado o a plazos, sin pagar inmediatamente. **dar crédito** Creer.

credo *s. m.* **1.** Oración que resume la fe cristiana y que comienza diciendo: *Creo en Dios Padre...* **2.** Conjunto de creencias o doctrinas religiosas, políticas, etc. ‖ LOC. **en un credo** *adv. fam.* En muy poco tiempo, rápidamente.

crédulo, la *adj.* Se aplica al que cree con mucha facilidad las cosas que se le dicen. También *s.* FAM. Crédulamente, cedulidad.

creencia *s. f.* **1.** Idea, por lo general firme, que alguien tiene sobre alguna cosa. **2.** Aquello en lo que uno cree. Referido a doctrinas religiosas o políticas, se usa mucho en *pl.*

creer *v. tr.* **1.** Aceptar como cierta alguna cosa. También *v. prnl.* **2.** Suponer una cosa, pensar que algo o alguien es de cierta manera. También *v. prnl.* ‖ *v. intr.* **3.** Tener alguien fe religiosa. También *v. intr.* **4.** Considerar que una cosa es buena, eficaz. ‖ LOC. **no (te) creas** Se emplea para reforzar una afirmación que no es evidente. **¡ya lo creo!** *excl.* Se usa para afirmar enérgicamente algo. ■ Es v. irreg. Se conjuga como *leer.*

creíble *adj.* Verosímil, que puede ser creído.

creído, da **1.** *p. p.* de **creer**. También *adj.* ‖ *adj.* **2.** Vanidoso, engreído. También *s.*

crema *s. f.* **1.** Pasta preparada básicamente con leche, huevos y azúcar y aromatizada con otros ingredientes, muy utilizada como relleno en pastelería. **2.** Nata de la leche. **3.** Especie de puré poco espeso de ciertos alimentos, como mariscos, verduras, etc. **4.** Licor espeso. **5.** Producto cosmético o medicamento de consistencia pastosa. **6.** Pasta elaborada con ceras para la limpieza y conservación del cuero o materiales similares, especialmente la de los zapatos. **7.** Lo mejor y más escogido de una sociedad. **8.** Color blanco amarillento.

cremación *s. f.* Acción y efecto de quemar, especialmente un cadáver.

cremallera *s. f.* **1.** Cierre de ciertas prendas de vestir, bolsas, etc., provisto de dos filas de dientes, por los que se desliza una corredera que los encaja. **2.** Barra dentada para engranar con un piñón y convertir así un movimiento circular en rectilíneo o viceversa. **3.** Raíl dentado que se coloca en algunas vías férreas, en tramos de mucha pendiente, y en el que engrana una rueda también dentada de la locomotora. ‖ *s. m.* **4.** P. ext., ferrocarril que usa este sistema.

crematístico, ca *adj.* **1.** Perteneciente o relativo a la crematística o al dinero. ‖ *s. f.* **2.** Economía política, conjunto de conocimientos sobre la producción y distribución de la riqueza. **3.** Cuestiones relacionadas con el dinero.

crematorio, ria *adj.* **1.** Perteneciente o relativo a la cremación de los cadáveres. ‖ *s. m.* **2.** Lugar para la incineración de los cadáveres. **3.** Lugar para la quema de las basuras.

Cremer, William Randal (Fareham 1838 - Londres 1908) Pacifista británico. Diputado del Partido Liberal, fundó la Unión Interparlamentaria y la Liga Internacional de Arbitraje. En 1903 obtuvo el premio Nobel de la paz.

cremería *s. f. Arg.* Lugar donde se preparan productos lácteos, como mantequilla, queso, etc.

Cremona C. de Italia, en la región de Lombardía, entre los ríos Po, Adda y Oglio. 75.550 h. en 1990. Es el centro de una rica región agrícola y posee industrias alimentarias, mecánicas, químicas y textiles. Es célebre como cuna de los constructores de violines Guarneri, los Malpighi y los Stradivarius. Entre sus monumentos destacan la catedral (iniciada en el s. XII), el palacio comunal (comenzado en el s. XIII) y diversas iglesias y palacios renacentistas.

cremoso, sa *adj.* **1.** Que tiene aspecto o características de crema. **2.** Que tiene mucha crema.

crencha *s. f.* **1.** Raya que divide el pelo en dos partes. **2.** Cada una de estas partes.

creosota *s. m.* Aceite espeso y viscoso obtenido del alquitrán de madera o de hulla, que se usa como desinfectante, para proteger la madera y en procesos metalúrgicos.

crepé *s. m.* **1.** Especie de caucho que se utiliza para usos industriales. **2.** Tejido con relieves, parecido al crespón. **3.** Postizo o relleno para dar más volumen al pelo.

crêpe (voz fr.) *s. f.* Torta muy delgada, hecha con harina, azúcar, huevos, leche o agua y alguna sustancia aromática, que se prepara a la plancha. A veces se sirve enrollada y con un relleno dulce o salado.

crepitar *v. intr.* Producir un ruido parecido al chisporroteo que hace la leña al arder. **FAM.** Crepitación, crepitante.

crepuscular *adj.* Perteneciente o relativo al crepúsculo.

crepúsculo *s. m.* **1.** Claridad que hay momentos antes de salir el sol, y especialmente después de ponerse; tiempo que dura esa claridad. **2.** Decadencia de una persona o una cosa.

crescendo (voz ital.) *s. m.* **1.** En mús., anotación en la partitura que indica que hay que ir aumentando gradualmente la intensidad de los sonidos. **2.** Este aumento.

creso *s. m.* Persona muy rica, por alusión a *Creso,* rey de Lidia, famoso por su riqueza.

Creso (s. VI a. C.) Rey de Lidia (h. 560 - 546 a. C.). Sometió a las ciudades del litoral egeo y fue un admirador de la cultura griega. Guerreó contra los persas y fue vencido en Sardes por Ciro, quien se apoderó del reino lidio. Fue famoso por su enorme riqueza.

crespo, pa *adj.* **1.** Aplicado al cabello, rizado. **2.** Se dice también de otras cosas de aspecto arrugado, como ciertas hojas.

Crespo, Joaquín (Parapara, Guárico 1841 - Mata Carmelera 1898) Militar y político venezolano. Participó en la Revolución Federal (1858-63) y fue gobernador del estado de Guárico (1869-74) y presidente de la república en dos periodos (1884-86 y 1892-98). Murió en la revuelta dirigida por el general José Manuel Hernández.

crespón *s. m.* **1.** Tela de seda con aspecto ondulado. **2.** Tira negra de tela u otro material que se emplea en señal de luto.

cresta *s. f.* **1.** Carnosidad roja que tienen sobre la cabeza algunas aves, como el gallo. **2.** Moño de plumas de ciertas aves. **3.** Saliente o protuberancia de algunos animales. **4.** Cumbre de una montaña cuando es muy accidentada. **5.** Cima de una ola coronada de espuma. **6.** En anat., parte más saliente de un hueso donde se insertan los músculos. **7.** En fís., punto de máxima elongación o amplitud del movimiento ondulatorio. Si se trata de ondas luminosas, punto de máxima intensidad luminosa. || **LOC. dar** a uno **en la cresta** *fam.* Humillarle, bajarle los humos.

crestería *s. f.* **1.** Remate calado que corona la parte superior de un edificio y que se usó mucho en los estilos gótico y renacentista. **2.** Conjunto de almenas o parte superior de las antiguas fortificaciones.

creta *s. f.* Roca caliza sedimentaria de origen orgánico, formada por restos de foraminíferos, moluscos, equinodermos, etc. Presenta color blanco, es muy blanda y se depositó durante el periodo cretácico, al que da nombre. Forma acantilados como los de Dover, en Inglaterra.

Creta 1. Isla griega situada en el Mediterráneo al SE de la Grecia continental. Tiene escasa vegetación debido a la sequedad del clima y a la extremada aridez del suelo, de naturaleza calcárea. Su relieve es montañoso y culmina en el monte Ida, de 2.456 m. Estuvo habitada desde el 7000 a. C. por pueblos venidos de Anatolia; hacia la mitad del 3000 a. C. fue foco de la civiliza-

Creta: Agios Nikolaos, uno de los numerosos puntos turísticos de la isla.

ción minoica, perteneciente a la edad del bronce. Alcanzó un gran desarrollo y una extraordinaria influencia política en la zona del Egeo, especialmente entre los s. XVII y XV a. C. Su capital era Cnosos y su poderío se basaba en el comercio y en la agricultura. Hacia 1400 a. C. se inició la decadencia, acelerada en el s. XI a. C. por la invasión doria, que acabó por ocupar sucesivamente toda la isla. Entró a formar parte del imperio griego, para pasar luego a poder de romanos, árabes, bizantinos, venecianos, egipcios y turcos, que la ocuparon en 1669. La isla permaneció nominalmente bajo la soberanía turca hasta unirse a Grecia en diciembre de 1913.
2. Región griega que ocupa la isla del mismo nombre. 8.336 km^2. 502.150 h. en 1981. La capital es Candia, con 110.950 h. en 1981. Tiene una economía esencialmente agraria, con cultivos mediterráneos de olivo, vid y frutales, y ganadería ovina y caprina. También destaca la actividad turística, favorecida por sus numerosos vestigios de la Edad Antigua.

cretácico, ca o **cretáceo, a** *adj.* **1.** Se dice del tercer y último periodo en que se divide la era mesozoica. Comenzó hace unos 135 millones de años y finalizó hace unos 65 millones. Durante su transcurso tuvo lugar la crisis del cretácico, que provocó la extinción de los grandes reptiles (especialmente los dinosaurios) en favor de los pequeños mamíferos y de las aves con pico, y el confinamiento de las coníferas a las zonas montañosas y frías. En él tuvieron lugar una transgresión y regresión marinas que dejaron gran acumulación de materiales, iniciándose la orogenia alpina. También *s. m.* **2.** Perteneciente o relativo a este periodo.

cretense *adj.* De Creta. También *s.*

cretinismo *s. m.* **1.** Enfermedad que se caracteriza por un retraso físico y mental debido a la falta o al mal funcionamiento de la glándula tiroides. **2.** Estupidez, falta de talento.

cretino, na *adj.* **1.** Que padece cretinismo. También *s.* **2.** Estúpido, necio. También *s.*

cretona *s. f.* Tela fuerte, generalmente de algodón, blanca o estampada.

Creus Cabo de España, situado en la prov. de Girona, al N del golfo de Rosas. Constituye el extremo oriental de la costa española.

Crevillente C. de España, en la prov. de Alicante, situada al SO de la capital. 22.450 h. en 1990. Es un centro agrícola, que posee además industrias textiles y del calzado.

creyente *adj.* Que cree; particularmente, que sigue una creencia o religión. También *s.*

cría *s. f.* **1.** Acción y efecto de criar a los hombres y a los animales. **2.** Animal recien nacido o salido del huevo o al que todavía están criando sus padres. **3.** Conjunto de animales nacidos de una vez.

criadero *s. m.* **1.** Lugar destinado a la cría de animales. **2.** Lugar a donde se trasplantan árboles o plantas para que se críen. **3.** Yacimiento, lugar donde abunda un mineral.

criadilla *s. f.* Testículo de algunos animales de matadero, que se consume como alimento.

criado, da 1. *p. p.* de **criar**. También *adj.* || *adj.* **2.** Con los adverbios *bien* o *mal,* se aplica a la persona de buena o mala educación. || *s. m.* y *f.* **3.** Persona empleada en trabajos domésticos mediante un salario.

criador, ra *s. m.* y *f.* **1.** Persona que se dedica a la cría de animales. **2.** Vinicultor. || *s. m.* **3.** Con mayúscula, Creador, Dios.

criandera *s. f. amer.* Nodriza, ama de cría.

crianza *s. f.* **1.** Acción y efecto de criar, en especial a los niños durante la lactancia. **2.** Época de lactancia. **3.** Con los adjetivos *buena* o *mala,* educación o descortesía.

criar *v. tr.* **1.** Amamantar las madres a sus hijos recién nacidos y las hembras de los animales a sus crías. También *v. prnl.* **2.** Prestar atención y cuidado a los niños, educarlos. También *v. prnl.* **3.** Cuidar, alimentar y hacer que se reproduzcan animales o plantas. También *v. prnl.* **4.** Tener crías un animal. **5.** Producir algo una cosa. **6.** Someter un vino, después de su fermentación, a determinados cuidados. || *v. prnl.* **7.** Desarrollarse, crecer. ■ En cuanto al acento, se conjuga como *ansiar. ansío.*

criatura *s. f.* **1.** Cualquiera de las cosas creadas, particularmente el ser humano. **2.** Niño de poca edad. **3.** Feto en el seno materno.

criba *s. f.* **1.** Instrumento de tela metálica o de un material agujereado, generalmente de forma circular, que, unido a un aro de metal, sirve para separar partes de distinto tamaño o lo útil del desperdicio, p. ej. el grano de la paja. **2.** Cualquiera de los aparatos que se emplean con este fin. **3.** Selección de lo bueno o importante. || **4. criba de Eratóstenes** En mat., procedimiento que permite obtener todos los números primos hasta un número dado. Para ello se escribe la lista hasta el número deseado y se van tachando los múltiplos de 2 excepto el 2, los múltiplos de 3 excepto el 3, los múltiplos de 5 excepto el 5, etc. Los números que quedan sin tachar son primos.

cribar *v. tr.* **1.** Separar con la criba partes de distinto tamaño o las impurezas de cualquier producto. **2.** Seleccionar. **FAM.** Cribado.

Crick, Francis Harry Compton (Northampton 1916) Biólogo inglés. En 1962 obtuvo el premio Nobel de medicina y fisiología, junto con J. D. Watson, por su modelo en doble hélice de la molécula de ADN. Posteriormente trabajó en el desciframiento del código genético.

Crimea 1. Península de Ucrania, en el mar Negro. Constituye el límite meridional del mar de Azov y se encuentra unida al continente por el istmo de Perekop.
2. Prov. de la república de Ucrania, situada en la península homónima. 27.000 km^2. 2.456.000 h. en 1989. La capital es Simferopol, con 344.000 h. en 1989, y otras ciudades importantes son Sebastopol y Yalta. Se cultivan en ella cereales, vid y tabaco y cuenta con ganadería, yacimientos de hierro y gas natural y una buena infraestructura turística. En 1992 su dominio fue disputado por Ucrania y Rusia.

Crimea, guerra de Conflicto armado que enfrentó entre 1853 y 1855 a Rusia con Turquía y sus aliados occidentales (Reino Unido, Francia y Piamonte), interesados en que el zar Nicolás II no ampliara su control sobre el imperio turco y el mar Negro. Los combates se concentraron en torno a la ciudad de Sebastopol y concluyeron con la derrota rusa y la paz de París (1856).

crimen *s. m.* **1.** Delito muy grave que consiste en matar, herir o causar grandes daños a otra persona. **2.** Cosa mal hecha o que de alguna manera es perjudicial.

criminal *adj.* **1.** Que constituye un crimen o una acción reprobable, aunque no esté penada por las leyes. **2.** Relacionado con los delitos y las penas. **3.** Se dice de la persona que ha cometido un crimen. También *s.*

criminalidad *s. f.* **1.** Cualidad o circunstancia que hace que una acción sea criminal. **2.** Grado en que lo es. **3.** Existencia de crímenes. **4.** Proporción numérica de los crímenes cometidos en un territorio y tiempo determinados.

criminalista *adj.* **1.** Especialista en derecho penal. También *s.* **2.** Se dice del estudio o tratado del crimen.

criminalmente *adv. m.* **1.** De manera criminal. **2.** Por vía o procedimiento judicial criminal.

criminología *s. f.* Ciencia que estudia el delito, sus causas y sus repercusiones. **FAM.** Criminológico.

crin *s. f.* Conjunto de los pelos que tienen los caballos y otros animales en la cola o en el cuello. Se usa más en *pl.*

crinoideos *s. m. pl.* Clase de equinodermos a la que pertenecen unas 630 especies vivientes de lirios de mar y comátulas. Son animales marinos caracterizados por poseer boca en posición superior, que permanecen fijos al fondo, aunque existen formas que, tras pasar por un estadio pedunculado, viven libres en estado adulto. Tienen un cuerpo en forma de cáliz y cinco apéndices radiales ramificados con cilios para la nutrición. También *adj.* y *s. m.*

crío, a *s. m.* y *f.* **1.** Niño o niña que se está criando o de corta edad. **2.** *fam.* Persona inmadura. También *adj.*

criogenia *s. f.* En fís., conjunto de técnicas para la obtención de bajas temperaturas.

criollismo *s. m.* **1.** Cualidad de criollo. **2.** Aprecio de lo criollo, tendencia a exaltarlo. **3.** Movimiento literario, enmarcado en el naturalismo latinoamericano, surgido a finales del s. XIX y principios del XX, que se caracteriza por el realismo en la descripción de la vida de indios, negros, gauchos, etc.

criollo, lla *adj.* **1.** Se dice del descendiente de europeos nacido en Iberoamérica. También *s.* **2.** De los países iberoamericanos.

crioscopia *s. f.* En fís., estudio del comportamiento de las soluciones y, en especial, del descenso del punto de fusión (descenso crioscópico) de los líquidos que contienen sustancias en disolución. En este descenso se fundamenta el uso de las mezclas frigoríficas y anticongelantes.

crioterapia *s. f.* Tratamiento curativo basado en el empleo de bajas temperaturas.

cripta *s. f.* **1.** Planta subterránea de una iglesia dedicada al culto. **2.** Lugar subterráneo en el que se enterraba a los muertos.

críptico, ca *adj.* Oscuro, enigmático, difícil de entender.

cripto- *pref.* Significa 'oculto': *criptografía.*

criptofobia *s. f.* Temor patológico a los espacios subterráneos.

criptógamas *s. f. pl.* Grupo de plantas que carecen de flores o cuyos órganos sexuales no son visibles a simple vista. En la sistemática moderna ya no se incluye este grupo como categoría taxonómica. También *adj.* y *s. f.*

criptografía *s. f.* Arte de escribir con clave secreta o de un modo enigmático.

criptograma *s. m.* Texto escrito en clave.

criptolalia *s. f.* Trastorno del lenguaje oral que se caracteriza por el empleo de un lenguaje incomprensible.

criptomnesia *s. f.* Trastorno de la memoria en el que el sujeto tiene el convencimiento de encontrarse ante una idea, vivencia o conceptos nuevos, cuando en realidad ya los ha experimentado anteriormente.

criptón *s. m.* Kr. Elemento químico perteneciente al grupo VIII A o grupo de los gases nobles del sistema periódico. Su número atómico es 36 y su masa atómica 83,8. Fue descubierto en 1898 por Ramsay y Travers en las últimas fracciones de la evaporación del aire líquido. Se encuentra en muy pequeña proporción en el aire. Es arreactivo y se emplea como relleno en los tubos de luz fluorescente y en los flashes fotográficos. ■ Se escribe también *kriptón.*

criptozoico, ca *adj.* **1.** Se aplica al eón o división de la historia de la Tierra comprendida entre el origen del planeta y la aparición de los primeros protozoos (proterozoico). Comenzó hace unos 4.700 millones de años y terminó hace alrededor de 1.900 millones. En este eón se produjo la formación de la litosfera, hidrosfera y atmósfera y el origen de la vida (se han encontrado bacterias fósiles de unos 3.100 millones de años de antigüedad). También *s. m.* **2.** Perteneciente o relativo a este eón.

críquet *s. m.* Juego de pelota de origen inglés, precedente del béisbol, que se practica con palas de madera. Se juega entre dos equipos de once jugadores, en un campo de 150 por 165 m, con una bola de 156 a 162 g. El objetivo de los jugadores es derribar los dos *wickets* (tres estacas sobre las que descansan dos travesaños) y completar el mayor número de vueltas al campo.

crisálida *s. f.* Etapa de cambios rápidos, llamada también *pupa* o *ninfa,* que transforman en adulto la larva de los insectos lepidópteros que sufren metamorfosis completa. También, p. ext., ese insecto durante el citado periodo.

crisantemo *s. m.* Nombre común de diversas plantas herbáceas o arbustivas de la familia compuestas, género *Chrysanthemum.* Tienen tallos herbáceos o semileñosos y hojas muy recortadas, de color blanco o blanquecino por el envés. Las flores se presentan en capítulos, solitarias o reunidas en corimbos. Son plantas ornamentales de jardín y florecen en otoño. Originarias de China, se introdujeron en Europa a finales del s. XVIII. Las especies más conocidas son el *Chrysanthemum coronarium* y el *Chrysanthemum corymbosum* o crisantemo de bosque.

crisis *s. f.* **1.** Manifestación aguda en el curso de una enfermedad, después de la cual se produce un claro empeoramiento o mejoría. **2.** Momento de cambios decisivos en cualquier proceso, asunto o situación, que origina inestabilidad o incertidumbre sobre el desarrollo posterior. **3.** P. ext., dificultad, problema, mala situación. **4.** Situación política de un país cuando dimiten algunos miembros del gobierno o cuando ha caído éste y aún no se ha nombrado otro nuevo. **5.** Caída o descenso de las magnitudes que determinan la actividad económica, como la inversión, el consumo, la creación de puestos de trabajo, etc.

crisma *s. amb.* **1.** Mezcla de aceite y bálsamo consagrados, que se emplea para las unciones en algunos sacramentos. ‖ *s. f.* **2.** *fam.* Cabeza.

crisma o **crismas** *s. m.* Tarjeta decorada que se usa para felicitar en Navidad.

crismón *s. m.* Monograma del nombre Cristo, formado por las letras griegas mayúsculas *X* y *P,* o *P* con las minúsculas α y ω.

crisoberilo *s. m.* (Be Al_2O_4). Mineral óxido de berilio y aluminio. Cristaliza en el sistema rómbico, presenta brillo vítreo y color verde. Es una piedra preciosa.

crisol *s. m.* **1.** Recipiente que se emplea en la industria metalúrgica para fundir diversos tipos de metales. **2.** Cavidad en la parte inferior de los hornos para recoger el metal fundido. **3.** En la linotipia, depósito para el plomo fundido. **4.** Prueba o circunstancias que purifican y afirman una virtud o un afecto.

crisomélidos *s. m. pl.* Familia de insectos coleópteros que comprende unas 25.000 especies de los géneros *Leptinotarsa, Donacia, Cassida,* etc. Son escarabajos de pequeño y mediano tamaño, colores vivos y muy vivaces. Su alimentación es fitófaga y algunas especies constituyen plagas para la agricultura, como el escarabajo de la patata *(Leptinotarsa decemlineata).* Otra especie notable es el *Leptinotarsa tenebricosa,* que exuda sangre por la boca cuando es perturbado. También son llamados *escarabajos de las hojas.* También *adj.* y *s. m.*

crispación *s. f.* Acción y efecto de crispar o crisparse.

crispar *v. tr.* **1.** Contraer de forma repentina y pasajera los músculos de una parte del cuerpo. También *v. prnl.* **2.** *fam.* Poner nervioso, irritar. También *v. prnl.* **FAM.** Crispamiento.

Crispi, Francesco (Ribera, Sicilia 1818 - Nápoles 1901) Político italiano. Colaborador de Garibaldi en la liberación de Sicilia, pasó de un republicanismo radical a declararse monárquico. Fue ministro del Interior (1877-78) y primer ministro (1887-91 y 1893-96). Pretendió convertir a Italia en una potencia imperialista y para ello se apoderó de Eritrea (1885) y Somalia (1889), pero fracasó en su intento de someter a Abisinia y, tras la derrota del ejército italiano en Adua (1896), tuvo que dimitir.

cristal *s. m.* **1.** Mineral de estructura interna ordenada, limitado por caras planas, de modo que tiene formas geométricas definidas, como, p. ej., la sal común, o sal gema, y el cuarzo. **2.** Vidrio transparente compuesto por sílice, óxido de plomo y potasa. **3.** Lámina de vidrio con que se cubre un hueco en ventanas, puertas, vitrinas, etc. ‖ **4. cristal de aumento** Lente, lupa. **5. cristal de roca** Cuarzo cristalizado, incoloro y transparente; se utiliza en óptica y como piedra preciosa. **6. cristal líquido** Sustancia líquida que tiene estructura cristalina. Posee propiedades ópticas y su estructura puede modificarse si se le aplican campos eléctricos o magnéticos o mediante variaciones de temperatura. Se emplea para fabricar pantallas de aparatos electrónicos digitales.

cristalera *s. f.* **1.** Cierre, ventanal o puerta de cristales. **2.** Armario con cristales.

cristalería *s. f.* **1.** Establecimiento donde se fabrican o venden objetos de cristal. **2.** Conjunto de objetos de cristal o vidrio. **3.** Juego de vasos, copas de distintos tamaños y jarras de vidrio o cristal para el servicio de mesa.

cristalero, ra *s. m.* y *f.* **1.** Persona que hace o vende cristales o vidrios. **2.** Persona que los coloca.

cristalino, na *adj.* **1.** De cristal. **2.** Parecido a él, sobre todo en la transparencia. ‖ *s. m.* **3.** Órgano transparente del ojo de los vertebrados y cefalópodos, situado detrás de la pupila. El cristalino es una lente biconvexa que divide al ojo en dos cámaras: la anterior, llena de humor acuoso, y la posterior, llena de humor vítreo. Su elasticidad le permite cambiar de forma y enfocar los rayos en la retina, haciendo posible la visión clara a diversas distancias. Cuando el cristalino se vuelve opaco se producen las cataratas. ‖ **4. sistema cristalino** En geol., sistema que agrupa clases de cristales que poseen elementos de simetría comunes: plano de simetría, eje de sime-

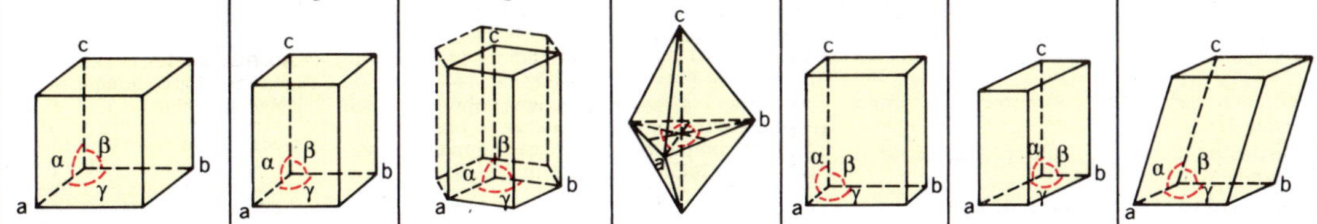

SISTEMAS CRISTALINOS	Cúbico	Tetragonal	Hexagonal	Trigonal	Rómbico	Monoclínico	Triclínico
Elementos de simetría comunes	3 ejes cuaternarios 4 ejes ternarios	1 eje cuaternario	1 eje senario	1 eje ternario	1 eje binario	1 eje binario	Centro de simetría
Constantes cristalográficas	$\alpha = \beta = \gamma = 90°$ $a = b = c$	$\alpha = \beta = \gamma = 90°$ $a = b \neq c$	$\alpha = \beta = 90°$ $\gamma = 120°$ $a = b \neq c$	$\alpha = \beta = \gamma \neq 90°$ $a = b \neq c$	$\alpha = \beta = \gamma = 90°$ $a \neq b \neq c$	$\alpha = \beta = 90° \neq \gamma$ $a \neq b \neq c$	$\alpha \neq \beta \neq \gamma \neq 90°$ $a \neq b \neq b$

tría, centro de simetría, eje de inversión rotatoria, eje cristalográfico y ángulo cristalográfico. La combinación de estos elementos de simetría da lugar a 32 clases cristalinas y 7 sistemas cristalinos: cúbico, tetragonal, hexagonal, trigonal, rómbico, monoclínico y triclínico.

cristalización *s. f.* **1.** Acción y efecto de cristalizar o cristalizarse. **2.** En fís., proceso por el que un cuerpo adquiere estructura cristalina. Puede tener lugar cuando un cuerpo pasa del estado líquido al sólido por enfriamiento de la solución, por evaporación de la disolución o porque se rebaje la solubilidad de la sustancia disuelta. También puede suceder por solidificación de una materia fundida. Se utiliza como método para purificar sustancias.

cristalizar *v. intr.* **1.** Tomar forma y estructura de cristal. También *v. prnl.* **2.** Aclararse y concretarse las ideas, sentimientos o deseos de una persona o de una colectividad. ‖ *v. tr.* **3.** Hacer tomar forma cristalina a una sustancia. ▪ Se conjuga como *cazar.* **FAM.** Cristalizable.

cristalografía *s. f.* Rama de la geología que estudia los cristales y las propiedades de la materia cristalina. Tuvo su origen al hallarse relaciones entre las medidas de las caras de los cristales, lo que llevó en 1669 al danés Nicolaus Steno a formular la ley fundamental de la cristalografía: *Los ángulos diedros homólogos formados por las caras de los cristales de una misma sustancia son constantes.* Esta ley fue confirmada en 1783 por Romé de l'Isle. **FAM.** Cristalográfico.

cristero, ra *adj.* Partidario o combatiente de la revolución cristera, levantamiento antirrevolucionario y clerical iniciado en México en torno al año 1926, contra las medidas adoptadas por el gobierno de Plutarco Elías Calles. También *s.*

Cristián Nombre de varios reyes de Dinamarca.

Cristián I (? 1426 - Copenhague 1481) Rey de Dinamarca (1448-81), de Noruega (1450-81) y de Suecia (1457-64). Fue el primer monarca danés de la dinastía de los Oldenburg, la cual reinó en Dinamarca hasta 1863. Reforzó los lazos con Noruega, mientras que Suecia rompió la Unión en 1448, decisión que motivó prolongadas luchas.

Cristián III (Gottorp 1503 - Koldinghus 1559) Rey de Dinamarca y Noruega (1534-59). Elevó el luteranismo a religión oficial y la dirección de la Iglesia y la mayoría de sus bienes pasaron a manos del Estado.

Cristián IV (Frederiksborg 1577 - Copenhague 1648) Rey de Dinamarca y Noruega (1588-1648). Intervino en la guerra de los Treinta Años, donde sufrió la derrota de Lutter (1626) y de la que se retiró tras sufrir la pérdida de Jutlandia y firmar la paz de Lübeck (1629). Se enfrentó luego a Suecia en una guerra que le costó la pérdida de la hegemonía en el norte. Reconstruyó Oslo, destruida por un incendio, y la denominó *Cristianía.*

Cristián IX (Gottorp 1818 - Copenhague 1906) Rey de Dinamarca (1863-1906) Casado con la princesa Luisa de Hesse-Cassel, prima y heredera de Federico VII, subió al trono a la muerte de éste. Perdió los ducados de Schleswig y Holstein en una guerra frente a Austria y Prusia (1864). Durante su reinado se aprobó una nueva Constitución (1866). Por los matrimonios de sus hijos logró emparentar con las principales familias reales europeas.

Cristián X (Charlottenlund 1870 - Amalienborg 1947) Rey de Dinamarca (1912-47) y de Islandia (1918-44). Se mantuvo neutral durante la Primera Guerra Mundial. En 1918, Islandia se independizó y sólo permaneció unida a Dinamarca en la persona del rey, lazo que fue abolido en 1944. Concluida la ocupación alemana que sufrió Dinamarca durante la Segunda Guerra Mundial (1940-45), Cristián X restableció el régimen democrático, que concedió el derecho de voto a las mujeres.

cristianar *v. tr. fam.* Bautizar, administrar el sacramento del bautismo.

cristiandad *s. f.* **1.** Conjunto de los fieles cristianos. **2.** Conjunto de países que profesan la religión cristiana.

Cristiani, Alfredo (San Salvador 1948) Político salvadoreño. Empresario cafetalero, en 1989 fue elegido presidente de la república como candidato de la derechista Alianza Republicana Nacionalista (ARENA). En 1992 firmó el acuerdo que puso fin a la guerra civil.

cristianismo *s. m.* **1.** Doctrina de Cristo, religión cristiana. **2.** Cristiandad*.
Rel. El cristianismo es la religión basada en la persona y en la predicación de Jesús de Nazaret, llamado el *Cristo,* y difundida primero por los apóstoles y luego por sus sucesores a lo largo de los siglos y en todo el mundo. El cristianismo consiste fundamentalmente en la fe en Jesús como Hijo de Dios y en el amor a Dios a través del amor a los demás hombres. El centro del mensaje y predicación de Jesús es el reino de Dios, es decir, la salvación del hombre y la realización en esta vida de su destino personal, que alcanzará su plenitud en la vida eterna. A lo largo de su desarrollo histórico, el cristianismo ha elaborado un sistema de verdades y dogmas, así como de reflexiones sobre dichas verdades (teología), que tratan de profundizar en el mensaje de Cristo. En la historia del cristianismo se han producido divisiones, como la separación de la Iglesia de Oriente, el anglicanismo y la Reforma protestante. En la actualidad hay en el mundo unos 1.100 millones de cristianos, de los que 650 millones son católicos, 390 millones protestantes y 60 millones ortodoxos.

cristianizar *v. tr.* **1.** Convertir a un país, región, grupo, etc., a la religión de Cristo. **2.** Hacer que algo esté de acuerdo con la religión cristiana. ▪ Se conjuga como *cazar.* **FAM.** Cristianización.

cristiano, na *adj.* **1.** Perteneciente o relativo al cristianismo. **2.** Que sigue la religión de Cristo. También *s.* ‖ *s. m.* **3.** *fam.* Persona o alma viviente. ‖ **4. cristiano viejo** El que no descendía de moros o judíos. ‖ **LOC. hablar en cristiano** *fam.* Hablar en la misma lengua del que escucha; también, expresarse con palabras sencillas y comprensibles. **FAM.** Cristianamente.

cristina *s. f.* Bollo redondo que está recubierto de azúcar.

Cristina de Suecia (Estocolmo 1626 - Roma 1689) Reina de Suecia (1632-54). Hija de Gustavo Adolfo II, firmó el tratado de Brömsebro con Dinamarca, que puso fin a la guerra entre los dos países. Protegió la cultura y las artes y atrajo a su corte a numerosos sabios, entre los que destacan Descartes y Grocio. Abdicó en 1654 en favor de su primo Carlos Gustavo. Se convirtió al catolicismo y pasó sus últimos años en Roma, donde escribió sus memorias.

cristino, na *adj.* Se dice de los partidarios de la regente María Cristina y de su hija Isabel durante la primera guerra carlista. También *s.*

Cristo *s. m.* **1.** Título equivalente en griego al hebreo *mesías,* que se dio a sí mismo Jesús de Nazaret y que significa 'ungido', enviado de Dios y capacitado mediante una unción para desempeñar una función sagrada. **2.** Crucifijo, imagen de Cristo crucificado. ‖ **LOC. armarse la de Dios es Cristo** *fam.* Organizarse un jaleo, escándalo, discusión, etc. **como a un Cristo dos pistolas** *adv. fam.* Con los verbos *ir, sentar* o equivalentes, significa muy mal. **donde Cristo dio las tres voces** *fam.* En un lugar muy lejano o apartado. **hecho un Cristo** *adj. fam.* Hecho una pena, destrozado. **ni Cristo que lo fundó** *fam.* Se usa para negar rotundamente. **todo cristo** *fam.* Todo el mundo.

Cristóbal Nombre de tres reyes de Dinamarca.

Cristóbal II (? 1276 - Nyköping 1332) Rey de Dinamarca (1320-26 y 1330-32). Firmó una carta en la que se comprometía a respetar las libertades de la Iglesia y de la nobleza. En 1326 violó su compromiso y fue expulsado por la nobleza, que instaló en el trono a Valdemar III. Cristóbal consiguió recuperar la corona (1330), pero su reinado fue nominal.

Cristóbal III (? 1418 - Helsingborg 1448) Rey de Dinamarca (1440-48), de Suecia (1441-48) y de Noruega (1442-48). Fue un buen gobernante, que luchó contra los privilegios de la Liga hanseática. Se comprometió a que cada uno de los países de la Unión de Kalmar tuviese gobierno autóctono.

Cristóbal, San (h. s. III) Mártir de la Iglesia cristiana. Según la leyenda, llevó sobre sus hombros al Niño Jesús para pasarlo de una orilla a otra de un río. Se le considera protector de los viajeros, en especial de los automovilistas.

Cristóbal Colón Pico de Colombia, situado en la Sierra Nevada de Santa Marta, en el N del país. Tiene 5.775 m de altura, la máxima del país.

cristobalita *s. f.* Variante del cuarzo, de origen volcánico.

cristobita *s. m.* y *f.* Muñeco de guiñol.

criterio *s. m.* **1.** Regla, pauta o norma para conocer la verdad o falsedad de una cosa, para distinguir, clasificar o seleccionar cosas, etc. **2.** Capacidad de juzgar que tiene una persona. **3.** Opinión, parecer. **4.** En mat., procedimiento de cálculo que se usa para comprobar si algo cumple o no determinada propiedad; p. ej., el criterio de divisibilidad.

critérium *s. m.* **1.** En dep., prueba o conjunto de pruebas celebradas sin carácter oficial, en las que intervienen participantes de alta categoría. **2.** En hípica, carrera en la que participan caballos de la misma edad para designar el mejor de cada generación.

crítica *s. f.* **1.** Juicio que se da de una obra literaria o artística, o de la actuación de artistas, deportistas, etc. **2.** Conjunto de personas que se dedican a juzgar obras literarias, teatrales, artísticas, etc., y actividad de esas personas. **3.** Censura, reproche. **4.** Murmuración.

criticar *v. tr.* **1.** Hacer un juicio desfavorable de alguien o algo, decir sus faltas y defectos. También *v. prnl.* **2.** Juzgar una obra literaria, artística, etc. ▪ Se conjuga como *sacar.* **FAM.** Criticable.

crítico, ca *adj.* **1.** Perteneciente o relativo a la crítica. **2.** Perteneciente o relativo a la crisis o cambio. **3.** Hablando del tiempo, punto, ocasión, etc., decisivo, preciso u oportuno. ‖ *s. m.* y *f.* **4.** Persona que se dedica a la crítica. **FAM.** Críticamente.

criticón, na *adj.* Que todo lo critica. También *s.*

Crivelli, Carlo (Venecia 1430 ó 1435 - Ascoli Piceno 1494 ó 1500) Pintor italiano. De la escuela veneciana, formado en Padua, su pintura ofrece una ornamentación exquisita y fastuosa, con animales, frutos y plantas. Entre sus obras más representativas figuran *La Anunciación, Coronación de la Virgen, La Piedad, María Magdalena* y el altar de la Virgen, de la catedral de Ascoli Piceno.

Croacia (en croata *Hrvatska*) Estado de la Europa adriática, antigua república de Yugoslavia.

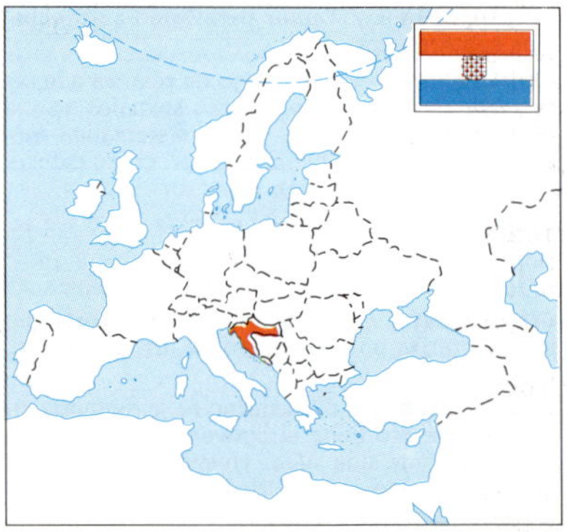

Extensión: 56.538 km^2.
Límites: al N, con Eslovenia y Hungría; al E, con Serbia y Bosnia-Herzegovina; al S, con Bosnia-Herzegovina y el mar Adriático, y al O, con el mar Adriático.
Población: 4.683.000 h. en 1989.
Densidad: 82,8 h./km^2.
Capital: Zagreb.
Ciudades principales: Osijek, Rijeka, Split.
Gentilicio: croata.
Forma de Estado: república.
Idioma: croata.
Religión: cristianismo.
Moneda: dinar.

Geog. En su relieve se distinguen cuatro sectores: Eslavonia, en el NE entre los ríos Drave, Save y Danubio, región de llanura donde se alzan los montes Papuk y Psunj; la zona central, con colinas, pequeños macizos y depresiones; el reborde montañoso de la costa, con los sistemas Gorski Kotar, montes Velebit y los Alpes Dináricos; y la región costera de Istria, Kvarner y Dalmacia, que se prolonga hacia el S casi hasta Albania y presenta gran número de pequeñas y medianas islas. Su economía está bastante desarrollada. Cuenta con agricultura de cereales en

Eslavonia y de viñedos y cítricos en las regiones costeras; extracción de petróleo, carbón y bauxita; industria textil, alimentaria, siderúrgica, química, metalúrgica, de construcción naval, de maquinaria agrícola, agroalimentaria, del vidrio, etc. concentrada en los sectores central y occidental; y turismo en la costa dálmata. ***Hist.*** La región, que en la antigüedad estuvo comprendida en las provincias romanas de Panonia y Dalmacia, pobladas por ilirios, fue ocupada por eslavos croatas en el s. VII. Las diversas tribus fueron unificadas por el príncipe Trpimir en el s. IX y en el 925 el rey Tomislao constituyó una dinastía croata. El reino recibió el cristianismo romano y ortodoxo, y conservó su autonomía frente a húngaros, búlgaros y bizantinos hasta el año 1102 en que fue sometido por el rey Kalmán de Hungría. La región costera de Dalmacia fue dominada sucesivamente por bizantinos, húngaros y venecianos. Tras la derrota de Luis II de Hungría en Mohács (1526) una parte de su territorio pasó al Imperio Otomano y los nobles croatas eligieron soberano a Fernando de Habsburgo. En el s. XVII crecieron los vínculos con Hungría, intensificados en el s. XVIII a causa del absolutismo austriaco. En 1805 Croacia fue incorporada por Napoleón a las Provincias Ilirias. En 1867 quedó vinculada a la monarquía austrohúngara y surgió la tendencia nacionalista. Tras la Primera Guerra Mundial se constituyó el estado yugoslavo (1918), en el que las tensiones entre Croacia, partidaria del federalismo, y Serbia, partidaria del centralismo, fueron constantes. En la Segunda Guerra Mundial Croacia fue ocupada por Alemania y, al término de la misma, se englobó en la república de Yugoslavia. Durante la etapa comunista el nacionalismo croata permaneció sometido a la personalidad de Tito, pero a la muerte de éste, al ser establecida una presidencia colegiada rotativa entre los presidentes de cada una de las repúblicas, surgieron nuevamente las tensiones. En mayo de 1991 el turno presidencial del croata Stipe Mesic fue bloqueado por Serbia, lo que provocó que Croacia y Eslovenia autoproclamaran su independencia. El ejército federal, dominado por Serbia, inició una guerra que fue adquiriendo virulencia a lo largo de los meses, hasta convertirse en una sangrienta contienda civil. Los sucesivos planes de paz patrocinados por la CEE y la ONU fracasaron y a principios de 1992, Alemania tomó la iniciativa de reconocer la soberanía de Croacia y Eslovenia, siendo secundada por la comunidad internacional. El nuevo estado croata fue presidido por Franjo Tudjman.

croar *v. intr.* Cantar la rana.

croata *adj.* **1.** De Croacia. También *s.* ‖ *s. m.* **2.** Idioma hablado en Croacia, variedad del serbocroata.

crocante o **crocanti** *s. m.* **1.** Guirlache. **2.** Helado con una capa de almendras tostadas.

Croce, Benedetto (Pescasseroli 1866 - Nápoles 1952) Filósofo, historiador y crítico literario italiano. Su pensamiento se inspira en el idealismo de Hegel y afirma que la realidad es espíritu y la filosofía se identifica con la historia. En estética se opone al irracionalismo, al arte por el arte, y sostiene que el escritor y el artista tienen sus raíces en la conciencia moral. Algunas de sus obras más importantes son *Materialismo histórico y economía marxista* (1900), *Filosofía del espíritu* (1902-17), *Breviario de estética* (1913) y *La historia como pensamiento y acción* (1940).

croché o **crochet** *s. m.* **1.** Labor de ganchillo. **2.** En boxeo, golpe que se da con el brazo doblado en forma de gancho.

crocodílidos *s. m. pl.* Familia de reptiles crocodilianos que comprende las subfamilias alligatorinos, crocodilinos y tomistominos o falsos gaviales, con unas 120 especies, entre las que destacan las del género *Crocodylus.* Son reptiles de vida acuática, tienen una mandíbula con diferente número de dientes según la subfamilia, reproducción ovípara y alimentación carnívora. Habitan en climas tropicales. También *adj.* y *s. m.*

croissant (voz fr.) *s. m.* Bollo en forma de media luna. ▪ Se escribe también *cruasán.*

crol *s. m.* Forma de nadar mediante el movimiento alternativo y circular de los brazos y el impulso de las piernas que se mueven de arriba abajo; la cabeza va sumergida, girándola para respirar. ▪ Se escribe también *crawl.*

cromado, da **1.** *p. p.* de **cromar**. También *adj.* ‖ *s. m.* **2.** Acción y efecto de cromar.

Cro-Magnon o **Cromañón** Raza de hombres del paleolítico superior, cuyos restos se encontraron por primera vez en 1868 en el abrigo rocoso de Cro-Magnon, al SO de Francia. Eran hombres parecidos a los actuales, con cráneo dolicocéfalo, la frente alta y una estatura media de 170 cm, que habitaron en el O de Europa hace aproximadamente 20.000 años.

cromar *v. tr.* Aplicar un baño de cromo a los metales para que adquieran mayor belleza y resistencia a la oxidación. Se realiza mediante electrólisis de disoluciones de ácido crómico y sulfato de cromo.

cromático, ca *adj.* **1.** Perteneciente o relativo a los colores. **2.** Se dice del sistema musical que procede por semitonos. **3.** Se aplica al cristal o instrumento óptico que presenta los objetos silueteados con los colores del arco iris.

cromatina *s. f.* Material cromosómico que en el núcleo de la célula absorbe con intensidad tintes de carácter básico. Forma una especie de redecillas, a las que su descubridor, Fleming, dio el nombre de *cromosomas.*

cromatismo *s. m.* **1.** Cualidad de cromático. **2.** Conjunto o variedad de colores. **3.** Alucinación consistente en la percepción de sensaciones coloreadas.

cromato *s. m.* Sal derivada del ácido crómico, como p. ej. el cromato de plata, Ag_2CrO_4.

cromatografía *s. f.* Método de separación de las sustancias de una mezcla basado en el distinto grado de adsorción de las mismas. Consiste en dejar fluir en un medio adsorbente (papel, capa fina, corriente de gas) una solución de las sustancias que se quieren separar y a continuación aprovechar las diferentes velocidades de adsorción de las sustancias para separarlas.

crómico, ca *adj.* Se dice del cromo y de los compuestos en que éste actúa con valencia máxima (valencia 6).

cromita *s. f.* $FeCr_2O_4$. Mineral óxido de hierro y cromo. Cristaliza en el sistema cúbico, tiene brillo metálico y color negro o pardo oscuro. Constituye la principal mena del cromo y sus mayores yacimientos se encuentran en los Urales, Turquía, Zimbabwe, Filipinas y la República Sudafricana.

crómlech *s. m.* Monumento megalítico formado por grandes piedras, o menhires, dispuestas en círculo o en elipse; p. ej., el de Stonehenge, en Inglaterra.

cromo *s. m.* Cr. Elemento químico de número atómico 24, perteneciente al grupo VI B del sistema periódico. Su número atómico es 24 y su masa atómica 52,0. Fue descubierto en 1797 por Vauquelin en el cromato de plomo. Es un metal duro, de color blanco argénteo, muy resistente a los agentes químicos. Puede actuar con valencia 2, 3 y 6. En la naturaleza se encuentra en forma de óxido y de sales. Su principal mena es la cromita, con yacimientos importantes en los Urales, República Sudafricana, Filipinas, Turquía y Zimbabwe. Se emplea para recubrir superficies metálicas, en aleaciones con níquel y otros elementos para la fabricación de instrumentos inoxidables y de gran dureza, en tintorería, etc.

cromolitografía *s. f.* **1.** Procedimiento de reproducción en colores mediante impresiones sucesivas con piedras litográficas, una por cada color. **2.** Estampación obtenida por dicho procedimiento.

cromosfera *s. f.* Capa visible o exterior de la envoltura gaseosa del Sol.

cromosoma *s. m.* Cada uno de los corpúsculos filamentosos, visibles sólo en fases de la división celular, que se agrupan en el interior del núcleo de las células eucariotas y se distribuyen por el protoplasma de las procariotas. Constan fundamentalmente de ADN y proteínas del tipo histonas y contienen los genes, es decir, la información genética que rige el desarrollo, el funcionamiento y la reproducción de los seres vivos individuales. Todas las células de una especie animal y vegetal tienen un número fijo de cromosomas, p. ej. 46 en el ser humano, excepto las reproductoras (gametos), que tienen la mitad. Las anormalidades en el número de cromosomas, provocadas por defectos de herencia, pueden dar lugar a enfermedades genéticas, como el mongolismo. **FAM.** Cromosómico.

cromosomopatía *s. f.* Grupo de enfermedades relacionado con las variaciones del número o estructura en la población normal de cromosomas. Se denominan también *aberraciones cromosómicas.*

Crompton, Richmal (Londres 1890 - Furborough 1969) Escritora británica. Es la autora de numerosos relatos protagonizados por su personaje Guillermo Brown, en los que, a través de los ojos de un niño, satiriza a las clases medias británicas del periodo de entreguerras.

Cromwell, Oliver (Huntingdon 1599 - Londres 1658) Político y militar inglés. Miembro del Parlamento desde 1640, al estallar la primera guerra civil se puso al frente del ejército del Parlamento y obtuvo ante los realistas victorias decisivas (1644 y 1645). Tras la ejecución de Carlos I, fue nombrado presidente de la Commonwealth, la nueva república, cargo desde el que derrotó a los irlandeses (1649-50) y a los realistas escoceses, que apoyaban al futuro Carlos II (1650-51). Lord protector en 1653, gobernó apoyándose en el Parlamento, controlado por los puritanos, y en el ejército. Impulsó el poderío naval inglés con el Acta de Navegación, fomentó el comercio mediante diversos tratados, mejoró la administración y propició la tolerancia religiosa.

Oliver Cromwell. Cuadro de Robert Walker (National Portrait Gallery, Londres).

Cromwell, Thomas, conde de Essex (¿Putney? h. 1485 - Londres 1540) Político inglés. Nombrado secretario de Enrique VIII (1534), ejerció una gran influencia. Partidario de la ruptura con Roma, emprendió la reforma de la Iglesia de Inglaterra. Caído en desgracia en 1539, fue ejecutado.

Cronaca, Simone del Pollaiolo, llamado **Il** (Florencia 1457 - íd. 1508) Arquitecto italiano. De estilo renacentista, fue discípulo de Brunelleschi. Centró su actividad en Florencia, donde, entre otras obras, terminó el palacio Strozzi (patio interior y gran cornisa), empezado por Benedetto de Maiano; construyó el salón *dei Cinquecento*, en el palacio Vecchio, y la iglesia de San Salvador del Monte, sobre la colina de San Miniato.

crónica *s. f.* **1.** Obra histórica en la que se relatan los hechos por orden cronológico. **2.** Información sobre sucesos actuales, especialmente la dada por alguien que está o ha estado en el lugar de los acontecimientos.

crónico, ca *adj.* **1.** Se dice de las enfermedades largas o habituales. **2.** Se aplica a los males o vicios que se arrastran desde hace tiempo. **FAM.** Crónicamente.

cronicón *s. m.* Crónica histórica breve.

Cronin, Archibald Joseph (Cardross, Dumbartonshire 1896 - Montreux, Suiza 1981) Novelista británico. Médico de profesión, se estableció en Lucerna, Suiza. Muchas de sus novelas giran en torno al mundo de la medicina. Entre las más conocidas figuran *La ciudadela* (1937), *Las llaves del reino* (1942), *Los verdes años* (1944), *El jardinero español* (1950) y *El joven trovador* (1975).

Cronin, James Watson (Chicago 1931) Físico estadounidense. Especializado en partículas elementales, obtuvo el premio Nobel de física de 1980, junto con su compatriota Val Logsdon Fitch, por el descubrimiento de la violación del principio de simetría de los mesones K neutros al desintegrarse.

cronista *s. m.* y *f.* Autor de una crónica histórica o periodística.

crono- *pref.* Significa 'tiempo': *cronómetro, cronología.*

cronobiología *s. f.* Rama de la biología que estudia los ritmos biológicos y la duración de la vida de los organismos vivos.

cronograma *s. m.* En estadística, gráfica cuyo eje de abscisas está dividido en fracciones cronológicas (días, semanas, meses, años), de modo que registre las variaciones en el curso del tiempo del hecho estadístico estudiado, que se representa en el eje de ordenadas.

cronología *s. f.* **1.** Ciencia que trata de fijar el orden y las fechas de los diferentes sucesos históricos. **2.** Ordenación de sucesos históricos según sus fechas. **3.** Sistema o manera de medir el tiempo. ‖ **4. cronología absoluta** En geol., datación de un fenómeno en términos absolutos, efectuada normalmente por medio de materiales radiactivos. **5. cronología relativa** En geol., datación de un fenómeno mediante la comparación con otro. Está basada en el hecho de que todo fenómeno geológico es siempre posterior a la formación de los terrenos a los que afecta y anterior a los que no han sido afectados por él.

cronológicamente *adv. m.* Por el orden de los tiempos o de fechas.

cronológico, ca *adj.* Perteneciente o relativo a la cronología o al tiempo.

cronometraje *s. m.* Acción y efecto de cronometrar.

cronometrar *v. tr.* Medir el tiempo, especialmente en pruebas deportivas, por medio del cronómetro.

cronométrico, ca *adj.* Perteneciente o relativo al cronómetro o al cronometraje.

cronómetro *s. m.* Reloj de precisión, generalmente utilizado para medir periodos breves de tiempo.

Cronos Dios griego, hijo de Urano y Gea, que devoraba a sus hijos al nacer. Sólo escapó Zeus, al que su madre sustituyó por una piedra. Los romanos le llamaron *Saturno.*

cronoscopio *s. m.* Instrumento para medir intervalos de tiempo de hasta una milésima de segundo. Se usa, p. ej., para medir el tiempo de reacción ante determinados estímulos.

Crookes, William (Londres 1832 - íd. 1919) Físico y químico británico. Descubrió el talio (1861), diseñó el radiómetro (1875) e inventó el tubo electrónico con cátodo frío, conocido como *tubo de Crookes.* Su estudio de los rayos catódicos fue fundamental para el nacimiento de la física atómica. Obtuvo el premio Nobel de química en 1907.

croquet *s. m.* Juego de origen inglés que consiste en hacer pasar una bola, mediante golpes de mazo, por una serie de argollas o arcos (de 6 a 10) y siguiendo un trayecto marcado. Gana el jugador que completa el recorrido en menos golpes.

croqueta *s. f.* Pasta hecha con harina, leche y carne u otros ingredientes, a la que se da forma alargada y redondeada y se fríe.

croquis *s. m.* Dibujo rápido y esquemático, hecho a ojo y sin escala, o como preparación para el definitivo.

Crosby, Harry Lillis, llamado **Bing** (Tacoma, Washington 1904 - Madrid 1977) Cantante y actor cinematográfico estadounidense. Fue el cantante melódico más popular de la década de los cuarenta. Interpretó numerosos filmes, entre ellos *Siguiendo mi camino* (1944), *Las campanas de Santa María* (1945), *Navidades blancas* (1954) y la serie *Camino a...,* con Bob Hope.

crosopterigios *s. m. pl.* Orden de peces teleósteos al que pertenece una única especie viviente, la latimeria o celacanto *(Latimeria chalumnae),* que mide unos 150 cm de longitud y posee poderosas aletas pectorales y abdominales. El orden se creía extinguido (tan sólo se conocían restos fósiles) hasta 1938, año en que se pescó un ejemplar frente a las costas australes de África. También *adj.* y *s. m.*

cross (voz ingl. que significa 'a través de') *s. m.* Prueba de resistencia consistente en correr unos cuantos kilómetros a campo traviesa.

crótalo *s. m.* **1.** Instrumento musical de percusión parecido a las castañuelas. **2.** Castañuela. **3.** Nombre común de diversos reptiles escamosos

Crótalo tropical (Crotalus durissus).

del suborden serpientes, familia vipéridos, género *Crotalus.* Se caracterizan por tener al final de la cola un conjunto de anillos córneos que el animal hace vibrar al moverse, por lo que también se le llama *serpiente de cascabel,* y dos fosetas faciales, órganos fotosensibles, entre los ojos y el hocico. Son muy venenosos. Existen unas 30 especies distribuidas por el continente americano, entre las que destacan *Crotalus horridus, Crotalus adamanteus* y *Crotalus atrox.*

crotorar *v. intr.* Producir la cigüeña un ruido peculiar con el pico.

cruasán *s. m.* Croissant*.

cruce *s. m.* **1.** Acción y efecto de cruzar o de cruzarse. **2.** Lugar donde se cruzan dos o más calles, dos carreteras, dos caminos, etc. **3.** Paso señalado para peatones en una calle. **4.** Interferencia en una conversación telefónica o en una emisión de radio. **5.** Mezcla de dos especies de plantas o de animales para obtener una nueva variedad.

crucería *s. f.* Sistema de construcción del gótico, que consiste en entrecruzar arcos diagonales, llamados *nervios* u *ojivas,* en las bóvedas, para dar a éstas mayor consistencia, grandiosidad y belleza.

crucero *s. m.* **1.** Viaje de placer que se hace en barco, con escala en distintos puertos para visitarlos. **2.** Espacio en el que se cruzan la nave mayor con la transversal en una iglesia. **3.** Buque de guerra de gran tamaño, veloz y provisto de fuerte armamento. **4.** Acción de cruzar el mar uno o más barcos y zona en la que se realiza. **5.** Cruz de piedra colocada en un cruce de caminos o en un atrio. ‖ **6. velocidad de crucero** La más rápida de un vehículo, en especial de un barco o avión, consumiendo la menor cantidad de combustible.

cruceta *s. f.* **1.** Cruz que resulta al cortarse dos series de líneas paralelas, especialmente en enrejados o labores de hilo o punto. **2.** En los motores de automóviles y otras máquinas, pieza que sirve de articulación entre el vástago del émbolo y la biela.

crucial *adj.* Se dice del momento, situación, etc., decisivo.

crucíferas *s. f. pl.* Familia de plantas dicotiledóneas del orden caparales, que comprende unas 3.000 especies de los géneros *Brassica, Nasturtium,* etc. Tienen hojas alternas, flores en racimo, con 4 sépalos y 4 pétalos en forma de cruz y 6 estambres, y fruto en silicua. Sus semillas carecen a veces de albumen. En esta familia se incluyen hortalizas y plantas industriales, como la col *(Brassica oleracea),* el nabo *(Brassica napus),* la colza *(Brassica napus oleifera),* la mostaza negra *(Brassica nigra),* etc. Se llaman también *brasicáceas.* También *adj.* y *s. f.*

crucificado, da **1.** *p. p.* de **crucificar**. También *adj.* ‖ *s. m.* **2.** Por antonomasia, Jesucristo. ▪ Con este significado se escribe con mayúscula.

crucificar *v. tr.* **1.** Clavar o fijar en una cruz a una persona para torturarla y matarla. **2.** Perjudicar, atormentar a alguien física o moralmente. ▪ Se conjuga como *sacar.*

crucifijo *s. m.* Imagen de Jesucristo clavado en la cruz; a veces únicamente la cruz.

crucifixión *s. f.* **1.** Acción y efecto de crucificar. **2.** Por antonomasia, suplicio de muerte que se dio a Jesucristo. **3.** Cuadro o imagen en que se representa.

cruciforme *adj.* De forma de cruz.

crucigrama *s. m.* Pasatiempo que consiste en llenar los huecos de unas casillas verticales y horizontales con las letras o sílabas de ciertas palabras de las que se da una definición o equivalencia.

crudeza *s. f.* Cualidad de crudo, en especial refiriéndose al tiempo o una situación, hecho, etc., duro, desagradable o excesivamente realista.

crudillo *s. m.* Tejido fuerte y áspero utilizado especialmente para forros.

crudo, da *adj.* **1.** Se aplica a los alimentos que no están preparados por la acción del fuego o lo están de manera insuficiente. **2.** Se dice de la fruta que no está madura. **3.** Se dice de algunos productos en estado natural, sin elaborar, como tejidos, cuero, etc. **4.** Se aplica al color parecido al de la arena y a las cosas que lo tienen. También *s. m.* **5.** Se aplica al tiempo o al clima muy frío, desapacible y difícil de soportar. **6.** Que manifiesta o refleja lo negativo, desagradable, violento, etc., con realismo y dureza, sin suavizarlo o atenuarlo de algún modo. **7.** *fam.* Difícil de conseguir. ‖ *s. m.* **8.** Petróleo bruto, sin refinar. ‖ *s. f.* **9.** *Guat., Méx.* Borrachera y resaca posterior.

cruel *adj.* **1.** Se dice de quien se complace en hacer mal a los demás o en verlos sufrir, y de sus acciones, comportamiento, etc. **2.** Muy duro, excesivo o insufrible en el daño o en el mal que produce. **3.** Sangriento, violento. **FAM.** Cruelmente.

crueldad *s. f.* **1.** Cualidad de cruel. **2.** Acción cruel e inhumana.

cruento, ta *adj.* Sangriento, encarnizado, con derramamiento de sangre. **FAM.** Cruentamente.

Cruilles, Joaquín Montserrat, marqués de (Valencia 1700 - íd. 1771) Militar y administrador español. Virrey de Nueva España (1760-66), sofocó la sublevación de Yucatán, encabezada por el maya Canek (1761), reorganizó el ejército y fortificó Veracruz. Acusado de malversación de fondos, fue sometido a un juicio de residencia, del que salió absuelto (1768).

crujía *s. f.* **1.** En arq., espacio comprendido entre dos muros de carga. **2.** Corredor amplio que hay en los grandes edificios; sirve de paso a las distintas salas y habitaciones situados a los lados del mismo. **3.** Espacio de popa a proa en medio de la cubierta de un buque.

crujir *v. intr.* Hacer cierto ruido algunos cuerpos al partirse, doblarse, curvarse, rozar unos con otros, etc. **FAM.** Crujido, crujiente.

crupier *s. m.* Empleado de una casa de juego, que dirige las partidas y paga o recoge el dinero apostado.

crustáceos *s. m. pl.* Clase de animales artrópodos que comprende unas 30.000 especies, distribuidas en las subclases cefalocáridos, branquiópodos, ostrácodos, copépodos, mistacocáridos, branquiuros, cirrípedos y, sobre todo, malacostráceos o crustáceos superiores, que incluye las quisquillas, langostinos, cangrejos, bogavantes, cochinillas de la humedad, etc. Se caracterizan por tener dos pares de antenas en la cabeza, además de un par de mandíbulas y dos maxilas. Generalmente cada segmento torácico y abdominal lleva un par de apéndices formados originalmente por dos ramas (birrámeos). En la mayoría la cabeza se fusiona con uno o más segmentos torácicos formando el cefalotórax, que puede estar cubierto por un caparazón. La respiración es branquial o cutánea, los ojos son compuestos y, normalmente, pedunculados. La mayor parte de los crustáceos pasan en su desarrollo por una fase larvaria primitiva, el nauplium, y luego por sucesivas mudas. Igualmente, la mayoría de las especies tienen sexos separados y viven en el mar, aunque las hay de agua dulce o que habitan en suelos húmedos. También *adj.* y *s. m.*

cruz *s. f.* **1.** Figura que forman dos líneas, dos maderos, dos barras, etc., al atravesarse o cortarse perpendicularmente. **2.** Utensilio de tormento formado por dos palos cruzados perpendicularmente, del cual se cuelga a una persona, sujetándole o clavándole los brazos al palo horizontal. **3.** Signo del cristianismo, en memoria de Jesucristo. **4.** Distintivo de numerosas órdenes militares, religiosas o civiles y nombre de diversas condecoraciones con forma semejante a la figura arriba mencionada. **5.** Reverso de las monedas o medallas. **6.** En un animal, la parte más alta del lomo, donde se cruzan los huesos de las extremidades anteriores con el espinazo. **7.** Parte de un árbol donde termina el tronco y empiezan las ramas. **8.** Sufrimiento, trabajo, dificultad, etc. ‖ **9. cruz de mayo** Fiesta de la Invención de la

Santa Cruz, que en algunos lugares se celebra instalando cruces de flores en calles y patios. **10. cruz de San Andrés** Aspa, cuando los brazos forman una X. **11. cruz de Santiago** Roja, en forma de espada, que es lo que simboliza. **12. cruz gamada** La griega que tiene en el extremo de cada brazo un tramo, en ángulo recto con él, y dirigidos todos los tramos en el mismo sentido. Se llama también *esvástica*, y fue adoptada como símbolo por el nacionalsocialismo alemán. **13. cruz griega** La que tiene los cuatro brazos iguales. **14. cruz latina** La cristiana, en la que el palo horizontal es más pequeño y corta al vertical cerca de su extremo superior. || **Loc. en cruz** *adv.* Con los brazos extendidos horizontalmente. **hacerse** uno **cruces** *fam.* Mostrar extrañeza o admiración.

Cruz, Ramón de la (Madrid 1731 - íd. 1794) Dramaturgo español. Fue un autor muy popular en su tiempo, creador de sainetes de ambiente madrileño, entroncados con los entremeses de Cervantes y de Lope de Rueda, entre los que sobresalen *La pradera de San Isidro o el Rastro por la mañana, El fandango del candil* y, el más famoso de todos, *Manolo, tragedia para reír y comedia para llorar.*

Cruz, San Juan de la Véase **Juan de la Cruz, San.**

Cruz, sor Juana Inés de la Véase **Juana Inés de la Cruz, sor.**

Cruz del Sur Constelación del hemisferio austral, que sirve de orientación al indicar el polo sur.

Cruz Roja Organización internacional fundada en 1859 por el suizo Henri Dunant para el auxilio de los heridos de guerra. Posteriormente amplió su objetivo a la condena de crímenes, a la ayuda a torturados, deportados, etc., y fijó las condiciones según las cuales deben ser tratados los combatientes de guerra. En virtud de la primera convención de Ginebra (1899), los gobiernos aceptaron respetar a las personas, ambulancias e instalaciones que llevaran el emblema de la organización, que consiste en una cruz griega roja sobre fondo blanco, sustituida por una media luna en los países árabes y por un sol rojo en Japón. Recibió el Nobel de la paz en 1963.

cruzada *s. f.* **1.** Nombre que recibieron las expediciones militares realizadas por la cristiandad del Occidente de Europa entre los s. XI y XIV, con el patrocinio del papado, para recuperar los territorios de Tierra Santa ocupados por los musulmanes. **2.** P. ext., campaña militar sostenida por motivos religiosos. **3.** Campaña con algún fin elevado.

Hist. El fenómeno de las cruzadas fue la manifestación de una sociedad animada por profundos ideales guerreros y religiosos y, asimismo, un aspecto más de la expansión territorial y comercial que experimentó el Occidente cristiano en plena Edad Media. A lo largo de casi dos siglos se organizaron siete cruzadas. La primera (1096-1099), promovida por el papa Urbano II y en la que participaron diversos grupos, mandados por Godofredo de Bouillon, Raimundo de Toulouse y Bohemundo de Otranto, logró conquistar Jerusalén. La segunda (1147-49) fue predicada por Bernardo de Claraval y constó de dos expediciones, mandadas por el emperador Conrado III y el rey de Francia Luis VII. La tercera (1189-92) fue organizada tras la conquista de Jerusalén por el sultán Saladino; se compuso de tres expediciones, al frente de las cuales estuvieron el emperador Federico Barbarroja, el rey francés Felipe II Augusto y el inglés Ricardo I Corazón de León. La cuarta (1202-04), impulsada por el papa Inocencio III, fue dirigida por los comerciantes venecianos en su propio provecho y culminó con la conquista de Constantinopla, el destierro de los emperadores bizantinos y la creación del imperio latino. La quinta (1228-29), en pleno enfrentamiento entre el papado y el imperio, fue dirigida por el emperador Federico II. La sexta (1248-1254) y la séptima (1270) estuvieron al mando del rey San Luis IX de Francia, y sus objetivos fueron Egipto y Túnez, respectivamente. Las cruzadas dieron lugar a la creación de diversos estados cristianos en Oriente, de vida efímera, y favorecieron la expansión mediterránea, pero fracasaron en unir a la cristiandad en un objetivo común, en auxiliar a la Iglesia griega y significaron un grave descrédito para el papado por la venta de indulgencias.

cruzado, da **1.** *p. p.* de **cruzar**. || *adj.* **2.** Se aplica a lo que está atravesado, puesto de lado a lado. **3.** Se dice de lo que está atravesado por aquello que se indica. **4.** Se dice de la prenda de vestir que tiene el ancho necesario para poder sobreponer un delantero sobre otro. **5.** Se dice del que se alistaba para alguna cruzada. También *s. m.* **6.** Se aplica al animal obtenido por un cruzamiento de castas. || *s. m.* **7.** Unidad monetaria del Brasil desde 1986. || **8. palabras cruzadas** Crucigrama.

cruzamiento *s. m.* **1.** Acción y efecto de cruzar. **2.** Fecundación entre individuos de distintas razas o categorías taxonómicas, en especial de animales o plantas, para obtener, mediante reproducción selectiva, variedades con características más convenientes para el hombre.

cruzar *v. tr.* **1.** Atravesar en forma de cruz una cosa a otra o hallarse puesta oblicuamente sobre ella. También *v. prnl.* **2.** Ir de un lado a otro de un lugar o cosa, especialmente en una calle. **3.** Intercambiar miradas, saludos, palabras, etc. También *v. prnl.* **4.** Juntar para que procreen un macho y una hembra de distintas razas pero de la misma especie. **5.** Juntar plantas de distintas variedades para obtener una variedad nueva. **6.** Navegar en todas las direcciones dentro de un espacio de mar para vigilar, proteger el comercio, etc. || *v. prnl.* **7.** Encontrarse dos personas, animales o cosas que van por el mismo camino en distintas direcciones. ▪ Se conjuga como *cazar.* || **Loc. cruzar** a uno **la cara** *fam.* Darle una bofetada. **cruzarse de brazos** *fam.* No hacer nada; también, mantenerse al margen de un acontecimiento cualquiera.

cruzeiro *s. m.* Antigua unidad monetaria del Brasil, sustituida por el cruzado en 1986.

Cs Símbolo químico del cesio.

ctenóforos *s. m. pl.* Tipo de metazoos invertebrados marinos, que comprende unas 80 especies pertenecientes a los órdenes cidípidos, platicténidos, lobateos, céstidos y beroideos. Tienen el cuerpo redondo y gelatinoso, simetría birradial y cuerpo dividido en capas: ectodermo, endodermo y mesoglea con células dispersas y fibras musculares. Poseen ocho paletas con cilios que baten para impulsarse por el agua. Son hermafroditas y tienen fecundación externa. En el Atlántico es común la grosella de mar *(Pleurobrachia pileus).* También *adj.* y *s. m.*

cu *s. f.* Nombre de la letra *q*.

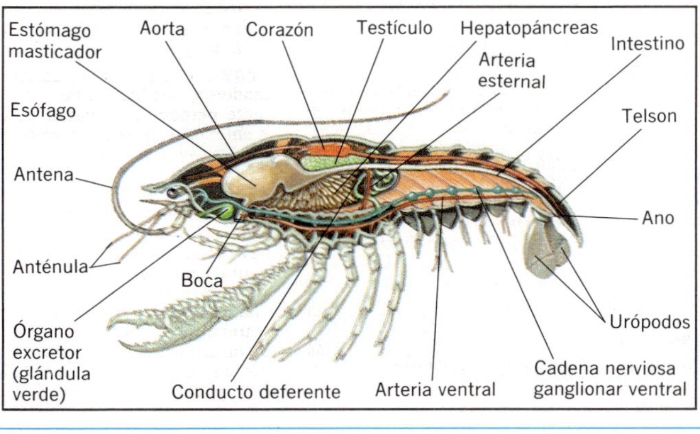

Corte de un crustáceo, el cangrejo de río, mostrando los principales órganos y partes anatómicas de esta clase de artrópodos.

Cu Símbolo químico del cobre.

cuaderna *s. f.* **1.** Cada una de las piezas rígidas y curvas que arrancan de la quilla y forman la armadura de un barco. **2.** Conjunto de tales piezas. || **3. cuaderna vía** Estrofa de cuatro versos alejandrinos, de dos hemistiquios con cesura en medio, con una sola rima, que utilizaron los poetas medievales del mester de clerecía.

cuadernillo *s. m.* **1.** *dim.* de **cuaderno**. **2.** En imprenta, conjunto de cinco pliegos de papel.

cuaderno *s. m.* **1.** Conjunto de pliegos de papel doblados y unidos en forma de libro. || **2. cuaderno de bitácora** Libro en el que los oficiales apuntan las incidencias de la navegación de un barco.

cuadra *s. f.* **1.** Lugar cubierto donde están las caballerías. **2.** Conjunto de caballos de un mismo propietario. **3.** Lugar muy sucio y desordenado. **4.** *amer.* Manzana de casas; también, lado de dicha manzana.

Cuadra, José de la (Guayaquil 1903 - íd. 1941) Escritor ecuatoriano. Del llamado «grupo de Guayaquil», destacó como cuentista: *Olga Catalina* (1925), *Sueño de una noche de Navidad* (1929), *Repisas* (1931) y *Horno* (1932). También escribió novelas, como *Los sangurimas* (1934), y ensayos, como *El montuvio ecuatoriano* (1937).

Cuadra, Pablo Antonio (Managua 1912) Poeta nicaragüense. Fue cofundador, junto a Coronel Urtecho, de la revista *Vanguardia* (1929). Entre sus libros sobresalen *Canciones de pájaro y señora* (1931), *Poemas nicaragüenses* (1933), *Canto temporal* (1943), *Poemas con un crepúsculo a cuestas* (1957) y *El jaguar y la luna* (1959).

cuadradillo *s. m.* **1.** Regla de sección cuadrada. **2.** Listón de madera fuerte que tiene la guillotina y sobre el que apoya la cuchilla al cortar el papel. **3.** Pieza de tela de forma cuadrada que se coloca en algunas prendas de vestir. **4.** Azúcar prensada y cortada en terrones cuadrados.

cuadrado, da *adj.* **1.** En geom., se dice del polígono que tiene sus cuatro lados iguales y sus cuatro ángulos interiores de 90°. Sus diagonales son iguales y se cortan en su punto medio, formando ángulos rectos. Su área es igual al cuadrado del lado. También *s. m.* **2.** Se aplica a las cosas que tienen forma semejante a la de esta figura. **3.** Aplicado a medidas de longitud, las transforma en las unidades de superficie correspondientes. **4.** Se aplica a la persona de aspecto macizo y cuerpo muy ancho. || *s. m.* **5.** En mat., potencia de exponente 2, resultado de multiplicar un número por sí mismo. || *s. f.* **6.** Figura musical que vale dos redondas. || **7. cuadrado perfecto** En mat., número o expresión que es cuadrado de otro número o expresión; p. ej., 16 es cuadrado de 4, pues $4^2(4 \cdot 4) = 16$; $a^2 + b^2 - 2ab$ es cuadrado perfecto de $(a - b)^2$.

cuadrafonía *s. f.* Sistema de reproducción del sonido a través de cuatro canales, cuatro altavoces y cuatro micrófonos.

cuadrafónico, ca *adj.* Se aplica al sonido reproducido por cuadrafonía y al equipo que lo reproduce.

cuadragésimo, ma *adj. num. ord.* **1.** Que ocupa por orden el número cuarenta. También *pron.* || *adj. num. part.* **2.** Se dice de cada una de las cuarenta partes iguales en que se divide un todo. También *s. m.*

cuadrangular *adj.* **1.** Que tiene cuatro ángulos. ▪ Se dice también *cuadrángulo.* **2.** Se dice del torneo en el que compiten cuatro participantes. También *s. m.*

cuadrángulo, la *adj.* Que tiene cuatro ángulos. También *s. m.*

cuadrante *s. m.* **1.** Cuarta parte del círculo, o de una circunferencia, limitada por dos radios perpendiculares. **2.** Instrumento usado en astronomía para medir ángulos, compuesto de un cuarto de círculo graduado y anteojos. **3.** Reloj de sol trazado en un plano. **4.** Almohada cuadrada de cama.

cuadrar *v. tr.* **1.** Hacer que en una cuenta coincidan los totales del debe y del haber. También *v. intr.* **2.** En tauromaquia, preparar al toro para que quede con las cuatro patas en firme, sin adelantar ni atrasar ninguna, y el torero pueda entrar a matar. También *v. intr.* y *v. prnl.* **3.** *amer.* Estacionar, aparcar un automóvil. || *v. intr.* **4.**

Ajustarse bien una cosa a otra o ser adecuada para alguien. **5.** *Chile.* Estar preparada una persona para hacer alguna cosa. ‖ *v. prnl.* **6.** Ponerse alguien en posición de firmes, erguido y con los pies formando escuadra.

cuadrático, ca *adj.* **1.** Perteneciente o relativo al cuadrado. ‖ **2. función cuadrática** En mat., función cuya ecuación es de la forma

$$y = ax^2 + bx + c,$$

siendo a, b y c números reales y $a \neq 0$.

cuadratura *s. f.* Acción y efecto de hacer cuadrada una figura. ‖ **Loc. la cuadratura del círculo** *fam.* Indica la imposibilidad de una cosa.

cuádriceps *s. m.* Músculo del muslo que consta de cuatro porciones: recto anterior, vasto externo, vasto interno y crural; interviene en la extensión de la pierna y la flexión del muslo sobre la pelvis. Se llama también *cuádriceps crural.* También *adj.*

cuádrico, ca *adj.* En geom., se dice de la superficie cuya ecuación es de forma polinómica y cuyos términos o monomios son de segundo grado. A las cuádricas corresponden las superficies cónicas, cilíndricas, esféricas, así como los elipsoides, hiperboloides, etc. También *s. f.*

cuadrícula *s. f.* Conjunto de cuadrados que resultan de cortarse perpendicularmente dos series de rectas paralelas.

cuadriculado, da **1.** *p. p.* de **cuadricular**. También *adj.* ‖ *adj.* **2.** *fam.* De costumbres o ideas muy rígidas, difíciles de cambiar.

cuadricular *v. tr.* Trazar líneas que formen una cuadrícula.

cuadriga *s. f.* Carro tirado por cuatro caballos de frente, y especialmente el utilizado en las carreras de circo y en los triunfos de la antigua Roma.

cuadrilátero, ra *adj.* **1.** Que tiene cuatro lados. ‖ *s. m.* **2.** Polígono de cuatro lados, p. ej. el cuadrado, el rectángulo, el rombo o el trapecio. **3.** Ring de boxeo.

cuadrilla *s. f.* **1.** Conjunto de varias personas que realizan juntas un trabajo, persiguen un mismo fin, intervienen en un festejo, etc. **2.** Conjunto de toreros subalternos que actúan bajo las órdenes de un matador.

cuadringentésimo, ma *adj. num. ord.* **1.** Que ocupa por orden el número cuatrocientos. También *pron.* ‖ *adj. num. part.* **2.** Se dice de cada una de las cuatrocientas partes iguales en que se divide un todo. También *s. m.*

cuadriplejía *s. f.* Tetraplejía*.

cuadrivio *s. m.* Grupo de cuatro artes liberales (aritmética, geometría, música y astrología o astronomía) que, junto con el trivio, formaban la enseñanza que se daba en la universidad medieval.

cuadro *s. m.* **1.** Figura o cosa cuadrada. **2.** Pintura, dibujo, grabado, etc., hecho sobre lienzo, papel, tela, etc., a veces puesto en un marco. **3.** Escena o suceso que produce determinada impresión. **4.** Descripción viva de un espectáculo o suceso, por escrito o de palabra. **5.** Conjunto de nombres, cifras o datos presentados de manera que se vea fácilmente la relación que existe entre ellos. **6.** Conjunto de jefes o de personas que componen una organización. **7.** Conjunto de jugadores, equipo. **8.** Lugar donde están los mandos de una instalación, particularmente eléctrica. **9.** Conjunto de tubos que forman la armadura de una bicicleta. **10.** Cada una de las partes en que se dividen los actos de ciertas obras dramáticas. ‖ **11. cuadro clínico** Conjunto de síntomas en un enfermo o en una enfermedad. **12. cuadro de distribución** Conjunto de aparatos de una central eléctrica o telefónica para establecer o interrumpir conexiones o comunicaciones. ‖ **Loc. estar** (o **quedarse**) **en cuadro** Quedar en un sitio muy pocas personas o menos de las necesarias.

cuadrumano o **cuadrúmano, na** *adj.* Se dice de los animales que tienen manos en las cuatro extremidades, como los monos. También *s. m.*

cuadrúpedo, da *adj.* Se dice del animal de cuatro patas. También *s. m.*

cuádruple o **cuádruplo, pla** *adj.* **1.** Que contiene exactamente cuatro veces una cosa. También *s. m.* **2.** Se dice de la serie de cuatro cosas iguales o semejantes.

cuadruplicar *v. tr.* Hacer cuádruple, multiplicar por cuatro. ■ Se conjuga como *sacar.*

cuajado, da **1.** *p. p.* de **cuajar**. También *adj.* ‖ *adj.* **2.** *fam.* Dormido. ‖ *s. f.* **3.** Parte sólida y grasa de la leche que se separa del suero por la acción del calor, del cuajo o de los ácidos y que se toma como alimento.

cuajar[1] (del lat. *coagulare*) *v. tr.* **1.** Convertir en sólido un líquido al unir o trabar sus partes. También *v. intr.* y *v. prnl.* **2.** Recargar, llenar, cubrir. También *v. prnl.* ‖ *v. intr.* **3.** Adquirir una cosa la consistencia sólida que debe tener. **4.** Formar la nieve una capa compacta sobre las superficies. También *v. prnl.* **5.** Lograrse una cosa, tener éxito. También *v. tr.* y *v. prnl.* **6.** *Méx.* Hablar por hablar o decir mentiras. ‖ *v. prnl.* **7.** *Guat., Méx.* Emborracharse.

cuajar[2] (de *cuajo*) *s. m.* Cuarta cavidad del estómago de los rumiantes, que segrega el jugo gástrico. En él tiene lugar la formación del quimo.

cuajarón *s. m.* Coágulo de sangre o de cualquier otro líquido.

cuajo *s. m.* **1.** Acción y efecto de cuajar. **2.** Fermento contenido en el estómago de los mamíferos durante la lactancia y que sirve para coagular la leche. **3.** Sustancia con la que se cuaja un líquido. **4.** Calma, pesadez. **5.** *Méx.* Charla banal o mentira. ‖ **Loc. de cuajo** *adv.* De raíz, por entero.

cual *pron. rel.* **1.** Equivale a *que* y lleva delante el artículo determinado: *Las niñas con las cuales iba yo eran mis primas.* ‖ *adv. m.* **2.** Equivale a *como, de igual manera: Estaban quietos cual estatuas.* ■ Se utiliza frecuentemente como correlativo precedido de tal: *Se muestra tal cual es.* ‖ *pron. interr.* **3.** Se usa para preguntar la determinación del sustantivo al que precede. No lleva artículo delante y va acentuado: *¿Cuál de esos dos lápices es tuyo?* También *adj.*, sobre todo en América: *¿Cuál libro leíste?* ‖ *pron. indef.* **4.** Se emplea en oraciones coordinadas distributivas y va acentuado: *Todos debemos ayudar, cuál más, cuál menos, al éxito de la función.* ‖ **Loc. a cual más** *adv.* Se usa como ponderativo delante de adjetivos calificativos. **tal cual** *adv.* De la misma manera; también, sin inmutarse.

cualidad *s. f.* Propiedad, característica o manera de ser que distingue a una persona o cosa de otra. Sin especificar, se entiende que es positiva.

cualificado, da **1.** *p. p.* de **cualificar**. También *adj.* ‖ *adj.* **2.** Calificado, que posee autoridad y prestigio. **3.** Se dice del trabajador muy preparado en su especialidad.

cualificar *v. tr.* Calificar, atribuir cualidades. ■ Se conjuga como *sacar.*

cualitativo, va *adj.* Perteneciente o relativo a la cualidad. **Fam.** Cualitativamente.

cualquier *adj. apóc.* de **cualquiera**. Sólo se emplea antepuesto al sustantivo tanto masculino como femenino: *cualquier trabajo, cualquier cosa.*

cualquiera *adj. indef.* **1.** Se aplica a personas, animales o cosas sin precisar cuál dentro de su clase: *un alumno cualquiera.* También *pron.*: *Está al alcance de cualquiera.* **2.** Poco importante, vulgar dentro de su clase: *Un trapo cualquiera sirve.* También *s.*: *Ese abogado es un cualquiera.* ‖ *s. f.* **3.** Mujerzuela, prostituta.

cuan *adv. c.* **1.** *apóc.* de **cuanto**. Precede a adjetivos y adverbios para acentuar su significado. Tiene acento prosódico y ortográfico: *¡Cuán diferente es hoy todo!* **2.** Con valor comparativo, equivale a *como*, en correlación con *tan*, o a *todo lo... que.* Carece de acento prosódico y ortográfico: *Resbaló y cayó cuan largo era.*

cuando *adv. t.* **1.** En el momento de, en el instante en que: *Cuando él venga, me iré yo.* ‖ *adv. interr.* **2.** Equivale a *en qué momento.* Lleva acento: *¿Cuándo vas a venir?* También *s. m.*: *el cómo y el cuándo.* ‖ *conj.* **3.** Equivale a *si, puesto que, ya que: Cuando lo dice, alguna razón tendrá.* **4.** Reforzado con el adverbio *aun*, significa 'aunque': *No hablaría aun cuando le diesen dinero.* **5.** A veces tiene valor de preposición y significa 'en tiempos de': *Cuando César, Roma dominaba el Mediterráneo.* ‖ **Loc. cuando más** (o **mucho**) *adv.* A lo más: *Cuando más, nos costará mil pesetas.* **cuando menos** (o **poco**) *adv.* A lo menos: *Cuando menos, tardará una hora.* **de cuando** (o **de vez**) **en cuando** *adv.* Algunas veces, de tiempo en tiempo.

cuantía *s. f.* **1.** Cantidad. **2.** Importancia. **3.** En der., valor de la materia litigiosa, cantidad que se reclama en un juicio civil.

cuántico, ca *adj.* Perteneciente o relativo a los cuantos de energía.

cuantificador, ra *adj.* **1.** Que cuantifica. También *s. m.* **2.** En lóg., constante que indica a cuántos individuos de un cierto tipo abarca una expresión. Cuando se refiere sólo a algunos, se usa el símbolo ∃, o cuantificador particular, que se lee «existe al menos un...». Cuando se refiere a todos, se usa el símbolo ∀, o cuantificador universal, que se lee «para todo o para cualquier...».

cuantificar *v. tr.* Expresar en números. ■ Se conjuga como *sacar.* **Fam.** Cuantificación.

cuantioso, sa *adj.* Abundante, numeroso. **Fam.** Cuantiosamente.

cuantitativo, va *adj.* Perteneciente o relativo a la cantidad. **Fam.** Cuantitativamente.

cuanto, ta *adj. rel. c.* **1.** Todo lo que: *Cuantas cosas quieras, las tendrás.* También *pron.* en correlación con *tanto* o *todo*, expresos u omitidos: *Cuanto más se tiene (tanto) más se desea. Suspendieron a (todos) cuantos no se presentaron.* ■ En plural y precedido de *unos*, significa 'algunos, pocos': *unos cuantos años.* ‖ *adj. interr.* **2.** Se usa para preguntar la cantidad de lo que expresa el sustantivo al que acompaña: *¿Cuántos días vas a estar fuera?* También *pron.* y *s. m.*: *¿Cuánto ganaste? Si te gusta, el cuánto es lo de menos.* ‖ *adj. excl.* **3.** Se emplea para ponderar la cantidad de lo que expresa el sustantivo al que acompaña: *¡Cuánto tiempo ha pasado!* También *adv.*: *¡Cuánto te quiero!* ■ En estas dos últimas acepciones siempre lleva acento. ‖ *adv. rel. c.* **4.** Intensifica la cantidad de los adjetivos y adverbios a los que acompaña, a menudo estableciendo una comparación proporcional: *Ven cuanto antes. Cuanto más, mejor.* Se usa frecuentemente en correlación con *tanto*: *Cuanto mayor sea la falta, tanto mayor será el castigo.* ‖ *s. m.* **5.** En fís., cantidad de energía emitida o absorbida de forma discontinua en los procesos de transición electrónica y de radiación térmica. El concepto fue introducido por Max Planck para explicar la emisión de radiación del cuerpo negro. ‖ **Loc. a cuánto** *adv.* ¿A qué precio? **cuanto más** *adv.* Contrapone a lo que ya se ha dicho lo que se va a decir con ponderación: *Siempre le he ayudado, cuanto más en estas circunstancias.* **en cuanto** *conj.* y *adv.* Tan pronto como: *En cuanto llegue, te aviso;* también, como, en calidad de. **en cuanto a** *adv.* Por lo que toca a, en relación con. **por cuanto** *conj.* Puesto que, ya que.

cuáquero, ra *adj.* **1.** Se dice de los miembros de la secta religiosa Sociedad de Amigos, fundada en 1648 por George Fox en Inglaterra y que más tarde se extendió a EE UU. Su creencia se basa fundamentalmente en la luz interior del espíritu que ilumina a todo hombre, y su conducta se distingue por la sencillez de costumbres y la actuación en defensa de la paz. La secta carece de estructura eclesiástica y de liturgia. También *s.* **2.** Perteneciente o relativo a esta secta.

cuarcita *s. f.* Roca metamórfica formada exclusivamente por granos de cuarzo. Suele tener un color blanquecino, es muy dura y se usa en las industrias de la construcción y la cerámica.

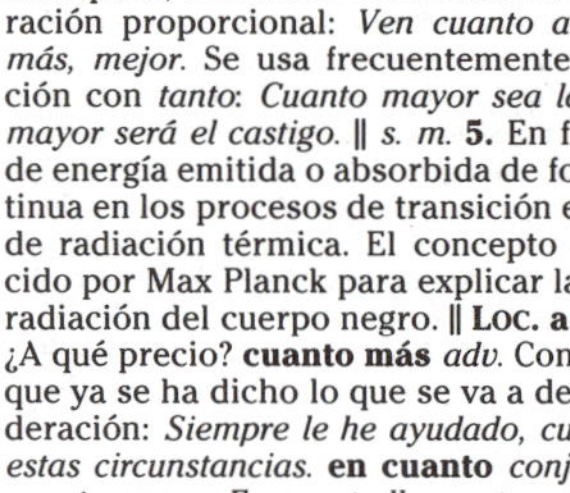

Cuarcita.

cuarenta *adj. num. card.* **1.** Cuatro veces diez. También *pron.* y *s. m.* ‖ *adj. num. ord.* **2.** Cuadragésimo. También *pron.* ‖ *s. m.* **3.** Signos que representan este número. ‖ **4. las cuarenta** En juegos de cartas, como el tute, reunir el rey y el caballo del palo que pinta. ‖ **Loc. cantar** a uno **las cuarenta** *fam.* Decirle con claridad lo que se tiene contra él.

cuarentavo, va *adj. num. part.* Se dice de cada una de las cuarenta partes iguales en que puede dividirse un todo. También *s. m.*

cuarentena *s. f.* **1.** Conjunto de cuarenta unidades; particularmente, periodo de cuarenta días, meses o años. **2.** Aislamiento como medida de precaución; especialmente, espacio de tiempo en que permanecen incomunicados personas o animales enfermos para evitar contagios. **3.** Situación de observación a la que se somete algo dudoso antes de decidir sobre ello.

cuarentón, na *adj.* Se dice de la persona que tiene entre cuarenta y cincuenta años. También *s.*

cuaresma *s. f.* En el cristianismo, tiempo litúrgico que va desde el miércoles de ceniza hasta la Pascua de Resurrección, consagrado a la penitencia y al ayuno. **FAM.** Cuaresmal.

cuarta *s. f.* **1.** Palmo, medida de longitud. **2.** En mús., intervalo entre dos notas, compuesto de dos tonos y un semitono mayor. ‖ **3. cuarta aumentada** Trítono*.

cuartana *s. f.* Fiebre, por lo general de origen palúdico, que reaparece de cuatro en cuatro días.

cuartear *v. tr.* **1.** Partir en trozos, especialmente una res. ‖ *v. intr.* **2.** Hacer un quiebro el torero al ir a poner las banderillas. También *v. prnl.* ‖ *v. prnl.* **3.** Resquebrajarse, agrietarse. **4.** *Méx.* Arrepentirse, echarse atrás.

cuartel *s. m.* **1.** Instalación para el alojamiento permanente de una tropa. **2.** Lugar donde acampa o descansa el ejército en campaña. **3.** Cada una de las divisiones o subdivisiones de un escudo. **4.** Tregua, consideración para con el enemigo. ‖ **5. cuartel general** Lugar donde se encuentra el estado mayor de un ejército. También, p. ext., lugar donde se establece la dirección de una organización, partido político, etc.

cuartelazo *s. m.* Sublevación militar.

cuartelero, ra *adj.* **1.** Perteneciente o relativo al cuartel. ‖ *s. m.* **2.** Soldado especialmente destinado a cuidar el dormitorio de su compañía.

cuartelillo *s. m.* **1.** Alojamiento de una sección de tropa. **2.** Instalaciones de un puesto de policía, guardia civil, bomberos, etc.

cuarteo *s. m.* Acción y efecto de cuartear o cuartearse.

cuarterón, na *adj.* **1.** En América, se dice hijo de mestizo o mulato y española o viceversa. También *s.* ‖ *s. m.* **2.** Cuarta parte de una libra. **3.** Postigo de algunas ventanas. **4.** Cada uno de los cuadrados o paneles en que a veces se dividen puertas y ventanas.

cuarteta *s. f.* **1.** Estrofa de cuatro versos de arte menor, de los que riman segundo y cuarto. **2.** Redondilla, estrofa.

cuarteto *s. m.* **1.** Conjunto musical de cuatro instrumentos o de cuatro voces. **2.** Composición musical para dicho conjunto. **3.** Estrofa de cuatro versos de arte mayor que suelen rimar el primero con el cuarto y el segundo con el tercero.

cuartil *s. m.* En estadística, cada uno de los valores que dividen una distribución en cuatro partes de igual frecuencia.

cuartilla *s. f.* **1.** Hoja de papel para escribir, del tamaño de la cuarta parte de un pliego. **2.** Medida para áridos (13,87 l).

cuartillo *s. m.* Antigua medida de capacidad para áridos (1,156 l) y para líquidos (504 ml).

cuarto, ta *adj. num. ord.* **1.** Que ocupa por orden el número cuatro. También *pron.* ‖ *adj. num. part.* **2.** Se dice de cada una de las cuatro partes iguales en que se puede dividir un todo. También *s. m.* ‖ *s. m.* **3.** Habitación de una casa. **4.** Cada una de las cuatro partes en que se divide una hora. **5.** Cada una de las cuatro partes en que se considera dividido el cuerpo de ciertos animales, especialmente reses y aves. **6.** Conjunto de servidores civiles o militares del rey. ‖ *pl.* **7.** *fam.* Dinero. ‖ **8. cuarto de aseo** Pequeña habitación con lavabo, retrete y otros servicios. **9. cuarto de baño** Habitación con lavabo, baño, retrete y otros servicios. **10. cuarto de estar** Habitación donde las personas de la casa se reúnen y pasan la mayor parte del tiempo. **11. cuarto de Luna** Cuarta parte del tiempo que tarda la Luna desde una conjunción a otra con el Sol; sobre todo, la segunda y la cuarta, a las que se denomina *cuarto creciente* y *cuarto menguante*, respectivamente. **12. cuartos de final** En dep., fase de la competición en la que se enfrentan ocho participantes, de los que saldrán los semifinalistas. ‖ **LOC. de tres al cuarto** *adj.* De poco valor o categoría. **tres cuartos** *adj.* Se aplica a cosas que miden tres cuartas partes de la longitud corriente, como p. ej. un abrigo. **tres cuartos de lo mismo** (o **de lo propio**) *fam.* Indica que lo dicho de una persona o cosa se puede aplicar igualmente a otra.

cuarzo *s. m.* SiO_2. Mineral dióxido de silicio. Cristaliza en el sistema hexagonal, es transparente, no exfoliable y muy duro. Su coloración depende de sus numerosas variedades, como el cristal de roca (transparente), el cuarzo amatista (violeta), el cuarzo ahumado (gris oscuro), el cuarzo zafiro (azulado), etc. Muy abundante en la naturaleza, es componente de muchas rocas. Se usa en la fabricación de abrasivos y en ornamentación.

Cuarzo.

cuasi- *pref.* Indica que el nombre al que precede designa a la cosa sólo aproximadamente: *cuasicontrato.*

cuasicontrato *s. m.* En der., acto del cual derivan derechos u obligaciones recíprocos.

cuate, ta *adj.* **1.** *Amér. C., Ec., Méx.* Camarada, compinche, amigo. También *s.* **2.** *Méx.* Gemelo, mellizo; se dice también de dos personas muy parecidas. También *s.*

cuaternario, ria *adj.* **1.** Que consta de cuatro unidades. También *s.* **2.** Se aplica al segundo y último de los periodos en que se divide la era cenozoica. Comenzó hace unos dos millones de años y dura hasta la actualidad. Se caracteriza por la presencia del hombre y, durante el último millón de años, por las alteraciones periódicas del clima, que han recibido el nombre de *glaciaciones.* Durante su transcurso se modeló el actual relieve de la Tierra. También *s. m.* **3.** Perteneciente o relativo a este periodo geológico. ‖ **4. sector cuaternario** Véase **sector**.

cuatezón, na *adj.* **1.** *Méx.* Se dice del animal que debiendo tener cuernos carece de ellos. **2.** *Méx.* Amigo íntimo, compañero. También *s.* **3.** *Méx.* Cobarde.

cuatí *s. m.* Coatí*.

cuatreño, ña *adj.* Se dice del novillo o novilla que tiene entre cuatro y cinco años.

cuatrero, ra *adj.* **1.** Se aplica al ladrón de ganado. También *s.* **2.** *Amér. C.* Traidor, bribón.

cuatri- *pref.* Significa 'cuatro': *cuatrimotor.*

cuatricromía *s. f.* Impresión de un grabado a cuatro colores (amarillo, rojo, azul y negro o gris).

cuatrienal *adj.* Que sucede o se repite cada cuatrienio o dura un cuatrienio.

cuatrienio *s. m.* Periodo de cuatro años.

cuatrillizo, za *adj.* Se dice de cada uno de los cuatro hermanos nacidos en un parto. También *s.*

cuatrimestral *adj.* Que sucede o se repite cada cuatrimestre o dura un cuatrimestre.

cuatrimestre *s. m.* Periodo de cuatro meses.

cuatrimotor *adj.* Se aplica al avión provisto de cuatro motores. También *s. m.*

cuatro *adj. num. card.* **1.** Tres y uno. También *pron.* y *s. m.* **2.** Aplicado a ciertos sustantivos, indica poca cantidad en sentido indeterminado. ‖ *adj. num. ord.* **3.** Cuarto. También *pron.* ‖ *s. m.* **4.** Signos que representan este número.

cuatrocientos, tas *adj. num. card.* **1.** Cuatro veces cien. También *pron.* y *s. m.* ‖ *adj. num. ord.* **2.** Cuadringentésimo. También *pron.* ‖ *s. m.* **3.** Signos que representan este número.

Cuauhtémoc (Tenochtitlan h. 1500 - Izankanak 1525) Último emperador azteca de México-Tenochtitlan. Defendió la capital azteca contra los españoles, hasta que fue hecho prisionero por Cortés. Murió ejecutado.

cuba *s. f.* **1.** Recipiente de madera para contener líquidos, formado por tablas curvas unidas y cerrado en sus extremos por dos bases circulares. **2.** Su contenido. ‖ **LOC. como una cuba** *fam.* Muy borracho.

Cuba Estado de América Central, en el mar Caribe, formado por la isla del mismo nombre, la isla de la Juventud, el archipiélago de Camagüey y otros islotes.

Extensión: 110.861 km^2.
Situación: en el centro del Caribe, al S de la península de Florida.
Población: 10.603.000 h. en 1990.
Densidad: 95,6 h./km^2.
Capital: La Habana.
División administrativa (provincias): Pinar del Río, La Habana, Matanzas, Cienfuegos, Villa Clara, Sancti Spíritus, Ciego de Ávila, Camagüey, Las Tunas, Granma, Holguín, Santiago de Cuba, Guantánamo, Isla de la Juventud.
Ciudades principales: Santiago de Cuba, Camagüey, Holguín.
Gentilicio: cubano.
Forma de Estado: república socialista.
Idioma: español.
Religión: catolicismo, 39 %; protestantismo, 3,3%.
Moneda: peso.
Tasa de natalidad: 18 ‰ en 1990.
Tasa de mortalidad: 7 ‰ en 1990.
Renta per cápita: 1.185 dólares en 1987.

Geog. física El relieve de la isla de Cuba, formado por un gran zócalo primario, es en su mayor parte llano, a excepción de la Sierra Maestra, en el SE, con alturas como el pico Turquino, de 2.040 m, y otros pequeños enclaves montañosos, como las sierras de Trinidad y de los Órganos. Los ríos son cortos; sobresale el Cauto, con

Para conseguir mediante cuatricromía un grabado a todo color se superponen tres imágenes en los tres colores primarios (amarillo, magenta y azul) y una cuarta en negro.

250 km de longitud. Las costas, flanqueadas por numerosas islas, entre las que destaca La Juventud, y muy recortadas, dan lugar a puertos naturales. El clima es tropical, aunque en la parte occidental es subtropical por influencia del continente. La temperatura media anual se sitúa en 25° C. La estación seca corresponde al invierno y la húmeda al verano. Las precipitaciones son abundantes entre abril y octubre. La vegetación es de bosque tropical y, en las zonas más pobres, de matorral rastrero y chaparro.

Geog. humana y ***económica*** La población, urbana en un 72,8 %, está compuesta por un 70 % de blancos, un 17% de mulatos y un 12 % de negros. La base de la economía descansa en la explotación de recursos naturales, tanto agrícolas (caña de azúcar, tabaco, café, plátanos, cacao, algodón y maíz) como pesqueros y ganaderos. Existen yacimientos de cromo y níquel. La industria principal es la de transformación agrícola: tabaco, azucareras y destilerías de ron, aunque también destacan la textil y la química.

Hist. **descubrimiento y colonización** Primitivamente habitada por pueblos como los siboneyes, taínos y guanajatabeyes, la isla fue descubierta por Colón en octubre de 1492 y definitivamente ocupada por los españoles en 1515. Los colonizadores hicieron de La Habana un importante puerto comercial y base de las expediciones que regresaban a la metrópoli. La colonización provocó la práctica desaparición de la población autóctona, diezmada por las enfermedades que habían llevado los europeos. Hasta mediados del s. XVIII, Cuba fue repoblándose lentamente mediante la llegada de esclavos negros, que se convirtieron en el factor clave de la producción. El monocultivo de la caña de azúcar se intensificó a lo largo de los s. XVIII y XIX y entre 1838 y 1880 la industria azucarera llegó a ser la más mecanizada del mundo, pues sus fábricas contaban con maquinaria de vapor y red de ferrocarril. La buena marcha de la economía, acentuada tras la apertura en 1765 del comercio con los puertos españoles y la ruina de la industria azucarera de Haití, y el temor de la clase criolla a que las ideas liberales acabaran con el esclavismo, retrasaron la aparición de un movimiento independentista. La primera gran sublevación se inició el 10 de octubre de 1868 con el grito de Yará, lanzado por Carlos Manuel de Céspedes, y dio lugar a la guerra de los Diez Años (1868-78), que puso de manifiesto la debilidad de la metrópoli, aunque las divisiones internas impidieron el éxito de los rebeldes. La guerra terminó con el pacto de Zanjón (1878), por el que España se comprometía a conceder una cierta autonomía a la isla, solución no aceptada por los independentistas cubanos más radicales, dirigidos por Antonio Maceo. En 1886, la esclavitud fue abolida oficialmente, pero ello no detuvo los movimientos de emancipación, a los que apoyaba EE UU. En 1892, el poeta José Martí fundó el Partido Revolucionario Cubano y el 25 de febrero de 1895 se inició una nueva insurrección.

independencia Tras la muerte de Martí en combate, tomó el mando de los sublevados Máximo Gómez, aunque el factor que decidió la guerra fue la intervención estadounidense en 1898, justificada por la voladura de su acorazado *Maine* en el puerto de La Habana. Destruida su flota, España capituló en agosto de 1898 y Cuba obtuvo la independencia por el tratado de París (octubre de 1898), aunque EE UU no permitió a los jefes patriotas asistir a la reunión. La isla estuvo ocupada por tropas estadounidenses hasta 1901, año en que se convocaron elecciones, que dieron a Cuba su primer presidente, Tomás Estrada Palma (1902-06). La enmienda Platt (1901), impuesta a los cubanos, dio a EE UU el derecho a supervisar los compromisos internacionales, intervenir en los asuntos internos y establecer una base naval en la isla Guantánamo. La vida política de la nueva nación se caracterizó por la inestabilidad, las épocas de dictadura (Machado en 1925, Batista en 1952) y la influencia de EE UU, que poseía importantes intereses económicos en la isla. En 1952 Fulgencio Batista derrocó al presidente electo Prío Socarrás e implantó un régimen dictatorial. En 1956, un grupo rebelde encabezado por el abogado Fidel Castro, creador del movimiento 25 de Julio y famoso por su asalto al cuartel de Moncada, inició en Sierra Maestra una guerra de guerrillas contra Batista, al que derrotó en 1959.

revolución El nuevo régimen tenía fuertes raíces en el nacionalismo de Martí, pero evolucionó muy pronto hacia el comunismo y la órbita política y económica de la URSS, debido en parte a la hostilidad de EE UU, que en 1961 organizó una fallida invasión en la bahía de Cochinos y decretó además el bloqueo económico de la isla. Cuba apoyó y fomentó las luchas revolucionarias en el Tercer Mundo (América del Sur, Congo, Angola, Etiopía) y se dotó en 1976 de una constitución de carácter socialista, con régimen político de partido único. En lo económico se encontraba muy ligada al COMECON y a la ayuda soviética. Los cambios producidos en la Europa del E y la URSS a fines de los años ochenta y principios de los noventa pusieron al Estado cubano en una delicada situación, tanto en su política interna y sus relaciones internacionales, como en lo económico, debido al cese de la ayuda soviética.

Arte La época precolonial carece de manifestaciones artísticas de importancia. Con la llegada de los españoles se inicia una arquitectura de carácter defensivo, de poco valor artístico. En el s. XVII predomina una arquitectura religiosa con planta sencilla de una sola nave y fachada de escasa ornamentación, de influencia española (mudéjar), cuya obra más destacada es el convento de Santa Clara (1638-44). En el s. XVIII se inicia el estilo barroco cubano, caracterizado por la sobriedad decorativa, líneas curvas, fuertes claroscuros y la utilización de madera. Entre sus obras principales figuran las iglesias de Guanabacoa (1714-21), San Francisco (1719-38) y San Agustín, la catedral de La Habana y las casas de Correos (1770-92) y Gobierno (1776-92), también en la capital. En el s. XIX se sustituye el estilo barroco por el neoclásico, potenciado por la fundación en 1817 de la Escuela de San Alejandro, primera institución de pintura y escultura de la isla. Hacia 1925, un grupo de pintores, como Víctor Manuel (1896), Carlos Enríquez (1901-57) y Eduardo Abela (1892-1965), introdujo las tendencias de la nueva escuela de París, mientras que otros, como Portocarrero (1912), Amelia Peláez (1937-68) y Wifredo Lam (1902), toman como punto de partida para sus realizaciones los detalles de la arquitectura colonial, la flora tropical y la tradición africana. En la década de los cincuenta, Raúl Martínez (1927) y Fayad Jamís (1930) inician la pintura abstracta, vinculada a un movimiento llamado *tachismo*; en los años setenta se manifestaron tendencias figurativas, como la expresionista de Antonio Eiriz (1931).

Lit. Suele considerarse la epopeya *Espejo de paciencia* (h. 1608), de Silvestre de Balboa, como hito inicial de la literatura cubana. En 1790 se inicia una brillante etapa literaria con la fundación de *El papel periódico de La Habana*. José María de Heredia introdujo el romanticismo; en este mismo movimiento destacan Gabriel de la Concepción Valdés (Plácido) y, sobre todo, Gertrudis Gómez de Avellaneda. En la narrativa costumbrista lo hacen Cirilo Villaverde, con su *Cecilia Valdés* (1839), y José María Cárdenas, y en poesía Julián del Casal y José Martí, dos figuras que llenan la segunda mitad del s. XIX. En el s. XX brillan los poetas Regino Eladio Boti, Agustín Acosta, José Manuel Poveda y Rubén Martínez Villena, y los narradores Carlos Loveira, Jesús Castellanos, Alfonso Hernández-Catá y Luis Felipe Rodríguez. En 1927 aparece la revista *Avance*, inconformista y renovadora. Entre los nuevos poetas se debe mencionar a Dulce María Loynaz, Mariano Brull y Eugenio Florit, así como a los cultivadores de la corriente negrista Nicolás Guillén y Emilio Ballagas. En narrativa, a Alejo Carpentier, máximo exponente de la novela cubana, y Lino Novás, y como ensayista a Juan Marinello y Jorge Mañach. En 1944 surge la revista *Orígenes*, dirigida por José Lezama Lima, poeta y narrador. De las últimas generaciones sobresalen, entre otros poetas, Cintio Vitier, Virgilio Piñera (también narrador), Roberto Fernández Retamar (también crítico y ensayista) y Heberto Padilla; los narradores Jorge Cardoso, Guillermo Cabrera Infante, Severo Sarduy, Miguel Barnet y Lisandro Otero. En el teatro hay que citar a José Triana, junto con Carlos Felipe, Fermín Borges y Antón Arrufat.

Arte cubano: Guajiros, *cuadro de Eduardo Abela del año 1938.*

Cuba: bahía de Cienfuegos, en la costa meridional de la isla.

Mús. La música popular cubana es, en gran parte, de origen africano (bailes como la caringa, conga, tango) o está fuertemente influida por la música negra (bolero, danzón, rumba, etc.), aunque también se advierte en ella la influencia española. La danza más popular es la habanera. El primer compositor notable del país fue Esteban de Salas (1725-1803), cuya música responde estilísticamente a la escuela napolitana y española. En el s. XIX, Juan París (1751-1845), Silvano Boudet (1828-63), Manuel Saumell (1817-70), Nicolás Ruiz de Espadero (1832-90) e Ignacio Cervantes (1847-1905) dieron gran prestigio a la música cubana. En el s. XX, Amadeo Roldán (1900-1939) inició el moderno arte sinfónico cubano. También es importante la obra de Ernesto Lecuona (1896-1964) y de Alejandro García Caturla (1906-40). La generación más joven de músicos cubanos abarca todas las manifestaciones estéticas vigentes en la actualidad (Roberto Valera, Héctor Angulo, Sergio Fernández, Calixto Álvarez, Carlos Malcolm, Jorge Berroa, etc.). En el campo de la canción popular merece mención el movimiento de la Nueva Trova Cubana, con intérpretes como Silvio Rodríguez y Pablo Milanés.

Cine El pionero del cine cubano fue Enrique Díaz Quesada, autor del largometraje *Manuel García, rey de los campos de Cuba* (1913). Tras la crisis provocada por la aparición del sonoro, se promulgan durante el gobierno de Prío Socarrás algunas leyes favorables al cine. Destaca en este periodo Manuel Alonso, autor de *Siete muertos a plazo fijo* (1949). En 1953 se realizó la superproducción histórica de Emilio Fernández sobre la figura de José Martí *La rosa blanca*. En 1959, la industria fue nacionalizada y se creó un monopolio estatal, el Instituto Cubano de Arte e Industria Cinematográfica, dirigido por Alfredo Guevara, que se hizo cargo de la producción, distribución e importación de películas. Entre los nuevos realizadores sobresalen Julio García Espinosa (*Patria y muerte*, 1960), Óscar Torres (*Tierra olvidada*, 1960), Santiago Álvarez (*Ciclón*, 1963) y Tomás Gutiérrez Alea (*Memorias del subdesarrollo*, 1967-68; *La última cena*, 1976).

cubalibre o **cuba-libre** *s. m.* Combinado a base de ron blanco y zumo de lima, que se completa con cola; frecuentemente se aplica a la combinación de ron u otra bebida alcohólica con un refresco de cola.

cubanismo *s. m.* Palabra o giro propio de los cubanos.

cubano, na *adj.* De Cuba. También *s.*

cubata *s. m. fam.* Cubalibre*.

cubero, ra *s. m.* y *f.* Persona que hace o vende cubas.

cubertería *s. f.* Conjunto de cucharas, tenedores, cuchillos y utensilios semejantes.

cubeta *s. f.* **1.** Recipiente semejante a un cubo. **2.** Recipiente rectangular, con poco fondo, que se usa en los laboratorios de química y fotografía para manipular con ciertos productos. **3.** Depósito para el mercurio que tienen los barómetros en su parte inferior. **4.** En geol., depresión del terreno, de gran extensión y sin avenamiento o salida de aguas al exterior.

cubicar *v. tr.* **1.** Determinar la capacidad o volumen de un cuerpo o un espacio en unidades cúbicas o de otra clase. **2.** Elevar un número, monomio o polinomio, a la tercera potencia, al cubo. ■ Se conjuga como *sacar*. **FAM.** Cubicación.

cúbico, ca *adj.* **1.** Perteneciente o relativo al cubo, tercera potencia de un número; aplicado a medidas de longitud, las transforma en unidades de capacidad equivalentes a un cubo que tiene como lado la unidad de longitud de que se trate. **2.** Que tiene forma de cubo geométrico. **3.** En mat., se dice de la raíz de índice 3. **4.** En mat., se aplica a las ecuaciones o funciones de tercer grado. **5.** En mineralogía, se aplica al sistema cristalino caracterizado por presentar tres ejes de igual longitud y perpendiculares entre sí, lo que configura una malla cristalina en forma de cubo.

cubículo *s. m.* Recinto pequeño.

cubierto, ta **1.** *p. p.* irreg. de **cubrir**. También *adj.* || *s. m.* **2.** Conjunto de cuchara, tenedor y cuchillo, o de cuchara y tenedor; también, cada uno de estos utensilios. **3.** Servicio de mesa para cada uno de los que han de comer, compuesto principalmente de los tres utensilios anteriores más un plato, vasos y servilleta. **4.** Comida que se sirve en los restaurantes, hoteles, etc., con unos platos fijos y por un precio determinado. || *s. f.* **5.** Aquello que cubre algo para taparlo o resguardarlo. **6.** Tapa de los libros y discos. **7.** Portada de una revista. **8.** Parte exterior del tejado de un edificio. **9.** En las ruedas de los vehículos, banda de caucho que protege exteriormente la cámara de los neumáticos. **10.** Cada una de las partes exteriores, o que están a la intemperie, de una embarcación y, especialmente, el piso superior. || **LOC. a cubierto** *adv.* Resguardado, protegido.

cubil *s. m.* **1.** Guarida o madriguera de los animales. **2.** *fam.* Refugio, escondrijo. **3.** *fam.* Cuarto, aposento.

cubilete *s. m.* **1.** Vaso generalmente de boca ancha que sirve para mover y arrojar los dados. **2.** Vaso utilizado en juegos de manos. **3.** Vaso más ancho por la boca que por la base, que se usa en cocina como molde. **4.** *amer.* Sombrero de copa alta.

cubismo *s. m.* Movimiento pictórico surgido en Francia en los primeros años del s. XX y caracterizado por el empleo de formas geométricas, la representación simultánea de diferentes facetas de objetos y figuras, la superposición de los planos y el uso del collage. Influido por la obra de Cézanne, sus principales representantes son Pablo Picasso, cuyo cuadro *Las señoritas de Avignon* (1907) se considera el punto de partida del nuevo estilo, Georges Braque y Juan Gris. Entre los numerosos pintores que se adhirieron a él y luego desarrollaron su propio lenguaje destacan Fernand Léger, Robert Delaunay y Marcel Duchamp. La influencia del cubismo es palpable asimismo en las esculturas de Archipenko y de Duchamp-Villon y en la obra arquitectónica de Le Corbusier. **FAM.** Cubista.

Pintura cubista: Violín y clarinete, *cuadro de Georges Braque (Galería Nacional, Praga).*

cubital *adj.* Perteneciente o relativo al codo o al cúbito.

cúbito *s. m.* Hueso que forma, junto con el radio, el antebrazo. En su parte superior se articula en el codo con el húmero y en la inferior, con los huesos del carpo en la muñeca.

cubo[1] (del lat. tardío *cupus*, de *cupa*, cuba) *s. m.* **1.** Recipiente que es más ancho por la boca que por el fondo, con un asa en el borde superior, generalmente para uso doméstico. **2.** Pieza central en que se encajan los radios de una rueda.

cubo[2] (del lat. *cubus*, y éste del gr. *kubos*, cubo, dado) *s. m.* **1.** Poliedro formado por seis caras que son cuadrados iguales. El lado del cuadrado se denomina arista *(l)*. La superficie del cubo es igual a $6l^2$ y el volumen a l^3. También se llama *hexaedro regular*. **2.** Tercera potencia de un número, monomio o polinomio, resultado de multiplicarlo dos veces por sí mismo.

cubrecadena *s. m.* Pieza de la bicicleta que protege la cadena.

cubrecama *s. m.* Cubierta que se pone encima de la cama, sobre las demás ropas.

cubreobjetos *s. m.* Lámina delgada de cristal con que se cubren las preparaciones microscópicas para examinarlas o conservarlas.

cubrir *v. tr.* **1.** Tapar u ocultar una cosa con otra. También *v. prnl.* **2.** Estar o poner una cosa sobre otra en gran cantidad. **3.** Proteger, defender. También *v. prnl.* **4.** Ocupar, completar. **5.** Encargarse de algo; particularmente, informar puntualmente un periodista del desarrollo de una noticia. **6.** Tratándose de una distancia, ruta, etc., recorrerla. **7.** Alcanzar, ser suficiente una cosa para algo. También *v. prnl.* **8.** Llenar a una persona de atenciones, insultos, alabanzas, besos, etc. También *v. prnl.* **9.** Disimular una cosa con otra. **10.** Unirse el macho a la hembra para fecundarla. || *v. prnl.* **11.** Ponerse el sombrero, la gorra, etc. **12.** Taparse total o parcialmente el cuerpo con algo. **13.** Nublarse. **14.** En una formación, desplazarse lateralmente cada uno de los que la integran hasta quedar situado detrás y en la misma hilera que el anterior. ■ Su p. p. es irreg.: *cubierto*.

cucamonas *s. f. pl. fam.* Carantoñas.

cucaña *s. f.* Palo largo untado de una sustancia resbaladiza y por el que hay que pasar o trepar para coger un premio situado en su lado opuesto.

cucaracha *s. f.* **1.** Nombre común de diversos insectos blatoideos de la familia blátidos, géneros *Blatta*, *Megaloblatta*, *Periplaneta* y otros. Su tamaño es muy variable, alcanzan hasta 2,5 cm de longitud, y su color es negro o pardo. Tienen mandíbulas para morder y masticar, el tórax protegido por una débil coraza y alas, aunque rara vez vuelan. Su existencia se remonta al paleozoico, tienen costumbres nocturnas, se alimentan de materias animales y vegetales y protegen sus huevos mediante una estructura que los preserva de la desecación y hace muy difícil su exterminio. Son una plaga doméstica, especialmente en las ciudades. Las especies más importantes son la cucaracha común *(Blatta orientalis)*, la germánica *(Blattella germanica)*, la americana *(Periplaneta americana)* y la gigante *(Megaloblatta rufipes)*. **2.** *Arg.*, *Méx.* Coche feo y destartalado. **3.** *Méx.* Coche de tranvía remolcado por otro.

Cucaracha común (Blatta orientalis).

cuchara *s. f.* **1.** Utensilio formado por un mango y una pieza ovalada y cóncava, que sirve principalmente para llevarse a la boca los alimentos líquidos o poco consistentes. **2.** Cucharada*. **3.** Especie de caja metálica articulada de las grúas, excavadoras, dragas, etc., que sirve para sacar materias y transportarlas de un sitio a otro. **4.** *amer.* Paleta de albañil. || **LOC. meterle** a alguien una cosa **con cuchara** *fam.* Explicársela minuciosamente para que la comprenda.

cucharada *s. f.* Porción de cualquier cosa que cabe en una cuchara.

Cúchares, Francisco Arjona, llamado (Madrid 1818 - La Habana 1868) Matador de toros español, alumno de la Escuela de Tauromaquia de Sevilla. Tomó la alternativa en Madrid (1840). Destacó por su toreo de muleta con la derecha. La frase *el arte de Cúchares* se emplea como sinónimo de toreo.

cucharilla *s. f.* **1.** *dim.* de **cuchara**. Cuchara pequeña, generalmente de café o de postre. **2.** Artificio de pesca provisto de varios anzuelos y una pieza metálica que con su brillo y movimiento atrae a los peces.

cucharón *s. m.* **1.** *aum.* de **cuchara**. Cuchara grande o cacillo con mango, que sirve para repartir la comida en los platos y para otros usos. **2.** Cantidad de comida que cabe en este utensilio.

cuché *adj.* Se dice del papel muy satinado, que se emplea en revistas y libros que llevan fotografías o grabados. También *s. m.*

cuchichear *v. intr.* Hablar a alguien en voz baja o al oído, para que otros no se enteren. **FAM.** Cuchicheo.

cuchichí *s. m.* Canto de la perdiz.

cuchilla *s. f.* **1.** Hoja de acero con un filo, empleada para cortar. **2.** Cuchillo grande y pesado. **3.** Hoja de afeitar. **4.** Pieza del arado que sirve para cortar verticalmente la tierra.

cuchillada *s. f.* Corte dado con un cuchillo u otra arma blanca y herida que causa.

cuchillería *s. f.* **1.** Fábrica de cuchillos. **2.** Tienda en la que se venden cuchillos u otros objetos similares.

cuchillero, ra *s. m.* y *f.* **1.** Persona que hace o vende cuchillos. **2.** *amer.* Camorrista, pendenciero.

cuchillo *s. m.* **1.** Instrumento cortante formado por un mango y una hoja de acero con filo por un solo lado. **2.** Cada uno de los colmillos inferiores del jabalí. **3.** Pieza triangular que se pone en algunas prendas de vestir para ensancharlas o como remiendo. **4.** Conjunto de piezas de madera, hierro, etc., que sirve de sostén. **5.** Corriente de aire frío que entra por una rendija. ‖ **LOC. pasar a cuchillo** Dar muerte a los prisioneros o a los habitantes de un lugar conquistado.

cuchipanda *s. f. fam.* Reunión de un grupo de personas para comer o divertirse.

cuchitril *s. m.* **1.** Pocilga de algunos animales. **2.** Cuarto muy pequeño, sucio y desordenado. **3.** Vivienda muy pequeña y de mal aspecto.

cucho, cha *adj.* **1.** *Amér. C.* Jorobado. **2.** *Méx.* Desnarigado. ‖ *s. m.* **3.** *Col.* Desván, cuchitril. **4.** *Ec., Perú.* Rincón.

cuchufleta *s. f. fam.* Dicho o palabras de broma o de burla.

cuclillas, en *loc. adv.* En postura que consiste en estar agachado, con las nalgas cerca de los talones o apoyadas en ellos.

cuclillo *s. m.* Ave cuculiforme de la familia cucúlidos, especie *Cuculus canorus.* Mide unos 33 cm de longitud y presenta plumaje castaño o gris, con el vientre barrado de blanco y negro el macho y de gris o pardorrojizo la hembra. Sus patas son cortas, la cola larga, la cabeza grande y el pico grueso. Deposita sus huevos en nidos de otras aves y, cuando nace, la cría de cuco expulsa a las del ave cuyo nido ha parasitado. Se alimenta sobre todo de insectos y emite un canto repetitivo y característico. Vive en zonas tropicales y templadas; los que habitan en estas últimas son migratorios. Se llama también *cuco.*

Cuclillo común (*Cuculus canorus*).

cuco, ca *adj.* **1.** Se dice de la persona astuta, que obra con habilidad para su propia conveniencia. También *s.* **2.** Agradable, gracioso, bonito. ‖ *s. m.* **3.** Cuclillo*. ‖ **4. reloj de cuco** Reloj de pesas con un cuclillo que aparece para cantar las horas y las medias horas o los cuartos.

cucú *s. m.* **1.** Canto del cuclillo o cuco. **2.** Reloj de cuco.

cucúlidos *s. m. pl.* Familia de aves perteneciente al orden cuculiformes, que comprende 127 especies de diversos géneros, entre los que destaca *Cuculus.* Son aves gráciles de larga cola, pico curvado y alas puntiagudas. Habitan en casi todo el mundo. También *adj.* y *s. m.*

cucurbitáceas *s. f. pl.* Familia de plantas dicotiledóneas del orden cucurbitales, que comprende los géneros *Cucurbita, Cucumis,* etc. Son plantas herbáceas anuales, tienen hojas alternas, tallo con zarzillos y fruto en pepónide frecuentemente comestible. Crecen en regiones templadas y tropicales y son cultivadas como alimento. Cucurbitáceas son la sandía, el melón, la calabaza, el pepino, etc. También *adj.* y *s. f.*

cucurucho *s. m.* **1.** Bolsa de papel o cartón en forma cónica, que sirve para contener objetos menudos, como frutos secos, caramelos, etc. **2.** Gorro de esa forma que llevan los penitentes en las procesiones de Semana Santa. **3.** Otro objeto de forma semejante.

Cúcuta Véase **San José de Cúcuta**.

cucuyo *s. m. amer.* Cocuyo*.

cueca *s. f.* Baile de pareja suelta, de ritmo vivo; se baila en muchos países sudamericanos y es característico de Chile.

cuelga *s. f.* **1.** Acción y efecto de colgar frutos u otros comestibles para conservarlos. **2.** Sarta de estos comestibles.

cuelgue *s. m. fam.* Estado producido por una droga.

cuello *s. m.* **1.** Parte del cuerpo que une la cabeza con el tronco en los hombres y algunos animales. **2.** Pieza de un vestido que rodea el cuello; también, adorno superpuesto de encaje, piel, etc., que cubre el cuello. **3.** Parte superior y más estrecha de una botella, garrafa, frasco, etc., donde está la boca. **4.** P. ext., se aplica a la parte estrecha y alargada de un cuerpo, especialmente si es redonda.

cuenca *s. f.* **1.** Cavidad en que está cada uno de los ojos. **2.** En geomorfología, región formada por materiales sedimentarios, ligeramente hundida en su parte central y con suaves pendientes. **3.** Depresión del terreno, de dimensiones muy variables, causada por un fenómeno de hundimiento y limitada por fallas. ‖ **4. cuenca de recepción** Parte superior de un torrente, donde convergen las aguas de los deshielos y precipitaciones. **5. cuenca hidrográfica** Región en la que sus aguas fluyen y se concentran en un río, mar o lago. Cuando las aguas no alcanzan el mar, la cuenca se denomina *cerrada* o *endorreica.* **6. cuenca marina** Depresión del fondo oceánico, caracterizada por su gran extensión y su relativa uniformidad. **7. cuenca minera** Región en cuyo subsuelo existen grandes cantidades de un determinado mineral, que se extrae en numerosas minas, p. ej., cuenca del Ruhr, cuenca asturiana, etc.

Cuenca **1.** Prov. de España, perteneciente a la comunidad autónoma de Castilla-La Mancha. 17.061 km^2. 204.300 h. en 1991. Está limitada al N por Guadalajara, al S por Albacete, al E por Teruel y Valencia y al O por Toledo, Ciudad Real y Madrid. En su relieve se distingue una zona montañosa al N, donde se encuentra la serranía de Cuenca, que forma parte del Sistema Ibérico, y una zona llana al SO, que pertenece a La Mancha. Está regada por la cuenca alta del Júcar, del Tajo y del Guadiana. El clima es mediterráneo de interior, con temperaturas muy bajas en invierno y altas en verano. Las precipitaciones son escasas. La población ha descendido mucho debido sobre todo a la emigración, por lo que la provincia arroja una de las densidades más bajas de España (12 h./km^2). La agricultura es la base de su economía, principalmente el cereal y el viñedo, aunque en los últimos años empiezan a tener gran importancia el regadío y los cultivos de plantación (girasol y plantas forrajeras). Existe también explotación forestal y ganadería ovina.

2. C. de España, cap. de la prov. del mismo nombre, situada en la confluencia de los ríos Huécar y Júcar. 42.600 h. en 1991. Posee industrias madereras y es un importante centro turístico, en el que destacan la catedral gótica, las casas colgantes del s. XV y el Museo de Arte Abstracto. Tiene su origen en una fortaleza musulmana del s. VIII, conquistada por Alfonso VIII en 1177 y convertida en sede episcopal en 1182. Fue ocupada por el ejército napoleónico en la guerra de Independencia (1808) y en la tercera guerra carlista por el infante Alfonso Carlos. Durante la guerra civil española permaneció en manos republicanas hasta el final de la contienda.

Cuenca: vista de las casas colgantes.

Cuenca C. de Ecuador, cap. de la prov. de Azuay, situada al SE de Guayaquil. 218.500 h. en 1989. Constituye el núcleo urbano de una comarca agrícola y ganadera. Cuenta con industrias alimentarias y azucareras, así como manufacturas de plata, tejidos (algodón) y artesanía (sombreros).

cuenco *s. m.* **1.** Vasija de barro, madera, etc., sin reborde y muy ancha. **2.** Concavidad, sitio cóncavo.

La cuenca del Tajo se extiende de nordeste a sudoeste, desde el nacimiento del río en Fuente García, en la sierra de Albarracín, hasta su desembocadura en el océano Atlántico.

cuenta *s. f.* **1.** Acción y efecto de contar. **2.** Cualquier operación aritmética que consiste en sumar, restar, multiplicar o dividir. **3.** Factura o nota escrita con lo que debe pagar una persona por una compra o un servicio. **4.** Conjunto de anotaciones de gastos e ingresos de una actividad comercial o similar. **5.** Depósito de dinero que una persona o entidad tiene en un banco o caja de ahorros. **6.** Explicación o justificación de los actos de una persona. **7.** Bolita perforada de diversos materiales que se emplea para hacer collares, rosarios, etc. **8.** Cuidado, obligación, asunto. **9.** Con *tener, tomar* y otros verbos, consideración, atención. **10.** Con *traer* y *tener*, beneficio, provecho. **11.** Plan, proyecto, esperanza. Se usa más en *pl.* || **12. cuenta corriente** La que tiene una persona o entidad en un banco y le permite disponer de manera inmediata de las cantidades depositadas. **13. la cuenta de la vieja** *fam.* La que se hace con los dedos o por otro procedimiento simple. **14. las cuentas del Gran Capitán** Las exageradas o fantásticas o sin la debida justificación. || **Loc. a cuenta** *adj.* o *adv.* Como anticipo. **a cuenta de** *adj.* o *adv.* Como compensación o a cambio de alguna cosa. **ajustarle** a alguien **las cuentas** *fam.* Reprenderle, decirle lo que se tiene contra él. Se usa como amenaza. **caer** uno **en la cuenta** Percatarse, comprender algo que no entendía o de lo que no se había enterado. **dar cuenta de** una cosa Comunicarla, explicarla o justificarla. También, acabarla, consumirla. **darse cuenta de** algo Percatarse de ello, percibirlo, advertirlo. **echar cuentas** Reflexionar sobre lo bueno y lo malo de una cosa. **en resumidas cuentas** *adv. fam.* En conclusión o con brevedad. **hacer** (o **hacerse**) uno **cuenta** (o **la cuenta**) *fam.* Figurarse o dar por supuesto. **no querer** uno **cuentas** con otro *fam.* Negarse a tratar o colaborar con él. **perder la cuenta** Ser muy difícil acordarse de las cosas, porque son demasiado numerosas o hace mucho tiempo de ellas. **por cuenta de** alguien *adv.* A su cargo o en nombre suyo. **por** (o **de**) **cuenta y riesgo de** alguien *adv.* Bajo su total responsabilidad. **salir** (o **estar**) **fuera de cuenta** Haber cumplido ya una mujer los nueve meses de embarazo. **vivir a cuenta de** una persona Depender completamente de ella, estar mantenido por ella.

cuentagotas *s. m.* Utensilio formado principalmente por un tubito de vidrio o plástico, que permite verter y contar gota a gota un líquido. || **Loc. a** (o **con**) **cuentagotas** *adv. fam.* Con tacañería o muy poco a poco.

cuentahílos *s. m.* Instrumento dotado de una lente de aumento que se usa para ver los hilos de la trama de un tejido, el detalle de un dibujo, de una diapositiva, etc.

cuentakilómetros *s. m.* Aparato que indica la velocidad a la que circula un automóvil y los kilómetros que ha recorrido.

cuentapasos *s. m.* Podómetro*.

cuentarrevoluciones *s. m.* Instrumento que cuenta y registra las revoluciones de un motor, p. ej. en los automóviles.

cuentista *adj.* **1.** Se dice de la persona exagerada, embustera. También *s.* **2.** *fam.* Se aplica a la persona aficionada a contar chismes. También *s.* || *s. m.* y *f.* **3.** Persona que se dedica a contar o escribir cuentos.

cuento *s. m.* **1.** Relato de breve extensión, especialmente el de hechos fantásticos dirigido a los niños. **2.** *fam.* Mentira, pretexto o falsa apariencia con el que se trata de ocultar algo o presentarlo diferente de la realidad. **3.** *fam.* Chisme, enredo. || **4. cuento chino** *fam.* Embuste, invención. **5. el cuento de la lechera** Proyecto ambicioso que alguien hace sin una base sólida. **6. el cuento de nunca acabar** Asunto o negocio que se complica y al que nunca se le ve el fin. || **Loc. a cuento** *adv.* A propósito o en relación con lo que se trata. **vivir del cuento** *fam.* Vivir sin trabajar, sin dar golpe.

cuera *s. f.* **1.** *amer.* Azotaina, zurra. **2.** *Amér. C.* Polaina basta de cuero.

cuerazo *s. m.* **1.** *amer.* Latigazo. **2.** *amer.* Golpe, caída.

cuerda *s. f.* **1.** Conjunto de hilos de cáñamo, esparto, etc., que torcidos juntos forman uno solo, grueso y flexible. **2.** Hilo de tripa de cerdo, acero, etc., que se emplea en los instrumentos musicales, como el arpa, la guitarra, el violín. ■ Se utiliza también como genérico para designar el conjunto de estos instrumentos. **3.** Muelle o resorte que hace funcionar el reloj u otro mecanismo. **4.** Cada una de las cuatro voces fundamentales de bajo, tenor, contralto y tiple. **5.** Conjunto de presos a los que se conduce atados uno tras otro. **6.** En geom., segmento rectilíneo que une dos puntos de una curva. || **7. cuerda floja** Cable o alambre poco tenso sobre el cual hacen sus ejercicios los acróbatas. **8. cuerdas vocales** Bandas membranosas situadas en la cara interna de la laringe que, al vibrar o poner en vibración el aire procedente de los pulmones, producen los sonidos de la voz. Las cuerdas vocales se dividen en cuerdas superiores o falsas e inferiores o verdaderas. Las superiores presentan una lámina elástica, mientras que las inferiores son más voluminosas. Según vibren o no las cuerdas, los sonidos serán sonoros o sordos. || **Loc. andar** (o **bailar**) **en la cuerda floja** *fam.* Proceder con poca decisión, con inseguridad ante las dificultades. **bajo cuerda** *adv.* Reservadamente, a escondidas, sin que se sepa. **dar cuerda** a algo Tensar el muelle que lo hace funcionar; también, alargar una cosa, hacerla durar más de lo normal. **dar cuerda** a alguien *fam.* Animarle en sus aficiones o inclinaciones; también, hacerle hablar de lo que le gusta. **ser de la misma cuerda** *fam.* Ser de la misma opinión, del mismo carácter. **tener cuerda para rato** *fam.* Existir señales de que algo va a continuar o durar; también, ser una persona muy charlatana.

cuerdo, da *adj.* **1.** Se aplica a la persona que está en su sano juicio. También *s.* **2.** Prudente, sensato. También *s.*

cuerear *v. tr.* **1.** *amer.* Desollar un animal para obtener su piel. **2.** *amer.* Ocuparse de las faenas de secar los cueros. **3.** *amer.* Azotar, zurrar. **4.** *Arg., Cuba, Par., Urug.* Criticar, hablar mal de alguien. **Fam.** Cuereada.

cuerna *s. f.* **1.** Cornamenta de un animal. **2.** Cuerno macizo que algunos animales, como el ciervo, mudan cada año. **3.** Trompa sonora en forma de cuerno.

Cuernavaca C. de México, cap. del estado de Morelos, situada al S de México D. F. 233.000 h. en 1982. Es un importante centro agrícola, sobre todo de productos tropicales, y turístico. Posee industria tabaquera, cementera y papelera. Entre sus monumentos destacan el palacio de Hernán Cortés, la catedral del s. XVI y numerosas ruinas toltecas y aztecas.

Cuernavaca: palacio de Hernán Cortés, decorado con frescos de Diego Rivera.

cuerno *s. m.* **1.** Apéndice óseo, generalmente puntiagudo, que tienen algunos animales en la región frontal, casi siempre en número de dos. **2.** Protuberancia que tiene el rinoceronte en la mandíbula superior. **3.** Cualquier cosa de forma semejante a esos apéndices. **4.** Antena de los insectos y de otros animales. **5.** Materia obtenida de los cuernos de las reses vacunas y que se emplea para la elaboración de diversos objetos. **6.** Instrumento músico de viento, generalmente de cuerno, de forma curva, que tiene un sonido semejante al de la trompa. **7.** *fam.* Respecto a una persona, símbolo de la infidelidad de su pareja. Se utiliza especialmente en la locución **ponerle** a alguien **los cuernos**, serle infiel. || **8. cuerno de la abundancia** Cornucopia, cuerno rebosante de frutos que representa la abundancia. || **Loc. al cuerno** Con verbos como *ir, mandar*, etc., indica rechazo hacia alguien o algo, total fracaso de algún asunto, etc. **coger el toro por los cuernos** *fam.* Hacer frente al peligro o dificultad con valentía. **importarle** algo **un cuerno** a uno *fam.* Tenerle sin cuidado. **oler** (o **saber**) **a cuerno quemado** *fam.* Oler o saber algo muy mal; en sentido figurado, enfadar o disgustar una cosa; también, ser sospechosa una cosa o una persona. **romperse los cuernos** *fam.* Esforzarse en algo, trabajar duro. **¡un cuerno!** *excl. fam.* Indica rechazo o disconformidad.

cuero *s. m.* **1.** Piel que cubre a los animales. **2.** La misma piel, una vez curtida. **3.** Recipiente para líquidos hecho con la piel entera de algunos animales. **4.** Balón de fútbol. **5.** *amer.* Látigo, correa. **6.** *amer.* Ramera, prostituta. **7.** *amer.* Mujer vieja o solterona. || **8. cuero cabelludo** Piel de la cabeza en donde nace el cabello. || **Loc. en cueros** (o **en cueros vivos**) *adv. fam.* Desnudo, sin ropa alguna; también, sin dinero, en la ruina.

cuerpo *s. m.* **1.** Cualquier parte de materia sólida, líquida o gaseosa. **2.** Cualquier objeto de tres dimensiones que ocupa un lugar en el espacio. **3.** Conjunto de cabeza, tronco y extremidades del hombre y de los animales. **4.** Tronco humano o de cualquier animal. **5.** Cadáver. **6.** Figura de una persona, considerada por su belleza. **7.** Parte superior del vestido que cubre hasta la cintura. **8.** Parte principal de un libro, escrito, etc., prescindiendo del prólogo, índices, etc. **9.** Cada una de las partes de un edificio, un mueble, etc., que pueden ser consideradas independientemente. **10.** Conjunto de personas que forman una corporación o comunidad o desempeñan una misma profesión, generalmente dentro de la organización del Estado. **11.** Conjunto de personas, con unos conocimientos técnicos, que forman una unidad militar no combatiente. **12.** Conjunto de leyes, principios, informaciones o conocimientos. **13.** Grueso de un tejido, papel, etc. **14.** Consistencia, espesor de una masa pastosa: *Batió las claras hasta que tomaron cuerpo.* **15.** Consistencia, textura y densidad de un vino, especialmente de los vinos fuertes, con mucho color y sabor. **16.** En imprenta, tamaño del tipo de letra: *Esta letra es del cuerpo 10.* || **17. cuerpo algebraico** En mat., estructura algebraica que se compone de un conjunto con dos operaciones que verifican las propiedades asociativa, conmutativa, la existencia de elemento neutro, el que todo elemento tenga simétrico y que la segunda operación sea distributiva respecto de la primera. Son cuerpos algebraicos: el de los números racionales, el de los números reales y el de los números complejos. **18. cuerpo amarillo** En biol., masa celular que aparece en el ovario tras romperse el folículo de Graaf y que cumple una gran actividad endocrina al segregar la progesterona durante la gestación. **19. cuerpo calloso** En anat., comisura de sustancia blanca que conecta los dos hemisferios cerebrales. Cumple una función básica de coordinación entre ambos. **20. cuerpo de baile** Conjunto de bailarines y bailarinas de un espectáculo o de un teatro. **21. cuerpo de ejército** Unidad militar integrada por dos o más divisiones. **22. cuerpo de guardia** Conjunto de soldados destinados a hacer la guardia en algún lugar; también, lugar en que están instalados. **23. cuerpo de revolución** Cuerpo geométrico que se obtiene al girar cualquier plano alrededor de una recta. **24. cuerpo del delito** Cosa en que, o con la que, se ha cometido un delito y que guarda huellas de él. || **Loc. a cuerpo** *adv.* Sin ninguna prenda encima del traje. **a cuerpo de rey** *adv.* Con toda comodidad. **a cuerpo descubierto** o **a cuerpo limpio** *adv.* Sin protección, sin ayuda; también, sin armas. **cuerpo a cuerpo** *adj.* y *adv.* En una lucha, estrechamente, en contacto directo. ■ Suele usarse también sustantivada: *un cuerpo a cuerpo.* **cuerpo a tierra** *adv.* En el ejército, posición del soldado tendido en tierra para protegerse del enemigo. **de cuerpo presente** *adv.* Referido a un muerto, dispuesto para ser conducido al enterramiento. **de medio cuerpo** *adj.* Se dice del retrato que sólo reproduce la mitad superior del cuerpo. **en cuerpo y alma** *adv. fam.* Por entero, totalmente. **pedirle** a alguien una cosa **el cuerpo** *fam.* Apetecerla, sentir deseos de hacerla. **quedarse** alguien **con** algo **en el cuerpo** *fam.* Callarlo por algún motivo. **tomar cuerpo** una cosa *fam.* Tomar consistencia o importancia.

Cuervo (Corvus corax).

cuervo *s. m.* Nombre común de diversas aves paseriformes pertenecientes a la familia córvidos, género *Corvus.* Pueden alcanzar 64 cm de longitud; su plumaje es negro, el pico robusto y moderadamente largo y las extremidades son fuertes y garantizan un eficaz desplazamiento, tanto por el suelo como por el aire. Anidan en acantilados y a veces en los árboles. Son omnívoras y están extendidas por el continente europeo, N de África, América del Norte y gran parte de Asia. La principal especie es el cuervo común *(Corvus corax).*

Cuervo, Rufino José (Bogotá 1844 - París 1911) Filólogo colombiano. Es autor del *Diccionario de construcción y régimen de la lengua castellana* (1869-93), del que sólo existen dos tomos, de *Apuntaciones críticas sobre el lenguaje bogotano* (1872) y de *Notas a la Gramática de la lengua castellana de Andrés Bello* (1874).

cuesco *s. m.* **1.** Hueso de la fruta. **2.** *fam.* Pedo ruidoso.

cuesta *s. f.* **1.** Terreno o suelo en pendiente, especialmente en una calle, carretera, camino, etc. || **2. cuesta de enero** Periodo de dificultades económicas en este mes, por los muchos gastos realizados en las fiestas de Navidad. || **Loc. a cuestas** *adv.* Forma de llevar una persona algo sobre los hombros y las espaldas; también, a su cargo, pesando sobre ella. **hacérsele** a uno **cuesta arriba** una cosa Disgustarle, costarle mucho esfuerzo, hacerla de mala gana.

cuestación *s. f.* Petición de limosnas o donativos para un fin benéfico.

Cuestas, Juan Lindolfo (Paysandú 1837 - París 1905) Político uruguayo. Del Partido Colorado, ocupó interinamente la presidencia de la República (1897). Terminó con la guerra civil, disolvió la asamblea nacional y formó un consejo de Estado. Fue elegido presidente constitucional (1899-1903) por la nueva asamblea.

cuestión *s. f.* **1.** Asunto o tema del que se trata. **2.** Dificultad, duda, pregunta, problema. **3.** Riña, disputa. || **4. cuestión de confianza** La que plantea el presidente del gobierno al Parlamento, haciendo depender su continuación en el poder de la votación de la cámara. || **Loc. cuestión de** *adv. fam.* Aproximadamente, poco más o menos. **en cuestión** *adj.* Refiere el sustantivo a una persona o cosa de la que se está tratando. **en cuestión de** *adv.* Aproximadamente; también, en cuanto a, en materia de. **ser cuestión de** *fam.* Ser conveniente o necesario. **ser** una cosa (**sólo** o **todo**) **cuestión de** *fam.* Consistir en algo que se expresa, ser solamente necesario para ella lo que se indica.

cuestionable *adj.* **1.** Que se puede discutir. **2.** Dudoso.

cuestionar *v. tr.* Discutir, poner en duda. También *v. prnl.*

cuestionario *s. m.* **1.** Lista de cuestiones sobre una lección, una materia, etc. **2.** Programa de temas de un curso, de un examen, de una oposición. **3.** Formulario para recoger datos.

cuestor *s. m.* Antiguo magistrado romano que desempeñaba funciones administrativas y fiscales.

cuete *adj.* **1.** *Méx.* Borracho. También *s.* || *s. m.* **2.** *Méx.* Borrachera. **3.** *Méx.* Loncha de carne sacada del muslo de la res. **4.** *Guat., Méx., Perú.* Pistola, revólver.

cueva *s. f.* **1.** Cavidad natural o construida artificialmente, en la superficie de la tierra o en su interior. **2.** Sótano, particularmente el que sirve de almacén en las tiendas.

Cueva, Beltrán de la (¿Úbeda? h. 1440 - ¿Cuéllar? 1492) Noble castellano. Ocupó varios cargos en la corte hasta llegar a sustituir al marqués de Villena como valido del rey Enrique IV. Se le atribuyeron relaciones amorosas con la reina, Juana de Portugal, y públicamente se dijo que era padre de doña Juana, hija de aquélla, a la que se llamó *la Beltraneja.* El encumbramiento de don Beltrán motivó una rebelión de la nobleza (1464), que obligó al rey a desposeerle del maestrazgo de Santiago, pero le compensó con el ducado de Alburquerque.

Cueva, Juan de la (Sevilla h. 1543 - íd. 1610) Dramaturgo español. Su importancia radica en haber introducido en la escena española asuntos del romancero y hechos notables de la historia nacional, como en *Tragedia de los siete infantes de Lara, La muerte del rey don Sancho* y *El saco de Roma.* Su comedia *El infamador* (1581) está considerada como un antecedente de *El burlador de Sevilla,* de Tirso de Molina.

cuévano *s. m.* Cesto grande y hondo, más ancho por arriba que por abajo, empleado en la vendimia y otros usos.

cuezo *s. m.* Artesa o cajón de madera, de poco tamaño, que utilizan los albañiles para amasar el yeso. || **Loc. meter el cuezo** *fam.* Meter la pata. También, entrometerse.

Cugnot, Nicolas-Joseph (Void, Lorena 1725 - París 1804) Ingeniero e inventor francés. Ideó en 1770 el primer automóvil de vapor, que tenía tres ruedas y podía transportar a cuatro personas, a una velocidad de cerca de cuatro kilómetros por hora. Al año siguiente construyó un nuevo modelo, también con tres ruedas, de las cuales la delantera era directriz y motriz a la vez.

Cui, César (Vilna, Lituania 1835 - Petrogrado 1918) Compositor ruso. Ideólogo del grupo de los Cinco, compuso música coral y de cámara, así como varias óperas, entre ellas *El prisionero del Cáucaso* (1857), *El hijo del mandarín* (1859) y *La hija del capitán* (1911).

Cuiabá C. de Brasil, cap. del estado de Mato Grosso do Norte, situada en el S del mismo. 331.900 h. en 1989. Es centro administrativo, nudo de comunicaciones, importante mercado agrícola y centro comercial.

cuico, ca *adj.* **1.** *amer.* Término que en algunos países hispanoamericanos se aplica a los extranjeros. También *s.* **2.** *amer.* Indio o mestizo de indio y europeo. También *s.* || *s. m.* y *f.* **3.** *Méx., desp.* Agente de policía.

cuidado, da **1.** *p. p.* de **cuidar**. También *adj.* || *adj.* **2.** Muy esmerado, con mucha elaboración. || *s. m.* **3.** Atención que se pone en hacer bien una cosa, en evitar un daño o peligro, etc. **4.** Acción y efecto de cuidar. **5.** Intranquilidad, temor de que ocurra o haya ocurrido algo malo. **6.** Cosa de la que uno tiene que ocuparse. || *interj.* **7.** Se emplea para avisar de un peligro o para amenazar. A veces se usa simplemente para ponderar algo: *¡Cuidado que es listo ese chico!* || **Loc. al cuidado** *adv.* Se aplica tanto a la persona que cuida de alguien o algo, como a la persona o cosa cuidada. **¡allá cuidados!** *excl. fam.* Expresa que una persona se desentiende de un asunto. **de cuidado** *adj.* Peligroso.

cuidador, ra *adj.* **1.** Que cuida. También *s.* || *s. m.* y *f.* **2.** Particularmente, persona encargada de atender a los animales, p. ej. en un zoológico. **3.** En dep., preparador físico.

cuidadoso, sa *adj.* **1.** Se dice de la persona que pone cuidado en hacer las cosas o las trata con cuidado. **2.** Se aplica al que se preocupa de todo lo que le concierne.

cuidar *v. tr.* **1.** Atender a una persona, animal o cosa para que esté o se haga bien, no le ocurra nada malo, etc. **2.** Asistir, prestar ayuda. También *v. intr.* || *v. intr.* **3.** Procurar. || *v. prnl.* **4.** Mirar uno por su propia salud, darse buena vida. **5.** Ocuparse, preocuparse. **6.** Procurar evitar un peligro o amenaza.

cuita *s. f.* **1.** Pena, tristeza. Se usa mucho en *pl.* **2.** Cosa o hecho que la produce.

cuitado, da *adj.* **1.** Apenado, desgraciado. **2.** Se dice de la persona de poco ánimo y decisión.

Cuixart, Modesto (Barcelona 1925) Pintor español. Fue uno de los fundadores del grupo Dau al Set. Su pintura evolucionó del surrealismo al informalismo, para desembocar en una figuración colorista. Es autor de decorados y figurines para teatro, así como de objetos de cerámica. Sobresalen en su obra gráfica las series *Vibraciones* (1973) y *Homenaje a Pau Casals* (1974).

Cukor, George (Nueva York 1899 - Los Ángeles 1983) Director de cine estadounidense. Sus películas se caracterizan por la elegante realización y la admirable dirección de los intérpretes, en especial de los femeninos. Entre las principales figuran *Historias de Filadelfia* (1940), *La mujer de las dos caras* (1941), *Luz de gas* (1944), *La costilla de Adán* (1949), *Ha nacido una estrella* (1954), *My fair lady* (1964) y *Ricas y famosas* (1981).

culada *s. f.* Caída en que la persona se queda sentada.

culamen *s. m. fam.* Culo, posaderas.

cular *adj.* Se dice del chorizo, la morcilla, etc., hechos con la tripa más gruesa.

culata *s. f.* **1.** Parte posterior de la caja de las armas de fuego, que sirve para agarrarlas (pistolas) o apoyarlas (fusiles) en el hombro antes de hacer fuego. **2.** En los coches, pieza que cierra el cilindro y se ajusta al bloque del motor. **3.** Anca de una caballería. || **Loc. salir el tiro por la culata** *fam.* Resultar algo al revés de lo que se quería.

culatazo *s. m.* **1.** Golpe dado con la culata de un arma de fuego. **2.** Retroceso de un arma al dispararla.

culebra *s. f.* **1.** Nombre común de diversos reptiles escamosos del suborden serpientes, familia colúbridos, a la que pertenecen unas 2.500 especies distribuidas en muy diversos géneros. Viven en tierra, agua o los árboles y por lo general no son venenosos. Las especies más conocidas son la culebra de collar *(Natrix natrix),* especie acuática de hasta 1,5 m de longitud, que vive en Eurasia y África; la culebra de Esculapio *(Elaphe longissima),* de hasta 2 m de longitud, extendida por Europa; y la *Dispholidus typus,* de más de 2 m de longitud, que habita en África y cuya mordedura es mortal. **2.** *amer.* Deuda que está por cobrar.

1. Culebra de Esculapio (Elaphe longissima). *2. Culebra viperina* (Natrix maura).

culebrear *v. intr.* Andar haciendo eses, como las culebras.

culebrina *s. f.* **1.** Relámpago en forma de zigzag. **2.** Antigua pieza de artillería que arrojaba balas a gran distancia.

culebrón *s. m. desp.* Serie dramática televisiva de muchos capítulos.

culera *s. f.* **1.** Remiendo o refuerzo en la parte de los pantalones que cubre las nalgas. Se usa más en *pl.* **2.** Desgaste, deformación o mancha de una prenda de vestir en esa parte.

culi *s. m.* En países de Oriente, trabajador o criado indígena.

Culiacán C. de México, cap. del estado de Sinaloa, situada en el O del país, en la llanura del Pacífico. 560.000 h. en 1980. Es un importante centro agrícola y ganadero, que cuenta con industrias azucareras, alcoholeras y textiles, así como minería de cobalto, cobre, plomo, oro y plata.

culinario, ria *adj.* Perteneciente o relativo a la cocina o arte de cocinar.

Cullera C. de España, en la prov. de Valencia. 20.900 h. en 1990. Está situada en la desembocadura del río Júcar. Posee importante agricultura de regadío (arroz y cítricos), industrias de alimentación y es, además, un destacado centro turístico.

culmen *s. m.* Acción y efecto de culminar o de llegar una cosa a su estado más alto.

culminante *adj.* Se aplica al punto o momento más elevado, importante, interesante, etc., de una cosa.

culminar *v. intr.* Llegar una cosa a su punto más alto o a su momento de mayor perfección y desarrollo. También *v. tr.*

culo *s. m.* **1.** *fam.* Nombre dado a las nalgas de las personas y a las ancas o parte semejante de los animales. **2.** *fam.* Ano. **3.** Extremidad inferior o posterior de una cosa. **4.** Porción de líquido que queda en el fondo de un vaso. Suele usarse en diminutivo. || **5. culo de mal asiento** *fam.* Persona inquieta que no se encuentra a gusto en ninguna parte. **6. culo de pollo** Cosido o zurcido mal hecho que sobresale y abulta. **7. culo de vaso** *fam.* Piedra falsa que imita a una preciosa; también, lente graduada de mucho grosor. || **LOC. caerse** uno **de culo** *fam.* Quedarse atónito o desconcertado ante algo que no esperaba. **con el culo a rastras** *adv. fam.* En apuros. **con el culo al aire** *fam.* En situación difícil, sin estar prevenido. **ir** algo o alguien **de culo** *fam.* Marchar muy mal.

culombio *s. m.* Unidad de cantidad de carga eléctrica en el Sistema Internacional (SI). Se define como la cantidad de carga que atraviesa una sección transversal de conductor en un segundo cuando la corriente que circula tiene una intensidad de un amperio. Su símbolo es *C.*

culón, na *adj.* Que tiene mucho culo.

culote *s. m.* **1.** Prenda interior femenina semejante a un pantalón corto. **2.** Pantalón corto muy ajustado utilizado por los ciclistas. **3.** Restos de fundición que quedan en el interior del crisol.

culpa *s. f.* **1.** Responsabilidad que tiene una persona al ser causante de algo malo. **2.** Causa de cualquier daño o perjuicio. **3.** En der., falta de diligencia o cuidado que determina el incumplimiento de una obligación o la realización de un hecho penado por la ley. || **4. sentimiento de culpa** En psicol., sentimiento subjetivo de haber violado, real o imaginariamente, alguna norma o precepto, generalmente asociado a motivaciones profundas de autorreproche o necesidad de castigo.

culpabilidad *s. f.* Cualidad o condición de culpable.

culpable *adj.* **1.** Se aplica a la persona que ha cometido un delito o falta. También *s.* **2.** Se dice de la persona o cosa que es causa, aunque sea involuntaria, de algo malo. También *s.* **3.** Se aplica a lo que constituye falta o delito. **FAM.** Culpablemente.

culpar *v. tr.* Atribuir la culpa de algo a alguien. También *v. prnl.*

culteranismo *s. m.* Estilo literario caracterizado por la riqueza de imágenes, alusiones y metáforas oscuras y una sintaxis complicada, que pretende crear la belleza por medio de un alejamiento del lenguaje cotidiano. El culteranismo resalta la forma, lo sensorial, y para ello recurre a los más variados procedimientos expresivos. Se desarrolló en España en los s. XVI y XVII y su principal cultivador fue Luis de Góngora.

culterano, na *adj.* **1.** Perteneciente o relativo al culteranismo. **2.** Que cultiva el culteranismo. También *s.*

cultismo *s. m.* Palabra o expresión culta, frente a la de uso común.

cultivador, ra *adj.* **1.** Se dice de la persona que cultiva la tierra, una actividad, etc. También *s.* || *s. amb.* **2.** Aparato agrícola, consistente en una especie de arado arrastrado por un tractor, que sirve para cultivar la tierra, especialmente realizando labores poco profundas.

cultivar *v. tr.* **1.** Trabajar la tierra para que produzca sus frutos, plantar y cuidar plantas. **2.** Hacer el hombre que se reproduzcan y desarrollen ciertos seres vivos, microorganismos, células, etc. **3.** Poner los medios necesarios para mantener y desarrollar cosas tales como la amistad, el trato, las relaciones comerciales, etc. **4.** Practicar un arte o ciencia. **5.** Ejercitar la memoria, la inteligencia, etc., para que se perfeccionen. || *v. prnl.* **6.** Adquirir cultura. **FAM.** Cultivable.

cultivo *s. m.* **1.** Acción y efecto de cultivar. **2.** Preparación que permite criar microorganismos en medios nutritivos especiales (agua, agar-agar, gelatina, etc.), para estudiarlos en el laboratorio. **3.** Acción de cultivar una determinada planta y, p. ext., esa planta. || **4. cultivo esquilmante** El que degrada o desgasta el suelo, como el del trigo. **5. cultivo extensivo** o **de plantación** Aquel al que se dedica poco capital y trabajo, obteniéndose bajo rendimiento por hectárea, generalmente en grandes extensiones. **6. cultivo herbáceo** El temporal, como el de praderas y huertas. **7. cultivo intensivo** Aquel al que se dedica mucho capital y/o trabajo, obteniéndose un buen rendimiento por hectárea; por lo general, no se deja descansar la tierra, es decir, se prescinde del barbecho. **8. cultivo intercalar** El que ocupa el suelo entre dos cultivos principales. **9. cultivo mejorante** El que mejora las condiciones del suelo, como el de las leguminosas.

culto, ta *adj.* **1.** Que ha adquirido cultura y una formación intelectual sólida. **2.** Se dice de las palabras o expresiones propias de personas instruidas, especialmente de las palabras incorporadas del latín y el griego en fecha tardía. **3.** Se aplica a las tierras y a las plantas que han sido cultivadas. || *s. m.* **4.** Veneración que se tributa a lo que se considera divino o sagrado. **5.** Conjunto de actos y manifestaciones con que se expresa esta veneración. **6.** P. ext., estima o admiración intensa hacia algunas cosas. **FAM.** Cultamente.

-cultor, ra *suf.* Significa 'cultivador, criador o cuidador': *arboricultor, puericultor.*

cultual *adj.* Perteneciente o relativo al culto religioso.

cultura *s. f.* **1.** Conjunto de conocimientos que posee una persona como resultado de haber leído, estudiado, viajado, haberse relacionado con otras personas, etc. **2.** Conjunto de conocimientos científicos, literarios, artísticos, económicos, etc., de un pueblo o de una época tomados globalmente o bien en cada una de las materias. || **3. cultura de masas** En sociol., manifestaciones culturales difundidas masivamente por los medios de comunicación social, que conforman una estructura estética, ideológica, de comportamiento, etc., colectivamente asumida y firmemente implantada en la sociedad. **4. cultura física** Desarrollo y mantenimiento del cuerpo por medio de ejercicios físicos.

-cultura *suf.* Significa 'cultivo, cría, cuidado': *agricultura, colombicultura.*

cultural *adj.* **1.** Perteneciente o relativo a la cultura. **2.** Aprendido, por oposición a innato.

culturismo *s. m.* Actividad que, mediante la gimnasia, los ejercicios con pesas y un determinado régimen alimenticio, busca desarrollar los músculos del cuerpo humano. **FAM.** Culturista.

culturizar *v. tr.* Educar, civilizar, dar cultura. ▪ Se conjuga como *cazar.* **FAM.** Culturización.

Cumaná C. de Venezuela, cap. del estado de Sucre, situada a la entrada del golfo de Cariaco. 231.700 h. en 1990. Es un puerto importante y cuenta con industrias entre las que destacan las de alimentación (conservas de pescado, destilerías de ron), textil, cuero y calzado.

cumbia o **cumbiamba** *s. f.* Danza y canción popular de Colombia, de ritmo ágil y compás de dos por cuatro.

cumbre *s. f.* **1.** Parte más alta de un monte. **2.** Punto más elevado o de mayor intensidad, interés, perfección, etc., que pueden alcanzar una persona o una cosa. **3.** Reunión de países o estadistas para tratar de asuntos políticos de gran trascendencia.

cúmel *s. m.* Aguardiente dulce aromatizado con cominos, originario de Alemania y Rusia.

Cummings, Edward Estlin (Cambridge, Massachusetts 1894 - North Conway, New Hampshire 1962) Escritor estadounidense. Su obra poética se caracteriza por el profundo lirismo y la experimentación formal (utilización de arcaísmos, versos de una letra, falta de puntuación, supresión de mayúsculas, etc.), en libros como *Tulipanes y chimeneas* (1923), *1 x 1* (1944), *95 poemas* (1958) y *73 poemas* (1963). En la novela *El cuarto enorme* (1922) narra su experiencia como detenido en un campo de prisioneros francés durante la Primera Guerra Mundial.

cumpleaños *s. m.* Día en el que se celebra el aniversario del nacimiento de una persona.

cumplidamente *adv. m.* Ampliamente, por entero, debidamente.

cumplidero, ra *adj.* Se aplica al plazo que se ha de cumplir en la fecha fijada.

cumplido, da 1. *p. p.* de **cumplir.** || *adj.* **2.** Realizado, acabado, completo. **3.** Perfecto, en el más alto grado. **4.** Amplio, abundante. **5.** Se aplica a la persona meticulosa en el cumplimiento de las reglas de cortesía. || *s. m.* **6.** Atención, muestra de cortesía que una persona tiene hacia otra.

cumplidor, ra *adj.* Se dice de la persona que cumple con sus obligaciones y promesas.

cumplimentar *v. tr.* **1.** Visitar o saludar a una persona, particularmente a una autoridad o superior, con las muestras de respeto oportunas. **2.** Llevar a cabo un trámite. **3.** Cumplir las órdenes de un superior.

cumplimiento *s. m.* **1.** Acción y efecto de cumplir. **2.** Cumplido, cortesía, especialmente si se hace de manera fingida.

cumplir *v. tr.* **1.** Ejecutar, llevar a efecto, particularmente órdenes, obligaciones, promesas. También *v. intr.* **2.** Llegar a tener un número exacto de días, años, etc. || *v. intr.* **3.** Quedar bien, observar las normas de cortesía, particularmente de modo fingido. **4.** Corresponder, convenir. **5.** Ser el día en que termina un plazo. También *v. prnl.* **6.** Terminar el servicio militar. || *v. prnl.* **7.** Realizarse, hacerse realidad. || **LOC. por cumplir** *adv.* Por pura cortesía.

cúmulo *s. m.* **1.** Cantidad de cosas diversas amontonadas. **2.** Conjunto abundante de asuntos, como negocios, problemas, trabajos. **3.** Nube de desarrollo vertical, formada por pequeñas gotas de agua, de aspecto algodonoso, base plana y cima en forma de cúpula, que no suele dar lugar a precipitaciones. || **4. cúmulo de galaxias** Agrupación de galaxias, como la Vía Láctea. **5. cúmulo estelar** Agrupación de estrellas reunidas físicamente por su atracción mutua.

cuna *s. f.* **1.** Cama para bebés o niños muy pequeños. **2.** Patria o lugar de nacimiento. **3.** Estirpe, linaje. **4.** Comienzo de la vida de una persona. **5.** Origen o principio de una cosa. **6.** Espacio comprendido entre los cuernos de una res.

Cundinamarca Departamento de Colombia, situado en el sector central del país. 24.210 km^2. 6.220.000 h. en 1989. La capital es Santafé de Bogotá, con 4.819.700 h. en 1990. Posee importantes cultivos agrícolas de café, maíz, caña de azúcar, cacao y plátanos, y ganadería vacuna, lanar y caprina.

cundir *v. intr.* **1.** Extenderse o multiplicarse cosas como el miedo, el ejemplo, etc. **2.** Dar algo mucho de sí. **3.** Adelantar o progresar un trabajo o actividad.

cuneiforme *adj.* De forma de cuña; se dice, sobre todo, de los caracteres de cierta escritura asiática antigua.

cuneta *s. f.* Zanja existente en el borde de los caminos y carreteras para recoger las aguas de lluvia.

cunicultor, ra *s. m.* y *f.* Persona que practica la cunicultura.

cunicultura *s. f.* Cría de conejos.

Cunningham, Merce (Centralia, Washington h. 1919) Bailarín y coreógrafo estadounidense. Fue solista de la compañía de Martha Graham hasta que formó la suya propia. Desde sus comienzos ha colaborado con el compositor John Cage en la elaboración de ballets vanguardistas. Entre sus obras más brillantes figuran *Septeto* (1953), *Suite para cinco* (1956), *Lluvia tropical* (1968) y *Fracciones* (1978).

Cunqueiro, Álvaro (Mondoñedo, Lugo 1911 - Vigo, Pontevedra 1981) Poeta, prosista y periodista español en lenguas gallega y castellana. De gran cultura y erudición, inspiró muchos de sus libros en temas clásicos y medievales, en los que mezcló la ficción y la realidad. De su obra en gallego destacan los volúmenes de poesía *Mar ao Norde* (1932), *Poemas do si e non* (1933) y *Cantiga nova que se chama Riveira* (1933), y en prosa *Merlín e familia* (1955), *As crónicas do sochantre*

Álvaro Cunqueiro.

(1956) y *Escola de menciñeiros* (1960). En castellano escribió, entre otras obras, *Balada de las damas del tiempo pasado* (1944), *Flores del año mil y pico de ave* (1968) y *Un hombre que se parecía a Orestes* (1969).

cuña *s. f.* **1.** Pieza, generalmente de madera, cuya forma más característica es la de un prisma de base rectangular con dos caras triangulares y dos rectangulares que se introduce entre dos cosas o en una ranura o grieta para sujetar, apretar, ajustar, rajar, partir, etc. **2.** Cualquier objeto que se emplea para estos mismos fines. **3.** Especie de orinal plano para uso de enfermos en la cama. **4.** Cosa o persona que se introduce o mete entre otras, en especial a la fuerza. ‖ **5. cuña anticiclónica** Banda de altas presiones que se introduce entre dos ciclones o áreas de baja presión. **6. cuña esférica** En geom., porción de esfera comprendida entre dos planos que pasan por el centro. **7. cuña publicitaria** Breve espacio dedicado a anuncios en radio o televisión. ‖ **Loc. meter cuña** *fam.* Sembrar discordia.

cuñado, da *s. m.* y *f.* **1.** Hermano o hermana de la persona con la que se está casado. **2.** Con respecto a una persona, esposo o esposa de su hermana o hermano.

cuño *s. m.* **1.** Troquel o sello con el que se imprimen las monedas y medallas. **2.** Señal o figura que deja este sello. ‖ **Loc. de nuevo cuño** *adj.* Recién creado.

cuota *s. f.* **1.** Cantidad fija o proporcional que hay que pagar por ciertas cosas, p. ej. en un gasto colectivo, por ser socio de una entidad, por un impuesto, etc. **2.** Parte o porción determinada o proporcional de algo.

cupé *s. m.* **1.** Coche cerrado, comúnmente con dos asientos. **2.** En las antiguas diligencias, compartimento situado delante de la baca.

Cupido Dios del amor entre los romanos, equivalente a Eros entre los griegos. Se le representa como un niño, casi siempre alado, con carcaj y flechas.

cuplé *s. m.* Canción corta y ligera, generalmente picaresca, muy de moda a comienzos de siglo.

cupletista *s. f.* Cantante de cuplés.

cupo *s. m.* **1.** Cantidad que se asigna de una cosa racionada o limitada. **2.** Parte de algo que se está obligado a aportar para su mantenimiento o realización. **3.** Parte de una cosa no material que corresponde o pertenece a alguien. **4.** Número de reclutas que pueden entrar en filas. **5.** *amer.* Cabida, capacidad. **6.** *amer.* Plaza en un vehículo.

cupón *s. m.* Trozo que se corta fácilmente de un pliego, documento, anuncio, envase, etc., con un valor determinado; p. ej., los de las antiguas cartillas de racionamiento o los de lotería.

cupresáceas *s. f. pl.* Familia de plantas gimnospermas, de la subclase coníferas, que incluye especies arbóreas o arbustivas con ramificaciones verticiladas en los tallos, hojas perennes aciculares o en forma de escamas y conos de forma esférica o elíptica. Las especies más conocidas son los cipreses *(Cupressus sempervirens)*, enebros *(Juniperus communis)* y sabinas *(Juniperus sabina)*. También *adj.* y *s. f.*

cúprico, ca *adj.* **1.** Relativo al cobre o que lo contiene. **2.** Se aplica a ciertos compuestos de cobre en los que éste actúa con valencia 2: *óxido cúprico.*

cuprífero, ra *adj.* Que contiene cobre.

cuprita *s. f.* Cu_2O. Óxido de cobre (I) u óxido cuproso. Cristaliza en el sistema cúbico. Es de color rojo, pesada y frágil, y se usa para la obtención industrial del cobre. Los principales yacimientos se encuentran en Chile, Bolivia, Urales, Kazajstán y Transcaucasia.

cuproníquel *s. m.* **1.** Aleación de cobre y níquel, que se emplea en especial para hacer monedas. **2.** Moneda hecha con esta aleación.

cúpula *s. f.* **1.** Cubierta de un edificio semiesférica o de forma similar. **2.** Cubierta rígida que envuelve la base del fruto de las fagáceas. **3.** Dirección, jefatura.

cuquería *s. f.* Cualidad de cuco o de astuto.

cura *s. f.* **1.** Tratamiento al que se somete a un enfermo para que recupere la salud. **2.** Desinfección, aplicación de medicinas, vendajes, etc., en una herida para que sane. ‖ *s. m.* **3.** Sacerdote católico, especialmente el que está a cargo de una parroquia. ‖ **Loc. no tener cura** *fam.* Ser incorregible, no tener arreglo.

curaca *s. m. amer.* Cacique, jefe indígena en la región del Altiplano, que dictaba leyes y administraba justicia en su tribu.

Curaçao Isla de las Antillas situada al N de Venezuela; pertenece a los Países Bajos. 444 km². 152.240 h. en 1989. La capital es Willemstad, con 125.000 h. en 1985. Es famosa por el licor de naranja que lleva su nombre.

curado, da **1.** *p. p.* de **curar**. También *adj.* ‖ *adj.* **2.** Acostumbrado, endurecido. Se emplea especialmente en la locución **estar curado de espanto**, tener tanta experiencia de las cosas, especialmente de las negativas, que ya nada puede sorprenderle o afectarle.

curalotodo *s. m. fam.* Medicina o remedio que se aplica para la curación de muchos males.

curandero, ra *s. m.* y *f.* Persona que, sin título profesional, ejerce prácticas curativas mediante procedimientos y remedios naturales (hierbas, masajes, etc.) o mágicos, supersticiosos, etc.

curar *v. tr.* **1.** Hacer que se restablezca una persona o animal enfermo o desaparezcan sus heridas, enfermedad, etc. También *v. intr.* y *v. prnl.* **2.** Realizar las curas en una herida, en la cicatriz de una operación, etc. **3.** Quitar a alguien un vicio, manía, etc. También *v. prnl.* **4.** Preparar carnes o pescados, cubriéndolos de sal, ahumándolos, etc., para conservarlos. **5.** Curtir las pieles. **6.** Tener las maderas cortadas un cierto tiempo antes de utilizarlas. **Fam.** Curación.

curare *s. m.* Veneno vegetal muy activo con el que impregnaban sus flechas los indios del Amazonas, del Orinoco y de las selvas de las Guayanas.

curasao *s. m.* Licor fabricado con corteza de naranja, azúcar y aguardiente.

curativo, va *adj.* Se aplica a lo que sirve para curar.

curato *s. m.* **1.** Cargo del cura párroco. **2.** Parroquia, territorio que le corresponde.

curculiónidos *s. m. pl.* Familia de insectos coleópteros a la que pertenecen unas 40.000 especies comprendidas en los géneros *Sitophilus, Curculio, Entymus*, etc. Son gorgojos que se caracterizan por tener la cabeza prolongada en una trompa, en el extremo de la cual se halla la boca. Se alimentan de vegetales y algunas especies constituyen una plaga para la agricultura, como el gorgojo de los cereales *(Sitophilus granitarius)*, que ataca los silos de grano. También *adj.* y *s. m.*

curda *s. f.* **1.** *fam.* Borrachera. ‖ *s. m.* **2.** *fam.* Borracho.

curdo, da *adj.* Kurdo*.

cureña *s. f.* Armazón con ruedas, o correderas, sobre la que se monta el cañón de artillería.

curia *s. f.* **1.** Conjunto de abogados, procuradores y funcionarios de la administración de justicia. ‖ **2. curia diocesana** Conjunto de personas que ayudan al obispo en la administración de la diócesis. **3. curia romana** Conjunto de congregaciones y tribunales que en el Vaticano ayudan al sumo pontífice en el gobierno de la Iglesia católica.

curial *adj.* Perteneciente o relativo a la curia.

curie *s. m.* Unidad de actividad radiactiva del SI. Equivale a $3{,}7 \cdot 10^{10}$ desintegraciones por segundo. Su símbolo es *Ci.*

Curie, Marie (Varsovia 1867 - Sallanches 1934) Física francesa de origen polaco (de soltera, Sklodowska). Casada con Pierre Curie, al morir éste, le sustituyó en la cátedra de física de la Sorbona. Discípula de Becquerel, profundizó en sus investigaciones sobre la radiactividad y, junto con su esposo, aisló el polonio y el radio. Posteriormente investigó las aplicaciones médicas de la radiactividad. Compartió el premio Nobel de física de 1903 con Pierre Curie y con Becquerel y obtuvo el de química en 1911.

Curie, Pierre (París 1859 - íd. 1906) Físico francés. Descubrió, junto a su hermano Paul-Jacques, la piezoelectricidad y realizó investigaciones sobre la simetría cristalina. En colaboración con su esposa Marie estudió el fenómeno de la radiactividad y aisló el polonio y el radio, lo que le valió compartir con ella y con Becquerel el premio Nobel de física de 1903.

Marie y Pierre Curie en 1896.

curio *s. m.* **1.** Cm. Elemento químico perteneciente al grupo de los transuránidos, de número atómico 96. Fue obtenido artificialmente en 1944 por G. T. Seaborg, A. Ghiorso y R. A. James, de la universidad de California, mediante el bombardeo de plutonio con partículas α. Posee 13 isótopos de alta radiactividad, cuyas vidas medias son muy dispares. Se emplea en ciertos instrumentos de vehículos espaciales. **2.** Curie*.

curiosamente *adv. m.* **1.** Extrañamente, de manera que llama la atención. **2.** Con curiosidad. **3.** Con aseo o limpieza.

curiosear *v. intr.* **1.** Procurar enterarse alguien de algo que no es de su incumbencia. **2.** Mirar algo sin mucho interés, de manera superficial. **Fam.** Curioseo.

curiosidad *s. f.* **1.** Interés por enterarse de lo que a uno no debiera interesarle. **2.** Deseo de saber, conocer, enterarse de cosas. **3.** Cosa curiosa, rara o interesante. **4.** Esmero y limpieza en la manera de hacer las cosas.

curioso, sa[1] (del lat. *curiosus*) *adj.* **1.** Se dice de la persona a la que gusta enterarse de los asuntos de otros. También *s.* **2.** Se aplica a la persona que manifiesta interés por saber y a su actitud, pensamiento, etc. **3.** Se aplica a las personas que tienen o hacen las cosas con limpieza y orden. Se dice también de estas cosas. **4.** Raro, interesante.

curioso, sa[2] (de *curar*) *s. m.* y *f. amer.* Curandero.

Curitiba C. de Brasil, cap. del estado de Paraná, situada en el O del mismo. 1.391.000 h. en 1989, 1.768.000 h. en el área metropolitana. Experimentó su desarrollo en la década de los setenta, en la que su población se duplicó. Constituye uno de los principales núcleos industriales del país, con producción alimentaria, de cuero y piel, muebles, química, metalúrgica y petrolera.

currante *adj. fam.* Trabajador. También *s.*

currar *v. intr.* **1.** *fam.* Trabajar. ‖ *v. tr.* **2.** Pegar a alguien, zurrarle. **3.** Vencer, ganar ventajosamente.

curre *s. m. fam.* Trabajo.

currelar *v. intr.* Currar, trabajar.

currele o **currelo** *s. m.* Curre*.

curricán *s. m.* Aparejo de pesca de un solo anzuelo, que es remolcado por una embarcación.

curricular *adj.* Perteneciente o relativo al currículo.

currículo *s. m.* **1.** Curriculum* vitae. **2.** Plan de estudios, conjunto de materias y contenidos de un ciclo educativo determinado. **3.** Organización sistemática de actividades escolares destinadas a la adquisición de conocimientos y destrezas. || **4. currículo base** Currículo que establece las experiencias educativas que la educación obligatoria ha de garantizar a todos los alumnos sin distinción. Se llama también *diseño curricular base.*

curriculum vitae (loc. lat.) *s. m.* Relación de datos biográficos, títulos, cargos, trabajos realizados, honores, etc., de una persona, en especial del candidato a un puesto. ▪ Su plural es *curricula*, aunque también puede quedar invariable.

currículum *s. m.* Currículo*.

currinche *s. m.* y *f.* **1.** *fam.* Persona de poca categoría intelectual, profesional, social, económica, etc. **2.** Entre periodistas, principiante, el que hace los trabajos menos importantes.

currinchi *s. m.* y *f. fam.* Currinche*.

curro *s. m.* Curre*.

curro, rra *adj.* **1.** *fam.* Satisfecho, presumido. **2.** Chulo, atrevido.

Curros Enríquez, Manuel (Celanova, Orense 1851 - La Habana, Cuba 1908) Poeta español en lenguas gallega y castellana. Periodista de profesión y hombre de mentalidad liberal y anticlerical, fue la figura más destacada del renacimiento gallego del s. XIX. Entre sus obras en gallego sobresalen su libro de poemas *Aires da miña terra* (1880) y *O divino sainete* (1888); en castellano escribió, entre otras, la novela *Paniagua y Compañía, agencia de sangre* (1877) y *El padre Feijoo*, obra en un acto estrenada en 1879. Su labor periodística está recogida en *Artículos escogidos* (1911).

Manuel Curros Enríquez. Cuadro de José Luis Rodríguez (Real Academia Gallega de la Lengua, La Coruña).

curruca *s. f.* Nombre común de diversas aves paseriformes de la familia muscicápidos, género *Sylvia*. La curruca gavilana *(Sylvia nisoria)* mide unos 15 cm de longitud, tiene el dorso gris, el pecho blanco barrado y los ojos amarillos. La curruca tomillera *(Sylvia conspicillata)* es algo menor y tiene el vientre rojizo. La curruca cabecinegra *(Sylvia melanocephala)* presenta el vientre blanco y el dorso gris, con un capirote negro en la cabeza. Habitan en Asia, Europa y África.

currusco *s. m.* Cuscurro, extremo o canto de pan.

currutaco, ca *adj.* **1.** Pequeño, insignificante. También *s.* **2.** Se decía de la persona que seguía con afectación la moda. También *s.*

curry (voz ingl.) *s. m.* Condimento de la India compuesto de jengibre, clavo, azafrán, etc., que sirve para preparar varios platos.

cursado, da **1.** *p. p.* de **cursar**. || *adj.* **2.** Experto o muy preparado en alguna materia.

cursar *v. tr.* **1.** Seguir un curso en un centro de enseñanza. **2.** Dar curso, enviar o tramitar un documento, una comunicación, una orden, etc.

cursi *adj.* Se aplica a la persona ridícula y efectada, bajo un apariencia de refinamiento. También *s.*

cursilada *s. f.* Acción o cosa propia de un cursi.

cursilería *s. f.* **1.** Cualidad de cursi. **2.** Cursilada*.

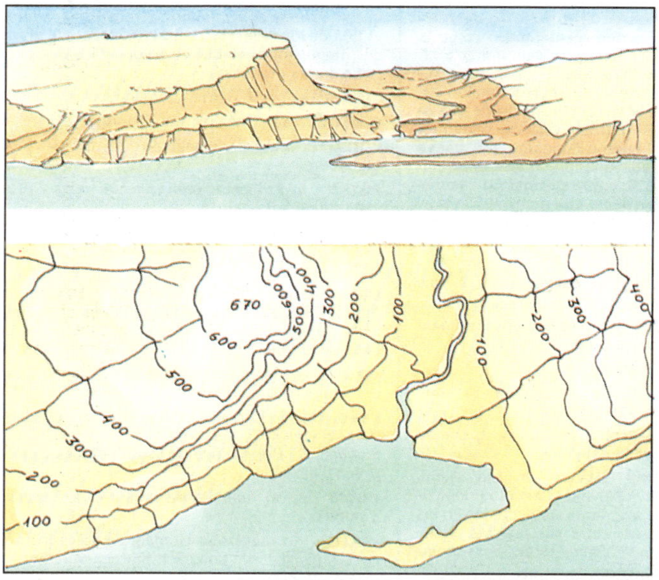

Arriba, relieve de costa. Abajo, su representación en un mapa mediante curvas de nivel.

cursillista *s. m.* y *f.* Persona que toma parte en un cursillo.

cursillo *s. m.* **1.** Curso de poca duración sobre una materia, actividad, etc. **2.** Serie breve de conferencias que se dan sobre una materia determinada.

cursivo, va *adj.* Se dice de la letra de imprenta inclinada hacia la derecha. También *s. f.*

curso *s. m.* **1.** Marcha o evolución de alguna cosa. **2.** Movimiento y dirección de una corriente de agua o recorrido de un astro. **3.** Con sustantivos que indican tiempo, transcurso. **4.** Circulación, uso o difusión entre la gente. **5.** Tiempo del año señalado por los centros de enseñanza de un país para que los alumnos asistan a clase. **6.** Cada una de las divisiones o partes de un ciclo de enseñanza y conjunto de alumnos que las forman. **7.** Conjunto de lecciones o conferencias sobre un tema o materia determinado.

cursor *s. m.* **1.** Pieza que se desliza a lo largo de otra en algunos aparatos. **2.** Marca móvil que sirve de indicador en la pantalla de diversos aparatos, p. ej. de un ordenador.

curtido, da **1.** *p. p.* de **curtir**. También *adj.* || *s. m.* **2.** Acción y efecto de curtir. **3.** Conversión en cuero de las pieles de animales, que se produce por la acción de productos (taninos, ácido fórmico, etc.) que transforman químicamente la gelatina en una sustancia que fija las proteínas y evita su corrupción. **4.** Piel o cuero curtido.

curtidor, ra *s. m.* y *f.* Persona que tiene por oficio curtir pieles.

curtiduría *s. f.* Lugar o taller donde se curten y trabajan las pieles.

curtir *v. tr.* **1.** Preparar las pieles para ser usadas posteriormente en la elaboración de diversos objetos. **2.** Tostar y endurecer el aire y el sol la piel de las personas. También *v. prnl.* **3.** Acostumbrar a una persona a la vida dura, a trabajos y penalidades. También *v. prnl.*

Curtis, Tony (Nueva York 1925) Actor cinematográfico estadounidense. Interpretó indistintamente papeles de corte cómico y de carácter dramático. Entre sus filmes más representativos figuran *El gran Houdini* (1953), *Trapecio* (1956), *Los vikingos* (1958), *Con faldas y a lo loco* (*Some Like It Hot*, 1959), *El estrangulador de Boston* (1968) y *El último magnate* (1976).

Curtius, Ernst Robert (Thann, Alsacia 1886 - Roma 1956) Filólogo y ensayista alemán. Su obra capital es *Literatura europea y Edad Media latina* (1948), donde desarrolla su idea sobra la unidad de la cultura europea. Otros escritos suyos son *El espíritu alemán en peligro* (1932), *Ensayos críticos sobre literatura europea* (1954) y *Colección de trabajos sobre filología románica* (1960).

Curtiz, Michael (Budapest 1888 - Los Ángeles 1962) Director de cine estadounidense de origen húngaro. En su larga carrera artística tocó todos los géneros: aventuras, cine negro, comedia musical, *western*, melodrama romántico, etc. Entre sus títulos más populares se cuentan *El capitán Blood* (1935), *La carga de la brigada ligera* (1936), *Robín de los Bosques* (1938), *Ángeles con caras sucias* (1938) y *Casablanca* (1942).

curva *s. f.* **1.** Línea que tiene todos los puntos en distinta dirección, sin formar ángulos. Las curvas siguen una ecuación cuyos puntos obedecen a la posición de un cuerpo que se mueve según una determinada ley. Una curva puede estar situada en un plano o en el espacio. En el primer caso recibe el nombre de **curva plana** y puede ser definida como el lugar geométrico de los puntos cuyas coordenadas satisfacen cierta

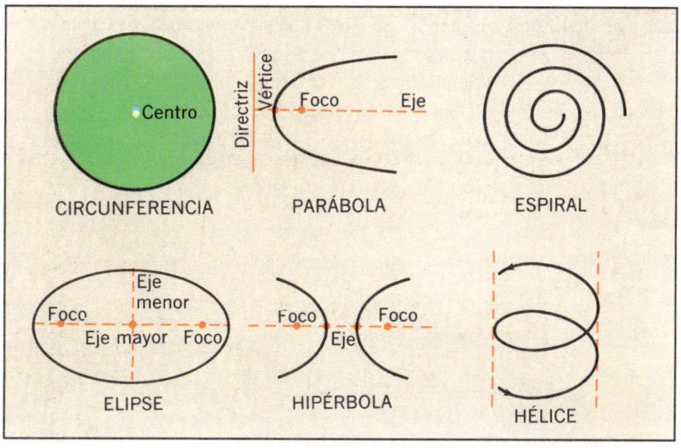

Diferentes clases de líneas curvas.

ecuación. Las curvas en el espacio se denominan **alabeadas** y pueden ser definidas como la intersección de dos cuerpos geométricos. **2.** Tramo de algo que tiene forma curva, especialmente en una carretera. **3.** Representación esquemática de un fenómeno por medio de una línea cuyos puntos indican valores variables. ‖ *pl.* **4.** Formas del cuerpo femenino. ‖ **5. curva de nivel** En un plano o mapa, la que une puntos de igual altitud. **6. curva normal** En estadística, curva que representa una distribución normal. Es una curva simétrica y unimodal cuyo eje se establece en la mediana, que coincide con la media y la moda.

curvado, da **1.** *p. p.* de **curvar**. ‖ *adj.* **2.** Que tiene forma curva.

curvar *v. tr.* Doblar y torcer una cosa, poniéndola curva. También *v. prnl.*

curvatura *s. f.* Cualidad de curvo.

curvilíneo, a *adj.* De forma curva o compuesto de líneas curvas.

curvo, va *adj.* Que continuamente se aparta de la línea recta sin formar ángulos.

Curwood, James Oliver (Owosso, Michigan 1878 - íd. 1927) Novelista estadounidense. Autor de relatos de aventuras ambientados en los bosques canadienses, entre sus novelas destacan *El valor del capitán Plum* (1908), *Los cazadores de lobos* (1908), *El rey de los osos* (1916), *Kazán, perro lobo* (1917) y *Nómadas del Norte* (1919).

Cusa, Nicolás de (Kues 1401 - Todi, Umbría 1464) Teólogo y filósofo alemán. Intervino activamente en Italia en la lucha entre los partidarios de la supremacía doctrinal del concilio y los partidarios de la supremacía del papa. De tendencia neoplatónica, recurre a las matemáticas para explicar las relaciones entre Dios y el mundo y, al plantearse el problema del conocimiento, llega a posiciones de tolerancia incompatibles con el pensamiento medieval. Entre sus obras principales pueden mencionarse *De docta ignorantia* (1440), *Apologia doctae ignorantiae* (1449) y *De visione Dei* (1453).

cusca, hacer la *loc. fam.* Hacer la cusqui*.

cuscurro *s. m.* **1.** Extremo o canto de pan muy duro. **2.** Trozo pequeño de pan frito que acompaña a algunas sopas, cremas, etc. ▪ También se dice *coscurro*.

cuscús *s. m.* Plato árabe, similar al cocido, que se elabora a base de sémola de trigo, carne, pollo y verduras.

cuspe *s. m.* **1.** *Chile.* Peonza hueca. **2.** *Chile. fam.* Persona menuda y bulliciosa.

cúspide *s. f.* **1.** Cumbre de una montaña. **2.** Vértice de un cono o de una pirámide. **3.** Remate superior de una cosa. **4.** Momento en que algo llega a su mayor altura o perfección.

cusqui, hacer la *loc.. fam.* Fastidiar, molestar, perjudicar a alguien. ▪ También se dice *hacer la cusca*.

Custer, George Armstrong (New Rumley, Ohio 1839 - cerca de Hardin, Montana 1876) Militar estadounidense. General a la edad de 23 años, mandó una división nordista durante la guerra de Secesión. Al frente del séptimo de caballería, perdió la vida en la batalla de Little Big Horn frente a los sioux y cheyenes.

custodia *s. f.* **1.** Acción y efecto de custodiar. **2.** Pieza de oro, plata o cualquier otro metal en que se expone el Santísimo Sacramento a la adoración de los fieles. **3.** Templete o trono de grandes dimensiones en que se coloca y lleva la custodia en las procesiones.

custodiar *v. tr.* Guardar, vigilar con cuidado.

custodio *adj.* Que custodia. También *s. m.*

cutáneo, a *adj.* Perteneciente o relativo a la piel o al cutis.

cúter *s. m.* Embarcación ligera con velas y provista de un solo palo.

cutí *s. m.* Tela de lienzo fuerte que se usa generalmente para recubrir colchones y almohadas.

cutícula *s. f.* **1.** Epidermis o capa externa de la piel. **2.** Película, membrana, piel delgada y delicada, especialmente la que se encuentra en la base de la uña.

cutis *s. m.* Piel que cubre el cuerpo humano, especialmente la del rostro.

cuto, ta *adj.* **1.** *Amér. C., Bol.* Mellado, desdentado. **2.** *Amér. C., Bol.* Cojo o manco. También *s.* **3.** *Amér. C., Bol.* Se dice de los objetos estropeados o viejos.

cutre *adj.* **1.** *fam.* Pobre, mísero. **2.** Tacaño. También *s.*

cutter (voz ingl.) *s. m.* Utensilio empleado para cortar, provisto de una cuchilla recambiable.

Cuvier, Georges, barón de (Montbéliard 1769 - París 1832) Biólogo francés. Creador de la paleontología, ideó la teoría de las catástrofes para explicar la sucesión de las distintas faunas fósiles. Sentó las bases de la anatomía comparada, que se utiliza para reconstruir la forma de los animales extinguidos.

Cuvilliés, François de (Soignies, Hainaut 1695 - Munich 1768) Arquitecto y decorador originario de los Países Bajos, al servicio de la corte bávara. Es uno de los más destacados representantes del rococó alemán. Entre sus obras más notables figuran el pabellón de caza de Falkenlust, en Brühl, cerca de Colonia; los salones del palacio de la Residencia, en Munich; el palacete Amalienburg, en el parque de Nymphenburg, y la fachada de la iglesia de los Teatinos, en Munich.

cuy o **cuye** *s. m. Chile, Perú.* Cobaya, conejillo de Indias.

cuyo, ya *adj. relat.* Expresa una posesión o relación y concuerda en género y número no con su antecedente, sino con la persona o cosa poseída o relacionada, a la que precede.

Cuyp Familia de pintores neerlandeses. El más destacado es **Albert** (Dordrecht 1620 - íd. 1691); pintor de paisajes, escenas mitológicas y retratos sobre fondo paisajístico. Su tratamiento de la luz influyó sobre buen número de pintores ingleses.

Cuza, Alejandro Juan (Husi 1820 - Heidelberg 1873) Príncipe de Rumania (1859-66). En 1859, para conseguir la reunificación rumana, fue elegido príncipe de Moldavia por la asamblea de Jassy y de Valaquia por la de Bucarest. Realizó profundas reformas y secularizó los bienes de la Iglesia. Fue derrocado en 1866 y tuvo que exiliarse.

Cuzco **1.** Departamento de Perú, en el SE del país. 76.329 km². 1.042.000 h. en 1990. Cuenta con cultivos de patata, maíz, cebada y café, ganadería (ovejas, alpacas, vicuñas) y yacimientos de hierro y oro. La existencia de ruinas incaicas como las de Machu Picchu ha potenciado el turismo.
2. C. de Perú, cap. del departamento del mismo nombre, situada en los Andes orientales, a 3.650 m de altitud. 275.000 h. en 1990. Posee industrias de fundición, textiles y de alimentación. Es un importante centro turístico. Fundada presumiblemente en el s. XI, alcanzó su máximo esplendor en la época precolombina como capital del imperio inca. Fue conquistada por Pizarro en 1533. Tras perder la capitalidad en favor de Lima, se convirtió en foco de levantamientos contra los españoles, como el de Túpac Amaru en 1780. La ciudad conserva en la actualidad importantes restos arquitectónicos, tanto del periodo incaico (fortaleza de Sacsahuamán, palacio de Huayna Cápac, templo de las serpientes) como del colonial (catedral del s. XVI).

Cuzco: plaza de Armas de la ciudad, con la fachada de la universidad.

cuzcuz *s. m.* Cuscús*.

cuzqueño, ña *adj.* De Cuzco. También *s.*

CV Abreviatura de caballo de vapor, unidad de potencia.

Cyrano de Bergerac, Savinien de (París 1619 - íd. 1655) Escritor francés. Escogió la carrera militar, pero renunció a ella después de recibir una herida grave en el sitio de Arras (1641). Escribió para el teatro, pero lo más interesante de su obra son las novelas *Historia cómica de los estados e imperios de la Luna* (1657) y *Historia cómica de los imperios del Sol* (1662), en las que se muestra como un adelantado de la ciencia-ficción. Edmond Rostand popularizó su figura de héroe sentimental y romántico en la comedia *Cyrano de Bergerac* (1897).

Czestochowa **1.** Voivodato de Polonia, situado en el S del país. 6.182 km². 772.600 h. en 1988.
2. C. de Polonia, cap. del voivodato del mismo nombre, a orillas del río Warta. 254.600 h. en 1989. Enclavada en una región minera del hierro, cuenta con industria siderúrgica y textil. En ella se encuentra el santuario de la Virgen Negra, importante centro de peregrinación religiosa.

D

d[1] *s. f.* Cuarta letra del abecedario español y tercera de sus consonantes. Su nombre es *de.*

d[2] Abreviatura de derivada y diferencial.

D 1. Signo de la numeración romana que equivale al número quinientos. **2.** Seguida de punto, abreviatura de *don.* **3.** Símbolo del deuterio, isótopo pesado del hidrógeno $^{2}_{1}H$ que entra a formar parte de la molécula del agua pesada, cuya fórmula, por este motivo, es D_2O en vez de H_2O.

D'Alembert, Jean Le Rond Véase **Alembert, Jean Le Rond d'.**

D'Annunzio, Gabriele Véase **Annunzio, Gabriele d'.**

D'Ors, Eugenio Véase **Ors, Eugenio d'.**

da- *pref.* Significa 'deca' y multiplica por diez la unidad: *daa* (decárea), *dag* (decagramo).

Da Nang C. de Vietnam, situada en el centro del país, junto al mar de la China Meridional. 370.700 h. en 1989. Destacado puerto, posee industria textil de seda y algodón, maderera y curtidos. Cuenta con aeropuerto.

Daa Símbolo de decárea, medida de superficie que equivale a diez áreas.

Dabrowa Górnicza C. de Polonia, situada en el voivodato de Katowice, al NE de Cracovia. 133.200 h. en 1989. Es un centro minero del carbón que tiene industria siderúrgica y de construcciones mecánicas.

dabuten o **dabuti** *adj. fam.* Estupendo, magnífico. También *adv.*

daca Sólo se usa en la locución **toma y daca**. Véase **tomar**.

Dacca C. de Bangladesh, cap. del país, situada en el sector central del mismo, a orillas del río Burhi Ganga (Viejo Ganges). 5.300.000 h. en 1989 en su área metropolitana. Posee industria textil de yute y algodón, química y artesanía de bordados y orfebrería; cuenta con universidad y aeropuerto.

Dacca: vista de la mezquita Bayt al-Muqarram.

dacha *s. f.* Casa de campo rusa, especialmente de madera.

Dachau C. de Alemania, en el Land de Baviera, situada al NO de Munich. 33.200 h. en 1982. Cuenta con industria papelera y de construcciones mecánicas. En sus proximidades existió un campo de concentración nazi desde 1933 hasta que terminó la Segunda Guerra Mundial.

Dacia Antigua región situada en la margen izquierda del Danubio. Convertida en provincia romana en el año 107 y abandonada a los godos por Aureliano en el 275, corresponde al territorio actualmente ocupado por Rumania.

dacio, cia *adj.* De Dacia. También *s.*

dacita *s. f.* Roca extrusiva o volcánica de textura porfídica. De color gris, se caracteriza por la presencia de cuarzo y de minerales férricos. Es muy abundante en Transilvania.

dacriología *s. f.* Parte de la oftalmología que se ocupa de todo lo referente a la lágrima.

dacrón *s. m.* Fibra textil sintética elaborada a base de poliésteres.

dactilado, da *adj.* Que tiene forma de dedo.

dactilar *adj.* Perteneciente o relativo a los dedos.

dactilo- *pref.* Significa 'dedo': *dactilografía.*

dáctilo *s. m.* Pie de la poesía griega y latina de tres sílabas, una larga y dos breves. **FAM.** Dactílico.

dactilografía *s. f.* **1.** Mecanografía*. **2.** Técnica de comunicación utilizada principalmente con los sordo-ciegos, que consiste en dibujar con un dedo sobre la palma de la mano del receptor las letras de la palabra deseada.

dactilología *s. f.* Método de comunicación en que se utilizan los dedos y distintas posiciones de las manos, comúnmente utilizado por los sordomudos.

dactilopintura *s. f.* Técnica pictórica que consiste en pintar sobre una superficie con los dedos.

dactiloscopia *s. f.* Estudio de las huellas de los dedos cuyo objeto es la identificación de las personas. Se basa en que las huellas digitales de cada persona son distintas de las de otra.

-dad *suf.* Forma sustantivos abstractos de cualidad derivados de adjetivos: *soledad, maldad.*

Pintura dadá: Pequeña Udnie *de Francis Picabia (colección Bourdon, París).*

dadá o **dadaísmo** *s. m.* Movimiento artístico surgido en la segunda década del s. XX que rechazaba los valores establecidos y se apoyaba en lo absurdo, el azar, la intuición y lo irracional. Nació en 1916 en el cabaret Voltaire de Zurich y tuvo posteriormente gran influencia en los distintos movimientos de vanguardia, y especialmente en el surrealismo. Su actitud crítica se dirigió tanto hacia las formas artísticas como a los materiales y técnicas tradicionales, incorporando otros nuevos como el collage. Sus más destacados representantes fueron los literatos Tristan Tzara, Louis Aragon y Paul Éluard; los pintores Marcel Duchamp y Francis Picabia, y el escultor Hans Arp. **FAM.** Dadaísta.

dádiva *s. f.* Cosa que se da sin esperar nada a cambio.

dadivoso, sa *adj.* Se dice de la persona inclinada a dar, generosa. También *s.*

dado *s. m.* **1.** Cubo con las caras numeradas del uno al seis por medio de puntos o con figuras distintas, que se utiliza para diversos juegos. **2.** Pieza cúbica de metal que se usa en las máquinas para servir de apoyo a tornillos y ejes. **3.** Pedestal de la columna.

dado, da 1. *p. p.* de **dar**. ‖ *adj.* **2.** Posible. **3.** Especial, determinado. ‖ **LOC. dado que** *conj.* Ya que, puesto que. También, si, en el caso de que. **ser dado a** Sentir afición o inclinación por algo.

dador, ra *adj.* **1.** Que da. También *s.* **2.** Se dice del átomo que, en el enlace iónico, cede electrones. ‖ *s. m.* **3.** Persona que lleva una carta de un individuo a otro. **4.** Librador de una letra de cambio.

Dafne En la mitología griega, ninfa, hija del dios menor Peneo, que la convirtió en laurel para librarla de la persecución amorosa de Apolo.

Dafnis Héroe de la mitología griega, hijo de Hermes y de una ninfa. La leyenda le atribuye la creación de la poesía pastoril.

Dag Símbolo del decagramo, medida de masa.

daga *s. f.* **1.** Arma blanca de hoja corta y fina parecida a una espada. **2.** *Amér. del S.* Cuchillo, puñal.

dagame *s. m.* Árbol de la familia rubiáceas, especie *Calycophyllum candidissimum.* Tiene el tronco liso, copa mediana, follaje espeso de hojas pequeñas y flores blancas. Su fruto se destina a alimento del ganado y su madera, muy resistente, se usa para fabricar herramientas. Es originario de Cuba.

Dagoberto Nombre de tres reyes francos.
Dagoberto I (? h. 600 - Saint-Denis, cerca de París 639) Rey de los francos (629-639). Consiguió reconstruir la unidad del reino y realizó reformas políticas y económicas. Ayudó a Sisenando frente a Suintila, en la Hispania visigoda (631). Fue el último rey merovingio que gobernó de forma efectiva. A su muerte dividió el reino entre sus hijos Sigeberto III y Clodoveo II.
Dagoberto III (? - ? 715) Rey franco de Neustria y Borgoña (711-715). Dejó el gobierno en manos de su mayordomo Pipino de Heristal y de su viuda Plectrudis.

Daguerre, Louis Jacques Mandé (Cormeilles-en-Parisis 1789 - Bry-sur-Marne 1851) Pintor, decorador teatral e inventor francés. En 1822 inventó el diorama. Siguiendo las investigaciones fotográficas de Niepce, descubrió un procedimiento para fijar imágenes en placa de metal, llamado daguerrotipo.

daguerrotipo *s. m.* **1.** Procedimiento para fijar imágenes en una placa de metal, inventado por Daguerre hacia 1839. Se realiza mediante placas de bronce cubiertas de yoduro de plata que se colocan en el fondo de una cámara oscura y sobre las que se proyecta durante varios minutos la escena, iluminada por luz solar. La imagen positiva se obtiene exponiendo la placa impresionada a la acción del vapor de mercurio y se fija mediante una solución de sal común o de hiposulfito sódico. **2.** Imagen obtenida por este procedimiento. **3.** Aparato utilizado para obtener esa imagen.

Dahomey Antiguo nombre del estado de Benin.

Daimiel C. de España, perteneciente a la prov. de Ciudad Real, al NE de la capital. 17.300 h. en 1990. Posee importantes cultivos de vid y cereal. En sus proximidades se encuentra el paraje de Ojos del Guadiana.

daimio *s. m.* Nombre que designa a los señores feudales japoneses que, hasta el s. XVII, ejercieron el poder sobre extensos señoríos territoriales con la ayuda de ejércitos de samuráis. Su declive comenzó con la instauración del régimen de shogunato en 1600.

Daimler, Gottlieb (Schorndorf, Württemberg 1834 - Cannstatt 1900) Inventor alemán. Pionero de la industria automovilística, inventó un motor ligero de gas de petróleo que en 1886 acopló a uno de los primeros automóviles y a una bicicleta.

Dakar C. de Senegal, cap. del país, situada en el Cabo Verde, a orillas del océano Atlántico. 1.382.700 h. en 1985. Es uno de los puertos más importantes de África: sirve de escala a la mayoría del tráfico marítimo entre África y Europa, es la base de la flota africana dedicada a la pesca

Dakar: vista del centro de la ciudad.

del atún y el principal centro exportador de la región, en especial de cacahuetes y fosfatos. Posee astilleros, refinerías de petróleo e industrias textiles. Cuenta con uno de los mejores hospitales del continente, universidad y aeropuerto.

dakota *adj.* **1.** Se dice de una tribu amerindia de la familia sioux que habitaba en la región del alto Mississippi; posteriormente se dispersó por las praderas del O de los actuales EE UU. **2.** De esta tribu. También *s.*

Dakota del Norte (*North Dakota*) Estado de EE UU, situado en el sector central-septentrional del país. 183.117 km^2. 641.350 h. en 1990. La capital es Bismarck, con 44.500 h. en 1980. Su territorio, fundamentalmente llano y atravesado por el río Missouri, se dedica al cultivo de cereales y a la ganadería bovina. Posee minería de lignito e industrias alimentarias.

Dakota del Sur (*South Dakota*) Estado de EE UU, situado en el sector central-septentrional del país. 199.730 km^2. 700.000 h. en 1990. La capital es Pierre, con 11.900 h. en 1980. Su relieve está constituido por llanuras, excepto al O, donde se alza el sistema montañoso Black Hills. Destacan los cultivos de trigo y maíz e importantes yacimientos de oro. Cuenta con moderna industria alimentaria, mecánica, maderera y electrónica.

dal Símbolo del decalitro, medida de capacidad.

Daladier, Édouard (Carpentras 1884 - París 1970) Político francés. Miembro del Partido Radical, fue uno de los impulsores del Frente Popular. Presidente del gobierno en tres ocasiones (1933, 1934 y 1938-40), firmó el acuerdo de Munich (1938) y declaró la guerra a Alemania (1939).

dalai-lama *s. m.* Título del jefe supremo de la religión budista cuyo magisterio espiritual se extiende sobre el Tíbet, Mongolia, China occidental, Bután y Sikkim. Residieron en Lhasa (Tíbet) hasta 1959, año en que la invasión del ejército chino obligó al actual dalai-lama a exiliarse en la India.

dalasi *s. m.* Unidad monetaria de Gambia.

Dale, Henry Hallet (Londres 1875 - Cambridge 1968) Fisiólogo británico. En 1910 logró aislar la acetilcolina. Obtuvo el premio Nobel de medicina y fisiología (1936), compartido con Otto Loewi, por sus investigaciones sobre los intercambios químicos del sistema nervioso en la transmisión de los impulsos.

Dalen, Gustav (Stenstorp 1869 - Estocolmo 1937) Ingeniero sueco. En 1912 obtuvo el premio Nobel de física por sus estudios sobre la dinámica de los gases a elevada temperatura.

Dalí, Salvador (Figueras, Girona 1904 - Barcelona 1989) Pintor español. Tras experimentar en sus inicios la influencia del cubismo y el futurismo, se trasladó en 1928 a París donde entró en contacto con el surrealismo y se convirtió en uno de los más destacados pintores de ese movimiento, con el que, sin embargo, rompió a mediados de los años treinta. Su pintura se caracteriza por el gran dominio del dibujo, la presencia de temas relacionados con los sueños y el subconsciente y la importancia del humor. Entre sus obras sobresalen *La persistencia de la memoria* (1931), *El nacimiento de los deseos líquidos* (1932), *Madona de Portlligat* (1950) y *Cristo de San Juan de la Cruz* (1951). Ha realizado también cine (*Un perro andaluz*, 1929, y *La Edad de Oro*, 1930, ambas en colaboración con Luis Buñuel), decorados teatrales y cinematográficos, orfebrería, así como algunas incursiones en la literatura.

dalia *s. f.* Nombre común de diversas plantas herbáceas de la familia compuestas, género *Dahlia*. Tienen flores en cabezuela, con el botón central amarillo, la corola grande y muchos pétalos de variada coloración. La raíz es cilíndrica y tuberosa y las hojas son opuestas, ovales y dentadas. Son originarias de México y América Central y se conocen unas 20 especies, entre las que destacan la *Dahlia variabilis* y la *Dahlia imperialis*. Se usan en ornamentación.

Dalia.

Dalías C. de España, en la prov. de Almería, situada al S de la sierra de Gador. 3.610 h. en 1990. Su economía se basa en la agricultura de productos mediterráneos, las canteras de mármol y las minas de plomo.

Dalila Mujer filistea que, según el *Libro de los Jueces*, sedujo a Sansón para cortarle los cabellos, en los que residía su fuerza.

Salvador Dalí: España *(Museo Boymans-Van Beuningen, Rotterdam).*

Dallapiccola, Luigi (Pisino 1904 - Florencia 1975) Compositor italiano. Adoptó la técnica dodecafónica al final de los años treinta. De su abundante producción destacan *Pequeño concierto* (1939-41), *Cantos de liberación*, para coro mixto y orquesta (1955), *Concierto para la noche de Navidad*, para soprano y orquesta de cámara (1956), *Requiescant* (1958) y las óperas *Vuelo nocturno* (1940), *El prisionero* (1948), *Job* (1950) y *Ulises* (1968).

Dallas C. de EE UU, en el estado de Texas, situada en el NE del mismo, a orillas del río Trinity. 996.300 h. en 1989. 3.655.000 h. en su área metropolitana en 1987. Es uno de los principales centros mundiales de la industria del algodón y del petróleo; posee además importantes fábricas de maquinaria textil y petrolífera, industrias petroquímica, electrónica, alimentaria y de confección.

Dallas: vista del centro urbano.

dalle *s. m.* Guadaña*.

Dalmacia (*Dalmacija*) Región histórica del SE de Europa, que se extiende a lo largo del litoral adriático hasta la frontera de Albania. Poblada por tribus ilíricas, pasó sucesivamente a poder de romanos, bizantinos, ávaros, reino de Hungría (1102-1437), Venecia (1437-1797), imperio austrohúngaro (hasta 1919) y Yugoslavia. Actualmente su territorio pertenece a las repúblicas de Bosnia-Herzegovina y Croacia.

dálmata *adj.* **1.** De Dalmacia. También *s.* **2.** Se dice de una raza de perros de mediano tamaño y de pelo corto blanco, con manchas negras de entre 2 y 4 cm de diámetro. También *s. m.* ‖ *s. m.* **3.** Lengua románica que se habló en Dalmacia.

dalmática *s. f.* **1.** Vestidura eclesiástica parecida a una casulla con mangas anchas y abiertas que se pone encima del alba. **2.** Túnica abierta por los lados que usan en las ceremonias los heraldos y maceros.

Dalmau, Lluís (s. XV) Pintor valenciano. Introdujo en España el estilo gótico-flamenco. Estuvo al servicio del rey de Aragón, Alfonso V el Magnánimo, y su obra fundamental es el *Retablo dels Consellers*, pintado en Barcelona en 1445 para el Consejo de Ciento.

Dalton, John (Eaglesfield 1766 - Manchester 1844) Físico y químico británico. Es el creador de una teoría atómico-molecular según la cual la materia está constituida por átomos indivisibles. Estudió el daltonismo y enunció la ley de las presiones parciales de los gases y la ley de las proporciones múltiples. La **ley de las presiones parciales** establece que la presión de una mezcla de varios gases es igual a la suma de las presiones parciales que ejercería cada uno de los gases si sólo él ocupara el volumen completo de la mezcla, a la misma temperatura. La **ley de las proporciones múltiples** establece que si se combinan cantidades fijas de una sustancia con cantidades variables de otras para dar diversos compuestos, estas segundas cantidades guardan entre sí una relación numérica sencilla.

daltoniano, na o **daltónico, ca** *adj.* **1.** Se dice del que padece daltonismo. También *s.* **2.** Perteneciente o relativo a esta enfermedad.

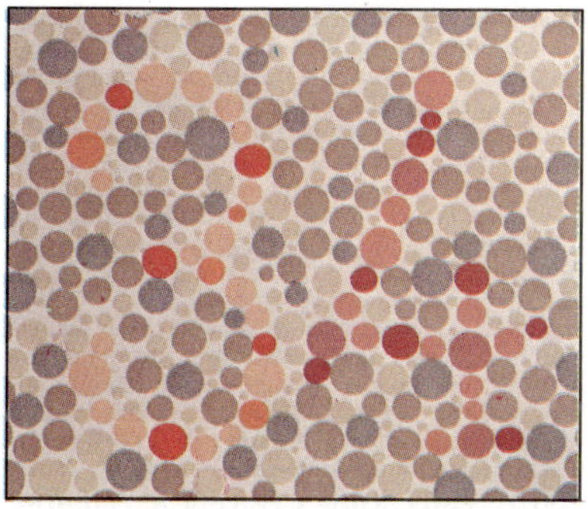

Daltonismo: una de las láminas de la prueba de Ishihara para el diagnóstico de la enfermedad, en la que los daltónicos no distinguen el número 34.

daltonismo *s. m.* Defecto genético de la vista que consiste en la imposibilidad de distinguir ciertos colores, en especial el rojo y el verde. Fue estudiado por primera vez por John Dalton, que lo padecía. Su causa es la ausencia de uno de los tres receptores fundamentales retinianos para la percepción del color.

dam Símbolo del decámetro, medida de longitud.

Dam, Henrik (Copenhague 1895 - íd. 1976) Bioquímico danés. Centró sus estudios en la bioquímica de los esteroles. En 1929 descubrió la vitamina K. Obtuvo el premio Nobel de medicina y fisiología de 1943, compartido con Edward A. Doisy.

dama *s. f.* **1.** Mujer distinguida, de buena educación o de clase social elevada. **2.** Mujer galanteada o pretendida por un hombre. **3.** Señora al servicio de una reina o princesa. **4.** En el teatro, actriz que hace los papeles principales. **5.** En el juego de ajedrez, la reina. **6.** En el juego de damas, pieza que, por haber llegado a la primera línea del contrario, se corona con otra pieza y puede correr toda la línea. || *pl.* **7.** Juego practicado entre dos personas sobre un tablero con 64 cuadros y 24 piezas, si es a la española, o 100 cuadros y 40 piezas, si es a la polonesa. || **8. dama de Baza** Escultura ibérica descubierta en 1971 en Vega de Baza (Granada). Se trata de una figura femenina en postura sentada, realizada en piedra y policromada, que data aproximadamente del s. IV a. C. Se encuentra en el Museo Arqueológico Nacional (Madrid). **9. dama de Elche** Estatua en piedra policromada considerada como la obra más notable del arte ibérico. Representa probablemente una figura femenina y fue descubierta en 1897 cerca de la localidad alicantina de Elche (España). El orificio que tiene en la espalda le da carácter de urna cineraria. Tan sólo conserva pequeños restos rojos y azules de su color original. El busto femenino está adornado con rodetes, diadema y collares, expresión de un gran lujo suntuario. **10. dama de honor** Joven que forma parte de la corte o acompañamiento de honor en determinados actos. **11. dama de noche** Galán* de noche, arbusto.

Dama de Elche (Museo Arqueológico Nacional, Madrid).

damajuana *s. f.* Vasija voluminosa de vidrio, de forma redondeada y achatada, generalmente protegida con una funda de mimbre o paja.

damán *s. m.* Nombre de diversos mamíferos placentarios hiracoideos de la familia procávidos, géneros *Procavia*, *Heterohyrax* y *Dendrohyrax*. Su tamaño es de unos 50 cm de longitud, tienen cuatro dedos en las patas anteriores y tres en las posteriores, e incisivos superiores de crecimiento continuo. Son herbívoros y habitan en regiones rocosas de África y Asia occidental.

damasceno, na *adj.* De Damasco. También *s.*

damasco *s. m.* Tejido fuerte de seda o lana adornado con figuras formadas por la combinación de hilos del mismo color y distinto grosor.

Damasco (*Dimasq*) C. de Siria, cap. del país, situada en el sector SO de su territorio, a orillas del río Barada. 1.361.000 h. en 1989. Es un importante centro artesano del damasco, alfombras y muebles, así como centro agrícola, con explotaciones de trigo, tabaco, aceite y hortalizas, y administrativo. Posee además industrias de cemento, vidrio y refinerías de petróleo y cuenta con universidad y aeropuerto. Entre sus monumentos destacan las ruinas romanas, la mezquita omeya del s. VII y el palacio Azem. Sus orígenes son muy antiguos y ya aparece mencionada en el *Génesis*. Fue conquistada por los asirios, los persas aqueménidas, los macedonios de Alejandro Magno, los romanos (64 a. C.) y los árabes (635), que la convirtieron en capital del califato omeya. En 1516 fue anexionada por Selim I al imperio otomano, al que perteneció hasta 1918. Estuvo ocupada por tropas francesas desde 1920 a 1946, año en que fue declarada capital del nuevo estado sirio.

damasquinado *s. m.* Trabajo de artesanía que consiste en incrustar o embutir oro u otro metal fino en hierro o acero. **FAM.** Damasquinar.

damasquino, na *adj.* **1.** Damasceno, de Damasco. También *s.* **2.** Se aplica a los objetos que tienen damasquinado. También *s. m.*

damero *s. m.* **1.** Tablero de jugar a las damas. **2.** Damerograma*.

damerograma *s. m.* Variante del crucigrama cuyas casillas, una vez rellenas, componen una cita o texto.

damisela *s. f.* **1.** Señorita, generalmente en sentido irónico o despectivo. **2.** Joven delicada y presumida.

damnificado, da **1.** *p. p.* de **damnificar**. || *adj.* **2.** Se dice de la persona o cosa que ha sufrido daños importantes. También *s.*

damnificar *v. tr.* Dañar, perjudicar. ■ Se conjuga como *sacar*.

Damocles Cortesano de Dionisio I el Viejo, tirano de Siracusa (405-367 a. C.). Según la leyenda, Dionisio I le invitó a sentarse en el trono, en donde Damocles se sintió feliz hasta que advirtió que sobre su cabeza pendía una espada sostenida tan sólo por una crin de caballo. Esta situación se ha hecho legendaria como símbolo de la amenaza de un peligro continuo, dando lugar a la expresión *espada de Damocles*.

Dánae Personaje de la mitología griega. Hija de Acrisio, rey de Argos, fue encerrada en una torre porque el oráculo anunció que un hijo suyo asesinaría al rey. Zeus, que la deseaba, la fecundó transformado en lluvia de oro y la hizo madre de Perseo, quien involuntariamente mató a Acrisio.

dandi *s. m.* Hombre elegante, refinado y original. **FAM.** Dandismo.

Dandolo Familia patricia veneciana, que dio varios dux a la República. **Enrico** (Venecia h. 1107 - Constantinopla 1205) fue elegido dux en 1192, un momento de máximo esplendor veneciano. Aprovechó la cuarta cruzada para reconquistar Zara (1202), en Dalmacia, e hizo que los cruzados tomaran Constantinopla y fundaran el imperio latino de Oriente. **Andrea** (Venecia h.1307 - íd. 1354), elegido en 1343, firmó un tratado con los turcos y sostuvo una guerra con Génova. Fue jurisconsulto e historiador.

danés, sa *adj.* **1.** De Dinamarca. También *s.* || *s. m.* **2.** Lengua que se habla en Dinamarca. || **3. gran danés** Dogo*.

Daniel Profeta mayor del Antiguo Testamento. Prisionero en Babilonia, interpretó sueños y visiones en la corte. Es el personaje principal del libro de la *Biblia* que lleva su nombre, escrito hacia el 165 a. C. en hebreo y arameo.

Daniell, John Frederic (Londres 1790 - íd. 1845) Físico y químico británico. Inventó, entre otros aparatos, un higrómetro por condensación (1820) y la pila de su nombre (1836), de cobre y cinc, primera fuente segura de corriente.

Dante Alighieri. Retrato de la escuela toscana del siglo XVI (Casa de Petrarca, Arezzo, Italia).

Dante Alighieri (Florencia 1265 - Ravena 1321) Escritor italiano. Nacido en el seno de una familia de la burguesía güelfa, siendo muy joven se enamoró de Beatriz Portinari, amor que inspiró su obra *Vida nueva* (1292-93). Intervino como miembro de los güelfos blancos en las luchas entre los partidarios del imperio y del papado. A consecuencia de sus actividades públicas como miembro del Consejo de los Ciento fue desterrado de Florencia. En el exilio Dante se convirtió en ardiente defensor de los derechos del emperador y de la causa de un imperio romano reconstruido. Su poesía, influida en un principio por la lírica trovadoresca y el *dolce stil nuovo*, evolucionó hacia una mayor profundidad de sentimientos y hacia el simbolismo. En latín publicó los tratados *De vulgari eloquentia* (1304-07), *De monarchia* (1310-14) y varias epístolas. En lengua romance escribió *El convite* (1307), buena muestra de su prosa, *Vida nueva* y, sobre todo, la *Divina comedia*, poema alegórico considerado como una de las cumbres de la literatura universal y base de la lengua italiana.

dantesco, ca *adj.* **1.** Propio y característico de Dante o semejante a su estilo o cualidades literarias. **2.** Se aplica a las cosas o sucesos que impresionan por ser terribles o desastrosos.

Danton, Georges Jacques (Arcis-sur-Aube 1759 - París 1794) Político francés. Fue uno de los principales dirigentes de la Revolución de 1789.

Damasco: vista del sector moderno de la ciudad.

Georges Jacques Danton. Retrato de Schilly (Museo del castillo de Versalles, Francia).

Fundador del llamado *Club de los Cordeliers* (1790), fue nombrado en 1792 ministro de Justicia en el gobierno provisional, del que se convirtió en verdadero jefe. Elegido miembro de la Convención, fue desplazado del poder por Robespierre. Adoptó en 1793 una política de conciliación en la que abogaba por el fin del régimen del Terror, lo que le enfrentó a Robespierre y al Comité de Salud Pública. Murió guillotinado.

danubiano, na *adj.* **1.** Se dice de los territorios situados a orillas del Danubio. **2.** Perteneciente o relativo a estos territorios o al mencionado río.

Danubio (en al. *Donau*, en checo y eslovaco *Dunaj*, en serbocroata y búlgaro *Dunav*, en húngaro *Duna* y en rumano *Dunarea*) Río de Europa. Tiene una longitud de 2.850 km, por lo que es el más largo del continente después del Volga, y su cuenca ocupa una extensión de 817.000 km^2. Su régimen es nivo-glacial. Nace en la Selva Negra, al S de Alemania, discurre por Austria (Viena), Checoslovaquia (Bratislava), Hungría (Budapest), Serbia (Belgrado), atraviesa el famoso desfiladero de las Puertas de Hierro entre los Cárpatos y los Balcanes, hace frontera entre Bulgaria y Rumania y desemboca en el mar Negro, en la frontera entre Rumania y Moldavia, donde forma un gran delta de 3.750 km^2. Sus principales afluentes son, por la orilla izquierda, el Tisza y Prut, procedentes de los Cárpatos, y por la orilla derecha el Inn, Drava, Sava y Morava, procedentes de los Alpes y los Alpes dináricos. Su gran caudal lo hace navegable desde la ciudad alemana de Ulm. A lo largo de su curso alimenta numerosas centrales hidroeléctricas.

danza *s. f.* **1.** Acción y arte de danzar. **2.** *fam.* Asunto, enredo, intriga. ‖ **3. danza de la muerte** Representación alegórica de la muerte en la que ésta llama a personajes representativos de las distintas clases sociales para que bailen con ella. Es un tema característico de la baja Edad Media, repetido en la literatura, la pintura y el grabado. También se llama *danza macabra.* ‖ **LOC. en danza** *adv. fam.* En actividad, de un lado para otro; también, de actualidad, dando que hablar.

danzar *v. tr.* **1.** Bailar, especialmente bailes artísticos. ‖ *v. intr.* **2.** Moverse de un lado para otro. **3.** Zascandilear, enredar, entrometerse. ▪ Se conjuga como *cazar.* **FAM.** Danzante.

danzarín, na *s. m.* y *f.* Persona que danza con destreza.

Dánzig Véase **Gdansk**.

dañar *v. tr.* Causar daño. También *v. prnl.*

dañino, na *adj.* Que causa daño.

daño *s. m.* **1.** Cualquier mal o perjuicio causado en alguien o en algo. **2.** Dolor físico o moral. **3.** Alteración del organismo que produce sufrimiento o es signo de enfermedad. **FAM.** Dañoso.

Daoíz y Torres, Luis (Sevilla 1767 - Madrid 1808) Militar español. Oficial de artillería, fue uno de los héroes del alzamiento popular contra Napoleón que tuvo lugar en Madrid el 2 de mayo de 1808. Murió combatiendo a los franceses en el parque de artillería de Monteleón.

dar *v. tr.* **1.** Pasar alguien una cosa que posee a otro gratuitamente y, en general, hacer que reciba alguna cosa, la utilice, disfrute de ella, etc. También *v. intr.* **2.** Producir, proporcionar. También *v. prnl.* **3.** Causar. **4.** Llevar a cabo la acción que se expresa; p. ej., *dar un saludo, dar saltos, dar un puñetazo,* etc. También *v. prnl.* **5.** Con sustantivos como *lección, clase,* impartirlas o recibirlas. **6.** Comunicar alguna cosa de palabra o por otro medio, expresar o decir algo. **7.** Conceder, otorgar. **8.** Con sustantivos que hagan referencia a un determinado periodo de tiempo, amargar, estropear. **9.** Con la preposición *por,* considerar, declarar. También *v. prnl.* **10.** Referido a ciertas cosas como la luz, el agua, etc., suministrarlas, hacer lo necesario para que puedan ser utilizadas. **11.** *fam.* Representar en un teatro una determinada obra, poner cierto programa en la televisión, etc. **12.** Sonar en el reloj las campanadas de la hora correspondiente. También *v. intr.* **13.** Importar, valer. **14.** Anunciar, presagiar, sugerir. ‖ *v. intr.* **15.** Suceder una cosa a alguien, empezar a sentirla. **16.** Tocar, chocar, golpear. También *v. prnl.* **17.** Con la preposición *a,* accionar ciertos mecanismos, como un botón, un gatillo. **18.** Con la preposición *en,* acertar, atinar, encontrar. También, empeñarse u obstinarse en algo. **19.** Con la preposición *con,* encontrar. **20.** En ciertas construcciones con las preposiciones *con* y *en,* caerse o ir a parar a un lugar: *Dio consigo en el suelo.* **21.** Alcanzar, ser suficiente. **22.** Desembocar, ir a parar, estar orientado hacia una parte. **23.** Caer, incurrir. ‖ *v. prnl.* **24.** Entregarse, dedicarse. **25.** Suceder, existir. **26.** Resultarle fácil o difícil a alguien hacer, aprender, etc., cierta cosa. ▪ Es v. irreg. ‖ **LOC. ahí me las den todas** *fam.* Indica indiferencia ante un suceso, porque nos afecta poco o afecta a otra persona. **¡dale!** o **¡dale que dale!** o **¡dale que te pego!** *interj. fam.* Muestra el fastidio ante la pesadez o insistencia de una persona o cosa. **dar de sí** Ensancharse, estirarse. También, rendir, aprovechar. **dársela (con queso)** a uno *fam.* Engañarle, jugársela. **dárselas de** algo *fam.* Presumir de ello o simularlo. **no dar (ni) una** *fam.* Equivocarse continuamente. **para dar y tomar** *adv. fam.* En abundancia.

D A R	
INDICATIVO	
Presente	**Pret. perf. simple**
doy	*di*
das	*diste*
da	*dio*
damos	*dimos*
dais	*disteis*
dan	*dieron*
SUBJUNTIVO	
Pretérito imperf.	**Futuro imperf.**
diera, -ese	*diere*
dieras, -eses	*dieres*
diera, -ese	*diere*
diéramos, -ésemos	*diéremos*
dierais, -eseis	*diereis*
dieran, -esen	*dieren*

Dar es Salam o **Dar es Salaam** (*Dar al-Salam*) C. de Tanzania, situada a orillas del océano Índico, en el estrecho de Zanzíbar. 1.361.000 h. en 1988. Su puerto es el más importante de la costa oriental de África y concentra la mayor parte del comercio exterior tanzano: copra, café, algodón, oro, etc. Posee, además, industrias alimentarias, textiles, de calzado, de muebles y refinerías de petróleo. Antigua sede de los sultanes de Zanzíbar, fue capital de Tanzania desde 1964 hasta 1983, en que fue sustituida por Dodoma.

Dardanelos Estrecho que comunica el mar Egeo con el mar de Mármara. Tiene algo menos de 100 m de profundidad, 60 km de longitud y una anchura que oscila entre 1.270 m y 7 km. Las costas que lo bordean son lisas y bajas, sin ofrecer abrigos naturales. Separa los continentes europeo y asiático.

dardo *s. m.* **1.** Especie de flecha pequeña. **2.** Arma parecida a una lanza pequeña y ligera que se arroja con la mano. **3.** Frase o comentario satírico y mal intencionado.

Dargomijski, Alexander (Tula 1813 - San Petersburgo 1869) Compositor ruso. Formó parte del grupo de compositores nacionalistas rusos. En la línea de Glinka, su obra tiene un profundo dramatismo; incorporó una nueva forma de recitativo melódico. Entre sus óperas destacan *Esmeralda* (1840), *Rusalka* (1856) y *El convidado de piedra* (1867).

Darién Golfo situado en la costa del mar Caribe, entre las costas de Panamá y Colombia. En su parte interior se halla el golfo de Urabá.

Darío Nombre de varios reyes de Persia.

Darío I el Grande (? - ? 486 a. C.) Rey de Persia (521-486 a. C). Descendiente por línea colateral de la dinastía aqueménida, comenzó su reinado sometiendo a Babilonia, Susiana, Media y otras provincias del imperio dominadas por usurpadores. Cruzó el Bósforo con sus ejércitos en dos ocasiones, siendo rechazado por los escitas (512 a. C.) y derrotado en Maratón (490 a. C.) por una coalición griega. Fue un gran estadista e impulsó la economía del país favoreciendo las rutas comerciales: canal del Nilo al mar Rojo, camino real de Sardes a Susa, ruta del Indo, etc. Estableció el zoroastrismo como religión oficial.

Darío III Codomano (? - ? 330 a. C.) Rey de Persia (335-330 a. C.). Último monarca de la dinastía aqueménida, fue derrotado en Gránico (334), Issos (333) y Arbelas (331) por Alejandro Magno, quien se proclamó su sucesor e incorporó Persia a su imperio. Murió asesinado.

Darío, Félix Rubén García Sarmiento, llamado **Rubén** (Metapa, actualmente Ciudad Darío 1867 - León, Nicaragua 1916) Poeta y diplomático nicaragüense. Fue el creador del término modernismo. Sus principales influencias fueron las de los clásicos del Siglo de Oro español, presentes en obras iniciales como *Abrojos* (1887) y *Rimas* (1887), y las de los poetas parnasianos y simbolistas franceses, de los que heredó el interés por la perfección formal, el sentido melódico del verso y el gusto por lo exótico. Su primera obra plenamente modernista es *Azul* (1888), en la que destacan la pureza clásica de la forma y la fantasía poética. En libros posteriores recorrió diversas temáticas, desde el canto a las tradiciones española e indígena hasta la desesperación metafísica. Entre sus principales libros figuran *Los raros* (1896), *Prosas profanas* (1896), *Cantos de vida y esperanza* (1905), *El canto errante* (1907), *Poema de otoño* (1910) y *Canto a la Argentina y otros poemas* (1914). Su obra influyó poderosamente en la poesía española del s. XX.

Rubén Darío.

Darlan, François (Nérac 1881 - Argel 1942) Almirante y político francés. Impulsó la reconstrucción de la flota y fue vicepresidente del consejo del gobierno de Vichy. En 1941 autorizó la utilización por Alemania de los puertos franceses de África. Dimitió de sus cargos políticos en 1942, pero conservó los militares. Se hallaba en Argel cuando se produjo el desembarco aliado y colaboró con los estadounidenses. Murió en un atentado.

Darling Río del SE de Australia, principal afluente del Murray. Tiene 2.720 km de longitud, de los que 1.287 son navegables.

Darmstadt C. de Alemania, en el Land de Hesse, situada entre el río Rhin y el Odenwald. 136.100 h. en 1989. Posee industrias mecánicas, químicas y papeleras. Es centro turístico y sede de una importante universidad técnica.

dársena *s. f.* Parte de un puerto resguardada y preparada artificialmente para la carga y descarga de las embarcaciones o para la reparación y desguace de las mismas.

darvinismo o **darwinismo** *s. m.* Teoría biológica sobre la evolución de las especies basada en las ideas de Charles Robert Darwin, según la cual los diversos seres vivos actuales y su evolución resultan de la selección natural, o selección de los individuos mejor adaptados a su medio ambiente, a través de la lucha por la existencia, y gracias a la transmisión de los caracteres por la herencia. La teoría supuso un gran avance científico. En los años treinta de nuestro siglo diversos investigadores armonizaron las teorías de Darwin con los descubrimientos genéticos de Mendel y Morgan, dando origen a la teoría conocida como *neodarwinismo.* **FAM.** Darviniano.

Charles Darwin. Retrato de John Collier, detalle (National Portrait Gallery, Londres).

Darwin, Charles Robert (Sherewsbury 1809 - Down, Kent 1882) Biólogo británico. Es célebre por su teoría de la evolución basada en la selección natural. Participó como naturalista en la expedición científica del navío *Beagle* (1831-36) alrededor del mundo, acumulando gran cantidad de datos y observaciones con los que trabajó durante veinte años en el desarrollo de su teoría. En 1859 publicó su gran obra, *Sobre el origen de las especies por medio de la selección natural*, que causó sensación y viva polémica en el mundo científico, aunque Darwin procuró mantenerse al margen de la disputa. En 1871 publicó *El origen del hombre*, profundizando en sus teorías. En la actualidad el evolucionismo se ha desarrollado a la luz de fenómenos desconocidos por Darwin, como las mutaciones y los hallazgos de la genética.

data *s. f.* **1.** Indicación del lugar y tiempo en que se hace o sucede una cosa; suele aparecer al principio o final de las cartas y documentos. **2.** En una cuenta, factura, etc., sección en que se anotan las partidas entregadas por el titular o partidas de descargo.

datáfono *s. m.* Aparato utilizado en conexión con un sistema informático para transmitir información por la línea telefónica.

datar *v. tr.* **1.** Fechar. **2.** Poner en una cuenta la data o partidas de descargo. ‖ *v. intr.* **3.** Cuando va seguido de la preposición *de*, tener una cosa su comienzo u origen en el tiempo que se indica. **FAM.** Datación.

dátil *s. m.* **1.** Fruto comestible de la palmera datilera *(Phoenix dactylifera)*, de forma elipsoidal, cubierta amarillenta, carne blanquecina y un hueso duro central surcado. Se come seco o molido en forma de harina. **2.** *fam.* Dedo. ‖ **3. dátil de mar** Molusco lamelibranquio de la familia mitílidos, especie *Lithodomus lithophagus*. Su concha se parece por el color y la forma al fruto de la palmera. Es comestible y vive en cavidades que él mismo hace en las rocas.

Dátiles de la palmera datilera (Phoenix dactylifera).

datilera *adj.* Se aplica a la palmera cuyo fruto es el dátil. También *s. f.*

dativo *s. m.* Uno de los casos de la declinación gramatical. Suele expresar el complemento indirecto.

dato *s. m.* **1.** Hecho o detalle que facilita el conocimiento exacto de una cosa. **2.** Cada una de las magnitudes con las que se opera para obtener la solución de un problema matemático o de cualquier otro tipo. **3.** Documento, prueba.

Dato, Eduardo (La Coruña 1856 - Madrid 1921) Político español. Figura destacada de la Restauración, fue miembro del Partido Conservador y partidario de una moderada política reformista tanto en las cuestiones sociales como políticas. Ocupó en tres ocasiones la presidencia del gobierno: 1913-15, en que mantuvo la neutralidad española durante la Primera Guerra Mundial y concedió a Cataluña la Mancomunidad; 1917, en que hubo de enfrentarse a la grave crisis provocada por la huelga general y las juntas militares; y 1920-21, en que apoyó la política represiva con la que el general Martínez Anido hizo frente a las luchas entre sindicatos y patronal en Barcelona. Murió víctima de un atentado anarquista.

Eduardo Dato. Retrato de Marceliano de Santa María, detalle (Palacio del Congreso, Madrid).

datolita *s. f.* $CaBSiO_4(OH)$. Mineral silicato de boro y calcio hidratado. Cristaliza en el sistema monoclínico en grandes cristales con numerosas caras; puede ser incoloro o variar del blanco al amarillento, con brillo vítreo. Se ha encontrado puro en rocas graníticas y aparece también en todo tipo de rocas magmáticas. Es la principal mena del boro. Los mayores yacimientos se hallan en Noruega y Alemania.

Datong C. de China, en la prov. de Shanxi, situada al O de Pekín. 1.000.100 h. en 1986. Constituye el núcleo urbano de una región minera del carbón y cuenta con industrias de material ferroviario y de cemento. Conserva el gran templo del Poderoso Tesoro (s. XI-XIII).

datura *s. f.* Nombre común de diversas plantas herbáceas de la familia solanáceas, género *Datura*. Poseen flores tubulares blancas o violáceas y fruto en cápsula espinosa. Crecen en las regiones tropicales de Asia y América y son también frecuentes en España. Entre sus especies destaca el estramonio *(Datura stramonium)*, planta de la que se obtienen hojas y semillas que tienen efectos narcóticos y antiespasmódicos y se utilizan contra el asma bronquial.

Dau al set (*Dado al siete*) Grupo de artistas españoles, formado en Barcelona, que actuó como vanguardia cultural entre los años 1948 a 1951. Estaba formado por los pintores A. Tàpies, J. Ponç, M. Cuixart y J. J. Tharrats, el escritor A. Puig, el poeta J. Brossa y el crítico de arte J. E. Cirlot. De tendencia surrealista, en sus miembros se notaba la influencia de J. Miró y P. Klee.

Daubigny, Charles François (París 1817 - íd. 1878) Pintor francés. Paisajista influido por la escuela de Barbizon, su obra fue precursora del impresionismo. Algunos de sus cuadros más representativos son *Puesta de sol en el Oise* (1865), *Los molinos de Dordrecht* (1872) y *Vista de Dieppe* (1877).

Daudet, Alphonse (Nîmes 1840 - París 1897) Escritor francés. En un estilo naturalista de gran perfección formal supo reflejar con humor y poesía la realidad social de su época. Entre sus obras sobresalen *Cartas desde mi molino* (1866), cuentos de su Provenza natal; la trilogía de novelas *Tartarín de Tarascon* (1872), *Tartarín en los Alpes* (1885) y *Port-Tarascon* (1890), así como las novelas *Jack* (1876) y *El nabab* (1877).

Daumier, Honoré (Marsella 1808 - Valmondois 1879) Pintor, dibujante y litógrafo francés. Publicó más de 4.000 litografías, entre las que destacan series sobre tipos parisinos (1842) y gentes de la judicatura (1845-48), que son un reflejo irónico y preciso de su tiempo y que le valieron varias condenas por su feroz contenido político. A partir de 1850 se dedicó también a la pintura, en la que se caracterizó por el tratamiento original del color y de las figuras, en obras como *El vagón de tercera* y *La lavandera*.

Davao C. de Filipinas, situada en la isla de Mindanao, al pie del volcán Apo. 862.000 h. en 1990. Es ciudad portuaria, comercial y pesquera, y también centro agrícola.

David (h. 1010 - 970 a. C.) Segundo rey hebreo, cuya vida se relata en la *Biblia* (libros 1 y 2 de *Samuel*). Fue músico en la corte del rey Saúl, al tiempo que alcanzó fama con hazañas guerreras como la muerte del filisteo Goliat. Elegido rey de Judá a la muerte de Saúl, conquistó Jerusalén, ciudad que convirtió en la capital política y religiosa de Israel y adonde trasladó el Arca de la Alianza. La tradición hebrea le atribuye la autoría de los *Salmos*.

David, Gérard (Oudewater, Holanda h. 1460 - Brujas 1523) Pintor flamenco. Formado en Brujas, en el taller de Memling, se distinguió por su profundidad emotiva dentro del estilo tradicional de los primitivos flamencos. Fue, además, un excelente miniaturista. Entre sus obras destacan *El bautismo de Cristo* (1500-07), *La Virgen con santas* (1509), *La adoración de los Reyes* (1515) y *La Anunciación* (1520).

David, Jacques-Louis (París 1748 - Bruselas 1825) Pintor francés. Figura destacada del estilo neoclásico, se inició en la pintura de tema histórico (*El juramento de los Horacios*, 1784 y *El rapto de las sabinas*, 1789). Participó en la Revolución Francesa y fue miembro de la Convención, pintando obras de exaltación de ese momento histórico, como *El juramento del juego de Pelota* y *Marat asesinado* (1793). Ello no impidió que más tarde se convirtiera en el pintor de cámara de Napoleón, para el que realizó obras como *La Coronación* (1808) y *La distribución de las águilas* (1810). En esta última etapa cultivó con profusión y acierto el retrato, género en el que sobresale el de *Madame Récamier* (1800).

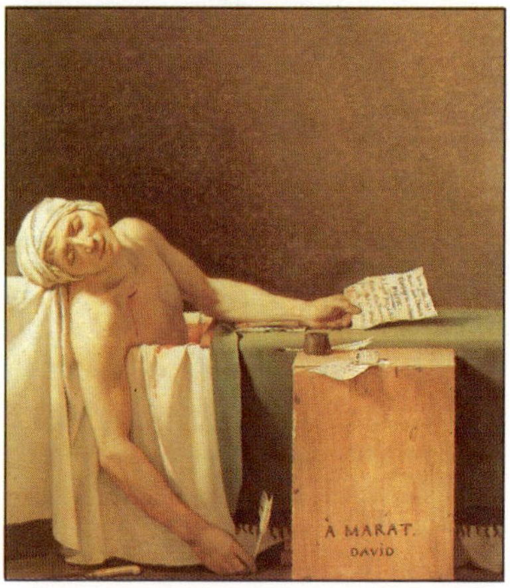

Jacques-Louis David: Muerte de Marat *(Museo del castillo de Versalles, Francia).*

David d'Angers, Pierre-Jean (Angers 1788 - París 1856) Escultor francés. Fue discípulo de Thorvaldsen en Roma. Su abundantísima obra le acredita como uno de los más activos escultores del periodo romántico: además de la reestructuración del frontón del Panteón Nacional de París, esculpió numerosas estatuas conmemorativas y medallones de bronce fundido en los que retrató a notables personajes de su época, como A. de Vigny, George Sand y A. de Musset.

Dávila, Sancho (Ávila 1523 - Lisboa 1583) Militar español. Participó en las campañas bélicas de Carlos V en Alemania y el N de África y en la de Felipe II en Italia. También en Flandes venció a Luis de Nassau en Mook (1575). Con el duque de Alba fue maestre de campo en la campaña de Portugal (1580).

Davis, Bette (Lowell, Massachusetts 1908 - París 1989) Actriz estadounidense. Trabajó en el teatro hasta 1932, en que se inició en el cine. Entre sus mejores interpretaciones figuran las de las películas *Jezabel* (1938), *La carta* (1940), *La loba* (*The Little Foxes*, 1941), *Eva al desnudo* (*All About Eve*, 1950) y *¿Qué fue de Baby Jane?* (1962).

Davis, copa Competición deportiva de tenis creada en 1900 por el estadounidense Dwight Davis. Se celebra anualmente y en ella participan equipos nacionales divididos en cuatro zonas geográficas y dos categorías. Las eliminatorias se disputan a cinco partidos, cuatro individuales y uno de dobles.

Davis, John (Devonshire h. 1550 - estrecho de Malaca 1605) Navegante británico. Descubrió las costas del O de Groenlandia, el estrecho que lleva su nombre, las islas Cumberland y las Malvinas. Además de viajero infatigable fue escritor e inventor.

Davis, Miles (Alton, Illinois 1926 - Santa Mónica, California 1991) Trompetista de jazz estadounidense. Inició su carrera tocando en los grupos de Charlie Parker, Dizzy Gillespie y Thelonius Monk, para más tarde dirigir un quinteto integrado por grandes solistas. Fue uno de los creadores del estilo *cool* y se interesó además por la música electrónica. Entre sus principales grabaciones figuran *Birth of the cool, In a silent way, Jazz track, Milestones* y *Bitches crew.*

Davisson, Clinton Joseph (Bloomington, Illinois 1881 - Charlottesville, Virginia 1958) Físico estadounidense. Investigó en los laboratorios de la Bell Telephone y descubrió la difracción de electrones proyectados contra un cristal de níquel, confirmando así la teoría ondulatoria de Louis de Broglie. Obtuvo el premio Nobel de física en 1937, compartido con George Paget Thompson.

Davy, Humphry (Penzance, Cornualles 1778 - Ginebra 1829) Químico y físico británico. Profesor de química en la Institución Real de Londres, descubrió por electrólisis el sodio y el potasio, en 1807, y el bario, el estroncio y el calcio, al año siguiente. En 1811 descubrió el fenómeno del arco eléctrico y en 1817, con la ayuda de Faraday, las propiedades catalíticas del platino. Ideó la lámpara de su nombre, para evitar en lo posible las explosiones del grisú en las minas.

Dayan, Moshé (Degania 1915 - Tel Aviv 1981) Militar y político israelí. Jefe del Estado Mayor entre 1953 y 1958, fue luego titular de los ministerios de Agricultura (1959-64), Defensa (1967-74) y Asuntos Exteriores (1977) en gobiernos de signo conservador y nacionalista. Dirigió al ejército israelí en la segunda y tercera guerra contra los árabes.

Daza, Hilarión (Sucre 1840 - ? 1894) Militar y político boliviano. Fue ministro de la Guerra (1874-76) y ocupó la presidencia (1876-80) mediante un golpe militar. Bajo su mandato tuvo lugar la guerra del Pacífico, en la que Bolivia, aliada con Perú, combatió contra Chile, y cuya derrota provocó su derrocamiento.

DDT Siglas del compuesto orgánico dicloro-difenil-tricloroetano, uno de los insecticidas más extendidos. La utilización indiscriminada de DDT a partir de 1939 ha provocado su acumulación en el medio ambiente, puesto que se trata de un producto químico no biodegradable, lo que ha conducido a una limitación de su uso en muchos países.

de[1] *s. f.* Nombre de la letra *d.*

de[2] *prep.* **1.** Indica propiedad o pertenencia. **2.** Explica el modo de hacerse o suceder alguna cosa: *caer de espaldas.* **3.** Expresa origen y procedencia. **4.** Denota la materia de que está hecha una cosa. **5.** Indica el asunto o materia de que se trata. **6.** Expresa la naturaleza, condición o carácter: *un hombre de ciencia.* **7.** Denota sentido partitivo: *algunos de nosotros.* **8.** A veces se usa para regir infinitivos: *Es hora de comer.* **9.** Expresa la causa: *Se puso enfermo de tomar tantos medicamentos.* **10.** Sirve de elemento de ilación o deducción: *De esto se sigue que...* **11.** Expresa el tiempo en que sucede una cosa: *Viajó de noche.* **12.** Se usa en ciertas construcciones calificativas: *el bueno de tu hermano.* **13.** Con infinitivos indica condición o concesión: *De saber esto, no hubiera venido.* **14.** Se utiliza en comparación de cantidades: *más de medio millón.* **15.** Sirve de enlace entre el nombre genérico y el específico: *la ciudad de Sevilla.* **16.** Se utiliza en perífrasis con los verbos auxiliares: *Yo he de saberlo.* **17.** Se emplea en expresiones de lástima, menosprecio o amenaza: *¡Pobre de ti!* **18.** Precede al agente de la voz pasiva con ciertos verbos: *Iba acompañado de su madre.*

De Mille, Cecil B. Véase **Mille, Cecil B. de.**

De Stijl Grupo artístico fundado en Leyden (Países Bajos), en 1917, por Piet Mondrian y Theo van Doesburg, al que se unieron pintores y arquitectos. Publicaron la revista del mismo nombre para difundir sus ideas y tendencias (1917-28). Defendían un arte plástico hecho con medios muy simples (colores puros, formas geométricas, etc.) y con una finalidad instrumental: hacer más habitable el medio a través de la pintura, la escultura, la arquitectura, el urbanismo y el diseño. Tuvo gran repercusión en las corrientes estéticas de los años treinta.

deambular *v. intr.* Caminar de un sitio para otro sin rumbo determinado.

deambulatorio *s. m.* Girola*.

Dean, James Byron, llamado **James** (Fairmount, Indiana 1931 - Salinas, California 1955) Actor de cine estadounidense. Formado en el *Actor's Studio*, encarnó personajes jóvenes, complejos y torturados, que le convirtieron en símbolo de su generación. Murió violentamente a los 24 años y su recuerdo fue mitificado. Protagonizó tres películas: *Al este del Edén* (1954), *Rebelde sin causa* (1955) y *Gigante* (1955).

James Dean.

deán *s. m.* Máxima autoridad, después del obispo, del cabildo de una catedral.

debacle *s. f.* Desastre, destrucción, derrota.

debajo *adv. l.* **1.** En lugar o puesto inferior a otro superior. **2.** Con dependencia o sumisión.

debate *s. m.* Discusión sobre una cosa entre dos o más personas.

debatir *v. tr.* **1.** Discutir sobre algo. ‖ *v. prnl.* **2.** Luchar, forcejear.

debe *s. m.* Una de las dos partes de las cuentas corrientes, en la que aparecen las cantidades que el titular de la cuenta ha de pagar. La otra parte se llama *haber.*

deber[1] (del lat. *debere*) *v. tr.* **1.** Con un verbo en infinitivo, o con un sustantivo, tener la obligación de hacer lo que éstos expresan. **2.** Con la preposición *de* y un verbo en infinitivo, suponer que ha sucedido, sucede o sucederá una cosa. ‖ *v. prnl.* **3.** Estar o sentirse obligado. **4.** Tener por causa, ser consecuencia de algo.

deber[2] *s. m.* **1.** Obligación de una persona por las leyes o normas sociales, políticas, laborales, éticas, etc. ‖ *pl.* **2.** Trabajo escolar para hacer en casa.

debido, da **1.** *p. p.* de **deber**. ‖ *adj.* **2.** Necesario, obligado. **3.** Conveniente, adecuado. ‖ **Loc. debido a** *prep.* A causa de. **Fam.** Debidamente.

débil *adj.* **1.** Que tiene poca fuerza o resistencia. También *s.* **2.** Se aplica a la persona de poco carácter o energía, que cede fácilmente. También *s.* **3.** Se dice de la sílaba no acentuada. **4.** Se aplica a las vocales más cerradas y, por ello, menos perceptibles (*i, u*).

debilidad *s. f.* **1.** Cualidad de débil. **2.** Afición desmedida a algo, defecto, flaqueza. **3.** Cariño especial o exagerado a una persona. **4.** Sensación de flojedad por no haber comido. ‖ **5. debilidad mental** En sentido amplio, deficiencia mental. También se emplea este término en psiquiatría para designar el grado más leve de la deficiencia mental.

debilitar *v. tr.* Disminuir la fuerza, la resistencia o el poder de una persona o cosa. También *v. prnl.* **Fam.** Debilitación, debilitamiento.

debitar *v. tr.* Anotar algo en el debe de una cuenta.

débito *s. m.* **1.** Deuda. **2.** Debe de una cuenta.

Debray, Régis (París 1941) Escritor y político francés. Combatió en Bolivia junto a Che Guevara y, a su regreso a Francia, ingresó en el partido socialista. En 1981 fue nombrado asesor de relaciones exteriores. Es autor de *La crítica de las armas* (1975) y de *La crítica de la razón política* (1982) entre otros ensayos.

Debré, Michel (París 1912) Político francés. Doctor en derecho, preparó la reforma judicial de la Quinta República, de la que fue primer ministro (1959-62) y posteriormente ministro de Hacienda y Economía y de Asuntos Exteriores. Con Pompidou ocupó la cartera de Defensa (1969-73).

Debrecen C. de Hungría, cap. del condado de Hajdú-Bihar, situada en el E del país. 219.300 h. en 1989. Antiguo mercado ganadero y agrícola, posee industrias del cuero y grasas, mecánicas, papeleras y químicas. Durante el s. XVI fue uno de los principales núcleos de la Reforma.

Debussy, Claude (Saint-Germain-en-Laye 1862 - París 1918) Compositor francés. Su obra, enmarcada en la corriente del impresionismo, señala el fin del romanticismo musical y el inicio de la nueva música del s. XX. Entre sus composiciones principales figuran la ópera *Peleas y Melisande* (1892-1902), la pieza orquestal *Preludio a la siesta de un fauno* (1894), la suite *Nocturnos* (1894-99), las obras para piano *Dos arabescas* (1888) y *El rincón de los niños* (1906-08), el poema sinfónico *El mar* (1905) y el ballet *Juegos* (1912).

Claude Debussy. Dibujo de Bernardino de Pantorba (Biblioteca Nacional, Madrid).

debut *s. m.* **1.** Primera actuación de un artista, una compañía, etc. **2.** Primera exhibición de una obra de teatro, cine, etc. **3.** P. ext., primera actuación en cualquier actividad.

debutar *v. intr.* Realizar su debut una persona, compañía de teatro, etc. **Fam.** Debutante.

Debye, Peter Joseph William (Maastricht 1884 - Nueva York 1966) Físico neerlandés nacionalizado estadounidense. Marchó a EE UU en 1940 y se nacionalizó en 1946. Investigó sobre la estructura molecular y las aplicaciones químicas de la teoría de los cuantos. Recibió el premio Nobel de química de 1936 por el conjunto de sus trabajos y especialmente por el estudio de los momentos dipolares.

deca- *pref.* Significa 'diez': *decámetro.*

decabrista *adj.* Decembrista*.

década *s. f.* **1.** Periodo de diez años. **2.** En lenguaje culto, conjunto de diez cosas, como libros, capítulos, etc.

decadencia *s. f.* **1.** Pérdida de fuerza, de importancia, etc. **2.** Tiempo en que se realiza esta pérdida; se aplica especialmente a periodos de la historia o de las artes.

decadente *adj.* **1.** Que decae o se halla en decadencia. **2.** Se dice del autor, obra, estilo, etc., de estética refinada y tradicional; también, del gusto por los ambientes en crisis o decadencia.

decadentismo *s. m.* Movimiento literario europeo de finales del s. XIX caracterizado por la riqueza de su lenguaje, los temas recargados, los ambientes en decadencia y crisis, el refinamiento y el escepticismo. Heredero del simbolismo, sus representantes más destacados fueron los franceses Rimbaud y Verlaine, el inglés Oscar Wilde, el italiano d'Annunzio y el español Valle-Inclán. **Fam.** Decadentista.

decaedro *s. m.* Cuerpo geométrico con diez caras.

decaer *v. intr.* Ir a menos, perder fuerza, importancia, intensidad una persona, cosa o cualidad. ■ Es v. irreg. Se conjuga como *caer.*

decágono *s. m.* Polígono de diez lados.

decagramo *s. m.* Medida de masa equivalente a diez gramos. Su símbolo es *dag.*

decaído, da **1.** *p. p.* de **decaer**. ‖ *adj.* **2.** Débil, flojo. **3.** Triste, desanimado.

decaimiento *s. m.* **1.** Debilitamiento, flojedad. **2.** Desánimo, tristeza.

decalcificar *v. tr.* Descalcificar*. **FAM.** Decalcificación.

decalitro *s. m.* Medida de capacidad equivalente a diez litros. Su símbolo es *dal.*

decálogo *s. m.* **1.** Los diez mandamientos de la ley de Dios. **2.** P. ext., conjunto de diez leyes, normas, reglas, etc.

decalvar *v. tr.* Afeitar a alguien la cabeza como castigo. Se practicó, p. ej., entre los visigodos. **FAM.** Decalvación.

Decamerón, El Primera obra maestra de la prosa italiana, escrita por Giovanni Boccaccio entre 1348 y 1353. Es una colección de cien cuentos, reflejo de la Italia del s. XIV, en los que resaltan la precisión de los diálogos, ajustados a cada personaje, los retratos de los protagonistas y el erotismo. La estructura de la obra es sencilla: huyendo de la «muerte negra», peste bubónica que arrasó Europa en 1348, siete muchachas y tres jóvenes se refugian durante diez días en una finca de los alrededores de Florencia y, para evitar el aburrimiento, se comprometen a contar una breve historia cada día.

decámetro *s. m.* Medida de longitud equivalente a diez metros. Su símbolo es *dam.*

Decán Meseta de la India, en la península del Indostán, limitada al N por la llanura indogangética y bordeada al E y al O por los montes Ghates. Su altura varía entre los 500 y 900 m. Está recorrida por ríos poco navegables, como el Godavari, de 1.500 km de longitud, que desemboca en el golfo de Bengala. Poblada por diversas etnias, especialmente drávidas, produce cereales, arroz y algodón y posee extensos pastos y yacimientos de hierro y carbón. Las ciudades más importantes son Bangalore, Nagpur y Hyderabad.

decanato *s. m.* Cargo de decano, periodo durante el cual lo ejerce y despacho en que realiza sus funciones.

decano, na *s. m.* y *f.* **1.** Miembro más antiguo o más viejo de una comunidad, organismo, junta, etc. También *adj.* **2.** Persona que con ese título dirige una facultad universitaria o un colegio profesional, aun no siendo la más antigua.

decantar *v. tr.* **1.** Verter con cuidado el líquido contenido en un recipiente, de manera que no caigan las sustancias que se hallan depositadas en el fondo. ‖ *v. prnl.* **2.** Tomar partido, decidirse por alguien o algo. **FAM.** Decantación.

decapante *s. m.* Sustancia utilizada para decapar.

decapar *v. tr.* Quitar por medio de sustancias apropiadas la capa de óxido, pintura, etc., que cubre un objeto o una superficie.

decapitar *v. tr.* Cortar la cabeza. **FAM.** Decapitación.

decápodos *s. m. pl.* **1.** Orden de artrópodos crustáceos malacostráceos al que pertenecen unas 10.000 especies comprendidas en dos subórdenes: nadadores y reptadores, dividido este último en macruros, de abdomen alargado, braquiuros, de abdomen replegado bajo el cefalotórax, y anomuros. Tienen tres pares de patas mandibulares y cinco pares de patas locomotoras. Su cuerpo generalmente consta de un tronco con ocho segmentos y un abdomen con seis. Decápodos son los cangrejos de río, bogavantes, langostinos, quisquillas, camarones, langostas, cangrejos marinos, terrestres o ermitaños, etc. También *adj.* y *s. m.* **2.** Antiguo orden de moluscos cefalópodos, dividido actualmente en los órdenes sepioideos (sepias) y teutoideos (calamares), que comprende animales provistos de ocho brazos cortos y otros dos más largos llamados *tentáculos.* Tienen concha interna, córnea o calcárea, y ventosas en los brazos. Entre los decápodos fósiles destacan los belemnites. También *adj.* y *s. m.*

decarboxilación *s. f.* Desaparición del grupo carboxilo –COOH de los ácidos orgánicos con desprendimiento de dióxido de carbono (CO_2), produciéndose una degradación o acortamiento de la cadena constitutiva de la molécula del ácido. La decarboxilación del ácido pirúvico (CH_3-CO-COOH) y su transformación en acetaldehído (CH_3-CHO), se verifica en procesos bioquímicos.

decárea *s. f.* Medida de superficie equivalente a diez áreas. Su símbolo es *daa* o *Da.*

decasílabo, ba *adj.* De diez sílabas. También *s. m.*

decatlón *s. m.* Competición de atletismo compuesta por diez pruebas: carreras de 100, 400 y 1.500 m lisos; de 110 m vallas; salto de longitud, de altura y con pértiga; lanzamiento de peso, de disco y de jabalina. Suele disputarse en dos jornadas.

deceleración *s. f.* Aceleración de signo negativo, reducción de la velocidad de un móvil. **FAM.** Decelerar.

decembrista *adj.* Se aplica a los oficiales rusos que en 1825 intentaron derrocar a Nicolás I, sucesor de Alejandro I. Influidos por el pensamiento liberal mientras combatían en Europa contra los ejércitos de Napoleón, pretendían sustituir el absolutismo zarista por un régimen constitucional. Fracasado el intento, cinco de sus dirigentes fueron ejecutados y los restantes deportados a Siberia. También *s.*

decena *s. f.* Conjunto de diez unidades.

decenal *adj.* **1.** Que sucede cada diez años. **2.** Que dura un decenio.

decencia *s. f.* Moralidad, honestidad, decoro.

decenio *s. m.* Periodo de diez años.

decente *adj.* **1.** Digno, honesto, de acuerdo con la moral o las buenas costumbres, especialmente en el terreno sexual. **2.** Que resulta bueno, adecuado, satisfactorio. **3.** Limpio y ordenado.

decepción *s. f.* **1.** Sentimiento que produce alguien o algo que no responde a las esperanzas o expectativas puestas en él o en ello. **2.** Persona o cosa que causa este sentimiento.

decepcionar *v. tr.* Producir decepción una persona o cosa en alguien.

decerebración *s. f.* Extirpación del cerebro, o más concretamente, del tallo del encéfalo, que puede producirse como consecuencia de traumas o accidentes y que generalmente es incompatible con la vida.

deceso *s. m.* Muerte, fallecimiento.

dechado *s. m.* Ejemplo, modelo de perfecciones.

deci- *pref.* Significa 'décima parte': *decímetro.*

decibelio o **decibel** *s. m.* Unidad utilizada para medir la intensidad de un sonido. Se representa con el símbolo *dB* y es la décima parte de un bel. A menudo se emplea para medir la intensidad del ruido ambiente. Los sonidos que superan el límite de los 120 *dB* resultan dolorosos para el oído humano.

decidido, da **1.** *p. p.* de **decidir.** ‖ *adj.* **2.** Se dice de la persona que no duda en hacer algo, que tiene decisión y valor. También *s.* **3.** Aplicado a cosas o acciones, resuelto, con seguridad. **FAM.** Decididamente.

decidir *v. tr.* **1.** Tomar una determinación o resolución, elegir entre varias posibilidades. También *v. prnl.* **2.** Determinar. **3.** Hacer que alguien tome una determinación.

decidor, ra *adj.* **1.** Que dice. **2.** Que habla con facilidad y gracia. También *s.*

deciduo, dua *adj.* **1.** Caduco. **2.** Se dice del árbol o arbusto que pierde las hojas en la estación desfavorable (invierno o estación seca, según las regiones), durante la cual se mantienen en estado de vida latente, y las recupera en primavera o en la época de lluvias.

decigramo *s. m.* Medida de masa equivalente a la décima parte de un gramo. Su símbolo es *dg.*

decilitro *s. m.* Medida de capacidad equivalente a la décima parte de un litro. Su símbolo es *dl.*

décima *s. f.* **1.** Cada una de las diez partes iguales en las que se divide un conjunto. **2.** Tipo de estrofa compuesta por diez versos octosílabos que riman el primero con el cuarto y el quinto, el segundo con el tercero, el sexto con el séptimo y el último y el octavo con el noveno. También se llama *espinela.* **3.** Aludiendo a fiebre, décima parte de un grado en un termómetro clínico. Se usa sobre todo en *pl.*, con el significado de fiebre ligera.

decimal *adj.* **1.** Se dice de cada una de las diez partes iguales en que se divide un todo. **2.** Se aplica al sistema de pesos y medidas cuyas unidades son múltiplos o divisores de diez respecto de una cantidad que se toma como base. **3.** Se aplica al sistema de numeración cuya base es diez. **4.** En mat., se aplica a la fracción que tiene por denominador la unidad seguida de ceros. **5.** Se dice del número compuesto de una parte entera (que puede ser nula) y de otra inferior, separadas por una coma, p. ej. 3,14 y 0,28. Asimismo se aplica a la parte que está a la derecha de la coma y a cada una de las cifras que aparecen en ella. También *s. m.*

decímetro *s. m.* Medida de longitud equivalente a la décima parte de un metro. Su símbolo es *dm.*

décimo, ma *adj. num. ord.* **1.** Que ocupa por orden el número diez. También *pron.* ‖ *adj. num. part.* **2.** Se dice de cada una de las diez partes iguales en que se divide un todo. También *s.* ‖ *s. m.* **3.** Décima parte del billete de lotería.

decimo- *pref.* Se usa para la formación de numerales ordinales (*adj.* y *pron.*) a partir del trece y hasta el diecinueve inclusive; en el primero y último de los citados alternan dos formas: *decimotercero, -ra* o *decimotercio, -cia*; *decimonoveno, -na* o *decimonono, -na.*

decimonónico, ca *adj.* **1.** Perteneciente o relativo al siglo XIX. **2.** *desp.* Anticuado.

Decio, Cayo Mesio Quinto (Bubalia, Panonia h. 201 - Abryttos, Mesia 251) Emperador romano (249-251). Tras derrotar y dar muerte a Filipo en Verona, fue elevado al poder supremo por las legiones del Danubio. Restituyó la autoridad civil al Senado, persiguió a los cristianos y fue vencido y muerto por los godos.

decir[1] (del lat. *dicere*) *v. tr.* **1.** Expresar algo con palabras. **2.** Asegurar, sostener, opinar. **3.** Indicar, sugerir, dar a entender algo. **4.** Nombrar o llamar. ‖ *v. intr.* **5.** Con *bien* o *mal*, convenir, armonizar, o al contrario. ‖ *v. prnl.* **6.** Con valor reflexivo, pensar, hablar con uno mismo. ■ Es v. irreg. ‖ **LOC. el qué dirán** La opinión de la gente sobre la conducta de alguien. **es decir** Equivale a *esto es* e introduce una aclaración a lo citado anteriormente. **que digamos** Afirma y pondera lo que se ha expresado en la frase anterior con negación. **ya es decir** Sirve para expresar lo extremado o exagerado de algo en comparación con otra cosa.

DECIR	
GERUNDIO	**PARTICIPIO**
diciendo	*dicho*
INDICATIVO	
Presente	**Pret. perf. simple**
digo	*dije*
dices	*dijiste*
dice	*dijo*
decimos	*dijimos*
decís	*dijisteis*
dicen	*dijeron*
Futuro imperf.	**Condicional simple**
diré	*diría*
dirás	*dirías*
dirá	*diría*
diremos	*diríamos*
diréis	*diríais*
dirán	*dirían*
SUBJUNTIVO	
Presente	**Pretérito imperf.**
diga	*dijera, -ese*
digas	*dijeras, -eses*
diga	*dijera, -ese*
digamos	*dijéramos, -ésemos*
digáis	*dijerais, -eseis*
digan	*dijeran, -esen*
Futuro imperfecto	
dijere	*dijéremos*
dijeres	*dijereis*
dijere	*dijeren*
IMPERATIVO	
di	*decid*

decir[2] *s. m.* Dicho, sentencia. ‖ **LOC. al decir de** *prep.* Según dice. **es un decir** Es una suposición, como si dijéramos.

decisión *s. f.* **1.** Acción y efecto de decidir o decidirse. **2.** Firmeza de carácter, iniciativa.

decisivo, va *adj.* **1.** Que decide a alguien o algo. **2.** Que tiene efectos muy importantes.

decisorio, ria *adj.* Se dice de lo que tiene capacidad para decidir.

declamación *s. f.* **1.** Acción de declamar. **2.** Arte de declamar.

declamar *v. intr.* **1.** Decir artísticamente un texto, con la entonación, los ademanes y el gesto conveniente. También *v. tr.* **2.** Hablar en público. **3.** Hablar con vehemencia.

declamatorio, ria *adj.* Se aplica al estilo o tono grandilocuente y exagerado utilizado tanto en los escritos como en los discursos.

declaración *s. f.* **1.** Acción y efecto de declarar o declararse. **2.** En der., exposición que bajo juramento realiza, en juicios penales o civiles, un testigo o un experto en una determinada materia para aclarar algún punto dudoso o revelar aquello que está oculto; también, la realizada por un acusado sin prestar juramento. ‖ **3. Declaración de los derechos del hombre y del ciudadano** La que aprobó en 1789 la Asamblea Constituyente francesa; estaba compuesta por 17 artículos, y en ella se proclamaban la igualdad y libertad de todos los ciudadanos. **4. Declaración universal de los derechos del hombre** Garantías fundamentales reconocidas a la persona en todos los Estados miembros de la ONU. Fue aprobada en 1948, y se inspiró en la declaración de los derechos del hombre y del ciudadano adoptada por la asamblea nacional constituyente francesa en 1789 y basada, a su vez, en la declaración de independencia de los EE UU (1776). Su fundamento son los principios de igualdad, libertad y dignidad de todos los hombres. **5. Declaración universal de los derechos del niño** Texto aprobado por la Asamblea General de las Naciones Unidas en 1959, compuesto por diez principios en los que se recogen las obligaciones de la sociedad y la familia para con la infancia.

declarado, da **1.** *p. p.* de **declarar**. ‖ *adj.* **2.** Se aplica a la persona o cosa cuyo carácter, intenciones, etc., son evidentes.

declarar *v. tr.* **1.** Manifestar alguien algo que anteriormente era desconocido. **2.** Decidir los jueces u otras personas con autoridad. **3.** Exponer los testigos o el reo ante el juez, la policía, etc., lo que saben sobre el asunto del que se les pregunta. También *v. prnl.* **4.** Comunicar a la administración la cantidad y naturaleza de ingresos, mercancías u objetos sometidos al pago de impuestos. **5.** Adoptar una postura ante un hecho determinado. También *v. prnl.* ‖ *v. prnl.* **6.** Manifestar una persona su amor por otra pidiéndole relaciones. **7.** Aparecer claramente una cosa o empezar a advertirse su acción. **FAM.** Declarante.

declinación *s. f.* **1.** Acción y efecto de declinar. **2.** Serie ordenada de los casos gramaticales. La declinación indica la función sintáctica de la palabra por medio de un caso o terminación. Entre las lenguas antiguas tienen declinación, p. ej. el latín y el griego, y entre las actuales, el alemán, el ruso, el euskera, el rumano, etc. **3.** En astron., distancia de un astro al ecuador celeste. **4.** En geog., ángulo que forma el meridiano magnético, definido por la dirección de la brújula, con el meridiano geográfico.

declinar *v. intr.* **1.** Disminuir alguna cosa en fuerza o valor. **2.** Aproximarse una cosa a su final. **3.** Inclinarse hacia abajo o hacia un lado u otro. ‖ *v. tr.* **4.** Renunciar, rechazar o cambiar de opinión. **5.** Poner una palabra en sus distintos casos gramaticales. **FAM.** Declinable.

declinatorio *s. m.* Instrumento que consta de una larga aguja imantada y se utiliza para medir la declinación de un plano.

declive *s. m.* **1.** Cuesta o inclinación del terreno o de cualquier otra superficie. **2.** Decadencia.

decocción *s. m.* Cocción*.

decodificar *v. tr.* Descodificar*. **FAM.** Decodificación, decodificador.

decolorar *v. tr.* Rebajar o quitar el color a algo. También *v. prnl.* **FAM.** Decoloración, decolorante.

decomisar *v. tr.* Apropiarse el Estado de mercancías de contrabando.

decomiso *s. m.* **1.** Acción de decomisar. **2.** Objeto decomisado.

decoración *s. f.* **1.** Acción y efecto de decorar. **2.** Conjunto de telones, bambalinas, muebles y objetos que componen el ambiente de una escena teatral o cinematográfica.

decorado, da **1.** *p. p.* de **decorar**. También *adj.* ‖ *s. m.* **2.** Decoración, particularmente en el teatro y en el cine.

decorador, ra *adj.* **1.** Que decora. ‖ *s. m.* y *f.* **2.** Persona que se dedica profesionalmente a la decoración.

decorar *v. tr.* **1.** Adornar cualquier espacio u objeto. **2.** Poner en un espacio muebles, cuadros, alfombras, etc., para crear un determinado ambiente y embellecerlo.

decorativo, va *adj.* **1.** Se dice de lo que sirve para decorar, que produce un efecto agradable a la vista. **2.** Se dice de quien cumple una función sin importancia o no cumple la que tiene encomendada.

decoro *s. m.* **1.** Honor, respeto que se debe a una persona, cargo, situación, etc. **2.** Gravedad, seriedad, educación en las palabras y acciones. **3.** Cualidad de lo moderado, sin lujo, pero adecuado y de acuerdo con la propia categoría. **4.** Recato, pudor en el lenguaje, en el vestir, etc., sobre todo desde la perspectiva de la moral sexual. **FAM.** Decorosamente.

decoroso, sa *adj.* Digno, honroso, recatado.

decorticación *s. f.* Extirpación de la corteza cerebral. También, pérdida de las funciones corticales producida por hipoxia o hipoglucemia.

decrecer *v. intr.* Disminuir algo o alguien en tamaño, cantidad, intensidad o importancia. ■ Es v. irreg. Se conjuga como *agradecer.* **FAM.** Decreciente, decrecimiento.

decremento *s. m.* Disminución*.

decrépito, ta *adj.* **1.** Se aplica a la persona que por su vejez tiene muy debilitadas sus facultades físicas y mentales. También *s.* **2.** Se dice de aquello que está en franca decadencia.

decrepitud *s. f.* Cualidad de decrépito.

decrescendo (voz ital.) *s. m.* **1.** En mús., anotación en la partitura que indica que hay que disminuir gradualmente la intensidad de los sonidos. **2.** Esta disminución.

decretal *s. f.* Epístola del papa en la que decide sobre un asunto y que adquiere categoría de regla.

decretar *v. tr.* **1.** Decidir o mandar algo la persona o institución que tiene autoridad para ello. **2.** Determinar el juez sobre las medidas que se deben tomar como resultado de un juicio. **3.** Escribir una autoridad en el margen de un escrito la solución o respuesta que se ha de dar.

decreto *s. m.* **1.** Acción y efecto de decretar. ‖ **2. decreto ley** Norma legal dictada por el gobierno. Se basa en una delegación de facultades del poder legislativo para casos de extraordinaria necesidad, pero que no puede afectar a las instituciones básicas del Estado, a los derechos y libertades de los ciudadanos ni a las normas electorales generales. **3. real decreto** En una monarquía constitucional, el firmado por el rey y aprobado por un ministro.

Decroly, Ovide (Renaix 1871 - Uccle 1932) Pedagogo y médico belga. Es uno de los promotores de la Escuela Nueva. Propugnó la sustitución de la escuela-auditorio por la escuela-laboratorio, para despertar el interés del niño. Sus ideas han favorecido la pedagogía experimental y han situado al niño en su medio natural, acercando la escuela a la sociedad moderna. Es autor, entre otros libros, de *Hechos de psicología individual y de psicología experimental* (1908), *Función de globalización* (1923) y *Evolución de la afectividad* (1927).

decúbito *s. m.* **1.** Posición que toman las personas o los animales cuando están tumbados. ‖ **2. decúbito lateral** Posición del cuerpo tendido horizontalmente sobre un lado. **3. decúbito prono** Posición del cuerpo tumbado sobre el pecho y el vientre. **4. decúbito supino** Posición del cuerpo tendido sobre la espalda.

decuplicar *v. tr.* Multiplicar por diez. ■ Se conjuga como *sacar.*

décuplo, pla *adj.* Que contiene diez veces una cantidad o valor determinado. También *s.*

decurso *s. m.* Paso del tiempo.

dedada *s. f.* **1.** Cantidad de algo que puede cogerse con el dedo. **2.** Marca o mancha hecha con los dedos.

dedal *s. m.* **1.** Utensilio de costura que se ajusta al dedo y sirve para empujar la aguja sin pincharse. **2.** Dedil*. **3.** Cantidad muy pequeña de líquido.

dedalera *s. f.* Digital, planta.

dédalo *s. m.* **1.** Laberinto, lugar con muchos caminos o pasillos que se entrecruzan de manera que es difícil salir de él. **2.** Situación confusa.

Dédalo En la mitología griega, ingeniero que por orden del rey Minos construyó el laberinto de Creta, destinado a residencia del Minotauro. Para que nunca revelara el secreto, el rey le encerró, junto con su hijo Ícaro, en el propio laberinto, del cual escaparon volando con ayuda de unas alas de cera y plumas.

dedicación *s. f.* **1.** Acción de dedicar o dedicarse. **2.** Acción de dedicarse con intensidad o entrega a un trabajo u ocupación. ‖ **3. dedicación exclusiva** o **plena** La laboral que excluye otro trabajo.

dedicar *v. tr.* **1.** Destinar algo para un uso o fin determinado. También *v. prnl.* **2.** Consagrar un templo u otra cosa al culto. **3.** Ofrecer algo a una persona determinada como prueba de cariño, agradecimiento o admiración. **4.** Firmar o escribir unas palabras, en atención a alguien, en un libro, programa, etc. ‖ *v. prnl.* **5.** Tener cierta ocupación o profesión. ■ Se conjuga como *sacar.*

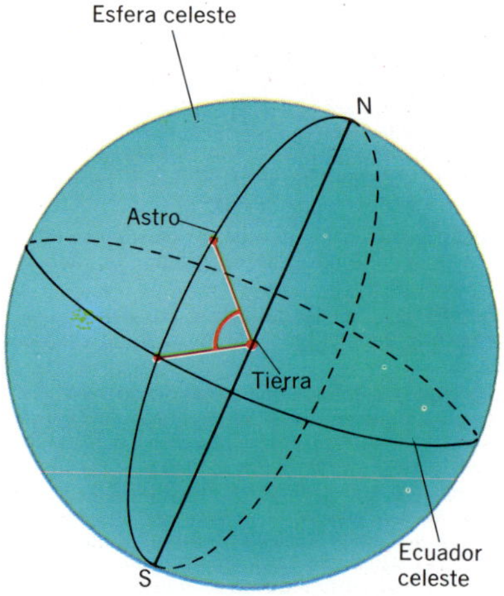

DECLINACIÓN ASTRONÓMICA

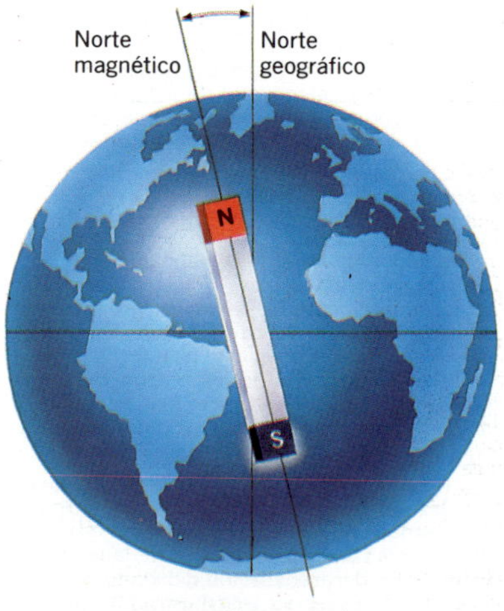

DECLINACIÓN MAGNÉTICA

A la izquierda, declinación astronómica: la distancia angular de un astro al ecuador de la esfera celeste es positiva cuando el astro se halla en el hemisferio norte de la misma, y negativa cuando se halla en el hemisferio sur. A la derecha, declinación magnética: los polos magnéticos se hallan desplazados respecto a los polos geográficos.

dedicatoria *s. f.* Escrito que se pone en un libro, fotografía, etc., ofreciéndolo o brindándolo a alguien.

dedil *s. m.* Funda que se coloca en los dedos para protegerlos, cubrir una herida, etc.

dedillo *s. m. dim.* de **dedo**. || **Loc. al dedillo** *adv. fam.* Con toda precisión, con todo detalle.

dedo *s. m.* **1.** Cada una de las partes en que se dividen en su extremo la mano y el pie del hombre y de muchos animales. En el hombre son cinco en cada extremidad y contienen en su interior tres huesos consecutivos llamados *falanges*, excepto el dedo pulgar, que tiene sólo dos. La primera falange de cada dedo se articula en las extremidades anteriores (la mano) con los huesos metacarpianos, y en las posteriores (el pie) con los metatarsianos. Los dedos suelen terminar en uñas o garras. **2.** El ancho de un dedo tomado como medida de longitud. **3.** Medida de longitud que equivale a unos 18 mm. || **4. dedo anular** El cuarto de la mano, contando a partir del pulgar; se llama así porque en él se suelen poner los anillos. **5. dedo corazón** El del centro de la mano, el más largo de los cinco. **6. dedo gordo** Pulgar. **7. dedo índice** El segundo de la mano; se usa regularmente para señalar. **8. dedo meñique** El quinto de la mano y, p. ext., del pie; es más delgado y corto y está en el extremo opuesto al pulgar. **9. dedo pulgar** El primero y más grueso de la mano y, p. ext., también el primero del pie. || **Loc. a dedo** *adv. fam.* Por influencia o enchufe. También, al azar. **chuparse el dedo** *fam.* Ser ingenuo o tonto. **chuparse los dedos** *fam.* Sentir especial placer con algo, generalmente de comer. **cogerse** (o **pillarse**) **los dedos** *fam.* Resultar perjudicado, quedarse corto en algún proyecto, empresa, presupuesto, etc. **hacérsele** a alguien **los dedos huéspedes** *fam.* Ser receloso, ver peligros o enemigos donde no existen. **no tener dos dedos de frente** *fam.* Ser poco inteligente. **poner el dedo en la llaga** *fam.* Acertar o aludir a aquello que más interesa o preocupa.

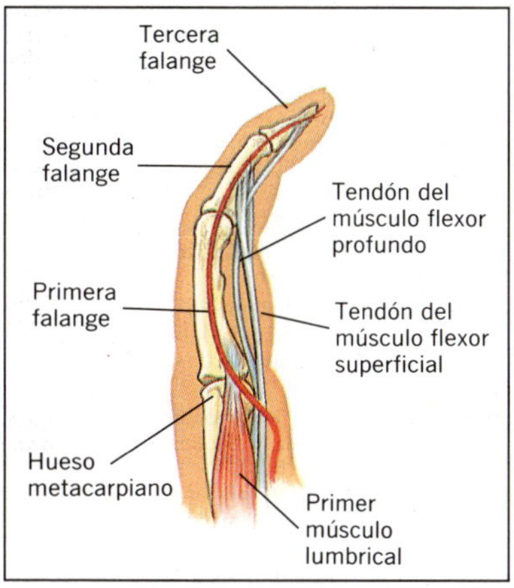

Anatomía del dedo.

deducción *s. f.* **1.** Acción y efecto de deducir. **2.** Forma de razonar que consiste en un proceso que va de lo universal a lo particular, de unas proposiciones generales a otras concretas. La deducción se emplea en todas las ciencias, y especialmente en las formales, como la lógica, las matemáticas, etc. La operación inversa se denomina *inducción*. **Fam.** Deductivo.

deducir *v. tr.* **1.** Sacar consecuencias a partir de un principio, supuesto o situación anterior. También *v. prnl.* **2.** Descontar una parte de una cantidad. También *v. prnl.* ■ Es v. irreg. Se conjuga como *conducir*.

defecar *v. tr.* Expulsar los excrementos. También *v. intr.* ■ Se conjuga como *sacar*. **Fam.** Defecación.

defección *s. f.* Acción de abandonar alguien la causa a la que servía, el partido al que pertenecía, etc.

defectivo, va *adj.* **1.** Imperfecto, defectuoso. **2.** Se dice del verbo que no se usa en todos los modos, tiempos o personas, como p. ej. *abolir* o *soler*.

defecto *s. m.* **1.** Falta o imperfección que tiene una persona, animal o cosa. || **2. defecto de forma** Falta de alguno de los requisitos externos o aspectos de expresión de los actos jurídicos. **3. defecto másico** (o **de masa**) En fís., diferencia entre la masa de las partículas que constituyen un núcleo atómico cuando están en estado libre y la que posee dicho núcleo ya formado. Este defecto representa la energía de unión de los nucleones según la expresión formulada por Einstein, $E = mc^2$, donde m es el defecto másico y c la velocidad de la luz en el vacío. || **Loc. por defecto** *adj.* o *adv.* Con menos de lo debido o esperado. **Fam.** Defectuosamente, defectuoso.

defender *v. tr.* **1.** Proteger a alguien o algo de un daño o cosa perjudicial. También *v. prnl.* **2.** Hacer frente a alguien que ataca. También *v. prnl.* **3.** Mantener una opinión, causa, etc., frente a otras opuestas. También *v. prnl.* **4.** Abogar en favor de alguien. También *v. prnl.* ■ Es v. irreg. Se conjuga como *tender*. **Fam.** Defendible, defendido.

defenestración *s. f.* Acción y efecto de defenestrar.

defenestración de Praga Episodio histórico con el que dio comienzo la revolución husita el 30 de julio de 1419, fecha en la que el pueblo de Praga arrojó por el balcón de la municipalidad a siete consejeros católicos del rey Wenceslao IV. Con el mismo nombre se conoce también el episodio que tuvo lugar en Praga y que dio origen a la guerra de los Treinta Años (23 de mayo de 1618): elegido Fernando de Habsburgo rey de Bohemia con el apoyo de la Liga Católica, los calvinistas checos se sublevaron e irrumpieron en el palacio real defenestrando a los representantes del monarca.

defenestrar *v. tr.* **1.** Arrojar a alguien por una ventana. **2.** Quitar bruscamente a alguien de un cargo, puesto, situación, etc.

defensa *s. f.* **1.** Acción y resultado de defender o defenderse. **2.** Medio, instrumento u otra cosa para defenderse de un peligro. **3.** Argumentos con que se defiende a alguien o algo, especialmente en un juicio. **4.** Abogado defensor. **5.** Agente o mecanismo que tienen los seres vivos para oponerse a la invasión de los agentes causantes de enfermedades. **6.** En el fútbol y otros deportes, línea de jugadores situada en la posición más retrasada y cuya función principal en el equipo es la de intentar evitar que el equipo contrario consiga tantos. **7.** En el arte militar o en un deporte, táctica para inutilizar el ataque del adversario. || *s. m.* y *f.* **8.** Cada uno de los jugadores que forman la línea defensiva. || **9. defensa personal** Conjunto de técnicas encaminadas a hacer frente a un ataque o agresión con el solo empleo de la fuerza física y la habilidad. **10. legítima defensa** Empleo de la fuerza o de la violencia para rechazar una agresión y que constituye circunstancia eximente de culpabilidad en ciertos delitos.
Biol. En los organismos existe un conjunto de mecanismos, principalmente químicos, que se oponen a la invasión y multiplicación de los agentes causantes de enfermedades. La sangre realiza una importante función en esta defensa por medio de los leucocitos y de ciertas proteínas. Asimismo, los vegetales y animales emplean diversos medios para protegerse de sus depredadores. Estos medios pueden ser activos, como la huida o la ocultación (nube de tinta de los cefalópodos), o pasivos, que se dividen a su vez en mecánicos (p. ej., púas del erizo, concha de la tortuga) y químicos (p. ej., células urticantes de las ortigas, coloración de advertencia de las avispas, mimetismo del camaleón, etc.).

defensivo, va *adj.* **1.** Que sirve para proteger o defender. || *s. f.* **2.** Situación o estado del que sólo trata de defenderse.

defensor, ra (del lat. *defensor, -oris*) *adj.* **1.** Que defiende o protege. También *s.* **2.** Se dice del abogado que en un juicio se encarga de defender al acusado. || **3. defensor de oficio** Abogado designado por turno por el colegio de abogados para representar ante los tribunales a los acusados que carecen de abogado propio, garantizando así sus derechos. **4. defensor del pueblo** Persona elegida por las Cortes o el Parlamento para defender los derechos y libertades de los ciudadanos, especialmente en sus relaciones con la Administración. Con el nombre de *ombudsman*, tuvo su origen en los países nórdicos y actualmente existe en Suecia, Dinamarca, Noruega, Finlandia, Reino Unido y España. **5. defensor judicial** Persona nombrada por el juez para velar por los intereses de los necesitados de protección, como son los menores de edad, los incapacitados, etc., cuando existan intereses contrapuestos entre éstos y las personas encargadas de su cuidado.

deferencia *s. f.* **1.** Conformidad con la actuación o la opinión de alguien por respeto, aunque no se comparta. **2.** Amabilidad o cortesía hacia alguien.

deferente *adj.* **1.** Que tiene deferencia. || **2. conducto deferente** En anat., conducto que comunica cada uno de los dos testículos con las vesículas seminales.

deferir *v. intr.* Acceder, condescender.

deficiencia *s. f.* **1.** Defecto, imperfección o falta. || **2. deficiencia mental** Funcionamiento intelectual general de un sujeto por debajo del nivel medio de la población a la que pertenece; suele ir acompañado de alteraciones del comportamiento y se manifiesta durante el periodo de desarrollo. **3. deficiencia motórica** Pérdida o anormalidad de una estructura o una función relacionada con la motricidad de una persona; se manifiesta en una incapacidad total o parcial para realizar movimientos. **4. deficiencia sensorial** Pérdida o anormalidad de la estructura o función de uno o varios sentidos de una persona. Se suele utilizar este término para aludir a las deficiencias de visión o audición (ceguera o sordera), ya sean totales o parciales, aunque incluye también las limitaciones o insuficiencias en los sentidos del tacto, del gusto y del olfato.

deficiente *adj.* **1.** Insuficiente, que no alcanza el nivel debido. **2.** Que está mal realizado. || **3. deficiente mental** Sujeto que padece deficiencia mental.

déficit *s. m.* **1.** Situación que se produce en una cuenta, presupuesto, balance, etc., cuando los gastos son mayores que los ingresos. **2.** P. ext., carencia o falta de algo que se considera necesario.

deficitario, ria *adj.* Que presenta déficit.

definición *s. f.* **1.** Acción y efecto de definir. **2.** Palabras con que se define. **3.** Particularmente, explicación de cada uno de los vocablos que contiene un diccionario. **4.** Resolución de una duda o cuestión por una autoridad. **5.** Poder separador de un telescopio que determina la nitidez y precisión de sus imágenes. **6.** Capacidad de un sistema de televisión para reproducir los detalles de la imagen.
Fil. El objeto de una definición es determinar los rasgos que distinguen del resto al sujeto u objeto que se desea definir. Para que una definición sea correcta debe cumplir varias condiciones: contener los elementos de lógica, como género próximo y diferencia última (p. ej., hombre se define con el género *animal* y la diferencia *racional*); ser lo más breve posible; no entrar lo definido en la definición (p. ej., es incorrecto definir hombre como *animal humano*); no contener elementos innecesarios (p. ej., es incorrecto definir hombre como *animal racional que piensa*); no ser negativa, a menos que sea inevitable (p. ej., *ciego es el hombre que no puede ver*, es una definición correcta).

definido, da **1.** *p. p.* de **definir**. También *adj.* || *adj.* **2.** Claro, nítido, delimitado.

definir *v. tr.* **1.** Fijar con exactitud el significado de una palabra, concepto, teoría, etc. **2.** Expresar alguien claramente cuál es su actitud u opinión sobre cierto asunto. También *v. prnl.* **Fam.** Definible, definitorio.

definitivo, va *adj.* **1.** Que es como debe ser y ya no está sujeto a cambios. **2.** Se dice de lo que decide o resuelve. || **Loc. en definitiva** *adv.* En conclusión, en resumen.

deflación *s. f.* **1.** En econ., situación de exceso de oferta que puede dar lugar a una disminución generalizada de los precios o a una recesión económica. **2.** En geol., erosión producida por el transporte de partículas pequeñas por el viento; es propia de las regiones áridas. **Fam.** Deflacionario.

deflagrar *v. intr.* Arder una cosa rápidamente con llama y sin explosión. **Fam.** Deflagración.

deflector *s. m.* **1.** Pantalla para dirigir o desviar una corriente de fluido. **2.** Ventanilla triangular móvil en las ventanas delanteras de un automóvil. **3.** Plano auxiliar del ala de un avión que sirve para aumentar su sustentación.

Defoe, Daniel (Londres h. 1660 - Moorfields 1731) Escritor y periodista inglés. En 1719 publicó su primera obra de ficción, *Robinson Crusoe,* que completó con una segunda y tercera parte debido al éxito obtenido. En ella narra las aventuras de un náufrago que logra sobrevivir durante veintiocho años en una isla desierta. Fue también autor de *Moll Flanders* (1722), considerada como la primera gran novela social inglesa, y de *Diario del año de la peste* (1722).

Daniel Defoe. Grabado a partir de un retrato de M. van der Gusht, detalle.

defoliación *s. f.* Caída prematura de las hojas de árboles y plantas causada por alguna enfermedad, un cambio atmosférico, la acción del hombre u otras causas.

deforestar *v. tr.* Eliminar o destruir el bosque por causas naturales o la actuación del hombre. ▪ También se dice *desforestar.* **FAM.** Deforestación.

deformación *s. f.* **1.** Acción y efecto de deformar o deformarse. **2.** Modificación de las características morfológicas o anatómicas de una parte determinada del organismo. ‖ **3. deformación profesional** Hábitos adquiridos por el ejercicio de una profesión.

deformador, ra *adj.* Que deforma. También *s.*

deformante *adj.* Que deforma.

deformar *v. tr.* **1.** Cambiar la forma normal o correcta de una cosa estropeándola o falseándola. También *v. prnl.* **2.** Modificar a una persona, su carácter, costumbres, etc., haciéndolos peores. También *v. prnl.*

deforme *adj.* Que tiene forma anormal. También *s.*

deformidad *s. f.* Anormalidad, alteración o defecto en la forma de algo, especialmente en el cuerpo de una persona.

defraudar *v. tr.* **1.** Resultarle a alguien una persona o cosa menos buena, interesante, importante, etc., de lo que esperaba. También *v. intr.* **2.** Eludir el pago de algo con engaño, particularmente el de los impuestos o contribuciones. **FAM.** Defraudación.

defunción *s. f.* Muerte de una persona.

Degas, Edgar (París 1834 - íd. 1917) Pintor, escultor y grabador francés. Influido por Ingres y Manet, rompió con la composición clásica y comenzó a pintar del natural (*La mujer de los crisantemos,* 1865). Sus temas preferidos fueron las carreras de caballos, los interiores (*El café concierto des Ambassadeurs,* 1876-77; *El ajenjo,* 1877), las series de planchadoras y modistas (1882-83), las escenas de bailarinas y, en su última etapa, la mujer en el baño (1880-98).

degenerado, da **1.** *p. p.* de **degenerar**. También *adj.* ‖ *adj.* **2.** Vicioso, pervertido. También *s.*

degenerar *v. intr.* **1.** Perder las personas o cosas su vigor o cualidades primeras. También *v. prnl.* **2.** Carecer una especie o individuo vegetal, animal o humano de las buenas cualidades y características de sus antecesores. También *v. prnl.* **3.** Pasar de una condición o estado a otro peor. **FAM.** Degeneración, degenerativo.

deglución *s. f.* Acción y efecto de deglutir; se trata de un mecanismo reflejo cuyo centro está situado en el bulbo raquídeo.

deglutir *v. intr.* Tragar, ingerir, hacer pasar los alimentos de la boca al estómago. También *v. tr.*

degollación *s. f.* **1.** Acción y efecto de degollar. ‖ **2. la degollación de los Inocentes** La que, según los *Evangelios,* ordenó Herodes contra los niños de Belén para matar a Jesucristo.

degolladero *s. m.* **1.** Sitio destinado para degollar las reses. **2.** Tablado donde se degollaba a los delincuentes. **3.** Parte del cuello por donde se degüella.

Degollado, Santos (Guanajuato 1811 - Monte de las Cruces, México D.F. 1861) Militar y político mexicano. Defensor del federalismo, fue uno de los impulsores de la revolución de Ayutla en el Bajío (1854). Luchó al lado de Juárez contra los generales conservadores. Ministro de Guerra, fue destituido por intentar llegar a un acuerdo con las fuerzas sublevadas. Murió asesinado.

degolladura *s. f.* Herida que se hace al degollar y, p. ext., cualquier herida en el cuello o la garganta.

degollar *v. tr.* **1.** Cortar la garganta o el cuello a una persona o animal. **2.** Matar el torero al toro clavándole la espada de forma defectuosa en el cuello. **3.** *fam.* Representar mal una obra de teatro, terminar mal un discurso, ejecutar mal una pieza musical, etc. ▪ Es v. irreg. Se conjuga como *contar.*

degollina *s. f.* **1.** Matanza, mortandad. **2.** *fam.* Abundancia de suspensos en un examen. **3.** *fam.* Gran destrozo, escabechina.

degradar *v. tr.* **1.** Privar o rebajar a una persona de un cargo, dignidad, honor, etc., especialmente en el ejército. **2.** Reducir o desgastar las fuerzas o cualidades de personas o cosas. También *v. prnl.* **3.** Humillar, hacer indigno a alguien. También *v. prnl.* **4.** En pintura, disminuir la intensidad del color o de la luz y también el tamaño de las figuras para lograr el efecto de perspectiva. **FAM.** Degradación, degradante.

degú *s. m.* Mamífero roedor de la familia octodóntidos, especie *Octodon degus.* Es de pequeño tamaño (30 cm, de los que 10 corresponden a la cola), tiene pelaje rojizo y habita en galerías que excava. Nativo de Chile, también es llamado *ratón de las tapias.*

degüello *s. m.* Acción y efecto de degollar. ‖ **LOC. a degüello** *adv.* Con dureza, mala intención, produciendo gran daño o destrozo.

degustar *v. tr.* Probar un alimento o una bebida para valorar su sabor. **FAM.** Degustación.

dehesa *s. f.* Campo acotado destinado a pasto de ganados y, en algunas zonas, a la cría de toros de lidia.

dehiscencia *s. f.* Apertura de los órganos vegetales dehiscentes.

dehiscente *adj.* Se aplica a los órganos vegetales que se abren espontáneamente para dispersar su contenido (polen o semillas). Los frutos dehiscentes se clasifican en: *folículos,* que se abren por una sutura ventral; *legumbres,* que se abren a la vez por las suturas dorsal y ventral; *cápsulas,* que se abren por suturas longitudinales, y *silicuas* o *silículas,* que son cápsulas formadas por dos valvas.

deíctico, ca *adj.* **1.** Que señala o muestra; se aplica sobre todo a elementos lingüísticos que realizan deixis. **2.** Perteneciente o relativo a la deixis.

deidad *s. f.* **1.** Ser divino y, particularmente, dios pagano. **2.** Cualidad de divino.

Edgar Degas: La estrella *(Museo de Orsay, París).*

deificar *v. tr.* **1.** Hacer o considerar divina a una persona o cosa. **2.** Ensalzar excesivamente. ▪ Se conjuga como *sacar.* **FAM.** Deificación.

deísmo *s. m.* Doctrina que reconoce la existencia de Dios por la razón, pero rechaza la revelación. Alcanzó su auge durante la Ilustración. Sostiene que Dios es la causa y el principio del universo, pero no acepta que ejerza sobre él ningún tipo de providencia. No admite ningún culto o dogma y considera irracionales conceptos tales como el pecado, el mal, la redención, etc. **FAM.** Deísta.

deixis *s. f.* Función desempeñada por ciertos elementos lingüísticos que consiste en señalar o designar algo presente entre los hablantes o en el enunciado; p. ej. la que ejercen palabras como *esto, eso, aquí, allí.*

dejación *s. f.* Cesión, abandono de bienes, de derechos, de autoridad, etc.

dejadez *s. f.* Falta de cuidado o de energía, abandono de uno mismo o de sus cosas.

dejado, da **1.** *p. p.* de **dejar**. ‖ *adj.* **2.** Descuidado para con su persona o sus cosas. También *s.* ‖ *s. f.* **3.** En algunos deportes, como pelota vasca o tenis, pelota que se lanza muy corta para que no llegue a alcanzarla el contrario.

dejar *v. tr.* **1.** Soltar algo que se tiene cogido o ponerlo en algún lugar. **2.** Abandonar una actividad, no hacer lo que corresponde a lo expresado, no ocuparse de alguien o algo. También *v. intr.* y *prnl.* **3.** No coger o no llevar alguna cosa. **4.** Hacer que alguien o algo quede de la manera que se indica. **5.** No cambiar, no quitar una cosa de donde está. **6.** No inquietar ni molestar. **7.** Irse, ausentarse. **8.** Romper una relación afectiva, particularmente la de pareja. También *v. prnl.* con valor recíproco. **9.** Encomendar a otro lo que antes hacía uno mismo. **10.** Dar o entregar algo. **11.** Dar en herencia. **12.** Prestar. **13.** Ceder o dar algo cuando ya no se piensa usar. **14.** Producir, causar. **15.** Permitir, consentir. También *v. prnl.* **16.** En algunos deportes, como la pelota vasca o el tenis, lanzar suavemente la pelota para que el contrario no pueda alcanzarla. ‖ *v. prnl.* **17.** Abandonarse, descuidarse. **18.** Olvidarse de algo, particularmente una cosa en un sitio. **19.** Construido con verbos en infinitivo, producirse la acción expresada por éstos.‖ **LOC. dejar (mucho o bastante) que desear** una persona o una cosa Distar mucho de ser buena o de estar bien hecha.

deje *s. m.* Acento, pronunciación y entonación particular en el modo de hablar de cada región. ▪ Se dice también *dejo* o *dejillo.*

dejo *s. m.* **1.** Deje. **2.** Gusto o sabor que queda de una comida o bebida. **3.** Impresión agradable o desagradable que queda después de una acción, conversación, etc.

del Contracción de la preposición *de* y el artículo *el*: *agua del río.* ▪ No se produce la contracción cuando el artículo forma parte del nombre de una persona, de una ciudad, del título de una obra literaria o de un rótulo: *el monasterio de El Escorial.*

delación *s. f.* Acción de delatar.

Delacroix, Eugène (Saint-Maurice 1798 - París 1863) Pintor francés. Máximo exponente de la escuela romántica, en su obra se aprecia la influencia de Rubens, Miguel Ángel, Gros y Gericault. Exaltó aspectos literarios, históricos y poéticos, basando su pintura en una utilización emotiva y vigorosa del color y la composición. Decoró la biblioteca del Senado en París (1847), la galería de Apolo en el Louvre (1851), etc. Entre sus cuadros más representativos figuran *La barca de Dante* (1822), *La matanza de Quíos* (1824), *Sardanápalo* (1827) y *La Libertad guiando al pueblo* (1830).

delantal *s. m.* Prenda que, atada a la cintura, cubre la parte delantera del cuerpo y se usa en ciertas labores para no mancharse.

delante *adv. l.* **1.** En la parte, lugar, orden, etc., anterior o más próximo al observador respecto de otra persona, cosa o parte. **2.** Enfrente.‖ *adv. m.* **3.** En presencia, a la vista.

delantero, ra *adj.* **1.** Que está o va delante. También *s.* ‖ *s. m.* **2.** Pieza que forma la parte anterior de una prenda de vestir. ‖ *s. m.* y *f.* **3.** En algunos deportes, cada uno de los jugadores que están en la línea de ataque o juegan delante.

‖ *s. f.* **4.** Parte anterior de una cosa. **5.** En espectáculos públicos, primera fila de cierta clase de asientos. **6.** Distancia en que uno se adelanta o anticipa a otro. **7.** En algunos deportes, línea de ataque. **8.** *fam.* Pecho femenino.

delatar *v. tr.* **1.** Acusar ante la autoridad al que ha cometido un crimen o falta. **2.** Descubrir, poner de manifiesto. También *v. prnl.*

delator, ra *adj.* Que delata. También *s.*

Delaunay, Robert (París 1885 - Montpellier 1941) Pintor francés. Pasó del impresionismo y el cubismo al arte abstracto, en el que creó el orfismo, estilo caracterizado por la investigación de las posibilidades expresivas del color y la renuncia a utilizar formas extraídas de la realidad visual. Algunas de sus obras principales son *La torre roja* (1911), *La ciudad de París* (1912), *Una ventana* (1912), *Naturaleza muerta portuguesa* (1915), *La mujer y la torre* (1925) y *El ritmo* (1938).

Robert Delaunay: La torre roja *(Art Institute, Chicago).*

Delaware Estado de EE UU, situado en la costa atlántica, junto a la desembocadura del río Delaware. 5.294 km^2. 668.700 h. en 1990. La capital es Dover, con 23.500 h. en 1980. Su economía se basa en una importante agricultura de trigo, maíz y productos hortícolas, y una industria muy desarrollada con producción automovilística, naval, papelera, química y refinerías de petróleo. Posee una de las rentas per cápita más altas del país.

Delbrück, Max (Berlín 1906 - Pasadena 1981) Biofísico estadounidense de origen alemán. Se instaló en EE UU en 1937. Formó con Alfred Day Hershey y Salvador E. Luria el equipo investigador que logró en 1969 el premio Nobel de medicina y fisiología por sus trabajos sobre la reproducción y la estructura genética de los virus.

delco *s. m.* Dispositivo del sistema de encendido de los motores de explosión, consistente en un aparato que distribuye la corriente a las bujías. También se llama *distribuidor.*

Eugène Delacroix: La matanza de Quíos *(Museo del Louvre, París).*

dele *s. m.* Signo con que en las pruebas de imprenta se indica que hay que suprimir algo.

delectación *s. f.* Deleite*.

Deledda, Grazia (Nuoro, Sassari 1871 - Roma 1936) Novelista italiana. Autodidacta, evolucionó de la narración realista de temas rurales a obras de mayor profundidad psicológica y complejidad técnica. Obtuvo el premio Nobel de literatura en 1926. Entre sus novelas más logradas figuran *El camino del mal* (1896), *Elias Portolu* (1903), *Cenizas* (1904), *Cañas al viento* (1913), *La madre* (1920) y *Dios de los vivos* (1922).

delegación *s. f.* **1.** Acción y efecto de delegar. **2.** Conjunto de delegados. **3.** Cargo y oficina del delegado. **4.** Cada una de las oficinas dependientes de una empresa o de un organismo oficial. **5.** *Méx.* Comisaría, oficina de policía. **6.** *Méx.* Ayuntamiento; término municipal.

delegado, da *adj.* Se dice de la persona en quien se delega una facultad o poder. También *s.*

delegar *v. tr.* Confiar una persona o entidad a otra u otras el poder, autoridad o responsabilidad que tiene para que los ejerza en su lugar. ■ Se conjuga como *pagar.*

deleitable *adj.* Que causa deleite.

deleitar *v. tr.* Producir deleite. También *v. prnl.*

deleite *s. m.* Placer, gozo. **FAM.** Deleitoso.

deletéreo *adj.* Nocivo, mortífero, dañino.

deletrear *v. tr.* **1.** Decir con sus nombres las letras de una palabra. **2.** Pronunciar separadamente las letras de cada sílaba, las sílabas de cada palabra y, finalmente, la palabra completa, como cuando se aprende a leer. **FAM.** Deletreo.

Deleuze, Gilles (París 1925) Filósofo francés. Su obra más conocida es *El Antiedipo. Capitalismo y esquizofrenia* (1972), escrita en colaboración con el psicoanalista Felix Guattari, en la que realiza una crítica de la tradición psicoanalítica y presenta al esquizofrénico como un trasgresor revolucionario del sistema capitalista. Otras obras destacadas suyas son *Nietzsche y la filosofía* (1962), *Proust y los signos* (1964), *Spinoza y el problema de la expresión* (1968), *Lógica del sentido* (1971) y *Kafka* (1975).

deleznable *adj.* **1.** Despreciable. **2.** Poco consistente, que se rompe o se deshace fácilmente. **3.** Que tiene poca duración y solidez.

Delfín común (Delphinus delphis).

delfín[1] *s. m.* Nombre común de diversos mamíferos cetáceos odontocetos de la familia delfínidos, géneros *Delphinus, Grampus,* etc. Son animales acuáticos que carecen de extremidades posteriores y han transformado las anteriores en aletas. Tienen una longitud de 2 a 3 m y son grandes nadadores. Su cabeza es voluminosa, con una sola abertura nasal situada encima de los ojos y una gran boca provista de numerosos dientes cónicos. Son carnívoros, se alimentan de toda clase de peces y cefalópodos y atacan también a las focas. Viven en grupos o bancos y se comunican por medio de agudos gritos que también utilizan, a modo de sonar, para orientarse en el agua. Las principales especies son el delfín común *(Delphinus delphis),* que habita en el Mediterráneo y el mar Negro, y el delfín de Risso *(Grampus griseus).* Los delfines de agua dulce pertenecen en su mayoría a la familia platanístidos, tienen la mandíbula larga y delgada y habitan en el río Ganges, en lagos de China, el Amazonas, el río de la Plata, etc.

delfín[2] (de *Dauphiné,* región de Francia) *s. m.* **1.** Título que se daba al primogénito y heredero del rey de Francia. **2.** P. ext., futuro sucesor de una persona importante.

Delfinado (*Dauphiné*) Región histórica del SE de Francia, entre Provenza y Saboya, cuya capital es Grenoble. Señorío establecido en torno al 1030, pasó en 1349 a la corona francesa, convirtiéndose en la posesión tradicional del heredero del trono.

Delfos (*Delfoi*) Antigua ciudad griega situada en la Fócida, al pie del monte Parnaso. Allí se encontraban el oráculo y el santuario de Apolo, que convirtieron el lugar en un importante centro de culto del mundo griego.

delgado, da *adj.* **1.** Fino, de poco grosor. También *s.* **2.** Flaco, de pocas carnes. **FAM.** Delgadez, delgaducho.

Delgado, José Matías (San Salvador 1768 - ? 1833) Político y prelado salvadoreño. En 1811 participó en una sublevación contra los españoles en San Salvador. En Guatemala firmó el acta de independencia centroamericana (1821) y se opuso a la anexión de las provincias centroamericanas a México. Fue presidente de la asamblea nacional de las Provincias Unidas de Centroamérica (1823) y creó el obispado de San Salvador (1825).

Delgado, Pedro (Segovia 1960) Ciclista español. Fue el ganador de la Vuelta a España en 1985 y 1989 y del Tour de Francia en 1988.

Delgado, Rafael (Córdoba, Veracruz 1853 - Orizaba 1914) Escritor mexicano. Su obra se caracteriza por la presencia de elementos costumbristas y por un marcado sentimentalismo de carácter romántico. Entre sus libros destacan las novelas *La calandria* (1890), *Angelina* (1893) e *Historia vulgar* (1904) y los relatos *Cuentos y notas* (1902).

Delhi (*Dilti*) **1.** Territorio situado en el N de la India. 1.485 km^2. 6.220.000 h. en 1981.
2. C. de la India, situada a orillas del río Yamuna, afluente del Ganges, cap. del país y del territorio homónimo. 8.156.000 h. en 1989 en su área metropolitana. Su aglomerada población urbana, tercera en importancia del país, está dividida en dos núcleos: Delhi (o Vieja Delhi), la ciudad india tradicional, y Nueva Delhi, ciudad moderna de carácter administrativo y capital del país. Su situación geográfica, en la encrucijada de las rutas que comunican los valles del Indo y el Ganges con las costas del mar Arábigo y la región del Himalaya, la ha convertido en uno de los centros comerciales más importantes de la nación. Posee industria textil (algodón), química (pintura), del vidrio, alimentaria y farmacéutica, además de artesanía tradicional (bordados, oro, joyas y marfil).

Delhi: vista de la ciudad, con el minarete de la Gran Mezquita en primer plano.

deliberado, da **1.** *p. p.* de **deliberar.** ‖ *adj.* **2.** Intencionado, premeditado. **FAM.** Deliberadamente.

deliberar *v. intr.* Reflexionar o tratar detenidamente sobre algo antes de tomar una decisión. **FAM.** Deliberación, deliberante.

Delibes, Léo (Saint-Germain-du-Val 1836 - París 1891) Compositor y organista francés. Fue autor destacado de ballets, como *Copelia* (1870) y *Silvia* (1876), y de óperas bufas, como *Jean de Nivelle* (1880) y *Lakmé* (1883), su mejor obra.

Miguel Delibes.

Delibes, Miguel (Valladolid 1920) Novelista y periodista español. Sus relatos retratan con un estilo realista, sencillo y sobrio la vida y las costumbres de los pueblos y ciudades de Castilla la Vieja. Entre sus libros destacan las novelas *La sombra del ciprés es alargada* (1947), *La hoja roja* (1959), *Las ratas* (1962), *Cinco horas con Mario* (1966), *El disputado voto del señor Cayo* (1978) y *Los santos inocentes* (1981); las narraciones breves *Viejas historias de Castilla la Vieja* (1964) y *La mortaja* (1970), y los libros de viajes *USA y yo* (1966) y *La primavera de Praga* (1968).

delicadeza *s. f.* **1.** Cualidad de delicado. **2.** Atención, cortesía, tacto.

delicado, da *adj.* **1.** Que se rompe, estropea o daña fácilmente. **2.** Débil o enfermizo. **3.** Fino, suave, exquisito, no vulgar. **4.** Hecho con primor y cuidado. **5.** Melindroso, remilgado. **6.** Sensible, que se ofende con facilidad. **7.** Atento, cortés. **8.** Problemático, difícil.

Delicado, Francisco (¿Córdoba? h. 1480 - Venecia, primera mitad del s. XVI) Escritor español. Discípulo de Nebrija, siguió la carrera eclesiástica y pasó a Italia, donde vivió en Roma y en Venecia. Escribió *Retrato de la lozana andaluza* (1528), novela picaresca dialogada, encuadrada en la línea celestinesca, que narra las aventuras de una cortesana española en Roma; escrita en la jerga italoespañola usada en la capital por los españoles de baja estofa, la obra es un vivo documento para recrear el ambiente romano del primer cuarto del s. XVI.

delicaducho, cha *adj. fam.* Delicado, algo débil y enfermizo.

delicia *s. f.* **1.** Placer, agrado. **2.** Aquello que lo causa.

delicioso, sa *adj.* Muy agradable, que causa delicia o placer.

delictivo, va *adj.* Relativo al delito o que constituye delito.

delicuescencia *s. f.* **1.** Propiedad de ciertos cuerpos de disolverse en el vapor de agua que absorben del aire, p. ej. el hidróxido de sodio y los cloruros de calcio y magnesio. **2.** Decadencia, descomposición. **FAM.** Delicuescente.

delimitar *v. tr.* Poner o señalar límites. **FAM.** Delimitación.

delincuente *adj.* Persona que delinque. También *s.*

delincuencia *s. f.* **1.** Actividad de delinquir. **2.** Conjunto de delitos.

delineante *s. m.* y *f.* Persona que se dedica a delinear o trazar planos ideados por un arquitecto.

delinear *v. tr.* **1.** Trazar las líneas de un dibujo, especialmente de un plano. ‖ *v. prnl.* **2.** Distinguirse el perfil de una cosa.

delinquir *v. intr.* Cometer un delito o quebrantar una ley. ▪ La *qu* de la raíz cambia en *c* ante *a* u *o*.

deliquio *s. m.* Rapto, éxtasis.

delirante *adj.* **1.** Que delira. **2.** Se aplica a la persona que dice o hace disparates o a las cosas disparatadas.

delirar *v. intr.* **1.** Padecer delirios. **2.** Decir, pensar o hacer disparates.

delirio *s. m.* **1.** Trastorno mental en el que el sujeto forma juicios e ideas que presenta como ciertos sin tener en cuenta la realidad ni la experiencia. Generalmente es producido por fiebre alta, intoxicación, sobredosis de sedantes, golpes en la cabeza, etc., y durante el mismo el paciente puede sufrir alucinaciones, confusión, desorientación, excitación nerviosa, gran ansiedad y temor. **2.** Despropósito, disparate. ‖ **3. delirio de grandeza** Actitud de alguien de creerse superior o soñar con cosas que no están a su alcance.

delirium tremens (expr. lat.) Cuadro clínico que se presenta en los alcohólicos crónicos tras un breve periodo de abstinencia. Su crisis aguda se caracteriza por una intensa agitación y temblor, alucinaciones terroríficas, delirio mental, deshidratación, taquicardia, etc.

delito *s. m.* **1.** Acción o conducta voluntaria castigada por la ley con penas graves. **2.** Cosa o acción deplorable. ‖ **3. delito de lesa majestad** El que se comete contra la vida del rey, su sucesor o regente. **4. delito de sangre** Aquel en que se produce lesión, mutilación o muerte. **5. delito ecológico** El que produce daños en los ecosistemas. **6. delito fiscal** El cometido al no cumplirse las obligaciones con la hacienda pública. En España se considera como tal el fraude que supera los cinco millones de pesetas. **7. delito monetario** El que se comete al infringir las leyes que regulan el control de cambios (operaciones y negocios con el exterior de los que se derivan cobros y pagos), siempre que la infracción supere los dos millones de pesetas.

Delius, Frederick (Bradford, Yorkshire 1862 - Grez-sur-Loing, Francia 1934) Compositor británico. Amigo de Grieg, en su música se advierte la influencia del maestro noruego. Vivió en Francia desde 1888. En su obra, entre romántica e impresionista, destacan las óperas *Irmilin* (1892), *Koanga* (1897) y *Fennimore y Gerda* (1910), una *Misa* (1905), un *Requiem* (1922) y el poema sinfónico *En un jardín de verano* (1908).

Delon, Alain (Sceaux 1935) Actor cinematográfico francés. Ha trabajado con los principales directores franceses e italianos, como Clément, Visconti y Antonioni, y ha rodado algunos filmes en EE UU. Entre sus películas más representativas figuran *A pleno sol* (1959), *Rocco y sus hermanos* (1960), *El eclipse* (1962), *El gatopardo* (1963), *El clan de los sicilianos* (1969), *Borsalino* (1970) y *Mr. Klein* (1976).

Delorme, Philibert (Lyon h. 1510 - París 1570) Arquitecto francés. Estudió en Roma los monumentos clásicos y de vuelta a su país difundió el renacimiento italiano. Francisco I lo nombró visitador de los fuertes de Bretaña. Entre sus obras más importantes figuran el trazado de la tumba de Francisco I en Saint Denis (1547), el castillo de Anet, el proyecto del palacio de las Tullerías (1564) y el palacio de Meudon. Escribió *Nuevas invenciones para construir bien y barato* (1561) y *Arquitectura, primer tomo* (1567).

Delos (*Delos* o *Dhilo*) Isla griega de las Cícladas, en el mar Egeo, actualmente deshabitada.

Delos, liga de Confederación de las ciudades marítimas de la antigua Grecia contra el imperio persa, formada bajo la hegemonía de Atenas (477 a. C.) y que, con el tiempo, adquirió las características de un auténtico imperio marítimo. La derrota de Atenas en la guerra del Peloponeso (431-404 a. C.) significó el fin de la liga.

delta *s. f.* **1.** Cuarta letra del alfabeto griego, que corresponde a nuestra *d.* ▪ La letra mayúscula se escribe *D* y la minúscula *δ*. ‖ *s. m.* **2.** Terreno triangular formado en la desembocadura de un río por la acumulación de materiales arrastrados por sus aguas que queda entre los brazos en los que se divide el río. ‖ **3. ala delta** Variedad de vuelo sin motor que se practica con un aparato de forma triangular al que va sujeto el deportista; también se llama así este aparato.

Delta Amacuro Estado de Venezuela. 40.200 km². 91.000 h. en 1990. La capital es Tucupita, con 27.400 h. en 1983. Comprende la región del delta del río Orinoco y las islas situadas frente a su costa. Cuenta con explotación maderera y piscícola y refinado de petróleo.

deltoides *s. m.* Músculo triangular situado en la parte superior del hombro, que se prolonga desde el omóplato hasta la clavícula y permite al hombre elevar el brazo. También *adj.*

Delvaux, Paul (Antheit, Lieja 1897) Pintor belga. Expresionista en un principio, entre 1936 y 1939 se orientó hacia el surrealismo, influido por Magritte y Chirico. En sus cuadros, de un colorido frío, sus personajes se mueven dentro de un mundo de silencio, en una atmósfera irreal no falta de erotismo. Algunas de sus pinturas más notables son *Crisis*, *Venus dormida* y *Pigmalión*.

demacrado, da *adj.* Flaco, desmejorado.

demacrarse *v. prnl.* Ponerse muy delgado o tener mal aspecto a causa de una enfermedad, trastorno emocional, etc. **FAM.** Demacración.

demagogia *s. f.* **1.** Actitud o actuación de un político o un dirigente que trata de complacer al pueblo por cualquier medio con el fin de obtener su apoyo. **2.** P. ext., forma de ganarse a la gente en cualquier campo con halagos, falsas promesas, manipulación de sus sentimientos, etc. **3.** En la antigua Grecia, gobierno dictatorial ejercido con el apoyo del pueblo. **FAM.** Demagógico.

demagogo, ga *s. m.* y *f.* Persona que practica la demagogia.

demanda *s. f.* **1.** Petición, súplica. **2.** Búsqueda. **3.** Cantidad de un bien, mercancía o servicio que los consumidores piden y están dispuestos a adquirir mediante el pago de un precio determinado. En el sistema de libre mercado es, junto con la oferta, uno de los factores que determinan el precio de los productos. **4.** Documento por el que se inicia un proceso judicial civil y en el que se formula la pretensión de la persona que lo presenta. **5.** Petición o escrito hecho por un juez o tribunal.

Demanda, sierra de la Sierra española, situada en el extremo septentrional del Sistema Ibérico. Alcanza su máxima altura en el pico de San Lorenzo, de 2.262 m.

demandar *v. tr.* **1.** Pedir, solicitar. **2.** Presentar demanda judicial contra alguien. **FAM.** Demandado, demandante.

demarcación *s. f.* **1.** Acción y efecto de demarcar. **2.** Terreno demarcado. **3.** En las divisiones territoriales, área en la que tiene poder una autoridad. **4.** En ciertos deportes, parte del campo en la que teóricamente actúa un jugador.

demarcar *v. tr.* Señalar los límites de alguna cosa, particularmente de un país o terreno. ▪ Se conjuga como *sacar*.

demás *adj. indef.* Indica lo restante, la parte que no se menciona de un todo. También *pron.* ▪ Suele ir precedido del artículo determinado: *las demás niñas. Vinieron los demás.* Puede utilizarse sin artículo y en plural como término de una enumeración: *Se reunió con sus padres, hermanos y demás parientes.* ‖ **LOC. por demás** *adv.* Inútil-

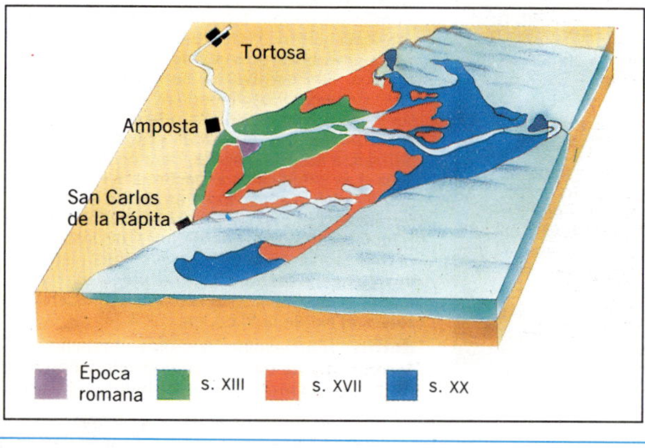

Evolución del delta del Ebro.

mente, en vano. También, en exceso. **por lo demás** Por lo que se refiere a otras consideraciones; aparte de lo dicho.

demasía *s. f.* Exceso, abundancia mayor de lo necesario o conveniente.

demasiado, da *adj. indef.* **1.** Que tiene exceso o se da en mayor número, cantidad, grado, etc., de lo necesario o conveniente: *Hizo demasiado calor.* También *pron.* y *adv.*: *Compraste demasiadas. Habla demasiado.* **2.** *fam.* Muy bueno, estupendo. También *adv.*

demediar *v. tr.* **1.** Dividir en mitades. **2.** Gastar una cosa hasta dejarla en la mitad. **3.** Llegar a la mitad de cierto espacio o de cierto tiempo. También *v. intr.*

demencia *s. f.* **1.** Locura, trastorno profundo del conjunto de las funciones mentales de un individuo. || **2. demencia precoz** Antigua denominación de la esquizofrenia. **3. demencia senil** Enfermedad degenerativa del cerebro propia del envejecimiento, caracterizada por un deterioro de las funciones intelectuales del individuo, conducta infantil e incapacidad para adaptarse a la realidad.

demencial *adj.* **1.** Perteneciente o relativo a la demencia. **2.** Disparatado, desatinado, desproporcionado.

demente *adj.* Loco, trastornado. También *s.*

demérito *s. m.* Acción o circunstancia que rebaja la calidad o el valor de una persona o cosa.

Deméter En la mitología griega, diosa protectora de la agricultura, hija de Cronos y de Rea. Pasó a la mitología romana con el nombre de Ceres.

Demetrio Nombre de dos reyes de Macedonia. **Demetrio I Poliorcetes** (? 336 - ? 282 a. C.) Rey de Macedonia (294-287 a. C.). Hijo de Antígono, su flota derrotó a Tolomeo de Egipto en Salamina (Chipre). Venció cerca de las Termópilas a Casandro, y tras la muerte de éste (297 a. C.) se apoderó de Grecia y se proclamó rey de Macedonia. En 287 Pirro y Lisímaco lo expulsaron a Asia. Fue derrotado en Cilicia (286 a. C.) por Seleuco y llevado prisionero a Siria, donde murió.

Demetrio Nombre de tres reyes de Siria. **Demetrio I Soter** (? h. 187 - 150 a. C.) Rey de Siria (162-150 a. C.). Retenido en Roma, a la muerte de su padre el trono fue ocupado por los usurpadores Antíoco IV y Antíoco V, pero logró evadirse y fue aclamado rey frente a Timarco, tirano apoyado por Roma. Sofocó la sublevación de los macabeos en Palestina. Murió defendiendo el trono frente al usurpador Alejandro Balas. **Demetrio II Nicátor** (? h. 161 - cerca de Tiro 125 a. C.) Rey de Siria (146-138 y 129-125 a. C.). Hijo de Demetrio I, logró expulsar a Alejandro Balas. Permaneció prisionero de los partos de 140 a 129 a. C., logró recuperar el trono, pero fue vencido por Alejandro II, supuesto hijo de Balas.

Demetrio el Falso (? 1580 - Moscú 1606) Usurpador del trono de Rusia (1605-06). Apoyado por Segismundo III de Polonia, se hizo pasar por el hijo de Iván IV el Terrible y al frente de un poderoso ejército entró en Rusia, donde fue derrotado por el zar Boris Godunov; a la muerte de éste logró subir al trono. Fue asesinado en el Kremlin.

Demetrio Falero (Falero h. 350 - Alto Egipto h. 283 a. C.) Político, filósofo y orador ateniense. Perteneciente al partido macedonio, Casandro le encargó el gobierno de Atenas (317-307 a. C.), donde estableció un comité de siete miembros, como custodios de las leyes. Expulsado por Demetrio Poliorcetes, se refugió en Tebas. Aconsejó a Tolomeo Soter la creación de la biblioteca de Alejandría.

-demia *suf.* Significa 'pueblo': *epidemia.*

Demirel, Soliman (Islamkoy 1924) Político e ingeniero turco. Presidente del Partido de la Justicia, fue designado primer ministro en 1965; reelegido en 1969, presentó la dimisión debido a las presiones militares. Ocupó nuevamente el cargo de primer ministro al frente de un gobierno de coalición de partidos de derechas (1975), del que dimitió en 1978. De nuevo en el poder en 1979, fue depuesto y encarcelado en 1980 por un golpe de Estado. Volvió a la actividad política en 1983, y en 1991 triunfó en las elecciones al frente de su partido, denominado ahora *Partido de la Recta Vía.*

demiurgo *s. m.* Para los antiguos griegos, espíritu que da origen y ordena todas las cosas a partir del caos.

demo- *pref.* Significa 'pueblo': *democracia, demografía.*

democracia *s. f.* **1.** Sistema político en que el pueblo ejerce la soberanía, eligiendo libremente a sus gobernantes. **2.** Doctrina política que defiende este sistema. **3.** País gobernado por un régimen democrático. || **4. democracia cristiana** Corriente política que da nombre a diversos partidos de centro derecha en Europa y América. Surgió a comienzos del s. XX con una ideología en la que se unían los principios cristianos, en especial la doctrina social de la Iglesia católica, y la tradición política conservadora, pero no alcanzó auténtica importancia hasta después de la Segunda Guerra Mundial, momento en que se convirtió en la principal fuerza política de Italia y Alemania. Otros países en los que ha alcanzado responsabilidades de gobierno son Chile, Venezuela y El Salvador. **5. democracia directa** Sistema político en el que no existen organismos de representación política (parlamento, senado, etc.) y el ejercicio de la voluntad popular se lleva a cabo de forma directa por medio de asambleas, etc. **6. democracia liberal** Doctrina política basada en la participación de los ciudadanos en el gobierno a través de determinados órganos de representación. Es propia de los Estados de derecho o regímenes constitucionales, en los que los partidos políticos, por medio del sufragio universal, representan al pueblo en los organismos parlamentarios, donde las decisiones se toman por mayoría. **7. democracia orgánica** Nombre que se dio en el régimen franquista a la participación política de los ciudadanos a través de los llamados *tercios orgánicos,* la familia, el sindicato (vertical) y el municipio. La prohibición de los partidos políticos y el escaso poder de las Cortes hicieron que esta participación apenas fuera representativa. **8. democracia popular** Sistema político de los regímenes comunistas. Teóricamente la voluntad popular se ejerce mediante una serie de organismos que se cubren por elección, pero la falta de libertades políticas de estos regímenes los convierte en correas de transmisión del partido único.

Hist.* y *Pol. La democracia o gobierno de representación nació en las polis de la Grecia clásica, donde los ciudadanos elegían a sus magistrados mediante sufragio. La institución se consolidó en Roma y decayó en la Edad Media –en la que el reino era representado por los estamentos de la nobleza, el clero y, posteriormente, la burguesía– para resurgir en las comunas de las repúblicas y señorías del Renacimiento. La actual democracia tiene su origen en los planteamientos ideológicos de algunos pensadores de los s. XVII y XVIII (Locke, Rousseau, Tocqueville) y en las revoluciones burguesas de fines del s. XVIII.

La esencia de la democracia es el derecho del conjunto de los ciudadanos a designar y controlar a sus gobernantes, a quienes elige libremente para periodos de tiempo determinados. Los rasgos comunes de los sistemas democráticos son la existencia de una constitución, la libertad de reunión, expresión y organización, las elecciones libres, el sufragio universal secreto y la independencia entre los poderes ejecutivo, legislativo y judicial.

demócrata *adj.* **1.** Partidario de la democracia. || **2. Partido Demócrata** Uno de los grandes partidos políticos de EE UU. Nació en 1832 de una escisión del Partido Republicano y gobernó casi ininterrumpidamente desde esa fecha hasta 1860. En el s. XX alcanzó la presidencia con Wilson (1913-20),Roosevelt(1933-45),Truman(1945-52), Kennedy (1960-63), Johnson (1963-68) y Carter (1977-81). Su base electoral tradicional la constituyen la clase obrera, los negros y otras minorías raciales. Está implantado tanto en el N industrial como en el S agrícola. Se ha distinguido tradicionalmente de su rival, el Partido Republicano, por conceder mayor importancia a la intervención estatal en asuntos económicos y sociales. También *s.* **FAM.** Democrático.

democratizar *v. tr.* Hacer democráticos un sistema político, una sociedad, etc. También *v. prnl.* ■ Se conjuga como *cazar.* **FAM.** Democratización.

Demócrito (Abdera, Tracia h. 460 - íd. h. 370 a. C.) Filósofo griego. Discípulo de Leucipo, fue el creador de la filosofía atomista. Para él, la naturaleza es un ser uniforme compuesto de un número infinito de partículas indivisibles –los átomos–, que son eternas, invariables, de distintas formas y tamaños, y que al moverse dan origen a los cuerpos y al cambio de los mismos. Se le considera el primer pensador occidental que dio una interpretación materialista del universo.

demodé (del fr. *démodé*) *adj.* Pasado de moda, anticuado.

demografía *s. f.* Estudio de la población humana en sus diversos aspectos, como es su número, distribución sobre el espacio, crecimiento, reparto por edades, sexo, movimientos migratorios, etc. **FAM.** Demográfico, demógrafo.

demoler *v. tr.* **1.** Derribar un edificio o construcción. **2.** P. ext., destruir cualquier otra cosa o vencer totalmente a una persona. ■ Es v. irreg. Se conjuga como *mover.* **FAM.** Demoledor, demolición.

demoniaco o **demoníaco, ca** *adj.* Perteneciente o relativo al demonio.

demonio *s. m.* **1.** Según la *Biblia,* ángel rebelde condenado al infierno por rebelarse contra Dios. Es el equivalente cristiano de un ser espiritual dotado de poderes superiores y de intención esencialmente maligna que es contemplado por casi todas las religiones. **2.** Espíritu maligno. **3.** Persona muy mala o cosa muy perjudicial. || *interj.* **4.** Expresa enfado o sorpresa. || **LOC. a demonios** *adv.* Con verbos como *saber, oler, sonar,* etc., horrendo, muy mal. **llevarse** a uno **el demonio** (**los demonios** o **todos los demonios**) *fam.* Encolerizarse. **FAM.** Demoniaco.

demonología *s. f.* Estudio de la naturaleza y ser de los demonios.

¡demontre! *interj.* Expresa enfado o sorpresa.

demora *s. f.* Retraso, tardanza.

demorar *v. tr.* **1.** Retrasar, hacer que algo o alguien suceda o llegue más tarde. También *v. prnl.* || *v. prnl.* **2.** Pararse o entretenerse en algún lugar, retrasarse.

Demóstenes (Atenas 384 - Calauria 322 a. C.) Orador y político ateniense. Famoso por la fuerza de sus discursos y la precisión de sus argumentos, luchó para contener la dominación de Filipo II de Macedonia con sus discursos *Filípicas* (351-350 a. C.) y *Olintíacas* (349-348 a. C.). Su obra maestra es el discurso *Sobre la corona* (330 a. C.), dirigido contra Esquines, quien se oponía a que se le concediera a Demóstenes una corona de oro por sus méritos cívicos. Conquistada Atenas por Antípatro, se refugió en la isla Calauria, donde se suicidó con veneno.

demostración *s. f.* **1.** Acción y efecto de demostrar. **2.** Manifestación externa de sentimientos o intenciones.

demostrar *v. tr.* **1.** Probar una cosa mediante datos. **2.** Realizar la comprobación de una teoría, una proposición, una propiedad, una habilidad, etc. **3.** Manifestar, indicar cierta cosa. **4.** Enseñar algo en la práctica. ■ Es v. irreg. Se conjuga como *contar.* **FAM.** Demostrable.

demostrativo, va *adj.* **1.** Se dice de lo que demuestra o sirve para demostrar. **2.** Se aplica a los adjetivos y pronombres que indican la distancia (en el espacio o en el tiempo) a la que se encuentran las cosas con relación al que habla: *esta casa* (que está cerca), *mira ésa* (que está a media distancia), *aquella época* (que pasó hace tiempo). También sirve para elegir un ser u objeto de un grupo: *esta camisa*; para referirse a un lugar o tiempo determinado: *aquella primavera*; para referirse a algo dicho o que se va a decir: *Eso no es verdad. No olvides esto: debes estudiar.* También *s. m.*

demótico, ca *adj.* **1.** Se dice del tipo de escritura, más simple que la hierática, utilizada por los egipcios desde el s. VI a. C. También *s. m.* **2.** Se aplica a la forma coloquial del griego moderno. También *s. m.*

Dempsey, William Harrison, llamado **Jack** (Manassa, Colorado 1895 - Nueva York 1983) Boxeador estadounidense. En 1919 se proclamó campeón mundial de los pesos pesados al derrotar a Jess Willard. Mantuvo su título hasta 1926, en que fue derrotado a los puntos por Gene Tunney.

demudar *v. tr.* Cambiar, alterar, en especial el color y la expresión de la cara, una emoción, un espectáculo desagradable e inesperado, etc. Se usa principalmente como *v. prnl.* **FAM.** Demudación.

Demuth, Charles (Lancaster, Pennsylvania 1883 - íd. 1935) Pintor estadounidense. Vivió en París (1907-12), donde frecuentó el círculo de Gertrude Stein. Su pintura está influida por el cubismo y el fauvismo. Entre sus cuadros destacan *En el Vaudeville* (1918), *Acróbatas* (1919) y *Yo vi el número cinco en oro* (1928).

denario *s. m.* Nombre de dos antiguas monedas romanas, una de oro y otra de plata, equivalentes a cien y a cuatro sestercios, respectivamente.

dendriforme *adj.* De forma de árbol.

dendrita *s. f.* **1.** Prolongación ramificada del citoplasma de las neuronas que recibe los impulsos nerviosos procedentes de células sensitivas o de otras neuronas. **2.** En geol., concreción mineral en forma de ramas de árbol que puede aparecer en las fisuras de las rocas.

dendrocronología *s. f.* Método utilizado para calcular la edad de los árboles y los cambios de clima del pasado a través del estudio de los anillos de crecimiento de los troncos.

dendrómetro *s. m.* Aparato que se emplea para medir los árboles, particularmente su altura.

denegación *s. f.* **1.** Acción y efecto de denegar. ‖ **2. denegación de auxilio** Delito cometido por un funcionario público al desobedecer sin causa justificada un requerimiento de la autoridad o al negarse a prestar un servicio al que está obligado por su cargo; también, el cometido por un particular que se niega a cooperar con la autoridad en casos de incendio, inundación u otra catástrofe sin que exista riesgo personal, o a prestar ayuda a heridos en un accidente de tráfico.

denegar *v. tr.* No conceder lo que se pide o solicita. ■ Es v. irreg. Se conjuga como *regar.* **FAM.** Denegatorio.

Deneuve, Catherine (París 1943) Actriz cinematográfica francesa. Descubierta por Roger Vadim, alcanzó popularidad con *Los paraguas de Cherburgo* (1963), de Jacques Demy, pero consiguió sus mayores triunfos bajo la dirección de Roman Polanski y Luis Buñuel. Ha encarnado preferentemente a mujeres de belleza fría y compleja personalidad. Entre sus filmes más importantes figuran *Repulsión* (1965), *Belle de jour* (1966), *La sirena del Mississippi* (1969), *Tristana* (1970) y *El último metro* (1980).

Deng Xiaoping.

Deng Xiaoping (Guang'an, Sichuan 1904) Político chino. Ingresó en el Partido Comunista Chino en 1922 y participó en la Larga Marcha de Mao. Ocupó importantes cargos en el partido y en el gobierno, de los que fue apartado durante la revolución cultural. Tras la muerte de Mao (1976), se convirtió en el hombre fuerte de China, tras derrotar al sector radical del partido, que encabezaba la viuda de Mao y el llamado *grupo de Shanghai.* En 1984 inició una tímida reforma para liberalizar el régimen y abrir la economía a Occidente, que se vio prácticamente interrumpida a partir de 1987. En 1989, ante las protestas estudiantiles en demanda de democracia, su primer ministro Li Peng ordenó la entrada del ejército en la plaza de Tiannamen, saldada con una matanza, y la represión que la siguió.

dengue *s. m.* Remilgo, delicadeza exagerada o repugnancia simulada.

Denia C. de España, en la prov. de Alicante. 25.800 h. en 1990. Tiene cultivos de viñas y naranjas e industria juguetera. Antigua villa amurallada, conserva restos romanos y torres medievales. Es un importante centro turístico y cuenta con puerto pesquero, comunicado con Ibiza mediante ferry.

denigrar *v. tr.* **1.** Desprestigiar, hablar mal de una persona o cosa. **2.** Dirigir a una persona ofensas o insultos. **FAM.** Denigración, denigrante, denigratorio.

Denikin, Anton Ivanovich (Varsovia 1872 - Ann Arbor, Michigan 1947) General ruso. Participó en la guerra contra Japón y en la Primera Guerra Mundial. Contrario a la rendición unilateral ante Alemania, organizó con ayuda del Reino Unido y de Francia un ejército que combatió a los bolcheviques entre 1918 y 1920. En este último año abandonó Rusia y se estableció en Francia, donde permaneció hasta 1945, año en que fijó su residencia en EE UU.

Denis, Maurice (Grandville 1870 - París 1943) Pintor francés. Fue uno de los fundadores del grupo de los nabis y su principal teorizador. En su primera época su estilo era muy decorativo y estaba influido por Puvis de Chavannes y por Gauguin; luego estudió a los primitivos italianos y en 1903 visitó el monasterio benedictino de Beuron, en Alemania, importante centro de arte religioso. En 1919 fundó el Taller de arte sacro. En París decoró el techo del teatro de los Campos Elíseos (1912) y una de las cúpulas del Petit-Palais (1925). Entre sus cuadros sobresalen *Las musas* (1893), *Homenaje a Cézanne* (1900), *El paraíso* (1912) y *La anunciación* (1913).

denodado, da *adj.* **1.** Esforzado, enérgico. **2.** Valeroso, arrojado. **FAM.** Denodadamente.

denominación *s. f.* **1.** Acción de denominar. **2.** Nombre o título que se da a una persona o cosa. ‖ **3. denominación de origen** Garantía que acompaña a determinados productos y que certifica su calidad y lugar de procedencia.

denominador, ra *adj.* **1.** Que denomina. También *s.* ‖ *s. m.* **2.** En mat., parte de la fracción situada debajo de la raya de quebrado o detrás del signo (:), que representa el número de partes en que se considera dividida la unidad. En la fracción $\frac{a}{b}$, el denominador es *b*, siempre que *b* sea distinto de cero. ‖ **3. común denominador** El que lo es de varias fracciones a la vez; también, número que es múltiplo de los denominadores de varias fracciones; suele referirse al mínimo común múltiplo. También se usa con el sentido de rasgo común de una serie de personas, cosas, circunstancias, etc.

denominar *v. tr.* Dar nombre o título a una persona o cosa. También *v. prnl.*

denominativo, va *adj.* **1.** Que indica o implica denominación. **2.** Se aplica a la palabra, y en especial al verbo, que deriva de un nombre, como *torear*, de *toro.*

denostar *v. tr.* Insultar, injuriar. ■ Es v. irreg. Se conjuga como *contar.*

denotación *s. f.* **1.** En ling., significado de una palabra en sí misma, independientemente de los matices que aporta el contexto y las valoraciones subjetivas del hablante. **2.** En lóg., relación semántica entre una expresión y la realidad a que hace referencia.

denotar *v. tr.* **1.** Indicar, hacer saber. **2.** Expresar una palabra, frase, etc., su significado propio, sin juicios o valoraciones del que habla. ■ Se contrapone a *connotar.*

densidad *s. f.* **1.** Cualidad de denso. **2.** En fís., relación entre la masa de un cuerpo y el volumen del mismo. También se llaman *densidad absoluta.* La unidad de medida de la densidad absoluta en el Sistema Internacional es el kilogramo/metro cúbico (kg/m^3). La densidad es una propiedad característica de cada sustancia, si bien disminuye al aumentar la temperatura. Sólo existe una excepción a este comportamiento, y es el agua, cuya densidad aumenta en el intervalo de temperaturas comprendidas entre 0 °C y 4 °C. Se elige la densidad del agua destilada a menos de 4 °C como unidad y se expresa en gramos/centímetro cúbico (g/cm^3). De ahí que frecuentemente la densidad de una sustancia aparezca en g/cm^3 y no en unidades del Sistema Internacional. La relación entre ambas es: 1 g/cm^3 = 1.000 kg/m^3. Tomando como referencia la densidad del agua, la **densidad relativa** de una sustancia se define como la relación entre la densidad absoluta de dicha sustancia y la densidad del agua. Si ambas se expresan en g/cm^3, la densidad relativa será igual a la densidad absoluta en valor numérico, pero sin dimensiones. **3.** P. ext., relación entre la masa de un cuerpo y sus dimensiones. En este sentido, la densidad puede ser **lineal**, cuando la relación es entre una magnitud y una longitud (p. ej., la densidad lineal de carga o cantidad de carga por unidad de longitud); **superficial**, cuando la relación es entre una magnitud y una superficie (p. ej., la densidad superficial de carga o cantidad de carga por unidad de superficie), y **cúbica**, cuando la relación es entre una magnitud y un volumen (p. ej., la densidad cúbica de energía o energía por unidad de volumen). ‖ **4. densidad de población** Número de habitantes por unidad de superficie, generalmente por kilómetro cuadrado o por milla cuadrada.

densificar *v. tr.* Hacer densa una cosa. También *v. prnl.* ■ Se conjuga como *sacar.*

densímetro *s. m.* Aparato que sirve para medir la densidad de un líquido.

denso, sa *adj.* **1.** Que tiene mucha masa en relación con un volumen dado. **2.** Aplicado a gases y líquidos, espeso. **3.** Aplicado a nombres colectivos, indica que los elementos que los forman están muy próximos y apretados. **4.** De mucho contenido en poca extensión. **5.** Difícil de entender, confuso. **FAM.** Densamente.

dentado, da *adj.* Que tiene dientes o puntas parecidas a los dientes.

dentadura *s. f.* Conjunto de dientes de una persona o animal. En los mamíferos consta de incisivos, caninos y molares. Estos últimos se subdividen en premolares y molares propiamente dichos. En el hombre adulto son 32, mientras que en el niño son 20. Los animales, según su especie, tienen distinto número de dientes.

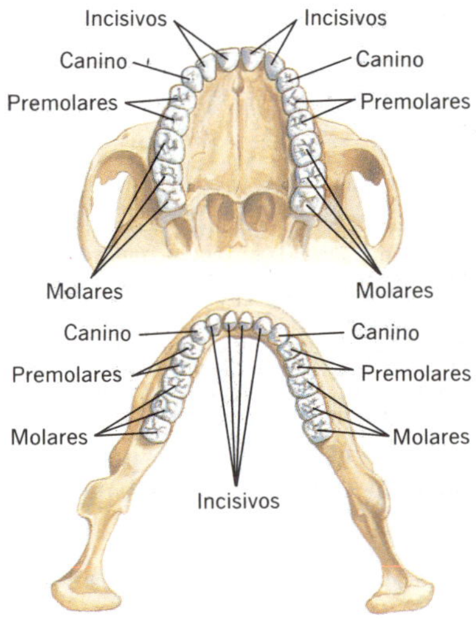

Dentadura humana y nombre de las piezas que la forman: arriba, el maxilar superior; abajo, el maxilar inferior.

dental *adj.* **1.** Propio de los dientes o que se refiere a ellos. **2.** En ling., se aplica a los sonidos que se articulan entre la punta de la lengua y los dientes, como los de las consonantes *d* y *t.* También *s.* ‖ *s. m.* **3.** Palo donde se encaja la reja del arado. **4.** Cada una de las piedras o hierros del trillo que sirven para cortar la paja.

dentellada *s. f.* Acción y efecto de clavar los dientes en algo.

dentera *s. f.* **1.** Sensación desagradable que se experimenta en los dientes cuando se oyen ciertos ruidos chirriantes, se comen algunos alimentos ácidos o se tocan determinados objetos o materiales. **2.** *fam.* Envidia.

denticina *s. f.* Medicamento para facilitar la dentición en los niños.

dentición *s. f.* **1.** Proceso de formación y desarrollo de los dientes. **2.** Tiempo en que esto ocurre. **3.** Tipo y número de dientes que caracterizan a un mamífero, según su especie. El conjunto de todos los dientes, con especificación de su clase y su número, constituye la *fórmula dentaria*, que expresa sobre una línea horizontal el número de incisivos, caninos, premolares y molares de media mandíbula superior, y debajo de esa línea los de media mandíbula inferior. En el hombre adulto la fórmula dentaria es $\frac{2.1.2.3}{2.1.2.3}$. La dentadura característica de los mamíferos tiene la fórmula $\frac{3.1.4.3}{3.1.4.3}$. La fórmula dentaria de los rumiantes es $\frac{0.0.3.3}{3.1.3.3}$. Además de la dentadura adulta, la mayoría de los mamíferos tiene una primera dentición (llamada *de leche*) compuesta normalmente por menos piezas, que se caen espontáneamente al surgir la definitiva. En el hombre la dentadura de leche se realiza entre los 6 y los 30 meses, mientras que la adulta se forma entre los 6 y los 12 años.

dentículo *s. m.* Cualquier objeto, órgano o parte de él que tiene figura de diente pequeño, como los de ciertas hojas.

dentífrico, ca *adj.* Se aplica a las sustancias que sirven para limpiar y mantener sanos los dientes. También *s. m.*

dentina *s. f.* Sustancia amarillenta, de gran dureza y densidad, que rodea la pulpa dentaria. Se llama marfil de los dientes y está recubierta por el esmalte en la corona y por el cemento en la raíz.

dentirrostro *adj.* Se aplica a los pájaros que en el extremo de la pieza superior del pico tienen una prolongación parecida a un diente, como el cuervo.

dentista *adj.* Se aplica al médico especializado en la conservación y reparación de los dientes. También *s.*

dentón, na *adj.* **1.** *fam.* Se dice de la persona o animal con dientes demasiado grandes. También *s.* ‖ *s. m.* **2.** Pez acantopterigio de la familia espáridos, especie *Dentex dentex.* Puede alcanzar 1 m de longitud, tiene cabeza grande, dientes cónicos en ambas mandíbulas, los centrales muy salientes, y presenta un abultamiento en la nuca. Vive en el mar Mediterráneo y su carne es comestible.

dentro *adv. l.* **1.** En el interior de algo. **2.** En el interior de la persona: *El aplauso me salió de dentro.* **3.** En un grupo, entre una serie de personas o cosas. ‖ *adv. t.* **4.** En una época o periodo de tiempo. **5.** En un plazo de tiempo.

denudar *v. tr.* **1.** Quitar lo que en estado natural recubre una cosa, p. ej. eliminar quirúrgicamente la cubierta de un órgano. También *v. prnl.* **2.** Desgastar las rocas o suprimir su capa superficial los agentes geológicos externos. También *v. prnl.* **FAM.** Denudación.

denuedo *s. m.* Valor, esfuerzo.

denuesto *s. m.* Insulto grave de palabra o por escrito.

denuncia *s. f.* **1.** Acción y efecto de denunciar. **2.** Acto por el que se comunica a la autoridad un hecho contrario a la ley y escrito en el que se expresa esta comunicación.

denunciar *v. tr.* **1.** Dar parte a la autoridad de que se ha cometido un delito. **2.** Declarar públicamente el estado ilegal, irregular o indebido de una cosa. **3.** Poner de manifiesto. **4.** Comunicar a la autoridad competente la existencia de una mina para reservarse el derecho de su explotación. **5.** Manifestar una de las partes interesadas la voluntad de rescindir un contrato, un tratado, etc.

Denver C. de EE UU, cap. del estado de Colorado, situada al pie de las Montañas Rocosas. 494.600 h. en 1989. 1.847.000 h. en 1984 en su área metropolitana. Es el principal mercado ganadero de EE UU y uno de los núcleos financieros y comerciales más importantes del sector centro-occidental del país. Alberga, además, numerosas industrias metalúrgicas, mecánicas, aeroespaciales, de armamento, alimentarias, caucheras, textiles y refinerías de petróleo.

deontología *s. f.* Parte de la moral que se ocupa de los deberes y obligaciones de cada profesión. **FAM.** Deontológico.

deparar *v. tr.* Proporcionar, producir.

departamento *s. m.* **1.** Cada una de las partes en que se divide un edificio, un vehículo, un mueble, etc. **2.** Cada una de las secciones en que se divide un organismo, empresa, etc. **3.** En las universidades, unidad de enseñanza e investigación formada por una o varias cátedras de materias afines. **4.** División administrativa de numerosos países. **5.** En España, zona sobre la que se extiende el mando de un capitán general de Marina. **6.** *amer.* Apartamento. **FAM.** Departamental.

departir *v. intr.* Hablar, conversar.

depauperar *v. tr.* **1.** Empobrecer. También *v. prnl.* **2.** Debilitar el organismo. También *v. prnl.* **FAM.** Depauperación, depauperado.

dependencia *s. f.* **1.** Situación o estado en el cual se depende de alguien o de algo. **2.** Sección u oficina pública o privada que depende de otra superior. **3.** Adicción a una droga. **4.** Conjunto de dependientes. **5.** Cada una de las habitaciones de un gran edificio. Se usa más en *pl.*

depender *v. intr.* **1.** Estar subordinado a alguien. **2.** Estar una cosa en conexión con otra, producirse si se da cierta condición. **3.** Necesitar una persona o cosa de otra.

dependiente, ta *s. m.* y *f.* **1.** Persona que atiende al público en una tienda. ‖ *adj.* **2.** Que depende. ▪ Como adjetivo es invariable en cuanto al género: *dependiente.*

depilar *v. tr.* Quitar el pelo o vello de ciertas partes del cuerpo. También *v. prnl.* **FAM.** Depilación.

depilatorio, ria *adj.* Se dice de la sustancia que sirve para depilar. También *s. m.*

deplorable *adj.* Lamentable.

deplorar *v. tr.* Sentir pena o disgusto por algo.

deponente *adj.* **1.** Se dice de la persona que atestigua ante un tribunal. También *s.* ‖ **2. verbo deponente** Véase **verbo**.

deponer *v. tr.* **1.** Quitar a una persona de un cargo. **2.** Dejar algo, abandonarlo. **3.** *Amér. C., Méx.* Vomitar. También *v. intr.* ‖ *v. intr.* **4** Declarar ante la autoridad judicial. **5.** Hacer de vientre. ▪ Es v. irreg. Se conjuga como *poner.*

deportar *v. tr.* Enviar el gobierno a alguien, como castigo, a un lugar lejano del que no puede salir. **FAM.** Deportación.

deporte *s. m.* **1.** Actividad física, sujeta a un reglamento, que se practica en competición, de forma individual o colectiva. Para los antiguos griegos, que se ejercitaban en la lucha, las carreras y los lanzamientos, el deporte tenía un carácter de celebración religiosa y política; su competición más importante eran los juegos celebrados en honor de Zeus en la ciudad de Olimpia. En Roma predominaron los deportes de carácter militar, como el pugilato y la lucha de gladiadores, y algo similar sucedió a lo largo de la Edad Media, en la que se competía en torneos, combates a espada, etc. El deporte, tal y como se entiende en la actualidad, surgió en la segunda mitad del s. XIX, al ser introducido en el sistema educativo británico y extenderse luego a los demás países anglosajones y al resto del mundo. Su progreso a lo largo del s. XX ha sido extraordinario y hoy es la forma más popular de ocio y una actividad que mueve grandes sumas de dinero. El acontecimiento deportivo más importante son los Juegos Olímpicos, restablecidos en 1888 por el pedagogo francés Pierre de Coubertin. **2.** Ciertos ejercicios físicos que se realizan sin intención de competir.

deportista *s. m.* y *f.* Persona que practica algún deporte o que es aficionada y entendida en los mismos. También *adj.*

deportividad *s. f.* Limpieza y respeto a las normas en la práctica de un deporte.

deportivo, va *adj.* **1.** Perteneciente o relativo al deporte. **2.** Que se ajusta a las normas de conducta que debe observar todo buen deportista; se aplica también a otros aspectos de la vida.

deposición *s. f.* Acción y efecto de deponer.

depositar *v. tr.* **1.** Entregar bienes o cosas de valor a una persona o entidad para que los guarde. **2.** Colocar a una persona o cosa en un sitio. **3.** Poner en alguien cierto sentimiento, como la confianza. ‖ *v. prnl.* **4.** Posarse en el fondo de un recipiente la materia que está en suspensión en un líquido.

depositaría *s. f.* Lugar donde se hacen depósitos de dinero o bienes.

depositario, ria *adj.* **1.** Se dice de la persona o entidad que guarda algo, especialmente bienes confiados por otros. También *s.* ‖ *s. m.* y *f.* **2.** Persona en la que se deposita un sentimiento.

depósito *s. m.* **1.** Acción y efecto de depositar. **2.** Cosa o cosas depositadas. **3.** Sitio donde se guarda o encierra algo. **4.** Recipiente que almacena líquido. **5.** Cantidad de dinero que se ingresa en una cuenta bancaria y por la que el banco paga un cierto interés. Los depósitos son a la vista, si el depositante los puede retirar en cualquier momento, o a plazo, si se obliga a mantenerlos un tiempo determinado. **6.** Conjunto de materiales que son trasladados por los agentes geológicos externos (viento, agua, etc.) y que se acumulan en otro lugar. ‖ **7. depósito franco** Conjunto de mercancías importadas que pueden permanecer libres de derechos de aduanas hasta su reexportación, o ser introducidas en el país previo pago de los derechos correspondientes. **8. depósito judicial** Embargo o secuestro de los bienes de una persona realizado por orden del juez. **9. depósito legal** En España, entrega de tres ejemplares que la empresa editora de un libro, revista, disco, etc., ha de hacer al organismo oficial correspondiente. ‖ **LOC. en depósito** *adj.* Se dice de la mercancía entregada por un fabricante a un comerciante para su exposición y venta durante un plazo determinado, finalizado el cual el comerciante deberá devolver la parte no vendida y pagar la vendida; también se aplica a la cantidad de dinero adelantada como garantía en una compra o negocio.

depravado, da **1.** *p. p.* de **depravar**. ‖ *adj.* **2.** Pervertido, corrompido. También *s.* **FAM.** Depravadamente, depravar.

depre *adj.* **1.** *fam.* Depresivo, deprimido. También *s.* ‖ *s. f.* **2.** *fam.* Depresión.

deprecación *s. f.* Figura retórica que consiste en dirigir un ruego o súplica con intensidad.

deprecar *v. tr.* Suplicar, rogar. ▪ Se conjuga como *sacar.*

depreciación *s. f.* **1.** Acción de depreciar o depreciarse algo. **2.** Referido a la moneda, pérdida de su valor adquisitivo, provocada generalmente por la inflación.

depreciar *v. tr.* Disminuir el valor o precio de una cosa. También *v. prnl.*

depredación *s. f.* **1.** Robo con violencia, especialmente en guerra. **2.** Abuso cometido por un gobernante que impone tributos injustos a sus súbditos.

depredador, ra *adj.* **1.** Se aplica al que depreda. También *s.* **2.** Se dice del animal que se alimenta de otros a los que captura vivos.

depredar *v. tr.* **1.** Robar con violencia causando destrozos, especialmente en guerra. **2.** Cazar un animal a otro para subsistir.

depresión *s. f.* **1.** Acción y efecto de deprimir o deprimirse una persona o una cosa. **2.** Trastorno de la afectividad caracterizado por un estado de ánimo triste, pérdida de interés por las ocupaciones habituales y disminución de la actividad física y psíquica. La intensidad de la depresión puede variar desde la melancolía (estado de máxima tristeza) hasta un sentimiento de apatía, indiferencia y desesperanza (estado leve). El origen de la depresión se halla en alteraciones orgánicas (**depresiones endógenas**) o en sucesos externos desafortunados (**depresiones reactivas**). Puede manifestarse de forma crónica o bien cíclica, cada ciertos intervalos de tiempo, alternando con épocas de grandes exaltaciones de ánimo, o surgir como un episodio aislado. Se trata con psicoterapia, sedantes, drogas antidepresivas o terapia de choque. **3.** Hundimiento o concavidad en una superficie. **4.** Superficie continental situada por debajo del nivel del mar (**depresión absoluta**) o bajo el nivel de las regiones circundantes (**depresión relativa**). **5.** Situación de baja actividad económica que se caracteriza por la disminución de la inversión, poco uso de los recursos, caída de los salarios, desempleo, etc. La más conocida es la *Gran Depresión,* que tuvo lugar en 1929. ‖ **6. depresión atmosférica** Situación de baja presión atmosférica que suele manifestarse con nubes y precipitaciones. Es sinónimo de *ciclón* y *borrasca.*

depresivo, va *adj.* **1.** Que produce depresión emocional. **2.** Que sufre depresiones con frecuencia. También *s.*

depresor, ra *adj.* **1.** Que deprime. **2.** Se dice de los medicamentos indicados para disminuir la actividad de algunos centros nerviosos. También *s. m.* **3.** Se aplica a los músculos cuya principal acción consiste en hacer descender uno de los puntos en que se insertan, como p. ej. el superciliar. También *s. m.* ‖ *s. m.* **4.** En med., instrumento empleado para deprimir o apartar un órgano o parte de él.

Depretis, Agostino (Mezzana Corti, Pavía 1813 - Stradella 1887) Político italiano. Miembro de la izquierda republicana, fue colaborador de Mazzini y de Garibaldi. En 1876 alcanzó la presidencia del gobierno, cargo en el que se mantuvo hasta 1887 mediante una política pragmática, basada en acuerdos coyunturales con diputados de muy distinto signo político y que fue conocida como «transformismo». Entre sus medidas destacan la ampliación del derecho de voto, el acercamiento a los imperios centrales y el inicio de la expansión colonial en Abisinia.

deprimido, da **1.** *p. p.* de **deprimir**. ‖ *adj.* **2.** Que está decaído. También *s.* **3.** Que padece depresión. También *s.* **4.** Se dice de las regiones muy pobres y poco desarrolladas.

deprimir *v. tr.* **1.** Producir depresión, decaimiento, tristeza. También *v. prnl.* **2.** Empobrecer. También *v. prnl.* **3.** Disminuir el volumen de un cuerpo por medio de la presión. También *v. prnl.* **4.** Hundir alguna parte de un cuerpo, superficie o terreno. También *v. prnl.* **Fam.** Deprimente.

deprisa *adv. m.* Con rapidez. ▪ Se escribe también *de prisa.*

deprivación *s. f.* En sociol., estado de carencia o déficit de bienes derivados de la cultura que sufren algunas personas o grupos humanos a consecuencia de su posición en la estructura socioeconómica, o por pertenecer a minorías raciales, grupos marginales, etc. Se conoce especialmente como *deprivación sociocultural.*

depuesto, ta *p. p.* irreg. de **deponer**. También *adj.*

depurador, ra *adj.* **1.** Que depura. También *s.* ‖ *s. m.* o *f.* **2.** Aparato o instalación empleado para eliminar las impurezas de algo.

depurar *v. tr.* **1.** Eliminar de una sustancia todas las impurezas o elementos extraños. También *v. prnl.* **2.** Hacer puro y selecto, perfeccionar. También *v. prnl.* **3.** Expulsar de un partido político, organización, etc., a los disidentes. **Fam.** Depuración, depurado.

depurativo, va *adj.* **1.** Que sirve para limpiar de impurezas. ‖ *s. m.* **2.** Medicamento empleado para depurar la sangre.

depuratorio, ria *adj.* Depurativo.

Derain, André (Chatou 1880 - Garches 1954) Pintor francés. Junto a Matisse, Vlaminck y otros formó parte del grupo de los *fauves*, caracterizado por la fuerza que concedían al color. Posteriormente evolucionó hacia formas más geométricas para terminar en un nuevo realismo. Entre sus obras más representativas figuran *El puente de Westminster* (1905), *Arlequín y Pierrot o mesa de cocina* (1924) y *Vista de Saint-Maximin* (1930).

André Derain: Danzarinas *(colección de Robert Lebel).*

-deras *suf.* Forma sustantivos en plural de tono informal y significa facilidad para realizar la acción indicada por la raíz: *tragaderas*; también denota posibilidades o medios: *explicaderas, agarraderas.*

derby (voz ingl.) *s. m.* **1.** Clásica carrera anual de potros y potrancas de tres años sobre una distancia de milla y media (2.414 m) que se celebra en Epsom (Inglaterra) desde 1780. **2.** P. ext., se aplica a otras pruebas hípicas europeas y americanas. **3.** *fam.* En ciertos deportes, como el fútbol, partido entre rivales de la misma localidad o región.

Derby C. del Reino Unido, situada en el sector central de Inglaterra, al S de la cadena Penina. 220.700 h. en 1981. Es un importante nudo de transportes y centro de la industria aeronáutica, automovilística (Rolls Royce), ferroviaria, textil y de porcelana, famosa esta última desde el s. XVIII.

Derby, Edward Stanley, conde de (Knowsley, Lancashire 1799 - íd. 1869) Político británico. Miembro del partido *whig*, fue secretario para Irlanda (1830-33) y las Colonias (1833-1834), puesto desde el que presentó la ley de abolición de la esclavitud. El librecambismo le impulsó a pasarse al partido conservador y fue nuevamente secretario de Colonias (1841-44) y primer ministro en tres ocasiones (1852, 1858 y 1867-68). En 1867 hizo aprobar una importante reforma electoral.

derechazo *s. m.* **1.** En boxeo, golpe con la mano derecha. **2.** Pase de muleta ejecutado por el torero con la mano derecha.

derechista *adj.* Conservador, de derechas. También *s.*

derecho, cha *adj.* **1.** Que no se tuerce a un lado ni a otro. **2.** Directo, sin rodeos. También *adv.* **3.** Erguido o en posición vertical. **4.** Se dice de las partes del cuerpo situadas en el lado opuesto al corazón y de las cosas que quedan en dicho lado. **5.** Se dice del lado de un objeto que, con relación a su parte delantera, está situado como en el hombre la parte del cuerpo que está al lado contrario del corazón. **6.** *amer.* Feliz, afortunado. ‖ *s. m.* **7.** Conjunto de leyes y reglas que rigen las relaciones entre los hombres y a las que están sometidos todos los ciudadanos. **8.** Ciencia y carrera que estudia estas leyes y reglas. **9.** Posibilidad de hacer o exigir alguna cosa por estar así establecido, considerarse legítimo o razonable, etc. **10.** Sin artículo, justicia, razón. **11.** Cara o lado principal de un tejido, papel, tabla, etc. ‖ *s. f.* **12.** Mano o pierna del cuerpo humano situada en el lado opuesto al corazón. **13.** Espacio situado en ese lado. **14.** Conjunto de las organizaciones políticas y de las personas de ideología conservadora. ‖ *s. m. pl.* **15.** Cantidad que se paga como impuesto de aduana, como matrícula, etc. **16.** Cantidades que cobran ciertos profesionales, p. ej. un notario. ‖ **17. Movimiento por los derechos civiles** Movimiento no violento contra la discriminación racial, impulsado en EE UU por los ciudadanos de raza negra en las décadas de 1950 y 1960. Su dirigente fue el pastor protestante Martin Luther King. Consiguió algunos de sus principales objetivos en 1964, con la aprobación de la ley de derechos civiles. ‖ **Loc. a derechas** *adv.* Bien, como se debe. Suele emplearse en frases negativas. **de derechas** De ideología conservadora. **Fam.** Derechamente.

derechoso, sa *adj. fam.* Que tiende a la derecha en política.

derechura *s. f.* **1.** Cualidad de derecho. **2.** *Amér. C., Perú.* Buena suerte. ‖ **Loc. en derechura** *adv.* Directamente, por el camino más corto.

deriva *s. f.* **1.** Desvío del rumbo de alguna cosa, especialmente de un barco o un avión. **2.** Corriente marina lenta, inferior a 12 millas marinas por día. ‖ **3. ángulo de deriva** El que forma el eje de una embarcación con el rumbo que sigue en realidad. **4. deriva continental** Teoría formulada por Alfred Wegener, según la cual los continentes actuales se han formado a partir de un único primer continente (Pangea), que se fragmentó, y han ido cambiando sus posiciones relativas por desplazamiento general sobre una capa viscosa de sima. **5. deriva genética** Aumento o disminución, por motivos aleatorios, de la frecuencia de determinados alelos en una población a lo largo de una serie de generaciones sucesivas. ‖ **Loc. a la deriva** *adv.* Referido a un barco, a merced de las olas y del viento, sin gobierno; también, aplicado a otras cosas, sin dirección, sin objetivos.

derivación **1.** Acción y efecto de derivar o derivarse. **2.** Pérdida de fluido eléctrico por varias causas y en especial por la acción de la humedad. **3.** Conexión, por medio de un conductor, entre dos puntos de un circuito eléctrico cerrado. **4.** Procedimiento para la formación de nuevas palabras a partir de otras añadiendo afijos; p. ej., *cuchillada* deriva de *cuchillo.* **5.** En mat., operación que consiste en hallar la derivada. **6.** Desviación entre el punto de caída de un proyectil y el plano de tiro. **7.** Operación quirúrgica consistente en desviar la sangre o el humor de un punto a otro. **8.** Cada una de las formas utilizadas en electrocardiografía para obtener un gráfico de la actividad eléctrica del corazón.

derivado, da **1.** *p. p.* de **derivar**. También *adj.* y *s. m.* ‖ *s. m.* **2.** En quím., producto o sustancia que proviene de otro por una serie de transformaciones. ‖ *s. f.* **3.** En mat., magnitud que expresa la variación de una función respecto a su variable. La derivada de la función $y = f(x)$ es la función $y' = f'(x)$, que hace corresponder a cada número x_0 la derivada de $f(x)$ en ese punto x_0. La derivada de la función $y = f(x)$ en el punto $x = a$ es el límite, cuando existe $\lim_{x \to a} \frac{f(x) - f(a)}{x - a}$. Se representa por $f'(a)$.

derivar *v. intr.* **1.** Proceder una cosa de otra. También *v. prnl.* **2.** Apartarse la nave de su rumbo. **3.** Formarse una palabra a partir de otra por derivación. También *v. tr.* y *prnl.* **4.** Tomar algo una dirección nueva. También *v. tr.* ‖ *v. tr.* **5.** En una corriente, conducto, etc., separar una parte para llevarla en otra dirección. También *v. prnl.* **6.** En mat., hallar la derivada de una función.

derm- o **-derm** *pref.* o *suf.* Significa 'piel'. ▪ Como prefijo existen también las variantes *dermat-, dermato-, dermo-: dermatitis, dermatólogo, dermoprotector.* Como sufijo puede además adoptar las formas *-dermo* y *-dermis*: *equinodermo, epidermis.*

dermápteros *s. m. pl.* Orden de insectos, antiguamente clasificados entre los ortópteros, que comprende unas 1.000 especies distribuidas en diversas familias, entre las que destacan forfícúlidos, labidúridos y lábidos. Se caracterizan por poseer en el extremo posterior de su abdomen dos pinzas robustas a modo de tenazas, que utilizan como defensa. Son pardos o rojizos, tienen cuatro alas, cortas las anteriores y largas las posteriores, boca masticadora y antenas finas. A este orden pertenecen las tijeretas. También *adj.* y *s. m.*

dermatitis *s. f.* Inflamación de la piel provocada por alergia, infecciones locales u otras causas, y que suele estar acompañada de picores. Existen numerosas variedades, como la dermatitis seborreica (caspa), eccemas, dermatitis de contacto, etc. Se trata con lociones, cremas antiinflamatorias, esteroides, etc. Se denomina también *dermitis.*

dermatoesqueleto *s. m.* Exoesqueleto*.

dermatología *s. f.* Parte de la medicina que trata de la piel y sus enfermedades. **Fam.** Dermatológico, dermatólogo.

dermatosis *s. f.* Término genérico empleado para referirse a enfermedades de la piel. ▪ No varía en *pl.*

dérmico, ca *adj.* Perteneciente o relativo a la dermis y, en general, a la piel.

dermis *s. f.* Capa intermedia y más gruesa de la piel, situada entre la epidermis o capa superficial y la hipodermis, o capa más profunda. Está formada por tejido conectivo, vasos sanguíneos, terminaciones nerviosas libres en las que reside la sensibilidad, glándulas sudoríparas y sebáceas y folículos pilosos. ▪ No varía en *pl.*

dermitis *s. f.* Dermatitis*.

dermópteros *s. m. pl.* Orden de mamíferos que comprende dos únicas especies pertenecientes a la familia cinocefálidos. Se caracterizan por tener una gran membrana que se extiende a los lados del cuerpo, desde el extremo de las garras de las patas anteriores hasta la cola, que les permite realizar vuelos planeados desde un árbol hasta otro, recorriendo distancias considerables. Tienen costumbres nocturnas y pasan el día boles. Habitan en las selvas de Filipinas, Indochina, Malaca e Indonesia. Dermópteros son los caguanes. También *adj.* y *s. m.*

-dero, ra *suf.* Forma adjetivos que denotan posibilidad o facilidad: *hacedero, llevadero*; nombres de lugar: *abrevadero, desfiladero*; y nombres de instrumentos o utensilios: *agarradero, regadera, tapadera*. .

derogar *v. tr.* Dejar sin validez un mandato o ley. ■ Se conjuga como *pagar*. **FAM.** Derogación, derogador, derogatorio.

Derqui, Santiago (Córdoba 1801 - Corrientes 1863) Abogado y político argentino. Se distinguió en la defensa del general Paz, prisionero de Estanislao López, gobernador de Santa Fe. Lugarteniente de Paz, luchó contra Rosas y fue ministro de Justicia y del Interior con Urquiza. En 1860 sucedió a éste como presidente de la Confederación, a la que intentó incorporar el estado de Buenos Aires. Desencadenada la guerra civil, fue vencido por el general Mitre, que mandaba las fuerzas porteñas, en la batalla de Pavón (1861) y se exilió a Montevideo.

derrama *s. f.* **1.** Reparto de un gasto o carga entre los vecinos de una población o casa. **2.** Contribución temporal o extraordinaria.

derramar *v. tr.* **1.** Dejar salir de un recipiente y esparcir un líquido o cosas menudas, en general involuntariamente. También *v. prnl.* **2.** Distribuir entre los vecinos de un pueblo o de una casa un impuesto o gasto. **3.** Repartir con abundancia obsequios, favores, etc. || *v. prnl.* **4.** Esparcirse. **5.** Desembocar una corriente de agua. **FAM.** Derramador, derramamiento.

derrame *s. m.* **1.** Acción y efecto de derramar. **2.** En med., salida anormal de un líquido fuera del cuerpo o acumulación anormal en una cavidad orgánica. **3.** El propio líquido derramado o acumulado.

derrapar *v. intr.* Patinar un vehículo desviándose lateralmente de su dirección. **FAM.** Derrape.

derredor *s. m.* Espacio que rodea a una cosa. || **LOC. en derredor** *adv.* Alrededor.

derrengado, da *adj.* Agotado, cansado.

derrengar *v. tr.* **1.** Dañar gravemente los lomos o la columna vertebral a la altura de los riñones. También *v. prnl.* **2.** Cansar mucho. También *v. prnl.* ■ Se conjuga como *pagar*.

derretir *v. tr.* **1.** Hacer líquida por medio del calor una cosa sólida. También *v. prnl.* || *v. prnl.* **2.** Enamorarse o ponerse muy cariñoso. ■ Es v. irreg. Se conjuga como *pedir*. **FAM.** Derretido.

derribar *v. tr.* **1.** Tirar al suelo a una persona, animal o cosa. **2.** Destruir, echar abajo una construcción. **3.** Hacer caer un avión. **4.** Hacer perder a una persona su empleo o posición elevados. **5.** Hacer caer a tierra los toros o vacas, corriendo tras ellos a caballo y empujándolos con la garrocha.

derribo *s. m.* **1.** Acción y efecto de derribar. **2.** Conjunto de materiales que resultan al derribar un edificio. **3.** Lugar en que se derriba algo.

Derrida, Jacques (El Biar, Argel 1930) Filósofo francés. Interesado por el lenguaje, ha combinado el estructuralismo con ideas procedentes de Husserl, Hegel, Heidegger y Freud. Propone el método de la *deconstrucción* y destaca el carácter no representativo del lenguaje; éste tiene que disolverse para dar paso a la escritura. Algunas de sus obras más significativas son *La escritura y la diferencia* (1967), *De la gramatología* (1967) y *Posiciones* (1972).

derrocadero *s. m.* Sitio peñascoso en que es fácil caer o despeñarse.

derrocar *v. tr.* Hacer caer a alguien de un puesto elevado o de mando por medios violentos. ■ Se conjuga como *sacar*. **FAM.** Derrocamiento.

derrochar *v. tr.* **1.** Malgastar una persona su dinero, bienes, energías, etc. **2.** Tener gran abundancia de una cosa buena o mala. **FAM.** Derrochador, derroche.

derrota *s. f.* **1.** Acción y efecto de derrotar. **2.** Rumbo o dirección de un barco. **3.** Ruta que hace un barco para ir de un punto a otro.

derrotado, da **1.** *p. p.* de **derrotar**. También *adj.* y *s.* || *adj.* **2.** Muy cansado, agotado.

derrotar *v. tr.* **1.** Vencer al enemigo en la guerra o al rival en un juego, pelea, elección, etc. **2.** Abatir, derrumbar a alguien las contrariedades.

derrote *s. m.* Cornada que da el toro levantando la cabeza.

derrotero *s. m.* **1.** Línea marcada en la carta de navegar que sigue el barco en su navegación. **2.** Libro que contiene esos caminos o rumbos. **3.** Derrota, camino que sigue un barco. **4.** Camino, dirección, medio que uno emplea para conseguir algo.

derrotismo *s. m.* Tendencia a sentir o propagar el desaliento y la desesperanza con noticias o ideas pesimistas. **FAM.** Derrotista.

derrubiar *v. tr.* Arrastrar el agua de un río, la lluvia, etc., la tierra de un campo, de las orillas, etc. También *v. prnl.*

derrubio *s. m.* Depósito de tierra o piedras que, procedente de lugares más elevados, cae y se acumula al pie de las montañas.

derruir *v. tr.* **1.** Destruir, derribar un edificio. **2.** Destruir un proyecto, un plan, etc. ■ Es v. irreg. Se conjuga como *huir*.

derrumbadero *s. m.* **1.** Precipicio, despeñadero. **2.** Situación peligrosa que lleva al fracaso.

derrumbar *v. tr.* **1.** Destruir una construcción. También *v. prnl.* **2.** Hacer caer de golpe a una persona, animal o cosa. También *v. prnl.* **3.** Hundir el ánimo a alguien. También *v. prnl.* **4.** Hacer que algo pierda su fuerza, su importancia, etc. **4.** Despeñar, tirar por una pendiente. **FAM.** Derrumbamiento, derrumbe.

derviche (voz fr. de or. persa) *s. m.* **1.** Monje mendicante musulmán que vivía en comunidades dedicadas a la oración. || **2. derviches negros del Sudán** Musulmanes negros que dominaron Sudán entre 1881y 1885. Fueron derrotados por las tropas británicas y francesas.

Derzavin, Gavrila Romanovich (Kazan 1743 - San Petersburgo 1816) Poeta ruso. Cursó la carrera militar en San Petersburgo y actuó en defensa del trono en la revuelta campesina de 1772, por lo que Catalina II le nombró gobernador de Olonec y, más tarde, su secretario. Fue posteriormente ministro de Justicia con Alejandro I. De estilo clasicista, en su obra aparecen motivos románticos y se le considera precursor de Pushkin. Destacó especialmente por sus odas, entre ellas *Felitsa* (1782), *Dios* (1784) y *La cascada* (1791-94). También escribió *Cantos anacreónticos*.

des- *pref.* **1.** Indica negación del significado de la palabra a la que se añade o lo contrario de la misma: *deshacer, desmontar*. **2.** También denota privación o carencia: *desconfianza, desprovisto*. **3.** Expresa intensificación: *desgastar*. **4.** Puede significar 'fuera de': *deshora*.

desabastecer *v. tr.* Dejar de abastecer o suministrar a una persona, a un pueblo, etc., los productos que necesitan. También *v. prnl.* ■ Es v. irreg. Se conjuga como *agradecer*. **FAM.** Desabastecido.

desabollar *v. tr.* Quitar las abolladuras.

desaborido, da *adj.* **1.** Sin sabor o sin sustancia. **2.** *fam.* Se aplica a la persona sin gracia, aburrida, aguafiestas. También *s.* ■ Suele decirse *desaborío* o *esaborío*.

desabotonar *v. tr.* **1.** Sacar los botones de los ojales para abrir la prenda cerrada. También *v. prnl.* || *v. intr.* **2.** Abrirse las flores que están cerradas en capullos.

desabrido, da *adj.* **1.** Aplicado al tiempo, desapacible, inestable. **2.** Referido a una persona, a su carácter, acciones, etc., áspero, de mal genio. **3.** Desagradable por falta o escasez de sabor. **FAM.** Desabridamente.

desabrigado, da **1.** *p. p.* de **desabrigar**. || *adj.* **2.** Se aplica al lugar muy expuesto al viento y demás fenómenos atmosféricos.

desabrigar *v. tr.* Quitar a una persona o cosa la ropa que le abriga. También *v. prnl.* ■ Se conjuga como *pagar*.

desabrimiento *s. m.* **1.** Falta de sabor o buen gusto en la fruta o cualquier otro alimento. **2.** Desagrado, aspereza en el trato.

desabrochar *v. tr.* Soltar los broches, botones o cualquier otra cosa con que se ajusta la ropa u otro objeto. También *v. prnl.*

desacatar *v. tr.* No acatar leyes u órdenes.

desacato *s. m.* **1.** Desobediencia a la autoridad. **2.** Falta de respeto a los mayores o superiores, a las cosas sagradas o dignas de consideración. **3.** Delito previsto en el Código Penal español que se produce al injuriar, insultar o amenazar de hecho o de palabra a una autoridad o funcionario público cuando éste se halla en el ejercicio de sus funciones.

desacelerar *v. tr.* **1.** Disminuir o hacer desaparecer la aceleración. También *v. prnl.* **2.** Disminuir la velocidad o rapidez. También *v. prnl.* **FAM.** Desaceleración.

desacertado, da **1.** *p. p.* de **desacertar**. || *adj.* **2.** Que muestra falta de acierto, exactitud o conveniencia. **FAM.** Desacertadamente.

desacertar *v. intr.* No tener acierto. ■ Es v. irreg. Se conjuga como *pensar*.

desacierto *s. m.* Dicho o hecho desacertado.

desacomedido, da *adj. amer.* Se dice de la persona descortés o poco servicial.

desacompasado, da *adj.* Que no sigue un ritmo o compás.

desacondicionar *v. tr. amer.* Quitar a una cosa la capacidad de adaptarse a otra.

desaconsejado, da **1.** *p. p.* de **desaconsejar**. || *adj.* **2.** Que actúa sin prudencia ni consejo, sólo por capricho.

desaconsejar *v. tr.* Aconsejar a uno para que no haga algo o haga lo contrario.

desacoplar *v. tr.* **1.** Separar lo que estaba acoplado, unido. **2.** Desconectar dos circuitos de electricidad. **FAM.** Desacoplamiento.

desacorde *adj.* **1.** Que está en desacuerdo. **2.** Se dice de lo que no se iguala o armoniza con otra cosa. **3.** En mús., desafinado.

desacostumbrado, da **1.** *p. p.* de **desacostumbrar**. || *adj.* **2.** Que ha perdido la costumbre de algo. **3.** Fuera de lo corriente. **FAM.** Desacostumbradamente.

desacostumbrar *v. tr.* **1.** Hacer perder la costumbre que uno tiene. También *v. prnl.* || *v. prnl.* **2.** Perder la adaptación o resistencia a algo.

desacralizar *v. tr.* Quitar el carácter sagrado a algo o a alguien que lo tenía. ■ Se conjuga como *cazar*.

desacreditar *v. tr.* Quitar o disminuir la buena opinión de que goza una persona o la estimación de una cosa. También *v. prnl.* **FAM.** Desacreditado.

desactivar *v. tr.* **1.** Inutilizar el dispositivo que haría estallar un artefacto explosivo. **2.** Anular la potencia activa de una máquina, de un proceso fisicoquímico, etc. **3.** Impedir el funcionamiento de una organización, un plan, etc. **FAM.** Desactivación.

desacuerdo *s. m.* **1.** Falta de acuerdo entre personas, opiniones, ideas, etc. **2.** Falta de armonía, discordancia.

desadaptación *s. f.* Inadaptación*.

desafecto, ta *adj.* **1.** Contrario, opuesto, en especial a un régimen político. || *s. m.* **2.** Falta de afecto. **FAM.** Desafección.

desafiar *v. tr.* **1.** Invitar o provocar una o más personas a otra u otras a competir o enfrentarse con ellas. También *v. prnl.* con valor recíproco. **2.** Hacer frente al enfado de alguien. **3.** Enfrentarse a un peligro o dificultad. **4.** Chocar, oponerse una cosa a otra. ■ En cuanto al acento, se conjuga como *ansiar*: *desafío*. **FAM.** Desafiador, desafiante.

desafilar *v. tr.* Estropear el filo o corte de un arma o herramienta. También *v. prnl.*

desafinar *v. intr.* **1.** En mús., desviarse del tono debido. **2.** *fam.* Hablar a destiempo, decir algo indiscreto o inoportuno. || *v. intr.* **3.** Perder la correcta afinación un instrumento musical.

desafío *s. m.* **1.** Acción y efecto de desafiar. **2.** Tarea u objetivo difícil o peligroso con que alguien se enfrenta.

desaforado, da *adj.* Desmedido, sin moderación. **FAM.** Desaforadamente.

desaforar *v. tr.* **1.** Privar de un fuero o actuar contra él. || *v. prnl.* **2.** Perder la moderación.

desafortunado, da *adj.* **1.** Desgraciado, sin suerte. También *s.* **2.** Inoportuno, desacertado. **FAM.** Desafortunadamente.

desafuero *s. m.* Acto contra la ley, la justicia o las normas de convivencia.

desagradable *adj.* Que causa desagrado. FAM. Desagradablemente.

desagradar *v. intr.* Causar desagrado.

desagradecido, da *adj.* **1.** Se dice de la persona que no agradece. También *s.* **2.** Se aplica a cosas o tareas que no lucen a pesar del esfuerzo puesto en ellas. FAM. Desagradecidamente, desagradecimiento.

desagrado *s. m.* Descontento, disgusto, fastidio.

desagraviar *v. tr.* Reparar o compensar un daño u ofensa. También *v. prnl.* FAM. Desagravio.

desagregación *s. f.* Separación de las diferentes partes de un mineral o roca producida por agentes atmosféricos, físicos o químicos.

desaguadero *s. m.* Canal de desagüe.

desaguar *v. tr.* **1.** Hacer salir el agua de un lugar. También *v. intr.* y *v. prnl.* || *v. intr.* **2.** Desembocar un río en el mar, en otro río o en un lago. ▪ En cuanto al acento se conjuga como *averiguar. desaguo.*

desagüe *s. m.* **1.** Acción y efecto de desaguar o desaguarse. **2.** Conducto o lugar por donde desagua algo.

desaguisado, da *adj.* **1.** Injusto, hecho contra la ley o la razón. || *s. m.* **2.** Destrozo, trastorno, injusticia.

desahogadamente *adv. m.* Con desahogo.

desahogado, da **1.** *p. p.* de **desahogar**. || *adj.* **2.** Amplio, espacioso. **3.** Se dice del tipo de vida o situación económica en la que no existen problemas de dinero.

desahogar *v. tr.* **1.** Dar rienda suelta a un sentimiento, deseo, pasión o estado de ánimo. También *v. prnl.* **2.** Dejar más libre o despejado un espacio. || *v. prnl.* **3.** Hacer confidencias o reproches a alguien para aliviarse o serenarse. ▪ Se conjuga como *pagar.*

desahogo *s. m.* **1.** Alivio de una pena, preocupación, angustia, etc. **2.** Amplitud, desenvoltura, comodidad.

desahuciar *v. tr.* **1.** Declarar a un enfermo incurable, sin esperanza de vida. **2.** Obligar a un inquilino o arrendatario a abandonar una finca, casa o local. **3.** Quitar a una persona las esperanzas. FAM. Deshaucio.

desairado, da **1.** *p. p.* de **desairar**. || *adj.* **2.** Poco lucido, desafortunado.

desairar *v. tr.* Hacer un desprecio a alguien. FAM. Desaire.

desajustar *v. tr.* **1.** Separar o aflojar las partes o cosas ajustadas entre sí. También *v. prnl.* **2.** Alterar el correcto funcionamiento de un aparato, un plan, etc. También *v. prnl.* || *v. prnl.* **3.** Apartarse de un ajuste o convenio. FAM. Desajuste.

desalado, da **1.** *p. p.* de **desalar**. También *adj.* || *adj.* **2.** Que anda o corre presuroso.

desalar *v. tr.* Quitar la sal a una cosa. También *v. prnl.* FAM. Desalación.

desalentar *v. tr.* Desanimar, desmoralizar. También *v. prnl.* ▪ Es v. irreg. Se conjuga como *pensar.* FAM. Desalentador.

desaliento *s. m.* Falta de ánimo.

desalinizar *v. tr.* Hacer potable el agua marina mediante la separación de las sales en ella disueltas. ▪ Se conjuga como *cazar.* FAM. Desalinización.

desaliño *s. m.* Falta de aseo y cuidado en el arreglo personal. FAM. Desaliñado, desaliñar.

desalmado, da *adj.* Malvado, cruel, perverso. También *s.*

desalojar *v. tr.* Dejar vacío un lugar o espacio. FAM. Desalojamiento, desalojo.

desalquilar *v. tr.* Dejar libre lo que se tenía alquilado. También *v. prnl.* FAM. Desalquilado.

desamarrar *v. tr.* **1.** Quitar las amarras de un barco. También *v. prnl.* **2.** Desatar, soltar. También *v. prnl.*

desambientar *v. tr.* Hacer que alguien pierda su adaptación a un determinado medio o ambiente. FAM. Desambientado.

desamor *s. m.* Falta de amor o cariño a una persona o cosa.

desamortización *s. f.* **1.** Acción y efecto de desamortizar. || **2. desamortización de Mendizábal** Conjunto de medidas promulgadas por este político español en los años 1836-37 para declarar bienes nacionales y poner en venta los bienes y tierras que eran propiedad de la Iglesia (llamados *amortizados,* es decir, que no podían ser objeto de compra o venta), con objeto de resolver los problemas de la deuda pública y crear un mayor número de propietarios.

desamortizar *v. tr.* Dejar libres bienes amortizados, mediante disposiciones legales, de modo que puedan ser vendidos o enajenados. ▪ Se conjuga como *cazar.* FAM. Desamortizable.

desamparar *v. tr.* Abandonar o desatender a una persona o cosa. FAM. Desamparado, desamparo.

desamueblar o **desamoblar** *v. tr.* Dejar sin muebles una casa o parte de ella.

desandar *v. tr.* Retroceder en el camino y, p. ext., en cualquier otra tarea o actividad. ▪ Es v. irreg. Se conjuga como *andar.*

desangelado, da *adj.* Sin gracia, sin alegría.

desangrar *v. tr.* **1.** Sacar mucha sangre a una persona o animal. **2.** Arruinar, empobrecer. También *v. prnl.* || *v. prnl.* **3.** Perder mucha o toda la sangre. FAM. Desangrado, desangramiento.

desanidar *v. tr.* Abandonar el nido las aves.

desanimar *v. tr.* **1.** Quitar a alguien ánimos, ilusión, ganas, esperanza, etc. También *v. prnl.* **2.** Disuadir a alguien de hacer algo. FAM. Desanimadamente, desanimado, desánimo.

desanudar *v. tr.* Deshacer nudos.

desapacible *adj.* Molesto, desagradable; se aplica frecuentemente al tiempo. FAM. Desapacibilidad.

desaparcar *v. tr.* Sacar o retirar un vehículo del lugar en que estaba estacionado. ▪ Se conjuga como *sacar.*

desaparecer *v. intr.* **1.** Dejar de ser visible o localizable una persona o cosa. En *Méx.,* se usa también como *v. tr.* **2.** Morir alguien o dejar de existir una cosa. ▪ Es v. irreg. Se conjuga como *agradecer.* FAM. Desaparecido, desaparición.

desapasionado, da *adj.* Que carece de entusiasmo, que no es subjetivo. FAM. Desapasionadamente.

desapegarse *v. prnl.* Perder el afecto o apego a una persona o cosa. ▪ Se conjuga como *pagar.*

desapego *s. m.* Falta de apego o interés hacia alguien o algo.

desapercibido, da *adj.* **1.** Inadvertido, no percibido. **2.** Desprevenido, no preparado.

desaplicado, da *adj.* Se dice de la persona que no es aplicada, y especialmente de los estudiantes. FAM. Desaplicación.

desaprensivo, va *adj.* Que carece de escrúpulos morales. FAM. Desaprensión, desaprensivamente.

desapretar *v. tr.* Aflojar lo que está apretado. También *v. prnl.* ▪ Es v. irreg. Se conjuga como *pensar.*

desaprobar *v. tr.* No aprobar, juzgar que una cosa está mal hecha o que alguien ha obrado mal. ▪ Es v. irreg. Se conjuga como *contar.* FAM. Desaprobación, desaprobatorio.

desaprovechar *v. tr.* No sacar de algo el provecho que se podría obtener. FAM. Desaprovechado, desaprovechamiento.

desarbolar *v. tr.* **1.** Debilitar, desbaratar. **2.** Dejar un barco sin mástiles o palos.

desarmador *s. m. Méx.* Destornillador.

desarmar *v. tr.* **1.** Quitar las armas a una persona, tropa, etc., o reducir el ejército de un país. También *v. prnl.* **2.** Impedir o calmar el enfado u otra reacción similar. **3.** Dejar a una persona sin argumentos para replicar. **4.** Desmontar las piezas que componen una cosa. También *v. prnl.* **5.** Arrancar la muleta el toro al torero. FAM. Desarmado.

desarme *s. m.* **1.** Acción y efecto de desarmar o desarmarse. || **2. acuerdos de desarme** Pactos o tratados concertados entre estados para reducir recíprocamente sus arsenales armamentísticos, sobre todo los nucleares. En la Conferencia de La Haya, en 1899, se inició el debate sobre el desarme general. Después de la Primera Guerra Mundial se lograron los primeros resultados al fijarse los límites del tonelaje de los barcos de guerra. En las relaciones bilaterales entre las dos superpotencias, EE UU y URSS, han tenido particular importancia las «Conversaciones sobre el uso limitado de armamentos estratégicos» (SALT), acuerdos firmados en 1974 por Nixon y Breznev, que habían de valer hasta 1977 y que debían completarse con nuevos convenios para el periodo 1977-1985. Pero el tratado no fue ratificado por el Senado estadounidense a causa de la invasión soviética de Afganistán. En 1987 los dirigentes Reagan y Gorbachov suscribieron el acuerdo de desmantelamiento progresivo de misiles de alcance medio. En 1991 el presidente estadounidense Bush, como consecuencia de la transformación experimentada por la URSS y los países de Europa Oriental, decidió unilateralmente la retirada de los misiles tácticos con cabeza nuclear emplazados en Europa y la destrucción de todos los misiles de corto alcance.

desarraigar *v. tr.* **1.** Arrancar de raíz una planta. También *v. prnl.* **2.** Eliminar una costumbre, pasión, vicio, etc. También *v. prnl.* **3.** Apartar a una persona de su ambiente, del lugar donde vive, etc. También *v. prnl.* ▪ Se conjuga como *pagar.* FAM. Desarraigado, desarraigo.

desarrapado, da *adj.* Desharrapado*. También *s.*

desarreglar *v. tr.* Estropear, desorganizar. También *v. prnl.* FAM. Desarregladamente, desarreglado.

desarreglo *s. m.* **1.** Acción y efecto de desarreglar o desarreglarse. **2.** Trastorno, alteración.

desarrendar *v. tr.* Desalquilar. También *v. prnl.* ▪ Es v. irreg. Se conjuga como *pensar.* FAM. Desarrendado.

desarrollable *adj.* Que puede desarrollarse.

desarrollado, da **1.** *p. p.* de **desarrollar**. || *adj.* **2.** Se aplica a los pueblos o países que disponen de un sistema de producción moderno, de buenos servicios (medios de comunicación y transporte, enseñanza, sanidad, etc.) y de un nivel económico elevado, medido por el producto nacional bruto y la renta per cápita.

desarrollar *v. tr.* **1.** Hacer que algo crezca, aumente o progrese. También *v. prnl.* **2.** Aumentar la importancia, valor, riqueza o actividad de algo. También *v. prnl.* **3.** Exponer detalladamente un tema, una idea, etc. También *v. prnl.* **4.** Llevar a cabo, poner en práctica. **5.** Desenrollar. También *v. prnl.* **6.** En mat., efectuar las operaciones de cálculo para cambiar la forma de una función analítica o algebraica. **7.** Obtener la figura plana que corresponde a la superficie de un cuerpo geométrico. **8.** En quím., extender una fórmula de manera que exprese los átomos y enlaces de un compuesto. || *v. prnl.* **9.** Suceder o producirse algo.

desarrollismo *s. m.* Política que tiene como objetivo el rápido crecimiento económico, sin atender a sus posibles efectos secundarios, como los daños que pueda sufrir el medio ambiente, la inflación, etc. Fue puesta en práctica en algunos países de América Latina a partir de 1950 y en España en la década de los años sesenta.

desarrollo *s. m.* **1.** Acción y efecto de desarrollar o desarrollarse. **2.** Relación de multiplicación que existe en una bicicleta entre el plato y los piñones, conectados por medio de la cadena. **3.** En biol., nombre de diversos procesos de crecimiento y modificación que experimentan los seres vivos en el curso del tiempo. El desarrollo más sencillo es el simple crecimiento de un órgano u organismo, que suele complicarse con cambios químicos o funcionales. El desarrollo que lleva a un órgano a adoptar su forma definitiva se llama *morfogénesis,* mientras que *diferenciación* es el proceso por el que las células y los tejidos adoptan funciones propias. El *desarrollo embrionario* es el proceso por el que el huevo fecundado va modificándose hasta transformarse en un ser vivo independiente.

desarropar *v. tr.* Destapar a alguien que estaba arropado. También *v. prnl.*

desarrugar *v. tr.* Hacer desaparecer las arrugas. También *v. prnl.* ▪ Se conjuga como *pagar.*

desarticular *v. tr.* **1.** Deshacer o desbaratar un plan, organización, etc., y especialmente los ilegales. **2.** Separar dos o más cosas articuladas entre sí, como huesos o piezas de un mecanismo. También *v. prnl.* FAM. Desarticulación.

desasear *v. tr.* Ensuciar o desordenar. **FAM.** Desaseadamente, desaseado, desaseo.

desasimiento *s. m.* **1.** Acción y efecto de desasir o desasirse. **2.** Desprendimiento, desinterés, desapego.

desasimilar *v. tr.* Eliminar un organismo sustancias que forman parte de él, haciéndolo en forma de compuestos que no existían anteriormente. **FAM.** Desasimilación.

desasir *v. tr.* **1.** Soltar lo agarrado. También *v. prnl.* || *v. prnl.* **2.** Desprenderse de algo, desinteresarse. ■ Es v. irreg. Se conjuga como *asir.*

desasistir *v. tr.* No prestar a alguien la ayuda que necesita. **FAM.** Desasistencia.

desasnar *v. tr. fam.* Hacer menos tosca e ignorante a una persona. También *v. prnl.*

desasosegar *v. tr.* Quitar el sosiego o tranquilidad a alguien. También *v. prnl.* ■ Es v. irreg. Se conjuga como *regar.*

desasosiego *s. m.* Falta de sosiego, nerviosismo. **FAM.** Desasosegadamente.

desastrado, da *adj.* Sucio, descuidado. También *s.*

desastre *s. m.* **1.** Desgracia, catástrofe. **2.** Persona con mala suerte o que hace las cosas mal. **FAM.** Desastrosamente, desastroso.

desatar *v. tr.* **1.** Soltar lo que está atado. También *v. prnl.* **2.** Hacer o dejar que entre en actividad algo que estaba quieto o contenido. También *v. prnl.* **3.** Hacer que algo se produzca con fuerza o violencia. También *v. prnl.* || *v. prnl.* **4.** Proceder desordenadamente en el lenguaje o la conducta. **5.** Perder la timidez o el temor.

desatascar *v. tr.* **1.** Sacar algo del lugar donde se encuentra atascado. También *v. prnl.* **2.** Dejar libre un conducto obstruido. También *v. prnl.* **3.** Dar impulso a algo que estaba paralizado. También *v. prnl.* ■ Se conjuga como *sacar.*

desatención *s. f.* **1.** Falta de atención o cuidado. **2.** Descortesía, falta de respeto.

desatender *v. tr.* **1.** No prestar la atención debida a las personas o cosas. **2.** No hacer caso de las palabras o consejos de alguien. ■ Es v. irreg. Se conjuga como *tender.*

desatento, ta *adj.* Que muestra desatención o la comete. También *s.*

desaterrar *v. tr. amer.* Desescombrar, limpiar de escombros.

desatierre *s. m. amer.* Escombrera.

desatinar *v. tr.* **1.** Fallar la puntería. || *v. intr.* **2.** Decir o hacer desatinos, locuras o desaciertos. **FAM.** Desatinadamente, desatinado.

desatino *s. m.* **1.** Falta de tino o acierto. **2.** Disparate, absurdo.

desatorar *v. tr.* Desatrancar, desatascar.

desatornillador *s. m.* Destornillador*.

desatornillar *v. tr.* Sacar un tornillo dándole vueltas. También *v. prnl.*

desatracar *v. tr.* Separar un barco de otro o del sitio en que está atracado. También *v. intr.* ■ Se conjuga como *sacar.*

desatrancar *v. tr.* **1.** Quitar la tranca o pieza que mantiene cerrada una puerta. **2.** Desatascar, desobstruir. También *v. prnl.* ■ Se conjuga como *sacar.* **FAM.** Desatrancamiento.

desautorizar *v. tr.* **1.** No dar permiso a alguien para hacer cierta cosa. También *v. prnl.* **2.** Quitar autoridad, crédito o estimación. También *v. prnl.* ■ Se conjuga como *cazar.* **FAM.** Desautorización, desautorizado.

desavenencia *s. f.* Falta de armonía o acuerdo entre personas.

desavenir *v. tr.* Fomentar las desavenencias. También *v. prnl.* ■ Es v. irreg. Se conjuga como *venir.* **FAM.** Desavenido, desavenimiento.

desavío *s. m.* Trastorno, incomodidad.

desayunar *v. intr.* **1.** Tomar el desayuno. También *v. tr.* y *v. prnl.* || *v. prnl.* **2.** *fam.* Enterarse de una cosa que ya otros conocen. **FAM.** Desayunado.

desayuno *s. m.* **1.** Alimento que se toma por la mañana, al empezar el día. **2.** Acción de desayunar.

desazón *s. f.* **1.** Inquietud, disgusto. **2.** Malestar, indisposición en la salud. **3.** Molestia que causa un picor. **FAM.** Desazonado, desazonar.

desbancar *v. tr.* **1.** Quitar a alguien un puesto o situación privilegiados para ocuparlo uno mismo. **2.** En el juego, ganarle a la banca todo el dinero que posee. ■ Se conjuga como *sacar.*

desbandada *s. f.* Acción y efecto de desbandarse. || **LOC. a la desbandada** *adv.* Con *huir* u otro verbo semejante, hacerlo en desorden, confusamente.

desbandarse *v. prnl.* Huir en desorden, separarse en distintas direcciones. **FAM.** Desbande (*amer.*).

desbarajuste *s. m.* Desorden, lío. **FAM.** Desbarajustar.

desbaratar *v. tr.* **1.** Deshacer algo, estropearlo o impedir que se realice. **2.** Malgastar los bienes. **FAM.** Desbaratamiento.

desbarbar *v. tr.* **1.** Cortar o quitar de una cosa las barbas, especialmente las raíces muy delgadas de las plantas o los filamentos del borde del papel. **2.** *fam.* Afeitar la barba. También *v. prnl.* **FAM.** Desbarbado.

desbarrancadero *s. m. amer.* Despeñadero, barranco.

desbarrancar *v. tr.* **1.** *Arg., Chile.* Despeñar. También *v. prnl.* **2.** *Arg., Méx.* Hacer perder a alguien una posición importante en alguna profesión o actividad. ■ Se conjuga como *sacar.*

desbarrar *v. intr.* Decir o hacer disparates.

desbastador *s. m.* Herramienta que sirve para desbastar.

desbastar *v. tr.* **1.** Quitar las partes más bastas, ásperas, etc., de alguna cosa. **2.** Comenzar a educar o refinar a una persona. También *v. prnl.* **FAM.** Desbastado (*p. p.* y *s. m.*), desbaste.

desbloquear *v. tr.* **1.** Eliminar un obstáculo que impedía el movimiento, desarrollo, etc., de algo. También *v. prnl.* **2.** Levantar el bloqueo o inmovilidad de valores o dinero. **FAM.** Desbloqueo.

desbocar *v. tr.* **1.** Quitar, romper o gastar la boca de una cosa. También *v. prnl.* || *v. prnl.* **2.** Abrirse más de lo debido una abertura, particularmente el cuello de una prenda de vestir. **3.** No obedecer una caballería al freno y empezar a galopar alocadamente. **4.** Perder la corrección en la conducta o en el lenguaje. ■ Se conjuga como *sacar.* **FAM.** Desbocado, desbocamiento.

desbordar *v. intr.* **1.** Salirse de los bordes de un cauce, recipiente, etc. También *v. tr.* y *v. prnl.* **2.** Estar lleno de un sentimiento o pasión y manifestarlo vivamente. También *v. tr.* y *v. prnl.* || *v. tr.* **3.** Sobrepasar, superar. **FAM.** Desbordamiento, desbordante.

desbravar *v. tr.* **1.** Domar, hacer manso al ganado, especialmente al caballo. || *v. prnl.* **2.** Perder algo su fuerza. **FAM.** Desbravador.

desbridar *v. tr.* **1.** En cirugía, cortar tejidos fibrosos para evitar gangrena por estrangulación de alguna parte del organismo. **2.** En cirugía, separar las bridas o filamentos, ensanchando una herida o llaga para curarla. **FAM.** Desbridamiento.

desbriznar *v. tr.* **1.** Reducir algo a briznas. **2.** Eliminar las briznas o hilos de las legumbres verdes.

desbrozadora *s. f.* Máquina agrícola provista de dos grandes cuchillas que, al deslizarse una sobre otra, cortan la broza o maleza de los campos.

desbrozar *v. tr.* **1.** Limpiar de broza. **2.** Quitar lo innecesario, facilitar el camino para conseguir algo. ■ Se conjuga como *cazar.* **FAM.** Desbrozo.

descabalar *v. tr.* Dejar incompleto algo, particularmente un conjunto de cosas. También *v. prnl.* **FAM.** Descabalado, descabalamiento.

descabalgar *v. intr.* Bajarse de una caballería. ■ Se conjuga como *pagar.*

descabellado, da **1.** *p. p.* de **descabellar**. || *adj.* **2.** Absurdo, fuera de razón, sin sentido. **FAM.** Descabelladamente.

descabellar *v. tr.* Matar el torero al toro clavándole la espada de cruceta entre las últimas cervicales.

descabello *s. m.* **1.** Acción y efecto de descabellar al toro. **2.** Acción contraria a la razón o a la prudencia.

descabezado **1.** *p. p.* de **descabezar**. También *adj.* || *adj.* **2.** Alocado, poco razonable.

descabezar *v. tr.* **1.** Quitar o cortar la cabeza. **2.** Quitar la punta o la parte superior a alguna cosa. **3.** Privar a una organización, movimiento, etc., de sus jefes o elementos más destacados. ■ Se conjuga como *cazar.* || **LOC. descabezar un sueño** *fam.* Adormilarse un poco.

descachar *v. tr. amer.* Cortar los cachos o cuernos.

descacharrar *v. tr.* **1.** Romper o estropear algo. También *v. prnl.* **2.** *fam.* Hacer reír a carcajadas. Se usa más como *v. prnl.* ■ Se dice también *escacharrar.* **FAM.** Descacharrado, descacharrante.

descafeinar *v. tr.* **1.** Quitar la mayor parte de la cafeína al café. **2.** Quitar fuerza o autenticidad a algo. **FAM.** Descafeinado.

descalabrado, da **1.** *p. p.* de **descalabrar**. || *adj.* **2.** Malparado, perjudicado.

descalabrar *v. tr.* **1.** Herir a uno en la cabeza y, p. ext., en cualquier parte del cuerpo. También *v. prnl.* **2.** Causar grave daño o perjuicio a alguien. **FAM.** Descalabradura.

descalabro *s. m.* Grave daño o pérdida.

descalcificar *v. tr.* **1.** Eliminar o disminuir el calcio de un tejido orgánico, particularmente en los huesos. También *v. prnl.* **2.** Eliminar el agua la caliza de las rocas, suelos o minerales. También *v. prnl.* ■ Se dice también *decalcificar.* Se conjuga como *sacar.* **FAM.** Descalcificación.

descalificar *v. tr.* **1.** Quitar a alguien o algo crédito, autoridad, validez. **2.** Excluir o eliminar a alguien de una competición, concurso, etc. ■ Se conjuga como *sacar.* **FAM.** Descalificación.

descalzar *v. tr.* **1.** Quitar el calzado. También *v. prnl.* **2.** Quitar uno o más calzos o cuñas a un objeto. También *v. prnl.* ■ Se conjuga como *cazar.*

descalzo, za *adj.* **1.** Se dice del que lleva desnudos los pies. **2.** Se aplica al que no tiene calzado o lo tiene escaso. **3.** Pobre, falto de recursos. **4.** Se dice de las órdenes religiosas cuyos miembros no llevaban calzado y de estos miembros; se aplica también a las comunidades y religiosos reformados de ciertas órdenes por oposición a los no reformados. También *s.*

descamar *v. tr.* **1.** Quitar las escamas a los peces. || *v. prnl.* **2.** Caerse la epidermis en forma de escamillas. Es un proceso natural en el que las células viejas son sustituidas por células nuevas, y que puede acentuarse en casos de enfermedad. **3.** Disgregarse una roca en forma de escamas. Es un proceso característico de climas áridos, motivado por cambios bruscos de temperatura o procesos químicos. **FAM.** Descamación.

descambiar *v. tr.* **1.** Deshacer un cambio. **2.** Deshacer una compra recuperando el importe o cambiando por otro producto lo que se ha comprado.

descaminado, da **1.** *p. p.* de **descaminar**. || *adj.* **2.** Equivocado, confuso. **FAM.** Descaminadamente.

descaminar *v. tr.* **1.** Desviar a alguien de su camino. También *v. prnl.* **2.** Apartar a una persona de un buen propósito. También *v. prnl.* ■ Se dice también *desencaminar.*

descamisado, da *adj.* **1.** *fam.* Sin camisa o con la camisa muy abierta. **2.** *fam.* Se dice de la persona muy pobre o con aspecto de serlo. También *s.* **3.** Se aplica a los obreros partidarios del que fue presidente de Argentina, Juan Domingo Perón. También *s. m.*

descamisar *v. tr. amer.* Arruinar a alguien.

descampado, da *adj.* Se aplica a un campo o terreno sin árboles ni casas. También *s. m.*

descangallado, da *adj. fam. Arg.* Desgastado.

descansar *v. intr.* **1.** Parar en una actividad para reponer fuerzas. **2.** Reposar, dormir. **3.** Estar sin cultivo las tierras de labor. **4.** Tener algún alivio en un dolor, una preocupación, etc. **5.** Delegar trabajos o preocupaciones en otra persona. También *v. prnl.* **6.** Estar enterrado. **7.** Estar una cosa apoyada sobre otra. También *v. tr.* **8.** Basarse, fundamentarse. || *v. tr.* **9.** Disminuir o eliminar la fatiga de alguien o algo.

descansillo *s. m.* Plataforma en la que termina cada uno de los tramos de una escalera.

descanso *s. m.* **1.** Acción y efecto de descansar. **2.** Intermedio de un espectáculo, proyección, etc. **3.** Descansillo*. **4.** *Chile.* Retrete.

descapitalización *s. f.* **1.** Acción y efecto de descapitalizar o descapitalizarse. **2.** Progresiva desaparición del capital, de los activos fijos y productivos de una empresa, causada por las pérdidas continuadas, la falta de inversión, el reparto de beneficios excesivos, etc.

descapitalizar *v. tr.* Dejar sin capital una empresa o hacer perder los bienes históricos o culturales de un país o de una sociedad. También *v. prnl.* ▪ Se conjuga como *cazar.*

descapotable *adj.* Se aplica al coche que tiene techo plegable y puede quedar descubierto. También *s. m.*

descarado, da *adj.* Que habla o actúa con desvergüenza, sin respeto. También *s.* **FAM.** Descaradamente, descararse.

descarbonatar *v. tr.* Quitar o disminuir el ácido carbónico que contiene un cuerpo.

descarburar *v. tr.* Quitar total o parcialmente el carbono contenido en un cuerpo. **FAM.** Descarburación.

descarga *s. f.* **1.** Acción y efecto de descargar. **2.** Serie de disparos efectuados simultáneamente. **3.** Paso brusco de corriente eléctrica de un cuerpo a otro de distinto potencial. **4.** Corriente eléctrica a través de los gases que generalmente va acompañada de emisión de luz. ‖ **5. descarga atmosférica** La que se origina entre dos regiones de la atmósfera que tienen potenciales diferentes, p. ej. el rayo. **6. descarga cerrada** Fuego simultáneo hecho por una tropa. **7. descarga luminiscente** La que tiene lugar en un tubo que contiene un gas muy enrarecido y en la que se fundamentan el tubo fluorescente y el de neón.

descargadero *s. m.* Sitio destinado para descargar.

descargar *v. tr.* **1.** Quitar o aligerar la carga. **2.** Liberar a una persona de una obligación o preocupación. **3.** Declarar a una persona inocente de cierta culpa. **4.** Disparar las armas de fuego. **5.** Extraer la carga a un arma de fuego o a un barreno. **6.** Suprimir lo superfluo o no estimado de una cosa. **7.** Anular la tensión eléctrica. También *v. prnl.* **8.** Dar un golpe con violencia. **9.** Desahogar una persona su tensión, malhumor, etc. También *v. prnl.* ‖ *v. intr.* **10.** Desembocar un río en el mar o en un lago. **11.** Deshacerse una nube en lluvia, granizo, etc. ‖ *v. prnl.* **12.** Rechazar una persona con razonamientos los cargos que se le hacen. ▪ Se conjuga como *pagar.* **FAM.** Descargue.

descargo *s. m.* **1.** Acción y efecto de descargar. **2.** Cifra que en las cuentas se contrapone al cargo y que equivale al haber o saldo positivo. **3.** Razón o excusa que se da a alguien, particularmente a la autoridad judicial, para probar que no se ha intervenido en un determinado hecho o se intervino sin la mala intención que se pretende.

descarnado, da **1.** *p. p.* de **descarnar**. También *adj.* ‖ *adj.* **2.** Aplicado a relatos, historias, etc., excesivamente crudos o realistas. **FAM.** Descarnadamente.

descarnador *s. m.* Instrumento empleado por el dentista para despegar la encía de una muela o diente.

descarnar *v. tr.* **1.** Quitar o separar la carne del hueso. También *v. prnl.* **2.** Quitar parte de una cosa, desmoronarla. **FAM.** Descarnadura.

descaro *s. m.* Falta de respeto, desvergüenza.

descarozar *v. tr. amer.* Quitar el carozo o hueso a las frutas. ▪ Se conjuga como *cazar.*

descarriar *v. tr.* **1.** Apartar a alguien o algo de su camino y, particularmente, de la conducta que debe o le conviene seguir. También *v. prnl.* **2.** Separar del rebaño cierto número de reses. También *v. prnl.* ▪ En cuanto al acento, se conjuga como *ansiar*: *descarrío.* **FAM.** Descarriado, descarrío.

descarrilar *v. intr.* Salirse el tren, el tranvía, etc., de los carriles por los que circula. **FAM.** Descarrilamiento.

descartar *v. tr.* **1.** Desechar a una persona o cosa, no contar con ella. ‖ *v. prnl.* **2.** En algunos juegos de naipes, desprenderse un jugador de las cartas que considera inútiles. **FAM.** Descarte.

Descartes, René (La Haya, Turena 1596 - Estocolmo 1650) Filósofo francés. Fue el creador del racionalismo y uno de los padres de la filosofía moderna. Educado por los jesuitas, estudió jurisprudencia, ingresó en el ejército y luego se retiró a vivir a Holanda, donde permaneció desde 1628 a 1649. Posteriormente fue invitado por Cristina de Suecia a su corte, donde falleció. Su obra abarca múltiples campos: matemáticas, filosofía, física, medicina, etc. En matemáticas creó el álgebra de los polinomios y, en colaboración con Fermat, la geometría analítica; en óptica enunció las leyes geométricas de la reflexión y la refracción. Pero sus mayores aportaciones las hizo en el campo de la filosofía. Sirviéndose del método de análisis de las matemáticas, intentó construir una filosofía en la que no hubiera posibilidad de error, para lo cual adoptó como método la duda permanente. Rechazó, así, todo aquello que podía considerarse dudoso para, al final, advertir que la única verdad irrefutable era el propio hecho de dudar («Cogito ergo sum», pienso luego existo), construyendo sobre este axioma todo su pensamiento. El método de Descartes, o método cartesiano, ha tenido una gran repercusión en el desarrollo del pensamiento humano. Sus principales obras son *Reglas para la dirección de la mente* (h. 1628, pero publicada en 1701), *Discurso del método* (1637), *Meditaciones metafísicas* (1641), *Principios de la filosofía* (1644), *Pasiones del alma* (1649) y *El mundo o tratado de la luz* (1664).

René Descartes. Retrato de Frans Hals, detalle (Museo del Louvre, París).

descasar *v. tr.* **1.** Deshacer un casamiento. También *v. prnl.* **2.** Descomponer la disposición de cosas que casaban o se correspondían bien. También *v. prnl.*

descascarillar *v. tr.* Quitar la cascarilla, esmalte, etc., de algo. También *v. prnl.* **FAM.** Descascarillado.

descastado, da *adj.* Que manifiesta poco cariño por sus parientes o amigos. También *s.*

descendencia *s. f.* **1.** Conjunto de personas que descienden de alguien. **2.** Casta, linaje.

descender *v. intr.* **1.** Bajar una persona o cosa de un lugar a otro. También *v. tr.* **2.** Perder una posición o estima elevada y ocupar otra más baja. **3.** Caer un líquido. **4.** Disminuir el nivel, intensidad, valor, etc., de alguna cosa. **5.** Proceder, por generaciones sucesivas, de una determinada persona, linaje, pueblo, etc. **6.** Derivarse una cosa de otra. **7.** En mús., bajar del agudo al grave. ▪ Es v. irreg. Se conjuga como *tender.* **FAM.** Descendente.

descendiente *s. m.* y *f.* Hijo, nieto o cualquier persona que desciende de otra.

descendimiento *s. m.* **1.** Acción de bajar a alguien o algo. **2.** Especialmente, bajada del cuerpo de Cristo de la cruz. ▪ En esta acepción suele escribirse con mayúscula.

descenso *s. m.* **1.** Acción y efecto de descender. **2.** En el esquí de competición, una de las tres modalidades de que consta una competición.

descentralizar *v. tr.* **1.** Traspasar a organismos o unidades administrativas más pequeñas poderes, funciones, etc., del gobierno o la administración central. **2.** Hacer que una organización, servicio, etc., deje de depender de un centro único. ▪ Se conjuga como *cazar.* **FAM.** Descentralización.

descentrar *v. tr.* **1.** Sacar una cosa de su centro. También *v. prnl.* **2.** Hacer que alguien no se adapte a un determinado ambiente o situación. También *v. prnl.* **3.** Hacer perder la concentración. También *v. prnl.* **FAM.** Descentrado.

desceñir *v. tr.* Desatar, aflojar o quitar cualquier cosa que ciñe a otra. También *v. prnl.* ▪ Es v. irreg. Se conjuga como *ceñir.* **FAM.** Desceñido.

descepar *v. tr.* Arrancar de raíz los árboles o plantas que tienen cepas.

descercar *v. tr.* Quitar la muralla de una ciudad o la cerca de un campo. ▪ Se conjuga como *sacar.*

descerebrar *v. tr.* **1.** Causar la pérdida de la actividad funcional del cerebro. **2.** Extirpar experimentalmente el cerebro de un animal. **FAM.** Descerebración.

descerrajar *v. tr.* **1.** Arrancar o forzar una cerradura. **2.** *fam.* Disparar un arma de fuego contra alguien o algo.

Deschamps, Eustache (Vertus, Champagne h. 1346 - ? h. 1406) Poeta francés. Estuvo al servicio de Carlos V y Carlos VI. Fue autor de más de 1.500 composiciones, como baladas, lais, virelais, rondós, etc. Escribió un *Arte poética* (1392), la más antigua que se conserva en Francia, y dejó sin terminar un largo poema, *Espejo de matrimonio.*

deschavar *v. tr. Arg., Urug.* Descubrir algo que se mantenía oculto. También *v. prnl.*

descifrar *v. tr.* **1.** Leer mediante una clave un escrito cifrado. **2.** Explicar o interpretar algo oscuro u oculto. **FAM.** Descifrable.

descinchar *v. tr.* Quitar o aflojar la cincha a una caballería.

desclasar *v. tr.* Hacer que un individuo o grupo pierda o abandone la posición que ocupa en el sistema de clases sociales. También *v. prnl.* **FAM.** Desclasamiento.

desclavar *v. tr.* **1.** Quitar o aflojar un clavo, chincheta, etc. **2.** Desprender las piedras preciosas de donde están montadas. También *v. prnl.*

Desclot, Bernat (s. XIII) Cronista catalán. Es autor del *Libro del rey Pedro de Aragón y de sus antepasados*, posiblemente redactado entre los años 1283 y 1288. Nada se sabe de su vida, aunque se le ha querido identificar con Bernat Escrivá, que por aquellos años ocupó cargos de importancia en la corte. El libro es una crónica escrita en tono épico y con veracidad histórica, que comprende desde la conquista de Mallorca, en 1114, hasta la muerte de Pedro el Grande, en 1285.

descoagular *v. tr.* Licuar lo coagulado. También *v. prnl.* **FAM.** Descoagulante.

descocado, da **1.** *p. p.* de **descocarse**. ‖ *adj.* **2.** Descarado, atrevido. También *s.* **FAM.** Descocadamente.

descocarse *v. prnl.* Actuar con desvergüenza o demasiada libertad. ▪ Se conjuga como *sacar.*

descoco *s. m. fam.* Descaro, atrevimiento.

descodificar *v. tr.* Aplicar a un mensaje codificado o cifrado las normas de su código para interpretarlo y entenderlo. ▪ Se dice también *decodificar.* Se conjuga como *sacar.* **FAM.** Descodificación, descodificador.

descolgar *v. tr.* **1.** Quitar una cosa de donde está colgada. También *v. prnl.* **2.** Dejar caer poco a poco a alguien o algo que cuelga de una cuerda, cadena o cable. También *v. prnl.* **3.** Levantar el auricular del teléfono para establecer comunicación. **4.** Dejar atrás a sus competidores, especialmente un deportista. También *v. prnl.* ‖ *v. prnl.* **5.** Ir bajando de un sitio alto o por una pendiente. **6.** *fam.* Aparecer una persona en un sitio inesperadamente o por casualidad. **7.** *fam.* Decir o hacer algo inesperado o fuera de lugar. ▪ Se usa con la preposición *con.* **8.** *fam.* Deshabituarse de una droga. ▪ Es v. irreg. Se conjuga como *colgar.*

Descoll, Bernat (s. XIV) Cronista catalán. Fue el más importante colaborador de la crónica del rey Pedro IV el Ceremonioso, escrita bajo la dirección del monarca. El propio rey le dio instrucciones minuciosas por carta sobre la forma de redactar algunos de los capítulos.

descollar *v. intr.* **1.** Ser más alto que lo que está alrededor. **2.** Distinguirse una persona del resto por sus cualidades, méritos, etc. ▪ Es v. irreg. Se conjuga como *contar.* **FAM.** Descollante.

descolocar *v. tr.* **1.** Desordenar o cambiar de sitio. **2.** En fútbol y otros deportes, dejar a un jugador mal situado. También *v. prnl.* ▪ Se conjuga como *sacar.* **FAM.** Descolocado.

descolonización *s. f.* Acción y efecto de descolonizar y, especialmente, proceso de independencia de los territorios que fueron colonias de estados europeos, ocurrido a lo largo del s. XX. La descolonización se inició con la aparición de movimientos nacionalistas en las posesiones europeas de Asia, sobre todo en la India, en las décadas de 1920 y 1930. La Segunda Guerra Mundial, con la caída de los imperios europeos en Asia frente al avance japonés, supuso un impulso decisivo para la independencia de los países asiáticos. Estos hechos y el estallido de la revolución en China favorecieron el desarrollo de una conciencia anticolonialista en el que se empezó a denominar *Tercer Mundo*. La difusión del nacionalismo en África condujo a que las distintas naciones de este continente obtuvieran su independencia entre finales de los años cincuenta y principios de los setenta. En la actualidad, casi todos los territorios que fueron colonizados son independientes.

DESCOLONIZACIÓN
(Desde la Segunda Guerra Mundial)

Fecha	País
1941	Etiopía.
1943	Líbano.
1946	Filipinas, Jordania, Mongolia, Siria.
1947	India.
1948	Rep. de Corea, Rep. Dem. Pop. de Corea, Israel, Sri Lanka, Birmania.
1949	Indonesia, Libia.
1950	Mongolia.
1951	Omán.
1954	Camboya, Laos, Vietnam.
1956	Marruecos, Sudán, Pakistán, Tunicia.
1957	Ghana.
1958	Guinea, Madagascar.
1960	Mauritania, Burkina Faso, Camerún, República Centroafricana, Zaire, Rep. del Congo, Costa de Marfil, Chad, Chipre, Benin, Gabón, Malí, Níger, Nigeria, Senegal, Somalia, Togo.
1961	Kuwait, Sierra Leona, Tanganica.
1962	Argelia, Burundi, Jamaica, Ruanda, Samoa, Trinidad y Tobago, Uganda.
1963	Kenia, Malaisia.
1964	Malawi, Malta.
1965	Gambia, Maldivas, Singapur.
1966	Barbados, Botswana, Guyana, Lesotho.
1967	Yemen del Sur.
1968	Guinea Ecuatorial, Mauricio, Nauru, Swazilandia.
1970	Fiji, Tonga.
1971	Bahrein, Bangladesh, Emiratos Árabes Unidos, Qatar.
1973	Bahamas.
1974	Granada, Guinea-Bissau.
1975	Angola, Cabo Verde, Comores, Mozambique, Papúa-Nueva Guinea, São Tomé y Príncipe, Surinam.
1976	Seychelles.
1977	Yibuti.
1978	Dominica, Salomón, Tuvalu.
1979	Kiribati, San Vicente y Granadinas, Santa Lucía.
1980	Vanuatu, Zimbabwe.
1981	Antigua y Barbuda, Belice.
1983	San Cristóbal y Nevis.
1984	Brunei.
1986	Marshall, Fed. Islas de Micronesia, Marianas.
1990	Namibia.

descolonizar *v. tr.* Conceder la independencia a una colonia. ▪ Se conjuga como *cazar.*

descolorido, da *adj.* Se aplica a las personas o cosas que tienen un color pálido o desgastado.

descombrar *v. tr.* Desescombrar*. **FAM.** Descombro.

descomedido, da **1.** *p. p.* de **descomedirse**. ‖ *adj.* **2.** Descortés, incorrecto. También *s.* **FAM.** Descomedimiento.

descomedirse *v. prnl.* Ofender, faltar al respeto. ▪ Es v. irreg. Se conjuga como *medir.*

descompaginar *v. tr.* Desordenar o alterar.

descompasado, da *adj.* **1.** Desmedido, excesivo. **2.** Que no sigue un ritmo o compás. **FAM.** Descompasadamente.

descompensar *v. tr.* **1.** Quitar la compensación. ‖ *v. prnl.* **2.** Perder la compensación o el equilibrio. **3.** Llegar el corazón u otro órgano a un estado de incapacidad para cubrir sus funciones. **FAM.** Descompensación.

descomponer *v. tr.* **1.** Separar las partes que forman un compuesto. También *v. prnl.* **2.** Estropear algo. También *v. prnl.* **3.** Corromper. También *v. prnl.* **4.** Desordenar, desbaratar. También *v. prnl.* **5.** Enfadar, hacer perder la serenidad a alguien. También *v. prnl.* **6.** Provocar miedo. También *v. prnl.* ‖ *v. prnl.* **7.** Indisponerse, perder la salud. **8.** Alterarse el rostro. ▪ Es v. irreg. Se conjuga como *poner.*

descomposición *s. f.* **1.** Acción y efecto de descomponer o descomponerse. **2.** Diarrea. **3.** En quím., reacción mediante la cual un compuesto se separa en sus elementos o en otras sustancias más simples. ‖ **4. descomposición de un número en factores primos** En mat., acción de escribir un número como producto de potencias de números primos, p. ej.: $72 = 2^3 \cdot 3^2$. **5. descomposición de un polinomio en factores primos** En mat., acción de escribir dicho polinomio como producto de potencias de polinomios primos o irreducibles. Se consigue con la regla de Ruffini, cuya suma vectorial es equivalente a un vector **composición vectorial** En fís., determinación de los vectores ortogonales, llamados *componentes*, cuya suma vectorial es equivalente a un vector dado.

descompostura *s. f.* **1.** Acción y efecto de descomponer o descomponerse. **2.** Descaro, falta de respeto, exceso de desenvoltura.

descompresión *s. f.* Eliminación o disminución de la presión que actúa sobre algo.

descompresor *s. m.* **1.** Aparato empleado para reducir la presión de un fluido contenido en un recinto cerrado, como en las redes de distribución de gas. **2.** Aparato que suprime momentáneamente la compresión de un motor.

descomprimir *v. tr.* Eliminar o disminuir la presión que actúa sobre algo.

descompuesto, ta **1.** *p. p.* de **descomponer**. ‖ *adj.* **2.** Que tiene diarrea. **3.** *amer.* Borracho. **FAM.** Descompuestamente.

descomunal *adj.* Enorme, fuera de lo normal. **FAM.** Descomunalmente.

desconceptuar *v. tr.* Desacreditar, juzgar mal a alguien. ▪ En cuanto al acento, se conjuga como *actuar: desconceptúo.*

desconcertar *v. tr.* **1.** Sorprender o confundir a alguien. También *v. prnl.* **2.** Desordenar, descomponer el orden o acuerdo de personas o cosas. También *v. prnl.* **3.** Dislocar un hueso o una articulación. Se usa más como *v. prnl.* ▪ Es v. irreg. Se conjuga como *pensar.* **FAM.** Desconcertadamente, desconcertador, desconcertante.

desconchabar *v. tr.* **1.** *Arg., Chile, Méx.* Deshacer un trato. **2.** *Arg., Chile, Méx.* Despedir a un trabajador. **3.** *Chile, Méx.* Dislocar, descoyuntar.

desconchar *v. tr.* Hacer saltar un trozo de la pintura de una pared, del vidriado de un objeto o de alguna cosa semejante. También *v. prnl.*

desconchón *s. m.* Parte de una superficie que ha perdido la pintura, el revestimiento, el vidriado, etc.

desconcierto *s. m.* **1.** Desorientación, confusión, en especial por algo imprevisto. **2.** Desorden. **3.** Desacuerdo.

desconectar *v. tr.* **1.** Interrumpir el enlace o la relación de una persona o cosa con otras. También *v. prnl.* **2.** Interrumpir la conexión eléctrica entre dos aparatos o entre un aparato y la línea general. También *v. prnl.*

desconexión *s. f.* Acción y efecto de desconectar o desconectarse.

desconfianza *s. f.* Falta de confianza.

desconfiar *v. intr.* No confiar, dudar de alguien o algo. ▪ En cuanto al acento, se conjuga como *ansiar: desconfío.* **FAM.** Desconfiadamente, desconfiado.

descongelar *v. tr.* **1.** Parar o quitar la congelación de algo. También *v. prnl.* **2.** Dejar libres cuentas corrientes, sueldos, alquileres, etc., que estaban inmovilizados. También *v. prnl.* **3.** Reanudar, reanimar. También *v. prnl.* **FAM.** Descongelación.

descongestionar *v. tr.* **1.** Disminuir o quitar la congestión de una parte del cuerpo. También *v. prnl.* **2.** Disminuir o quitar la aglomeración de personas o cosas en algún sitio. También *v. prnl.* **FAM.** Descongestión.

desconocer *v. tr.* **1.** Ignorar alguna cosa. **2.** No reconocer a una persona o cosa. También *v. prnl.* con valor reflex. y recípr. **3.** Negar una persona su relación con alguien o algo o su pertenencia sobre una cosa. ▪ Es v. irreg. Se conjuga como *agradecer.* **FAM.** Desconocedor, desconocimiento.

desconocido, da **1.** *p. p.* de **desconocer**. ‖ *adj.* **2.** Muy cambiado.

desconsideración *s. f.* Falta de consideración, respeto o educación hacia alguien o algo. **FAM.** Desconsideradamente, desconsiderado.

desconsolar *v. tr.* Apenar, afligir. También *v. prnl.* ▪ Es v. irreg. Se conjuga como *contar.* **FAM.** Desconsolación, desconsoladamente, desconsolador.

desconsuelo *s. m.* **1.** Pena profunda, falta de consuelo. **2.** Debilidad, vacío en el estómago.

descontado, da *p. p.* de **descontar**. ‖ **LOC. dar por descontado** *fam.* Dar algo por seguro. **por descontado** *adv.* Con seguridad o certeza.

descontaminar *v. tr.* Eliminar o disminuir la contaminación de algo. **FAM.** Descontaminación.

descontar *v. tr.* **1.** Restar cierta cantidad de alguna cosa. **2.** Quitar méritos. **3.** Abonar al contado una letra u otro documento de pago no vencido, cobrando un interés por ello. ▪ Es v. irreg. Se conjuga como *contar.*

descontentadizo, za *adj.* Que se descontenta con facilidad o es difícil de contentar.

descontento, ta *adj.* **1.** Se dice de la persona que no se encuentra a gusto, que no está satisfecha. También *s.* ‖ *s. m.* **2.** Sentimiento de disgusto o insatisfacción. **FAM.** Descontentar.

descontrol *s. m.* **1.** Pérdida del control o dominio sobre algo. **2.** *fam.* Desorden, desorganización. **FAM.** Descontrolado, descontrolar.

desconvocar *v. tr.* Anular una convocatoria, reunión, etc. ▪ Se conjuga como *sacar.*

descorazonar *v. tr.* Desanimar o entristecer. También *v. prnl.* **FAM.** Descorazonador, descorazonamiento.

descorchador, ra *s. m.* y *f.* **1.** Persona que descorcha. ‖ *s. m.* **2.** Sacacorchos.

descorchar *v. tr.* **1.** Quitar el tapón de una botella, particularmente si éste es de corcho o similar. **2.** Quitar o arrancar el corcho al alcornoque.

descorche *s. m.* **1.** Acción y efecto de descorchar los alcornoques. **2.** Acción de extraer el tapón de una botella. **3.** Prima que se concede a determinados empleados, camareros, etc., sobre todo en locales de alterne, por cada botella que consume el cliente.

descornar *v. tr.* **1.** Quitar los cuernos a un animal. También *v. prnl.* ‖ *v. prnl.* **2.** *fam.* Esforzarse en algo, trabajar duro. **3.** *fam.* Romperse la cabeza, darse un golpe tremendo en ella. ▪ Se dice también *escornar,* más usual en las acepciones familiares. Es v. irreg. Se conjuga como *contar.*

descorrer *v. tr.* **1.** Apartar una cortina o cosa semejante dejando al descubierto lo que cubría. También *v. prnl.* **2.** Correr un cerrojo o pestillo para que pueda abrirse una puerta, ventana, etc. También *v. prnl.*

descortés *adj.* Que no es cortés. También *s.* **FAM.** Descortesía, descortésmente.

descortezar *v. tr.* Quitar la corteza a un árbol o a otra cosa. También *v. prnl.* ▪ Se conjuga como *cazar.* **FAM.** Descortezamiento.

descoser *v. tr.* Cortar o soltar las puntadas de una cosa que estaba cosida. También *v. prnl.*

descosido, da **1.** *p. p.* de **descoser**. ‖ *s. m.* **2.** En una prenda de vestir, parte por donde se ha abierto una costura. ‖ **LOC. como un descosido** *fam.* Con exceso, con mucho afán.

descote *s. m.* Escote[1]. **FAM.** Descotar.

descoyuntar *v. tr.* **1.** Desencajar los huesos de las articulaciones. También *v. prnl.* **2.** Agotar, cansar mucho. También *v. prnl.* **3.** Deformar, forzar. También *v. prnl.* **FAM.** Descoyuntamiento.

descrédito *s. m.* Disminución o pérdida de la buena reputación o estima de las personas o cosas.

descreído, da *adj.* Que no tiene fe, especialmente religiosa. También *s.* **FAM.** Descreimiento.

descremado, da **1.** *p. p.* de **descremar**. ‖ *adj.* **2.** Se dice de la leche y de sus derivados a los que se ha quitado la crema o grasa. ‖ *s. m.* **3.** Operación con que se consigue. **FAM.** Descremadora.

descremar *v. tr.* Quitar la crema o grasa a la leche.

describir *v. tr.* **1.** Explicar cómo es una persona, lugar o cosa. **2.** Trazar un cuerpo al moverse una determinada figura o trayectoria. ▪ Su p. p. es irreg.: *descrito.*

descripción *s. f.* Acción y efecto de describir. **FAM.** Descriptible.

descriptivo, va *adj.* **1.** Que describe o sirve para describir. **2.** Se dice de la parte de una ciencia que trata de forma estática y sistemática su objeto y contenido.

descriptor *s. m.* **1.** En documentación, palabras generalmente extraídas de un texto o documento, que representan las ideas principales o contenido de éste y se utilizan para su clasificación y almacenamiento. **2.** En inform., tipo de información almacenada en el ordenador, cuya función es describir la forma en que se encuentra una serie de datos o informaciones y que sirve de criterio principal para su búsqueda automatizada.

descrito, ta *p. p.* irreg. de **describir**. También *adj.*

descruzar *v. tr.* Devolver a la posición inicial lo que antes estaba cruzado. También *v. prnl.* ▪ Se conjuga como *cazar.*

descuadernar *v. tr.* **1.** Desencuadernar*. También *v. prnl.* **2.** Desbaratar, deshacer algo. También *v. prnl.*

descuajaringar o **descuajeringar** *v. tr.* **1.** *fam.* Desunir las partes que forman una cosa. También *v. prnl.* **2.** *fam.* Romper, destrozar. También *v. prnl.* ‖ *v. prnl.* **3.** *fam.* Cansarse, agotarse. **4.** *fam.* Reírse mucho. ▪ Se conjuga como *pagar.*

descuartizar *v. tr.* Dividir un cuerpo en trozos. ▪ Se conjuga como *cazar.* **FAM.** Descuartizamiento.

descubierto, ta **1.** *p. p.* irreg. de **descubrir**. También *adj.* ‖ *adj.* **2.** Con los verbos *estar* o *quedar*, expuesto a un ataque o acusación. **3.** Despejado o espacioso. ‖ *s. m.* **4.** En una cuenta bancaria, falta de fondos o dinero. ‖ *s. f.* **5.** Reconocimiento del terreno que se hace desde una base militar. ‖ **LOC. al descubierto** *adv.* Claramente, sin rodeos. También, a la intemperie, sin resguardo. **poner al descubierto** Revelar, hacer que se conozca algo que estaba oculto. **FAM.** Descubiertamente.

descubrimiento *s. m.* **1.** Acción y efecto de descubrir, especialmente tierras, mares, ríos, etc., y cuestiones o realidades científicas. **2.** La cosa descubierta.

descubrir *v. tr.* **1.** Destapar lo que estaba cubierto. También *v. prnl.* **2.** Dar a conocer algo oculto, disimulado, etc. También *v. prnl.* **3.** Hallar algo desconocido u oculto. **4.** Enterarse de algo que se ignoraba. **5.** Inventar una máquina, artefacto, dar con la fórmula de un nuevo producto químico, medicina, etc. **6.** Percibir, ver desde lejos. ‖ *v. prnl.* **7.** Quitarse de la cabeza el sombrero, la boina, etc. **8.** Manifestar por una persona una gran admiración. **9.** En boxeo y otros deportes de lucha, abrir o descuidar la guardia. ▪ Su p. p. es irreg.: *descubierto.*

descuento *s. m.* **1.** Acción y efecto de descontar. **2.** Rebaja aplicada a un precio dado.

descuerar *v. tr.* **1.** Quitar la piel. **2.** *amer.* Criticar.

descuidar *v. tr.* **1.** No prestar el cuidado y la atención debidos en cualquier actividad. También *v. prnl.* ‖ *v. intr.* **2.** En imperativo, sirve para asegurar a otra persona que puede estar tranquila. ‖ *v. prnl.* **3.** En presente y con la conjunción *si*, indica que ha habido gran riesgo de que ocurra lo que se indica: *Si se descuida pierde el tren.*

descuidero, ra *adj.* Se dice del ladrón que suele aprovecharse del descuido ajeno. También *s.*

descuido *s. m.* **1.** Falta de cuidado o atención. **2.** Abandono en el arreglo personal. **3.** Desliz.

desde *prep.* **1.** Indica la procedencia de una persona, animal o cosa. **2.** Expresa el lugar donde está la persona cuando oye, ve o hace algo. **3.** Denota el momento a partir del cual se desarrolla un hecho determinado.

desdecir *v. intr.* **1.** Tener una persona o cosa menos o peores cualidades que las que le corresponden por su origen, clase, educación, etc. **2.** Desentonar una cosa en su conjunto. ‖ *v. prnl.* **3.** Negar o contradecir algo que se había afirmado. ▪ Es v. irreg. Se conjuga como *decir.*

desdén *s. m.* Desprecio, indiferencia. ‖ **LOC. al desdén** *adv.* Con descuido estudiado, al desgaire.

desdentado, da *adj.* **1.** Que no tiene dientes o ha perdido todos o algunos de ellos. ‖ *s. m. pl.* **2.** Orden de mamíferos placentarios que comprende 28 especies de las familias mirmecofágidos, bradipódidos y dasipódidos. Se caracterizan por carecer de dientes delanteros o de todos ellos y tener el cuerpo recubierto de pelo o de escamas córneas protectoras en forma de caparazón. Sus extremidades terminan en dedos provistos de fuertes garras, que utilizan para excavar o destruir termiteros. Habitan en América. Desdentados son los perezosos, los osos hormigueros y los armadillos. También *adj.* y *s. m.*

desdeñar *v. tr.* **1.** Tratar con desdén. **2.** Rechazar, desestimar. **FAM.** Desdeñable, desdeñosamente, desdeñoso.

desdibujar *v. tr.* Hacer confuso o borroso algo. Se usa más como *v. prnl.* **FAM.** Desdibujado.

desdicha *s. f.* **1.** Desgracia, infelicidad. **2.** *fam.* Persona inútil, torpe o con mala suerte.

desdichado, da *adj.* **1.** Desgraciado, que sufre desdichas. También *s.* **2.** *fam.* De poco carácter, sin ambiciones. **3.** Poco acertado. **4.** Que causa o va acompañado de desdichas. **FAM.** Desdichadamente.

desdoblamiento *s. m.* **1.** Acción y efecto de desdoblar o desdoblarse. ‖ **2. desdoblamiento de la personalidad** Trastorno psíquico por el que un individuo pierde la conciencia de su identidad y siente a la vez en sí mismo dos o más personas, alternando comportamientos y caracteres opuestos.

desdoblar *v. tr.* **1.** Extender lo que estaba doblado. También *v. prnl.* **2.** Formar dos o más cosas al separar los elementos que suelen estar juntos en otra. También *v. prnl.* **3.** Convertir una cosa en dos o más iguales. También *v. prnl.*

PRINCIPALES DESCUBRIMIENTOS GEOGRÁFICOS

1484	Desembocadura del Congo (Diego Cao).
1487	Extremo sur de África: cabo de las Tormentas o de Buena Esperanza (Bartolomeu Dias).
1492	América: isla de Guanahaní, en las Bahamas o Lucayas, bautizada como San Salvador y que parece corresponder a la actual Watling (Cristóbal Colón).
1497	Terranova (Juan y Sebastián Caboto).
1498	África oriental (Vasco de Gama).
1500	Brasil (Pedro Álvares Cabral).
1500	Bocas del Amazonas y del Orinoco (Vicente Yáñez Pinzón).
1512	Florida (Juan Ponce de León).
1513	Istmo de Panamá y el mar del Sur, bautizado como océano Pacífico (Vasco Núñez de Balboa).
1516	Río de la Plata (Juan Díaz de Solís).
1519-1522	Primera vuelta al mundo (Juan Sebastián Elcano).
1520	Tierra del Fuego y estrecho de Magallanes (Fernando de Magallanes).
1521	Filipinas (Fernando de Magallanes).
1534	Canadá (Jacques Cartier).
1585	Costa occidental de Groenlandia y estrecho de Davis (John Davis).
1725-1728	Estrecho de Bering (Vitus Bering).
1764-1788	Archipiélagos del Pacífico sur (Bougainville, Cook, La Pérouse).
1770	Costas de Nueva Zelanda (James Cook).
1772	Costas de Australia (James Cook).
1828	Australia (McDouall).
1851-1855	Río Zambeze y cataratas Victoria (David Livingstone).
1877	Río Congo (John Stanley).
1909	Polo norte (R. E. Peary).
1911	Polo sur (Roald Amundsen).

desdorar *v. tr.* **1.** Quitar el oro o esmalte dorado que cubre una cosa. También *v. prnl.* **2.** Quitar el prestigio o la buena fama a alguien. También *v. prnl.*

desdoro *s. m.* Perjuicio que sufre el prestigio de una persona o el valor de una cosa.

desdramatizar *v. tr.* Quitar dramatismo o importancia a algo. ▪ Se conjuga como *cazar.* **FAM.** Desdramatización.

desear *v. tr.* **1.** Querer intensamente algo. ▪ Se utiliza frecuentemente en frases de cortesía y equivale simplemente a *querer.* **2.** Sentir atracción sexual por alguien.

desecar *v. tr.* **1.** Eliminar la humedad de un cuerpo. También *v. prnl.* **2.** Quitar el agua que cubre un terreno. También *v. prnl.* ▪ Se conjuga como *sacar.* **FAM.** Desecación, desecador.

desechable *adj.* Que se puede desechar; especialmente, se aplica al objeto destinado a ser usado una sola vez, p. ej. una botella.

desechar *v. tr.* **1.** Rechazar, no elegir. **2.** Dejar algo que se considera inútil. **3.** Apartar de sí un mal pensamiento, una sospecha, etc.

desecho *s. m.* **1.** Aquello que se ha desechado. **2.** Persona o grupo despreciable.

desembalar *v. tr.* Deshacer el embalaje de cajas, paquetes, etc.

desembalsar *v. tr.* Dar salida al agua de un embalse.

desembarazar *v. tr.* **1.** Quitar lo que estorba o se opone a algo. También *v. prnl.* **2.** *amer.* Dar a luz la mujer. ‖ *v. prnl.* **3.** Librarse de alguien o algo que estorba o molesta. ▪ Se conjuga como *cazar.* **FAM.** Desembarazadamente, desembarazado.

desembarazo *s. m.* **1.** Desenvoltura, facilidad. **2.** *amer.* Parto.

desembarcadero *s. m.* Lugar destinado para desembarcar o que se elige para ello.

desembarcar *v. tr.* Bajar de una nave pasajeros o mercancías. También *v. intr.* y *v. prnl.* ▪ Se conjuga como *sacar.* **FAM.** Desembarque.

desembarco *s. m.* Acción y efecto de desembarcar, especialmente tropas en territorio enemigo.

desembargar *v. tr.* Quitar el embargo de una cosa. ▪ Se conjuga como *pagar.* **FAM.** Desembargo.

desembarrancar *v. tr.* Sacar a flote un barco que está embarrancado o varado. También *v. intr.* ▪ Se conjuga como *sacar.*

desembarrar *v. tr.* Quitar el barro.

desembocadura *s. f.* Lugar por donde algo desemboca, particularmente un río, canal, etc.

desembocar *v. intr.* **1.** Desaguar un río, un canal, etc., en otro, en un lago o en el mar. **2.** Tener un camino, calle, conducto, etc., salida a otro o a un determinado sitio. **3.** Acabar algo tal como se expresa. ▪ Se conjuga como *sacar.*

desembolsar *v. tr.* Pagar una cantidad de dinero. **FAM.** Desembolso.

desembotar *v. tr.* **1.** Afilar. **2.** Avivar o aguzar lo que estaba embotado.

desembozar *v. tr.* **1.** Descubrir el rostro a alguien, quitándole el embozo. También *v. prnl.* **2.** Desenmascarar, descubrir a alguien. ▪ Se conjuga como *cazar.*

desembragar *v. tr.* Quitar o soltar el embrague. ▪ Se conjuga como *pagar.* **FAM.** Desembrague.

desembridar *v. tr.* Quitar las bridas a una caballería.

desembrollar *v. tr.* Deshacer un embrollo. También *v. prnl.*

desembuchar *v. tr.* **1.** Decir todo lo que uno sabe sobre un asunto y que tenía callado. **2.** Echar las aves lo que tienen en el buche.

desemejante *adj.* Diferente, distinto. **FAM.** Desemejanza.

desempacar *v. tr.* **1.** Desempaquetar mercancías. **2.** Deshacer las maletas o equipaje. ▪ Se conjuga como *sacar.*

desempacho *s. m.* Desenvoltura, desahogo.

desempañar *v. tr.* Hacer que una cosa deje de estar empañada. También *v. prnl.*

desempapelar *v. tr.* Quitar a una cosa el papel en que está envuelta o que la cubre.

desempaquetar *v. tr.* Desenvolver lo que estaba empaquetado.

desemparejar *v. tr.* Desigualar lo que estaba o iba a la par, hacer que no forme pareja. También *v. prnl.*

desempatar *v. tr.* **1.** Deshacer el empate. **2.** *Col., Cuba, P. Rico.* Desamarrar. **FAM.** Desempate.

desempedrar *v. tr.* Quitar las piedras de un sitio empedrado. ▪ Es v. irreg. Se conjuga como *pensar.* **FAM.** Desempedrado.

desempeñar *v. tr.* **1.** Recuperar lo que se tenía empeñado. **2.** Liberar a una persona de las deudas que tenía. También *v. prnl.* **3.** Realizar una persona o cosa un trabajo, papel o función que corresponde a un cargo o empleo. **FAM.** Desempeño.

desempleado, da *adj.* Que no tiene empleo, parado. También *s.*

desempleo *s. m.* Falta de empleo.

desempolvar *v. tr.* **1.** Quitar el polvo. También *v. prnl.* **2.** Volver a utilizar o recordar algo que ha estado arrinconado u olvidado.

desempotrar *v. tr.* Sacar una cosa del sitio donde estaba empotrada.

desenamorar *v. tr.* Hacer perder el amor o afecto. Se usa más como *v. prnl.*

desencadenar *v. tr.* **1.** Soltar al que está sujeto con cadenas. **2.** Producir, traer como consecuencia, especialmente si ésta es grave o violenta. ‖ *v. prnl.* **3.** Producirse ciertos fenómenos atmosféricos particularmente violentos y, p. ext., sentimientos o actitudes pasionales. **FAM.** Desencadenamiento.

desencajar *v. tr.* **1.** Sacar una cosa de donde está encajada. También *v. prnl.* ‖ *v. prnl.* **2.** Desfigurarse el rostro por miedo, enfermedad, enfado, etc. **FAM.** Desencajado, desencajamiento.

desencajonar *v. tr.* Sacar lo que está encajonado, especialmente los toros de lidia. **FAM.** Desencajonamiento.

desencallar *v. tr.* Poner a flote una embarcación encallada. También *v. intr.* y *v. prnl.*

desencaminar *v. tr.* Descaminar*. **FAM.** Desencaminado.

desencantar *v. tr.* **1.** Desilusionar. También *v. prnl.* **2.** Deshacer un encantamiento. También *v. prnl.* **FAM.** Desencantamiento, desencanto.

desencapotarse *v. prnl.* Quedar el cielo sin nubes.

desenchufar *v. tr.* Sacar el enchufe, desconectar de la red eléctrica. También *v. prnl.*

desencolar *v. tr.* Despegar lo que estaba unido con cola. También *v. prnl.*

desenconar *v. tr.* **1.** Bajar la inflamación, p. ej. de una herida. También *v. prnl.* **2.** Calmar, aplacar. También *v. prnl.*

desencorvar *v. tr.* Enderezar lo que está encorvado. También *v. prnl.*

desencuadernar *v. tr.* Deshacer la encuadernación de un libro o similar. También *v. prnl.*

desenfadar *v. tr.* Quitar el enfado. También *v. prnl.*

desenfado *s. m.* Espontaneidad, sentido del humor. **FAM.** Desenfadadamente, desenfadado.

desenfocar *v. tr.* **1.** No enfocar bien la imagen en fotografía o cine. También *v. prnl.* **2.** Cambiar el verdadero sentido de algo o no verlo con claridad. ▪ Se conjuga como *sacar.* **FAM.** Desenfoque.

desenfrenado, da **1.** *p. p.* de **desenfrenar**. ‖ *adj.* **2.** Que no tiene freno o medida. **3.** Que lleva una vida desordenada o viciosa.

desenfrenar *v. tr.* **1.** Quitar el freno a las caballerías. ‖ *v. prnl.* **2.** Entregarse sin freno a pasiones, vicios, etc. **3.** Producirse algo sin moderación.

desenfreno *s. m.* Actitud y conducta del que lleva una vida desordenada y viciosa.

desenfundar *v. tr.* Quitar la funda o sacar de la funda, especialmente un arma de fuego.

desenganchar *v. tr.* **1.** Soltar lo que está enganchado. También *v. prnl.* **2.** Quitar las caballerías de un carruaje. También *v. prnl.* ‖ *v. prnl.* **3.** *fam.* Perder el hábito de una cosa, en especial la adicción a las drogas.

desengañar *v. tr.* **1.** Hacer ver a alguien el engaño o error en que se encuentra. También *v. prnl.* **2.** Quitar esperanzas o ilusiones. También *v. prnl.* **FAM.** Desengaño.

desengarzar *v. tr.* Deshacer un engarce. ▪ Se conjuga como *cazar.*

desengranar *v. tr.* Soltar o separar cosas que están engranadas o con los dientes encajados. También *v. prnl.*

desengrasar *v. tr.* **1.** Quitar o limpiar la grasa. ‖ *v. intr.* **2.** *fam.* Ayudar a digerir la grasa que se acaba de comer, p. ej. tomando fruta, ciertos licores, etc. **FAM.** Desengrasante, desengrase.

desenhebrar *v. tr.* Sacar la hebra de hilo de la aguja. También *v. prnl.*

desenlace *s. m.* **1.** Acción y efecto de desenlazar. **2.** Final de un proceso, acción o de la trama de una novela, obra teatral, película, etc.

desenlazar *v. tr.* Desatar los lazos, soltar lo que está enlazado. También *v. prnl.* ▪ Se conjuga como *cazar.*

desenmarañar *v. tr.* Deshacer una maraña o enredo.

desenmascarar *v. tr.* **1.** Quitar la máscara. También *v. prnl.* **2.** Dar a conocer públicamente los verdaderos propósitos o la realidad oculta de alguien o algo. También *v. prnl.*

desenmohecer *v. tr.* **1.** Quitar el moho. También *v. prnl.* **2.** Hacer que una persona o cosa recupere su buen estado después de algún tiempo de inactividad. Se usa más como *v. prnl.* ▪ Es v. irreg. Se conjuga como *agradecer.* **FAM.** Desenmohecimiento.

desenredar *v. tr.* **1.** Deshacer una cosa enredada. También *v. prnl.* **2.** Aclarar lo que está muy confuso. ‖ *v. prnl.* **3.** Salir de una dificultad o situación confusa. **FAM.** Desenredo.

desenrollar *v. tr.* Extender lo que está enrollado. También *v. prnl.*

desenroscar *v. tr.* **1.** Extender lo que está enroscado. También *v. prnl.* **2.** Sacar lo que está colocado o introducido a vuelta de rosca. También *v. prnl.* ▪ Se conjuga como *sacar.*

desensamblar *v. tr.* Separar cosas ensambladas.

desensartar *v. tr.* Desprender o soltar cosas que están ensartadas. También *v. prnl.*

desensillar *v. tr.* Quitar la silla a una caballería.

desentenderse *v. prnl.* No ocuparse o interesarse por algo. ▪ Es v. irreg. Se conjuga como *tender.* **FAM.** Desentendido, desentendimiento.

desenterrar *v. tr.* **1.** Sacar lo que está bajo tierra. **2.** Recordar lo que estaba olvidado, hablar de ello. ▪ Es v. irreg. Se conjuga como *pensar.* **FAM.** Desenterramiento.

desentonado, da **1.** *p. p.* de **desentonar**. ‖ *adj.* **2.** Que muestra contraste con lo que hay a su alrededor o entre sus propias partes. **3.** Falta de tono, energía o ánimo.

desentonar *v. intr.* **1.** Desafinar la voz o un instrumento musical. **2.** Contrastar desagradablemente con lo que hay alrededor. ‖ *v. tr.* **3.** Quitar el tono o vigor a un organismo. También *v. prnl.* **FAM.** Desentonación, desentonadamente.

desentorpecer *v. tr.* **1.** Quitar la torpeza. También *v. prnl.* **2.** Hacer que algo que se mueve dificultosamente lo haga con facilidad y soltura. También *v. prnl.* ▪ Es v. irreg. Se conjuga como *agradecer.*

desentrampar *v. tr. fam.* Liberar de deudas a alguien. También *v. prnl.*

desentrañar *v. tr.* Averiguar, llegar al fondo de algo.

desentrenado, da *adj.* Que carece de suficiente entrenamiento.

desentrenamiento *s. m.* Falta de entrenamiento.

desentubar *v. tr.* Quitar los tubos que se habían colocado a una persona o cosa.

desentumecer *v. tr.* Hacer que un miembro entumecido o entorpecido recobre su agilidad. También *v. prnl.* ▪ Es v. irreg. Se conjuga como *agradecer.* **FAM.** Desentumecimiento.

desenvainar *v. tr.* **1.** Sacar de su vaina o funda un arma blanca. **2.** Sacar las uñas el animal que tiene garras.

desenvoltura *s. f.* **1.** Agilidad en los movimientos. **2.** Facilidad para manejarse. **3.** Falta de timidez.

desenvolver *v. tr.* **1.** Sacar algo de su envoltura, desenrollar lo envuelto. ‖ *v. prnl.* **2.** Desarrollarse, producirse. **3.** Manejarse, saber cómo actuar. ▪ Es v. irreg. Se conjuga como *volver.* **FAM.** Desenvolvimiento.

desenvuelto, ta **1.** *p. p.* de **desenvolver**. ‖ *adj.* **2.** Que tiene desenvoltura. **FAM.** Desenvueltamente.

desenzarzar *v. tr.* **1.** Soltar lo que está enredado en zarzas. También *v. prnl.* **2.** *fam.* Separar o calmar a los que están enzarzados en una pelea o discusión. También *v. prnl.* ▪ Se conjuga como *cazar.*

deseo *s. m.* **1.** Acción y efecto de desear. **2.** Cosa que se desea.

deseoso, sa *adj.* Que tiene deseo de algo.

desequilibrado, da **1.** *p. p.* de **desequilibrar**. ‖ *adj.* **2.** Se dice de las personas a las que les falta equilibrio. **3.** Se dice de la persona que tiene perturbadas sus facultades mentales. También *s.*

desequilibrar *v. tr.* **1.** Hacer perder el equilibrio. También *v. prnl.* **2.** Hacer perder el juicio o la estabilidad mental. También *v. prnl.*

desequilibrio *s. m.* Falta de equilibrio.

deserción *s. f.* **1.** Acción de desertar. **2.** En der., abandono que uno hace de la apelación que tenía presentada.

desertar *v. intr.* **1.** Retirarse el soldado del combate o abandonar el servicio militar sin permiso. **2.** Abandonar alguien una idea, obligación, grupo, etc. **3.** Abandonar una persona la apelación que tiene presentada en los tribunales.

desértico, ca *adj.* **1.** Propio del desierto. **2.** Desierto, despoblado. ‖ **3. clima desértico cálido** Clima propio de los desiertos situados cerca de los trópicos y caracterizado por temperaturas muy altas, lluvias muy escasas (menos de 100 mm anuales) y grandes oscilaciones térmicas (a veces de hasta 40 °C) entre el día y la noche. El principal desierto cálido es el Sáhara, con 9,1 millones de km^2.

desertor, ra *adj.* **1.** Se dice del soldado que deserta. También *s.* **2.** Se dice de la persona que abandona una idea, obligación, grupo, etc. También *s.*

desescolarización *s. f.* Corriente educativa que critica y rechaza a la escuela tradicional y sus métodos. Ivan Illich, pedagogo austriaco y principal representante de este movimiento, propone que sea la sociedad la encargada de realizar las funciones confiadas a la institución escolar.

desescombrar *v. tr.* Limpiar de escombros. ▪ Se dice también *escombrar* y *descombrar.*

desesperación *s. f.* **1.** Pérdida total de la esperanza. **2.** Sentimiento de intenso disgusto o enfado, particularmente ante la imposibilidad de conseguir algo. **3.** Lo que produce ese sentimiento.

desesperadamente *adv. m.* **1.** Con desesperación. **2.** Con enorme esfuerzo.

desesperado, da *p. p.* de **desesperar**. También *adj.* y *s.* ‖ **LOC. a la desesperada** *adv.* Con gran esfuerzo y como último remedio para lograr lo que parece imposible.

desesperante *adj.* **1.** Que desespera. **2.** Que impacienta.

desesperanza *s. f.* Falta de esperanza o ilusión.

desesperanzar *v. tr.* **1.** Quitar la esperanza. ‖ *v. prnl.* **2.** Perder la esperanza. ▪ Se conjuga como *cazar.*

desesperar *v. tr.* **1.** Impacientar, exasperar. También *v. prnl.* ‖ *v. intr.* **2.** Perder la esperanza de cierta cosa. También *v. prnl.* ‖ *v. prnl.* **3.** Sentir y mostrar disgusto por un contratiempo, por haber perdido una oportunidad.

desestabilización *s. f.* **1.** Acción y efecto de desestabilizar. **2.** Conjunto de operaciones destinadas a debilitar o derribar un régimen político.

desestabilizador, ra *adj.* Se aplica a lo que desestabiliza, y especialmente a lo que debilita o perturba una situación política, económica, etc.

desestabilizar *v. tr.* Hacer que algo pierda la estabilidad. ▪ Se conjuga como *cazar.*

desestalinización *s. f.* **1.** Conjunto de cambios políticos realizados en la URSS tras la muerte de Stalin y que afectaron también a los países de su área de influencia. Su principal impulsor fue Kruschev, que durante el XX Congreso del PCUS leyó un informe en el que se criticaba los rasgos dictatoriales y los crímenes cometidos en tiempo de Stalin. **2.** Periodo de tiempo en que se llevaron a cabo estos cambios.

desestimar *v. tr.* **1.** Contestar negativamente. **2.** Valorar poco a una persona o cosa. **FAM.** Desestima, desestimación.

desfachatez *s. f.* Desvergüenza, descaro.

desfalcar *v. tr.* **1.** Apoderarse una persona de un dinero o bienes que tiene bajo custodia. **2.** Quitar parte de una cosa, dejándola incompleta. **3.** Retirar a uno el favor o la amistad. ▪ Se conjuga como *sacar.* **FAM.** Desfalcador.

desfalco *s. m.* Acción y efecto de desfalcar y, particularmente, apropiación de bienes o dinero por la persona a la que habían sido confiados en custodia.

desfallecer *v. intr.* **1.** Perder uno las fuerzas o quedar con ellas muy disminuidas. **2.** Desmayarse. **3.** Perder el ánimo. ▪ Es v. irreg. Se conjuga como *agradecer.*

desfallecimiento *s. m.* **1.** Pérdida o disminución de las fuerzas, vigor o ánimo. **2.** Desmayo, pérdida pasajera del conocimiento.

desfasar *v. tr.* Producir desfase. También *v. prnl.*

desfase *s. m.* **1.** Falta de acuerdo o de adaptación entre personas o cosas y su tiempo, ambiente, condiciones. **2.** Diferencia de fase de un mecanismo con respecto a otro o de dos magnitudes en un movimiento periódico.

desfavorable *adj.* Poco favorable, perjudicial. **FAM.** Desfavorablemente.

desfavorecer *v. tr.* **1.** No favorecer, sentar mal algo a alguien. **2.** Oponerse a una cosa favoreciendo la contraria. ▪ Es v. irreg. Se conjuga como *agradecer.*

desfigurar *v. tr.* **1.** Cambiar la forma, el aspecto o apariencia de una cosa, afeándola o falseándola. También *v. prnl.* **2.** Hacer borrosa la forma de algo. También *v. prnl.* ‖ *v. prnl.* **3.** Alterarse el rostro por una emoción, un susto, etc. **FAM.** Desfiguración, desfigurado.

desfiguro *s. m.* **1.** *Arg., Chile, Perú.* Desfiguración. **2.** *Méx., Perú.* Cosa excéntrica, ridícula.

desfiladero *s. m.* Paso estrecho y profundo entre montañas.

Desfiladero del río Cares, en los Picos de Europa (España).

desfilar *v. intr.* **1.** Marchar en fila, de uno en uno, o en formación, particularmente las tropas en formación por delante de un superior, de alguna autoridad, de un monumento, etc. **2.** Pasar un conjunto de personas por algún sitio. **3.** Salir, marcharse de algún lugar. **4.** Recorrer los modelos la pasarela.

desfile *s. m.* **1.** Acción de desfilar. **2.** Conjunto de personas, animales o cosas que desfila. **3.** Pase o exhibición de moda.

desflecar *v. tr.* Hacer flecos sacando hilos de los bordes de una tela, cinta o cosa semejante. También *v. prnl.* ▪ Se conjuga como *sacar.*

desflorar *v. tr.* **1.** Hacer perder la virginidad a una mujer. **2.** Quitar a algo la buena apariencia que tenía. **FAM.** Desfloración, desfloramiento.

desfogar *v. tr.* **1.** Desahogar, manifestar violentamente un sentimiento o estado de ánimo. También *v. prnl.* **2.** Dar salida al fuego. ▪ Se conjuga como *pagar.*

desfogue *s. m.* **1.** Acción y efecto de desfogar o desfogarse. **2.** *Méx.* Agujero por el que desagua un conducto cubierto.

desfondamiento *s. m.* Acción y efecto de desfondar o desfondarse, hundimiento.

desfondar *v. tr.* **1.** Quitar o romper el fondo de algo. También *v. prnl.* **2.** En dep., hacer perder fuerzas o empuje. También *v. prnl.* **3.** Labrar profundamente la tierra. **4.** Romper, agujerear el fondo de una nave. También *v. prnl.* **FAM.** Desfonde.

desgaire *s. m.* **1.** Falta de cuidado, a veces estudiada, en la manera de vestir o de hacer alguna cosa. **2.** Falta de gracia en la manera de moverse. ‖ **LOC. al desgaire** *adv.* Sin interés, con descuido, a veces afectado.

desgajar *v. tr.* **1.** Desprender con violencia una rama del tronco. También *v. prnl.* **2.** Separar una parte de alguna cosa unida. También *v. prnl.* **3.** P. ext., separar a alguien contra su voluntad del lugar en que vive. También *v. prnl.* **FAM.** Desgajadura, desgajamiento, desgaje.

desgalichado, da *adj.* Desgarbado, desaliñado.

desgalillarse *v. prnl. Cuba, Méx., P. Rico.* Desgañitarse.

desgana *s. f.* **1.** Falta de apetito. **2.** Falta de interés o entusiasmo. **FAM.** Desganado.

desgañitarse *v. prnl. fam.* Gritar haciendo gran esfuerzo.

desgarbado, da *adj.* Se aplica a lo que carece de garbo, gracia o proporción.

desgarrado, da **1.** *p. p.* de **desgarrar**. ‖ *adj.* **2.** Roto, hecho jirones. **3.** Que tiene gran intensidad o sentimiento. **4.** Descarado, desvergonzado. También *s.*

desgarrador, ra *adj.* **1.** Que produce una gran impresión o dolor. **2.** Que puede desgarrar.

desgarrar *v. tr.* **1.** Rasgar, romper. También *v. prnl.* **2.** Causar honda pena o despertar profunda compasión. También *v. prnl.* **FAM.** Desgarradamente, desgarradura, desgarramiento.

desgarriate *s. m. Méx.* Destrozo, desastre, estropicio.

desgarro *s. m.* **1.** Rotura irregular producida por estiramiento. **2.** Desenvoltura excesiva, descaro, a veces con cierta gracia. **3.** Fanfarronería, chulería. **4.** *Arg., Chile, Col.* Flema, esputo.

desgarrón *s. m.* **1.** Rotura grande producida en algo al rasgarse. **2.** Tira del vestido al desgarrarse la tela.

desgasificador *s. m.* Aparato para extraer los gases que contiene un líquido.

desgasificar *v. tr.* Eliminar o extraer los gases concentrados en un líquido, recipiente, lugar, etc. ▪ Se conjuga como *sacar.* **FAM.** Desgasificación.

desgastar *v. tr.* **1.** Consumir poco a poco una cosa por el uso o el roce. También *v. prnl.* ‖ *v. prnl.* **2.** P. ext., perder fuerza, ánimo, poder, etc.

desgaste *s. m.* Acción y efecto de desgastar.

desglosar *v. tr.* **1.** Separar una cosa de un conjunto o dividir ese conjunto en partes para considerarlas aisladamente. **2.** Separar un impreso de otros con los que está encuadernado. **FAM.** Desglose.

desgobernar *v. tr.* **1.** Gobernar mal. **2.** Alterar el buen orden o dirección. También *v. prnl.* **3.** En un barco, descuidar el timonel el gobierno del mismo. ▪ Es v. irreg. Se conjuga como *pensar.*

desgobierno *s. m.* Falta de gobierno, desorden.

desgracia *s. f.* **1.** Suceso que causa daño, perjuicio o dolor. **2.** Mal que constituye un continuo motivo de pena. **3.** Mala situación. **4.** Pérdida del favor, cariño, protección o ayuda de alguien. **5.** Mala suerte. ‖ **6. desgracias personales** Víctimas humanas en algún accidente. **FAM.** Desgraciadamente.

desgraciado, da **1.** *p. p.* de **desgraciar**. ‖ *adj.* **2.** Que sufre desgracias o una desgracia. También *s.* **3.** Que anuncia desgracias o va acompañado de ellas. **4.** Desacertado. **5.** Que carece de atractivo o belleza. **6.** Se aplica a veces a la persona que inspira compasión. También *s.* **7.** *desp.* Se aplica a una persona a la que se tiene por insignificante o se valora en poco. También *s.* **8.** Malo, mala persona. También *s.* **9.** Que tiene mala suerte. También *s.*

desgraciar *v. tr.* **1.** Echar a perder, estropear, impedir que alguien o algo alcance su pleno desarrollo. También *v. prnl.* **2.** Quitar la gracia de algo. **3.** *fam.* Deshonrar a una mujer. **4.** *fam.* Matar o herir gravemente a alguien.

desgranador, ra *adj.* **1.** Que desgrana. También *s.* ‖ *s. f.* **2.** Máquina utilizada para desgranar el maíz y las plantas forrajeras o textiles.

desgranar *v. tr.* **1.** Sacar el grano de una cosa. También *v. prnl.* **2.** Decir una serie de cosas una a una. ‖ *v. prnl.* **3.** Soltarse las piezas ensartadas. **4.** *Arg., Chile.* Disgregarse, separarse. **FAM.** Desgranado.

desgravación *s. f.* Acción y efecto de desgravar.

desgravar *v. tr.* Rebajar o suprimir los impuestos que debe pagar una persona o que gravan algo.

desgreñado, da **1.** *p. p.* de **desgreñar**. ‖ *adj.* **2.** Con el pelo desordenado o poco limpio. También *s.*

desgreñar *v. tr.* **1.** Desarreglar o revolver el peinado. También *v. prnl.* ‖ *v. prnl.* **2.** Con valor recípr., reñir varias personas, especialmente tirándose de los pelos.

desguace *s. m.* **1.** Acción y efecto de desguazar. **2.** Materiales que resultan de desguazar algo. **3.** Lugar en el que se desguaza.

desguanzar *v. tr.* **1.** *Méx.* Desvencijar, descuajaringar; desencuadernar. ‖ *v. prnl.* **2.** *Amér. C., Méx.* Cansarse, desfallecer. ▪ Se conjuga como *cazar.*

desguañangar *v. tr.* **1.** *amer.* Descuajaringar, deshacer. **2.** *amer.* Causar daño o perjuicio. ‖ *v. prnl.* **3.** *P. Rico.* Desfallecer, desanimarse. ▪ Se conjuga como *pagar.*

desguarnecer *v. tr.* **1.** Quitar el adorno de algo. **2.** Quitar la guarnición o conjunto de correajes a una caballería. **3.** Dejar indefenso. **4.** Quitar piezas esenciales de una cosa. ▪ Es v. irreg. Se conjuga como *agradecer.*

desguatar *v. tr. Chile.* Destripar.

desguazar *v. tr.* **1.** Deshacer total o parcialmente un barco. **2.** P. ext., desmontar total o parcialmente un vehículo, un aparato, etc. ▪ Se conjuga como *cazar.*

deshabillé (voz fr.) *s. m.* Salto de cama, bata de mujer.

deshabitado, da **1.** *p. p.* de **deshabitar**. ‖ *adj.* **2.** Se dice del edificio o lugar que estuvo habitado y que ya no lo está.

deshabitar *v. tr.* **1.** Dejar de vivir en un lugar o casa. **2.** Dejar sin habitantes un lugar, territorio, etc.

deshabituar *v. tr.* Hacer perder a una persona una costumbre o hábito. También *v. prnl.* ▪ En cuanto al acento, se conjuga como *actuar: deshabitúo.* **FAM.** Deshabituación.

deshacer *v. tr.* **1.** Descomponer una cosa en sus partes. También *v. prnl.* **2.** Hacer que una cosa hecha quede como antes de hacerla. También *v. prnl.* **3.** Recorrer un camino en sentido contrario al que se ha efectuado. **4.** Machacar una cosa hasta reducirla a polvo. También *v. prnl.* **5.** Destruir una cosa. También *v. prnl.* **6.** Disolver una manifestación, un grupo político, etc. También *v. prnl.* **7.** Descomponer un tratado o negocio. **8.** Derrotar, confundir a una persona. **9.** Convertir en líquida una cosa sólida. También *v. prnl.* **10.** Disolver una cosa en un líquido. También *v. prnl.* **11.** Ocasionar grave pérdida o trastorno a alguien. **12.** Desgastar, estropear, causar daño. También *v. prnl.* ‖ *v. prnl.* **13.** Afligirse mucho, consumirse, estar impaciente. **14.** Desaparecer.

15. Trabajar con mucho interés y voluntad, esforzarse. **16.** Con la preposición *en* y sustantivos como *alabanzas, atenciones, insultos*, etc., hacerlos o decirlos con gran abundancia. ■ Es v. irreg. Se conjuga como *hacer*. || **Loc. deshacerse de** algo Desprenderse, dar, vender. **deshacerse de** alguien Apartarle de sí.

desharrapado, da *adj.* Mal vestido, lleno de harapos. También *s.* ■ Se escribe también *desarrapado*.

deshecho, cha 1. *p. p.* de **deshacer**. También *adj.* || *adj.* **2.** Desordenado, desarreglado, pero que puede rehacerse. **3.** Destrozado, muy abatido. **4.** Rendido de cansancio. **5.** Roto, inservible.

deshelar *v. tr.* Fundir lo que está helado. También *v. prnl.* ■ Es v. irreg. Se conjuga como *pensar*.

desherbar *v. tr.* Quitar o arrancar las malas hierbas. ■ Es v. irreg. Se conjuga como *pensar*.

desheredado, da 1. *p. p.* de **desheredar**. También *adj.* || *adj.* **2.** Se dice de la persona que carece de medios de vida. También *s.*

desheredar *v. tr.* Excluir a alguien de la herencia que le corresponde. **Fam.** Desheredamiento.

deshidratación *s. f.* **1.** Acción y efecto de deshidratar. **2.** Pérdida de agua de un organismo vivo por no tomar líquidos o como consecuencia de sudor, diarreas, vómitos, etc. Los síntomas de la deshidratación son la baja presión arterial, la sequedad de la piel y mucosas, pulso débil, sed intensa y hundimiento de ojos. Es peligrosa en la infancia. **3.** Pérdida de agua en un compuesto químico o en un producto industrial. Puede producirse por absorción, adsorción, secado, reacción química, etc. **4.** Proceso mediante el cual se extrae agua de los alimentos para conservarlos indefinidamente (las bacterias no pueden proliferar en ausencia de agua) o para disminuir su volumen y facilitar su transporte.

deshidratador, ra *adj.* **1.** Que deshidrata, que elimina el agua. || *s. m.* **2.** Producto que se emplea en la industria para efectuar la deshidratación, como p. ej. la sal. **3.** Dispositivo o aparato para deshidratar.

deshidratar *v. tr.* Quitar a un cuerpo o a un organismo el agua que contiene. También *v. prnl.* **Fam.** Deshidratante.

deshidrogenación *s. f.* Pérdida o eliminación de hidrógeno en moléculas por la acción de diversos reactivos, especialmente del oxígeno.

deshidrogenasa *s. f.* Nombre genérico para designar las enzimas oxidantes que catalizan reacciones bioquímicas en las que una sustancia cede a otra dos átomos de hidrógeno. P. ej., la lacticodeshidrogenasa toma parte en la descomposición del ácido láctico. Otras deshidrogenasas intervienen en los procesos de oxidación-reducción que tienen lugar en el interior de las células.

deshielo *s. m.* **1.** Acción y efecto de deshelar o deshelarse, especialmente fusión de la nieve y el hielo en primavera como consecuencia de la elevación de la temperatura. **2.** Época en que ocurre esto. **3.** Distensión en las relaciones entre personas, naciones, etc. **4.** Nombre que se aplicó en la URSS al periodo de la desestalinización.

deshilachado, da 1. *p. p.* de **deshilachar**. || *adj.* **2.** Que tiene los bordes desflecados, desgastados.

deshilachar *v. tr.* Deshilar un tejido, sacarle los hilos. También *v. prnl.*

deshilar *v. tr.* **1.** Sacar hilos de una tela, sobre todo por los bordes, para formar flecos. **2.** Reducir a hilos un tejido. **3.** Cortar la fila de las abejas, cambiando de sitio la colmena a medio llenar y sustituyéndola por otra vacía, para que aquellas entren engañadas en la nueva colmena. **Fam.** Deshilado.

deshilvanado, da 1. *p. p.* de **deshilvanar**. También *adj.* || *adj.* **2.** Se dice del texto, discurso, pensamiento, etc., que no tiene unión o conexión entre sus partes.

deshilvanar *v. tr.* Quitar los hilvanes. También *v. prnl.*

deshinchar *v. tr.* **1.** Sacar el aire o el contenido de una cosa hinchada. También *v. prnl.* **2.** Quitar la hinchazón de un miembro o parte del cuerpo. También *v. prnl.* **3.** En periodismo, rebajar la importancia o extensión de una noticia, un artículo, etc. || *v. prnl.* **4.** Perder alguien o algo su vanidad u orgullo. **5.** Perder ánimo, energía, ganas.

deshipotecar *v. tr.* Cancelar una hipoteca o, p. ext., cualquier otro gravamen. ■ Se conjuga como *sacar*.

deshojar *v. tr.* **1.** Quitar hojas a una planta o pétalos a una flor. También *v. prnl.* **2.** P. ext., quitar las hojas a un libro u otra cosa. También *v. prnl.* ■ No confundir con la palabra homófona *desojar*.

deshoje *s. m.* Caída de las hojas de las plantas.

deshollinador, ra *adj.* **1.** Se dice de la persona que limpia de hollín las chimeneas. También *s.* || *s. m.* **2.** Utensilio para deshollinar chimeneas. **3.** Escoba de mango largo usada para limpiar techos y paredes.

deshollinar *v. tr.* **1.** Limpiar las chimeneas de hollín. **2.** P. ext., limpiar con el deshollinador los techos y paredes.

deshonestidad *s. f.* **1.** Cualidad de deshonesto. **2.** Conducta, dicho o hecho contrario a la moral y a la honestidad.

deshonesto, ta *adj.* **1.** Que va contra la honradez o las normas éticas. **2.** Que va contra la decencia o el pudor, sobre todo en lo relativo a lo sexual. || **3. abuso deshonesto** Delito sexual que consiste en forzar a una persona, excluido el coito, engañándola o aprovechándose de su corta edad, ignorancia, etc. **Fam.** Deshonestamente.

deshonor *s. m.* Pérdida del honor, y lo que lo produce.

deshonra *s. f.* **1.** Pérdida de la honra. **2.** Situación del que ha perdido la honra. **3.** Cosa deshonrosa.

deshonrar *v. tr.* **1.** Quitar o dañar la honra. También *v. prnl.* **2.** Antiguamente, desvirgar a una mujer fuera del matrimonio.

deshonroso, sa *adj.* **1.** Que hace perder la honra. **2.** Contrario a lo que se considera digno u honrado.

deshora(s), a *loc. adv.* Fuera del tiempo acostumbrado o debido, o en momento inoportuno.

deshuesado, da *adj.* **1.** Se dice de las carnes, frutas, etc., a las que se ha quitado el hueso. **2.** Se dice de las aceitunas a las que se ha quitado el hueso. También *s. f.* || *s. m.* **3.** Acción y efecto de deshuesar.

deshuesador, ra *adj.* **1.** Que deshuesa. También *s.* || *s. f.* **2.** Máquina o aparato para quitar el hueso a la aceituna u otros frutos sin desgarrar la carne.

deshuesar *v. tr.* Quitar los huesos a la carne, a una fruta, etc.

deshumanizar *v. tr.* **1.** Privar de caracteres humanos a alguna cosa, como p. ej. al arte. También *v. prnl.* **2.** Hacer insensible o poco humano a alguien o algo. También *v. prnl.* ■ Se conjuga como *cazar*. **Fam.** Deshumanización, deshumanizado.

desiderativo, va *adj.* Se dice de los verbos y oraciones que expresan idea de deseo.

desiderátum *s. m.* **1.** Objeto de un vivo y constante deseo. **2.** Lo más o lo mejor que se puede desear.

Desiderio (? - Lieja o Corbie h. 774) Último rey lombardo (756-774). Duque de Istria, a la muerte del rey Astolfo logró coronarse rey de los lombardos con el apoyo del papa Esteban III. Posteriormente se enfrentó a la Iglesia, por lo que el papa Adriano I pidió ayuda a Carlomagno, que invadió Italia y derrotó a Desiderio en Pavía (774). Obligado a capitular, fue desterrado a un monasterio.

Desiderio da Settignano (Settignano h. 1430 - Florencia 1464) Escultor italiano. De estilo renacentista, fue discípulo de Donatello, aunque posteriormente evolucionó hacia un arte más tierno y delicado que le acerca al de Luca della Robbia. Sus dos obras más importantes están en Florencia: el mausoleo de Carlo Marsuppini (h. 1453), en Santa Croce, y el tabernáculo del Sacramento (1461), en la iglesia de San Lorenzo.

desidia *s. f.* Falta de cuidado, interés, energía o actividad. **Fam.** Desidiosamente, desidioso.

desierto, ta *adj.* **1.** Se aplica al lugar donde no hay gente o no vive nadie. **2.** Se aplica, exageradamente, a un lugar público en el que hay poca gente. **3.** Se dice de la subasta, oposición, concurso, etc., en que no hay ningún solicitante o concursante, o los que hay no reúnen los requisitos o la calidad exigidos. || *s. m.* **4.** Lugar seco, casi siempre arenoso, que debido a la falta casi total de lluvias tiene muy poca o ninguna vegetación y fauna. **5.** Región bioclimática caracterizada por los bruscos cambios de temperatura y la escasa pluviosidad (menos de 100 mm al año). Los organismos vivos que habitan en él están adaptados para la retención del agua. Existen desiertos cálidos, como el Sáhara, Turkestán, Arizona, Atacama, Kalahari y Australia, caracterizados por una temperatura media alta; desiertos fríos, como el de Gobi, de temperatura media más baja, y desiertos polares, como la Antártida y Groenlandia, cubiertos por el hielo. Su vegetación se reduce a plantas xerófilas, como el cacto, y su fauna más característica está compuesta por camellos, hienas, ratas del desierto, reptiles y escorpiones. || **Loc. predicar** (o **clamar**) **en el desierto** *fam.* Intentar convencer con palabras o hechos a quien no está dispuesto a ello.

designación *s. f.* **1.** Acción y efecto de designar. **2.** Nombramiento para un empleo o cargo. **3.** Nombre que se aplica a una cosa.

designar *v. tr.* **1.** Destinar a una persona o cosa para un determinado fin. **2.** Representar una cosa con una palabra o letra. **3.** Nombrar, llamar. **4.** Señalar un lugar o un momento para algo.

designio *s. m.* Propósito o proyecto que alguien tiene de hacer determinada cosa.

desigual *adj.* **1.** Distinto, no igual. **2.** Que cambia, muda o varía; se usa sobre todo refiriéndose al tiempo. **3.** No liso, con diferencias de nivel. **4.** Arduo, grande, dificultoso. **5.** En mat., se aplica al signo que indica que un término no es igual que otro, que es distinto. Su símbolo es $\neq$. **Fam.** Desigualmente.

desigualar *v. tr.* **1.** Hacer a una persona o cosa desigual a otra. También *v. prnl.* **2.** Deshacer una igualdad. También *v. prnl.*

desigualdad *s. f.* **1.** Falta de igualdad. **2.** Cada una de las elevaciones o depresiones de un terreno o superficie. **3.** Injusticia. **4.** En mat., expresión en la que se comparan dos cantidades distintas, separadas por alguno de los signos: $<$ (menor que), $>$ (mayor que), $\leq$ (menor o igual que) y $\geq$ (mayor o igual que).

desilusión *s. f.* **1.** Impresión que uno siente cuando alguien o algo no es como él esperaba. **2.** Estado del que ha perdido las ilusiones.

desilusionar *v. tr.* Hacer perder a alguien una ilusión o las ilusiones. También *v. prnl.*

desimantar *v. tr.* Hacer perder a un cuerpo las propiedades magnéticas que poseía. **Fam.** Desimantación.

desimpregnar *v. tr.* Quitar de algo aquello que lo impregna. **Fam.** Desimpregnación.

desincrustar *v. tr.* **1.** Separar o extraer lo que está incrustado. **2.** Quitar las incrustaciones o costras que se forman en cañerías, calderas, etc. **Fam.** Desincrustante.

desinencia *s. f.* Morfema o terminación que se añade a la raíz de una palabra para indicar su valor sintáctico y morfológico, como el género, número, tiempo, persona, etc. P. ej., en el verbo *cantar, -ar* es la desinencia de infinitivo. **Fam.** Desinencial.

desinfectante *adj.* **1.** Que desinfecta. **2.** Se dice de la sustancia que sirve para destruir los gérmenes nocivos que pueden producir procesos infecciosos. También *s. m.*

desinfectar *v. tr.* Eliminar los gérmenes que pueden producir una infección. También *v. prnl.* **Fam.** Desinfección.

desinflamar *v. tr.* Hacer desaparecer la inflamación de una herida, una contusión, etc. También *v. prnl.* **Fam.** Desinflamación.

desinflar *v. tr.* **1.** Sacar el aire o gas de una cosa inflada. También *v. prnl.* **2.** *fam.* Desanimar, desilusionar rápidamente. También *v. prnl.* || *v. prnl.* **3.** *fam.* Reducirse la importancia de algo.

desinformación *s. f.* **1.** Acción y efecto de desinformar. **2.** Falta de información.

desinformado, da 1. *p. p.* de **desinformar**. || *adj.* **2.** Se dice de la persona que no ha sido informada o no está bien informada.

desinformar *v. tr.* Manipular la información para evitar que se conozcan ciertos hechos o para crear confusión sobre ellos.

desinhibición *s. f.* Conducta abierta, desenvuelta y espontánea, a menudo enfrentada a los usos y normas socialmente aceptados.

desinhibirse *v. prnl.* Comportarse con espontaneidad, actuar sin atenerse a los usos sociales aceptados.

desinsectar *v. tr.* Eliminar los insectos nocivos de un lugar. **FAM.** Desinsectación.

desintegración *s. f.* **1.** Acción y efecto de desintegrar o desintegrarse. **2.** Fragmentación de una roca en sus minerales constitutivos a consecuencia de los fenómenos atmosféricos. ‖ **3. desintegración nuclear** Transformación de un núcleo radiactivo en otro por pérdida de alguna de sus partículas. La desintegración nuclear se produce por emisión de partículas α, β o radiaciones γ. Por cada partícula α emitida, el núcleo se convierte en un isótopo del elemento que está clasificado dos lugares antes en la tabla del sistema periódico; al emitir una partícula β pasa a convertirse en isótopo del elemento que le sigue en dicha tabla. La desintegración puede ser espontánea, como en el radio, o provocada por un bombardeo de partículas. Un caso especial de desintegración es la fisión.

desintegrar *v. tr.* Separar los diversos elementos que forman el todo de una cosa. También *v. prnl.* **FAM.** Desintegrador.

desinterés *s. m.* **1.** Falta de interés, cuidado o entusiasmo. **2.** Desprendimiento o generosidad de una persona.

desinteresado, da **1.** *p. p.* de **desinteresarse**. También *adj.* ‖ *adj.* **2.** Desprendido, generoso.

desinteresarse *v. prnl.* Dejar de tener interés por alguien o algo.

desintoxicación *s. f.* **1.** Acción y efecto de desintoxicar o desintoxicarse. **2.** Tratamiento para disminuir o anular los efectos de un tóxico, como p. ej. el alcohol.

desintoxicar *v. tr.* **1.** Combatir la intoxicación y sus efectos. También *v. prnl.* **2.** Contrarrestar o hacer desaparecer los efectos producidos por una información considerada negativa. También *v. prnl.* ■ Se conjuga como *sacar.*

Désirée (Marsella 1777 - Estocolmo 1860) Reina de Suecia. Hija de un comerciante marsellés, fue cortejada por Napoleón. En 1798 contrajo matrimonio con el general Bernadotte, que fue rey de Suecia desde 1818. Hasta 1823, en que se trasladó a la corte sueca, mantuvo en París uno de los salones más frecuentados.

desistir *v. intr.* **1.** Dejar un proyecto o intento por necesidad, por considerarlo irrealizable o por cualquier otra causa. **2.** Refiriéndose a un derecho, abandonarlo. **FAM.** Desistimiento.

desjarretar *v. tr.* Cortar a las reses las piernas por el jarrete o corvejón.

deslavazado, da *adj.* **1.** Que no tiene firmeza o fuerza en su contextura o en el movimiento. **2.** Que carece de unión entre sus partes.

deslave *s. m.* **1.** *amer.* Derrubio. **2.** *Ec., Perú.* Gran cantidad de agua que baja de las cumbres al llano.

desleal *adj.* Que no tiene lealtad, traidor. También *s.* **FAM.** Deslealmente.

deslealtad *s. f.* Falta de lealtad, traición a unos principios, persona, país, etc.

desleír *v. tr.* Disolver algunos cuerpos sólidos o pastosos por medio de un líquido. También *v. prnl.* ■ Es v. irreg. Se conjuga como *reír.* **FAM.** Desleimiento.

deslenguado, da *adj.* Mal hablado, desvergonzado. También *s.*

desliar *v. tr.* Desatar o deshacer un lío o paquete. También *v. prnl.* ■ En cuanto al acento, se conjuga como *ansiar*: *deslío.*

desligar *v. tr.* **1.** Soltar las ligaduras o ataduras. También *v. prnl.* **2.** Separar, desunir, independizar. También *v. prnl.* **3.** Liberar de una obligación, de un compromiso. También *v. prnl.* ■ Se conjuga como *pagar.*

deslindar *v. tr.* **1.** Señalar las lindes o límites entre terrenos. **2.** Aclarar o definir una cuestión. **FAM.** Deslindamiento, deslinde.

desliz *s. m.* **1.** Acción y efecto de deslizar o deslizarse. **2.** Desacierto, equivocación, indiscreción. **3.** Falta en sentido moral, especialmente en el terreno sexual.

deslizamiento *s. m.* **1.** Acción y efecto de deslizar o deslizarse. **2.** En geol., movimiento de grandes masas de material detrítico, escombros, rocas blandas, etc., que se trasladan por gravedad sobre las laderas de las montañas hacia los valles.

deslizar *v. tr.* **1.** Mover o pasar una cosa sobre otra suavemente. También *v. prnl.* **2.** Entregar o dejar algo en un sitio con disimulo. **3.** Introducir en un escrito, conversación, discurso, etc., como al descuido, frases o palabras intencionadas. ‖ *v. intr.* **4.** Resbalar con suavidad por una superficie. También *v. prnl.* ‖ *v. prnl.* **5.** Salir o entrar en un lugar sin ser notado. **6.** Cometer una indiscreción, equivocación o falta. ■ Se conjuga como *cazar.* **FAM.** Deslizable.

deslomar *v. tr.* **1.** Romper o dañar los lomos. **2.** Dejar a alguien agotado un trabajo o esfuerzo. También *v. prnl.* **3.** Pegar una paliza a alguien. **FAM.** Deslomadura.

deslucir *v. tr.* **1.** Quitar la gracia, el brillo o el atractivo a una cosa. También *v. prnl.* **2.** Desacreditar a alguien. También *v. prnl.* ■ Es v. irreg. Se conjuga como *conducir.* **FAM.** Deslucidamente, deslucido, deslucimiento.

deslumbrante *adj.* **1.** Que deslumbra. **2.** Que produce gran impresión o admiración.

deslumbrar *v. tr.* **1.** Hacer el exceso de luz que alguien momentáneamente deje de ver o vea mal. También *v. prnl.* **2.** Encandilar, asombrar. También *v. prnl.* **FAM.** Deslumbrador, deslumbramiento.

deslustrar *v. tr.* **1.** Quitar el brillo, la buena apariencia o el aspecto de nuevo a algo. **2.** Quitar el buen nombre a alguien. **FAM.** Deslustrador, deslustre.

desmadejado, da **1.** *p. p.* de **desmadejar**. ‖ *adj.* **2.** Se dice de la persona que siente debilidad y cansancio.

desmadejar *v. tr.* Causar flojedad y cansancio en el cuerpo. También *v. prnl.* **FAM.** Desmadejamiento.

desmadrado, da **1.** *p. p.* de **desmadrar**. ‖ *adj.* **2.** Se dice de la cría separada de su madre. **3.** Se aplica a la persona, actitud, acción, etc., que se sale de lo razonable, que es demasiado alocada.

desmadrar *v. tr.* **1.** Separar a la cría de la madre para que no mame. ‖ *v. prnl.* **2.** *fam.* Salirse alguien o algo de los límites razonables, proceder alocadamente, sin moderación, respeto, etc.

desmadre *s. m.* **1.** *fam.* Libertad excesiva en palabras o acciones. **2.** *fam.* Desorden, jaleo. **3.** *fam.* Juerga, diversión incontrolada.

desmán[1] (de *desmandar*) *s. m.* **1.** Desorden, exceso en palabras o acciones. **2.** Acto cometido con abuso de autoridad. **3.** Desgracia, suceso lamentable.

desmán[2] (del fr. *desman*) *s. m.* Nombre común de diversos mamíferos insectívoros de la familia tálpidos, especies *Desmana moschata* o desmán común y *Galemys pyrenaicus* o desmán de los Pirineos. Miden de 25 a 40 cm, de los que buena parte corresponden a la cola, y son excelentes nadadores. Tienen cuerpo macizo, hocico en forma de trompa y pies palmeados. El desmán común vive en los ríos Don y Volga, y el desmán almizclero o de los Pirineos habita en ríos de Francia y España.

Desmán de los Pirineos (Galemys pyrenaicus).

desmanchar *v. tr.* **1.** *amer.* Quitar las manchas. ‖ *v. prnl.* **2.** *Amér. del S.* Apartarse de un grupo.

desmandarse *v. prnl.* **1.** Desobedecer, rebelarse. **2.** Actuar sin dominio, sin freno. **3.** Apartarse el ganado de la manada. **FAM.** Desmandado.

desmano, a *loc. adv.* En lugar apartado o mal comunicado, fuera del camino habitual. ■ También se dice *a trasmano.*

desmanotado, da *adj.* Desmañado, torpe, poco hábil.

desmantelar *v. tr.* **1.** Destruir una fortificación. **2.** Dejar un edificio, establecimiento, etc., sin sus muebles, útiles, etc. **3.** Desmontar un andamiaje u otra estructura. **4.** Dejar sin palos un barco. **5.** Dejar sin defensa, fuerza o recursos. **FAM.** Desmantelado, desmantelamiento.

desmañado, da *adj.* Que no tiene maña o habilidad. También *s.* **FAM.** Desmaña, desmaño.

desmaquillar *v. tr.* Quitar el maquillaje y demás cosméticos de la cara. También *v. prnl.* **FAM.** Desmaquillador.

desmarcar *v. tr.* **1.** Quitar una marca. ‖ *v. prnl.* **2.** En algunos dep., desplazarse un jugador para escapar del contrario que le marca. **3.** *fam.* Apartarse de algo o eludir un trabajo, una obligación, etc. ■ Se conjuga como *sacar.*

desmayado, da **1.** *p. p.* de **desmayar**. ‖ *adj.* **2.** Desanimado, decaído, sin fuerzas. **3.** Aplicado a colores, pálido.

desmayar *v. intr.* **1.** Perder los ánimos o las fuerzas. ‖ *v. prnl.* **2.** Perder accidentalmente el sentido.

desmayo *s. m.* **1.** Pérdida momentánea del sentido. **2.** Desaliento, falta de fuerzas o entusiasmo.

desmechar o **desmechonar** *v. tr. Méx.* Mesar, arrancar el cabello.

desmedido, da **1.** *p. p.* de **desmedirse**. ‖ *adj.* **2.** Exagerado, excesivo, desproporcionado. **FAM.** Desmedidamente.

desmedirse *v. prnl.* Cometer excesos en las palabras o en los hechos. ■ Es v. irreg. Se conjuga como *pedir.*

desmedrar *v. intr.* No desarrollarse, deteriorarse o empeorar una persona, animal o cosa. También *v. prnl.* **FAM.** Desmedrado, desmedro.

desmejorar *v. tr.* **1.** Hacer perder la buena condición a una persona o cosa. También *v. prnl.* ‖ *v. intr.* **2.** Ir perdiendo la salud o las fuerzas. También *v. prnl.* **FAM.** Desmejorado, desmejoramiento.

desmelenar *v. tr.* **1.** Desordenar el cabello. También *v. prnl.* ‖ *v. prnl.* **2.** *fam.* Salirse uno de lo normal, proceder con excesiva libertad. **3.** *fam.* Enfurecerse, exaltarse. **4.** *fam.* Esforzarse mucho.

desmembrar *v. tr.* **1.** Separar o arrancar los miembros de un cuerpo. P. ext., separar una parte de un todo. También *v. prnl.* **2.** Dividir un conjunto separando sus partes. También *v. prnl.* ■ Es v. irreg. Se conjuga como *pensar.* **FAM.** Desmembración, desmembramiento.

desmemoriado, da *adj.* Que tiene poca memoria. También *s.*

desmentido *s. m.* Acción y efecto de desmentir o negar algo que ha sido afirmado antes.

desmentir *v. tr.* **1.** Decir que no es verdad lo que otro afirma o cree. **2.** Demostrar o poner de manifiesto la falsedad de algo. **3.** Ser algo o alguien peor de lo que debería ser por su origen o circunstancias. ‖ *v. prnl.* **4.** Negar uno mismo lo que ha dicho antes o decir lo contrario. ■ Es v. irreg. Se conjuga como *sentir.*

desmenuzar *v. tr.* **1.** Dividir algo en partes muy pequeñas. También *v. prnl.* **2.** Analizar una cosa con mucho detalle. ■ Se conjuga como *cazar.* **FAM.** Desmenuzable, desmenuzamiento.

desmerecer *v. tr.* **1.** No merecer algo, hacerse indigno de ello. ‖ *v. intr.* **2.** Perder una cosa parte de su valor. **3.** Ser alguien o algo inferior a otra persona o cosa con la que se le compara. ■ Es v. irreg. Se conjuga como *agradecer.* **FAM.** Desmerecedor, desmerecimiento.

desmesura *s. f.* Falta de medida, exceso.

desmesurado, da 1. *p. p.* de **desmesurar**. || *adj.* 2. Mucho mayor de lo corriente, de lo conveniente o de lo necesario. También *s.* **FAM.** Desmesuradamente.

desmesurar *v. tr.* 1. Exagerar. || *v. prnl.* 2. Actuar con exceso o con desorden.

desmigajar *v. tr.* Hacer migajas algo.

desmigar *v. tr.* Hacer migas un trozo de pan. ■ Se conjuga como *pagar.*

desmilitarizar *v. tr.* 1. Quitar el carácter militar a una persona o cosa. 2. Retirar las tropas o suprimir las instalaciones militares de un territorio. ■ Se conjuga como *cazar.*

desmirriado, da *adj. fam.* Esmirriado*.

desmitificar *v. tr.* Hacer perder el carácter mítico o idealizado que rodea a alguien o a algo. ■ Se conjuga como *sacar.* **FAM.** Desmitificación.

desmitologización *s. f.* Interpretación de los textos de la *Biblia* que trata de separar las formas de expresión y pensamiento míticas para descubrir su sentido auténtico y formular su mensaje de manera comprensible al hombre de hoy.

desmochar *v. tr.* 1. Quitar la parte superior de algo. 2. Cortar o eliminar parte de una obra artística o literaria. P. ext., eliminar parte de cualquier cosa. **FAM.** Desmoche.

desmontable *adj.* 1. Que se puede desmontar o desarmar. También *s. m.* || *s. m.* 2. Palanca metálica que sirve para desmontar las cubiertas de los neumáticos.

desmontar *v. tr.* 1. Desunir o separar las piezas o elementos de que se compone algo. 2. Bajar a alguien de una caballería, vehículo, etc. También *v. intr.* y *v. prnl.* 3. Poner el cierre de un arma de fuego en posición de que no funcione. 4. Rebatir una argumentación minuciosamente. 5. Cortar los árboles o matas en un monte o en parte de él.

desmonte *s. m.* 1. Acción y efecto de desmontar un terreno. 2. Lugar o terreno desmontado o en el que se han acumulado tierra o escombros procedentes de esa operación. || *pl.* 3. *Bol., Chile, Hond., Perú.* En minería, ganga, mineral de desecho.

desmoralización *s. f.* Acción y efecto de desmoralizar o desmoralizarse, desánimo.

desmoralizar *v. tr.* 1. Quitar a alguien el valor, el ánimo, la decisión, etc. También *v. prnl.* 2. Apartar a alguien de la moral o las buenas costumbres. También *v. prnl.* ■ Se conjuga como *cazar.* **FAM.** Desmoralizado, desmoralizador, desmoralizante.

desmoronar *v. tr.* 1. Deshacer poco a poco una cosa sólida. También *v. prnl.* || *v. prnl.* 2. Decaer, derrumbarse, perder alguien o algo poco a poco la fuerza, energía, etc. **FAM.** Desmoronamiento.

desmotador, ra *adj.* 1. Que desmota. También *s.* || *s. f.* 2. Máquina que desmota.

desmotar *v. tr.* Quitar las motas a la lana o al paño, o las semillas al algodón.

Desmoulins, Camille (Guise 1760 - París 1794) Escritor y político francés. Ejerció de abogado en París y en sus folletos *La filosofía del pueblo francés* (1788) y *Francia libre* (1789) preconizó la Revolución. Participó en la rebelión del Palais-Royal y en la toma de la Bastilla, y fundó, junto con Danton, el Club de los Cordeliers (1790). Sus artículos y panfletos influyeron sobre la opinión revolucionaria. Diputado de la Convención, votó la muerte de Luis XVI. Opuesto al Terror, fue arrestado, condenado a muerte y guillotinado.

desmovilización *s. f.* Acción y efecto de desmovilizar un ejército, una manifestación, etc.

desmovilizar *v. tr.* 1. Dejar libres del servicio activo a los soldados. 2. Paralizar una movilización social, desconvocar una manifestación, huelga, etc. ■ Se conjuga como *cazar.*

desmultiplicador *s. m.* Mecanismo compuesto de varios engranajes para reducir la velocidad de un movimiento.

desmultiplicar *v. tr.* Disminuir la velocidad de un mecanismo mediante la combinación de diversos engranajes; p. ej., una rueda con más dientes que el piñón que actúa sobre ella desmultiplica el movimiento. ■ Se conjuga como *sacar.* **FAM.** Desmultiplicación.

desnacionalizar *v. tr.* Quitar el carácter de nacional; especialmente entregar a la iniciativa privada una empresa, actividad o un sector controlado por el Estado. También *v. prnl.* ■ Se conjuga como *cazar.* **FAM.** Desnacionalización.

desnarigar *v. tr.* Quitar a uno la nariz. ■ Se conjuga como *pagar.* **FAM.** Desnarigado.

desnatar *v. tr.* 1. Quitar la nata a la leche o a otros líquidos. 2. Quitar la capa de escoria que cubre el metal fundido a la salida del horno. **FAM.** Desnatado, desnatadora.

desnaturalizado, da 1. *p. p.* de **desnaturalizar**. || *adj.* 2. Se dice de la persona que no tiene cariño a sus familiares, especialmente a los más cercanos. También *s.*

desnaturalizar *v. tr.* 1. Privar a alguien de su nacionalidad. También *v. prnl.* 2. Hacer perder las cualidades, condiciones o propiedades naturales de una cosa cambiándola o añadiéndole algo. ■ Se conjuga como *cazar.* **FAM.** Desnaturalización.

desnivel *s. m.* 1. Diferencia de altura entre dos o más puntos o zonas. P. ext., diferencia de cualquier cualidad entre personas o cosas. 2. Elevación o hundimiento del terreno.

desnivelar *v. tr.* Hacer que exista desnivel entre dos o más cosas, puntos, zonas, etc. También *v. prnl.* **FAM.** Desnivelación.

Desnos, Robert (París 1900 - Terezín, Checoslovaquia 1945) Poeta francés. Perteneciente al grupo surrealista de Breton, se sometió a sesiones de hipnotismo para experimentar la escritura automática, como en el libro *La libertad o el amor* (1927). Acusado de esteticismo, rompió con Breton y su obra adquirió un tono más personal. Durante la Segunda Guerra Mundial actuó en la Resistencia y, detenido por la Gestapo, fue enviado a un campo de concentración en Checoslovaquia. Colaboró con Man Ray en el filme *La estrella de mar* (1928). Entre sus libros sobresalen *Cuerpos y bienes* (1930), *Fortunas* (1942) y la novela *La suerte está echada* (1943). Su obra poética se ha publicado con el título de *Dominio público* (1953).

desnucar *v. tr.* 1. Fracturar los huesos de la nuca. También *v. prnl.* 2. Matar a una persona o animal con un golpe en la nuca. También *v. prnl.* ■ Se conjuga como *sacar.* **FAM.** Desnucamiento.

desnudamente *adv. m.* Claramente, sin disimulo ni tapujos.

desnudar *v. tr.* 1. Quitar toda la ropa o parte de ella. También *v. prnl.* 2. Despojar a una persona o cosa de algo que tenía. También *v. prnl.* 3. Sacar un arma de su vaina. 4. Mostrar algo a las claras. **FAM.** Desnudamiento.

desnudez *s. f.* Cualidad o estado de desnudo en que se halla alguien o algo.

desnudismo *s. m.* Nudismo*. **FAM.** Desnudista.

desnudo, da *adj.* 1. Sin ropa o con muy poca ropa. 2. *fam.* Que carece de la ropa necesaria. 3. Sin adornos, complementos, revestimientos, añadidos, etc. 4. Que carece de algo material o inmaterial. 5. Manifiesto, claro. || *s. m.* 6. En las bellas artes, figura humana, o parte de ella, desnuda. || **LOC. al desnudo** *adv.* Al descubierto, a la vista de todos.

desnutrición *s. f.* Estado de debilidad del organismo a causa de la falta o escasez de ciertos elementos esenciales de la alimentación (vitaminas, calorías, sales minerales). Puede deberse a la pobreza, a la imposibilidad de obtener ciertas sustancias nutritivas (como la desnutrición que padecían antiguamente los marinos), a los malos hábitos y costumbres alimenticios o a defectos del metabolismo heredados o adquiridos. **FAM.** Desnutrido, desnutrirse.

desobedecer *v. tr.* No hacer lo que se ordena. ■ Es v. irreg. Se conjuga como *agradecer.*

desobediencia *s. f.* 1. Acción y efecto de desobedecer. || 2. **desobediencia civil** Resistencia pasiva y pacífica a las decisiones del poder civil. Fue teorizada por el estadounidense Henry David Thoreau en 1848 y adoptada por Gandhi en su lucha contra los ingleses por la independencia de la India.

desobediente *adj.* Que desobedece o tiende a desobedecer. También *s.*

desobstruir *v. tr.* Quitar a algo lo que lo obstruye. ■ Es v. irreg. Se conjuga como *huir.* **FAM.** Desobstrucción.

desocupación *s. f.* 1. Falta de trabajo, desempleo. 2. Situación en la que se está libre de trabajo.

desocupado, da 1. *p. p.* de **desocupar**. También *adj.* || *adj.* 2. Parado, que no tiene trabajo. También *s.*

desocupar *v. tr.* 1. Dejar libre un lugar, abandonarlo. También *v. prnl.* 2. Sacar lo que hay dentro de alguna cosa. || *v. intr.* 3. *Amér. del S.* Parir. También *v. prnl.* || *v. prnl.* 4. Quedar libre de una ocupación, quedar sin trabajo.

desodorante *adj.* 1. Que elimina los olores molestos. También *s. m.* || *s. m.* 2. Producto que combate el olor del sudor producido por las glándulas apocrinas, que están situadas principalmente en las axilas, ingles y palmas de las manos y pies, y que actúan como reacción a situaciones emocionales o de *stress.* Suele estar compuesto de productos químicos (sales de aluminio) que inhiben la acción de las glándulas y disminuyen el desarrollo de las bacterias. Las formas más corrientes de comercialización son el spray, la barra, el líquido y los polvos.

desodorizar *v. tr.* Eliminar ciertos olores. ■ Se conjuga como *cazar.*

desoír *v. tr.* Dejar de oír, no hacer caso. ■ Es v. irreg. Se conjuga como *oír.*

desojarse *v. prnl.* 1. Mirar con mucho esfuerzo para ver o hallar algo. 2. Estropearse la vista por forzarla demasiado.

desolar *v. tr.* 1. Destruir, arrasar. 2. Apenar profundamente. También *v. prnl.* ■ Es v. irreg. Se conjuga como *contar.* **FAM.** Desolación, desolador.

desolladero *s. m.* Sitio donde se desuellan reses.

desollar *v. tr.* 1. Despellejar. También *v. prnl.* 2. *fam.* Criticar con crueldad. ■ Es v. irreg. Se conjuga como *contar.* **FAM.** Desolladura.

desorbitado, da 1. *p. p.* de **desorbitar**. || *adj.* 2. Exagerado, desproporcionado.

desorbitar *v. tr.* 1. Hacer que algo salga de su órbita habitual. También *v. prnl.* 2. Exagerar, abultar, disparar. También *v. prnl.* **FAM.** Desorbitadamente.

desorden *s. m.* 1. Falta de orden. 2. Alteración del orden público. || *pl.* 3. Vicios, excesos.

Desnudo: Tiziano, Venus, el amor y la música (Museo del Prado, Madrid).

desordenado, da 1. *p. p.* de **desordenar**. || *adj.* 2. Que no tiene orden. 3. Que actúa sin regularidad, disciplina o método. 4. Que no se ajusta a las normas morales o sociales. **FAM.** Desordenadamente.

desordenar *v. tr.* Poner en desorden. También *v. prnl.*

desorejar *v. tr.* Cortar las orejas.

desorganizar *v. tr.* Alterar el orden u organización de algo. También *v. prnl.* ▪ Se conjuga como *cazar.* **FAM.** Desorganización, desorganizadamente, desorganizador.

desorientar *v. tr.* 1. Hacer perder la orientación. También *v. prnl.* 2. Hacer que alguien no sepa qué pensar o cómo proceder. También *v. prnl.* **FAM.** Desorientación, desorientador.

desosar *v. tr.* Deshuesar*.

desovar *v. intr.* Depositar sus huevos las hembras de los insectos, peces y anfibios.

desove *s. m.* 1. Acción y efecto de desovar. 2. Época del año en que desovan los insectos, peces y anfibios.

Desove de una rana: la rana macho, situada sobre la hembra, fecunda exteriormente la puesta.

desoxidar *v. tr.* 1. Limpiar un metal del óxido que lo cubre. También *v. prnl.* 2. Desoxigenar*. También *v. prnl.* 3. *fam.* Recuperar o activar algún conocimiento, aptitud, etc., que estaba olvidado o abandonado. También *v. prnl.* **FAM.** Desoxidación, desoxidante.

desoxigenar *v. tr.* Eliminar o disminuir el oxígeno de una sustancia o compuesto. También *v. prnl.* **FAM.** Desoxigenación.

desoxirribonucleico, ácido Véase **ADN**.

despabilado, da *adj.* Espabilado*.

despabilar *v. tr.* Espabilar*.

despachar *v. tr.* 1. Resolver o terminar algo, generalmente con diligencia y prontitud. 2. Tratar asuntos con clientes, colaboradores, etc. También *v. intr.* 3. Atender al público en un comercio, vender mercancías, entradas, billetes, etc. 4. Enviar. 5. *fam.* Echar de un lugar, ocupación, etc. 6. *fam.* Matar. || *v. intr.* 7. Darse prisa. || *v. prnl.* 8. Hablar de una vez y sin rodeos, decir uno todo lo que le viene en gana, en especial contra alguien o algo. 9. Deshacerse de algo.

despacho *s. m.* 1. Acción y efecto de despachar. 2. Habitación o local destinado para despachar negocios o para trabajar. 3. Muebles de esta habitación. 4. Tienda, expendeduría. 5. Comunicación oficial. 6. Noticia o comunicación transmitida por telégrafo, teléfono, télex, etc. 7. Título o nombramiento.

despachurrar *v. tr.* Reventar o aplastar algo con fuerza. También *v. prnl.* ▪ Se dice también *espachurrar.* **FAM.** Despachurramiento, despachurro.

despacio *adv. m.* 1. Poco a poco, lentamente: *andar despacio.* 2. *Amér. del S.* En voz baja. || *adv. t.* 3. Por largo tiempo, detenidamente: *Charlemos despacio.* || *interj.* 4. Se emplea para exigir o pedir moderación.

despacioso, sa *adj.* Lento, reposado. **FAM.** Despaciosamente.

despampanante *adj. fam.* Deslumbrante, llamativo.

despanzurrar *v. tr. fam.* Abrir o reventar la panza de una persona o animal u otra cosa blanda o hinchada. También *v. prnl.* **FAM.** Despanzurramiento.

desparejar *v. tr.* Deshacer una pareja. También *v. prnl.* **FAM.** Desparejado.

desparejo, ja *adj.* Desigual, distinto.

desparpajo *s. m.* 1. Desenvoltura y desenfado al obrar o hablar. 2. *amer.* Desorden, desbarajuste.

desparramar *v. tr.* 1. Esparcir, extender o derramar lo que estaba junto: También *v. prnl.* 2. Dividir la atención en demasiadas cosas a la vez. También *v. prnl.* ▪ Se dice también *esparramar.* **FAM.** Desparramamiento.

despatarrar *v. tr.* 1. *fam.* Separar mucho las piernas a uno. También *v. prnl.* || *v. prnl.* 2. *fam.* Caerse al suelo abierto de piernas. ▪ Se dice también *espatarrar.* **FAM.** Despatarramiento.

despaturrar *v. tr.* 1. *Amér. C., Chile, Col., Ven.* Despatarrar*. También *v. prnl.* 2. *Amér. del S.* Despachurrar*.

despavesar *v. tr.* 1. Quitar la pavesa del pabilo. 2. Quitar soplando la ceniza de las brasas.

despavorido, da 1. *p. p.* de **despavorir**. || *adj.* 2. Lleno de pavor. **FAM.** Despavoridamente.

despavorir *v. intr.* Sentir pavor. También *v. prnl.* ▪ Es v. defect. Se conjuga como *abolir.* En realidad, salvo el infinitivo, *despavorirse*, el resto del verbo sólo se conjuga con los verbos *dejar* o *quedar* y el p. p. *despavorido.*

despechar *v. tr.* Causar despecho. **FAM.** Despechado.

despecho *s. m.* Enfado o resentimiento por algún desengaño o algún menosprecio. || **LOC. a despecho de** *adv.* A pesar de, contra su voluntad.

despechugar *v. tr.* 1. Quitar la pechuga a un ave al trincharla. || *v. prnl.* 2. *fam.* Enseñar el pecho o llevar mucho escote. ▪ Se conjuga como *pagar.*

despectivo, va *adj.* 1. Que desprecia o muestra desprecio. 2. En ling., se aplica a las palabras que expresan burla, menosprecio, hostilidad, etc., generalmente mediante sufijos como *-orrio, -asto, -aco, -ucho*: *villorrio, poetastro, libraco, tienducha.* También se dice de estos sufijos. **FAM.** Despectivamente.

despedazar *v. tr.* 1. Hacer pedazos. También *v. prnl.* 2. Maltratar alguna cosa no material. 3. Causar profunda pena. También *v. prnl.* ▪ Se conjuga como *cazar.* **FAM.** Despedazamiento.

despedida *s. f.* 1. Acción y efecto de despedir o despedirse. 2. Frase utilizada para despedirse.

despedir *v. tr.* 1. Decir adiós a una o más personas, acompañarlas hasta la puerta, estación, etc. También *v. prnl.* 2. Lanzar o arrojar con fuerza. 3. Difundir, esparcir. 4. Echar a alguien de un trabajo. También *v. prnl.* 5. Dejar de utilizar los servicios de alguien o algo. 6. Apartar de sí a alguien o algo, especialmente si es molesto o negativo. || *v. prnl.* 7. Dejar de pretender algo por considerarlo muy difícil, imposible. ▪ Es v. irreg. Se conjuga como *pedir.* || **LOC. despedirse a la francesa** *fam.* Irse sin despedirse.

despegadamente *adv. m.* Con despego, sin cariño.

despegado, da 1. *p. p.* de **despegar**. También *adj.* || *adj.* 2. Se dice de la persona poco sociable y de trato seco y frío.

despegar *v. tr.* 1. Desprender una cosa de otra a la que estaba pegada o unida. También *v. prnl.* || *v. intr.* 2. Separarse un avión, helicóptero, cohete, etc. de la superficie sobre la que estaba posado. || *v. prnl.* 3. Desapegarse de alguien o algo. 4. En una carrera, separarse del conjunto de participantes, ocupando un puesto destacado. ▪ Se conjuga como *pagar.* **FAM.** Despegable.

despego *s. m.* Desapego*.

despegue *s. m.* 1. Acción y efecto de despegar un avión, helicóptero, cohete, etc. 2. En econ., fase en la que un país en vías de desarrollo inicia un crecimiento económico sostenido.

despeinar *v. tr.* Deshacer el peinado o revolver el pelo. También *v. prnl.*

despejado, da 1. *p. p.* de **despejar**. También *adj.* || *adj.* 2. Espacioso, amplio. 3. Claro, sin nubes. 4. Se dice de la mente aguda y despabilada.

despejar *v. tr.* 1. Dejar libre un sitio o espacio. 2. Aclarar la confusión que había en algo. También *v. prnl.* 3. En algunos dep., enviar la pelota lejos de la propia área o meta. 4. En mat., aislar una incógnita en uno de los miembros de una ecuación. || *v. prnl.* 5. Desaparecer las nubes del cielo. 6. Aclararse la cabeza después de haber dormido, haber estado borracho, congestionado, etc. **FAM.** Despejo.

Mat. Para despejar una incógnita, se escribe en uno de los miembros de la igualdad todos los términos en los que aparezca dicha incógnita, y en el otro miembro aquellos en los que no aparezca. Se saca factor común a la incógnita y finalmente se dividen ambos miembros por el coeficiente de la misma; p. ej.:

$$ax - 3 = 2x + 5b$$
$$ax - 2x = 5b + 3$$
$$(a - 2)x = 5b + 3$$
$$x = \frac{5b + 3}{a - 2}$$

despeje *s. m.* Acción y efecto de despejar, especialmente en fútbol.

despellejar *v. tr.* 1. Quitar la piel o el pellejo, o parte de ellos. También *v. prnl.* 2. Criticar ferozmente a alguien. **FAM.** Despellejamiento.

despelotarse *v. prnl.* 1. *vulg.* Desnudarse. 2. *vulg.* Partirse de risa.

despelote *s. m.* 1. *vulg.* Acción y efecto de despelotarse. 2. Aquello que produce risa. 3. Desbarajuste, desmadre.

despeluchar *v. intr.* 1. Cambiar el pelaje un animal. || *v. prnl.* 2. Pelarse a trozos una piel, una alfombra, etc.

despenalizar *v. tr.* Suprimir el carácter penal o criminal de lo que hasta entonces constituía delito. ▪ Se conjuga como *cazar.* **FAM.** Despenalización.

despenar *v. tr.* 1. Matar. 2. *Arg., Chile.* Rematar a una persona o animal que agoniza para evitarle sufrimientos. 3. *Chile.* Quitar a uno la esperanza.

despensa *s. f.* 1. Lugar de la casa en que se guardan los comestibles. 2. Provisión de alimentos.

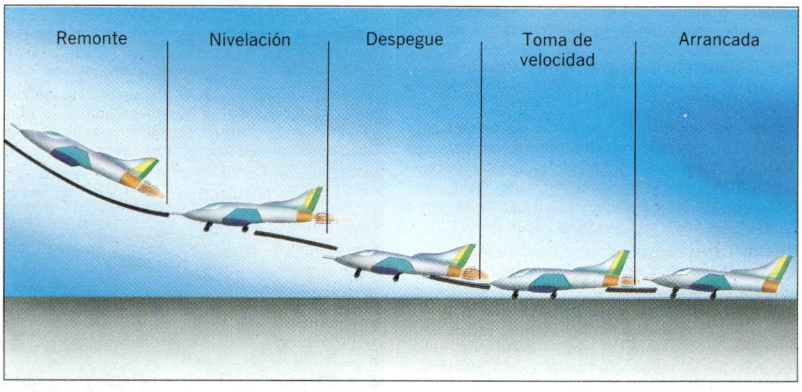

Esquema de las distintas fases del despegue de un avión.

despensero, ra *s. m.* y *f.* Persona encargada de la despensa.

despeñadero *s. m.* Lugar peñascoso y escarpado.

Despeñaperros Desfiladero de España, en Sierra Morena, entre las provincias de Jaén y Ciudad Real. Constituye el paso natural entre la Meseta y el valle del Guadalquivir, y ha sido utilizado como vía de comunicación desde tiempos prehistóricos.

Vista aérea del desfiladero de Despeñaperros, entre las provincias de Ciudad Real y Jaén (España).

despeñar *v. tr.* **1.** Arrojar a una persona, animal o cosa por un precipicio o desde una altura. También *v. prnl.* ‖ *v. prnl.* **2.** Caerse por un precipicio o desde una altura. **FAM.** Despeño.

despepitar (de *des-* y *pepita*[1]) *v. tr.* Quitar las pepitas a un fruto.

despepitarse (de *des-* y *pepita*[2]) *v. prnl.* **1.** Gritar o hablar con fuerza o excitación. **2.** *fam.* Con la preposición *por*, mostrar grandes deseos de algo.

desperdiciar *v. tr.* Gastar algo indebidamente o no utilizarlo.

desperdicio *s. m.* **1.** Acción y efecto de desperdiciar. ‖ *pl.* **2.** Basura. ‖ **LOC. no tener desperdicio** *fam.* Ser alguien o algo muy útil o de provecho; también, irónicamente, reunir muchas cualidades negativas.

desperdigar *v. tr.* **1.** Separar o esparcir personas, animales o cosas. También *v. prnl.* **2.** Repartir la atención, la fuerza, el tiempo, etc., en distintos objetos o actividades. También *v. prnl.* ■ Se conjuga como *pagar.* **FAM.** Desperdigamiento.

desperecerse *v. prnl.* Desear muchísimo una cosa. ■ Es v. irreg. Se conjuga como *agradecer.*

desperezarse *v. prnl.* Estirar los miembros para quitarse la pereza o el entumecimiento. ■ Se conjuga como *cazar.* **FAM.** Desperezo.

desperfecto *s. m.* **1.** Daño leve que sufre una cosa. **2.** Defecto pequeño en alguna cosa.

despersonalización *s. f.* **1.** Acción y efecto de despersonalizar o despersonalizarse. **2.** En psicol., trastorno psíquico que hace que el sujeto que lo sufre pierda la noción de la propia persona y se sienta como extraño a sí mismo y ajeno a los demás.

despersonalizar *v. tr.* **1.** Hacer perder los rasgos característicos que distinguen a una persona. También *v. prnl.* **2.** Quitar carácter personal a una cuestión. ■ Se conjuga como *cazar.*

despertador, ra *adj.* **1.** Que despierta. ‖ *s. m.* **2.** Reloj que hace sonar una alarma a la hora que se le marca.

despertar[1] (de *despierto*) *v. tr.* **1.** Interrumpir el sueño de alguien. También *v. intr.* y *v. prnl.* **2.** Traer a la memoria algo ya olvidado. También *v. prnl.* **3.** Provocar, mover. ‖ *v. intr.* **4.** Hacerse uno más listo y avispado. ■ Tiene dos p. p.: *despertado*, para tiempos compuestos, y otro irreg., *despierto*, que se emplea como adjetivo y con verbos como *estar, permanecer, guardar, dejar,* etc. Es v. irreg. Se conjuga como *pensar.*

despertar[2] *s. m.* **1.** Momento o modo en que alguien despierta. **2.** Inicio de una actividad, empresa, etc.

despiadado, da *adj.* Cruel, inhumano, feroz. **FAM.** Despiadadamente.

despido *s. m.* **1.** Acción y efecto de despedir a una persona de un empleo. **2.** Indemnización cobrada por ello. ‖ **3. despido libre** El que para su realización no necesita otro trámite legal que un preaviso de la empresa al trabajador.

despiece *s. m.* Acción y efecto de despiezar.

despierto, ta **1.** *p. p.* irreg. de **despertar**. También *adj.* ‖ *adj.* **2.** Listo, vivo.

despiezar *v. tr.* Descuartizar*. ■ Se conjuga como *cazar.*

despilfarrar *v. tr.* Gastar el dinero y los bienes sin necesidad o en exceso. **FAM.** Despilfarrador, despilfarro.

despilfarro *s. m.* Gasto excesivo o innecesario.

despintar *v. tr.* **1.** Quitar la pintura de una cosa. También *v. prnl.* **2.** Desfigurar un relato o asunto. También *v. prnl.* ‖ *v. intr.* **3.** Desmerecer. ■ Se usa sobre todo en frases negativas. ‖ *v. prnl.* **4.** Perder algo la pintura o el color. ‖ **LOC. no despintársele** a uno una persona o cosa *fam.* Conservar vivo el recuerdo de su aspecto.

despiojar *v. tr.* Quitar los piojos. También *v. prnl.* **FAM.** Despioje.

despiole *s. m. Arg. fam.* Lío, jaleo.

despiporren, el *loc. fam.* Lo máximo en diversión, desorden, etc. ■ Se dice también *el despiporre.*

despistado, da **1.** *p. p.* de **despistar**. También *adj.* ‖ *adj.* **2.** *fam.* Distraído, que no presta atención. También *s.*

despistar *v. tr.* **1.** Hacer perder a alguien una pista. También *v. prnl.* **2.** Equivocar o desorientar a una persona. También *v. prnl.* ‖ *v. prnl.* **3.** Salirse un vehículo de la carretera o pista.

despiste *s. m.* **1.** Cualidad de despistado. **2.** Desorientación, distracción o fallo.

desplantar *v. tr.* Arrancar de raíz un árbol o planta.

desplante *s. m.* **1.** Dicho o hecho lleno de arrogancia o descaro. **2.** En el toreo, adorno arrogante que hace el diestro como remate a una serie de pases o a la faena de muleta.

desplatear *v. tr.* **1.** Quitar la plata que cubre un objeto. **2.** *Méx.* Sacarle dinero a alguien.

desplayado *s. m.* **1.** *Arg., Par., Urug.* Playa que aparece al bajar la marea. **2.** *Arg., Par., Urug.* Descampado o claro en un bosque.

desplazado, da **1.** *p. p.* de **desplazar**. También *adj.* ‖ *adj.* **2.** Que no está adaptado al sitio en el que se encuentra. También *s.*

desplazamiento *s. m.* **1.** Acción y efecto de desplazar o desplazarse. **2.** Volumen de agua que desplaza un barco. **3.** En fís., distancia en línea recta entre dos puntos de la trayectoria de un móvil. **4.** En quím., reacción en la que un elemento de un compuesto es reemplazado por otro más reactivo. La reacción $2HBr + Cl_2 \rightarrow 2HCl + Br_2$, es un caso de desplazamiento del bromo por el cloro. ‖ **5. desplazamiento de costa** En geol., avance o retroceso de la línea de costa por elevación o descenso del nivel del mar. **6. desplazamiento de nivel** En geol., ascenso o descenso de la superficie de la Tierra debido a la acción de los movimientos epirogénicos.

desplazar *v. tr.* **1.** Mover a una persona, animal o cosa del lugar en que está. También *v. prnl.* **2.** Quitar a alguien del puesto que ocupa, sustituyéndolo. **3.** Desalojar un cuerpo, especialmente un buque, al sumergirse o flotar un volumen de líquido igual al de la parte sumergida. ‖ *v. prnl.* **4.** Ir de un lugar a otro. ■ Se conjuga como *cazar.*

desplegar *v. tr.* **1.** Extender lo que está plegado. También *v. prnl.* **2.** Hacer que las tropas pasen de una formación muy compacta a otra más abierta y extendida. También *v. prnl.* **3.** Poner en práctica una actividad o aptitud de forma que sea vista o apreciada. ■ Es v. irreg. Se conjuga como *regar.* **FAM.** Desplegadura.

despliegue *s. m.* **1.** Acción y efecto de desplegar o desplegarse. **2.** Demostración de fuerza, conocimientos, medios, etc.

desplomar *v. tr.* **1.** Hacer caer una cosa de su posición vertical. También *v. prnl.* **2.** *Ven.* Reñir, regañar. ‖ *v. prnl.* **3.** Caer a plomo algo. **4.** Caerse sin conocimiento o sin vida una persona. **5.** Hundirse o desaparecer bruscamente algo no material.

desplome *s. m.* **1.** Acción y efecto de desplomar o desplomarse. **2.** En arq., conjunto de elementos que sobresalen de la línea vertical de una construcción, como una cornisa o un balcón.

desplumar *v. tr.* **1.** Quitar las plumas a un ave o a una cosa que las tenga. También *v. prnl.* **2.** *fam.* Dejar a alguien sin dinero. **FAM.** Desplumadura, desplume.

despoblado, da **1.** *p. p.* de **despoblar**. ‖ *s. m.* **2.** Lugar desierto, no poblado. **3.** Agravante de la responsabilidad penal que consiste en aprovechar la soledad de un lugar para cometer un delito.

despoblar *v. tr.* **1.** Hacer que un lugar habitado quede desierto o que disminuya de manera importante su población. También *v. prnl.* **2.** Dejar un lugar sin árboles. ‖ *v. prnl.* **3.** Quedarse un lugar momentáneamente sin gente por alguna causa. ■ Es v. irreg. Se conjuga como *contar.* **FAM.** Despoblación, despoblador, despoblamiento.

despojar *v. tr.* **1.** Privar a una persona de lo que tiene, generalmente con violencia. **2.** Quitar a una cosa algo que la completa, adorna o enriquece. ‖ *v. prnl.* **3.** Desnudarse o quitarse la ropa. **4.** Quedarse voluntariamente sin algo de valor.

despojo *s. m.* **1.** Acción y efecto de despojar o despojarse. **2.** Botín del vencedor. **3.** Lo que se ha perdido por el tiempo, la muerte, etc. ‖ *pl.* **4.** Restos, lo que sobra de una cosa. **5.** Vísceras y partes menos carnosas de las reses y aves. **6.** Cadáver, restos mortales.

despolarizar *v. tr.* Destruir o interrumpir el estado de polarización. ■ Se conjuga como *cazar.* **FAM.** Despolarización, despolarizador.

despolitizar *v. tr.* Quitar el carácter político a una persona, grupo, asunto, etc. También *v. prnl.* ■ Se conjuga como *cazar.* **FAM.** Despolitización.

desporrondingarse *v. prnl.* **1.** *amer.* Arrellanarse, despatarrarse. **2.** *Col., C. Rica.* Extenderse mucho al hablar. **3.** *Col., Guat.* Despilfarrar. **4.** *Pan.* Aplastarse.

Desportes, Alexandre-François (Champigneulles 1661 - París 1743) Pintor francés. Influido por la escuela flamenca, fue pintor de temas de caza de Luis XIV y Luis XV. Por sus pequeños paisajes, utilizados como fondos en sus bodegones y naturalezas muertas, se le considera precursor de la escuela de Barbizon. Pintó cartones para los Gobelinos. Entre sus cuadros destacan los de reproducciones de perros y animales y el *Autorretrato como cazador.*

desportilladura *s. f.* Pequeña rotura en el canto o filo de un objeto o fragmento o astilla que por accidente salta del mismo.

desportillar *v. tr.* Estropear una cosa quitándole o rompiendo parte del canto o filo. También *v. prnl.*

desposar *v. tr.* **1.** Unir en matrimonio a una pareja. ‖ *v. prnl.* **2.** Contraer esponsales, hacerse promesa pública de matrimonio. **3.** P. ext., contraer matrimonio. **FAM.** Desposado.

desposeer *v. tr.* **1.** Quitar a una persona o cosa algo que poseía. ‖ *v. prnl.* **2.** Renunciar alguien a lo que posee. ■ Se conjuga como *leer.* **FAM.** Desposeimiento.

desposeído, da **1.** *p. p.* de **desposeer**. ‖ *adj.* **2.** Despojado de alguna cosa que le perteneció o a la que tiene derecho. También *s.* ‖ *s. m.* y *f.* **3.** Pobre, indigente.

desposorio *s. m.* Ceremonia de desposarse. Se usa generalmente en *pl.*

despostar *v. tr. amer.* Descuartizar a un animal.

déspota *s. m.* **1.** Soberano que gobierna sin sujetarse a ninguna ley. **2.** Persona que abusa de su autoridad. **3.** En la Edad Media, título de diversos príncipes independizados de Bizancio en el s. XIII, como p. ej. el déspota de Epiro. **FAM.** Despóticamente.

despótico, ca *adj.* Autoritario, tiránico.

despotismo *s. m.* **1.** Autoridad absoluta no limitada por ninguna ley. **2.** Abuso de autoridad o de poder.

despotismo ilustrado Nombre que recibe el tipo de gobierno de algunas monarquías absolutas de la segunda mitad del s. XVIII, influidas por las ideas de la Ilustración. Sus principales representantes fueron José II de Austria, Federico el Grande de Prusia, Catalina II de Rusia y Carlos III de España, que reforzaron la autoridad monárquica frente a otros poderes, como la Iglesia, estimularon el desarrollo de la economía, la educación y la cultura, y llevaron a cabo reformas de tipo humanitario (abolición de la tortura legal en Austria y Prusia, tolerancia religiosa, etc.) y administrativas (centralización y simplificación del funcionamiento del Estado). No realizaron, sin embargo, cambios en la estructura social de su país (tan sólo José II suprimió la servidumbre en Austria) ni en el sistema político de la monarquía absoluta.

despotizar *v. tr. Amér. del S.* Gobernar o tratar a alguien de forma despótica. ▪ Se conjuga como *cazar.*

despotricar *v. intr. fam.* Hablar mal y sin consideración de alguien o algo. ▪ Se conjuga como *sacar.* **FAM.** Despotrique.

despreciar *v. tr.* **1.** Considerar a una persona o cosa indigna de aprecio o estima. También *v. prnl.* **2.** No hacer caso de una persona o cosa, rechazarla. **3.** No detenerse ante ningún obstáculo, peligro, crítica, etc.

despreciativo, va *adj.* Que desprecia o muestra desprecio.

desprecio *s. m.* **1.** Falta de aprecio o estima. **2.** Falta de atención, dicho o hecho con el que se ofende a alguien. **FAM.** Despreciable.

desprender *v. tr.* **1.** Separar lo que está unido. También *v. prnl.* **2.** Soltar, echar de sí. También *v. prnl.* **3.** *Arg., P. Rico.* Desabotonar, desabrochar. ‖ *v. prnl.* **4.** Dar una persona, voluntariamente o por necesidad, algo que le pertenece. **5.** Deducirse, conocerse una cosa a partir de otra.

desprendido, da **1.** *p. p.* de **desprender**. ‖ *adj.* **2.** Generoso, desinteresado.

desprendimiento *s. m.* **1.** Acción y efecto de desprender o desprenderse. **2.** Generosidad, desinterés.

despreocupación *s. f.* **1.** Acción y efecto de despreocuparse. **2.** Estado de ánimo del que carece de preocupaciones. **3.** Falta de cuidado o de atención.

despreocupado, da **1.** *p. p.* de **despreocuparse**. ‖ *adj.* **2.** Libre de preocupaciones. **3.** Descuidado, informal. También *s.*

despreocuparse *v. prnl.* **1.** Librarse de cualquier preocupación. **2.** Dejar de ocuparse de una persona o cosa.

desprestigiar *v. tr.* Quitar el prestigio. También *v. prnl.*

desprestigio *s. m.* Acción y efecto de desprestigiar o desprestigiarse, descrédito.

Despretz, César (Lessines 1791 - París 1863) Físico belga. Se distinguió por sus numerosos trabajos sobre el efecto del calor en la dilatación de líquidos y gases; determinó la temperatura a la que el agua alcanza la máxima densidad y estableció los límites de la percepción del sonido. Construyó el primer horno de arco eléctrico (1849).

desprevenido, da *adj.* Que no está preparado o prevenido de algo. **FAM.** Desprevenidamente.

desproporción *s. f.* Falta de la proporción debida. **FAM.** Desproporcionadamente, desproporcionar.

desproporcionado, da *adj.* **1.** Que no guarda la proporción o medida conveniente. **2.** Muy grande, inmenso.

despropósito *s. m.* Dicho o hecho inoportuno y sin sentido.

desproteger *v. tr.* **1.** Quitar o descuidar la protección de alguien o algo. También *v. prnl.* **2.** En inform., romper el sistema de protección de un programa. ▪ Se conjuga como *coger.* **FAM.** Desprotegido.

desproveer *v. tr.* Quitar a alguien o algo cierta cosa que le es necesaria o conveniente. ▪ Este verbo tiene dos p. p.: uno reg., *desproveído*, que se emplea sólo en la formación de los tiempos compuestos, y otro irreg., *desprovisto*, utilizado también como adjetivo. Se conjuga como *leer.*

desprovisto, ta **1.** *p. p.* irreg. de **desproveer**. ‖ *adj.* **2.** Que le falta algo necesario o conveniente.

despueble *s. m.* Acción y efecto de despoblar o despoblarse.

después *adv. t.* **1.** Expresa que una cosa sucede más tarde que otra. ▪ Se suele usar con la preposición *de*: *después de la cena.* Con *que* o *de que* forma locuciones conjuntivas: *Hazlo después (de) que venga.* **2.** Más adelante, luego. ‖ *adv. l.* **3.** Indica que una persona o cosa está detrás o a continuación de otra: *La casa está después del puente.* ‖ *adv. ord.* **4.** Denota jerarquía o preferencia: *Es el que más manda después del jefe.* **5.** Se usa con valor adversativo en frases como: *¡Después de lo que hice, te portas así conmigo!* ‖ *adj.* **6.** Precedido de nombres de tiempo o espacio, significa 'posterior', 'siguiente': *el año después.* ‖ **LOC. después de todo** *adv.* Al fin y al cabo.

despulgar *v. tr.* **1.** *Arg., Chile.* Espulgar. **2.** *Amér. C., Méx.* Quitar a la semilla del café la carne de la baya en que está contenida. ▪ Se conjuga como *pagar.*

despuntador *s. m.* **1.** *Méx.* Máquina para separar minerales. **2.** *Méx.* Martillo que rompe minerales al separarlos.

despuntar *v. tr.* **1.** Romper o quitar la punta. También *v. prnl.* ‖ *v. intr.* **2.** Comenzar a brotar y llenarse de tallos los árboles y plantas. **3.** Empezar a manifestarse una cosa. **4.** Sobresalir, destacar.

despunte *s. m.* **1.** Acción y efecto de despuntar o despuntarse. **2.** *Arg., Chile.* Leña de poco espesor.

desquiciar *v. tr.* **1.** Trastornar a alguien, hacerle perder la serenidad o la paciencia; también, desorganizar algo. También *v. prnl.* **2.** Sacar de quicio una cosa, dar a una cosa una importancia excesiva o forzar su interpretación. **3.** Sacar una ventana, puerta, etc., de su quicio. También *v. prnl.* **FAM.** Desquiciamiento.

desquicio *s. m. Arg., Guat., Par., Urug.* Desorden, trastorno, anarquía.

desquitarse *v. prnl.* Resarcirse de algo, obtener una compensación.

desquite *s. m.* Acción y efecto de desquitar o desquitarse, compensación, desagravio.

desratizar *v. tr.* Acabar con las ratas y ratones de un lugar. ▪ Se conjuga como *cazar.* **FAM.** Desratización.

desrielar *v. intr. Bol., Chile.* Descarrilar. También *v. prnl.*

desriñonar *v. tr.* **1.** Dañar los riñones a causa de un esfuerzo. También *v. prnl.* **2.** Cansar mucho. También *v. prnl.*

desrizar *v. tr.* **1.** Deshacer lo rizado. También *v. prnl.* **2.** Soltar los rizos de las velas. ▪ Se conjuga como *cazar.*

Dessalines, Jean-Jacques (Guinea h. 1758 - Jacmel, Haití 1806) Emperador de Haití (1804-1806). Esclavo en Santo Domingo, escapó y dirigió una rebelión de esclavos (1791). En 1802 ayudó a Francia, junto con Toussaint Louverture, y fue nombrado gobernador vitalicio de Haití (1804). Después de la independencia, se proclamó emperador e intentó crear un Estado negro. Restableció la esclavitud bajo control militar. Fue derrocado por una rebelión y asesinado.

Dessau C. de Alemania, situada en el Land de Alta Sajonia, en la confluencia de los ríos Mulde y Elba. 103.900 h. en 1989. Posee industrias del acero, químicas, papeleras y de construcción de barcos y vagones.

destacado, da **1.** *p. p.* de **destacar**. También *adj.* ‖ *adj.* **2.** Célebre, importante. **3.** Aislado o diferenciado del resto.

destacamento *s. m.* Grupo de soldados destacados para alguna misión.

destacar *v. tr.* **1.** Poner de relieve las cualidades o la importancia de alguien o algo. También *v. intr.* y *v. prnl.* **2.** Enviar a una determinada misión a una persona o conjunto de personas, particularmente soldados. También *v. prnl.* ▪ Se conjuga como *sacar.*

destajista *s. m.* y *f.* Persona que trabaja a destajo.

destajo *s. m.* Sistema de contratación laboral en el que se paga por trabajo hecho y no por jornal. ‖ **LOC. a destajo** *adv.* Mediante este sistema. También, con empeño, muy deprisa.

destanteo *s. m. Méx.* Confusión, desconcierto.

destapar *v. tr.* **1.** Quitar la tapa de una cosa. **2.** Quitar la ropa o cualquier cosa que cubre a alguien o algo. También *v. prnl.* **3.** Descubrir lo que está oculto. También *v. prnl.* ‖ *v. prnl.* **4.** *fam.* Hacer o decir alguien una cosa que causa sorpresa o es impropia de él.

destape *s. m.* **1.** Acción y efecto de destapar una parte del cuerpo. **2.** Desnudo con intención erótica.

destaponar *v. tr.* Quitar un tapón.

destartalado, da **1.** *p. p.* de **destartalar**. ‖ *adj.* **2.** Excesivamente grande o desproporcionado, poco acogedor. **3.** Que tiene sus partes mal ensambladas.

destartalar *v. tr.* **1.** *Amér. del S.* Dejar un lugar o una casa desprovistos de los objetos que son de uso habitual. ‖ *v. prnl.* **2.** Desarmarse, estropearse algo.

destejer *v. tr.* **1.** Deshacer un tejido o una labor de punto. **2.** Deshacer un trabajo o algo ya hecho.

destellar *v. intr.* Lanzar destellos.

destello *s. m.* **1.** Ráfaga de luz o resplandor intenso y de breve duración. **2.** Muestra muy pequeña de una cualidad que aparece inesperadamente o en algunos momentos.

destemplado, da **1.** *p. p.* de **destemplar**. ‖ *adj.* **2.** Se aplica a la persona que tiene una cierta sensación de frío junto a un ligero malestar físico. **3.** Desafinado, desentonado. **4.** Se dice de las actitudes, palabras, gestos, etc., agrios, bruscos o irritados y de las personas que los tienen. **5.** Se dice del tiempo desapacible. **6.** En pintura, se dice del cuadro en el que no hay armonía entre los tonos.

destemplar *v. tr.* **1.** Producir malestar físico acompañado de algo de frío. También *v. prnl.* **2.** Desafinar un instrumento musical. También *v. prnl.* **3.** Alterar la armonía y el orden de las cosas. **4.** Quitar el temple a los metales. También *v. prnl.* ‖ *v. prnl.* **5.** Perder la moderación. **FAM.** Destemplanza, destemple.

destensar *v. tr.* Aflojar algo que estaba tenso. También *v. prnl.*

desteñir *v. tr.* **1.** Borrar o apagar los colores de una tela o de otra cosa, quitándole el tinte. También *v. prnl.* **2.** Manchar una cosa con su tinta a otra con la que está en contacto. También *v. intr.* ▪ Es v. irreg. Se conjuga como *ceñir.*

desternillarse *v. prnl. fam.* Reírse mucho.

desterrar *v. tr.* **1.** Echar a alguien de su país o de un lugar determinado, generalmente por razones políticas. También *v. prnl.* **2.** Apartar alguien de su mente un pensamiento, sentimiento, etc. **3.** Abandonar una costumbre o uso. ▪ Es v. irreg. Se conjuga como *pensar.* **FAM.** Desterrado.

desterronar *v. tr.* Deshacer los terrones, especialmente de un campo.

destetar *v. tr.* **1.** Retirar el pecho a los niños o las crías de mamíferos. También *v. prnl.* **2.** Hacer que los hijos se valgan por sí mismos. También *v. prnl.*

destete *s. m.* **1.** Acción y efecto de destetar o destetarse. **2.** Periodo en el que el niño deja de mamar del pecho de la madre.

destiempo, a *loc. adj.* y *adv.* Fuera de tiempo o plazo, en un momento no oportuno.

destierro *s. m.* Acción y efecto de desterrar.

destilación *s. f.* **1.** Acción y efecto de destilar. **2.** En fís., método que se vale del calor para separar los constituyentes de una mezcla, especialmente las sustancias sólidas disueltas en líquidos, o las mezclas de líquidos con puntos de ebullición muy diferentes. En el proceso de destilación, la sustancia más volátil, al llegar a la temperatura de ebullición, se convierte en vapor, que al pasar por el refrigerante vuelve a licuarse, libre ya de los componentes sólidos que quedan en el matraz. ‖ **3. destilación fraccionada** Separación sucesiva de los líquidos de una mezcla cuyos componentes tienen puntos de ebullición próximos.

destiladera *s. f.* Instrumento o utensilio para destilar.

destilar *v. tr.* **1.** Separar mediante calor una sustancia volátil de otras que lo son menos. También *v. intr.* **2.** Soltar un cuerpo una sustancia gota a gota. También *v. intr.* **3.** Revelar ciertos actos o palabras un determinado sentimiento o cualidad. **FAM.** Destilable, destilador.

destilería *s. f.* Establecimiento industrial donde se destilan bebidas alcohólicas o alcoholes industriales.

destinar *v. tr.* **1.** Señalar o utilizar una cosa para un fin determinado. **2.** Designar a una persona para un determinado empleo o puesto.

destinatario, ria *s. m.* y *f.* Persona a quien se envía o dirige alguna cosa.

destino *s. m.* **1.** Supuesta fuerza a la que se atribuye la determinación inevitable de todo lo que ocurre; también, situación a la que lleva. **2.** Situación, profesión, etc., a la que alguien llega como resultado de sus propios actos. **3.** Uso que se da o se piensa dar a una cosa. **4.** Lugar al que se dirige o ha de ir a parar alguien o algo. **5.** Empleo para el que ha sido designada una persona. **6.** Lugar en el que alguien cumple su trabajo, particularmente un militar.

destitución *s. f.* Acción y efecto de destituir.

destituir *v. tr.* Quitar a alguien de su cargo o empleo. ■ Es v. irreg. Se conjuga como *huir.* **FAM.** Destituible.

destocarse *v. prnl.* Descubrirse la cabeza, quitarse el sombrero, la gorra, etc. ■ Se conjuga como *sacar.*

destorlongado, da *adj. Méx.* Inútil, manirroto. También *s.*

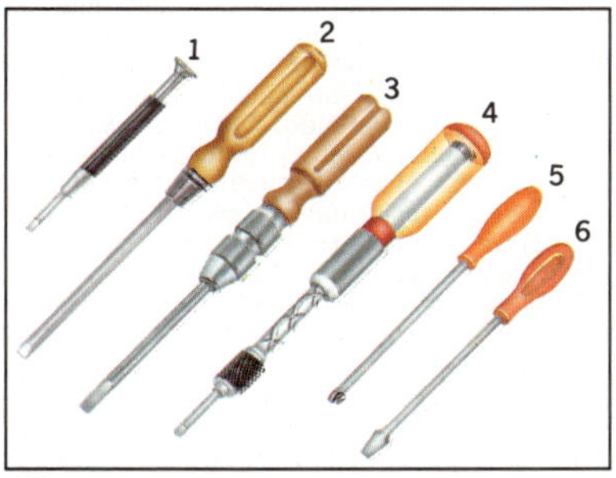

Distintos tipos de destornillador: 1. De precisión. 2. De bayoneta. 3. De hoja intercambiable. 4. Helicoidal. 5. De boca de estrella. 6. De boca de ranura.

destornillador *s. m.* Instrumento que sirve para atornillar y destornillar. ■ Se dice también *desatornillador.*

destornillar *v. tr.* **1.** Desatornillar*. ‖ *v. prnl.* **2.** Desternillarse*.

destrabar *v. tr.* **1.** Quitar las trabas. **2.** Separar las cosas trabadas.

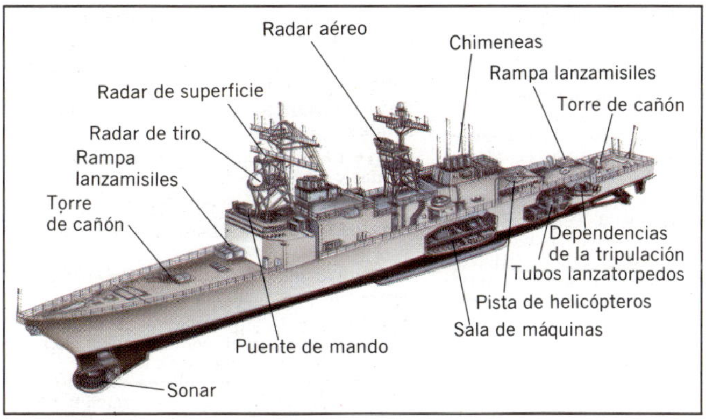

Partes principales de un destructor.

destral *s. m.* Hacha pequeña.

destratar *v. tr.* **1.** *amer.* Deshacer un trato. **2.** *Col., Ven.* Deshacer un trueque o cambio.

destrenzar *v. tr.* Deshacer algo que está trenzado. También *v. prnl.* ■ Se conjuga como *cazar.*

destreza *s. f.* **1.** Habilidad manual o, en general, con otra parte del cuerpo. **2.** En psicol., capacidad de ejecución de una actividad específica o de logro de un objetivo determinado: perceptivo, motriz, intelectual, manual, social, etc.

destripador, ra *adj.* Que destripa. También *s.*

destripar *v. tr.* **1.** Sacar las tripas. **2.** *fam.* Sacar lo que alguna cosa tiene en su interior. **3.** *fam.* Destrozar una cosa. **4.** *fam.* Destruir el efecto de un relato, suceso, chiste, etc., anticipando el final o solución. ‖ *v. intr.* **5.** *Méx.* Abandonar los estudios. **FAM.** Destripamiento.

destripaterrones *s. m. desp.* Campesino, trabajador del campo.

destronar *v. tr.* **1.** Derrocar a un rey. **2.** P. ext., privar a alguien de un cargo o posición importante.

destrozar *v. tr.* **1.** Romper mucho una cosa, estropearla completamente, dejarla inservible. También *v. prnl.* **2.** Causar gran dolor moral. **3.** Dañar, perjudicar gravemente. También *v. prnl.* **4.** Vencer de manera contundente en una batalla, competición, discusión. ■ Se conjuga como *cazar.* **FAM.** Destrozado, destrozo.

destrozón, na *adj.* **1.** Que destroza cuanto cae en sus manos. También *s.* ‖ *s. f.* **2.** *fam.* En el carnaval, disfraz de mujer con harapos.

destrucción *s. f.* **1.** Acción y efecto de destruir. **2.** Ruina, pérdida grande.

destructivo, va *adj.* Que destruye o tiene poder para destruir.

destructor, ra *adj.* **1.** Que destruye. ‖ *s. m.* **2.** Barco ligero de guerra utilizado en misiones de escolta y de lucha antisubmarina.

destruir *v. tr.* **1.** Deshacer algo material. También *v. prnl.* **2.** Inutilizar algo no material. ■ Es v. irreg. Se conjuga como *huir.* **FAM.** Destructible, destruible.

Destutt de Tracy, Antoine Louis Claude, conde (París 1754 - íd. 1836) Filósofo francés. Fue miembro de los Estados Generales y senador durante el Consulado. Apoyó a Napoleón hasta que descubrió sus ambiciones nacionalistas. Es autor de *Elementos de ideología*, que comprende *Ideología* (1801), *Gramática general* (1803), *Lógica* (1805) y *Tratado sobre la voluntad* (1815), en las que realiza un análisis del conocimiento basado en los órganos de los sentidos y en las sensaciones.

desuello *s. m.* Acción y efecto de desollar, despellejar.

desulfuración *s. f.* Proceso físico-químico mediante el cual se extraen el azufre y compuestos sulfurados de una sustancia, generalmente orgánica, en la que actúan como contaminantes; especial importancia tiene la desulfuración de los productos petrolíferos, operación básica del refinado.

desuncir *v. tr.* Quitar el yugo a las bestias. ■ Se conjuga como *zurcir.*

desunión *s. f.* **1.** Separación de personas o cosas que estaban unidas. **2.** Falta de acuerdo, discordia.

desunir *v. tr.* **1.** Separar una cosa de otra a la que estaba unida. También *v. prnl.* **2.** Introducir desacuerdo, discordia, etc., entre personas que estaban unidas. También *v. prnl.*

desurtido, da *adj. amer.* Desabastecido.

desusado, da *adj.* **1.** Desacostumbrado, poco usual. **2.** Anticuado. **FAM.** Desusadamente.

desuso *s. m.* **1.** Falta de uso. **2.** Falta de aplicación de una ley en vigor.

desustanciar *v. tr.* Quitar fuerza a algo privándolo de su sustancia. Se usa más como *v. prnl.*

desvaído, da *adj.* **1.** De color débil o que ha perdido intensidad. **2.** Que tiene forma o contorno impreciso. **3.** Se dice de la cosa inmaterial poco definida. **4.** Insignificante, con poca personalidad.

desvalido, da *adj.* **1.** Que carece de ayuda y protección. También *s.* **2.** Que no tiene bienes ni recursos. También *s.*

desvalijar *v. tr.* **1.** Quitar o robar a una persona todo lo que lleva encima. **2.** Robar todas las cosas valiosas de un sitio. **FAM.** Desvalijador, desvalijamiento.

desvalimiento *s. m.* **1.** Falta de ayuda y protección. **2.** Carencia de bienes y recursos.

desvalorización *s. f.* **1.** Acción y efecto de desvalorizar o desvalorizarse. **2.** Pérdida del valor de la moneda de un país con relación a otras monedas. **3.** Disminución del valor de un activo o patrimonio de una empresa.

desvalorizar *v. tr.* Disminuir el valor o la estimación de una persona o cosa. También *v. prnl.* ■ Se conjuga como *cazar.*

desván *s. m.* Parte más alta de una casa, debajo del tejado, donde se suelen guardar los objetos viejos y en desuso.

desvanecedor, ra *adj.* **1.** Que desvanece. ‖ *s. m.* **2.** Aparato usado para difuminar parte de una fotografía al sacar el positivo.

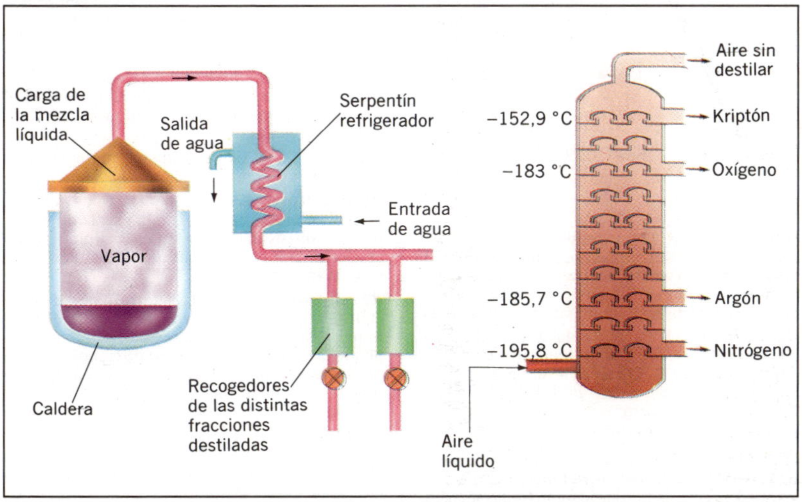

Destilación: a la izquierda, proceso de destilación industrial, en el que la sustancia se vaporiza en la caldera y, al enfriarse en el serpentín, los componentes se licúan por separado. A la derecha, proceso de destilación fraccionada industrial, que separa los componentes de la sustancia en función de su punto de ebullición.

desvanecer *v. tr.* **1.** Hacer que algo desaparezca lentamente. También *v. prnl.* **2.** Reducir la intensidad de los colores o la precisión de los contornos. También *v. prnl.* **3.** Eliminar de la mente una idea, sentimiento, etc. También *v. prnl.* ‖ *v. prnl.* **4.** Evaporarse la parte volátil de algo. **5.** Desmayarse, perder el sentido momentáneamente. ■ Es v. irreg. Se conjuga como *agradecer.* **FAM.** Desvanecido.

desvanecimiento *s. m.* **1.** Acción y efecto de desvanecer o desvanecerse. **2.** Pérdida del conocimiento, desmayo. **3.** Fenómeno radioeléctrico consistente en la disminución de la intensidad de las ondas sonoras captadas por un receptor.

desvariar *v. intr.* **1.** Delirar a causa de la fiebre, enfermedad, etc. **2.** Decir o hacer locuras, disparates o despropósitos. ■ En cuanto al acento, se conjuga como *ansiar*: *desvarío.*

desvarío *s. m.* Acción y efecto de desvariar.

desvelar[1] (del lat. *dis* y *evigilare*, despertar) *v. tr.* **1.** Hacer perder el sueño o no dejar dormir. También *v. prnl.* ‖ *v. prnl.* **2.** Preocuparse por alguien o algo, poner gran cuidado y atención en una tarea.

desvelar[2] (de *des-* y *velo*) *v. tr.* Dar a conocer algo que estaba oculto.

desvelo *s. m.* **1.** Insomnio. **2.** Esfuerzo, cuidado, solicitud.

desvencijar *v. tr.* Aflojar, desunir las partes de una cosa que estaban unidas. También *v. prnl.* **FAM.** Desvencijado.

desvendar *v. tr.* Quitar la venda. También *v. prnl.*

desventaja *s. f.* Circunstancia que hace que una persona o cosa sea peor o esté en peor situación que otras. **FAM.** Desventajosamente, desventajoso.

desventura *s. f.* Desgracia, mala suerte.

desventurado, da *adj.* Desgraciado, desdichado. También *s.*

desvergonzado, da **1.** *p. p.* de **desvergonzarse**. ‖ *adj.* **2.** Que actúa con descaro y desvergüenza. También *s.* **FAM.** Desvergonzadamente.

desvergonzarse *v. prnl.* **1.** Actuar con desvergüenza. **2.** Vencer la vergüenza o timidez para hacer algo. ■ Es v. irreg. Se conjuga como *forzar.*

desvergüenza *s. f.* **1.** Falta de vergüenza, atrevimiento. **2.** Dicho o hecho que va contra lo que se considera moral y justo.

desvestir *v. tr.* Quitar la ropa que una persona lleva puesta o las telas que cubren algo. También *v. prnl.* ■ Es v. irreg. Se conjuga como *pedir.*

desviación *s. f.* **1.** Acción y efecto de desviar o desviarse. **2.** Tramo de una carretera que se aparta de la general. **3.** Cosa irregular, que se sale de lo considerado normal. **4.** Diferencia entre un valor estadístico y la normalidad o valor medio. **5.** En med., cambio de la posición natural de los órganos, especialmente de los huesos, p. ej. la desviación de la columna vertebral. **6.** En med., paso de los líquidos del organismo por fuera de sus conductos naturales. ‖ **7. desviación de un prisma** Ángulo que forman la dirección del rayo de luz incidente y el rayo emergente al atravesar un prisma óptico.

desviacionismo *s. m.* En pol., doctrina, actitud o conducta que se aparta de aspectos importantes de la postura oficial, pero sin romper con ella. **FAM.** Desviacionista.

desviar (del lat. *deviare*) *v. tr.* **1.** Apartar a alguien o algo del camino que seguía o de la dirección conveniente. También *v. prnl.* **2.** Apartar a alguien de su intención o idea. También *v. prnl.* ■ En cuanto al acento, se conjuga como *ansiar*: *desvío.*

desvincular *v. tr.* Hacer desaparecer el vínculo o la relación que se tenía con alguien o algo. También *v. prnl.* **FAM.** Desvinculación.

desvío *s. m.* **1.** Acción y efecto de desviar. **2.** Vía o camino que se aparta de otro más importante. **3.** Falta de afecto. **4.** Dispositivo utilizado para bifurcar o unir vías de ferrocarril.

desvirgar *v. tr.* **1.** Quitar la virginidad. **2.** *fam.* Usar algo por primera vez, abrirlo. ■ Se conjuga como *pagar.*

desvirtuar *v. tr.* Quitar o hacer perder a alguien o algo su virtud, valor o características. También *v. prnl.* ■ En cuanto al acento, se conjuga como *actuar*: *desvirtúo.*

desvivirse *v. prnl.* Mostrar vivo interés y afecto por alguien o algo.

desvolcanarse *v. prnl.* *Col.* Derrumbarse algo, hundirse.

desyemar *v. tr.* Quitar las yemas o brotes a las plantas y árboles.

detall, al *loc. adv.* Al por menor.

detallado, da *adj.* Minucioso, con todo detalle. **FAM.** Detalladamente.

detallar *v. tr.* **1.** Relatar o tratar una cosa en sus partes más pequeñas. **2.** Vender al detall.

detalle *s. m.* **1.** Parte pequeña que completa el aspecto de otra mayor, pero que no es indispensable en ella. **2.** Fragmento de una obra de arte, fotografía, etc., reproducido en un libro, película, etc. **3.** Dato que aclara o completa un suceso. **4.** Rasgo de cortesía, delicadeza. ‖ **LOC. al detalle** *adv.* Con detalle. **con** (o **en**) **detalle** *adv.* Minuciosamente, en profundidad.

detallista *adj.* **1.** Que cuida mucho de los detalles. También *s.* ‖ *s. m.* y *f.* **2.** Comerciante que vende al por menor.

detección *s. f.* Acción y efecto de detectar o descubrir.

detectar *v. tr.* **1.** Descubrir por medio de un aparato o mediante métodos físicos o químicos lo que no puede ser observado directamente. **2.** Percibir, darse cuenta de un hecho determinado.

detective *s. m.* y *f.* **1.** Persona que se dedica a hacer investigaciones por encargo de clientes. **2.** En ciertos países, uno de los cargos del cuerpo de policía. **FAM.** Detectivesco.

detector, ra *adj.* **1.** Que sirve para detectar. ‖ *s. m.* **2.** Cualquier aparato utilizado para descubrir la presencia de un cuerpo o de un fenómeno oculto. ‖ **3. detector de mentiras** Aparato que capta y refleja gráficamente los cambios emocionales involuntarios en la persona que miente. **4. detector de metales** Aparato que localiza metales enterrados a poca profundidad. Funciona generando un campo electromagnético que, en presencia de un objeto metálico, activa una alarma sonora.

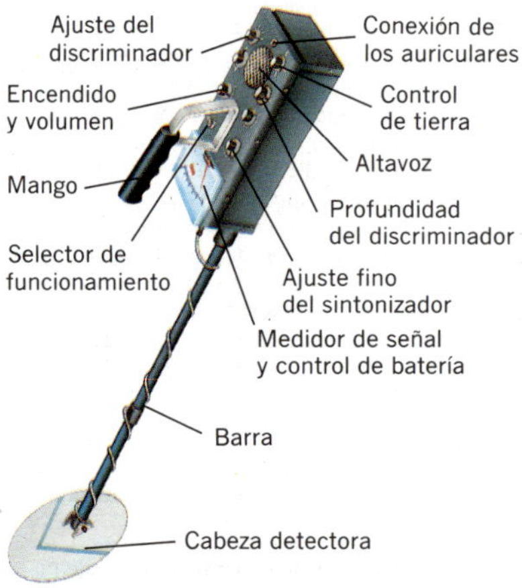

Detector de metales.

detención *s. f.* **1.** Acción y efecto de detener o detenerse. **2.** Detenimiento, minuciosidad. ‖ **3. detención preventiva** La que se impone a una persona, cuando se la supone culpable, para facilitar la investigación y evitar su posible fuga.

detener *v. tr.* **1.** Parar a alguien o algo no dejándole avanzar, moverse o realizar una acción. También *v. prnl.* **2.** Capturar a una persona que ha cometido un delito. ‖ *v. prnl.* **3.** Entretenerse. **4.** Pararse a considerar o meditar una cosa. ■ Es v. irreg. Se conjuga como *tener.*

detenidamente *adv. m.* Con detenimiento.

detenido, da **1.** *p. p.* de **detener**. ‖ *adj.* **2.** Que no puede moverse porque alguien o algo se lo impide. **3.** Persona a la que la policía ha apresado por ser sospechosa de un delito. También *s.* **4.** Detallado, minucioso.

detenimiento *s. m.* Acción de dedicar tiempo y atención a lo que se hace.

detentar *v. tr.* Usar o atribuirse una persona sin derecho lo que no le pertenece.

détente (voz fr.) *s. f.* Distensión en las relaciones internacionales.

detergente *adj.* **1.** Se aplica a lo que tiene la propiedad de limpiar sin producir corrosión. ‖ *s. m.* **2.** Sustancia o producto que limpia. Los detergentes son sustancias químicas usadas para lavar en combinación con el agua u otros líquidos, a los que proporciona una gran capacidad limpiadora. Son más enérgicos que el jabón y, a diferencia de éste, que se obtiene a partir de grasas vegetales, proceden de aceites minerales. Eran ya conocidos a mediados del s. XIX, pero su popularización se inició en Alemania en tiempos de la Primera Guerra Mundial.

deteriorar *v. tr.* Estropear, echar a perder. También *v. prnl.*

deterioro *s. m.* Acción y efecto de deteriorar o deteriorarse.

determinación *s. f.* **1.** Acción y efecto de determinar. **2.** Cosa que alguien decide hacer ante una situación. **3.** Cualidad o actitud del que no se detiene ante el peligro o la dificultad y actúa con decisión. **4.** En ling., acción de un determinante sobre la palabra a la que determina.

determinado, da **1.** *p. p.* de **determinar**. También *adj.* ‖ *adj.* **2.** En ling., se aplica al artículo que presenta un sustantivo ya conocido por los hablantes; tiene las formas *el, la, lo, los, las.*

determinante *adj.* **1.** Que determina. ‖ *s. m.* **2.** En ling., palabra que concreta o determina al sustantivo. Son determinantes el artículo (*el, la, lo, los, las*), los demostrativos (*este, ese, aquel*, etc.), los posesivos (*mi, tu, su, nuestro, vuestro, suyo*, etc.), los indefinidos (*algún, ningún, cualquiera, poco, mucho*, etc.) y los numerales (*cinco, primero, doble*, etc.). La mayoría de los determinantes tienen variaciones de género y número y conciertan en género y número con el sustantivo al que complementan: *la casa, el perro, las niñas.* ‖ **3. determinante de una matriz** En mat., número real que corresponde a dicha matriz.

determinar *v. tr.* **1.** Fijar los términos de una cosa. **2.** Concretar, precisar. **3.** Averiguar o calcular cierta cosa partiendo de unos datos conocidos. **4.** Disponer, establecer algo. **5.** Tomar una decisión. También *v. prnl.* **6.** Hacer que alguien tome una decisión. **7.** Provocar, ser causa. **8.** En der., sentenciar, definir. **FAM.** Determinable.

determinativo, va *adj.* **1.** Que determina o resuelve. **2.** Se dice del adjetivo que determina o concreta el significado del sustantivo al que complementa, como *este, nuestro.*

determinismo *s. m.* Corriente filosófica que mantiene que todos los acontecimientos del universo están sometidos a leyes naturales de carácter causal, por lo que existe entre ellos un encadenamiento riguroso que no deja lugar ni a la casualidad ni a la libertad. Las doctrinas deterministas modernas están vinculadas a una concepción mecanicista del universo. **FAM.** Determinista.

detestable *adj.* **1.** Odioso, aborrecible. **2.** Que produce mala impresión, pésimo, malísimo. **FAM.** Detestablemente.

detestar *v. tr.* Sentir antipatía, repugnancia o rechazo hacia alguien o algo.

detonación *s. f.* **1.** Acción y efecto de detonar. **2.** Explosión rápida capaz de iniciar la de un explosivo relativamente estable. **3.** Ruido sordo producido por el motor cuando la combustión se efectúa incorrectamente.

detonador, ra *adj.* **1.** Que provoca detonación. ‖ *s. m.* **2.** Dispositivo que provoca el estallido de la carga explosiva. Suele contener una pequeña cantidad de explosivo, menos potente pero más sensible que el de la carga (nitruro de plomo o fulminato de mercurio). Se activa mediante corriente eléctrica o percusión mecánica.

detonante *adj.* **1.** Que detona. **2.** Muy llamativo, chocante. ‖ *s. m.* **3.** Agente capaz de producir detonación. **4.** Motivo que desencadena una circunstancia o resultado.

detonar *v. intr.* **1.** Dar estampido. **2.** Llamar la atención, causar asombro. ‖ *v. tr.* **3.** Iniciar una explosión o un estallido.

detractor, ra *adj.* Se dice de la persona que critica o desacredita a alguien o algo. También *s.*

detraer *v. tr.* Separar o quitar parte de una cosa. También *v. prnl.* ■ Es v. irreg. Se conjuga como *traer.*

detrás *adv. l.* **1.** Indica que la persona o cosa de que se habla está colocada a espaldas de otra o va a continuación de ella: *El jardín está detrás de la casa.* **2.** En la parte posterior de una misma persona o cosa: *Lleva el precio detrás.* **3.** En ausencia: *Murmuran de él por detrás.*

detrimento *s. m.* Daño o perjuicio material o moral.

detrítico, ca *adj.* Se dice de la roca o depósito compuesto de detritos, fragmentos procedentes de la erosión o meteorización de rocas más antiguas.

detrito o **detritus** *s. m.* **1.** Cada uno de los pequeños fragmentos que se originan de la desintegración de las rocas. **2.** Residuos que resultan de la descomposición de ciertos cuerpos. **3.** Restos y materiales inútiles.

Detroit C. de EE UU, en el estado de Michigan, situada a orillas del lago Saint Clair, junto al lago Erie. 1.039.600 h. en 1989; 4.601.000 h. en 1985 en su área metropolitana. Ha sido considerada la capital mundial del automóvil, pues producía a mediados de este siglo casi el 75 % de los automóviles del mundo. En la actualidad ha perdido importancia debido a la competencia europea y japonesa, aunque posee tres de las principales empresas del sector: General Motors, Ford y Chrysler. Cuenta con industrias metalúrgicas, químicas y aeronáuticas. Es además un importante centro portuario y comercial.

Detroit: vista de la ciudad, con el lago Saint Clair al fondo.

Deucalión Personaje de la mitología griega. Hijo de Prometeo, se salvó, en unión de su esposa Pirra, del diluvio que Zeus envió sobre la Tierra como castigo por la maldad humana. Representa, junto a Prometeo, el origen de la humanidad.

deuce (voz ingl.) *s. m.* En tenis y otros deportes, situación de igualdad en el tanteo, que puede producirse en los finales de cada juego; para romperla y ganar el juego es necesario apuntarse dos tantos consecutivos.

deuda *s. f.* **1.** Obligación que una persona tiene de pagar, dar o devolver a otra una cierta cantidad de dinero. **2.** Cantidad que se debe. **3.** Obligación moral. ‖ **4. deuda amortizable** Deuda que ha de devolverse en un plazo fijo. **5. deuda pública** Conjunto de préstamos concedidos al Estado para que éste pueda hacer frente a sus gastos. **6. deuda tributaria** La que se tiene con la Hacienda pública como consecuencia de un impuesto.

deudo, da *s. m.* y *f.* Pariente o familiar.

deudor, ra *adj.* **1.** Que debe algo, generalmente el dinero que se le ha prestado. También *s.* **2.** En contabilidad, se dice de lo referido al debe.

deus ex machina *loc. lat.* Significa 'dios que baja por medio de una máquina', como ocurría en el teatro clásico griego para resolver la trama. Se aplica al personaje o al recurso forzado que inventa el autor de una obra de ficción para dar solución a un problema o enredo; se utiliza también para indicar que un acontecimiento inesperado soluciona una grave dificultad.

deuterio *s. m.* Isótopo del hidrógeno en cuyo núcleo, además del protón, existe un neutrón; su símbolo es ${}^{2}_{1}H$, salvo cuando aparece en la fórmula del agua pesada, donde se representa con D.

deuterón *s. m.* Núcleo del deuterio, constituido por un protón y un neutrón. Se llama también *deutón.*

Deuteronomio Libro del Antiguo Testamento, quinto y último del *Pentateuco.* Recoge las leyes civiles, morales y religiosas por las que debía regirse el pueblo de Israel.

deutón *s. m.* Deuterón*.

deva *s. m.* Nombre dado en la India a las divinidades inferiores.

devaluación *s. f.* Acción y efecto de devaluar, en especial una moneda.

devaluar *v. tr.* **1.** Disminuir el valor de una moneda con respecto a un patrón metálico o al de las monedas de otros países. También *v. prnl.* **2.** Hacer perder valor a algo. También *v. prnl.* ■ En cuanto al acento, se conjuga como *actuar*: *devalúo.*

devanadera *s. f.* **1.** Aparato giratorio donde se colocan las madejas para devanarlas. **2.** Soporte para enrollar la madeja en estas máquinas.

devanado, da **1.** *p. p.* de **devanar**. ‖ *s. m.* **2.** Acción y efecto de devanar. **3.** Bobina de hilo de cobre con revestimiento aislante que forma parte de algún aparato eléctrico.

devanador, ra *adj.* **1.** Que devana o sirve para devanar. También *s.* ‖ *s. m.* **2.** Pieza sobre la que se devana algo. ‖ *s. f.* **3.** En las máquinas de coser, pieza que sirve para devanar la bobina de hilo.

devanar *v. tr.* Enrollar un hilo, alambre, cuerda, etc., alrededor de un eje, bobina o carrete, o formando un ovillo. ‖ **LOC. devanarse los sesos** *fam.* Reflexionar mucho sobre un problema.

devaneo *s. m.* **1.** Relación amorosa pasajera y poco seria. **2.** Entretenimiento o acción con la que se pierde el tiempo.

devastador, ra *adj.* **1.** Que devasta. También *s.* **2.** Arrollador, que no admite comparación o réplica.

devastar *v. tr.* Destruir, arrasar. **FAM.** Devastación.

develar *v. tr.* **1.** Quitar o descorrer el velo que cubre alguna cosa. **2.** Desvelar*.

devengar *v. tr.* Adquirir derecho a retribución por un trabajo, servicio, etc. ■ Se conjuga como *pagar.*

devengo *s. m.* Cantidad devengada.

devenir[1] (del lat. *devenire*) *v. intr.* **1.** Llegar a ser. **2.** Suceder una cosa. ■ Es v. irreg. Se conjuga como *venir.*

devenir[2] *s. m.* **1.** Transcurso. **2.** En fil., movimiento o proceso por el que, en el curso del tiempo, las cosas y los seres se hacen o se transforman. Para los presocráticos era el movimiento primordial de la realidad; para Platón significaba la esencia del mundo sensible, mientras que Aristóteles lo consideraba el tránsito de la potencia al acto.

devoción *s. f.* **1.** Amor, veneración y fervor religiosos y manifestación externa de estos sentimientos. **2.** Sentimiento de admiración, predilección, cariño, etc., hacia alguien o algo. **3.** Entrega a una causa.

devocionario *s. m.* Libro que contiene oraciones para uso de los fieles.

devolución *s. f.* Acción y efecto de devolver.

devolver *v. tr.* **1.** Dar una cosa a la persona, lugar o institución de quien se ha recibido. **2.** Entregar en un comercio una cosa que se había comprado, recuperando su importe. **3.** Rechazar un trabajo, una factura, etc., por no considerarlos adecuados. **4.** Corresponder a una invitación, una ofensa, etc. **5.** *fam.* Vomitar. También *v. intr.* **6.** Dar el dinero sobrante a quien ha hecho un pago. **7.** En ciertos deportes, como el tenis, enviar de nuevo al contrario la pelota que éste ha lanzado. También *v. intr.* **8.** Volver una cosa a su situación o estado original. ‖ *v. prnl.* **9.** *amer.* Regresar, volverse. ■ Es v. irreg. Se conjuga como *volver.*

Devon Condado del Reino Unido, situado en el SO de Inglaterra. 6.715 km^2. 1.021.000 h. en 1988. La capital es Exeter, con 95.600 h. en 1981. Su economía se basa en la agricultura hortícola, la ganadería bovina, la pesca, la minería de caolín y el turismo. La industria se concentra en Plymouth, su principal ciudad.

devónico, ca *adj.* **1.** Se aplica al cuarto periodo de la era primaria o paleozoica, que sigue al silúrico y precede al carbonífero. Comenzó hace 395 millones de años y concluyó aproximadamente hace 345 millones. En el devónico aparecen las arañas e insectos primitivos, los cefalópodos ammonites, los tiburones y los primeros vertebrados terrestres (anfibios), al tiempo que cobran importancia las plantas (helechos y arbóreas). En este periodo comienza la orogenia herciniana. También *s. m.* **2.** De este periodo.

devorar *v. tr.* **1.** Tragar con ansia y apresuradamente. **2.** Comer un animal a otro. **3.** Destruir, consumir. **4.** P. ext., producir a alguien inquietud y trastorno una pasión, un deseo, etc. **5.** Dedicar una atención absorbente a algo. **FAM.** Devorador.

devoto, ta *adj.* **1.** Se dice de la persona dedicada a obras piadosas y religiosas o que tiene devoción, p. ej. a un santo. También *s.* **2.** Se aplica a la imagen, templo o lugar que mueve a devoción. **3.** Muy aficionado a cierta persona o cosa. También *s.* **FAM.** Devotamente.

Devoto, Daniel (Buenos Aires 1916) Musicólogo y escritor argentino. Resalta su labor en el Centro Nacional de Investigación Científica. Entre sus obras destacan *Bibliografía razonada de la historia de la música* (1947), *La música. Los hombres, los instrumentos, las obras* (1965), *Contribución del folklore y de la musicología a la crítica literaria* (1970) y, como poeta, *Libro de fábulas* (1943) y *Consonancias* (1965).

devuelta *s. f. Col., P. Rico, Rep. Dom.* Cambio, vuelta de lo pagado.

Dewar, sir James (Kincardine-on-Forth 1842 - Londres 1923) Químico y físico británico. Sus trabajos más importantes se desarrollaron en el campo de las bajas temperaturas. Inventó la botella o vaso de su nombre para la conservación de gases licuados, origen del termo doméstico, y consiguió la licuefacción (1898) y la solidificación (1899) del hidrógeno. Descubrió, en unión de Frederick Augustus Abel, el explosivo llamado *cordita.*

Dewey, George (Montpelier, Vermont 1837 - Washington 1917) Marino estadounidense. Militó en el bando nordista durante la guerra de Secesión. Almirante de la flota estadounidense del Pacífico, destruyó la flota española en Cavite (1898) y tomó Manila.

John Dewey.

Dewey, John (Burlington 1859 - Nueva York 1952) Filósofo y pedagogo estadounidense. Es el creador de la escuela activa, a la que concibe como una forma de vida social que debe integrar al alumno en la sociedad de su tiempo y prepararlo para la vida futura. Entre sus obras, que han ejercido una decisiva influencia en el sistema educativo, figuran *Democracia y educación* (1916), *Naturaleza humana y conducta* (1922), *Experiencia y naturaleza* (1925) y *La ciencia de la educación* (1929).

dextrógiro, ra *adj.* Se aplica a cualquier compuesto que en disolución tiene la propiedad de desviar hacia la derecha el plano de polarización de la luz, cuando ésta atraviesa la disolución. También *s.*

dextrorso, sa *adj.* Se aplica a las cosas que se mueven o se arrollan hacia la derecha, como las manecillas de un reloj.

dextrosa *s. f.* Una de las dos variedades de glucosa. Se distingue de la levosa en que sus disoluciones hacen girar el plano de polarización de la luz hacia la derecha.

deyección *s. f.* **1.** Expulsión de los excrementos del organismo. **2.** Los excrementos mismos. Se usa más en *pl.* **3.** En geol., conjunto de materiales expulsados en las erupciones volcánicas. **4.** En geol., acumulación de detritos al cesar su transporte.

Deza, Fray Diego de (Toro, Zamora 1443 - Sevilla 1523) Dominico español. Catedrático de teología en Salamanca y preceptor del príncipe Juan, residió desde 1486 en la corte de los Reyes Católicos, donde trabó amistad con Colón. Fue obispo de Zamora (1494), Jaén (1497), Palencia (1500) y arzobispo de Sevilla (1504). Sucedió a Torquemada en el cargo de inquisidor general de Castilla y León (1498) y de Aragón (1499).

dg Símbolo del decigramo, unidad de masa.

Dhaulagiri Pico de la cordillera del Himalaya, en Nepal. 8.171 m de altura. También se le conoce como la *Montaña Blanca* y fue coronado por primera vez en 1960.

di-[1] (del lat. *dis*) *pref.* Denota oposición: *disentir*; separación: *divergir*; origen: *dimanar*; o extensión: *dilatar*.

di-[2] (del gr. *dis*, dos) *pref.* Significa 'dos': *disílabo*, *dióxido*.

di-[3] o **dia-** *pref.* Significa 'separación', 'a través de', 'entre', etc.: *diacrítico*, *diacronía*, *diatónico*.

Di Stefano, Alfredo (Buenos Aires 1926) Futbolista español, de origen argentino. Procedente del Millonarios de Bogotá, fue contratado por el Real Madrid en 1954 y se convirtió en la estrella de un equipo que dominó la competición europea de 1956 a 1960. Tras su retirada se hizo entrenador.

día *s. m.* **1.** Tiempo que tarda la Tierra en dar una vuelta sobre su eje, contado desde las 24 horas (doce de la noche); y cada uno de estos espacios de tiempo con número y nombre. **2.** Tiempo que dura la luz del sol. **3.** Ocasión, momento indeterminado. **4.** Fecha en que se conmemora o celebra un acontecimiento, particularmente la de una onomástica. ‖ *pl.* **5.** Vida. ‖ **6. día astronómico** Espacio de tiempo comprendido entre dos pasos consecutivos del Sol por el meridiano superior. **7. día D** El determinado secretamente para alguna acción concreta. **8. día de precepto** Para los católicos, día en que hay obligación de oír misa y no trabajar. **9. día del juicio (final)** En la religión cristiana, el último día de los tiempos, en el que Jesucristo juzgará a los vivos y a los muertos; también, irónicamente, muy tarde o nunca. **10. día feriado** Aquel en el que están cerrados los tribunales y oficinas públicas; también, día festivo. **11. día hábil** Día en el que funcionan las oficinas públicas y los tribunales. **12. día lectivo** Aquel en el que se da clase en los centros de enseñanza. ‖ **Loc. a días** *adv. fam.* Unos días sí y otros no. **a tantos días fecha** (o **vista**) Expresión comercial para indicar que una letra, un pagaré, etc., será abonado al cumplirse los días que se expresan, empezando a contar desde la fecha o desde la aceptación. **al día** *adv.* Al corriente, sin retraso. También, con el verbo *estar*, *ponerse*, etc., conocer los últimos adelantos, descubrimientos, tendencias de un asunto o materia. Con el verbo *vivir*, tener lo justo para las necesidades de cada día, no ahorrar ni hacer previsiones para el futuro. **como del día a la noche** Señala que hay una gran diferencia entre las personas o cosas que se comparan. **de un día a** (o **para**) **otro** *adv.* Expresa la prontitud con que se espera algo. **del día** *adj.* De moda o conforme al gusto. También, hecho en el mismo día, fresco, reciente. **día y noche** *adv.* A todas horas, constantemente. **el día de mañana** En el futuro. **en su día** En el momento oportuno, cuando corresponda. **hoy (en) día** *adv.* Actualmente, en el tiempo presente. **ser el día** de alguien *fam.* Ser un día en el que todo le sale bien; se usa más en frases negativas con el significado opuesto. **tener** uno **días** *fam.* Ser desigual en el trato, en el humor, etc. **tener los días contados** Quedarle a alguien o algo muy poco tiempo de existencia. **un día es un día** *fam.* Indica que en cierta ocasión uno se aparta de unas costumbres por algún motivo especial, extraordinario.

diabasa *s. f.* Roca volcánica muy básica, de color pardo oscuro o verdoso, compuesta de plagioclasa, augita, olivino y, eventualmente, algo de cuarzo. Se presenta en lacolitos, filones y estratos del periodo devónico, generalmente muy alterada. También se denomina *dolerita*.

diabetes *s. f.* Nombre que designa dos enfermedades: la **diabetes mellitus**, enfermedad hormonal caracterizada porque el páncreas no produce una cantidad suficiente de la hormona insulina, que es la que controla la concentración de azúcar en la sangre, produciéndose un exceso de ésta; se trata mediante dietas pobres en hidratos de carbono, medicamentos que aumentan la producción de insulina y, en casos graves, inyecciones diarias de la hormona; y la **diabetes insípida**, debida a un defecto en la producción por la hipófisis de la hormona antidiurética (vasopresina), causada por un trastorno en el hipotálamo, lo que da lugar a un exceso de producción de orina, sed excesiva, deshidratación, etc.; se trata mediante administración de medicamentos antidiuréticos.

diabético, ca *adj.* **1.** Relativo a la diabetes. **2.** Que padece diabetes. También *s.*

diabla *s. f.* **1.** *fam.* Diablesa. **2.** En los teatros, batería de luces entre bambalinas.

diablesa *s. f. fam.* Diablo femenino.

diablillo *s. m. dim.* de **diablo**. Se aplica sobre todo a los niños algo revoltosos.

diablo *s. m.* **1.** Nombre dado a los ángeles que, según la *Biblia* (*Apocalipsis* 12, 7-12), se rebelaron contra Dios y que personifican las fuerzas del mal, contra las que se enfrenta Jesucristo. **2.** Persona traviesa, temeraria o inquieta; especialmente se dice de los niños revoltosos. **3.** Persona astuta y muy hábil. ‖ *interj.* **4.** *fam.* Expresa sorpresa, admiración, susto, enfado. Se usa a menudo en *pl.* ‖ **5. diablo de Tasmania** Mamífero marsupial de la familia dasiúridos, especie *Sarcophylus harrisi*. Presenta pelaje negro, con una banda blanca en el pecho, y cola larga no prensil. Es carnívoro, tiene costumbres nocturnas y habita en Tasmania. **6. pobre diablo** Hombre infeliz, desgraciado, de poca valía. ‖ **Loc. a diablos** *adv. fam.* Con verbos como *saber*, *sonar*, etc., horrendo, muy mal. **andar** (o **estar**) **el diablo suelto** *fam.* Haber grandes disturbios o desórdenes. **como el** (o **un**) **diablo** *adv. fam.* Mucho, demasiado; se usa para exagerar algo. **llevarse el diablo** una cosa *fam.* Consumirse, desaparecer una cosa sin provecho de nadie. **llevárselo** a uno **los diablos** *fam.* Encolerizarse. **mandar** a alguien **al diablo** *fam.* Enfadarse con él, echarle de su lado. **tener el diablo** (o **los diablos**) **en el cuerpo** *fam.* Ser muy travieso o muy astuto. **Fam.** Diablesco.

diablura *s. f.* Travesura, trastada.

diabólico, ca *adj.* **1.** Perteneciente o relativo al diablo. **2.** Excesivamente malo, malvado. **3.** Enrevesado, muy difícil. **4.** Muy astuto, hábil e inteligente. **Fam.** Diabólicamente.

diábolo *s. m.* Juguete que consiste en dos conos unidos por sus vértices que se baila con una cuerda sujeta a dos varillas.

diácido *adj.* Se dice del compuesto orgánico en cuya molécula aparecen dos grupos ácidos –COOH; el más sencillo es el etanodioico o ácido oxálico, de fórmula HOOC–COOH. También *s. m.*

diaclasa *s. f.* Grieta o fractura que surge en una roca sin que haya desplazamiento de los bloques formados.

Las diaclasas fragmentan la roca en bloques que siguen planos de fractura paralelos.

diácono *s. m.* En la religión católica, ministro eclesiástico de grado inmediatamente inferior al sacerdote. **Fam.** Diaconado o diaconato.

diacrítico, ca *adj.* En ling., se dice de los signos ortográficos que sirven para dar a una letra un valor especial, p. ej. la diéresis en la letra *u* de *vergüenza*, o para distinguir cuándo una palabra que tiene dos significados se usa con uno u otro, p. ej. el acento en *aún* (todavía) para diferenciarla de *aun* (incluso).

diacronía *s. f.* **1.** Desarrollo y sucesión de hechos a través del tiempo. **2.** Estudio de la lengua, la historia, etc., desde el punto de vista de la evolución y transformaciones de los fenómenos a lo largo del tiempo.

diacrónico, ca *adj.* Perteneciente o relativo a la diacronía.

diacústica *s. f.* Parte de la acústica que estudia la refracción de los sonidos.

díada *s. f.* En psicol., pareja formada por dos individuos en estrecha interacción. El concepto fue introducido por el sociólogo alemán Georg Simmel para designar al conjunto madre-hijo, en el cual considera que se halla el punto de arranque de las futuras relaciones sociales.

Diada (voz cat.) *s. f.* En Cataluña, fecha en la que se conmemora un acontecimiento importante; particularmente, el 11 de septiembre, fiesta nacional que recuerda la entrada de las tropas de Felipe V en Barcelona durante la guerra de Sucesión.

diadema *s. f.* **1.** Tocado femenino en forma de media corona abierta por detrás. **2.** Corona, aureola. **3.** Faja o cinta que ceñía la cabeza de algunos soberanos.

diadoco o **diádoco** *s. m.* Título dado a los generales macedónicos que a la muerte de Alejandro Magno (323 a. C.) se repartieron el imperio, que se disgregó en varios reinos denominados *helenísticos*. Los principales diadocos fueron Antípater (Macedonia y Grecia), Ptolomeo (Egipto), Lisímaco (Tracia), Antígono (Asia Menor) y Seleuco (Siria).

diáfano, na *adj.* **1.** Se dice del cuerpo que permite el paso de la luz. **2.** Transparente, claro y limpio. **3.** Sin engaño ni ocultación.

diáfisis *s. f.* Parte media de los huesos largos, comprendida entre los extremos o epífisis.

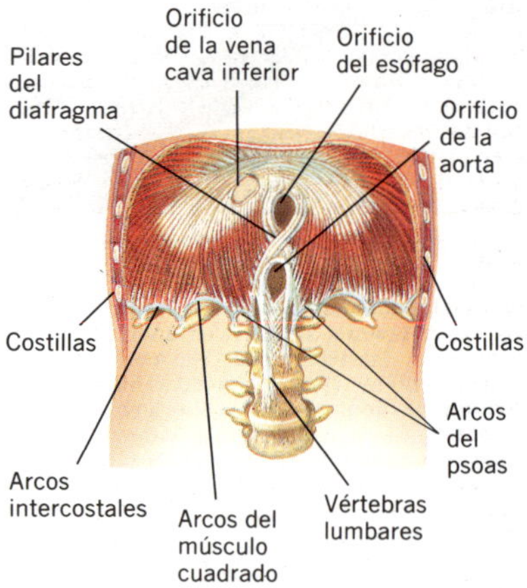

El diafragma humano visto por su cara anterior.

diafragma *s. m.* **1.** Tabique musculoso circular que en los mamíferos separa el abdomen del tórax. Su movimiento ayuda o mantiene la respiración. Tiene orificios para permitir el paso del esófago y de la aorta y la vena cava inferior. **2.** Membrana o separación que regula o impide la comunicación entre diferentes espacios de una máquina, circuito, organismo, etc. **3.** Dispositivo que en las cámaras fotográficas regula el paso de la luz al interior en el momento del disparo. **4.** Disco de los teléfonos, tocadiscos, etc., que recoge las vibraciones del sonido para transformarlas en tensiones eléctricas o viceversa. **5.** Dispositivo anticonceptivo que se coloca en el cuello del útero para impedir el paso de espermatozoides y, por consiguiente, la fecundación. **Fam.** Diafragmático.

diagénesis *s. f.* Proceso mediante el cual un sedimento se convierte en una roca coherente (sedimentaria), bien por compactación o bien por cementación, como p. ej. la transformación de la arena en arenisca.

Diaghilev, Sergei (Novgorod 1872 - Venecia 1929) Empresario teatral ruso. Rompió con la tradicional dependencia de la música respecto al baile y potenció la función del decorado, revolucionando el mundo de la danza. En 1911 fundó la compañía de los Ballets Rusos. Buscó la colaboración de grandes músicos y pintores de su tiempo (Stravinski, Debussy, Falla, Picasso, De Chirico) y descubrió grandes bailarines (Fokine, Nijinski) y coreógrafos (Massine, Balanchine).

Sergei Diaghilev.

diagnosis *s. f.* **1.** Conocimiento de los signos y síntomas de las distintas enfermedades. **2.** Examen, análisis.

diagnosticar *v. tr.* Hacer un diagnóstico. ▪ Se conjuga como *sacar.* **FAM.** Diagnosticable.

diagnóstico, ca *adj.* **1.** Perteneciente o relativo a la diagnosis. ‖ *s. m.* **2.** Determinación y calificación de una enfermedad por los síntomas y signos que le son propios. **3.** Conclusión o resultado del examen de algo.

diagonal *adj.* **1.** Se aplica a las rectas que unen vértices no consecutivos de un polígono o vértices de un poliedro que no están en la misma cara. También *s. f.* **2.** Se dice de la línea, calle, etc., que corta a otra u otras sin ser perpendicular a ellas. También *s. f.* **FAM.** Diagonalmente.

diágrafo *s. m.* Instrumento que sirve para reproducir los contornos de un objeto o dibujo.

diagrama *s. m.* **1.** Representación gráfica de una ley o un fenómeno o de las relaciones entre las diferentes partes de un conjunto o sistema. ‖ **2. diagrama cartesiano** Gráfica referida a un sistema de ejes cartesianos. Se forma en el plano con dos rectas perpendiculares graduadas (x, y) y en el espacio con tres rectas perpendiculares no coplanarias y graduadas (x, y, z). **3. diagrama de barras** Gráfica formada por varios rectángulos, con bases en el eje X y alturas en la dirección del eje Y, que sirve para representar las frecuencias de una determinada distribución estadística. Se llama también *histograma.* **4. diagrama de bloques** Expresión gráfica de un sistema en el que los distintos elementos o componentes están representados por bloques (recuadros de diversas formas), y las relaciones entre ellos se simbolizan mediante trazos que los conectan. **5. diagrama de flujos** Modalidad del diagrama de bloques que presenta de forma gráfica las fases de un proceso, la secuencia de pasos a seguir y sus interrelaciones. También, en inform., representación gráfica de la sucesión de transferencias de control previstas en un algoritmo o programa de ordenador. **6. diagrama de sectores** Representación gráfica de una distribución de frecuencias mediante una circunferencia dividida en sectores de diferente color o distinta trama.

diagramar *v. tr.* Distribuir el texto, la ilustración y los espacios en blanco en la maqueta de un libro, folleto, etc. **FAM.** Diagramación, diagramador.

diaguita *adj.* **1.** Se dice de la tribu amerindia que, en tiempos de la conquista española, habitaba los valles calchaquíes, en el actual territorio argentino de La Rioja. Eran buenos constructores, expertos en el trabajo del metal y realizaban sus enterramientos en urnas funerarias. **2.** De este pueblo. También *s.*

dial *s. m.* **1.** Superficie graduada de forma variable sobre la que se mueve un indicador (aguja, punto luminoso), que señala o mide una determinada magnitud, p. ej. en los receptores de radio la longitud de onda. **2.** Disco con cifras en los teléfonos para marcar el número deseado.

dialaga *s. f.* Mineral silicato de calcio, hierro y magnesio, que pertenece al grupo de los piroxenos. Presenta color verdoso, cambiante según reciba la luz.

dialcohol *adj.* Se dice del compuesto orgánico en cuya molécula existen dos grupos funcionales alcohólicos -OH. También *s. m.*

dialdehído *adj.* Se dice del compuesto orgánico en cuya molécula hay dos grupos aldehídicos -CHO. También *s. m.*

dialectal *adj.* Perteneciente o relativo al dialecto.

dialectalismo *s. m.* **1.** Palabra o expresión propias de un dialecto. **2.** Cualidad de dialectal.

dialéctica *s. f.* **1.** Parte de la filosofía que trata del razonamiento y sus reglas; también, método de esta disciplina. **2.** Arte de discutir o argumentar. **3.** Conjunto de razonamientos y modo de estructurarlos en un discurso, controversia, etc. ***Fil.*** Los significados del término dialéctica a lo largo de la historia del pensamiento han sido muy distintos. Para los primeros filósofos griegos era el arte del diálogo y la controversia. Platón presenta la dialéctica como un método de ascenso de lo sensible a lo inteligible, que permite pasar de la multiplicidad a la unidad y mostrar ésta como fundamento de aquélla. Aristóteles tiene un sentido peyorativo de la dialéctica y la concibe como una forma no demostrativa del conocimiento. En la Edad Media es una de las artes que se refieren al método y no a la realidad y, juntamente con la gramática y la retórica, constituye el *Trivium.* También posee un sentido peyorativo para Kant, que la considera una apariencia que no procede de la lógica ni de la experiencia, sino de la razón, que pretende traspasar sus propios límites y aspira a conocer por sí sola y según sus propios principios el mundo, el alma y Dios. En la filosofía de Hegel, por el contrario, el término dialéctica es enormemente rico y variado. La dialéctica es el proceso de desarrollo del Absoluto en la historia, el movimiento intrínseco de la realidad que se ejecuta normalmente a través de la tesis o afirmación, la antítesis o negación y la síntesis o superación de la contradicción entre la tesis y la antítesis. Para Marx no es la Idea, el Absoluto, sino la materia, la que es dialéctica y sólo un pensamiento dialéctico permite comprender los cambios históricos y los cambios naturales.

dialéctico, ca *adj.* **1.** Perteneciente o relativo a la dialéctica. **2.** Se aplica a la persona a quien gusta discutir o tiene habilidad para ello.

dialecto *s. m.* **1.** Variedad que adopta una lengua en una determinada área geográfica; p. ej. el andaluz es un dialecto del castellano. **2.** Cualquier lengua al ser considerada procedente de otra; p. ej. las lenguas romances fueron dialectos del latín.

dialectología *s. f.* Rama de la lingüística que estudia los dialectos. **FAM.** Dialectólogo.

dialipétalo, la *adj.* **1.** Se dice de la corola que tiene los pétalos libres y de la flor que tiene una corola de esas características. También *s. f.* ‖ *s. f. pl.* **2.** Grupo en que se dividen las plantas dicotiledóneas, caracterizado porque sus flores están provistas de cáliz y corola, teniendo esta última los pétalos separados entre sí. Comprende unas 70.000 especies que se clasifican en 14 órdenes. También *adj.* y *s. f.*

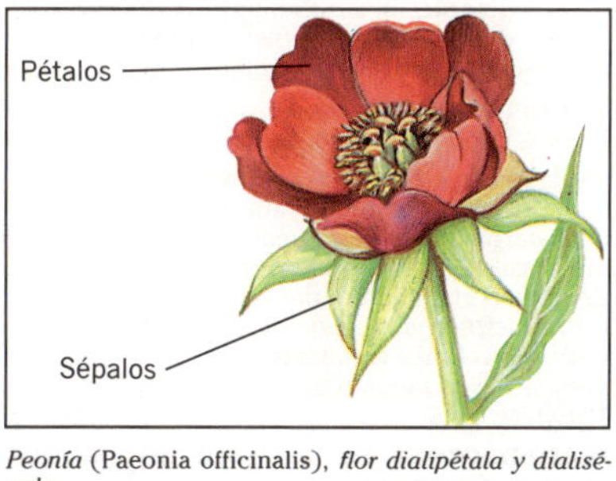

Peonía (Paeonia officinalis), *flor dialipétala y dialisépala.*

dialisépalo, la *adj.* Se dice del cáliz cuyos sépalos están separados entre sí y de las flores con cálices de esas características. También *s. f.*

diálisis *s. f.* **1.** Método de separación de sustancias existentes en una disolución mediante membranas adecuadas que permiten el paso de unos cuerpos (cristaloides) y evitan el de otros (coloides); si los elementos a separar son iones, el proceso se lleva a cabo mediante apropiados campos eléctricos y se denomina *electrodiálisis.* **2.** En med., eliminación de las sustancias de desecho que contiene la sangre en las personas cuyos riñones no pueden realizar esta función o la realizan insuficientemente. En la **hemodiálisis** la sangre extraída al enfermo pasa al riñón artificial, un aparato que la purifica y desde el cual vuelve a penetrar en las vías circulatorias. Las sustancias de desecho se extraen por difusión a través de una membrana semipermeable.

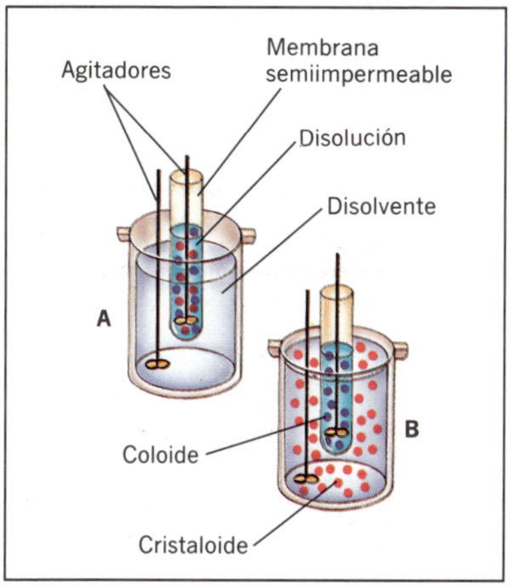

Diálisis: mediante la agitación mecánica (A) los cristaloides traspasan la membrana porosa, mientras los coloides quedan retenidos (B).

dialítico, ca *adj.* Perteneciente o relativo a la diálisis.

dializador *s. m.* Aparato para efectuar la diálisis.

dializar *v. tr.* Efectuar una diálisis. ▪ Se conjuga como *cazar.*

dialogar *v. intr.* Mantener un diálogo. ▪ Se conjuga como *pagar.*

diálogo *s. m.* **1.** Conversación entre dos o más personas. **2.** Discusión entre personas o grupos de opiniones distintas para lograr un acuerdo o acercamiento. **3.** Género literario en el que dos personajes conversan y exponen opiniones opuestas. Fue utilizado por Platón para desarrollar sus ideas filosóficas y alcanzó en el Renacimiento una gran difusión, con obras como *Diálogo de la lengua,* de Juan de Valdés, o *Los nombres de Cristo,* de fray Luis de León.

dialoguista *s. m.* y *f.* Persona que escribe diálogos.

diamagnetismo *s. m.* Comportamiento de ciertas sustancias que al introducirse en un campo magnético hacen disminuir el valor de éste. **FAM.** Diamagnético.

Diamante.

diamante *s. m.* **1.** Mineral de carbono puro. Cristaliza en el sistema cúbico, posee la mayor dureza (10 en la escala de Mohs), es incoloro, transparente, brillante, no conductor de la electricidad, pesado, frágil, exfoliable e insoluble. Muy apreciado en joyería y para ciertas aplicaciones industriales, los principales yacimientos se encuentran en la República Sudafricana, Brasil, Zaire, Botswana y Federación Rusa. **2.** Nombre común de diversas aves paseriformes de la familia estríldidos, de coloración muy vistosa y originarias en su mayoría de Australia. Destaca entre ellas el diamante de Gould *(Poephila gouldiae)*. ‖ *pl.* **3.** Uno de los cuatro palos de la baraja francesa. Su símbolo es un rombo. ‖ **4. diamante brillante** Diamante tallado en 58 caras, 33 en la parte superior y 25 en la inferior. Normalmente se le denomina *brillante.* **5. diamante bruto** (o **en bruto**) El que está sin tallar; también, persona o cosa de gran valor, pero a la que falta educación o pulimento. **6. diamante negro** Variedad de carbono, parecida al diamante, pero que no se presenta en cristales. **7. diamante rosa** El plano por el envés y tallado por el haz. **8. diamante tabla** El tallado por el haz, con una gran superficie plana con cuatro biseles.

diamantífero, ra *adj.* Se aplica al terreno en el que existen diamantes.

diamantino, na *adj.* **1.** Perteneciente o relativo al diamante. **2.** Duro, firme, muy resistente.

diametral *adj.* **1.** Perteneciente o relativo al diámetro. **2.** Con palabras como *oposición*, total.

diametralmente *adv. m.* **1.** De un extremo al opuesto. **2.** Enteramente, completamente.

diámetro *s. m.* **1.** Recta que pasa por el centro y une dos puntos de la circunferencia. La longitud del diámetro es dos veces la del radio. También es la razón entre la longitud de la circunferencia y el número π (3,1416). ‖ **2. diámetro aparente** En astron., arco del ángulo formado por las dos visuales dirigidas a los extremos del diámetro de un astro. **3. diámetro de un cilindro** Diámetro de la circunferencia de la base. **4. diámetro de un cono** Diámetro de la circunferencia de la base. **5. diámetro de una esfera** Recta que contiene el centro de la esfera y une dos puntos de la superficie esférica correspondiente.

diamida *s. f.* Sustancia orgánica en cuya molécula existen dos grupos $-NH_2$ unidos a uno o dos grupos -CO-; particular interés biológico presenta la diamida del ácido carbónico, vulgarmente llamada *urea* ($H_2N-CO-NH_2$), presente en la orina de los mamíferos y, en menor cantidad, en otros animales y plantas.

diamina *s. f.* Sustancia orgánica en cuya molécula hay dos grupos $-NH_2$ unidos a uno o dos carbonos de radicales de hidrocarburos. La más sencilla es la etilendiamina, $H_2N-CH_2-CH_2-NH_2$, líquido de olor amoniacal que hierve a 116 °C.

diana *s. f.* **1.** Toque militar para despertar a la tropa. **2.** Punto central de un blanco de tiro.

Diana Diosa romana identificada con la griega Artemis o Artemisa, protectora de la naturaleza y de la caza.

diandro, dra *adj.* Se dice de la flor que tiene dos estambres.

diantre *s. m. fam.* Diablo, demonio. Se usa mucho como interjección para expresar sorpresa o enfado.

diapasón *s. m.* **1.** Frecuencia asignada a un sonido, que regula y condiciona a los restantes de un sistema musical. En la música occidental la frecuencia tipo es de 440 vibraciones por segundo para el *la* en tercera, según estableció la Conferencia Internacional de Londres (1953). **2.** P. ext., instrumento compuesto por una horquilla de acero y un mango de sujeción, que al ser golpeado vibra y da siempre el *la* en tercera. Fue inventado por John Shore en 1711 y se usa como referencia para el afinado de los instrumentos y para dar el tono a los intérpretes. Existe también un modelo en el que la nota se obtiene soplando. **3.** Serie de notas musicales abarcadas por una voz o instrumento. **4.** Plancha de madera que cubre el mástil de un violín u otro instrumento análogo y sobre el que se oprimen las cuerdas con los dedos.

diapausa *s. f.* Detención espontánea del desarrollo biológico de algunos animales, especialmente insectos, que se produce como respuesta a condiciones ambientales adversas.

diapiro *s. m.* Masa rocosa profunda y de gran plasticidad que asciende en forma de columna a través de las capas de rocas superiores. Su empuje puede llegar a levantar el suelo abombándolo y hasta perforarlo, como sucede en Hettenschlag (Alsacia) y Cardona (Cataluña).

diapositiva *s. f.* Fotografía positivada sobre material transparente que puede observarse al trasluz o ser proyectada en una pantalla.

diarero, ra *s. m.* y *f. Amér. del S.* Vendedor o repartidor de diarios.

diario, ria *adj.* **1.** De todos los días. ‖ *s. m.* **2.** Periódico que se publica todos los días. **3.** Libro en el que alguien anota acontecimientos y pensamientos distribuidos por días. **4.** Gasto que se hace cada día en una casa. ‖ **5. diario de a bordo** Aquel en el que el capitán de un barco refleja las incidencias de un viaje. **6. diario hablado** Programa radiofónico de noticias. ‖ **LOC. a diario** *adv.* Cada día, todos los días. **de diario** *adj.* Se aplica a lo que se usa ordinariamente, sin reservarlo para las fiestas o días extraordinarios. **FAM.** Diariamente.

diarismo *s. m. amer.* Periodismo.

diarista *s. m.* y *f. amer.* Persona que compone o publica un diario.

diarrea *s. f.* **1.** Trastorno del aparato digestivo que se manifiesta en evacuaciones frecuentes de excrementos líquidos o semilíquidos. Puede ser debida a infecciones del aparato digestivo (disentería, cólera), inflamación del intestino (colitis, enteritis), tumores benignos o malignos o intoxicación alimenticia. ‖ **2. diarrea mental** *fam.* Gran confusión de ideas.

diarreico, ca *adj.* Perteneciente o relativo a la diarrea.

diartrosis *s. f.* Articulación que permite un considerable movimiento de los huesos, p. ej. el codo y la rodilla. Se denominan también *articulaciones móviles.*

Dias, Bartolomeu (El Algarve h. 1450 - cabo de Buena Esperanza 1500) Navegante portugués. Por encargo de Juan II exploró la costa africana al S del río Congo y circunnavegó la punta meridional del continente (1487), a la que llamó *cabo de las Tormentas*, hoy cabo de Buena Esperanza.

diascopio *s. m.* Aparato óptico que sirve para proyectar imágenes fijas transparentes, como diapositivas, láminas, filminas, etc.

diáspora *s. f.* **1.** Dispersión de los judíos provocada por su expulsión de Palestina y posterior establecimiento en muy diversos lugares del mundo (Asia Menor, Egipto, Europa, etc.). Se produjo en distintos periodos: deportación asiria (722 a. C.), babilónica (586 a. C.) y tras la destrucción del templo de Jerusalén por Tito (70). **2.** P. ext., dispersión de un conjunto de personas que vivían o estaban juntas.

diastasis *s. f.* **1.** Separación, sin que haya lesión o dislocación, de dos huesos normalmente unidos entre sí. ‖ **2. diastasis abdominal** Separación de los músculos rectos del abdomen. Puede producirse durante el embarazo.

diástole *s. f.* **1.** Movimiento de dilatación del corazón. En los mamíferos afecta a las aurículas y a los ventrículos. En la diástole auricular la sangre procedente de las venas pulmonares y cavas llena las aurículas; después, durante la diástole ventricular, esta sangre pasa a los ventrículos, de donde sale a través de las arterias aorta y pulmonar en la sístole ventricular. **2.** Licencia poética que utiliza como larga una sílaba breve.

diastrofia *s. f.* Dislocación de un hueso, músculo, tendón o nervio.

diastrofismo *s. m.* Conjunto de transformaciones de la corteza terrestre provocadas por movimientos orogénicos y epirogénicos.

diatérmano, na *adj.* Se dice de los cuerpos buenos conductores del calor.

diatermia *s. f.* Método curativo que consiste en la elevación de la temperatura de ciertas partes del cuerpo mediante el paso de una corriente eléctrica de alta frecuencia, inducida por medio de onda corta, microondas o ultrasonidos. Puede utilizarse para aliviar dolores musculares, combatir infecciones localizadas, ocluir o cerrar pequeños vasos sanguíneos o destruir tejidos. **FAM.** Diatérmico.

diatomáceo, a *adj.* Perteneciente o relativo a las algas diatomeas.

Diatomea del tipo planktoniella, *cuyo caparazón presenta simetría radial.*

diatomeas *s. f. pl.* Clase de algas unicelulares que incluye más de 5.500 especies comprendidas en los órdenes centrales y pennales. Son organismos microscópicos y autótrofos, que tienen una membrana de pectina sobre la que se deposita un caparazón de sílice, dividido en dos valvas, que a veces adopta extrañas formas. Contienen, además de la clorofila, otros pigmentos (carotinas y xantofila) que les dan un color amarillento. Viven en el plancton marino y en las aguas dulces. A veces forman colonias y, cuando mueren, sus caparazones se depositan en el fondo, acumulándose y formando un barro silíceo que se llama *tierra de diatomeas* y que se utiliza como aislante térmico o como componente de pinturas y pastas dentífricas. También *adj.* y *s. f.*

diatónico, ca *adj.* En mús., se dice de la escala compuesta por cinco tonos y dos semitonos.

diatriba *s. f.* Ataque violento efectuado de palabra, por escrito, etc., contra personas o cosas.

Díaz, Eugenio (Soacha, Cundinamarca 1804 - Bogotá 1865) Escritor colombiano. Su novela *Manuela* (1866), cuadro costumbrista, es representativa de la narrativa romántica. Otras obras suyas destacadas son *Pioquinta o el valle de Tenza* (1863), *El rejo de enlazar* (1873) y *Cuadros de costumbres* (1898).

Díaz, Jorge (Rosario, Argentina 1930) Dramaturgo chileno. Sus primeras obras están en la línea del teatro del absurdo, pero luego se ha ido inclinando hacia la temática social y política, siempre con sentido del humor. Algunos de sus títulos más significativos son *El cepillo de dientes* (1961), *El mundo ciego* (1964), *Variaciones para muertos en persecución* (1964), *La pancarta* (1970), *El locutorio* (1979), *Las cicatrices de la memoria* (1985) y *El mundo es un pañuelo* (1990).

Díaz, José (Sevilla 1896 - Tbilisi, Georgia 1942) Político español. Procedente del sindicato anarquista CNT, ingresó en el Partido Comunista, cuya secretaría general alcanzó en 1932. Fue elegido diputado por Madrid en 1936. Exiliado tras la guerra civil, murió en la URSS.

Porfirio Díaz. Retrato de José Obregón, detalle (Museo Nacional de Historia, castillo de Chapultepec, México).

Díaz, Porfirio (Oaxaca 1830 - París 1915) Militar y político mexicano. En su juventud participó en movimientos liberales; combatió junto a Benito Juárez en la guerra contra la intervención francesa. Se sublevó en 1876 contra el presidente Lerdo de Tejada y ocupó el poder personalmente o por persona interpuesta hasta 1911. Su mandato, de carácter autoritario, es conocido como el *Porfiriato* y favoreció a los grupos latifundistas frente al campesinado, permitió que el capital extranjero controlara minas, ferrocarriles e industria y pretendió una forzada europeización del país. El descontento social, unido a la crisis política, provocó un levantamiento, dirigido por Francisco Madero, que le obligó a dimitir en 1911 y exiliarse a Francia.

Díaz de Solís, Juan (Lebrija, Sevilla ? - Río de la Plata 1516) Explorador y navegante español. En 1508, junto a Vicente Yáñez Pinzón, recorrió la costa atlántica de Centroamérica. En 1515 organizó una expedición a las Indias para buscar un paso que condujera al Pacífico. En 1516 descubrió la desembocadura del Río de la Plata, en cuyas costas fue atacado y muerto por los indígenas.

Díaz del Castillo, Bernal (Medina del Campo, Valladolid 1495 ó 1496 - Guatemala 1584) Conquistador y cronista español. Formó parte de dos expediciones a las costas de México, en cuya conquista participó a las órdenes de Hernán Cortés (1521). En 1539 el Consejo de Indias le otorgó una encomienda en Guatemala, ciudad de la que fue regidor perpetuo. Escribió la *Historia verdadera de la conquista de la Nueva España* (1568), en la que defiende al soldado anónimo como verdadero protagonista de la conquista de América.

Díaz Mirón, Salvador (Veracruz 1853 - íd. 1928) Poeta mexicano. Bajo la influencia de Victor Hugo, su primera obra se encuadra en el lirismo modernista. En 1901 publicó *Lascas*, que supone un giro radical en su estilo, abordando los aspectos más sórdidos de la realidad. Sus *Poesías completas* fueron editadas en 1928.

Díaz Ordaz, Gustavo (Ciudad Serdán 1911 - Ciudad de México 1979) Político mexicano. Fue ministro de Gobernación (1958-64) y presidente de la República (1964-70). Llevó a cabo una política reformista, pese a lo cual durante su mandato crecieron las agitaciones sociales y en octubre de 1968 fue reprimida con gran dureza una revuelta estudiantil en la capital mexicana, suceso que se conoce como *matanza de Tlatelolco*, ocurrido diez días antes del inicio de los Juegos Olímpicos.

diazo *s. m.* En quím., grupo funcional formado por dos átomos de nitrógeno unidos mediante triple enlace. Sus compuestos, o diazocompuestos, son muy inestables a temperatura ordinaria y explosivos en estado sólido.

diazoar *v. tr.* En quím., transformar una amina en un diazocompuesto mediante su reacción con ácido nitroso.

dibujar *v. tr.* **1.** Trazar sobre una superficie, por medio de lápiz, carboncillo, pluma, etc., la figura de alguna cosa. **2.** Describir. **3.** Preparar un plan, un proyecto, etc. ‖ *v. prnl.* **4.** Aparecer o mostrarse vagamente. **FAM.** Dibujante.

dibujo *s. m.* **1.** Arte de dibujar. **2.** Representación gráfica de una imagen trazada mediante líneas y sombras sobre una superficie plana. **3.** Complicación innecesaria. Se usa más en *pl.* ‖ **4. dibujo lineal** El realizado con escuadra, cartabón, compás y otros instrumentos semejantes. **5. dibujos animados** Los que adquieren movimiento gracias a la técnica cinematográfica, basada en una sucesión de dibujos, cada uno de los cuales reproduce una fase de dicho movimiento.
Arte El dibujo es una forma de expresión artística cuyo rasgo esencial es el uso de la línea. Los ejemplos más antiguos que se conocen son las pinturas prehistóricas realizadas con punzón y carbón vegetal con grasa, los dibujos sobre terracota del antiguo Egipto (donde, al igual que en Mesopotamia, el dibujo se empleaba además en la escritura jeroglífica), la rica tradición del Medio y Extremo Oriente, donde se dibujaba con tinta sobre papel muy fino, los códices mayas y las miniaturas medievales europeas, realizadas con puntas de metal sobre pergamino, tablillas o papel especialmente preparado, etc.
A partir del Renacimiento las obras conservadas son ya innumerables. El dibujo, ejecutado con carboncillo, punta de piedra, sanguina y pastel, se convirtió no sólo en el soporte y paso previo de la actividad pictórica, sino en una forma de expresión plástica diferente, en la que sobresalieron artistas como Leonardo da Vinci y Durero. Pero la verdadera independencia del dibujo llegó a finales del s. XIX y, sobre todo, en el s. XX, debido a la propia evolución de la pintura (aparición de estilos no figurativos, uso directo del color) y al gran impulso que para él significó el desarrollo de la prensa, la publicidad, el cómic y el cine de animación.
Cine En los dibujos animados cada dibujo representa una fracción del movimiento y ocupa 1/24 de segundo, por lo que al proyectarse luego a 24 imágenes por segundo producen la ilusión de un movimiento continuado. El interés por este tipo de expresión artística es anterior incluso al invento del cinematógrafo. En 1832 el belga Joseph Plateau realizaba exhibiciones con un aparato llamado *fenaquistiscopio* en el que se podían observar dibujos en movimiento a través de una abertura, aunque el primero que los proyectó en una pantalla fue el francés Émile Reynaud, en 1891. La aparición del cinematógrafo impulsó definitivamente el género, del que son considerados pioneros el también francés Émile Cohl, autor de *Fantasmagorie* (1908), y el estadounidense Winsor McCay, creador de *Gertie el dinosaurio* (1909). Su consolidación se produjo a partir de 1930 con Walt Disney, creador de personajes como Mickey, Donald, Goofy o Pluto y de largometrajes como *Blancanieves*, *La Cenicienta*, *Pinocho*, etc.; David y Max Fleischer, creadores de Popeye y Betty Boop, o Walter Lantz, creador del Pájaro Loco.

dicción *s. f.* **1.** Manera de pronunciar. **2.** Modo de hablar o escribir.

diccionario *s. m.* **1.** Libro en el que se ordenan alfabéticamente las palabras de un idioma, materia, etc., definiendo cada una de ellas o dando su equivalencia en otras lenguas. ‖ **2. diccionario de uso** Aquel en que figuran, además del significado de las palabras, indicaciones y ejemplos para el correcto uso de las mismas. **3. diccionario enciclopédico** El que, aparte del léxico y vocabulario, incluye biografías, términos geográficos y un mayor desarrollo de los conceptos científicos. **4. diccionario etimológico** El que indica el origen de cada palabra. **5. diccionario histórico** Aquel en el que se refleja la evolución de la forma y del significado de las palabras a través del tiempo. **6. diccionario ideológico** Aquel en el que las voces se ordenan por campos semánticos, es decir, por grupos de significados relacionados con una idea. **FAM.** Diccionarista.

dicetona *s. f.* Sustancia orgánica en cuya molécula existen dos grupos cetónicos –CO–. La más sencilla es la butanodiona (CH_3–CO–CO–CH_3), presente en pequeñas cantidades en algunos aceites vegetales y en la mantequilla, a la que comunica su aroma característico.

dicha *s. f.* Felicidad, fortuna.

dicharachero, ra *adj. fam.* Se dice de la persona que emplea bromas y dichos ingeniosos en la conversación.

dicho, cha **1.** *p. p.* irreg. de **decir**. ‖ *s. m.* **2.** Palabra o frase con las que se expresa algo que, generalmente, encierra una máxima o consejo popular. **3.** Ocurrencia ingeniosa. ‖ **LOC. dicho y hecho** *fam.* Indica la prontitud con que se hace una cosa. **mejor dicho** *adv.* y *conj.* Se emplea para rectificar o aclarar algo que se acaba de decir.

dichoso, sa *adj.* **1.** Feliz. **2.** Se dice de lo que trae buena suerte y satisfacción. **3.** Molesto o fastidioso.

diciembre *s. m.* Duodécimo y último mes del año.

Dick, Philip K. (Chicago 1928 - Fullerton, California 1982) Escritor estadounidense. Prolífico autor de novelas de ciencia-ficción, entre sus títulos destacan *Ojo celeste* (1957), *El hombre del castillo* (1962), *Los simulacros* (1964) y *Ubick* (1969).

Dickens, Charles (Portsmouth 1812 - Gadshill, Rochester 1870) Novelista británico. A los doce años tuvo que ponerse a trabajar en una fábrica, situación que se refleja en su obra, caracterizada por un estilo realista y una vigorosa descripción de personajes y ambientes, a menudo sombríos. Junto a la intención satírica y un cierto sentimentalismo, hay que señalar asimismo el sentido del humor. *Los papeles póstumos del club Pickwick* (1836-37), una novela de costumbres, marcó el principio de su fama. En sus relatos breves, como *Cuento de Navidad* (1843), y en sus novelas, como *Oliver Twist* (1838), *El almacén de antigüedades* (1840) y *David Copperfield* (1849), retrata a la sociedad inglesa de la época victoriana. Otras obras suyas dignas de mención son *Nicolás Nickleby* (1838-39), *Tiempos difíciles* (1854), *Historia de dos ciudades* (1859) y *Grandes esperanzas* (1860-61).

Dickinson, Emily (Amherst, Massachusetts 1830 - íd. 1886) Poetisa estadounidense. Llevó una vida solitaria y publicó en vida sólo siete de los 1.775 poemas que escribió, y que se distinguen por un lenguaje imaginativo y abundancia de símbolos relacionados con la naturaleza y la inmortalidad. Su obra apareció póstumamente en libros como *Nuevos poemas* (1929) y *Flechas de melodía* (1945).

dico- *pref.* Significa 'en dos partes': *dicotomía.*

dicotiledóneas *s. f. pl.* Clase de plantas angiospermas, que comprende unas 170.000 especies distribuidas en más de 300 familias pertenecientes a 33 órdenes. Se caracterizan por tener semillas provistas de dos cotiledones, hojas con el pecíolo bien desarrollado, raíz primaria persistente y partes florales generalmente reunidas en grupos de cuatro o cinco piezas. También *adj.* y *s. f.*

Dicotiledóneas: brote, hoja y flor del peral (Pyrus communis).

dicotomía *s. f.* **1.** División de cualquier cosa o asunto en dos partes equivalentes. **2.** En mat., clasificación según la cual un conjunto se divide en dos subconjuntos.

dicromático, ca *adj.* Que tiene dos colores.

dicromatismo *s. m.* Anomalía congénita de la visión cromática, caracterizada por la ausencia de uno de los tres receptores retinianos fundamentales para la visión del color –rojo, azul y verde– que impide la percepción de uno de estos colores.

dictado *s. m.* **1.** Acción y efecto de dictar. **2.** Texto que alguien dicta o que alguien escribe copiando lo que otro dicta. **3.** Calificativo o sobrenombre que se da a alguien. ‖ *pl.* **4.** Inspiraciones o mandatos de la razón o de la conciencia. ‖ **LOC. al dictado** *adv.* Con el verbo *escribir*, copiando lo que otro dicta. También, siguiendo las indicaciones o influencia de otra persona.

dictador, ra *s. m.* y *f.* **1.** Gobernante que asume todo el poder y lo ejerce al margen de la Constitución o sin ningún tipo de control. **2.** Persona autoritaria. También *adj.*

dictadura *s. f.* **1.** Gobierno de un dictador y régimen político que lo caracteriza. **2.** Concentración de todos los poderes en un solo individuo o institución. **3.** Fuerza o poder dominante.

Charles Dickens.

|| **4. dictadura del proletariado** Según la teoría marxista, periodo histórico que sigue a la desaparición del capitalismo y en el que la clase obrera, dueña del poder político y económico, ejerce una efectiva dictadura entre la clase burguesa y prepara la instauración del comunismo.

dictadura de Primo de Rivera Periodo de la historia de España en el que el general Miguel Primo de Rivera, tras un golpe de Estado y con la aprobación del rey Alfonso XIII, asumió las tareas de gobierno con plenos poderes. Se prolongó desde septiembre de 1923 hasta enero de 1930. La dimisión de Primo de Rivera y el fin de su régimen arrastraron a la monarquía, que fue sustituida por la república tras las elecciones de abril de 1931.

dictáfono *s. m.* Aparato que graba en cintas magnéticas o discos de plástico dictados, conversaciones, cartas, mensajes, etc., y los reproduce cuando conviene; p. ej., para mecanografiarlos.

dictamen *s. m.* Juicio u opinión sobre un determinado asunto, en especial el expresado por una persona con autoridad o una institución competente.

dictaminar *v. intr.* Emitir dictamen sobre un asunto. **FAM.** Dictaminador.

dictar *v. tr.* **1.** Leer o decir algo para que otro lo escriba. **2.** Dar o promulgar leyes, fallos, sentencias, decretos, etc. **3.** Inspirar, sugerir. **4.** Pronunciar discursos, conferencias.

dictatorial *adj.* Perteneciente o relativo a un dictador o a una dictadura. **FAM.** Dictatorialmente.

dicterio *s. m.* Insulto, injuria.

dictiópteros *s. m. pl.* Orden de insectos a la que pertenecen más de 5.000 especies de los subórdenes blatoideos y mantoideos. Tienen generalmente dos pares de alas, el anterior coriáceo y el posterior membranoso, antenas largas y finas, y patas largas y espinosas. Comprende algunos de los insectos más antiguos, que se remontan al paleozoico, como cucarachas y mantis. También *adj.* y *s. m.*

didáctico, ca *adj.* **1.** Perteneciente o relativo a la enseñanza. **2.** Que sirve para enseñar. || *s. f.* **3.** Rama de la pedagogía que se ocupa de las técnicas y métodos de enseñanza. **FAM.** Didácticamente.

didáctilo, la *adj.* Que tiene dos dedos.

didactismo *s. m.* **1.** Cualidad de didáctico. **2.** Tendencia o propósito didáctico.

didascalia *s. f.* **1.** Catálogo de los concursos de tragedias y comedias de la antigua Grecia y monumento epigráfico de mármol en que están grabados. **2.** Entre los latinos, libro de dirección de una obra teatral. **3.** En la filosofía antigua, didáctica. **FAM.** Didascálico.

Diderot, Denis (Langres 1713 - París 1784) Filósofo y escritor francés. Interesado por todas las ciencias y artes, concibió con D'Alembert la idea de publicar *La Enciclopedia*, para la que redactó cerca de mil artículos. Figura clave de la Ilustración, su obra filosófica se enmarca en el naturalismo y el empirismo. Entre sus escritos sobresalen los ensayos *Pensamientos filosóficos* (1746), *El paseo del escéptico* (1747) y *Discurso sobre las ciencias y las artes* (1750) y las novelas, publicadas todas póstumamente, *La religiosa* (1796), *Jacques el fatalista* (1796) y *El sobrino de Rameau* (1821).

Denis Diderot. Retrato de Louis Michel van Loo, detalle (Museo del Louvre, París).

diecinueve *adj. num. card.* **1.** Diez más nueve. También *pron.* y *s. m.* || *adj. num. ord.* **2.** Decimonoveno. También *pron.* || *s. m.* **3.** Signos que representan este número.

diecinueveavo, va *adj. num. part.* Se dice de cada una de las diecinueve partes iguales en que se divide un todo. También *s.*

dieciochavo, va *adj. num. part.* Se dice de cada una de las dieciocho partes iguales en que se divide un todo. También *s.*

dieciochesco, ca *adj.* Perteneciente o relativo al s. XVIII.

dieciocho *adj. num. card.* **1.** Diez más ocho. También *pron.* y *s. m.* || *adj. num. ord.* **2.** Decimoctavo. También *pron.* || *s. m.* **3.** Signos que representan este número.

dieciséis *adj. num. card.* **1.** Diez más seis. También *pron.* y *s. m.* || *adj. num. ord.* **2.** Decimosexto. También *pron.* || *s. m.* **3.** Signos que representan este número.

dieciseisavo, va *adj. num. part.* Se dice de cada una de las dieciséis partes iguales en que se divide un todo. También *s.*

diecisiete *adj. num. card.* **1.** Diez más siete. También *pron.* y *s. m.* || *adj. num. ord.* **2.** Decimoséptimo. También *pron.* || *s. m.* **3.** Signos que representan este número.

diecisieteavo, va *adj.* Se dice de cada una de las diecisiete partes iguales en que se divide un todo. También *s.*

diedro *adj.* Se aplica al ángulo formado por dos planos que se cortan.

Diego, Gerardo (Santander, Cantabria 1896 - Madrid 1987) Poeta español. Perteneciente a la generación del 27, su obra recoge todos los tonos poéticos, desde el más sencillo y tradicional, del que es buena muestra *El romancero de la novia* (1920), hasta el más complejo, dentro del creacionismo, como en *Fábula de Equis y Zeda* (1932), y denota influencias de los clásicos, de Vicente Huidobro y de Juan Larrea. Publicó también *Imagen* (1922), *Manual de espumas* (1924), *Versos humanos* (1925), *Ángeles de Compostela* (1940), *Alondra de verdad* (1941), *Vuelta del peregrino* (1967) y la antología *Poesía española contemporánea* (1934). Obtuvo el premio Miguel de Cervantes en 1979.

dieléctrico, ca *adj.* Se aplica a los cuerpos que no conducen la corriente eléctrica, como el vidrio, la porcelana, la madera, etc., y que se emplean como aislantes eléctricos y como separadores entre las armaduras de los condensadores, en este caso para aumentar la capacidad de los mismos. También *s. m.*

Diels, Otto Paul Hermann (Hamburgo 1876 - Kiel 1954) Químico alemán. Profesor de la universidad de Kiel, sus principales trabajos versaron sobre el comportamiento y reacciones de los compuestos orgánicos con dobles enlaces conjugados. Por estas investigaciones recibió el premio Nobel de química (1950), compartido con Kurt Alder.

Dien Bien Phu Localidad de Vietnam, próxima a la frontera con Laos, en la que en 1954 los vietnamitas, al mando del general Giap, derrotaron al ejército francés.

diencéfalo *s. m.* Parte del encéfalo que, junto con el telencéfalo, constituye la zona del cerebro de desarrollo más avanzado en la escala evolutiva de los animales. Está recubierto por los hemisferios cerebrales y se encarga de regular las actividades endocrinas y la vida vegetativa. Forman parte del diencéfalo el hipotálamo y el tálamo.

dieno *s. m.* C_nH_{2n-2}. Hidrocarburo no saturado en cuya molécula hay dos dobles enlaces; cuando dos dobles enlaces están situados en carbonos alternos, se denominan *conjugados*, como p. ej. el butadieno ($CH_2{=}CH{-}CH{=}CH_2$). Los dienos son compuestos aptos para la obtención de materiales sintéticos, como el caucho artificial y otros polímeros.

diente *s. m.* **1.** Cada una de las piezas duras encajadas en las mandíbulas del hombre y de muchos animales y que sirven para desgarrar o triturar alimentos. Constan de tres partes: la corona, que sobresale fuera de la encía; la raíz, que penetra en el hueso, y el cuello, región más estrecha situada entre la corona y la raíz. Están compuestos por el esmalte, que recubre sólo la corona; el cemento, que cubre la raíz; el marfil, que constituye la parte central dura, y la pulpa,

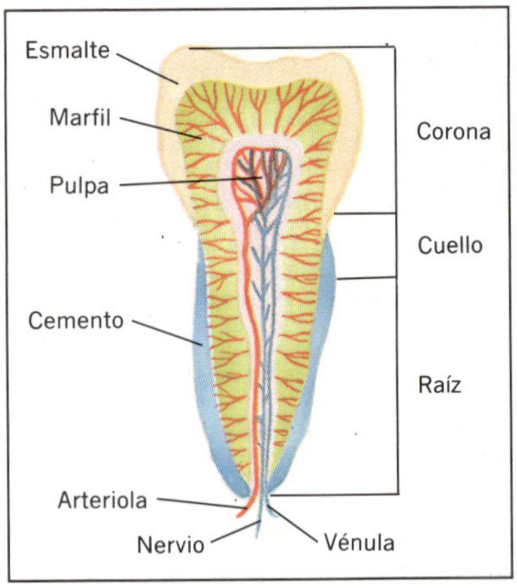

Estructura interna del diente.

provista de vasos sanguíneos y un nervio que penetran por un orificio situado en la raíz. Los dientes de los mamíferos se clasifican en incisivos, caninos, premolares y molares. **2.** En sentido restringido, cada una de las piezas que, en forma de cuña, son visibles en la parte más saliente de la mandíbula del hombre y de muchos mamíferos. **3.** Cada uno de los salientes que presentan ciertos mecanismos o herramientas, especialmente las ruedas dentadas o engranajes. || **4. diente de ajo** Cada una de las partes en que se divide una cabeza de ajo. **5. diente de leche** Cada uno de los de la primera dentición, que se caen al llegar los niños a cierta edad. **6. diente de león** Nombre común de diversas plantas herbáceas de la familia compuestas, géneros *Taraxacum* y *Leontodon*. Miden de 5 a 40 cm de altura, tienen tallos con hojas basales, que terminan en cabezuelas de flores amarillas u oscuras. Los frutos son pardos y las semillas muy pequeñas. Crecen en toda Europa. || **LOC. armarse hasta los dientes** *fam.* Armarse mucho. **dar** uno **diente con diente** *fam.* Tiritar de frío; también, tener mucho miedo. **enseñar** (o **mostrar**) **los dientes** *fam.* Demostrar a alguien que uno está dispuesto a atacar o defenderse. **estar** alguien **que echa los dientes** *fam.* Estar muy enfadado, colérico. **haberle nacido** (o **salido**) a uno **los dientes** en una parte o haciendo una cosa *fam.* Haber nacido o residido en una población o frecuentado un lugar o haberse dedicado desde muy niño a una cosa. **hablar** (o **decir**) una cosa **entre dientes** Decirla en voz muy baja para que no se oiga; también, refunfuñar, murmurar. **hincar** (o **meter**) uno **el diente** *fam.* Comer algo difícil de masticar; enfrentarse con la dificultad de algún asunto; apropiarse de algo que pertenece a otro. **pelar el diente** *fam. Méx., P. Rico, Ven.* Adular, halagar. *Amér. C., Col.* Sonreír mucho por coqueteo. **poner** una cosa **los dientes largos** *fam.* Provocar algo mucho deseo, dar envidia. **tener** uno **buen diente** *fam.* Ser muy comilón; también, no ser exigente en la comida.

Diente de león común (Taraxacum officinale).

diéresis *s. f.* **1.** Pronunciación en sílabas distintas de dos vocales que normalmente forman diptongo, como *ru-i-na* por *rui-na*. **2.** Signo ortográfico (¨) que se coloca encima de la *u* de las sílabas *gue*, *gui*, cuando se pronuncia aquélla, p. ej. en la palabra *cigüeña*.

dies irae (loc. lat. que significa 'día de la ira') *s. m.* Canto litúrgico medieval inspirado en un texto del profeta Sofonías (1,15) que se refiere al día del juicio final. En el s. XIII fue introducido en la misa de difuntos y en el s. XVI, en el misal romano.

diesel *s. m.* Motor de combustión interna inventado por Rudolf Diesel. Se basa en un principio distinto del motor de gasolina, pues en él la explosión del combustible no se consigue con la chispa de la bujía, sino mediante la compresión del aire a alta presión (1.500 kg/cm^2), lo que aumenta la temperatura (300 a 500 °C) hasta provocar la explosión.

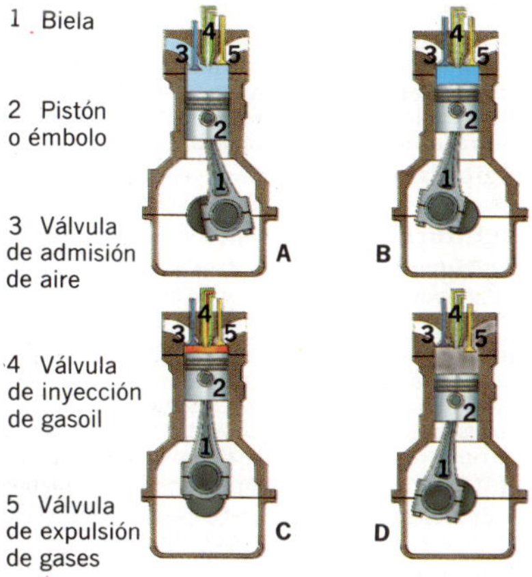

Motor diesel: el giro del árbol de levas desplaza el pistón en el interior del cilindro a lo largo de cuatro fases: A. Admisión de aire caliente y combustible. B. Compresión. C. Explosión. D. Expulsión de gases.

Diesel, Rudolf (París 1858 - en alta mar 1913) Ingeniero e inventor alemán. En 1893 patentó un motor de combustión interna, alimentado con carburante de aceites pesados, de pequeño volumen y escasa emisión de humos, que pronto fue adoptado por la industria.

Dieste, Rafael (Rianxo, La Coruña 1899 - Santiago 1981) Escritor español en gallego y castellano. Director, durante la Segunda República, del Teatro de las Misiones Pedagógicas y colaborador de *Hora de España*, se exilió tras la guerra civil. Dejó obras de poesía, como *Rojo farol amante* (1933); narraciones, como *Historias e invenciones de Félix Muriel* (1943), y ensayos, como *La vieja piel del mundo* (1936).

diestro, tra *adj.* **1.** Se aplica a lo que queda a mano derecha. **2.** Se dice de la persona que utiliza preferentemente la mano derecha. También *s.* **3.** Hábil, experto. ‖ *s. m.* **4.** Matador de toros. ‖ *s. f.* **5.** Mano derecha. ‖ **Loc. a diestro y siniestro** *adv.* Hacia todos los lados; también, sin tino, sin orden ni miramiento. **Fam.** Diestramente.

dieta[1] (del lat. *diaeta*, y éste del gr. *diaita*, régimen de vida) *s. f.* Régimen de comidas que se ha de guardar por enfermedad, para adelgazar, etc.

dieta[2] (del bajo lat. *dieta*, de *dies*, día) *s. f.* **1.** Cantidad que se paga a los que ejecutan ciertos encargos o realizan un trabajo fuera de la población en la que residen. **2.** Retribución de los representantes en cámaras legislativas. **3.** Nombre de la asamblea deliberativa de ciertas confederaciones medievales, el Sacro Imperio Germánico, Polonia, Hungría, Confederación Helvética, Suecia, Dinamarca y Croacia. En el Imperio Germánico la dieta estaba integrada por miembros del alto clero, nobleza y representantes de las ciudades. Especial importancia tuvieron las convocadas por el emperador Carlos V con ocasión de la Reforma protestante en Worms, Spira y Augsburgo. La dieta helvética nació de la reunión de representantes de los ocho primeros cantones en 1841. **4.** Nombre que recibe el parlamento o cuerpo nacional legislativo de Japón, Polonia, Finlandia, y otros estados. La de Japón consta de dos Cámaras: la de Representantes, elegida cada cuatro años por sufragio universal, y la de Consejeros, renovada en una mitad cada tres años.

dietario *s. m.* **1.** Libro en que se anotan diariamente las cuentas de una casa o de un comercio. **2.** Agenda.

dietética *s. f.* Ciencia que estudia la influencia del régimen de alimentación en la salud humana. La ausencia de uno o varios componentes esenciales de la dieta normal puede producir enfermedades, como el escorbuto (falta de vitamina C), el beriberi (carencia de vitamina B_1) o el raquitismo (falta de vitamina D). La escasez de cobre en la dieta puede dar lugar a enfermedades cardiacas; la ausencia de hierro produce anemia y la de calcio, raquitismo. **Fam.** Dietético.

Dietrich, Marlene (Berlín 1901 - París 1992) Actriz y cantante estadounidense de origen alemán. En 1930 fue elegida por Joseph von Sternberg para protagonizar *El ángel azul*, interpretación con la que alcanzó el estrellato. Considerada una de las más célebres vampiresas de la historia del cine, intervino en películas como *Marruecos* (1931), *Fatalidad* (*Dishonored*, 1931), *El expreso de Shanghai* (1932), *La venus rubia* (1932), *Deseo* (1936), *Encubridora* (*Rancho Notorius*, 1952) y *Sed de mal* (*Touch of Evil*, 1958).

Marlene Dietrich.

diez *adj. num. card.* **1.** Nueve más uno. También *pron.* y *s. m.* ‖ *adj. num. ord.* **2.** Décimo. También *pron.* ‖ *s. m.* **3.** Signos que representan este número. **4.** *Chile, Méx.* Moneda de diez centavos.

Díez Canedo, Enrique (Badajoz 1879 - Ciudad de México 1945) Poeta y crítico literario español. Posmodernista, apunta en sus poemas una cierta inclinación por las aspectos más cotidianos de la realidad. Fue un gran conocedor de la literatura hispanoamericana. Entre sus libros destacan, en poesía *Versos de las horas* (1906), *La sombra del ensueño* (1910) y *Epigramas americanos* (1928) y en prosa *Conversaciones literarias* (1921), *Los dioses del Prado* (1931) y *Letras americanas* (póstumo).

Díez Canseco, Pedro (Arequipa 1815 - íd. 1893) Político y militar peruano. Fue presidente interino de la República (1863). Dirigió la revuelta que derribó a Pezet (1865), pero apenas tomado el mando fue derrocado por el coronel Prado. Ocupó nuevamente la presidencia entre 1867 y 1868.

Díez de Games, Gutierre (? h. 1378 - ? h. 1450) Cronista español, probablemente de origen gallego. Alférez del conde de Buelna, escribió *El victorial*, crónica de don Pero Niño, conde de Buelna, donde mezcla elementos reales y fantásticos.

diezmar *v. tr.* **1.** Causar gran mortalidad o destrucción una epidemia u otra calamidad. **2.** Sacar o separar una de cada diez personas o cosas.

diezmilésimo, ma *adj. num. part.* Se dice de cada una de las diez mil partes iguales en que se divide un todo: $\left\{\frac{1}{10.000} = 0{,}0001\right\}$. También *s.*

diezmilímetro *s. m.* Décima parte de un milímetro.

diezmillonésimo, ma *adj. num. part.* Se dice de cada una de las diez millones de partes iguales en que se divide un todo. También *s.*

diezmo *s. m.* **1.** Impuesto que se pagaba al rey, equivalente a la décima parte del valor de las mercancías con que se comerciaba. **2.** Décima parte de la producción agraria que a partir de la Alta Edad Media pagaban los fieles en Europa a la Iglesia.

difamación *s. f.* **1.** Acción y efecto de difamar. **2.** Ofensa que se hace contra la reputación de otro.

difamar *v. tr.* Decir cosas que perjudican gravemente la reputación de otro. **Fam.** Difamador, difamante, difamatorio.

difenil- *pref.* En quím., indica la presencia de dos radicales fenilos en una molécula.

difenilo *s. m.* $C_6H_5–C_6H_5$. Hidrocarburo aromático formado por soldadura de dos núcleos bencénicos. Es sólido, cristalino y de color blanco. Se encuentra en el alquitrán de hulla y se utiliza en síntesis orgánicas.

diferencia *s. f.* **1.** Cualidad, circunstancia o aspecto por el cual una persona o cosa se distingue de otra. **2.** Desacuerdo o disputa. **3.** Resultado de efectuar una resta o sustracción de dos expresiones algebraicas. ‖ **4. diferencia de potencial** En fís., trabajo necesario para transportar la unidad de carga positiva entre dos puntos de un campo eléctrico. **5. diferencia en una progresión aritmética** En mát., número constante que sumado a un determinado término de la progresión da como resultado el siguiente. P. ej., en la progresión 3, 5, 7, 9..., la diferencia es 2. ‖ **Loc. a diferencia de** Precede a la persona o cosa que es diferente a otra con la que se la compara.

diferenciación *s. f.* **1.** Acción y efecto de diferenciar o diferenciarse. **2.** Proceso de desarrollo y especialización de una célula a partir del cigoto. ‖ **3. diferenciación magmática** En geol., separación del magma en sus componentes ácidos y básicos, originando dos tipos de rocas: rocas ácidas (p. ej. granito) y rocas básicas (p. ej. peridotita). **4. diferenciación sedimentaria** En geol., distinto comportamiento que presentan los materiales resistentes a la meteorización y los materiales resistentes a la alteración, y dentro de éstos las distintas clases de rocas sedimentarias que pueden conformar. También, deposición de los materiales arrastrados, según sus tamaños.

diferencial *adj.* **1.** Propio de las cosas o cualidades que diferencian. ‖ *s. m.* **2.** Mecanismo que enlaza tres móviles, imponiendo entre sus velocidades simultáneas la condición de que cada una de ellas sea proporcional a la suma o a la diferencia de las otras dos; también, engranaje basado en este mecanismo que emplean los automóviles para permitir el movimiento independiente de las dos ruedas de un mismo eje, de manera que cada una de ellas pueda recorrer trayectorias de longitud diferente, como sucede, p. ej., al tomar una curva. ‖ *s. f.* **3.** En mat., cantidad infinitamente pequeña de una variable. ‖ **4. cálculo diferencial** Véase **cálculo**. **5. diferencial de una función** En mat., producto de la derivada de la función por la diferencial de la variable: $df(x) = f'(x)\,dx$.

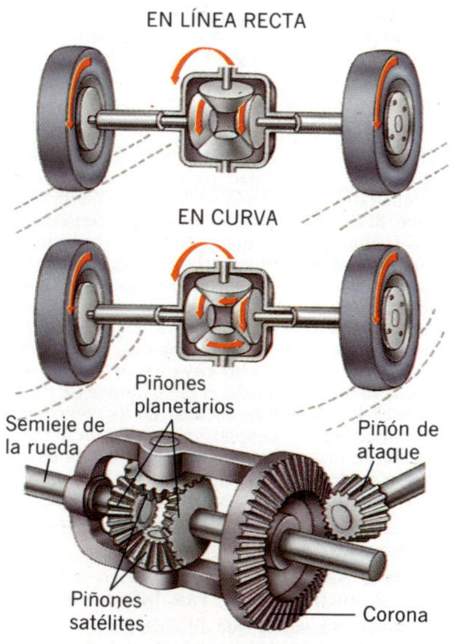

Diferencial: cuando el vehículo traza una curva, los piñones planetarios engarzan uno a uno con los satélites, lo que provoca que la rueda que discurre por el exterior de la curva gire a mayor velocidad.

diferenciar *v. tr.* **1.** Percibir como distintas dos o más personas o cosas. También *v. prnl.* **2.** Hacer que una persona o cosa sea distinta de otra u otras. **3.** En mat., hallar la diferencial de una cantidad variable.

diferente *adj.* **1.** Distinto. También *adv.* **2.** Otro. **3.** Original, único. **Fam.** Diferentemente.

diferido, da *p. p.* de **diferir**. ‖ **Loc. en diferido** *adj.* o *adv.* Se dice de la emisión de radio o televisión transmitida para el público posteriormente a su grabación.

diferir *v. intr.* **1.** Ser diferente de otra una persona o cosa. **2.** No estar de acuerdo con alguien o algo. ‖ *v. tr.* **3.** Dejar algo para más tarde. ▪ Es v. irreg. Se conjuga como *sentir.*

difícil *adj.* **1.** Se aplica a lo que cuesta mucho trabajo lograr, entender, resolver, etc. **2.** Se dice de la persona poco tratable, de mal carácter, rebelde, etc. **Fam.** Difícilmente.

dificultad *s. f.* **1.** Cualidad que poseen las cosas difíciles. **2.** Situación o cosa difícil que se tiene que hacer o resolver.

dificultar *v. tr.* Poner obstáculos o inconvenientes para la realización de alguna cosa o hacer difícil o más difícil una cosa.

dificultoso, sa *adj.* Se dice de lo que presenta dificultades. **Fam.** Dificultosamente.

difracción *s. f.* Fenómeno ondulatorio que tiene lugar cuando un frente de onda es interceptado por una barrera en la que hay un orificio de dimensiones semejantes a la longitud de onda. Las ondas se propagan desde el orificio en todas direcciones, lo que se conoce como la capacidad de las ondas para bordear algunos obstáculos.

difractar *v. tr.* Hacer que algo experimente difracción. También *v. prnl.*

difrangente *adj.* Que produce difracción.

difteria *s. f.* Enfermedad infecciosa, provocada por el bacilo *Corynebacterium diphteriae.* Afecta a las vías respiratorias y causa fiebre, dolor de garganta y la aparición de una membrana en la región nasal, las amígdalas, la faringe o la laringe. En este último caso puede producirse obstrucción de las vías respiratorias, lo que provoca la muerte, a menos que se abra camino al aire mediante un tubo o mediante traqueotomía. La difteria se combate con antitoxina diftérica y se previene mediante el suero antidiftérico. **Fam.** Diftérico.

difuminar *v. tr.* **1.** Extender con el dedo o el difumino los trazos de lápiz o carboncillo. **2.** Disminuir progresivamente la nitidez y la concreción de algo. También *v. prnl.*

difumino *s. m.* Cilindro de papel acartonado puntiagudo que sirve para difuminar las sombras de un dibujo. ▪ Se dice también *esfumino.*

difundir *v. tr.* **1.** Extender, derramar. También *v. prnl.* **2.** Hacer que una noticia, doctrina, etc., sea conocida por un gran número de personas. También *v. prnl.*

difunto, ta *adj.* Se dice de la persona muerta. También *s.*

difusión *s. f.* **1.** Acción y efecto de difundir o difundirse. **2.** Cualidad de difuso, en especial, extensión e imprecisión en lo que se habla o escribe. **3.** En fís., fenómeno óptico que consiste en la distribución de la luz en todas las direcciones cuando se refleja en superficies irregulares o sin pulimentar. Es particularmente importante la difusión que experimenta la luz solar en las partículas que hay en la atmósfera. A causa del pequeño tamaño de estas partículas, se produce mayor difusión de la luz cuya frecuencia corresponde al azul y por esto el cielo parece de dicho color. ‖ **4. difusión molecular** En fís., fenómeno de penetración y desplazamiento de un fluido a través de una sustancia; las velocidades de difusión de los gases están en razón inversa a la raíz cuadrada de sus respectivas densidades.

difusivo, va *adj.* Que tiene la propiedad de difundir o difundirse.

difuso, sa *adj.* **1.** Impreciso, poco concreto, vago. **2.** Ancho, dilatado. **Fam.** Difusamente.

difusor, ra *adj.* **1.** Que difunde. ‖ *s. m.* **2.** Disco traslúcido que se coloca delante del objetivo de una cámara fotográfica para tamizar la luz y quitar definición a la imagen. **3.** En un circuito, conducto de sección creciente que sirve para reducir la velocidad y aumentar la presión del fluido circulante.

digerir *v. tr.* **1.** Hacer la digestión. **2.** Superar una ofensa, disgusto, desgracia, etc. Se usa más en frases negativas. **3.** Entender, asimilar. ▪ Es v. irreg. Se conjuga como *sentir.* **Fam.** Digerible.

digestibilidad *s. f.* Cualidad de lo que puede ser digerido.

digestión *s. f.* Conjunto de procesos que convierten los alimentos en sustancias más sencillas que pueden ser absorbidas por los vasos sanguíneos que rodean el intestino y conducidas a todo el cuerpo por la sangre, para servir de base a la construcción de las sustancias que componen el organismo o para ser utilizadas como elementos energéticos. **Fam.** Digestible.

digestivo, va *adj.* **1.** Se dice de las operaciones y de las partes del organismo que realizan la digestión. **2.** Se aplica a lo que ayuda a la digestión. También *s. m.* ‖ **3. aparato digestivo** Conjunto de órganos del cuerpo que realizan la digestión de los alimentos. En el hombre, el aparato digestivo está compuesto por la boca, faringe, esófago, estómago, intestinos y glándulas anejas. En la boca los alimentos son triturados por los dientes y se mezclan con la saliva, producida por las glándulas salivales, que reblandece los alimentos y contiene una enzima, la ptialina, que transforma el almidón en maltosa. En el estómago los alimentos ingeridos se mezclan con los jugos gástricos, que contienen ácido clorhídrico y enzimas como la pepsina. En el intestino delgado el producto de la digestión gástrica (el *quimo*) se ve sometido a la acción del jugo intestinal, de la bilis secretada por el hígado, y del jugo pancreático, secretado por el páncreas. El resultado de la digestión intestinal (el *quilo*) es absorbido por las vellosidades intestinales y pasa a la sangre. Los residuos no absorbibles son expulsados al exterior en forma de excrementos a través del recto.

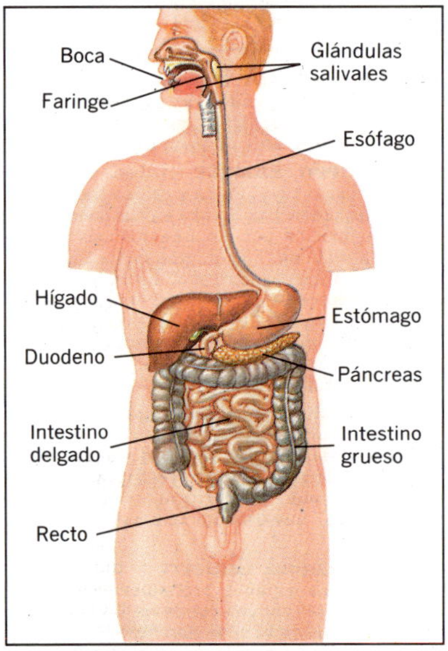

Estructura del aparato digestivo humano.

digesto *s. m.* **1.** Publicación en la que se recopilan textos del derecho romano y, p. ext., de cualquier otra materia o de otras publicaciones. **2.** Por antonomasia, la compilación de citas de los grandes juristas clásicos que Justiniano mandó publicar en el año 553, llamada también *Pandectas.* ▪ En esta acepción se escribe con mayúscula.

digestólogo, ga *adj.* Se dice del médico especialista en enfermedades del aparato digestivo. También *s.*

digitación *s. f.* **1.** En mús., posición que deben adoptar los dedos para ejecutar las diferentes notas en los instrumentos de viento y cuerda. **2.** P. ext., adiestramiento de los dedos para tocar un instrumento.

digitado, da *adj.* **1.** En forma de dedo. **2.** Se aplica a los vertebrados con dedos en las patas, como el mono.

digital *adj.* **1.** Perteneciente o relativo a los dedos. **2.** Se dice de la máquina o dispositivo en los que ciertas magnitudes físicas (generalmente la tensión eléctrica) no pueden adoptar cualquier valor, sino tan sólo unos pocos separados entre sí. **3.** Se dice de los instrumentos de medida que presentan los datos en forma de dígitos o números, en contraposición a los instrumentos que lo hacen en forma analógica, generalmente mediante el desplazamiento de una aguja. **4.** En inform., se dice del sistema de codificación numérica. **5.** Nombre común de diversas plantas herbáceas de la familia escrofulariáceas, género *Digitalis.* Tienen hojas lanceoladas, flores tubulares en racimo rojas, amarillas o purpúreas y fruto en cápsula. Las principales especies son la *Digitalis purpurea* (digital o dedalera), de la que se extrae un alcaloide, la digitalina, utilizado en enfermedades cardiacas y estomacales, y la *Digitalis obscura* (digital negra).

digitalina *s. f.* Glucósido que se extrae de la planta *Digitalis purpurea.* Es muy venenosa, pero administrada en dosis muy pequeñas se emplea para regular adecuadamente el ritmo cardiaco y contra las úlceras de estómago.

digitalizar *v. tr.* En inform., codificar en dígitos una información. ▪ Se conjuga como *cazar.*

digitiforme *adj.* Que tiene forma de dedo.

digitígrado, da *adj.* Se dice del animal que al andar apoya sólo los dedos y no la planta del pie, p. ej. el perro y el gato. También *s. m.*

dígito *s. m.* **1.** Cada una de las cifras que se emplean para escribir un número, en cualquier sistema de representación. **2.** Cada una de las doce partes en las que se divide el diámetro aparente del Sol y de la Luna en el cálculo de los eclipses.

diglosia *s. f.* Coexistencia en un país o región de dos lenguas diferentes, en especial cuando una de ellas goza de un mayor prestigio social.

dignarse *v. prnl.* Aceptar hacer algo, condescender.

dignatario *s. m.* Persona que desempeña un empleo o cargo elevado.

dignidad *s. f.* **1.** Cualidad de digno. **2.** Honor, respetabilidad. **3.** Excelencia, altura. **4.** Seriedad y honestidad en la forma de comportarse las personas. **5.** Cargo importante, con autoridad, y persona que lo posee.

dignificar *v. tr.* Dar dignidad a una persona o cosa o aumentar la que ya tiene. También *v. prnl.* ▪ Se conjuga como *sacar.* **Fam.** Dignificable, dignificación, dignificante.

digno, na *adj.* **1.** Que merece lo que de él se expresa. **2.** Proporcionado o correspondiente al mérito o condición de una persona o cosa. **3.** Respetable. **4.** Decoroso, suficiente. **Fam.** Dignamente.

dígrafo *s. m.* Grupo de dos letras que representan un solo sonido, p. ej. *ch, ll* y *rr.*

digresión *s. f.* En un discurso o escrito, comentario, episodio, etc., que se aparta del tema principal.

dije *s. m.* Joya o adorno que se lleva colgado de una cadena, pulsera, etc.

Dijon C. de Francia, cap. del departamento de Côte-d'Or, situada en la región de Borgoña, en el valle del Saona. 141.000 h. en 1982, 216.000 h. en su área metropolitana. Es nudo de comunicaciones y centro comercial, con industrias de alimentación (mostaza), maquinaria y construcción. Conserva varias iglesias románicas y una catedral gótica del s. XIII.

dilacerar *v. tr.* Desgarrar la carne del cuerpo.

dilación *s. f.* Detención, retraso.

dilapidar *v. tr.* Derrochar, malgastar. **Fam.** Dilapidación, dilapidador.

dilatación *s. f.* **1.** Acción y efecto de dilatar o dilatarse. **2.** En fís., aumento de la longitud (dilatación lineal), superficie (superficial) o volumen (cúbica) que experimentan los cuerpos al elevar su temperatura. El aumento producido por cada grado y cada unidad de longitud, superficie o volumen se llama *coeficiente de dilatación* y es diferente en cada sustancia. **3.** En med., procedimiento empleado para aumentar o restablecer el calibre de un conducto, cavidad u orificio con fines quirúrgicos o de observación. ‖ **4. dilatación del tiempo** En fís., consecuencia de los postulados de la teoría de la relatividad restringida, según la cual el intervalo de tiempo medido por un observador en un sistema de movimiento es más corto que el intervalo que mediría otro observador en reposo. Para que esta dilatación de tiempo sea apreciable, la velocidad del sistema ha de ser próxima a la velocidad de la luz en el vacío.

dilatado, da 1. *p. p.* de **dilatar**. También *adj.* || *adj.* 2. Extenso, amplio. **FAM.** Dilatadamente.

dilatador, ra *adj.* 1. Que dilata. 2. Se dice del músculo que al contraerse sirve para dilatar las ventanas nasales. || *s. m.* 3. En med., sustancia o instrumento que sirve para abrir o mantener abierto un orificio o conducto.

dilatar *v. tr.* 1. Aumentar el tamaño de algo, particularmente al elevar su temperatura. También *v. prnl.* 2. Hacer que algo dure o tarde más tiempo del previsto o necesario. También *v. prnl.* **FAM.** Dilatabilidad, dilatable.

dilatómetro *s. m.* Instrumento que se emplea para medir la dilatación de los cuerpos.

dilatorio, ria *adj.* 1. Se aplica a lo que causa aplazamiento en algo, especialmente en la administración de justicia. || *s. f.* 2. Dilación, retraso. Se usa más en *pl.*

dilección *s. f.* Cariño, afecto.

dilecto, ta *adj.* Querido, estimado.

dilema *s. m.* 1. Duda entre dos cosas, especialmente si ambas son malas. 2. Argumento de la lógica tradicional en forma de silogismo disyuntivo que llega a una conclusión en la que se afirman sus dos términos. P. ej.: *O ataco o me defiendo; si ataco, causaré daño; si me defiendo, causaré daño; luego ataque o me defienda, causaré daño.*

diletante *adj.* 1. Se dice del que realiza cualquier actividad por pasatiempo, como aficionado y sin gran preparación. También *s.* 2. Aficionado a las artes, especialmente a la música, conocedor de ellas. También *s.*

diletantismo *s. m.* Condición, actitud del diletante.

diligencia *s. f.* 1. Prontitud e interés al actuar. 2. Gestión, aquello que hay que hacer para resolver algo. 3. Actuación de un juez o secretario judicial en un asunto de su competencia. 4. Nota escrita en un documento oficial y que consigna algún trámite o alguna formalidad. 5. Coche de caballos cerrado que se destinaba al transporte de viajeros.

diligenciar *v. tr.* Llevar a cabo las diligencias necesarias para resolver o lograr algo.

diligente *adj.* Rápido, dispuesto.

Dilthey, Wilhelm (Biebrich 1833 - Seis, Tirol 1911) Filósofo alemán. Influido por la escuela histórica alemana, sus investigaciones se centraron en la gnoseología de las ciencias del espíritu y en la psicología descriptiva y analítica. Pretendió completar la obra de Kant con una «crítica de la razón histórica», que estudia al hombre como una entidad histórica y no como un ente inmutable. Se le considera uno de los principales representantes del historicismo. Entre sus obras más significativas figuran *Introducción a las ciencias del espíritu* (1883), *Teoría de la concepción del mundo* (1911) y *La estructura del mundo histórico en las ciencias del espíritu* (1919).

dilucidar *v. tr.* Aclarar un asunto o problema. **FAM.** Dilucidación, dilucidador.

dilución *s. f.* Acción y efecto de diluir o diluirse.

diluir *v. tr.* 1. Disolver. También *v. prnl.* 2. Disminuir la concentración de una disolución. También *v. prnl.* 3. Referido a mando, responsabilidad, atribuciones, etc., repartir entre varios. También *v. prnl.* 4. Hacer más pálido un color o más difusa una luz. También *v. prnl.* ■ Es v. irreg. Se conjuga como *huir.*

diluvial *adj.* 1. Perteneciente o relativo al diluvio. 2. Se dice de los depósitos sedimentarios cuyos materiales fueron arrastrados por grandes corrientes de agua.

diluviar *v. impers.* Llover abundante y violentamente.

diluvio *s. m.* 1. Inundación universal causada por las lluvias que, según el relato bíblico (*Génesis* 6-9), ocurrió en tiempos de Noé. 2. Lluvia excepcionalmente fuerte. 3. Excesiva abundancia de alguna cosa. **FAM.** Diluviano.

diluyente *adj.* Que diluye. También *s. m.*

dimanar *v. intr.* 1. Proceder el agua de sus manantiales. 2. Tener una cosa origen en otra que se expresa. **FAM.** Dimanación, dimanante.

dimensión *s. f.* 1. Longitud de una línea; longitud y anchura de una superficie; o longitud, anchura y altura de un cuerpo. 2. Cada una de las unidades o magnitudes (longitud, masa, volumen, tiempo, etc.) que sirven para definir un fenómeno físico. 3. Aspecto, vertiente. || *pl.* 4. Importancia o trascendencia que alcanza un hecho. || **5. cuarta dimensión** El tiempo, en la teoría de la relatividad. **FAM.** Dimensional.

dimensionar *v. tr.* 1. Fijar las dimensiones, medidas o valor de alguien o algo. 2. Hacer resaltar algo, darle importancia.

dímero *s. m.* Compuesto cuya molécula está formada por la unión o condensación de dos moléculas elementales llamadas *monómeros.* P. ej. la sacarosa, $C_{12}H_{22}O_{11}$, que se forma por la unión de la glucosa y de la fructosa, ambas de fórmula empírica $C_6H_{12}O_6$, que son los monómeros, con pérdida de una molécula de agua.

dimes y diretes *loc. fam.* Habladurías, chismes, comentarios insustanciales.

diminutivo, va *adj.* 1. Se aplica al sufijo derivativo que expresa menor tamaño o intensidad de lo significado por la raíz, o le añade ciertos valores afectivos o expresivos, como *-ito* (*trocito*), *-cito* (*golpecito*), *-ín* (*tontín*). || *s. m.* 2. Palabra formada con estos sufijos.

diminuto, ta *adj.* De tamaño muy pequeño.

dimisión *s. f.* Renuncia al cargo o puesto que se ocupa.

dimisionario, ria *adj.* Que ha presentado la dimisión. También *s.*

dimitir *v. intr.* Renunciar al cargo que se ocupa.

Dimitrov, Georgi (Radomir 1882 - Moscú 1949) Político búlgaro. Destacado dirigente del Partido Comunista búlgaro, se exilió en Alemania, donde fue detenido y acusado de incendiar el Reichstag. Puesto en libertad, se trasladó a la URSS, donde fue nombrado secretario general de la Tercera Internacional, desde la que impulsó la política de frentes populares. En 1946 ocupó la presidencia de Bulgaria.

dimorfismo *s. m.* 1. Capacidad de una sustancia química de cristalizar en dos sistemas cristalinos distintos. 2. Existencia de dos formas diferentes de una misma especie de seres vivos. Si las diferencias se deben al sexo, se habla de dimorfismo sexual, como p. ej. el que se da en el león, especie en la que el macho está dotado de una gran melena, a diferencia de la hembra.

dimorfo, fa *adj.* Se aplica al mineral o especie animal que presenta dimorfismo.

din[1] *apóc.* de **dina**.

din[2] 1. Conjunto de normas para la unificación de conceptos industriales, como diseños, tamaños, controles, métodos de cálculo, etc., creadas en la República Federal de Alemania y extendidas hoy a otros países. Su campo de aplicación es muy variado: hojas din, normas din para catalogación de archivos, etc. || **2. grados din** Unidades de una escala que determina la sensibilidad de las películas fotográficas, duplicando cada tres grados la sensibilidad de emulsión.

dina *s. f.* Unidad de fuerza en el sistema cegesimal, definida como la fuerza que aplicada a la masa de un gramo le comunica una aceleración de un centímetro por segundo cada segundo ($1\ cm/s^2$). Equivale a 10^{-5} newton.

Dinamarca (*Danmark*) Estado de la Europa septentrional.

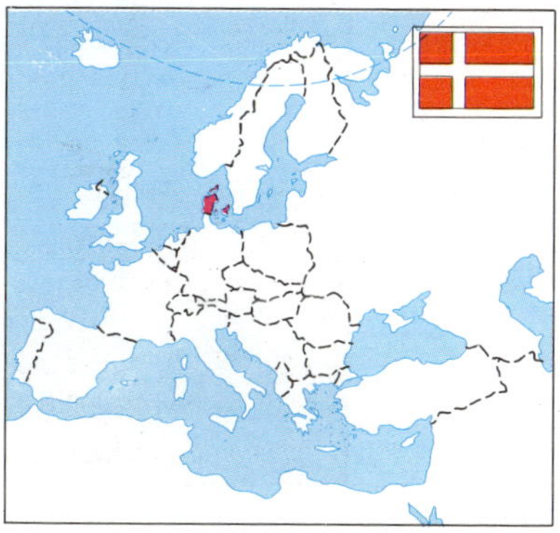

Extensión: 43.080 km^2.
Límites: al S, con Alemania; al O y N, con el mar del Norte, y al E, con el mar Báltico.
Población: 5.139.000 h. en 1990.
Densidad: 119,3 h./km^2.
Capital: Copenhague.
División administrativa: condados de Århus, Bornholm, Frederiksborg, Fyn, København, Nordjylland, Ribe, Ringkøbing, Roskilde, Sønderjylland, Storstrøm, Vejle, Vestsjaelland, Viborg, y los distritos urbanos de København y Frederiksberg. Territorios dependientes: Islas Feroe y Groenlandia.
Ciudades principales: Århus, Odense y Alborg.
Gentilicio: danés.
Forma de Estado: monarquía constitucional.
Idioma: danés.
Religión: luteranismo evangélico, 95,6 %.
Moneda: corona.
Tasa de natalidad: 12 ‰ en 1990.
Tasa de mortalidad: 12 ‰ en 1990.
Renta per cápita: 18.470 dólares en 1988.

Geog. física El territorio danés consta de dos unidades bien diferenciadas: por una parte, la península de Jutlandia, que es una continuación de la llanura centroeuropea y, por otra, el archipiélago, en el que destacan las islas de Sjaelland, donde se encuentra Copenhague, Lolland-Falster, Fyn y Bornholm. El relieve es muy llano y las costas son bajas y recortadas. El terreno está constituido por materiales sedimentarios del secundario y depósitos del terciario, profundamente modificados por la actividad glacial del cuaternario, que originó fiordos, lagos y depósitos morrénicos de gran envergadura. El clima es oceánico, muy suavizado por las corrientes templadas atlánticas. Las precipitaciones no son muy abundantes, debido a la ausencia de lluvias orográficas por lo llano del terreno. La vegetación se compone de bosques de hoja caduca –principalmente hayas– y de prados naturales, aunque el paisaje está muy modificado por la acción del hombre.

Geog. humana y ***económica*** Dinamarca está densamente poblada y un 86,4 % de la población se concentra en núcleos urbanos. La economía danesa descansa en la agricultura (cebada, trigo, centeno, patatas) y en la ganadería vacuna, que genera la mayor parte de las exportaciones (carne, mantequilla, queso, leche condensada) y es la base de una importante industria de trans-

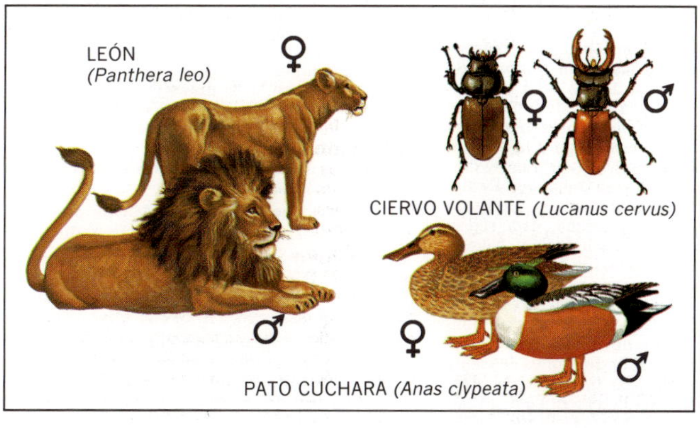

El concepto de dimorfismo sexual se aplica únicamente a aquellos casos en que las diferencias morfológicas son muy acusadas y no se limitan a los caracteres sexuales.

Dinamarca: el palacio Frederiksborg en Hillerod, ciudad de la isla de Sjaelland.

formación. Merece también destacarse la industria de transformación porcina. Dinamarca carece de grandes recursos extractivos y energéticos y debe importar carbón, hierro, gas y petróleo de Alemania, Reino Unido y Suecia. Sin embargo, cuenta con industria de base para el equipamiento interior: textil, naval, automóvil, bicicleta y química. En la vertiente occidental de la península de Jutlandia se ha desarrollado una importante industria de transformación pesquera, que se abastece de los caladeros del mar del Norte, principal riqueza de una zona que, en cambio, es muy pobre en suelos para cultivos y pastos.

Hist. A comienzos del s. IX Dinamarca constituía un reino que resistió con éxito los intentos de conquista carolingios hasta el año 811, en que se fijó la frontera en el río Eider. Durante las llamadas *segundas invasiones*, Dinamarca protagonizó una expansión ultramarina e invadió los reinos anglosajones de Inglaterra y ocupó Islandia. Las conquistas del rey Sven permitieron a su hijo Canuto I el Grande (1017-35) crear un imperio que comprendía la mayor parte de Escandinavia e Inglaterra. En su época se completó la conversión del país al cristianismo. A su muerte, Inglaterra se independizó (1042), fragmentándose el imperio. La dinastía Valdemar (1157-1375) desarrolló una expansión a través del mar Báltico. En 1387, la reina Margarita unificó las coronas de Dinamarca y Noruega y en 1389 se constituyó la Unión de Kalmar, que incluyó a Suecia hasta 1523, año en que este país se independizó con Gustavo Vasa. En 1536 se introdujo el luteranismo como religión oficial. Los reyes posteriores mantuvieron continuas guerras con Suecia por el dominio comercial de los estrechos del Báltico. El s. XVIII fue para Dinamarca una época de paz y expansión económica. Como consecuencia de su alianza con Napoleón, perdió Noruega en 1814. En junio de 1849, Dinamarca se convirtió en una monarquía constitucional. Durante la Primera Guerra Mundial se mantuvo neutral. En la Segunda Guerra Mundial adoptó la misma postura, pese a lo cual fue invadida y ocupada por los alemanes. En 1949 ingresó en la OTAN y en 1973 en la CEE. Desde 1945 hasta 1982 la política del país ha estado dirigida por el partido socialdemócrata, con breves periodos conservadores o de coalición. En 1982 fue elegido primer ministro el conservador Poul Schlüter. La jefatura del Estado la ostenta la reina Margarita II, que sucedió a su padre Federico IX en 1972.

Cult. Los primitivos poemas épicos de transmisión oral se recogen en las *Gesta Danorum* de Saxo Grammaticus, escritas a fines del s. XII, pero hasta el s. XVI no existe una verdadera literatura en lengua danesa. El máximo representante del Barroco es el poeta Thomas Kingo y la influencia de la Ilustración (s. XVIII) se refleja en el dramaturgo Ludvig Holberg y en Johannes Ewald, representante de los prerrománticos. La época romántica, de influencia alemana, está representada por Adam Oehlenschläger y Nikolai Grundtvig. En el s. XIX alcanzaron fama universal Hans Christian Andersen con sus cuentos infantiles y el filósofo Søren Kierkegaard, precedente del existencialismo. Entre los escritores contemporáneos sobresalen los novelistas Karl Gjellerup (premio Nobel en 1917), Johannes Jensen y Martin Andersen Nexø, los líricos Jeppe Aakjaer, Tom Kristensen, Nis Petersen, Paul la Cour y el dramaturgo Kaj Munk. Surgió posteriormente una nueva narrativa, cuya máxima figura fue Isak Dinesen, mientras que en poesía destacaba Halfdan Rasmussen.

La música danesa tuvo su primer gran compositor en el barroco Buxtehude. En el género operístico hay que citar a Weyse y Kuhlau. En el s. XIX sobresalieron los románticos Hartmann y Gade y los autores de *lied* Heise y Lange-Müller. La época contemporánea está dominada por Carl Nielsen.

El arte danés ha seguido, a lo largo de los siglos, similares pautas que los demás países nórdicos europeos. Durante el románico se desarrollaron la escultura y la pintura mural, arte éste que floreció hasta la Reforma, momento a partir del cual destaca el pintor y grabador Lorichs. En los s. XVI y XVII se impuso la influencia de los Países Bajos, desplazada en el XVIII por la escuela francesa, cuyos principales representantes fueron el pintor y escultor Louis Auguste Le Clerc y el también escultor Jacques Saly. El neoclásico Abraham Abildgaard (1743-1809) es considerado el padre de la pintura danesa, mientras que en escultura se impuso en el s. XIX Bertel Thorvaldsen (1770-1844). En el s. XX destacan los pintores J. F. Wilhumsen, compañero de Gauguin durante un tiempo, Erik Hoppe, Laurits Hartz, los abstractos Richard Mortensen y Asger John y los más recientes Per Arnoldi (arte pop) y Poul Janus-Ipsen (nuevo realismo).

La arquitectura monumental en piedra se introdujo en Dinamarca en torno al 1100. La catedral de Lund (románica) y la de Roskilde (gótica) son las obras principales del periodo medieval. La Edad Moderna se caracteriza por la influencia de los Países Bajos y el desarrollo del estilo *Cristián IV*. El s. XVIII supone la llegada del estilo francés, con el arquitecto Jardin. Harsdorff y su discípulo Hansen constituyen los máximos exponentes del estilo neoclásico, mientras que el modernismo y el funcionalismo están representados por Fisker, Lauritzen, Hansen y Larsen. Gran figura de la cinematografía mundial es Carl T. Dreyer. Destacan también las artes decorativas y, en especial, la porcelana, con centros como la Manufactura Real de Copenhague.

dinamarqués, sa *adj.* De Dinamarca. También *s.*

dinámica *s. f.* **1.** Parte de la mecánica que estudia la relación existente entre los movimientos de los cuerpos y las fuerzas que los originan o modifican. Los principios básicos de la dinámica clásica son los axiomas de Newton relativos a la inercia de los cuerpos y a la aceleración que una fuerza comunica a la masa a la que se aplica. **2.** Fuerza, impulso. || **3. dinámica de grupos** En psicol., estudio de la conducta de los grupos humanos, mediante el análisis de las interacciones, roles, factores, actuaciones, etc., que tienen lugar en el seno de un grupo, considerado como un microcosmos con vida propia.

dinámico, ca *adj.* **1.** Perteneciente o relativo a la dinámica o a la fuerza. **2.** Activo, diligente.

dinamismo *s. m.* **1.** Actividad, energía, diligencia. **2.** Doctrina filosófica según la cual los elementos materiales se reducen a combinaciones de fuerzas.

dinamita *s. f.* Explosivo sólido formado por un material poroso (tierra silícea o pasta de madera) empapado en nitroglicerina. Resulta menos peligroso de manejar que ésta, pues no explota sin detonador. Fue inventada por el físico sueco Alfred Nobel en 1866. La dinamita gelatinosa, o gelignita, es una mezcla de nitroglicerina y nitrocelulosa.

dinamitar *v. tr.* **1.** Hacer estallar algo mediante el uso de la dinamita. **2.** Impedir o hacer fracasar cosas como planes, ideas, etc.

dinamitero, ra *adj.* Se dice de la persona encargada de ejecutar voladuras con dinamita. También *s.*

dinamo o **dínamo** *s. f.* Generador eléctrico que transforma la energía magnética en energía eléctrica, si bien el término se aplica especialmente a aquellos en los que se obtiene corriente continua. Consta, esencialmente, de un electroimán o estator (*inductor*), que crea un campo magnético constante; una bobina o rotor (*inducido*), que gira en el campo magnético creado por el inductor y genera corriente alterna; un cilindro de cobre (*colector*); y unas escobillas por las que dicha corriente sale al exterior.

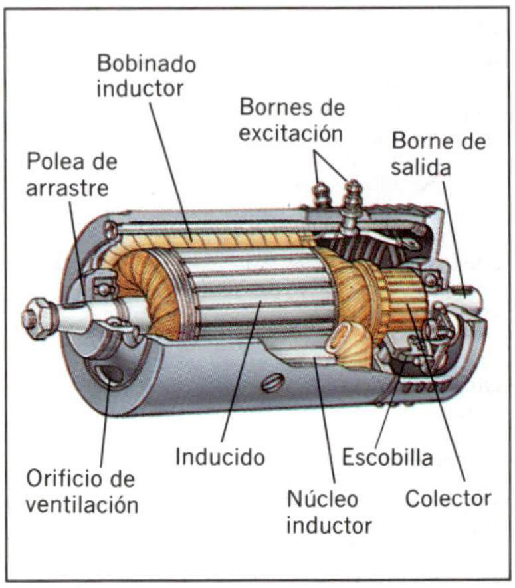

Estructura y partes principales de una dinamo.

dinamometamorfismo *s. m.* Conjunto de cambios profundos de las rocas producidos únicamente por la presión de las fuerzas que actúan en los grandes accidentes tectónicos.

dinamómetro *s. m.* Instrumento para medir fuerzas en función del alargamiento que éstas producen en un resorte elástico.

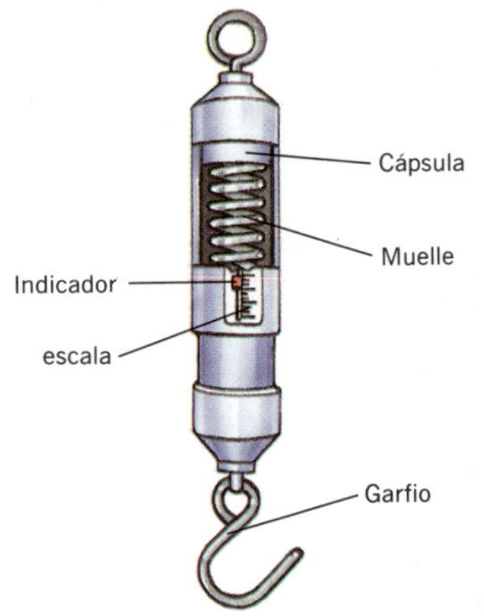

Dinamómetro: la fuerza que se quiere medir se aplica por tracción al garfio y su valor queda reflejado en el indicador de escala.

dinar *s. m.* **1.** Antigua moneda árabe de oro, acuñada desde el s. VII. **2.** Unidad monetaria actual de Argelia, Bahrein, Irak, Jordania, Kuwait, Libia, Tunicia, Yemen y las repúblicas de la antigua Yugoslavia.

dinárico, ca *adj.* **1.** Se dice de los individuos de una raza europea que ocupan el N de la península balcánica y se caracterizan por su cráneo braquicéfalo, gran estatura y piel morena. Tambien *s.* **2.** Perteneciente o relativo a esta raza.

Dináricos, Alpes (*Dinara Planina*) Cordillera que se extiende desde los Alpes eslovenos hasta el Ródope, paralela a la costa adriática, a lo largo de 600 km, con una altura media de 1.500 m. La máxima altura es el monte Titov, con 2.747 m. Abundan en ella las rocas calcáreas, que al ser erosionadas por la lluvia han dado lugar a un relieve cárstico.

dinastía *s. f.* **1.** Serie de reyes pertenecientes a una misma familia. **2.** P. ext., familia entre cuyos miembros se transmite el poder o la influencia política, económica o cultural. **FAM.** Dinástico.

Dine, Jim (Cincinnati, Ohio 1935) Pintor estadounidense. Influido por la tradición dadaísta y por representantes del expresionismo abstracto como Motherwell, incorpora a sus lienzos objetos cotidianos, como zapatos, muñecos, etc.

dineral *s. m.* Cantidad grande de dinero.

dinerario, ria *adj.* Relativo al dinero como instrumento de intercambio.

dinero *s. m.* **1.** Cualquier medio de pago aceptado por los miembros de una comunidad. **2.** Conjunto de monedas y billetes que se utilizan para ese fin. **3.** Riqueza. **4.** Nombre dado a algunas monedas antiguas, como el denario romano. ***Hist.*** La función más importante del dinero es la de facilitar los intercambios de productos o trabajo, por lo que apareció en tiempos bastante remotos de la historia, sustituyendo al simple trueque. Su forma original fue la barra de metal, porque éste era un material valioso aun en pequeñas cantidades. Para poder unificar su valor y hacerlo aceptable para todos nació la **moneda acuñada**: su forma redonda la hacía más fácil de llevar y mediante la acuñación (sello impreso en relieve) el rey, el emperador u otra autoridad garantizaba su valor. En la Edad Media nació la **letra de feria** (letra de cambio), documento en papel o pergamino que garantizaba el pago en moneda acuñada de la cantidad en él escrita y permitía a los comerciantes viajar a los mercados por caminos inseguros sin necesidad de llevar dinero en monedas. La banca, también surgida en la Edad Media, comenzó a emitir **billetes**, documentos que garantizaban la existencia de dinero en metal, guardado por el banquero, por el valor escrito en ellos.
En el s. XIX los billetes o papel moneda sustituyeron plenamente a la moneda acuñada, cuya utilidad quedó reducida a la de dinero fraccionario para pequeñas transacciones. Después de la Primera Guerra Mundial desapareció la obligación de que en los bancos hubiese dinero metálico por el valor de los billetes en circulación; de esta forma el dinero en papel moneda dejó de tener valor en sí, convirtiéndose en una representación del valor en él inscrito, y recibió el nombre de **dinero fiduciario**. En la actualidad se impone poco a poco el **dinero bancario**, en cheques, tarjetas de crédito, tarjetas de compra, cartas de pago, etc. El dinero ha dejado de ser, con frecuencia, algo material: el banco recibe y guarda «el dinero» de un cliente, apuntando simplemente la cantidad, y atiende las órdenes de pago que éste realiza restando su importe de la cifra apuntada; mediante la informática es posible comprar bienes y servicios sin necesidad de utilizar dinero físico en moneda u otra forma.

Dinesen, Karen Blixen, llamada **Isak** (Rungsted, Copenhague 1885 - Copenhague 1962) Escritora danesa. Es autora de relatos imaginativos en los que destacan los aspectos románticos y sobrenaturales. Entre sus obras sobresalen *Siete cuentos góticos* (1934), *Cuentos de invierno* (1942) y *Últimos cuentos* (1957). Escribió también *Lejos de África* (1937), narración autobiográfica de su estancia en Kenia.

dingo *s. m.* Mamífero carnívoro de la familia cánidos, especie *Canis dingo*. Es un tipo de perro salvaje que mide de 50 a 55 cm de altura, presenta pelaje denso, de color amarillento o rojizo, con las partes inferiores blancas y cola poblada. Es predador nocturno y se alimenta principalmente de canguros y conejos. No ladra, sino que emite un chillido característico. Habita en Australia formando pequeñas manadas y en algunos casos se ha conseguido su domesticación.

dinoflagelados *s. m. pl.* Orden de protistas eucariotas perteneciente al subtipo flagelados o mastigóforos. Son organismos microscópicos unicelulares, protegidos por una membrana de celulosa, y poseen dos flagelos desiguales que utilizan para desplazarse en medio acuático. Viven en aguas dulces o saladas formando parte del plancton marino o como parásitos o comensales de otros organismos. Dinoflagelados son la *Noctiluca scintillans* y el *Glenodium sanguineum*. También *adj.* y *s. m.*

dinosaurios *s. m. pl.* Grupo de reptiles fósiles de la subclase diápsidos que comprende numerosas especies clasificadas en los órdenes saurisquianos y ornitisquios. Vivieron en la era mesozoica o secundaria. Estaban adaptados al medio terrestre, al acuático y al aéreo, y su tamaño oscilaba entre varios decímetros y 25 m de longitud. Poseían un cuerpo macizo, con el cuello y la cola largos y la cabeza pequeña, y las extremidades posteriores más desarrolladas que las anteriores. Originarios del triásico, los dinosaurios se extinguieron al final del periodo cretácico por causas aún no determinadas. Dinosaurios fueron el *Tyrannosaurus* (carnívoro), el *Brontosaurus* y el *Diplodocus* (herbívoros), el *Iguanodon* (bípedo y provisto de un pico córneo), etc. También *adj.* y *s. m.*

dinoterio *s. m.* Mamífero proboscídeo fósil de la familia dinotéridos, género *Dinotherium*. Vivió en el periodo mioceno de la era cenozoica. Estaba emparentado con los elefantes, de los que se diferenciaba por tener los colmillos de la mandíbula curvados hacia abajo y hacia atrás. Alcanzaba unos 5 m de altura y 6 de longitud. Se han encontrado restos en África, Asia y Europa.

dintel *s. m.* Parte horizontal superior de los huecos de puertas y ventanas.

diñar *v. tr.* Dar, entregar. ‖ **LOC. diñarla** *fam.* Morirse.

diocesano, na *adj.* **1.** Perteneciente o relativo a la diócesis. **2.** Se dice del obispo o arzobispo con diócesis. También *s. m.*

diócesis *s. f.* **1.** Distrito o territorio al que se extiende la jurisdicción de un obispo o arzobispo. **2.** División administrativa del bajo imperio romano.

Diocleciano, Cayo Aurelio Valerio (cerca de Salona, hoy Split, Yugoslavia 245 - íd. 313) Emperador romano (284-305). Dálmata de origen humilde, fue elevado al imperio por las legiones. En el s. III puso fin a la crisis de Roma conocida como *anarquía militar*. Estableció una tetrarquía (gobierno de cuatro) constituida por dos augustos, él mismo y Maximiano, ayudados por dos césares, Constancio Cloro y Galerio. Dividió el imperio en Oriente y Occidente y emprendió una profunda reforma que abarcó aspectos militares, administrativos, fiscales, monetarios y religiosos. Promulgó un edicto contra los cristianos (303), provocando una violenta persecución. Abdicó en Galerio.

diodo *s. m.* Válvula electrónica en la que se ha producido el vacío y en la que hay dos electrodos (ánodo y cátodo) cuya diferencia de potencial produce un flujo de electrones desde el cátodo hacia el ánodo. Se usa como rectificador de corriente y en aparatos electrónicos.

Diodoro Sículo (Agirone, Sicilia h. 90 a. C. - ? fines del s. I a. C.) Historiador griego. Su *Biblioteca histórica*, de la que sólo se conservan fragmentos, es una historia universal desde la época mítica hasta la conquista de las Galias por César, que constituye una importante fuente de información.

Diofanto de Alejandría (? h. 325 - ? h. 410) Matemático griego. Sus hallazgos son fundamentales para la resolución de ecuaciones, en especial de las indeterminadas, que se conocen como *ecuaciones diofánticas*. También contribuyó a la notación algebraica. Su obra en 13 libros, de los que sólo se conservan 6, influyó en los árabes y en los geómetras renacentistas.

Dingo (Canis dingo).

Diógenes de Apolonia (Apolonia, Creta s. V a. C.) Filósofo presocrático griego. Influido por Anaxágoras y Anaxímenes, consideraba el aire como principio de la existencia, pero dotado del *nous*, principio divino de Anaxágoras.

Diógenes el Cínico (Sinope h. 413 - ? 327 a. C.) Filósofo griego. Su doctrina defendía el desprecio del dinero y de los bienes materiales y la liberación de las pasiones humanas. Su vida se caracterizó por el rechazo de todas las convenciones sociales.

Diógenes Laercio (Laertes, Cilicia s. III) Escritor griego. Es autor de *Vidas y opiniones de los filósofos*, una de las más importantes obras para el conocimiento de la filosofía antigua.

dioico, ca *adj.* Se dice de las plantas fanerógamas unisexuales en las que cada individuo produce únicamente flores masculinas o femeninas.

-dioico *suf.* En ácidos, significa que poseen dos grupos –COOH; p. ej., el ácido etanodioico HOOC–COOH.

Diomedes 1. Personaje mitológico griego que reinó en Tracia. Según la leyenda, sus yeguas devoraban a los extranjeros hasta que Hércules acabó con él, entregándolo a sus propias bestias. **2.** Héroe mitológico griego. Hijo de Tideo y rey de Argos, participó en la guerra de Troya y fue el compañero de Ulises en muchas de sus campañas contra los troyanos.

Dión Casio (Nicea, Bitinia h. 155 - íd. h. 235) Historiador griego. Se estableció en Roma (180) y desempeñó varios cargos públicos. Escribió en griego una *Historia romana*, en 80 libros, de los que sólo se conservan 25.

Dionis Véase **Dionisio el Liberal**.

dionisiaco o **dionisíaco, ca** *adj.* **1.** Perteneciente o relativo al dios Dionisos o Baco y a sus cualidades o características. **2.** En la filosofía de Nietzsche, lo dionisiaco equivale a la afirmación y voluntad de vivir que posee el hombre, a lo instintivo e irracional, por oposición a lo *apolíneo*.

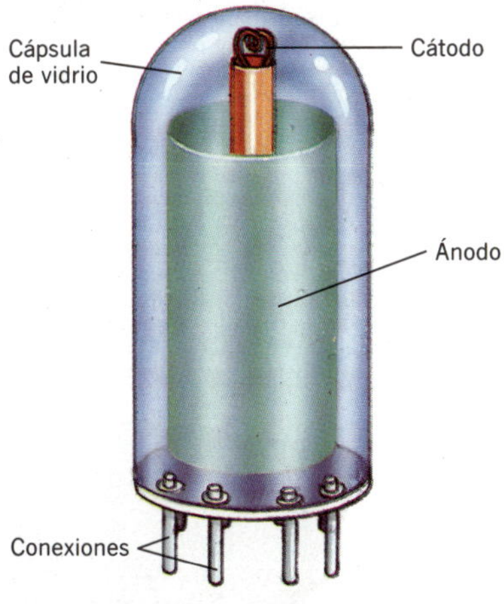

El diodo de válvula termoiónica, usado antiguamente en radios, televisores, etc., ha sido sustituido en la actualidad por el transistor.

Dionisio de Halicarnaso (s. I a. C.) Historiador, gramático y retórico griego. Vivió en Roma entre los años 30 y 8 a. C. Su obra más importante es *Historia primitiva de Roma*, que comprende desde la fundación de la ciudad hasta la primera guerra púnica.

Dionisio el Areopagita (s. I) Nombre dado al autor de una serie de escritos de gran influencia en el pensamiento medieval, considerado tradicionalmente discípulo de San Pablo. En la actualidad se cree que esos escritos fueron redactados a finales del s. IV o principios del V, bajo influencia neoplatónica, por lo que se suele llamar también a su autor el *Pseudo-Dionisio*.

Dionisio el Liberal (Lisboa 1261 - Odivelas 1325) Rey de Portugal (1279-1325). Desarrolló la economía de su país, favoreciendo especialmente la agricultura. Fue también un importante poeta (*Cancionero de don Dionisio*) y uno de los primeros impulsores de la cultura portuguesa. Fundó las universidades de Lisboa (1290) y Coimbra (1307).

Dionisio el Viejo (Siracusa h. 430 - íd. 367 a. C.) Tirano de Siracusa (405 - 367 a. C). Extendió su dominio a otras zonas de Sicilia, como Catania, Naxos y Leontinoi. Liberó esclavos, distribuyó las tierras confiscadas a los oligarcas y combatió con éxito desigual a Cartago en tres guerras.

Dionisos Dios griego de la vid, del vino y de la vitalidad, hijo de Zeus y Sémele. Su culto se celebraba con fiestas, llamadas *orgías*, en las que los participantes realizaban ritos secretos, recitaban himnos y hacían representaciones, en las que tienen su origen la poesía dramática y el teatro griegos. Los romanos adoptaron esta divinidad dándole el nombre de *Baco*.

diópsido *s. m.* $CaMg(Si_2O_6)$. Mineral silicato de calcio y magnesio, perteneciente al grupo de los piroxenos. Cristaliza en el sistema monoclínico, es pesado y frágil, tiene brillo vítreo y color gris verdoso o verde claro. Se encuentra en las rocas eruptivas y existen yacimientos en los Alpes, Urales y península Escandinava.

dioptría *s. f.* Unidad de potencia de una lente. Equivale al inverso de la distancia focal expresada en metros; si, p. ej., ésta es de 25 cm, la potencia vale $\frac{1}{0,25} = 4$ dioptrías.

dióptrica *s. f.* Parte de la óptica que estudia la refracción de la luz.

dioptrio *s. m.* Sistema óptico formado por dos cuerpos de distinta refringencia separados por una superficie; si ésta es plana, se trata de un dioptrio plano, y si es esférica, de un dioptrio esférico.

Dior, Christian (Granville 1905 - Montecatini, Italia 1957) Modisto francés. Fundó en París, en 1947, la casa de alta costura que tiene su nombre, que fue una de las que convirtió a la capital francesa en el centro de la moda internacional. Posteriormente creó una línea de perfumes y otra de accesorios.

diorama *s. m.* Superficie pintada por ambas caras, que al ser iluminada produce una sensación tridimensional o de movimiento. El primero que se conoce fue instalado por Daguerre y Bouton en París en 1822.

diorita *s. f.* Roca ígnea intrusiva, compuesta fundamentalmente por plagioclasas (andesina y oligoclasa) y piroxenos. A menudo contiene cuarzo en su composición y cuando éste es muy abundante (hasta un 10%) recibe el nombre de *diorita cuarcífera*. Tiene una estructura parecida a la del granito, aunque suele ser más oscura. Existen importantes yacimientos en Francia, República Federal de Alemania y EE UU. Se utiliza como piedra ornamental y en la construcción.

Diorita.

dios, sa *s. m.* y *f.* **1.** En las religiones politeístas, ser sobrenatural que controla algún aspecto de la realidad. ‖ *s. m.* **2.** En las religiones monoteístas, ser supremo, creador del universo. ■ Suele escribirse con mayúscula. ‖ **Loc. a la buena de Dios** *fam.* De cualquier manera. **como Dios** *adv. fam.* Estupendamente. **como Dios le da** a uno **a entender** *adv. fam.* Como buenamente se puede. **como Dios manda** *adv. fam.* Como debe ser. **(ande** o **vaya) con Dios** Fórmula de despedida, adiós. **costar** (o **necesitar**) algo **Dios y ayuda** *fam.* Costar mucho esfuerzo. **dejado de la mano de Dios** *adj.* Abandonado. **Dios mediante** Si todo va bien. **ni Dios** *fam.* Nadie. **no haber Dios que...** *fam.* No haber nadie que. **¡por Dios!** *excl.* Indica sorpresa; también se usa para pedir una limosna o hacer una petición cualquiera. **que venga Dios y lo vea** *fam.* Expresa enfado porque una cosa que otro niega es bien patente. **¡sabe Dios!** Expresa duda o ignorancia sobre algo. **sin encomendarse a Dios ni al diablo** *adv. fam.* Por su cuenta, sin consultarlo ni meditarlo. **todo Dios** *fam.* Todo el mundo. **¡válgame** (o **vaya por**) **Dios!** *excl. fam.* Expresa disgusto o sorpresa. **venir Dios a ver** a uno *fam.* Sucederle inesperadamente algo muy bueno.

Fil. En la filosofía cristiana Dios es considerado como un ente infinito, que es en sí y se concibe por sí, y que es el principio motor o causa del universo. Los pensadores que mantienen que se puede demostrar su existencia racionalmente han desarrollado, sobre todo, dos tipos de pruebas: las *a priori*, que tratan de demostrar la existencia de Dios a partir de la idea del mismo, elaboradas por San Anselmo, Descartes o Malebranche; y las *a posteriori*, que intentan demostrar su existencia partiendo de la experiencia, como las «cinco vías» de Santo Tomás. Otras corrientes, en cambio, mantienen que no siendo Dios una réalidad empíricamente comprobable, ni pudiendo tampoco considerar como analítica la proposición «Dios existe», toda cuestión acerca de él queda descartada por principio.

Rel. Desde sus más remotos orígenes, la humanidad ha sentido la necesidad de creer en un ser o seres superiores y sobrenaturales para explicar fenómenos que escapaban a su comprensión, como el origen del mundo, el sentido de la vida, los ciclos de las estaciones, la fecundidad, etc. Esta creencia dio origen a las diversas religiones, o formas que tiene el hombre de relacionarse con la divinidad. Originalmente Dios se personificaba en elementos de la naturaleza, como el rayo, el agua o ciertos animales; más tarde adquirió una imagen humana. También ha variado el número de dioses en los que el hombre ha creído: en religiones de la antigüedad, como la griega, existían muchas divinidades, dominadas por un dios padre (politeísmo); el judaísmo, el cristianismo y el islamismo introdujeron la idea de un Dios único y verdadero (monoteísmo), origen de todas las cosas y principio y fin del universo.

Dioscórides, Pedanio (¿Anazarbo?, Cilicia s. I) Médico griego. Experto en botánica, en su obra *De materia medica* describe las propiedades medicinales de más de 600 plantas. La obra lo convirtió en una autoridad en farmacología durante quince siglos.

Dioscuros En la mitología griega, nombre con que se conoce a los gemelos Cástor y Pólux, hijos de Zeus.

dióxido *s. m.* **1.** Compuesto binario en cuya molécula existen dos átomos de oxígeno por uno de un elemento no metálico. P. ej., el dióxido de azufre (SO_2). ‖ **2. dióxido de carbono** CO_2. Gas incoloro, inodoro y de sabor picante, soluble en agua, antiguamente llamado *anhídrido carbónico*. Se encuentra en la atmósfera y en los procesos de combustión, fermentación alcohólica, putrefacción, etc., y desempeña un importante papel en la vida de vegetales y plantas. Industrialmente se obtiene mediante la combustión del carbón, la calcinación de la calcita, etc., y se usa en la fabricación de bebidas gaseosas, como extintor de incendios, como refrigerante, etc.

dipétalo, la *adj.* Se dice de la corola que tiene dos pétalos y de la flor que tiene este tipo de corola.

diplodocus o **diplodoco** *s. m.* Dinosaurio fósil de la familia diplodócidos, que vivió durante el periodo jurásico de la era mesozoica o secundaria. Medía más de 25 m de longitud, tenía el cuerpo rechoncho, cuello y cola muy largos y cabeza pequeña. Era cuadrúpedo y herbívoro. Habitó en regiones lacustres de Colorado y Wyoming (EE UU).

diploide *adj.* Se dice de la célula cuyos cromosomas se agrupan por parejas, uno procedente del padre y otro de la madre. P. ej., todas las células del hombre, excepto los gametos, son diploides, pues poseen 46 cromosomas distribuidos en 23 parejas. También *s.*

diploma *s. m.* **1.** Documento en el que se afirma que alguien posee un título, premio, estudios, condición, etc. **2.** Documento antiguo.

diplomacia *s. f.* **1.** Estudio y práctica de las relaciones internacionales. Para mantener y facilitar las relaciones con otros países u organismos internacionales, los Estados y sus gobiernos envían a ellos personas que se encargan de representarlos oficialmente (embajadores). Las relaciones diplomáticas plenas entre dos países implican que los gobiernos de dichos Estados se reconocen mutuamente. Otra forma de relaciones diplomáticas son las consulares, que tienen como fin principal proteger los intereses de los súbditos de un país en otro extranjero, sin que se requiera necesariamente el reconocimiento mutuo de los respectivos gobiernos. **2.** Conjunto de personas e instituciones que intervienen en esas relaciones. **3.** *fam.* Habilidad para tratar con otras personas.

diplomar *v. tr.* **1.** Otorgar un título que demuestra que la persona que lo posee ha realizado satisfactoriamente una carrera u otro tipo de estudios o preparación. ‖ *v. prnl.* **2.** Obtener ese título. **Fam.** Diplomado.

diplomático, ca *adj.* **1.** Perteneciente o relativo a la diplomacia. **2.** Se dice de la persona que tiene habilidad y sutileza en el trato con otras, y de su actitud, palabras, actos, etc. ‖ *s. m.* y *f.* **3.** Funcionario especializado en relaciones internacionales que representa a su país ante otros Estados u organismos. Puede haber estudiado la carrera diplomática (diplomático de carrera) o ser directamente nombrado para el cargo por su gobierno. En ambos casos tiene inmunidad civil y penal en el país que le recibe, que previamente ha dado su consentimiento (*placet*) al mismo. ‖ *s. f.* **4.** Disciplina auxiliar de la historia que estudia los diplomas o documentos antiguos. **Fam.** Diplomáticamente.

diplomatura *s. f.* Primer nivel de estudios universitarios, al que se accede normalmente al completar los tres primeros cursos de una carrera.

diplopía *s. f.* Fenómeno patológico de la visión caracterizado por la percepción doble de un mismo objeto. Es síntoma de estrabismo.

diplópodos *s. m. pl.* Clase de artrópodos a la que pertenecen unas 8.000 especies comprendidas en las subclases pselafognatos y quilognatos (milpiés). Son animales pequeños, de cuerpo alargado y anillado, cubierto por una coraza quitinosa. En el tronco poseen segmentos dobles, provistos cada uno de dos pares de patas. Tienen alimentación vegetariana, son minadores y habitan en todo el mundo. Su nombre común es *cardadores*. También *adj.* y *s. m.*

dipluros *s. m. pl.* Orden de insectos a la que pertenecen unas 400 especies. Son animales pequeños (alcanzan hasta 1 cm de longitud), ápteros, sin ojos, con once segmentos abdominales, rematados en dos cercos que pueden tener forma de pinzas. Viven bajo piedras u hojarasca en parajes húmedos. También *adj.* y *s. m.*

dipneo, a *adj.* Se aplica a los animales que están dotados de respiración branquial y pulmonar. También *s.*

dipnoos *s. m. pl.* Subclase de peces osteictios a la que pertenecen seis especies comprendidas en los órdenes ceratodiformes y lepidosireniformes. Tienen el cuerpo anguiforme, aletas pares en forma de paleta y cola lanceolada. Además de branquias poseen pulmones, que sirven a los lepidosiréniformes para sobrevivir enterrados en el barro durante la estación seca. Habitan en ríos y lagos de África, Australia y América del Sur. También *adj.* y *s. m.*

dipolo *adj.* **1.** Que tiene dos polos. ‖ *s. m.* **2.** Conjunto de dos cargas eléctricas (dipolo eléctrico) o magnéticas (dipolo magnético) separadas, de igual magnitud y de signo contrario.

dipsomanía *s. f.* Tendencia irresistible a tomar bebidas, especialmente alcohólicas.

dipsomaniaco o **dipsomaníaco, ca** *adj.* Se dice del que padece dipsomanía. También *s.*

dipsómano, na *adj.* Dipsomaniaco*.

díptero, ra *adj.* **1.** Que tiene dos alas. **2.** Se dice del edificio antiguo rodeado de un pórtico con doble fila de columnas. **3.** Se aplica al edificio clásico que tiene costados o cuerpos salientes a ambos lados. ‖ *s. m. pl.* **4.** Orden de insectos a la que pertenecen más de 70.000 especies comprendidas en los subórdenes nematóceros, braquíceros y ciclorrafos, con numerosas familias. Se caracterizan por poseer sólo un par de alas funcionales, alimentarse mediante la aspiración de líquidos a través de una trompa y tener metamorfosis complicada. Los dípteros más importantes son la mosca común, las moscas de las frutas, los tábanos y los mosquitos, que se alimentan de sangre, y los sirfos, que beben el néctar de las flores. Algunos dípteros transmiten enfermedades importantes, como el mosquito anofeles. Las larvas viven en el agua (mosquitos y moscas acuáticas) o en el estiércol, la carne podrida y otras sustancias descompuestas. Habitan en todo el mundo. También *adj.* y *s. m.*

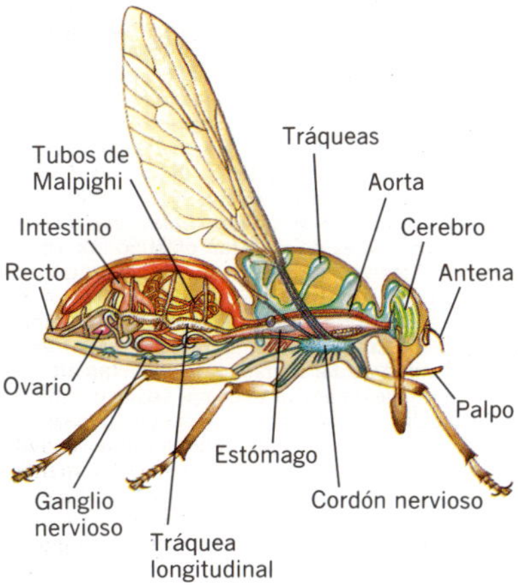

Anatomía interna de un insecto díptero, el tábano (Tabanus bovinus).

díptico *s. m.* Cuadro o bajo relieve formado por dos tableros articulados (a veces, también fijos), que representan asuntos relacionados entre sí. Adoptado por el arte cristiano a partir del s. V, fue muy frecuente en el arte gótico, durante los s. XIII y XIV.

El Díptico Carrano, *escuela francesa del siglo XV (Museo del Bargello, Florencia).*

diptongar *v. tr.* Convertir en diptongo una vocal. P. ej., la *o* de *morder* se convierte en *ue* en *muerdo*. También *v. intr.* ■ Se conjuga como *pagar*. **FAM.** Diptongación.

diptongo *s. m.* Conjunto de dos vocales que se pronuncian en la misma sílaba. Se forma especialmente por la combinación de una de las vocales abiertas (*a, e, o*) con una de las cerradas (*i, u*). Cuando la primera vocal es cerrada se llama **diptongo creciente** (*ia, ie, io, ua, ue, uo*), p. ej. *noticia, guapo, huevo,* y cuando es abierta, **decreciente** (*ai, au, ei, eu, oi*), p. ej. *caimán, hoy.*

diputación *s. f.* **1.** Acción y efecto de diputar. **2.** Conjunto de personas diputadas para algo. **3.** Ejercicio de su cargo y tiempo de duración del mismo. ‖ **4. diputación permanente** En las Cortes españolas, conjunto de parlamentarios que tienen la representación de aquéllas en los periodos entre sesiones. **5. diputación provincial** Corporación elegida para gestionar los intereses de una provincia; también, edificio o local donde celebra sus sesiones.

diputado, da **1.** *p. p.* de **diputar**. También *s.* ‖ *s. m.* y *f.* **2.** Persona elegida por los electores para formar parte de una cámara legislativa.

diputar *v. tr.* **1.** Destinar o señalar a alguien para una misión. **2.** Elegir una colectividad a alguno de sus miembros para que la represente. **3.** Juzgar, tener por.

dique *s. m.* **1.** Muro que sirve para contener la fuerza de las aguas o del oleaje. **2.** Recinto en una dársena, que queda en seco al descender la marea o se cierra con compuertas para luego achicar el agua por medio de bombas, donde se limpian o carenan barcos. ■ Se llama también *dique seco.* **3.** Obstáculo o defensa que se opone al avance de algo perjudicial. **4.** En geol., masa de rocas ígneas de poco espesor y gran longitud, que corta la estratificación de otras rocas. **5.** *fam. Arg., Urug.* Categoría, importancia. ‖ **6. dique flotante** El construido con estructuras metálicas que se llenan de agua y sumergen con el fin de que el barco pueda entrar en él; luego se desaguan por medio de bombas para que, al flotar de nuevo, quede la embarcación en seco y pueda trabajarse en su reparación. ‖ **LOC. entrar** (o **estar**) **en el dique seco** Quedar apartado alguien provisionalmente de la práctica de una actividad, por razones de salud.

diquelar *v. tr.* Comprender una cosa o darse cuenta de las intenciones de alguien.

Dirac, Paul Adrien Maurice (Bristol 1902 - Tallahassee, Florida 1984) Físico británico. Fue uno de los fundadores de la mecánica cuántica. En 1929 formuló la teoría cuántica y relativista del electrón y predijo la existencia del positrón, confirmada por Carl David Anderson (1932). Obtuvo el premio Nobel de física de 1933, compartido con Erwin Schrödinger, por su trabajo en mecánica ondulatoria y su formulación de la teoría de las antipartículas.

dirección *s. f.* **1.** Acción y efecto de dirigir. **2.** Trayectoria que puede o debe recorrer una cosa que se mueve. **3.** Destino. **4.** Orientación, carácter. **5.** Persona o conjunto de personas encargadas de dirigir una empresa, sociedad, etc. **6.** Cargo y oficina de director. **7.** En cine, teatro, música, etc., conjunto de técnicas para organizar y coordinar la realización de una obra. **8.** Señas de un lugar. **9.** Mecanismo que, gobernado por el volante, sirve para dirigir un vehículo. **10.** En geol., inclinación, ángulo menor de 90 ° que forma el estrato, grieta o filón con respecto al eje magnético de la Tierra (N-S) y referido siempre al N. Es perpendicular al buzamiento. ‖ **11. dirección de una recta** En mat., dirección del conjunto de todas las rectas paralelas a esa recta. **12. dirección general** Cualquiera de las oficinas superiores que dirigen un ministerio de la administración. **13. vector de dirección de un plano** En mat., cualquier vector perpendicular a ese plano. El vector director del plano $ax + by + cz + d = 0$, en el espacio ordinario, tiene como componentes (a, b, c). **14. vector de dirección de una recta** En mat., cualquier vector paralelo a la recta. El vector de dirección de la recta $ax + by + c = 0$ tiene por componentes $(-b, a)$. También se llama *vector director de la recta.*

directividad *s. f.* En pedagogía y psicol., rasgo fundamental de determinadas modalidades de la enseñanza y terapias, en las que el alumno o paciente desempeña un papel pasivo y dependiente, siendo el profesor o terapeuta quien dirige el proceso y toma las decisiones.

directivo, va *adj.* **1.** Que tiene autoridad o poder para dirigir. ‖ *s. m.* y *f.* **2.** Miembro de una junta o equipo de dirección. ‖ *s. f.* **3.** Junta de gobierno de una corporación, sociedad, etc. **4.** Instrucción, norma. Se usa más en *pl.*

directo, ta *adj.* **1.** En línea recta. **2.** Sin detenerse en ningún punto intermedio. También *s. m.* **3.** Sin rodeos. **4.** Se aplica a lo que se realiza sin intermediarios o cosas intermedias. **5.** Que se sigue de padres a hijos. **6.** Transmisión de un programa o acontecimiento al mismo tiempo que se realiza o sucede. ‖ *s. m.* **7.** En boxeo, golpe potente que se da extendiendo bruscamente hacia delante un brazo. ‖ *s. f.* **8.** Velocidad o marcha más rápida y menos potente de un automóvil. ‖ **LOC. en directo** *adj.* y *adv.* Se aplica al programa de radio o televisión que se transmite al mismo tiempo que se realiza. **FAM.** Directamente.

director, ra *adj.* **1.** Que dirige. ‖ *s. m.* y *f.* **2.** Persona que dirige una empresa u organismo. **3.** Persona encargada de dirigir una orquesta, obra teatral, filme, etc.

directorio, ria *adj.* **1.** Que sirve para dirigir. ‖ *s. m.* **2.** Conjunto de instrucciones y normas sobre una materia. **3.** Lista de nombres y direcciones de cierta clase de personas, comercios, abonados, etc. **4.** Nombre dado, en algunos casos especiales, a la junta directiva de una asociación, partido político, país, etc. **5.** En los grandes almacenes, panel que indica las distintas secciones y su distribución para información de los clientes. **6.** En inform., modo de estructurar unidades de información, generalmente ficheros. **7.** Régimen político de la Francia revolucionaria que fue establecido por la Constitución de 1795 y que toma su nombre del directorio o comité de cinco miembros que, elegido para cinco años, ejerció el poder ejecutivo. Fue derribado por el golpe de Estado de Napoleón en 1799. ‖ **8. Directorio Militar** Gobierno integrado por militares que formó el general Primo de Rivera después del golpe de Estado con el que implantó su dictadura en 1923. El propio Primo de Rivera lo disolvió en 1925 y lo sustituyó por un gabinete de civiles. **9. Directorio Supremo de las Provincias del Río de la Plata** Institución que gobernó los territorios argentinos del Río de la Plata entre 1813 y 1824. En esta etapa se proclamó la independencia (1816), y el general San Martín organizó las expediciones a Chile y Perú. Desapareció al instaurarse la república.

directriz *s. f.* **1.** Instrucción, norma. **2.** En geom., línea, figura o superficie que determina las condiciones de generación de otra. **3.** En geom., recta que, en unión del foco, sirve para definir una cónica.

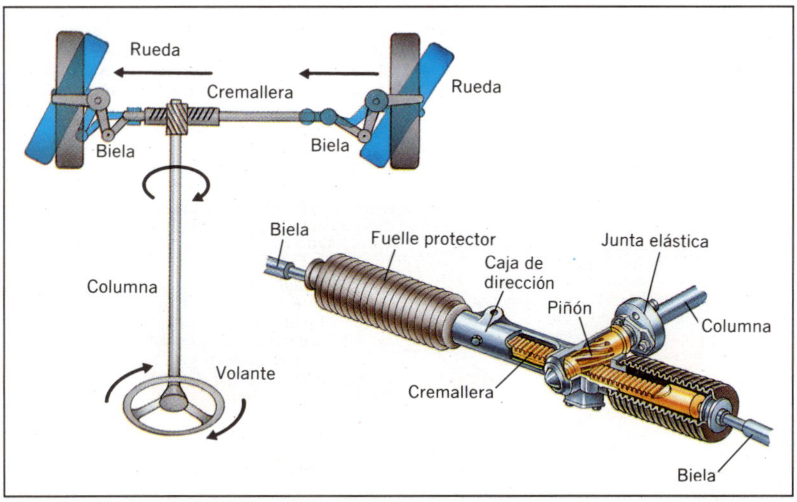

Esquema de la dirección de cremallera de un automóvil: el movimiento del volante se transmite, mediante la columna, a un mecanismo desmultiplicador –que reduce el esfuerzo de giro del volante– y de éste a las ruedas a través de las bielas.

dirham o **dirhem** *s. m.* **1.** Moneda de plata árabe de la Edad Media. **2.** Unidad monetaria actual de Marruecos y de los Emiratos Árabes Unidos.

Dirichlet, Peter Gustav Lejeune (Düren, Renania 1805 - Gotinga 1859) Matemático alemán. Docente en las principales universidades de su país, investigó la teoría de ecuaciones derivadas parciales, la teoría de las series e integrales y la teoría de los números.

dirigente *adj.* Que dirige. También *s.*

dirigible *adj.* **1.** Que puede ser dirigido. ‖ *s. m.* **2.** Vehículo volador más ligero que el aire que, como los globos aerostáticos, se sostiene gracias a bolsas llenas de gases ligeros (hidrógeno o helio), pero que dispone de motores capaces de propulsarlo en un vuelo dirigido (de aquí su nombre). Inventado por el francés Henri Giffard, fue perfeccionado por el alemán Ferdinand von Zeppelin a partir de 1900. Se componía de una envoltura impermeable de forma aerodinámica, que contenía el gas, de la que pendía la góndola o barquilla para los pasajeros. Utilizado durante algún tiempo en la aviación comercial, fue sustituido por el avión, después de una serie de accidentes fatales, especialmente incendios.

dirigir *v. tr.* **1.** Llevar o hacer ir a alguien o algo por un camino, a un lugar o una determinada dirección. También *v. prnl.* **2.** Decir algo a otra persona de palabra o por escrito. También *v. prnl.* **3.** Encaminar a un determinado fin. También *v. prnl.* **4.** Destinar una obra, producto, etc., a un determinado grupo de personas. **5.** Gobernar, organizar, estar al frente. **6.** Disponer lo que deben hacer otras personas. **7.** Aconsejar, educar. **8.** En artes como cine, teatro, música, etc., organizar y coordinar la realización o ejecución de una obra. ‖ *v. prnl.* **9.** Ir hacia alguien a un lugar, acudir a él. ■ Se conjuga como *surgir.*

dirigismo *s. m.* Tendencia a la intervención del Estado, de un órgano directivo o de una persona en una actividad, limitando la independencia o autonomía de otras personas o entidades que participan en el proceso. **FAM.** Dirigista.

dirimente *adj.* Que dirime.

dirimir *v. tr.* **1.** Poner fin a una discusión, resolver un desacuerdo. **2.** Romper un vínculo, relación, etc. **FAM.** Dirimible.

dis-[1] (del lat. *dis*) *pref.* Indica 'negación' o 'contrariedad': *disconforme*; 'separación': *distraer*; o refuerza el significado: *disminuir.*

dis-[2] (del gr. *dus*, difícil, mal) *pref.* Indica 'dificultad, mal'. Se emplea en voces científicas: *disnea, disfasia.*

disacárido *s. m.* $C_{12}H_{22}O_{11}$. Nombre común de diversos azúcares cuya molécula está formada por la unión de dos monosacáridos con pérdida de una molécula de agua; p. ej., la lactosa, disacárido constituido por una molécula de glucosa y otra de galactosa. Otros disacáridos son la maltosa, la sacarosa, etc.

disartria *s. f.* Dificultad para la articulación de las palabras que se observa en algunas enfermedades nerviosas.

discal *adj.* Perteneciente o relativo a los discos que hay entre las vértebras.

discalculia *s. f.* En psicol., dificultad específica para calcular o resolver operaciones aritméticas y para adquirir los conocimientos matemáticos básicos.

discante *s. m. Perú.* Disparate, ridiculez.

discapacidad *s. f.* En med., nombre genérico que se aplica a la limitación o incapacidad para realizar una actividad en la forma en que se considera normal para un ser humano, consecuencia de una enfermedad o lesión.

discernimiento *s. m.* **1.** Acción y efecto de discernir. **2.** Capacidad para discernir. **3.** En der., permiso judicial o del consejo de familia que habilita a una persona para ejercer un cargo.

discernir *v. tr.* **1.** Diferenciar una cosa de otra, particularmente lo malo de lo bueno. **2.** En der., encargar de oficio un juez a alguien la tutela de un menor u otro cargo. ■ Es v. irreg. **FAM.** Discernible, discernidor, discerniente.

DISCERNIR

INDICATIVO	SUBJUNTIVO	IMPERATIVO
Presente	**Presente**	
discierno	*discierna*	
disciernes	*disciernas*	*discierne*
discierne	*discierna*	
discernimos	*discernamos*	
discernís	*discernáis*	*discernid*
disciernen	*disciernan*	

discinesia *s. f.* Incapacidad de controlar los movimientos voluntarios, o presencia de movimientos involuntarios como consecuencia de desórdenes en el control nervioso.

disciplina *s. f.* **1.** Conjunto de normas que rigen una actividad, particularmente cuando son estrictas. **2.** Actitud de quien se somete a ellas. **3.** Ciencia, rama del conocimiento. **4.** Cada una de las modalidades de un deporte. **5.** Látigo corto empleado para azotar. **FAM.** Disciplinal.

disciplinado, da **1.** *p. p.* de **disciplinar**. ‖ *adj.* **2.** Se dice del que sigue la disciplina impuesta o que se impone él mismo. **FAM.** Disciplinadamente.

disciplinante *s. m.* y *f.* Penitente que se azota con una disciplina.

disciplinar *v. tr.* **1.** Hacer guardar la disciplina. También *v. prnl.* **2.** Azotar con una disciplina. También *v. prnl.* **FAM.** Disciplinable.

disciplinario, ria *adj.* **1.** Perteneciente o relativo a la disciplina. **2.** Se aplica a lo que sirve para mantener la disciplina o para castigar las faltas. **3.** Se aplica a los cuerpos militares formados por soldados condenados a alguna pena.

discípulo, la *s. m.* y *f.* **1.** Persona que sigue las enseñanzas de un maestro. **2.** Persona partidaria de una determinada doctrina, incluso en tiempo muy posterior a su aparición. **FAM.** Discipulado, discipular.

disc-jockey (voz ingl.) *s. m.* y *f.* Persona que se encarga de seleccionar, presentar y poner los discos en una emisora de radio o discoteca.

disco *s. m.* **1.** Objeto plano de forma circular. **2.** Placa circular de material plástico o metálico en la que se registra o graba un sonido, generalmente música, que luego se reproduce en un tocadiscos. **3.** Pieza circular de metal que, en la modalidad atlética del mismo nombre, es lanzada por el deportista lo más lejos posible. **4.** Semáforo. **5.** Aspecto que presentan a la vista el Sol y la Luna. **6.** *fam.* Tabarra, rollo. **7.** En anat., almohadilla fibrocartilaginosa que separa entre sí las vértebras de la columna vertebral y permite su movimiento. **8.** En bot., interior de la hoja de una planta, en contraposición a su borde. **9.** Parte central de la cabezuela de las plantas compuestas. ‖ **10. disco blastodérmico** En biol., estructura embrionaria que se forma tras el ciclo de segmentación. **11. disco compacto** Disco fonográfico de metal, de pequeño tamaño (10,7 cm de diámetro) y larga duración (1 hora), grabado y reproducido por láser; es mucho más duradero y fiel en la reproducción del sonido que los discos tradicionales de material plástico. **12. disco del Sol** Calendario azteca, que consiste en una gran piedra cilíndrica de 4 m de diámetro, con relieves esculpidos en ambas caras. **13. disco magnético** En inform., conjunto de una o varias placas de material metálico, dispuestas alrededor de un eje común, en las que se puede grabar información magnetizando adecuadamente su superficie. Los discos magnéticos son uno de los elementos esenciales de la memoria auxiliar de los ordenadores electrónicos y pueden almacenar cientos de millones de caracteres. Si el disco magnético está formado por una sola lámina de material flexible, envuelta en un soporte protector de cartón, se llama *disquete.* **14. disco óptico** Placa circular de material plástico donde se graba información sonora, visual o digital por medio de un haz de láser codificado, pudiendo reproducirse o leerse por medio de otro rayo láser. Tiene la ventaja de que no se desgasta con el uso y puede almacenar cientos de millones de caracteres. **15. disco selector** En los aparatos telefónicos, conmutador giratorio que permite comunicar con otros abonados.

El discóbolo, *copia romana en mármol de un original de Mirón (Museo de las Termas, Roma).*

discóbolo *s. m.* **1.** Atleta que lanzaba el disco en competiciones deportivas. **2.** En arte, nombre que se da por antonomasia a la talla en bronce del escultor griego Mirón (s. V a. C.), que representaba a un atleta lanzando el disco. Es conocido por copias romanas.

discografía *s. f.* **1.** Técnica e industria de la grabación de discos. **2.** Conjunto de discos de un intérprete, un compositor, una época, etc. **FAM.** Discográfico.

discoidal o **discoideo, a** *adj.* En forma de disco.

díscolo, la *adj.* Desobediente, rebelde. También *s.*

disconforme *adj.* Que muestra disconformidad.

disconformidad *s. f.* **1.** Falta de acuerdo entre ideas, opiniones, decisiones, etc. **2.** Diferencia de unas cosas con respecto a otras.

discontinuidad *s. f.* **1.** Cualidad de discontinuo, falta de continuidad. **2.** En geol., cada una de las capas del interior de la Tierra, caracterizadas por modificaciones de la composición quí-

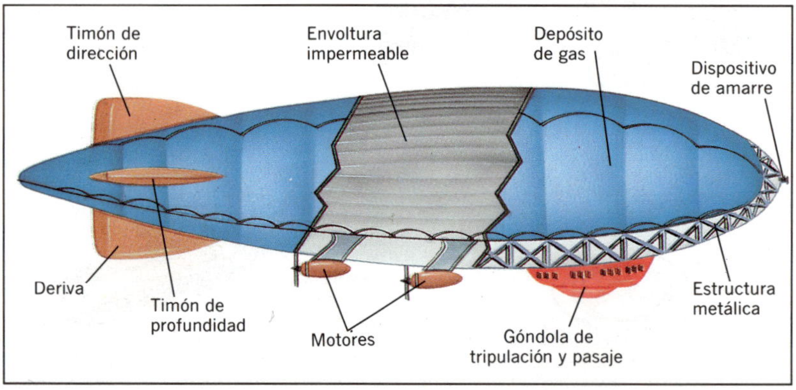

Estructura de un dirigible: el aparato consta de un armazón metálico de aleación ligera, cubierto por una envoltura impermeable que contiene varios depósitos de helio o hidrógeno, llamados balonets, *y una góndola o barquilla suspendida mediante cables metálicos.*

mica o por las propiedades físicas del material que las forman. Las discontinuidades se establecen mediante el estudio de las variaciones de velocidad de las ondas sísmicas. Cuando la variación es brusca se dice que hay una **discontinuidad de primer orden**, como las discontinuidades de Mohorovicic, a unos 30 km de profundidad, que separa la corteza terrestre y el manto; y de Gutenberg, a 2.900 km, que separa el manto del núcleo. Cuando la variación es continuada, pero no brusca, se dice que es **discontinuidad de segundo orden**, como las discontinuidades de Conrad, a unos 17 km, situada entre la superficie terrestre y la discontinuidad de Mohorovicic; de Repetti, a 700 km, que divide en dos el manto; y de Lehman, a unos 5.000 km, que separa el núcleo externo del núcleo interno de la Tierra.

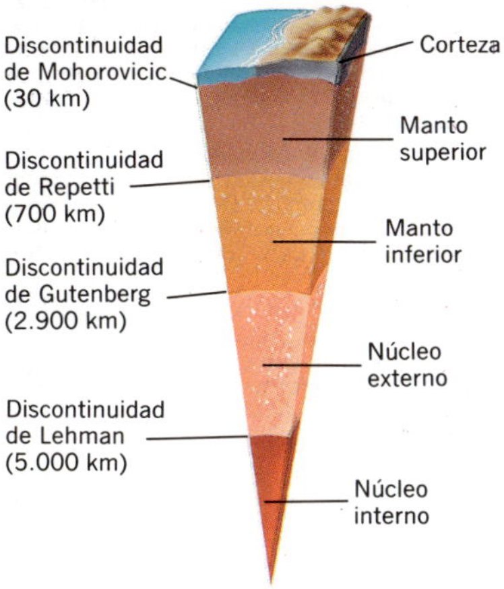

Las discontinuidades que separan las distintas capas de la estructura interna de la Tierra.

discontinuo, nua *adj.* Que se interrumpe.

discopub *s. m.* Local público en que se sirven bebidas y se ofrece música bailable.

discordancia *s. f.* **1.** Falta de armonía, coherencia o acuerdo. ‖ **2. discordancia estratigráfica** En geol., disposición de una serie de capas o estratos que descansan sobre otros más antiguos sin ser paralelos a ellos. La primera serie depositada se pliega a causa de un ciclo orogénico, siendo alisada su superficie por la erosión. Posteriormente se deposita una segunda serie sobre la anterior. La primera (plegada) y la segunda (horizontal) son estratigráficamente discordantes. Es el fenómeno opuesto a la concordancia. **FAM.** Discordante.

discordar *v. intr.* **1.** Ser opuestas dos o más cosas. **2.** Discrepar. **3.** Desafinar. ▪ Es v. irreg. Se conjuga como *contar.* Las formas irregulares no se usan prácticamente.

discorde *adj.* **1.** Disconforme, opuesto. **2.** Disonante, que desafina.

discordia *s. f.* Falta de acuerdo.

discoteca *s. f.* **1.** Local público donde se escucha música grabada y se baila. **2.** Colección de discos. **3.** Mueble en que se guardan ordenadamente discos.

discotequero, ra *adj.* **1.** *fam.* Perteneciente o relativo a la discoteca (local público). **2.** Se dice de un tipo de música muy bailable, característico de las discotecas. **3.** Persona que frecuenta las discotecas. También *s.*

discreción *s. f.* **1.** Prudencia, tacto. **2.** Cualidad del que sabe guardar un secreto. ‖ **LOC. a discreción** *adv.* Como cada uno quiera; también, sin limitación.

discrecional *adj.* **1.** Se dice de aquello que se deja al criterio de cada uno. ‖ **2. servicio discrecional** Servicio de transporte que puede ser contratado por particulares. **FAM.** Discrecionalmente.

discrecionalidad *s. f.* Cualidad de discrecional.

discrepancia *s. f.* **1.** Falta de acuerdo en ideas, opiniones, etc. **2.** Diferencia que resulta al comparar varias cosas entre sí. **FAM.** Discrepante.

discrepar *v. intr.* **1.** Estar en desacuerdo. **2.** Diferenciarse una cosa de otra.

discretear *v. intr.* Cuchichear. **FAM.** Discreteo.

discreto, ta *adj.* **1.** Prudente. **2.** Que sabe guardar un secreto. También *s.* **3.** Moderado, nada exagerado, poco brillante. **4.** En fís. y mat., se aplica a las cantidades o conjuntos discontinuos o formados por individuos o unidades que se pueden contar. **FAM.** Discretamente.

discrimen *s. m.* Diferencia, diversidad.

discriminante *adj.* **1.** Que discrimina o diferencia. **2.** En mat., en una ecuación de segundo grado $ax^2 + bx + c = 0$, el discriminante es una función de sus coeficientes que al anularse indica que la ecuación tiene representadas por $\Delta = b^2 - 4ac$ dos raíces iguales.

discriminar *v. tr.* **1.** Dar trato de inferioridad por motivos raciales, políticos, religiosos, etc. **2.** Diferenciar una cosa de otra. **FAM.** Discriminación.

discriminatorio, ria *adj.* Que discrimina.

disculpa *s. f.* **1.** Acción y efecto de disculpar o disculparse. **2.** Excusa.

disculpar *v. tr.* **1.** Perdonar, justificar. ‖ *v. prnl.* **2.** Dar alguien explicaciones para descargar una culpa o por no hacer algo. **3.** Pedir perdón. **FAM.** Disculpable, disculpablemente.

discurrir *v. intr.* **1.** Ir algo continuamente por un sitio. **2.** Pasar el tiempo. **3.** Ocurrir. **4.** Pensar. También *v. tr.*

discursear *v. intr. fam.* Pronunciar discursos.

discursivo, va *adj.* **1.** Perteneciente o relativo al razonamiento o al discurso lingüístico. **2.** Inclinado a reflexionar.

discurso *s. m.* **1.** Exposición hablada en público. **2.** Serie de palabras y frases con sentido y enlazadas de modo coherente. **3.** Conjunto de ideas y modo de razonar. **4.** Escrito de extensión variable en el que se reflexiona sobre una determinada materia. **5.** Trancurso de tiempo.

discusión *s. f.* Acción y efecto de discutir.

discutible *adj.* Que se puede o se debe discutir, dudoso.

discutir *v. tr.* **1.** Examinar entre varios un asunto, exponiendo y defendiendo cada uno su postura. También *v. intr.* **2.** Oponerse o manifestar oposición a algo, p. ej. una orden. ‖ *v. intr.* **3.** Regañar. **FAM.** Discutidor.

disecar *v. tr.* **1.** Preparar un animal muerto para que tenga apariencia de vivo. **2.** Preparar una planta, secándola para que se conserve. **3.** Hacer la disección de un cadáver o planta. ▪ Se conjuga como *sacar.* **FAM.** Disecable, disecación, disecado, disecador.

disección *s. f.* **1.** Acción y efecto de diseccionar un cadáver o una planta para examinarlos. **2.** Análisis minucioso.

diseccionar *v. tr.* **1.** Preparar y dividir en partes un cadáver para su estudio. **2.** Analizar con detalle una cuestión.

disector, ra *s. m.* y *f.* **1.** Persona que disecciona y realiza ciertas operaciones anatómicas. ‖ *s. m.* **2.** Instrumento con el que las realiza.

diseminación *s. f.* **1.** Acción y efecto de diseminar o diseminarse. **2.** En bot., dispersión de los disemínulos de una planta a distancias variables para posibilitar el nacimiento de nuevas generaciones. Tiene lugar por medio de los pájaros, que comen los frutos y expulsan posteriormente las semillas con las heces; del viento, que las transporta cuando pesan muy poco o están provistas de dispositivos flotadores; de los insectos, que al libar el néctar de las flores transportan el polen de una a otra, etc.

diseminar *v. tr.* Esparcir, propagar. También *v. prnl.*

disemínulo *s. m.* Órgano de un vegetal que, separado de la planta madre, puede dar lugar a un individuo análogo al de su procedencia.

disensión *s. f.* **1.** Desacuerdo. Se usa mucho en *pl.* **2.** Riña, disputa.

disenso *s. m.* **1.** Desacuerdo. ‖ **2. mutuo disenso** Acuerdo entre las partes interesadas para dejar sin efecto un contrato u obligación.

disentería *s. f.* Enfermedad del intestino, que se inflama y ulcera causando dolor abdominal, fiebre y diarrea. Puede ser producida por bacilos del género *Shigella* (disentería bacilar) o por protozoos rizópodos del género *Entamoeba* (disentería amebiana). Esta última es muy frecuente en las regiones tropicales y suele transmitirse a través de aguas contaminadas. **FAM.** Disentérico.

disentir *v. intr.* Discrepar. ▪ Es v. irreg. Se conjuga como *sentir.* **FAM.** Disentimiento.

diseñar *v. tr.* Realizar el diseño de algo. **FAM.** Diseñador.

diseño *s. m.* **1.** Delineación o dibujo de edificios, figuras, vestidos, etc. **2.** Esquema, resumen. ‖ **3. diseño asistido por ordenador** Diseño industrial realizado con ordenador, mediante programas especialmente concebidos para dibujar, calcular y proyectar sobre la pantalla y posteriormente imprimir el resultado –planos, esquemas, dibujos, etc.– mediante una impresora especial dotada de un periférico llamado *plotter.* **4. diseño curricular** Descripción de un proyecto educativo, sus intenciones educativas y el plan de acción a seguir. Su finalidad es guiar la actuación del profesor proporcionando información sobre qué, cómo y cuándo enseñar y sobre cómo evaluar los resultados obtenidos. **5. diseño didáctico** En pedagogía, esquema operativo de un proceso de enseñanza, de experimentación didáctica, o modelo de aprendizaje o enseñanza. **6. diseño gráfico** Arte y técnica de traducir ideas o conceptos en imágenes y formas visuales. Requiere saber preparar y disponer los distintos elementos gráficos –dibujos, fotos, textos, rótulos, etc.– que integran objetos tan diversos como la página de un periódico, un libro, una revista, un anuncio, la portada de una publicación, un envase, una invitación, un impreso, etc. El diseño gráfico exige, por tanto, conocimientos de las técnicas de composición e impresión, diagramación, confección, maquetación, etc. **7. diseño industrial** Actividad artística y técnica que tiene por finalidad la creación de objetos de uso que luego serán fabricados en serie por la industria. Su fundamento es el deseo de que los objetos cotidianos no sólo sean útiles, sino también bellos. Surgió en la segunda mitad del s. XIX en Inglaterra, con William Morris y el movimiento *Arts and Crafts,* y fue luego impulsado, ya en el s. XX, por la escuela alemana de la Bauhaus, el grupo español GATEPAC, etc. A partir de la Segunda Guerra Mundial el diseño industrial ha conocido un extraordinario auge y en la actualidad es uno de los factores que más se tienen en cuenta en el lanzamiento al mercado de cualquier tipo de producto. **8. diseño urbanístico** Disposición del medio en que vive el hombre para conseguir un hábitat más adecuado a sus necesidades y, a la vez, más armónico con la naturaleza.

disépalo, la *adj.* Se aplica al cáliz y, p. ext., a la flor que tiene dos sépalos.

disertación *s. f.* **1.** Acción y efecto de disertar. **2.** Discurso o escrito en el que se diserta.

disertar *v. intr.* Tratar detenidamente de alguna materia, especialmente en público. **FAM.** Disertador, disertante.

diserto, ta *adj.* Elocuente.

disestesia *s. f.* Trastorno de la sensibilidad, especialmente del tacto.

disfagia *s. f.* Dificultad o imposibilidad de tragar.

disfasia *s. f.* Trastorno producido por anomalías de la percepción y de la organización del lenguaje. Es un grado moderado de afasia.

disfavor *s. m.* **1.** Perjuicio. **2.** Pérdida del favor. **3.** Desaire.

disfemia *s. f.* Trastorno del habla con perturbaciones en la fluidez y en el ritmo; p. ej., la tartamudez, el balbuceo, etc.

disfemismo *s. m.* **1.** Palabra o expresión con que se alude a una realidad de manera despreciativa o dándole un carácter vulgar o popular; p. ej, *parienta* en vez de *mujer* o *esposa.* **2.** Carácter o uso de este tipo de palabras o expresiones.

disfonía *s. f.* Cualquier trastorno de la fonación; p. ej., la ronquera.

disforme *adj.* Deforme*. **FAM.** Disformidad.

disfraz *s. m.* **1.** Vestido o máscara que se utiliza en fiestas y carnavales. **2.** Lo que cambia el aspecto de alguien o algo para que no sea conocido. **3.** Disimulo.

disfrazar *v. tr.* **1.** Poner a alguien un disfraz. Se usa más como *v. prnl.* **2.** Falsear, disimular. ▪ Se conjuga como *cazar.*

disfrutar *v. intr.* **1.** Sentir alegría, placer o satisfacción. También *v. tr.* **2.** Con la preposición *de*, poseer algo bueno.

disfrute *s. m.* Acción y efecto de disfrutar.

disfunción *s. f.* Trastorno en el funcionamiento de algo, especialmente de un órgano, glándula, etc., del cuerpo humano.

disgenesia *s. f.* Displasia*.

disgeusia *s. f.* Alteración del sentido del gusto por la que el sabor de los alimentos no es percibido o resulta repulsivo.

disglosia *s. f.* Trastorno del habla consistente en la incorrecta articulación de sonidos debido a causas orgánicas, como la malformación de algún órgano bucal.

disgrafía *s. f.* Dificultad o imposibilidad de escribir correctamente.

disgregación *s. f.* **1.** Acción y efecto de disgregar o disgregarse. ‖ **2. disgregación mecánica** En geol., desmenuzamiento y desintegración de las rocas debido a factores mecánicos. **3. disgregación química** En geol., desmenuzamiento y desintegración de las rocas causados por factores químicos.

disgregar *v. tr.* Dividir aquello que estaba unido o formaba un todo. También *v. prnl.* ■ Se conjuga como *pagar.* **FAM.** Disgregador, disgregante.

disgregativo, va *adj.* Se dice de lo que tiene capacidad de disgregar.

disgustar *v. tr.* **1.** Desagradar. **2.** Entristecer. También *v. prnl.* ‖ *v. prnl.* **3.** Enfadarse con alguien. **FAM.** Disgustado.

disgusto *s. m.* **1.** Tristeza o preocupación. **2.** Desgracia. **3.** Enfado. ‖ **LOC. a disgusto** *adv.* Contra la voluntad o gusto de uno.

disidente *adj.* Que está en desacuerdo, particularmente en materia política. También *s.* **FAM.** Disidencia.

disidir *v. intr.* Estar en desacuerdo.

disimetría *s. f.* Falta de simetría.

disimétrico, ca *adj.* Que no es simétrico.

disimilitud *s. f.* Falta de semejanza.

disimular *v. tr.* **1.** Ocultar o retocar algo para que no se vea o parezca distinto. También *v. intr.* y *v. prnl.* **2.** Fingir alguien que no se entera de algo o no conoce alguna cosa. Se usa más como *v. intr.* **3.** Disculpar una falta o defecto. **FAM.** Disimulación, disimuladamente, disimulador.

disimulo *s. m.* Acción y efecto de disimular, ocultar sentimientos, acciones, sospechas, etc.

disipación *s. f.* **1.** Acción y efecto de disipar o disiparse. **2.** Comportamiento del que se entrega con exceso a todo tipo de placer y diversión sin preocuparse de otra cosa. **3.** En fís., pérdida de energía en los conductores, circuitos eléctricos, etc., al transformarse una parte de esa energía en calor.

disipado, da **1.** *p. p.* de **disipar**. ‖ *adj.* **2.** Entregado en exceso a todo tipo de placeres y diversiones.

disipador, ra *adj.* Derrochador. También *s.*

disipar *v. tr.* **1.** Hacer desaparecer algo volátil o inmaterial. También *v. prnl.* **2.** Derrochar, dilapidar.

disjunto, ta *adj.* **1.** En mat., se dice de dos o más conjuntos sin elementos comunes y cuya intersección es, por tanto, el conjunto vacío. **2.** En mús., se aplica al intervalo que separa dos notas que no se siguen en la escala.

diskette *s. m.* Disquete*.

dislalia *s. f.* Trastorno del habla que se manifiesta por una dificultad permanente o transitoria para la pronunciación correcta de determinados fonemas o grupos de ellos. Se diferencia de la disartria en que no obedece a lesiones del sistema nervioso central.

dislate *s. m.* Disparate.

dislexia *s. f.* Trastorno del lenguaje que se manifiesta en la aparición de dificultades especiales en el aprendizaje de la lectura en un niño con edad suficiente, sin que existan deficiencias intelectuales ni sensoriales o neurológicas que lo justifiquen. **FAM.** Disléxico.

dislocación o **dislocadura** *s. f.* Acción y efecto de dislocar o dislocarse.

dislocar *v. tr.* Sacar algo de su sitio, descolocar, especialmente un hueso o articulación. Se usa más como *v. prnl.* ■ Se conjuga como *sacar.*

disloque *s. m. fam.* El colmo. Se usa sobre todo en la loc. fam. **ser** algo **el disloque**.

dismenia o **dismenorrea** *s. f.* Irregularidad o trastorno en el flujo menstrual, que normalmente provoca dolores.

disminución *s. f.* **1.** Acción y efecto de disminuir. **2.** Deficiencia o pérdida de las facultades físicas o psíquicas de una persona. **3.** Enfermedad de los cascos de las caballerías.

disminuido, da **1.** *p. p.* de **disminuir**. ‖ *adj.* **2.** Se dice de la persona que padece alguna incapacidad física o psíquica. También *s.*

disminuir *v. tr.* Hacer que algo sea menos extenso, numeroso, intenso o importante. También *v. intr.* ■ Es v. irreg. Se conjuga como *huir.*

dismnesia *s. f.* Debilitamiento o disminución de la memoria.

disnea *s. f.* Dificultad para respirar debida a alteraciones en el funcionamiento del aparato respiratorio, enfermedades del corazón, intoxicaciones, etc.

disneico, ca *adj.* **1.** Que sufre disnea. También *s.* **2.** Perteneciente o relativo a la disnea.

Disney, Walt (Chicago 1901 - Burbank, California 1966) Dibujante, productor y director de cine estadounidense. En el género de los dibujos animados creó popularísimos personajes, como el ratón Mickey, el pato Donald, etc. En 1937 produjo los primeros largometrajes de dibujos animados de la historia, entre los que destacan *Blancanieves y los siete enanitos* (1938), *Pinocho* (1940), *Dumbo* (1941), *Bambi* (1942), *Alicia en el país de las maravillas* (1951) y *La dama y el vagabundo* (1955). Posteriormente abordó también el cine no animado: *Mary Poppins* (1964). En 1955 creó en California un gran parque de atracciones infantiles llamado *Disneylandia.* En 1971, tras su muerte, su compañía creó en Florida otro gran parque, pensado para los adultos, con el nombre de *Disneyworld,* y continuó con la producción cinematográfica, con películas tan populares como *La sirenita* (1989).

Walt Disney.

disociación *s. f.* **1.** Acción y efecto de disociar o disociarse. **2.** En quím., ruptura de una molécula en sus átomos (**disociación atómica**) o en sus iones (**disociación iónica**); la primera se realiza fundamentalmente por el calor y la segunda por disolución de los compuestos iónicos en agua. Se trata de un proceso reversible en el que las partículas se unen de nuevo cuando termina la acción disociadora.

disociar *v. tr.* Separar lo que estaba unido. También *v. prnl.*

disoluble *adj.* Que puede disolverse. **FAM.** Disolubilidad.

disolución *s. f.* **1.** Acción y efecto de disolver o disolverse. **2.** Mezcla homogénea y generalmente líquida de dos sustancias; la que se encuentra en mayor proporción se denomina *disolvente* y la que está presente en menor proporción se llama *soluto.* **3.** Relajación de las costumbres. **4.** En geol., fenómeno de erosión química por el cual el agua ataca a la roca disolviéndola. Cuando esta erosión se produce en la roca caliza se denomina *carst.* ‖ **5. disolución concentrada** Aquella en la que existe gran proporción de soluto. **6. disolución del Parlamento** Terminación de la actividad parlamentaria antes de que concluya el periodo fijado por las leyes y convocatoria de nuevas elecciones. Según la Constitución española, es una decisión que corresponde al presidente del gobierno. El motivo más frecuente de disolución del Parlamento suele ser la derrota de alguna propuesta del gobierno, lo que lleva al ejecutivo a convocar nuevas elecciones e intentar conseguir una mayoría parlamentaria suficiente. **7. disolución diluida** La que tiene poca cantidad de soluto. **8. disolución saturada** Aquella en la que está disuelta la mayor cantidad posible de soluto a una cierta temperatura. **9. disolución sobresaturada** La que tiene una proporción de soluto mayor de la que corresponde al equilibrio de saturación a la misma temperatura, pero que no lo precipita en el caso de disminuir la temperatura.

disolutivo, va *adj.* Que tiene la propiedad o capacidad de disolver.

disoluto, ta *adj.* Libertino, de costumbres relajadas. También *s.* **FAM.** Disolutamente.

disolvente *adj.* **1.** Que disuelve. ‖ *s. m.* **2.** Sustancia líquida en la que se disuelve el soluto y que, en general, es el componente que está en mayor proporción. **3.** Líquido que se incorpora a algunas pinturas y barnices.

disolver *v. tr.* **1.** Deshacer una sustancia en un líquido hasta conseguir una mezcla homogénea. También *v. prnl.* **2.** Deshacer una reunión, manifestación, etc. También *v. prnl.* **3.** Anular la validez de algo. ■ Es v. irreg. Se conjuga como *volver.*

disonancia *s. f.* **1.** Cualidad de disonante. **2.** Falta de armonía o proporción. **3.** En mús., falta de consonancia entre dos sonidos sucesivos o simultáneos. También, sonido con estas características.

disonante *adj.* Que presenta disonancia.

disonar *v. intr.* **1.** Sonar mal, sin armonía. **2.** No estar de acuerdo o en armonía. ■ Es v. irreg. Se conjuga como *contar.*

disortografía *s. f.* Dificultad para reproducir correctamente las grafías de las palabras que se presenta en determinados alumnos en el curso del proceso escolar.

dispar *adj.* Distinto.

disparada *s. f. Arg., Méx., Nic.* Fuga precipitada y sin orden. ‖ **LOC. a la disparada** *adv. Arg., Chile, Perú, Urug.* A todo correr. **tomar la disparada** *Arg.* Salir corriendo.

disparadero *s. m.* Disparador de un arma. ‖ **LOC. ponerle** a uno **en el disparadero** *fam.* Agotar su paciencia.

disparado, da *p. p.* de **disparar**. ‖ **LOC. salir disparado** *fam.* Marcharse muy deprisa.

disparador *s. m.* **1.** Mecanismo de un arma de fuego que al ser accionado mueve la palanca de disparo. **2.** Dispositivo de las máquinas fotográficas que abre el obturador.

disparar *v. tr.* **1.** Hacer que un arma lance un proyectil. También *v. intr.* y *v. prnl.* **2.** Accionar el disparador de una cámara. También *v. intr.* **3.** Arrojar algo con fuerza. También *v. intr.* ‖ *v. prnl.* **4.** *fam.* Salir hacia algún sitio precipitadamente. **5.** *fam.* Subir o aumentar algo en exceso. **6.** *fam.* Enfadarse. **7.** *fam.* Desmadrarse. ‖ *v. intr.* **8.** *Méx.* Derrochar dinero. También *v. prnl.*

disparatado, da **1.** *p. p.* de **disparatar**. ‖ *adj.* **2.** Se aplica a la persona que dice o hace disparates. **3.** Absurdo. **FAM.** Disparatadamente.

disparatar *v. intr.* Decir o hacer disparates.

disparate *s. m.* **1.** Cosa absurda o errónea. **2.** Exceso, enormidad.

disparejo, ja *adj.* Dispar, diferente.

disparidad *s. f.* Desigualdad o diferencia de una cosa respecto a otra.

disparo *s. m.* **1.** Acción y efecto de disparar o dispararse. **2.** En algunos deportes, como el fútbol, lanzamiento que impulsa el balón con gran fuerza.

dispendio *s. m.* Gasto excesivo y normalmente innecesario.

dispendioso, sa *adj.* Se dice de lo que cuesta mucho dinero. **FAM.** Dispendiosamente.

dispensa *s. f.* **1.** Acción de dispensar o librar a una persona de una obligación. **2.** Privilegio, excepción de lo ordenado por una ley general. **3.** Escrito o documento que lo contiene.

dispensar *v. tr.* **1.** Dar, conceder. **2.** Librar de una obligación. También *v. prnl.* **3.** Disculpar, perdonar.

dispensaría *s. f. Chile, Perú.* Dispensario.

dispensario *s. m.* Clínica para enfermos no internados.

dispepsia *s. f.* Trastorno que consiste en la dificultad de digerir los alimentos y que se manifiesta con dolores, náuseas, dificultades respiratorias, síncopes, etc. Puede deberse a infecciones del aparato digestivo, vesiculares, intestinales o urogenitales.

dispéptico, ca *adj.* **1.** Perteneciente o relativo a la dispepsia. **2.** Que padece dispepsia. También *s.*

dispersar *v. tr.* **1.** Separar y alejar en distintas direcciones lo que estaba unido. También *v. prnl.* **2.** Tener puesta la atención en varias partes o realizar varias cosas a la vez. También *v. prnl.*

dispersión *s. f.* **1.** Acción y efecto de dispersar o dispersarse. **2.** En estadística, separación de los valores de un conjunto de datos respecto a un valor medio preestablecido. **3.** En quím., mezcla de dos sustancias cuando una de ellas está distribuida por toda la masa de la segunda, que es continua; p. ej., la niebla es una dispersión de agua en el aire. ‖ **4. dispersión coloidal** En quím., mezcla de partículas cuyo diámetro está comprendido entre 5 y 5.000 Å con un disolvente, que se denomina *agente dispersante*; dichas partículas dispersas tienen un tamaño superior a las macromoléculas, pero resultan invisibles con el microscopio óptico. **5. dispersión de la luz** En fís., descomposición de la luz en siete colores cuando atraviesa un medio dispersivo. La luz blanca se descompone al atravesar un prisma óptico en sus siete colores fundamentales, que van del rojo al violeta. Esto se debe a que cada color, al que corresponde distinta frecuencia y distinta longitud de onda, se refracta de diferente modo al atravesar un medio transparente, como p. ej. un prisma óptico. El índice de refracción del prisma y, por tanto, la desviación de los rayos dependen de la frecuencia de éstos; por esta razón, cada color experimenta una desviación diferente y se separa al refractarse. El mismo fenómeno sucede en el arco iris, donde las pequeñas gotas de agua que hay en la atmósfera actúan como medio dispersivo de la luz.

Dispersión de la luz al atravesar un prisma.

dispersivo, va *adj.* **1.** Que tiene capacidad de dispersar. ‖ **2. poder dispersivo** Capacidad de un prisma o de cualquier otro medio refringente para producir dispersión de la luz que incide en él.

disperso, sa *adj.* **1.** Que está repartido por muchos sitios. **2.** Se dice de la persona o de su atención o actividad cuando éstas se dirigen a muchas cosas a la vez.

dispersor, ra *adj.* Se aplica a la persona o cosa que dispersa.

displacer *s. m.* Ausencia de placer, dolor.

displasia *s. f.* Alteración del desarrollo de ciertos tejidos del organismo que da lugar a malformaciones.

display (voz ingl.) *s. m.* **1.** Terminal de ordenador donde se expresa la información contenida en los programas; generalmente se trata de una pantalla o una impresora gráfica. **2.** Indicador numérico o pantalla de una calculadora digital. **3.** Folleto desplegable, como los usados en publicidad.

displicencia *s. f.* **1.** Indiferencia, desprecio. **2.** Desinterés.

displicente *adj.* Que muestra displicencia. También *s.*

disponer *v. tr.* **1.** Colocar o preparar las cosas convenientemente. También *v. prnl.* **2.** Mandar, ordenar. ‖ *v. intr.* **3.** Con la preposición *de*, tener, poder utilizar. ‖ *v. prnl.* **4.** Prepararse. **5.** Estar a punto de hacer algo. ■ Es v. irreg. Se conjuga como *poner*.

disponibilidad *s. f.* **1.** Cualidad o situación de disponible. ‖ *pl.* **2.** Conjunto de bienes o medios de los que se dispone en un momento dado.

disponible *adj.* **1.** Se aplica a la persona o cosa de la que se puede disponer con libertad. **2.** Se dice de la situación del funcionario o militar en espera de destino.

disposición *s. f.* **1.** Acción y efecto de disponer o disponerse. **2.** Forma en que se colocan o distribuyen personas o cosas. **3.** Orden, norma, instrucción. **4.** Situación en la que se encuentra una persona o cosa con respecto a alguien o algo. **5.** Aptitud, diligencia. **6.** Actitud, estado de ánimo. ‖ **7. última disposición** Testamento. ‖ **LOC. a la disposición** de alguien Se dice de la persona o cosa que está disponible para alguien.

dispositivo *s. m.* **1.** Mecanismo. **2.** Sistema, procedimiento para conseguir algo.

dispraxia *s. f.* Debilidad motriz generalizada o circunscrita a determinadas habilidades, generalmente del lenguaje, el dibujo o la escritura.

disprosio *s. m.* Dy. Elemento químico perteneciente al grupo de los lantánidos del sistema periódico. Su número atómico es 66 y su masa atómica 162,5. Fue descubierto por Lecoq de Boisbaudran en 1886, pero no se consiguió aislar hasta 1950. Es un metal blanco, frágil, con brillo argénteo, que cristaliza en el sistema hexagonal. Estable a temperatura ambiente, se utiliza como captador de impurezas en la industria metalúrgica y como captador de neutrones en los reactores atómicos. Como el resto de los lantánidos, de los que es el más abundante, se encuentra en minerales como la gadolinita, la fergusonita y la monacita. Se extrae en yacimientos de Carolina (EE UU), Noruega, Suecia, Brasil y Madagascar.

disprosodia *s. f.* Dificultad para pronunciar y acentuar las letras, sílabas y palabras.

dispuesto, ta **1.** *p. p.* irreg. de **disponer**. ‖ *adj.* **2.** Preparado, con intención de hacer algo. **3.** Se dice de la persona con capacidad para algo, con iniciativa y voluntad para el trabajo. ‖ **4. bien** (o **mal**) **dispuesto** Que tiene una actitud favorable o desfavorable.

disputa *s. f.* Riña, pelea. ‖ **LOC. sin disputa** *adv.* Sin duda.

disputar *v. tr.* **1.** Discutir. Se usa más como *v. intr.* **2.** Competir. También *v. intr.* **FAM.** Disputable, disputador.

disquete *s. m.* En inform., disco magnético flexible que tiene una capacidad para almacenar información y que se emplea fundamentalmente en microinformática.

disquetera *s. f.* En inform., dispositivo donde se coloca el disquete en un ordenador.

disquisición *s. f.* **1.** Comentario o reflexión que se aparta del tema de que se trata. Se usa más en *pl.* **2.** Examen profundo y detallado.

Disraeli, Benjamin (Londres 1804 - íd. 1881) Político y escritor británico. Vinculado al Partido Conservador, fue elegido diputado de los Comunes en 1837. Ministro de Hacienda en varias ocasiones y jefe de gobierno en 1868 y entre 1874 y 1880, promulgó leyes que desarrollaron los derechos sindicales, el trabajo en las fábricas, la sanidad, etc. En política internacional fue uno de los impulsores de la idea imperial británica: hizo proclamar a la reina Victoria emperatriz de la India en 1876, convirtió al Reino Unido en el principal accionista del canal de Suez, dando así inicio a la presencia británica en Egipto, y consiguió anexionar Transvaal (1877) y Chipre (1878). En 1876 le otorgaron el título de conde de Beaconsfield. En su labor como escritor destacan las novelas *Vivian Grey* (1826) y *Tancredo* (1847).

Benjamin Disraeli.

disruptor *s. m.* Dispositivo que produce la apertura brusca de un circuito eléctrico.

distancia *s. f.* **1.** Espacio o tiempo que separa a dos personas o cosas. **2.** Diferencia. **3.** Enfriamiento en la amistad o el afecto. ‖ **4. distancia de un punto a un plano** En geom., distancia del punto al pie de la perpendicular trazada desde el punto al plano. **5. distancia de un punto a una recta** En geom., distancia del punto P al pie de la perpendicular trazada desde dicho punto a la recta. **6. distancia de una recta a un plano paralelo** En geom., distancia desde cualquier punto de la recta al plano. **7. distancia entre dos figuras** En geom., distancia entre los puntos más cercanos de cada una de las figuras. **8. distancia entre dos puntos** En geom., longitud del seg-

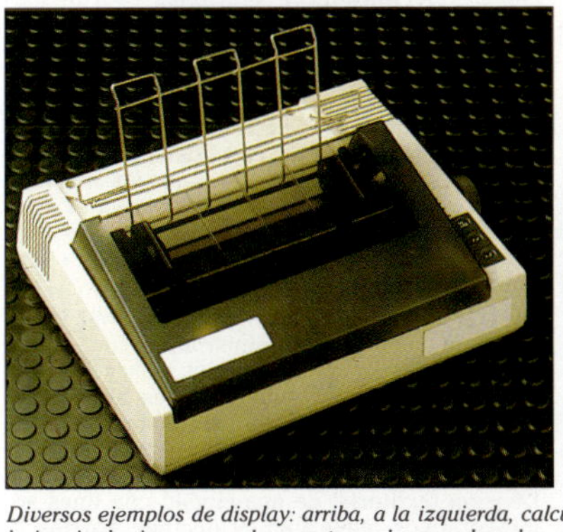

Diversos ejemplos de display: arriba, a la izquierda, calculadora de bolsillo con pantalla de cristal líquido; abajo, a la izquierda, impresora de caracteres de un ordenador; arriba, a la derecha, monitor de fósforo verde de un ordenador; abajo, a la derecha, plotter de un sistema informático usado para trazar gráficos.

mento que los une. Dados los puntos $A(x_1, y_1)$ y $B(x_2, y_2)$, situados en el mismo plano, la fórmula de su distancia es:

$$dist.\ (A, B) = +\sqrt{(x_2 - x_1)^2 + (y_2 - y_1)^2}.$$

9. distancia entre dos rectas paralelas En geom., distancia mínima desde cualquier punto de una de las rectas a la otra recta. **10. distancia entre planos paralelos** En geom., distancia mínima desde cualquier punto de uno de los planos al otro plano. **11. distancia focal** En fís., la que existe entre el centro óptico de un espejo curvo o una lente y su foco. **12. distancia focal en una cónica** En geom., distancia entre los focos de la cónica. **13. distancia imagen** En fís., la que hay entre el centro óptico y la imagen formada por los rayos o su prolongación. **14. distancia objeto** En fís., distancia entre el centro óptico y el objeto. || **Loc. guardar las distancias** No dar ni tomarse confianzas.

distanciamiento *s. m.* **1.** Acción y efecto de distanciar o distanciarse. **2.** Técnica teatral que utiliza distintos recursos (canciones que explican la acción, letreros que anuncian lo que va a pasar, el propio actor que se dirige al público...) para que el espectador no se identifique con la representación y pueda juzgarla de una manera crítica y objetiva. Fue empleada, sobre todo, por el dramaturgo alemán Bertolt Brecht.

distanciar *v. tr.* **1.** Poner distancia. También *v. prnl.* || *v. prnl.* **2.** Desligarse de algo.

distante *adj.* **1.** Que dista. **2.** Alejado, apartado. **3.** Se dice de la persona que no da ni se toma confianzas.

distar *v. intr.* **1.** Estar apartada una cosa de otra por cierto espacio o tiempo. **2.** Diferenciarse mucho una cosa de otra.

distender *v. tr.* **1.** Disminuir la tensión. También *v. prnl.* **2.** Producir una distensión en los tejidos y ligamentos de una articulación. También *v. prnl.* ■ Es v. irreg. Se conjuga como *tender.*

distensible *adj.* Que se puede distender.

distensión *s. f.* **1.** Acción y efecto de distender o distenderse. **2.** Lesión que se produce en los tejidos y ligamentos de una articulación por un esfuerzo o movimiento brusco.

distermia *s. f.* Alteración en la regulación de la temperatura del cuerpo, debida generalmente a causas psicológicas o neurológicas.

dístico, ca *adj.* **1.** Se dice de los órganos vegetales (hoja, flor, etc.) ordenados en una doble fila. || *s. m.* **2.** Estrofa de dos versos.

distinción *s. f.* **1.** Acción y efecto de distinguir o distinguirse. **2.** Cualidad por la que se diferencia una cosa de otra. **3.** Honor, privilegio. **4.** Elegancia, estilo. || **Loc. sin distinción** *adv.* Por igual, sin establecer diferencias.

distingo *s. m.* **1.** Desigualdad en la consideración de personas o cosas. **2.** Reparo o distinción sutil con que alguien muestra disconformidad. **3.** En lóg., distinción que se hace a una proposición de dos sentidos, aceptando uno y rechazando otro.

distinguido, da **1.** *p. p.* de **distinguir**. || *adj.* **2.** Elegante, no vulgar. **3.** Que sobresale por alguna cualidad.

distinguir *v. tr.* **1.** Percibir la diferencia entre dos o más personas o cosas o hacer que se diferencien entre sí. También *v. prnl.* **2.** Considerar varias partes dentro de un conjunto. También *v. prnl.* **3.** Ver, identificar. También *v. prnl.* **4.** Caracterizar, destacar. También *v. prnl.* **5.** Manifestar preferencia por alguien o algo. **6.** Honrar o premiar. || *v. intr.* **7.** Dar distinción o importancia. ■ Se añade una *u* tras la *g* de la raíz ante *e* o *i*. **Fam.** Distinguible.

distintivo, va *adj.* **1.** Que distingue o caracteriza. || *s. m.* **2.** Señal, insignia, etc., que sirve para distinguir o caracterizar. **3.** Cualidad o aspecto que caracteriza.

distinto, ta *adj.* **1.** Que no es igual o parecido, o que es otro. **2.** Claro, que no se confunde con lo demás. || *pl.* **3.** Varios, algunos. **Fam.** Distintamente.

distocia *s. f.* Parto difícil y doloroso.

distomatosis *s. f.* Enfermedad producida por la presencia de ciertos parásitos (duela) en el hígado de los rumiantes.

dístomo, ma *adj.* Que tiene dos bocas. También *s.*

distonía *s. f.* **1.** Anomalía o trastorno en el tono o tensión de un músculo, un tejido o un órgano. || **2. distonía neurovegetativa** Deficiencia o alteración en la coordinación de las funciones de las dos partes del sistema nervioso autónomo, el simpático y el parasimpático.

distorsión *s. f.* **1.** Acción y efecto de distorsionar. **2.** Fuerte estiramiento o desgarro de los ligamentos que produce dolor, hinchazón e imposibilidad de mover la articulación afectada. **3.** Alteración del timbre de los sonidos que se produce en aparatos electrónicos como radios, amplificadores, etc., cuando la señal tiene excesiva amplitud de onda o un retardo de fase, o simplemente cuando la señal de entrada es mayor que la potencia del amplificador. **4.** Aberración óptica de un sistema de lentes que provoca la deformación de las imágenes por ellas producidas. **5.** Deformación o falseamiento de un hecho, una imagen, etc.

distorsionar *v. tr.* **1.** Deformar o falsear algo. **2.** Alterar una imagen o un sonido. También *v. intr.* y *v. prnl.*

distracción *s. f.* **1.** Acción y efecto de distraer o distraerse. **2.** Cosa que distrae o divierte.

distraer *v. tr.* **1.** Entretener, divertir. También *v. prnl.* **2.** Hacer que alguien aparte la atención de lo que estaba haciendo o de aquello en lo que estaba pensando. También *v. prnl.* **3.** Robar. ■ Es v. irreg. Se conjuga como *traer.* **Fam.** Distraídamente, distraído.

distribución *s. f.* **1.** Acción y efecto de distribuir. **2.** En el automóvil, accionamiento por parte del motor de una serie de piezas, como el árbol de levas, el ventilador, la bomba de agua, etc. **3.** En econ., actividades propias del sector comercial que incluyen fundamentalmente el transporte de los productos a los distintos lugares de almacenaje o venta, su adquisición y almacenamiento por los mayoristas (o comerciantes que los compran en gran cantidad) y su compra por los minoristas (o comerciantes que los adquieren en pequeña cantidad), quienes finalmente los venden en tiendas, mercados, etc., al consumidor. || **4. distribución de frecuencias** En estadística, resultado de ordenar la serie de valores obtenidos al medir una variable. **5. distribución normal** En estadística, distribución de frecuencias simétricas que se rige por las propiedades de la curva normal.

distribuidor, ra *adj.* **1.** Que distribuye. También *s.* **2.** Se dice de la línea de corriente eléctrica a la que se conectan las líneas de abonados. También *s. m.* || *s. m.* y *f.* **3.** Persona que recibe un producto del fabricante y lo distribuye entre los comerciantes. || *s. m.* **4.** En el automóvil, mecanismo rotatorio que lleva la corriente producida por la bobina a las bujías de encendido. **5.** En algunas casas, pequeño pasillo que sirve para comunicar las habitaciones. || *s. f.* **6.** Empresa que recibe un producto del fabricante y lo distribuye entre los comerciantes.

distribuir *v. tr.* **1.** Repartir algo ordenadamente. También *v. prnl.* **2.** Colocar cada cosa en su sitio o en distintos sitios. También *v. prnl.* **3.** Poner los productos o mercancías al alcance del consumidor. También *v. prnl.* ■ Es v. irreg. Se conjuga como *huir.*

distributivo, va *adj.* **1.** Perteneciente o relativo a la distribución. **2.** Se aplica a las conjunciones que introducen oraciones coordinadas disyuntivas y se repiten al principio de cada oración, como *bien ... bien, ora ... ora*, etc.; implican elección entre dos posibilidades y el cumplimiento de una proposición excluye el de las demás: *Bien vamos al cine, bien al teatro.* || **3. propiedad distributiva** En mat., dadas dos operaciones, simbolizadas por $*$ y $\perp$, y los números reales *a, b, c*, la propiedad distributiva se verifica siempre que $a \perp (b * c) = a \perp b * a \perp c$. P. ej., si $\perp$ simboliza la multiplicación y $*$ simboliza la suma, $a \cdot (b + c) = a \cdot b + a \cdot c$.

distrito *s. m.* **1.** Subdivisión territorial, generalmente de carácter administrativo, cuya extensión y funciones varía según los países. || **2. distrito federal** Nombre que se da en algunas repúblicas federales al territorio constituido por la capital de la federación, que no pertenece a ningún estado en concreto. **3. distrito municipal** División territorial de una ciudad con fines administrativos. Suele abarcar diversos barrios. **4. distrito universitario** Cada una de las subdivisiones del territorio nacional que abarcan una o más universidades, de las cuales dependen otros centros de enseñanza.

distrofia *s. f.* **1.** Trastorno de la nutrición de un órgano o tejido, debido a causas genéticas, glandulares, etc. **2.** En ecol., desequilibrio de un medio ambiente producido por la contaminación. || **3. distrofia muscular** Debilitamiento y atrofia progresiva de ciertos músculos. **Fam.** Distrófico.

disturbio *s. m.* Alteración, especialmente del orden público.

disuadir *v. tr.* Convencer a alguien para que cambie una actitud, idea o propósito.

disuasión *s. f.* **1.** Acción y efecto de disuadir. **2.** Estrategia que pretende evitar la guerra mediante una acumulación de armamento tal que haga desaconsejable al enemigo iniciar un conflicto ante el temor de sufrir graves pérdidas, aun en caso de victoria. Ha sido utilizada por las grandes potencias después de la Segunda Guerra Mundial, debido especialmente al gran desarrollo de las armas nucleares.

disuasivo, va *adj.* Disuasorio*.

disuasorio, ria *adj.* Que disuade o puede disuadir.

disulfuro *s. m.* **1.** Sulfuro en cuya molécula existen dos átomos de azufre, como el disulfuro estánico, SnS_2. **2.** Molécula en la que dos átomos de azufre saturan una valencia entre sí, como ocurre con los oxígenos de los peróxidos.

disuria *s. f.* Dificultad para expulsar la orina, generalmente acompañada de dolor o escozor.

disyunción *s. f.* **1.** Acción y efecto de separar o desunir. **2.** Disyuntiva, dilema. **3.** En lóg., sistema de dos proposiciones que se excluyen recíprocamente. Existen dos tipos de disyunción: la disyunción inclusiva, que utiliza la conectiva *o* (simbolizada por V), p. ej.: *Ricardo come o habla*; y la disyunción exclusiva, que utiliza la conectiva *o ... o* (simbolizada por $\leftrightarrow$), p. ej.: *O se va de viaje o se compra el coche.*

disyuntivo, va *adj.* **1.** Que separa, desune o implica incompatibilidad. || *s. f.* **2.** Situación en la que sólo existen dos posibilidades entre las que hay que elegir. || **3. conjunción disyuntiva** La que introduce o sirve de enlace a las oraciones disyuntivas, como *o* y *u*. **4. oraciones coordinadas disyuntivas** Las que plantean la elección entre dos posibilidades, p. ej.: *¿Vienes a verme o me llamas por teléfono?*

disyuntor *s. m.* Mecanismo automático que se pone en funcionamiento cuando hay alguna variación anormal en la tensión o en la intensidad de un circuito eléctrico, abriendo o cerrando el paso de la corriente.

Disyuntores eléctricos en una fábrica de aluminio de Avilés (España).

ditirambo *s. m.* **1.** En la antigua Grecia, composición poética en honor de Dionisos. **2.** Poema lírico en el que se expresa gran entusiasmo por alguien o algo. **3.** Alabanza exagerada. **Fam.** Ditirámbico.

diu (de las siglas *DIU*, dispositivo intrauterino) *s. m.* Aparato anticonceptivo que se coloca en el cuello de la matriz e impide la anidación del óvulo fecundado.

diuca *s. f.* **1.** Ave paseriforme de la familia fringílidos, especie *Diuca diuca.* El macho es de color gris, con el vientre y la garganta blancos y una mancha rojiza en el abdomen, y la hembra de color pardo. Canta al amanecer y vive en Argentina y Chile. || *s. m.* y *f.* **2.** *Arg.* Alumno favorito de un profesor.

diuresis *s. f.* Secreción de la orina por el riñón.

diurético, ca *adj.* Que aumenta o facilita la producción de orina. Existen diuréticos naturales, como el café y ciertas bebidas alcohólicas, y fármacos, que se utilizan para expulsar agua, sales o productos de desecho y combatir así la alta presión sanguínea y algunas enfermedades del riñón. También *s. m.*

diurno, na *adj.* **1.** Perteneciente al día, en oposición a la noche. **2.** Se aplica a los animales que desarrollan su actividad durante el día y a las flores e inflorescencias que se abren sólo por el día.

divagar *v. intr.* **1.** Apartarse del asunto de que se trata. **2.** Caminar sin rumbo fijo. ▪ Se conjuga como *pagar.* **FAM.** Divagación.

diván *s. m.* **1.** Sofá mullido, con o sin brazos y normalmente sin respaldo, donde se puede estar tumbado. **2.** Entre los turcos, persas y beréberes, consejo supremo donde se trataban los asuntos de Estado y justicia y lugar donde éste se reunía. **3.** Colección de poesías en ciertas lenguas orientales, sobre todo árabe, persa o turca.

divergencia *s. f.* **1.** Acción y efecto de divergir. **2.** Desacuerdo, discrepancia. **3.** Movimiento del aire en una región determinada cuando se aleja del punto central de la misma. **4.** En mat., operación vectorial tal que a un vector $\vec{A}$ ($\vec{A} = Ax\vec{i} + Ay\vec{j} + Az\vec{k}$) le hace corresponder un escalar $\nabla \cdot \vec{A}$ que viene dado por la expresión:

$$\nabla \cdot \vec{A} = \frac{\partial Ax}{\partial x} + \frac{\partial Ay}{\partial y} + \frac{\partial Az}{\partial z}$$

divergente *adj.* **1.** Que diverge. **2.** Se dice de las series y sucesiones que tienden al infinito. **3.** En ópt., se aplica a la lente que hace que se separen los rayos de la luz en un principio paralelos.

divergir *v. intr.* **1.** Separarse progresivamente dos o más líneas, superficies o cosas. **2.** Discrepar. ▪ Se conjuga como *surgir.*

diversidad *s. f.* **1.** Desigualdad, variedad. **2.** Conjunto de personas o cosas distintas.

diversificar *v. tr.* Multiplicar los aspectos de una cosa, darle más variedad para adecuarla a nuevas necesidades. También *v. prnl.* ▪ Se conjuga como *sacar.* **FAM.** Diversificación.

diversión *s. f.* **1.** Acción y efecto de divertir o divertirse. **2.** Cosa que divierte.

diversivo, va *adj.* Se dice de la maniobra militar que busca distraer y confundir al enemigo.

diverso, sa *adj.* **1.** Variado o diferente. ‖ *pl.* **2.** Varios. **FAM.** Diversamente.

divertículo *s. m.* Prolongación en forma de bolsa que surge por causas congénitas o patológicas de un conducto principal, como el tubo digestivo, el intestino o la vejiga urinaria.

divertido, da **1.** *p. p.* de **divertir**. ‖ *adj.* **2.** Alegre, de buen humor. **3.** Que entretiene y divierte. **4.** *Amér. del S.* Achispado, un poco borracho.

divertimento (voz ital.) *s. m.* **1.** En mús., intermedio libre en una fuga. **2.** Breve intermedio musical que se interpretaba entre los actos de una ópera o los cuadros de un ballet. **3.** Composición instrumental, parecida a la suite. **4.** Obra de creación que sólo pretende entretener.

divertimiento *s. m.* **1.** Diversión, entretenimiento. **2.** Distracción momentánea de la atención sobre algo.

divertir *v. tr.* **1.** Producir alegría o placer algo o alguien. También *v. prnl.* **2.** Desviar la atención del enemigo hacia objetivos poco importantes para así debilitarlo. ▪ Es v. irreg. Se conjuga como *sentir.*

dividendo *s. m.* **1.** En una división, cantidad que se divide por otra, llamada *divisor.* P. ej., en la operación 8 : 2, el dividendo es 8. En las fracciones se denomina *numerador.* **2.** En econ., parte de los beneficios de una empresa que corresponde a cada accionista según el número y tipo de acciones que posee.

dividir *v. tr.* **1.** Partir, separar o distribuir en partes. También *v. prnl.* **2.** Repartir algo entre varios. También *v. prnl.* **3.** Enfrentar, enemistar. También *v. prnl.* **4.** En mat., averiguar cuántas veces un número, el divisor, está contenido en otro, el dividendo.

divieso *s. m.* Forúnculo.

Divina comedia Poema alegórico en tercetos escrito por Dante Alighieri entre 1307 y 1321 con el título de *Comedia,* al que luego se añadió el epíteto de *Divina.* Este monumento de la naciente lengua italiana no se imprimió hasta 1472. Consta de tres partes (*Infierno, Purgatorio* y *Paraíso*), con un total de cien cantos: uno de introducción y treinta y tres para cada una de las partes. Relata una peregrinación imaginaria que Dante realiza al mundo de ultratumba, guiado primero por el poeta latino Virgilio, que le acompaña a través del Infierno y del Purgatorio, y luego por Beatriz, la amada del poeta, que le conduce al Paraíso.

divinamente *adv. m.* **1.** Por medios divinos. **2.** Muy bien, de manera excelente.

divinidad *s. f.* **1.** Naturaleza y esencia de Dios. **2.** Dios, sobre todo en la mitología y en las religiones politeístas. **3.** Maravilla, primor.

divinizar *v. tr.* **1.** Conceder categoría de dios a alguien o algo. **2.** Sacralizar. **3.** Ensalzar exageradamente a una persona. ▪ Se conjuga como *cazar.* **FAM.** Divinización.

divino, na *adj.* **1.** De Dios o de los dioses. **2.** Extraordinario, muy bueno o hermoso.

divisa *s. f.* **1.** Distintivo, emblema. **2.** En un escudo, lema o leyenda que se expresa con palabras o figuras. **3.** Dinero de un país extranjero. Se usa sobre todo en *pl.*

divisar *v. tr.* Ver confusamente o desde lejos. También *v. prnl.*

divisibilidad *s. f.* **1.** Cualidad de divisible. **2.** Propiedad por la cual los cuerpos pueden fragmentarse. ‖ **3. criterios de divisibilidad** En mat., procedimientos para averiguar si un número dado es divisible por otro. P. ej., un número es divisible por 2 si termina en 0 o en cifra par; por 3, si la suma de sus cifras es múltiplo de 3; por 4, si es par y la suma de la última cifra más el doble de la anterior es múltiplo de 4; por 5, si termina en 0 o en 5; por 6, si es divisible por 2 y por 3; por 11, si la diferencia entre la suma de las cifras de lugar par y la suma de las cifras de lugar impar es 0 o múltiplo de 11.

divisible *adj.* **1.** Que puede dividirse. **2.** Que al dividirlo por otro número da una cantidad exacta, con resto igual a cero.

división *s. f.* **1.** Acción y efecto de dividir o dividirse. **2.** Operación aritmética de dividir que consiste en determinar, dadas las expresiones algebraicas A y B, si existe otra C tal que $A = B \cdot C$. **3.** Cualquier elemento, como una pared, muro, valla, panel, etc., que divide un espacio. **4.** Desacuerdo. **5.** En el ejército, unidad formada por dos o más brigadas o regimientos. **6.** En ciertos organismos o empresas, departamento o sección. **7.** En ciertos deportes, categoría en la que se agrupan los equipos según su calidad. **8.** En bot., categoría taxonómica situada entre el tipo y la clase; p. ej., la división de las briofitas, que incluye a los musgos. ‖ **9. división administrativa** (o **territorial**) Cada una de las partes en que se divide el territorio de un país para la organización de los servicios de la administración. En España, la división mayor es la comunidad autónoma y la menor el municipio. **10. división celular** En biol., proceso de reproducción de las células por medio del cual, a partir de una célula madre que duplica su ADN y su centrosoma y posteriormente se escinde o divide, se originan nuevas células, llamadas *hijas.* Existen dos tipos de división celular, la mitosis y la meiosis. **11. división de honor** En ciertos deportes, máxima categoría. **12. división de un polinomio por $x - a$** Véase **regla de Ruffini**. **13. división entera por defecto** En mat., dados A y B (números o polinomios), llamados *dividendo* y *divisor,* existen otros dos, C y R (cociente y resto), tales que $A = B \cdot C + R$, siendo $R < B$ (o grado de R menor que grado de B, si son polinomios). **14. división entera por exceso** En mat., dados dos números x e y (dividendo y divisor), existen otros dos, z y r, llamados *cociente* y *resto por exceso,* tales que $x = y \cdot z - r$, siendo $r < y$. **15. división exacta** En mat., aquella cuyo resto es cero. **16. División Azul** Unidad militar española que combatió junto al ejército alemán contra la URSS durante la Segunda Guerra Mundial. Fue creada en junio de 1941 y estuvo compuesta en gran parte por voluntarios falangistas. Su primer jefe fue el general Muñoz Grandes.

divisionario, ria *adj.* **1.** Perteneciente o relativo a la división militar y a sus miembros. ‖ **2. moneda divisionaria** Véase **moneda**.

Divisionismo: Georges Seurat, Modelo de perfil *(Museo de Orsay, París).*

divisionismo *s. m.* Puntillismo*. **FAM.** Divisionista.

divismo *s. m.* Condición o actitud de divo.

divisor, ra *adj.* **1.** Que divide. También *s.* **2.** Se dice de un número entero con respecto a otro, cuando el segundo es múltiplo del primero; p. ej., 5 es divisor de 20. También *s. m.* ‖ *s. m.* **3.** En una división, cantidad por la que se divide otro; p. ej., en la división 12 entre 2, 2 es el divisor. ‖ **4. común divisor** Número que divide de forma exacta a varios números; p. ej., 5 es común divisor de 10, de 15 y de 20. También, rasgo común a varias situaciones, acontecimientos, etc. **5. máximo común divisor** El mayor de todos los divisores comunes de varios números; p. ej., 15 es el máximo común divisor de 30 y de 45.

divisorio, ria *adj.* **1.** Que divide o separa. ‖ **2. línea divisoria** Línea que separa dos territorios.

divo, va *s. m.* y *f.* **1.** Artista de primera categoría, especialmente un cantante de ópera. **2.** Persona arrogante y engreída. También *adj.*

divorciado, da **1.** *p. p.* de **divorciar**. También *adj.* ‖ *adj.* **2.** Se dice de la persona que ha obtenido el divorcio. También *s.* ‖ *s. m.* y *f.* **3.** Estado civil de esta persona.

divorciar *v. tr.* **1.** Disolver el juez un matrimonio válido. Se usa mucho como *v. prnl.* **2.** Separar, apartar lo que estaba junto o de acuerdo. También *v. prnl.*

divorcio *s. m.* **1.** Disolución definitiva de un contrato matrimonial mediante sentencia legal; implica la ruptura del vínculo conyugal y permite a los esposos contraer nuevo matrimonio. El divorcio puede ser solicitado por ambos cónyuges, de mutuo acuerdo, o por uno de ellos, invocando motivos de adulterio, violencia, abandono del hogar, etc. La Iglesia católica, que considera el matrimonio como un sacramento, no admite el divorcio y sólo acepta la separación de cuerpos, en cuyo caso los esposos no pueden contraer un nuevo matrimonio católico. Los protestantes y los ortodoxos griegos admiten el divorcio por motivos graves, como el adulterio. En España el divorcio civil fue legalizado y regulado en 1981. **2.** Falta de acuerdo, separación. **3.** *Col.* Cárcel de mujeres.

divulgación *s. f.* **1.** Acción y efecto de divulgar o divulgarse. **2.** Estilo que pretende poner al alcance del público no especializado temas científicos, históricos, técnicos, etc.

divulgar *v. tr.* Dar a conocer algo a muchas personas; poner al alcance del público cierta cosa. También *v. prnl.* ▪ Se conjuga como *pagar.* **FAM.** Divulgable, divulgador.

Dix, Otto (Gera, Turingia 1891 - Singen, cerca de Constanza 1969) Pintor alemán. Exponente de la vanguardia expresionista alemana de entreguerras, sus obras se convirtieron en una denuncia del belicismo y en una sátira feroz de la sociedad burguesa de su tiempo. En 1933 su pintura fue calificada por los nazis como arte degenerado y muchas de sus obras fueron secuestradas. Desde 1946 se dedicó a la pintura de carácter religioso. Entre sus cuadros destacan *El mutilado* (1920), *El obrero* (1921), *Tríptico de la guerra* (1923-32), *Retrato de Silvia von Harden* (1926) y *La gran ciudad* (1927-28).

dixieland Estilo de jazz practicado por los conjuntos de músicos blancos en el S de EE UU y que era una reelaboración del jazz negro de Nueva Orleans.

Djakarta Véase **Yakarta**.

Djibouti Véase **Yibuti**.

dl Símbolo del decilitro, medida de capacidad.

dm Símbolo del decímetro, medida de longitud.

DNI Siglas del Documento Nacional de Identidad.

Dniéper (*Dniepr*) Río del E de Europa. 2.201 km de longitud y 504.000 km^2 de cuenca. Nace al S de la meseta de Valdai y tras recorrer las repúblicas de Rusia, Bielorrusia y Ucrania desemboca en el mar Negro. En su curso pasa por Smolensko, Kiev, Dniepropetrovsk, Zaporozhie y Jerson. Sus principales afluentes son el Pripet y el Desna. Es una importante vía de comunicación, alimenta grandes instalaciones hidroeléctricas y su caudal es utilizado para una extensa red de riego.

Dniepropetrovsk C. de la república de Ucrania, situada junto al río Dniéper. 1.179.000 h. en 1989. Es un centro de industria siderúrgica, de construcciones mecánicas y de productos alimentarios.

Dniéster (*Dniestr*) Río del E de Europa. Tiene 1.411 km de longitud. Nace en los Cárpatos, recorre las repúblicas de Ucrania y Moldavia y desemboca en el mar Negro. Es una importante vía de comunicación y fuente de energía eléctrica.

do[1] *s. m.* **1.** Nombre de la primera nota o sonido de la escala musical. Fue introducido por el italiano Bonamini en 1673 para sustituir a la forma *ut*, empleada hasta entonces. Sirve para nombrar una clave musical. ‖ **2. do de pecho** Una de las notas más agudas que alcanza la voz del tenor; en sentido figurado, el máximo esfuerzo por conseguir algo.

do[2] (del ant. *o*, derivado del lat. *ubi*, y la prep. *de*) *adv. l. ant.* Donde, de donde. ■ Su uso es literario.

Dobb, Maurice Herbert (Londres 1900 - Cambridge 1976) Economista británico. De formación marxista, investigó la economía capitalista, los problemas de la economía planificada socialista y, desde una perspectiva de historia económica, la transición del sistema feudal al capitalista. Es autor, entre otras obras, de *Economía política y capitalismo* (1937), *Problemas de la historia del capitalismo* (1946), *Teoría económica y socialismo* (1955) e *Historia del pensamiento económico* (1973).

Döbereiner, Johann Wolfgang (Hof, Baviera 1780 - Jena 1849) Químico alemán. Fue profesor de física y química en la universidad de Jena y consejero científico de Goethe. Se le conoce especialmente por la elaboración de las **tríadas**, conjuntos de tres elementos agrupados por sus semejanzas químicas (hierro-cobalto-níquel, cloro-bromo-yodo, calcio-estroncio-bario, etc.), primer intento de clasificar los elementos de forma sistemática y racional.

doberman *s. m.* Raza de perros obtenida mediante selección por el alemán Louis Dobermann a finales del s. XIX. Miden algo más de 50 cm de altura y tienen el pelo oscuro y corto y la cabeza estrecha y alargada. Destacan por su ferocidad, por lo que se emplean como perros guardianes y de defensa.

dobla *s. f.* Moneda castellana de oro de la Baja Edad Media.

dobladillo *s. m.* Pliegue y costura que se hace en los bordes de una tela para evitar que se deshilache.

doblado, da **1.** *p. p.* de **doblar**. También *adj.* ‖ *adj.* **2.** Cansado, agotado. **3.** Se dice de la película que ha sido traducida al idioma del país donde se proyecta, y del actor cuya voz ha sido sustituida por la de otro.

dobladura *s. f.* Doblez, pliegue.

doblaje *s. m.* Acción y efecto de doblar una película cinematográfica o la voz de un actor.

doblar *v. tr.* **1.** Hacer una cosa dos veces mayor o tener de algo el doble que otro. **2.** Plegar un objeto, en especial si es plano. **3.** Torcer algo que estaba derecho. También *v. prnl.* **4.** Cambiar de dirección, pasar al otro lado de algo saliente. También *v. intr.* **5.** En cine, traducir las partes habladas de una película al idioma del país en el que se proyecta. **6.** Sustituir la voz de un actor por la de otro. **7.** Sustituir un extra a un actor en determinadas escenas. **8.** En carreras de pista o en circuito, alcanzar un corredor a otro sacándole una vuelta de ventaja. **9.** *Méx.* Derribar a uno de un disparo. **10.** *Cuba.* Avergonzar. ‖ *v. intr.* **11.** Tocar las campanas indicando que alguien ha muerto. **12.** En tauromaquia, caer el toro herido de muerte. ‖ *v. prnl.* **13.** Someterse, ceder. **FAM.** Doblador.

doble *adj.* **1.** Que es dos veces más grande o más extenso. **2.** Que está formado por dos cosas iguales. **3.** Se dice de las flores que tienen más hojas que las sencillas. **4.** Se dice del vaso de cerveza o vino mayor que el normal. También *s. m.* **5.** En el dominó, se aplica a las fichas que tienen el mismo número en los dos cuadrados. **6.** En tenis, se dice de la falta que un jugador comete al sacar mal dos veces seguidas. **7.** Hipócrita, falso. ‖ *s. m.* **8.** Acción de doblar las campanas por la muerte de alguien. **9.** Persona de gran parecido a otra. **10.** En el cine, especialista que sustituye a un actor en ciertas escenas. **11.** Reproducción de algún objeto. ‖ *s. m. pl.* **12.** En baloncesto, infracción que consiste en botar el balón, agarrarlo con las dos manos y volverlo a botar. **13.** En tenis, modalidad que se juega por parejas. **FAM.** Doblemente.

doblegar *v. tr.* **1.** Torcer o doblar lo que estaba recto. También *v. prnl.* **2.** Obligar a obedecer, ceder o abandonar una idea o propósito. También *v. prnl.* **3.** Derrotar. **4.** Humillar. También *v. prnl.* ■ Se conjuga como *pagar*. **FAM.** Doblegable.

doblete *s. m.* **1.** En teatro, dos personajes interpretados por el mismo actor en una obra. **2.** Serie de dos victorias o éxitos consecutivos, especialmente en deportes. **3.** Par de palabras que tienen el mismo origen, pero que han evolucionado de forma distinta, p. ej. *cátedra* y *cadera*, del lat. *cathedra*. **4.** Piedra de bisutería formada por dos cristales superpuestos.

doblez *s. m.* **1.** Pliegue que se forma al doblar una cosa y marca que queda donde se ha doblado. ‖ *s. amb.* **2.** Hipocresía. ■ En esta acepción se usa más como *s. f.*

Döblin, Alfred (Stettin 1878 - Emmendingen 1957) Escritor y médico alemán. Ejerció como médico psiquiatra en Berlín y fue uno de los fundadores de la revista *Der Sturm*. Al triunfar el nacionalsocialismo en Alemania tuvo que marcharse a Francia (1933-40) y más tarde a América. En 1945 regresó a su país. De estilo expresionista, escribió novelas, como *Los tres saltos de Wang-Lun* (1915), *Wallenstein* (1920), *Berlín, Alexanderplatz* (1929), su mejor obra, *El tigre azul* (1936) y *Noviembre 1918* (1937-42), y ensayos.

doblón *s. m.* Moneda castellana de oro de la Edad Moderna que estuvo en curso hasta mediados del s. XIX.

Dobson, William (Londres 1610 - íd. 1646) Pintor inglés. Fue discípulo de Van Dick, al que sustituyó como pintor de la corte. Realizó una larga serie de retratos de miembros de la familia real, salvo el rey, y de nobles. Entre los más notables figuran el de Endymion Porter y el del príncipe de Gales, futuro Carlos II.

doce *adj. num. card.* **1.** Diez y dos. También *pron.* y *s. m.* ‖ *adj. num. ord.* **2.** Duodécimo. También *pron.* ‖ *s. m.* **3.** Signos que representan este número.

Doce Años, tregua de los (1609-21) Tregua concertada entre las Provincias Unidas y España que puso fin a la sangrienta lucha mantenida desde 1566. De acuerdo con la misma, cada contendiente conservaba los territorios que poseía en el momento de su firma y se concedía a los holandeses el derecho del libre comercio con las Indias, lo que supuso el origen de su imperio colonial.

doceavo, va *adj. num. part.* Se dice de cada una de las doce partes iguales en que se divide una cosa. También *s.*

docena *s. f.* Conjunto de doce unidades.

docencia *s. f.* Actividad de las personas que se dedican a la enseñanza.

docente *adj.* **1.** Perteneciente o relativo a la enseñanza. **2.** Que se dedica a la enseñanza. También *s.*

dócil *adj.* **1.** Muy obediente. **2.** Tranquilo, fácil de educar. **3.** Se aplica al material que se trabaja con facilidad. **FAM.** Docilidad, dócilmente.

docimología *s. f.* Rama de la pedagogía, cuyo objeto es el estudio sistemático de los exámenes, sus técnicas, métodos de corrección y calificación y análisis situacional del examen y del comportamiento de los examinados.

dock (voz ingl.) *s. m.* Muelle rodeado de almacenes para guardar las mercancías.

docto, ta *adj.* Sabio, entendido. También *s.* **FAM.** Doctamente.

doctor, ra *s. m.* y *f.* **1.** Persona que ha obtenido el más alto grado universitario. **2.** Médico. ‖ **3. doctor de la Iglesia** Título que concede la Iglesia católica a algunos de sus grandes teólogos y escritores. **4. doctor de la ley** Entre judíos y musulmanes, intérprete de los textos sagrados. **5. doctor honoris causa** Título honorífico concedido por las universidades a alguna personalidad ilustre.

doctorado, da **1.** *p. p.* de **doctorar**. ‖ *s. m.* **2.** Título de doctor que se obtiene tras una serie de estudios y la presentación de una tesis. **3.** Estudios necesarios para obtener este título.

doctoral *adj.* **1.** Perteneciente o relativo al doctor o doctorado. **2.** Aplicado al modo de expresarse, pedante.

doctorando, da *s. m.* y *f.* Persona que va a someterse al examen para obtener el título de doctor o que está estudiando para ello.

doctorar *v. tr.* **1.** Conceder una universidad el título de doctor a alguien. Se usa más como *v. prnl.* **2.** Dar la alternativa a un torero. Se usa más como *v. prnl.*

doctrina *s. f.* **1.** Conjunto ordenado de conocimientos sobre un tema. **2.** Conjunto de ideas estructuradas de un autor, corriente de pensamiento, religión, etc. ‖ **3. doctrina legal** La contenida en las leyes que rigen un país. **4. hermanos de la Doctrina Cristiana** Congregación religiosa fundada en el s. XVII por San Juan Bautista de la Salle para la educación de los jóvenes.

doctrinal *adj.* **1.** Perteneciente o relativo a la doctrina. ‖ *s. m.* **2.** Libro que contiene reglas y preceptos.

doctrinario, ria *adj.* **1.** Relativo a la doctrina. **2.** Que defiende rígidamente una doctrina o pensamiento. También *s.* **3.** Que atiende más a la teoría que a la práctica.

doctrinarismo *s. m.* Cualidad o actitud de doctrinario.

documentación *s. f.* **1.** Acción y efecto de documentar o documentarse. **2.** Conjunto de información sobre un determinado tema o asunto y técnica con que se recopila. **3.** Cualquier tipo de documento que sirve para identificar a alguien o algo.

documentado, da **1.** *p. p.* de **documentar**. También *adj.* ‖ *adj.* **2.** Que está bien informado sobre un tema o materia. **3.** Que posee o aporta la documentación necesaria para identificarse.

documental *adj.* **1.** Que se basa en los documentos o se refiere a ellos. **2.** Se dice de la película y el género cinematográfico que presenta escenas y personajes reales con fines informativos o pedagógicos. También *s. m.* **FAM.** Documentalmente.

documentalista *adj.* **1.** Relativo a los documentos, a su estudio, tratamiento, clasificación, etc. ‖ *s. m.* y *f.* **2.** Persona que se dedica a la búsqueda y recopilación de documentación e información. **3.** Persona que realiza documentales.

documentar *v. tr.* **1.** Presentar documentos para justificar, demostrar o fundamentar algo. **2.** Proporcionar información sobre algo. También *v. prnl.*

documento *s. m.* **1.** Escrito u otra cosa que informa o ilustra sobre un cuestión o sirve para justificar o acreditar algo. ‖ **2. documento privado** El redactado por los particulares sin la intervención de funcionario público competente. **3. documento público** El autorizado por un funcionario público competente; p. ej., un testamento hecho ante notario. **4. Documento Nacional de Identidad** El que en España certifica la personalidad del poseedor. ■ Sus siglas son *DNI.*

dodeca- *pref.* Significa 'doce': *dodecasílabo.*

dodecaedro *s. m.* Poliedro de doce caras.

dodecafonía o **dodecafonismo** *s. f.* o *s. m.* Sistema de composición musical que utiliza los doce sonidos de la escala cromática según un orden determinado, sin jerarquía ni repeticiones, que sirve de estructura a la obra musical. Fue introducido por el compositor austriaco Arnold Schönberg en *Cinco piezas para piano* (1923) y es la base de la música atonal. Entre sus cultivadores destacan Alban Berg, Anton von Webern, Pierre Boulez, etc. **FAM.** Dodecafónico.

dodecágono, na *adj.* Se aplica al polígono de doce ángulos. También *s. m.*

Dodecaneso Grupo de doce islas griegas, situadas en el mar Egeo, frente a la costa turca. 2.714 km^2 y 145.000 h. en 1981. Colonia italiana hasta 1947, en la actualidad forma un nomo griego, cuya principal isla y capital es Rodas.

dodecasílabo, ba *adj.* En poesía, se dice del verso que tiene doce sílabas. También *s. m.*

dodo *s. m.* Nombre común de dos aves columbiformes de la familia ráfidos, hoy en día extinguidas. Tenían un tamaño similar al del cisne, pico fuerte y ganchudo, y alas inadecuadas para el vuelo. El dodo común *(Raphus cucullatus),* que vivía en la isla Mauricio, y el dodo solitario *(Raphus solitarius),* que habitaba en la isla Reunión, ambas en el océano Pacífico, se extinguieron a fines del s. XVII y principios del XVIII respectivamente, debido a la presión ejercida por el hombre y los predadores por él introducidos. Una especie similar, también desaparecida, era el solitario de isla Rodríguez *(Pezophaps solitaria).* Se le conoce también por *dronte.*

El dodo (Raphus cucullatus) *desapareció víctima de la caza sistemática a que fue sometido por los europeos.*

Dodoma C. de Tanzania, cap. del país, situada en el centro del mismo, junto a la vía férrea que une el lago Tanganica con la costa del océano Índico. 203.800 h. en 1988. Alcanzó la capitalidad en 1983, reemplazando a Dar-es-Salam.

Doesburg, Christian Emil Marie Kupper, llamado **Theo van** Véase **Van Doesburg**.

dogal *s. m.* **1.** Soga que se pone al cuello de las caballerías. **2.** Cuerda para ahorcar a los condenados.

dogaresa *s. f.* Mujer del dogo o dux.

dogma *s. m.* **1.** Verdad o principio de una doctrina, ciencia o religión, que se considera cierto e innegable. **2.** Conjunto de esas verdades o principios. **3.** Cualquier cosa que se dice o cree con certeza absoluta.

dogmático, ca *adj.* **1.** Perteneciente o relativo a los dogmas. **2.** Que considera sus propias ideas como dogmas, sin aceptar otras posibles. También *s.* ‖ *s. f.* **3.** Conjunto de los dogmas. **4.** Parte de la teología que estudia los dogmas. **FAM.** Dogmáticamente.

dogmatismo *s. m.* **1.** Cualidad o actitud de dogmático. **2.** Conjunto de verdades consideradas como dogma por una religión, doctrina, etc. **3.** Doctrina filosófica opuesta al escepticismo, que considera a la razón como instrumento para conocer la verdad.

dogmatizar *v. intr.* **1.** Exponer ideas de manera dogmática. **2.** Enseñar dogmas. También *v. tr.* ■ Se conjuga como *cazar.* **FAM.** Dogmatizante.

dogo *s. m.* Dux*.

dogo, ga *adj.* Se dice de los perros de una raza centroeuropea, de gran tamaño y fortaleza, cráneo voluminoso, hocico pequeño y pelo corto. Se utilizan generalmente como perros de defensa. También *s.*

dogon *adj.* **1.** Se dice del pueblo negroafricano que habita en los altos de Bandiagara, en Malí. Su economía está basada en la agricultura (mijo, sorgo) y en la avicultura. Son famosas sus máscaras y estatuillas de madera. **2.** De este pueblo. También *s.*

Doha C. de Qatar, cap. del país. 217.300 h. en 1986. Posee importante industria petrolífera y de conservas de pescado.

Doha: en el centro la plaza del Reloj y la gran mezquita.

Doisy, Edward Adelbert (Hume, Illinois 1893 - San Luis, Missouri 1986) Bioquímico estadounidense. Realizó estudios sobre las hormonas ováricas y recibió el premio Nobel de medicina en 1943, compartido con el danés Henrik Dam, por el descubrimiento de la vitamina K.

dolama *s. f.* Achaque.

dólar *s. m.* Unidad monetaria de EE UU, Canadá, Australia, Liberia, Malasia, Nueva Zelanda, Bahamas, Barbados, Belice, Brunei, Taiwan, Guyana, Hong Kong, Singapur, Trinidad y Zimbabwe. El dólar de EE UU, establecido como principal unidad monetaria del país en 1776, está dividido en 100 centavos y es, desde 1944, la moneda de reserva internacional.

dolby (marca registrada) *s. m.* Sistema que reduce el ruido de fondo de la señal de los magnetófonos y otros aparatos electroacústicos.

dolce (voz ital. que significa 'dulce') *adv. m.* En mús., indica la parte de una composición que debe ser interpretada con dulzura y suavidad.

dolce stil nuovo (loc. ital. que significa 'dulce nuevo estilo') Movimiento poético surgido en Toscana a finales del s. XIII como reacción contra la tradición provenzal. Sus principales características eran el cuidado estilo de la forma, la temática amorosa y la idealización de la figura femenina. Su iniciador fue Guido Guinizelli, aunque sus cultivadores más destacados fueron Dante, Guido Cavalcanti, Gianni Alfani y Lapo Gianni.

dolce vita *loc. ital.* Significa 'dulce vida' y se utiliza con el sentido de buena vida o vida ociosa.

dolencia *s. f.* Enfermedad.

doler *v. intr.* **1.** Sentir dolor en alguna parte del cuerpo. También *v. prnl.* **2.** Producir dolor. **3.** Causar tristeza o pena. También *v. prnl.* ‖ *v. prnl.* **4.** Quejarse, mostrar disgusto. ■ Es v. irreg. Se conjuga como *mover.* ‖ **LOC. ahí (le) duele** *fam.* Indica que se ha acertado en lo fundamental de una cuestión o en el punto débil de una persona.

dolerita *s. f.* Diabasa*.

dolicocéfalo, la *adj.* Se dice del cráneo que es mucho más alargado que ancho y de las personas, razas, etc., que lo tienen de este modo. También *s.* **FAM.** Dolicocefalia.

dolido, da **1.** *p. p.* de **doler**. ‖ *adj.* **2.** Apenado, ofendido.

doliente *adj.* **1.** Que duele o que se duele. **2.** Enfermo. También *s.* **3.** Apenado, afligido. También *s.*

dolina (voz eslava que significa 'valle') *s. f.* Depresión o cavidad circular, a modo de embudo, que se forma en la roca caliza por efecto de la disolución química o por hundimiento del terreno. Es característica de los paisajes cársticos.

Dollfus, Engelbert (Texing 1892 - Viena 1934) Político austriaco. Canciller de Austria en 1932, impulsó la implantación de un Estado corporativo cristiano de carácter autoritario y opuesto tanto al nacionalsocialismo como a la democracia cristiana. Fue asesinado en 1934, en el curso de un intento fallido de golpe de Estado nazi.

Dolmen de Dombate (La Coruña, España).

dolmen *s. m.* Monumento megalítico de carácter funerario que consiste en una losa horizontal sostenida por grandes piedras plantadas verticalmente en el suelo. Apareció en el neolítico y en la edad del bronce y se utilizaba como enterramiento colectivo o familiar. Los dólmenes son muy abundantes en la península Ibérica, especialmente en Andalucía: Los Millares, Almizaraque, cuevas de Menga, Viera y la Pastora. **FAM.** Dolménico.

dolo *s. m.* **1.** Engaño intencionado. **2.** En der., voluntad de cometer un delito o un acto que lesiona los intereses de un tercero.

dolomía *s. f.* Roca sedimentaria del grupo de los carbonatos, formada principalmente por dolomita. Abunda en los Alpes Dolomíticos.

dolomita *s. f.* $CaMg(CO_3)_2$. Mineral carbonato cálcico-magnésico. Cristaliza en el sistema trigonal, es de color rosado o incoloro y tiene brillo vítreo. Principal componente de las dolomías, aparece en zonas calizas y se utiliza en la industria de la construcción y en la metalurgia. **FAM.** Dolomítico.

Macizo de los Dolomitas de Trento, con el pueblo de Molveno en primer plano.

Dolomitas Macizo montañoso italiano situado en la región oriental de los Alpes, entre los ríos Adigio y Piave, también denominado *Alpes Dolomíticos.* Está formado básicamente por dolomías, en las que la erosión ha producido un relieve característico, con grandes agujas y torres rocosas, sin vegetación. Su mayor altura es el Marmolada (3.342 m). Es un importante centro turístico, en el que destaca la estación de Cortina d'Ampezzo.

dolor *s. m.* **1.** Sensación de malestar en alguna parte del cuerpo debido a una causa externa o interna. Mediante la sensación de dolor, el sistema nervioso detecta la presencia de estímulos dañinos y avisa al organismo de la existencia de un peligro. Los receptores del dolor son terminaciones nerviosas libres que no se extienden por el cuerpo en la misma proporción; son mucho más abundantes en las extremidades. Algunas sustancias, como los anestésicos, los analgésicos o el alcohol, atenúan o hacen desaparecer los dolores. **2.** Tristeza o pena que se siente por algo.

Dolores, grito de Nombre que recibe la proclamación de la independencia mexicana hecha por el cura Hidalgo en la ciudad de Dolores el 16 de septiembre de 1810.

Dolores Hidalgo C. de México, situada en el estado de Guanajuato. 20.000 h. en 1980. Es el núcleo urbano de una comarca agrícola, ganadera y minera.

dolorido, da *adj.* **1.** Que sufre un dolor. **2.** Entristecido, apenado.

doloroso, sa *adj.* **1.** Que produce dolor físico. **2.** Que causa pena. ‖ *s. f.* **3.** Pintura o escultura que representa a la Virgen María después de la muerte de Jesús. ▪ En esta acepción, se escribe con mayúscula. **4.** *fam.* Factura, especialmente la de los restaurantes. **FAM.** Dolorosamente.

doloso, sa *adj.* Engañoso, realizado con dolo.

dom *s. m.* Título que, antepuesto al apellido, se da a algunos religiosos, como cartujos y benedictinos.

doma *s. f.* Acción y efecto de domar.

domador, ra *s. m.* y *f.* **1.** Persona que se dedica a domar animales. **2.** Persona cuyo oficio es domar fieras y exhibirlas después en el circo.

Domagk, Gerhard (Lagow, Brandeburgo 1895 - Burgberg 1964) Bioquímico alemán. En 1935 demostró los efectos antibacterianos del prontosil, y abrió así los trabajos de investigación sobre las sulfamidas. Por este descubrimiento le fue otorgado el premio Nobel de medicina y fisiología de 1939, que los nazis le obligaron a rechazar, aunque lo aceptó en 1947.

domar *v. tr.* **1.** Amansar y hacer dócil a un animal. **2.** Dominar, reprimir. **3.** Hacer que una cosa tome cierta forma o se vuelva flexible. **FAM.** Domable.

Domenchina, Juan José (Madrid 1898 - Ciudad de México 1959) Escritor español. Secretario de Manuel Azaña, se exilió a México en 1939. Miembro de la generación del 27, su poesía evolucionó de una perfección formal a una mayor emotividad e intimismo. Entre sus libros de poesía destacan *Del poema eterno* (1917), *La corporeidad de los abstractos* (1928), *Destierro* (1942) y *Pasión de sombra* (1944). También escribió *La túnica de Neso* (1929), novela, y *Crónicas de Gerardo Rivera* (1935), crítica literaria.

Domènech y Montaner, Luis (Barcelona 1850 - íd. 1923) Arquitecto español. Representante de la corriente modernista, adaptó a ese estilo las nuevas tecnologías y colaboró con artistas y artesanos para impulsar las artes decorativas en la arquitectura. Entre sus obras cabe citar el *Palacio de la Música Catalana* (1905-08), la *Casa Montaner* (1893) y el *Hospital de San Pablo* (1902-12), todas ellas en Barcelona.

Luis Domènech y Montaner: Hospital de San Pablo *(Barcelona).*

Domenichino, Domenico Zampieri, llamado **El** (Bolonia 1581 - Nápoles 1641) Pintor italiano. Discípulo de Annibale Carracci, es uno de los principales representantes del barroco boloñés. De estilo elegante, vivo y luminoso, concedió nueva importancia al elemento paisajístico del fondo de los cuadros. Entre sus principales obras figuran *Última comunión de San Jerónimo* (1614) y *Diana cazadora* (1621).

Domenico Veneziano (Venecia, comienzos del s. XV - Florencia 1461) Pintor italiano. De la escuela florentina, estudió los cambios producidos por la luz en los colores. Sólo se conservan dos obras firmadas, la *Madonna Carnesecchi* y el *Retablo de Santa Lucía.*

domeñar *v. tr.* Someter, dominar. **FAM.** Domeñable.

domesticación *s. f.* Proceso de adaptación de animales y plantas salvajes a las necesidades del hombre por medio de la cría selectiva a lo largo de generaciones. Los primeros animales domesticados fueron, posiblemente, la oveja, la cabra y el perro, con el fin de aprovechar su leche, carne, piel, fuerza física, etc. En cuanto a las plantas, las primeras fueron los cereales, legumbres, hortalizas y frutales.

domesticar *v. tr.* **1.** Acostumbrar a los animales salvajes a la compañía del hombre y adaptarlos a las necesidades de éste. **2.** Enseñar a obedecer a un animal. **3.** Hacer tratable a una persona que no lo era, suavizar su carácter. También *v. prnl.* ▪ Se conjuga como *sacar.*

domesticidad *s. f.* Cualidad o condición de doméstico, referido sobre todo a los animales.

doméstico, ca *adj.* **1.** Perteneciente o relativo a la casa o al hogar. **2.** Se dice del animal que vive con el hombre. ‖ *s. m.* y *f.* **3.** Sirviente de una casa. ‖ *s. m.* **4.** En ciclismo, corredor que ayuda al miembro más destacado del equipo.

Domiciano, Tito Flavio (Roma 51 - íd. 96) Emperador romano (81-96). Hijo de Vespasiano, sucedió a su hermano Tito. Con él termina la dinastía Flavia. Gran político y excelente administrador, concluyó la conquista de Britania (78-84) y pacificó y fortificó las fronteras del Rhin y del Danubio. Su política autoritaria le valió una fuerte oposición, a la que respondió implantando un régimen de terror a partir del año 92. Murió víctima de una conspiración en la que participó su propia esposa.

domiciliar *v. tr.* **1.** Indicar la cuenta bancaria que se ha elegido para que en ella se efectúen ingresos y pagos a nombre del interesado. ‖ *v. prnl.* **2.** Establecer el domicilio en un lugar determinado. **FAM.** Domiciliación.

domiciliario, ria *adj.* **1.** Relativo al domicilio o que se hace en él. ‖ *s. m.* y *f.* **2.** Persona que se domicilia o reside en un lugar determinado.

domicilio *s. m.* **1.** Edificio, piso o local donde vive una persona. **2.** Lugar de residencia de una persona, empresa, etc., a efectos legales.

dominación *s. f.* **1.** Acción y efecto de dominar. **2.** Poder o control sobre un pueblo, territorio, nación, etc. ‖ *pl.* **3.** Nombre dado a los ángeles que forman el cuarto coro.

dominancia *s. f.* **1.** Preponderancia de un carácter hereditario o de un gen sobre otro. **2.** En ecol., influencia determinante que una especie ejerce en el ecosistema. **3.** En psicol., rasgo de la personalidad que indica una posición o relación de superioridad o ascendencia de un individuo respecto a los demás componentes de un grupo.

dominante *adj.* **1.** Que domina. **2.** Principal, más importante. **3.** Que gusta de manejar o dominar a los demás. También *s.* ‖ **4. especie dominante** Especie que ejerce una influencia determinante en un ecosistema. Suele ser la más abundante y la que controla el ciclo alimentario de la comunidad, dando nombre al ecosistema: pinar, encinar, hayedo, etc.

dominar *v. tr.* **1.** Tener alguien o algo poder sobre otros. **2.** Conocer perfectamente una materia, arte, técnica, etc. **3.** Detener, contener. También *v. prnl.* **4.** Divisar desde lo alto una gran extensión de terreno. **5.** Sobresalir algo o alguien por ser más alto, mejor, etc. También *v. intr.* ‖ *v. intr.* **6.** Predominar. **FAM.** Dominador.

dómine *s. m.* **1.** Antiguamente, profesor de gramática latina. **2.** *desp.* Persona que se las da de maestro sin serlo.

domingo *s. m.* **1.** Día de la semana, entre el sábado y el lunes, que suele dedicarse al descanso y, en algunas religiones, como la cristiana, a Dios y a su culto. ‖ **2. domingo de Adviento** Cada uno de los cuatro que preceden a la Navidad. **3. domingo de Carnaval** El anterior al miércoles de Ceniza. **4. domingo de Ramos** El último de la cuaresma, en que se conmemora la entrada de Jesús en Jesuralén. **5. domingo de Resurrección** El que sigue al Sábado Santo, en el que la Iglesia celebra la Pascua de Resurrección del Señor.

Domingo, Marcelino (Tortosa, Tarragona 1884 - Toulouse 1939) Político español. Formado en el ambiente del catalanismo republicano de izquierdas, fundó en 1929 el Partido Radical Socialista. Miembro del Comité Revolucionario de 1930, ocupó durante la Segunda República los ministerios de Instrucción Pública y Agricultura, elaborándose bajo su mandato la ley de Reforma Agraria. En 1933 fusionó su partido con Acción Republicana de Azaña, dando origen a Izquierda Republicana.

Domingo, Plácido (Madrid 1941) Tenor español. Considerado uno de los más prestigiosos cantantes de ópera de la actualidad, ha ampliado su actividad al campo del cine –donde ha protagonizado *Carmen* (1984), *Otelo* (1986) y *La Traviata* (1987)– y a la dirección de orquesta.

Plácido Domingo.

Domingo de Guzmán, Santo (Caleruega, Burgos 1170 - Bolonia 1221) Religioso español. Fundador de la orden de predicadores o dominicos (1216), combatió la herejía albigense en el Languedoc.

Domingo de la Calzada, Santo (Viloria de Rioja, Burgos ? - Santo Domingo de la Calzada, La Rioja 1109) Eremita español. Se dedicó a auxiliar a los peregrinos que iban a Santiago de Compostela.

Domingo de Silos, Santo (Cañas, La Rioja 1000 - Silos, Burgos 1073) Monje benedictino español. Prior de San Millán de la Cogolla, el rey Fernando I de Castilla le confió la abadía de San Sebastián de Silos (1041), llamada posteriormente *Santo Domingo de Silos.*

dominguejo *s. m. amer.* Don nadie, persona insignificante.

dominguero, ra *adj.* **1.** De domingo o que se usa sólo en domingo. **2.** Que sale, se divierte o se arregla sólo los domingos o días de fiesta. También *s.* **3.** Se dice de la persona que utiliza el coche sólo los domingos o festivos y, p. ext., del conductor inexperto. También *s.*

Domínguez, Óscar (La Laguna, Tenerife 1906 - París 1957) Pintor español. Instalado en París desde 1927, fue uno de los miembros de la escuela de París. A fines de la década de los veinte se incorporó al grupo surrealista. Superó esta etapa, en la que recibió la influencia de Dalí y Max Ernst, y pasó a una pintura más atormentada y turbulenta, acorde con su vida, que le llevó al suicidio. Sus misteriosos *Paisajes cósmicos* evocan lejanamente las tierras canarias.

Domínguez Ortiz, Antonio (Sevilla 1909) Historiador español. Es una autoridad en historia española del Antiguo Régimen. Algunas de sus principales obras son *La sociedad española en el siglo XVIII* (1956), *Política y hacienda de Felipe IV* (1960), *La sociedad española en el siglo XVII* (1970) e *Instituciones y sociedad en la España de los Austrias* (1985).

dominguillo *s. m.* Tentetieso*.

Dominguín, Luis Miguel González, llamado **Luis Miguel** (Madrid 1926) Matador de toros español. Destacó por su conocimiento y dominio de los toros. Tomó la alternativa en La

Coruña (1944) y se retiró en 1960, pero volvió a los ruedos en 1971 hasta 1973.

Dominica Estado de las Pequeñas Antillas.

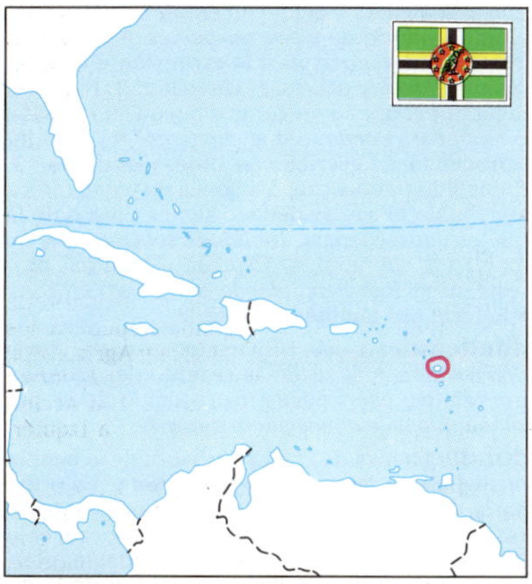

Extensión: 750 km^2.
Situación: en el E del mar Caribe, al N de la isla de Martinica y al S de la de Guadalupe.
Población: 82.200 h. en 1990.
Densidad: 109,6 h./km^2.
Capital: Roseau.
División administrativa: parroquias de St. Andrew, St. David, St. George, St. John, St. Joseph, St. Luke, St. Mark, St. Patrick, St. Paul y St. Peter.
Ciudades principales: Portsmouth.
Forma de Estado: república.
Idioma: inglés.
Religión: catolicismo, 91,8 %; protestantismo, 8 %.
Moneda: dólar del Caribe oriental.
Tasa de natalidad: 26 ‰ en 1990.
Tasa de mortalidad: 5 ‰ en 1990.
Renta per cápita: 1.670 dólares en 1988.

Geog. Dominica es una isla volcánica perteneciente al archipiélago de las Pequeñas Antillas. Su relieve es montañoso y el clima tropical. La principal actividad se centra en la agricultura, con cultivos de plátanos, limones, cacao y copra, base de sus exportaciones.

Hist. Descubierta por Colón en 1493, fue disputada por Francia e Inglaterra hasta su definitiva conquista por los británicos en 1783. En 1958 fue incluida en la Federación de las Islas Occidentales; en 1967 se convirtió en Estado asociado a la Commonwealth y en 1978 obtuvo la independencia.

dominical *adj.* **1.** Perteneciente o relativo al domingo. ‖ *s. m.* **2.** Suplemento que algunos periódicos publican los domingos.

Dominicana, República Estado que ocupa la parte oriental de la isla La Española, en las Grandes Antillas.

Geog. física La Española es una isla de las Grandes Antillas. Su relieve está configurado por cuatro cordilleras orientadas de NO a SE, que separan depresiones longitudinales por las que discurren los principales ríos. Las mayores altitudes corresponden al Pico Duarte (3.175 m) y al Pelona (3.168 m). El clima es casi ecuatorial, es decir, con leves variaciones de temperatura a lo largo del día y del año. Las lluvias son más abundantes en la vertiente atlántica que en la caribeña, siendo la región sudoriental la más seca. La vegetación en las zonas más lluviosas es de bosque tropical (ébano, caoba); a medida que el clima va haciéndose más árido, aparecen el bosque de pino, la sabana, el chaparral y, en pequeñas zonas subdesérticas, las cactáceas.

Extensión: 48.443 km^2.
Límites: al N, con el océano Atlántico; al S, con el mar Caribe; al E, con el Canal de la Mona, y al O, con Haití.
Población: 7.170.000 h. en 1990.
Densidad: 148 h./km^2.
Capital: Santo Domingo.
División administrativa: 29 provincias y un distrito nacional.
Ciudades principales: Santiago de los Caballeros, La Romana, San Pedro de Macorís.
Gentilicio: dominicano.
Forma de Estado: república.
Idioma: español.
Religión: catolicismo, 98 %.
Moneda: peso dominicano.
Tasa de natalidad: 31 ‰ en 1990.
Tasa de mortalidad: 7 ‰ en 1990.
Renta per cápita: 680 dólares en 1988.

Geog. humana* y *económica La población, que se reparte desigualmente, se concentra en la costa y en el valle del Cibao (centro del país) y presenta una de las densidades más altas de América Latina debido a la falta de emigración y a unas tasas de natalidad altas. El 75 % son mulatos, el 15 % blancos y el 10 % negros. El 37,8 % de la población activa se dedica a tareas agropecuarias de subsistencia o de gran plantación (caña de azúcar, cacao, café, tabaco, algodón, plátanos, maíz). También destaca el ganado bovino, explotado intensivamente en los pastos de sabana. Las actividades extractivas se centran en la bauxita (mena del aluminio) y el níquel. Las únicas industrias existentes son la de transformación alimentaria (tabaco y azucarera) y las ligadas al sector de la construcción, como la de cemento, y al turismo. El comercio exterior se realiza casi exclusivamente con los EE UU.

Hist. La isla La Española fue descubierta por Colón en diciembre de 1492 y en ella fundó Santo Domingo, una de las primeras ciudades españolas de América. Por el tratado de Ryswick, en 1697, España cedió a Francia un tercio de la parte occidental de la isla (Haití, independiente en 1804). El resto continuó bajo dominio español hasta que en 1821 Núñez de Cáceres proclamó la independencia. En 1822 el país fue conquistado por Haití que, pese a adoptar medidas como la abolición de la esclavitud, hubo de hacer frente a un movimiento separatista que en 1844 consiguió proclamar definitivamente la independencia. Los años siguientes fueron de inestabilidad y enfrentamientos con el país vecino, lo que provocó que en 1860 el presidente Pedro Santana solicitara el restablecimiento del dominio español, que se mantuvo hasta 1865. Durante la dictadura de Ulises Heureaux (1882-99) el país fue a la bancarrota, lo que determinó una progresiva intervención de EE UU en la política y economía dominicanas, que se convirtió en abierta ocupación militar entre 1916 y 1924. En 1924 se instauró un gobierno constitucional con la elección de Horacio Vázquez como presidente. En 1930 un golpe de Estado, dirigido por el jefe de la Guardia Nacional, Rafael Leónidas Trujillo, implantó un régimen dictatorial que se mantuvo hasta 1961. En las elecciones de 1962 resultó vencedor el reformista Juan Bosch, pero su triunfo provocó una reacción conservadora (1963) contra la que, a su vez, se alzó una Junta Militar dirigida por el coronel Caamaño (1965). Una nueva intervención estadounidense impuso como presidente al derechista Balaguer (1966), que se mantuvo en el poder hasta 1978, en que fue derrotado en las urnas por Antonio Guzmán. Durante esta época la tensión con la República de Haití fue constante. En 1982, al acceder a la presidencia Salvador Jorge Blanco, el país estaba inmerso en una gran crisis económica y social. Le sucedió en 1986 Joaquín Balaguer, del Partido Reformista Socialcristiano, reelegido en 1990.

Cult. La literatura dominicana se inicia a mediados del s. XIX con la aparición de un movimiento de carácter indigenista en el que sobresalen los novelistas Manuel Jesús Galván, con su obra *Enriquillo*, y Joaquín Pérez y los poetas Manuel María Valencia y Manuel Rodríguez Objío. Los principales representantes del Romanticismo son los poetas Gastón Fernando Deligne y Fabio Fiallo. Al comenzar el s. XX la corriente modernista encuentra su voz en la poetisa Altagracia Saviñón y en los prosistas Manuel Florentino Cestero y Tulio Manuel Cestero. Algo más tarde surge el postumismo con figuras como Domingo Moreno Giménez y Rafael Augusto Zorrilla. Posteriormente coexiste una corriente lírica próxima al vanguardismo (Mieses Burgos, Manuel del Cabral, Incháustegui) con una narrativa más preocupada por reflejar la realidad social. En el campo de la filología y el humanismo hay que citar a Pedro Henríquez Ureña. La prosa de Juan Bosch ha influido sobre un grupo de narradores, entre los que se encuentran René del Risco y Miguel Alfonseca. También destacan los poetas Freddy Gastón Arce y Marcio Veloz Maggiolo. La arquitectura colonial tiene sus obras más representativas en Santo Domingo: la catedral renacentista, el palacio del Almirante y el hospital de San Nicolás. Existen, además, importantes restos precolombinos.

dominicanismo *s. m.* Palabra o giro propio de la República Dominicana que ha pasado al español.

dominicano, na *adj.* De Santo Domingo o de la República Dominicana. También *s.*

dominico, ca *adj.* **1.** Se dice del religioso de la orden de Santo Domingo, cuyo nombre oficial es Orden de Predicadores, fundada por Santo Domingo de Guzmán en 1215 para combatir la herejía cátara o albigense, y aprobada por el papa

República Dominicana: vista aérea de Sosua, zona turística próxima a Puerto Plata, en la costa septentrional de la isla.

Honorio III en 1216. Su actividad principal fue la predicación (Vicente Ferrer, Savonarola), aunque se distinguió también en la actividad intelectual (Alberto Magno y Tomás de Aquino) y en la dirección de la Inquisición. El s. XVI fue una época de esplendor para la orden, sobresaliendo en la empresa evangelizadora de América la fuerte personalidad del padre Bartolomé de las Casas. También *s.* **2.** De esta orden.

dominio *s. m.* **1.** Poder o superioridad que se tiene sobre personas o cosas. **2.** Derecho de propiedad. **3.** Conocimiento profundo de algo o habilidad para realizar alguna actividad. **4.** Territorio gobernado o administrado por otro o sometido a la soberanía de otro. Se usa sobre todo en *pl.* **5.** Ámbito de una ciencia o actividad artística o intelectual. ‖ **6. dominio de integridad** En mat., anillo en el que no hay divisiones de cero, esto es, si $a \cdot b = 0$, entonces $a = 0$ o $b = 0$. **7. dominio de una relación** En mat., conjunto que contiene los elementos de los pares de una relación. **8. dominio de una variable** En mat., conjunto de todos los posibles valores que puede tomar esa variable. Puede ser un conjunto finito o infinito. **9. dominio en una función** $y = f(x)$ En mat., conjunto de todos los valores reales que toma la variable *x*. **10. dominio público** Conjunto de los bienes del Estado, destinados al uso público. ‖ **LOC. del dominio público** Conocido por todo el mundo.

Domino, Anthony, llamado **Fats** (Nueva Orleans 1928) Cantante y compositor estadounidense. Cultivador de jazz y sobre todo de *rhythm and blues* (blues urbano), se le considera uno de los precursores del *rock-and-roll.*

dominó *s. m.* **1.** Juego en que se utilizan veintiocho fichas rectangulares, blancas por una cara y negras por el envés, que están divididas en dos mitades, cada una de las cuales lleva marcados con puntos los números del 1 al 6, o no lleva ninguno. Los jugadores han de colocar las fichas una tras otra, uniéndolas por las mitades de la misma numeración, resultando ganador el que primero se deshace de ellas. **2.** Conjunto de estas fichas. **3.** Disfraz compuesto por una túnica hasta los pies, generalmente negra.

domo *s. m.* **1.** Cúpula. **2.** Dispositivo de forma esférica que remata una caldera de vapor. **3.** En geol., masa rocosa de forma irregular que aparece en un contorno de rocas distintas de ella. **4.** Forma cristalográfica que se caracteriza por dos caras opuestas con respecto a un plano. **5.** Forma abovedada que presentan algunos cerros en los que la erosión ha actuado uniformemente. ‖ **6. domo salino** Bóveda formada por rocas salinas que traspasa los estratos de otras rocas que la recubren. **7. domo volcánico** Bóveda de lava solidificada que arquea el terreno.

don[1] (del lat. *donum*) *s. m.* **1.** Regalo, dádiva. **2.** Cualidad característica de alguien. **3.** Habilidad para realizar algo. ‖ **4. don de gentes** Facilidad para tratar con otras personas.

don[2] (del lat. *dominus*, señor) *s. m.* **1.** Tratamiento que se antepone a los nombres de pila. **2.** Delante de algunos nombres o adjetivos, indica que la persona a la que va dirigido se caracteriza por lo que éstos expresan. ‖ **3. don nadie** Persona insignificante.

don Juan 1. Personaje legendario de origen español, prototipo del conquistador y seductor de mujeres y del libertino que bromea con la idea de la muerte, por lo que recibe su castigo. Apareció por primera vez en la obra de Tirso de Molina *El burlador de Sevilla y convidado de piedra* (1625-30) y desde entonces sirvió de inspiración a numerosos autores: Molière (*Don Juan*, 1665), Goldoni (*Juan Tenorio o el libertino castigado*, 1734), Gluck (*Don Juan o el convidado de piedra*, ballet, 1761), Mozart (*Don Giovanni*, ópera, 1787), Zorrilla, autor de la más conocida de las versiones románticas del personaje (*Don Juan Tenorio*, 1844), Antonio y Manuel Machado, Apollinaire, George Bernard Shaw, Tennessee Williams, Max Frisch, etc. ‖ *s. m.* **2.** Donjuán*.

Don Río de Federación Rusa. 1.967 km de longitud. Nace cerca de Tula, al S de Moscú, y discurre hacia el SE al encuentro del Volga, con el que no llega a confluir, ya que a la altura de Volgogrado varía su curso al SO, para desembocar cerca de la ciudad de Taganrog, en el mar de Azov, formando un amplio delta. Tiene una cuenca de más de 400.000 km^2 y sus principales afluentes son el Khopër, Donets y Medvieditsa. Es una importante vía de transporte, pues su curso es navegable en sus tres cuartas partes. Alimenta la gran presa de Tsimliansk y está unido al Volga por un canal construido en 1952.

Don Benito C. de España, en la prov. de Badajoz, situada en las Vegas Altas. 29.660 h. en 1990. Constituye el centro comercial de una comarca cuyas principales actividades son la ganadería ovina, bovina, caprina y porcina, y la agricultura de cereales, olivo, vid, leguminosas, tabaco y algodón. Posee industria alimentaria, química y de construcciones mecánicas.

donación *s. f.* **1.** Acción y efecto de donar. **2.** Aquello que se dona.

donaire *s. m.* **1.** Gracia en el hablar, escribir, moverse, etc. **2.** Dicho gracioso y ocurrente.

donante *adj.* **1.** Que dona. También *s.* **2.** Se aplica a la persona que da sangre para una transfusión o cede órganos para trasplantes o investigación. También *s.* ‖ *s. m.* y *f.* **3.** Persona que costeaba una obra de arte para un establecimiento religioso, en la que aparecía retratado. ‖ **4. donante universal** Persona cuya sangre puede ser donada a otras personas, aunque no tengan el mismo grupo sanguíneo.

donar *v. tr.* Dar de forma gratuita algo que se posee. **FAM.** Donador.

donatario, ria *s. m.* y *f.* Persona que recibe una donación.

Donatello, Donato di Betto Bardi, llamado (Florencia h. 1386 - íd. 1466) Escultor italiano. Destacado representante de la escultura renacentista, se formó en el taller de Ghiberti. Rompe con la tradición gótica en su *San Jorge* (h. 1416), esculpido en bulto redondo. Su *David* en bronce (h. 1435) recibe un tratamiento de la superficie que acentúa los efectos de la luz y lo integra armónicamente en el espacio circundante. En Padua esculpió la monumental estatua ecuestre del *Condottiero Gattamelata* (1447-53), ejemplo del interés renacentista por la representación de la figura humana.

Donatello: David *(Museo del Bargello, Florencia).*

donatismo *s. m.* Doctrina cismática de la Iglesia norteafricana en el s. IV cuyo nombre deriva del de su iniciador, Donato, obispo de Cartago. Sostenía una postura de rigor frente a los cristianos de Roma y defendía que los sacramentos sólo eran válidos cuando los administraba un ministro justo. Fue condenada como herética en los concilios de Arlés (314) y Cartago (411). **FAM.** Donatista.

donativo *s. m.* Dinero u otra cosa de valor o utilidad que se da, especialmente con fines benéficos.

doncel, lla *s. m.* y *f.* **1.** En lenguaje literario, persona joven, en especial la que es virgen. ■ En esta acepción se usa más el femenino. ‖ *s. f.* **2.** Criada que se ocupa de las faenas de la casa o que atiende o sirve a una señora. ‖ *s. m.* **3.** En la Edad Media, joven noble que todavía no había sido armado caballero.

doncellez *s. f.* Estado de doncel o de doncella, virginidad.

donde *adv. relat. l.* **1.** Se refiere al lugar en el que está alguien o algo o en el que sucede la acción: *Es allí donde viven sus padres.* ■ En el lenguaje familiar, equivale a la expresión *a casa de*: *Vamos donde la abuela.* ‖ *adv. interr.* **2.** Indica el lugar por el que se pregunta o del que no se sabe o se duda: *¿Dónde está el cuaderno?* ■ Como interrogativo, se escribe con tilde. ‖ *adv. relat.* **3.** Precedido por las preposiciones *de* y *por*, indica aquello de lo que se deduce alguna cosa o de la que es consecuencia: *De donde sabemos que no lo hizo.* ‖ *adv. excl.* **4.** Expresa extrañeza, protesta, negación: *Pero, ¡dónde se ha visto tal cosa!* ■ En este uso también lleva tilde.

dondequiera *adv. l.* En cualquier parte: *Ponlo dondequiera.* ■ Se usa más seguido del pronombre relativo *que* y puede ir precedido de preposición: *Llámale dondequiera que esté.*

dondiego *s. m.* **1.** Planta herbácea de la familia nictagináceas, especie *Mirabilis jalapa.* Es originaria de América y sus flores, grandes y coloreadas, se abren sólo después de anochecer y desprenden un penetrante y agradable olor. ‖ **2. dondiego de día** Planta herbácea de la familia convolvuláceas, especie *Convolvulus tricolor.* Tiene tallos rastreros, hojas lanceoladas y flores azules, con garganta blanca y fondo amarillo, que se abren con el día y se cierran al anochecer.

Donen, Stanley (Columbia, Carolina del Sur 1924) Director de cine estadounidense, bailarín y coreógrafo. Fue uno de los renovadores de la comedia musical, con películas como *Un día en Nueva York* (*On the Town*, 1949), *Cantando bajo la lluvia* (1952), ambas codirigidas con Gene Kelly, y *Siete novias para siete hermanos* (1954). Otras películas suyas son *Indiscreta* (1958), *Dos en la carretera* (1967), *Movie, movie* (1978) y *Lío en Río* (*Blame in Rio*, 1984).

Donets Río de Ucrania. 1.176 km de longitud. Nace al NE de Jarkov y discurre hacia el SE, atravesando una rica región minera e industrial (cuenca del Donets), hasta desembocar en el Don, del que constituye el principal afluente.

Donetsk C. de la República de Ucrania, situada al N del mar de Azov. 1.110.000 h. en 1989. Es un gran centro de la industria siderúrgica, mecánica y textil.

dong *s. m.* Unidad monetaria de la República Democrática de Vietnam.

Dönitz, Karl (Grünau, Berlín 1891 - Hamburgo 1980) Marino alemán. En la Segunda Guerra Mundial dirigió la flota submarina que bloqueó el Reino Unido entre 1940 y 1942. En 1943 fue nombrado comandante supremo de la marina de guerra y en mayo de 1945 Hitler le designó su sucesor, cargo desde el que hubo de aceptar la capitulación sin condiciones ante los aliados. Juzgado en Nüremberg, fue condenado a diez años de prisión.

Donizetti, Gaetano (Bérgamo 1797 - íd. 1848) Compositor italiano. Es autor de música religiosa, sinfonías, arias de cámara, oratorios y, especialmente, óperas, entre las que destacan *Elixir de amor* (1832), *Lucía de Lammermoor* (1835), *La Favorita* (1840), *La hija del regimiento* (1840) y *Don Pasquale* (1843).

donjuán (de *don Juan*, personaje teatral) *s. m.* Hombre seductor. ■ Puede escribirse también *don Juan* y *don juan.* **FAM.** Donjuanesco.

donjuanismo *s. m.* **1.** Conjunto de características del personaje literario de don Juan. **2.** Conjunto de cualidades, forma de ser y comportamiento propios de un donjuán.

Donne, John (Londres 1572 - íd. 1631) Poeta inglés. Participó en dos expediciones con el conde de Essex, una contra Cádiz (1597) y otra contra las Azores (1598). Fue nombrado capellán real (1615) y deán de la catedral de San Pablo, en Londres (1621). Es uno de los líricos más importantes del Barroco, dotado de una rica expresión, llena de profundidad y apasionamiento. Su obra se divide en dos periodos. En el primero, que abarca de 1593 a 1600, trata temas satíricos o amorosos y a él pertenecen *Sátiras, Elegías* y *Canciones y sonetos.* El segundo, que coincide con su ordenación sacerdotal, se caracteriza por una honda religiosidad e incluye *Letanía* (1608), *Sonetos sacros* (1609-11) e *Himnos*

(1617-23). Tras su muerte fueron publicados sus *Sermones*, excelente ejemplo de la oratoria sacra barroca.

donoso, sa *adj.* Que tiene gracia y donaire. **Fam.** Donosamente.

Donoso, José (Santiago 1924) Narrador y ensayista chileno. Aborda los temas de la soledad, la miseria, la decadencia moral y física, con un estilo de realismo sombrío unido a una aguda observación de los caracteres. Es autor de novelas como *Coronación* (1958), *El lugar sin límites* (1967), *El obsceno pájaro de la noche* (1970) y *Casa de campo* (1978), y del ensayo *Historia personal del «boom»* (1972), análisis del éxito de la literatura hispanoamericana a mediados de los años sesenta.

Donoso Cortés, Juan (Valle de la Serena, Badajoz 1809 - París 1853) Escritor y político español. Tras iniciarse como periodista y político en el campo liberal, evolucionó hacia el tradicionalismo católico, del que se convirtió en uno de los principales representantes. Merece especial mención su obra *Ensayo sobre el catolicismo, el liberalismo y el socialismo* (1851).

Donostia Nombre vasco de la ciudad de San Sebastián, cap. de Guipúzcoa. ■ También se dice *Donosti*.

donostiarra *adj.* De San Sebastián. También *s.*

donosura *s. f.* Gracia, donaire.

donut (marca registrada) *s. m.* Tipo de rosquilla muy tierna, recubierta con azúcar o chocolate.

doña *s. f.* **1.** Tratamiento de cortesía y respeto que se aplica al nombre propio de la mujer. **2.** Delante de adjetivos o nombres comunes, indica que la persona a quien se dirigen se caracteriza por ello.

Doñana, coto de Reserva natural situada en Almonte (Huelva), de 700 km^2 de extensión. Es una zona de marismas, pinares y alcornoques que alberga una variada fauna en estado salvaje (lince, jabalí, meloncillo, venado y en especial aves, como águilas, milanos, halcones, espátulas, garzas, cigüeñas, etc.) y sirve de escala entre África y Europa en la migración estacional de numerosas especies de aves.

Doolittle, Hilda (Bethlehem, Pennsylvania 1886 - Zurich 1961) Poetisa estadounidense. En 1911 se trasladó a Europa y fundó en Londres, junto con Ezra Pound, el movimiento poético imaginista. Es autora, entre otros libros, de *Jardín marino* (1916), *Tributo a los ángeles* (1945) y *Por el río Avon* (1949).

Doors, The Grupo musical estadounidense de estilo rock, representante de la sicodelia californiana, liderado por Jim Morrison, que alcanzó gran éxito en la década de los sesenta con canciones como *Light my fire*, *L. A. Woman* y *The End*.

dopamina *s. f.* Compuesto químico intermediario en el metabolismo de las tirosinas, precursor de la noradrenalina y la adrenalina, dos sustancias básicas en los procesos del organismo.

dopar *v. tr.* Suministrar a un deportista drogas o estimulantes para que obtenga mayores rendimientos. También *v. prnl.* con valor reflexivo.

doping (voz ingl.) *s. m.* Uso de sustancias estimulantes por deportistas para conseguir mayor rendimiento. Está duramente perseguido por las distintas federaciones, que han extendido la realización de análisis de orina después de la competición para detectarlo.

Doppler, Christian (Salzburgo 1803 - Venecia 1853) Físico y matemático austriaco. Descubrió y explicó en 1842 la modificación de frecuencia que sufre un sonido percibido por un observador cuando el foco emisor está en movimiento con respecto a él. Este fenómeno, conocido como **efecto Doppler**, se capta cuando, al viajar en un vehículo y cruzarse éste con otro que hace sonar la bocina, se nota un gran descenso en el tono del sonido. El fenómeno fue aplicado a la óptica por el francés Hippolyte Fizeau.

doquier o **doquiera** *adv. l.* Dondequiera, en cualquier parte. ■ Es de uso literario.

dorada *s. f.* Pez teleósteo de la familia espáridos, especie *Sparus auratus.* Mide entre 60 y 80 cm de largo y tiene el dorso azulado o negro, el vientre blanco y una mancha dorada en la cabeza, de la que recibe su nombre. Habita en las costas españolas del Atlántico oriental y del Mediterráneo y su carne es muy apreciada.

Dorada (Sparus auratus).

dorado, da **1.** *p. p.* de **dorar**. || *adj.* **2.** Que tiene color de oro o parecido a él. **3.** Feliz, esplendoroso. || *s. m.* **4.** Operación de dorar metales. **5.** Capa dorada de un objeto. **6.** *Arg.*, *Par.*, *Urug.* Pez de río, parecido al salmón, cuya carne es comestible y cuya pesca constituye un deporte muy difundido. || *pl.* **7.** Conjunto de adornos, objetos de metal, etc., de color de oro.

Dorado, El Región fabulosa de América del Sur que los conquistadores españoles situaron entre los ríos Orinoco y Amazonas y que, según la leyenda, era riquísima en oro. Su fundamento histórico se debe al pueblo muisca, de cultura chibcha, cuyo cacique se cubría el cuerpo con polvo de oro. La leyenda supuso un gran aliciente para los conquistadores y se organizaron numerosas expediciones para hallar esta región.

dorar *v. tr.* **1.** Cubrir la superficie de un objeto con una fina capa de oro o con otra que tenga ese mismo color. **2.** Freír o asar ligeramente un alimento hasta que tome color dorado. También *v. prnl.* **3.** Mostrar una cosa como mejor o menos mala de lo que es. || *v. prnl.* **4.** Tomar color dorado. || **Loc. dorar la píldora** Mostrar una cosa como muy buena o que parezca menos mala.

Dordrecht C. de los Países Bajos, situada en el O del país, a orillas del río Merwede. 108.500 h. en 1989, 201.100 h. en su área metropolitana. Importante puerto, posee industrias químicas, de maquinaria, del vidrio, construcción naval, electrónica, alimentación y fertilizantes. En 1572 fue sede de la primera reunión de los Estados Generales, tras la independencia de las Provincias Unidas.

Coto de Doñana (Huelva, España).

Doré, Gustave (Estrasburgo 1833 - París 1883) Dibujante y grabador francés. Ilustró con un estilo expresivo y detallista grandes obras de la literatura universal, como el *Infierno* de la *Divina comedia* de Dante (1861), *Cuentos* de Perrault (1962), *Don Quijote* de Cervantes (1863), *Aventuras del barón de Münchhausen* de Rudolph Erich Raspe (1866), *La Biblia* (1866), y *Orlando furioso* de Ariosto (1879).

Doria, Andrea (Oneglia 1466 - Génova 1560) Almirante genovés. Intervino en la lucha entre Francia y España por la posesión de Italia, primero al servicio de Francisco I y luego de Carlos V, que le puso al frente de todas las operaciones navales españolas en el Mediterráneo. Consiguió así preservar la independencia de Génova y reafirmar su importancia comercial y financiera.

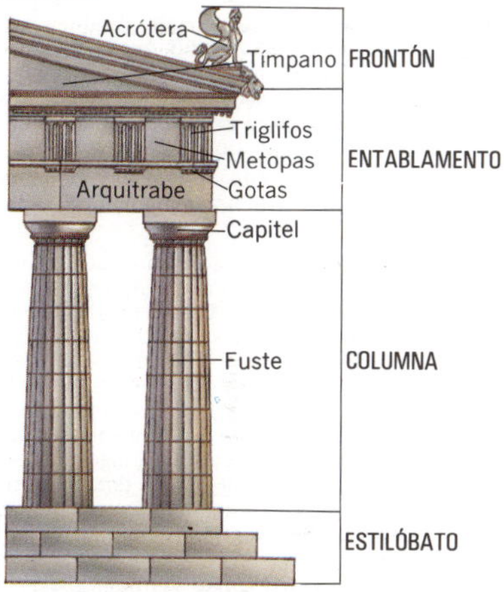

Elementos del orden dórico, el más antiguo de la arquitectura griega clásica.

dórico, ca *adj.* **1.** Relativo a los dorios. **2.** Se dice de uno de los órdenes de la arquitectura clásica griega y de sus elementos. El orden dórico es el más antiguo de los tres órdenes de la arquitectura griega (s. VII a. C.) y se caracteriza por la extrema sencillez de su decoración y la majestuosidad de sus proporciones. La columna no tiene base, el fuste está acanalado por estrías anchas y poco profundas, el capitel carece de molduras y el entablamento está decorado con triglifos y metopas alternados. La obra más característica del orden dórico es el Partenón de Atenas. También *s. m.* || *s. m.* **3.** Dialecto de los dorios.

Doríforo Estatua en bronce de Policleto (segunda mitad del s. V) que representa un hombre desnudo armado con una lanza. Fue llamado el *Canon*, pues el escultor pretendió representar las perfectas proporciones del cuerpo humano.

Doríforo. *Copia romana en mármol del original de Policleto (Museo Braccio Nuovo, Vaticano).*

dorio, ria *adj.* **1.** Se dice de un pueblo que invadió la península Balcánica a partir del s. XII a. C. Los dorios fueron la última oleada de inmigrantes indoeuropeos en la Grecia prehistórica. Después de haberse establecido en Tesalia, la oleada doria se dividió en dos grandes corrientes: una de ellas llegó al golfo de Corinto; la otra, al golfo Meliaco. Conquistaron después el Peloponeso y Creta y provocaron la destrucción de la cultura micénica. La Argólida (NE del Peloponeso) se convirtió en el centro y punto de partida de su expansión marítima. Las principales ciudades dorias de Grecia fueron Corinto, Argos y Megara. En su época se introdujo en el S de los Balcanes la metalurgia del hierro y la incineración. **2.** De este pueblo. También *s.*

dormición *s. f.* Tránsito o muerte de la Virgen María.

dormido, da **1.** *p. p.* de **dormir**. También *adj.* ‖ *adj.* **2.** Atontado, alelado. ‖ *s. f.* **3.** Acción y efecto de dormir. **4.** Cada una de las cuatro fases por las que pasa el gusano de seda desde su nacimiento hasta que se encierra en el capullo. **5.** *amer.* Lugar donde se pasa la noche.

dormilón, na *adj. fam.* Que le gusta mucho dormir o que pasa mucho tiempo durmiendo. También *s.*

dormir *v. intr.* **1.** Hallarse en un estado de reposo en el que se pierde la conciencia y los movimientos voluntarios. También *v. prnl.* y *v. tr.* **2.** Pasar la noche en algún sitio. **3.** Quedar algo apartado, olvidado. ‖ *v. tr.* **4.** Hacer que alguien concilie el sueño. **5.** Privar a alguien del sentido por medios artificiales. ‖ *v. prnl.* **6.** Abandonarse, descuidarse. **7.** Quedarse sin sensibilidad un miembro del cuerpo. **8.** Calmarse algo que estaba agitado. ▪ Es v. irreg. ‖ **LOC. dormirse en** (o **sobre**) **los laureles** *fam.* Abandonar o ceder en un asunto, confiando en lo ya logrado.

DORMIR

INFINITIVO	GERUNDIO
dormir	*durmiendo*
INDICATIVO	
Presente	**Pretérito perf. simple**
duermo	*dormí*
duermes	*dormiste*
duerme	*durmió*
dormimos	*dormimos*
dormís	*dormisteis*
duermen	*durmieron*
SUBJUNTIVO	
Presente	**Pretérito imperfecto**
duerma	*durmiera, -ese*
duermas	*durmieras, -eses*
duerma	*durmiera, -ese*
durmamos	*durmiéramos, -ésemos*
durmáis	*durmierais, -eseis*
duerman	*durmieran, -esen*
Futuro imperfecto	
durmiere	*durmiéremos*
durmieres	*durmiereis*
durmiere	*durmieren*
IMPERATIVO	
duerme	*dormid*

dormitar *v. intr.* Dormir con sueño poco profundo.

dormitivo, va *adj.* Que sirve para hacer dormir. También *s. m.*

dormitorio *s. m.* **1.** Habitación para dormir. **2.** Conjunto de muebles que la ocupan.

dornajo o **dornillo** *s. m.* Recipiente pequeño y redondo para dar de comer a los animales, fregar, etc.

Dorrego, Manuel (Buenos Aires 1787 - íd. 1828) Militar y político argentino. Partidario del federalismo, fue nombrado gobernador de la provincia autónoma de Buenos Aires (1827), cargo desde el que decidió continuar la guerra contra Brasil. En 1828 consiguió que se reconociera la definitiva independencia de la Banda Oriental (Uruguay). Fue derrocado y ajusticiado en la sublevación de Lavalle.

dorsal *adj.* **1.** Perteneciente o relativo al dorso. **2.** Se dice de la articulación realizada con el dorso de la lengua, del sonido que así se emite y de las letras que lo representan (*ch, ñ, k*). También *s. f.* ‖ *s. m.* **3.** Trozo de tela con un número que cada participante lleva colocado en la espalda o en el pecho durante una carrera. ‖ *s. f.* **4.** Cordillera, tanto terrestre como marina. ‖ **5. dorsal barométrica** Línea continua de altas presiones que separa dos áreas ciclónicas. **6. dorsal oceánica** Elevación irregular en el fondo de los océanos, formada por dos alineaciones montañosas y una depresión central, llamada *rift,* que las separa. Una de las mejor estudiadas es la **dorsal atlántica**, que recorre el océano Atlántico de N a S y emerge de las aguas en algunos puntos, en los que da lugar a islas, como Islandia. La cima de esta dorsal corresponde a una fisura por la que sale de forma intermitente lava procedente del manto, la cual, en su empuje, desplaza a los continentes 3 ó 4 cm cada año. **7. espina dorsal** Columna vertebral.

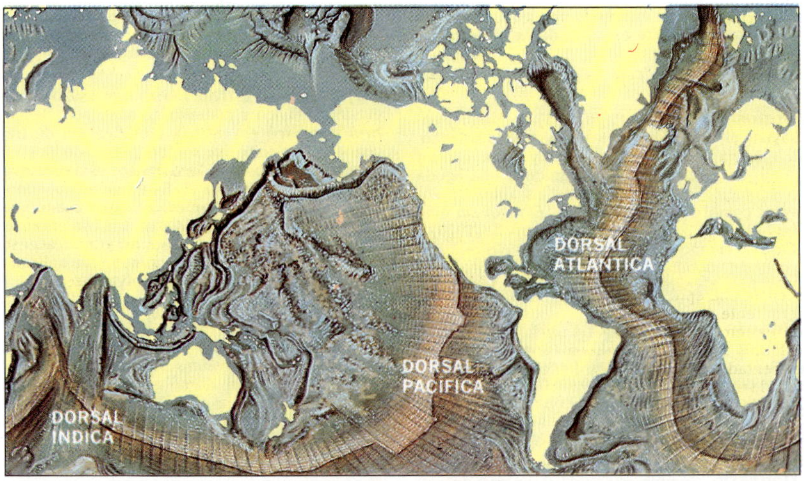

Las dorsales oceánicas están descompuestas en diversos tramos, desplazados lateralmente unos de otros por fracturas transversales y escalonados en diferentes sentidos.

dorso *s. m.* **1.** Espalda del hombre y lomo del animal. **2.** Revés de una cosa.

Dorticós, Osvaldo (Cienfuegos 1919 - La Habana 1983) Político cubano. Abogado y miembro del Partido Comunista, tuvo que refugiarse en México. Tras el triunfo de la revolución, regresó al país y fue presidente de la República (1959-75), vicepresidente del consejo de ministros (1976) y ministro de Justicia (1980). Se suicidó.

Dortmund C. de Alemania, situada en el Land de Renania del Norte-Westfalia, en la cuenca del Ruhr. 587.300 h. en 1984. Cuenta con una importante siderurgia, alimentada por los ricos yacimientos de hulla de la región, con industrias mecánicas, químicas y cervecera, gas natural y carburantes sintéticos.

dos *adj. num. card.* **1.** Que resulta de la suma de uno y uno. También *pron.* y *s. m.* ‖ *adj. num. ord.* **2.** Segundo, que sigue en orden al primero. También *pron.* ‖ *s. m.* **3.** Signos que representan este número. ‖ **LOC. (a) cada dos por tres** *adv.* Frecuentemente. **como dos y dos son cuatro** *fam.* Indica que algo es muy evidente.

Dos de mayo Alzamiento del pueblo de Madrid el 2 de mayo de 1808 contra el ejército de Napoleón, ante la partida hacia Francia de los infantes e infantas para reunirse con el rey Carlos IV y el príncipe Fernando. Apoyado solamente por jóvenes oficiales del Parque de Artillería de Monteleón, los capitanes Daoiz y Velarde y el teniente Ruiz, fue aplastado por las tropas de Murat. La noticia del levantamiento produjo una reacción en toda España que provocó el inicio de la guerra de la Independencia.

Dos Hermanas C. de España, en la prov. de Sevilla, en el área metropolitana de la capital. 72.700 h. en 1990. Cuenta con economía agrícola en su rica vega, con cultivos de cítricos, huerto y olivar, y con industria alimentaria y textil.

Dos Passos, John (Chicago 1896 - Baltimore 1970) Escritor estadounidense. Miembro de la *generación perdida,* sus mejores novelas ofrecen un retrato crítico y pesimista de la sociedad de EE UU del primer tercio del s. XX, con una técnica narrativa en la que se funden la ficción, el periodismo y la crónica histórica. Entre ellas destacan *Iniciación de un hombre* (1919), *Manhattan Transfer* (1925) y la trilogía *USA,* compuesta por *El paralelo 42* (1930), *1919* (1932) y *El gran dinero* (1936). En 1967 publicó su autobiografía, *Años inolvidables.*

Dos Rosas, guerra de las Guerra nobiliaria inglesa (1455-85) entre las dos ramas de la dinastía Plantagenet (Lancaster y York) por la sucesión al trono. El nombre deriva de los respectivos emblemas heráldicos: la rosa blanca de la casa de York y la rosa roja de la casa de Lancaster. Eduardo IV, hijo de Ricardo de York, accedió al trono tras la muerte de Enrique VI de Lancaster (1461), después de una cruenta lucha entre ambas casas. Fue depuesto por su tío Ricardo III (1483), que a su vez fue derrotado y muerto por Enrique VII (1485), con quien dio comienzo la dinastía Tudor.

Dos Sicilias, reino de las Nombre que ha recibido el reino formado por Nápoles y Sicilia en dos periodos de su historia. El primero (1442-1485) fue durante el reinado de Alfonso V de Aragón, que incorporó Nápoles a sus posesiones y trasladó allí el centro político de su reino. El segundo comenzó en 1815, cuando el congreso de Viena otorgó oficialmente el reino de las Dos Sicilias a Fernando I de Borbón, y concluyó en 1860, al ser conquistado por Garibaldi y anexionado a Italia.

doscientos, tas *adj. num. card.* **1.** Dos veces ciento. También *pron.* y *s. m.* ‖ *adj. num. ord.* **2.** Que sigue en orden al ciento noventa y nueve. También *pron.* ‖ *s. m.* **3.** Signos que representan este número.

dosel *s. m.* Cubierta en forma de techo que se sitúa a cierta altura por encima de un altar, trono, cama, etc.

doselete *s. m.* Pequeño dosel sobre estatuas, sillas de coro, etc.

dosificador, ra *adj.* **1.** Que dosifica. ‖ *s. m.* **2.** Cuentagotas.

dosificar *v. tr.* **1.** Establecer la dosis que ha de tomarse de un medicamento. **2.** Determinar o graduar la cantidad de algo. También *v. prnl.* ▪ Se conjuga como *sacar.* **FAM.** Dosificable, dosificación.

dosimetría *s. f.* Técnica para medir la dosis de radiaciones absorbidas. **FAM.** Dosimétrico.

dosímetro *s. m.* Aparato que mide la dosis radiactiva absorbida.

dosis *s. f.* **1.** Cantidad de medicamento que debe tomar el enfermo cada vez. **2.** Cantidad o porción de cualquier cosa.

dossier (voz fr.) *s. m.* Expediente, conjunto de documentos sobre una persona o asunto.

Dostoievski, Fiodor Mijailovich (Moscú 1821 - San Petersburgo 1881) Novelista ruso. Condenado a muerte en 1849 por sus actividades políticas socialistas, le fue conmutada la pena por la de deportación a Siberia, donde permaneció cuatro años. Los recuerdos de esta época inspiraron su novela *Recuerdos de la casa de los muertos* (1861). A lo largo de su vida alternó épocas de prosperidad, producto del éxito de novelas como *Crimen y castigo* (1866), con épocas de penuria. Contrajo matrimonio en dos ocasiones; tras la muerte de su hija, que le sumió en la desesperación, se entregó al juego, experiencia que plasmó en *El jugador* (1866). La obra que le proporcionó fama y prestigio fue *Los hermanos Karamazov* (1879-80). Otras novelas destacadas son *Pobres gentes* (1846), *Noches blancas* (1848), *Humillados y ofendidos* (1866), *El idiota* (1868) y *Los endemoniados* (1871-72). Los sufrimientos de su prisión en Siberia le dejaron como secuela una epilepsia, que padeció de forma intermitente y que acabó con su vida. Sus obras, de extremado realismo, contienen penetrantes estudios psicológicos de personajes torturados, enfrentados a su propia conciencia, al destino, a la vida o a Dios, que marcaron profundamente la narrativa rusa posterior.

Fiodor Dostoievski. Retrato de V. G. Perov, detalle (Galería Tretiakov, Moscú).

dotación *s. f.* **1.** Acción y efecto de dotar. **2.** Aquello con que se dota. **3.** Tripulación de un barco y, p. ext., conjunto de personas asignadas a otro vehículo, a un servicio, establecimiento, etc. ‖ **4. dotación cromosómica** Conjunto de cromosomas de una célula.

dotado, da 1. *p. p.* de **dotar**. También *adj.* ‖ *adj.* **2.** Que tiene la cualidad que se expresa a continuación. **3.** Que tiene condiciones y habilidad para lo que se expresa a continuación.

dotar *v. tr.* **1.** Conceder ciertas cualidades a las personas o animales. **2.** Añadir a algo cierta cosa que lo completa o mejora. **3.** Proporcionar a una oficina, buque, establecimiento, etc., las personas y el material necesarios. **4.** Asignar un sueldo. **5.** Fijar una cantidad de dinero para un premio. **6.** Dar dote a la mujer. **7.** Dar parte de los propios bienes a una institución benéfica, docente, etc.

dote *s. amb.* **1.** Conjunto de bienes que aporta la mujer al matrimonio o que entrega al convento en el que ingresa. ‖ *s. f.* **2.** Cualidad que posee una persona o animal. Se usa sobre todo en *pl.* **FAM.** Dotal.

Dou, Gerrit (Leiden 1613 - íd. 1675) Pintor neerlandés. Discípulo de Rembrandt, se especializó en la pintura de género y en el retrato. Entre sus cuadros más representativos figuran *La mujer hidrópica, Anciana rezando, El dentista, Muchacha con linterna en la ventana, La joven madre* y *Autorretrato*.

Douglas, Donald Wills (Nueva York 1892 - Palm Springs, California 1981) Ingeniero aeronáutico estadounidense. En 1920 fundó en Santa Mónica, California, la *Douglas Aircraft Company*, que en 1967 fue absorbida por la *Mc Donell* y pasó a llamarse *Mc Donell Douglas Aircraft Corporation*. Proyectó el primer biplano que dio la vuelta al mundo (1924). Otros modelos que integraron la serie Douglas fueron el bimotor DC-3, el DC-4 para vuelos interoceánicos y el DC-10.

Douglas, Kirk (Amsterdam, Nueva York 1916) Actor estadounidense de origen ruso. Debutó en el teatro en 1941 y cinco años más tarde lo hizo en el cine, donde destacó por su interpretación de personajes intensos y atormentados. Entre sus películas deben mencionarse *El ídolo de barro* (*Champion*, 1949), *El gran carnaval* (1951), *Cautivos del mal* (*The Bad and the Beautiful*, 1953), *El loco del pelo rojo* (*Lust for Life*, 1956), *Espartaco* (1960), *El compromiso* (1969) y *La furia* (1978). En 1988 publicó su autobiografía, titulada *El hijo del trapero*.

Douglas, Michael (New Brunswick, Nueva Jersey 1944) Actor y productor estadounidense. Hijo del anterior, destacó como productor con la película *Alguien voló sobre el nido del cuco* (1975). Su carrera de actor comenzó en series de televisión y alcanzó gran éxito en la década de los ochenta en filmes como *Atracción fatal* (1987) y *Wall Street* (1988).

Douglas-Home, Alexander Frederick (Londres 1903) Político británico. Jefe del Partido Conservador, fue primer ministro tras la retirada de Douglas MacMillan (1963), aunque perdió en las generales del siguiente año. De 1970 a 1974, siendo primer ministro Edward Heath, desempeñó el cargo de ministro de Asuntos Exteriores.

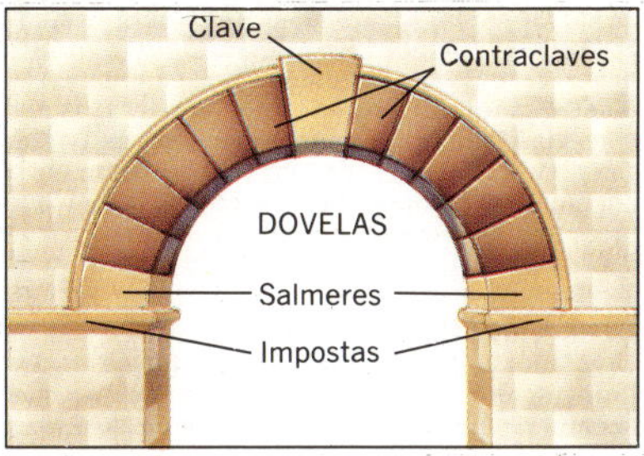

Las dovelas presentan seis caras, llamadas intradós *la inferior,* extradós *la superior,* cabezas *las frontales y* lechos *las laterales.*

dovela *s. f.* Cada una de las piedras en forma de cuña que forman un arco o una bóveda. La dovela central, que soporta todo el peso de la estructura, se denomina *clave*.

dovelaje *s. m.* Conjunto de dovelas.

Dover C. del Reino Unido, situada al SE de Inglaterra, frente al paso de Calais. 40.000 h. en 1975. Constituye el principal puerto de acceso a la isla para los viajeros procedentes del continente europeo.

Dovzhenko, Alexander Pietrovich (Sosnitsa, Ucrania 1894 - Kiev 1956) Director de cine soviético. Su obra se caracteriza por su intenso realismo, el tono poético y una cierta vena satírica. Se inició muy tarde como realizador cinematográfico y sólo realizó siete películas, entre las que sobresalen *Arsenal* (1929), *La tierra* (1930), *Iván* (1932) y *Michurin* (1949).

Dow Jones Índice de valores de la bolsa de Nueva York, que se obtiene por la media de la evolución diaria de 30 de los principales títulos que cotizan.

Down, síndrome de Denominación del mongolismo, enfermedad congénita descrita en 1866 por el médico británico John Langdon Haydon Down (1828-96).

doxología *s. f.* En la liturgia católica, fórmula de alabanza a Dios y especialmente a la Santísima Trinidad.

Sir Arthur Conan Doyle. Retrato de Henry L. Gates, detalle (pub de Sherlock Holmes, Londres).

Doyle, sir Arthur Conan (Edimburgo 1859 - Crowborough, Sussex 1930) Novelista británico. Es el creador del personaje Sherlock Holmes, detective de extraordinaria sagacidad, y de su ayudante, el Dr. Watson. Con ellos como protagonistas escribió una serie de novelas cuya popularidad sigue viva hoy en día, entre las que cabe citar *Estudio en escarlata* (1882), *El signo de los cuatro* (1890), *Las aventuras de Sherlock Holmes* (1892), *Memorias de Sherlock Holmes* (1894), y *El sabueso de los Baskerville* (1902).

dozavo, va *adj. num. part.* Doceavo*.

dracma *s. f.* **1.** Unidad monetaria de la Grecia actual. **2.** Antigua moneda de plata usada por griegos y romanos.

Dracón (finales del s. VII a. C.) Legislador ateniense. Fue autor de un código de leyes, célebre por su severidad, que limitaba los privilegios de los aristócratas.

draconiano, na *adj.* **1.** Perteneciente o relativo a Dracón. **2.** Muy duro o severo.

Drácula Personaje fantástico creado por el escritor irlandés Bram Stoker en la novela del mismo nombre, publicada en 1897. Drácula es un muerto viviente que habita en un castillo en los montes Cárpatos; incapaz de soportar la luz del sol, duerme durante el día en una cripta y sólo sale al caer la noche, convertido en vampiro, en busca de seres humanos para alimentarse con su sangre. Ha dado lugar a numerosas películas, entre las que destacan *Nosferatu* (1922), de Murnau, y *Drácula* (1931), de Tod Browning, protagonizada por el actor húngaro Bela Lugosi.

draga *s. f.* **1.** Máquina que extrae materiales depositados en el fondo de los ríos, puertos, etc., y p. ext. cualquier maquinaria destinada a extraer y elevar tierras. **2.** Barco provisto de esta máquina. **3.** Dispositivo para limpiar de minas las aguas navegables.

dragado *s. m.* **1.** Excavación del fondo de puertos, vías fluviales, etc., por medio de dragas, para evitar la acumulación de depósitos, para construir diques, recuperar algo hundido, obtener muestras o para trasladar sedimentos a otras áreas cuyo nivel se desea elevar. **2.** Búsqueda y eliminación de las minas de guerra colocadas en aguas navegables.

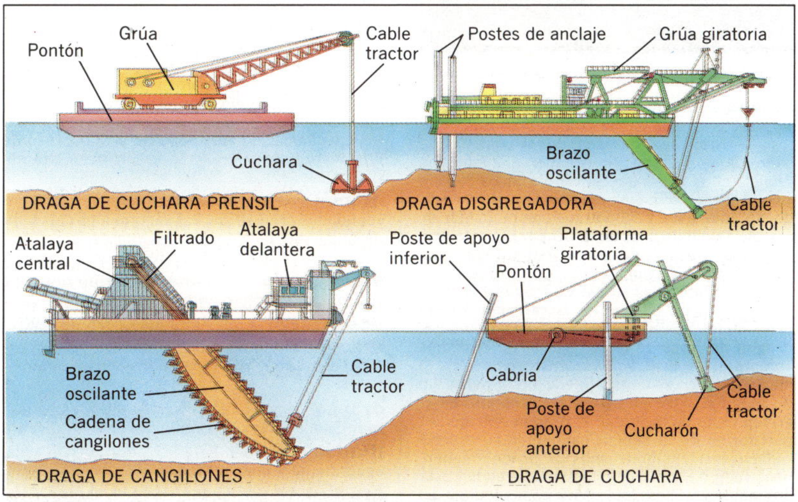

Distintos tipos de draga en función del sistema excavador de fondos.

dragaminas *s. m.* Embarcación destinada a limpiar el mar de minas.

dragar *v. tr.* **1.** Hacer el dragado del fondo de un puerto, río, etc. **2.** Limpiar de minas las aguas navegables. ▪ Se conjuga como *pagar*. **FAM.** Dragador.

drago *s. m.* Árbol de la familia agaváceas, especie *Dracaena draco*. Mide de 12 a 14 m de altura, tiene el tronco grueso, ramificado y liso y la copa ancha y siempre verde. Las flores son blanquecinas y el fruto, en baya, es amarillento. Es nativo de las islas Canarias. Su resina, de color rojo, llamada *sangre de drago* o *de dragón*, se utilizaba en medicina por sus propiedades astringentes; en la actualidad se emplea para barnizar violines y en fotograbado.

Drago de Icod de los Vinos (Tenerife, España).

Drago, Luis María (Buenos Aires 1859 - íd. 1921) Abogado y político argentino. Ministro de Relaciones Exteriores de su país, es autor de la doctrina de derecho internacional que lleva su nombre, aprobada en la Conferencia de derecho internacional de La Haya (1907). En ella se sostiene que la deuda externa de un país no puede dar lugar a la intervención armada de las naciones acreedoras.

Dragón de Komodo (Varanus komodoensis).

dragón *s. m.* **1.** Animal fabuloso, con cuerpo de serpiente, alas de águila o membranosas y garras de león, que echa fuego por la boca. **2.** Soldado de un cuerpo de caballería, creado en Francia en el s. XVI, que se desplazaba a caballo y combatía a pie. **3.** Embarcación deportiva a vela de un sólo palo y 8,90 m de eslora y 1,96 de manga. Es olímpica desde 1960. ‖ **4. boca de dragón** Véase **boca**. **5. dragón acuático** Reptil saurio de la familia agámidos, especie *Physignathus lesueurii*. Mide unos 90 cm de longitud, y tiene larga cola y un pliegue en la garganta. Habita cerca de los ríos en Australia y Nueva Guinea. **6. dragón de Komodo** Reptil saurio de la familia varánidos, especie *Varanus komodoensis*. Es el mayor lagarto existente y puede medir hasta 3 m de longitud. Vive en la isla de Komodo, en el archipiélago de la Sonda. **7. dragón marino** Pez perciforme de la familia calionímidos, especie *Callionymus lyra*. Mide unos 20 cm de longitud, tiene cuerpo alargado y cabeza muy grande y está dotado de grandes aletas. Vive en los fondos del Atlántico y del Mediterráneo. **8. dragón volador** Nombre común de diversos reptiles saurios de la familia agámidos, género *Draco*. La especie más común, *Draco volans*, mide unos 25 cm de longitud y tiene entre las extremidades anteriores y posteriores un pliegue característico (patagio) que abre y cierra a la manera de un paracaídas, lo que le permite realizar saltos de hasta 30 m. Vive en los árboles de Malasia.

dragonear *v. intr.* **1.** *amer.* Alardear, presumir. **2.** *amer.* Ejercer un oficio o cargo sin tener título para ello. ‖ *v. tr.* **3.** *Arg.*, *Urug.* Cortejar.

Dragún, Osvaldo (San Salvador, Entre Ríos 1929) Escritor argentino. Dramaturgo de obra histórica, autobiográfica y psicológica, ha escrito entre otras *La peste viene de Melos* (1956), *Historia de mi esquina* (1959), *Milagro en el mercado viejo* (1962) e *Historias en la cárcel* (1973).

Dragut (? - Malta 1565) Corsario turco. Asaltó naves venecianas, genovesas y españolas en el Mediterráneo. Apresado por Andrea Doria, consiguió la libertad por intervención de Barbarroja. Participó, a las órdenes de Solimán, en la conquista de Trípoli (1551), ciudad de la que luego fue gobernador (1555-65). Derrotó a una flota española en Yerba (1560) y murió en el asedio turco a Malta.

Drake, sir Francis (Crowndale, Devonshire 1543 - costa de Portobelo 1596) Marino inglés. Enrolado con John Hawkins, navegó por las costas americanas. Al servicio del conde de Essex, participó en el ataque a Irlanda. Isabel I de Inglaterra le concedió patente de corso para hostigar a las colonias españolas en América. Nombrado vicealmirante, combatió contra la Armada Invencible.

Drakensberg Cadena montañosa del S de África de más de 1.000 km de longitud. Se extiende desde el Transvaal, en la República Sudafricana, hasta Lesotho, y alcanza su máxima altura en el pico Cathkin, con 3.660 m. Constituye el reborde sur del continente africano y separa la costa del interior.

drama *s. m.* **1.** Obra literaria, en verso o en prosa, compuesta para ser representada mediante el diálogo de los personajes. **2.** En sentido más restringido, obra de teatro que trata de temas serios o tristes, aunque su tono no sea tan elevado como en la tragedia y aparezcan en ocasiones elementos cómicos. **3.** Teatro, género literario que comprende las obras escritas para ser representadas. **4.** Suceso triste o lamentable. ‖ **5. drama litúrgico** En la Edad Media, representación de pasajes de las Sagradas Escrituras cuyos textos eran dialogados y se recitaban durante los oficios divinos o en algún día señalado. ‖ **LOC. hacer un drama de** algo Considerar como muy grave algo que no lo es tanto.

dramático, ca *adj.* **1.** Perteneciente o relativo al drama o género teatral. **2.** Perteneciente o relativo al drama o tipo de obra teatral de argumento serio. También *s.* **3.** Que emociona o conmueve. ‖ *s. f.* **4.** Arte de escribir obras de teatro. **5.** Conjunto de obras teatrales de un país, una época, etc. **FAM.** Dramáticamente.

dramatismo *s. m.* Cualidad de dramático.

dramatización *s. f.* **1.** Acción y efecto de dramatizar. **2.** En educ., práctica pedagógica que integra de forma creativa todos los recursos y modalidades de la expresión corporal, rítmica, musical, plástica, lingüística, etc., al servicio de la comunicación de ideas, emociones, sentimientos o vivencias. El resultado de este proceso de libre expresión y creación es el **juego dramático**.

dramatizar *v. tr.* **1.** Dar características o cualidades dramáticas. **2.** Exagerar algo con el fin de aumentar la emoción, el interés, etc. También *v. intr.* ▪ Se conjuga como *cazar*.

dramaturgia *s. f.* **1.** Arte de escribir obras de teatro. **2.** Conjunto de obras teatrales.

dramaturgo *s. m.* Autor de obras de teatro.

dramón *s. m. fam.* Obra dramática de baja calidad o en la que se exageran los efectos emocionales.

drapear *v. tr.* Hacer o marcar pliegues en una prenda, fijándolos con costuras. **FAM.** Drapeado.

draque *s. m. amer.* Bebida elaborada con agua, aguardiente y nuez moscada.

drástico, ca *adj.* Rápido, enérgico, tajante. **FAM.** Drásticamente.

drávida *adj.* **1.** Se dice de un pueblo del S de la India, de raza no aria y piel muy oscura. **2.** De este pueblo. También *s.*

dravídico, ca *adj.* **1.** Drávida*. ‖ *s. m.* **2.** Lengua hablada por este pueblo.

Dreiser, Theodore (Terre Haute, Indiana 1871 - Hollywood 1945) Escritor estadounidense. Narrador de estilo naturalista, describe la sociedad estadounidense con gran crudeza y pesimismo. Es autor de *Jennie Gerhart* (1911), *El financiero* (1912) y *Una tragedia americana* (1925).

drenaje *s. m.* **1.** Acción y efecto de drenar. **2.** Tubo, gasa u otro procedimiento empleado para drenar una herida. **3.** Circulación de los hidrocarburos desde la bolsa natural en la que se encuentran a los pozos de los que se extraen.

drenar *v. tr.* **1.** Desecar un terreno, ya sea artificialmente, por medio de canales o conducciones, o de forma natural, por medio de arroyos y cursos de agua. **2.** Extraer los líquidos o sustancias que segrega una herida, absceso, tumor, etc., por medio de materiales absorbentes o pequeños tubos.

Dresde (*Dresden*) C. de Alemania, situada en el Land de Sajonia, a orillas del río Elba. 518.050 h. en 1989. De larga tradición cultural, fue capital del antiguo reino de Sajonia; reconstruida casi íntegramente después de la Segunda Guerra Mundial, es hoy un importante centro industrial, con producción química, de artes gráficas, aparatos ópticos, cerámica y alimentación.

Dresde, batalla de Victoria de Napoleón sobre los ejércitos austriaco, ruso y prusiano (1813).

Dresde, conferencia de Congreso de los estados alemanes (1850-51) para dar a la Confederación germánica una nueva organización después de la revolución de 1848.

Dresde, paz de Tratado firmado entre el rey Federico II de Prusia, la emperatriz María Teresa de Austria y Augusto III, elector de Sajonia, tras la guerra de Sucesión de Austria (1745). Prusia, la vencedora, reconoció como emperador a Francisco de Lorena, esposo de María Teresa de Austria, a cambio de la cesión de Silesia.

Dreyer, Carl Theodor (Copenhague 1889 - íd. 1968) Director de cine danés. En su obra se plasma una profunda preocupación religiosa y un depurado sentido plástico de carácter expresionista. Entre sus obras más notables se cuentan *La pasión de Juana de Arco* (1928), obra maestra del cine mudo, *Dies Irae* (1943), *La palabra* (*Ordet*, 1955) y *Gerthrud* (1964).

Dreyfus, Alfred (Mulhouse 1859 - París 1935) Militar francés. Acusado injustamente de espionaje a favor de Alemania a causa de su origen judío, fue condenado en 1894 a cadena perpetua y deportado a la isla del Diablo, en la Guayana Francesa. Émile Zola tomó su defensa en el artículo *Yo acuso*, que dio origen a una gran polémica que dividió a la opinión pública francesa en dos bandos casi irreconciliables. Finalmente Dreyfus fue indultado en 1899 y rehabilitado en 1906.

dríada o **driade** *s. f.* En la mitología griega, ninfa de los bosques y de los árboles.

driblar *v. tr.* En fútbol, rugby y otros deportes, avanzar el jugador con el balón, esquivando al contrario.

dribling (voz ingl.) *s. m.* Acción y efecto de driblar.

Drieu La Rochelle, Pierre (París 1893 - íd. 1945) Escritor francés. Combatió y fue herido en la Primera Guerra Mundial. Atraído por los movimientos extremistas de la época (comunismo, surrealismo, etc.), evolucionó hacia el fascismo en los años treinta y en 1940 apoyó al gobierno de Vichy y colaboró con la Alemania nazi. Se suicidó poco después de la liberación de Francia por los aliados. Influido por Nietzsche, en su obra domina la idea de la decadencia. En su producción narrativa destacan *Demanda contra desconocido* (1925), *La comedia de Charleroi* (1934) y las novelas *Gilles* (1939), *El hombre a caballo* (1943), *Las memorias de Dick Raspe* (1966, inacabada), y entre los ensayos *Europa y las patrias* (1931) y *Socialismo fascista* (1934).

dril[1] (del ingl. *drill*) *s. m.* Tela fuerte de hilo o de algodón crudos.

dril[2] *s. m.* Mono catarrino de la familia cercopitécidos, especie *Papio leucophaeus*. Es cuadrumano y tiene callosidades rojas en las nalgas. Se diferencia del mandril por tener la cara negra y ser de menor tamaño. Vive en África central y occidental y está en peligro de extinción.

drive (voz ingl.) *s. m.* **1.** En tenis, golpe que el jugador ejecuta por el mismo lado en que sostiene la raqueta, elevándola ligeramente de abajo a arriba. **2.** En golf, golpe largo que se juega en las salidas y palo con el que se ejecuta.

driza *s. f.* En un barco, cabo que sirve para izar y arriar velas, banderas, etc.

droga *s. f.* **1.** Nombre genérico de algunos productos y sustancias usados en química, en la industria o en medicina. **2.** Sustancia que produce efectos estimulantes, sedantes o alucinógenos y puede crear hábito en el que la consume. **3.** P. ext., aquello que produce algún tipo de hábito o dependencia. ‖ **4. droga blanda** La que no daña gravemente al organismo y no crea dependencia, como el hachís, marihuana, etc. **5. droga dura** La que produce graves efectos nocivos sobre el organismo, como la heroína, cocaína, etc., y puede crear dependencia.

drogadicción *s. f.* Hábito de consumir drogas y dependencia de ellas.

drogadicto, ta *adj.* Adicto a las drogas. También *s.*

drogar *v. tr.* Administrar drogas a una persona. También *v. prnl.* ■ Se conjuga como *pagar.*

drogata o **drogota** *s. m.* y *f. fam.* Drogadicto*.

droguería *s. f.* Tienda donde se venden productos de limpieza, pintura, etc. FAM. Droguero.

Droguett, Carlos (Santiago 1912) Novelista chileno. Pasó de una prosa expresionista al realismo mágico. Triunfó mundialmente con *Eloy* (1960), monólogo interior de un bandido acosado por la policía. Otras novelas interesantes suyas son *Sesenta muertos en la escalera* (1953), *El compadre* (1967) y *Todas esas muertes* (1971).

dromedario *s. m.* Mamífero artiodáctilo de la familia camélidos, especie *Camelus dromedarius.* Es muy parecido al camello, pero tiene una sola joroba. Abunda en Oriente Medio y en el norte de África.

Dromedario (Camelus dromedarius).

dronte *s. m.* Dodo*.

drosera *s. f.* Nombre común de diversas plantas herbáceas de la familia droseráceas, género *Drosera.* Son carnívoras o insectívoras. La especie más común es la *Drosera rotundifolia*, de pequeño tamaño, flores blancas y hojas dotadas de vellosidades glandulares irritantes, con las que captura insectos que digiere mediante la segregación de un ácido rico en pepsina. Crecen en terrenos pantanosos de regiones templadas.

droseráceas *s. f. pl.* Familia de plantas herbáceas perteneciente al orden nepentales que comprende numerosas especies de los géneros *Drosera, Drosophyllum, Dionaea* y otros. Tienen hojas en roseta y flores pentámeras. En su mayoría son carnívoras. Crecen en pantanos y turberas de regiones cálidas y templadas. También *adj.* y *s. f.*

drosofila o **drosófila** *s. f.* Nombre común de diversos insectos dípteros de la familia drosofílidos, género *Drosophila.* Son conocidos vulgarmente como *moscas de la fruta.* Existen de 700 a 800 especies, entre las que destaca la *Drosophila melanogaster*, muy utilizada en investigaciones genéticas debido a su corto ciclo vital y a la sencillez de su dotación cromosómica.

drugstore (voz ingl.) *s. m.* Centro comercial constituido por diferentes establecimientos especializados, además de bar y cafetería. Su horario es más extenso que el normal.

druida *s. m.* Sacerdote de los antiguos pueblos celtas. Los druidas eran además doctores y adivinos y ejercían gran influencia política, social y religiosa.

druídico, ca *adj.* Perteneciente o relativo a los druidas o al druidismo.

druidismo *s. m.* Religión de los antiguos druidas, fundada en la creencia en la transmigración de las almas.

drumlin (voz irlandesa) *s. m.* Colina o montículo de origen glaciar, constituido por materiales de morrena, de forma muy alargada (varios centenares de metros) y escasa altura (50 m aproximadamente).

Drummond de Andrade, Carlos (Itabira 1902 - Rio de Janeiro 1987) Poeta brasileño. Renovador de la poesía de su país, se distinguió por la ironía y el escepticismo. Algunos de sus libros más representativos son *Brezo de almas* (1934), *La rosa del pueblo* (1945), *Nuevos poemas* (1947) y *Claro enigma* (1951).

drupa *s. f.* Fruto de mesocarpio carnoso y cuyo endocarpio (o hueso) contiene una sola semilla; p. ej., la ciruela, la cereza y el melocotón.

drupáceo, a *adj.* **1.** Se aplica a la planta cuyo fruto es una drupa; p. ej., el melocotonero. **2.** Semejante a la drupa.

drusa *s. f.* Cristalización mineral que recubre la cavidad de una roca.

druso, sa *adj.* **1.** Se dice de un pueblo del Próximo Oriente que profesa una doctrina que mezcla elementos musulmanes, cristianos y judíos. Establecido en el Antilíbano, Líbano y Hermón, mostró siempre gran belicosidad. A partir del s. XIX creció su antagonismo hacia los musulmanes maronitas. En la segunda mitad del s. XX participó activamente en el conflicto del Líbano, bajo la dirección de Walid Jumblatt, jefe del Partido Socialista Progresista. **2.** De este pueblo. También *s.*

dry (voz ingl.) *adj.* **1.** Aplicado a algunas bebidas alcohólicas, seco, que no es dulce. ‖ **2. dry martini** Cóctel a base de ginebra con unas gotas de vermut seco, agitado con hielo y aromatizado con cáscara de limón.

Dryden, John (Aldwinkle, Northamptonshire 1631 - Londres 1700) Poeta y dramaturgo inglés. Con la restauración de los Estuardo, contribuyó al renacimiento teatral, una vez abiertos de nuevo los teatros, clausurados por los puritanos. En 1668 fue designado poeta laureado y dos años después historiógrafo real. Se le considera el creador de la sátira política en su país y buena muestra de ello son *Absalón y Aquitofel* (1681) y *La medalla* (1682). Entre sus obras teatrales destacan *La reina virgen* (1667), *La conquista de Granada* (1670), *Todo por el amor* (1678) y *El fraile español* (1681).

dry-farming (voz ingl. que significa 'cultivo en seco') *s. m.* Técnica de cultivo de secano que consiste en mantener tierras en barbecho y arar dejando grandes terrones para retardar la evaporación. Se emplea mucho en las zonas cerealísticas de EE UU.

dseta *s. f.* Sexta letra del alfabeto griego, que equivale en castellano al sonido *ds.* ■ La mayúscula se escribe *Z* y la minúscula ζ.

dual *adj.* **1.** Se aplica a lo que está formado por dos partes, tiene dos aspectos, etc. **2.** En ling., se aplica al número gramatical propio de algunas lenguas, como el griego, que designa dos personas, animales o cosas. También *s. m.*

Duala (*Douala*) C. de Camerún, situada en el O del país, en la costa del golfo de Guinea. 1.117.000 h. en 1987. Es el principal centro urbano y comercial de Camerún; posee yacimientos de gas, industria alimentaria (café, cacao, cerveza), textil (algodón) y mecánica y un importante puerto importador y exportador.

Drosofila del vinagre macho (Drosophila melanogaster).

dualidad *s. f.* **1.** Cualidad de dual. **2.** Facultad que tienen algunas sustancias de cristalizar en dos sistemas diferentes.

dualismo *s. m.* **1.** Dualidad, cualidad de dual. **2.** Cualquier sistema filosófico o religioso que explica la realidad mediante la acción combinada de dos principios opuestos y diferentes, como materia y espíritu, cuerpo y alma, el bien y el mal, etc.

dualista *adj.* **1.** Perteneciente o relativo a lo dual y al dualismo. **2.** Partidario de esta doctrina. También *s.*

Duarte, José Napoleón (San Salvador 1920 - íd. 1990) Político salvadoreño. Líder de la democracia cristiana, fue designado presidente del país por el ejército en 1980 y ocupó el puesto hasta 1982. Vencedor en las elecciones presidenciales de 1984, estuvo en el poder hasta 1989. Fuertemente apoyado por EE UU, hubo de hacer frente a la intensificación de la guerra civil, aunque inició un diálogo con la guerrilla del Frente Farabundo Martí de Liberación Nacional, e intentó democratizar las instituciones del país.

Duarte, Juan Pablo (Santo Domingo 1813 - Caracas 1876) Político dominicano. Fundó una serie de sociedades secretas para ayudar al movimiento independentista. Se le considera uno de los principales creadores de la República, proclamada en 1844, de cuya junta general gubernativa formó parte.

Eva Duarte de Perón.

Duarte, María Eva, llamada **Evita** (Los Toldos, Buenos Aires 1919 - Buenos Aires 1952) Política argentina. Actriz de radio y cine, contrajo matrimonio en 1945 con Juan Domingo Perón, ex ministro de Trabajo. Cuando un año después su esposo alcanzó la presidencia, Evita se convirtió en su principal propagandista y en líder carismática de las clases populares argentinas, a las que ella se refería con el nombre de «descamisados». Su figura, viva aún en el recuerdo de muchos de sus compatriotas, ha dado lugar a una famosa obra musical y a varias películas.

Dubai Uno de los siete Emiratos Árabes Unidos, situado a orillas del golfo Pérsico. 3.750 km^2. 419.100 h. en 1985. La capital es Dubai, con 265.700 h. en 1985. El 90 % del territorio es desértico. Su principal riqueza es el petróleo (456 millones de barriles en 1984). Destacan también el cultivo de perlas y la pesca de esponjas.

Dubcek, Alexander (Uhrovec, Eslovaquia 1921) Político checoslovaco. Secretario general del Partido Comunista desde enero de 1968, fue el impulsor de las medidas democratizadoras conocidas como la *Primavera de Praga*, truncadas por la intervención de las tropas del Pacto de Varsovia el 21 de agosto de 1968. Fue destituido en 1969 y expulsado del partido en 1970. En 1989, tras la crisis que llevó a la desaparición del régimen comunista checoslovaco, reapareció en la política y presidió el parlamento elegido ese mismo año.

dubitación *s. f.* **1.** Duda. **2.** Figura retórica de pensamiento en la que el orador o escritor manifiesta duda ante lo que debe decir o hacer.

dubitativo, va *adj.* **1.** Indeciso, que manifiesta duda. **2.** Se aplica a las conjunciones, adverbios o expresiones que implican o denotan duda: *No sé si..., quizá, es posible, puede*, etc.

dublé *s. m.* En orfebrería y bisutería, cobre, latón, etc., chapado en oro.

Dublín (en gaélico *Baile Átha Cliath*) C. de Irlanda, cap. del país, situada en el E de la isla, a orillas del mar de Irlanda. 525.900 h. en 1986 y 1.021.000 h. en su área metropolitana. Importante centro cultural, administrativo y comercial

Dublín: vista de O'Connell Street, el puente sobre el río Liffey y la estatua de Daniel O'Connell, héroe de las luchas nacionalistas.

que ha alcanzado un notable desarrollo industrial durante el presente siglo: maquinaria, construcciones ferroviarias, aeronáuticas y navales, productos químicos y fertilizantes, alimentación y cerveza. Su puerto es el mayor y más dinámico de Irlanda. Entre sus monumentos destacan la catedral de San Patricio, construida en el s. XIII y restaurada en el s. XIX, la iglesia gótica de Saint Audoen y varios palacios del s. XVIII. Fue fundada por los noruegos en el 841 y conquistada por Enrique II de Inglaterra en 1172, pero no alcanzó verdadera importancia hasta el s. XVIII. Foco del nacionalismo irlandés, se convirtió en 1921 en capital del nuevo estado independiente.

Dubois, Eugène (Eysden 1858 - Haclen 1940) Médico y paleontólogo holandés. Descubrió en Java (1891) restos humanos prehistóricos, a los que dio el nombre de *Pithecanthropus erectus*, por suponerlos intermedios en la evolución entre los grandes simios y el hombre.

Dubuffet, Jean (El Havre 1901 - París 1985) Pintor y escultor francés. Es uno de los principales representantes del informalismo. Su obra se caracteriza por la importancia de la textura y los materiales no convencionales, como periódicos, tierra y alquitrán. Destacan entre sus cuadros *Microbolus, Macadam y Cía* (1946), *Retratos* (1949) y *Cuerpos de damas* (1950).

Jean Dubuffet: Los novios *(Galería del Naviglio, Milán).*

Duby, Georges (París 1919) Historiador francés. Gran especialista de la época medieval, sus estudios han renovado el campo de la historia social. Entre sus obras sobresalen *Economía rural y vida campesina en el Occidente medieval* (1962), *La Europa de las catedrales* (1966), *Guerreros y campesinos en los siglos VII al XII* (1973), *Historia de la vida privada* (1985-87) e *Historia de las mujeres* (1990-92).

ducado *s. m.* **1.** Título o dignidad de duque. **2.** Territorio y señorío del duque. **3.** Antigua moneda de oro, que circuló en España hasta el s. XVI. **4.** Moneda de oro del imperio austrohúngaro.

ducal *adj.* Perteneciente o relativo al duque.

Duccio di Buoninsegna (Siena h. 1255 - íd. h. 1319) Pintor italiano. Miembro destacado de la escuela de Siena, unió la tradición bizantina con la nueva espiritualidad del estilo gótico. Entre sus obras más importantes pueden citarse la *Madonna Rucellai* (1285) y la *Maestà* (1311), en el altar de la catedral de Siena.

duce (voz ital. que procede del lat. *dux, ducis*, jefe) *s. m.* Título adoptado por Mussolini, jefe máximo de la Italia fascista entre 1922 y 1943.

ducentésimo, ma *adj. num. ord.* **1.** Que ocupa por orden el número doscientos. También *s.* ‖ *adj. num. part.* **2.** Se dice de cada una de las doscientas partes iguales en que se divide un todo. También *s.*

ducha *s. f.* **1.** Agua en forma de chorros muy finos que se deja caer sobre el cuerpo para lavarse o refrescarse o por razones medicinales. **2.** Aparato mediante el cual el agua cae de esa forma. **3.** Espacio destinado para ducharse. ‖ **LOC. ducha de agua fría** *fam.* Noticia, suceso, etc., que decepciona, que provoca gran desilusión.

Marcel Duchamp: Desnudo bajando una escalera *(Museo de Arte de Filadelfia).*

Duchamp, Marcel (Blainville 1887 - Neuilly 1968) Pintor y escultor francés. Vinculado al movimiento dadá y al surrealismo, rompió las barreras entre el arte tradicional y los objetos cotidianos con su método de *ready-made*, consistente en presentar como esculturas piezas industriales fuera de su contexto. Su obra pictórica es escasa, pese al éxito que obtuvo el primer cuadro que presentó en París, *Desnudo bajando una escalera* (1912).

Duchamp-Villon, Raymond (Damville 1876 - Cannes 1918) Escultor francés. Hermano de Marcel Duchamp y seguidor de Rodin, evolucionó hacia el cubismo. Es autor de *Torso de mujer* (1907), *Cabeza de Baudelaire* (1911), *Los amantes* (1913) y *Gran caballo* (1914).

duchar *v. tr.* Dar una ducha. También *v. prnl.*

ducho, cha *adj.* Buen conocedor, experto.

dúctil *adj.* **1.** Que se puede manejar o moldear fácilmente. **2.** Se aplica a los metales que se pueden reducir a hilos o alambres. **3.** Se dice de la persona, el carácter, etc., fácil de manejar o que se acomoda sin dificultad a las diversas situaciones.

ductilidad *s. f.* Cualidad de dúctil.

duda *s. f.* **1.** Estado de quien no está seguro de algo o que, ante varias posibilidades, no sabe cuál escoger. **2.** Cuestión o problema que se plantea para solucionarlo. **3.** Sospecha. **4.** En fil., acción de someter a examen y no aceptar ciegamente ningún juicio o principio. Constituye un rasgo fundamental de muchas escuelas y pensadores. En algunos casos (escépticos griegos, algunos autores renacentistas, nihilistas) es una actitud vital fundada en la convicción de que no se puede tener completa certeza sobre nada. Para otros (Unamuno) es el rasgo que diferencia la auténtica fe religiosa de la aceptación ciega de unos principios. Un tercer grupo de autores (San Agustín, Descartes) la concibió como un método o punto de arranque de cualquier razonamiento.

dudar *v. intr.* **1.** No estar seguro de alguna cosa o no saber qué hacer, qué elegir o por qué decidirse. También *v. tr.* **2.** Sospechar, desconfiar.

Dudley C. del Reino Unido, situada en el condado metropolitano inglés de West Midlands, cerca de Birmingham. 187.300 h. en 1981. Es un importante centro hullero y metalúrgico. Posee industrias textiles y de construcciones mecánicas.

dudoso, sa *adj.* **1.** Que ofrece duda. **2.** Que tiene dudas. **3.** Poco probable. **4.** Acompañando a sustantivos como *gusto, interés, calidad*, etc., escaso o malo. **5.** Aplicado a personas, y especialmente a su conducta o moral, que no son dignas de confianza. **FAM.** Dudosamente.

duela *s. f.* **1.** Cada una de las tablas que forman las paredes abombadas de un tonel. **2.** Nombre común de varias especies de gusanos platelmintos trematodos de los géneros *Schistosoma, Dicrocoelium, Fasciolopsis, Paragonimus*, etc. Son parásitos de los mamíferos y agentes de diversas enfermedades infecciosas. La duela grande o duela del hígado *(Fasciola hepatica)* produce la distomatosis y vive parásita en el hígado de los rumiantes y excepcionalmente en el hombre.

duelista *s. m.* Quien toma parte en un duelo o desafío.

duelo[1] (del lat. *duellum*, combate) *s. m.* **1.** Combate entre dos personas que se han desafiado. **2.** P. ext., cualquier tipo de enfrentamiento entre dos rivales.

duelo[2] (del bajo lat. *dolus*, dolor) *s. m.* **1.** Demostraciones de tristeza por la muerte de una persona. **2.** Grupo de personas que asisten al entierro, a los funerales, etc. **3.** Pena, aflicción.

duende *s. m.* **1.** Espíritu que, según algunas creencias populares, habita en ciertos lugares. **2.** Cierto personaje fantástico de los cuentos infantiles. **3.** Encanto o gracia que tiene una persona o cosa.

Dueñas, Francisco (? 1811 - ? 1884) Político salvadoreño. Miembro del Partido Conservador, llegó al poder en 1852, para hacer frente a la guerra con Guatemala, con la que firmó la paz. Presidente de la República (1863-71), durante su mandato se instaló el servicio de telégrafos en el país.

dueño, ña *s. m.* y *f.* Persona que posee alguna cosa. ‖ **LOC. hacerse (el) dueño** Imponerse, dominar algo. **ser** alguien **(muy) dueño** *fam.* Tener derecho o libertad para hacer una cosa. **ser** alguien **dueño de sí mismo** Controlar o contener sus impulsos.

duermevela *s. amb. fam.* Sueño ligero e interrumpido.

Duero Río de la península Ibérica. Tiene una longitud de 895 km, casi 100.000 km^2 de cuenca y 615 m^3/s de caudal. Nace en los picos de Urbión, en la provincia de Soria y, tras recorrer la submeseta Norte y la zona norte de Portugal, desemboca en el Atlántico por Oporto. Sus principales afluentes son el Pisuerga, Esla, Tormes y Támega. Sus aguas se utilizan para la producción de energía eléctrica.

dueto *s. m.* Dúo musical.

Dufay, Guillaume (Hainault h. 1400 - Cambrai h. 1474) Compositor de la escuela francoflamenca. Fue chantre de la capilla papal en Roma y luego en Florencia y en Bolonia. Escribió un motete para la consagración de la catedral de Florencia (1436). Es autor de más de 150 composiciones entre misas, motetes y canciones.

Dufy, Raoul (El Havre 1877 - Forcalquier 1953) Pintor francés. Influido originalmente por Toulouse-Lautrec, evolucionó hacia el fauvismo, con un uso intenso de colores vivos y una temática en la que abundan los paisajes, los temas deportivos y las escenas urbanas. Entre sus obras destacan *Puerto del Havre* (1906), *El aperitivo* (1908), *Árboles verdes* (1922), *Regatas* (1934) y *Carreras* (1935). Trabajó también en el campo de la ilustración, el grabado y la decoración.

dugón o **dugongo** *s. m.* Mamífero sirénido de la familia dugóngidos, especie *Dugong dugong*. De color grisáceo o azulado, puede alcanzar hasta 3 m de longitud; se alimenta de vegetales acuáticos y vive en grupos reducidos en aguas costeras del océano Índico, desde el mar Rojo hasta Australia. Se le llama también *vaca marina*.

Dugón (Dugong dugong).

Duguesclin, Bertrand (Dinan h. 1320 - Châteauneuf-de-Randon 1380) Militar francés. Intervino en la guerra civil de Castilla a favor del pretendiente Enrique de Trastámara, en la que tendió la trampa de Montiel, que costó la vida a Pedro I el Cruel. En Francia, capitaneó las Compañías Blancas en la guerra de los Cien Años, y obtuvo el título de condestable.

Duhamel, Georges (París 1884 - íd. 1966) Novelista francés. Prestó sus servicios como médico en la Primera Guerra Mundial. Fue uno de los fundadores del grupo de la abadía de Créteil, seguidores del unanimismo. Sus novelas más representativas se agrupan en los ciclos *Vida y aventuras de Salavin* (1920-32), en cinco volúmenes, y *Crónica de los Pasquier* (1933-45), en diez volúmenes.

Dühring, Karl Eugen (Berlín 1833 - Nowawey 1921) Filósofo y economista alemán. Fue profesor de la universidad de Berlín (1863-77). Elaboró un positivismo filosófico-social-religioso, basado en el positivismo de Comte y el materialismo ateo de Feuerbach. Defendió un socialismo libre, a la manera de Fourier, que frenara el poder del capitalismo. Entre sus obras destacan *Economía política y socialismo* (1874), *La filosofía, concepción rigurosamente científica del mundo* (1874) y *El sucedáneo de la religión* (1883). Engels combatió sus ideas en *Anti-Düring* (1878).

duiker *s. m.* Mamífero artiodáctilo rumiante de la familia bóvidos, especie *Sylvicapra grimmia*. Es un antílope que mide unos 60 cm de altura en la cruz, es paticorto y tiene dos pequeños y puntiagudos cuernos entre los que le crece un mechón de pelo. Habita en terrenos despejados del S del Sáhara, en África. También se llama *duiker gris* o *duiquero*.

Duisburgo (*Duisburg*) C. de Alemania, situada en el Land de Renania del Norte-Westfalia, en la confluencia de los ríos Ruhr y Rhin. 527.500 h. en 1989. Experimentó un temprano desarrollo industrial, debido a las minas de carbón, la siderurgia y la metalurgia; actualmente cuenta con una industria diversificada en la que destacan la construcción naval, la maquinaria pesada, la industria química y la de alimentación. Posee uno de los principales puertos fluviales de Europa.

Dukas, Paul (París 1865 - íd. 1935) Compositor francés. Adscrito a la corriente del impresionismo, se hizo universalmente famoso con su poema sinfónico *El aprendiz de brujo*. Entre sus restantes obras figuran la ópera *Ariana y Barba Azul* (1907) y el ballet *La Péri* (1912).

Dulbecco, Renato (Catanzaro 1914) Biólogo estadounidense de origen italiano. Pasó a EE UU en 1947. Ha investigado sobre el papel de los virus en el mecanismo molecular de los procesos cancerosos. Obtuvo el premio Nobel de medicina y fisiología de 1975, compartido con David Baltimore y Howard Martin Temin, por su trabajo sobre bacteriófagos.

dulce *adj.* **1.** Que tiene un sabor parecido al del azúcar o la miel. **2.** Que no es agrio o salado. **3.** Delicado, agradable. **4.** Amable, cariñoso. ‖ *s. m.* **5.** Todo aquello que tiene un sabor azucarado. **6.** Golosina. **7.** Fruta cocida con azúcar que forma una masa compacta. ‖ **8. momento dulce** Periodo de esplendor y máxima inspiración de alguien a lo largo de su carrera. ‖ **Loc. de dulce** *adv. fam.* Muy bien. **en dulce** *adv.* Que está hecho en almíbar o confitado.

dulcemente *adv. m.* Con dulzura, suavidad.

dulcería *s. f.* Confitería*.

dulcificar *v. tr.* **1.** Hacer o poner dulce algo. **2.** Hacer más agradable, tranquilo o suave a alguien o algo. También *v. prnl.* ■ Se conjuga como *sacar*. **Fam.** Dulcificación, dulcificante.

dulía *s. f.* Culto tributado a los ángeles y a los santos.

Dulles, John Foster (Washington 1888 - íd. 1959) Abogado y político estadounidense. Experto en relaciones internacionales, representó a su país en las conferencias que siguieron a las dos guerras mundiales y en varias asambleas de la ONU. Secretario de Estado entre 1953 y 1959, bajo la presidencia de Eisenhower, impulsó la política de guerra fría frente a la URSS y sus aliados.

Dulong, Pierre Louis (Ruán 1785 - París 1838) Físico y químico francés. Investigó sobre la transmisión y medición del calor y descubrió el cloruro de nitrógeno (1811) y el ácido hipofosfórico (1816). Junto con Petit formuló la **ley de Dulong y Petit**, que establece que el producto del calor específico de un elemento por su peso atómico vale aproximadamente 6,4 calorías por grado, cualquiera que sea el elemento de que se trate.

dulzaina *s. f.* Instrumento popular de viento, de sonido agudo, hecho de madera y con doble lengüeta, parecido al oboe, característico del folclore castellano.

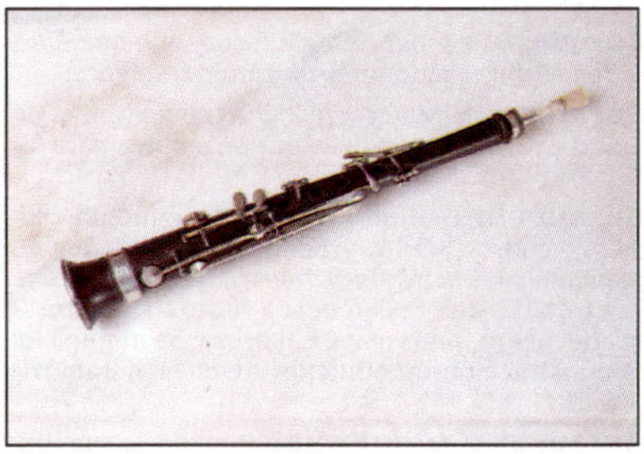

Dulzaina.

dulzón, na *adj.* **1.** Demasiado dulce. **2.** Demasiado tierno o emotivo.

dulzor *s. m.* **1.** Sabor dulce. **2.** Dulzura, suavidad.

dulzura *s. f.* **1.** Cualidad de dulce. **2.** Ternura, amabilidad. **3.** Suavidad, delicadeza.

duma (voz rusa que significa 'consejo') *s. f.* Nombre de diversas asambleas a lo largo de la historia de Rusia, en especial las convocadas por el zar Nicolás II entre 1905 y 1917.

Dumas, Alexandre (Villers-Cotterêts 1802 - Puys 1870) Novelista romántico francés. Es autor de relatos de aventuras y dramas históricos de gran popularidad. Entre sus novelas merecen mención *Los tres mosqueteros* (1844), *Veinte años después* (1845) y *El vizconde de Bragelonne* (1848), que forman una trilogía; *El conde de Montecristo* (1846) y *El collar de la reina* (1850).

Dumas, Alexandre (París 1824 - Marly-le-Roi 1895) Novelista y dramaturgo francés, hijo del anterior. Su obra describe la vida cotidiana de su tiempo y se caracteriza por el tono sentimental y moralizante. Su novela más conocida es *La dama de las camelias* (1848), que fue llevada por él a los escenarios en 1852 y que inspiró la ópera de Verdi *La traviata*.

Dumas, Jean-Baptiste (Alès 1800 - Cannes 1884) Químico francés. Comenzó la práctica de expresar las reacciones químicas mediante ecuaciones, estudió la densidad de los vapores, descubrió las aminas primarias y enunció la teoría de las sustituciones. Fue autor, entre otras obras, de *Compendio del arte de la tintura* (1841) y *Ensayo de estática química de los seres orgánicos* (1842).

Dumouriez, Charles François du Périer llamado (Cambrai 1739 - Turville Park, Oxfordshire 1823) General francés. Nombrado mariscal de campo (1788), fue jefe de la guardia nacional (1789) y miembro del club de los jacobinos (1790), aunque mantuvo contacto con los girondinos. Ministro de Asuntos Exteriores y de la Guerra (1792), dimitió y fue nombrado comandante jefe del ejército del Norte. Venció a los austriacos en Valmy y Jemmapes, pero tras la derrota de Neerwinden fue relevado del mando y se pasó a los austriacos.

dumping (voz ingl.) *s. m.* Práctica económica que consiste en establecer para los productos exportados un precio inferior al que se paga por ellos en el mercado interior del país que los exporta. Puede deberse a que interese dar salida a los excedentes, adquirir divisas o conquistar mercados exteriores.

duna *s. f.* Montículo de arena de altura variable que se forma cuando las partículas transportadas por el viento encuentran un obstáculo que impide su paso. Son características del desierto, aunque también se encuentran en ciertas zonas de playa. Las dunas presentan una pendiente suave en dirección y sentido del viento, que se llama *barlovento*, y otra en el lado opuesto, más pronunciada, que se llama *sotavento*. Tienen forma de media luna, cuyos brazos siguen la dirección del viento. Los granos ascienden por barlovento, llegan a la cima y caen luego por sotavento a causa de la gravedad, lo que convierte a las dunas en formaciones móviles. Para evitar que puedan arrasar cultivos o poblaciones conviene a veces fijarlas con la siembra de plantas de largas raíces. Existen diversos tipos: **barjanes**, pequeñas dunas que se desplazan a gran velocidad; **dunas transversales**, largas, de brazos poco marcados; **dunas longitudinales**, resultado de la unión en cadena de varios barjanes.

Dunant, Henri (Ginebra 1828 - Heiden, Appenzell 1910) Escritor y filántropo suizo. Después de la batalla de Solferino (1859) promovió una campaña para humanizar ciertos aspectos de las guerras (trato a los prisioneros, cuidado a los heridos, etc.) que culminó con la convención de Ginebra (1864) y la fundación de la Cruz Roja. Ganó el premio Nobel de la paz en 1901, compartido con Frédéric Passy.

Dunas, las Nombre de tres batallas que tuvieron lugar en el s. XVII y que supusieron la decadencia del dominio español en Europa. En la primera (1600), Mauricio de Nassau venció al archiduque Alberto cerca de Nieuwpoort; en la segunda (1639), la flota holandesa, mandada por Tromp, derrotó al almirante Oquendo frente a las costas de Kent, durante la guerra de los Treinta Años; en la tercera (1658), las tropas francesas de Turena derrotaron a Juan de Austria y a Condé en Dunkerque.

Alexandre Dumas, padre.

Dunaway, Faye (Tallahassee, Florida 1941) Actriz cinematográfica estadounidense. Internacionalmente famosa por *Bonnie and Clyde* (1967), ha destacado por la interpretación de personajes intensos y sensuales. Otros filmes sobresalientes son *El caso de Thomas Crown* (1968), *El compromiso* (1969), *Chinatown* (1974), *Network* (1976), *Evita Perón* (1980) y *Queridísima mamá* (1981).

Duncan, Isadora (San Francisco 1877 - Niza 1927) Bailarina estadounidense de origen irlandés. Rompió con las formas académicas de la danza, aportando una nueva concepción basada en la expresión del sentimiento a través del libre movimiento del cuerpo. Fundó varias escuelas en EE UU, Alemania y la URSS y escribió libros didácticos sobre baile y unas *Memorias* (1927). Murió estrangulada al quedar atrapado su pañuelo por la rueda de su automóvil.

Dundee C. del Reino Unido, situada en Escocia, en el estuario del río Tay, junto al mar del Norte. 174.800 h. en 1983. Puerto importante, posee astilleros, industria mecánica, electrónica, relojera y alimentaria, y es el principal centro comercial de yute y de lino del país.

dundera *s. f. Amér. C.* Tontería, simpleza.

dunita *s. f.* Roca magmática intrusiva, formada fundamentalmente por olivino. Se supone que procede del manto terrestre, de donde es expulsada en determinadas erupciones volcánicas. Abunda en los montes Urales y en Nueva Zelanda.

Dunkerque C. de Francia, situada en el N del país, a orillas del paso de Calais. 73.100 h. en 1982. Es un importante centro portuario e industrial, con producción siderúrgica, metalúrgica, cementera, eléctrica, alimentaria y refinerías de petróleo. En 1940, durante la Segunda Guerra Mundial, sirvió de puerto de embarque hacia Inglaterra para casi 400.000 soldados aliados, derrotados por el avance de las tropas alemanas.

Dunoyer de Segonzac, André (Boussy-Saint-Antoine, Seine-et-Oise 1884 - Clichy 1974) Pintor y grabador francés. De estilo impresionista, realizó dibujos, acuarelas, óleos y, especialmente, grabados (más de 1.500 aguafuertes), entre ellos retratos de personajes contemporáneos (André Gide, Colette, etc.) e ilustraciones para las *Geórgicas*, de Virgilio, y *La educación sentimental*, de Flaubert.

Duns Escoto, John (Duns o Roxburgh h. 1266 - Colonia 1308) Filósofo y teólogo escocés. Miembro de la orden franciscana, fue maestro en Oxford, París y Colonia. Frente a Santo Tomás de Aquino, separó razón y fe y mantuvo que las pruebas de la existencia de Dios nunca proporcionan certeza, sino sólo probabilidad. Con él comenzó la crisis de la escolástica. Sus obras más significativas son las llamadas *Opus oxoniense* y *Reportata parisiensia*.

Dunsany, lord Edward (Londres 1878 - Dublín 1957) Escritor irlandés. Fue un destacado cultivador del género fantástico, tanto en teatro como en poesía y narrativa. Sus obras se distinguen por la calidad de su tono poético y su capacidad para crear imágenes ensoñadoras, de las que es buena muestra el relato *Días de ocio en el país del Yann*. Entre sus principales títulos cabe mencionar *El tiempo y los dioses* (1906), *La puerta resplandeciente* (1909) y *Cincuenta poemas* (1929).

Dunstable, John (? h. 1385 - Londres 1453) Compositor, astrónomo y matemático inglés. Fue músico del duque de Bedford, vivió probablemente en París y alcanzó reputación en toda Europa. Considerado como uno de los más destacados contrapuntistas de la época, se conservan de él más de sesenta composiciones, la mayoría de música sacra. También se conservan dos manuscritos sobre astronomía.

dúo *s. m.* **1.** Pieza musical que se canta o toca entre dos personas o instrumentos. **2.** Conjunto musical que interpreta esa pieza. **3.** P. ext., conjunto de dos personas.

duodecimal *adj.* Se aplica al sistema aritmético cuya base es el número doce.

duodécimo, ma *adj. num. ord.* **1.** Que ocupa por orden el número doce. También *pron.* ‖ *adj. num. part.* **2.** Se dice de cada una de las doce partes iguales en que se ha dividido algo. También *s.*

duodenal *adj.* Perteneciente o relativo al duodeno.

duodenitis *s. f.* Inflamación del duodeno.

duodeno *s. m.* Primera parte del intestino delgado, unida al estómago a través del píloro y que llega hasta el yeyuno. Tiene forma acodada y rodea la cabeza del páncreas. En él vierten sus jugos digestivos el hígado y el páncreas.

dúplex *s. m.* **1.** Vivienda o apartamento que consta de dos pisos comunicados por una escalera interior. También *adj.* **2.** Enlace eléctrico o telegráfico que permite la transmisión de mensajes en los dos sentidos. También *adj.*

dúplica *s. f.* En der., escrito en el que el demandado responde a una réplica del demandante.

duplicación *s. f.* **1.** Acción y efecto de duplicar o duplicarse. **2.** En biol., aberración cromosómica que ocurre cuando un segmento de cromosoma o un cromosoma completo está presente dos o más veces en la dotación genética del individuo. El síndrome de Down, o mongolismo, se produce por duplicación del cromosoma 21.

duplicado, da **1.** *p. p.* de **duplicar**. También *adj.* ‖ *s. m.* **2.** Copia fiel de un original.

duplicar *v. tr.* **1.** Hacer doble una cosa, multiplicarla por dos. También *v. prnl.* **2.** Aumentar considerablemente algo sin que necesariamente llegue a ser el doble. También *v. prnl.* **3.** Sacar el duplicado de algo. ▪ Se conjuga como *sacar.*

duplicativo, va *adj.* Que duplica o sirve para duplicar.

duplicidad *s. f.* **1.** Cualidad de doble. **2.** Falsedad, hipocresía.

duplo, pla *adj.* Que contiene un número dos veces exactamente. También *s.*

duque, quesa *s. m.* y *f.* **1.** Título nobiliario, inferior a príncipe y superior a marqués y conde. **2.** Persona que lleva este título. ‖ *s. f.* **3.** Mujer de un duque.

Duque de Caxias C. de Brasil, en el estado de Río de Janeiro, que pertenece a la aglomeración urbana de la capital. 734.300 h. en 1989. Cuenta con industria metalúrgica y textil y con refinería de petróleo.

durabilidad *s. f.* **1.** Cualidad de durable. **2.** Periodo durante el cual algo conserva sus propiedades.

durable *adj.* Que dura o puede durar mucho.

duración *s. f.* **1.** Periodo de tiempo que transcurre entre el principio y el final de un hecho, fenómeno, proceso, etc. **2.** Tiempo que resiste una cosa sin perder sus propiedades, sin romperse o estropearse.

duradero, ra *adj.* Se dice de aquello que dura o puede durar mucho. **Fam.** Duraderamente.

duralex *s. m.* Materia plástica transparente, de textura parecida al vidrio, que se emplea para fabricar piezas de vajilla.

duraluminio *s. m.* Aleación de aluminio (90-94 %), cobre (3-5 %) y pequeñas cantidades de manganeso, magnesio y hierro, que posee, una vez tratada, una resistencia y dureza similares a las del acero, pero mayor ligereza. Se emplea en la construcción de edificios, aviones, automóviles, etc.

duramadre o **duramáter** *s. f.* La más externa y resistente de las meninges o membranas que rodean el encéfalo y la médula espinal, separándolos de la cara interna de los huesos del cráneo.

duramen *s. m.* Parte central, más seca, compacta y generalmente más oscura, del tronco y las ramas gruesas de los árboles.

Durán, fray Diego (Sevilla h. 1537 - ? 1588) Dominico e historiador español. Es autor de una *Historia de las Indias de Nueva España e islas de Tierra Firme*, escrita entre 1570 y 1581 y publicada en México (1867-80), que trata de los aztecas basándose en fuentes indígenas.

Durango C. de España, en la prov. de Vizcaya. 22.550 h. en 1990. Es un importante mercado agrícola y núcleo industrial, con producción metalúrgica, de maquinaria, bicicletas, madera, papel y talleres mecánicos.

Durango **1.** Estado de México, situado en el NO del país. 123.181 km^2. 1.352.150 h. en 1990. Su parte O está recorrida por la Sierra Madre Occidental. Las tierras regadas por el río Nazas y sus afluentes poseen una próspera agricultura (maíz, fríjol, algodón, frutales, trigo). Destacan también los recursos forestales y la ganadería (70 % de las exportaciones cárnicas del país). Existen yacimientos de hierro, cinabrio, mercurio, estaño y oro e industria metalúrgica, textil, alcoholera, tabaquera, azucarera y papelera. **2.** C. de México, cap. del estado del mismo nombre, situada al pie de la Sierra Madre Occidental. 257.900 h. en 1980. Es un centro agrícola, comercial e industrial, con producción de acero, alimentaria, textil y refinerías de azúcar.

durante *prep.* Expresa el espacio de tiempo en que algo sucede o dura: *Fueron novios durante tres años.*

durar *v. intr.* **1.** Estar ocurriendo o desarrollándose algo un determinado tiempo. **2.** Conservarse una cosa cierto tiempo.

Duras, Marguerite Donnadieu, llamada **Marguerite** (Gia Dinh, Indochina 1914) Novelista, dramaturga y guionista de cine francesa. Vinculada al movimiento del *nouveau roman* de los años cincuenta y sesenta, su obra se caracteriza por el estudio psicológico, la escasa atención prestada a la trama y el reducido número de personajes. Entre sus libros destacan *Dique contra el Pacífico* (1950), *Moderato cantabile* (1958) y *El amante* (1984). Ha escrito, entre otros guiones, el de *Hiroshima, mon amour* (1959).

durativo, va *adj.* Se aplica al verbo, al tiempo y al modo de significación verbal que expresan una acción en desarrollo o aún no acabada.

duraznero *s. m.* Variedad de melocotonero*.

duraznillo *s. m. Arg.* Planta herbácea de la familia poligonáceas, especie *Polygonum persicaria*. De aproximadamente 1 m de altura, tiene un tallo nudoso y muy ramificado, hojas lanceoladas con una mancha negra, flores rosáceas y fruto en nuez. Crece junto a ríos y lagos del hemisferio norte. En medicina se usa para combatir la fiebre y el eccema.

durazno *s. m.* Melocotón y, en ciertas zonas, árbol que produce este fruto.

Durban C. de la República Sudafricana, en la prov. de Natal, a orillas del océano Índico. 982.100 h. en 1985. Segundo puerto del país, es además un importante centro industrial, con astilleros, refinerías de petróleo y de azúcar, producción química, automovilística, de fertilizantes y textil.

Durero, Alberto (Nuremberg 1471 - íd. 1528) Pintor, dibujante y grabador alemán. Influido por el pensamiento de Erasmo y Lutero, en su obra se combinan admirablemente las características del Renacimiento italiano con la intensidad expresiva germánica. Su técnica pictórica se basa en el dominio del dibujo y el color, la exactitud de las proporciones y el interés por la figura humana. Algunos de sus cuadros más significativos son los óleos *Adán y Eva* (1507), *Autorretrato con pelliza* (1520) y *Los cuatro apóstoles* (1526) y la acuarela *Liebre* (1502); entre sus grabados es famoso *El caballero, la muerte y el diablo* (1513).

Alberto Durero: Autorretrato *(Museo del Prado, Madrid).*

dureza *s. f.* **1.** Cualidad de duro. **2.** Resistencia que ofrecen los minerales a ser rayados, y que se calcula por comparación con la de otros minerales que se toman como referencia en determinadas escalas. La más común de estas últimas es la propuesta por Mohs en 1804, compuesta por una lista de diez minerales de dureza creciente: talco (1), yeso (2), calcita (3), fluorita (4), apatito (5), ortoclasa (6), cuarzo (7), topacio (8), corindón (9) y diamante (10). **3.** Capa de piel endurecida que se forma en algunas partes del cuerpo, sobre todo en las extremidades y que, a diferencia del callo, no tiene raíz y no suele ser dolorosa. **4.** En fís., poder de penetración de una radiación. Está en proporción directa a la energía cinética de las partículas que forman la radiación o, en el caso de las ondas electromagnéticas, a su frecuencia, y por tanto, en proporción inversa a su longitud de onda.

durillo *adj.* **1.** *dim.* de **duro**. ‖ *s. m.* **2.** Planta arbustiva de la familia caprifoliáceas, especie *Viburnum tinus.* Mide entre 2 y 3 m de altura y tiene hojas opuestas y pequeñas y flores blancas en ramillete. Su madera es dura y de color rojo. Abunda en la región mediterránea, donde suele cultivarse en jardines.

Durkheim, Émile (Épinal 1858 - París 1917) Sociólogo francés. Considerado como uno de los fundadores de la sociología, sostuvo que el objetivo de esta ciencia era comprender el origen y sentido de las normas y relaciones establecidas entre los grupos sociales, buscar las leyes que las expresan con precisión y descubrir la influencia de las estructuras sociales en el comportamiento individual. Escribió, entre otras obras, *Sobre la división del trabajo social* (1893), *Las reglas del método sociológico* (1895), *El suicidio* (1897) y *Las formas elementales de la vida religiosa* (1912).

durmiente *adj.* **1.** Que duerme. También *s.* ‖ *s. m.* **2.** Madero colocado horizontalmente, que sirve para sostener otros verticales u horizontales y distribuir así la carga. **3.** Traviesa de la vía del tren.

duro, ra *adj.* **1.** Que no se aplasta, dobla, etc., con facilidad. **2.** Se dice de los materiales, objetos, etc., resistentes al uso, al paso del tiempo, etc. **3.** Se dice de la actividad que exige gran esfuerzo. **4.** Difícil de soportar. **5.** Capaz de aguantar sufrimientos o penalidades. También *s. m.* **6.** Severo, violento o insensible. También *s. m.* **7.** Que puede herir la sensibilidad. **8.** Que tiene poca facilidad para comprender o percibir algo o es difícil de convencer. **9.** Aplicado a facciones o contornos, demasiado marcado. ‖ *s. m.* **10.** Moneda española que equivale a cinco pesetas y, p. ext., dinero. ‖ *adv. m.* **11.** Con fuerza o con gran esfuerzo. ‖ **Loc. estar a las duras y a las maduras** *fam.* Aceptar tanto el lado malo como el bueno de una cosa. **lo que faltaba para el duro** *fam.* Se emplea cuando, después de una serie de desgracias, llega otra que no se esperaba.

Durrell, Gerald (Jamshedpur, India 1925) Naturalista y escritor británico. Es autor de una serie de libros en los que relata con sencillez y humor su vida familiar y sus experiencias con los animales, como *Mi familia y otros animales* (1956), *Bichos y demás parientes* (1969) y *Filetes de lenguado* (1971).

Durrell, Lawrence (Darjeeling, India 1912 - Sommières 1990) Escritor inglés. Hermano del anterior, su obra más importante es el *Cuarteto de Alejandría,* compuesto por las novelas *Justine* (1957), *Balthazar* (1958), *Mountolive* (1958) y *Clea* (1960), en las que relata una historia de amor desde varios puntos de vista, al tiempo que traza un fresco de la ciudad de Alejandría después de la Segunda Guerra Mundial. Gran viajero y conocedor de las islas del Mediterráneo, ha retratado sus paisajes y sus gentes en obras como *Limones amargos,* dedicada a Chipre. Es también notable poeta.

Dürrenmatt, Friedrich (Konolfingen, Berna 1921) Escritor suizo en lengua alemana. Su faceta más interesante es la de autor teatral. Escéptico, en sus caricaturescas farsas pone de manifiesto la ambigüedad del mundo y ridiculiza la sociedad actual. Algunas de sus más logradas tragicomedias son *Rómulo el Grande* (1949), *El matrimonio del señor Mississippi* (1952), *La visita de la vieja dama* (1956), *Los físicos* (1962) *y El plazo* (1977). También ha escrito novelas, como *La avería* (1956) o *Griego busca griega* (1958), y guiones para cine, radio y televisión.

Durruti, Buenaventura (León 1896 - Madrid 1936) Dirigente anarquista español. Integrado en la CNT (1920), participó en diversos atentados y hubo de exiliarse. Regresó a España con la Segunda República y se convirtió en uno de los principales dirigentes de la FAI. Murió durante la guerra civil en el frente de Madrid.

Duse, Eleonora (Vigevano 1858 - Pittsburgh, Pennsylvania 1924) Actriz teatral italiana. Su estilo de interpretación verista adquirió una mayor carga poética en la época en que interpretó obras de Shakespeare, Ibsen y D'Annunzio. Tuvo relaciones con este último escritor y al romper con él se retiró durante un tiempo de los escenarios (1909-21).

Dushanbe C. de Tayikistán, cap. de la república, situada en el O de la misma. 595.000 h. en 1989. Es un centro administrativo e industrial, con producción mecánica, alimentaria y textil.

Düsseldorf C. de Alemania, cap. del Land de Renania del Norte-Westfalia, situada a orillas del Rhin. 569.600 h. en 1989. Importante centro financiero, administrativo y comercial, cuenta además con una industria muy diversificada: siderurgia, química, mecánica, textil, maquinaria pesada, bienes de equipo, electrónica, etc. Fue reconstruida casi íntegramente después de los bombardeos aliados durante la Segunda Guerra Mundial.

duty free Expresión inglesa que significa 'libre de impuestos' y se aplica a algunas tiendas, como p. ej. a las instaladas en los aeropuertos.

duunvirato *s. m.* **1.** Dignidad de duunviro. **2.** Tiempo que duraba dicha magistratura. **3.** Régimen político gobernado por duunviros.

duunviro *s. m.* En la antigua Roma, nombre que se daba al magistrado que ejercía un cargo conjuntamente con otro magistrado. **Fam.** Duunviral.

Duvalier, François, llamado **Papa Doc** (Puerto Príncipe 1909 - íd. 1971) Político haitiano. Fue presidente de Haití en 1957, gracias al apoyo del ejército. Estableció un régimen dictatorial cuyo orden interno fue garantizado por el cuerpo parapolicial de los *tonton macoutes.*

Duvalier, Jean Claude, llamado **Baby Doc** (Puerto Príncipe 1951) Político haitiano. Era hijo del anterior, a quien sucedió en la presidencia (1971). Como consecuencia del golpe de Estado dirigido por el general Namphy en 1986, fue derrocado y obligado a marchar al exilio.

Duve, Christian-René de (Thames Ditton, Esher 1917) Fisiólogo belga. Es el descubridor de los lisosomas en las células (1949). En 1974 compartió con Albert Claude y George Emil Palade el premio Nobel de fisiología y medicina por sus trabajos sobre la estructura y organización funcional de la célula.

Duvivier, Julien (Lille 1896 - París 1967) Director de cine francés. Alcanzó la fama en los años treinta con películas como *La bandera* (1935), *Pépé-le-Moko* (1937) y *Carnet de baile* (1937), en las que se unían el realismo y el tono poético. Posteriormente dirigió, entre otras, *Anna Karenina* (1948) y *Don Camilo* (1951).

dux *s. m.* Título del príncipe o magistrado supremo en las repúblicas de Venecia y Génova. En el s. IX los dux venecianos pasaron de ser gobernadores designados por Bizancio a soberanos absolutos. Gozaban del calificativo de serenísimo y se rodeaban de gran fastuosidad. A partir del s. XIII perdieron su anterior autoridad convirtiéndose en figuras representativas.

Dvina occidental Río de Europa oriental, en el NO de la llanura rusa. 1.020 km de longitud y 87.900 km^2 de cuenca. Nace en la meseta de Valdai y discurre hacia el O, pasando por Vitebsk y Daugavpils, hasta desembocar en el mar Báltico, a la altura de Riga.

Dvina septentrional Río de Europa oriental, situado en el N de Rusia. 744 km de longitud y 357.000 km^2 de cuenca. Nace de la unión del Sujona y el Vichegda y discurre en dirección N hasta desembocar en el mar Blanco, en Arkangel, formando un gran estuario.

Dvorak, Anton (Nelahozeves 1841 - Praga 1904) Compositor checo. Profesor de composición en el conservatorio de Praga y director desde 1892 del conservatorio de Nueva York, su obra llevó el nacionalismo musical a su madurez de expresión. Sus nueve sinfonías, la última de las cuales es conocida como *El Nuevo Mundo* (1893), están poderosamente influidas por el folclore eslavo. Compuso además *Danzas eslavas,* comenzadas en 1878, varios conciertos, óperas, como *La Rusalka* (1900) y *Armida* (1902-1903), oberturas y música de cámara.

Dy Símbolo químico del disprosio*.

Dyck, Anton van Véase **Van Dyck, Anton**.

Dylan, Bob (Duluth, Minnesota 1941) Cantante y compositor estadounidense. Tras iniciarse en la tradición *folk* de Woody Guthrie, revolucionó la música popular de los años sesenta al incorporar la influencia del *rock and roll.* Sus canciones, en las que la letra desempeña un importante papel, se convirtieron en himnos de una generación (*Blowin' in the wind, The times they are a changin'*). Entre sus discos sobresalen *Blonde on blonde* (1965), *John Wesley Harding* (1968), y *Blood on the tracks* (1976).

E

e[1] *s. f.* Quinta letra del abecedario español y segunda de las vocales.

e[2] (del lat. *et*) *conj. copul.* Sustituye a *y*, para evitar el hiato, ante palabras que comienzan por el sonido *i*: *Paula e Isabel, aguja e hilo.* ▪ No sustituye a la conjunción copulativa *y* al comienzo de una interrogación o admiración: *¿Y Isaac?*, o cuando el sonido *i* forme diptongo: *limón y hielo.*

e 1. Símbolo de la carga eléctrica del electrón. ‖ **2. número e** o **de Euler** Se define por la siguiente expresión:

$$e = \lim_{n\to\infty}\left(1+\frac{1}{n}\right)^n.$$

Su valor numérico es 2,718218 y constituye la base de los logaritmos neperianos.

E 1. Símbolo del punto cardinal este. **2.** Abreviatura y símbolo de la energía y de la intensidad de campo magnético.

¡ea! *interj.* **1.** Expresa resolución: *Se ha acabado, ¡ea!* **2.** También se emplea para animar: *¡Ea!, que ya llegamos.* ▪ A veces se usa repetido, p. ej. para acunar a un niño.

Eaco Rey legendario de la isla de Egina, en el golfo del mismo nombre, en el mar Egeo. Hijo de Zeus, fue nombrado por su sabiduría juez de los infiernos, junto con Minos y Radamanto.

Eanes, António dos Santos Ramalho (Castelo Branco 1935) Militar y político portugués. Cercano colaborador de Spínola, participó en la revolución del 25 de abril de 1974. Tras la derrota de los sectores radicales del ejército en 1975 fue nombrado jefe del Estado Mayor. En 1976 venció en las elecciones presidenciales y fue reelegido en 1980. En 1984 promovió la fundación del Partido Renovador Democrático, que en las elecciones de 1985 obtuvo 45 escaños para la Asamblea Nacional. Dimitió tras el revés electoral de 1987.

Easo Uno de los nombres de la ciudad de San Sebastián (Guipúzcoa). ▪ Suele usarse en la expresión *la bella Easo.*

easonense *adj.* Donostiarra*.

Eastman, George (Waterville, Nueva York 1854 - Rochester, Nueva York 1932) Inventor estadounidense. En 1884 patentó la película de papel fotográfico, que en 1889 sustituyó por celuloide y en 1924 por acetato de celulosa, mucho menos inflamable que el anterior. Fue el fundador de la casa Kodak (1880).

Eastwood, Clint (San Francisco 1930) Actor y director cinematográfico estadounidense. Tras unos comienzos mediocres, alcanzó la fama al protagonizar varios «espagueti western», como *Por un puñado de dólares* (1964) y *El bueno, el feo y el malo* (1966). Destacó desde entonces por sus personajes duros en películas de acción, como *Harry el sucio* (1968), *Magnum Force* (1973) y *La fuga de Alcatraz* (1978). Como director ha realizado, entre otras, *Bird* (1988) y *Cazador blanco, corazón negro* (1990).

Eban, Abba (Ciudad del Cabo 1915) Político israelí. Miembro del partido socialista Mapai, fue representante de su país en la ONU (1948-59), embajador en EE UU (1950-59), ministro de Educación (1960-66), viceprimer ministro (1963-66) y ministro de Asuntos Exteriores (1966-74).

ebanista *s. m.* Carpintero que trabaja el ébano y otras maderas finas y realiza muebles de calidad.

ebanistería *s. f.* **1.** Taller donde trabaja el ebanista. **2.** Oficio y arte del ebanista. **3.** Conjunto de muebles y otras obras de ebanista.

ébano *s. m.* Nombre común de diversos árboles de la familia ebenáceas, género *Diospyros.* Alcanzan unos 10 m de altura, tienen hojas enteras y duras, flores verdosas unisexuales y fruto en baya. Entre sus especies destaca el *Diospyros ebenum*, cuya madera, negra y maciza, es muy apreciada para la fabricación de muebles e instrumentos musicales. Es originario de Asia y África.

Ébano (Diospyros ebenum).

Ebbinghaus, Hermann (Barmen 1850 - Halle 1909) Psicólogo alemán. Pionero de la psicología experimental en el campo de la memoria, creó la *curva de retención*, según la cual lo que se aprende se olvida rápidamente al principio, pero más lentamente después.

Ebert, Friedrich (Heidelberg 1871 - Berlín 1925) Político alemán. Miembro del Partido Socialdemócrata, del que ocupó la presidencia en 1913, desempeñó el cargo de canciller (1919-25) tras la abdicación de Guillermo II. Sofocó la revolución espartaquista y convocó la asamblea constituyente de Weimar.

Éboli, Ana Mendoza de la Cerda, princesa de (Cifuentes, Guadalajara 1540 - Pastrana, Guadalajara 1592) Aristócrata española. Mujer de talento y grandes ambiciones políticas, protagonizó diversas intrigas en la corte de Felipe II, asociada al secretario Antonio Pérez. Su participación en el asesinato de Escobedo ocasionó su encarcelamiento por orden del rey en 1579 y el fin de su influencia política. En 1581 fue confinada en la villa de Pastrana.

ebonita *s. f.* Caucho vulcanizado con azufre, que fue muy utilizado en la fabricación de aislamientos eléctricos, peines, cajas, etc. En la actualidad ha sido sustituida por materiales sintéticos, más baratos y resistentes.

eborario, ria *adj.* **1.** De marfil o relativo a él. ‖ *s. f.* **2.** Arte de labrar el marfil.

ebriedad *s. f.* **1.** Perturbación de carácter tóxico producida en el cerebro, generalmente por el alcohol. **2.** Exaltación, excitación. **3.** Apasionamiento, ofuscación.

ebrio, bria *adj.* **1.** Borracho, en estado de ebriedad. **2.** Excitado o trastornado por una pasión.

Ebro Río de España. 928 km de longitud y 85.820 km^2 de cuenca. Es el más largo de España y el segundo de la península Ibérica. Nace en Fontibre (Cantabria), recorre las comunidades de Castilla y León, País Vasco, La Rioja, Navarra, Aragón y Cataluña, hasta su desembocadura en el mar Mediterráneo, en Amposta (Tarragona), donde forma un amplio delta de 400 km^2. Sus principales afluentes son el Ega, Aragón-Arga, Gállego, y Segre-Cinca, por la izquierda, y el Alhama, Jalón, Martín y Guadalope, por la derecha. Pasa por Miranda de Ebro, Haro, Logroño, Tudela, Zaragoza y Tortosa, y constituye una de las principales unidades geográficas españolas, el valle del Ebro. Su régimen es pluvionival y su caudal medio de 615 m^3/s. Sus aguas son muy utilizadas para la agricultura, tanto en las fértiles tierras de La Rioja y de la desembocadura, como en las más áridas de la llamada *depresión del Ebro* (tramo central), donde se ha creado una extensa red de canales para riego (canal de Tauste, canal Imperial de Aragón). Destaca también su uso para generar energía eléctrica, en centrales como las de Mequinenza y Ribarroja.

Ebro, batalla del Batalla de la guerra civil española que se inició el 25 de julio de 1938, al atravesar las fuerzas republicanas el río Ebro entre Mequinenza y Cherta, con el objetivo de aliviar la presión del ejército de Franco sobre Cataluña. Duró 114 días, concluyó con el retorno del ejército republicano a sus posiciones y decidió el resultado de la guerra a favor de los nacionales.

ebullición *s. f.* **1.** Acción de hervir un líquido, que se manifiesta por la formación de burbujas de vapor en su interior. **2.** En fís., proceso de cambio de estado de la materia, de líquido a gaseoso. La transformación de un líquido en vapor, en toda su masa, se produce cuando la presión de vapor de dicho líquido iguala o supera a la que se ejerce sobre su superficie. Para cada líquido el fenómeno se verifica a una temperatura determinada, llamada **punto de ebullición**, que permanece constante mientras dura el proceso. **3.** Agitación.

PUNTO DE EBULLICIÓN

Compuestos	Temperatura
Acetileno	−83,6 °C
Acetona	56,1 °C
Ácido acético	118,1 °C
Ácido nítrico	86 °C
Agua	100 °C
Alcohol etílico	78,5 °C
Alcohol metílico	64,5 °C
Benceno	79,6 °C
Glicerina	290 °C
Sulfuro de carbono	46,3 °C
Tolueno	110,5 °C
Yodo	184 °C

ebullometría *s. f.* Ebulloscopia*.

ebullómetro *s. m.* Ebulloscopio*.

ebulloscopia *s. f.* Estudio del aumento que experimenta la temperatura de ebullición de una disolución respecto a la del disolvente puro. Su valor se denomina *aumento ebulloscópico* y, para cada disolvente, es directamente proporcional a la concentración molal del soluto. Se denomina también *ebullometría.*

ebulloscopio *s. m.* Aparato que sirve para calcular el punto de ebullición de un líquido. Se denomina también *ebullómetro.*

eburnación *s. f.* **1.** En med., endurecimiento excesivo de un hueso hasta adquirir un aspecto similar al del marfil. **2.** Osificación de un cartílago de las articulaciones, de un tejido o de un tumor.

ebúrneo, a *adj.* De marfil o muy parecido a él.

José Maria Eça de Queirós.

Eça de Queirós, José Maria (Póvoa de Varzim 1845 - París 1900) Escritor portugués. Está considerado como el creador de la novela portuguesa moderna. Tras una primera etapa de estilo realista, a la que pertenecen *El crimen del padre Amaro* (1875) y *El primo Basilio* (1878), evolucionó hacia el modernismo, en obras como *El mandarín* (1880), *La reliquia* (1887), *Los maya* (1888) y *La ilustre casa de Ramírez* (1900).

Ecbatana Antigua ciudad de Persia. Fue capital del imperio medo y, posteriormente, del aqueménida. En 644 cayó en poder de los árabes. Es la actual Hamadan.

Eccard, Johannes (Mülhausen, Turingia 1553 - Berlín 1611) Compositor alemán. Fue autor de más de 250 corales y lieder profanos.

eccehomo *s. m.* **1.** Representación de Jesucristo coronado de espinas durante la Pasión. Fue un tema tratado a partir del siglo XV por numerosos pintores y escultores, como Van der Weyden, El Bosco, Durero, Tiziano, Ribera, Murillo, Valdés Leal, Pedro de Mena, etc. **2.** Persona de aspecto muy lastimoso, con heridas y contusiones. ▪ Se escribe también *ecce homo.*

eccema *s. m.* Irritación de la piel, caracterizada por la aparición de escamas, pequeñas ampollas, manchas rojizas e intenso picor: su causa puede ser externa (p. ej., la acción del sudor) o interna (alergias, asma, etc.). ▪ Se escribe también *eczema.* **FAM.** Eccematoso.

Eccles, John Carew (Melbourne 1903) Neurofisiólogo australiano. En 1963 obtuvo el premio Nobel de medicina y fisiología, compartido con Alan Lloyd Hodgkin y Andrew Fielding Huxley, por sus aportaciones al estudio de la transmisión del impulso nervioso.

Ecevit, Bulent (Estambul 1925) Político turco. Dirigente del Partido Republicano del Pueblo, fue ministro de Trabajo (1961-65) y primer ministro (1974, 1977 y 1978-79). Durante su mandato se produjo la invasión de Chipre por las tropas turcas (1974). Es autor de *Ataturk y la revolución* (1970) y *La izquierda democrática* (1975).

Echandi, Mario (San José 1915) Político costarricense. De talante conservador, fue embajador en EE UU (1951-53 y 1966-68), ministro de Asuntos Exteriores (1951-53) y presidente de la república (1958-62), desde donde alentó una política de estrecha alianza con los EE UU.

Echandía, Darío (Chaparral, Tolima 1900 - Ibaqué 1990) Político colombiano. Fue ministro de Gobierno, de Educación y de Asuntos Exteriores y presidente interino de la República (1944). También ocupó el cargo de primer ministro en un gobierno de coalición bajo la presidencia de Ospina (1948).

echar *v. tr.* **1.** Arrojar una cosa dándole impulso. **2.** Introducir una cosa en un sitio. **3.** Dejar caer. **4.** Desprender o despedir algo una cosa. **5.** Salirle a un ser vivo alguna parte u órgano. **6.** Experimentar alguien un aumento, p. ej. de una parte del cuerpo, de un rasgo del carácter, etc. **7.** Hacer salir a una persona o animal de un sitio. **8.** Expulsar a una persona de un empleo o dignidad. **9.** Decir, pronunciar. **10.** Mover, inclinar. También *v. prnl.* **11.** Tratándose de obras de teatro, películas, etc., representar, proyectar. **12.** Jugar o apostar. También *v. intr.* **13.** Dar, distribuir, repartir. **14.** Juntar un animal macho con la hembra para que se reproduzcan. **15.** Calcular algo por su aspecto o por aproximación. **16.** Gastar o invertir. **17.** Con *cuentas, cálculos,* etc., hacerlos. **18.** Poner o añadir cosas como piezas, remiendos, etc. **19.** Tomar una cosa de la manera que se expresa. **20.** Con algunos nombres, hacer lo que éstos expresan. También *v. prnl.* **21.** Con palabras como *llave, cerrojo,* etc., cerrar, asegurar. **22.** Con sustantivos como *centellas, fuego, rayos, chispas,* etc., estar muy enfadado. **23.** Poner alguna prenda por encima. También *v. prnl.* ‖ *v. intr.* **24.** Dirigirse, ir hacia un lugar. **25.** Seguido de la preposición *a* y algunos infinitivos, iniciar la acción que éstos expresan. También *v. prnl.* ‖ *v. prnl.* **26.** Precipitarse hacia una persona, animal o cosa. **27.** Acostarse o tenderse. **28.** Empezar a tener relaciones con la persona que se expresa. **29.** Dedicarse a algo o adquirir una costumbre, normalmente con sentido peyorativo. **30.** Posarse las aves sobre los huevos para incubarlos. **31.** Referido al viento, calmarse. ‖ **LOC. echar a rodar** *fam.* Estropear o hacer fracasar un asunto, negocio, etc. **echar de menos** Notar la falta de una persona o de una cosa; también, tener pena por esa falta. **echar las cartas** Interpretar las cartas, leer el porvenir a través de éstas. **echar** (o **echarse**) **tras uno** Ir o irse en persecución de alguien. **echar un cable** (o **una mano**) a alguien Ayudarle. **echarse a dormir** *fam.* Descuidarse. **echarse atrás** Desdecirse de algo o retirarse de un asunto, plan, etc. **echarse encima** una cosa *fam.* Estar algo muy próximo. **echárselas de** *fam.* Presumir de alguna cosa.

echarpe *s. m.* Chal, especie de manto largo y estrecho que se ponen las mujeres sobre los hombros.

José Echegaray. Cuadro de Joaquín Sorolla, detalle (Banco de España, Madrid).

Echegaray, José (Madrid 1832 - íd. 1916) Dramaturgo y político español. Sus obras, que se caracterizan por la acumulación de situaciones trágicas, personajes atormentados y un estilo solemne y declamatorio, tuvieron gran éxito entre el público de su tiempo y le valieron el premio Nobel de literatura en 1904, compartido con Frédéric Mistral. Entre ellas destacan *O locura o santidad* (1877), *En el seno de la muerte* (1879), *El gran Galeoto* (1881), *Mancha que limpia* (1895) y *A fuerza de arrastrarse* (1905). Como político fue diputado por Asturias y ministro de Fomento y de Hacienda, cargo desde el que creó el Banco de España.

Echenique, José Rufino (Puno 1808 - ? 1887) Militar y político peruano. Conservador, fue elegido presidente (1851) con el apoyo del Club Progresista. Durante su mandato (1851-55) se promulgó el código civil, se dictó una ley que favorecía la entrada de emigrantes europeos, se realizaron importantes obras públicas y se fijó la frontera con Brasil, pero toleró la corrupción a gran escala, lo que motivó su impopularidad y derrocamiento.

Echeverría, Esteban (Buenos Aires 1805 - Montevideo 1851) Ensayista, poeta y político liberal argentino. En su obra literaria, de carácter romántico, sobresalen el poema *La cautiva,* incluido en su libro *Rimas* (1837), y el relato *El matadero* (1838). Como ideólogo se le recuerda por *El dogma socialista* (1846). Fue desterrado y murió en el exilio.

Echeverría Álvarez, Luis (México 1922) Político mexicano. Miembro del PRI, ocupaba la secretaría de Gobernación cuando tuvo lugar el movimiento estudiantil que culminó violentamente con los hechos de la plaza de las Tres Culturas (1968). Fue elegido presidente para el periodo 1970-76. Su política se caracterizó por el protagonismo en la defensa de los intereses del Tercer Mundo y por las buenas relaciones con los regímenes de Cuba y Chile. Durante su mandato se produjo la crisis económica de 1975, que provocó un aumento de la inflación y la caída del peso mexicano.

echón, na *adj. Méx., Ven.* Fanfarrón, pedante, presumido.

echona *s. f. Arg., Bol., Chile, Perú.* Hoz para segar.

Écija C. de España, en la prov. de Sevilla, situada al E de la capital. 36.700 h. en 1990. Constituye el centro comercial de una rica comarca agrícola, regada por el Genil, con cultivos de olivares, cereales y regadío, y cuenta con industria alimentaria de aceite, azúcar y harina. Conserva un importante conjunto monumental en el que destacan los palacios del conde de Valhermoso (s. XVI) y de Valverde (s. XVIII) y las iglesias de Santiago y de San Juan Bautista.

Eckhart, Johann (Hochheim, Turingia h. 1260 - Colonia 1327) Filósofo y teólogo dominico alemán. Maestro de teología en París y Estrasburgo, fue uno de los principales representantes de la mística medieval. Su obra, condenada parcialmente por la Iglesia, influyó en la Reforma protestante. Su escrito más importante es el *Libro de la divina confortación.*

eclampsia *s. f.* **1.** Ataque súbito de convulsiones, generalmente acompañado de fuertes dolores de cabeza, náuseas e hipertensión arterial. Se presenta a veces al final del embarazo y puede provocar el desprendimiento de la placenta. ‖ **2. eclampsia infantil** Convulsiones de origen reflejo que suelen producirse durante la infancia, sin que existan alteraciones en el sistema nervioso.

eclecticismo *s. m.* **1.** Método filosófico que elige ideas o aspectos de doctrinas u opiniones diversas, intentando alcanzar una síntesis equilibrada entre ellas para beneficiarse de lo más positivo de cada una. Es característico del pensamiento romano-helenístico, del Renacimiento y de la Ilustración. **2.** P. ext., tendencia a seleccionar y conciliar ideas, estilos, etc., de origen diverso y, a veces, opuesto. **3.** Actitud que adopta una posición intermedia entre ideas o posturas extremas.

ecléctico, ca *adj.* **1.** Perteneciente o relativo al eclecticismo. **2.** Que adopta un criterio intermedio, seleccionando lo más conveniente de cualquier doctrina, sistema, estilo, etc. También *s.*

eclesial *adj.* Perteneciente o relativo a la Iglesia.

Eclesiastés Libro del Antiguo Testamento, escrito en el s. III a. C., y atribuido a Salomón, aunque en realidad parece obra de Qohelet, judío de Palestina. Su autor insiste en la vanidad y poca importancia de esta vida y de la riqueza, y exhorta al creyente a tener confianza en Dios.

eclesiástico, ca *adj.* **1.** Perteneciente o relativo a la Iglesia y en particular a los clérigos. ‖ *s. m.* **2.** Persona que ha recibido las órdenes sagradas. **FAM.** Eclesiásticamente.

Eclesiástico Libro del Antiguo Testamento, escrito en verso a fines del s. III por Ben Sirac. Está constituido por una serie de máximas que recomiendan la sabiduría y la virtud.

eclesiología *s. f.* Parte de la teología que estudia el origen, esencia y desarrollo histórico de la Iglesia.

eclipsar *v. tr.* **1.** Causar un astro el eclipse de otro. **2.** Disminuir o anular alguien o algo los méritos o cualidades de otro con los suyos. ‖ *v. prnl.* **3.** Sufrir un astro un eclipse. **4.** Perder gradualmente alguien o algo la importancia, calidad, presencia, etc. **5.** Desaparecer, desvanecerse.

eclipse *s. m.* **1.** Ocultación transitoria, parcial o total, de un astro al interponerse otro entre él y el observador. **2.** Pérdida gradual de importancia, valor, calidad, éxito, etc. **3.** Desaparición de una persona o cosa. ‖ **4. eclipse anular** El eclipse parcial del Sol en el que la Luna se interpone entre él y la Tierra, oculta el centro de la estrella y

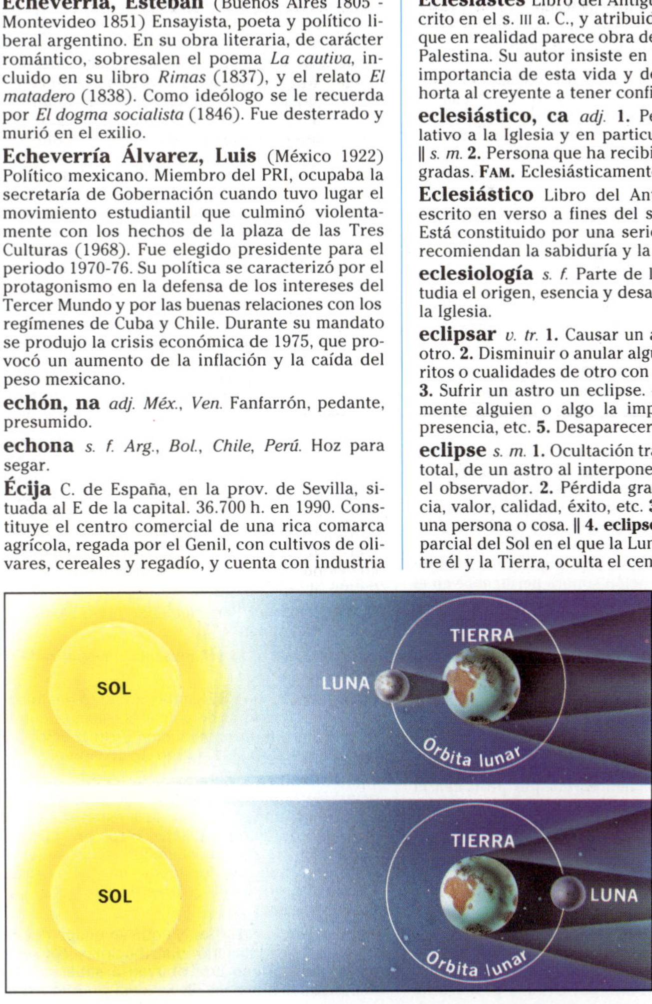

Esquemas de un eclipse de Sol (arriba) y de Luna (abajo).

sólo deja ver un anillo exterior. Suele durar unos 12 minutos. **5. eclipse lunar** Aquel en el que la Tierra se interpone entre la Luna y el Sol, proyectando su sombra sobre la Luna. Suele durar aproximadamente unos 100 minutos. **6. eclipse solar** El producido al interponerse la Luna entre la Tierra y el Sol y estar los tres cuerpos celestes perfectamente alineados. Cuando es total, su duración no supera los 8 minutos; cuando es parcial, dura aproximadamente unas 4 horas.

eclíptica *s. f.* Trayectoria que describe la Tierra en su movimiento de traslación alrededor del Sol y que constituye una órbita elíptica, poco alargada. El plano en el que se realiza el movimiento de traslación se llama **plano de la eclíptica**. El eje de rotación de la Tierra no es perpendicular a este plano, sino que forma con la normal al mismo un ángulo de 23° 26′ 49″.

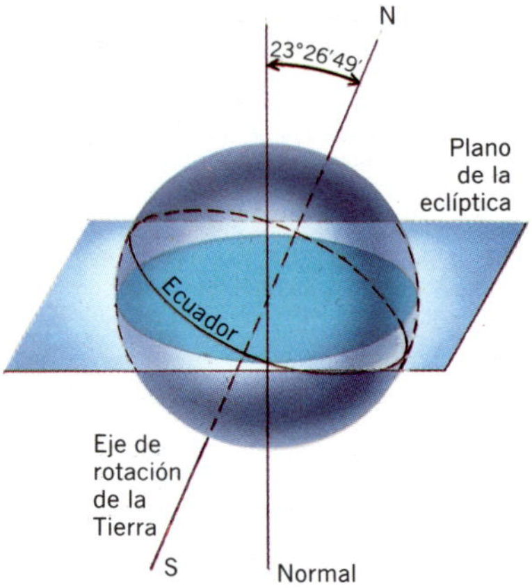

Esquema del plano de la eclíptica y del ángulo que forma con el eje de rotación de la Tierra.

eclogita *s. f.* Roca volcánica básica. Está compuesta principalmente por piroxeno y granate y cristaliza bajo grandes presiones. Aparece en complejos ígneo-metamórficos de las eras arcaica y paleozoica. Se ha encontrado en las chimeneas diamantíferas de Kimberley (República Sudafricana).

eclosión *s. f.* **1.** Acción de nacer o brotar un ser vivo tras romper la envoltura que lo contenía, p. ej. la eclosión de un insecto, de una flor, etc. **2.** Durante la ovulación, apertura del folículo maduro, que permite así la salida del óvulo. **3.** Manifestación repentina de un fenómeno social, político o cultural, que alcanza en poco tiempo gran importancia.

eclosionar *v. intr.* Hacer eclosión.

ecmesia *s. f.* Pérdida de la memoria de los sucesos recientes. Es frecuente en la demencia senil.

eco *s. m.* **1.** Sonido que se percibe como efecto de la reflexión de las ondas sonoras cuando chocan contra un obstáculo. Para que el oído humano pueda percibir el eco es necesario que el obstáculo que refleja el sonido se halle a más de 17 m de distancia del foco emisor, ya que el sonido se desplaza en el aire a una velocidad de 340 m/s y la percepción sonora permanece en el oído humano 1/10 de segundo, que es el tiempo en el que la onda recorre 34 m (17 m de ida y 17 de vuelta). Cuando la distancia es inferior a 17 m, no puede distinguirse el sonido del eco. Si son varios los obstáculos que reflectan el sonido y se encuentran a distancias diferentes, el eco se repite varias veces; si, en cambio, están muy próximos, los distintos ecos se perciben fundidos en uno solo, muy prolongado, que se conoce como *reverberación*. **2.** P. ext., reflexión de ondas eléctricas o electromagnéticas cuando provocan la repetición de la señal transmitida. **3.** Sonido que se percibe o se recuerda de forma débil y confusa. **4.** Noticia imprecisa que llega indirectamente a través de varias fuentes. **5.** Propagación o alcance de una noticia o acontecimiento. **6.** Persona que repite constantemente lo que otra dice y esa misma repetición. **7.** Influencia de alguien o algo. ‖ **8. ecos de sociedad** Noticias sobre bodas, nacimientos, fiestas y otros hechos similares, sobre todo de gente famosa. ‖ **Loc. hacerse eco de** algo Darlo por cierto y propagarlo.

Umberto Eco.

Eco En la mitología griega, ninfa de los bosques. Fue condenada por Hera a repetir solamente la última sílaba de las palabras.

Eco, Umberto (Alessandria 1932) Escritor italiano. Profesor en la universidad de Bolonia, es autor de numerosos ensayos sobre lingüística, semiótica, arte y cultura, entre los que destacan *Apocalípticos e integrados en la cultura de masas* (1964), *La estructura ausente* (1968), *El signo* (1973) y *Tratado de semiótica* (1975). Sin embargo, su mayor popularidad la alcanzó con la publicación de *El nombre de la rosa* (1980), novela con una trama policiaca y reflexiones estéticas, ambientada en la Edad Media, a la que siguió en 1988 *El péndulo de Foucault*.

ecocinesia *s. f.* Ecoprasia*.

ecografía *s. f.* Técnica de exploración de los órganos internos del cuerpo humano mediante ultrasonidos cuyo eco, al ser reflejado por los distintos órganos, se recoge en una pantalla. Se utiliza en medicina, especialmente para el seguimiento de los embarazos.

ecolalia *s. f.* En ciertos trastornos mentales, como el autismo, y también en niños muy pequeños, repetición inmediata y constante de los sonidos o palabras que han oído.

ecología *s. f.* Ciencia que se ocupa de las relaciones tanto de los seres vivos con el ambiente que los rodea como de los seres vivos entre sí. Su objeto es, por consiguiente, el estudio de los ecosistemas. La ecología, que debe su nombre al biólogo alemán Ernst Haeckel (1878), ha experimentado un auge considerable en los últimos tiempos, debido a los problemas que ocasiona la degradación del medio ambiente. El equilibrio de los ecosistemas se ha visto alterado, sobre todo en las regiones más desarrolladas, por el mal uso que el hombre ha hecho de la naturaleza y sus recursos y por las distintas formas de contaminación. La ecología contribuye a resolver los problemas ambientales al estudiar la naturaleza como un sistema completo en el cual todos los elementos están relacionados. Para ello emplea los conocimientos de las ciencias naturales, por lo que se dice que es una ciencia de síntesis. **Fam.** Ecológico.

ecologismo *s. m.* Teoría y movimiento social que defiende la conservación del medio ambiente y se opone al uso incontrolado de la naturaleza y a la degradación que ésta sufre a causa de la industrialización y de las necesidades del consumo. El ecologismo ha alcanzado mucha fuerza en los países desarrollados, y en especial en Alemania, donde está representado políticamente por el Partido Verde.

ecologista *adj.* Perteneciente o relativo al ecologismo. También *s.*

ecólogo, ga *s. m.* y *f.* Persona especializada en ecología.

economato *s. m.* **1.** Establecimiento destinado sólo a ciertos grupos de personas o socios, donde se pueden adquirir productos a un precio más bajo de lo habitual. **2.** Cargo de ecónomo.

econometría *s. f.* Rama de la economía que se ocupa de la medición de los fenómenos económicos mediante el empleo de la estadística y las matemáticas. Aunque existen otros precedentes en la historia del pensamiento económico, se considera que su fundador fue el noruego Ragnar Frisch en el primer tercio del s. XX. **Fam.** Econométrico.

economía *s. f.* **1.** Ciencia que se ocupa del estudio de la producción, distribución y consumo de los bienes que contribuyen a satisfacer las necesidades humanas. **2.** Sistema productivo de un país, área o región. **3.** Estado de la riqueza de un país, área o región. **4.** P. ext., bienes que posee una persona, familia, etc. **5.** Buen uso o administración de los recursos que se poseen. **6.** Reducción en el gasto, ahorro. **7.** Funcionamiento de cualquier cosa, sobre todo desde el punto de vista del consumo, del rendimiento y de la coordinación de los elementos que intervienen en ella. ‖ *pl.* **8.** Cantidad de dinero ahorrado. ‖ **9. economía de libre empresa** Sistema productivo basado en los principios de la libre iniciativa, propiedad privada, libre competencia, búsqueda del beneficio individual, etc. También se la denomina *economía de mercado* (o *capitalista*). **10. economía dirigida** (o **planificada**) Sistema económico en el que el Estado establece los objetivos de producción en función de las necesidades colectivas. Es característico de los países socialistas y en él los medios de producción pertenecen en su mayor parte al Estado. **11. economía mixta** Sistema económico en el que coexisten un sector público (empresas que son propiedad del Estado) y uno privado (empresas particulares). Es característico de algunos países de Europa occidental, como Italia, Francia y España. **12. economía sumergida** Conjunto de las actividades económicas realizadas sin control estadístico y fiscal por parte del Estado.

Econ. Los orígenes de la economía se remontan a la antigua Grecia, donde filósofos como Platón y Aristóteles reflexionaron sobre conceptos como el valor, el precio, el interés y la organización económica. Sus ideas y definiciones fueron asumidas luego por los escolásticos medievales y no evolucionaron hasta el s. XVI, en el que el desarrollo comercial de Europa contribuyó a la aparición del mercantilismo, que se interesó primordialmente por las causas que contribuían a aumentar la riqueza de las naciones y amplió el campo de la economía con cuestiones como la riqueza nacional y la balanza de pagos. El paso de la economía a un estado científico se inició a mediados del s. XVIII, y se debió a la labor de los fisiócratas franceses, de los economistas británicos de la llamada *escuela clásica*, como Adam Smith y David Ricardo, y de Karl Marx y los partidarios del socialismo. A pesar de sus diferencias metodológicas y políticas, coincidían todos en el interés por formular leyes y teorías que explicaran la realidad, en el estudio de temas como la producción, la distribución y la creación del excedente productivo, y en la noción de que el valor de un producto dependía de la cantidad de trabajo necesario para crearlo.

A partir de 1870 se produjo, sin embargo, un cambio de orientación: algunos, como la escuela histórica alemana, negaron la posibilidad de formular leyes científicas en economía, y optaron por los estudios de carácter histórico y por la resolución de problemas prácticos; otros, como la escuela de Lausana, la escuela austriaca y la escuela neoclásica, abandonaron los grandes análisis globales de los economistas decimonónicos, sustituyeron la relación valor-trabajo por la de valor-utilidad y adoptaron como método de análisis el marginalismo, que analiza y cuantifica fenómenos económicos como la producción, la demanda o el consumo y emplea con profusión el cálculo matemático.

El modelo de sociedad sobre el que la ciencia económica había centrado su estudio sufrió, sin embargo, profundas modificaciones a lo largo del s. XX, lo que trajo consigo la aparición de nuevas teorías y enfoques: la planificación económica socialista, resultado del triunfo de la Revolución Rusa; la teoría de la competencia monopolística, desarrollada por Piero Sraffa y Joan Robinson, entre otros, que considera que el modelo de competencia perfecta utilizado por las escuelas neoclásicas no tenía ya nada que ver con la auténtica realidad del s. XX; la doctrina de J. M. Keynes, que, tras estudiar la crisis de 1929, destacó el papel del Estado en la corrección de los desequilibrios económicos; la economía del bienestar, interesada en el desarrollo de un modelo que resuelva las desigualdades de la distribución de la riqueza; las distintas corrientes neoliberales, que recuperan el mensaje de los librecambistas y conceden al mercado el papel de máximo regulador de la economía; la economía del subdesarrollo, que centra sus estudios en la desigualdad entre los países industrializados y los países atrasados, etc. El desarrollo de otras ciencias, como la estadística y la informática, han dotado a la economía de nuevos instrumentos de análisis y permitido la aparición de nuevas disciplinas, como la econometría.

económico, ca *adj.* **1.** Perteneciente o relativo a la economía. **2.** Que gasta poco. **3.** Que cuesta poco dinero. **FAM.** Económicamente.

economista *adj.* Experto en economía. El término empezó a utilizarse en Francia en el s. XVIII para referirse a los fisiócratas. También *s.*

economizador, ra *adj.* **1.** Que economiza. También *s.* ‖ *s. m.* **2.** En algunos sistemas y motores, mecanismo que regula el consumo de energía.

economizar *v. tr.* Ahorrar, gastar lo menos posible. También *v. intr.* ■ Se conjuga como *cazar.*

ecónomo *adj.* **1.** Se aplica al cura destinado a una parroquia en ausencia de su titular. También *s. m.* ‖ *s. m.* **2.** Administrador de los bienes eclesiásticos, de los bienes de una persona demente, o de aquella que no puede disponer de los mismos por sentencia legal.

ecoprasia *s. f.* Repetición mimética de los gestos realizados por un interlocutor.

ecosistema *s. m.* Conjunto formado por los seres vivos (biocenosis o comunidad), el ámbito territorial en el que viven (biotopo) y las relaciones que se establecen entre ellos, tanto bióticas (influencias que los organismos reciben de otros de su misma especie o de especies diferentes) como abióticas (factores fisicoquímicos, como la luminosidad, la temperatura, la humedad, etc.). Ejemplos de ecosistemas son un bosque, un desierto, las áreas costeras del mar, un lago, un estanque, etc. Cada una de las especies de seres vivos que forman parte de un ecosistema ocupa un nicho ecológico determinado, es decir, desempeña un papel en el ecosistema. P. ej., el conejo se alimenta de especies vegetales y construye sus madrigueras en el subsuelo. La ciencia que se ocupa del estudio de los ecosistemas es la ecología.

ecosonda *s. m.* Aparato para estudiar el relieve de los fondos del mar mediante la emisión de ultrasonidos desde la superficie.

éctasis *s. f.* Licencia poética consistente en alargar la sílaba breve, o acentuar la átona, para que la medida sea la misma en todos los versos.

ecto- *pref.* Significa 'externo, por fuera': *ectoparásito.*

ectodermo *s. m.* Capa más superficial o externa de las tres que constituyen el blastodermo o disco embrionario.

ectoparásito, ta *adj.* Se aplica al parásito que vive en el exterior de otro organismo o en cavidades fácilmente accesibles, como p. ej. la pulga o la garrapata. También *s. m.*

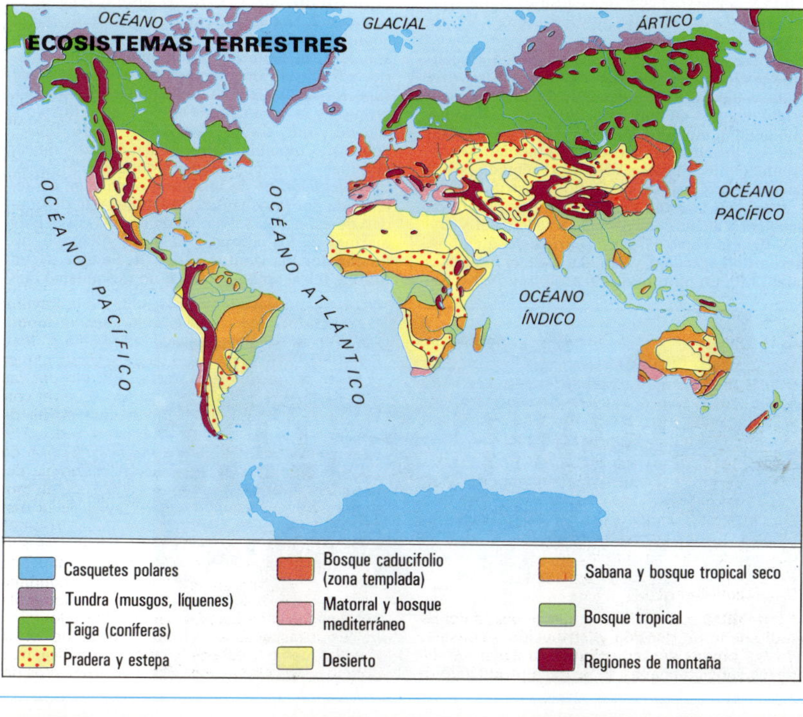

ectoplasma *s. m.* **1.** Parte exterior del citoplasma de las células. **2.** En parapsicología, sustancia que se supone que emite el médium cuando está en trance y con la que se forman rostros, imágenes, etc.

ecu *s. m.* Unidad de pago de la Comunidad Económica Europea, creada en 1979 y cuyo valor se establece mediante equivalencias con un conjunto de monedas de los países miembros, que en 1989 estaba constituido por el marco alemán, el franco francés, la lira italiana, el florín holandés, el franco belga, la corona danesa, la libra irlandesa y la peseta española. Su nombre procede de las siglas de *European Currency Unit.*

ecuación *s. f.* **1.** Igualdad entre dos expresiones matemáticas que sólo se verifica para algunos valores de las variables o incógnitas que aparecen en ella. P. ej., la ecuación $x^2 + xy = y - 3x$ sólo se verifica si $x = 2$ e $y = -10$. **2.** Expresión matemática que indica la relación entre las distintas magnitudes que intervienen en un fenómeno físico. P. ej., la ecuación de los gases perfectos: $PV = nRT$, donde P es la presión, V el volumen, n el número de moles, T la temperatura y R una constante. **3.** Representación escrita de la fórmula química de las sustancias que se emplean como reactivos y de las obtenidas como resultado de la reacción. Los dos términos de la ecuación van unidos mediante una flecha. P. ej.: $H_2SO_4 + 2Na(OH) \rightarrow Na_2SO_4 + 2H_2O$. **4.** Relación, oposición o contraposición de dos cosas. ‖ **5. ecuación algebraica** La que consiste en un polinomio igualado a cero. **6. ecuación bicuadrada** La que se reduce a la forma $ax^4 + bx^2 + c = 0$, de donde $x^2 = y$; $x^4 = y^2$, resultando la ecuación de segundo grado $ay^2 + by + c = 0$. **7. ecuación cuadrática** o **de segundo grado** Aquella que se reduce a una ecuación de la forma $ax^2 + bx + c = 0$, cuyas soluciones son dos:

$$x_1 = \frac{-b + \sqrt{b^2 - 4ac}}{2a}$$

y

$$x_2 = \frac{-b - \sqrt{b^2 - 4ac}}{2a}.$$

8. ecuación de dos incógnitas Aquella que tiene dos incógnitas o variables. P. ej., $3x - 5y = 7$. **9. ecuación de primer grado** Aquella en que las incógnitas están elevadas a exponente 1. P. ej., $ax + b = 0$. **10. ecuación de segundo grado** Ecuación cuadrática. **11. ecuación determinada** La que tiene un número finito de soluciones. **12. ecuación diferencial** Ecuación cuya incógnita es una función y contiene las derivadas de dicha función. **13. ecuación entera** o **polinómica** (con una incógnita) Aquella en que la incógnita es la variable de un polinomio. **14. ecuación exponencial** Aquella en que la incógnita aparece en algún exponente. P. ej., $2^x + 1 = 3 - 4^x$. **15. ecuación fraccionaria** Aquella en que la incógnita aparece en algún denominador. P. ej.:

$$\frac{3 - x}{4 + x} - \frac{1}{4 - x} = \frac{2}{16 - x^2}.$$

16. ecuación indeterminada La que tiene infinitas soluciones. P. ej., $2x + 3y = 7$. **17. ecuación irracional** Aquella en que las incógnitas aparecen bajo algún signo radical. P. ej., $\sqrt{4x + 1} = 4$. Para resolverla hay que aislar un radical en un miembro de la ecuación y elevar luego ambos miembros a una misma potencia. **18. ecuación logarítmica** Aquella en que las incógnitas aparecen bajo la función logaritmo. P. ej., $\log_4 x = 3$ **19. ecuación trigonométrica** Aquella en que las incógnitas aparecen bajo funciones trigonométricas: $2 \text{ sen } 2x - \cos x = \text{tag}^2 x$. **20. ecuaciones equivalentes** Aquellas que tienen las mismas soluciones. Es el fundamento de la resolución de ecuaciones, que consiste siempre en hallar otras equivalentes más sencillas hasta obtener una que dé la solución. **21. sistema de ecuaciones** Conjunto de varias ecuaciones con varias incógnitas.

ecuador *s. m.* **1.** Círculo imaginario formado por todos los puntos de la Tierra que se hallan a la misma distancia del polo norte y del polo sur. Mide 40.076 km de circunferencia, divide a la esfera terrestre en dos partes iguales, el hemisferio norte y el hemisferio sur, y es el grado cero a partir del que se mide la latitud N y S. Se denomina también *ecuador terrestre* o *geográfico.* **2.** Punto medio en la duración de algo. ‖ **3. ecuador celeste** En astron., círculo de la esfera celeste que resulta de la intersección de ésta con el plano perpendicular al eje de la Tierra en su punto medio. **4. ecuador magnético** En geofísica, línea que une los puntos de la superficie terrestre en los que la declinación magnética (inclinación de la aguja imantada) es nula (la aguja adopta la posición horizontal). Coincide, con pequeñas desviaciones, con el ecuador terrestre. **5. ecuador térmico** En geog., línea que une los puntos de la superficie terrestre que alcanzan las mayores temperaturas medias anuales. Está situado unos 10° al N del ecuador geográfico. ‖ **LOC. paso del ecuador** Entre universitarios, momento en que se pasa la mitad de la carrera.

Ecuador, República del Estado de América del Sur.

Extensión: 275.830 km².
Límites: al N, con Colombia; al E y S, con Perú, y al O, con el océano Pacífico.
Población: 10.782.000 h. en 1990.
Densidad: 40,1 h./km².
Capital: Quito.
División administrativa: provincias Archipiélago Colón (Galápagos), Azuay, Bolívar, Cañar, Carchi, Cotopaxi, Chimborazo, Esmeraldas, Guayas, Imbabura, Loja, Manabí, Morona-Santiago, Napo, El Oro, Pastaza, Pichincha, Los Ríos, Sucumbíos, Tungurahua, Zamora-Chinchipe.
Ciudades principales: Guayaquil, Cuenca, Machala, Portoviejo, Ambato, Riobamba, Esmeraldas.
Gentilicio: ecuatoriano.
Forma de Estado: república.
Idioma: español.
Religión: catolicismo, 91%.
Moneda: sucre.
Tasa de natalidad: 33 ‰ en 1990.
Tasa de mortalidad: 8 ‰ en 1990.
Renta per cápita: 1.040 dólares en 1989.

Geog. física El territorio de Ecuador se divide en tres unidades físicas bien diferenciadas: la Costa, situada al O; la Sierra, en el centro, y la Amazónica u Oriente, enclavada entre los Andes y la frontera peruana. La Costa es una llanura aluvial formada por derrubios de los Andes; en el N, su vegetación es de selva tropical y el clima ecuatorial, con fuertes y constantes precipitaciones, mientras que el S está dominado por la sabana, y en él existe una gran diferencia entre la estación seca y la estación lluviosa. La Sierra es un gran altiplano, con una altura media de 2.500 a 3.000 m, flanqueado por dos cordilleras, la Oriental o Real, que culmina en el Cotopaxi (5.987 m), y la Occidental, cuya máxima elevación es el Chimborazo (6.310 m); su clima es va-

riado debido a la diferencia de altitudes, con nieves perpetuas a partir de los 4.600 m de altura. La región Amazónica se caracteriza por sus relieves mesetarios, surcados por los ríos Pastaza y Napo, afluentes del Marañón; la vegetación y el clima son ecuatoriales.

Ecuador: el volcán Chimborazo visto desde San Miguel.

Geog. humana **y** ***económica*** La población se reparte desigualmente: mientras las cordilleras andinas y la selva están casi desiertas, la costa y los valles interiores están superpoblados, debido al elevado índice de crecimiento vegetativo y a la emigración proveniente del campo. El 50 % de los habitantes es amerindio; el 40 % mestizo; el 5 % criollo, y el 5 % negro y mulato.

La economía es básicamente agrícola, con cultivos de cacao (séptimo productor mundial), café (decimosegundo productor mundial), caña de azúcar, bananas (cuarto productor mundial), palmera aceitífera (noveno productor mundial), algodón, agrios, ananás y mangos, en la región costera, y centeno, arroz, maíz, trigo y patatas en el altiplano. También posee pesca y ganadería. La producción de petróleo se ha convertido en la principal impulsora de la economía nacional. Existen asimismo yacimientos de gas natural y oro (décimo productor mundial). La industria se orienta casi exclusivamente al mercado interior; los sectores más importantes son los de alimentación, tejidos y construcción.

Hist. **conquistas y virreinato** Ecuador estuvo habitado en época precolombina por diversas tribus indígenas, entre las que destacan las del grupo lingüístico *atullan.* El país fue conquistado en la segunda mitad del s. XV por el inca Tupac Yupanqui e incorporado a su imperio. En 1525, al morir Huayna Cápac, el imperio inca fue dividido entre sus dos hijos: la región de Quito correspondió a Atahualpa, que atacó a su hermano Huáscar y acabó por dominar también la región de Cuzco. La conquista española fue acometida por Francisco Pizarro, que llegó al territorio en 1526. En 1532 venció e hizo prisionero a Atahualpa en Cajamarca y encomendó a Sebastián de Belalcázar la ocupación del reino de Quito. La conquista se completó con la creación de la Real Audiencia de Quito en 1563; el territorio pasó entonces a depender del virreinato del Perú hasta que, en 1717, fue incorporado al de Nueva Granada, pero en 1723 nuevamente volvió a depender del virreinato del Perú, para pasar definitivamente al de Nueva Granada (1740).

siglo XIX La lucha por la independencia comenzó en Quito en 1809, pero tras varios años de enfrentamientos armados, los realistas sofocaron la insurrección en 1812. La definitiva liberación se obtuvo en 1822, tras la batalla de Pichincha, en la que el general Antonio José Sucre venció a los españoles, integrándose el país en la república de la Gran Colombia. En 1830 se disgregó la república y Ecuador se proclamó independiente en la Asamblea Constituyente de Riobamba. Comenzó entonces un periodo de inestabilidad y de luchas entre liberales y conservadores, en el que se sucedieron diversos gobiernos y el ejército intervino activamente. El conservador García Moreno instauró entre 1861 y 1875 un gobierno autoritario, muy influido por el integrismo católico, que sirvió de freno a la crisis económica y sentó las bases de un cierto desarrollo. Su muerte violenta significó el inicio de casi cien años de poder liberal. El tránsito entre el s. XIX y el XX coincidió con la presidencia del general Eloy Alfaro, que obtuvo el poder mediante un golpe de Estado en 1895.

siglo XX Durante la primera mitad de nuestro siglo, el país sufrió una aguda crisis a causa de la caída de los precios agrícolas y perdió además parte de su territorio en beneficio de Perú en el tratado de paz de Rio de Janeiro (1942), bajo la presidencia de Arroyo del Río. Las siguientes décadas estuvieron marcadas por la personalidad de José María Velasco Ibarra, que ocupó la presidencia en cinco ocasiones (1934, 1944, 1952, 1960 y 1968), aunque los golpes militares sólo le permitieron acabar uno de sus mandatos. Político reformista en sus inicios, evolucionó hacia el conservadurismo, hasta el punto de gobernar entre 1970 y 1972 con criterios casi dictatoriales. Fue derrocado en 1972 por el general Rodríguez Lara, un militar de tendencia nacionalista y progresista, que fue sustituido en 1976 por la junta del almirante Poveda, más moderado. En las elecciones de 1978 venció el socialdemócrata Jaime Roldós, que murió en accidente y fue sustituido por Oswaldo Hurtado. En los comicios de 1984, sin embargo, triunfó la derecha social-cristiana, representada por León Febres Cordero, partidario de superar la crisis mediante medidas liberalizadoras; tuvo que hacer frente a los intentos golpistas del general Frank Vargas. En 1988 fue elegido presidente Rodrigo Borja, de Izquierda Democrática.

Cult. Las culturas preincaicas dejaron riquísimos testimonios de cerámica, objetos de oro y plata y figurillas de terracota. El imperio inca erigió templos en honor del Sol y la Luna, de los que quedan monumentales ruinas, y trazó calzadas. La arquitectura de época colonial, fundamentalmente religiosa, está representada por la iglesia de los jesuitas en Quito, construida en el s. XVII y con fachada del s. XVIII. La escultura de imaginería alcanzó un gran desarrollo en el s. XVII con figuras como el padre Carlos, José Olmos, Bernardo Legarda y, ya en el s. XVIII, el indio Manuel Chili. En pintura destacaron fray Pedro Bedón, Miguel de Santiago y Nicolás de Goríbar. En el s. XIX, el artista más representativo fue el pintor Rafael Salas, miembro de una familia de pintores en la que también sobresalió su hermanastro Ramón. En nuestro siglo, junto a la tendencia pictórica indigenista, vinculada al expresionismo y al cubismo, que encabezan Oswaldo Guayasamín y Eduardo Kingman, han descollado otros artistas más próximos a las corrientes internacionales, como los pintores Enrique Tábara, Oswaldo Viteri, Hugo Cifuentes y José Unda y el arquitecto Ernesto Iturralde.

El primer literato moderno de Ecuador fue el poeta neoclásico José Joaquín Olmedo, que ensalzó en obras como *La victoria de Junín* o *Canto a Bolívar* la lucha por la independencia. Entre los líricos románticos merece citarse a Numa Pompilio Llona, Julio Zaldumbide, autor de *La mañana,* y César Borja, que anuncia ya la llegada del parnasianismo. En el campo de la prosa se distinguieron Juan Montalvo, permanente opositor al régimen de García Moreno y autor de ensayos políticos como *Siete tratados,* y Juan León Mera, poeta, folclorista y autor de la novela *Cumandá o un drama entre salvajes,* arranque de la narrativa costumbrista sobre el mundo indígena. Ya en el s. XX conviene mencionar a los poetas modernistas Arturo Borja, Medardo Silva y Humberto Fierro; a los también poetas Jorge Carrera Andrade, autor de *Viaje de regreso* y *El hombre planetario,* Gonzalo Escudero, Jorge Reyes y Jorge Enrique Adoum; al ensayista Gonzalo Zaldumbide; a los novelistas Jorge Icaza, el literato con más proyección internacional de su país, autor de obras de temática social como *Huasipungo,* y a los del grupo de Guayaquil, en el que brillan Demetrio Aguilera Malta, autor de *Don Goyo* y *Réquiem para el diablo,* Enrique Gil y José de la Cuadra. Entre las últimas generaciones destacan los poetas Euler Granda y Rubén Astudillo y los narradores Hipólito Alvarado, Miguel Donoso Pareja y Vladimir Rivas Iturralde.

ecualizador *s. m.* Circuito electrónico destinado a modificar la respuesta de un amplificador respecto a los diversos sectores en que se divide la banda de frecuencias de los sonidos. Así, amplificando o atenuando cada parte de la respuesta, se compensan las deficiencias de resonancia o transmisión del sonido que puedan proceder tanto del sistema de reproducción como del local donde se ha instalado.

ecuánime *adj.* **1.** Justo e imparcial. **2.** Que mantiene la tranquilidad y no se apasiona fácilmente.

ecuanimidad *s. f.* Cualidad de ecuánime, justicia, objetividad.

ecuatorial *adj.* **1.** Perteneciente o relativo al ecuador. **2.** Se dice del clima caracterizado por la abundancia de precipitaciones (más de 1.500 mm anuales), la isotermia (amplitud térmica inferior a 5 °C), las altas temperaturas (media anual superior a 20 °C) y la humedad constante. Es propio de la zona situada al N y S de la línea del ecuador, que comprende países como Brasil, Ecuador, Colombia, Zaire, Kenia, Nueva Guinea, Filipinas, Camerún, Gabón, Indonesia y Malasia. La vegetación es de bosque o pluvisilva, caracterizada por la densidad de árboles y la diversidad de especies. **3.** Se dice de ciertas corrientes marinas de los océanos Pacífico y Atlántico, influidas por los vientos alisios. **4.** Se dice de un tipo de telescopio dotado de un mecanismo que

Ecuador: vista de la plaza de San Francisco, en Quito.

le permite seguir el movimiento aparente de los astros en la esfera celeste.

ecuatoriano, na *adj.* De Ecuador. También *s.*

ecuestre *adj.* **1.** Perteneciente o relativo al caballo. **2.** Se aplica a las figuras representadas a caballo. **3.** Perteneciente o relativo a los caballeros y órdenes de caballería. **4.** Se aplica a una clase social aristocrática de la antigua Roma, inferior a la senatorial.

ecúmene o **ecumene** *s. f.* **1.** Zona de la Tierra con vida animal y vegetal. **2.** Parte de la Tierra apta para la vida humana.

ecuménico, ca *adj.* **1.** Que se extiende al mundo entero. **2.** Se aplica en particular a los concilios en que está representada toda la Iglesia.

ecumenismo *s. m.* Movimiento que intenta conseguir la unidad de las Iglesias cristianas. De origen anglicano, está aceptado por la Iglesia católica, que participa como observadora en el CEI (Consejo Ecuménico de las Iglesias), creado en 1948.

eczema *s. m.* Eccema*.

edad *s. f.* **1.** Tiempo que lleva existiendo una persona o ser vivo desde su nacimiento. **2.** Duración de una cosa desde su comienzo. **3.** Cada uno de los periodos de la vida humana. **4.** Cada uno de los periodos de tiempo en que se ha dividido tradicionalmente la historia: *Prehistoria*, que comprende la edad de piedra (paleolítico, mesolítico y neolítico), edad del cobre, edad del bronce y edad del hierro, cuyos nombres hacen referencia a los materiales usados para fabricar útiles y armas; *Edad Antigua*, que abarca desde la aparición de las primeras civilizaciones hasta la caída del imperio romano, en el s. V; *Edad Media*, que se prolonga hasta finales del s. XV (caída de Constantinopla en manos de los turcos o descubrimiento de América, según los autores) y, a su vez, se divide en alta, plena y baja; *Edad Moderna*, que llega hasta la Revolución Francesa (1789); *Edad Contemporánea*, que se extiende desde esa fecha hasta nuestros días. **5.** Tiempo, época. **6.** Ancianidad o época próxima a ella. ‖ **7. edad de merecer** Época en la que una chica empieza a resultar atractiva a los hombres. **8. edad del pavo** *fam.* Época en la que se pasa de la niñez a la pubertad y que se caracteriza por profundos cambios físicos y emocionales. **9. edad mental** Nivel de desarrollo intelectual alcanzado por el niño, que se obtiene mediante tests de inteligencia realizados en grupos de niños clasificados según su edad cronológica. **10. grupo de edad** En demografía, conjunto de personas con edades comprendidas entre dos límites fijados, p. ej., el grupo de edad de 25 a 30 años. Es una de las categorías más usadas en la realización de encuestas. **11. mayoría de edad** Estado del que ha cumplido la edad que la ley establece para ejercer los derechos políticos (derecho al voto, a ser elegido, etc.), la mayoría de los derechos civiles (contraer matrimonio, pedir un préstamo, comprar una casa, etc.) y para ser considerado responsable de sus actos (mayoría de edad penal). En España, la mayoría de edad está fijada a los 18 años y la mayoría de edad penal a los 16. **12. minoría de edad** Estado de la persona que no ha alcanzado aún la mayoría de edad. **13. pirámide de edades** En demografía, representación gráfica del reparto por edades de los habitantes de una comunidad. La pirámide suele estar formada por diversos escalones, cada uno de los cuales representa un intervalo de edad y cuya longitud es proporcional al número de personas que compone ese grupo. En la base de la pirámide aparece el grupo de edad inferior, mientras que en el vértice se sitúa el de mayor edad; la población masculina se representa en el lado izquierdo y la femenina en el derecho. **14. tercera edad** Periodo de la vida humana que comienza a partir de los sesenta y cinco años aproximadamente.

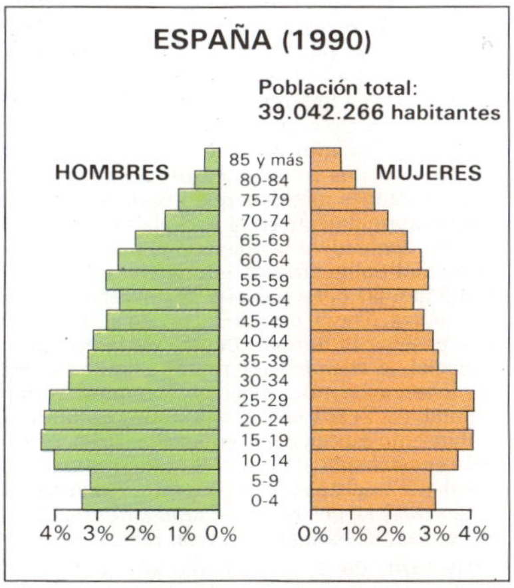

Pirámide de edad de la población española en 1990.

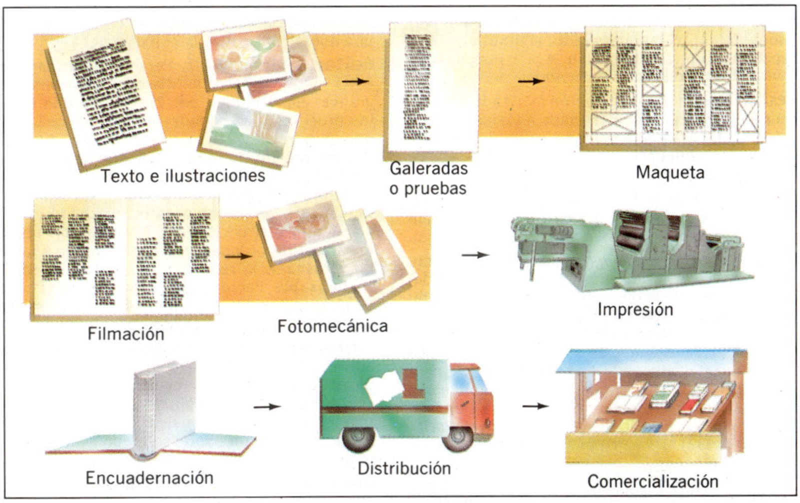

Operaciones de un proceso de edición: una vez redactado el texto y seleccionadas las ilustraciones, la imprenta compone en galeradas, que se leen y corrigen, para luego confeccionar la maqueta; obtenida la película del texto, se procede al montaje del arte final; después se realiza la imposición y pasado de planchas, para terminar con la impresión y encuadernación.

edáfico, ca *adj.* Perteneciente o relativo al suelo.

edafología *s. f.* Rama de la geología que estudia la composición química, el origen, la evolución y las características de los suelos en relación con los seres vivos.

Edda Nombre dado a dos colecciones de poemas épicos islandeses: *Edda* de Snorri Sturluson y *Edda* de Saemund, escritos para el recitado o el canto, compuestos entre los s. IX y XIII y contenidos en el manuscrito del *Codex Regius* (s. XIII).

Eddington, sir Arthur Stanley (Kendal, Westmoreland 1882 - Cambridge 1944) Matemático, astrofísico y filósofo británico. Desde 1914 fue director del observatorio de Cambridge. Aplicó la teoría de la relatividad a la astrofísica y destacó por sus investigaciones teóricas sobre el interior de las estrellas. Es autor, entre otros títulos, de *La constitución interna de las estrellas* (1926) y *El universo en expansión* (1933).

edecán *s. m.* **1.** En el ejército, ayudante de campo, oficial que está al servicio de otro que posee superior graduación. **2.** Acompañante de una persona, colaborador muy próximo.

Edelman, Gerald (Nueva York 1929) Médico y bioquímico estadounidense. En 1972 fue premiado con el Nobel de fisiología y medicina por sus investigaciones sobre la estructura de ciertas moléculas de inmunoglobulina, anticuerpo del grupo de la gammaglobulina.

edelweiss *s. m.* Planta herbácea de la familia compuestas, especie *Leontopodium alpinum*. Llamada también *flor de nieve*, tiene una flor blanca de aspecto lanoso y gran belleza, que crece en zonas montañosas muy secas del continente europeo.

edema *s. m.* Inflamación de una parte del cuerpo debida a la acumulación de líquido. Puede ser local (simple inflamación); afectar a una extremidad, como el edema gravitacional (de los pies); a un órgano, como el edema pulmonar (inundación de los pulmones), o al cerebro, debido a golpes, tumores o infecciones.

Eden, sir Anthony (Windlestone Hall, Durham 1897 - Alvediston, Wiltshire 1977) Político británico. Miembro del Partido Conservador, ocupó en 1935 el cargo de ministro de Asuntos Exteriores, del que dimitió en 1938 al no compartir la política de conciliación con la Alemania de Hitler. Volvió al gobierno con Churchill en 1940, y en 1955 fue nombrado primer ministro y jefe del Partido Conservador. Partidario de una intervención armada en Suez para defender los intereses británicos en el canal, dimitió en 1957 ante el fracaso de su política.

edén *s. m.* **1.** Según la *Biblia* (libro del *Génesis*), paraíso terrenal, en el que vivieron Adán y Eva antes de cometer el pecado original. **2.** Lugar muy agradable, en especial por su vegetación.

Edgar el Pacífico (? 944 - ? 975) Rey anglosajón de Mercia y Northumbria (957) y de Wessex (959). Consiguió unificar Inglaterra y realizó la división administrativa en condados. Se preocupó de la defensa naval contra los normandos.

edición *s. f.* **1.** Acción de editar. **2.** Conjunto de ejemplares de una misma obra realizados de una sola vez sobre los mismos moldes o planchas. **3.** Cada celebración de un certamen, torneo, concurso, etc., que se repite periódicamente. **4.** Texto de una obra preparado por un filólogo u otro especialista. ‖ **5. edición crítica** La que incorpora un aparato crítico, compara ediciones anteriores, señala sus diferencias, corrige erratas y errores, etc. **6. edición diamante** La de formato reducido, muy cuidada y compuesta con un tipo de letra pequeño. **7. edición princeps** (o **príncipe**) La primera edición de una obra.

edicto *s. m.* **1.** Mandato o decreto dado por una autoridad. **2.** Aviso colocado en un sitio público o impreso en los periódicos para el conocimiento de los ciudadanos.

edículo *s. m.* **1.** Edificio de pequeño tamaño. **2.** Pequeño templo que se utiliza como tabernáculo.

edificación *s. f.* **1.** Acción y efecto de edificar. **2.** Edificio o conjunto de ellos.

edificante *adj.* Que edifica, que da buen ejemplo o anima a obrar bien.

edificar *v. tr.* **1.** Construir edificios o mandar su construcción. También *v. intr.* **2.** Crear una enti-

Edelweiss (Leontopodium alpinum).

dad, sociedad, etc. **3.** Dar buen ejemplo una persona con su comportamiento, actitud, etc., animando a otros a obrar bien. ■ Se conjuga como *sacar.* **FAM.** Edificable, edificador.

edificio *s. m.* **1.** Construcción fabricada con materiales resistentes y destinada a vivienda, usos industriales, administrativos, culturales, etc. **2.** Sistema u ordenación de conocimientos, ideas, teorías, etc.

edil, la *s. m.* y *f.* **1.** Concejal de un ayuntamiento. ‖ *s. m.* **2.** Magistrado de la antigua Roma encargado de las obras públicas. **FAM.** Edilicio.

Edimburgo (*Edinburgh*) C. del Reino Unido, cap. de Escocia, situada a orillas del mar del Norte, cerca de la desembocadura del río Forth. 433.500 h. en 1988. Ciudad administrativa y universitaria, ha desarrollado también una pujante industria mecánica, de astilleros, química, de destilerías y alimentaria. Es uno de los centros turísticos más importantes del país, en el que se conserva un castillo del s. XI; la catedral, del s. XII; el palacio de Holyrood y el Parlamento (1632).

Edimburgo: vista de Princes Street, principal calle comercial de la ciudad.

Edipo Héroe legendario griego. Hijo de Layo, rey de Tebas, y Yocasta, un oráculo reveló que mataría a su padre y se casaría con su madre, por lo que fue abandonado al poco de nacer y educado en Corinto. De vuelta a su ciudad, mató a Layo y se casó con Yocasta, sin saber que eran sus padres. Al descubrirse el parentesco, Yocasta se suicidó y Edipo se arrancó los ojos. Es el protagonista de famosas tragedias de Sófocles, Esquilo y Eurípides y ha servido también de inspiración a escritores como Séneca, Corneille, Voltaire, Gide y Anouilh.

Edipo, complejo de Concepto creado por Sigmund Freud para denominar la atracción erótica que los niños sienten, entre los 3 y los 5 años, hacia los padres del sexo opuesto (en sentido estricto, del hijo hacia la madre; cuando se produce de la hija hacia el padre se denomina *complejo de Electra*). Para el psicoanálisis es una etapa normal en el desarrollo del niño, que se resuelve cuando éste se identifica con el padre del mismo sexo.

Edison, Thomas Alva (Milan, Ohio 1847 - West Orange, New Jersey 1931) Inventor estadounidense. En 1876 instaló sus laboratorios en Menlo Park (New Jersey). Patentó más de un millar de inventos y descubrimientos, entre los que destacan el fonógrafo (1877), la primera bombilla de luz eléctrica de utilidad práctica (1878), nuevos métodos de telegrafía, el transmisor de carbón usado en los receptores telefónicos, un sistema cinematográfico, etc. Descubrió la propiedad de los filamentos incandescentes de emitir electrones a través del vacío hacia una placa metálica contenida en el mismo recipiente, conocida como *efecto Edison,* base de la válvula de vacío, que hizo posible el gran desarrollo de la radio y la televisión durante la primera mitad del s. XX.

editar *v. tr.* **1.** Publicar y lanzar al mercado un libro, periódico, disco, vídeo, etc., valiéndose de un medio de reproducción. **2.** Preparar para su publicación un texto, una obra, etc. **3.** En inform., presentar en pantalla los resultados de una operación realizada con el ordenador.

editor, ra *s. m.* y *f.* **1.** Persona o entidad que edita una obra literaria, discográfica, cinematográfica, etc. También *adj.* **2.** Persona que dirige los procesos y actividades de la publicación de una obra, revista, etc., como redacción, revisión, ilustración, etc. **3.** Persona encargada de preparar un texto y hacer una edición crítica. ‖ *s. m.* **4.** En inform., programa que permite corregir o modificar otro programa o datos añadiendo o suprimiendo instrucciones. ‖ **5. editor de textos** Programa de ordenador cuya finalidad es facilitar al usuario la redacción de textos. **6. editor responsable** Persona que figura generalmente como director de un periódico y se responsabiliza del contenido ideológico o político de éste.

editorial *adj.* **1.** Perteneciente o relativo a los editores o a las ediciones. ‖ *s. f.* **2.** Empresa dedicada a editar libros, revistas, periódicos, discos, etc. ‖ *s. m.* **3.** Artículo de fondo de un periódico, revista, etc., que suele ir sin firmar y refleja la opinión de la dirección sobre un asunto determinado.

editorialista *s. m.* y *f.* Persona que escribe editoriales, artículos de fondo.

Edmonton C. de Canadá, cap. de la prov. de Alberta, situada a orillas del río Saskatchewan del Norte. 574.000 h. en 1986, 788.400 h. en 1987 en su área metropolitana. Es un importante nudo de comunicaciones y un notable centro industrial, en el que destacan las refinerías de petróleo, las empresas siderúrgicas, textiles y de alimentación. Posee universidad y aeropuerto.

edredón *s. m.* Cubrecama acolchado que se rellena con plumas, guata u otro material.

Eduardo Nombre de tres reyes anglosajones.

Eduardo III el Confesor, San (Islip, Oxfordshire h. 1003 - Westminster 1066) Rey anglosajón (1042-66). A la muerte de Hardeknud o Canuto el Fuerte, rey danés de Inglaterra, restauró la dinastía anglosajona (1042), aunque el poder fue ejercido por el poderoso *earl* (señor territorial) Godwin. A su muerte, Inglaterra fue conquistada por el duque Guillermo de Normandía, con lo que se inició la dinastía normanda.

Eduardo Nombre de varios reyes de Inglaterra y del Reino Unido.

Eduardo I Plantagenet (Westminster 1239 - Burgh on Sands 1307) Rey de Inglaterra (1272-1307). Hijo y sucesor de Enrique III, sometió Gales y Escocia y permitió por vez primera que accediera al Parlamento el tercer estamento, compuesto por caballeros y burgueses.

Eduardo II (Caernarvon Castle 1284 - Berkeley Castle, Gloucestershire 1327) Rey de Inglaterra (1307-27). Hijo y sucesor de Eduardo I. Débil de carácter, dejó el gobierno en manos de sus favoritos Piers Gaveston y Hugh the Despenser el Joven. Durante su reinado, Escocia logró la independencia (1314). Fue obligado a abdicar en su hijo, Eduardo III, tras la insurrección general provocada por su esposa, la reina Isabel de Francia, y el amante de ésta, Mortimer. Murió asesinado en la cárcel.

Eduardo III (Windsor 1312 - Sheen, Richmond 1377) Rey de Inglaterra (1327-77). Hijo y sucesor de Eduardo II, llegó al poder por una sublevación, pero una vez seguro en el trono eliminó a Mortimer, cabecilla de los revolucionarios (1330). Inició la guerra de los Cien Años (1337) y dividió el Parlamento en dos cámaras. Durante su reinado azotó al país la peste negra.

Eduardo IV de York (Ruán 1442 - Westminster 1483) Rey de Inglaterra (1461-83). Hijo de Ricardo de York, pretendiente al trono en el reinado de Enrique VI, derrotó a los Lancaster en la guerra de las Dos Rosas y se coronó rey. Su alianza con los borgoñones lo enemistó con el conde de Warwick. El partido de los Lancaster pretendió restaurar a Enrique VI, pero fue derrotado en Tewkesbury (1471). Vencedor de la guerra de las Dos Rosas, fue depuesto posteriormente por sus enemigos, los Lancaster; logró recuperar el trono con la ayuda de Francia.

Thomas Alva Edison.

Eduardo V (Westminster 1470 - Londres 1483) Hijo de Eduardo IV. Murió a los 12 años asesinado por su tío, el regente Ricardo de Gloucester, sin haber llegado a reinar.

Eduardo VI (Hampton Court 1537 - Greenwich 1553) Rey de Inglaterra y de Irlanda (1547-53). Hijo de Enrique VIII y Juana Seymour, abrazó la Reforma protestante. El gobierno quedó en manos de los regentes: primero, su tío Eduardo Seymour, duque de Somerset (1547-50), y posteriormente John Dudley, duque de Northumberland. El país cayó en bancarrota y la miseria del pueblo hizo estallar la insurrección campesina de 1549. Fue el último descendiente varón de los Tudor.

Eduardo VII (Londres 1841 - íd. 1910) Rey del Reino Unido e Irlanda y emperador de la India (1901-10). Hijo primogénito de la reina Victoria, mantuvo excelentes relaciones con la mayoría de los países europeos, estableciendo junto a Francia y Rusia la Triple Entente (1907). Desarrolló una importante labor económica y social.

Eduardo VIII (Richmond Park 1894 - París 1972) Rey del Reino Unido e Irlanda y emperador de la India. Primogénito de Jorge V, fue proclamado rey en 1936, pero abdicó para contraer matrimonio con Wallis Simpson, una estadounidense divorciada. Recibió el título de duque de Windsor y le sucedió su hermano el duque de York, Jorge VI. Entre 1940 y 1945 fue gobernador de las Bahamas.

Eduardo I (Lisboa 1391 - Tomar 1438) Rey de Portugal (1433-38). Hijo de Juan I y hermano de Enrique el Navegante, impulsó los proyectos marítimos de este último, codificó las leyes portuguesas y protegió la cultura.

Eduardo, príncipe de Gales, llamado **el Príncipe Negro** (Woodstock 1330 - Westminster 1376) Heredero del trono de Inglaterra como primogénito de Eduardo III. Durante la guerra de los Cien Años dirigió el ejército inglés que venció en Crécy (1346) y Poitiers (1356). Participó en la guerra civil de Castilla a favor de Pedro I contra Enrique de Trastámara. Falleció antes de suceder a su padre.

educación *s. f.* **1.** Acción y efecto de educar. **2.** Formación dirigida a la adquisición de conocimientos o al desarrollo intelectual, social, moral, cívico, etc., de las personas. El concepto de educación hace referencia, además de al desarrollo de las capacidades del individuo, a la asimilación de las normas, principios y valores presentes en la sociedad, es decir, al proceso por el que los niños y jóvenes incorporan el patrimonio cultural de los adultos. A través de la historia, las sociedades han utilizado diferentes formas y medios para asegurar esta transmisión de la cultura a sus miembros más jóvenes. La escuela y, en las sociedades modernas, los sistemas educativos en sus diferentes niveles (enseñanza básica, media y superior) son las instituciones encargadas de realizar esta función. En la actualidad, la educación se entiende como un proceso continuo, en el que la persona realiza nuevos aprendizajes a lo largo de su vida. **3.** Comportamiento correcto según unas normas de trato social. ‖ **4. educación básica** La que proporciona al individuo los conocimientos, destrezas, valores y actitudes mínimos que necesita para integrarse normalmente en la sociedad a la que pertenece. Suele identificarse con el periodo de escolaridad obligatoria. **5. educación especial** La dirigida a las personas que por diversas causas (mentales, físicas, emocionales) no se adaptan a una enseñanza normal. Dentro de la educación especial se atienden diferentes grupos de deficiencias: auditivas, visuales, motrices, retraso mental, etc., cada una de las cuales requiere un tratamiento específico. **6. educación física** La que está encaminada al desarrollo corporal del niño mediante la gimnasia y el deporte. **7. educación preescolar** La que recibe el niño antes de iniciar la escolaridad obligatoria. **FAM.** Educacional.

educado, da **1.** *p. p.* de **educar**. También *adj.* ‖ *adj.* **2.** Que tiene buena educación, buenos modales.

educador, ra *adj.* **1.** Que educa. ‖ *s. m.* y *f.* **2.** Persona que interviene directamente en el proceso de educación de otra persona, especialmente de niños y jóvenes.

educando, da *adj.* Se aplica a quien está recibiendo una educación. También *s.*

educar *v. tr.* **1.** Dirigir el proceso de aprendizaje y desarrollo de las facultades intelectuales, físicas, morales, etc., de una persona. **2.** Enseñar las normas de cortesía necesarias para la vida en sociedad. **3.** Preparar a una persona para que desempeñe una función o se comporte de una manera determinada. **4.** Acostumbrar a un animal a ciertos hábitos relacionados con la higiene, la obediencia, etc. **5.** Desarrollar las facultades de un miembro u órgano o la percepción de los sentidos. ▪ Se conjuga como *sacar.* **FAM.** Educabilidad, educable.

educativo, va *adj.* Relativo a la educación o que sirve para educar. **FAM.** Educatividad.

edulcorante *adj.* Se dice de la sustancia que edulcora, como la sacarina. También *s. m.*

edulcorar *v. tr.* **1.** Endulzar algo con azúcar, sacarina, etc. **2.** Hacer algo excesivamente dulce, tierno o sentimental. También *v. prnl.* **3.** Suavizar los efectos de alguna cosa. **FAM.** Edulcoración, edulcorado.

Edwards, Blake (Tulsa, Oklahoma 1922) Director y guionista de cine estadounidense. Ha destacado en el género de la comedia, al que pertenecen sus principales películas, como *Desayuno en Tiffany's* (1961), *La pantera rosa* (1964), *El guateque* (1968) y *10* (1979).

Edwards, Jorge (Santiago 1931) Escritor chileno. Fue diplomático durante el gobierno de Salvador Allende y tras el golpe de la Junta Militar se exilió a España. En sus novelas, de estilo realista, retrata los ambientes de la alta burguesía chilena; entre ellas destacan *Gente de la ciudad* (1961), *Los convidados de piedra* (1978), *El museo de cera* (1980) y *Adiós, poeta* (1990).

Edwards Bello, Joaquín (Valparaíso 1887 - Santiago 1968) Novelista chileno. Retrató los tipos y personajes de los arrabales de Santiago de Chile y describió la problemática social de su tierra. De sus obras se recuerdan *La cuna de Esmeraldo* (1918), *El roto* (1920), *Valparaíso, ciudad del viento* (1931) y *Criollos en París* (1933).

EEG Siglas de electroencefalograma*.

efe *s. f.* Nombre de la letra *f.*

efebo *s. m.* Muchacho, adolescente.

efectismo *s. m.* Excesiva importancia o abundancia de recursos, detalles, etc., con los que se pretende causar una fuerte impresión o llamar la atención. **FAM.** Efectista.

efectivamente *adv. m.* En efecto, verdaderamente.

efectividad *s. f.* Cualidad o situación de efectivo.

efectivo, va *adj.* **1.** Que causa efecto. **2.** Real, seguro, verdadero. ‖ *s. m.* **3.** Dinero en moneda o disponible. ‖ *pl.* **4.** Fuerzas militares, policiales, etc.; p. ext., conjunto de miembros de cualquier colectivo. ‖ **LOC. hacer efectivo** Llevar a cabo, realizar; referido a sumas de dinero, créditos, etc., pagarlos o cobrarlos.

efecto *s. m.* **1.** Lo que es producido por la acción de algo. **2.** Fin o propósito. **3.** Impresión causada en una persona. **4.** En algunos deportes, movimiento dado a la bola, golpeándola lateralmente, para que se desvíe de su trayectoria normal. **5.** Título o documento de crédito o mercantil, como un talón, un cheque, etc. **6.** Fenómeno físico o químico que lleva el nombre de su descubridor, p. ej. *el efecto Edison.* ‖ *pl.* **7.** Pertenencias, objetos que pertenecen a alguna persona. **8.** Mercancías o artículos de algún comercio. ‖ **9. efecto retroactivo** El producido cuando una ley, disposición, acuerdo, etc., se aplica a partir de una fecha anterior a aquella en que se promulga o publica. **10. efectos especiales** En cine, teatro, etc., trucos que se utilizan para provocar en el espectador una ilusión de realidad. ‖ **LOC. a efectos (de)** Con el fin de, para. **con efecto desde** *adv.* Con vigor o validez desde una fecha o momento determinado. **en efecto** *adv.* Efectivamente, confirmando algo que se ha dicho o supuesto anteriormente. **llevar a efecto** Realizar, llevar a cabo. **surtir efecto** Producir el resultado esperado o deseado.

efector, ra *adj.* Se aplica a la fibra nerviosa transmisora de un impulso que produce una respuesta secretora (secreción glandular) o motora (contracción muscular).

efectuar *v. tr.* **1.** Realizar, hacer. ‖ *v. prnl.* **2.** Llevarse a cabo, cumplirse. ▪ En cuanto al acento, se conjuga como *actuar*: *efectúa.* **FAM.** Efectuación.

efeméride *s. f.* **1.** Acontecimiento importante que se recuerda en cualquier aniversario del mismo y, también, conmemoración de ese aniversario. ‖ *pl.* **2.** Acontecimientos importantes ocurridos en distintos años o épocas, pero que coinciden en el día y en el mes. **3.** Libro donde se van anotando los hechos de cada día.

eferente *adj.* Que conduce desde el interior al exterior o desde un centro o tronco a los extremos; se dice especialmente de conductos o formaciones del organismo.

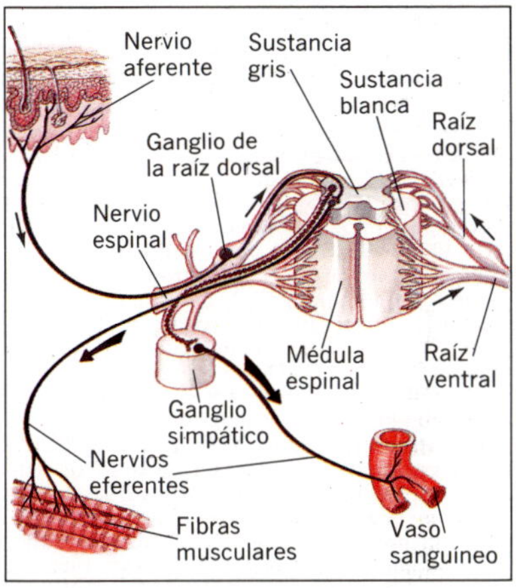

Esquema de los nervios eferentes que transmiten los impulsos nerviosos desde las áreas centrales a las glándulas o músculos encargados de realizar las órdenes.

efervescencia *s. f.* **1.** Desprendimiento de burbujas gaseosas en el interior de un líquido. **2.** Gran excitación o agitación.

efervescente *adj.* Que está o puede estar en efervescencia.

Éfeso Antigua ciudad de Asia Menor, a orillas del mar Egeo, situada en la actual Turquía. Fue fundada por los griegos en 1087 a. C. y se convirtió hacia el s. VIII a. C. en un importante centro comercial. Más tarde fue capital de la provincia romana de Asia. Albergó una de las primeras comunidades cristianas.

Éfeso, concilio de El tercero de los concilios celebrados en la ciudad del mismo nombre (431 d. C.). En él fue condenada como herética la doctrina de Nestorio (nestorianismo), arzobispo de Constantinopla, que sostenía que la Virgen María era la madre de Cristo, pero no de Dios.

Efialtes (Atenas h. 495 - íd. 457 a. C.) Político ateniense. Jefe del partido democrático, consiguió, con la ayuda de Pericles, suprimir parte de los poderes del areópago. Murió asesinado.

eficacia *s. f.* Cualidad de eficaz.

eficaz *adj.* Que actúa satisfactoriamente o es adecuado para producir un determinado efecto. **FAM.** Eficazmente.

eficiencia *s. f.* Cualidad de eficiente.

eficiente *adj.* Se aplica a la persona o cosa que realiza satisfactoriamente su función. **FAM.** Eficientemente.

efigie *s. f.* **1.** Imagen de una persona reproducida en pintura, escultura, etc. **2.** Personificación de una cosa ideal o abstracta.

efímero, ra *adj.* Breve, de corta duración.

eflorescencia *s. f.* **1.** Erupción o eccema que sale en la piel. **2.** En geol., fenómeno que se produce a causa de la propiedad de ciertos compuestos de convertirse en polvo al evaporarse su agua de cristalización. Da lugar a la formación de capas de sales en el suelo, debido a la fuerte evaporación que sufre el agua que las contiene y que ha ascendido a la superficie por efecto de la capilaridad. Es frecuente en las regiones tropicales, ricas en suelos halomorfos, es decir, de gran salinidad. **FAM.** Eflorescente.

efluvio *s. m.* **1.** Emanación de vapores o pequeñas partículas. **2.** Irradiación de algo inmaterial, como sentimientos, sensaciones, etc.

éforo *s. m.* Nombre que recibían en Esparta los cinco magistrados supremos, elegidos anualmente.

Efraim o **Efraín** Según la *Biblia,* segundo hijo de José y cabeza de una de las doce tribus de Israel.

EFTA (siglas de la *European Free Trade Association,* Asociación Europea de Libre Comercio) Organización creada en Estocolmo en 1959 en la que sus miembros se comprometían al intercambio de productos industriales libres de derechos de aduana. Actualmente integrada por Noruega, Suecia, Finlandia, Islandia, Austria y Suiza, en 1973 suscribió un acuerdo de desarme arancelario con la CEE, que se concretó en 1992 con otro acuerdo para la creación de un mercado único en el ámbito de Europa occidental.

efugio *s. m.* Recurso para evitar una dificultad o salir de algún problema.

efusión *s. f.* **1.** Manifestación muy viva de sentimientos alegres o afectuosos. **2.** Derramamiento de un líquido, sobre todo de la sangre. **3.** En geol., emisión de lava volcánica sobre la superficie de la Tierra.

efusivo, va *adj.* **1.** Que manifiesta viva y afectuosamente sus sentimientos. **2.** Se dice de la roca ígnea que ha salido al exterior en una erupción volcánica. Se denomina también *extrusiva.* También *s. f.*

Egaña, Juan (Lima 1768 - Santiago 1836) Político y escritor chileno. Fue presidente del Senado y uno de los redactores de la Constitución de 1823. Profesor de literatura, está considerado como uno de los primeros autores teatrales chilenos. Entre sus obras, de estilo neoclásico, destaca *Poliforonte o el valor ostensible.*

Egaña, Mariano (Santiago 1793 - íd. 1846) Político chileno. Ministro en los gobiernos de 1824 y 1830 y presidente de la Convención de 1831, formó parte de la comisión que redactó la Constitución de 1833.

Egas, Enrique (? - ? h. 1534) Arquitecto español de origen flamenco. Fue uno de los principales representantes del gótico tardío y uno de los iniciadores del estilo plateresco. Merecen citarse, entre otros, los planos que realizó para el hospital de los Reyes Católicos de Santiago de Compostela (h. 1501), para el hospital de Santa Cruz de Toledo (1504-15) y para la capilla Real de Granada (h. 1506).

Egberto (? h. 775 - ? 839) Rey de Wessex (802-839). Conquistó el O de Gales, derrotó al rey de Mercia (825) y dominó los restantes reinos de la heptarquía anglosajona.

egeo, a *adj.* **1.** Perteneciente o relativo al mar Egeo. **2.** Se dice de los pueblos que habitaron las costas e islas del mar Egeo durante la edad del bronce y de las culturas por ellos desarrolladas (minoica, micénica, etc.). **3.** De estos pueblos. También *s.*

Egeo Mar del Mediterráneo oriental, situado entre la península Balcánica y Turquía, limitado al S por la franja que forman las islas Citera, Creta, Cárpatos y Rodas. 180.000 km^2 de extensión. Está comunicado con el mar de Mármara a través del estrecho de los Dardanelos. En él se encuentran numerosas islas, entre las que sobresalen los archipiélagos de las Cícladas y las Espóradas. Su máxima profundidad la alcanza cerca de la isla de Creta, con 2.290 m. Sus principales puertos son El Pireo, Tesalónica y Mitilene, en Grecia, e Izmir (Esmirna), en Turquía.

Égica (? - ? 702) Rey de los visigodos de Hispania (687-702). Sobrino de Wamba, tuvo que hacer frente a una conspiración de la nobleza encabezada por Sisberto, arzobispo de Toledo (693). Confiscó los bienes de los judíos del reino porque conspiraban con los judíos del N de África para invadir la Península. Asoció al trono a su hijo Witiza (h. 698).

égida o **egida** *s. f.* **1.** Piel de la cabra Amaltea con que se solía representar a Júpiter (Zeus) y a Minerva (Atenea) y que les servía de protección o escudo. **2.** En lenguaje literario, escudo. **3.** Protección.

egipcio, cia *adj.* **1.** De Egipto. También *s.* ‖ *s. m.* **2.** Lengua hablada en el Egipto antiguo. Presenta tres tipos de escritura: jeroglífica, hierática y demótica.

Egipto (*Misr*) Estado del NE de África.

Extensión: 997.739 km^2.
Límites: al N, con el mar Mediterráneo; al E, con Israel y el mar Rojo; al S, con Sudán, y al O, con Libia.
Población: 53.170.000 h. en 1990.
Densidad: 56,3 $h./km^2$.
Capital: El Cairo.
División administrativa: 26 gobernaciones.
Ciudades principales: Alejandría, Gizeh, Shubra al-Khaymah, Port Said, Suez.
Gentilicio: egipcio.
Forma de Estado: república.
Idioma: árabe.
Religión: islamismo, 81,8 %; cristianismo, 17,8 %.
Moneda: libra egipcia.
Tasa de natalidad: 38 ‰ en 1990.
Tasa de mortalidad: 9 ‰ en 1990.
Renta per cápita: 630 dólares en 1989.

Geog. física El territorio egipcio está compuesto por dos unidades bien diferenciadas: el desierto y el valle del Nilo. El desierto occidental, o líbico, es una meseta árida, que cubre unos dos tercios de la superficie del país, cruzada en el N por la depresión de Qattarah, en cuya banda costera se registran algunas lluvias invernales; el desierto oriental, o arábigo, que incluye la península de Sinaí y se extiende desde el Nilo hasta el mar Rojo, presenta un relieve más accidentado. La vida en ambos desiertos se centra en los oasis, habitados por una reducida población sedentaria que cultiva dátiles, legumbres y cereal; algunos grupos nómadas pastorean rebaños de dromedarios, ovejas y cabras en las regiones de clima menos extremado. El río Nilo atraviesa el país de S a N, conformando un valle aluvial de gran fertilidad, gracias al limo depositado por las crecidas. El valle del Nilo es estrecho hasta la primera catarata; después el río se ensancha y discurre suavemente hasta El Cairo, donde se abre en dos ramas (Rosetta y Damietta) y forma un delta con numerosas lagunas salobres. El clima es desértico, excepto en la costa N, donde se transforma en mediterráneo.

Geog. humana y ***económica*** La población (48,8 % urbana y 51,2 % rural, en 1985) se concentra en las márgenes del río y en las ciudades, superpobladas a causa de la alta tasa de natalidad. La economía está basada en la agricultura, regulada por las crecidas anuales del río (agosto y septiembre) hasta que las aguas del Nilo fueron represadas y canalizadas. La gran presa de Asuán ha permitido aumentar considerablemente la superficie fértil (2,8 % del total) y obtener sucesivas cosechas a lo largo del año. Los principales cultivos son el algodón (octavo productor mundial) y la caña de azúcar, así como el maíz, trigo, sorgo, cebollas, legumbres, agrios (séptimo productor mundial), arroz (décimo productor mundial), frutas y lino. La ganadería tiene poca relevancia, con rebaños de búfalos, bueyes, asnos, dromedarios, ovejas y cabras. Los recursos del subsuelo se reducen al petróleo, el gas natural, los fosfatos y el hierro. La industria textil es la más importante, aunque la química y metalúrgica han experimentado un cierto desarrollo. Conviene también destacar la importancia del canal de Suez como vía de transporte y el auge de la industria turística.

Hist. **época faraónica y decadencia** Egipto fue la cuna de una de las principales civilizaciones de la antigüedad, que floreció a lo largo del fértil valle del Nilo. Cronológicamente la historia del Egipto clásico o faraónico se divide en cuatro periodos: periodo protodinástico (dinastías I y II, 2850-2615 a. C.), en el que el faraón Menes (Narmer) unificó el alto y el bajo Egipto e instauró la monarquía; imperio Antiguo (dinastías III a XI, 2615-1991 a. C.), en el que se construyeron las grandes pirámides (Keops, Kefrén y Micerinos) y que culminó en el primer periodo intermedio, con luchas entre dinastías rivales de Heracleópolis y Tebas hasta la reunificación lograda por Menhotep II; imperio Medio (dinastías XII a XVII, 1991-1570 a. C.), periodo de expansión que fue interrumpido por la invasión de los hicsos; imperio Nuevo (dinastías XVIII a XX, 1570-1065 a. C.), época de victoriosas campañas de Tutmosis III contra Siria y de Ramsés II contra los hititas, en la que surgió el culto monoteísta a Atón bajo Amenofis IV; tras este periodo se produce la decadencia (dinastías XXI a XXXI, 1065-332 a. C.) y el país es sometido sucesivamente por Asiria (663) y Persia (525) y finalmente conquistado por Alejandro Magno en el 332 a. C., dando comienzo la época helenística. En el 306, un general de Alejandro, Tolomeo, creó el reino egipcio, instaurando la dinastía de los lágidas.

periodos romano y bizantino La derrota de Cleopatra ante Octavio en Actium (31 a. C.) inauguró el periodo romano. El país se convirtió en principal productor agrícola, con exportación de cereales y plantas textiles. La división del imperio romano a fines del s. IV supuso el inicio del periodo bizantino. Egipto recibió el cristianismo, que se organizó en torno a la sede patriarcal de Alejandría, y desarrolló formas singulares de religiosidad, como el anacoretismo y el cenobitismo, que dieron luego origen al monacato.

del dominio islámico al otomano El fracaso de la política expansiva de Justiniano, el arraigo de la doctrina herética monofisita y el desgaste de Bizancio en su lucha con Persia, permitieron que Egipto fuera fácilmente conquistado por el Islam a mediados del s. VII. El país quedó integrado de nuevo en un poderoso imperio, centralizado en Damasco y después en Bagdad. A la tradicional función agrícola de Egipto se unió entonces la comercial. La ruta de las especias y la seda, procedente de Extremo Oriente, desembocaba en Alejandría, que se convirtió en puerto obligado de enlace con el comercio mediterráneo. La decadencia del califato abasida supuso la desintegración política del Islam y la aparición en Egipto de dinastías independientes: el califato fatimí (968-1171), de doctrina chiita, fundador de El Cairo; el califato ayyubí (1171-1250), constituido por turcos y combatido por la cristiandad en la cruzada del rey San Luis de Francia, y el califato mameluco (1250-1517), que sufrió el ataque de Tamerlán. En 1517 el país fue conquistado por el sultán turco Selim e integrado en el imperio otomano. En 1757, Alí Bey independizó Egipto del imperio; la intervención británica provocó la invasión de Napoleón en 1798, que ocupó el país hasta 1801, en que fue conquistado por el Reino Unido y entregado al otomano Mehmet Alí (1805). Durante el siglo XIX las tierras de cultivo se concentraron en grandes latifundios y se construyó el canal de Suez, cuyas acciones acabaron en manos británicas.

protectorado británico e independencia La intervención del Reino Unido fue en aumento, hasta convertir Egipto en un protectorado entre 1822 y 1922. En este año los británicos renunciaron a su derecho, pero no retiraron las tropas. La agitación nacionalista concluyó con la transformación del sultanato en un reino y la proclamación en 1923 de una Constitución que dotaba al país de un régimen parlamentario. Reino Unido reconoció en 1936 la plena soberanía del nuevo Estado, a cuyo frente se encontraba el rey Faruk I. En 1952, un grupo de jóvenes oficiales nacionalistas, dirigido por el coronel Nasser, derrocó la monarquía e instauró la república (1953). Su primer presidente fue el general Naguib, depuesto en 1954 por un golpe que condujo a Nasser al poder. Bajo su dirección, Egipto nacionalizó en 1956 el canal de Suez (lo que provocó la intervención armada del Reino Unido y Francia); estrechó lazos con la URSS (que colaboró activamente en la construcción de la presa de Asuán y modernizó el ejército); se unió a Siria en 1958 para formar la República Árabe Unida (RAU), y encabezó la lucha de los países árabes contra Israel (derrota en la guerra de los Seis Días, en 1967). Nasser murió en 1970 y fue sustituido por Sadat, que al principio continuó la política de su antecesor (guerra del Sinaí contra Israel en 1973), pero que luego optó por una línea de entendimiento con el Estado judío (acuerdo de Camp David en 1979) y de amistad con EE UU, en detrimento de sus relaciones con la URSS. Sadat fue asesinado por integristas musulmanes (1981) y le sucedió Mubarak, que profundizó en la política prooccidental y la reconstrucción económica del país.

Cult. Egipto desarrolló en la época faraónica un arte de grandiosa monumentalidad arquitectónica, reflejo de las creencias religiosas y de la magnificencia de sus monarcas: templos de planta rectangular tripartita, con arquitrabe o dintel y columnas de capiteles con formas vegetales (loto, papiro, etc.), como los templos solares de al-Amarna, Abydos, Luxor, Karnak y Abu Simbel, y monumentos funerarios como hipogeos, mastabas y pirámides (Saqqara, Gizeh, etc.). La escultura de bulto redondo evolucionó desde una gran rigidez a un estilo realista, con representaciones de divinidades (Isis, Osiris, Horus, etc.), faraones (Amenofis III, Tutankamón, Nefertiti, etc.) y personajes populares (*El alcalde del pueblo*, *El escriba sentado*...). La escultura en relieve adquiere una gran importancia en la decoración de templos y cámaras funerarias. Las pinturas, pensadas siempre para decorar los muros de los edificios, representan escenas de la vida cotidiana y la naturaleza, con colores planos, trazo firme y una búsqueda de la perspectiva consistente en presentar la figura de perfil y el torso y los ojos de frente. También se desarrolló un importante arte suntuario de orfebrería, paletas de cosmética, labrado de sarcófagos, etc. La literatura de la época faraónica abarca diversos estilos: religioso (*Libro de los muertos*), didáctico o sapiencial (*Máximas de Ptahhotep*), narrativo (*Historia de Sinuhé*), poético (*Himnos de Amenofis IV*) y dramático (*Los misterios*). La ciencia y la técnica evolucionaron al compás de las necesidades prácticas: astronomía (calendario iliaco de Sotis), agrimensura (para fijar los lindes tras las crecidas del Nilo), etc.

La época helenística romana (basílica de Hermópolis, esculturas clásicas de Hércules y Afrodita, pinturas de estilo realista, etc.) supuso un intento de ruptura con el arte faraónico, pero en

Egipto: el río Nilo a su paso por la ciudad de Asuán, donde se ha construido una gran presa, terminada en 1971.

Arte egipcio: a la izquierda, templo funerario de la reina Hatsepsut, del imperio Nuevo, al pie de los acantilados de Tebas; a la derecha, tríada de Micerinos, labrada en esquisto, formada por el faraón, su esposa y una divinidad.

el s. V el llamado *arte copto paleocristiano* recuperó las antiguas tendencias artísticas (conventos Blanco y Rojo de Sohag, monasterio de San Jeremías en Sakkara, monasterio de San Apolonio de Bawit). La larga dominación islámica produjo una arquitectura religiosa de muy diversos estilos (en El Cairo: mezquita de ladrillo de Ibn-Tulún, época tulúnida, s. IX; mezquita de al-Azhar, época fatimí, s. X; mezquita de Maridani, época mameluca, s. XIV; mezquita de Mehmet Alí, época otomana, s. XIX). Tras la llegada de Napoleón a principios del s. XIX, el arte y cultura egipcios entraron en contacto con los de los países europeos, proceso que se intensificó aún más en nuestro siglo. Taha Husayn y Alí Abd al-Raziq defendieron, uno en el terreno de la historia literaria y otro en el de la historia política, la renovación del mundo árabe y abrieron una polémica entre tradición y modernismo que todavía está presente en los países musulmanes. En el campo de la literatura, la aportación egipcia más sobresaliente se ha producido en la novela, con autores como Husayn Haykal (1888-1956), Nayib Mahfuz (1912, premio Nobel en 1988), y Abd al-Rahman Sarqawi (1920), y el relato corto y el teatro, con los hermanos Muhammad y Mahmud Taymur. En pintura destaca M. Naghi, de estilo expresionista, y en escultura, Gamal El Saghini. La música actual, de tendencia occidental, está poderosamente enraizada en la música tradicional árabe y sus principales representantes son Yusuf Greiss y Abu Bakr Khayrat.

egiptología *s. f.* Rama de la arqueología que se ocupa de la antigua civilización egipcia. **FAM.** Egiptólogo.

égloga *s. f.* Composición poética de tema campestre o amoroso, en la que suelen dialogar dos o más pastores. Los primeros cultivadores de esta forma poética fueron el griego Teócrito (*Idilios*) y el latino Virgilio (*Bucólicas*). En España fue introducida en el s. XVI por Juan del Encina y Lucas Fernández, en sus obras teatrales, y alcanzó su más alta expresión con Garcilaso de la Vega.

Egmont, Lamoral, conde de (La Hamaide, Hainaut 1522 - Bruselas 1568) Militar flamenco. Luchó al servicio de Carlos V y participó en brillantes acciones, como el asedio de Argel (1541) y las batallas de San Quintín (1557) y Gravelinas (1558). En 1559 ocupó el cargo de gobernador y comandante general de Flandes, del que dimitió al oponerse a las medidas centralistas de Felipe II. Acusado por el duque de Alba de participar en la rebelión que encabezaba Guillermo de Orange, fue ajusticiado públicamente. Su muerte recrudeció la insurrección.

ego *s. m.* **1.** En psicoanálisis, parte consciente de la personalidad. **2.** Soberbia, presunción.

egocéntrico, ca *adj.* Se dice de la persona que se considera el centro de todo lo que ocurre o habla de sí constantemente. También *s.* **FAM.** Egocentrismo.

egoísmo *s. m.* Cualidad o actitud de la persona que busca siempre y exclusivamente su propio interés por encima del de los demás.

egoísta *adj.* Que tiene o demuestra egoísmo. También *s.*

egolatría *s. f.* Estimación o admiración excesiva de uno mismo. **FAM.** Ególatra.

egopatía *s. f.* Término con el que se designan los trastornos del yo.

egotismo *s. m.* Egocentrismo, egolatría. **FAM.** Egotista.

egregio, gia *adj.* Que sobresale por su categoría o méritos. **FAM.** Egregiamente.

egresar *v. intr. amer.* Dejar un centro docente, colegio, universidad, etc., después de terminar los estudios en él.

Eguía, Francisco Ramón (Durango 1750 - Madrid 1827) Militar español. Participó en la guerra de la Independencia como jefe del ejército de Extremadura. Por su absolutismo, Fernando VII lo nombró ministro de la Guerra (1814-15 y 1817-19) y capitán general de Granada (1819). Se distinguió por su persecución de los liberales. Exiliado en 1820, volvió a España y presidió la junta absolutista de Oyarzun (1823). Posteriormente fue nombrado capitán general de Castilla.

Eguren, José María (Lima 1882 - íd. 1942) Poeta peruano. Influido por el simbolismo, fue el primer poeta posmodernista de Perú. Entre sus obras merecen citarse *Simbólicas* (1911), *La canción de las figuras* (1916), *Sombras* (1920), *Rondinelas* (1929) y *Waino* (1937).

Egusquiza, Juan Bautista (? 1845 - ? 1898) Militar y político paraguayo. Miembro del Partido Conservador, encabezó el golpe de Estado contra el presidente Juan González (1892) y ocupó la presidencia de la nación (1894-98). Llegó a un acuerdo con los liberales para asegurarse la mayoría parlamentaria y permitir que éstos participaran como oposición. Favoreció un importante florecimiento de la cultura.

¡eh! *interj.* En tono exclamativo o interrogativo, se utiliza para llamar, advertir, preguntar, reprender, etc.

Ehrenburg, Ilia (Kiev 1891 - Moscú 1967) Escritor y periodista soviético. Autor prolífico, fue uno de los principales propagandistas del régimen comunista en Europa occidental, donde residió mucho tiempo como corresponsal. Tras su tardía adhesión al bolchevismo (1924), consiguió salir bien librado de las purgas de Stalin y de su posterior caída en desgracia durante la época de Breznev. Dueño de un estilo ágil y directo, es autor de novelas como *Las extraordinarias aventuras de Juren Jurenito* (1922), *El callejón Protocny* (1927) y *El deshielo* (1954); de libros de reportajes, como *España, república de trabajadores* (1932) y *La fábrica de sueños* (1933), y de cuatro volúmenes de memorias, titulados *Gentes, años, vida* (1962-66).

Ehrlich, Paul (Strehlen, Silesia 1854 - Bad Homburg 1915) Biólogo alemán. En 1908 recibió el premio Nobel de fisiología y medicina, compartido con Ilia Mechnikov, por sus investigaciones sobre el fenómeno de la inmunidad y la actividad de los anticuerpos y antígenos. Descubrió el medicamento llamado *salvarsán*, para combatir la sífilis, y el *tripán rojo*, para la enfermedad del sueño, por lo que se le considera el padre de la quimioterapia.

Éibar C. de España, en la prov. de Guipúzcoa, situada al SO de San Sebastián. 34.400 h. en 1990. Es un centro industrial de primera magnitud; posee industrias metalúrgica, textil, de maquinaria, motociclística, de armamento, reparación de buques, peletera y de aparatos de precisión.

Eichelbaum, Samuel (Entre Ríos 1894 - Buenos Aires 1967) Escritor teatral y crítico argentino. Fue colaborador de la revista *Nosotros*. En sus dramas ahonda en los conflictos de conciencia de los personajes. Es autor, entre otras obras, de *La mala sed* (1920), *Señorita* (1930), *Pájaro de barro* (1940), *Un guapo del 900* (1940) y *Subsuelo* (1960).

Eichendorff, Joseph von (Lubowitz, Alta Silesia 1788 - Neisse 1857) Poeta y narrador alemán. Aristócrata católico y liberal, está considerado como el escritor más popular del Romanticismo tardío. En 1837 publicó *Poesías*; entre sus obras en prosa destacan *La estatua de mármol* (1919), *Vida de un tunante* (1826) y *El castillo Durande* (1837).

Eichmann, Adolf (Solingen 1906 - Reamleh, Israel 1962) Funcionario nazi alemán. Coronel de las SS, fue uno de los organizadores del sistema de campos de concentración y del holocausto judío. Condenado en el juicio de Nuremberg tras la guerra, huyó a Sudamérica, donde se estableció con una identidad falsa. En 1960 fue secuestrado por los servicios secretos israelíes y trasladado a Israel, donde fue procesado y ejecutado.

Eiffel, Alexandre-Gustave (Dijon 1832 - París 1923) Ingeniero francés. Es uno de los principales representantes de la arquitectura del hierro de fines del s. XIX. Merecen citarse entre sus obras el puente sobre el río Duero en Oporto (1876) y la torre Eiffel, construida en París entre 1887 y 1889 con motivo de la Exposición Universal. Realizó también investigaciones en el campo de la aerodinámica, en su laboratorio de Anteuil.

Eigen, Manfred (Bochum 1927) Químico alemán. Director del Instituto Max Planck, obtuvo el premio Nobel de química en 1967, compartido con los británicos George Porter y Ronald George Wreyford Norrish, por sus métodos para percibir reacciones químicas ultrarrápidas, alterando las condiciones de equilibrio.

Eijkman, Christiaan (Nijkerk 1858 - Utrecht 1930) Médico holandés. Director del Instituto de Patología de Batavia (actual Yakarta), estudió la relación entre la enfermedad del beriberi y la alimentación, lo que permitió el descubrimiento de las vitaminas. En 1929 recibió el premio Nobel de medicina, compartido con Frederick Gowland Hopkins.

Eimert, Herbert (Bad Kreuznach 1897 - Düsseldorf 1972) Compositor y musicólogo alemán. Seguidor del sistema serial, fue uno de los pioneros de la música electrónica. Fundador del Estudio de música electrónica de la radio de Colonia (1951), es autor de *Tratado de música atonal* (1924) y *Manual de música dodecafónica* (1950).

Einaudi, Luigi (Carru, Piamonte 1874 - Roma 1961) Político y economista italiano. De ideología liberal, se opuso al fascismo y fue uno de los pocos senadores que votó en contra de la conquista de Etiopía en 1935. Tras la Segunda Guerra Mundial fue nombrado ministro del Presupuesto (1947) y presidente de la República (1948-55), cargo desde el que impulsó la unidad europea. Entre sus obras hay que mencionar *Principios de la ciencia de las finanzas* (1932) y *Los problemas económicos de la Federación Europea* (1945).

Eindhoven C. de los Países Bajos, situada en el S del país, junto a la frontera belga. 190.200 h. en 1987 y 378.100 h. en el área metropolitana. Es un importante centro industrial, en el que destacan las instalaciones de la empresa Philips (electrónica) y los sectores textil, químico y de alimentación.

Einstein, Albert (Ulm 1879 - Princeton 1955) Físico estadounidense de origen alemán. Cursó sin brillantez sus estudios en Munich, Italia y Zurich, donde los concluyó en 1900, adoptando la nacionalidad suiza. En 1905 publicó varios trabajos de investigación que revolucionaron la física del s. XX: una teoría del movimiento browniano, el estudio del efecto fotoeléctrico según las ideas cuánticas de Planck y la teoría restringida o especial de la relatividad (ampliada en 1916 con

Albert Einstein.

la teoría general de la relatividad), en la que estableció la equivalencia entre la materia y la energía mediante la fórmula $E = mc^2$, donde E es la energía, m la masa y c la velocidad de la luz en el vacío. Inició entonces su carrera de profesor universitario en Praga, Zurich y Berlín, ciudad que abandonó en 1933, tras el triunfo de Hitler, para establecerse definitivamente en EE UU, donde se nacionalizó e impartió clases en el Instituto de Estudios Superiores de Princeton. Obtuvo el premio Nobel de física en 1921.

einstenio *s. m.* Es. Elemento químico perteneciente al grupo de los transuránidos del sistema periódico. Su número atómico es 99 y su masa atómica 254. Fue descubierto por Ghiorso y su equipo de la universidad de Berkeley en 1952, entre los residuos de la primera explosión de una bomba de hidrógeno. Posteriormente se obtuvo de forma artificial mediante bombardeo de uranio-238 con iones de nitrógeno, y de plutonio con flujo de neutrones. En la naturaleza no existe ni libre ni combinado; posee 13 isótopos radiactivos, uno de los cuales, el Es^{254}, tarda 276 días en desintegrarse. Otro de sus isótopos, el Es^{253}, se usa para producir mendelevio. Se le asignó este nombre en honor de Albert Einstein.

Einthoven, Willem (Semarang, Java 1860 - Leiden 1927) Médico neerlandés. En 1924 recibió el premio Nobel de medicina por la invención del electrocardiógrafo, instrumento que detecta y registra la actividad del corazón.

Eire Antiguo nombre de Irlanda. Fue la denominación oficial de la actual república de Irlanda entre 1937 y 1949.

Eisenhower, Dwight David (Denison, Texas 1890 - Washington 1969) Político y militar estadounidense. Comandante de los ejércitos aliados en África durante la Segunda Guerra Mundial, dirigió los desembarcos en Sicilia y en la península italiana, y también fue encargado de dirigir el de Normandía. En 1950 obtuvo el mando de las fuerzas de la OTAN en Europa. Candidato republicano en 1952, fue elegido presidente de los EE UU y reelegido en 1956 para un segundo mandato (1957-60). Su política exterior se caracterizó por el incremento de las relaciones con sus aliados europeos y la firmeza ante la URSS.

Eisenstein, Sergei Mijailovich (Riga 1898 - Moscú 1948) Director de cine soviético. Tras iniciar estudios de arquitectura y combatir en las filas del Ejército Rojo, se introdujo en el mundo del teatro como discípulo de Meyerhold. Interesado por el cine, y muy influido por la obra de D. W. Griffith, realizó en 1925 su primera película, *La huelga*, a la que siguieron *El acorazado Potemkin* (1925), una de las obras maestras de la historia del cine, en la que resaltan la importancia del montaje y la fuerza expresiva de sus imágenes, y *Octubre* (1928). Tras una estancia en EE UU, donde no pudo concluir *¡Que viva México!* (1931), y un periodo de marginación en la URSS, donde el realismo socialista se había convertido en doctrina oficial, dirigió *Alexander Nevsky* (1938), *Iván el Terrible* (1945) y *La conjura de los Boyardos* (1946).

Eisner, William Erwin (Nueva York 1917) Dibujante de cómics estadounidense. Es popular por la creación de la serie de misterio y humor *The Spirit*, incluida en muchos suplementos dominicales de la prensa norteamericana.

Eiximenis, Francesc (Girona h. 1340 - Perpiñán h. 1409) Escritor español en lengua catalana. Miembro de la orden franciscana, Benedicto XIII le nombró en 1408 patriarca de Jerusalén y obispo de Elna (Rosellón). Su obra más importante es *Lo crestià* (*El cristiano*), tratado teológico en 12 partes, del que sólo se conservan 4, sobre la sociedad cristiana del s. XIV, de gran valor documental y excelente prosa.

eje *s. m.* **1.** Línea que pasa por el centro geométrico de un cuerpo. **2.** Línea imaginaria alrededor de la cual gira un cuerpo. **3.** Barra que atraviesa y sostiene un cuerpo que gira alrededor de ella. **4.** En una máquina, pieza mecánica que transmite el movimiento de rotación. **5.** Barra horizontal de un vehículo, a cuyos extremos van unidas las ruedas. **6.** Persona, asunto, etc., esencial de algo. ‖ **7. eje cristalográfico** En geol., línea recta que une los puntos centrales de las caras enfrentadas de un cristal. Son tres: anteroposterior, transverso y vertical (excepto en los sistemas hexagonal y trigonal, en que hay cuatro). La relación entre los tres ejes y los ángulos que forman representa la cruz axial, al cruzarse en el centro geométrico del cristal. **8. eje de abscisas** De las dos rectas que forman el eje de coordenadas, la situada en posición relativamente horizontal, también llamada *eje de las equis* (X). **9. eje de coordenadas** Cada una de las dos rectas que se cortan en un plano y sirven para determinar la situación de un punto cualquiera en dicho plano. **10. eje de la Tierra** Recta imaginaria alrededor de la cual gira la Tierra y cuyos extremos determinan los polos. **11. eje de ordenadas** En el de coordenadas, la recta situada en posición relativamente vertical, también llamada *eje de las íes* (Y). **12. eje de plegamiento** En geol., línea sobre la que se produce el plegamiento de un estrato y que resulta de la intersección del plano axial (plano vertical que corta el plegamiento por su punto más alto) con el estrato. **13. eje de rotación** Recta alrededor de la cual se considera que gira una línea para engendrar una superficie, o una superficie para engendrar un sólido. **14. eje de simetría** En geom., recta respecto a la cual una figura es simétrica, esto es, coincide con ella misma al efectuar un giro alrededor de esa recta. En geol., línea recta que atraviesa el cristal de forma que, al girar éste alrededor de ella, coincide consigo mismo dos o más veces en cada vuelta. Puede ser binario (coincide cada 180°), ternario (cada 120°), cuaternario (cada 90°) o senario (cada 60°). **15. eje óptico** En fís., recta que pasa por el centro óptico, el centro de curvatura y los focos de un espejo esférico o una lente. ‖ **Loc. partir** a alguien **por el eje** *fam.* Perjudicar gravemente a una persona.

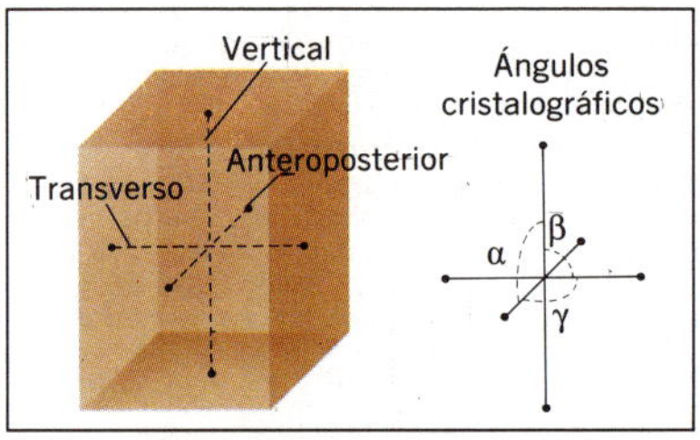

Ejes cristalográficos (a la izquierda) y cruz axial de un cristal.

Eje Nombre con que se conoció el pacto establecido entre la Alemania de Hitler y la Italia de Mussolini. El acuerdo secreto firmado en septiembre de 1936 entre ambos países fue reforzado por otros, como el pacto Anti-Komintern (1936), el pacto del Acero (1939) y el acuerdo tripartito con Japón (1940). Durante la Segunda Guerra Mundial, estas naciones y sus aliados (Hungría, Rumania, Eslovaquia, Bulgaria, etc.) eran denominados *potencias del Eje*.

ejecución *s. f.* **1.** Acción y efecto de ejecutar alguna cosa y manera en que se hace. **2.** Cumplimiento de la sentencia de muerte de un condenado. **3.** Procedimiento judicial mediante el cual se embargan y venden los bienes de alguien para poder pagar sus deudas.

ejecutante *adj.* **1.** Que ejecuta. También *s.* **2.** En der., que reclama a otro por vía ejecutiva el pago de una deuda. También *s.*

ejecutar *v. tr.* **1.** Hacer, realizar. **2.** Referido a obras musicales, tocarlas, interpretarlas. **3.** Cumplir lo dispuesto en una sentencia o una resolución administrativa. También *v. prnl.* **4.** Matar a un condenado en cumplimiento de la sentencia de muerte. **5.** Reclamar una deuda por vía ejecutiva. **Fam.** Ejecutable, ejecutor.

ejecutivo, va *adj.* **1.** Que ejecuta algo, en especial el cumplimiento de leyes, acuerdos, etc. **2.** Se dice del medio o procedimiento que garantiza la realización de una cosa. ‖ *s. m.* y *f.* **3.** Persona que ocupa un cargo directivo en una empresa. ‖ *s. f.* **4.** Junta directiva de una asociación, corporación, etc. ‖ **5. poder ejecutivo** Poder del Estado cuya función es llevar a cabo las normas procedentes del poder legislativo y dirigir la política y la administración del país. ■ En ocasiones, se suprime *poder*: *el ejecutivo*. **6. vía ejecutiva** Procedimiento judicial en el que se embargan y venden los bienes de una persona para pagar sus deudas. **Fam.** Ejecutivamente.

ejecutoria *s. f.* **1.** En der., sentencia que ha adquirido el carácter de firme, contra la que no existe posibilidad de reclamación, p. ej. una resolución del Tribunal Supremo. **2.** Documento público en que consta esa sentencia. **3.** Título o diploma de nobleza. **4.** Acción o circunstancia que ennoblece a una persona.

ejemplar *adj.* **1.** Que sirve o puede servir como ejemplo o modelo. **2.** Que sirve como lección o escarmiento. ‖ *s. m.* **3.** Cada una de las copias de un libro, escrito, periódico, dibujo, etc. **4.** Cada uno de los individuos de una raza, especie, etc. **5.** Pieza de una colección. **Fam.** Ejemplaridad, ejemplarmente.

ejemplarizar *v. tr.* Dar buen ejemplo. ■ Se conjuga como *cazar*.

ejemplificar *v. tr.* Demostrar o aclarar alguna cosa con ejemplos. ■ Se conjuga como *sacar*. **Fam.** Ejemplificación.

ejemplo *s. m.* **1.** Persona o cosa que mueve o puede mover a alguien a imitarla e influencia que ejerce. **2.** Persona o cosa que merece ser imitada. **3.** Persona o cosa que tiene una cualidad en alto grado. **4.** Aquello que se menciona como muestra de una cosa o para que se entienda mejor. ‖ **5. vivo ejemplo** o **ejemplo vivo** Persona o cosa que manifiesta muy fielmente una cualidad, estado, etc. ‖ **Loc. por ejemplo** *prep.* y *conj.* Introduce o cita una aclaración, prueba, etc.

ejercer *v. intr.* **1.** Practicar una profesión u oficio. También *v. intr.* **2.** Con palabras como *acción*, *influencia*, *poder*, hacerlos actuar sobre alguien o algo. **3.** Disponer o hacer uso de una determinada virtud, facultad, derecho, etc. ■ Se conjuga como *convencer*.

ejercicio *s. m.* **1.** Acción y efecto de ejercer o ejercitarse. **2.** Conjunto de movimientos y esfuerzos corporales para estar en forma, como entrenamiento, etc. **3.** Tarea que sirve de práctica para aprender, conservar o perfeccionar alguna cosa. **4.** Cada una de las pruebas en que se divide un examen y, p. ext., el mismo examen. **5.** Cada una de las pruebas de una competición deportiva. **6.** Tiempo durante el cual una ley tiene validez. **7.** Periodo de tiempo que una empresa, un particular o el propio Estado adopta para dividir su actividad y que suele coincidir con el año natural. ‖ *pl.* **8.** Prácticas que hace el ejército como adiestramiento. ‖ **9. ejercicios espirituales** Los que practica un grupo de personas, generalmente bajo la dirección de un sacerdote, dedicándose a la oración y a la reflexión. ‖ **Loc. en ejercicio** *adv.* Ejerciendo o practicando su profesión.

ejercitar *v. tr.* **1.** Hacer uso de un derecho, facultad, capacidad o poder. **2.** Hacer que uno mismo u otra persona adquiera destreza en algo mediante la práctica. También *v. prnl.* **3.** Dedicarse al ejercicio de un oficio o profesión. **4.** Poner en práctica una virtud. **Fam.** Ejercitación, ejercitante.

ejército *s. m.* **1.** Conjunto de las fuerzas armadas de un país, especialmente las de tierra y aire. **2.** Grupo de soldados que forma un cuerpo y está bajo las órdenes de un mando superior. **3.** Colectividad numerosa organizada para algún fin. **4.** Multitud o gran cantidad de algo. ‖ **5. ejército de reserva** El formado por civiles que pueden ser llamados a filas en caso necesario.

Ejército de Salvación Organización cristiana protestante fundada por William Booth en los barrios bajos de Londres en 1878. Se dedica al cuidado y regeneración de los marginados.

ejido *s. m.* **1.** Campo comunal de un pueblo, situado a las afueras, donde se hallan las eras y se reúne el ganado. **2.** *Méx.* Propiedad agraria colectiva que sirvió de base a la reforma que se inició en México en 1917. **Fam.** Ejidal.

Ejido, El C. de España, en la prov. de Almería, situada al S de la sierra de Gádor. 38.650 h. en 1988. Ha experimentado un espectacular crecimiento gracias a la implantación de cultivos intensivos de invernadero.

ejote (voz náhuatl) *s. m. Amér. C., Méx.* Judía verde.

el *art. det. m. sing.* **1.** Acompaña al sustantivo masculino singular. **2.** A veces acompaña a sustantivos femeninos que comienzan por *a* o *ha* tónica: *el agua, el hacha.* **3.** En ocasiones indica el género del sustantivo cuando éste es invariable para el masculino y el femenino: *el reo*; o cuando no se puede precisar por la terminación si es de un género u otro: *el mármol, el fin.* **4.** Acompañando a un adjetivo, le da valor de sustantivo: *el pequeño.*

él, ella, ello *pron. pers. sing. de 3.ª pers.* **1.** Designa a la persona o cosa de que se habla. Funciona como sujeto: *Él no lo conocía. Ella no vendrá*; o como complemento cuando es término de una preposición: *a él, sin ella.* ▪ El neutro *ello* se utiliza sobre todo como término de preposición: *con ello, para ello.* **2.** En femenino, precedido por un adverbio de tiempo o lugar y el verbo *ser*, indica que existen alboroto o problemas allí donde se expresa: *Mañana será ella. Aquí fue ella.* ▪ Las formas plurales para el pronombre masculino y el pronombre femenino son *ellos, ellas.* El neutro no tiene plural.

El Cabo Véase **Cabo, El**.

El Cairo Véase **Cairo, El**.

El Paso Véase **Paso, El**.

El Salvador Véase **Salvador, El**.

elaboración *s. f.* Acción y efecto de elaborar o elaborarse, fabricación.

elaborado, da **1.** *p. p.* de **elaborar**. ‖ *adj.* **2.** Que ha sido producido industrialmente. **3.** Que se ha trabajado cuidadosamente, con esmero.

elaborar *v. tr.* **1.** Preparar adecuadamente un producto con los ingredientes o materias primas necesarias. También *v. prnl.* **2.** Producir un órgano u organismo alguna sustancia. También *v. prnl.* **3.** Idear y formar un proyecto, teoría, etc. También *v. prnl.* **FAM.** Elaborable, elaborador.

Elam País de la antigua Mesopotamia, situado en el SO del actual Irán, que se extendía a lo largo de la ribera oriental del golfo Pérsico. Poseyó una lengua propia, escrita en caracteres cuneiformes, y su principal ciudad fue Susa. En su historia se alternan épocas de independencia con periodos de sometimiento a los acadios (2350 a. C.), sumerios (2064 a. C.) y babilonios (1128 a. C), hasta su destrucción, a manos de Asurbanipal, el s. VII a. C. Susa fue posteriormente una de las capitales del imperio persa.

elamita *adj.* **1.** De Elam. También *s.* ‖ *s. m.* **2.** Lengua hablada por los elamitas.

elasmobranquios *s. m. pl.* Subclase de peces condrictios que comprende los órdenes lamniformes, escualiformes, rayiformes, hexanchiformes y heterodontiformes. Son peces cartilaginosos que se caracterizan por poseer de cinco a siete pares de branquias, numerosos dientes, aleta caudal heterocerca y una mandíbula superior no unida al cráneo y por carecer de vejiga natatoria. En su mayoría son carnívoros y habitan en el mar. Elasmobranquios son los tiburones, los peces sierra, las rayas y otros. También *adj.* y *s. m.*

elasticidad *s. f.* **1.** Cualidad de elástico. **2.** Conjunto de ejercicios destinados a conseguir flexibilidad en los músculos y articulaciones.

elástico, ca *adj.* **1.** Se aplica al cuerpo capaz de recuperar su forma anterior cuando cesa la fuerza que lo comprimía o estiraba. **2.** Que se acomoda o permite acomodarse a diferentes posibilidades, circunstancias, etc. ‖ *s. m.* **3.** Cinta o cordón de goma. **4.** Tira de goma que se coloca en algunas prendas de vestir para que se ajusten o se sostengan. **5.** Borde de algunas prendas, de tejido o punto más ajustable que el resto. ‖ *s. f.* **6.** Camiseta interior o de deporte. ‖ **7. tejido elástico** Tejido animal, variante del tejido conjuntivo, rico en elastina, que recubre superficialmente las venas y arterias.

elastina *s. f.* Escleroproteína que forma las fibras elásticas del tejido conjuntivo y que permite que, después de realizar un esfuerzo (distensión), los tejidos recuperen su tamaño ideal.

Elba Isla de Italia, en el mar Tirreno, perteneciente al archipiélago toscano, separada de la prov. de Livorno, a la que pertenece, por el estrecho de Piombino. 223 km^2. 30.000 h. en 1980. La capital es Portoferraio. De relieve accidentado y costas muy recortadas, su economía se basa en la minería (hierro), la agricultura (olivo, vid), la pesca (atún y sardina) y el turismo. En ella fue desterrado Napoleón en 1814.

Elba Río de Europa central. 1.165 km de longitud y 144.000 km^2 de cuenca. Nace en los montes Sudetes, en el NO de Checoslovaquia, penetra en Alemania por Dresde y, tras recorrer ciudades como Magdeburgo y Wittenberge, desemboca por Hamburgo, donde forma un gran estuario, en el mar del Norte. Está conectado mediante canales con otros ríos (Rhin, Oder, Weser, etc.), por lo que es una importante vía de transporte y comunicación. Sus principales afluentes son Voltava y Saale.

Elblag (en al. *Elbing*) C. de Polonia, cap. del voivodato homónimo, situada al E del delta del Vístula. 124.600 h. en 1989. Antigua ciudad hanseática, es en la actualidad un centro de la industria metalúrgica, textil, de la madera y de conservas de pescado.

Elbrus o **Elbruz** Monte de la Federación Rusa, perteneciente a la cordillera del Cáucaso, de 5.633 m. Es el más alto de Europa.

Elcano, Juan Sebastián (Guetaria, Guipúzcoa h. 1476 - océano Pacífico 1526) Navegante español. Participó en la expedición que, organizada por Magallanes, dio la vuelta al mundo entre 1519 y 1522. Al morir el marino portugués en 1520, y tras numerosos conflictos entre los expedicionarios, tomó el mando en 1521 y, a bordo de la nao Victoria, llegó a Sanlúcar de Barrameda el 6 de septiembre de 1522. Alcanzó gran renombre con su hazaña. Murió en la expedición a las Molucas que se preparó para asegurar la ruta de las especias.

Juan Sebastián Elcano. Detalle del retrato existente en el Museo Marítimo de Sevilla.

Elche C. de España, en la prov. de Alicante, situada a orillas del río Vinalopó, al SO de la capital. 184.900 h. en 1990. Adquirió gran desarrollo en la década de los sesenta gracias a la inmigración. Constituye el núcleo urbano de una rica comarca agrícola de huerta y posee una floreciente industria del calzado, la piel, textil y alimentaria.

Elda C. de España, en la prov. de Alicante, situada a orillas del río Vinalopó, al NO de la capital. 57.500 h. en 1990. Su economía se basa en la industria del calzado, especialmente el de lujo, produciendo el 50 % de las exportaciones españolas del sector.

Eldorado Véase **Dorado, El**.

ele *s. f.* **1.** Nombre de la letra *l.* **2.** Forma de algunas cosas.

¡ele! *interj.* **1.** Expresa asentimiento. **2.** Se utiliza para jalear.

Elea Colonia griega fundada en el S de la península Itálica h. el s. VI a. C. Pasó a poder de Roma en el 272 a. C.

eleata *adj.* Eleático*.

eleático, ca *adj.* **1.** De Elea. También *s.* **2.** Se dice de la escuela filosófica surgida en torno a la ciudad de Elea en el s. V a. C., a la que pertenecieron, entre otros, Parménides de Elea, Zenón de Elea, Jenófanes de Colofón y Meliso de Samos. En estrecha relación con la escuela jónica, se caracteriza por afirmar la unidad de lo existente en una realidad eterna e inmutable. Entre sus logros está el haber planteado temas como la relación entre realidad y razón, muy tratados luego en la historia de la filosofía.

eleatismo *s. m.* Nombre que recibe la doctrina filosófica de Parménides de Elea y la de los demás integrantes de la escuela eleática.

elección *s. f.* **1.** Acción y efecto de elegir. **2.** Posibilidad de elegir. **3.** Votación en la que se elige a un individuo o grupo para un puesto, cargo, etc. Las elecciones a cargos públicos, como presidente, diputado, alcalde y, en países de tradición anglosajona, jefes locales de policía y jueces, son una de las piezas básicas del sistema político democrático, pues sirven para que una comunidad exprese mediante el voto libre y secreto qué personas han de gobernarla. Las distintas constituciones nacionales precisan el plazo máximo de tiempo que ha de transcurrir entre una elección y la siguiente, los motivos por los que pueden adelantarse, las normas por las que se ha de regir el proceso, etc. Existen, básicamente, dos sistemas electorales: el mayoritario, en el que se atribuye un solo escaño por circunscripción electoral y que, por tanto, se concede a la candidatura más votada, y el proporcional, en el que los diversos escaños de cada distrito electoral se reparten proporcionalmente a los votos obtenidos por cada candidatura. En España rige un sistema proporcional corregido (regla D'Hondt), que permite a las candidaturas vencedoras obtener más escaños de los que les corresponderían por estricta proporcionalidad. ▪ En esta acepción se usa mucho en *pl.*

eleccionario, ria *adj. amer.* Electoral*.

electivo, va *adj.* Se aplica al cargo o puesto que se consigue por elección.

electo, ta *adj.* Se aplica a la persona que ha sido elegida para algún cargo, pero que todavía no ha comenzado a desempeñarlo. También *s.*

elector, ra *adj.* **1.** Que elige o puede elegir. ‖ *s. m.* y *f.* **2.** Persona que vota en unas elecciones o tiene derecho a hacerlo. ‖ *s. m.* **3.** Cada uno de los príncipes y obispos alemanes que intervenían en la elección del emperador durante el imperio germánico.

electorado *s. m.* **1.** Conjunto de electores o votantes de un distrito, ciudad, país, etc. **2.** Antiguo Estado alemán gobernado por un elector. **3.** Cargo de elector.

electoral *adj.* Perteneciente o relativo a los electores o a las elecciones.

electoralista *adj.* Que busca de manera manifiesta o inoportuna hacer propaganda electoral. También *s.*

electorero, ra *adj.* **1.** Perteneciente o relativo a las maniobras y manejos en unas elecciones. ‖ *s. m.* y *f.* **2.** Persona que manipula unas elecciones.

Electra Personaje de la mitología griega. Con el auxilio de su hermano Orestes, dio muerte a su madre Clitemnestra y a su padrastro Egisto, culpables del asesinato de su padre Agamenón. Inspiró a diversos autores clásicos (Sófocles y Eurípides) y modernos (Pérez Galdós y O'Neill).

Electra, complejo de Según el psicoanálisis, atracción erótica que la niña siente hacia su padre en determinada etapa de su desarrollo psíquico. Corresponde al *complejo de Edipo* en el niño.

electricidad *s. f.* **1.** Conjunto de fenómenos físicos que resultan de la existencia de cargas eléctricas y de las interacciones entre ellas. **2.** Conjunto de aplicaciones de estos fenómenos. **3.** Rama de la física que la estudia. **4.** Corriente eléctrica. ‖ **5. electricidad atmosférica** Conjunto de fenómenos producidos en la atmósfera por la abundancia de partículas cargadas.

Fís. La materia está formada por átomos que, en estado normal, son eléctricamente neutros, pues tienen la misma cantidad de protones que de electrones. Sin embargo, es frecuente que los átomos ganen o pierdan uno o varios electrones: en el primero de los casos, el átomo se carga negativamente (**electricidad negativa**), mientras que en el segundo se carga positivamente (**electricidad positiva**). Dos cuerpos cargados de electricidad de la misma clase se repelen, mientras que si están cargados de electricidad diferente se atraen. Los cuerpos en los que las cargas eléctricas no se mueven o lo hacen con mucha dificultad se denominan *dieléctricos* (p. ej. el plástico, el vidrio o la lana) y no conducen la electricidad, mientras que los que se caracterizan por la facilidad con que los electrones pasan de un átomo a otro se llaman *conductores* (p. ej. los metales) y conducen bien la electricidad. Son numerosas las disciplinas que se ocupan del estudio de la electricidad: la *electrostática*, que estudia las cargas eléctricas en reposo; la *electrocinética*, que estudia las cargas eléctricas en movimiento a través de un conductor; el *electromagnetismo*, que trata de la relación entre las corrientes eléctricas y los cuerpos magnéticos; la *electrónica*, que estudia el paso de las cargas eléctricas a través de gases, sólidos y el vacío; la *electrotecnia*, que se ocupa del transporte de la energía eléctrica y de sus aplicaciones, etc.

electricista *adj.* **1.** Especializado en electricidad. ‖ *s. m.* y *f.* **2.** Persona cuyo oficio consiste en colocar y reparar instalaciones eléctricas.

eléctrico, ca *adj.* **1.** Perteneciente o relativo a la electricidad. **2.** Que posee o conduce electricidad. **3.** Que produce electricidad o funciona con ella.

electrificar *v. tr.* **1.** Dotar de electricidad o instalación eléctricas. **2.** Transformar una máquina, instalación, etc., para que funcione mediante energía eléctrica. ■ Se conjuga como *sacar.* **FAM.** Electrificación.

electrizante *adj.* Que electriza.

electrizar *v. tr.* **1.** Producir en un cuerpo la electricidad. **2.** Comunicar gran entusiasmo o emoción. También *v. prnl.* ■ Se conjuga como *cazar.* **FAM.** Electrizable.

electro- *pref.* Significa 'eléctrico': *electrocardiograma.*

electroacústica *s. f.* Rama de la electrónica que se dedica al estudio de las técnicas y aparatos de producción y reproducción de ondas sonoras mediante procedimientos eléctricos, como p. ej. los micrófonos, altavoces, discos, etc.

electroafinidad *s. f.* En quím., capacidad mayor o menor de un elemento químico para transformarse en ion.

electrocardiografía *s. f.* Estudio de la actividad eléctrica del corazón, a través de la lectura e interpretación de los electrocardiogramas.

electrocardiógrafo *s. m.* Instrumento capaz de registrar la actividad eléctrica del corazón. Fue inventado por Willem Einthoven y consta de doce electrodos que se colocan sobre los miembros y el pecho del paciente y captan los impulsos eléctricos del corazón a través de los fluidos del cuerpo. Las corrientes detectadas transmiten movimiento a un juego de agujas, que trazan un gráfico (electrocardiograma) sobre una cinta de papel que se desplaza a velocidad constante. Estudiando dicho gráfico se pueden diagnosticar las posibles enfermedades cardiacas del paciente.

electrocardiograma *s. m.* Gráfico de la actividad eléctrica del corazón obtenido mediante el electrocardiógrafo.

electrochoque *s. m.* Método empleado para tratar enfermedades psíquicas, que consiste en la aplicación en el encéfalo de una descarga eléctrica durante escasas décimas de segundo. ■ Se dice también *electroshock.*

electrocinética *s. f.* Rama de la física que estudia las cargas eléctricas en movimiento a través de un conductor y su relación con los campos magnéticos y eléctricos.

electrocutar *v. tr.* Matar o morir por medio de una descarga eléctrica. También *v. prnl.* **FAM.** Electrocución.

electrodiagnóstico *s. m.* Diagnóstico de las enfermedades basado en el empleo y análisis de fenómenos eléctricos en el organismo.

electrodiálisis *s. f.* En quím., proceso de diálisis activado por una tensión eléctrica.

electrodinámica *s. f.* Parte de la física que estudia las acciones entre las corrientes eléctricas. **FAM.** Electrodinámico.

electrodo *s. m.* Cada uno de los extremos de un hilo o barra conductor. Uno de ellos tiene defecto de electrones y se denomina *ánodo*; el otro, que tiene exceso de electrones, se denomina *cátodo.* La corriente eléctrica entra por el ánodo y sale por el cátodo.

electrodoméstico *s. m.* Aparato eléctrico que se utiliza en el hogar, como el frigorífico, el televisor, el vídeo, etc. También *adj.*

electroencefalografía *s. f.* Estudio de la actividad eléctrica del cerebro por medio de la lectura e interpretación de los electroencefalogramas.

electroencefalógrafo *s. m.* Instrumento capaz de registrar la actividad eléctrica del cerebro. Consta de varios electrodos que se colocan sobre el cuero cabelludo para captar los impulsos eléctricos que se producen en el encéfalo. Las corrientes detectadas transmiten movimiento a un juego de agujas, que trazan un gráfico (electroencefalograma) sobre una cinta de papel que se desplaza a velocidad constante.

electroencefalograma *s. m.* Registro gráfico obtenido por el electroencefalógrafo, a partir del cual se pueden diagnosticar enfermedades cerebrales.

electrófono *s. m.* Aparato que comprende el conjunto de elementos necesarios para la lectura, ampliación y reproducción eléctrica del sonido. El más tradicional reproduce los sonidos grabados en cinta magnetofónica o en disco.

electroforesis *s. f.* En electroquímica, movimiento de las partículas coloidales de una suspensión hacia los electrodos por la acción de un campo eléctrico. Las partículas de carga negativa se dirigen al ánodo y las de carga positiva hacia el cátodo. Se distingue de la electrólisis en que las particulas atraídas son de mayor tamaño.

electrógeno, na *adj.* **1.** Que genera electricidad. ‖ *s. m.* **2.** Generador eléctrico. ‖ **3. grupo electrógeno** Sistema formado por un motor de explosión o de vapor adaptado a un generador, que transforma la energía mecánica en energía eléctrica. Se usa para obtener electricidad en los lugares donde no existe red eléctrica o como solución de emergencia en caso de avería de la red.

electroimán *s. m.* Barra de hierro dulce que adquiere propiedades magnéticas al circular una corriente eléctrica por un hilo enrollado a su alrededor a modo de bobina, dando origen a un campo magnético. Cuando la corriente cesa, el hierro se desimanta. Se emplea en los electromotores, timbres, interruptores, para levantar chatarra, etc.

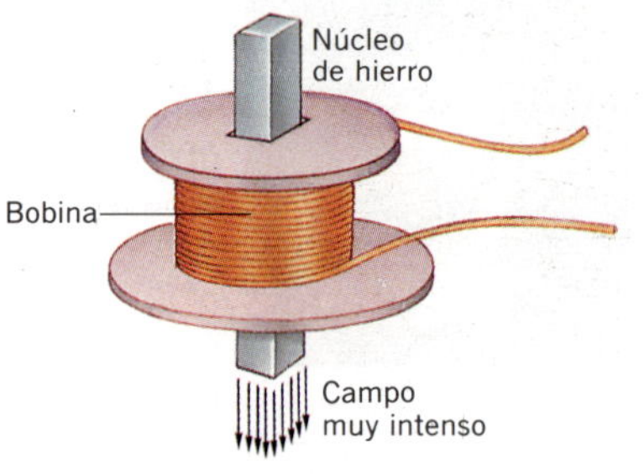

Esquema de un electroimán.

electrólisis o **electrolisis** *s. f.* Descomposición de un electrólito en sus componentes atómicos al paso de una corriente eléctrica continua. El recipiente que contiene al electrólito se llama *voltámetro* y posee en su fondo dos electrodos, el ánodo (positivo) y el cátodo (negativo). La corriente eléctrica descompone al electrólito en cationes, que se acumulan en el cátodo, y aniones, que lo hacen en el ánodo. Entre los principales usos industriales de la electrólisis destacan la producción de cloro, cloruro y sosa, la refinación de metales, etc. **FAM.** Electrolítico.

electrólito o **electrolito** *s. m.* Sustancia que al disolverse en agua se disocia en sus iones y convierte a la solución resultante en conductora de la corriente eléctrica. P. ej., las sales, los ácidos y los hidróxidos.

electrolizar *v. tr.* Descomponer un cuerpo mediante la electrólisis. ■ Se conjuga como *cazar.* **FAM.** Electrolización, electrolizador.

electroluminiscencia *s. f.* Propiedad de los cuerpos que se vuelven luminosos al paso de una corriente, ante una descarga o por la acción de un campo eléctrico.

electromagnético, ca *adj.* Perteneciente o relativo al electromagnetismo.

electromagnetismo *s. m.* Estudio de los fenómenos producidos por la interrelación entre los campos eléctrico y magnético. Toda carga eléctrica en movimiento crea a su alrededor un campo magnético, con propiedades similares a las de un imán, y a su vez todo campo magnético ejerce una fuerza sobre los conductores por los que circula una corriente eléctrica o la crea en éstos cuando varía el flujo de líneas magnéticas que los atraviesa. De ello se deduce que la energía eléctrica puede ser transformada en trabajo mecánico (motor eléctrico) y que la energía mecánica puede convertirse en electricidad (fenómeno de inducción magnética).

electromecánica *s. f.* Técnica que trata de las aplicaciones de la electricidad a la mecánica.

electrometalurgia *s. f.* Conjunto de procedimientos eléctricos que se emplean para obtener y refinar metales. Los más frecuentes son la electrometalurgia por fusión, en la que se aprovecha el efecto calorífico de la corriente eléctrica, y la electrometalurgia por electrólisis.

electrómetro *s. m.* Aparato que sirve para medir la cantidad de carga eléctrica. Consiste básicamente en un electroscopio provisto de una escala graduada, donde se mide la desviación de sus placas cuando éstas reciben una descarga eléctrica.

electromiografía *s. f.* Procedimiento electrodiagnóstico que consiste en la obtención y registro de los fenómenos bioeléctricos que tienen lugar en los músculos esqueléticos. Se utiliza en el diagnóstico de enfermedades del sistema nervioso.

electromotor, ra *adj.* Que transforma la energía eléctrica en mecánica. También *s. m.* ■ Su femenino es también *electromotriz.*

electrón *s. m.* Partícula elemental de un átomo, cargada negativamente. Su carga vale $1{,}6 \cdot 10^{-19}$ culombios y su masa $9{,}1 \cdot 10^{-31}$ kilogramos, unas 1.840 veces menor que la del protón. Según los modelos más recientes con los que se trata de explicar la estructura del átomo, los electrones se mueven constantemente a gran velocidad formando distintas capas o niveles de energía (orbitales) alrededor del núcleo. Los electrones más externos, que cada átomo cede, toma o comparte para realizar los enlaces con otros átomos y formar así las moléculas, se denominan **electrones de valencia**. El símbolo del electrón es ⊖, y el de su carga eléctrica *e.*

electronegatividad *s. f.* Propiedad de los átomos que captan y fijan electrones, transformándose de esta manera en iones negativos. La escala relativa de electronegatividad fue establecida por Pauling, que asignó el valor 1 al cesio (menor electronegatividad) y el valor 4 al flúor (mayor electronegatividad).

electronegativo, va *adj.* Se dice de los elementos químicos cuyos átomos presentan electronegatividad.

electrónica *s. f.* Rama de la física que se ocupa de los fenómenos derivados del paso de las cargas eléctricas a través de gases, sólidos y el vacío y de los dispositivos en los que puede controlarse el movimiento de los electrones, así como de los circuitos que pueden formarse conectando varios de estos dispositivos entre sí. Entre los componentes electrónicos los hay pasivos (resistencias, condensadores o inductancias),

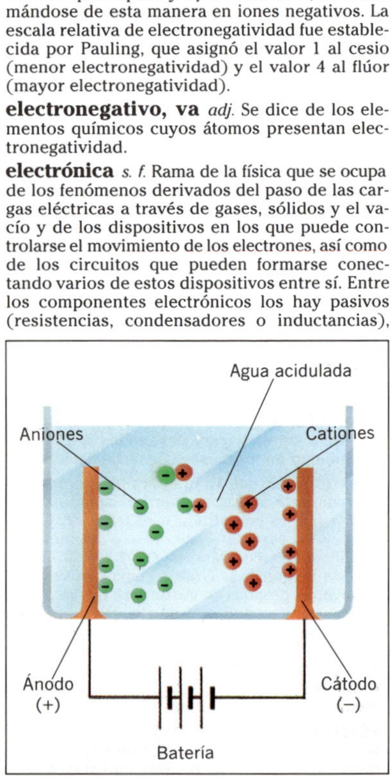

Esquema de la electrólisis.

activos (tubos de vacío, tubos de gas y dispositivos semiconductores) y transductores (células fotoeléctricas, micrófonos, altavoces, etc.). Los componentes pasivos se limitan a transmitir la corriente, poniendo al paso de ésta ciertos impedimentos. Los componentes activos modifican la estructura de la corriente, rectificándola (es decir, pasándola de alterna a continua) o amplificándola. Los transductores transforman una forma de energía en otra. P. ej., una célula fotoeléctrica transforma la energía luminosa en energía eléctrica. La electrónica tiene una extraordinaria importancia en la industria actual debido a su utilización en el campo de la radio, la televisión, las calculadoras, etc. Desde el punto de vista de sus aplicaciones, se divide en ramas como la electroacústica, la radiotecnia, la informática, etc.

electrónico, ca *adj.* **1.** Perteneciente o relativo a los electrones o a la electrónica y sus aplicaciones. ‖ **2. música electrónica** Véase **música**.

electronvoltio *s. m.* Unidad de energía empleada en física atómica, igual a la energía cinética que adquiere un electrón al experimentar una diferencia de potencial de un voltio en el vacío. Su símbolo es *eV* y equivale a $1{,}602 \cdot 10^{-19}$ julios.

electroosmosis *s. f.* Fenómeno de precipitación de las partículas coloidales de una suspensión por la acción de un campo eléctrico.

electropositivo, va *adj.* Se dice de los elementos químicos cuyos átomos ceden con facilidad electrones y adquieren, por tanto, carga positiva.

electroquímica *s. f.* Parte de la química que estudia la relación entre los procesos químicos y los eléctricos. Entre ellos están la electrólisis, en la que la energía eléctrica produce reacciones químicas, y los procesos que se dan en las pilas eléctricas, en los que reacciones químicas generan una corriente eléctrica. **FAM.** Electroquímico.

electroscopio *s. m.* Instrumento que permite advertir la presencia de electricidad en un cuerpo. El más sencillo es el de hojas o panecillos, formado por dos láminas muy finas de oro o estaño suspendidas de una barrita metálica que acaba en una bola. Al cargarse ésta de electricidad, las dos láminas se separan debido a la repulsión que experimentan cargas eléctricas del mismo signo.

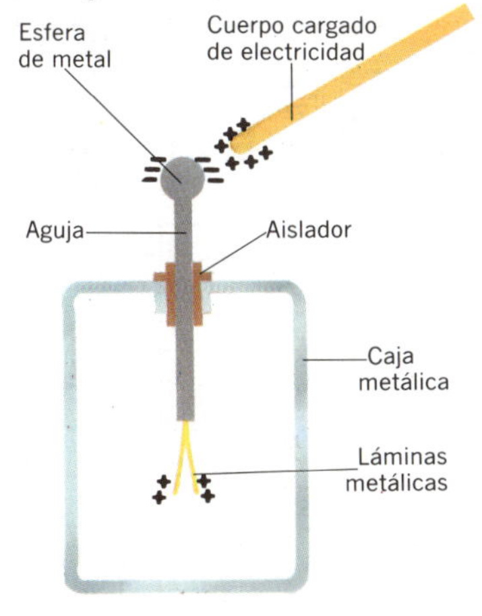

Esquema de un electroscopio de láminas metálicas: al acercar un cuerpo cargado de electricidad positiva (+), las cargas de este signo se alejan del cuerpo que las repele, por lo que las láminas metálicas se separan.

electroshock *s. m.* Electrochoque*.

electrostática *s. f.* Parte de la física dedicada al estudio de los fenómenos debidos a cargas eléctricas en reposo. Comprende fundamentalmente los campos creados por dichas cargas, los valores del potencial en un punto de dichos campos y las fuerzas de atracción o repulsión entre ellas, de acuerdo con la ley de Coulomb. **FAM.** Electrostático.

electrotecnia o **electrotécnica** *s. f.* Parte de la física que estudia la producción, transporte y usos prácticos de la energía eléctrica. **FAM.** Electrotécnico.

electroterapia *s. f.* Utilización de la electricidad en el tratamiento de las enfermedades. **FAM.** Electroterápico.

electrotermia *s. f.* Técnica de la transformación de la energía eléctrica en calor. **FAM.** Electrotérmico.

electrotipia *s. f.* Empleo de la electrólisis en la composición de planchas o clichés para la imprenta.

electrotipo *s. m.* **1.** Aparato empleado en la electrotipia. **2.** Plancha o cliché tipográfico que se obtiene mediante este aparato.

electrovalencia *s. f.* Número de electrones que gana o pierde un átomo al unirse a otro átomo.

Elefante africano (Loxodonta africana).

elefante, ta *s. m.* y *f.* **1.** Mamífero proboscídeo de la familia elefántidos, géneros *Loxodonta* y *Elephas*. Puede alcanzar 6.500 kg de peso y 4 m de altura en la cruz; tiene una cabeza grande y maciza, enormes orejas y una larga trompa formada por la nariz y el labio superior. Sus incisivos superiores, conocidos normalmente como *colmillos*, están muy desarrollados y le sirven como defensa. Su piel varía entre el gris claro y oscuro. Vive en manadas y puede superar los 80 años de edad. Es domesticable, se reproduce bien en cautividad y, en Asia, es usado como animal de tiro y carga. Existen dos especies, el elefante africano *(Loxodonta africana)*, que es de mayor tamaño, tiene la frente abombada y dos apéndices digitoides en el extremo de la trompa, y el elefante asiático *(Elephas maximus)* que presenta la frente aplanada y orejas más pequeñas, y es de menor tamaño. ‖ **2. elefante marino** Nombre común de diversos mamíferos pinnípedos de la familia fócidos, género *Mirounga*. Son animales carnívoros adaptados a la vida marina, de gran tamaño (hasta 6 m de longitud y 3.000 kg de peso en los machos y algo menos de la mitad en las hembras). Tienen el cuerpo cubierto de pelo, extremidades transformadas en aletas y un hocico que se prolonga en los machos en una pequeña trompa. Existen dos especies, la *Mirounga angustirostris*, que vive en el N del Pacífico, y la *Mirounga leonina*, que habita en el hemisferio sur. Han sido objeto de constante caza por la gran cantidad de grasa que almacenan y actualmente son especies protegidas.

Elefante marino (Mirounga leonina).

elefantiasis *s. f.* Enfermedad que se caracteriza por el engrosamiento desproporcionado de algunas partes del cuerpo, especialmente de las extremidades inferiores y de los órganos genitales externos, debido a la obstrucción de los conductos linfáticos. Puede producirse como consecuencia de traumas, cánceres, tuberculosis o, más frecuentemente, de una infección causada por un gusano parásito llamado *filaria*. Para combatirla se administran diuréticos o se hace uso de medias elásticas.

elegancia *s. f.* Cualidad de elegante.

elegante *adj.* **1.** Se dice de la persona que viste con buen gusto o con ropa más lujosa que la corriente, así como de su vestimenta. También *s.* **2.** Que tiene gracia, belleza y distinción. **3.** Se dice de las personas que llevan un alto nivel de vida, de su ambiente y de sus cosas. **4.** Correcto, moderado, que no demuestra exageración ni apasionamiento. **FAM.** Elegantemente.

elegía *s. f.* Composición poética en la que predomina un sentimiento de dolor, tristeza o melancolía, en especial por la muerte de una persona. Nació en la Grecia clásica y en sus orígenes no se caracterizó por la temática, que abarcaba asuntos políticos, heroicos o morales, sino por su forma métrica, resultado de combinar un hexámetro y un pentámetro. Pasó luego a la lírica europea, donde adquirió sus rasgos actuales, especialmente a partir del s. XVIII. En castellano suele escribirse en tercetos o en verso libre. Entre las elegías más famosas destacan las *Coplas*, de Jorge Manrique; *A las ruinas de Itálica*, de Rodrigo Caro; las *Meditaciones poéticas*, de Lamartine; *A la muerte de Ramón Sijé*, de Miguel Hernández, y el *Llanto por Ignacio Sánchez Mejías*, de García Lorca.

elegiaco o **elegíaco, ca** *adj.* **1.** Perteneciente o relativo a la elegía. **2.** P. ext., se aplica a lo que tiene un carácter triste y dolorido.

elegido, da **1.** *p. p.* de **elegir**. También *adj.* ‖ *adj.* **2.** Que ha sido distinguido entre otros por algo o para algo. También *s.* **3.** Destinado por Dios a la salvación eterna. También *s.*

elegir *v. tr.* **1.** Escoger a una persona, animal o cosa entre otros. **2.** Designar por votación a una persona para un cargo, dignidad, premio, etc. ■ Es v. irreg. Se conjuga como *regir*. **FAM.** Elegibilidad, elegible.

elemental *adj.* **1.** Esencial, indispensable o necesario para algo. **2.** Que contiene los principios básicos de una ciencia o disciplina. **3.** Que se reduce a unas pocas nociones o muy sencillas. **4.** Sencillo, fácil de comprender. **5.** Perteneciente o relativo a los elementos de algo. **FAM.** Elementalidad, elementalmente.

elemento *s. m.* **1.** Cada una de las partes, objetos, etc., que componen una cosa o un conjunto. **2.** En quím., cuerpo simple formado por átomos iguales y que, por tanto, no puede descomponerse por medios químicos en otros más simples. Se conocen 105 elementos, que se organizan en un sistema periódico, en el que están distribuidos por orden de su número atómico en líneas horizontales, o periodos, y en columnas o grupos, según sus propiedades semejantes. Los elementos pueden ser sólidos (como el carbono o el litio), líquidos (como el mercurio o el bromo), gaseosos (como el hidrógeno, oxígeno o neón) o preparados sintéticamente (como el plutonio o el einstenio). Poseen distinta masa atómica y configuración electrónica, y se dividen según su comportamiento químico en metales (elementos que tienen 1, 2 ó 3 electrones de valencia y tienden, por tanto, a perderlos y a convertirse en iones positivos o cationes), y no metales (elementos que tienen 5 o más electrones de valencia y tienden, por tanto, a ganarlos convirtiéndose en iones negativos o aniones). Por su configuración electrónica, los elementos se dividen entre los que sólo tienen incompleta la última capa de electrones y los que tienen dos o más, llamados *elementos de transición*. Los elementos cuyo número atómico es igual o superior a 92 (uranio) se denominan *transuránidos* y sólo se obtienen artificialmente. **3.** Factor, dato, aspecto. **4.** Individuo valorado positiva o negativamente. ■ En esta acepción, también puede usarse familiarmente el femenino *elementa*. **5.** Medio natural; también, situación, actividad, etc., en la que alguien se encuentra más a gusto. **6.** En la filosofía antigua, cada uno de los cuatro componentes de la naturaleza que se consideraban básicos: tierra, agua, aire y fuego. ‖ *pl.* **7.** Nociones básicas o fundamentos de una teoría, ciencia, arte, etc. **8.** Medios, cosas necesarias para algo. **9.** Fuerzas de la naturaleza, como los vientos, el mar, etc. ‖ **10. el líquido elemento** El agua. **11. elemento biogénico** En quím. orgánica, cada uno de los veintidós elementos químicos que entran a formar parte de la materia viva. Cuatro de ellos, el carbono, el oxígeno, el hidrógeno y el nitrógeno, constituyen el 99 % de la materia viva. **12. elemento de un conjunto** En mat., cada uno

SISTEMA PERIÓDICO DE LOS ELEMENTOS

CLAVE: 20 Ca 40,0 / 2 / $(Ar)4s^2$ / Calcio

- Número atómico → 20
- Masa atómica → 40,0
- Valencia → 2
- Configuración electrónica → $(Ar)4s^2$
- Nombre → Calcio
- Símbolo (en azul = sólido, en verde = líquido, en rojo = gas, en negro = elemento preparado sintéticamente)

METALES LIGEROS: grupos I A y II A. ELEMENTOS DE TRANSICIÓN: grupos III B a II B. NO METALES: grupos III A a VII A. GASES NOBLES: grupo VIII A.

PERIODO	I A	II A	III B	IV B	V B	VI B	VII B	VIII B	VIII B	VIII B	I B	II B	III A	IV A	V A	VI A	VII A	VIII A
1	1 H 1,0 / 1 / $1s^1$ / Hidrógeno																	2 He 4,0 / $1s^2$ / Helio
2	3 Li 6,9 / 1 / $(He)2s^1$ / Litio	4 Be 9,0 / 2 / $(He)2s^2$ / Berilio											5 B 10,8 / 3 / $(He)2s^22p^1$ / Boro	6 C 12,0 / ± 4,2 / $(He)2s^22p^2$ / Carbono	7 N 14,0 / ±3,5,4,2 / $(He)2s^22p^3$ / Nitrógeno	8 O 16,0 / −2 / $(He)2s^22p^4$ / Oxígeno	9 F 19,0 / −1 / $(He)2s^22p^5$ / Flúor	10 Ne 20,1 / $(He)2s^22p^6$ / Neón
3	11 Na 22,9 / 1 / $(Ne)3s^1$ / Sodio	12 Mg 24,3 / 2 / $(Ne)3s^2$ / Magnesio											13 Al 27,0 / 3 / $(Ne)3s^23p^1$ / Aluminio	14 Si 28,0 / 4 / $(Ne)3s^23p^2$ / Silicio	15 P 31,0 / ± 3,5,4 / $(Ne)3s^23p^3$ / Fósforo	16 S 32,0 / ± 2,4,6 / $(Ne)3s^23p^4$ / Azufre	17 Cl 35,5 / ±1,3,5,7 / $(Ne)3s^23p^5$ / Cloro	18 Ar 39,9 / $(Ne)3s^23p^6$ / Argón
4	19 K 39,1 / 1 / $(Ar)4s^1$ / Potasio	20 Ca 40,0 / 2 / $(Ar)4s^2$ / Calcio	21 Sc 44,9 / 3 / $(Ar)3d^14s^2$ / Escandio	22 Ti 47,9 / 4,3 / $(Ar)3d^24s^2$ / Titanio	23 V 50,9 / 5,4,3,2 / $(Ar)3d^34s^2$ / Vanadio	24 Cr 52,0 / 6,3,2 / $(Ar)3d^54s^1$ / Cromo	25 Mn 55,0 / 7,6,4,2,3 / $(Ar)3d^54s^2$ / Manganeso	26 Fe 55,8 / 2,3 / $(Ar)3d^64s^2$ / Hierro	27 Co 58,9 / $(Ar)3d^74s^2$ / Cobalto	28 Ni 58,7 / 2,3 / $(Ar)3d^84s^2$ / Níquel	29 Cu 63,5 / 2,1 / $(Ar)3d^{10}4s^1$ / Cobre	30 Zn 65,4 / 2 / $(Ar)3d^{10}4s^2$ / Cinc	31 Ga 69,7 / 3 / $(Ar)3d^{10}4s^24p^1$ / Galio	32 Ge 72,6 / 4 / $(Ar)3d^{10}4s^24p^2$ / Germanio	33 As 74,9 / ± 3,5 / $(Ar)3d^{10}4s^24p^3$ / Arsénico	34 Se 78,9 / −2,4,6 / $(Ar)3d^{10}4s^24p^4$ / Selenio	35 Br 79,9 / ± 1,5 / $(Ar)3d^{10}4s^24p^5$ / Bromo	36 Kr 83,8 / $(Ar)3d^{10}4s^24p^6$ / Criptón
5	37 Rb 85,5 / 1 / $(Kr)5s^1$ / Rubidio	38 Sr 87,6 / 2 / $(Kr)5s^2$ / Estroncio	39 Y 88,9 / 3 / $(Kr)4d^15s^2$ / Itrio	40 Zr 91,2 / 4 / $(Kr)4d^25s^2$ / Circonio	41 Nb 92,9 / 5,3 / $(Kr)4d^45s^1$ / Niobio	42 Mo 95,9 / 6,5,4,3,2 / $(Kr)4d^55s^1$ / Molibdeno	43 Tc 99 / 7 / $(Kr)4d^65s^1$ / Tecnecio	44 Ru 101,1 / 2,3,4,6,8 / $(Kr)4d^75s^1$ / Rutenio	45 Rh 102,9 / 2,3,4 / $(Kr)4d^85s^1$ / Rodio	46 Pd 106,4 / 2,4 / $(Kr)4d^{10}$ / Paladio	47 Ag 107,9 / 1 / $(Kr)4d^{10}5s^1$ / Plata	48 Cd 112,4 / 2 / $(Kr)4d^{10}5s^2$ / Cadmio	49 In 114,8 / 3 / $(Kr)4d^{10}5s^25p^1$ / Indio	50 Sn 118,7 / 4,2 / $(Kr)4d^{10}5s^25p^2$ / Estaño	51 Sb 121,7 / ± 3,5 / $(Kr)4d^{10}5s^25p^3$ / Antimonio	52 Te 127,6 / −2,4,6 / $(Kr)4d^{10}5s^25p^4$ / Teluro	53 I 126,9 / ± 1,5,7 / $(Kr)4d^{10}5s^25p^5$ / Yodo	54 Xe 131,3 / $(Kr)4d^{10}5s^25p^6$ / Xenón
6	55 Cs 132,9 / 1 / $(Xe)6s^1$ / Cesio	56 Ba 137,3 / 2 / $(Xe)6s^2$ / Bario	57 La 138,9 / 3 / $(Xe)5d^16s^2$ / Lantano	72 Hf 178,5 / 4 / $(Xe)4f^{14}5d^26s^2$ / Hafnio	73 Ta 180,9 / 5 / $(Xe)4f^{14}5d^36s^2$ / Tantalio	74 W 183,8 / 6,5,4,3,2 / $(Xe)4f^{14}5d^46s^2$ / Volframio	75 Re 186,2 / 7,6,4,2,−1 / $(Xe)4f^{14}5d^56s^2$ / Renio	76 Os 190,2 / 2,3,4,6,8 / $(Xe)4f^{14}5d^66s^2$ / Osmio	77 Ir 192,2 / 2,3,4,6 / $(Xe)4f^{14}5d^76s^2$ / Iridio	78 Pt 195,1 / 2,4 / $(Xe)4f^{14}5d^96s^2$ / Platino	79 Au 196,9 / 3,1 / $(Xe)4f^{14}5d^{10}6s^1$ / Oro	80 Hg 200,5 / 2,1 / $(Xe)4f^{14}5d^{10}6s^2$ / Mercurio	81 Tl 204,3 / 3,1 / $(Xe)4f^{14}5d^{10}6s^26p^1$ / Talio	82 Pb 207,2 / 4,2 / $(Xe)4f^{14}5d^{10}6s^26p^2$ / Plomo	83 Bi 208,9 / 3,5 / $(Xe)4f^{14}5d^{10}6s^26p^3$ / Bismuto	84 Po (210) / 2,4 / $(Xe)4f^{14}5d^{10}6s^26p^4$ / Polonio	85 At (210) / ± 1,3,5,7 / $(Xe)4f^{14}5d^{10}6s^26p^5$ / Astato	86 Rn (222) / $(Xe)4f^{14}5d^{10}6s^26p^6$ / Radón
7	87 Fr (223) / 1 / $(Rn)7s^1$ / Francio	88 Ra (226) / 2 / $(Rn)7s^2$ / Radio	89 Ac (227) / 3 / $(Rn)6d^17s^2$ / Actinio	104 Ku (257) / $(Rn)5f^{14}6d^27s^2$ / Kurchatovio	105 Ha (260) / $(Rn)5f^{14}6d^37s^2$ / Hahnio	106 (259) / $(Rn)5f^{14}6d^47s^2$ / (sin nombre oficial)	107 (262) / $(Rn)5f^{14}6d^57s^2$ / (sin nombre oficial)	108 (265) / $(Rn)5f^{14}6d^67s^2$ / (sin nombre oficial)	109 (266) / $(Rn)5f^{14}6d^77s^2$ / (sin nombre oficial)									

	PERIODO														
LANTÁNIDOS →	6	58 Ce 140,1 / 3,4 / $(Xe)4f^26s^2$ / Cerio	59 Pr 140,9 / 3,4 / $(Xe)4f^36s^2$ / Praseodimio	60 Nd 144,2 / 3 / $(Xe)4f^46s^2$ / Neodimio	61 Pm (147) / 3 / $(Xe)4f^56s^2$ / Promecio	62 Sm 150,3 / 3,2 / $(Xe)4f^66s^2$ / Samario	63 Eu 151,9 / 3,2 / $(Xe)4f^76s^2$ / Europio	64 Gd 157,2 / 3 / $(Xe)4f^75d^16s^2$ / Gadolinio	65 Tb 158,9 / 3,4 / $(Xe)4f^96s^2$ / Terbio	66 Dy 162,5 / 3 / $(Xe)4f^{10}6s^2$ / Disprosio	67 Ho 164,9 / 3 / $(Xe)4f^{11}6s^2$ / Holmio	68 Er 167,3 / 3 / $(Xe)4f^{12}6s^2$ / Erbio	69 Tm 168,9 / 3,2 / $(Xe)4f^{13}6s^2$ / Tulio	70 Yb 173,0 / 3,2 / $(Xe)4f^{14}6s^2$ / Iterbio	71 Lu 174,9 / 3 / $(Xe)4f^{14}5d^16s^2$ / Lutecio
ACTÍNIDOS →	7	90 Th 232,0 / 4 / $(Rn)6d^27s^2$ / Torio	91 Pa (231) / 5,4 / $(Rn)5f^26d^17s^2$ / Protoactinio	92 U 238,0 / 6,5,4,3 / $(Rn)5f^36d^17s^2$ / Uranio	93 Np (237) / 6,5,4,3 / $(Rn)5f^46d^17s^2$ / Neptunio	94 Pu (242) / 6,5,4,3 / $(Rn)5f^67s^2$ / Plutonio	95 Am (243) / 6,5,4,3 / $(Rn)5f^77s^2$ / Americio	96 Cm (247) / 3 / $(Rn)5f^76d^17s^2$ / Curio	97 Bk (247) / 4,3 / $(Rn)5f^86d^17s^2$ / Berkelio	98 Cf 251 / 3 / $(Rn)5f^{10}7s^2$ / Californio	99 Es (254) / $(Rn)5f^{11}7s^2$ / Einstenio	100 Fm (253) / $(Rn)5f^{12}7s^2$ / Fermio	101 Md (256) / $(Rn)5f^{13}7s^2$ / Mendelevio	102 No (254) / $(Rn)5f^{14}7s^2$ / Nobelio	103 Lr (257) / $(Rn)5f^{14}6d^17s^2$ / Laurencio

de los objetos que forman un conjunto. Si el elemento x pertenece al conjunto A, se escribe $x \in A$; si no pertenece, se escribe $x \notin A$. **13. elementos de juicio** Datos sobre los que se forma una opinión. **14. elementos formes** En biol., elementos celulares o subcelulares que, junto con el plasma, constituyen la sangre. Son los glóbulos rojos o eritrocitos, los glóbulos blancos o leucocitos y las plaquetas.

Elena, Santa (Drepanum, Bitinia h. 247 - ¿Nicomedia? h. 327) Esposa del emperador Constancio Cloro y madre de Constantino el Grande, que le concedió el título de Augusta (325). Convertida al cristianismo en el 313, peregrinó a los Santos Lugares en Palestina, donde encontró la supuesta cruz de Cristo.

elenco *s. m.* **1.** Conjunto de actores que forman una compañía. **2.** P. ext., conjunto de personas que actúan o trabajan en cualquier cosa. **3.** Índice o catálogo.

elepé (de *L. P.*, iniciales de la expr. ingl. *long play*) *s. m.* Disco de larga duración grabado a 33 revoluciones por minuto.

eleusino, na *adj.* De Eleusis. También *s.*

Eleusis Antiguo lugar de la Grecia clásica, situado en el Ática, cerca de Atenas. En él se rendía culto a Deméter y se celebraban los misterios, ceremonias religiosas que simbolizaban la muerte y resurrección de la naturaleza y del ser humano. Corresponde a la actual ciudad de Lepsina.

elevación *s. f.* **1.** Acción y efecto de elevar o elevarse. **2.** Parte de una cosa que está más alta que el resto. **3.** Nobleza, superioridad. **4.** Momento de la misa en que el sacerdote alza la hostia y el cáliz.

elevado, da **1.** *p. p.* de **elevar**. ‖ *adj.* **2.** De gran altura o que se encuentra en un lugar alto. **3.** Grande, cuantioso. **4.** Importante, destacado. **5.** Sublime, admirable por su grandeza o solemnidad. **FAM.** Elevadamente.

elevador, ra *adj.* **1.** Que eleva. **2.** Se dice de los músculos cuya función es levantar la parte del cuerpo donde se encuentran, p. ej. los de los párpados. **3.** Se aplica a la máquina o aparato que eleva, sostiene y baja personas, mercancías, etc. También *s. m.* ‖ *s. m.* **4.** *amer.* Ascensor.

elevar *v. tr.* **1.** Alzar, levantar. También *v. prnl.* **2.** Aumentar el valor, la cantidad, la fuerza o la intensidad de algo. También *v. prnl.* **3.** Situar a una persona o cosa en un lugar más destacado, mejorar su situación. También *v. prnl.* **4.** Engrandecer, ennoblecer. También *v. prnl.* **5.** Tratándose de un escrito o petición, dirigirlos a una autoridad u organismo. **6.** En mat., efectuar una potencia. **FAM.** Elevamiento.

elfo *s. m.* Genio o espíritu benéfico que, según la mitología escandinava, habitaba en bosques.

Elgar, sir Edward (Broadheath, Worcester 1857 - Worcester 1934) Compositor británico. Considerado como un renovador de la música británica, su obra, influida por Brahms, comprende las variaciones *Enigma* (1899); numerosos oratorios, entre ellos el titulado *El sueño de Gerontius* (1900); la obertura *Cockaigne* (1901); marchas, como *Pompa y circunstancia* (1902-07); el poema sinfónico *Falstaff* (1913); cantatas y música de cámara.

Eliade, Mircea (Bucarest 1907 - Chicago 1986) Antropólogo y escritor rumano. Historiador de las religiones, ha estudiado especialmente los mitos orientales. Entre sus obras destacan *El mito del eterno retorno* (1949), *Bosque prohibido* (1955), *Herreros y alquimistas* (1956), *Tratado de historia de las religiones* (1964) y *El chamanismo y las técnicas arcaicas del éxtasis* (1968).

Elías Profeta mayor hebreo. Defendió el culto de Yahvé contra el de Baal, instaurado y protegido por el rey Ajab de Israel (s. IX a. C.). Tras sufrir persecución y ver el cumplimiento de sus profecías, fue arrebatado al cielo en un carro de fuego. Su vida se relata en el *Libro de los Reyes.*

Elías, Domingo (Ica 1805 - Lima 1867) Político peruano. Para oponerse a la lucha por el poder de los caudillos militares, promovió el pronunciamiento civilista y accedió al poder (1844). Lideró la revuelta que derrocó a Echenique (1854) y fue ministro de Hacienda.

elidir *v. tr.* **1.** Suprimir la vocal final de una palabra cuando la siguiente comienza por vocal, p. ej., *del* en vez de *de el.* **2.** Omitir en una oración alguna palabra cuyo significado se sobrentiende, p. ej.: *De esos coches prefiero el azul (el coche azul).*

eliminar *v. tr.* **1.** Prescindir de una persona o cosa. **2.** Quitar, anular. También *v. prnl.* **3.** Expulsar un organismo determinada sustancia. **4.** *fam.* Matar, liquidar. **5.** En mat., hacer desaparecer una incógnita de una ecuación. **FAM.** Eliminación.

eliminatorio, ria *adj.* **1.** Que elimina o sirve para eliminar. ‖ *s. f.* **2.** Prueba que sirve para seleccionar a los participantes en una competición, concurso, etc.

Elío, Francisco Javier (Pamplona 1767 - Valencia 1822) Militar y político español. Luchó contra los británicos en Buenos Aires y Montevideo y como virrey de Río de la Plata reprimió los primeros conatos de insurrección. Regresó a España y fue nombrado capitán general de Valencia (1813). Abanderado del absolutismo, tras la restauración de Fernando VII, persiguió con dureza a los liberales (1814-20). Al triunfar la revolución liberal de 1820, fue encarcelado y, acusado de un motín, ejecutado (1822).

Eliot, Mary Ann Evans, llamada **George** (Arbury Farm, Warwickshire 1819 - Londres 1880) Escritora británica. Sus novelas de estilo realista reflejan con pesimismo la vida provinciana británica. Entre ellas sobresalen *Escenas de la vida clerical* (1857), *Adam Bede* (1859), *El molino del Floss* (1860), *Silas Marner* (1861) y *Middlemarch* (1871-72).

Thomas Stearns Eliot.

Eliot, Thomas Stearns (Saint-Louis, Missouri 1888 - Londres 1965) Poeta, dramaturgo y crítico británico de origen estadounidense. Formado en el simbolismo, fue influido por los poetas metafísicos del s. XVII, como John Donne y George Herbert. Sus principales obras poéticas son *La tierra baldía* (1922), una larga elegía sobre el mundo de entreguerras, que le convirtió en el renovador de la poesía inglesa; *Miércoles de ceniza* (1930), y *Cuatro cuartetos* (1935-43), en los que se acentúan el hermetismo y la importancia de los símbolos. Entre sus dramas sobresalen *Asesinato en la catedral* (1935) y *Cocktail Party* (1949), y entre sus ensayos, *Notas sobre la definición de la cultura* (1948).

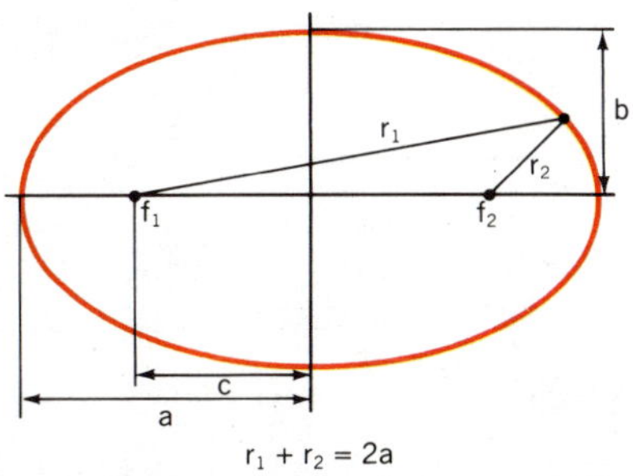

Elementos de una elipse: semieje mayor (a); semieje menor (b); semidistancia focal (c); focos (f_1 y f_2) y radios vectores (r_1 y r_2).

elipse *s. f.* Lugar geométrico de los puntos de un plano tales que la suma de sus distancias a dos puntos fijos llamados *focos* es constante. Es una curva cerrada y plana que resulta de cortar oblicuamente un cono con un plano que afecte a todas sus generatrices. Su ecuación, cuando el eje focal está sobre el eje de abscisas, es:

$$\frac{x^2}{a^2} + \frac{y^2}{b^2} = 1$$

y cuando el eje focal está sobre el eje de las ordenadas, es:

$$\frac{x^2}{b^2} + \frac{y^2}{a^2} = 1,$$

siendo a y b los segmentos que van desde el centro de la curva hasta los puntos en que la misma corta a los ejes de abscisas y ordenadas respectivamente, y que reciben los nombres de *semieje mayor* y *semieje menor.* El área encerrada por una elipse es igual a $\pi \cdot a \cdot b$.

elipsis *s. f.* **1.** Supresión de una o más palabras en una oración, sintagma, etc., sin alterar su sentido; p. ej.: *¿Has visto su casa? Me gusta más la de Jaime (la casa de Jaime).* **2.** En lit., cine, etc., salto en el tiempo, con el que el autor corta el desarrollo de la acción y la reanuda después prescindiendo de lo sucedido en ese intermedio.

elipsoidal *adj.* Que tiene forma de elipsoide o que es parecido a él.

elipsoide *s. m.* Lugar geométrico de los puntos del espacio tales que la suma de sus distancias a tres puntos fijos es constante. La ecuación de un elipsoide, de semiejes a, b y c, es:

$$\frac{x^2}{a^2} + \frac{y^2}{b^2} + \frac{z^2}{c^2} = 1$$

(los ejes coinciden con los ejes de coordenadas). Cuando una elipse gira en torno a uno de sus ejes genera un elipsoide de revolución.

elípticamente *adv. m.* Con elipsis.

elíptico, ca *adj.* **1.** Relativo a la elipse o con forma de elipse. **2.** Relativo a la elipsis o que ha sido elidido.

Eliseo (s. IX a. C.) Profeta mayor hebreo. Discípulo y sucesor de Elías, realizó numerosos milagros y consiguió que los reyes de Israel, Siria y Judá aceptaran a Yahvé como único Dios.

elíseo, a *adj.* Perteneciente o relativo al Elíseo, lugar paradisiaco.

Elíseo *s. m.* **1.** Nombre que en la mitología clásica se daba al lugar paradisiaco donde residían las almas después de la muerte. También se denomina *campos elíseos.* **2.** Nombre de la residencia oficial del presidente de Francia y, p. ext., esta presidencia y su política.

elisión *s. f.* Acción y efecto de elidir.

élite o **elite** *s. f.* Grupo minoritario y selecto que destaca en algún campo o actividad.

elitismo *s. m.* Sistema que beneficia a una minoría privilegiada, aunque sea en perjuicio del resto de la sociedad.

elitista *adj.* **1.** Relativo a la élite o dirigido especialmente a ella. **2.** Partidario o favorecedor de las élites. También *s.*

élitro *s. m.* Cada una de las alas anteriores de ciertos insectos, como los coleópteros y los dermápteros. Están endurecidas por una capa de quitina y no son útiles para el vuelo, sino que recubren y protegen las alas interiores cuando el insecto está en reposo.

elixir o **elíxir** *s. m.* **1.** Medicamento líquido, compuesto de sustancias, normalmente aromáticas, que suelen ir disueltas en alcohol. **2.** Remedio o medicamento al que se atribuían propiedades maravillosas. **3.** Entre los alquimistas, sustancia específica o esencia de un cuerpo.

Elizondo, Salvador (Ciudad de México 1932) Escritor mexicano. Experimentador de la escritura, sus narraciones abordan lo fantástico y lo violento. Algunos de sus títulos más representativos son *Farabeuf o la crónica de un instante* (1965), *El hipogeo secreto* (1968), *El retrato de Zoe* (1969) y *El grafógrafo* (1973).

ella *pron. pers. f. sing. de 3.ª pers.* Véase **él**.

elle *s. f.* Nombre de la letra *ll*, eliminada del alfabeto por la Real Academia Española en 1991.

Ellington, Edward Kennedy, llamado **Duke** (Washington 1899 - Nueva York 1974) Músico estadounidense. Pianista, compositor y director de orquesta, está considerado como una de las grandes figuras del jazz. En 1924 formó su propia banda, que alcanzó gran prestigio desde 1929 tocando en el Cotton Club de Harlem. Creador del estilo *jungle*, entre sus composiciones merecen recordarse *Expresiones de Harlem, Blue Serge y Negro, marrón y beige.*

Elliot, John Huxtable (Reading, Berkshire 1930) Historiador británico. Especialista en la España de los Austrias, es autor, entre otros títulos, de *La España imperial. 1469-1716* (1965), *El viejo mundo y el nuevo. 1492-1650* (1972), *Poder y sociedad en la España de los Austrias* (1976), *Un palacio para un rey*, en colaboración con J. Brown (1980), *Richelieu y Olivares* (1984) y *El conde-duque de Olivares* (1990).

ello *pron. pers. n. sing. de 3.ª pers.* **1.** Véase **él**. ‖ *s. m.* **2.** En la teoría psicoanalítica de Freud, parte inconsciente e instintiva de la personalidad humana, regida por el principio de placer.

elocución *s. f.* **1.** Manera de utilizar las palabras para expresar los conceptos. **2.** Parte de la retórica que se ocupa de la selección de las palabras y la forma de distribuirlas en el discurso. **3.** Conjunto de oraciones que expresan un pensamiento completo.

elocuencia *s. f.* **1.** Capacidad que tiene una persona para utilizar el lenguaje con propiedad, claridad y soltura, de forma que agrade, conmueva o convenza. **2.** Eficacia que tienen otras cosas que no son el lenguaje, como gestos, imágenes, etc., para comunicar alguna idea o influir sobre la actitud de las personas.

elocuente *adj.* **1.** Que tiene elocuencia o se expresa con ella. **2.** Significativo, expresivo. **FAM.** Elocuentemente.

elogiar *v. tr.* Hacer elogios. **FAM.** Elogiable, elogiador.

elogio *s. m.* **1.** Alabanza que se hace de las cualidades y méritos de alguien o algo. **2.** En lit., discurso o composición con que se alaba o ensalza a una persona o cosa.

elogioso, sa *adj.* Que elogia.

elongación *s. f.* **1.** Alargamiento o extensión de un músculo, miembro, etc. **2.** Distancia que existe en cada instante entre el centro de oscilación y la posición que ocupa un cuerpo móvil. La elongación máxima es la amplitud de la oscilación.

elote *s. m. amer.* Mazorca tierna de maíz que en México y otros países de América se come cocida o asada.

Elsheimer, Adam (Frankfurt del Main 1578 - Roma 1610) Pintor alemán. En 1598 pasó a Venecia y hacia 1600 se instaló en Roma. Influido por la utilización de la luz en Caravaggio, realizó pequeños cuadros sobre cobre, en los que destacan paisajes imaginarios. Entre sus obras sobresalen *Tobías y el ángel*, *Exaltación de la cruz*, *El incendio de Troya* y *La huida a Egipto*.

Éluard, Eugène Grindel, llamado **Paul** (Saint-Denis, Seine 1895 - Charenton-le-Pont 1952) Poeta francés. Vinculado al dadaísmo y más tarde uno de los creadores del surrealismo, evolucionó hacia una poesía más preocupada por la realidad social. Entre sus obras descuellan *Capital del dolor* (1926); *La Inmaculada Concepción* (1930), en colaboración con André Breton; *Curso natural* (1938), en que figura el poema *Guernica*, dedicado a la guerra civil española, y *Poesía y verdad* (1942), donde se incluye el poema *Libertad*, una de sus piezas maestras.

elucidar *v. tr.* Dilucidar, aclarar, explicar. **FAM.** Elucidación.

elucidario *s. m.* Libro que aclara cosas difíciles de comprender.

elucubración *s. f.* **1.** Acción y efecto de elucubrar. **2.** Obra producto de las meditaciones de alguien. **3.** Imaginación sin fundamento, divagación. ■ Se dice también *lucubración*.

elucubrar *v. tr.* **1.** Pensar mucho y con agudeza sobre algo. También *v. intr.* **2.** Imaginar sin mucho fundamento, divagar. ■ Se dice también *lucubrar*.

eludir *v. tr.* **1.** Librarse de una dificultad o de una obligación. **2.** Evitar el encuentro con alguien o algo. **3.** Rechazar, rehusar. **FAM.** Eludible.

elusión *s. f.* Acción y efecto de eludir.

elusivo, va *adj.* Que elude.

eluvión *s. m.* Depósito detrítico situado al pie de la roca de donde procede. Se diferencia, por tanto, del aluvión en que éste ha sufrido arrastre o transporte.

Elytis, Odysseus (Heraklion, Creta 1911) Poeta griego. Muy influido por el surrealismo, ha renovado la poesía griega, rompiendo con la tradición clásica. En 1979 fue premiado con el Nobel de literatura. Algunos de sus títulos más representativos son *Orientaciones* (1940), *Canto heroico y fúnebre por el subteniente caído en Albania* (1945), *Dignum est* (1959) y *Monograma* (1973).

Elzevier o **Elzevir** Familia neerlandesa de impresores y editores de los s. XVI y XVII.

elzeviriano, na *adj.* Se aplica a las ediciones hechas por la familia Elzevier, así como también a los tipos de imprenta que empleaban y a las modernas impresiones en las que se usan caracteres semejantes.

emaciación *s. f.* Adelgazamiento debido a enfermedad.

emanación *s. f.* **1.** Acción y efecto de emanar. **2.** Lo que emana o procede de un cuerpo. ‖ **3.** **emanación del radio** Nombre que en un principio se dio al elemento descubierto por los esposos Curie, el radón.

emanantismo *s. m.* Doctrina filosófica y religiosa según la cual todas las cosas proceden por emanación de un dios o ser superior. **FAM.** Emanantista.

emanar *v. intr.* **1.** Proceder una cosa de otra con la que estaba relacionada o en la que tiene su origen. **2.** Salir o desprenderse de un cuerpo un olor, gas, irradiación, etc. También *v. tr.* **3.** Transmitirse o comunicarse alguna cosa, en especial sentimientos. También *v. tr.*

emancipación *s. f.* **1.** Acción y efecto de emancipar o emanciparse. **2.** Acto jurídico que permite al menor de edad gobernar su persona o administrar sus bienes como si hubiera alcanzado la mayoría de edad, aunque con algunas limitaciones. Puede obtenerse por matrimonio, por decisión de los padres, por concesión del Estado, etc.

emancipar *v. tr.* Liberar a una persona, grupo o pueblo de la autoridad, tutela, dependencia, etc., a la que estaba sujeto. También *v. prnl.* **FAM.** Emancipado, emancipador.

emascular *v. tr.* Extirpar o quitar los órganos sexuales del macho. **FAM.** Emasculación.

embadurnar *v. tr.* **1.** Manchar o cubrir una cosa con una sustancia pegajosa, grasienta, o que ensucia fácilmente. También *v. prnl.* **2.** Pintar o dibujar sin arte, de cualquier manera. **FAM.** Embadurnamiento.

embajada *s. f.* **1.** Oficinas en que tiene su sede la representación diplomática de un Estado en otro. **2.** Cargo de embajador y residencia del mismo. **3.** Conjunto de diplomáticos y empleados a las órdenes del embajador. **4.** Mensaje o comunicación de gran importancia enviado a alguien a través de otra persona, en especial los que se envían los gobiernos de dos Estados por medio de sus embajadores. **5.** *fam.* Proposición o encargo molesto o impertinente.

embajador, ra *s. m.* y *f.* **1.** Diplomático que representa a su país en una nación extranjera. **2.** Persona encargada de hacer llegar un mensaje importante o una embajada.

embaladura *s. f. Chile, Perú.* Embalaje.

embalaje *s. m.* **1.** Acción y efecto de embalar[1]. **2.** Cubierta o envoltura que protege los objetos que se van a transportar. **3.** Precio de esta envoltura.

embalar[1] (de *en-* y *bala*, fardo) *v. tr.* Envolver o proteger los objetos para que no se estropeen durante su transporte. **FAM.** Embalado, embalador.

embalar[2] (del fr. *emballer*) *v. tr.* **1.** Aumentar considerablemente la velocidad de algo. Se usa mucho como *v. prnl.* ‖ *v. prnl.* **2.** Hacer una cosa muy deprisa o tener mucho empeño en hacerla. **FAM.** Embalado.

embaldosado, da **1.** *p. p.* de **embaldosar**. También *adj.* ‖ *s. m.* **2.** Piso o suelo cubierto con baldosas. **3.** Operación de embaldosar.

embaldosar *v. tr.* Cubrir el suelo con baldosas.

embalsadero *s. m.* Lugar pantanoso donde se recogen las aguas de lluvia o las de los ríos que se han desbordado.

embalsamar *v. tr.* **1.** Preparar un cadáver mediante ciertas sustancias u operaciones para evitar su descomposición. La técnica de embalsamar alcanzó gran desarrollo en el antiguo Egipto, donde se remonta a más de 4.500 años. Antiguamente se extraían los órganos internos sin destruir la piel y se impregnaba el cadáver con ciertas sustancias (bálsamos); actualmente se inyectan fluidos embalsamantes (formol, alcohol etílico, etc.) en las vías circulatorias, en las cavidades del cuerpo y en los órganos huecos. **2.** Perfumar, despedir algo un olor agradable y comunicarlo a lo que lo rodea. También *v. prnl.* **FAM.** Embalsamador, embalsamamiento, embalsamante.

embalsar *v. tr.* **1.** Hacer que un líquido, especialmente el agua, se detenga y quede retenida. Se usa mucho como *v. prnl.* ‖ *v. intr.* **2.** *Col.* Atravesar un río o laguna en una embarcación.

embalse *s. m.* **1.** Acción o efecto de embalsar o embalsarse. **2.** Balsa o lago artificial, generalmente cerrado por un dique, donde se acumulan las aguas de un río, para el consumo humano, el riego de cultivos o la producción de energía. **3.** Cantidad de agua retenida de esta forma.

embanastar *v. tr.* **1.** Meter en banastas o cestas. **2.** Introducir demasiada gente en un lugar.

embancarse *v. prnl.* **1.** Vararse una embarcación en un banco. **2.** *Chile, Ec.* Cegarse o disminuir su calado un río, lago, etc. **3.** *Méx.* En las fundiciones, pegarse la escoria a las paredes del horno. ■ Se conjuga como *sacar*.

embanquetar *v. tr. Méx.* Poner banquetas o aceras a las calles.

embarazado, da **1.** *p. p.* de **embarazar**. ‖ *adj.* **2.** Se aplica a la mujer que está esperando un hijo. También *s. f.* **3.** Que se muestra tímido, que no actúa con desenvoltura.

embarazar *v. tr.* **1.** Poner dificultades, estorbar, entorpecer. **2.** Hacer que una mujer conciba

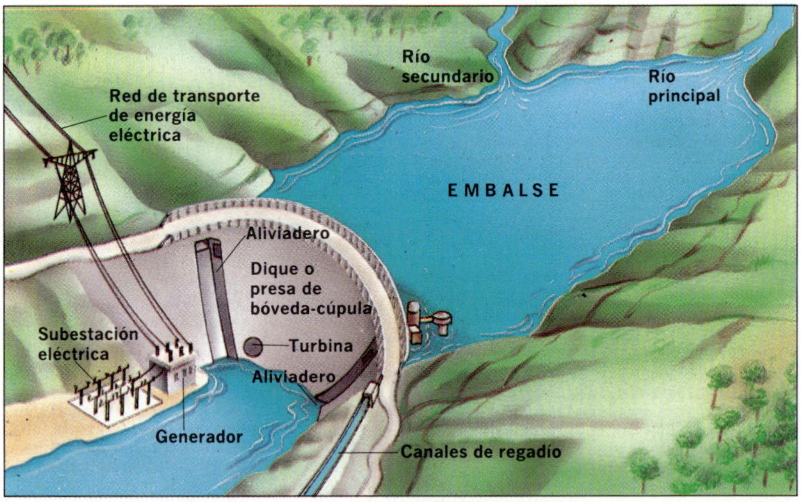

Embalse: la gran masa de agua acumulada artificialmente puede utilizarse para la producción de energía eléctrica, el consumo humano y el regadío.

un hijo. ‖ *v. prnl.* **3.** Sentir vergüenza o confusión ante alguien o algo. ▪ Se conjuga como *cazar.*

embarazo *s. m.* **1.** Estado de la mujer embarazada. **2.** Periodo de tiempo que dura este estado. El periodo de gestación de las hembras humanas dura 280 días (9 meses). Comienza con la fertilización del óvulo por el espermatozoide y su implantación en la matriz y termina con el parto o nacimiento de la criatura. El embarazo puede ser múltiple, si varios espermatozoides fecundaron simultáneamente varios óvulos o si el óvulo fecundado se dividió dando lugar a varios embriones. Si el embarazo llega a término antes de tiempo, se produce un parto prematuro, llamado *aborto* cuando el embrión o feto no es viable (no han transcurrido 180 días desde la fecundación). El embarazo se manifiesta en varios síntomas, como desaparición de la menstruación, dilatación del abdomen, etc. También puede ir acompañado de vómitos y mareos. **3.** Dificultad, estorbo. **4.** Apuro, vergüenza, falta de desenvoltura.

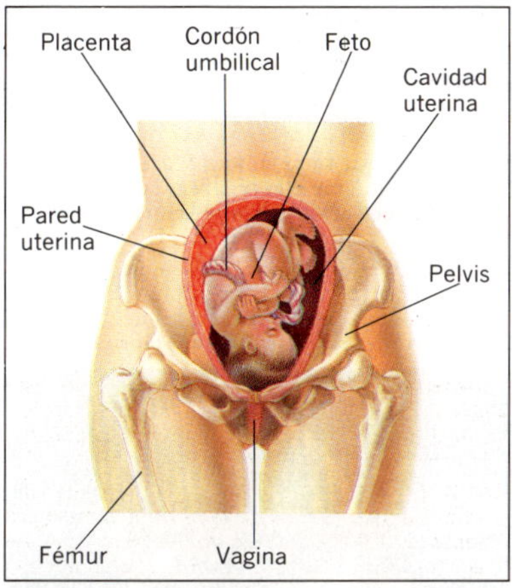

Embarazo: posición del feto en el útero materno durante el último mes.

embarazoso, sa *adj.* Que causa embarazo, apuro. **Fam.** Embarazosamente.

embarcación *s. f.* **1.** Vehículo que flota y que, impulsado por cualquier procedimiento, puede transportar personas, animales o cosas. **2.** Acción de embarcar personas o de embarcarse alguien. **3.** Tiempo que dura la navegación.

embarcadero *s. m.* **1.** Zona del muelle destinada al embarque y desembarque. **2.** Rampa o escalera que permiten bajar hasta el nivel del agua. **3.** Andén de ferrocarril.

embarcar *v. tr.* **1.** Introducir personas, mercancías o cualquier otra cosa en un barco, tren o avión. También *v. prnl.* **2.** Hacer que alguien tome parte en un negocio o empresa normalmente difíciles o peligrosos. También *v. prnl.* **3.** *amer.* Engañar. ▪ Se conjuga como *sacar.*

embarco *s. m.* Embarque, acción y efecto de embarcar personas, mercancías, etc.

embargar *v. tr.* **1.** Retener determinados bienes por orden de una autoridad judicial o administrativa. **2.** Llenar a una persona alguna sensación o sentimiento. **3.** Producir una cosa o alguien un placer o satisfacción extraordinarios. **4.** Ocupar alguna cosa todo el tiempo o quehacer de una persona. **5.** Estorbar, dificultar. ▪ Se conjuga como *pagar.* **Fam.** Embargable, embargador.

embargo *s. m.* **1.** Retención de determinados bienes ordenada por una autoridad judicial o administrativa, para asegurar el pago de una deuda o la responsabilidad contraída por haber cometido un delito. **2.** Prohibición o detención del comercio y transporte de alguna cosa, como p. ej. el de armamento, decretado por un gobierno. ‖ **Loc. sin embargo** *conj.* No obstante.

embarque *s. m.* **1.** Acción y efecto de embarcar personas o mercancías. **2.** Pasaje o carga que se embarca. **3.** Asunto o empresa difícil o engañosa.

embarrancar *v. intr.* **1.** Encallar una embarcación. También *v. prnl.* **2.** Quedar cualquier cosa retenida en un lugar estrecho o que dificulta el paso. Se usa mucho como *v. prnl.* ‖ *v. prnl.* **3.** Atascarse en algún problema o dificultad. ▪ Se conjuga como *sacar.*

embarrar *v. tr.* **1.** Cubrir o manchar una cosa con barro. También *v. prnl.* **2.** Ensuciar con cualquier sustancia pegajosa. También *v. prnl.* **3.** *amer.* Complicar o liar un asunto. **4.** *amer.* Mezclar a alguien en un mal negocio. También *v. prnl.* **5.** *Méx.* Chocar dos vehículos.

embarrialarse *v. prnl.* **1.** *Amér. C., Ven.* Enlodarse. **2.** *Amér. C.* Quedarse atascado.

embarrilar *v. tr.* Meter en barriles.

embarullado, da **1.** *p. p.* de **embarullar**. También *adj.* ‖ *adj.* **2.** Confuso, enredado. **3.** Que está hecho deprisa, de cualquier manera. **Fam.** Embarulladamente.

embarullar *v. tr.* **1.** Mezclar desordenadamente cosas, ideas, etc. También *v. prnl.* **2.** Confundir, liar a alguien. También *v. prnl.* **3.** Hacer alguna cosa precipitadamente, sin cuidado. **Fam.** Embarullador, embarullamiento.

embastar *v. tr.* Hilvanar, coser alguna cosa con puntadas largas.

embaste *s. m.* Acción y efecto de embastar, cosido hecho con puntadas largas.

embastecer *v. tr.* Hacer basto u ordinario. También *v. prnl.* ▪ Es v. irreg. Se conjuga como *agradecer.*

embate *s. m.* **1.** Golpe fuerte y violento; se emplea especialmente cuando se trata del mar, el viento, etc. **2.** Ataque de un sentimiento violento, pasión, etc.

embaucador, ra *adj.* Se dice de la persona o cosa que embauca o engaña. También *s.*

embaucar *v. tr.* Engañar a alguien aprovechándose de su inexperiencia o confianza. ▪ Se conjuga como *sacar.* **Fam.** Embaucamiento.

embaular *v. tr.* **1.** Guardar o meter alguna cosa en un baúl. **2.** *fam.* Meter a mucha gente en un lugar muy reducido. **3.** *fam.* Comer mucho o con mucha ansia. También *v. prnl.* ▪ En cuanto al acento, se conjuga como *aunar*: *embaúlo.*

embeber *v. tr.* **1.** Absorber. **2.** Empapar, impregnar. **3.** Reducir o recoger una cosa en ella misma, acortándola o frunciéndola, p. ej. una prenda de vestir. **4.** Encajar una cosa en otra. **5.** Incluir una cosa en otra. ‖ *v. intr.* **6.** Encoger o apelmazarse un tejido o prenda al lavarse. También *v. prnl.* ‖ *v. prnl.* **7.** Concentrarse mucho en algo.

embelecar *v. tr.* Engañar con embelecos. ▪ Se conjuga como *sacar.* **Fam.** Embelecador, embelecamiento.

embeleco *s. m.* Engaño, especialmente con zalamerías o halagos, que se hace a una persona para conseguir algo de ella.

embelesar *v. tr.* Agradar una cosa de tal forma a una persona que se olvide del resto o no advierta otras cosas. También *v. prnl.* **Fam.** Embelesamiento.

embeleso *s. m.* **1.** Acción y efecto de embelesar o embelesarse. **2.** Aquello que embelesa.

embellecedor, ra *adj.* **1.** Que embellece. ‖ *s. m.* **2.** Cualquier chapa, moldura, etc., que sirve para adornar o disimular una parte antiestética de algo, y especialmente los que se colocan en las ruedas de los coches.

embellecer *v. tr.* Dar belleza o más belleza. También *v. prnl.* ▪ Es v. irreg. Se conjuga como *agradecer.* **Fam.** Embellecimiento.

embero *s. m.* Árbol de la familia de las meliáceas, especie *Lovoa trichiloides.* De él se obtiene una madera de color marrón grisáceo muy fina y blanda, apreciada en ebanistería. Crece en Guinea.

emberrenchinarse o **emberrincharse** *v. prnl. fam.* Enfadarse mucho, coger un berrinche.

emberretinarse *v. prnl. amer.* Encapricharse.

embestida *s. f.* Acción y efecto de embestir.

embestir *v. tr.* Lanzarse con violencia contra una persona o cosa, particularmente un animal. También *v. intr.* ▪ Es v. irreg. Se conjuga como *pedir.*

embetunar *v. tr.* Cubrir de betún una cosa.

embicar *v. tr.* **1.** *Arg., Chile.* Dirigir una nave hacia la costa. **2.** *Arg., Chile.* Beber alcohol, emborracharse. ▪ Se conjuga como *sacar.*

embicharse *v. prnl. Amér. del S.* Agusanarse, llenarse de bichos.

embijar *v. tr. amer.* Manchar, pintarrajear.

emblandecer *v. tr.* Ablandar, reblandecer. También *v. prnl.* ▪ Es v. irreg. Se conjuga como *agradecer.*

emblanquecer *v. tr.* Poner blanca una cosa. También *v. prnl.* ▪ Es v. irreg. Se conjuga como *agradecer.* **Fam.** Emblanquecimiento.

emblema *s. m.* **1.** Insignia, a menudo con un texto que indica su significado, que adopta un grupo, familia, institución, etc., por la que se los reconoce. **2.** Símbolo, figura que se toma como representación de algo.

emblemático, ca *adj.* **1.** Modélico, con las características más propias de algo. **2.** Perteneciente o relativo al emblema o que lo incluye. **Fam.** Emblemáticamente.

embobar *v. tr.* Asombrar, pasmar. También *v. prnl.* **Fam.** Embobamiento.

embocado, da **1.** *p. p.* de **embocar**. ‖ *adj.* **2.** Se aplica al vino que contiene mezcla de seco y dulce.

embocadura *s. f.* **1.** Acción y efecto de entrar algo por un lugar estrecho. **2.** Lugar de acceso a un puerto, canal, etc. **3.** Boquilla de un instrumento musical de viento. **4.** Gusto o sabor que tiene un vino. **5.** Boca del escenario de un teatro. **6.** Bocado del freno de una caballería.

embocar *v. tr.* **1.** Dirigirse una cosa hacia una boca o entrada que conduce a un lugar estrecho, como p. ej. un túnel. **2.** Hacer que algo se meta por una entrada o abertura. **3.** Poner los labios en la boquilla de un instrumento musical de viento. ▪ Se conjuga como *sacar.*

embochinchar *v. tr. amer.* Armar un bochinche, alboroto.

embolada *s. f.* Movimiento de vaivén que hace el émbolo entre dos puntos que limitan su desplazamiento.

embolado, da **1.** *p. p.* de **embolar**. También *adj.* ‖ *s. m.* **2.** *fam.* Bola, mentira. **3.** *fam.* Engorro, papeleta.

embolar[1] *v. tr.* **1.** Poner bolas en la punta de los cuernos del toro para que no dañe con ellos. **2.** En ciertas fiestas populares, poner al toro una especie de antorchas en los cuernos. **3.** Dar bola o betún al calzado.

embolar[2] *v. tr. Amér. C., Méx.* Emborrachar. También *v. prnl.*

embolia *s. f.* Obstrucción de las vías circulatorias por la presencia de cuerpos extraños, como placas grasas, glóbulos líquidos de grasa, burbujas de gases o coágulos sanguíneos (trombosis). En el cerebro provoca ataques de apoplejía y en el corazón trombosis cardiaca o coronaria. Si el órgano afectado es muy importante, puede resultar mortal.

émbolo *s. m.* **1.** Pieza móvil situada en el interior de una bomba o del cilindro de una máquina, cuyo diámetro ajusta con el ánima del dispositivo que la contiene, que impulsa un fluido en una dirección determinada, p. ej. la pieza interna de una jeringa o del cilindro de un motor de explosión. **2.** Cuerpo extraño situado en un vaso sanguíneo, como grasa, una burbuja de aire o un coágulo de sangre, que obstruye dicho vaso y produce una embolia.

embolsar *v. tr.* **1.** Guardar algo en una bolsa, especialmente dinero. **2.** Cobrar o recibir algún dinero. También *v. prnl.*

embolso *s. m.* Acción y efecto de embolsar o embolsarse una cantidad.

emboque *s. m.* **1.** Acción y efecto de embocar. **2.** Aplicado a los vinos, embocadura.

emboquillado, da **1.** *p. p.* de **emboquillar**. También *adj.* ‖ *adj.* **2.** Se dice del cigarrillo con filtro. También *s. m.* ‖ *s. m.* **3.** Acción y efecto de emboquillar.

emboquillar *v. tr.* Poner boquillas o filtros a los cigarrillos.

emborrachacabras *s. m.* Planta leñosa de la familia coriariáceas, especie *Coriaria myrtifolia.* Presenta tallo cuadrangular, hojas lanceoladas con tres nervios principales, pequeñas flores verdosas y fruto tóxico de color negro.

emborrachar *v. tr.* **1.** Poner borracho. También *v. prnl.* **2.** Empapar o bañar un bizcocho, pastel, etc., en un licor o almíbar. **3.** Echar demasiado combustible, de forma que no se absorba todo. También *v. prnl.* **4.** *fam.* Hacer perder a alguien el dominio de sí una gran alegría, un triunfo, el poder, etc. También *v. prnl.* ‖ *v. prnl.* **5.** Mezclarse o correrse los colores de alguna cosa, p. ej. de una prenda de vestir. **FAM.** Emborrachador, emborrachamiento.

emborregado *adj.* Se aplica al cielo cubierto de nubes.

emborronar *v. tr.* Echar borrones o hacer garabatos en un papel. **FAM.** Emborronamiento.

emboscada *s. f.* **1.** Acción de esconderse y atacar alguien a una persona o grupo a su paso por el lugar donde estaba oculto. **2.** Cualquier conspiración o trampa que se prepara contra alguien.

emboscar *v. tr.* **1.** Colocar gente oculta en un lugar para atacar a alguien por sorpresa. También *v. prnl.* ‖ *v. prnl.* **2.** Esconderse alguien entre el ramaje o la espesura. **3.** Evitar una persona sus obligaciones, escudándose en una ocupación más cómoda o favorable. **4.** Introducirse alguien en una asociación para perjudicarla o para ocultarse. ▪ Se conjuga como *sacar.*

embotar *v. tr.* **1.** Quitar la punta o el filo a instrumentos cortantes. También *v. prnl.* **2.** Debilitar, quitar energía, eficacia o sensibilidad. También *v. prnl.* ‖ *v. prnl.* **3.** Aturdirse, no poder pensar con claridad. **4.** Hincharse, congestionarse. **FAM.** Embotamiento.

embotellado, da **1.** *p. p.* de **embotellar**. También *adj.* ‖ *adj.* **2.** Se aplica al discurso, lección, conferencia, etc., que se lleva muy preparado o aprendido. ‖ *s. m.* **3.** Operación de embotellar líquidos o bebidas.

embotellamiento *s. m.* **1.** Acción o efecto de embotellar. **2.** Entorpecimiento del tráfico por la coincidencia de muchos vehículos en un punto determinado. **3.** Aglomeración de personas en un lugar.

embotellar *v. tr.* **1.** Meter un líquido en botellas. **2.** Producir los vehículos un atasco. **3.** Meter gente muy apretada en un lugar. **4.** Acorralar a una persona. **5.** Entorpecer, dificultar o inmovilizar un negocio, una mercancía, etc. **6.** Obstaculizar o impedir las fuerzas marítimas la salida de las naves enemigas.

embotijarse *v. prnl. fam.* Hincharse, congestionarse.

embozar *v. tr.* **1.** Tapar la parte inferior del rostro, p. ej. con el embozo de la cama, una bufanda, etc. Se usa mucho como *v. prnl.* **2.** Ocultar o desfigurar una cosa. ▪ Se conjuga como *cazar.*

embozo *s. m.* **1.** Parte de la sábana de arriba, doblada hacia fuera por el extremo que toca la cara. **2.** Parte de una prenda de vestir, en particular de la capa, que cubre el rostro. **3.** Disimulo, falta intencionada de claridad.

embragar *v. tr.* Conectar dos ejes en rotación para transmitir a uno el movimiento del otro. ▪ Se conjuga como *pagar.*

embrague *s. m.* **1.** Acción y efecto de embragar. **2.** Mecanismo que se intercala entre dos ejes que giran para que uno de ellos transmita o no su movimiento de rotación al otro. En los automóviles, este dispositivo permite acoplar y desacoplar el árbol o eje del cambio de velocidad al cigüeñal del motor, sin necesidad de detener el movimiento de éste. **3.** Pedal con que se acciona este dispositivo.

embravecer *v. tr.* **1.** Poner furioso a alguien. También *v. prnl.* **2.** Enfurecer a un animal o hacer que se vuelva bravo y fiero. También *v. prnl.* ‖ *v. prnl.* **3.** Agitarse o desatarse las fuerzas naturales. ▪ Es v. irreg. Se conjuga como *agradecer.* **FAM.** Enbravecimiento.

embrazadura *s. f.* **1.** Acción y efecto de embrazar. **2.** Asa por donde se embraza o se mete el brazo en un escudo o arma semejante.

embrazar *v. tr.* Meter el brazo por el asa del escudo o arma semejante. ▪ Se conjuga como *cazar.*

embreado, da **1.** *p. p.* de **embrear**. También *adj.* ‖ *s. m.* **2.** Acción y efecto de embrear.

embrear *v. tr.* Untar con brea algo, como p. ej. los costados de una barca, o los cables, maromas, etc.

embriagador, ra *adj.* Que embriaga.

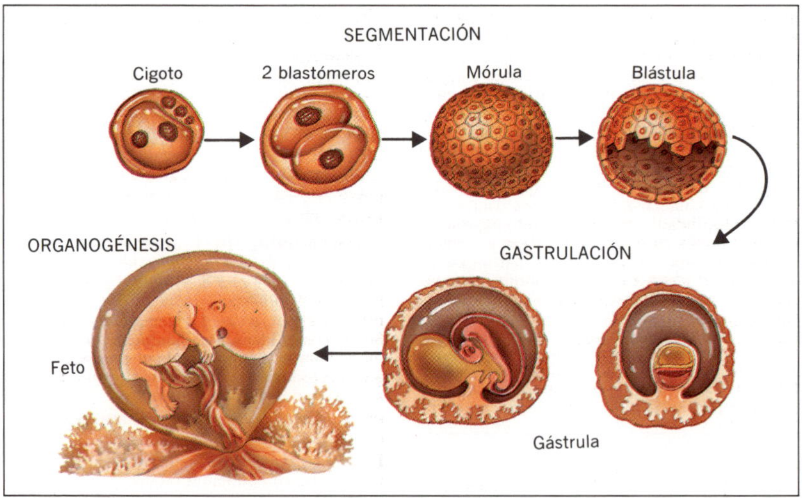

Embriogénesis: sucesivas transformaciones por las que atraviesa el nuevo organismo formado tras la fecundación.

embriagar *v. tr.* **1.** Poner borracho a alguien. También *v. prnl.* **2.** Causar algo mucho placer o satisfacción a una persona. También *v. prnl.* **3.** Hacer perder el equilibrio o la serenidad a alguien una alegría, victoria, etc. ▪ Se conjuga como *pagar.* **FAM.** Embriagante.

embriaguez *s. f.* **1.** Estado de alteración de la mente y de los sentidos de la persona que ha tomado bebidas alcohólicas en exceso. **2.** Pérdida de la serenidad o equilibrio a causa de una alegría, un éxito, etc.

embridar *v. tr.* **1.** Poner o colocar las bridas a las caballerías. **2.** Hacer que el caballo lleve y mueva bien la cabeza. **3.** Contener, someter, refrenar.

embriogenésico, ca *adj.* Perteneciente o relativo a la embriogénesis.

embriogénesis *s. f.* Conjunto de transformaciones sucesivas por las que pasa el huevo o embrión hasta su nacimiento. Todos los seres pluricelulares tienen su origen en una célula huevo o cigoto que, tras pasar por tres fases (segmentación, gastrulación y organogénesis), se convierte en un ser adulto. En el desarrollo humano, el cigoto se transforma en mórula (masa maciza de células) y a continuación pasa al estado de blástula (algunas células se aplanan, se reproducen rápidamente y emigran hacia el exterior, dejando un hueco), con lo que concluye la fase de segmentación y se inicia la de gastrulación. En ella aparecen el endodermo (capa más interna, que encierra el saco vitelino), la cavidad amniótica, el ectodermo (segunda hoja embrionaria) y el mesénquima (masa de células periféricas estrelladas). La zona de contacto entre el ectodermo y el endodermo se llama *disco embrionario* y de él surge la tercera hoja, el mesodermo, en cuyo seno se forma una cavidad llamada *celoma.* Tras ello se inicia la tercera fase, con la diferenciación celular y la aparición de los tejidos.

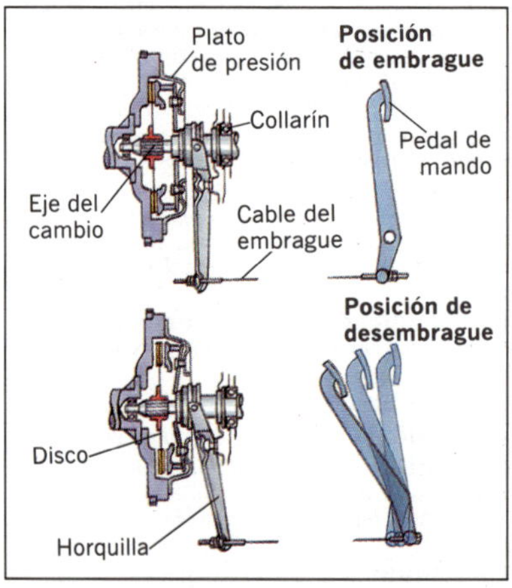

Esquema del embrague de disco en un automóvil: al pisar el pedal se desembraga, es decir, se desacopla el motor del eje del cambio de velocidades.

embriología *s. f.* Parte de la biología que estudia el desarrollo de los embriones de los seres vivos, desde la fecundación del huevo hasta el nacimiento del nuevo ser. **FAM.** Embriológico.

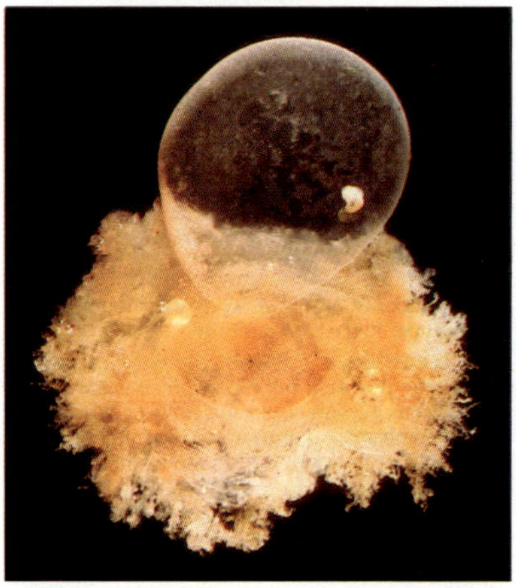

Embrión humano en la segunda semana de vida uterina.

embrión *s. m.* **1.** Primera etapa del desarrollo de un ser vivo, desde el comienzo de la evolución del huevo fecundado hasta la diferenciación de los órganos principales. En la mayor parte de los seres vivos, el embrión se desarrolla dentro de una estructura esférica u ovoide (el huevo) independiente de la madre. En los mamíferos placentarios, el embrión se implanta en el cuerpo de la madre a través de una membrana, la placenta. El huevo fecundado se divide repetidas veces, creciendo progresivamente y pasando por varias etapas bien diferenciadas, que constituyen la embriogénesis. En el hombre, a partir de los tres meses de gestación, el embrión se denomina feto. **2.** Lo que está empezando y aún no ha madurado. ‖ **LOC. estar** una cosa **en embrión** Estar una cosa en sus comienzos.

embrionario, ria *adj.* **1.** Perteneciente o relativo al embrión. **2.** Que está en sus comienzos.

embrocar *v. tr.* **1.** Vaciar una vasija en otra, poniéndola boca abajo. **2.** *Amér. del S., Méx.* Vestirse poniéndose las prendas por la cabeza. ▪ Se conjuga como *sacar.*

embrollado, da **1.** *p. p.* de **embrollar**. ‖ *adj.* **2.** Lioso, confuso. **FAM.** Embrolladamente.

embrollar *v. tr.* Embarullar, causar embrollo. También *v. prnl.*

embrollo *s. m.* **1.** Conjunto de cosas enredadas o revueltas. **2.** Situación confusa, difícil de comprender o resolver. **3.** Chisme o mentira sobre alguien. **4.** Chanchullo o apaño que se hace para que algo no se conozca.

embrollón, na *adj. fam.* Que embrolla. También *s.*

embromar *v. tr.* **1.** Gastarle una broma a alguien. **2.** Engañar a una persona o burlarse de ella por diversión. **3.** *amer.* Hacer perder el tiempo, molestar. **4.** *amer.* Perjudicar, causar daño. También *v. prnl.*

embroncarse *v. prnl. Amér. del S.* Enfadarse, enojarse. ■ Se conjuga como *sacar.*

embrujar *v. tr.* **1.** Ejercer influencia sobre alguien o algo por medio de la brujería o de la magia. **2.** Atraer de forma irresistible. **FAM.** Embrujado, embrujamiento.

embrujo *s. m.* Acción y efecto de embrujar, encanto o atracción que tiene una persona o cosa.

embrutecer *v. tr.* Hacer a una persona más bruta, torpe o menos sensible. También *v. prnl.* ■ Es v. irreg. Se conjuga como *agradecer.* **FAM.** Embrutecedor, embrutecimiento.

embuchado, da **1.** *p. p.* de **embuchar**. También *adj.* ‖ *s. m.* **2.** Tripa de cerdo u otro animal rellena de carne picada y otras sustancias o condimentos, y en especial la que lo está con lomo de cerdo. **3.** En la imprenta, operación que consiste en intercalar hojas o cuadernillos en un libro, revista, etc. **4.** Cosa que se cuela disimulada o encubiertamente entre otras. **5.** Morcilla, palabras o frases de su invención que introduce un artista en su papel. **6.** *fam.* Enfado fingido o que no se exterioriza.

embuchador, ra *adj.* **1.** Que embucha. También *s.* ‖ *s. f.* **2.** Máquina o aparato utilizado para embuchar o cebar a las aves. Suele consistir en un depósito en el que se introduce la papilla y una serie de émbolos y palancas que se accionan con un pedal.

embuchamiento *s. m.* Acción de embuchar o cebar a las aves.

embuchar *v. tr.* **1.** Hacer embutidos metiendo carne picada y otras sustancias y condimentos en una tripa de animal. **2.** Cebar a las aves introduciéndoles comida en el buche. **3.** *fam.* Comer mucho y muy deprisa, tragando casi sin masticar. **4.** En imprenta, intercalar en algún impreso hojas o cuadernillos. ‖ *v. prnl.* **5.** *amer.* Enfadarse sin motivo, teniendo que disimular.

embudo *s. m.* **1.** Instrumento hueco de forma cónica cuyo vértice se prolonga en un tubo o canutillo y que se utiliza para pasar líquidos de un recipiente a otro, especialmente si éste tiene la boca estrecha. **2.** Agujero o hundimiento con la forma de este instrumento. **3.** En geol., depresión del terreno de forma cónica y dimensiones variables, debida a la descalcificación y al derrumbe, propia de las formaciones cársticas. ‖ **LOC. ley del embudo** *fam.* La que se aplica con desigualdad, con más rigor a unos que otros.

emburujar *v. tr.* **1.** *fam.* Formar en una cosa burujos o grumos, como en una masa, engrudo, etc., o nudos en hilos y cordones cuando se enredan. También *v. prnl.* ‖ *v. prnl.* **2.** *Col., Méx., Ven.* Arrebujarse, arroparse.

embuste *s. m.* Mentira.

embustero, ra *adj.* Se aplica a la persona que dice un embuste o acostumbra a decirlos. También *s.*

embutido, da **1.** *p. p.* de **embutir**. También *adj.* ‖ *s. m.* **2.** Tripa de cerdo u otro animal rellena de carne picada y de otras sustancias y condimentos. **3.** Acción y efecto de embutir. **4.** Obra decorativa que se realiza, normalmente en madera, incrustando piezas de distintos materiales, como marfil, metal, etc., de variado colorido. **5.** *amer.* Entredós, tira bordada o de encaje.

embutir *v. tr.* **1.** Rellenar una tripa de cerdo o de otro animal con carne picada, tocino, condimentos, etc. **2.** Meter apretándola una cosa en otra o en un sitio. **3.** Introducir una pieza en un material de forma que quede encajada. **4.** Dar forma cóncava o hueca a los metales con un molde o matriz. **5.** *fam.* Comer mucho y muy deprisa. También *v. prnl.*

eme *s. f.* Nombre de la letra *m.*

emenagogo *adj.* Se aplica al medicamento que provoca o favorece la menstruación en la mujer. También *s. m.*

emergencia *s. f.* **1.** Hecho urgente que exige una rápida atención o solución. **2.** Acción y efecto de emerger.

emergente *adj.* **1.** Que emerge. **2.** Que tiene su principio u origen en otra cosa.

emerger *v. intr.* **1.** Salir de un líquido una cosa que estaba sumergida o sobresalir una parte de ésta. **2.** Surgir, aparecer una cosa. **3.** Salir un astro de detrás de otro que lo eclipsaba. ■ Se conjuga como *coger.*

emeritense *adj.* De Mérida. También *s.*

emérito, ta *adj.* **1.** Se aplica a la persona que, una vez retirada de sus funciones, recibe un premio o recompensa por sus buenos servicios. **2.** Se dice del profesor de universidad que por sus méritos sigue dando clases después de jubilado. **3.** Se dice del soldado que en la antigua Roma disfrutaba de un premio por sus méritos.

emersión *s. f.* **1.** Acción y efecto de emerger un cuerpo a la superficie del líquido en que estaba sumergido. **2.** Salida o reaparición de un astro por detrás de otro que lo ocultaba.

Emerson, Ralph Waldo (Boston 1803 - Concord, Massachusetts 1882) Poeta y filósofo estadounidense. Descendiente de una familia puritana de Nueva Inglaterra, en 1829 se ordenó pastor de la Iglesia unitaria, pero se separó de la misma en 1832 para recuperar su libertad de pensamiento. Realizó tres viajes a Europa (1832, 1847 y 1872). Sus *Ensayos* (1841 y 1844), sus *Poesías* (1847) y su labor al frente de la revista *The Dial* (1840-44), fundada por él, le convirtieron en uno de los pensadores más prestigiosos de EE UU y en el apóstol del llamado *trascendentalismo.* De raíz panteísta, cree que un espíritu universal impregna tanto al hombre como a la naturaleza externa, y que cada cual puede descubrir la verdad suprema en el alma, orientándose por un atisbo o luz interior. Otros títulos suyos importantes son *Naturaleza* (1836), *Hombres representativos* (1850) y *Conducta de vida* (1860).

emético, ca *adj.* Se aplica a la sustancia o acción que provoca el vómito. Los eméticos se utilizan en medicina para expulsar el contenido del estómago, si se ha producido la ingestión de sustancias tóxicas, pero están contraindicados cuando el esófago ha sido dañado. Eméticos son la sal común, la apomorfina, etc. También *s. m.*

emétrope *adj.* Se aplica a la persona u ojo que presenta emetropía. También *s.*

emetropía *s. f.* Estado normal del ojo respecto a la refracción, en el cual los rayos paralelos procedentes del infinito se reúnen exactamente en la superficie de la retina. **FAM.** Emetrópico.

emigración *s. f.* **1.** Acción y efecto de emigrar. **2.** Traslado de personas desde un territorio hacia otro. El proceso de llegada de población emigrante a un territorio se llama *inmigración.* Entre las causas de la emigración se distinguen las de orden natural, como las que provocan el fenómeno del nomadismo, y las de orden social, que suelen ser políticas, religiosas y, sobre todo, económicas. Existen diversos tipos de emigración: forzosa (como la trata de esclavos) o voluntaria, temporal o definitiva, individual o colectiva, e interna (dentro del propio país) o externa (si se abandona el propio país). **3.** Situación o condición del emigrado y conjunto de personas emigradas.

emigrado, da **1.** *p. p.* de **emigrar**. ‖ *adj.* **2.** Se aplica a la persona que vive fuera de su patria, normalmente obligada por motivos políticos. También *s.*

emigrante *adj.* **1.** Que emigra. También *s.* **2.** Se dice del que vive en otro país, generalmente por causas económicas. También *s.*

emigrar *v. intr.* **1.** Abandonar una persona su lugar de origen para establecerse en otro país o región, debido a causas sociales, políticas o económicas. **2.** Trasladarse algunas especies animales de un lugar a otro por exigencias climáticas, alimentarias o reproductivas.

emigratorio, ria *adj.* Perteneciente o relativo a la emigración.

Emilia-Romaña Región de Italia, situada en el N del país, entre el río Po, los Apeninos Tosco-Emilianos y el mar Adriático. 22.124 km^2. 3.921.600 h. en 1990. Está formada por ocho provincias y la capital es Bolonia, con 417.400 h. en 1990. Su relieve es montañoso en el S, mientras el centro y N está formado por el valle del Po y sus afluentes Trebia, Taro, Secchia y Panaro, y el del Reno, que desembocan en el Adriático. En estos fértiles valles se desarrolla una rica economía agrícola, con cultivos de trigo, vid, hortalizas, frutales, remolacha azucarera y arroz. También tiene importancia la ganadería vacuna. En la industria destacan los sectores alimentario (azúcar, harina, conservas, productos lácteos), mecánico, petroquímico, de maquinaria (motos, tractores), textil y cementero.

Emín Bajá, Eduard Schnitzer, llamado **Mehmet** (Oppeln 1840 - Kinena, Congo 1892) Aventurero alemán. Fue médico en el ejército turco y posteriormente realizó exploraciones en Sudán y Uganda, en contacto con los británicos. El general Gordon lo nombró gobernador de la provincia egipcia de Ecuatoria (1878-85). En 1890 dirigió una expedición a los lagos Victoria y Alberto por cuenta de Alemania. Murió asesinado.

eminencia *s. f.* **1.** Cualidad de eminente. **2.** Persona que destaca en una actividad, profesión, etc. **3.** Título o tratamiento que se da a los cardenales y otras jerarquías eclesiásticas. **4.** Persona que posee este título. **5.** Parte del terreno que está algo más elevada que el resto. **6.** En anat., saliente o elevación en una superficie, especialmente en algunos huesos y, p. ext., en algunos órganos. ‖ **7. eminencia gris** Personaje que, sin aparecer públicamente, inspira las decisiones de otro y ejerce gran influencia.

eminente *adj.* **1.** Se aplica a la persona que sobresale o destaca por sus cualidades, trabajo, etc., en una ciencia, profesión o actividad determinada. **2.** Se aplica a lo que es más alto o está más elevado que el resto.

eminentemente *adv. m.* Fundamentalmente, indicando que la cualidad que se expresa es la que caracteriza a la persona o cosa, o la que destaca en ella.

eminentísimo, ma *adj. sup.* de **eminente**. Se aplica como título o tratamiento a los cardenales y otras dignidades eclesiásticas, precediendo normalmente a *señor.*

Eminescu, Mihail (Ipotesti, cerca de Botosani 1850 - Bucarest 1889) Poeta rumano. Fue bibliotecario y periodista. En su obra, que ha ejercido una gran influencia en su país, une el pesimismo heredado de Schopenhauer con una fe apasionada en los valores del pueblo rumano. Internado en una clínica psiquiátrica, murió a manos de otro perturbado. Entre sus poemas destacan *Venus y Madonna, Los epígonos, Dalila* y *La estrella de la noche,* y en prosa, las novelas *El príncipe azul de la lágrima* (1870) y *El pobre Dionisio* (1872).

emir *s. m.* Título o dignidad de los países islámicos, ostentado originalmente por el califa y posteriormente por diversos jefes políticos o militares. Actualmente es un título meramente honorífico, reservado a príncipes de las casas reales musulmanas.

emirato *s. m.* **1.** Cargo de emir. **2.** Tiempo que dura el gobierno del emir. **3.** Territorio en que gobierna un emir.

Emiratos Árabes Unidos (*al-Imarat al Arabi*) Estado asiático de la península Arábiga.

Extensión: 77.700 km^2.
Límites: al N, con el golfo Pérsico; al E, con Omán, y al S y al O, con Arabia Saudí.
Población: 1.903.000 h. en 1990.
Densidad: 24,5 h./km^2.
Capital: Abu Dhabi.
División administrativa: 7 emiratos federales (Abu Dhabi, Ajman, Dubai, Fujairah, Ras al-Khaimah, Sharjah y Umm al-Qaiwain).
Ciudades principales: Dubai, Sharjah, al-Ain.
Forma de Estado: monarquía federal.
Idioma: árabe.
Religión: islamismo, 94,9 %; cristianismo, 3,8 %.
Moneda: dirham EAU.
Tasa de natalidad: 23 ‰ en 1990.
Tasa de mortalidad: 4 ‰ en 1990.
Renta per cápita: 18.430 dólares en 1989.

Geog. La mayor parte del país está ocupada por el desierto de al-Rub al-Jali. El relieve es llano, con la excepción de unas pequeñas elevaciones en la costa NO. En el O aparecen zonas pantanosas de agua salada. El clima es desértico y con escasas precipitaciones. La población, fundamentalmente de raza árabe y sudasiática, ha ex-

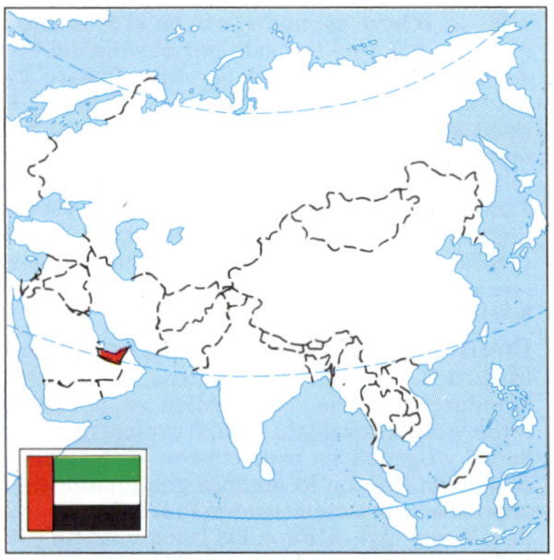

perimentado en las últimas décadas un gran crecimiento a causa de la inmigración. Los principales recursos económicos de la nación son el petróleo, con 85 millones de tm de crudo en 1988 (noveno productor mundial) y el gas natural, extraídos de los riquísimos yacimientos costeros y submarinos, que se completan con una pequeña agricultura experimental (tomates y hortalizas), pesca e industria (mecánica, aluminio, cemento y petroquímica). Se han creado centros industriales en Ruwais (Abu Dhabi) y Jebel Ali (Dubai) para diversificar la economía. Posee una de las rentas per cápita más altas del mundo.
Hist. Durante la primera mitad del s. XIX, el Reino Unido combatió a los piratas que infestaban la costa de la región (conocida como «Costa de los Piratas»). En 1853 se concertó una tregua, que dio lugar al nacimiento del estado de la Tregua, integrado por los diez emiratos del área, que se convirtió en protectorado británico en 1892. Alcanzó la independencia en 1971, creándose la federación, en la que no se integraron Kuwait, Bahrein y Qatar. En 1973 se creó un gobierno único, presidido por el jeque de Abu Dhabi. Pertenece a la ONU y a la Liga Árabe.

Emiratos Árabes Unidos: un aspecto del casco antiguo de Dubai, principal puerto del país.

emisario, ria *s. m.* y *f.* **1.** Persona enviada a un lugar determinado para que comunique un mensaje o trate un asunto con alguien. ‖ *s. m.* **2.** Río que nace en un lago. También *adj.* **3.** Conducto por donde desagua un lago o estanque. **4.** Conducto o canal que recoge las aguas residuales a la salida de una ciudad y las vierte en la estación depuradora, en un río o en el mar.

emisión *s. f.* **1.** Acción y efecto de emitir. **2.** Programa emitido por una estación de radio o televisión. **3.** Creación y puesta en circulación de valores, monedas, billetes de banco, obligaciones, sellos, etc. **4.** Acción por la que un cuerpo despide o emite radiaciones eléctricas, caloríficas o de cualquier tipo.

emisivo, va *adj.* Que emite o puede emitir.

emisor, ra *adj.* **1.** Que emite. También *s.* ‖ *s. m.* **2.** Aparato que emite ondas electromagnéticas (radio, televisión, etc.). ‖ *s. f.* **3.** Estación donde se emiten dichas ondas. ‖ *s. m.* y *f.* **4.** En el acto de la comunicación, la persona que emite el mensaje.

emitir *v. tr.* **1.** Despedir una cosa algo que sale de ella, como olores, radiaciones, etc. **2.** Producir algún tipo de sonido una persona o animal. **3.** Transmitir una estación de radio o televisión sus programas. También *v. prnl.* **4.** Crear y poner en circulación valores, monedas, billetes de banco, obligaciones, etc. También *v. prnl.* **5.** Manifestar una opinión, un juicio, etc.

emmenthal (de *Emmenthal,* valle suizo) *s. m.* Variedad de queso parecida al gruyer, elaborado con leche de vaca.

emoción *s. f.* Estado afectivo intenso y breve, como la alegría, el amor, el miedo, la cólera, etc. Se suele manifestar en conductas observables (huida, aproximación, etc.) y a veces por cambios fisiológicos (transpiración, frecuencia de los ritmos cardiacos y respiración, tensión arterial, reacciones intestinales, etc.).

emocionable *adj.* Que se emociona con facilidad.

emocional *adj.* Perteneciente o relativo a la emoción o al estado afectivo.

emocionante *adj.* **1.** Que causa emoción. **2.** De gran interés, excitante.

emocionar *v. tr.* Conmover a alguien, causarle emoción. También *v. prnl.*

emoliente *adj.* **1.** Se dice de la sustancia que relaja y ablanda las partes inflamadas. ‖ *s. m.* **2.** Agente o medicamento de uso externo que tiene esta acción.

emolumento *s. m.* Cantidad que se recibe como pago de un trabajo o del ejercicio de un cargo, especialmente en las profesiones liberales. Se usa sobre todo en *pl.*

emotividad *s. f.* Cualidad de emotivo, sensibilidad, afectividad.

emotivo, va *adj.* **1.** Perteneciente o relativo a la emoción. **2.** Se dice de aquello que produce o contiene emoción. **3.** Emocional.

empacado, da **1.** *p. p.* de **empacar**. También *adj.* ‖ *s. m.* **2.** Acción y efecto de empacar.

empacador, ra *adj.* **1.** Que empaca. ‖ *s. f.* **2.** Máquina que sirve para empacar.

empacar *v. tr.* **1.** Empaquetar, hacer pacas o fardos con algunas cosas. ‖ *v. intr.* **2.** Hacer las maletas. ▪ Se conjuga como *sacar.*

empacarse *v. prnl.* **1.** Obstinarse o empeñarse en algo. **2.** *amer.* Resistirse a avanzar un animal de carga. ▪ Se conjuga como *sacar.*

empachado, da **1.** *p. p.* de **empachar**. ‖ *adj.* **2.** Que tiene empacho o indigestión. **3.** Harto, cansado.

empachar *v. tr.* **1.** Causar indigestión. También *v. intr.* y *v. prnl.* **2.** Aburrir o hartar cierta cosa. **3.** Causar una cosa vergüenza a alguien. También *v. prnl.*

empacho *s. m.* **1.** Indigestión que produce la comida. **2.** Hartazgo, aburrimiento. **3.** Vergüenza, apuro.

empachoso, sa *adj.* **1.** Se dice de los alimentos que causan indigestión. **2.** Se aplica a aquello que causa apuro o embarazo. **3.** Aplicado a personas, empalagoso.

empadrar *v. tr. Méx.* Aparear animales, hacer que la hembra sea cubierta por el macho.

empadronar *v. tr.* Inscribir a una persona en el padrón o registro de los habitantes de un lugar. También *v. prnl.* **FAM.** Empadronamiento.

empajar *v. tr.* **1.** Cubrir o rellenar con paja. **2.** *Amér. del S.* Techar con paja. ‖ *v. prnl.* **3.** *Chile.* Producir los cereales poco fruto y mucha paja.

empalagar *v. tr.* **1.** Cansar o desagradar un alimento por ser demasiado dulce o pesado. También *v. intr.* y *v. prnl.* **2.** Referido a las personas y a su comportamiento, palabras, etc., aburrir o hartar por ser demasiado amables o cariñosas. También *v. intr.* y *v. prnl.* ▪ Se conjuga como *pagar.* **FAM.** Empalagamiento.

empalago *s. m.* Acción y efecto de empalagar o empalagarse.

empalagoso, sa *adj.* **1.** Se aplica a la comida que empalaga por ser demasiado dulce o pesada. **2.** Se dice de las personas y sus palabras o acciones demasiado amables, cariñosas, etc. También *s.*

empalar[1] (de *palo*) *v. tr.* **1.** Atravesar a una persona con un palo, introduciéndoselo por el ano, como suplicio. ‖ *v. prnl.* **2.** *Chile, Perú.* Ponerse terco. **3.** *Arg., Chile.* Paralizarse, entumecerse. **FAM.** Empalamiento.

empalar[2] (de *pala*) *v. tr.* En algunos deportes, golpear bien la bola o pelota con la pala.

empalidecer *v. intr.* **1.** Palidecer, ponerse pálida una persona o cosa. También *v. tr.* **2.** Hacer una cosa que otra parezca de menos valor. También *v. tr.* ▪ Es v. irreg. Se conjuga como *agradecer.*

empalizada *s. f.* **1.** Cerca hecha con estacas o palos enlazados y clavados en el suelo. ‖ **2. tejido en empalizada** En bot., parénquima situado en la cara superior de la hoja (haz), bajo el tejido epitelial, con las células situadas paralelamente entre sí y perpendiculares a la superficie.

empalizar *v. tr.* Cercar un terreno con una o varias empalizadas. ▪ Se conjuga como *cazar.*

empalmar *v. tr.* **1.** Juntar dos cosas por su extremo, como cuerdas, alambres, tubos, líneas, caminos, etc. También *v. intr.* **2.** Unir ideas, planes, acciones, periodos de tiempo, etc. También *v. intr.* **3.** En algunos deportes, rematar un jugador rápidamente y sin parar un pase o jugada. ‖ *v. intr.* **4.** Combinarse los medios de transporte de modo que se pueda dejar uno y tomar otro a continuación. ‖ *v. prnl.* **5.** *vulg.* Estar sexualmente excitado el macho, con erección del pene. **FAM.** Empalmadura.

empalme *s. m.* **1.** Acción y efecto de empalmar o empalmarse. **2.** Punto o lugar donde empalman dos cosas, vías de comunicación o medios de transporte. **3.** Cosa que une o empalma con otra. **4.** Conexión eléctrica, especialmente la de dos cables conductores.

empamparse *v. prnl. Amér. del S.* Perderse.

empanada *s. f.* **1.** Masa de pan o de hojaldre, rellena con carne picada, pescado u otros ingredientes y condimentos, que se cuece al horno. **2.** *fam.* Acción de ocultar o encubrir engañosamente una cosa, y p. ext. la cosa que se quiere ocultar. ‖ **3. empanada mental** *fam.* Confusión o lío de ideas.

empanadilla *s. f.* Masa en forma de media luna rellena de dulce, pescado, carne picada, etc., que se hace frita o cocida al horno.

empanar *v. tr.* **1.** Rebozar con pan rallado un alimento para después freírlo. **2.** Cubrir un alimento con masa o pan para cocerlo en el horno. **3.** Sembrar de trigo un campo. ‖ *v. prnl.* **4.** No crecer bien un sembrado por haber echado excesiva simiente.

empantanado, da **1.** *p. p.* de **empantanar**. También *adj.* ‖ *adj.* **2.** Revuelto, desordenado, a medio hacer. **3.** Se aplica a la persona a quien se ha dejado abandonada en un asunto.

empantanar *v. tr.* **1.** Llenar de agua un terreno. También *v. prnl.* **2.** Meter a alguien o algo en un terreno pantanoso, en un barrizal, etc. También *v. prnl.* **3.** Detener o interrumpir el curso de un asunto. También *v. prnl.*

empañar *v. tr.* **1.** Quitar a una cosa su brillo o transparencia. También *v. prnl.* **2.** Disminuir la buena fama de alguien. También *v. prnl.* **3.** Referido a los ojos, cubrirlos las lágrimas. Se usa más como *v. prnl.* ‖ *v. prnl.* **4.** Referido a la voz, quebrarse, perder su claridad, p. ej. por la emoción. **FAM.** Empañado, empañamiento.

empañetar *v. tr.* **1.** *amer.* Blanquear las paredes. **2.** *Amér. C., Ec., P. Rico.* Cubrir una pared con una mezcla de barro y paja.

empapar *v. tr.* **1.** Penetrar un líquido en un cuerpo. También *v. prnl.* **2.** Mojar mucho a una persona o cosa. También *v. prnl.* **3.** Absorber una cosa un líquido cualquiera. También *v. prnl.* **4.** Hacer que una cosa absorba un líquido. ‖ *v. prnl.* **5.** Enterarse bien de una cosa. **FAM.** Empapamiento.

empapelado, da **1.** *p. p.* de **empapelar**. También *adj.* ‖ *s. m.* **2.** Acción y efecto de empapelar una superficie. **3.** Papel que la recubre.

empapelador, ra *s. m.* y *f.* Persona que se dedica a empapelar.

empapelar *v. tr.* **1.** Recubrir con papel una superficie, especialmente las paredes. **2.** *fam.* Formar un expediente o un proceso criminal contra una persona. **FAM.** Empapelamiento.

empapuciar o **empapujar** *v. tr.* Empapuzar*.

empapuzar *v. tr.* Hartar de comida a una persona o animal hasta que ya no pueda más. También *v. prnl.* ■ Se conjuga como *cazar.*

empaque[1] *s. m.* **1.** Acción y efecto de empacar. **2.** Envoltura de los paquetes y materiales que la forman: papel, cuerda, cinta adhesiva, etc.

empaque[2] (de *empacarse*) *s. m.* **1.** Aspecto señorial, gravedad, gran importancia, a veces estudiada. **2.** *amer.* Acción de empacarse un animal. **3.** *amer.* Insolencia, descaro.

empaquetado, da 1. *p. p.* de **empaquetar**. También *adj.* ‖ *s. m.* **2.** Acción y efecto de empaquetar. **3.** En inform., creación de una unidad de operación mediante la reunión de un conjunto de datos.

empaquetador, ra *adj.* **1.** Que empaqueta. ‖ *s. m.* y *f.* **2.** Persona cuyo trabajo es empaquetar.

empaquetar *v. tr.* **1.** Hacer paquetes, meter las cosas en paquetes. **2.** Introducir apretadas a muchas personas en un lugar pequeño. **3.** *fam.* Imponer a una persona un castigo. **FAM.** Empaquetamiento.

emparchar *v. tr.* Poner parches a una cosa. También *v. prnl.*

empardar *v. tr. Arg., Par., Urug.* Empatar. También *v. prnl.* ‖ **LOC. ser lo que no se emparda** *Amér. del S. fam.* Ser único.

emparedado, da 1. *p. p.* de **emparedar**. También *adj.* y *s.* ‖ *s. m.* **2.** Bocadillo preparado con dos rebanadas finas de pan.

emparedar *v. tr.* **1.** Encerrar a alguien en un lugar sin comunicación alguna con el exterior. **2.** Ocultar a alguien o algo en el grueso de la pared o entre paredes. ‖ *v. prnl.* **3.** Aislarse. **FAM.** Emparedamiento.

emparejado, da 1. *p. p.* de **emparejar**. También *adj.* ‖ *adj.* **2.** Que forma pareja. **3.** Que está al mismo nivel.

emparejamiento *s. m.* **1.** Acción y efecto de emparejar o emparejarse. **2.** En zool., formación de una pareja entre dos individuos de la misma especie y sexo contrario, con fines reproductivos. Se verifica en determinadas épocas del año a impulso del instinto de procreación.

emparejar *v. tr.* **1.** Unir o juntar personas, animales o cosas de modo que formen pareja. También *v. intr.* y *v. prnl.* **2.** Poner al mismo nivel una cosa o persona con otra. También *v. prnl.* **3.** Juntar las hojas de las puertas o ventanas, sin que lleguen a cerrarse ni encajarse. ‖ *v. prnl.* **4.** *Méx.* Hacerse con lo necesario por cualquier medio, aunque no sea lícito.

emparentado, da *p. p.* de **emparentar**. También *adj.* ‖ **LOC. estar** uno (**muy**) bien emparentado Tener parientes influyentes o de buena posición social.

emparentar *v. intr.* **1.** Contraer parentesco con alguien al casarse. **2.** Tener una cosa relación o semejanza con otra. ‖ *v. tr.* **3.** Descubrir o señalar un parentesco, semejanza u origen común entre dos o más cosas. ■ Es v. irreg. Se conjuga como *pensar.*

emparrado, da 1. *p. p.* de **emparrar**. También *adj.* ‖ *s. m.* **2.** Conjunto de hojas y vástagos de una o más parras que, sostenidas por un armazón, forman una cubierta. **3.** Armazón que sostiene la parra u otra planta trepadora. **4.** Peinado masculino que cubre la calvicie de la parte superior de la cabeza.

emparrar *v. tr.* Formar una cubierta con parras u otras plantas trepadoras. También *v. prnl.*

emparrillado *s. m.* Enrejado de barras que sirve para asegurar los cimientos en una construcción.

emparvar *v. tr.* Colocar las mieses en parva para trillarlas.

empastador, ra *adj.* **1.** Que empasta. **2.** Se dice del pintor que da buena pasta de color a sus cuadros. También *s.* ‖ *s. m.* **3.** Pincel para empastar. ‖ *s. m.* y *f.* **4.** *amer.* Encuadernador.

empastar[1] *v. tr.* **1.** Cubrir una cosa con pasta. **2.** Rellenar el dentista con una pasta especial el hueco producido por una caries en un diente o muela. **3.** Encuadernar los libros en pasta. **4.** En pintura, poner bastante cantidad de color para tapar la preparación o el primer dibujo del cuadro. ‖ *v. intr.* **5.** En una orquesta o coro, sonar las voces o instrumentos de modo uniforme, sin que se noten disonancias. ‖ *v. prnl.* **6.** En artes gráficas, perderse la nitidez o claridad de una ilustración por mala calidad del grabado o fotolito, por exceso de tinta, etc.

empastar[2] (de *en-* y *pasto*) *v. tr. Arg., Chile, Méx.* Sembrar hierba en un terreno.

empaste *s. m.* **1.** Acción y efecto de empastar. **2.** Pasta con que rellena el dentista el hueco producido por una caries. **3.** En pintura, unión acertada de los colores.

empatadura *s. f. amer.* Empalme de dos cosas o trozos.

empatar *v. intr.* **1.** En una competición deportiva, obtener dos jugadores o equipos igual número de tantos. También *v. tr.* **2.** Alcanzar igual número de votos dos o más candidatos, partidos, etc., en una votación. También *v. tr.* ‖ *v. tr.* **3.** Empalmar dos cosas.

empate *s. m.* Acción y efecto de empatar.

empatía *s. f.* En psicol., capacidad de experimentar en uno mismo los sentimientos de otra persona, de ponerse uno mismo en el lugar del otro.

empavesado, da 1. *p. p.* de **empavesar**. También *adj.* ‖ *s. m.* **2.** Conjunto de banderas y gallardetes con que se adorna un barco. ‖ *s. f.* **3.** Banda de tela, normalmente azul o roja con franjas blancas, con que se adornan las bordas y cofas de una embarcación en días señalados.

empavesar *v. tr.* **1.** Adornar una embarcación con empavesadas, banderas y gallardetes. **2.** Cubrir con tela, lona, plástico, etc., un edificio para restaurarlo.

empavonar *v. tr.* **1.** Dar a los metales pavón, especie de barniz que evita que se oxiden. **2.** *amer.* Untar con algo pegajoso. ‖ *v. prnl.* **3.** *Amér. C.* Emperejilarse, acicalarse. **4.** *Amér. del S.* Envanecerse sin motivo.

empecatado, da *adj.* **1.** Se aplica a la persona muy traviesa o rebelde y a su carácter. **2.** Se dice de personas, animales o cosas que molestan y enfadan o que son difíciles de manejar. **3.** Se dice de la persona maligna, de mala intención.

empecer *v. intr.* Impedir, estorbar. ■ Se usa sólo en tercera persona. Es v. irreg. Se conjuga como *agradecer.*

empecinado, da 1. *p. p.* de **empecinarse**. ‖ *adj.* **2.** Terco, obstinado.

Empecinado, Juan Martín Díaz, llamado **El** (Castrillo de Duero, Valladolid 1775 - Roa, Burgos 1825) Guerrillero español. Luchó contra los franceses en la guerra de Independencia. De ideas liberales, apoyó la sublevación de Riego (1820) y combatió más tarde la invasión de los Cien mil hijos de San Luis. Capturado por los absolutistas (1823), fue ejecutado tras dos años de cárcel, durante los que fue expuesto en una jaula los días de mercado.

El Empecinado. Cuadro anónimo, detalle (Museo del Ejército, Madrid).

empecinarse *v. prnl.* Obstinarse, empeñarse en algo. **FAM.** Empecinamiento.

empedarse *v. prnl. Arg., Méx., Urug.* Emborracharse.

empedernido, da *adj.* **1.** Se dice de la persona que tiene un vicio o costumbre muy arraigado, difícilmente corregible. **2.** Cruel, insensible.

Empédocles (Agrigento h. 483 - íd. 430 a. C.) Filósofo griego. Elaboró una teoría de la naturaleza del universo, según la cual todo fenómeno natural se produce por la mezcla o separación de cuatro elementos, el agua, el fuego, el aire y la tierra, que se unen y separan por efecto del amor y del odio. Es autor de *Acerca de la naturaleza* y *Las purificaciones.*

empedrado, da 1. *p. p.* de **empedrar**. También *adj.* ‖ *adj.* **2.** Se aplica al cielo cubierto de nubes pequeñas y juntas. ‖ *s. m.* **3.** Pavimento hecho con piedras. **4.** Operación de empedrar o pavimentar el suelo. **5.** Plato preparado con legumbres.

empedrar *v. tr.* **1.** Cubrir el suelo con piedras ajustadas entre sí. **2.** Llenar algo con aquello que se expresa. ■ Es v. irreg. Se conjuga como *pensar.*

empeine *s. m.* **1.** Parte superior del pie, desde su unión con la pierna hasta los dedos. **2.** Parte del calzado que la cubre.

empellón *s. m.* Empujón fuerte.

empelotarse *v. prnl.* **1.** *vulg.* Desnudarse. **2.** *Cuba, Méx.* Enamorarse perdidamente.

empenachar *v. tr.* Adornar con penachos o plumas.

empeñado, da 1. *p. p.* de **empeñar**. También *adj.* ‖ *adj.* **2.** Aplicado a discusiones, luchas, combates, etc., acalorado, reñido.

empeñar *v. tr.* **1.** Dar o dejar una cosa como garantía de un préstamo. **2.** Con sustantivos como *palabra*, darla al prometer alguna cosa. **3.** Dedicar alguien enteramente alguna cosa en hacer o conseguir algo. ‖ *v. prnl.* **4.** Contraer muchas deudas. **5.** Insistir firmemente en algo. **6.** Comenzar una lucha, discusión, etc.

empeño *s. m.* **1.** Acción y efecto de empeñar o empeñarse. **2.** Casa de empeños. **3.** Deseo intenso de hacer o conseguir alguna cosa. **4.** Esfuerzo, constancia para hacer o conseguir algo. **5.** Intento. **6.** Poder o capacidad que alguien tiene para obtener una cosa por medio de sus amistades, conocimientos, etc.

empeorar *v. tr.* Poner peor. También *v. intr.* y *v. prnl.* **FAM.** Empeoramiento.

empequeñecer *v. tr.* **1.** Hacer una cosa más pequeña. También *v. intr.* y *v. prnl.* **2.** Disminuir la importancia o gravedad de algo. **3.** Hacer una cosa que otra parezca menos grande, menos importante, etc. También *v. prnl.* ‖ *v. prnl.* **4.** Sentirse acobardado. ■ Es v. irreg. Se conjuga como *agradecer.* **FAM.** Empequeñecimiento.

emperador *s. m.* **1.** Soberano del antiguo imperio romano y, posteriormente, de los imperios bizantino, carolingio, germánico, etc. El título fue aplicado a Octavio Augusto cuando asumió plenos poderes en Roma tras la etapa de crisis que siguió a la caída de la república. Estos poderes no eran otros que los de las magistraturas republicanas (consulado, tribunado, pontificado, mando del ejército, etc.), pero ejercidos en solitario, sin límites de tiempo ni de ámbito geográfico. Con la decadencia del senado romano, el imperio derivó hacia el poder absoluto y su titular fue progresivamente divinizado. La institución imperial, tras la caída de Roma, fue restaurada por la Iglesia con la creación del imperio carolingio y, posteriormente, del imperio germánico, mientras el imperio romano de Oriente (Bizancio) subsistió en Constantinopla hasta el s. XV. **2.** Soberano de un imperio o estado que ejerce dominio político, económico, cultural, etc., sobre otros estados o naciones, como el inca, el azteca, el chino, el mongol, el austrohúngaro, etc. **3.** Pez espada*. **4.** Pez perciforme de la familia luváridos, especie *Luvarus imperialis.* Alcanza hasta 2 m de longitud y tiene un cuerpo comprimido, con la piel cubierta de tubérculos escamosos, de color rojizo en el dorso y plateado en

Emperador (Luvarus imperialis).

los costados, hocico corto y boca pequeña. Habita en las aguas templadas del Mediterráneo, Atlántico y Pacífico y su carne es muy apreciada.

emperadora *s. f.* **1.** Antiguamente, emperatriz. **2.** Mujer que manda o sobresale en algo.

emperatriz *s. f.* **1.** Soberana de un imperio. **2.** Mujer del emperador.

emperchado *s. m.* Cerca o valla formada por un enrejado de maderas verdes.

emperejilar *v. tr.* Emperifollar*. También *v. prnl.*

emperezar *v. tr.* **1.** Retrasar una cosa que debería hacerse. ‖ *v. prnl.* **2.** Dejarse llevar por la pereza. También *v. intr.* ▪ Se conjuga como *cazar.*

empergaminar *v. tr.* Cubrir o forrar con pergamino.

empericarse *v. prnl.* **1.** *Col., Ec. fam.* Emborracharse. **2.** *Cuba, Méx.* Subirse, encaramarse. ▪ Se conjuga como *sacar.*

emperifollar *v. tr.* Adornar a una persona o una cosa en exceso. También *v. prnl.*

empero *conj. advers.* Sin embargo.

emperrarse *v. prnl. fam.* Empeñarse en algo, normalmente sin razón. **FAM.** Emperramiento.

empezar *v. tr.* **1.** Dar principio a una cosa. **2.** Comenzar a utilizar o gastar una cosa. ‖ *v. intr.* **3.** Tener su principio una cosa. **4.** Con la preposición *a* y un infinitivo, dar comienzo a la acción que expresa este infinitivo. **5.** Con la preposición *a* y sustantivos como *tiros, golpes,* etc., emprender bruscamente la acción expresada por éstos. ▪ Es v. irreg. Se conjuga como *comenzar.*

empiece *s. m. fam.* Comienzo.

empilchar *v. tr. Arg., Urug.* Vestir ropa de buena calidad. También *v. prnl.*

empilonar *v. tr. amer.* Apilar.

empinado, da **1.** *p. p.* de **empinar**. También *adj.* ‖ *adj.* **2.** Aplicado a camino, calle, etc., que tiene una pendiente muy pronunciada.

empinar *v. tr.* **1.** Poner vertical una cosa que estaba tumbada o inclinada. También *v. prnl.* **2.** Levantar y sostener en alto. ‖ *v. intr.* **3.** *fam.* Tomar con exceso bebidas alcohólicas. También *v. tr.* Se usa frecuentemente en la locución **empinar el codo**. ‖ *v. prnl.* **4.** Levantarse sobre las puntas de los pies. **5.** Ponerse un animal en dos patas. **FAM.** Empinamiento.

empingorotado, da **1.** *p. p.* de **empingorotar**. También *adj.* ‖ *adj.* **2.** Se dice de la persona de posición social elevada y, en especial, de la que presume de ello.

empingorotar *v. tr.* **1.** Levantar una cosa poniéndola sobre otra. **2.** Elevar a una persona a una posición social más alta. ‖ *v. prnl.* **3.** Envanecerse, presumir por alguna cosa.

empiñonado *s. m.* Pasta dulce con piñones incrustados.

empiparse *v. prnl.* Hartarse de comer y beber.

empíreo, a *adj.* **1.** Se aplica al cielo, entendido como morada de Dios, los ángeles y los bienaventurados. También *s. m.* **2.** Perteneciente a este cielo espiritual. **3.** Se dice del cielo o de las esferas concéntricas en las que, según algunas teorías antiguas, se movían los astros. También *s. m.*

empírico, ca *adj.* **1.** Que se funda en la experiencia y en la observación de los hechos. **2.** Partidario del empirismo filosófico. También *s.* **FAM.** Empíricamente.

empirismo *s. m.* **1.** Doctrina filosófica que sostiene que la única fuente del conocimiento humano científicamente válido es la experiencia sensible. Niega, por tanto, el carácter de principio del conocimiento a todo concepto o creencia que no dependa de la experiencia. Adquirió su máxima fuerza durante los s. XVII y XVIII, especialmente en Inglaterra, y sus máximos representantes fueron Locke y Hume. Tuvo gran influencia en la filosofía posterior, sobre todo en el positivismo, y en el desarrollo de las ciencias naturales y de la medicina. **2.** Procedimiento o método basado en la práctica o experiencia. **FAM.** Empirista.

empitonar *v. tr.* Coger el toro al torero, caballo, etc., con el pitón o punta del cuerno.

empizarrado, da **1.** *p. p.* de **empizarrar**. También *adj.* ‖ *s. m.* **2.** Cubierta de un edificio hecha con pizarras. **3.** Operación de empizarrar.

empizarrar *v. tr.* Cubrir con pizarras el techo de un edificio u otra superficie.

emplastar *v. tr.* **1.** Aplicar emplastos. **2.** Poner algo pegajoso o apelmazado. También *v. prnl.* **FAM.** Emplastadura, emplastamiento.

emplaste *s. m.* Pasta de yeso que se endurece rápidamente y sirve para igualar una superficie antes de pintarla.

emplastecer *v. tr.* Igualar con emplaste la superficie que se va a pintar. ▪ Es v. irreg. Se conjuga como *agradecer.*

emplasto *s. m.* **1.** Preparado medicinal, sólido y adhesivo, que se reblandece con el calor y se aplica como cura en el exterior del cuerpo. **2.** *fam.* Cosa blanda, apelmazada, pegajosa y de mal aspecto. **3.** *fam.* Cosa mal hecha, arreglo o remiendo que se añade a algo de cualquier manera. **4.** *fam.* Persona que tiene la salud delicada.

emplazamiento[1] *s. m.* Acción y efecto de emplazar[1].

emplazamiento[2] *s. m.* **1.** Acción y efecto de emplazar[2]. **2.** Lugar donde está emplazado algo.

emplazar[1] (de *en-* y *plazo*) *v. tr.* **1.** Citar a alguien en un lugar y tiempo fijados. **2.** Citar a una persona para que se presente ante un juez o tribunal en un día y hora fijados. ▪ Se conjuga como *cazar.*

emplazar[2] (de *en-* y *plaza*) *v. tr.* **1.** Poner una cosa en determinado lugar. **2.** Señalar la situación de una cosa. ▪ Se conjuga como *cazar.*

empleado, da **1.** *p. p.* de **emplear**. También *adj.* ‖ *s. m.* y *f.* **2.** Persona que desempeña un trabajo a cambio de un salario. ‖ **3. empleada de hogar** Persona que por un salario realiza los trabajos domésticos o ayuda en ellos. ‖ **LOC. dar** algo **por bien empleado** Estar satisfecho de haber hecho una cosa por el resultado que ha producido. **estarle** a alguien una cosa **bien empleada** *fam.* Merecer una persona algún castigo o contratiempo.

empleador, ra *s. m.* y *f. amer.* Persona que da empleo o contrata empleados.

emplear *v. tr.* **1.** Utilizar, usar. También *v. prnl.* **2.** Gastar, invertir una cosa para hacer o conseguir algo. También *v. prnl.* **3.** Dar a alguien un trabajo o empleo. **4.** Hacer que alguien se ocupe de alguna actividad.

empleo *s. m.* **1.** Acción y efecto de emplear. **2.** Trabajo profesional que se realiza a cambio de una retribución o salario. **3.** En el ejército, puesto en el escalafón de la jerarquía militar. **4.** En econ., parte de la estructura productiva que se refiere a los puestos de trabajo y a los temas con ellos relacionados. La teoría económica del empleo trata de explicar los elementos que influyen en el grado de utilización de la fuerza laboral de un país. La doctrina clásica, que sostenía que el índice de empleo crecía en proporción directa al número de personas en condiciones de trabajar, fue rebatida por Keynes, que hizo depender el empleo de la demanda de trabajadores por parte de las empresas. ‖ **5. pleno empleo** En econ., situación en la que todas las personas que lo desean pueden encontrar un puesto de trabajo.

emplomado, da **1.** *p. p.* de **emplomar**. También *adj.* ‖ *s. m.* **2.** Cubierta de plomo que resguarda y cubre un techo. **3.** Conjunto de tiras de plomo que sujetan los cristales de las vidrieras. **4.** Protección de una superficie con una chapa de plomo o una aleación rica en este metal.

emplomador, ra *s. m.* y *f.* Persona que tiene por oficio emplomar.

emplomadura *s. f.* **1.** Acción y efecto de emplomar. **2.** Porción de plomo con la que se emploma algo.

emplomar *v. tr.* **1.** Aplicar plomo a alguna cosa, para cubrirla, asegurarla o soldarla. **2.** Sujetar con tiras de plomo los cristales de las vidrieras. **3.** Poner sellos de plomo para precintar alguna cosa. **4.** *Amér. del S.* Empastar un diente o una muela.

emplumar *v. tr.* **1.** Poner plumas a alguna cosa para adornarla, p. ej. a una flecha, a un sombrero. **2.** Antiguamente, cubrir el cuerpo de plumas a los reos como castigo de humillación pública. **3.** *fam.* Castigar, arrestar o procesar a una persona. **4.** *Amér. C., Cuba.* Timar a alguien. ‖ *v. intr.* **5.** Emplumecer*. **6.** *amer.* Huir.

emplumecer *v. intr.* Echar plumas las aves. ▪ Es v. irreg. Se conjuga como *agradecer.*

empobrecer *v. tr.* Hacer que alguien o algo sea más pobre, tenga menos valor, menos calidad. También *v. intr.* y *v. prnl.* ▪ Es v. irreg. Se conjuga como *agradecer.* **FAM.** Empobrecedor.

empobrecimiento *s. m.* Acción y efecto de empobrecer o empobrecerse.

empollado, da **1.** *p. p.* de **empollar**. También *adj.* ‖ *adj.* **2.** *fam.* Muy enterado de cierta materia, asignatura, etc.

empollar *v. tr.* **1.** Permanecer un ave encima de los huevos para calentarlos y puedan así desarrollarse los polluelos en su interior. **2.** *fam.* Estudiar una asignatura. También *v. intr.* y *v. prnl.* ‖ *v. intr.* **3.** Tener sus crías las abejas.

empolle *s. m.* Acción y efecto de empollar.

empollón, na *adj.* Se aplica al estudiante que estudia mucho. También *s.*

empolvar *v. tr.* **1.** Echar o poner polvos sobre algo, p. ej. los de tocador sobre el rostro, etc. También *v. prnl.* ‖ *v. prnl.* **2.** Cubrirse algo de polvo.

emponchado, da **1.** *p. p.* de **emponcharse**. También *adj.* ‖ *adj.* **2.** *Arg., Par., Perú, Urug.* Sospechoso. **3.** *Arg., Par., Perú, Urug.* Astuto, desconfiado.

emponcharse *v. prnl. Amér. del S.* Arrebujarse en un poncho, ponérselo.

emponzoñar *v. tr.* **1.** Envenenar a una persona o cosa. También *v. prnl.* **2.** Estropear, dañar, deteriorar ciertas cosas, como la amistad, una relación, etc. También *v. prnl.* **FAM.** Emponzoñador, emponzoñamiento.

empopada *s. f.* Navegación hecha con viento fuerte por la popa.

empopar *v. intr.* **1.** Calar o hundirse mucho de popa un barco. **2.** Volver la popa al viento, a la marea o a cualquier objeto. También *v. prnl.*

emporcar *v. tr.* Llenar algo de porquería, ensuciarlo. También *v. prnl.* ▪ Es v. irreg. Se conjuga como *trocar.*

emporio *s. m.* **1.** Ciudad o centro de gran importancia comercial. **2.** P. ext., lugar de mucha riqueza o de gran desarrollo cultural, científico o artístico. **3.** Lugar donde acudían gentes de distintas nacionalidades a comerciar o negociar. **4.** *amer.* Almacén grande y elegante en el que se encuentra de todo.

emporrarse *v. prnl.* En argot, estar o ponerse bajo los efectos del hachís.

empotrar *v. tr.* **1.** Meter o encajar una cosa en la pared o en el suelo. ‖ *v. prnl.* **2.** Encajarse una cosa en otra, particularmente en un choque. **FAM.** Empotramiento.

empozar *v. intr. amer.* Quedar detenida el agua formando pozas o charcas. ▪ Se conjuga como *cazar.*

emprendedor, ra *adj.* Que tiene capacidad e iniciativa para emprender cualquier cosa, en especial negocios o acciones que suponen dificultad o riesgo. También *s.*

emprender *v. tr.* Comenzar alguna cosa, especialmente aquella que supone esfuerzo, dificultad o riesgo. ‖ **LOC. emprenderla a** Con nombres como *tiros, golpes,* etc., empezar bruscamente la acción que éstos expresan. **emprenderla con** alguien o algo Tener una actitud desfavorable ante una persona o encontrar inconvenientes en una cosa.

empreñar *v. tr.* **1.** Fecundar a la hembra, hacerla concebir. **2.** *fam.* Molestar a alguien. También *v. prnl.* ‖ *v. intr.* **3.** Quedar preñada la hembra. También *v. prnl.*

empresa *s. f.* **1.** Organización formada por un capital y el trabajo de una o más personas y que se dedica a la explotación agrícola, a la fabricación, transformación o venta de productos o a proporcionar servicios, con el fin de obtener un beneficio. Aunque existen empresas que sólo cuentan con el trabajo del propietario, lo más frecuente es que empleen a un número variable de trabajadores a sueldo. Cuando los propietarios del capital son individuos particulares, la empresa se denomina **privada** y puede ser de varios tipos: individual, familiar, sociedad comanditaria, sociedad limitada o sociedad anónima. Cuando la propiedad del capital corresponde al Estado, a un ayuntamiento, etc., la empresa se denomina **pública**. Si la propiedad es compartida por un poder público y particulares, se llama **mixta**. En los últimos tiempos ha florecido un nuevo tipo de empresa privada, la **multinacional**, que desarrolla su actividad en varios países. **2.** Conjunto de estas sociedades. **3.** Acción o tarea, en especial aquella en que intervienen varias personas, que exige trabajo o presenta dificultades. **4.** Intento de hacer algo. **5.** Emblema o figura simbólica, a veces acompañada de una leyenda, como las de los escudos o las que llevaban los caballeros como distintivo.

empresariado *s. m.* Conjunto de empresas o de empresarios de una industria, región, país, etc.

empresarial *adj.* Perteneciente o relativo a los empresarios o a la empresa.

empresario, ria *s. m.* y *f.* **1.** Responsable de la gestión de una empresa, de la que puede, además, ser el propietario. **2.** Persona que se encarga de la explotación de un espectáculo o diversión pública.

empréstito *s. m.* **1.** Operación por la que el Estado, una empresa o una corporación obtienen dinero prestado para financiar sus actividades, comprometiéndose a pagar un determinado interés y a devolver el préstamo en un plazo fijo. Puede hacerse por medio de obligaciones, letras, bonos o pagarés del Tesoro. **2.** Cantidad así prestada.

empujar *v. tr.* **1.** Hacer fuerza contra alguien para moverlo. **2.** Influir u obligar a alguien para que haga cierta cosa. ‖ *v. intr.* **3.** Hacer todo lo posible para que algo ocurra o para obtener alguna cosa. **4.** Progresar, mejorar o abrirse paso.

empuje *s. m.* **1.** Acción y efecto de empujar. **2.** Fuerza, energía, entusiasmo. **3.** Carga o fuerza que ejerce el peso de un elemento de construcción sobre otro, como el de una bóveda sobre los pilares o columnas que la sostienen. **4.** En fís., fuerza ascendente que, según el principio de Arquímedes, recibe todo cuerpo inmerso en un fluido y que es igual al volumen de la masa fluida que desplaza; si el peso del cuerpo es mayor que el empuje, se hunde y, en caso contrario, flota. Se denomina también *empuje hidrostático*. **5.** Influencia, poder. ‖ **6. empuje aerodinámico** Componente vertical de la fuerza en una corriente, como p. ej. el que permite a un avión superar la atracción terrestre y mantenerse en el aire.

empujón *s. m.* **1.** Acción de empujar bruscamente a alguien o algo para moverlo o apartarlo. **2.** Adelanto considerable que se hace de una vez en un trabajo, actividad, etc., al dedicarle un mayor esfuerzo o más tiempo.

empuntar *v. tr.* Encarrilar, orientar. ‖ **LOC. empuntarlas** *Col.*, *Ec.* Huir, desaparecer.

empuñadura *s. f.* Parte de las armas, herramientas y otros utensilios por donde se empuñan o agarran.

empuñar *v. tr.* **1.** Coger por el puño una cosa, como un arma, una herramienta o utensilio. **2.** Agarrar algo fuertemente con la mano cerrada. **3.** Sostener un arma, un palo, etc., en actitud amenazadora o defensiva.

empurar *v. tr. fam.* Meter un puro, castigo, sanción.

empurrarse *v. prnl. Amér. C.* Enfurruñarse*.

Emú (Dromaius novae-hollandiae).

emú *s. m.* Ave casuariforme de la familia dromaidos, especie *Dromaius novae-hollandiae*. Es una corredora de gran tamaño (hasta 2 m de altura) y plumaje gris o marrón oscuro, con una zona de piel desnuda de color azulado a ambos lados de la cabeza y el cuello. Sus alas atrofiadas se esconden bajo las plumas y no le permiten volar. Habita en las llanuras australianas formando grupos.

emulación *s. f.* **1.** Acción de emular o competir. **2.** Tendencia a imitar o superar a alguien, sus acciones, virtudes, etc.

emular *v. tr.* **1.** Imitar a alguien intentando igualar o superar sus acciones, méritos, etc. **2.** Hacer una cosa tan bien como otro, tener una cualidad en el mismo grado que otro. **FAM.** Emulador.

emulgente *adj.* **1.** Que efectúa un proceso de purificación. **2.** Emoliente, ablandante. **3.** Se aplica a las arterias o venas renales.

émulo, la *adj.* Con relación a una persona, se dice de otra que sigue su ejemplo y con la que puede compararse en mérito o valor. También *s.*

emulsión *s. f.* **1.** En quím., dispersión coloidal, líquido que tiene en suspensión partículas de otras sustancias en forma de gotas muy finas, que no llegan a formar una verdadera disolución. Se compone de al menos dos sustancias no miscibles y de un tercer elemento, llamado emulsionador, que hace de disolvente intermediario entre las dos sustancias y dota de estabilidad a la emulsión. **2.** En farmacia o cosmética, producto elaborado conforme a este principio. ‖ **3. emulsión fotográfica** Suspensión de sales de plata en gelatina u otra sustancia semejante que forma la capa de las placas, películas y papeles fotográficos, por su sensibilidad a la luz. **4. emulsión nuclear** En fís. nuclear, placa fotográfica compuesta por capas de bromuro de plata de gran grosor, que se utiliza para detectar el paso de partículas ionizantes.

emulsionar *v. tr.* Hacer que una sustancia adquiera el estado de emulsión.

emulsivo, va *adj.* Se aplica a las sustancias que sirven para hacer o conservar emulsiones.

emulsor *s. m.* Aparato para hacer emulsiones.

en *prep.* **1.** Dentro de: *Está en la caja.* **2.** Sobre: *Siéntate en la silla.* **3.** Con valor temporal, en un momento determinado o dentro de un cierto tiempo: *Saldré de vacaciones en agosto. En diez minutos termino de arreglarme.* **4.** Informa sobre el modo, el medio o el precio: *Va a clase en bicicleta. ¿En cuánto valoras estas joyas?* **5.** Se usa delante de numerosos complementos verbales: *Trabaja en la construcción. Sobresale en dibujo.* **6.** Con verbos como *descubrir*, *conocer*, *notar*, etc., equivale a *por*: *Le conocí en los andares.* **7.** Precediendo a ciertos sustantivos y adjetivos forma locuciones adverbiales: *en confianza*, *en particular*.

en- *pref.* **1.** Significa 'dentro de': *encarcelar*. **2.** Forma verbos a partir de un sustantivo: *enrollar*, *enfilar*, o de un adjetivo: *encanallar*, *engrosar*.

en seguida *loc. adv. t.* **1.** Inmediatamente después de un determinado momento, acción, etc. **2.** Rápidamente. ■ Se escribe también *enseguida*.

enagua *s. f.* Prenda interior femenina que se lleva debajo de la falda o vestido, desde la cintura o desde los hombros. Se usa mucho en *pl.*

enagüillas *s. f. pl.* Falda corta, como la de algunos trajes regionales masculinos (el escocés, el griego) o la que se pone a algunas imágenes de Cristo crucificado.

enajenable *adj.* Se dice de aquello que se puede enajenar, cuya propiedad puede transmitirse a otro.

enajenación *s. f.* **1.** Acción y efecto de enajenar o transmitir una propiedad. **2.** Trastorno mental grave, locura. ■ En esta acepción se dice también *enajenación mental.* **3.** Contemplación de algo con gran admiración, disfrutando de ello sin atender a otra cosa.

enajenado, da **1.** *p. p.* de **enajenar**. También *adj.* ‖ *adj.* **2.** Loco. También *s.*

enajenar *v. tr.* **1.** Vender o traspasar la propiedad de una cosa o algún derecho sobre ella. **2.** Trastornar a una persona, hacerle perder la razón. También *v. prnl.* **3.** Causar algo gran admiración o deleite a alguien, de manera que no presta atención a nada más. También *v. prnl.* **4.** Ser motivo de que una persona pierda la admiración, el cariño, la simpatía, etc., de otras. También *v. prnl.* **FAM.** Enajenador, enajenamiento, enajenante.

enálage *s. f.* En ling., figura de dicción que consiste en usar, a veces sin seguir estrictamente las normas gramaticales, unas partes de la oración por otras, o hacer concordar un adjetivo con un sustantivo que no le corresponde: *Esto sabe bueno* por *Esto sabe bien.*

enalbardar *v. tr.* **1.** Colocar la albarda a una caballería. **2.** Rebozar alguna cosa que se va a freír.

enaltecer *v. tr.* **1.** Dar a alguien o algo mayor estimación, mérito, grandeza, etc. **2.** Elogiar, hacer alabanzas de alguien o algo. ■ Es v. irreg. Se conjuga como *agradecer.* **FAM.** Enaltecedor, enaltecimiento.

enamoradizo, za *adj.* Que se enamora fácilmente. También *s.*

enamorado, da **1.** *p. p.* de **enamorar**. También *adj.* ‖ *adj.* **2.** Que siente amor por alguien. También *s.* **3.** Que le gusta mucho una cosa, que está entusiasmado con algo. También *s.* **FAM.** Enamoradamente.

enamorador, ra *adj.* **1.** Que enamora. **2.** Que tiene facilidad o habilidad para enamorar. También *s.*

enamorar *v. tr.* **1.** Despertar el amor en otra persona. **2.** Mostrar a una persona el amor que se siente por ella y procurar conseguir el suyo. **3.** Gustar o atraer mucho a alguien una cosa. ‖ *v. prnl.* **4.** Sentir amor por una persona. **5.** Aficionarse mucho a algo. **FAM.** Enamoramiento.

enamoriscarse o **enamoricarse** *v. prnl.* **1.** Enamorarse superficialmente o sin seriedad de una persona. **2.** Comenzar a enamorarse. ■ Se conjuga como *sacar.*

enancarse *v. prnl.* **1.** *amer.* Montar en las ancas de una caballería. **2.** *amer.* Meterse uno donde no le llaman. ■ Se conjuga como *sacar.*

enanismo *s. m.* Trastorno del crecimiento manifestado en una estatura mucho menor que la normal en los individuos de la misma especie. Puede ser congénito (heredado) o consecuencia de una enfermedad, que a su vez puede ser hereditaria o adquirida. La desnutrición, el raquitismo y algunos problemas hormonales relacionados con la hipófisis, la tiroides o las glándulas sexuales pueden causar enanismo.

enano, na *adj.* **1.** Que es mucho más pequeño que la mayoría de los individuos de su especie. **2.** *fam.* Muy pequeño. ‖ *s. m.* y *f.* **3.** Persona que padece enanismo. **4.** Persona de poca estatura. **5.** Personaje fantástico de figura humana muy pequeña, que aparece a menudo en los cuentos infantiles. ‖ **LOC. como un enano** *adv. fam.* Con verbos como *trabajar*, *divertirse*, *reírse*, etc., hacerlo intensamente.

enante *s. m.* Planta arbustiva de la familia umbelíferas, especie *Oenanthe aquatica.* Mide hasta 2 m de altura, es una planta acuática cuyas hojas emergidas son tripinnadas con foliolos lobulados y las sumergidas presentan segmentos laciniados; tiene inflorescencias blancas en umbela. Crece en aguas tranquilas y en prados húmedos de toda Europa. También se llama *felandrio acuático.*

enantema *s. m.* Erupción en una membrana mucosa, especialmente de la boca y faringe.

enarbolado, da **1.** *p. p.* de **enarbolar**. También *adj.* ‖ *s. m.* **2.** Conjunto de maderas ensambladas que forman la armadura de la linterna de una torre o bóveda.

enarbolar *v. tr.* **1.** Levantar en alto una bandera o estandarte. **2.** Sujetar en alto un palo o arma contra alguien en actitud de atacarle. **3.** Lanzar o utilizar alguna cosa como amenaza. **4.** Con palabras como *bandera* o semejantes, declararse partidario de algo, defenderlo.

enarcar *v. tr.* Dar forma de arco, p. ej. a las cejas. También *v. prnl.* ■ Se conjuga como *sacar.*

enardecer *v. tr.* **1.** Hacer que una lucha, discusión, etc., se haga más violenta o intensa. También *v. prnl.* **2.** Entusiasmar, excitar los ánimos de alguien. También *v. prnl.* **3.** Excitar el apetito sexual. También *v. prnl.* ■ Es v. irreg. Se conjuga como *agradecer.* **FAM.** Enardecedor.

enardecimiento *s. m.* Acción y efecto de enardecer o enardecerse, acaloramiento.

enarenar *v. tr.* Echar arena en un sitio o cubrirlo de arena.

enarmonía *s. f.* En mús., relación entre notas que por pertenecer a tonalidades distintas tienen nombres diferentes, aunque corresponden a un mismo sonido, es decir, son de la misma frecuencia; p. ej., *do sostenido* y *re bemol.*

enarmónico, ca *adj.* **1.** Perteneciente o relativo a la enarmonía. **2.** Se dice de un antiguo género musical cultivado por los griegos, que se basaba en el cuarto de tono.

enartrosis *s. f.* Articulación móvil de una parte redondeada de un hueso que encaja en una cavidad de otro, como la de la cadera.

enastar *v. tr.* Poner mango o asta a un arma, herramienta, etc. **Fam.** Enastado.

encabalgamiento *s. m.* **1.** Caballete o armazón de maderas cruzadas en que se apoya algo. **2.** Separación en versos distintos de partes de una palabra o frase que constituyen una unidad léxica o sintáctica. P. ej., entre los siguientes versos: *«Todos miran/al cielo, abriendo inmensa-/ mente los ojos, olvidados/ de la tarde...»* (Juan Ramón Jiménez).

encabalgar *v. intr.* **1.** Apoyarse una cosa sobre otra. || *v. tr.* **2.** Hacer que haya encabalgamiento entre versos. También *v. prnl.* ▪ Se conjuga como *pagar.*

encaballar *v. tr.* **1.** Colocar una cosa sobre otra, de modo que la cubra parcialmente, como las tejas o las pizarras en un tejado. || *v. intr.* **2.** Encabalgar, apoyarse.

encabestrar *v. tr.* **1.** Poner el cabestro o rienda a los animales. **2.** Conducir el ganado bravo con los cabestros. **3.** Conseguir una persona dominar por las buenas a otra. || *v. prnl.* **4.** Enredarse un animal una mano en el cabestro o ronzal.

encabezamiento *s. m.* **1.** Expresión que se pone al principio de una carta o de un escrito antes de exponer el asunto que se va a tratar. **2.** P. ext., aquello que encabeza o comienza alguna cosa.

encabezar *v. tr.* **1.** Estar al comienzo en una lista, fila, etc. **2.** Poner al comienzo de un escrito, carta, etc., una frase o fórmula que sirve de introducción, indica a quién va dirigido, etc. **3.** Dirigir una manifestación, motín, movimiento, etc. **4.** Aumentar la graduación de un vino, mezclándolo con otro más fuerte. ▪ Se conjuga como *cazar.*

encabrillarse *v. prnl.* Formarse cabrillas o pequeñas olas en el mar.

encabritarse *v. prnl.* **1.** Levantarse el caballo de manos, afirmándose en los pies. **2.** Levantarse la parte delantera de algunos vehículos, embarcaciones, etc. **3.** *fam.* Enfadarse mucho una persona.

encabronar *v. tr. vulg.* Enfurecer, enojar. También *v. prnl.*

encachado, da **1.** *p. p.* de **encachar**. También *adj.* || *s. m.* **2.** Pavimento o suelo de piedra o de hormigón que se hace para reforzar el cauce de una corriente de agua. **3.** Capa de cimentación en el pavimento de una carretera. **4.** Empedrado entre los raíles del tren. **5.** Enlosado irregular de piedra con juntas de tierra, en las que crece hierba.

encachar *v. tr.* **1.** Hacer un encachado. **2.** Poner las cachas a un revólver, cuchillo, etc.

encachilarse *v. prnl. Arg.* Enfurecerse, enojarse mucho.

encadenado, da **1.** *p. p.* de **encadenar**. También *adj.* || *s. m.* **2.** En cinematografía, fundido.

encadenar *v. tr.* **1.** Sujetar o atar con cadenas. **2.** Retener a alguien en un sitio o quitarle libertad para moverse o actuar, tiranizar. **3.** Enlazar o relacionar unas cosas o ideas con otras. También *v. prnl.* **Fam.** Encadenamiento.

encajadura *s. f.* **1.** Acción de encajar una cosa en otra. **2.** Hueco o lugar en que encaja alguna cosa.

encajamiento *s. m.* Descenso y penetración del feto en la cavidad de la pelvis.

encajante *adj.* Se aplica a la roca que rodea a otra o a un mineral.

encajar *v. tr.* **1.** Meter una cosa o parte de ella en otra, de forma que quede bien ajustada. **2.** Unir dos cosas ajustadamente. También *v. intr.* **3.** En algunos deportes, recibir o sufrir tantos, derrotas, ataques, etc., del contrario. **4.** En boxeo, asimilar de una determinada manera los golpes. También *v. intr.* **5.** Reaccionar ante un suceso, noticia, en particular si es negativo, de una manera u otra. **6.** Con sustantivos que indiquen agresión, como *golpe, palo,* etc., darlos. **7.** Trazar los rasgos generales de un dibujo para hacer después el definitivo. **8.** *fam.* Introducir, meter algo a la fuerza, sean cosas materiales o no. **9.** Poner una prenda de vestir, particularmente si no queda bien. También *v. prnl.* **10.** Ajustar un actor de doblaje sus palabras al movimiento de los labios del actor del filme. **11.** Coincidir, estar de acuerdo dos personas, ajustarse unos hechos, noticias, etc., a otros. **12.** Adaptarse una persona a un lugar, actividad, ambiente, etc. || *v. prnl.* **13.** Meterse o estar metida una cosa dentro de otra, de forma que no se pueda separar, abrir o mover. **14.** Meterse en un espacio estrecho en el que resulta difícil penetrar. **15.** *Amér. del S.* Atascarse un vehículo.

encaje *s. m.* **1.** Acción y efecto de encajar. **2.** Sitio o hueco de una cosa en el que se mete o encaja otra. **3.** Ajuste entre dos piezas que van encajadas. **4.** Cierto tejido calado y con dibujos.

encajero, ra *s. m.* y *f.* Persona que se dedica a hacer o vender encajes.

encajetar *v. tr. Arg., Chile.* Encajar, obligar a alguien a recibir o hacerse cargo de algo causándole molestia o desagrado.

encajonar *v. tr.* **1.** Meter algo dentro de un cajón, especialmente meter los toros en cajones para conducirlos al lugar donde serán lidiados. **2.** Meter alguna cosa o persona en un sitio muy estrecho. También *v. prnl.* || *v. prnl.* **3.** Correr el río por una parte estrecha, p. ej. entre montañas. **Fam.** Encajonamiento.

encalabrinar *v. tr.* **1.** Enfadar, irritar o hacer perder la paciencia. También *v. prnl.* **2.** Hacer concebir a una persona ilusiones o deseos que no tienen fundamento. || *v. prnl.* **3.** *fam.* Encapricharse de algo. **4.** *fam.* Enamorarse locamente de alguien. **Fam.** Encalabrinamiento.

encalado, da **1.** *p. p.* de **encalar**. También *adj.* || *s. m.* **2.** Acción y efecto de encalar.

encalambrarse *v. prnl. amer.* Entumecerse.

encalar *v. tr.* **1.** Blanquear con cal alguna cosa, especialmente las paredes. **2.** Meter en cal o espolvorear con ella alguna cosa. **Fam.** Encalador.

encalladura *s. f.* Acción y efecto de encallar un barco.

encallar *v. intr.* **1.** Tropezar el fondo de una embarcación con arena o rocas y quedar por ello detenida. **2.** No poder salir adelante un negocio, empresa, etc., por las dificultades o problemas surgidos.

encallarse *v. prnl.* Ponerse duros algunos alimentos por estar mal cocidos.

encallecer *v. intr.* **1.** Salir callos en la piel o endurecerse ésta por un rozamiento, trabajo, etc. Se usa mucho como *v. prnl.* || *v. prnl.* **2.** Hacerse resistente, p. ej. a la dureza del clima, del trabajo, etc. **3.** Hacerse insensible a los sufrimientos, emociones, etc. **4.** Estar alguien tan habituado a un vicio que no puede dejarlo. **5.** Encallarse los alimentos. ▪ Es v. irreg. Se conjuga como *agradecer.* **Fam.** Encallecimiento.

encallejonar *v. tr.* Meter algo por un callejón o paso estrecho. También *v. prnl.*

encalmar *v. tr.* **1.** Calmar, tranquilizar. También *v. prnl.* || *v. prnl.* **2.** Referido al mar, viento, etc., quedarse en calma.

encamar *v. tr.* Meter a alguien en la cama. También *v. prnl.*

encaminar *v. tr.* **1.** Dirigir a un fin determinado. También *v. prnl.* **2.** Indicar a alguien el camino que debe seguir. **3.** Guiar la conducta o educación de una persona. También *v. prnl.* || *v. prnl.* **4.** Dirigirse a algún sitio.

encamotarse *v. prnl. amer. fam.* Enamorarse.

encampanado, da **1.** *p. p.* de **encampanar**. También *adj.* || *adj.* **2.** Acampanado, en forma de campana.

encampanar *v. tr.* **1.** *Col., P. Rico, Ven.* Elevar, encumbrar. **2.** *Méx., Perú, P. Rico.* Dejar a alguien en la estacada. || *v. intr.* **3.** *Col.* Salir rápidamente en busca de algo. || *v. prnl.* **4.** Envanecerse, presumir. **5.** Levantar el toro parado la cabeza en actitud desafiante. **6.** *Col.* Enamorarse. **7.** *Méx.* Meterse en una situación difícil.

encanallar *v. tr.* Hacer de alguien un canalla. Se usa más como *v. prnl.* **Fam.** Encanallamiento.

encanarse *v. prnl.* **1.** Quedarse rígido, con la boca abierta, por un ataque de risa o de llanto, especialmente los niños. **2.** *Arg., Col., Urug.* Ingresar en la cárcel.

encandelillar *v. tr.* **1.** *amer.* Deslumbrar. **2.** *amer.* Coser ligeramente el borde de una tela para que no se deshilache.

encandilamiento *s. m.* **1.** Acción y efecto de encandilar o encandilarse. **2.** *Amér. del S.* Deslumbramiento, especialmente por los faros de los coches durante la conducción.

encandilar *v. tr.* **1.** Deslumbrar, generalmente con apariencias. También *v. prnl.* **2.** Hacer que una persona tenga deseos o ilusiones sin fundamento. **3.** Enamorar, excitar en alguien el deseo amoroso. También *v. prnl.* **4.** *Perú, P. Rico.* Hacer perder a alguien el sueño. || *v. prnl.* **5.** Brillarle los ojos a una persona por la bebida o la pasión. **6.** *Col., Perú, P. Rico.* Asustarse. **7.** *Méx., P. Rico.* Enfadarse.

encanecer *v. intr.* **1.** Salirle canas a una persona. También *v. prnl.* **2.** Envejecer una persona. ▪ Es v. irreg. Se conjuga como *agradecer.* **Fam.** Encanecimiento.

encanijar *v. tr.* Poner débil y raquítica a una persona. También *v. prnl.* **Fam.** Encanijamiento, encanijado.

encantado, da **1.** *p. p.* de **encantar**. También *adj.* || *adj.* **2.** Muy satisfecho o complacido. Se emplea también como fórmula de cortesía, dirigida a una persona que ha sido presentada.

encantador, ra *adj.* **1.** Se dice de las personas o cosas que resultan muy agradables, simpáticas, etc. **2.** Se aplica a la persona que encanta o hace encantamientos, sobre todo en los cuentos infantiles. También *s. m.*

encantamiento *s. m.* Acción y efecto de encantar por arte de magia.

encantar *v. tr.* **1.** Practicar artes de magia sobre alguien o algo. **2.** Gustar mucho.

encanto *s. m.* **1.** Conjunto de cualidades que hacen a alguien o algo muy atrayente. **2.** Se utiliza también como apelativo cariñoso. **3.** Encantamiento, hechizo. || *pl.* **4.** Atractivos de una persona, especialmente los atractivos físicos.

encañado[1] *s. m.* Enrejado de cañas para proteger las plantas o hacer divisiones en un jardín.

encañado[2] *s. m.* Conducto hecho con caños para conducir el agua.

encañar[1] *v. tr.* **1.** Sujetar las plantas a cañas para que crezcan rectas. || *v. intr.* **2.** Empezar a formar caña los tallos de las mieses.

encañar[2] *v. tr.* Conducir el agua por encañados o cañerías.

encañizada *s. f.* **1.** Especie de corral o cerca de cañas que se construye en albuferas, lagunas, ríos, etc., para atrapar la pesca. **2.** Encañado[1].

encañizar *v. tr.* **1.** Hacer un techo o falso techo con cañizos. **2.** Poner cañizos a los gusanos de seda. ▪ Se conjuga como *cazar.*

encañonar *v. tr.* **1.** Apuntar a alguien o algo con el cañón de un arma. **2.** Hacer que el agua u otra cosa entre o corra por un cauce o conducto estrecho. También *v. prnl.* **3.** Planchar algo formando pliegues. **4.** En encuadernación, encajar un pliego dentro de otro. || *v. intr.* **5.** Echar las aves cañones de pluma.

encapotado, da **1.** *p. p.* de **encapotar**. También *adj.* || *adj.* **2.** Se aplica al cielo, tiempo, etc., cubierto de nubes, especialmente si anuncian tormenta.

encapotar *v. tr.* **1.** Cubrir con el capote. También *v. prnl.* || *v. prnl.* **2.** Cubrirse el cielo, la atmósfera, etc., de nubes, en especial si anuncian tormenta. ▪ Con este significado se conjuga sólo en tercera persona. **3.** Poner el rostro ceñudo, poner mala cara. **Fam.** Encapotamiento.

encapricharse *v. prnl.* **1.** Empeñarse en conseguir algo, sentir un gran deseo de tener o hacer alguna cosa. **2.** Enamorarse de una persona ligera o frívolamente.

encapsular *v. tr.* Meter algo en cápsula o cápsulas. También *v. prnl.*

encapuchado, da **1.** *p. p.* de **encapuchar**. También *adj.* || *adj.* **2.** Se aplica a la persona que se cubre con una capucha. También *s.*

encapuchar *v. tr.* Poner a una persona, animal o cosa una capucha.

encarado, da **1.** *p. p.* de **encarar**. También *adj.* || *adj.* **2.** Con los adverbios *bien* y *mal,* se dice de la persona que tiene unas facciones bonitas o feas y, especialmente, que muestra buena o mala cara.

▪ Con el adverbio *mal* suele escribirse junto. **3.** Se aplica a las dos piezas o a la pieza cuyas dos mitades son exactamente iguales al ponerlas una enfrente de la otra.

encaramar *v. tr.* **1.** Subir a una persona o cosa a lugar alto. También *v. prnl.* **2.** *fam.* Colocar a alguien o algo en una posición elevada o en un puesto muy beneficioso. También *v. prnl.* **3.** *Col., C. Rica.* Abochornar. **FAM.** Encaramamiento.

encarar *v. tr.* **1.** Hacer frente a un problema o a una situación difícil. Se usa más como *v. prnl.* **2.** Contraponer dos aspectos de una cosa. También *v. prnl.* **3.** Juntar dos cosas, animales o personas con las caras una enfrente de otra, como p. ej. dos piezas de tela para cortarlas iguales o para casarlas. ‖ *v. prnl.* **4.** Enfrentarse dos personas. **FAM.** Encaramiento.

encarcelamiento *s. m.* Acción y efecto de encarcelar.

encarcelar *v. tr.* **1.** Meter a una persona en la cárcel. **2.** Sujetar dos piezas de madera encoladas en la cárcel de carpintero para que se peguen bien. **3.** En albañilería, afianzar un marco, reja, etc., asegurándolos con yeso o cal. **FAM.** Encarcelación, encarcelador.

encarecedor, ra *adj.* **1.** Que encarece o aumenta el precio de algo. **2.** Que pondera o alaba mucho a alguien o algo.

encarecer *v. tr.* **1.** Aumentar el precio de una cosa. También *v. intr.* y *v. prnl.* **2.** Alabar las aptitudes, características, etc., de una persona o cosa. **3.** Recomendar o solicitar con insistencia algo de alguien. ▪ Es v. irreg. Se conjuga como *agradecer*.

encarecidamente *adv. m.* Con verbos como *rogar, pedir*, etc., con insistencia.

encarecimiento *s. m.* **1.** Acción y efecto de encarecer. **2.** Interés o insistencia con que se encarga o se recomienda alguna cosa.

encargado, da **1.** *p. p.* de **encargar**. También *adj.* ‖ *adj.* **2.** Se dice de la persona a la que se ha hecho un encargo o que tiene alguna cosa a su cargo. También *s.* ‖ *s. m.* y *f.* **3.** Persona responsable de un negocio, establecimiento, etc., en representación del dueño o interesado. ‖ **4. encargado de negocios** Agente diplomático cuyo cargo es inferior al de embajador, a quien suple en su ausencia.

encargar *v. tr.* **1.** Decir o mandar a alguien que haga cierta cosa, confiarle un asunto, tarea, etc. **2.** Pedir a un establecimiento de venta que consiga un determinado producto. ‖ *v. prnl.* **3.** Hacerse una persona cargo de alguien o algo. ▪ Se conjuga como *pagar*.

encargo *s. m.* **1.** Acción y efecto de encargar. **2.** Cosa que se encarga a alguien, a una tienda, etc. **3.** Cosa que uno tiene que hacer aunque no se lo haya pedido otro. ‖ **LOC. como (hecho) de encargo (o ni hecho de encargo)** *adv.* Con todas las cualidades que se pueden desear o esperar. **de encargo** *adj.* A medida, confeccionado o hecho especialmente para algo. **estar de encargo** *Amér. del S.* Estar una mujer embarazada.

encargue *s. m. Arg.* Encargo.

encariñar *v. tr.* **1.** Despertar o suscitar cariño. ‖ *v. prnl.* **2.** Tomar cariño a una persona, animal o cosa.

encarnación *s. f.* **1.** Acción de encarnar o encarnarse. **2.** Misterio de la revelación cristiana según el cual el Hijo de Dios se encarnó de la Virgen María y se hizo hombre. Constituye uno de los dogmas fundamentales de la religión cristiana. La naturaleza de Cristo fue el motivo de dos importantes herejías, el nestorianismo y el monofisismo, condenadas en el concilio de Constantinopla (680). **3.** Representación o personificación de algo no material. **4.** En pintura y escultura, color carne con que se pintan los desnudos.

encarnado, da **1.** *p. p.* de **encarnar**. También *adj.* ‖ *adj.* **2.** Personificado. **3.** De color rojo. También *s. m.* **4.** De color de carne. También *s. m.* ‖ *s. m.* **5.** Color de carne que se da a las pinturas y esculturas.

encarnadura *s. f.* Capacidad que tiene un tejido orgánico dañado para repararse o cicatrizar.

encarnar *v. intr.* **1.** Tomar un ser espiritual, una idea, etc., forma corporal o material. Se usa más como *v. prnl.* **2.** Según la fe cristiana, hacerse Dios hombre en la persona de Cristo. Se usa más como *v. prnl.* **3.** Cicatrizar o irse reparando los tejidos de una herida. ‖ *v. tr.* **4.** Representar una persona o animal un concepto abstracto. **5.** Tener alguien una cualidad tan marcada que pueda considerarse su personificación. **6.** Representar alguien un personaje en una obra dramática, en una película, etc. **7.** Dar color de carne a las pinturas y esculturas. ‖ *v. prnl.* **8.** Introducirse o clavarse una uña, al crecer, en la carne de alrededor.

encarnecer *v. intr.* Echar carnes, engordar. ▪ Es v. irreg. Se conjuga como *agradecer*.

encarnizado, da **1.** *p. p.* de **encarnizar**. También *adj.* ‖ *adj.* **2.** Salvaje, violento, muy cruel. **FAM.** Encarnizadamente.

encarnizamiento *s. m.* **1.** Acción de encarnizarse. **2.** Ardor o apasionamiento que se pone en una disputa o batalla. **3.** Crueldad con que se ataca o perjudica a alguien.

encarnizar *v. tr.* **1.** Hacer más cruel o despiadado a alguien o algo, como una riña, lucha, batalla, etc. También *v. prnl.* **2.** Cebar a los perros con la carne de otros animales para que se hagan fieros, preparándolos así para la caza. ‖ *v. prnl.* **3.** Cebarse los animales en su víctima. **4.** Mostrarse cruel con alguien, intentando dañarle o perjudicarle. ▪ Se conjuga como *cazar*.

encaro *s. m.* **1.** Acción de encarar o encararse. **2.** Parte de la culata de una escopeta o arma similar donde se apoya la mejilla al apuntar.

encarpetar *v. tr.* Guardar papeles en carpetas.

encarrilar *v. tr.* **1.** Encaminar o dirigir a una persona, asunto, etc., por un camino conveniente. También *v. prnl.* **2.** Colocar sobre los carriles un vehículo que se ha salido de ellos.

encarroñar *v. tr.* Corromper una cosa. También *v. prnl.*

encartado, da **1.** *p. p.* de **encartar**. También *adj.* ‖ *adj.* **2.** Se aplica a la persona que está sujeta a un proceso judicial. También *s.*

encartar *v. tr.* **1.** Incluir a una persona entre las que han de ser juzgadas en un proceso. **2.** Incluir en un libro, revista, periódico, etc., una hoja o folleto. **3.** En los juegos de naipes, echar carta de un palo que el otro jugador, sea compañero o contrario, ha de seguir. ‖ *v. prnl.* **4.** En los juegos de naipes, coger un jugador cartas del mismo palo que otro para obligarle a que le siga y no pueda desprenderse de las que no le interesan. **FAM.** Encartamiento.

encarte *s. m.* **1.** Acción de encartar o encartarse en los juegos de naipes. **2.** Hoja o folleto que se introduce, suelto o cosido, en un libro, revista, etc.

encartonado, da **1.** *p. p.* de **encartonar**. También *adj.* ‖ *s. m.* **2.** Operación de encartonar los libros.

encartonar *v. tr.* **1.** Poner cartones a una cosa o protegerla con cartones. **2.** Encuadernar un libro con tapas de cartón recubiertas de papel.

encartuchar *v. tr.* **1.** *amer.* Enrollar algo en forma de cartucho. También *v. prnl.* **2.** *Chile.* Meterse el dinero en el bolsillo.

encasillado, da **1.** *p. p.* de **encasillar**. También *adj.* ‖ *s. m.* **2.** Conjunto de casillas.

encasillar *v. tr.* **1.** Poner o distribuir algo en casillas. **2.** Clasificar o considerar de determinada manera a personas o cosas por alguna propiedad, característica, etc., generalmente a la ligera o de una manera rígida. ‖ *v. prnl.* **3.** Limitarse en exceso por realizar una actividad o tener unas cualidades demasiado específicas.

encasquetar *v. tr.* **1.** Encajar o meter bien en la cabeza un sombrero, gorro, etc. También *v. prnl.* **2.** Meterle a alguien algo a la fuerza, p. ej. ideas, obligaciones, etc. **3.** Con palabras como *golpe, bofetada*, etc., dar, propinar. ‖ *v. prnl.* **4.** Emperrarse, tener alguien una idea fija.

encasquillarse *v. prnl.* **1.** Atascarse un arma de fuego con el casquillo de la bala al disparar. **2.** P. ext., quedarse atascado cualquier mecanismo, pieza, etc. **3.** *fam.* Atascarse alguien al hablar o al discurrir.

encastado, da **1.** *p. p.* de **encastar**. También *adj.* ‖ *adj.* **2.** Se dice de la res que es considerada como característica de su casta.

encastar *v. tr.* Mejorar una raza de animales mediante cruces con los individuos de otra mejor.

encastillarse *v. prnl.* Empeñarse, obstinarse.

encastrar *v. tr.* **1.** Encajar. **2.** Acoplar los dientes de dos piezas.

encausar *v. tr.* Abrir una causa judicial contra alguien.

encáustico, ca *adj.* **1.** Se dice de las pinturas o barnices preparados con cera que se aplican sobre una superficie para cubrir los poros y dejarla lisa y brillante o para preservarla de la humedad. ‖ *s. m.* **2.** Preparado de cera fundida para este fin. ‖ *s. f.* **3.** Técnica de pintura que se hace con colores disueltos en cera fundida que deben aplicarse en caliente. Fue utilizada desde la antigüedad y alcanzó gran difusión en la pintura mural de la Grecia clásica y alejandrina, de donde pasó al mundo romano.

encausto o **encauste** *s. m.* Encáustica, técnica de pintura. ‖ **LOC. al encausto** *adv.* Utilizando esta técnica.

encauzar *v. tr.* **1.** Conducir una corriente por un cauce que ya existe o que se hace expresamente para ello. **2.** Dirigir a una persona, asunto, etc., por un camino favorable o conveniente. También *v. prnl.* ‖ *v. prnl.* **3.** Normalizarse, arreglarse la marcha de alguna cosa. ▪ Se conjuga como *cazar*. **FAM.** Encauzamiento.

encebollado, da **1.** *p. p.* de **encebollar**. ‖ *adj.* **2.** Se aplica al alimento cocinado en un guiso con abundante cebolla. También *s. m.*

encebollar *v. tr.* Guisar un alimento con mucha cebolla.

encefálico, ca *adj.* Perteneciente o relativo al encéfalo.

encefalinas *s. f. pl.* Compuestos peptídicos, de reciente descubrimiento, que actúan principalmente en el sistema nervioso central y cuyas acciones están relacionadas con la analgesia.

encefalitis *s. f.* Inflamación del encéfalo a consecuencia de una infección, causada generalmente por un virus. Los síntomas son somnolencia, dolores de cabeza y fiebre y, en casos graves, epilepsia, cambios de la personalidad y coma. Puede presentarse como complicación de una enfermedad más común (paperas, herpes); existen variedades bacterianas y variedades transmitidas por parásitos o por hongos.

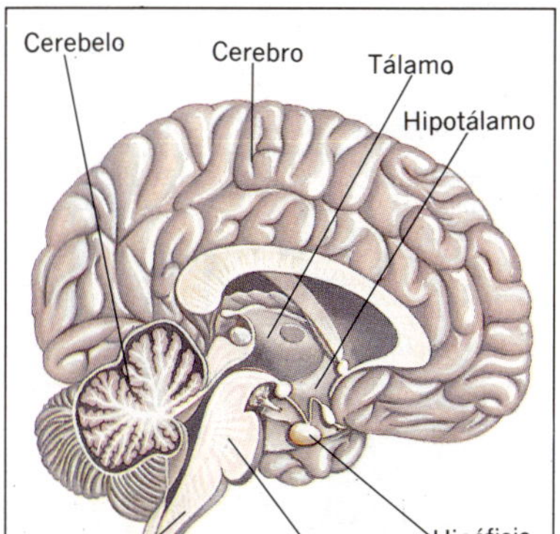

Corte vertical del encéfalo.

encéfalo *s. m.* Conjunto de órganos que constituyen la parte principal del sistema nervioso central. Está situado en la cabeza, protegido por el cráneo y las meninges y se prolonga en la médula espinal. Comprende el cerebro, el cerebelo, el bulbo raquídeo, el tálamo y el hipotálamo. El encéfalo recibe la información originada en los órganos de los sentidos y transmite órdenes a los músculos voluntarios. Se ocupa, por tanto, de todas las funciones que relacionan el organismo vivo con el mundo exterior.

encefalografía *s. f.* Examen del cerebro por medios radiológicos o eléctricos. La radiografía del encéfalo se realiza mediante la inyección de una sustancia opaca en el líquido cefalorraquídeo o, también, sustituyendo parte de este líquido por aire.

encefalograma *s. m.* Gráfico en el que se refleja el resultado de una encefalografía.

encefalomielitis *s. f.* Inflamación simultánea del encéfalo y de la médula espinal.

encefalopatía *s. f.* Cualquier enfermedad o trastorno del encéfalo.

enceguecer *v. tr.* **1.** Cegar, quitar la visión. **2.** Trastornar, oscurecer las ideas o el entendimiento. ‖ *v. intr.* **3.** Sufrir ceguera. También *v. prnl.* ■ Es v. irreg. Se conjuga como *agradecer.*

encelar *v. tr.* **1.** Dar celos a alguien. ‖ *v. prnl.* **2.** Sentir celos de alguien o algo. **3.** Ponerse en celo un animal. **FAM.** Encelamiento.

enceldar *v. tr.* Encerrar o incomunicar en celdas. **FAM.** Enceldamiento.

encenagarse *v. prnl.* **1.** Meterse en el cieno y ensuciarse con él. **2.** Entregarse a los vicios o meterse en asuntos poco honrados. ■ Se conjuga como *pagar.* **FAM.** Encenagado, encenagamiento.

encendedor, ra *adj.* **1.** Que enciende. ‖ *s. m.* **2.** Aparato que sirve para encender por medio de una llama, chispa, etc.

encender *v. tr.* **1.** Hacer que una cosa arda para que dé luz o calor. **2.** Conectar un aparato o un circuito eléctrico. **3.** Provocar o hacer más intenso un sentimiento, una pasión, etc. También *v. prnl.* **4.** Ocasionar o comenzar una guerra, una batalla, etc. También *v. prnl.* ‖ *v. prnl.* **5.** Ponerse colorado, ruborizarse. ■ Es v. irreg. Se conjuga como *tender.* ‖ **LOC. encender** una persona o cosa **la sangre** (o **el pelo**) Irritar, enfadar mucho.

encendidamente *adv. m.* Con ardor y viveza.

encendido, da **1.** *p. p.* de **encender**. También *adj.* ‖ *adj.* **2.** Se aplica al color rojo muy intenso y a las cosas que lo tienen. ‖ *s. m.* **3.** Acción y efecto de encender. **4.** Inflamación de la mezcla carburante en un motor de explosión. La mezcla carburante más común, compuesta de gasolina y aire, se introduce en los cilindros, donde recibe una descarga eléctrica (chispa) generada en la bujía, que provoca la explosión de la mezcla. El encendido consta de diversos circuitos eléctricos, bobina, condensador, ruptor dotado de platinos, distribuidor, batería de acumuladores en los automóviles y magneto en las motocicletas y tractores. **5.** Conjunto de dispositivos que producen esa inflamación. **6.** Dispositivo que hace funcionar un encendedor y procedimiento que utiliza.

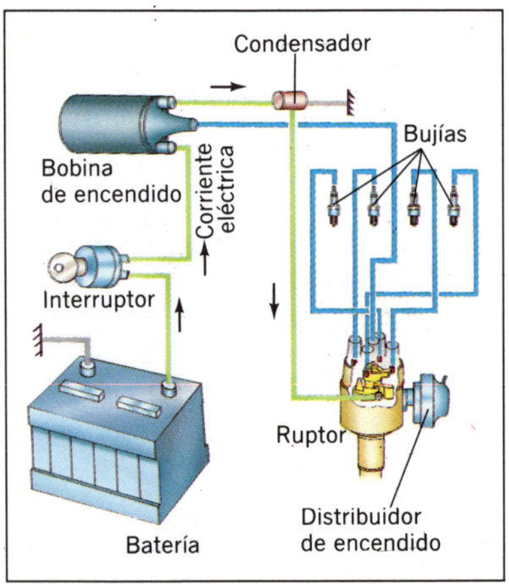

Esquema del encendido de un motor de explosión: al abrir el interruptor se establece una corriente eléctrica que el distribuidor dirige a las bujías, en las cuales saltan las chispas que provocan la explosión.

encendimiento *s. m.* **1.** Apasionamiento, alteración de los ánimos. **2.** Acción y efecto de encenderse o ruborizarse.

encepar *v. tr.* **1.** Meter en un cepo, sujetar con él. **2.** Poner la caja (pieza de madera) al cañón de un arma de fuego. **3.** En carpintería, unir dos piezas mediante cepos. ‖ *v. intr.* **4.** Echar las plantas raíces que entren bien en la tierra.

encerado, da **1.** *p. p.* de **encerar**. También *adj.* ‖ *s. m.* **2.** Acción y efecto de encerar una superficie. **3.** Tablero pintado de negro y otros colores empleado para escribir en él con tizas. **4.** Lienzo recubierto con cera u otra sustancia semejante para impermeabilizarlo. **5.** Fina capa de cera con que se recubren los muebles, entarimados, etc.

encerador, ra *s. m.* y *f.* **1.** Persona que encera suelos o pavimentos. ‖ *s. f.* **2.** Máquina que encera y lustra suelos y pavimentos.

encerar *v. tr.* Dar cera, especialmente a los suelos.

encerradero *s. m.* **1.** Lugar en que se encierra o recoge al ganado. **2.** Toril*.

encerrar *v. tr.* **1.** Meter a una persona o animal en un lugar de donde no pueda salir. También *v. prnl.* **2.** Guardar una cosa en un sitio cerrado. **3.** Contener algo dentro de sí. **4.** Poner una palabra, frase, etc., entre dos signos de puntuación. **5.** En algunos juegos, no dejar que el contrario pueda mover sus fichas o haga una jugada. ‖ *v. prnl.* **6.** No comunicar una persona sus sentimientos. ■ Es v. irreg. Se conjuga como *pensar.*

encerrona *s. f.* **1.** Situación preparada de antemano en que se pone a una persona para obligarla a hacer o decir alguna cosa. **2.** En el juego del dominó, el cierre cuando quedan aún muchas fichas por colocar. **3.** Corrida de toros privada.

encestador, ra *adj.* En baloncesto, que encesta. También *s.*

encestar *v. tr.* **1.** En baloncesto, meter el balón en la cesta o canasta. **2.** Poner, recoger o meter algo en una cesta.

enceste *s. m.* En baloncesto, acción y efecto de encestar, y puntos conseguidos al hacerlo.

enchalecar *v. tr. amer.* Poner el chaleco o camisa de fuerza a los locos furiosos para sujetarlos. ■ Se conjuga como *sacar.*

enchamarrar *v. intr. Col.* Enredar, embrollar.

enchambranar *v. tr.* **1.** *Ven.* Meter ruido. ‖ *v. prnl.* **2.** *Col.* Enredarse.

encharcar *v. tr.* **1.** Cubrir el agua una parte del terreno, formar charcos. También *v. prnl.* **2.** Causar molestia o pesadez en el estómago el haber tomado mucho líquido o alimentos que lo contengan. También *v. prnl.* **3.** Llenar la sangre u otro líquido un órgano, cavidad, etc. También *v. prnl.* ■ Se conjuga como *sacar.* **FAM.** Encharcamiento.

enchastar *v. tr. Amér. del S.* Ensuciar.

enchicharse *v. prnl.* **1.** *amer.* Emborracharse con chicha. **2.** *Amér. C.* Emberrenchinarse, irritarse.

enchilado, da *adj.* **1.** *Méx.* Que tiene color rojo, como el chile. **2.** *Méx.* Colérico, rabioso. ‖ *s. m.* **3.** *Méx.* Guiso con salsa de chile. ‖ *s. f.* **4.** *amer.* Tortilla de maíz rellena de carne, queso o verdura y condimentada con chile.

enchilar *v. tr.* **1.** *amer.* Condimentar algo con chile. **2.** *Méx.* Encolerizar, irritar.

enchiloso, sa *adj. amer.* Picante.

enchinar *v. tr.* Rizar.

enchincharse *v. prnl. Arg., Méx., Par., Urug.* Enfadarse.

enchipar *v. tr.* **1.** *Bol., Col.* Colocar algo en el canasto. **2.** *Bol., Col.* Enredar, liar.

enchiquerar *v. tr.* **1.** Encerrar al toro en el chiquero o toril. **2.** *fam.* Meter a alguien en la cárcel. **FAM.** Enchiqueramiento.

enchironar *v. tr. fam.* Encarcelar.

enchispar *v. tr. amer. fam.* Achispar, emborrachar. También *v. prnl.*

enchivarse *v. prnl. Col., Ec.* Encolerizarse.

enchuecar *v. tr. amer. fam.* Torcer, arquear. ■ Se conjuga como *sacar.*

enchufado, da **1.** *p. p.* de **enchufar**. También *adj.* ‖ *adj.* **2.** *fam.* Que goza de la especial simpatía de alguien y recibe de él un trato mejor que otros. También *s.* **3.** *fam.* Recomendado. También *s.*

enchufar *v. tr.* **1.** Conectar un aparato a la corriente eléctrica, encajando las dos piezas del enchufe. **2.** *fam.* Dirigir un chorro de agua, rayo de luz, etc., hacia un punto determinado. **3.** Meter el extremo de un tubo o cualquier otra pieza en otro tubo o pieza semejante. **4.** *fam.* Dar a alguien un empleo o alguna cosa beneficiosa por medio de influencias o recomendaciones. ‖ *v. prnl.* **5.** Obtener un empleo o algo provechoso por influencias.

enchufe *s. m.* **1.** Dispositivo que sirve para conectar un aparato eléctrico a la red. Consta de dos piezas: una móvil, unida al cable del aparato, con clavijas (macho), y otra fija, unida a la red, con los agujeros en los que se encaja la anterior (hembra). También, cualquiera de las dos piezas, macho o hembra. **2.** *fam.* Recomendación o influencia para conseguir alguna cosa, particularmente un trabajo. **3.** *fam.* Empleo, cargo, etc., conseguido gracias a una recomendación. **4.** *fam.* Simpatía especial y trato favorable de una persona a otra.

enchufismo *s. m.* Práctica que consiste en proporcionar u obtener cargos, puestos, etc., mediante la influencia o la amistad.

enchufista *adj.* **1.** Perteneciente o relativo al enchufismo. ‖ *s. m.* y *f.* **2.** Persona que goza o se beneficia del enchufe.

enchularse *v. prnl.* **1.** Convertirse en un chulo. **2.** Encapricharse o enamorarse una mujer de un hombre de tal manera que permite que éste se aproveche de ella, particularmente en lo económico. **FAM.** Enchulado.

enchutar *v. tr. Amér. C., Bol.* Meter, encajar.

enchute *s. m. Amér. C., Bol.* Boliche, juego.

encía *s. f.* Mucosa de la boca de los vertebrados superiores que cubre la parte alveolar de los maxilares, adhiriéndose al cuello de los dientes.

encíclica *s. f.* Carta que dirige el papa a todos los obispos y fieles de la Iglesia católica, o a parte de ellos, sobre temas importantes de la fe o la moral. Están escritas en latín y normalmente se designan con los primeros vocablos de su texto y la fecha de su publicación, p. ej. la *Rerum novarum* (1891) y la *Mater et magistra* (1961), encíclicas sobre la cuestión social; la *Humanae vitae* (1968), sobre el matrimonio y la natalidad, etc. No tienen valor de dogma, pero pueden servir para transmitirlo.

enciclopedia *s. f.* **1.** Obra o conjunto de obras en que se expone un gran número de conocimientos sobre una ciencia o materia o sobre muchas. **2.** Diccionario en el que, además de las definiciones de los términos de una lengua, se incluye información sobre distintas materias, personajes, países, etc. **3.** Enciclopedismo*.

Enciclopedia, La Publicación francesa del s. XVIII donde se recoge una síntesis de los conocimientos de la época y, en especial, los principales contenidos del pensamiento de la Ilustración. Lleva el subtítulo de *Diccionario razonado de las ciencias, de las artes y de los oficios* y se comenzó a escribir en 1745 como una simple traducción de la *Cyclopaedia* inglesa de Chambers. Sin embargo, sus directores, Diderot y D'Alembert, la convirtieron en una obra auténticamente original. Concluida en 1772, consta de diecisiete volúmenes de texto y once de láminas. Entre sus colaboradores destacan Voltaire, Montesquieu, Buffon y Rousseau. Sus características principales son la gran importancia concedida a las ciencias aplicadas, a la tecnología y a los oficios y, sobre todo, su defensa de las ideas liberales y del progreso, que hicieron de ella una obra clave en la lucha contra el absolutismo y el Antiguo Régimen.

enciclopédico, ca *adj.* **1.** Perteneciente o relativo a la enciclopedia. **2.** Que posee conocimientos muy amplios o abarca múltiples materias.

enciclopedismo *s. m.* Movimiento filosófico surgido en Francia en el s. XVIII en torno a los autores de *La Enciclopedia* francesa, caracterizado por su defensa del conocimiento científico y de la razón frente al autoritarismo, el dogmatismo religioso y la superstición.

enciclopedista *adj.* **1.** Perteneciente o relativo al enciclopedismo. **2.** Partidario del enciclopedismo. También *s.* ‖ *s. m.* y *f.* **3.** Autor o colaborador de una enciclopedia.

encierra *s. f.* **1.** *Chile.* Encierro de reses en el invernadero. **2.** *Chile.* Conjunto de reses encerradas. **3.** *Chile.* Dehesa para pasto de las reses en el invierno.

encierro *s. m.* **1.** Acción y efecto de encerrar o encerrarse, particularmente una persona en un lugar. **2.** Lugar donde se encierra, en especial aquel en que se encierra una persona voluntariamente. **3.** Acción y efecto de conducir los toros al toril antes de la lidia. **4.** Lugar donde se encierra a los toros, toril.

encima *adv. l.* **1.** En lugar más alto que otro y sobre él. **2.** Cubriendo algo. **3.** En un puesto o cargo más elevado. **4.** Pesando sobre alguien, siendo una carga. ‖ *adv. l.* y *t.* **5.** Referido a algo que está aproximándose, muy cerca. ‖ *adv. c.* **6.** Además. ‖ *adv. m.* **7.** Vigilando y controlando continuamente. **8.** Indica que algo aumenta o empeora el efecto de otra cosa expresada anteriormente: *Y encima llueve.* ‖ **Loc. llevar** (o **traer**) **encima** Llevar consigo alguien dinero, objetos de valor, etc. **por encima** *adv.* Superficialmente, sin profundizar: *leer por encima.* De más importancia o interés: *el deber por encima de todo.* A pesar de los obstáculos: *Lo haré por encima de todo.* Fuera del alcance de aquello que se expresa: *por encima de nuestras posibilidades.*

encimero, ra *adj.* **1.** Se aplica a aquellas cosas que se colocan encima de otras del mismo tipo. ‖ *s. f.* **2.** Especie de plancha o tablero que se pone encima de algunos muebles. **3.** *Arg., Par., Urug.* Pieza de cuero de la montura que tiene dos correas unidas a la cincha.

encina *s. f.* Nombre común de diversos árboles de la familia fagáceas, género *Quercus.* La encina común *(Quercus ilex)* alcanza hasta 20 m de altura, tiene tronco recio y grisáceo, copa ancha y hojas siempre verdes, de textura coriácea, peludas y grises por el envés y lisas y verde oscuro por el haz. Da fruto en aquenio (bellota), que puede ser dulce o amargo y está parcialmente cubierto por la cúpula. Es un árbol característico de la región mediterránea. Su corteza se utiliza como astringente y en el curtido de pieles, su madera en carpintería y como combustible y sus frutos para alimentación animal.

Encina (Quercus ilex).

Encina, Juan de Fermoselle, llamado **Juan del** (La Encina, Salamanca 1469 - León 1529) Escritor español. Poeta, músico y autor teatral, viajó a Roma, donde tomó contacto con la cultura italiana, que influyó poderosamente en sus obras posteriores. Sus piezas dramáticas, que él llamó *églogas,* se sitúan entre la tradición medieval, manifiesta en los temas religiosos y en el gusto por lo popular, y el Renacimiento, puesto de relieve en el lenguaje culto y la admiración por los autores clásicos griegos y latinos. Las principales son *Égloga de Antruejo, Égloga de Cristino y Febea* (1497) y *Égloga de Plácida y Victoriano* (1513).

encinar *s. m.* Lugar poblado de encinas.

encinta *adj.* Se dice de la mujer embarazada.

encintado, da **1.** *p. p.* de **encintar**. También *adj.* ‖ *s. m.* **2.** Acción y efecto de encintar. **3.** Hilera de piedra que forma el borde de una acera, andén, etc.

encintar *v. tr.* **1.** Adornar una cosa con cintas. **2.** Poner el bordillo o encintado de la acera.

encizañar *v. tr.* Meter cizaña, provocar enemistad. **Fam.** Encizañador.

enclaustrar *v. tr.* **1.** Meter en un claustro o en un convento. También *v. prnl.* **2.** Encerrar en algún sitio. También *v. prnl.*

enclavado, da **1.** *p. p.* de **enclavar**. ‖ *adj.* **2.** Se aplica al lugar situado dentro de un determinado territorio. **3.** Se dice de las cosas que están situadas o encajadas en otras.

enclavamiento *s. m.* **1.** Acción y efecto de enclavar o enclavarse. **2.** Dispositivo que coordina el funcionamiento de dos o más sistemas o aparatos; p. ej., en las vías férreas, el que regula la posición de las agujas en combinación con las señales. **3.** En med., posición del feto en que la cabeza queda inmovilizada en el estrecho superior de la pelvis.

enclavar *v. tr.* Colocar, situar. También *v. prnl.*

enclave *s. m.* Territorio o grupo humano que se halla incluido en otro de mayor tamaño y con el que tiene diferencias étnicas, religiosas, lingüísticas, políticas, etc.

enclavijar *v. tr.* **1.** Poner las clavijas a un instrumento. **2.** Unir dos cosas entrelazándolas o encajando parte de una en otra.

enclenque *adj.* Muy débil, flaco o de poca salud. También *s.*

enclisis o **énclisis** *s. f.* En ling., unión de una palabra con otra precedente que le sirve de apoyo.

enclítico, ca *adj.* Se aplica a las partículas o partes de la oración que se unen a la palabra que las precede. Son enclíticos en español los pronombres complementos del verbo cuando van pospuestos a éste: *tráemelo, bebérselo.*

encluecarse *v. prnl. Amér. del S.* Encontrarse en mal estado de salud, enfermar. ▪ Se conjuga como *sacar.*

encobar *v. intr.* Incubar las aves y otros animales los huevos. También *v. prnl.*

encocorar *v. tr.* Enfadar o irritar mucho. También *v. prnl.*

encofrado, da **1.** *p. p.* de **encofrar**. También *adj.* ‖ *s. m.* **2.** Acción y efecto de encofrar. **3.** Armazón o revestimiento con que se encofra algo. **4.** Galería que ha sido encofrada.

encofrador, ra *s. m.* y *f.* Persona que construye encofrados en edificios, minas, etc.

encofrar *v. tr.* **1.** Hacer un armazón que sostiene el hormigón mientras éste fragua. **2.** Colocar bastidores en las galerías de las minas para contener las tierras.

encoger *v. intr.* **1.** Disminuir el tamaño de algunas cosas, p. ej. ciertos tejidos al mojarlos. También *v. prnl.* ‖ *v. tr.* **2.** Contraer o recoger el cuerpo o una parte de él. También *v. prnl.* **3.** Con palabras como *alma, corazón,* etc., producir tristeza, miedo, desaliento. También *v. prnl.* ‖ *v. prnl.* **4.** Acobardarse. **5.** Perder la energía o las ganas de hacer cosas. ▪ Se conjuga como *coger.* ‖ **Loc. encogerse de hombros** Levantar los hombros en señal de indiferencia, por no conocer la respuesta a una pregunta, etc. También, desentenderse, no intervenir ante una situación injusta, peligrosa, etc.

encogidamente *adv. m.* Con timidez o cobardía.

encogido, da **1.** *p. p.* de **encoger**. También *adj.* ‖ *s. m.* **2.** Desperfecto de un tejido o una prenda al engancharse o tirar de un hilo.

encogimiento *s. m.* **1.** Acción y efecto de encoger o encogerse. **2.** Timidez, acobardamiento.

encolado, da **1.** *p. p.* de **encolar**. También *adj.* ‖ *adj.* **2.** *Chile, Méx.* Gomoso, petimetre. También *s. m.* ‖ *s. m.* **3.** Operación de encolar una superficie. **4.** Procedimiento de clarificación de los vinos y licores que aparecen turbios.

encolador, ra *s. m.* y *f.* **1.** Persona que encola. ‖ *s. f.* **2.** En la industria textil, máquina que realiza el encolado.

encoladura *s. f.* **1.** Acción y efecto de encolar. **2.** Aplicación de una o más capas de cola caliente sobre una superficie que se va a pintar al temple.

encolar *v. tr.* **1.** Pegar con cola una cosa. **2.** Dar cola a una superficie para pegar algo sobre ella y, especialmente, para pintarla después al temple. **3.** Clarificar o aclarar los vinos y licores. **Fam.** Encolamiento.

encolerizar *v. tr.* Hacer que alguien se ponga colérico, se enfade mucho. También *v. prnl.* ▪ Se conjuga como *cazar.*

encomendar *v. tr.* **1.** Encargar a alguien que haga cierta cosa. **2.** Entregar a alguien una persona o cosa para que cuide de ella. **3.** Dar a un colonizador en América indios en encomienda. ‖ *v. prnl.* **4.** Confiarse una persona en manos de alguien buscando protección o amparo. ▪ Es v. irreg. Se conjuga como *pensar.* **Fam.** Encomendable.

encomendería *s. f. Méx., Perú.* Pequeña tienda de comestibles.

encomendero *s. m.* **1.** Persona que lleva encargos de otro. **2.** Persona que en la América colonial hispana tenía indios encomendados por concesión de la autoridad real o de otra autoridad competente. **3.** *Méx., Perú.* Persona que vende comestibles.

encomenderos, rebelión de los Levantamiento de los colonizadores que poseían encomiendas de indios, ocurrido en Perú en 1544. Fue motivado por las Leyes Nuevas, que se proponían suprimir progresivamente esta institución. Dirigido por Gonzalo Pizarro, provocó la guerra civil en el virreinato. Fue sofocado por Pedro de Lagasca, enviado de Carlos V.

encomiable *adj.* Admirable, muy valioso.

encomiar *v. tr.* Alabar a una persona o cosa. **Fam.** Encomiador.

encomiasta *s. m.* y *f.* Persona que elogia.

encomiástico, ca *adj.* Que contiene alabanza o sirve para alabar.

encomienda *s. f.* **1.** Acción y efecto de encomendar. **2.** Encargo, especialmente el molesto o inoportuno. **3.** En la Edad Media castellana, privilegio que concedía el rey a ciertas órdenes militares por el que éstas, a cambio de las rentas y de la jurisdicción sobre un territorio, se comprometían a la defensa del mismo frente a los musulmanes. **4.** Territorio sometido a ese privilegio. **5.** Institución de la América colonial española por la que se concedía a un colonizador, o encomendero, el tributo o el trabajo de un grupo de indígenas, a cambio de protegerles e instruirles en la religión cristiana. La institución de la encomienda fue creada por las Leyes de Burgos (1512) para frenar los abusos que los colonizadores cometían en América con los indígenas, a los que España consideraba súbditos de la Corona. Pero la explotación continuó y el trabajo y las enfermedades diezmaron a los indios. En las Antillas, la encomienda otorgaba al colono el servicio personal o trabajo del indio; más tarde, en México y Perú, este trabajo se sustituyó por un tributo. Las Leyes Nuevas de 1542 prohibieron la concesión de nuevas encomiendas, pero la protesta de los colonos (rebelión de los encomenderos en Perú; quejas en México) y el riesgo de que un gran número de españoles abandonara América dejaron prácticamente sin efecto esta legislación y la encomienda sobrevivió hasta el s. XVIII. **6.** *Arg., Chile, Col., Perú.* Paquete postal. **7.** *Méx.* Almacén de frutas.

encomio *s. m.* **1.** Acción de encomiar o alabar. **2.** Aquello que se dice para alabar a alguien.

encomioso, sa *adj. amer.* Encomiástico*.

enconado, da **1.** *p. p.* de **enconar**. También *adj.* ‖ *adj.* **2.** Se aplica a la lucha, disputa, competición, etc., muy reñida. **3.** Que tiene o manifiesta rencor, hostilidad, violencia, etc.

enconamiento *s. m.* **1.** Acción y efecto de enconarse una herida. **2.** Enemistad o rencor intenso y violento.

enconar *v. tr.* **1.** Poner peor una herida o un tejido dañado. Se usa mucho como *v. prnl.* **2.** Hacer más violenta o difícil de calmar una lucha, una disputa, etc. También *v. prnl.* **3.** Aumentar en alguien la hostilidad, el odio, el rencor, etc. También *v. prnl.*

encono *s. m.* **1.** Acción y efecto de enconar o enconarse. **2.** *amer.* Inflamación de una llaga o herida.

encontradamente *adv. m.* Opuestamente, con oposición.

encontradizo, za *adj.* Se usa en la locución **hacerse** uno **el encontradizo**, salir al encuentro de alguien al que se buscaba, simulando que se le encuentra de forma casual.

encontrado, da **1.** *p. p.* de **encontrar**. También *adj.* ‖ *adj.* **2.** Contrario, opuesto. Se usa más en *pl.* **3.** Que está puesto enfrente.

encontrar *v. tr.* **1.** Dar con una persona o cosa que se estaba buscando. **2.** Dar con alguna persona o cosa casualmente, sin buscarla. También *v. prnl.* **3.** Llegar a donde está una persona o a un lugar y verlos de la manera que se expresa o darse cuenta de algo. También *v. prnl.* **4.** Considerar que alguien o algo está de cierta manera o tiene determinada cualidad. || *v. prnl.* **5.** Estar en el lugar que se expresa. **6.** Sentirse de la manera que se indica; con los adverbios *bien* o *mal*, se refiere generalmente a la salud. **7.** Reunirse con alguien. **8.** Descubrir que se tiene alguna cosa sin haber pensado en ello. **9.** Coincidir en un punto dos o más cosas. **10.** Chocar bruscamente. **11.** Oponerse dos posturas, actitudes, etc. **12.** Estar de acuerdo, coincidir. ■ Es v. irreg. Se conjuga como *contar.*

encontronazo *s. m.* **1.** Golpe o choque violento. **2.** Pelea, disputa.

encoñarse *v. prnl. vulg.* Estar el hombre tan atraído sexualmente por una mujer que llega a obsesionarse con ella. **FAM.** Encoñado, encoñamiento.

encoparse *v. prnl. Arg., Chile, Urug.* Embriagarse, emborracharse.

encopetado, da **1.** *p. p.* de **encopetar**. También *adj.* || *adj.* **2.** De alto copete, de mucha categoría o de elevada clase social. **3.** Muy arreglado. **4.** Presumido, vanidoso.

encopetar *v. tr.* **1.** Hacer un copete. || *v. prnl.* **2.** Presumir o ponerse vanidoso.

encopresis *s. f.* Trastorno cuya manifestación principal es la eliminación voluntaria o involuntaria de heces de consistencia normal en lugares no adecuados.

encorajinar *v. tr.* Irritar o enfadar mucho a alguien. También *v. prnl.*

encorchador, ra *adj.* **1.** Que encorcha. También *s.* || *s. f.* **2.** Máquina para poner los corchos a las botellas.

encorchar *v. tr.* **1.** Poner tapones de corcho a las botellas. **2.** Poner cebo para que las abejas entren en las colmenas.

encorchetar *v. tr.* Poner corchetes o abrochar alguna cosa con corchetes.

encordado, da **1.** *p. p.* de **encordar**. También *adj.* || *s. m.* **2.** *Amér. del S.* Guitarra. **3.** Encordadura*.

encordadura *s. f.* Conjunto de las cuerdas de un instrumento de música.

encordar *v. tr.* **1.** Poner cuerdas a los instrumentos de música, raquetas de tenis, etc. || *v. prnl.* **2.** Amarrarse el montañista a la cuerda formando cordada. ■ Es v. irreg. Se conjuga como *contar.*

encordelar *v. tr.* **1.** Poner cordeles a una cosa. **2.** Atar o forrar con cordeles.

encordonar *v. tr.* Poner cordones a una cosa para sujetarla o adornarla con ellos.

encornado, da *adj.* Con los adverbios *bien* y *mal*, y aplicado a toros y vacas, que tiene buena o mala encornadura.

encornadura *s. f.* **1.** Forma o disposición de los cuernos de un animal. **2.** Cornamenta.

encorozar *v. tr. Chile, Méx.* Rellenar los huecos de una pared o revocarla con barro. ■ Se conjuga como *cazar.*

encorralar *v. tr.* Meter o guardar ganado en el corral.

encorsetado, da **1.** *p. p.* de **encorsetar**. También *adj.* || *adj.* **2.** Se dice de la persona demasiado tiesa o rígida.

encorsetar *v. tr.* **1.** Poner el corsé y, p. ext., cualquier otra cosa que se ciña mucho al cuerpo. También *v. prnl.* **2.** Limitar, oprimir. También *v. prnl.*

encortinar *v. tr.* Colocar cortinas en una habitación, ventana, etc.

encorvar *v. tr.* Hacer que alguien o algo tome forma curva. También *v. prnl.* **FAM.** Encorvadura, encorvamiento.

encostrar *v. tr.* **1.** Cubrir con costra. También *v. prnl.* || *v. intr.* **2.** Formar una cosa costra.

encrespado, da **1.** *p. p.* de **encrespar**. También *adj.* || *adj.* **2.** Aplicado al pelo, muy tieso.

encrespar *v. tr.* **1.** Agitar o levantar las olas del mar. También *v. prnl.* **2.** Excitar, irritar, enfurecer. También *v. prnl.* **3.** Erizar los animales el pelo o el plumaje. También *v. prnl.* **4.** Rizar el pelo con rizos pequeños.

encrestarse *v. prnl.* Levantar las aves su cresta, ponerla tiesa.

encrucijada *s. f.* **1.** Cruce de caminos o calles. **2.** Dilema, situación en la que es difícil decidirse por existir varias posibilidades.

encuadernación *s. f.* **1.** Acción y efecto de encuadernar. **2.** Modo en que está encuadernado un libro. **3.** Taller en que se hace la operación de encuadernar.

encuadernador, ra *s. m.* y *f.* Persona que tiene el oficio de encuadernar.

encuadernar *v. tr.* Coser o pegar las hojas o pliegos que van a formar un libro y ponerles tapas. **FAM.** Encuadernable.

encuadramiento *s. m.* **1.** Acción y efecto de encuadrar, especialmente personas en grupos. **2.** Encuadre, disposición de la imagen.

encuadrar *v. tr.* **1.** Poner una cosa en un marco o cuadro. **2.** Incluir a alguien o algo en un esquema, clasificación, etc., o situarlo en un tiempo o circunstancias determinados. También *v. prnl.* **3.** Colocar a alguien en cierto grupo. También *v. prnl.* **4.** Realizar un encuadre con una cámara fotográfica, de cine, etc. **5.** Ajustar la imagen de un televisor de forma que quede fija y nítida en la pantalla. **6.** Proporcionar una cosa el marco apropiado para algo, servirle de fondo.

encuadre *s. m.* **1.** Recuadro o porción de espacio que capta el objetivo de una cámara. **2.** Forma en que se dispone aquello que se va a fotografiar o captar con la cámara. **3.** P. ext., composición o plano obtenido. **4.** En un televisor, sistema o control que permite ajustar o encuadrar la imagen en la pantalla. **5.** Ajuste de la imagen en la pantalla.

encuartar *v. tr.* **1.** *amer.* Ayudar con una caballería de refuerzo para remolcar un vehículo atascado. || *v. prnl.* **2.** *Méx.* Encabestrarse una bestia, enredarse en el cabestro. **3.** *Méx.* Atravesarse en una conversación. **4.** *Méx.* Meterse alguien en un mal asunto o negocio.

encuartelar *v. tr. amer.* Acuartelar.

encuatar *v. tr. amer.* Emparejar dos cosas semejantes.

encubar *v. tr.* Meter el vino u otros licores en cubas.

encubierta *s. f.* Fraude, ocultación que constituye un delito.

encubierto, ta **1.** *p. p.* irreg. de **encubrir**. También *adj.* || *adj.* **2.** Oculto, no manifiesto. **FAM.** Encubiertamente.

encubridor, ra *adj.* Se aplica a la persona que encubre u oculta a alguien o algo, especialmente si se trata de un delito o delincuente. También *s.*

encubrimiento *s. m.* **1.** Acción y efecto de encubrir. **2.** Delito que consiste en ocultar un acto ilegal o ayudar a los culpables a no ser descubiertos, sin participar en su planificación y ejecución.

encubrir *v. tr.* **1.** Ocultar una cosa o no hacerla manifiesta. **2.** Ayudar al delincuente a no ser descubierto u ocultar su delito. ■ Su p. p. es irreg.: *encubierto.*

encucurucharse *v. prnl. Amér. C., Col.* Encaramarse, trepar a todo lo alto.

encuellar *v. tr. Col.* Acogotar.

encuentro *s. m.* **1.** Acción de encontrarse personas o cosas. **2.** Partido de fútbol, baloncesto, etc. **3.** Lucha, choque entre dos o más combatientes. **4.** Discusión o disputa entre personas. || **LOC. al encuentro** *adv.* Con verbos como *ir* o *salir*, en busca de alguien o algo por su mismo camino y en sentido contrario; también, anticipándose a lo que otro va a decir.

encuerar *v. tr. amer.* Dejar en cueros, desnudar. También *v. prnl.*

encuesta *s. f.* **1.** Método que se utiliza para conocer el estado de opinión sobre un determinado tema y que consiste en realizar una serie de preguntas a una población o a una muestra representativa de la misma. Es una técnica muy utilizada para obtener información sobre algún aspecto de la realidad social y determinadas opiniones o reacciones individuales. Suele realizarse mediante un cuestionario escrito, al que debe responder un grupo de personas escogido al azar (*encuesta probabilista*) o seleccionado según ciertos criterios (*encuesta no probabilista*). **2.** Investigación encaminada a averiguar o esclarecer algún asunto, es especial la ordenada por una autoridad judicial o administrativa.

encuestar *v. tr.* **1.** Interrogar a alguien para una encuesta. **2.** Someter un asunto a encuesta. **FAM.** Encuestador.

encularse *v. prnl.* **1.** *Amér. del S.* Enfadarse o empeñarse en algo. **2.** *Méx.* Enamorarse.

encumbrar *v. tr.* **1.** Colocar a una persona en una posición social o económica elevada. También *v. prnl.* **2.** Ensalzar, alabar. || *v. prnl.* **3.** Llegar una cosa a mucha altura. **FAM.** Encumbrado, encumbramiento.

encunar *v. tr.* **1.** Poner al niño en la cuna. **2.** Coger el toro al torero entre las astas.

encurrucarse *v. prnl. amer.* Acurrucarse. ■ Se conjuga como *sacar.*

encurtido, da **1.** *p. p.* de **encurtir**. || *adj.* **2.** Se aplica a los frutos o legumbres, como cebollas, aceitunas, pepinillos, etc., que se conservan en vinagre. También *s. m.*, sobre todo en *pl.*

encurtir *v. tr.* Conservar en vinagre, p. ej. frutos, legumbres, etc.

Endara, Guillermo (Panamá 1936) Político panameño. Tras la invasión estadounidense de Panamá, fue proclamado presidente del país (1989), como candidato de la Alianza Democrática de Oposición Civilista (ADOC).

ende, por *loc. adv.* Por tanto, por consiguiente. Es de uso culto.

Ende, Michael (Garmisch 1929) Escritor alemán. Es autor de libros infantiles llenos de fantasía, entre los que destacan *Momo* (1973), *La historia interminable* (1979) y *El espejo dentro del espejo* (1984).

endeble *adj.* Débil, de poca fuerza.

endeblez *s. f.* Cualidad de endeble, fragilidad.

endecágono, na *adj.* Se aplica al polígono que tiene once ángulos y once lados. También *s. m.*

endecasílabo, ba *adj.* Se aplica al verso de once sílabas, que se utilizó en las literaturas románicas desde las primeras manifestaciones líricas y que en la península Ibérica fue introducido por los trovadores catalanes y gallegos. En Castilla el verso no arraigó hasta el s. XVI, en el que Boscán y Garcilaso de la Vega introdujeron la métrica renacentista. El endecasílabo es uno de los versos más característicos de la métrica española. El más usado, llamado **común** o **heroico**, lleva los acentos en las sílabas segunda y sexta, y a veces en la décima; el **de gaita gallega** o **anapéstico**, utilizado desde el s. XV, se acentúa en la primera, cuarta y séptima. También *s. m.*

endecha *s. f.* **1.** Canción melancólica. **2.** Poema de cuatro versos de seis o siete sílabas, generalmente en recuerdo y honor de un difunto.

Endell, August (Berlín 1871 - íd. 1925) Arquitecto y decorador modernista alemán. Es autor de muebles y objetos y, como arquitecto, de la fachada del taller fotográfico Elvira, en Munich (1896-98), destruido en 1944, y del Bundestheater de Berlín (1901).

endemia *s. f.* Enfermedad epidémica que afecta a una comarca, país, etc., de forma permanente o en épocas fijas. Puede ser infecciosa, como el cólera en la India, o debida a deficiencias en la alimentación, como el beri-beri en China.

endémico, ca *adj.* **1.** Se aplica a las enfermedades habituales o muy extendidas en una región, país, etc. **2.** Se dice de los sucesos o acontecimientos que ocurren frecuentemente en un lugar determinado. **3.** Se aplica a las especies vegetales o animales que son propias de un área limitada y sólo se dan en ella.

endemismo *s. m.* **1.** Hecho de tener una planta o animal un área de distribución única y limitada. **2.** Esa planta o animal.

endemoniadamente *adv. m. fam.* Tremendamente, mucho; suele intensificar adjetivos y verbos que expresan una cualidad o acción negativa o desagradable.

endemoniado, da **1.** *p. p.* de **endemoniar**. También *adj.* y *s.* || *adj.* **2.** *fam.* Travieso. **3.** *fam.* Se aplica a cualquier cosa molesta, fastidiosa o que da mucho trabajo. **4.** *fam.* Muy malo o desagradable. **5.** *fam.* Malvado. También *s.*

endemoniar *v. tr.* **1.** Hacer entrar el demonio en una persona o cosa. **2.** *fam.* Irritar, enfurecer. También *v. prnl.*

endenantes *adv. t. And., Chile.* Antes.

endentar *v. tr.* **1.** Hacer dientes o muescas en el borde de alguna cosa. **2.** Encajar una cosa en otra mediante dientes o muescas. ■ Es v. irreg. Se conjuga como *pensar.*

endentecer *v. intr.* Comenzar los niños a echar los dientes. ■ Es v. irreg. Se conjuga como *agradecer.*

enderezar *v. tr.* **1.** Poner derecho algo que estaba torcido. También *v. prnl.* **2.** Levantar algo que estaba inclinado. También *v. prnl.* **3.** Arreglar, poner en buen estado. También *v. prnl.* **4.** Corregir la conducta de alguien, llevarle por el buen camino. **5.** Dirigir una cosa hacia algún punto o hacia un objetivo determinado. También *v. prnl.* ■ Se conjuga como *cazar.* **FAM.** Enderezamiento.

Enders, John Franklin (West Hartford, Connecticut 1897 - íd. 1985) Microbiólogo estadounidense. Profesor en Harvard, estudió la inmunología de las enfermedades infecciosas. Cultivó en laboratorio el virus de la poliomielitis en tejidos orgánicos, con lo que dio el primer paso para la obtención de su vacuna. También participó en el desarrollo de la vacuna contra el sarampión. Obtuvo el premio Nobel de fisiología y medicina en 1954, compartido con Thomas Huckle Weller y Frederick Chapman Robbins.

endeudar *v. tr.* **1.** Llenar de deudas. También *v. prnl.* ‖ *v. prnl.* **2.** Sentirse obligado con alguna persona por haber recibido un favor.

endiabladamente *adv. m.* Endemoniadamente*.

endiablado, da **1.** *p. p.* de **endiablar**. También *adj.* y *s.* ‖ *adj.* **2.** Endemoniado*.

endiablar *v. tr.* Endemoniar*.

endíadis *s. f.* Figura retórica que consiste en utilizar dos sustantivos unidos por una conjunción copulativa para expresar un solo concepto, en lugar de un sustantivo y su complemento; p. ej., *su ayuda y su generosidad,* en vez de *su generosa ayuda.*

endibia *s. f.* Planta herbácea de la familia compuestas, especie *Cichorium endivia.* Es una variedad de la achicoria obtenida por cultivo y tratamiento, cuyas hojas dentadas presentan forma fusiforme y se consumen en ensalada. ■ Se escribe también *endivia.*

Endibia (Cichorium endivia).

endilgar *v. tr.* **1.** *fam.* Hacer soportar a alguien una cosa molesta, pesada o desagradable. **2.** *fam.* Atribuir o aplicar a una persona una calificación que se considera negativa, sin ningún fundamento. **3.** *fam.* Hacer una cosa de cualquier manera, precipitadamente. **4.** *fam.* Dirigir, encaminar, acomodar. ■ Se conjuga como *pagar.*

endiñar *v. tr.* **1.** *vulg.* Dar, propinar un golpe, una paliza, etc. **2.** Endilgar, endosar.

endiosar *v. tr.* Envanecer a una persona en grado extremo. También *v. prnl.* **FAM.** Endiosamiento.

endivia *s. f.* Endibia*.

endo- *pref.* Significa 'dentro, en el interior': *endógeno, endocarpio.*

endocardio *s. m.* Capa de tejido endotelial que recubre el interior de las cuatro cavidades del corazón.

endocarditis *s. f.* Inflamación del endocardio.

endocarpio o **endocarpo** *s. m.* En los vegetales, capa interna y leñosa de los frutos que rodea la semilla. Es una de las tres en que se divide el pericarpio. Se denomina familiarmente *hueso.*

endocrino, na *adj.* **1.** Se dice de las hormonas generadas en el interior del cuerpo y de las glándulas que las vierten al sistema circulatorio. Las principales glándulas endocrinas son el hipotálamo, la hipófisis, la tiroides, las paratiroideas, las suprarrenales y las gónadas o sexuales. Las principales hormonas son la tiroxina, paratohormona, adrenocorticotropina, aldosterona, cortisona, adrenalina e insulina. El conjunto de estas glándulas y hormonas forman el **sistema endocrino**. En un individuo sano, las glándulas endocrinas producen sólo la cantidad precisa de hormonas que el organismo necesita. Cuando una glándula produce más de las necesarias (hiperfunción) o menos (hipofunción), se origina una enfermedad. Las principales anomalías endocrinas son la diabetes mellitus, el enanismo y el gigantismo hipofisiarios, el bocio exoftálmico y el cretinismo. ‖ *s. m.* y *f.* **2.** Endocrinólogo*.

endocrinología *s. f.* Parte de la medicina dedicada al estudio de las glándulas endocrinas, de sus secreciones y de su función. **FAM.** Endocrinológico.

endocrinólogo, ga *s. m.* y *f.* Médico especializado en endocrinología. ■ Se dice también *endocrino.*

endocrinopatía *s. f.* Enfermedad causada por el exceso o el defecto en la producción de hormonas de una glándula endocrina.

endodermo *s. m.* Capa celular u hoja más interna que, junto con el ectodermo y el mesodermo, se forma en la estructura de gástrula del embrión.

endodoncia *s. f.* **1.** Parte de la odontología especializada en el estudio de las afecciones de la pulpa dentaria. **2.** Técnica utilizada para tratar estas afecciones.

endoesqueleto *s. m.* Esqueleto interno de numerosos animales. El más evolucionado es el de los vertebrados, compuesto por un conjunto de huesos y piezas cartilaginosas articuladas. ■ Se dice también *endosqueleto.*

endogamia *s. f.* **1.** Costumbre u obligación de contraer matrimonio con personas del mismo grupo étnico, social o religioso. **2.** En biol., fecundación entre individuos emparentados genéticamente. Tiende a producir en la descendencia rasgos debidos a genes recesivos, normalmente desfavorables, pero que suelen quedar disimulados por la presencia de otras formas distintas del mismo gen (alelos) que no dan lugar a la aparición de dichos rasgos. La endogamia se utiliza en la investigación de laboratorio para producir razas de animales de experimentación (p. ej., las ratas), con características genéticas idénticas. **3.** Tendencia de ciertos grupos profesionales, sociales, etc., a no admitir a personas ajenas a ese grupo. **FAM.** Endogámico.

endogénesis *s. f.* Reproducción por división de una célula o elemento primitivo dentro del órgano que lo engendra.

endógeno, na *adj.* **1.** Originado en el interior. **2.** Se aplica a lo originado dentro del organismo, independientemente de los factores externos. **3.** Se aplica a las rocas de origen interno o intrusivas. También *s. f.* **4.** Se dice de los fenómenos cuya energía procede del interior de la Tierra y que modifican la corteza, como, p. ej., el vulcanismo.

endolinfa *s. f.* Líquido acuoso que se encuentra en el laberinto membranoso del oído interno de los vertebrados. Su función es la de transmitir impulsos producidos por las vibraciones sonoras.

endometrio *s. m.* Capa mucosa que tapiza el interior del útero en el aparato reproductor femenino, donde se implanta el óvulo tras la fecundación y comienza el desarrollo embrionario. Cuando existe fecundación, el endometrio interviene en la formación de la placenta; cuando no existe, sus capas superficiales y medias se vierten en la hemorragia menstrual y, posteriormente, se regeneran.

endomingarse *v. prnl.* Vestirse con ropa de fiesta, arreglarse más que de costumbre. ■ Se conjuga como *pagar.* **FAM.** Endomingado.

endomorfismo *s. m.* **1.** Transformación que experimenta una roca en su composición química por influencia de otra generada en su interior. **2.** En mat., homomorfismo de cierta estructura algebraica respecto a sí misma.

endoparásito, ta *adj.* Se dice del parásito que se aloja en el interior de otro ser vivo, especialmente en su aparato digestivo. P. ej., la tenia, la triquina, etc. También *s. m.*

endoplasma *s. m.* Zona más interna del citoplasma de los organismos unicelulares.

endorfinas *s. f. pl.* Hormonas que, al igual que las encefalinas, actúan en el sistema nervioso central modulando la respuesta a la analgesia y el comportamiento. Regulan también la función endocrina en la hipófisis.

endorreico, ca *adj.* Se aplica a la región en la que se produce el endorreísmo.

endorreísmo *s. m.* Fenómeno por el que las aguas corrientes de una región no desembocan en el mar, sino en lagos y zonas pantanosas. Suele estar motivado por el tipo de relieve, la gran evaporación y la permeabilidad del terreno.

endosante *adj.* **1.** Que endosa. ‖ *s. m.* y *f.* **2.** Persona que endosa un documento de crédito.

endosar *v. tr.* **1.** Traspasar a otra persona algo que resulta pesado, trabajoso o molesto. **2.** Ceder a favor de otro una letra, cheque o cualquier documento de crédito. **FAM.** Endosable.

endosatario, ria *s. m.* y *f.* Persona a quien se endosa o traspasa un documento de crédito.

endoscopia *s. f.* Examen del interior de los conductos y cavidades del organismo a través del endoscopio. **FAM.** Endoscópico.

endoscopio *s. m.* Aparato óptico en forma de tubo, provisto de un sistema de iluminación, que se utiliza para explorar los conductos y cavidades del organismo. Su nombre y su diseño varían según el órgano que ha de explorar: esofagoscopio (esófago), gastroscopio (estómago), etc.

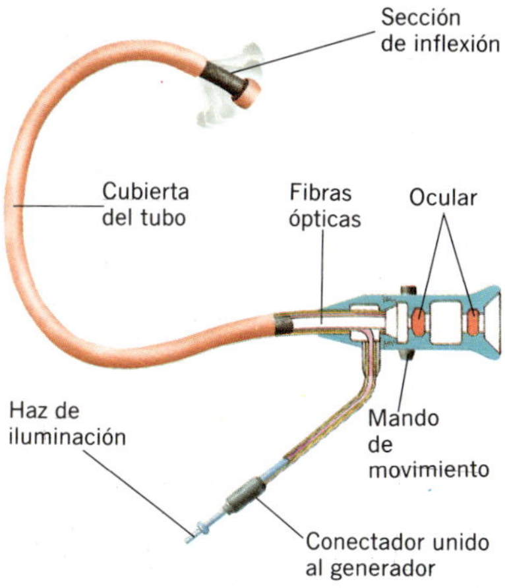

Endoscopio flexible de fibras ópticas.

endose *s. m.* Acción y efecto de endosar. ■ También se dice *endoso.*

endosfera *s. f.* Núcleo central del globo terráqueo. Situada a continuación del sima, también se llama *barisfera,* por su mayor densidad, y *nife,* por suponerla compuesta fundamentalmente de níquel (Ni) y hierro (Fe).

endósmosis o **endosmosis** *s. f.* Corriente o flujo establecido entre dos líquidos, desde el más diluido al más concentrado, a través de una pared o membrana porosa.

endoso *s. m.* **1.** Endose*. **2.** Acto de transferencia de la propiedad de una letra de cambio mediante una firma del titular al dorso, convirtiendo dicha letra en documento al portador.

endosperma o **endospermo** *s. m.* Tejido que rodea al embrión de las semillas en las plantas angiospermas y le sirve de reserva alimenticia.

endosqueleto *s. m.* Endoesqueleto*.

endostio *s. m.* Membrana conjuntiva que recubre la pared interna del cuerpo de los huesos largos. Su función es nutrir al tejido óseo.

endotelial *adj.* Perteneciente o relativo al endotelio.

endotelio *s. m.* Tejido constituido por células planas dispuestas en una sola capa, que recubren el interior de algunas cavidades que no comunican con el exterior, como los vasos sanguíneos y linfáticos y las serosas.

endotermia *s. f.* Homeotermia*.

endotérmico, ca *adj.* Se dice de las reacciones y procesos en los que el sistema absorbe calor del medio que lo rodea. P. ej., la fusión y la ebullición.

endovenoso, sa *adj.* Intravenoso*.

endriago *s. m.* Monstruo fabuloso con facciones humanas y animales.

endrina *s. f.* Fruto del endrino, ciruela silvestre de color negro azulado y sabor ácido, con que se fabrica el licor llamado *pacharán*.

endrino, na *adj.* **1.** De color negro azulado, semejante al de la endrina. ‖ *s. m.* **2.** Nombre común de diversas plantas arbóreas de la familia rosáceas, género *Prunus*. El endrino común *(Prunus spinosa)* mide entre 1 y 2 m de altura, tiene hojas lanceoladas, flores blancas y fruto en drupa de color negro azulado. Crece en las zonas de bosque abierto y maleza de la península Ibérica, especialmente en el N.

Endrino (Prunus spinosa).

endrogarse *v. prnl. amer.* Empeñarse, contraer deudas. ▪ Se conjuga como *pagar*.

endulzante *adj.* Se aplica a las sustancias que se añaden a los alimentos y las bebidas para darles sabor dulce. Los endulzantes naturales más utilizados son los azúcares, especialmente la glucosa y la sacarosa. Se usan asimismo endulzantes artificiales, como la sacarina y los ciclamatos. También *s. m.*

endulzar *v. tr.* **1.** Poner dulce una cosa. También *v. prnl.* **2.** Hacer más llevadera y agradable una situación difícil o penosa u otra cosa. También *v. prnl.* ▪ Se conjuga como *cazar*.

endurecer *v. tr.* **1.** Poner dura una cosa. También *v. prnl.* **2.** Hacer más dura o resistente a una persona, tanto física como moralmente. También *v. prnl.* **3.** Volver más cruel o insensible a una persona. También *v. prnl.* ▪ Es v. irreg. Se conjuga como *agradecer*. **FAM.** Endurecedor, endurecimiento.

ene *s. f.* Nombre de la letra *n*.

enea *s. f.* Espadaña, planta.

eneágono, na *adj.* Se dice del polígono de nueve ángulos y nueve lados. También *s. m.*

Eneas Héroe mitológico troyano. Hijo de Anquises y Afrodita, tras la caída de Troya emprendió un viaje que le condujo al Lacio, donde casó con Lavinia, hija del rey Latino. Personaje literario, es primo de Héctor en la *Ilíada* de Homero y protagonista de la *Eneida* de Virgilio.

eneasílabo *adj.* Se aplica al verso de nueve sílabas. También *s. m.*

enebrina *s. f.* Fruto del enebro.

enebro *s. m.* Nombre común de diversas plantas arbustivas o arbóreas de la familia cupresáceas, género *Juniperus*. El enebro común *(Juniperus communis)* mide de 1 a 10 m de altura, tiene hojas largas y rígidas de punta espinosa y unos falsos frutos, conos femeninos o gálbulos, llamados *enebrinas*, que se usan para elaborar la ginebra; su madera es apreciada. Crece en todo el hemisferio norte y abunda en la península Ibérica. El enebro de la miera *(Juniperus oxycedrus)* también es frecuente en la Península. Se diferencia del anterior por las dos rayas blancas que sus hojas tienen en el haz. De él se extrae un aceite usado en dermatología.

Enebro (Juniperus communis).

Eneida Poema épico escrito por el poeta latino Publio Virgilio Marón, redactado a principios de nuestra era. Constituye la epopeya nacional romana, consta de doce libros y está inspirado en los poemas homéricos. Narra la salida de Eneas, hijo de Anquises y Afrodita, de la destruida Troya, las peripecias que sufrió junto a sus compañeros a lo largo del viaje, su estancia en la corte de la reina Dido de Cartago, su llegada a Italia, las guerras contra el caudillo Turno, la conquista del Lacio y la creación de Roma. La *Eneida* es la obra cumbre de la épica romana, que combina magistralmente elementos de la realidad y de la ficción. Está escrita con un lenguaje culto y elegante, no exento de frescura y sensibilidad.

eneldo *s. m.* Planta herbácea de la familia de las umbelíferas, especie *Anethum graveolens*. Puede alcanzar 1 m de altura; sus hojas están divididas en lacinias o tiras estrechas y sus flores son amarillas y están dispuestas en círculo. Se emplea para favorecer la expulsión de los gases intestinales.

enema *s. m.* **1.** Introducción de agua o de otras sustancias en el recto a través del ano con objeto de estimular el intestino para provocar la defecación, introducir material opaco que permita obtener radiografías o administrar suero u otros productos con fines alimenticios o curativos. **2.** Líquido o sustancia así introducidos.

enemiga *s. f.* Enemistad, hostilidad.

enemigo, ga *adj.* **1.** Contrario u opuesto a una persona o cosa. También *s.* ‖ *s. m.* y *f.* **2.** Persona que desea o hace mal a otra o le tiene odio. ‖ **LOC. ser** uno **enemigo de** algo No gustarle alguna cosa, rechazarla.

enemistad *s. f.* Odio o enfrentamiento entre dos o más personas.

enemistar *v. tr.* Hacer a alguien enemigo de otro u otros o que pierda su amistad. También *v. prnl.*

eneolítico, ca *adj.* Perteneciente o relativo al periodo de la prehistoria intermedio entre las edades de la piedra pulimentada y del bronce. En Europa occidental se inició en torno al 2500 a. C. También *s. m.*

energético, ca *adj.* **1.** Perteneciente o relativo a la energía. ‖ *s. f.* **2.** Parte de la física que trata de la energía.

energía *s. f.* **1.** En fís., capacidad de un cuerpo o sistema para realizar un trabajo; también, magnitud física que expresa esta capacidad. **2.** Capacidad que tiene alguien o algo para realizar una actividad. **3.** Fuerza, vigor. Se usa mucho en *pl.* **4.** Firmeza, carácter. **5.** Intensidad, violencia. ‖ **6. fuentes de energía** Todos aquellos componentes de la naturaleza a partir de los cuales es posible extraer energía utilizable por el hombre. Se llaman **renovables** si su cantidad se puede considerar ilimitada o inagotable, como el Sol, el viento, etc., y **no renovables** si su cantidad es limitada, de modo que se agotan a medida que se utilizan, como el petróleo, el gas natural, etc.

Fís. La energía interviene en todos los fenómenos que ocurren en el universo, desde el movimiento de un objeto a la transformación de unas sustancias en otras, etc. El hombre la ha aprovechado para hacer posible la vida sobre la Tierra, obteniéndola de las fuentes más variadas: el fuego, la tracción animal, el viento, el agua, la combustión de la madera o el petróleo, las reacciones nucleares, etc. El investigador alemán Julius Robert von Mayer fue el primero que demostró, a mediados del s. XIX, que el origen de toda esta energía se encuentra en el Sol, donde el hidrógeno se transforma en helio y libera una gran cantidad de energía, de la que sólo llega hasta nosotros una pequeña parte. Mayer señaló además que la energía nunca se destruye, sino que se transforma en otro tipo de energía diferente, con lo que estableció el principio de conservación de la energía: la energía total de un sistema aislado, es decir, si sobre él no actúan fuerzas exteriores, permanece constante. Ya en el s. XX, Einstein completó este principio al establecer que la materia es una forma de energía en estado muy condensado y que, cuando se producen transformaciones de energía y variaciones de masa, se cumple la fórmula $E = m \cdot c^2$, en la que E es la energía, m la masa y c la velocidad de la luz en el vacío. Las explosiones atómicas confirmaron la inmensa cantidad de energía que hay encerrada en una pequeña cantidad de materia cuando toda esta masa se convierte en radiaciones. Existen, por tanto, numerosas clases de energía, que se transforman unas en otras. La **energía potencial** es la que tiene un cuerpo debido a su posición en un campo de fuerzas. La **energía potencial gravitatoria** es la que posee un cuerpo debido a su posición dentro del campo gravitatorio de la superficie terrestre; se mide en julios y se calcula mediante la fórmula $Ep = m \cdot g \cdot h$, donde m es la masa, g la aceleración de la gravedad y h la altura en la que se encuentra el cuerpo. La **energía cinética** es la que tiene un cuerpo en movimiento; se mide también en julios y responde a la fórmula $E_c = \frac{1}{2} m \cdot v^2$, donde m es la masa y v la velocidad. La suma de las energías potencial y cinética de un cuerpo es la **energía mecánica**. Otras formas de energía son la **calorífica** (que se transmite de los cuerpos calientes a los fríos), la **luminosa** (producida por los cuerpos que emiten luz), la **eléctrica** (producida por las cargas eléctricas), la **nuclear** (almacenada en el núcleo de los átomos), la **solar** (producida por el Sol), la **eólica** (producida por el viento), la **hidráulica** (producida por el agua), la **maremotriz** (producida por las mareas), la **sonora** (producida por las vibraciones de algunos cuerpos), la **química** (producida por la unión de los átomos al formar moléculas), etc. La actual crisis energética ha sido causada por la creciente necesidad que el hombre tiene de energía, por la excesiva utilización de las fuentes de energía no renovables, como el petróleo y el gas natural, y el escaso empleo de los recursos renovables, como los agentes naturales (Sol, viento, mar, ríos, etc.).

enérgico, ca *adj.* **1.** Se aplica a la persona activa, decidida, capaz de realizar lo que se propone y de imponerse a otros, así como a su carácter, acciones, etc. **2.** Aplicado a medidas, resoluciones, etc., firme, riguroso. **3.** Que produce efectos muy fuertes. **FAM.** Enérgicamente.

energúmeno, na *s. m.* y *f.* **1.** Persona muy furiosa o que se encoleriza con facilidad. **2.** Persona violenta, extremista, brutal.

enero *s. m.* Primer mes del año, que tiene treinta y un días.

enervación *s. f.* **1.** Acción y efecto de enervar o enervarse. **2.** Agotamiento nervioso. ▪ Se dice también *enervamiento*.

enervamiento *s. m.* Enervación*.

enervar *v. tr.* **1.** Quitar las fuerzas o la energía a alguien. También *v. prnl.* **2.** En la conversación corriente, se emplea en el sentido de poner nervioso, aunque este uso se considera incorrecto. También *v. prnl.* **FAM.** Enervador, enervante.

Enesco o **Enescu, Georges** (Liveni, cerca de Dorohoiu 1881 - París 1955) Compositor y violinista rumano. De la escuela nacionalista, su calidad como violinista empañó su labor como compositor. Entre sus obras destacan *Poema ru-*

mano (1897), dos *Sonatas rumanas* (1901-02), tres sonatas para violín y piano (1926) y la ópera *Edipo* (1932).

enésimo, ma *adj.* **1.** Se dice del número indeterminado de veces que se repite una cosa. Se aplica especialmente a algo que se ha dicho, hecho, etc., muchas veces. **2.** En mat., se dice del lugar indeterminado que ocupa un número en una serie. **3.** Se dice de la potencia de un número cuando es una cualquiera.

enfadadizo, za *adj.* Que se enfada con facilidad.

enfadar *v. tr.* **1.** Causar ira, irritación o disgusto en alguien. También *v. prnl.* ‖ *v. prnl.* **2.** Enemistarse alguien con otro o ambos mutuamente. **FAM.** Enfadado.

enfado *s. m.* **1.** Ira, malhumor, disgusto. **2.** Enemistad o pelea entre dos o más personas.

enfadoso, sa *adj.* **1.** Que causa enfado o disgusto. **2.** Se dice de lo que resulta trabajoso o complicado. **FAM.** Enfadosamente.

enfaenado, da *adj.* **1.** Metido de lleno en un trabajo o actividad. **2.** Que tiene excesivo trabajo.

enfajillar *v. tr. amer.* Poner una faja a los impresos para enviarlos por correo.

enfaldado *adj.* Se dice del hombre, y especialmente del niño, que está demasiado unido a su madre o a otras mujeres.

enfangar *v. tr.* **1.** Cubrir una cosa de fango o meterla en él. También *v. prnl.* ‖ *v. prnl.* **2.** *fam.* Mezclarse o complicarse en alguna actividad deshonrosa o mal vista por los demás. **3.** Entregarse con exceso a los placeres y los vicios. ▪ Se conjuga como *pagar.*

enfardar *v. tr.* **1.** Hacer fardos o paquetes. **2.** Empaquetar mercancías.

énfasis *s. m.* **1.** Fuerza que se da a la expresión o a la entonación para destacar o resaltar alguna cosa. **2.** Interés, dedicación, intensidad, etc., con que se lleva a cabo una actividad o importancia que se da a una cosa. **3.** Falta de naturalidad al expresarse.

enfático, ca *adj.* **1.** Que tiene énfasis o se expresa con énfasis. **2.** Falto de naturalidad. **FAM.** Enfáticamente.

enfatizar *v. intr.* **1.** Expresarse con énfasis. ‖ *v. tr.* **2.** Destacar o recalcar la importancia de algo. ▪ Se conjuga como *cazar.*

enfermar *v. intr.* **1.** Ponerse enfermo. También *v. prnl.* ‖ *v. tr.* **2.** Causar enfermedad. **3.** Desagradar, irritar.

enfermedad *s. f.* **1.** Conjunto de fenómenos que se producen en un organismo que sufre una alteración que afecta a su salud, contra los que dicho organismo reacciona. **2.** Cualquier cosa que altera el buen funcionamiento de una institución, colectividad, etc. ‖ **3. enfermedad laboral** (o **profesional**) La que se padece como consecuencia del trabajo o profesión. **4. enfermedad mental** Alteración más o menos grave de las facultades psíquicas del individuo con o sin lesión cerebral.

Med. Toda enfermedad tiene su raíz u origen en la alteración de la forma, estructura o función de una o más células, pero que afecta a todo el organismo. Según la causa concreta que produce esa alteración, las enfermedades pueden dividirse en cuatro grandes grupos. Las **enfermedades infecciosas** son las provocadas por un agente vivo, generalmente un virus o una bacteria, que producen unas sustancias llamadas *toxinas,* que son las que causan directamente la enfermedad; p. ej., gripe, rabia, hepatitis, viruela, etc. Las enfermedades infecciosas se suelen transmitir por contagio: por vía cutánea, como la rabia; por vía digestiva, como la poliomielitis, o por vía respiratoria, como la gripe. Las **enfermedades carenciales** son las causadas por la falta de algunas sustancias fundamentales para el organismo (proteínas, glúcidos, etc.), y en especial de alguna vitamina básica en la alimentación; p. ej., el raquitismo es debido a la falta de vitamina D. Las **enfermedades funcionales** son las motivadas por el mal funcionamiento de algún órgano o de alguna glándula reguladora; p. ej., la diabetes es producida por el mal funcionamiento del páncreas. Por último, las **enfermedades degenerativas** son las causadas por el envejecimiento o el deterioro de algún órgano; p. ej., la arteriosclerosis, el cáncer, etc. La medicina combate las enfermedades de dos formas: con la prevención, evitando las causas que las originan (campañas de vacunación, hábitos de higiene, mejoras en la dieta), y con la curación, utilizando medicamentos, que dan al organismo las sustancias que le faltan o que combaten a los agentes patógenos, o la cirugía, que extirpa o repara los órganos dañados.

enfermería *s. f.* Local o dependencia donde se cura y atiende a enfermos o heridos, p. ej. en las plazas de toros, campos de fútbol, colegios, cárceles, etc.

enfermero, ra *s. m.* y *f.* Persona que cuida y atiende a enfermos o heridos, ayudando a los médicos en su trabajo.

enfermizo, za *adj.* **1.** Que tiene poca salud o enferma con frecuencia. **2.** Propio de un enfermo. **3.** Propio de una persona desequilibrada.

enfermo, ma *adj.* **1.** Que padece una enfermedad. También *s.* **2.** Desequilibrado, degenerado. **3.** Dañado, deteriorado.

enfermoso, sa *adj. amer.* Enfermizo.

enfervorizar *v. tr.* **1.** Comunicar a los demás ánimo o entusiasmo. También *v. prnl.* **2.** Transmitir fervor o devoción religiosa. También *v. prnl.* ▪ Se conjuga como *cazar.* **FAM.** Enfervorizador, enfervorizamiento.

enfeudar *v. tr.* Conceder en feudo un territorio, posesión, etc.

enfiestarse *v. prnl. amer.* Estar de fiesta.

enfilar *v. intr.* **1.** Dirigirse directamente, sin dar rodeos, a un lugar. ‖ *v. tr.* **2.** Tomar una dirección determinada. **3.** Dirigir o apuntar algo hacia un lugar determinado. **4.** Orientar un asunto en un determinado sentido. **5.** Poner algo en fila. **6.** Ensartar en un hilo o alambre cuentas, anillos, etc. **7.** *fam.* Tomarla con alguien, tenerle antipatía o mala voluntad. **FAM.** Enfilado.

enfisema *s. m.* Formación de bolsas gaseosas en un tejido, especialmente de aire en el tejido celular subcutáneo; p. ej., el enfisema pulmonar, característico de la bronquitis crónica de los fumadores. **FAM.** Enfisematoso.

enfiteusis *s. f.* Cesión perpetua o por un largo periodo de tiempo del aprovechamiento de una finca a cambio de una cantidad pagada anualmente.

enflaquecer *v. tr.* **1.** Poner flaco. También *v. intr.* **2.** Debilitar, quitar fuerzas, ánimos, etc. También *v. intr.* y *v. prnl.* ▪ Es v. irreg. Se conjuga como *agradecer.* **FAM.** Enflaquecimiento.

enflatarse *v. prnl.* **1.** *amer.* Acongojarse. **2.** *Cuba, Méx.* Irritarse, malhumorarse.

enfocar *v. tr.* **1.** Hacer que la imagen obtenida en un aparato óptico se reproduzca con claridad sobre un plano u objeto determinado, p. ej. sobre una pantalla. **2.** Centrar y hacer que aparezca con precisión en el visor de una cámara fotográfica, de cine, etc., la imagen que se quiere obtener. **3.** Dirigir un foco de luz, una cámara de cine, etc., hacia alguien o algo. **4.** Proyectar un haz de partículas, p. ej. electrones, sobre un punto. **5.** Plantear o considerar algo de cierta manera o dirigido a un determinado fin. ▪ Se conjuga como *sacar.*

enfoque *s. m.* Acción y efecto de enfocar.

enfoscado, da **1.** *p. p.* de **enfoscar**. También *adj.* ‖ *s. m.* **2.** Acción y efecto de enfoscar. **3.** Capa del material con que se realiza.

enfoscar *v. tr.* Tapar los agujeros de una pared o cubrirla con cemento o materiales similares. ▪ Se conjuga como *sacar.*

enfrascar *v. tr.* Meter en frascos una cosa. ▪ Se conjuga como *sacar.*

enfrascarse *v. prnl.* Dedicarse intensamente y por entero a una cosa. ▪ Se conjuga como *sacar.* **FAM.** Enfrascamiento.

enfrenar *v. tr.* **1.** Poner el freno a una caballería. **2.** Dominar al caballo, enseñarle a obedecer.

enfrentamiento *s. m.* Acción y efecto de enfrentar o enfrentarse.

enfrentar *v. tr.* **1.** Enemistar a dos o más personas. También *v. prnl.* **2.** Hacer frente a una determinada situación, peligro, etc. Se usa más como *v. prnl.* **3.** Poner a una persona o cosa frente a otra. También *v. prnl.* ‖ *v. prnl.* **4.** Oponerse o competir dos o más rivales, contrincantes, etc.

enfrente *adv. l.* **1.** En la parte opuesta o delante de un lugar, persona o cosa. ‖ *adv. m.* **2.** En contra.

enfriamiento *s. m.* **1.** Acción y efecto de enfriar o enfriarse. **2.** Constipado, catarro.

enfriar *v. tr.* **1.** Poner fría o más fría una cosa. También *v. intr.* y *v. prnl.* **2.** Disminuir la fuerza de una pasión, emoción o sentimiento. También *v. prnl.* ‖ *v. prnl.* **3.** Constiparse, acatarrarse. **4.** Reducirse el rendimiento o la eficacia de alguien en una actividad. ▪ En cuanto al acento, se conjuga como *ansiar: enfrío.*

enfrijolarse *v. prnl. Méx.* Complicarse algún asunto o negocio.

enfuetarse *v. prnl. Col., Ven.* Destorcerse o enderezarse una cuerda, un cable, etc.

enfullinarse *v. prnl. Chile, Méx. fam.* Sulfurarse, irritarse.

enfundar *v. tr.* **1.** Meter algo en una funda. **2.** Poner una prenda de vestir. Se usa más como *v. prnl.*

enfurecer *v. tr.* **1.** Poner furioso a alguien, irritarle. También *v. prnl.* ‖ *v. prnl.* **2.** Alborotarse, agitarse. ▪ Es v. irreg. Se conjuga como *agradecer.* **FAM.** Enfurecimiento.

enfurruñarse *v. prnl.* **1.** *fam.* Enfadarse, demostrándolo en el gesto o la actitud. **2.** *fam.* Cubrirse el cielo de nubes. **FAM.** Enfurruñamiento.

engajado, da *adj. Col.* Rizado.

engalanar *v. tr.* Embellecer, adornar. También *v. prnl.*

engallado, da **1.** *p. p.* de **engallarse**. También *adj.* ‖ *adj.* **2.** Se dice del huevo que tiene engalladura o galladura.

engalladura *s. f.* Galladura*.

engallarse *v. prnl.* **1.** Erguirse, ponerse derecho. **2.** Envalentonarse, mostrar soberbia y arrogancia. **3.** Alzar la cabeza el caballo.

enganchar *v. tr.* **1.** Prender con un gancho, clavo u objeto parecido o colgar algo de él. También *v. intr.* y *v. prnl.* **2.** Unir una caballería u otra bestia a un carruaje para que tire de él. **3.** *fam.* Coger, agarrar; apresar. **4.** *fam.* Contraer, adquirir. También *v. prnl.* **5.** *fam.* Atraer a alguien con habilidad o engaños. **6.** *fam.* Conseguir una persona que otra se convierta en su novio o novia o que se case con ella. **7.** En tauromaquia, coger el toro a alguien o algo y levantarlo con los cuernos. **8.** Hacer un enganchón. También *v. prnl.* ‖ *v. prnl.* **9.** Enrolarse en el ejército. **10.** *fam.* Hacerse adicto a alguna droga. **FAM.** Enganchado, enganchamiento.

enganche *s. m.* **1.** Acción y efecto de enganchar. **2.** Pieza que sirve para enganchar. **3.** Reclutamiento o alistamiento en el ejército.

enganchón *s. m.* Desgarrón producido al engancharse con algo.

engañabobos *s. m.* y *f.* **1.** Persona que se aprovecha de los incautos. ‖ *s. m.* **2.** Cosa que engaña por su apariencia.

engañapichanga *s. f. Arg., Chile. fam.* Engañifa.

engañar *v. tr.* **1.** Hacer creer como verdad algo que no lo es. **2.** Hacer caer en un error la falsa apariencia de alguien o algo. También *v. intr.* **3.** Estafar. **4.** Distraer la atención. **5.** Calmar momentáneamente el hambre, la sed u otra necesidad. **6.** Entre parejas, ser infiel. **7.** Conquistar con mentiras o promesas un hombre a una mujer para gozar sexualmente de ella. ‖ *v. prnl.* **8.** Resistirse a aceptar o reconocer la realidad por resultar dura o desagradable. **9.** Equivocarse.

engañifa *s. f.* **1.** *fam.* Engaño con apariencia de utilidad. **2.** Cosa que parece buena o útil, pero no lo es.

engaño *s. m.* **1.** Acción y efecto de engañar o engañarse. **2.** Aquello con que se engaña. **3.** Circunstancia de estar engañado o equivocado. **4.** En tauromaquia, muleta o capa del torero. **5.** Arte o trampa para pescar. ‖ **LOC. llamarse** uno **a engaño** Quejarse de haber sido engañado para deshacer un acuerdo, contrato, etc.

engañoso, sa *adj.* Que engaña o puede conducir a engaño. **FAM.** Engañosamente.

engarabitar *v. intr.* **1.** Trepar, encaramarse. También *v. prnl.* ‖ *v. tr.* **2.** Poner algo en forma de gancho, p. ej. los dedos. También *v. prnl.*

engaratusar *v. tr. amer. fam.* Engatusar*.

engarce *s. m.* **1.** Acción y efecto de engarzar. **2.** Metal en el que se engarza o engasta una cosa, especialmente en joyería.

engarzar *v. tr.* **1.** Unir una cosa con otra de modo que formen cadena. **2.** P. ext., enlazar, ligar. **3.** Engastar*. ■ Se conjuga como *cazar.* **FAM.** Engarzador.

engastar *v. tr.* Encajar una cosa en otra, y especialmente una piedra preciosa en un soporte de metal. **FAM.** Engastado, engastadura.

engaste *s. m.* **1.** Acción y efecto de engastar. **2.** Cerco de metal en el que se engasta o fija una cosa, especialmente una piedra preciosa.

engatusar *v. tr.* Ganarse a una persona con halagos y engaños. **FAM.** Engatusador, engatusamiento.

Engels, Friedrich (Barmen, Westfalia 1820 - Londres 1895) Filósofo y político alemán. Seguidor en un principio de las ideas de Hegel, tras su encuentro con Karl Marx en París (1844) comenzó a elaborar, en colaboración con éste, la doctrina filosófica del materialismo histórico y dialéctico. Producto de esta colaboración fueron las obras conjuntas *La Sagrada Familia* (1845), *La ideología alemana* (1846) y *Manifiesto del Partido Comunista* (1848). Tomó parte en la revolución alemana de 1848, a causa de lo cual hubo de exiliarse en Manchester, donde dirigió una fábrica textil propiedad de su padre. En Inglaterra prosiguió su colaboración con Marx, a quien prologó y publicó póstumamente los tomos II y III de *El capital.* Contribuyó a la creación de la I y II Internacional y de los partidos socialistas francés y alemán. Entre sus obras destacan *La situación de la clase trabajadora en Inglaterra* (1845), *Anti-Dühring* (1878), *Dialéctica de la naturaleza* (1883) y *El origen de la familia, la propiedad privada y el Estado* (1884).

Friedrich Engels.

engendrar *v. tr.* **1.** Producir los seres vivos individuos de su misma especie. **2.** Causar, dar lugar a alguna cosa. También *v. prnl.* **FAM.** Engendrador, engendramiento.

engendro *s. m.* **1.** Criatura deforme o monstruosa; p. ext., persona muy fea. **2.** Obra muy mal concebida y realizada. **3.** *fam.* Persona, especialmente niño o muchacho, cruel y malintencionada.

englobar *v. tr.* **1.** Contener un conjunto cierta cosa o grupo de cosas. **2.** Incluir algo en una cosa o conjunto. También *v. prnl.*

engolado, da **1.** *p. p.* de **engolar**. ‖ *adj.* **2.** Se aplica a la voz ahuecada o a la forma de hablar que resuena en el fondo de la boca o en la garganta. **3.** Poco natural, exagerado. **4.** Engreído, presuntuoso.

engolamiento *s. m.* **1.** Acción y efecto de engolar. **2.** Pedantería, afectación.

engolar *v. tr.* Dar resonancia gutural a la voz, ahuecarla.

engolfar *v. tr.* **1.** Meter una embarcación en un golfo. ‖ *v. intr.* **2.** Entrar una embarcación muy adentro del mar. Se usa más como *v. prnl.* ‖ *v. prnl.* **3.** Concentrarse intensamente en algo.

engolfarse *v. prnl.* Hacerse un golfo, adquirir malas costumbres o vicios.

engolosinar *v. tr.* **1.** Estimular o despertar el deseo en una persona ofreciéndole algo atractivo. ‖ *v. prnl.* **2.** Aficionarse a una cosa. **FAM.** Engolosinamiento.

engomar *v. tr.* Untar o impregnar de goma.

engominar *v. tr.* Poner gomina o fijador en el cabello. También *v. prnl.*

engorda *s. f. Chile, Méx.* Engorde de animales.

engordadero *s. m.* **1.** Lugar en el que se tiene a los cerdos para engordarlos. **2.** Tiempo que dura el engorde de estos animales. **3.** Alimento con que se les engorda.

engordar *v. tr.* **1.** Poner gordo. Se usa mucho como *v. intr.* **2.** Especialmente, cebar a un animal para que gane peso. **3.** Aumentar, hacer crecer. También *v. intr.* ‖ *v. intr.* **4.** Enriquecerse, en especial cuando es fraudulentamente o a costa de los demás.

engorde *s. m.* Acción y efecto de engordar o cebar a los animales.

engorrar *v. tr. Méx., P. Rico, Ven.* Fastidiar, incordiar.

engorro *s. m.* Cosa que estorba o resulta molesta o embarazosa.

engorroso, sa *adj.* Que resulta molesto o embarazoso.

engoznar *v. tr.* Poner goznes o encajar en un gozne.

engrampar *v. tr. amer.* Engrapar, grapar.

engranaje *s. m.* **1.** Acción y efecto de engranar. **2.** Sistema de piezas provistas de dientes que engranan entre sí y permiten transmitir el movimiento de un eje a otro y de una pieza a otra; también, conjunto de estos dientes.

engranar *v. intr.* **1.** Encajar unos en otros los dientes de una o más piezas, de modo que el movimiento o giro de una produzca el movimiento de la otra. También *v. tr.* **2.** Estar relacionadas las partes de un conjunto. También *v. tr.*

engrandecer *v. tr.* **1.** Hacer grande o más grande una cosa. También *v. prnl.* **2.** Enaltecer, honrar, ennoblecer. ■ Es v. irreg. Se conjuga como *agradecer.* **FAM.** Engrandecedor, engrandecimiento.

engrapadora *s. f.* Grapadora*.

engrapar *v. tr.* Grapar*.

engrasar *v. tr.* **1.** Untar algo con grasa o una sustancia aceitosa, especialmente las piezas de un mecanismo, para disminuir el rozamiento. **2.** *fam.* Sobornar. **3.** Abonar las tierras de cultivo. **FAM.** Engrasado, engrasador.

engrase *s. m.* **1.** Acción y efecto de engrasar. **2.** Sustancia utilizada para engrasar.

engráulidos *s. m. pl.* Familia de peces clupeiformes a la que pertenecen diversas especies del género *Engraulis* y otros. Se caracterizan por tener el maxilar superior más prominente que el inferior y la abertura bucal extendida hasta detrás del ojo. Habitan en mares cálidos y templados. Su carne es muy apreciada y se consume fresca o en salazón. Engráulidos son los boquerones. También *adj.* y *s. m.*

engreído, da **1.** *p. p.* de **engreír**. ‖ *adj.* **2.** Soberbio, vanidoso. También *s.*

engreír *v. tr.* **1.** Poner a alguien engreído. También *v. prnl.* **2.** *amer.* Malcriar. ‖ *v. prnl.* **3.** *Chile.* Encariñarse. ■ Es v. irreg. Se conjuga como *reír.* **FAM.** Engreimiento.

engrescar *v. tr.* Provocar a otros para que se peleen, discutan o armen jaleo. También *v. prnl.* ■ Se conjuga como *sacar.*

engrosar *v. tr.* **1.** Hacer grueso o más grueso. También *v. prnl.* **2.** Aumentar la cantidad o el número de algo. También *v. prnl.* ‖ *v. intr.* **3.** Engordar, ponerse gordo. ■ Es v. irreg. Se conjuga como *contar.* Es frecuente, sin embargo, su uso como v. reg.

engrudar *v. tr.* **1.** Untar o pegar con engrudo. ‖ *v. intr.* **2.** Tomar consistencia de engrudo.

engrudo *s. m.* Masa hecha con harina y almidón cocidos en agua que sirve para pegar papeles y cosas semejantes.

engruesar *v. intr.* Engrosar*.

enguachinar *v. tr.* **1.** Aguar. También *v. prnl.* **2.** Causar pesadez en el estómago el haber tomado demasiada agua o alimentos con mucho líquido. También *v. prnl.*

enguantar *v. tr.* Cubrir las manos con guantes. También *v. prnl.*

enguarrar *v. tr. fam.* Ensuciar, emborronar. También *v. prnl.*

enguatar *v. tr.* Guatear*. **FAM.** Enguatado.

engullir *v. tr.* Tragar la comida atropelladamente y sin apenas masticarla. ■ Es v. irreg. Se conjuga como *mullir.* **FAM.** Engullidor.

engurruñar *v. tr.* Encoger, arrugar. También *v. prnl.*

enharinar *v. tr.* Cubrir o manchar de harina. También *v. prnl.*

enhebrar *v. tr.* **1.** Meter una hebra o hilo por el ojo de la aguja o por el agujero de unas cuentas, perlas, etc. **2.** *fam.* Decir muchas cosas seguidas, sin orden ni concierto.

enhiesto, ta *adj.* Levantado, derecho.

enhilar *v. tr.* **1.** Enhebrar*. **2.** Ordenar las ideas o partes de un discurso o de un escrito. **3.** Dirigir, encaminar. También *v. prnl.*

enhorabuena *s. f.* **1.** Felicitación que se da a una persona por algo bueno que ha hecho o le ha sucedido. ‖ *adv. m.* **2.** En buena hora.

enhoramala *adv. m.* En mala hora; expresa enfado o desaprobación.

enigma *s. m.* **1.** Frase o conjunto de palabras u otros signos de sentido oculto o difícil de entender. **2.** P. ext., persona o cosa difícil de conocer o comprender.

enigmático, ca *adj.* Que contiene enigma, que es desconocido, difícil de comprender o descubrir. **FAM.** Enigmáticamente.

enjabonado, da **1.** *p. p.* de **enjabonar**. También *adj.* ‖ *s. m.* **2.** Enjabonadura*.

enjabonadura *s. f.* Acción y efecto de enjabonar o enjabonarse. ■ Se dice también *jabonadura.*

enjabonar *v. tr.* **1.** Untar o frotar algo con jabón para lavarlo, ablandarlo, etc. También *v. prnl.* **2.** *fam.* Adular, dar jabón. **3.** *fam.* Reprender, regañar.

enjaezar *v. tr.* Poner jaeces o adornos a las caballerías. ■ Se conjuga como *cazar.*

enjalbegar *v. tr.* Blanquear las paredes con cal, yeso, etc. ■ Se conjuga como *pagar.* Se dice también *jalbegar.* **FAM.** Enjalbegado, enjalbegador, enjalbegadura.

enjalma *s. f.* Especie de albarda ligera para caballería de carga.

enjalmar *v. tr.* Poner la enjalma a la caballería.

enjambrar *v. tr.* **1.** Recoger en una colmena abejas que andan esparcidas o enjambres que están fuera de ella. **2.** Sacar un enjambre de una colmena muy poblada para fundar otra. ‖ *v. intr.* **3.** Criar la colmena un nuevo enjambre que se puede separar de ella.

enjambrazón *s. f.* Acción y efecto de enjambrar.

enjambre *s. m.* **1.** Colonia de abejas con su reina. **2.** Conjunto numeroso de personas, animales o cosas. **3.** Grupo de estrellas o meteoritos.

enjaranarse *v. prnl. Amér. C.* Entramparse, contraer deudas.

enjarciar *v. tr.* Poner las jarcias a una embarcación.

enjardinar *v. tr.* **1.** Ajardinar*. **2.** Plantar y arreglar los árboles como están en los jardines.

enjaretado, da **1.** *p. p.* de **enjaretar**. También *adj.* ‖ *s. m.* **2.** Tablero formado por listones colocados de manera que formen enrejado.

enjaretar *v. tr.* **1.** Pasar una cinta o un cordón por una jareta o dobladillo, como en las capuchas de los chubasqueros. **2.** *fam.* Hacer o decir algo muy deprisa y de mala manera. **3.** *fam.* Encajar, endilgar. **4.** Incluir, intercalar.

enjaular *v. tr.* **1.** Meter en una jaula. **2.** *fam.* Encarcelar*.

enjoyar *v. tr.* **1.** Adornar con joyas. También *v. prnl.* **2.** Adornar o enriquecer una cosa.

enjuagadura *s. f.* **1.** Acción de enjuagar o enjuagarse. **2.** Líquido con que se enjuaga.

enjuagar *v. tr.* **1.** Limpiar la boca y los dientes con agua u otro líquido. También *v. prnl.* **2.** Lavar algo con agua, especialmente aclarar lo que se ha enjabonado. ■ Se conjuga como *pagar.*

enjuagatorio *s. m.* Enjuagadura, enjuague.

enjuague *s. m.* **1.** Acción y efecto de enjuagar o enjuagarse. **2.** Líquido que sirve para enjuagarse. **3.** Arreglo o manejo sucio, poco correcto.

enjugar *v. tr.* **1.** Secar la humedad. **2.** Limpiar del cuerpo las lágrimas, el sudor, la sangre. También *v. prnl.* **3.** Saldar una deuda o un déficit. También *v. prnl.* ■ Se conjuga como *pagar.*

enjuiciamiento *s. m.* **1.** Acción y efecto de enjuiciar. **2.** En der., procedimiento o forma de actuar en los asuntos judiciales.

enjuiciar *v. tr.* **1.** Examinar o someter a juicio. **2.** En der., instruir un proceso judicial; someter a alguien a juicio. **FAM.** Enjuiciable.

enjundia *s. f.* **1.** Sebo de un animal; particularmente, el que tienen las aves alrededor de la overa. **2.** Lo más importante y sustancioso de algo. **3.** Profundidad y riqueza de contenido. **4.** Conjunto de cualidades que destacan en la forma de ser de una persona. **FAM.** Enjundioso.

enjuta *s. f.* **1.** En arq., cada uno de los espacios que deja un círculo inscrito en un cuadrado. **2.** En arq., pechina.

enjuto, ta *adj.* Flaco, seco. **FAM.** Enjutez.

enlace *s. m.* **1.** Acción y efecto de enlazar o enlazarse. **2.** Lo que une o relaciona dos o más cosas. **3.** Empalme de líneas o medios de transporte. **4.** Persona que actúa de intermediario, especialmente dentro de una organización. **5.** Boda. **6.** En quím., fuerza que mantiene unidos los átomos dentro de las moléculas. La gran mayoría de los átomos alcanzan su estado más estable cuando consiguen tener 8 electrones en su capa de valencia. Para ello se unen a otros átomos mediante un enlace químico. Existen dos tipos principales de enlace: el iónico y el covalente. El **enlace químico de tipo iónico** es el que se produce entre átomos que han ganado algunos electrones y átomos que los han perdido. P. ej., la molécula de cloruro de sodio está formada por la unión de un átomo de sodio y otro de cloro mediante un enlace iónico. El sodio (Na) tiene tendencia a perder uno de sus electrones (como todos los metales) y a convertirse en un ion positivo o catión, mientras que el cloro (Cl), al que falta un electrón para tener completa su última capa, tiene tendencia a capturarlo (como todos los no metales) y a formar un ion negativo o anión. Al encontrarse dos átomos cargados con distinto signo, se produce una atracción de tipo eléctrico que da lugar a la formación de una molécula. El **enlace químico de tipo covalente** es aquel que se produce entre átomos de no metales, que comparten dos o más de sus electrones para completar así su última capa. P. ej., un átomo de carbono (C), con 4 electrones en su capa de valencia, se une mediante un enlace covalente con cuatro átomos de cloro (Cl), con 7 electrones en su capa de valencia, compartiendo cada átomo de cloro dos electrones con el átomo de carbono.

enladrillar *v. tr.* Cubrir un suelo con ladrillos. **FAM.** Enladrillado.

enlatar *v. tr.* Envasar un producto en latas. **FAM.** Enlatado.

enlazar *v. tr.* **1.** Juntar o atar con lazos. **2.** Unir o relacionar. También *v. intr.* y *v. prnl.* ‖ *v. intr.* **3.** Combinarse los medios de transporte, o sus trayectos y horarios. ‖ *v. prnl.* **4.** Unirse dos familias por medio de un matrimonio. ■ Se conjuga como *cazar.* **FAM.** Enlazable, enlazador, enlazamiento.

enlechar *v. tr.* En construcción, cubrir con una lechada.

enlistonar *v. tr.* Listonar*.

enlobreguecer *v. tr.* Poner lóbrego, oscurecer. También *v. prnl.* ■ Es v. irreg. Se conjuga como *agradecer.*

enlodar *v. tr.* **1.** Cubrir o manchar con lodo. También *v. prnl.* **2.** Perjudicar la reputación de una persona. También *v. prnl.*

enloquecer *v. tr.* **1.** Volver loco a alguien. También *v. intr.* **2.** *fam.* Hacer perder a alguien el juicio o la serenidad. También *v. intr.* **3.** *fam.* Gustarle mucho a uno alguna cosa. ■ Es v. irreg. Se conjuga como *agradecer.* **FAM.** Enloquecedor, enloquecimiento.

enlosar *v. tr.* Pavimentar con losas o baldosas.

enlozar *v. tr. amer.* Cubrir con un baño de loza o de esmalte con apariencia de vidrio. ■ Se conjuga como *cazar.*

enlucido, da **1.** *p. p.* de **enlucir**. También *adj.* ‖ *s. m.* **2.** Acción y efecto de enlucir. **3.** Capa de yeso, estuco, argamasa, etc., con que se enlucen las paredes.

enlucir *v. tr.* **1.** Cubrir las paredes, techos o fachadas de un edificio con una capa de yeso, estuco, argamasa u otro material similar. **2.** Dar brillo. ■ Es v. irreg. Se conjuga como *lucir.* **FAM.** Enlucimiento.

enlutar *v. tr.* **1.** Vestir o poner de luto. También *v. prnl.* **2.** Causar dolor o tristeza. También *v. prnl.* **FAM.** Enlutado.

enmaderar *v. tr.* **1.** Cubrir con maderas una superficie. **2.** Construir el entramado de vigas y maderas de un edificio. **FAM.** Enmaderado, enmaderamiento.

enmadrarse *v. prnl.* Apegarse los hijos demasiado a su madre. **FAM.** Enmadrado.

enmarañar *v. tr.* **1.** Formar una maraña. También *v. prnl.* **2.** Confundir, complicar. También *v. prnl.* **FAM.** Enmarañamiento.

enmarcar *v. tr.* **1.** Poner marco a una cosa. **2.** Contener una cosa a otra o servirle de fondo. También *v. prnl.* **3.** Ceñir o limitar una cosa a otra. **4.** Situar algo dentro de unas circunstancias de lugar, tiempo, estilo, etc. También *v. prnl.* ■ Se conjuga como *sacar.*

enmaromar *v. tr.* Atar con maroma.

enmascarar *v. tr.* **1.** Cubrir el rostro con una máscara o disfraz. También *v. prnl.* **2.** Encubrir, ocultar o disimular una cosa. **FAM.** Enmascarado, enmascaramiento.

enmasillar *v. tr.* **1.** Sujetar con masilla, especialmente los cristales a sus marcos. **2.** Rellenar con masilla grietas o agujeros.

enmelar *v. tr.* **1.** Untar con miel una cosa. **2.** Endulzar una cosa, hacerla suave o agradable. ‖ *v. intr.* **3.** Hacer miel las abejas. ■ Es v. irreg. Se conjuga como *pensar.*

enmendar *v. tr.* **1.** Corregir, remediar, reformar. También *v. prnl.* **2.** En der., cambiar un tribunal superior su anterior sentencia por apelación de una de las partes. ■ Es v. irreg. Se conjuga como *pensar.* ‖ **LOC. enmendar** a uno **la plana** Encontrar defectos en lo que otro ha hecho o mejorarlo. **FAM.** Enmendable.

enmielar *v. tr. amer.* Enmelar*.

enmienda *s. f.* **1.** Acción y efecto de enmendar o enmendarse. **2.** Corrección hecha en un escrito o documento, que se señala al final para que tenga validez. **3.** Propuesta de cambio al texto de una ley, proyecto, informe, etc.

enmohecer *v. tr.* **1.** Cubrir de moho. También *v. intr.* y *v. prnl.* **2.** Inutilizar o degradar algo por falta de uso. También *v. prnl.* ■ Es v. irreg. Se conjuga como *agradecer.* **FAM.** Enmohecimiento.

enmoquetar *v. tr.* Cubrir con moqueta suelos o paredes.

enmudecer *v. intr.* **1.** Quedarse mudo, perder el habla. **2.** Permanecer callado. **3.** Dejar de sonar o producir ruido. ‖ *v. tr.* **4.** Hacer callar. ■ Es v. irreg. Se conjuga como *agradecer.* **FAM.** Enmudecimiento.

enmugrecer *v. tr.* Llenar de mugre o suciedad. También *v. prnl.* ■ Es v. irreg. Se conjuga como *agradecer.*

ennegrecer *v. tr.* **1.** Poner negra u oscura una cosa. También *v. intr.* y *v. prnl.* ‖ *v. prnl.* **2.** Tomar algo un aspecto desfavorable. ■ Es v. irreg. Se conjuga como *agradecer.* **FAM.** Ennegrecimiento.

Ennio, Quinto (Rudia, Calabria 239 - Roma 169 a. C.) Poeta latino. Llegó a Roma con Catón el Viejo (204 a. C.) y fue protegido por los Escipiones. Recibió la ciudadanía romana (184 a. C.). Es autor de *Annales,* poema épico que narra la historia de Roma en 18 libros, de los que sólo se conservan 600 versos.

ennoblecer *v. tr.* **1.** Hacer noble a alguien. También *v. prnl.* **2.** Dar elegancia, distinción. También *v. prnl.* **3.** Adornar, enriquecer, dar esplendor. También *v. prnl.* ■ Es v. irreg. Se conjuga como *agradecer.* **FAM.** Ennoblecedor, ennoblecimiento.

-eno, na *suf.* Forma adjetivos y sustantivos gentilicios: *heleno, sarraceno, nazareno*; adjetivos numerales ordinales: *noveno, onceno*; sustantivos colectivos de género femenino: *docena, decena, centena*; nombres de algunos hidrocarburos: *acetileno, benceno*; adjetivos derivados: *moreno*, de moro, o *maicena*, harina fina de maíz.

enografía *s. f.* Descripción de los variados tipos o clases de vinos.

enojadizo, za *adj.* Que se enoja con facilidad.

enojar *v. tr.* **1.** Producir enojo, enfado. También *v. prnl.* **2.** Molestar, disgustar. **FAM.** Enojante.

enojo *s. m.* **1.** Alteración del ánimo de una persona como resultado de algo que le perjudica, disgusta o fastidia. **2.** Molestia, trabajo. Se usa más en *pl.*

enojoso, sa *adj.* Que causa enojo. **FAM.** Enojosamente.

enol *s. m.* Nombre genérico de los compuestos orgánicos que se caracteriza porque su grupo hidroxilo, OH, está unido a un átomo de carbono de doble enlace. Es muy inestable y constituye una forma tautómera de los aldehídos o las cetonas. El más simple es el alcohol vinílico, CH_2=CHOH.

enología *s. f.* Conjunto de conocimientos sobre la elaboración y conservación de los vinos. **FAM.** Enológico.

enólogo, ga *s. m.* y *f.* Experto en enología.

enorgullecer *v. tr.* Llenar de orgullo o satisfacción. También *v. prnl.* ■ Es v. irreg. Se conjuga como *agradecer.* **FAM.** Enorgullecedor, enorgullecimiento.

enorme *adj.* **1.** Muy grande, mayor de lo normal. **2.** P. ext., excesivo o desproporcionado. **3.** *fam.* Muy bueno, excepcional.

enormemente *adv. m.* Mucho, extraordinariamente.

enormidad *s. f.* **1.** Cantidad o tamaño muy grandes, excesivos. **2.** Disparate, barbaridad. **3.** Exceso de maldad. ‖ **LOC. una enormidad** *adv.* Mucho, muchísimo.

enotecnia *s. f.* Técnica de la elaboración y comercialización de los vinos. **FAM.** Enotécnico.

enquiciar *v. tr.* **1.** Colocar una puerta, ventana, etc., en su quicio. También *v. prnl.* **2.** Poner una cosa en orden, asegurarla.

enquiridión *s. m.* Libro manual, tratado breve de alguna materia.

enquistamiento *s. m.* **1.** Acción y efecto de enquistarse; particularmente, proceso de formación de una cápsula de tejido fibroso alrededor de un cuerpo extraño introducido o desarrollado en el interior de un órgano. **2.** En biol., secreción por parte de un organismo de una cubierta externa que se endurece formando un quiste. De este modo, el organismo queda protegido de las condiciones adversas externas y, en el caso de un organismo parásito, puede propagarse más fácilmente de un huésped a otro. El enquistamiento se da en seres unicelulares, como las amebas, los flagelados, etc., y también en organismos pluricelulares, como diversos parásitos del tipo platelmintos (duela del hígado, tenias) y nematodos (triquina).

enquistarse *v. prnl.* **1.** Recubrirse algo con un quiste. **2.** Incrustarse profundamente. **3.** Quedarse estancado el proceso de alguna cosa.

enrabietar o **enrabiar** *v. tr.* Poner a alguien rabioso, hacerle rabiar. También *v. prnl.*

enracimarse *v. prnl.* Arracimarse*.

enraizar *v. intr.* **1.** Echar raíces las plantas. También *v. prnl.* **2.** Establecerse en un lugar. También *v. prnl.* **3.** Implantarse con éxito alguna cosa. ■ La *z* de la raíz cambia en *c* ante *e*. Obsérvense los acentos en los tiempos de presente, pretérito perfecto simple e imperativo.

ENRAIZAR

INDICATIVO

Presente	Pretérito perf. simple
enraízo	*enraicé*
enraízas	*enraizaste*
enraíza	*enraizó*
enraizamos	*enraizamos*
enraizáis	*enraizasteis*
enraízan	*enraizaron*

SUBJUNTIVO	IMPERATIVO
Presente	
enraíce	
enraíces	*enraíza*
enraíce	
enraicemos	
enraicéis	*enraizad*
enraícen	

enralecer *v. intr.* Ponerse ralo. ■ Es v. irreg. Se conjuga como *agradecer*.

enramada *s. f.* **1.** Conjunto de ramas entrelazadas y frondosas. **2.** Adorno de ramas de árboles. **3.** Cobertizo hecho con ramas de árboles.

enramar *v. tr.* **1.** Cubrir o adornar con ramas. ‖ *v. intr.* **2.** Echar ramas un árbol. ‖ *v. prnl.* **3.** Ocultarse entre las ramas. **FAM.** Enrame.

enranciar *v. tr.* Poner rancio. Se usa más como *v. prnl.* ■ Se dice también *ranciar*.

enrarecer *v. tr.* **1.** Dilatar un gas haciéndolo menos denso. También *v. prnl.* **2.** Contaminar el aire. También *v. prnl.* **3.** Deteriorar o complicar una situación, relación, etc. También *v. prnl.* ■ Es v. irreg. Se conjuga como *agradecer*. **FAM.** Enrarecimiento.

enrasar *v. tr.* **1.** Igualar la altura o nivel de algo, p. ej. una obra de albañilería. También *v. intr.* **2.** Hacer que el contenido de un recipiente no rebase una medida o el borde del mismo. **FAM.** Enrasamiento.

enrase *s. m.* Acción y efecto de enrasar. ■ Se dice también *enrasamiento*.

enrasillar *v. tr.* Colocar la rasilla, ladrillo delgado, entre las barras de hierro o viguetas que forman la armazón de los pisos.

enratonarse *v. prnl. Ven.* Tener resaca, o ratón, después de una borrachera.

enredadera *adj.* Se dice de las plantas de tallo trepador, que ascienden a lo largo de un soporte al que se adhieren por medio de pequeñas raíces adventicias, como la hiedra, la madreselva, la maravilla y la pasionaria, y que en jardinería se utilizan para cubrir muros, enrejados, etc. También *s. f.*

enredar *v. tr.* **1.** Revolver y enlazar desordenadamente cosas como hilos, cabellos, etc. También *v. prnl.* **2.** Atrapar con red. **3.** Complicar a alguien en un asunto peligroso, comprometido o ilegal. También *v. prnl.* **4.** Confundir a alguien para engañarle o convencerle. **5.** Intrigar, meter cizaña. También *v. intr.* **6.** Complicar, embrollar. También *v. prnl.* **7.** Entretener, hacer perder el tiempo. También *v. prnl.* ‖ *v. intr.* **8.** Hacer travesuras, armar jaleo. **9.** Manipular una cosa o hurgar en algo para distraerse o por curiosidad. ‖ *v. prnl.* **10.** Quedarse atrapado o enganchado en alguna cosa. **11.** Embarullarse, equivocarse al hablar o hacer algo. **12.** Comenzar una pelea o disputa. **13.** *fam.* Mantener dos personas una relación amorosa al margen del matrimonio o del noviazgo. **FAM.** Enredador.

enredijo *s. m. fam.* Enredo o maraña de hilos u otras cosas flexibles.

enredista *adj. amer.* Enredador, que le gusta intrigar, traer y llevar chismes. También *s.*

enredo *s. m.* **1.** Entrecruzamiento desordenado de hilos o cosas semejantes. **2.** Mentira, cizaña o chisme malintencionado. **3.** Asunto turbio. **4.** Complicación, problema. **5.** Confusión, desorden. **6.** En las obras literarias, en especial en novela y drama, conjunto de sucesos que constituyen el centro del argumento y que se resuelven en un desenlace. **7.** P. ext., argumento muy complicado de una obra literaria o cinematográfica. **8.** Relación amorosa o sexual al margen del matrimonio o del noviazgo. **9.** Travesura, alboroto.

enredoso, sa *adj.* Confuso, complicado, dificultoso.

enrejado, da **1.** *p. p.* de **enrejar**. También *adj.* ‖ *s. m.* **2.** Verja o cerca de rejas. **3.** Celosía de barrotes, listones o cañas entrecruzados.

enrejar *v. tr.* **1.** Poner rejas. **2.** *fam.* Encarcelar. **3.** *Méx.* Zurcir la ropa.

enrevesado, da **1.** *p. p.* de **enrevesar**. ‖ *adj.* **2.** Complicado o difícil. **3.** Que tiene muchas vueltas, cruces y rodeos.

enrevesamiento *s. m.* **1.** Acción y efecto de enrevesar o enrevesarse. **2.** Cualidad de enrevesado.

enrevesar *v. tr.* Complicar mucho una cosa. También *v. prnl.*

Enrique Nombre de varios reyes de Castilla.
Enrique I (? 1203 - Palencia 1217) Rey de Castilla (1214-17). La regencia fue ejercida por su hermana Berenguela, que gobernó aliada al poderoso linaje de los Haro. Muerto Enrique a los 14 años, Berenguela ocupó el trono, que cedió a su hijo Fernando III en 1220.
Enrique el Senador (? 1225 - Roa 1303) Infante de Castilla, hijo de Fernando III. Enfrentado a su hermano Alfonso X, fue vencido y tuvo que exiliarse. Sirvió a Carlos de Anjou y a los gibelinos, que le nombraron senador de Roma. Regresó a Castilla y, muerto Sancho IV, la reina María de Molina le permitió la regencia (1295-1301) durante la minoría de edad de Fernando IV. Desde Aragón apoyó a Alfonso de la Cerda, pretendiente al trono castellano.
Enrique II el de las Mercedes (Sevilla 1333 - Santo Domingo de la Calzada, La Rioja 1379) Rey de Castilla (1369-79). Hermano bastardo de Pedro I y primogénito de los Trastámara, desató la guerra civil castellana apoyado por un importante sector de la nobleza y con el auxilio de Francia. Su victoria (1369) significó el triunfo de la nobleza terrateniente frente a la burguesía comerciante y limitó la autoridad real en beneficio de los grandes linajes castellanos.

Enrique II el de las Mercedes. Detalle de la escultura existente en el Alcázar de Segovia.

Enrique III el Doliente (Burgos 1379 - Toledo 1406) Rey de Castilla (1390-1406). Hijo de Juan I de Castilla, durante su minoría de edad, el reino padeció una etapa de anarquía, debido a las disputas por el poder sostenidas por la alta nobleza y a las luchas entre ciudades y bandos nobiliarios. Al proclamar las Cortes su mayoría de edad en 1393, pacificó el reino con el apoyo de la baja nobleza. Desarrolló una política exterior que, gracias a la paz con Inglaterra, potenció el comercio atlántico. En el cisma de la Iglesia apoyó al papado de Aviñón. En su reinado fueron conquistadas las islas Canarias.
Enrique IV el Impotente (Valladolid 1425 - Madrid 1474) Rey de Castilla (1454-74). Hijo de Juan II. Débil de carácter, fue dominado por la nobleza. Delegó las funciones de gobierno en sus validos Juan Pacheco y Beltrán de la Cueva. El bando que apoyaba la candidatura al trono de su hermana Isabel hizo circular el rumor de su impotencia, atribuyendo la paternidad de la heredera doña Juana (apodada la Beltraneja) a Beltrán de la Cueva. La nobleza destituyó a Enrique en Ávila y nombró rey al infante Alfonso (1465), que murió poco después. Isabel obtuvo en Guisando el reconocimiento de su derecho a la herencia dinástica (1468), pero dos años después Enrique IV proclamó heredera del trono a Juana la Beltraneja. A la muerte del rey estalló la guerra civil en Castilla.

Enrique IV el Impotente. Detalle de una vidriera del Alcázar de Segovia.

Enrique Nombre de varios reyes de Francia.
Enrique I (? 1008 - Vitry-aux-Loges, cerca de Orleans 1060) Rey de Francia (1031-60). Para contentar a su hermano Roberto, que le disputaba el trono, le cedió Borgoña (1032). Fue tutor de Guillermo el Conquistador, pero acabó enemistándose con él y éste le derrotó.
Enrique II (Saint-Germain-en-Laye 1519 - París 1559) Rey de Francia (1547-59). Hijo de Francisco I, continuó su política de expansión y las guerras con Carlos V, que le derrotó en la batalla de San Quintín (1557). Un año después tuvo que aceptar el tratado de Cateau-Cambrésis (1559), por el que perdió una parte importante de sus posesiones. Permaneció fiel a la Iglesia católica e impidió la expansión de la reforma galicana.
Enrique III (Fontainebleau 1551 - Saint-Cloud 1589) Rey de Francia (1574-89). Hijo de Enrique II, fue responsable junto con su madre, Catalina de Médicis, de la Noche de San Bartolomé (1572). Rey de Polonia (1573), se desinteresó de este estado y sucedió a su hermano Carlos IX en el trono francés. Su reinado estuvo dominado por las guerras de religión. Por el edicto de Beaulieu (1576) concedió libertad de culto a los hugonotes, lo que provocó la guerra con la Liga católica, encabezada por Enrique de Guisa y apoyada por Felipe II de España. Sitiado por la Liga en París, el rey se vio obligado a huir (1588). Aliado con Enrique de Navarra, puso sitio a París, pero fue asesinado.
Enrique IV (Pau 1553 - París 1610) Rey de Navarra (1562-1610) y de Francia (1589-1610), donde instauró la dinastía Borbón. Encabezó la Liga protestante y combatió a los españoles. Entró en París y ocupó el trono tras abjurar del protestantismo (1594). Publicó el edicto de Nantes (1598), que establecía la tolerancia religiosa, con lo que consiguió pacificar el reino y restaurar la autoridad de la monarquía. Durante su gobierno se desarrollaron la industria y el comercio. Murió apuñalado por Ravaillac, fanático católico.

Enrique IV, rey de Francia. Cuadro anónimo, detalle (Versalles, Francia).

Enrique Nombre de varios emperadores romano-germánicos.
Enrique I el Pajarero (? h. 876 - Memleben 936) Rey de Germania. Duque de Sajonia (912), fue elegido rey de Germania (919). Conquistó Lorena y fortificó las fronteras del imperio, para defenderlo de eslavos, daneses y húngaros.
Enrique II el Cojo o **el Santo** (Abbach, Baviera 973 - Grona, Gotinga 1024) Rey de Germania, marchó a Italia, donde fue coronado rey en Pavía (1004) y emperador en Roma (1014). Sostuvo dura lucha con Boleslao I de Polonia, que logró independizarse.
Enrique III el Negro (? 1017 - Bodfeld, Harz 1056) Rey de Germania desde 1039, aunque ya lo era en vida de su padre Conrado II (1028), se hizo coronar emperador romano-germánico (1046). Mantuvo una fuerte lucha contra los señores feudales y consolidó el dominio sobre Bohemia, Polonia y Hungría. Apoyado por los cluniacenses, favoreció la reforma de la Iglesia. Llegó a deponer a tres papas (Gregorio VI, Silvestre III y Benedicto IX) y a designar a otros cuatro (Clemente II, Dámaso II, León IX y Víctor II).
Enrique IV (Goslar h. 1050 - Lieja 1106) Rey de Germania y emperador (1056-1106). Hijo de Enrique III, se enfrentó al papa Gregorio VII por las investiduras eclesiásticas. El emperador consiguió que la asamblea de Worms (1076) destituyera al papa, que reaccionó dictando una bula de excomunión. Ante la presión de los príncipes alemanes, Enrique IV hubo de someterse y hacer penitencia en Canosa (1077), para conseguir la absolución. Nuevamente excomulgado (1080), organizó un ejército con el que ocupó Roma y nombró un antipapa, Clemente III, el cual lo coronó emperador (1084). Pascual II lo excomulgó por tercera vez, lo que hizo que se alzaran contra el rey sus propios hijos y el futuro Enrique V lo obligara a abdicar (1105).
Enrique V (? 1081 - Utrecht 1125) Emperador germánico (1106-25). Hijo de Enrique IV, prosiguió la querella de las Investiduras. Obligó al papa Pascual II a coronarle emperador pero, tras el concilio de Letrán, el mismo pontífice lo excomulgó (1112). En 1118, el emperador nombró un

antipapa, Gregorio VIII, que opuso al papa Gelasio II. Finalmente firmó con el papa Calixto II el concordato de Worms (1122), con el que se llegó a un compromiso entre el imperio y el papado sobre la cuestión de las investiduras.
Enrique VI (Nimega 1165 - Messina 1197) Rey de Italia y de Germania y emperador (1190-97). Hijo de Federico Barbarroja y cabeza del partido gibelino, luchó contra Enrique el León, duque de Sajonia y jefe del partido güelfo, y contra la Iglesia romana. Fue coronado rey de Sicilia (1194). Como su antecesor Federico Barbarroja y su sucesor Federico II, propugnó el sometimiento de la Iglesia al imperio y la supremacía imperial sobre el Occidente cristiano.
Enrique de Hohenstaufen (? 1211 - Martirano, Calabria 1242) Rey de Sicilia (1212) y duque de Suabia (1216), su padre Federico II hizo que fuera elegido rey de romanos (1220). Fue regente de Alemania, bajo la tutela de Engelbert, arzobispo de Colonia. Alcanzada la mayoría de edad (1228), luchó contra los príncipes, apoyado en la burguesía y en la pequeña nobleza, y se sublevó contra su padre (1234). Derrotado y apresado (1235), se suicidó en prisión.
Enrique VII de Luxemburgo (¿ Valenciennes? h. 1275 - Buonconvento 1313) Emperador germánico (1308-13). Hijo de Enrique III, conde de Luxemburgo, fue elegido con la ayuda del papa Clemente V. Restableció la autoridad imperial en Italia con el apoyo de los gibelinos. Murió cuando dirigía una expedición a Nápoles.

Enrique Nombre de varios reyes de Inglaterra.
Enrique I (Selby, Yorkshire 1068 - Gisors 1135) Rey de Inglaterra (1100-35) y duque de Normandía (1106-35). Hijo de Guillermo el Conquistador, llevó a cabo importantes reformas institucionales que consolidaron la autoridad real, atenuaron los conflictos entre anglosajones y normandos y evitaron las luchas por las investiduras eclesiásticas.
Enrique II Plantagenet (Le Mans 1133 - Chinon 1189) Rey de Inglaterra (1154-89). Hijo del duque de Anjou, reunió un imperio, denominado *angevino*, que comprendía el reino de Inglaterra y los estados franceses de Anjou, Normandía y Aquitania, este último tras su matrimonio en 1152 con Leonor de Aquitania. Profundizó las reformas de Enrique I y se enfrentó al arzobispo Tomás Becket por las investiduras eclesiásticas. En 1173 sus hijos Enrique, Ricardo y Juan se rebelaron contra su autoridad, apoyados por el rey francés Felipe II Augusto.
Enrique el Joven (? 1155 - ? 1183) Príncipe inglés. Hijo de Enrique II, al morir el primogénito Guillermo, se convirtió en heredero de la corona (1156). Casó con Margarita, hija de Luis VII de Francia. En 1170 fue asociado al trono por su padre, pero se rebeló contra éste con apoyo del rey francés (1173). En 1183 se enfrentó con su hermano Ricardo y poco después murió.
Enrique III (Winchester 1207 - Westminster 1272) Rey de Inglaterra (1216-72). Nieto de Enrique II, heredó de su padre Juan sin Tierra una difícil situación de sometimiento de la monarquía a la nobleza debido a la *Carta Magna*. Esto, unido a su derrota frente a Luis IX de Francia, provocó la revuelta nobiliaria que dio el poder a Simón de Monfort, lord protector del reino, quien fue derrotado y muerto en la batalla de Evesham (1265).
Enrique IV (Bolingbroke, Lincolnshire 1367 - Westminster 1413) Rey de Inglaterra (1399-1413). Primer monarca de la casa de Lancaster, derrocó a su antecesor Ricardo II en 1399. Combatió a escoceses y galeses y hubo de hacer frente a la revuelta interior dirigida por la casa de York.
Enrique V (Monmouth 1387 - Vincennes 1422) Rey de Inglaterra (1413-22). Hijo de Enrique IV, pretendió superar las luchas internas del reino y unir al país en una causa común. Así en 1415 reanudó la guerra de los Cien Años, aprovechando las disensiones francesas entre armañacs y borgoñones. Obtuvo un gran triunfo en Azincourt (1415) y por el tratado de Troyes (1420) fue nombrado regente de Francia, pero los armañacs ofrecieron una gran resistencia, agrupados en torno al delfín, el futuro Carlos VII.
Enrique VI (Windsor 1421 - Londres 1471) Rey de Inglaterra (1422-61 y 1470-71). Hijo de Enrique V, durante su minoría de edad gobernaron sus tíos Humphrey, duque de Gloucester, por Inglaterra, y Juan Plantagenet, duque de Bedford, por Francia. Fracasó en su intento de tomar Orleans, en cuya defensa destacó Juana de Arco. Este hecho y la reconciliación de los armañacs con el duque de Borgoña provocaron su derrota en la guerra de los Cien Años. En 1455 estalló en Inglaterra la guerra de las Dos Rosas, en la que fue destronado por la casa de York (1461). Restablecido en el trono (1470-71) por Ricardo de Warwick, fue definitivamente depuesto y asesinado en la Torre de Londres.
Enrique VII (Pembroke 1457 - Richmond 1509) Rey de Inglaterra (1485-1509). Hijo de Eduardo Tudor, conde de Richmond, derrocó a Ricardo III de York en 1485 e instauró la dinastía Tudor. Contrajo matrimonio con Isabel de York, pacificó el reino y acabó con una larga época de luchas y rebeliones.
Enrique VIII (Greenwich 1491 - Westminster 1547) Rey de Inglaterra (1509-47). Hijo de Enrique VII, practicó una ambiciosa política exterior, en la que se alió primeramente con Carlos V frente a Francia y con Roma frente a los luteranos. Su pretensión de divorciarse de Catalina de Aragón para casarse con Ana Bolena condujo, entre otros motivos, a su ruptura con el papa y a la creación de la Iglesia nacional anglicana en 1534. Ordenó la venta de bienes eclesiásticos, lo que le enfrentó al partido católico y provocó la ejecución de su consejero Tomás Moro (1535). Contrajo matrimonio en seis ocasiones, con Catalina de Aragón, Ana Bolena, Juana Seymour, Ana de Clèves, Catalina Howard y Catalina Parr, y ordenó la muerte de dos de sus mujeres. En 1536 incorporó Gales a la corona y posteriormente se proclamó rey de Irlanda. Creó la potencia naval inglesa. Al final de su reinado sobrevino una importante crisis económica.

Enrique VIII. Cuadro de Hans Holbein, detalle (Galería Nacional de Arte Antiguo, Roma).

Enrique Nombre de varios reyes de Navarra.
Enrique I el Gordo (? 1238 - ? 1274) Rey de Navarra (1270-74). Hijo de Teobaldo I y sucesor de su hermano Teobaldo II, se esforzó por mantener la paz en su reino y se negó a apoyar la sublevación de los nobles contra Alfonso X de Castilla (1269-70).
Enrique II (? 1503 - ? 1555) Rey de Navarra (1518-55). Hijo de Catalina y de Juan de Albret, heredó la Baja Navarra e intentó recuperar el resto de los territorios navarros en poder de Carlos V, pero tuvo que retirarse tras ser derrotado (1521). Acompañó a Francisco I de Francia en su expedición a Italia y fue hecho prisionero en la batalla de Pavía, pero logró escapar.

Enrique (? h. 1398 - Calatayud 1445) Infante de Aragón, hijo de Fernando I de Aragón y de Leonor Urraca de Castilla. Proclamada la mayoría de edad de Juan II de Castilla, se apoderó de la persona del rey y del gobierno de Castilla (1420). Junto con su hermano Juan se enfrentó a Álvaro de Luna y fue finalmente derrotado en Olmedo (1445).

Enrique, Maestro (? - Burgos 1277) Arquitecto y escultor español, probablemente de origen francés. Autor de estilo gótico, se sabe que trabajó en la catedral de León y en la de Burgos. Como escultor se le atribuyen la puerta de la Coronería, en la catedral de Burgos, y la efigie de Nuestra Señora la Blanca y una serie de figuras de la portada occidental, en la de León.

Enrique de Flandes y Hainaut (Valenciennes h. 1174 - Tesalónica 1216) Emperador latino de Oriente (1206-16). Hermano y sucesor de Balduino IX, fue el auténtico forjador del imperio latino. Luchó victoriosamente contra búlgaros y bizantinos.

Enrique I el Cardenal (Lisboa 1512 - Almeirim, Santarem 1580) Rey de Portugal (1578-1580). Hijo de Manuel I el Afortunado, arzobispo de Braga (1534), inquisidor general de Portugal (1539), arzobispo de Évora (1540), cardenal (1546) y arzobispo de Lisboa (1564), fue coronado rey al morir sin sucesor su sobrino Sebastián. En las cortes de Lisboa y Almeirim consiguió que la sucesión a la corona portuguesa recayera en Felipe II de España.

Enrique el León (Ravensburg 1129 - Brunswick 1195) Duque de Sajonia (1142-80) y de Baviera (1155-80). Participó en la conquista alemana de los territorios eslavos. Se negó a ayudar al emperador Federico Barbarroja contra la liga lombarda (1176). Declarado proscrito del imperio (1180), tuvo que renunciar a sus posesiones, salvo Brunswick y Luneburgo.

Enrique el Navegante (Oporto 1394 - Sagres 1460) Príncipe de Portugal. Hijo de Juan I de Avis, fundó la escuela de Sagres en el cabo de San Vicente, donde se instruían pilotos y cartógrafos y se organizaban expediciones marítimas. Fue el impulsor de los descubrimientos portugueses en África.

Enrique el Navegante. Políptico de San Vicente, de Nuno Gonçalves, detalle (Museo de Arte Antiguo, Lisboa).

enriquecer *v. tr.* **1.** Hacer rico o más rico a alguien o algo. También *v. intr.* y *v. prnl.* **2.** Mejorar o aumentar las cualidades, componentes, etc., de alguna cosa. También *v. prnl.* **3.** Adornar o ennoblecer una cosa. También *v. prnl.* ■ Es v. irreg. Se conjuga como *agradecer*. **FAM.** Enriquecedor.

enriquecimiento *s. m.* **1.** Acción y efecto de enriquecer o enriquecerse. **2.** Separación de la ganga de un mineral por medios mecánicos o químicos para aumentar así su pureza. **3.** En quím., aumento de la proporción de uno de los isótopos en un conjunto de átomos de un elemento; p. ej., en el uranio enriquecido se ha aumentado el número de isótopos 235.

Enríquez Patronímico de varias familias descendientes de la casa real de Castilla. Entre ellas figuran los **Enríquez de Sevilla**, fundada por Enrique Enríquez, hijo natural del infante Enrique el Senador; los **Enríquez (Henriques) de Portugal**, descendientes de Fernando Enríquez, hijo de Enrique II, señores de Alcáçovas (Évora), y especialmente los **Enríquez**, almirantes de Castilla, cuyo origen se remonta al hijo de Alfonso XI, **Fadrique** (? 1334 - Sevilla 1358), maestre de Santiago. Otros miembros notables de esta rama son **Alfonso** (Guadalcanal 1354 - Guadalupe 1429), hijo del anterior, que vinculó el título de almirante de Castilla a la familia; **Fadrique** (? - ? 1473), hijo del anterior, que casó a su hija Juana con el rey Juan II de Aragón, padres de Fernando el Católico; se opuso a la privanza del condestable Álvaro de Luna y fijó como centro de sus dominios Medina del Campo; **Fadrique** (? h. 1477 - ? 1538), que gobernó en Castilla, junto con Íñigo de Velasco y Adriano de Utrecht, durante la guerra de las Comunidades; **Luis** (? - Valladolid 1572), sobrino del anterior, que emparentó por matrimonio con la familia Cabrera y sus descendientes adoptaron el apellido Enríquez de Cabrera; **Juan Enríquez de Cabrera** (? - Madrid 1674), bisnieto del anterior, que fue virrey de Nápoles (1644-46) y logró reunir una colección de arte con más de mil cuadros; **Juan Gaspar Enríquez de Cabrera** (? - 1691), hijo del anterior, y personaje importante en la corte de Carlos II; **Juan Tomás Enríquez de Cabrera** (Génova 1646 - Estremoz, Portugal 1705), hijo del anterior y último almirante de Castilla, que fue capitán general del Milanesado (1678), virrey de Cataluña (1688) y jefe del partido austrófilo hasta su caída en desgracia; al advenimiento de Felipe V, pasó a Portugal, donde siguió al servicio del bando austriaco.

Enríquez de Almansa, Martín (? - Lima 1583) Administrador español. Fue virrey de Nueva España (1568-80), donde combatió a los indios huachiles, para lo que construyó una serie de fuertes; durante su mandato se establecieron la Inquisición (1571) y la Compañía de Jesús (1572). Virrey del Perú (1581-83), organizó el servicio postal en el virreinato.

Enríquez Gallo, Alberto (Latacunga 1894 - Quito 1962) Militar y político ecuatoriano. Ministro de Defensa, con el apoyo de los liberales derrocó a Páez. Durante su mandato (1937-38) reformó los Códigos y algunas de sus propuestas políticas fueron admitidas en la Constitución.

Enriquillo (? - ? 1535) Cacique dominicano. Convertido al cristianismo, fue educado por los dominicos. Encabezó una sublevación indígena contra el gobierno de Diego Colón (1520) y sólo abandonó la lucha cuando el propio emperador Carlos I aseguró su libertad y la de sus compañeros (1533).

enriscado, da 1. *p. p.* de **enriscar**. ‖ *adj.* 2. Que está lleno de riscos o peñascos.

enriscar *v. tr.* 1. Levantar, elevar. ‖ *v. prnl.* 2. Meterse o refugiarse entre riscos y peñascos. ▪ Se conjuga como *sacar*.

enristrar[1] *v. tr.* 1. Poner la lanza en el ristre. 2. P. ext., colocar la lanza horizontal bajo el brazo en posición de ataque. 3. Ir derecho hacia cierto sitio.

enristrar[2] *v. tr.* Hacer ristras con ajos, cebollas, etc.

enrocar *v. tr.* En ajedrez, mover en una misma jugada el rey y la torre o roque de un mismo bando a las posiciones de caballo y alfil respectivamente, siempre que no hayan sido movidos anteriormente, no medie ninguna otra pieza entre ambos y no esté el rey en jaque. También *v. intr.* y *v. prnl.* ▪ Se conjuga como *sacar*.

enrojecer *v. tr.* Poner rojo o dar color rojo. También *v. intr.* y *v. prnl.* ▪ Es v. irreg. Se conjuga como *agradecer*. **FAM.** Enrojecimiento.

enrolar *v. tr.* 1. Inscribir a una persona en la lista o rol de los tripulantes de un buque mercante. También *v. prnl.* 2. Alistar gente para el ejército. También *v. prnl.* 3. P. ext., incluir a personas entre las que forman parte de una empresa, asociación, etc. También *v. prnl.* **FAM.** Enrolamiento.

enrollado, da 1. *p. p.* de **enrollar**. También *adj.* ‖ *adj.* 2. *fam.* Se dice de la persona agradable y de trato abierto. También *s.* ‖ *s. m.* 3. En arquitectura, elemento en forma de espiral que adorna los capiteles de las columnas.

enrollante *adj. fam.* Que enrolla mucho, muy agradable o atractivo.

enrollar *v. tr.* 1. Poner una cosa en forma de rollo. 2. *fam.* Liar, convencer. 3. *fam.* Gustar mucho una persona o cosa. 4. Empedrar con rollos o cantos rodados. ‖ *v. prnl.* 5. *fam.* Extenderse mucho al hablar o escribir o entretenerse demasiado en cualquier actividad. 6. *fam.* Tener relaciones amorosas dos personas. 7. Formar parte de algún grupo o participar en cierto asunto o actividad. 8. *fam.* Tener buenas relaciones, encajar en un ambiente. **FAM.** Enrollamiento.

enrolle *s. m. fam.* Acción y efecto de enrollar o enrollarse. Se usa en las acepciones familiares.

enronquecer *v. intr.* Ponerse ronco alguien. También *v. tr.* y *v. prnl.* ▪ Es v. irreg. Se conjuga como *agradecer*. **FAM.** Enronquecimiento

enroque *s. m.* 1. En el juego del ajedrez, acción y efecto de enrocar. ‖ 2. **enroque corto** El que se realiza con la torre de rey. 3. **enroque largo** El que se realiza con la torre de reina.

enroscadura *s. f.* Enroscamiento*.

enroscamiento *s. m.* Acción y efecto de enroscar o enroscarse, enrollamiento.

enroscar *v. tr.* 1. Retorcer una cosa formando una espiral. También *v. prnl.* 2. Introducir o acoplar una cosa en otra dándole vueltas, p. ej. un tornillo en una tuerca. ▪ Se conjuga como *sacar*.

enrostrar *v. tr. amer.* Echar en cara a alguien alguna cosa.

enrubiar *v. tr.* Poner rubio algo, especialmente el pelo. También *v. prnl.*

enrubio *s. m.* 1. Acción y efecto de enrubiar o enrubiarse. 2. Ingrediente con que se enrubia. 3. *P. Rico.* Árbol de la familia rutáceas, género *Xanthoxylon*, especies *Xanthoxylon clavaherculis* y *Xanthoxylon lanceolatum*. Es apreciado por su madera, de color blanco con el interior rojizo y muy dura.

enrudecer *v. tr.* 1. Hacer rudo o tosco a alguien. También *v. prnl.* 2. Volver a uno torpe o lento de entendimiento. También *v. prnl.* ▪ Es v. irreg. Se conjuga como *agradecer*.

enrular *v. tr. amer.* Hacer rulos en el pelo. También *v. prnl.*

ensacador, ra *adj.* 1. Que ensaca. También *s.* ‖ *s. f.* 2. Máquina utilizada para ensacar.

ensacar *v. tr.* Meter una cosa dentro de un saco o de sacos. ▪ Se conjuga como *sacar*.

ensaimada *s. f.* Bollo de pasta hojaldrada en forma de espiral o caracol.

ensalada *s. f.* 1. Plato compuesto de hortalizas (lechuga, tomate, cebolla, etc.) solas o mezcladas, generalmente crudas y aderezadas con aceite y vinagre y otros condimentos. 2. P. ext., cualquier plato compuesto de hortalizas y otros alimentos, como carnes, pescado, mariscos, etc., que se sirve frío y aderezado con aceite y vinagre o con salsas. 3. Mezcla o confusión de cosas muy diversas o que no guardan ninguna relación entre sí. 4. Mezcla de colores mal combinados. 5. Composición lírica en que se emplean diferentes metros, versos de otras obras o en idiomas diversos.

ensaladera *s. f.* Fuente honda en que se sirve la ensalada.

ensaladilla *s. f.* Ensalada generalmente compuesta de patatas, zanahorias, guisantes, escabeche y huevo duro, mezclados con mayonesa. ▪ Se dice también *ensaladilla rusa*.

ensalivar *v. tr.* Llenar de saliva o empapar algo con ella.

ensalmador, ra *s. m.* y *f.* 1. Persona que se dedica a arreglar dislocaduras y recomponer huesos. 2. Persona que cura por medio de prácticas supersticiosas.

ensalmar *v. tr.* 1. Componer o arreglar los huesos dislocados o rotos. 2. Curar por medio de ensalmos, hechizos u otras prácticas supersticiosas.

ensalmo *s. m.* Rezo u oración con supuestos poderes mágicos y curativos utilizado por los curanderos para sanar a los enfermos y, p. ext., cualquier práctica supersticiosa destinada a este fin. ‖ **LOC. por** (o **como por**) **ensalmo** *adv.* De manera prodigiosa por su mucha rapidez y facilidad.

ensalzar *v. tr.* 1. Alabar. 2. Proporcionar dignidad y respetabilidad a una persona. ▪ Se conjuga como *cazar*. **FAM.** Ensalzador, ensalzamiento.

ensamblado, da 1. *p. p.* de **ensamblar**. También *adj.* ‖ *s. m.* 2. Acción y efecto de ensamblar.

ensamblador *s. m.* En inform., código de ordenador o programa que traduce otros programas.

ensamblaje *s. m.* Acción y efecto de ensamblar.

ensamblar *v. tr.* Unir dos piezas, especialmente en obras de carpintería, haciéndolas encajar por medio de entrantes y salientes. **FAM.** Ensambladura, ensamble.

ensanchamiento *s. m.* Acción y efecto de ensanchar, ampliación.

ensanchar *v. tr.* 1. Hacer más ancha una cosa. También *v. prnl.* 2. Hacer algo más grande, amplio o extenso. También *v. prnl.* ‖ *v. prnl.* 3. Mostrar alguien mucha satisfacción y orgullo por alguna cosa. 4. *fam.* Colocarse las personas de forma que ocupan mucho sitio. **FAM.** Ensanchador.

ensanche *s. m.* 1. Ensanchamiento*. 2. Parte ensanchada o aumentada de alguna cosa. 3. Ampliación planificada de una ciudad, en especial las realizadas a finales del s. XIX en las grandes poblaciones, como p. ej. el ensanche de Barcelona. 4. Terreno que comprende esta ampliación urbana.

ensangrentar *v. tr.* 1. Manchar de sangre. También *v. prnl.* 2. Causar muertes, provocar derramamiento de sangre. ▪ Se conjuga como *pensar*. **FAM.** Ensangrentamiento.

ensañamiento *s. m.* 1. Acción y efecto de ensañarse. 2. En der., circunstancia agravante de un delito que se da cuando el que lo comete ocasiona daños o males muy superiores a los que le hubieran bastado para cometerlo.

ensañarse *v. prnl.* Mostrarse excesivamente cruel, ya sea por placer o por ira, al causar daño o dolor a alguien, especialmente si éste está indefenso.

ensartar *v. tr.* 1. Pasar cosas como cuentas, anillos, etc., por un hilo o un alambre. 2. Pasar el hilo de coser por el ojo de la aguja. 3. Atravesar un cuerpo con un objeto puntiagudo. 4. Decir muchas cosas seguidas generalmente sin conexión entre ellas.

ensayar *v. tr.* 1. Hacer una cosa varias veces para adquirir soltura y realizarla correctamente, p. ej. repetir una función antes de representarla en público. También *v. intr.* 2. Adiestrar, dirigir las pruebas, entrenamiento, etc., de alguien. 3. Comprobar la eficacia, calidad, resistencia, etc., de algo. 4. Intentar hacer alguna cosa. ‖ *v. intr.* 5. En rugby, conseguir un ensayo.

ensaye *s. m.* 1. Examen de las cualidades de los metales. 2. Análisis de las monedas para determinar su ley, riqueza en metal precioso.

ensayismo *s. m.* Género literario constituido por los ensayos.

ensayista *s. m.* y *f.* Escritor de ensayos. **FAM.** Ensayístico.

ensayo *s. m.* 1. Acción y efecto de ensayar. 2. Cada una de las pruebas o representaciones de un espectáculo antes de su estreno. 3. Escrito, generalmente breve, que expone pensamientos, reflexiones o tesis de un autor sobre un tema determinado, pero sin el rigor ni el planteamiento sistemático de un estudio más profundo. 4. Género literario constituido por estas obras. 5. Prueba para averiguar las cualidades de un material y sus posibles aplicaciones. 6. Ensaye*. 7. En min., operación para determinar los metales que contiene la mena. 8. En rugby, acción de posar el balón con las manos detrás de la línea de ensayo contraria. ‖ 9. **ensayo general** Representación completa de un espectáculo antes de realizarlo ante el público.

Enschede C. de los Países Bajos, situada en el E del país, junto a la frontera con Alemania. 145.200 h. en 1989. Es un importante centro de industria textil; posee también metalurgia e industria cauchera, electrónica y alimentaria.

ensenada *s. f.* Entrada del mar en la tierra, que puede servir de refugio natural para las embarcaciones.

Ensenada, Zenón de Somodevilla y Bengoechea, marqués de la (Alesanco, La Rioja 1702 - Medina del Campo, Valladolid 1781) Político español. En el reinado de Felipe V, reorganizó la marina como comisario del ramo (1728) y fue ministro de Estado y de la Guerra y, posteriormente, de Finanzas, Marina y de Indias. En política interior realizó importantes reformas, y en política internacional fue siempre partidario de la alianza con Francia. Destituido y desterrado a Granada por Fernando VI (1754), Carlos III lo nombró consejero de Estado (1760), pero en 1766 fue definitivamente alejado de la vida pública por su supuesta participación en el motín de Esquilache.

El marqués de la Ensenada. Cuadro de Galván, detalle (Palacio del Senado, Madrid).

enseña *s. f.* Señal u objeto que representa a una persona y especialmente a un grupo.

enseñado, da 1. *p. p.* de **enseñar**. También *adj.* ‖ *adj.* 2. Aplicado a personas y animales, alecionado o acostumbrado. ▪ Se usa mucho con los adverbios *bien* y *mal*. **FAM.** Enseñable, enseñador.

enseñante *adj.* 1. Que enseña. ‖ *s. m.* y *f.* 2. Persona que ejerce la enseñanza, especialmente la que lo hace en cualquiera de los niveles en que se divide el sistema educativo de un país.

enseñanza *s. f.* **1.** Acción y efecto de enseñar. **2.** Conjunto de personas, medios y actividades destinados a la educación. **3.** Acción, ejemplo, etc., que sirve de experiencia o lección. || *pl.* **4.** Conjunto de conocimientos, principios, ideas, técnicas, etc., que una persona transmite a otra u otras. || **5. enseñanza a distancia** La que se sigue a través de los medios de comunicación social (correo, prensa, radio, televisión, redes informáticas, etc.). **6. enseñanza primaria** (o **básica**) La destinada a que el alumno adquiera unos conocimientos básicos y fundamentales. **7. enseñanza secundaria** (o **media**) Conjunto de estudios que siguen a la enseñanza primaria y que en España se extienden desde los 12 a los 18 años. Incluye tanto el antiguo bachillerato como la formación profesional y es, según los países, parcial o totalmente obligatoria. **8. enseñanza superior** La que se imparte en las escuelas técnicas y superiores y en la universidad (enseñanza universitaria). Actualmente se tiende a designar así a los estudios cursados después de la enseñanza secundaria.

enseñar *v. tr.* **1.** Comunicar a alguien algún conocimiento, habilidad, experiencia, etc. **2.** Mostrar algo a alguien. **3.** Dejar ver algo de forma involuntaria. **4.** Dar ejemplo, consejo, etc., para que otro aprenda cómo actuar en situaciones semejantes.

enseñorearse *v. prnl.* Hacerse dueño de algo, dominar, imponerse. **FAM.** Enseñoramiento.

enseres *s. m. pl.* Conjunto de muebles, utensilios e instrumentos que hay en una casa, local, etc., que se utilizan en un oficio o profesión.

enseriarse *v. prnl. amer.* Ponerse serio, mostrando disgusto.

ensiladora *s. f.* Máquina para ensilar.

ensilar *v. tr.* Guardar el grano en silos o graneros.

ensilladura *s. f.* **1.** Acción y efecto de ensillar. **2.** Parte de la caballería sobre la que se pone la silla. **3.** Curva entrante que forma la columna vertebral en la región lumbar.

ensillar *v. tr.* Poner la silla de montar a las caballerías.

ensillos *s. m. pl. P. Rico.* Arreos de montar.

ensimismarse *v. prnl.* Concentrarse alguien en sus pensamientos hasta el punto de aislarse de lo que le rodea. **FAM.** Ensimismamiento.

ensoberbecer *v. tr.* **1.** Volver soberbio a alguien. También *v. prnl.* || *v. prnl.* **2.** Agitarse el mar y las olas. ■ Es v. irreg. Se conjuga como *agradecer.* **FAM.** Ensoberbecimiento.

ensogar *v. tr.* **1.** Atar con soga. **2.** Forrar con soga, p. ej. una garrafa. ■ Se conjuga como *pagar.*

ensolador *s. m. Col.* Limpiabotas.

ensombrecer *v. tr.* **1.** Cubrir de sombra u oscuridad. También *v. prnl.* **2.** Entristecer, apenar. ■ Es v. irreg. Se conjuga como *agradecer.*

ensoñación *s. f.* Sueño, ilusión.

ensoñador, ra *adj.* Soñador*. También *s.*

ensoñar *v. tr.* Tener ensueños o ilusiones. ■ Es v. irreg. Se conjuga como *contar.*

ensopar *v. tr.* **1.** Empapar trozos de pan en vino, leche, etc. **2.** Poner a alguien o algo hecho una sopa. También *v. prnl.*

Ensor, James (Ostende 1860 - íd. 1949) Pintor y grabador belga. Su obra, de estilo expresionista, está profundamente influida por la tradición flamenca y se distingue por su visión irónica y crítica y su humor absurdo. De su producción sobresalen *Entrada de Cristo en Bruselas* (1888), *Esqueletos disputándose a un ahorcado* (1891), *Cocineros peligrosos* (1896), *Andrómeda* (1925) y *Ensor con el armonio* (1933).

ensordecedor, ra *adj.* Que ensordece. Se aplica a ruidos tan fuertes que impiden o apenas dejan oír otra cosa.

ensordecer *v. tr.* **1.** Dejar sorda a una persona. **2.** Impedir o dificultar un ruido muy fuerte que alguien oiga otra cosa. **3.** Hacer más suave un ruido. **4.** En ling., convertir una consonante sonora en sorda. También *v. prnl.* || *v. intr.* **5.** Quedarse sordo. **6.** No responder, hacerse el sordo. ■ Es v. irreg. Se conjuga como *agradecer.* **FAM.** Ensordecimiento.

ensortijar *v. tr.* **1.** Dar forma de anillo o rizo a algo, especialmente al pelo. También *v. prnl.* **2.** Poner un aro metálico atravesando la nariz de un animal para guiarlo, tirar de él, etc. || *v. prnl.* **3.** Ponerse muchas sortijas. **FAM.** Ensortijamiento.

enstatita *s. f.* Mg SiO_3. Mineral silicato de magnesio. Pertenece al grupo de los piroxenos y cristaliza en el sistema rómbico. Tiene forma fibrosa y laminar, brillo vítreo y perlado y color blanco, gris o verdoso. Es fácilmente exfoliable. Suele hallarse en los meteoritos.

ensuciar *v. tr.* **1.** Poner sucia una cosa. También *v. prnl.* **2.** Quitar o disminuir el buen nombre, el prestigio. || *v. prnl.* **3.** Hacerse las necesidades corporales en la cama o en la ropa. También *v. intr.* **4.** *fam.* Participar en asuntos sucios. **FAM.** Ensuciamiento.

ensueño *s. m.* **1.** Acción de imaginarse cosas bellas y agradables, generalmente irreales, y recrearse en ellas. **2.** Cosa muy atractiva, pero difícil de realizarse, que alguien desea. **3.** Representación fantástica del que duerme. || **LOC. de ensueño** *adj.* Se dice de algo tan magnífico que parece irreal.

entabacarse *v. prnl.* Abusar del tabaco. ■ Se conjuga como *sacar.*

entabicar *v. tr.* Cerrar con tabique o tabiques. ■ Se conjuga como *sacar.*

entablado, da **1.** *p. p.* de **entablar**. También *adj.* || *s. m.* **2.** Armazón o entramado de tablas. **3.** Suelo formado por tablas.

entabladura *s. f.* Acción y efecto de entablar, en el sentido de cubrir, cercar o asegurar con tablas.

entablamento *s. m.* En arq., conjunto de molduras que constituyen la parte alta de la fachada de un edificio clásico. Suele estar compuesta por cornisa, friso y arquitrabe.

entablar *v. tr.* **1.** Comenzar ciertas acciones o actividades, como conversaciones, negociaciones, enfrentamientos, etc. También *v. prnl.* **2.** Cubrir, cercar o asegurar con tablas alguna cosa. **3.** Entablillar*. **4.** En ajedrez, damas y otros juegos de tablero, disponer las piezas en el tablero para comenzar la partida. **5.** *Arg.* Acostumbrar al ganado a que ande en manada. || *v. intr.* **6.** *amer.* Empatar, igualar. **7.** *Perú.* Alardear, fanfarronear. || *v. prnl.* **8.** *Guat., Méx.* Encarrilarse, tomar su curso algo.

entable *s. m.* **1.** Entabladura*. **2.** Manera de colocar las piezas en los juegos de tablero, como el ajedrez o las damas. **3.** *Col.* Empresa, negocio.

entablerarse *v. prnl.* En las corridas, arrimarse el toro a las tablas de la barrera para defenderse.

entablillar *v. tr.* Inmovilizar con tablillas y vendas un hueso roto para que pueda soldarse.

entablón, na *adj.* **1.** *Perú.* Fanfarrón. **2.** *Ec., Perú.* Que pretende imponer su voluntad. También *s.*

entablonada *s. f. Perú.* Fanfarronada.

entalegar *v. tr.* **1.** Meter algo en talegos o sacos. **2.** Ahorrar dinero, acumularlo. **3.** En argot, meter a alguien en el talego o cárcel. ■ Se conjuga como *pagar.*

entallado, da **1.** *p. p.* de **entallar**. También *adj.* || *adj.* **2.** Que marca el talle, que se ciñe a él.

entallador, ra *adj.* Se dice del que se dedica a entallar. También *s.*

entalladura *s. f.* **1.** Corte hecho en una pieza de madera para ensamblarla con otra. **2.** Corte hecho en los árboles para extraer su resina. **3.** Acción y efecto de entallar o esculpir.

entallar[1] *v. tr.* **1.** Hacer el talle o parte de una prenda que corresponde a la cintura. || *v. intr.* **2.** Ajustarse una prenda al talle o cintura de una persona. También *v. prnl.*

entallar[2] (de *talla*) *v. tr.* **1.** Hacer cortes en una pieza de madera para ensamblarla con otra. **2.** Hacer cortes en la corteza de algunos árboles para obtener su resina. **3.** Hacer figuras o esculturas en madera, bronce, mármol, etc. **4.** Hacer grabados en una lámina, lápida, piedra o cosas semejantes.

entalle *s. m.* Piedra grabada en hueco, utilizada como sello, para joyas, etc.

entallecer *v. intr.* Echar tallos las plantas y árboles. También *v. prnl.* ■ Es v. irreg. Se conjuga como *agradecer.*

entalpía *s. f.* Magnitud termodinámica que equivale al calor absorbido o emitido por un sistema a presión constante. Se expresa por la fórmula $H = U + P \Delta V$, en la que H es la entalpía, U la energía interna del sistema, P la presión y ΔV el incremento de volumen.

entapar *v. tr. Chile.* Encuadernar un libro.

entarimado, da **1.** *p. p.* de **entarimar**. También *adj.* || *s. m.* **2.** Suelo cubierto con tablas.

entarimador, ra *s. m.* y *f.* Persona que tiene por oficio entarimar.

entarimar *v. tr.* Cubrir el suelo de una habitación con tablas o tarima.

éntasis *s. f.* Abultamiento que se da al fuste o cuerpo de algunas columnas para corregir el efecto óptico por el que el perfil del fuste se vería cóncavo si fuera recto.

ente *s. m.* **1.** Todo aquello que existe. La filosofía escolástica diferenció entre el **ente de razón**, ser que existe sólo en la mente; el **ente real**, ser que existe en la naturaleza de las cosas, y el **ente ideal**, ser que existe en la naturaleza de las cosas y que es representado en la mente. **2.** Colectividad, corporación, organismo. **3.** *fam.* Persona rara o ridícula.

Entebbe C. de Uganda, situada en el S del país, junto al lago Victoria. 40.000 h. en 1982. Antigua capital del país, es un importante nudo de comunicaciones. Su aeropuerto fue atacado en una operación relámpago, en 1976, por comandos israelíes que liberaron un avión francés secuestrado por los palestinos.

entechar *v. tr. amer.* Techar.

enteco, ca *adj.* Flaco, débil, enfermizo.

entejar *v. tr. amer.* Tejar, cubrir con tejas.

entelequia *s. f.* **1.** En la filosofía aristotélica, estado de perfección de una cosa y, p. ext., todo lo que tiende a su propia perfección y que posee en sí mismo la capacidad para llevarla a cabo. **2.** Ideal utópico, quimera.

entenado, da *s. m.* y *f.* Hijastro*.

entendederas *s. f. pl. fam.* Entendimiento, inteligencia.

entendedor, ra *adj.* Que entiende. También *s.*

entender[1] (del lat. *intendere*, tender hacia) *v. tr.* **1.** Comprender, captar o percibir el significado de algo. También *v. prnl.* **2.** Justificar la conducta o actitud de alguien. **3.** Expresar una opinión. **4.** Conocer la forma de ser de una persona y cómo tratarla. **5.** Conocer las intenciones o motivos de alguien, aunque estén ocultos. || *v. intr.* **6.** Saber de algo o ser experto en ello. También *v. tr.* **7.** Con la preposición *en*, tener autoridad o competencia para ocuparse de un asunto o intervenir en él. **8.** En argot, ser homosexual. || *v. prnl.* **9.** Llevarse bien con alguien o ponerse de acuerdo. **10.** Arreglárselas alguien como pueda. **11.** Mantener dos personas una relación amorosa. ■ Es v. irreg. Se conjuga como *tender.* || **LOC. entendérselas** uno **con** alguien Dar explicaciones, rendir cuentas o enfrentarse a alguien. **FAM.** Entendible.

entender[2] *s. m.* Opinión, juicio.

entendido, da **1.** *p. p.* de **entender**. También *adj.* || *adj.* **2.** Se dice de la persona que posee buenos conocimientos sobre una materia. También *s.* || *interj.* **3.** Expresa que se ha comprendido una cosa.

entendimiento *s. m.* **1.** Facultad del hombre de conocer, comprender y juzgar las cosas. **2.** Acuerdo, buenas relaciones o amistad entre personas, países, etc.

Fil. Para Aristóteles y para los filósofos escolásticos medievales, el entendimiento, llamado también *intelecto*, es la facultad del alma que conoce y piensa; mientras que los sentidos captan los elementos sensibles de las cosas, el entendimiento capta sus elementos inteligibles. Para el filósofo empirista inglés John Locke, el entendimiento no tiene ningún contenido; es como una tabla rasa sobre la que «escribe» la experiencia, que es el origen de todas las ideas. Éstas pueden ser: simples, producto de la sensación y de la reflexión, y complejas, o asociaciones de ideas simples. Gottfried Leibniz (1704) criticó el empirismo de Locke y estableció una diferencia de grado entre sensibilidad y entendimiento, señalando que este último es una forma superior de conocimiento. Immanuel Kant desarrolló la doctrina del idealismo trascendental (1781), según la cual el sujeto pensante posee dos fuentes de conocimiento: las formas a priori de la sensibilidad, la espacial y la temporal, que el sujeto aplica al objeto para transformarlo en conocimiento sensible, y las formas a priori del entendimiento, que proceden de la razón y permiten elaborar juicios y formular reglas. Los filósofos idealistas Johann Fichte (1794) y Georg Hegel (1807) rechazaron los principios de Kant, indicando que el entendimiento siempre debe estar subordinado a la razón. En general, la filosofía contemporánea evita el término *entendimiento* para sustituirlo por el de *conciencia*.

entenebrecer *v. intr.* **1.** Llenar de tinieblas o de oscuridad. También *v. prnl.* **2.** Llenar de tristeza o pesimismo. También *v. prnl.* ▪ Es v. irreg. Se conjuga como *agradecer*.

entente *s. f.* Acuerdo, especialmente entre estados o gobiernos.

Entente Nombre de diversos pactos, acuerdos y alianzas concertados por distintos estados durante los s. XIX y XX.

Entente balcánica Acuerdo alcanzado en Belgrado (1934) por Turquía, Rumania, Grecia y Yugoslavia, en el que estas naciones se obligaban a no recurrir a la violencia en caso de litigio y a respetar las fronteras establecidas en el tratado de Versalles.

Entente cordial Se denomina así las buenas relaciones establecidas por Francia e Inglaterra entre 1840-50, durante los reinados de Luis Felipe y Victoria. Desde 1904 se aplicó a un nuevo acercamiento franco-británico, promovido por Francia para superar el aislamiento al que la sometía Prusia.

Pequeña Entente Acuerdos concertados en 1920-21 por Checoslovaquia, Yugoslavia y Rumania, con el apoyo de Francia, por los que se obligaban a mantener el estatuto territorial establecido en el tratado de Trianon y evitar así la restauración del poder austro-húngaro.

Triple Entente Sistema de alianzas concertadas entre Francia, Reino Unido y Rusia en 1907 para oponerse a la Triple Alianza formada por Alemania, Italia y Austria. En 1914, al estallar la Primera Guerra Mundial, se convirtió en alianza contra Alemania.

enter- *pref.* Significa 'intestino': *enteritis* ▪ También presenta la variante **entero-**: *enterocolitis*.

enteradillo, lla *adj. fam.* Se dice de la persona que presume de saber o entender de todo más que los demás. También *s.*

enterado, da **1.** *p. p.* de **enterar**. También *adj.* ‖ *adj.* **2.** Que tiene conocimiento de algo, que domina cierta materia. También *s.* ‖ *s. m.* y *f.* **3.** *fam.* Enteradillo, persona que presume de sus conocimientos. ‖ *s. m.* **4.** Fórmula que hace constar que se ha recibido o leído un documento; también, este trámite o diligencia.

enteralgia *s. f.* En med., dolor intestinal agudo.

enteramente *adv. m.* Del todo, completamente.

enterar *v. tr.* **1.** Poner al corriente de algo. Se usa sobre todo como *v. prnl.* **2.** *amer.* Pagar, hacer una entrega de dinero. **3.** *Arg., Chile, Perú.* Completar una suma de dinero. ‖ *v. intr.* **4.** *Chile.* Dejar correr el tiempo, ir pasando los días. ‖ *v. prnl.* **5.** Darse cuenta de algo. Se usa mucho en frases negativas. **6.** Comprender, entender. ‖ **Loc. para que te enteres** Refuerza lo que se comunica a alguien, especialmente cuando se supone que va a desagradarle. **te vas** (**se va, se van**, etc.) **a enterar** *fam.* Se usa como advertencia o amenaza.

enterciar *v. tr. Cuba, Guat., Méx.* Dividir en tercios o en fardos una mercancía.

entereza *s. f.* **1.** Cualidad o actitud de la persona firme y serena. **2.** Energía en el carácter y en el comportamiento.

entérico, ca *adj.* Perteneciente o relativo a los intestinos.

enteritis *s. f.* Proceso inflamatorio del intestino delgado, producido por una infección vírica o bacteriana o por una intoxicación alimentaria. Se manifiesta en forma de cólicos y diarreas. Si es de origen infeccioso, se trata con antibióticos, y si es tóxica, con antiinflamatorios. Los procesos más agudos pueden requerir una intervención quirúrgica.

enterizo, za *adj.* De una sola pieza.

enternecedor, ra *adj.* Que enternece o conmueve.

enternecer *v. tr.* **1.** Poner a alguien tierno, compasivo. También *v. prnl.* **2.** Poner tierna una cosa. También *v. prnl.* ▪ Es v. irreg. Se conjuga como *agradecer*. **Fam.** Enternecimiento.

entero, ra *adj.* **1.** Completo, que no le falta ninguna parte. **2.** Que no ha sufrido daño o desperfecto. **3.** Se dice de la persona que domina sus emociones e impresiones. **4.** Se aplica a personas constantes y firmes en sus ideas, deberes, determinaciones, etc. **5.** En bot., se aplica a la hoja cuyo borde es liso o continuo. **6.** Aplicado a algunos alimentos, especialmente legumbres, duros una vez cocinados. **7.** En mat., se dice del número racional no decimal y también del conjunto de todos los números naturales y todos los números negativos. También *s. m.* **8.** Se dice de los animales sin castrar. **9.** *amer. fam.* Muy parecido. ‖ *s. m.* **10.** En bolsa, unidad que mide los cambios en la cotización de los valores y que equivale al 1 % del valor nominal de una acción. P. ej., una subida de 5 enteros de un título cuyo valor nominal sea de 500 ptas. significa que vale ahora 25 ptas. más que antes. **11.** *amer. fam.* Acción de completar una cantidad. **12.** *Chile.* Complemento, saldo de alguna suma. ‖ **Loc. por entero** *adv.* Enteramente, por completo.

entero- *pref.* Véase **enter-**.

enterobacteriáceas *s. f. pl.* Familia de bacterias gramnegativas perteneciente al orden eubacteriales, que comprende numerosas especies de los géneros *Aerobacter, Salmonella*, etc. Algunas de ellas se mueven mediante flagelos o cilios, son anaerobias y fermentan la glucosa. Generalmente son huéspedes del intestino de los vertebrados y el hombre. Ciertas especies son patógenas y provocan gastroenteritis, fiebre tifoidea, peste, etc. También *adj.* y *s. f.*

enterocolitis *s. f.* En med., inflamación del intestino delgado, del ciego y del colon.

enteropatía *s. f.* Nombre genérico de las enfermedades intestinales.

enterrador, ra *s. m.* y *f.* **1.** Persona que cava las sepulturas y entierra a los muertos. ‖ *s. m.* **2.** Nombre común de diversos insectos coleópteros de la familia sílfidos, género *Necrophorus*. Tienen el cuerpo negro con manchas anaranjadas, son buenos voladores y pueden oler la carroña a considerable distancia. Poseen poderosas mandíbulas y patas excavadoras, con las que entierran cadáveres de pequeños mamíferos, sobre los que ponen sus huevos, para que sirvan de alimento a sus larvas. Algunas especies se alimentan de carroña, pero otras son definidamente carnívoras.

enterramiento *s. m.* **1.** Acción y efecto de enterrar. **2.** Sitio en el que está alguien sepultado o enterrado. **3.** Construcción o monumento funerario en el que está enterrado alguien.

enterrar *v. tr.* **1.** Poner algo bajo tierra o cubrirlo con ella. También *v. prnl.* **2.** Dar sepultura a un cadáver. **3.** Ocultar o tapar a alguien o algo entre otras cosas o bajo ellas. También *v. prnl.* **4.** Hundir o clavar algo en un sitio. **5.** Olvidar o arrinconar algo. **6.** Sobrevivir uno a alguien. ‖ *v. prnl.* **7.** Aislarse del trato con los demás. ▪ Es v. irreg. Se conjuga como *pensar*.

enterratorio *s. m. Amér. del S.* Cementerio, especialmente de indígenas.

entibación *s. f.* **1.** Acción y efecto de entibar. **2.** Conjunto de maderos o armazón metálico para sostener o reforzar la tierra en excavaciones, pozos y galerías.

entibado *s. m.* Recubrimiento de maderos u otros materiales para sostener o reforzar las paredes y techos de las galerías de las minas.

entibador *s. m.* En minería, trabajador que entiba las galerías en las minas.

entibar *v. tr.* **1.** Sostener o reforzar con maderos o armazón metálico las paredes y el techo de una excavación, pozo, galería de mina, etc. ‖ *v. intr.* **2.** Apoyar el peso una cosa en otra más sólida.

entibiar *v. tr.* **1.** Poner tibia o templada una cosa. También *v. prnl.* **2.** Enfriar o moderar la pasión, el entusiasmo, el afecto, etc. También *v. prnl.*

entidad *s. f.* **1.** Institución, organismo. **2.** Valor o importancia de una cosa. **3.** En fil., la esencia de algo, lo que hace que sea como es. **4.** Cosa que existe, en especial si no es material, como la voluntad, el alma, etc.

entierro *s. m.* **1.** Acción y efecto de enterrar. **2.** Ceremonia en que se realiza y conjunto de las personas que participan en ella. ‖ **3. entierro de la sardina** Simulación festiva del entierro de una sardina que se celebra el miércoles de ceniza y que marca el fin del carnaval y el inicio de la cuaresma.

entimema *s. m.* En lóg., razonamiento o silogismo en el que se suprime una de las premisas por ser evidente y que, por tanto, sólo consta de dos proposiciones. P. ej., en el silogismo *Pienso, luego existo*, se ha suprimido la premisa *Todo el que piensa existe*.

entintado, da **1.** *p. p.* de **entintar**. También *adj.* ‖ *s. m.* **2.** Acción y efecto de entintar.

entintar *v. tr.* **1.** Manchar o empapar con tinta. **2.** Teñir, dar a algo un color distinto del que tenía.

entoldado, da **1.** *p. p.* de **entoldar**. También *adj.* ‖ *s. m.* **2.** Acción y efecto de entoldar. **3.** Lugar cubierto con toldos. **4.** Conjunto de toldos dispuestos para proteger del sol, la lluvia, etc.

entoldar *v. tr.* **1.** Cubrir algo con toldos. ‖ *v. prnl.* **2.** Cubrirse de nubes el cielo. **Fam.** Entoldamiento.

entomatado, da *adj.* Se dice del guiso hecho con tomate. También *s. m.*

entomo- *pref.* Significa 'insecto': *entomología, entomófilo*.

entomófago, ga *adj.* Se aplica a los animales que se alimentan de insectos. También *s.*

entomófilo, la *adj.* **1.** Se dice de la persona aficionada al estudio de los insectos. También *s.* **2.** Se aplica a las plantas en cuya polinización intervienen parcial o totalmente los insectos. Suelen tener flores muy llamativas, fuerte aroma y un polen muy pegajoso.

entomología *s. f.* Parte de la zoología que estudia los insectos. **Fam.** Entomológico.

entomólogo, ga *s. m.* y *f.* Persona que se dedica a la entomología.

entonación *s. f.* **1.** Acción y efecto de entonar. **2.** Sucesión de tonos o variaciones de la voz que forman una línea melódica y añaden un matiz expresivo a lo que se dice.

entonado, da **1.** *p. p.* de **entonar**. También *adj.* ‖ *adj.* **2.** Restablecido, fortalecido, reanimado. **3.** *fam.* Alegre por el alcohol. **4.** De posición social elevada.

entonar *v. tr.* **1.** Dar el tono correcto al cantar. También *v. intr.* **2.** Dar un determinado tono a la voz. **3.** Empezar a cantar alguien para que los demás le sigan. **4.** Cantar o recitar un himno, un poema, etc., en honor de alguien o algo. **5.** Combinar o armonizar los colores. También *v. intr.* **6.** Restablecer el organismo, devolverle las fuerzas que ha perdido momentáneamente, p. ej. a causa del frío. También *v. prnl.* **7.** *fam.* Poner a alguien animado o alegre el alcohol. También *v. prnl.* ‖ *v. prnl.* **8.** Engreírse, ponerse soberbio.

entonces *adv. t.* **1.** En un tiempo u ocasión determinados. ‖ *adv. m.* **2.** Introduce algo que es consecuencia o se deduce de lo dicho anteriormente: *Para estar a disgusto, entonces no vengas*. ‖ **Loc. en aquel** (o **por aquel** o **por**) **entonces** *adv.* En aquel tiempo.

entonelar *v. tr.* Meter algo, especialmente líquidos, en toneles.

entontecer *v. tr.* Volver tonto a alguien. También *v. prnl.* ▪ Es v. irreg. Se conjuga como *agradecer*. **Fam.** Entontecimiento.

entorchado, da **1.** *p. p.* de **entorchar**. También *adj.* ‖ *s. m.* **2.** Cuerda o hilo reforzado con otro, generalmente de metal y enrollado alrededor, que se usa en especial para las cuerdas de instrumentos musicales y algunos bordados. **3.** Bordado de oro o plata que se lleva como distintivo en algunos uniformes.

entorchar *v. tr.* Recubrir un hilo o cuerda enrollándole otro hilo, generalmente de metal.

entorilar *v. tr.* Meter a los toros en el toril.

entornar *v. tr.* **1.** Dejar una puerta o ventana a medio cerrar. **2.** Bajar los párpados sin cerrarlos por completo.

entorno *s. m.* **1.** Conjunto de personas, cosas y circunstancias que rodean a alguien o algo. **2.** En mat., dados dos números reales *a* y *r*, se llama entorno de centro en *a* y radio *r* [$E(a, r)$] al conjunto formado por todos los números reales cuya distancia al número *a* es menor o igual que *r*. P. ej., *E* (5, 2) es el conjunto de números reales cuya distancia a 5 es menor o igual que 2 y, por tanto, el conjunto de números reales comprendidos entre 3 y 7.

entorpecer *v. tr.* **1.** Dificultar, obstaculizar. También *v. prnl.* **2.** Hacer torpe a alguien, física o mentalmente. También *v. prnl.* ■ Es v. irreg. Se conjuga como *agradecer*. **FAM.** Entorpecedor, entorpecimiento.

entrada *s. f.* **1.** Acción y efecto de entrar. **2.** Lugar por donde se entra. **3.** Espacio de la casa, cercano a la puerta, que da paso a las demás habitaciones. **4.** Billete que permite entrar en un lugar público, espectáculo, etc. **5.** Cantidad de público que acude a un espectáculo y recaudación o ganancias obtenidas. **6.** Cantidad de dinero que entra en una caja, cuenta, registro, etc., o en poder de alguien. **7.** Dinero que se da al principio al comprar alguna cosa a plazos, al alquilarla, hacerse socio de alguna institución, etc. **8.** Zona desprovista de pelo situada encima de las sienes. Se usa sobre todo en *pl.* **9.** Plato más ligero que se sirve después de la sopa o directamente antes del principal. **10.** En algunos deportes, como el fútbol, acción de acometer un jugador a un contrario para quitarle el balón. **11.** Principio de una obra, como un libro, oración, etc. **12.** En los diccionarios, lema. También, el lema junto con su artículo correspondiente. **13.** Oportunidad que una persona ofrece a otra para hablarle o tratar algún asunto. **14.** En teatro, salida a escena de un personaje. **15.** En teatro, últimas palabras de lo dicho por un actor que sirven de señal para que otro empiece a hablar. **16.** En inform., introducción de datos o instrucciones a un ordenador. ‖ **LOC. de entrada** *adv.* En un primer momento, para empezar.

entrado, da *p. p.* de **entrar**. También *adj.* ‖ **LOC. entrado en** Con mucho o bastante de lo que se expresa: *entrado en años, entrada en carnes.*

entrador, ra *adj.* **1.** *amer.* Atrevido, osado. **2.** *amer.* Entrometido. **3.** *amer.* Enamoradizo.

entramado, da 1. *p. p.* de **entramar**. También *adj.* ‖ *s. m.* **2.** Armazón de hierro o madera que sirve para sostener una obra de albañilería, especialmente para la construcción de techos y paredes. **3.** Conjunto de cosas materiales o inmateriales unidas o relacionadas entre sí.

entramar *v. tr.* Formar el entramado de una construcción.

entrambos, bas *adj. pl.* Ambos*.

entrampar *v. tr.* **1.** Llenar a alguien de deudas. Se usa más como *v. prnl.* **2.** Hacer caer en una trampa o engaño.

entrante *adj.* **1.** Aplicado a un periodo de tiempo, que entra o llega. ‖ *s. m.* **2.** Parte de una cosa que entra en otra, como un entrante de mar en la tierra. **3.** Plato que se sirve como entrada.

entraña *s. f.* **1.** Lo más importante o esencial de algo. ‖ *pl.* **2.** Conjunto de los órganos internos del cuerpo de las personas y los animales. **3.** Interior, parte más oculta o escondida de algo. **4.** Sentimientos de una persona, en especial capacidad de compasión. ‖ **LOC. de mis entrañas** *adj.* Expresión de cariño que se aplica a un ser querido.

entrañable *adj.* **1.** Aplicado a sentimientos, de íntimo afecto. **2.** Se dice de la persona o cosa que inspira ese tipo de sentimientos. **FAM.** Entrañablemente.

entrañar *v. tr.* **1.** Implicar, llevar consigo. **2.** Introducir en lo más interno u oculto de alguna cosa. También *v. prnl.*

entrar *v. intr.* **1.** Ir de fuera adentro. **2.** Caber. **3.** Ingresar en una institución, grupo, asociación, etc. **4.** Formar parte, estar incluido en un conjunto. **5.** Ser necesario cierto número o cantidad de algo para formar una cosa o completar una medida. **6.** Tomar parte en un negocio, actividad, discusión, etc. **7.** Con algunos sustantivos, como *calor, miedo*, etc., comenzar a experimentarlos. **8.** Empezar una etapa o periodo de tiempo. **9.** Ser admitido en un lugar o ambiente. **10.** Con la preposición *por*, aceptar o tolerar cierta costumbre, idea, situación, etc. **11.** *fam.* Ser una bebida o una comida muy agradable de tomar. **12.** En mús., incorporarse una voz o el sonido de un instrumento en el momento preciso. **13.** En teatro, salir a escena un personaje. **14.** Embestir, acudir el toro a la llamada del torero. **15.** En los juegos de naipes, hacer una apuesta contra los demás jugadores. ‖ *v. tr.* **16.** Meter una cosa en un lugar. También *v. prnl.* **17.** En algunos deportes, como el fútbol, acometer un jugador a otro para quitarle el balón. **18.** Tratar o abordar a una persona o cosa. ‖ **LOC. no entrar ni salir** en algo *fam.* No tomar parte en un asunto, discusión, etc., mantenerse al margen. **no entrarle** a alguien una cosa *fam.* No comprenderla.

entre *prep.* **1.** Expresa la situación respecto a personas o cosas que se hallan a ambos lados. **2.** Indica estado intermedio: *Estaba entre cansado y aburrido.* **3.** Indica posición dentro de un grupo: *Está entre los tres primeros.* **4.** En el pueblo o colectividad que se expresa: *entre los egipcios...* **5.** Rodeado o acompañado por otras personas o cosas: *Caminaba entre árboles.* **6.** Mezclado con algo o situado dentro: *Lo escondió entre las hojas.* **7.** Indica reciprocidad: *Se miraron entre sí.* **8.** Expresa la participación de más de una persona o cosa en una acción, situación o estado: *Entre todos lo conseguiremos.* **9.** Sirve para establecer comparaciones: *Entre éste y aquél, me quedo con el primero.*

entre- *pref.* Significa cualidad o situación intermedia: *entrecano;* en medio de dos o más cosas: *entreguerras;* acción no realizada del todo: *entreabrir;* relación, combinación o cruce de dos o más cosas: *entremezclar.*

Entre Ríos Prov. de Argentina, situada entre los ríos Paraná y Uruguay, en el litoral del país. 78.781 km^2. 1.006.000 h. en 1989. La capital es Paraná, con 159.581 h. en 1989. Sobresale por su gran riqueza agrícola, con producción de lino, alfalfa, sorgo y cítricos, y ganadera, con una importante cabaña bovina y ovina, e industria alimentaria de productos cárnicos.

Entre Ríos: catedral de Paraná, capital de la provincia.

entreabrir *v. tr.* Abrir a medias una puerta, una ventana, etc. También *v. prnl.* ■ Su p. p. es irreg.: *entreabierto.*

entreacto *s. m.* **1.** Intermedio en una representación teatral o cualquier otro espectáculo público. **2.** Espacio de tiempo que interrumpe una actividad o situación.

entrebarrera *s. f.* En las plazas de toros, callejón. Se usa sobre todo en *pl.*

entrecalle *s. f.* En arq., espacio entre dos molduras.

entrecano, na *adj.* Se dice del cabello o barba con algunas canas y de las personas que así lo tienen.

entrecavar *v. tr.* Cavar ligeramente, sin ahondar.

entrecejo *s. m.* **1.** Espacio que existe entre las cejas. **2.** Arrugas que aparecen al fruncir esta parte.

entrecerrar *v. tr.* Cerrar a medias una puerta, ventana, etc. También *v. prnl.* ■ Es v. irreg. Se conjuga como *pensar.*

entrechocar *v. tr.* Chocar una cosa contra otra. También *v. prnl.* ■ Se conjuga como *sacar.*

entrecomillado, da 1. *p. p.* de **entrecomillar**. También *adj.* ‖ *s. m.* **2.** Aquello que se cita entre comillas.

entrecomillar *v. tr.* Poner entre comillas palabras, frases o párrafos.

entrecoro *s. m.* Espacio que hay entre el coro y la capilla mayor en las catedrales.

entrecortado, da 1. *p. p.* de **entrecortar**. También *adj.* ‖ *adj.* **2.** Se dice de la voz o del sonido que no es continuo. **FAM.** Entrecortadamente.

entrecortar *v. tr.* **1.** Cortar una cosa sin acabar de partirla del todo. ‖ *v. prnl.* **2.** Hablar de forma discontinua a causa de la timidez, la emoción, el miedo, etc.

entrecot *s. m.* **1.** Filete de la parte de las costillas, generalmente de vaca o buey. **2.** P. ext., filete grueso, frito o asado, de cualquier parte del animal.

entrecruzar *v. tr.* Cruzar dos o más cosas entre sí. También *v. prnl.* ■ Se conjuga como *cazar.* **FAM.** Entrecruzado, entrecruzamiento.

entrecubierta *s. f.* Espacio comprendido entre cubierta y cubierta de un barco.

entredicho *s. m.* **1.** Duda sobre alguien o algo, en especial sobre la honradez o sinceridad de alguien. Se usa sobre todo en la locución **en entredicho**, con verbos como *estar* o *poner.* **2.** Prohibición eclesiástica por la que se priva a alguien de recibir o administrar ciertos sacramentos, asistir a los oficios religiosos o ser enterrado en sagrado, o se suspende el culto en un lugar.

entredós *s. m.* **1.** Tira bordada o de encaje que se cose como adorno entre dos telas. **2.** Armario de madera fina y de poca altura, rematado generalmente por un tablero de mármol, que suele colocarse entre dos balcones de una sala.

entrefilete *s. m.* Suelto de un periódico.

entrefino, na *adj.* **1.** Se dice de aquello de una calidad intermedia entre lo fino y lo basto o que no es ni muy grueso ni muy fino. **2.** Se dice del vino de Jerez que posee algunas cualidades de la variedad llamada fino.

entrega *s. f.* **1.** Acción y efecto de entregar o entregarse. **2.** Ceremonia en la que se conceden premios, títulos, etc. **3.** Aquello que se entrega de una vez. **4.** Cada una de las partes de una obra o de una serie coleccionable que se publican y venden separadamente. **5.** Empeño, interés, sacrificio. **6.** En construcción, parte de un madero o de un sillar que está introducida en el muro.

entregar *v. tr.* **1.** Dar una cosa a alguien, ponerla en su poder. **2.** Poner a alguien en poder de otras personas, p. ej. en el de sus enemigos o las autoridades. También *v. prnl.* **3.** Rendir o someter una cosa o persona a alguien. También *v. prnl.* **4.** Hacer depender el destino o la voluntad de una persona de alguien o de algo. También *v. prnl.* ‖ *v. prnl.* **5.** Dedicarse alguien enteramente a una actividad. **6.** Dedicarse alguien desinteresadamente al servicio y ayuda a los demás. **7.** Abandonarse a un vicio, pasión, etc. ■ Se conjuga como *pagar.* ‖ **LOC. entregarla** *fam.* Morirse.

entreguerras, de *loc. prep.* Se aplica a la etapa de paz que media entre dos guerras consecutivas y a lo relativo a ella. En Europa se dice especialmente del periodo entre la Primera y la Segunda Guerra Mundial y de lo relativo al mismo.

entrelargo, ga *adj.* Que es un poco más largo que ancho.

entrelazar *v. tr.* Enlazar una cosa con otra, cruzándolas entre sí. ■ Se conjuga como *cazar.* **FAM.** Entrelazamiento.

entrelazo *s. m.* Motivo decorativo formado con elementos entrelazados.

entrelínea *s. f.* **1.** Interlínea de un escrito o impreso. **2.** Lo escrito entre dos renglones.

entrelinear *v. tr.* Escribir algo entre dos renglones.

entremedias *adv. t.* **1.** Entre dos o más momentos, acciones o sucesos. ‖ *adv. l.* **2.** Entre dos o más cosas o lugares.

entremedio, dia *adv. l.* y *t.* Entremedias*.

entremés *s. m.* **1.** Plato ligero y variado que se sirve generalmente al comienzo de las comidas. Se usa sobre todo en *pl.* **2.** En el teatro, pieza breve de carácter humorístico que solía representarse entre los actos de una obra más extensa. El entremés surgió en el teatro español en el s. XVI, pero conoció su verdadero auge en el

s. XVII, durante el reinado de Felipe IV. Con anterioridad, piezas similares eran denominadas *pasos*; más tarde, ya en el s. XVIII, se les llamó *sainetes*. Famoso autor de entremeses fue Cervantes. **3.** Género teatral constituido por los entremeses.

entremesista *s. m.* y *f.* Autor de entremeses.

entremeter *v. tr.* **1.** Meter una cosa entre otras. También *v. prnl.* **2.** Doblar o recoger hacia dentro la parte que sobra o sobresale de algo, p. ej. de una prenda. || *v. prnl.* **3.** Colocarse una persona en medio o entre otras. **4.** Entrometerse*. **FAM.** Entremetido; entremetimiento.

entremezclar *v. tr.* Mezclar personas o cosas distintas. También *v. prnl.*

entrenado, da 1. *p. p.* de **entrenar**. || *adj.* **2.** Que está preparado para realizar alguna actividad.

entrenador, ra *s. m.* y *f.* Persona que entrena o ejercita a otras, especialmente a los deportistas.

entrenamiento *s. m.* **1.** Acción y efecto de entrenar o entrenarse. **2.** Periodo de tiempo en el que se entrena.

entrenar *v. tr.* **1.** Ejercitar a los deportistas y cuidar su forma física. También *v. intr.* y *v. prnl.* **2.** Preparar a alguien en el manejo o práctica de alguna cosa. También *v. prnl.*

entrenudo *s. m.* Parte del tallo de una planta que está entre dos nudos consecutivos.

entreoír *v. tr.* Oír una cosa sin entenderla bien del todo. ■ Es v. irreg. Se conjuga como *oír*.

entrepaño *s. m.* **1.** Parte de pared comprendida entre dos pilastras, dos columnas o dos huecos. **2.** Estante*. **3.** Cada uno de los paneles o tableros de puertas o ventanas.

entrepierna *s. f.* **1.** Parte interior de los muslos. **2.** Parte de una prenda de vestir que corresponde a ese lugar. **3.** *vulg.* Órganos genitales del hombre o la mujer.

entrepiso *s. m.* **1.** Piso que se construye utilizando la parte superior de otro, quedando entre éste y el siguiente piso. **2.** En minería, espacio entre dos pisos o galerías superpuestos de una mina.

entreplanta *s. f.* Planta entre los sótanos y el bajo o primero, que generalmente se destina a locales comerciales, oficinas, etc.

entrepuente *s. m.* Entrecubierta*.

entresacar *v. tr.* **1.** Sacar o escoger una cosa de entre otras. **2.** Aclarar un monte cortándole algunos árboles; también, espaciar las plantas de un sembrado. **3.** Cortar parte del cabello cuando es demasiado espeso. ■ Se conjuga como *sacar*. **FAM.** Entresaca, entresacadura.

entresijo *s. m.* **1.** Mesenterio*. || *pl.* **2.** *fam.* Interioridades, aspectos ocultos. Se usa sobre todo en *pl.*

entresuelo *s. m.* **1.** Piso que está entre el bajo y el principal. **2.** En teatros y cines, planta sobre el patio de butacas.

entresurco *s. m.* Espacio que queda entre surco y surco en los sembrados.

entretanto *adv. t.* En el mismo tiempo en que ocurre o se hace otra cosa. ■ Se escribe también *entre tanto*.

entretejer *v. tr.* **1.** Meter en la tela que se está tejiendo hilos diferentes para hacer una labor o dibujo. **2.** Entrelazar o entremezclar unas cosas con otras. También *v. prnl.*

entretela *s. f.* **1.** Tejido que se pone como refuerzo entre la tela y el forro en algunas partes de las prendas de vestir. || *pl.* **2.** *fam.* Lo más íntimo y profundo de los sentimientos.

entretelar *v. tr.* Poner la entretela a una prenda de vestir.

entretener *v. tr.* **1.** Divertir, distraer. También *v. prnl.* **2.** Hacer perder el tiempo. También *v. prnl.* **3.** Dar largas, retrasar con pretextos el cumplimiento o la realización de algo. **4.** Distraer la atención de una persona. **5.** Mantener o conservar algo. **6.** Hacer menos molesta o pesada una cosa. ■ Es v. irreg. Se conjuga como *tener*.

entretenido, da 1. *p. p.* de **entretener**. También *adj.* || *adj.* **2.** Divertido, agradable. **3.** Trabajoso, minucioso. || *s. f.* **4.** Mujer mantenida por un hombre que tiene con ella relaciones amorosas fuera del matrimonio.

entretenimiento *s. m.* **1.** Acción y efecto de entretener o entretenerse. **2.** Cosa que entretiene o divierte. **3.** Mantenimiento de algo en uso o funcionamiento.

entretiempo *s. m.* Tiempo intermedio entre el invierno y el verano o entre las estaciones fría y calurosa.

entrever *v. tr.* **1.** Empezar a ver o ver sin mucha claridad. **2.** Sospechar que algo puede suceder. ■ Es v. irreg. Se conjuga como *ver*.

entreverado, da 1. *p. p.* de **entreverar**. También *adj.* || *adj.* **2.** Se dice del jamón con muchas vetas de tocino. || *s. m.* **3.** *Ven.* Asadura de cordero preparada al fuego con sal y vinagre.

entreverar *v. tr.* **1.** Introducir una o más cosas en otra o entre otras. También *v. prnl.* || *v. prnl.* **2.** *Arg.* Mezclarse desordenadamente personas, animales o cosas. **3.** *Arg., Chile, Par., Urug.* Luchar cuerpo a cuerpo dos fuerzas militares. **4.** *Arg.* Discutir dos o más personas.

entrevero *s. m.* **1.** *Arg., Chile, Urug.* Acción y efecto de entreverarse. **2.** *Amér. del S.* Lucha o discusión. **3.** *Arg., Chile.* Desorden.

entrevía *s. f.* Espacio que queda entre los dos rieles paralelos de una vía.

entrevista *s. f.* **1.** Encuentro entre dos o más personas para tratar de un asunto. **2.** En periodismo, diálogo que establece un periodista con alguna persona para difundir sus impresiones u opiniones. **3.** Encuentro para determinar si el aspirante a un puesto de trabajo muestra las aptitudes exigidas por la empresa. **4.** En psicol., técnica de exploración y evaluación, caracterizada por la relación directa entre dos o más personas, el uso preferente de la comunicación oral, el establecimiento de unos objetivos y la asignación de roles, con el fin de que el entrevistador controle la situación.

entrevistador, ra *s. m.* y *f.* Persona que realiza una entrevista.

entrevistar *v. tr.* **1.** Realizar una entrevista periodística, de trabajo, etc. || *v. prnl.* **2.** Reunirse dos o más personas para tratar de un asunto.

entripado, da 1. *p. p.* de **entripar**. || *adj.* **2.** Que afecta a las tripas. También *s. m.* || *s. m.* **3.** *fam.* Enfado o disgusto que se mantiene oculto.

entripar *v. tr.* **1.** *Arg., Col., Ec.* Enfadar, irritar. || *v. prnl.* **2.** *Ant., Méx.* Empaparse, mojarse.

entristecer *v. tr.* **1.** Causar tristeza a alguien. **2.** Dar a algo un aspecto triste. || *v. prnl.* **3.** Ponerse uno triste. ■ Es v. irreg. Se conjuga como *agradecer*. **FAM.** Entristecedor, entristecimiento.

entrometerse *v. prnl.* Meterse alguien indiscretamente donde no le corresponde. **FAM.** Entrometimiento.

entrometido, da 1. *p. p.* de **entrometer**. También *adj.* || *adj.* **2.** Que se mete en asuntos ajenos o donde no le corresponde. También *s.*

entromparse *v. prnl.* **1.** *fam.* Emborracharse. **2.** *amer. fam.* Disgustarse, enfadarse.

entroncar *v. tr.* **1.** Establecer una relación entre personas, acciones, ideas, etc. **2.** Afirmar que alguien tiene parentesco con una familia o linaje. || *v. intr.* **3.** Existir una relación entre personas, ideas, acciones, etc. **4.** Emparentar. **5.** Tener una cosa su comienzo, término o continuación en otra, especialmente las líneas o medios de transporte. ■ Se conjuga como *sacar*. **FAM.** Entroncamiento.

entronizar *v. tr.* Colocar a alguien en el trono u otorgarle una dignidad de grado superior. También *v. prnl.* ■ Se conjuga como *cazar*. **FAM.** Entronización, entronizamiento.

entronque *s. m.* **1.** Acción y efecto de entroncar. **2.** Relación de parentesco entre personas que tienen un tronco familiar común. **3.** Sitio donde se unen o entroncan dos o más cosas.

entropía *s. f.* Magnitud termodinámica que expresa el grado de desorden molecular de un sistema. Sólo puede calcularse en las transformaciones reversibles y es igual al cociente de la variación de calor del sistema y la temperatura a que se realiza la transformación. Según el segundo principio de la termodinámica, el valor numérico de esta magnitud siempre aumenta.

entropillar *v. tr. Arg.* Acostumbrar a los caballos a vivir en tropilla o en manada.

entubado, da 1. *p. p.* de **entubar**. También *adj.* || *s. m.* **2.** Operación de entubar.

entubar *v. tr.* **1.** Poner tubos. **2.** *fam.* En el servicio militar, imponer un castigo, arrestar. **FAM.** Entubación.

entuerto *s. m.* **1.** Injusticia, ofensa o daño que se causa a alguien. **2.** Dolor abdominal que se produce tras el parto por la contracción del útero. || **LOC. deshacer un entuerto** *fam.* Reparar un daño u ofensa.

entumecer *v. tr.* Poner rígido un miembro, entorpecer su movimiento. Se usa más como *v. prnl.* ■ Es v. irreg. Se conjuga como *agradecer*. **FAM.** Entumecimiento.

entumirse *v. prnl.* Entumecerse.

entupir *v. tr.* **1.** Atascar un conducto. También *v. prnl.* **2.** Apretar una cosa para hacerla más densa o tupida.

enturbiar *v. tr.* **1.** Poner turbia una cosa, quitarle transparencia. También *v. prnl.* **2.** Complicar o alterar una cosa o asunto. También *v. prnl.* **3.** Estropear, disminuir el entusiasmo, la alegría, la animación, etc. También *v. prnl.* **FAM.** Enturbiamiento.

entusiasmar *v. tr.* **1.** Provocar entusiasmo. || *v. intr.* **2.** Gustar mucho. || *v. prnl.* **3.** Sentir entusiasmo.

entusiasmo *s. m.* **1.** Estado de gran excitación y animación producido por la admiración, el placer o el interés. **2.** Alegría, entrega, esfuerzo que uno pone en realizar algo.

entusiasta *adj.* **1.** Se dice de quien experimenta entusiasmo ante alguien o algo. También *s.* **2.** Se dice de las cosas que denotan entusiasmo. **FAM.** Entusiástico.

enumeración *s. f.* **1.** Exposición ordenada de una serie de cosas o de todos los aspectos de algo. **2.** Relación numerada de cosas.

enumerar *v. tr.* Hacer una enumeración.

enumerativo, va *adj.* Que enumera o incluye una enumeración.

enunciación *s. f.* **1.** Acción y efecto de enunciar. **2.** En ling., acto por el cual un hablante emite un mensaje determinado en una situación espacio-temporal precisa.

enunciado, da 1. *p. p.* de **enunciar**. También *adj.* || *s. m.* **2.** Conjunto de palabras con que se enuncia o expone un problema, una cuestión, un teorema, un principio, etc. **3.** En ling., conjunto de palabras y expresiones que constituyen un mensaje. **4.** En lóg., proposición, sentencia.

enunciar *v. tr.* Expresar de forma breve y precisa una idea, un principio, etc., y en especial los datos de un problema o los términos de un teorema.

enunciativo, va *adj.* **1.** Que enuncia. **2.** En ling., se dice de las oraciones que afirman o niegan algo sin ningún matiz exclamativo, interrogativo, imperativo, etc.

enuresis *s. f.* Trastorno que consiste en orinarse involuntariamente en edades en las que debería existir un control de esfínteres.

envainador, ra *adj.* **1.** Que envaina. **2.** En bot., se dice de la hoja que envuelve al tallo a modo de vaina.

envainar *v. tr.* **1.** Meter algo en su vaina o funda, especialmente un arma blanca. **2.** Envolver una cosa a otra a modo de vaina. || *v. prnl.* **3.** *Col., Perú, Ven.* Meterse en vainas o contrariedades.

envalentonar *v. tr.* Hacer que alguien adquiera valentía o arrogancia. También *v. prnl.* **FAM.** Envalentonamiento.

envanecer *v. tr.* Hacer a alguien vanidoso o demasiado orgulloso de sí mismo o de lo suyo. También *v. prnl.* ■ Es v. irreg. Se conjuga como *agradecer*. **FAM.** Envanecedor, envanecimiento.

envarado, da 1. *p. p.* de **envarar**. También *adj.* || *adj.* **2.** Se dice de la persona que es muy seca y orgullosa. También *s.*

envarar *v. tr.* **1.** Poner torpe o rígido un miembro, p. ej. el frío. También *v. prnl.* || *v. prnl.* **2.** Mostrar una actitud muy seria, seca u orgullosa. **FAM.** Envaramiento.

envasado, da 1. *p. p.* de **envasar**. También *adj.* || *s. m.* **2.** Acción y efecto de envasar.

envasador, ra *adj.* **1.** Que envasa. También *s.* || *s. m.* **2.** Embudo grande por el cual se echan líquidos en toneles u otros recipientes.

envasar *v. tr.* Introducir un producto en envases o recipientes para guardarlo, conservarlo, transportarlo, etc.

envase *s. m.* **1.** Acción y efecto de envasar. **2.** Recipiente o envoltorio donde se guarda, se conserva o se vende un producto.

envegarse *v. prnl. Chile.* Encharcarse un terreno, convertirse en un fangal. ▪ Se conjuga como *pagar.*

envejecer *v. tr.* **1.** Hacer vieja o antigua a una persona o cosa. **2.** Hacer que alguien o algo parezca viejo. **3.** Mantener el vino en los toneles para que adquiera cuerpo. ‖ *v. intr.* **4.** Hacerse uno viejo o parecerlo. También *v. prnl.* **5.** Adquirir cuerpo el vino en los toneles. ▪ Es v. irreg. Se conjuga como *agradecer.*

envejecido, da **1.** *p. p.* de **envejecer**. También *adj.* ‖ *adj.* **2.** Se dice de lo que es o parece viejo o antiguo. **3.** Curtido, experimentado.

envejecimiento *s. m.* **1.** Acción y efecto de envejecer o envejecerse. **2.** Conjunto de alteraciones anatómicas y funcionales del organismo en el transcurso del tiempo a partir de la edad adulta. El envejecimiento del hombre se manifiesta en un conjunto de cambios internos y externos: la piel se arruga, el cabello adquiere color blanco o desaparece y los huesos se vuelven frágiles, al tiempo que el sistema inmunológico pierde eficacia y aparecen con mayor frecuencia las enfermedades. Padecimientos característicos de la vejez son la arteriosclerosis, endurecimiento de las arterias que puede provocar crisis cardiacas; la enfermedad de Alzheimer y Pick, o demencia senil, pérdida de memoria y del contacto con la realidad, etc. **3.** En fís., variación espontánea de las propiedades de las materias coloidales (viscosidad, propiedades ópticas) a lo largo del tiempo. **4.** Tratamiento que se da a ciertas aleaciones para aumentar su dureza y su resistencia mediante un aumento de su temperatura. ‖ **5. envejecimiento de la población** En demografía, aumento de la proporción de personas de edad avanzada en el conjunto de la población de un país. Es un fenómeno característico de las sociedades muy desarrolladas.

envenado *s. m. Arg., Bol.* Cuchillo, puñal.

envenenado, da **1.** *p. p.* de **envenenar**. También *adj.* y *s.* ‖ *adj.* **2.** Injurioso, malintencionado.

envenenamiento *s. m.* Acción y efecto de envenenar o envenenarse. El envenenamiento puede producirse por vía respiratoria, digestiva o cutánea y puede ser instantáneo (ingestión masiva de un tóxico) o progresivo (acumulación en el cuerpo de un metal pesado mediante dosis ínfimas ingeridas a lo largo de un periodo prolongado). El organismo reacciona ante el envenenamiento intentando expulsar el veneno mediante vómitos y diarreas o eliminarlo progresivamente a través del hígado, riñón, intestino, piel, pulmones, etc.

envenenar *v. tr.* **1.** Causar enfermedad, trastornos o la muerte por medio de un veneno. También *v. prnl.* **2.** Poner veneno en alguna cosa. **3.** Corromper alguna cosa material o no. **4.** Enemistar, encizañar. **5.** Malinterpretar intencionadamente el sentido de unas palabras o de una acción. **6.** Amargar, llenar de resentimiento a una persona. **FAM.** Envenenador.

Enver Bajá (Estambul 1881 - Dushanbe, URSS 1922) Militar y político turco. Fue uno de los dirigentes del movimiento de los Jóvenes Turcos, que destronó al sultán Abdulhamid II en 1909. Ministro de la Guerra en 1914, forzó la entrada de Turquía en la Primera Guerra Mundial al lado de Alemania. Tras la derrota, buscó la ayuda de la URSS para recuperar el poder en su país. Enviado por los bolcheviques al Turquestán para pacificar una revuelta turca, tomó partido por los rebeldes y murió en uno de los combates contra los soviéticos.

enverar *v. intr.* Comenzar las uvas y otras frutas a tomar el color de maduras.

envergadura *s. f.* **1.** Distancia entre las puntas de las alas extendidas de un ave. **2.** Distancia entre los extremos de las alas de un avión o de los brazos de una persona. **3.** Musculatura de una persona. **4.** Importancia de una cosa o asunto. **5.** Ancho de la vela de un barco en la parte por donde va unida a la verga.

enverjado *s. m.* Verja, cerca de rejas.

envero[1] (de *enverar*) *s. m.* **1.** Color rojizo o dorado que toman las uvas y otras frutas cuando comienzan a madurar. **2.** Uva de este color.

envero[2] (del pamue *nvero*) *s. m.* Embero*.

envés *s. m.* Parte opuesta a la cara o haz de cualquier cosa, p. ej. el de una hoja.

enviado, da **1.** *p. p.* de **enviar**. También *adj.* y *s.* ‖ **2. enviado especial** Colaborador que un periódico, televisión, etc., manda a cierto sitio para cubrir una información. **3. enviado extraordinario** Persona que un gobierno envía a un país extranjero con una misión diplomática especial y plenos poderes.

enviar *v. tr.* **1.** Hacer que alguien vaya a cierto sitio. **2.** Hacer que una cosa llegue o sea llevada a alguna parte. ▪ En cuanto al acento, se conjuga como *ansiar. envío.*

enviciar *v. tr.* **1.** Hacer que alguien adquiera un vicio. ‖ *v. intr.* **2.** Echar las plantas muchas hojas y poco fruto. ‖ *v. prnl.* **3.** Entregarse a un vicio. **4.** Aficionarse en exceso. **5.** Deformarse alguna cosa por permanecer demasiado tiempo en mala posición. **FAM.** Enviciamiento.

envidada *s. f.* Acción y efecto de envidar.

envidar *v. tr.* Hacer un envite o apuesta contra alguien en el juego. También *v. intr.*

envidia *s. f.* **1.** Disgusto o pesar ante el bien ajeno. **2.** Deseo positivo de tener o hacer lo mismo que otro.

envidiable *adj.* Tan bueno que cualquiera puede desearlo.

envidiar *v. tr.* **1.** Sentir envidia. **2.** Desear algo que otros tienen. ‖ **LOC. no tener (nada) que envidiar** una persona o cosa a otra Poder compararse, no ser inferior una a la otra.

envidioso, sa *adj.* Que tiene o suele tener envidia. También *s.*

envido *s. m.* En el juego del mus, envite de dos tantos.

envigado, da **1.** *p. p.* de **envigar**. También *adj.* ‖ *s. m.* **2.** Conjunto de las vigas de un edificio.

envigar *v. tr.* Poner vigas a un edificio. También *v. intr.* ▪ Se conjuga como *pagar.*

envilecer *v. tr.* **1.** Hacer vil a una persona o cosa. También *v. prnl.* **2.** Hacer disminuir el valor de alguna cosa, p. ej. una moneda, acciones de bolsa, etc. También *v. prnl.* ▪ Es v. irreg. Se conjuga como *agradecer.* **FAM.** Envilecedor, envilecimiento.

envinado, da *adj. Méx.* Del color del vino tinto.

envío *s. m.* **1.** Acción y efecto de enviar. **2.** Lo que se envía.

enviscar *v. tr.* **1.** Incitar a los perros u otros animales para que ataquen. **2.** Irritar, provocar a personas para que se enemisten o riñan entre sí. ▪ Se conjuga como *sacar.*

envite *s. m.* **1.** Apuesta que se hace en algunos juegos de naipes o de azar. **2.** Empujón*. ‖ **LOC. al primer envite** *adv.* Al primer esfuerzo, de entrada.

enviudar *v. intr.* Quedar alguien viudo o viuda.

envoltijo *s. m.* Envoltorio mal hecho.

envoltorio *s. m.* **1.** Conjunto de cosas atadas, paquete. **2.** Papel, cartón, etc., que envuelve una cosa. **3.** Defecto en un paño por contener mezclado material de calidad distinta.

envoltura *s. f.* **1.** Lo que envuelve una cosa. **2.** Capa exterior que rodea algo. **3.** Aspecto de una cosa.

envolvente *adj.* Que envuelve o rodea.

Enver Bajá.

envolver *v. tr.* **1.** Cubrir a una persona o cosa, rodeándola y ciñéndola total o parcialmente con algo. También *v. prnl.* **2.** Rodear o cubrir una cosa a otra. **3.** Recubrir algo con una sustancia. **4.** Enrollar una cinta, un hilo, etc., en algo. **5.** Rodear a alguien un determinado ambiente o sentimiento. **6.** En una acción de guerra, rodear al enemigo. **7.** Acorralar o dominar a alguien con argumentos o habilidad. **8.** Mezclar o complicar a alguien en un asunto poco claro o en alguna sospecha. **9.** Contener una cosa a otra. ▪ Es v. irreg. Se conjuga como *volver.* **FAM.** Envolvedor, envolvimiento.

envuelto, ta **1.** *p. p.* irreg. de **envolver**. También *adj.* ‖ *s. m.* **2.** *Méx.* Tortilla de maíz guisada.

enyerbar *v. tr.* **1.** *Chile, Col., Méx.* Embrujar, hechizar. ‖ *v. prnl.* **2.** Cubrirse de yerba un campo, cultivo, etc. **3.** *Guat., Méx.* Enamorarse perdidamente. **4.** *Guat., Méx.* Envenenarse.

enyesado, da **1.** *p. p.* de **enyesar**. También *adj.* ‖ *s. m.* **2.** Acción y efecto de enyesar.

enyesar *v. tr.* **1.** Inmovilizar un miembro o una parte del cuerpo para su curación mediante un vendaje recubierto con yeso o escayola. **2.** En albañilería, tapar o cubrir con yeso. **3.** Añadir yeso a una cosa, como p. ej. a los vinos para su conservación o para aumentar su fuerza, o a un terreno para corregir su alcalinidad. **FAM.** Enyesadura.

enyetar *v. tr. Arg., Par.* Transmitir la yeta o adversidad, contagiarla.

enyugar *v. tr.* **1.** Poner el yugo a los animales. **2.** Poner el yugo a la campana. ▪ Se conjuga como *pagar.*

enyuyarse *v. prnl. Arg., Chile, Urug.* Llenarse un terreno de malezas o matojos.

enzacatarse *v. prnl. Amér. C., Méx.* Llenarse un campo de zacate o pasto.

enzarzar *v. tr.* **1.** Hacer que disputen o peleen entre sí personas o animales. **2.** Cubrir de zarzas. ‖ *v. prnl.* **3.** Enredarse en una discusión, pelea o en asuntos turbios. **4.** Enfrascarse en una larga conversación. **5.** Enredarse en las zarzas. ▪ Se conjuga como *cazar.*

Enzensberger, Hans Magnus (Kaufbeuren, Baviera 1929) Escritor alemán. Periodista y profesor universitario, fundó en 1965 la revista *Kursbuch.* Ha estudiado a fondo la manipulación de la opinión pública por los medios de información. Su poesía, de raíz expresionista, es irónica y satírica sin perder el lirismo. En poesía destacan los libros *Defensa de los lobos* (1957), *Escritura para ciegos* (1964), *Poesías para los que no leen poesías* (1971) y *Mausoleo* (1975), y en prosa *Política y delito* (1963), *El breve verano de la anarquía* (1972), novela sobre Durruti, y *Migajas políticas* (1982).

enzima *s. amb.* Molécula compuesta principalmente por proteínas y que actúa de biocatalizador, es decir, que favorece y regula la producción de reacciones químicas en los seres vivos. Cada reacción química requiere la presencia de una enzima específica y la carencia de ésta puede perjudicar o impedir la reacción. Durante la reacción química, la enzima no sufre alteración alguna, por lo que puede volver a actuar. El estudio de las enzimas ha adquirido creciente importancia, debido, p. ej., a sus aplicaciones a la industria alimentaria.

enzimático, ca *adj.* Perteneciente o relativo a las enzimas.

enzocar *v. tr. Chile.* Encajar, introducir. ▪ Se conjuga como *sacar.*

enzolvar *v. tr. Méx.* Taponar, obstruir un conducto. También *v. prnl.*

enzootia *s. f.* Enfermedad epidémica que ataca a una o más especies de animales domésticos de una región geográfica determinada, p. ej. la peste porcina africana. Es equivalente a la endemia entre los seres humanos.

eñe *s. f.* Nombre de la letra *ñ.*

eoceno, na *adj.* **1.** Se aplica a la segunda época del periodo terciario, que precede al oligoceno y sigue al paleoceno. Comenzó hace 52 millones de años y terminó hace 34 millones, aproximadamente. Se caracterizó por una intensa actividad orogénica y, durante su transcurso, la fauna y la flora comenzaron a adoptar formas parecidas a las actuales. También *s. m.* **2.** Perteneciente o relativo a esta época.

Eolia Región histórica del NO de Asia Menor en la que alrededor del s. XI a. C. se establecieron pueblos balcánicos procedentes de Tesalia, de donde fueron expulsados por la invasión de los dorios. Su cultura tuvo un gran desarrollo, así como la agricultura y el comercio. Destacaron entre sus ciudades Cumas, Esmirna y Mitilene.

eólico, ca[1] *adj.* **1.** De Eolia. También *s.* **2.** Se dice de uno de los cuatro principales dialectos de la lengua griega clásica. También *s. m.*

eólico, ca[2] *adj.* **1.** Perteneciente o relativo al dios Eolo. **2.** Producido por la acción del viento.

Eólide Véase **Eolia**.

eolio, lia[1] *adj.* De Eolia. También *s.*

eolio, lia[2] *adj.* Perteneciente o relativo al dios Eolo.

eolito *s. m.* Piedra de cuarzo sin tallar usada como instrumento por los hombres primitivos.

Eolo En la mitología griega, dios de los vientos. Era hijo de Poseidón.

eón *s. m.* **1.** Periodo de tiempo extraordinariamente grande. **2.** Cada uno de los tres periodos en que los paleontólogos dividen la historia de la Tierra: criptozoico, proterozoico y fanerozoico. **3.** En el gnosticismo y el neoplatonismo, cada uno de los seres eternos emanados de la divinidad suprema y que participan de su naturaleza, relacionando el mundo material y el espíritu.

Éon, Charles de Beaumont, caballero d' (Tonnerre 1728 - Londres 1810) Diplomático y agente secreto francés. Para realizar algunas de sus misiones se disfrazó de mujer, lo que llevó a la confusión sobre su verdadero sexo. Luis XV lo envió con misiones secretas a Moscú y como ministro plenipotenciario a Londres (1763), ciudad donde residió desde 1785. Es autor de *Ocios del caballero d'Éon* (1775), libro de memorias.

Eos En la mitología griega, diosa del amanecer, madre de los vientos y los astros y estrella matutina. Corresponde a la Aurora de los romanos.

eosinófilo *s. m.* Tipo de leucocito o glóbulo blanco. Se caracteriza por su afinidad hacia un colorante denominado eosina y constituye el 2 % del total de leucocitos presentes en la sangre.

Eötvös, József (Budapest 1813 - íd. 1871) Escritor húngaro. De ideas liberales, fue ministro de Instrucción Pública en dos ocasiones. Cultivó la poesía, pero alcanzó fama con sus novelas, escritas en estilo realista, entre las que destacan *El cartujo* (1841), *El notario del pueblo* (1845), *Hungría en 1514* (1847) y *Las hermanas* (1857).

¡epa! *interj.* **1.** *amer.* ¡Hola! **2.** *Arg.* ¡Cuidado!

Epaminondas (Tebas h. 418 - Mantinea 362 a. C.) General y político tebano. Gran estratega, venció a la infantería espartana en Leuctra (371 a. C.) e impuso la hegemonía de Tebas en el mundo heleno. Murió en la batalla de Mantinea, última gran victoria tebana sobre Esparta.

epanadiplosis o **epanalepsis** *s. f.* Figura retórica que consiste en repetir al final de una oración o frase la misma palabra con que comienza: *«Verde que te quiero verde»* (Federico García Lorca).

epanortosis *s. f.* Figura retórica que consiste en ampliar o corregir una expresión inmediatamente después de usarla.

epatar *v. tr.* Asombrar, llamar la atención. **FAM.** Epatante.

epazote *s. m. Amér. C., Méx.* Pazote*.

epéndimo *s. m.* **1.** Membrana que recubre los ventrículos del cerebro y el conducto central de la médula espinal. **2.** Este conducto, que es continuación de las cavidades encefálicas y contiene líquido cefalorraquídeo.

epéntesis *s. f.* Introducción de un sonido entre otros dos, generalmente para facilitar la pronunciación. Es lo ocurrido, p. ej., en la evolución histórica de la forma verbal *tendré*, a partir de *teneré*, tras la pérdida de la segunda *e*.

epentético, ca *adj.* Perteneciente o relativo a la epéntesis.

epi- *pref.* Significa 'sobre, encima de': *epicarpio, epidermis.*

épicamente *adv. m.* **1.** Con las características propias de la épica o la epopeya. **2.** Valientemente, heroicamente.

Teatro de Epidauro, construido a mediados del siglo IV a. C.

epicarpio *s. m.* Capa externa del pericarpio de los frutos, llamada vulgarmente *piel.*

epiceno *adj.* **1.** Se dice de los sustantivos, especialmente de animales, que tienen una misma terminación y utilizan un mismo artículo para el macho y la hembra: *la persona, el salmón, el loro.* También *s. m.* **2.** Se aplica al género de estos sustantivos.

epicentro *s. m.* Punto de la corteza terrestre situado sobre el hipocentro, es decir, sobre el lugar en el interior del globo terráqueo en el que se origina un seísmo o terremoto. En el epicentro alcanzan su mayor intensidad los movimientos sísmicos.

epiciclo *s. m.* Círculo que en el sistema astronómico de Tolomeo se creía que describían los cuerpos celestes.

épico, ca *adj.* **1.** Perteneciente o relativo a la poesía heroica o la epopeya. **2.** Se aplica al autor de obras de este género. También *s.* **3.** Se dice de lo que es grandioso o desmedido. ‖ *s. f.* **4.** Género de poesía que narra en estilo elevado las hazañas guerreras y otros hechos y virtudes admirables de héroes individuales o de pueblos enteros. Con la épica se convierten en leyenda los recuerdos que un pueblo tiene acerca de su pasado. Las grandes epopeyas la *Ilíada* y la *Odisea* de Homero y la *Eneida* de Virgilio constituyen el punto de partida de este género y los modelos que fueron imitados durante siglos, tanto en el contenido, en el que abundan las hazañas y los elementos fantásticos, como en la forma, que suele utilizar un tipo de verso largo. En este género se han clasificado los cantares de gesta, como la *Chanson de Roland* o el *Cantar de Mio Cid*; obras de carácter filosófico o religioso, como la *Divina comedia* de Dante, y numerosos poemas renacentistas de tema heroico, como *Os Lusiadas* de Camoens y la *Araucana* de Ercilla.

epicontinental *adj.* Se dice de las zonas marinas próximas a la costa y situadas sobre la plataforma marina que constituyen la principal zona de acumulación de sedimentos terrígenos debido al aporte de los ríos.

Epicteto (Hierápolis, Frigia h. 50 - Nicópolis, Epiro 138) Filósofo romano. Fue el principal representante del llamado *estoicismo nuevo.* Esclavo liberto en Roma, se trasladó al Epiro, donde impartió sus enseñanzas. Sus lecciones fueron recogidas por su discípulo Arriano de Nicomedia en el *Enquiridión* (*Pequeño manual*) y en los *Coloquios.*

epicureísmo *s. m.* **1.** Doctrina filosófica enunciada por Epicuro, que surgió en Grecia, en torno al s. III a. C., y cuya influencia se prolongó a lo largo de la antigüedad clásica. Basándose en la concepción materialista de la naturaleza que había expuesto Demócrito, sostiene que el hombre debe prescindir del miedo a los dioses, a la muerte y al destino, alcanzando así una tranquilidad interior o *ataraxia*, que le permita disfrutar del placer, objetivo de la vida humana. Entre los filósofos epicúreos más importantes destacan Hemarco, Polistrato y Filomeno de Gadara. **2.** Forma de vida que consiste en disfrutar los placeres evitando cualquier tipo de dolor o sufrimiento.

epicúreo, a *adj.* **1.** Partidario del epicureísmo. También *s.* **2.** Perteneciente o relativo a Epicuro y al epicureísmo. **3.** Que busca o proporciona placer.

Epicuro (Samos o Atenas 341 - Atenas 270 a. C.) Filósofo griego. Fue el creador del epicureísmo. Su pensamiento, caracterizado por la idea de que el fin natural del hombre es el placer, surgió en el periodo en el que las ciudades griegas perdieron su libertad política al ser conquistadas por Macedonia. La mayor parte de su obra no se conserva, exceptuando las cartas y los aforismos, y sus ideas se conocen a través de Lucrecio y Diógenes Laercio.

Epidauro Ciudad de la Grecia clásica, situada en Argólida, región del Peloponeso. Fundada por los jonios, albergó el famoso santuario de Asclepios, importante centro de peregrinación en el s. V a. C. Entre sus restos sobresale el teatro, construido por Policleto el Joven, con capacidad para 14.000 espectadores.

epidemia *s. f.* **1.** Enfermedad infecciosa que ataca al mismo tiempo a numerosas personas de un determinado lugar o territorio. **2.** P. ext., abundancia o propagación rápida de algo que se considera malo o negativo. **FAM.** Epidémico.

epidemiología *s. f.* Rama de la medicina que estudia las enfermedades transmisibles y, especialmente, las epidémicas. **FAM.** Epidemiológico.

epidemiólogo, ga *s. m.* y *f.* Persona que se dedica a la epidemiología.

epidérmico, ca *adj.* **1.** Perteneciente o relativo a la epidermis. **2.** Ligero o superficial. ‖ **3. tejido epidérmico** Tejido vegetal formado por una única capa de células vivas. Tiene como función proteger las hojas y los tallos contra la desecación y facilitar la absorción de agua y sales minerales en las raíces.

epidermis *s. f.* **1.** Capa externa de la piel de los animales, formada por tejido epitelial. La epidermis de los vertebrados no tiene vasos sanguíneos y es alimentada a través de la linfa. Está compuesta por seis capas: la *capa basal*, situada sobre la dermis y compuesta por células cúbicas que se reproducen y dan lugar a las de las demás capas; la *capa de Malpighi*, formada por células poliédricas; la *capa pigmentaria*, cuyas células contienen melanina, que impide el paso de los rayos ultravioleta y da color a la piel; la *capa lúcida*, cuyas células comienzan a aplanarse; la *capa córnea*, formada por células planas y duras, y la *capa de descamación*, donde las células muertas se desprenden y son renovadas por las procedentes de capas anteriores en un proceso continuo. **2.** Membrana o capa de células, formada por tejido epidérmico, que recubre la superficie de los vegetales.

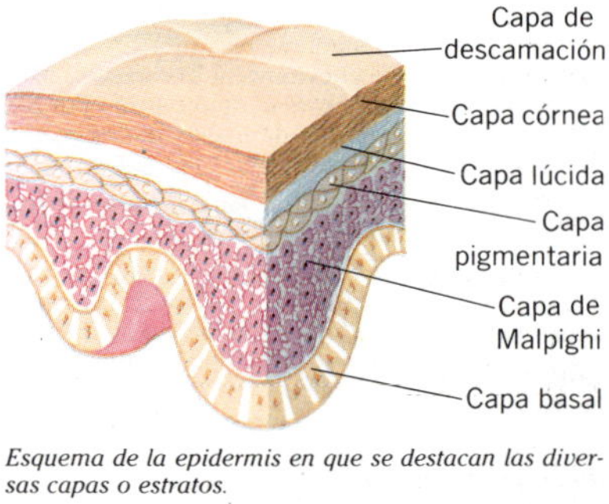

Esquema de la epidermis en que se destacan las diversas capas o estratos.

epidiascopio *s. m.* Aparato de proyección que sirve para mostrar en una pantalla las imágenes de diapositivas y también de cuerpos opacos, como grabados y objetos materiales.

epidídimo *s. m.* Conducto genital del aparato reproductor masculino donde se almacenan los espermatozoides y que comunica los vasos seminíferos con el conducto deferente.

epidota *s. f.* $Ca_2(AlFe)_3(SiO_4)_3OH$. Mineral silicato de aluminio, hierro y calcio. Cristaliza en el sistema monoclínico con forma granular y fibrosa, tiene brillo vítreo y color amarillo, verde, pardo, rosa o negro. Forma parte de muchas rocas ígneas y metamórficas. Sus principales yacimientos se hallan en Austria, Noruega y Alaska.

Epifanía *s. f.* **1.** Manifestación de la divinidad de Cristo antes de comenzar su vida pública. Para la Iglesia oriental se produjo ante Juan Bautista en el Jordán; para la occidental, también en la adoración de los Magos y en las bodas de Canaán. **2.** Festividad cristiana que se celebra el 6 de enero, conocida como *día de Reyes*.

Epifanía, pintada por Diego Velázquez en 1619 (Museo del Prado, Madrid).

epifenómeno *s. m.* **1.** Circunstancia secundaria o derivada de un fenómeno. **2.** Síntoma o accidente accesorio en el curso de una enfermedad.

epífisis *s. f.* **1.** Parte extrema de los huesos largos del cuerpo, que mantiene su naturaleza parcialmente cartilaginosa. **2.** Estructura nerviosa, conocida también como *glándula pineal*, situada en la base del encéfalo. Tiene forma de piña, es de color grisáceo y su función no ha sido claramente determinada, aunque se la considera de naturaleza endocrina.

epifito o **epífito, ta** *adj.* Se aplica a los vegetales que viven sobre otros sin ser parásitos de ellos, alimentándose por raíces aéreas. Son epifitos algunos helechos, musgos, líquenes, orquídeas, etc. También *s.*

epifonema *s. m.* Figura retórica consistente en una exclamación o reflexión final que resume lo que anteriormente se ha dicho. P. ej.: *«Al brillar un relámpago nacemos/ y aún dura su fulgor cuando morimos:* / ¡Tan corto es el vivir!» (Gustavo Adolfo Bécquer).

epigastrio *s. m.* Región anatómica del cuerpo, en la parte superior del abdomen, desde el esternón al ombligo, comprendida entre las costillas frontales.

epigénesis *s. f.* **1.** En biol., teoría que sostiene que cada individuo se origina de un óvulo fecundado por un espermatozoide, que forman una célula huevo o cigoto que se desarrolla por sucesivas divisiones. **2.** En geomorfología, fenómeno por el que un río que recorre una zona llana atraviesa rocas de diferente resistencia sin tener en cuenta la estructura del relieve. **3.** En petrografía, sustitución lenta de un mineral por otro dentro de una roca.

epigenético, ca *adj.* **1.** Epigénico*. **2.** Se dice del mineral que se ha formado después que el resto de rocas que lo rodean.

epigénico, ca *adj.* Perteneciente o relativo a la epigénesis.

epigeo, a *adj.* Se aplica a cualquier organismo u órgano vegetal que se desarrolla sobre el suelo, como p. ej. los rizomas.

epiglotis *s. f.* Cartílago en forma de lengüeta situado sobre la laringe, a la que cierra durante la deglución, evitando que los alimentos se introduzcan en las vías respiratorias.

epígono *s. m.* Persona que sigue las enseñanzas, doctrinas, etc., de otra persona, escuela o generación anterior.

epígrafe *s. m.* **1.** Breve resumen que precede a un capítulo, estudio, artículo periodístico, etc. **2.** Título o expresión que encabeza y anuncia un capítulo, lección, apartado, etc. **3.** Escrito breve grabado en piedra, metal, etc.

epigrafía *s. f.* Ciencia que tiene por objeto el estudio o interpretación de las inscripciones. **Fam.** Epigráfico.

epigrafista *s. m.* y *f.* Persona que se dedica a la epigrafía.

epigrama *s. m.* **1.** Inscripción sobre piedra, metal u otra superficie. **2.** Composición poética breve que expresa un pensamiento ingenioso o satírico. **3.** Pensamiento de cualquier tipo, expresado en verso o prosa, con ingenio y brevedad, especialmente si contiene una burla o una crítica humorística.

epigramatario, ria *adj.* **1.** Epigramático*. ‖ *s. m.* **2.** Colección o conjunto de epigramas.

epigramático, ca *adj.* **1.** Perteneciente o relativo a los epigramas satíricos o que participa de sus características. **2.** Se dice de la persona que hace o emplea epigramas. También *s.*

epigramatista o **epigramista** *s. m.* y *f.* Autor de epigramas.

epilepsia *s. f.* Enfermedad del sistema nervioso debida a la aparición de actividad eléctrica anormal en la corteza cerebral y que se manifiesta por medio de ataques durante los cuales el paciente pierde la conciencia, mientras su cuerpo se agita en violentas convulsiones. Puede ser innata o producida por traumas, tumores, encefalitis, etc. Se trata con fármacos, cirugía y estimulación eléctrica del cerebro. En la antigüedad se consideraba a la epilepsia enfermedad sagrada, al suponerse al paciente poseído por un dios.

epiléptico, ca *adj.* **1.** Que padece epilepsia. También *s.* **2.** Perteneciente o relativo a esta enfermedad.

epilogar *v. tr.* Resumir una obra, escrito, etc. ▪ Se conjuga como *pagar*.

epílogo *s. m.* **1.** Parte añadida al final de una obra, discurso, etc., a modo de conclusión o desenlace. **2.** Aquello que es consecuencia, final o prolongación de algo aparentemente terminado.

epímone *s. f.* Figura retórica que consiste en repetir sucesivamente una misma palabra, verso o frase para dar énfasis a lo que se dice.

epinicio *s. m.* **1.** Himno con que se cantaba la victoria de un atleta en los juegos deportivos de la antigua Grecia. **2.** P. ext., canto de triunfo.

epipaleolítico *adj.* Véase **mesolítico**.

epiplón *s. m.* Repliegue del peritoneo que une las vísceras entre sí y contiene los vasos sanguíneos, los nervios y algunos conductos excretores.

epiquerema *s. m.* Razonamiento en que alguna de sus premisas o proposiciones va acompañada de una prueba.

epiqueya *s. f.* Interpretación prudente o moderada de la ley, en la que se tiene en cuenta una serie de circunstancias, como el tiempo, el lugar o la persona.

Epiro Región de Grecia, situada en el NO del país, a orillas del mar Jónico, cerca de Albania. 9.203 km^2. 325.000 h. en 1981. De carácter montañoso, queda separada del resto de Grecia por la cadena del Pindo. En la antigüedad constituyó un reino, cuyo rey Pirro II (318-272 a. C.) combatió en Italia meridional y Sicilia a los romanos, que finalmente conquistaron el reino en el 127 a. C.

epirogénesis *s. f.* Movimiento de lenta elevación o hundimiento de la corteza terrestre en grandes extensiones o en continentes enteros.

epirogénico, ca *adj.* Perteneciente o relativo a la epirogénesis.

episcopado *s. m.* **1.** Dignidad de obispo, grado superior de las órdenes sagradas. **2.** Duración y jurisdicción del gobierno de un obispo. **3.** Conjunto de los obispos.

episcopal *adj.* **1.** Perteneciente o relativo al episcopado o al obispo. ‖ *s. m.* **2.** Libro que contiene las ceremonias y oficios de los obispos.

episcopaliano, na *adj.* **1.** Perteneciente o relativo al episcopalismo o partidario de él. **2.** Se aplica a los miembros de la Iglesia episcopaliana. También *s.* ‖ **3. Iglesia episcopaliana** Iglesia anglicana de EE UU, fundada en 1607. Carece de jefe religioso supremo y concede una amplia participación a los laicos.

episcopalismo *s. m.* Doctrina que defiende la superioridad del colegio de obispos sobre el papa. Fue una de las causas del cisma de la Iglesia de Occidente en la Edad Media. Posteriormente fue defendida por galicanos y jansenistas.

episcopio *s. m.* Aparato utilizado para proyectar sobre una pantalla la imagen ampliada de un objeto opaco fuertemente iluminado.

episódicamente *adv. m.* De manera episódica.

episódico, ca *adj.* **1.** Perteneciente o relativo al episodio o formado por episodios. **2.** Pasajero o poco importante.

episodio *s. m.* **1.** Hecho que con otros forma un todo, pero que puede considerarse por separado. **2.** Cada una de las acciones parciales que pueden diferenciarse en una obra literaria. **3.** Cada una de las partes en que se divide una serie de radio o televisión. **4.** Hecho o suceso pasajero o poco importante. **5.** *fam.* Suceso imprevisto muy accidentado o complicado.

epistemología *s. f.* Parte de la filosofía que se ocupa del estudio de la naturaleza y validez del conocimiento científico. En algunas ocasiones se usa como sinónimo de *teoría del conocimiento* y *gnoseología*. **Fam.** Epistemológico.

epístola *s. f.* **1.** Carta. **2.** Cada una de las 21 cartas escritas por varios discípulos de Jesús para orientar a los fieles e incluidas en el Nuevo Testamento. **3.** Fragmento de alguna de estas cartas, del *Apocalipsis* o de uno de los libros del Antiguo Testamento que se lee en la misa antes del evangelio. **4.** Momento de la misa que sigue a las primeras oraciones y en que se lee alguno de dichos fragmentos. **5.** Composición poética, en forma de carta, con un fin didáctico, moralizador o satirizante, como la *Epístola moral a Fabio*. ‖ **6. lado de la epístola** Lado izquierdo del altar.

epistolar *adj.* **1.** Perteneciente o relativo a la epístola o carta. **2.** Se aplica al género literario de las epístolas, creado en la antigüedad.

epistolario *s. m.* **1.** Libro en el que se hallan recogidas epístolas o cartas de un autor o personaje. **2.** Libro en el que se contienen las epístolas de la misa.

epitafio *s. m.* Frase generalmente relativa a la muerte grabada en una sepultura. También, frase redactada en términos similares.

epitalamio *s. m.* Composición poética en que se celebra o alaba una boda. **Fam.** Epitalámico.

epitelial *adj.* **1.** Perteneciente o relativo al epitelio. ‖ **2. tejido epitelial** Tejido animal de revestimiento cuya función es recubrir y proteger las superficies externas e internas del cuerpo. Puede estar formado por células planas o por células cilíndricas, dispuestas en una sola capa, como las que recubren el interior de los vasos sanguíneos, pulmones y corazón, o en varias capas, como la epidermis o las mucosas de la cavidad bucal, esófago, vagina, etc. Presenta vellosidades en el tubo digestivo y cilios en los conductos respiratorios.

epitelio *s. m.* **1.** Capa o membrana formada por tejido epitelial que cubre las superficies internas y externas del cuerpo de los animales. **2.** Membrana muy fina que recubre a veces los pétalos y estigmas de las plantas.

epitelioma *s. m.* Tumor canceroso desarrollado en el tejido epitelial, también conocido como *cáncer de piel*.

epíteto *s. m.* Adjetivo o participio que expresa un rasgo característico del nombre a que acompaña y que, por lo tanto, no aporta ninguna información nueva, sólo valores expresivos; p. ej., *azul* referido a *cielo*, o *florida* aplicado a *primavera*.

epítome *s. m.* Compendio o resumen.

epizoario, ria *adj.* Ectoparásito*. También *s. m.*

epizootia *s. f.* Enfermedad contagiosa que ataca a un gran número de animales, como la glosopeda a los rumiantes y cerdos y la peste equina a los caballos.

epizoótico, ca *adj.* Perteneciente o relativo a la epizootia.

época *s. f.* **1.** Periodo de tiempo de considerable extensión que se distingue en la historia por algún personaje o acontecimiento sobresaliente. **2.** P. ext., cualquier espacio de tiempo caracterizado por algo. **3.** En astron., instante tomado como origen temporal de la descripción de la órbita de un astro del Sistema Solar. **4.** En geol., cada uno de los espacios de tiempo en que se subdividen los periodos, p. ej. el holoceno y el pleistoceno son las dos épocas en que se divide el periodo cuaternario, perteneciente a su vez a la era cenozoica y al eón fanerozoico. ‖ **Loc. de época** *adj.* No contemporáneo; se aplica especialmente a lo ambientado en los s. XVIII y XIX. **hacer época** Tener mucha resonancia en su momento y durante largo tiempo, ser de tal importancia que dará principio a una época.

epónimo, ma *adj.* Se aplica a la persona o personaje que da nombre a un pueblo, a una ciudad, a una época, etc. También *s. m.*

epopeya *s. f.* **1.** Poema extenso en el que se narran hechos heroicos, acciones nobles o legendarias realizadas por hombres, dioses o pueblos enteros. Ejemplos de epopeyas son la *Ilíada* y la *Odisea* del poeta griego Homero. **2.** Conjunto de poemas que forman la tradición épica de un pueblo. **3.** Conjunto de hechos heroicos que merecen ser cantados. **4.** Cualquier acción o empresa realizada con penalidades y sufrimientos.

épsilon *s. f.* Nombre de la *e* breve del alfabeto griego, que equivale a nuestra *e*. ▪ La letra mayúscula se escribe *E* y la minúscula *ε*.

epsomita *s. f.* $MgSO_47H_2O$. Mineral sulfato de magnesio hidratado siete veces. Cristaliza en el sistema rómbico, tiene brillo vítreo y color blanco o rosa. Sus principales yacimientos, de carácter salino, se hallan en Epsom (Reino Unido), Bohemia y Suiza. Se utiliza en la industria papelera y en farmacia y se la denomina también *sal amarga*.

Epstein, Jacob (Nueva York 1880 - Londres 1959) Escultor inglés de origen estadounidense. Se estableció en Londres en 1905 y sus obras levantaron vivas polémicas en los círculos culturales londinenses. Muy influido por el arte oriental y el africano, es autor de retratos expresionistas, entre los que destacan los de Churchill y Einstein, y de escultura religiosa monumental, como *San Miguel*, de la catedral de Coventry, y *Cristo en majestad*.

equi- *pref.* Significa 'igual': *equilátero*.

equiángulo, la *adj.* En geom., se dice de la figura o cuerpo geométrico que tiene todos sus ángulos iguales.

equidad *s. f.* **1.** Justicia, imparcialidad. **2.** Proporción justa entre el precio de una cosa y su costo.

equidistancia *s. f.* Cualidad de equidistante.

equidistante *adj.* Que equidista.

equidistar *v. intr.* Hallarse dos o más cosas a la misma distancia de otra, o una cosa a la misma distancia de otras. Se usa también referido a cosas no materiales.

equidna *s. m.* Nombre común de diversos mamíferos monotremas, de la familia taquiglósidos, géneros *Tachyglossus* y *Zaglossus*. Miden hasta 80 cm de longitud, tienen el cuerpo compacto y cubierto de espinas, y las patas, muy cortas, dotadas de largas uñas que usan para excavar. Su hocico es puntiagudo y tubular y utilizan la lengua, larga y pegajosa, para atrapar hormigas y pequeños gusanos, de los que se alimentan. Su reproducción es ovípara. En caso de peligro, se enrollan y forman una bola, como los erizos. Las especies más conocidas son el *Tachyglossus aculeatus* y el *Tachyglossus setosus*. Viven en Australia, Tasmania y Nueva Guinea.

équidos *s. m. pl.* Familia de mamíferos perteneciente al orden perisodáctilos, que comprende diversas especies del género *Equus*. Son animales de talla alta y extremidades muy largas, que se caracterizan por marchar sobre su tercer dedo, notablemente desarrollado y protegido por una uña llamada *casco*. Son herbívoros, desarrollan una elevada velocidad de marcha y viven en manadas. Algunas especies han sido domesticadas como animales de monta y tiro. Équidos son el caballo, el asno y la cebra. También *adj.* y *s. m.*

equilátero, ra *adj.* Se dice de la figura o cuerpo geométrico que tiene todos sus lados iguales, como p. ej. el triángulo equilátero.

equilibrado, da **1.** *p. p.* de **equilibrar**. También *adj.* ‖ *adj.* **2.** Sereno, sensato. ‖ *s. m.* **3.** Acción y efecto de equilibrar. **4.** En una pieza giratoria, operación de hacer coincidir el centro de gravedad con el eje de rotación, utilizando para ello pequeños contrapesos sobre el rotor. **5.** En máquinas con piezas que efectúan movimientos alternativos, adición de contrapesos para compensar las fuerzas y los momentos de reacción y obtener un funcionamiento suave.

equilibrador, ra *adj.* **1.** Que mantiene el equilibrio. ‖ *s. m.* **2.** En mecánica, contrapeso. **3.** En un avión, mecanismo que actúa automáticamente sobre los mandos para mantenerlo en vuelo rectilíneo.

equilibrar *v. tr.* Poner en equilibrio. También *v. prnl.*

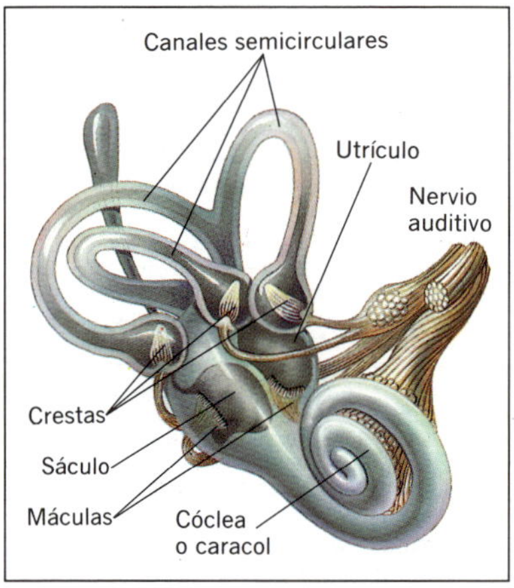

Receptores para el equilibrio en el oído humano: si se trata de un giro, el líquido que llena los canales semicirculares roza las crestas, que envían la información al cerebelo; si el desplazamiento es rectilíneo, los receptores que funcionan son las máculas.

equilibrio *s. m.* **1.** Estado de un cuerpo en el que las fuerzas y momentos que actúan sobre él se contrarrestan. Un cuerpo se encuentra en equilibrio cuando la vertical que pasa por su centro de gravedad atraviesa también la base sobre la que se apoya dicho cuerpo. **2.** Posición del cuerpo humano o animal que se mantiene sin caerse. El sentido del equilibrio en el hombre está localizado principalmente en el órgano del oído: el laberinto medio y los canales semicirculares. Las sensaciones enviadas por estos órganos son recibidas por el cerebelo, que elabora y coordina las respuestas adecuadas para mantener o recuperar el control de las posturas. En condiciones normales, el sentido del equilibrio es una actividad inconsciente. Existen dos tipos de equilibrio: el *estático*, o equilibrio del cuerpo en reposo o cuando mantiene una postura fija, y el *dinámico*, o equilibrio durante los movimientos. **3.** Situación de un cuerpo o de un objeto que se sostiene en una postura difícil. **4.** En biol., propiedad característica de la vida orgánica que se manifiesta en la tendencia a mantener las constantes fisiológicas del medio interno. En el hombre está regulado por el sistema nervioso vegetativo. **5.** En quím., estado de una reacción química cuando la velocidad con la que transcurre en un determinado sentido es igual a la velocidad con la que transcurre en el sentido opuesto. **6.** Armonía entre diversas cosas o entre las partes de un todo. **7.** Salud mental; prudencia, sensatez. ‖ *pl.* **8.** Maniobras para manejar una situación difícil o delicada, especialmente en el terreno económico. ‖ **9. equilibrio estable** El que posee un cuerpo que recupera su posición cuando se le aparta de ella. **10. equilibrio inestable** El que posee un cuerpo que no recupera su posición cuando se le aparta de ella, sino que pasa a otra más estable. **11. equilibrio natural** En biol., estabilidad en el conjunto de la flora y fauna de una región, cuyos distintos componentes compiten entre sí por la alimentación y el espacio y donde la reproducción de cada especie está limitada por la reproducción de otras. **12. equilibrio térmico** El que se establece entre dos o más cuerpos que, al mezclarse, adquieren la misma temperatura. El cuerpo caliente cede calor al cuerpo frío hasta que sus temperaturas se igualan. Según la ley del equilibrio térmico, el calor cedido por el cuerpo caliente es igual al calor absorbido por el cuerpo frío.

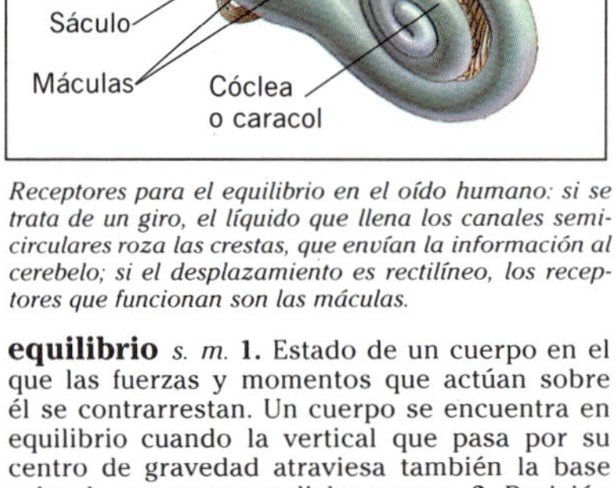

Equidna (Tachyglossus aculeatus).

equilibrismo *s. m.* Conjunto de ejercicios y juegos que realiza un equilibrista.

equilibrista *adj.* Se dice de la persona que practica ejercicios difíciles basados en mantener cosas o mantenerse a sí misma en equilibrio. También *s.*

equimosis *s. f.* **1.** Hemorragia en que la sangre perdida por la rotura de un vaso que la contiene queda en el interior de los tejidos. **2.** Mancha de la piel debida a la infiltración de sangre en el tejido subcutáneo a consecuencia, p. ej., de un golpe.

equino *s. m.* **1.** Erizo marino. **2.** Moldura convexa en forma de cojín del capitel dórico.

equino, na *adj.* **1.** Perteneciente o relativo al caballo. ‖ *s. m.* **2.** Animal de la especie equina.

equinoccial *adj.* **1.** Perteneciente o relativo al equinoccio. ‖ **2. línea equinoccial** Ecuador terrestre.

equinoccio *s. m.* Momento del año solar en que se produce la intersección del plano de la eclíptica con el plano del ecuador. Los rayos solares caen entonces perpendiculares sobre el ecuador y la noche y el día tienen la misma duración en toda la Tierra, debido a que la línea que separa la zona de esfera terrestre iluminada de la zona oscura pasa por los polos. Existen dos equinoccios en el año: el de otoño, hacia el 23 de septiembre, y el de primavera, hacia el 21 de marzo.

equinococo *s. m.* Nombre común de diversos gusanos platelmintos cestodos de la familia ténidos, género *Echinococcus*. Miden de 4 a 5 mm de largo y presentan cuerpo segmentado, con un extremo superior cefálico, dotado de ventosas y ganchos. Su ciclo vital comienza cuando los huevos se depositan con las heces de un animal infectado, de donde pasa al aparato digestivo de otro mamífero y de allí, a través del torrente sanguíneo al hígado, donde forma un quiste hidatídico. Constituyen uno de los parásitos más peligrosos para el hombre, que ejerce de huésped intermedio, en especial el *Echinococcus granulosus*.

equinodermos *s. m. pl.* Tipo de animales marinos invertebrados que comprende unas 6.000

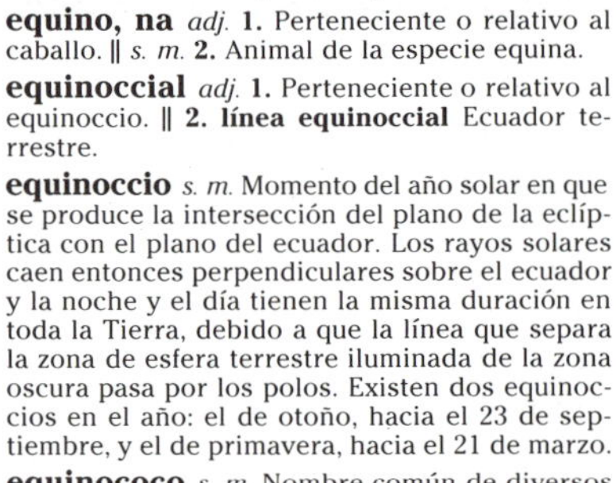

Equinodermos: corte vertical de un erizo de mar.

especies vivientes pertenecientes a las clases asteroideos, ofiuroideos, equinoideos, holoturoideos y crinoideos. Poseen simetría radial pentámera, aparato ambulacral y están dotados de dermatoesqueleto de placas calcáreas, a veces protegido por espinas. Carecen de cabeza y su boca suele estar situada en la cara inferior del cuerpo. Equinodermos son las holoturias, erizos de mar, estrellas de mar, ofiuros y lirios de mar. También *adj.* y *s. m.*

equinoideos *s. m. pl.* Clase de equinodermos a la que pertenecen unas 800 especies comprendidas en varios órdenes que se distribuyen en las subclases periscoequinoideos y euequinoideos. Son invertebrados marinos, con el cuerpo generalmente de forma globular, a veces aplanada o discoidal. Las placas del dermatoesqueleto están firmemente soldadas formando un caparazón rígido, que se halla recubierto de espinas móviles. Se alimentan de materias animales y vegetales. Habitan en las rocas y fondos marinos próximos a la costa. Equinoideos son los erizos de mar. También *adj.* y *s. m.*

equipaje *s. m.* Conjunto de maletas, bolsos, baúles, etc., que se llevan en los viajes.

equipamiento *s. m.* **1.** Acción y efecto de equipar. **2.** Conjunto de instalaciones básicas necesarias para la realización de una determinada actividad. P. ej., el equipamiento social de un barrio (escuelas, hospitales, centros culturales, etc.), el equipamiento industrial de un país (fábricas, red de comunicaciones, etc.).

equipar *v. tr.* Proporcionar a alguien o algo lo necesario para un uso determinado. También *v. prnl.*

equiparable *adj.* **1.** Comparable. **2.** Que se puede equiparar o igualar a otra cosa que se expresa.

equiparación *s. f.* Acción y efecto de equiparar, equivalencia.

equiparar *v. tr.* Considerar o hacer a una persona o cosa igual o equivalente a otra.

equipo *s. m.* **1.** Conjunto de personas organizado para una tarea determinada. **2.** Grupo completo de jugadores que compite con otro de igual composición en deportes y juegos. **3.** Conjunto de prendas, útiles, instalaciones, etc., necesarios con que se dota a alguien o algo para un fin determinado. **4.** Conjunto completo de aparatos para realizar una actividad, p. ej. un equipo de música. ‖ **LOC. caerse** alguien **con todo el equipo** *fam.* Fracasar rotundamente, sucederle a alguien algo malo.

Equipo Crónica Nombre artístico con el que firmaron conjuntamente sus obras los pintores valencianos Rafael Solbes y Manuel Valdés (nacidos en 1940 y 1942, respectivamente) desde 1964 hasta 1981, año en que murió el primero. Su estilo es figurativo y se caracteriza por la influencia del arte pop, la intención crítica y las numerosas referencias a obras y artistas famosos en la historia del arte. Entre sus trabajos destacan las series tituladas *Las meninas*, *Paisaje urbano* y *El juego de billar*.

equis *s. f.* **1.** Nombre de la letra *x* y del signo de la incógnita en los cálculos. **2.** Ofidio venenoso *(Bothrops atrox)*. ‖ *adj.* **3.** Se emplea para designar un número desconocido o indiferente de lo que ese nombre expresa. ‖ **LOC. estar en la equis** *amer. fam.* Estar en los huesos, muy flaco. También, estar sin dinero.

equisetáceas *s. f. pl.* Familia de plantas pteridofitas, del orden equisetales, que comprende unas 30 especies del género *Equisetum*. Tienen hojas pequeñas verticiladas, tallos con nudos, rizomas y flores en espiga constituida por numerosos receptáculos de esporas. Crecen en lugares húmedos. También *adj.* y *s. f.*

equiseto *s. m.* Nombre común de diversas plantas de la familia equisetáceas, género *Equisetum*. Entre ellas destacan las cola de caballo, como la *Equisetum arvense*, o cola de caballo común, que mide hasta 50 cm de altura, la *Equisetum palustre*, o cola de caballo de pantano, que mide de 15 a 50 cm de altura, y la *Equisetum fluviatile*, o cola de caballo de agua, de 30 a 120 cm de altura. Todas ellas están muy extendidas por Europa y crecen generalmente cerca de ríos y pantanos.

equitación *s. f.* **1.** Arte y deporte de montar a caballo. **2.** Acción de montar a caballo.

equitativo, va *adj.* Justo, imparcial. **FAM.** Equitativamente.

équite *s. m.* Ciudadano romano que pertenecía a la clase ecuestre, intermedia entre los patricios y los plebeyos, y que servía en el ejército a caballo.

equiuroideos *s. m. pl.* Tipo de metazoos invertebrados al que pertenecen unas 100 especies de los géneros *Echiurus*, *Bonellia*, *Hamingia*, etc. Son animales vermiformes cuyo tamaño varía entre unos milímetros y 50 cm de longitud, tienen cuerpo cilíndrico no segmentado y una trompa larga y extensible con la que capturan bacterias y pequeñas partículas. El dimorfismo entre machos y hembras es muy acusado, por lo que han sido utilizados en estudios científicos de la herencia sexual; en algunas especies como la *Bonellia viridis*, el macho enano vive en el interior del cuerpo de la hembra. Habitan en zonas marinas generalmente próximas a la costa. También *adj.* y *s. m.*

equivalencia *s. f.* **1.** Cualidad de equivalente. ‖ **2. relación de equivalencia** En mat., cualquier relación *R* en un conjunto *Z* que cumpla las propiedades reflexiva, simétrica y transitiva. Los subconjuntos del conjunto *Z* formados por elementos relacionados entre sí se llaman *clases de equivalencia*, y su conjunto se denomina conjunto cociente de *Z* por *R*.

equivalente *adj.* **1.** Se aplica a lo que equivale a otra cosa. También *s.* **2.** Se dice de las figuras o cuerpos geométricos que tienen distinta forma, pero el mismo volumen o la misma área. **3.** En mat., se dice de las fracciones que al efectuar el cociente indicado dan el mismo resultado. P. ej.: $\frac{3}{4} = 0{,}75$ y $\frac{6}{8} = 0{,}75$. **4.** En mat., se dice de las ecuaciones que tienen las mismas soluciones. ‖ *s. m.* **5.** En quím., mínimo peso necesario de un cuerpo para que, al unirse con otro, tomado como tipo, forme verdadera combinación. ‖ **6. equivalente electroquímico** En quím., masa de un elemento, medida en gramos, que se deposita en la electrólisis por cada culombio. **7. equivalente mecánico calorífico** En fís., relación entre el trabajo *(T)* y la cantidad de calor *(Q)* en sistemas termodinámicos estables, según la fórmula $T = J \cdot Q$, en la que *J* es una constante. El equivalente calorífico de 1 julio es 0,24 calorías. **8. equivalente químico** En quím., cantidad de un elemento que es capaz de combinarse o de reemplazar a 8 partes de oxígeno o a 1,008 partes de hidrógeno. Se obtiene al dividir el peso atómico o molecular del elemento por su valencia.

equivaler *v. intr.* Ser una cosa igual a otra en valor, estimación, potencia, eficacia, etc. ■ Es v. irreg. Se conjuga como *valer*.

equivocación *s. f.* **1.** Acción y efecto de equivocar o equivocarse. **2.** Cosa en la que alguien se equivoca.

equivocado, da **1.** *p. p.* de **equivocar**. ‖ *adj.* **2.** Se dice de cosas que contienen equivocación, error. **3.** Se dice de la persona que comete equivocación, que actúa con desacierto. **FAM.** Equivocadamente.

equivocar *v. tr.* **1.** Hacer, decir o tomar algo distinto a lo que se debía hacer, decir o tomar. Se usa más como *v. prnl.* **2.** Hacer que una persona se confunda. ■ Se conjuga como *sacar*.

equívoco, ca *adj.* **1.** Se aplica a la palabra o expresión que puede entenderse de varias maneras o que tiene varios significados. **2.** Que puede llevar a error o ser mal interpretado. **3.** Que hace sospechar sobre su honradez, su sexo, etc. **4.** Se aplica al término o expresión que deja entender más de lo que dice, generalmente en sentido malicioso. También *s. m.* ‖ *s. m.* **5.** Equivocación. **6.** Posibilidad de dar a un término o expresión varios sentidos. **FAM.** Equívocamente.

Er Símbolo químico del erbio.

era[1] (del bajo lat. *aera*, número, cifra) *s. f.* **1.** Periodo de tiempo que se calcula a partir de un hecho importante o fecha determinada. La **era cristiana**, cuyo cómputo en años comienza a contarse a partir del nacimiento de Cristo, es la comúnmente aceptada hoy en el mundo para fechar los acontecimientos. Sin embargo, es tan sólo una de las muchas utilizadas a lo largo de la historia. Fue introducida por el monje Dionisio el Exiguo en el s. VI y tardó mucho tiempo en implantarse, como demuestra el hecho de que los papas no la adoptaran hasta el s. X. Algunos pueblos, como los egipcios, contaban los años dentro de cada reinado. Los griegos utilizaban las olimpiadas (periodos de 4 años), numerándolas a partir de 776 a. C., mientras que en otras regiones los años se contaban desde la llegada al poder de una dinastía (p. ej., la **era de los seléucidas** en Asia occidental, fijada a partir de la entrada de Seleuco en Babilonia, en el 312 a. C.). Los romanos utilizaban la **era de Roma** (desde la fundación de la ciudad, en el 753 a. C.) y la **era capitolina** (desde el primer cónsul, en el 752 a. C.). En India, la más empleada fue la **era sáka** (desde el 79-78 a. C.); en los países musulmanes se optó por la **era de la hégira** (desde el 16 de julio del 622 d. C., fecha de la huida de Mahoma a Medina). En la península Ibérica se utilizó entre los s. III y XV la **era hispánica** o **española**, cuyo cómputo se iniciaba en el 38 a. C. **2.** Este hecho o fecha. **3.** Extenso periodo histórico con unas características determinadas que lo distinguen de otros posteriores o anteriores. **4.** Cada uno de los grandes periodos en que se divide la historia de la Tierra desde el punto de vista de la geología y la paleontología. Las tendencias más recientes dividen la historia de la Tierra en tres grandes eones: el criptozoico, el proterozoico y el fanerozoico, que a su vez se subdividen en eras. El eón criptozoico (desde hace 4.700 millones de años hasta 1.900 millones) se divide en las eras catarcaica y arcaica, caracterizadas por la aparición de bacterias y algas cianofíceas y por diversas orogenias que culminan en la huroniana. El eón proterozoico (desde hace 1.900 millones de años hasta 570 millones) se divide en una era inferior y otra superior, en las que surgieron los protozoos, esponjas, pólipos y medusas, y la continuación de la orogenia huroniana. El eón

Equipo Crónica: El lenguaje de los abanicos, *óleo y acrílico sobre tela, de la serie* Las meninas *(1969-1970).*

ERAS GEOLÓGICAS

Millones de años	Eón	Era	Periodo	Época	Características
4.700	Criptozoico	Catarcaica Arcaica			Bacterias, algas, cianofíceas, aminoácidos, proteínas, orogenia huroniana y al menos otras siete antes.
1.900	Proterozoico	Inferior Superior			Protozoos, esponjas, pólipos, medusas, orogenia huroniana.
570	Fanerozoico	Paleozoica o primaria	Cámbrico		Rocas sedimentarias, fósiles marinos (trilobites).
500			Ordovícico		Inicio de la deriva continental, primeros vertebrados, orogenia caledoniana, clima templado.
440			Silúrico		Gran desarrollo de los peces, plantas terrestres, final orogenia caledoniana.
395			Devónico		Orogenia herciniana, clima cálido, rica fauna acuática, anfibios.
345			Carbonífero		Orogenia herciniana, gran desarrollo de bosques, reptiles.
280			Pérmico		Final orogenia herciniana, formación de una nueva gran pangea, aridez.
225		Mesozoica o secundaria	Triásico		Fragmentación del supercontinente, dinosaurios, primeros mamíferos.
190			Jurásico		Separación de África y América del Norte, dinosaurios.
135			Cretácico		Aparición de mamíferos placentarios, desaparición de dinosaurios.
65		Cenozoica o terciaria	Terciario	Paleoceno	Orogenia alpina, enfriamiento del clima, vulcanismo, emergencia de Europa.
52				Eoceno	Orogenia alpina, primates, roedores, caballos primitivos.
34				Oligoceno	Orogenia alpina, carnívoros.
23				Mioceno	Orogenia alpina, suavización del clima, australopitecus, praderas.
6				Plioceno	Orogenia alpina, animales de aspecto actual, istmo de Centroamérica.
2			Cuaternario	Pleistoceno	Glaciaciones, homo sapiens.
10.000 años				Holoceno	Retirada de glaciares, constitución de desiertos.

fanerozoico se divide en tres grandes eras: la paleozoica (desde hace 570 millones de años hasta 225 millones), subdividida en los periodos cámbrico, ordovícico, silúrico, devónico, carbonífero y pérmico y caracterizada por las orogenias caledoniana y herciniana y por la aparición de trilobites, peces acorazados y helechos gigantes; la mesozoica (desde hace 225 millones de años hasta 65 millones), subdividida en los periodos triásico, jurásico y cretácico y caracterizada por la aparición de ammonites, reptiles gigantes y plantas gimnospermas, y la cenozoica (desde hace 65 millones de años hasta nuestros días), subdividida en los periodos terciario (orogenia alpina y diversificación de los mamíferos y de las plantas angiospermas) y cuaternario (aparición del hombre).

era² (del lat. *area*) *s. f.* **1.** Espacio de tierra limpia y llana en el que se trillan las mieses. **2.** Terreno pequeño destinado al cultivo de flores u hortalizas.

-era *suf.* **1.** Forma nombres de lugar en los que abunda, se produce o se guarda lo que se expresa: *carbonera, cantera, lechera.* **2.** Forma nombres de conjuntos: *sesera.* **3.** Forma sustantivos de cualidad o estado: *flojera, llorera.*

eral, la *s. m.* y *f.* Res vacuna que tiene más de un año, pero que no llega a dos.

Erandio C. de España, en la prov. de Vizcaya, en el área metropolitana de Bilbao. 25.400 h. en 1990. Enclavada en la orilla derecha del Nervión, posee talleres de reparación de buques, fundiciones de hierro e industrias químicas y del metal.

erario *s. m.* **1.** Conjunto de los bienes públicos de una nación, provincia o pueblo. **2.** Lugar donde se guarda.

Erasístrato (Iulis, isla de Ceos h. 304 - Samos h. 250 a. C.) Médico griego. Figura eminente de la medicina de Alejandría, se mostró contrario a la tradición hipocrática. Impulsó la anatomía y la fisiología. Estudió el cerebro y relacionó la complejidad de sus circunvoluciones con la inteligencia.

erasmismo *s. m.* Corriente de pensamiento surgida en Europa en el s. XVI por influencia de la obra del humanista Erasmo de Rotterdam. Entre sus características se deben mencionar el valor que concedía al carácter íntimo de la vivencia religiosa, el interés por la cultura clásica y la renovación de los estudios bíblicos, la lucha contra los prejuicios y supersticiones y la tolerancia hacia otras ideas y creencias. Tuvo gran importancia en España, cuyo foco principal fue Alcalá de Henares y entre sus partidarios se contaron personajes tan influyentes como Alonso Manrique, arzobispo de Sevilla e inquisidor general; Alonso de Fonseca, arzobispo de Toledo; el canciller Gattinara, Alfonso y Juan de Valdés, Luis Vives y Miguel Servet. A partir de 1530 el erasmismo sufrió una fuerte persecución. **FAM.** Erasmista.

Erasmo de Rotterdam. Cuadro de Holbein el Joven, detalle (Museo del Louvre, París).

Erasmo de Rotterdam, Desiderio (Rotterdam h. 1469 - Basilea 1536) Humanista holandés. Fue monje agustino y estudió en París, Inglaterra, donde inició su amistad con Tomás Moro, y Turín. En 1514 se trasladó a Basilea y a los dos años publicó una edición del Nuevo Testamento, en griego, con notas y traducción latina. Dispensado de sus votos por Roma, llegó a ser consejero de Carlos V, para quien escribió en 1516 *Doctrina del príncipe cristiano.* Su obra, que refleja el ideal humanista, denuncia la inmoralidad del clero y de la sociedad cristiana de la época, defiende una religiosidad más íntima y personal y apoya el resurgimiento de los estudios históricos y filosóficos. Aunque en un principio mantuvo una actitud favorable a las ideas de Lutero, más tarde combatió sus tesis, preocupado por la posibilidad del hundimiento de unos valores que consideraba firmemente mantenidos por el cristianismo católico. Entre sus obras principales figuran *Adagios* (1500), *Elogio de la locura* (1511), *Coloquios* (1518) y *Del libre albedrío* (1524).

Eratóstenes (Cirene h. 276 - Alejandría h. 196 a. C.) Geógrafo, astrónomo y matemático griego. Tolomeo III le encomendó la dirección de la biblioteca de Alejandría. Ideó procedimientos para hallar los números primos y obtener la media proporcional y calculó, con extraordinaria precisión para su época, la longitud del meridiano terrestre y la distancia de la Tierra al Sol y a la Luna. También ideó una cronología que tenía como punto de partida la caída de Troya.

Erauso, Catalina, llamada **la Monja alférez** (San Sebastián 1592 - Veracruz 1635) Aventurera española. Recluida en un convento de dominicas, huyó disfrazada de hombre y se alistó como grumete en un barco con destino a América. En Chile luchó bravamente contra los araucanos y alcanzó el grado de alférez. Herida en un duelo, se descubrió su condición femenina. Enviada a España, Felipe IV la recompensó con una pensión (1624). Desapareció en un segundo viaje a América.

erbio *s. m.* Er. Elemento químico perteneciente al grupo de los lantánidos o tierras raras del sistema periódico. Su número atómico es 68 y su masa atómica 167,3. Fue descubierto por Johann Gadolin en un mineral hallado en la región sueca de Ytterby en 1794, y aislado por Mosander en 1840. En la actualidad se le conocen seis isótopos. Es un metal de color gris oscuro plateado, que cristaliza en el sistema hexagonal. Sus sales se disuelven en los ácidos minerales y son de color rojo. Es poco abundante en la naturaleza y se utiliza en la industria metalúrgica como captador, en la industria nuclear, y su óxido –de color rosa– como colorante para cristales.

Ercilla, Alonso de (Madrid 1533 - íd. 1594) Poeta español. Marchó como voluntario a Indias y combatió a los indios araucanos en Chile. Esta experiencia le impulsó a escribir *La Araucana*, publicada entre 1569 y 1589, poema épico en octavas reales en el que exalta la figura de los indígenas y su resistencia a la colonización.

ere *s. f.* Nombre de la letra *r* en su sonido suave, como en *ara, arena*.

erección *s. f.* **1.** Acción y efecto de erigir o erigirse. **2.** Acción y efecto de enderezarse o ponerse rígida una cosa. **3.** Particularmente, dilatación y rigidez del pene o del clítoris por afluencia de sangre a estos órganos. Permite al hombre la realización del coito.

eréctil *adj.* Que puede levantarse, enderezarse o ponerse rígido.

erectilidad *s. f.* Cualidad de eréctil.

erecto, ta *adj.* Enderezado, levantado o rígido.

erector, ra *adj.* Que levanta, endereza o pone rígido. También *s.*

eremita *s. m.* Hombre que vive en un lugar solitario y se dedica principalmente a la oración y penitencia.

eremítico, ca *adj.* Perteneciente o relativo al eremita.

eremitorio *s. m.* Lugar en que hay una o más viviendas de eremitas.

Eresma Río de España, en la Meseta Norte. 167 km de longitud. Nace en la sierra de Guadarrama y recorre las provincias de Segovia y Valladolid hasta desembocar en el Duero. Su régimen es pluvionival. Pasa por la ciudad de Segovia y su principal afluente es el Adaja.

Ereván C. de Armenia, cap. de la república, situada en el S de la misma, entre el monte Ararat y el lago Sevan. 1.199.000 h. en 1989. Es un centro agrícola, con cultivos de algodón, vid y hortalizas, e industrial, con siderurgia, metalurgia, industrias mecánicas, químicas, textiles, alimentarias y del cuero.

Erfurt C. de Alemania, situada en el Land de Turingia, junto al río Gera. 220.000 h. en 1989. Es un importante centro comercial y ferroviario, que cuenta además con industrias químicas, mecánicas, eléctricas, alimentarias y ópticas.

erg[1] Símbolo del ergio, unidad de trabajo en el sistema cegesimal.

erg[2] (voz ár.) *s. m.* Extensa superficie arenosa formada por un conjunto de dunas que pueden llegar a fundirse y formar cordones dunares que se extienden a lo largo de centenares de kilómetros. En el Sáhara central se hallan enclavados el Gran Erg de Awbari, al S de Tunicia, y el Gran Erg de Murzuq, entre los montes Ahaggar y Tibesti. También se le denomina *campo de dunas*.

ergastoplasma *s. m.* Estructura del citoplasma de la célula eucariota, formada por un conjunto de sacos aplanados y unidos entre sí que están conectados con la envoltura nuclear y presentan ribosomas asociados. Su función es almacenar las proteínas sintetizadas por los ribosomas. También se denomina *retículo endoplasmático rugoso*.

ergio *s. m.* Unidad de trabajo en el sistema cegesimal. Su valor es igual al trabajo realizado por una dina de fuerza a lo largo de un centímetro. Equivale a 10^{-7} julios. Su símbolo es *erg*.

ergo *conj. lat.* Luego, por lo tanto.

ergonomía *s. f.* Ciencia que estudia las relaciones entre el hombre y el trabajo que realiza. Trata de adaptar las condiciones del trabajo a las características psicológicas y fisiológicas del trabajador. **FAM.** Ergonómico.

ergoterapia *s. f.* Modalidad de tratamiento que destaca el efecto beneficioso que la ocupación y la actividad laboral tienen en la persona afectada por una deficiencia o discapacidad.

ergotina *s. f.* Sustancia tóxica que se extrae del cornezuelo del centeno y produce la contracción de la pared de las arterias y del útero, por lo que se emplea en medicina para contener las hemorragias.

ergotismo[1] *s. m.* Intoxicación causada por la ergotina.

ergotismo[2] (de *ergotizar*) *s. m.* Abuso de los silogismos en la argumentación.

ergotista o **ergotizante** *adj.* Se dice del que ergotiza. También *s.*

ergotizar *v. intr.* Abusar de los silogismos en un razonamiento o argumentación. ■ Se conjuga como *cazar*.

erguir *v. tr.* **1.** Levantar y poner derecha una cosa. También *v. prnl.* ‖ *v. prnl.* **2.** Alzarse, estar donde se expresa una cosa alta. ■ Es v. irreg. **FAM.** Erguimiento.

ERGUIR

GERUNDIO
irguiendo

INDICATIVO

Presente	Pret. perf. simple
irgo o *yergo*	*erguí*
irgues o *yergues*	*erguiste*
irgue o *yergue*	*irguió*
erguimos	*erguimos*
erguís	*erguisteis*
irguen o *yerguen*	*irguieron*

SUBJUNTIVO

Presente	Pretérito imperfecto
irga o *yerga*	*irguiera, -ese*
irgas o *yergas*	*irguieras, -eses*
irga o *yerga*	*irguiera, -ese*
irgamos o *yergamos*	*irguiéramos, -ésemos*
irgáis o *yergáis*	*irguierais, -eseis*
irgan o *yergan*	*irguieran, -esen*

Futuro imperfecto
irguiere
irguieres
irguiere
irguiéremos
irguiereis
irguieren

IMPERATIVO	
irgue o *yergue*	*erguid*

Erhard, Ludwig (Fürth 1897 - Bonn 1977) Político y economista alemán. Miembro del Partido Cristiano Demócrata, fue ministro de Economía en el gobierno de Konrad Adenauer, vicecanciller en 1957 y canciller entre 1963 y 1966. Dirigió la espectacular reconstrucción económica de la República Federal de Alemania tras la Segunda Guerra Mundial.

-ería *suf.* Véase **-ía**.

erial *adj.* **1.** Se dice de la tierra o campo improductivo. También *s. m.* **2.** Se aplica a algo material o espiritual desagradable o de lo que no se puede sacar provecho.

ericáceas *s. f. pl.* Familia de plantas arbóreas o arbustivas a la que pertenecen casi 3.000 especies comprendidas en los géneros *Rhododendron, Gaultheria, Arbutus, Erica*, etc. Son plantas de pequeño y mediano tamaño, generalmente perennes, con flores rosadas, violáceas, blancas o verdosas y fruto en cápsula o baya. Crecen en terrenos ácidos de climas templados. Ericáceas son el rododendro, brezo, mirtilo, azalea, madroño, etc. También *adj.* y *s. f.*

Erice, Víctor (San Sebastián 1940) Director cinematográfico español. Crítico de arte y guionista, realizó en 1973 su primer largometraje, *El espíritu de la colmena*, considerada como una de las mejores películas españolas de todos los tiempos. Hasta diez años después no rodó *El sur*, su segunda película. Ambos filmes están ambientados en el duro periodo de la posguerra española y reflejan el fascinante mundo de la infancia y sus relaciones con los adultos.

Ericsson, John (Langbanshyttan, Värmland 1803 - Nueva York 1889) Ingeniero e inventor estadounidense. En 1826 pasó al Reino Unido, donde proyectó una locomotora que rivalizó con la de Stephenson. En 1836 inventó el propulsor de hélice, que aplicó con éxito a un barco dos años más tarde. Marchó a EE UU (1839) y en 1861, durante la guerra de Secesión, construyó para la marina federal el primer acorazado, *Monitor*, que salió victorioso de su enfrentamiento con el *Merrimac*, de los confederados.

Erídano Constelación del hemisferio austral. Tiene forma de larga hilera sinuosa y está formada por 187 estrellas visibles.

Erie Lago de América del Norte, situado entre EE UU y Canadá. 25.612 km^2 de extensión. De origen glaciar, se hiela todos los inviernos de diciembre a marzo. Está comunicado con el lago Hurón a través del río Detroit y con el Ontario por el río Niágara, y constituye una importante vía de comunicación. En sus orillas se encuentran situadas las ciudades de Cleveland y Buffalo.

erigir *v. tr.* **1.** Construir, fundar, levantar. **2.** Elevar a una persona o cosa a una función o categoría importante que antes no tenía. También *v. prnl.* ■ Se conjuga como *surgir*.

Erik Nombre de varios reyes daneses.

Erik I Ejegod (? h. 1056 - Chipre 1103) Rey de Dinamarca (1095-1103). Combatió a los vendos y ayudó a la difusión del cristianismo en su país. Murió en una peregrinación a Tierra Santa.

Erik II Emune (? - Ribe 1137) Rey de Dinamarca (1131-37). Era hijo de Erik I y sucesor de su hermanastro Canuto Lavard, asesinado por el usurpador Magnus, al que venció en Skänor (1134). Fue asesinado en una revuelta campesina.

Erik III Lam (? - Odense 1147) Rey de Dinamarca (1137-47). Nieto de Erik I, derrotó a su primo Olaf, que se había proclamado rey de Escania. Fue un monarca falto de energía. Favoreció a la Iglesia y se retiró a un monasterio.

Erik IV Plogpenning (? 1216 - ? 1250) Rey de Dinamarca (1241-50). Hijo y sucesor de Valdemar II, luchó en guerra civil contra su hermano, el duque Abel, quien lo mandó asesinar.

Erik V Glipping (? h. 1249 - ? 1286) Rey de Dinamarca (1259-86). Hijo y sucesor de Cristóbal I, tras un periodo bajo la tutela de su madre, la reina Margarita, se enfrentó al clero y a la nobleza, pero finalmente se vio obligado a firmar una carta de privilegios (1282), que durante largo tiempo fue la base de la Constitución de Dinamarca. Murió asesinado.

Erik VI Menved (? 1274 - ? 1319) Rey de Dinamarca (1286-1319). Hijo y sucesor de Erik V, prosiguió la lucha contra la nobleza y el clero empezada por su padre y logró derrotar al duque Valdemar de Jutlandia, cabecilla de los rebeldes. Vencido por Noruega y Suecia, firmó la paz con estos países en 1309. Las guerras y las sublevaciones arruinaron sus finanzas y se vio obligado a ceder importantes territorios a los grandes señores daneses.

Erik VII o **Erik de Pomerania** (? h. 1382 - Rügenwalde 1459) Rey de Noruega (1389-1442) y de Dinamarca y Suecia (1396-1439). Recibió las tres coronas escandinavas en la dieta de Kalmar (1397). Tomó Conpenhague y la convirtió en capital de Dinamarca (1416). Combatió sin éxito contra la Hansa y a causa de ello fue depuesto por suecos y daneses en 1439, y por los noruegos en 1442. En 1449 se retiró a Pomerania.

Erik Nombre de varios reyes de Noruega.

Erik Blodoks (? 895 - ? 954) Rey de Noruega (933-935). Asesinó a varios de sus hermanos para consolidarse en el trono, pero abandonó el país ante la llegada de su hermano Haakon desde Inglaterra. Nombrado rey de Northumberland, murió en una batalla.

Erik Magnusson Prestehater (? 1268 - ? 1299) Rey de Noruega (1280-99). Durante su minoría, el consejo de regencia luchó contra los privilegios de la Iglesia. Fracasó en su lucha contra la Liga hanseática.

Erik Nombre de varios reyes de Suecia.

Erik Segersall (? - ? 994) Rey de Suecia. Aplastó la rebelión de su sobrino Styrbjorn Starke, apoyado por los daneses. Conquistó Dinamarca, expulsó a su rey Svend Tveskaeg y se coronó rey de este país.

Erik IX el Santo (? - Uppsala 1160) Rey de Suecia (1156-60). Introdujo el cristianismo en su reino y realizó una cruzada para convertir a los finlandeses. Atacado el país por el príncipe danés Magnus Henriksson, pretendiente al trono sueco, Erik murió en el cerco de Uppsala. Se le venera como patrón de Suecia.

Erik X Knutsson (? - Visingso 1216) Rey de Suecia (1208-16). Venció en Lena (1208) al pretendiente al trono Sverker el Joven, que estaba apoyado por Dinamarca. Logró la reconciliación con Dinamarca por el casamiento con una hermana del rey Valdemar.

Erik XI Eriksson (? h. 1216 - ? 1250) Rey de Suecia (1222-29 y 1234-50). Hijo de Erik X, fue destronado por su primo Canuto Johannsson en 1229 y tuvo que refugiarse en Dinamarca. En 1234 recuperó el trono a la muerte de aquél.

Erik XII Magnusson (? 1339 - ? 1359) Rey de Suecia (1356-59). Primogénito de Magnus Eriksson, fue elegido por la nobleza y tuvo que luchar contra su padre y contra su hermano Haakon, rey de Noruega.

Erik XIV (Estocolmo 1533 - Orbyhus 1577) Rey de Suecia (1560-68). Hijo y sucesor de Gustavo Vasa, intentó sin éxito introducir en su reino el gobierno absoluto y la Reforma protestante. Conquistó Estonia (1561) y guerreó durante siete años contra Dinamarca, Polonia y Lübeck. Enloqueció y fue depuesto por su hermano Juan, quien lo mandó asesinar.

Erik el Rojo (Jaeren h. 940 - ? h. 1010) Navegante noruego. Descubrió Groenlandia y comenzó su colonización (985). Su historia se narra en la *Saga de Erik* (s. XIII-XIV).

Erikson, Erik (Frankfurt del Main 1902) Psicoanalista estadounidense de origen alemán. Muy influido por Freud, defiende una educación infantil basada en la existencia de un clima de confianza, reciprocidad en el trato y hábitos educativos informales y democráticos, destacando siempre la importancia de un ambiente correcto para el desarrollo del niño. Entre sus obras sobresalen *Infancia y sociedad* (1950) e *Identidad: juventud y crisis* (1968).

Erinias Diosas de la venganza en la mitología griega. Sus nombres son Alecto, Tisífone y Megera y corresponden a las Furias de la mitología romana. También se las denomina *Euménides.*

erisipela *s. f.* Infección de la piel causada por un estreptococo. Se manifiesta por una erupción generalmente en la cara y el cuero cabelludo, acompañada por fiebre. Se trata mediante antibióticos y reposo.

erístico, ca *adj.* **1.** Perteneciente o relativo a la erística. **2.** Se dice de la escuela filosófica de Megara, fundada por Euclides, un discípulo de Sócrates, y caracterizada por el uso de razonamientos dialécticos a favor y en contra de una tesis. **3.** Se aplica a los que, como algunos seguidores de la escuela de Megara, abusan de los argumentos dialécticos hasta convertirlos en una discusión por el simple placer de la discusión. || *s. f.* **4.** Arte de la discusión o de la controversia.

eritema *s. m.* **1.** Enrojecimiento de la piel causado por dilatación de sus capilares. || **2. eritema solar** El producido por la acción de los rayos solares.

eritematoso, sa *adj.* Perteneciente al eritema o de características semejantes.

Eritrea Prov. de Etiopía, en el NE del país, a orillas del mar Rojo. 117.400 km^2. 3.225.200 h. en 1990. La capital es Asmara, con 296.000 h. en 1986. En su relieve se distinguen una llanura litoral, de clima árido, y una meseta interior en la que predomina el clima tropical senegalés. Sus principales actividades son la agricultura y la ganadería, mientras que la industria está muy poco desarrollada (alimentación, vidrio, refinado de petróleo). Fue ocupada por Italia entre 1890 y 1941 y posteriormente integrada en el estado de Etiopía (1950), lo que provocó la aparición de un fuerte movimiento independentista dirigido por el Frente de Liberación de Eritrea, que ha mantenido una guerra de guerrillas con el gobierno central, y cuyas tropas pusieron cerco a Asmara en 1990. Coaligado con otros grupos guerrilleros de la oposición, el Frente de Liberación de Eritrea participó en el derrocamiento del régimen de Mengistu y anunció en 1991 la formación de un gobierno independiente eritreo.

eritreno *s. m.* Butadieno*.

eritreo, a *adj.* **1.** De Eritrea. También *s.* **2.** Perteneciente o relativo al mar Rojo.

eritrocito *s. m.* Célula presente en la sangre, también llamada *hematíe* o *glóbulo rojo.* Carece de núcleo, es de forma aplanada y deprimida en su centro y contiene una gran cantidad de hemoglobina en su citoplasma. Su principal función es transportar el oxígeno desde los pulmones a los tejidos y el dióxido de carbono desde los tejidos a los pulmones. La sangre del hombre contiene de 4 a 5 millones de eritrocitos por mm^3.

eritrofobia *s. f.* Temor a ruborizarse en público.

eritrólisis *s. f.* Proceso de destrucción de los eritrocitos o hematíes por las células fagocitarias del bazo y del hígado, tras un periodo de actividad de dichos eritrocitos que dura entre 20 y 120 días.

eritropoyesis *s. f.* Proceso de formación de los eritrocitos o glóbulos rojos de la sangre. Durante el desarrollo embrionario se realiza en el hígado, bazo y en la médula ósea roja, mientras que en los adultos tiene lugar en la médula del esternón, de las vértebras y de las costillas.

Erivan Véase **Ereván**.

erizado, da **1.** *p. p.* de **erizar**. También *adj.* || *adj.* **2.** Con palabras como *problemas, dificultades,* etc., lleno.

erizar *v. tr.* **1.** Levantar, poner rígido algo, especialmente el pelo o vello, como las púas del erizo. Se usa más como *v. prnl.* **2.** Con sustantivos como *espinas, dificultades, impedimentos,* etc., llenar de lo que éstos expresan. || *v. prnl.* **3.** Inquietarse, ponerse a la defensiva ante alguien o algo. ■ Se conjuga como *cazar.* **FAM.** Erizamiento.

Erizo común (Erinaceus europaeus).

erizo *s. m.* **1.** Nombre común de diversos mamíferos insectívoros de la familia erinácidos, géneros *Erinaceus, Paraechinus* y *Hemiechinus.* Miden entre 25 y 30 cm de longitud, tienen el dorso y los costados cubiertos de agudas púas, el hocico puntiagudo y las patas y cola muy cortas. Se enroscan sobre sí mismos, formando una bola erizada de púas, cuando advierten peligro. Son animales nocturnos y muy beneficiosos para la agricultura, que en invierno entran en letargo. El erizo común *(Erinaceus europaeus)* es muy frecuente en Europa; el erizo moruno *(Erinaceus algirus)* vive en la región mediterránea; otras especies habitan en Asia *(Hemiechinus auritus),* y África *(Paraechinus aethiopicus).* **2.** Cubierta espinosa de la castaña y otros frutos. **3.** *fam.* Persona de carácter huraño, poco tratable. **4.** Defensa con puntas de hierro que se pone en lo alto de una muralla, parapeto o tapia. || **5. erizo de mar** Nombre común de diversos equinodermos de la clase equinoideos. Poseen un caparazón sólido, formado por placas, en algunas de las cuales existen agujeros para los pies ambulacrales, prolongaciones tubulares con ventosas, que les sirven también para respirar. Su aparato masticador, llamado *linterna de Aristóteles,* está formado por cinco pequeños dientes, con los que roen la vegetación. Su estructura interna es muy compleja. Las especies más importantes son el erizo de mar común *(Paracentrotus lividus),* de unos 5 cm de diámetro y ovarios comestibles, que habita en el Atlántico y el Mediterráneo; el erizo negro *(Arbacia lixula),* y el erizo de hondura *(Echinus acutus),* de mayor tamaño que los anteriores.

Erizo de mar (Paracentrotus lividus).

erizón *s. m.* Cubierta con espinas de los frutos del castaño.

erke *s. m.* Instrumento de viento típico de las tribus incas y que todavía se usa en Bolivia, Perú y Argentina. Se compone de varios trozos de caña, tiene una embocadura lateral y un pabellón o campana y llega a medir entre 3 y 7 m.

Erlander, Tage Fritiof (Ransäter 1901 - Estocolmo 1985) Político sueco. Miembro del Partido Socialdemócrata, fue ministro de Asuntos Sociales y de Educación y primer ministro (1946-1969). Realizó una serie de reformas sociales y económicas y una política de acercamiento a Europa, con la entrada de su país en la OECE (1948), que luego se transformaría en la OCDE, y en el Consejo de Europa (1949).

Erlangen C. de Alemania, en el Land de Baviera, al N de Nuremberg. Forma parte de la conurbación Erlangen-Nuremberg-Fürth. 100.600 h. en 1989. Es un importante centro de la industria metalúrgica, de construcciones mecánicas, de material eléctrico, textil, del cuero y química.

Erlanger, Joseph (San Francisco 1874 - San Luis 1965) Fisiólogo estadounidense. Dirigió el departamento de fisiología de la universidad de Washington, San Luis (1910-46), donde en colaboración con Herbert Spencer Gasser investigó sobre la fisiología de las fibras nerviosas, trabajo por el que merecieron el premio Nobel de medicina y fisiología en 1944.

Ermessenda o **Ermesindis** (? 972 - castillo de Besora 1058) Condesa de Barcelona. Esposa de Ramón Borrell, ejerció la regencia y el condominio en la minoría de edad de su hijo Berenguer Ramón I (1018-23) y, muerto éste en 1035, durante la de su nieto Ramón Berenguer I (1035-40). Tuvo desavenencias con su nieto, hasta que vendió a éste sus derechos (1057).

ermita *s. f.* Iglesia pequeña o capilla situada generalmente en las afueras de una población.

Ermitage, L' Museo ruso situado en la ciudad de San Petersburgo. Fue fundado en 1764 por Catalina II y ampliado posteriormente por Nicolás I. Alberga una de las más importantes colecciones de arte del mundo, con muestras de pintura francesa del s. XVIII, renacentista, italiana, escuela flamenca y del Siglo de Oro español. Asimismo conserva piezas de arte de las estepas, de la cultura y arte antiguos, de la cultura rusa y soviética, de la cultura oriental, etc.

Cangrejo ermitaño.

ermitaño, ña *s. m.* y *f.* **1.** Persona que vive en una ermita y cuida de ella. || *s. m.* **2.** Monje que vive en soledad. || **3. cangrejo ermitaño** Nombre común de diversas especies de artrópodos malacostráceos decápodos de la familia pagúridos. Son animales marinos, que tienen el abdomen grande y blando y para protegerlo se introducen en conchas de moluscos vacías. Las especies más comunes son el *Eupagurus bernhardus,* que mide hasta 10 cm de longitud y tiene las pinzas muy desiguales, el *Eupagurus prideauxi,* que mide unos 8 cm de longitud y vive asociado con una actinia, y el *Eupagurus anachoretus,* que mide unos 4 cm de longitud y tiene pilosidades en las patas.

Ernst, Max (Brühl, Colonia 1891 - París 1976) Pintor francés de origen alemán. Fundó el grupo dadaísta de Colonia en 1919, donde realizó collages y fotomontajes. Se estableció en París en 1922, y allí se incorporó al movimiento surrealista. Ideó la técnica del *frottage,* que consiste en frotar el lápiz sobre un papel apoyado en madera, tela, etc., para que aparezcan las vetas y nudos o la trama y que utilizó en su serie *Historia natural* (1926). Emigró a Nueva York en la Segunda Guerra Mundial. Entre sus obras destacan *Pareja zoomorfa* (1933), *Europa después de la lluvia* (1941) y *Cementerio de pájaros* (1953).

Ernst, Richard (Suiza 1933) Químico suizo. Obtuvo el premio Nobel de química 1991 por sus trabajos con técnicas de resonancia magnética

Tipos de erosión: arriba, a la izquierda, erosión eólica en un paisaje de Cervera de Cañada, Zaragoza; a la derecha, erosión hidráulica causada por el río Montsant en Tarragona; sobre estas líneas, a la izquierda, erosión glaciar en Chamonix (Francia), y erosión marítima en Ischia (Italia).

nuclear (RMN). Ha logrado el desarrollo de RMN en la obtención de imágenes aplicables a la exploración médica.

-ero, ra *suf.* **1.** Forma sustantivos que expresan oficio: *librero, carnicero*; árbol o planta del fruto que indica la raíz: *limonero, tomatera*; utensilio relacionado con el significado de la raíz: *perchero*; recipiente: *jabonera, joyero.* **2.** Forma adjetivos que expresan relación o pertenencia: *camero, sopero*; posibilidad de realizar la acción que la raíz indica: *llevadero, hacedero.*

erogación *s. f.* **1.** Acción y efecto de erogar. **2.** *Ec., Perú, Ven.* Donativo. **3.** *Méx.* Desembolso.

erogar *v. tr.* Repartir bienes o caudales. ▪ Se conjuga como *pagar.*

erógeno, na *adj.* Que produce o es sensible a la excitación sexual.

eros *s. m.* En la teoría psicoanalítica, componente sexual de la personalidad y, en general, conjunto de impulsos de la vida, por oposición a los de la muerte o tánatos.

Eros Dios del amor en la mitología griega. Se le representa como un niño que inflama los corazones con su antorcha o los hiere con sus flechas. Corresponde a Cupido en la mitología romana.

Eros Asteroide descubierto por Gustav Witt en 1898, cuya órbita se acerca hasta 22 millones de kilómetros de la Tierra. Fue el primer asteroide conocido que se acerca a la Tierra más que el planeta Marte.

erosión *s. f.* **1.** Desgaste de la superficie terrestre a causa de los fenómenos geológicos externos y de la acción del hombre y de los seres vivos. La erosión es la principal forma de transformación del relieve terrestre. Empieza a actuar en el momento en que una parte de la superficie de la Tierra se eleva, aunque su ataque es muy diferente según las formas topográficas o la naturaleza de las rocas sobre las que actúa. Este diferente comportamiento se denomina **erosión diferencial**. La erosión producida por el viento se denomina **erosión eólica**; la producida por la lluvia y las aguas corrientes se conoce como **erosión hidráulica**; la debida a las lenguas glaciares se denomina **erosión glaciar**, y la producida por la acción del mar se denomina **erosión marina**. La erosión provocada por la acción del hombre y de los seres vivos se llama **erosión biótica**. **2.** Desgaste producido en la superficie de un cuerpo por el roce de otro. **3.** Herida o lesión superficial que afecta sólo a la epidermis. **4.** Pérdida de prestigio o influencia de una persona, institución, etc. **FAM.** Erosionable.

Max Ernst: Dos muchachas desnudas *(colección particular).*

erosionar *v. tr.* **1.** Producir erosión en un cuerpo. **2.** Desgastar o debilitar el prestigio o la influencia de una persona, institución, etc. También *v. prnl.*

erosivo, va *adj.* **1.** Perteneciente o relativo a la erosión. **2.** Que produce erosión.

erótico, ca *adj.* **1.** Perteneciente o relativo a la sexualidad. **2.** Se dice de la literatura, cine, etc., que trata asuntos amorosos y sexuales. **3.** Se dice de los autores que tratan estos temas. **4.** Que provoca o excita sexualmente. ‖ *s. f.* **5.** Aquello por lo que algo resulta muy excitante o atrayente.

erotismo *s. m.* **1.** Cualidad de erótico. **2.** Amor sexual. **3.** Expresión o exaltación de todo lo que se refiere al instinto sexual. Ha tenido desde la antigüedad gran reflejo en el arte.

erotizar *v. tr.* **1.** Dar contenido o significado erótico a algo. **2.** Comunicar erotismo, excitar la sexualidad. ▪ Se conjuga como *cazar.* **FAM.** Erotización.

erotomanía *s. f.* **1.** Trastorno mental causado por un enamoramiento excesivo e idealizado, sin una relación real con la persona a la que se cree amar. **2.** Agudización del deseo sexual.

erotómano, na *adj.* Se dice del que padece erotomanía. También *s.*

erque *s. m.* Erke*.

errabundo, da *adj.* Errante*.

erradicar *v. tr.* Arrancar una cosa de raíz o eliminarla por completo. ▪ Se conjuga como *sacar.* **FAM.** Erradicación.

errado, da **1.** *p. p.* de **errar**. También *adj.* ‖ *adj.* **2.** Que yerra o está equivocado. **FAM.** Erradamente.

errante *adj.* Se aplica a la persona, animal o cosa que anda de un lado para otro sin tener lugar fijo donde estar.

errar *v. tr.* **1.** No acertar, equivocarse. También *v. intr.* ‖ *v. intr.* **2.** Cometer faltas. **3.** Andar sin rumbo fijo. **4.** P. ext., pasar el pensamiento, la imaginación, etc., de unas cosas a otras continuadamente y sin sentido claro. ▪ Es v. irreg.

ERRAR

INDICATIVO	SUBJUNTIVO	IMPERATIVO
Presente	**Presente**	
yerro	*yerre*	
yerras	*yerres*	*yerra*
yerra	*yerre*	
erramos	*erremos*	
erráis	*erréis*	*errad*
yerran	*yerren*	

errata *s. f.* Error en la impresión de un texto o en un manuscrito, p. ej. el cambio de una letra por otra.

errático, ca *adj.* **1.** Que anda de una parte a otra sin rumbo fijo. **2.** Se aplica al dolor, síntoma, etc., que unas veces se produce en un sitio del organismo y otras en otro. **3.** Que se sale de lo normal y corriente. **4.** En geol., se dice de las rocas o los bloques arrastrados a distancia por los hielos glaciares.

errátil *adj.* Errante, inconstante.

Errázuriz Echaurren, Federico (Santiago 1850 - Valparaíso 1901) Político chileno. Varias veces ministro, participó en la revolución que derrocó a Balmaceda (1890). Ocupó la presidencia de la nación entre 1896 y 1901, periodo en el que solucionó pacíficamente un grave conflicto con Argentina (1899).

Errázuriz y Aldunate, Fernando (Santiago 1777 - íd. 1841) Político chileno. Participó activamente en la lucha por la independencia de Chile. Fue miembro de la junta de gobierno (1823) y presidente interino de la república (1831).

Errázuriz Zañartu, Federico (Santiago 1825 - íd. 1877) Político chileno. Participó en la revolución de 1859. Fue presidente del país entre 1871 y 1876. Durante su mandato realizó reformas liberales en la Constitución y en el Código Penal, impulsó la educación, la construcción de ferrocarriles, así como la Exposición Universal de Santiago de 1875.

erre *s. f.* Nombre de la letra *r* en su sonido fuerte, como en *ratón, enredo, perro,* etc. ‖ **LOC. erre que erre** *adv. fam.* Con terquedad, insistentemente.

erróneo, a *adj.* Que contiene error o equivocación. **FAM.** Erróneamente.

error *s. m.* **1.** Concepto o juicio falso o equivocado. **2.** Cosa o acción desacertada. **3.** Diferencia entre el resultado o valor que se obtiene y el que se estima como exacto. ‖ **4. error absoluto** En mat., diferencia entre el cálculo experimental de una magnitud y su valor real. **5. error de bulto** Error de importancia. **6. error relativo** En mat., cociente entre el error absoluto y el valor real de una magnitud.

ertzaina (voz vasca) *s. m.* y *f.* Miembro de la ertzantza.

ertzantza (voz vasca) *s. f.* Policía autónoma del País Vasco.

eructar *v. intr.* Echar brusca y ruidosamente por la boca los gases del estómago.

eructo *s. m.* Acción y efecto de eructar.

erudición *s. f.* Conocimiento amplio y profundo de varias materias.

erudito, ta *adj.* Que tiene o refleja erudición. También *s.* **FAM.** Eruditamente.

erupción *s. f.* **1.** Expulsión violenta de algo contenido en un sitio. **2.** Salida más o menos violenta de materias sólidas, líquidas o gaseosas procedentes del interior del globo terrestre a través de un volcán. La violencia de una erupción está en proporción directa a la viscosidad de la lava emitida. Suelen distinguirse cuatro tipos de erupción: **hawaiana**, con lavas muy fluidas y emisión de pocos productos gaseosos; **estromboliana**, con lavas viscosas y emisión violenta de cenizas, bombas y gases; **vulcaniana**, con lavas muy espesas y grandes explosiones acompañadas de gases y nubes ardientes; **peleana**, con lavas muy viscosas, enormes explosiones y emisión de gases y nubes ardientes. **3.** Aparición en la piel de granos o manchas; también, los propios granos o manchas.

eruptivo, va *adj.* **1.** Perteneciente a la erupción o procedente de ella. **2.** Se dice de los minerales y rocas endógenos originados en el interior de la Tierra que se forman a partir de la solidificación de un magma. También se denominan *magmáticos.*

Ervigio (? - ? 687) Rey visigodo de Hispania (680-687). Emparentado con la familia de Chindasvinto, depuso a Wamba (680) y fue legitimado como rey en el XII concilio de Toledo (681). Para ganarse a la nobleza y al clero les concedió una serie de privilegios. Designó como sucesor a su yerno Égica, sobrino de Wamba.

Erzurum C. de Turquía, cap. de la prov. del mismo nombre, en el E del país. 252.648 h. en 1985. Es la antigua Teodosiópolis, importante centro artesanal y de mercado de Armenia. Decaída desde 1923 a causa de la persecución contra los armenios, es en la actualidad un nudo de comunicaciones ferroviarias y centro comercial.

es- *pref.* Significa 'fuera', 'más allá': *escoger, estirar.* ■ Como tiene un significado muy cercano a *des-* (separación, privación) y la *d* desaparece fácilmente, se ha creado una confusión entre los dos prefijos: *espabilar* y *despabilar.*

Es Símbolo químico del einstenio.

esaborío, a *adj. fam.* Desaborido*.

Esaki, Leo (Osaka 1925) Físico japonés. Investigador en el campo de la física del estado sólido, descubrió el efecto túnel de los electrones cuando trabajaba con diodos semiconductores (1957). En 1960 marchó a EE UU y en 1973 fue premiado con el Nobel de física, compartido con Ivar Giaever y Brian David Josephson.

Esaú Personaje bíblico, hijo mayor de Isaac y Rebeca, a quien su hermano Jacob cambió el derecho de primogenitura por un plato de lentejas.

esbelto, ta *adj.* Alto, delgado y bien formado. **FAM.** Esbeltez, esbelteza.

esbirro *s. m.* **1.** Persona pagada por otra para que ejecute abusos y violencias ordenados por ella. **2.** Persona que ejecuta las órdenes de una autoridad, particularmente si, para imponerlas, ha de emplear la fuerza. **3.** Antiguamente, oficial inferior de justicia.

esbozar *v. tr.* **1.** Hacer un esbozo. **2.** Empezar a hacer un gesto o hacerlo poco marcado. ■ Se conjuga como *cazar.*

esbozo *s. m.* **1.** Acción y efecto de esbozar. **2.** Boceto, dibujo o pintura hecho con poco detalle, sin acabar o para servir de base a otro definitivo. **3.** Descripción de las líneas generales de una obra, plan, proyecto, etc. **4.** P. ext., cualquier cosa que está por desarrollar. **5.** En biol., tejido, órgano o aparato embrionario que todavía no ha adquirido su forma y estructura definitivas.

escabechar *v. tr.* **1.** Poner en escabeche. **2.** *fam.* Matar, generalmente con arma blanca. **3.** *fam.* Suspender en un examen.

escabeche *s. m.* **1.** Salsa para conservar pescados y carnes y que se prepara con aceite, vinagre, laurel y especias. **2.** Alimento conservado en esta salsa. Si no se especifica, se entiende escabeche de bonito.

escabechina *s. f.* **1.** Destrozo grande, matanza. **2.** *fam.* Abundancia de suspensos en un examen.

escabel *s. m.* **1.** Banquillo para apoyar los pies. **2.** Asiento pequeño sin respaldo.

escabroso, sa *adj.* **1.** Desigual y muy accidentado. **2.** Que roza lo inmoral u obsceno. **3.** Embarazoso, incómodo, que requiere tacto. **FAM.** Escabrosamente, escabrosidad.

escabullirse *v. prnl.* **1.** Escaparse de entre las manos. **2.** Irse o desaparecer de algún sitio con disimulo. **3.** Evitar un trabajo, una obligación, etc. ■ Es v. irreg. Se conjuga como *mullir.* **FAM.** Escabullimiento.

escachar *v. tr.* Cascar, aplastar, romper. También *v. prnl.*

escacharrar *v. tr.* Romper, estropear. También *v. prnl.*

escachifollar *v. tr.* Estropear. También *v. prnl.*

escafandra *s. f.* **1.** Traje impermeable con un casco herméticamente cerrado y una serie de tubos para la respiración que permiten permanecer un tiempo prolongado debajo del agua. **2.** Traje protector utilizado por los astronautas para sus salidas al espacio. ‖ **3. escafandra autónoma** Aparato con botella de oxígeno utilizado por los buceadores.

escafoides *s. m.* **1.** Hueso de la mano del hombre, el mayor y más externo de la primera fila del carpo, que interviene en la articulación del radio con la muñeca. **2.** Hueso del pie del hombre, situado en el tarso, delante del astrágalo.

escagarruzarse *v. prnl. vulg.* Cagarse involuntariamente. ■ Se conjuga como *cazar.*

escala *s. f.* **1.** Escalera de mano hecha de madera, cuerda y otros materiales. **2.** Serie de valores, ordenada y generalmente numerada, que sirve para medir una característica común a diversos objetos; p. ej., la escala de dureza en los minerales. **3.** Serie ordenada según algún criterio. **4.** Sucesión de notas musicales. **5.** Conjunto de divisiones numeradas de ciertos instrumentos de medición. **6.** En un plano, mapa, dibujo, etc., relación entre sus dimensiones y el tamaño real de lo representado. La escala de los mapas puede ser gráfica o numérica. La escala gráfica consiste en un segmento dividido en una serie de partes iguales, en el que se señala su equivalencia con respecto a la distancia en el terreno. La escala numérica se expresa mediante una razón (1/10.000), una fracción $\left(\frac{1}{10.000}\right)$ o una correspondencia (1 cm = 1 km), en las que el primer término expresa la distancia en el mapa y el segundo su equivalente en la realidad. Así, la escala 1/10.000 significa que cada cm del mapa equivale a 10.000 cm en el terreno. **7.** Línea recta dividida en partes iguales que representan metros, kilómetros, etc., y que sirve de medida para calcular las dimensiones reales en un mapa o plano. **8.** Ordenación jerarquizada en categorías dentro de un colectivo, p. ej. la de los miembros del ejército según el rango y la antigüedad. **9.** Orden o grado de importancia. **10.** Parada en la ruta de barcos o aviones. ‖ **11. escala de dureza** (o **de Mohs**) Véase **dureza**. **12. escala de valores** Orden de importancia de los valores que influyen en los juicios y conducta de una persona o grupo social. **13. escala musical** Disposición correlativa de las notas musicales por orden de frecuencia sonora. Se representa en el pentagrama situando las notas a distinta altura. **14. escala técnica** Escala de un avión durante su viaje por razones técnicas. **15. escala termométrica** (o **de temperaturas**) Cada uno de los distintos sistemas de medir las temperaturas y, por consiguiente, de graduar los termómetros. Existen diversas escalas, que se diferencian en los puntos en los que se sitúan las temperaturas de congelación y ebullición del agua: centígrada o Celsius, Fahrenheit y absoluta o Kelvin.

escalabrar *v. tr.* Descalabrar*.

escalada *s. f.* **1.** Acción y efecto de escalar. **2.** Aumento rápido y por lo general alarmante de alguna cosa.

escalador, ra *adj.* **1.** Que escala. También *s.* ‖ **2.** Ciclista especializado en pruebas de montaña.

escalafón *s. m.* Clasificación del personal de una corporación o profesión ordenada por antigüedad, categoría, méritos, etc.

escalamiento *s. m.* **1.** Acción y efecto de escalar. **2.** Acción de penetrar en un lugar ocultamente y produciendo desperfectos, p. ej. forzando una puerta, una ventana, etc. Es una circunstancia que determina uno de los tipos de robo.

escálamo *s. m.* Pequeña estaca donde se sujeta el remo en una embarcación. Se dice también *escalmo.*

escalar[1] *v. tr.* **1.** Subir a algún sitio o salvar una altura valiéndose de escalas o trepando por una gran pendiente. **2.** Entrar en algún sitio oculta o violentamente, rompiendo una pared, la puerta, etc. **3.** Alcanzar un puesto importante, conseguir una posición social elevada, utilizando toda clase de medios. **4.** En ciclismo, subir pendientes en las pruebas de montaña. **FAM.** Escalable.

escalar[2] *adj.* **1.** Se dice de las magnitudes físicas y matemáticas que, como la temperatura, la presión o el trabajo, se expresan sólo por un número. ‖ **2. producto escalar** En mat., producto de los módulos de dos vectores por el coseno del ángulo que forman.

Escalda (en fr. *Escaut* y en holandés *Schelde*) Río del NO Europa. 430 km de longitud. Nace cerca de Le Catelet (Francia) y desemboca en Zelanda (Países Bajos), en el mar del Norte, formando un gran estuario. Canalizado casi por completo, es una importante vía de navegación comercial, en la que destaca el puerto de Amberes.

escaldado, da **1.** *p. p.* de **escaldar**. También *adj.* ‖ *adj.* **2.** *fam.* Escarmentado, receloso.

escaldar *v. tr.* **1.** Meter una cosa en agua hirviendo o echar agua hirviendo sobre algo. **2.** Quemar con un líquido que hierve. También *v. prnl.* **3.** Calentar mucho una cosa, hasta ponerla al rojo. **4.** Ofender a alguien, herir su amor propio. También *v. prnl.* **5.** Escarmentar. ‖ *v. prnl.* **6.** Escocerse alguna parte del cuerpo. **FAM.** Escaldadura, escaldamiento.

escaleno, na *adj.* **1.** Se dice del triángulo que tiene sus tres lados y ángulos desiguales. También *s. m.* **2.** Se dice del cono o pirámide cuyo eje no es perpendicular a la base. ‖ *s. m.* **3.** Cada uno de los tres músculos pares que hay a ambos lados del cuello, dispuestos en forma escalonada. Van de las vértebras cervicales a las dos primeras costillas e intervienen en el movimiento de inspiración de la caja torácica.

escalera *s. f.* **1.** Serie de peldaños que sirve para comunicar dos pisos o niveles de diferente altura. **2.** En algunos juegos de naipes, sucesión de cartas de valor correlativo; se llama *escalera de color* si son del mismo palo. **3.** Línea de desigual nivel que queda en el pelo mal cortado. ‖ **4. escalera de caracol** La que tiene forma de espiral. **5. escalera de mano** La portátil, compuesta de dos largueros unidos por travesaños. **6. escalera**

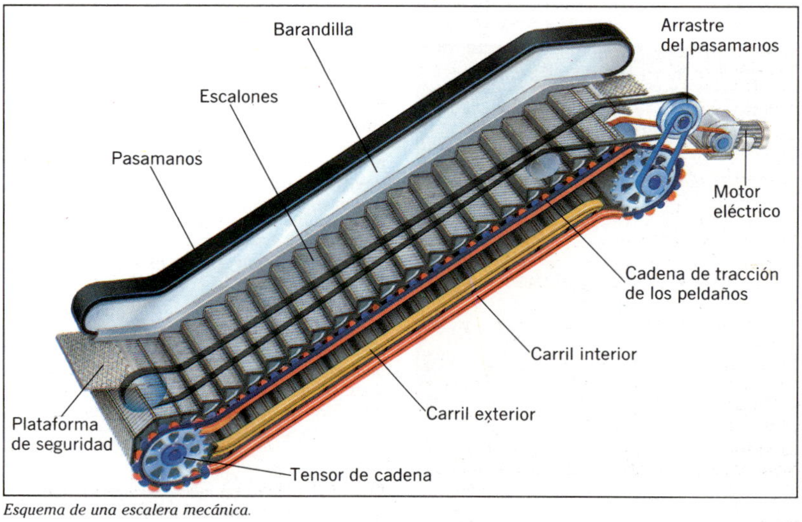

Esquema de una escalera mecánica.

de tijera (o **doble**) La compuesta por dos de mano, unidas en su parte superior con bisagras. **7. escalera mecánica** La formada por peldaños que ascienden o descienden movidos por un mecanismo eléctrico.

escalerilla *s. f.* Escalera pequeña de pocos escalones.

escaléxtric *s. m.* Sistema de cruces de carreteras a distinto nivel.

escalfar *v. tr.* **1.** Cocer un huevo sin la cáscara en agua hirviendo, en caldo o en un guiso. También *v. prnl.* **2.** Cocer el pan con demasiado fuego, de manera que se levanten ampollas en su corteza. También *v. prnl.* **FAM.** Escalfado.

Escalígero, Julio César (Riva de Garda, Trento 1484 - Agen, Francia 1558) Humanista y médico italiano. Defendió a los ciceronianos frente a Erasmo. Es autor de una *Poética* (1561), en la que esbozó los principios del clasicismo, y de *De causis linguae latinae* (1540), primera gramática latina de carácter científico.

escalinata *s. f.* Escalera de un solo tramo construida en el exterior o en el vestíbulo de un edificio.

escalmo *s. m.* **1.** Escálamo*. **2.** Cuña para calzar o apretar ciertas piezas de una máquina.

escalo *s. m.* **1.** Acción de escalar, introducirse en un lugar. **2.** Boquete realizado para penetrar en un lugar cerrado o para salir de él.

escalofriante *adj.* **1.** Que causa escalofríos. **2.** Aterrador, impresionante.

escalofrío *s. m.* Sensación de frío con estremecimiento del cuerpo, debida a la fiebre, el miedo, etc.

escalón *s. m.* **1.** Peldaño. **2.** Desnivel a modo de peldaño. **3.** Grado o rango. **4.** Paso o progreso hacia un fin. **5.** Fase de una serie continua y progresiva.

Escalón, Pedro José (? 1847 - ? 1907) Político salvadoreño. Fue presidente de la república (1903-07). Durante su mandato el país mantuvo una guerra con Guatemala en la que fue derrotado (1906).

escalonado, da **1.** *p. p.* de **escalonar**. También *adj.* ‖ *adj.* **2.** En forma de escalón o escalones. **FAM.** Escalonadamente.

escalonar *v. tr.* Distribuir algo en tiempos sucesivos, de trecho en trecho o en forma ascendente o descendente. También *v. prnl.* **FAM.** Escalonamiento.

escalope *s. m.* Filete delgado de carne rebozado y frito.

escalpelo *s. m.* Instrumento quirúrgico, en forma de cuchillo pequeño de hoja recta, estrecha y puntiaguda, con filo por uno o por ambos lados. ▪ Se dice también *escarpelo*.

escama *s. f.* **1.** Cada una de las placas cutáneas aplanadas y duras que, imbricadas unas con otras, constituyen una capa protectora que cubre la piel de algunos animales, como los peces y los reptiles. **2.** Lo que tiene forma parecida a estas placas. **3.** En bot., hoja pequeña y dura que protege la superficie de una planta. **4.** *fam.* Recelo, desconfianza.

escamado, da **1.** *p. p.* de **escamar.** ‖ *adj.* **2.** Se dice de la persona desconfiada, recelosa.

escamante *adj.* Que produce sospecha.

escamar *v. tr.* **1.** Descamar los peces. **2.** *fam.* Causar desconfianza o sospecha. También *v. prnl.*

escamiforme *adj.* En forma de escama o parecido a ella.

escamochar *v. tr.* **1.** Quitar las hojas no comestibles a las hortalizas. **2.** Derrochar, desperdiciar.

escamón, na *adj.* Que desconfía o recela. También *s.*

escamondadura *s. f.* Ramas inútiles y desperdicios que se cortan de los árboles.

escamondar *v. tr.* **1.** Limpiar los árboles de las ramas inútiles y las hojas secas. **2.** Quitar lo que es inútil o sobra de una cosa. **FAM.** Escamonda.

escamoso, sa *adj.* Que tiene escamas.

escamosos *s. m. pl.* Orden de reptiles que comprende numerosas especies de los subórdenes saurios (lagartos), serpentes (serpientes) y anfisbenios, con diversas familias. Se caracterizan por tener el cuerpo cubierto de escamas imbricadas, reforzadas a veces por placas óseas en la cabeza que renuevan periódicamente, órganos copuladores bífidos en los machos, hendidura cloacal de tipo transversal y dientes soldados al borde de las mandíbulas. Son generalmente ovíparos y habitan fundamentalmente en climas cálidos y templados. También *s. m.* y *pl.*

escamotear *v. tr.* **1.** Hacer desaparecer algo con una hábil maniobra. **2.** Robar con habilidad. **3.** Suprimir algo de un modo intencionado. **4.** Eludir un problema, dificultad, etc. **FAM.** Escamoteador, escamoteo.

escampada *s. f.* En un día lluvioso, espacio corto de tiempo en que deja de llover.

escampado, da **1.** *p. p.* de **escampar**. ‖ *adj.* **2.** Descampado*. También *s. m.*

escampar *v. impers.* Dejar de llover.

escanciar *v. tr.* Servir en vasos el vino u otra bebida. **FAM.** Escanciador.

escandalera *s. f.* Jaleo, escándalo, alboroto.

escandalizar *v. tr.* **1.** Provocar escándalo. También *v. intr.* ‖ *v. intr.* **2.** Horrorizar, indignar. También *v. prnl.* ▪ Se conjuga como *cazar*.

escandallar *v. tr.* **1.** Medir y analizar el fondo del mar con un escandallo. **2.** Realizar un escandallo. **3.** Marcar una mercancía con el escandallo o etiqueta.

escandallo *s. m.* **1.** Pieza del extremo de la sonda con que se averigua la profundidad de un fondo acuático y se recogen muestras del mismo. **2.** Prueba consistente en escoger al azar muestras de algo para determinar la calidad del conjunto; también, muestra así recogida. **3.** Determinación del coste de una mercancía con arreglo al precio de los factores que intervienen en su producción. **4.** Etiqueta con este precio que se pone a la mercancía.

escándalo *s. m.* **1.** Alboroto, jaleo. **2.** Acción, conducta o situación inmoral o intolerable y rechazo o indignación que causa. **3.** Asunto deshonesto que conmociona a la opinión pública. **4.** Revuelo, polémica, controversia. ‖ **LOC. de escándalo** *adj.* Desmedido, exagerado.

escandalosa *s. f.* Vela pequeña, triangular o trapezoidal, que se orienta sobre la cangreja.

escandaloso, sa *adj.* Que causa escándalo o es motivo de escándalo. También *s.* **FAM.** Escandalosamente.

Escandinava, península Península del N de Europa, situada entre el océano Glacial Ártico, mar de Noruega, mar del Norte y mar Báltico, unida al continente por la región de Laponia. 773.842 km^2. 12.775.000 h. en 1990. Comprende los países de Noruega y Suecia. Asentada sobre el escudo fenoscandio, la glaciación modificó profundamente su relieve, conformado por el plegamiento caledoniano y los movimientos orogénicos alpinos de comienzos del terciario. El deshielo y la retirada glaciar provocaron la aparición de grandes depósitos morrénicos, multitud de fiordos en sus costas, grandes lagos en el interior y numerosas islas. Aunque está situada en una latitud muy septentrional, las corrientes y vientos procedentes del Atlántico moderan su clima. La agricultura se halla limitada por la escasez de suelos fértiles, mientras que los recursos forestales, ganaderos y pesqueros superan con creces las necesidades de consumo interno. La abundancia de energía hidroeléctrica favorece el desarrollo de la industria. Posee yacimientos de hierro, carbón, cobre, cinc, petróleo y gas natural.

Escandinavia Nombre que se aplica al conjunto de los países del área del Báltico y mar del Norte. Comprende los países de Dinamarca, Finlandia, Noruega y Suecia. 1.155.000 km^2. 22.892.000 h. en 1990. Constituye una unidad geopolítica de considerable importancia, debido a su alto nivel de vida, a su desarrollo industrial y a su evolucionado sistema político e institucional. Escandinavia fue el lugar de origen de los pueblos germánicos que protagonizaron las grandes migraciones del s. V, así como de los pueblos normandos. En 1397, con la unión de Kalmar, se realizó su unidad política bajo la hegemonía de Dinamarca, unidad que se mantuvo hasta el s. XVI.

escandinavo, va *adj.* **1.** De Escandinavia. También *s.* **2.** Se dice del grupo lingüístico nórdico. También *s. m.*

escandio *s. m.* Sc. Elemento químico perteneciente al grupo III B del sistema periódico. Su número atómico es 21 y su peso atómico 44,9. Fue descubierto por Lars Fredrik Nilson en 1876 en la euxenita y la gadolinita. Es un elemento mucho más abundante en el Sol que en la Tierra, donde sólo se encuentra asociado al estaño y al volframio en yacimientos en Escandinavia (de donde deriva su nombre) y Madagascar. Es un metal de color gris plateado, muy ligero y con elevado punto de fusión; sus sales son incoloras y forma gran número de compuestos del tipo complejo. Se le conocen 11 isótopos y se emplea en la fabricación de luces de gran intensidad y como agente rastreador en las refinerías de petróleo.

escáner *s. m.* **1.** Aparato de rayos X utilizado en exploraciones médicas que, por medio de un ordenador, obtiene imágenes de secciones horizontales del cuerpo humano. El escáner permite detectar lesiones en los órganos sin riesgo ni incomodidad para el paciente. **2.** Aparato regulado por ordenador que se utiliza en artes gráficas para obtener los clichés que permiten la impresión en colores de una imagen. El aparato explora minuciosamente con un haz luminoso la imagen que se desea reproducir, descomponiendo luego ese rayo en una serie de haces que finalmente impresionan cuatro placas fotográficas sensibles a los colores amarillo, magenta, azul y negro.

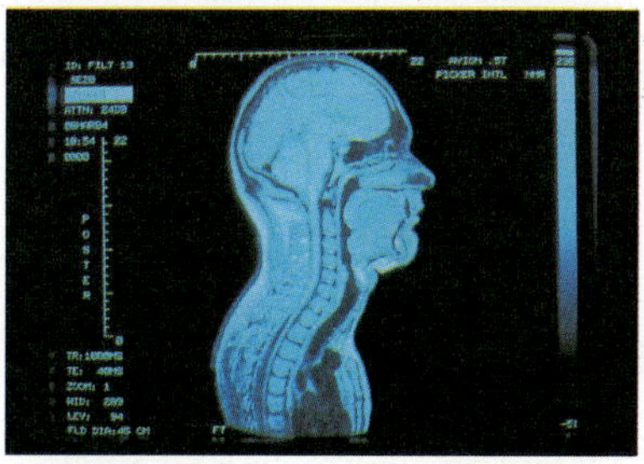

Imagen del encéfalo y la médula espinal obtenida por un escáner.

escantillón *s. m.* Regla, plantilla o patrón para trazar las líneas según las cuales se han de labrar las piezas en diversas artes y oficios mecánicos.

escaño *s. m.* **1.** Banco grande y con respaldo. **2.** Asiento de cada uno de los miembros de las dos cámaras del parlamento; p. ext., cargo de parlamentario.

escapada *s. f.* **1.** Acción y efecto de escapar o escaparse. **2.** *fam.* Abandono momentáneo de las ocupaciones cotidianas para descansar, hacer un viaje, relajarse, etc.

escapar *v. intr.* **1.** Lograr salir de un encierro. También *v. prnl.* **2.** Salir uno deprisa y a escondidas. También *v. prnl.* **3.** Librarse, salvarse. También *v. prnl.* **4.** Quedar fuera de la influencia, alcance o percepción de alguien o algo. También *v. prnl.* ‖ *v. prnl.* **5.** Salirse un líquido o un gas por algún resquicio. **6.** Partir un transporte público antes de que uno pueda tomarlo. **7.** Soltarse algo involuntariamente o no poder dominarlo. **8.** Perderse una cosa, no ser aprovechada.

escaparate *s. m.* **1.** Espacio acristalado en la fachada de un establecimiento, que sirve para exponer los productos. **2.** Medio de lucimiento o promoción. **3.** *amer.* Armario.

escaparatista *s. m.* y *f.* Persona especializada en disponer artísticamente el contenido de los escaparates.

escapatoria *s. f.* **1.** Acción o manera de escapar. **2.** Solución o modo de salir de un apuro.

escape *s. m.* **1.** Acción y efecto de escapar o escaparse. **2.** Salida de un gas o un líquido por un agujero o raja y agujero o raja por donde sale. **3.** En un motor de explosión, expulsión de los gases del cilindro y tubo o dispositivo por donde se efectúa. **4.** Solución para salir de una dificultad o apuro. **5.** En algunas máquinas, pieza que, separándose, deja actuar a otra (muelle, rueda, etc.) que sujetaba. ‖ **LOC. a escape** *adv.* A todo correr, en seguida.

escápula *s. f.* Omóplato*.

escapular *adj.* **1.** Referente a la escápula. ‖ **2. cintura escapular** Grupo de huesos del esque-

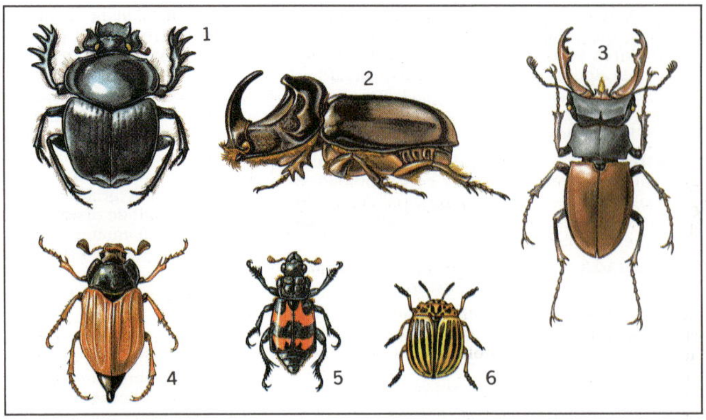

Escarabajos:
1. Pelotero (Scarabaeus sacer).
2. Rinoceronte (Oryctes nasicornis).
3. Ciervo volante (Lucanus cervus).
4. Sanjuanero (Melolontha melolontha).
5. Enterrador (Necrophorus fossor).
6. De la patata (Leptinotarsa decemlineata).

leto que une las extremidades superiores al tronco. Está formada por la clavícula, hueso alargado de la parte del hombro, y el omóplato, hueso plano de la parte posterior del hombro. Se llama también *cíngulo torácico.*

escapulario *s. m.* **1.** Distintivo de algunas órdenes religiosas consistente en una tira de tela que cuelga por el pecho y por la espalda. **2.** Objeto de devoción formado por dos pequeños trozos de tela unidos con cintas que se llevan colgando del cuello y representan una imagen o guardan una reliquia.

escaque *s. m.* Cada una de las casillas cuadradas de los tableros de ajedrez y del juego de damas.

escaquearse *v. prnl. fam.* Escurrir el bulto, eludir una obligación, compromiso, dificultad, etc.

escarabajear *v. intr.* **1.** *fam.* Bullir, agitarse. **2.** *fam.* Inquietar a una persona un pensamiento o un temor. **FAM.** Escarabajeo.

escarabajo *s. m.* Nombre común de numerosos insectos coleópteros, especialmente los de cuerpo ovalado y patas cortas, pertenecientes a las familias escarabeidos, ditíscidos, hidrofílidos, derméstidos, crisomélidos, etc. Existen numerosas especies de escarabajos, que presentan una gran diversidad morfológica, y cuyo tamaño oscila entre unos milímetros y 15 cm de longitud. Su característica común es tener las alas anteriores transformadas en un estuche duro (élitros) que cubre por completo las alas posteriores en reposo (en algunos casos no existen alas posteriores). Algunas especies significativas son el **escarabajo pelotero** *(Scarabaeus sacer),* de color negro, propio de la región mediterránea y considerado sagrado por los antiguos egipcios, que se caracteriza por hacer rodar con las patas posteriores pequeñas bolas de estiércol que sirven de alimento a sus larvas; el **escarabajo de la patata** *(Leptinotarsa decemlineata),* de dorso rayado, que constituye una plaga muy perjudicial para las plantas solanáceas, especialmente para la patata; el **escarabajo sanjuanero** (*Melolontha melolontha* y otras especies), de color pardo, dañino también para la agricultura, cuyos machos vuelan en grupo en la época de apareamiento, a principios de verano; el **escarabajo rinoceronte** *(Oryctes nasicornis),* caracterizado por la protuberancia parecida a un cuerno que tiene el macho, y el **escarabajo enterrador** *(Necrophorus fossor),* que vive sobre los cadáveres.

escarabeidos *s. m. pl.* Familia de insectos coleópteros que incluye unas 19.000 especies comprendidas en varios géneros, entre los que destacan *Copris, Aphodius, Cetonia, Melolontha,* etc. Son conocidos vulgarmente como escarabajos y se caracterizan por tener colores llamativos, cuerpo ovalado, patas cortas y antenas con forma de maza. Muchas especies son recolectoras de estiércol y otras tienen una especie de cuernos de gran tamaño en la cabeza y tórax (como el *Copris hispanus* de la península Ibérica). A esta familia pertenecen algunos de los insectos de mayor tamaño, como los escarabajos tropicales Hércules y Goliat. Suelen presentar dimorfismo sexual. También *adj.* y *s. m.*

escaramujo *s. m.* Planta arbustiva de la familia rosáceas, especie *Rosa canina.* Puede alcanzar los 3 m de altura, tiene hojas pinnadocompuestas, flores encarnadas o sonrosadas con cinco pétalos y un fruto en baya de color rojo utilizado en medicina como astringente y antiescorbútico. Es frecuente en toda Europa y se le conoce también como *rosal silvestre.*

escaramuza *s. f.* **1.** Enfrentamiento poco importante entre las líneas avanzadas de dos ejércitos enemigos. **2.** Riña o discusión de poca importancia.

escarapela *s. f.* Adorno o distintivo hecho de cintas de colores plegadas en forma de círculo o roseta.

escarbadientes *s. m.* Mondadientes*.

escarbadura *s. f.* Acción y efecto de escarbar. ■ Se dice también *escarbo.*

escarbar *v. tr.* **1.** Remover la tierra o algo semejante con las manos, herramientas o, como hacen algunos animales, con las patas o el hocico. También *v. intr.* **2.** Hurgar algo con los dedos u otra cosa. También *v. prnl.* **3.** Avivar la lumbre, moviéndola con la badila. **4.** Investigar con interés algo oculto. También *v. intr.* **FAM.** Escarbador.

escarbo *s. m.* Escarbadura*.

escarcela *s. f.* **1.** Especie de bolsa que se colgaba de la cintura. **2.** Mochila de cazador, especie de red.

escarceo *s. m.* **1.** Prueba o tentativa antes de emprender una acción o en una actividad no habitual. **2.** Aventura amorosa superficial. **3.** Rodeo, divagación. **4.** Ligero oleaje en la superficie del mar. ■ En estas acepciones se usa más en *pl.* ‖ *pl.* **5.** Vueltas que da el caballo por su nerviosismo o por voluntad del jinete.

escarcha *s. f.* Capa de rocío congelado que se forma sobre las superficies en las noches de helada.

escarchado, da **1.** *p. p.* de **escarchar**. También *adj.* ‖ *adj.* **2.** Se aplica a la fruta confitada en la que el azúcar que la cubre ha cristalizado como si fuese escarcha. **3.** Se dice de la bebida alcohólica en que se hace cristalizar el azúcar sobre una ramita de anís introducida en la botella. ‖ *s. m.* **4.** Bordado de oro o plata sobre tela.

escarchar *v. intr.* **1.** Formarse la escarcha en las noches frías. ‖ *v. tr.* **2.** Salpicar una superficie con algo que imite escarcha. **3.** Preparar frutas, confituras, bebidas alcohólicas, etc., con azúcar cristalizada.

escarda *s. f.* **1.** Acción de escardar sembrados y época del año en que se hace. **2.** Azada pequeña para escardar.

escardar *v. tr.* **1.** Arrancar los cardos y las malas hierbas de los sembrados. **2.** Separar lo malo de lo bueno o conveniente. **FAM.** Escardador.

Escaramujo (Rosa canina).

escariador *s. m.* Herramienta que sirve para escariar.

escariar *v. tr.* Agrandar y alisar un tubo o un agujero abierto en un metal.

escarificador *s. m.* **1.** Instrumento quirúrgico utilizado para escarificar. **2.** Instrumento para cortar verticalmente la tierra y las raíces, consistente en un bastidor con travesaños armados de cuchillas por su parte inferior.

escarificar *v. tr.* **1.** Hacer en alguna parte del cuerpo cortes superficiales con fines curativos o de diagnóstico. **2.** Cavar la tierra con el escarificador. ■ Se conjuga como *sacar.* **FAM.** Escarificado, escarificación.

escarlata *adj.* Se aplica al color rojo vivo, entre el bermellón y el carmín, y a las cosas que lo tienen. También *s. f.*

escarlatina *s. f.* Enfermedad infecciosa causada por un estreptococo, hemolítico, que se manifiesta por fiebre brusca y alta, erupción cutánea de color escarlata, inflamación de la garganta y amígdalas, y finalmente descamación. Afecta fundamentalmente a los niños.

escarmentar *v. tr.* **1.** Castigar o corregir duramente al que ha cometido una falta, para que no la repita. ‖ *v. intr.* **2.** Aprender una persona de las consecuencias de las faltas o errores propios o ajenos, para no volver a cometerlos. ■ Es v. irreg. Se conjuga como *pensar.* **FAM.** Escarmentado.

escarmiento *s. m.* **1.** Experiencia negativa que lleva a no repetir lo que la provocó. **2.** Castigo, reprimenda.

escarnecer *v. tr.* Hacer escarnio de una persona. ■ Es v. irreg. Se conjuga como *agradecer.* **FAM.** Escarnecidamente, escarnecimiento.

escarnio *s. m.* Burla muy humillante. ■ Se dice también *escarnecimiento.*

escarola *s. f.* Planta de huerta de la familia compuestas, especie *Cichorium endivia.* Tiene hojas radicales, largas y oscuras o claras y rizadas según las variedades, flores de color púrpura y fruto en aquenio. Es originaria de Asia y se cultiva en la región mediterránea, para su consumo en ensaladas.

Escarola (Cichorium endivia).

escarolado, da *adj.* Rizado como la escarola.

escarpa *s. f.* **1.** Escarpadura*. **2.** Plano inclinado de los muros de las fortificaciones.

escarpado, da **1.** *p. p.* de **escarpar**[1]. ‖ *adj.* **2.** Se dice del terreno con mucha pendiente. **3.** Abrupto, quebrado.

escarpadura *s. f.* Pendiente pronunciada de un terreno.

escarpar[1] (de *escarpa.*) *v. tr.* Cortar en plano inclinado una montaña o un terreno.

escarpar[2] (del germ. *Skrapan,* raer) *v. tr.* Raspar con el escarpelo trabajos de talla o carpintería.

escarpe *s. m.* **1.** Escarpadura*. **2.** En geol., escalón que en una zona de estratos horizontales forma la capa más dura al resaltar sobre las demás. ‖ **3. escarpe de falla** Véase **salto de falla**.

escarpelo *s. m.* **1.** Escalpelo*. **2.** Especie de lima que usan carpinteros y escultores para limpiar y raspar.

escarpia *s. f.* Clavo doblado en ángulo recto para colgar cosas de él.

escarpiador *s. m.* Horquilla de hierro para sujetar a la pared tuberías y canalones.

escarpín *s. m.* **1.** Zapato ligero y flexible, con una sola suela y una sola costura. **2.** Prenda para abrigar el pie que se pone sobre la media o el calcetín.

escasamente *adv. m.* **1.** Con escasez. **2.** Apenas, con dificultad.

escasear *v. intr.* Haber poco o no lo suficiente.

escasez *s. f.* **1.** Falta, insuficiencia. **2.** Falta de lo necesario para vivir. ‖ *pl.* **3.** Apuros económicos.

escaso, sa *adj.* **1.** Se aplica a las cosas de las que hay poca cantidad o resultan insuficientes. **2.** Que tiene poco de algo. **3.** Que le falta un poco para estar justo o completo.

escatimar *v. tr.* Dar o utilizar lo menos posible de algo.

escatología[1] (del gr. *esjatos*, último, y *-logía*) *s. f.* Conjunto de creencias y doctrinas sobre el destino final del hombre y del universo. **FAM.** Escatológico.

escatología[2] (del gr. *skor, skatos*, excremento, y *-logía*) *s. f.* **1.** Estudio de los excrementos. **2.** Conjunto de supersticiones, chistes, anécdotas, etc., sobre los excrementos. **FAM.** Escatológico.

escayola *s. f.* **1.** Yeso calcinado que, mezclado con agua, se emplea como material plástico en escultura, molduras, decoración, etc. **2.** Vendaje endurecido con esta mezcla que se utiliza para inmovilizar un miembro fracturado o lesionado. **3.** Escultura realizada en este material.

escayolar *v. tr.* **1.** Poner una escayola en un miembro fracturado o dislocado para inmovilizarlo. **2.** Poner escayola o piezas o molduras de escayola.

escayolista *s. m.* y *f.* Persona que trabaja con escayola haciendo molduras, esculturas, apliques, etc.

escena *s. f.* **1.** Escenario de un teatro o local similar. **2.** Lo que en cada caso representa este lugar. **3.** Fragmento de una obra o una película que representa una determinada acción. **4.** Arte de la interpretación. **5.** Teatro, literatura dramática. **6.** Suceso, cuadro. **7.** Campo donde se refleja lo más destacado de una actividad, de la vida de un país, etc., p. ej. la escena política **8.** Acción o actitud exagerada o teatral. ‖ **LOC. desaparecer de escena** *fam.* Marcharse, esfumarse. **entrar en escena** Salir un actor al escenario. También, intervenir en un asunto, discusión, etc. **poner en escena** Preparar o representar una obra de teatro.

escenario *s. m.* **1.** Parte de un teatro o un local donde se representa una obra o un espectáculo ante el público. **2.** Lugar en que ocurre la acción de una película, narración, etc., o en que se desarrolla un suceso. **3.** Conjunto de cosas o circunstancias que rodean a una persona o suceso.

escénico, ca *adj.* Perteneciente o relativo a la escena.

escenificar *v. tr.* **1.** Dar forma teatral a una obra literaria o a un asunto para poderlo representar. **2.** Poner en escena una obra teatral. ■ Se conjuga como *sacar.* **FAM.** Escenificable, escenificación.

escenografía *s. f.* **1.** Arte de realizar decorados para el teatro, el cine, la televisión, etc. **2.** Conjunto de decorados. **3.** En arte, conjunto de técnicas con que se logra la perspectiva. **FAM.** Escenográficamente, escenográfico.

escenógrafo, fa *s. m.* y *f.* Persona que se dedica a la escenografía.

escepticismo *s. m.* **1.** Postura y doctrina filosófica que duda sobre la posibilidad de la razón para alcanzar un conocimiento cierto. El escepticismo surgió como corriente filosófica en Grecia, en el s. III a. C., con Pirrón y sus discípulos, aunque a veces se ha empleado el término para caracterizar a algunas escuelas anteriores, como la de los sofistas. La actitud de duda que los escépticos recomendaban se descubre también en épocas posteriores, especialmente en la Europa renacentista de los s. XVI y XVII, y llega hasta nuestros días, referida en unas ocasiones a toda posibilidad de conocimiento, y en otras sólo a ciertos campos del mismo, como el religioso, el moral o el científico. **2.** P. ext., duda o desconfianza acerca de la verdad o eficacia de alguien o algo.

escéptico, ca *adj.* **1.** Perteneciente o relativo al escepticismo. **2.** Que profesa el escepticismo. También *s.* **3.** Que muestra escepticismo, duda. También *s.* **FAM.** Escépticamente.

Escher, Maurits Cornelis (Leeuwarden 1898 - Laren 1972) Dibujante y grabador neerlandés. Sus obras se caracterizan por las falsas perspectivas, las arquitecturas imposibles y los efectos chocantes. Entre ellas merecen especial mención *Cielo y agua* (1938) y *Banda de Moebius* (1963).

escifozoos *s. m. pl.* Clase de animales del tipo celentéreos, a la que pertenecen unas 200 especies de los géneros *Aurelia, Pelagia, Rhizostoma*, etc. Son celentéreos en los que domina la fase de medusa, caracterizada por su gran tamaño (hasta 2 m), aunque también existe una forma de pólipo menor y estacionaria. Tienen situados los órganos sensoriales en el borde de la umbrela, presentan de 4 a 8 tentáculos, carecen de velo y el manubrio y la boca son de sección cuadrangular. Habitan en mares de todo el mundo. También *adj.* y *s. m.*

Escila Escollo del estrecho de Messina, en Sicilia, frente al remolino de Caribdis. ‖ **LOC. entre Escila y Caribdis** *adv.* Entre dos peligros.

escíncidos *s. m. pl.* Familia de reptiles escamosos a la que pertenecen unas 700 especies comprendidas en los géneros *Scincus, Eumeces, Tiliqua, Chalcides*, etc. Miden entre 15 y 60 cm de longitud, tienen el cuerpo cilíndrico, cola puntiaguda y carecen de patas o son muy pequeñas. Excavan en la arena o viven entre la hojarasca. Están difundidos por todo el mundo. Escíncidos son los eslizones. También *adj.* y *s. m.*

escindir *v. tr.* Separar o dividir en dos o más partes. También *v. prnl.* **FAM.** Escindible.

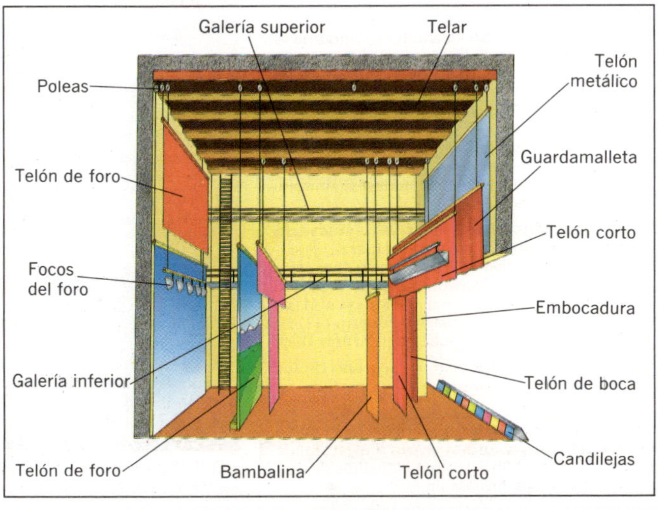

Sección lateral de un escenario, donde pueden verse los distintos elementos que lo forman.

Escipión Nombre de varios generales y políticos romanos.

Escipión, Publio Cornelio, llamado **el Africano** (? 235 - Liternum 183 a. C.) Combatió a los cartagineses en Hispania, donde tomó Cartago Nova y Gades y venció en la batalla de Ilipa (206 a. C.). Nombrado cónsul en el 205 a. C., obtuvo la decisiva victoria de Zama (202 a. C.) sobre Aníbal, que significó el fin de la segunda guerra púnica. Su brillante carrera le atrajo la enemistad de una parte del senado, encabezada por Catón el Viejo. A su vuelta de una victoriosa campaña en Asia contra Antíoco III (189 a. C.), fue acusado de malversación de fondos, por lo que, tras probar su inocencia, se retiró de la vida pública.

Escipión el Asiático, Lucio Cornelio (? - 184 a. C.) Cónsul romano. Hermano del anterior, lo acompañó en sus campañas y fue su legado en España, Sicilia y África. Dirigió la campaña contra Antíoco III, al que derrotó en Magnesia (189 a. C.). A su regreso a Roma, se vio envuelto junto a su hermano en un proceso por malversación de fondos (187 a 184 a. C.) y se libró de la cárcel por la intervención de Tiberio Graco.

Escipión Emiliano, Publio Cornelio (? 185 ó 184 - Roma 129 a. C.) Nieto adoptivo del anterior. Fue cónsul en el 147 a. C., en que derrotó a Cartago en la tercera guerra púnica, y en el 134 a. C., en que conquistó la ciudad de Numancia en Hispania, que había resistido largos años el asedio romano.

escisión *s. f.* **1.** Acción y efecto de escindir o escindirse. **2.** Rotura o fisión del átomo. **3.** Escisiparidad*. **4.** En cirugía, extirpación de un órgano o parte del mismo.

escisiparidad *s. f.* Forma de reproducción asexual directa, en la que el progenitor se divide en dos partes que dan lugar a dos nuevos individuos. Es característica de animales con células poco diferenciadas, como algunos anélidos. La división puede ser longitudinal o transversal e ir precedida de una fase de proliferación celular que forma los elementos esenciales del nuevo ser (parotomía), o carecer de ella (arquitomía).

escita *adj.* **1.** Se dice de un pueblo nómada de origen iranio, asentado en la antigüedad al N del mar Negro. Estuvo aliado a los asirios en el s. VII a. C., época en la que sus invasiones alcanzaron Egipto. En el s. II a. C. constituyó un estado consolidado, que transmitió a los godos el arte de la orfebrería del hierro y metales nobles, el combate a caballo y el ropaje de pieles para la realeza. En el s. V, asociado a alanos y sármatas, participó en las invasiones de Occidente. **2.** De este pueblo. También *s.*

esciúridos *s. m. pl.* Familia de mamíferos roedores a la que pertenecen unas 250 especies comprendidas en los géneros *Sciurus, Tamias, Petaurista*, etc. Son animales arborícolas, con algunas especies terrestres y minadoras, que miden entre 25 cm y casi 1 m de longitud, de los que la mayor parte pertenecen a la cola, con pelaje de colores vivos, ojos grandes, hocico corto y cola pilosa. Esciúridos son la ardilla común, el chipmunk americano, la ardilla voladora, etc. También *adj.* y *s. m.*

esclarecer *v. tr.* **1.** Poner en claro un asunto. **2.** Dar fama o prestigio a alguien o algo. **3.** Iluminar, dar claridad. ■ Es v. irreg. Se conjuga como *agradecer.* **FAM.** Esclarecedor, esclarecimiento.

esclarecidamente *adv. m.* Con gran honra y nobleza.

esclarecido, da *adj.* Distinguido, ilustre.

esclavina *s. f.* **1.** Capa corta que cubre hasta la mitad de los hombros. **2.** Esta misma prenda como pieza sobrepuesta a otra.

esclavismo *s. m.* Modo de producción basado en la utilización de esclavos como mano de obra.

esclavista *adj.* **1.** Perteneciente o relativo a la esclavitud o al esclavismo. **2.** Partidario de la esclavitud. También *s.*

esclavitud *s. f.* **1.** Condición jurídica de la persona privada de libertad y derechos que pertenece a un dueño para el que trabaja. La esclavitud es un fenómeno característico de la antigüedad y está presente en casi todas las civilizaciones, en las que los esclavos constituyeron la principal aportación de mano de obra. Su origen reside fundamentalmente en el botín de guerra o en el impago de deudas, transmitiéndose luego por nacimiento. La condición de esclavo se per-

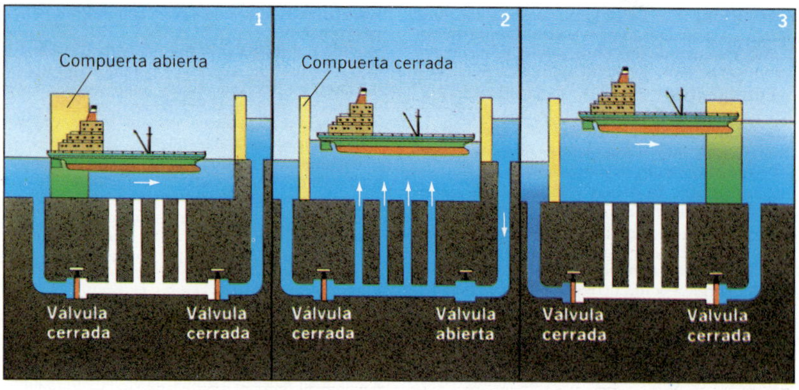

Funcionamiento de una esclusa: el barco entra en la esclusa, que cierra las compuertas (1); se abre la válvula y se introduce agua (2); cuando el nivel de la esclusa alcanza el de la siguiente, se abren las compuertas y el barco pasa.

día por la manumisión, concedida por el patrón o comprada. La esclavitud alcanzó su mayor incremento en la Edad Moderna, en que las necesidades de mano de obra para los monocultivos de plantación en América impulsaron la importación masiva de esclavos negros africanos. Se calcula que entre los s. XVI y XIX los comerciantes negreros introdujeron en América unos 12 millones de esclavos negros. En la época de la Ilustración comenzó a cobrar importancia la opinión favorable a la abolición de la esclavitud, que se fue imponiendo paulatinamente en los distintos países a lo largo del s. XIX. **2.** Fenómeno social caracterizado por la existencia de esclavos. **3.** Dependencia excesiva respecto a una persona o cosa.

esclavizar *v. tr.* **1.** Someter a esclavitud. **2.** Tener fuertemente dominado a alguien. ▪ Se conjuga como *cazar.*

esclavo, va *adj.* **1.** Que está sujeto a esclavitud. También *s.* **2.** Sometido o dominado completamente por alguien o algo. También *s.* ‖ *s. m.* y *f.* **3.** Miembro de ciertas congregaciones o cofradías religiosas, como las esclavas del Sagrado Corazón. ‖ *s. f.* **4.** Pulsera de una sola pieza sin abertura.

Esclavos, costa de los Antiguo nombre del litoral del golfo de Guinea, o golfo de Benin, repartido en la actualidad entre los países de Togo, Benin y Nigeria. Debe su nombre a la actividad que en esta zona desarrollaron los negreros a partir del s. XVI.

Esclavos, Gran Lago de los Lago de Canadá en el NO del país. 28.438 km^2 de extensión y 158 m de profundidad máxima. En él nace el río Mackenzie, que lo comunica a través de un afluente con el Gran Lago de los Osos.

esclerénquima *s. m.* Tejido de sostén de los vegetales, cuya función es la de formar órganos protectores, como el «hueso» de los frutos, y fibras que sirvan de soporte y den elasticidad a la planta, como en el lino o el cáñamo. Está constituido por células muertas, de membrana gruesa y lignificada, que si tienen forma poliédrica se denominan *esclereidas* o *células pétreas*, y si la tienen alargada se denominan *fibras esclerenquimáticas.*

esclero- *pref.* Significa 'duro': *esclerosis, esclerótica.*

esclerófilo, la *adj.* Se dice de los vegetales en los que el esclerénquima alcanza un gran desarrollo, por lo que poseen hojas duras y coriáceas, bien adaptadas a los climas secos. Son plantas esclerófilas, p. ej., el olivo y el alcornoque.

esclerosis *s. f.* **1.** Endurecimiento anormal de un tejido u órgano debido principalmente al excesivo desarrollo del tejido conjuntivo. La más conocida es la de las arterias, o arteriosclerosis. **2.** P. ext., anquilosamiento, atrofia.

escleroso, sa *adj.* Que sufre esclerosis.

esclerótica *s. f.* La más externa de las tres membranas que recubren el globo ocular; las otras son la coroides y la retina. Es de consistencia dura y color blanco, excepto la zona central de su parte anterior que es transparente y se llama *córnea.* Su parte posterior presenta un orificio por el que pasa el nervio óptico.

esclerótico, ca *adj.* Perteneciente o relativo a la esclerosis.

esclusa *s. f.* Recinto de un canal, con compuertas que permiten aumentar o disminuir el nivel del agua para que los barcos puedan pasar de un tramo a otro de diferente altura.

escoba *s. f.* **1.** Utensilio empleado para barrer que consiste en varias ramas flexibles o hilos plásticos sujetos al extremo de un palo. **2.** Planta arbustiva de la familia papilionáceas, especie *Cytisus scoparius.* Alcanza hasta 2 m de altura, tiene tallos verdes, hojas pecioladas y trifoliadas, fruto en legumbre con semillas negras y flores amarillas. Crece en landas y praderas de Europa. **3.** Juego de naipes consistente en sumar quince puntos con una carta propia y otra u otras puestas sobre la mesa. **4.** En este juego, tanto conseguido al sumar quince puntos y no quedar ninguna carta boca arriba en la mesa. ‖ **Loc. no vender una escoba** *fam.* Darse mal una venta; p. ext., no tener éxito.

escobajo *s. m.* Racimo después de quitarle las uvas.

Escobar, José Gonzalo (Mazatlán 1892 - Ciudad de México 1969) Militar y político mexicano. Se adhirió a la revolución (1911) y posteriormente combatió a Pancho Villa. Se levantó contra Carranza (1920). Ascendido a general de división (1927), se alzó en armas contra el gobierno de Portes Gil (1929), pero la sublevación fue sofocada y tuvo que exiliarse.

Escobar, Patricio (? - ? 1912) Militar y político paraguayo. Alcanzó el grado de general en la guerra de la Triple Alianza (Brasil, Argentina y Uruguay contra Paraguay, 1865-70). Presidente de la república (1886-90), promulgó la ley de enseñanza obligatoria (1887) y fundó la universidad nacional (1889). Durante su mandato se constituyeron los dos partidos más importantes del país, el Liberal y el Republicano o Colorado.

escobazo *s. m.* Golpe dado con la escoba. ‖ **Loc. a escobazos** *adv. fam.* Con verbos como *echar, tratar*, etc., de malos modos.

Escobedo, Juan de (Colindres, Cantabria h. 1530 - Madrid 1578) Político español. Secretario de Juan de Austria, participó activamente en las intrigas de la corte de Felipe II, a favor de su señor, entonces gobernador de los Países Bajos, y en contra del partido de la princesa de Éboli y el secretario real Antonio Pérez. Acusó a éstos de la venta de cargos públicos y de mantener contactos con los rebeldes neerlandeses. Antonio Pérez mandó asesinarlo.

Escobedo, Mariano (Galena 1826 - Ciudad de México 1902) Militar mexicano. Liberal, defendió el plan de Ayutla (1854). Organizó el ejército del Norte contra la invasión francesa, recuperó parte del territorio nacional y capturó a Maximiliano en Querétaro. Ministro de Guerra (1876), se exilió a la llegada al poder de Porfirio Díaz.

escobén *s. m.* En un barco, cada uno de los agujeros abiertos en la proa para el paso de cables y cadenas.

escobero, ra *s. m.* y *f.* **1.** Persona que hace o vende escobas. ‖ *s. m.* **2.** Armario o lugar donde se guardan las escobas y otros utensilios de limpieza. ‖ *s. f.* **3.** Retama común.

escobilla *s. f.* **1.** Escoba pequeña para diversos usos. **2.** En algunas máquinas, pieza que sirve para mantener el contacto eléctrico entre una parte fija y otra móvil. ‖ **3. escobilla parda** Planta arbustiva de la familia compuestas, especie *Artemisia campestris.* Mide de 30 a 90 cm de altura, tiene hojas bipinnadas o tripinnadas y flores en cabezuela de color amarillo. Crece en terrenos incultos, setos y cunetas de Europa.

escobillar *v. intr.* **1.** *Arg., Chile, Urug.* En algunos bailes, hacer un movimiento rápido con los pies, rozando el suelo. ‖ *v. prnl.* **2.** Astillársele un pitón al toro. **Fam.** Escobillado, escobilleo.

escobillón *s. m.* **1.** Cepillo sujeto a un mango largo. **2.** Cilindro de cerdas sujeto a una varilla que se utiliza para limpiar determinadas cosas, especialmente los cañones de las armas de fuego.

escobón *s. m.* **1.** Escoba grande. **2.** Escobillón*. **3.** Escoba de mango muy corto o sin mango.

escocedura *s. f.* Acción y efecto de escocer o escocerse.

escocer *v. intr.* **1.** Producirse en una parte del cuerpo una sensación de picor doloroso, parecida a la de una quemadura. **2.** Causar algo esta sensación. **3.** Ofender a una persona o hacer que se sienta dolida. También *v. prnl.* ‖ *v. prnl.* **4.** Irritarse una parte del cuerpo debido al roce de una prenda, al sudor, etc. ▪ Es v. irreg. Se conjuga como *cocer.*

escocés, sa *adj.* **1.** De Escocia. También *s.* **2.** Se dice del dibujo formado por cuadros de distintos colores y de las telas que lo tienen. **3.** Se aplica a la falda semejante a la del traje típico de Escocia. ‖ *s. m.* **4.** Dialecto céltico hablado en Escocia. **5.** Whisky escocés.

escocia *s. f.* **1.** Moldura cóncava formada por dos arcos de desigual diámetro, más ancha en la parte inferior, como p. ej. la existente en la basa de las columnas dóricas. **2.** Curvatura con que se cubre el ángulo de unión de una pared con el techo.

Escocia País del Reino Unido, situado en el sector N de Gran Bretaña, que también comprende las islas Shetland, Hébridas y Orcadas. 78.783 km^2. 5.094.000 h. en 1988. La capital es Edimburgo, con 433.500 h. en 1988. Su relieve es montañoso y en él destacan una serie de macizos, como los Northwest Highlands, los Grampianos y los Southern Uplands, separados por depresiones como la de los Lowlands, en la zona central del país. Abundan los lagos y ríos de origen glaciar. Las costas son muy recortadas, con gran número de estuarios y pequeñas islas. Las mejores tierras para la agricultura y la ganadería y los recursos mineros se encuentran en los Lowlands, donde se concentra el 75 % de la población. La riqueza minera de esta región, con explotaciones de hierro y carbón, favoreció su temprano desarrollo industrial y el crecimiento de ciudades como Glasgow, con 703.200 h. en 1988, importante núcleo fabril y centro de la conurbación de Central Clydeside, que agrupa casi a dos millones de personas. Entre las actividades productivas sobresalen la ganadería, base de una importante industria cárnica y textil, la pesca de salmón y bacalao, la siderurgia, la construc-

Escocia: castillo de Eilean Donnan, construido en el siglo XIII cerca de Dornie, en la región de las Highlands.

ción naval y la fabricación de whisky. A fines de los años sesenta se descubrieron en el mar del Norte importantes yacimientos petrolíferos. ***Hist.*** El reino de Escocia nació en la época de las invasiones escandinavas (s. IX-X) al unirse frente a ellas los pictos, pueblo que lo habitaba en la antigüedad y que resistió la conquista romana en el s. I; los britones, pueblo céltico instalado en el SO; los anglos, pueblo germánico llegado del continente en el s. V y establecido en el SE, y los escotos, el más importante, venido del Ulster en el s. VI y asentado en el O del país, cuyo rey Kenneth MacAlpin se impuso a los pictos en el 844. Era un estado celta, con lengua gaélica, instituciones tribales y religión católica, introducida en el s. III y consolidada desde el monasterio de Iona, fundado por San Columbano en el s. VI. Desde la segunda mitad del s. XI se implantaron la Iglesia romana y, en época de David I, las instituciones feudales anglonormandas. Durante la Edad Media se sucedieron los intentos de Inglaterra por extender su poder a toda la isla. En el s. XVI se produjo la reforma religiosa de John Knox; la aristocracia abrazó la causa de la Iglesia presbiteriana y expulsó en 1568 a la católica María Estuardo, cuya familia reinaba en Escocia desde 1371, obligándola a refugiarse en Inglaterra. Cuando en 1603 murió Isabel I sin sucesión, la corona inglesa pasó al hijo de María, Jacobo VI de Escocia, que se convirtió en Jacobo I de Inglaterra, con lo que se inició el proceso de unificación de ambos reinos que, sin embargo, mantuvieron sus respectivos parlamentos. Las dos instituciones aprobaron en 1707 el Acta de Unión por la que se creaba el Reino Unido; desde entonces, a pesar de los levantamientos jacobitas producidos entre 1715 y 1745, la historia de Escocia quedó vinculada a la de Inglaterra. En 1979 los escoceses no consiguieron aprobar en referéndum un proyecto de autonomía elaborado por el Parlamento.

escoda *s. f.* Martillo con corte en ambos lados, que sirve para labrar piedras y picar paredes.

escodar *v. tr.* Picar con escoda.

escofina *s. f.* Lima de dientes gruesos, usada para desbastar.

escoger *v. tr.* Tomar una o más personas o cosas de entre otras. ▪ Se conjuga como *coger.*

escogido, da 1. *p. p.* de **escoger**. También *adj.* ‖ *adj.* **2.** Selecto, notable. **FAM.** Escogidamente.

escolanía *s. f.* Coro de niños, especialmente de algunas iglesias, monasterios, colegios, etc.

escolano *s. m.* Niño de una escolanía o coro.

escolapio, pia *adj.* **1.** Perteneciente o relativo a las Escuelas Pías. ‖ *s. m.* y *f.* **2.** Religioso o religiosa que pertenece a las Escuelas Pías. **3.** Estudiante en un colegio de esta congregación.

escolar *adj.* **1.** Perteneciente o relativo a la escuela o al estudiante. ‖ *s. m.* y *f.* **2.** Alumno de una escuela, especialmente de primera enseñanza.

escolaridad *s. f.* Tiempo durante el cual se asiste a la escuela o a un centro de enseñanza.

escolarización *s. f.* **1.** Acción y efecto de escolarizar. ‖ **2. tasa de escolarización** Porcentaje de niños en edad escolar obligatoria que acude realmente a la escuela.

escolarizar *v. tr.* Proporcionar a una persona, grupo, lugar, etc., cualquier enseñanza incluida dentro del sistema educativo oficial. ▪ Se conjuga como *cazar.*

escolástica *s. f.* Conjunto de corrientes filosóficas que se originaron en la Europa medieval, caracterizadas por ser una síntesis de los dogmas de la Iglesia católica y de la filosofía griega, principalmente la de origen aristotélico. Entre sus representantes más destacados están Juan Escoto Erígena, San Anselmo, Pedro Abelardo, San Alberto Magno, Santo Tomás de Aquino, Duns Escoto, Francisco de Vitoria y Francisco Suárez. Aunque no toda la filosofía elaborada durante la Edad Media fue de tendencia escolástica, suelen identificarse los términos filosofía medieval y filosofía escolástica. Ésta, que conoció su máximo esplendor en el s. XIII, no desapareció en los siglos posteriores, pero sí perdió mucha de su importancia. Se dice también *escolasticismo.*

escolasticismo *s. m.* Escolástica*.

escolástico, ca *adj.* **1.** Perteneciente o relativo a la escolástica. **2.** Que profesa la escolástica. También *s.* **FAM.** Escolásticamente.

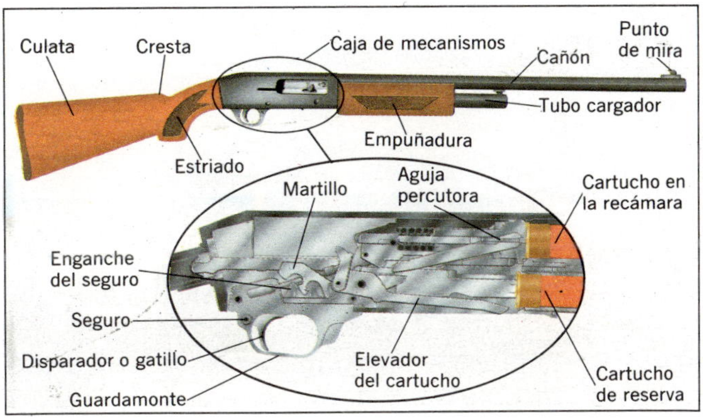

Partes principales de una escopeta de caza y, ampliada en el óvalo, caja de mecanismos del arma.

escolio *s. m.* Nota explicativa en un texto.

escoliosis *s. f.* Desviación lateral de la columna vertebral.

escollera *s. f.* Obra hecha con grandes piedras, bloques de cemento, etc., arrojados al fondo del agua para formar un rompeolas, servir de cimiento a un muelle o, en general, como protección contra la acción del mar.

escollo *s. m.* **1.** Roca poco visible o en la superficie del agua, que constituye un peligro para la navegación. **2.** Obstáculo o inconveniente.

escolopendra *s. f.* Nombre común de diversas especies de invertebrados quilópodos de la familia escolopéndridos, género *Scolopendra.* Pueden medir hasta 26 cm de longitud y se caracterizan por tener el cuerpo aplanado y dividido en segmentos y contar con 21 pares de patas. De color generalmente amarillento, poseen dos uñas capaces de inocular veneno y suelen habitar en lugares húmedos y sombríos. Las especies más conocidas son la *Scolopendra morsitans,* y la *Scolopendra cingulata,* que viven en los países mediterráneos.

escolta *s. f.* **1.** Acción y efecto de escoltar. **2.** Conjunto de personas destinadas a proteger a alguien o algo. **3.** Acompañamiento en señal de honra y respeto. ‖ *s. m.* y *f.* **4.** Persona que acompaña a alguien o algo para protegerlo. **5.** En baloncesto, jugador que acompaña al base y desempeña también funciones de alero.

escoltar *v. tr.* **1.** Acompañar a alguien o algo dándole protección. **2.** Acompañar a personajes en señal de honra o respeto. **3.** Acompañar o rodear a alguien.

escombrar *v. tr.* **1.** Desescombrar*. **2.** Limpiar de desperdicios, basuras, etc.

escombrera *s. f.* Conjunto de escombros y lugar donde se tiran.

escómbridos *s. m. pl.* Familia de peces teleósteos del orden perciformes a la que pertenecen numerosas especies de los géneros *Scomber, Sarda, Thunnus,* etc. Tienen el cuerpo fusiforme, de color azul verdoso, y el hocico puntiagudo. Habitan en mares templados y poseen gran importancia económica, ya que son muy apreciados en alimentación. Escómbridos son la caballa, el bonito y el atún. También *adj.* y *s. m.*

escombro *s. m.* Conjunto de cascotes y demás desechos de una obra de albañilería, derribo, mina o cantera. Se usa sobre todo en *pl.*

esconder *v. tr.* **1.** Poner a una persona o cosa en lugar donde sea difícil encontrarla. También *v. prnl.* **2.** Ocultar una cosa a otra. **3.** Guardar en el interior, ocultar. **FAM.** Escondimiento.

escondidas, a *loc. adv.* Sin ser visto, en secreto.

escondidizo, za *adj.* Que tiende a esconderse.

escondido, da 1. *p. p.* de **esconder**. También *adj.* ‖ *adj.* **2.** Se dice del lugar lejano o poco frecuentado. ‖ *s. m.* **3.** Danza tradicional de la zona meridional de América del Sur, derivada del gato y llamada también *gato escondido*; la bailan parejas, cuyos componentes simulan ocultarse. ‖ *s. f. pl.* **4.** *amer.* Juego del escondite. También *s. m. pl.* **FAM.** Escondidamente.

escondite *s. m.* **1.** Escondrijo*. **2.** Juego infantil que consiste en encontrar al niño o niños que se han escondido.

escondrijo *s. m.* Lugar apropiado para esconderse o esconder alguna cosa. También, lugar donde hay alguien o algo escondido.

escoñar *v. tr.* **1.** *vulg.* Romper o estropear algo. También *v. prnl.* ‖ *v. prnl.* **2.** *vulg.* Lesionarse, accidentarse.

Escopas (Paros s. IV a. C.) Escultor y arquitecto griego. Su estilo se caracteriza por el dramatismo de sus composiciones y por sus temas, que tocan aspectos trágicos o heroicos de la mitología. Decoró el mausoleo de Halicarnaso y el templo de Atenas Alea. Entre sus obras destacan *Meleagro, Niobe* y la *Ménade del cervatillo.*

escopeta *s. f.* **1.** Arma de fuego portátil, con los mecanismos para cargarla y descargarla y uno o dos cañones, montado todo ello sobre una caja o pieza de madera. Las de pequeño calibre, un solo cañón y munición de perdigón, suelen emplearse en actividades deportivas, mientras que las de mediano y gran calibre y munición de cartucho se utilizan para cazar. ‖ **2. escopeta de pistón** La que se ceba con pólvora fulminante encerrada en una cápsula.

escopetado, da *adj. fam.* Rápido, muy deprisa.

escopetazo *s. m.* **1.** Disparo de escopeta y ruido que ocasiona. **2.** Daño o herida producidos por este disparo.

escopetero *s. m.* **1.** Fabricante o vendedor de escopetas. **2.** Soldado que iba armado de escopeta. **3.** Cazador. **4.** En las cacerías, persona encargada de las escopetas. **5.** Nombre común de diversos insectos coleópteros de la familia carábidos, género *Brachinus.* Son escarabajos de cuerpo rojizo y élitros estriados de color azul, que cuando son molestados arrojan por el ano una sustancia que se volatiliza en contacto con el aire y produce una pequeña detonación. La especie más común es el *Brachinus crepitans.*

escopladura o **escopleadura** *s. f.* Corte o agujero hecho con un escoplo.

escoplo *s. m.* **1.** Herramienta de carpintero o escultor, formada por una pieza alargada de hierro con boca en bisel y mango de madera, que se golpea con un mazo y sirve para tallar o modelar. **2.** Herramienta de cantería, especie de punzón grueso con mango también de hierro. **3.** En cirugía, instrumento de acero, parecido al cincel, utilizado en las operaciones de huesos.

escora *s. f.* **1.** Inclinación de un buque a causa del viento, la posición de la carga, etc. **2.** Curva imaginaria que une los puntos de mayor anchura de las cuadernas de un barco. **3.** Cada uno de los puntales que sostienen los costados de un buque en construcción o reparación.

escoraje *s. m.* Acción y efecto de escorar o escorarse un barco.

escorar *v. tr.* **1.** Sostener un barco con escoras. ‖ *v. intr.* **2.** Inclinarse un barco por la acción del viento o por otras causas. También *v. prnl.* **3.** Llegar la marea a su nivel más bajo. ‖ *v. prnl.* **4.** Desviarse o inclinarse a uno u otro lado o tendencia.

escorbuto *s. m.* Enfermedad producida por deficiencia de vitamina C. Se manifiesta por anemia, daños en la piel, debilidad, encías sangrantes, etc., y en los casos más graves puede provocar la muerte. Afectaba a menudo a los marinos que hacían viajes muy largos y comían únicamente alimentos en conserva. Se corrige

Vista panorámica del monasterio de El Escorial.

mediante la administración al enfermo de vitamina C. **Fam.** Escorbútico.

escorchar *v. tr. Arg., Urug.* Molestar, fastidiar.

escoria *s. f.* **1.** Sustancia que flota en el crisol de los hornos de fundir metales, formada por las impurezas. **2.** Materia que salta del hierro al rojo al ser martilleado. **3.** Residuo que queda después de la combustión del carbón. **4.** Lava esponjosa de los volcanes. **5.** Persona o cosa despreciable, lo peor o más indigno.

escoriación *s. f.* Excoriación*.

escorial *s. m.* Lugar donde se arrojan las escorias o montón de escorias.

Escorial, monasterio de El Monumento situado en el pueblo madrileño de San Lorenzo de El Escorial, mandado edificar por Felipe II para conmemorar la batalla de San Quintín y que consta de un palacio, una basílica, un convento y el panteón de los reyes de España. Fue comenzado a construir por Juan Bautista de Toledo en 1563 y continuado a su muerte (1567) por Giambattista Castello el Bergamasco (hasta 1569) y finalmente por Juan de Herrera. Las obras se concluyeron en 1584 y a lo largo de su desarrollo intervino muy directamente el rey. La planta es rectangular (207 × 162 m), con una torre en cada ángulo, y la fachada está construida en granito gris. Su estilo, denominado *herreriano*, se caracteriza por la grandiosidad, la sobriedad en la decoración y la desnudez geométrica de los volúmenes. Contiene una importante biblioteca y conserva una colección pictórica en la que se incluyen obras de El Greco, Ribera, Tiziano, Tintoretto y Veronés, entre otros.

escoriar *v. tr.* Excoriar*.

escornar *v. tr.* Descornar*.

escorpena o **escorpina** *s. f.* Pez osteictio de la familia escorpénidos, especie *Scorpaena scrofa*. Puede alcanzar los 50 cm de longitud, presenta color rojizo con puntos oscuros y se caracteriza por las protuberancias de la cabeza y las glándulas venenosas de sus espinas. Habita las áreas costeras del Mediterráneo y del Atlántico, alimentándose de otros peces. Se llama también *cabracho*.

Escorpio Escorpión*, signo del zodiaco.

escorpión *s. m.* **1.** Nombre común de diversas especies de artrópodos arácnidos del orden escorpiónidos, géneros *Euscorpius, Buthus, Androctonus*, etc. Las especies más frecuentes en Europa son el escorpión común o alacrán *(Buthus occitanus)*, de color pardo amarillento y unos 8 cm de longitud, con un aguijón venenoso en el extremo de su abdomen, que habita en Europa meridional y cuya picadura es venenosa pero no mortal, y el escorpión negro *(Euscorpius flavicaudus)*, de color pardo negruzco y unos 4 cm de longitud. El *Androctonus aeneas* habita en África, oculto bajo piedras, troncos o en pequeñas oquedades. Su veneno produce la parálisis del corazón y de los músculos respiratorios en los mamíferos, causándoles la muerte. **2.** Pez escorpeniforme de la familia cótidos, especie *Myoxocephalus scorpius*. Mide de 35 a 90 cm de longitud, tiene el cuerpo pardusco amarillento y lleno de espinas. Habita en aguas litorales del Atlántico. ‖ **3. escorpión de agua** Insecto hemíptero de la familia népidos, especie *Nepa cinerea*. Mide unos 25 mm de longitud, tiene el cuerpo aplanado, de color pardo grisáceo, las antenas escondidas en surcos bajo la cabeza y las patas anteriores adaptadas para la captura de presas. Es un insecto acuático y en el extremo del abdomen está provisto de un sifón, largo tubo que mantiene fuera del agua para respirar. Carece de aguijón, pero puede picar con la boca. Habita en Europa.

Escorpión 1. Constelación zodiacal situada en las proximidades de la Vía Láctea, entre Libra y Sagitario. Consta de varios grupos de estrellas, como Antares, cúmulos abiertos y cúmulos globulares. **2.** Octavo signo del zodiaco que el Sol recorre aparentemente del 23 de octubre al 22 de noviembre. ‖ *s. m.* y *f.* **3.** Persona nacida bajo este signo. ■ En esta acepción, se escribe con minúscula.

escorpiónidos *s. m. pl.* Orden de artrópodos de la clase arácnidos, al que pertenecen unas 600 especies. Tienen la parte anterior de su abdomen unida al cefalotórax, con cuatro pares de patas, los quelíceros rematados en quelas y unos pedipalpos muy desarrollados y acabados en pinza con los que atrapan a sus presas. La parte posterior de su abdomen se estrecha en forma de cola, y el último segmento o telson está rematado en un aguijón o uña con glándula venenosa. Son vivíparos y la hembra transporta a sus crías sobre la espalda hasta la primera muda. Tienen costumbres nocturnas, viven debajo de las piedras en zonas cálidas, templadas y tropicales y su picadura es muy dolorosa para el hombre, aunque muy raras veces llega a ocasionar la muerte. También *adj.* y *s. m.*

escorrentía *s. f.* **1.** Corriente de agua que forma la lluvia sobre un terreno. **2.** Erosión producida por el agua a lo largo de una pendiente pronunciada. **3.** Salida de aguas sobrantes embalsadas o canalizadas.

escorzar *v. tr.* Realizar un dibujo o pintura en escorzo. ■ Se conjuga como *cazar*.

escorzo *s. m.* **1.** Tipo de perspectiva utilizada en arte para representar objetos o figuras situados oblicua o perpendicularmente al plano del lienzo o de la pared. **2.** Posición de una figura cuando una parte de ella está vuelta con un giro respecto al resto. **3.** Figura o parte de figura así representada.

escorzonera *s. f.* Nombre común de diversas plantas herbáceas de la familia compuestas, género *Scorzonera*. La escorzonera común *(Scorzonera humilis)* mide entre 10 y 30 cm de longitud y tiene un tallo pubescente, con hojas basales y flor solitaria en cabezuela de color amarillo. La escorzonera púrpura *(Scorzonera purpurea)* mide entre 25 y 75 cm de longitud, tiene hojas estriadas y flores de color rojo vino. Crecen en pastizales y brezales de suelos calcáreos en el centro y SE de Europa.

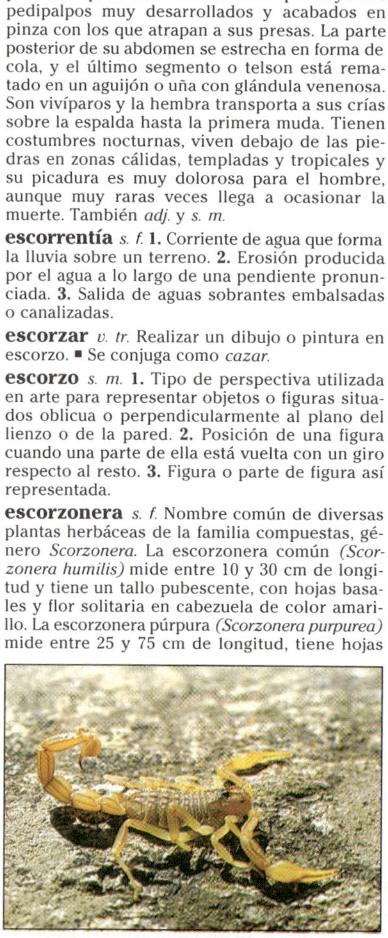
Escorpión común (Buthus occitanus).

escotadura *s. f.* **1.** Escote de una prenda de vestir. **2.** Abertura grande en el suelo del escenario para las tramoyas. **3.** Entrante en el borde de una cosa por faltar o haber quitado un trozo.

escotar[1] *v. tr.* **1.** Hacer el escote en una prenda de vestir. ‖ *v. prnl.* **2.** Abrirse el escote o cuello.

escotar[2] *v. tr.* Pagar la parte que toca a cada uno de un gasto hecho en común por varias personas.

escote[1] (del gót. *skaut*, orilla) *s. m.* **1.** Abertura alrededor del cuello de una prenda de vestir, que deja al descubierto la garganta y, a veces, parte del pecho y de la espalda. **2.** Parte del busto que queda al descubierto por esta abertura.

escote[2] (del germ. *skot*, tributo) *s. m.* Parte que paga cada uno de un gasto hecho en común por varias personas. ‖ **Loc. a escote** *adv.* Pagando cada uno la parte que le corresponde en un gasto común.

escotilla *s. f.* **1.** Cada una de las aberturas que hay en las cubiertas de un barco para acceder a los compartimentos interiores. **2.** Trampilla para entrar en un carro de combate.

escotillón *s. m.* **1.** Puerta o trampilla en el suelo. **2.** Trozo del piso de un escenario que puede bajarse o subirse para que personas o cosas salgan a escena o desaparezcan. ‖ **Loc. aparecer** (o **desaparecer**) **por** (o **como por**) **escotillón** *fam.* Aparecer o desaparecer una persona o cosa repentinamente, sin saberse cómo lo ha hecho.

escoto, ta *adj.* **1.** Se aplica al conjunto de grupos de piratas y navegantes del N de Irlanda que desde mediados del s. VI se fueron instalando en el sector septentrional de Gran Bretaña. En el 844 su rey Kenneth MacAlpin se impuso a pictos y britones y estableció una monarquía unitaria en el N de la isla, que desde entonces recibió el nombre de *Escocia*. **2.** De este pueblo. También *s.*

Escoto, Juan Duns Véase **Duns Escoto, Juan**.

Escoto Erígena, Juan (Irlanda h. 810 - París 877) Monje, filósofo y teólogo irlandés. Dirigió en París la escuela palatina de Carlos el Calvo. Pensador escolástico, se propuso conciliar fe y razón, subordinando la segunda a la primera, pero asignando a la razón el papel de instrumento para comprender la fe. Acusado de panteísmo, su obra fue condenada por la Iglesia en 1225.

escozor *s. m.* **1.** Sensación de picor doloroso, como la producida por una quemadura, aunque menos intensa. **2.** Resentimiento causado por una pena, disgusto, etc.

escriba *s. m.* **1.** En algunos pueblos de la antigüedad, especialmente entre los egipcios, escribano o secretario. **2.** Entre los hebreos, doctor o intérprete de la ley.

escribanía *s. f.* **1.** Juego compuesto de tintero, pluma, secante y otras piezas, colocado en una bandeja, platillo o pie. **2.** Oficio del escribano y despacho u oficina de éste.

escribano, na *s. m.* y *f.* **1.** Antiguamente, funcionario público que tenía autorización para dar fe de los documentos y de ciertos hechos que pasaban ante él. **2.** Escribiente, persona que copia o escribe a mano. **3.** *amer.* Notario.

escribido, da *adj.* Sólo se usa humorísticamente en la loc. fam. **leído y escribido**, referida a la persona que posee cierta cultura y presume pedantemente de ello.

escribiente *s. m.* y *f.* Empleado de oficina que escribe a mano o copia lo que le mandan.

escribir *v. tr.* **1.** Representar un lenguaje mediante letras o cualquier otro tipo de signos gráficos. También *v. intr.* **2.** Trazar sobre el pentagrama las notas y signos musicales. **3.** Comunicar a alguien algo por escrito. También *v. prnl.* **4.** Componer obras como libros, discursos, partituras musicales, etc. También *v. intr.* y *v. prnl.* ‖ *v. intr.* **5.** Funcionar un bolígrafo, pluma, etc. ■ Su p. p. es irreg.: *escrito*.

escrito, ta 1. *p. p.* irreg. de **escribir**. También *adj.* ‖ *adj.* **2.** Se dice de lo que tiene manchas o rayas que recuerdan a la escritura. ‖ *s. m.* **3.** Aquello que se ha escrito. ‖ **Loc. estar escrito**

fam. Estar así dispuesto por el destino. **por escrito** *adv.* Escribiendo aquello de que se trata.

escritor, ra *s. m.* y *f.* Persona que escribe obras de creación, ya sean literarias, científicas, etc.

escritorio *s. m.* **1.** Mueble para guardar papeles, documentos y objetos de escribir, provisto de pequeños cajones y otras divisiones, que se cierra mediante una tapa o una persiana; algunos tienen un tablero sobre el que se escribe. **2.** Mueble pequeño semejante al anterior, generalmente más adornado, para guardar joyas. **3.** Mesa destinada para escribir sobre ella. **4.** Despacho, oficina.

escritura *s. f.* **1.** Representación gráfica del lenguaje y otros sistemas, p. ej. el musical. **2.** Manera de escribir. **3.** Documento en el que queda reflejada una obligación o acuerdo y se firma por los interesados; se considera **pública** cuando las personas interesadas lo firman ante testigos y un notario, y **privada** cuando sólo intervienen en la firma los particulares interesados. **4.** La *Biblia.* Se usa más en *pl.* ▪ Con este significado se escribe con mayúscula. Se dice también *Sagradas Escrituras* o *Sagrada Escritura.*

Ling. La escritura aparece mucho más tarde que el lenguaje hablado. Los textos escritos más antiguos se remontan a Mesopotamia hacia el año 3500 a. C. Las escrituras más primitivas constaban de signos que representaban imágenes de seres y objetos (pictogramas) y, posteriormente, palabras y conceptos (ideogramas). Hace unos 3.000 años los fenicios fueron los primeros en usar un alfabeto fonético, es decir, un tipo de escritura en la que los signos representan sonidos o grupos de sonidos. De ésta deriva la escritura por medio de letras o alfabética, que es el último grado de esta evolución. Originariamente reservada a las clases dominantes, el uso de la escritura se ha ido generalizando paralelamente al desarrollo industrial y la difusión de la educación. No obstante, aún hoy, grandes áreas del planeta padecen un alto índice de analfabetismo.

escriturar *v. tr.* **1.** Dar forma legal a un contrato o acto semejante mediante escritura pública. **2.** Contratar a un artista de teatro, a un torero, etc.

escriturario, ria *adj.* **1.** Que consta en escritura pública o relativo a ésta. ‖ *s. m.* y *f.* **2.** Persona especializada en las Sagradas Escrituras.

Escrivá de Balaguer, Josemaría (Barbastro, Huesca 1902 - Roma 1975) Sacerdote español. Doctor en derecho y teología, fundó en 1928 el Opus Dei, instituto secular católico, y fue presidente general del mismo hasta su muerte. Es autor de *Camino* (1939), obra en que recoge las ideas básicas de su espiritualidad.

Josemaría Escrivá de Balaguer.

escrófula *s. f.* Tuberculosis de los ganglios linfáticos del cuello, que se inflaman y forman un absceso. Antiguamente se contagiaba al hombre por medio de la leche de ganado enfermo. Se trata mediante fármacos antituberculosos.

escrofulismo o **escrofulosis** *s. m.* o *s. f.* Escrófula*.

escrofuloso, sa *adj.* **1.** Perteneciente o relativo a la escrófula. **2.** Se dice del que padece esta enfermedad. También *s.*

escroto *s. m.* Bolsa de piel que contiene las gónadas masculinas o testículos. Se halla situada fuera de la cavidad abdominal debido a la necesidad de una temperatura ligeramente inferior a la del cuerpo para la formación de los espermatozoides.

escrúpulo *s. m.* **1.** Duda o temor que tiene una persona sobre si la acción que ha realizado o puede realizar no es justa. **2.** Moral, conciencia. **3.** Aprensión, repugnancia. ▪ En estas tres acepciones se usa más en *pl.* **4.** Exactitud y cuidado.

escrupulosamente *adv. m.* Con cuidado y exactitud.

escrupulosidad *s. f.* Cualidad de escrupuloso, cumplidor, cuidadoso, etc.

escrupuloso, sa *adj.* **1.** Inclinado a sentir escrúpulos, repugnancia. **2.** Se aplica a la persona propensa a tener escrúpulos o dudas de conciencia. **3.** Cumplidor. **4.** Detallado y cuidadoso.

escrutador, ra *adj.* **1.** Que examina con mucho cuidado alguna cosa. **2.** Que escruta votos, los boletos de una lotería, etc. También *s.*

escrutar *v. tr.* **1.** Examinar algo con mucha atención. **2.** Contar los votos en unas elecciones, los boletos en unas apuestas, etc.

escrutinio *s. m.* Acción y efecto de escrutar.

escuadra *s. f.* **1.** Instrumento de dibujo, en forma de triángulo rectángulo. **2.** Pieza con dos lados en ángulo recto con que se aseguran las uniones en ángulo de cualquier estructura. **3.** En ciertos deportes, como el fútbol o el balonmano, cada uno de los dos ángulos superiores de una portería. **4.** Pequeño grupo de soldados a las órdenes de un cabo. **5.** Conjunto de buques de guerra a las órdenes de un almirante. **6.** En dep., equipo. ‖ **Loc. a** (o **en**) **escuadra** *adv.* En ángulo recto.

escuadrar *v. tr.* Hacer que las caras planas de un objeto formen entre sí ángulos rectos.

escuadría *s. f.* Las dos dimensiones de la sección transversal de un madero cortado a escuadra.

escuadrilla *s. f.* **1.** Escuadra de buques de pequeño tamaño. **2.** Conjunto de aviones que realizan un mismo vuelo dirigidos por un jefe.

escuadrón *s. m.* **1.** Unidad de caballería mandada por un capitán. **2.** Unidad operativa del arma de aviación equivalente al batallón del Ejército de Tierra.

escuálido, da *adj.* **1.** Flaco, raquítico. ‖ *s. m. pl.* **2.** Familia de peces condrictios del orden escualiformes, con diversos géneros, entre los que destaca *Squalus.* Tienen tamaño pequeño o mediano y se caracterizan por carecer de aleta anal. Sus dos aletas dorsales presentan una espina en su parte anterior. Suelen vivir en mares fríos, aunque varias especies habitan también en el Mediterráneo. Escuálidos son la mielga y el galludo. También *adj.* y *s. m.* **Fam.** Escualidez.

escualiformes *s. m. pl.* Orden de peces condrictios de la subclase elasmobranquios, grupo de los selacios, al que pertenecen numerosas especies de las familias oxinótidos, escuálidos y escuatínidos. Tienen el cuerpo fusiforme, con 5 a 7 pares de hendiduras branquiales, espiráculos y boca muy grande, situada en la parte inferior de la cabeza, dos aletas pectorales y dos dorsales. Habitan en todos los mares cálidos del mundo. Escualiformes son los tiburones. También *adj.* y *s. m.*

escualo *s. m.* Tiburón*.

escucha *s. f.* **1.** Acción y efecto de escuchar. ‖ *s. m.* **2.** Centinela nocturno.

escuchar *v. tr.* **1.** Prestar atención a lo que se oye. También *v. prnl.* **2.** Dejarse influir por las palabras o consejos de otra persona. ‖ *v. intr.* **3.** Aplicar el oído para oír.

escuchimizado, da *adj.* Muy flaco y de aspecto enfermizo.

escudar *v. tr.* **1.** Proteger con el escudo. También *v. prnl.* **2.** Defender a una persona de un peligro o amenaza. También *v. prnl.* ‖ *v. prnl.* **3.** Valerse de algo, utilizándolo como pretexto. **Fam.** Escudado.

escudería *s. f.* **1.** Equipo de competición de coches o motos de carreras con pilotos profesionales. **2.** Oficio de escudero.

escudero *s. m.* **1.** El que acompañaba a un caballero para llevarle las armas y servirle. **2.** Criado que servía mediante paga a un señor. **3.** Fabricante de escudos. **Fam.** Escuderil.

Escudero, Vicente (Valladolid 1889 - Barcelona 1980) Bailarín y coreógrafo español de danza flamenca. Ejecutó un baile de raíz gitana, recio, sobrio y muy personal, cuyas reglas recogió en su célebre decálogo. Formó pareja con Carmita García y, tras el importante triunfo en el homenaje a la Pavlova, en Londres, entró en la compañía de Antonia Mercé, la Argentina, con la que interpretó de forma inolvidable *El amor brujo*, de Falla.

escudete *s. m.* **1.** Pequeña plancha de metal que protege la boca de la cerradura. **2.** Pequeño trozo de tela, en forma triangular o de escudo, que se pone como refuerzo en las costuras. **3.** Nenúfar, planta.

escudilla *s. f.* Vasija pequeña en forma de media esfera que solía utilizarse para servir el caldo o la sopa.

escudo *s. m.* **1.** Arma defensiva formada por una plancha de metal, madera, cuero, etc., que se sostenía con la mano y el brazo. **2.** Superficie o espacio de distintas formas con el emblema o armas de una nación, ciudad, familia noble, entidad, etc. **3.** Insignia en forma de escudo. **4.** Defensa, protección. **5.** Escudete, plancha de metal. **6.** Moneda antigua de oro y plata. **7.** Unidad monetaria de Portugal y de Cabo Verde. **8.** En zool., placa, escama. ‖ **9. escudo continental** En geol., gran plataforma de rocas cristalinas o metamórficas de forma aplanada, que no ha sufrido deformaciones sensibles desde el cámbrico y que aflora a causa del movimiento isostático. Constituyen los núcleos continentales emergidos más antiguos, en torno a los cuales se han consolidado los actuales continentes y subcontinentes. Forman grandes llanuras o plataformas, a veces rotas, y en muchos casos cubiertas por sedimentos. Los más importantes son el **escudo escandinavo**, que comprende Finlandia, Carelia oriental, la península de Kola y la mayor parte de Escandinavia; el **escudo canadiense**, que comprende el E de Canadá, Groenlandia y gran parte

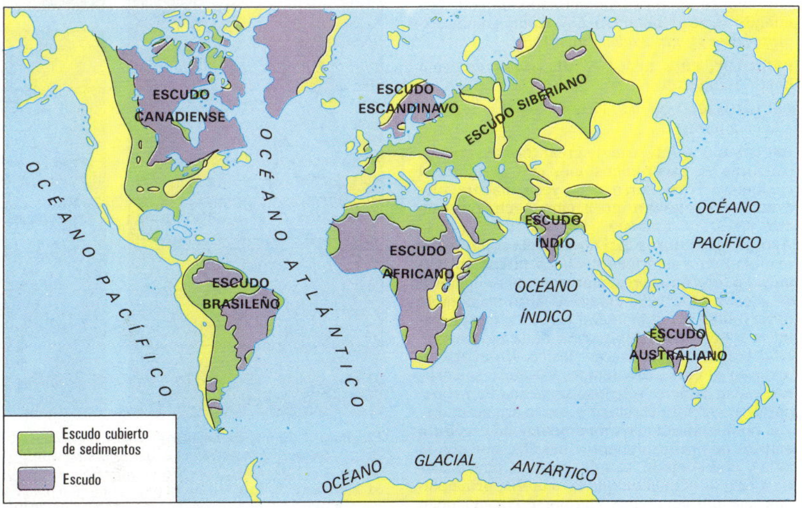

Mapa de los escudos geológicos.

de las islas del Ártico; el **escudo siberiano**, que comprende el centro de Siberia y parte de las islas del Ártico; el **escudo brasileño**, que comprende la práctica totalidad de Brasil; el **escudo africano**, que ocupa la mayor parte de África, a excepción del Atlas; el **escudo indio**, y el **escudo australiano**.

escudriñar *v. tr.* Investigar, examinar cuidadosamente.

escuela *s. f.* **1.** Lugar o edificio donde se educa, y, especialmente, el que imparte la enseñanza primaria. **2.** Establecimiento donde se dan otros tipos de enseñanza, particularmente de carácter técnico. **3.** Formación, conocimientos. **4.** Método, estilo, doctrina o sistema de cada profesor, maestro o autor. **5.** Lo que de alguna manera instruye. **6.** Estilo artístico, forma de investigación, etc., peculiares que han logrado reunir a una serie de seguidores. ‖ **7. escuela normal** Centro educativo dedicado a la formación de profesores, generalmente del nivel primario o básico. **8. escuela unitaria** Centro educativo compuesto por un solo maestro y un número de alumnos de diferentes grados, frecuente en la educación primaria rural. **9. escuela universitaria** En España, centro educativo inscrito en el primer ciclo de enseñanza superior, como la Escuela Universitaria de Formación del Profesorado de EGB y la Escuela Universitaria de Arquitectura Técnica.

escuelante *s. m.* y *f.* **1.** *Col., Méx.* Colegial, alumno de una escuela. **2.** *Méx.* Maestro de escuela.

Escuelas Cristianas Congregación religiosa fundada en Reims (1682) por Juan Bautista de La Salle y aprobada por el papa Benedicto XIII en 1724. Se dedica a la enseñanza.

Escuelas Pías Congregación religiosa fundada por el español José de Calasanz en Roma (1597) y aprobada por el papa Gregorio XV en 1621. Se dedica básicamente a la enseñanza.

escuelero, ra *s. m.* y *f.* **1.** *amer.* Maestro de escuela. **2.** *amer.* Colegial.

escuerzo *s. m.* **1.** *fam.* Persona flaca y esmirriada. **2.** Sapo*.

escueto, ta *adj.* **1.** Aplicado al lenguaje, breve, sin palabras innecesarias. **2.** Aplicado a obras de arte, sin adornos innecesarios. **FAM.** Escuetamente.

escuincle *s. m. Méx.* Niño, muchacho.

Esculapio Nombre latino de Asclepios, dios griego de la medicina. Su culto aparece en Roma después de la epidemia de 293 a. C. Sus sacerdotes eran médicos y sus templos se edificaban fuera de la ciudad.

esculpir *v. tr.* **1.** Realizar una escultura labrando o tallando. **2.** Grabar algo en hueco o en relieve.

escultismo *s. m.* Movimiento juvenil internacional creado por el militar inglés Robert Baden-Powell en 1908. Su objetivo es mejorar la formación física, moral, práctica y social de los jóvenes de ambos sexos, mediante la vida comunitaria al aire libre y el servicio a los demás. Sus miembros se denominan *boy scouts* (niños exploradores) y *girl guides* (guías).

escultor, ra *s. m.* y *f.* Artista que se dedica a hacer esculturas.

escultórico, ca *adj.* Perteneciente o relativo a la escultura.

escultura *s. f.* **1.** Arte de crear formas, objetos o figuras en tres dimensiones con un material cualquiera, como barro, cera, yeso, madera, piedra, bronce, plástico, etc. **2.** Obra hecha con este arte.

Arte La escultura es casi tan antigua como la humanidad y en su origen tuvo una intención religiosa, p. ej. con representaciones de animales o de diosas de la fecundidad. Alcanzó un notable desarrollo en la antigüedad egipcia y mesopotámica, y llegó a la culminación de la representación realista en la Grecia clásica. Ha evolucionado en el curso del tiempo, variando sus estilos, y a su carácter religioso se ha añadido el decorativo -en íntima relación con la arquitectura- y el conmemorativo o monumental. La escultura emplea dos procedimientos básicos, que son la talla y el modelado. La talla consiste en trabajar de modo directo el bloque de materia, principalmente madera o piedra, eliminando poco a poco las porciones sobrantes hasta conseguir la forma deseada. En el modelado se usan materiales blandos, como el barro, el yeso, la cera o el plástico, a los que se da forma quitando o añadiendo material. Generalmente, la obra modelada se pasa a un material más resistente, p. ej. sacando un molde que permite fundirla en metal. La aparición de nuevos materiales, como el plástico o la fibra de vidrio, ha ampliado su campo.

El arte escultórico se expresa mediante la forma y el relieve, es decir, además de largo y ancho tiene volumen, a diferencia de la pintura. Por lo que respecta al volumen, la escultura puede ser en bulto redondo y en alto o bajo relieve. También tienen importancia en la escultura otros aspectos, como la superficie, la textura, el color, la luz, el movimiento, etc.

escultural *adj.* **1.** Perteneciente o relativo a la escultura. **2.** De gran belleza y perfección en su forma, aplicado sobre todo al cuerpo de la mujer.

escupidera *s. f.* Recipiente para escupir en él.

escupidor *s. m.* **1.** *amer.* Escupidera. **2.** *Col.* Estera pequeña de esparto. **3.** *Méx.* Cohete que despide luces de colores.

escupidura *s. f.* Escupitajo*.

escupir *v. intr.* **1.** Arrojar voluntariamente saliva por la boca. ‖ *v. tr.* **2.** Echar de la boca alguna cosa. **3.** Lanzar violentamente una cosa otra de su interior. **4.** Despedir un cuerpo a la superficie algo que estaba mezclado o unido con él. **5.** Rechazar un cuerpo una sustancia. **6.** *fam.* Contar uno lo que sabe sobre algo.

escupitajo *s. m. fam.* Saliva, flema, etc., que se escupe.

escupitinajo *s. m.* Escupitajo*.

escurialense *adj.* Perteneciente o relativo al monasterio de El Escorial o al pueblo de San Lorenzo de El Escorial.

escurreplatos *s. m.* Utensilio de cocina, generalmente a modo de reja, en el que se ponen verticalmente los platos fregados para que escurran.

escurridero *s. m.* **1.** Escurreplatos*. **2.** Lugar o dispositivo a propósito para poner a escurrir algo.

escurridizo, za *adj.* Que se escurre fácilmente.

escurrido, da 1. *p. p.* de **escurrir**. También *adj.* ‖ *adj.* **2.** Delgado, sin formas. ‖ *s. m.* **3.** Acción y efecto de escurrir o escurrirse.

escurridor *s. m.* **1.** Escurreplatos*. **2.** Colador de agujeros grandes para que escurran las verduras u otros alimentos.

escurridora *s. f.* Escurridor*.

escurriduras *s. f. pl.* Últimas gotas o restos de algo.

escurrir *v. tr.* **1.** Hacer que una cosa mojada o que contiene líquido lo suelte. **2.** Verter las últimas gotas de un líquido. ‖ *v. intr.* **3.** Soltar una cosa el líquido que la moja o empapa. **4.** Caer deslizándose gota a gota un líquido. También *v. prnl.* **5.** Ser o estar algo resbaladizo. ‖ *v. prnl.* **6.** Resbalar. **7.** Escabullirse, escapar. **FAM.** Escurrimiento.

escusado, da *adj.* **1.** Reservado, separado del uso común. ‖ *s. m.* **2.** Retrete*.

escutismo *s. m.* Escultismo*.

1

2

3

4

6

5

Escultura: 1. Venus de Lespugue, *figurilla en marfil correspondiente al arte auriñaciense (Museo del Hombre, París).* 2. *Un kuros, manifestación del primitivo arte griego (Gliptoteca de Munich).* 3. Cristo en majestad, *talla románica del siglo* XII *(Diputación de Barcelona).* 4. David, *de Miguel Ángel, estatua renacentista (Museo del Bargello, Florencia).* 5. San Jerónimo penitente, *imagen barroca de Juan Martínez Montañés (Monasterio de San Isidoro del Campo, Santiponce, Sevilla).* 6. Pequeña bailarina, *figura en hierro de Julio González (Museo Español de Arte Contemporáneo, Madrid).*

Esdras (s. V a. C.) Gran sacerdote judío. Vivió en Babilonia, en la corte de Artajerjes, y mandó la expedición de cautivos judíos que desde allí regresó a Jerusalén (458-398 a. C.). Se le considera autor del primer *Libro de Esdras*, del Antiguo Testamento.

esdrújulo, la *adj.* Se dice de las palabras acentuadas en la antepenúltima sílaba, como *súbito* o *próximo*. También *s.* ■ En castellano, las palabras esdrújulas se escriben siempre con acento gráfico o tilde sobre la vocal acentuada.

ese *s. f.* **1.** Nombre de la letra *s*. **2.** Figura u objeto que tiene la forma de esta letra. ‖ **Loc. hacer eses** *fam.* Moverse hacia uno y otro lado, como los borrachos.

ese, esa, eso *pron. dem.* **1.** Señala a una persona, animal o cosa que está más cerca del que escucha que del que habla. En masculino y femenino, también *adj.* ■ Las formas del plural son *esos* y *esas* para masculino y femenino, respectivamente. Cuando es adjetivo no lleva nunca acento gráfico. Las formas de masculino y femenino suelen escribirse con acento cuando son pronombres. **2.** En femenino, ocasión, situación, jugada, etc., o equivale a un sustantivo sobrentendido: *¡Chúpate ésa! ¿Ahora vienes con ésas?* ‖ *adj.* **3.** Pospuesto al sustantivo le da a veces un sentido despectivo. ‖ **Loc. a eso de** *adv.* Expresa idea de tiempo aproximado. **ni por ésas** *adv.* De ninguna manera.

esencia *s. f.* **1.** Conjunto de características que no pueden faltar para que un ser sea lo que es. **2.** Lo fundamental o más importante de una cosa, donde se encuentran concentradas las cualidades de algo. **3.** Extracto de cualquier sustancia. **4.** Perfume con gran concentración de sustancias aromáticas. **5.** Cualquiera de las sustancias líquidas formadas por mezclas de hidrocarburos; son volátiles y de olor penetrante y se extraen de plantas abietáceas, umbelíferas, labiadas o rutáceas. ‖ **6. quinta esencia** Quinto elemento, sutil y purísimo, que consideraban algunos filósofos antiguos como componente del universo; también, entre los alquimistas, principio fundamental de la materia. P. ext., lo más puro, fino y concentrado de una cualidad de alguien o de algo. ■ Se escribe también *quintaesencia*. ‖ **Loc. en esencia** *adv.* En resumen, principalmente.

Fil. Para Aristóteles, la esencia constituye lo que un ser es y en este sentido se identifica con la sustancia, aquello en virtud de lo cual una naturaleza determinada es distinta de otra. Para Descartes y Spinoza, la esencia se diferencia de la sustancia: la esencia es lo posible, mientras que la sustancia es lo real. La creación hace pasar a la existencia las esencias pensadas por el entendimiento divino. En la filosofía moderna la esencia se opone a la apariencia o fenómeno, que es la mera representación de una cosa, mientras que la esencia es la cosa en sí; para Kant, nunca se conoce la esencia, sino los fenómenos. Por su parte, el existencialismo critica la filosofía esencialista, centrada en las esencias universales que se repiten invariablemente en todos los individuos de una especie, y traslada la investigación filosófica a la existencia concreta y singular de los seres y, en especial, del hombre.

esencial *adj.* **1.** Perteneciente o relativo a la esencia. **2.** Fundamental, principal. **3.** Se aplica a algunos aminoácidos. **Fam.** Esencialidad, esencialmente.

esencialismo *s. m.* Cualquier doctrina filosófica que concede mayor importancia a la esencia que a la existencia. Así, p. ej., las filosofías de Spinoza, Leibniz, Fichte y Hegel pueden calificarse de esencialismos.

esenciero *s. m.* Frasco para esencia o perfume.

Esenin, Sergei Alexandrovich (Konstantinovo 1895 - Leningrado 1925) Poeta ruso. Esposo de Isadora Duncan, fue un decidido partidario de la Revolución Rusa. Se suicidó en plena juventud. Su poesía se caracteriza por la sencillez y la musicalidad. Entre sus obras sobresalen *Transfiguración* (1919), *El acordeón* (1920) y *Confesiones de un rebelde* (1921).

esenio, nia *adj.* **1.** Se dice de una secta religiosa judía surgida en el s. II a. C., cuyo núcleo principal se hallaba en la región del mar Muerto. Vivían en comunidad, practicaban el celibato, no realizaban sacrificios y juraban guardar el secreto de su doctrina. A ella pertenecían, probablemente, los manuscritos hallados en 1947 en las ruinas de Qumran, conocidos como los *rollos del mar Muerto*. **2.** De esta secta. También *s.*

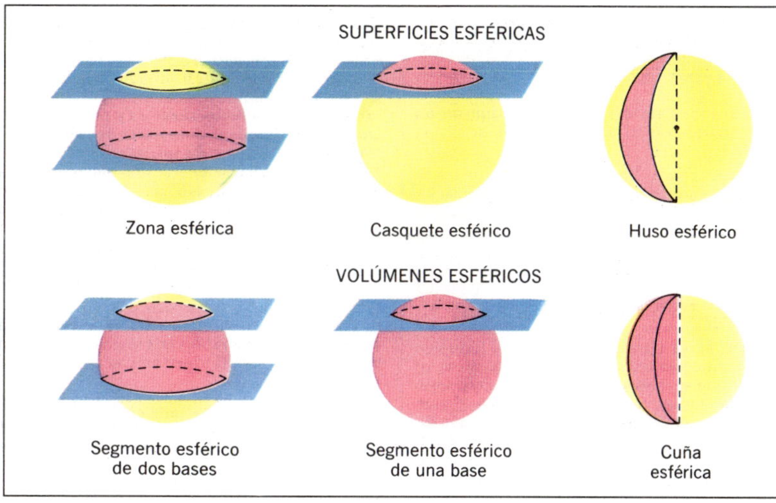

Superficies y volúmenes notables de una esfera.

esfena *s. f.* Titanita*.

esfenoides *s. m.* Hueso situado en la base del cráneo y que sirve de unión a otros huesos de la cabeza. Está formado por el cuerpo cuboideo, que en su parte superior alberga la fosa hipofisiaria, y por tres pares de apófisis en forma de ala.

esfera *s. f.* **1.** Cuerpo geométrico limitado por una superficie curva cuyos puntos equidistan todos de otro interior, llamado *centro*. El radio (r) de una esfera es la distancia entre el centro y cualquiera de los puntos de la superficie que la limita. El área (A) de una superficie esférica de radio r es: $A = 4\pi r^2$; el volumen (V) de una esfera de radio r es: $V = \frac{4}{3}\pi r^3$. **2.** Círculo o superficie en que giran las manecillas del reloj o de otro instrumento semejante. **3.** Poéticamente, cielo que rodea la Tierra. Se usa más en *pl.* **4.** Ambiente o situación social de una persona. Se usa especialmente en la expresión **altas esferas**. **5.** Ámbito al que se extiende la influencia, la acción, etc., de alguien o algo. ‖ **6. esfera armilar** Instrumento astronómico formado por varios aros cuyo centro ocupa un globo terráqueo; representa la posición de los astros y su movimiento en la esfera celeste. **7. esfera celeste** La imaginaria, concéntrica con la terráquea, donde se mueven aparentemente los astros.

esfericidad *s. f.* Cualidad de esférico.

esférico, ca *adj.* **1.** Perteneciente a la esfera o que tiene su forma. ‖ *s. m.* **2.** En el fútbol, balón. ‖ **3. superficie esférica** Lugar geométrico de todos los puntos del espacio que equidistan de otro dado.

esferoide *s. m.* Sólido de forma semejante a la esfera, cuya curvatura no es constante. **Fam.** Esferoidal.

esferómetro *s. m.* Aparato de precisión para medir pequeños espesores, que se utiliza también para calcular el radio de curvatura de las superficies.

esfinge *s. f.* **1.** Monstruo fabuloso con cabeza y pecho de mujer y cuerpo y pies de león; p. ej., la esfinge de Gizeh, en Egipto. **2.** Nombre de varias especies de mariposas nocturnas de la familia de los esfíngidos, de gran tamaño y alas con dibujos de color oscuro.

esfíngidos *s. m. pl.* Familia de insectos lepidópteros a la que pertenecen numerosas especies de los géneros *Mimas*, *Acherontia*, *Agrius*, *Sphinx*, *Hyles*, etc. Son mariposas de gran tamaño, cuerpos robustos, alas anteriores estrechas y probóscide muy larga. Tienen costumbres nocturnas, están muy extendidas y son frecuentes en la península Ibérica. También *adj.* y *s. m.*

esfínter *s. m.* **1.** Músculo o conjunto de músculos dispuestos en forma de anillo alrededor del orificio de un conducto natural del cuerpo y que regulan su apertura; p. ej., los esfínteres del ano y de la uretra. Están constituidos por fibras lisas cuando su control es involuntario y por fibras estriadas cuando es voluntario. ‖ **2. control de esfínteres** Proceso de aprendizaje de los hábitos higiénicos relacionados con la micción y la defecación, que tiene lugar generalmente durante la infancia. El control de la micción se realiza en torno a los tres años, y el de la defecación hacia los dos años y medio.

esforzado, da **1.** *p. p.* de **esforzar**. También *adj.* ‖ *adj.* **2.** Valiente, animoso. **Fam.** Esforzadamente.

esforzar *v. tr.* **1.** Utilizar alguien un órgano o capacidad con mayor intensidad o fuerza de lo normal. ‖ *v. prnl.* **2.** Hacer esfuerzos físicos, mentales, etc., para conseguir algo. ■ Es v. irreg. Se conjuga como *forzar*.

esfuerzo *s. m.* **1.** Empleo intenso de la fuerza física, de la mente o de la voluntad para conseguir una cosa. **2.** Aumento de la actividad de un órgano o sistema.

esfumado, da **1.** *p. p.* de **esfumar**. También *adj.* ‖ *s. m.* **2.** Sfumato*.

esfumar *v. tr.* **1.** Difuminar los trazos o manchas de lápiz, carboncillo, etc. **2.** En un dibujo o pintura, suavizar los contornos de las figuras dándoles cierta vaguedad. ‖ *v. prnl.* **3.** Desaparecer poco a poco una cosa. **4.** *fam.* Irse, desaparecer con rapidez.

esfuminar *v. tr.* Esfumar con el difumino.

esfumino *s. m.* Difumino*.

esgrafiado, da **1.** *p. p.* de **esgrafiar**. También *adj.* ‖ *s. m.* **2.** Acción y efecto de esgrafiar. **3.** Decoración esgrafiada.

esgrafiar *v. tr.* Trazar dibujos raspando una superficie que tiene dos capas o colores superpuestos, de modo que aparezca en algunos sitios el color de la inferior. ■ En cuanto al acento, se conjuga como *ansiar*: *esgrafío*.

esgrima *s. f.* Técnica del manejo de la espada y otras armas blancas para combatir y deporte basado en dicha técnica. Es disciplina olímpica y sus modalidades son espada, sable y florete. Los competidores se llaman *tiradores*.

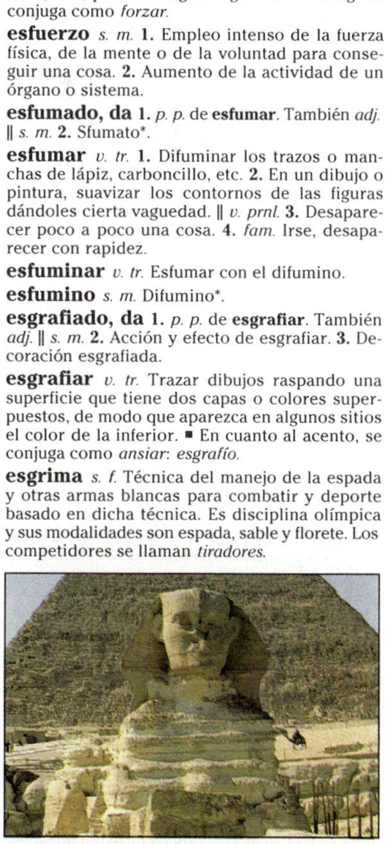

La esfinge de Gizeh representa a un león echado, de 71 m de largo y 20 m de alto, cuya cabeza reproduce la imagen del rey Kefrén.

esgrimir *v. tr.* **1.** Sostener o manejar un arma u otra cosa en actitud de usarla contra alguien. **2.** Utilizar contra alguien cualquier cosa no material, particularmente argumentos en una discusión.

esguín *s. m.* Cría del salmón que aún no ha emigrado del río al mar. También se llama *murgón.*

esguince *s. m.* **1.** Distensión o rotura de las fibras musculares o ligamentos de las articulaciones del cuerpo, causada por un estiramiento por encima de su límite de elasticidad al realizar un esfuerzo brusco o excesivo. Se trata con vendajes, reposo, ejercicios de recuperación y, en los casos graves, cirugía. **2.** Movimiento rápido del cuerpo para evitar la acometida de algo, un golpe o una caída.

Eshkol, Levi (Orotovo, Kiev 1895 - Jerusalén 1969) Político israelí. Se trasladó a Palestina en 1913, donde se instaló en un kibbutz. Secretario del Mapai, partido socialdemócrata (1944-48), fue titular de varios ministerios y, tras la dimisión de Ben Gurion, primer ministro (1963-69) y ministro de Defensa (1963-67).

Eskisehir C. de Turquía, cap. de la provincia del mismo nombre, situada al O de Ankara. 367.000 h. en 1986. Es la antigua ciudad de Dorilea. Su desarrollo industrial se inició a fines del s. XIX, basado en la producción de ámbar; en la actualidad posee explotaciones de cromo y manganeso e industria azucarera, cementera y de construcciones mecánicas.

Esla Río de España, en la vertiente meridional de la cordillera Cantábrica. 285 km de longitud. Nace en Peña Prieta, al pie de los Picos de Europa, alimenta los embalses de Ricobayo y de Riaño y forma, mediante canales, vegas muy fértiles en Benavente y Valencia de Don Juan; desemboca en el Duero. Sus principales afluentes son el Cea, Bernesga, Tera y Órbigo.

eslabón *s. m.* **1.** Cada una de las piezas que, enlazadas unas con otras, forman una cadena. **2.** P. ext., elemento fundamental en el desarrollo de un suceso, plan, tarea, argumento, etc. **3.** Pedazo de acero con que se golpea el pedernal para sacar chispas.

eslabonar *v. tr.* **1.** Unir los eslabones para formar una cadena. **2.** Enlazar o relacionar hechos, argumentos, ideas, pensamientos, etc. También *v. prnl.* **FAM.** Eslabonadamente, eslabonado, eslabonamiento.

eslalon *s. m.* Slalom*.

Eslava, Sebastián de (Enériz, Navarra 1684 - Madrid 1759) Administrador español. Virrey de Nueva Granada (1740-48), derrotó al almirante Vernon, que asediaba Cartagena de Indias (1741). Nuevamente en España, fue capitán general de Andalucía y posteriormente secretario de Guerra (1754-59).

Eslava y Elizondo, Hilarión (Burlada, Navarra 1807 - Madrid 1878) Compositor español. Fue maestro de capilla de varias catedrales y profesor del Conservatorio de Madrid. Compuso música religiosa (*Miserere*) y varias óperas, y recopiló en la *Lira sacro-hispana* la música religiosa española de los s. XVI y XVII.

eslavismo *s. m.* Doctrina política cuyo objetivo era la unificación de los pueblos eslavos en un solo estado. Surgió a finales del s. XVIII en los imperios austrohúngaro y turco y decayó a principios del s. XX.

eslavo, va *adj.* **1.** Se dice de un grupo de pueblos indoeuropeos originarios de la Europa oriental, que habitaron en la antigüedad en la región comprendida entre los ríos Elba y Dniéper. En torno al año 500 iniciaron una lenta emigración hacia el O y hacia la península Balcánica que les llevó a ocupar prácticamente todo el Oriente europeo. Estaban divididos en eslavos orientales (rusos), eslavos occidentales (polacos, pomeranos, checos) y eslavos meridionales (eslovenos, serbios, croatas y búlgaros). Entre los s. VIII y X, los eslavos occidentales fueron evangelizados por la Iglesia romana, y los orientales y meridionales por la Iglesia ortodoxa bizantina, por lo que asimilaron las instituciones occidentales y bizantinas. Formaron diversos estados, como el imperio búlgaro, el reino de Polonia, Bohemia, Moravia, Carintia y los principados rusos de Kiev y Novgorod. **2.** De este grupo de pueblos. También *s.* **3.** Se aplica a los idiomas derivados de la lengua de estos pueblos; p. ej., el ruso y el polaco. || *s. m.* **4.** Lengua de los eslavos.

eslavófilo, la *adj.* **1.** Se dice de un movimiento político y cultural surgido en la Rusia del s. XIX que se oponía a la influencia europea en nombre de la tradición religiosa y política rusa y apoyaba, por tanto, la autocracia del zar en contra de las exigencias de una mayor democratización. **2.** Partidario de ese movimiento. También *s.*

Eslavonia (en serbocroata *Slavonija*) Región histórica de Yugoslavia, situada en su mayor parte en la república de Croacia, en el N del país. Nación de serbios y croatas, fue ocupada por los turcos hasta 1699, año en que pasó a poder de los Habsburgo. Se incorporó a Yugoslavia tras la Primera Guerra Mundial. En 1991 fue objeto de disputa entre serbios y croatas, durante la guerra civil desatada entre ambas repúblicas.

eslip *s. m.* Slip*.

eslogan *s. m.* **1.** Frase publicitaria, corta y expresiva. **2.** Lema, consigna.

eslora *s. f.* Longitud de un barco de proa a popa, medida sobre la cubierta principal.

eslovaco, ca *adj.* **1.** De Eslovaquia. También *s.* || *s. m.* **2.** Lengua de Eslovaquia.

Eslovaquia (en eslovaco *Slovenska*) Estado federado de Checoslovaquia, que ocupa el sector E del país. 48.674 km^2. 4.846.700 h. en 1990. La capital es Bratislava, con 440.400 h. en 1990. Es una región montañosa que ocupa el extremo occidental de los Cárpatos y en la que destaca el macizo de los montes Tatra. La parte SO está surcada por los ríos Vah, Nitra y Hron, que desembocan en el Danubio. Posee importantes cultivos de maíz, del que produce el 85 % del total del país, cebada, trigo, patatas, remolacha azucarera, vid, ganadería avícola y explotación forestal. Después de la Segunda Guerra Mundial experimentaron un considerable desarrollo las industrias textil, mecánica, siderúrgica y alimentaria, así como el refino de petróleo. En la Alta Edad Media perteneció al ducado de la Gran Moravia; fue invadida por los magiares en el s. X, dominada posteriormente por Bohemia y conquistada por el imperio otomano en el s. XVI y por los Habsburgo en el s. XVIII. Al finalizar la Primera Guerra Mundial quedó integrada en el estado checoslovaco, pero en 1939 se independizó con ayuda de Alemania. Tras la derrota de Hitler volvió a formar parte de Checoslovaquia y en 1968 obtuvo la condición de estado federado. A comienzos de la década de los noventa, tras la caída del régimen comunista, surgieron de nuevo las tendencias secesionistas.

Eslovenia (en esloveno *Slovenija*) Estado de la Europa alpina, antigua república de Yugoslavia.

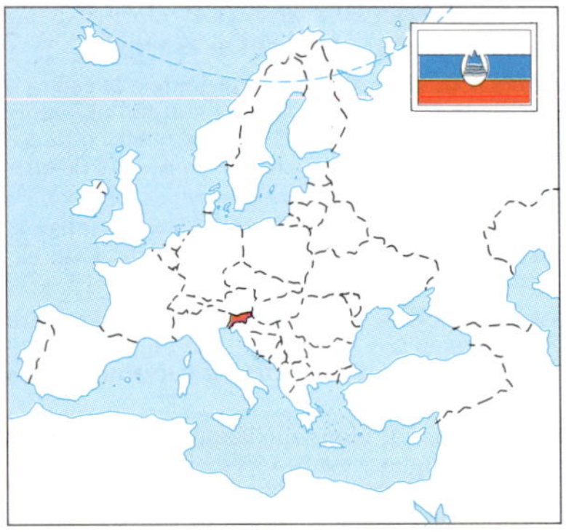

Extensión: 20.251 km^2.
Límites: al N, con Austria; al E, con Hungría y Croacia; al S, con Croacia, y al O, con el mar Adriático e Italia.
Población: 1.948.000 h. en 1989.
Densidad: 96,2 h./km^2.
Capital: Liubliana.
Ciudades principales: Maribor, Kranj, Celje.
Gentilicio: esloveno.
Forma de Estado: república.
Idioma: esloveno.
Religión: cristianismo.
Moneda: dinar.

Geog. Enclavada en el sector sudoriental de la cordillera alpina, Eslovenia es un país montañoso, con los Alpes Julianos al O, los Alpes Cárnicos al N y una sucesión de colinas en el resto del territorio. Está surcada por los ríos Drave, Save y Mur, y cuenta asimismo con buen número de ríos subterráneos, grutas y aguas termales. Constituye una de las repúblicas más desarrolladas de la antigua Yugoslavia, gracias sobre todo a su carácter de región de contacto entre la Europa central y la costa dálmata (puerto de Trieste) y la península balcánica. Su economía es agrícola y ganadera, con cultivos de cereales, frutales y vid. Posee recursos forestales, minería de carbón, plomo y cinc, e industria metalúrgica, siderúrgica, textil, automovilística, de maquinaria, electrónica, química, agroalimentaria y óptica.

Hist. Poblada por eslovenos de raza eslava, fue ocupada por los ávaros y finalmente sometida a Baviera y al imperio Carolingio en la Alta Edad Media. Fue invadida por magiares a fines del s. X, dividida en principados y dominada por los Habsburgo desde el s. XIII al XV. Entre los s. XVI y XVIII se mantuvo bajo la influencia del imperio otomano. En el s. XIX fue asimilada por Napoleón a las Provincias Ilirias, pero en la Conferencia de Viena (1814-15) fue adjudicada a Austria, que en 1866 cedió parte de su territorio a Italia (Friul) y a Hungría. En 1918 fue unida a Serbia y Montenegro y después de la Segunda Guerra Mundial se constituyó en república federal integrada en Yugoslavia. En 1991, tras la caída del régimen comunista, se vio involucrada en la guerra civil desatada entre Serbia y Croacia y su presidente, Milan Kukan, proclamó su independencia, que fue reconocida por la comunidad internacional a principios de 1992.

esloveno, na *adj.* **1.** De Eslovenia. También *s.* || *s. m.* **2.** Lengua de Eslovenia.

esmaltar *v. tr.* Cubrir con esmalte alguna cosa. **FAM.** Esmaltado.

esmalte *s. m.* **1.** Barniz que se obtiene fundiendo vidrio coloreado y que se adhiere al metal, porcelana, loza, etc. **2.** Objeto cubierto o adornado con ese barniz. **3.** Arte de esmaltar. **4.** Sustancia blanca y muy dura que protege el marfil de los dientes. **5.** Barniz para dar color y brillo a las uñas.

esmaltina *s. f.* $CoAs_3$. Mineral arseniuro de cobalto. Cristaliza en el sistema cúbico, presenta brillo metálico y color gris claro o blanco. Los principales yacimientos se hallan en la Selva Negra alemana, Canadá y Marruecos. Se usa como mena del cobalto y como colorante de porcelana, cristal y esmaltes.

esmerado, da **1.** *p. p.* de **esmerarse**. || *adj.* **2.** Se dice del que pone el máximo cuidado en hacer una cosa. **3.** Se aplica a lo que está hecho con el máximo cuidado. **FAM.** Esmeradamente.

esmeralda *s. f.* $Be_3Al_2Si_6O_{18}$. Mineral silicato natural de aluminio y berilo. Variedad de berilio que cristaliza en el sistema hexagonal, es de color verde por su contenido en cromo. Se halla en yacimientos de Colombia, Zimbabwe, Brasil, Urales, Siberia, India, Pakistán, etc. Es una piedra preciosa, usada en joyería.

Esmeralda.

Esmeraldas **1.** Prov. de Ecuador, situada en el NO del país, a orillas del Pacífico, haciendo frontera con Colombia. 15.162 km^2. 325.500 h. en 1989. Atravesada por el río del mismo nombre, presenta un relieve fundamentalmente llano. Su economía es agrícola, con cultivos de cacao, coco, tabaco, arroz y bananas; tiene también bosques en los que abundan las maderas preciosas.

2. C. de Ecuador, cap. de la prov. homónima, situada en la desembocadura del río Esmeraldas. 131.000 h. en 1989. Es un importante puerto exportador, que cuenta además con serrerías y una refinería de petróleo.

esmerarse *v. prnl.* Poner mucho cuidado en hacer bien una cosa.

esmeril *s. m.* Variedad basta del corindón, compuesta esencialmente de corindón con magnetita, oligisto y cuarzo o mica. Aparece en rocas metamórficas y por su gran dureza (9 en la escala de Mohs) se emplea para pulimentar piedras preciosas, aunque va siendo sustituido por un esmeril artificial.

esmerilado, da **1.** *p. p.* de **esmerilar**. También *adj.* ‖ *adj.* **2.** Se aplica al vidrio que, tras cierta operación, queda traslúcido y mate.

esmerilar *v. tr.* Pulir un objeto con esmeril.

esmero *s. m.* Máximo cuidado o atención al hacer una cosa.

Esmirna Véase **Izmir**.

esmirriado, da *adj.* Muy delgado o poco desarrollado.

esmoquin *s. m.* Smoking*.

esnifar *v. tr.* En argot, aspirar cocaína u otra droga en polvo por la nariz. **FAM.** Esnifada.

esnob *adj.* Snob*. También *s.*

esnobismo *s. m.* Cualidad y actitud de snob. **FAM.** Esnobista.

esófago *s. m.* Conducto que forma parte del tubo digestivo y está comprendido entre la faringe y el estómago, en el que desemboca a través de un orificio llamado *cardias* tras atravesar el diafragma. Puede medir hasta 25 cm y transporta el bolo alimenticio al estómago mediante unas contracciones y relajaciones reflejas llamadas *movimientos peristálticos*.

Esopo (s. VI a. C.) Fabulista griego. Personaje probablemente legendario, se le considera el creador del género de la fábula, breve relato con intención moralizante. En el siglo V a. C. circulaban por Atenas muchas de estas fábulas, llamadas *esópicas*, que fueron recogidas y publicadas por Demetrio de Falero en el s. IV.

esotérico, ca *adj.* **1.** Secreto, reservado, apto sólo para los iniciados. **2.** Se aplica, en sentido restringido, a algunas doctrinas filosóficas de la antigua Grecia, que se dictaban sólo para los miembros de una escuela, o que sólo se podían transmitir a un grupo de iniciados, en cuyo caso esta enseñanza solía ir acompañada de prácticas rituales de carácter adivinatorio.

esoterismo *s. m.* Conjunto de doctrinas y ritos de carácter esotérico, que consideran que, frente al saber vulgar, existe un tipo de conocimiento profundo, apto sólo para un grupo de elegidos, que deben transmitírselo de generación en generación.

espabilar *v. tr.* **1.** Quitar el sueño, acabar de despertar. También *v. prnl.* **2.** Avivar el ingenio de alguien. También *v. intr.* y *v. prnl.* **3.** Hacer o acabar algo rápidamente. **4.** *fam.* Robar con habilidad y rapidez. **5.** *fam.* Matar. **6.** Quitar la parte quemada del pabilo o mecha, para avivar la luz de una vela, un candil, etc. ‖ *v. intr.* **7.** *fam.* Aligerar, darse prisa. También *v. prnl.* **FAM.** Espabilado.

espachurrar *v. tr.* Despachurrar*. **FAM.** Espachurramiento.

espaciado, da **1.** *p. p.* de **espaciar**. También *adj.* ‖ *adj.* **2.** Se aplica a las cosas que están separadas entre sí. ‖ *s. m.* **3.** Acción y efecto de espaciar.

espaciador *s. m.* En las máquinas de escribir, teclados de ordenador, etc., tecla que se pulsa para dejar espacios en blanco.

espacial *adj.* Perteneciente o relativo al espacio, en particular al existente fuera de la Tierra.

espaciar *v. tr.* **1.** Colocar a personas o cosas separándolas entre sí. También *v. prnl.* **2.** Aumentar el periodo de tiempo que transcurre entre dos hechos. También *v. prnl.* **FAM.** Espaciamiento.

espacio *s. m.* **1.** Extensión en la que está contenida toda la materia existente y parte de la misma. **2.** Lugar o extensión que ocupa un cuerpo. **3.** Distancia comprendida entre dos o más personas o cosas. **4.** Separación entre cada dos líneas de un texto mecanografiado, de un pentagrama, etc. **5.** Porción de tiempo. **6.** Programa de radio o televisión. **7.** En máquinas de escribir, ordenadores, etc., cada porción de la página o de la pantalla correspondiente a una pulsación del teclado. ‖ **8. espacio aéreo** Parte de la atmósfera destinada al tráfico aéreo, sometida a la jurisdicción de un Estado. **9. espacio imagen** En fís., lugar geométrico de las posiciones en que puede formarse la imagen de un objeto en un sistema óptico. **10. espacio objeto** En fís., lugar geométrico de las posiciones en que puede situarse un objeto para su observación en un sistema óptico. **11. espacio sideral** (o **sidéreo**) Parte del universo situada más allá de la atmósfera. **12. espacio tiempo** En fís., espacio de cuatro dimensiones, tres de las cuales corresponden a las tradicionales de altura, anchura y longitud, y la cuarta al tiempo. Es un concepto introducido por la teoría de la relatividad restringida de Einstein. **13. espacio vectorial** En mat., se dice que el conjunto $\vec{V}$, sobre el conjunto de números reales $\mathbb{R}$, tiene estructura de espacio vectorial si, al definir en el conjunto $\vec{V}$ las operaciones suma (+) y producto por números reales (·), la operación + da al conjunto $\vec{V}$, estructura de grupo abeliano, las operaciones + y · son distributivas entre sí y la operación · es asociativa y tiene elemento unidad. **14. espacio vital** Territorio o medio necesario para el desarrollo de una persona, una comunidad, un organismo, etc.

espacioso, sa *adj.* **1.** Amplio, grande. **2.** Lento, pausado. **FAM.** Espaciosamente, espaciosidad.

espada *s. f.* **1.** Arma de hoja larga y cortante provista de empuñadura y guarnición para proteger la mano. **2.** Cualquiera de las cartas del palo de espadas. ‖ *pl.* **3.** Uno de los cuatro palos de la baraja española. ‖ *s. m.* y *f.* **4.** Persona hábil en el manejo de la espada. ‖ *s. m.* **5.** Torero, matador de toros. ‖ **6. primer espada** En tauromaquia, el torero de alternativa más antigua, que dirige la lidia; también, persona que destaca en una profesión, actividad, etc. ‖ **LOC. ceñir espada** Llevarla en el cinto; también, ser militar. **ceñir** a alguien **la espada** Armarle caballero. **entre la espada y la pared** *adv. fam.* En situación muy comprometida; teniendo que elegir entre dos cosas igualmente malas.

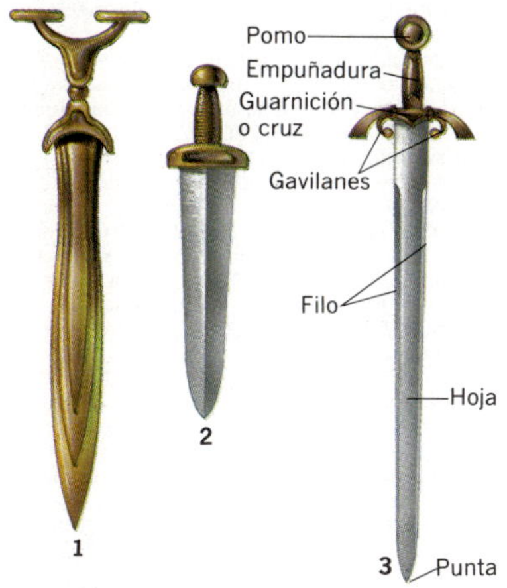

Tipos de espada: 1. De la edad del bronce. 2. De legionario romano. 3. Española, de fines del siglo XV y principios del XVI.

espadachín *s. m.* Persona que maneja la espada y, particularmente, el que lo hace muy bien.

espadaña *s. f.* **1.** Nombre común de diversas plantas herbáceas de la familia tifáceas, género *Typha.* La espadaña común *(Typha angustifolia)* mide de 1 a 3 m de altura, tiene el tallo no ramificado rematado en un espádice, hojas estrechas, largas y dispuestas en dos filas a lo largo del tallo y fruto en nuez. Sus hojas se utilizan para tejer asientos de sillas y otros objetos. La espadaña menor *(Typha minima)* mide de 30 a 75 cm de altura y tiene hojas sólo en la base del tallo. La anea o enea *(Typha latifolia)* mide de 150 a 250 cm de altura. Crecen en cañaverales de cursos tranquilos de agua y en lugares húmedos del hemisferio boreal. **2.** Campanario de una sola pared, con huecos para colocar las campanas.

espadañal *s. m.* Terreno húmedo en que abunda la planta llamada *espadaña.*

espadero, ra *s. m.* y *f.* Persona que hace o vende espadas. **FAM.** Espadería.

espadilla *s. f.* Insignia roja, en figura de espada, de la orden de Santiago.

espadín *s. m.* Espada de hoja muy estrecha que se usa como complemento de algunos uniformes.

espadón *s. m. fam.* Persona de elevada categoría en el ejército y, p. ext., en otras profesiones.

espagueti *s. m.* **1.** Pasta alimenticia en forma de fideos muy largos y gruesos. ‖ **2. espagueti western** Película de género del Oeste, rodada en Europa, especialmente en España, por directores italianos. Las más famosas son las que dirigió Sergio Leone.

espahí *s. m.* **1.** Soldado de caballería turco. **2.** Soldado de caballería del ejército francés de Argelia.

espalda *s. f.* **1.** Parte posterior del cuerpo humano desde los hombros hasta la cintura. Su esqueleto está formado por la columna vertebral y la parte posterior de la caja torácica, y sus principales músculos son el trapecio, el romboide y el dorsal. **2.** Lomo de los animales. **3.** Parte de una prenda de vestir correspondiente a la espalda. **4.** Parte posterior de una cosa. **5.** Estilo de natación, consistente en nadar boca arriba, moviendo hacia atrás, alternativamente, los brazos. ‖ **6. espalda mojada** Nombre que recibe el mexicano que cruza ilegalmente la frontera de su país con la de EE UU. ‖ **LOC. a espaldas** de alguien o algo *adv.* A escondidas de él, por detrás. También, sin tener en cuenta o sin afrontar alguna cosa. **a las espaldas** *adv.* Sobre ellas; también, detrás, en la parte posterior. **cargado de espaldas** *adj.* Un poco encorvado. **dar la espalda** a alguien Estar situado de espaldas a otra u otras personas. También, retirar o no dar ayuda, confianza, cariño, etc., a alguien. **echarse** uno alguna cosa **a la espalda** (o **a las espaldas**) *fam.* Despreocuparse de ella, no importarle. **guardar las espaldas** de alguien *fam.* Protegerle, defenderle. También *v. prnl.* **por la espalda** *adv.* Traicioneramente. **tener** alguien **las espaldas cubiertas** *fam.* Contar con amistades o seguridades que le protejan ante cualquier riesgo. **volver la espalda** (o **las espaldas**) *fam.* Huir, marcharse. **volver** a alguien **la espalda** (o **las espaldas**) *fam.* Abandonarle, darle la espalda.

espaldar *s. m.* **1.** Parte de la coraza que cubre la espalda. **2.** Respaldo de un asiento. **3.** Parte dorsal de la coraza de los quelonios. **4.** Enrejado para que trepen y se extiendan las plantas.

espaldarazo *s. m.* **1.** Golpe dado de plano en la espalda con la espada o con la mano. Formaba parte de la ceremonia de armar caballero. **2.** Admisión de alguien en un grupo, profesión, congregación, etc. **3.** Reconocimiento de los méritos o habilidades de alguien.

espaldera *s. f.* **1.** Espaldar, enrejado. ‖ *pl.* **2.** Aparato para realizar ejercicios de gimnasia, formado por una serie de barras horizontales adosadas a la pared.

espaldilla *s. f.* **1.** Omóplato*. **2.** Cuarto delantero de algunas reses, como el cerdo, el cordero, etc., formado por la pata delantera y la parte del cuerpo donde se inserta. **3.** Especie de corsé usado para enderezar la espalda.

espantable *adj.* Se dice de lo que causa espanto.

espantada *s. f.* **1.** Huida repentina de uno o más animales. **2.** Abandono brusco de una actividad, especialmente cuando es causado por el miedo. Se usa mucho en el mundo taurino y del espectáculo.

espantadizo, za *adj.* Que se espanta con facilidad.

espantajo *s. m.* **1.** Espantapájaros*. **2.** Persona o cosa que por su figura, representación, etc., causa un ligero temor. **3.** *fam.* Adefesio, mamarracho.

espantamoscas *s. m.* Utensilio hecho con hierbas, tiras de papel, etc., sujetas a un palo, que sirve para espantar las moscas.

espantapájaros *s. m.* **1.** Muñeco que imita generalmente una figura humana y se coloca en los sembrados y huertos para espantar a los pájaros; p. ext., cualquier cosa utilizada para este fin. **2.** *fam.* Persona fea o ridículamente vestida.

espantar *v. tr.* **1.** Ahuyentar. **2.** Causar espanto, miedo muy intenso. También *v. intr.* ‖ *v. intr.* **3.** *fam.* Desagradar o molestar mucho una cosa. **4.** Quedarse alguien admirado. También *v. prnl.* ‖ *v. prnl.* **5.** Asustarse mucho.

espanto *s. m.* **1.** Miedo muy intenso. **2.** Impresión muy fuerte que se siente ante un hecho terrible. **3.** *fam.* Desagrado o molestia muy grande. **4.** *fam.* Persona o cosa muy fea. **5.** *amer.* Fantasma, aparición. ‖ **LOC. de espanto** *adj. fam.* Enorme, muy grande.

espantoso, sa *adj.* **1.** Que causa espanto. **2.** *fam.* Muy grande, desmesurado. **3.** *fam.* Muy feo o muy malo. **FAM.** Espantosamente.

España Estado del SO de Europa, en la península Ibérica.

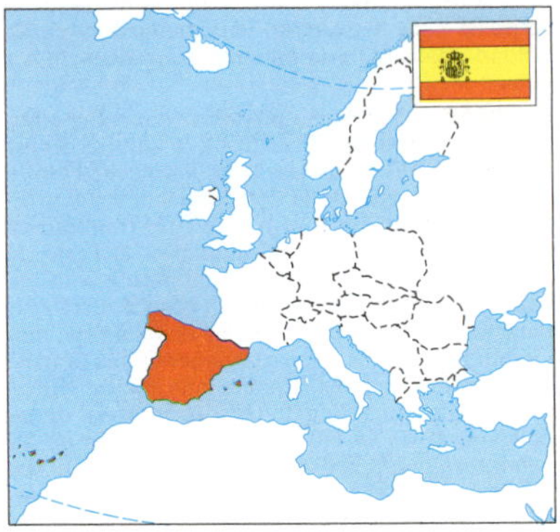

Extensión: 504.783 km^2.
Límites: al N, con el mar Cantábrico y Francia; al E, con el mar Mediterráneo; al S, con el mar Mediterráneo, estrecho de Gibraltar y océano Atlántico, y al O, con Portugal y el océano Atlántico.
Población: 38.425.700 h. en 1991.
Densidad: 76,1 h./km^2.
Capital: Madrid.
División administrativa: 17 comunidades autónomas: Andalucía, Aragón, Baleares, Canarias, Cantabria, Castilla-La Mancha, Castilla y León, Cataluña, Comunidad de Madrid, Comunidad Foral de Navarra, Comunidad Valenciana, Extremadura, Galicia, La Rioja, País Vasco, Principado de Asturias y Región de Murcia.
Ciudades principales: Barcelona, Valencia, Sevilla, Zaragoza, Málaga, Bilbao.
Gentilicio: español.
Forma de Estado: monarquía constitucional.
Idioma: español (oficial); catalán, gallego y vasco (cooficiales en sus respectivas comunidades).
Religión: catolicismo, 97 %.
Moneda: peseta.
Tasa de natalidad: 11 ‰ en 1990.
Tasa de mortalidad: 8 ‰ en 1990.
Renta per cápita: 9.150 dólares en 1989.

Geog. física La península Ibérica, situada en el extremo SO de Europa, es un antiguo macizo precámbrico y paleozoico profundamente transformado durante el movimiento orogénico herciniano. En el cenozoico, los plegamientos alpinos originaron importantes sistemas montañosos y dos depresiones. La unidad central de su relieve es la Meseta, que tiene 660 m de altitud media y ocupa una extensión de unos 200.000 km^2. Está rodeada por diversos rebordes montañosos: el macizo Galaico al NO, la cordillera Cantábrica al N, el sistema Ibérico al NE y Sierra Morena al S. La Meseta está dividida en dos sectores, N y S, separados por el sistema Central; en el sector meridional se hallan los montes de Toledo. En el exterior de la Meseta se alzan otras cadenas montañosas, como los Pirineos, en el NE; el sistema Costero-Catalán al NE; los montes Vascos al N y las cordilleras Béticas al S. También en el exterior de la Meseta existen dos depresiones de origen alpino: la depresión del Ebro al NE y la depresión del Guadalquivir al SO, y, al E, entre las sierras y el mar Mediterráneo, la llanura levantina. En el mar Mediterráneo se hallan las islas Baleares, cuyo relieve es poco elevado; al SO de la Península, frente a la costa africana, están las islas Canarias, que son de origen volcánico, con el pico del Teide (3.710 m), máxima altitud del país.

Paisajes de España: de izquierda a derecha, arriba, vista de los valles guipuzcoanos desde el puerto de Azcárate, y el pueblo de Calpe y el Peñón de Ifach, en la provincia de Alicante; abajo, vista aérea de La Mancha, correspondiente a la provincia de Albacete, y la población malagueña de Algatocín, en la serranía de Ronda.

La red hidrográfica está compuesta en su mayor parte por ríos de régimen pluvio-nival y caudal moderado, con cuencas generalmente extensas. Los principales son: en la vertiente mediterránea, de N a S, Ter, Llobregat, Ebro (con sus afluentes Jalón, Gállego, Cinca, Segre y Aragón), Turia, Júcar, Segura, Almanzora y Guadalhorce; en la vertiente atlántica, de S a N, Guadalquivir (con su afluente Genil), Tinto, Odiel, Guadiana (con sus afluentes Jabalón, Zújar, Záncara y Cigüela), Tajo (con sus afluentes Alagón, Tiétar, Alberche y Jarama), Duero (con sus afluentes Pisuerga, Esla, Tormes y Águeda), Miño (con su afluente Sil), Ulla y Tambre; y en la vertiente cantábrica, de O a E, Eo, Navia, Nalón, Sella, Pas y Bidasoa. En el clima de la Península influye la presencia del anticiclón de las Azores frente a su fachada atlántica. Según el nivel de lluvias se puede diferenciar una España húmeda, una España seca y una España semiárida. Se distinguen cinco climas: atlántico, con temperaturas suaves y precipitaciones frecuentes; mediterráneo, de veranos cálidos y secos e inviernos templados, con escasas precipitaciones; interior o mediterráneo continentalizado, con temperaturas extremadas y precipitaciones escasas; el de alta montaña, por encima de los 2.000 m de altitud, y el subtropical en las Canarias.

La vegetación de la España húmeda se caracteriza por los prados y los bosques de hoja caduca (haya, roble, sauce y fresno); en la España seca abunda el matorral (jara, brezo, retama, tomillo, romero) y el bosque de hoja perenne (encina, alcornoque, pino), así como árboles de ribera (olmo, álamo, chopo); en la España semiárida la vegetación es escasa (palmito, chumbera, esparto, aliaga) y en las islas Canarias existe el bosque de laurisilva. La acción del hombre en el curso de la historia ha producido una gran deforestación, que favorece la erosión de los suelos, a la vez que ha introducido especies alóctonas, como castaño, eucalipto y palmera, y ha efectuado repoblaciones forestales.

Geog. humana La población española crece de forma lenta, pero constante; en el s. XX ha pasado de 18,6 millones de habitantes en 1900 a los 38,4 millones de 1990. La media de edad también tiende a aumentar: la esperanza media de vida en 1990 era de 74 años para los hombres y 80 para las mujeres. La población se concentra en las regiones costeras, las cuencas fluviales y, sobre todo, en los centros urbanos industrializados, como Madrid, Barcelona y Valencia. La población activa alcanza un total de casi 15.000.000 de personas distribuidas en 1.934.000 en la agricultura y ganadería, 3.124.000 en la industria, 1.199.000 en la construcción, 6.908.000 en los servicios y 1.325.600 en otras actividades.

Geog. económica La economía española está profundamente diversificada. La agricultura se ve perjudicada por la irregularidad de las precipitaciones, el accidentado relieve y la erosión, así como por la escasez de inversiones y la estructura de propiedad de la tierra. El 40,4 % del suelo son tierras de cultivo: el 14,7 % corresponde a regadío y el 25,7 % a secano, con un total de 20.425.000 ha cultivadas en 1989. Los principales cultivos son los cereales, como trigo, cebada (segundo productor mundial), avena, centeno y maíz; olivo (primer productor mundial), vid (tercer productor mundial), girasol, remolacha, tabaco, algodón, cítricos (tercer productor mundial), tubérculos, hortalizas, frutas y flores.

La ganadería, a pesar de haber experimentado un crecimiento significativo en los últimos años, sigue siendo uno de los sectores deficitarios de la economía española. El ganado ovino, con una cabaña de 18 millones de cabezas en 1988, cubre las necesidades laneras del país; el bovino, con 5 millones de cabezas en 1988, aún es insuficiente en la producción de leche y sus derivados; el porcino, con 17 millones de cabezas en 1988, es el que ha crecido de forma más notable; la avicultura tiene gran importancia en el sector alimentario, con 54 millones de aves en 1988.

La pesca, que desembarcó 1,4 millones de t en 1988, se halla en un periodo de estancamiento a causa del envejecimiento de la flota y la dependencia de acuerdos pesqueros con otros países. Las especies más capturadas son: sardina, pescados blancos (pescadilla, merluza, lenguado), anchoa, túnidos, bacalao, crustáceos y moluscos. La minería explota hulla (decimoquinto productor mundial), crudos de petróleo, lignito (decimocuarto productor mundial), antracita,

España: de izquierda a derecha, arriba, recolección de cereal en tierras de La Solana, Ciudad Real, y mercado de ganado en Santiago de Compostela, La Coruña; en el centro, pesca en aguas de Cudillero, Asturias, e instalaciones mineras de Riotinto, en Huelva; abajo, cadena de montaje de Nissan-Motor Ibérica, en Barcelona, y playa de Bajondillo, en Torremolinos, Málaga.

calizas, cinc (sexto productor mundial), cobre, hierro (decimonoveno productor mundial), mercurio (primer productor mundial), oro (decimoséptimo productor mundial), plata (undécimo productor mundial), plomo (undécimo productor mundial), uranio (noveno productor mundial), etc. La industria, localizada preferentemente en la periferia peninsular y la región de Madrid, ha acometido en los últimos tiempos una reconversión que ha provocado graves conflictos sociales. La dependencia energética española se traduce en grandes importaciones de petróleo. Los principales sectores industriales son: material de transporte, siderurgia, naval, química, construcción, metalurgia, electrónica e informática, alimentación, bebidas, tabaco, textil, confección y calzado. El transporte por ferrocarril desde mediados de siglo ha sufrido un retroceso en beneficio de la carretera, mientras que el transporte aéreo ha conocido un aumento notable; la flota mercante española no alcanza a satisfacer las necesidades del país. El comercio exterior arrastra un fuerte déficit: en 1989 se exportó por valor de 5,3 billones de pesetas y se importó por valor de 8,4 billones de pesetas. El turismo representa en España una de las actividades económicas más importantes y la principal fuente de entrada de divisas, con una cifra de casi 54 millones de visitantes en 1988. El ingreso de España en la Comunidad Económica Europea en 1986 y la evolución de este organismo han supuesto un reto y un incentivo para modernizar la economía española.

Hist. **prehistoria y romanización** La península Ibérica estuvo habitada desde el paleolítico inferior. En el periodo magdaleniense nació, en el área cantábrica, una cultura que produjo magníficas muestras de arte rupestre (cuevas de Altamira y el Castillo). La revolución neolítica llegó en sucesivas oleadas migratorias procedentes del oriente mediterráneo y desarrolló diversas culturas a partir del tercer milenio a. C.: los Millares, cultura del vaso campaniforme; el Argar, etc. A fines del segundo milenio a. C. surgió en la desembocadura del Guadalquivir la cultura tartésica, que poseía una institución monárquica y una economía evolucionada con actividades de minería, manufacturas y comercio. Desde el s. XI a. C., la Península fue colonizada por fenicios, griegos y cartagineses, que instalaron gran número de fundaciones y factorías en el litoral oriental (Ampurias, Denia, Cartagena, Málaga, Cádiz, etc.) e incorporaron el país a la corriente comercial y cultural mediterránea. Los pueblos peninsulares, de origen esencialmente ibérico (africano) y celta (indoeuropeo), se dividían en tres grandes grupos: pueblos meridionales y mediterráneos (turdetanos, bastetanos, contestanos, edetanos, layetanos, etc.), que se caracterizaban por sus ciudades-Estado, su monarquía, una economía desarrollada y unas sociedades jerarquizadas; pueblos de la meseta central y occidente (celtíberos, arévacos, carpetanos, lusitanos, etc.), que tenían aldeas fortificadas, jefes y régulos y una economía agrícola y pastoril; y pueblos de la cornisa cantábrica (galaicos, astures, cántabros, vascones, etc.), que vivían en castros aislados, dentro de una sociedad matriarcal y con una economía rudimentaria complementada por el pillaje. El S y Levante fueron sometidos al dominio cartaginés en las campañas de Amílcar Barca y Aníbal, pero las guerras púnicas provocaron el declive de Cartago y el comienzo de la segunda guerra púnica (218 a. C.) marcó también el de la conquista romana de Hispania, que se prolongó durante dos siglos y concluyó con las campañas de Augusto en Cantabria el año 19 a. C. La Hispania romana fue dividida en las provincias Citerior y Ulterior; posteriormente en Tarraconense, Lusitania y Bética; en época de Caracalla se creó la Gallaecia y en la de Diocleciano la Cartaginense. Roma aprovechó los recursos naturales de la Península y la integró en la estructura económica romana, trazando vías de comunicación (calzadas), erigiendo grandes obras de ingeniería (acueductos), edificando templos, teatros, arcos, etc., y aportando sus leyes, su lengua, sus instituciones y su cultura. En Hispania, por su parte, nacieron personalidades como el escritor Marcial, el filósofo Séneca y los emperadores Trajano, Adriano y Teodosio. Desde fines del s. II, el cristianismo penetró en Hispania a través de África. En el s. III el imperio romano sufrió una crisis política y económica que provocó el auge del latifundio y el empobrecimiento de las capas más humildes de la sociedad.

invasiones, islamización y Reconquista A principios del s. V, los invasores germánicos traspasaron las fronteras del imperio e Hispania fue ocupada por suevos, vándalos y alanos. En el 418, el pueblo visigodo, instalado en el S de Francia, pactó una alianza con Roma, en virtud de la cual combatió a los pueblos invasores. La derrota de los visigodos por los francos en el 507 provocó la definitiva instalación de los primeros en la Península. En la segunda mitad del s. VI, el rey Leovigildo sometió a los distintos núcleos independientes de Hispania –entre ellos el reino suevo de Galicia– y constituyó el primer Estado nacional español. La conversión de Recaredo al catolicismo en el tercer concilio de Toledo del año 589 abrió el camino de la integración de godos e hispanorromanos. El Estado visigodo desarrolló una forma primitiva de feudalismo y la Iglesia católica, a través de los concilios de Toledo, desempeñó un papel esencial en su vida política. El régimen latifundista de la villa, los bajos rendimientos de la agricultura y, sobre todo, las constantes luchas nobiliarias por la sucesión real debilitaron el reino visigodo y facilitaron su rápida conquista por el Islam en el 711. Los musulmanes dominaron Hispania, y la convirtieron en una provincia del califato de Damasco cuyo centro político se instaló en Córdoba. En el 756, el príncipe omeya Abderramán I se liberó de la sumisión al califato de Bagdad; en el 929, Abderramán III proclamó el califato independiente de Córdoba, cuyo poder llevó a la cima Almanzor, que tomó Santiago de Compostela y Barcelona. A su muerte, al-Ándalus se dividió en los reinos de taifas. En el extremo septentrional de la Península habían surgido núcleos cristianos que resistían al Islam, constituidos por refugiados hispanovisigodos y grupos indígenas cántabros y astures. Alfonso II instaló la capital del reino de Asturias en Oviedo y Alfonso III extendió el dominio asturiano hasta el valle del Duero. En Navarra, la dinastía Arista se instaló en Pamplona en el 823. El conde de Aragón Aznar Galíndez consolidó su señorío, que en 1035 se convirtió en reino de Aragón. En Cataluña, la Marca Hispánica, vasalla del imperio carolingio, fue dominada en el 878 por Wifredo el Velloso, conde de Barcelona, cuyo descendiente Alfonso II el Casto se proclamó en el s. XII rey de Aragón. Fernán González, conde de Castilla, se independizó del reino leonés en el 951, a la muerte del rey Ramiro II. El avance reconquistador cristiano fue llevado a cabo por Castilla y León en el O y por Aragón en el E, a lo largo de varias etapas: Alfonso VI dominó Toledo y el valle del Tajo en 1085; Alfonso I de Aragón ocupó Zaragoza y el valle del Ebro en 1118; el rey castellano Fernando III el Santo tomó Sevilla y el valle del Guadalquivir en 1248; Jaime I conquistó Mallorca en 1229 y Valencia en 1238; mientras tanto, el camino de Santiago se convirtió en poderosa vía de penetración cultural y económica en los reinos cristianos. Al-Ándalus experimentó dos reunificaciones a causa de la llegada de sendas oleadas musulmanas procedentes de África, la de los almorávides en 1085 y la de los almohades en 1146. La batalla de las Navas de Tolosa (1212) inició el declive musulmán en España. La Reconquista cristiana fue acompañada de la repoblación, reparto de las tierras adquiridas entre súbditos de las coronas e integración del territorio en la estructura de las monarquías. Un importante factor económico peninsular fue la agrupación de ganaderos laneros llamada *la Mesta*. La Baja Edad Media fue una época de inestabilidad. La dinastía Trastámara de Castilla se esforzó en dominar a la nobleza. Aragón, también bajo reyes Trastámara desde el compromiso de Caspe de 1440, comenzó su expansión marítima por el Mediterráneo; Alfonso V de Aragón se proclamó rey de Nápoles en 1443. Con el matrimonio de Isabel de Castilla y Fernando de Aragón se logró la unificación de España. La ocupación del reino nazarí de Granada en 1492 completó la Reconquista y dio comienzo a la expansión española: Cristóbal Colón, ese mismo año, descubrió América para Castilla. La política de los Reyes Católicos fue centralizadora; los linajes nobiliarios fueron sometidos, los judíos expulsados, se potenció la Santa Hermandad y se implantó el tribunal de la Inquisición.

los Austrias El primer monarca de la casa de Austria fue el emperador Carlos V, quien hubo de hacer frente en 1520 a la guerra de las Comunidades. Durante su reinado y el de Felipe II, su hijo, España llegó a dominar un gran imperio, que comprendía Castilla y Aragón, Cerdeña, Nápoles, Sicilia, plazas de África, Países Bajos y Luxemburgo, Franco Condado, Milanesado, Austria y Tirol, dominios de América, islas Filipinas y Portugal, pero se vio obligada a mantener largas y costosas contiendas con Francia, en los Países Bajos, guerras de religión contra el protestantismo, etc. Felipe II se proclamó rey de Portugal y venció al imperio otomano en Lepanto (1571), pero fracasó ante Inglaterra en el desastre de la Armada Invencible (1588). Con sus sucesores comenzó la decadencia de la casa de Austria. Felipe III, Felipe IV y Carlos II dejaron las tareas de gobierno en manos de validos, como el duque de Lerma, el conde-duque de Olivares, etc. Las derrotas en la guerra de los Treinta Años –Las Dunas, Rocroi, etc.– obligaron a firmar diversos tratados, como la paz de Westfalia (1648), la paz de los Pirineos (1659) y la paz de Ryswick (1697), que liquidaron el dominio español en Europa. Diversos factores socioeconómicos, como la expulsión de los moriscos, favorecieron el estancamiento de España. La conquista y colonización de América fue realizada en diversas fases. Núñez de Balboa descubrió el Pacífico en 1513, Hernán Cortés comenzó la conquista de México en 1519, Pizarro la del Perú en 1531, Alvarado cruzó los Andes en 1534, Almagro exploró Chile y Bolivia en 1535 y 1537, Valdivia inició la conquista de Chile en 1540, Orellana recorrió el Amazonas en 1541-42, etc. España dominó así un extenso continente, desde California y Florida en el N hasta Tierra del Fuego en el S, al que aportó su religión y su lengua e integró en el ámbito de la cultura hispánica. Durante el s. XVII, España padeció una importante depresión económica; las guerras, emigración a América, expulsión de moriscos, peste, etc., produjeron una crisis demográfica que, unida a la mayor importancia de las clases improductivas (nobleza y clero), empobrecieron la economía. Sin embargo, el arte y las letras vivieron una época de esplendor conocida como Siglo de Oro.

los Borbones La guerra de Sucesión (1701-15) puso término a la monarquía de la casa de Austria con la llegada al trono de Felipe V de Borbón. El s. XVIII se caracterizó en lo político por la alianza con Francia, el despotismo ilustrado de monarcas como Carlos III y la pugna con Inglaterra por el dominio del Atlántico. Las instituciones fueron reformadas (Ejército, Hacienda, Administración, etc.) y la economía agrícola mejoró, pero no se llevó a cabo la necesaria industrialización. Carlos III intentó modernizar el país, realizó importantes obras urbanísticas y favoreció las artes y las ciencias. La crisis del Antiguo Régimen y la Revolución Francesa afectaron a España políticamente. El tratado de Fontainebleau permitió a Napoleón introducir en el país un poderoso ejército. El rey Carlos IV abdicó en 1808 y se inició la guerra de Independencia, en la que el pueblo español y las tropas inglesas vencieron a Napoleón. La monarquía fue restaurada con Fernando VII, soberano absolutista que combatió el liberalismo y suprimió la Constitución aprobada por las Cortes de Cádiz de 1812. La ineptitud política del rey trajo consigo, entre otras consecuencias, la progresiva independencia de las colonias americanas, casi completada en 1824. En 1820, el pronunciamiento de Riego dio comienzo al Trienio liberal, que concluyó tras la invasión, en 1823, de un ejército absolutista francés, conocido como los *Cien mil hijos de San Luis*. El reinado de Isabel II, hija de Fernando VII, significó la evolución hacia el sistema político liberal, configurado en dos tendencias: moderada y progresista. Durante su reinado estallaron las guerras carlistas, desatadas por los simpatizantes del príncipe Carlos María Isidro, hermano de Fernando VII y partidario del absolutismo. En 1868, una revolución liberal dirigida, entre otros, por el general Prim derrocó a Isabel II. Fracasado el intento de instaurar una nueva dinastía con Amadeo de Saboya, fue proclamada en 1873 la Primera República, que hubo de enfrentarse a graves desórdenes internos, a las insurrecciones cubana y cantonalista y a la tercera guerra carlista y que acabó con el golpe de Estado del general Pavía (1874), el cual entregó el poder a Serrano. La monarquía fue restablecida en 1875 con Alfonso XII, dando comienzo así la Restauración, caracterizada por la alternancia en el poder de los partidos conservador y progresista, encabezados por Cánovas y Sagasta. La pérdida de las últimas colonias en 1898 sumió al país en una profunda crisis. En estos años surgió con fuerza el movimiento obrero organizado, dividido en una tendencia marxista y otra anarquista. El reinado de Alfonso XIII se caracterizó por el protagonismo del ejército en la vida política, la agitación social, la aparición del separatismo regional y la guerra de Marruecos. El desastre de Annual profundizó la crisis y en 1923 fue proclamada la dictadura de Primo de Rivera con el beneplácito del rey, lo que a la larga provocó el fin de la monarquía y la llegada de la Segunda República en 1931.

república y dictadura El gobierno republicano aprobó, entre otras medidas, un régimen autonomista para Cataluña y una ley de reforma agraria, lo que aumentó el descontento de los sectores más conservadores del país. La izquierda fue derrotada en las elecciones de 1933 por los radicales de Lerroux y los cedistas de Gil Robles. En 1934, las organizaciones obreras y los nacionalistas catalanes convocaron una huelga general que adquirió en Asturias un carácter de levantamiento revolucionario, sólo sofocado tras la intervención del ejército. En 1936, las nuevas elecciones otorgaron el poder a la izquierda, unida en el Frente Popular. En julio de ese año se produjo la sublevación militar que desencadenó la guerra civil, la cual se prolongó durante tres años. El general Franco se puso al frente del ejército sublevado y dirigió con éxito las campañas militares. Tras la guerra, Franco instauró una dictadura, cercana a las potencias del Eje en los primeros tiempos. Después de más de una década de aislamiento político y dificultades económicas, España firmó un acuerdo con EE UU (1953), ingresó en la ONU (1955) y a partir de 1960 su economía inició un fuerte despegue, debido entre otras razones a los planes de desarrollo y a los capitales aportados por las remesas de los emigrantes y por el turismo. Políticamente, sin embargo, el franquismo no evolucionó, lo que dio origen a un creciente movimiento de oposición obrera y estudiantil, que reclamaba la implantación de la democracia. El grupo terrorista vasco ETA asesinó al presidente de gobierno Carrero Blanco en 1973.

época actual La muerte de Franco en 1975 permitió la restauración monárquica en la persona de Juan Carlos I de Borbón en virtud de la Ley de Sucesión. Tras el periodo continuista del presidente Arias Navarro, Adolfo Suárez inició la transición mediante una política de acuerdos con la oposición que permitió la promulgación de la Constitución de 1978, que instauró en España un régimen de libertades, con un sistema de autonomías regionales dentro de la monarquía par-

España: de izquierda a derecha, arriba, castro celta del monte de Santa Tecla (Pontevedra), y coronación del emperador Carlos V en Bolonia, por Juan de la Corte (Museo de Santa Cruz, Toledo); abajo, episodio de la guerra de Independencia en Gerona, fragmento del cuadro de G. Montserrat Defensa de la Torre de la Gironella *(Museo del Ejército, Madrid), y proclamación de Juan Carlos I como rey en 1975.*

lamentaria. En 1981 se produjo un intento de golpe de Estado dirigido por los generales Armada y Milans del Bosch y el teniente coronel Tejero, frustrado por la intervención del rey. En 1982, España ingresó en la OTAN. Ese mismo año, el PSOE triunfó en las elecciones y Felipe González ocupó la presidencia del gobierno, puesto para el que fue reelegido en 1986 y 1989. Durante su mandato España ingresó en la Comunidad Económica Europea (1986) y se integró plenamente en el ámbito económico y político de la Europa occidental.

Arte Las primeras manifestaciones artísticas en la península Ibérica se remontan al paleolítico, del que datan las pinturas rupestres (Altamira, Cogull), y al neolítico y edad de los metales, en los que se encuadran los monumentos megalíticos (dólmenes, taulas, talayots, navetas). El arte ibero ha dejado como testimonio las esculturas policromadas de la dama de Elche y la dama de Baza. En época romana, la arquitectura civil alcanzó gran desarrollo (anfiteatro de Mérida, acueducto de Segovia, arco de Bará, puente de Alcántara), así como la escultura y el mosaico. La arquitectura visigótica aportó un nuevo elemento, el arco de herradura (iglesias de San Juan de Baños y San Pedro de la Nave), y su orfebrería recogió la tradición germánica (tesoro de Guarrazar).

A lo largo de la Edad Media se desarrollaron en España diversos estilos arquitectónicos: asturiano (iglesias de San Miguel de Lillo, Santa María del Naranco y Santa Cristina de Lena), mozárabe (iglesias de San Miguel de la Escalada, Santiago de Peñalba, San Baudelio de Berlanga), románico (monasterio de Ripoll, iglesia de San Vicente de Cardona, monasterios de San Pedro de Roda y Leyre, iglesia de San Martín de Frómista, catedral de Jaca, colegiata de San Isidoro de León, catedral de Santiago, palacio de Gelmírez), gótico (catedrales de Burgos, León y Toledo, y en Barcelona, salones del Tinell y del Ciento, Atarazanas y la iglesia de Santa María del Mar) y mudéjar (iglesia de Santiago del Arrabal en Toledo, catedral de Teruel, iglesia de Santa María de Calatayud). La escultura románica y gótica alcanzó gran esplendor en los relieves y bultos redondos de los pórticos de las catedrales (puerta de las Platerías, pórtico de la Gloria). La pintura románica se manifestó en murales de iglesias, sobre todo en Cataluña. La pintura gótica, tras un primer periodo, conocido como *internacional,* con artistas como Lluís Borrassà, Bernat Martorell y Nicolás Francés, evolucionó influida por la escuela flamenca, en autores como Lluís Dalmau, Jaume Huguet, Bartolomé Bermejo, Jacomart, Jorge Inglés y Fernando Gallego. El arte musulmán se desarrolló en época califal con elementos árabes, bizantinos e hispánicos (mezquita de Córdoba, Medina Azahara); evolucionó en época almorávide y almohade (Giralda y torre del Oro, en Sevilla) y recibió influencia oriental en la época nazarí de Granada (Alhambra, Generalife).

Durante la transición de la Edad Media al Renacimiento surgieron el estilo isabelino o gótico flamígero (catedral de Sevilla, cartuja de Miraflores, San Juan de los Reyes, palacio del Infantado) y el plateresco (catedral de Granada, palacio de Carlos V, palacio de Monterrey, fachada de la universidad de Alcalá de Henares). Estilo característico del Renacimiento español fue el herreriano, cuya obra maestra es el monasterio de El Escorial, construido por Juan de Herrera. El Renacimiento fue introducido en España por artistas italianos, como Domenico Fancelli y Pietro Torrigiano, y desarrolló formas propias, p. ej. con la pintura de Pedro Berruguete y la escultura de Felipe de Vigarny y de Diego de Siloé. La imaginería religiosa alcanzó un gran auge con escultores como Alonso Berruguete y Juan de Juni. Cultivaron el retrato en la escultura Leone y Pompeo Leoni y en la pintura Alonso Sánchez Coello y Juan Pantoja de la Cruz. La pintura manierista fue llevada a su máximo esplendor por El Greco (*Entierro del conde de Orgaz, El caballero de la mano en el pecho*). La arquitectura barroca (s. XVII y primera mitad del XVIII) se manifestó al principio con sobriedad de formas en arquitectos como Gómez de Mora (Plaza Mayor y ayuntamiento de Madrid), para posteriormente desbordarse con los Churriguera (la Plaza Mayor y el altar de San Esteban, en Salamanca) o en la fachada del Obradoiro, en la catedral de Santiago. La pintura del s. XVII, conocido como

España: de izquierda a derecha, arriba, nave de Abderramán I, en la mezquita de Córdoba, y catedral gótica de Burgos; en el centro, Las meninas *(1656), de Diego Velázquez (Museo del Prado, Madrid), y* El pelele, *de Francisco de Goya (Museo del Prado, Madrid); abajo,* El loco, *escultura de Pablo Picasso (Museo de Arte Moderno de la Villa de París), y entrada al parque Güell de Barcelona, obra de Antonio Gaudí.*

Siglo de Oro, constituye una de las cimas del arte español; sus principales representantes son José Ribera, Francisco Ribalta, Francisco de Zurbarán, Alonso Cano, Bartolomé Esteban Murillo, Juan de Valdés Leal, Claudio Coello, Juan Carreño de Miranda y, sobre todo, Diego Velázquez (*Las meninas, Las hilanderas, La rendición de Breda, Venus del espejo, Felipe IV, El conde-duque de Olivares*, etc.). La escultura del s. XVII aborda fundamentalmente temas religiosos y entre sus representantes destacan Juan Martínez Montañés, Alonso Cano, Gregorio Fernández y Pedro de Mena.

El neoclasicismo del s. XVIII está representado en pintura por Giambattista Tiepolo, Anton Raphael Mengs y Luis Paret y en arquitectura por los italianos Juvara, Sacchetti y Sabatini (palacios de la Granja y Real de Madrid y puerta de Alcalá, en Madrid), Ventura Rodríguez (fachada de la catedral de Pamplona, iglesia de San Marcos de Madrid) y Juan de Villanueva (Museo del Prado). La pintura de Francisco de Goya abarca diversos periodos, del neoclasicismo al Romanticismo; entre sus obras sobresalen los retratos (*La familia de Carlos IV, La duquesa de Chinchón*), los episodios históricos (*Fusilamientos del tres de mayo*), los grabados (*Los caprichos*), los frescos (iglesia de San Antonio de la Florida) y las pinturas negras (*Quinta del Sordo*). En el modernismo de finales del s. XIX y principios del XX se inscriben los arquitectos Lluís Domènech y Montaner y, sobre todo, Antonio Gaudí (*La Sagrada Familia*). En esa misma época, los pintores Mariano Fortuny, Eduardo Rosales, Joaquín Sorolla, Darío Regoyos e Isidro Nonell se mantienen dentro de un realismo, próximo en algunos casos al impresionismo.

En las primeras décadas del s. XX, los arquitectos del GATEPAC siguen la tendencia funcionalista. En urbanismo, Arturo Soria propone la ciudad lineal. Los escultores José Clará y Manolo Martínez Hugué denotan la influencia de Rodin, mientras que Pablo Gargallo y Julio González evolucionan hacia el cubismo. En pintura se distinguen también dos tendencias, una basada en planteamientos temáticos españoles y estilo realista, de la que son exponentes José Gutiérrez Solana, Daniel Vázquez Díaz e Ignacio Zuloaga, y otra integrada en las corrientes internacionales (cubismo, surrealismo, etc.), en la que figuran artistas tan influyentes como Pablo Picasso (*Las señoritas de Avignon, Guernica*), Juan Gris, Salvador Dalí y Joan Miró. Tras el paréntesis de la guerra civil surgen en Barcelona en 1948 el grupo *Dau al set*, formado por Antoni Tàpies y Modesto Cuixart entre otros, y en Madrid en 1957 el grupo *El Paso*, en el que descuellan Antonio Saura, Rafael Canogar y Manolo Millares, que realizan una pintura de carácter abstracto. En escultura muestran distintas formas de vanguardia Pablo Serrano, Jorge de Oteiza, Eduardo Chillida, Miguel Ortiz Berrocal y Martín Chirino. A mediados de los años sesenta se dieron a conocer pintores influidos por los postulados del arte pop, como Eduardo Arroyo, Juan Genovés y los miembros del *Equipo Crónica*, y dentro del realismo, Antonio López. Entre las últimas generaciones de pintores hay que mencionar a Luis Gordillo, Guillermo Pérez Villalta, Miquel Barceló, etc.

Lit. La más temprana manifestación de literatura castellana la constituyen las jarchas, que se remontan a la primera mitad del s. XI. La Edad Media desarrolló dos formas de literatura popular, la lírica y la épica. La primera fue cultivada por el mester de clerecía, que tuvo en Gonzalo de Berceo su principal representante. La segunda, característica del mester de juglaría, produjo su obra maestra en el *Cantar de Mio Cid.* La poesía de la Baja Edad Media se expresa por medio de coplas (*Danza de la muerte*, *Coplas del Provincial*, *¡Ay, panadera!*, *Mingo Revulgo*) y en ella destaca Juan Ruiz, arcipreste de Hita (*Libro de buen amor*); en teatro sobresalen autores como Gómez Manrique, Lucas Fernández y Juan del Encina. El romancero constituye la manifestación más característica de la lírica popular, en una época en que la influencia del humanismo italiano comenzó a dejarse sentir en autores como el marqués de Santillana, Jorge Manrique, Juan de Mena, Don Juan Manuel, y en el *Cancionero. La Celestina*, de Fernando de Rojas, marcó el fin de la literatura medieval y el comienzo del Renacimiento. Las formas poéticas italianas se impusieron plenamente en la España del s. XVI con Juan Boscán, Garcilaso de la Vega y Fernando de Herrera. Surgieron dos géneros novelísticos nuevos: el pastoril y el morisco. En teatro destacaron Lope de Rueda y Juan de la Cueva. En la literatura religiosa y mística se encuadran las importantes obras poéticas de Fray Luis de Granada, Fray Luis de León, Santa Teresa de Jesús y San Juan de la Cruz. La novela picaresca constituye un género característico de la narrativa española, cuyas más significativas manifestaciones son *El lazarillo de Tormes*, de autor anónimo, y *Guzmán de Alfarache*, de Mateo Alemán. Miguel de Cervantes representa la culminación de la literatura del Renacimiento y comienzo del Barroco con *El Quijote*, *Novelas ejemplares*, etc. El XVII se considera el Siglo de Oro de las letras españolas y sus principales figuras fueron el poeta culterano Luis de Góngora, los escritores conceptistas Francisco de Quevedo y Baltasar Gracián y los dramaturgos Félix Lope de Vega, Tirso de Molina, Vélez de Guevara, Pedro Calderón de la Barca, Francisco de Rojas Zorrilla y Agustín Moreto.

El XVIII es el siglo de la Ilustración, del avance de la cultura y de la creación de la Real Academia; sus autores más representativos fueron, en prosa, Fray Benito Jerónimo Feijoo, José Cadalso y Gaspar Melchor de Jovellanos; en teatro, Ramón de la Cruz y Leandro Fernández de Moratín; en poesía, Juan Meléndez Valdés, y en la fábula, Félix María Samaniego y Tomás de Iriarte.

En el s. XIX impera el Romanticismo, en el que destacan los poetas Gustavo Adolfo Bécquer, Rosalía de Castro y José de Espronceda, el prosista Mariano José de Larra y los dramaturgos Francisco Martínez de la Rosa, el duque de Rivas, José Zorrilla y Juan Eugenio Hartzenbusch. En la segunda mitad del s. XIX prevaleció el realismo, con novelistas como Juan Valera, Fernán Caballero, Pedro Antonio de Alarcón, José María Pereda y Benito Pérez Galdós, el dramaturgo José Echegaray y los poetas Ramón de Campoamor, Gaspar Núñez de Arce y José María Gabriel y Galán. En el campo de la erudición surgió la figura de Marcelino Menéndez Pelayo. La novela naturalista tuvo su reflejo a finales del XIX en la obra de Emilia Pardo Bazán y Leopoldo Alas «Clarín». Prosiguieron esta tendencia en el s. XX Armando Palacio Valdés y Vicente Blasco Ibáñez. La generación del 98 representa otra cumbre de las letras españolas; a ella pertenecieron Miguel de Unamuno, José Martínez Ruiz «Azorín», Pío Baroja, Ramón María del Valle-Inclán y Antonio Machado. El modernismo influyó en muchos poetas españoles, como Manuel Machado y Salvador Rueda. La poesía modernista alcanzó su máxima expresión con Juan Ramón Jiménez.

Suelen englobarse en el novecentismo una serie de autores que escribieron lo principal de su obra a partir de 1900, como el filósofo José Ortega y Gasset, los prosistas Ramón Gómez de la Serna y Gabriel Miró, el ensayista Eugenio d'Ors y el novelista y crítico Ramón Pérez de Ayala. Muchos de estos autores publicaron frecuentemente sus escritos en forma de artículos en periódicos, género en el que fue maestro César González Ruano. La poesía experimentó un nuevo florecimiento con la generación del 27, integrada principalmente por Pedro Salinas, Jorge Guillén, Gerardo Diego, Vicente Aleixandre, Dámaso Alonso, Federico García Lorca, Rafael Alberti y Luis Cernuda, a la que siguió la generación del 36, en la que se incluyen autores como Miguel Hernández, Luis Felipe Vivanco, Leopoldo Panero, Luis Rosales y Dionisio Ridruejo. En la primera mitad de siglo triunfa el teatro costumbrista de Jacinto Benavente, los hermanos Álvarez Quintero y Carlos Arniches. Pedro Muñoz Seca y Enrique Jardiel Poncela renuevan la escena con su humor, pero los grandes renovadores del teatro español contemporáneo son los ya citados Valle-Inclán y García Lorca. La guerra civil forzó al exilio a importantes autores, como los narradores Ramón J. Sender, Max Aub, Francisco Ayala, Arturo Barea y Manuel Andújar, el poeta León Felipe y la ensayista María Zambrano. Tras la guerra civil se dio a conocer una nueva generación de narradores, entre los que destacan Camilo José Cela, Ignacio Aldecoa, Gonzalo Torrente Ballester, Rafael Sánchez Ferlosio, Álvaro Cunqueiro, Carmen Laforet, Miguel Delibes, Jesús Fernández Santos, Luis Martín Santos, Carmen Martín Gaite y Ana María Matute, sin olvidar a novelistas de tanto éxito como Juan Antonio de Zunzunegui y José María Gironella; de poetas como Blas de Otero, Gabriel Celaya y José Hierro, y de dramaturgos como Miguel Mihura, Antonio Buero Vallejo, Alejandro Casona, Alfonso Sastre y Lauro Olmo. En las últimas décadas han sobresalido novelistas como Luis y Juan Goytisolo, Juan Marsé, Juan Benet, Manuel Vázquez Montalbán, José Manuel Caballero Bonald, Eduardo Mendoza, Jesús Ferrero y Antonio Muñoz Molina, articulistas como Francisco Umbral y Manuel Vicent, poetas como Jaime Gil de Biedma, Ángel González, Claudio Rodríguez y José Ángel Valente, y dramaturgos como Fernando Arrabal, Antonio Gala y Francisco Nieva. (Para la literatura en lengua catalana, gallega y vasca véase **Cataluña**, **Galicia** y **País Vasco**.)

Fil. De origen español fueron los filósofos romanos Séneca (s. I) y Osio de Córdoba (s. IV). En el s. VII, San Isidoro de Sevilla recopiló en las *Etimologías* el saber clásico, transmitiéndolo a la cristiandad medieval. El pensamiento árabe y judío floreció en España a lo largo de la Edad Media gracias entre otros a los musulmanes Avempace, Abentofail y Averroes, que vivieron en el s. XII, y los hebreos Avicebrón (s. XI) y Maimónides (s. XII). En la segunda mitad del s. XII fue creada en Toledo la Escuela de Traductores, que vertió al latín los textos árabes donde se recopilaban la filosofía aristotélica y la ciencia griega, desconocidos hasta entonces en el mundo cristiano. Figura de la escolástica cristiana del s. XIII fue Ramón Llull. En el Renacimiento destaca la obra de Juan Luis Vives y del dominico Francisco de Vitoria. El jesuita Francisco Suárez es el autor de las *Disputaciones metafísicas*, que sirvieron de texto en diversas universidades europeas. La filosofía moderna tiene su inicio con el presbítero Jaime Balmes (s. XIX). La Institución Libre de Enseñanza, fundada por Giner de los Ríos, difundió las teorías krausistas. En la primera mitad del s. XX realizaron su reflexión filosófica Miguel de Unamuno, Manuel García Morente y José Ortega y Gasset, impulsor de importantes iniciativas culturales, como la *Revista de Occidente*, y maestro de varios pensadores que desarrollaron su obra después de la guerra civil, como Xabier Zubiri, María Zambrano y Julián Marías. Con posterioridad se acreditaron otros nombres, como José Luis López Aranguren, Fernando Savater, Agustín García Calvo, Eugenio Trías, Manuel Sacristán y Gustavo Bueno, los dos últimos dentro del campo de la filosofía marxista.

Mús. Las primeras manifestaciones musicales españolas conservadas se remontan al s. X: el *antifonario de León* de música religiosa visigótica y los textos recogidos por Alfonso X el Sabio. En la Edad Media se compuso música religiosa y civil (*Cantigas*, *Cancionero de Palacio*). En el Renacimiento se desarrolló la polifonía y surgió una importante escuela de vihuelistas; de esta época destacan Cristóbal de Morales, Juan Vázquez, Francisco Guerrero, Antonio de Cabezón y, en polifonía, Tomás Luis de Victoria. En la mú-

EL INGENIOSO HIDALGO DON QUIXOTE DE LA MANCHA,
Compuesto por Miguel de Ceruantes Saauedra.
DIRIGIDO AL DVQVE DE BEIAR, Marques de Gibraleon, Conde de Benalcaçar, y Bañares, Vizconde de la Puebla de Alcozer, Señor de las villas de Capilla, Curiel, y Burguillos.
Año, 1605.
CON PRIVILEGIO, EN MADRID, Por Iuan de la Cuesta.
Vendese en casa de Francisco de Robles, librero del Rey nro señor.

Literatura española: de izquierda a derecha, arriba, miniaturas del manuscrito de Las Cantigas, *de Alfonso X el Sabio (Biblioteca de El Escorial), y portada de la primera edición de* El Quijote, *de Cervantes; abajo, portadilla de* Trafalgar, *de Pérez Galdós (Biblioteca Nacional, Madrid), y* La tertulia del Café Pombo, *presidida por Gómez de la Serna (Museo Español de Arte Contemporáneo, Madrid).*

sica profana sobresalieron Francisco Peñalosa y Juan del Encina. En el s. XVII, la forma musical más importante fue el villancico; la guitarra adquirió madurez instrumental de la mano de Gaspar Sanz. En el s. XVIII adquirieron importancia los maestros de capilla, entre los que destaca el padre Antonio Soler, y la música instrumental, desarrollada por el italiano Luigi Boccherini. En el s. XIX alcanzó gran esplendor un género característico de España, la zarzuela, en el que se consagraron nombres como Francisco Asenjo Barbieri, Federico Chueca, Ruperto Chapí, Tomás Bretón, Joaquín Gaztambide y Emilio Arrieta. También en este siglo surgió la corriente del nacionalismo musical español, iniciada por Felipe Pedrell y Pablo Sarasate, que culminó con las obras de Isaac Albéniz y Enrique Granados, y que tuvo su continuación en el s. XX con Manuel de Falla, Joaquín Turina y la mayoría de los integrantes de la generación del 27, como Ernesto y Rodolfo Halffter, Joaquín Rodrigo y Xavier Montsalvatge. Otros destacados compositores fueron Amadeo Vives, Óscar Esplá, José María Usandizaga, Pablo Sorozábal, Federico Mompou y Manuel Blancafort. La generación de 1951 se mostró mucho más sensible a la influencia de la vanguardia europea y en ella descuellan compositores como Luis de Pablo, Cristóbal Halffter, Ramón Barce y Carmelo Bernaola. Entre los autores más recientes hay que mencionar a Tomás Marco y Antón Larrauri.

Cine El pionero del cine español fue el catalán Fructuoso Gelabert, autor de *Dorotea* (1898), primera película con argumento realizada en el país. El director más importante hasta la guerra civil fue Florián Rey (*La aldea maldita*, 1929). El conflicto bélico afectó gravemente a la producción cinematográfica, que se caracterizó en los años de la posguerra por el tono panfletario y moralista, una temática alejada de la realidad social y una fuerte censura. Entre los directores de este periodo destacan José Luis Sáenz de Heredia (*El escándalo*, 1943), Rafael Gil (*Reina Santa*, 1946), Juan de Orduña (*Locura de amor*, 1948) y, sobre todo, Edgar Neville (*La vida en un hilo*, 1944). La renovación se inició en la década de los años cincuenta, con Luis Berlanga y Juan Antonio Bardem, autores de *¡Bienvenido, Míster Marshall!* (1952) y que pronto alcanzaron renombre internacional. Luis Buñuel, el director español más conocido internacionalmente, realizó casi toda su obra en el extranjero, a excepción de algunos trabajos anteriores a la guerra civil y de *Viridiana* (1962) y *Tristana* (1970). En los años sesenta se suavizó la censura, lo que permitió el surgimiento del llamado *nuevo cine español*, con autores como Carlos Saura, Antonio Ezeiza, Mario Camus, Manuel Summers, Basilio Martín Patino y Víctor Erice, a los que en la década siguiente se añadieron nombres como Manuel Gu-

Cine español: cartel de ¡Bienvenido, Míster Marshall! *(1952), de Luis García Berlanga.*

Cine español: fotograma de Viridiana *(1962), de Luis Buñuel.*

Cine español: Mujeres al borde de un ataque de nervios *(1987), de Pedro Almodóvar.*

tiérrez Aragón, Jaime Chávarri, José Luis Borau y José Luis Garci, ganador de un Oscar. En los últimos años han consolidado su carrera una serie de directores como Gonzalo Suárez, Fernando Trueba, Fernando Colomo y Pedro Almodóvar.

español, la *adj.* **1.** De España. También *s.* || *s. m.* **2.** Denominación generalizada del idioma castellano, que se habla en España, parte de América del Norte (México y algunos territorios de EE UU), América Central (excepto Belice), América del Sur (salvo Brasil, Guyana, Surinam y Guayana Francesa), Cuba, República Dominicana y Puerto Rico, así como en algunos sectores de la población filipina y, con peculiaridades muy características, en grupos sefardíes de Asia Menor, los Balcanes y N de África.

Española, La Isla del mar Caribe, perteneciente a las Grandes Antillas, situada entre las de Cuba y Puerto Rico. 76.200 km^2. En su relieve se distinguen tres cadenas montañosas que recorren la isla de O a E, separadas por dos depresiones interiores. El clima es tropical oceánico y los ríos muy caudalosos (Yaque del Norte, Yaque del Sur y Antibonite). Políticamente se encuentra dividida entre la República Dominicana, al E, y Haití, al O. Fue descubierta por Colón en 1492.

españolada *s. f.* Cualquier acto, hecho, espectáculo, fiesta, etc., que exagera y falsea las características de lo español.

españolear *v. intr.* **1.** Ensalzar exageradamente a España y lo español. **2.** Presumir de español.

Españoleto, El Véase **Ribera, José de**.

españolidad *s. f.* Cualidad de español.

españolismo *s. m.* **1.** Carácter genuinamente español. **2.** Amor o afición a las cosas características de España.

españolista *adj.* **1.** Aficionado a lo español. También *s.* **2.** En ciertas regiones autónomas, se dice de los partidos no autonomistas, así como de sus militantes. También *s.*

españolizar *v. tr.* **1.** Dar carácter o costumbres españolas. También *v. prnl.* **2.** Dar forma española a un vocablo o expresión de otro idioma. ■ Se conjuga como *cazar*. **FAM.** Españolización.

esparadrapo *s. m.* Tira de tela o plástico con una sustancia adhesiva por uno de sus lados, que se utiliza para sujetar vendajes, algodones, etc.

esparaván *s. m.* **1.** Gavilán, ave de rapiña. **2.** Tumor que se forma en la parte interna del corvejón de las caballerías.

esparavel *s. m.* **1.** Red redonda para pescar en sitios de poco fondo. **2.** En albañilería, tabla de madera con mango que sirve para tener la mezcla que se aplica con la llana o la paleta.

esparcimiento *s. m.* **1.** Acción y efecto de esparcir o esparcirse. **2.** Diversión, entretenimiento.

esparcir *v. tr.* **1.** Arrojar en distintas direcciones, separar lo que estaba junto. También *v. prnl.* **2.** Hacer que algo se extienda, que ocupe más espacio. También *v. prnl.* **3.** Hacer que una noticia, consigna, etc., llegue a mucha gente o a muchos sitios. También *v. prnl.* **4.** Divertir, recrear. También *v. prnl.* ■ Se conjuga como *zurcir*.

espáridos *s. m. pl.* Familia de peces perciformes a la que pertenecen diversas especies comprendidas en los géneros *Dentex*, *Sarpa*, *Boops*, *Spondyliosoma*, *Oblada*, *Diplodus*, *Sparus*, *Lithognathus* y *Pagellus*. Su cuerpo es oval y comprimido, tienen una sola aleta dorsal, en parte espinosa, y la aleta caudal escotada, son omnívoros y hermafroditas. Habitan en mares cálidos y templados y son muy apreciados como alimento. Espáridos son la dorada, el besugo, el dentón, la boga, el sargo, etc. También *adj.* y *s. m.*

espárrago *s. m.* **1.** Brote de la esparraguera, de forma alargada y color verdoso o blanquecino muy apreciado como alimento. **2.** Esparraguera*, planta. **3.** Nombre de diversas piezas alargadas o partes de un objeto con esa forma, particularmente las que sirven para sujetar algo introduciéndolas en un orificio. || **4. espárrago triguero** El silvestre, fino y de color verde, que crece especialmente en los terrenos sembrados de trigo. || **LOC. a freír espárragos** *fam.* Con algunos verbos, particularmente las formas de imperativo de *irse*, se emplea para despedir a alguien de malos modos o con enfado.

esparraguero, ra *adj.* **1.** Perteneciente o relativo al espárrago. || *s. m.* y *f.* **2.** Persona que se dedica al cultivo o a la venta de espárragos. || *s. f.* **3.** Planta herbácea perenne de la familia de las liliáceas, especie *Asparagus officinalis*. Mide entre 30 y 180 cm de altura, tiene tallo recto y cilíndrico, hojas escamosas y frutos rojos en baya. Crece en pastos arenosos, colinas y acantilados de la región mediterránea. Los brotes tiernos de su rizoma, llamados *espárragos*, se usan como alimento, por lo que es objeto de cultivo. **4.** Terreno en el que abundan los espárragos. **5.** Plato o fuente para servir espárragos.

esparrancarse *v. prnl. fam.* Despatarrarse*. ■ Se conjuga como *sacar*.

Esparta (*Spáre*) C. de Grecia, cap. del nomo de Laconia, situada en la península del Peloponeso, cerca del río Eurotas. 13.000 h. en 1981. Tuvo gran importancia en la época clásica. Hoy es un pequeño centro administrativo y comercial, que posee industrias alimentarias.

Hist. La polis griega clásica de Esparta estaba habitada ya en época micénica. En el s. IX a. C. pueblos dorios invadieron la península del Peloponeso y crearon el estado espartano o lacedemonio, mediante la conquista del territorio y la esclavización de sus habitantes. En el s. VII a. C., Esparta realizó nuevas conquistas, entre las que destaca la de la región de Mesenia. Los espartanos formaban una pequeña minoría (los espartiatas) frente al gran número de ilotas y mesenios, y para dominarlos hubieron de crear una sociedad rígida y militarizada. Su constitución política, atribuida al legendario Licurgo, establecía dos monarcas, un consejo de ancianos, llamado *gerusía*, y una asamblea de ciudadanos dominada por los aristócratas o éforos. La tierra era cultivada por los ilotas y mesenios, que pagaban una renta al Estado. Los restantes habitantes del Peloponeso, los periecos, eran libres, pero carecían de derechos políticos y pagaban impuestos. La rivalidad de Esparta con Atenas desató la guerra del Peloponeso (431-404 a. C.), en la que Lisandro obtuvo el triunfo final, lo que dio lugar a la hegemonía espartana sobre Grecia. Esta supremacía duró hasta el 371 a. C. en que, tras la derrota de Leuctra, Esparta fue desplazada por Tebas y entró en decadencia.

Espartaco (? - Lucania 71 a. C.) Esclavo y gladiador romano de origen tracio. Dirigió en el año 73 a. C. una sublevación de esclavos en el S de Italia que rechazó todos los ataques de las legiones hasta ser vencida por el cónsul Licinio Craso, que mandó crucificar a los derrotados.

espartano, na *adj.* **1.** De Esparta. También *s.* **2.** Austero, duro, muy riguroso.

espartaquismo *s. m.* Movimiento revolucionario marxista surgido en Alemania durante la Primera Guerra Mundial y llamado así por su periódico clandestino *Cartas de Espartaco*. Sus principales dirigentes eran Karl Liebknecht y Rosa Luxemburg y surgió como escisión del Partido Socialdemócrata, integrado por los miembros de éste opuestos a la política de guerra. En 1917 se convirtió en Liga Espartaquista y en 1918 en el Partido Comunista Alemán. Ese mismo año promovió un levantamiento revolucionario, duramente reprimido por el gobierno socialdemócrata de Ebert, durante el cual fueron asesinados Liebknecht y Luxemburg.

esparteña *s. f.* Alpargata con suela de esparto.

espartería *s. f.* **1.** Oficio de espartero. **2.** Establecimiento donde se hacen o venden cosas de esparto.

espartero, ra *s. m.* y *f.* Persona que fabrica o vende cosas de esparto.

Espartero, Baldomero Fernández (Granátula de Calatrava, Ciudad Real 1793 - Logroño, La Rioja 1879) Militar y político español. Combatió en América a los independentistas (1815-1825) y participó en la primera guerra carlista, donde obtuvo la victoria de Luchana (1836) y el acuerdo de paz con el general Maroto en el llamado *abrazo de Vergara.* Debido a los sucesos revolucionarios de Barcelona en 1840, ocupó la presidencia de gobierno y la regencia, tras obligar a abdicar a María Cristina. Mostró poco acierto como regente y fue derrocado en 1843 por Narváez. Después de sus años de exilio, volvió a España en 1849 y presidió el gobierno surgido del pronunciamiento liberal de 1854. Dos años más tarde fue desplazado por O'Donnell. En 1868 Prim le pidió que aceptara la corona de España, pero Espartero rehusó. Murió retirado de la política.

Baldomero Fernández Espartero. Cuadro de Antonio María Esquivel, detalle (Palacio del Senado, Madrid).

esparto *s. m.* **1.** Nombre común de diversas plantas herbáceas de la familia gramíneas, género *Stipa.* El esparto común *(Stipa tenacissima)* mide hasta 1 m de altura y tiene tallo recto y hojas muy largas y estrechas. Crece de forma espontánea en la región del Mediterráneo y se utiliza en la industria papelera y para la fabricación de sogas, esteras, suelas, etc. **2.** Fibra que se obtiene de esta planta. **3.** Planta herbácea de la familia gramíneas, especie *Lygeum spartum.* Tiene un tallo parecido al del junco, hojas rígidas y rizoma rastrero. Crece en regiones de estepa de los países mediterráneos.

espasmo *s. m.* Contracción involuntaria de los músculos.

espasmódico, ca *adj.* Relativo al espasmo o acompañado de él.

espasmolítico, ca *adj.* Se aplica a la sustancia que se utiliza para suprimir o curar los espasmos. También *s. m.*

espasticidad *s. f.* Forma de hipertonía (aumento excesivo del tono muscular) que se caracteriza por un aumento de la resistencia a los movimientos pasivos.

espatarrar *v. tr.* Despatarrar*. **FAM.** Espatarrado.

espático, ca *adj.* Se dice de los minerales que, como el espato, se dividen fácilmente en láminas.

espato *s. m.* **1.** Nombre genérico de diversos minerales de estructura laminar. ‖ **2. espato calizo** Variedad de caliza que cristaliza en romboedros. **3. espato de Islandia** Variedad de calcita transparente e incolora, en la que se da con gran nitidez el fenómeno de la doble refracción, por lo que suele emplearse en la fabricación de instrumentos ópticos. **4. espato flúor** Fluorita*. **5. espato pesado** Baritina*.

espátula *s. f.* **1.** Paleta formada por una lámina de metal flexible con mango utilizada en albañilería para raspar, dar yeso, etc. **2.** Paleta pequeña empleada en pintura para mezclar los colores, aplicarlos en algunos casos y otros usos. **3.** Utensilio semejante utilizado en farmacia, cocina, imprenta, etc. **4.** Nombre común de diversas aves ciconiformes de la familia tresquiornítidos, género *Platalea.* La espátula común *(Platalea leucorodia)* mide unos 85 cm de longitud, tiene plumaje blanco, pico de unos 20 cm de longitud en forma de paleta, patas largas y un moño de plumas en la parte posterior de la cabeza. Habita en carrizales, marjales, lagunas costeras y terrenos pantanosos del S de la península Ibérica. La espátula africana *(Platalea alba)* presenta un copete de plumas más pequeño.

especia *s. f.* Sustancia aromática vegetal que se utiliza para condimentar las comidas y también en perfumería, medicina, etc., como p. ej. el azafrán, el clavo y la pimienta.

especiación *s. f.* Proceso biológico que da lugar a la aparición de especies nuevas. Se produce generalmente a causa del aislamiento geográfico, motivado por factores como la deriva de los continentes, la aparición de islas volcánicas, las emigraciones provocadas por las glaciaciones, etc. Si dos poblaciones de la misma especie están aisladas geográficamente, los distintos ambientes ejercen una presión selectiva diferente, por lo que también serán diferentes las adaptaciones; por otro lado, al originarse por azar las mutaciones, resulta difícil que se den las mismas en poblaciones diferentes. Otro motivo de especiación es la aparición de tendencias evolutivas diferentes debidas a una variación genética.

especial *adj.* **1.** Que se diferencia de lo corriente, ordinario o general. **2.** Destinado a un fin o a cierta persona o cosa en particular. ‖ **LOC. en especial** *adv.* Especialmente, de modo particular. **FAM.** Especialmente.

especialidad *s. f.* **1.** Aquello en lo que se especializa o destaca una persona, un establecimiento, etc. **2.** Parte de una ciencia, arte o actividad sobre la que se poseen conocimientos y habilidades muy precisos. **3.** Medicamento preparado en un laboratorio con un nombre comercial registrado. **4.** Cualidad o circunstancia de especial.

especialista *adj.* **1.** Se dice de la persona que se dedica a una rama o parte de una ciencia, profesión o actividad, en la que posee conocimientos y habilidades especiales, principalmente en medicina. También *s.* **2.** P. ext., se dice de la persona excepcionalmente buena o hábil en alguna cosa. También *s.* ‖ *s. m.* y *f.* **3.** En cine y televisión, persona que rueda las escenas peligrosas o aquellas que requieren alguna habilidad especial.

especialización *s. f.* Acción y efecto de especializar o especializarse.

especializar *v. tr.* **1.** Dedicar o hacer valer a alguien o algo para una cosa determinada. También *v. prnl.* ‖ *v. prnl.* **2.** Adquirir especiales conocimientos y habilidades en cierta rama o parte de una ciencia, arte o actividad y dedicarse a ella. ■ Se conjuga como *cazar.*

especiar *v. tr.* Añadir especias a un alimento.

especie *s. f.* **1.** En biol., categoría básica utilizada para clasificar a los seres vivos y que comprende a un conjunto de individuos que tienen ciertos caracteres comunes y son capaces de reproducirse entre sí. Un grupo de especies con rasgos parecidos forma un género; a su vez, la especie puede dividirse en subespecies, razas y variedades. En la actualidad se conocen aproximadamente 1.150.000 especies animales (en su mayoría insectos) y 400.000 especies vegetales. Para denominar a una especie se sigue utilizando el criterio establecido por el naturalista sueco Linneo en su taxonomía y que consiste en utilizar dos nombres latinos, el primero de los cuales corresponde al género (y se escribe con mayúscula) y el segundo a la especie en cuestión. P. ej., el lobo pertenece a la especie *Canis lupus.* A lo largo de las generaciones, las especies pueden evolucionar y dar lugar a otras especies distintas por medio de un conjunto de mecanismos llamado *especiación.* **2.** En lóg., grupo de individuos con unas mismas características incluido dentro de un género. **3.** Con la preposición *de* y un sustantivo, expresa que la cosa de que se trata es parecida a lo indicado por éste. **4.** Tipo, clase. **5.** Rumor, noticia. ‖ **6. especies sacramentales** Olor, color y sabor del pan y el vino consagrados por el sacerdote en la eucaristía. ‖ **LOC. bajo (la) especie de** *prep.* Con aspecto o apariencia de. **en especie** *adv.* En género, en productos, no en dinero.

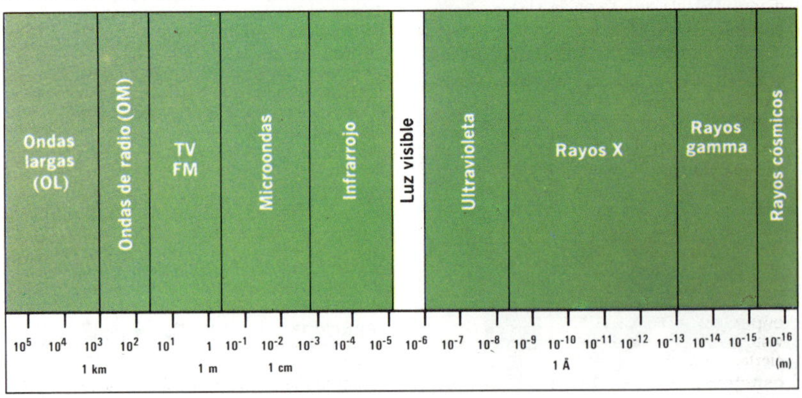

Espectro electromagnético, en el que se pueden observar los nombres que reciben las distintas clases de ondas electromagnéticas atendiendo a su longitud de onda.

especiería *s. f.* Tienda de especias.

especiero, ra *s. m.* y *f.* **1.** Persona que vende especias. ‖ *s. m.* **2.** Armarito o estantería con varios cajones pequeños o tarros donde se guardan las especias.

especificar *v. tr.* Dar los datos precisos sobre alguien o algo para distinguirlos o para proporcionar información. ■ Se conjuga como *sacar.* **FAM.** Especificación, especificadamente.

especificativo, va *adj.* **1.** Que especifica. **2.** Se aplica al adjetivo u oración subordinada adjetiva que limita la extensión del sustantivo al que se refiere; p. ej., en *la casa que vimos ayer,* la oración *que vimos ayer* selecciona una casa dentro del conjunto de todas las casas.

especificidad *s. f.* Cualidad y condición de específico.

específico, ca *adj.* **1.** Que es propio de una especie, de un ser o de una cosa y no puede aplicarse a otros. **2.** En med., se aplica a los síntomas, lesiones, etc., característicos de una enfermedad. **3.** Se dice del medicamento, tratamiento, etc., especialmente indicado para una determinada enfermedad. También *s. m.* ‖ *s. m.* **4.** Medicamento fabricado por un laboratorio y que se vende con nombre registrado. **FAM.** Específicamente.

espécimen *s. m.* Modelo, muestra, ejemplar.

especioso, sa *adj.* Engañoso, falso.

espectacular *adj.* **1.** Que tiene caracteres propios del espectáculo. **2.** Aparatoso, exagerado, que impresiona o llama la atención. **FAM.** Espectacularmente.

espectacularidad *s. f.* Cualidad de espectacular, vistosidad, brillantez.

espectáculo *s. m.* **1.** Representación, acto, etc., que se realiza ante un público, fundamentalmente para su entretenimiento. **2.** Suceso o escena que atrae la atención y que produce asombro, placer, pena, indignación, etc., en quien lo presencia. **3.** Acción que causa escándalo o asombro.

espectador, ra *adj.* Que asiste a un espectáculo, suceso o escena. También *s.*

espectral *adj.* **1.** Perteneciente o relativo al espectro. **2.** Fantasmal, misterioso.

espectro *s. m.* **1.** Figura irreal, generalmente de aspecto terrorífico, que alguien se imagina o cree ver. **2.** Persona muy delgada o decaída físicamente. **3.** Serie de diversas especies de microorganismos contra los que es eficaz un antibiótico. **4.** Variedad de los elementos en que puede descomponerse un sistema físico atendiendo a distintas magnitudes, p. ej. la banda de los colores del arco iris. **5.** En fís., conjunto de longitudes de onda electromagnéticas emitidas o absorbidas por un cuerpo. || **6. espectro de absorción** En fís., el que produce la radiación que ha atravesado previamente un cuerpo transparente o translúcido. En función de su forma, los espectros pueden ser: *continuos*, si presentan todas las longitudes de onda contenidas entre dos límites; *de bandas*, si presentan zonas continuas separadas por espacios oscuros, y *de rayas*, si presentan una serie de líneas aisladas. En función de la naturaleza de los materiales emisores, los espectros pueden ser *atómicos* o *moleculares* y, asimismo, según sea su zona espectral, *infrarrojos*, *ultravioleta*, *visibles*, etc. **7. espectro de emisión** En fís., el que produce la radiación emitida directamente por un cuerpo. **8. espectro electromagnético** Clasificación de las radiaciones electromagnéticas según sus longitudes de onda. **9. espectro luminoso** Banda de los colores del arco iris diferenciados por su respectiva longitud de onda, que resulta de la descomposición de la luz blanca al atravesar un prisma. **10. espectro magnético** Figura que forman limaduras de hierro sometidas a la fuerza de un campo magnético. **11. espectro solar** El emitido por el Sol, que equivale al luminoso con más líneas oscuras originadas por la absorción de determinadas radiaciones de la luz blanca al atravesar ésta la envoltura externa del Sol.

espectrografía *s. f.* Estudio de los espectros por medio del espectrógrafo.

espectrógrafo *s. m.* **1.** Instrumento óptico que registra sobre una placa fotográfica el espectro de una radiación luminosa. **2.** Aparato utilizado en fonética para registrar los distintos componentes de un sonido. || **3. espectrógrafo de masas** En quím., instrumento que permite analizar la composición química de una sustancia y separar o identificar los isótopos que la componen, sometiendo un haz de partículas cargadas (iones) a la acción de campos electromagnéticos que las desvían proporcionalmente a su masa. Los impactos de las partículas se registran en una placa fotográfica, obteniéndose un espectro.

espectrometría *s. f.* Rama de la espectroscopia que estudia las técnicas de empleo de los espectrómetros y las formas de medir el valor y la intensidad de los componentes de un espectro.

espectrómetro *s. m.* Espectroscopio dotado de una escala graduada que sirve para medir la longitud de onda de cada componente de un espectro.

espectroscopia *s. f.* Rama de la física que estudia los espectros de las radiaciones electromagnéticas, y en especial de las luminosas.

espectroscopio *s. m.* Instrumento óptico que sirve para producir y observar los espectros de la luz. El modelo más sencillo está formado por un tubo colimador, que envía la luz a un prisma donde ésta se descompone en sus colores, y por un ocular, que sirve para observar el espectro producido.

especulación *s. f.* **1.** Acción y efecto de especular. **2.** En econ., actividad que consiste en comprar cualquier tipo de bien cuyo precio se estima que puede aumentar.

especulador, ra *adj.* Que especula; particularmente, se dice del que hace negocios mediante especulación. También *s.*

especular[1] (del lat. *speculari*) *v. tr.* **1.** Meditar, pensar sobre algo, especialmente sin aplicación o finalidad práctica. Se usa más como *v. intr.* || *v. intr.* **2.** Hacer suposiciones, en especial con poco fundamento. **3.** Hacer especulaciones mercantiles.

especular[2] (del lat. *specularis*, de *speculum*, espejo) *adj.* Que se parece a un espejo o es propio de él.

especulativo, va *adj.* **1.** Perteneciente o relativo a la especulación económica. **2.** Se aplica al conocimiento teórico por oposición al práctico. **3.** Que está capacitado para especular o tiende a hacerlo. || *s. f.* **4.** Capacidad para especular. **FAM.** Especulativamente.

espéculo *s. m.* En cirugía, instrumento provisto de un espejo que se emplea para examinar ciertas cavidades del cuerpo.

espejarse *v. prnl.* Reflejarse como en un espejo.

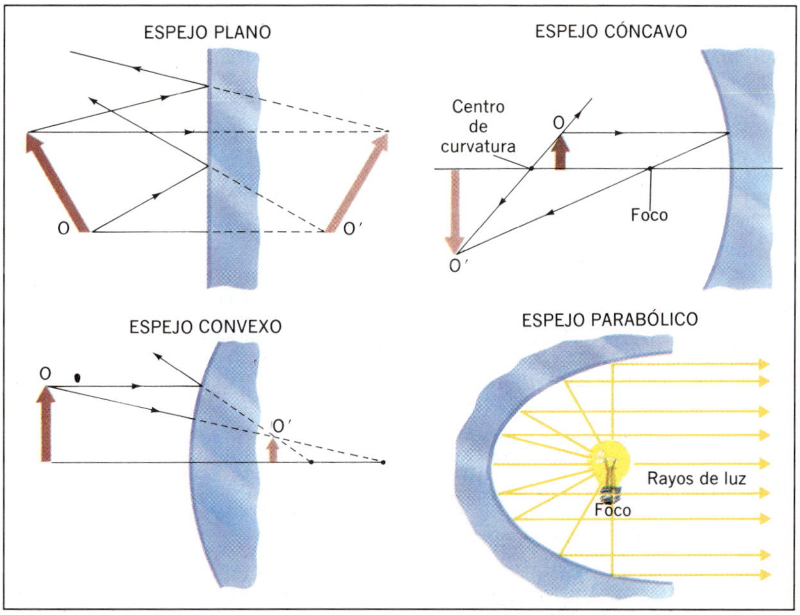

Imagen formada en un espejo: si es plano, será derecha (0′) y de igual tamaño; si es cóncavo y el objeto (0) está situado entre el centro de curvatura y el foco, será invertida y mayor, y si es convexo, la imagen será derecha y de menor tamaño que el objeto. En el esquema de espejo parabólico puede observarse cómo los rayos salen paralelos, tras ser reflejados.

espejear *v. intr.* Brillar como lo hace un espejo. **FAM.** Espejeo.

espejismo *s. m.* **1.** Ilusión óptica que consiste en ver en la lejanía las imágenes invertidas de objetos como si se reflejaran en un espejo o en la superficie del agua. Es frecuente en los desiertos y está motivada por la refracción de la luz en capas de aire próximas al suelo. **2.** Apariencia que engaña.

espejo *s. m.* **1.** Superficie lisa en la que se reflejan la luz y los objetos. Generalmente consiste en una placa de cristal recubierta de mercurio por la cara posterior o una lámina metálica bruñida. **2.** P. ext., superficie en la que se reflejan los objetos. **3.** Cosa que retrata o da la imagen de aquello que se expresa. **4.** Modelo digno de ser imitado. || **5. espejo parabólico** El cóncavo de superficie paraboloide que se utiliza, p. ej., en los telescopios de reflexión. **6. espejo réflex** En una cámara fotográfica, el que desvía hacia el visor los rayos luminosos que entran por el objetivo y permite encuadrar y enfocar. **7. espejo ustorio** El cóncavo que sirve para lograr temperaturas altísimas, concentrando los rayos solares en su foco. || **LOC. como un espejo** Muy limpio.

espejuelo *s. m.* **1.** Yeso cristalizado en láminas brillantes. **2.** Trozo de madera, generalmente pintado de rojo, con pedacitos de espejo, que se hace girar para que las alondras acudan a los reflejos de su luz y así poder cazarlas. **3.** Artificio o engaño utilizado para atraer a las personas. || *pl.* **4.** Cristales que se ponen en las gafas y, p. ext., las gafas mismas.

espeleología *s. f.* Práctica deportiva o científica en que se exploran las cavidades naturales del subsuelo terrestre, como las grutas y cavernas. **FAM.** Espeleológico.

espeleólogo, ga *s. m.* y *f.* Persona que practica la espeleología.

espelunca *s. f.* Cueva, gruta profunda.

espeluznante *adj.* Que espeluzna, que causa mucho miedo.

espeluznar *v. tr.* **1.** Causar miedo muy intenso. También *v. prnl.* **2.** Poner rígido el pelo o las plumas, generalmente a causa del miedo. También *v. prnl.* **FAM.** Espeluznamiento.

espeluzno *s. m.* Escalofrío, estremecimiento.

espera *s. f.* **1.** Acción y efecto de esperar. **2.** Capacidad que tiene alguien para esperar sin inquietarse. **3.** Plazo que se señala para la ejecución de una cosa. **4.** Puesto donde el cazador aguarda a que la caza acuda espontáneamente.

esperable *adj.* Se dice de lo que puede o debe esperarse.

esperanto *s. m.* Idioma artificial ideado en 1887 por el médico y lingüista ruso-polaco Leizer Ludwik Zamenhof, con el fin de servir como lengua universal. **FAM.** Esperantista.

esperanza *s. f.* **1.** Confianza de que ocurra o se logre aquello que se desea. **2.** Objeto de dicha confianza. **3.** Virtud teologal por la que los cristianos esperan recibir de Dios los bienes prometidos. || **4. esperanza de vida** En demografía, probabilidades de alcanzar cierta edad los habitantes de una población concreta en una época determinada. **5. esperanza matemática** Producto de la probabilidad de obtener un premio por el valor del mismo. Si en un sorteo entran en juego 100.000 números y el valor del premio máximo es de 500.000.000 de pesetas, la esperanza matemática será: $\frac{1}{100.000} \times 500.000.000 = 5.000$.

esperanzado, da **1.** *p. p.* de **esperanzar**. || *adj.* **2.** Que tiene esperanza de que se cumpla alguna cosa.

esperanzar *v. tr.* **1.** Dar esperanzas a alguien sobre cierta cosa. || *v. prnl.* **2.** Tener esperanzas. ▪ Se conjuga como *cazar*. **FAM.** Esperanzador.

esperar *v. tr.* **1.** Tener confianza en que algo sucederá de cierta manera. También *v. prnl.* **2.** Desear que ocurra algo. **3.** Creer o saber que algo va a ocurrir o cumplirse. ▪ Se usa mucho en construcciones impersonales con *se*. **4.** Permanecer una persona en un sitio, sin hacer nada, hasta que venga alguien o algo u ocurra alguna cosa. También *v. intr.* **5.** Estar algo en el futuro de una persona o cosa. **6.** Estar una mujer embarazada. También *v. intr.* || **LOC. de aquí te espero** *adj.* Muy grande, fuera de lo común.

esperma *s. amb.* **1.** Semen. **2.** Líquido viscoso de color blanquecino que arroja el macho en la eyaculación. Contiene, además del semen, otros elementos útiles para la fecundación, como el líquido prostático. || **3. esperma de ballena** Sustancia grasa que se extrae de la cabeza del cachalote y se emplea para la fabricación de velas y pomadas. **FAM.** Espermático.

espermaceti *s. f.* Esperma* de ballena.

espermafitas *s. f. pl.* Grupo de vegetales que comprende todas las plantas que se reproducen mediante semillas. Está formado por más de 250.000 especies conocidas e incluye a las plantas de organización más compleja. Carece de categoría taxonómica. Se denomina asimismo *fanerógamas*. También *adj.* y *s. f.*

espermaticida *adj.* Espermicida*.

espermatida o **espermátida** *s. f.* Cada una de las células que se producen por la división de un espermatocito y que tras un proceso de maduración se transformará en un espermatozoide.

espermatocito *s. m.* Célula formada por la división y multiplicación de las espermatogonias que, tras experimentar diversas transformaciones internas, da lugar al dividirse a dos espermatidas.

espermatofito o **espermatófito** *s. m.* Planta que se reproduce mediante semillas.

espermatogénesis *s. f.* Nombre que recibe la gametogénesis masculina o proceso de formación de espermatozoides en los testículos de los metazoos. La espermatogénesis comienza en el hombre con una *fase de proliferación*, en la que las células germinales se multiplican por mitosis, dando lugar a espermatogonias, las cuales durante la *fase de crecimiento* aumentan de tamaño y se transforman en espermatocitos diploides; en la *fase de maduración* tiene lugar la reducción cromosómica mediante meiosis y cada espermatocito diploide (46 cromosomas) da lugar a dos haploides (23 cromosomas), cada uno de los cuales, a su vez, da lugar a dos espermatidas; por último, en la *fase de espermiogénesis*, los espermatidas se transforman en espermatozoides mediante un proceso de diferenciación celular.

espermatogonia *s. f.* Célula madre en el proceso de generación de espermatozoides, que por división y multiplicación da lugar a un espermatocito.

espermatorrea *s. f.* Derrame involuntario de esperma fuera del acto sexual.

espermatozoide o **espermatozoo** *s. m.* Célula masculina diferenciada de los metazoos cuya función es fecundar el óvulo en la reproducción sexual. En la mayoría de los metazoos el espermatozoide mide de 50 a 60 micras y consta de *cabeza*, parte voluminosa que contiene el acrosoma (pequeño órgano que se origina a partir del aparato de Golgi y que encierra sustancias ricas en energía) y el núcleo; *cuello*, que contiene el centriolo; *pieza intermedia*, de la que parte el filamento axial, que está rodeado de mitocondrias, y *cola*, donde se prolonga el filamento axial envuelto en una vaina flexible; el movimiento flagelar del filamento desplaza al espermatozoide por las vías genitales femeninas al encuentro del óvulo. El núcleo lleva la mitad de la información genética que, junto al gameto femenino, formará una célula-huevo o cigoto, que tendrá la información completa que caracteriza a la especie a que pertenece.

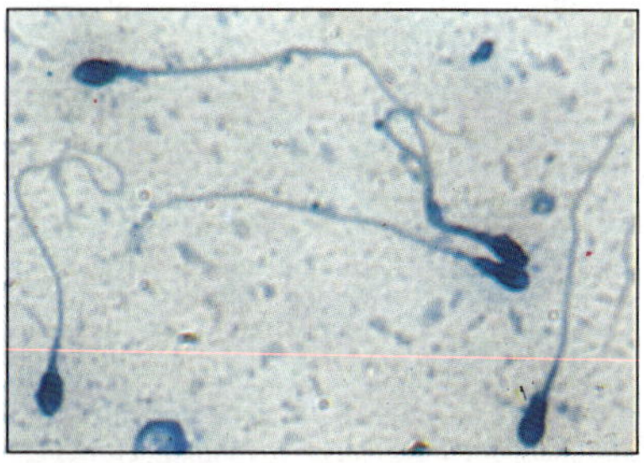

Fotomicrografía de espermatozoides.

espermicida *adj.* Se dice del producto anticonceptivo de uso local que destruye los espermatozoides. También *s. m.* Se dice también *espermaticida*.

espernada *s. f.* Remate de la cadena, que suele tener el eslabón abierto y las puntas dobladas para meterlo en la argolla fijada a la pared o a un poste.

esperpéntico, ca *adj.* **1.** Muy feo, ridículo. **2.** Absurdo, desatinado. **3.** Perteneciente o relativo al esperpento literario.

esperpento *s. m.* **1.** Persona o cosa muy fea o ridícula. **2.** Género literario creado por Ramón María del Valle-Inclán, en el que se deforma la realidad y se recargan sus rasgos grotescos.

Espert, Nuria (Hospitalet de Llobregat, Barcelona 1933) Actriz española. Ha destacado por sus interpretaciones en obras de Valle-Inclán, Jean Genet y García Lorca. Como directora teatral obtuvo en 1986 un gran éxito en Londres con la representación de *La casa de Bernarda Alba*, de García Lorca, protagonizada por Glenda Jackson. Ha dado recitales poéticos en compañía de Rafael Alberti.

espesar *v. tr.* **1.** Hacer un líquido espeso o más espeso. También *v. prnl.* **2.** Unir una cosa con otra haciéndola más cerrada y tupida. También *v. prnl.* **FAM.** Espesante.

espeso, sa *adj.* **1.** Se dice de los líquidos muy densos, que fluyen con dificultad. **2.** Se aplica a las cosas cuyas partes están muy juntas y apretadas. **3.** Grueso, macizo. **4.** *fam.* Sucio. **5.** Complicado, de difícil comprensión.

espesor *s. m.* **1.** Grosor. **2.** Espesura, cualidad de espeso.

espesura *s. f.* **1.** Cualidad de espeso. **2.** Lugar muy poblado de árboles y matorrales.

espetar *v. tr.* **1.** Atravesar aves, carne, pescados, etc., con un instrumento puntiagudo para luego asarlos. **2.** Atravesar un cuerpo con un instrumento puntiagudo. **3.** *fam.* Decir bruscamente a una persona alguna cosa que le sorprende o molesta. ‖ *v. prnl.* **4.** Ponerse tieso fingiendo gravedad. **5.** Encajarse, asegurarse en un sitio.

espetera *s. f.* **1.** En la cocina, tabla con ganchos donde se cuelgan utensilios y alimentos. **2.** Conjunto de estos utensilios de metal, como cazos, sartenes, etc. **3.** *fam.* Pecho de la mujer, especialmente cuando es muy abultado. **4.** *Guat., Hond.* Excusa, pretexto.

espetón *s. m.* **1.** Hierro largo y delgado para empujar, mover o pinchar algo con su extremo. **2.** Aguja*, pez.

espía *s. m.* y *f.* **1.** Persona que espía. **2.** En aposición, se aplica a ciertos aparatos, medios, etc., especializados en tareas de espionaje.

espiar *v. tr.* **1.** Observar o escuchar disimuladamente a alguien o algo. **2.** En especial, tratar de obtener información secreta para un país, una empresa, etc. También *v. intr.* ▪ En cuanto al acento, se conjuga como *ansiar*: *espío*.

espichar *v. intr.* **1.** *fam.* Morir. Se usa mucho en la expresión *espicharla*. **2.** *Arg.* Acabar de salir el líquido de un recipiente. ‖ *v. tr.* **3.** *Chile.* Entregar algo a disgusto. ‖ *v. prnl.* **4.** *Cuba, Méx.* Chuparse, adelgazar.

espiche *s. m.* **1.** Arma o utensilio puntiagudo, como un asador, chuzo, etc. **2.** Estaquilla que sirve para tapar un agujero, como, p. ej., las que se colocan en las cubas de vino o en una barca.

espícula *s. f.* **1.** Inflorescencia simple de las plantas gramíneas formada por varias flores y protegida por dos brácteas. Las espículas se agrupan a su vez en inflorescencias del tipo espiga, racimo o panícula. Se llama también *espiguilla*. **2.** Cada una de las espinas protectoras, calcáreas o silíceas, que desarrollan en su caparazón determinados animales invertebrados, como la esponja, la holoturia y el erizo de mar. **3.** Cada uno de los elementos que forman el esqueleto de las esponjas no córneas.

espiga *s. f.* **1.** Inflorescencia formada por un conjunto de flores o de espículas que se insertan directamente en un tallo común. **2.** Espiguilla*, dibujo. **3.** Parte de una herramienta, un arma, un madero o de otro objeto a la que se ha rebajado para poder encajarla en un mango, en un puño, en la ranura de otra pieza, etc. **4.** Clavo de madera para asegurar tablas. **5.** Clavo pequeño y sin cabeza. **6.** Espoleta de las bombas y artefactos explosivos. **7.** Cabeza de los palos y masteleros de un barco.

espigado, da **1.** *p. p.* de **espigar**. También *adj.* ‖ *adj.* **2.** Alto y delgado. **3.** En forma de espiga. **4.** Se aplica a algunas plantas a las que se deja crecer hasta que la semilla madura completamente.

espigar *v. tr.* **1.** Coger las espigas que han quedado sin segar o caídas en el campo. **2.** Buscar y recoger datos, citas, etc., de distintos libros, revistas, diarios, papeles, etc. También *v. intr.* **3.** Rebajar las maderas que han de entrar en los huecos de otras para ensamblarlas. ‖ *v. intr.* **4.** Comenzar los cereales a formar espiga. ‖ *v. prnl.* **5.** Crecer demasiado el tallo de algunas hortalizas. **6.** Crecer mucho una persona. ▪ Se conjuga como *pagar*. **FAM.** Espigador, espigueo.

espigón *s. m.* **1.** Muro que se construye a orilla del mar o de un río de forma que avance en el agua y sirva para proteger esa orilla o modificar la corriente. **2.** Punta de un instrumento puntiagudo o de un clavo. **3.** Eje que sostiene una escalera de caracol. **4.** Espiga áspera y espinosa.

espiguilla *s. f.* **1.** Dibujo formado por una línea como eje y otras laterales, paralelas entre sí y oblicuas a la primera; particularmente, el utilizado en ciertos tejidos. **2.** Espícula*, inflorescencia. **3.** Planta anual de la familia de las gramíneas, especie *Poa annual*.

espina *s. f.* **1.** Astilla pequeña y puntiaguda. **2.** Cada uno de los huesos del pez, en especial los largos y puntiagudos. **3.** Formación vegetal endurecida y puntiaguda. **4.** Muro bajo situado a lo largo y en el centro del circo romano, alrededor del cual corrían los caballos y los carros. **5.** Pesar o sentimiento que causa inquietud. ‖ *pl.* **6.** Dificultades, penalidades. ‖ **7. espina bífida** Defecto de la columna vertebral que consiste en una abertura de los arcos de las vértebras por la que sale la médula o una parte de la misma, formando un abultamiento. Suele estar localizada en la región lumbar o sacra. **8. espina dorsal** Columna vertebral. ‖ **LOC. darle** a uno **mala espina** una cosa *fam.* Hacerle pensar que puede ocurrir algo malo o desagradable. **sacarse** alguien **la espina** *fam.* Tomarse la revancha; también, desahogarse, dar rienda suelta a algo que estaba reprimido.

Espina, Antonio (Madrid 1894 - íd. 1972) Escritor español. Poeta del movimiento ultraísta, entre sus obras líricas destacan *Umbrales* (1918) y *Signario* (1923). También es autor de novelas como *Pájaro pinto* (1927) y *Luna de copas* (1929), de ensayos y de biografías como *Ganivet: el hombre y la obra* (1942).

Espina, Concha (Santander 1877 - Madrid 1955) Escritora española. Su obra, ambientada casi siempre en su tierra natal, es de carácter realista y tono folletinesco. Entre sus novelas sobresalen *La niña de Luzmela* (1909), *La esfinge maragata* (1914), *El metal de los muertos* (1920), *Altar mayor* (1926) y *Una novela de amor* (1953).

espinaca *s. f.* Planta herbácea de la familia quenopodiáceas, especie *Spinacia oleracea*. Tiene hojas radicales en roseta de color verde. Es originaria de Asia Menor y se cultiva en suelos frescos. Se utiliza en alimentación y tiene virtudes medicinales por su gran contenido en sales inorgánicas.

espinal *adj.* Perteneciente o relativo a la médula o a la columna vertebral.

espinapez *s. m.* Trabajo hecho en los solados y entarimados con rectángulos colocados oblicuamente a las franjas de baldosas que rodean la habitación junto a las paredes.

espinar *s. m.* Terreno poblado de espinos.

espinazo *s. m.* **1.** Columna vertebral. **2.** Clave de una bóveda o de un arco. ‖ **LOC. doblar el espinazo** *fam.* Trabajar; también, humillarse.

Espinel, Vicente (Ronda, Málaga 1550 - Madrid 1624) Escritor español. Poeta épico y narrador, perfeccionó la estrofa *décima*, llamada en su honor *espinela*. Es autor de *Rimas* (1591) y de *Relaciones de la vida del escudero Marcos de Obregón* (1618), novela picaresca que influyó poderosamente en la narrativa posterior.

espinela *s. f.* Décima, estrofa de diez versos octosílabos.

espineta *s. f.* Instrumento musical de teclado de la familia del clavicémbalo, más pequeño que éste, en el que a cada tecla corresponde una sola cuerda que se toca mediante plumas duras y afiladas. Se usó mucho en el s. XVIII.

espingarda *s. f.* **1.** Antiguo cañón de artillería que lanzaba bolas de hierro o plomo. **2.** Escopeta de chispa, de cañón muy largo, que usaban mucho los moros. **3.** *fam.* Persona muy alta, delgada y sin garbo.

espinilla *s. f.* **1.** Borde delantero de la tibia. **2.** Pequeño grano que se forma en la piel del rostro al taponarse el conducto secretor de las glándulas sebáceas.

espinillera *s. f.* Pieza usada para proteger la espinilla, p. ej. la que formaba parte de la armadura o la que utilizan los futbolistas.

espino *s. m.* **1.** Nombre común de diversas plantas arbóreas o arbustivas de la familia rosáceas, género *Crataegus*. Miden entre 2 y 10 m de altura, tienen ramas espinosas y flores blancas, y están muy extendidos por Europa, preferentemente en zonas montañosas. Las especies más conocidas son el espino mediterráneo *(Crataegus laevigata)* y el espino albar o majuelo *(Cra-*

taegus monogyna). **2.** Nombre común con que se conocen numerosas plantas de diversas familias y géneros, caracterizadas por tener ramas espinosas, como la *Acacia cavenia* de Argentina, el espino amarillo *(Hippophae rhamnoides),* el espino cerval *(Rhamnus catharticus),* el espino o aulaga *(Genista anglica),* entre otras. ‖ **3. alambre de espino** Alambre con pinchos utilizado para hacer cercas.

Espínola, Ambrosio de Véase **Spínola, Ambrosio de**.

Espinosa, Diego de (Martín Muñoz de las Posadas 1502 - Madrid 1572) Cardenal y político español. Obispo de Sigüenza y Consejero de Felipe II, fue presidente del Consejo de Castilla (1565), inquisidor general (1566) y jefe del Consejo de Estado. Recomendó la publicación de los edictos que motivaron la revuelta de los moriscos de las Alpujarras (1568).

Espinosa, Gabriel, llamado **el Pastelero de Madrigal** (¿Toledo? ? - Madrigal de las Altas Torres, Ávila 1595) Impostor español. Se estableció como pastelero en Madrigal. Ayudado por el agustino portugués fray Miguel de los Santos y por Ana de Austria, sobrina de Felipe II, se hizo pasar por el desaparecido don Sebastián, rey de Portugal, para deshacer la unión de Portugal y España lograda por Felipe II. Descubierta la trama, fue torturado y decapitado.

Espinosa, Javier (Quito 1815 - ? 1870) Político ecuatoriano. Apoyado por García Moreno, fue nombrado presidente de la república (1867), tras la renuncia de Carrión. Realizó una política democrática y el mismo García Moreno lo derrocó (1869).

Espinosa, Jerónimo Jacinto (Cocentaina, Alicante 1600 - Valencia 1667) Pintor español. Fue discípulo de su padre, Jerónimo Rodríguez de Espinosa, y de Francisco Ribalta, que le enseñó la técnica del claroscuro. Representante del realismo español, se especializó en pintura religiosa y retratos de monjes, lo que le valió el sobrenombre de «el Zurbarán valenciano». En su extensa obra destacan *Aparición de Cristo a San Ignacio, Padre Jerónimo de Mas, Aparición de la Virgen a San Pedro Nolasco* y *La conversión de la Magdalena.*

Espinosa, Miguel (Caravaca, Murcia 1926 - Murcia 1982) Novelista español. En 1974 se dio a conocer con *Escuela de mandarines,* sátira en lenguaje clásico, llena de humor, de todos los estamentos de la sociedad franquista. En 1980 se publicó *La tríbada falsaria* y póstumamente *La tríbada confusa* (1984) y *La fea burguesía* (1990).

Espinosa, Pedro de (Antequera 1578 - Sanlúcar de Barrameda 1650) Poeta español. Sacerdote, fue capellán de los duques de Medina Sidonia. Su estilo, exuberante y colorista, es de corte gongorino. Entre sus obras poéticas destacan *Fábula del Genil* y *Soledad de Pedro de Jesús,* y en prosa, *El perro y la calentura* (1625) y *Panegírico a la ciudad de Antequera* (1625). Es autor también de *Las flores de poetas ilustres* (1605), importante antología de poetas de su tiempo.

espinoso, sa *adj.* **1.** Que tiene espinas. **2.** Difícil, delicado, comprometido.

Espinoza, Baruch Véase **Spinoza, Baruch**.

espionaje *s. m.* **1.** Actividad clandestina que consiste en espiar los secretos de un país, empresa, etc., para revelárselos a otro. También, organización, medios y agentes destinados a este fin. ‖ **2. espionaje industrial** Actividad que tiene por objeto conseguir ilegalmente información sobre procesos industriales secretos.

espira *s. f.* **1.** Cada una de las vueltas de una espiral o de una hélice. **2.** Espiral, curva. **3.** En electricidad, cada una de las vueltas del conductor en una bobina. **4.** Parte de la basa de la columna que está encima del plinto.

espiración *s. f.* Acción y efecto de espirar, segunda fase del movimiento respiratorio.

espiráculo *s. m.* Orificio situado detrás de los ojos de los peces elasmobranquios por el que penetra el agua hacia las branquias para la respiración.

espiral *s. f.* **1.** Curva plana y abierta que da vueltas alrededor de un punto alejándose continuamente de él. **2.** Hélice, curva que da vueltas alrededor de la superficie de un cilindro. **3.** Muelle del volante de un reloj. **4.** Proceso rápido e incontrolado. ‖ *adj.* **5.** Con la forma de las curvas mencionadas.

espirar *v. intr.* **1.** Expulsar el aire que se ha aspirado. También *v. tr.* ‖ *v. tr.* **2.** Despedir una cosa cierto olor. **FAM.** Espiratorio.

espirilo *s. m.* Bacteria unicelular no ramificada, con forma espiral o helicoidal.

espiritado, da *adj.* Flaco, muy delgado.

espiritismo *s. m.* Creencia según la cual los espíritus de los muertos pueden entrar en comunicación con los vivos, especialmente gracias a la acción de un médium; también, conjunto de prácticas relacionadas con esta creencia. **FAM.** Espiritista.

espiritoso, sa *adj.* Que contiene mucho alcohol. Se dice también *espirituoso.*

espiritrompa *s. f.* Aparato chupador de los insectos lepidópteros formado por la prolongación de las dos maxilas. Consiste en un largo tubo que, en posición de reposo, queda arrollado en espiral.

espíritu *s. m.* **1.** Según numerosas doctrinas y creencias, parte inmaterial del hombre, gracias a la cual piensa, siente, quiere, etc. **2.** Alma de una persona muerta. **3.** Ser inmaterial dotado de inteligencia, como Dios, los ángeles o los de ciertas creencias o mitologías. **4.** Demonio. Se usa más en *pl.* **5.** Ánimo, valor. **6.** Actitud. **7.** Carácter o sentido de una cosa. **8.** Sentido o intención real de un texto, por oposición a la letra o sentido estricto de lo que expresa. **9.** Con palabras como *clase, cuerpo,* etc., sentimiento de solidaridad de alguien hacia la colectividad de la que forma parte. **10.** Sustancia que se extrae de algunos cuerpos mediante destilación, p. ej. el *espíritu del vino* o alcohol etílico. **11.** Don sobrenatural, gracia que Dios concede a algunas personas. **12.** En la lengua griega, cada uno de los dos signos ortográficos (' '), fuerte o áspero uno y suave el otro, que indican respectivamente que ciertos sonidos se pronuncian con o sin aspiración. ‖ **13. espíritu de contradicción** Tendencia de una persona a decir o hacer siempre lo contrario de lo que hacen los demás o de lo que se desea o espera de ella. ‖ **LOC. pobre de espíritu** *adj.* Apocado, tímido.

Espíritu Santo En la teología cristiana, tercera persona de la Santísima Trinidad que procede del Padre y del Hijo. La revelación de Dios como Padre, Hijo y Espíritu Santo tiene en el Nuevo Testamento una relación directa con la salvación de los hombres. Así, Jesús promete a sus apóstoles «el Espíritu de la verdad»: «El Espíritu Santo, que enviará el Padre en mi nombre, será quien os lo enseñe todo y os recordará lo que yo os he dicho» (Juan 14, 26). El Espíritu Santo es el autor de la santidad de los hombres, el mismo Dios que ilumina su entendimiento y mueve su corazón para conocer y seguir el mensaje de Jesús.

Espíritu Santo Estado de Brasil, en el E del país, bañado por el océano Atlántico. 45.733 km^2. 2.523.900 h. en 1990. La capital es Vitória, con 277.300 h. en 1989. Su relieve es montañoso y tiene una economía fundamentalmente agrícola, que produce café y cacao.

espiritual *adj.* **1.** Perteneciente o relativo al espíritu. **2.** Se aplica a la persona y a las cosas en que predomina la razón, la sensibilidad o los sentimientos sobre lo material. ‖ *s. m.* **3.** Canto religioso originario de la población negra del S de los EE UU. **FAM.** Espiritualmente.

espirituales *s. m. pl.* Grupos de frailes franciscanos que defendían la práctica de una pobreza rigurosa frente a conductas que consideraban excesos de la jerarquía eclesiástica. También llamados *fraticelli,* fueron excomulgados por el papa Juan XXII a principios del s. XIV.

espiritualidad *s. f.* **1.** Cualidad de espiritual. **2.** Vida espiritual de una época, persona, movimiento religioso, etc.

espiritualismo *s. m.* Doctrina o sistema filosófico que afirma la existencia del espíritu como realidad distinta y superior a la materia. **FAM.** Espiritualista.

espiritualizar *v. tr.* Hacer espiritual o volver más espiritual. También *v. prnl.* ▪ Se conjuga como *cazar.* **FAM.** Espiritualización.

espirituoso, sa *adj.* Espiritoso*.

espirómetro *s. m.* Aparato usado en medicina que mide el volumen de aire que los pulmones mueven en la respiración. **FAM.** Espirometría.

espiroqueta *s. f.* Nombre común de diversas bacterias de la familia espiroquetáceas, géneros *Treponema, Borrelia, Cristipira* y *Spirochaeta.* Tienen forma de bastoncillo en espiral y, en ocasiones, están dotadas de flagelos. Las perjudiciales para el hombre pertenecen al género *Treponema,* como p. ej. la *Treponema pallidum,* agente de la sífilis, y *Borrelia,* productora de las fiebres recurrentes.

espita *s. f.* Canuto o dispositivo similar, con llave o sin ella, colocado en un recipiente para que por él pueda salir el fluido o con el que se regula el que corre por una cañería.

Esplá, Óscar (Alicante 1889 - Madrid 1976) Compositor español. En su obra, que tiene un marcado acento regionalista, destacan la cantata *La Nochebuena del diablo* (1923), el poema sinfónico *Don Quijote velando las armas* (1925), los ballets *Los cíclopes de Ifach, Los contrabandistas, Sonata del Sur* (1945) y el salmo *De profundis* (1967). Es además autor de la reconstrucción de la parte musical del *Misterio de Elche,* obra del s. XIII.

esplendente *adj.* Resplandeciente, brillante.

esplender *v. intr.* Resplandecer, brillar.

esplendidez *s. f.* **1.** Generosidad. **2.** Ostentación, riqueza.

espléndido, da *adj.* **1.** Magnífico, estupendo. **2.** Generoso, que da o gasta su dinero abundantemente. **3.** Resplandeciente, luminoso. **FAM.** Espléndidamente.

esplendor *s. m.* **1.** Grandeza, hermosura, lujo. **2.** Situación de la persona o cosa que ha alcanzado un grado muy alto en su desarrollo o en alguna cualidad. **3.** Brillo, resplandor.

esplendoroso, sa *adj.* **1.** Rico, lujoso. **2.** Que resplandece o brilla. **FAM.** Esplendorosamente.

esplénico, ca *adj.* **1.** Perteneciente o relativo al bazo. ‖ **2. arteria esplénica** En anat. y fisiol., vaso sanguíneo, ramal que sale del tronco celiaco y lleva la sangre al bazo. **3. vena esplénica** En anat. y fisiol., vaso sanguíneo que transporta la sangre desde el bazo hasta la vena porta.

esplenio *s. m.* Músculo de la nuca, largo y plano, que contribuye a los movimientos de la cabeza.

esplenitis *s. f.* Inflamación del bazo.

espliego *s. m.* Nombre común de diversas plantas leñosas arbustivas de la familia labiadas, género *Lavandula.* El espliego común *(Lavandula angustifolia)* mide unos 40 cm de altura, tiene hojas lanceoladas y flores de color azul en espícula terminal. Crece en Álava, Aragón y Cataluña. La especie *Lavandula latifolia* es parecida a la anterior, con hojas ovales, y crece en el centro y S de la península Ibérica. Son plantas aromáticas que se utilizan en perfumería para elaborar esencias.

Espliego (Lavandula latifolia).

esplín *s. m.* Spleen*.

Esplugas de Llobregat (*Esplugues de Llobregat*) C. de España, en la prov. de Barcelona, situada en el área metropolitana de la capital. 49.050 h. en 1990. Es un importante centro industrial siderometalúrgico, químico, del plástico, artes gráficas, electrodomésticos y materiales de construcción.

espodumena *s. f.* $LiAl(Si_2O_6)$. Mineral silicato de litio y aluminio. Cristaliza en el sistema monoclínico en formas prismáticas y granulares y tiene brillo vítreo, color blanco, rosa o verde.

Mineral poco frecuente, suele aparecer asociado a las pegmatitas. Algunas de sus variedades se usan en joyería.

espoleadura *s. f.* Herida que la espuela hace en la cabalgadura.

espolear *v. tr.* **1.** Picar con la espuela a la cabalgadura. **2.** Estimular, incitar.

espoleta[1] (del ital. *spoletta*) *s. f.* Dispositivo que se coloca en un proyectil con carga explosiva para que haga explosión en el momento deseado.

espoleta[2] (de *espuela*) *s. f.* Horquilla que forman las clavículas de las aves.

espolio *s. m.* Expolio*.

espolón *s. m.* **1.** Pequeño apéndice de naturaleza ósea que presentan en sus patas los machos de diversas especies de aves -gallos, faisanes, etc.- y que utilizan como defensa. **2.** Saliente córneo que tienen las caballerías en la parte posterior de las patas. **3.** Prolongación en ángulo agudo de la base del pilar de un puente para repartir la presión del agua. **4.** Muro de defensa que suele hacerse a orillas de los ríos o del mar y también al borde de barrancos y precipicios. **5.** Contrafuerte de un muro. **6.** Ramal montañoso, corto y escarpado, que sale de una sierra en dirección aproximadamente perpendicular a ella. **7.** Punta en que remata la proa de una nave. ‖ **Loc. tener** alguien **espolones** *fam.* Se utiliza irónicamente para indicar que una persona es vieja.

espolvorear *v. tr.* Esparcir sobre una cosa otra en polvo. **Fam.** Espolvoreo.

espondaico, ca *adj.* Perteneciente o relativo al espondeo.

espondeo *s. m.* Pie de la poesía griega y latina, compuesto por dos sílabas largas.

espóndil *s. m.* Vértebra.

espondilitis *s. f.* Inflamación de las vértebras y los discos articulares.

espóndilo *s. m.* Vértebra.

espondiloartritis *s. f.* Proceso inflamatorio de las articulaciones vertebrales.

espondilosis *s. f.* Afección no inflamatoria de las vértebras.

espongiarios *s. m. pl.* Antigua denominación del tipo poríferos o esponjas, animales metazoos marinos. También *adj.* y *s. m.*

esponja *s. f.* **1.** Nombre genérico de diversas especies de metazoos acuáticos del tipo poríferos. Tienen el cuerpo perforado por un enorme número de poros que comunican la cavidad interna con el exterior. La entrada de agua por los poros y salida por un orificio llamado *ósculo* facilita la alimentación, la excreción y la respiración de las esponjas. Tienen células especializadas en diversas funciones, pero no llegan a formar tejidos. Su reproducción puede ser asexual, por gemación o escisión, y sexual. Viven formando colonias. El esqueleto de las especies de los géneros *Euspongia* e *Hippospongia* (esponjas córneas) se usa como utensilio en la higiene personal. **2.** Masa porosa y elástica formada por el esqueleto de este metazoo o por cualquier material de consistencia similar, empleado para el aseo y otros usos, por absorber fácilmente los líquidos. **3.** *fam.* Persona que bebe mucho, particularmente alcohol. ‖ *s. f. pl.* **4.** Poríferos*.

esponjadura *s. f.* **1.** Acción y efecto de esponjar o esponjarse. **2.** Defecto de fundición en una pieza metálica.

esponjar *v. tr.* Ahuecar o hacer más poroso un cuerpo. También *v. prnl.* **Fam.** Esponjamiento.

esponjera *s. f.* Lugar o recipiente en el que se deja la esponja de aseo personal.

esponjoso, sa *adj.* Se dice del cuerpo poroso, hueco y elástico como la esponja. **Fam.** Esponjosidad.

esponsales *s. m. pl.* **1.** Promesa de casarse que se hacen públicamente un hombre y una mujer. **2.** Ceremonia o fiesta con que se celebra.

esponsalicio, cia *adj.* Perteneciente o relativo a los esponsales.

espontanearse *v. prnl.* Sincerarse, confiarse a alguien.

espontaneidad *s. f.* Cualidad de espontáneo.

espontáneo, a *adj.* **1.** Se aplica al fenómeno que se realiza sin acción o intervención exterior. **2.** Se dice de lo que se hace por propia voluntad, sin indicación o presión de nadie. **3.** Se dice de la persona que actúa con naturalidad y sinceridad, y de sus palabras, acciones, etc. **4.** Se aplica a las plantas que crecen sin cultivo, sin cuidado del hombre. ‖ *s. m.* y *f.* **5.** Espectador que en una corrida de toros salta al ruedo a torear. **6.** P. ext., persona que interviene en un espectáculo público o en otra actividad sin estar autorizada para ello. **Fam.** Espontáneamente.

Espoo o **Esbo** C. de Finlandia, situada al E de Helsinki, a cuya área metropolitana pertenece. 169.600 h. en 1990.

espora *s. f.* Célula reproductora capaz de crear un nuevo individuo sin necesidad de ser fecundada, característica del reino vegetal. Generalmente es microscópica, unicelular y haploide. Es propia de ciertos grupos de plantas, como los musgos y helechos, de algunas bacterias, de protistas como las algas y algunos protozoos y de los hongos.

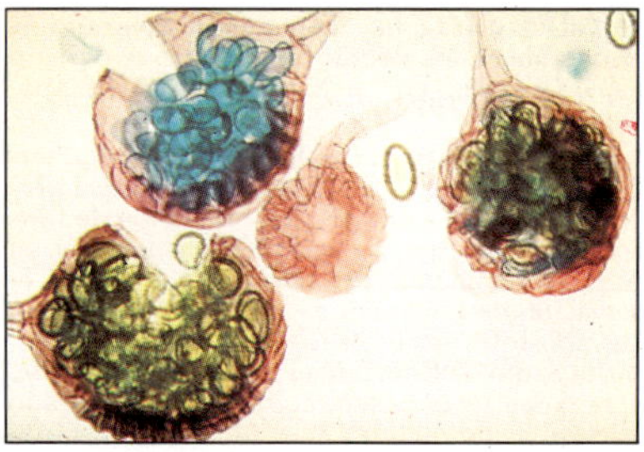

Esporas de una pteridofita (helecho) vistas al microscopio.

esporádico, ca *adj.* Que se da con poca frecuencia o sin relación con otros casos. **Fam.** Esporádicamente.

esporangio *s. m.* Cápsula donde se originan y están contenidas las esporas. Suele ser esférica y contener en su interior el protoplasma, que por divisiones celulares sucesivas produce gran número de esporas. Pueden hallarse suspendidos de un pedúnculo, como en los hongos mixomicetes, o agrupados en soros en los frondes, como en las plantas pteridofitas.

esporofito, ta *adj.* **1.** Se dice de las plantas que se reproducen por esporas. También *s.* ‖ *s. m.* **2.** Fase del proceso reproductor de los vegetales que sigue a la de gametofito. En pteridofitas, gimnospermas y angiospermas está representada por la parte conspicua de la planta.

esporozoos *s. m. pl.* Clase de protozoos que comprende numerosas especies de parásitos de estructura simple. Se caracterizan por presentar un ciclo vital complejo, a menudo en más de un huésped, con reproducción alternante, sexual y asexual, esta última con formación de esporas. Esporozoo es, p. ej., el plasmodio, que se transmite por medio del mosquito *Anopheles* y produce en el hombre la malaria. También *adj.* y *s. m.*

esportear *v. tr.* Llevar o echar con espuertas una cosa.

esportón *s. m. aum.* de **espuerta**. Espuerta grande.

esporulación *s. f.* Proceso de formación y emisión de esporas. Constituye un tipo de reproducción asexual propia de ciertos organismos inferiores, como, p. ej., las bacterias.

esposar *v. tr.* Sujetar a uno con esposas.

esposas *s. f. pl.* Aros de metal unidos por una cadena con los que se sujeta por las muñecas a los presos.

esposo, sa *s. m.* y *f.* Persona que ha contraído matrimonio con respecto a aquella con la que se ha casado.

Espoz y Mina, Francisco (Idocín, Navarra 1781 - Barcelona 1836) Militar español. Capitaneó una de las principales partidas guerrilleras en la guerra de la Independencia. Conspiró contra Fernando VII y, tras la llegada de los Cien mil hijos de San Luis, se exilió. Regresó a España gracias a la amnistía de 1833. Combatió a los carlistas como general en jefe del ejército del Norte (1834-35) y como capitán general de Cataluña (1835-36).

espráí *s. m.* Spray*.

Espriella, Ricardo de la (Panamá 1934) Financiero y político panameño. Vicepresidente del país, ocupó la presidencia tras la dimisión de Arístides Royo (1982). Celebró un referéndum para reformar la Constitución y dimitió después de convocar elecciones (1984).

esprint *s. m.* Sprint*.

esprintar *v. intr.* Realizar un sprint.

Espriu, Salvador (Santa Coloma de Farnés, Girona 1913 - Barcelona 1985) Escritor español en lengua catalana. Su obra, en la que utiliza elementos simbólicos, bíblicos y clásicos, abarca la novela, el teatro y la poesía y gira en torno a la incomunicación, la soledad y, sobre todo, la muerte. Entre sus novelas sobresalen *Laia* (1932), *Ariadna en el laberinto grotesco* (1935) y *Espejismo en Citerea* (1935); en teatro, *Primera historia de Esther* (1948) y *Antígona* (1955), y en poesía, *Cementerio de Sinera* (1946), *Las canciones de Ariadna* (1949), *Mrs. Death* (1952), *La piel de toro* (1960) y *Libro de Sinera* (1963).

Salvador Espriu.

Espronceda, José de (Almendralejo, Badajoz 1808 - Madrid 1842) Escritor español. Su vida y su obra le caracterizan como uno de los representantes más destacados del Romanticismo. Fue un liberal exaltado que pasó muchos años en el exilio y no volvió a España hasta la muerte de Fernando VII en 1833. Se estableció en Madrid, donde se dedicó al periodismo y a la política.

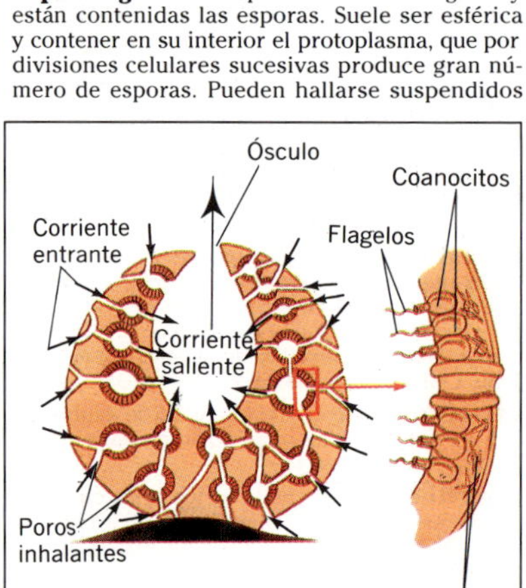

Foto de esponjas cilíndricas a la izquierda, y, a la derecha, esquema de la estructura de una esponja: el agua penetra por los poros y sale por un único orificio, llamado ósculo; de la alimentación se encargan unas células especiales, los coanocitos.

Aunque es autor de la novela histórica *Sancho Saldaña* (1834) y de varias piezas teatrales, alcanzó su mayor calidad en el terreno de la poesía. Hábil versificador, su obra poética se caracteriza por el sentido del ritmo y la fuerza expresiva, como lo demuestran las canciones dedicadas a tipos marginales de la sociedad (*Canción del pirata, El canto del cosaco, El mendigo, El reo de muerte* y *El verdugo*), el poema dramático *El estudiante de Salamanca* (1839) y un poema filosófico inacabado, *El diablo mundo* (1840), que incluye el famoso *Canto a Teresa.*

José de Espronceda. Cuadro de M. Arroyo, fragmento (Ateneo de Madrid).

espuela *s. f.* **1.** Arco de metal, con una pieza alargada provista en su extremo de una ruedecilla dentada, que se ajusta el jinete al talón para picar a la cabalgadura y espolearla. **2.** Estímulo, acicate. **3.** Última copa que se toma un grupo de bebedores o uno de ellos antes de separarse de sus compañeros. ‖ **4. espuela de caballero** Planta herbácea de la familia ranunculáceas, especie *Consolida regalis.* Mide entre 20 y 40 cm de altura, tiene flores azules, rosadas o blancas en espiga y fruto en folículo. Es frecuente en campos y terrenos incultos y se cultiva con fines ornamentales.

espuelear *v. tr.* **1.** *amer.* Espolear. **2.** *Col.* Probar una cosa, experimentar con ella.

espuerta *s. f.* Recipiente de forma cóncava con dos asas pequeñas, hecho de mimbre, esparto, pita, etc. ‖ **Loc. a espuertas** *adv.* En abundancia.

espulgar *v. tr.* **1.** Limpiar de pulgas o piojos. También *v. prnl.* **2.** Examinar una cosa con mucho detenimiento. ■ Se conjuga como *pagar.*

espulgo *s. m.* Acción y efecto de espulgar o espulgarse.

espuma *s. f.* **1.** Conjunto de burbujas que se forman en la superficie de un líquido. **2.** Impurezas que sobrenadan en algunos líquidos cuando hierven. **3.** *fam.* Flor y nata, lo más selecto de algo. **4.** Tejido muy ligero y esponjoso. ‖ **5. espuma de mar** Sepiolita*. ‖ **Loc. crecer como la espuma** Medrar, prosperar rápidamente.

espumadera *s. f.* Utensilio que consiste en un disco con agujeros y un mango largo, que sirve para sacar los fritos de la sartén o quitar la espuma a algo.

espumajear *v. intr.* Arrojar espumarajos.

espumajo *s. m.* Espumarajo*.

espumante *adj.* Espumeante*.

espumar *v. tr.* **1.** Quitar la espuma de un líquido, especialmente del caldo o del almíbar. ‖ *v. intr.* **2.** Espumear*.

espumarajo *s. m.* Saliva espumosa arrojada en gran abundancia por la boca.

espumeante *adj.* Que forma espuma.

espumear *v. intr.* Formar espuma.

espumilla *s. f.* **1.** *dim.* de **espuma**. **2.** Tejido ligero y delicado, especie de crespón. **3.** *amer.* Merengue.

espumillón *s. m.* Tira con flecos, de colores brillantes, que se utiliza como adorno, especialmente en las fiestas de Navidad.

espumoso, sa *adj.* **1.** Que hace o tiene mucha espuma. **2.** Se aplica al vino que forma espuma por haber sufrido una segunda fermentación, como el cava. También *s. m.*

espurio, ria *adj.* **1.** Falso, que no tiene autenticidad, ilegítimo. **2.** Bastardo.

espurrear *v. tr.* Rociar algo con un líquido arrojado por la boca.

espurriar *v. tr.* Espurrear*. ■ En cuanto al acento, se conjuga como *ansiar*: *espurrío.*

esputar *v. tr.* Arrojar esputos.

esputo *s. m.* Secreción de las vías respiratorias que se arroja por la boca.

esqueje *s. m.* **1.** Tallo, rama u hoja que se corta para plantarlo. **2.** Método de reproducción asexual de las plantas superiores, que se practica artificialmente al cortar un tallo, rama u hoja y plantarlo en la tierra para que eche raíces y dé lugar a un nuevo individuo de la especie. Se multiplican por esquejes numerosos árboles, arbustos o plantas de adorno.

esquela *s. f.* **1.** Aviso de la muerte de alguien, impreso generalmente en papel con rebordes negros, que se envía o se entrega. **2.** Comunicación del fallecimiento que se publica en un periódico. **3.** Carta o nota breve.

esquelético, ca *adj.* **1.** Perteneciente o relativo al esqueleto. **2.** Muy flaco.

esqueleto *s. m.* **1.** Conjunto de huesos y cartílagos, unidos por articulaciones móviles o inmóviles, que sostiene el cuerpo y constituye el armazón estructural de los vertebrados. El esqueleto sirve de apoyo a muchos músculos, protege los órganos esenciales, como el corazón, los pulmones y el encéfalo, y cumple un importante papel en la función locomotora y en la formación de las células sanguíneas. En el hombre adulto consta de 208 huesos y se divide en cabeza (cara y cráneo), tronco (tórax, pelvis y columna vertebral) y extremidades. **2.** En los invertebrados, material duro de protección y soporte situado en la parte exterior del cuerpo (exoesqueleto), especialmente desarrollado en los artrópodos, en los que se compone principalmente de quitina. **3.** *fam.* Persona muy flaca. **4.** Armadura, estructura que sustenta alguna cosa. **5.** *amer.* Formulario impreso con espacios en blanco para rellenarlos. ‖ **Loc. mover** (o **menear**) **el esqueleto** *fam.* Bailar.

esquema *s. m.* **1.** Dibujo de una cosa hecho sólo con sus elementos o líneas más destacadas. **2.** Resumen de las principales ideas o puntos de un plan, proyecto, conferencia, etc.

esquemático, ca *adj.* En forma de esquema. **Fam.** Esquemáticamente.

esquematismo *s. m.* Cualidad de esquemático.

esquematizar *v. tr.* Exponer o representar algo mediante esquemas. ■ Se conjuga como *cazar.* **Fam.** Esquematización.

Esquerra Republicana de Catalunya Partido político catalán de tendencia nacionalista. Fundado en 1931, se convirtió en el principal partido de Cataluña durante la Segunda República. Presidido primero por Francesc Macià y luego por Lluís Companys, gobernó la Generalitat hasta el final de la guerra civil. De nuevo legalizado tras la instauración de la democracia (1977), su influencia electoral ha decaído en favor de opciones nacionalistas más moderadas.

esquí *s. m.* **1.** Tabla larga y estrecha que se usa para deslizarse sobre la nieve o el agua. Se fabrica de madera, metal, fibra de vidrio y materiales plásticos y se sujeta al pie mediante un resorte especial. **2.** Deporte que se practica sobre la nieve con estas tablas y que tiene su origen en un antiquísimo sistema de locomoción practicado en los países del N de Europa. Su origen como deporte se remonta a finales del s. XIX. En 1900 alcanzó categoría olímpica y en 1924 se celebraron en Francia los primeros Juegos Olímpicos de Invierno. Se divide en dos modalidades: esquí alpino, que incluye las pruebas de descenso, slalom gigante y slalom especial, y esquí nórdico, que incluye las pruebas de fondo, salto y biathlon. ‖ **3. esquí acuático** (o **náutico**) Deporte que consiste en deslizarse por la superficie del agua a gran velocidad sobre una o dos tablas o planchas, arrastradas por una lancha motora. Comenzó a practicarse en la segunda década del s. XX. Consta de tres pruebas: slalom, figuras y saltos.

esquiador, ra *s. m.* y *f.* Persona que esquía.

esquiar *v. intr.* Deslizarse sobre una superficie de nieve o agua con esquíes. ■ En cuanto al acento, se conjuga como *ansiar*: *esquío.*

esquife *s. m.* **1.** Bote que se lleva en un barco, especialmente para saltar a tierra. **2.** Embarcación de regatas semejante a la piragua, para un solo remero. **3.** Bóveda de cañón.

esquijama *s. m.* Pijama ceñido y cerrado, de tejido de punto, que se usa en invierno.

esquila[1] (del gót. *skilla*) *s. f.* **1.** Cencerro pequeño. **2.** Campana pequeña para llamar a la comunidad en los conventos.

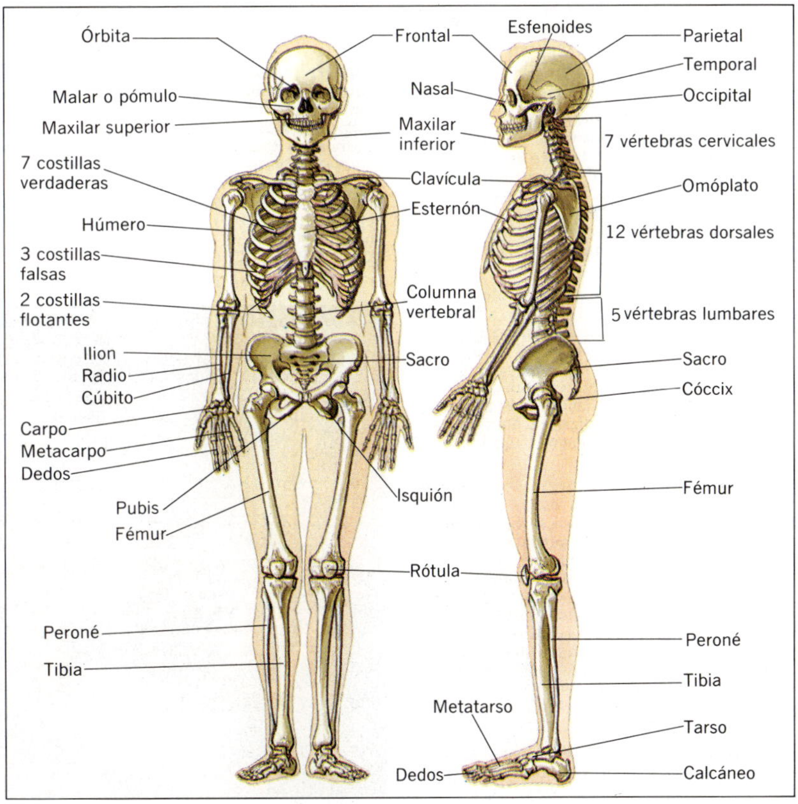

Representación frontal y lateral del esqueleto humano.

esquila[2] (de *esquilar*) *s. f.* Acción y efecto de esquilar a los animales.

Esquilache, Francisco de Borja y Aragón, príncipe de (? 1577 - Madrid 1658) Administrador colonial y poeta español. Virrey del Perú (1614-21), fortificó el puerto de El Callao y reprimió los abusos que los corregidores cometían con los indios. Es autor de una *Pasión de Cristo* (1638), en tercetos, y del poema épico *Nápoles recuperada por el rey don Alfonso* (1651). En 1648 publicó sus *Obras en verso*.

Esquilache, Leopoldo de Gregorio, marqués de (Messina h. 1700 - Venecia 1785) Político siciliano al servicio de España. Secretario de Hacienda (1759) y ministro de Guerra (1763), fue de hecho el primer ministro de Carlos III. Llevó a cabo una política económica liberalizadora, reformó el Ejército, fortaleció el poder real y emprendió la urbanización de Madrid. En 1766 fue destituido después de estallar en Madrid un motín contra su política. Rehabilitado, ocupó la embajada en Venecia.

Esquilache, motín de Revuelta popular madrileña contra el marqués de Esquilache, provocada por la escasez de pan y encarecimiento de los artículos de consumo y avivada por el decreto del ministro que prohibía el uso de capa larga y chambergo. Se inició el 23 de marzo de 1766 y concluyó tres días después al aceptar Carlos III las peticiones de los insurrectos: destierro del ministro, retirada de las tropas, supresión de la junta de abastos y rebaja de los precios de alimentos.

esquiladero *s. m.* Lugar donde se esquila el ganado.

esquilador, ra *adj.* **1.** Que esquila. También *s.* ‖ *s. f.* **2.** Máquina que sirve para esquilar.

esquilar *v. tr.* **1.** Cortar el pelo o la lana de los animales. **2.** *fam.* Cortar el pelo a una persona. También *v. prnl.*

esquileo *s. m.* Acción y efecto de esquilar a los animales y temporada en que se suele hacer.

esquilmar *v. tr.* **1.** Agotar una fuente de riqueza explotándola excesivamente. **2.** Empobrecer a una persona, sacarle demasiado dinero u otros bienes.

Esquilo (Eleusis h. 525 - Gela, Sicilia, 456 a. C.) Dramaturgo griego. Pertenecía a una familia aristocrática y combatió en las batallas de Maratón y Salamina. Vivió en Atenas y Sicilia. Su obra constituye el comienzo de la tragedia como género dramático, al que dio forma aumentando el número de actores y haciendo del elemento hablado la parte más importante. Se le atribuyen más de 90 tragedias, cuyos temas son los mitos y los héroes griegos y en las que resalta la importancia del destino en la vida del hombre. Se conservan completas *Los persas* (h. 472 a. C.), *Siete contra Tebas* (h. 463 a. C.), *Las suplicantes* (h. 463 a. C.), *Prometeo encadenado* y la serie de la *Orestiada* (458 a. C.): *Agamenón, Las coéforas* y *Las euménides*.

esquimal *adj.* **1.** Se dice de un pueblo de raza mongoloide que habita en las tierras árticas de Groenlandia, Baffin, Labrador, Canadá y Shukoski, compuesto en la actualidad por unos 50.000 individuos. Son de baja estatura, pelo negro, piel amarilla y ojos rasgados. Su economía se centra en la pesca y en la caza. Están experimentando un rápido proceso de mestizaje. **2.** De este pueblo. También *s.* ‖ *s. m.* **3.** Lengua hablada por el mismo.

esquina *s. f.* **1.** Arista y lugar que forman al juntarse dos paredes de un edificio, especialmente en la calle. **2.** Sitio donde se juntan dos lados o caras de una cosa. ‖ **3. las cuatro esquinas** Juego de niños en el que cuatro o más de los participantes se sitúan en otros tantos puntos y otro queda en el centro; a una señal, los primeros deben cambiar sus puestos, mientras el del centro trata de ocupar uno de los puntos abandonados; si lo consigue, pasa el desplazado al centro y empieza de nuevo el juego. ‖ **Loc. a la vuelta de la esquina** *adv.* En el lado de la esquina distinto a aquel en que se está; también, muy cerca, muy pronto o fácil de lograr.

esquinado, da **1.** *p. p.* de **esquinar**. También *adj.* ‖ *adj.* **2.** Intratable, huraño. **3.** Malintencionado.

esquinar *v. tr.* Poner en esquina alguna cosa.

esquinazo *s. m.* **1.** Esquina de un edificio. **2.** *Arg., Chile.* Canción de serenata. ‖ **Loc. dar esquinazo** *fam.* Dejar a uno plantado, abandonarle; también, evitar el encuentro con una persona, doblando una esquina o cambiando de dirección; en Argentina, timar a alguien, engañarlo.

esquinera *s. f.* Rinconera, mueble.

Esquines (? h. 390 - ? 314 a. C.) Orador griego. Era secretario del consejo de los Quinientos de Atenas cuando Filipo de Macedonia inició la guerra para conquistar Grecia y, en calidad de tal, encabezó la embajada que negoció la paz de Filócrates (346 a. C.). Acusado de haber faltado a sus deberes en la negociación, tuvo que defenderse con su discurso *La embajada infiel* (346), gracias al cual fue absuelto. Atacó a Demóstenes con su brillante discurso *Contra Ctesifonte sobre la corona* (336 a. C.), en el que criticaba a Ctesifonte, pero en esta ocasión resultó vencido y hubo de exiliarse de Atenas.

esquirla *s. f.* **1.** Astilla desprendida de un hueso por fractura u otra causa. **2.** P. ext., astilla de una piedra, un cristal, una madera, etc.

esquirol *s. m.* y *f.* Obrero que va a trabajar cuando sus compañeros hacen huelga o trabajador que ocupa el puesto de otro que está en huelga.

esquisto *s. m.* **1.** Roca metamórfica que resulta de la transformación de la arcilla sometida a grandes presiones. Su estructura es laminar, por lo que resulta fácilmente exfoliable. ‖ **2. esquisto bituminoso** Roca de color negro, muy rica en materia orgánica, de la que se extraen por destilación hidrocarburos. Existen grandes yacimientos en EE UU y Brasil.

esquistosidad *s. f.* Disposición laminar de ciertas rocas metamórficas en planos distintos al de estratificación. Se produce a causa de las presiones orogénicas experimentadas durante su formación y hace que esas rocas puedan dividirse en hojas muy finas. Se da, de mayor a menor grado, en las pizarras, esquistos y gneis.

esquistoso, sa *adj.* Referido a minerales, se aplica a los que tienen estructura laminar, como los esquistos.

esquivar *v. tr.* **1.** Realizar un movimiento para evitar un golpe, salvar un obstáculo, etc. **2.** Procurar con habilidad no hacer algo, no encontrarse con alguien o que no le suceda a uno cierta cosa.

Esquivel, Antonio María (Sevilla 1806 - Madrid 1857) Pintor español. Estudió en Sevilla y en 1831 se trasladó a Madrid, donde fue nombrado pintor de cámara (1843). Su obra se encuadra en el Romanticismo y en ella resaltan las composiciones de grupo, como *Una lectura de Zorrilla en el estudio del pintor* (1846), y los retratos, como los de *Isabel II y la infanta Luisa Fernanda, Manuel Flores Calderón* y *Josefa García Solís*.

Esquivel, Juan de (¿Sevilla? ? - ? h. 1513) Conquistador español. Pasó a las Indias en el segundo viaje de Colón (1493). Luchó y venció a Cotabanamá, cacique de Higüey, en La Española. Como lugarteniente de Diego Colón, conquistó y pacificó la isla de Jamaica (1509), de la que fue gobernador.

Esquivel Ibarra, Ascensión (? 1848 - ? 1927) Abogado y político costarricense. Ministro de Estado, se hizo cargo interinamente de la jefatura del ejecutivo (1889). Fue elegido presidente de la república (1902-06) con el apoyo de todos los partidos y trató de solucionar los problemas de límites de la recién creada república de Panamá.

esquivo, va *adj.* Se dice de la persona que rechaza las atenciones, muestras de afecto o el cariño de otra. **Fam.** Esquivez.

esquizocarpo *s. m.* Fruto indehiscente que se forma a partir de un gineceo de dos o más carpelos concrescentes, y que se descompone en monocarpos al llegar a la madurez.

esquizofrenia *s. f.* Enfermedad mental del grupo de la psicosis, de carácter grave, caracterizada por la escisión de la personalidad, trastornos del pensamiento (delirios, alucinaciones) y pérdida de contacto con la realidad.

esquizofrénico, ca *adj.* Se dice de la persona que padece esquizofrenia, y de su comportamiento, características, etc. También *s.*

esquizogénesis *s. f.* Escisiparidad*.

esquizoide *adj.* **1.** Se dice de la persona con tendencia a la esquizofrenia. También *s.* **2.** Se aplica a los rasgos parecidos a los de esta enfermedad.

Essen C. de Alemania, situada en el Land de Renania del Norte-Westfalia, en la cuenca del Ruhr. 620.600 h. en 1989. Es un importante centro industrial, sobre todo de industria pesada, en el que está emplazada la célebre empresa Krupp. Cuenta también con fábricas de material ferroviario, de camiones, vidrio y fibras textiles. Forma parte de la conurbación Ruhr-Rhin.

Essex **1.** Reino de la heptarquía anglosajona de Gran Bretaña. Fue un reino sajón, situado en el E de Inglaterra, que floreció en torno a Londres desde el s. V hasta el VIII, en que fue dominado por Mercia. **2.** Condado del Reino Unido, perteneciente a Inglaterra, situado en el SE del país. 3.672 km^2. 1.529.500 h. en 1988. La capital es Chelmsford, con 58.100 h. en 1981. Es una región fundamentalmente agrícola, con industria en las proximidades de Londres.

Essex, Robert Devereux, conde de (Netherwood h. 1566 - Londres 1601) Militar y cortesano inglés. Favorito de la reina Isabel I, dirigió una expedición contra Cádiz (1596), pero en su lucha contra los sublevados del Ulster fue derrotado por O'Neill (1598). Cayó en desgracia y conspiró contra la reina, por lo que fue ejecutado.

estabilidad *s. f.* Cualidad de estable.

estabilización *s. f.* **1.** Acción y efecto de estabilizar o estabilizarse. **2.** Acción de frenar la

Antonio María Esquivel: Una lectura de Zorrilla en el estudio del pintor *(Casón del Buen Retiro, Madrid).*

subida de los precios y mejorar otros aspectos de la economía, después de un periodo de inestabilidad o crisis, mediante medidas monetarias, crediticias, fiscales, comerciales, etc. **3.** En econ., acción de detener las fluctuaciones en el tipo de cambio de una moneda mediante la intervención en los mercados de divisas. **4.** Operación de afirmar el suelo para conseguir una superficie resistente al tráfico y a la intemperie.

estabilizador, ra *adj.* **1.** Que estabiliza. También *s.* ‖ *s. m.* **2.** Cada uno de los planos fijos en forma de aleta que dan estabilidad al avión. **3.** Mecanismo o dispositivo para evitar el balanceo en un barco o en un automóvil. **4.** En quím., sustancia coloidal que se añade a una suspensión para impedir su sedimentación.

estabilizar *v. tr.* Dar estabilidad a alguien o algo. También *v. prnl.* ■ Se conjuga como *cazar.*

estable *adj.* **1.** Se aplica a lo que no está en peligro de caer, cambiar, descomponerse o desaparecer. **2.** Se aplica a lo que permanece en un sitio o situación mucho tiempo o indefinidamente. **Fam.** Establemente.

establecer *v. tr.* **1.** Poner o crear algo en un sitio. **2.** Ordenar, disponer lo que debe hacerse. **3.** Expresar un pensamiento, principio, etc., de valor general. ‖ *v. prnl.* **4.** Fijar la residencia en un lugar. **5.** Abrir por cuenta propia un establecimiento comercial. **6.** Empezar a ejercer una profesión en un sitio determinado. ■ Es v. irreg. Se conjuga como *agradecer.* **Fam.** Establecedor.

establecimiento *s. m.* **1.** Acción y efecto de establecer o establecerse. **2.** Local donde se ejerce una actividad comercial, social, de enseñanza, etc. **3.** Colonia fundada en un país por otros pueblos. ‖ **4. establecimiento penitenciario** Prisión, cárcel.

establishment (voz ingl.) *s. m.* Conjunto de personas, instituciones y entidades que controlan el poder político y socioeconómico en una sociedad.

establo *s. m.* **1.** Lugar cubierto en que se encierra el ganado. **2.** *fam.* Lugar muy sucio y con mal olor.

estabular *v. tr.* Criar y mantener el ganado en establos temporal o permanentemente. **Fam.** Estabulación.

estaca *s. f.* **1.** Palo puntiagudo por un extremo para que se pueda clavar. **2.** Palo grueso y fuerte. **3.** Rama verde de un árbol que se planta para que eche raíces y se convierta en una nueva planta. **4.** Trocito duro de tabaco que aparece mezclado con el resto. **5.** *Chile.* Propiedad minera concedida a los peticionarios mediante ciertos trámites. **6.** *Ven.* Indirecta, comentario irónico.

Estaca de Bares Cabo de España, situado en la costa cantábrica de la provincia de La Coruña. Constituye el extremo septentrional de la península Ibérica.

estacada *s. f.* **1.** Empalizada para cercar, defender, etc., un lugar. **2.** Campo de batalla o lugar de un desafío. ‖ **Loc. en la estacada** *adj.* Con verbos como *dejar* y *quedar*, abandonado, en una situación difícil o insalvable.

estacar *v. tr.* **1.** Atar un animal a una estaca hincada en tierra. **2.** Señalar en el terreno una línea con estacas, como el límite de algo, el eje de un camino, etc. **3.** *amer.* Fijar algo con estacas. **4.** *Col., Ven.* Engañar a alguien, mentirle. ‖ *v. prnl.* **5.** Quedarse inmóvil y rígido como una estaca. **6.** *amer.* Lastimarse, herirse. ■ Se conjuga como *sacar.*

estacazo *s. m.* **1.** Golpe dado con una estaca, garrote, etc.. **2.** P. ext., cualquier golpe fuerte. **3.** Daño o crítica violenta contra alguien.

estacha *s. f.* **1.** Cuerda o cable atado al arpón con que se cazan ballenas. **2.** Cabo que se echa desde un barco para diversas faenas.

estación *s. f.* **1.** Cada uno de los cuatro periodos (primavera, verano, otoño e invierno) en que se divide el año. La sucesión de estaciones se produce a causa de la inclinación de la Tierra respecto al plano de la eclíptica (elipsoide que describe en su movimiento de traslación alrededor del Sol). El solsticio de verano (22 de junio) da inicio al verano en el hemisferio norte y al invierno en el hemisferio sur; durante su transcurso el Sol alumbra el polo norte, pero no el sur. El equinoccio de otoño (23 de septiembre) da inicio al otoño en el hemisferio norte y

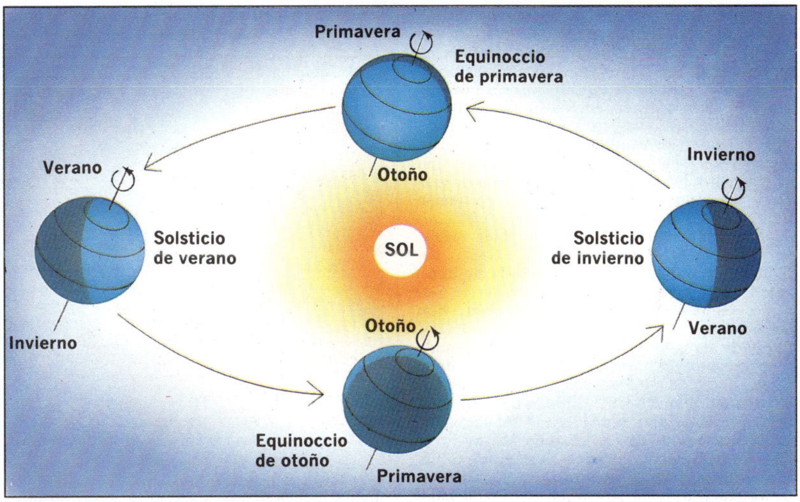

Las estaciones y la variable duración de los días a lo largo del año están originadas por la trayectoria de la Tierra alrededor del Sol y por la inclinación del eje de ésta.

a la primavera en el hemisferio sur, siendo los rayos solares perpendiculares al ecuador a las 12 del mediodía. El solsticio de invierno (22 de diciembre) da inicio al invierno en el norte y al verano en el sur; durante él, el Sol ilumina el polo sur, pero no el polo norte. El equinoccio de primavera (21 de marzo) da inicio a la primavera en el norte y al otoño en el sur; en él, el Sol nuevamente está perpendicular al ecuador a las 12 horas del mediodía. **2.** Temporada, tiempo. **3.** Lugar en que para habitualmente un tren, un autobús, etc., con ciertas instalaciones para los usuarios. **4.** Sitio en que momentáneamente se detiene alguien o algo o donde se hace alto para descansar. **5.** Aparato o conjunto de aparatos e instalaciones de telecomunicación. **6.** Centro de observación o experimentación científica. **7.** En astronáutica, instalación fija o móvil destinada a realizar o controlar determinadas misiones. **8.** En el vía crucis, cada una de las catorce escenas de la pasión de Cristo y oraciones que las acompañan. **9.** Visita que se hace por devoción a una iglesia o altar, especialmente para rezar ante el Santísimo Sacramento en los días de jueves y viernes Santo. ‖ **10. estación de esquí** (o **de invierno**) Conjunto de instalaciones (pistas, telesillas, remolques, hoteles, etc.) destinadas a la práctica de este deporte. **11. estación de servicio** Gasolinera dotada de otras instalaciones al servicio de los automovilistas en una carretera. **12. estación de trabajo** En inform., nombre que recibe cada uno de los terminales que están conectados a un ordenador central. **13. estación espacial** (u **orbital**) Nave o instalación espacial en órbita alrededor de un astro, que sirve de base para experiencias científicas. **14. estación marítima** En un puerto, conjunto de instalaciones para el servicio de pasajeros y mercancías. **15. estación meteorológica** Observatorio donde se recogen periódicamente datos climatológicos, como temperatura, precipitaciones y presión.

estacional *adj.* **1.** Propio o característico de cualquiera de las estaciones del año. **2.** Que se da sólo en algún tiempo del año.

estacionamiento *s. m.* **1.** Acción y efecto de estacionar o estacionarse, especialmente vehículos. **2.** Lugar de la vía pública donde pueden permanecer estacionados los vehículos. ‖ **3. estacionamiento en batería** Aquel en que los coches deben situarse paralelos unos a otros. **4. estacionamiento en línea** Aquel en que los vehículos deben situarse en fila, paralelos a la acera.

estacionar *v. tr.* **1.** Colocar en un sitio, especialmente un vehículo. También *v. prnl.* ‖ *v. prnl.* **2.** Pararse, quedar estancado.

estacionario, ria *adj.* Se dice de la persona o cosa que permanece invariable en un mismo estado o situación.

estadía *s. f.* **1.** Permanencia en un lugar. **2.** Tiempo que permanece el modelo ante el pintor o escultor. **3.** Cada uno de los días transcurridos desde la finalización del plazo estipulado para la carga o descarga de un barco mercante e indemnización que debe pagarse por este motivo.

estadígrafo *s. m.* Estadístico, valor numérico.

estadillo *s. m.* **1.** Cuadro con columnas, casillas, etc., en las que figuran diversos datos o que se dejan en blanco para incluirlos en ellas. **2.** Breve resumen estadístico.

estadio *s. m.* **1.** Recinto destinado a competiciones deportivas, con gradas para los espectadores. **2.** Etapa o periodo de un proceso. **3.** Antigua medida de longitud equivalente a 125 pasos geométricos (201,2 m) o la octava parte de una milla romana. **4.** Lugar público de esa longitud que servía para entrenar a los caballos y ejercitarse los hombres en la carrera y en la lucha.

estadista *s. m.* y *f.* **1.** Jefe de un Estado. **2.** Persona experta en asuntos de Estado. **3.** Persona especialista en estadística.

estadística *s. f.* **1.** Ciencia que se ocupa de la recogida y ordenación de datos numéricos, para obtener a partir de ellos conclusiones basadas en el cálculo de probabilidades. La estadística puede ser, en función de su objetivo, descriptiva o inferencial. La **estadística descriptiva** se ocupa del recuento, ordenación y clasificación de grandes cantidades de datos mediante una serie de técnicas, como las distribuciones de frecuencia y su representación gráfica (histogramas, polígonos de frecuencia), las medidas de tendencia central y de variabilidad, etc. La **estadística inferencial** se ocupa de establecer previsiones y conclusiones generales sobre una población (término que en estadística no se refiere exclusivamente a personas) aplicando una serie de métodos de tipo inductivo a una muestra de esa población. **2.** Conjunto de estos datos.

estadístico, ca *adj.* **1.** Perteneciente o relativo a la estadística. ‖ *s. m.* y *f.* **2.** Persona que se dedica a la estadística. ‖ *s. m.* **3.** Valor numérico que resume alguna característica de una muestra, como p. ej. la media o la desviación típica. ■ Se llama también *estadígrafo.*

estado *s. m.* **1.** Situación en que está alguien o algo. **2.** Cada una de las distintas maneras en que se presenta la materia según la fuerza de cohesión de las moléculas que la componen. Los estados de agregación fundamentales son cuatro: sólido, líquido, gaseoso y plasma. **3.** Clase o condición de una persona en el orden social. **4.** Unidad política y administrativa superior, que ejerce su autoridad sobre todos los individuos de un territorio. ■ En esta acepción suele escribirse con mayúscula. **5.** País, nación. **6.** En una federación, como Estados Unidos o Brasil, cada uno de los territorios autónomos que la componen. **7.** Antiguamente, cada uno de los grupos en los que se dividía la sociedad. ‖ *pl.* **8.** Dominios de un rey, príncipe, etc. ‖ **9. cambio de estado** Paso de un cuerpo químico de un estado a otro. Los principales son: solidificación, fusión, sublimación, vaporización y condensación (o licuefacción). También, cambio de estado civil. **10. estado amorfo** En geol., aquel en que la materia carece de forma y estructura. **11. estado civil** Cada uno de los estados de soltero, casado, divorciado o viudo. **12. estado cristalino** En geol., aquel en que la materia posee estructura, pero no forma. **13. estado de cosas** Situación de algo en un momento determinado. **14. estado de cuentas** Informe que refleja en resumen las cuentas de un balance. **15. estado de equilibrio** Véase **biostaxia**. **16. estado de excepción** Situación declarada oficialmente grave para el orden público, en la que quedan suspendidas las garantías constitucionales. **17. estado de gracia** Situación del que se encuentra libre de pecado. **18. estado de guerra** (o **de sitio**) El de una población en tiempo de guerra, cuando la autoridad civil delega sus funciones en la autoridad militar. También, el que, sin existir guerra, la ley iguala al anterior por motivos de orden público. **19. estado de necesidad** Situación en que se lesiona un derecho de otra persona o se infringe un deber para evitar un mal propio o ajeno. Es una de las causas que libran de la responsabilidad criminal. **20. estado de regresión** Véase **resistaxia**. **21. estado llano** En la Edad Media y Moderna, clase formada por el conjunto de los hombres libres que no pertenecían a la nobleza o al clero. ■ Se denomina también *tercer estado*. **22. Estado Mayor** En el Ejército, cuerpo de oficiales encargados de informar técnicamente a los superiores, distribuir las órdenes y vigilar su cumplimiento. Su Junta de Jefes es en España el máximo órgano de las Fuerzas Armadas. **23. estados generales** En Francia, durante el Antiguo Régimen, reunión de representantes de los tres estamentos (clero, nobleza y tercer estado) de todas las provincias. || Loc. **en estado** (**de buena esperanza** o **interesante**) *adj.* y *adv.* Se aplica a la mujer embarazada. **mudar** (o **tomar**) **estado** Pasar de un estado a otro, como de soltero a casado, de seglar a eclesiástico, etc.

Pol. Frente al Estado patrimonial, propio del régimen señorial, en el que reyes y señores tenían la propiedad del territorio, nació en el s. XVI el Estado moderno, a causa fundamentalmente del ascenso social y político de la burguesía, cuyo poder económico no dependía exclusivamente de la propiedad de la tierra, sino del comercio y de la actividad artesanal e industrial. La doctrina política del Estado fue desarrollada en el s. XVII por John Locke y en el s. XVIII por Montesquieu, quien estableció la división de poderes (ejecutivo, legislativo y judicial) como base del Estado moderno. El origen de los Estados obedece a diversas causas: conquista de un territorio, reparto de un Estado ya existente, unión de herencias dinásticas por matrimonio o donación, independencia de una colonia, liberación de un dominio extranjero, etc. Los elementos que caracterizan a un Estado son: la permanencia, a diferencia de los gobiernos cuyo mandato es limitado por el tiempo; la singularidad, o carácter único de su autoridad; la soberanía sobre un territorio determinado; la legitimidad de su poder, y la universalidad de su dominio en su ámbito de soberanía. Un Estado puede contener más de un país o nación (caso del Reino Unido) y asimismo un país o nación puede pertenecer a más de un Estado (caso de Alemania entre 1945 y 1990). Los Estados pueden ser, respecto a su estructura, simples (unitarios) o compuestos (federales y confederales); respecto a su forma de gobierno, monarquías o repúblicas; respecto a su régimen político, democráticos o totalitarios, y respecto a su política económica, liberales o intervencionistas.

Estados Pontificios Estado del centro de Italia sometido al poder temporal de los papas entre el s. VIII y 1870 y que en el momento de máxima extensión abarcó las actuales regiones de Lacio, Umbría, Marcas y Emilia-Romaña. Su origen lo constituyó el llamado *patrimonio de San Pedro*, un conjunto de donaciones territoriales realizadas a los papas por emperadores cristianos y otros fieles. Fue sostenido sucesivamente por Bizancio, los carolingios y los reyes normandos de Sicilia, y tenía como base jurídica la *donación de Constantino*, documento falsificado por la cancillería vaticana que hacía a la Iglesia heredera temporal del imperio romano. Fue ocupado por las tropas de Víctor Manuel II en 1870 e integrado definitivamente en el reino de Italia, convirtiéndose Roma en capital del país. Ello provocó un grave conflicto político con el papado, que no se resolvió hasta que Mussolini y Pío XI firmaron en 1929 los acuerdos de Letrán, por los que se constituyó el Estado Vaticano, enclavado en la ciudad de Roma y sometido a la soberanía pontificia.

Estados Unidos de América (*United States of America*) Estado de América del Norte.

Extensión: 9.529.063 km^2.
Límites: al N, con Canadá; al E, con el océano Atlántico; al S, con el mar Caribe y México, y al O, con el océano Pacífico.
Población: 251.394.000 h. en 1990.
Densidad: 26,4 h./km^2.
Capital: Washington.
División administrativa: 50 estados: Alabama, Alaska, Arizona, Arkansas, California, Carolina del Norte, Carolina del Sur, Colorado, Connecticut, Dakota del Norte, Dakota del Sur, Delaware, Florida, Georgia, Hawai, Idaho, Illinois, Indiana, Iowa, Kansas, Kentucky, Luisiana, Maine, Maryland, Massachusetts, Michigan, Minnesota, Mississippi, Missouri, Montana, Nebraska, Nevada, New Hampshire, New Jersey, Nueva York, Nuevo México, Ohio, Oklahoma, Oregón, Pennsylvania, Rhode Island, Tennessee, Texas, Utah, Vermont, Virginia, Washington, West Virginia, Wisconsin, Wyoming; y el distrito de Columbia.
Ciudades principales: Nueva York, Los Ángeles, Chicago, Houston, Filadelfia, Detroit, San Francisco, Boston, Miami, Dallas, San Diego, Phoenix, San Antonio, Baltimore, Atlanta, Minneapolis, Pittsburg, Nueva Orleans y Saint Louis.
Gentilicio: estadounidense.
Forma de Estado: república federal.
Idioma: inglés.
Religión: protestantismo, 40 %; catolicismo, 30 %; judaísmo, 3,2 %.
Moneda: dólar USA.
Tasa de natalidad: 16 ‰ en 1990.
Tasa de mortalidad: 9 ‰ en 1990.
Renta per cápita: 21.100 dólares en 1989.

Geog. física El relieve de EE UU consta de cinco grandes unidades, de E a O: la llanura costera del Atlántico, que se prolonga en la península de Florida; los montes Apalaches, antigua cordillera herciniana rejuvenecida; las grandes llanuras centrales, desde los Grandes Lagos hasta el golfo de México; las Montañas Rocosas, extensa cordillera que recorre el país de N a S, y la región occidental desértica, que acaba en las cadenas montañosas del O, Sierra Nevada, cadena de las Cascadas y cadena Costera. La red hidrográfica está situada fundamentalmente en la región de llanuras del centro y E del país y comprende ríos largos y caudalosos. Desaguan en la vertiente atlántica el Hudson, el Grande y el Mississippi, con sus afluentes Ohio, Arkansas y Missouri; en la vertiente del Pacífico destacan el Colorado, cuyo efecto erosivo ha excavado el cañón del mismo nombre, y el Columbia. El país tiene grandes lagos: en el NE, Superior, Michigan, Hurón, Erie y Ontario, y en el O, Great Salt Lake. Los lagos del NE y los grandes ríos están unidos por una red de canales que permite un intenso transporte fluvial. La costa atlántica presenta profundas bahías, como la del Delaware y la de Chesapeake, la península de Florida y el golfo de México.

En EE UU existen climas muy diferenciados: clima del Pacífico, en la costa NO, de tipo oceánico y veranos secos; clima californiano, de tipo mediterráneo, con veranos frescos e inviernos cálidos y soleados; clima desértico, en Arizona, California y Nevada; clima continental, en las llanuras interiores, con grandes oscilaciones térmicas; clima continental húmedo, en la costa E, con inviernos muy fríos por la influencia de la corriente del Labrador y veranos calurosos, y clima tropical, en la península de Florida y golfo de México, con temperaturas altas y uniformes y precipitaciones intensas. La vegetación es tropical en el golfo de México; la pradera de gramíneas predomina entre el río Ohio y los Grandes Lagos; en la cornisa atlántica hay bosques de coníferas y hoja caduca; en los desiertos sólo se da la estepa, y en la costa pacífica y NO crecen grandes bosques de coníferas y secuoyas.

Geog. humana La densidad de población de EE UU es baja, aunque se mantiene un crecimiento continuo gracias a la reducida tasa de mortalidad. La población se reparte desigualmente por el territorio, y se concentra en las áreas industriales de las costas y región de los Grandes Lagos y en las aglomeraciones urbanas. El 76,7 % de la población es urbana. Étnicamente, el 84,3 % corresponde a la raza blanca, el 12,4 % a la negra y el 3,3 % a otras razas, fundamentalmente asiáticas. En EE UU habitan más de 18 millones de hispanos, casi 2 millones de eslavos y más de 3 millones de asiáticos.

Geog. económica La economía estadounidense es una de las más poderosas del mundo. La agricultura se basa fundamentalmente en el sistema de monocultivo. En la región de los Grandes Lagos y Nueva Inglaterra se cultivan pastos para la ganadería, fundamentalmente vacuna, y hortalizas; en las grandes llanuras, cereales, sobre todo trigo; en el bajo Missouri y medio Mississippi, maíz, asociado al ganado porcino; en el S de Arkansas, algodón; en la fachada atlántica y golfo

EE UU: vista de las praderas nevadas del río Tuolumne, en el Parque Nacional de Yosemite, estado de California.

EE UU: fábricas de acero e industria petrolífera a orillas del lago Michigan, cerca de Gary, en el estado de Indiana.

de México, se dan cultivos tropicales como arroz y caña de azúcar. Los principales productos son el trigo (tercer productor mundial y primer exportador), cebada (tercer productor mundial), sorgo (primer productor mundial), avena (segundo productor mundial), maíz (primer productor mundial), patata (quinto productor mundial), azúcar (sexto productor mundial), vino (cuarto productor mundial), soja (primer productor mundial), agrios (segundo productor mundial), tabaco (segundo productor mundial), algodón (segundo productor mundial), cacahuetes (tercer productor mundial), etc. Cuenta además con una importante cabaña ganadera bovina (cuarta del mundo), porcina (tercera del mundo), caballar (primera del mundo) y ovina. En EE UU abundan los recursos energéticos: es el primer productor mundial de carbón (Pennsylvania y Alabama), el segundo de petróleo (Texas, Luisiana, Alaska) y el primero de energía eléctrica. Su minería también genera grandes excedentes: EE UU es el sexto productor mundial de hierro (Grandes Lagos, NE), el segundo de cobre (Arizona, Utah, Montana), el octavo de cinc (Nueva York), el tercero de plomo (Missouri), el segundo de uranio (Nuevo México), el primero de molibdeno (Colorado), el primero de fosfatos (Florida), el segundo de oro (Dakota) y el cuarto de plata (Idaho). También es el principal centro industrial y comercial del mundo, con industrias siderúrgicas, textiles, mecánicas, automovilísticas, aeronáuticas, navales, químicas, alimentarias, electrónicas, etc.

EE UU: la Casa Blanca, residencia presidencial, en Washington, distrito de Columbia.

Las principales regiones industriales están ubicadas en la conurbación Boston-Nueva York-Filadelfia, la conurbación Cleveland-Detroit-Chicago, Great Valley, Atlanta y Birmingham en el sector E; Omaha, Wichita, Forth Worth, Dallas y San Antonio en el sector central, y Seattle, conurbación de San Francisco y conurbación de Los Ángeles en el sector O. Las vías de comunicación, tanto férreas como aéreas, marítimas, fluviales y por carretera son excelentes y permiten un desarrollo fluido del comercio interior. Su comercio exterior es el más intenso del mundo. EE UU constituye el prototipo de sociedad de la abundancia, con una renta per cápita elevadísima, en la que, paradójicamente, subsisten importantes bolsas de pobreza, cuya raíz es en muchos casos la desigualdad social de origen racial.

***Hist.* colonización e independencia** En la primera mitad del s. XVI el país fue explorado por españoles (De Soto, Vázquez de Coronado, etc.) y franceses (Cartier, Verrazano). La colonización del país fue acometida por diversos reinos: España ocupó Florida (Meléndez de Avilés) y Nuevo México (Oñate); Francia colonizó la región del río San Lorenzo en la primera mitad del s. XVII y Luisiana a principios del s. XVIII; Holanda ocupó Manhattan en 1613; Inglaterra colonizó Virginia en 1607; mientras que Texas y California fueron ocupadas por España en el s. XVIII. Tradicionalmente se considera que la historia de la nación comienza con la llegada de los padres peregrinos –puritanos británicos– a bordo del barco *Mayflower* en 1620; a lo largo del s. XVII la colonia británica creció por medio de concesiones a compañías comerciales y particulares y abarcó sucesivamente Massachusetts, New Hampshire, Maine, Maryland, Connecticut, Pennsylvania, y en el s. XVIII Carolina y Georgia, hasta constituir un conjunto de trece estados, a los que se dotó de una carta constitucional. Entre 1670 y 1763 estos estados libraron diversas guerras contra las tribus indias –fundamentalmente iroqueses, algonquinos, hurones, eries y pawnees–, Francia y España, y ampliaron sus dominios hasta convertirse en la potencia hegemónica de la costa atlántica norteamericana gracias al tratado de París (1763). Entre las colonias del N y las del S se produjo una diferenciación socioeconómica: las del N eran comerciales y burguesas, mientras que las del S explotaban los recursos agrícolas de grandes plantaciones mediante la importación masiva de negros africanos como mano de obra esclava. La guerra de independencia estalló en 1776 por causas aduaneras y arancelarias; en 1773 se produjo el motín del té, y al año siguiente, el primer congreso de los estados redactó la *Declaración de derechos.* El segundo congreso situó a George Washington al frente de las tropas americanas y, en 1776, se produjo la *Declaración de independencia* redactada por Jefferson. Tras largos años de lucha, EE UU obtuvo su independencia en la paz de Versalles (1783).

expansión Desde comienzos del s. XIX se inició una expansión colonizadora hacia el Oeste. Este proceso se acrecentó entre 1820 y 1860 gracias a una intensa inmigración europea. En 1803 se compró Luisiana a Francia y en 1819 Florida a España. En 1823 se dictó la doctrina Monroe, que impedía cualquier intervención europea en asuntos americanos. El tratado de Oregón (1846) fijó la frontera con Canadá en el paralelo 49. En la paz de Guadalupe Hidalgo (1848) se arrebató a México todos los territorios al N del Río Grande, que hoy forman Texas, Arizona, Nuevo México, Colorado, California, Utah y Nevada. El descubrimiento de oro en California aceleró el proceso de colonización de la costa oeste, que culminó con la construcción del ferrocarril del Pacífico en 1869. El Partido Republicano había nacido a principios del s. XIX entre los pequeños propietarios urbanos enfrentados a la oligarquía federalista y ostentó el poder hasta 1828, en que los votos de los pioneros del Oeste otorgaron la presidencia al general Jackson, jefe del nuevo Partido Demócrata. Las diferencias entre los Estados del N, industriales, y los del S, agrícolas latifundistas, se agravaron a causa de las campañas en favor de la abolición de la esclavitud. En 1861 once estados sureños acordaron la secesión y proclamaron la Confederación de Estados de América, nombrando presidente a Jefferson Davis. El presidente Lincoln reaccionó proclamando la Unión y a consecuencia de ello estalló la guerra civil. El ejército unionista, mandado por Grant y Sherman, obtuvo la decisiva victoria de Gettysburg en 1863, y en 1865 el general Lee firmó la capitulación del Sur. Tras la guerra, la economía se transformó profundamente, el latifundio agrícola esclavista comenzó a desaparecer y se verificó una intensa industrialización, que convirtió a EE UU en una de las primeras potencias mundiales.

dominio económico Entre 1860 y 1914 la población creció de 31 millones hasta 94 millones de habitantes. La inversión y la productividad experimentaron crecimientos espectaculares y surgieron los grandes trusts y los complejos industriales. Durante la presidencia de Theodore Roosevelt se acometió la reforma administrativa y económica con leyes anti-trust y comenzó una progresiva intervención en política internacional: guerra hispano-norteamericana de 1898, anexión de Hawai y Filipinas, actuación militar en el Caribe y Centroamérica, independencia del canal de Panamá, etc. En 1917 EE UU, hasta entonces neutral en la Primera Guerra Mundial, declaró la guerra a Alemania. Tras la victoria, el presidente Wilson rechazó el ingreso en la Sociedad de Naciones y comenzó un periodo dominado por el Partido Republicano (Harding, Coolidge, Hoover), caracterizado por el aislamiento, la política conservadora radical, los conflictos sociales, la Ley Seca (1920) y el proteccionismo económico. En 1929 se originó el crack de la bolsa de Nueva York, seguido de la depresión, una crisis económica que arrastró al paro a más de 15 millones de personas. En 1933 comenzó la era de Franklin D. Roosevelt y la política del *New Deal,* que promovió la reforma agraria, la reconstrucción de la industria, el fin del liberalismo económico incontrolado y una mayor intervención estatal, con la que se superó la crisis de 1929. En 1941, la aviación japonesa atacó por sorpresa a la flota estadounidense del Pacífico anclada en Pearl Harbor y EE UU declaró la guerra a las potencias del Eje. Su participación cambió el signo de la Segunda Guerra Mundial, que concluyó con la victoria de los aliados. EE UU, que había forzado la rendición japonesa mediante el uso de bombas atómicas en Hiroshima y Nagasaki, se convirtió en la primera potencia mundial, puso en marcha el plan Marshall de ayuda a la reconstrucción europea e impulsó una política anticomunista, la guerra fría, que dio lugar a la persecución de simpatizantes izquierdistas en el interior, en lo que se denominó «caza de brujas» del senador McCarthy, y a la creación de la OTAN (1949).

EE UU: levantamiento del asta de la libertad en Filadelfia (grabado de la época).

época actual En 1950 estalló la guerra de Corea y en 1955 comenzó la intervención estadounidense en Vietnam, que concluiría en 1975 con la derrota y retirada de sus tropas. La década de los sesenta se caracterizó por la lucha en defensa de los derechos civiles y contra la segregación racial. Durante la presidencia de Kennedy, la tensión internacional generada por la crisis de los misiles en Cuba y la guerra de Vietnam provocó la aparición de movimientos pacifistas y contraculturales. La tensión racial llegó a su cima con el asesinato del líder negro Martin Luther King en 1968. La carrera del espacio, comenzada en 1957, logró un importante éxito cuando en 1969 el astronauta estadounidense Armstrong puso por vez primera pie en la Luna. En los años setenta, el presidente Richard Nixon puso fin a la guerra de Vietnam, opuso a la contestación universitaria el peso de la mayoría silenciosa y restableció relaciones con China; fue destituido a causa del escándalo Watergate, que arrastró al Partido Republicano, pero la vacilante política exterior del demócrata Carter permitió un nuevo triunfo republicano en las elecciones de 1980. El nuevo presidente Ronald Reagan impulsó una política de firmeza en el exterior, una creciente intervención en Centroamérica y la utilización militar del espacio. En los últimos años de su mandato se mejoraron las relaciones con la URSS y se alcanzaron importantes acuerdos en las conferencias de desarme. En lo económico, el déficit público fue paliado en parte por las inversiones extranjeras atraídas por un favorable tipo de interés. En las elecciones de 1988 resultó vencedor el republicano George Bush, que ha prestado su apoyo a la transformación pacífica de los regímenes en los países del E europeo, especialmente a la URSS. En diciembre de 1989 ordenó la invasión de Panamá para respaldar a Guillermo Endara, vencedor en las elecciones presidenciales, frente al poder del general Noriega. En 1991, ante la invasión de Kuwait por parte de Irak, las fuerzas de EE UU y sus aliados desencadenaron la guerra del Golfo, siguiendo un mandato de la ONU, y obligaron a Irak a retirarse del emirato.

Arte La arquitectura en EE UU durante el s. XVII se redujo básicamente a reproducir modelos ingleses; esta tendencia se mantuvo en el s. XVIII con el estilo georgiano, edificándose viviendas de dos pisos en ladrillo rojo. Tras la guerra de independencia se impuso el estilo Adam; William Thornton construyó el Capitolio y James Hoban la Casa Blanca, ambos en Washington. Estilos característicos del s. XIX fueron el neogriego, puesto de moda a partir de 1812 para las mansiones de las grandes plantaciones sureñas, y el neogótico, representado por la catedral de San Patricio de Nueva York, construida por J. Renwick. A fines del s. XIX se desarrolló el estilo *shingle*, de carácter funcionalista, representado por Henry Hobson Richardson con la iglesia de la Trinidad de Boston, y comenzó a crearse una arquitectura liberada de las influencias europeas y adaptada a las necesidades constructoras e industriales estadounidenses. En 1883, Le Baron Jenney edificó el primer rascacielos en Chicago, cuya altura se sustentaba sobre una poderosa estructura metálica. La escuela de Chicago estuvo representada por Louis Henry Sullivan, Henry Hobson Richardson y, sobre todo, Frank Lloyd Wright. En la primera mitad del s. XX se impuso el *international style*, desarrollado por arquitectos europeos instalados en EE UU, como el miembro de la Bauhaus Walter Gropius, el suizo Le Corbusier, el alemán Mies van der Rohe y los finlandeses Eero Saarinen y Alvar Aalto. Las principales edificaciones del presente siglo son el Rockefeller Center, impresionante conjunto de rascacielos en Nueva York construido por Henry Hofmeister, H. W. Corbett y Raymond Hood, y la casa Kaufmann, levantada sobre una cascada, y el Museo Guggenheim de Nueva York, proyectados por Frank Lloyd Wright. En las últimas décadas destacan las cúpulas geodésicas de aluminio de Fuller.

Las primeras manifestaciones escultóricas estadounidenses son de estilo realista y entre sus autores sobresalen John Frazee y William Rush (s. XVIII). En el s. XIX se impuso el retrato; H. Kirke Brown esculpió la estatua ecuestre de Washington, Saint-Gaudens la estatua del general Sherman, Chester French la estatua de Lincoln y Gutzon Borglum las cabezas de cuatro presidentes, talladas en la roca viva del monte Rushmore en Dakota del Sur. El arte escultórico sufrió un importante estancamiento, del que no salió hasta bien entrado el s. XX. Tras la Segunda Guerra Mundial surgieron el expresionismo abstracto, representado por Theodore Roszak, y el trascendentalismo, del que son exponentes David Smith, Isamu Noguchi y Emma Lu Davis. Alexander Calder creó la escultura de móviles, con la que está relacionada la escultura cinética. En los últimos años merecen ser citados los minimalistas Donald Judd, Larry Bell y Robert Morris.

Arte estadounidense: Casa junto al ferrocarril *(1925), cuadro de Edward Hopper (Museo de Arte Moderno de Nueva York).*

La pintura anterior al s. XX en EE UU estuvo dominada por un academicismo influido por Europa; de esta época es significativa la obra de James MacNeill Whistler, así como las de Mary Cassat y John Singer Sargent. A principios de siglo se constituyó el grupo *Ashcam School*, que realizó una pintura urbana innovadora en la temática, aunque no en la forma, y cuyo representante más conocido es George Bellows. Desde entonces la pintura estadounidense se adaptó a las tendencias internacionales con autores como el cubista Max Weber, el expresionista John Marin, el abstracto Arthur Dove y el dadaísta Man Ray. En 1920 surgió el nuevo realismo, cuyo autor más notable fue Edward Hopper. La pintura al fresco fue practicada por Ben Shahn bajo la influencia de los muralistas mexicanos. El expresionismo abstracto comenzó a desarrollarse en el periodo de entreguerras y floreció tras la Segunda Guerra Mundial con Jackson Pollock, Franz Kline, Willem de Kooning, Mark Tobey, etc., que se encuadraron en el grupo *action painting*. A partir de 1960 se originaron movimientos vanguardistas como la nueva abstracción, representada por Marc Rothko, Kenneth Noland, Frank Stella y Barnett Newman, o el *pop art*, en el que destacan Roy Lichtenstein, Robert Rauschenberg, Jasper Johns, Claes Oldenburg, James Rosenquist, Jim Dine, Tom Wesselmann y Andy Warhol. En los años setenta se inician nuevas corrientes: el arte conceptual de Douglas Huebler, el hiperrealismo de Richard Estes y el *story art*. Entre las últimas tendencias aparecidas desde entonces sobresalen el arte pobre de Robert Morris, el arte minimal, el grafiti de Keith Haring, etc.

Lit. Los primeros escritores estadounidenses fueron moralistas y pensadores puritanos, autores de sermones y ensayos carentes de valor literario. La llegada de las ideas ilustradas, introducidas por personalidades como Benjamin Franklin, permitió el desarrollo de una narrativa que en el s. XIX alcanzó su madurez. Los autores más destacados de este siglo son Washington Irving (*Cuentos de la Alhambra*), James Fenimore Cooper (*El último mohicano*), Nathaniel Hawthorne (*La letra escarlata*), Herman Melville (*Moby Dick*) y, sobre todo, Edgar Allan Poe (*Narraciones extraordinarias*). En poesía sobresalen Longfellow, Emily Dickinson, el propio Poe y, especialmente, Walt Whitman (*Hojas de hierba*), y en ensayo, Ralph Waldo Emerson, apóstol del trascendentalismo. En la época de transición al s. XX escribieron Mark Twain (*Las aventuras de Tom Sawyer*), Jack London (*Martin Eden*), Stephen Crane (*La roja insignia del valor*), Ambrose Bierce (*El club de los parricidas*) y O. Henry (*La voz de la ciudad*).

A principios del s. XX, EE UU, que había alcanzado una posición privilegiada en el mundo, asistió a una espectacular evolución de su literatura. La poesía se renovó con Ezra Pound (*Cantos*) y Thomas S. Eliot (*Tierra baldía*). La narrativa de este principio de siglo está representada por Theodore Dreiser (*Una tragedia americana*), Sherwood Anderson (*Winesburg, Ohio*), Sinclair Lewis (*Babbitt*), Edith Wharton (*La edad de la inocencia*) y Henry James, autor este último cuya obra puede considerarse plenamente británica, como la nacionalidad que adoptó. La Primera Guerra Mundial y la crisis económica de 1929 marcaron a una nueva generación de escritores cuya temática aborda lo social desde una visión escéptica y en ocasiones amarga. Gertrude Stein apadrinó a la generación perdida, en la que se incluyen Francis Scott Fitzgerald (*El gran Gatsby*), John Dos Passos (*Manhattan Transfer*) y Ernest Hemingway (*El viejo y el mar*). Otros narradores importantes son Pearl S. Buck y Louis Bromfield. En los años treinta destacan escritores realistas como Thornton Wilder (*Los idus de marzo*), John Steinbeck (*Al este del Edén*), Henry Miller (*Trópico de Cáncer*), Erskine Caldwell (*La ruta del tabaco*) y William Faulkner (*Santuario*). Dentro del género policiaco surgió la novela negra, cuya temática también es social y aborda las facetas más sórdidas de la existencia, con autores como Dashiell Hammett (*El halcón maltés*), Raymond Chandler (*El largo adiós*) y James M. Cain (*El cartero siempre llama dos veces*). A mediados del s. XX apareció una nueva generación cuya preocupación es fundamentalmente el hombre y su psicología; está representada por Truman Capote (*Desayuno en Tiffany's*), Carson McCullers (*La balada del café triste*), Norman Mailer (*Los desnudos y los muertos*), Jerome David Salinger (*El guardián entre el centeno*), Saul Bellow (*Herzog*) e Irving Shaw (*El baile de los malditos*). La llamada *generación beat* está encabezada por Jack Kerouac y el poeta Allen Ginsberg. Otros autores destacados son los narradores John Updike, John Cheever, James Baldwin, Bernard Malamud, etc., y los poetas Carl Sandburg, E. E. Cummings y Robert Frost. El teatro estadounidense tuvo su gran figura en el dramaturgo Eugene O'Neill (*El deseo bajo los olmos*), a quien siguieron Arthur Miller (*La muerte de un viajante*) y Tennessee Williams (*Un tranvía llamado deseo*), autores de dramas de tema social y realista. En las décadas de los sesenta y setenta merecen ser mencionados, en la narrativa, John Irving, Gore Vidal, Philip Roth, Flannery O'Connor, Patricia Highsmith, Isaac B. Singer, Kurt Vonnegut y Raimon Carver; en la poesía, Robert Lowell y Silvia Plath; en el ensayo, Susan Sontag, y en el llamado *nuevo periodismo*, Tom Wolfe. En los últimos años se configuran nuevas tendencias y estilos, como el minimalismo, el realismo sucio, etc.

Mús. A fines del s. XIX surgen en EE UU los primeros compositores de mérito: Edward McDowell, que estudió en Europa y es autor de sonatas y conciertos para piano, y Louis Moreau Gottschalk, autor de una música de inspiración exótica, que destacó además como instrumentista de piano. En los primeros años del s. XX compuso su obra Charles Ives, en la que se incluyen sonatas, canciones y cuatro sinfonías dotadas de importantes innovaciones técnicas. Discípulo de Ives fue Henry Cowell. Algunos autores intentaron basarse en el jazz para crear una obra sinfónica original americana; de todos ellos el más interesante es George Gershwin, autor de *Rhapsody in blue* y *Un americano en París*. Otros destacados compositores de este periodo son Cole Porter, Aaron Copland e Irving Berlin. Grandes figuras de la música europea se nacionalizaron estadounidenses a lo largo del siglo y ejercieron un fructífero magisterio; entre ellos se cuentan Igor Stravinski, Béla Bartók y Edgar Varèse. Este último compuso una obra plenamente americana, a la que incorporó un uso intenso de la percusión e instrumentos electrónicos. Una gran figura de la música serial es John Cage, a quien siguieron Earle Brown, autor de música aleatoria, y Morton Feldman. Entre las figuras más notables de los últimos tiempos están Leonard Bernstein, influido por el jazz, y William Schuman.

Cine EE UU es el país donde la cinematografía ha alcanzado su mayor desarrollo, tanto artístico como industrial. A fines del s. XIX se rodaron las primeras películas y en 1908 nació la primera gran compañía, la Motion Picture Patent Co., un trust que intentó monopolizar la naciente industria y que provocó el traslado de numerosos empresarios a Los Ángeles, uno de cuyos suburbios, Hollywood, se convertiría con el paso del

Cine estadounidense: fotograma del filme El nacimiento de una nación *(1915), de David W. Griffith.*

tiempo en el principal centro mundial del cine. La gran figura de los primeros años del s. XX fue David Wark Griffith, uno de los creadores del lenguaje cinematográfico en películas como *El nacimiento de una nación* e *Intolerancia*. En Hollywood se pusieron los cimientos de la industria del cine. Nació el *star-system* y surgieron famosas estrellas, como Mary Pickford, Douglas Fairbanks, Rodolfo Valentino, etc.; se fundaron las grandes compañías Universal, Metro Goldwyn Mayer, Warner Brothers; Mack Sennett creó el cine cómico, en el que triunfaron los nombres de Charles Chaplin, Buster Keaton, Harry Langdon y Harold Lloyd; y allí se establecieron grandes directores y estrellas europeos, como Victor Sjöström, Ernst Lubitsch, Friedrich W. Murnau, Josef von Sternberg, Greta Garbo y Marlene Dietrich. En 1927 se inventó el cine sonoro, lo que hizo aumentar considerablemente sus posibilidades artísticas y expresivas. Los principales géneros del cine clásico americano, desarrollado entre los años treinta y cincuenta, son la comedia, con directores como Ernst Lubitsch, Frank Capra y George Cukor e intérpretes como Clark Gable, Cary Grant, Katharine Hepburn; el drama, en el que se significaron los directores Fritz Lang y King Vidor y las actrices Bette Davis y Joan Crawford; el musical, en el que fueron maestros el director Vincente Minnelli y los actores Judy Garland y Fred Astaire; el *western*, con directores de la talla de John Ford y Fred Zinnemann y actores como Gary Cooper y John Wayne; el cine policiaco y de aventuras, en los que hay que citar a los directores John Huston, Mervin Le Roy y Howard Hawks y a los intérpretes Humphrey Bogart, Robert Mitchum y Edward G. Robinson; el cine fantástico y de terror, inmortalizado en películas como *King Kong*, *Drácula*, *Frankenstein*, etc. A partir de los años cuarenta aparecieron o llegaron de Europa gran número de grandes directores: Orson Welles, Alfred Hitchcock, René Clair, Elia Kazan, Billy Wilder, y el *Actor's Studio* de Nueva York formó a nuevos actores, como Marlon Brando, James Dean, Montgomery Clift y Paul Newman. En los años sesenta la competencia de la televisión obligó a emplear nuevos procedimientos de proyección en macropantallas y a buscar nuevas orientaciones para desarrollar la industria, al tiempo que se consagraban directores como Sidney Lumet, Nicholas Ray, Robert Aldrich, Richard Brooks, Stanley Kubrick y John Cassavetes, John Schlesinger, Sam Peckinpah, Francis Ford Coppola, Robert Altman, Sydney Pollack, Mike Nichols, Peter Bogdanovich, Bob Fosse, Roman Polanski y Woody Allen. En los últimos años el público del cine se ha rejuvenecido considerablemente, lo cual ha hecho que la industria se incline por producciones dirigidas a adolescentes y jóvenes. En este aspecto han sobresalido Steven Spielberg y George Lucas.

estadounidense *adj.* De los Estados Unidos de América. También *s.*

estafa *s. f.* **1.** Acción y efecto de estafar. **2.** En derecho penal, defraudación o perjuicio causado de forma intencionada y mediante engaño en los bienes de una persona para obtener un beneficio.

estafador, ra *s. m.* y *f.* Persona que estafa.

estafar *v. tr.* **1.** Sacar a alguien dinero o cosas de valor mediante engaño. **2.** Dar a una persona menos de lo que se le debe o cobrarle más de lo justo. **3.** No dar a alguien lo que es justo o espera.

estafermo *s. m.* **1.** *fam.* Persona que se queda parada, como embobada, sin hacer lo que debe o sin responder a lo que se le pregunta. **2.** *fam.* Persona de aspecto ridículo. **3.** En los antiguos juegos caballerescos, muñeco giratorio armado con un escudo en la mano izquierda y una correa con bolas o saquillos de arena en la otra. Si el corredor al golpearlo con la lanza en el escudo no se agachaba rápidamente, recibía en la espalda los golpes del muñeco.

estafeta *s. f.* Oficina de correos, particularmente cada sucursal de la central en una ciudad grande.

estafilococo *s. m.* Bacteria de forma esférica que se agrupa en racimos. Produce en el hombre diversas enfermedades de tipo infeccioso, pulmonía, septicemia, etc., que se tratan con antibióticos, aunque es frecuente que algunas bacterias desarrollen gran resistencia a éstos.

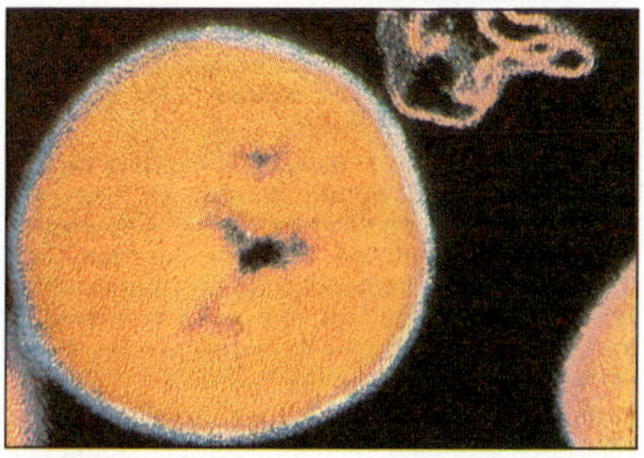

Fotomicrografía de estafilococos de la variedad Staphylococcus aureus.

estagirita *adj.* **1.** De Estagira, ciudad de Macedonia. También *s.* ‖ *s. m.* **2.** Por antonomasia, Aristóteles, nacido en esta ciudad.

estajanovismo *s. m.* Método que se aplicó en la URSS para incrementar la productividad laboral mediante una serie de estímulos, como salarios más elevados, admisión en el partido, etc. Debe su nombre a Stajanov, un minero que superó todas las marcas de producción conocidas hasta entonces. **FAM.** Estajanovista.

estalactita *s. f.* Acumulación calcárea en forma alargada y puntiaguda que cuelga del techo de algunas cuevas naturales, formada por filtración de aguas con sales calizas o silíceas.

estalagmita *s. f.* Estalactita invertida que se forma en el suelo de algunas cuevas.

estalinismo *s. m.* **1.** Nombre que reciben las teorías y las prácticas políticas de Stalin y sus seguidores, caracterizadas principalmente por el dogmatismo teórico, la rígida organización del Partido Comunista y de la sociedad, el culto a la personalidad del líder y la eliminación, mediante la represión, de cualquier tendencia opositora. Fue criticado y condenado en el XX Congreso del PCUS (1956) presidido por Kruschev. **2.** Periodo de la historia de la URSS y del movimiento comunista internacional dominados por la figura de Stalin. **FAM.** Estalinista.

estallante *adj.* Que estalla o está a punto de estallar.

estallar *v. intr.* **1.** Romperse una cosa de golpe y con estruendo. **2.** Abrirse una cosa por efecto de la presión o la tirantez; p. ej., las costuras de un pantalón. También *v. prnl.* **3.** Hacer algo un ruido seco, como el de un látigo. **4.** Ocurrir repentinamente algo impetuoso o violento. **5.** Manifestar con fuerza el llanto, la risa, la alegría, el dolor, etc. **6.** Terminar algo de forma brusca y desastrosa.

estallido *s. m.* Acción y efecto de estallar o romperse una cosa y ruido que se produce.

estambrar *v. tr.* Hacer estambre torciendo la lana.

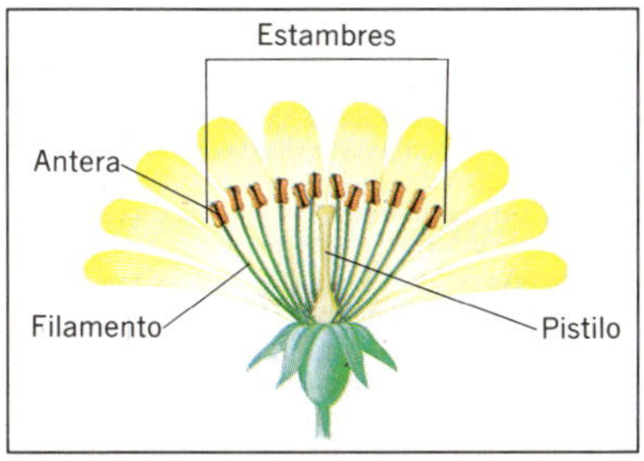

Estambres de una flor y elementos de que constan.

estambre *s. m.* **1.** Órgano reproductor masculino de las flores, que se encuentra en el interior del cáliz. Consta de un largo filamento en cuyo extremo se encuentra la antera, dividida longitudinalmente en dos cámaras o tecas. Su función es producir los granos de polen. **2.** Parte del vellón de lana compuesto de hebras largas. También, hilo formado con estas hebras y tejido elaborado con este hilo.

Estalactita y estalagmita en la cueva de las Maravillas de Aracena, Huelva (España).

Estambul (*Istanbul*) C. de Turquía, situada en el sector europeo del país, junto al Bósforo. 6.748.500 h. en 1990. Anteriormente fue llamada *Constantinopla* y *Bizancio*. Su situación estraté-

Estambul: vista panorámica de la ciudad.

gica hace de ella puente entre Europa y Asia y paso del mar Negro al Mediterráneo. Es el principal centro comercial y cultural del país y en él destacan su importante puerto y las industrias mecánica, automovilística y textil. Antigua capital de los imperios bizantino y otomano, conserva interesantes restos arqueológicos y monumentos, como las ruinas de un acueducto y un hipódromo romanos, la iglesia de Santa Sofía (s. VI), con ricos mosaicos del s. XIV, y las mezquitas de Ahmet y de Suleimán.

estamental *adj.* **1.** Perteneciente o relativo al estamento. **2.** Estructurado u organizado en estamentos.

estamento *s. m.* **1.** Cada uno de los grupos sociales de la Europa medieval y del Antiguo Régimen que tenían representación en los estados generales, parlamentos y cortes. Originariamente eran sólo la nobleza y el clero, a los que se añadió en la Baja Edad Media el estamento de burgueses y caballeros. **2.** Cada una de las capas o estratos sociales de una colectividad, caracterizados por una serie de rasgos profesionales, sociales y culturales comunes.

estameña *s. f.* Tela basta de lana, empleada generalmente para hábitos.

estampa *s. f.* **1.** Imagen o figura impresa. **2.** Papel o cartulina con una imagen religiosa. **3.** Imprenta o impresión: *dar a la estampa.* **4.** Figura, aspecto de una persona o animal. **5.** Escena, cuadro, especialmente si es típico o pintoresco. **6.** Persona que se parece mucho a otra que se menciona. **7.** Persona que, por tener unas determinadas cualidades o condiciones, es la representación más clara de algo.

estampación *s. f.* Acción y efecto de estampar o estamparse, impresión.

estampado, da **1.** *p. p.* de **estampar**. También *adj.* ‖ *adj.* **2.** Se dice de los tejidos que tienen diferentes dibujos o labores. También *s.* ‖ *s. m.* **3.** Estampación*.

estampador, ra *adj.* **1.** Se dice de lo que sirve para estampar. También *s.* ‖ *s. m.* y *f.* **2.** Persona que estampa.

estampar *v. tr.* **1.** Dejar impresos dibujos, textos, etc., sobre papel, tela u otro material, mediante presión con un molde. **2.** P. ext., escribir, especialmente la firma. **3.** Dejar señalada la huella de algo. También *v. prnl.* **4.** Dar determinada forma al metal prensándolo con un molde. **5.** Arrojar con violencia a una persona o cosa, haciéndola chocar contra algo. También *v. prnl.* **6.** Dar un golpe, beso, etc., produciendo un chasquido. **7.** Grabar algo en la mente de una persona. También *v. prnl.*

estampida *s. f.* **1.** Huida rápida e impetuosa del ganado. **2.** Estampido*. ‖ **LOC. de estampida** *adv.* Con verbos como *salir*, de repente, precipitadamente.

estampido *s. m.* Ruido grande y fuerte, como el producido por algo al estallar. ‖ **LOC. dar un estampido** Explotar, tener algo un final brusco y grave.

estampilla *s. f.* **1.** Sello, por lo general de caucho o de plástico, que contiene la firma y rúbrica de una persona o un letrero para estampar en ciertos documentos. **2.** *amer.* Sello de correos o fiscal.

estampilladora *s. f.* Máquina para estampar el franqueo de la correspondencia sustituyendo el sello.

estampillar *v. tr.* Marcar con una estampilla o sello. **FAM.** Estampillado.

estampita *s. f.* **1.** *dim.* de **estampa**. ‖ **2. timo de la estampita** Engaño en que dos timadores se aprovechan de la codicia de un incauto haciéndole pagar una cantidad de dinero a cambio de un grueso fajo de billetes de banco que luego resultan ser papeles sin valor.

estancación *s. f.* Estancamiento*.

estancamiento *s. m.* Acción y efecto de estancar o estancarse. ▪ Se dice también *estancación.*

estancar *v. tr.* **1.** Detener el curso de algo, especialmente de una corriente de agua. También *v. prnl.* **2.** Detener la marcha o evolución de un asunto, proceso, etc. También *v. prnl.* **3.** Prohibir la venta libre de una mercancía, concediendo el monopolio a alguna persona o entidad. ▪ Se conjuga como *sacar.*

estancia *s. f.* **1.** Habitación o sala de una vivienda. **2.** Permanencia de alguien en un lugar. **3.** Cantidad que se paga por esa permanencia. **4.** Estrofa formada por una combinación variable de versos endecasílabos y heptasílabos que se repite a lo largo del poema, excepto en la estrofa final, que puede ser más breve. Es propia de la canción renacentista. **5.** *amer.* Hacienda de campo, especialmente la dedicada a la ganadería. **6.** *Cuba, Ven.* Quinta, casa de campo con huerta, cercana a la ciudad.

estanciero, ra *s. m.* y *f. amer.* Dueño de una estancia o persona que cuida de ella.

estanco, ca *adj.* **1.** Se aplica a cosas perfectamente cerradas y separadas entre sí. ‖ *s. m.* **2.** Prohibición de la venta libre de ciertos productos, reservándose su explotación el Estado o arrendándosela a alguien. **3.** Lugar en que se venden estas mercancías, especialmente tabaco, sellos y papel timbrado. **4.** *Ec.* Tienda donde se vende aguardiente.

estándar *adj.* **1.** Se aplica a lo que está unificado conforme a un modelo. **2.** Se dice del producto fabricado en serie. **3.** Que copia algo muy extendido y repetido. ‖ *s. m.* **4.** Tipo, patrón. ▪ Se dice también *standard.*

estandarizar *v. tr.* **1.** Ajustar algo a un tipo, modelo o norma. **2.** Uniformar, igualar. También *v. prnl.* ▪ Se conjuga como *cazar.* **FAM.** Estandarización.

estandarte *s. m.* **1.** Insignia o bandera de una corporación civil, militar o religiosa, que consiste en un trozo de tela cuadrado con un escudo o distintivo y sujeto por el borde superior a una barra horizontal que cuelga de otra perpendicular. **2.** Pétalo mayor, situado posteriormente, de los cinco que presenta la corola de las flores de la familia papilionáceas.

estánico, ca *adj.* Se dice de los compuestos de estaño en que este elemento químico actúa con valencia 4.

Estanislao Nombre de dos reyes de Polonia. **Estanislao I Leszczynski** (Lwów 1677 - Lunéville 1766) Candidato al trono polaco tras la deposición de Augusto II (1704), fue elegido con apoyo de Carlos XII de Suecia, pero no consiguió imponerse y hubo de exiliarse en 1714. Tras la muerte de Augusto II (1733) fue nuevamente elegido rey, lo que provocó la guerra de Sucesión, que concluyó en 1738 con su renuncia al trono. **Estanislao II Poniatowski** (Wolckin 1732 - San Petersburgo 1798) Rey de Polonia (1764-95). Elegido rey con el apoyo de Rusia, fue un monarca ilustrado y un promotor de la cultura, pero no supo evitar la intervención rusa y los sucesivos repartos de Polonia. Abdicó en 1795 y permaneció prisionero en Grodno hasta que fue liberado por el zar Pablo I. Con él se extinguió la monarquía polaca.

Estanislao, San (Szczepanow 1030 - Cracovia 1079) Obispo polaco. Prelado de Cracovia, excomulgó por sus violencias al rey Boleslao II el Atrevido, quien ordenó su muerte.

estannífero, ra *adj.* Que contiene estaño.

estanque *s. m.* Depósito artificial de agua, construido para riego, cría de peces, etc., o como elemento de adorno.

estanquero, ra *s. m.* y *f.* Encargado de un estanco o expendeduría de tabaco.

estanquillo *s. m.* **1.** *amer.* Tienda, generalmente estatal o municipal, donde se vende tabaco y baratijas. **2.** *Ec.* Taberna.

estante *s. m.* **1.** Tabla horizontal que forma parte de un mueble o se adosa directamente a la pared para colocar cosas sobre ella. **2.** Estantería*.

estantería *s. f.* Mueble formado por estantes.

estantigua *s. f.* **1.** Fantasma, visión que causa miedo. **2.** *fam.* Persona alta, delgada y extravagantemente vestida.

estañar *v. tr.* **1.** Cubrir o bañar con estaño una pieza de otro metal. **2.** Soldar una cosa con estaño. **FAM.** Estañador, estañadura.

estaño *s. m.* Sn. Elemento químico perteneciente al grupo IV A del sistema periódico. Su número atómico es 50 y su masa atómica 118,69. Es un metal de color blanco plateado, dúctil y fácilmente maleable. No se altera a temperatura ordinaria y es resistente a la humedad. Tiene tres estados alotrópicos: el α-estaño o estaño gris, que se consigue al someterlo a temperaturas en torno

Estaño.

a –40 °C y cristaliza en el sistema cúbico; el β-estaño o estaño blanco, que cristaliza en el sistema tetragonal al ser sometido a temperaturas que no sobrepasen los 161 °C, y el γ-estaño, que se consigue al ser sometido a temperaturas entre los 161 y los 231,8 °C y cristaliza en el sistema rómbico. Por encima de los 231,8 °C se licúa. Conocido y utilizado desde la antigüedad, su principal mena es la casiterita (SnO_2), mineral cuyos principales yacimientos se encuentran en Indonesia, Bolivia, Congo y China. Se utiliza para fabricar hojalata, como protector de metales y alimentos, en aleaciones como el bronce y para obtener ciertos fungicidas e insecticidas.

estaquear *v. tr. Amér. del S.* Torturar a una persona, atando sus miembros a estacas clavadas en el suelo.

estaquilla *s. f.* **1.** Trozo pequeño de madera con que se clava o sujeta algo. **2.** Pequeño clavo de forma piramidal y sin cabeza.

estar *v. copul.* **1.** Encontrarse en cierta situación, manera, etc. También *v. prnl.* **2.** Con algunos adjetivos, sentir o experimentar lo que éstos significan. **3.** Quedarle a alguien una prenda de vestir de la manera que se indica. **4.** Seguido de adverbios como *bien, mal*, etc., o ciertos adjetivos, encontrarse de salud como éstos indican. **5.** Seguido de *que* y otro verbo, encontrarse en la situación o actitud que se expresa. **6.** Con la preposición *de*, encontrarse haciendo algo o hallarse en determinadas circunstancias. **7.** Con la preposición *de*, desempeñar un empleo o cargo. **8.** Con la preposición *de*, y sustantivos como *semana, mes*, etc., indica el tiempo de embarazo de una mujer. ‖ *v. intr.* **9.** Existir o hallarse en cierto lugar, momento, etc. **10.** Con la preposición *a* y el día del mes o de la semana, indica que es ése el día que corre. **11.** Con la preposición *a* y ciertos sustantivos, comprometerse a realizar lo que éstos expresan. **12.** Con la preposición *a* y un numeral, tener un valor o precio en el mercado. **13.** Con la preposición *a* y grados del termómetro, de longitud o latitud, etc., sirve para indicarlos. **14.** Seguido de la preposición *con* y un nombre de persona, convivir, trabajar o permanecer con ella. **15.** En 3.ª pers. del sing., con la preposición *en* seguida de un sustantivo, consistir, ser la causa o el motivo de lo que se expresa. **16.** Con la preposición *en*, suponer, creer. **17.** Con la preposición *en* seguida generalmente de un pronombre neutro, atender, realizar en ese mismo momento lo que éste indica. **18.** Seguido de la preposición *sobre*, vigilar, cuidar, tener alguien bajo su responsabilidad. **19.** Seguido de la preposición *para* y ciertos sustantivos o verbos en infinitivo, encontrarse preparado o en disposición para hacer lo que éstos expresan. **20.** Con la preposición *para*, indica el uso o utilidad del sustantivo de que se trate. **21.** Con la preposición *por*, ser partidario de alguien o algo. **22.** Con la preposición *por* y el infinitivo de algunos verbos, no haberse realizado todavía la acción que éstos expresan. **23.** Con la preposición *por* y el infinitivo de algunos verbos, haberse casi decidido a hacer alguna cosa o sentir la tentación de hacerla. ‖ *v. prnl.* **24.** Quedarse o permanecer en algún sitio. ‖ *v. aux.* **25.** Puede formar la voz pasiva de algunos verbos. **26.** Seguido de un gerundio, presenta una acción que se está realizando. El verbo *estar* puede utilizarse también en gerundio y equivale a *mientras.* ▪ Es v. irreg. ‖ **LOC. ¿estamos?** *interr.* Se emplea para apoyar lo que se dice o comprobar si hay acuerdo o conformidad. **estar a la que salta** *fam.* Estar atento a cualquier cosa para no desaprovechar ninguna oportunidad. **estar a mal** con una persona *fam.* Llevarse mal con ella. **estar con** Compartir su misma opinión. **estar de más** alguien o algo *fam.*

Ser inútil o molesto, sobrar. **estar en todo** *fam.* Atender muchas cosas a la vez sin descuidar ningún detalle. **estar** algo **por ver** *fam.* Dudar sobre la realización, verdad o eficacia de alguna cosa.

ESTAR	
INDICATIVO	
Presente	**Pret. perf. simple**
estoy	*estuve*
estás	*estuviste*
está	*estuvo*
estamos	*estuvimos*
estáis	*estuvisteis*
están	*estuvieron*
SUBJUNTIVO	
Pretérito imperf.	**Futuro imperf.**
estuviera, -ese	*estuviere*
estuvieras, -eses	*estuvieres*
estuviera, -ese	*estuviere*
estuviéramos, -ésemos	*estuviéremos*
estuvierais, -eseis	*estuviereis*
estuvieran, -esen	*estuvieren*

estarcir *v. tr.* Reproducir dibujos, letras, etc., recortando su silueta en una chapa, colocando ésta sobre una superficie y pintando encima; al retirar la chapa queda marcado el dibujo. ■ Se conjuga como *zurcir.* **FAM.** Estarcido.

estárter *s. m.* Starter*.

estasis *s. f.* Estancamiento de la sangre u otro líquido en alguna parte del cuerpo.

estatal *adj.* Perteneciente o relativo al Estado.

estatalizar *v. tr.* Administrar, explotar o intervenir el Estado empresas, servicios, etc., que antes eran privados. ■ Se cojuga como *cazar.* **FAM.** Estatalización.

estática *s. f.* **1.** Parte de la mecánica que estudia las leyes del equilibrio de fuerzas. **2.** Conjunto de estas leyes.

estático, ca *adj.* **1.** Que permanece en un mismo estado sin cambios. **2.** Perteneciente o relativo a la estática. **3.** Paralizado por la admiración, el asombro o la emoción.

estatificar *v. tr.* Estatalizar*. ■ Se conjuga como *sacar.* **FAM.** Estatificación.

estatismo[1] *s. m.* Cualidad de estático.

estatismo[2] (de *estado*) *s. m.* **1.** Tendencia política partidaria de una intervención excesiva del Estado en los asuntos de un país. **2.** Esa misma intervención.

estator o **estátor** *s. m.* Parte inmóvil de los motores o generadores eléctricos, por oposición a rotor o parte giratoria.

estatua *s. f.* **1.** Obra de escultura que representa una figura humana, animal o una personificación simbólica. **2.** Persona fría y sin iniciativa.

estatuaria *s. f.* Arte y técnica de hacer estatuas.

estatuario, ria *adj.* **1.** Perteneciente o relativo a la estatuaria. **2.** Propio de una estatua por su belleza o perfección.

estatúder *s. m.* En los Países Bajos, durante la dominación española, gobernador provincial designado por el soberano. Tras la sublevación general contra Carlos V, título adoptado por Guillermo de Nassau.

estatuir *v. tr.* **1.** Establecer, ordenar. **2.** Afirmar como verdad un hecho o doctrina. ■ Es v. irreg. Se conjuga como *huir.*

estatura *s. f.* **1.** Medida de una persona desde los pies a la cabeza. **2.** Dimensión, elevación, calidad.

estatus *s. m.* Status*.

estatutario, ria *adj.* Relativo a los estatutos o establecido u ordenado por éstos.

estatuto *s. m.* **1.** Ley, ordenamiento jurídico. **2.** Conjunto de normas por las que se rige una sociedad o corporación. ‖ **3. estatuto de autonomía** En España, conjunto de leyes y normas por las que se rigen las comunidades autónomas y que sólo es inferior a la Constitución.

estaurolita *s. f.* $(Fe, Mg)_2(Al, Fe^{+3})_9O_6SiO_4(O, OH)_2$. Mineral silicato de hierro y aluminio. Cristaliza en el sistema monoclínico, es muy dura, tiene brillo vítreo y color rojo o negruzco. Se halla en yacimientos de Italia, EE UU, Checoslovaquia y España. Algunas variedades se utilizan en joyería.

estay *s. m.* En un barco, cabo de alambre muy tenso y resistente que sujeta las vergas y los mástiles de un barco.

este *s. m.* **1.** Punto cardinal por donde sale el Sol. **2.** Parte de un país, región, etc., situada al oriente. **3.** Viento que viene del oriente. ■ Su abreviatura es *E.*

este, esta, esto *pron. dem.* **1.** Denota que la persona o cosa a la que se refiere está cerca del que habla y del que escucha. En masculino y femenino, también *adj.* ■ Las formas plurales de los demostrativos son *estos* y *estas* para masculino y femenino respectivamente. Cuando es adjetivo no lleva nunca acento gráfico; sin embargo, las formas de masculino y femenino suelen escribirse con acento cuando son pronombres. **2.** En femenino singular y plural significa ocasión, situación, jugada, etc., o equivale a un sustantivo no expreso: *No te verás en otra como ésta.* ‖ *adj.* **3.** Pospuesto al nombre, demuestra enfado o desdén: *¿Qué se habrá creído el niño este?* ‖ **LOC. a todo esto** Introduce en la conversación un comentario al margen de la misma o relacionado con algo que se acaba de mencionar.

Este Dinastía de príncipes italianos, señores de los ducados de Ferrara, Módena y Reggio, condes de Rovigo. Desde principios de la Baja Edad Media sobresalieron en la política y el mecenazgo en Italia. En su corte recibieron protección Petrarca, Pisanello, Guarino Guarini, Ludovico Ariosto y Torquato Tasso. En 1803, al interrumpirse la descendencia masculina, se convirtió en la dinastía Habsburgo-Este.

esteárico, ca *adj.* **1.** Perteneciente o relativo al ácido esteárico. ‖ **2. ácido esteárico** $CH_3-(CH_2)_{16}-CO_2H$. Ácido orgánico octodecanoico, de la serie de ácidos grasos saturados. Se encuentra, junto al ácido palmítico y al oleico, en grasas animales y aceites hidrogenados. Se presenta en forma de masa blanca e inodora de agujas brillantes. Se usa para fabricar velas, cirios y jabones.

estearina *s. f.* Nombre de los derivados glicéridos del ácido esteárico. Se usan en farmacia, para fabricar supositorios, óvulos, etc., y en cosmética.

esteatita *s. f.* Variedad de talco muy untuoso, de color gris o verde grisáceo. Se endurece con el calor, por lo que se usa en la fabricación de objetos refractarios, como aislantes, bujías, etc. También se conoce como *piedra ollar* o *jaboncillo de sastre.*

Esteban Nombre de varios reyes de Hungría. **Esteban I, San** (Esztergom h. 971 - Buda 1038) Rey de Hungría (1000-38). Duque de los magiares, emprendió la cristianización de su territorio. Para recompensarle, el papa Silvestre II le envió una corona y le concedió el título de rey apostólico, sacralizando la monarquía húngara. Introdujo instituciones occidentales en el país y asentó la autoridad real. Fue canonizado en 1083. **Esteban II** (? h. 1101 - Oradea, Rumania 1131) Rey de Hungría (1116-31). Rechazó los ataques de venecianos y de checos y sostuvo una guerra contra Juan II Comneno, emperador de Bizancio. **Esteban III** (? 1147 - Esztergom 1172) Rey de Hungría (1162-72). Hijo de Geza II, de 1163 a 1165 usurpó la corona de Hungría su tío Esteban IV, pero logró recuperar el trono. Perdió parte de Dalmacia, ocupada por los bizantinos. **Esteban IV** (? 1132 - ? 1165) Rey de Hungría (1163-65). Hijo de Bela II, ascendió al trono con la ayuda de Manuel I Comneno, emperador bizantino, en cuya corte se había refugiado en 1154. Fue depuesto por su sobrino Esteban III. **Esteban V** (? 1239 - Buda 1272) Rey de Hungría (1270-72). Hijo y sucesor de Bela IV, venció a Otokar II de Bohemia (1260). Se enfrentó a su padre Bela IV, quien le otorgó el principado de Transilvania (1262). Conquistó una serie de fortalezas búlgaras a orillas del Danubio. Ya rey, murió en una campaña contra los serbios.

Esteban Nombre de nueve papas. **Esteban III** (Roma ? - íd. 757) Papa romano. Su pontificado abarca de 752 a 757. Ante la amenaza de Astulfo, rey de los lombardos, buscó la protección de Pipino el Breve, a quien consagró rey de los francos en el 754 y de quien recibió el exarcado de Ravena y la Pentápolis, origen de los Estados Pontificios. **Esteban IV** (Sicilia h. 720 - Roma 772) Papa siciliano. Su pontificado abarca de 768 a 772. Convocó un concilio en Roma (769) que condenó al antipapa Constantino II y determinó que la elección de papa se hiciera exclusivamente por el clero romano **Esteban V** (Roma ? - íd. 817) Papa romano. Su pontificado abarca de 816 a 817. Coronó en Reims a Luis el Piadoso, reafirmando así la vinculación del imperio con el papado. **Esteban VI** (Roma ? - íd. 891) Papa romano. Su pontificado abarca de 885 a 891. Consiguió que Focio, patriarca de Constantinopla, fuese depuesto por el emperador León VI. En 891 coronó emperador a Guido de Spoleto. **Esteban VII** (Roma ? - íd. 897) Papa romano. Su pontificado abarca de 896 a 897. Inició el juicio contra el papa Formoso, al que acusaban de usurpación, hizo desenterrar su cadáver y arrojarlo al Tíber. Murió estrangulado por los partidarios de Formoso. **Esteban X** (Lorena ? - Florencia 1058) Papa seguramente francés. De nombre Federico de Lorena, su pontificado abarca de 1057 a 1058. Fue abad de Montecassino. Convocó varios sínodos en Roma para acometer la reforma de la Iglesia, sobre todo la del clero.

Esteban, Maestro (s. XI - XII) Maestro de obras y escultor románico que intervino en la construcción de las catedrales de Santiago de Compostela (puerta de Platerías) y de Pamplona, así como en la portada de San Isidoro de León. Sus figuras son de gran expresividad y los vestidos forman pliegues en forma de U.

Esteban, San (? - Jerusalén 36 ó 37) Diácono consagrado por los apóstoles. Murió lapidado por proclamar su fe cristiana. Es considerado el primer mártir de la cristiandad.

Esteban I Báthory (? 1533 - Grodno 1586) Príncipe de Transilvania (1571-75) y rey de Polonia (1575-86). Descendiente de una antigua familia húngara, fue elegido para el trono por la nobleza antialemana. Organizó al ejército para hacer frente a Iván IV el Terrible, zar de Rusia, al que derrotó en Vitebsk, Polock y Pskov, obligándole a firmar la paz en 1582, que le dio a Polonia el dominio de Livonia y Polock. Prestó ayuda a los jesuitas para su instalación en el país, lo cual contribuyó al triunfo de la Contrarreforma.

Esteban de Blois (? h. 1097 - ? 1154) Rey de Inglaterra (1135 -54). Nieto de Guillermo el Conquistador, ocupó el trono al morir Enrique I sin sucesión masculina, desplazando a Matilde, hija del rey. Ello provocó una guerra civil (1139), que concluyó con el acuerdo de que a su muerte reinaría el hijo de Matilde y Godofredo de Anjou, Enrique II Plantagenet.

Esteban Harding, San (Inglaterra h. 1060 - Citeaux 1134) Abad cisterciense. En compañía de San Roberto fundó la abadía de Citeaux (1098), de la que fue abad (1109). Bajo su dirección nacieron en Francia, en sólo tres años, otros cuatro monasterios. Redactó las reglas del Císter (1119).

Estébanez Calderón, Serafín (Málaga 1799 - Madrid 1867) Escritor español. Fue diputado, senador y ministro. Alternó la carrera política con la publicación de artículos costumbristas en el *Correo literario y mercantil* y en *Cartas españolas,* firmados con el seudónimo *El Solitario* y recopilados en *Escenas andaluzas* (1847). También escribió la novela histórica *Cristianos y moriscos* (1838) y *Poesías* (1831).

estefanita *s. f.* Ag_5SbS_4. Mineral sulfuro de antimonio y plata. Cristaliza en el sistema rómbico. Tiene brillo metálico, mediana dureza y color negro. Se emplea como mena de la plata. Sus principales yacimientos se hallan en Perú y México.

estegosáuridos *s. m. pl.* Familia de reptiles fósiles del grupo de los dinosaurios y orden ornitisquios, a la que pertenecen diversas especies de los géneros *Stegosaurus* y otros. Se caracterizaban por tener placas dérmicas dorsales en forma de cresta, espinas en la cola y patas posteriores rematadas en tres dedos con pezuñas. Habitaron en América del Norte durante el periodo jurásico. También *adj.* y *s. m.*

estegosaurio *s. m.* Dinosaurio de la familia estegosáuridos.

estela[1] (del lat. *aestuaria*, de *aestuarium*, agitación del mar) *s. f.* **1.** Señal que deja en el agua una embarcación o cualquier otro cuerpo en movimiento. **2.** Rastro que deja tras sí un cuerpo luminoso en el firmamento. **3.** P. ext., cualquier otra huella que deja un cuerpo en movimiento. **4.** Recuerdo, impresión, consecuencia que permanece de alguna cosa ocurrida.

estela[2] (del lat. *stela*, y éste del gr. *stele*) *s. f.* Monumento conmemorativo formado por una piedra en forma de lápida, prisma, columna, etc., que se levanta sobre el suelo.

estelar *adj.* **1.** Perteneciente o relativo a las estrellas. **2.** De mucha importancia o de gran categoría.

Estella C. de España, en la prov. de Navarra, situada al SO de Pamplona, a orillas del río Ega. 12.900 h. en 1990. Tiene cultivos de cereal, viñedo y olivar, así como patatas, frutales y de huerta, e industria textil, peletera, de construcciones metálicas y mecánicas, artes gráficas y electrodomésticos. Es una antigua ciudad romana que alcanzó gran desarrollo durante la Edad Media gracias a su situación en el camino de Santiago. Durante las guerras carlistas fue la capital de los partidarios de Carlos María Isidro (1839) y, posteriormente, de Carlos de Borbón y de Este (1873-76).

Estella, fray Diego de (Estella, Navarra 1524 - Salamanca 1578) Escritor místico español. Franciscano, fue predicador de la corte de Felipe II. Es autor, entre otros libros, de *Tratado de la vida, loores y excelencias del glorioso apóstol y bienaventurado evangelista San Juan* (1554), *Libro de la vanidad del mundo* (1562), *Meditaciones devotísimas del amor de Dios* (1576) y de unos *Comentarios sobre el Evangelio de San Lucas* (1575), causa de un proceso inquisitorial.

estenocardia *s. f.* Angina de pecho.

estenografía *s. f.* Taquigrafía*. **FAM.** Estenográficamente, estenográfico.

estenografiar *v. tr.* Taquigrafiar*.

estenógrafo, fa *s. m.* y *f.* Taquígrafo*.

estenordeste o **estenoreste** *s. m.* **1.** Punto del horizonte entre el E y el NE, a igual distancia de ambos. **2.** Viento que sopla de esta parte.

estenosis *s. f.* Estrechez o estrechamiento anormal de un orificio o conducto anatómico, como p. ej. el píloro, el uréter, etc.; puede ser congénita o adquirida.

estenotipia *s. f.* **1.** Taquigrafía a máquina. **2.** Máquina taquigráfica capaz de transcribir textos a la velocidad de la palabra hablada, cuyo teclado permite imprimir, en forma fonética simplificada, sílabas y palabras completas en una sola pulsación.

estentóreo, a *adj.* Se dice de la voz, grito o sonido muy fuertes.

estepa *s. f.* **1.** Formación vegetal de plantas adaptadas a la sequedad (xerófitas), especialmente de la familia gramíneas, que se extiende por zonas subdesérticas cálidas y frías de todos los continentes. Se distingue de la pradera por la discontinuidad de su tapiz vegetal, y de la sabana por la menor altura de su hierba. Se da en regiones como la pampa argentina, las praderas de EE UU, la estepa rusa o la meseta española. **2.** Llanura muy extensa donde crece este tipo de vegetación. **3.** Terreno seco con poca vegetación.

estepario, ria *adj.* Propio de las estepas.

estepas, arte de las Arte desarrollado desde la edad del bronce por diversos pueblos nómadas habitantes de la gran franja esteparia que va desde el E de Europa hasta el centro de Asia. Sus principales expresiones fueron el forjado y orfebrería de armas, vasijas, objetos de adorno, diademas, etc. Fue transmitido a Occidente por escitas y sármatas a través de los godos en los primeros siglos de nuestra era.

Estepona C. de España, en la prov. de Málaga, situada al O de la capital, a orillas del mar Mediterráneo. 31.400 h. en 1990. Es una villa residencial y veraniega que tiene cultivos mediterráneos, ganadería, industria alimentaria y puerto pesquero de bajura.

estequiometría *s. f.* Parte de la química que estudia las proporciones en que se combinan los cuerpos y describe las ecuaciones con que se representan las reacciones químicas.

estequiométrico, ca *adj.* **1.** Perteneciente o relativo a la estequiometría. ‖ **2. cálculos estequiométricos** Aquellos que permiten ajustar las ecuaciones con que se representan las reacciones químicas. **3. coeficiente estequiométrico** Factor numérico en una ecuación química que indica el número de moles de cada especie que se ganan o pierden en una reacción.

Ester, Libro de Libro del Antiguo Testamento que narra la vida de Ester, joven judía casada con el rey persa Asuero (quizá Jerjes I), la cual salvó a su pueblo de una matanza ordenada por su esposo en todo el imperio.

éster *s. m.* Serie de compuestos orgánicos obtenidos por la adición de un ácido y un alcohol con eliminación de agua. Los más importantes son los **ésteres carboxílicos**, muy extendidos en la naturaleza. Su grupo funcional es R–COO–R'. Son los principales componentes de las ceras, aceites y grasas naturales y tienen un papel fundamental en la industria del plástico y de los explosivos.

estera *s. f.* Tejido grueso de esparto, junco, etc., que se utiliza para cubrir el suelo.

esteral *s. m. Arg., Par., Urug.* Terreno pantanoso.

esterar *v. tr.* Cubrir con esteras el suelo.

estercolar *v. tr.* **1.** Echar estiércol a la tierra. ‖ *v. intr.* **2.** Expulsar los animales el excremento. **FAM.** Estercoladura, estercolamiento.

estercolero, ra *s. m.* y *f.* **1.** Persona que recoge y saca el estiércol. ‖ *s. m.* **2.** Sitio donde se recoge y amontona el estiércol. **3.** Lugar muy sucio. **4.** P. ext., persona o cosa considerada sucia o vergonzosa según la moral establecida.

estéreo *adj.* **1.** Estereofónico*. También *s. m.* ‖ *s. m.* **2.** Unidad de medida de volumen, equivalente al metro cúbico. Se emplea para medir leña. ■ Su símbolo es *st.*

estereoagnosia *s. f.* Incapacidad para identificar un objeto mediante el tacto.

estereofonía *s. f.* Técnica de grabación y reproducción del sonido por medio de dos o más canales, que seleccionan los tonos y consiguen así una sensación de relieve acústico. Cuando se utilizan cuatro canales se denomina *cuadrafonía*.

estereofónico, ca *adj.* **1.** Perteneciente o relativo a la estereofonía. **2.** Se aplica al equipo de grabación y reproducción de sonido que emplea dicha técnica. También *s. m.* ■ Se dice también *estéreo*.

estereognosia *s. f.* Capacidad para reconocer la configuración espacial de los objetos por medio del tacto.

estereografía *s. f.* Arte de representar cuerpos sólidos proyectados en un plano. **FAM.** Estereográfico, estereógrafo.

estereograma *s. m.* Conjunto de dos diapositivas o fotografías que componen un par estereoscópico.

estereometría *s. f.* Parte de la geometría que trata de la medida de los cuerpos sólidos. **FAM.** Estereométrico.

estereoscopio *s. m.* Aparato óptico en el que, al mirar con ambos ojos, se ven dos imágenes de un objeto que, al fundirse en una, producen una sensación de relieve. **FAM.** Estereoscópico.

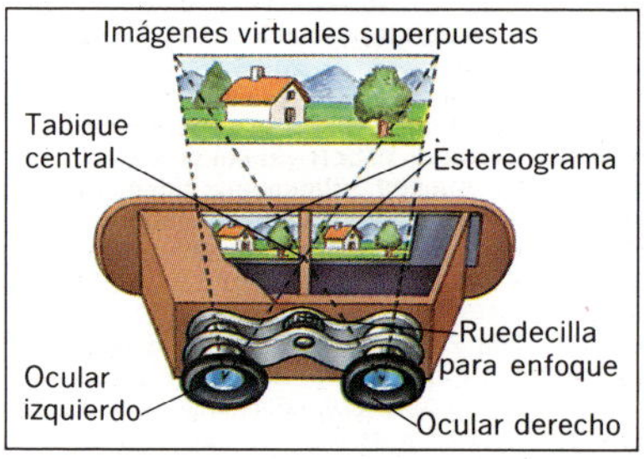

Estereoscopio.

estereotipado, da **1.** *p. p.* de **estereotipar**. También *adj.* ‖ *adj.* **2.** Se dice de los gestos, fórmulas, expresiones, conductas, etc., que se repiten siempre de la misma manera o que se usan de manera formularia.

estereotipar *v. tr.* **1.** Fundir en una plancha de una sola pieza la composición hecha con caracteres o letras movibles. **2.** Imprimir con esas planchas. **3.** Fijar y repetir sin variaciones un gesto, una frase, un estilo, un procedimiento artístico, etc.

estereotipia *s. f.* **1.** Procedimiento para reproducir una composición tipográfica, que consiste en estampar en un cartón especial o lámina de otra materia la página compuesta con caracteres o letras movibles, de manera que ese cartón o lámina sirva de molde para fundir el metal y obtener así las planchas de imprimir. **2.** Oficina donde se estereotipa. **3.** Máquina de estereotipar. **4.** Repetición involuntaria, brusca e intempestiva de expresiones verbales, gestos, movimientos, que tiene lugar en enfermedades psiquiátricas y neurológicas. **FAM.** Estereotípico.

estereotipo *s. m.* **1.** Modelo o norma fija de conducta, de cualidades, etc. **2.** Idea simplificada y comúnmente admitida que se tiene acerca de alguien o algo. **3.** Plancha de impresión estereotípica.

Esterhazy Familia noble húngara. Dividida en varias ramas, la más célebre fue la de Galantha, que obtuvo la dignidad de príncipe del Sacro Imperio Romano. Entre sus miembros figuran: **Nicolás** (Galantha 1582 - Gross Höflein 1645), palatino del reino de Hungría, que sirvió fielmente a los Habsburgo y guerreó contra los turcos; **Pablo** (Eisenstadt 1635 - íd. 1713), príncipe de Galantha, hijo del anterior; defendió Viena (1683) y Buda (1686) de los ataques turcos y luchó en el bando de los imperiales contra Ferenc Rakoczi, que había proclamado la independencia de Hungría (1707) y al que derrotaron en Trencin (1708); **Nicolás José** (? 1714 - ? 1790), protector de Haydn; mandó construir el palacio Esterhaza, en el que residió el músico desde 1768 hasta 1790; **Nicolás** (? 1765 - Como 1833), general y diplomático; no aceptó la corona de Hungría ofrecida por Napoleón; protector de las artes, reunió una importante colección de cuadros y dibujos; **Pablo Antonio** (? 1786 - Ratisbona 1866), diplomático, fue ministro de Asuntos Exteriores en el gobierno Batthyany; **Mauricio** (Pusztamajk 1881 - ? 1947), presidente del Consejo de Hungría (1917).

esterificación *s. f.* Formación de un éster a partir de un ácido orgánico y un alcohol en una reacción reversible, lenta, con eliminación de agua y escaso desprendimiento de calor.

estéril *adj.* **1.** Se dice de lo que no da fruto o no produce nada. **2.** Se aplica a la persona o animal que no puede reproducirse. **3.** Se dice del año de muy mala cosecha y de las épocas de miseria. **4.** Se aplica a lo que está libre de gérmenes que pueden causar enfermedad. **5.** Que no da resultado. **6.** En geol., se aplica a las rocas que no contienen ningún mineral útil. **FAM.** Estérilmente.

esterilidad *s. f.* **1.** Cualidad de estéril. **2.** Particularmente, incapacidad de un ser vivo para reproducirse. La esterilidad puede darse en todas las especies tanto de plantas como de animales. Se denomina **fisiológica**, si se produce al desaparecer la función reproductora, que no es permanente en la mayoría de los individuos, y **patológica**, si es debida a defectos o alteraciones del aparato reproductor. Las principales causas de esterilidad patológica son, en el hombre, lesiones de los testículos, defectos en la formación de los espermatozoides, cantidad insuficiente de los mismos o dificultades para depositarlos normalmente en el aparato genital femenino; y en la mujer, defectos de la matriz, infección de trompas y ovarios y falta de ovulación. La esterilidad puede además no deberse a causas naturales, sino ser provocada voluntariamente mediante intervenciones quirúrgicas como la vasectomía en el hombre y la ligadura de trompas en la mujer. Otros tipos de esterilidad son la **cromosómica**, debida a la diferencia en los cromosomas de cada especie, y la **interespecífica**, o imposibilidad de cruce entre dos especies.

esterilización *s. f.* **1.** Acción y efecto de esterilizar. **2.** Eliminación de los gérmenes causantes de enfermedades que hay o puede haber en un objeto o instrumento; suele realizarse mediante calor, sustancias antisépticas o radiaciones electromagnéticas de alta frecuencia (rayos gamma). **3.** Técnica para provocar la esterilidad. En el hombre se realiza cortando los conductos que transportan el esperma desde los testículos a las vesículas seminales (vasectomía), y en la mujer ligando las trompas de Falopio por las que pasa el óvulo en dirección al útero (ligadura de trompas).

esterilizador, ra *adj.* **1.** Que esteriliza. ‖ *s. m.* **2.** Aparato para esterilizar utensilios e instrumentos, destruyendo los gérmenes causantes de enfermedades que hay en ellos.

esterilizar *v. tr.* **1.** Hacer estéril a una persona o animal. También *v. prnl.* **2.** Destruir los gérmenes causantes de enfermedades que hay o puede haber en alguna cosa. ▪ Se conjuga como *cazar.*

esterilla *s. f.* **1.** Estera para tumbarse en el suelo. **2.** Tejido de hilos gruesos y separados.

esterlina *adj.* Se dice de la libra, moneda del Reino Unido. También *s. f.*

esternocleidomastoideo *s. m.* Músculo del cuello que por su parte inferior se une al esternón y la clavícula y por la superior al temporal y occipital. Actúa en el movimiento de giro y flexión lateral de la cabeza.

esternón *s. m.* Hueso plano de forma alargada y terminado en punta, que cierra verticalmente la caja torácica por delante y con el cual se articulan los siete primeros pares de costillas. Consta de una parte superior (mango), una parte central (hoja) y una parte inferior cartilaginosa y en punta (apófisis xifoides). En las aves presenta una quilla a la que se unen los poderosos músculos que mueven las alas.

estero *s. m.* **1.** Zona costera que se inunda con la subida de la marea. **2.** *amer.* Terreno bajo pantanoso. **3.** *Chile, Ec.* Riachuelo.

esteroide *s. m.* Nombre genérico de los compuestos químicos orgánicos de origen animal o vegetal, derivados del esterano o perhidrociclopentanofenantreno. Los esteroides, individualmente, presentan notables diferencias en cuanto a sus propiedades biológicas y tienen gran importancia en el metabolismo; entre ellos sobresalen el colesterol, los ácidos biliares, las hormonas sexuales (estrógenos, andrógenos y progesterona) y la vitamina D. Esteroides sintéticos se utilizan en farmacología para tratar inflamaciones y alergias.

esterol *s. m.* Esteroide en cuya molécula se halla presente un grupo hidroxilo o función alcohol (-OH) y una cadena alifática de 8 carbonos. Es soluble en disolventes orgánicos, pero no en agua, y cristaliza en finas agujas o pequeñas láminas. Se encuentra en la parte hidrófila de las grasas. En el cuerpo humano los más importantes son el colesterol y los ácidos biliares.

estertor *s. m.* **1.** Respiración jadeante o dificultosa que produce un sonido ronco o a manera de silbido y que es propia de los moribundos. **2.** Ruido anormal que se produce al pasar el aire por las vías respiratorias obstruidas.

estertóreo, a *adj.* Que tiene estertor.

estesudeste o **estesureste** *s. m.* **1.** Punto del horizonte entre el E y el SE, a igual distancia entre ambos. **2.** Viento que sopla de esta parte.

esteta *s. m.* y *f.* **1.** Persona con un desarrollado gusto por la belleza y el arte. **2.** Persona entendida en estética.

estética *s. f.* **1.** Rama de la filosofía que trata de la belleza en el arte y en la naturaleza. **2.** Modo particular de entender o realizar el arte y la belleza. **3.** Apariencia de una persona o cosa desde el punto de vista de la belleza.

esteticismo *s. m.* Actitud que concede más importancia a la belleza que a los aspectos intelectuales, sociales, morales, etc., en cualquier faceta de la vida, y especialmente en las obras literarias y artísticas.

esteticista *adj.* **1.** Perteneciente o relativo al esteticismo. ‖ *s. m.* y *f.* **2.** Especialista en el cuidado y embellecimiento del cuerpo humano, particularmente del rostro.

estético, ca *adj.* **1.** Perteneciente o relativo a la estética. **2.** Perteneciente o relativo a la apreciación de la belleza. **3.** Artístico, de aspecto bello. ‖ *s. m.* **4.** Persona que se dedica al estudio de la estética. **FAM.** Estéticamente.

estetoscopia *s. f.* **1.** Exploración realizada por medio del estetoscopio. **2.** Conjunto de signos que aporta esta exploración.

estetoscopio *s. m.* Aparato utilizado en medicina para auscultar. En la primera versión, de principios del s. XIX, se escuchaba por un solo oído, pero hoy se utilizan estetoscopios de dos auriculares (fonendoscopio). **FAM.** Estetoscópico.

esteva *s. f.* Pieza curva de la parte posterior del arado, que el campesino agarra con la mano para guiar la reja y hundirla en la tierra.

estevado, da *adj.* Se dice del que tiene las piernas torcidas, de manera que estando los pies juntos quedan separadas las rodillas. También *s.*

Esteve, Agustín (Valencia 1753 - íd. h. 1820) Pintor español. Protegido por Godoy, fue nombrado pintor de cámara de Carlos IV (1800). Es autor de retratos de traza goyesca, entre los que destacan los de Carlos María Isidro, Godoy, María Luisa de Borbón, Tomasa de Aliaga y el general Ricardos.

esthéticienne (voz fr.) *s. f.* Mujer esteticista, especialista en el cuidado y embellecimiento del cuerpo.

estiaje *s. m.* **1.** Disminución del caudal de un río o del nivel de las aguas de un lago, laguna, etc., durante cierta época del año. **2.** Tiempo que dura esta disminución.

estiba *s. f.* **1.** Acción y efecto de estibar. **2.** Cualquier peso que se pone en el fondo de un barco cuando va poco cargado.

estibador, ra *s. m.* y *f.* Trabajador que estiba las mercancías en los puertos.

estibar *v. tr.* **1.** Colocar algo de modo que ocupe el menor espacio posible. **2.** Distribuir adecuadamente los pesos de un buque. **3.** P. ext., cargar y descargar mercancías de los barcos. **FAM.** Estibación.

estibina *s. f.* Antimonita*.

estiércol *s. m.* **1.** Excremento de los animales. **2.** Abono muy rico en nitrógeno que consiste en excremento de animales mezclado con restos vegetales.

Estigarribia, José Félix (Caraguatay 1888 - ? 1940) Militar y político paraguayo. Fue jefe del ejército paraguayo en la guerra del Chaco (1932-1935) y presidió la delegación de su país en la conferencia de la Paz del Chaco, reunida en Buenos Aires (1938). Elegido presidente de la república (1939), constituyó un gobierno liberal y al disolverse el parlamento, por negarse a colaborar el Partido Colorado, asumió plenos poderes. Promulgó un estatuto de reforma agraria y dio una nueva Constitución. Murió en un accidente aéreo.

estigio, gia *adj.* **1.** Perteneciente o relativo al río Estigio o laguna Estigia. **2.** En poesía, infernal.

Estigio o **Estigia** Según la mitología griega, río de los infiernos que formaba una zona pantanosa, llamada *laguna Estigia* por los poetas, en cuyas orillas esperaban las sombras de los que habían muerto sin sepultura. Por cruzarla, el barquero Caronte cobraba un óbolo, lo que dio lugar a la costumbre de enterrar a los muertos con dicha moneda en la boca.

estigma *s. m.* **1.** Marca o señal en el cuerpo. **2.** Marca impuesta con un hierro candente como castigo deshonroso o como signo de esclavitud. **3.** Señal impresa sobrenaturalmente en el cuerpo de algunos santos y místicos como símbolo de la participación de sus almas en la pasión de Cristo. **4.** Motivo de deshonra o infamia para alguien. **5.** Síntoma o lesión persistentes característicos de ciertas enfermedades. **6.** Parte superior del pistilo de la flor donde es recogido el polen. **7.** Cada uno de los pequeños orificios que tiene el tegumento de insectos, arácnidos y miriápodos, por donde penetra el aire en la tráquea.

estigmatizar *v. tr.* **1.** Marcar a uno con hierro candente. **2.** Criticar públicamente y con gran dureza a alguien o algo. **3.** Imprimir a una persona sobrenaturalmente las llagas de Jesucristo. ▪ Se conjuga como *cazar.* **FAM.** Estigmatizador.

estilar *v. intr.* Tener por costumbre, usar, estar de moda. También *v. prnl.*

estilete *s. m.* **1.** Puñal de hoja muy estrecha y aguda. **2.** Estilo pequeño, punzón con que los antiguos escribían y gnomon del reloj de sol. **3.** Sonda metálica, flexible o rígida, terminada en una bolita.

Estilicón, Flavio (? h. 360 - Ravena 408) General romano. De origen vándalo, fue nombrado jefe militar por el emperador Teodosio en el 385. Durante la minoría de edad de Honorio, defendió Roma de las invasiones germánicas, combatiendo a visigodos y ostrogodos. Acusado de querer entronizar a su hijo como emperador de Oriente, murió ajusticiado.

estilismo *s. m.* Actividad y profesión del estilista de moda, decoración, etc.

estilista *s. m.* y *f.* **1.** Escritor u orador que se distingue por lo cuidado y elegante de su lenguaje. **2.** Persona responsable de todo lo relacionado con el estilo y la imagen en revistas de moda, en decoración, en ciertos espectáculos, etc.

estilística *s. f.* Estudio del estilo y de la expresión lingüística en general.

estilístico, ca *adj.* Perteneciente o relativo al estilo de escribir o de hablar.

estilita *adj.* Se dice del anacoreta que por austeridad vivía sobre una columna. También *s.*

estilizado, da **1.** *p. p.* de **estilizar**. También *adj.* ‖ *adj.* **2.** Delgado, esbelto.

estilizar *v. tr.* **1.** Representar artísticamente una cosa, resaltando tan sólo sus rasgos elementales. **2.** Afinar, adelgazar. También *v. prnl.* ▪ Se conjuga *como cazar.* **FAM.** Estilización.

estilo *s. m.* **1.** Manera de hacer algo propia de una persona, un país, una época, una escuela, etc. **2.** Conjunto de rasgos que distinguen y caracterizan a un escritor, artista, género literario, corriente artística, uso del idioma, etc. **3.** Forma de practicar un deporte. **4.** Modo, tipo, carácter. **5.** Costumbre, uso, moda. **6.** Elegancia, distinción. **7.** Parte del gineceo o pistilo de las flores, entre el ovario y el estigma, en forma de cilindro largo, estrecho y hueco, en cuyo interior se desarrollan los tubos polínicos tras la polinización. **8.** Punzón con el que los antiguos escribían sobre tablillas enceradas. **9.** Gnomon del reloj de sol. **10.** En una brújula, púa sobre la que gira la aguja. ‖ **11. estilo directo** Manera de reproducir las palabras de una persona o de un personaje refiriéndolas textualmente. **12. estilo indirecto** Aquel en que el discurso no se reproduce literalmente, sino transformado en una oración subordinada. ‖ **LOC. por el estilo** *adj.* y *adv.* Parecido o aproximado.

estilóbato *s. m.* Base, generalmente con tres gradas, sobre la que se apoya el templo griego.

estilográfico, ca *adj.* **1.** Se dice de la pluma que escribe con la tinta de un depósito que lleva en el mango. También *s. f.* **2.** Se aplica al lápiz que tiene mina recambiable. También *s. m.*

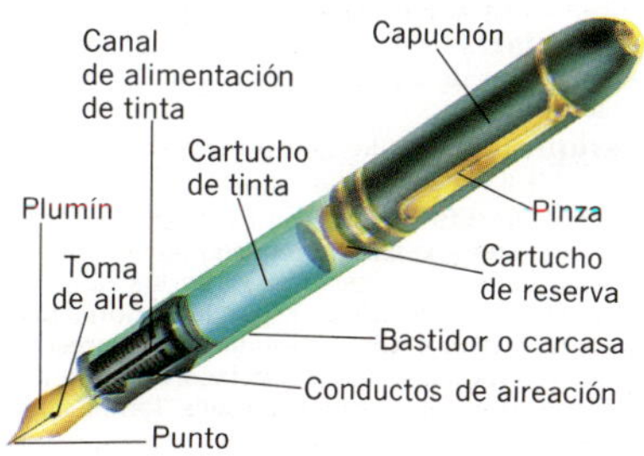

Modelo de estilográfica con carga de cartucho de tinta.

estilógrafo *s. m.* Tipo de pluma estilográfica, utilizada por dibujantes y delineantes, que tiene una plumilla tubular que produce una línea de anchura constante.

estiloso, sa *adj.* Que tiene estilo, clase.

estima *s. f.* Aprecio, afecto.

estimable *adj.* **1.** Que se puede valorar o calcular. **2.** Digno de estima. **FAM.** Estimabilidad.

estimación *s. f.* **1.** Acción y efecto de estimar o valorar. **2.** Estima, aprecio. ‖ **3. estimación estadística** Cálculo del valor de cierta característica de una población mediante el estudio de una muestra de sus miembros.

estimar *v. tr.* **1.** Dar valor o importancia a una persona o cosa. También *v. prnl.* **2.** Sentir cariño o afecto por alguien. También *v. prnl.* **3.** Tener una opinión sobre algo. **4.** Calcular o determinar el valor o la medida de algo, a menudo haciéndolo de forma aproximada.

estimativo, va *adj.* **1.** Se aplica a lo que valora o sirve para valorar. **2.** Calculado de manera aproximada o deducida. ‖ *s. f.* **3.** Capacidad con que se juzga el valor material o moral de las personas y cosas. **4.** Instinto animal.

estimulación *s. f.* **1.** Acción y efecto de estimular o estimularse. ‖ **2. estimulación precoz** Conjunto de acciones que tienden a proporcionar al niño las experiencias que éste necesita para desarrollar al máximo sus potenciales.

estimulador, ra *adj.* **1.** Estimulante*. ‖ **2. estimulador cardiaco** Marcapasos.

estimulante *adj.* **1.** Que estimula. **2.** Se dice de las sustancias que estimulan la acción de un órgano o parte del cuerpo, como hacen, p. ej., la adrenalina y el digital con el corazón, los laxantes con el intestino, etc. También *s. m.*

estimular *v. tr.* **1.** Animar a alguien a hacer alguna cosa o a realizarla mejor o en menos tiempo. También *v. prnl.* **2.** Hacer que algo empiece a actuar o lo haga más deprisa o con mayor eficacia. **3.** Activar los órganos de los sentidos o el tejido nervioso. ‖ *v. prnl.* **4.** Administrarse una droga, tónico o estimulante para aumentar la propia capacidad de acción.

estímulo *s. m.* **1.** Acción y efecto de estimular o estimularse. **2.** Aquello que sirve para estimular. **3.** Cualquier agente o causa que, al actuar sobre un organismo, provoca en éste una reacción o respuesta, p. ej., la luz al producir la contracción de las pupilas.

estío *s. m.* Verano.

estipendiario, ria *s. m.* y *f.* Persona que cobra un estipendio.

estipendio *s. m.* **1.** Dinero que se paga a alguien por un trabajo realizado o por unos servicios prestados. **2.** En la religión católica, cantidad que el sacerdote recibe de los fieles por la realización de ciertos actos religiosos, como la aplicación de una misa por una determinada intención. **FAM.** Estipendial.

estípite *s. m.* **1.** Pilastra en forma de pirámide truncada, con la base menor hacia abajo. **2.** En bot., tallo largo y sin ramificar, terminado en un penacho de hojas, como en las palmeras; también, p. ext., tallo simple de los helechos y pie que sirve de soporte al sombrero de ciertos hongos.

estípula *s. f.* Cada uno de los apéndices espinosos o escamosos que tienen algunas hojas a ambos lados de la base del pecíolo, como en las acacias, geranios, etc.

estipulación *s. f.* **1.** Convenio o acuerdo. **2.** Cada una de las disposiciones de un contrato u otro tipo de acuerdo, privado o público.

estipular *v. tr.* **1.** Determinar por acuerdo las condiciones de un trato u otra cosa. **2.** Hacer un contrato.

estique *s. m.* Palillo con un extremo dentado que utiliza el escultor para modelar barro.

estiracáceas *s. f. pl.* Familia de plantas leñosas ebenales a la que pertenecen numerosas especies de diversos géneros, entre los que destaca *Styrax.* Tienen hojas esparcidas, flores pentámeras hermafroditas reunidas en inflorescencias o solitarias y canales resinosos. Crecen en regiones tropicales e intertropicales. También *adj.* y *s. f.*

estirado, da **1.** *p. p.* de **estirar**. También *adj.* ‖ *adj.* **2.** Arrogante, que adopta aires de superioridad. También *s.* ‖ *s. m.* **3.** Operación de cirugía estética para suprimir las arrugas mediante el estiramiento de la piel, principalmente en la cara y el cuello. **4.** Operación que consiste en aumentar la longitud y reducir el grosor de una barra o tubo metálico en frío mediante el paso por una hilera de acero. **5.** En la industria textil, operación que tiene por objeto reducir el grosor de las mechas en el proceso de hilado. ‖ *s. f.* **6.** Acción de lanzarse un portero de fútbol para detener el balón.

estiramiento *s. m.* **1.** Acción y efecto de estirar o estirarse. **2.** Cualidad de estirado, arrogancia.

estirar *v. tr.* **1.** Alargar una cosa tirando de sus extremos o de uno de ellos. También *v. prnl.* **2.** Poner tenso o tirante algo. **3.** Poner lisa una cosa extendiéndola o desplegándola. **4.** Poner recto el cuerpo o algún miembro. También *v. prnl.* **5.** Hacer que algo dure más tiempo. También *v. prnl.* **6.** *amer.* Matar a alguien. ‖ *v. intr.* **7.** *fam.* Tirar de alguien o algo. **8.** Crecer una persona. Se usa más como *v. prnl.* **9.** *amer. fam.* Morir. ‖ *v. prnl.* **10.** Tenderse sobre algo. **11.** *fam.* Mostrarse generoso. ‖ **LOC. estirar la pata** *fam.* Morir. **estirar las piernas** *fam.* Caminar para desentumecerse.

estireno *s. m.* $C_6H_5-CH=CH_2$. Nombre vulgar del etenilbenceno. Es un hidrocarburo aromático derivado del benceno, que se encuentra en alquitranes de hulla. Polimeriza sometido a la acción del calor (200 °C) produciendo el poliestireno, compuesto fundamental para la industria óptica, electrónica y del plástico. También se llama *vinilbenceno.*

estirón *s. m.* **1.** Acción de estirar una cosa o tirar con fuerza de ella. **2.** Crecimiento rápido en altura de una persona, especialmente de un adolescente.

estirpe *s. f.* Conjunto de ascendientes y descendientes de una persona, especialmente cuando es noble o ilustre.

estivación *s. f.* **1.** Adaptación al calor y sequedad del verano. **2.** Periodo de letargo que experimentan algunos seres vivos durante el verano o la estación seca, como los caracoles y los peces pulmonados africanos del género *Protopterus.*

estival *adj.* Perteneciente o relativo al estío o verano.

estocada *s. f.* **1.** Pinchazo o golpe que se da con la espada, el estoque y armas similares. **2.** Herida producida de ese modo.

estocástico, ca *adj.* **1.** Que depende del azar o suerte. **2.** Perteneciente o relativo al cálculo de probabilidades.

Estocolmo (*Stockholm*) C. de Suecia, cap. del país, situada en el E del mismo, a orillas del Báltico. 672.200 h. en 1990, 1.471.000 h. en el área metropolitana. Se levanta sobre diversas islas unidas entre sí por puentes. Importante centro portuario, comercial y cultural y sede del gobierno, es también el principal núcleo industrial del país, con empresas siderúrgicas, mecánicas, químicas y navales. Fue fundada a mediados del s. XIII y se convirtió en capital de Suecia en 1634. Entre sus principales monumentos sobresalen la iglesia de los Caballeros (s. XIII), el Palacio Real (s. XVII-XVIII), la Casa de la Nobleza (s. XVII) y el ayuntamiento (1923).

estofa *s. f.* **1.** *desp.* Condición, clase. **2.** Tela con dibujos, generalmente de seda.

estofado, da[1] **1.** *p. p.* de **estofar**[1]. También *adj.* ‖ *s. m.* **2.** Guiso de carne o pescado, condimentado principalmente con aceite, vino o vinagre, cebolla y algunas especias, cocido todo a fuego lento.

estofado, da[2] **1.** *p. p.* de **estofar**[2]. También *adj.* ‖ *s. m.* **2.** Acción y efecto de estofar[2].

estofar[1] (del lat. *extufare,* y éste del gr. *tufos,* vapor) *v. tr.* Guisar un alimento en estofado.

estofar[2] (de *estofa*) *v. tr.* **1.** Raspar la pintura dada sobre el dorado de la madera haciendo líneas que descubran el oro. **2.** Pintar relieves al temple sobre el oro. **3.** Blanquear esculturas de madera antes de dorarlas. **4.** Acolchar una tela.

estoicismo *s. m.* **1.** Escuela filosófica fundada en Grecia por Zenón de Citio en el s. III a. C., que se extendió ampliamente por el imperio romano y alcanzó su mayor esplendor en el s. I con filósofos como Séneca y Epicteto. Se fundamenta en una concepción de la naturaleza según la cual todas las cosas proceden del fuego y vuelven a él cumpliendo un ciclo que se renueva constantemente. Este fuego se identifica con la divinidad o ley racional que gobierna el mundo y a la que el sabio debe conformarse. El estoico se fija a sí mismo una norma moral que le obliga a obrar conforme a la naturaleza y a la razón, a dominar sus pasiones y a aspirar a la imperturbabilidad y a la fraternidad universal. **2.** Doctrina de esta escuela. **3.** Fortaleza de carácter y dominio de los sentimientos en las dificultades y desgracias.

estoico, ca *adj.* **1.** Perteneciente o relativo al estoicismo. **2.** Que sigue la doctrina del estoicismo. También *s.* **3.** Que muestra estoicismo en la adversidad o el dolor. También *s.* **FAM.** Estoicamente.

estola *s. f.* **1.** Especie de túnica ceñida a la cintura que utilizaban los antiguos griegos y romanos. **2.** Pieza de la vestidura litúrgica que consiste en una tira larga y estrecha que lleva colgada del cuello el sacerdote. **3.** Banda larga, generalmente de piel, que se ponen las mujeres alrededor del cuello y sobre los hombros.

estólido, da *adj.* Estúpido, necio. También *s.*

estolón *s. m.* Pequeña rama que nace a ras del suelo de la base del tallo de determinadas plantas, echa raíces y da lugar a una planta nueva.

estoma *s. m.* Cada uno de los distintos orificios que hay en la superficie de las hojas, a través de los cuales se realiza el intercambio gaseoso de la planta. Situados en su mayoría en el envés de la hoja, están constituidos por dos células, llamadas *oclusivas,* capaces de separarse entre sí y formar una abertura denominada *ostíolo.*

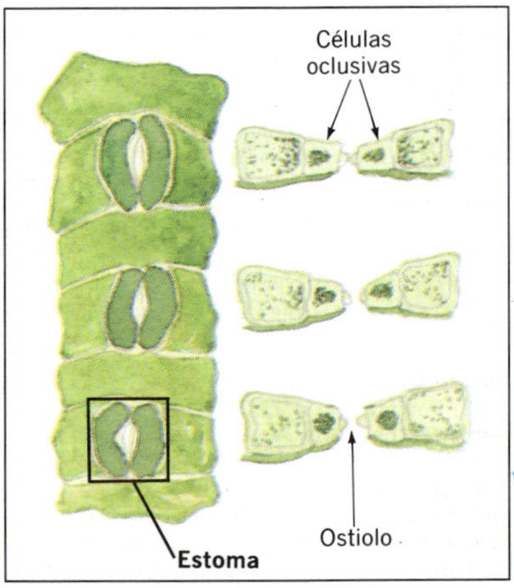

Esquema de estomas y su funcionamiento.

estomacal *adj.* **1.** Perteneciente o relativo al estómago. **2.** Se dice del medicamento, licor, etc., que es bueno para el estómago y ayuda a la digestión. También *s. m.*

estomagante *adj.* Que estomaga, indigesto, cargante.

estomagar *v. tr.* **1.** Causar indigestión. **2.** *fam.* Fastidiar, resultarle a alguien inaguantable una persona o cosa. ■ Se conjuga como *pagar.*

Estocolmo: vista de la ciudad desde la torre del ayuntamiento.

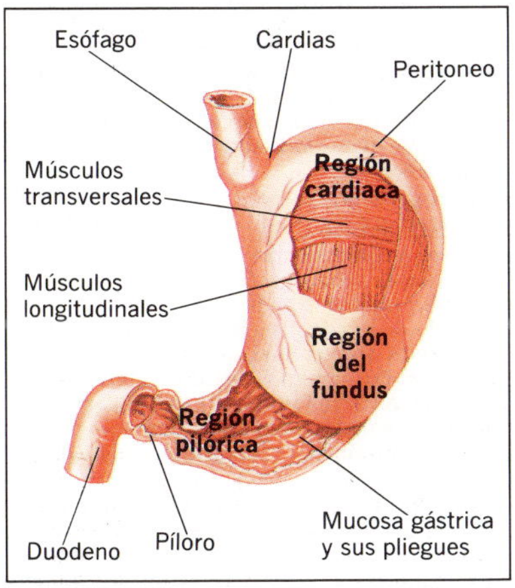

Estómago del hombre.

estómago *s. m.* **1.** Órgano en forma de bolsa, que forma parte del aparato digestivo, y en el que se digieren o descomponen los alimentos para ser asimilados por el organismo. Existe en artrópodos, moluscos, procordados y vertebrados. El estómago del hombre es un órgano voluminoso (1,5 l de capacidad), situado entre el esófago y el intestino y recubierto de una gruesa pared muscular. En la parte interna de esta pared existen numerosos repliegues en los que se hallan las glándulas que segregan el jugo gástrico. En el estómago se distinguen tres regiones: *región cardiaca,* que corresponde a la parte superior y donde se halla el cardias, un esfínter que regula el paso del bolo alimenticio desde el esófago; *región del fundus,* la más voluminosa y de mayor curvatura, y *región pilórica,* que corresponde a la parte inferior y alberga el píloro, esfínter que comunica el estómago con el duodeno. **2.** Capacidad para hacer o soportar cosas desagradables, humillantes, etc. || **Loc. ser** alguien **un estómago agradecido** *fam.* Persona que nunca se queja de las comidas y todo le parece muy bueno; también, persona dispuesta a obedecer un mandato, aplaudir una consigna, etc., como pago a favores recibidos o que espera recibir.

estomático, ca *adj.* Perteneciente o relativo a la boca del hombre.

estomatitis *s. f.* Inflamación de la mucosa bucal.

estomatología *s. f.* Parte de la medicina que estudia las enfermedades de la boca del hombre. **Fam.** Estomatológico.

estomatólogo, ga *s. m.* y *f.* Médico especialista en estomatología.

Estonia Estado de la Europa báltica.

Extensión: 45.100 km².
Límites: al N, con el golfo de Finlandia; al E, con la Federación Rusa; al S, con Letonia y el golfo de Riga, y al O, con el mar Báltico.
Población: 1.573.000 h. en 1989.
Densidad: 34,9 h./km².
Capital: Tallin.
Ciudades principales: Tartu, Valga.
Gentilicio: estonio.
Forma de Estado: república parlamentaria.
Idioma: estonio, ruso.
Moneda: corona.

Geog. Estonia presenta un relieve de llanura cuyos accidentes más significativos son los lagos y marismas del sector meridional, fundamentalmente los lagos Peipus y Pskov, que constituyen su frontera natural con la Federación Rusa. En su costa occidental destacan las islas de Hiiumaa y Saaremaa. La población está constituida por un 64,7 % de estonios, un 27,9 % de rusos y minorías de ucranianos, bielorrusos y fineses. Su índice de urbanización es muy elevado. La economía se basa en los cultivos de cebada y forraje, la ganadería, la explotación forestal, la pesca, la minería de esquistos bituminosos, petróleo y gas metano, y la industria de construcciones mecánicas, material eléctrico y productos químicos, que se concentra sobre todo en Tallin.
Hist. Poblado originalmente por estonios, de origen ugrofinés, el país fue dominado en la Edad Media por daneses y alemanes y cristianizado en el s. XIII. En el s. XIV el rey danés Valdemar IV cedió sus posesiones en la región a los caballeros teutónicos, mientras la costa fue controlada por la Hansa. Tras la invasión rusa dirigida por Iván el Terrible en 1558, el país se disgregó, quedando el sector N en poder de Suecia y el S en poder de Polonia. En el s. XVII Suecia extendió su poder al S e introdujo el luteranismo. Por el tratado de Nystadt de 1721 Estonia quedó integrada en el imperio ruso. Los movimientos nacionalistas surgieron en el s. XIX, y culminaron en 1917 al producirse la caída del régimen zarista, y constituirse gracias al tratado de Brest-Litovsk un estado autónomo que sobrevivió a los avatares de la Primera Guerra Mundial. Al término de ésta, se estableció su independencia en 1920, merced al tratado de Tartu. La república de Estonia firmó un pacto de no agresión con la URSS, pero finalmente fue anexionada por los soviéticos en 1940. Durante la Segunda Guerra Mundial fue ocupada por Alemania y, en 1944, reconquistada por la URSS, que la convirtió en república soviética. Los movimientos nacionalistas permanecieron acallados durante mucho tiempo, pero resurgieron con fuerza a fines de la década de los ochenta, gracias a la política reformista de Mijail Gorbachov. En 1990 fueron elegidos presidente y primer ministro de la república los independentistas Arnold Ruutel y Edgar Savisaar. Ese mismo año el parlamento estonio proclamó la independencia, que fue confirmada en referéndum en 1991, pero rechazada por el gobierno de Moscú. A principios de 1991 el ejército soviético intervino en las tres repúblicas bálticas, pero tras el golpe de Estado contra Mijail Gorbachov, el presidente de Rusia, Boris Yeltsin, reconoció su independencia, que fue asimismo aceptada por la comunidad internacional.
Cult. Entre las literaturas eslavas del área del Báltico, la estonia ocupa un lugar significativo. La rica tradición de canciones, cuentos, etc., de la Edad Media careció de continuidad, debido fundamentalmente a la germanización cultural impuesta por los conquistadores. En el s. XIX se produjo el renacimiento literario, merced a la obra de estudiosos como O. W. Masing y J. Rosenplänter, y poetas como K. J. Peterson, que fueron seguidos por F. R. Fählmann, fundador de la Sociedad Cultural Estonia, el poeta F. Kreutzwald, autor del monumental *Kalevipoeg* (1857-61), y la poetisa romántica Lidia Koidula. A fin de siglo se impusieron el naturalismo y el realismo, representados por el narrador E. Vilde, el dramaturgo A. Kitzberg y el poeta J. Liiv. Ya en el s. XX surge una tendencia nacionalista a la sombra de sociedades como Joven Estonia y publicaciones como *Siuru*; sus más destacados representantes fueron Marie Under, J. Semper, H. Vispanuu y A. Gailit. A partir de la década de los veinte se impuso el realismo proletario, representado por A. Jakobson, A. Hansen-Tammsaare y M. Metsanurk. La integración en la Unión Soviética significó un nuevo retroceso para la literatura nacional estonia, que sin embargo sobrevivió en el exilio merced a la labor de escritores como el poeta B. Kangro, editor de la revista *Talimud.* El arte estonio tuvo un carácter popular hasta el s. XIX, en el que el despertar nacionalista fomentó la aparición de arquitectos como E. Haberman y H. Joanson, y pintores como J. Köller-Viljandi, K. L. Maibach y O. Hoffmann. En el s. XX se impusieron las tendencias internacionales, como se manifiesta en la obra de los pintores P. Burman, A. Jansen y A. Vabbe, y los escultores A. Weizenberg, A. Adamson y J. Koort. A partir de 1940, tras la nueva integración en la URSS, el estilo dominante fue el realismo socialista: Monumento a los Caídos en Tallin y busto de Lenin.

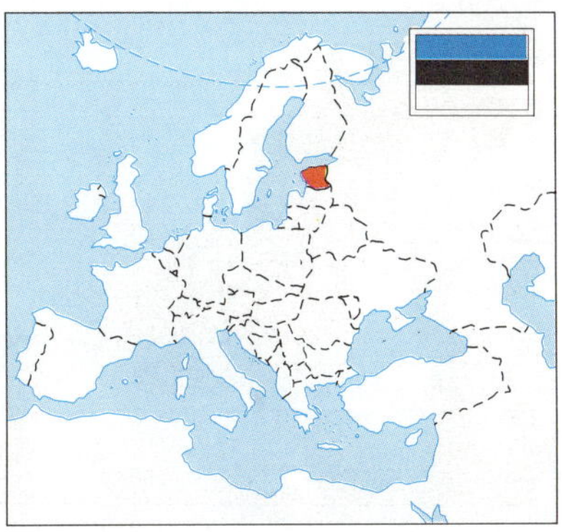

estoniano, na *adj.* Estonio*.

estonio, nia *adj.* **1.** De Estonia. También *s.* || *s. m.* **2.** Lengua finesa hablada en Estonia. ■ Se dice también *estoniano.*

estopa *s. f.* **1.** Parte basta del lino o cáñamo que queda en el rastrillo cuando se peina. **2.** Tela gruesa que se fabrica con este material. **3.** Jarcia vieja deshilada que se emplea para calafatear. **4.** *fam.* Con verbos como *dar, sacudir, arrear, repartir,* etc., paliza.

estoperol *s. m.* **1.** En marina, clavo de cabeza grande y redonda. **2.** *amer.* Tachuela grande de cabeza dorada o plateada.

estoque *s. m.* **1.** Espada estrecha, afilada sólo en la punta, y especialmente la que usan los toreros para matar al toro. **2.** Espada estrecha que se enfunda en un bastón. **3.** Planta herbácea de la familia iridáceas, especie *Gladiolus segetum.* Tiene hojas lanceoladas radicales y flores en espiga de color violeta rojizo. Crece en terrenos húmedos y se cultiva en jardines.

estoqueador, ra *s. m.* y *f.* Persona que estoquea, especialmente el torero.

estoquear *v. tr.* Clavar la espada o el estoque.

estor *s. m.* Cortina lisa que se coloca en ventanas o en balcones y que por lo general se enrolla horizontalmente.

estoraque *s. m.* **1.** Planta arbórea de la familia estiracáceas, especie *Styrax officinalis.* Mide unos 5 m de altura, tiene hojas alternas ovaladas, flores axilares blancas y fruto carnoso. De su resina se obtiene un bálsamo oloroso utilizado en perfumería y como incienso. **2.** Este bálsamo.

estorbar *v. tr.* **1.** Poner obstáculos a la realización de algo. **2.** Molestar. También *v. intr.*

estorbo *s. m.* Persona o cosa que estorba.

Estoril C. de Portugal, situada a orillas del océano Atlántico, cerca de Lisboa. 15.740 h. en 1980. Es un importante centro turístico, con balneario y un famoso casino.

Estornino negro (Sturnus unicolor).

estornino *s. m.* Nombre común de diversas especies de aves paseriformes de la familia estúrnidos, géneros *Sturnus* y otros. El estornino pinto *(Sturnus vulgaris)* mide unos 21 cm de longitud, tiene el plumaje oscuro moteado con tonos metálicos y el pico puntiagudo. El estornino negro *(Sturnus unicolor)* tiene el plumaje negro uniforme. Son aves ruidosas y agresivas, migrantes parciales que habitan en Europa y en el N de África.

estornudar *v. intr.* Arrojar violentamente y con estrépito por la nariz y la boca el aire de los pulmones en un movimiento involuntario y brusco, provocado por la presencia de alguna sustancia irritante en las vías respiratorias o por la inflamación de éstas.

estornudo *s. m.* Acción y efecto de estornudar.

estrábico, ca *adj.* Relativo al estrabismo o que tiene este defecto. También *s.*

estrabismo *s. m.* Defecto de la visión que consiste en una alineación anormal de los ejes oculares por la cual los dos ojos miran en distinta dirección. Es producido por una alteración muscular o nerviosa y da lugar a visión doble y pérdida del relieve visual. Puede ser congénito o adquirido. Existe el **estrabismo convergente** y el **divergente**, según los ojos tiendan a unirse o separarse. Se corrige mediante ejercicios musculares y, en casos graves, con cirugía.

Estrabón (Amasía, Asia Menor h. 63 a. C. - íd. h. 21 d. C.) Geógrafo griego. Es autor de *Geografía*, descripción física y humana del mundo romano, cuyo libro III contiene uno de los más antiguos estudios sobre la península Ibérica.

estrada *s. f.* **1.** *Amér. del S.* Parcela de tierra en la que se explotan árboles de caucho y que está a cargo de un solo cauchero. **2.** *Perú.* Unidad de superficie de los caucheros, en la que entra una media de 100 árboles de caucho.

Estrada, Genaro (Mazatlán 1887 - Ciudad de México 1937) Diplomático y escritor mexicano. Fundador de la Academia de la Historia mexicana, poeta, historiador y novelista, elaboró, en derecho internacional, la *doctrina Estrada* (1930), según la cual el nuevo gobierno de un país debe ser reconocido automáticamente por los restantes países si existen relaciones diplomáticas entre ellos.

Estrada, Juan José (? 1865 - ? 1947) Militar nicaragüense. Con la ayuda de EE UU derrocó al presidente Santos Zelaya (1909) y se hizo con el poder (1910), aunque al año siguiente fue desplazado del cargo por su colaborador Adolfo Díaz.

Estrada, La (*A Estrada*) C. de España, en la prov. de Pontevedra, situada al NE de la capital. 25.550 h. en 1990. Es el centro de una comarca agrícola y ganadera, regada por el río Ulla, que cuenta con industrias lácteas y manufacturas de la madera.

Estrada Cabrera, Manuel (Quezaltenango 1857 - ? 1924) Abogado y político guatemalteco. Magistrado del Tribunal Supremo y ministro de Estado, ocupó la presidencia de la república tras el asesinato de Reina Barrios (1898) y permaneció en el poder dictatorialmente hasta 1920, en que fue derrocado por un movimiento revolucionario. Murió en prisión.

Estrada Palma, Tomás (Bayamo 1835 - Santiago de Cuba 1908) Político cubano. Elegido presidente de la república en armas (1876), fue apresado por los españoles y puesto en libertad por la paz de Zanjón (1878). Sustituyó a Martí como cabeza del Partido Revolucionario Cubano y, una vez reconocida la independencia del país, fue presidente de la república (1902-06). En 1906 fue reelegido fraudulentamente, lo que provocó la oposición revolucionaria. Tuvo que dimitir, pero antes solicitó la ayuda militar de EE UU, cuyo ministro de Guerra, William H. Taft, se encargó de la jefatura del gobierno provisional.

estradiol *s. m.* Estrógeno, hormona sexual femenina producida por el ovario, que controla el desarrollo de los órganos sexuales de la mujer y la manifestación de los caracteres sexuales femeninos.

estrado *s. m.* **1.** Tarima sobre la que está un trono o se coloca la presidencia en algún acto solemne. ‖ *pl.* **2.** Salas de tribunales de justicia. **3.** Lugar del edificio de los tribunales de justicia donde se colocan para conocimiento público ciertos edictos.

estrafalario, ria *adj.* **1.** Se aplica a la persona que viste de forma extraña y caprichosa y a su aspecto o indumentaria. También *s.* **2.** Se dice de la persona, idea, conducta, etc., rara o ridícula. **FAM.** Estrafalariamente.

estragar *v. tr.* **1.** Hacerle a alguien perder sensibilidad el abuso de sensaciones fuertes. También *v. prnl.* **2.** Estropear el estómago el exceso de comida o bebida. También *v. prnl.* ■ Se conjuga como *pagar.* **FAM.** Estragador, estragamiento.

estrago *s. m.* **1.** Destrozo o matanza producidos por una guerra o por una acción natural. **2.** Daño o perjuicio moral. ■ En todas las acepciones se usa más en *pl.* ‖ **LOC. hacer estragos** Causar grandes daños; también, tener mucho éxito, especialmente con el sexo contrario.

estragón *s. m.* Planta herbácea de la familia compuestas, especie *Artemisia dracunculus.* Alcanza hasta 80 cm de altura, tiene tallos delgados y ramosos, hojas lanceoladas y flores amarillentas en cabezuelas pequeñas. Es originaria de Rusia y se usa en alimentación como condimento.

estrambote *s. m.* Conjunto de versos que se añaden al final de una composición poética.

estrambótico, ca *adj. fam.* Extravagante, raro. También *s.* **FAM.** Estrambóticamente.

estramonio *s. m.* Planta herbácea de la familia solanáceas, especie *Datura stramonium.* Mide hasta 1 m de altura, tiene flores grandes y blancas con forma de embudo y fruto espinoso en nuez. Despide un fuerte olor. Sus hojas y semillas son tóxicas y contienen alcaloides utilizados en medicina como antiespasmódicos.

estrangulador, ra *adj.* **1.** Que estrangula. También *s.* ‖ *s. m.* **2.** En los motores de explosión, dispositivo que abre o cierra el paso del aire al carburador.

estrangulamiento *s. m.* **1.** Acción y efecto de estrangular o estrangularse. **2.** Estrechamiento de un conducto o lugar de paso. ■ Se dice también *estrangulación.*

estrangular *v. tr.* **1.** Ahogar a una persona o animal oprimiéndole el cuello hasta impedirle la respiración. También *v. prnl.* **2.** Dificultar o impedir el paso por una vía o conducto. **3.** En cirugía, detener la circulación sanguínea en una parte del cuerpo por medio de ligaduras o presión. También *v. prnl.* **4.** Impedir la realización de un proyecto, negocio, etc. **FAM.** Estrangulación.

estraperlear *v. tr.* Negociar con productos de estraperlo. También *v. intr.*

estraperlista *s. m.* y *f.* Persona que practica el estraperlo.

estraperlo *s. m. fam.* **1.** Mercado negro, comercio ilegal de productos. El nombre deriva de un juego fraudulento de azar que se intentó implantar en España en 1935, llamado *straperlo* por la fusión de los nombres de sus introductores Strauss y Perlo. **2.** Dichos productos.

estrapontín *s. m.* Traspuntín*.

Estrasburgo (en fr. *Strasbourg*, en al. *Strassburg*) C. de Francia, cap. del departamento del Bajo Rhin, situada en la región de Alsacia, junto a la frontera con Alemania. 252.000 h. en 1990, 613.400 h. en 1982 en el área metropolitana. Importante puerto fluvial, cuenta con gran desarrollo industrial metalúrgico, alimentario y químico, con refinerías de petróleo y con astilleros. Es la sede del Consejo de Europa y del Parlamento Europeo. Fundada por los romanos en tiempos de Augusto, ha sido desde entonces un centro importante del comercio y las comunicaciones en el NO de Europa. Fue capital del imperio germánico en el s. X y foco de la Reforma protestante en el s. XVI. Pasó a Francia en 1681, pero volvió a ser ocupada por Alemania entre 1871-1918 y 1940-44. Conserva importantes monumentos, como la catedral gótica (s. XII-XIII) y las iglesias de San Esteban (s. XII) y de Santo Tomás (s. XIII-XIV).

estratagema *s. f.* **1.** Acción de guerra destinada a conseguir un objetivo a base de astucia y habilidad. **2.** Medio de obtener algo con destreza y generalmente también con engaño.

estratega *s. m.* **1.** En la antigua Atenas, principal magistrado de la ciudad a partir del s. V a. C., responsable del ejército y de la flota, del reclutamiento y de las cuestiones diplomáticas. Formaban un colegio de diez miembros. Uno de los más famosos fue Pericles. **2.** En Bizancio, gobernador de un tema (división militar y administrativa del imperio). ‖ *s. m.* y *f.* **3.** Persona entendida en estrategia o con dotes para la estrategia. ■ Se dice también *estratego.*

estrategia *s. f.* **1.** Técnica de proyectar y dirigir las operaciones militares y plan de las mismas. **2.** Plan o o habilidad para dirigir un asunto hasta conseguir el fin propuesto.

estratégico, ca *adj.* **1.** Perteneciente o relativo a la estrategia. **2.** Fundamental para una operación o plan militar; p. ext., adecuado o indispensable para determinados fines. **FAM.** Estratégicamente.

estratego *s. m.* Estratega*.

estratificación *s. f.* **1.** Acción y efecto de estratificar o estratificarse. **2.** En ecol., distribución en capas superpuestas a diversas alturas de las poblaciones que forman una comunidad, como resultado de la adaptación de las especies a las condiciones ambientales. **3.** En fisiol., disposición en capas superpuestas de las células que forman algunos tejidos. ‖ **4. estratificación social** División de la sociedad en una serie de grupos caracterizados por su nivel económico, cultural, etc.

estratificar *v. tr.* Disponer en estratos o capas superpuestas. También *v. prnl.* ■ Se conjuga como *sacar.*

estratigrafía *s. f.* **1.** Parte de la geología que estudia los estratos, su disposición, su formación y evolución. **2.** Técnica auxiliar de la arqueología que estudia los distintos niveles de un yacimiento, determinando así su cronología.

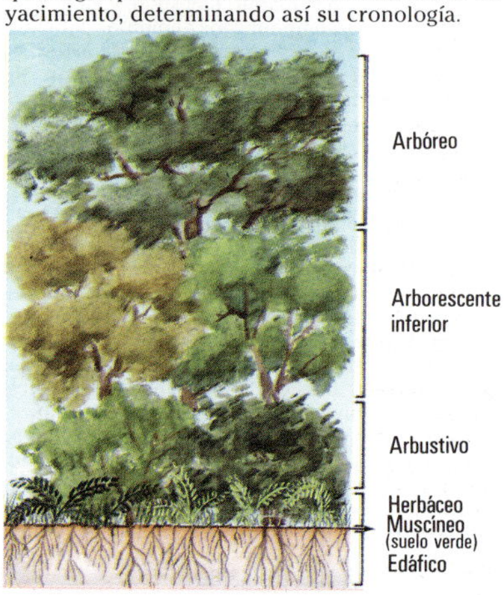

Dibujo en que se señalan los diferentes estratos vegetales.

estrato *s. m.* **1.** Cada una de las capas de rocas sedimentarias que pueden distinguirse en un terreno. Por lo general, no aparecen dispuestos horizontalmente tal y como quedaron cuando se produjo su sedimentación, sino plegados en anticlinales o sinclinales, fracturados o fallados. Los estratos están separados entre sí por los *planos de estratificación.* La parte superior del estrato se denomina *lecho* y la inferior *muro.* **2.** Capa o serie de capas de cualquier otra cosa, como las de un tejido orgánico o un yacimiento arqueológico. **3.** En ecol., capa situada a una determinada altura, en la que vive parte de la población de una comunidad terrestre o marina. Los estratos de una comunidad vegetal terrestre son: el arbóreo, o arborescente superior, con árboles cuyo tamaño excede los 20 m; el arborescente inferior, con árboles de 10 a 20 m; el arbustivo,

Estrasburgo: el río Ill y, al fondo, la iglesia gótica de San Pablo.

con arbustos de 50 cm a 2 m; el herbáceo, de plantas bajas no leñosas; el muscíneo o criptogámico, de plantas sin raíces, y el edáfico o estrato-suelo. En una comunidad marina se distinguen, según la luminosidad, dos estratos: el fótico, en el que viven seres autótrofos y heterótrofos, y el afótico, en el que sólo viven seres heterótrofos. **4.** Cada uno de los niveles o pisos en que se desarrolla la vegetación en las montañas de acuerdo con la altura. **5.** Tipo de nube de poca altura (de 600 a 2.000 m) que se presenta en forma de faja o banda paralela al horizonte. **6.** Clase o nivel social.

estratocúmulo *s. m.* Tipo de nube baja, situada entre los 500 y 2.000 m, de tono grisáceo o blanquecino, en que las capas horizontales tienen forma de rodillos y masas redondeadas que cubren una gran extensión del cielo.

estratopausa *s. f.* Límite entre la estratosfera y la mesosfera.

estratosfera *s. f.* Capa de la atmósfera que comprende desde los 10-18 km hasta los 50 km de altura. Está situada entre la tropopausa y la estratopausa y se caracteriza por su gran sequedad y temperatura en constante aumento. Una de sus capas es la ozonosfera, que es una zona abundante en ozono (O_3) que absorbe las radiaciones ultravioletas del Sol, perjudiciales para la vida en la Tierra. **FAM.** Estratosférico.

estrave *s. m.* Remate de la quilla del barco, que va en línea curva hacia la proa.

estraza *s. f.* **1.** Trapo, desecho de ropa muy basta. ‖ **2. papel de estraza** Véase **papel**.

estrechamente *adv. m.* **1.** Con estrechez, con pocos medios. **2.** Rigurosamente, con toda eficacia. **3.** Íntimamente, en estrecha relación.

estrechamiento *s. m.* **1.** Acción y efecto de estrechar o estrecharse. **2.** Parte en que algo se estrecha.

estrechar *v. tr.* **1.** Reducir la anchura de algo. También *v. prnl.* **2.** Aumentar la unión o relación entre personas, países, etc. También *v. prnl.* **3.** Apretar con los brazos o las manos. También *v. prnl.* **4.** Empujar insistentemente a uno a que haga o diga alguna cosa. ‖ *v. prnl.* **5.** Recogerse, apretarse en un espacio para que quepa más gente. **6.** Disminuir gastos. **7.** Arrimarse el torero al torear.

estrechez *s. f.* **1.** Cualidad de estrecho. **2.** Escasez o limitación de tiempo. **3.** Dificultad, apuro, especialmente por escasez de medios económicos. Se usa más en *pl.* **4.** Con palabras como *horizontes, mente, miras*, etc., pobreza, falta de amplitud al juzgar, al valorar algo, al aplicar criterios, etc.

estrecho, cha *adj.* **1.** Que tiene poca anchura. **2.** Ajustado, que comprime o aprieta. **3.** Metido en un espacio más pequeño del que necesita. **4.** Se dice de la relación en la que existen unos vínculos muy fuertes. **5.** *fam.* Se aplica a la persona reprimida sexualmente o con ideas muy rígidas sobre las relaciones sexuales. También *s.* **6.** Rígido, estricto. ‖ *s. m.* **7.** Porción de agua que separa dos costas más o menos próximas y comunica dos extensiones de mar. Los estrechos ponen en comunicación un océano con otro, un océano con un mar, dos mares distintos o dos sectores de un mismo océano o mar. En ocasiones reciben el nombre de *canal.* Los principales estrechos del mundo son: Bering, entre el mar de Bering y el océano Glacial Ártico; canal de La Mancha, entre el mar del Norte y el océano Atlántico; Skagerrat, Cattegat y Sund, entre el mar del Norte y el Báltico; Gibraltar, entre el océano Atlántico y el mar Mediterráneo; Messina, entre los mares Tirreno y Jónico; Bósforo, entre el mar Negro y el mar de Mármara; Dardanelos, entre el mar Mediterráneo y el mar Negro; Ormuz, entre el golfo Pérsico y el mar Arábigo; Mozambique, en el océano Índico, entre Mozambique y Madagascar; Torres, entre Australia y Nueva Guinea; Corea, entre el mar del Japón y el mar de la China Oriental; Malaca, entre la península de Malaya y Sumatra; Bab el-Mandeb, entre la península Arábiga y África, y Magallanes, entre los océanos Atlántico y Pacífico.

estrechura *s. f.* **1.** Estrechez de un paso o terreno. **2.** Estrechez, aprieto, dificultad.

estregar *v. tr.* Frotar, restregar. También *v. prnl.* ▪ Es v. irreg. Se conjuga como *regar.* **FAM.** Estregadura.

estrella *s. f.* **1.** Cuerpo celeste que brilla con luz propia. **2.** Figura con que se suele representar una estrella. **3.** P. ext., cualquier objeto con esta forma. **4.** Emblema de esta forma que indica graduación militar de jefes y oficiales. **5.** Signo semejante usado para indicar la categoría o el grado de calidad de algo, p. ej. de un hotel. **6.** Lunar de pelos blancos más o menos redondo, que tienen algunas caballerías en la frente. **7.** Persona que sobresale en su profesión, en especial los artistas del espectáculo. **8.** Destino, suerte. ‖ **9. estrella de David** La de seis puntas, símbolo del judaísmo. **10. estrella de mar** o **estrellamar** Nombre común de diversas especies de invertebrados marinos del tipo equinodermos, clase asteroideos. Su cuerpo presenta cinco brazos de simetría radial, con dermoesqueleto calcáreo articulado, boca en la parte inferior y sistema ambulacral para la locomoción, respiración y captura de alimentos. Vive en los fondos marinos, desde el litoral hasta 400 m de profundidad según las especies, alimentándose de moluscos y ostras. Posee una importante capacidad de regeneración; al ser atacado, se desprende de un brazo espontáneamente, desarrollándolo con posterioridad. La estrella de mar común *(Asterias rubens)* mide hasta 40 cm de envergadura y habita en el Atlántico y más raramente en el Mediterráneo. La estrella sol *(Solaster papposus)* es algo menor y propia del Atlántico. La estrella de mar roja *(Echinaster sepositus)* mide unos 25 cm de envergadura, y tiene el cuerpo de color bermellón, con los brazos largos y estrechos. **11. estrella de rabo** Cometa*. **12. estrella de Venus** Venus, planeta. **13. estrella del Norte** Estrella Polar. **14. estrella doble** Dos estrellas enlazadas por la gravitación universal. **15. estrella errante** Planeta*. **16. estrella fija** Cada una de las que tienen brillo y luz propia y guardan siempre entre sí la misma distancia, por lo que se las considera como inmóviles. **17. estrella fugaz** Estela luminosa que deja en el cielo nocturno un meteorito, que atraviesa el espacio y desaparece rápidamente. **18. estrella nova** Nova*. **19. estrella Polar** La situada en el extremo de la lanza del carro de la Osa Menor, que indica siempre el N. **20. estrella pulsante** Púlsar*. **21. estrella triple** Sistema de tres estrellas enlazadas por la gravitación. **22. estrella variable** La que en periodos más o menos largos aumenta y disminuye de luminosidad. ‖ **LOC. levantarse** uno **con las estrellas** Madrugar mucho. **nacer** uno **con** (o **tener**) **estrella** Tener suerte y atraerse la simpatía de la gente. **ver** uno **las estrellas** *fam.* Sentir un dolor físico muy fuerte.

Estrella de mar común (Asterias rubens).

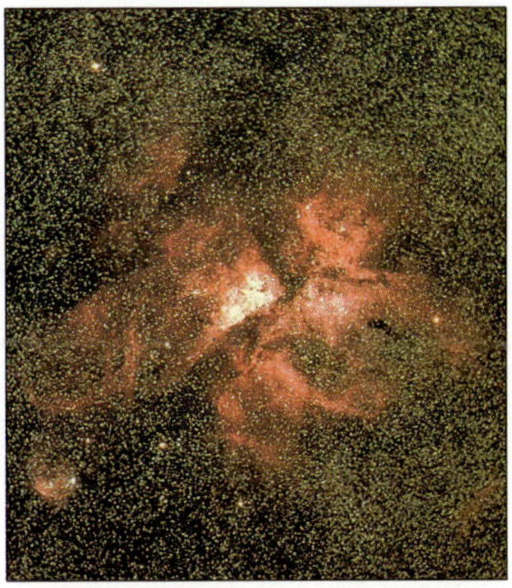

Muerte de una estrella gigante de las Nubes de Magallanes. Imagen tomada desde el observatorio de Cerro Tololo (Chile).

DISTANCIA DE ALGUNAS ESTRELLAS AL SISTEMA SOLAR

Estrella	Constelación	Distancia (años-luz)
Alfa de Centauro	Centauro	4,25
Sirio	Can Mayor	8,8
Proción	Can Menor	11,41
Altair	Aquila	16,3
Vega	Lira	26,4
Arturo	Bootis	35,86
Aldebarán	Tauro	68,48
Archernar	Eridiani	127,14
Betelgeuse	Orión	652
Rigel	Orión	815

Astron. Las estrellas son grandes masas gaseosas, de forma más o menos esférica, con una elevadísima temperatura interna, compuestas de hidrógeno, helio y otros elementos. Se forman al condensarse materia interestelar por efecto de la atracción gravitatoria y su temperatura superficial varía entre los 1.000 y los 100.000 °C, llegando en ocasiones la del núcleo a los 1.000 millones. La energía de las estrellas se origina por reacciones termonucleares en las que se sintetizan los núcleos de elementos químicos a partir del hidrógeno y el helio. Existen en la galaxia unos 100.000 millones, de dimensión muy variable, que se expresa tomando como unidad el Sol, la estrella de nuestro sistema planetario: Betelgeuse mide 460 veces el Sol y Arturo 30, aunque hay otras mucho más pequeñas que él. Las estrellas se clasifican en magnitudes según la intensidad de su luz. Poseen movimientos propios y se agrupan en galaxias, como la Vía Láctea (a la que pertenece el Sol), Andrómeda y las Nubes de Magallanes. Están separadas por distancias enormes, y así la más cercana, Alfa, de la constelación Centauro, está situada a 4,25 años luz del Sistema Solar, lo cual significa que su luz tarda 4,25 años en llegar a la Tierra, mientras que Rigel, de la constelación Orión, se encuentra a 815 años luz de nuestro sistema.

LAS ESTRELLAS

Tipos	Características
Supergigantes blancas	Diámetro: 130 a 400 veces superior al del Sol; muy luminosas y de gran masa.
Supergigantes amarillas	Diámetro: 130 a 400 veces superior al del Sol; luminosas y calientes.
Gigantes infrarrojas	Diámetro: 16 a 60 veces superior al del Sol; muy luminosas, densidad bajísima, masa pequeña, temperatura superficial baja y radiación infrarroja.
Gigantes rojas	Diámetro: 16 a 60 veces superior al del Sol; poca masa.
Enanas amarillas	Diámetro similar al del Sol; masa y temperatura superficial moderadas.
Enanas rojas	Diámetro similar al del Sol; baja densidad y masa reducida.
Enanas blancas	Diámetro: unas 100 veces inferior al del Sol; densidad elevadísima, gravedad superficial enorme y masa muy concentrada.
Supernova	Enana blanca en explosión.

Estrella, sierra de la Macizo montañoso de Portugal, perteneciente al Sistema Central ibérico. Su máxima altura es el pico Malhão de la Estrella (1.981 m).

estrellado, da **1.** *p. p.* de **estrellar**. También *adj.* ‖ *adj.* **2.** Con estrellas. **3.** De forma de estrella. **4.** Se dice del caballo o yegua que tiene una estrella en la frente.

estrellamar *s. f.* **1.** Estrella* de mar. **2.** Planta herbácea de la familia plantagináceas, especie *Plantago coronopus*. Tiene hojas dentadas dispuestas en forma de estrella y fruto en cápsula. Crece en suelos arenosos, generalmente cercanos al mar.

estrellar *v. tr.* **1.** Arrojar una cosa violentamente contra otra, haciéndola pedazos. También *v. prnl.* **2.** Cubrir de estrellas. También *v. prnl.* ‖ *v. prnl.* **3.** Fracasar en un intento al tropezar con dificultades insuperables.

estrellato *s. m.* **1.** Condición de un artista del espectáculo que alcanza la fama, especialmente en el cine. **2.** Conjunto de estrellas del espectáculo.

estrellón *s. m. amer.* Encontronazo, choque violento.

estremecedor, ra *adj.* Que estremece, altera o sobresalta.

estremecer *v. tr.* **1.** Hacer temblar a alguien o algo. También *v. prnl.* **2.** Inquietar, sobresaltar, atemorizar. También *v. prnl.* **3.** Convulsionar, alterar, hacer que algo pierda su estabilidad. También *v. prnl.* ▪ Es v. irreg. Se conjuga como *agradecer*.

estremezón *s. m. Col., Ven.* Estremecimiento.

estrenar *v. tr.* **1.** Usar una cosa por primera vez. **2.** Representar, proyectar o ejecutar por primera vez ante un público una obra de teatro, una película, una obra musical, etc. ‖ *v. prnl.* **3.** Empezar uno a desempeñar un oficio, empleo, cargo, etc., o darse a conocer en un arte, profesión o facultad. **4.** Conseguir alguien la primera cosa.

estrenista *adj.* Se aplica al que asiste habitualmente al estreno de un espectáculo. También *s.*

estreno *s. m.* Acción y efecto de estrenar o estrenarse.

estreñimiento *s. m.* Retención de los excrementos o dificultad en expulsarlos. Puede ser debida a trastornos del aparato digestivo, a falta de ejercicio o a una alimentación inadecuada, y se corrige mediante una dieta rica en alimentos que contienen fibra, como las legumbres, administrando laxantes o mediante enemas.

estreñir *v. tr.* **1.** Producir estreñimiento. ‖ *v. prnl.* **2.** Padecer estreñimiento. ▪ Es v. irreg. Se conjuga como *ceñir*.

estrépito *s. m.* **1.** Ruido muy grande. **2.** Exageración llamativa en los movimientos o acciones.

estrepitoso, sa *adj.* **1.** Espectacular, aparatoso. **2.** Ruidoso. **Fam.** Estrepitosamente.

estreptococia *s. f.* Infección producida por estreptococos, como p. ej. la erisipela.

estreptocócico, ca *adj.* Perteneciente o relativo a la estreptococia o a los estreptococos.

estreptococo *s. m.* Microorganismo formado por bacterias del tipo coco (de forma redondeada) agrupadas en cadena. Es grampositivo y uno de los agentes patógenos más poderosos. En el hombre puede causar pulmonía, escarlatina, erisipela, etc. Se trata con antibióticos y, si su curación no es completa, puede dar lugar a la aparición de fiebres reumáticas.

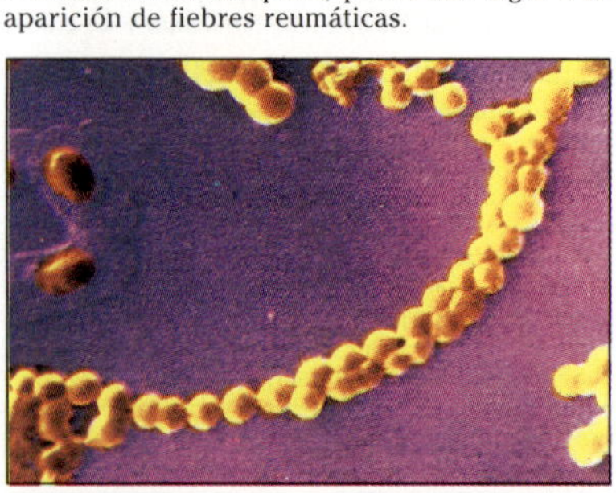

Fotomicrografía coloreada de una variedad de estreptococo.

estreptomicina *s. f.* Antibiótico obtenido por Selman A. Waksman en 1944 a partir de cultivos de *Streptomyces* y que durante cierto tiempo se utilizó para combatir la tuberculosis. Posteriormente fue sustituido por otros antibióticos, debido a sus efectos secundarios.

estrés *s. m.* Estado de gran tensión nerviosa originado por el exceso de trabajo, las aspiraciones no satisfechas, la ansiedad, etc. Suele manifestarse a través de una serie de reacciones que van desde la fatiga prolongada y el agotamiento hasta dolores de cabeza, gastritis, úlceras, etc., pudiendo ocasionar incluso trastornos psicológicos.

estresante *adj.* Que produce estrés.

estresar *v. tr.* Producir estrés. También *v. intr.*

estría *s. f.* **1.** Surco rectilíneo labrado de arriba abajo en una columna o pilastra. **2.** P. ext., surco o acanaladura en cualquier otra superficie. ‖ *pl.* **3.** Líneas semejantes a pequeñas cicatrices que aparecen en la piel, especialmente del abdomen, por haber sufrido un estiramiento excesivo, como en las personas gruesas o en las mujeres embarazadas.

estriación *s. f.* **1.** Acción y efecto de estriar o estriarse. **2.** Conjunto de estrías o rayas transversales que tienen todas las fibras musculares de los artrópodos y las que forman parte del miocardio y de los músculos de contracción voluntaria de los vertebrados.

estriado, da **1.** *p. p.* de **estriar**. ‖ *adj.* **2.** Que presenta estrías.

estriar *v. tr.* Formar estrías en una superficie. También *v. prnl.* ▪ En cuanto al acento, se conjuga como *ansiar*: *estrío*.

estribación *s. f.* Conjunto de montañas laterales más bajas que salen de una cordillera.

estribadero *s. m.* Sitio o parte donde se asegura algo.

estribar *v. intr.* **1.** Fundarse o consistir algo en otra cosa que se expresa. **2.** Descansar el peso de una cosa en otra sólida y firme.

estribera *s. f.* **1.** Estribo para meter el pie. **2.** *Arg.* Correa de la que cuelga el estribo en la silla de montar.

estribillo *s. m.* **1.** Verso o conjunto de versos que se repiten total o parcialmente después de una o varias estrofas de una composición poética o canción y con los que ésta a veces también comienza. **2.** Muletilla, palabra o frase que una persona repite con frecuencia.

estribo *s. m.* **1.** Cada una de las piezas que cuelgan a ambos lados de la silla de montar y en las que el jinete apoya los pies. **2.** Especie de escalón que sirve para subir a algunos vehículos y bajar de ellos. **3.** Cada una de las piezas colocadas a ambos lados de una motocicleta para apoyar los pies. **4.** En una plaza de toros, saliente en la parte inferior de la barrera, en el que se apoya el torero para saltar al callejón. **5.** Escala de cuerda con travesaños metálicos utilizada por los alpinistas para salvar pasos difíciles. **6.** Apoyo que se coloca en el vendaje de yeso de una pierna fracturada. **7.** Aparato utilizado para hacer tracción en el tratamiento de ciertas fracturas. **8.** Chapa de hierro con los extremos doblados en ángulo recto que se emplea para asegurar la unión de ciertas piezas. **9.** Elemento arquitectónico que soporta el peso y el empuje lateral de un arco o una bóveda. **10.** Refuerzo de un muro o una tapia. **11.** Hueso del oído medio, unido al yunque y en contacto con la ventana oval, a la que transmite las vibraciones recogidas por el tímpano. ‖ **12. estribo vaquero** El que cubre todo el pie. ‖ **Loc. perder** uno **los estribos** Perder la paciencia y enfadarse mucho, decir o hacer disparates.

estribor *s. m.* Lado derecho de una embarcación mirando de popa a proa.

estricnina *s. f.* $C_{21}H_{22}N_2O_2$. Alcaloide extraído de la nuez vómica, el haba de San Ignacio y otras plantas. Cristaliza en octaedros incoloros, tiene sabor amargo y es poco soluble. Se utiliza como medicamento estimulante del sistema nervioso, para combatir la anorexia, etc. Es un veneno muy fuerte, por lo que se usa como pesticida.

estrictamente *adv. m.* De manera estricta o exacta, rigurosamente.

estrictez *s. f. amer.* Cualidad de estricto, rigor.

estricto, ta *adj.* **1.** Que se ajusta exactamente a lo necesario o a lo ordenado. **2.** Que no admite excepciones ni tolerancia. **3.** Se aplica a un sustantivo para indicar que hay que entender éste en su significado exacto.

estridencia *s. f.* Cualidad de estridente o cosa estridente.

estridente *adj.* **1.** Se dice del sonido agudo, fuerte y desagradable. **2.** Se aplica a lo que por su exageración o contraste violento produce una sensación molesta.

estridor *s. m.* Sonido estridente.

estrigiformes *s. m. pl.* Orden de aves rapaces a la que pertenecen unas 130 especies comprendidas en las familias estrígidos y titónidos. De tamaño muy variable (de 15 a 80 cm de longitud), tienen costumbres nocturnas y se caracterizan por tener el cuello corto y muy móvil, ojos muy desarrollados, fuertes garras y plumaje suave, que les permite un vuelo silencioso. No construyen nidos y aprovechan para la puesta huecos o grietas de árboles, acantilados, etc.; se alimentan de insectos y pequeños vertebrados. Estrigiformes son los búhos, mochuelos, lechuzas, etc. También *adj.* y *s. m.*

estrilar *v. intr. Arg., Perú, Urug.* Enfadarse, irritarse.

estripazón *s. f.* **1.** *Amér. C.* Estrechez, apretura. **2.** *Amér. C.* Destrozo.

estro *s. m.* **1.** Inspiración artística, capacidad creadora, especialmente la de los poetas. **2.** Fase de celo de las hembras de los mamíferos. **3.** Moscardón*.

estrobilación *s. f.* Modo de reproducción asexual de los escifozoos, en la que la parte superior del pólipo, que lleva los tentáculos, se separa del resto y da lugar a una medusa.

estróbilo *s. m.* Inflorescencia de las coníferas formada por escamas lignificadas que cubren las semillas y están dispuestas en forma helicoidal alrededor de un eje igualmente lignificado. También se llama *piña*.

estrobo *s. m.* En marina, pedazo de cabo unido por sus extremos, que se emplea para colgar peso, sujetar el remo al tolete y otros usos.

estroboscopio *s. m.* Instrumento óptico que emite destellos luminosos con una frecuencia regulable y que permite observar y medir movimientos periódicos (rotativos o vibratorios) rápidos. Una aplicación familiar del estroboscopio es la medición de la velocidad de giro del plato de un tocadiscos (33 o 45 revoluciones por minuto).

estrofa *s. f.* Cada una de las partes de la composición poética formada por un determinado número de versos ordenados según un modelo. Hasta principios del s. XX era frecuente que los poetas se sometieran a las estrofas o composiciones tradicionales: pareados, tercetos, redondillas, cuartetas, seguidillas, liras, coplas, décimas, sonetos, etc. Actualmente se tiende a utilizar el verso libre, sin ajustarse a formas definidas.

estrófico, ca *adj.* **1.** Perteneciente o relativo a la estrofa. **2.** Dividido en estrofas.

estrógeno *s. m.* Hormona sexual a cuya acción se debe la aparición de las características sexuales secundarias femeninas durante el crecimiento. Las tres principales hormonas estrógenas son el estradiol, la estrona y el estriol, producidas por los ovarios y la placenta. Su concentración en la sangre aumenta durante la ovulación y después de la menstruación. Al sobrevenir la menopausia, la producción de estrógenos va disminuyendo hasta desaparecer. También *adj.*

estroma *s. f.* **1.** En histología, trama o armazón de un órgano, glándula, etc., formada casi siempre por tejido conjuntivo, que sostiene entre sus mallas los elementos celulares. **2.** En bot., zona interna de los plastos, donde se lleva a cabo, entre otras reacciones, la fase oscura de la fotosíntesis de los cloroplastos.

estromboliano, na *adj.* **1.** Se dice de uno de los tipos de erupción volcánica, de carácter explosivo, con bombas, cenizas, gases y lavas fluidas, que se solidifican con rapidez en la superficie y lentamente en profundidad. **2.** Se aplica a uno de los tres tipos de volcán, cuya erupción presenta las características citadas.

estronciana *s. f.* Óxido, SrO, o hidróxido, $Sr(OH)_2$, de estroncio. Se usa para extraer las melazas del azúcar.

estroncianita *s. f.* $SrCO_3$. Mineral carbonato de estroncio. Cristaliza en el sistema rómbico, es incoloro, gris, amarillo o verde claro y tiene brillo vítreo. Existen yacimientos en España, Alemania y Escocia y se emplea en la fabricación de esmaltes.

estroncio *s. m.* Sr. Elemento químico perteneciente al grupo II A del sistema periódico. Su número atómico es 38 y su peso atómico 87,6. Descubierto en 1790 en Strontian (Escocia) y aislado en 1808 por el químico inglés Humphry Davy, es un metal muy escaso en la naturaleza, en la que se encuentra en forma de carbonato (estroncianita) y sulfato (celestina). Es de color blanco plateado, dúctil, fácilmente oxidable, y arde con llama luminosa intensa. Reacciona con el agua y es soluble en algunos ácidos y en amoniaco. Sus sales son rojizas. Se emplea en la fabricación de válvulas de vacío, fuegos artificiales, etc. Su isótopo radiactivo Sr-90 es uno de los principales contaminantes radiactivos, peligroso por su larga vida media.

estropajo *s. m.* **1.** Trozo de esparto machacado que se utiliza para fregar. **2.** P. ext., trozo de cualquier otro material que se usa de modo semejante. **3.** Planta trepadora de la familia cucurbitáceas, especie *Luffa cylindrica*. Tiene un fruto alargado, que se deseca para usarlo como esponja. **4.** Persona o cosa sin valor, estropeada.

estropajoso, sa *adj.* **1.** *fam.* Se aplica a cosas fibrosas o ásperas, p. ej. al pelo cuando está sucio. **2.** *fam.* Aplicado a la forma de hablar, torpe y confuso. **3.** *fam.* Andrajoso, descuidado. **FAM.** Estropajosamente.

estropear *v. tr.* Poner algo en mal estado, de modo que no pueda utilizarse o tenga mal aspecto; hacer fracasar algo. También *v. prnl.*

estropicio *s. m.* Destrozo o trastorno muy aparatoso.

estructura *s. f.* **1.** Forma de estar organizadas las partes que componen un todo. **2.** Conjunto de piezas que sirve de soporte a algo. **3.** Conjunto ordenado de elementos que adquieren sentido en relación con la totalidad. **4.** En mat., conjunto de elementos en el que se ha definido una operación y cumplen unas determinadas propiedades. **5.** En biol., conjunto de células, tejidos y órganos que adoptan una cierta disposición. **6.** En bot., forma en que están dispuestos los distintos elementos y tejidos en el interior de un vegetal. || **7. estructura agraria** Forma, dimensión y distribución de las parcelas en un paisaje; también, conjunto de relaciones de propiedad, condiciones sociales, etc., del campo. **8. estructura atómica** Forma en que están dispuestas las partículas elementales que componen un átomo. **9. estructura cristalina** Disposición ordenada de átomos, iones y moléculas en un sólido cristalino. **10. estructura económica** Conjunto de los elementos de la economía de un determinado país que se consideran más permanentes y, por tanto, menos sujetos a cambios coyunturales. P. ej., la propiedad de la tierra, el nivel tecnológico, la fiscalidad, etc. También, rama de la economía que se ocupa de su estudio. **11. estructura social** Conjunto de caracteres duraderos que determinan la organización, las relaciones y el funcionamiento de una sociedad o grupo social, p. ej. las reglas del matrimonio, la organización de la familia, el sentido de la propiedad, etc.

estructural *adj.* Perteneciente o relativo a la estructura.

estructuralismo *s. m.* Método de investigación científica basado en el estudio de la estructura, que se aplica a muy diversos campos del saber. Sostiene que el fenómeno, el hecho aislado, no determina el conjunto, sino que es éste el que explica el sentido pleno de cada elemento. El estructuralismo intenta averiguar el modelo o estructura subyacente en cada uno de los fenómenos de la realidad, con el fin de descubrir las relaciones o leyes ocultas que establecen la organización de los elementos que componen esos fenómenos. Sus primeras aplicaciones se dieron en la psicología (gestaltismo), la lingüística (Saussure) y la antropología (Lévi-Strauss), extendiéndose luego a otros campos, como el psicoanálisis (Lacan) y la filosofía (Althusser). Particular desarrollo ha experimentado el estructuralismo lingüístico, que en Europa abarca desde los críticos formalistas rusos y las escuelas de Praga y Copenhague (Jakobson, Trubetzkoy y Hjelmslev) hasta llegar a los trabajos de Roland Barthes, la revista *Tel Quel*, etc. En EE UU surge, a partir de Bloomfield, un estructuralismo conductista y antimentalista en el que, frente a la rama europea, se concibe el habla como un acto de conducta que obedece a las condiciones externas en que se produce. **FAM.** Estructuralista.

estructurar *v. tr.* Disponer de manera organizada las distintas partes de un todo.

estruendo *s. m.* **1.** Ruido muy fuerte. **2.** Alboroto, escándalo.

estruendoso, sa *adj.* Con estruendo. **FAM.** Estruendosamente.

estrujar *v. tr.* **1.** Apretar una cosa para sacar su jugo o lo que tenga dentro. **2.** Apretar a una persona con fuerza. También *v. prnl.* **3.** *fam.* Sacar de una persona o cosa todo el partido posible. También *v. prnl.* **4.** Apretar una cosa arrugándola o deformándola. **FAM.** Estrujador, estrujamiento.

estrujón *s. m.* **1.** Acción y efecto de estrujar o estrujarse. **2.** Cada uno de los esfuerzos que se hace para apretar una cosa que se quiere comprimir o exprimir.

Estuardo Linaje escocés que reinó en Escocia entre 1371 y 1714. En 1603 Jacobo I, hijo de María Estuardo, se convirtió también en rey de Inglaterra y unificó las dos coronas hasta 1714, en que su dinastía fue sustituida por la de Hannover.

estuario *s. m.* Desembocadura de un río de gran anchura, en la que se mezclan el agua dulce del río y el agua salada del mar por efecto de las mareas. Pese a los fangos que se acumulan a causa de la variación de las corrientes, los estuarios han servido de emplazamiento a grandes puertos a lo largo de la historia, como el de Londres en el Támesis, Lisboa en el Tajo, Hamburgo en el Elba, Buenos Aires y Montevideo en el Río de la Plata, etc.

estucado, da **1.** *p. p.* de **estucar**. También *adj.* || *s. m.* **2.** Acción y efecto de estucar.

estucador, ra *s. m.* y *f.* Persona que hace obras de estuco.

estucar *v. tr.* **1.** Dar estuco a algo o blanquearlo con él. **2.** Colocar sobre un muro o columna las piezas de estuco ya moldeadas y secas. ■ Se conjuga como *sacar*.

estuchar *v. tr.* Recubrir con estuche de papel los terrones de azúcar u otros productos. **FAM.** Estuchado.

estuche *s. m.* Caja o envoltura para guardar y proteger objetos. También, esta caja o envoltura con lo que contiene.

estuco *s. m.* **1.** Masa de yeso y agua de cola que se utiliza para hacer objetos de escultura y relieves en muros y bóvedas, así como objetos que luego se doran o pintan. **2.** Masa de yeso fino, cal apagada y polvo de mármol con que se hace un enlucido al que luego se barniza con aguarrás o cera.

estudiado, da **1.** *p. p.* de **estudiar**. También *adj.* || *adj.* **2.** Se dice de la actitud, el gesto, etc., que carece de naturalidad. **FAM.** Estudiadamente.

estudiantado *s. m.* Conjunto de los estudiantes en general o de un determinado centro de enseñanza.

estudiante *s. m.* y *f.* Persona que cursa estudios, especialmente de grado medio o superior.

estudiantil *adj.* Perteneciente o relativo a los estudiantes.

estudiantina *s. f.* Tuna, conjunto musical.

estudiar *v. tr.* **1.** Leer, investigar, memorizar, etc., para comprender o aprender una cosa. **2.** Realizar estudios en un centro de enseñanza, de determinada materia o con cierto profesor. También *v. intr.* **3.** Pensar detenidamente sobre un asunto para decidir sobre él. **4.** Observar, analizar.

estudio *s. m.* **1.** Acción y efecto de estudiar. **2.** Trabajo en que un autor trata una cuestión. **3.** Lugar de trabajo de un artista o de ciertos profesionales. **4.** Pequeño alojamiento compuesto por una pieza principal, cocina y cuarto de baño. **5.** Dibujo, pintura o escultura que se hace como ensayo o preparación para la obra definitiva o como ejercicio para adiestrarse el autor. **6.** Pieza musical compuesta generalmente con fines didácticos o para el perfeccionamiento técnico del que la ejecuta. **7.** Afectación, cuidado. **8.** Conjunto de dependencias destinadas al rodaje de películas o a la realización de programas de radio y televisión. || *pl.* **9.** Conjunto de materias o aspectos de una materia que se estudian. || **10. técnicas de estudio** Formas y hábitos de trabajo intelectual que capacitan al sujeto para una fácil, rápida y profunda asimilación, transformación y creación de contenidos científicos y valores culturales. Suelen basarse en una serie de actividades y recursos que favorecen e incrementan en el estudiante las capacidades de atención, memoria y razonamiento.

estudioso, sa *adj.* **1.** Se aplica al que estudia mucho. || *s. m.* y *f.* **2.** Investigador, experto. **FAM.** Estudiosidad.

estufa *s. f.* **1.** Aparato que sirve para calentar un recinto quemando un combustible o mediante la energía eléctrica. **2.** Lugar cubierto de cristales para defender las plantas del frío. **3.** Aparato destinado a secar o mantener caliente algo. **4.** Aparato que se utiliza en hospitales y laboratorios para desinfectar, hacer cultivos, etc. **5.** En los baños termales, local acondicionado para que los enfermos suden en él abundantemente. || **LOC. criar** a alguien **en estufa** *fam.* Cuidarle con exceso, con mimo, haciéndole débil para enfrentarse a las dificultades de la vida.

estufar *v. tr. Arg., Par., Urug.* Molestar. También *v. prnl.*

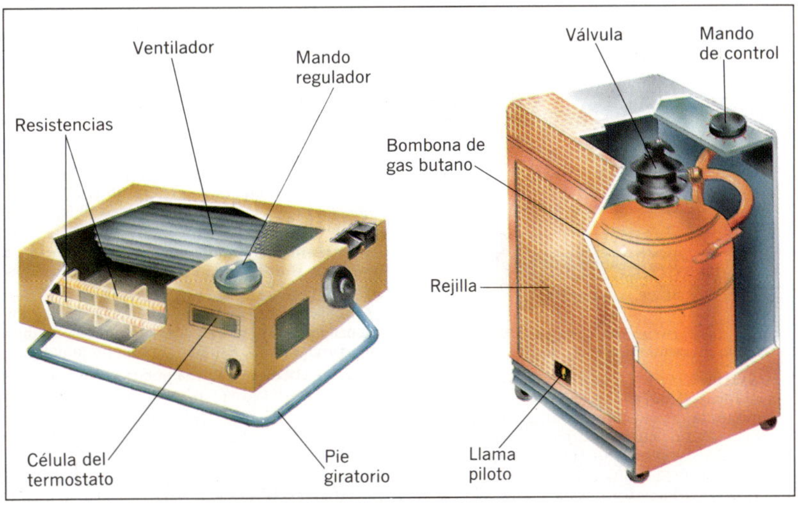

Estufas: a la izquierda, esquema de una estufa eléctrica, provista de un ventilador que proyecta una corriente de aire sobre las resistencias al rojo; a la derecha, esquema de una estufa de butano.

estulticia *s. f.* Necedad, tontería.

estulto, ta *adj.* Necio, tonto. También *s.* **FAM.** Estultamente, estultez.

estupefacción *s. f.* Asombro, admiración.

estupefaciente *adj.* Se aplica a las sustancias que producen efectos tales como adormecimiento, disminución de la sensibilidad, alivio del dolor, sensación de euforia y bienestar, etc., a la vez que alteran en mayor o menor grado las condiciones fisiológicas y psicológicas del individuo. Los estupefacientes se clasifican en *opiáceos*, como la heroína, morfina, codeína y metadona; *barbitúricos*, como el valium y otros sedantes; *estimulantes*, como la cocaína y anfetaminas; derivados del *cannabis*, como el hachís, grifa, marihuana, y *alucinógenos*, como el LSD, mescalina, peyote, etc. Pueden ser naturales o producidos en laboratorio y en la mayoría de los casos crean adicción o hábito, por lo que su comercio está limitado o prohibido. Esto ha provocado la aparición de un mercado negro de proporciones internacionales, estrechamente relacionado con el mundo del delito. También *s. m.*

estupefacto, ta *adj.* Asombrado, pasmado.

estupendo, da *adj.* Muy bueno. **FAM.** Estupendamente.

estupidez *s. f.* Cualidad de estúpido o dicho o hecho estúpidos.

estúpido, da *adj.* **1.** De poca inteligencia, torpe. También *s.* **2.** Tonto, sin sentido. **3.** Antipático, estirado, vanidoso. También *s.* **FAM.** Estúpidamente.

estupor *s. m.* **1.** Asombro, pasmo. **2.** Disminución de la actividad de las funciones mentales y físicas de una persona y de su respuesta a los estímulos.

estuprar *v. tr.* Cometer estupro. **FAM.** Estuprador.

estupro *s. m.* Delito que consiste en el acceso carnal de una persona adulta con otra mayor de 12 años y menor de 16 ó 18, según los casos, mediante engaño o abuso de confianza, aprovechándose de la autoridad originada por cualquier relación, pero sin que haya violencia, en lo que se distingue de la violación.

estuquista *s. m.* y *f.* Estucador*.

esturión *s. m.* Nombre común de diversos peces osteictios de la familia acipenséridos, géneros *Acipenser*, *Huso*, etc. Su longitud varía, según las especies, entre 1 y 8 m. Tienen el cuerpo cubierto de placas óseas, la cabeza prolongada en un hocico agudo, la vejiga natatoria bien desarrollada y la cola asimétrica. Remontan los ríos para hacer la puesta y sus huevos constituyen el caviar. Están en peligro de extinción en muchos lugares debido a la contaminación fluvial. Las especies más conocidas son el esturión común *(Acipenser sturio)*, de hasta 5 m de longitud, que vive en el Mediterráneo y el Atlántico; el esturión del Caspio *(Acipenser stellatus)*, de hasta 2 m, frecuente en las aguas del mar Negro y mar Caspio y de los ríos que desembocan en ellos; y el gran esturión *(Huso huso)*, de hasta 8 m, que llega a pesar hasta una tonelada y habita en los mares Negro, Caspio y Adriático.

Esturión común (Acipenser sturio), *arriba, y esturión del Caspio* (Acipenser stellatus), *abajo.*

esvástica *s. f.* Cruz gamada, cuyo origen se sitúa en torno al año 4000 a. C. en Asia occidental, seguramente como símbolo solar. De allí pasó a otras culturas, como la griega, romana, vasca e india. Fue adoptada por Hitler como emblema del nacionalsocialismo.

esviaje *s. m.* En construcción, inclinación de la superficie de un muro o del eje de una bóveda, respecto al frente de la obra de que forman parte.

eta *s. f.* Nombre de la letra *e* larga del alfabeto griego. ■ La letra mayúscula se escribe *H* y la minúscula *η*.

ETA (siglas de *Euzkadi Ta Azkatasuna*, Euskadi y Libertad) Organización separatista vasca, de carácter terrorista. Surgida en 1959 a partir de una escisión de las juventudes del PNV, adoptó en 1961 la lucha armada. Su objetivo es la creación de un estado marxista-leninista en el territorio que ocupan hoy Navarra y el País Vasco español y francés. En 1973 dio muerte en atentado al presidente del gobierno, almirante Carrero Blanco. Ha sufrido a lo largo de su historia diversas divisiones, protagonizadas generalmente por sectores partidarios de profundizar en la lucha política y abandonar la vía armada. Tras la instauración de un régimen democrático en España prosiguió sus actividades terroristas, rechazando el estatuto de autonomía aprobado en referéndum por los vascos en 1979.

etalaje *s. m.* Parte de la cavidad de la cuba de un alto horno, entre el vientre y la obra, donde se completa la reducción de la mena por medio de gases combustibles.

etano *s. m.* CH_3–CH_3. Hidrocarburo, segundo de la serie de los saturados. Es un gas inerte, inodoro, incoloro y combustible, poco soluble en agua, que está presente en los gases del petróleo y se emplea como combustible y para la preparación del etileno.

etanol *s. m.* Alcohol etílico*.

etapa *s. f.* **1.** Camino recorrido entre dos paradas, y, especialmente, el que se corre de una sola vez en una prueba ciclista o automovilística. **2.** Periodo de tiempo en el desarrollo de una acción o proceso.

etarra *adj.* **1.** Perteneciente o relativo a ETA. **2.** Se dice de los miembros de esta organización. También *s.*

etc. Abreviatura de etcétera.

etcétera *s. m.* Palabra con la que se sustituye la parte final de una enumeración, por ser ésta muy larga o por sobrentenderse con facilidad. ■ Casi siempre se usa su forma abreviada *etc.*

eteno *s. m.* Etileno*.

Eteocles En la mitología griega, hijo de Edipo y Yocasta. En unión de su hermano Polinices expulsó a su padre de Tebas, después de descubrirse que había cometido incesto. Usurpó el trono a Polinices, dando origen a la guerra de los Siete contra Tebas, en la que los hermanos se mataron entre sí.

éter *s. m.* **1.** Fluido invisible, que se consideraba el soporte de las ondas electromagnéticas, entre ellas la luz. **2.** Nombre genérico de diversos compuestos orgánicos en cuya molécula existe un átomo de oxígeno unido a dos radicales hidrocarburos. Cuando estos dos últimos son iguales (R–O–R), el éter se denomina *simple*, y cuando son diferentes (R–O–R′), se denomina *mixto*. Son solubles en alcohol, acetona e hidrocarburos y se utilizan como disolventes y en medicina. El más conocido es el éter dietílico (CH_3–CH_2–O–CH_2–CH_3), que se emplea como anestésico. **3.** En lenguaje poético, espacio, bóveda celeste.

etéreo, a *adj.* **1.** Perteneciente o relativo al éter. **2.** Inmaterial, vago, sublime. **3.** Perteneciente o relativo al cielo.

eterio *s. m.* Tipo de fruto agregado, que se forma a partir de una única flor con los carpelos libres, cada uno de los cuales genera un fruto que se agrega a los restantes. P. ej. la fresa, el fresón, la frambuesa, etc.

eternamente *adv. m.* **1.** Siempre, perpetuamente. **2.** Por mucho o durante mucho tiempo.

eternidad *s. f.* **1.** Espacio de tiempo sin fin; especialmente, en ciertas religiones, el que se inicia después de la muerte y durante el cual el alma sigue viviendo. **2.** Espacio de tiempo muy largo.

eternizable *adj.* Que se puede eternizar.

eternizar *v. tr.* **1.** Prolongar excesivamente la duración de algo. También *v. prnl.* **2.** Hacer que algo dure para siempre. ■ Se conjuga como *cazar*.

eterno, na *adj.* **1.** Que durará siempre. **2.** Se dice de las cosas que se repiten frecuentemente o con insistencia. **3.** Que dura mucho o demasiado. ‖ **4. el Eterno** Dios.

ética *s. f.* **1.** Parte de la filosofía que trata de establecer el fundamento de la moralidad de los actos humanos, es decir, aquello de acuerdo con lo cual estos actos pueden ser calificados de buenos o de malos. También se llama *filosofía moral*. **2.** Conjunto de reglas morales que regulan la conducta y las relaciones humanas, en general o en un campo específico.

Fil. Aunque en Sócrates y Platón ya existen reflexiones en torno a la ética, se considera a Aristóteles el fundador de esta disciplina filosófica. Muchas escuelas en la antigüedad, como los cínicos, los cirenaicos, los epicúreos y, sobre todo, los estoicos, abordaron el problema de la vida moral desde el punto de vista filosófico. En todas ellas se entiende la ética como una jerarquía de bienes a los que aspira el hombre y que exigen, p. ej., la apacibilidad del ánimo por medio de la impasibilidad, el desprecio a las convenciones o el equilibrio entre las pasiones y su satisfacción. La aparición del cristianismo modificó sustancialmente el concepto de ética. Los pensadores cristianos asociaron lo ético a lo religioso y fundamentaron en Dios y en el evangelio los principios de la moral. La escolástica pretendió la fusión de los valores éticos griegos con las normas cristianas, mientras que en el Renacimiento resurgió el estoicismo en filósofos como Descartes y Spinoza. La noción de bien se transformó al compás de los cambios sociales y aparecieron doctrinas éticas basadas en el egoísmo (Hobbes) o el realismo político (Maquiavelo). Durante los s. XVII y XVIII se planteó el dilema entre la ley moral y la ley natural. Con Kant la ética experimentó un cambio radical, al rechazar el filósofo alemán la ética del bien y propugnar una ética formal autónoma. Durante el s. XIX surgieron diversas tendencias, como el idealismo alemán (Fichte), el utilitarismo, el evolucionismo ético y la antimoral de Nietzsche. En el s. XX destacó, entre otras, la aportación de la corriente existencialista, que se caracterizó por el estudio de temas como la subjetividad, la finitud, la libertad y el compromiso, y cuyos pensadores más representativos fueron Sartre y Heidegger.

ético, ca[1] *adj.* **1.** Perteneciente o relativo a la ética. **2.** Conforme a los principios de la moral. ‖ *s. m.* y *f.* **3.** Profesor o estudioso de ética.

ético, ca[2] *adj.* Hético*, tuberculoso.

Étienne-Martin, Martin Étienne, llamado (Loriol-sur-Drome 1913) Escultor francés. Formado en el surrealismo, ha experimentado con diversos materiales, como piedra, madera, yeso, etc. Entre sus obras más significativas figuran *Noches* y *Morada*.

etileno *s. m.* CH_2=CH_2. Primero de la serie de los alquenos o hidrocarburos no saturados de doble enlace. Es un gas incoloro, de sabor dulce y olor agradable, que se inflama y arde con llama luminosa. Se utiliza como anestésico y en la fabricación de plásticos. Se denomina también *eteno*.

etílico, ca *adj.* **1.** Perteneciente o relativo a los derivados del radical etilo. **2.** Perteneciente o relativo al alcohol etílico. ‖ **3. alcohol etílico** CH_3–CH_2OH. Compuesto que se forma por fermentación de hidratos de carbono. Es incoloro e inflamable y se utiliza en la elaboración de bebidas alcohólicas, en farmacia y en perfumería. Se denomina también *etanol*. **4. intoxicación etílica** Borrachera.

etilo *s. m.* CH_3–CH_2. Radical monovalente de etano por la pérdida de un hidrógeno (H).

étimo *s. m.* Raíz o vocablo del que proceden otras palabras.

etimología *s. f.* **1.** Origen de una palabra, tanto de su forma como de su significado. **2.** Parte de la lingüística que estudia el origen de una palabra. ‖ **3. etimología popular** En la lengua vulgar, falsa interpretación que produce cambios en la forma o el significado de una palabra al asociarla con otra relacionada, pero de origen distinto. P. ej. el empleo de *andalias* en vez de *sandalias*, por relacionar esta palabra con el verbo *andar*. **FAM.** Etimológicamente, etimológico.

etimologista o **etimólogo, ga** *s. m.* y *f.* Persona especializada en etimologías.

etino *s. m.* Acetileno*.

etiología *s. f.* **1.** Estudio sobre las causas de las cosas. **2.** Parte de la medicina que estudia las causas de las enfermedades.

etíope o **etiope** *adj.* **1.** De Etiopía. También *s.* ‖ *s. m.* **2.** Familia de lenguas semíticas habladas en Etiopía y Eritrea.

Etiopía (*YeEtiyopiya*) Estado del E de África.

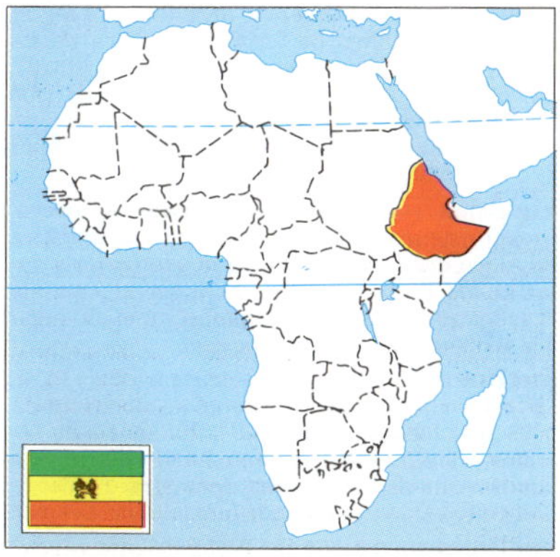

Extensión: 1.223.600 km^2.
Límites: al N, con Sudán y el mar Rojo; al E, con Yibuti y Somalia; al S, con Kenia y Somalia, y al O, con Sudán.
Población: 50.341.000 h. en 1990.
Densidad: 41,1 h./km^2.
Capital: Addis-Abeba.
División administrativa: 14 regiones.
Ciudades principales: Asmara, Dire Dawa, Gonder, Dese.
Gentilicio: etíope.
Forma de Estado: república.
Idioma: amhárico.
Religión: cristianismo ortodoxo etíope, 48,9 %; islamismo, 31,4 %; cultos tribales, 11,4 %.
Moneda: birr.
Tasa de natalidad: 44 ‰ en 1990.
Tasa de mortalidad: 24 ‰ en 1990.
Renta per cápita: 120 dólares en 1989.

Geog. física La mayor parte del país está ocupada por el macizo Etíope, una prolongación del sistema del Rift de África del Este dividido en dos sectores, el macizo Abisinio en el N y el macizo del Harar en el S, separados por una fosa tectónica. El macizo Etíope presenta gran número de altiplanicies semejantes a las andinas y de *ambas*, pequeñas mesetas separadas entre sí por profundos cañones de hasta 2.000 m de desnivel. La principal altura es el pico Ras Dashan (4.620 m). En el NE se encuentra la llanura de Danakil; al SO, una región de grandes lagos, como el Shamo, Abaya, Shala y Zway y el río Omo; al NO, el lago Tana, el mayor del país, en el que nace el Abbai o Nilo Azul; y en el E el desierto de Ogaden. Existen tres zonas climáticas en relación a la altitud: por encima de los 2.400 m está la *dega*, de clima frío y pastos para la ganadería; entre los 2.400 y los 1.800, la *woinadaga*, de clima cálido y vegetación mediterránea (vid y acebuche) y subtropical (café y algodón), en la que abundan los cultivos de mijo, trigo, frutas y hortalizas; por debajo de los 1.800 aparece la *kwolla*, de clima tropical y subdesértico, por lo que alternan áreas de vegetación exuberante con otras en las que es casi inexistente.
Geog. humana y ***económica*** Etiopía está poco urbanizada y tan sólo el 11 % de sus habitantes vive en ciudades. El principal grupo étnico es el de los abisinios (30 % del total), que viven en el N y centro O, seguido por el de los gallas en el centro, somalíes en el SE y danakiles en la llanura homónima. La economía está basada en la agricultura (caña de azúcar, maíz, cebada, trigo, hortalizas y café) y en la ganadería (bovina, séptima del mundo; caprina, sexta del mundo, y mular) y el país sufre desde los años sesenta una terrible sequía. La industria es muy escasa y en ella destacan los sectores de la alimentación, el cemento, el vidrio y el calzado.
Hist. El primer reino conocido en el actual territorio de Etiopía fue el de Aksum, creado en el s. I por grupos semíticos llegados del Yemen, como los habasat (Abisinia), que se impusieron a la población autóctona. Sus reyes, los negus, extendieron su dominio hasta el Nilo Azul y el Yemen. En la primera mitad del s. IV el país fue cristianizado por el monofisismo egipcio. La expansión musulmana por Egipto y Sudán (s. VII) aisló al reino de Aksum, que entró en decadencia y desapareció a fines del s. X, abriéndose así un largo periodo de luchas internas, que concluyó con la implantación en el s. XII de la dinastía Zagüe, a la que siguió la de los salomónidas. En la primera mitad del s. XVI, el país fue conquistado por el Islam y posteriormente ocupado por tropas portuguesas mandadas por Cristóbal de Gama. El agotamiento producido por estas guerras facilitó el fortalecimiento de los pueblos galla, asentados en el S, cuyos señores provinciales (ras) se enfrentaron durante dos siglos al poder de los negus. A mediados del s. XIX el jefe Kassa sometió a los ras y se hizo proclamar Rey de Reyes con el nombre de Teodoro II. Italia intentó conquistar el país y convertirlo en colonia a fines del s. XIX, pero el negus Menelik II lo impidió con la victoria de Adúa (1896), permaneciendo Etiopía como único estado africano independiente. En 1930 fue coronado negus Haile Selassie. En 1935, la Italia fascista invadió el país y Selassie hubo de exiliarse en Londres. Etiopía fue liberada en la Segunda Guerra Mundial por tropas franco-británicas y Haile Selassie fue repuesto en el trono. En 1962, Eritrea fue incorporada a Etiopía y en 1963 se celebró en Addis-Abeba la conferencia de países africanos en la que se creó la OUA. La grave crisis económica provocada por la sequía y el largo conflicto con los independentistas eritreos ocasionaron en 1974 un golpe de Estado militar que derrocó al negus e instauró el régimen socialista presidido por el general Aman Andom. Ese mismo año el teniente coronel Mengistu Haile Mariam, hombre fuerte del régimen, forzó la caída de Andom, fusilado posteriormente junto a buena parte de la familia real, y convirtió a Etiopía en un país estrechamente aliado con la URSS. En 1977, un nuevo golpe causó la caída y muerte del presidente Teferi Banti y consolidó la línea radical de Mengistu Haile Mariam, que recibió la ayuda de Cuba en sus guerras contra Eritrea y Somalia. El movimiento guerrillero se intensificó y en 1990 todas las guerrillas se unieron en un frente común, el Frente Democrático Popular Revolucionario (FDPR), que en 1991 puso cerco a Addis-Abeba y obligó a Mengistu Haile Mariam a abandonar el país; en mayo de este mismo año, las fuerzas rebeldes tomaron la capital y asumió el poder Meles Zenaui, líder del FDPR; el Frente Popular de Eritrea anunció la creación de un gobierno y amenazó con la secesión.

Etiopía: vista de la ciudad de Asmara, capital de la región de Eritrea.

etiópico, ca *adj.* Perteneciente o relativo a Etiopía.

etiqueta *s. f.* **1.** Trozo de papel, tela, plástico u otro material que se pega o sujeta a alguna cosa, para su identificación, valoración, clasificación, etc. **2.** P. ext., calificación que identifica a una persona con una determinada profesión, actitud, ideología, etc. **3.** Conjunto de reglas que se observan en el desarrollo de los actos oficiales o solemnes, o sencillamente en sociedad. **4.** En inform., uno o más caracteres o símbolos que identifican una instrucción, una posición de la memoria en un programa, un registro o un fichero. ‖ **Loc. de etiqueta** *adj.* Se dice de fiestas o reuniones solemnes en las que es necesario llevar un traje adecuado, así como del traje para estas ocasiones.

etiquetado, da **1.** *p. p.* de **etiquetar**. También *adj.* ‖ *s. m.* **2.** Acción y efecto de etiquetar.

etiquetador, ra *s. m.* y *f.* **1.** Persona que pone etiquetas. ‖ *s. f.* **2.** Máquina para etiquetar.

etiquetar *v. tr.* **1.** Poner etiqueta a una cosa. **2.** Encasillar a alguien en una ideología, dedicación, profesión, etc.

etiquetero, ra *adj.* Se aplica a la persona a la que le gusta cumplir y exigir las reglas de la etiqueta.

etmoides *s. m.* Hueso situado en el compartimiento anterior de la base del cráneo, delante del esfenoides. Presenta una lámina vertical, que separa las fosas nasales, y otra horizontal, la lámina cribosa, con los orificios de los nervios olfatorios.

Etna Volcán de Sicilia (Italia), situado junto a la costa NE de la isla, al N de Catania. Es el mayor de Europa, con sus 3.340 m de altura. Desde el s. V a. C. ha entrado en erupción en más de 100 ocasiones. Es de tipo vulcaniano y permanece en constante actividad.

etnia *s. f.* Conjunto de individuos humanos pertenecientes a una misma raza, que comparten un origen, lengua, religión y cultura propios.

étnico, ca *adj.* Perteneciente o relativo a los caracteres y las manifestaciones culturales propios de un pueblo o una raza.

etno- *pref.* Significa 'pueblo': *etnografía, etnología.*

etnocentrismo *s. m.* Mentalidad que considera los valores, costumbres y cultura del propio grupo como superiores a los del resto, a los que juzga siempre en función de su proximidad o lejanía al modelo sociocultural propio. El término fue introducido en el ámbito de las ciencias sociales por W. C. Summer a principios del s. XX.

etnografía *s. f.* Rama de la antropología cultural que estudia razas, pueblos y culturas, tanto primitivos como modernos. Suele centrarse en los aspectos más descriptivos, dejando para la etnología la clasificación y comparación de los datos. **Fam.** Etnográfico.

etnógrafo, fa *s. m.* y *f.* Persona que se dedica a la etnografía.

etnología *s. f.* Rama de la antropología que estudia de forma comparada las razas, pueblos y culturas en sus diferentes aspectos y relaciones, basándose en los datos proporcionados por la etnografía. **Fam.** Etnológico.

etnólogo, ga *s. m.* y *f.* Persona dedicada a la etnología.

Etolia Antigua región histórica de Grecia, mencionada en la *Ilíada* y situada al N del golfo de Corinto. Sus habitantes rechazaron un ataque de los atenienses (426 a. C.) y en el s. IV a. C. constituyeron la Liga etolia, que englobaba una serie de ciudades, como Naupacta, Eniadas y Calidón, las regiones de Acarnania y Etolia y parte de Tesalia, y que, con el tiempo, llegó a dominar las ciudades jónicas. La Liga etolia se opuso a la Liga aquea y a Esparta y fue aliada de Roma en la guerra con Macedonia (206 a. C.), pero al negarse los romanos al restablecimiento de su predominio, los etolios se aliaron con Antíoco III de Siria (192 a. C.) para luchar contra Roma y Macedonia y fueron vencidos por Fulvio Nobilior (189 a. C.). Desmantelada la Liga (167 a. C.), Etolia quedó bajo dominio romano y el 27 a. C. fue incorporada a la provincia de Acaya.

etología *s. f.* Ciencia que estudia la conducta de los animales en su ambiente natural. Sus representantes más destacados son los austriacos Konrad Lorenz y Karl von Frisch y el holandés Nikolaas T. Tinbergen. **FAM.** Etológico.

etólogo, ga *s. m.* y *f.* Persona que se dedica a la etología.

Eton C. del Reino Unido, perteneciente al condado de Berkshire, situada a orillas del Támesis. Es célebre por su *college*, fundado por Enrique VI en 1440, para alumnos de 12 a 15 años.

etopeya *s. f.* Descripción del carácter, acciones y costumbres de una persona.

Etruria Antigua región de Italia, situada en el centro de la península, entre los ríos Arno y Tíber, y que fue cuna de la civilización etrusca.

Etruria, reino de Reino creado en 1801 por Napoleón Bonaparte, tras suprimir el gran ducado de Toscana. Su primer monarca, el duque de Parma, adoptó el nombre de Luis I y fue sucedido por su hijo Luis II (1803), que reinó hasta 1808, año en que Napoleón incorporó el territorio a su imperio, lo convirtió en ducado y lo entregó a su hermana Elisa.

etrusco, ca *adj.* **1.** Se aplica a un pueblo que se instaló en la península Itálica a principios del s. IX a. C., procedente de Asia Menor -aunque algunos investigadores consideran su cultura como una evolución de pueblos autóctonos- y a la cultura que desarrolló. Hablaba una lengua no indoeuropea, aún hoy sin descifrar completamente, y se asentó, según la tradición, en doce ciudades que constituyeron una liga poco organizada gobernada por una aristocracia de lucumones. Los etruscos alcanzaron su máximo esplendor entre los s. VIII y VI a. C., en los que extendieron su territorio por el valle del Po, el Lacio y Campania, dominaron Roma mediante la dinastía de los Tarquinos y controlaron el comercio del Mediterráneo occidental tras derrotar, aliados con los cartagineses, a los griegos foceses de Marsalia (actual Marsella) en la batalla de Alalia (535 a. C.). Su decadencia se debió a la presión ejercida por los pueblos celtas en el N y por romanos y griegos en el S. Después de la caída de Veyes, su principal ciudad, en poder de los romanos (396 a. C.), fueron paulatinamente asimilados por Roma. Practicaban un notable culto funerario, que se manifiesta en tumbas con arco de medio punto y bóveda, decoradas con pinturas al fresco de estilo realista, y que incluían un ajuar de armas de bronce y artículos de origen griego, que prueban la existencia de un comercio importante con el E mediterráneo. La escultura en piedra y terracota también tuvo un uso funerario en sarcófagos con relieves y estatua casi exenta sobre la tapa; también realizaron notables obras en bronce, como la *Loba* del Capitolio o la *Quimera* de Arezzo. **2.** De este pueblo. También *s.* ‖ *s. m.* **3.** Lengua que hablaban los etruscos.

Etty, William (York 1787 - íd. 1849) Pintor británico. Formado en la Royal Academy e influido por los pintores románticos franceses, se especializó en desnudos femeninos, entre los que destacan *Bañistas*, *Eva* y *Las Gracias*.

Eu Símbolo del elemento químico europio.

eubacteria *s. f.* Nombre común de las bacterias parásitas de los animales, que constituyen el grupo más numeroso y el de forma más indeterminada, pues pueden ser cocos, bacilos o espirilos. En el hombre producen enfermedades como la escarlatina, meningitis, cólera, tétanos, etc.

eubacteriales *s. f. pl.* Orden de esquizomicetes que comprende numerosas familias de eubacterias unicelulares con flagelos rodeados de cilios y formas inmóviles relacionadas. También *adj.* y *s. f.*

Eubea (en gr. *Euboia* o *Evvia*) Isla griega del mar Egeo, situada en el sector O del mismo, junto a Grecia continental, que constituye un nomo de la región de Grecia Central y Eubea. 3.908 km². 188.500 h. en 1981. La capital es Calcis, con 45.000 h. en 1984. Su relieve es muy montañoso. La economía se basa en la agricultura (vid, olivo, frutales, cereales) y en la ganadería (cabras y ovejas). En la antigüedad desempeñó un papel importante en la colonización del Mediterráneo occidental y Sicilia.

eucalipto *s. m.* Nombre común de diversos árboles de la familia mirtáceas, género *Eucalyptus*. Se conocen unas 600 especies, algunas de las cuales alcanzan los 100 m de altura. Es un árbol de rápido crecimiento, perjudicial para los suelos en que se planta, ya que las esencias que almacenan en sus hojas repelen a los animales y vegetales microscópicos. La especie más común en Europa, plantada masivamente en la región mediterránea, es el eucalipto común *(Eucalyptus globulus)*, que mide hasta 65 m de altura, presenta hojas lanceoladas y flores axilares solitarias. Son originarios de Australia y han sido introducidos con gran éxito en todo el mundo. Su madera se utiliza en construcción y en la fabricación de papel, su corteza para el curtido de pieles y sus hojas en farmacia.

Eucalipto común (Eucalyptus globulus).

eucariota *adj.* Se dice de la célula con envoltura nuclear, que se distingue de la procariota en que posee verdadero núcleo, es decir, sus cromosomas están encerrados en una región del protoplasma llamada carioplasma, separada del resto por una membrana. Todos los organismos pluricelulares están compuestos de células eucariotas, así como gran número de los unicelulares, con excepción de las bacterias y cianofíceas.

eucaristía *s. f.* **1.** Sacramento del cristianismo que conmemora el sacrificio de Jesús mediante la comunión en las dos especies, pan y vino, que son para el creyente el cuerpo y la sangre de Cristo. **2.** P. ext., misa. **FAM.** Eucarístico.

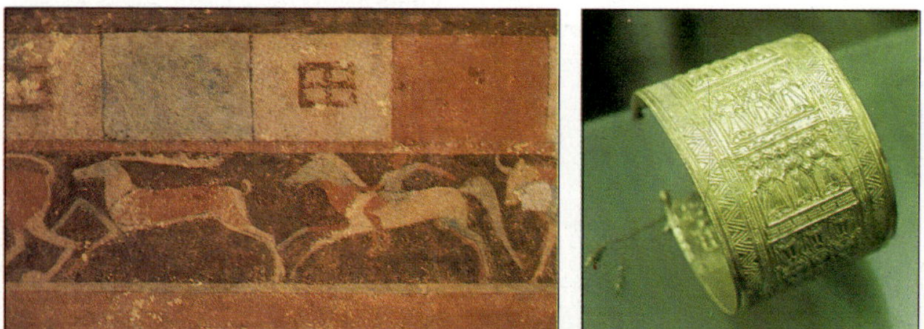

Arte etrusco: a la izquierda, pintura mural que decora la tumba del Cazador (siglo V a. C.), en Tarquinia, y, a la derecha, brazalete de oro (siglo VII a. C.) de la tumba Regolini-Galassi, en Cerveteri (Museo Etrusco, Ciudad del Vaticano).

Eucken, Rudolf (Aurich, Frisia Oriental 1846 - Jena 1926) Filósofo alemán. Defendió el idealismo espiritual frente al naturalismo, el positivismo y el criticismo. Profesor en Basilea y en Jena, fue maestro de Scheler y Spranger. En 1908 obtuvo el premio Nobel de literatura. Es autor, entre otros títulos, de *Historia y crítica de los principios fundamentales de nuestra época* (1878), *La lucha por un contenido espiritual de la vida* (1896), *Introducción a la filosofía de la vida espiritual* (1908) y *El socialismo y su estructuración de la vida* (1920).

Euclides (s. III - II a. C.) Matemático griego. Creador de una importante escuela matemática en Alejandría, es el padre de la geometría y autor de los *Elementos*, obra en la que se compila el saber geométrico de su tiempo y que dio lugar a la llamada *geometría euclidiana*.

Euclides de Megara (Megara h. 450 - íd. h. 380 a. C.) Filósofo griego. Adoptó las doctrinas de la escuela eleática, pero bajo la influencia de Sócrates orientó su pensamiento hacia la ética. Son famosas sus paradojas para demostrar la identidad entre el bien y el ser y la inexistencia del mal.

euclidiano, na *adj.* **1.** Perteneciente o relativo a Euclides o a su método matemático. ‖ **2. geometría euclidiana** La que está basada en cierto número de postulados y axiomas propuestos por Euclides. Vigente durante largo tiempo, en la actualidad se considera que sus principios son válidos únicamente en espacios limitados, esencialmente los planetarios, y se aplica la geometría elíptica, basada en la teoría de la relatividad, para espacios superplanetarios.

eudemonismo *s. m.* Doctrina ética que considera la felicidad como el bien supremo a que debe aspirar el ser humano. Desde un punto de vista moral asocia bien a felicidad.

eudiómetro *s. m.* Tubo de vidrio muy resistente, graduado y abierto por uno de sus extremos, que se utiliza para el análisis volumétrico de mezclas gaseosas haciendo saltar una chispa eléctrica en su interior.

Eudoxia (Atenas 402 - Jerusalén 460) Emperatriz romana de Oriente (421-443). Esposa de Teodosio II, ejerció poderosa influencia en Constantinopla, fundamentalmente en medios intelectuales, y logró la restauración de su universidad (425). Caída en desgracia, abandonó la corte y se retiró a Jerusalén.

Eudoxia, Elia (? - Constantinopla 404) Emperatriz romana de Oriente (395). Esposa de Arcadio y madre de Teodosio II, se enfrentó a Juan Crisóstomo, patriarca de Constantinopla, que la acusó públicamente de vida disipada, le hizo condenar por el concilio de Quene y le envió al exilio.

Eudoxia, Licinia (? h. 422 - Constantinopla 463) Princesa romana. Hija del emperador Teodosio II y de Eudoxia, y esposa de Valentiniano III, asesinado su marido (455), fue obligada a casarse con Máximo, el asesino. Fue tomada como rehén por el vándalo Genserico tras el saqueo de Roma y permaneció siete años prisionera de éste.

eufemismo *s. m.* Palabra o expresión más suave con que se sustituye otra considerada de mal gusto, malsonante o demasiado directa, como, p. ej., *trasero* por *culo*.

eufemístico, ca *adj.* Relativo al eufemismo o que constituye un eufemismo. **FAM.** Eufemísticamente.

eufonía *s. f.* Sonoridad agradable de la palabra y de la frase. **FAM.** Eufónico.

euforbiáceas *s. f. pl.* Familia de plantas herbáceas o leñosas perteneciente al orden euforbiales, que comprende unas 7.000 especies pertenecientes a los géneros *Euphorbia*, *Hevea*, *Manihot*, etc. Tienen pequeñas flores unisexuales reunidas en inflorescencias, frutos indehiscentes en esquizocarpo y, frecuentemente, canales secretores de látex, líquido con numerosas aplicaciones industriales. Euforbiáceas son el ricino, el caucho, la mandioca y la lechetrezna. También *adj.* y *s. f.*

euforia *s. f.* Sensación de intensa alegría y bienestar.

eufórico, ca *adj.* Relativo a la euforia o en estado de euforia.

Eúfrates (en turco *Firat*, en ár. *al-Furat*) Río de Asia occidental. 2.760 km de longitud y 720.000 km^2 de cuenca. Nace en la meseta de Armenia (Turquía), recorre el E de Siria e Irak y desemboca en el golfo Pérsico, tras unirse al Tigris y formar el Satt al-Arab, aguas arriba de Basora. Discurre en su curso alto y medio encajonado entre cañones y desfiladeros, atraviesa el Antitauro y las sierras de la meseta de Siria, para después abrirse en las llanuras, en su curso bajo, donde se empantana y forma ramales. Su caudal es irregular, con grandes crecidas en invierno y considerable estiaje en verano. Alimenta numerosos canales de riego mediante presas como la de al-Ramädi, en Irak. Su principal afluente es el Jabur.

eugenesia *s. f.* Ciencia que estudia la mejora de las especies vegetales y animales mediante el control de la reproducción, favoreciendo la de los que presentan una dotación genética idónea. Aplicada al hombre ha dado lugar a la teoría del matrimonio eugenésico, favorecida por los estados y movimientos racistas. En la actualidad, la aplicación de los conocimientos eugenésicos se lleva a cabo en la planificación familiar, en la prevención de anormalidades tanto físicas como psíquicas, en la inseminación artificial, etc. **FAM.** Eugenésico.

Eugenia de Montijo de Guzmán (Granada 1826 - Madrid 1920) Aristócrata española y emperatriz de Francia tras su boda con Napoleón III (1853). Ejerció la regencia del imperio durante las ausencias de su marido. Después de la derrota de Sedán (1870) se exilió en el Reino Unido.

Eugenio Nombre de varios papas.
Eugenio III (Pisa ? - Tívoli 1153) Papa italiano. De nombre Bernardo Paganelli di Montemagno, su pontificado abarca de 1145 a 1153. Monje cisterciense, fue discípulo de San Bernardo, al que encomendó que predicase la segunda cruzada (1146). Combatido por Arnaldo de Brescia, tuvo que abandonar Roma entre 1146 y 1149 y de 1150 hasta su muerte. Firmó con Federico Barbarroja el concordato de Constanza (1153), que suponía el apoyo del emperador a la Santa Sede.
Eugenio IV (Venecia 1383 - Roma 1447) Papa italiano. De nombre Gabriele Condulmer, su pontificado abarca de 1431 a 1447. Fue monje agustino y obispo de Siena. Enfrentado al concilio de Basilea, sus miembros eligieron un antipapa, Félix V (1439), aunque Eugenio triunfó finalmente y logró, aunque no de forma duradera, la unión con las Iglesias de Oriente.

Euler, Leonhard (Basilea 1707 - San Petersburgo 1783) Matemático suizo. Autor de más de 700 tratados, se ocupó de temas de mecánica, óptica, acústica, astronomía y fluidos. En el campo de las matemáticas fue el primero que utilizó cálculos algebraicos en vez de los tradicionales métodos geométricos y aportó, entre otros muchos descubrimientos, el primer método para integrar ecuaciones lineales; investigó las series algebraicas; redujo a una ecuación cúbica la ecuación bicuadrática; introdujo el símbolo *i* como unidad de los números imaginarios y el número *e* como base logarítmica. Enunció, entre otros, el llamado **teorema de Euler**, que señala que la suma del número de las caras y el número de los vértices de cualquier poliedro es igual a la de sus aristas más dos.

Leonhard Euler.

Euler, Ulf von (Estocolmo 1905 - íd. 1983) Fisiólogo sueco. Por sus estudios sobre la función de la noradrenalina en el sistema nervioso simpático consiguió el premio Nobel de medicina y fisiología (1970), compartido con Julius Axelrod y Bernard Katz.

Euler-Chelpin, Hans von (Augsburgo 1873 - Estocolmo 1964) Químico alemán. Fue profesor en la universidad de Estocolmo (1906-41). Investigó sobre enzimas, coenzimas y vitaminas y obtuvo en 1929 el premio Nobel de química, compartido con Arthur Harden.

Euménides Nombre que significa 'las Benevolentes' y que los griegos de la antigüedad dieron a las Erinias, diosas de la venganza, para obtener su clemencia. Los romanos las llamaron *Furias*.

eunuco *s. m.* **1.** Hombre castrado que se destinaba a la custodia de las mujeres en los harenes de Oriente. **2.** Hombre de poco carácter.

eupátrida *s. m.* Miembro de la nobleza hereditaria del Ática, que fue dueña del poder político y militar durante los s. VIII y VII a. C.

eupepsia *s. f.* Digestión normal.

eupéptico, ca *adj.* Se aplica a la sustancia o medicamento que ayuda a la digestión. También *s. m.*

Eurasia Masa continental formada por Europa y Asia, cuya extensión es de 54 millones de km^2.

eurasiático, ca *adj.* Euroasiático*.

EURATOM Comunidad* Europea de Energía Atómica.

¡eureka! (voz gr. que significa 'lo he encontrado', exclamación de Arquímedes al descubrir el principio que lleva su nombre) *interj.* Expresa alegría al conseguir o descubrir algo que se estaba buscando afanosamente.

Eurico (? h. 420 - ¿Arlés? 484) Rey visigodo (466-484). Accedió al trono tras dar muerte a su hermano Teodorico II. Rompió el *foedus* o alianza con Roma, combatió al reino suevo de Galicia y ocupó Lusitania. Extendió su dominio en Galia hasta el Ródano y el Loira, y su soberanía fue reconocida por Roma. Promulgó el *Código de Eurico* (h. 475), compilación de derecho visigodo.

Eurídice Personaje de la mitología griega. Esposa de Orfeo, murió a causa de la mordedura de una serpiente. Orfeo descendió a los infiernos y la rescató, pero volvió a perderla al desobedecer la prohibición de regresar sin volver la vista atrás.

Eurípides (Salamina 480 - Macedonia 406 a. C.) Dramaturgo griego. Su obra, influida por los filósofos de su época, se caracteriza por el análisis de las pasiones amorosas, el estudio del carácter femenino, las preocupaciones filosóficas, el hallazgo de nuevos temas, el empleo del prólogo y el papel concedido a los coros. Se le atribuyen más de 100 obras, de las que sólo se conservan 17 tragedias, entre las que destacan *Alcestes* (438), *Medea* (431), *Andrómaca* (h. 426), *Las troyanas* (415), *Ifigenia en Táuride* (414), *Electra* (413), *Orestes* (408) y *Las bacantes* (h. 406).

euritmia *s. f.* **1.** Armonía y equilibrio entre las partes de una obra de arte. **2.** Ritmo normal del pulso de una persona.

euro *s. m.* Poéticamente, uno de los cuatro vientos cardinales, que sopla del este.

euroasiático, ca *adj.* De Europa y Asia. También *s.* ■ Se dice también *eurasiático*.

eurocomunismo *s. m.* Corriente política comunista surgida a mediados de la década de los setenta, partidaria de adaptar la estrategia leninista a las condiciones de los países con una democracia política fuertemente implantada y de renunciar a la toma violenta del poder. Fue impulsada por Enrico Berlinguer, secretario general del Partido Comunista Italiano, y apoyada, entre otros, por los comunistas españoles. **FAM.** Eurocomunista.

eurodiputado, da *s. m.* y *f.* Diputado del Parlamento Europeo.

eurodivisa *s. f.* Moneda que un país deposita en grandes cantidades en bancos europeos, especialmente en Suiza y en Alemania.

eurodólar *s. m.* Dólar USA depositado en grandes cantidades por el gobierno federal de EE UU en instituciones bancarias europeas para hacer frente a las necesidades de su balanza de pagos exterior.

euromisil *s. m.* Misil de alcance medio, dotado de cabeza nuclear, instalado en Europa por EE UU y URSS. Es un arma táctica de carácter disuasorio. En 1987 soviéticos y estadounidenses acordaron su eliminación.

Europa En la mitología griega, hija de Agenor, rey de Fenicia. Zeus, convertido en toro, la raptó y la llevó a Creta. De su unión nacieron Minos, Radamantis y Sarpedón.

Europa Continente que se extiende entre los 71° de latitud N, 36° de latitud S, 60° de longitud E y 10° de longitud O.

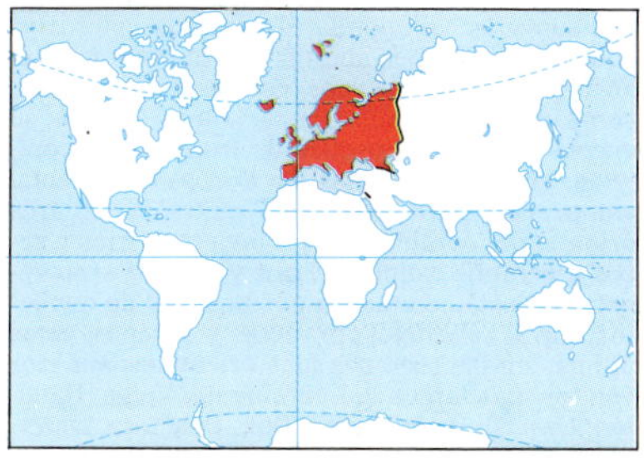

Extensión: 10.510.546 km^2.
Límites: al N, con el océano Glacial Ártico; al E, con Asia; al S, con el mar Mediterráneo, y al O, con el océano Atlántico.
Población: 705.500.000 h. en 1989.
Densidad: 67,1 h./km^2.
Gentilicio: europeo.
Religiones: catolicismo, protestantismo, cristianismo ortodoxo, islamismo, judaísmo.
Países: Albania, Alemania, Andorra, Austria, Bélgica, Bielorrusia, Bosnia-Herzegovina, Bulgaria, Checoslovaquia, Ciudad del Vaticano, Croacia, Dinamarca, Eslovenia, España, Estonia, Federación Rusa, Finlandia, Francia, Grecia, Hungría, Irlanda, Islandia, Italia, Letonia, Liechtenstein, Lituania, Luxemburgo, Macedonia, Malta, Moldavia, Mónaco, Montenegro, Noruega, Países Bajos, Polonia, Portugal, Reino Unido, Rumania, San Marino, Serbia, Suecia, Suiza, Turquía, Ucrania.
Ríos: Volga, Danubio, Ural, Dniéper, Kama, Don, Petchora, Dniéster, Rhin, Dvina septentrional, Elba, Vístula, Dvina occidental, Loira, Tajo, Tibisco, Po, Duero, Ebro, Guadalquivir, Guadiana y Ródano.
Lagos: Ladoga, Onega, Vänern, Saimaa, Ciudi, Peipus, Vättern, Ginebra, Constanza, Garda y Balatón.
Montes: Urales, Cáucaso, Cárpatos, Balcanes, Rodopes, Alpes Dináricos, Apeninos, Alpes, Pirineos, Peninos, Alpes Escandinavos y cordilleras Béticas.
Cabos: Anamur, Lizinon, Matapán, Espartivento, Creus, Gata, San Vicente, Finisterre, San Mateo, Land's End, Norte.
Golfos: Iskenderun, Antalya, Salónica, Corinto, Venecia, Tarento, Génova, León, Valencia, Almería, Cádiz, Vizcaya, Helgoland, Botnia, Finlandia, Riga.
Islas: Gran Bretaña, Islandia, Irlanda, Sicilia, Cerdeña, Córcega, Creta, Mallorca, Menorca, Ibiza, Gottland, Hébridas, Shetland, Rodas, Feroe, Orcadas y Malta.
Estrechos: Kerch, Bósforo, Dardanelos, Otranto, Messina, Bonifacio, Gibraltar, canal de La Mancha, paso de Calais, Skagerrak, Kattegat, Sund.
Mares: Caspio, Negro, Azov, Mármara, Egeo, Adriático, Jónico, Tirreno, Ligur, Mediterráneo, océano Atlántico, Cantábrico, Irlanda, Norte, Báltico, Noruega, Blanco, Barents.
Penínsulas: Crimea, Balcánica, Morea, Itálica, Ibérica, Bretaña, Normandía, Jutlandia, Escandinava, Kola, Kanin.

Geog. física El relieve europeo está constituido por diversas unidades: la gran llanura europea, situada entre los montes Urales y el mar del Norte; las llanuras atlánticas, como las cuencas del Rhin, Sena, Loira, Garona, Tajo y Támesis; las llanuras interiores, como Valaquia, Hungría, Baviera, Franconia, Suabia y depresiones del Po, Ebro y Guadalquivir; las llanuras litorales mediterráneas, como Tesalia, golfo de León, Valencia y Murcia; el frente montañoso del Atlántico N, con Escocia y Escandinavia; los macizos hercinianos, como el Central francés, Bretaña y Galaico; y las cordilleras alpinas, como Cáucaso, Rodopes, Alpes Dináricos, Apeninos, Alpes, cordilleras Béticas y Pirineos. En conjunto, las llanuras bajas ocupan casi el 75 % de su superficie, lo que convierte a Europa en el continente con menor altitud media de la Tierra (340 m).
Europa está abierta al mar; la longitud de su litoral es muy grande en relación a su superficie, debido a lo irregular de sus costas, en las que abundan los cabos, golfos, penínsulas e istmos.

El continente está rodeado por los océanos Glacial Ártico al N y Atlántico al O, y el mar Mediterráneo al S. El clima es en general templado, aunque pueden distinguirse tres grandes zonas climáticas, cada una de ellas con un tipo distinto de vegetación. La Europa atlántica, de clima oceánico, se extiende desde el N de Portugal hasta Noruega y se caracteriza por tener inviernos suaves y veranos no demasiado calurosos, con precipitaciones abundantes durante todo el año, que alimentan ríos cortos y caudalosos, como el Támesis, Miño, Sena, Loira y Garona; su vegetación es de bosques de frondosas y coníferas, praderas y landas. La Europa continental comprende parte del área central y el área oriental del continente, con inviernos fríos y secos y veranos cálidos, cortos y lluviosos; su vegetación está compuesta por bosques de coníferas, hayas, abedules, praderas y estepas, estas últimas en las regiones más orientales; sus ríos son los más largos del continente: Volga, Danubio, Ural, Dniéper, Kama, Don, Petchora, Dniéster, Vístula, Elba y Rhin. La Europa mediterránea comprende todos los países ribereños del mar Mediterráneo, desde el Bósforo hasta la península Ibérica, y su clima se caracteriza por inviernos suaves y veranos cálidos y secos; las precipitaciones son escasas, con lluvias torrenciales aisladas, sobre todo en primavera y otoño; sus principales ríos se encajonan en depresiones: Po, Ródano, Ebro y Guadalquivir; su vegetación es de monte bajo y matorral, con formaciones aisladas de árboles de hoja perenne, como la encina y el alcornoque, además del pino mediterráneo.

Geog. humana y ***económica*** Europa es el continente más densamente poblado del mundo, aunque su población se encuentra muy desigualmente repartida y el número de bajas en las dos guerras mundiales y la intensa emigración de la segunda mitad del s. XIX y primera del s. XX redujeron considerablemente su desarrollo demográfico. La tasa de crecimiento anual es cada vez menor y en algunos países, como Austria y Alemania, el crecimiento es negativo; ello, unido al aumento de la expectativa de vida, convierte a Europa en un continente progresivamente envejecido. Los europeos son de raza blanca: nórdicos, alpinos, mediterráneos, etc., y hablan lenguas que, con excepción del ugrofinés de Finlandia, Laponia y Hungría y el vasco, proceden del tronco indoeuropeo y se dividen en románicas (castellano, portugués, catalán, francés, italiano, rumano, etc.), germánicas (inglés, alemán, sueco, noruego, etc.), eslavas (polaco, checo, eslovaco, ruso, esloveno, croata, serbio, búlgaro, etc.), helénicas (griego) y célticas (gaélico).

Europa está profundamente urbanizada. Sus ciudades albergan a 528 millones de personas, lo que representa un 75 % de la población total; 55 ciudades sobrepasan el millón de habitantes y 615 superan los 100.000. La distribución de la población por sectores de actividad varía mucho según los países; en los más desarrollados, la mayor parte de la población trabaja en los servicios y en la industria y sólo el 7 % se ocupa en la agricultura; en los países meridionales la población agrícola aumenta hasta el 20 % y la ocupada en la industria y en los servicios se reparte equilibradamente; en los países de Europa oriental, el sector con más ocupación es el industrial, con más de un 40 % de la población, seguido de la agricultura con un 32 % y los servicios con un 25 %. La economía agrícola presenta sensibles diferencias entre los países del centro y N de Europa, que cuentan con técnicas avanzadas y utilización intensiva de maquinaria, y los mediterráneos, menos desarrollados. Europa produce un 40 % del trigo mundial, casi el 50 % de las patatas y es el mayor centro productor de vino y aceite de oliva; cultiva además maíz, remolacha, centeno, cebada, tabaco y agrios. Su ganadería consta de importantes cabañas bovina, ovina, porcina y caballar, lo que le permite exportar productos lácteos, como mantequilla, queso y carne. La pesca desembarcada procede de caladeros propios y ajenos y alcanza cantidades importantes. Los mayores recursos minerales son el carbón, el hierro y el petróleo; también se extrae cobre, estaño, cinc, níquel y bauxita, aunque en cantidades insuficientes para las necesidades de la industria. La energía nuclear ha adquirido una creciente importancia y en la actualidad funcionan más de 250 centrales. Europa es, junto a EE UU y Japón, el principal centro industrial del mundo. Sus sectores más destacados son el químico, maquinaria, bienes de equipo, automovilístico, aeronáutico, naval, textil, cemento, madera y papel. Cuenta con más de 5.500.000 km de carreteras, más de 400.000 km de vías férreas y una importante red de navegación fluvial. Existe en el continente un gran bloque económico y político, la Comunidad Europea, que agrupa a países occidentales.

Hist. **prehistoria y antigüedad** En el séptimo milenio a. C., procedente de Oriente Próximo, penetró en el continente europeo la revolución neolítica, que introdujo la agricultura y transformó profundamente la forma de vida de los pueblos paleolíticos europeos. Las metalurgias del cobre y del bronce se difundieron en el tercero y segundo milenios, respectivamente; en esta época surgieron las primeras civilizaciones en el Mediterráneo oriental. En la isla de Creta se desarrolló la civilización minoica y en la Grecia continental la micénica hacia 1500 a. C. La cultura del hierro llegó a Grecia en torno al 1150 a. C. procedente del centro de Europa, de mano de los dorios, que destruyeron las fortalezas micénicas y crearon ciudades. Grecia se organizó políticamente en ciudades-Estado llamadas *polis*, que evolucionaron desde la monarquía al régimen aristocrático, y algunas de ellas al democrático. Las actividades comerciales de griegos y fenicios extendieron su civilización a todo lo ancho del mar Mediterráneo entre los s. X y VI a. C. mediante la colonización. Grecia se defendió con éxito de la invasión persa en las guerras médicas entre los años 499 y 479 a. C., pero su decadencia se inició con la guerra del Peloponeso, en la que Atenas y Esparta combatieron por la hegemonía. El rey Filipo de Macedonia impuso su dominio sobre Grecia (338 a. C.) y su hijo Alejandro conquistó un vasto territorio, desde Egipto en Occidente hasta el valle del Indo en Oriente. Este imperio no sobrevivió a su creador, pero difundió por Oriente la cultura helenística.

Roma, una pequeña ciudad del centro de la península Itálica fundada el 753 a. C., fue gobernada hasta el año 509 a. C. por una monarquía etrusca. Tras convertirse en república comenzó una expansión que la llevó a dominar toda la península Itálica y, posteriormente, tras las guerras púnicas y macedónicas, los sectores occidental y oriental del Mediterráneo. El imperio romano constituyó una entidad política unitaria, con una ley común, una única lengua, una cul-

Paisajes de Europa: de izquierda a derecha, arriba, extensión de olivares en Cazorla (España), y vista de Loch Torridon, en las Highlands escocesas; abajo, el Mont Blanc (4.810 m), pico más alto de los Alpes, y aspecto de la región polaca de Zakopane, en los montes Tatra (Cárpatos).

Europa: inicio del túnel bajo el canal de La Mancha, en Sangatte (Francia).

tura y una administración centralizada; estaba dotado de una magnífica red de comunicaciones terrestres y marítimas, que favorecieron la expansión del comercio y generaron una ola de prosperidad. Con el advenimiento del emperador Constantino (s. IV) también se impuso una única religión: el cristianismo. Del imperio romano cristiano nació la civilización occidental europea.

Edad Media El imperio cayó en el s. V víctima de una profunda crisis interna y de una agresión exterior: las invasiones germánicas. El imperio romano de Occidente quedó dividido en diversos reinos germanos –anglosajón, franco, burgundio, visigodo, vándalo, ostrogodo y suevo–, entre los que la Iglesia cristiana constituyó el único elemento de cohesión. Mientras tanto el imperio de Oriente fracasó bajo Justiniano (s. VI) en su intento de reconstruir la unidad romana y fue helenizándose y orientalizándose progresivamente, hasta convertirse en imperio bizantino. En el año 800, el papa León III coronó emperador en Roma al rey franco Carlomagno. Esta restauración imperial fue un intento deliberado de reimplantar la antigua alianza entre un poder político unificado y la Iglesia cristiana. El imperio carolingio constituyó, por tanto, una unidad política que abarcaba a toda la cristiandad occidental. La estructura institucional, social y económica con que se ordenó fue el feudalismo. La nobleza laica y la eclesiástica se vincularon entre sí mediante contratos feudales y poseyeron la tierra por medio de feudos, mientras la población campesina se vio jurídicamente reducida a la condición servil. El imperio carolingio cayó víctima de la disgregación feudal y de las invasiones de normandos, magiares y sarracenos. La Iglesia romana coronó a Otón I en el año 962 y así se creó el imperio germánico. Iglesia e imperio disputaron por las investiduras eclesiásticas en una lucha en la que se cuestionaba la supremacía de una u otra institución sobre el conjunto de la cristiandad occidental. Desde finales del primer milenio comenzó en Europa un desarrollo demográfico y económico. El crecimiento de las ciudades, la roturación de nuevas tierras, la reactivación del comercio, etc., produjeron una expansión cuyas principales manifestaciones fueron la Reconquista española, la conquista de Sicilia por los normandos y las cruzadas.

Las monarquías feudales de Inglaterra y Francia consolidaron su posición frente al papado e imperio y entraron en disputa al establecerse la dinastía Plantagenet en Inglaterra. Enrique II Plantagenet fue rey de Inglaterra y, al tiempo, duque de Anjou, Normandía y Aquitania, lo que le convertía en vasallo del rey de Francia. En Alemania, la llegada al imperio de los duques de Suabia con Federico I Hohenstaufen reavivó la disputa con la Iglesia y dividió al señorío imperial del N de Italia entre los partidos güelfo y gibelino. Todos estos conflictos desembocaron en la Gran Guerra de Occidente, a la que puso fin la victoria del rey francés Felipe II Augusto en Bouvines (1214) sobre una coalición de Inglaterra y el imperio. La derrota obligó al rey inglés Juan sin Tierra a firmar la Carta Magna y provocó la caída del emperador Otón IV, restaurándose la dinastía Staufen con Federico II. La lucha güelfo-gibelina concluyó con el fracaso de Federico II en su intento de instaurar una monarquía universal cristiana. Con el ocaso de la política universalista gibelina se consolidó la Europa dividida en reinos.

Alemania llevó a cabo una expansión hacia el N y el E mediante las actividades comerciales de la Hansa, las conquistas de la orden teutónica y la emigración campesina. Las monarquías escandinavas –Dinamarca, Noruega y Suecia– se unificaron en la unión de Kalmar (s. XIV al XVI); nacieron las monarquías eslavas de Polonia y Hungría; y el principado ruso de Kiev, a consecuencia de la invasión mongólica, cedió su hegemonía a los príncipes de Moscú, creadores del reino de Rusia. En la Baja Edad Media, Europa padeció una crisis global: en lo económico, sufrió la decadencia agrícola y la peste negra; en lo político se vio inmersa en la guerra de los Cien Años entre Inglaterra y Francia; en lo social, asistió a la revuelta de los *jacques* en Francia, a la revolución de Wat Tyler en Inglaterra, al levantamiento de los *ciompi* en Italia, etc.; en lo religioso, conoció el destierro de Aviñón y el cisma de Occidente, etc.

Edad Moderna Las ciudades italianas experimentaron un gran desarrollo comercial, crearon la banca, los seguros marítimos, etc. Consecuencia de este esplendor económico fue el humanismo y el Renacimiento artístico. España, mediante el matrimonio de los Reyes Católicos, alcanzó la unidad territorial, culminó la Reconquista con la toma de Granada y descubrió América en 1492. El matrimonio de Juana la Loca y Felipe el Hermoso unificó los patrimonios de la monarquía española y de los emperadores de la casa de Habsburgo e hizo que Carlos V heredara un extenso imperio que incluía Flandes, Borgoña, Austria, Hungría, España, Sicilia, Nápoles, etc. Sostuvo constantes luchas contra Francisco I de Francia por el dominio de Saboya y el Milanesado. La Reforma protestante forzó al emperador, convertido en defensor del catolicismo, a emprender continuas guerras de religión en Europa. Durante el reinado de su hijo Felipe II, España mantuvo la hegemonía en el continente, pese al fracaso de la invasión de Inglaterra, pero con sus sucesores, vencidos en la guerra de los Treinta Años, empezó el predominio de Francia (primera mitad del s. XVII), afianzado por Luis XIV, el rey Sol. Inglaterra comenzó una expansión ultramarina que la llevó a la creación de un gran imperio. El s. XVIII fue la época de la Ilustración y el despotismo ilustrado. A lo largo del siglo, la sociedad europea conoció un proceso de ascenso de la burguesía y retroceso del régimen señorial que culminó con la Revolución Francesa en 1789.

Edad Contemporánea En 1769 se inventó la máquina de vapor y se inició la revolución industrial, que originó un espectacular progreso técnico y el nacimiento de una nueva clase social, el proletariado. A principios del s. XIX, Napoleón Bonaparte creó el imperio francés; en sucesivas campañas ocupó Austria, Italia, España y Rusia. Fue derrotado definitivamente en Waterloo, y en el congreso de Viena (1814-15) se restableció el equilibrio entre las potencias europeas. El triunfo de la burguesía se consolidó en los movimientos revolucionarios de 1830 y 1848 y se impuso el liberalismo. Surgieron movimientos nacionalistas en Bélgica y en los Balcanes, y tanto Alemania como Italia iniciaron su respectiva unificación. La expansión demográfica y el crecimiento económico generado por la industrialización permitieron la expansión ultramarina y la creación de los imperios coloniales de Francia, Alemania, Italia, Holanda, etc., que vinieron a unirse al británico, al portugués y al español. Entre la clase obrera prendieron las doctrinas socialistas y anarquistas, comenzando un periodo de agitación social y lucha de clases.

Europa: lanzamiento en 1987 del cohete espacial Ariane.

La lucha colonial entre las potencias por controlar los mercados africano y asiático enturbió las relaciones internacionales y provocó una crisis que finalmente desembocó en el estallido de la Primera Guerra Mundial (1914) entre los imperios centrales (Prusia y Austria-Hungría) y los aliados (Francia, Reino Unido y Rusia). La guerra terminó con el triunfo de estos últimos, que recibieron en el último tramo del conflicto la ayuda de EE UU; el continente sufrió grandes daños humanos y económicos y perdió la hegemonía mundial, que empezó a ejercer EE UU. La Revolución Rusa de 1917 derribó al régimen

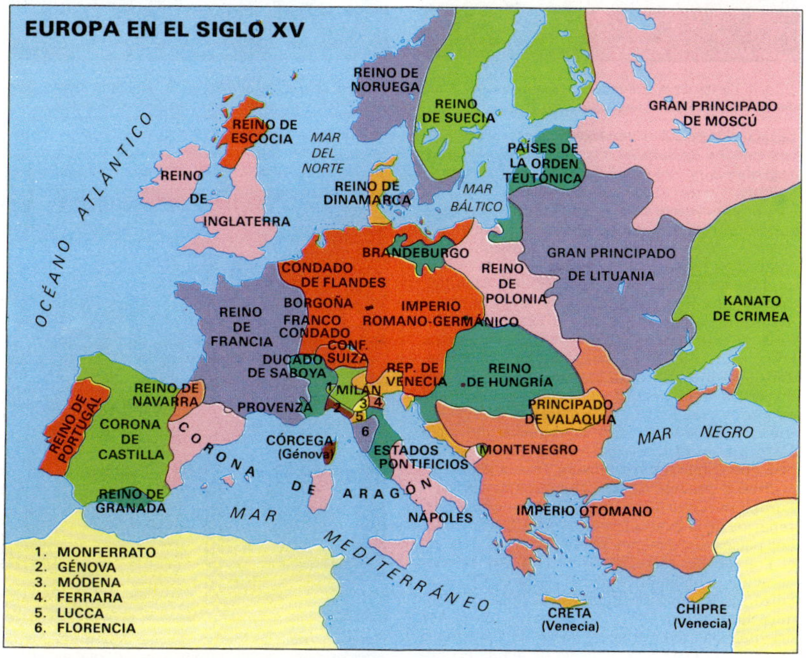

Conjunto de estados que integraban Europa a fines del siglo XV.

El tratado de Utrecht (1713), que puso fin a la guerra de Sucesión española, creó un nuevo orden internacional en Europa y consiguió el equilibrio de poderes entre las potencias.

Europa: Fiesta de la Unidad, *el 10 de agosto de 1793, durante la Revolución Francesa.*

Europa: trincheras aliadas en la batalla de Ypres, Bélgica (1917), durante la Primera Guerra Mundial.

zarista e instauró el soviético. Se crearon nuevos estados nacionales, como Checoslovaquia y Yugoslavia, y se reconstruyeron otros, como Polonia.

En los años veinte y treinta, en Alemania e Italia surgieron regímenes totalitarios de carácter militarista, que hicieron crecer la tensión en el continente. La guerra civil española (1936-39) fue un antecedente de la Segunda Guerra Mundial, desatada en 1939 con la invasión de Polonia por Alemania. La guerra finalizó en 1945 con la victoria de los aliados (EE UU, URSS, Inglaterra, Francia, etc.) sobre los países del Eje (Alemania, Italia y Japón). El continente quedó dividido en dos áreas de influencia: en Occidente, los países alineados con EE UU, que lograron su reconstrucción económica con las ayudas del plan Marshall; en el E, los países del ámbito soviético, con gobiernos comunistas. Tras la guerra se aceleró el proceso de descolonización.

Europa se convirtió en uno de los principales escenarios de la guerra fría entre EE UU y la URSS. Los países occidentales se aliaron con EE UU en el Tratado del Atlántico Norte (OTAN); la cooperación económica, a través de la OECE, cristalizó en la creación de la Comunidad Económica Europea en 1957. Por su parte, los países orientales se aliaron en el Pacto de Varsovia y crearon el COMECON, consejo de ayuda económica mutua, liderados por la URSS.

La sucesiva ampliación de la CEE, con la incorporación del Reino Unido, Irlanda y Dinamarca en 1973, de Grecia en 1981 y de Portugal y España en 1986, así como el acuerdo con la EFTA (1991), ha creado una nueva dimensión de la Europa occidental, aumentando su influencia dentro del conjunto de las naciones. Entre 1989 y 1991 se produjo una profunda transformación en la Europa del Este debido a la crisis del régimen soviético; Alemania se reunificó; los regímenes comunistas de la mayoría de los países dejaron de existir; desaparecieron el Pacto de Varsovia y el COMECON; los estados bálticos, Estonia, Letonia y Lituania, se independizaron de la URSS; la propia URSS dejó de existir tras la dimisión de Mijaíl Gorbachov y la creación de la Comunidad de Estados Independientes (CEI); y estalló una guerra civil en Yugoslavia entre las repúblicas de Serbia y Croacia. En 1992 la comunidad internacional reconoció la independencia de Bosnia-Herzegovina, Croacia y Eslovenia.

Europa: cumbre de Madrid, en junio de 1989, de los dirigentes de los países miembros de la Comunidad Europea.

Europa, Picos de Macizo montañoso de España, situado en el centro de la cordillera Cantábrica. Limitado al O por el valle del Sella y al E por el del Deva, alcanza su altura máxima en Torre Cerredo (2.648 m). Su morfología viene determinada por fenómenos cársticos y glaciares; presenta cumbres y laderas muy abruptas y escarpadas, así como lagos de origen glaciar y depósitos morrénicos. Su vegetación está constituida por robles, hayas y melojos y en su fauna se cuentan el urogallo, el rebeco y el oso pardo. Enclavados en él están el Parque Nacional de Covadonga y el Coto Nacional de los Picos de Europa.

europeidad *s. f.* Carácter o condición de europeo.

europeísmo *s. m.* Doctrina política que aboga por la unidad europea en aspectos económicos, culturales, políticos, etc. **FAM.** Europeísta.

europeo, a *adj.* De Europa. También *s.*

europio *s. m.* Eu. Elemento químico del grupo de los lantánidos o tierras raras del sistema periódico. Su número atómico es 63 y su masa atómica 151,9. Fue descubierto por Demarcay en 1901 y suele encontrarse en las arenas de la monacita y la gadolinita. Es un metal de color gris claro, blando y volátil, del que se conocen dos isótopos, el 151 y el 152. Se utiliza en los tubos de los televisores en color y como absorbente de neutrones en las reacciones nucleares.

eurosiberiano, na *adj.* **1.** Se aplica a una región natural que se extiende por el N de Europa y Asia. Su vegetación natural es de bosque y su clima continental, húmedo y de inviernos fríos. **2.** De esta región.

Eurovisión Organismo creado en 1954 para coordinar el intercambio de programas televisivos entre los países de Europa. Su centro administrativo está en Ginebra y el técnico en Bruselas.

Eusebio de Cesarea (Palestina h. 265 - ? 340) Teólogo e historiador griego cristiano. Obispo de Cesarea (313), fue protegido por el emperador Constantino. Aunque era partidario del arrianismo, aceptó el Credo redactado por el concilio de Nicea (325). Escribió una *Historia eclesiástica*, recopilación de datos sobre el cristianismo desde Jesús hasta el 324, de gran importancia por las noticias y citas de autores cuyas obras no han llegado hasta nosotros.

Euskadi (voz vasc.) Nombre en euskera del País Vasco.

euskaldún, na (voz vasc.) *adj.* Vasco. También *s.*

Euskalerría (voz vasc.) Nombre histórico del País Vasco.

euskera (voz vasc.) *s. m.* **1.** Lengua vasca. ‖ *adj.* **2.** Relativo a la lengua vasca.

Eustachi o **Eustaquio, Bartolomeo** (San Severino delle Marche h. 1500 - Fossombrone 1574) Médico y anatomista italiano. Describió el conducto que une el oído medio con la faringe, llamado en su honor *trompa de Eustaquio*. Es autor de *Opúsculos de anatomía* (1563).

eustasia *s. f.* Conjunto de movimientos de ascenso o descenso del nivel del mar por efecto de las glaciaciones. También se denomina *eustatismo.*

eustatismo *s. m.* Eustasia*.

eutanasia *s. f.* Acción de provocar la muerte de un enfermo incurable para evitarle sufrimientos o una agonía prolongada. Puede ser **activa**, cuando se emplean medios externos para dar muerte al paciente, o **pasiva**, cuando se deja de aplicar el tratamiento médico que mantiene su vida. En derecho penal, mientras que en unos países no se castiga o se disminuye su responsabilidad, en otros se la iguala prácticamente al homicidio. **Fam.** Eutanásico.

eutéctico, ca *adj.* Perteneciente o relativo a la eutexia.

euterio, ria *adj.* Se dice del mamífero placentario. También *s. m.*

Euterpe En la mitología griega, musa de la música.

eutexia *s. f.* Fenómeno producido en las mezclas sólidas cuando funden a una temperatura constante, llamada *punto de eutexia.*

Eutiques (? h. 378 - ? h. 454) Heresiarca griego. Superior de un monasterio cercano a Constantinopla, combatió la herejía de Nestorio, incurriendo a su vez en la herejía opuesta, al negar que en Jesucristo hubiera otra naturaleza que la divina; esta doctrina fue llamada *monofisismo.* Expulsado de su monasterio, fue rehabilitado por el concilio de Éfeso (449), pero volvió a ser condenado por el concilio de Calcedonia (451) y desterrado a Egipto.

eutrófico, ca *adj.* **1.** Se dice del medio natural rico en componentes nutritivos, fundamentalmente sales minerales. **2.** Se aplica al tejido, órgano o individuo suficientemente alimentado.

eV Símbolo del electronvoltio.

Eva Según la *Biblia*, libro del *Génesis*, nombre de la primera mujer, creada por Dios a partir de una costilla de Adán, al que indujo a comer la fruta del árbol prohibido. De este modo, ambos desobedecieron a Dios y fueron expulsados del paraíso.

evacuación *s. f.* Acción y efecto de evacuar, desalojo, abandono.

evacuante *adj.* Evacuativo*.

evacuar *v. tr.* **1.** Desocupar, desalojar. **2.** Expulsar del cuerpo excrementos o líquidos. También *v. prnl.* **3.** Realizar un trámite, una gestión, una consulta, etc. ▪ En cuanto al acento, se conjuga como *actuar: evacúo.* Sin embargo es frecuente el uso sin acentuar: *evacuo.* **Fam.** Evacuado.

evacuativo, va *adj.* Se dice de la sustancia o medicamento que ayuda al organismo a evacuar. También *s. m.* ▪ Se dice también *evacuatorio* y *evacuante.*

evacuatorio, ria *adj.* **1.** Evacuativo*. ‖ *s. m.* **2.** Retrete público.

evadir *v. tr.* **1.** Evitar con habilidad y astucia una dificultad, un compromiso, un peligro, etc. También *v. prnl.* **2.** Sacar ilegalmente de un país dinero u otros bienes. ‖ *v. prnl.* **3.** Fugarse, escaparse. **4.** Distraerse, despreocuparse.

evaluación *s. f.* **1.** Acción y efecto de evaluar. **2.** Valoración de los conocimientos adquiridos y de las actitudes desarrolladas por un alumno en un periodo escolar determinado.

evaluar *v. tr.* Determinar el valor, importancia, funcionamiento, desarrollo, etc., de algo o de las aptitudes, conducta, etc., de una persona. ▪ En cuanto al acento, se conjuga como *actuar: evalúo.* **Fam.** Evaluable, evaluador.

evanescente *adj.* Que se desvanece o esfuma. **Fam.** Evanescencia.

evangeliario *s. m.* Libro litúrgico que contiene los evangelios propios de la liturgia de cada día.

evangélico, ca *adj.* **1.** Perteneciente o relativo al evangelio. **2.** Se dice de las iglesias protestantes. **3.** De estas confesiones. También *s.* **Fam.** Evangélicamente.

evangelio *s. m.* **1.** Historia de la vida y doctrina de Jesucristo. **2.** Cada uno de los cuatro libros escritos por los evangelistas y el conjunto de éstos. La Iglesia católica sólo admite la inspiración divina en los *Evangelios* de Mateo, Marcos, Lucas y Juan y por ello son denominados **canónicos**. Los tres primeros o **sinópticos**, siguen un mismo esquema o sinopsis, mientras que el de Juan responde a otra concepción, más elaborada teológicamente. Existen también muchos otros escritos sobre la vida de Jesús, contemporáneos de los canónicos, a los que la Iglesia niega el carácter de revelados por Dios y que se conocen como **Evangelios apócrifos**. ▪ En estas acepciones se suele escribir con mayúscula. **3.** Pasaje de los evangelios que el sacerdote lee en la misa y momento de la misma en que se lee este pasaje. **4.** *fam.* Verdad indiscutible. **5.** Creencias o principios de una persona.

evangelista *s. m.* **1.** Cada uno de los cuatro discípulos de Jesucristo que fueron autores de los *Evangelios*: San Mateo, San Marcos, San Lucas y San Juan. **2.** *Méx.* Memorialista.

evangelizar *v. tr.* Predicar el evangelio y la fe cristiana. ▪ Se conjuga como *cazar.* **Fam.** Evangelización, evangelizador.

Evans, Arthur (Nash Mills, Hertfordshire 1851 - Boar's Hill, Oxfordshire 1941) Arqueólogo británico. Llevó a cabo importantes excavaciones en Sicilia, S de Italia, y especialmente en Creta, donde descubrió el palacio de Cnossos.

Evans, Bill (Plainfield 1929 - Nueva York 1980) Pianista de jazz estadounidense. De estilo culto y esteticista, formó parte del conjunto de Miles Davis y después creó un trío con Paul Motian (batería) y Scott La Faro (bajo), que ejerció gran influencia en los años sesenta y setenta. Entre sus grabaciones destacan *La vanguardia de la aldea, Llegando hasta nosotros* y *Otra vez.*

Evans, Walker (San Luis 1903 - New Haven 1975) Fotógrafo estadounidense. Fue uno de los fundadores de la revista *Fortune* (1945). Su obra es un documento sobre la miseria del campesino estadounidense durante la gran depresión. También realizó una larga serie sobre viajeros del metro de Nueva York (1938-41).

Evans-Pritchard, Edward Evan (Crowborough, Sussex 1903 - Londres 1973) Antropólogo británico. Discípulo de Malinowski, realizó varias expediciones a África y fue catedrático de antropología social en Oxford (1946-70). Es autor, entre otros libros, de *Los nuer* (1940), *Antropología social* (1951), *La participación de la mujer en la sociedad primitiva* (1965) y *Los azande* (1971).

evaporación *s. f.* **1.** Acción y efecto de evaporar o evaporarse. **2.** Transformación de un líquido en vapor a una temperatura inferior a la de ebullición. Es un fenómeno gradual que afecta sólo a las superficies del líquido y que se incrementa cuanto mayores son la superficie de exposición, la temperatura y la sequedad del ambiente. Juega un importante papel en el ciclo del agua y en los climas. Se dice también *vaporación.*

evaporador, ra *adj.* **1.** Que hace evaporar. ‖ *s. m.* **2.** En un frigorífico, dispositivo que contiene un fluido que, al evaporarse, absorbe calor y produce frío. **3.** En un proceso industrial, aparato para evaporar el agua de los productos líquidos y concentrarlos.

evaporar *v. tr.* **1.** Convertir un líquido en vapor. También *v. prnl.* **2.** Hacer desaparecer algo. Se usa más como *v. prnl.* ‖ *v. prnl.* **3.** Fugarse, desaparecer sin ser notado. **Fam.** Evaporable.

evaporizar *v. tr.* Vaporizar*. **Fam.** Evaporización.

evasión *s. f.* **1.** Acción y efecto de evadir o evadirse. ‖ **2. evasión de capitales** Salida ilegal de capitales al extranjero para evitar pagar ciertos impuestos, por desconfianza en la política de un gobierno, etc. **3. evasión fiscal** Manipulación por parte del contribuyente para defraudar en el pago de impuestos. ‖ **Loc. de evasión** *adj.* Se aplica a la obra literaria, cinematográfica, etc., que pretende principalmente entretener al público.

evasivo, va *adj.* **1.** Que se emplea para eludir una dificultad, un peligro, una situación comprometida, etc. ‖ *s. f.* **2.** Medio para evitar una dificultad, problema o compromiso.

evasor, ra *adj.* Que evade o se evade. También *s.*

Evenepoel, Henri (Niza 1872 - París 1899) Pintor belga. Se trasladó a París en 1893, donde fue alumno de Gustave Moreau. Considerado como un predecesor del fauvismo, algunas de sus pinturas más notables son *Retrato del pintor Paul Baignières, El español en París* y *Paseo dominical en Saint-Cloud.*

evento *s. m.* **1.** Acontecimiento, suceso. **2.** Eventualidad, hecho imprevisto o que puede suceder.

eventración *s. f.* Salida de las vísceras del interior del vientre a causa de una herida o por debilitación de la pared abdominal.

eventual *adj.* **1.** Que no es seguro, fijo o regular o que depende de las circunstancias. **2.** Se dice del trabajador que no está fijo en la plantilla de una empresa. También *s.*

eventualidad *s. f.* **1.** Cualidad de eventual. **2.** Hecho imprevisto o que podría suceder.

eventualmente *adv. m.* **1.** De forma casual o provisional. **2.** De modo incierto o imprevisto, pero posible.

Everest (en tibetano *Jomolungma*, en nepalés *Saragmatha*) Pico del Himalaya, situado entre el Tíbet y el Nepal. Es el más alto del mundo, con 8.848 m. Forma una gran pirámide truncada y está constituido por calizas de la era primaria. Tiene numerosos glaciares en sus vertientes, que originan ríos de grandes crecidas, como el Kosi. Fue coronado por vez primera por el neozelandés Edmund Hillary y el sherpa Tensing en 1953.

Monte Everest.

Everglades Región pantanosa del S de la península de Florida (EE UU), que se inunda por el desbordamiento del lago Okeechobee. Son notables sus manglares y bosques de cipreses que albergan multitud de pájaros exóticos. En 1947, la parte S, con una extensión de 5.700 km^2, fue convertida en parque nacional.

Evert, Chris (Fort Lauderdale 1954) Tenista estadounidense. Fue ganadora del torneo de Forest Hills, EE UU, en seis ocasiones (1975, 1976, 1977, 1978, 1980 y 1982); de Wimbledon en tres ocasiones (1974, 1976 y 1981) y de Roland Garros en otras siete (1974, 1975, 1979, 1980, 1983, 1985 y 1986).

evicción *s. f.* Mecanismo legal del derecho civil por el que, mediante sentencia, se priva a alguien de un bien que ha adquirido, a fin de proteger un derecho preexistente.

evidencia *s. f.* **1.** Cualidad de evidente. **2.** Hecho o cosa evidente; prueba concluyente. ‖ **3. evidencia epistemológica** En fil., proposición que no precisa ser demostrada mediante otra proposición. **4. evidencia ontológica** En fil., realidad que se presenta de manera cierta, directa e inmediata a la percepción sensible de un sujeto. ‖ **Loc. en evidencia** *adv.* En ridículo, en situación comprometida; también, con el verbo *poner*, manifestar, demostrar claramente una cosa.

evidenciar *v. tr.* Poner claramente de manifiesto alguna cosa. También *v. prnl.*

evidente *adj.* **1.** Cierto, claro, sin duda. **2.** Manifiesto, que no se puede ocultar o disimular. **3.** Expresión de asentimiento o conformidad. **Fam.** Evidentemente.

evitar *v. tr.* **1.** Impedir que se produzca cierta cosa, especialmente un mal, un peligro o una molestia. **2.** Procurar no hacer cierta cosa o encontrarse en cierta situación. También *v. prnl.* **3.** Procurar no encontrarse o tratar con alguien. **Fam.** Evitable, evitación.

eviterno, na *adj.* Que tiene comienzo, pero no fin.

evo *s. m.* **1.** En teología, duración de las cosas eternas. **2.** Duración indefinida. **3.** Unidad de tiempo astronómico equivalente a mil millones de años.

evocación *s. f.* Acción y efecto de evocar, recuerdo.

evocar *v. tr.* **1.** Traer algo a la memoria, rememorar. **2.** Recordar una persona o cosa a otra por su parecido o su relación. ▪ Se conjuga como *sacar*. **FAM.** Evocador.

evolución *s. f.* **1.** Cambio gradual. **2.** Desarrollo gradual de los seres vivos por el que pasan de un estado a otro. **3.** Teoría científica que considera que unas especies provienen de otras mediante una serie de variaciones que se han ido sucediendo a lo largo de la historia de la Tierra; también, conjunto de esas variaciones. ‖ *pl.* **4.** Conjunto de movimientos, ejercicios o maniobras de alguien o algo.
Biol. A lo largo de la historia de la ciencia han sido varias las teorías que han buscado explicación a la evolución de las especies. Jean-Baptiste de Lamarck propuso a principios del s. XIX una basada en dos ideas fundamentales: que la función crea el órgano y que los órganos o caracteres adquiridos durante la vida se heredan. Estudios genéticos posteriores demostraron, sin embargo, que los caracteres adquiridos no se heredan, ya que no suponen un cambio en el ADN o información que se transmite a los descendientes. En 1859, Charles Darwin propuso en su libro *El origen de las especies* una nueva hipótesis, cuyas ideas básicas son la variabilidad de la descendencia de una pareja y la selección natural o lucha por la supervivencia, en la que sólo sobreviven los individuos más aptos. La teoría darvinista aclaraba el diferente desarrollo de los descendientes de una pareja, pero dejaba sin resolver –como el propio Darwin reconocía– por qué existe tan gran variedad de caracteres entre los individuos de una especie. En la década de los años treinta del s. XX, un grupo de científicos armonizó la teoría de la selección natural con los descubrimientos genéticos de Mendel y Morgan. Esta nueva corriente, conocida como *neodarvinismo*, propone como causas de la variabilidad de los descendientes las mutaciones, o cambios del material hereditario, y la recombinación genética, o intercambio de genes entre los cromosomas homólogos durante la formación de los gametos. Posteriormente, sobre estas distintas formas actúa la selección natural escogiendo las más adecuadas.

evolucionar *v. intr.* **1.** Cambiar gradualmente. **2.** Experimentar evolución los organismos y las especies. **3.** Hacer movimientos o maniobras.

evolucionismo *s. m.* Teoría que explica el desarrollo de un proceso físico, mental o social mediante el cambio y la transformación gradual de los elementos que en él participan. Con este nombre se conocen especialmente las teorías biológicas de Lamarck y Darwin sobre la evolución de las especies. **FAM.** Evolucionista.

evoluta *s. f.* Lugar geométrico de los centros de curvatura de una línea curva.

evolutivo, va *adj.* **1.** Perteneciente a la evolución. **2.** Que se produce por evolución.

evónimo *s. m.* Nombre común de diversas plantas arbustivas o arbóreas de la familia celastráceas, género *Euonymus*. El evónimo común o bonetero *(Euonymus europaeus)*, que se utiliza en jardinería para formar setos, mide hasta 6 m de altura, tiene ramas verdes todo el año y fruto en cápsula de color rosa oscuro. El evónimo o bonetero verrucoso *(Euonymus verrucosus)* mide unos 2 m de altura y presenta verrugas de corcho negras en sus ramas. Son originarios de Asia y crecen en bosques y matorrales de regiones templadas.

Évora C. de Portugal, cap. del distrito del mismo nombre. 34.100 h. en 1981. Posee industria textil y alimentaria. Entre sus monumentos destacan el acueducto y el templo de Diana, ambos romanos, la catedral (s. XII-XIII), así como el convento de San Francisco y la iglesia y convento de Nuestra Señora de Graça, del s. XV.

Evreinov, Nicolav Nicolayevich (Moscú 1879 - París 1953) Dramaturgo, director y teórico teatral ruso. Fundó el teatro experimental *El espejo deformante* (1907), que contribuyó a la renovación del teatro ruso. En 1925 abandonó la URSS y se instaló en París. Entre sus obras destacan *El origen de la felicidad* (1905), *La alegre muerte* (1909) y *La escuela de las estrellas* (1911). Como teórico escribió *Apología de la teatralidad* (1908), *Introducción al melodrama* (1909) y *¿Qué es el teatro?* (1921).

Evren, Kenan (Alasehir 1918) Militar y político turco. Alcanzó el poder mediante un golpe de Estado en 1980, tras el que disolvió el parlamento y prohibió toda actividad política. En 1982 hizo aprobar una Constitución que otorgaba la tutela del país al ejército y le confirmaba a él como presidente de la república hasta 1989, año en que ocupó la presidencia Turgut Ozal.

Evreux Dinastía originaria de Francia, rama colateral de los Capetos, que reinó en Navarra de 1328 a 1425. Al morir sin hijos Carlos I de Navarra y IV de Francia, la corona recayó en Felipe IV de Valois, pero los navarros no reconocieron a éste y coronaron como rey a Felipe, conde de Evreux, que fue llamado Felipe III el Noble. Le sucedieron Carlos II el Malo, su hijo, y Carlos III el Noble; este último firmó un acuerdo con Carlos V de Francia, por el que el navarro renunciaba al título de conde de Evreux a cambio del ducado de Nemours (1404). Blanca, hija de Carlos III, casó con Juan, hijo de Fernando de Antequera, y ambos alcanzaron la corona a la muerte de Carlos, entronizándose así en Navarra la dinastía Trastámara de Aragón.

Evtuchenko, Evgeni Alexandrovich (Zima, Irkutsk 1933) Poeta ruso. Compuso sus primeras obras bajo la influencia de Esenin y Maiakovski, para luego evolucionar hacia tonos más líricos. Gran orador y publicista, es el principal representante de la poesía rusa posestalinista. Entre sus obras sobresalen *La tercera nieve* (1955), *Empalme de Zima* (1956), *Promesa* (1957), *Babi Yar* (1961), *Una autobiografía precoz* (1963), *La central hidroeléctrica de Bratsk* (1965), *El poeta en Rusia es más que poeta* (1973) y *Siberia, tierra de bayas* (1980).

Ewing, William Maurice (Lockney, Texas 1906 - Galveston 1974) Geólogo estadounidense. Fue profesor en las universidades de Pittsburgh, Lehigh y Columbia. Participó en expediciones para la exploración de las profundidades oceánicas, que revelaron la existencia, como en la superficie terrestre, de grandes cordilleras, simas, fallas, mesetas, etc.

Eworth, Hans (Amberes ? - ? h. 1574) Pintor flamenco. Aparece documentado en Londres entre 1545 y 1574. Famoso retratista, inspirado en Holbein, entre sus cuadros más conocidos figuran *Sir John Luttrell, María Tudor, Lady Dacre, Lord Darnley y su hermano* y *La reina Isabel desplazando a Juno, Minerva y Venus*.

ex- *pref.* **1.** Significa 'fuera': *expatriar*. **2.** Indica negación o privación: *expropiar*. **3.** Unido con algunos sustantivos indica que ha dejado de ser lo que éstos expresan: *exministro*. ▪ Tiende a escribirse separado: *ex presidente*. A veces se suprime el sustantivo y el prefijo funciona como tal: *Hoy he visto a tu ex (novio)*.

ex aequo *loc. adv. lat.* Con el mismo mérito o clasificación; se aplica especialmente a premios o calificaciones.

ex cathedra *loc. adv. lat.* **1.** Significa 'desde la cátedra (de San Pedro)' y se utiliza cuando el papa se dirige a toda la Iglesia, indicando que en materia de fe es la suprema autoridad. **2.** Con autoridad, sin admitir discusión.

ex libris (loc. lat. que significa 'de los libros') *s. m.* Sello colocado normalmente en el reverso de la tapa de los libros, en la portadilla o al final del mismo, que indica el nombre o iniciales del dueño, de la biblioteca a que pertenece o el emblema del editor. ▪ A veces aparece escrito *ex-libris* o *exlibris*.

ex profeso *loc. adv. lat.* Expresamente, con el propósito que se indica.

exa- *pref.* En el Sistema Internacional, multiplica la unidad por un trillón: *exámetro*. Su símbolo es *E*.

exabrupto *s. m.* Dicho o gesto inconveniente y brusco.

exacción *s. f.* **1.** Acción y efecto de exigir el cobro de impuestos o cargas fiscales. **2.** Cobro injusto o forzado.

exacerbar *v. tr.* **1.** Causar gran enfado. También *v. prnl.* **2.** Hacer más fuerte un sentimiento, un dolor, una enfermedad, etc. También *v. prnl.* **FAM.** Exacerbación, exacerbamiento.

exactitud *s. f.* **1.** Cualidad de exacto. **2.** Perfección en el cumplimiento de un deber o en la realización de alguna cosa.

exacto, ta *adj.* **1.** Puntual, preciso, riguroso, hecho o dicho con fidelidad. **2.** Con el verbo *ser* en forma impersonal, equivale a *verdad*. **FAM.** Exactamente.

exageración *s. f.* **1.** Acción y efecto de exagerar. **2.** Aquello que sobrepasa lo justo, normal o razonable.

exagerado, da **1.** *p. p.* de **exagerar**. ‖ *adj.* **2.** Excesivo, desmedido. **3.** Que exagera. También *s.* **FAM.** Exageradamente.

exagerar *v. tr.* **1.** Decir o presentar algo como más grande o más importante de lo que es en realidad. **2.** Hacer algo saliéndose de lo normal, conveniente o necesario. También *v. intr.* ‖ *v. intr.* **3.** Abusar de alguna cosa.

exaltación *s. f.* **1.** Acción y efecto de exaltar. **2.** Excitación, entusiasmo, apasionamiento. ▪ Se dice también *exaltamiento*.

exaltado, da **1.** *p. p.* de **exaltar**. También *adj.* ‖ *adj.* **2.** Extremista, fanático. También *s.* ‖ *s. m. pl.* **3.** Denominación dada a los liberales españoles más radicales, enfrentados a los moderados, en el primer tercio del s. XIX.

exaltamiento *s. m.* Exaltación*.

exaltar *v. tr.* **1.** Alabar con exceso, glorificar. **2.** Colocar a alguien en una posición elevada. ‖ *v. prnl.* **3.** Entusiasmarse o acalorarse perdiendo la calma. **FAM.** Exaltador.

examen *s. m.* **1.** Prueba que se hace a alguien para que demuestre sus aptitudes o conocimientos. **2.** Observación, estudio o análisis detallado que se hace para ver cómo es una cosa o comprobar su estado. ‖ **3. examen de conciencia** El que hace la persona sobre sus propias faltas o pecados antes de la confesión y, p. ext., sobre su propio comportamiento. **4. libre examen** En el cristianismo, interpretación de la *Biblia* o de los dogmas según el criterio personal, sin tener en cuenta la autoridad de la Iglesia.

examinando, da *s. m.* y *f.* Persona que ha de ser examinada.

examinar *v. tr.* **1.** Juzgar la aptitud o capacidad de una persona mediante un examen. También *v. prnl.* **2.** Someter a examen u observación. **FAM.** Examinador.

exangüe *adj.* **1.** Que ha perdido mucha sangre o toda. **2.** Agotado, sin fuerzas. **3.** Muerto.

exánime *adj.* **1.** Sin vida o que no muestra señales de vida. **2.** Muy debilitado, desfallecido.

exantema *s. m.* Erupción o mancha en la piel, generalmente producida por alguna enfermedad o por una intoxicación. **FAM.** Exantemático.

exarca *s. m.* **1.** Gobernador del exarcado, circunscripción territorial del imperio bizantino en el s. VI. **2.** En la Iglesia griega, dignidad inmediatamente inferior a la de patriarca. ▪ Se dice también *exarco*.

exarcado *s. m.* **1.** Dignidad de exarca y territorio gobernado por él. **2.** Tiempo que duraba su gobierno.

exarco *s. m.* Exarca*.

exasperar *v. tr.* Enfadar mucho a alguien, hacer que pierda la paciencia. También *v. prnl.* **FAM.** Exasperación, exasperante.

excarcelar *v. tr.* Sacar a un preso de la cárcel por orden de una autoridad competente. **FAM.** Excarcelación.

excavación *s. f.* **1.** Acción y efecto de excavar. **2.** Nombre de algunas estructuras anatómicas en forma de cavidad, como la excavación pelviana. ‖ **3. excavación arqueológica** La que se realiza para dejar al descubierto restos, monumentos u objetos de interés arqueológico.

excavador, ra *adj.* **1.** Que excava. También *s.* ‖ *s. f.* **2.** Máquina para excavar.

excavar *v. tr.* Hacer hoyos o cavidades en el terreno o en un cuerpo sólido.

excedencia *s. f.* **1.** Situación del funcionario o empleado que, sin perder su puesto o cargo, deja de ejercer sus funciones durante algún tiempo por voluntad propia o forzosamente. La excedencia forzosa se produce por la elección del trabajador para un cargo público incompatible con la asistencia a su puesto de trabajo. La excedencia voluntaria se concede a petición del trabajador y, a diferencia de la forzosa, el tiempo que dura no se contabiliza a efectos de antigüedad en la empresa. **2.** Tiempo que dura la excedencia.

excedente *adj.* **1.** Que excede o sobra. También *s. m.* **2.** Se aplica al funcionario o empleado en situación de excedencia. También *s.* || *s. m.* **3.** En econ., diferencia entre la producción social y el consumo. || **4. excedente de cupo** Joven llamado a filas que en el sorteo de su quinta queda fuera del cupo señalado por las autoridades militares y no tiene que hacer el servicio.

exceder *v. tr.* **1.** Superar una persona o cosa en algo a otra. También *v. intr.* **2.** Sobrepasar cierto límite. También *v. intr.* || *v. intr.* **3.** Sobrar. || *v. prnl.* **4.** Hacer algo que se pasa de lo necesario, justo o razonable.

excelencia *s. f.* **1.** Cualidad de excelente. **2.** P. ext., cosa que la posee. **3.** Tratamiento honorífico que reciben algunas personas por su cargo o dignidad. || **Loc. por excelencia** *adv.* Expresa que a una persona o cosa le corresponde más que a otras el nombre o adjetivo que se le aplica.

excelente *adj.* Que sobresale por sus buenas cualidades. **Fam.** Excelentemente.

excelentísimo, ma *adj.* **1.** *sup.* de **excelente**. **2.** Tratamiento que se aplica a las personas a las que les corresponde el de excelencia.

excelsitud *s. f.* Cualidad de excelso.

excelso, sa *adj.* **1.** De elevada categoría. **2.** En lenguaje culto o literario, muy alto. **Fam.** Excelsamente.

excentricidad *s. f.* **1.** Cualidad o condición de excéntrico. **2.** Dicho o hecho excéntrico. **3.** En las curvas cónicas, cociente entre la semidistancia focal y el semieje mayor. La fórmula de la excentricidad es $e = \frac{c}{a}$, donde e es la excentricidad, c la semidistancia focal y a el semieje mayor. En la circunferencia, la excentricidad es siempre igual a 0; en la elipse es siempre un valor comprendido entre 0 y 1; en la parábola es siempre igual a 1; y en la hipérbola es siempre superior a 1.

excéntrico, ca *adj.* **1.** Se aplica a la persona cuyo comportamiento se sale de lo común y a sus cosas. También *s.* **2.** Que está fuera del centro o que tiene un centro diferente. || *s. f.* **3.** Pieza de una máquina que gira alrededor de un punto que no es su centro y sirve para transformar el movimiento circular en rectilíneo y viceversa. **Fam.** Excéntricamente.

excepción *s. f.* **1.** Acción y efecto de exceptuar. **2.** Que se aparta de la regla general o de lo habitual. ▪ Se dice también *exceptuación.* || **Loc. de excepción** *adj.* Muy bueno, excelente.

excepcional *adj.* **1.** Que constituye una excepción u ocurre rara vez. **2.** Extraordinario, muy bueno. **Fam.** Excepcionalmente.

excepto *prep.* A excepción de, fuera de: *Conoce a todos excepto a Rafa.* A veces tiene función de conjunción e introduce oraciones: *Este chico vale para todo excepto para ayudarme.*

exceptuar *v. tr.* Dejar a alguien o algo fuera del grupo general de que se trata o de lo que es común. También *v. prnl.* ▪ En cuanto al acento, se conjuga como *actuar. exceptúo.* **Fam.** Exceptuación.

excesivo, va *adj.* Que excede de lo normal, justo, necesario o conveniente. **Fam.** Excesivamente.

exceso *s. m.* **1.** Lo que excede o es mayor de lo normal. **2.** Lo que se sale de lo permitido, necesario o conveniente. **3.** Acción abusiva o injusta. **4.** Aquello en que una cosa es mayor que otra. || **Loc. en exceso** *adv.* De forma excesiva, demasiado.

Exchequer Nombre que se da en el Reino Unido al ministerio de Hacienda.

excipiente *s. m.* Sustancia que se mezcla con los medicamentos para darles forma, consistencia, sabor u otras cualidades. Los excipientes más usuales son agua, azúcar, almidón y talco.

excitable *adj.* **1.** Que puede ser excitado. **2.** Que se excita fácilmente. **Fam.** Excitabilidad.

excitación *s. f.* **1.** Acción y efecto de excitar o excitarse. **2.** Efecto que provoca un estímulo en una célula, un órgano o un receptor sensorial. **3.** Rápido incremento de la tensión psíquica, provocado al sufrir el sujeto una emoción súbita, como placer, miedo, entusiasmo, etc. **4.** En fís., fuerza magnetomotriz que produce el flujo en un electroimán o en una máquina eléctrica. **5.** En fís., proceso por el que el electrón de un átomo, al chocar con una partícula o una radiación, adquiere energía y pasa a ocupar un nivel energético superior. || **6. excitación magnética** Nombre que recibe en ocasiones la intensidad de un campo magnético.

excitante *adj.* **1.** Que excita. También *s. m.* **2.** Apasionante, emocionante.

excitar *v. tr.* **1.** Hacer que algo o alguien se ponga en actividad o que ésta sea más intensa. **2.** Producir en alguien nerviosismo, impaciencia, entusiasmo, etc. También *v. prnl.* **3.** Provocar deseo sexual. También *v. prnl.* **4.** Hacer que los sentimientos de alguien sean más fuertes o violentos. **Fam.** Excitador.

exclamación *s. f.* **1.** Voz o frase que expresa con intensidad algún sentimiento. **2.** Signo ortográfico que se coloca al principio (¡) y al final (!) de una palabra o frase para indicar dicha intensidad.

exclamar *v. intr.* Decir exclamaciones. También *v. tr.*

exclamativo, va *adj.* **1.** Propio de la exclamación. **2.** Se aplica a la palabra o frase que expresa con intensidad un sentimiento o cualquier otra cosa. También *s. f.*

exclaustrar *v. tr.* Permitir u ordenar a un religioso que abandone la orden a la que pertenece. **Fam.** Exclaustración, exclaustrado.

excluir *v. tr.* **1.** Dejar a una persona o cosa fuera de algún grupo. **2.** Rechazar algo. || *v. prnl.* **3.** No poder darse o utilizarse a la vez dos o más cosas. ▪ Es v. irreg. Se conjuga como *huir.* **Fam.** Excluible.

exclusión *s. f.* Acción y efecto de excluir.

exclusiva *s. f.* Concesión o privilegio por el que una persona o entidad es la única autorizada para realizar cierta cosa.

exclusive *adv. m.* Sin contar el término o los términos que se mencionan como límites de una serie.

exclusivismo *s. m.* **1.** Actitud y comportamiento de quien sólo considera, sigue o aprecia a una persona, idea o cosa, sin prestar atención a las demás que deben ser tenidas en cuenta. **2.** Acción o deseo de impedir que otros participen en algo que uno quiere para sí solo. **3.** Aprecio excesivo de las cosas propias con desprecio de las ajenas. **Fam.** Exclusivista.

exclusivo, va *adj.* **1.** Que excluye o tiene capacidad para excluir. **2.** Único. **Fam.** Exclusivamente, exclusividad.

excluyente *adj.* Que excluye.

excombatiente *adj.* Se aplica a la persona que ha luchado en alguna guerra o por alguna causa política. También *s.*

excomulgar *v. tr.* **1.** Apartar la autoridad eclesiástica a alguien de la comunidad católica, prohibiéndole el uso de los sacramentos. **2.** *fam.* Expulsar a alguien de un grupo. ▪ Se conjuga como *pagar.* **Fam.** Excomulgado, excomulgador.

excomunión *s. f.* **1.** Acción y efecto de excomulgar. **2.** Decreto en que se excomulga a alguien.

excoriación *s. f.* Lesión superficial por pérdida de sustancia en la epidermis, como la producida al rascarse.

excoriar *v. tr.* Levantar la capa más externa de la piel, p. ej. el sudor o el roce con una prenda de vestir. También *v. prnl.*

excrecencia *s. f.* **1.** Abultamiento que se forma en la superficie de un organismo animal o vegetal, generalmente de forma anormal. **2.** Parte secundaria o despreciable de algo. ▪ Se dice también *excrescencia.*

excreción *s. f.* Acción y efecto de excretar. El metabolismo celular y, especialmente, el catabolismo producen una serie de sustancias, como el dióxido de carbono (CO_2), el agua (H_2O), ciertas sales minerales y varios productos nitrogenados orgánicos, que si se acumularan en la célula producirían su muerte. Mientras que el CO_2 es un gas fácilmente eliminado por los órganos respiratorios de los animales (branquias, pulmones, etc.), las demás sustancias de desecho del metabolismo son expulsadas al exterior a través de órganos especiales de excreción, como las glándulas sudoríparas, los riñones, los tubos de Malpighi, los protonefridios y los metanefridios, según los diferentes grupos de metazoos. En los vertebrados, los principales productos tóxicos de excreción son los que proceden del catabolismo de las proteínas y son de naturaleza nitrogenada, como el amoniaco, la urea y el ácido úrico, que se eliminan a través de la orina.

excrementar *v. intr.* Expulsar excrementos.

excrementicio, cia *adj.* Perteneciente o relativo a la excreción o a los excrementos.

excremento *s. m.* Conjunto de residuos que elimina el organismo naturalmente, y en especial los fecales, procedentes de la digestión.

excrescencia *s. f.* Excrecencia*.

excreta *s. f.* En med., denominación genérica de las sustancias de desecho que expulsa el organismo, como las heces, la orina, el sudor, etc.

excretar *v. intr.* **1.** Expulsar los excrementos. **2.** Eliminar las sustancias elaboradas por las glándulas.

excretor, ra *adj.* **1.** Se aplica a los órganos del cuerpo que sirven para expulsar los excrementos. || **2. aparato excretor** Conjunto de órganos encargados de expulsar al exterior las sustancias de desecho producidas por el metabolismo celular. Los aparatos excretores de los metazoos constan siempre de una zona donde se filtran los productos de excreción y de un tubo donde dichos productos se concentran, debido a la reabsorción del agua en la que van disueltos. Así, p. ej., los nefridios son el aparato excretor de los anélidos y los tubos de Malpighi, de los insectos. El aparato excretor del cuerpo humano está formado por los riñones, órganos situados en la cavidad abdominal que depuran la sangre de los productos de desecho, y por las vías excretoras (uréteres, vejiga urinaria y uretra), que conducen y expulsan al exterior del cuerpo dichos productos a través de la orina.

exculpar *v. tr.* Librar a alguien de toda culpa o responsabilidad. **Fam.** Exculpación, exculpador.

exculpatorio, ria *adj.* Que exculpa.

excursión *s. f.* Salida o viaje de corta duración que se hace a otro lugar como diversión, aprendizaje, deporte, etc.

excursionismo *s. m.* Práctica de las excursiones con fines deportivos, recreativos o educativos.

Excavadora: la ligera se utiliza para abrir zanjas, mientras que la pala mecánica, movida por un potente tractor de orugas, se emplea para trabajos de movimiento de tierras.

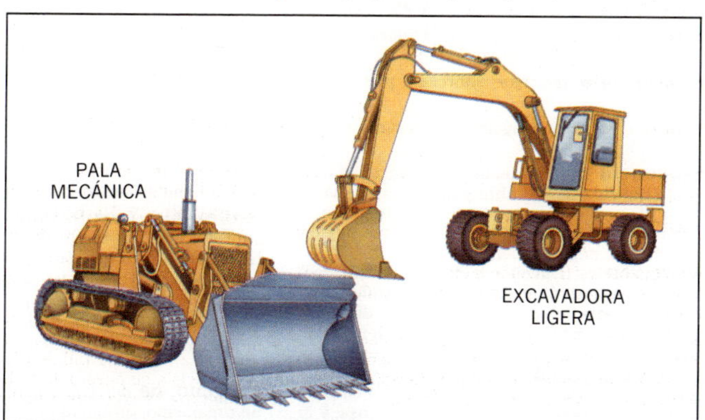

excursionista *s. m.* y *f.* Persona que hace excursiones o es aficionada a ellas.

excusa *s. f.* **1.** Acción y efecto de excusar o excusarse. **2.** Explicación que alguien da para justificarse o disculparse. **3.** Pretexto. ‖ **4. excusa absolutoria** La que convierte en impunes o libres de pena algunos delitos, atendiendo al cargo o relación familiar, p. ej. en el caso de que los encubridores lo sean de su cónyuge, hijo, etc.

excusable *adj.* Se dice de aquello que admite excusas o puede ser justificado.

excusadamente *adv. m.* Sin necesidad.

excusado *s. m.* Retrete.

excusado, da **1.** *p. p.* de **excusar**. También *adj.* ‖ *adj.* **2.** Innecesario. **3.** Libre de ciertas obligaciones, y especialmente de pagar tributos.

excusador, ra *adj.* **1.** Que excusa. ‖ *s. m.* y *f.* **2.** Persona que sustituye a otra en un servicio u obligación.

excusar *v. tr.* **1.** Disculpar, justificar. También *v. prnl.* **2.** Evitar, ahorrar. ‖ *v. prnl.* **3.** Dejar de hacer cierta cosa presentando un pretexto.

execrable *adj.* Que merece execración.

execración *s. f.* **1.** Acción y efecto de execrar. **2.** Expresión con la que se execra.

execrando, da *adj.* Execrable*.

execrar *v. tr.* Condenar, rechazar.

execrativo, va *adj.* Que execra.

execratorio, ria *adj.* Que se emplea para execrar.

exedra *s. f.* Construcción descubierta de planta semicircular, rodeada de asientos adosados a la parte interior de la curva, característica de la arquitectura griega clásica.

exégesis o **exegesis** *s. f.* Interpretación o explicación de un texto en sus aspectos filológicos, históricos o doctrinales, especialmente de la *Biblia*.

exégeta o **exegeta** *s. m.* y *f.* Persona que interpreta o explica un texto, en especial de la Sagrada Escritura.

exegético, ca *adj.* **1.** Perteneciente o relativo a la exégesis. **2.** Se dice del procedimiento o método de crítica histórica que se basa en la interpretación de los textos.

exención *s. f.* Acción y efecto de eximir o eximirse.

exento, ta *adj.* **1.** Libre de alguna obligación o perjuicio. **2.** Se aplica a los edificios, esculturas, etc., que están aislados, no pegados a otros.

exequátur *s. m.* **1.** Autorización que da el jefe de Estado a los representantes extranjeros para que puedan desempeñar sus funciones en ese país. **2.** Autorización dada por el Estado de un país para que se lleven a cabo las sentencias civiles que dicta un tribunal extranjero. **3.** Aprobación que da la autoridad civil a las bulas y documentos pontificios.

exequias *s. f. pl.* Honras fúnebres, conjunto de cultos o ceremonias religiosas que se hacen por los difuntos.

exequible *adj.* Asequible, posible.

Exeter C. del Reino Unido, cap. del condado de Devon, Inglaterra, situada en el SO del país, en el estuario del río Exe. 95.600 h. en 1981. Es un centro mercantil y comercial con industria agrícola, textil, cervecera y papelera, de maquinaria agrícola y fundiciones. Conserva la catedral gótica (s. XIII-XIV) y el ayuntamiento del s. XVI.

exfoliable *adj.* Que se puede exfoliar.

exfoliación *s. f.* **1.** Acción y efecto de exfoliar o exfoliarse. **2.** Propiedad de ciertos minerales de dividirse en láminas planas y paralelas a las caras cristalográficas, como sucede, p. ej., con el yeso y el grafito. **3.** Caída de la epidermis en forma de escamas. **4.** Caída de la corteza de un árbol en forma de placas delgadas.

exfoliado, da **1.** *p. p.* de **exfoliar**. ‖ *adj.* **2.** Que presenta una estructura en forma de hojas o láminas.

exfoliador, ra *adj. amer.* Se dice de una especie de bloc que tiene las hojas ligeramente pegadas por uno de sus bordes para desprenderlas con facilidad. También *s. m.*

exfoliar *v. tr.* Dividir una cosa en láminas o escamas. También *v. prnl.*

exhalación *s. f.* **1.** Acción y efecto de exhalar. **2.** Rayo. **3.** Estrella fugaz. ‖ **LOC. como una exhalación** *adv.* Muy rápido.

exhalar *v. tr.* **1.** Echar un cuerpo gases, vapores u olores. **2.** Con palabras como *quejas, suspiros*, etc., lanzarlos. **FAM.** Exhalador.

exhaustivo, va *adj.* Que lo abarca todo respecto a la materia de que se trata. **FAM.** Exhaustivamente, exhaustividad.

exhausto, ta *adj.* **1.** Agotado, gastado. **2.** Muy debilitado o cansado.

exhibición *s. f.* **1.** Acción y efecto de exhibir o exhibirse. **2.** Prueba deportiva con carácter de espectáculo y no como competición.

exhibicionismo *s. m.* **1.** Deseo de exhibirse. **2.** Desviación que consiste en mostrar a otras personas los órganos genitales para obtener placer sexual.

exhibicionista *adj.* **1.** Que le gusta exhibirse. También *s.* **2.** Que practica el exhibicionismo de carácter sexual. También *s.*

exhibir *v. tr.* **1.** Mostrar o presentar algo a otros o ante el público. También *v. prnl.* ‖ *v. prnl.* **2.** Tratar uno de que le vean, llamar la atención.

exhortación *s. f.* **1.** Acción de exhortar. **2.** Palabras con que se exhorta alguna cosa a alguien. **3.** Sermón breve.

exhortar *v. tr.* Animar a una persona con ruegos o razones para que actúe de determinada manera. **FAM.** Exhortador.

exhortativo, va *adj.* **1.** Que se utiliza para exhortar. **2.** En ling., se aplica a la oración, discurso, etc., de ruego o mandato. También *s. f.*

exhortatorio, ria *adj.* Exhortativo, que se utiliza para exhortar.

exhorto *s. m.* Comunicación que envía un juez a otro de igual categoría para que ordene el cumplimiento de lo que se pide.

exhumación *s. f.* Acción y efecto de exhumar, desenterramiento.

exhumar *v. tr.* **1.** Desenterrar, especialmente un cadáver. **2.** Recuperar algo que estaba olvidado. **FAM.** Exhumador.

exigencia *s. f.* **1.** Acción y efecto de exigir o exigirse. **2.** Pretensión caprichosa o excesiva. **3.** Cualidad de exigente.

exigente *adj.* Que exige mucho o demasiado. También *s.*

exigir *v. tr.* **1.** Pedir alguien una cosa que le corresponde o a la que tiene derecho. **2.** Solicitar enérgicamente. **3.** Necesitar una persona o cosa aquello que se expresa. **4.** Ordenar a alguien que haga, presente o dé alguna cosa. ‖ *v. intr.* **5.** Pedir a los demás una gran perfección en su trabajo, estudios, etc. También *v. prnl.* ■ Se conjuga como *surgir.* **FAM.** Exigible, exigibilidad.

exiguo, gua *adj.* Escaso, muy pequeño. **FAM.** Exigüidad.

exilar *v. tr.* Exiliar*. **FAM.** Exilado.

exiliado, da **1.** *p. p.* de **exiliar**. ‖ *adj.* **2.** Se dice de la persona que se ha visto obligada a abandonar su patria, generalmente por motivos políticos. También *s.*

exiliar *v. tr.* **1.** Obligar a alguien a abandonar su patria. ‖ *v. prnl.* **2.** Marcharse alguien de su patria, generalmente por razones políticas.

exilio *s. m.* **1.** Acción y efecto de exiliar o exiliarse. **2.** Lugar y tiempo en que se está exiliado.

eximente *adj.* Que exime, particularmente de la responsabilidad criminal. También *s. f.*

eximio, mia *adj.* Que sobresale por alguna cualidad.

eximir *v. tr.* Librar a alguien de una carga, culpa, obligación, etc.

existencia *s. f.* **1.** Hecho o circunstancia de existir. **2.** Vida del hombre y modo en que vive. **3.** En fil., realidad concreta de un ente, en oposición a esencia. ‖ *pl.* **4.** Mercancías que hay en un almacén, negocio, tienda, etc.

Fil. Aristóteles concebía la existencia intrínsecamente ligada a la esencia. Este postulado fue vigorosamente debatido en la Edad Media; dentro de la escolástica aparecen dos tendencias: la que sostiene una distinción real entre esencia y existencia, defendida por Santo Tomás, San Alberto Magno, etc., según los cuales sólo en Dios la esencia y existencia son una misma cosa, y la que rechaza esta distinción, sostenida por Duns Escoto, Occam, Suárez, etc. El problema de la existencia se convierte en la época moderna en un problema a la vez metafísico y lógico. Para Descartes, la existencia del yo que piensa es el primer paso para salir de la duda metódica con que inicia su reflexión filosófica. Según Berkeley, la existencia de la realidad está en la mente del sujeto y el ser de lo que llamamos *mundo real* se reduce a ser percibido. Del mismo modo, para Hume, que más tarde influyó en Kant y el idealismo, no hay diferencia entre concebir algo y concebir su existencia. Por su parte, el existencialismo aborda la cuestión de la existencia como el «estar ahí» concreto y singular del hombre, único ser que ha de realizarse a sí mismo.

existencial *adj.* **1.** Perteneciente o relativo a la existencia, al acto de vivir. ‖ **2. filosofía existencial** La que centra su reflexión en la existencia, y especialmente en la existencia del hombre, como el existencialismo.

existencialismo *s. m.* Doctrina filosófica desarrollada en Europa en la primera mitad del s. XX, que sitúa la existencia humana en primer plano de su reflexión. La corriente, que tuvo en Kierkegaard (s. XIX) a su principal precedente, contó con las aportaciones de los alemanes Martin Heidegger y Karl Jaspers y de los franceses Gabriel Marcel, Maurice Merleau-Ponty, Jean-Paul Sartre y Albert Camus. El existencialismo se opone a la filosofía anterior, a la que califica de esencialista y acusa de ocuparse sólo de lo universal y de construir por medio de la razón grandes entramados intelectuales en los que todo es coherente, pero donde el hombre no encuentra solución a sus problemas. El existencialismo centra su preocupación en la existencia concreta y singular del hombre y sostiene que éste es un ser incompleto que está arrojado en el mundo, donde va realizándose mediante el desarrollo de su libertad a través de elecciones constantes que aumentan en él su sentimiento de responsabilidad y su conciencia de finitud.

existencialista *adj.* **1.** Perteneciente o relativo al existencialismo. **2.** Partidario de esta corriente filosófica. También *s.*

existente *adj.* Que existe.

existir *v. intr.* **1.** Tener alguien o algo realidad. **2.** Tener vida. **3.** Haber, estar, hallarse.

éxito *s. m.* **1.** Buen resultado. **2.** Buena acogida, fama. **3.** Aquello con que se ha conseguido la fama.

exitoso, sa *adj.* Que tiene éxito.

exo- *pref.* Significa 'fuera, fuera de': *exoesqueleto, exocrino.*

exobiología *s. f.* Ciencia que estudia la posibilidad de existencia de vida fuera de la Tierra.

exocrino, na *adj.* Se dice de la glándula que tiene conducto excretor por el cual salen los productos que ha elaborado; p. ej., las glándulas sebáceas y la sudoríparas.

éxodo *s. m.* **1.** Larga marcha del pueblo hebreo desde Egipto a Canaán, la tierra prometida, conducido por Moisés. **2.** Segundo libro del *Pentateuco*, en el Antiguo Testamento, en el que se narra la vida de Moisés, la salida de los israelitas de Egipto, su marcha por el desierto, la alianza que Dios hace con este pueblo y la entrega por Dios a Moisés de las tablas de la ley en el Sinaí. ■ En esta acepción se escribe con mayúscula. **3.** Emigración de un pueblo o grupo hacia otro lugar donde establecerse. **4.** P. ext., cualquier salida de gente en masa hacia otro lugar.

exoesqueleto o **exosqueleto** *s. m.* Cubierta sólida que protege total o parcialmente el cuerpo de algunos animales. Está particularmente desarrollado en los artrópodos, en los que se compone sobre todo de quitina y está formado por una serie de piezas relativamente independientes, llamadas *artejos.*

exoftalmia o **exoftalmía** *s. f.* Abultamiento anormal hacia adelante del globo ocular. **FAM.** Exoftálmico.

exogamia *s. f.* **1.** Norma social por la que el individuo ha de casarse con personas de distinto grupo, clan, etc. **2.** En biol., fecundación entre individuos sin ascendencia común. **FAM.** Exogámico.

exógeno, na *adj.* **1.** Originado en el exterior de un organismo, producido en él por causas externas. P. ej., una intoxicación debida a alimentos en mal estado. **2.** Se dice de las fuerzas que actúan sobre alguien o algo desde el exterior. **3.** En geol., se aplica a los fenómenos que se producen en la superficie terrestre.

exonerar *v. tr.* **1.** Librar a alguien de una carga u obligación. También *v. prnl.* **2.** Quitar a alguien un empleo, una dignidad. **3.** Con palabras como *vientre*, expulsar los excrementos. **FAM.** Exoneración.

exorbitante *adj.* Excesivo, desmesurado. **FAM.** Exorbitancia, exorbitantemente.

exorbitar *v. tr.* Desorbitar, exagerar. También *v. prnl.*

exorcismo *s. m.* Conjunto de ritos y fórmulas para expulsar al demonio de la persona por él poseída.

exorcista *s. m.* y *f.* Persona que exorciza o expulsa los espíritus malignos.

exorcizar *v. tr.* Expulsar los malos espíritus de alguien mediante un exorcismo. ■ Se conjuga como *cazar*.

exordio *s. m.* Introducción a un discurso, obra literaria, razonamiento, etc.

exornar *v. tr.* Embellecer o adornar alguna cosa, especialmente el lenguaje, utilizando figuras retóricas. También *v. prnl.* **FAM.** Exornación.

exorno *s. m.* Acción y efecto de exornar o exornarse.

exorreico, ca *adj.* Se aplica al lugar que tiene una extensa circulación de aguas superficiales que desembocan en océanos y mares.

exorreísmo *s. m.* Salida de las aguas corrientes de una región al mar.

exosfera *s. f.* Capa más externa de la atmósfera terrestre que se extiende desde los 500 km hasta alturas no determinadas y se caracteriza por la bajísima densidad de las partículas de oxígeno, hidrógeno y helio que existen en ella.

exósmosis o **exosmosis** *s. f.* Corriente que en la ósmosis va de la disolución más concentrada a la más diluida.

exosqueleto *s. m.* Exoesqueleto*.

exotérico, ca *adj.* **1.** Comprensible para todo el mundo. **2.** Se aplica en particular a la doctrina filosófica dirigida al gran público.

exotérmico, ca *adj.* En quím., se dice del proceso que al verificarse desprende calor; p. ej., la condensación y la solidificación.

exótico, ca *adj.* **1.** Extraño, chocante, con aspecto extranjero. **2.** Que procede de un país extranjero. **FAM.** Exoticidad.

exotismo *s. m.* Cualidad de exótico.

expandir *v. tr.* Extender, propagar. También *v. prnl.*

expansibilidad *s. f.* Cualidad de expansible, especialmente propiedad que tienen los cuerpos de aumentar de volumen.

expansible *adj.* Que puede expandirse.

expansión *s. f.* **1.** Acción y efecto de expandir o expandirse. **2.** Manifestación de un pensamiento o sentimiento íntimos. **3.** Diversión, distracción. **4.** En econ., estado y periodo de desarrollo caracterizados por un aumento de la producción, de los beneficios, de la inversión, del empleo, etc. **5.** En un motor de explosión, fase en que se mezclan el combustible y el aire y tiene lugar la combustión. || **6. expansión oceánica** En geol., según la teoría de la tectónica de placas, formación casi ininterrumpida de corteza oceánica (entre 5 y 15 cm por año) que tiene lugar en las dorsales debido al ascenso y salida de magma.

expansionarse *v. prnl.* **1.** Aumentar un gas o vapor su volumen. **2.** Divertirse, distraerse. **3.** Desahogarse con alguien.

expansionismo *s. m.* Tendencia de un pueblo o nación a extender su poder político y económico a otras áreas geográficas.

expansionista *adj.* Relativo al expansionismo o partidario de él.

expansivo, va *adj.* **1.** Se aplica a aquello que se expande o tiende a expandirse. **2.** Comunicativo, extravertido.

expatriar *v. tr.* Hacer abandonar a uno su patria. También *v. prnl.* ■ En cuanto al acento, puede conjugarse como *ansiar*: *expatrío*, o según la norma general de los terminados en *ar*: *expatrio*. **FAM.** Expatriación, expatriado.

expectación *s. f.* Gran interés o curiosidad con que se espera alguna cosa.

expectante *adj.* Que espera atentamente lo que va a suceder o que está a la espera de algo.

expectativa *s. f.* **1.** Esperanza o posibilidad de conseguir alguna cosa. || **2. expectativa de vida** Esperanza* de vida. || **LOC. estar a la expectativa** Estar esperando el desenlace de alguna cosa sin tomar parte en ella.

expectoración *s. f.* **1.** Acción y efecto de expectorar. **2.** Lo que se expectora.

expectorante *adj.* Se dice del medicamento que hace expectorar. También *s. m.*

expectorar *v. tr.* Expulsar, tosiendo o carraspeando, las flemas y secreciones de las vías respiratorias.

expedición *s. f.* **1.** Acción y efecto de expedir. **2.** Viaje con fines científicos, militares, deportivos, etc. **3.** Conjunto de personas que participan en este viaje.

expedicionario, ria *adj.* Que lleva a cabo una expedición o está destinado a realizar expediciones. También *s.*

expedientar *v. tr.* Formar expediente una persona.

expediente *s. m.* **1.** Conjunto de gestiones que se llevan a cabo sobre un asunto y sus correspondientes documentos. **2.** Historial de la actuación de un empleado en una empresa o de un funcionario o de las calificaciones y conducta de un estudiante. **3.** Investigación sobre la conducta de un empleado o funcionario del que se supone que ha cometido alguna falta en el ejercicio de sus funciones. **4.** Recurso utilizado para resolver alguna dificultad. || **5. expediente de crisis** Mecanismo legal al que puede acogerse una empresa con graves dificultades económicas para reducir personal. La empresa deberá razonar la reducción de plantilla y presentar un plan de viabilidad. || **LOC. cubrir el expediente** Hacer alguien lo indispensable para cumplir en un puesto, trabajo u obligación.

expedienteo *s. m. fam.* Tramitación de los expedientes, especialmente cuando son muchos o muy largos.

expedir *v. tr.* **1.** Extender un documento. **2.** Enviar. ■ Es v. irreg. Se conjuga como *pedir*. **FAM.** Expedidor.

expeditamente *adv. m.* **1.** Sin contemplaciones. **2.** Sin dificultades, fácilmente.

expeditar *v. tr. amer.* Dejar concluido un asunto, facilitar su solución.

expeditivo, va *adj.* Que obra con eficacia y rapidez, sin demasiados miramientos.

expedito, ta *adj.* **1.** Libre de estorbo. **2.** Aplicado a personas, ágil y rápido en actuar.

expelente *adj.* Que expele.

expeler *v. tr.* Arrojar con fuerza algo que se encontraba contenido en alguna parte.

expendedor, ra *adj.* **1.** Que expende. || *s. m.* y *f.* **2.** Persona que expende.

expendeduría *s. f.* Lugar en que se venden al público tabaco y otros artículos, como sellos, pólizas, letras de cambio.

expender *v. tr.* **1.** Vender al por menor. **2.** Despachar billetes de ferrocarril, entradas para espectáculos, etc. **3.** Vender artículos de propiedad ajena por encargo de su dueño.

expendio *s. m.* **1.** *amer.* Venta al por menor. **2.** *amer.* Tienda donde se venden bebidas alcohólicas, tabaco y otras mercancías.

expensar *v. tr. Chile, Guat., Méx.* En lenguaje de tribunales, costear los gastos de alguna gestión.

expensas *s. f. pl.* Gastos, costas. || **LOC. a expensas de** *prep.* Por cuenta de, a costa de.

experiencia *s. f.* **1.** Hecho de sentir o conocer una persona algo por sí misma. **2.** Conjunto de conocimientos que se adquieren con la práctica o el estudio de algo o, en general, en la vida. **3.** Experimento.

experimentación *s. f.* **1.** Acción y efecto de experimentar. **2.** Método científico de investigación basado en fenómenos que han sido producidos intencionadamente para ser estudiados. **3.** Conjunto de análisis, pruebas, etc., a que se somete algo para estudiar y comprobar su validez.

experimentado, da **1.** *p. p.* de **experimentar**. También *adj.* || *adj.* **2.** Se aplica a la persona que tiene mucha experiencia en cierta cosa.

experimental *adj.* **1.** Que está fundado en la experiencia o en la experimentación. **2.** Se dice de los procesos, periodos, etc., en los que se somete algo a prueba para comprobar su validez, y también de la cosa sometida. **3.** Se dice de la música, la literatura, el teatro, etc., que se aparta de las formas tradicionales de expresión y busca otras nuevas. **FAM.** Experimentalmente.

experimentar *v. tr.* **1.** Hacer experimentos sobre algo para comprobarlo o estudiarlo. **2.** Sentir, percibir o conocer algo por uno mismo. **3.** Con palabras que expresan transformación, tenerla. **FAM.** Experimentador.

experimento *s. m.* **1.** Prueba que consiste en provocar un fenómeno, analizar los hechos concretos que tienen lugar durante su desarrollo y determinar la validez de una hipótesis. La realización de un experimento consta de varias fases. La primera es la delimitación del problema objeto de estudio. La segunda es la formulación de una hipótesis, que para que tenga validez ha de ser cuantificable, de gran aplicabilidad y enunciada con claridad. La tercera es la provocación del fenómeno, con la consiguiente selección de los procedimientos necesarios, los instrumentos y la muestra que ha de manejarse. La cuarta es el tratamiento de los datos, momento en el que suele ser necesario el empleo de cálculos matemáticos y estadísticos. La última es la conclusión, informe o predicción, en que se acepta o rechaza la hipótesis establecida al principio y se generalizan, si ello es posible, los resultados. **2.** *fam.* Prueba, ensayo. || **3. experimento aleatorio** Aquel cuyo resultado es imprevisible, pues depende del azar.

experto, ta *adj.* Muy experimentado, entendido o hábil en cierta materia o actividad. También *s.* **FAM.** Expertamente.

expiar *v. tr.* **1.** Borrar las culpas o pagar por ellas mediante el sacrificio, la penitencia o el castigo. **2.** Purificar algo que ha sido profanado. ■ En cuanto al acento, se conjunga como *ansiar*: *expío*. **FAM.** Expiable, expiación.

expiatorio, ria *adj.* Que sirve para expiar. Se aplica a las víctimas que se sacrificaban a los dioses para reparar pecados o faltas.

expiración *s. f.* Acción y efecto de expirar, muerte, final.

expirar *v. intr.* **1.** Morir. **2.** Terminar un periodo de tiempo. **FAM.** Expirante.

explanada *s. f.* Porción de terreno llano.

explanar *v. tr.* **1.** Poner llano un terreno. **2.** Exponer detalladamente o explicar algo. **FAM.** Explanación.

explayada *adj.* En heráldica, se dice del águila que se representa con las alas extendidas.

explayar *v. tr.* **1.** Extender, especialmente el pensamiento, la vista, la mirada. También *v. prnl.* **2.** Distraer, divertir. También *v. prnl.* || *v. prnl.* **3.** Extenderse en una explicación, exposición, etc. **4.** Confiarse, desahogarse.

expletivo, va *adj.* En ling., se aplica a las palabras, partículas o expresiones que no son estrictamente necesarias para el sentido de la frase, pero que le añaden ciertos valores expresivos. P. ej., en la frase: *Le dijo a él que vendría*, existen dos complementos indirectos, de los que el segundo (*a él*) es expletivo e intensifica al primero (*le*).

explicable *adj.* **1.** Que se puede explicar. **2.** Comprensible, justificable. **FAM.** Explicablemente.

explicación *s. f.* **1.** Acción y efecto de explicar o explicarse. **2.** Causa, motivo. **3.** Justificación, disculpa.

explicaderas *s. f. pl. fam.* Forma que tiene alguien de expresarse.

explicar *v. tr.* **1.** Exponer con claridad alguna cosa para que otros la comprendan. **2.** Impartir clases de una materia. **3.** Justificar. También *v. prnl.* **4.** Indicar la causa o motivo de alguna cosa. || *v. prnl.* **5.** Hacerse entender. **6.** Comprender alguna cosa. **7.** *fam.* Pagar. ■ Se conjuga como *sacar*.

explicativo, va *adj.* **1.** Que explica o sirve para explicar alguna cosa. **2.** Se dice del adjetivo o de la oración subordinada adjetiva que añade al sustantivo al que se refiere un matiz o valor complementario. Se pronuncian y escriben entre pausas. P. ej. *La fruta, madura, caía del árbol,* frente a *Me gusta la fruta madura.*

explícitamente *adv. m.* Claramente.

explicitar *v. tr.* Hacer algo explícito, expresarlo. **FAM.** Explicitación.

explícito, ta *adj.* **1.** Expreso, dicho, no sólo insinuado. **2.** Que expresa algo con claridad.

explicitud *s. f.* Cualidad de explícito.

explicotear *v. tr.* **1.** *fam.* Explicar algo con claridad y desenvoltura. También *v. prnl.* **2.** Explicar algo deprisa y por encima. También *v. prnl.*

exploración *s. f.* **1.** Acción y efecto de explorar. **2.** Operación militar que consiste en reconocer un lugar determinado para comprobar la situación y las fuerzas del enemigo. **3.** Descomposición de las imágenes de televisión en líneas que se transmiten separadamente y se reproducen en el mismo orden en la pantalla del televisor. **4.** Proceso de barrido de la pantalla de radar u otros aparatos por el haz de electrones. ‖ **5. exploraciones geográficas** Proceso histórico de exploración y descubrimiento, desarrollado durante los s. XV y XVI por europeos, y muy especialmente por portugueses y españoles. Fue impulsado por diversas causas económicas, ideológicas y técnicas, entre las que destacan el deseo de los europeos de encontrar una vía segura para comerciar con Oriente, la curiosidad de los hombres del Renacimiento por conocer nuevas tierras, la construcción de naves más grandes y sólidas y el perfeccionamiento del timón y la brújula. En la empresa descubridora de Portugal se distinguieron la Escuela Naval de Sagres, fundada por Enrique el Navegante, y marinos como Bartolomeu Dias, que en 1487 dobló el cabo de Buena Esperanza, y Vasco de Gama, que en 1498 llegó por mar a la India. Por su parte, los españoles descubrieron en 1492 un nuevo continente, América, que exploraron a lo largo del s. XVI hombres como Ponce de León, descubridor de la Florida en 1512, Núñez de Balboa, que en 1513 divisó el océano Pacífico, y Juan Díaz de Solís, que en 1516 halló el Río de la Plata. La primera vuelta al mundo, que tuvo lugar de 1519 a 1522, se inició bajo el mando del portugués Magallanes y fue completada por el español Elcano. (Véase en **descubrimiento** el cuadro de los principales descubrimientos geográficos.)

explorador, ra *adj.* **1.** Que explora. También *s.* ‖ *s. m.* y *f.* **2.** Muchacho que practica el escultismo. ‖ *s. m.* **3.** Soldado de una unidad de exploración. **4.** Buque ligero y capaz de alcanzar gran velocidad, destinado a misiones de reconocimiento. **5.** En med., aparato para explorar.

EXPLORACIONES ESPACIALES

Año	País	Acontecimientos
1957	URSS	Se pone en órbita terrestre el *Sputnik I*, primer satélite artificial.
1957	URSS	La perra Laika realiza un vuelo espacial a bordo del *Sputnik II* y regresa sana y salva.
1959	URSS	La nave *Luna I* abandona la órbita terrestre y sale al espacio exterior.
1959	URSS	La nave *Luna II* alcanza la superficie lunar.
1959	URSS	La nave *Luna III* se pone en órbita lunar y obtiene las primeras fotografías de la cara oculta de la Luna.
1961	URSS	Yuri Gagarin, a bordo del *Vostok I*, realiza el primer vuelo espacial tripulado, que dura 1 h. y 48 m.
1962	EE UU	El astronauta John Glenn, a bordo del *Mercury VI*, realiza una órbita de la Tierra.
1963	URSS	Valentina Tereshkova, primera mujer astronauta de la historia, realiza 48 órbitas terrestres a bordo del *Vostok VI*.
1965	URSS	El astronauta soviético Alexei Leonov realiza el primer paseo espacial.
1966	URSS	La nave *Luna IX* se posa en la Luna.
1967	URSS	La nave *Kosmos* realiza el primer acoplamiento espacial.
1969	EE UU	Se lanza al espacio la sonda *Mariner VI* con destino a Marte.
1969	EE UU	El astronauta Neil Armstrong, capitán de la expedición *Apolo XI*, pone por vez primera pie en la Luna.
1970	URSS	La nave *Luna XVII* desembarca el primer vehículo lunar, el *Lunokhod*.
1971	URSS	La sonda *Marte II* aterriza por primera vez en Marte.
1972	EE UU	Se lanza el *Pioneer X*, con destino al espacio exterior al Sistema Solar.
1973	EE UU	Se pone en órbita el laboratorio espacial *Skylab*.
1975	EE UU URSS	La nave estadounidense *Apolo* y la soviética *Soyuz* se acoplan en el espacio. Astronautas de ambos países trabajan conjuntamente.
1981	EE UU	Se lanza al espacio el transbordador *Columbia*, primera nave capaz de volar como un cohete y de planear y aterrizar como un avión.
1982	EE UU	Diez años después de su lanzamiento, la sonda *Pioneer X*, sin dejar de emitir información, abandona el Sistema Solar.
1986	EE UU	La nave *Challenger* hace explosión instantes después de su despegue. Mueren siete astronautas, dos de ellos mujeres.
1987 1988	URSS	Los astronautas Vladimir Titov y Musa Manarov permanecen 366 días en la estación espacial *Mir*.
1989	EE UU	Es lanzada la sonda espacial *Galileo*, cuyo destino final es Júpiter y que lleva a bordo el telescopio espacial *Hubble*.
1990	EE UU	La sonda espacial *Magallanes* llega a Venus y comienza a estudiar su superficie mediante técnicas de radar.

explorar *v. tr.* **1.** Recorrer un país, una región o cualquier otro lugar para conocerlo. **2.** Examinar el médico una parte del organismo, un órgano, una herida, etc. **3.** Estudiar a fondo algo para ver cómo es o cómo está. **4.** Intentar conocer los pensamientos o intenciones de alguien. **5.** Tratar de averiguar la situación, circunstancias, etc., de algo, antes de actuar. **FAM.** Explorable.

exploratorio, ria *adj.* **1.** Que sirve para explorar. **2.** En med., se aplica al instrumento o procedimiento destinado a la exploración de alguna parte del organismo.

Explorer Nombre de una serie de más de 50 pequeños satélites estadounidenses de investigación científica, lanzados entre 1950 y comienzos de los ochenta. El *Explorer 1* descubrió los cinturones de Van Allen que rodean la Tierra. Otros satélites estudiaron la ionosfera, así como las fuentes celestes de los rayos X y rayos ultravioleta.

explosión *s. f.* **1.** Acción y efecto de explotar². **2.** Ruido que produce. **3.** Combustión muy rápida de un cuerpo acompañada de desprendimiento de calor, luz y gases, que puede ser debida a causas naturales o al uso de sustancias químicas. **4.** Dilatación repentina de un gas para conseguir un movimiento, como en el motor de un automóvil o al disparar un arma de fuego. **5.** Manifestación viva y brusca de un sentimiento, estado de ánimo o de cualquier fenómeno. **6.** Desarrollo importante y rápido de alguna cosa. **7.** En fon., fase final de la articulación de las consonantes oclusivas (*p, t, k,* etc.) en que el aire, después de ser retenido en la oclusión, sale bruscamente. ‖ **8. motor de explosión** Véase **motor**.

explosionar *v. tr.* **1.** Hacer explotar un artefacto explosivo. ‖ *v. intr.* **2.** Hacer explosión.

explosivo, va *adj.* **1.** Capaz de hacer explosión o producirla. **2.** Se dice de la sustancia química empleada para producir explosiones. Las sustancias explosivas tienen la capacidad de oxidarse o reaccionar violentamente con emisión de gases y formación de onda expansiva. El poder explosivo se mide por kilotones, unidad correspondiente a la que posee una tonelada de trinitrotolueno (TNT). También *s. m.* **3.** Muy llamativo, impresionante o atractivo. **4.** Se dice de la manifestación violenta de un sentimiento y de cualquier actuación brusca. **5.** En fon., se aplica a los fonemas que se pronuncian con una salida brusca del aire retenido, como *p, t, k, b,* etc. **6.** En fon., se dice de la consonante, oclusiva o no, que forma sílaba con la vocal siguiente; p. ej., la *m* en *madre* o la *r* en *rosa*.

explotación *s. f.* **1.** Acción y efecto de explotar¹. **2.** Conjunto de instalaciones destinadas a explotar un producto natural.

explotador, ra *adj.* **1.** Que está encargado de la explotación de alguna cosa. **2.** Que explota a alguien. También *s.*

explotar¹ (del fr. *exploiter,* de *exploit,* y éste del lat. *explicitum,* de *explicare,* desplegar, acabar) *v. tr.* **1.** Obtener beneficio de alguna cosa poniendo los medios necesarios para ello. **2.** Hacer trabajar a alguien de forma abusiva en provecho propio. **3.** Aprovecharse de algo, ponerlo como pretexto. **FAM.** Explotable.

explotar² *v. intr.* **1.** Hacer explosión. **2.** Manifestarse con violencia un sentimiento o mostrarlo alguien de este modo.

expoliar *v. tr.* Quitar injustamente a alguien lo que le pertenece. **FAM.** Expoliación, expoliador.

expolio *s. m.* **1.** Acción y efecto de expoliar. **2.** Botín ganado por el vencedor. **3.** Bienes que se han adquirido con rentas eclesiásticas y que al morir sin testamento el religioso que los poseía, pasan a la Iglesia. **4.** *fam.* Con verbos como *formar, organizar, montar,* etc., bronca, alboroto.

exponencial *adj.* **1.** En mat., perteneciente o relativo a los exponentes. **2.** En mat., se dice de la cantidad que está elevada a un exponente variable, indeterminado o desconocido. ‖ **3. cálculo exponencial** En mat., conjunto de cálculos referidos a las cantidades exponenciales. **4. función exponencial** En mat., función cuya ecuación es de la forma $y = a^{b(x)}$, donde $a \neq 1$ y $b(x)$ es cualquier función. Suele utilizarse el término función exponencial para la función $y = e^x$, siendo e la constante de Euler.

exponente *adj.* **1.** Que expone. También *s.* ‖ *s. m.* **2.** En mat., número o expresión algebraica que se coloca a la derecha y en la parte superior de otro, llamado base, e indica el número de veces que ha de multiplicarse éste por sí mismo. **3.** Medida o indicador de algo. **4.** Persona o cosa representativa de un grupo, género, etc.

exponer *v. tr.* **1.** Presentar una cosa para que sea vista. **2.** Exhibir un artista su obra en público. También *v. intr.* **3.** Colocar algo para que reciba la acción de un agente. También *v. prnl.* **4.** Decir o explicar algo. También *v. intr.* **5.** Poner en peligro a alguien o algo. También *v. prnl.* ▪ Es v. irreg. Se conjuga como *poner.*

exportación *s. f.* **1.** Acción y efecto de exportar. **2.** Conjunto de bienes exportados.

exportar *v. tr.* Vender o enviar mercancías, servicios o capitales a un país extranjero. **FAM.** Exportable, exportador.

exposición *s. f.* **1.** Acción y efecto de exponer o exponerse. **2.** Muestra de alguna cosa, especialmente con fines culturales, comerciales, etc. **3.** Conjunto de las cosas expuestas. **4.** Tiempo en que se expone una placa o papel fotográfico a la luz para que se impresione. **5.** Situación de un objeto con relación a los puntos cardinales. **6.** Escrito en que se expone algo.

exposímetro *s. m.* Fotómetro*.

expositivo, va *adj.* Que expone algún tema.

expósito, ta *adj.* Se dice del niño recién nacido que ha sido abandonado o depositado en un establecimiento benéfico. También *s.*

expositor, ra *adj.* **1.** Se aplica a la persona o entidad que exhibe algo en una exposición. También *s.* **2.** Que expone o explica, especialmente textos bíblicos o jurídicos. También *s.* ‖ *s. m.* **3.** Mueble o dispositivo en que se coloca aquello que se expone al público.

exprés *adj.* **1.** Rápido, en especial referido a la olla a presión y a cierto tipo de cafetera. **2.** Se aplica a algunos trenes en sustitución de *expreso.* También *s. m.* **3.** Se aplica al café hecho con una cafetera exprés. También *s. m.*

expresamente *adv. m.* **1.** De forma expresa, diciéndolo explícitamente. **2.** Con el único propósito que se indica.

expresar *v. tr.* Manifestar con palabras, gestos o de cualquier otra forma aquello que se piensa o siente. También *v. prnl.*

expresión *s. f.* **1.** Acción y efecto de expresar o expresarse. **2.** Locución, construcción lingüística. **3.** Gesto o aspecto del rostro de una persona que indica un sentimiento. **4.** En ling., significante*. **5.** En mat., conjunto de términos o signos que expresan una cantidad algebraica. **6.** En farmacia, acción y efecto de exprimir. ‖ **7. expresión algebraica** En mat., conjunto de letras y números relacionados entre sí por medio de signos de operaciones. ‖ **LOC. reducir** algo **a la mínima expresión** Disminuir todo lo posible una cosa.

expresionismo *s. m.* Corriente artística surgida en Europa en el primer tercio del s. XX, que abarcó campos como la pintura, la música, la literatura y el cine y se caracterizó por la importancia concedida a la expresión de los sentimientos y sensaciones del artista. A pesar de sus imprecisos límites cronológicos y geográficos y de que algunos autores se refieren a una primera generación expresionista formada por Edvard Munch, James Ensor y Georges Rouault, su origen suele situarse en Alemania con la creación por parte de algunos pintores como Ernst Ludwig Kirchner, Erik Heckel, y Max Pechstein del grupo *Die Brücke* (El puente), que se distinguió por la violencia y la fuerza del colorido y de las formas, por la abundancia de los temas relacionados con el dolor, la miseria, el sexo y lo prohibido, por el interés concedido a tradiciones artísticas como el grabado en madera, y por la influencia de Gauguin y Van Gogh. En 1911, también en Alemania, otro grupo de artistas, entre los que sobresalían Vasily Kandinsky, Franz Marc y August Macke, creó el grupo *Der Blaue Reiter* (El jinete azul), que acercó la estética expresionista a la abstracción. Tras el final de la Primera Guerra Mundial, el expresionismo se hizo muy popular en Alemania, desde donde extendió su influencia a otros muchos países a lo largo del periodo de entreguerras. En el campo cinematográfico se desarrolló fundamentalmente en

Expresionismo: Mujeres por la calle *(1915), obra del artista alemán Ernst Kirchner (Museo de Wuppertal, Alemania).*

los estudios alemanes de la UFA, bajo la dirección del productor Erich Pommer, donde se rodaron películas como *El gabinete del Dr. Caligari* (1919) de Robert Wiene, *Nosferatu* (1922) de Friedrich Murnau, *Metrópolis* (1926) de Fritz Lang y *El ángel azul* (1930) de Josef von Sternberg, caracterizadas por su temática fantástica, los grandes decorados distorsionados y simbólicos, el juego de luces y sombras, etc. En la literatura sobresalieron los novelistas Alfred Döblin, Heinrich Mann y Franz Werfel, mientras que en el teatro destacaron Ernst Toller, Fritz von Unruh y Georg Kaiser. El expresionismo musical utilizó la polifonía y la atonalidad con una gran intensidad emocional y está representado por autores como los austriacos Arnold Schönberg, Alban Berg y Anton von Webern. **FAM.** Expresionista.

expresividad *s. f.* Cualidad de expresivo.

expresivo, va *adj.* **1.** Que expresa vivamente pensamientos, sentimientos o actitudes. **2.** Se dice de los procedimientos de que se sirve el lenguaje para expresar algo, particularmente los sentimientos o actitudes del hablante. **3.** Característico o propio. **FAM.** Expresivamente.

expreso, sa *adj.* **1.** Dicho o manifestado explícitamente. También *adv.* **2.** Se aplica a un tipo de tren de pasajeros que sólo suele parar en las principales estaciones. También *s. m.* ‖ *s. m.* **3.** Correo extraordinario que se manda con una noticia o mensaje especial.

exprimidor *s. m.* Instrumento para sacar el zumo de las frutas.

exprimir *v. tr.* **1.** Sacar el jugo a una cosa apretándola, retorciéndola. **2.** Aprovechar al máximo una cosa, sus posibilidades. **3.** Exigir demasiado a alguien en un trabajo, explotarle.

expropiación *s. f.* **1.** Acción y efecto de expropiar. **2.** Aquello que ha sido expropiado. Se usa sobre todo en *pl.*

expropiar *v. tr.* Privar legalmente de algo a un propietario por motivos de utilidad pública, previo pago de indemnización. **FAM.** Expropiador.

expuesto, ta **1.** *p. p.* irreg. de **exponer**. ‖ *adj.* **2.** Peligroso, arriesgado.

expugnar *v. tr.* Tomar por las armas una ciudad, una posición militar, etc. **FAM.** Expugnable, expugnación, expugnador.

expulsar *v. tr.* **1.** Obligar a salir a alguien de un lugar. **2.** Soltar, dejar o hacer salir de su interior una cosa a otra.

expulsión *s. f.* Acción y efecto de expulsar.

expulsivo, va *adj.* Que tiene capacidad para expeler. También *s. m.*

expulsor, ra *adj.* **1.** Que expulsa alguna cosa. ‖ *s. m.* **2.** Mecanismo que en algunas armas de fuego expulsa los cartuchos vacíos. **3.** En ciertas máquinas, dispositivo que expulsa la pieza que se ha obtenido.

expurgar *v. tr.* **1.** Limpiar una cosa de aquello que se considera malo o inútil. **2.** Suprimir una autoridad competente algunos párrafos, pasajes o palabras de un libro, escrito, etc. ▪ Se conjuga como *pagar.* **FAM.** Expurgación, expurgador.

expurgatorio, ria *adj.* Que expurga.

expurgo *s. m.* Acción y efecto de expurgar.

exquisitez *s. f.* **1.** Cualidad de exquisito. **2.** P. ext., delicadeza o refinamiento exagerado.

exquisito, ta *adj.* **1.** De gran calidad o refinamiento. **2.** Se dice de la persona de gusto refinado o selecto. Se aplica también al propio gusto. **3.** Se aplica a los sabores, comidas y bebidas muy buenos o agradables. **FAM.** Exquisitamente.

extasiar *v. tr.* **1.** Producir una persona o cosa extraordinario placer o admiración en alguien, de modo que éste no atiende a nada más. También *v. prnl.* ‖ *v. prnl.* **2.** Experimentar éxtasis religioso. ▪ En cuanto al acento, se conjuga como *ansiar: extasío.*

éxtasis *s. m.* **1.** Estado de la persona dominada por un intenso sentimiento de admiración, alegría, etc., y ajena a todo lo demás. **2.** Para los cristianos, unión del alma con Dios durante la cual el cuerpo y los sentidos suspenden sus funciones experimentándose una inmensa felicidad.

extático, ca *adj.* Que está en éxtasis.

extemporal *adj.* Extemporáneo*.

extemporáneo, a *adj.* **1.** Que ocurre fuera del tiempo que le corresponde. **2.** Inadecuado, inconveniente. **FAM.** Extemporáneamente.

extender *v. tr.* **1.** Hacer que una cosa ocupe más espacio. También *v. prnl.* **2.** Esparcir lo que se encontraba junto o amontonado. También *v. prnl.* **3.** Estirar una cosa que estaba doblada. También *v. prnl.* **4.** Repartir algo por una superficie. **5.** Hacer que una cosa llegue a muchos lugares o personas. También *v. prnl.* **6.** Escribir documentos, recibos, etc. ‖ *v. prnl.* **7.** Tumbarse alguien en un sitio. **8.** Ocupar una parte determinada de espacio o de tiempo. **9.** Hacerse más numerosa una población, una raza, una especie. **10.** Mostrarse enteramente una gran extensión, como el mar, una cordillera, una ciudad, etc. **11.** Hablar o escribir detallada y ampliamente sobre cierta cosa. ▪ Es v. irreg. Se conjuga como *tender.*

extendido, da **1.** *p. p.* de **extender**. También *adj.* ‖ *s. m.* **2.** Acción y efecto de extender una capa de pintura, barniz, etc., sobre una superficie.

extensamente *adv. m.* Con extensión, por extenso.

extensible *adj.* Que se puede extender.

extensímetro *s. m.* Extensómetro*.

extensión *s. f.* **1.** Acción y efecto de extender o extenderse. **2.** Movimiento debido a la acción de los músculos extensores, por el que dos segmentos de un miembro se apartan y se disponen en línea recta; es el movimiento opuesto a flexión. **3.** Dimensión de una superficie. **4.** Duración. **5.** Cada una de las líneas telefónicas que están conectadas a una centralita de abonado. **6.** En geom., capacidad de los cuerpos de ocupar una parte del espacio. **7.** En geom., medida del espacio ocupado por un cuerpo. **8.** Número de individuos o entidades que abarca un concepto; p. ej., la extensión de *flor* es mayor que la de *clavel*, ya que son muchas más las realidades a las que se puede aplicar. ‖ **LOC. en toda la extensión de la palabra** *adv.* En su más amplio significado; se emplea para intensificar un calificativo. **por extensión** *adj.* y *adv.* Se aplica a las palabras o expresiones que se usan con un significado que no es propiamente el suyo.

extensivo, va *adj.* Que se extiende o se puede extender y aplicar a otras personas o cosas. **FAM.** Extensivamente.

extenso, sa *adj.* Que tiene mucha extensión o dura mucho. ‖ **LOC. por extenso** *adv.* Extensamente, con detalle, no abreviado o resumido. **FAM.** Extensamente.

extensómetro *s. m.* Instrumento que sirve para medir las deformaciones de los materiales sometidos a tracción o compresión.

extensor, ra *adj.* **1.** Se dice de lo que extiende o hace que algo se extienda. **2.** Se dice de los músculos que facilitan el estiramiento de pies y manos. También *s. m.* ‖ *s. m.* **3.** Aparato que se compone de dos agarraderas unidas por cintas elásticas para ejercitar los músculos.

extenuar *v. tr.* Debilitar o cansar mucho a alguien. ■ En cuanto al acento, se conjuga como *actuar*: *extenúo*. **FAM.** Extenuación, extenuante.

extenuativo, va *adj.* Que extenúa.

exterior *adj.* **1.** Se dice de algo situado en la parte de fuera de una cosa. **2.** Referido a viviendas o habitaciones, que tiene huecos (ventanas, balcones, etc.) a la calle. **3.** Relativo a otros países. ‖ *s. m.* **4.** Parte de una persona, animal o cosa que queda a la vista, aspecto que muestra. **5.** Espacio que rodea a alguien o algo. ‖ *pl.* **6.** En el cine, escenas rodadas fuera de los estudios y al aire libre. **7.** P. ext., sitios donde se filman dichas escenas. **8.** Ministerio de Asuntos Exteriores. ■ En esta acepción se escribe con mayúscula.

exterioridad *s. f.* **1.** Aquello que está por fuera. **2.** Apariencia de las personas, animales o cosas. **3.** Manifestación con que se aparenta un sentimiento. **4.** Lujo externo, cumplidos. Se usa más en *pl.*

exteriorizar *v. tr.* Mostrar una cosa para que otros la conozcan, especialmente lo que uno siente. También *v. prnl.* ■ Se conjuga como *cazar*. **FAM.** Exteriorización.

exteriormente *adv. m.* **1.** Por fuera o por encima. **2.** En apariencia: *Era serio sólo exteriormente.*

exterminación *s. f.* Exterminio*.

exterminar *v. tr.* Acabar totalmente con ciertas cosas; p. ej., una plaga o toda una población. **FAM.** Exterminable, exterminador.

exterminio *s. m.* Acción y efecto de exterminar, destrucción, eliminación.

externado *s. m.* **1.** Centro de enseñanza de alumnos externos. **2.** Estado y forma de vida del alumno externo. **3.** Conjunto de los alumnos externos.

externo, na *adj.* **1.** Se dice de lo que está, actúa o se manifiesta por fuera. **2.** Relativo a otros países. **3.** Se aplica a la persona que no duerme en su lugar de estudio o de trabajo. También *s.* **FAM.** Externamente.

extinción *s. f.* **1.** Acción y efecto de extinguir o extinguirse. **2.** En fís., debilitamiento o absorción de una radiación al atravesar un medio. **3.** En biol., desaparición definitiva de una especie animal o vegetal. Una especie se extingue cuando la variabilidad genética de sus poblaciones no es suficiente para mantener su adaptación a las condiciones ambientales adversas, como el clima, invasión del territorio por otra especie competidora, catástrofes naturales, acción del hombre, etc.

extinguir *v. tr.* **1.** Apagar el fuego o la luz. También *v. prnl.* **2.** Acabar con alguna cosa no material. También *v. prnl.* ‖ *v. prnl.* **3.** Desaparecer por completo alguna especie animal o vegetal. **4.** Dejar de tener validez un derecho, obligación, plazo, etc. ■ Se conjuga como *distinguir*. **FAM.** Extinguible.

extintivo, va *adj.* **1.** Que produce la extinción de algo. **2.** En der., que hace que deje de tener validez un derecho o una obligación.

extinto, ta *adj.* **1.** Apagado. **2.** Se dice de la persona fallecida. También *s.*

extintor, ra *adj.* **1.** Que extingue o sirve para extinguir. ‖ *s. m.* **2.** Aparato portátil para apagar incendios que arroja sobre el fuego un chorro de agua, dióxido de carbono, espuma, etc.

extirpador, ra *adj.* **1.** Que estirpa. También *s.* ‖ *s. m.* **2.** En agricultura, instrumento por lo general montado sobre ruedas que consiste en un bastidor con travesaños a los que van unidas por debajo unas cuchillas para cortar horizontalmente la tierra y las raíces.

extirpar *v. tr.* **1.** Quitar de raíz una cosa enferma o perjudicial. **2.** Acabar completamente con un mal o vicio fuertemente arraigado. **FAM.** Extirpable, extirpación.

extorno *s. m.* Parte de la prima que el asegurador devuelve a la persona asegurada a consecuencia de alguna modificación en las condiciones de la póliza contratada.

extorsión *s. f.* **1.** Delito que consiste en emplear violencia e intimidación para obtener algo de alguien. **2.** Trastorno, perjuicio, molestia.

extorsionador, ra *adj.* **1.** Que causa extorsión. ‖ *s. m.* y *f.* **2.** Extorsionista*.

extorsionar *v. tr.* **1.** Utilizar la violencia y la intimidación para obtener algo de alguien. **2.** Causar daño o trastorno a alguien.

extorsionista *s. m.* y *f.* Persona que extorsiona.

extra *adj.* **1.** De calidad superior a la normal. **2.** Que se añade a lo normal o corriente. También *s. m.* ‖ *s. m.* y *f.* **3.** En cine, persona que interviene en una película como figurante. ‖ *s. f.* **4.** Paga extraordinaria.

extra- *pref.* **1.** Significa 'fuera de': *extraterritorial, extralingüístico*. **2.** Añadido a algunos adjetivos, indica que la cualidad que expresan se da en alto grado: *extrafino, extraplano.*

extracción *s. f.* **1.** Acción y efecto de extraer. **2.** En cirugía, operación de quitar al paciente una parte u órgano enfermo, una sustancia anormal o un cuerpo extraño. **3.** En minería, proceso de sacar los minerales de sus yacimientos. **4.** Origen social o familiar de una persona. **5.** En el juego de la lotería y en otros similares, acto de sacar los números del bombo y cada una de las veces en que se repite este proceso. **6.** En fís. y quím., separación de una sustancia disuelta en un líquido mediante otro que no se puede mezclar con éste y en el cual dicha sustancia es mucho más soluble.

extracorpóreo, a *adj.* **1.** Que está fuera del cuerpo. **2.** En biol., se dice de los periodos en que los parásitos viven fuera de su huésped.

extractar *v. tr.* **1.** Hacer un extracto o resumen de un libro, un escrito, un discurso, etc. **2.** Obtener de una sustancia otra más concentrada. **FAM.** Extractador.

extracto *s. m.* **1.** Reducción de un escrito o de un documento a sus puntos o conceptos esenciales. **2.** Notificación de los movimientos de una cuenta de un banco en un determinado periodo de tiempo. **3.** Sustancia concentrada que se obtiene por cocción de otra sustancia de origen animal o vegetal y que posee las cualidades características de ésta. **4.** En farmacia, sustancia que se obtiene por evaporación de soluciones alcohólicas o acuosas de principios solubles.

extractor, ra *adj.* **1.** Que sirve para extraer. ‖ *s. m.* y *f.* **2.** Persona que extrae alguna cosa. ‖ *s. m.* **3.** Aparato que sirve para extraer algo.

extracurricular *adj.* Se aplica a lo que no está incluido en un currículo o programa o no pertenece a él.

extradición *s. f.* Entrega que un estado hace a otro de una persona acusada de un delito o condenada por él en el territorio del estado que la reclama.

extraditar o **extradir** *v. tr.* Llevar a cabo la extradición de una persona.

extradós *s. m.* Superficie exterior, convexa, de un arco o bóveda.

extraer *v. tr.* **1.** Sacar algo que se encuentra metido, hundido o sepultado en algún sitio. **2.** Quitar a un paciente por medios quirúrgicos una parte u órgano enfermo, una sustancia anormal o un cuerpo extraño. **3.** Obtener la sustancia que contienen algunos frutos u otros cuerpos. **4.** Sacar los números de la lotería y otros juegos. **5.** En mat., calcular el valor de la raíz cuadrada, raíz cúbica, etc. ■ Es v. irreg. Se conjuga como *traer.*

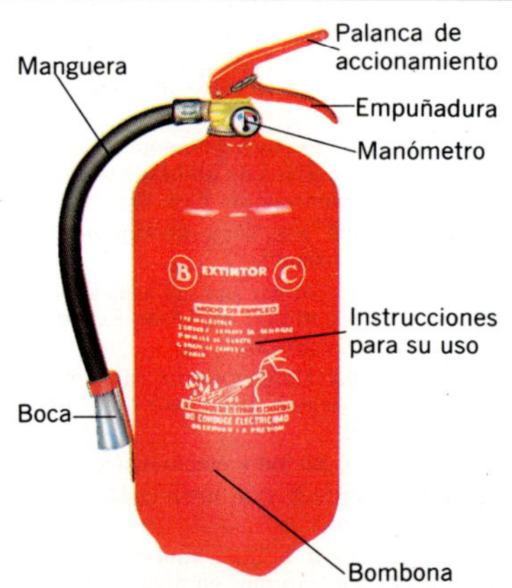

Extintor de polvo para incendios: la bombona contiene productos químicos y gas a presión.

extrajudicial *adj.* Realizado o tratado fuera de la vía judicial. **FAM.** Extrajudicialmente.

extralimitarse *v. prnl.* **1.** Ir más allá del límite de lo conveniente o debido. **2.** Tratar a alguien con excesiva confianza o falta de respeto. **FAM.** Extralimitación.

extramuros *adv. l.* Fuera del recinto de una población.

extranjería *s. f.* **1.** Cualidad y situación de extranjero. **2.** Conjunto de normas que regulan la condición y los intereses de los extranjeros en una nación.

extranjerismo *s. m.* **1.** Afición exagerada a lo extranjero. **2.** Palabra o expresión de un idioma que se introduce en otro; p. ej., las palabras inglesas *stop* y *hobby* en la lengua española.

extranjerizar *v. tr.* Introducir en un país usos y costumbres extranjeros. También *v. prnl.* ■ Se conjuga como *cazar*. **FAM.** Extranjerizante.

extranjero, ra *adj.* **1.** Se aplica a la persona o cosa que es o viene de otro país. También *s.* ‖ *s. m.* **2.** País o países distintos del propio de la persona de que se trata.

extranjis, de *loc. fam.* Ocultamente, en secreto.

extrañar *v. intr.* **1.** Producir sorpresa algo, encontrarlo extraño. También *v. prnl.* ‖ *v. tr.* **2.** Notar la falta de una persona o cosa. **3.** Expulsar a una persona a un país extranjero o apartarla de una comunidad. **FAM.** Extrañación, extrañamiento.

extrañeza *s. f.* **1.** Cualidad de raro o extraño. **2.** Efecto producido por una cosa rara o extraña.

extraño, ña *adj.* **1.** Raro, distinto de lo normal o habitual. **2.** De otro país, grupo, familia, conjunto, condición, etc. También *s.* **3.** Seguido de la preposición *a*, que no tiene parte en lo que se expresa. ‖ *s. m.* **4.** Movimiento rápido e inesperado. **FAM.** Extrañez.

extraoficial *adj.* No oficial. **FAM.** Extraoficialmente.

extraordinariamente *adv. m.* **1.** De manera extraordinaria. **2.** Mucho, muy. **3.** Muy bien.

extraordinario, ria *adj.* **1.** No ordinario, que se aparta de lo normal. También *s. m.* **2.** Mayor o mejor que lo corriente. ‖ *s. f.* **3.** Paga añadida al sueldo. ‖ *s. m.* **4.** Número de un periódico, semanario, etc., que se publica por algún motivo especial.

extraparlamentario, ria *adj.* Se dice de las actividades, grupos políticos, etc., que quedan fuera del sistema parlamentario.

extraplano, na *adj.* Muy plano o delgado.

extrapolación *s. f.* Acción y efecto de extrapolar.

extrapolar *v. tr.* **1.** Sacar conclusiones generales a partir de datos parciales. **2.** Aplicar un resultado o conclusión a otros casos parecidos. **3.** Interpretar una frase, un dato, etc., sacándolos de su contexto. **4.** Averiguar el valor de una variable en un punto situado fuera del intervalo estudiado. **5.** Introducir en una serie estadística un nuevo término que obedece a la ley de la serie con objeto de prolongarla. Se usa especialmente para prever la evolución de un fenómeno.

extrarradio *s. m.* Área que rodea el casco urbano, afueras de una población.

extrasístole *s. f.* Latido anormal del corazón, seguido de una pausa en las contracciones; puede ir acompañado de sensación de angustia.

extraterrestre *adj.* **1.** Que está fuera del planeta Tierra. ‖ *s. m.* y *f.* **2.** Cualquier posible habitante de un lugar que no sea la Tierra.

extraterritorial *adj.* Se dice de lo que está o se considera fuera de los límites de un territorio, de una jurisdicción.

extraterritorialidad *s. f.* Privilegio del que gozan los representantes diplomáticos y sus sedes, que les permite seguir sometidos a las leyes de su país de origen.

extrauterino, na *adj.* Que está situado o que ocurre fuera del útero; se aplica especialmente al embarazo.

extravagancia *s. f.* **1.** Cualidad de extravagante. **2.** Acción o dicho propio de una persona extravagante.

extravagante *adj.* Extraño, que se sale de lo común. También *s.*

extravasarse *v. prnl.* Salirse un líquido de su vaso o conducto normal, especialmente la sangre de los vasos sanguíneos. **FAM.** Extravasación.

extraversión *s. f.* Cualidad de extravertido.

extravertido, da *adj.* Se aplica a la persona sociable, cuyo interés, atención y preocupación se dirigen especialmente al mundo exterior; se dice asimismo de su carácter. También *s.*

extraviado, da **1.** *p. p.* de **extraviar**. También *adj.* ‖ *adj.* **2.** Se dice de los lugares apartados, poco transitados.

extraviar *v. tr.* **1.** Hacer perder. También *v. prnl.* **2.** No fijar la vista. ‖ *v. prnl.* **3.** Tener una conducta desordenada. ▪ En cuanto al acento, se conjuga como *ansiar*: *extravío.*

extravío *s. m.* **1.** Acción y efecto de extraviar o extraviarse. **2.** Conducta desordenada, libertinaje. Se usa mucho en *pl.*

extremado, da **1.** *p. p.* de **extremar**. ‖ *adj.* **2.** Mucho, muy o demasiado bueno o malo. **3.** Exagerado, que se sale de lo normal.

Extremadura Comunidad autónoma de España, situada en el O del país.

Extensión: 41.602 km^2.
Límites: al N, con Castilla y León; al E, con Castilla-La Mancha y Andalucía; al S, con Andalucía, y al O, con Portugal.
Población: 1.050.500 h. en 1991.
Densidad: 25,2 h./km^2.
Capital: Mérida.
Provincias: Badajoz y Cáceres.

Geog. física El relieve de Extremadura consta de cinco unidades bien diferenciadas: las sierras del N, pertenecientes al Sistema Central, que comprenden la Sierra Llana, sierra de Béjar y sierra de Gata, y cuya máxima altura es el monte Calvitero, de 2.425 m; la vega del río Tajo y sus afluentes Tiétar, Alagón, Almonte y Salor, con las comarcas de La Vera, Campo Arañuelo, Valle del Jerte, Vegas de Coria y Plasencia; las sierras centrales, que se prolongan en la altiplanicie de Trujillo-Cáceres y comprenden las sierras de Altamira y Guadalupe al E, Montánchez en el centro y San Pedro en el O, cuya máxima altura es Las Villuercas, de 1.601 m; las vegas del río Guadiana y sus afluentes Zújar, Guadamez, Matachel y Ardila, con las comarcas de Llanos de Olivenza, La Serena y Tierra de Barros; y las sierras del S, pertenecientes a Sierra Morena, que comprenden las sierras de Llerena, Castuera, Fregenal y Jerez. El clima es mediterráneo de interior en la mayor parte de la comunidad, con veranos secos y calurosos e inviernos relativamente suaves, y en algunas sierras se da el clima de montaña. En la vegetación predominan los alcornoques, encinas, robles, pinos y eucaliptos y en la fauna destacan el ciervo, jabalí, liebre, conejo y perdiz.

Geog. humana y ***económica*** La población de Extremadura posee una densidad inferior a la del resto de España y desciende desde 1960 a causa de la emigración. La agricultura de regadío se practica en los valles de los ríos Tiétar, Jerte y Alagón y en la vega del río Guadiana, con producción de maíz, tomate, cerezas, tabaco, remolacha y algodón; la de secano, mayoritaria en la comunidad, ocupa buena parte de la provincia de Badajoz y produce cereal, vid y olivo. La ganadería, tradicionalmente trashumante, consta de una importante cabaña ovina (más de dos millones de cabezas), porcina (440.000 cabezas), bovina (341.600 cabezas) y caprina (324.000 cabezas). La minería explota yacimientos de estaño, volframio y uranio. La energía es fundamentalmente hidroeléctrica, con centrales en los embalses de Cíjara, García Sola, Orellana y Zújar en Badajoz, y Valdecañas, Torrejón, Alcántara, Borbollón y Gabriel y Galán en Cáceres; existe, además, una central nuclear en Almaraz y está en construcción otra en Valdecaballeros. La industria se concentra en las regiones de las vegas y llanos del Guadiana y Zafra, en las vegas de los afluentes del NE del Tajo y en las ciudades de Trujillo y Cáceres. Las principales industrias son las de alimentación (conservas vegetales y productos cárnicos), química, maquinaria, madera y corcho, tejidos y confección y tabaco. En el comercio tienen importancia los mercados y ferias que se celebran periódicamente en más de 70 localidades. Constituyen notables centros turísticos Mérida, Cáceres, Trujillo, Plasencia y Guadalupe.

Extremadura: finca situada en Medellín (Badajoz). Al fondo, el río Guadiana.

Hist. Extremadura estuvo habitada desde el paleolítico inferior, del que se conservan pinturas rupestres en Maltravieso, dólmenes en Valencia de Alcántara y estelas en Alburquerque. Tras largos combates con los lusitanos (155 a 138 a. C.), Roma la incorporó a la Hispania Ulterior y posteriormente a la provincia Lusitania. De la época romana han llegado hasta nosotros importantes restos, como el puente de Alcántara y el teatro de Mérida. Su capital fue Emérita Augusta, que posteriormente se convirtió en sede episcopal metropolitana y conservó su importancia durante el periodo visigodo. La región fue conquistada por el Islam a principios del s. VIII y, a la caída del califato de Córdoba, constituyó el reino taifa de Badajoz. Después de la invasión almorávide, Alfonso VI sufrió en las cercanías de Badajoz la aplastante derrota de Sagrajas. Objeto de disputa entre Portugal y Castilla, fue reconquistada durante el reinado de Alfonso IX de León (1227-30); la repoblación fue acometida fundamentalmente por las órdenes militares de Santiago y Alcántara. Desempeñó un papel económico trascendental en la Baja Edad Media, por ser lugar de trashumancia de los rebaños de la Mesta. Las fronteras con Portugal quedaron fijadas en el tratado de Alcañices (1297) y su territorio dividido en Alta y Baja Extremadura. Durante el s. XVI contribuyó a la conquista y colonización de América con hombres como Hernán Cortés, Francisco Pizarro, Vasco Núñez de Balboa, Pedro de Valdivia, Pedro de Alvarado, Diego García de Paredes, Francisco de Orellana, etc. Durante la guerra de Sucesión española (principios del s. XVIII), Portugal rompió su neutralidad y tomó Alburquerque, Valencia de Alcántara y Jerez de los Caballeros, pero la victoria borbónica en Almansa hizo fracasar las pretensiones portuguesas. Durante la guerra de la Independencia, Extremadura fue escenario de una campaña en la que el militar inglés Wellington se enfrentó con las tropas napoleónicas de Soult y Massena. En 1833, la división provincial constituyó las actuales provincias de Cáceres y Badajoz. Durante el s. XIX y parte del XX, Extremadura estuvo dominada por un reducido sector de grandes propietarios agrícolas, que controló la vida política de ciudades y pueblos a través de un sistema de caciques e influyó muy negativamente en su desarrollo económico. A partir de 1952 se puso en práctica el plan Badajoz, con el fin de aprovechar las aguas del Guadiana en regadíos, pero nunca llegó a cumplir sus objetivos. En 1983, Extremadura obtuvo el estatuto por el que se constituyó en comunidad autónoma.

Extremadura: vista del pueblo y del monasterio de Guadalupe (Cáceres).

extremar *v. tr.* **1.** Llevar una cosa al extremo, al máximo. ‖ *v. prnl.* **2.** Poner gran cuidado en la ejecución de algo.

extremaunción *s. f.* Sacramento de la Iglesia católica que el sacerdote administra ungiendo óleo sagrado a los fieles que se encuentran en peligro inminente de muerte. Confiere la gracia y perdona los pecados.

extremeño, ña *adj.* De Extremadura. También *s.*

extremidad *s. f.* **1.** Brazo, pierna o pata. **2.** En un animal, cada una de las partes que son apéndices del cuerpo, como cabeza, manos, patas y cola. **3.** Extremo*.

extremismo *s. m.* Inclinación a adoptar ideas y actitudes extremas o exageradas, particularmente en política. **FAM.** Extremista.

extremo, ma *adj.* **1.** Se dice del grado máximo que alcanza una cosa. **2.** Se aplica a la parte de un lugar que está más alejada del punto en que se sitúa el que habla. ‖ *s. m.* **3.** Parte que está al principio o final de algo. **4.** Límite, actitud exagerada. **5.** Punto, cuestión. **6.** En el fútbol y otros deportes, cada uno de los dos delanteros que juega por las bandas derecha o izquierda. ‖ *pl.* **7.** Manifestación exagerada y vehemente de algún sentimiento. **8.** En mat., el primero y el último término de una proporción; así en $\frac{2}{4} = \frac{3}{6}$ 2 y 6 son los extremos. ‖ **LOC. en extremo** *adv.* Muy, mucho, en exceso. **en último extremo** *adv.* Si no queda otra solución, en última instancia.

Extremo Oriente El sector más oriental de Asia, que comprende el E de Siberia, China, Japón, Corea y países de Indochina.

extremoso, sa *adj.* **1.** Que no tiene término medio, que se va a los extremos. **2.** Se aplica a la persona que es muy expresiva en sus demostraciones de afecto y a estas demostraciones. **FAM.** Extremosidad.

extrínseco, ca *adj.* Se dice de aquello que no forma parte de la esencia o naturaleza de algo, sino que es externo o añadido. **FAM.** Extrínsecamente.

extroversión *s. f.* Extraversión*.

extrovertido, da *adj.* Extravertido*.

extrudir *v. tr.* Formar barras, tubos, perfiles, etc., haciendo pasar metal fundido o materia plástica por una abertura apropiada.

extrusión *s. f.* **1.** En la industria, acción y efecto de extrudir. **2.** En geol., afloración de materiales a la superficie terrestre que se produce a causa de presiones laterales internas en formaciones tectónicas, volcánicas y glaciares.

extrusivo, va *adj.* Aplicado a las rocas, efusivo*.

exuberancia *s. f.* Abundancia de ciertas cosas, p. ej. de la vegetación de un lugar.

exuberante *adj.* **1.** Muy rico y abundante. **2.** Aplicado a una mujer, de formas llenas y muy marcadas; también se aplica a las formas mismas.

exudación *s. f.* **1.** Acción y efecto de exudar. **2.** Exudado*. **3.** En geol., proceso de ascenso a la superficie de sales, por capilaridad, que da lugar a eflorescencias.

exudado, da **1.** *p. p.* de **exudar**. También *adj.* ‖ *s. m.* **2.** En med., sustancia fluida salida por exudación de los vasos pequeños y capilares, generalmente sangre o líquido seroso en una inflamación.

exudar *v. intr.* **1.** Dejar salir un recipiente, conducto, vaso, glándula, etc., a través de sus paredes el líquido o sustancia que contiene. También *v. tr.* **2.** Sacar algo la humedad de su interior.

exultante *adj.* Mostrando gran alegría o satisfacción.

exultar *v. intr.* Mostrar alegría o satisfacción con gran excitación.

exvoto o **ex voto** *s. m.* **1.** Ofrenda hecha a los dioses en agradecimiento de un beneficio. **2.** Figuras de cera, muletas, cabellos, imágenes, cuadros, etc., que con el mismo motivo se ofrecen a Dios, la Virgen o los santos y que suelen colgar en los muros o en el techo de los templos. A menudo representan simbólicamente el tipo de mal o dolencia del que sanó el ofrendante, p. ej. un miembro del cuerpo.

eyaculación *s. f.* **1.** Acción y efecto de eyacular. ‖ **2. eyaculación precoz** La que se produce antes del coito o apenas iniciado éste. **FAM.** Eyaculatorio.

eyacular *v. tr.* Expulsar con fuerza el contenido de algún órgano, depósito o cavidad, especialmente el semen de los testículos en el orgasmo masculino.

Eyck, Jan Van Véase **Van Eyck, Jan**.

eyección *s. f.* **1.** Acción y efecto de eyectar o eyectarse. **2.** Expulsión de cualquier materia orgánica destinada a ser eliminada, p. ej. la orina. **3.** Expulsión por la tobera de un cohete espacial de los gases producidos por la combustión. **4.** En un cohete espacial, expulsión de la ojiva. **5.** En los aviones reactores militares o experimentales, expulsión mediante un dispositivo del asiento del piloto, cuando éste debe abandonar el aparato en el aire.

eyectar *v. tr.* Impulsar algo con fuerza hacia afuera, especialmente los asientos de los pilotos de las aeronaves militares o experimentales de alta velocidad para salvar la vida de los mismos. También *v. prnl.* **FAM.** Eyectable.

eyector *s. m.* **1.** Aparato que sirve para desalojar un líquido o un gas, arrastrándolo con otro fluido a gran velocidad. **2.** Dispositivo que extrae el cartucho vacío en las armas de fuego automáticas.

Eyre Lago de Australia, situado en el S del país. 9.583 km^2 de extensión. Se encuentra a 11 m por debajo del nivel del mar y sus aguas son saladas.

Eysenck, Hans Jürgen (Berlín 1916) Psicólogo británico de origen alemán. Es el creador de un «modelo factorial de la personalidad», formado por tres dimensiones básicas (introversión-extraversión, neuroticismo y psicoticismo) con las que caracteriza a cada sujeto, y que supone basadas en diferencias en el funcionamiento del sistema nervioso. Entre sus obras, que subrayan la importancia de los factores genéticos, destacan *Estudio científico de la personalidad* (1959) y *Fundamentos biológicos de la personalidad* (1972).

Eyskens, Gaston (Lierre, Amberes 1905 - Lovaina 1988) Político belga. Diputado democratacristiano, fue ministro de Finanzas en varios gobiernos y primer ministro de un gobierno de coalición (1958-61), que tuvo que enfrentarse a la independencia del Congo belga y prestó su apoyo a la secesión de Katanga. En 1968 fue elegido de nuevo primer ministro para encontrar solución al enfrentamiento de valones y flamencos; fracasado su intento, fue destituido (1970).

Eyzaguirre Arechavala, Agustín (Santiago 1768 - Calera de Tango, Santiago 1837) Político chileno. Miembro de la junta de gobierno de 1813, tras la victoria realista de Rancagua fue desterrado a la isla de Juan Fernández. Presidente del Senado (1823) y vicepresidente de la junta de gobierno, sustituyó interinamente a Blanco Encalada en la presidencia (1826), pero fue derribado por un golpe militar (1827).

Ezcurra, Juan Antonio (? 1859 - ? 1905) Militar y político paraguayo. Participó en el golpe de Estado que derribó a Emilio Acebal (1902). Elegido presidente con el apoyo del Partido Colorado (1902), promulgó la ley de colonización y hogar, para tratar de evitar la venta de tierras públicas. Fue depuesto por un movimiento revolucionario, instigado por el Partido Liberal, que terminó con el pacto de Pilcomayo (1904).

Ezequiel (? h. 627 - ? h. 570 a. C.) Profeta mayor hebreo del Antiguo Testamento. Predicó la salvación durante el destierro del pueblo judío en Babilonia. El *Libro de Ezequiel* recoge los oráculos de este profeta, de estilo apocalíptico y llenos de símbolos de difícil interpretación.

ezpatadanza *s. f.* Danza varonil vasca.

ezpatadanzari *s. m.* Danzante en el baile de la ezpatadanza.

Ezra, Abraham ibn (Tudela h. 1092 - Calahorra h. 1167) Erudito hebraicoespañol. Residió en Córdoba y viajó por Egipto, Italia, Francia e Inglaterra. De formación enciclopédica, dominó el árabe, el hebreo y el latín. Aunque escribió poesía religiosa y amorosa, casi toda su obra tiene carácter divulgador: matemáticas y astronomía; comentarios bíblicos y escritos de lingüística hebrea (*Balanzas* y *Fundamentos de la gramática*).

Ezra, Mosé ibn (Granada h. 1060 - ? h. 1135) Poeta hebraicoespañol. Educado en Granada, vivió posteriormente en la España cristiana (Estella, Zaragoza, Toledo). Fue también un buen conocedor de la lengua árabe. Está considerado como uno de los más destacados representantes de la poesía profana hebraica medieval. Es autor de 245 composiciones profanas, entre las que destacan el *Libro del collar*, y más de 250 de carácter religioso, algunas de las cuales se han incorporado a la liturgia hebrea. También escribió en árabe el *Libro de la consideración y del recuerdo*, tratado de preceptiva literaria.

F

f[1] *s. f.* Sexta letra del abecedario español y cuarta de las consonantes. Su nombre es *efe*.

f[2] En álgebra, símbolo que representa la función característica: $f(x)$, función de la variable x.

F **1.** Símbolo químico del flúor. **2.** Representación de la nota musical *fa*. **3.** Símbolo del faradio, unidad de capacidad eléctrica.

°F Representación de grado Fahrenheit, unidad de temperatura en la escala del mismo nombre.

fa *s. m.* Nota musical que constituye el cuarto grado de la escala fundamental.

faba *s. f.* En Asturias, variedad de judía blanca con que se prepara la fabada. ▪ Su plural es *fabes*.

fabada *s. f.* Guiso de judías con tocino, chorizo y morcilla, típico de Asturias.

Fabbri, Diego (Forlí 1911 - Riccione 1980) Dramaturgo italiano. Influido por Pirandello y Betti, enfocó los problemas de la posguerra desde el punto de vista católico. Algunas de sus obras principales son *Proceso de familia* (1953), *Proceso a Jesús* (1955), *Vela de armas* (1957), *El confidente* (1964) y *El vicio absurdo* (1973).

Fabela, Isidro (Atlacomulco 1882 - Cuernava 1964) Jurista y diplomático mexicano. Ministro de Relaciones Exteriores (1913-14) con Carranza, fue posteriormente embajador de México en varios países y juez del Tribunal Internacional de Justicia de La Haya (1946-52). Fue autor, entre otros títulos, de *Los Estados Unidos contra la libertad* (1918), *Cartas al presidente Cárdenas* (1947), *Las doctrinas Monroe y Drago* (1957) e *Historia diplomática de la Revolución mexicana* (1958-59).

fabianismo *s. m.* Movimiento reformista británico impulsado por la *Fabian Society*, fundada en Londres en 1884. Aspiraba a un cambio progresivo y pacífico de la sociedad mediante la aplicación de un socialismo gradual y el desarrollo cultural y moral de la población. Entre sus más destacados miembros figuraron Sidney Webb, George Bernard Shaw y Herbert George Wells. Su ideología se contiene en los *Fabian essays* y en los *Tracts*. La sociedad fabiana desempeñó un papel esencial en la formación del Partido Laborista, y uno de sus miembros, Ramsay MacDonald, fue elegido primer ministro.

Fabio Máximo Verrucoso, Quinto, llamado **Cunctator** (? h. 275 - ? 203 a. C.) Cónsul romano, fue nombrado dictador durante la segunda guerra púnica (217 a. C.). En la lucha contra Aníbal en Italia adoptó la táctica de guerra de desgaste y continuo hostigamiento al enemigo, a la vez que llevaba a cabo la fortificación de las ciudades amenazadas.

fabliau (voz fr.) *s. m.* Narración en verso que se cultivó en Francia durante la Edad Media. Era un género destinado a divertir. Se conservan unos 150, el más antiguo fechado en 1160.

Fabra, Pompeu (Barcelona 1868 - Prades, Francia 1948) Filólogo español. Ingeniero de profesión, fue uno de los grandes estudiosos de la lengua catalana, a cuya ordenación gramatical y ortográfica contribuyó de manera decisiva. Entre sus principales publicaciones se cuentan *Normas ortográficas* (1913), *Diccionario ortográfico* (1917) y *Gramática catalana* (1918). Dirigió la preparación del *Diccionario general de la lengua catalana* (1932).

Fabre, Jean-Henri (Saint-Léons, Aveyron 1823 - Sérignan-du-Comtat, Vaucluse 1915) Entomólogo francés. Paciente estudioso de la vida de los insectos, expuso sus observaciones en *Recuerdos entomológicos* (1879-1907), en 10 volúmenes.

Fabriano, Gentile da (Fabriano h. 1370 - Roma 1427) Pintor italiano. Trabajó en Venecia, Brescia, Roma, Florencia, Siena y Orvieto. Representante del gótico internacional, sus obras más importantes llegadas hasta nosotros son la *Adoración de los Magos* (1423) para la Santa Trinità, en Florencia, y el *Políptico Quaratesi* (1425).

fábrica *s. f.* **1.** Lugar donde se fabrican o elaboran determinados productos con maquinaria e instalaciones apropiadas. **2.** Obra de albañilería hecha con ladrillos o piedras unidos con cemento o argamasa. **3.** Edificio, construcción. **4.** Fabricación.

fabricante *adj.* **1.** Que fabrica alguna cosa. También *s.* ‖ *s. m.* y *f.* **2.** Propietario o persona que dirige una fábrica o una industria.

fabricar *v. tr.* **1.** Producir bienes, generalmente en serie y con ayuda de máquinas. **2.** Construir o hacer manualmente algo. **3.** Levantar una construcción, un edificio, un muro, etc. **4.** Elaborar algo de forma natural. ▪ Se conjuga como *sacar*. **FAM.** Fabricación.

fabril *adj.* Perteneciente o relativo a las fábricas y a sus trabajadores.

Fabritius, Carel (Midden-Beemster 1622 - Delft 1654) Pintor holandés. Discípulo de Rembrandt, en su pintura anticipa ciertos aspectos de la obra de Vermeer, del que se cree que fue maestro. Algunos de sus cuadros más destacados son *Resurrección de Lázaro* (1642), *Autorretrato* y *El jilguero* (1654).

Fabry, Charles (Marsella 1867 - París 1945) Físico francés. Profesor de la Sorbona, se especializó en óptica y en el estudio espectroscópico. Descubrió la presencia de ozono en la alta atmósfera (1913).

fábula *s. f.* **1.** Relato sin fundamento, habladuría o rumor. **2.** Narración o representación inventada y fantástica. **3.** Narración literaria, generalmente en verso, en la que los animales representan las diversas cualidades humanas, y de la que se extrae alguna moraleja. Destacan las de Esopo, La Fontaine y Samaniego. **4.** Relato mitológico. **FAM.** Fabulesco.

fabulación *s. f.* **1.** Acción y efecto de fabular. **2.** En psicol., conducta que consiste en una tendencia no intencionada a exagerar o a presentar hechos imaginarios como si fueran reales. Es frecuente en niños pequeños y en los adultos refleja trastornos histéricos, de la memoria o cierta debilidad mental.

fabular *v. tr.* Imaginar o inventar historias, fantasías, etc. **FAM.** Fabulador.

fabulario *s. m.* Colección o repertorio de fábulas.

fabulista *s. m.* y *f.* Escritor de fábulas literarias.

fabuloso, sa *adj.* **1.** Imaginario o inventado. **2.** Muy grande, abundante o bueno. **FAM.** Fabulosamente.

faca *s. f.* **1.** Cuchillo de forma curva. **2.** Cuchillo grande y puntiagudo que suele llevarse en una vaina.

facción *s. f.* **1.** Cada uno de los bandos que intervienen en una guerra o enfrentamiento. **2.** Grupo de insurrectos o revoltosos. **3.** Grupo dentro de un partido, movimiento, etc., que se distingue del conjunto o se enfrenta a él. **4.** Cada una de las distintas partes de la cara. Se usa sobre todo en *pl.*

Pompeu Fabra.

faccioso, sa *adj.* **1.** Perteneciente o relativo a un bando o facción. También *s.* **2.** Se dice del rebelde alzado en armas. También *s.* **3.** Se dice de quien causa disturbios y desórdenes. También *s.*

faceta *s. f.* **1.** Cada uno de los diferentes aspectos de un asunto, del carácter o la vida de una persona, etc. **2.** Lado o cara de un poliedro, en especial de los cristales o piedras preciosas talladas.

facha[1] (del ital. *faccia*, y éste del lat. *facies*, faz) *s. f.* **1.** Aspecto exterior de una persona, animal o cosa. **2.** Persona o cosa fea o ridícula. **3.** *Arg.*, *Chile*, *Méx.* Jactancia, presunción.

facha[2] (del ital. *fascio*) *adj. fam.* De extrema derecha o de ideología muy conservadora. También *s.*

fachada *s. f.* **1.** Parte exterior de los muros que forman un edificio. **2.** *fam.* Aspecto externo. **3.** Portada de un libro. **4.** *fam.* Falsa apariencia.

fachenda *s. f.* **1.** *fam.* Presunción, jactancia. ‖ *s. m.* y *f.* **2.** Persona que muestra esta actitud.

fachendear *v. intr. fam.* Presumir, darse importancia.

fachendoso, sa *adj. fam.* Que tiene o muestra fachenda. También *s.*

fachoso, sa *adj.* **1.** Que tiene mala facha, feo o ridículo. **2.** *Chile*, *Ec.*, *Méx.* Fachendoso, vanidoso.

facial *adj.* Perteneciente o relativo al rostro.

facies *s. f.* Conjunto de caracteres litológicos y paleontológicos de un estrato o sedimento. Su estudio permite reconstruir el medio ambiente en que ha sido depositado.

fácil *adj.* **1.** Que no supone o requiere esfuerzo, ni tiene complicaciones. **2.** Probable. **3.** Sociable, cordial. **4.** Se dice de la persona dócil, manejable. **5.** Se aplica a aquello para lo que alguien tiene habilidad o desenvoltura. **6.** Se dice de aquello a lo que alguien es propenso. **7.** Aplicado a una mujer, que se deja seducir o conquistar por cualquiera. ‖ *adv. m.* **8.** Fácilmente, con facilidad.

facilidad *s. f.* **1.** Cualidad de fácil. **2.** Disposición para algo o propensión a ello. **3.** Ocasión o circunstancia propicia para hacer alguna cosa. ‖ *pl.* **4.** Condiciones favorables que se proporcionan a alguien.

facilitar *v. tr.* **1.** Hacer algo fácil o posible. **2.** Proporcionar algo a alguien. **3.** *amer.* Juzgar algo más fácil de lo que realmente es. **FAM.** Facilitación.

facilón, na *adj.* **1.** *fam.* Muy fácil. **2.** *fam.* Ramplón, poco elaborado.

facineroso, sa *adj.* **1.** Se aplica al criminal o delincuente habitual. También *s.* **2.** Malvado. También *s.*

facistol *s. m.* Atril grande del coro de las iglesias en el que se apoyan los libros para el canto.

facócero *s. m.* Mamífero artiodáctilo de la familia suidos, especie *Phacochoerus aethiopicus*. Es un tipo de jabalí con cabeza desproporcionadamente grande, caracterizado por sus cuatro verrugas en el rostro, sus pequeñas orejas y sus cuatro colmillos de crecimiento continuo. Presenta pelaje pardo con una espesa crin negra. Habita en la región subsahariana. También se llama *facóquero*.

facón *s. m. Arg.*, *Bol.*, *Par.*, *Urug.* Cuchillo grande y puntiagudo, característico del gaucho.

facsímil o **facsímile** *s. m.* Reproducción o copia exacta de un dibujo, manuscrito, etc.

facsimilar *adj.* Reproducido en facsímil.

factible *adj.* Que se puede hacer o realizar. **FAM.** Factibilidad.

facticio, cia *adj.* Artificial, no natural.

fáctico, ca *adj.* **1.** Perteneciente o relativo a los hechos. **2.** Real, basado en los hechos, en oposición a teórico o imaginario.

factitivo, va *adj.* Se aplica al verbo o perífrasis verbal cuyo sujeto no ejecuta realmente la acción, sino que hace que otros la realicen, como p. ej. *Voy a cortarme el pelo*.

facto, de *loc. lat.* De hecho.

factor *s. m.* **1.** Cada una de las condiciones o aspectos que contribuyen a un resultado, situación, etc., o de los elementos que constituyen un conjunto. **2.** En mat., cada uno de los números o expresiones algebraicas que forman parte de una multiplicación. **3.** En econ., cualquiera de los elementos que intervienen en el proceso productivo. Tradicionalmente se consideran la tierra, el trabajo y el capital. **4.** Persona que actúa en nombre y por cuenta de un comerciante. **5.** Empleado del ferrocarril o de una empresa de transportes encargado de la recepción, envío y entrega de mercancías y equipajes. ‖ **6. factor común** En mat., número del que todos los sumandos de cierta suma o resta son múltiplos; p. ej., en la operación 2 – 4 + 6 el factor común es el 2. **7. factor de actividad** En quím., valor numérico, menor que la unidad, por el que es preciso multiplicar la concentración molar de los electrolitos cuando ésta es grande, para determinar la concentración efectiva en lo que se refiere a la actividad de sus iones en la disolución. **8. factor de potencia** En fís., relación o cociente entre la resistencia óhmica y la impedancia en un circuito de corriente alterna en el que existen, instalados en serie, algún condensador y/o bobina inductiva. **9. factor primo** En mat., cada uno de los números primos cuyo producto es un número compuesto. **10. factor Rh** Véase **Rh**.

factoría *s. f.* **1.** Fábrica o complejo industrial. **2.** Establecimiento comercial fundado por un pueblo o país en otro, como los creados por los fenicios en el Mediterráneo. **3.** Empleo y oficina del factor ferroviario.

factorial *adj.* **1.** Perteneciente o relativo al factor. ‖ **2. factorial de un número natural** En mat., referido a un determinado número *n*, es el producto de todos los números naturales consecutivos desde la unidad hasta el propio *n*, ambos inclusive: $n(n-1)\cdot(n-2)\ldots 2\cdot 1$. Se simboliza *n*! y se lee factorial del número natural *n* o factorial de *n*; p. ej., $6! = 6\cdot 5\cdot 4\cdot 3\cdot 2\cdot 1 = 720$.

factoring (voz ingl.) *s. m.* Contrato de servicios mediante el cual una persona (factor) gestiona las cuentas pendientes de cobro de un cliente.

factorización *s. f.* En mat., descomposición de un número o expresión algebraica como producto de dos o más factores.

factótum *s. m.* **1.** *fam.* Persona que desempeña todas las funciones en una casa, oficina, etc. **2.** Persona de confianza de otra, encargada por ésta de sus asuntos, negocios, etc.

factual *adj.* Perteneciente o relativo a los hechos.

factura *s. f.* **1.** Recibo en el que constan las mercancías adquiridas, servicios prestados, etc., con que se queda el comprador o cliente como justificante de que ha realizado el pago. **2.** Modo en que algo está hecho. ‖ **Loc. pasar factura** Presentarla a un cliente; también, cobrarse un favor o pagar alguien las consecuencias de sus actos o de otra circunstancia.

facturación *s. f.* **1.** Acción y efecto de facturar. **2.** Conjunto de operaciones en las que se especifica la totalidad de las ventas efectuadas por una empresa a sus clientes, en un determinado periodo de tiempo.

facturar *v. tr.* **1.** Hacer o extender una factura. **2.** Incluir o anotar en una factura cada mercancía, artículo o servicio prestado. **3.** En lenguaje empresarial, vender, registrar un determinado volumen de operaciones comerciales. **4.** Entregar en una estación de transportes, puerto o aeropuerto mercancías, equipajes, etc., para que sean enviados a su destino.

fácula *s. f.* Cada una de las áreas más brillantes que se aprecian en el disco del Sol sobre la fotosfera o la cromosfera, en las proximidades de las manchas solares. Constituyen regiones de refuerzo del campo magnético solar.

facultad *s. f.* **1.** Capacidad o aptitud física, intelectual o moral que tiene una persona. **2.** Autorización, derecho o permiso para hacer alguna cosa. **3.** Cada una de las grandes secciones en que se dividen los estudios universitarios correspondientes a una rama del saber y, p. ext., edificio e instalaciones de dicha sección. **4.** Expresión utilizada en la filosofía y en la psicología tradicionales para designar las distintas capacidades de la psique, memoria, entendimiento, voluntad, etc. Actualmente el término ha perdido vigencia.

facultar *v. tr.* Dar a alguien facultad, autorización o derecho para algo.

facultativo, va *adj.* **1.** Voluntario, no obligatorio. **2.** Se dice de la persona que posee un título universitario o estudios superiores y desempeña para el Estado determinadas funciones técnicas. También *s.* **3.** Se aplica a los consejos o indicaciones del médico. **4.** Perteneciente o relativo a una facultad universitaria. ‖ *s. m.* y *f.* **5.** Médico, doctor.

facundia *s. f.* Facilidad de palabra o tendencia excesiva a hablar.

facundo, da *adj.* Que tiene facundia.

Fadeiev, Alexander Alexandrovich (Kimri, Tver 1901 - Moscú 1956) Escritor soviético. Miembro del partido comunista (1918), luchó en el ejército rojo durante la revolución. Secretario general de la Unión de escritores soviéticos, cayó en desgracia después de la muerte de Stalin y se suicidó. Sus novelas se encuadran dentro del realismo socialista y entre ellas destacan *La derrota* (1927), *El último de los Udegues* (1929-41), en cinco volúmenes, y *La joven guardia* (1946).

fado (voz port.) *s. m.* Canción popular portuguesa de carácter melancólico. Está escrita en compás binario y consta de dos partes: la primera, en tono menor, y la segunda, en mayor. Su origen es incierto, aunque probablemente proceda de la música negra brasileña.

faena *s. f.* **1.** Trabajo, labor, tarea. **2.** En tauromaquia, la brega y los pases del torero con la muleta, preliminares de la estocada. **3.** Mala pasada, acción perjudicial o molesta. **4.** *Chile.* Cuadrilla de obreros.

faenar *v. intr.* **1.** Realizar las tareas propias de la pesca en el mar. **2.** Efectuar las faenas agrícolas.

faetón *s. m.* Carruaje descubierto de cuatro ruedas, alto y ligero.

Faetón Personaje de la mitología griega, hijo de Helios (el Sol) y de la oceánida Clímene. Consiguió que su padre le dejase conducir el carro solar, pero la altura y los animales del zodiaco le asustaron y se desvió de su ruta poniendo en peligro la Tierra. Zeus entonces le fulminó, precipitándole en el río Erídano.

Fáfila (? - Asturias 739) Rey de Asturias en el 737 al suceder a su padre Pelayo. Murió atacado por un oso a los dos años de reinado.

fagáceas *s. f. pl.* Familia de plantas arbóreas del orden fagales, a la que pertenecen numerosas especies de los géneros *Quercus, Fagus, Castanea*, etc. Son monoicas, con las flores masculinas agrupadas en amentos o glomérulos, hojas enteras, dentadas o lobuladas y fruto indehiscente protegido por un involucro llamado cúpula. Crecen en bosques templados y subtropicales de todo el mundo. Las especies del género *Quercus* se utilizan por su fruto (bellota), su madera o su corteza (corcho). Fagáceas son el roble, la encina, el alcornoque, el castaño y la haya. También *adj.* y *s. f.*

fago- o **-fago, ga** *pref.* o *suf.* Significa 'que come': *fagocito, antropófago.*

fagocitar *v. tr.* **1.** Englobar una célula un cuerpo extraño para digerirlo o destruirlo. **2.** Absorber una cosa a otra, haciéndole perder sus rasgos característicos.

fagocito *s. m.* Célula capaz de fagocitar a otras células o cuerpos extraños englobándolos en su protoplasma. Las más importantes son los glóbulos blancos.

fagocitosis *s. f.* Proceso por el que ciertas células engloban y capturan partículas extrañas y otras células, mediante movimientos citoplásmicos y emisión de seudópodos. En algunos organismos superiores, como la carpa, forma parte del proceso de nutrición heterótrofa, mientras que en otros, como el hombre, se integra en el sistema de defensa inmunológica.

fagot *s. m.* **1.** Instrumento musical de viento de la familia de los oboes que alcanza el sonido más grave. Consta de lengüeta doble y tubo cónico de madera, doblado en forma de U. **2.** Persona que toca este instrumento. **Fam.** Fagotista.

Fahd ibn Abd al-Aziz (Riad 1922) Rey de Arabia Saudí. Ministro y viceprimer ministro durante los reinados de sus hermanos Faysal y Jalid, sucedió a este último en 1982. Su reinado se ha caracterizado por una cierta modernización del país y por una política moderada y proccidental. Durante la guerra del Golfo (1991) alineó a su país en el bando aliado, para expulsar a Irak del invadido Kuwait

Fahrenheit, escala Graduación termométrica creada por Gabriel Fahrenheit, en la que las temperaturas de congelación y de ebullición del agua son 32 y 212 °F respectivamente. Cada una de las 180 partes iguales en que se divide constituye un grado Fahrenheit (°F). La equivalencia con los grados Celsius (°C) viene dada por la fórmula: °F = 1,8 °C + 32.

Fahrenheit, Gabriel Daniel (Danzig, hoy Gdansk 1686 - La Haya 1736) Físico alemán. Fue fabricante de aerómetros y termómetros de alcohol, a los que dio la graduación que lleva su nombre. En 1714 construyó los primeros termómetros de mercurio.

FAI Siglas de la Federación* Anarquista Ibérica.

fainá *s. f. Amér. del S.* Torta delgada preparada con harina de garbanzos y cocida al horno.

Fairbanks, Douglas (Denver, Colorado 1883 - Santa Mónica, California 1939) Actor estadounidense. Procedente del teatro, debutó en el cine en 1914 bajo la dirección de David W. Griffith. Creó el arquetipo de héroe atlético, atractivo y valiente, en películas como *El signo del Zorro* (1920), *Robín de los bosques* (1922), *El ladrón de Bagdad* (1924) y *La fierecilla domada* (1929).

Fairfax, Thomas (Denton 1612 - Nunappleton 1671) Militar inglés. Jefe supremo de las fuerzas parlamentarias durante la guerra civil, derrotó a Carlos I en la batalla de Naseby (1645), pero se opuso a la condena del rey (1649) y fue sustituido por Cromwell (1650).

fair-play (expr. ingl.) *s. m.* Juego limpio, sobre todo en el deporte.

Faisalabad C. de Pakistán, situada en el Punjab, al SO de Lahore. 1.104.200 h. en 1989. Es un importante centro de mercado, que posee industrias alimentarias y textiles. Antiguamente era llamada *Lyallpur.*

Faisán común macho (Phasianus colchicus).

faisán *s. m.* Ave galliforme de la familia fasiánidos, géneros *Phasianus, Chrysolophus*, etc. Su tamaño varía entre los 60 y los 100 cm, tiene alas cortas, por lo que su vuelo no es rápido, torso desnudo y cola larga y puntiaguda. El color del macho, más vistoso que el de la hembra, presenta manchas verdes en cuello y cabeza y manchas escarlata en torno a los ojos en el faisán común *(Phasianus colchicus)*, y cresta dorada, cuello naranja y dorso y obispillo amarillos en el faisán dorado *(Chrysolophus pictus)*. Son originarios de Asia y constituyen apreciadas piezas de caza.

faja *s. f.* **1.** Tira de cualquier material con que se rodea una cosa, p. ej. las que se ponen alrededor de la cintura o alrededor de periódicos e impresos. **2.** Prenda interior femenina, generalmente de material elástico, que ciñe las caderas. **3.** Banda de cualquier material que constituye una insignia de algunos cargos militares, civiles o eclesiásticos o un distintivo honorífico. **4.** Cual-

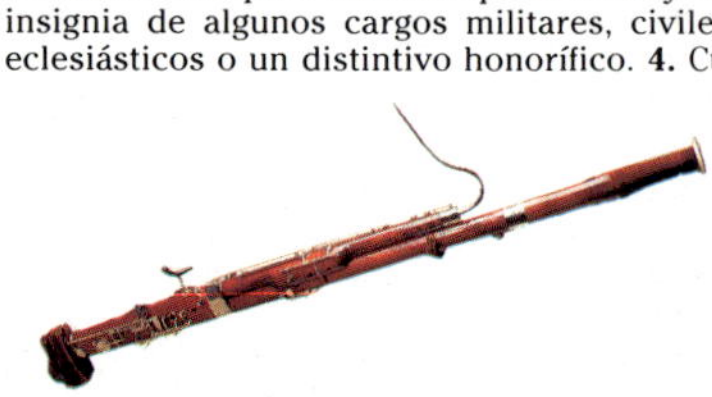

Fagot.

quier franja o lista mucho más larga que ancha, como la comprendida entre dos paralelos en la superficie terrestre, la que forma un adorno en arquitectura, etc. **5.** En arq., fajón.

fajador *s. m.* **1.** En boxeo, púgil muy combativo y de gran resistencia a los golpes del contrario. **2.** *fam.* Persona que aguanta y encaja bien las dificultades y adversidades.

fajar *v. tr.* **1.** Ceñir o rodear con una faja a alguien o algo. También *v. prnl.* **2.** Pegar, golpear o acometer a alguien. También *v. prnl.* ‖ *v. prnl.* **3.** Realizar con empeño un trabajo o tarea. **FAM.** Fajadura, fajamiento.

fajero *s. m.* Faja de punto que se pone a los recién nacidos.

fajilla *s. f.* Faja que se coloca a los impresos para enviarlos por correo.

fajín *s. m.* Faja o ceñidor usado como insignia o distintivo honorífico por militares y ciertos funcionarios civiles.

fajina[1] (del lat. *fascina*, de *fascis*, haz) *s. f.* **1.** Conjunto de haces de mies en las eras. **2.** Haz de leña. **3.** En el ejército, toque de corneta para reunir a la tropa antes de la comida.

fajina[2] *s. f. Amér. del S.* Trabajo manual rutinario e intenso.

fajo *s. m.* Conjunto de cosas delgadas y largas, puestas unas sobre otras y atadas.

fajón *s. m.* Faja o moldura ancha alrededor de los huecos de puertas y ventanas.

falacia *s. f.* **1.** Cualidad de falaz. **2.** Engaño o mentira con que se intenta perjudicar a otra persona. **3.** Error o argumento falso.

falange *s. f.* **1.** Cuerpo de infantería de los antiguos griegos. **2.** Cuerpo de tropas numeroso. **3.** Organización paramilitar, generalmente de tendencias derechistas. **4.** Conjunto de personas unidas para un mismo fin. **5.** Cada uno de los huesos que forman el esqueleto de los dedos; de la palma hacia el extremo se denominan primera, segunda y tercera falange, o también falange, falangina y falangeta.

Falange Española Partido político fundado por José Antonio Primo de Rivera, Julio Ruiz de Alda y Alfonso García Valdecasas el 29 de octubre de 1933 en Madrid. Al año siguiente se fusionó con las Juntas de Ofensiva Nacional Sindicalista (JONS) de Onésimo Redondo y Ledesma Ramos. De ideología antiliberal y anticomunista, próxima al fascismo italiano, defendía un estado corporativo, una justicia social sin lucha de clases y un nacionalismo basado en la tradición imperial y católica. Durante la segunda república protagonizó diversas acciones de lucha política contra el régimen. Su líder, José Antonio, fue fusilado en Alicante por los republicanos el 20 de noviembre de 1936. El general Franco decretó la unificación de Falange con la Comunión Tradicionalista el 19 de abril de 1937, de donde surgió la Falange Española Tradicionalista y de las JONS, único cauce de participación política durante el franquismo.

falangero *s. m.* Nombre común de diversos mamíferos marsupiales, de la familia falangéridos, géneros *Phalanger, Trichosurus, Acrobates*, etc. El falangero común o cusco manchado *(Phalanger maculatus)* mide alrededor de 1 m de longitud, es arborícola, de costumbres nocturnas y carnívoro. Tiene la cabeza redonda, el hocico puntiagudo y cola prensil. Algunas especies, como el falangero volador *(Acrobates pygmeus)*, que mide unos 15 cm de longitud, presentan una expansión de la piel desde las extremidades anteriores a las posteriores que, al estirarse, les permite planear y hacer vuelos cortos. Otras especies, como el falangero de Tasmania *(Trichosurus fuliginosus)*, tienen un pelaje denso de color leonado y la cola negra. Habita fundamentalmente en bosques de eucaliptos de Australia, Nueva Zelanda e Indonesia.

falangeta *s. f.* Falange tercera o ungular de los dedos.

falangina *s. f.* Falange segunda o media de los dedos.

falangismo *s. m.* Movimiento e ideología de la Falange Española.

falangista *adj.* **1.** Perteneciente o relativo a la falange, especialmente a la Falange Española. **2.** Partidario de este movimiento. ▪ También *s.*

falansterio *s. m.* **1.** Comunidad de trabajadores en el sistema utópico ideado por el filósofo y sociólogo Charles Fourier. **2.** Edificio en que habitaba. **3.** P. ext., residencia colectiva y mixta de un grupo numeroso de personas.

falárica *s. f.* Antigua lanza arrojadiza.

falarópodo *s. m.* Nombre común de dos especies de aves caradriformes de la familia falaropódidos, *Phalaropus fulicarius* y *Phalaropus lobatus*. Miden entre 15 y 20 cm de lontigud, tienen el pico largo y las patas carentes de membrana interdigital, con unas dilataciones laterales que les permiten nadar. Viven en casi todo el mundo en estanques, lagunas y riberas marinas.

falaz *adj.* **1.** Mentiroso, embaucador. **2.** Que atrae con engaño o falsas apariencias. **FAM.** Falazmente.

falca *s. f.* Cuña para calzar un mueble que cojea, inmovilizar las ruedas de un coche, etc.

falcado, da *adj.* Curvado en forma de hoz.

falcata *s. f.* Espada curva de hierro que usaban los iberos.

falciforme *adj.* De forma parecida a la de una hoz.

Falcón Estado de Venezuela, situado en el NO del país, junto a la costa del mar Caribe. 24.800 km^2. 632.500 h. en 1990. La capital es Coro, con 134.800 h. en 1990. Entre sus actividades económicas destacan las petrolíferas, la pesca, la agricultura, especialmente de tabaco, y la industria textil.

Falcón, Juan Crisóstomo (Tabe, Falcón 1820 - Fort-de-France 1870) Militar y político venezolano. Jefe del Partido Liberal, intervino en las sublevaciones federalistas de 1859 y de 1862. En 1863 fue elegido presidente del país y al año siguiente promulgó una nueva Constitución y abolió la pena de muerte. Fue derrocado en 1868 y se exilió a Europa.

Falconet, Étienne (París 1716 - íd. 1791) Escultor francés. Discípulo de Jean Baptiste Lemoyne, ingresó en la Academia en 1744. Director de modelado en la fábrica de porcelana de Sèvres (1757-66), diseñó algunas figuras y grupos para reproducirlos en porcelana. Fue llamado a San Petersburgo (1766) para realizar la estatua ecuestre de Pedro el Grande, su obra maestra. Entre sus esculturas también destacan *Milón de Crotona* (1754), *Jesús en el Huerto* (1762) y *Pigmalión y Galatea* (1763).

falcónidos *s. m. pl.* Familia de aves falconiformes que comprende numerosas especies pertenecientes, en su mayoría, al género *Falco*. Son rapaces diurnas cuya longitud oscila entre 15 y 60 cm y tienen alas puntiagudas, pies desnudos y pico curvo con un gancho o diente en cada borde lateral de la mandíbula superior. Habitan en todo el mundo. Falcónidos son los halcones, cernícalos y alcotanes. También *adj.* y *s. m.*

falconiformes *s. m. pl.* Orden de aves rapaces al que pertenecen las familias catártidos (cóndores), sagitáridos (secretarios), accipítridos (buitres, azores, águilas, milanos, gavilanes), pandiónidos (águilas pescadoras) y falcónidos (halcones, cernícalos, alcotanes). Su tamaño es variable, con envergaduras que llegan a los 3 m en algunos cóndores; tienen cabeza robusta, pico fuerte y ganchudo, garras vigorosas y alas bien desarrolladas. Vuelan a gran altura y están dotados de una vista muy aguda, que les permite distinguir sus presas desde largas distancias. Habitan en todo el mundo. También *adj.* y *s. m.*

falda *s. f.* **1.** Parte del vestido o prenda de vestir, especialmente femenina, que cae de la cintura hacia abajo. **2.** Parte de la tela que cae del borde del objeto que cubre, y p. ext., toda la pieza. **3.** Parte de la armadura que colgaba desde la cintura hasta abajo. **4.** Parte baja de la vertiente de una montaña. **5.** En el despiece de carne bovina, la parte que cuelga de las agujas, sin estar pegada a hueso ni costilla. ‖ *pl.* **6.** *fam.* Mujeres.

faldellín *s. m.* Falda corta que se usa encima de otra.

faldeo *s. m. Arg., Cuba, Chile.* Falda o ladera de un monte en que hay algunos llanos.

faldero, ra *adj.* **1.** Perteneciente o relativo a la falda. **2.** *fam.* Mujeriego*. También *s. m.*

faldillas *s. f. pl.* En algunos trajes, parte que cuelga de la cintura.

faldón *s. m.* **1.** *aum.* de **falda**. **2.** En algunas prendas de vestir, parte que cae suelta desde la cintura, como en la camisa, la chaqueta, etc. **3.** Falda larga que se pone a los bebés encima de las otras prendas. **4.** Vertiente triangular de un tejado. ‖ **LOC. agarrarse** (o **asirse**) **a los faldones** de alguien *fam.* Acogerse a su protección.

faldriquera *s. f.* Faltriquera*.

falena *s. f.* Nombre común de diversos insectos lepidópteros de la familia geométridos, género *Erannis, Abraxas*, etc. Son mariposas nocturnas cuyas orugas tienen dos pares de falsas patas sobre las que se sostienen erguidas y rígidas en las ramas de los árboles, imitando el aspecto de éstas, y se mueven avanzando la parte posterior del cuerpo hasta el punto de apoyo de la parte anterior. La falena deshojadora *(Erannis defoliaria)* tiene alas blanquecinas con bandas transversales oscuras; las hembras sólo tienen alas vestigiales. La falena mosqueada *(Abraxas grossulariata)* mide unos 40 mm de envergadura y tiene las alas blancas, con puntos negros y líneas anaranjadas. Constituyen plagas para los cultivos hortofrutícolas.

falencia *s. f. amer.* Bancarrota, quiebra.

falible *adj.* **1.** Que puede engañarse o engañar. **2.** Que puede fallar o faltar. **FAM.** Falibilidad.

fálico, ca *adj.* Perteneciente o relativo al falo.

Faliero Ilustre familia de Venecia que dio tres dux a la ciudad: **Vitale** (? - ? 1096), dux de 1084 a 1096, que venció a Roberto Guiscardo y ocupó parte de Dalmacia y Croacia, con autorización de Bizancio; **Ordelafo** (? - ? 1118), dux de 1102 a 1118, que tomó Zara al rey Esteban II de Hungría; **Marino** (? 1274 - ? 1355), dux de 1354 a 1355, que derrotó a Luis de Hungría (1348) y murió decapitado por encabezar una conjura contra el gobierno patricio de Venecia.

Falkland Nombre inglés de las islas Malvinas.

falla[1] (del lat. *falla*, de *fallere*, engañar) *s. f.* **1.** Defecto de alguna cosa, especialmente en las telas. **2.** En geol., fractura de una roca o de un estrato de la corteza terrestre con desplazamiento de bloques, cuando soporta fuerzas tectónicas horizontales o verticales. Las partes de una falla son: **labios de falla**, cada uno de los bloques fracturados; **plano de falla**, superficie por la que se deslizan los bloques; **salto de falla**, desnivel entre los bloques. **3.** *amer.* Fallo.

Principales tipos de falla, según el desplazamiento de los bloques en el plano de falla: *(A)* normal, *(B)* inversa, *(C)* vertical *y (D)* horizontal *o* de desgarre.

falla[2] (del cat. *falla,* y éste del lat. *facula*) *s. f.* **1.** Figura o conjunto de figuras de cartón piedra que representan grotesca y humorísticamente a personajes o hechos de actualidad y son quemadas en las calles valencianas la noche de San José. ‖ *pl.* **2.** Fiestas celebradas con este motivo la noche del 19 de marzo. ▪ En esta acepción suele escribirse con mayúscula.

Falla, Manuel de (Cádiz 1876 - Alta Gracia, Córdoba, Argentina 1946) Compositor español. A través de su maestro Pedrell se familiarizó con la música popular española. En París tomó contacto con la música impresionista (1907-14). A su regreso a Madrid compuso obras de tema andaluz, como *El amor brujo* (1915), *Noches en los jardines de España* (1916) y *El sombrero de tres picos* (1919). En 1921 se instaló en Granada, donde dio una nueva orientación a su obra, que adquirió un estilo profundo y ascético. A esta etapa pertenecen la ópera de cámara *El retablo de Maese Pedro* (1923) y el *Concierto para clave y cinco instrumentos* (1926), encargo de Wanda Landowska. Su obra póstuma fue *La Atlántida,* ópera-oratorio, empezada en 1927 y terminada por su discípulo Ernesto Halffter.

Manuel de Falla. Retrato a lápiz de Daniel Vázquez Díaz (colección María Isabel de Falla, Madrid).

Fallaci, Oriana (Florencia 1929) Periodista y escritora italiana. Famosa por sus crónicas como corresponsal de guerra y por sus entrevistas a personajes, es autora, entre otros libros, de *Entrevista a la historia* (1974), colección de reportajes, y de las novelas *Carta a un hijo que nunca nació* (1979) y *Un hombre* (1979).

Fallada, Rudolf Ditzen, llamado **Hans** (Greifswald 1893 - Berlín 1947) Escritor alemán. En sus novelas describe con realismo la vida cotidiana de la sociedad alemana después de la Primera Guerra Mundial. Algunos de sus títulos más significativos son *Campesinos, caciques y bombas* (1931), *¿Y ahora qué, pobre hombre?* (1932), *Una vez tuvimos un hijo* (1934) y *Todos morimos solos* (1947).

fallar[1] (del lat. *afflare,* soplar, husmear) *v. tr.* Decidir un juez, jurado o autoridad competente el resultado de un juicio, prueba, certamen, etc. También *v. intr.*

fallar[2] (de *falla*[1]) *v. intr.* **1.** Hacer mal algo. También *v. tr.* **2.** No dar una persona o cosa el servicio, rendimiento o resultado que se esperaba. **3.** Dejar de tener algo fuerza o resistencia. ‖ *v. tr.* **4.** En algunos juegos de cartas, seguir a una carta con un triunfo, por no tener otra del mismo palo.

falleba *s. f.* **1.** Mecanismo utilizado para cerrar y asegurar puertas o ventanas, consistente en una varilla sujeta a una de las hojas, que por medio de una manivela quedaba encajada por sus extremos en los huecos del marco. **2.** Manivela con que se mueve la varilla.

fallecer *v. intr.* Morir una persona. ▪ Es v. irreg. Se conjuga como *agradecer.*

fallecimiento *s. m.* Muerte de una persona.

fallero, ra *adj.* **1.** Perteneciente o relativo a las Fallas valencianas. ‖ *s. m.* y *f.* **2.** Persona que interviene o participa en las Fallas.

fallido, da *adj.* **1.** Fracasado, no logrado. **2.** Se aplica a las cantidades de dinero, créditos, etc., que pasado cierto tiempo no pueden ser cobrados.

Fallières, Armand (Mézin, Lot-et-Garonne 1841 - íd. 1931) Político francés. De izquierda republicana, fue presidente del senado (1899) y de la república (1906-13). Promulgó la separación entre la Iglesia y el Estado y puso fin al asunto Dreyfus, con la rehabilitación de éste. Durante su mandato se agravó la tensión franco-alemana, que desembocaría en la Primera Guerra Mundial.

fallo[1] (de *fallar*[1]) *s. m.* Decisión, sentencia, veredicto.

fallo[2] (de *fallar*[2]) *s. m.* **1.** Error, defecto, equivocación. **2.** Acción y efecto de fallar o fracasar. **3.** Falta de un palo en las cartas que tiene un jugador.

falluto, ta *adj.* **1.** *Amér. del S.* Fallido, fracasado. **2.** *Amér. del S.* Falso, desleal, incumplidor. También *s.*

falo *s. m.* Pene*.

falocracia *s. f.* Machismo*. **FAM.** Falócrata, falocrático.

Falopio (Falloppio o **Fallopia), Gabriele** (Módena 1523 - Padua 1562) Médico italiano. Pionero del estudio de la anatomía, descubrió la función de los conductos del útero, llamados en su honor *trompas de Falopio.*

Falopio, trompas de Tubos membranosos, que se extienden desde cada uno de los dos ovarios hasta el interior del útero, por donde se trasladan los óvulos.

falsación *s. f.* En la filosofía de la ciencia, criterio de demarcación de una teoría, es decir, la razón por la cual un sistema teórico es considerado científico. Fue enunciado por Karl Popper, quien, oponiéndose a la lógica inductivista, negó que una ley científica pueda ser verificada por la experiencia, mientras que sí puede ser falsable, esto es, contrastable y susceptible de ser refutada empíricamente.

falsario, ria *adj.* **1.** Que falsea la verdad o actúa con falsedad. **2.** Embustero, calumniador. También *s.*

falsear *v. tr.* **1.** Alterar alguna cosa, de forma que deje de ser verdadera o auténtica. **2.** En arq., desviar ligeramente el corte de la dirección vertical o perpendicular, p. ej. de una piedra o de un madero. ‖ *v. intr.* **3.** Perder una cosa su resistencia o firmeza. **4.** Sonar desafinada una nota.

falsedad *s. f.* **1.** Cualidad de falso. **2.** Dicho o hecho falso.

falseo *s. m.* En arq., acción y efecto de falsear o desviar ligeramente un corte de la dirección vertical.

falsete *s. m.* Voz más aguda que la normal, producida por la vibración de las cuerdas superiores de la laringe.

falsía *s. f.* Falsedad al hablar o actuar.

falsificación *s. f.* **1.** Acción y efecto de falsificar. **2.** La cosa falsificada. **3.** En der., delito de falsedad que se comete en un documento público, comercial o privado, en la moneda o en sellos o marcas.

falsificar *v. tr.* Realizar una copia de algo, haciéndola pasar por verdadera. ▪ Se conjuga como *sacar.* **FAM.** Falsificable, falsificador.

falsilla *s. f.* Hoja rayada que se pone debajo del papel sobre el que se va a escribir para guiarse por sus líneas y no torcerse.

falso, sa *adj.* **1.** Que no es verdadero o auténtico. **2.** Hipócrita, que carece de sinceridad. También *s.* **3.** Simulado o supuesto. **4.** Débil, poco resistente. ‖ **LOC. en falso** *adv.* Con falsedad; sin apoyo o fundamento; también, sin conseguir aquello que se pretende o busca. **FAM.** Falsamente.

falta *s. f.* **1.** Circunstancia de no haber alguna cosa o de existir en poca cantidad. **2.** Ausencia de una persona. **3.** Anotación con que se confirma o registra la ausencia de una persona en un determinado lugar, ocupación, etc. **4.** Defecto o imperfección de una cosa. **5.** Error o equivocación. **6.** Acción censurable o castigable que comete alguien. **7.** En algunos deportes, violación de alguna de las reglas del juego y ejecución del castigo correspondiente. **8.** En der., acción castigada con una pena leve. **9.** Supresión de la menstruación en la mujer, especialmente por causa de embarazo. ‖ **LOC. echar en falta** Echar de menos; también, notar la ausencia de algo. **hacer falta** Ser necesario; también, cometer una infracción en ciertos deportes. **sin falta** *adv.* Con toda seguridad.

faltar *v. intr.* **1.** No haber alguna cosa o resultar insuficiente. **2.** No estar alguna cosa en su lugar o haber menos de ella. **3.** Quedar tiempo aún para que algo llegue a hacerse, realizarse, etc. ▪ En estas tres acepciones se usa sólo en 3.ª persona. **4.** Quedar por hacer. **5.** No acudir alguien a algún sitio o ausentarse de él. **6.** Acabar o morir. **7.** Cometer alguna falta u ofender a alquien. **8.** Con sustantivos como *promesa, palabra, amistad, fidelidad,* etc., no cumplir o defraudar lo que éstos expresan. ‖ **LOC. faltar poco para** algo Estar a punto de que ocurra alguna cosa. **¡no faltaba** (o **faltaría) más!** *excl.* Rechazar una proposición por considerarla absurda o intolerable; también se utiliza como fórmula de cortesía y equivale a 'desde luego, por supuesto'.

falto, ta *adj.* Que carece de algo o lo necesita.

faltón, na *adj.* **1.** *fam.* Se aplica a la persona que no suele cumplir sus promesas, compromisos u obligaciones. También *s.* **2.** Que acostumbra a faltar u ofender a los demás. También *s.*

faltriquera *s. f.* Pequeño bolso atado a la cintura, que se lleva colgando debajo de la ropa. ▪ Se dice también *faldriquera.*

falúa *s. f.* Pequeña embarcación utilizada en los puertos para transportar a las autoridades de marina.

falucho *s. m.* Embarcación costera con una vela latina.

fama *s. f.* **1.** Circunstancia de ser alguien o algo muy conocido y apreciado. **2.** Juicio u opinión que se tiene acerca de alguien o algo. ‖ **LOC. de fama** *adj.* Famoso. **es fama** Se comenta, se sabe.

famélico, ca *adj.* **1.** Que tiene o pasa mucha hambre. **2.** Excesivamente delgado.

familia *s. f.* **1.** Grupo formado por una pareja y sus hijos y, en un sentido más amplio, por las personas con las que tienen lazos de parentesco. **2.** Hijos, descendencia. **3.** Origen o linaje de una persona. **4.** Conjunto de personas unidas por unas ideas, forma de vida, causas, etc., comunes a todas ellas. **5.** Conjunto de cosas que tienen alguna característica común, el mismo origen, etc. **6.** En biol., categoría taxonómica que agrupa seres vivos emparentados entre sí y pertenecientes a uno o varios géneros. La familia puede dividirse en subfamilias, y, a su vez, varias familias pueden agruparse en una superfamilia u orden o en un suborden. ‖ **7. familia conyugal** En soc., la formada por la unión de dos miembros de familias distintas (marido y mujer). **8. familia corporativa** En soc., la que se organiza en torno a un cierto número de actividades fundamentales, como la caza, agricultura, comercio, rituales religiosos, educación, etc. **9. familia experimental** En soc., comunidad que no se crea por vínculos de sangre, sino por otras razones, p. ej. por intereses comunes o para favorecer la producción económica, como las comunas o los kibbutz. **10. familia nuclear** La compuesta por los padres e hijos, característica de la segunda mitad del s. XX, en contraste con la tradicional familia extendida, en la que estaban incluidos abuelos, tíos, primos, etc. **11. familias radiactivas** En fís. y quím., series de isótopos que se forman por desintegración de ciertos núcleos que presentan radiactividad natural. Existen series radiactivas del uranio-235, uranio-238 y del torio, que son los primeros elementos de cada una de ellas. El producto final es siempre un isótopo estable del plomo. ‖ **LOC. en familia** *adv.* Sólo con las personas de la familia; con sencillez y confianza; irónicamente, con muy pocas personas.

familiar *adj.* **1.** Perteneciente o relativo a la familia. **2.** Conocido, habitual, que no resulta extraño. **3.** Sencillo, sin ceremonias ni cortesías. **4.** Referido al lenguaje, conversacional. **5.** Aplicado a ciertos objetos, productos, etc., de mayor tamaño, destinado al uso de la familia. ‖ *s. m.* **6.** Pariente, persona que pertenece a la misma familia que otra. **7.** Persona que vive con un obispo y le acompaña y asiste. **8.** Ministro de la Santa Inquisición, encargado de algunas tareas auxiliares, que gozaba de ciertos privilegios respecto a la justicia.

familiaridad *s. f.* Confianza, trato sencillo y natural entre personas. P. ext., y sobre todo en plural, excesiva libertad o atrevimiento con otra persona.

familiarizar *v. tr.* **1.** Hacer una cosa familiar, conocida o habitual para alguien. También *v. prnl.* ‖ *v. prnl.* **2.** Acostumbrarse al trato familiar con una persona. ▪ Se conjuga como *cazar.*

familiarmente *adv. m.* **1.** Con familiaridad y confianza. **2.** Común o vulgarmente.

famoso, sa *adj.* **1.** Que tiene fama. También *s.* **2.** *fam.* Que llama la atención, por ser chocante, gracioso, etc.

fámulo, la *s. m.* y *f.* Sirviente, criado doméstico.

fan (voz ingl., apóc. de *fanatic*) *s. m.* y *f.* Entusiasta admirador o seguidor de una persona, actividad, moda, etc.

fanal *s. m.* **1.** Farol grande empleado a bordo de los barcos y para el señalamiento de los puertos. **2.** Campana transparente para resguardar una luz o un objeto.

fanático, ca *adj.* **1.** Defensor apasionado e intransigente de una creencia, idea, causa, religión, etc. También *s.* **2.** Muy aficionado a alguien o algo. También *s.* **FAM.** Fanáticamente.

fanatismo *s. m.* Actitud del que se entrega totalmente a una idea, creencia, causa, religión, etc., sin admitir ninguna oposición o crítica.

fanatizar *v. tr.* Provocar el fanatismo. ▪ Se conjuga como *cazar.*

Fancelli, Domenico (Settignano 1469 - Zaragoza 1519) Escultor italiano. Es uno de los introductores de la escultura renacentista italiana en España. Esculpió el sepulcro del príncipe Juan, de Santo Tomás de Ávila (h. 1513), al estilo de los sepulcros italianos exentos. Su estilo preciosista se aprecia en los sepulcros de los Reyes Católicos en la capilla Real de Granada (h. 1517).

fandango *s. m.* **1.** Danza popular española en compás de 3/4 o 6/8, que se baila con acompañamiento de castañuelas y casi siempre de guitarra. **2.** Copla y música con que se acompaña este baile. **3.** *fam.* Bullicio, jaleo, juerga.

fandanguillo *s. m.* **1.** Baile popular andaluz derivado del fandango, en compás de 3/8. **2.** Copla con que se acompaña.

fané (voz fr.) *adj.* Lacio, mustio, estropeado.

faneca *s. f.* Pez osteictio, de la familia gádidos, especie *Trisopterus luscus.* Mide unos 30 cm de longitud, tiene tres aletas dorsales y dos anales, una barbilla en la mandíbula inferior y una mancha negra en la aleta pectoral. Es abundante en aguas templadas del océano Atlántico y el mar Mediterráneo.

fanega *s. f.* **1.** Medida de capacidad para áridos que equivale generalmente a 55 l. **2.** Medida agraria de superficie; su equivalencia varía entre 3.000 y 6.000 m^2, según la provincia.

fanegada *s. f.* Fanega de tierra, medida agraria de superficie.

fanerógamas *s. f. pl.* Espermafitas*.

fanerozoico, ca *adj.* **1.** Se aplica a uno de los tres grandes eones o divisiones de la historia de la vida, en el que los animales poseían partes duras y dejaron restos fósiles visibles, en oposición al criptozoico, en el que no existen prácticamente fósiles. Comenzó hace unos 570 millones de años y se prolonga hasta la actualidad. Se divide en tres eras: paleozoica o primaria, mesozoica o secundaria y cenozoica, que comprende los periodos terciario y cuaternario. También *s. m.* **2.** Perteneciente o relativo a este eón.

Fanfani, Amintore (Pieve di Santo Stefano, Arezzo 1908) Político y economista italiano. Profesor de historia económica, fue diputado democristiano, secretario general de la Democracia Cristiana, ministro de Asuntos Exteriores y primer ministro en los periodos 1958-59, 1960-62, 1962-63, 1982-83 y provisionalmente en 1987.

fanfarria *s. f.* **1.** *fam.* Fanfarronería. **2.** Banda de música, generalmente militar. ‖ *s. m.* **3.** *fam.* Fanfarrón.

fanfarrón, na *adj. fam.* Que presume de lo que no es, especialmente de valiente. También *s.*

fanfarronada *s. f.* Dicho o hecho propio de un fanfarrón.

fanfarronear *v. intr.* Hablar o actuar como un fanfarrón.

fanfarronería *s. f.* **1.** Cualidad de fanfarrón. **2.** Fanfarronada*.

fangal o **fangar** *s. m.* Sitio lleno de fango.

Fangio, Juan Manuel (Balcarce 1911) Corredor automovilístico argentino. Fue campeón del mundo de Fórmula 1 en cinco ocasiones (1951 y 1954-57).

fango *s. m.* **1.** Barro, mezcla de agua, tierra y sedimentos que se forma en el fondo de una corriente de agua o donde hay agua estancada. **2.** Deshonra, descrédito.

fangoso, sa *adj.* Lleno de fango. **FAM.** Fangosidad.

fantasear *v. intr.* **1.** Imaginar cosas fantásticas. También *v. tr.* **2.** Presumir o alardear de lo que no se es o no se tiene. **FAM.** Fantaseador.

fantasía *s. f.* **1.** Capacidad para imaginar o inventar cosas inexistentes. **2.** Cosa creada por dicha capacidad. Se usa más en *pl.* **3.** Composición musical instrumental de forma libre, como el *Claro de luna,* de Beethoven, o las *Pequeñas fantasías,* de Schumann. ‖ **LOC. de fantasía** *adj.* Se aplica a objetos, prendas de vestir, etc., adornados o realizados con gran imaginación; también se aplica al adorno o joya de bisutería.

fantasioso, sa *adj.* **1.** *fam.* Que presume de lo que no tiene. También *s.* **2.** Que se deja llevar por la imaginación.

fantasma *s. m.* **1.** Ser producto de la imaginación o de los sueños; también, espectro de un difunto. **2.** Imagen impresa en la memoria de forma atormentadora. **3.** *fam.* Persona presuntuosa. También *adj.* ‖ *adj.* **4.** Se aplica a ciertas cosas no existentes o dudosas, pero que parecían reales o evidentes o querían presentarse como tales. **5.** Deshabitado.

fantasmada *s. f. fam.* Dicho o acción propios de un fantasma o presuntuoso.

fantasmagoría *s. f.* **1.** Figuración debida a la imaginación, totalmente desprovista de realidad. **2.** Arte de representar figuras por medio de una ilusión óptica.

fantasmagórico, ca *adj.* Irreal, fantástico, fantasmal.

fantasmal *adj.* **1.** Perteneciente o relativo al fantasma, producto de la imaginación. **2.** Que no parece real.

fantasmón, na *adj. fam.* Fantasma, presuntuoso.

fantástico, ca *adj.* **1.** Irreal, producto de la imaginación o la fantasía. **2.** Estupendo, maravilloso. **3.** Se aplica a un género artístico que, especialmente en literatura y cine, abarca obras muy variadas en que intervienen seres o fenómenos irreales y maravillosos, o también elementos terroríficos, de ciencia-ficción, etc.

Fantin-Latour, Henri (Grenoble 1836 - Buré, Orne 1904) Pintor francés. Sus obras alegóricas, con figuras realizadas a base de rápidas pinceladas, representan un nexo de unión entre el último Romanticismo y la pintura moderna. Renovador del retrato colectivo y del retrato femenino, también se especializó en bodegones y en grupos florales. Entre sus cuadros destacan *Homenaje a Delacroix* (1864), *El taller de Batignolles* (1870) y *El rincón de la mesa* (1872).

fantochada *s. f.* Acción o dicho propio de un fantoche o presumido.

fantoche *s. m.* **1.** Marioneta, títere. **2.** Persona de aspecto ridículo o grotesco. **3.** Presumido, vanidoso. También *adj.*

fanzine (voz ingl.) *s. m.* Revista hecha por aficionados, de tirada corta y distribución irregular y muy local. Originariamente estaban dedicadas al cine, pero en la actualidad su contenido es mucho más variado y abarca temas como música, humor, moda, cómics, etc.

FAO Siglas de la *Food and Agriculture Organization,* organismo internacional dependiente de la ONU, con sede en Roma, creado en 1945 en Quebec con el objetivo de elevar el nivel de nutrición de los países, lograr un reparto más equitativo de los productos alimenticios y mejorar las condiciones de vida de los agricultores. Organiza anualmente la campaña contra el hambre y diversas conferencias sobre los problemas de la agricultura y la alimentación.

faquir *s. m.* **1.** En la India y otros países de Oriente, asceta de religión islámica o hinduista que vive de limosnas y se dedica a prácticas místicas y de mortificación. **2.** P. ext., artista de circo que realiza ejercicios de mortificación física. ▪ Se escribe también *fakir.* **FAM.** Faquirismo.

Far West (voz ingl.) Lejano oeste de EE UU. Así se designaron las regiones a occidente del río Mississippi, en el periodo de su conquista y colonización.

Farabi, Abu Nasr Muhammad al- (Farab, Turkestán h. 872 - Damasco h. 950) Filósofo árabe. Fue profesor en Bagdad. Trató de hacer resaltar la concordancia entre Platón y Aristóteles e introdujo la lógica aristotélica en el mundo islámico. Influyó en la obra de Avicena, Avempace y Averroes. Entre sus obras destacan *Catálogo de las ciencias, Opiniones de los miembros de la ciudad ideal, El libro del gobierno de la ciudad* y *Tratado del intelecto.*

farad *s. m.* En fís., nombre del faradio en la nomenclatura internacional.

faraday *s. m.* Cantidad de carga eléctrica equivalente a 96.500 culombios que libera un equivalente gramo de sustancia en un electrólito; su valor es el del producto de la carga del electrón por el número de Avogadro.

Faraday, Michael (Newington, Surrey 1791 - Hampton Court, cerca de Londres 1867) Físico y químico inglés. De formación autodidacta, ingresó en la Sociedad Real británica de las Ciencias en 1824. Descubrió la inducción electromagnética o producción de corrientes eléctricas inducidas en un circuito al variar el flujo de un campo magnético situado en sus proximidades, e investigó la electrólisis. Su aportación a la química orgánica fue el descubrimiento del benceno (1825).

Michael Faraday. Retrato de T. Phillips (National Portrait Gallery, Londres).

faradio *s. m.* Unidad de capacidad eléctrica en el Sistema Internacional. Equivale a la que posee un condensador cargado con un culombio cuando entre sus armaduras existe una diferencia de potencial de un voltio. Por ser de gran magnitud, se manejan los submúltiplos, especialmente el microfaradio o millonésima parte del faradio. Se denomina faradio en honor de *Michael Faraday,* físico y químico inglés. Su símbolo es *F.*

faralá *s. m.* **1.** Volante o tira ancha de tela, en especial el que rodea la parte baja del traje típico andaluz. **2.** *fam.* Adorno exagerado o de mal gusto. ▪ Se usa más en *pl.*: *faralaes.*

farallón *s. m.* Roca alta y cortada a pico que sobresale en el mar y a veces en tierra firme.

farándula *s. f.* **1.** Profesión, arte y ambiente del teatro. **2.** Compañía ambulante de comediantes compuesta de siete o más hombres y tres mujeres, que antiguamente representaban por los pueblos.

farandulero, ra *s. m.* y *f.* Cómico de una farándula.

faraón *s. m.* Título de los reyes del antiguo Egipto antes de su conquista por los persas. El faraón egipcio fue un soberano divinizado, de poder absoluto, encarnación en la tierra del dios halcón, Horus, y que a partir de la IV dinastía fue asociado al dios Ra. Desde el final del imperio Medio el título cayó en desuso y permaneció sólo como fórmula de respeto.

faraónico, ca *adj.* **1.** Perteneciente o relativo a los faraones y a su época. **2.** Grandioso, espectacular, ostentoso.

fardada *s. f. fam.* Acción y efecto de fardar o darse importancia.

fardaje *s. m.* Conjunto de fardos o bultos de una carga.

fardar *v. intr.* **1.** *fam.* Presumir, darse importancia. **2.** *fam.* Lucir, resultar aparente o vistoso.

farde *s. m.* **1.** Fardada*. **2.** Fardón*.

fardo *s. m.* **1.** Paquete grande y apretado, generalmente envuelto en tela, arpillera, papel, etc., para su transporte. **2.** *Arg., Par., Urug.* Tarea o situación difícil y pesada.

fardón, na *adj.* **1.** *fam.* Que farda o presume. También *s.* **2.** *fam.* Elegante, aparente, vistoso.

farero, ra *s. m.* y *f.* Persona encargada de un faro.

fárfara[1] (del lat. *farfarus*) *s. f.* Planta herbácea de la familia compuestas, especie *Tussilago farfara.* Mide entre 5 y 20 cm de altura, tiene grandes hojas acorazonadas y flores amarillas en cabezuelas terminales. Crece en riberas de corrientes y prados y matorrales húmedos de Europa y Asia y su infusión se usa para combatir los resfriados y bronquitis. Se denomina también *uña de caballo.*

fárfara[2] (del ár. *halhal,* tela sutil) *s. f.* Membrana fina que recubre por dentro la cáscara del huevo de las aves.

farfolla *s. f.* **1.** Envoltura de las mazorcas de maíz, mijo o panizo. **2.** Cosa poco importante, pero de gran apariencia.

farfulla *s. f.* **1.** Forma de hablar confusa y atropellada. **2.** *amer.* Fanfarronería, jactancia. ‖ *s. m.* y *f.* **3.** *fam.* Persona que habla confusa y atropelladamente.

farfullar *v. tr.* **1.** Decir algo o hablar de forma confusa y atropellada. También *v. intr.* **2.** *fam.* Hacer algo de forma embarullada y chapucera. También *v. intr.* **FAM.** Farfulladamente, farfullador, farfullero.

Fargue, Léon-Paul (París 1876 - íd. 1947) Escritor francés. Fundó, en unión de Paul Valéry y Valéry Larbaud, la revista *Commerce* (1923), desde la que defendió las vanguardias literarias. En sus obras refleja un París bohemio y humano. Entre sus principales libros figuran *Poemas* (1912), *Para la música* (1914), *Espacios* (1929), *El peatón de París* (1939) y los de memorias: *Refugios* (1942), *Linterna mágica* (1944), *Meandros* (1947) y *Retratos de familia* (1947).

Farinacci, Roberto (Isernia 1892 - Milán 1945) Político y periodista italiano. Fue uno de los fundadores del fascismo y dirigente de uno de sus sectores más extremistas. Secretario general del Partido Fascista (1925-26), miembro del gran consejo fascista (1935) y ministro de Estado (1938), murió fusilado por los partisanos.

farináceo, a *adj.* Parecido a la harina o con algunas de sus propiedades.

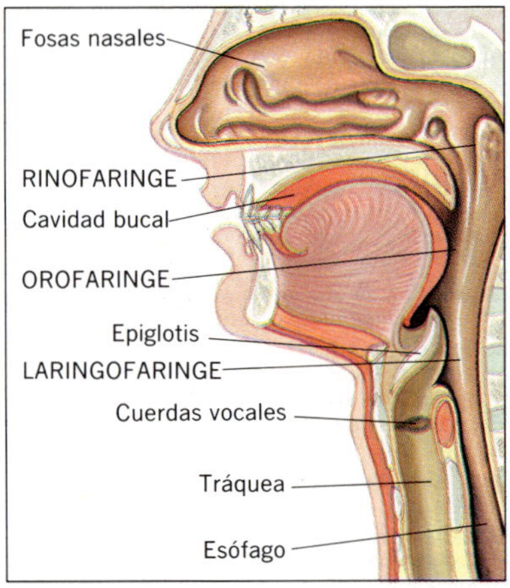

La faringe se divide en tres segmentos: rinofaringe, orofaringe y laringofaringe.

faringe *s. f.* Cavidad o conducto del aparato digestivo de muchos animales, situado a continuación de la cavidad bucal y que comunica con los conductos digestivos. En el hombre y la mayoría de los mamíferos, es un conducto corto situado en la parte posterior de la garganta, común a las vías respiratoria y digestiva, que comunica con las fosas nasales, la cavidad bucal, el esófago y, a través de la laringe, con la tráquea. En ella comienza el proceso de deglución. Posee unas formaciones de tejido linfático llamadas amígdalas, que combaten a los agentes infecciosos que penetran en el cuerpo a través de la boca y nariz.

faríngeo, a *adj.* Perteneciente o relativo a la faringe.

faringitis *s. f.* Inflamación de la faringe.

fariña *s. f. Amér. del S.* Harina de mandioca.

farisaico, ca *adj.* **1.** Perteneciente o relativo a los fariseos y a su secta. **2.** Hipócrita, falso. **FAM.** Farisaicamente.

farisaísmo o **fariseísmo** *s. m.* **1.** Secta, principios y costumbres de los fariseos. **2.** Hipocresía, falsedad.

fariseo, a *s. m.* y *f.* **1.** Entre los antiguos judíos, miembro de una secta político-religiosa conocida por su observancia rigurosa del dogma y las reglas del código sacerdotal, que alcanzó gran poder y respetabilidad hacia el 125 a. C. e intervino activamente en política durante siglo y medio. Jesucristo criticó a los fariseos por su apego a la forma de los preceptos religiosos y su descuido respecto a la esencia de los mismos. ‖ *adj.* **2.** Hipócrita, en especial en terreno religioso o moral. También *s.*

farmacéutico, ca *adj.* **1.** Perteneciente o relativo a la farmacia. ‖ *s. m.* y *f.* **2.** Persona que posee estudios de farmacia. **3.** Persona que está al frente de una farmacia.

farmacia *s. f.* **1.** Ciencia que estudia la preparación de los medicamentos y las propiedades medicinales de sus componentes. **2.** Establecimiento donde se preparan y venden al público los medicamentos. **3.** Profesión de farmacéutico.

fármaco *s. m.* Medicamento, sustancia o preparado para curar o para aliviar el dolor.

farmacodependencia *s. f.* Estado del individuo que psíquica o físicamente necesita tomar un medicamento y no puede prescindir de él.

farmacología *s. f.* Ciencia que estudia los medicamentos, su composición química y la manera en que actúan sobre el cuerpo y las enfermedades. **FAM.** Farmacológico, farmacólogo.

farmacopea *s. f.* Libro que describe los medicamentos más frecuentes, su preparación, combinación, propiedades y modo de empleo.

farmacoterapia *s. f.* Quimioterapia*.

Farnesio Familia noble italiana originaria de la Toscana, cuyos orígenes históricos se remontan al s. X. Entre sus miembros más destacados figuran: **Ranuccio el Viejo**, que se estableció en Roma en 1415; nombrado senador (1417) por el papa Eugenio IV, fue defensor militar del Estado pontificio; **Alessandro** (Canino 1468 - Roma 1549), nieto del anterior; elegido papa con el nombre de Pablo III (1534), encumbró a la familia; **Giulia la Bella** (? 1474 - ? 1524), hermana del anterior; casada con Orsino Orsini (1489), fue amante del papa Alejandro VI; **Pier Luigi** (? 1503 - ? 1547), hijo de Alessandro; su padre le nombró duque de Castro (1538) y de Parma y Piacenza (1545), además de capitán general de la Iglesia; **Ottavio** (? 1524 - ? 1586), hijo del anterior; casó con Margarita de Austria, hija natural de Carlos V; heredó de su padre los ducados de Parma y Piacenza, que tuvo que disputar a F. Gonzaga y que conservó gracias al apoyo de su hermano el cardenal Alessandro; **Alessandro** (Valentano 1520 - Roma 1589), hermano del anterior; nombrado cardenal en 1534, fue un destacado humanista y mecenas; mandó construir la iglesia del Gesù, en Roma; **Orazio** (? 1531 - Hesdin 1553), hijo de Pier Luigi; fue gobernador de Roma (1545) y duque de Castro (1547-53); casó con Diana, hija de Enrique II y Diana de Poitiers; **Alessandro**, duque de Parma (1586-92), hijo de Ottavio (véase **Farnesio, Alejandro**); **Antonio** (? 1679 - ? 1731), último duque de Parma (1727-31), pues el ducado pasó a su sobrina **Isabel de Farnesio**, que casó con Felipe V de España.

Farnesio, Alejandro (Roma 1545 - Arras 1592) Militar italiano al servicio de España. Hijo de Ottavio Farnesio y de Margarita de Austria, hija natural de Carlos V, fue educado en España, en compañía de Juan de Austria y el príncipe Carlos. Participó en la batalla de Lepanto (1571) y se unió a don Juan de Austria para combatir la rebelión de Flandes. Felipe II le nombró gobernador de los Países Bajos, donde desarrolló brillantes campañas.

faro *s. m.* **1.** Torre alta situada en costas y puertos, con luz en su parte superior, para orientar de noche a los navegantes. El más antiguo faro conocido fue el de Alejandría, considerado una de las siete maravillas de la antigüedad. Hoy día se utilizan faros provistos de fuentes de luz eléctrica cuya potencia se amplifica con lentes y espejos y que producen destellos o haces luminosos giratorios, lo que los hace más fáciles de localizar y permite su identificación por la frecuencia de su destello. **2.** Potente luz que orienta la ruta nocturna y los aterrizajes de los aviones. **3.** Proyector o aparato que produce una luz potente, p. ej. los que llevan los automóviles. **4.** Persona o cosa que sirve de guía en la conducta, en el entendimiento, etc.

farol *s. m.* **1.** Especie de caja de cristal o material transparente que encierra una luz destinada a alumbrar. **2.** Farola*. **3.** *fam.* Acción o dicho inciertos o exagerados para lucirse ante alguien, engañarlo o desconcertarlo, como p. ej. una jugada falsa en los juegos de cartas. **4.** Lance del toreo en el que el diestro gira el capote por encima de su cabeza. ‖ **5. farol de cola** Luz roja colocada en el último vagón de un tren. **6. farol de situación** Cada uno de los que se encendían de noche en los barcos, con luces de distinto color, para indicar su posición. ‖ **LOC. ¡adelante con los faroles!** *fam.* Anima a continuar lo empezado; se usa a veces irónicamente, para indicar que algo es descabellado.

farola *s. f.* Farol grande, generalmente sobre un pie o poste, que se emplea para iluminar calles y plazas.

farolear *v. intr.* Marcarse faroles, presumir. **FAM.** Faroleo.

farolero, ra *adj.* **1.** *fam.* Jactancioso, fanfarrón. También *s.* ‖ *s. m.* **2.** Persona que se encargaba del encendido y apagado de los faroles de gas del alumbrado público. ‖ **LOC. meterse** alguien **a farolero** *fam.* Meterse en asuntos ajenos.

farolillo *s. m.* **1.** Farol hecho de papeles de colores, que sirve como adorno en fiestas, ferias y verbenas. **2.** Planta herbácea de la familia campanuláceas, especie *Campanula medium.* Mide unos 80 cm de altura, tiene hojas dentadas y flores acampanadas azules o blancas. Se cultiva para uso ornamental. ‖ **3. farolillo rojo** *fam.* El último clasificado en una competición deportiva.

farpa *s. f.* Punta que resulta de cortar el borde o canto de una cosa, como las de ciertos banderines y estandartes.

farra *s. f.* Juerga, parranda.

fárrago *s. m.* Mezcla confusa de cosas innecesarias o desordenadas.

farragoso, sa *adj.* Desordenado y confuso, con muchas cosas innecesarias; se aplica especialmente al estilo literario.

farrear *v. intr. amer.* Ir de farra. **FAM.** Farrista.

Farrell, Edelmiro Julián (Santa Fe 1887 - Buenos Aires 1980) Militar y político argentino. Participó en el golpe militar que derribó a Castillo y llevó al poder al general Ramírez (1943). Nombrado ministro de la Guerra y vicepresidente, ocupó la presidencia al ser derrocado Ramírez (1945) y entregó el poder al presidente electo, general Perón (1946). Durante su mandato declaró la guerra a Alemania y Japón (1945).

Farrell, James Thomas (Chicago 1904 - Nueva York 1979) Novelista estadounidense. Influido por Sherwood Anderson, fue un claro exponente del realismo social en su país. Entre sus novelas más destacadas figuran la trilogía de *Studs Lonigan* (1932-35) y los ciclos de *Danny O'Neill* (1936-53) y de *Bernard Clare* (1946-52). También escribió ensayos, como *Una nota sobre la crítica literaria* (1936).

Farrow, Mia (Los Ángeles 1945) Actriz cinematográfica estadounidense. Hija del director John Farrow y la actriz Maureen O'Sullivan, su primer gran éxito fue *La semilla del diablo* (*Rosemary's baby*, 1968) de Roman Polanski. Unida sentimentalmente a Woody Allen, ha protagonizado muchas de sus películas, como *Broadway Danny Rose* (1984), *La rosa púrpura de El Cairo* (1985), *Hannah y sus hermanas* (1986) y *Alice* (1991).

farruco, ca *adj.* **1.** *fam.* Desafiante, insolente. ‖ *s. f.* **2.** Baile y cante flamencos que acusan el influjo de los emigrantes gallegos y asturianos en Andalucía. Manuel de Falla compuso una farruca para *El sombrero de tres picos.*

farsa *s. f.* **1.** Obra teatral, especialmente la de carácter cómico y caricaturesco. **2.** Arte, actividad y mundillo del teatro. **3.** Montaje para aparentar o engañar.

Farsalia, batalla de Combate librado en el año 48 a. C. en la región griega del Epiro, en que las tropas de Julio César derrotaron a las legiones partidarias de Pompeyo. Sobre la guerra civil entre César y Pompeyo escribió Lucano su famoso poema épico *Farsalia*.

farsante, ta *s. m.* y *f.* **1.** Comediante, actor. **2.** Persona que simula lo que no siente o piensa o pretende pasar por lo que no es. También *adj.*

Faruk (El Cairo 1920 - Roma 1965) Rey de Egipto (1936-52) y de Sudán (1951-52). Su reinado se caracterizó por la continua intervención del Reino Unido. Fue expulsado del trono en 1952 por el golpe de Estado de Nasser.

fas Palabra que sólo se emplea en la loc. adv. **por fas o por nefas**, que significa 'por unas cosas o por otras', 'justa o injustamente'.

fasces *s. f. pl.* Insignia del cónsul romano, formada por una segur o hacha en un haz de varas. Posteriormente fue adoptado como símbolo por el fascismo.

fasciculado, da *adj.* **1.** Se dice de lo que está agrupado en pequeños haces. **2.** Se dice de la columna que tiene el fuste formado por varias columnillas delgadas.

fascículo *s. m.* **1.** Cada uno de los cuadernillos o partes de un libro que se van publicando y entregando a los lectores de forma periódica. **2.** Haz de fibras musculares o nerviosas.

fascinación *s. f.* Encanto, atracción.

fascinante *adj.* Que fascina.

fascinar *v. tr.* Atraer, seducir o gustar irresistiblemente una persona o cosa. Se usa mucho como *v. intr.* **FAM.** Fascinador.

fascio *s. m.* **1.** Haz de varas que portaban los lictores, magistrados judiciales de la antigua Roma, como símbolo de su autoridad. **2.** Agrupaciones de carácter político o sindical surgidas a partir de 1891 en Sicilia, y posteriormente en otras regiones de Italia, para la defensa mutua frente a los poderes oficiales o extraoficiales. **3.** Nombre que adoptó la organización política creada en 1915 en Italia por Benito Mussolini.

fascismo *s. m.* **1.** Movimiento político y social, fundado en Italia por Benito Mussolini después de la Primera Guerra Mundial, organizado en milicias bajo el símbolo de las antiguas fasces romanas. **2.** Doctrina de este movimiento italiano y de los similares en otros países. **3.** P. ext., cualquier doctrina o régimen de extrema derecha.

Hist. El fascismo surgió durante la crisis que siguió a la Primera Guerra Mundial. Fundado en 1915 como fascio de acción revolucionaria, evolucionó hacia el antiliberalismo y el antimarxismo y se dotó de una organización en la que destacaban los grupos de choque (camisas negras) que, desde 1919, con el apoyo de sectores del Ejército y la banca y el asentimiento tácito de la burguesía, cometieron impunemente todo tipo de actos violentos. Los rasgos principales de la ideología fascista fueron el autoritarismo, el estatalismo y la exaltación patriótica, recreando en símbolos y actitudes la antigua Roma, cuya grandeza se trataba de emular. Los sindicatos fascistas fueron creados en 1921 y se nutrieron esencialmente de obreros en paro. En ese año el partido contaba con 300.000 afiliados y una treintena de diputados. En 1922, Mussolini protagonizó la Marcha sobre Roma y el rey Víctor Manuel III le entregó la presidencia del gobierno. Los fascistas se introdujeron en todos los organismos del Estado; en 1924, tras el asesinato del socialista Matteotti, la oposición se retiró del Parlamento y Mussolini suprimió las libertades públicas, prohibió todos los partidos políticos excepto el fascista e inició su proyecto de introducir la ideología fascista en todos los ámbitos de la sociedad italiana, mediante el control de la educación, la creación de grandes organizaciones de masas y la constante propaganda a través de los medios de comunicación. En el terreno económico, el nuevo régimen implantó un sistema corporativo (*Carta del Lavoro*, 1927), impulsó la producción agraria y emprendió un gran programa de obras públicas. En política exterior el fascismo invadió y conquistó Etiopía (1936), intervino en la guerra civil española (1936-39) y, tras firmar con la Alemania nazi el Pacto de Acero (1939), entró en la Segunda Guerra Mundial (1940). La victoria de los aliados en el conflicto provocó la caída de Mussolini y de su régimen. Diversos aspectos de la ideología fascista fueron adoptados por partidos políticos de extrema derecha y por regímenes totalitarios de diversos países, como el de Oliveira Salazar en Portugal y el de Franco en España.

Fascismo: Benito Mussolini, a la izquierda, y Cesare Maria de Vecchi, ministro de Educación en 1936 y opositor de Mussolini, en la reunión del Gran Consejo fascista de 1943.

fascista *adj.* **1.** Perteneciente o relativo al fascismo. **2.** Partidario de esta doctrina o movimiento social. También *s.* **3.** *fam.* Se dice de la persona de talante autoritario y dictatorial. También *s.*

fascistización *s. f.* Proceso por el cual una sociedad, grupo humano, partido, asociación, etc., adquiere características propias del fascismo.

fase *s. f.* **1.** Cada uno de los estados sucesivos por que atraviesa alguien o algo que se desarrolla o evoluciona. **2.** Cada uno de los aspectos sucesivos con que se dejan ver la Luna y algunos planetas, según los ilumina el Sol. **3.** Cada una de las corrientes alternas (monofásicas) que intervienen en una corriente polifásica. **4.** En fís. y quím., cada una de las partes homogéneas de un sistema de cuerpos en equilibrio.

fásmidos *s. m. pl.* Orden de insectos que comprende unas 2.000 especies de una única familia, los fasmátidos, con los géneros *Bacillus, Clonopsis, Leptynia*, y otros. Tienen el cuerpo largo y fino, con patas largas, boca masticadora y un par de finas antenas de hasta 100 artejos. Habitan en regiones tropicales y ecuatoriales. Fásmidos son los insectos palo e insectos hoja. También *adj.* y *s. m.*

Fassbinder, Rainer Werner (Bad Wörishofen, Baviera 1946 - Munich 1982) Director de cine alemán. Se inició en el teatro y en 1965 comenzó su carrera cinematográfica. Su obra se caracteriza por el estilo melodramático y el interés por la historia reciente de su país. Entre sus mejores filmes figuran *Las amargas lágrimas de Petra von Kant* (1972), *El matrimonio de María Braun* (1979), *Lola* (1981) y *Querelle* (1982).

Fastenrath, Johannes (Remscheid 1839 - Colonia 1908) Hispanista alemán. Es autor, entre otros libros, de *Ramillete de romances españoles* (1866) y *Trovadores catalanes del presente* (1890). Legó un fondo a la Real Academia Española para premiar anualmente una obra literaria.

fastidiar *v. tr.* **1.** Causar fastidio. También *v. prnl.* **2.** Ocasionar daño o perjucio, estropear. ‖ *v. prnl.* **3.** Aguantarse, sufrir algo con paciencia. ‖ **LOC. estar** (o **andar**) **fastidiado** *fam.* No encontrarse bien de salud, estar enfermo.

fastidio *s. m.* **1.** Disgusto o molestia de poca importancia. **2.** Hastío, cansancio, aburrimiento.

fastidioso, sa *adj.* Que causa fastidio, molesto, aburrido. **FAM.** Fastidiosamente.

fasto *s. m.* Fausto, lujo, suntuosidad.

fasto, ta *adj.* **1.** En la antigua Roma, se decía del día que era apto para tratar negocios públicos y administrar justicia. **2.** Se aplica al día, año, etc., feliz o afortunado, por contraposición a nefasto.

fastos *s. m. pl.* **1.** En la antigua Roma, especie de calendario en que se anotaban las fiestas, juegos, ceremonias y las cosas memorables. **2.** P. ext., anales, relación de sucesos históricos por orden cronológico.

fastuosidad *s. f.* Fausto, lujo, pompa.

fastuoso, sa *adj.* **1.** Hecho con gran lujo y riqueza. **2.** Amigo del lujo y la ostentación. **FAM.** Fastuosamente.

fata morgana (loc. ital. que significa 'hada Morgana', personaje medieval legendario) *s. f.* Fenómeno óptico por el cual se reflejan en la atmósfera objetos situados en el suelo. Se produce como efecto de la reflexión total de los rayos cuando, al contrario de lo que sucede en los espejismos, las capas superiores del aire están más calientes y son menos densas que las situadas a ras del suelo.

fatal *adj.* **1.** Desgraciado, desafortunado. **2.** Muy perjudicial o mortal. **3.** Muy malo o desacertado. **4.** Inevitable. **5.** Determinado por el destino. ‖ **6. mujer fatal** Mujer que disfruta enamorando y haciendo sufrir a los hombres. **FAM.** Fatalmente.

fatalidad *s. f.* **1.** Desgracia, adversidad. **2.** Fuerza del destino.

fatalismo *s. m.* **1.** Teoría según la cual todos los acontecimientos son inevitables y han sido previamente establecidos por una fuerza que rige el mundo. **2.** P. ext., actitud de la persona que no ve posibilidad de cambiar los acontecimientos y, por tanto, se somete resignadamente a ellos. **FAM.** Fatalista.

fati *adj. fam.* Gordo, obeso. También *s.*

fatídico, ca *adj.* Que anuncia desgracias o va acompañado de ellas. **FAM.** Fatídicamente.

fatiga *s. f.* **1.** Sensación de cansancio que se produce en los seres vivos como consecuencia de la realización de esfuerzos físicos y mentales o de la existencia de alguna enfermedad. Su origen es la acumulación de sustancias de desecho en los músculos y otras partes del cuerpo. **2.** Dificultad al respirar. **3.** Molestia, sufrimiento o trabajo penoso. Se usa más en *pl.* **4.** Náusea, ganas de vomitar. **5.** Con el verbo *dar*, miramientos, reparo, escrúpulo. **6.** Deterioro progresivo de un material como consecuencia de la aplicación de tensiones repetidas.

fatigar *v. tr.* Causar fatiga. También *v. prnl.* ■ Se conjuga como *pagar.* **FAM.** Fatigadamente, fatigador, fatigante.

fatigoso, sa *adj.* **1.** Que fatiga o cansa. **2.** Se aplica a la respiración jadeante o agitada. **FAM.** Fatigosamente.

Fátima C. de Portugal, situada al NE de Lisboa. 4.700 h. Es conocida mundialmente por su santuario mariano, en Cova d'Iria, importante centro de peregrinación donde, según la creencia católica, se apareció la Virgen a unos niños en 1917.

Fátima (La Meca h. 616 - Medina 633) Princesa musulmana. Hija de Mahoma y Jadiya, casó en 623 con Alí, primo del profeta, del que tuvo cinco hijos. Muy venerada en el Islam, su tumba es lugar de peregrinación.

fatimí o **fatimita** *adj.* **1.** Se aplica a la dinastía musulmana de los descendientes de Fátima, hija de Mahoma. **2.** De esta dinastía. También *s.*

fatimí, califato Estado musulmán chiita, independiente de Bagdad, creado en el s. X en Ifrikiya (N de África), que posteriormente se extendió a Egipto. El fundador de la dinastía, Ubaid Allah, descendiente de Alí y Fátima, hija de Mahoma, se proclamó califa en Qairuán (actual Túnez) y desde allí dominó Sicilia y Marruecos. El cuarto califa, al-Muizz, conquistó Egipto en el 969, y fundó El Cairo. La etapa fatimí (973-1171) supuso para Egipto un periodo de prosperidad y de esplendor cultural y artístico.

Fattori, Giovanni (Livorno 1825 - Florencia 1908) Pintor y grabador italiano. Estudió en Florencia con Giuseppe Bezzuoli y se convirtió en el máximo representante del grupo *macchiaioli*, que propugnaban una pintura antiacadémica. En 1875 viajó a París donde pudo contemplar el arte de los impresionistas. Pintó cuadros de escenas militares, como *El campo italiano después de la batalla de Magenta* (1861), *Carga de caballería* (1873) y *Batalla de Custozza* (1880), escenas de la vida campesina, paisajes, como *La marisma toscana*, y retratos, como *La prima Argia* (1861). También realizó buen número de aguafuertes.

fatuidad *s. f.* **1.** Cualidad o actitud de fatuo. **2.** Lo que se dice o hace de forma fatua.

fatuo, tua *adj.* **1.** Poco inteligente, sensato o profundo. **2.** Presuntuoso, engreído, petulante.

fauces *s. f. pl.* Parte posterior de la boca de los mamíferos que comunica con la faringe. Se usa sobre todo referido a la boca de los animales feroces.

Faulkner, William (New Albany, Mississippi 1897 - Oxford, Mississippi 1962) Novelista estadounidense. Es el gran cronista de las transformaciones sociales de los estados del Sur tras la guerra de Secesión. Utilizó innovaciones narrativas como el punto de vista múltiple, el monólogo interior y la fusión del tiempo presente con el pasado. Entre sus novelas sobresalen *Sartoris* (1929), *El ruido y la furia* (1929), *Mientras agonizo* (1930), *Santuario* (1931), *Luz de agosto* (1932), *¡Absalón, Absalón!* (1936), *Las palmeras salvajes* (1939), *El villorrio* (1940) y *Gambito de caballo* (1949). En 1949 obtuvo el premio Nobel de literatura.

William Faulkner.

fauna *s. f.* Conjunto de todas las especies animales de un país, región o periodo. **FAM.** Fáunico.

fauno *s. m.* Semidiós de los antiguos romanos que habitaba en los campos y los bosques. **FAM.** Faunesco.

Fauno Dios pastoril y profético de la mitología romana que se identifica con el dios Pan de los griegos. Protector de la ganadería, se le honraba en las fiestas lupercales. Con las transformaciones económicas de Roma, pasó a convertirse en divinidad menor o en numerosas pequeñas deidades o faunos, genios de los bosques.

Faure, Edgar (Béziers 1908 - París 1988) Político e historiador francés. Fue miembro del Comité francés de liberación nacional en Argel (1943-44) y de la delegación francesa en el proceso de Nuremberg (1945). Miembro del Partido Radicalsocialista, figuró como ministro en seis gobiernos de la Cuarta República y por dos veces como presidente del consejo de ministros (1952 y 1955-56). Excluido de su partido, evolucionó hacia el gaullismo y nuevamente desempeñó varios ministerios y ocupó la presidencia de la asamblea nacional (1973-78). De nuevo en las filas radicales, fue diputado del Parlamento europeo (1979-84).

Faure, Félix (París 1841 - íd. 1899) Político francés. Fue ministro de Colonias y de Marina y, con el apoyo de la derecha y los moderados, presidente de la república (1895-99). Durante su mandato se afianzó la alianza francorrusa, se conquistó Madagascar y estalló el escándalo del asunto Dreyfus.

Fauré, Gabriel (Pamiers 1845 - París 1924) Compositor francés. Director del Conservatorio de París y maestro de Ravel, es considerado como una de las figuras más influyentes de la música francesa de su tiempo por la calidad de su obra, principalmente pianística. Compuso un importante ciclo de canciones, dos cuartetos para piano (1879-86), *Balada* (1881) y *Fantasía* (1919) para piano y orquesta, *Réquiem* (1887-88), la obra dramática *Peleas y Melisanda* (1889) y las tragedias líricas *Prometeo* (1900) y *Penélope* (1913).

fausto *s. m.* Fasto, lujo, esplendor.

fausto, ta *adj.* Afortunado, dichoso.

Fausto Personaje de una leyenda germánica que pacta con el demonio para conseguir la juventud o la sabiduría. Inspirado en este personaje, el autor alemán Goethe escribió el drama del mismo título, dividido en dos partes. La primera, publicada en 1808, narra la historia de un hombre que vende su alma al demonio llevado de su ansia de placer y conocimiento. Seduce y abandona a la inocente Margarita, quien desesperada mata al hijo que ha concebido de Fausto. Mefistófeles, el demonio, entabla una pugna con Dios, apostando que conducirá a Fausto a la brutalidad, mientras Dios afirma que no sucumbirá a la tentación, con el único auxilio de sus propias fuerzas. En la segunda parte, publicada en 1832, Goethe introduce a Fausto en la Hélade, casado con Helena y salvado de la condenación. Fausto es, en la intención del poeta, símbolo de la humanidad, que yerra cuando actúa, pero que debe actuar para hallar la salvación.

Fauvismo: La danza, *cuadro de Henri Matisse (Museo de L'Ermitage, San Petersburgo).*

fautor, ra *s. m.* y *f.* Cómplice o instigador de otra persona, especialmente en la realización de un delito o acción censurable.

fauvismo *s. m.* Movimiento pictórico francés. Su primera aparición pública se produjo en el Salón de Otoño de 1905, en París, pero su nombre fue acuñado en el Salón de los Independientes de 1906 por el crítico Louis Vauxcelles, quien al contemplar las obras expuestas en una de las salas, en cuyo centro había una estatua de Donatello, exclamó *Donatello parmi les fauves!* (¡Donatello entre las fieras!). Este grupo heterogéneo planteó criterios revolucionarios basados en el empleo del color puro, en la simplificación de los elementos plásticos y en la búsqueda de la expresión. No fue una escuela, sino una manifestación de cierto número de investigaciones desarrolladas en común por artistas como Matisse, Marquet, Vlaminck, Derain y Dufy, que a partir de 1908 emprendieron cada uno caminos independientes. **FAM.** Fauvista.

favela (voz port.) *s. f. amer.* Chabola o barraca, especialmente las de las grandes ciudades de Brasil.

Favila Véase **Fáfila**.

favor *s. m.* **1.** Cualquier beneficio o ayuda que se da o se recibe gratuitamente. **2.** Privilegio concedido por una autoridad o por un superior. **3.** Confianza, apoyo o muestras de agrado por parte de alguien. **4.** Consentimiento en una relación amorosa por parte de una mujer. Se usa más en *pl.* ‖ **LOC. a favor de** *adj.* y *adv.* En beneficio o apoyo de alguien o algo; también, en la trayectoria de algo o impulsado por ello. **en favor de** *adj.* y *adv.* En su beneficio. **favor de** *Méx.* Expresión de cortesía con que se pide alguna cosa. **hazme** (o **hágame**, **hacedme**, etc., o **haznos**, etc.) **el favor** Fórmula de cortesía para solicitar alguna cosa. **por favor** Se emplea para pedir cortésmente una cosa o como súplica.

favorable *adj.* **1.** Que favorece o es beneficioso. **2.** Partidario de una propuesta, proyecto, etc. **3.** Positivo, bueno. **FAM.** Favorablemente.

favorecer *v. tr.* **1.** Beneficiar, prestar ayuda, apoyo, protección, etc. **2.** Sentar bien, mejorar el aspecto de alguien o algo. También *v. intr.* ■ Es v. irreg. Se conjuga como *agradecer.* **FAM.** Favorecedor.

favoritismo *s. m.* Preferencia injusta por alguien o algo, especialmente en la concesión de favores, cargos o beneficios.

favorito, ta *adj.* **1.** Preferido o apreciado sobre otros. También *s.* **2.** Probable ganador en una competición, en especial en las carreras de caballos. También *s.* ‖ *s. m.* y *f.* **3.** Persona que goza de la confianza de un rey u otro personaje importante, ejerciendo una gran influencia sobre él.

fax *s. m.* Telefax*.

Fay, Charles-François de Cisternay du (París 1698 - íd. 1739) Físico y químico francés. Descubrió los dos tipos de electricidad, la resinosa o negativa y la vítrea o positiva, y las acciones de atracción entre cargas de distinto signo y de repulsión entre las del mismo; estudió también el comportamiento de los conductores y de los aislantes.

Faydherbe, Luc (Malinas 1617 - íd. 1687) Arquitecto y escultor flamenco. Fue discípulo de Rubens y a la muerte de éste se estableció en Malinas. Su escultura constituye un claro exponente del barroco alemán, del que es buena muestra el monumento del arzobispo Antoine Creusen, en la catedral de Malinas.

Fayette, Gilbert Motier, marqués de La Véase **La Fayette, Gilbert Motier, marqués de.**

Faysal Nombre de dos reyes de Irak.

Faysal I (Tahif, Arabia Saudí 1883 - Berna 1933) Primer rey de Irak (1921-33). Dirigió, con apoyo de Lawrence, el levantamiento árabe contra el imperio otomano. Tras la toma de Damasco en 1918 se convirtió en rey de Siria, pero la oposición francesa le obligó a exiliarse (1920). Al año siguiente fue nombrado rey de Irak, con el apoyo del Reino Unido.

Faysal II (Bagdad 1935 - íd. 1958) Rey de Irak (1939-58). Hasta su mayoría de edad (1953), el gobierno estuvo en manos del regente Abd al-Ilah. En 1958 pasó a ser jefe de la federación árabe jordanoiraquí. Fue asesinado durante la insurrección de Bagdad que proclamó la república.

Faysal ibn Abd al-Aziz (Riad 1905 - íd. 1975) Rey de Arabia Saudí (1964-75). Sucedió a su hermano Sahud, depuesto por una revuelta palaciega. Desarrolló una política pro occidental, pese a sus enfrentamientos con Israel. Mantuvo una estructura de poder absolutista. El país se enriqueció durante su reinado gracias a las explotaciones petrolíferas. Murió asesinado.

faz *s. f.* **1.** Cara, rostro. **2.** Haz, cara o lado principal de algo, como una moneda, una tela, etc. ‖ **3. Sacra** (o **Santa**) **faz** Representación del rostro de Jesús.

FBI Siglas de *Federal Bureau of Investigation*, cuerpo de policía federal de EE UU que persigue los delitos que superan el ámbito de las leyes de cada estado. Es un servicio dependiente del departamento de Justicia y fue fundado en 1908. Dirigido entre 1924 y 1972 por J. E. Hoover, en 1974 fue objeto de una investigación por parte del Senado y fueron restringidas sus atribuciones.

fe *s. f.* **1.** Creencia firme en algo, sin que sea necesario probarlo, especialmente en materia religiosa. **2.** En el cristianismo, virtud teologal que consiste en conocer y admitir la revelación de Dios y las enseñanzas de la Iglesia. **3.** Conjunto de creencias de una religión y, p. ext., de ciertas doctrinas e ideologías. **4.** Confianza en el éxito o eficacia de alguien o algo. **5.** Promesa o palabra que se da a alguien. **6.** Documento en que se verifica o acredita la verdad de alguna cosa. ‖ **7. buena** (o **mala**) **fe** Buena o mala intención. **8. fe de erratas** En un libro u otra publicación, lista en la que se señalan las erratas o errores cometidos y las correcciones correspondientes. **9. fe de vida** Documento oficial que demuestra que alguien vivía en un momento determinado o que vive en la actualidad. **10. fe pública** Autoridad atribuida oficialmente a notarios, secretarios judiciales y otros funcionarios para asegurar que los documentos o hechos realizados ante ellos son auténticos. **11. profesión de fe** Proclamación solemne de lo que se cree. || **Loc. a fe mía** *adv.* Realmente, en verdad. **dar fe** Certificar o atestiguar que alguna cosa es cierta. **hacer fe** Garantizar un documento, declaración, etc., la verdad de alguna cosa.

Fe Símbolo químico del hierro.

fealdad *s. f.* **1.** Cualidad de feo. **2.** Acción innoble o poco digna.

feamente *adv. m.* **1.** Con fealdad. **2.** De forma innoble o indigna.

feble *adj.* **1.** Débil, flaco. **2.** Aplicado a monedas y en general a aleaciones, escaso de peso o ley.

Febo Sobrenombre romano de Apolo; en lenguaje poético y literario se llama así al Sol.

febrero *s. m.* Segundo mes del año, que tiene veintiocho días, o veintinueve en los años bisiestos. Entre los romanos, hasta mediados del s. II a. C., fue el último mes del año, de ahí que tuviera menos días y se le añadiera un día en los años bisiestos.

Febres Cordero, León (Guayaquil 1931) Político ecuatoriano. Al ser restaurada la democracia en 1970, fue elegido diputado por los socialcristianos. Organizó el Frente de Reconstrucción Nacional, de carácter conservador, con el que venció en las elecciones presidenciales de 1984. En 1988 le sucedió en la presidencia del país el socialdemócrata Rodrigo Borja.

febrícula *s. f.* Fiebre ligera, normalmente inferior a 38 °C.

febrífugo, ga *adj.* Que hace desaparecer la fiebre o la disminuye. También *s. m.*

febril *adj.* **1.** Perteneciente o relativo a la fiebre. **2.** Que tiene fiebre. **3.** Muy vivo o intenso. **Fam.** Febrilmente.

Febvre, Lucien (Nancy 1878 - Saint-Amour, Jura 1956) Historiador francés. En 1929 fundó, junto con Marc Bloch, la revista *Annales d'histoire économique et sociale*, desde la que defendió una concepción social de la historia, abierta a los datos de otras ciencias, como la economía. Entre sus obras más representativas figuran *Felipe II y el Franco Condado* (1911), *La tierra y la evolución humana* (1922), *Martín Lutero* (1928) y *Combates por la historia* (1953).

fecal *adj.* Perteneciente o relativo al excremento intestinal.

fecha *s. f.* **1.** Momento, especialmente día, mes y año, en que sucede o se hace algo y, p. ext., indicación de dicho momento. **2.** Cada día que pasa a partir de uno determinado. **3.** Momento actual.

fechador *s. m.* **1.** Sello con que se imprime la fecha en los escritos y documentos. **2.** *Arg., Chile, Méx.* Matasellos.

fechar *v. tr.* **1.** Indicar la fecha en un escrito o documento. **2.** Determinar el momento en que se produjo un suceso, se realizó una obra de arte, etc.

Fechner, Gustav Theodor (Gross-Särchen 1801 - Leipzig 1887) Físico, filósofo y psicólogo alemán. Intentó demostrar científicamente la identidad del espíritu y la materia, relacionando numéricamente los estímulos, o variables físicas, con las sensaciones, o variables psicológicas. Su obra *Elementos de psicofísica* (1860) constituye una de las primeras contribuciones a la psicología experimental.

fechoría *s. f.* **1.** Acción que causa trastorno o destrozo. **2.** Mala acción, delito.

fécula *s. f.* Almidón, hidrato de carbono que se encuentra, como sustancia de reserva, principalmente en las semillas, tubérculos y raíces de las plantas, de donde se extrae para su uso alimenticio o industrial.

feculento, ta *adj.* **1.** Que tiene fécula. **2.** Que tiene heces.

fecundación *s. f.* **1.** Acción y efecto de fecundar; particularmente, unión de una célula sexual masculina y una femenina para producir un nuevo ser. Las células sexuales o gametos son haploides, es decir, tienen la mitad del número de cromosomas de las células normales, y al unirse forman una célula única que tiene el número normal de cromosomas (diploide), la mitad de los cuales proceden de la madre y la otra mitad del padre. El huevo fecundado es, por tanto, un individuo diferente de sus dos progenitores. La fecundación puede ser externa, si ambas células sexuales son vertidas al exterior, o interna, si el macho deposita los espermatozoides en el interior del cuerpo de la hembra. || **2. fecundación artificial** Inseminación* artificial.

fecundar *v. tr.* **1.** Unirse una célula sexual masculina a una femenina para producir un nuevo individuo. **2.** Hacer productivo algo. **Fam.** Fecundable, fecundador, fecundante.

fecundativo, va *adj.* Que tiene capacidad de fecundar.

fecundidad *s. f.* **1.** Cualidad de fecundo. **2.** Capacidad reproductora de un ser vivo. **3.** Reproducción abundante, que permite la formación de muchos individuos. **4.** En biol., capacidad fisiológica de reproducción en los elementos femeninos de una población determinada. La **fecundidad biológica** depende exclusivamente de condicionamientos físicos, como la fertilidad y la edad. La **tasa de fecundidad** en una determinada población es la relación entre el número de nacimientos producidos y el total de mujeres en edad fértil.

fecundizar *v. tr.* Hacer a una cosa capaz de producir o de ser fecundada. ■ Se conjuga como *cazar.*

fecundo, da *adj.* **1.** Capaz de fecundar o ser fecundado. **2.** Que produce mucho. **Fam.** Fecundamente.

fedatario, ria *s. m.* y *f.* Notario o cualquier otro funcionario que goza de autoridad para dar fe sobre la verdad o autenticidad de documentos o hechos.

fedayín (voz ár. que significa 'redentor') *s. m.* Nombre de los guerrilleros palestinos que combaten al estado de Israel.

federación *s. f.* **1.** Unión de estados autónomos bajo una autoridad central. **2.** P. ext., agrupación de colectividades humanas, como sindicatos, asociaciones, etc., que mantienen su propia autonomía. **3.** Organismo que regula y controla un determinado deporte.

Federación Anarquista Ibérica (FAI) Organización anarquista constituida en 1926, durante la dictadura de Primo de Rivera. Bajo la influencia de militantes como Durruti, Ascaso y García Oliver, se convirtió en una corriente política dentro del sindicato CNT, opuesta a la tendencia anarcosindicalista de Pestaña y Peiró, más moderada, y organizó diversos levantamientos revolucionarios encaminados a debilitar la república burguesa de 1931 y a proclamar el comunismo libertario. Impuso definitivamente su estrategia en el sindicato en el congreso de la CNT de Zaragoza (1936). Al producirse el alzamiento militar de julio de 1936, la CNT y la FAI enviaron columnas al frente de Aragón y a la defensa de Madrid. Dos de los principales dirigentes faístas, García Oliver y Federica Montseny, ocuparon durante la guerra civil sendos ministerios en el gobierno de Largo Caballero.

federal[1] (del lat. *foedus, -eris,* pacto) *adj.* **1.** Perteneciente o relativo a la federación o al federalismo. **2.** Partidario del federalismo. También *s.* **3.** Durante la guerra de Secesión estadounidense, partidario de los estados del Norte. También *s.*

federal[2] *s. m.* Ave paseriforme de la familia ictéridos, especie *Amblyramphus holosericeus.* Tiene la cabeza roja y la parte posterior del cuerpo negra. Habita en la zona meridional de América del Sur.

federalismo *s. m.* Sistema político, y doctrina que lo defiende, en que las funciones de gobierno se hallan repartidas entre un poder central y cierto número de estados asociados. Estados federales son Estados Unidos y la Confederación Helvética. **Fam.** Federalista.

federar *v. tr.* Formar federación o incorporar a una federación. Se usa más como *v. prnl.*

federativo, va *adj.* **1.** Perteneciente o relativo a la federación. || *s. m.* y *f.* **2.** Miembro dirigente de una federación, especialmente de las deportivas.

Federico Nombre de varios reyes de Dinamarca y Noruega.

Federico I (Copenhague 1471 - Gottorp 1533) Rey de Dinamarca y Noruega (1523-33). Hijo de Cristián I, favoreció la reforma protestante en sus estados.

Federico II (Haderslev 1534 - Antvorskov 1588) Rey de Dinamarca y Noruega (1559-88). Hijo y sucesor de Cristián III, fue protector del astrónomo Tycho Brahe. Sostuvo una larga guerra con Suecia (1563-70) por la supremacía del Báltico, sin lograr su propósito.

Federico III (Haderslev 1609 - Copenhague 1670) Rey de Dinamarca y Noruega (1648-70). Hijo y sucesor de Cristián IV, declaró la guerra a Suecia (1657) pero, abandonado por sus aliados, tuvo que firmar la paz y renunciar a algunas provincias. Restringió los privilegios de la nobleza y se apoyó en la burguesía. En 1660 proclamó la monarquía hereditaria y absoluta.

Federico IV (Copenhague 1671 - Odense 1730) Rey de Dinamarca y Noruega (1699-1730). En la guerra con Carlos XII de Suecia suscribió el tratado de Frederiksborg (1720), por el que obtuvo Schleswig. Mejoró la enseñanza y el comercio.

Federico VI (Copenhague 1768 - íd. 1839) Rey de Dinamarca (1808-39) y de Noruega (1808-14). Hijo y sucesor de Cristián VII, se alió a Napoleón para protegerse del Reino Unido. Fue un monarca liberal que favoreció el progreso, las artes y las letras. Se vio obligado a ceder Noruega a Suecia en 1814.

Federico VII (Copenhague 1808 - Glücksborg 1863) Rey de Dinamarca (1848-63). Hijo y sucesor de Cristián VIII, puso fin a la monarquía absoluta e instauró una monarquía fundada en una Constitución democrática. El tratado de Londres de 1852 garantizó a Dinamarca la integridad de sus posesiones.

Federico VIII (Copenhague 1843 - Hamburgo 1912) Rey de Dinamarca (1906-12). Hijo y sucesor de Cristián IX, participó en la guerra contra Prusia y Austria (1864-67). Se casó con Luisa, princesa de Suecia y Noruega (1869).

Federico IX (castillo de Sorgenfri 1899 - Copenhague 1972) Rey de Dinamarca (1947-72). Hijo y sucesor de Cristián X, actuó de regente en dos ocasiones (1942 y 1947). En 1935 se casó con la princesa sueca Ingrid, con quien tuvo tres hijas, la mayor de las cuales le sucedió con el nombre de Margarita II.

Federico (Copenhague 1968) Príncipe heredero de Dinamarca. Hijo de Margarita II y del conde Enrique de Laborde de Monpezat, desde 1986 es oficialmente el heredero de la corona.

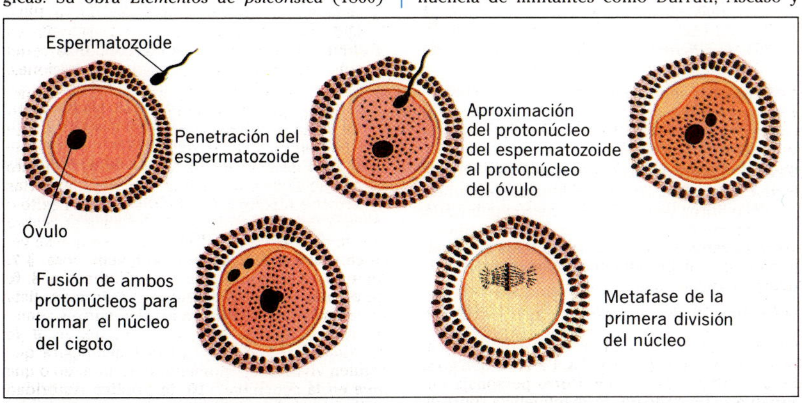

Secuencia de la fecundación de un óvulo y etapas iniciales de su desarrollo embrionario.

Federico Nombre de varios soberanos de Prusia.
Federico Guillermo, llamado **el Gran Elector** (Berlín 1620 - Potsdam 1688) Elector de Brandeburgo y duque de Prusia (1640-88). Heredó el ducado de Prusia en plena guerra de los Treinta Años, con el país devastado y desorganizado, y lo entregó a sus sucesores, cuarenta y ocho años después, engrandecido territorialmente, con una sólida organización administrativa y un poderoso ejército.
Federico I (Königsberg 1657 - Berlín 1713) Elector de Brandeburgo desde 1688, con el nombre de Federico III, obtuvo el título de rey de Prusia (1700-13), concedido por el emperador Leopoldo I, por la ayuda prestada en la guerra de la liga de Augsburgo y la guerra de Sucesión española. Fue un activo defensor del protestantismo. Se rodeó de una lujosa corte.
Federico Guillermo I, llamado **el Rey Sargento** (Berlín 1688 - Potsdam 1740) Rey de Prusia (1713-1740). Hijo de Federico I, fue el creador de la gran potencia económica y militar prusiana. Dotado de una extraordinaria capacidad de trabajo y un carácter autoritario y estricto, impulsó la economía agrícola, desarrolló la industria y potenció el ejército hasta convertirlo en una perfecta máquina de guerra. Combatió a Suecia, y ocupó en 1720 la Pomerania occidental y Stettin.
Federico II el Grande (Berlín 1712 - Potsdam 1786) Rey de Prusia (1740-86). Hijo de Federico Guillermo I, conquistó Silesia (1740), se anexionó en 1772 una parte considerable de Polonia, entre Pomerania y la Prusia oriental, y acaudilló en 1785 a los príncipes alemanes contra Austria. Prototipo del monarca ilustrado, reorganizó la administración del Estado prusiano en sus aspectos institucionales y económicos, convirtiendo al reino en una gran potencia europea.

Federico II el Grande.

Federico Guillermo II (Berlín 1744 - íd. 1797) Rey de Prusia (1786-97). Nieto y sucesor de Federico II el Grande, dejó los asuntos de Estado en manos de sus favoritos, Wölner y Bischoffswerder. Para hacer frente a la Francia revolucionaria, firmó con Austria la declaración de Plinitz (1791) e invadió el país, pero derrotado en Valmy (1792), abandonó la guerra y sólo se preocupó de los repartos de Polonia (1793 y 1795), donde Prusia se anexionó Danzig, Thorn y Varsovia.
Federico Guillermo III (Potsdam 1770 - Berlín 1840) Rey de Prusia (1797-1840). Hijo y sucesor del anterior, restauró la estabilidad interna, rota por las medidas autoritarias de su padre, pero las derrotas de Jena y Auerstädt frente a Napoleón le obligaron a aceptar la paz de Tilsit (1807), en la que hubo de aceptar grandes pérdidas territoriales. En 1813 se adhirió a la alianza antinapoleónica. El congreso de Viena (1815) devolvió a Prusia su rango de potencia europea.
Federico Guillermo IV (Berlín 1795 - palacio de Sans-Souci 1861) Rey de Prusia (1840-61). Hubo de hacer frente a la revolución de 1848. Rechazó el título imperial (1850) y abandonó el trono víctima de la locura en el año 1857. Se hizo cargo de la regencia su hermano Guillermo de Prusia.
Federico III (Potsdam 1831 - íd. 1888) Emperador alemán y rey de Prusia (1888). Hijo del emperador Guillermo I, por sus ideas liberales se enfrentó a Bismarck y al emperador Guillermo I, al que sustituyó por algún tiempo después del atentado de Nobiling (1878). Su reinado sólo duró tres meses.

Federico Nombre de tres emperadores del Sacro Imperio Romano Germánico.
Federico I Hohenstaufen, llamado **Barbarroja** (Waiblingen 1122 - Cydnos, Asia Menor 1190) Fue elegido emperador por la dieta de Frankfurt (1152) a la muerte de su tío Conrado III y coronado en 1155 por el papa Adriano IV. Restableció la autoridad imperial en Alemania expulsando al duque de Sajonia Enrique el León y se enfrentó a la Iglesia romana, con el propósito de ejercer una autoridad universal, pero no consiguió someter la Italia del Norte. Murió ahogado durante la tercera cruzada.
Federico II Hohenstaufen (Iesi, Ancona 1194 - Apulia 1250) Rey de Sicilia (1197-1250) y emperador germánico (1220-50). Nieto del anterior, llevó la lucha por el dominio universal a su momento álgido. Excomulgado por Gregorio IX (1227), partió a la quinta cruzada, recuperando Jerusalén, de la que se hizo coronar rey (1229). Combatió a la liga lombarda de Italia del Norte. A su muerte fracasó el programa político de los Hohenstaufen (gibelinos). Fue un hombre ilustrado, protector de las artes y las ciencias.
Federico III de Estiria (Innsbruck 1415 - Linz 1493) Cabeza de la casa de Habsburgo, rey de Alemania (1440-86) y emperador (1452-93). Durante su mandato se produjo la secesión de Bohemia con Jorge Podebrady y de Hungría con Matías Corvino. El matrimonio de su hijo Maximiliano con María, heredera de Borgoña, sentó las bases del crecimiento de la casa de Austria.

Federico Nombre de varios reyes de Sicilia.
Federico I Véase **Federico II Hohenstaufen**.
Federico II (? 1272 - Palermo 1337) Rey de Sicilia (1296-1337). Hijo de Pedro III el Grande de Aragón y de Constanza de Suabia, tuvo que hacer frente a la oposición de Carlos II de Anjou, del papa Bonifacio VIII y de su propio hermano Jaime II de Aragón. Durante su reinado, los almogávares establecieron en Oriente los ducados de Atenas y Neopatria.

Federico I (Kassel 1676 - Estocolmo 1751) Rey de Suecia (1720-51). Llegó al trono por su matrimonio con Ulrica Leonor (1715), hermana de Carlos XII, quien elegida reina a la muerte de su hermano (1718), abdicó en su marido. Sostuvo una penosa guerra con Rusia que concluyó con el tratado de Abo (1743).

Federico I de Aragón (Nápoles h. 1451 - Tours 1504) Rey de Nápoles o Sicilia peninsular (1496-1501). Hijo de Fernando (o Ferrante) I, conquistó Gaeta y expulsó a las tropas francesas de su reino. Un ejército francoespañol invadió sus dominios (1500) y Federico decidió entregarse al rey francés y renunciar a sus derechos sobre Nápoles; en compensación recibió el ducado de Anjou. Los españoles se apoderaron del reino (1504), que pasó a España por el tratado de Lyon (1504).

Federmann, Nikolaus (Ulm h. 1506 - Valladolid 1542) Explorador y conquistador alemán. Agente de los Welser en España, en 1529 fue enviado a la provincia de Venezuela para ayudar al gobernador Alfinger, cuyo puesto ocupó tras su fallecimiento. Realizó tres importantes viajes de exploración por el territorio (1530, 1535 y 1537) y estuvo presente en la fundación de Bogotá por Jiménez de Quesada (1538). Relató su primera exploración en *Historia indiana* (1557).

Fedin, Konstantin Alexandrovich (Saratov 1892 - Moscú 1977) Escritor ruso. Combatió en el ejército rojo y fue secretario general de la Unión de Escritores Soviéticos (1959-1972). En su obra acentuó el análisis psicológico y exaltó los nuevos valores de la URSS. Algunas de sus novelas más destacadas son *El descampado* (1923), *La ciudad y los años* (1924), *Los mujiks* (1926), *Los hermanos* (1928), *Primeras alegrías* (1945) y *Un verano extraordinario* (1947).

Fedra En la mitología griega, hija de Minos y Pasífae y esposa de Teseo. Enamorada de su hijastro Hipólito, éste la rechazó. Entonces calumnió a su amado y se ahorcó.

Fedro, Cayo Julio (Macedonia 15 a. C. - ? h. 50 d. C.) Fabulista latino. Sus fábulas, contenidas en cinco libros y un apéndice, fueron publicadas en Roma en época de Tiberio. Están escritas en versos yámbicos y recogen la tradición de Esopo, aunque incorporan algunos temas nuevos.

feed-back (voz ingl.) *s. m.* Retroalimentación*.

féferes *s. m. pl. amer.* Objetos inútiles, trastos.

fehaciente *adj.* **1.** Que atestigua que algo es cierto. **2.** P. ext., que prueba algo de modo evidente. **FAM.** Fehacientemente.

Fehling, Hermann (Lübeck 1811 - Stuttgart 1885) Químico alemán. Descubrió el **reactivo de Fehling**, solución alcalina de ion complejo cúprico con ion tartrato que permite determinar la presencia de carbohidratos ya que se precipita formando óxido cuproso de color rojo.

Feijoo, Benito Jerónimo (Casdemiro, Orense 1676 - Oviedo 1764) Escritor y ensayista español. Fue monje benedictino, maestro de la universidad de Oviedo y, desde 1709 hasta su muerte, profesor de teología en el colegio de San Vicente, en Oviedo. El objetivo de su obra fue combatir la superstición, abriendo el camino al pensamiento libre e ilustrado. Cultivó las más variadas disciplinas, como las ciencias, la filosofía, la estética, la lingüística y la literatura. Sus libros más importantes son *Teatro crítico universal*, en nueve tomos (1726-40), y *Cartas eruditas y curiosas*, en cinco tomos (1742-60).

Benito Feijoo. Grabado de J. Vázquez según un dibujo de F. Maea (Calcografía Nacional, Madrid).

Feininger, Lyonel (Nueva York 1871 - íd. 1956) Pintor estadounidense. De 1897 a 1937 vivió en Alemania y de allí viajó a París, donde recibió la influencia del cubismo. En 1919 colaboró con Gropius en la fundación de la Bauhaus, de la que fue profesor. Afincado en EE UU, desde 1940 realizó una obra de formas geométricas y gran luminosidad y colorido.

Feira de Santana C. de Brasil, situada en el estado de Bahia. 396.500 h. en 1989. Centro agrícola y ganadero, cuenta con industrias lácteas, cárnicas y construcciones mecánicas. Posee aeropuerto y es un importante nudo de comunicaciones.

Feito, Luis (Madrid 1929) Pintor español. Fue uno de los fundadores del grupo El Paso (1957). Su obra evolucionó desde un estilo geométrico a una preocupación por la materia y la luz, que derivó después hacia una pintura plana donde predominan los colores rojo y negro.

feldespato *s. m.* Nombre de diversos minerales del grupo de los silicatos de aluminio. Son los principales componentes de la corteza terrestre, y se usan en la fabricación de vidrio y cerámica. Se dividen en feldespatos potásicos y plagioclasas. Los **feldespatos potásicos** $KAlSi_3O_8$, son feldespatos que contienen potasio y cristalizan en el sistema monoclínico y triclínico. De brillo vítreo, incoloros, blancos o rojos, se hallan en las rocas ígneas, volcánicas o intrusivas (ortosa, microclina y sanidina). Las **plagioclasas** $(Na, Ca)AlSi_3O_8$, son feldespatos que contienen sodio y calcio y cristalizan en el sistema triclínico. De brillo vítreo y perlado, incoloras o blancas, se hallan en rocas ígneas y sedimentarias, especialmente en las de origen detrítico (albita, oligoclasa, andesita, labradorita, bytownita y anortita). **FAM.** Feldespático.

Feldman, Morton (Nueva York 1926) Compositor estadounidense. Seguidor de John Cage y Earle Brown, utilizó durante un tiempo procedimientos de notación gráfica, aunque luego volvió a la tradicional. Pretendió emular con sonidos el mundo de la pintura abstracta de Jackson Pollock y Willem de Kooning. Algunas de sus composiciones más destacadas son *Proyecciones* (1950-51), *Voces e instrumentos* (1972), *El rey de Dinamarca*, obra de percusión, *Atlantis* y *Cristian Wolff en Cambridge*, coral.

felicidad *s. f.* **1.** Estado de satisfacción y alegría de la persona que ha logrado sus deseos, le agrada lo que le rodea, etc. **2.** Circunstancia de que algo ocurra sin contratiempos.

felicitación *s. f.* **1.** Acción de felicitar. **2.** Expresión o escrito con que se felicita a alguien.

felicitar *v. tr.* **1.** Manifestar a una persona la alegría que uno siente por algún suceso favorable para ella. También *v. prnl.* **2.** Expresar a alguien el deseo de que sea feliz, sobre todo en una fecha o circunstancia determinadas. **3.** Alabar a alguien por una actuación, cualidad, etc.

félidos *s. m. pl.* Familia de mamíferos carnívoros a la que pertenecen unas 34 especies comprendidas en los géneros *Acinonyx, Felis, Lynx, Panthera* y *Neofelis.* Son animales digitígrados de uñas retráctiles, dotados de fuertes defensas y gran flexibilidad. Son depredadores, generalmente nocturnos, que habitan en todos los continentes, excepto Australia. Félidos son el gato, león, tigre, leopardo, puma, lince, etc. También *adj.* y *s. m.*

feligrés, sa *s. m.* y *f.* Parroquiano.

feligresía *s. f.* **1.** Conjunto de los feligreses de una parroquia. **2.** Territorio bajo la jurisdicción de un párroco. **3.** Parroquia rural formada por diferentes distritos.

felino, na *adj.* **1.** Relativo al gato o propio de él. **2.** Se dice de los animales pertenecientes a la familia de los félidos. También *s. m.*

Felipe Nombre de varios duques de Borgoña.

Felipe II el Atrevido (Pontoise 1342 - Hal 1404) Duque de Borgoña (1363-1404). Cuarto hijo de Juan II el Bueno de Francia, era el heredero del ducado de Borgoña y el condado de Flandes, señorío que completó con Artois, Rethel, Charolais y el Franco Condado. Construyó el estado borgoñón, auténtica potencia dentro de Francia.

Felipe III el Bueno (Dijon 1396 - Brujas 1467) Duque de Borgoña (1419-67). Primogénito del duque Juan sin Miedo, en la guerra de los Cien Años negoció con Inglaterra (tratado de Troyes, 1420) la ocupación del trono de Francia por el rey inglés Enrique V. Creó un auténtico imperio borgoñón ampliando sus señoríos jurisdiccionales y llegando a dominar la mitad oriental de Francia.

Felipe Nombre de varios reyes de España.

Felipe I el Hermoso (Brujas 1478 - Burgos 1506) Soberano de los Países Bajos (1482-1506) y rey de Castilla (1504-06). Hijo de Maximiliano de Austria y María de Borgoña, casó con Juana la Loca de Castilla. A la muerte de Isabel la Católica, apoyado por los nobles castellanos, Felipe recibió la corona de Castilla, pero su muerte prematura devolvió ésta a Fernando el Católico.

Felipe II (Valladolid 1527 - El Escorial, Madrid 1598) Rey de España (1556-98). Al abdicar Carlos I, heredó un inmenso imperio que englobaba las posesiones castellanas, aragonesas y borgoñonas. Potenció la administración de sus reinos, lo que multiplicó la burocracia de palacio, que nunca escapó a su control. Intervino en Aragón a causa de la conjura de Antonio Pérez. Combatió con rigor el protestantismo y sostuvo guerras contra Francia (victoria de San Quintín, 1557) y en los Países Bajos. Buscó la alianza inglesa por su matrimonio con María Tudor, pero no pudo evitar la hostilidad de Isabel I, que desembocó en la derrota de la Armada Invencible (1568). Aliado a Venecia y al Papado armó una flota cristiana, mandada por su hermanastro Juan de Austria, que derrotó a los turcos en Lepanto (1571). Prosiguió las conquistas en América y Filipinas y en 1580 fue reconocido rey de Portugal. Durante su reinado, España alcanzó su mayor extensión y dominio en el mundo. Felipe II fue una persona austera, dotada de una inagotable capacidad de trabajo y un estricto sentido del deber y de la justicia. Excesivamente riguroso en ocasiones, se guió siempre por una sincera y profunda religiosidad.

Felipe II. Retrato anónimo (colección de Fernando Chueca).

Felipe III (Madrid 1578 - íd. 1621) Rey de España (1598-1621). Hijo y sucesor de Felipe II, dejó el gobierno en manos de sus validos, el duque de Lerma y su hijo el duque de Uceda. Durante su

Felipe III. Retrato de Bartolomé González (Monasterio de la Encarnación, Madrid).

reinado se concertó la tregua de los Doce Años con los Países Bajos (1609) y se decretó la expulsión de los moriscos (1609), con graves repercusiones demográficas y económicas en el reino de Valencia. España participó en la guerra de los Treinta Años al lado del emperador Fernando II de Austria (1618).

Felipe IV. Retrato de Peter Paul Rubens (Palacio Real, Madrid).

Felipe IV (Valladolid 1605 - Madrid 1665) Rey de España (1621-65). Hijo y sucesor de Felipe III, delegó la labor de gobierno en sus validos, el condeduque de Olivares y Luis de Haro. En su época se produjo la decadencia del imperio español en Europa. Al comienzo de su reinado expiró la tregua de los Doce Años y se reanudó la guerra, en la que Ambrosio Spínola obtuvo la rendición de Breda (1624). El rey inglés Carlos I intentó sin éxito la conquista de Cádiz (1625). En la guerra de los Treinta Años, el infante Fernando consiguió una resonante victoria en Nordlingen (1634), pero a partir de entonces los acontecimientos fueron adversos para España. La flota mandada por Oquendo fue derrotada por Tromp (1639). En 1640 se produjo la sublevación de Cataluña, de Nápoles y de Portugal, reino este último que ya no sería recuperado por España. Las derrotas de los tercios españoles, sobre todo en la batalla de Rocroi (1643), llevaron a la paz de Westfalia (1648), por la que España perdió los Países Bajos. En la paz de los Pirineos (1659), España cedió a Francia el Rosellón y la Cerdaña. Los gastos de guerra sumieron al reino en una gran crisis económica. En contraste con la política internacional, la cultura y las artes en la época de Felipe IV conocieron uno de los momentos de mayor esplendor de la historia de España, conocido como el Siglo de Oro.

Felipe V. Retrato de Michel-Ange Houasse (colección particular).

Felipe V (Versalles 1683 - Madrid 1746) Rey de España (1700-enero 1724 y septiembre 1724-46). Nieto del rey Luis XIV de Francia, fue designado sucesor por Carlos II, último monarca de la casa de Austria. La reivindicación del trono por el archiduque Carlos de Habsburgo dio lugar a la guerra de Sucesión, de la que Felipe salió victorioso. Los tratados de Utrecht (1713) y Rastadt (1714) supusieron la consolidación en España de la dinastía de los Borbones, a costa de las pérdidas de Flandes, el Milanesado, Nápoles, Saboya, Menorca y Gibraltar. En este reinado fueron abolidos los fueros de la corona de Aragón y se reformó la administración. En enero de 1724 abdicó en su primogénito Luis pero, tras el fallecimiento de éste en agosto, Felipe volvió al trono. A través de los pactos de familia, España tomó parte en una serie de guerras en Italia, de la que no obtuvo fruto alguno.

Felipe Nombre de varios reyes de Francia.

Felipe I (? 1052 - Melun 1108) Rey de Francia (1060-1108). Hijo de Enrique I, durante su minoría de edad administraron el reino su madre y su tío Balduino V, conde de Flandes. Buscó el apoyo de los condes de Anjou y de Flandes contra su vasallo Guillermo I de Normandía, que había conquistado Inglaterra (1066). En 1095 fue excomulgado por adueñarse de bienes eclesiásticos y por repudiar a su mujer legítima.

Felipe II Augusto (París 1165 - Nantes 1223) Rey de Francia (1180-1223), de la dinastía Capeto. Llevó a cabo una importante consolidación nacional, luchando contra el poderío de los grandes señores feudales y anexionando a su reino gran parte de las posesiones de los reyes ingleses Plantagenet en Francia (Normandía y Anjou). Combatió a Enrique II, Ricardo I Corazón de León y Juan I sin Tierra, a quien venció en la definitiva batalla de Bouvines (1214), en la Gran Guerra de Occidente. Apoyó a Simón de Monfort en su cruzada antialbigense, que dio a Francia el dominio efectivo sobre el Languedoc.

Felipe III el Atrevido (Poissy 1245 - Perpiñán 1285) Rey de Francia (1270-85). Hijo y sucesor de San Luis IX, continuó la reforma administrativa emprendida por su padre. Incorporó a la corona los condados de Tolosa, Nemours y Chartres. Apoyó a su tío Carlos de Anjou, rey de Sicilia, frente a Aragón, organizando, de acuerdo con el papa Martín IV, la «cruzada contra los catalanes» (1285), en la que fue derrotado.

Felipe IV el Hermoso (Fontainebleau 1268 - íd. 1314) Rey de Francia (1285-1314) y de Navarra (Felipe I, 1284-1314). Hijo de Felipe III el Atrevido y de Isabel de Aragón, su reinado fue la época de mayor autoridad de la dinastía Capeto. Combatió al conde de Flandes, Guy de Dampierre, y al rey inglés Eduardo I. Enfrentado al papa Bonifacio VIII por cuestiones de dominio y de impuestos, ejerció sobre él tal violencia que ocasionó su muerte; los sucesores del papa se trasladaron a Francia, comenzando el destierro de Aviñón. Acusó de herejía a la orden de los templarios, que había alcanzado un inmenso poder, destruyéndola y apoderándose de sus riquezas.

Felipe V el Largo (? 1294 - Longchamp 1321) Rey de Francia (1316-21) y de Navarra (Felipe II, 1316-1321). Segundo hijo de Felipe IV el Hermoso y Juana de Navarra, en 1316 fue nombrado regente a la muerte de su hermano Luis X y al año siguiente se hizo proclamar rey al morir el hijo póstumo de éste. Puso fin a la guerra de Flandes (1320), desarrolló las milicias urbanas (especie de policía dependiente del rey) y reorganizó la administración.

Felipe VI de Valois (? 1293 - Nogent-le-Roi 1350) Rey de Francia (1328-50). A la muerte de los tres hijos de Felipe IV sin herederos masculinos, Eduardo III de Inglaterra, nieto de éste por vía materna, reclamó el trono, pero los Estados Generales entregaron la corona a Felipe VI (1328), iniciándose la dinastía Valois. Este hecho dio origen a la guerra de los Cien Años, en la que el monarca francés sufrió la aplastante derrota de Crécy (1346). Para compensar este desastre ocupó el Delfinado y Montpellier (1349).

Felipe Nombre de varios reyes de Navarra.

Felipe I Véase **Felipe IV el Hermoso**, rey de Francia.

Felipe II Véase **Felipe V el Largo**, rey de Francia.

Felipe III de Évreux (? 1305 - Jerez de la Frontera 1343) Rey de Navarra (1328-43) por matrimonio con la heredera Juana. Ayudó a Felipe VI de Francia en su lucha con flamencos e ingleses y combatió a Alfonso XI de Castilla por terrenos fronterizos, pero después le apoyó en la Reconquista. Murió a causa de las heridas recibidas en la toma de Algeciras.

Felipe, León Véase **León Felipe**.

Felipe, San (Betsaida - Hierápolis s. I d. C.) Uno de los doce apóstoles de Jesús. Se cree que evangelizó Escitia y Frigia y murió martirizado en Hierápolis.

Felipe de Borbón.

Felipe de Borbón y Grecia (Madrid 1968) Hijo de Juan Carlos I de España y Sofía de Grecia, heredero de la corona española. En 1977 fue proclamado príncipe de Asturias y al cumplir la mayoría de edad (1986), juró acatamiento a la Constitución.

Felipe de Suabia (? h. 1177 - Bamberg 1208) Emperador germánico (1198-1208). Hijo de Federico Barbarroja, su hermano el emperador Enrique VI le otorgó los ducados de Toscana y Suabia y los bienes de la condesa Matilde. Fue elegido emperador por los partidarios de los Hohenstaufen frente a Otón IV, apoyado por los güelfos, lo que desencadenó una guerra civil en la que Felipe consiguió varias victorias. Murió asesinado.

Felipe Neri, San (Florencia 1515 - Roma 1595) Sacerdote italiano. Fundó la orden del Oratorio, institución dedicada al estímulo de la piedad y el apostolado de los sacerdotes seculares. Fue canonizado en 1622.

Felipillo (? - ? 1536) Indígena peruano. Intérprete de Pizarro, Diego de Soto y Diego de Almagro, conspiró contra este último e intentó sublevar a los araucanos. Fue descubierto y ejecutado.

Félix, María (Álamo, Sonora 1915) Actriz cinematográfica mexicana. Encarnó papeles de mujer fatal, de gran belleza y fuerte temperamento. Protagonizó varias películas bajo la dirección de Emilio Fernández. Entre sus más conocidos filmes figuran *La mujer sin alma* (1943), *Enamorada* (1946), *Río escondido* (1947), *Belleza maldita* (*Maclovia*, 1948), *French can-can* (1954) y *Juana Gallo* (1963).

feliz *adj.* **1.** Que disfruta de felicidad. **2.** Que es causa o anuncio de felicidad. **3.** Que empieza, ocurre o acaba bien. **4.** Eficaz, acertado, oportuno. ‖ **Loc. no hacer feliz** algo a alguien No gustar o agradar.

felizmente *adv. m.* **1.** Con felicidad. **2.** Afortunadamente, por suerte.

Fellini, Federico (Rímini 1920) Director de cine italiano. Formado en el neorrealismo, introduce en sus películas elementos de lirismo y fantasía, que unidos a una tendencia al análisis de los recuerdos personales configuran una de las obras más originales de la cinematografía italiana, en películas como *La strada* (1954), *Las noches de Cabiria* (1957), *La dolce vita* (1960), *Ocho y medio* (1963), *Amarcord* (1973) y *Ginger y Fred* (1986).

Federico Fellini.

felón, na *adj.* Se dice del que comete felonía. También *s.*

felonía *s. f.* Traición, deslealtad, cobardía.

felpa *s. f.* **1.** Tejido de tacto parecido al terciopelo. **2.** *fam.* Paliza o reprimenda.

felpear *v. tr. Amér. del S.* Dar una felpa, pegar, reprender.

felpilla *s. f.* Cordón o tira estrecha de seda afelpada que se utiliza para adornos y bordados.

felpudo, da *adj.* **1.** Afelpado, parecido a la felpa. ‖ *s. m.* **2.** Especie de esterilla que se coloca en la entrada de las casas para limpiarse las suelas de los zapatos.

femenil *adj.* Femenino, propio de la mujer. **Fam.** Femenilmente.

femenino, na *adj.* **1.** Perteneciente o relativo a la mujer. **2.** Que posee rasgos o características atribuidos tradicionalmente a la mujer. **3.** En biol., se dice de los individuos de las especies animales y vegetales que en la reproducción son fecundados y alimentan y mantienen en sí a los nuevos seres o semillas hasta el momento en que éstos nacen o se separan. **4.** Perteneciente o relativo a esos individuos. **5.** Se dice del género gramatical que se aplica a dichos individuos o a las cosas que se asimilan, por terminación o por uso, a este género. **6.** Perteneciente o relativo a este género gramatical.

fementido, da *adj.* **1.** Que no es fiel a su palabra. **2.** Engañoso. **Fam.** Fementidamente.

fémina *s. f.* Mujer*.

femineidad *s. f.* Feminidad*.

femíneo, a *adj.* Femenil, femenino.

feminidad *s. f.* **1.** Cualidad de femenino. **2.** Estado anormal del hombre en el que aparecen uno o varios caracteres femeninos.

feminismo *s. m.* Postura y movimiento que defiende la igualdad social, económica, jurídica y política del hombre y la mujer. Nació como movimiento social y político en el s. XVIII. Dos obras precisaron con claridad su contenido y objetivos: la *Declaración de los derechos de la mujer y la ciudadana* (1791), de Olimpia de Gouges, y *La esclavitud de la mujer*, de John Stuart Mill. El movimiento, en el que destacaron las asociaciones de sufragistas de EE UU y el Reino Unido, centró su actividad en la reclamación de derechos políticos para la mujer. Una de sus primeras figuras fue la inglesa Emmeline Pankhurst, que fundó en 1903 la *Women's Social and Political Union*. Las dos guerras mundiales del s. XX facilitaron el acceso de la mujer al ámbito laboral y la supresión de discriminaciones jurídicas en gran parte de los países occidentales. Pese a ello, la condición de la mujer no alcanzó una equiparación real con la del hombre y el feminismo inició una nueva etapa, en la que desempeñaron un papel significativo las aportaciones de Simone de Beauvoir, autora de *El segundo sexo*, y de Betty Friedan, autora de *La mística de la feminidad*. En las décadas de los años sesenta y, especialmente, de los años setenta, los movimientos feministas alcanzaron gran importancia social y muchas de sus reclamaciones fueron incorporadas a la legislación en los países desarrollados o, al menos, aceptadas como justas por buena parte de la sociedad. En la actualidad, el feminismo engloba posturas muy diferentes, desde las moderadas que buscan un mayor campo de actuación para la mujer dentro del orden social existente, hasta las más radicalizadas que tratan de cambiar ese orden. **Fam.** Feminista.

feminización *s. f.* Aparición y desarrollo en el hombre de características femeninas o regresión de las masculinas como consecuencia de trastornos hormonales.

femoral *adj.* **1.** Perteneciente o relativo al fémur. **2.** Se dice de la más importante arteria de la extremidad inferior, que nace en la iliaca externa y recorre el muslo, pasando por el anillo crural, el triángulo de Scarpa y el conducto de Hunter. También *s. f.* ‖ *s. m.* **3.** Segmento principal de las patas de insectos y arácnidos.

femto- *pref.* En el Sistema Internacional (SI), equivale a la milbillonésima parte de una unidad (10^{-15}). ■ Su símbolo es *f*.

fémur *s. m.* Hueso del muslo, el más largo del esqueleto humano. Su parte superior se llama *cabeza* y se articula en una cavidad de la pelvis por medio de un cóndilo. El cuello une la cabeza con el resto del hueso, que termina en otros dos cóndilos que encajan en la articulación de la rodilla.

fenacetina *s. f.* $CH_3{-}CO{-}NH{-}C_6H_4{-}O{-}C_2H_5$. Éter acético del fenol. Forma cristales incoloros y se emplea en medicina por sus propiedades antipiréticas y analgésicas.

fenacina *s. f.* $C_{12}H_8N_2$. Compuesto heterocíclico que cristaliza en agujas amarillas. Es un antraceno y se emplea tanto en diversas reacciones químicas como en la industria tintorera.

fenantreno *s. m.* $C_{14}H_{10}$. Hidrocarburo aromático cuya molécula es la condensación de tres anillos bencénicos. Constituye un sólido blanco cristalino. Se encuentra en el alquitrán de hulla y en la estructura de algunos alcaloides y hormonas, y se utiliza en la industria de los colorantes.

fenec *s. m.* Mamífero carnívoro de la familia cánidos, especie *Fennecus zerda*. Es un pequeño zorro de unos 70 cm de longitud, de los que unos 30 corresponden a su densa cola, tiene grandes orejas triangulares y pelaje amarillento. Habita en las regiones cálidas y desérticas del N de África y Arabia. Excava huras en la arena que le sirven de madriguera y es domesticado con facilidad.

fenecer *v. intr.* **1.** Morir. **2.** P. ext., acabarse, tener fin una cosa. ■ Es v. irreg. Se conjuga como *agradecer*. **Fam.** Fenecimiento.

Fénelon, François de Salignac de La Mothe (castillo de Fénelon, Périgord 1651 - Cambrai 1715) Escritor francés. Sacerdote católico, dirigió una institución para la educación de las jóvenes protestantes convertidas al catolicismo. Su aproximación a las doctrinas quietistas y su *Carta a Luis XIV* (1694), en la que censuraba duramente el absolutismo del monarca, provocaron su caída en desgracia. Entre sus obras destacan *Tratado de la educación de las jóvenes* (1687), la novela didáctica *Las aventuras de Telémaco* (1699) y *Diálogos de los muertos* (1700).

fenicado, da *adj.* Que tiene ácido fénico.

Arte fenicio: León devorando a un hombre. *Relieve de marfil pintado, siglo* VIII *a. C. (Museo Británico, Londres).*

Fenicia Antiguo país asiático de la ribera del Mediterráneo oriental, entre el monte Carmelo y Ugarit. Estaba constituido por ciudades-estado de comerciantes, independientes entre sí y vinculadas por la lengua y la civilización. Los fenicios, pueblo semítico instalado en la costa oriental mediterránea a principios del tercer milenio a. C., fundaron numerosas ciudades-estado con puerto marítimo (Sidón, Tiro, Biblos, Akko, Arados, etc.) y desarrollaron notables técnicas de navegación y de comercio. Desde principios del segundo milenio estuvieron sometidos a Egipto. Las invasiones de los Pueblos del Mar (s. XI a. C.) los liberaron de este dominio y en el s. X a. C. comenzaron a construir un imperio marítimo. La competencia griega en el Egeo los desplazó al Mediterráneo occidental, donde fundaron gran número de factorías en Sicilia, Malta, Cerdeña, Ibiza, Hippona, Útica, Cartago, etc. Durante la hegemonía de Tiro, desplegaron una intensa actividad comercial en tejidos, púrpura, cerámica, cueros, perfumes, objetos de lujo, etc. Inventaron un alfabeto, el primero consonántico conocido, que se extendió por todo el Mediterráneo. En el s. IX a. C. fueron dominados por Asiria, lo que, unido a la separación de Cartago, que les sustituyó en Occidente, supuso la decadencia de Tiro y el comienzo de la hegemonía de Sidón. En el s. VI a. C., sus ciudades fueron conquistadas por

Persia y en el s. IV a. C. por Alejandro Magno. Su comercio decayó y, en el año 64 a. C., cayeron en poder de Roma, que las integró en la provincia de Siria.

fenicio, cia *adj.* **1.** De Fenicia. También *s.* **2.** Se aplica a la persona que busca en todo la ganancia o el interés comercial. También *s.* || *s. m.* **3.** Antigua lengua semítica hablada por los fenicios.

fénico, ca *adj.* **1.** Perteneciente o relativo al ácido fénico. || **2. ácido fénico** Fenol*.

fenilanina *s. f.* C_6H_5–CH_2–$CH(NH_2)$–CO_2H. Aminoácido esencial cíclico, producto de la hidrólisis de numerosas proteínas.

fenilcetonuria *s. f.* Enfermedad hereditaria debida a la carencia de fenilanina hidroxilasa. Provoca una disminución de la maduración cerebral y, por consiguiente, deficiencia mental.

fenilo *s. m.* –C_6H_5. Radical monovalente derivado del benceno mediante la eliminación de un hidrógeno de su molécula.

fénix *s. m.* **1.** Ave mítica egipcia, del tamaño de un águila, que ardía en una hoguera dispuesta por ella misma y renacía de sus cenizas. **2.** Persona excepcional en algún aspecto.

fenol *s. m.* C_6H_5–OH. Compuesto orgánico derivado del benceno, en cuya molécula un hidrógeno ha sido reemplazado por el grupo alcohólico –OH. Se halla en el alquitrán de hulla y en la orina. Se emplea para síntesis de colorantes y medicamentos y como desinfectante. Se llama también *ácido fénico.*

fenolftaleína *s. f.* $C_{20}H_{14}O_4$. Sustancia orgánica de la familia de las ftaleínas, cuya disolución hidroalcohólica se emplea como indicador en las reacciones de neutralización. Adopta color rosa en medio básico e incoloro en medio ácido.

fenomenal *adj.* **1.** *fam.* Extraordinario, magnífico. **2.** *fam.* Tremendo, muy grande. **3.** Fenoménico*.

fenoménico, ca *adj.* Perteneciente o relativo al fenómeno como apariencia sensible. ▪ Se dice también *fenomenal.*

fenomenismo *s. m.* Doctrina filosófica que niega la posibilidad de conocer las cosas en sí mismas y mantiene que sólo se conocen los fenómenos o realidades que se manifiestan a los sentidos o a la conciencia.

fenómeno *s. m.* **1.** Apariencia de las cosas que puede percibirse por los sentidos. **2.** Cualquier manifestación de actividad de la naturaleza o de la mente. **3.** Cualquier hecho o suceso. **4.** Cosa sorprendente. **5.** *fam.* Persona o animal monstruoso. **6.** Persona sobresaliente, fuera de serie. **7.** En fil., término con el que se designa lo que aparece, lo que se manifiesta. A lo largo de la historia de la filosofía el fenómeno se ha valorado de formas distintas. En la Ilustración, Lambert lo considera como ilusión, en sentido opuesto a verdadero. Para Kant es una realidad objetiva que se muestra en el espacio y en el tiempo, lo opuesto al noúmeno o cosa en sí; para Hegel, es la experiencia de la conciencia que se autodesarrolla dialécticamente, y para Husserl, es la esencia del objeto según se presenta a la conciencia. || *adj.* **8.** Fenomenal, muy bueno. También *adv.*

fenomenología *s. f.* **1.** Teoría y método filosóficos que centran su investigación en los fenómenos físicos o psíquicos, en su origen y manifestaciones. **2.** En la filosofía de Hegel, ciencia que muestra la historia del espíritu humano que se eleva desde el conocimiento sensible a las formas superiores del conocimiento de lo absoluto. **3.** En la filosofía de Husserl y su escuela, método descriptivo, fundado en la intuición, que pretende llegar a las cosas mismas, a su esencia, superando el ámbito de lo puramente subjetivo. **FAM.** Fenomenológico, fenomenólogo.

fenotipo *s. m.* Conjunto de caracteres observables de un organismo vivo individual. Depende tanto del genotipo, o conjunto de genes presentes en dicho organismo, como de la influencia del ambiente. **FAM.** Fenotípico.

feo, a *adj.* **1.** Que carece de belleza. **2.** Que desagrada o disgusta. **3.** Se dice del asunto ilícito o deshonesto. **4.** Que tiene o presenta mal aspecto, desfavorable. || *s. m.* **5.** Desprecio, desaire, descortesía.

feofíceas *s. f. pl.* Clase de algas que comprende once órdenes, entre los que destacan ectocarpales, cutleriales, laminariales, dictiotales y fucales. Son las algas marinas pluricelulares de mayor tamaño, a las que los pigmentos fotosintéticos xantofila y ficoxantina dan una tonalidad parda que encubre el color verde de la clorofila. Debido a sus pigmentos, pueden vivir a profundidades de hasta 30 m, ya que captan longitudes de onda luminosa no absorbidas por el agua. Algunas de sus especies, como los sargazos, forman grandes bancos en los océanos. Se utilizan para obtener yodo, así como alginatos, componentes orgánicos usados en pastelería y droguería. Reciben asimismo el nombre de *algas pardas.* También *adj.* y *s. f.*

feracidad *s. f.* Cualidad de feraz.

feraz *adj.* Muy fértil, aplicado especialmente a la tierra.

Ferenczi, Sandor (Miskolc 1873 - Budapest 1933) Psicoanalista húngaro. Discípulo y amigo de Sigmund Freud, fue el primer presidente de la Asociación Psicoanalítica Internacional. Se dedicó a la implantación de la «cura corta», tratamiento que permitió reducir la duración del análisis. Algunas de sus obras más importantes son *Contribuciones al psicoanálisis* (1916), *El desarrollo del psicoanálisis* (1924), en colaboración con Otto Rank, y *Ensayo de una teoría genital* (1924).

féretro *s. m.* Ataúd.

Fergunson, Guillermo (Irlanda ? - Bogotá 1828) Revolucionario irlandés. Luchó por la independencia iberoamericana desde 1819 a las órdenes de Páez, Urdaneta y Montilla, y consiguió el grado de teniente coronel tras la batalla de Ayacucho (1824). Murió al tratar de defender a Bolívar de un atentado.

feria *s. f.* **1.** Mercado extraordinario y exposición de productos que se celebra, normalmente al aire libre, en lugares y fechas determinadas. Nacieron en el Occidente cristiano durante la Edad Media, como lugar de reunión de comerciantes de diversas procedencias y nacionalidades, y se desarrollaron sobre todo en Francia, donde fueron famosas las de Champagne. En Castilla tuvo especial importancia la feria de Medina del Campo, que comenzó a celebrarse en 1321. Durante el tiempo que duraban, las autoridades garantizaban la inmunidad de los participantes, que además gozaban de determinadas exenciones fiscales. El desarrollo del comercio internacional en el s. XVI supuso su decadencia, aunque renacieron tras la industrialización del s. XIX y sirven en la actualidad para mostrar periódicamente los últimos adelantos en cada sector de la industria. **2.** Día festivo. **3.** Fiestas acompañadas de espectáculos y diversiones, p. ej., las verbenas; también, lugar e instalaciones donde se celebran. **4.** *Méx.* Calderilla, dinero en moneda pequeña.

feriado, da *adj.* Festivo, no laboral.

ferial *adj.* **1.** Perteneciente o relativo a la feria. || *s. m.* **2.** Feria o mercado y lugar donde se instala.

feriante *s. m.* y *f.* Persona que acude a una feria, ya sea vendedor, comprador o visitante.

feriar *v. tr.* **1.** Comprar o vender en una feria. || *v. intr.* **2.** Hacer fiesta, parar el trabajo por uno o varios días.

Ferlinghetti, Lawrence (Nueva York 1919) Poeta estadounidense. Miembro del movimiento beat, en 1951 estableció en San Francisco el *City Lights Bookshop,* que se convirtió en centro de dicha generación y editó libros de Gregory Corso, Allen Ginsberg, etc. Entre sus obras destacan *Un Coney Island de la mente* (1958), *Empezando en San Francisco* (1961), *Tyrannus Nix?* (1969) y la novela *Ella* (1960).

Fermat, gran teorema de Si n es un número entero positivo mayor que 2, la ecuación $x^n + y^n = z^n$ no puede tener ninguna solución entera y positiva de los valores x, y, z. Aunque Fermat afirmó haberla desarrollado, este teorema carece de demostración.

Fermat, pequeño teorema de La expresión $A^{p-1} - 1$, en la que p es un número primo que no divide a A, es divisible por p.

Fermat, Pierre de (Beaumont-de-Lomagne 1601 - Castres 1665) Matemático francés. Jurista de profesión, realizó importantes aportaciones a la teoría de los números y descubrió, independientemente de Descartes, la geometría analítica. Rara vez anotaba sus descubrimientos y las demostraciones de los mismos, por lo que muchos se han perdido y otros carecen de demostración.

fermata *s. f.* **1.** En mús., sucesión de notas de adorno que forman una cadencia y que se ejecutan suspendiendo el compás momentáneamente. **2.** Calderón, signo que representa la suspensión de este movimiento.

fermentación *s. f.* **1.** Acción y efecto de fermentar. **2.** Descomposición de los hidratos de carbono producida por microorganismos (hongos, bacterias) que actúan generalmente en ausencia de oxígeno. Muchas fermentaciones tienen aplicaciones industriales. || **3. fermentación alcohólica** La realizada por la levadura *Saccharomyzes cerevisiae,* que se emplea en la fabricación del vino. **4. fermentación láctica** La utilizada en la conversión de la leche en queso y yogur.

fermentar *v. intr.* **1.** Experimentar una sustancia el proceso químico de la fermentación. También *v. tr.* **2.** Excitarse o hacerse más vivos algunos sentimientos, como el amor, el odio, el rencor, etc. **FAM.** Fermentable, fermentador, fermentante, fermentativo.

fermento *s. m.* **1.** Sustancia orgánica que produce la fermentación de otra. **2.** Aquello que da origen a algo o lo estimula o favorece.

fermi *s. m.* Unidad de longitud utilizada en física atómica y nuclear, equivalente a 10^{-13} cm. Su símbolo es *f.*

Fermi, Enrico (Roma 1901 - Chicago 1954) Físico italiano. Catedrático de la universidad de Roma en 1926, su tesis versó sobre la refracción de los rayos X, pero sus trabajos posteriores se ocuparon principalmente de las reacciones de fisión nuclear. Recibió el premio Nobel de física en 1938. Prosiguió sus trabajos en Columbia (EE UU), donde colaboró en el desarrollo de la energía atómica y en 1942 dirigió la construcción del primer reactor nuclear de fisión.

fermio *s. m.* Fm. Elemento químico perteneciente al grupo de los actínidos del sistema periódico. Su número atómico es 100 y su masa atómica 253. Es llamado así en honor del físico italiano Fermi. Es el undécimo de los actínidos, descubierto por Ghiorso en 1952, identificado después de una explosión termonuclear como el isótopo Fm^{255}. Se obtiene artificialmente mediante bombardeo prolongado de plutonio en reactores de alto flujo. Se conoce la existencia de diez isótopos del fermio.

Fernán Caballero, Cecilia Böhl de Faber, llamada (Morges, Suiza 1796 - Sevilla 1877) Escritora española de origen alemán. En su obra, de estilo costumbrista, sobresalen las novelas *La gaviota* (1849) y *La familia de Alvareda* (1856).

Fernán Gómez, Fernando (Buenos Aires 1921) Actor, director de cine y escritor español. Ha simultaneado el teatro con el cine y ha interpretado tanto papeles cómicos como dramáticos. Ha realizado más de 150 interpretaciones para el cine, entre las que destacan *El malvado Carabel, El último caballo, El espíritu de la colmena, Mamá cumple cien años* y *Maravillas,* y dirigido, entre otras, *La vida por delante* (1958), *El extraño viaje* (1964) y *El viaje a ninguna parte* (1986). Es autor, entre otros títulos, de la comedia *Las bicicletas son para el verano* (1978) y de la novela *El mal amor* (1987).

Fernán González (? - Burgos 970) Conde de Castilla (h. 930-970). Conde de Lara en el año 929, impuso su hegemonía sobre el conjunto de los condados castellanos. Aprovechó con habilidad las luchas dinásticas desatadas en León a la muerte de Ramiro II (951) para ampliar sus dominios y obtener la independencia del condado de Castilla respecto del reino leonés, que se haría efectiva con sus sucesores.

Fernández, Alejo (? h. 1475 - Sevilla h. 1546) Pintor español. Trabajó en Córdoba y más tarde en Sevilla, a donde se trasladó en 1508. Su arte, influido por el gusto decorativo del gótico tardío, los flamencos y el Renacimiento italiano, dio inicio a la escuela renacentista sevillana. Algunas de sus obras más notables son *Cristo en la columna, Virgen de la Rosa, La adoración de los Reyes* y *Virgen de los navegantes.*

Fernández, Emilio, llamado **El Indio Fernández** (El Seco, Coahuila 1904 - Ciudad de México 1986) Actor y director de cine mexicano. Su obra se caracteriza por el dramatismo de los argumentos, el retrato de la realidad social mexicana y una dirección y fotografía muy cuidadas. Entre sus películas más importantes sobresalen *María Candelaria* (1943), *La perla* (1946), *Río escondido* (1947), *Belleza maldita* (*Maclovia*, 1948) y *Pueblito* (1961).

Fernández o **Hernández, Gregorio** (¿Sarria?, Lugo h. 1576 - Valladolid 1636) Escultor español. Fue el máximo representante de la imaginería barroca castellana. Sus obras, de acusado realismo, contribuyen a la exaltación religiosa a través de la imagen patética y de la policromía. Sus tallas abarcan retablos (Las Huelgas, Valladolid), estatuas exentas (*Magdalena penitente*, *Santa Teresa*) y pasos procesionales (*Cristo a la columna*, *Descendimiento*).

Gregorio Fernández: La quinta angustia *(Iglesia de San Martín, Valladolid).*

Fernández, Juan (¿Cartagena? h. 1530 - Santiago, Chile h. 1602) Marino español. Recorrió las costas de la actual Chile y en 1573 descubrió, a la altura de Valparaíso, un grupo de tres islas a las que llamó *Desventuradas* y que en la actualidad lleva su nombre. También encontró una nueva ruta entre Callao y Valparaíso, que al aprovechar los vientos alisios acortaba la duración del viaje.

Fernández, Lucas (Salamanca h. 1474 - íd. 1542) Dramaturgo español. Fue profesor de música en la universidad de Salamanca, ciudad en la que vivió plenamente la cultura renacentista. Pese a ello, su obra se enmarca en la tradición del teatro medieval castellano. Es autor de *Farsa y églogas al modo y estilo pastoril castellano* y *Auto de la pasión*.

Fernández, Luis (Oviedo 1900 - París 1973) Pintor español. Residió en París desde 1924. Después de asimilar el cubismo y el surrealismo se acercó a la pintura de Zurbarán y Velázquez y pasó a realizar unos cuadros realistas impregnados de un aura inquietante. Sus temas preferidos son cráneos, bodegones y cabezas de animales muertos.

Fernández, Macedonio (Buenos Aires 1875 - íd. 1952) Escritor argentino. Englobado en el movimiento modernista, es un autor de escasa pero influyente obra, caracterizada por un humor poético cargado de escepticismo. Entre sus libros destacan *No todo es vigilia la de los ojos abiertos* (1928), *Una novela que comienza* (1941), *Continuación de la nada* (1945) y *Poemas* (publicado póstumamente en 1953).

Fernández, Próspero (San José 1834 - San Mateo 1885) Militar y político costarricense. Luchó contra el filibustero Walker en Nicaragua (1856-57). Elegido presidente de su país (1882), implantó la enseñanza laica y obligatoria. Murió combatiendo durante la invasión guatemalteca del general Barrios.

Fernández Alonso, Severo (Sucre 1859 - Lima 1925) Político boliviano. Elegido presidente de la república (1896), fracasó en su intento de fusionar el partido liberal con el constitucionalista, que era el suyo. En la lucha por la capitalidad entre La Paz y Sucre, defendió a su ciudad natal, pero fue derrocado (1899).

Fernández Caballero, Manuel (Murcia 1835 - Madrid 1906) Compositor español. Es autor de más de 200 zarzuelas, algunas de ellas tan populares como *Gigantes y cabezudos*, *La viejecita*, *Los sobrinos del capitán Grant* y *El dúo de la Africana*.

Fernández Crespo, Daniel (San José 1901 - Montevideo 1964) Político uruguayo. Fue fundador y dirigente del Movimiento Popular Nacionalista (1931), facción del Partido Blanco. En las elecciones de 1958 preparó el triunfo de la Unión Blanca Democrática, heredera del Movimiento Popular Nacionalista, que puso fin a 93 años de gobierno Colorado. Ocupó la presidencia del Consejo Nacional de Gobierno (1963-64), máxima magistratura del país.

Fernández de Avellaneda, Alonso Véase **Avellaneda, Alonso Fernández de.**

Fernández de Córdoba, Gonzalo, llamado **el Gran Capitán** (Montilla, Córdoba 1453 - Granada 1515) Militar español. Al servicio de Isabel la Católica participó en la guerra de Granada. Gran estratega, fue el verdadero protagonista de las guerras de Italia contra Carlos VIII de Francia y su sucesor Luis XII, al que venció conquistando el reino de Nápoles. Gobernó estos territorios en nombre de Fernando el Católico, rey de Sicilia. Destituido y obligado a volver a España (1507), se retiró a Loja y vivió alejado de la Corte. Fue el creador del ejército profesional español.

Fernández de Córdoba, marqués de Guadalcázar, Diego (Sevilla 1578 - Guadalcázar 1630) Administrador colonial español. Nombrado virrey de Nueva España (1612), reprimió una sublevación de indios tepehuanes y fundó las ciudades de Córdoba (1618) y Lerma (1620). Designado virrey del Perú (1621), terminó con una sublevación de los araucanos y fortificó el puerto de El Callao para hacer frente a la flota del francés Jacques L'Hermite.

Fernández de Lizardi, José Joaquín (Ciudad de México 1776 - íd. 1827) Escritor mexicano. Editor de *El pensador mexicano*, en su obra satiriza a la sociedad de México en la época de la independencia. Fue el iniciador de la novela moderna en Hispanoamérica con títulos como *El Periquillo Sarniento* (1816), *La Quijotita y su prima* (1818) y *Don Catrín de la Fachenda* (obra publicada póstumamente en 1832).

Fernández de Lugo, Alonso (Sanlúcar de Barrameda ? - La Laguna, Tenerife 1525) Conquistador español. En 1492 los Reyes Católicos le concedieron la conquista de la isla de La Palma y posteriormente la de Tenerife. Terminada la campaña de las Canarias (1496), fue nombrado gobernador de las islas.

Fernández de Oviedo, Gonzalo (Madrid 1478 - Santo Domingo 1557) Historiador y administrador español. Viajó por las Indias desde 1514 y fue gobernador de Darién y más tarde de Cartagena. Escribió *Sumario de la natural historia de las Indias* (1526) e *Historia general y natural de las Indias* (1535), en la que defiende a los españoles y emite juicios peyorativos sobre los indios, al tiempo que recoge una abundante y rigurosa información etnográfica sobre sus culturas.

Fernández Flórez, Wenceslao (La Coruña 1879 - Madrid 1964) Escritor español. Practicó el periodismo como cronista parlamentario (*Acotaciones de un oyente*, 1916-18). Novelista de humor ácido y desgarrado, sus obras encierran una visión pesimista de la naturaleza humana y de la sociedad. Entre ellas destacan *Volvoreta* (1917), *El secreto de Barba Azul* (1923), *Las siete columnas* (1926), *Relato inmoral* (1927), *Los que no fuimos a la guerra* (1930), *El malvado Carabel* (1931) y *El bosque animado* (1943).

Fernández Moreno, Baldomero (Buenos Aires 1886 - íd. 1950) Poeta argentino. De su obra, influida por los clásicos castellanos, merecen recordarse *Las iniciales del misal* (1915) y *Versos de Negrita* (1920).

Fernández Retamar, Roberto (La Habana 1930) Poeta y ensayista cubano. Su poesía de corte lírico siguió pronto los derroteros revolucionarios, para nuevamente recuperar su tono intimista. Entre sus libros de poesía sobresalen *Elegía para un himno* (1950), *Patrias* (1952), *Alabanzas, conversaciones* (1955), *Con las mismas manos* (1962) y *A quien pueda interesar* (1970), y entre los ensayos *Idea de la estilística* (1958) y *El son de vuelo popular* (1979).

Fernández Santos, Jesús (Madrid 1926 - íd. 1988) Escritor español. Formó parte del grupo de narradores jóvenes que en los años cincuenta impusieron el llamado «realismo objetivo» o «social». Su prosa, de gran sobriedad, se distingue por el estilo clásico, la caracterización de los personajes y la precisión del lenguaje. Entre sus principales novelas se cuentan *Los bravos* (1954), *En la hoguera* (1957), *Libro de la memoria de las cosas* (1970), *Extramuros* (1978), *Cabrera* (1981) y *Jaque a la dama* (1982).

Fernández Villaverde, Raimundo (Madrid 1848 - íd. 1905) Político español. Afiliado al Partido Conservador, fue elegido diputado en 1872 y desempeñó diversos cargos en el gobierno de Cánovas. Como ministro de Hacienda (1899), elaboró una ley de presupuestos que permitió reordenar la economía española.

fernandino, na *adj.* Perteneciente o relativo al rey Fernando VII.

Fernando Nombre de varios reyes de Aragón.
Fernando I, llamado **el de Antequera** (Medina del Campo, Valladolid 1380 - Igualada, Barcelona 1416) Rey de Aragón (1412-16). Hermano del rey de Castilla, Enrique III, a su muerte se hizo cargo de la regencia durante la minoría de Juan II. Combatió a los musulmanes de Granada, conquistando la plaza de Antequera (1410), hazaña por la que recibió su sobrenombre. Fue proclamado rey de Aragón en el compromiso de Caspe (1412), con la oposición de la nobleza feudal catalana, encabezada por el conde de Urgel, a quien venció en 1413.
Fernando II el Católico (Sos, Zaragoza 1452 - Madrigalejo, Cáceres 1516) Rey de Sicilia (1468-1516), de Castilla (1474-1504), de Aragón (1479-1516) y de Nápoles (1504-16). Contrajo matrimonio con Isabel (1469), hermana de Enrique IV de Castilla. En 1474 murió el rey castellano y, en la guerra civil que siguió, Isabel consiguió el trono. En 1479, Fernando sucedió a su padre Juan II en Aragón, alcanzándose un principio de unidad de ambas monarquías. Con la conquista de Granada en 1492 se puso fin a la ocupación musulmana. Colaboró con Isabel en la reorganización administrativa de los reinos, la creación de la Santa Hermandad y la expedición de Cristóbal Colón. Protegió a la Inquisición y, con Isabel, decretó la expulsión de los judíos. Intervino en Italia, donde Gonzalo Fernández de Córdoba conquistó Nápoles (1504). En 1504 murió Isabel la Católica y el trono de Castilla fue heredado por Felipe el Hermoso, casado con Juana la Loca, hija de Isabel, pero, a la muerte de éste, Fernando gobernó de nuevo en Castilla. Fue un hombre dotado de espíritu renacentista, hábil e inteligente, que llevó a cabo una fructífera política exterior.

Fernando II el Católico. Retrato anónimo (Casa de los Tiros, Granada).

Fernando Nombre de varios reyes de Castilla y León.
Fernando I (? h. 1016 - León 1065) Conde de Castilla (1029-65) y rey de León (1038-65). Emprendió una vasta tarea de reorganización del reino, sometiendo a la nobleza y administrando justicia. Desde 1050 combatió a su hermano García, rey de Navarra, restableciendo las fronteras de Castilla en la situación anterior a su reinado. Prosiguió la Reconquista en Portugal, ocupando Coimbra y Viseo, y realizó campañas contra los reinos taifas de Zaragoza, Toledo y Sevilla. Dividió el reino entre su hijo Sancho, al que concedió Castilla, Alfonso, al que otorgó León, y García, al que legó Galicia, lo que provocó conflictos de sucesión.
Fernando II (? 1137 - Benavente, Zamora 1188) Rey de León (1157-88). Hijo de Alfonso VII de Castilla, desarrolló una importante labor repo-

bladora, sobre todo en Andalucía. En su reinado se crearon las órdenes militares de Calatrava (1163) y Santiago (1170). Combatió a los almohades.
Fernando III el Santo (Valparaíso, Zamora 1201 - Sevilla 1252) Rey de Castilla (1217-52) y de León (1230-52). Hijo de Alfonso IX de León y de Berenguela, hija de Alfonso VIII de Castilla, recibió la herencia de Castilla a la muerte de Enrique I (1217). Su reinado estuvo consagrado a la tarea reconquistadora, aprovechando la desunión de los almohades. Reunió los reinos de Castilla y León al ocupar el trono de éste último en 1230, a la muerte de su padre. Conquistó a los musulmanes Úbeda (1233), Córdoba (1236), Jaén (1246) y culminó su reinado con la toma de Sevilla en 1248. Fue canonizado en 1671.
Fernando IV el Emplazado (Sevilla 1285 - Jaén 1312) Rey de Castilla (1295-1312). Hijo de Sancho IV y de María de Molina, durante su minoría ejerció la regencia su madre, que hubo de hacer frente a numerosas conjuras nobiliarias apoyadas por los reinos vecinos. Alcanzó la mayoría de edad con el reino pacificado. Combatió a los musulmanes en Almería y conquistó Gibraltar.
Fernando V Véase **Fernando II**, rey de Aragón.

Fernando Nombre de dos reyes de las Dos Sicilias.
Fernando I de Borbón (Nápoles 1751 - íd. 1825) Heredó las coronas de Nápoles y Sicilia en 1759 de su padre Carlos III de España. Combatió a Francia desde 1798 y fue vencido por Napoleón, viéndose obligado a ceder Nápoles y a refugiarse en Sicilia. Al recuperar Nápoles (1815), reunificó ambos reinos, que recibieron el nombre de Dos Sicilias (1816).
Fernando II de Borbón (Palermo 1810 - Caserta 1859) Heredó el trono de las Dos Sicilias en 1830 y hubo de hacer frente a pronunciamientos liberales. Destronado por el movimiento de 1848, recuperó el trono por la fuerza de las armas y reimplantó el absolutismo en 1849.

Fernando Nombre de varios reyes de España.
Fernando VI (Madrid 1713 - Villaviciosa de Odón, Madrid 1759) Rey de España (1746-59). Hijo y sucesor de Felipe V (1746), desarrolló una política de neutralidad en el exterior y de saneamiento de la economía en el interior, con ayuda de sus ministros Carvajal y el marqués de la Ensenada. La muerte de su mujer Bárbara de Braganza en 1758 le sumió en la melancolía, que pronto derivó en locura.
Fernando VII (El Escorial, Madrid 1784 - Madrid 1833) Rey de España (1808 y 1814-33). Siendo príncipe de Asturias, en 1806 conspiró contra su padre Carlos IV. Cuando cayó el valido Godoy en el motín de Aranjuez (1808), el rey abdicó en Fernando, que a su vez fue obligado a abdicar por Napoleón. Mientras los españoles libraban la guerra de Independencia, Fernando vivió exiliado en Francia. Acabada la guerra, regresó a España (1814), donde fue aclamado como «el Deseado», pero pronto derogó la Constitución de 1812 e impuso un férreo sistema absolutista. Diversos intentos de los liberales por implantar un régimen constitucional fueron reprimidos con dureza hasta que el pronunciamiento de Riego (1820) obligó al rey a jurar la Constitución. En 1823, los Cien mil hijos de San Luis invadieron España y Fernando restauró el más duro absolutismo. La Pragmática Sanción de 1830, que restablecía el derecho a reinar de las mujeres y convertía, por tanto, a su hija Isabel en futura reina de España, hizo que el rey fuera abandonado en sus últimos años por los absolutistas o apostólicos, que se agruparon en torno al infante Carlos María Isidro y desataron a su muerte la guerra civil.

Fernando VII. Retrato de Francisco de Goya (Museo Provincial de Zaragoza).

Fernando Nombre de varios emperadores del imperio germánico.
Fernando I de Habsburgo (Alcalá de Henares, Madrid 1503 - Viena 1564) Rey de Bohemia y Hungría (1527), rey de romanos (1531) y emperador germánico (1558-64). Hijo de Felipe el Hermoso y de Juana la Loca, combatió al sultán otomano Solimán II, con el que concertó una tregua en 1545. En las luchas religiosas mantuvo una posición conciliadora en la paz de Augsburgo (1555).
Fernando II de Habsburgo (Graz 1578 - Viena 1637) Rey de Bohemia (1617), de Hungría (1618) y emperador germánico (1619-37). Era hijo de Carlos de Habsburgo y nieto de Fernando I. Las luchas de religión provocaron la guerra de los Treinta Años, que comenzó con triunfos del emperador. La entrada en el conflicto de Suecia, Francia y España (1635) internacionalizó la lucha, que continuó tras su muerte.
Fernando III de Habsburgo (Graz 1608 - Viena 1657) Rey de Hungría (1625), de Bohemia (1627) y emperador germánico (1637-57). Hijo y sucesor de Fernando II, fue derrotado en la guerra de los Treinta Años y se vio obligado a aceptar los tratados de Westfalia (1648).

Fernando Nombre de varios reyes de Nápoles.
Fernando I o **Ferrante** (? 1423 - ? 1494) Rey de Nápoles o Sicilia peninsular (1458-94). Era hijo natural de Alfonso V el Magnánimo, quien en 1443 le nombró heredero del trono napolitano. Para mantener su reino tuvo que rechazar la invasión de las tropas de Juan de Anjou (1462). Recuperó Otranto (1481), en poder de los turcos, y sostuvo la costosa guerra de Ferrara (1482-84).
Fernando II, llamado **Ferrandino** (Nápoles 1467-íd. 1496) Rey de Nápoles (1495-96). Hijo de Alfonso II, la abdicación de su padre coincidió con la invasión del reino por Carlos VIII, rey de Francia, al que trató de combatir sin éxito. La intervención de la Liga (Venecia, Génova, el Imperio, España, Milán y el papa) obligó a retirarse al rey francés, lo que le permitió recuperar su trono, con la ayuda de Gonzalo Fernández de Córdoba.
Fernando III Véase **Fernando II**, rey de Aragón.
Fernando IV Véase **Fernando I**, rey de Dos Sicilias.

Fernando I (Viena 1793 - Praga 1875) Emperador de Austria (1835-48) y rey de Bohemia y Hungría (1830-48). Era hijo del emperador Francisco I. Incapaz y débil, dejó el gobierno a un consejo de Estado, formado por el archiduque Luis, el canciller Metternich y Kolowrat, ministro del Interior. Después de la revolución de 1848 abdicó en su sobrino Francisco José.

Fernando I (Viena 1861 - Coburgo 1948) Príncipe de Bulgaria (1887-1908) y zar de Bulgaria (1908-18), fundador de la dinastía de Sajonia-Coburgo. Fue elegido príncipe tras la abdicación de Alejandro de Battenberg. Declaró la independencia frente a los turcos y se proclamó zar. Intervino en las dos guerras balcánicas (1912-13) para conseguir ventajas territoriales. También participó en la Primera Guerra Mundial, al lado de las potencias centrales, y tras la victoria aliada abdicó en su hijo Boris.

Fernando I (Coimbra 1345 - Lisboa 1383) Rey de Portugal (1367-83). Hijo de Pedro I y de Constanza de Castilla, su reinado está marcado por sus intentos de incorporar Castilla a sus estados, tras la muerte de Pedro I el Cruel. Luchó sin fortuna contra Enrique II y Juan I y al fin se vio obligado a firmar el tratado de Elvas (1383).

Fernando I (Sigmaringen 1865 - Bucarest 1927) Rey de Rumania (1914-27). Sobrino de Carol I de Rumania, fue adoptado por éste como presunto heredero (1889). Participó en la Primera Guerra Mundial al lado de la Entente y, a pesar de sus derrotas, la victoria final de los aliados le permitió recuperar Besarabia y Bucovina y anexionar Transilvania.

Fernando de Aragón, marqués de Tortosa (Valencia 1329 - Burriana 1363) Infante de Aragón. Era hijo de Alfonso el Benigno de Aragón y de Leonor de Castilla. Apoyado por Castilla, fue el jefe de la Unión valenciana en la sublevación contra su hermano Pedro el Ceremonioso; derrotado en Épila (1348), pasó a Castilla y en la guerra entre Pedro I el Cruel y Pedro el Ceremonioso, conquistó la región de Alicante para el rey castellano (1356). En 1357 se pasó al bando catalano-aragonés y fue nombrado procurador general de Aragón. Murió asesinado por orden de su hermano, el rey.

Fernando de Austria, llamado **el Cardenal-infante** (El Escorial, Madrid 1609 - Bruselas 1641) Príncipe y prelado español. Hijo de Felipe III y de Margarita de Austria, creado cardenal con sólo diez años, fue nombrado virrey de Cataluña (1632), gobernador de Milán (1633) y de los Países Bajos (1634). Derrotó al ejército protestante en Nördlingen (1634), invadió la Picardía y ocupó la plaza de Corbie.

Fernando de la Cerda (? 1253 - Ciudad Real 1275) Infante de Castilla. Primogénito de Alfonso X, se ocupó del gobierno del reino durante el viaje de su padre a Alemania y se aprestó a enfrentarse a la invasión de los benimerines, que habían desembarcado en Algeciras, pero murió mientras preparaba su ejército. De su matrimonio con Blanca, hija de Luis IX de Francia, nacieron los infantes de la Cerda.

Fernando de Mallorca (? h. 1278 - Manolada, en los alrededores de Clarentza, Acaya 1316) Príncipe catalán. Hijo de Jaime II de Mallorca, pasó a Oriente en 1307, como lugarteniente de Federico III de Sicilia en la compañía de almogávares mandada por Roger de Flor, para intentar superar las divisiones internas, pero fracasó en su intento. Acompañó a su padre en la expedición a Almería (1309). Para hacer valer sus derechos sobre el principado de Morea, conquistó Clarentza (1315), pero fue derrotado en la batalla de Manolada.

Fernando Poo Antiguo nombre de Bioko, isla africana de Guinea Ecuatorial.

-fero, ra *suf.* Significa 'que lleva o produce': *acuífero, petrolífera.*

ferocidad *s. f.* **1.** Cualidad de feroz. **2.** Dicho o acto feroz.

ferodo *s. m.* Material metálico reforzado con amianto, de gran resistencia, que se emplea principalmente en las zapatas de los frenos de automóviles.

Feroe (*Faerøerne*) Archipiélago del océano Atlántico, al N de Escocia, bajo soberanía danesa y autónomo desde 1948. 1.399 km^2. 48.400 h. en 1990. La capital es Thorshavn, con 14.800 h. en 1990. Está constituido por 18 islas y multitud de islotes de origen volcánico, con elevados acantilados. Tiene un clima muy húmedo, moderado por la corriente del Golfo, y está sometido a fuertes vientos que impiden el crecimiento de plantas arbóreas. Su economía se basa en los cultivos de patata, la pesca de merluza, arenque y ballena, la ganadería ovina extensiva y la industria conservera de pescado.

feroz *adj.* **1.** Se aplica a los grandes animales depredadores carnívoros. **2.** Cruel, violento, despiadado. **3.** Que produce daño, destrozo o terror. **4.** Muy intenso, aplicado sobre todo a las sensaciones físicas. **FAM.** Ferozmente.

ferrallista *s. m.* Operario que prepara y coloca el armazón de hierro en una obra de hormigón armado.

Ferrán, Augusto (Madrid 1836 - íd. 1880) Poeta español. Vivió en Alemania, donde estudió la poesía romántica, y en París. En Madrid hizo gran amistad con Gustavo Adolfo Bécquer. Publicó dos libros, *La soledad* (1861) y *La pereza* (1871), colecciones de cantares de tono popular muy cercanos a las *Rimas* de Bécquer.

Ferrán, Jaime (Corbera de Ebro, Tarragona 1852 - Barcelona 1929) Médico español. Desarrolló importantes investigaciones sobre las vacunas, de las que preparó varias contra el cólera, el tifus y la tuberculosis.

Ferrant, Ángel (Madrid 1891 - íd. 1961) Escultor español. Evolucionó desde un estilo naturalista hacia la abstracción, siguiendo el camino iniciado por Julio González. Utilizó variados materiales, como madera, piedra, metal y corcho, y realizó móviles capaces de sugerir las más variadas formas. Entre sus obras destacan *La cuesta de la vida, Danzarina negra* y *La escolar.*

Ferrara C. de Italia, situada en Emilia-Romaña, en la llanura del Po. 141.400 h. en 1990. Constituye un importante centro comercial y de servicios, que posee industria alimentaria (azucarera, harinera), de construcciones mecánicas (maquinaria agrícola) y química (refinería de petróleo). Entre sus monumentos artísticos sobresalen la catedral de estilo lombardo (1135) y el gran castillo de Este.

Ferrari, Enzo (Módena 1898 - íd. 1988) Corredor automovilista y fabricante de coches italiano. En los años veinte consiguió éxitos deportivos pilotando coches Alfa-Romeo. En 1938 fundó en Maranello su propia fábrica para producir coches deportivos y de carreras. Posteriormente se asoció con la FIAT.

Ferrari, Gaudenzio (Valduggia h. 1480 - Milán 1546) Pintor, escultor y arquitecto italiano. Formado en el taller de Leonardo, recibió la influencia de Bramantino. Colaboró con Rafael en la decoración de la Farnesina, en Roma. Su obra más importante son los frescos para el templo de Sacro Monte (1523), en Varallo, con personajes en terracota pintada.

Ferrater Mora, José (Barcelona 1912 - íd. 1991) Filósofo español. Sus primeras obras tratan temas de carácter existencialista, pero desde 1947 amplió el campo de su estudio al lenguaje y la lógica. Es autor de un *Diccionario de filosofía* (1941) de gran difusión.

ferrato *s. m.* Nombre común de diversas sales del ácido férrico, como p. ej. el ferrato de potasio.

Ferreira, António (Lisboa 1528 - íd. 1569) Poeta portugués. Fue una de las figuras más importantes del humanismo de su país. Entre sus obras principales figuran la famosa *Tragedia de Inés de Castro* (1558) y los *Poemas lusitanos* (1598).

Ferreira Aldunate, Wilson (Salto 1920) Político uruguayo. Miembro del Partido Blanco, se vio obligado a exiliarse en 1973 y fue el principal líder de la oposición a la dictadura. Candidato de su partido en las elecciones presidenciales de 1984, fue encarcelado a su vuelta a Uruguay y sólo fue liberado después de las elecciones.

Ferreiro, Celso Emilio (Celanova, Orense 1914 - Vigo 1979) Poeta español en lengua gallega y castellana. De estilo directo y vigoroso, cultivó una poesía de denuncia social y gran riqueza de imágenes. En su obra poética destacan *El sueño sumergido* (1954), *Larga noche de piedra* (1962), *Viaje al país de los enanos* (1968) y *Donde el mundo se llama Celanova* (1975).

férreo, a *adj.* **1.** Que es de hierro o tiene sus propiedades. **2.** Duro, fuerte o resistente. **3.** Tenaz o constante. **4.** Perteneciente o relativo al ferrocarril.

Ferrer I, Jaume (Lleida s. XV) Pintor catalán. Representante del gótico internacional e influido por los hermanos Serra y por Lluís Borrassà, sus obras más importantes son los retablos de *Albatàrrec*, de *Santa Elena* y de *Santa Lucía* y la *Santa Cena*

Ferrer II, Jaume (Lleida s. XV) Pintor catalán. Hijo del anterior y representante del gótico internacional, fue un importante retablista, influido por Bernat Martorell. Entre sus retablos destacan el de *Verdú* (h. 1434), el de la *Virgen de la Pahería* (h. 1439) y el de *Alcover* (h. 1467).

Ferrer i Guardia, Francesc (Alella, Barcelona 1859 - Barcelona 1909) Político y pedagogo español. De ideología republicana federalista, fundó en Barcelona en 1901 la Escuela Moderna, en la que colaboraron librepensadores y anarquistas y que quería desarrollar una labor educativa sobre bases racionales y científicas. Acusado de ser uno de los incitadores de la Semana Trágica, fue condenado a muerte y fusilado.

Ferrera, Francisco (San Juan Flores 1794 - Chalatenango 1851) Militar y político hondureño. Conservador, fue elegido vicejefe del estado de Honduras (1833) y asumió el poder durante la enfermedad de Rivera (1834). Después de la separación de Honduras de la Federación Centroamericana, fue presidente de la República (1840-45). Durante su mandato impuso duras medidas fiscales, militares y políticas y en 1844 derrotó a Nicaragua en una sangrienta guerra.

Ferreri, Marco (Milán 1928) Director de cine italiano. Realizó en España sus primeras películas, *El pisito* (1958) y *El cochecito* (1960), con guiones de Rafael Azcona, caracterizadas por el humor negro. En su obra posterior hay que mencionar los filmes *Dillinger ha muerto* (1969), *La grande bouffe* (1973), *La última mujer* (1976), *Adiós al macho* (1978) e *Historia de Piera* (1983).

ferrería *s. f.* Taller donde se procesa el mineral de hierro para obtener el metal.

ferretería *s. f.* **1.** Establecimiento donde se venden objetos de metal y otros materiales, tales como utensilios de cocina, herramientas, clavos, etc. **2.** Conjunto de los objetos que se venden en dicho establecimiento.

ferretero, ra *s. m.* y *f.* Propietario o dependiente de ferretería.

ferricianuro *s. m.* Nombre común de las sales complejas formadas por cianuro, hierro y un metal alcalino en las que el hierro actúa con valencia 3, como p. ej. el ferricianuro potásico $K_3Fe(CN)_6$. Se emplea en numerosas reacciones químicas como agente oxidante y precipitante.

férrico, ca *adj.* Se aplica a los compuestos de hierro en los que este elemento actúa con valencia 3, como el hidróxido férrico, $Fe(OH)_3$.

ferrificarse *v. prnl.* Formar hierro una sustancia o tomar su consistencia al agruparse los componentes ferruginosos que contiene. ■ Se conjuga como *sacar.*

ferrita *s. f.* **1.** Modificación alotrópica del hierro puro caracterizada por su estructura en retículo cúbico de cuerpo centrado. **2.** Mineral derivado del olivino, de color rojizo y con una alta proporción de hierro.

ferrizo, za *adj.* De hierro.

ferro *s. m.* En artes gráficas, última prueba o copia, obtenida en ferroprusiato, que se hace antes de la tirada definitiva.

ferro- *pref.* Significa 'hierro': *ferrocarril.*

ferrobús *s. m.* Tren ligero impulsado por un motor diesel, con tracción en ambos extremos del convoy para evitar la maniobra de dar la vuelta, y que puede tener varios coches para viajeros.

ferrocarril *s. m.* **1.** Tren*. **2.** Camino formado por dos carriles de hierro paralelos sobre los que circula un vehículo. **3.** Empresa dedicada al transporte por medio de trenes.

Hist. Ferrocarriles de tracción animal o humana se utilizaron desde el s. XVI, especialmente en las minas. Los primeros ferrocarriles prácticos movidos por máquinas de vapor fueron inventados por George Stephenson y entraron en servicio a partir de 1825. Ya en el s. XX empezaron a construirse en las grandes urbes ferrocarriles metropolitanos subterráneos, de tracción eléctrica, que facilitan el transporte en el interior de las ciudades. En la actualidad, los avances de la técnica permiten a ciertos trenes del Japón y de algunos países europeos alcanzar velocidades de 400 km por hora. Para conseguir una mayor comodidad y seguridad se han ideado los monorraíles o ferrocarriles de un solo carril, la sustitución de las ruedas por colchones neumáticos o magnéticos, etc.

ferrocarrilero, ra *adj. amer.* Ferroviario.

ferrocianuro *s. m.* Nombre común de las sales compuestas por hierro, cianuro y un metal alcalino, en las que el hierro actúa con valencia 2. El más corriente es el ferrocianuro potásico, $K_4Fe(CN)_6$.

ferrocromo *s. m.* Aleación de hierro y cromo. Se usa mucho en la fabricación de aceros inoxidables especiales.

Ferrol, El C. de España, en la prov. de La Coruña, situada en la orilla derecha de la ría del mismo nombre. 83.500 h. en 1990. Su economía se basa en la industria pesquera, conservera, maderera y en los astilleros. En ella están enclavadas grandes empresas del INI, como Astano y Bazán, afectadas por la reconversión industrial de 1982.

ferrolita *s. f.* Roca que contiene mena de hierro.

ferromagnético, ca *adj.* Se dice de los materiales que presentan ferromagnetismo.

ferromagnetismo *s. m.* Propiedad del hierro y de otros elementos como el níquel y el cobalto, así como de sus aleaciones, de adquirir una imanación intensa y permanente cuando son sometidos a la acción de un campo magnético.

ferroprusiato *s. m.* **1.** Ferrocianuro*. **2.** Papel sensibilizado con ferrocianuro potásico, de un intenso color azul, que se emplea para la reproducción de planos, dibujos industriales y páginas terminadas en imprenta.

ferroso, sa *adj.* **1.** Que es de hierro o lo contiene. **2.** Se dice de los compuestos de hierro en que éste tiene la valencia 2, como el hidróxido ferroso, $Fe(OH)_2$.

ferroviario, ria *adj.* **1.** Perteneciente o relativo a los ferrocarriles. **2.** Empleado u obrero del ferrocarril. También *s.*

ferruginoso, sa *adj.* Que contiene hierro.

ferry (voz ingl.) *s. m.* Buque especialmente diseñado para el transporte de vehículos y vagones de ferrocarril.

Ferry, Jules-François-Camille (Saint-Dié 1832 - París 1893) Político francés. Fue diputado republicano (1869), alcalde de París (1870-71), presidente del consejo (1880-81 y 1883-85) y también ocupó varios ministerios. Garantizó la enseñanza primaria gratuita, laica y obligatoria (1880-82), así como la libertad de reunión y de prensa (1881). Impulsó la expansión colonial francesa en África y Asia.

fértil *adj.* **1.** Que produce mucho. **2.** Se dice del ser vivo que puede reproducirse.

fertilidad *s. f.* Cualidad de fértil.

fertilizante *adj.* **1.** Que fertiliza. **2.** Se dice de la sustancia que se añade al suelo para que produzca mejores cosechas. Sirve de alimento a las plantas o aporta elementos químicos necesarios para la vida vegetal, como el fósforo, el nitrógeno, el potasio o los llamados *elementos traza,* que se precisan en cantidades muy pequeñas. Los fertilizantes naturales (excrementos y restos de

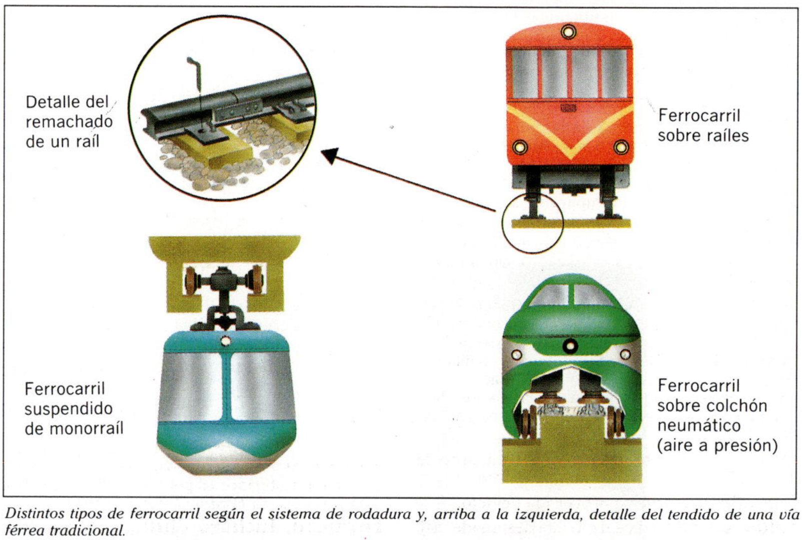

Distintos tipos de ferrocarril según el sistema de rodadura y, arriba a la izquierda, detalle del tendido de una vía férrea tradicional.

comida) se utilizan aún en grandes cantidades en algunos países, p. ej. el guano del Perú. Los fertilizantes minerales más utilizados son los fosfatos, nitratos y sulfatos amónicos. También *s. m.* **3.** Se dice de la planta que aumenta la fecundidad del suelo, como las leguminosas, que lo enriquecen en nitrógeno.

fertilizar *v. tr.* Hacer fértil, especialmente la tierra, incorporándole determinadas sustancias. ▪ Se conjuga como *cazar.* **FAM.** Fertilizable, fertilización, fertilizador.

férula *s. f.* **1.** Palmeta*. **2.** Tablilla, rígida o flexible, empleada para inmovilizar miembros o partes del cuerpo, especialmente en el tratamiento de fracturas de huesos. ‖ **LOC. estar bajo la férula** de alguien Depender de él, estar sujeto a él o bajo su dirección.

férvido, da *adj.* Ardiente, fervoroso.

ferviente *adj.* Que muestra fervor. **FAM.** Fervientemente.

fervor *s. m.* **1.** Sentimiento religioso intenso. **2.** Cuidado e interés con que se hace algo. **3.** Intensa simpatía o admiración hacia alguien o algo.

fervoroso, sa *adj.* Que tiene fervor, sobre todo religioso. **FAM.** Fervorosamente.

festejar *v. tr.* **1.** Organizar fiestas en honor de alguien o algo. **2.** Ofrecer a alguien atenciones o regalos para agradarle. **3.** Cortejar a una mujer. **4.** *Méx.* Azotar, golpear.

festejo *s. m.* **1.** Acción y efecto de festejar. **2.** Cada uno de los actos públicos que se celebran en unas fiestas populares.

festero, ra *adj.* **1.** Amigo de fiestas. También *s.* **2.** Se dice del cante o baile flamenco que lleva consigo bullicio y regocijo, como las bulerías, en contraposición al repertorio dramático.

festín *s. m.* **1.** Espléndido banquete, a veces acompañado de baile y otras diversiones. **2.** Cosa muy agradable a los sentidos.

festival *s. m.* Conjunto de actuaciones, representaciones, exhibiciones, etc., dedicadas a un arte, deporte o personaje, a veces con carácter de competición.

festividad *s. f.* Fiesta, celebración, conmemoración.

festivo, va *adj.* **1.** De fiesta. **2.** Alegre, desenfadado. **3.** Se dice del día no laborable en el que se conmemora algún acontecimiento. También *s. m.* **FAM.** Festivamente.

festón *s. m.* **1.** Cualquier bordado, dibujo, etc., en forma de ondas o puntas, que adorna el borde de una cosa. **2.** Bordado de realce en el que por un lado se remata cada puntada con un nudo, para que pueda recortarse la tela que sobra sin que se deshilache.

festonear *v. tr.* **1.** Adornar algunas cosas con un festón, especialmente una tela. **2.** Bordear, formar el borde ondulado de algo.

FET y de las JONS Siglas de Falange* Española Tradicionalista y de las Juntas de Ofensiva Nacional Sindicalista.

fetación *s. f.* Gestación o desarrollo del feto.

fetal *adj.* **1.** Perteneciente o relativo al feto. **2.** Se dice de la postura en que se mantienen las piernas encogidas hacia el pecho y los brazos doblados a ambos lados de la cabeza, como la que se adopta a veces al dormir.

fetén *adj.* **1.** *fam.* Verdadero, auténtico. **2.** *fam.* Estupendo. También *adv.* ‖ *s. f.* **3.** *fam.* Verdad.

fetiche *s. m.* **1.** Ídolo u objeto al que dan culto ciertos pueblos primitivos. **2.** Objeto al que se atribuyen poderes mágicos o sobrenaturales que benefician a quien lo usa o posee. **3.** Objeto en el que alguien fija su atracción sexual.

fetichismo *s. m.* **1.** Culto a los fetiches. **2.** Admiración o amor supersticioso hacia una persona u objeto al que se otorgan ciertas virtudes extraordinarias. **3.** Desviación sexual consistente en que únicamente se experimenta placer erótico en presencia o posesión de determinados objetos o partes del cuerpo, excluida la zona genital. **FAM.** Fetichista.

feticida *adj.* Que ocasiona o causa la muerte de un feto. También *s.*

feticidio *s. m.* Muerte provocada del feto.

fétido, da *adj.* Se dice de lo que desprende mal olor. **FAM.** Fetidez.

feto *s. m.* **1.** En los mamíferos placentarios, embrión desde que ha adquirido la forma característica de la especie a que pertenece hasta su nacimiento. En el hombre suele utilizarse el nombre de embrión hasta los tres meses de gestación y el de feto a partir de este tiempo y hasta el momento del nacimiento. Durante el desarrollo del feto se diferencian todos los órganos y miembros del nuevo ser y su tamaño aumenta. El feto se alimenta de la madre a través de la placenta. La eliminación de los desechos se realiza también a través de la madre. **2.** El mismo embrión después de abortado. **3.** *fam.* Persona muy fea.

Fetti o **Feti, Domenico** (Roma h. 1589 - Venecia 1623) Pintor italiano. Influido por Caravaggio y por Elsheimer, pintó cuadros religiosos tratados como escenas de género. Nombrado pintor de la corte de Mantua, realizó los frescos para la catedral de esta ciudad. En 1621 se trasladó a Venecia. Entre sus obras destacan *La huida a Egipto, La oveja perdida* y *La multiplicación de los panes.*

feudal *adj.* Perteneciente o relativo al feudo o al feudalismo.

feudalidad *s. f.* **1.** Cualidad de ser feudo. **2.** Feudalismo*.

feudalismo *s. m.* **1.** Sistema de organización política, económica y social propio de la Edad Media, basado en una serie de lazos y dependencias que vinculaban a señores y vasallos. **2.** Época de la Edad Media, especialmente del s. IX al XIII, en que imperó este sistema.

Hist. El feudalismo se desarrolló en el reino carolingio en el s. IX y se extendió posteriormente al conjunto de la sociedad cristiana occidental. La institución feudal se basaba en un contrato que obligaba a señor y vasallo; por él, el vasallo juraba fidelidad al señor y se comprometía a prestarle diversos servicios, generalmente de tipo militar (obsequio), y a cambio recibía del señor protección y tierras o sus beneficios o rentas (feudo). Este acuerdo se sellaba en una ceremonia llamada *homenaje.* Un mismo noble podía ser señor de otro de menos poder y, a la vez, vasallo de otro más poderoso.

La mayor parte de la tierra pertenecía a la aristocracia laica y eclesiástica y de su propiedad quedaba excluida la clase servil, que constituía la mayoría de la población. Los siervos carecían de derechos y a menudo estaban vinculados a las mismas tierras que trabajaban, de manera que con ellas cambiaban de señor. La institución feudal desapareció en la Baja Edad Media, no así el régimen de posesión señorial de la tierra, que se mantuvo vigente hasta las revoluciones burguesas del s. XVIII.

feudatario, ria *adj.* Sometido a vasallaje, sujeto a pagar rentas feudales a un señor.

feudo *s. m.* **1.** Contrato por el que el rey o un noble concedía tierras o sus beneficios o rentas a un súbdito o vasallo a cambio de determinados servicios y obligaciones. **2.** Territorio concedido mediante este contrato. **3.** Renta de este territorio.

Feuerbach, Anselm (Spira 1829 - Venecia 1880) Pintor alemán. Vivió en París, en donde fue discípulo de Thomas Couture, en Roma, Viena y Venecia. Entre sus obras más sobresalientes figuran *Medea, Orfeo y Eurídice* y los retratos de Nanna Risi, su modelo romana favorita.

Feuerbach, Ludwig (Landshut 1804 - Rechenberg 1872) Filósofo alemán. Fue discípulo de Hegel, pero pronto se apartó de su filosofía, dando origen a la llamada *izquierda hegeliana.* Feuerbach afirma el carácter humano del espíritu y hace una crítica de la religión, a la que considera un sueño del espíritu humano. Sus obras principales son *Crítica de la filosofía hegeliana* (1839), *La esencia del cristianismo* (1841) y *Lecciones sobre la esencia de la religión* (1857).

Feyerabend, Paul (Viena 1924) Filósofo estadounidense de origen austriaco. Profesor en la universidad de Berkeley desde 1955, se ha dedicado al estudio de la filosofía de la ciencia. Defiende la imposibilidad de establecer cualquier tipo de metodología general para el desarrollo científico, al tiempo que sostiene que el camino de cada investigador es personal y libre. Su obra más conocida es *Contra el método* (1970).

Feynman, Richard Phillips (Nueva York 1918 - Los Ángeles 1988) Físico estadounidense. Participó en el proyecto Manhattan para el desarrollo de un arma nuclear, pero rechazó toda colaboración con los organismos militares. Ideó el diagrama de su nombre para representar gráficamente las posibles interacciones entre partículas elementales. Por sus trabajos sobre electrodinámica cuántica obtuvo el premio Nobel de física en 1965, compartido con Schwinger y Tomonaga.

fez *s. m.* Gorro de fieltro rojo, en forma de cubilete, usado por moros y turcos.

Fez C. de Marruecos, situada en el N del país, al pie del macizo del Atlas. 448.800 h. en 1982. Está constituida por tres núcleos urbanos y su economía se basa en el comercio y la artesanía. Posee también industria textil y química. Conserva interesantes monumentos, como las murallas almohades.

fg Símbolo de la frigoría.

fi *s. f.* Vigésima primera letra del alfabeto griego (φ), que corresponde a nuestra *f.*

fiabilidad *s. f.* Cualidad de fiable.

fiable *adj.* **1.** Que es digno de confianza. **2.** De funcionamiento regular.

fiado, da *p. p.* de **fiar**. También *adj.* y *s. m.* ‖ **LOC. al** (o **de**) **fiado** *adv.* A crédito, sin dar o tomar en el acto el importe de la compra o venta.

fiador, ra *adj.* **1.** Se dice del que fía o vende al fiado. También *s.* ‖ *s. m.* y *f.* **2.** Persona que responde de la obligación de otra. ‖ *s. m.* **3.** Nombre de ciertas piezas o dispositivos que sirven para sujetar o asegurar algo.

fiambre *adj.* **1.** Se aplica a los alimentos, especialmente carnes, que se toman fríos una vez cocinados, o a los ya preparados y curados, como los embutidos. Se usa más como *s. m.* **2.** *fam.* Que ha perdido actualidad, anticuado. ‖ *s. m.* **3.** *fam.* Cadáver.

fiambrera *s. f.* **1.** Cacerola o recipiente con tapa muy ajustada que se utiliza para llevar comida. **2.** *Arg., Par., Urug.* Fresquera.

fiambrería *s. f. Arg., Par., Urug.* Tienda donde se venden fiambres.

fianza *s. f.* **1.** Obligación por la que alguien se compromete a garantizar o asegurar que otro pagará lo que debe o cumplirá alguna cosa. **2.** Aquello que se deja como garantía, generalmente dinero.

fiar *v. tr.* **1.** Hacerse responsable alguien de que otra persona cumpla alguna cosa. **2.** Vender sin exigir el pago en el momento de realizar la compra. **3.** Comunicar o dar a alguien una cosa en confianza. **4.** Confiar un asunto a alguien o algo. ‖ *v. intr.* **5.** Tener confianza en alguien o algo. Se usa más como *v. prnl.* ‖ **LOC. muy largo me lo fiáis** (o **fías**) Expresa desconfianza en la realización de alguna cosa que se ha anunciado o prometido con mucha anticipación.

fiasco *s. m.* Fracaso, chasco.

Fibiger, Johannes (Silkeborg 1867 - Copenhague 1928) Patólogo danés. Director del Instituto de Anatomía Patológica de Copenhague, fue premiado con el Nobel de medicina (1926) por sus trabajos de investigación sobre el cáncer.

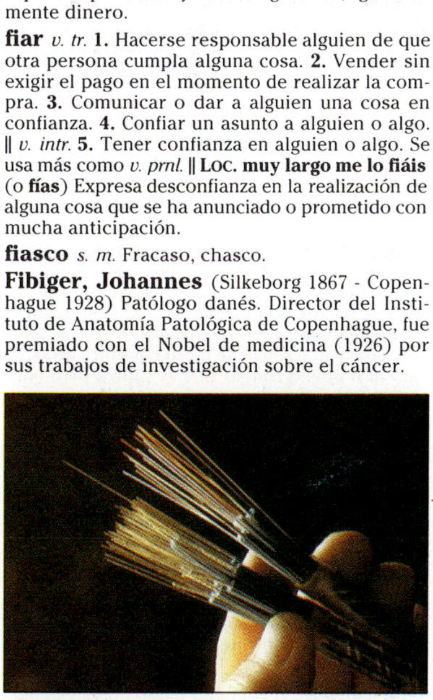

Fibra óptica.

fibra *s. f.* **1.** Cada uno de los elementos largos y delgados que forman los tejidos orgánicos o se hallan presentes en algunos minerales. **2.** Hilo obtenido artificialmente y empleado en la confección de tejidos; p. ext., ese mismo tejido. **3.** Energía y decisión en las personas. **4.** Aspecto del carácter o sentimientos de alguien. ‖ **5. fibra de vidrio** La que se obtiene al estirar el vidrio fundido formando finísimos hilos y que se utiliza como aislante eléctrico, acústico, etc. **6. fibra muscular** Elemento anatómico básico del músculo esquelético, consistente en una célula plurinuclear alargada. **7. fibra óptica** Filamento continuo de vidrio o sílice que transmite la luz por reflexión interna y se utiliza en sistemas de telecomunicación. La fibra óptica consta de un filamento transparente y dieléctrico, revestido con una capa exterior de menor índice de refracción. El rayo luminoso que penetra por un extremo del filamento circula por éste rebotando por reflexión en la capa de revestimiento, lo que le permite salvar las curvas y ángulos del recorrido y salir por el extremo opuesto, aunque el trazado no sea rectilíneo. Se utiliza para iluminar lugares recónditos, p. ej. en las operaciones de microcirugía interna; para transmitir imágenes, p. ej. en la televisión por cable, y, sobre todo, en el campo de las telecomunicaciones por láser. **8. fibras textiles** Hilos utilizados para la elaboración de telas y tejidos. Pueden ser *naturales*, realizadas mediante la transformación mecánica de productos vegetales (algodón, lino), animales (lana, seda) o minerales (amianto); *artificiales*, fabricadas mediante la transformación química de productos naturales, como celulosas y proteínas animales y vegetales (rayón, fibrolane, arlón), y *sintéticas*, fabricadas por medio de síntesis químicas de polimerización (polivinilos y poliacrilatos), policondensación (poliésteres y poliamidas, como el tergal o el nailon) y poliadición (lycra, etc.).

fibrilación *s. f.* Sucesión de contracciones irregulares de las fibras musculares del corazón. En las aurículas suele ser benigna; si afecta a los ventrículos, puede ser mortal.

fibrina *s. f.* Proteína fibrosa formada en la sangre a partir del fibrinógeno durante la coagulación.

fibrinógeno *s. m.* Proteína que se halla en la sangre, cuya misión es la coagulación.

fibrocartílago *s. m.* Cartílago formado fundamentalmente por tejido fibroso blanco, de gran resistencia.

fibrocemento *s. m.* Material de construcción formado por cemento y amianto.

fibroma *s. m.* Tumor benigno formado de tejido conjuntivo fibroso.

fibrosis *s. f.* Formación de tejido fibroso, especialmente cuando tiene carácter patológico al disminuir o anular la actividad de algún órgano.

fibroso, sa *adj.* Que contiene muchas fibras.

fíbula *s. f.* Especie de hebilla o broche que usaban los antiguos griegos y romanos.

ficción *s. f.* **1.** Acción y efecto de fingir o simular. **2.** Cosa inventada, producto de la imaginación. **3.** Género narrativo al que pertenecen las novelas y los cuentos y obra perteneciente a este género.

ficha *s. f.* **1.** Pieza normalmente delgada y plana a la que se le dan diversas funciones, como contar los tantos en algunos juegos, sustituir al dinero, servir de contraseña, etc. **2.** Hoja o trozo rectangular de papel o cartulina en que se anotan datos y que se puede clasificar entre otras. **3.** Tarjeta u objeto similar que se utiliza para contabilizar el tiempo que ha estado trabajando un empleado. **4.** Cantidad anual que se paga a alguien aparte de su sueldo, como p. ej. a los deportistas profesionales. **5.** Cartulina u hoja de papel en que se propone al alumno una actividad escolar. **6.** *fam.* Pícaro, bribón. ‖ **7. ficha antropométrica** Aquella en la que se registran medidas y otros datos de una persona, en especial con fines policiales. **8. ficha técnica** Conjunto de los datos técnicos de una película, libro, etc. ‖ **Loc. hacer la ficha** a alguien *fam.* Cotillear, enterarse de su vida, costumbres, relaciones, etc.

fichaje *s. m.* **1.** Acción y efecto de fichar o contratar a alguien. **2.** Cantidad pagada para este fin. **3.** Persona que ha sido fichada.

fichar *v. tr.* **1.** Hacer una ficha, anotando en ella los datos de una persona o cosa. **2.** Contratar a un deportista y, p. ext., a cualquier otra persona. **3.** *fam.* Conocer muy bien a una persona, especialmente sus defectos y debilidades, o mirarla con desconfianza. ‖ *v. intr.* **4.** Introducir un empleado la ficha en un contador, reloj, etc., para que contabilice el tiempo que permanece trabajando.

fichero *s. m.* **1.** Caja o mueble donde se clasifican y guardan las fichas, y conjunto formado por éstas. **2.** En inform., conjunto de datos que constituyen una unidad.

Fichte, Johann Gottlieb (Rammenau, Sajonia 1762 - Berlín 1814) Filósofo alemán. Profesor de las universidades de Jena y Berlín, su sistema filosófico es de carácter idealista. Parte del idealismo kantiano, intentando superarlo, y fundamenta toda su filosofía en la intuición intelectual del yo, no como algo estático, sino en perpetuo dinamismo y transformación. El pensamiento universal, es decir, la razón, se crea a sí mismo y crea la naturaleza y la realidad entera. Sus obras más importantes son *El destino del hombre* (1800), *Exposición de la teoría de la ciencia* (1801), *Introducción a la vida feliz* (1806) y *Discurso a la nación alemana* (1808).

Ficino, Marsilio (Figline, Toscana 1433 - Careggi, Florencia 1499) Humanista y filósofo italiano. En su intento de conseguir la unión de las creencias cristianas con la tradición intelectual griega, presentó la filosofía de Platón como una religión natural en la que no existían dogmas. Su pensamiento filosófico se encuentra sobre todo en los dieciocho tomos de su obra *Theologia platonica* (1482).

ficología *s. f.* Parte de la botánica dedicada al estudio de las algas.

ficomicetos *s. m. pl.* Clase de hongos que comprende los órdenes mixoquitridiales, quitridiales, blastocladiales, monoblefaridales, oomicetales y zigomicetales. Son hongos sencillos, con hifas sin tabiques de separación entre las células. Su reproducción puede ser sexual o asexual. Muchas de sus especies son parásitas de plantas, mientras que otras se utilizan en procesos de fermentación. Ficomicetos son el mildiu de la vid y el moho del pan. También *adj.* y *s. m.*

ficticio, cia *adj.* Aparente o inventado.

ficus *s. m.* **1.** Género de plantas urticales arbóreas o arbustivas de la familia moráceas. Crecen en regiones cálidas y pueden ser trepadoras. Se utilizan en ornamentación, por su fruto, como la higuera *(Ficus carica)*, o por el caucho que se extrae de su látex. **2.** Nombre que se da a diversas plantas de hojas grandes ovaladas y fuertes, de uso ornamental.

fidedigno, na *adj.* Digno de confianza.

fideicomisario, ria *adj.* **1.** Se aplica a la persona, institución o Estado al que se destina un fideicomiso. También *s.* **2.** Perteneciente o relativo al fideicomiso.

fideicomiso *s. m.* **1.** Disposición testamentaria por la cual se encomienda a alguien una herencia para que haga con ella aquello que se le encarga. **2.** En derecho internacional, situación en la que se encuentran los territorios que aún no han alcanzado la independencia, por lo que la ONU designa un Estado para que los administre.

fideicomitente *s. m.* y *f.* Persona que ordena el fideicomiso.

fideísmo *s. m.* Doctrina según la cual la razón humana no puede alcanzar por sí sola las verdades fundamentales y es necesaria la fe como única forma de llegar a ellas.

fidelidad *s. f.* **1.** Cualidad de fiel. **2.** Exactitud con que se hace alguna cosa, especialmente una copia o reproducción con respecto a su modelo. ‖ **3. alta fidelidad** Cualidad de los sistemas electrónicos de transmisión de señales que introducen muy poca distorsión. Se refiere especialmente a los sistemas de grabación y reproducción de sonido, como tocadiscos, magnetófonos y aparatos de radio y televisión, capaces de captar y transmitir fielmente todo el espectro sonoro, restituyendo la altura, el timbre y la intensidad relativa de los sonidos originales.

fidelísimo, ma *adj. sup.* de **fiel**.

fideo *s. m.* **1.** Pasta de sopa en forma de hilos. **2.** *fam.* Persona muy delgada.

Fidias (Atenas h. 490 - íd. 431 a. C.) Escultor y arquitecto griego. Fue nombrado por Pericles director de las obras de la Acrópolis. Sus esculturas, como el *Zeus de Olimpia* y la *Atenea Parthenos*, representan una de las expresiones más perfectas y serenas del cuerpo humano en su anatomía y movimiento. Fidias y su taller realizaron la decoración del Partenón, en la que sobresalen el friso de las Panateneas y el frontón.

fiduciario, ria *adj.* **1.** Que no tiene un valor real, sino que depende del crédito o confianza que merece. **2.** Se aplica a la persona a quien se ha encomendado una herencia para que la transmita a otra o haga con ella lo que se encarga. También *s.* **3.** Se dice de la administración o gobierno de un territorio por la ONU o por algún país al que se ha designado tal función.

fiebre *s. f.* **1.** Aumento anormal de la temperatura del cuerpo, como consecuencia de una enfermedad o trastorno. Constituye un mecanismo defensivo del organismo, el cual, ante un proceso patológico, aumenta anormalmente la temperatura del cuerpo por medio de la excitación de los centros cerebrales que regulan dicha temperatura, lo que acelera la eliminación de toxinas bacterianas y otros agentes perniciosos. La fiebre puede variar entre 37 y 43 °C de temperatura y ser permanente o intermitente. Por encima de los 43 °C la vida corre peligro, pues se destruyen los tejidos nerviosos. Se combate con febrífugos, friegas de alcohol y, en casos extremos, inmersión del paciente en agua a una temperatura menor que la del cuerpo del paciente. **2.** Enfermedad cuyo principal síntoma es el aumento de la temperatura corporal. Se usa mucho en *pl.* **3.** Gran agitación o excitación que produce alguna cosa. **4.** Afición exagerada por algo. ‖ **5. fiebre aftosa** Glosopeda*. **6. fiebre amarilla** Enfermedad tropical caracterizada por la alta temperatura, ictericia, hemorragias gastrointestinales, etc. **7. fiebre de Malta** o **mediterránea** Enfermedad caracterizada por fiebre alta, cambios bruscos de temperatura y larga duración, transmitida al hombre por algunos animales. **8. fiebre del heno** Forma de alergia que afecta al aparato respiratorio, debido a la inhalación del polen de algunas plantas, y que es propia de primavera y verano. **9. fiebre infecciosa** La causada por agentes tóxicos externos que invaden el organismo. **10. fiebre malaria** o **palúdica** Malaria*. **11. fiebre paratifoidea** Fiebre similar a la tifoidea, aunque más benigna, producida por bacterias del género *Salmonella*. **12. fiebre perniciosa** Fiebre intermitente y muy grave que puede producir la muerte en los primeros accesos. **13. fiebre recurrente** La que presenta recaídas después de periodos de aparente normalidad. **14. fiebre remitente** Aquella que durante su desarrollo presenta altibajos en su intensidad. **15. fiebre reumática** Enfermedad aguda que ataca a las articulaciones. **16. fiebre sintomática** La provocada por cualquier enfermedad y localizada en un órgano determinado. **17. fiebre tifoidea** Enfermedad infecciosa, provocada por un bacilo, que daña las placas linfáticas del intestino delgado. Es una enfermedad grave, pero fácilmente controlable por medio de antibióticos.

fiel[1] (del lat. *fidelis*) *adj.* **1.** Que cumple sus compromisos y mantiene firme su amistad, obediencia, simpatía, etc., con respecto al alguien o algo. **2.** Exacto o verídico. **3.** Partidario de una doctrina, grupo, etc., y en particular, creyente de una religión. También *s.* **Fam.** Fielmente.

fiel[2] (del lat. *filum*, hilo) *s. m.* **1.** Aguja de una balanza. **2.** Clavillo que asegura las hojas de las tijeras.

fielato *s. m.* Oficina que existía a la entrada de las poblaciones donde se cobraban los derechos de consumo.

Field, John (Dublín 1782 - Moscú 1837) Pianista y compositor irlandés. Residió en San Petersburgo (1804-32). Autor de estilo romántico, fue el creador de la fórmula pianística del nocturno. De su obra, entre otras composiciones, merecen resaltarse los 20 nocturnos, los 7 conciertos para piano y las 4 sonatas.

Fielding, Henry (Sharpham Park, Glastonbury 1707 - Lisboa 1754) Escritor británico. En un primer periodo se dedicó al teatro (1728-37) y satirizó a la sociedad y a los políticos de su tiempo en obras como *La farsa del autor* (1730), *La tragedia de las tragedias* (1731), *El marido moderno* (1732), *Don Quijote en Inglaterra* (1734) y *Anales históricos* (1736). Decretado el cierre de la mayoría de los teatros e implantada la censura, renunció a su labor teatral y comenzó a escribir novelas de corte satírico, donde describe con verismo y humor la vida de la sociedad británica de su época; entre ellas destacan *Las aventuras de Joseph Andrews* (1742), *La vida del señor Jonathan Wild el Grande* (1743), *Tom Jones* (1749) y *Amelia* (1751).

fieltro *s. m.* Especie de paño grueso y rígido, hecho con diversos materiales (borra, lana, etc.), que no va tejido, sino prensado.

fiera *s. f.* **1.** Animal salvaje, especialmente los grandes carnívoros. **2.** Persona violenta, que se enfurece con facilidad. ‖ *s. m.* y *f.* **3.** Persona muy buena en algo. ‖ **4. fiera corrupia** Nombre que se da a determinadas representaciones animales, caracterizadas por su figura deforme y de aspecto terrible; también, persona furiosa o irascible.

Fieravanti, Aristotile (Bolonia h. 1415 - Moscú h. 1486) Arquitecto italiano. Fue autor de la fachada del palacio comunal de su ciudad natal. En 1475, llamado por el zar Iván III, se trasladó a Moscú donde construyó la catedral de la Dormición de la Virgen, en el Kremlin, y comenzó la de San Miguel Arcángel. En estas construcciones trata de armonizar los elementos renacentistas con los de la tradición rusobizantina.

fiereza *s. f.* Cualidad de fiero.

fiero, ra *adj.* **1.** Aplicado a los animales salvajes, en especial a los grandes carnívoros, agresivo, feroz. **2.** Cruel, violento. **3.** Muy grande, intenso. **FAM.** Fieramente.

fierro *s. m.* **1.** *amer.* Hierro. **2.** *amer.* Hierro para marcar el ganado y marca o señal puesta con el mismo. **3.** *Ec.* Herramienta, útil de trabajo. Se usa mucho en *pl.* **4.** *Méx.* Calderilla, dinero en monedas de poco valor.

fiesta *s. f.* **1.** Reunión de varias personas para divertirse o para celebrar algún acontecimiento. **2.** Día en que no se trabaja debido a alguna conmemoración religiosa o civil. **3.** Conjunto de actividades y diversiones organizadas con motivo de tales celebraciones. Se usa mucho en *pl.* **4.** Espectáculo del toreo. **5.** Suceso, persona o cosa que proporciona alegría, diversión o placer. ‖ *pl.* **6.** Vacaciones, como las de Navidad o Semana Santa. **7.** Gesto, movimientos, palabras, etc., para agradar o divertir a alguien. ‖ **LOC. arder en fiestas** *fam.* Estar un lugar muy animado por la celebración de sus fiestas. **estar de fiesta** *fam.* Estar alguien alegre por alguna causa. **hacer fiesta** *fam.* Tomarse un día de descanso, no ir a trabajar. **no estar** uno **para fiestas** *fam.* No tener alguien ánimo para bromas o alguna otra cosa por hallarse cansado, triste, enfermo, etc.

fiestero, ra *adj.* **1.** Se dice de la persona a la que gustan mucho las fiestas. También *s.* **2.** Se dice de la persona o animal que hace muchas fiestas, carantoñas. También *s.*

Figari, Pedro (Montevideo 1861 - íd. 1938) Pintor uruguayo. Formado en París, no se dedicó enteramente a la pintura hasta 1920. Considerado como postimpresionista, pintó paisajes y escenas populares de gauchos y negros de su país.

figle *s. m.* **1.** Instrumento musical de viento, con sonido grave, formado por un tubo cónico de metal doblado por la mitad y con llaves o pistones que abren y cierran el paso del aire. **2.** Músico que toca dicho instrumento.

figón *s. m.* Establecimiento popular donde se sirve de comer.

Figueras (*Figueres*) C. de España, en la prov. de Girona, cap. del Alto Ampurdán. 34.500 h. en 1990. Es un nudo de comunicaciones, centro comercial y turístico que cuenta con importantes industrias químicas, de la madera, alimentarias y del cuero, así como con minas de talco y fábricas de máquinas y herramientas. Alberga el Museo Dalí.

Figueras, Estanislao (Barcelona 1819 - Madrid 1882) Político español. Participó en la revolución de 1868 y dirigió la minoría federal en las cortes. En 1873 fue nombrado presidente de la república. Incapaz de hacer frente a la desunión del Partido Republicano, ese mismo año abandonó el cargo y partió para Francia.

Figueredo, Pedro, llamado **Pedrucho** (Bayamo 1819 - Santiago de Cuba 1870) Revolucionario y escritor cubano. Formó parte del comité revolucionario dirigido por Aguilera, que inició el movimiento independentista (1867). También participó en la toma de Bayamo (1868) y fue nombrado subsecretario de Guerra en el gobierno revolucionario (1868). Capturado por los españoles, fue fusilado.

Figuereido, João Baptista (Rio de Janeiro 1919) Militar y político brasileño. Participó en el golpe militar que derrocó a Goulart (1964). Jefe del Servicio Nacional de Información, policía política del régimen, y hombre de confianza del presidente Geisel, fue elegido en 1978 por el congreso presidente de la república, como representante del partido oficialista ARENA. Se mantuvo en el cargo de 1979 a 1985. Concedió una amnistía e inició una apertura política.

Figueres, José (Alajuela 1907 - Costa Rica 1990) Político costarricense. Fundador del Partido Socialdemócrata, encabezó en 1948 la revolución que instauró la segunda república y al año siguiente cedió el poder a Otilio Ulate. En 1953 ganó las elecciones presidenciales como candidato del Partido de Liberación Nacional y durante su mandato (1953-58) el país experimentó un notable desarrollo económico. Fue de nuevo presidente entre 1970 y 1974.

Figueroa, Fernando (Ilobasco 1849 - San Salvador 1912) Militar y político salvadoreño. Participó en las guerras contra Guatemala (1863-1876) y Honduras (1871 y 1873) y ocupó la presidencia de la república entre 1907 y 1911.

Figueroa, Francisco de (Alcalá de Henares 1536 - íd. h. 1617) Poeta español. Se le suele incluir en la llamada *escuela salmantina.* Influido por Garcilaso, manejó a la perfección el endecasílabo. Cultivó el soneto, la canción, la elegía y la glosa. Sus poesías fueron impresas por vez primera en Lisboa (1625).

Figueroa, Gabriel (Ciudad de México 1907) Operador cinematográfico mexicano. Su fotografía, caracterizada por los contraluces, tiene un profundo lirismo. Colaborador habitual de Emilio Fernández, con el que rodó entre otros filmes *María Candelaria* (1943), *La perla* (1946), *Enamorada* (1946) y *La malquerida* (1949), también trabajó bajo las órdenes de Luis Buñuel, como en *Los olvidados* (1950), *Nazarín* (1959) o *El ángel exterminador* (1962) y con directores estadounidenses.

Figueroa Alcorta, José (Córdoba 1860 - Buenos Aires 1931) Político argentino. De tendencia liberal, fue vicepresidente de la república, presidente del senado y, a la muerte de Quintana, presidente de la república (1906-10). Durante su mandato se incrementó la red ferroviaria y se fomentó la inmigración. Reprimió con dureza las huelgas obreras y llegó a decretar el estado de sitio (1909).

figura *s. f.* **1.** Forma exterior o aspecto de un cuerpo. **2.** Espacio limitado o formado por líneas, como p. ej. el triángulo, o por superficies o caras, p. ej. el cubo. **3.** Dibujo, pintura, escultura o imagen que representa el cuerpo de una persona o un animal. **4.** Persona notable o famosa. ▪ A veces se usa familiarmente como masculino. **5.** Personaje o papel de una obra de teatro y actor que lo representa. **6.** Personaje de una obra literaria. **7.** Representación de una nota musical que indica su duración. En la notación musical, las figuras representan los tiempos de duración del sonido dentro del compás. En un compás de 4/4, la redonda ocupa todo el tiempo del compás; la blanca, 1/2; la negra, 1/4; la corchea, 1/8; la semicorchea, 1/16; la fusa, 1/32, y la semifusa, 1/64. Los silencios equivalen a los espacios de tiempo de las figuras, pero durante ellos no hay sonido. **8.** En lóg. tradicional, cada uno de los diferentes modelos que se obtienen dependiendo del lugar que el término medio ocupa en las premisas del silogismo. **9.** Ilustración de un texto. **10.** Naipe que representa a la sota, el caballo y el rey de la baraja española. **11.** En los juegos de tablero, p. ej. en el ajedrez, pieza que tiene una forma especial. **12.** Cada postura o variación en la ejecución de una danza, baile, gimnasia rítmica, etc. **13.** Cosa que representa o simboliza a otra. **14.** Conjunto de líneas o representación de objetos que sirve para aclarar o demostrar un teorema o problema. ‖ **15. figura de construcción** Construcción sintáctica que se aparta de las normas gramaticales buscando un efecto expresivo. **16. figura de delito** En der., cada uno de los tipos de delito especificados por las leyes. **17. figura de dicción** Figura retórica en la que las alteraciones corresponden a los planos fonético y sintáctico del lenguaje, p. ej. la aliteración o la anáfora. **18. figura de pensamiento** Figura retórica que afecta al plano del significado, como p. ej. la metáfora o la metonimia. **19. figura decorativa** Persona que ocupa un puesto sin ejercer sus funciones o que asiste a cualquier acto sin participar en él. **20. figura retórica** Procedimiento lingüístico mediante el cual se intenta buscar una mayor originalidad o expresividad.

figuración *s. f.* **1.** Acción y efecto de figurar o de figurarse una cosa. **2.** En cine y teatro, conjunto de figurantes. **3.** Corriente artística que se caracteriza por representar fiel o aproximadamente aspectos u objetos reconocibles de la realidad. **4.** *Arg.* Posición social de una persona.

figurado, da **1.** *p. p.* de **figurar**. ‖ *adj.* **2.** Se dice del significado de las palabras o expresiones distinto del literal y con el que guarda cierta relación; también se aplica a este tipo de palabras y expresiones o al tipo de lenguaje en que se emplean; p. ej., cuando se llama *águila* a una persona perspicaz, aguda. **FAM.** Figuradamente.

figurante *adj.* Que figura o aparece.

figurante, ta *s. m.* y *f.* **1.** Persona que, en una película o una obra de teatro, actúa de comparsa, sin pronunciar palabra. **2.** P. ext., persona que desempeña un papel poco importante en un asunto, ambiente o grupo.

figurar *v. intr.* **1.** Estar alguien o algo presente en cierto lugar, actividad, circunstancia, etc. **2.** Dejarse ver, participar en ciertas actividades, etc., por puro afán de protagonismo, particularmente en círculos de gente importante. ‖ *v. tr.* **3.** Representar, formar la figura de alguien o algo. **4.** Aparentar, fingir. ‖ *v. prnl.* **5.** Suponer, creer.

figurativismo *s. m.* Figuración, corriente artística.

figurativo, va *adj.* **1.** Se dice de lo que representa otra cosa. **2.** Se aplica al arte, los artistas y las obras que representan motivos concretos de la realidad, por oposición a las tendencias abstractas.

figurín *s. m.* **1.** Dibujo que se utiliza como modelo para confeccionar vestidos, trajes, adornos, etc. **2.** Colección de tales dibujos o revista de modas. **3.** Persona que viste con mucha pulcritud y esmero, especialmente si es excesivo o afectado.

figurinista *s. m.* y *f.* Persona que hace figurines.

figurita *s. f. Arg., Chile, Urug.* Cromo.

figurón *s. m.* **1.** *fam.* Persona a la que le gusta presumir o ser el centro de todo. ‖ **2. comedia**

Las figuras musicales representan la duración del sonido e indican la nota que se debe interpretar según su posición en las líneas y espacios del pentagrama.

de figurón Tipo de comedia del Siglo de Oro protagonizada por un personaje ridículo o extravagante. **3. figurón de proa** Mascarón de proa.

fija *s. f.* **1.** Gozne o bisagra grande. **2.** En albañilería, paleta larga y estrecha que sirve para introducir argamasa en las juntas.

fijación *s. f.* **1.** Acción y efecto de fijar. **2.** Obsesión o manía muy persistente. **3.** En med., inmovilización de un miembro. **4.** En quím., estado de reposo al que se somete una sustancia después de experimentar un proceso químico. ‖ **5. fijación de un texto** Determinación de la forma original de un escrito del que existen diferentes manuscritos o copias impresas.

fijado, da **1.** *p. p.* de **fijar**. También *adj.* ‖ *s. m.* **2.** Acción y efecto de fijar una imagen fotográfica a una placa o un papel sensible.

fijador, ra *adj.* **1.** Que fija o sirve para fijar. ‖ *s. m.* **2.** Sustancia cosmética empleada para mantener el peinado. **3.** En fotografía, sustancia que sirve para fijar la imagen impresionada en una placa fotográfica o en un papel sensible. **4.** En pintura, sustancia o barniz empleado para fijar los colores al lienzo o para evitar su alteración. ‖ *s. m.* y *f.* **5.** En carpintería, operario encargado de fijar puertas y ventanas a sus marcos. **6.** En albañilería, trabajador que introduce argamasa en las juntas o espacios entre bloques y ajustados, sirviéndose de una fija o paleta.

fijamente *adv. m.* **1.** Con firmeza o persistencia. **2.** Con cuidado o atención.

fijapelo *s. m.* Fijador del cabello.

fijar *v. tr.* **1.** Asegurar, sujetar, etc., una cosa de forma que no se mueva o desprenda. También *v. prnl.* **2.** Centrar la atención, la mirada, el pensamiento, etc., en alguien o algo. **3.** Establecer o determinar alguna cosa. **4.** Hacer que algo quede en un estado de forma estable o permanente. También *v. prnl.* **5.** En albañilería, introducir mortero o argamasa en las juntas o espacios entre bloques. **6.** En carpintería, ajustar puertas y ventanas a sus marcos. **7.** En fotografía, hacer inalterable a la luz la imagen impresionada en una placa fotográfica o en un papel sensible. **8.** Asentar un dibujo o pintura por medio de una sustancia o barniz. ‖ *v. prnl.* **9.** Imponerse alguien cierto propósito, obligación, reto, etc. **10.** Darse alguien cuenta de algo o prestarle atención.

fijativo *s. m.* Fijador de fotografías, dibujos o pinturas.

fijeza *s. f.* Cualidad o estado de fijo.

Fiji o **Fidji, Dominio de** Estado del Pacífico Sur, situado al E de Australia.

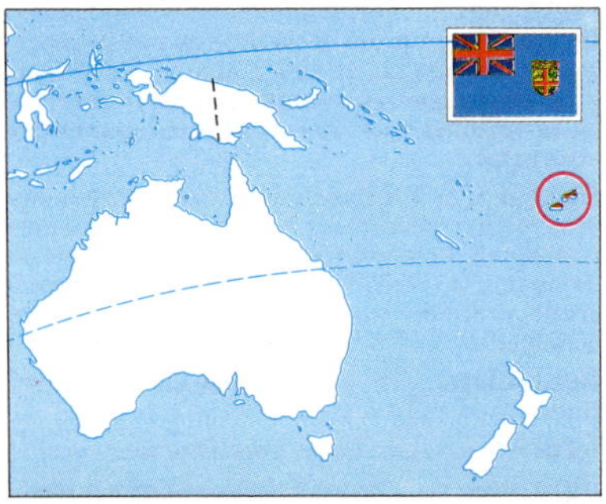

Extensión: 18.274 km^2.
Situación: en el Pacífico Sur, al NE de Nueva Zelanda.
Población: 740.000 h. en 1990.
Densidad: 40,5 h./km^2.
Capital: Suva.
Ciudades principales: Lautoka, Nadi, Ba, Nausori.
Gentilicio: fijiano.
Forma de Estado: Estado parlamentario integrado en la Commonwealth.
Idioma: inglés.
Religión: cristianismo, 49,7 %; hinduismo, 40,9 %; islamismo, 7,8 %.
Moneda: dólar fijiano.
Tasa de natalidad: 27 ‰ en 1990.
Tasa de mortalidad: 6 ‰ en 1990.
Renta per cápita: 1.540 dólares en 1988.

Geog. El archipiélago de las Fiji comprende dos grandes islas, Viti Levu y Vanua Levu, y cerca de 320 islotes volcánicos y atolones coralinos. Está enclavado al E de Australia y atravesado por el

Fiji: vista de Singatoka, en la Costa del Coral, al sur de la isla Viti Levu.

meridiano 180°, antípoda del de Greenwich. Las dos grandes islas son montañosas, y su máxima altura es el volcán Victoria o Tomaniivi de Viti Levu (1.324 m). En las zonas bajas cercanas a la costa aparecen fértiles llanuras. El clima es tropical y la vegetación selvática en las zonas húmedas del SE, afectadas por los alisios, y de sabana en las regiones resguardadas.
Los habitantes autóctonos son melanesios con elementos étnicos polinésicos, pero casi la mitad de la población está constituida por hindúes inmigrados. El país tiene una economía eminentemente agrícola, siendo los principales cultivos la caña de azúcar, la copra y la mandioca. Cuenta también con recursos pesqueros, minería de oro y plata e industrias alimentaria, tabaquera, cementera y eléctrica.
Hist. Las islas Fiji fueron descubiertas por Tasman en 1643, visitadas por Cook en 1774 y Bligh en 1792, exploradas por Dumond d'Urville en 1827 e incorporadas al imperio británico en 1874. En 1959 estallaron violentos conflictos raciales y en 1966 la ONU aprobó una resolución para su independencia, que fue acometida en 1970, quedando Fiji integrado en la Commonwealth. En las elecciones de 1972 alcanzó la presidencia Kamisese Mara, quien se mantuvo en el poder hasta que en 1987 fue derrotado por el partido laborista. A esta victoria siguió un golpe de Estado protagonizado por el coronel Sitiveni Rabuka, que entregó la presidencia a Penaia Ganilau y restituyó al frente del gobierno a Mara.

fijismo *s. m.* Creacionismo.

fijo, ja *adj.* **1.** Se dice de lo que está sujeto a algo o inmóvil. **2.** Se aplica a aquello que no experimenta cambio o alteración. **3.** Se dice del que tiene un contrato laboral indefinido. También *s.* ‖ *adv. m.* **4.** Con certeza o seguridad. ‖ **LOC. de fijo** *adv.* Con seguridad, sin duda.

fila *s. f.* **1.** Línea formada por personas o cosas situadas una detrás de otra o una al lado de otra. **2.** En un conjunto de líneas verticales y horizontales, designa a estas últimas. **3.** *fam.* Antipatía, manía. ‖ *pl.* **4.** Servicio militar. **5.** P. ext., colectivo o agrupación de personas, especialmente de carácter político. ‖ **6. fila india** La formada por varias personas una detrás de otra. ‖ **LOC. de primera fila** *adj.* De entre los mejores. **en primera fila** *adv.* En un lugar destacado.

Filabres, sierra de los Macizo montañoso de España, en la prov. de Almería. Situado en el extremo O de la cordillera Penibética, tiene una altura máxima de 2.168 m en Calar Alto, donde se ha construido un importante observatorio astronómico hispano-alemán. En sus faldas se explotan las canteras de mármol de Macael y minería de hierro.

filacteria *s. f.* **1.** Cinta o banda con alguna inscripción que aparece en pinturas, esculturas, escudos de armas, epitafios, etc. **2.** Antiguo amuleto o talismán. **3.** Envoltura de cuero que contiene una tira de pergamino con pasajes de las Sagradas Escrituras. Los judíos llevaban una atada en el brazo izquierdo y otra en la frente durante ciertos rezos.

Filadelfia (*Philadelphia*) C. de EE UU, situada en el Estado de Pensilvania, próxima a la costa atlántica, en la confluencia de los ríos Delaware y Schuylkill. 1.652.200 h. en 1989, 4.826.000 h. en su área metropolitana. Su puerto fluvial es el cuarto de EE UU y ha favorecido decisivamente el desarrollo de una industria muy diversificada en la que destacan la electrónica, la confección, la siderúrgica, química, mecánica, petrolífera, papelera, naval y aeronáutica. Es asimismo un importante centro comercial y financiero. Fue fundada por William Penn en 1682 y adquirió un gran desarrollo en el s. XVIII. Entre 1790 y 1800 fue la capital del país. Cuenta con importantes museos entre los que se destaca el Museo de Arte de Filadelfia.

filamento *s. m.* **1.** Cuerpo en forma de hilo. **2.** Parte alargada del estambre de una flor que sostiene la antera. **3.** Cuerpo de ciertas algas, formado por largas líneas de células en sucesión. **4.** Hilo conductor metálico, generalmente de tungsteno, que se pone incandescente al paso de una corriente eléctrica y produce luz en las bombillas eléctricas, o calor en el cátodo de una válvula electrónica de vacío.

filamentoso, sa *adj.* **1.** Que tiene filamentos o está formado por ellos. **2.** Parecido a un filamento.

filantropía *s. f.* Amor al género humano. **FAM.** Filantrópico.

filántropo, pa *s. m.* y *f.* Persona que, llevada por su amor a la humanidad, se esfuerza en ayudar a los demás.

filar *v. tr.* **1.** *fam.* Calar, fijarse en una persona y descubrir sus intenciones. **2.** En náutica, soltar poco a poco un cable o cabo.

filaria *s. f.* Nombre común de diversos gusanos nematodos del orden filarioideos, parásitos del hombre y de ciertos animales. La filaria nocturna (*Wuchereria bancrofti*) mide entre 8 y 10 cm de longitud y se aloja en los nódulos linfáticos del cuerpo humano, produciendo la enfermedad de la elefantiasis. Es característica de los países tropicales y se transmite por la picadura de hembras de mosquito. La filaria diurna (*Loa loa*) está difundida sobre todo en África, donde es transmitida por los tábanos. Se aloja en los tejidos subcutáneos del hombre.

filariasis o **filariosis** *s. f.* Enfermedad producida por la filaria.

filarmonía *s. f.* Pasión por la música.

filarmónico, ca *adj.* **1.** Se dice de algunas orquestas, sociedades, obras y conciertos de música clásica. También *s. f.* **2.** Melómano. También *s.*

filatelia *s. f.* Conjunto de conocimientos sobre los sellos de correos y afición a coleccionarlos. **FAM.** Filatélico.

filatelista *adj.* Se dice del que es experto en filatelia y coleccionista de sellos de correos. También *s.*

filaxis *s. f.* Protección o defensa orgánica contra la infección.

Filé Isla fluvial de Egipto, situada aguas arriba de la primera catarata del Nilo. Es célebre por los importantes vestigios arqueológicos que cobija, entre los que destacan el pabellón de Nectanibis II y el templo de Isis.

Filemón (Siracusa h. 360 - Atenas h. 263 a. C.) Comediógrafo griego. Representante de la comedia nueva, compitió con Menandro. Escribió cerca de un centenar de obras, de las que se conservan algunos fragmentos. Plauto adaptó tres de ellas, *El mercader*, *Las tres monedas* y *La comedia de los fantasmas*.

filete *s. m.* **1.** Loncha de carne o pescado, limpia de huesos y espinas. **2.** Tira larga y estrecha utilizada normalmente como adorno. **3.** Línea fina que encuadra o separa un texto, dibujo, etc. ‖ **LOC. darse el filete** *vulg.* Besarse y toquetearse una pareja.

fileteado, da **1.** *p. p.* de **filetear**. También *adj.* ‖ *s. m.* **2.** Operación que consiste en hacer una ranura en espiral alrededor de una superficie cilíndrica. **3.** Rosca de un tornillo o tuerca.

filetear *v. tr.* Adornar una cosa con filetes.

filfa *s. f. fam.* Cosa engañosa, mentira.

filia *s. f.* Amor o afición hacia una persona o cosa. ▪ Se emplea frecuentemente como sufijo: *bibliofilia*; y a veces toma el matiz de 'atracción sexual aberrante': *zoofilia*.

filiación *s. f.* **1.** Conjunto de los datos personales de un individuo. **2.** Procedencia de alguien con respecto a sus padres o al lugar de origen. **3.** Origen de una cosa o dependencia que mantiene con otras. **4.** Doctrina, movimiento, etc., de los que alguien o algo pueden considerarse seguidores.

filial *adj.* **1.** Perteneciente o relativo al hijo. **2.** Se aplica al establecimiento que depende de otro principal. También *s. f.* **FAM.** Filialmente.

filiar *v. tr.* Tomar la filiación a alguien.

filibusterismo *s. m.* **1.** Conjunto de las actuaciones de los filibusteros. **2.** Táctica de obstrucción parlamentaria que se basa en el uso abusivo del reglamento, p. ej. para retardar la aprobación de una ley. **3.** Piratería.

filibustero *s. m.* **1.** Nombre dado a los piratas que durante el s. XVII operaban en el mar de las Antillas. **2.** Nombre que dieron los españoles, durante la guerra de independencia de Cuba, a los nacionalistas cubanos que realizaban expediciones a la isla con la finalidad de dirigir la sublevación contra la dominación española.

filicida *s. m.* y *f.* Persona que mata a su hijo. También *adj.*

filicidio *s. m.* Muerte dada por uno de los padres a su hijo.

filiforme *adj.* Que tiene forma de hilo.

filigrana *s. f.* **1.** Obra de orfebrería hecha con hilos de oro o plata, que forma dibujos similares a los de los encajes. **2.** Dibujo que se ve al trasluz en un papel, p. ej. en los billetes de banco. **3.** Cosa hecha con gran perfección y lucimiento. **4.** Cosa que requiere mucha habilidad o trabajo. **5.** Nombre común de diversas plantas arbustivas de la familia verbenáceas, género *Lantana.* Son arbustos silvestres de hojas ásperas, aromáticas, aovadas y de bordes ondulados, flor menuda y fruto en piña. Son originarias de Cuba.

filipense[1] (del lat. *philippensis*) *adj.* De Filipos. También *s.*

filipense[2] (de *Filipo*, Felipe) *adj.* Se dice del sacerdote de la congregación de San Felipe Neri. También *s. m.*

filípica *s. f.* Censura o reprensión extensa y áspera dirigida contra alguien.

Filípicas Nombre que reciben los discursos de Demóstenes contra Filipo II de Macedonia (351-340 a. C.), y los de Cicerón contra Marco Antonio (44-43 a. C.), en los que sigue el modelo del anterior.

Filipinas, República de (en tagalo *Pilipinas*, en ingl. *Philippines*) Estado del SE asiático, formado por el archipiélago filipino.

Extensión: 300.000 km^2.
Situación: en el océano Pacífico, entre los mares de Filipinas al E, de Célebes al S y de la China meridional al O.
Población: 61.480.000 h. en 1990.
Densidad: 204,9 h./km^2.
Capital: Manila.
División administrativa: regiones de Bicol, Capital Nacional, Ilocos, Luzón Central, Mindanao Central, Mindanao Norte, Mindanao Oeste, Mindanao Sur, Tagalog Sur, Valle de Cagayan, Visayas Central, Visayas Este y Visayas Oeste.
Ciudades principales: Quezón, Davao, Cebu, Caloocan.
Gentilicio: filipino.
Forma de Estado: república presidencialista.
Idioma: tagalo, inglés.
Religión: catolicismo, 84 %; Iglesia filipina independiente, 6 %; islamismo, 4,3 %; protestantismo, 3,5 %.
Moneda: peso filipino.
Tasa de natalidad: 33 ‰ en 1990.
Tasa de mortalidad: 7 ‰ en 1990.
Renta per cápita: 630 dólares en 1988.

Geog. física El archipiélago filipino se compone de once grandes islas y más de siete mil islotes. Separado del continente por profundas fosas oceánicas, forma parte del área más inestable del Pacífico. Su relieve es montañoso y alcanza su máxima altura en el monte Apo (2.955 m). En torno a los macizos existen altas mesetas. Las zonas bajas están constituidas por cuencas de hundimiento y llanuras litorales, si bien son poco numerosas y de escasa extensión. Las zonas costeras están rodeadas de formaciones coralinas. En el S abundan los volcanes, algunos de los cuales se encuentran en plena actividad. El clima

Filipinas: a la izquierda, calle comercial de la ciudad de Baguío, en la isla de Luzón; a la derecha, el volcán Mayón, también en Luzón.

es tropical, húmedo y cálido, con gran influencia marítima. El país está sometido a la acción de los alisios del NE y, de junio a septiembre, la presencia del monzón provoca abundantes precipitaciones. El sector N del archipiélago se ve afectado por los tifones característicos del SE asiático (*baguíos*). Su vegetación es fundamentalmente de selva tropical, aunque en altitud aparecen bosques de encinas y coníferas y en las regiones costeras manglares.

Geog. humana y ***económica*** A causa de las numerosas islas y los obstáculos naturales ha existido tradicionalmente una gran dificultad para la fusión de las distintas etnias y culturas que pueblan el país, excepto en las regiones de llanura, donde la acción colonizadora española ejerció mayor influencia. La población, que ha experimentado un crecimiento considerable en los últimos tiempos, se halla desigualmente repartida. La agricultura representa una parte fundamental de la economía filipina y en ella destaca el cultivo de arroz (décimo productor mundial), seguido del maíz, azúcar, café, caucho (sexto productor mundial), cáñamo de Manila, bananas (tercer productor mundial), maderas tropicales, copra y aceite de coco. La ganadería constituye un sector muy deficitario, si bien cuenta con rebaños de búfalos, bueyes, cabras y cerdos. La pesca es importante en lo que respecta al consumo interno, con cerca de dos millones de toneladas desembarcadas en 1987. En la minería destacan la explotación de oro (sexto productor mundial), níquel y plata, aunque también posee reservas importantes de cromo, cobre, manganeso, hierro, carbón, mercurio, molibdeno y petróleo. La industria está poco desarrollada y se centra en los sectores alimentario, textil, químico, cementero y de montaje de automóviles.

***Hist.* ocupación y colonización** El archipiélago estuvo sometido a la influencia del reino de Sumatra (s. V al IX) y después al imperio Madjapahit de Java, que llegó a su apogeo en el s. XIV gracias al control comercial de los estrechos del SE asiático. Posteriormente fue desplazado por los

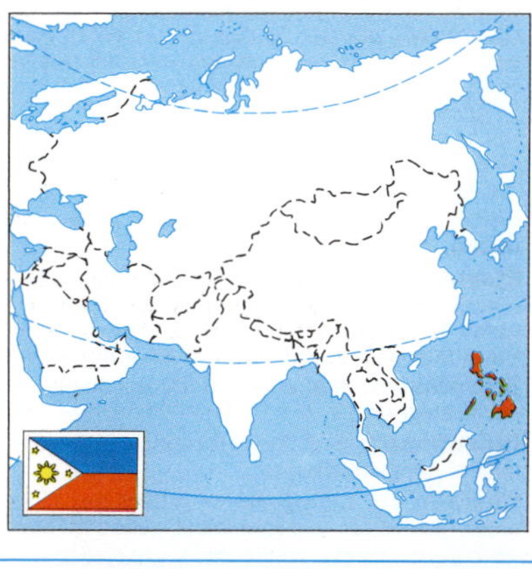

musulmanes que, en el s. XV, ocuparon Mindanao. El interés de España por Filipinas se debió al deseo de enlazar el comercio americano con el mercado de las especias y la seda del SE asiático. La expedición de Magallanes llegó al archipiélago en 1521, donde halló la muerte el navegante portugués. Los sucesivos intentos españoles por conquistar las islas, como los de Saavedra y Villalobos (quien dio nombre al país en honor de Felipe II), fracasaron hasta que Urdaneta trazó la ruta de regreso a América por el Pacífico y Legazpi concluyó la ocupación. El régimen colonial establecido era similar al de Hispanoamérica. Sin embargo, la hispanización fue menor ya que nunca se completó la sumisión del archipiélago y las insurrecciones locales persistieron durante todo el periodo. Fue la base comercial de España en el Extremo Oriente, lo que facilitó el tráfico de las especias y de la seda. Los movimientos independentistas comenzaron en 1872 con el levantamiento de Cavite, al que respondió la administración española con una severa represión. La revuelta comenzó de nuevo en Luzón en 1896, dirigida por Aguinaldo, y pronto halló el apoyo de EE UU.

independencia y época actual En 1898 se produjo la derrota de la armada española frente a la estadounidense en Cavite y la capitulación de Manila. El tratado de París puso fin a la dominación española en el archipiélago, pero no supuso la independencia del país que, después de tres años de guerra, quedó sometido a EE UU. Una vez asegurado su poder en todos los aspectos relativos al comercio, los estadounidenses establecieron un protectorado provisional en 1935. Durante la Segunda Guerra Mundial fue invadido por Japón, al que los filipinos combatieron mediante la guerra de guerrillas (*Hukbalahap*). Entre 1944 y 1945 McArthur consiguió expulsar a los japoneses y se enfrentó luego a las guerrillas socialistas y comunistas, que continuaron la lucha en las montañas durante casi 10 años. En 1946 Filipinas obtuvo la independencia y se constituyó un gobierno favorable a EE UU. Los que le siguieron, integrados siempre por miembros del Partido Nacionalista y presididos por Roxas, Quirino, Magsaysay y Macapagal, no alteraron esta alianza. En 1965 llegó al poder Ferdinand Marcos, que estableció un régimen dictatorial que hubo de hacer frente a la oposición armada del Nuevo Ejército del Pueblo, de carácter comunista, y del Frente Moro de Liberación, así como al creciente descontento de amplios sectores sociales del país. El asesinato en 1983 del líder de la oposición Benigno Aquino obligó a EE UU a retirar su apoyo a Marcos, que abandonó el país ante la presión popular. En las elecciones de 1986 fue elegida presidenta del país Corazón Aquino, viuda de Benigno, que hubo de afrontar los intentos involucionistas del Ejército, la acción de la guerrilla comunista y la bancarrota económica en que estaba sumido el país. En las elecciones presidenciales de 1992 resultó vencedor Fidel Ramos, hasta entonces ministro de Defensa de Corazón Aquino.

Cult. Los pueblos indígenas de origen indonesio desarrollaron una artesanía cuyas principales manifestaciones son las decoraciones geométricas de armas y útiles y las estatuillas de madera en honor de los antepasados (*anitos*). Los pueblos malayos, fundamentalmente tagalos, produjeron una artesanía de madreperlas, collares y joyas.
La arquitectura barroca, introducida por los españoles, está representada por la iglesia de San Agustín y la universidad de Santo Tomás. La catedral de Manila fue construida por Hervás en 1879, en estilo neobizantino. La escultura y la pintura surgieron de la imitación de modelos españoles (Montañés, Cano, Murillo). En la actualidad, el arte filipino está influido por las tendencias internacionales y representado por artistas como Tolentino, Alcántara, Ocampo, Lorenzo, García Llamas y Malang.

filipinismo *s. m.* **1.** Vocablo o giro propio de los filipinos que hablan español. **2.** Afición por las cosas propias de Filipinas.

filipino, na *adj.* **1.** De las islas Filipinas. También *s.* **2.** Perteneciente o relativo a Felipe II y a sus sucesores. ‖ **3. punto filipino** Persona malintencionada, inmoral.

Filipo Nombre de varios reyes de Macedonia.
Filipo II (? h. 382 - Aigai 336 a. C.) Rey de Macedonia (356-336 a. C). Durante su reinado, Macedonia se convirtió en la mayor potencia del Mediterráneo oriental. Reorganizó su ejército creando la célebre falange. Conquistó Tracia (342-340 a. C.). Al vencer en Queronea (338 a. C.) sobre la coalición de tebanos y atenienses obtuvo la hegemonía sobre el mundo griego. Fue sucedido por Alejandro Magno, su hijo.
Filipo V (? h. 238 - 179 a. C.) Rey de Macedonia (221-179 a. C.). Combatió a Roma y a los restantes reinos helenísticos del Mediterráneo oriental en las dos guerras macedónicas (216 y 200 a. C.). En la primera, buscó la alianza con Aníbal para luchar contra la expansión romana. En la segunda, fue derrotado en Cinoscéfalos (197 a. C.) por el cónsul Quincio Flaminio, y, tras firmar la paz, perdió todas sus posesiones, excepto Macedonia.

Filipos Ciudad histórica de Macedonia, fundada por Filipo II en el 358 a. C. En ella tuvo lugar la batalla de Filipos (42 a. C.), en la que las tropas de Antonio y Octavio vencieron a las de Bruto y Casio, en el curso de las guerras civiles que se produjeron a la muerte de Julio César.

filisteo, a *adj.* **1.** Se dice de un antiguo pueblo del próximo Oriente, enemigo de los israelitas, probablemente de origen egeo, que participó en las invasiones de los Pueblos del Mar durante el s. XII a. C. Ocupó la costa meridional de Canaán y las laderas occidentales de los montes de Judá, donde estableció una confederación de cinco ciudades, de las cuales la principal fue Gaza. Combatió a los hebreos en la época de los Jueces y fue sometido durante el mandato del rey David (s. X a. C.). **2.** De este pueblo. También *s.* **3.** Se aplica a la persona de espíritu vulgar, de escasos conocimientos y de poca sensibilidad artística o literaria.

Fillmore, Millard (Locke 1800 - Buffalo 1874) Político estadounidense. Abogado, fue elegido vicepresidente de EE UU por el partido *whig* (1848) y, a la muerte de Taylor, ocupó la presidencia de la nación (1850-52). Su búsqueda de una solución de compromiso entre los estados del Norte y el Sur, enfrentados por el problema de la esclavitud, provocó que su partido le retirara su apoyo.

filloa o **filló** *s. m.* Especie de tortita de masa de harina, yemas de huevo batidas y leche, que se fríe en manteca, mantequilla o aceite. Se usa más en *pl.*

film (voz ingl.) *s. m.* Filme*.

filmador, ra *adj.* **1.** Que filma. ‖ *s. f.* **2.** Cámara de fácil manejo, utilizada para películas de pequeño formato y destinada al uso de aficionados.

filmar *v. tr.* Tomar o impresionar en película. **FAM.** Filmación.

filme *s. m.* Película cinematográfica.

filmina *s. f.* Diapositiva.

filmlet (voz ingl.) *s. m.* Película breve, utilizada generalmente en publicidad.

filmografía *s. f.* **1.** Lista o relación de los filmes existentes de un género, asunto, director, actor, etc. **2.** Conocimiento o estudio de los filmes o microfilmes. **FAM.** Filmográfico.

filmógrafo, fa *s. m.* y *f.* Persona entendida en filmografía.

filmoteca *s. f.* **1.** Lugar donde se guardan los filmes para su estudio o exhibición. **2.** Colección de filmes o películas.

filo *s. m.* **1.** Borde cortante o afilado de algo, especialmente el de un utensilio o arma. **2.** *Arg.*, *Urug.* Pretendiente, novio o novia. **3.** *Arg.*, *Urug.* Aventura amorosa. **4.** *Guat.*, *Hond.*, *Méx.* Hambre. ‖ **LOC. al filo** *adv.* Exacta o puntualmente, aunque su sentido más generalizado es el de 'alrededor de'. También, muy cerca de. **de dos filos** o **de doble filo** *adj.* Que puede producir un resultado contrario al que se desea; también, con doble intención.

filo- o **-filo, la** *pref.* o *suf.* Significa 'amigo, amante de': *filósofo, aliadófilo.* ■ Ante vocal toma la forma *fil-*: *filantropía.*

filófago, ga *adj.* Que se alimenta de hojas. También *s.*

filogénesis *s. f.* Filogenia*.

filogenético, ca *adj.* Perteneciente o relativo a la filogenia.

filogenia *s. f.* Historia de la evolución y aparición de las especies biológicas. Se utiliza a veces en contraposición al término ontogenia, historia del desarrollo de un individuo.

filología *s. f.* **1.** Ciencia que estudia una lengua y su literatura. **2.** Estudio de los textos escritos y de su transmisión a lo largo del tiempo, para reconstruirlos, fijarlos e interpretarlos. Esta ciencia nació en Alejandría para corregir los textos homéricos, que al ser transmitidos oralmente estaban muy deformados. **FAM.** Filológicamente, filológico.
Ling. Las fronteras entre filología y lingüística se confunden en ocasiones, ya que ambas se sirven y complementan. Mientras que la lingüística se ocupa del lenguaje como hecho independiente de los textos, p. ej. en lenguas sin tradición literaria, la filología parte de los textos, considerándolos no como una manifestación aislada, sino dentro de un contexto histórico y cultural.

filólogo, ga *s. m.* y *f.* Persona que ha cursado la carrera de filología o se dedica a su estudio.

filomanía *s. f.* Producción excesiva de hojas en un vegetal.

filomela o **filomena** *s. f.* En lenguaje poético, ruiseñor.

filón *s. m.* **1.** Masa de mineral que rellena una grieta de una formación rocosa. Los filones se hallan encajados en terrenos llamados hastiales o paredes. La inclinación del filón se denomina buzamiento y suele ser irregular. En los filones metalíferos, el mineral útil, llamado mena, va acompañado de otros que se desechan, denominados ganga. **2.** Persona o asunto del que se saca o se espera sacar un gran provecho.

Filón de Alejandría (Alejandría h. 25 a. C. - íd. h. 50 d. C.) Filósofo judío en lengua griega. Máximo representante de la llamada filosofía judaicoalejandrina, se distinguió por la interpretación alegórica de la *Biblia* y por su intento de conciliar la filosofía platónica con el Antiguo Testamento. Su pensamiento influyó en la escuela cristiana de Alejandría.

filoniano, na *adj.* Se dice de las rocas magmáticas originadas por consolidación del magma en su camino de ascenso a la superficie a través de grietas. Por su textura y composición se clasifican en *pórfidos* (graníticos, sieníticos, dioríticos, etc.), *rocas filonianas ácidas* (aplitas, pegmatitas) y *rocas filonianas básicas* o *lamprófidos* (piroxenos, anfíboles, biotita).

filoso, sa *adj. amer.* Afilado.

filosofar *v. intr.* **1.** Reflexionar sobre cuestiones filosóficas. **2.** *fam.* Se aplica humorísticamente al hecho de expresar ideas sin valor sobre temas trascendentales. **FAM.** Filosofador.

filosofastro, tra *s. m.* y *f. desp.* Filósofo de poca categoría.

filosofema *s. m.* **1.** Tesis filosófica. **2.** Razonamiento demostrativo.

filosofía *s. f.* **1.** Conjunto de reflexiones racionales, metódicas y sistemáticas sobre el hombre, la realidad y el conocimiento, que en función de su objeto de estudio se ha dividido tradicionalmente en disciplinas como la metafísica, la gnoseología o teoría del conocimiento, la lógica, la ética, la estética, la epistemología, etc. **2.** Sistema filosófico, conjunto sistemático de pensamiento o doctrina de un pensador, una escuela o una época. **3.** Sistema de ideas que tiene como objetivo delimitar los principios fundamentales de una disciplina. **4.** Conjunto de opiniones o valoraciones de alguien y, p. ext., intención con que está concebida una obra, proyecto, etc. **5.** Tranquilidad o serenidad para soportar contrariedades. **FAM.** Filosóficamente, filosófico.
Hist. La filosofía surge en la Grecia del s. VI a. C. esencialmente ligada a la adopción de la escritura vocálica, el surgimiento de la polis y su correspondiente sistema jurídico político. Los primeros filósofos eran físicos que pretendían hallar un principio único capaz de explicar tanto el origen como la naturaleza de todas las cosas. Desde este momento el pensamiento racional se impone progresivamente sobre las explicaciones míticas y religiosas, dando lugar a lo que serán las bases fundamentales de la cultura occidental. Hitos de la filosofía griega son Platón y Aristóteles, con quienes el pensamiento filosófico se consolida propiamente y adquiere un desarrollo y sistematización que servirá de modelo a todos los autores posteriores, tanto en el terreno puramente especulativo como en el científico. El nacimiento de una sociedad cristiana en la Edad Media subordinó la filosofía a la teología; el saber se refugió en los monasterios y en las cátedras de los maestros escolásticos y la razón fue un vehículo para llegar al conocimiento de Dios. A finales del s. XIII, las traducciones de los filósofos griegos, especialmente de Aristóteles, y las aportaciones de los pensadores árabes impulsaron extraordinariamente la filosofía y la ciencia medievales, y abrieron nuevos caminos que desembocaron en algunos de los planteamientos propios de la Modernidad. En el mundo moderno, el desarrollo de las ciencias afectó profundamente a la filosofía. Se abre un periodo de crítica hacia todo el pensamiento tradicional y se inicia la búsqueda de un método fiable que asegure el progreso de la ciencia (F. Bacon, Galileo, Descartes, Newton, etc.). Tiene lugar un giro antropológico en el pensamiento, en el que la conciencia sustituye a Dios como fundamento de validación de todo conocer.
Dos escuelas filosóficas se desarrollan en el s. XVII: el racionalismo, que entiende que el acceso a la verdad sólo es posible mediante el ejercicio de la razón (Descartes, Spinoza, Leibniz), y el empirismo, que considera injustificable todo conocimiento que no provenga de los sentidos (Locke, Berkeley, Hume). Durante todo el s. XVIII la confianza en la razón como capacidad humana es ilimitada. Se inicia un proceso de especialización de todas las ramas del saber que dará lugar a una progresiva separación entre la ciencia y la filosofía. Las líneas de pensamiento filosófico que se desarrollan en el s. XIX parten de Kant, cuya obra constituye la elaboración más sistemática del mundo moderno. Tres tendencias fundamentales cabe señalar: el idealismo alemán, encabezado por Hegel y conectado con el marxismo a través del método dialéctico, el positivismo de Comte (que a su vez determina la aparición de las ciencias sociales y especialmente de la sociología), y la corriente irracionalista, iniciada por Schopenhauer y continuada por Nietzsche.
En el siglo XX las concepciones filosóficas se diversifican tan profundamente que en la mayoría de los casos resultan irreconciliables: ni su método, ni siquiera su objeto de estudio coinciden. Las tendencias más importantes son: la fenomenología de Husserl, la filosofía analítica (encabezada por Wittgenstein, Russel y el Círculo de Viena), el existencialismo (Sartre y algunas obras de Heidegger), la escuela de Frankfurt (Adorno y Horkheimer) y la hermenéutica (Gadamer, Ricoeur y también Heidegger). Han surgido además otras líneas de pensamiento, tales como el estructuralismo o algunas revisiones del marxismo que han dado lugar a importantes investigaciones antropológicas e historiográficas. En las últimas décadas del s. XX, han aparecido, bajo la denominación común de pensamiento débil, diversos estudios centrados en temas como la sexualidad o la locura, que escapan al ámbito propio de la razón, y que forman el núcleo de la

llamada filosofía postmoderna (Deleuze, Foucault, Derrida, Vattimo y otros).

filosofismo *s. m.* **1.** Falsa filosofía. **2.** Abuso de argumentaciones filosóficas.

filósofo *s. m.* y *f.* **1.** Persona que se dedica a la filosofía. **2.** Persona reflexiva que se asemeja en sus dichos y razonamientos a los filósofos. También *adj.* **3.** Persona que se toma las cosas con calma y tranquilidad.

filosoviético, ca *adj.* Que tiene afecto, simpatía y admiración hacia los soviéticos y, especialmente, hacia su sistema político.

filoxera *s. f.* **1.** Insecto hemíptero de la familia filoxéridos, especie *Viteus vitifolii.* Es de pequeño tamaño, generalmente áptero, parecido al pulgón y de color verde. Ataca las hojas y las raíces de la vid y constituye una plaga. De origen americano, fue introducido en Europa a fines del s. XIX, donde causó terribles daños a los viñedos, que hubieron de ser replantados injertándolos en patrones de vides americanas resistentes a la plaga. **2.** Enfermedad de la vid causada por este insecto. **FAM.** Filoxérico.

filtración *s. f.* **1.** Acción de filtrar o filtrarse. **2.** Acción de dar a conocer una información reservada.

filtrador, ra *adj.* **1.** Que filtra. ‖ *s. m.* **2.** Filtro, materia porosa para clarificar o depurar un fluido.

filtrar *v. tr.* **1.** Hacer pasar un fluido por un filtro. **2.** Hacer pasar radiaciones, una corriente eléctrica, etc., por cierto sitio con objeto de retener parte de sus componentes o algo mezclado con ellas. **3.** Dar a conocer asuntos confidenciales. También *v. prnl.* **4.** Dejar un cuerpo sólido pasar un fluido a través de sus poros o resquicios. También *v. intr.* y *v. prnl.* ‖ *v. prnl.* **5.** Penetrar poco a poco una noticia, idea, etc. **6.** Desaparecer, sin que sea notado, dinero o bienes, por sustracción o malversación. **FAM.** Filtrante.

filtro[1] (de *fieltro*) *s. m.* **1.** Material perforado o poroso (papel, tela, cerámica, carbón, etc.) o aparato a través del cual se hace pasar un fluido para separarlo de las materias sólidas con que está mezclado o para purificarlo de materias en suspensión. **2.** Pantalla que se interpone al paso de la luz para privarla de ciertas radiaciones. **3.** Dispositivo para eliminar determinadas frecuencias en la corriente eléctrica que lo atraviesa. ‖ **4. filtro de la gasolina** o **del gasóleo** En un motor, el utilizado para eliminar las impurezas del combustible antes de llegar al carburador. **5. filtro del aceite** El empleado para quitar al aceite lubricante de un motor la mayor cantidad posible de carbonilla y limaduras metálicas producidas por el roce de las piezas. **6. filtro del aire** En un motor, el que sirve para depurar el aire que pasa por el carburador. **7. filtro fotográfico** El que se coloca delante del objetivo de la cámara para modificar el rendimiento de la imagen en la película y absorber ciertas radiaciones del espectro.

filtro[2] (del lat. *philtrum,* y éste del gr. *filtron*) *s. m.* Bebida a la que se atribuían poderes mágicos, especialmente para conseguir el amor de una persona o para causarle la muerte.

filudo, da *adj. amer.* Muy afilado.

filum *s. m.* Categoría taxonómica zoológica equivalente a *tipo.*

fimbria *s. f.* **1.** Borde inferior de una vestidura talar. **2.** Orla o franja de adorno.

fimosis *s. f.* Estrechez del orificio del prepucio, que impide descubrir de forma completa el glande.

fin *s. m.* **1.** Parte o momento en que termina algo. **2.** Finalidad o motivo de algo. ‖ **3. fin de año** Nochevieja, última noche del año. **4. fin de fiesta** Actuación extraordinaria con que se termina una función o espectáculo; también, final desagradable e inoportuno de una discusión, asunto, etc. **5. fin de semana** Periodo de tiempo que comprende el sábado y el domingo y que generalmente coincide con el descanso semanal; también, salida del lugar de residencia para pasar esos días y maletín en que cabe lo necesario para este tipo de viaje. ‖ **LOC. a fin de** *conj.* Con objeto de, para. **a fin de cuentas** *adv.* En resumen, en definitiva. **al** (o **por**) **fin** *adv.* Por último; también, después de vencidos todos los obstáculos e inconvenientes. **al fin y al cabo** (o **y a la postre**) *adv.* Introduce una afirmación en apoyo de algo que se acaba de decir. **dar fin** Terminarse una cosa. **dar** (o **poner**) **fin** a una cosa Terminarla. **en fin** *adv.* Finalmente. También, en resumidas cuentas, en conclusión: *En fin, que no me esperes.* **sin fin** *adj.* Innumerable, infinito. También, se dice de correas, cadenas, etc., que forman figura cerrada y pueden girar continuamente, movidas por poleas, piñones, etc.

finado, da **1.** *p. p.* de **finar**. También *adj.* ‖ *s. m.* y *f.* **2.** Persona muerta.

final *adj.* **1.** Que termina una cosa o acción. **2.** Se dice de la oración subordinada adverbial que expresa finalidad. Se aplica también a las conjunciones y locuciones conjuntivas que las introducen, p. ej. *para, a fin de que,* etc. ‖ *s. m.* **3.** Fin o terminación de algo. ‖ *s. f.* **4.** Última y decisiva fase de un campeonato o concurso.

finalidad *s. f.* Objetivo o utilidad de algo.

finalismo *s. m.* Doctrina filosófica según la cual todo lo existente en el universo tiende a la realización de unos fines.

finalista *adj.* **1.** Que ha llegado a la final de una prueba o concurso. También *s.* **2.** Perteneciente o relativo al finalismo o partidario de él. También *s.*

finalizar *v. tr.* Terminar, acabar. También *v. intr.* ■ Se conjuga como *cazar.*

finalmente *adv. m.* Al final.

financiar *v. tr.* Dar dinero para la creación y desarrollo de un negocio, actividad, etc. **FAM.** Financiación, financiador, financiamiento.

financiero, ra *adj.* **1.** Perteneciente o relativo a las finanzas. **2.** Se dice de la entidad, generalmente bancaria, que financia con capital depositado por los ahorradores. También *s. f.* ‖ *s. m.* y *f.* **3.** Persona entendida en asuntos de finanzas o que se dedica a ellas.

financista *s. m.* y *f. amer.* Financiero.

finanzas *s. f. pl.* Conjunto de las actividades económicas, bancarias, de inversión, etc.

finar *v. intr.* Morir.

finca *s. f.* Propiedad inmueble en el campo o en la ciudad.

fincabilidad *s. f.* Conjunto de las propiedades inmuebles de una persona o entidad.

fincar *v. intr.* **1.** Comprar o adquirir fincas, generalmente para establecerse en un sitio. También *v. prnl.* **2.** *amer.* Establecerse en un lugar. ■ Se conjuga como *sacar.*

finés, sa *adj.* **1.** Se dice de un antiguo pueblo que se extendió por el N de Europa, en la región del Báltico oriental, y que dio nombre a Finlandia. **2.** De este pueblo. También *s.* **3.** Finlandés. También *s.* ‖ *s. m.* **4.** Lengua hablada por el pueblo finés.

fineza *s. f.* **1.** Finura*. **2.** Delicadeza, cuidado, esmero.

fingido, da **1.** *p. p.* de **fingir**. ‖ *adj.* **2.** Falso, simulado. **FAM.** Fingidamente.

fingir *v. tr.* **1.** Mostrar con palabras, gestos o acciones algo distinto a la realidad. También *v. prnl.* **2.** Imitar alguna cosa de manera que parezca real. ■ Se conjuga como *surgir.* **FAM.** Fingidor, fingimiento.

Fini, Leonora (Buenos Aires 1908) Pintora argentina. Estudió en Italia y se estableció en París (1933). Su estilo pictórico, influido por el surrealismo, tiene gran carga erótica. Ha ilustrado buen número de libros (Sade, Poe, Baudelaire) y ha diseñado trajes y decorados para el teatro (*El palacio de cristal,* ballet para Balanchine, 1945, y *Las criadas,* de Genet, 1961) y para el cine.

finiquitar *v. tr.* **1.** Pagar por completo una cuenta. **2.** *fam.* Acabar, dar por terminada alguna cosa.

finiquito *s. m.* **1.** Acción y efecto de finiquitar. **2.** Cantidad de dinero con que se salda o liquida una cuenta y, particularmente, un contrato laboral. **3.** Documento que pone fin a la relación laboral entre un trabajador y una empresa.

finisecular *adj.* Perteneciente o relativo al final de un siglo determinado.

Finisterre Cabo de España, situado en la costa atlántica gallega, en la prov. de La Coruña. Es el punto más occidental del continente europeo.

finito, ta *adj.* Que tiene fin.

finitud *s. f.* Cualidad de finito.

finlandés, sa *adj.* **1.** De Finlandia. También *s.* ‖ *s. m.* **2.** Idioma hablado en Finlandia.

Finlandia, golfo de Golfo del mar Báltico, situado entre Finlandia, Rusia y Estonia. Tiene una longitud de 420 km y una anchura que varía entre los 40 y los 150 km. Sus principales puertos son Helsinki y San Petersburgo.

Finlandia, República de (*Suomi*) Estado del N de Europa, situado en la costa NE del mar Báltico.

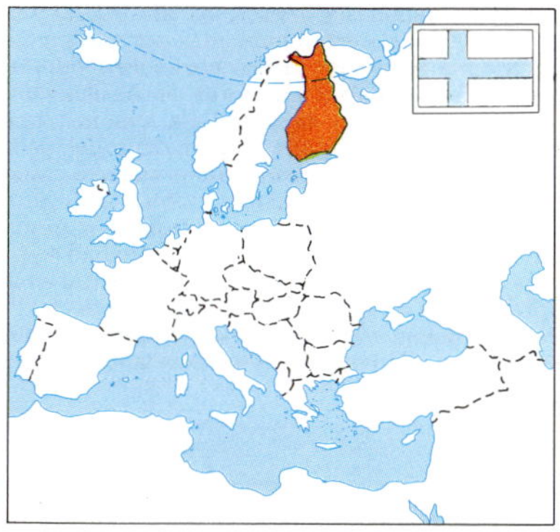

Extensión: 338.145 km^2.
Límites: al N, con Noruega; al E, con la Federación Rusa; al S, con el golfo de Finlandia, y al O, con el golfo de Botnia y con Suecia.
Población: 4.978.000 h. en 1990.
Densidad: 16,3 h./km^2.
Capital: Helsinki.
División administrativa: 12 provincias.
Ciudades principales: Tampere, Turku, Espoo, Vantaa.
Gentilicio: finlandés o finés.
Forma de Estado: república parlamentaria.
Idioma: finés.
Religión: luteranismo, 89,7 %.
Moneda: markka.
Tasa de natalidad: 13 ‰ en 1990.
Tasa de mortalidad: 10 ‰ en 1990.
Renta per cápita: 22.060 dólares en 1989.

Geog. física La acción glaciar configuró el relieve de Finlandia, que comprende diversas unidades bien diferenciadas. Las costas, que se abren al mar Báltico y constituyen la península de Finlandia, rodean una gran meseta baja. En el extremo N se alza la cadena montañosa de Maanselkä, perteneciente a la cordillera Escandinava, donde se hallan situadas las cumbres más altas, ya que el resto del relieve no supera los 200 m de altura. El 10 % de la superficie total del país está compuesto por lagos, en general poco profundos, que se concentran sobre todo en la zona central y meridional y que por sus peculiaridades dan lugar a una gran cantidad de islas e islotes. La red hidrográfica se divide en tres sectores: los ríos que desembocan en el lago Ladoga y en el golfo de Finlandia, al S; los que desaguan en el golfo de Botnia, en el centro, y los que lo hacen en el océano Ártico, al N. Al SO de la península, en el Báltico, se halla el archipié-

Finlandia: vista de la región de Kuopio.

lago de Åland. El clima continental frío se ve suavizado por los vientos del SO y la influencia marítima. En invierno el mar se hiela en los golfos de Botnia y Finlandia. Las lluvias se producen fundamentalmente en verano. El N del país está sometido a la influencia ártica. La vegetación es de bosques de encinas, pinos, abetos y abedul ártico, estos últimos al N de los montes Maanselkä.

Geog. humana y económica La población se concentra en la mitad S del país y está constituida por lapones y fineses; las islas Åland y la costa de Botnia están habitadas por suecos. La economía del sector primario es sobre todo forestal. La producción agrícola es de autoconsumo. La pesca y la ganadería suponen una aportación apreciable a la economía del país. Cuenta con importantes recursos mineros como son el hierro, oro, mercurio, cromo (sexto productor mundial), níquel, cinc, fosfatos y el cobre. La industria, cuyo centro de actividad se sitúa en las llanuras costeras S y O, se centra en la producción de madera y papel, productos textiles, químicos, metalúrgicos de mobiliario y alimenticios. Finlandia posee abundante energía hidroeléctrica.

Finlandia: plaza de la ciudad de Turku.

Hist. **ocupaciones y autonomía** Los primeros habitantes de Finlandia fueron los lapones, que a principios de la era cristiana fueron desplazados al N del país por la progresiva penetración de fineses procedentes de Estonia. En el s. XI se produjeron choques con los vikingos que comerciaban en el golfo de Finlandia. La religión cristiana se introdujo en ese siglo. En 1150 sobrevino la ocupación sueca, con motivo de la cruzada contra los fineses dirigida por el rey Erik IX de Suecia. Finlandia se convirtió en frontera entre los suecos y el principado ruso de Novgorod y, consecuentemente, en escenario de numerosas luchas, que concluyeron con la victoria sueca en 1323 y con la conversión de Finlandia en un ducado. En época de Erik VII, rey de Dinamarca, Noruega y Suecia, Finlandia alcanzó una virtual independencia, se fundó un tribunal y se acuñó moneda propia. En el s. XV arraigó la Reforma protestante. En 1527, Gustavo Vasa extendió sus dominios a Laponia y fundó Helsinki (1550). Su hijo y sucesor Juan convirtió Finlandia en Gran Ducado. Nuevas guerras con Rusia supusieron la conquista de Carelia. En 1599, el Gran Ducado fue suprimido y la nobleza local diezmada; Finlandia perdió su autonomía frente a Suecia y el país decayó. En la época de Gustavo Adolfo, Carlos X y Carlos XII (s. XVII), Finlandia sufrió la política centralista sueca y las devastaciones rusas. En el s. XVIII esta tendencia se acentuó, con mayores pérdidas territoriales. En 1788, un grupo de oficiales del Ejército se sublevó contra Gustavo III intentando constituir una república (conjuración de Aniala). El zar ruso Alejandro I conquistó Finlandia en 1809, y la dotó de una amplia autonomía. En el reinado de Alejandro II (segunda mitad del s. XIX), el país adquirió un gran desarrollo cultural y económico; pero con Nicolás II, que dio poderes dictatoriales al general Bobrikov, la situación cambió radicalmente.

independencia y época actual Tras la Revolución Rusa, Trotski otorgó la independencia a Finlandia (1918), pero a las pocas semanas estalló la guerra civil entre los socialistas, apoyados por la URSS, y el gobierno conservador, que encargó al general Mannerheim la organización de un *ejército blanco* que hiciera frente a la guardia roja revolucionaria. A finales de abril de 1918, Mannerheim controlaba ya todo el país y en octubre de 1920 los soviets reconocieron definitivamente la independencia de Finlandia. En 1939 el territorio finés fue invadido por tropas soviéticas. Tras cuatro meses de guerra muy desigual, la URSS obtuvo la región de Carelia y parte de Laponia. En 1941 Finlandia entró en la Segunda Guerra Mundial al lado de Alemania. Tras el triunfo aliado, por el tratado de París (1947) Finlandia recuperó la libertad, pero con pérdidas territoriales y casi arruinada. Desde finales de los años cincuenta, merced a los tratados de amistad con la URSS, a la consolidación del régimen republicano y a la habilidad política de dirigentes como Uro Kekkonen, conoció una época de progreso. En 1982 fue elegido presidente de la república Mauno Koivisto, quien renovó su cargo en 1988.

Cult. El arte finlandés y la literatura en lengua finesa no alcanzaron su madurez hasta el s. XIX, en que nació un movimiento nacionalista que los liberó de la dependencia de Suecia y Rusia. Un notable ejemplo de arquitectura gótica lo constituye la catedral de Turku (s. XIII). La iglesia neoclásica de San Nicolás, de Engel (1814), está influida por la arquitectura rusa. A finales del s. XIX se inició una renovación con L. Sonck (catedral de Tampere) y Eero Saarinem (Museo Nacional de Helsinki). Alvar Aalto es el máximo representante del funcionalismo e impulsor de la renovación arquitectónica y del diseño industrial, especialmente en el campo del mueble. La pintura comenzó una evolución de similares características a partir de A. Gallén-Kallela y surgieron grupos como Septem, November y Prisma. Un acontecimiento histórico para la literatura finesa lo constituye la publicación en 1835 del *Kalevala*, epopeya popular transmitida oralmente. La literatura finesa se consolidó en el s. XIX con la obra de Aleksis Kivi, que suscitó un gran desarrollo de la prosa, la poesía y el teatro en la primera mitad del s. XX, con autores como Ilmari Kianto, Maria Jotuni, Heikki Toppila y Frans Eemil Sillanpää, que obtuvo el premio Nobel en 1939. Más recientemente sobresalen en la narrativa Mika Waltari y Ann Kaipainen, y en la poesía, Saima Harmaja y Unno Kailas. La figura más notable de la música finlandesa es Jan Sibelius, ya en el s. XX, cuya inspiración popular le entronca con el movimiento nacionalista.

finn *s. m.* Velero de origen sueco, de una sola plaza, olímpico desde los juegos de Helsinki (1952). Tiene una eslora de 4,30 m y una manga de 1,40 m.

fino, na *adj.* **1.** Delgado, de poco grosor. **2.** Que no presenta asperezas o irregularidades. **3.** Refinado, de buen gusto. **4.** Aplicado a personas, educado. **5.** Agudo o hábil. **6.** Referido a metales, muy depurado, sin defectos ni impurezas. **7.** Se aplica al jerez muy seco, de color claro y cuya graduación varía entre los 15 y 17 grados. También *s. m.* **FAM.** Finamente.

finolis *adj. fam.* Que muestra una finura y delicadeza exageradas. También *s.*

Finsen, Niels Ryberg (Thorshavn, islas Feroe 1860 - Copenhague 1904) Médico danés. Demostró la acción terapéutica de los rayos luminosos y ultravioleta en ciertas enfermedades. En 1896 fundó el Instituto de la luz y en 1903 recibió el premio Nobel de medicina y fisiología.

finta *s. f.* Amago que se hace para engañar a alguien, especialmente en algunos deportes, como esgrima, boxeo, fútbol, etc.

fintear *v. intr. amer.* Hacer fintas, amagar.

finura *s. f.* Cualidad de fino, educado, delicado, etc.

finústico, ca *adj.* **1.** *fam.* Finolis*. **2.** *fam.* Se dice de las cosas muy delgadas y poco resistentes.

Fionia (*Fyn*) Condado de Dinamarca, en la isla del archipiélago danés del mismo nombre, situada en el mar Báltico, al E de la península de Jutlandia y al O de la isla Sjaeland, de las que lo separan, respectivamente, los estrechos del Pequeño Belt y del Gran Belt. 3.486 km^2. 458.100 h. en 1989. La capital es Odense, con 174.000 h. en 1988. Produce cereales, frutos y flores, por lo que es llamado «el jardín de Dinamarca».

Fiordo noruego de Geiranger.

fiordo *s. m.* Valle glaciar situado en la costa e invadido por el mar. Los fiordos se originaron por el ascenso de las aguas marinas causado por la fusión de los hielos tras las glaciaciones del cuaternario. Forman profundas entradas del mar en la tierra, encajonadas entre altas y escarpadas paredes, que alcanzan grandes profundidades. Se hallan sobre todo en las costas situadas entre los 50 y 70 grados de latitud N y S, en la península Escandinava, Escocia, Canadá, Groenlandia, Islandia, Nueva Zelanda y Chile.

Firdusi (Tus, Khorasan h. 940 - íd. 1020) Poeta épico persa. Es autor del *Libro de los Reyes*, epopeya que relata en 60.000 dípticos la grandeza del imperio persa.

firma *s. f.* **1.** Nombre y apellidos de una persona, normalmente acompañados de su rúbrica, que se ponen en algún documento o escrito. **2.** Acción y efecto de firmar. **3.** Conjunto de documentos presentados a un jefe o persona autorizada para que los firme. **4.** Empresa o establecimiento comercial. **5.** Estilo peculiar de una persona. **6.** Autor.

firmamento *s. m.* Bóveda celeste, especialmente cuando se aprecian en ella los astros.

firmante *adj.* Se dice de la persona que firma. También *s.*

firmar *v. tr.* Poner alguien su firma en un escrito, documento, etc. ‖ **LOC. firmar por** Comprometerse a trabajar para una empresa o entidad por un determinado periodo de tiempo. También, desear que se cumpla alguna cosa o conformarse con ella.

firme *adj.* **1.** Bien sujeto o consistente. **2.** Que no cambia o disminuye. **3.** Se dice de quien no se desanima ni se deja dominar o abatir. ‖ *s. m.* **4.** Pavimento o revestimiento de una carretera, calle, etc. **5.** Capa sólida de terreno sobre la que se pueden poner los cimientos de un edificio. ‖ *adv. m.* **6.** Con firmeza, con valor. ‖ **LOC. de firme** *adv.* Mucho, con fuerza o constancia. **en firme** *adj.* y *adv.* Con carácter definitivo. **estar** uno **en lo firme** *fam.* Estar en lo cierto, estar acertado en una afirmación, creencia, etc. **firmes** *interj.* y *adv.* En el Ejército, voz de mando para que los soldados se cuadren. Como adverbio, en esa postura. También, bajo la autoridad de alguien, sin poder replicar. ▪ En lenguaje corriente, se usa la forma singular. **FAM.** Firmemente.

firmeza *s. f.* **1.** Solidez, consistencia. **2.** Entereza, constancia.

firulete *s. m. Amér. del S.* Adorno no necesario y de mal gusto. Se usa más en *pl.*

Fisac, Miguel (Daimiel, Ciudad Real 1913) Arquitecto español. De tendencia racionalista, su obra supuso un aliento renovador en la arquitectura de la posguerra española. Entre sus trabajos más significativos figuran el edificio del Consejo Superior de Investigaciones Científicas (1943-44) y el Instituto Nacional de Óptica (1948), ambos en Madrid, el Instituto laboral de Daimiel (1949), el Colegio de los dominicos en Valladolid (1952) y la iglesia de los dominicos en Alcobendas (1955).

fiscal *adj.* **1.** Perteneciente o relativo al fisco. **2.** Perteneciente o relativo al oficio de acusador público. || *s. m.* y *f.* **3.** Funcionario de la carrera judicial que en los tribunales acusa en nombre de la sociedad a los procesados, trata de probar su participación en la comisión de delitos y pide la pena correspondiente que señalan las leyes, o defiende los intereses del Estado frente a los particulares. **4.** Persona encargada de defender los intereses del fisco. **5.** *amer.* Persona encargada de la iglesia en los pueblos en que no hay sacerdote o éste se halla ausente. || **6. presión fiscal** Proporción del Producto Interior Bruto de un país que se destina al pago de impuestos. Presenta grandes diferencias según los países, llegando en algunos a superar el 50 %. **7. sistema fiscal** Conjunto de normas que regulan la obtención de ingresos del Estado por medio de los impuestos.

fiscalía *s. f.* **1.** Oficio del fiscal. **2.** Oficina o despacho del fiscal. **3.** Cualquier oficina del Estado encargada de una actividad de control o inspección.

fiscalidad *s. f.* **1.** Actividad de la Hacienda pública para fijar, recaudar y controlar los impuestos que los contribuyentes deben pagar al Estado. **2.** Conjunto de tales impuestos.

fiscalizar *v. tr.* **1.** Inspeccionar a personas, entidades o actividades para comprobar si pagan sus impuestos al Estado. **2.** Examinar, controlar o criticar las acciones de otros. ▪ Se conjuga como *cazar.* **FAM.** Fiscalizable, fiscalización, fiscalizador.

Fischer, Bobby (Chicago 1943) Ajedrecista estadounidense. A los catorce años obtuvo el título de gran maestro internacional y en 1972 consiguió ser campeón del mundo al derrotar a Boris Spasski. Perdió la corona al rechazar enfrentarse al ruso Karpov en 1976. Desde entonces ha renunciado a la práctica pública del ajedrez, pese a lo cual sigue siendo considerado el jugador más brillante de la historia.

Fischer, Emil (Euskirchen, Prusia-Renania 1852 - Berlín 1919) Bioquímico alemán. Realizó trabajos sobre la estructura y la síntesis de los hidratos de carbono y otras sustancias orgánicas componentes de los seres vivos. En 1891 dedujo la estructura espacial de la molécula de glucosa. Obtuvo el premio Nobel de química en 1902.

Fischer, Ernst Otto (Munich 1918) Químico alemán. Obtuvo el premio Nobel de química de 1973, compartido con Geoffrey Wilkinson, por sus trabajos sobre la química de los compuestos organometálicos.

Fischer, Hans (Hörchst, Frankfurt del Main 1881 - Munich 1945) Químico y médico alemán. En 1929 consiguió la síntesis de la hemoglobina y por ello obtuvo el premio Nobel de química de 1930. También dedujo la estructura completa de la clorofila (1930-40).

Fischer von Erlach, Johann Bernhard (Graz 1656 - Viena 1723) Arquitecto austriaco. Formado en Italia, recibió la influencia de Bernini y de Borromini. Sus obras maestras las realizó en Viena, al servicio de la corte imperial, y en ellas mezcló el estilo decorativo rococó con elementos clásicos, como se aprecia en el palacio de Schönbrunn, en el palacio Trautson, en la Biblioteca Nacional y en la iglesia de San Carlos Borromeo.

fisco *s. m.* **1.** Hacienda pública en su aspecto de recaudadora de tributos al Estado. **2.** Conjunto de bienes del Estado.

fiscorno *s. m.* **1.** Instrumento musical metálico de viento, parecido al bugle. **2.** Persona que toca este instrumento.

fisgar *v. tr.* Procurar alguien enterarse de asuntos de otras personas que no debieran interesarle, revolver en sus cosas. También *v. intr.* ▪ Se conjuga como *pagar.* **FAM.** Fisgador.

fisgón, na *adj.* Se aplica a la persona a la que le gusta fisgar. También *s.*

fisgonear *v. tr.* Fisgar*. **FAM.** Fisgoneo.

Fisher, Irving (Saugerties, Nueva York 1867 - Nueva York 1947) Economista estadounidense. Profesor de política económica en la universidad de Yale, se le considera precursor de la econometría. Es conocido por la elaboración de los números índices, que en estadística permiten convertir series cronológicas en magnitudes fácilmente comparables entre sí. Escribió, entre otras obras, *Investigaciones matemáticas sobre la teoría del valor y los precios* (1892), *Naturaleza del capital y de la renta* (1906) y *Poder adquisitivo del dinero* (1928).

Fisher, Ronald Aylmer (East Finchley 1890 - Adelaida 1960) Biólogo y estadístico británico. Sentó las bases de la teoría de la estimación estadística y fue uno de los creadores del neodarvinismo. Entre sus obras destacan *Teoría de la estimación estadística* (1925), *Métodos estadísticos para investigadores* (1925), *La teoría genética de la selección natural* (1930) y *Métodos estadísticos e interferencia científica* (1956).

fisiatra *s. m.* y *f.* Persona que profesa o practica la fisiatría.

fisiatría *s. f.* Curación de las enfermedades por procedimientos naturales. **FAM.** Fisiátrico.

física *s. f.* Ciencia que estudia la materia, sus propiedades, sus fenómenos y las leyes que los rigen. Las ramas clásicas de la física son la óptica, la acústica, la mecánica, la termodinámica y el electromagnetismo. En la actualidad, el campo de estudio de esta ciencia se ha ampliado con la **física nuclear**, que estudia la constitución del núcleo atómico, así como con la **física cuántica**, que se ocupa del ámbito de los objetos muy pequeños, del orden de magnitud de las partículas elementales, y la **física relativista**, que se ocupa de ampliar las leyes físicas a sistemas que se mueven a velocidades próximas a la de la luz.

fisicalismo *s. m.* Teoría según la cual el lenguaje de la física es un lenguaje universal en el que deben expresarse todas las ciencias y que sostiene que todos los procesos psíquicos son reducibles y pueden ser explicados en términos físicos. Es defendida por el neopositivismo (Neurath y Carnap).

físicamente *adv. m.* **1.** Corporalmente, en relación con el cuerpo. **2.** Materialmente, en relación con la materia o la física.

físico, ca *adj.* **1.** Perteneciente o relativo a la física. **2.** Material. **3.** Corporal. **4.** *Cuba, Méx., Rep. Dom.* Pedante, remilgado. || *s. m.* y *f.* **5.** Persona que por profesión o estudio se dedica a la física. || *s. m.* **6.** Aspecto exterior de una persona. **7.** Antiguamente, médico.

fisicoquímica *s. f.* Ciencia que estudia fenómenos comunes a la física y a la química.

fisicoquímico, ca *adj.* **1.** Perteneciente o relativo a la fisicoquímica. || *s. m.* y *f.* **2.** Persona que se dedica a la fisicoquímica.

fisidáctilo, la *adj.* Se aplica a las aves cuyos dedos están separados, como en las rapaces, y no unidos por membranas.

físil *adj.* Se dice del núcleo atómico en el que puede producirse el fenómeno de fisión al ser bombardeado con neutrones.

fisio- *pref.* Significa 'naturaleza': *fisioterapia, fisiopatología.*

fisiocracia *s. f.* Doctrina económica enunciada en Francia por François Quesnay en el s. XVIII y que sostenía que la tierra era el origen de la riqueza y la agricultura la actividad económica primordial. En torno a la teorías de Quesnay surgió una escuela en la que destacan como discípulos más relevantes al marqués de Mirabeau, Dupont de Nemours, Mercier de La Rivière, Baudeau y Le Trosne. Fue la primera formulación del liberalismo económico.

fisiócrata *s. m.* y *f.* Persona que es partidaria de la fisiocracia. **FAM.** Fisiocrático.

fisiognomía o **fisiognómica** *s. f.* Interpretación del carácter y los hábitos psicológicos de las personas a partir de sus rasgos externos.

fisiografía *s. f.* Parte de la geografía que estudia y describe los aspectos físicos de la Tierra, como el relieve, la vegetación, los suelos, etc. También se denomina *geografía física.*

fisiología *s. f.* Ciencia que estudia las funciones de los seres vivos y de cada una de las partes de su cuerpo. Según la clase de seres vivos, se divide en fisiología animal y vegetal; y, según el órgano o sistema de que trate, se habla de fisiología de la visión, del aparato circulatorio, del aparato respiratorio, etc. Se distingue de la anatomía porque esta ciencia estudia la estructura de los órganos, pero no su función. **FAM.** Fisiológicamente, fisiológico.

fisiólogo, ga *s. m.* y *f.* Persona que estudia o se dedica a la fisiología.

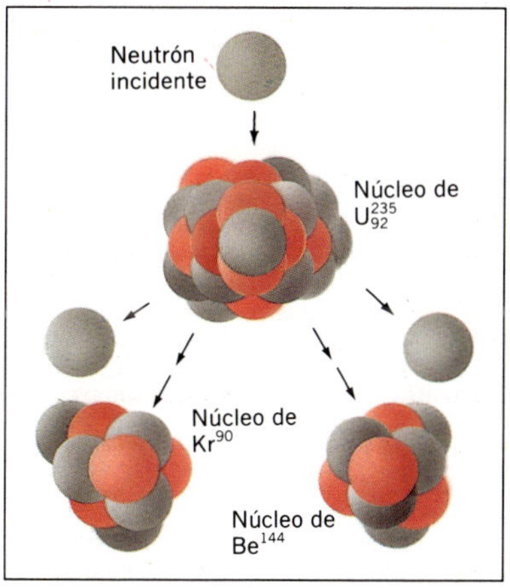

Fisión nuclear: cuando un núcleo de U^{235}_{92} es bombardeado por un neutrón, se fragmenta y produce dos núcleos más pequeños (Kr^{90} y Be^{144}) y dos nuevos neutrones.

fisión *s. f.* División de un núcleo atómico pesado en otros dos más ligeros, con emisión de gran cantidad de energía y de neutrones. Se provoca al bombardear el núcleo con un neutrón y produce reacciones en cadena automantenidas que pueden controlarse y tienen aplicación práctica en los reactores nucleares. También puede tener usos militares en las bombas de uranio y de plutonio.

fisionar *v. tr.* Producir una fisión. También *v. intr.* y *v. prnl.*

fisiopatología *s. f.* Rama de la patología que estudia las alteraciones funcionales del organismo o de alguna de sus partes.

fisioterapeuta *s. m.* y *f.* Persona especializada en fisioterapia.

fisioterapéutico, ca *adj.* Perteneciente o relativo a la fisioterapia.

fisioterapia *s. f.* Tratamiento de las enfermedades o incapacidades físicas mediante el uso de formas de energía natural (sol, aire, luz), mecánica (masajes, gimnasia), eléctrica (radiaciones), térmica, etc. Se emplea especialmente para tratar fracturas o desviaciones óseas y en procesos posoperatorios. **FAM.** Fisioterápico.

fisonomía *s. f.* **1.** Aspecto del rostro de una persona. **2.** Aspecto externo de algo. **FAM.** Fisonómico.

fisonomista *adj.* **1.** Se dice de la persona que tiene facilidad para recordar o reconocer a otras personas por su rostro. También *s.* || *s. m.* y *f.* **2.** En casinos y otros locales parecidos, empleado que se encarga de observar la conducta del público y recordar el aspecto de aquellos clientes a los que conviene vigilar.

fístula *s. f.* Conducto anormal que se abre en la piel o en las membranas mucosas y pone en comunicación un órgano o el interior del cuerpo con el exterior, o bien dos órganos entre sí.

fistular *adj.* Perteneciente o relativo a la fístula.

fistulización *s. f.* Formación de una fístula.

fistuloso, sa *adj.* **1.** Se dice de la llaga o úlcera en la que se forman fístulas. **2.** En bot., se aplica a las partes de las plantas que están huecas en toda su longitud, como los tallos de las cañas.

fisura *s. f.* **1.** Grieta o raja. **2.** Hendidura o fractura longitudinal en un hueso. **3.** Fallo o defecto en algo aparentemente fuerte, sólido o compacto y que causa o amenaza su ruina. **4.** En geol., ruptura o fractura que se produce en una roca con o sin desplazamiento de bloques, debida a las fuerzas del interior de la corteza terrestre. Estas fracturas pueden haber sido rellenadas por rocas eruptivas en estado líquido y así aparecer en la superficie en forma de filones.

Fitch, Val Logsdon (Merriman, Nebraska 1923) Físico estadounidense. Director del departamento de física de la universidad de Princeton (1967), obtuvo el premio Nobel de física en 1980, compartido con su colaborador James Watson Cronin, por el descubrimiento de la violación de principios de simetría fundamentales en la desintegración de los mesones K neutros. De este descubrimiento dedujeron que en el origen del Universo, después del big bang, existía una cantidad de materia ligeramente superior a la de antimateria.

fito- o -fito, ta *pref.* o *suf.* Significa 'planta, vegetal': *fitófago, zoofito.*

fitófago, ga *adj.* Se dice del animal que se alimenta de vegetales, p. ej. los herbívoros.

fitogeografía *s. f.* Ciencia que estudia la distribución de los vegetales sobre la Tierra y la evolución de dicha distribución en el curso de las eras geológicas.

fitografía *s. f.* Parte de la botánica que describe las plantas.

fitología *s. f.* Botánica*.

fitopatología *s. f.* Parte de la botánica que estudia las enfermedades de las plantas.

fitoplancton *s. m.* Plancton constituido por algas y otros vegetales microscópicos que viven suspendidos en el agua. De él se nutre el zooplancton, comenzando así la cadena alimenticia en ecosistemas acuáticos.

Fittipaldi, Emerson (São Paulo 1946) Corredor automovilístico brasileño. Fue dos veces campeón del mundo de Fórmula 1 (1972 y 1974), otras dos subcampeón y venció en numerosos grandes premios.

Fitzgerald, Ella (Newport News, Virginia 1918) Cantante estadounidense. Una de las principales voces de la historia del jazz, ha cantado acompañada de Louis Armstrong, Duke Ellington y Count Basie. Entre sus grabaciones más célebres se hallan *Sentimental Journey* y *Lady is a Tramp.*

Fitzgerald, Francis Scott (Saint Paul, Minnesota 1896 - Hollywood 1940) Escritor estadounidense. Representante de la generación perdida, retrata los ambientes de las clases acomodadas norteamericanas en el periodo de entreguerras en un estilo conciso y espléndido lenguaje. Entre sus obras destacan las novelas *A este lado del paraíso* (1920), *El gran Gatsby* (1925) y *Suave es la noche* (1934), y los relatos *El muchacho rico, Historias de Pat Hobby, Basil y Josephine* y *Regreso a Babilonia* (1935).

Francis Scott Fitzgerald.

Fizeau, Armand Hippolyte (París 1819 - Venteuil 1896) Físico francés. Sus trabajos versaron sobre la propagación de la luz y fue el primero que determinó su velocidad en la superficie terrestre por medios experimentales. En colaboración con Foucault logró en 1845 fotografiar la superficie del Sol. Probó que el *efecto Doppler* se verifica también en las ondas luminosas y estudió los fenómenos de polarización de la luz.

flabelado, da o flabeliforme *adj.* En bot., se dice de los vegetales o sus órganos que tienen forma de abanico.

flacidez o flaccidez *s. f.* Cualidad o estado de flácido.

flácido o fláccido, da *adj.* Blando, sin consistencia.

flaco, ca *adj.* **1.** Se dice de la persona o animal de pocas carnes. También *s.* **2.** Débil, escaso o pobre. || *s. m.* **3.** Defecto, punto débil. **FAM.** Flacucho, flacura.

flagelados *s. m. pl.* Subtipo de protozoos pertenecientes al tipo sarcomastigóforos del reino protistas, caracterizados por desplazarse por medio de flagelos. Se reproducen asexualmente, por división longitudinal. Entre ellos se encuentran la *Euglena*, el *Trypanosoma* y el *Ceratium*. Actualmente son llamados *mastigóforos*. También *adj.* y *s. m.*

flagelante *adj.* **1.** Que flagela. || *s. m.* **2.** Persona que se flagela como penitencia, especialmente en las procesiones de Semana Santa. **3.** Miembro de cofradías y sectas religiosas exaltadas que en la Edad Media se azotaba en público para obtener el perdón de sus pecados.

flagelar *v. tr.* **1.** Golpear el cuerpo de alguien con flagelo o azote. También *v. prnl.* **2.** Dirigir duras críticas contra alguien o algo. **FAM.** Flagelación, flagelador.

flageliforme *adj.* En biol., que tiene forma de flagelo.

flagelo *s. m.* **1.** Instrumento que se utiliza para azotar, como castigo, tormento o penitencia. **2.** Calamidad o desgracia que cae sobre alguien. **3.** En biol., prolongación o extremidad alargada que con sus movimientos ondulantes o giratorios sirve de órgano de locomoción a gran número de células y seres unicelulares.

flagrante *adj.* **1.** Que está sucediendo o se está realizando en el momento de que se habla; en especial, se aplica al delito que alguien estaba cometiendo en el instante de ser sorprendido. **2.** En lenguaje literario, que arde o resplandece como una llama. || **LOC. en flagrante** *adv.* In* fraganti.

Flaherty, Robert (Iron Mountain, Michigan 1884 - Dummerston, Vermont 1951) Director de cine estadounidense. Creador del género documental, es autor de *Nanuk, el esquimal* (1920-22), obra maestra de la cinematografía. Colaboró con Van Dyke en *Sombras blancas en los mares del Sur* (1928) y con Murnau en *Tabú* (1931). Otros filmes suyos dignos de mención son *Moana* (1926), *El hombre de Aran* (1934) y *Guernica* (1949).

flama *s. f.* **1.** Resplandor de una llama, de un astro, etc. **2.** Calor agobiante de verano.

flamante *adj.* **1.** De aspecto espléndido, vistoso. **2.** Se dice de lo recién hecho o estrenado, muy nuevo. **3.** Se aplica a la persona nueva en una situación, cargo, etc.

flambear *v. tr.* Flamear un alimento.

flamear *v. intr.* **1.** Echar llamas. **2.** Ondear al viento una vela, una bandera, etc. || *v. tr.* **3.** Aplicar a algo una llama o un líquido inflamable encendido, p. ej. para preparar un plato culinario o para desinfectar alguna cosa. **FAM.** Flameo.

flamenco, ca *adj.* **1.** De Flandes. También *s.* **2.** Se aplica al conjunto de cantes y bailes gitanos con muy diversas influencias del orientalismo musical andaluz y a sus intérpretes y cosas. También *s.* **3.** Se dice de un grupo étnico de origen celta que se estableció en la llanura de Flandes a finales del imperio romano y que desde entonces ha conservado rasgos lingüísticos y culturales propios. Constituye en la actualidad una de las dos comunidades en que se divide la población de Bélgica. También *s.* **4.** Altivo, descarado. **5.** De aspecto saludable. || *s. m.* **6.** Idioma que se hablaba en Flandes y que habla la minoría flamenca de Bélgica. Es una variante del neerlandés. **7.** Nombre común de diversas aves ciconiformes de la familia fenicoptéridos, género *Phoenicopterus*. Son zancudas que alcanzan hasta 150 cm de longitud, tienen pico encorvado, patas y cuello largos y membrana interdigital en las patas. Habitan en zonas acuáticas poco profundas, como deltas y marismas, de América, África, Europa y Asia occidental. Se conocen cuatro especies, entre las que destaca el flamenco común *(Phoenicopterus ruber)*, que mide 125 cm de longitud, es esbelto y con el cuello muy

Flamenco común (Phoenicopterus ruber).

Escuela flamenca: Jan van Eyck, El matrimonio Arnolfini *(National Gallery, Londres).*

largo, pico de color rosado y plumaje blanco, con las alas negras y carmesí. Es migrante parcial y cría en América, África, S de Europa y Asia. || **8. escuela flamenca** Escuela artística surgida en Flandes a principios del s. XV, que rompió con el carácter simbólico propio del gótico internacional francés y borgoñón. Su expresión máxima se halla en la pintura, caracterizada por una concepción del espacio, los objetos, las figuras y la luz en la que lo fundamental es el punto de vista del artista. Con la obra de Jan van Eyck, dotada de gran minuciosidad y que aplica nuevas técnicas de óleo, la escuela flamenca adquiere su plena personalidad. Sus figuras más relevantes son Roger van der Weyden, Memling, Quinten Matsys, Hugo van der Goes, Jerónimo Bosch (El Bosco), Brueghel y finalmente Rubens, quien domina todo el panorama de la pintura flamenca del s. XVII. La escuela alcanzó proyección internacional y su influencia se extendió a Alemania, Francia, España, etc. Algunas de sus obras más representativas son *El matrimonio Arnolfini* de Jan van Eyck, *El descendimiento* de Van der Weyden, *El jardín de las delicias* de El Bosco y *El juicio de Paris* de Rubens. Otras expresiones notables del arte flamenco fueron el tapiz, la vidriera, la música (Orlando di Laso, Ockeghem y Josquin des Prés) y la escultura, concebida esta última de forma integrada en la arquitectura y cuyas principales manifestaciones fueron el retablo y el sepulcro. A partir de 1839, una vez que se constituye el estado de Bélgica, no se habla de arte flamenco sino de arte belga.

Mús. El baile y cante flamencos aparecieron a fines del s. XVIII entre los gitanos de la baja Andalucía, que aunaron diversas tradiciones artísticas propias de su raza con otras autóctonas de dicha región. Presenta gran número de variantes estilísticas, que pueden ser englobadas en varios grupos: patéticas (cartageneras, martinetes), profundas (seguiriyas, soleá), religiosas (saetas), festivas (alegrías, bulerías) y populares (nanas, cante de labor). La principal característica del flamenco es la melodía con intervalos menores del semitono. Desde el punto de vista expresivo, hay que destacar la importancia del intérprete frente a la composición y la íntima unión entre letra y melodía.

Figuras clásicas del flamenco han sido los cantaores Tío Luis el de la Juliana, el Fillo, el Planeta, Enrique el Mellizo, Tomás el Nitri, Diego el Marruro, Curro Dulce, Merced la Serneta, Manuel Torre, la Niña de los Peines, Tomás Pavón, Joaquín el de la Paula, Antonio Chacón, Pepe el de la Matrona, Juan Talega, Manolo Caracol, Antonio Mairena y los bailaores Pastora Imperio, Vicente Escudero, el Estampío, Carmen Amaya y Enrique el Cojo. En la actualidad destacan los cantaores José Menese, Fernanda y Bernarda de Utrera, Fosforito, el Lebrijano, Camarón de la Isla; los guitarristas Paco de Lucía, Manolo Sanlúcar, y los bailaores Antonio, Antonio Gades, Rafael de Córdova, María Rosa, María Albaicín, Cristina Hoyos, Manuela Vargas, Manuela Carrasco y Merche Esmeralda.

flamencólogo, ga *s. m.* y *f.* Se aplica al experto en las distintas variantes del cante y baile flamencos. También *adj.* **FAM.** Flamencología.

flamenquería *s. f.* Cualidad o actitud de flamenco, chulería.

flamenquismo *s. m.* Afición a lo flamenco y andaluz.

flámeo *adj.* Parecido a la llama o que tiene sus mismas características.

flamígero, ra *adj.* **1.** Que despide llamas o tiene forma de llama. **2.** Se dice del último periodo del estilo gótico que se desarrolló en Europa a partir del s. XV, caracterizado por una mayor complejidad y recargamiento decorativo.

Flammarion, Camille (Montigny-le-Roi 1842 - Juvisy-sur-Orge 1925) Astrónomo francés. Estudió la rotación de la Tierra y los astros y divulgó sus conocimientos en una *Astronomía popular* (1868) y un *Atlas celeste* (1877).

Flamsteed, John (Denby 1646 - Greenwich 1719) Astrónomo inglés. Estudioso de los aparatos de observación astronómica y del firmamento, fue director del observatorio de Greenwich. Elaboró un *Catálogo de estrellas* que fue publicado en 1725, en el que cada estrella recibe el nombre de la constelación a la que pertenece y un número que indica su posición.

flámula *s. f.* Banderín.

flan *s. m.* **1.** Dulce hecho con huevos, leche y azúcar o con otras sustancias preparadas, que se cuaja al baño María en un molde generalmente con forma de tronco de cono. **2.** Cualquier otro alimento o cosa preparada en un molde semejante. ‖ **LOC. hecho** (o **como**) **un flan** *fam.* Muy nervioso.

flanco *s. m.* **1.** Cada una de las dos partes laterales de un cuerpo, considerado de frente, especialmente de un barco o una formación militar. **2.** En geol., cada una de las dos paredes planas de un pliegue, que ascienden y descienden hasta la charnela o parte curva del mismo.

Flandes (en neerl. *Vlaanderen*) Región histórica del NO de Europa, que se extiende desde Calais hasta el delta del río Escalda y que en la actualidad se haya repartida entre la región Nord de Francia, dos provincias de Bélgica (**Flandes Este**, 2.982 km^2, 1.331.600 h. en 1990, con capital en Gante; y **Flandes Oeste**, 3.134 km^2, 1.102.000 h. en 1990, con capital en Brujas) y parte de los Países Bajos. La costa de Flandes forma una llanura orlada por un cordón de dunas. Su relieve es relativamente accidentado y alcanza su máxima altura en el monte Kessel (176 m). Es una región densamente poblada, encrucijada marítima y terrestre con grandes producciones agrícolas desde la Edad Media. Posee una gran tradición industrial y una densa red de comunicaciones. Actualmente su producción se centra en la construcción de automóviles en el interior y en la industria química y siderúrgica en el litoral.

Hist. El condado de Flandes surgió en la época carolingia como marca fronteriza frente a los normandos. Estuvo vinculado feudalmente a Francia y Alemania. El desarrollo del comercio y una floreciente industria textil en los s. XII y XIII provocó tensiones entre la nobleza feudal y la burguesía, que prefería la alianza inglesa para garantizar los suministros de lana. Durante la guerra de los Cien Años, Francia e Inglaterra lucharon por su dominio.

A finales del s. XIV fue heredado por los duques de Borgoña y al acabar el XV por el emperador Carlos V. Durante el reinado de éste y el de su hijo Felipe II se produjeron numerosas rebeliones protestantes alentadas por Inglaterra y Francia. El protestantismo arraigó en las provincias del N, que, dirigidas por Guillermo de Orange, proclamaron la Unión de Utrecht (1581). La pérdida de la hegemonía de los Austrias españoles en Europa –Tregua de los Doce Años en época de Felipe III y la guerra de los Treinta Años en la de Felipe IV– produjo la independencia del Flandes protestante en 1648 con el nombre de Provincias Unidas, origen de los actuales Países Bajos. En la paz de Utrecht (1714), que puso fin a la guerra de Sucesión Española, Flandes quedó en manos de Austria. Fue conquistado por Francia a fines del s. XVIII, y, tras la derrota de Napoleón, se integró en los Países Bajos. En 1830 fue una de las provincias que formaron el reino de Bélgica.

Flandes, Juan de (? h. 1450 - Palencia h. 1519) Pintor flamenco. Viajó a España en torno a 1496, al servicio de Isabel la Católica. En su estilo se unen la tradición de la escuela flamenca y las influencias renacentistas italianas. Es autor, entre otras obras, del políptico de Isabel la Católica, del retablo de San Miguel en Salamanca y de una historia de Cristo para el retablo mayor de la catedral de Palencia.

flanero, ra *s. m.* o *f.* Molde para hacer flanes.

flanquear *v. tr.* **1.** Limitar algo por los flancos o lados. **2.** Colocarse a ambos lados de una persona, lugar, etc., para protegerlo o bien para atacarlo. **3.** Dominar con la artillería una posición enemiga. **FAM.** Flanqueador.

flap (voz ingl.) *s. m.* Pieza móvil en el borde posterior de las alas de los aviones que ayuda a su estabilidad.

flaquear *v. intr.* **1.** Debilitarse, fallar la resistencia física o moral de una persona o cosa. **2.** Estar menos fuerte o ser menos eficaz en algunas cosas, materias, etc., que en otras.

flaquencia *s. f. amer.* Delgadez.

flaqueza *s. f.* **1.** Cualidad de flaco. **2.** Debilidad, falta de carácter. **3.** Acción cometida por culpa de esa debilidad; punto flaco de alguien.

flash (voz ingl.) *s. m.* **1.** Dispositivo utilizado en las cámaras fotográficas para producir una iluminación breve e intensa. **2.** Breve información sobre noticias de última hora. **3.** *fam.* Sensación intensa de bienestar o euforia producida por drogas y estimulantes. **4.** *fam.* Impresión fuerte, sorprendente o alucinante.

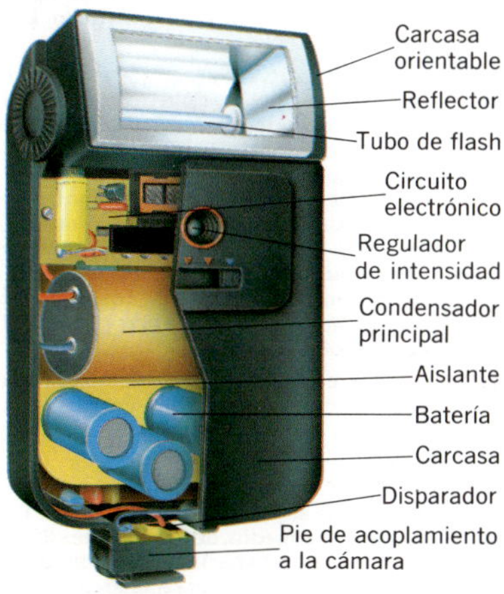

Funcionamiento de un flash: el condensador, alimentado por una batería, comunica una descarga eléctrica muy rápida a un tubo que contiene gas criptón o xenón, lo que produce un destello corto e intenso.

flash-back (voz ingl.) *s. m.* Técnica narrativa propia del lenguaje cinematográfico que consiste en intercalar en el desarrollo lineal de la acción planos que se refieren a un tiempo pasado.

flato *s. m.* **1.** Acumulación de gases en el intestino o en el estómago, acompañada de dolor pasajero. **2.** *Amér. C., Col., Méx., Ven.* Tristeza, melancolía.

flatulencia *s. f.* Acumulación de gases en la cavidad abdominal y molestias que lo acompañan.

flatulento, ta *adj.* **1.** Que produce flatulencia. **2.** Que la padece. También *s.*

Flaubert, Gustave (Ruán 1821 - Croisset, Ruán 1880) Escritor francés. Principal representante de la novela realista del s. XIX, desarrolló un estilo cuidado y minucioso, más preocupado por la calidad de la prosa y la precisión de las descripciones que por la complejidad de los argumentos. Para conseguirlo corrigió y reescribió sus escritos y realizó viajes e investigaciones para poder documentarse. Su obra maestra es *Madame Bovary* (1856), crónica distante y desapasionada de un adulterio y excelente retrato de una personalidad femenina. Otras novelas suyas importantes son *Salambó* (1862), *La educación sentimental* (1869), *La tentación de San Antonio* (1874) y *Bouvard y Pécuchet* (póstuma, 1881).

flauta *s. f.* **1.** Instrumento musical de viento, en forma de tubo de madera o metal con varios orificios que se tapan con los dedos o con llaves y

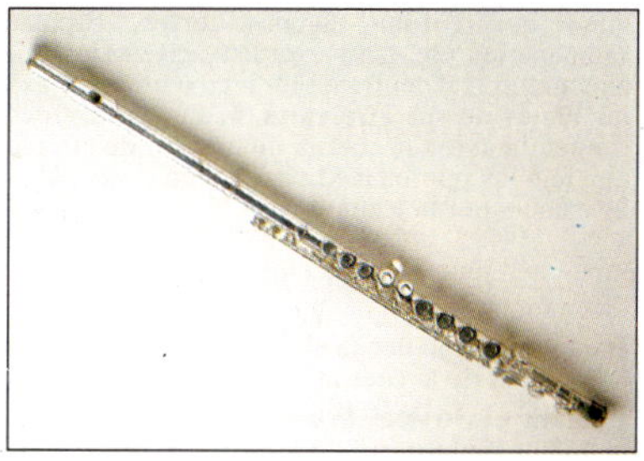

Flauta travesera.

en el que el sonido se produce por la vibración del aire en su interior. Los tipos de flauta que se han utilizado en Occidente son la flauta dulce y la travesera. Durante el medioevo la flauta dulce se utilizó en la música popular, y poco a poco se fue introduciendo en la música culta, hasta convertirse en instrumento solista en el s. XVII. La flauta travesera, que compite con la flauta dulce a lo largo de la historia, se ha empleado con mayor frecuencia que la anterior en la música en los dos últimos siglos. **2.** *fam.* Bocadillo muy grande. ‖ *s. m.* y *f.* **3.** Persona que toca el instrumento citado. ‖ **4. flauta de Pan** Instrumento musical hecho con cañas o tubos de longitud desigual, abiertos por uno de sus extremos y sujetos entre sí. **5. flauta dulce** (o **de pico**) La que tiene la embocadura en el extremo del tubo y en forma de boquilla. **6. flauta travesera** La que tiene embocadura lateral y se coloca de través.

flautado, da *adj.* **1.** Semejante a la flauta. ‖ *s. m.* **2.** Registro del órgano que imita el sonido de la flauta.

flautero, ra *s. m.* y *f.* Persona que hace o fabrica flautas.

flautín *s. m.* **1.** Flauta pequeña cuyo sonido es una octava más agudo que el de ésta. ‖ *s. m.* y *f.* **2.** Persona que toca este instrumento.

flautista *s. m.* y *f.* Persona que toca la flauta.

Flavia Dinastía de emperadores romanos (69-96 d. C.). Fue fundada por Vespasiano, al que sucedió su hijo Tito (79 d. C.) y a éste su hermano menor Domiciano (81 d. C.), cuyo asesinato significó el fin de la dinastía.

flavo, va *adj.* De color amarillo rojizo.

Flaxman, John (York 1755 - Londres 1826) Escultor e ilustrador británico. Formado en el neoclasicismo, recibió la influencia de Romney y de Blake. Viajó por Italia (1787-94), donde se familiarizó con los grandes maestros, aunque siempre rechazó el estilo barroco. Se dedicó especialmente a la realización de mausoleos, entre los que sobresalen el de lord Mansfield, en Westminster (1795) y el de W. Collins (1795), en la catedral de Chichester. También destacó por sus ilustraciones, dibujadas con una gran pureza y simplicidad, para la *Odisea* y la *Ilíada* de Homero y obras de Hesíodo, Dante, Milton, etc.

flébil *adj.* Triste, lamentable, que mueve al llanto.

flebitis *s. f.* Inflamación de las venas que puede producir su obstrucción (tromboflebitis). Cuando afecta a las venas superficiales, especialmente de las piernas, se habla de varices o venas varicosas.

flecha *s. f.* **1.** Arma arrojadiza disparada generalmente con arco, consistente en una punta metálica o de material duro, unida a un asta o varilla. **2.** Cualquier otra cosa con una forma parecida, como p. ej. un indicador. **3.** Remate puntia-

Gustave Flaubert. Retrato de Eugène Giraud (Palacio de Versalles, Francia).

gudo que corona algunas torres, cúpulas, campanarios, etc. **4.** En arq., distancia vertical que existe desde el centro de un arco o bóveda hasta las líneas de sus arranques. **5.** En geom., recta perpendicular a la cuerda de un arco de círculo, que une los puntos medios del arco y su cuerda. Se calcula por la fórmula

$$f = R - \sqrt{R^2 - \frac{c^2}{4}}$$

en la que *f* es la flecha, *R* el radio del círculo y *c* la longitud de la cuerda. **FAM.** Flechero.

Flecha el Joven, Mateo (Prades, Tarragona h. 1530 - monasterio de Portella, Solsona 1604) Músico y religioso carmelita español. Sobrino de Flecha el Viejo, residió en Praga, donde fue maestro de capilla de Carlos V. Es autor de *Divinarum completarum psalmi* (1581), colección de composiciones polifónicas, y de diversos madrigales.

Flecha el Viejo, Mateo (Prades, Tarragona h. 1481 - monasterio de Poblet 1553) Músico y religioso cisterciense español. Músico de la corte de Castilla, destacó por sus *ensaladas* (madrigales de contenido humorístico). También escribió composiciones para vihuela.

flechador, ra *s. m.* y *f.* Persona que dispara flechas.

flechar *v. tr.* **1.** Estirar la cuerda del arco para colocar la flecha. **2.** Alcanzar algo con flechas. **3.** *fam.* Enamorar a alguien repentinamente. También *v. prnl.*

flechaste *s. m.* Cada uno de los cordeles horizontales que, ligados a los obenques, sirven de peldaños a los marineros para subir a lo alto de los palos.

flechazo *s. m.* **1.** Impacto o herida causados con la flecha. **2.** *fam.* Acción y efecto de flechar o enamorar repentinamente a alguien.

fleco *s. m.* **1.** Adorno formado por una serie de hilos o cordoncillos que cuelgan de una tira de tela o pasamanería. **2.** Borde deshilachado y gastado de una tela o prenda. **3.** Detalle aún por solucionar en un asunto. Se usa sobre todo en *pl.*

Fleischer, Max (Viena 1889 - Los Ángeles 1972) y su hermano **Dave** (Nueva York 1894 - Los Ángeles 1979) Productores y dibujantes de animación estadounidenses. Crearon personajes que fueron muy populares en la pantalla, como *Betty Boop* (1831-36) y *Popeye* (1932-47).

fleje *s. m.* **1.** Tira de metal larga y estrecha que sirve para hacer los aros de las cubas o para embalar. **2.** Pieza alargada y curva con que se hacen muelles y resortes.

flema *s. f.* **1.** Mucosidad de las vías respiratorias expulsada por la boca. **2.** Lentitud o tranquilidad, en ocasiones excesiva. **3.** Serenidad, calma. **4.** Residuo acuoso que se obtiene de la destilación de productos alcohólicos.

Flémalle, Maestro de Nombre que generalmente se identifica con **Robert Campin** (Valenciennes h. 1375 - Tournai 1444) pintor flamenco, llamado así por el retablo que define su estilo, procedente de Flémalle, localidad belga. Establecido en Tournai (1406), fue maestro de Roger van der Weyden. Se caracteriza por la monumentalidad y la fuerza del modelado. Entre sus obras destacan la *Anunciación de Merode*, la *Natividad*, *Santa Bárbara* y *Desposorios de la Virgen*.

flemático, ca *adj.* **1.** Que no pierde la calma o la serenidad. **2.** Lento, parsimonioso. **3.** Perteneciente o relativo a la flema.

Fleming, Ian (Londres 1908 - Canterbury 1964) Escritor británico. Fue periodista y miembro del servicio secreto de la marina británica durante la Segunda Guerra Mundial. Creó el personaje de James Bond, agente 007, protagonista de varias de sus novelas, como *Casino royale* (1953), *Doctor No* (1958), *Goldfinger* (1959) o *Sólo se vive dos veces* (1964), casi todas llevadas al cine.

Fleming, sir Alexander (Lochfield Farm, Ayrshire 1881 - Londres 1955) Bacteriólogo británico. En 1922 identificó y aisló la lisozima, proteína con propiedades antibacterianas, que se encuentra en las lágrimas y en la mucosidad, y en 1928 descubrió la penicilina, el primero de los antibióticos, producido por el moho *Penicillium notatum*. En 1945 recibió el premio Nobel de fisiología y medicina, compartido con Howard Walter Florey y Ernst Boris Chain.

Fleming, Victor (Pasadena 1883 - Phoenix 1949) Director cinematográfico estadounidense. Se especializó en filmes de aventuras, como *La isla del tesoro* (1934) y *Capitanes intrépidos* (1937), pero consiguió su mayor éxito con *Lo que el viento se llevó* (1939).

flemón *s. m.* Inflamación del tejido conjuntivo, en especial el de las encías.

flemoso, sa *adj.* Que tiene flema o la causa.

flequillo *s. m.* Mechón de cabello que cae sobre la frente.

Fleta, Miguel (Albalate de Cinca, Huesca 1897 - La Coruña 1938) Tenor español. Estudió en Barcelona y en Milán. Debutó en 1919 y obtuvo sus mayores éxitos con *Carmen*, *Manon*, *Rigoletto* y *Tosca*. Estrenó en la Scala de Milán *Turandot*, ópera póstuma de Puccini, bajo la dirección de Toscanini (1926).

fletador *s. m.* **1.** Persona que fleta. **2.** En el contrato de fletamiento, el que entrega la carga para transportar.

fletar *v. tr.* **1.** Alquilar un buque o parte de él para el transporte de mercancías o personas. **2.** P. ext., contratar vehículos terrestres o aéreos. **3.** Embarcar mercancías o personas para su transporte. **4.** *amer.* Alquilar una bestia de carga u otro medio de transporte. **5.** *Arg.*, *Chile*, *Perú.* Soltar, largar, referido a palabras o acciones injuriosas o agresivas. **6.** *Arg.*, *Chile.* Echar a alguien de un lugar, empleo, etc. ‖ *v. prnl.* **7.** *Cuba*, *Méx.* Marcharse de pronto o hacerlo en secreto. **8.** *Arg.* Introducirse en una reunión sin ser invitado. **FAM.** Fletamento, fletamiento.

Fletcher, John (Rye, Sussex 1579 - Londres 1625) Dramaturgo inglés. Cultivó con notable éxito la tragicomedia en la época isabelina. Colaboró con la mayor parte de los dramaturgos de su tiempo, como Ben Jonson, Philip Massinger o Bowley y especialmente con su íntimo amigo Francis Beaumont, con el que escribió numerosas obras entre 1606 y 1616, como *El misógino* (1607), *Philaster* (1608) y *Rey y no rey* (1611). Otras obras suyas destacadas son *Bonduca* (1614), *El súbdito leal* (1618), *El peregrino* (1621) y *El cura español* (1622).

flete *s. m.* **1.** Precio que se paga al fletar un barco u otro medio de transporte. **2.** Carga que se transporta en un barco, avión, camión, etc. **3.** *Arg.*, *Col.*, *Par.*, *Urug.* Caballo veloz.

fletero, ra *adj.* **1.** *amer.* Se aplica al medio de transporte que se alquila. ‖ *s. m.* y *f.* **2.** *amer.* Persona que fleta un medio de transporte. **3.** *Ec.*, *Guat.* Persona que transporta fardos o bultos. **4.** *Chile*, *Perú.* Propietario de una embarcación con la que transporta personas y carga entre los barcos y los muelles.

Fleury, André-Hercule de (Lódeve 1653 - París 1743) Eclesiástico y político francés. Confesor de Luis XIV y preceptor de Luis XV, en 1726 fue creado cardenal y nombrado ministro de Estado, cargo desde el que dirigió la política francesa. Logró la estabilización monetaria, sometió a los jansenistas (1726) e intervino en la guerra de Sucesión de Polonia (1733-38) y en la de Sucesión de Austria (1740-48).

flexibilidad *s. f.* Cualidad de flexible.

flexibilizar *v. tr.* Hacer flexible o más flexible a alguien o algo. También *v. prnl.* ■ Se conjuga como *cazar.*

flexible *adj.* **1.** Se dice de lo que se dobla con facilidad sin romperse. **2.** Que cede o se acomoda fácilmente a las circunstancias, pareceres o deseos de otras personas. **3.** Se aplica al horario en el que la jornada laboral o comercial puede comenzar y terminar dentro de un margen de tiempo más o menos amplio. También *s. m.* ‖ *s. m.* **4.** Cable formado por hilos finos de cobre, recubiertos de una capa aislante, que se emplea en instalaciones eléctricas.

Alexander Fleming.

flexión *s. f.* **1.** Acción y efecto de doblar o doblarse. **2.** En gimnasia, acción de doblar el tronco o cualquier otra parte del cuerpo. **3.** En geol., grado de curvatura de los estratos según su plasticidad. **4.** En ling., variación morfológica o cambio de las palabras mediante afijos o desinencias. Aparece en los sistemas de declinación (flexión nominal) o conjugación (flexión verbal), para indicar los accidentes gramaticales, como el género y el número, o la función sintáctica que desempeña la palabra dentro del mensaje (caso).

flexional *adj.* Perteneciente o relativo a la flexión gramatical.

flexionar *v. tr.* Hacer flexiones con el cuerpo o un miembro. También *v. prnl.*

flexivo, va *adj.* **1.** Perteneciente o relativo a la flexión gramatical. **2.** Que tiene flexión gramatical; se aplica particularmente a las lenguas con este rasgo.

flexo *s. m.* Lámpara de mesa con brazo flexible que permite mover el foco de luz.

flexor, ra *adj.* **1.** Que dobla o hace que una cosa se doble con movimiento de flexión. **2.** Se aplica a cada uno de los músculos que ejercen un movimiento de flexión, como los músculos flexores de los dedos. También *s. m.*

flipar *v. tr.* **1.** *fam.* Agradar o gustar mucho, exaltar. También *v. intr.* y *v. prnl.* ‖ *v. intr.* **2.** En argot, perder el contacto con la realidad a causa de una droga. También *v. prnl.* ‖ *v. prnl.* **3.** En argot, drogarse.

flipe *s. m. fam.* Acción y efecto de flipar.

flipper (voz ingl.) *s. m.* **1.** Palanca que en ciertas máquinas recreativas (pimball), golpea la bola de acero con que se juega. **2.** P. ext., la misma máquina.

flirt (voz ingl.) *s. m.* **1.** Flirteo*. **2.** Persona con la que se flirtea.

flirtear *v. intr.* **1.** Entablar una conversación o relación por pura coquetería o con intenciones amorosas. **2.** Mostrar simpatía o inclinación superficial por algo.

flirteo *s. m.* Acción y efecto de flirtear.

FLN Siglas de Frente* de Liberación Nacional.

floculación *s. f.* Propiedad de una solución coloidal en la que se separa la fase sólida de la líquida por filtración, por sedimentación, por procesos químicos o espontáneamente. Un ejemplo de floculación es el fenómeno que se produce en la desembocadura de los ríos, donde las partículas arcillosas suspendidas en sus aguas, al contacto con la sal marina, se precipitan hacia el fondo en forma de copos.

floema *s. m.* Tejido de las plantas metafitas, llamado también *líber* o *tejido liberiano*, constituido por células vivas y alargadas, superpuestas unas detrás de otras, y cuya función es transportar la savia elaborada desde las hojas hasta el resto de la planta. Los tabiques intracelulares presentan una serie de poros para permitir el paso de la savia, llamados *cribas*, por lo que a estos vasos se les denomina *vasos cribosos* o *liberianos*. Los vasos liberianos se hallan en los tallos junto a los vasos leñosos, formando los *haces liberoleñosos.*

flogisto *s. m.* Principio extremadamente ligero e inflamable presente en las sustancias materiales, que se libera en las reacciones químicas en forma de llama o de calor, según la teoría formulada por Georg Stahl (1660-1734). En la actualidad carece de toda vigencia.

flojear *v. intr.* Aflojar, perder fuerza, intensidad, etc.

flojedad *s. f.* Debilidad física o moral de las personas y, particularmente, pereza.

flojera *s. f. fam.* Flojedad, particularmente física.

flojo, ja *adj.* **1.** Poco apretado, tirante o seguro. **2.** Que tiene poca fuerza, intensidad, vigor. **3.** Pobre o escaso. **4.** Poco activo y cuidadoso, perezoso. También *s.* **5.** *amer.* Cobarde. También *s.* **FAM.** Flojamente.

floppy *s. m.* (voz ingl.) Disquete*.

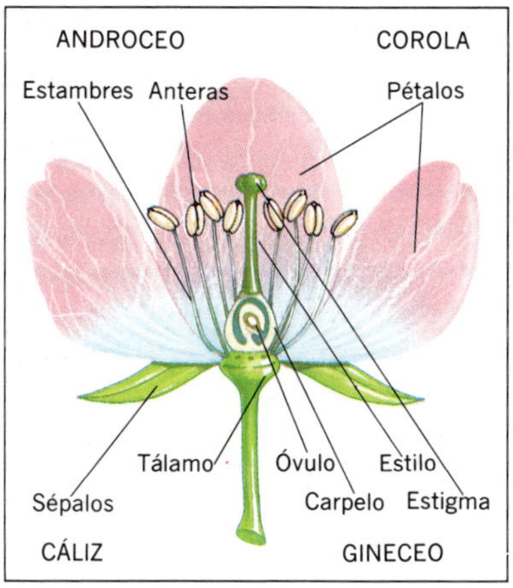

Flor: estructura de una flor bisexuada, que presenta órganos masculinos (androceo) y femeninos (gineceo).

flor *s. f.* **1.** En las plantas fanerógamas o espermafitas, estructura donde se hallan los órganos de reproducción, que suele ser de formas y colores vistosos. Consta de las siguientes piezas: una envoltura estéril llamada *periantio,* que a su vez consta de *cáliz,* formado por sépalos de color verde y cuya función es protectora, y *corola,* formada por pétalos de diversos colores, en ocasiones con glándulas que segregan néctar y cuya función es favorecer la polinización; la porción fértil de la flor comprende el *androceo,* formado por estambres y cuya función es producir los granos de polen, y el *gineceo* o *pistilo,* que está formado por un carpelo -o varios, fundidos- y cuya función es producir el óvulo. Cuando la flor posee androceo y gineceo se dice que es hermafrodita, y cuando sólo tiene uno de los dos elementos se dice que es, respectivamente, masculina o femenina. **2.** Lo más selecto y escogido de algo. **3.** Piropo, alabanza. Se usa más en *pl.* **4.** Polvillo que cubre ciertas frutas, como las ciruelas o las uvas. **5.** Nata que se forma en la superficie de algunos líquidos, como en el vino. **6.** En las pieles curtidas, parte exterior, que admite pulimento. ‖ **7. flor completa** La que consta de cáliz, corola, estambre y pistilos. **8. flor compuesta** Inflorescencia formada por muchas florecillas en un receptáculo común. **9. flor de estufa** *fam.* Persona excesivamente delicada o expuesta a pequeños achaques. **10. flor de la canela** *fam.* Algo muy bueno o excelente. **11. flor de la edad** (o **de la vida**) Juventud o edad de plenitud de una persona. **12. flor de la maravilla** Planta originaria de México, especie *Trigidia pavonia,* con flores grandes de color púrpura y manchas atigradas, que se marchitan a las pocas horas de abiertas. Se usan como adorno. **13. flor de lis** Planta amarilidácea, especie *Amarylis formosissima,* con grandes flores rojas aterciopeladas; también, figura heráldica que representa un lirio, como las tres que adornan el escudo de los Borbones. **14. flor de un día** *fam.* Algo que dura muy poco. **15. flor desnuda** La que carece de cáliz y corola. **16. flor natural** La que se concede como premio en unos juegos florales. **17. flor y nata** Lo mejor de algo. ‖ **Loc. a flor de** *adv.* En la superficie de algo, a poca profundidad. Con sustantivos como *piel* o *labios,* y referido a sentimientos, palabras, etc., manifestándose, exteriorizándose. **en flor** *adj.* y *adv.* Con flores. También, en el estado anterior a la madurez o en su plenitud y mayor belleza. **ir de flor en flor** Ser inconstante, no profundizar. **ser** uno **la flor de la maravilla** *fam.* Cambiar bruscamente, p. ej. estar muy enfermo y ponerse bueno de repente.

Flor, Roger de (Brindisi h. 1266 - Adrianópolis 1307) Caudillo militar italiano al servicio de Aragón y Bizancio. Fue capitán de una compañía de almogávares, integrada por catalanes y aragoneses, que combatió contra los turcos que amenazaban a Andrónico II, emperador de Constantinopla. Éste le concedió el título de césar y el señorío de las provincias asiáticas, pero el primogénito del emperador, Miguel Paleólogo, celoso de sus éxitos, le hizo envenenar.

flora *s. f.* **1.** Conjunto de plantas de un continente, país, región, etc., o de un periodo de tiempo. **2.** Obra que trata de este asunto. **3.** Conjunto de microorganismos que se desarrollan en un lugar determinado, p. ej. en el intestino.

Flora Diosa romana de las flores y de la vegetación. Se le consagró un templo en el Quirinal. En primavera se celebraban sus fiestas, llamadas *florales* o *floralias.*

floración *s. f.* **1.** Acción de florecer. **2.** Periodo en el que se desarrollan las flores de las plantas de una misma especie.

floral *adj.* **1.** Perteneciente o relativo a la flor. **2.** Se aplica a las fiestas que celebraban los antiguos en honor de la diosa Flora y, p. ext., a otras fiestas parecidas celebradas en Provenza y en otras partes. ‖ **3. juegos florales** Véase **juego.**

florar *v. intr.* Florecer*.

floreado, da **1.** *p. p.* de **florear.** ‖ *adj.* **2.** Con dibujo de flores. **3.** Muy adornado.

florear *v. intr.* **1.** Tocar dos o tres cuerdas de la guitarra con tres dedos, repetidamente y sin parar, para lograr un sonido continuo. **2.** Hacer vibrar la punta de la espada o del florete. **3.** *amer.* Florecer. **4.** *Chile.* Escoger lo mejor de algo. ‖ *v. tr.* **5.** *fam.* Piropear a una mujer. También *v. intr.* ‖ *v. prnl.* **6.** *Amér. del S.* Presumir, lucirse.

florecer *v. intr.* **1.** Dar flores las plantas. **2.** Prosperar, marchar bien. **3.** Vivir un artista, un escritor, un pensador, etc., y producir obras en una época o lugar determinados. **4.** Vivir o desarrollarse un artista, movimiento, civilización, etc., en una determinada época o lugar. **5.** Producir alguien o algo cierta cosa que le da fama, prestigio, realce. ‖ *v. prnl.* **6.** Ponerse alguna cosa mohosa. ▪ Es v. irreg. Se conjuga como *agradecer.* **Fam.** Florecedor, florecimiento.

floreciente *adj.* **1.** Que florece. **2.** Se aplica a los campos o plantas que han comenzado a florecer. **3.** Próspero, en desarrollo.

Florencia (*Firenze*) C. de Italia, cap. de la región de Toscana, situada en el valle del Arno. 413.100 h. en 1990. Posee industrias químicas, farmacéuticas, de marroquinería y calzado y es el principal centro comercial de Toscana, pero su economía se basa, sobre todo, en el turismo.

Hist. Ciudad de origen etrusco, fue municipio romano. A partir del s. XII desarrolló una importante actividad comercial. El crecimiento de la burguesía comerciante (güelfos) provocó conflictos con la nobleza terrateniente (gibelinos) en el s. XIII, lo cual no impidió que, bajo el gobierno de la *Señoría,* Florencia extendiera su dominio a toda Toscana. La conquista de Pisa (1406) y la creación de una poderosa banca llevaron a la ciudad a la cima de su esplendor económico. En el s. XV sufrió diversas revueltas del proletariado urbano, formado por los miembros de los gremios menos favorecidos (los *ciompi*). Florencia llegó a ser el principal foco cultural del Renacimiento bajo el gobierno de los Médicis; gracias al mecenazgo de personajes como Lorenzo el Magnífico, se embelleció con palacios, iglesias, estatuas, pinturas, etc. Tras la muerte de Lorenzo el gobierno de la ciudad estuvo en manos de Savonarola y la ciudad inició un periodo de decadencia. La república fue derribada en 1530 por el emperador Carlos V, que convirtió Florencia en ducado y encomendó de nuevo su gobierno a los Médicis. Al extinguirse la familia, fue heredada por Leopoldo de Austria. Tras la unificación de Italia, fue capital del país entre 1865 y 1871.

Arte Posee uno de los conjuntos monumentales más importantes de Italia. Desde el s. XIII se suceden numerosos nombres que dieron prestigio y gloria a la ciudad: escritores como Dante, Maquiavelo, Boccaccio; arquitectos como Brunelleschi, Michelozzo, Benedetto da Maiano; escultores como Pisano, Ghiberti, Donatello, Luca de la Robbia; pintores como Cimabue, Giotto, Fra Angélico, Masaccio, Paolo Uccello, Filippo Lippi, Ghirlandaio, Botticelli; y por último las tres figuras con las que el arte florentino alcanza todo su esplendor: Leonardo da Vinci, Miguel Ángel y Rafael. De los innumerables monumentos con los que cuenta la ciudad destacan la iglesia románica de San Miniato al Monte; la catedral Santa Maria del Fiore, con cúpula de Brunelleschi, campanario de Giotto y puertas del baptisterio labradas por Andrea Pisano y Ghiberti; la Loggia dei Lanzi, palacios de los Uffizi, Pitti, Bargello, Medici-Riccardi, Strozzi y Rucellai; el puente Vecchio sobre el Arno; iglesias de Santa Croce, Santo Spirito, Santa Maria Novella, con fachada de Alberti, y San Lorenzo, con las tumbas de los Médicis esculpidas por Miguel Ángel. En sus museos de pintura se conservan importantísimas colecciones.

florentino, na *adj.* **1.** De Florencia. También *s.* ‖ **2. escuela florentina** Nombre que recibe el conjunto de todas las producciones artísticas que se realizan en Florencia desde finales del s. XIII hasta comienzos del XVII, momento en el que comienza a decaer la importancia artística de la ciudad. Durante el Renacimiento constituyó un foco expansivo que extendió su influencia por toda Europa.

floreo *s. m.* **1.** Acción y efecto de florear. **2.** Dicho que se hace sólo como muestra de ingenio o para halagar al oyente. **3.** Conversación intrascendente que sirve únicamente como entretenimiento. **4.** En la danza española, movimiento de un pie en el aire, con el peso del cuerpo apoyado sobre el otro pie.

florero, ra *s. m.* y *f.* **1.** Persona que vende flores. ‖ *s. m.* **2.** Vaso o recipiente en el que se colocan flores. **Fam.** Florería.

Flores, Juan José (Puerto Cabello 1800 - Puná, Guayas 1864) Militar y político ecuatoriano. Participó en las campañas de Bolívar por la independencia hispanoamericana. Después del asesinato de Sucre, la asamblea eligió a Flores primer presidente de la república del Ecuador. Cesó en 1835 y fue reelegido en 1839 y 1843. Desempeñó el cargo dictatorialmente hasta ser depuesto por una revolución en 1845.

Flores, Pedro (Murcia 1897 - París 1967) Pintor y grabador español. Desde 1927 residió en París, aunque hasta 1936 pasó largas temporadas en Barcelona. Sintió predilección por los temas españoles, aunque también pintó paisajes parisienses. Realizó decorados para el teatro (*La zapatera prodigiosa,* de García Lorca, o *El sombrero de tres picos,* de Falla) e ilustró obras literarias.

Flores, Venancio (Porongos 1809 - Montevideo 1868) Militar y político uruguayo. Participó en la guerra Grande (1839-51). Fue elegido presidente del país en 1853. Obligado a dimitir en 1855, desencadenó una guerra civil, de la que resultó vencedor gracias al apoyo de Brasil y Argentina (1865) y volvió a ejercer el poder como dictador. Fue asesinado por miembros del Partido Blanco.

Florencia: el puente Vecchio, sobre el río Arno.

Flores Gijón, Antonio (Quito 1833 - íd. 1912) Político y escritor ecuatoriano. Hijo de Juan José Flores, fue elegido presidente de la república (1888-92). Llevó a cabo una política progresista y firmó el tratado García-Herrera de límites con Perú. Es autor, entre otras obras, de *El gran mariscal de Ayacucho* (1881) y *Para la historia del Ecuador* (1891).

Flores Magón, Ricardo (San Antonio Eloxochitlán, Oaxaca 1873 - Leavenwortt, Kansas 1922) Político y periodista mexicano. Combatió la dictadura de Porfirio Díaz y fundó el Partido Liberal (1906). Entre 1906 y 1911 dirigió huelgas y levantamientos contra el gobierno. Evolucionó hacia el anarquismo y luchó también contra los gobiernos de Madero y Carranza, por lo que tuvo que exiliarse a EE UU. Fue condenado a prisión por un manifiesto anarquista (1918) y murió en la cárcel.

florescencia *s. f.* **1.** Acción de echar flor una planta. **2.** Época en que florecen las plantas. **3.** Erupción que sale en la piel.

floresta *s. f.* **1.** Bosque frondoso. **2.** Lugar agradable poblado de vegetación. **3.** Conjunto de cosas bellas y agradables. **4.** Antología de poemas.

florete *s. m.* **1.** Espada de hoja estrecha, con cuatro aristas y la punta embotada, que se emplea en esgrima. **2.** Especialidad de esgrima que se realiza con dicha espada.

floretista *s. m.* y *f.* Persona experta en el manejo del florete.

Florey, Howard Walter (Adelaida 1898 - Oxford 1968) Médico australiano. Pasó a Gran Bretaña y fue profesor de patología en Oxford y en Cambridge. Depuró la lisozima descubierta por Fleming y, junto con Chain, extendió el empleo de la penicilina en el ámbito clínico. Obtuvo el premio Nobel de medicina y fisiología de 1945, compartido con Fleming y Chain.

Flórez, Enrique (Villadiego, Burgos 1702 - Madrid 1773) Eclesiástico e historiador español. Ingresó en los agustinos (1719) y fue catedrático de teología en la universidad de Alcalá. Su obra fundamental es *España sagrada*, iniciada en 1747 y de la que publicó en vida 27 volúmenes, de los 57 de que consta; en ella se estudia la evolución histórica de cada una de las diócesis españolas. Esta obra, por su rigor crítico y por la cantidad de documentos y textos que recoge, se ha convertido en imprescindible para los historiadores posteriores.

Flórez Estrada, Álvaro (Pola de Somiedo, Asturias 1766 - Noreña, Asturias 1853) Economista y político español. Participó activamente en la vida política española de las primeras décadas del s. XIX, encuadrado en los sectores más radicales del liberalismo, lo que le obligó a exiliarse a Londres. Su obra más conocida es *Curso de Economía Política* (1828), que alcanzó fama en Europa y sirvió para introducir en España las ideas de David Ricardo y John Stuart Mill.

flori- *pref.* Significa 'flor': *floricultura, floristería.*

Florianópolis C. de Brasil, cap. del estado de Santa Catarina, situado en la isla del mismo nombre. 236.400 h. en 1989. Cuenta con industria alimentaria, metalúrgica y mecánica. Su puerto es centro de exportación de café, caña de azúcar y tabaco.

floricultor, ra *s. m.* y *f.* Persona dedicada a la floricultura.

floricultura *s. f.* Cultivo de flores y otras plantas ornamentales.

Florida Estado de EE UU, en el SE del país y en la península del mismo nombre. 151.939 km^2. 13.003.400 h. en 1990. La capital es Tallahassee, con 125.600 h. en 1988, pero los principales centros urbanos de su territorio son Miami, con 381.200 h. en 1989, 2.799.000 h. en su área metropolitana en 1984, y Tampa, con 289.500 h. en 1989, 1.914.000 h. en su área metropolitana. Se extiende entre el océano Atlántico y el golfo de Mexico. Constituye una baja llanura con numerosas áreas pantanosas y lagos, entre los que destaca el de Okeechobee. Sus costas son arenosas y cuentan con una cantidad abundante de islotes (cayos). Su clima subtropical favorece una agricultura intensiva y el desarrollo del turismo. Posee industria alimentaria, química, metalúrgica y aeronáutica; minería de fosfato y una importante pesca. ***Hist.*** En 1498, Vicente Yáñez Pinzón y Américo Vespucio arribaron a las costas de Florida. Fue una zona que ofreció grandes resistencias a la conquista española, la cual pudo llevarse a cabo por la expedición dirigida por Pedro Menéndez de Avilés en 1565. A mediados del s. XVII se iniciaron diversos ataques de los ingleses que finalizaron con la cesión del territorio al Reino Unido en 1763. Con la paz de Versalles, la corona española volvió a recuperarlo, hasta que en 1818 fue conquistado definitivamente por EE UU. En 1845 fue admitido como estado de la Unión. Durante la guerra de Secesión (1861-65) formó parte de la confederación sudista.

Floridablanca C. de Colombia, en el NE del país, en el estado de Santander. 143.800 h. en 1986. Su economía es eminentemente agropecuaria y minera.

Floridablanca, José Moñino y Redondo, conde de (Murcia 1728 - Sevilla 1808) Político español. Fue nombrado en 1766 fiscal del Consejo de Castilla, cargo desde el que intervino activamente en la expulsión de los jesuitas en 1767. Embajador en Roma, consiguió que Clemente XIV disolviese la Compañía de Jesús (1773). Como primer ministro de Carlos III (1777), llevó a cabo importantes reformas que modernizaron España, reorganizando la administración. Concertó la alianza con Francia, que permitió recuperar Florida y Menorca de manos inglesas (1782), pero fracasó ante Gibraltar. Caído en desgracia, fue encarcelado tras la subida al poder del conde de Aranda (1792). En la guerra de Independencia presidió la Junta Central (1808).

El conde de Floridablanca. Retrato atribuido a Anton Mengs (Banco de España, Madrid).

florido, da *adj.* **1.** Con abundancia de flores. **2.** Se dice del lenguaje o estilo adornados con figuras retóricas. **3.** Se dice del animal que tiene manchas de otro color en su pelaje, p. ej. una vaca. ‖ **Loc. lo más florido** Lo mejor y más escogido de algo.

florífero, ra *adj.* Se aplica a la planta que produce flores.

florilegio *s. m.* Colección de fragmentos literarios escogidos.

florín *s. m.* **1.** Moneda de plata del antiguo estado de Florencia, marcada con la flor de lis, emblema de los Médicis, y que fue también acuñada por otros países, entre ellos la corona de Aragón. **2.** Unidad monetaria actual de los Países Bajos, Surinam y Antillas neerlandesas.

floripondio *s. m.* **1.** Planta arbustiva de la familia solanáceas, especie *Datura arborea.* Mide unos 3 m de altura, presenta flores blancas en forma de embudo y muy olorosas y hojas alternas, grandes, alargadas y vellosas. Es nativa de Perú. **2.** Flor grande o cualquier otro adorno exagerado y de mal gusto.

Floris de Vriendt, Frans (Amberes 1516 - íd. 1570) Pintor flamenco. Después de una estancia en Italia (1541-47), donde estudió a Miguel Ángel y a Rafael, estableció su taller en Amberes e introdujo el manierismo en Flandes. Fue protegido por Carlos V y por Felipe II. Recibió el apelativo de «el Rafael de los Países Bajos», y se le considera precursor de Rubens. Entre sus cuadros destacan *La caída de los ángeles rebeldes* (1554), *El halconero* (1558), *Mujer sentada* (1558), *Venus y Adonis* (1565) y *El juicio final* (1566).

florista *s. m.* y *f.* **1.** Persona que vende flores. **2.** Persona que fabrica flores artificiales.

floristería *s. f.* Tienda o puesto de flores.

Florit, Eugenio (Madrid 1903) Poeta cubano de origen español. Perteneció al grupo de la *Revista de avance.* En sus primeros libros se advierte la influencia de los clásicos españoles y de Juan Ramón Jiménez; posteriormente evolucionó hacia una poesía coloquial en la que se acentúa la religiosidad. En 1945 pasó a EE UU como profesor de literatura española y dirigió la *Revista hispánica moderna.* Es autor, entre otras obras, de *Trópico* (1930), *Reino* (1938), *Asonante final* (1950) y *Hábito de esperanza* (1965).

floritura *s. f.* **1.** En el canto o alguna otra actividad, cosa que se hace como adorno. ‖ *pl.* **2.** *fam.* Cosa superflua, complicación o sutileza inoportuna.

florón *s. m.* **1.** Adorno en forma de flor grande. **2.** En los blasones, adorno en forma de flor en el interior de algunas coronas. **3.** Hecho, mérito o título que da gloria u honra a alguien o algo.

floronado, da *adj.* Adornado con florones.

Flory, Paul John (Sterling, Illinois 1910 - Big Sur, California 1985) Químico estadounidense. Continuó los trabajos realizados por Staudinger y logró resultados fundamentales en el campo de la fisioquímica de las macromoléculas. Sus investigaciones influyeron en la aparición de nuevas técnicas de fabricación de los plásticos. Fue premiado con el Nobel de química de 1974.

flósculo *s. m.* Cada una de las flores que forman las inflorescencias en capítulo de las flores compuestas.

flota *s. f.* **1.** Conjunto de barcos mercantes, de pesca o de guerra de un país, compañía naviera, etc. **2.** P. ext., conjunto de vehículos de una misma clase que posee un país, una colectividad, una empresa, etc. **3.** Grupo de barcos, aviones o vehículos de tierra que marchan y operan juntos con una misión o destino común.

flotabilidad *s. f.* Capacidad de flotar que posee un cuerpo.

flotable *adj.* **1.** Capaz de flotar. **2.** Se dice del río por donde pueden conducirse flotando maderas u otras cosas.

flotación *s. f.* **1.** Acción y efecto de flotar. **2.** En econ., situación de una moneda cuyo cambio no está sujeto a paridad oficial y varía según lo hace el mercado. ‖ **3. línea de flotación** La que forma la superficie del agua en el casco de un barco, separando la parte sumergida de la emergida.

flotador *s. m.* **1.** Cualquier cuerpo ligero que flota en un líquido con alguna finalidad. **2.** Objeto de formas diversas que, atado o ajustado al cuerpo de una persona, la mantiene a flote. **3.** Aparato flotante usado para indicar el nivel de un depósito, cisterna, etc., o para regular la entrada y salida del líquido. **4.** Objeto, generalmente de corcho, utilizado en la pesca para evitar que se hunda el anzuelo con el cebo y para avisar, al sumergirse, que ha picado un pez. **5.** Cada una de las barquillas o dispositivos que permiten a un hidroavión posarse y flotar en el agua.

flotante *adj.* **1.** Que flota. **2.** Sometido a variaciones o cambios.

flotar *v. intr.* **1.** Sostenerse un cuerpo en la superficie de un líquido. **2.** Mantenerse algo suspendido en un medio gaseoso. **3.** Ondear al viento una bandera, tela o algo semejante. **4.** Difundirse o notarse en el ambiente cierta sensación, estado de ánimo, etc. **Fam.** Flotamiento.

flote *s. m.* Flotación*. ‖ **Loc. a flote** *adv.* Flotando sobre un líquido. También, a salvo ya de algún peligro, apuro o crisis.

flotilla *s. f.* **1.** Flota de barcos pequeños. **2.** Flota de pocos aviones.

fluctuación *s. f.* **1.** Acción y efecto de fluctuar. **2.** Variación de una magnitud física alrededor de su valor medio.

fluctuar *v. intr.* **1.** Experimentar cambios algunas cosas, p. ej. los precios o el valor de la moneda. **2.** Dudar al tomar una decisión, hacer una elección, etc. ■ En cuanto al acento, se conjuga como *actuar: fluctúo.* **Fam.** Fluctuante, fluctuoso.

fluencia *s. f.* **1.** Acción y efecto de fluir. **2.** Lugar donde brota o comienza a fluir un líquido. **3.** Deformación progresiva de un material por estar sujeto a un esfuerzo constante.

fluidez *s. f.* **1.** Cualidad de fluido. **2.** Propiedad de las moléculas de los fluidos, gases y líquidos de poderse mover sin apenas rozamiento de unas con otras.

fluidificar *v. tr.* Hacer fluida una cosa. ■ Se conjuga como *sacar.*

fluido, da *adj.* **1.** Se aplica al cuerpo o sustancia cuyas moléculas poseen poca cohesión, es decir, están muy separadas entre sí, moviéndose libremente (gas) o deslizándose (líquido), por lo que toma siempre la forma del recipiente en que está contenido. También *s. m.* **2.** Aplicado al lenguaje, al estilo literario, etc., espontáneo, fácil, sin que resulte pesado o confuso. **3.** Que marcha o se desarrolla con facilidad. ‖ *s. m.* **4.** *fam.* Corriente eléctrica.

fluir *v. intr.* **1.** Correr un fluido por algún lugar o brotar de algún sitio. **2.** Marchar alguna cosa ágilmente, sin obstáculos. **3.** Aparecer o surgir con facilidad los pensamientos, palabras, etc. ▪ Es v. irreg. Se conjuga como *huir.*

flujo *s. m.* **1.** Acción y efecto de fluir. **2.** Subida de la marea. **3.** Movimiento de personas o cosas que se trasladan de un lugar a otro. **4.** En med., expulsión al exterior del cuerpo de un líquido o secreción, ya sea normal o causado por alguna enfermedad. ‖ **5. flujo eléctrico** En fís., número de líneas de fuerza del campo eléctrico que atraviesan una determinada superficie. Matemáticamente se expresa como producto escalar del vector intensidad de campo por el vector asociado a la superficie considerada. **6. flujo luminoso** En fís., producto de la intensidad luminosa y el ángulo sólido iluminado. Se mide en lúmenes (*lm*). **7. flujo magnético** En fís., número de líneas del campo magnético que atraviesan una determinada superficie. Matemáticamente se expresa como el producto escalar del vector inducción magnética por el vector asociado a la superficie considerada. Se mide en webers (*Wb*).

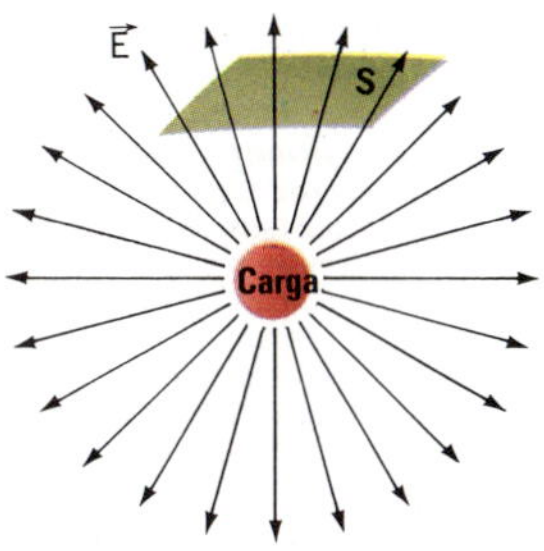

Flujo eléctrico: las líneas de fuerzas producidas por una carga eléctrica atraviesan cualquier superficie S *situada en su campo.*

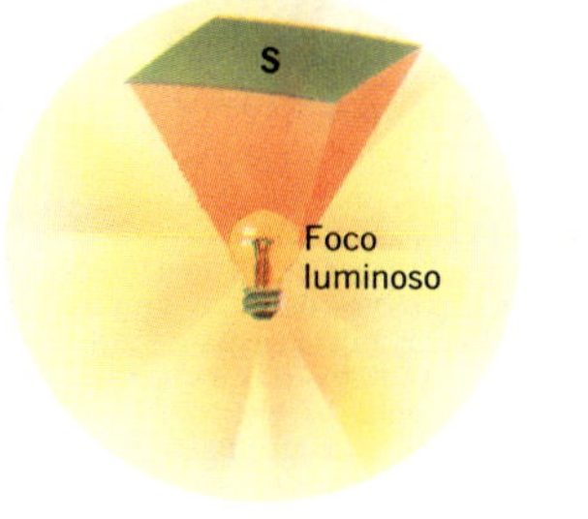

Flujo luminoso: la superficie S *define un ángulo sólido cuyo vértice es un foco luminoso; la luz, al atravesar dicha superficie, constituye el flujo luminoso.*

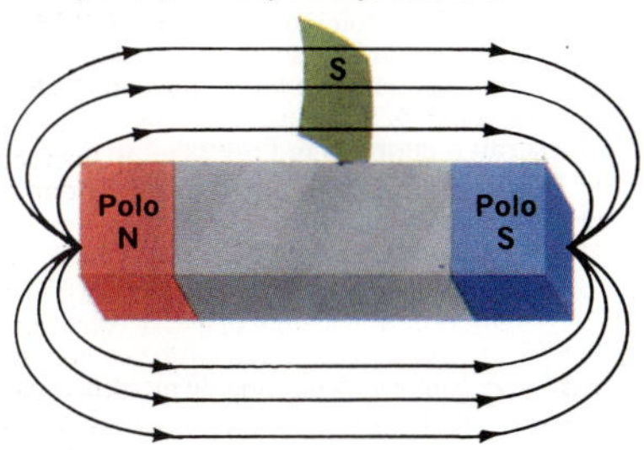

Flujo magnético: las líneas de fuerza de un imán, orientadas del polo norte al polo sur, atraviesan la superficie S *situada en el interior del campo magnético.*

fluminense *adj.* De Rio de Janeiro. También *s.*

flúor *s. m.* F. Elemento químico perteneciente al grupo VII A del sistema periódico, el primero de la familia de los halógenos. Su número atómico es 9 y su masa atómica 19,0. Es un gas amarillento muy reactivo y oxidante, que constituye el elemento de mayor electronegatividad, lo cual hizo que no pudiera ser obtenido hasta 1886, año en que fue aislado por Henri Moissan, a pesar de haber sido detectado por Davy en 1813. Se encuentra en forma de fluoruro en diversos minerales, como la criolita y la fluorita o espatoflúor, extraídos en EE UU, Mongolia, México y China. Se obtiene por electrólisis de sales fundidas y se emplea para fluorar sustancias orgánicas, como reactivo químico, en el combustible de cohetes espaciales y en odontología para reforzar el esmalte dental.

fluorar *v. tr.* **1.** Suministrar flúor a las aguas destinadas al consumo humano. **2.** Introducir flúor por reacción química en un compuesto. **FAM.** Fluoración, fluorado.

fluorescencia *s. f.* Propiedad de determinadas sustancias, como la fluorita, de reflejar luz con mayor longitud de onda de la recibida cuando están expuestas a una fuente luminosa.

fluorescente *adj.* **1.** Perteneciente o relativo a la fluorescencia. **2.** Que tiene esta propiedad. **3.** Se aplica al tubo de cristal que contiene un gas enrarecido a baja presión, cuyo interior está recubierto por una sustancia que produce luz debido a la influencia de las radiaciones ultravioleta que crean las descargas eléctricas del gas. También *s. m.*

fluorhídrico *adj.* **1.** Relativo al ácido fluorhídrico. También *s. m.* ‖ **2. ácido fluorhídrico** HF. Ácido compuesto de flúor e hidrógeno. Se utiliza en las técnicas pictóricas de grabado y para la obtención de fluoruros.

fluorita *s. f.* CaF_2. Mineral fluoruro de calcio. Cristaliza en el sistema cúbico en cristales incoloros o de coloración variada (violacea, rosada, amarilla, verde) debido a la presencia de óxidos o impurezas. Normalmente aparece como ganga en muchos filones. Abunda en México, Mongolia, Alemania, Reino Unido y EE UU. Se llama también *espatoflúor.*

Fluorita.

fluoruro *s. m.* **1.** Compuesto binario de flúor y otro elemento. **2.** Sal del ácido fluorhídrico.

fluvial *adj.* Perteneciente o relativo a los ríos.

fluvioglaciar *adj.* Se aplica a los fenómenos geológicos producidos por la fusión de glaciares.

fluviómetro *s. m.* Aparato para medir las variaciones de nivel de un río.

fluxión *s. f.* **1.** Secreción de una mucosa causada por la existencia de un proceso inflamatorio. **2.** Resfriado de nariz.

fluyente *adj.* Que fluye.

flying dutchman (expr. ingl. que significa 'holandés volante') *s. m.* Embarcación para regatas tripulada por dos personas, de 6,05 m de eslora y 1,60 m de manga. Tiene categoría olímpica desde 1960.

Flynn, Errol (Hobart, Tasmania, Australia 1909 - Hollywood 1959) Actor cinematográfico estadounidense. Encarnó personajes de héroe en películas de aventuras, como *El capitán Blood* (1935), *La carga de la brigada ligera* (1936), *Robin Hood* (1938), *Murieron con las botas puestas* (1942) y *Montana* (1950).

Fm Símbolo químico del fermio.

FM Siglas de frecuencia modulada.

FMI Siglas de Fondo* Monetario Internacional.

FNL Siglas de Frente* Nacional de Liberación.

Fo, Dario (Leggiuno Sangiano, Varese 1926) Autor y actor teatral italiano. En sus farsas grotescas engarza el humor populista con la sátira política y social. Algunas de sus obras más logradas son *Dedo en el ojo* (1953), *Misterio bufo* (1969), *Muerte accidental de un anarquista* (1970), *La marihuana de mamá es la más bonita* (1976) e *Historia de la tigresa* (1979).

FOB (siglas de la expr. ingl. *free on board,* que significa 'franco a bordo') Indica que el precio del producto incluye todos los costes que se han originado hasta que ha sido cargado en el barco.

fobia *s. f.* **1.** Temor irracional muy intenso, angustioso y obsesivo a determinadas personas, cosas o situaciones. ▪ Se emplea frecuentemente como sufijo: *claustrofobia.* **2.** Odio o antipatía hacia alguien o algo.

-fobo, ba *suf.* Significa 'odio o antipatía': *xenófobo.*

Fobos Satélite de Marte, el más cercano al planeta. Es un bloque rocoso de forma irregular, con tan solo 27 km de longitud en su eje más largo, cuyo periodo orbital es de 7 horas 39 minutos.

foca *s. f.* **1.** Nombre común de diversas especies de mamíferos carnívoros pinnípedos de la familia fócidos, géneros *Phoca, Hydrurga, Monachus,* etc. Adaptados a la vida acuática, poseen aletas y carecen de pabellones auditivos. Tienen el cuerpo recubierto de grasa y pelo. Normalmente habitan en zonas frías, como la foca común *(Phoca vitulina)* en Groenlandia y la foca leopardo *(Hydrurga leptonyx)* en América del Sur, aunque también se hallan en regiones más cálidas, como la *Monachus monachus,* propia del Mediterráneo. Son animales muy apreciados por su carne y su piel. **2.** *fam.* Persona muy gorda.

focal *adj.* Perteneciente o relativo al foco.

focense *adj.* De la Fócida. También *s.*

Foch, Ferdinand (Tarbes 1851 - París 1929) Mariscal francés. En la Primera Guerra Mundial derrotó a los alemanes en la batalla del Marne (1914) y dirigió las ofensivas de Artois (1915) y la batalla del Somme (1916). En 1918 fue nombrado jefe supremo de todas las fuerzas aliadas y, tras la ofensiva de la batalla de Francia, obligó a capitular a los alemanes.

focha *s. f.* Nombre común de diversas aves gruiformes de la familia rállidos, género *Fulica.* Son animales de color oscuro o negro, con una callosidad en la frente y dedos lobulados. Llegan a medir hasta 40 cm de longitud. Habitan en

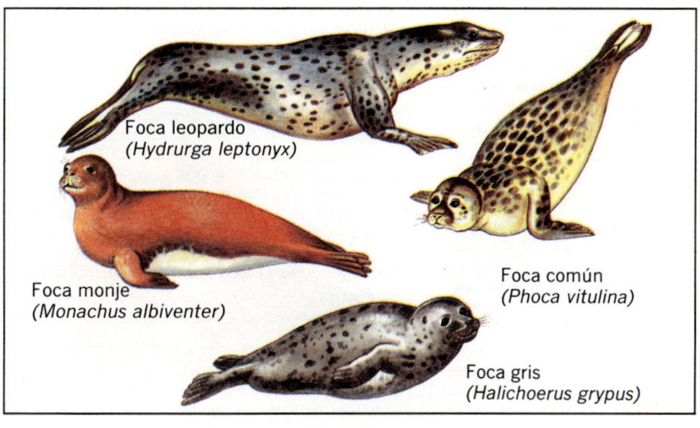

Diversas especies de focas.

Focha común (Fulica atra).

aguas superficiales, pantanos y albuferas en todo el mundo. Entre las principales especies destacan la focha común *(Fulica atra)* y la focha cornuda *(Fulica cristata)*. Se llama también *foja* y *gallareta*.

Fócida 1. Región de la antigua Grecia, que fue considerada territorio sagrado por estar enclavada en ella el santuario de Delfos.
2. Nomo de la Grecia actual, situado al N del golfo de Corinto. 2.120 km^2. 44.200 h. en 1981. La capital es Amfissa, con 7.150 h. en 1981.

Focio (Constantinopla h. 820 - íd. h. 895) Teólogo griego. Patriarca de Constantinopla (858-867 y 877-886), se erigió en defensor de la ortodoxia frente a Roma y en su tratado *Del Espíritu Santo* negó que éste procediese del Padre y del Hijo. Al ser destituido por Roma en el 863 se inició la separación de ambas Iglesias, que culminó en el cisma de Oriente.

Fock, Jeno (Budapest 1916) Político húngaro. Perteneciente al Partido Comunista desde 1932, fue secretario del comité central (1957) y primer ministro (1967-75), puesto desde el que procuró fortalecer las empresas estatales para hacerlas competitivas en el extranjero.

foco *s. m.* **1.** Punto de donde parte o donde se concentra la luz, el calor, etc. **2.** Lámpara que produce una luz potente, normalmente dirigible. **3.** Lugar donde se da alguna cosa más intensamente que en el resto y desde el cual se difunde o extiende. **4.** Punto en el que se cortan los rayos incidentes paralelos al eje principal de un espejo cóncavo o de una lente convergente después de experimentar reflexión o refracción respectivamente. A su vez, los rayos procedentes del foco de un espejo o de una lente se reflejan o refractan paralelamente al eje principal. **5.** Punto del organismo desde el que se propaga una enfermedad o proceso patológico, en especial de tipo infeccioso. ‖ **6. foco de una parábola** En geom., punto que cumple la propiedad de que cada punto de la parábola es equidistante a él y a una recta fija llamada *directriz*. **7. foco magmático** Bolsa de materiales fundidos y gaseosos que da origen al volcán. **8. foco sísmico** Hipocentro*. **9. focos de una elipse** En geom., par de puntos situados en el interior de la elipse que tienen la propiedad de que la suma de distancias que los separa de cada punto de la elipse es constante. **10. focos de una hipérbola** En geom., par de puntos situados en el interior de la hipérbola que tienen la propiedad de que la diferencia de distancias que los separa de cada punto de la hipérbola es constante.

foehn (voz al.) *s. m.* Viento cálido y seco producido por el descenso del aire por la ladera de sotavento, tras superar un relieve montañoso. Este tipo de viento se produce en la ladera de sotavento (de espaldas al viento) de una montaña, cuando por la de barlovento (de cara al viento) asciende un aire húmedo que, al enfriarse y alcanzar en altura el punto donde no puede contener ya más vapor de agua, produce lluvia. Al traspasar la cima y descender por la ladera de sotavento, el aire ya ha descargado el agua, es seco y provoca aumentos de temperatura de 10 °C y cielos despejados. Este efecto explica que en la ladera norte de los Alpes, perteneciente a Suiza, se puedan cultivar viñedos, característicos de climas secos. Es conocido también como *chinook* en las Montañas Rocosas, *berg* en África, *siroco* en Sicilia y *zonda* en los Andes argentinos.

Foerster, Friedrich Wilhelm (Berlín 1869 - Kilchberg, Zurich 1966) Filósofo y pedagogo alemán. Profesor en Munich y en Viena, tuvo que abandonar su país durante la Primera Guerra Mundial por sus opiniones pacifistas. Su idea era formar éticamente al hombre, pues consideraba que, sin la formación del carácter, el conocimiento más elevado resultaba incompleto. Escribió, entre otros libros, *El arte de la vida* (1904), *Ética y pedagogía sexuales* (1907) y *La conducta de la vida* (1909).

fofo, fa *adj.* Blando, poco consistente.

fogaje *s. m.* **1.** *Can., Arg., Cuba, Méx.* Erupción en la piel. **2.** *Arg., Col., Méx., P. Rico, Ven.* Bochorno, calor asfixiante.

fogarada *s. f.* Fogata*.

fogata *s. f.* Fuego hecho con leña o cualquier otro material, que levanta llamas.

Fogazzaro, Antonio (Vicenza 1842 - íd. 1911) Escritor italiano. Dejó la abogacía para dedicarse a la literatura. En sus narraciones se muestra como un defensor del espiritualismo católico que pretendía conciliar la fe con la razón. Entre sus novelas destacan *Malombra* (1881), *Daniele Cortis* (1885), *Pequeño mundo antiguo* (1895), *Pequeño mundo moderno* (1900) y *El santo* (1905).

Foggia C. de Italia, situada en la región de Apulia. 159.200 h. en 1990. Es una de las más importantes áreas de producción cerealística. Posee industria alimentaria, textil, metalúrgica y de maquinaria, minería de bauxita, y es además un importante nudo ferroviario. Ciudad de origen medieval, fue reconstruida después del terremoto de 1731. Conserva una catedral del s. XII.

fogón *s. m.* **1.** En las antiguas cocinas, lugar preparado para hacer fuego y guisar. **2.** Antigua cocina de carbón. **3.** En las calderas de vapor, hornos, etc., lugar donde se quema el combustible. **4.** En las armas de fuego, agujero para comunicar éste a la carga, especialmente en los cañones, morteros, etc. **5.** *amer.* Fogata*.

fogonadura *s. f.* **1.** Agujero de la cubierta de una embarcación por el que pasan los palos. **2.** Abertura en un piso para permitir el paso a una columna.

fogonazo *s. m.* Llama o fuego momentáneo.

fogonero, ra *s. m.* y *f.* Persona que cuida del fogón de las calderas, especialmente en las máquinas de vapor.

fogoso, sa *adj.* Ardoroso, impetuoso. **FAM.** Fogosidad.

foguear *v. tr.* **1.** Acostumbrar a los disparos a los soldados y a los animales utilizados por el ejército. También *v. prnl.* **2.** P. ext., acostumbrar a alguien a cualquier trabajo o a las dificultades de una actividad. También *v. prnl.* **3.** Disparar un arma cargada con un poco de pólvora para limpiarla.

fogueo *s. m.* Acción y efecto de foguear. ‖ **LOC. de fogueo** *adj.* Se dice de los disparos o munición sin bala, que sólo tienen pólvora y se emplean en salvas, maniobras, etc.

foie-gras (voz fr.) *s. m.* Alimento consistente en una pasta preparada a base de hígado animal, generalmente de ganso, oca o cerdo.

Foix, Josep Vicenç (Barcelona 1894 - íd. 1987) Poeta español en lengua catalana. Participó activamente en los movimientos de vanguardia del periodo de entreguerras, en el que destacó por su labor periodística en revistas como *Trossos* y *Revista de Cataluña*. Tras la guerra civil española tuvo que interrumpir por razones políticas su actividad en la prensa y se concentró en la poesía, en la que concilió formas y estilos vanguardistas con la tradición de la poesía medieval catalana. Pese a su aislamiento ejerció gran influencia en las nuevas generaciones de poetas y artistas. Publicó, entre otros libros, *Solo, y de luto* (1947), *Las irreales omegas* (1949), *Guarda estos libros en el cajón de abajo* (1964) y *Crónicas de ultraensueño* (1985).

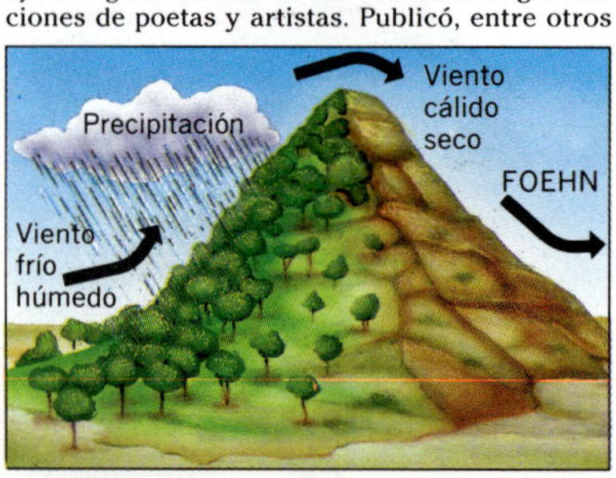

Formación del foehn en una ladera montañosa.

Josep Vicenç Foix.

foja[1] (del cat. *fotja*, y éste del lat. *fulix, icis*) *s. f.* Focha*.

foja[2] (del lat. *folia*) *s. f. amer.* Hoja de papel.

Fokine, Mijail (San Petersburgo 1880 - Nueva York 1942) Bailarín y coreógrafo ruso. En 1905 montó sus primeras coreografías para la Pavlova. Formó parte de los ballets rusos de Diaghilev y fue uno de los grandes creadores de la danza moderna. Al estallar la revolución rusa se trasladó a EE UU.

Fokker, Anthony (Kederi, Java 1890 - Nueva York 1939) Aviador e ingeniero aeronáutico neerlandés. Durante la Primera Guerra Mundial montó una factoría de aviones en Alemania y en 1922 se trasladó a EE UU, donde fundó la *Fokker Aircraft Corporation*. Introdujo en sus aviones el tiro de ametralladora sincronizado a través de la hélice.

Folch i Torres, Josep Maria (Barcelona 1880 - íd. 1950) Escritor español en lengua catalana. Se distinguió por sus campañas catalanistas. Dedicado a la literatura infantil, dirigió el semanario infantil *En Patufet* (1909-39), donde publicó en entregas semanales sus narraciones moralizantes bajo el título de *Páginas vividas*. Su obra teatral *Los pastorcillos* (1919) se representa tradicionalmente en Cataluña durante la Navidad.

folclore o **folclor** *s. m.* **1.** Conjunto de costumbres, leyendas, artesanía, canciones, etc., tradicionales de un pueblo. **2.** *fam.* Jaleo, juerga.

folclórico, ca *adj.* **1.** Perteneciente o relativo al folclore. ‖ *s. m.* y *f.* **2.** Persona que se dedica al cante o baile flamenco o aflamencado.

folclorista *s. m.* y *f.* Persona que se dedica a investigar el folclore.

folía *s. f.* **1.** Canto y baile popular de las islas Canarias. Se usa más en *pl.* **2.** Composición musical que recibe su nombre de una antigua danza portuguesa. Aparece en algunas piezas de los vihuelistas españoles del s. XVI, y fue luego utilizada por los organistas españoles de los s. XVII y XVIII, cuando ya había desaparecido como forma de danza. También la incorporaron a sus obras Corelli, Vivaldi, Scarlatti, Bach, Listz y Rachmaninov.

foliáceo, a *adj.* **1.** Perteneciente o relativo a las hojas de las plantas. **2.** De estructura o disposición en hojas.

foliación *s. f.* **1.** Acción de echar hojas las plantas. **2.** Época en que se realiza. **3.** Modo de estar situadas las hojas en las plantas. **4.** Acción y efecto de foliar. **5.** Serie numerada de los folios de un escrito o impreso. **6.** Propiedad de ciertas rocas de dividirse en superficies o planos más o menos paralelos.

foliador, ra *adj.* Que folia o que sirve para foliar. Se aplica especialmente al aparato que sirve para numerar correlativamente los folios. También *s. m.*

foliar[1] *v. tr.* Numerar los folios de un libro, cuaderno, manuscrito, etc.

foliar[2] (del lat. *foliaris*) *adj.* En bot., perteneciente o relativo a la hoja.

foliatura *s. f.* Foliación*.

fólico *adj.* **1.** Se aplica al ácido fólico. ‖ **2. ácido fólico** $C_{19}H_{19}N_7O_6$. Ácido que constituye una de las vitaminas del grupo B. Es esencial para el metabolismo de los ácidos nucleicos y su deficiencia causa una forma de anemia. Se halla presente en las hojas de vegetales, como la espinaca.

folicular *adj.* En forma de folículo.

foliculina *s. f.* Estrógeno secretado por el folículo ovárico.

folículo *s. m.* **1.** En bot., fruto largo y dehiscente de un solo carpelo, que se abre a lo largo de una sutura o línea de unión y que normalmente encierra numerosas semillas. **2.** En anat., nombre de diversas estructuras en forma de pequeño saco en una mucosa o en la piel, generalmente con función secretora.

folidotos *s. m. pl.* Orden de mamíferos desdentados que comprende una única familia, los mánidos, y un solo género, *Manis.* Tienen el cuerpo, cabeza y cola cubiertos de escamas córneas imbricadas, piernas cortas con gruesas uñas, boca sin dientes y lengua vermiforme. Algunas especies tienen la cola prensil. Habitan en África y Asia meridional y se alimentan de hormigas. Folidotos son los pangolines. También *adj.* y *s. m.*

folio *s. m.* **1.** Hoja de papel que corresponde en tamaño a una doble cuartilla. **2.** Hoja de un libro o cuaderno, particularmente la que sólo va numerada por hojas. **3.** Número que lleva cada una de las páginas de un libro, periódico, revista, etc. **4.** Encabezamiento que se pone a veces en cada página de un libro y en que pueden figurar el autor, el título del libro o del capítulo, etc. || **LOC. de a folio** *adj. fam.* Enorme, muy grande, dicho de algunas cosas inmateriales. **en folio** *adj.* Se dice del libro, folleto, etc., que mide 33 cm de altura. **tirarse el folio** *fam.* Presumir, alardear de algo, a veces infundadamente.

folíolo *s. m.* Cada una de las hojuelas o divisiones de una hoja compuesta.

folk (voz ingl.) *s. m.* **1.** Género musical que tiene sus raíces en las canciones populares. **2.** Género de música popular que nació en EE UU y cuenta con figuras como Woody Guthrie, Pete Seeger, Bob Dylan y Joan Baez. Se caracteriza por la temática social y combativa de sus letras y la sencillez formal.

folklore *s. m.* Folclore*. **FAM.** Folklórico, folklorista.

folla *s. f.* **1.** Mezcla de muchas cosas diversas. || **2. mala folla** *vulg.* Poca gracia, mala índole o condición. ▪ También se dice *mala follá.*

follaje *s. m.* **1.** Conjunto de ramas y hojas de los árboles y plantas. **2.** Adorno hecho con ramas y hojas cortadas. **3.** Palabrería en un texto, discurso, conferencia, etc.

follar *v. tr.* **1.** Soplar con el fuelle. **2.** *vulg.* Realizar el acto sexual. También *v. intr.* y *v. prnl.* || *v. prnl.* **3.** Ventosear sin ruido.

folletín *s. m.* **1.** Escrito o novela que se publica por partes en periódicos o revistas. **2.** Novela, relato, obra teatral, película o argumento de gran simplicidad psicológica, muy dramático, sentimental y poco creíble.

folletinesco, ca *adj.* Perteneciente o relativo al folletín o con sus características.

folletinista *s. m.* y *f.* Autor de folletines.

folleto *s. m.* **1.** Obra impresa de pocas páginas. **2.** Impreso de propaganda.

folletón *s. m.* Folletín publicado en un periódico o revista.

follisca *s. f. amer.* Riña, disputa.

follón[1] (del lat. *fullo, onis,* batanero) *s. m.* **1.** Situación o suceso en el que hay gritos o riñas. **2.** Algo que es complicado o está desordenado y confuso.

follón[2] (del lat. *follis,* fuelle) *s. m.* **1.** Cohete que se dispara sin ruido. **2.** Pedo silencioso.

follón, na *adj.* Traidor, canalla. También *s.*

follonero, ra *adj.* Que gusta de follones o los provoca. También *s.*

fomentación *s. f.* **1.** Acción y efecto de fomentar, aplicar paños a una parte del cuerpo enferma. **2.** Fomento, medicamento que se aplica en paños.

fomentar *v. tr.* **1.** Aumentar la actividad o intensidad de algo. **2.** Aplicar fomentos a una parte enferma del cuerpo. **3.** Dar calor que vivifique, como el de la gallina a los huevos. **FAM.** Fomentador.

fomento *s. m.* **1.** Acción y efecto de fomentar. **2.** Compresa caliente, empapada en agua o en un medicamento líquido, que se aplica a una parte enferma del cuerpo. Se usa mucho en *pl.* **3.** En España, ministerio creado en 1832 y desaparecido en 1931, que fundamentalmente se ocupaba de las cuestiones de comercio, obras públicas y educación.

fon *s. m.* Unidad de medida de la intensidad de la sensación sonora. Equivale a la intensidad de un sonido con frecuencia de 1.000 ciclos/segundo a un decibelio de volumen.

fonación *s. f.* Emisión de la voz o articulación de la palabra.

fonador, ra *adj.* Se dice de los órganos que intervienen en el fenómeno de la fonación, como la laringe, la lengua, las cuerdas vocales, etc.

fonda *s. f.* Establecimiento público en el que se sirven comidas y se ofrece hospedaje a precios económicos.

Fonda, Henry (Grand Island, Nebraska 1905 - Los Ángeles 1982) Actor de cine estadounidense. Es uno de los más representativos y completos de su generación y sus interpretaciones se caracterizan por su extrema sobriedad. Entre sus mejores filmes figuran *Sólo se vive una vez* (1937), *Jezabel* (1938), *Las uvas de la ira* (1940), *La pasión de los fuertes* (*My Darling Clementine,* 1946), *Fort Apache* (1948), *Doce hombres sin piedad* (1958) y *En el estanque dorado* (1981).

Henry Fonda.

Fonda, Jane (Nueva York 1937) Actriz de cine estadounidense. Hija del anterior, se distinguió en los años sesenta y setenta por su actitud crítica hacia el sistema político de los EE UU, por su defensa de los derechos civiles de negros e indios y sus campañas en favor del pacifismo. Alguna de sus películas más destacadas son *Barbarella* (1968), *Danzad, danzad malditos* (*They Shoot Horses, Don't They?,* 1969), *Klute* (1971), *Julia* (1977) y *Gringo viejo* (1989).

fondeadero *s. m.* Lugar de una costa, puerto o ría con profundidad suficiente para fondear o anclar un barco.

fondeado, da **1.** *p. p.* de **fondear**. También *adj.* || *adj.* **2.** *amer.* Rico, acaudalado, que tiene fondos.

fondear *v. tr.* **1.** Fijar una embarcación en un sitio por medio de anclas o pesos que se agarren o descansen en el fondo del agua. También *v. intr.* || *v. intr.* **2.** Detenerse en un puerto. || *v. prnl.* **3.** Hacerse rico. **FAM.** Fondeo.

fondero, ra *s. m.* y *f. amer.* Dueño o encargado de una fonda.

fondillos *s. m. pl.* Parte trasera de los pantalones.

fondista *s. m.* y *f.* **1.** Propietario o encargado de una fonda. **2.** Deportista especializado en carreras de fondo.

fondo *s. m.* **1.** Parte más baja de algún recipiente o cosa cóncava. **2.** En bolsas, sacos, etc., parte opuesta a la abertura, donde se mantienen las cosas que se meten en ellos. **3.** Final de un pasillo o pared opuesta y alejada de donde está el que habla. **4.** Suelo sobre el que descansa el agua del mar, río, etc. **5.** Profundidad. **6.** Dimensión considerada desde delante hacia atrás de un edificio, habitación, mueble, etc. **7.** Superficie o color sobre el que destacan varios colores, dibujos o figuras en un cuadro, una tela estampada, etc. **8.** P. ext., circunstancias o ambiente que rodean a una persona, cosa, acción, etc. **9.** Lo que está en el interior o bajo las apariencias de alguien o algo. **10.** Lo más importante o esencial de algo. **11.** Dinero destinado a algún fin. **12.** En dep., resistencia física. **13.** Modalidad deportiva basada en esta capacidad. Son carreras de largo recorrido: en atletismo superan los 3.000 m; en ciclismo, las de carretera; en natación, de 400 y 1.500 m; en esquí, las de 15 km o más, hasta llegar a las de gran fondo, que pueden alcanzar los 100 km. **14.** Grosor de los diamantes. **15.** Conjunto de libros, documentos, etc., de una biblioteca, archivo o editorial; obras de arte de un museo o institución semejante, etc. Se usa mucho en *pl.* **16.** Cada una de las dos tapas de una cuba o tonel. || *pl.* **17.** Dinero del que dispone una persona, una empresa, etc. **18.** Parte sumergida del casco de un barco. || **19. bajos fondos** Ambiente y gente de la delincuencia. **20. fondo de reptiles** Dinero que tienen organismos oficiales y privados para gastos que no se desea hacer públicos por rozar en muchos casos la ilegalidad. **21. fondo perdido** (**vitalicio** o **muerto**) Dinero que una persona recibe de otra con la obligación de pagarle unos intereses y que, al morir ésta o sus herederos, queda en poder de aquélla. **22. Fondo de Garantía de Depósitos** Institución española de carácter público, cuyo objeto es el de asistir a entidades financieras en momentos de dificultades económicas. Fue creada por el Banco de España en 1978. Sus recursos están constituidos por aportaciones anuales cedidas por el Banco de España y la banca privada, a partes iguales. Pueden pertenecer a ella todos los bancos operantes en España. **23. Fondo de Garantía Salarial** Fondo público integrado por las aportaciones de los empresarios con el fin de proteger al trabajador asegurándole el cobro de los salarios atrasados e indemnizaciones por despido. **24. Fondo Europeo de Cooperación Monetaria (FECOM)** Organismo creado en 1973 por la CEE para permitir la disminución progresiva de los márgenes de fluctuación de las monedas comunitarias y favorecer la regulación entre los bancos centrales. **25. Fondo Monetario Internacional** (**FMI**) Organismo creado por la Conferencia Monetaria y Financiera de las Naciones Unidas en 1945. Cada uno de sus miembros tiene asignada una cuota expresada en dólares que determina su poder de voto. Sus objetivos son la expansión del comercio internacional con el consiguiente desarrollo y crecimiento del nivel de empleo, de renta y de producción, mantener la estabilidad en los tipos de cambio y poner a disposición de sus miembros los propios fondos. **26. Fondo para Ordenación y Regulación de la Producción y Precios Agrarios (FORPPA)** Organismo español adscrito al ministerio de Agricultura cuya función consiste en planificar las líneas generales de la producción agraria y elaborar los precios teniendo en cuenta los siguientes factores: costes de producción, defensa del poder adquisitivo del consumidor e interés social de las actividades productivas. **27. fondos de amortización** Dinero destinado a pagar una deuda o compensar un gasto. **28. fondos públicos** Dinero administrado por el Estado. **29. medio fondo** En dep., carrera de media distancia; en atletismo entre los 800 y los 3.000 m, y en ciclismo, carrera tras moto en una prueba de 100 km en pista. || **LOC. a fondo** *adv.* Con entrega o profundidad. **en el fondo** *adv.* En realidad; también, en lo fundamental. **en fondo** *adv.* En filas horizontales o de frente. **tocar fondo** Llegar alguien o algo a su fase final.

fondón, na *adj. fam.* Se dice de la persona que empieza a estar gorda. También *s.*

fondue (voz fr.) *s. f.* **1.** Plato de origen suizo consistente en queso fundido con licor que se elabora y se consume en un hornillo especial. **2.** Plato que consiste en trozos de carne cruda que se fríen en el momento en un hornillo semejante al anterior, y p. ext., el realizado con trozos de otros alimentos como pescados, mariscos, etc. **3.** Dicho hornillo.

fonema *s. m.* Cada uno de los modelos de sonidos ideales o unidades mínimas fonológicas del sistema de una lengua que, al oponerse o diferenciarse entre sí, sirven para formar y distinguir signos lingüísticos; p. ej., *gato* y *pato* se diferencian sólo en un fonema. Estos sonidos modelo tienen diferentes realizaciones o pronunciaciones llamadas *alófonos* y son estudiados por la fonología.

fonemático, ca *adj.* **1.** Perteneciente o relativo al fonema o al sistema fonológico. || *s. f.* **2.** Fonología*.

fonendoscopio *s. m.* Aparato utilizado en medicina para auscultar a los pacientes, compuesto de un diafragma que amplifica los sonidos y dos tubos que se aplican en los oídos.

fonética *s. f.* **1.** Rama de la lingüística que estudia los sonidos describiendo sus diferencias de pronunciación, sin considerar su función dentro del sistema de la lengua, que es el objeto de la fonología. **2.** Conjunto de los sonidos de una lengua o dialecto.

fonético, ca *adj.* **1.** Perteneciente o relativo a los sonidos del lenguaje. **2.** Se dice de las lenguas, y sus alfabetos o escrituras, cuyas grafías o signos representan sonidos y no conceptos. **3.** Se aplica a la ortografía de una lengua que se corresponde con la pronunciación de sus sonidos, p. ej. la del español.

fonetismo *s. m.* **1.** Cualidad de fonético. **2.** Conjunto de las peculiaridades y características de los sonidos de una lengua o dialecto.

fonetista *s. m.* y *f.* Persona que se dedica a la fonética.

foniatra o **foníatra** *s. m.* y *f.* Persona que se dedica a la foniatría.

foniatría *s. f.* Parte de la medicina que se ocupa de los defectos de la voz o de la fonación.

fónico, ca *adj.* Perteneciente a la voz o al sonido.

fonil *s. m.* Embudo*.

fono- o **-fono, na** *pref.* o *suf.* Significa 'sonido': *fonética, fonología, teléfono.* ■ El prefijo también presenta la variante **fon-**: *foniatría.*

fonocaptor *s. m.* Aparato que transforma la señal mecánica de un disco de fonógrafo en una señal eléctrica. Consta de una aguja conectada con la membrana de una cápsula de resonancia y de un brazo que la sostiene.

fonografía *s. f.* Forma de grabar y reproducir sonidos por medio de un fonógrafo. **FAM.** Fonográfico.

fonógrafo *s. m.* Instrumento capaz de registrar y reproducir el sonido. El impulso sonoro, recogido a través de una trompa de boca ancha, se transmite a una membrana provista de una aguja, que graba un surco en un cilindro encerado movido a velocidad constante por un mecanismo de relojería. Al pasar nuevamente la aguja por el surco grabado, se transmiten idénticas vibraciones a la membrana, que reproduce el sonido.

fonograma *s. m.* Signo que representa uno o más sonidos, p. ej. las letras del alfabeto.

fonolita *s. f.* Roca volcánica de la familia de las sienitas, compuesta por feldespato y silicato de alúmina. Tiene color grisáceo y tintinea al ser golpeada.

fonología *s. f.* Rama de la lingüística que estudia los sonidos como elementos funcionales o diferenciadores dentro del sistema de una lengua (fonemas), frente a la fonética, que atiende al aspecto físico o material de los mismos. Así, mientras la fonética es un estudio descriptivo de los sonidos, la fonología los concibe como representaciones abstractas. No obstante, ambas disciplinas son indisociables, proponiendo los generativistas una sola especialidad para ambas. La fonología se inicia y desarrolla con el estructuralismo (Jakobson, Trubetzkoi y el Círculo Lingüístico de Praga), y se remonta a Ferdinand de Saussure. **FAM.** Fonológico.

fonólogo, ga *s. m.* y *f.* Persona experta en fonología.

fonometría *s. f.* Medición de la intensidad de los sonidos.

fonómetro *s. m.* Aparato para medir la intensidad del sonido.

fonoteca *s. f.* **1.** Lugar donde se guardan y archivan documentos sonoros (cintas, discos, etc.). **2.** Colección de documentos sonoros.

fonotecnia *s. f.* Estudio de las distintas formas en que se puede obtener, transmitir, registrar o reproducir el sonido.

Fonseca Familia de la nobleza castellana de los s. XV y XVI descendiente de **Pedro Rodríguez de Fonseca** (? - Toro 1419), noble portugués, señor de Olivenza, que huyó de las contiendas de su país y se estableció en Castilla, donde desempeñó cargos importantes en la corte, durante los reinados de Juan I y Enrique II; **Alonso** (Toro 1418 - Coca 1473), nieto del anterior, fue privado de Enrique IV, obispo de Ávila (1445) y arzobispo de Sevilla (1453); participó en las guerras civiles castellanas e intervino en el pacto de los Toros de Guisando; **Alonso** (? - Santiago 1512), sobrino del anterior; arzobispo de Santiago, tío y sobrino intercambiaron sus sedes arzobispales durante el periodo de 1460 a 1463, para que aquél, más experimentado, redujese a los nobles gallegos levantiscos; **Alonso** (Santiago h. 1476 - Toledo 1534)), hijo del anterior, sucedió a su padre como arzobispo de Santiago (1508) y en 1524 fue nombrado arzobispo de Toledo y primado de España; para fomentar el estudio de humanidades fundó los colegios de su nombre en Santiago y Salamanca.

Fonseca, Hermes Rodrigues da (São Gabriel, Rio Grande do Sul 1855 - Rio de Janeiro 1923) Militar y político brasileño. Era sobrino del anterior. Ministro de la Guerra, estableció el servicio militar obligatorio (1906). Elegido presidente de la república (1910-14), tuvo que enfrentarse a graves dificultades financieras y a revueltas campesinas.

Fonseca, Manuel Deodoro da (Alagoas, actualmente Marechal Deodoro 1827 - Rio de Janeiro 1892) Militar y político brasileño. Gobernador de Rio Grande do Sul, fue destituido por firmar un manifiesto que solicitaba para los oficiales el derecho a expresar libremente sus convicciones políticas (1887). Lideró el levantamiento que derrocó al emperador Pedro II e instauró la república (1889). Nombrado jefe del gobierno provisional, fue elegido presidente de la república (1891), pero en el mismo año se vio obligado a renunciar.

Fontainebleau C. de Francia, situada al SE de París, cerca del Sena. 18.800 h. en 1982. Pequeño núcleo urbano surgido en el bosque del mismo nombre en torno al palacio de Fontainebleau, edificado por iniciativa de Francisco I (1528) y que constituye una magnífica muestra del manierismo francés. Es un atractivo centro turístico. Fue sede del alto mando del sector centroeuropeo de la OTAN (1949-67).

Fontainebleau, tratado de Convenio firmado entre España y Francia en 1807, en el que se acordó la ocupación y posterior división de Portugal entre ambos estados. Fue utilizado como pretexto por los ejércitos napoleónicos para introducirse en España, lo que dio lugar a la guerra de la Independencia.

fontana *s. f.* En poesía, fuente.

Fontana, Carlo (Brusata 1634 - Roma 1714) Arquitecto italiano. De estilo barroco, fue discípulo y colaborador de Bernini. En 1681 diseñó la basílica de Loyola, en Guipúzcoa. Construyó en Roma la fachada cóncava de San Marcelo del Corso (1683) y la capilla Cybo, en Santa Maria del Popolo (1683-87) y terminó la iglesia de los Santos Apóstoles (1702-14).

Fontana, Domenico (Melide 1543 - Nápoles 1607) Arquitecto italiano. Su estilo marca la transición entre el manierismo y el Barroco. Protegido por el papa Sixto V, proyectó la renovación urbanística de Roma con el trazado de las seis grandes vías que parten de Santa María la Mayor (1585-90). Colaboró con Giacomo della Porta en la construcción de la cúpula de San Pedro, diseñada por Miguel Ángel (1590). Entre sus obras destacan, en Roma, la fachada del palacio de Letrán y la capilla del Sacramento en Santa María la Mayor, y en Nápoles, el palacio Caraffa y el Palacio Real.

Fontana, Lucio (Rosario de Santa Fe 1899 - Varese, Italia 1968) Escultor y pintor italiano de origen argentino. A los seis años inició en Milán sus estudios de escultura. Fue uno de los fundadores del movimiento «espacialismo». Experimentó con la pintura informal, relieves y perforaciones en todo tipo de materiales.

fontanal *adj.* **1.** Perteneciente o relativo a la fuente. ‖ *s. m.* **2.** Manantial. **3.** Lugar abundante en manantiales.

fontanar *s. m.* Manantial.

fontanela *s. f.* Espacio membranoso en las zonas de contacto de los huesos del cráneo de los niños y muchos animales jóvenes antes de osificarse completamente.

fontanería *s. f.* **1.** Oficio y conjunto de técnicas relacionadas con la instalación, conservación y arreglo de cañerías y conducciones de agua. **2.** Conjunto de conductos y aparatos para la canalización y distribución de agua. **3.** Taller u oficina del fontanero.

fontanero, ra *s. m.* y *f.* **1.** Persona dedicada a la fontanería. **2.** Ayudante de confianza de un personaje político, para el que realiza labores confidenciales.

Fonteyn, Margaret Hookham, llamada **Margot** (Reigate, Surrey 1919 - Panamá 1991) Bailarina inglesa. Primera bailarina del Royal Ballet, consiguió fama mundial con sus interpretaciones de obras clásicas como *El lago de los cisnes* y *La bella durmiente.* Formó una famosa pareja con Rudolf Nureiev.

footing (del ingl. *foot,* pie) *s. m.* Ejercicio físico que consiste en correr a ritmo moderado. ■ Es una voz inglesa usada incorrectamente como sinónimo de *jogging.*

foque *s. m.* Cada una de las velas triangulares de una embarcación y especialmente la principal de ellas.

forado *s. m. Amér. del S.* Boquete abierto en una pared.

Forain, Jean-Louis (Reims 1852 - París 1931) Dibujante y pintor francés. Influido por Rembrandt, Goya y Daumier, fue célebre por sus dibujos y litografías aparecidos en periódicos satíricos parisinos, que luego publicó en colecciones, como *La comedia parisina* (1893), *Tiempos difíciles* (1893) y *Dulce país* (1897). Fue también un prolífico retratista.

forajido, da *adj.* Se aplica a la persona que huye de la justicia. También *s.*

foral *adj.* Perteneciente o relativo al fuero.

foralmente *adv. m.* Conforme a fuero.

foramen *s. m.* **1.** Agujero, orificio. **2.** Nombre de diversos orificios del cuerpo del hombre y de algunos animales por donde se comunican órganos; p. ej., en el cuerpo humano, el *foramen magnus,* del hueso occipital, o el *foramen dextrum,* que permite el paso de la vena cava a través del diafragma.

foraminíferos *s. m. pl.* Clase de protozoos rizópodos perteneciente al subtipo sarcodinos que abarca numerosas especies de los géneros *Textularia, Globigerina, Spiroloculina, Haplophragmium,* etc. Son seres unicelulares, normalmente marinos, protegidos por una concha calcárea perforada con numerosos orificios por donde emiten seudópodos. Al morir se van depositando sobre el fondo marino, donde constituyen sedimentos. Actualmente se denominan *granulorreticulosos.* También *adj.* y *s. m.*

foráneo, a *adj.* Extranjero, forastero.

forastero, ra *adj.* De otro lugar o país. También *s.*

forcejear *v. intr.* **1.** Hacer esfuerzos para vencer una resistencia. **2.** Disputar, oponerse. **FAM.** Forcejeo.

fórceps *s. m.* **1.** Instrumento en forma de tenaza que se utiliza en los partos difíciles para facilitar la salida del niño. **2.** Tenacillas utilizadas en odontología para la extracción de dientes y muelas. ‖ **LOC. sacar** algo **con fórceps** *fam.* Conseguir difícil y trabajosamente alguna cosa de alguien.

Ford, Ford Madox (Merton, Surrey 1873 - Deauville, Francia 1939) Escritor británico. Fundó y dirigió la *English Review* (1905). Alcanzó fama con sus novelas *El buen soldado* (1915) y *No más desfiles* (1914-28), tetralogía sobre la Primera Guerra Mundial.

Ford, Gerald (Omaha 1913) Político estadounidense. Líder de la minoría republicana en la Cámara de representantes, fue nombrado vicepresidente del país por Nixon (1973) y, al dimitir éste por el escándalo Watergate, ocupó la presidencia (1974-76). Se presentó a la reelección, pero fue derrotado por Jimmy Carter.

Ford, Glenn (Quebec 1916) Actor cinematográfico estadounidense. Alcanzó la fama en el papel de Johnny Farrell en la película *Gilda* (1946) y posteriormente intervino en distintos tipos de filmes, sobre todo *westerns.* Algunas de sus mejores interpretaciones son las de *El hombre de Colorado* (1948), *El desertor del Álamo* (1953), *Deseos humanos* (1954), *El hombre violento* (1955), *Jubal* (1956) y *Cimarrón* (1960).

Ford, Harrison (Chicago 1942) Actor cinematográfico estadounidense. Tras alcanzar fama en películas de aventuras y de ciencia-ficción, se consolidó como uno de los actores más versátiles de su generación. Entre sus películas destacan *La guerra de las galaxias* (1977), *Blade runner* (1982), *Único testigo* (1985), *La costa de los Mosquitos* (1986), *Frenético* (1988), *A propósito de Henry* (1991) y la serie de Indiana Jones, *En busca del Arca perdida, El templo maldito* e *Indiana Jones y la última cruzada.*

Ford, Henry (Dearborn, Michigan 1863 - íd. 1947) Industrial y empresario estadounidense. En el año 1903 fundó en Dearborn la *Ford Motor company* y transformó profundamente la industria del automóvil mediante la producción en serie y la fabricación de un modelo popular asequible económicamente a las clases medias.

Henry Ford.

Ford, John (Ilsington, Devonshire 1586 - Devon 1640) Dramaturgo inglés. Estudió jurisprudencia en Londres. Considerado como uno de los más originales dramaturgos del reinado de Carlos I, sus obras son melodramáticas y destacan por su estudio psicológico y sus sobrios toques poéticos. Sus mejores piezas teatrales son posteriores a 1628 y entre ellas sobresalen *El corazón roto* (1629), *El sacrificio de amor* (1630), *Lástima que sea una puta* (1633) y *Perkin Warbeck* (1634).

Ford, John (Cape Elizabeth, Maine 1895 - Palm Desert, California 1973) Director de cine estadounidense. Está considerado como uno de los grandes clásicos de la cinematografía, especialmente en el género del *western.* Entre sus películas, que se caracterizan por la sencillez narrativa, el tono épico y la fuerza de los personajes, destacan *El delator* (1935), *La diligencia* (1939), *Las uvas de la ira* (1940), *¡Qué verde era mi valle!* (1941), *El fugitivo* (1947), *El hombre tranquilo* (1952), *El gran combate* (*Cheyenne Autumn,* 1964) y *Siete mujeres* (1965).

John Ford: fotograma de Fort Apache.

Ford, Richard (Londres 1796 - ? 1858) Escritor británico. De 1830 a 1833 viajó por España y escribió un *Manual para viajeros en España* (1845). Otras obras suyas dignas de mención acerca de España son *Cosas de España* (1846) y *Las corridas de toros* (1852).

forense *adj.* **1.** Se aplica al médico o a la rama de la medicina que se ocupa de cuestiones relacionadas con las leyes, como el examen de los cadáveres para buscar posibles causas criminales, envenenamiento, suicidio, etc. También *s.* **2.** Jurídico.

forero, ra *adj.* Foral*.

Forest, Lee de (Council Bluffs, Iowa 1873 - Hollywood 1961) Inventor estadounidense. Construyó la primera válvula electrónica de vacío con tres electrodos, que permitió amplificar corrientes eléctricas alternantes e hizo posible el desarrollo de la radio.

forestal *adj.* Perteneciente o relativo a los bosques.

forestar *v. tr.* Repoblar un terreno con árboles u otras plantas forestales. **FAM.** Forestación.

forfait (voz fr.) *s. m.* **1.** Acuerdo o arreglo hecho con anterioridad sobre el precio de alguna cosa. **2.** Particularmente, abono que se adquiere para hacer uso de unas instalaciones de esquí. **3.** Viaje organizado por una agencia en el que todos los gastos están pagados de antemano. ‖ **LOC. hacer forfait** No presentarse un deportista a una competición, campeonato, etc. **por forfait** *adv.* Por incomparecencia.

forillo *s. m.* En el teatro, telón pequeño que se pone detrás del telón de foro, cuando éste tiene alguna puerta o abertura.

forint *s. m.* Unidad monetaria oficial de Hungría.

forja *s. f.* **1.** Taller donde se da forma a los metales. **2.** Acción y efecto de forjar o forjarse. **3.** Lugar donde se reduce a metal el mineral de hierro.

forjado, da **1.** *p. p.* de **forjar**. También *adj.* ‖ *s. m.* **2.** Armazón con que se hacen las paredes o las separaciones entre los pisos de un edificio. **3.** Acción y efecto de forjar o trabajar los metales.

forjador, ra *adj.* Que forja. También *s.*

forjadura *s. f.* Acción y efecto de forjar.

forjar *v. tr.* **1.** Trabajar los metales en caliente, dándoles forma sin tener que fundirlos. **2.** Crear con esfuerzo y trabajo algo no material o idear alguna cosa. También *v. prnl.* **3.** Fabricar, hacer obras de albañilería. **4.** Revocar toscamente un muro, rellenando los huecos. **5.** Rellenar el espacio que queda entre las vigas con bovedillas y tableros de rasilla.

Forlí C. de Italia, situada al pie de los Apeninos, en su vertiente oriental, en la región de Emilia-Romaña. 110.000 h. en 1990. Posee industrias textiles, de maquinaria, calzado y químicas y una floreciente agricultura. De origen romano y desarrollada en el medievo, en su importante conjunto monumental destaca la abadía de San Mercurial.

forma *s. f.* **1.** Figura o aspecto exterior de las cosas materiales. **2.** Modo, manera. **3.** Molde con que se da a una cosa un determinado cuerpo o figura. **4.** Condición física, especialmente la de un deportista; también, estado físico o anímico de cualquier persona. **5.** En der., requisitos externos, manera en que se presenta o expone la causa o asunto del pleito. **6.** En ling., unidad o elemento lingüístico desde el punto de vista de su naturaleza morfológica. **7.** En la filosofía aristotélica, lo que determina el ser de una cosa, que aparece siempre ligado y en oposición a materia, salvo en el caso de Dios, que sería forma pura. **8.** En rel., hostia para la comunión de los fieles. ‖ *pl.* **9.** Figura del cuerpo humano, sobre todo los pechos y caderas de la mujer. **10.** Modales, convenciones sociales o educación de las personas: *guardar las formas.* ‖ **11. defecto de forma** Error que se comete al incumplir los requisitos exigidos por la ley y que puede dar lugar a la anulación de una resolución. **12. forma geométrica** La que se puede representar por medio de líneas, figuras o cuerpos geométricos. También, cuerpo que la tiene. ‖ **LOC. dar forma** a algo Idear de modo preciso y organizado alguna cosa. **de cualquier forma** *adv.* Indica que lo expresado anteriormente no impide que se realice alguna cosa. **de forma que** *conj.* Indica consecuencia, efecto o resultado: *Cóselo de forma que no se rompa.* **de todas formas** *adv.* De todos modos. **en debida forma** *adv.* Tal como debe hacerse. **estar en forma** Estar en buenas condiciones tanto físicas como anímicas.

formación *s. f.* **1.** Acción y efecto de formar o formarse. **2.** Educación y conocimientos que se poseen. **3.** En geol., conjunto heterogéneo de capas sedimentarias, rocas o masas minerales, depositadas en un mismo lugar y durante un mismo periodo. **4.** Conjunto de personas ordenadas en filas, especialmente de soldados. ‖ **5. formación profesional** En el sistema educativo español es una de las opciones que tienen los alumnos una vez finalizada la enseñanza Secundaria Obligatoria (en torno a los 16 años). Su objetivo es ofrecer unos conocimientos encaminados al ejercicio de una profesión específica. Comprende un conjunto de módulos constituidos en función de los diversos campos profesionales y que se corresponden con una titulación de grado medio y otra distinta de grado superior (a la que sólo puede accederse a través del Bachillerato).

formado, da **1.** *p. p.* de **formar**. También *adj.* ‖ *adj.* **2.** Maduro, que tiene conocimientos y experiencia para desenvolverse en la vida.

formador, ra *adj.* **1.** Que forma o pone en orden. También *s.* ‖ *s. m.* y *f.* **2.** Persona que se dedica a educar a otras.

formal *adj.* **1.** Perteneciente o relativo a la forma. **2.** Que cumple con su palabra, obligaciones o compromisos. **3.** Que muestra buen comportamiento. **4.** Con todos los requisitos necesarios para ser reconocido por los demás. **5.** Relativo a aquellas áreas de conocimiento cuya legitimidad es independiente de toda experimentación, como p. ej. la lógica o la matemática.

formaldehído *s. m.* H–CHO. El primero y más sencillo de los aldehídos, llamado *metanal.* Gas incoloro, tóxico y de olor irritante, tiene un importante uso industrial en la fabricación de colorantes, resinas, plásticos y tejidos.

formaleta *s. f. Amér. C., Col.* Cimbra, armazón provisional sobre el que se construye un arco o una bóveda.

formalidad *s. f.* **1.** Cualidad de formal, seriedad, responsabilidad. **2.** Cada una de las condiciones o requisitos que se exigen para hacer alguna cosa, especialmente cuando son puramente externas o resultan excesivas.

formalismo *s. m.* **1.** Tendencia excesiva a cumplir o exigir formalidades. **2.** Cualquier corriente artística o científica, que centra su investigación en los rasgos formales de su objeto de estudio, con independencia de su contenido. **3.** En la filosofía clásica, tendencia a prestar atención preponderante a los caracteres formales frente a los materiales. En la filosofía moderna, tendencia a prestar especial atención a los aspectos ideales de la realidad. Por último, designa a una de las tres principales tendencias de la filosofía matemática, según la cual sólo son válidas las operaciones que se realizan con símbolos exactamente definidos. ‖ **4. formalismo ruso** Escuela crítica literaria, desarrollada entre 1915 y 1930, que centra en la forma (estructura, técnicas, estilo, etc.) el objeto del análisis literario. Los trabajos de Tinianov y Jakobson, figuras más representativas de esta corriente, influyeron profundamente en el círculo lingüístico de Praga y dieron origen al estructuralismo. **FAM.** Formalista.

formalizar *v. tr.* **1.** Dar carácter más serio, solemne o estable a alguna cosa. También *v. prnl.* **2.** Dar a alguna cosa los requisitos legales que se precisan. **3.** Dar forma específica a algo, hacerlo concreto o preciso. **4.** Especificar la estructura de un determinado lenguaje a través de otro lenguaje distinto, denominado *metalenguaje.* Los resultados más fecundos se han obtenido en la formalización de lenguajes lógicos y matemáticos. ▪ Se conjuga como *cazar.* **FAM.** Formalización.

formalmente *adv. m.* **1.** Con formalidad o seriedad. **2.** Según la forma debida.

Forman, Milos (Caslav 1932) Director cinematográfico estadounidense de origen checoslovaco. Su producción abarca desde comedias a duros melodramas, pasando por el musical. Entre sus filmes más logrados figuran *Los amores de una rubia* (1965), *Alguien voló sobre el nido del cuco* (1975), *Hair* (1979), *Amadeus* (1984) y *Valmont* (1989).

formar *v. tr.* **1.** Hacer una cosa con un material o con distintos elementos, dándole la forma debida. También *v. prnl.* **2.** Constituir, establecer. También *v. prnl.* **3.** Enseñar, adiestrar. También *v. intr.* y *v. prnl.* **4.** Colocar a una persona en una formación, cortejo, etc. También *v. intr.* y *v. prnl.* **5.** Dar o tomar la forma propia de una determinada categoría gramatical. También *v. prnl.* ‖ *v. intr.* **6.** Estar entre una clase de personas o en una determinada situación. **FAM.** Formable.

formatear *v. tr.* En inform., preparar un disquete para darle una estructura utilizable por el ordenador.

formativo, va *adj.* Que forma o sirve para formar.

formato *s. m.* **1.** Tamaño de un libro o impreso, relacionado con el número de hojas que se hacen de cada pliego (folio, cuarto, octavo, etc.), y que se suele expresar citando la anchura y altura de la plana o página. **2.** P. ext., tamaño de una fotografía, un cuadro, etc. **3.** En inform., estructura que caracteriza al disco o disquete; también, conjunto de comandos que permiten estructurar la salida de un programa, tanto en pantalla como en impresora.

-forme *suf.* Significa 'forma': *pisciforme, multiforme.*

Forment, Damián (Valencia h. 1480 - Santo Domingo de la Calzada, La Rioja 1540) Escultor español. Máximo representante de la escultura renacentista de influencia italiana en Aragón, realizó numerosos retablos, como el mayor del Pilar de Zaragoza (1509-15), el de la catedral de Huesca (1520-34), el del monasterio de Poblet (1527-29) y el de Santo Domingo de la Calzada (1537-40).

Formentera Isla de España del archipiélago de las Baleares, perteneciente a la prov. de Baleares, situada al S de Ibiza. 76,96 km^2. 5.200 h. en 1990. De forma alargada y relieve llano, tiene vegetación de matorral y cultivos de algarrobo, almendro y vid. Su principal fuente de ingresos la constituye el turismo.

Formentera: acantilados de Punta Prima, en la costa septentrional de la isla.

formica *s. f.* Material muy resistente obtenido por el prensado de varias capas de papel impregnado de cierta resina y con una de sus caras revestida de otra resina artificial más decorativa. Se utiliza fundamentalmente en la industria del mueble.

fórmico, ca *adj.* **1.** Se dice de varios compuestos orgánicos que poseen un solo átomo de carbono en su molécula, el más importante de los cuales es el ácido fórmico o metanoico. ‖ **2. ácido fórmico** H–COOH. Ácido líquido e incoloro; es el más simple de los ácidos orgánicos y se encuentra en el veneno del aguijón de las hormigas (de ahí su nombre) y de las ortigas. Se utiliza en las industrias de curtido y de los colorantes.

formidable *adj.* **1.** Extraordinario, magnífico. **2.** Muy grande. **3.** Muy temible.

formol *s. m.* Disolución de formaldehído en agua. De propiedades desinfectantes, se utiliza para conservar cuerpos u órganos de animales.

formón *s. m.* Herramienta de carpintería consistente en una pieza de metal terminada en bisel, con filo muy cortante.

Formosa Nombre portugués de la isla de Taiwan.

Formosa **1.** Prov. de Argentina, situada en el N del país, fronteriza con Paraguay. 72.066 km^2. 355.000 h. en 1989. Está constituida por una llanura de escasa pendiente y cuenta con numerosos bañados y lagunas. Sus principales recursos económicos son la agricultura del algodón, la ganadería vacuna y la explotación forestal. **2.** C. de Argentina, cap. de esta prov., situada junto al río Paraguay. 93.600 h. en 1980. Centro agrícola y comercial, cuenta con industrias madereras, conserveras y alcoholeras, aeropuerto e importante puerto fluvial.

Formosa, estrecho de Estrecho que separa China de la isla de Taiwan y en el que se unen el mar de la China Oriental con el mar de la China Meridional. Tiene una anchura que varía entre los 130 y 200 km.

fórmula *s. f.* **1.** Expresión mediante números, letras o símbolos de una ley física o matemática, de la naturaleza y composición de un cuerpo químico, etc. **2.** Receta para elaborar ciertas cosas, como un guiso, una medicina, etc. **3.** Modo de resolver o conseguir una cosa, y particularmente de hacer compatibles intereses, opiniones, etc., distintos u opuestos. **4.** Manera, acción o frase convenida para expresar o ejecutar alguna cosa. **5.** Modelo fijado para redactar algo, como una instancia, un contrato, una reclamación, etc. **6.** En automovilismo, cada una de las distintas categorías en que se dividen las competiciones. ‖ *s. m.* **7.** P. ext., cada uno de los vehículos que participa en estas competiciones. ***Quím.*** Una fórmula química representa la molécula de una sustancia mediante los símbolos de los átomos que la componen y su número expresado con subíndices numéricos. Así, por ejemplo, la fórmula del ácido sulfúrico (H_2SO_4), indica que una molécula de dicho ácido está formada por dos átomos de hidrógeno (H), uno de azufre (S) y cuatro de oxígeno (O). La **fórmula estructural** es aquella que representa la distribución de los átomos en el espacio. Así, por ejemplo, la fórmula estructural del metano (CH_4), presenta la forma siguiente:

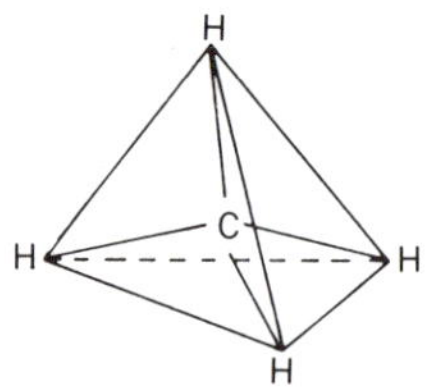

Esta figura indica que cada molécula de metano está dispuesta según un tetraedro regular en cuyo centro de simetría está situado un átomo de carbono (C), y en cuyos vértices están situados los átomos de hidrógeno (H). La **fórmula desarrollada** es aquella que simboliza la forma en que se enlazan los átomos. Así, por ejemplo, la fórmula desarrollada del butano (CH_4H_{10}) es:

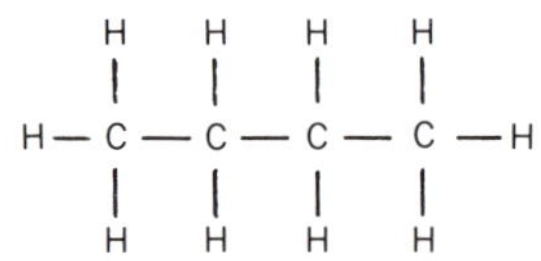

Esta fórmula indica que los átomos de carbono (C) están unidos siguiendo una fila, y de ellos los centrales enlazan con dos átomos de hidrógeno (H) cada uno, y los extremos con tres.

formular[1] *v. tr.* **1.** Expresar algo mediante una fórmula. **2.** Expresar algo con claridad y precisión, valiéndose de la palabra o la escritura. **3.** Recetar. **Fam.** Formulación.

formular[2] *adj.* Perteneciente o relativo a la fórmula, que tiene cualidades de ella.

formulario, ria *adj.* **1.** Perteneciente o relativo a las fórmulas o al formulismo. **2.** Que se hace por fórmula, por compromiso, para cumplir una norma de cortesía. ‖ *s. m.* **3.** Impreso que debe rellenarse con los datos correspondientes al asunto que se trata. **4.** Libro que recoge una colección de fórmulas. **5.** Libro que contiene diversos modelos de instancias, cartas, etc.

formulismo *s. m.* **1.** Tendencia excesiva a las fórmulas establecidas para la resolución y ejecución de cualquier asunto, especialmente oficial y burocrático. **2.** Tendencia a preferir la apariencia de algo a su esencia, proceder que sólo busca cubrir las apariencias. **Fam.** Formulista.

Forner, Juan Pablo (Mérida 1756 - Madrid 1797) Escritor español. Estudió jurisprudencia y ocupó el puesto de fiscal del Consejo de Castilla. Violento polemista, se indispuso con casi todos los literatos de su tiempo. Es autor, entre otras muchas obras, de *Exequias de la lengua castellana* (1782), en la que se resaltan los valores esenciales del castellano y se enumeran los más destacados literatos españoles, y de *Oración apologética por España y su mérito literario* (1786), en contestación a un insultante artículo de *L'Encyclopédie méthodique.*

fornicar *v. intr.* Mantener relaciones sexuales fuera del matrimonio. ■ Se conjuga como *sacar.* **Fam.** Fornicación.

fornido, da *adj.* Aplicado a personas o partes de su cuerpo, fuerte, robusto.

fornitura *s. f.* **1.** Conjunto de botones, trencillas, forros y otros elementos accesorios utilizados en prendas de vestir. **2.** Correaje y cartuchera que usan los soldados. Se usa más en *pl.*

El foro de César, en Roma.

foro *s. m.* **1.** Plaza de la antigua Roma en la que se trataban los asuntos públicos y donde el pretor celebraba los juicios. **2.** Lugar donde actúan los tribunales de justicia. **3.** Ejercicio de la abogacía y todo lo relativo a ella. **4.** Coloquio, debate. **5.** En un escenario, parte opuesta a la embocadura. **6.** Derecho real por el que una persona cede a otra el dominio útil de una cosa mediante cierto canon o pago. **7.** Canon o pensión que se paga por ese derecho. ‖ **Loc. por el foro** *adv.* Con verbos como *desaparecer, irse, marcharse,* etc., hacerlo sin que se note.

forofo, fa *s. m.* y *f.* Seguidor apasionado de alguien o algo, hincha. También *adj.*

forrado, da **1.** *p. p.* de **forrar**. También *adj.* ‖ *adj.* **2.** Se dice de la persona que tiene mucho dinero. **3.** *Arg.* Bien preparado para un examen.

forraje *s. m.* **1.** Pasto, tanto verde como seco, para el ganado. **2.** Acción y efecto de forrajear.

forrajear *v. tr.* Segar y recoger el forraje. **Fam.** Forrajeador.

forrajero, ra *adj.* Se dice de las plantas que sirven para forraje.

forrar *v. tr.* **1.** Poner forro a algo o cubrirlo con una lámina o capa. **2.** *fam.* Pegar mucho a alguien. ‖ *v. prnl.* **3.** *fam.* Hartarse de algo. **4.** *fam.* Ganar muchísimo dinero. **5.** *Arg.* Estudiar para un examen.

forro *s. m.* **1.** Material con que se reviste o forra una cosa, ya sea interior o exteriormente, como p. ej. las telas, pieles, etc., que se ponen a una prenda por dentro o a las cubiertas de los libros. **2.** En marina, conjunto de tablones con que se recubre interior y exteriormente el esqueleto de un barco. **3.** En marina, conjunto de planchas de cobre, madera, etc., que revisten los fondos del barco. ‖ **Loc. ni por el forro** *adv. fam.* Ni por asomo, nada absolutamente.

Forssmann, Werner Theodor (Berlín 1904 - Schopfheim, Baden-Württemberg 1979) Cirujano alemán. En 1929 ensayó en sí mismo un método para explorar el corazón por medio de un catéter, lo que le valió el premio Nobel de fisiología y medicina en 1956, que compartió con Dickinson Richards y André-Fréderic Cournard.

Forster, Edward Morgan (Londres 1879 - Coventry 1970) Escritor británico. Educado en Cambridge, residió en Italia, Grecia, Alejandría y la India. Se interesó por las diversas culturas y sus novelas se caracterizan por el estudio psicológico de los personajes y de sus actitudes morales. Algunas de sus novelas más conocidas son *El viaje más largo* (1907), *Una habitación con vistas* (1908), *La mansión* (1910), *Viaje a la India* (1924) y *Maurice,* sobre el tema de la homosexualidad, escrita en 1914 y publicada en 1971.

Fort Worth C. de EE UU, situada en el estado de Texas, al O de Dallas, a cuya área metropolitana pertenece. 430.000 h. en 1989. Importante mercado agrícola y centro comercial, posee industria automovilística, aeronáutica y de cemento. Cuenta con un importante aeropuerto.

fortachón, na o **fortacho, cha** *adj. fam.* De cuerpo grande y fuerte. También *s.*

fortalecer *v. tr.* **1.** Dar fuerza o más fuerza a alguien o algo. También *v. prnl.* **2.** Dar a alguien ánimo y fortaleza moral. También *v. prnl.* **3.** Confirmar o apoyar una cosa. ■ Es v. irreg. Se conjuga como *agradecer.* **FAM.** Fortalecedor, fortalecimiento.

fortaleza *s. f.* **1.** Fuerza, capacidad de una persona o cosa para realizar trabajos o ejercicios físicos, resistir pesos, etc. **2.** Capacidad para soportar problemas y contrariedades. **3.** Lugar o edificio fortificado. ‖ **4. fortaleza volante** Nombre dado durante la Segunda Guerra Mundial a los grandes bombarderos estadounidenses.

Fortaleza C. de Brasil, cap. del estado de Ceará, situada en el NE del país, en la costa atlántica. 1.763.500 h. en 1989, 1.934.600 h. en su área metropolitana. Es un importante centro portuario que ha desarrollado industria textil del algodón, química, alimentaria y del refino de petróleo. Posee universidad y aeropuerto.

forte (voz ital.) *s. m.* **1.** En mús., anotación en la partitura que indica que el pasaje debe interpretarse aumentando la intensidad del sonido. **2.** Pasaje musical interpretado de este modo.

fortificación *s. f.* **1.** Acción de fortificar. **2.** Construcción o conjunto de obras con que se fortifica un lugar.

fortificar *v. tr.* **1.** Dar fuerza material o moral. **2.** Hacer construcciones y obras de defensa en un lugar para protegerlo. ■ Se conjuga como *sacar.* **FAM.** Fortificante.

fortín *s. m.* **1.** Fortaleza o fuerte pequeño. **2.** Obra levantada en el atrincheramiento de un ejército para su mejor defensa.

fortísimo, ma *adj. sup.* de **fuerte**.

fortissimo (voz ital.) *s. m.* **1.** En mús., anotación en la partitura que indica que ha de interpretarse el pasaje con un gran volumen de sonido. **2.** Pasaje musical interpretado de este modo.

Fort-Lamy Antiguo nombre de la ciudad de N'Djamena, cap. de Chad.

Fortner, Wolfgang (Leipzig 1907 - Heidelberg 1987) Compositor alemán. De un estilo neoclásico pasó en 1945 al dodecafonismo. Entre sus composiciones detacan la ópera *Bodas de sangre* (1957), los oratorios *El sacrificio de Isaac* (1952) e *Historia de Pentecostés según San Lucas* (1963) y el concierto *Marginalia* (1969).

FORTRAN (acrónimo del ingl. *formula translation*) *s. m.* Lenguaje de programación de ordenadores de alto nivel. Tiene aplicaciones científicas y matemáticas. Existen varias versiones del mismo, de las que la más utilizada hoy día es FORTRAN 77.

fortuito, ta *adj.* Que ocurre de forma casual, sin provocarlo ni esperarlo. **FAM.** Fortuitamente.

fortuna *s. f.* **1.** Buena o mala suerte, destino. **2.** Buena suerte o suceso muy favorable. **3.** Conjunto de bienes, dinero, propiedades, etc. **4.** Mucho dinero.

Fortuna Diosa romana del azar o suerte. Identificada con la Tiqué griega, era representada con los ojos cerrados para simbolizar su arbitrariedad en el reparto de los bienes y males.

Fortuny, Mariano (Reus, Tarragona 1838 - Roma 1874) Pintor español. Sus primeras obras son de temática histórica al gusto del Romanticismo. Tras sus viajes a Roma y Marruecos su pintura gana en luminosidad. De esta época son *La odalisca* (1861), *La batalla de Tetuán* (1862-64), *La herrería mora* (1863) y *La vicaría* (1870). Sus últimas obras tienen una pincelada más suelta, como se advierte en *La modelo* (1874).

forúnculo *s. m.* Inflamación de la piel, muy localizada y dolorosa, producida por una infección de estafilococos en los folículos pilosos, que hace aparecer una cápsula llena de pus que se abre normalmente de forma espontánea y desaparece. Puede ayudarse este proceso con antibióticos.

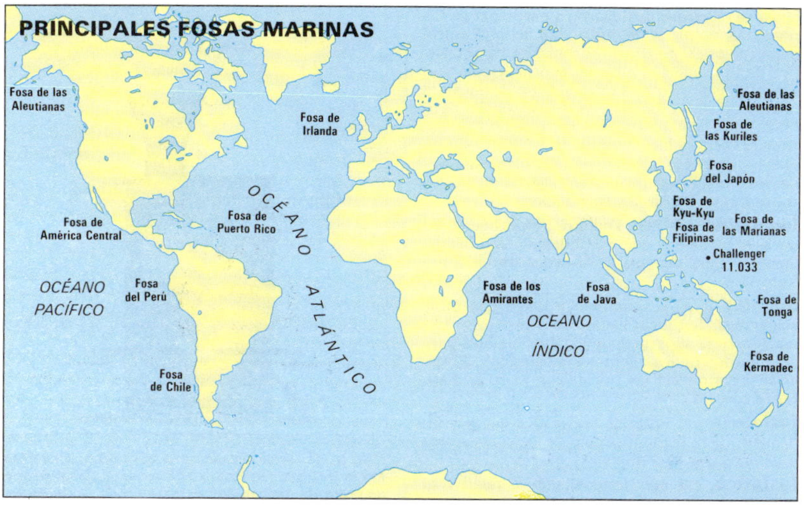

Las fosas abisales o marinas se hallan distribuidas en los océanos a lo largo de las zonas de subducción entre placas marinas.

forzado, da **1.** *p. p.* de **forzar**. También *adj.* ‖ *adj.* **2.** Que no es espontáneo o natural. **3.** Forzoso. ‖ *s. m.* **4.** Galeote. **FAM.** Forzadamente.

forzador *s. m.* El que hace fuerza o violencia a otro, especialmente el que fuerza a una mujer.

forzal *s. m.* Parte del peine de donde salen las púas.

forzar *v. tr.* **1.** Hacer fuerza o violencia sobre alguna persona o cosa para conseguir algo. **2.** Abrir alguna cosa, como una puerta, una cerradura, etc., por la fuerza. **3.** Hacer que una cosa sea distinta de como sería de una forma natural o espontánea. **4.** Hacer que algo funcione o trabaje al máximo. **5.** Violar a una persona, abusar sexualmente de ella. ■ Es v. irreg. También, la *z* de la raíz cambia en *c* ante *e*. **FAM.** Forzamiento.

FORZAR		
INDICATIVO	**SUBJUNTIVO**	**IMPERATIVO**
Presente	**Presente**	
fuerzo	*fuerce*	
fuerzas	*fuerces*	*fuerza*
fuerza	*fuerce*	
forzamos	*forcemos*	
forzáis	*forcéis*	*forzad*
fuerzan	*fuercen*	

forzoso, sa *adj.* Obligatorio o inevitable.

forzudo, da *adj.* Que tiene mucha fuerza. También *s.*

fos- *pref.* Significa 'luz': *fosforescente.*

fosa *s. f.* **1.** Hoyo hecho en la tierra para sepultar uno o más cadáveres. **2.** Cavidad o hueco del organismo. **3.** En geol., zona hundida de la corteza terrestre o del fondo marino. ‖ **4. fosa común** Aquella en la que se entierran juntos los cadáveres que no tienen un enterramiento particular. **5. fosa oceánica** En geol., depresión grande y profunda del fondo de los océanos, próxima a los continentes. Las más profundas, llamadas *fosas abisales,* se hallan en el Pacífico: fosa de las Marianas (11.034 m de profundidad), fosa de Mindanao (11.524 m) y fosa de las Tonga (10.882 m). **6. fosa séptica** Depósito donde se recogen y depuran las aguas residuales. **7. fosa tectónica** En geol., depresión grande y alargada hundida entre dos fallas por efecto de fuerzas internas.

Fosbury, Dick (Portland, Oregón 1947) Atleta estadounidense. Campeón olímpico de salto de altura en México (1968), creó una nueva técnica consistente en cruzar la barra en posición dorsal.

Foscari, Francesco (Venecia 1373 - íd. 1457) Dux de Venecia (1423-57). Empeñado en la política expansionista de Venecia, luchó contra los Visconti de Milán, a los que arrebató la parte oriental de Lombardía, hasta el río Adda. Su posición política se vio debilitada por la oposición de la familia Loredan y por los procesos contra su hijo Jacobo, hasta ser finalmente destituido por el Consejo de los Diez (1457). Su vida inspiró a Byron la tragedia *Los dos Foscari.*

fosco, ca *adj.* **1.** Se dice del pelo fuerte y rebelde. **2.** Oscuro, especialmente aplicado al tiempo.

Foscolo, Ugo (isla de Zante, Grecia 1778 - Turnham Green, Londres 1827) Escritor italiano. Muerto su padre, en 1794 se trasladó a Venecia.

Mariano Fortuny: La vicaría *(Museo de Arte Moderno, Barcelona).*

Sus ideas liberales le llevaron a participar en las revueltas políticas de Italia, por lo que sufrió persecuciones y exilios. Su obra es característica de la transición entre el neoclasicismo y el Romanticismo. Entre su producción destacan la novela epistolar *Últimas cartas de Jacopo Ortis* (1802), los poemas *De los sepulcros* (1807) y *Las Gracias* (1815) y las tragedias *Tieste* (1797) y *Ajax* (1811). Escribió, además, numerosas traducciones y comentarios de autores clásicos y ensayos sobre Dante, Petrarca y Boccaccio.

fosfamina *s. f.* PH_3. Fosfuro de hidrógeno. Es un gas incoloro, que se inflama espontáneamente y muy venenoso. Al arder forma ácido fosfórico.

fosfatar *v. tr.* **1.** Combinar fosfatos con otras sustancias. **2.** Aplicar fosfatos o provocar su formación en la superficie de algunos metales para defenderlos de los agentes atmosféricos. **3.** Mejorar o enriquecer las tierras con fosfatos. **FAM.** Fosfatado.

fosfatasa *s. f.* Proteína enzimática que por hidrólisis libera ácido fosfórico de los compuestos orgánicos que lo contienen.

fosfático, ca *adj.* Perteneciente o relativo al fosfato.

fosfatina *s. f.* Voz que aparece únicamente en las locuciones: **estar hecho fosfatina**, estar muy cansado, desanimado o enfermo, y **hacer fosfatina**, pulverizar, estropear o perjudicar.

fosfato *s. m.* Sal del ácido fosfórico. Se obtiene al sustituir uno de los hidrógenos (fosfato monometálico), dos (fosfato dimetálico) o los tres (fosfato trimetálico) de su composición por metales. Se hallan en la naturaleza en formas muy variadas y se emplean como fertilizantes (superfosfatos) y en la fabricación de levaduras artificiales.

fosfeno *s. m.* Sensación luminosa producida por la excitación mecánica de la retina o por una presión sobre el globo ocular.

fosfolípido *s. m.* Lípido compuesto de glicerina, dos ácidos grasos, ácido fosfórico y alcohol. Forma parte de la estructura de las membranas celulares.

fosforar *v. tr.* Añadir fósforo a algo o mezclarlo con otras sustancias. **FAM.** Fosforado.

fosforecer *v. intr.* Producir o emitir fosforescencia. ▪ Es v. irreg. Se conjuga como *agradecer*.

fosforero, ra *adj.* **1.** Perteneciente o relativo al fósforo. ‖ *s. m.* y *f.* **2.** Persona que se dedica a vender fósforos. ‖ *s. f.* **3.** Caja, estuche o recipiente para guardar fósforos o cerillas. **4.** Industria dedicada a la fabricación de fósforos, cerillas.

fosforescencia *s. f.* Propiedad de algunas sustancias de emitir luz durante un largo periodo de tiempo, después de cesar su exposición a una fuente luminosa, lo que la distingue de la fluorescencia, en que la emisión sólo se produce cuando hay luz.

fosforescente *adj.* Que presenta fosforescencia.

fosforescer *v. intr.* Fosforecer*.

fosfórico, ca *adj.* **1.** Perteneciente o relativo al fósforo. ‖ **2. ácido fosfórico** H_3PO_4. Líquido incoloro e inodoro, o sólido cristalino, producido al reaccionar con agua el óxido de fósforo (V). Tiene diversas aplicaciones en la industria farmacéutica, alimentaria y siderúrgica.

fosforita *s. f.* Roca sedimentaria de origen orgánico, compuesta principalmente por fosfato cálcico. Se presenta en estratos alternos con otras rocas sedimentarias y tiene color oscuro. Abunda en Extremadura y en diversos puntos de Andalucía, EE UU, Marruecos y Argelia. Se usa para obtener abonos.

fosforito *adj. fam.* Se aplica al color fluorescente y a las cosas que lo tienen.

fósforo *s. m.* **1.** P. Elemento químico perteneciente al grupo V A del sistema periódico. Su número atómico es 15 y su masa atómica 31,0. Fue descubierto en 1669 por el comerciante alemán Brand en la destilación de la orina. Emite luz en la oscuridad por quimiluminiscencia. Se encuentra en forma de ion fosfato, PO_4^{3-}, en los huesos y en distintos componentes del organismo animal y en gran variedad de minerales, como la fosforita y la apatita, cuyos yacimientos principales se encuentran en Marruecos, EE UU y Kazajstán. Se obtiene a partir del fluorfosfato cálcico con sílice y carbón. Se presenta en varias formas alotrópicas, siendo las principales el fósforo blanco y el rojo; mientras éste es estable e inocuo, aquél es muy venenoso y tan reactivo e inflamable que hay que mantenerlo dentro del agua. Se usa para la obtención de anhídrido y ácido fosfórico, como fertilizante, en pirotecnia y en algunas aleaciones. **2.** Cerilla. ‖ **3. óxido de fósforo** (V) P_2O_5. Polvo amorfo de color blanco, ávido de agua, por lo que se utiliza como deshidratante y secante en la industria azucarera, farmacológica, etc.

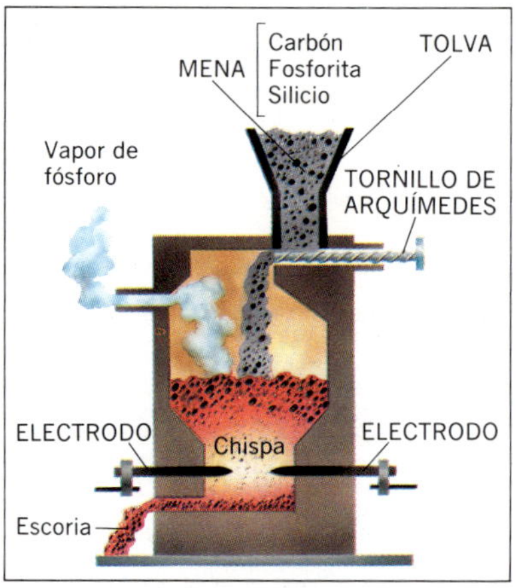

Proceso de obtención industrial del fósforo: la chispa eléctrica calienta la mena y provoca el desprendimiento de vapor de fósforo, que posteriormente se condensa.

fosfuro *s. m.* Compuesto binario de fósforo y un metal o hidrógeno.

fosgeno *s. m.* $COCl_2$. Cloruro de carbonilo. Gas tóxico incoloro, se obtiene haciendo reaccionar monóxido de carbono con cloro molecular. Se produce también por oxidación del cloroformo y se emplea en la fabricación de colorantes y como agresivo químico.

fósil *adj.* **1.** Se dice de los restos de animales y plantas muertos en épocas remotas, cuyas moléculas orgánicas han sido sustituidas por moléculas minerales mediante procesos químicos y geológicos, por lo que han quedado convertidos en piedra. También *s. m.* **2.** *fam.* Viejo o anticuado. También *s.*

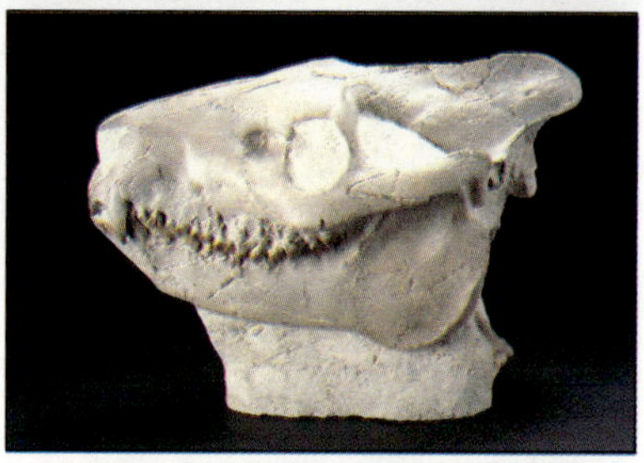

Fósiles: arriba, helecho del periodo carbonífero; abajo, cráneo de oreodón, mamífero ungulado del oligoceno.

fosilífero, ra *adj.* Se aplica a la región, terreno, etc., donde abundan los fósiles.

fosilización *s. f.* Proceso por el cual las moléculas orgánicas de un ser vivo son sustituidas por moléculas minerales, generalmente de sílice o carbonato cálcico, con lo que todo el cuerpo o parte de él queda convertido en piedra.

fosilizarse *v. prnl.* **1.** Convertirse un cuerpo orgánico en fósil. **2.** Estancarse, dejar de evolucionar. ▪ Se conjuga como *cazar*.

foso *s. m.* **1.** Hoyo grande de forma alargada abierto en el suelo. **2.** En el teatro, espacio situado debajo del escenario, donde normalmente está la orquesta. **3.** En talleres mecánicos y garajes, cavidad desde la que se puede arreglar o limpiar más fácilmente la máquina colocada encima. **4.** Zanja profunda y alargada que rodea algunas fortalezas y castillos. **5.** Lugar con arena donde cae el atleta después de saltar.

Fosse, Bob (Chicago 1927 - Washington 1987) Coreógrafo y director cinematográfico estadounidense. Renovó el género musical con su filme *Cabaret* (1972). Otras películas suyas dignas de mención son *Lenny* (1974), *Empieza el espectáculo* (*All That Jazz*, 1979) y *Star 80* (1983).

Fossey, Dian (? 1932 - Ruanda 1985) Científica estadounidense. Alcanzó renombre internacional con sus investigaciones sobre los gorilas de montaña africanos. Relató sus experiencias en el libro *Gorilas en la niebla*, llevado posteriormente al cine. Murió asesinada, probablemente por cazadores furtivos.

Foster, Harold (Halifax, Canadá 1892 - Spring Hill, Florida 1982) Dibujante estadounidense de origen canadiense. Ilustró las aventuras de *Tarzán* (1929-36) y los cómics del *Príncipe Valiente* (1937-71).

Foster, Norman Robert (Reddish 1935) Arquitecto y urbanista británico. En 1967 fundó el estudio Foster Asociados, en colaboración con otros arquitectos. Entre sus proyectos sobresalen la sede central de Willis Faber y Dumas, en Ipswich (1975), el Centro de Artes Visuales de Sainsbury, en Norwich (1978), el Banco de Hong Kong y Shanghai (1986), las oficinas de Televisa, en México y la terminal del aeropuerto de Milán.

foto *s. f. fam. apóc.* de **fotografía**.

foto- *pref.* Significa 'luz': *fotosíntesis, fotografía*.

fotocátodo *s. m.* Electrodo de una célula fotoeléctrica que emite electrones cuando es iluminado.

fotocélula *s. f.* Célula* fotoeléctrica.

fotocinesis *s. f.* Movimiento con el que algunos organismos reaccionan a los estímulos luminosos.

fotocomposición *s. f.* En artes gráficas, sistema de composición de textos basado en un proceso fotográfico que permite prescindir de los tipos metálicos.

fotoconductividad *s. f.* Conductividad variable, propia de los cuerpos fotoconductores.

fotoconductor, ra o **fotoconductriz** *adj.* Se aplica al cuerpo cuya conductividad eléctrica cambia de acuerdo con la intensidad de la luz.

fotocopia *s. f.* Reproducción fotográfica instantánea de un documento, dibujo, plano, etc., que se realiza directamente sobre papel con un aparato llamado *fotocopiadora*.

fotocopiadora *s. f.* Máquina que obtiene copias en papel de textos, dibujos o gráficos por medio de procedimientos fotográficos. En ella la imagen del original es barrida y analizada línea a línea por una radiación luminosa intensa que la proyecta sobre una superficie sensible donde queda grabada. Esta imagen se traslada posteriormente al papel por un proceso de atracción electrostática.

fotocopiar *v. tr.* Hacer fotocopias de documentos, planos, etc.

fotoelectricidad *s. f.* Electricidad producida por el desprendimiento de electrones bajo la acción de la luz.

fotoeléctrico, ca *adj.* **1.** Se aplica a todo fenómeno eléctrico provocado por la intervención de radiaciones luminosas y a los aparatos en que se aprovecha esta circunstancia. ‖ **2. efecto fotoeléctrico** Fenómeno por el que se desprenden los electrones externos de los átomos metálicos, debido a la energía que los fotones de la luz les comunican al incidir sobre ellos.

fotoelectrón *s. m.* Electrón emitido a causa del efecto fotoeléctrico.

foto-fija *s. f.* **1.** En cine, fotografía que se toma durante el rodaje para uso exclusivamente publicitario. ‖ *s. m.* y *f.* **2.** Persona que realiza este trabajo.

foto-finish (de *foto* y la voz ingl. *finish*, final) *s. f.* Fotografía que se toma con una cámara especial en la línea de meta de ciertas competiciones deportivas y sirve para establecer el orden de llegada de los participantes.

fotofobia *s. f.* Repulsión o temor a la luz.

fotófobo, ba *adj.* Que padece fotofobia. También *s.*

fotóforo *adj.* Se aplica a los órganos de estructura glandular capaces de producir luz que poseen algunos peces, cefalópodos, crustáceos abisales, coleópteros, etc. También *s. m.*

fotoforosis *s. f.* Fenómeno de bioluminiscencia que se produce en ciertos órganos de algunos animales, fundamentalmente en especies marinas abisales y en insectos nocturnos.

fotogenia *s. f.* Cualidad de fotogénico.

fotogénico, ca *adj.* **1.** Que tiene buenas condiciones para ser fotografiado o filmado o que sale favorecido. **2.** Que favorece la acción química de la luz.

fotógeno, na *adj.* Que produce luz.

fotograbado *s. m.* **1.** Procedimiento para grabar por medios fotográficos, químicos o electrónicos un cliché sobre planchas metálicas que sirven para imprimir. **2.** Plancha obtenida por este procedimiento y grabado conseguido de esta forma.
Tecnol. Las técnicas más comunes de fotograbado se basan en la propiedad de ciertas sustancias de volverse insolubles después de haber sido sometidas a la acción química de la luz. La plancha de metal, generalmente de cobre, cinc o aleaciones especiales, se cubre con una emulsión de dichas sustancias y sobre ella se proyecta la imagen que se quiere reproducir. Después la plancha se trata con un baño que disuelve la emulsión de las partes no impresionadas por la luz. En éstas el metal queda al descubierto y es corroído por un ácido, que no ataca las partes cubiertas por la emulsión. De este modo resulta una plancha que presenta en relieve los detalles de la imagen original. En la actualidad existen máquinas que permiten obtener las planchas por medios electrónicos.

fotograbador, ra *s. m.* y *f.* Persona especializada en fotograbado.

fotograbar *v. tr.* Obtener clichés de imprenta por medio del fotograbado.

fotografía *s. f.* **1.** Técnica para obtener imágenes permanentes sobre materias sensibles a la luz. **2.** Imagen así obtenida. **3.** Representación, descripción, etc., que reproduce con fidelidad y exactitud personas, hechos o cosas. **FAM.** Fotográficamente, fotográfico.
Hist. El principio de formación de imágenes en una cámara oscura con una pequeña abertura al exterior es conocido desde la antigüedad. A fines del s. XVIII se descubrió que estas imágenes quedaban fijadas en una superficie impregnada con sales de plata. Diversos inventores, como Niepce, Daguerre, Talbot, Maddock, etc., fueron mejorando la calidad de las emulsiones de plata y de la superficie sensible. Un paso trascendental fue la invención a fines del s. XIX de la película de plástico por Goadwin y su disposición en rollo por Eastman, que hacía innecesario cambiar de placa después de cada fotografía. Desde entonces la fotografía estuvo al alcance del gran público. En 1928 Barnak inventó la cámara Leica, con diversos adelantos técnicos que permitieron reducir su tamaño y facilitar su manejo. La fotografía en color se desarrolló a partir del descubrimiento por Ducos del procedimiento tricromático. A lo largo del s. XX la fotografía ha progresado notablemente, incorporando fotómetros, teleobjetivos, granangulares, flashes, filtros, zooms, etc.
Tecnol. La luz penetra en la cámara a través del objetivo, con una intensidad regulada por el diafragma y durante un periodo de tiempo medido por el obturador. La emulsión de sales de plata de la película reacciona según la intensidad de la luz recibida. En el cuarto oscuro, al ser bañada la película en revelador, se oscurecen las partes que recibieron luz y se forma la imagen en negativo. Después se sumerge la película en fijador y se lava en una solución de agua y ácido acético. Una vez seco, el negativo se proyecta con una ampliadora sobre papel sensible. Al bañar el papel en revelador, las partes que recibieron luz de la ampliadora se oscurecen hasta formarse la imagen positiva que constituye la fotografía.

fotografiar *v. tr.* **1.** Obtener una imagen por medio de la fotografía. También *v. intr.* y *v. prnl.* **2.** Describir exacta y minuciosamente personas, cosas o sucesos. ■ En cuanto al acento, se conjuga como *ansiar*: *fotografío.*

fotógrafo, fa *s. m.* y *f.* Persona que hace fotografías profesionalmente o por afición.

fotograma *s. m.* Cada una de las imágenes que se suceden en una película cinematográfica consideradas aisladamente.

fotogrametría *s. f.* Procedimiento para obtener planos o mapas por superposición de fotografías aéreas.

fotólisis *s. f.* Descomposición química de la molécula de agua por efecto de la luz durante la función clorofílica de las plantas, fundamentalmente a causa de la acción de los rayos ultravioleta.

fotolito *s. m.* En artes gráficas, cliché fotográfico que reproduce el original sobre soporte transparente; se usa en huecograbado y offset.

fotolitografía *s. f.* Arte de reproducir y fijar dibujos en piedra litográfica por la acción química de la luz. En la actualidad, la piedra litográfica ha sido sustituida por planchas metálicas y el procedimiento se llama *fotometalografía.* **FAM.** Fotolitográfico.

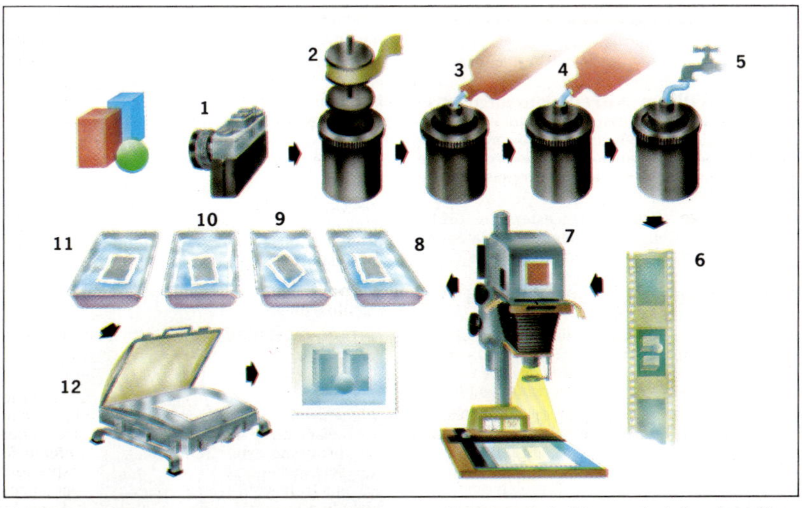

Proceso de elaboración de una instantánea fotográfica: impresión de la película (1); cargado de la cubeta (2); revelado del negativo (3); fijado del negativo (4); lavado del negativo (5); secado del negativo (6); ampliación sobre papel sensible (7); revelado del positivo (8); baño de paro (9); fijado del positivo (10); lavado del positivo (11) y esmaltado (12).

fotolitografiar *v. tr.* Reproducir una imagen por medio de la fotolitografía. ■ En cuanto al acento, se conjuga como *ansiar*: *fotolitografío.*

fotoluminiscencia *s. f.* Radiación luminosa que emiten los cuerpos al devolver la luz recibida previamente en una longitud de onda distinta. Si esta emisión es momentánea, se denomina *fluorescencia* y si perdura durante un tiempo más o menos largo, aunque haya cesado la exposición a un foco luminoso, se llama *fosforescencia.*

fotomagnético, ca *adj.* Se aplica a los fenómenos magnéticos provocados por la acción de la luz.

fotomatón *s. m.* **1.** Sistema fotográfico para obtener el revelado del negativo y sacar el positivo y las copias en muy pocos minutos. **2.** Cabina donde se hacen fotos por este sistema.

fotomecánico, ca *adj.* **1.** Se dice de todo procedimiento de reproducción gráfica basado en el uso de técnicas fotográficas. ‖ *s. f.* **2.** Este procedimiento de impresión. **3.** Taller donde se efectúa.

fotometalografía *s. f.* **1.** En artes gráficas, procedimiento fotomecánico análogo a la fotolitografía, pero en el que la piedra litográfica es reemplazada por planchas metálicas. **2.** Fotografía a escala que permite apreciar la estructura superficial de los metales.

fotometría *s. f.* Parte de la óptica que estudia las leyes relativas a la intensidad de la luz y los métodos e instrumentos utilizados para medirla. **FAM.** Fotométrico.

fotómetro *s. m.* **1.** Instrumento para medir la intensidad de la luz. **2.** En fotografía, instrumento que calcula automáticamente el tiempo de exposición en función de la intensidad de la luz que ilumina el objeto que se quiere fotografiar.

fotomicrografía *s. f.* **1.** Método de obtención de fotografías de objetos invisibles a simple vista, aumentando la imagen por medio del microscopio. **2.** Fotografía así obtenida.

fotomontaje *s. m.* Combinación de varias fotografías para conseguir una nueva imagen con intención artística, publicitaria, etc.

fotomultiplicador *s. m.* Célula fotoeléctrica que multiplica flujos de electrones.

fotón *s. m.* Cuanto de energía luminosa. Se propaga en forma de ondas electromagnéticas a una velocidad de 300.000 km/s en el vacío. También se llaman *granos de luz.*

fotonovela *s. f.* Relato compuesto por una sucesión de fotografías, acompañadas de pies o bocadillos con indicaciones o trozos de diálogo, como en los cómics. Su temática suele ser melodramática y sentimental, similar a la de la novela rosa.

fotoquímica *s. f.* Parte de la química que estudia las reacciones producidas por la acción de la luz, como p. ej. la fotosíntesis. **FAM.** Fotoquímico.

fotorreceptor, ra *adj.* En anat. y fisiol., se dice de la célula o conjunto celular que capta los estímulos luminosos. Se distinguen dos tipos, presentes en la retina de los vertebrados: los conos, que perciben la variedad de los colores, y los bastones, que captan el brillo y la intensidad de la luz. También *s. m.*

fotorresistencia *s. f.* Resistencia eléctrica variable de los cuerpos o sustancias según la iluminación que reciben. Se utiliza para regular la luz.

fotorrobot *s. f.* Retrato elaborado a base de detalles fisonómicos descritos por testigos y que, a falta de fotografía, puede servir para identificar a una persona, fundamentalmente a un sospechoso de un delito.

fotosensibilización *s. f.* Sensibilidad anormal de la piel a las radiaciones luminosas que se manifiesta en algunas personas.

fotosensible *adj.* Que es sensible a la luz.

fotosfera *s. f.* Capa gaseosa externa del Sol, que corresponde a la superficie del mismo visible desde la Tierra.

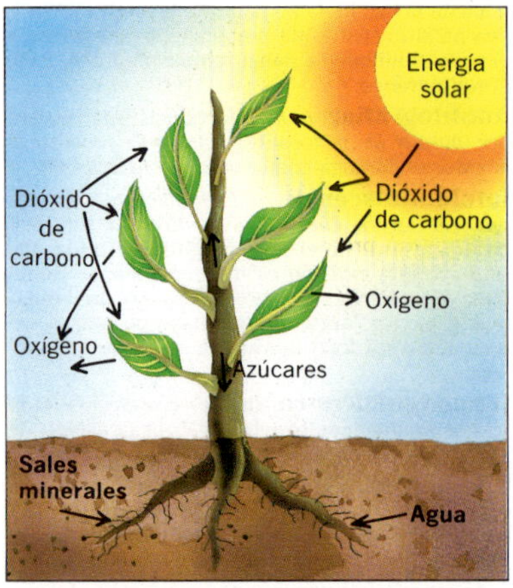

Durante la fotosíntesis las plantas verdes absorben dióxido de carbono y emiten oxígeno.

fotosíntesis *s. f.* Conjunto de reacciones químicas para la transformación de la energía de la luz en energía bioquímica que tiene lugar en las plantas verdes. Las células vegetales de estas plantas, gracias a la clorofila, captan la energía luminosa y la transforman en energía química, con la cual forman compuestos orgánicos a partir de dióxido de carbono, agua y sales minerales.

fototactismo *s. m.* Respuesta de ciertos animales acuáticos a estímulos luminosos que les impulsa a aproximarse o alejarse de la luz.

fototeca *s. f.* **1.** Archivo de fotografías. **2.** Colección de fotografías.

fototelegrafía *s. f.* Transmisión de fotografías por telégrafo.

fototelégrafo *s. m.* Aparato que sirve para transmitir fotografías a distancia por medio del telégrafo.

fototerapia *s. f.* Utilización de radiaciones luminosas en el tratamiento de enfermedades, p. ej. ciertas afecciones reumáticas o el raquitismo.

fototipia *s. f.* **1.** Procedimiento de impresión mediante un cliché en relieve que reproduce el negativo fotográfico de lo que se quiere imprimir. **2.** Lámina o estampa reproducida con esta técnica. **FAM.** Fototípico.

fototipo *s. m.* Cliché fotográfico.

fototipografía *s. f.* Método de imprimir que utiliza clichés tipográficos obtenidos por procedimiento fotográfico. **FAM.** Fototipográfico.

fototropismo *s. m.* Reacción de movimiento de un organismo vivo al estímulo de la luz, como p. ej. el crecimiento de los vegetales dirigiendo sus hojas hacia zonas luminosas.

fotovoltaico, ca *adj.* Se aplica a los dispositivos que son capaces de convertir la energía luminosa en electricidad. El material fotovoltaico más conocido es el selenio.

fututo, ta *adj.* **1.** *Ant., Arg., Méx.* Fastidiado, arruinado. ‖ *s. m.* **2.** *amer.* Instrumento musical indígena, hecho con una caracola marina.

Foucault, corriente de Corriente inducida que aparece en una pieza metálica cuando varía el flujo magnético que la atraviesa. Para reducir sus efectos perjudiciales (calentamiento del metal, disipación de energía), se sustituyen los núcleos macizos por placas entre las que se intercalan láminas aislantes o compuestos de óxidos.

Foucault, Jean Bernard Léon (París 1819 - íd. 1868) Físico francés. Calculó la velocidad de la luz, inventó el giróscopo para determinar la dirección del meridiano de un lugar y, con ayuda de un péndulo, demostró la rotación de la Tierra. Descubrió la corriente que lleva su nombre.

Foucault, Michel (Poitiers 1926 - París 1984) Filósofo francés. Trató de descubrir las estructuras subyacentes que determinan el modo de percibir y pensar los objetos, que según su criterio aparecen en la historia de forma discontinua (cortes epistemológicos). Las investigaciones que realizó sobre la arqueología del saber y sobre el orden del discurso constituyen la base de todo su pensamiento filosófico. Entre sus obras fundamentales se encuentran *Historia de la locura en la época clásica* (1961), *Las palabras y las cosas* (1966), *La arqueología del saber* (1972) e *Historia de la sexualidad* (1976-84).

Fouché, Joseph (Nantes 1759 - Trieste 1820) Político francés. Participó en la Convención Nacional de 1792. Miembro destacado del Partido de la Montaña, fue ministro de Policía en el Directorio y apoyó el golpe de Estado que elevó a Napoleón al Consulado y al Imperio, el cual lo conservó en su puesto y lo nombró duque de Otranto (1809). Tras la caída de Napoleón colaboró en la restauración de la monarquía de Luis XVIII.

foulard (voz fr.) *s. m.* Fular*.

Foulché-Delbosc, Raymond (Toulouse 1864 - París 1929) Hispanista francés. En 1894 fundó la *Revue hispanique*, la cual dirigió hasta su muerte. Entre sus trabajos merecen citarse la *Bibliografía de viajes a España y Portugal* (1896), la *Bibliografía de Góngora* (1908), la edición de *Cancionero castellano del siglo* XV (1915) y un *Manual del hispanista* (1920-25).

Fouquet, Jean (Tours h. 1420 - íd. h. 1481) Pintor y miniaturista francés. Se formó en Italia, donde conoció la pintura renacentista y aprendió las técnicas de la perspectiva. En 1448 regresó a Tours y en 1474 recibió el nombramiento de pintor oficial del rey. Realizó un *Libro de horas* (h. 1457) para Etienne Chevalier, tesorero de Francia. Su obra, de estilo muy personal, se caracteriza por el fuerte realismo y la finura del trazo. Destacan sus cuadros *Virgen con el niño*, *Descendimiento* y los retratos de *Carlos VII* y *Guillaume Jouvenel des Ursins*. También ilustró con miniaturas las *Grandes crónicas de Francia* y las *Antigüedades judías*, de Flavio Josefo.

Fourier, Charles (Besançon 1772 - París 1837) Filósofo y economista francés. Formado en el socialismo utópico de Robert Owen y de Saint-Simon, criticó la sociedad de su tiempo, que según él está fundamentada en la competencia, el egoísmo y el afán de lucro y de mando. Para conseguir una sociedad más humana propuso organizarla en falansterios, comunidades de poco más de un millar de individuos agrupados en cooperativas de producción y consumo, en las que los beneficios se repartirían entre el capital, el talento y el trabajo. Defendió el amor libre, la desaparición de la familia y la educación colectiva de los niños. Su obra principal es *Nuevo mundo industrial y societario* (1829).

Fournier, Henri Alban, llamado **Alain-Fournier** (La Chapelle-d'Angillon, Cher 1886 - en la batalla del Marne 1914) Novelista francés. Alcanzó la fama con su novela *El gran Maulnes* (1913), poética aventura sobre el paso de la infancia a la adolescencia, donde la imagen de la felicidad no se corresponde con la realidad y llega la decepción.

fovea *s. f.* Pequeña depresión en algunas estructuras del organismo, especialmente la *fovea central* o mancha amarilla, situada en el centro de la retina del ojo, que es la parte más sensible a la percepción de los colores.

Fowler, William Alfred (Pittsburgh 1911) Astrofísico estadounidense. Obtuvo el premio Nobel de física de 1983, compartido con S. Chandrasekhar, por sus trabajos sobre las reacciones nucleares en el interior de las estrellas durante su fase evolutiva.

Fox, George (Drayton, Leicestershire 1624 - Londres 1691) Religioso inglés. Fundó la Sociedad de Amigos, cuyos miembros son más conocidos con el nombre de *cuáqueros*.

Foxá, Agustín de, conde de Foxá (Madrid 1903 - íd. 1959) Escritor español. Fue diplomático. Cultivó la poesía, en libros como *El toro, la muerte y el agua* (1936) y *El almendro y la espada* (1940); la novela, en *Madrid de corte a checa* (1938), y el teatro, en *Baile en capitanía* (1944).

foxterrier *s. m.* y *f.* Perro de origen inglés, de 30 a 40 cm de altura, cráneo ancho, cara pequeña y orejas semicaídas. Existen dos variedades, la de pelo duro y la de pelo liso. Generalmente llevan la cola cortada. También *adj.*

foxtrot (voz ingl. que significa 'paso de la zorra') *s. m.* Baile de dos tiempos, de origen anglosajón, que se popularizó a partir de 1913.

Fr Símbolo químico del francio.

frac (voz fr.) *s. m.* Chaqueta masculina de etiqueta que por delante llega hasta la cintura y por detrás se prolonga en dos faldones o colas.

fracasado, da **1.** *p. p.* de **fracasar**. ‖ *adj.* **2.** Se dice de algo que ha fallado. **3.** Se aplica a la persona marcada por el fracaso de sus aspiraciones o intentos. También *s.*

fracasar *v. intr.* No tener éxito alguien o algo.

fracaso *s. m.* **1.** Acción y efecto de fracasar. **2.** Suceso, cosa, persona, etc., que fracasa. ‖ **3. fracaso escolar** Situación en la que un alumno o grupo de alumnos no alcanza con suficiencia los objetivos propuestos para el curso escolar. Puede deberse a diversas causas: mal enfoque pedagógico por parte del profesor, mal ambiente familiar, bajo rendimiento del alumno, mala adecuación de las materias del currículo, etc.

fracción *s. f.* **1.** En mat., expresión a/b que representa la división de una cantidad entera a (numerador) por una cantidad entera b (denominador); p. ej.: *2/5, dos quintos.* **2.** Acción y efecto de fracturar. ‖ **3. fracción algebraica** En mat., cociente de expresiones algebraicas cualesquiera. P. ej.: $3x - 1 / x^2 + y^2$. **4. fracción continua** En mat., la que tiene por numerador la unidad y por denominador un número mixto, cuya fracción tiene por numerador la unidad y por denominador un número mixto, y así sucesivamente. P. ej.:

$$\cfrac{1}{2+\cfrac{1}{2+\cfrac{1}{2+\dots}}}$$

5. fracción de números enteros En mat., número que expresa una o varias partes de la unidad dividida en partes iguales. **6. fracción decimal** En mat., la que expresa una o varias partes de la unidad dividida en diez partes iguales o en un número de partes igual a una potencia de diez. P. ej.: 35/1.000. **7. fracción exacta** En mat., aquella en la que el cociente de dividir el numerador entre el denominador es un número decimal exacto (esto es, con una cantidad finita de cifras decimales). P. ej.: 3/4, porque 3 : 4 = 0,75. **8. fracción generatriz** En mat., dado un número decimal, su fracción generatriz es aquella en la que el cociente de dividir el numerador entre el denominador es el número decimal dado. **9. fracción impropia** En mat., aquella cuyo numerador es igual o mayor que el denominador. **10. fracción molar** En quím., cociente entre los moles de un componente en una disolución y los moles totales existentes en ella. **11. fracción propia** En mat., aquella cuyo numerador es menor que el denominador. **12. fracción relativa** En mat., cociente entre la frecuencia absoluta y el número total de veces que se repite el experimento (suma de todas las frecuencias absolutas). **13. fracciones equivalentes** En mat., aquellas en que el producto del numerador de la primera y el denominador de la segunda es igual al producto del numerador de la segunda y el denominador de la primera. P. ej.: 2/3 y 4/6.

fraccionar *v. tr.* Dividir algo en partes o fracciones. También *v. prnl.* **FAM.** Fraccionable, fraccionamiento.

fraccionario, ria *adj.* **1.** Perteneciente o relativo a la parte o fracción de un todo. **2.** En mat., se dice del número quebrado. También *s. m.*

fractal *adj.* **1.** Se dice de los objetos matemáticos cuya creación o forma responde a reglas irregulares o a la fragmentación. **2.** Se aplica a la disciplina matemática que estudia dichos objetos y las reglas por las que se rigen. **3.** Figura

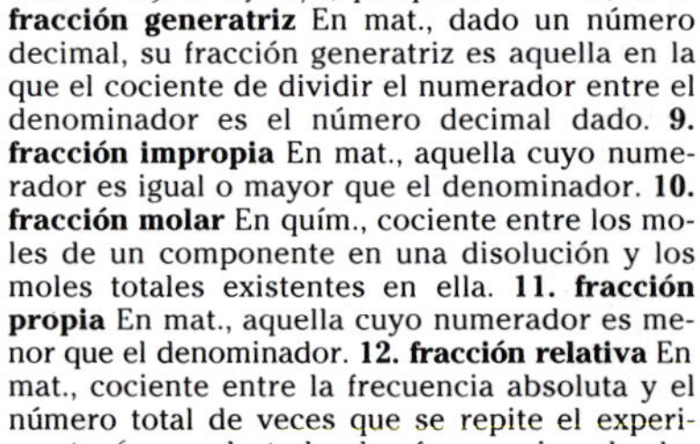

Foxterrier.

geométrica compleja creada por ordenador a partir de ecuaciones matemáticas, en las que el azar y la dinámica producen modelos llenos de complejidad.

fractura *s. f.* **1.** Acción y efecto de fracturar o de fracturarse, especialmente un hueso o cartílago. **2.** Aspecto de la superficie que se forma en los minerales al romperse; puede ser plana, astillosa, concoidea, etc. **3.** En geol., grieta o rotura de una roca o terreno con desplazamiento o no de bloques; en el primer caso se trata de una falla y en el segundo de una diaclasa. **4.** Acto de forzar una cerradura para robar.

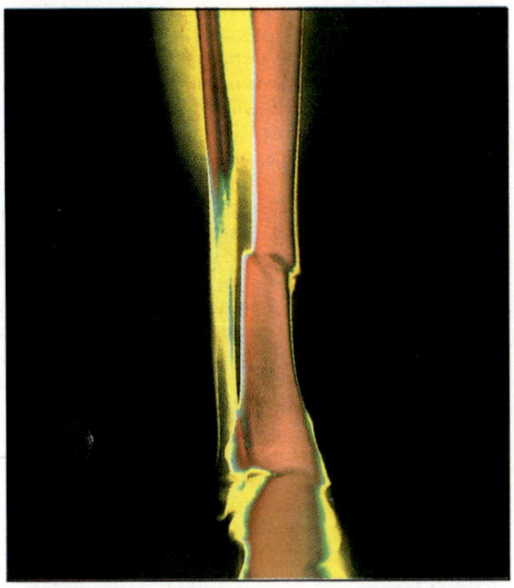

Radiografía coloreada en la que se distingue una fractura de tibia (color rojo).

fracturar *v. tr.* **1.** Romper algo violentamente, especialmente un hueso o miembro del cuerpo. También *v. prnl.* **2.** Romper o violentar una cerradura para robar.

fraga[1] *s. f.* Frambueso*.

fraga[2] (de *fragoso*) *s. f.* **1.** Terreno escarpado, lleno de peñas y malezas. **2.** En carpintería, madera sobrante que se quita de las piezas para empezar a desbastarlas.

Fraga Iribarne, Manuel (Villalba, Lugo 1922) Político español. Desempeñó diversos cargos durante el franquismo, entre ellos el de ministro de Información y Turismo (1962-69). Fue embajador en Londres (1973-75) y ministro de Gobernación (1975-76) en el primer gabinete de la monarquía. Fundó el partido Alianza Popular, del que fue presidente desde 1977 hasta 1986. Retornó a la política activa en 1988 para volver a ocupar la presidencia de su partido, convertido en Partido Popular. En 1989, tras ser sustituido en el cargo por José María Aznar, fue elegido presidente de la Xunta de Galicia.

Manuel Fraga Iribarne.

fragancia *s. f.* Olor fresco y agradable.

fragante[1] (del lat. *fragans, -ntis*) *adj.* Que tiene o despide buen olor.

fragante[2] (del lat. *flagrans, -antis*) *adj.* Que arde o resplandece. ‖ **Loc. en fragante** *adv.* In* fraganti.

fragata *s. f.* **1.** Antiguo navío de tres palos con sus respectivos aparejos. **2.** Actualmente, buque de guerra, menor que el destructor, con misiones antisubmarinas y de escolta. **3.** Rabihorcado*, ave. ‖ **4. fragata ligera** Corbeta*.

frágil *adj.* **1.** Que se rompe con facilidad, p. ej. el cristal. **2.** Débil o que se estropea o trastorna fácilmente. **3.** P. ext., de corta existencia o duración. **4.** Se dice de la persona de carácter débil, que suele verse muy afectada por las situaciones difíciles. **Fam.** Fragilidad, frágilmente.

fragmentar *v. tr.* Reducir una cosa a trozos pequeños o dividirla en partes. También *v. prnl.* **Fam.** Fragmentación.

fragmentario, ria *adj.* **1.** Que está compuesto de fragmentos. **2.** Incompleto o parcial.

fragmento *s. m.* Cada uno de los trozos o partes en que se rompe o divide algo.

Fragonard, Jean Honoré (Grasse, Provenza 1732 - París 1806) Pintor y grabador francés. Es el último de los grandes pintores del rococó en Francia. Después de una breve etapa en que trató temas históricos, se dedicó a la pintura galante representando escenas sensuales en obras como *El beso furtivo* y *El debut de la modelo.* Su pintura refleja una gracia delicada, una visión poética y un sentimiento nostálgico, patentes en cuadros como *El columpio* y *El abate de Saint-Non.* La Revolución terminó con este género de pintura y la última etapa de su vida transcurrió en la miseria.

Jean Honoré de Fragonard: El sacrificio de Calirroe, *fragmento (Museo de la Real Academia de San Fernando, Madrid).*

fragor *s. m.* Ruido grande y continuo.

fragoroso, sa *adj.* Que produce fragor.

fragoso, sa *adj.* **1.** Se dice del terreno irregular, abrupto o lleno de malezas. **2.** Fragoroso, que hace mucho ruido. **Fam.** Fragosidad.

fragua *s. f.* **1.** Fogón abierto, aireado mediante un fuelle, donde se calientan los metales para forjarlos. **2.** Taller donde se trabajan los metales con este fogón.

fraguado, da **1.** *p. p.* de **fraguar**. También *adj.* ‖ *s. m.* **2.** Acción y efecto de fraguar el cemento, el yeso, la cal, etc.

fraguador, ra *adj.* Se aplica a la persona que fragua o idea planes, enredos, mentiras, etc. También *s.*

fraguar *v. tr.* **1.** Forjar el metal. **2.** Planear o promover alguna cosa, generalmente negativa, como conspiraciones, mentiras, etc. ‖ *v. intr.* **3.** Endurecerse el cemento, la cal u otra mezcla semejante una vez aplicada. **4.** Tener éxito una idea, plan o proyecto. ▪ Se conjuga como *averiguar.*

fraile *s. m.* **1.** Miembro de una orden religiosa, especialmente de las llamadas *mendicantes*; p. ej., franciscanos, carmelitas, dominicos, etc. **2.** Doblez hacia fuera que se forma en el borde de una prenda, p. ej. en el extremo inferior de un vestido. **3.** En imprenta, parte del papel que ha quedado sin imprimir por alguna causa.

frailecillo *s. m.* **1.** Nombre común de diversas aves caradriformes de la familia álcidos, géneros *Fratercula* y *Lunda.* El frailecillo común *(Fratercula arctica)* mide unos 30 cm de longitud, tiene cuerpo rechoncho, patas palmeadas, cabeza grande, pico listado de rojo, amarillo y azul, dotado de placas córneas que muda junto al plumaje. Su cuerpo es blanco, con el dorso y el cuello negros. Habita en las costas de acantilado europeas y americanas del Atlántico N. **2.** Ave paseriforme de la familia tiránidos, especie *Centopus cinereus.* Presenta plumaje blanco con el dorso oscuro y una corona negra. Es insectívoro y habita en selvas tropicales de América del Sur.

frailero, ra *adj.* **1.** Propio de los frailes. **2.** *fam.* Se dice de la persona amiga de los frailes o relacionada con ellos. **3.** Se aplica a la ventana que tiene el postigo en la hoja y no en el marco.

frailuno, na *adj. desp.* Que tiene rasgos que se consideran propios de frailes, como el recogimiento, la austeridad, etc.

frambuesa *s. f.* **1.** Fruto del frambueso, de color rojo, sabor agridulce y olor fragante, formado por una agrupación de pequeñas drupas sobre un receptáculo carnoso. ‖ *adj.* **2.** De color semejante al de este fruto. También *s. m.* **3.** De sabor parecido al de este fruto.

Frambuesa, fruto del Rubus idaeus.

frambueso *s. m.* Planta arbustiva de la familia rosáceas, especie *Rubus idaeus.* Mide entre 70 y 130 cm de altura, tiene ramas espinosas, hojas compuestas, verdes por el haz y blancas por el envés, pequeñas flores blancas y fruto en drupa de color rojo. Se encuentra ampliamente distribuido, especialmente en los bosques templados de Europa y gran parte de Asia. Su fruto es la frambuesa.

francachela *s. f.* **1.** *fam.* Comilona. **2.** *fam.* Juerga, jarana.

francamente *adv. m.* **1.** Con franqueza o sinceridad. **2.** Sin duda, claramente.

France, Anatole François Thibault, llamado **Anatole** (París 1884 - St. Cyr-sur-Loire 1924) Escritor francés. Formó parte del grupo simbolista *Parnaso.* En sus últimos tiempos, a raíz del caso Dreyfus, abandonó la literatura de creación para abordar problemas políticos y sociales. Erudito, maestro de la ironía, su estilo es de una fría perfección, sutil y matizado. Entre sus obras narrativas destacan *El crimen de Silvestre Bonnard* (1881), *Thaïs* (1890), *El lirio rojo* (1894), *El jardín de Epicuro* (1895), *La isla de los pingüinos* (1908) y *Los dioses tienen sed* (1912). Recibió el premio Nobel de literatura en 1921.

francés, sa *adj.* **1.** De Francia. También *s.* ‖ *s. m.* **2.** Lengua oficial de Francia. El francés actual es una lengua románica derivada de un antiguo dialecto de la lengua de oil, el franciano, una lengua romance hablada en la Ile-de- France (París), que por razones políticas extendió su influencia a otras zonas del territorio francés en las que el latín en fusión con las lenguas autóctonas había dado lugar a derivaciones distintas. Las primeras manifestaciones escritas en lengua romance se remontan al s. IX y son los *Juramentos de Estrasburgo* (842) y el *Poema de Santa Eulalia* (881), primer documento literario. Se caracteriza fonéticamente, entre otros rasgos, por la existencia de cuatro grados en la abertura de las vocales, la desaparición de las africadas [ch], frente a las demás lenguas romances, y la existencia del fonema [r] con una pronunciación entre dorsal y velar. El acento tónico es fijo y recae sobre la última sílaba de las palabras. En cuanto a la sintaxis, las palabras mantienen dentro de la frase un orden más rígido que en español.
El francés actual cuenta con unos cien millones de hablantes, se extiende a Bélgica, Luxemburgo, Mónaco, Suiza (donde es una de las cuatro lenguas oficiales), al valle de Aosta en Italia y a algunas de las que fueron colonias francesas (Quebec en Canadá, los departamentos franceses de las Antillas y la Guayana, amplias zonas del N de África e islas de Oceanía). Durante mucho tiempo el francés ha sido la lengua de mayor prestigio internacional, aunque actualmente ha sido desplazado por el inglés.

francesada *s. f.* **1.** *fam.* Acción, rasgo, dicho, etc., propio de los franceses, generalmente en sentido negativo o despectivo. **2.** Invasión de España por los franceses en 1808.

francesilla *s. f.* **1.** Planta herbácea de la familia ranunculáceas, especie *Ranunculus asiaticus.* Tiene hojas basales divididas en tres partes, flores de colores variados y raíces en tubérculos. Se cultiva como planta decorativa. **2.** Ciruela parecida a la damascena.

Francfort del Main Véase **Frankfurt del Main**.

franchute *adj. desp.* o *fam.* Francés*. También *s.*

Francia (*France*) Estado de Europa occidental.

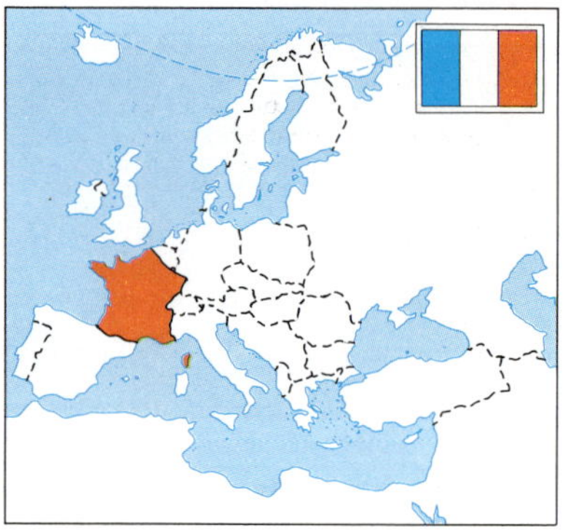

Extensión: 543.965 km^2.
Límites: al N, con el canal de La Mancha, Bélgica y Luxemburgo; al E, con Alemania, Suiza e Italia; al S, con el mar Mediterráneo y España, y al O, con el océano Atlántico.
Población: 56.647.000 h. en 1990.
Densidad: 104,1 h./km^2.
Capital: París.
División administrativa: en 22 regiones y éstas en 96 departamentos.
Ciudades principales: Marsella, Lyon, Toulouse, Niza, Estrasburgo, Nantes, Burdeos, Saint-Étienne.
Gentilicio: francés.
Forma de Estado: república presidencialista.
Idioma: francés.
Religión: catolicismo, 76 %; protestantismo, 3,7 %; islamismo, 3 %.
Moneda: franco francés.
Tasa de natalidad: 14 ‰ en 1990.
Tasa de mortalidad: 9 ‰ en 1990.
Renta per cápita: 17.830 dólares en 1989.

Geog. física El relieve francés se puede dividir en dos grandes conjuntos: las regiones montañosas y las llanuras. Las montañas más jóvenes son las surgidas en el plegamiento alpino: los Pirineos en el S, los Alpes en el SE –cuyo pico Mont Blanc (4.810 m) es la segunda altura de Europa– y el Jura en el E. Los macizos hercinianos, de la era primaria, han sido arrasados y convertidos en penillanuras: las Ardenas al N, los Vosgos al NE y el Macizo Central. El macizo armoricano, al O, redondeado progresivamente debido a la erosión, es en la actualidad una tierra baja. Las llanuras están constituidas por valles alargados entre los macizos del interior (Alsacia, Lorena, etc.), llanuras costeras (Languedoc, Flandes

Francia: explotaciones agrícolas en la región de Dordoña.

marítimo, etc.) y valles fluviales recorridos por ríos largos y caudalosos, como el Somme, Sena, Loira, Garona, Ródano, Mosa y Saona, con sus afluentes. La isla de Córcega, en el Mediterráneo, posee un relieve montañoso.

La región SE tiene un clima mediterráneo, vegetación de hoja perenne (pinos, encinas, alcornoques) y garriga; inviernos suaves y veranos calurosos, y un característico viento del interior, el mistral. En la región occidental el clima es atlántico, con abundancia de lluvias y temperaturas moderadas. En el interior el clima es también atlántico, pero con un descenso de la pluviosidad; la vegetación consta sobre todo de hayas y robles, aunque predominan las tierras de cultivo. En el Macizo Central y las regiones montañosas el clima es más riguroso y la vegetación está formada, principalmente, por bosque de abetos y pastos de alta montaña.

Francia: vista de la estación alpina de Les Saisies.

Geog. humana y ***económica*** La población de Francia sufrió en el curso del s. XX un importante estancamiento, del que en la actualidad se ha recuperado mediante un crecimiento moderado. Se halla desigualmente repartida: más de un 70 % reside en núcleos urbanos y el resto ocupa preferentemente los fértiles valles fluviales.

Desde finales del s. XIX, la inmigración adquirió grandes dimensiones, hasta el punto de constituir uno de los factores más importantes de cara al crecimiento demográfico del país. Francia es una de las principales potencias económicas del mundo. Cuenta con una economía agropecuaria floreciente. La riqueza de su suelo y las condiciones climáticas favorables han sido potenciadas con el empleo intensivo de las técnicas y maquinaria agrícolas más modernas. Produce sobre todo cereales, como trigo, cebada, centeno, avena y maíz; vino, del que es segundo productor mundial; remolacha azucarera, patata, lino y cultivos hortofrutícolas. La ganadería es fundamentalmente bovina, con una gran producción de leche y productos derivados, sobre todo queso (tercer productor mundial) y mantequilla, pero también tienen importancia la porcina, ovina, caballar y avícola. La pesca alcanza unas cifras considerables, sobre todo en el litoral atlántico, con 850.000 t desembarcadas en 1987. Son asimismo de resaltar los recursos forestales, la minería de hierro, del que es segundo productor europeo, de bauxita y potasa. Produce energía hidroeléctrica, nuclear (241.400 millones de kWh en 1987, que corresponde a dos tercios de la total) y gas natural. La industria francesa es una de las más modernas y desarrolladas del mundo. Posee metalurgia de hierro, ferroaleaciones, acero, aluminio, cobre, plomo, zinc y magnesio; refinado de petróleo; mecánica ferroviaria, automovilística, naval, electrónica y aeronáutica, plástica, textil del algodón, lana y fibras artificiales; química del amoniaco, alcohol, nitrato amónico, ácido nítrico, potasas, fertilizantes, fosfatos, carbonato sódico, sosa cáustica, ácido sulfúrico, ácido fluorhídrico, plásticos, resinas y fármacos; papelera; cementera; alimentaria, con productos lácteos, azúcar y tabacos; cueros; vidrio; editorial, etc. En los últimos años se han hecho grandes inversiones en los sectores punta, sobre todo en la informática y en la rama armamentística. La moda y el turismo suponen igualmente unas notables fuentes de ingresos.

***Hist.* prehistoria y antigüedad** Durante la prehistoria se desarrollaron en Francia diversas culturas. Las paleolíticas dejaron importantes vestigios de industria lítica y manifestaciones de arte rupestre, como las de las cuevas de Lascaux y Mas d'Azil; las mesolíticas produjeron una importante cantidad de utensilios microlíticos (yacimientos de Morbihan). En el neolítico se produjo un notable aumento demográfico y la consiguiente formación de incipientes núcleos urbanos, diferenciándose los de tradición danubiana (casas rectangulares) de los de origen mediterráneo (cabañas de planta circular). La edad del bronce y del hierro se caracterizan por el pleno desarrollo de la metalurgia, por la estructuración de las diversas culturas regionales y por la relación con otros pueblos de Europa. En el primer milenio a. C., coincidiendo con la cultura del hierro, el país fue ocupado por pobladores celtas, que al fundirse con los habitantes indígenas constituyeron el pueblo galo. En el s. VI a. C., la ribera mediterránea fue colonizada por los griegos. La conquista romana comenzó en 125 a. C., se extendió por Provenza y Languedoc y fue completada por César entre el 58 y 51 a. C. La provincia de la Galia fue invadida por pueblos bárbaros a principios del s. V y ocupada posteriormente por visigodos en el S (Provenza) y por francos, divididos en dos ramas –salios y ripuarios– en el centro y N. Los francos, bajo la dinastía merovingia, extendieron su dominio a costa de los visigodos, y con el rey Clodoveo (481-511) consolidaron el estado gracias a su conversión al catolicismo. El reino franco se dividió en tres circunscripciones territoriales: Austrasia, Neustria y Borgoña. La decadencia de la dinastía merovingia dio paso al ascenso de los mayordomos de Austrasia a principios del s. VIII: Carlos Martel, vencedor de los musulmanes en Poitiers, preparó el camino para la coronación de Pipino el Breve, cuyo hijo Carlomagno combatió a los lombardos de Italia en defensa de la Iglesia de Roma y recibió la corona imperial en el año 800 de manos del papa León III.

Francia: vista del puerto de Menton, en la Costa Azul.

Francia: Carlomagno al frente de su ejército *(Biblioteca Nacional Marciana, Venecia).*

Edad Media El imperio carolingio se extendió por Baviera y Sajonia al E, Frisia al N y la Marca Hispánica al S. La división del imperio entre los tres hijos de Ludovico Pío en 843 (tratado de Verdún), las invasiones de vikingos, magiares y sarracenos y la fragmentación feudal provocaron la decadencia del Estado. La corona imperial pasó a Alemania (Sacro Imperio Romano Germánico) y la nueva monarquía francesa, instaurada por Hugo Capeto, tan sólo ejerció su autoridad en la región comprendida entre el Loira y el Sena. Felipe II Augusto, con su victoria en Bouvines sobre Inglaterra y el imperio germánico (1214), dominó Normandía y Anjou. San Luis IX engrandeció el prestigio de la corona y Felipe IV el Hermoso consolidó su reino y se impuso a la Iglesia de Roma, que trasladó su sede a Aviñón. La muerte de los tres hijos de Felipe IV sin descendencia masculina permitió a Eduardo III de Inglaterra reclamar el trono, pero los Estados Generales proclamaron sucesor a Felipe VI de Valois, lo que provocó la guerra de los Cien Años (1337). La guerra comenzó con éxitos ingleses en Crécy y Poitiers, pero la alianza con Castilla decidió el triunfo para Francia. La segunda fase de la guerra comenzó a causa del crecimiento de los grandes señoríos en Occidente: el ducado de Borgoña, que desató la guerra contra los reyes franceses de la dinastía Armagnac, y la casa de Lancaster en Inglaterra, cuyo rey, Enrique V, invadió Francia. El sentimiento nacionalista francés, simbolizado por Juana de Arco, permitió la victoria final de Carlos VII de Francia y la expulsión de los ingleses. Su sucesor Luis XI derrotó al duque de Borgoña, Carlos el Temerario, y se anexionó el ducado.

Edad Moderna Durante el s. XVI, Francisco I y Enrique II lucharon por detener la expansión de los Habsburgo de España y Alemania. Con la Reforma protestante y la introducción del calvinismo, se inició una devastadora guerra de religión durante el reinado de Carlos IX (1562), en la que se enfrentaron los católicos y los protestantes hugonotes y de la que cabe destacar como episodio sangriento la matanza de San Bartolomé (1572). Las luchas se prolongaron hasta la conversión de Enrique IV al catolicismo (1593). Por el edicto de Nantes (1598) este rey, primer monarca Borbón, restableció la unidad y promulgó una legislación tolerante para los protestantes hugonotes. Durante el s. XVII, y bajo los reinados de Luis XIII y Luis XIV, la política francesa estuvo profundamente marcada por las actuaciones de personalidades como Richelieu, Mazarino y Colbert. La autoridad real se consolidó al fracasar la revuelta nobiliaria de la Fronda y los dominios territoriales se ampliaron por el tratado de Westfalia y la paz de los Pirineos. A la muerte de Mazarino, Luis XIV de Borbón –el rey Sol– asumió el poder absoluto; su ministro Colbert saneó las finanzas, se combatió el jansenismo, se expulsó a España del Franco Condado y se consolidaron las fronteras francesas en la paz de Utrecht (1713). Otros acontecimientos de gran magnitud durante este periodo fueron la guerra de los Treinta Años, la revocación del edicto de Nantes y la guerra de Sucesión española, que concluyó con la victoria de los Borbones y con la proclamación de Felipe V, nieto del monarca francés, como rey de España. Durante el mandato de Luis XV el absolutismo conoció una época de esplendor, pero, sin embargo se sentaron las bases que supondrían, en un futuro no muy lejano, la quiebra del sistema: se emprendieron inútiles y costosas guerras, como la de Sucesión de Polonia, al tiempo que la burguesía y el campesinado acrecentaron su hostilidad al régimen señorial que beneficiaba a las noblezas laica y eclesiástica.

Revolución e imperio La crisis culminó en el reinado de Luis XVI con el estallido de la Revolución Francesa (1789). Sus consecuencias más inmediatas fueron la caída del Antiguo Régimen y el ascenso social, económico y político de una nueva clase social: la burguesía. El periodo de la Revolución atravesó distintas fases. La Asamblea Constituyente proclamó los Derechos del hombre y del ciudadano y dio paso a la insurrección del pueblo de París; abolió los derechos señoriales, confiscó los bienes del clero y ordenó la detención del rey. La Asamblea Legislativa (1791) declaró la guerra al rey de Bohemia-Hungría; la derrota de Francia, la sospecha de traición de Luis XVI y la creciente insatisfacción de las clases menos favorecidas (*sans culottes*) desataron el régimen del terror. La Convención proclamó la república (1792), que se caracterizó por el enfrentamiento de los girondinos y el Partido de la Montaña. Las ejecuciones se multiplicaron y perdieron la vida Luis XVI, Danton, Hébert, así como algunos de los científicos y pensadores más destacados de la Ilustración; el propio Robespierre, caudillo de la Montaña, fue guillotinado. La guerra contra la coalición de Austria, Rusia e Inglaterra dio ocasión a Napoleón Bonaparte de alcanzar importantes victorias. En 1799 un golpe de Estado elevó a Napoleón al Directorio. Napoleón pacificó el país, estableció el Consulado, venció a Inglaterra y Austria y en 1804 se hizo coronar emperador por el papa. Al principio, la guerra contra las potencias europeas fue triunfal para Napoleón, que obtuvo las victorias de Jena, Wagram y Austerlitz, pero tras la campaña de Rusia comenzó el declive (1812). Los aliados entraron en París (1814) y Napoleón se retiró a la isla de Elba.

Restauración La monarquía fue restablecida con Luis XVIII. Con él se inició el periodo de la Restauración, que, tras un efímero regreso de Napoleón, vencido definitivamente en Waterloo (1815), se prolongó hasta la revolución de 1830. Talleyrand consiguió mantener la integridad territorial francesa en el congreso de Viena (1815). Ante la política clerical y absolutista de Carlos X, sucesor de Luis XVIII, los liberales encabezaron el movimiento revolucionario de 1830, que obligó a abdicar al rey y entronizó a Luis Felipe de Orleans, cuyo régimen político consistió en una monarquía burguesa. A pesar de los éxitos en política exterior, como la conquista de Argel, la crisis económica de 1847 y el progresivo desarrollo del proletariado urbano provocaron el estallido de la revolución de 1848 y la proclamación de la Segunda República. El presidente Luis Napoleón Bonaparte, aprovechando la impopularidad de la Asamblea, asumió el poder mediante un golpe de Estado y constituyó el segundo imperio (1852). Francia saneó su economía y creó su imperio colonial, mas una política exterior deficiente llevó a la guerra con Prusia (1870).

Tercera República La derrota francesa provocó la caída de Napoleón III y el advenimiento de la Tercera República. La Asamblea Nacional aplastó la revolución de la Comuna de París e impuso una estabilidad que fue rota por el affaire Dreyfus. En 1902 se produjo el triunfo electoral de las izquierdas. En la primera década del s. XX, Francia constituía una de las cuatro potencias coloniales más importantes del mundo. En 1913 fue elegido presidente Poincaré, que creó la Entente Cordial y la Triple Entente, aliándose con Rusia y el Reino Unido contra la Triple Alianza de Alemania, Austria-Hungría e Italia. La Primera Guerra Mundial estalló en 1914 y, tras la batalla del Marne, se estabilizó en la guerra de trincheras. El triunfo de 1919 permitió a Clemenceau recuperar Alsacia-Lorena, dando comienzo una época de prosperidad que concluyó con la crisis de 1929. La depresión favoreció el triunfo de las izquierdas en 1932 y Léon Blum constituyó un gobierno de Frente Popular. En 1938, Daladier formó nuevo gobierno y llevó a cabo una política financiera de carácter liberal. La Segunda Guerra Mundial se inició en 1939 y, al año siguiente, después de la derrota de Sedan, Hitler ocupó París. El país quedó dividido en dos zonas: una bajo el control directo de las tropas de ocupación alemanas, y otra bajo el gobierno del mariscal Pétain, que se estableció en Vichy y colaboró abiertamente con los alemanes. El general De Gaulle organizó la resistencia desde Londres. Los aliados desembarcaron en Normandía en 1944 y Francia fue liberada.

Cuarta y Quinta Repúblicas Se constituyó entonces la Cuarta República y De Gaulle presidió un gobierno de concentración hasta 1947, en que dimitió por desacuerdo con los distintos partidos. Los problemas de la descolonización (derrota en Indochina en 1954, sublevación de Argelia) provocaron una grave inestabilidad política que culminó con un alzamiento del ejército francés en Argelia, opuesto a conceder la independencia a la colonia. Retornó entonces De Gaulle al poder, con lo que se dio inicio a la Quinta República, de fuerte carácter presidencialista. De Gaulle concedió la independencia a Argelia, resolvió el problema terrorista de la OAS, aumentó la independencia francesa frente a EE UU y se mostró partidario de la unidad europea. En 1968 tuvo que enfrentarse a una grave crisis interna (movimiento estudiantil, huelga general) que, si en un primer momento concluyó con una nueva victoria electoral de su partido, le llevó un año más tarde a dimitir, tras ser derrotada en referéndum su reforma administrativa.

Le sucedió en la presidencia el gaullista Pompidou. Su mandato y el de su sucesor, el centrista Giscard, hubieron de hacer frente a una época de crisis económica en la que Francia luchó por recuperar su peso internacional. La llegada a la presidencia del socialista Mitterrand en 1981 creó grandes expectativas sociales, parcialmente frustradas. Su política exterior tuvo un carácter occidentalista y sus primeros gobiernos fueron formados por los socialistas Mauroy y Fabius, pero, tras el triunfo en las elecciones legislativas del centro-derecha, hubo de presidir un gobierno conservador con el gaullista Chirac. En las elecciones presidenciales de 1988 fue reelegido Mitterrand y el socialista Rocard formó nuevo gobierno, en el que la política de nacionalizaciones fue sustituida por una estrategia abiertamente socialdemócrata. En 1991, Rocard fue sustituido por Edith Cresson.

Arte Durante la Edad Media el arte francés desarrolló diversos estilos. El carolingio, de inspiración bizantina, floreció en el s. X y en él se construyeron basílicas de planta rectangular con campanario y decoración de mosaico y pintura (Saint-Germain d'Auxerre). El románico, surgido en el s. XI, se caracterizó por la bóveda de cañón y el arco de medio punto, la decoración escultórica en capiteles, tímpanos y parteluces y la pintura al fresco. Entre sus principales monumentos se encuentran la iglesia de San Esteban de Caen, la Magdalena de Vézelay y San Martin

Francia: Toma de la Bastilla, *fragmento. Escuela francesa del siglo* XVIII *(Museo Carnavalet, París).*

Francia: fachada de la catedral de San Pedro en Angulema (siglo XII).

de Tours. El gótico, nacido de la reforma cisterciense, se desarrolló a partir del s. XII. A diferencia del románico, expresión de un arte feudal, el gótico fue un estilo urbano ligado a la burguesía y al florecimiento de las ciudades, y dio lugar a la construcción de catedrales en los principales núcleos urbanos de Europa. Tiene como elementos distintivos el arco ojival y la bóveda de crucería, y como edificios señalados las catedrales de Chartres, Reims y Notre-Dame de París. Hacia finales de periodo se desarrolló en arquitectura el gótico flamígero, caracterizado por su exuberancia decorativa y la abundancia de pináculos, flechas, agujas, etc. Los s. XIV y XV fueron la época de esplendor de la pintura de estilo gótico internacional, cuyos máximos exponentes franceses fueron el maestro de Moulins y Jean Fouquet. El Renacimiento francés estuvo profundamente marcado por la influencia de los artistas italianos. Los arquitectos Delorme, Lescot y Bullant transformaron el gusto de acuerdo con los nuevos ideales de armonía clásica y humanismo. La pintura, representada por la escuela de Fontainebleau, cuenta con personalidades como la de Clouet, además de un numeroso conjunto de retratistas y miniaturistas fieles a la tradición flamenca. La figuras más destacables en el campo de la escultura fueron Goujon y Pilon.

Durante el s. XVII se edificó un conjunto de construcciones monumentales en las que se plasmó el gusto oficial impuesto por la Academia de Bellas Artes, fundada por Richelieu. Destacan las obras de Louis Le Vau (arquitecto del palacio de Versailles), Mansart (palacio de los Inválidos) y Debrosse (palacio de Luxembourg), que fueron decoradas con las esculturas de Girardon y Coysevox. La pintura oficial está representada por Poussin y Claudio de Lorena. Junto a ésta, se desarrolló otra corriente de carácter naturalista y sensitivo, cuyas obras más relevantes son las de La Tour y Le Nain. En el s. XVIII surgió en Francia un grupo de pintores muy influidos por la obra de Rubens y los venecianos: Watteau, caracterizado por la melancolía y el refinamiento de sus obras; Chardin, pintor de la vida cotidiana; Fragonard, Boucher y Nattier, que reflejaron el lujo de la sociedad aristocrática. En escultura, se acentuó el gusto barroco en oposición al clasicismo anterior. Destacan las obras de Pigalle, Houdon y Falconet. En arquitectura sobresalen los grandes conjuntos urbanísticos, como los barrios de Saint-Germain y Saint-Honoré de París. La ornamentación de los interiores se abandonó al capricho de las formas vegetales, naturalistas o fantásticas, constituyendo lo que se llamó estilo rococó.

Como reacción a los excesos decorativos del periodo anterior, surgió en la segunda mitad del s. XVIII el neoclasicismo, estilo monumental que pretendió recuperar la antigüedad clásica, y que se desarrolló durante toda la época napoleónica. En la pintura neoclásica sobresalen David y sus discípulos Gros, Ingres, Gérard y Girodet, y en escultura, Rude. La arquitectura está representada por las grandes construcciones del París napoleónico (Arco de Triunfo, iglesia de la Madeleine).

La pintura del Romanticismo está representada por Géricault y Delacroix. Como réplica a su dramatismo surgió el naturalismo con Courbet, Corot y Millet. Realista es también el gran escultor francés de finales de siglo Auguste Rodin. En el último tercio del s. XIX el desarrollo del paisajismo desembocó en el impresionismo, que renovó profundamente la pintura. Tuvo su cuna en Francia y sus más destacados representantes fueron Manet, Monet, Pissarro, Renoir y Degas. El postimpresionismo derivó hacia estilos como el divisionismo de Seurat y Signal, el simbolismo de Gauguin y la obra de los nabis Bonnard y Vouillard. Otros artistas singulares, como Toulouse-Lautrec y Cézanne, constituyen un antecedente directo de la pintura moderna. Al margen de las vanguardias realizó su pintura Henri Rousseau, el Aduanero. A finales del siglo, la arquitectura se distinguió por el empleo de nuevos materiales, como demuestran las obras en hierro de Labrouste y Eiffel, y por el desarrollo del urbanismo, del que es buena muestra la remodelación de París en época de Haussmann.

Durante el s. XX surgieron en Francia numerosas corrientes artísticas. El fauvismo tuvo en Henri Matisse a su pintor más sobresaliente. Georges Braque creó con Picasso el cubismo, en el que también se encuadró Robert Delaunay. Rouault cultivó un peculiar expresionismo, mientras que Marcel Duchamp y Francis Picabia se integraron en las corrientes dadaístas. Con posterioridad a la Segunda Guerra Mundial, se desarrolló el expresionismo abstracto o pintura formalista. En escultura destaca la obra de Hans Arp. La arquitectura debe buena parte de su renovación tecnológica a Auguste Perret, Tony Garnier y, sobre todo, a Le Corbusier, de cuyas obras cabe mencionar la Cité Radieuse de Marsella y la iglesia de Ronchamp.

Lit. Las primeras manifestaciones de la literatura francesa se remontan a los s. X y XI. Se trata de textos religiosos, generalmente traducidos del latín, como la *Secuencia de Santa Eulalia* y la *Vida de San Alejo.* Desde finales del s. XI aparecen las poesías épicas, cantares de gesta, cuya obra cumbre es la *Chanson de Roland,* y poesías líricas provenzales escritas en lengua de oc. Durante el s. XII se desarrolló en lengua de oil la lírica de los trovadores, al tiempo que surgieron otras composiciones literarias como el *roman courtois,* narraciones de carácter cortesano escritas en verso y organizadas en ciclos, entre las que destacan las de Chrétien de Troyes, los *lais* de María de Francia y la leyenda de Tristán e Iseo. A principios del s. XIII nacieron los *fabliaux,* cuentos breves en verso de carácter popular y sarcástico, el *Roman de Renart* y, posteriormente, los poemas didácticos y alegóricos, cuyo modelo es el *Roman de la rose.* Los *milagros* o *misterios* prolongaron el teatro religioso, al tiempo que adquirió plena autonomía un tipo de teatro cómico y profano. En el s.XIV apareció la lírica cortesana, y paralelamente a ésta, una poesía burguesa y popular, cuyo principal representante fue François Villon, en el s. XV.

La poesía y la prosa evolucionaron en el s. XVI bajo la influencia del humanismo italiano. Platón y Petrarca fueron las principales fuentes de inspiración. Merecen especial mención los poetas de la *Pléiade,* entre los que sobresalen Pierre de Ronsard; la obra del prosista Rabelais, que constituye uno de los puntos culminantes de la literatura francesa, y los *Ensayos* de Montaigne, con los que se inaugura el género en la literatura moderna. En el s. XVII se creó la Academia; Pierre Corneille y posteriormente Jean Racine establecieron la forma de la tragedia clásica francesa y Molière la de la comedia. Este siglo constituye la época clásica de la literatura francesa y en él los prosistas desarrollaron diversos géneros: La Fontaine, la fábula; Nicolas Boileau, la sátira; Jacques Bossuet, el sermón; Madame de La Fayette, la novela; Madame de Sévigné, la epístola; La Rochefoucauld, las máximas; Fénelon, la narrativa didáctica, y Charles Perrault, el cuento.

En el s. XVIII la literatura estuvo vinculada a los enciclopedistas y al pensamiento ilustrado. Destacaron las obras de Montesquieu (*Cartas persas*); las tragedias, cuentos y novelas de Voltaire; los escritos literario-filosóficos de Diderot (*Jacques, el fatalista, El sueño de D'Alembert*), las novelas de Rousseau (*La nueva Eloísa*), del Abate Prévost (*Manon Lescaut*), del marqués de Sade (*Justine o los males de la virtud*) y de Benjamin Constant (*Adolphe*). Las obras de algunos de estos autores, junto con las de Madame de Staël y René de Chateaubriand, abrieron camino en el s. XIX al Romanticismo, cuyos autores más significativos fueron Alphonse de Lamartine, Alfred de Vigny, Alfred de Musset, Théophile Gautier, Alexandre Dumas padre y, sobre todo, Victor Hugo, quien definió el drama romántico por oposición a la tragedia clásica. La novela experimentó un auge inusitado con las obras de Honoré de Balzac (*Comedia humana*), Stendhal (*Rojo y negro*) y Gustave Flaubert (*Madame Bovary* y *La educación sentimental*). A finales de siglo y continuando en una línea realista, destacan las obras de Zola (iniciador de la escuela naturalista), Prosper Mérimée, Guy de Maupassant, Alphonse Daudet y Anatole France. En el campo de la poesía se desarrollan diversas líneas, entre las que destacan Baudelaire (*Las flores del mal*), la escuela de los parnasianos (Leconte de Lisle), el simbolismo (Mallarmé) y las grandes personalidades que inician la era de la poesía moderna: Lautremont, Verlaine y Rimbaud. En teatro, la obra de Alexandre Dumas hijo supuso una reacción contra el drama romántico; las comedias heroicas de Edmond Rostand (*Cyrano de Bergerac*) gozaron de gran aceptación popular; y Alfred Jarry introdujo innovaciones vanguardistas (*Ubú rey*).

Durante las primeras décadas del s. XX la técnica novelística fue profundamente renovada por diversos autores, entre los que destaca Marcel Proust (*En busca del tiempo perdido*). La narrativa abordó desde distintas perspectivas –religiosas, sociales, filosóficas, etc.– el problema del hombre y su existencia, y así lo plasmaron en su obra Alain Fournier, Georges Bernanos, François Mauriac, Julien Green, André Gide, André Malraux, Louis-Ferdinand Céline, Jean-Paul Sartre, Simone de Beauvoir, Albert Camus, Antoine de Saint-Exupéry, Colette, etc. La poesía evolucionó al compás de las nuevas tendencias artísticas, y en ella cabe señalar a Guillaume Apollinaire, Tristán Tzara, André Breton, Paul Valéry, Paul Claudel y Paul Eluard. El teatro experimentó una gran renovación con la obra de Claudel, Jean Cocteau, Giraudoux, Anouilh y Henry de Montherlant; en lengua francesa escribieron sus piezas teatrales el rumano Eugène Ionesco y el irlandés Samuel Beckett, creadores del teatro del absurdo. Durante las últimas décadas son de reseñar nuevos autores, como los representantes del *nouveau roman* Alain Robbe-Grillet, Marguerite Duras, Claude Simon, Marguerite Yourcenar y el dramaturgo Jean Genet.

Fil. Durante la Edad Media los grandes hitos de la cultura francesa fueron el renacimiento carolingio (s. IX), la creación de las escuelas monásticas y catedralicias (s. X-XII) y el nacimiento de las universidades (s. XIII). La universidad de París, donde floreció la escolástica, se convirtió en uno de los principales focos culturales de la cristiandad. En el s. XIV las enseñanzas de Duns Escoto se opusieron a la tradición tomista, mientras que el nominalismo parisino con pensadores como Nicolas de Oresme y Guillermo de Ockam preludiaba la ciencia experimental. El humanismo renacentista francés aparece en la obra de Michel de Montaigne, quien, partiendo de ciertos presupuestos estoicos y escépticos, se mostró partidario de una vida conforme a la naturaleza. El XVII es el siglo del racionalismo, cuyos fundamentos estableció René Descartes, y en el que también destacó Nicolas de Malebranche. Blaise Pascal reflexionó en sus *Pensamientos* acerca de la naturaleza del hombre y su relación con Dios. En el s. XVIII, el desarrollo de la ciencia ejerció gran influencia sobre el pensamiento; surgió el sensualismo, representado por Condillac; Diderot y d'Alembert editaron la *Enciclopedia,* gran obra de la Ilustración, cuya pretensión consistía en sistematizar y divulgar el conocimiento humano. Filósofos notables de este siglo fueron Voltaire, Montesquieu, Rousseau, La Mettrie y Helvetius, que, a la vez que difundían las nuevas doctrinas de filosofía política establecían lo que serían las bases teóricas del mundo contemporáneo.

El pensamiento político evolucionó en el s. XIX hacia el anarquismo de Pierre Joseph Proudhon y el socialismo utópico de Charles Fourier y Claude Henri de Saint-Simon. Auguste Comte creó el positivismo, contra el que reaccionó el espiritualismo de Henri Bergson. En la primera mitad del s. XX, la filosofía centró su atención en el hombre: Jean-Paul Sartre se encuadra en la corriente existencialista francesa, a la que posteriormente Gabriel Marcel dio un enfoque cristiano. En las últimas décadas cabe mencionar en los distintos campos del pensamiento al nihilista Cioran, al antropólogo Claude Lévi-Strauss, al filósofo Michael Foucault, al teórico del marxismo Louis Althusser, al psicoanalista Jacques Lacan, al sociólogo Jean Baudrillard, etc. En lingüística sobresalen el estructuralista Ferdinand de Saussure y el semiólogo Roland Barthes. La escuela historiográfica de los *Annales* ha dado figuras como Lucien Febvre, Marc Bloch y Fernand Braudel. En la década de los setenta surgió el grupo de los *nuevos filósofos*, con Bernard Henri Lévy y André Glucksmann, entre otros.

Mús. La música francesa tiene un doble origen: religioso, en las formas monofónicas de la liturgia gregoriana, y cortés, en la lírica provenzal trovadoresca, cuyas principales figuras son Guillermo de Aquitania (s. XI), Jaufré Rudel (s. XII) y Giraud Riquer (s. XIII). La música polifónica se desarrolló en dos etapas: *ars antiqua*, representada por los maestros Léonin y Perotin, organistas de la catedral de París, y *ars nova*, en la que destaca Guillermo de Machaut. En el s. XV Guillermo Dufay y Gilles Binchois, de la escuela borgoñona, compusieron música instrumental. Durante el s. XVI, frente al madrigal, forma común a toda Europa, los compositores franceses Clément Janequin y Claude Le Jeune impusieron la *chanson*. La música barroca francesa tiene como representantes más notables a Jean-Baptiste Lully, François Couperin y Jean Philippe Rameau. El s. XIX constituye la época de máximo esplendor de la música francesa. Hector Berlioz compuso obras sinfónicas de compleja orquestación. París se convirtió en la capital europea de la ópera; junto a los italianos, los franceses Charles Gounod, Jules Massenet y Georges Bizet fueron los autores más importantes en este género. Otros músicos sobresalientes de este siglo son Camille Saint-Saëns y Cesar Frank. En el periodo de transición al s. XX llegó el apogeo de la escuela francesa, con Gabriel Fauré, Paul Dukas, Maurice Ravel y Claude Debussy, que cultivaron el impresionismo musical. Ya en el s. XX algunos autores como Erik Satie mantuvieron la tradición decimonónica, mientras surgían innovadores como el «grupo de los seis», al que pertenecieron Darius Milhaud, Arthur Honneger y Francis Poulenc. Entre las últimas tendencias destaca la obra de resonancias orientales de Olivier Messiaen, el postserialismo de Pierre Boulez y la música estocástica de Yannis Xenakis.

Cine Las primeras películas de la historia del cine fueron filmadas por los hermanos Lumière (*La salida de la fábrica*, 1895) y por Méliès (*Viaje a la luna*, 1902). La industria cinematográfica fue organizada por productores como Pathé. En el periodo de entreguerras realizó sus obras Abel Gance (*Napoleón*, 1926), que desarrolló las posibilidades del lenguaje cinematográfico. El cine se adaptó a las corrientes estéticas dominantes. En este periodo destacan Jean Renoir (*Nana*, 1926), Marcel Carné, Jean Vigo, René Clair (*Un sombrero de paja de Italia*, 1927) y Julien Duvivier (*Pépé le Moko*, 1936). Tras la Segunda Guerra Mundial, figuras consagradas como Renoir y Clair se trasladaron a EE UU, al tiempo que surgían nuevos realizadores, como Robert Bresson (*Los ángeles del pecado*, 1943), René Clément y Jacques Tati (*Mi tío*, 1958). La gran renovación vino de la mano de los directores de la *nouvelle vague*, François Truffaut (*Los cuatrocientos golpes*, 1959), Claude Chabrol (*El bello Sergio*, 1959), Jean-Luc Godard (*Á bout de souffle*, 1959), Alain Resnais (*El año pasado en Marienbad*, 1961), Louis Malle (*Los amantes*, 1958) y Eric Rohmer (*Mi noche con Maud*, 1969).

Francia, José Gaspar Rodríguez de (Asunción 1766 - íd. 1840) Político paraguayo. Dirigió la revolución de 1811. Miembro de la Junta Suprema, en 1814 fue nombrado director supremo para un mandato de cinco años, pero en 1816 se erigió en dictador perpetuo. Se mantuvo en el poder, que ejerció de forma absoluta, hasta su muerte. Hizo permanecer al país en un completo aislamiento del exterior, nacionalizó de hecho la Iglesia y estableció la enseñanza laica, obligatoria y gratuita. Su figura inspiró la novela *Yo, el Supremo* (1974), de Augusto Roa Bastos.

fráncico *s. m.* **1.** Lengua germánica de los antiguos francos. **2.** Conjunto de dialectos medievales alemanes de la Alemania central.

francio *s. m.* Fr. Elemento químico perteneciente al grupo I A o de los alcalinos del sistema periódico. Su número atómico es 87 y su masa atómica 223. Fue descubierto por la francesa Marguerite Perrey en 1939. Todos sus isótopos poseen una vida media muy corta. Salvo el Fr-223, que se encuentra en la naturaleza por pertenecer a la familia radiactiva del uranio-235, todos los demás se obtienen artificialmente. Sus propiedades son similares a las del cesio. Precipita junto con otras sales, de las que se le separa mediante resina cambiadora de iones.

franciscano, na *adj.* De la orden religiosa fundada por San Francisco de Asís en 1208 y que en la actualidad consta de tres ramas independientes: menores, conventuales y capuchinos, así como de dos órdenes femeninas, las clarisas y las concepcionistas, y de una orden seglar, los terciarios. También *s.*

francisco, ca *adj.* Franciscano*. También *s.*

Francisco Nombre de dos emperadores germánicos.

Francisco I de Habsburgo-Lorena (Nancy 1708 - Innsbruck 1765) Emperador germánico (1745-65). Corregente con su esposa María Teresa (hija de Carlos VI) desde 1740, fue elegido emperador a la muerte de Carlos VII. Gran parte de las tareas de gobierno fueron ejercidas por su esposa.

Francisco II (Florencia 1768 - Viena 1835) Emperador del Sacro Imperio Romano Germánico (1792-1806) y primer emperador de Austria (1804-1835). Hijo y sucesor de Leopoldo II, combatió contra Francia desde 1792 y, a causa de las sucesivas derrotas, hubo de ceder Toscana y las posesiones imperiales al O del Rhin. Al desaparecer el imperio germánico, Francisco II adoptó el título de emperador de Austria, con el nombre de Francisco I. Fue aliado de Napoleón pero, aconsejado por su primer ministro Metternich, entró en la coalición de Estados europeos que se enfrentaron a él en 1813 y convirtió Austria en la cabeza de la Santa Alianza. Su gobierno fue extremadamente absolutista.

Francisco Nombre de dos reyes de Dos Sicilias.

Francisco I (Nápoles 1777 - íd. 1830) Rey de Dos Sicilias (1825-30). Hijo y sucesor de Fernando I, fue regente del reino en dos ocasiones (1812 y 1816) e implantó reformas liberales. Al ocupar el trono, suprimió las milicias nacionales y las sustituyó por regimientos suizos. Dejó el gobierno en manos de sus favoritos que implantaron una política represiva.

Francisco II (Nápoles 1836 - Arco 1894) Rey de Dos Sicilias (1859-60). Era hijo y sucesor de Fernando II. Neutral en la guerra austro-sarda, no pudo impedir la invasión de su reino por las tropas de Garibaldi. Depuesto en 1860, se vió obligado a capitular (1861) y marchar al exilio.

Francisco Nombre de dos reyes de Francia.

Francisco I (Cognac 1494 - Rambouillet 1547) Rey de Francia (1515-47). Hijo de Carlos de Orleans, conde de Angulema, sucedió a su suegro Luis XII. Combatió a Carlos V por el Milanesado, pero fue vencido en Pavía (1525) y hecho prisionero; firmó el tratado de Madrid, que incumplió tras su liberación. Nuevamente derrotado por Carlos V en 1527 y 1529, se vio obligado a firmar la paz de Cambray, por la que renunciaba a Italia a cambio de Borgoña. En 1544, aliado con los turcos, inició una nueva guerra contra el emperador, al que venció en Cerisoles, pero la paz de Crépy no aportó grandes cambios a lo acordado en Cambray. Su administración permitió el desarrollo económico del reino, fue tolerante en materia religiosa y protegió a artistas, como Jean Clouet, Leonardo da Vinci y Benvenuto Cellini, y a humanistas.

Francisco I. Retrato atribuido a Jean Clouet (Museo del Louvre, París).

Francisco de Asís, San (Asís h. 1182 - íd. 1226) Religioso italiano, cuyo nombre era Giovanni Bernardone. Fundó la orden de los franciscanos, monjes mendicantes y predicadores, cuya regla fue aprobada por el papa Inocencio III (1210), y que en su espiritualidad resaltan la pobreza, la sencillez, la alegría y el amor a la naturaleza. Junto a Santa Clara de Asís fundó la orden de las clarisas (1212). Se le atribuye el *Canto del hermano Sol o de las criaturas* (1225).

Francisco de Asís de Borbón (Aranjuez, Madrid 1822 - Épinay-sur-Seine 1902) Rey consorte de España, casado con la reina Isabel II. Aliado a los sectores más reaccionarios, conspiró para hacerse con el poder, sin conseguirlo. Después de la revolución de 1868 y el exilio de los reyes en Francia, abandonó a su esposa.

Francisco de Borja, San (Gandía, Valencia 1510 - Roma 1572) Religioso español. Marqués de Lombay y duque de Gandía, fue cortesano de Carlos V. Nombrado virrey de Cataluña (1539-43), se le encargó el traslado del cadáver de la emperatriz Isabel desde Toledo a Granada, acto que le conmovió profundamente y le hizo abandonar la corte. Tras la muerte de su esposa (1546) ingresó en la Compañía de Jesús, de la que llegó a ser general en 1565.

Francisco de Paula, San (Paula, Calabria h. 1416 - Plessis-lès-Tours 1507) Religioso italiano. Perteneciente a la orden de San Francisco, volvió a la tradición eremítica y fundó la orden de los mínimos (1493), que sigue la espiritualidad franciscana, pero con una extrema severidad.

Francisco de Sales, San (Thorens, Saboya 1567 - Lyon 1622) Religioso francés. Obispo de Ginebra, convirtió al catolicismo a gran número de calvinistas y fundó, con ayuda de Santa Juana Francisca Frémiot de Chantal, la orden de la Visitación o de las salesas. En su obra *Introducción a la vida devota* (1604) expone las reglas esenciales de su dirección espiritual.

Francisco Fernando de Habsburgo (Graz 1863 - Sarajevo 1914) Archiduque de Austria, sobrino y heredero del emperador Francisco José I. Sus ideas políticas eran favorables a una monarquía federal, donde tuviesen más poder los pueblos eslavos. Fue asesinado, junto con su esposa, en un atentado. Este hecho desencadenó la Primera Guerra Mundial.

Francisco Javier, San (Javier, Navarra 1506 - Guangzhou, China 1552) Misionero jesuita español. Fue compañero de San Ignacio de Loyola y evangelizó la India portuguesa, Ceilán, las Molucas, Japón y Malaca, por lo que se le llama el apóstol de las Indias y de Japón. Es patrono de las misiones.

Francisco José I (Schönbrunn 1830 - Viena 1916) Emperador de Austria (1848-1916) y rey de Hungría (1867-1916). Sucedió a su tío Fernando I y reimplantó un régimen autoritario. Impidió la secesión de Hungría e impuso su hegemonía en Centroeuropa frente a Prusia. En 1859 perdió el dominio de Italia septentrional y en 1866 entabló la guerra austro-prusiana: la derrota de Sadowa supuso el comienzo de la hegemonía de Prusia y la independencia de Hungría, de la que sin embargo fue coronado rey. En 1873 se adhirió a la alianza de los Tres Emperadores, con Prusia y Rusia, y en 1882 a la Triple Alianza, con Italia y Prusia. En 1912 estalló la crisis de los Balcanes y en 1914, tras el asesinato en Sarajevo de su sobrino y heredero, el archiduque Francisco Fernando, la Primera Guerra Mundial. Murió combatiendo contra Serbia.

Francisco Solano, San (Montilla, Córdoba 1549 - Lima 1610) Franciscano español. Ejerció su labor misionera en Panamá, Chile, Argentina y, sobre todo, en Perú.

Franck, César (Lieja 1822 - París 1890) Compositor francés de origen belga. Su obra evolucionó desde un clasicismo tardío hasta el impresionismo. Sistematizó el uso de formas musicales cíclicas, piezas instrumentales con varios movimientos que desarrollan el mismo tema musical. Entre sus principales obras figuran *So-*

nata en la para violín y piano (1866); *Las bienaventuranzas* (1869-79), oratorio; *Sinfonía en re menor* (1888) y los poemas sinfónicos *El cazador maldito* (1882) y *Los Djinns* (1884).

Franck, James (Hamburgo 1882 - Gotinga 1964) Físico estadounidense de origen alemán. Huyó de la Alemania nazi y fue profesor en varias universidades estadounidenses. Obtuvo el premio Nobel de física de 1925, compartido con Gustav Hertz, por su descubrimiento de las leyes que rigen el impacto de un electrón sobre un átomo.

Francken Familia de pintores flamencos de los s. XVI y XVII. Entre sus miembros destacan: **Hieronymus** (Herentals 1540 - París 1610), discípulo de Frans Floris, que participó en la decoración del palacio de Fontainebleau; algunas de sus obras más representativas son *Degollación de San Juan Bautista, La abdicación de Carlos V* y *Carnaval veneciano;* **Frans I** (Herentals 1542 - Amberes 1616), hermano del anterior. Pintó retablos y pequeños cuadros de asunto religioso; **Frans II** (Amberes 1581 - íd. 1642), hijo del anterior. Autor de pequeños cuadros bíblicos, de historia y de género, realizados con minuciosidad. Entre sus pinturas destacan *Triunfo de Anfitrite, Crucifixión* y *El aquelarre.*

francmasón, na *s. m.* y *f.* Masón*. **FAM.** Francmasónico.

francmasonería *s. f.* Masonería*.

franco, ca *adj.* **1.** Sincero. **2.** Cordial y espontáneo. **3.** Indudable, claro. **4.** Sin obstáculos o impedimentos. **5.** Libre de carga, impuesto u obligación. **6.** Se aplica a un pueblo que participó en las invasiones germánicas del s. V, y que constituyó un reino en el área de la actual Francia y de Alemania occidental tras la caída del imperio romano de Occidente. El pueblo franco se hallaba en el s. V asentado en el bajo Rhin, dividido en dos grupos: salios y ripuarios. A fines de este siglo Clodoveo extendió sus dominios y ocupó territorios del reino de Siagrio y del reino visigodo de Alarico. Su conversión al catolicismo le proporcionó el valioso apoyo de los obispos. En época de Clotario (mediados del s. VI) el reino fue dividido en tres circunscripciones: Austrasia, Neustria y Borgoña. Dagoberto (principios del s. VII) fue el último gran rey franco y gobernó auxiliado por el obispo Arnulfo de Metz y por Pipino de Landen, mayordomo de palacio, cuya dinastía (carolingia) desplazó progresivamente a los reyes merovingios. Asimismo, durante la Edad Media, en los reinos hispánicos, recibieron el nombre de francos las personas llegadas de más allá de los Pirineos, que repoblaron las ciudades del camino de Santiago constituyendo una incipiente burguesía. Obtuvieron grandes privilegios y exenciones de los monarcas, que se llamaron *franquicias.* **7.** De este pueblo. También *s.* **8.** Francés. También *s. m.* ▪ Con este significado, puede funcionar como prefijo o formar parte de palabras compuestas. ‖ *s. m.* **9.** Lengua hablada por los francos. **10.** Unidad monetaria de Francia, Suiza, Bélgica, Luxemburgo, Burundi, Yibuti, Madagascar, Malí y Ruanda. Asimismo, el franco francés circula en Mónaco y Andorra y el franco suizo en Liechtenstein. ‖ **11. franco CFA** Unidad monetaria de las antiguas colonias francesas en África. **12. franco CFP** Unidad monetaria de las antiguas colonias francesas en Polinesia.

Franco, Manuel (Asunción 1875 - íd. 1919) Político paraguayo. Miembro del Partido Liberal, fue elegido presidente de la república en 1916. Amnistió a presos políticos y estableció el voto secreto en las elecciones. Murió antes de concluir su mandato.

Franco, Rafael (? 1900 - ? 1975) Militar y político paraguayo. Líder de la revolución febrerista (1936), que derrocó al presidente Ayala, fue nombrado presidente provisional de la república. Intentó imponer un programa de reformas radicales, pero fue derrocado por un golpe militar de tendencia conservadora (1937).

Franco Bahamonde, Francisco (El Ferrol, La Coruña 1892 - Madrid 1975) Militar y político español. Una brillante carrera le permitió alcanzar el grado de general a edad temprana. Fue director de la Academia Militar de Zaragoza hasta su clausura por la República (1931). En 1935 Gil Robles, ministro de la Guerra, le nombró Jefe del Alto Estado Mayor. En 1936 recibió el mando de

Francisco Franco Bahamonde.

la región militar de Canarias, desde donde se sumó al golpe militar del 18 de julio de 1936. El 1 de octubre fue nombrado generalísimo de los ejércitos y jefe del Estado y en 1937 jefe del partido único FET y de la JONS, tras la unificación forzada de falangistas y carlistas. Después de vencer en la guerra civil, mantuvo la triple jefatura de Ejército, Gobierno y Estado, e instauró un régimen dictatorial personalista que perduró hasta su muerte (franquismo). En 1969, en virtud de la ley de Sucesión de 1947, que declaraba reino a España, nombró sucesor al príncipe Juan Carlos de Borbón, nieto de Alfonso XIII. En 1973 cedió la presidencia de gobierno al almirante Carrero Blanco, quien fue asesinado poco después por ETA en un atentado.

Franco Bahamonde, Ramón (El Ferrol 1896 - en aguas de Mallorca 1938) Aviador español. Era hermano del anterior. Batió una serie de récords aéreos al realizar en el hidroavión *Plus Ultra* el vuelo Palos de la Frontera - Buenos Aires. Aunque se significó por sus actividades izquierdistas y republicanas, se unió al bando nacionalista en la guerra civil. Murió en accidente aéreo.

Franco Condado Región de Francia, en el E del país, en la frontera con Suiza. 16.202 km^2. 1.103.100 h. en 1990. Su capital es Besançon, con 114.000 h. en 1990. Consta de los departamentos Alto Saona, Doubs, Jura y el territorio de Belfort. Su economía se basa en la producción agrícola de cereales y forrajes, en la ganadería bovina, en la explotación forestal y en la industria metalúrgica, automovilística, óptica, relojera, textil y mecánica. Incluido en la Galia romana, el territorio fue ocupado en el s. V por los burgundios y posteriormente dominado por el franco Clodoveo. Al dividirse el reino carolingio, fue constituido en condado, sometido al imperio germánico y, por fin, incorporado al ducado de Borgoña. Como parte de la herencia borgoñona pasó a los Habsburgo en el s. XVI. Los reyes franceses lo disputaron al emperador Carlos V en sucesivas guerras, hasta que España lo perdió definitivamente y quedó incorporado a Francia por el tratado de Nimega en 1678.

Franco Pinto, João (Alcaide, Lisboa 1855 - Lisboa 1929) Político portugués. Jefe del Partido Regenerador Liberal, fue ministro de Obras Públicas, del Interior y jefe del gobierno (1907-08). Liquidó el parlamento e impuso un régimen dictatorial, beneficioso para la economía pero que provocó el descontento popular. Tras el atentado que costó la vida al rey Carlos I y el príncipe heredero, presentó su dimisión y se abrió un periodo de inestabilidad que terminó con la proclamación de la República.

francófilo, la *adj.* Amante o simpatizante de lo francés. También *s.*

francolín *s. m.* Nombre común de diversas aves galliformes de la familia fasiánidos, género *Francolinus.* El francolín común *(Francolinus francolinus)* mide unos 33 cm de longitud y tiene una forma parecida a la de la perdiz, de la que se distingue por su plumaje, que es negro en la cabeza, pecho y vientre y gris con manchas blancas en la espalda, con un característico collar de color castaño. Habita en Europa meridional. Otras especies habitan en Asia y África.

Franconia Región histórica de Alemania. Mediado el s. IX los territorios alemanes conquistados por Carlomagno fueron constituidos en los ducados de Lorena al O y de Sajonia, Franconia y Suabia al E. El duque de Franconia, Conrado el Joven, recibió el título de rey de Germania (911), pero a su muerte el duque Otón de Sajonia heredó la corona y dominó Franconia. A principios del s. XI el duque de Franconia, Conrado el Sálico, fue coronado emperador germánico. Desde mediados del s. XII el territorio fue dominado por los Staufen. A la caída de éstos se fragmentó, conservando el nombre tan sólo su parte oriental. En 1500 el emperador Maximiliano lo convirtió en círculo del imperio germánico. En 1814 fue integrado en el Land de Baviera.

franco-prusiana, guerra Conflicto bélico entre Francia y Prusia iniciado en 1870 al negarse el rey francés Napoleón III a aceptar que el príncipe alemán Leopoldo Hohenzollern ocupara el trono español, vacante desde la revolución de 1868. El ejército prusiano, dirigido por el príncipe heredero Federico, aplastó al francés en la batalla de Sedan en 1870, forzando la capitulación de Napoleón III. A consecuencia de ello se produjo la caída del segundo imperio francés y la creación del imperio alemán, del que fue coronado emperador Guillermo I de Prusia.

francotirador, ra *s. m.* y *f.* Soldado o tirador que actúa aisladamente.

franela *s. f.* Tela de lana o algodón, ligeramente cardada para que forme pelillo por una de sus caras.

franelógrafo *s. m.* Cuadro de franela u otro material que se usa en la escuela para fijar en él grabados, dibujos, letras, frases, etc.

franelograma *s. m.* Figuras, letras, frases, etc., que se adhieren al franelógrafo.

frangollar *v. tr. fam.* Hacer algo sin cuidado, deprisa y mal.

frangollero, ra *adj.* Que hace las cosas sin cuidado, deprisa y mal. También *s.*

frangollo *s. m.* **1.** Cosa hecha sin cuidado. **2.** *Arg., Chile, Méx., Perú.* Confusión, mezcolanza.

frangollón, na *adj.* Frangollero*. También *s.*

franja *s. f.* **1.** Tira o banda de adorno dibujada o superpuesta sobre alguna cosa. **2.** Banda o tira en general. **3.** Conjunto de cosas que se consideran incluidas dentro de unos límites definidos; p. ej., el conjunto de edades comprendidas entre dos determinadas. ‖ **4. franja de codificación** En documentos, área reservada para la inscripción de caracteres magnéticos.

franjear o **franjar** *v. tr.* Adornar con franjas.

Frank, Ilia Mijailovich (San Petersburgo 1908) Físico ruso. En 1937, junto con Igor Tamm, encontró una explicación teórica al llamado *efecto Cherenkov* o *radiación azul de Cherenkov,* descubrimiento relacionado con la velocidad de las partículas de alta energía. Estos tres científicos fueron premiados con el Nobel de física de 1958.

Frank, Waldo (Long Branch, New Jersey 1889 - White Plains, Nueva York 1967) Escritor estadounidense. Intelectual socialista, dirigió la revista *The Seven Arts* (1916-17). En su obra ensayística se advierte un tono ético y político, como en *Nuestra América* (1919), *España virgen* (1926) y *La isla profética: retrato de Cuba* (1961). También escribió novelas, entre las que sobresalen *El hombre inoportuno* (1917) y *Los invasores* (1948).

Fotograma del filme Frankenstein *de James Whale, protagonizado por Boris Karloff.*

Frankenstein Personaje de la novela del mismo nombre de Mary Shelley. El doctor Frankenstein pretende descubrir el misterio de la vida, para lo cual intenta crear un ser humano, pero el resultado es una criatura monstruosa, temida y odiada por los hombres, que terminarán por darle muerte. Constituye uno de los grandes mitos del género de terror, popularizado por el cine.

Frankfurt, escuela de Escuela filosófica creada en torno al Instituto de Investigación Social de la Universidad de Frankfurt (1923). Sus principales representantes son Max Horkheimer, Theodor W. Adorno, Herbert Marcuse, Walter Benjamin y Jürgen Habermas, que han desarrollado su actividad tanto en Europa como en EE UU. Partiendo de postulados de la filosofía marxista y a través de las doctrinas hegelianas y las técnicas psicoanalíticas, han realizado un análisis crítico de la sociedad capitalista actual en sus aspectos sociológicos, culturales, políticos, etc.

Frankfurt del Main C. de Alemania, situada en el Land de Hesse, a orillas del río Main, cerca de su confluencia con el Rhin. 625.300 h. en 1989. Gran centro comercial y financiero, así como importante nudo de comunicaciones, es sede de numerosas empresas y posee una industria muy diversificada. Posee el aeropuerto más importante de Europa, uno de los mayores del mundo. Su Feria del Libro atrae a editores y libreros de todo el mundo.

Frankfurt del Main: edificios de oficinas, con el río Main en primer plano.

Franklin, Aretha (Memphis, Tennessee 1942) Cantante estadounidense. Intérprete de blues, soul y gospel, destaca por la fogosidad rítmica de su estilo y el amplio registro de su voz. Entre sus interpretaciones más populares se hallan *Think*, *Say a little prayer* y *She saw*.

Benjamin Franklin. Retrato del taller de Jean-Baptiste Greuze (colección privada, París).

Franklin, Benjamin (Boston 1706 - Filadelfia 1790) Político, diplomático y científico estadounidense. Descubrió la naturaleza del rayo, inventó el pararrayos y estudió la corriente del Golfo. Desempeñó un importante papel en la independencia de EE UU y en 1776, junto con Jefferson y John Adams, redactó la declaración de Independencia. Fue gobernador del Estado de Pennsylvania.

franklinita *s. f.* (Zn, Mn) Fe_2O_4. Mineral óxido de cinc, hierro y manganeso. Cristaliza en el sistema cúbico, en octaedros y tiene color negro. Los principales yacimientos se hallan en EE UU. Se utiliza como mena de cinc y manganeso.

franquear *v. tr.* **1.** Dejar libre alguna cosa de estorbos o impedimentos, abrir paso. **2.** Atravesar algún sitio venciendo alguna dificultad. **3.** Poner los sellos necesarios para enviar alguna cosa por correo. ‖ *v. prnl.* **4.** Descubrir una persona a otra sus sentimientos o pensamientos. **FAM.** Franqueable, franqueamiento.

franqueo *s. m.* **1.** Acción y efecto de franquear. **2.** Cantidad que se pone en sellos.

franqueza *s. f.* **1.** Sinceridad. **2.** Confianza y familiaridad en el trato.

franquía *s. f.* Situación en la cual un buque tiene paso libre para hacerse a la mar o tomar determinado rumbo. ‖ **LOC. en franquía** *adv. fam.* En disposición de hacer alguien lo que desea, después de haber superado alguna dificultad o haberse librado de algún quehacer o compromiso.

franquicia *s. f.* **1.** Privilegio que se concede a alguien o a algo para no pagar determinados derechos o impuestos o quedar libre de cierta obligación. ‖ **2. franquicia postal** Transporte gratuito de la correspondencia.

franquismo *s. m.* Régimen político que estableció en España el general Franco en 1939 y que duró hasta 1975. Sus principales características fueron la existencia de un partido único; el rechazo de la democracia parlamentaria, sustituida por la llamada *democracia orgánica*, en la que la voluntad popular estaba teóricamente representada a través de la familia, el municipio y el sindicato, aunque en la práctica la gran mayoría de los procuradores en Cortes eran elegidos o designados por el propio gobierno; la inexistencia de libertad de asociación, expresión y reunión, y la concentración de poderes en la persona de Franco. La política económica pasó por una etapa inicial de autarquía, para regirse en la década de los sesenta por los principios del capitalismo. La política exterior evolucionó desde el apoyo a los países del Eje durante la Segunda Guerra Mundial y el aislamiento posterior hasta la alianza con EE UU a principio de los cincuenta. En los últimos años, el desarrollo económico favoreció una ligera apertura del régimen, mientras que la oposición al mismo se manifestó sobre todo en las luchas obreras y estudiantiles. **FAM.** Franquista.

fraque *s. m.* Frac*.

frasca *s. f.* **1.** Vasija de vidrio, generalmente cuadrada, que se usa para el vino. **2.** Hojarasca y ramas menudas de los árboles.

frasco *s. m.* Recipiente más pequeño que una botella, generalmente de vidrio y de formas variadas.

Frascuelo, Salvador Sánchez, llamado (Churriana, Granada 1842 - Madrid 1898) Matador de toros español. Tomó la alternativa en Madrid en 1867 y mantuvo una célebre competencia con *Lagartijo*. Sobresalió como estoqueador. Se retiró en 1889.

frase *s. f.* **1.** Conjunto de palabras que tienen sentido. En sentido amplio, frase puede englobar el concepto de oración; sin embargo, en sentido más restringido, constituyen frase aquellos enunciados que sin presentar una estructura bimembre (sintagma nominal sujeto y sintagma verbal predicado) expresan un mensaje completo, como son exclamaciones, interjecciones, etc.: *¡Qué alegría!*, *¡Vaya suerte!*, *¡Ay de mí!* **2.** Expresión elaborada que sintetiza bien una idea o tiene una especial trascendencia. **3.** Fragmento bien definido de una composición musical, que termina en pausa. ‖ **4. frase hecha** La que tiene una forma fija y generalmente un sentido especial, p. ej. *Dios mediante*.

frasear *v. tr.* **1.** Formar o enunciar las frases. **2.** Tocar un instrumento o cantar respetando las frases musicales.

fraseo *s. m.* Acción y efecto de frasear.

fraseología *s. f.* **1.** Conjunto de modos de expresión y frases hechas propios de una lengua, época, grupo, etc. **2.** Abundancia de palabras o expresiones convencionales, muy rebuscadas o inútiles. **3.** Modo de construcción de las frases característico de cada escritor, idioma, etc. **FAM.** Fraseológico.

Fraser, John Malcolm (Melbourne 1930) Político australiano. Liberal conservador, fue ministro en varias ocasiones y primer ministro de 1975 a 1983, año en que fue derrotado por los laboristas.

fraternal *adj.* Propio de un hermano. ■ Se dice también *fraterno*. **FAM.** Fraternalmente.

fraternidad *s. f.* Unión y afecto entre hermanos o entre los que se tratan como tales.

fraternizar *v. intr.* Unirse y tratarse con afecto, como hermanos. ■ Se conjuga como *cazar*.

fraterno, na *adj.* Fraternal*.

fraticelli (voz ital.) *s. m. pl.* Grupos de monjes franciscanos, también llamados *espirituales*, que en la Baja Edad Media predicaron una pobreza estricta y se enfrentaron a la jerarquía eclesiástica, por lo que fueron excomulgados en 1317 y 1318.

fratría *s. f.* **1.** En la antigüedad, conjunto de varios clanes que se unían por motivos religiosos o defensivos. Existieron, p. ej., entre los griegos jonios y dorios y entre los pueblos primitivos de América del Norte. **2.** Hermandad, cofradía. **3.** Conjunto de hermanos de la unidad familiar.

fratricida *adj.* **1.** Se dice de la persona que mata a su hermano. También *s.* **2.** P. ext., se dice del enfrentamiento entre compatriotas o personas unidas como hermanos.

fratricidio *s. m.* Acto de matar alguien a su hermano.

fraude *s. m.* Engaño realizado con el fin de obtener un beneficio, especialmente el que constituye un delito.

fraudulencia *s. f.* Fraude*.

fraudulento, ta *adj.* Que supone o encierra un fraude. **FAM.** Fraudulentamente.

Fraunhofer, Joseph von (Straubing, Baviera 1787 - Munich 1826) Físico alemán. Investigó sobre el espectro solar y descubrió que estaba cruzado por franjas oscuras, de las que catalogó 576, determinando además su longitud de onda. Inventó algunos instrumentos ópticos y realizó una primera clasificación espectral de las estrellas.

fray *s. m. apóc.* de **fraile**. Se emplea delante del nombre de los religiosos de ciertas órdenes.

Fray Mocho, José Sixto Álvarez, llamado (Gualeguaychú 1858 - Buenos Aires 1903) Escritor argentino. Destacó como costumbrista de tema porteño y aprovechó para sus escritos su experiencia como comisario de policía. En 1898, junto con Eustaquio Pellicer y el dibujante Manuel Mayol, fundó la revista *Caras y caretas*, que dirigió hasta su muerte. Entre sus libros merecen citarse *Esmeraldas* (1885), *Vida de ladrones célebres y su manera de robar* (1887), *Memorias de un vigilante* (1897) y *Un viaje al país de los matreros* (1897). Póstumamente apareció *Cuentos de Fray Mocho* (1906).

frazada *s. f.* Manta de cama, gruesa y de mucho pelo.

Frazer, James George (Glasgow 1854 - Cambridge 1941) Antropólogo británico. Se especializó en el estudio de las religiones comparadas. En *La rama dorada* (1890-1915), su obra fundamental, estudia en profundidad los dioses, mitos, tabúes, costumbres, etc., de la antigüedad. Otras obras suyas destacadas son *Totemismo y exogamia* (1910), *El folclor en el Antiguo Testamento* (1918) y *El temor a la muerte en las religiones primitivas* (1933).

Frazier, Joe (Beaufort 1944) Boxeador estadounidense. Campeón olímpico del peso pesado en 1964, consiguió en el campo profesional la corona mundial en 1967 al derrotar a Busther Mathis y la retuvo hasta 1973.

freático, ca *adj.* **1.** Se dice de las aguas subterráneas acumuladas sobre una capa impermeable y que pueden aprovecharse por medio de pozos. **2.** Se aplica a la capa del subsuelo que contiene estas aguas.

frecuencia *s. f.* **1.** Repetición periódica de un acto o suceso. **2.** Número de veces que ocurre una cosa en un determinado tiempo. **3.** En fís., en un movimiento periódico, número de ciclos completos realizados en un segundo. La frecuencia, v, es el número de oscilaciones que describe un punto en la unidad de tiempo, magnitud inversa al periodo, T. Se mide en $\frac{\text{ciclos}}{\text{segundo}}$ ($\frac{1}{s}$ o s^{-1}). Esta unidad de medida se conoce con el nombre de hertzio (Hz). La **frecuencia angular**, ω, es igual a la frecuencia multiplicada por 2π. $\omega = 2\pi v$. Se expresa en $\frac{\text{radianes}}{\text{segundo}}$ (rd/s).

En las ondas sonoras, la banda de frecuencias perceptibles por el oído humano está comprendida entre 20 Hz y 18.000 Hz. Por debajo de 20 Hz, se consideran infrasonidos y por encima de 18.000 Hz, ultrasonidos. Los ultrasonidos, que pueden ser detectados por algunos animales, como las arañas y los murciélagos, se emplean también en dispositivos como el sonar, utilizado para investigar el relieve submarino.
En las ondas electromagnéticas, las frecuencias correspondientes a la luz visible se encuentran comprendidas entre 10^{14} y 10^{15} Hz. En esta banda se distinguen siete frecuencias correspondientes cada una de ellas a uno de los siete colores del arco iris, desde el rojo al violeta. El conjunto de estas siete frecuencias constituye la luz blanca. Cuanto mayor es la frecuencia de una onda electromagnética, mayor cantidad de energía transporta. Los rayos X, de frecuencias alrededor de 10^{18} Hz, son ondas electromagnéticas capaces de atravesar la materia. ‖ **4. frecuencia absoluta** En estadística, número de unidades que en una muestra presentan un determinado carácter. **5. frecuencia modulada** Véase **modulación de frecuencia**. **6. frecuencia relativa** En estadística, relación entre la frecuencia absoluta y el total de la muestra; p. ej., si en un grupo de diez alumnos las notas obtenidas en un examen son: 3, 5, 6, 5, 8, 6, 5, 7, 9 y 4, la frecuencia absoluta de la nota 3 es 1, la de 5 es 3, la de 6 es 2, etc., y la frecuencia relativa de 3 es $\frac{1}{10}$, de 5 es $\frac{3}{10}$, de 6 es $\frac{2}{10} = \frac{1}{5}$, etc.

frecuencímetro *s. m.* Aparato que mide la frecuencia de los fenómenos oscilatorios, especialmente de los eléctricos.

frecuentación *s. f.* Acción de frecuentar.

frecuentado, da **1.** *p. p.* de **frecuentar**. ‖ *adj.* **2.** Muy visitado o concurrido.

frecuentar *v. tr.* **1.** Ir a menudo a alguna parte. **2.** Hacer algo a menudo. **3.** Tratar con frecuencia a alguien. **FAM.** Frecuentador.

frecuentativo *adj.* En ling., iterativo.

frecuente *adj.* **1.** Que ocurre muchas veces o se repite cada poco tiempo. **2.** Corriente, habitual. **FAM.** Frecuentemente.

Fredegunda (Montdidier h. 545 - París 597) Reina de Neustria (567-597). Mujer de una desmedida ambición y sin escrúpulos, hizo estrangular a Galsvinta, esposa de Chilperico I, rey de Neustria, para casarse con éste. Tras una serie de asesinatos, hizo degollar a los hijos de Chilperico I y también se sospecha que tomó parte en la misteriosa muerte del rey. Coronó rey de Neustria a su hijo Clotario II.

free-cinema (expr. ingl.) *s. m.* Movimiento cinematográfico británico surgido en 1956 en torno a los críticos de la revista *Sequence*, que rechazaba el cine comercial e intentaba recuperar la tradición documental del cine inglés. Sus principales representantes fueron Lindsay Anderson, Tony Richardson y Karel Reisz.

free-jazz (expr. ingl.) *s. m.* Estilo de la música de jazz, nacido en los años cincuenta en EE UU, que otorga a los intérpretes una gran libertad de improvisación y concede mayor importancia a la forma sonora que a la melodía. Sus representantes más significativos son Ornette Coleman, Archie Shepp, Albert Ayler, Cecil Taylor, Miles Davis y John Coltrane.

free-lance (expr. ingl.) *adj.* Se aplica al profesional que trabaja por su cuenta, y en especial al periodista que colabora en diversas publicaciones. También *s.*

Freetown C. de Sierra Leona, cap. del país, situada en el NO del mismo, en la costa atlántica. 554.250 h. en 1985. Importante centro portuario, exporta aceite, nuez, cacao y minerales preciosos. Posee aeropuerto, refinerías de petróleo, industria alimentaria y de tallado de diamantes.

fregadero *s. m.* **1.** Pila o recipiente para fregar, especialmente los cacharros de cocina. **2.** Sitio en que se friega.

fregado, da **1.** *p. p.* de **fregar**. También *adj.* ‖ *adj.* **2.** *amer.* Referido a personas, inoportuno, enfadoso. **3.** *amer.* Astuto, pícaro, ladino. ‖ *s. m.* **4.** Acción y efecto de fregar. **5.** *fam.* Discusión, pelea. **6.** *fam.* Asunto complicado o turbio. **7.** *amer.* Molestia, fastidio.

fregandera *s. f. Méx.* Fregona, empleada que friega.

fregar *v. tr.* **1.** Limpiar alguna cosa frotándola con estropajo, cepillo, bayeta, etc., empapados en agua y jabón o en alguna sustancia apropiada. **2.** Restregar, friccionar. También *v. prnl.* **3.** *fam. amer.* Molestar, fastidiar. También *v. prnl.* ■ Es v. irreg. Se conjuga como *regar.*

Frege, Gottlob (Wismar 1848 - Bad Kleinen, Mecklemburgo 1925) Matemático y lógico alemán. Elaboró un cálculo formalizado de las proposiciones, empleando operadores y cuantificadores, y distinguiendo entre la función de una proposición y lo que designa. Entre sus obras destacan *Los fundamentos de la aritmética* (1884) y *Leyes fundamentales de la aritmética* (1893-1903).

Fregoli, Leopoldo (Roma 1867 - Viareggio 1936) Actor italiano. Cantante, prestidigitador y transformista, recorrió el mundo con espectáculos en los que interpretaba él mismo hasta sesenta personajes distintos, tanto masculinos como femeninos, caracterizándose con gran rapidez.

fregona *s. f.* **1.** *desp.* Mujer que friega, y p.ext., criada. **2.** *desp.* Mujer ordinaria. **3.** Utensilio para fregar el suelo formado por un manojo de tiras de material absorbente, provisto de un mango largo.

fregotear *v. tr.* **1.** *fam.* Fregar deprisa y mal, de cualquier manera. **2.** *fam.* Fregar mucho o con energía. **FAM.** Fregoteo.

Frei Montalva, Eduardo (Santiago de Chile 1911 - íd. 1982) Político chileno. Participó en la fundación de la Falange Nacional (1935), que en 1957 se transformaría en la Democracia Cristiana. Presidente de la república (1964-70), se propuso como programa la revolución en libertad. Nacionalizó el cobre. Le sucedió Salvador Allende, derrocado por Pinochet. Frei no ocultó sus críticas al gobierno de Allende, pero fue categórico en la defensa de la democracia y de los derechos humanos.

freidora *s. f.* Recipiente o electrodoméstico especial para freír.

freidura *s. f.* Acción y efecto de freír.

freiduría *s. f.* Establecimiento en el que se fríe pescado y otros alimentos y donde también se sirven o venden.

Freinet, Célestin (Gars, Alpes Maritimes 1896 - Vence 1966) Pedagogo francés. Introdujo en la escuela diversas técnicas pedagógicas, como el uso de la imprenta, el trabajo en grupo, la redacción de textos libres por los niños, el método global de aprendizaje de lectura y escritura, las visitas y actividades fuera de la escuela, etc., que popularizó a través de la Cooperativa de Enseñanza Laica. Se le considera el creador de la escuela moderna.

freír *v. tr.* **1.** Guisar un alimento poniéndolo cierto tiempo en aceite o grasa hirviendo. También *v. prnl.* **2.** *fam.* Acribillar a tiros. **3.** *fam.* Molestar o atormentar a alguien con algo pesado, insistente, etc. ‖ *v. prnl.* **4.** *fam.* Pasar mucho calor. ■ Es v. irreg. Se conjuga como *reír.* Tiene dos p. p.: uno reg., *freído,* y otro irreg., mucho más frecuente, *frito.*

Freire, Paulo (Recife 1921) Pedagogo brasileño. Creador del Movimiento de Educación de Base (1961), su doctrina educativa se basa en la humanización mediante la toma de conciencia o análisis e interpretación crítica de la realidad. Es autor, entre otras obras, de *Concientización y alfabetización* (1963) y *Pedagogía del oprimido* (1969).

Freire, Ramón (Santiago de Chile 1787 - íd. 1851) Militar y político chileno. Combatió en la lucha por la independencia de Chile. En 1823 se sublevó contra O'Higgins y fue elegido director supremo. Renunció a su cargo en 1826, pero ante el fracaso del federalismo volvió a asumirlo al año siguiente. Después de la sublevación de Prieto (1830) se refugió en Perú. En 1836 intentó invadir Chile, pero fue derrotado y desterrado.

fréjol *s. m.* Fríjol*.

FRELIMO Siglas del Frente de Liberación de Mozambique.

frenado, da **1.** *p. p.* de **frenar**. También *adj.* ‖ *s. m.* o *f.* **2.** Acción y efecto de frenar.

frenar *v. tr.* **1.** Disminuir o detener la marcha de un vehículo, máquina, cabalgadura, etc. Se usa mucho como *v. intr.* **2.** Disminuir o detener el desarrollo, intensidad o actividad de algo. También *v. prnl.*

frenazo *s. m.* Acción y efecto de frenar bruscamente.

frenesí *s. m.* **1.** Pasión o sentimiento violento, exaltado. **2.** Locura furiosa.

frenético, ca *adj.* **1.** Que experimenta o muestra frenesí. **2.** Furioso, muy enfadado. **FAM.** Frenéticamente.

frénico, ca *adj.* Perteneciente o relativo al diafragma.

frenillo *s. m.* Membrana formada en determinados puntos del organismo que limita la movilidad de algunos órganos, como el de la lengua, el del labio superior o el del prepucio.

freno *s. m.* **1.** Dispositivo de las máquinas o de los automóviles que sirve para disminuir o detener su movimiento. En los automóviles, funciona cuando se presiona el pedal correspondiente, situado entre el del embrague y el del acelerador. Actúa inmovilizando las ruedas para impedir que giren, ya sea mediante la aplicación de elementos fijos llamados zapatas sobre la circunferencia de un tambor o la superficie lateral de un disco que gira con la rueda, o mediante la introducción de un fluido entre los elementos fijos y los móviles en los frenos hidráulicos. **2.** Pieza de hierro de la brida que se introduce en la boca de las caballerías para sujetarlas y dirigirlas. **3.** Aquello que sujeta o contiene acciones, sentimientos, inclinaciones, procesos, etc.

frenología *s. f.* Teoría difundida a principios del siglo XIX y hoy abandonada, según la cual los diferentes rasgos, cualidades y facultades psíquicas del individuo, como el amor a la familia, la simpatía, etc., estan localizados en áreas determinadas del cerebro, que serían responsables de cada uno de estos caracteres.

frenopático *s. m. fam.* Manicomio*.

frente *s. f.* **1.** Parte superior de la cara, comprendida entre las sienes y desde el cuero cabelludo hasta las cejas. ‖ *s. m.* **2.** Parte delantera de una cosa, especialmente la fachada de un edificio. **3.** Zona donde se combate en una guerra. **4.** Unión entre organizaciones, grupos políti-

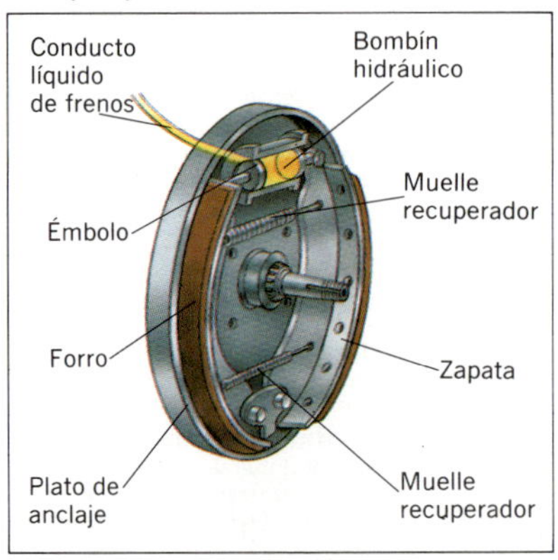

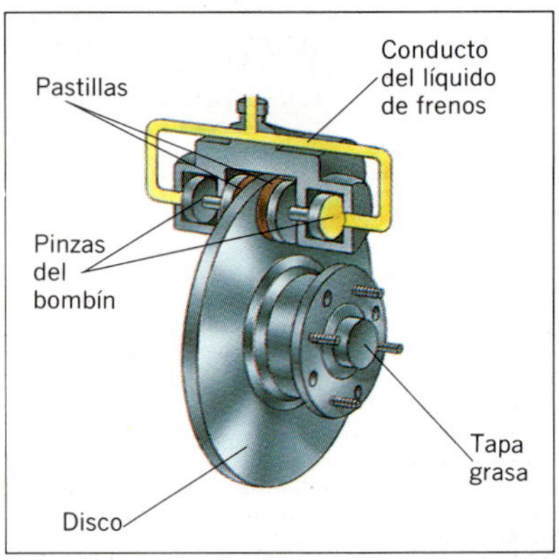

Tipos de freno: a la izquierda, freno de tambor, cuyas zapatas presionan sobre un tambor solidario con la rueda; a la derecha, freno de disco, cuyas zapatas presionan un disco solidario con la rueda.

cos, etc. **5.** Cara de una moneda. **6.** En meteorología, línea que separa dos masas de aire de diferentes características, especialmente en su temperatura y humedad. En la atmósfera terrestre existen grandes frentes, más o menos estacionarios, que se extienden a lo largo de millares de kilómetros en el área de contacto de masas de aire de distinta temperatura: frente ártico, frente polar, frente mediterráneo, frente sahariano, frente de los alisios, etc. Las ondulaciones de estos grandes frentes, sobre todo el frente polar del hemisferio N, producen **frentes móviles** o **ciclónicos**, perturbaciones atmosféricas que se forman por la convergencia de masas de aire de distinta temperatura y humedad. El **frente frío** es el área de contacto de una masa de aire frío con una masa de aire caliente, en la que penetra en forma de cuña por debajo, elevándola en un plano poco inclinado; produce nubes de desarrollo vertical (cúmulos y nimbocúmulos) con precipitaciones cortas e intensas. El **frente cálido** es el área de contacto de una masa de aire caliente con otra de aire frío, a la que se superpone a lo largo de un plano muy inclinado; produce nubes de desarrollo horizontal (estratos) con precipitaciones débiles pero persistentes. Cuando un frente frío alcanza al cálido que le precede y la masa de aire caliente que existe entre ellos se eleva y pierde contacto con la superficie terrestre, se llama **frente ocluido**. ‖ **Loc. al frente** *adv.* Hacia delante; también, en cabeza o al mando. **con la frente alta** *adv.* Con dignidad, sin avergonzarse. **de frente** *adv.* Hacia delante o hacia la parte delantera; uno enfrente de otro; directamente, sin rodeos. **frente a** *prep.* Enfrente de; en oposición a; ante. **frente a frente** *adv.* Cara a cara. **frente por frente** *adv.* Enfrente justamente una cosa de otra. **hacer frente** a alguien o algo Enfrentarse a él o a ello.

Frente de Liberación de Mozambique (FRELIMO) Organización político-militar mozambiqueña. Fundado en 1962, luchó contra la dominación portuguesa. Conseguida la independencia (1975), se erigió en partido único, de ideología marxista-leninista.

Frente de Liberación Nacional (FLN) Partido nacionalista argelino. Constituido en noviembre de 1954, fue el principal grupo que llevó a cabo la insurrección contra el dominio colonial francés. Tras la obtención de la independencia, en 1964 se convirtió en partido único. El FLN moderó con el tiempo sus planteamientos socialistas revolucionarios y la Constitución de 1989 dio paso al multipartidismo. En 1991 el presidente argelino Chadli Benyedid convocó elecciones libres, que fueron ganadas por mayoría absoluta por el Frente Islámico de Salvación, partido fundamentalista musulmán. Benyedid dimitió y fue sustituido por Mohamed Budiaf al frente del gobierno y del partido. En 1992 Budiaf decretó la ley marcial, ilegalizó al Frente Islámico e impuso de nuevo el partido único.

Frente Farabundo Martí de Liberación Nacional (FFMLN) Frente guerrillero de El Salvador, constituido en 1980 por la unión de diversas formaciones izquierdistas opuestas al régimen del general Romero. Su actividad creció tras la llegada al poder de Napoleón Duarte (1984), sumiendo al país en una auténtica guerra civil. En 1990 y 1991 el Frente entabló negociaciones con el gobierno salvadoreño, que culminaron a principios de 1992 con el acuerdo de paz suscrito por el líder guerrillero Schafick Handal y el presidente Alfredo Cristiani en Nueva York. El Frente abandonó la lucha armada, se integró en la sociedad civil bajo supervisión de la ONU y Cristiani se comprometió a acometer importantes reformas políticas y económicas.

Frente Nacional de Liberación (FNL) Véase **Vietcong**.

Frente Polisario (Frente Popular de Liberación de Saguía el-Hamra y Río de Oro) Organización política y militar saharaui, nacionalista y revolucionaria. Fue fundado en 1973 con apoyo de Mauritania y, tras la cesión del Sáhara occidental por España a Marruecos y Mauritania, emprendió la lucha armada. En 1976 proclamó la República Árabe Democrática Saharaui. Los éxitos militares del Polisario, que recibe el apoyo de Argelia, obligaron a Mauritania a renunciar a cualquier pretensión territorial y a Marruecos a establecer una línea defensiva. La República Saharaui ha sido reconocida como representante del pueblo saharaui por la OUA (1976) y como parte en el conflicto del Sáhara por la ONU (1978) y la Conferencia de Países No Alineados (1979).

Frente Popular Coalición política de partidos de izquierda y sindicatos obreros, constituida con fines electorales en España (1936), donde alcanzó la presidencia con Manuel Azaña; en Francia (1936), donde llevó al gobierno a Léon Blum; y en Chile (1938), donde se mantuvo en el poder hasta 1946.

Frente Sandinista de Liberación Nacional (FSLN) Organización político-militar nicaragüense, creada en 1962 para combatir al régimen somocista mediante la lucha armada y para implantar la democracia popular. En 1978 logró derrocar al dictador Anastasio Somoza. En las elecciones presidenciales y legislativas de 1984 obtuvo la mayoría y su secretario general, Daniel Ortega, fue nombrado presidente de la república. Derrotado en las elecciones de 1990, Daniel Ortega traspasó el poder a la líder de la oposición Violeta Chamorro.

freón *s. m.* Nombre de diversos derivados halogenados del metano y el etano, utilizados en la industria para refrigeración, extintores de incendios, disolventes, etc.

fresa[1] (del fr. *fraise*, y éste del lat. *fraga*) *s. f.* **1.** Nombre común de diversas plantas herbáceas de la familia rosáceas, género *Fragaria*. La fresa salvaje *(Fragaria vesca)* mide entre 4 y 25 cm de altura, tiene hojas trifoliadas, flores blancas y fruto de color rojo formado por numerosos aquenios y el receptáculo floral (eterio). Se reproduce muy bien mediante estolones (reproducción asexual) y se cultiva por su fruto. Crece en bosques, matorrales y praderas de toda Europa. La fresa de Virginia *(Fragaria virginiana)* crece en América. **2.** Fruto de esta planta, de color rojo, comestible y muy aromático, constituido por un conjunto de granos distribuidos sobre una masa carnosa. **3.** Color rojo semejante al de este fruto.

Fresa salvaje (Fragaria vesca).

fresa[2] (de *fresar*) *s. f.* **1.** Herramienta provista de una serie de cuchillas o buriles, a modo de dientes, que al girar rápidamente perfora, alisa o labra piezas. **2.** Instrumento quirúrgico en forma de cono que se emplea para perforar, agrandar orificios o limar partes duras, p. ej. piezas dentales.

fresador, ra *s. m.* y *f.* **1.** Trabajador que se ocupa del manejo de las máquinas de fresar. ‖ *s. f.* **2.** Máquina provista de fresas que sirve para alisar, agujerear o labrar piezas.

fresal *s. m.* Terreno plantado de fresas.

fresar *v. tr.* Trabajar piezas con la fresa.

frescachón, na *adj.* Robusto y de aspecto sano, aunque algo tosco. También *s.*

frescales *s. m.* y *f. fam.* Fresco, caradura.

Fresco de Pompeya: El comienzo del banquete *(Museo Nacional de Nápoles).*

fresco, ca *adj.* **1.** Moderada o agradablemente frío. **2.** Recién cogido, hecho, sucedido, etc. **3.** Húmedo, que todavía no se ha secado. **4.** Que no ha comenzado a estropearse o a perder sus cualidades. **5.** Descansado, no fatigado. **6.** Se aplica a las telas y prendas finas y ligeras, que no dan calor. **7.** Espontáneo, natural, carente de artificio. **8.** Descarado, caradura, sinvergüenza. También *s.* **9.** Indiferente, sin preocupaciones ni remordimientos. ‖ *s. m.* **10.** Temperatura de frío moderado. **11.** Técnica pictórica que consiste en aplicar sobre una superficie húmeda preparada con capas de argamasa los colores disueltos en agua; también, pintura mural hecha con esta técnica. Ha sido practicada desde la antigüedad, como lo demuestran las decoraciones de las casas pompeyanas. Se ha utilizado sobre todo para la ornamentación de muros, techos o cúpulas del interior de iglesias y palacios. Así, en la época románica son famosos los frescos del ábside de San Clemente de Tahull, en Cataluña, y los del panteón de San Isidoro de León. En el Renacimiento, Miguel Ángel pintó los monumentales frescos de la bóveda y el testero de la capilla Sixtina. Grandes fresquistas del Barroco fueron Guido Reni y Tiepolo. A finales del s. XVIII, Goya realizó el magnífico conjunto de pinturas murales de San Antonio de la Florida, en Madrid. En el s. XX merecen especial mención los muralistas mexicanos Orozco, Rivera y Siqueiros. **12.** *amer.* Bebida refrescante. ‖ *s. f.* **13.** Frescor agradable, sobre todo el de la madrugada y el del atardecer en verano. **14.** *fam.* Cosa que se dice a alguien bruscamente y que, aunque sea verdad, puede

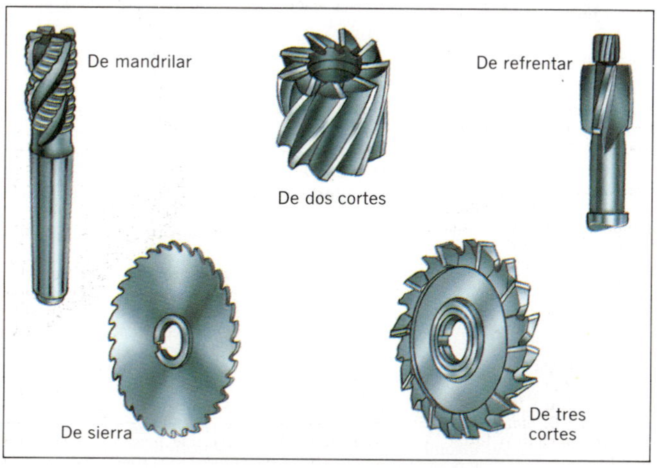

Diversos tipos de fresa mecánica.

ofender o molestar. ‖ LOC. **estar fresco** alguien *fam.* Tener esperanzas que no se van a realizar. **traer al fresco** algo a alguien *fam.* No importarle en absoluto.

Frescobaldi, Girolamo (Ferrara 1583 - Roma 1643) Compositor y organista italiano. Organista de San Pedro de Roma y posteriormente de la corte de Florencia, mereció el sobrenombre de «el Bach italiano» porque contribuyó a la evolución de la técnica de la fuga. Entre sus obras instrumentales destacan *Primer libro de fantasía a cuatro* (1608), *Tocatas y fugas para clave* (1615) y *Flores musicales, en partituras a cuatro partes, útiles para toda clase de instrumentistas* (1635), y entre las vocales *Primer libro de madrigales a cinco voces* (1608) y *Primero* y *Segundo libro de arias musicales* (1630), y fragmentos de misas.

frescor *s. m.* **1.** Cualidad de fresco, de frialdad agradable. **2.** Cualidad de lo que está reciente, nuevo, sin estropear. **3.** Naturalidad, espontáneidad.

frescura *s. f.* **1.** Frescor*. **2.** Descaro, desvergüenza. **3.** Lo hecho o dicho con descaro.

fresneda *s. f.* Lugar poblado de fresnos. ▪ Se dice también *fresnedo.*

fresnedo *s. m.* Fresneda*.

Fresnel, Augustin (Broglie, Normandía 1788-Ville d'Avray, París 1827) Físico francés. Estableció la base matemática de la teoría ondulatoria de la luz, estudió su polarización y refracción y realizó las primeras mediciones de longitudes de onda.

fresno *s. m.* Nombre común de diversas especies de árboles de la familia oleáceas, género *Fraxinus.* El fresno común *(Fraxinus excelsior)* puede alcanzar hasta 30 m de altura, tiene el tronco grueso, de corteza gris, hojas caducas pinnadas, de forma alargada, flores sin perianto y fruto en sámara. Crece en lugares húmedos de Europa y su madera, muy dura y elástica, se utiliza para fabricar mangos de herramientas, escalas de mano, duelas de toneles y piezas de ebanistería. El fresno del maná *(Fraxinus ornus)* mide hasta 8 m de altura, tiene hojas pinnadas y flores blancas y es nativo del S de Europa y O de Asia.

Fresno común (Fraxinus excelsior).

fresón *s. m.* **1.** Nombre de diversas variedades de fresa, en especial de una especie originaria de Chile *(Fragaria chiloensis)*, cuyo fruto es de mayor tamaño, color rojo menos intenso y sabor más ácido. **2.** Fruto de estas plantas.

fresquera *s. f.* Lugar o mueble en que se guardan los alimentos para conservarlos frescos.

fresquería *s. f. amer.* Establecimiento donde se sirven o venden refrescos.

fresquilla *s. f.* Variedad de melocotón o albérchigo.

fresquista *s. m.* y *f.* Artista que pinta frescos.

Freud, Anna (Viena 1895 - Londres 1982) Psicoanalista británica de origen austriaco. Era hija de Sigmund Freud. En 1938, huyendo de los nazis, se trasladó con su padre a Londres. Es una de las figuras más destacadas de la denominada psicología del *yo.* Interesada en los aspectos relacionados con la terapia y educación infantil, introdujo la colaboración de los padres en el tratamiento de los niños y mostró que el psicoanálisis de éstos debía tener un claro matiz educativo.

Freud, Sigmund (Freiberg, Moravia 1856 - Londres 1939) Neurólogo, psiquiatra y psicólogo austriaco. Comenzó sus trabajos en el campo de la fisiología del sistema nervioso. Más tarde estudió los avances de Charcot en la terapia de la histeria. Adaptó el método de la hipnosis desarrollado por Breuer al tratamiento de las enfermedades mentales, pero pronto lo sustituyó por el psicoanálisis. Creó la *escuela de Viena*, en la que destacaron sus discípulos Jung, Adler y su propia hija Anna. Según Freud, la estructura de la personalidad está formada por el *yo*, esfera de la conciencia, el *ello*, esfera de lo inconsciente, y el *superyó*, conjunto de normas dictadas por el exterior y que el sujeto interioriza. El equilibrio entre estos tres componentes de la estructura psíquica caracteriza a la persona normal. Pero este equilibrio puede romperse cuando la fuerza de los impulsos inconscientes desborda la represión que sobre ellos ejerce el *yo*, o también cuando el *superyó* fuerza al *yo* a ideales que éste no puede alcanzar. Freud extendió la investigación psicoanalítica a los dominios del arte, de la etnología y de la historia de las civilizaciones. Entre las numerosas obras de Freud sobresalen *La interpretación de los sueños* (1900), *Psicopatología de la vida cotidiana* (1902), *Tótem y tabú* (1912), *Más allá del principio del placer* (1920) y *El porvenir de una ilusión* (1927).

Sigmund Freud.

freudiano, na *adj.* **1.** Perteneciente o relativo a las teorías de Freud. **2.** P. ext., perteneciente o relativo a los impulsos del subconsciente estudiados por Freud y sus seguidores. **3.** Se aplica a los seguidores de las teorías de Freud. También *s.*

freudismo *s. m.* Conjunto de las teorías de Freud y sus seguidores.

Freyre, Gilberto (Recife 1900 - íd. 1987) Escritor y sociólogo brasileño. Es autor de libros sobre la cultura lusobrasileña y de estudios sobre la región nordeste del país, como *Casa grande y choza* (1933) y *Nordeste* (1937).

Freyssinet, Eugène (Objat, Corrèze 1879 - Saint-Martin-Vésubie 1962) Ingeniero y constructor francés. En 1917 ideó un procedimiento para aumentar la compacidad del hormigón armado, sometiéndolo a fuertes vibraciones mecánicas. Entre sus obras más audaces figura el puente de Plougastel (1926-29), sobre el río Elorn.

freza *s. f.* **1.** Puesta de huevos por diversos animales, en especial peces, y época en que se produce; también, huevos de los peces y crías recién salidas de ellos. **2.** Huella que dejan los animales al hozar.

frezar *v. intr.* **1.** Poner los huevos algunos animales, especialmente los peces. **2.** Hozar*. ▪ Se conjuga como *cazar.*

frialdad *s. f.* **1.** Cualidad, estado o sensación de frío. **2.** Falta de interés, entusiasmo o pasión. **3.** Falta de afecto en el trato. **4.** Serenidad, dominio de los nervios.

Frías, Bernardino Fernández de Velasco, duque de (Madrid 1783 - íd. 1851) Político español. Luchó contra los franceses en la guerra de la Independencia. Consejero de Estado durante el Trienio constitucional, se exilió con la vuelta del absolutismo fernandino. Durante la regencia de María Cristina, fue presidente del gobierno y ministro de Estado (1838).

Frías, Heriberto (Querétaro 1870 - Tizapán 1925) Escritor mexicano. Teniente de infantería, participó en 1892 en la campaña contra los rebeldes tomochitecos, sobre la que más tarde escribió la novela-reportaje *Temochic* (1895), en la que denunciaba los atropellos del régimen dictatorial de Porfirio Díaz. Otras obras suyas dignos de mención son *El último duelo* (1896), *El amor de las sirenas* (1908), *Las sirenas de México* (1916) y *¿Águila o sol?* (1923).

Frías, Tomás (Sucre 1805 - Florencia 1884) Abogado y político boliviano. Ministro en varias ocasiones, fue presidente de la asamblea constituyente (1870) y presidente provisional de la república (1872-73 y 1874-76). Durante su mandato se vio obligado a hacer frente a sublevaciones y motines. Fue derrocado por un golpe de Estado dirigido por Hilarión Daza, ministro de la Guerra.

Friburgo de Brisgovia (*Freiburg im Breisgau*) C. de Alemania, situada en el Land de Baden-Württemberg, al pie de la Selva Negra, en el SO del país. 184.000 h. en 1989. Posee riqueza forestal e industrias derivadas de la madera (muebles, papel), producción vinícola e industrias textiles. Conserva torres de la antigua muralla medieval y la catedral, de arenisca roja, románica, con ampliación gótica.

fricación *s. f.* Roce, especialmente el producido al pronunciar las consonantes fricativas.

fricandó *s. m.* Plato francés preparado con carne mechada y estofada, generalmente con setas.

fricasé *s. m.* Guiso francés compuesto de carne con salsa de huevo y crema de leche.

fricativo, va *adj.* Se aplica a los sonidos consonánticos en los que el aire pasa rozando por una estrecha abertura que forman dos órganos bucales, como en el caso de la *f, j, s* y *z.* También *s. f.*

fricción *s. f.* **1.** Acción y efecto de friccionar. **2.** Rozamiento de dos cuerpos al moverse uno sobre otro. **3.** Enfrentamiento, desacuerdo.

friccionar *v. tr.* Frotar, dar friegas. También *v. prnl.*

Friedman, Milton (Nueva York 1912) Economista estadounidense. Principal representante de la escuela de Chicago, es uno de los creadores de la moderna teoría cuantitativa del dinero y el inspirador de la política monetarista adoptada por numerosos gobiernos occidentales a partir de la década de los setenta. Defensor de un liberalismo económico radical, fue galardonado con el premio Nobel de economía en 1976. Entre sus principales obras figuran *Dinero y desarrollo económico* (1973), *Teoría de los precios* (1976) y *Libertad para elegir* (1980).

Friedrich, Caspar David (Greifswald 1774 - Dresde 1840) Pintor alemán. Destacado representante de la escuela romántica, en su obra predominan los paisajes fríos, majestuosos e irreales, como *El altar de Tetschen* (1808), *Vista de un paisaje otoñal cerca de Dresde* (1820) y *Luna elevándose sobre el mar* (1826).

friega *s. f.* **1.** Acto de frotar una parte del cuerpo, generalmente con alguna sustancia para curar o aliviar un dolor o dolencia. **2.** Paliza, zurra. **3.** *amer.* Molestia, fastidio. **4.** *Méx., Perú, P. Rico.* Reprimenda.

friegaplatos *s. m.* **1.** Lavavajillas*. ‖ *s. m.* y *f.* **2.** En establecimientos de hostelería, persona encargada de lavar los platos.

Frigia Antigua región de Asia Menor, entre el mar Egeo y el Ponto Euxino. Constituyó un reino, cuya capital fue Gordio, con reyes legendarios como Gordias y Midas, destruido por los cimerios (h. 700 a. C.). Fue anexionada por Persia en el 546 a. C., ocupada por los gálatas en el 275 a. C., conquistada por los reyes de Pérgamo en el 188 a. C. y, finalmente, integrada en el imperio romano en el 133 a. C.

frigidez *s. f.* **1.** Incapacidad de la mujer para experimentar excitación o alcanzar el orgasmo en el acto sexual. **2.** Frialdad.

frígido, da *adj.* **1.** Se aplica a la mujer que padece frigidez. También *s. f.* **2.** Muy frío.

frigio, gia *adj.* De Frigia. También *s.*

frigoría *s. f.* Unidad calorífica que se emplea para medir el frío y que equivale a una kilocaloría negativa. Representa la cantidad de calor que se sustrae a un litro de agua a 15 °C para disminuir su temperatura a 14 °C. Su símbolo es *fg.*

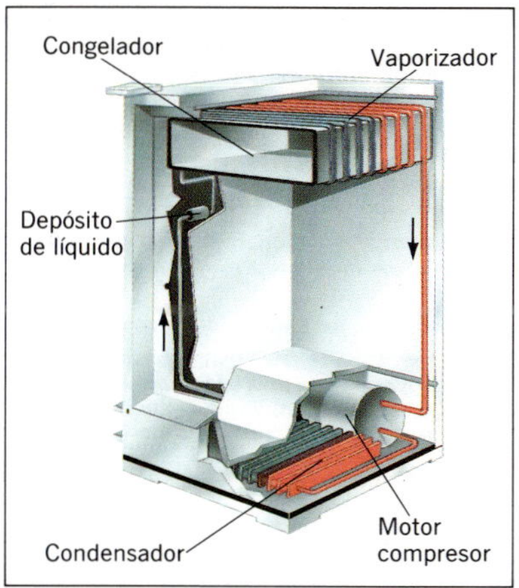

Esquema del funcionamiento de un frigorífico de compresión: el líquido refrigerante se transforma en gas en el vaporizador, situado en torno al congelador, y al absorber calor enfría el frigorífico; luego, impulsado por el motor compresor, vuelve al condensador, donde se licúa nuevamente.

frigorífico, ca *adj.* **1.** Que produce o mantiene frío artificialmente. Se dice particularmente de las cámaras o recintos que conservan así los alimentos. También *s. m.* ‖ *s. m.* **2.** Electrodoméstico con refrigeración eléctrica o química que mantiene frescos y conserva en su interior los alimentos. **3.** *Arg., Par., Urug.* Establecimiento industrial donde se prepara carne y otros alimentos para conservarlos mediante congelación.

fríjol o **frijol** *s. m.* Judía, planta. ▪ Se dice también *fréjol.*

Friné (Tespias, Beocia s. IV a. C) Cortesana griega. Establecida en Atenas, fue amante de Praxíteles, a quien sirvió de modelo para su *Afrodita.* Acusada de haber profanado los misterios de Eleusis, su defensor, Hiperides, la presentó desnuda ante los jueces, que la absolvieron al contemplar su belleza.

fringílidos *s. m. pl.* Familia de aves paseriformes a la que pertenecen unas 124 especies comprendidas en los géneros *Fringilla, Serinus, Carduelis, Loxia,* etc. Son aves arbóreas de pequeño tamaño, pico cónico, cuello grueso y plumaje de vivos colores, sobre todo en los machos. Se alimentan de granos y tienen generalmente un canto armonioso. Habitan en todo el mundo. Fringílidos son los pinzones, jilgueros, verderones, pardillos, piquituertos, etc. También *adj.* y *s. m.*

frío, a *adj.* **1.** Que tiene una temperatura inferior a la normal o conveniente. **2.** Que muestra falta de interés, pasión o entusiasmo. **3.** Poco afectuoso o cordial. **4.** Poco acogedor. **5.** Que conserva la calma y el dominio. **6.** Que no provoca interés o emoción. **7.** Se aplica a los colores que, como el azul o el verde, producen un efecto tranquilizante. ‖ *s. m.* **8.** Baja temperatura del ambiente o de los cuerpos y sensación física que produce. ‖ **9. frío industrial** El artificial que se utiliza para la conservación de alimentos o productos o en procesos de la industria química, metalúrgica, etc. ‖ **Loc. coger frío** Sufrir alguien un catarro, enfriamiento, etc., a causa de la baja temperatura del ambiente. **dejarle frío** algo a alguien *fam.* Dejarle indiferente. **en frío** *adv.* Sin preparación; también, sin estar bajo la presión del momento. **¡frío!** *excl.* En ciertos juegos, indica que el jugador está lejos del objeto escondido que busca; p. ext., advierte a alguien que no va acertado en lo que supone o intenta adivinar. Se opone a *¡caliente!* **Fam.** Fríamente.

friolero, ra *adj.* **1.** Se dice de la persona muy sensible al frío. También *s.* ‖ *s. f.* **2.** Gran cantidad de algo, normalmente de dinero.

frisar *v. intr.* **1.** Acercarse, rozar; se usa normalmente referido a la edad. También *v. tr.* ‖ *v. tr.* **2.** Levantar y rizar el pelo de algún tejido.

Frisch, Karl von (Viena 1886 - Munich 1982) Biólogo austriaco. Estudió la conducta de las abejas y descifró la forma en que éstas se comunican mediante la «danza«. En 1973 recibió el premio Nobel de fisiología y medicina, junto con Nikolaas Tinbergen y Konrad Lorenz, por haber establecido las bases de la ciencia de la etología.

Frisch, Max (Zurich 1911 - íd. 1991) Escritor suizo en lengua alemana. Su obra, en la que se advierte la influencia de Brecht y de Ionesco, gira en torno a las relaciones entre el individuo y la colectividad y al problema de la libertad, y se caracteriza por la originalidad del lenguaje. De sus escritos destacan las novelas *No soy Stiller* (1954) y *Homo Faber* (1957) y los dramas *La muralla china* (1946), *Don Juan o el amor por la geometría* (1953) y *Montauk* (1975).

Frisch, Otto Robert (Viena 1904 - Cambridge 1979) Físico británico de origen austriaco. Colaboró con su tía Lise Meitner en el estudio de la fisión del uranio. En 1943 pasó al laboratorio de Los Álamos (EE UU), donde trabajó en la preparación de la bomba atómica. Escribió *Trabajando con los átomos* (1965) y *La naturaleza de la materia* (1972).

Frisch, Ragnar (Oslo 1895 - íd. 1973) Economista noruego. Precursor de la econometría, fundó la Sociedad Econométrica (1931). En 1969 recibió el primer premio Nobel de economía, que compartió con Tinbergen. Algunas de sus obras más importantes son *Nuevos métodos para medir la utilidad marginal* (1932) y *Leyes técnicas y económicas de la producción* (1963)

Frisia Región histórica del NO de Europa, en el litoral del mar del Norte. Actualmente su parte O constituye la provincia neerlandesa de Friesland, situada al N del país. 3.353 km². 599.000 h. en 1989; su capital es Leeuwarden, con 85.200 h. en 1987; comprende las islas Frisias occidentales y una región continental de pólders y turberas, de economía eminentemente ganadera. Su parte E constituye la Frisia oriental, incluida en el estado alemán de Baja Sajonia; consta de las islas Frisias orientales y la comarca continental que ocupa las llanuras del Ems y el Wesser, y sus características físicas y económicas son similares a las de la Frisia holandesa. Habitada en la antigüedad por el pueblo germánico de los frisones, fue conquistada por Roma entre el 12 a.C. y el 47 d.C. Más tarde fue dominada por los francos (s. IV) y perteneció al imperio carolingio (785). En el s. XI fue conquistada por el conde de Flandes. En 1289 su parte occidental fue incluida en el condado de Holanda; su parte oriental fue condado del imperio germánico, que incorporó a Prusia Federico II en 1744; la parte central, sometida por Carlos V en 1523, fue uno de los siete estados que constituyeron las Provincias Unidas en 1588.

Frisias, islas Archipiélago situado en el SE del mar del Norte, frente a las costas de Frisia, desde la punta de Helder a la península de Jutlandia. Consta de tres sectores: Frisias occidentales, que pertenecen a los Países Bajos; Frisias orientales, que pertenecen a Alemania, y Frisias septentrionales, que se reparten entre Alemania y Dinamarca. Su relieve es pantanoso, con numerosas dunas. Poseen abundantes balnearios. También se denominan *islas Frisonas.*

frisio, sia *adj.* Frisón, de Frisia. También *s.*

friso *s. m.* **1.** Elemento arquitectónico en forma de franja decorada, situado entre el arquitrabe y la cornisa. En el arte clásico griego, el friso dórico se caracteriza por la alternancia de triglifos y metopas, mientras que el jónico es corrido y tiene decoración escultórica. De Grecia pasó a Roma, donde fue sobre todo de estilo corintio, con decoración vegetal y escultórica. Frisos célebres son los del Partenón de Atenas, del mausoleo de Halicarnaso, del tesoro de Sifnos en Delfos y del *Ara pacis* en Roma. **2.** Faja continua de distinto color o material que adorna la parte superior o inferior de las paredes.

frisón, na *adj.* **1.** De Frisia. También *s.* ▪ En esta acepción se dice también *frisio.* **2.** Se dice de los caballos originarios de la misma, de pies anchos y fuertes. También *s.* ‖ *s. m.* **3.** Lengua germánica hablada en Frisia.

Frisonas, islas Véase **Frisias, islas**.

fritada *s. f.* **1.** Fritura*. **2.** Plato de vegetales troceados y fritos, parecido al pisto.

fritanga *s. f. desp.* Fritura, especialmente la que tiene demasiada grasa.

frito, ta **1.** *p. p.* irreg. de **freír**. También *adj.* ‖ *adj.* **2.** *fam.* Profundamente dormido. **3.** *fam.* Muerto. ‖ *s. m.* **4.** Alimento frito. ‖ **Loc. tener** (o **traer**) **frito** a alguien *fam.* Importunarle constantemente.

fritura *s. f.* Conjunto de alimentos fritos.

Friul-Venecia Julia (*Friuli-Venezia Giulia*) Región de Italia, en el NE del país. 7.847 km². 1.203.000 h. en 1990. La capital es Trieste, con 233.000 h. en 1990. Al N está atravesada por los Alpes Cárnicos y Julianos. Es una región de escaso rendimiento agrícola y economía en desarrollo. Posee industria textil y astilleros en Udine, Monfalcone y Trieste.

frivolidad *s. f.* **1.** Cualidad de frívolo. **2.** Cosa frívola o superficial.

frívolo, la *adj.* **1.** Inconstante, superficial. También *s.* **2.** Se dice de la persona a la que le gusta coquetear, así como de sus actos y actitudes. También *s.* **3.** Se aplica a aquellos espectáculos, publicaciones, etc., de tema sencillo y con predominio de lo sensual, la gracia y la picardía. **Fam.** Frívolamente.

Frobenius, Leo (Berlín 1873 - Biganzolo, lago Mayor 1938) Etnólogo alemán. Entre 1904 y 1933 realizó varios viajes de exploración a África y en 1934 fue nombrado director del museo de Etnografía de Frankfurt. Escribió, entre otras obras, *El origen de las culturas africanas* (1898), *Y África habló* (1913) e *Historia de la civilización de África* (1933).

Froebel, Friedrich (Oberweissbach, Turingia 1782 - Marienthal 1852) Pedagogo alemán. Elaboró un sistema educativo basado en la libertad creativa y el esparcimiento del niño, encaminado a conseguir un desarrollo armónico de sus facultades. Expuso su doctrina en *La educación del hombre* (1826) y la llevó a la práctica en un parvulario que fundó en Blankenburg, Turingia, en 1837.

Froissart, Jean (Valenciennes, Hainaut h. 1333 - Chimay h. 1400) Cronista y poeta francés. Viajero incansable, recorrió buena parte de Europa occidental y vivió en ambientes cortesanos y nobles. Sus *Crónicas* narran numerosos acontecimientos ocurridos en Europa entre 1325 y 1400 y tienen un valor documental respecto a las costumbres, aunque incurren en inexactitudes históricas para contentar a sus protectores. También escribió poemas y *Méliador*, una novela en verso.

Froment, Nicolas (Uzès h. 1435 - Aviñón 1484) Pintor francés. Pintor de corte de Renato de Anjou, en Aviñón, fue el artista más sobresaliente de la escuela provenzal de su época. En su obra se advierte la influencia toscana en la composición y la influencia flamenca en los paisajes. Algunas de sus pinturas más representativas son *Resurrección de Lázaro* (1461), *La leyenda de San Mitre* (h.1470) y el tríptico de *La zarza ardiente* (1476).

Fromm, Erich (Frankfurt del Main 1900 - Muralto, cerca de Locarno 1980) Psicoanalista y escritor estadounidense de origen alemán. Influido por las teorías de Freud y del joven Marx, estudió especialmente la influencia de la sociedad y la cultura en el individuo. Destacan entre sus libros *El miedo a la libertad* (1941) y *El arte de amar* (1956).

fronda *s. f.* **1.** Conjunto apretado de ramas y hojas de plantas. **2.** Hoja de una planta, especialmente la de los helechos. ▪ Se llama también *fronde.*

Fronda, revuelta de la Nombre que recibió la guerra civil que estalló en Francia durante la regencia de Ana de Austria y minoría de Luis XIV (1648-1653). Tuvo su origen en el enfrentamiento entre el Parlamento de París y el cardenal Mazarino, sobre el fondo de una grave crisis económica. Resuelta favorablemente para la Corona en 1649, la guerra se reanudó con más fuerza al enfrentarse los partidarios de Mazarino con la nobleza. La lucha concluyó en 1653 con la victoria del cardenal y sentó las bases del régimen absolutista de Luis XIV.

fronde *s. m.* Fronda, hoja de los helechos.

Frondizi, Arturo (Paso de los Libres, Corrientes 1908) Abogado y político argentino. Miembro del Partido Radical, fue elegido presidente de su país en 1958. Los problemas económicos, la polémica en torno a la legalización del peronismo y su negativa a apoyar la política de aislamiento de Cuba provocaron un golpe militar que le derrocó en 1962. Tras una época de encarcelamiento, fundó un nuevo partido, el Movimiento de Integración y Desarrollo (1963).

frondosidad *s. f.* **1.** Cualidad de frondoso. **2.** Fronda, espesura.

frondoso, sa *adj.* Abundante en hojas y ramas.

frontal *adj.* **1.** Perteneciente o relativo a la frente. **2.** Se dice del hueso que forma la parte delantera superior del cráneo y que constituye la frente. Presenta en su parte inferior unos rebordes salientes llamados arcos superciliares. También *s. m.* **3.** Situado en la parte delantera de algo. **4.** De frente. **5.** Referido a enfrentamientos y luchas, directo y total. ‖ *s. m.* **6.** Decoración o adorno que forma o cubre la parte delantera de la mesa de un altar.

frontenis *s. m.* Juego de frontón en el que se utilizan raquetas y pelotas semejantes a las de tenis.

frontera *s. f.* **1.** Límite entre dos estados o países. **2.** P. ext., cualquier cosa que limita o frena a otra. ‖ **3. frontera natural** La que forma entre dos países un accidente geográfico (río, monte, mar), p. ej. los Pirineos entre España y Francia.

fronterizo, za *adj.* **1.** Que está en la frontera o se refiere a ella. **2.** Se dice del país que tiene frontera con otro que se menciona. **3.** Situado al lado de algo o entre dos o más cosas, circunstancias, etc.

frontero, ra *adj.* Situado enfrente. También *adv.*

frontil *s. m.* Pieza acolchada que se pone a los bueyes entre su frente y la coyunda del yugo, a fin de que ésta no los lastime.

frontis *s. m.* **1.** Fachada, parte delantera. **2.** En el juego de pelota, pared principal del frontón.

frontispicio *s. m.* **1.** Fachada o parte delantera de un edificio, mueble, etc. **2.** Frontón, remate triangular. **3.** En un libro, página anterior a la portada, que suele llevar un grabado o viñeta.

frontón *s. m.* **1.** Pared principal del juego de pelota, contra la que se lanza ésta. **2.** Juego de la pelota vasca. **3.** Edificio o lugar dispuesto para estos juegos. **4.** Remate triangular de una fachada o de un pórtico, que también puede aparecer sobre puertas y ventanas. Debe su forma triangular al techado a dos aguas del templo griego. En el arte clásico griego está dotado de decoración escultórica, cuya composición es piramidal para adaptarse a su forma. Los principales frontones son los de los templos de Artemisa en Corfú, de Egina, Delfos, Olimpia y del Partenón de Atenas.

Frost, Robert Lee (San Francisco 1874 - Boston 1963) Poeta estadounidense. Formado en Nueva Inglaterra, su poesía refleja sus vivencias de esta época, en un lenguaje sencillo con expresiones coloquiales. Entre sus libros más significativos figuran *Intervalo en la montaña* (1916), *El arroyo que fluye al oeste* (1928), *Un árbol testigo* (1942), *Una máscara de razón* (1945) y *Una máscara de piedad* (1947).

frotar *v. tr.* Pasar algo por la superficie de una cosa muchas veces y con fuerza. También *v. prnl.* **FAM.** Frotacion, frotador, frotamiento, frote.

fructífero, ra *adj.* **1.** Que produce fruto. **2.** Que da beneficio o resultados útiles. ■ Se dice también *fructuoso.* **FAM.** Fructíferamente.

fructificar *v. intr.* **1.** Dar fruto los árboles y otras plantas. **2.** Producir utilidad o buenos resultados alguna cosa. ■ Se conjuga como *sacar.* **FAM.** Fructificable, fructificación, fructificador, fructificante.

fructosa *s. f.* $C_6H_{12}O_6$. Glúcido monosacárido perteneciente al grupo de las hexosas por poseer seis átomos de carbono. Se presenta en forma de cristales blancos, es soluble en agua, alcohol y éter y está presente en la composición de la miel y de muchas frutas.

fructuoso, sa *adj.* Fructífero*. **FAM.** Fructuosamente.

Fruela Nombre de dos reyes de Asturias y León.
Fruela I (? h. 722 - Cangas de Onís 768) Rey de Asturias (757-768). Hijo y sucesor de Alfonso I, sometió las sublevaciones de vascones y gallegos y derrotó en Pontuvio al ejército musulmán de Umar. Repobló Galicia hasta el Miño y las tierras del alto Ebro. Murió asesinado.
Fruela II (? - ? 925) Rey de León (924-925). Hijo de Alfonso III y Jimena, su padre le encomendó el gobierno de Asturias (h. 905). Subió al trono a la muerte de su hermano Ordoño II. Su muerte provocó una crisis sucesoria.

frugal *adj.* **1.** Se aplica a las comidas poco abundantes y a las cosas en que se manifiesta esa moderación. **2.** Moderado en la comida y en la bebida. **FAM.** Frugalidad, frugalmente.

frugívoro, ra *adj.* Se dice del animal que se alimenta de frutos.

fruición *s. f.* Goce, placer, deleite.

frumentario, ria o **frumenticio, cia** *adj.* Perteneciente o relativo al trigo y a otros cereales.

frunce *s. m.* Pliegue, o serie de ellos, que se hacen en una tela, papel, etc. ■ Se dice también *fruncido.*

fruncido, da **1.** *p. p.* de **fruncir**. También *adj.* ‖ *adj.* **2.** *Amér. del S.* Remilgado, melindroso. ‖ *s. m.* **3.** Frunce*.

fruncir *v. tr.* **1.** Arrugar la frente y las cejas, especialmente en señal de enfado o preocupación. **2.** Estrechar una cosa, reduciéndola a menor extensión. **3.** Hacer en una tela, papel o cosa parecida pequeños pliegues paralelos. ■ Se conjuga como *zurcir.* **FAM.** Fruncidor, fruncimiento.

Frunze C. de la República de Kirguizistán, cap. de la misma, situada en el N al pie de los montes Kirguizes. 616.000 h. en 1989. Es un centro administrativo y cultural que cuenta con industria azucarera, conservera, tabaquera, textil, de maquinaria y muebles. Importante nudo de comunicaciones. Su nombre actual es *Bishkek.*

fruslería *s. f.* Cosa de poco valor o importancia.

frustración *s. f.* **1.** Acción y efecto de frustrar o de frustrarse. **2.** En psicol., estado de quien no ha satisfecho sus deseos o ha visto defraudadas sus expectativas. El fracaso que lo provoca puede deberse a causas externas o a una inhibición del propio individuo. Ante la frustración se producen mecanismos de defensa, como p. ej., reacciones agresivas, retroceso a la inmadurez, empeño obsesivo en cumplir el deseo no satisfecho, etc.

frustrante *adj.* Que produce frustración.

frustrar *v. tr.* **1.** Hacer que algo fracase o no se lleve a cabo. También *v. prnl.* **2.** Dejar a uno sin lo que esperaba. También *v. prnl.*

fruta *s. f.* **1.** Fruto comestible, carnoso y maduro, de ciertas plantas cultivadas, como la pera, la naranja o la manzana. ‖ **2. fruta de sartén** Cualquier tipo de masa frita, como los churros o los buñuelos. **3. fruta prohibida** Véase **fruto prohibido**.

frutal *adj.* **1.** Se dice del árbol que produce frutas. También *s. m.* **2.** Perteneciente o relativo a la fruta.

frutería *s. f.* Tienda o puesto donde se vende fruta.

frutero, ra *adj.* **1.** Perteneciente o relativo a la fruta. **2.** Que lleva o contiene fruta. ‖ *s. m.* y *f.* **3.** Persona que vende fruta. ‖ *s. m.* **4.** Recipiente para la fruta.

frutícola *adj.* Perteneciente o relativo a la fruticultura.

fruticultura *s. f.* Cultivo de los árboles frutales y técnicas dirigidas a este cultivo. **FAM.** Fruticultor.

frutilla *s. f. amer.* Especie de fresón.

fruto *s. m.* **1.** Parte de la planta en que se transforma el ovario de la flor, una vez que se ha producido la fecundación, y que contiene en su interior las semillas. **2.** Producto de la tierra. **3.** Producto, beneficio, utilidad. **4.** El hijo que lleva la mujer en su vientre. ‖ **5. fruto prohibido** Todo lo que no está permitido hacer o usar. **6. frutos secos** Los que se dejan secar y se comen crudos o tostados, como higos, cacahuetes, almendras, etc.
Bot. El fruto está formado por las semillas y por una envoltura llamada *pericarpio,* que consta de tres capas: *epicarpio,* o capa externa, que se conoce como piel; *mesocarpio,* o capa media, que suele ser la parte carnosa del fruto, y *endocarpio,* o capa interna, leñosa, que rodea las semillas. Los frutos que tienen el pericarpio seco y duro se denominan **secos**, como, p. ej., las legumbres, y los que tienen el pericarpio blando y jugoso se llaman **carnosos**, como la ciruela y la manzana. Son frutos **dehiscentes** aquellos que al madurar se abren y dejan caer las semillas e **indehiscentes** aquellos que retienen las semillas en su interior. Los frutos pueden llevar diversas estructuras para que las semillas sean dispersadas por el viento, así, p. ej., las alas de las sámaras en el olmo y el abedul; o tener un aspecto apetitoso para que sean transportadas por los animales tras alimentarse de ellas, como, p. ej., las cerezas y las guindas.

Fry, Christopher (Bristol 1907) Dramaturgo británico. Se le considera el renovador del teatro inglés en verso. Entre sus obras principales pueden mencionarse *No hay que quemar a la dama* (1948), *El primogénito* (1948), *Un sueño de prisioneros* (1951) y *Una yarda de sol* (1970).

Fry, Roger (Londres 1866 - íd. 1934) Crítico de arte y pintor británico. Profesor en Cambridge y miembro del grupo de Bloomsbury, fue un estudioso del postimpresionismo francés. Entre sus ensayos destacan los estudios sobre *Bellini* (1899) y *Paul Cézanne* (1927), *Visión y dibujo* (1920) y *Características del arte francés* (1933). Como pintor sobresalió en el género paisajístico.

fu Voz onomatopéyica empleada en la loc. fam. **ni fu ni fa**, que significa que algo resulta indiferente, ni bueno ni malo.

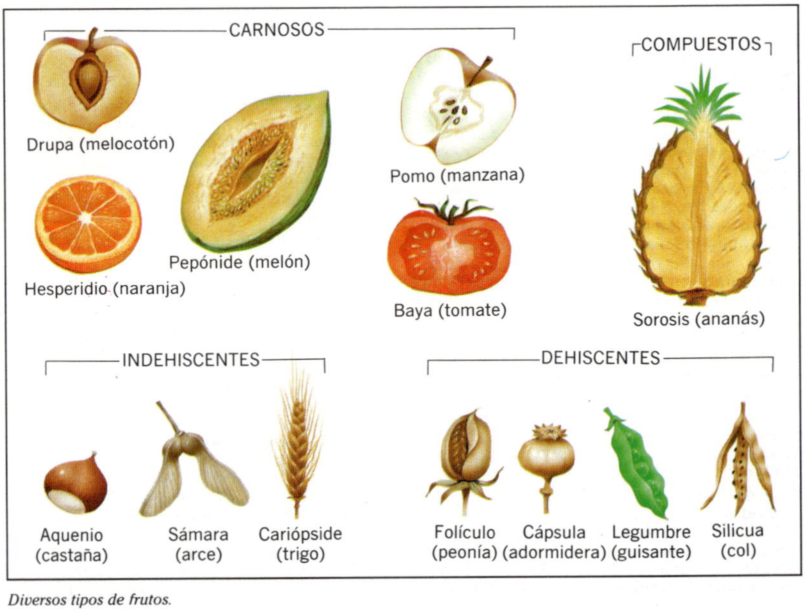

Diversos tipos de frutos.

Fuad Nombre de dos reyes de Egipto.
Fuad I (El Cairo 1868 - íd. 1936) Rey de Egipto (1922-36). Hijo del jedive Ismail, sucedió a su hermano Husayn como sultán (1917). En 1922 adoptó el título de rey y procuró gobernar de acuerdo con el Reino Unido. Se enfrentó con el partido mayoritario Wafd, al que eliminó de la vida política (1928).
Fuad II (El Cairo 1952) Último rey de Egipto (1952-53). Hijo de Faruk, fue designado rey al abdicar su padre, pero un golpe de Estado instauró la república.

fucsia *s. f.* **1.** Nombre común de diversas especies de plantas arbustivas de la familia onagráceas, género *Fuchsia.* Tienen hojas ovaladas con bordes dentados y flores de color rosa fuerte. Son originarias de América tropical y se usan como plantas ornamentales. ‖ *s. m.* **2.** Color semejante al de estas flores. También *s. m.*

Fuduli o **Fizuli** (Karbala, Irak h.1495 - Karbala 1556) Poeta turco. Es uno de los principales representantes de la lírica turcoislámica. Seguidor del sufismo, escribió en árabe, en persa y, especialmente, en turco. En sus tres *Divanes* cantó al amor, al vino y a la naturaleza. Su poema *Layla y Maynum*, refundición de la obra de Nizami, inspiró una ópera (1908) y muchos de sus *gazales* (poemas de amor) han sido cantados.

fuego *s. m.* **1.** Fenómeno producido al arder un cuerpo, en el que se desprende luz, calor y, frecuentemente, llama. **2.** Materia ardiendo con o sin llama. **3.** Incendio. **4.** Disparo de un arma. **5.** Cada uno de los puntos de una cocina que dan lumbre. **6.** Cada vecino o familia que tiene casa. **7.** Sensación de ardor o picor en alguna parte del cuerpo. **8.** Entusiasmo, apasionamiento. ‖ *pl.* **9.** Fuegos artificiales. ‖ **10. fuego a discreción** En el ejército, el ejecutado individualmente por los soldados a voluntad, sin ajustarse a ningún ritmo. **11. fuego de Santelmo** Resplandor que puede verse durante las tormentas en los mástiles o palos de las embarcaciones, debido a la electricidad atmosférica. **12. fuego fatuo** Resplandor que se aprecia a poca distancia de la tierra, procedente de la descomposición de sustancias orgánicas, y que es frecuente en pantanos y cementerios. **13. fuego griego** Artefacto incendiario empleado por los bizantinos para atacar las naves enemigas, compuesto por una mezcla de azufre y cal viva que se incendiaba en contacto con el agua. A partir del s. IV utilizaron también una mezcla diferente para combatir en tierra, compuesta principalmente de petróleo y alquitrán. **14. fuegos artificiales** Artificios de pólvora y otras sustancias que producen estampidos y luces de colores como espectáculos. ‖ **Loc. entre dos fuegos** *adv.* Atacado por dos lados; también, entre dos alternativas, sin saber cuál elegir. **hacer fuego** Disparar. **jugar con fuego** Tratar a la ligera algo que puede resultar peligroso. **romper el fuego** Comenzar a disparar; también, iniciar alguna cosa.

fuel o **fuel-oil** (voz ingl.) *s. m.* Mezcla de hidrocarburos líquidos obtenida en la destilación fraccionada del petróleo después del gas-oil, a partir de unos 350 °C. Se emplea como combustible, especialmente en las centrales térmicas de producción eléctrica y en la calefacción doméstica.

fuelle *s. m.* **1.** Utensilio formado por una caja de lados flexibles o plegados que al extenderse aspira aire del exterior y al volver a plegarse lo expulsa con fuerza. Se emplea, p. ej. para avivar el fuego o en ciertos instrumentos musicales, como el acordeón y el órgano. **2.** En la gaita, bolsa de cuero que se llena y vacía de aire para hacer sonar el instrumento. **3.** Parte o pieza plegable que regula la capacidad de algunos bolsos, maletas, etc. **4.** Pasillo flexible que comunica dos compartimientos en ciertos trenes y autobuses articulados. **5.** *fam.* Capacidad pulmonar de una persona y, p. ext., resistencia física.

Fuengirola C. de España, en la prov. de Málaga, situada en la costa mediterránea, al O de la capital. 41.800 h. en 1990. Su economía se basa en el sector de servicios, por tratarse de un centro turístico estival.

Fuenlabrada C. de España, en la prov. de Madrid, a cuya área metropolitana pertenece. 141.500 h. en 1990. Durante la década de los ochenta experimentó un espectacular crecimiento demográfico al convertirse en importante centro de residencia de madrileños. Posee industrias alimentarias, madereras, plásticas, metálicas, eléctricas y de recambios del automóvil.

fuente *s. f.* **1.** Lugar donde brota el agua de una corriente subterránea. **2.** Construcción situada en calles, plazas, caminos, etc., que proporciona agua por uno o más caños o grifos; a veces tiene una finalidad decorativa. **3.** Aquello de lo que mana abundante líquido. **4.** Recipiente grande y más o menos llano en el que se sirven alimentos. **5.** P. ext., cantidad de alimento que cabe en este recipiente. **6.** Origen o procedencia de algo. **7.** Temas, estilos, obras, etc., que influyen en un artista y su trabajo. ‖ **8. fuente bautismal** Pila para bautizar. **9. fuente de alimentación** Generador que suministra energía.

Fuentes, Carlos (Panamá 1928) Escritor mexicano. Influido por Joyce y Faulkner, aplica modernas técnicas narrativas a una obra de tema social ambientada en su país. Entre sus novelas destacan *La región más transparente* (1958), *La muerte de Artemio Cruz* (1962), *Cambio de piel* (1967), *Zona sagrada* (1967), *Terra nostra* (1975), *La cabeza de la hidra* (1978), *Gringo viejo* (1985) y *Cristóbal Nonato* (1987). Ha escrito también libros de cuentos, como *Cantar de ciegos* (1964), guiones de cine y ensayos. Obtuvo el premio Cervantes en 1987.

Carlos Fuentes.

Fuentes, Fernando de (Veracruz 1895 - Ciudad de México 1958) Director cinematográfico mexicano. Fue el impulsor de la cinematografía mexicana en los años treinta y cuarenta. Realizó filmes sobre la revolución mexicana, como *El compadre Mandoza* (1934) y *Vámonos con Pancho Villa* (1935) y comedias como *Allá en el Rancho Grande* (1936) y *Así se quiere en Jalisco* (1942), primera película en color rodada en México.

fuer *apóc.* de **fuero**. Se usa sólo en la locución **a fuer de**, que significa 'por ser eso que se expresa, en calidad de'.

fuera *adv. l.* **1.** Hacia o en la parte exterior de algo. ‖ *adv. t.* **2.** Antes o después de un tiempo determinado: *fuera de plazo.* ‖ *adv. m.* **3.** Más allá, no comprendido en algo que se indica. **4.** En situación o de forma contraria a lo que se expresa: *fuera de combate, fuera de razón.* ‖ *interj.* **5.** Se emplea para expulsar a alguien, expresar rechazo, etc. ‖ **Loc. de fuera** *adj.* y *adv.* De otro lugar o país. **fuera de** *prep.* Excepto, salvo: *Fuera de ti, nadie lo sabe*; dejando a un lado lo que se expresa: *fuera de bromas.* **fuera de serie** *adj.* Magnífico. También *s. m.* **fuera de sí** *adj.* Que ha perdido la razón o el control.

fueraborda *adj.* **1.** Se dice del motor instalado fuera del casco de una embarcación. También *s. m.* **2.** Se aplica a la embarcación propulsada por dicho motor. También *s. amb.* ■ Como adjetivo puede utilizarse también la forma *fuera borda.*

fuerismo *s. m.* Doctrina política partidaria de restaurar los antiguos fueros locales.

fuerista *adj.* **1.** Foral*. **2.** Experto en asuntos de fueros. También *s.* **3.** Partidario o defensor de los fueros locales. También *s.*

fuero *s. m.* **1.** Cada uno de los privilegios y exenciones concedidos a una ciudad, provincia, región o persona. Se usa sobre todo en *pl.* **2.** En la Edad Media, ley especial que se otorgaba a un municipio. Los fueros de las ciudades y poblados de la España medieval recogían las normas jurídicas locales y la ordenación administrativa del municipio. Su origen se halla en el derecho establecido por la costumbre y las disposiciones de los príncipes y señores laicos y eclesiásticos. La Reconquista y repoblación de las tierras ocupadas por el Islam influyeron notablemente en el desarrollo de los fueros, pues los reyes, para favorecer el asentamiento de hombres venidos del Norte en las plazas reconquistadas, otorgaron frecuentemente cartas pueblas que concedían exenciones y privilegios a estos pobladores. **3.** Clase de juez o tribunal al que corresponde un caso. **4.** Nombre dado a algunas compilaciones de leyes. ‖ **5. fuero interno** La propia conciencia. **6. Fuero de los Españoles** Una de las siete leyes fundamentales del Estado en el régimen franquista. Dictada en julio de 1945 y modificada en enero de 1967, fue derogada por la Constitución de 1978. La ley definía los deberes y derechos de los españoles. **7. Fuero del Trabajo** Decreto de marzo de 1938, convertido en ley fundamental del Estado franquista en enero de 1967 y derogado por la Constitución de 1978. Establecía los derechos y deberes de los trabajadores, prohibía la huelga y ordenaba el llamado sindicato vertical, único admitido legalmente. **8. Fuero Juzgo** Nombre romance con que se designó al *Liber Iudiciorum*, código legal visigodo que tuvo aplicación en la España de la Edad Media y constituyó la base jurídica para la redacción de diversos fueros municipales. ‖ **Loc. volver por los fueros de** una cosa Defenderla o intentar restablecerla. **volver** alguien **por sus fueros** Volver a demostrar alguien sus cualidades y su valía.

fuerte *adj.* **1.** Que tiene mucha fuerza o resistencia. **2.** Corpulento, musculoso. **3.** Difícil de romper, desgastar o estropear. **4.** De mucho ánimo y constancia. **5.** Bien sujeto o apretado. **6.** Que posee gran estabilidad, poder, medios, etc. **7.** Muy intenso, abundante o efectivo. **8.** Hábil o experto en una cosa, que sabe mucho de algo. **9.** Aplicado al carácter de una persona, irritable o difícil de dominar. **10.** Que refleja con gran realismo acciones o situaciones inmorales o violentas. **11.** Duro, doloroso. **12.** Aplicado a palabras o dichos, grosero, malsonante. **13.** Se dice de las formas gramaticales con el acento en la raíz, p. ej. los llamados perfectos fuertes: *dije, hice.* **14.** Se aplica a las vocales abiertas: *a, e, o.* **15.** En quím., se dice de los ácidos que tienen gran tendencia a perder protones. ‖ *s. m.* **16.** Habilidad, actividad o conocimiento en el que destaca una persona. **17.** Recinto fortificado. **18.** En mús., aumento de la intensidad del sonido de la voz o de un instrumento, indicado con una *f* en las notas o pasajes correspondientes. ‖ *adv. m.* **19.** Con fuerza o intensidad. ‖ *adv. c.* **20.** Mucho. ‖ **Loc. hacerse** alguien **fuerte** Resistir en una posición al enemigo; p. ext., defender algo sin ceder. **Fam.** Fuertemente.

Fuertes, Gloria (Madrid 1918) Escritora española. Su obra gira en torno a los temas del amor, la ternura y el mundo de la infancia, y se caracteriza por el humor, los juegos verbales y la originalidad de la expresión. Entre sus obras sobresalen *Canciones para niños* (1952), *Pirulí, versos para párvulos* (1955), *Poeta de guardia* (1968) y *Sola en la sala* (1973). Además es autora de numerosos cuentos y relatos para niños, como *La oca loca* (1977), *Las tres reinas magas* (1979) y *Cangura para todo* (1977).

Paisaje de Fuerteventura.

Fuerteventura Isla de España del archipiélago de las Canarias, situada a 95 km de la costa NO de África. Pertenece a la prov. de Las Palmas. 1.659 km^2. 40.000 h. en 1990. La capital es Puerto del Rosario, con 17.500 h. en 1990. Es una isla baja, de origen volcánico, con algunas zonas de montaña, suelo pobre y extensas playas arenosas. Cuenta con cultivos de cereales y hortalizas, ganadería caprina, pesca y un creciente desarrollo del sector turístico.

fuerza *s. f.* **1.** Toda causa capaz de modificar el estado de reposo o de movimiento de un cuerpo o de cambiar la forma del mismo. La fuerza es una magnitud vectorial que para ser definida es necesario conocer en qué dirección y en qué sentido se ejerce y cuál es su intensidad. Las fuerzas, que se representan gráficamente mediante vectores, pueden actuar por contacto o a distancia. **2.** Capacidad para sostener un peso, soportar un empuje, realizar un esfuerzo. **3.** Utilización del poder físico o moral. **4.** Empuje, intensidad, vitalidad. **5.** Violencia física. **6.** Momento o estado de mayor intensidad. **7.** Causa que obliga o conduce a algo. **8.** Autoridad, poder o influencia. **9.** Conjunto de tropas y pertrechos militares. Se usa mucho en *pl.* **10.** Conjunto de personas unidas por unos ideales, intereses, etc. **11.** Corriente eléctrica. ‖ **12. fuerza animal** Fuerza muscular de un animal aplicada a ciertos trabajos. **13. fuerza ascensional** En fís., aquella que produce el ascenso de los cuerpos inmersos en un fluido y es igual a la diferencia entre el peso del fluido desalojado, o fuerza de empuje, y el peso del cuerpo. **14. fuerza bruta** La física empleada sin derecho o sin inteligencia. **15. fuerza central** En fís., la que en los movimientos curvilíneos está dirigida hacia un punto fijo; p. ej., la que produce los movimientos de los planetas. **16. fuerza centrífuga** En fís., fuerza ficticia o de inercia, idéntica a la fuerza centrípeta, pero de sentido contrario. **17. fuerza centrípeta** En fís., es la fuerza central que produce un movimiento curvilíneo; si la distancia del móvil al centro de curvatura se mantiene constante, dicho movimiento es circular. **18. fuerza de choque** Unidad militar que se emplea sobre todo para el ataque. **19. fuerza de empuje** En fís., la que, según el principio de Arquímedes, recibe un cuerpo por parte del fluido en el que está sumergido. **20. fuerza de inercia** En fís., fuerza ficticia que se percibe en un sistema acelerado. **21. fuerza de rozamiento** En fís., fuerza de frenado, en contra del movimiento, que aparece cuando una superficie se desliza sobre otra. **22. fuerza de voluntad** Capacidad de una persona para imponerse esfuerzos u obligaciones o para superar dificultades. **23. fuerza electromagnética** En fís., la que ejerce un campo magnético sobre las cargas eléctricas en movimiento. **24. fuerza electromotriz** En fís., energía que suministra un generador por unidad de carga para mantener constante una cierta diferencia de potencial. **25. fuerza electrostática** En fís., atracción o repulsión entre dos cargas eléctricas en reposo de distinto o igual signo, respectivamente. **26. fuerza gravitatoria** En fís., atracción entre dos masas. **27. fuerza inercial** En fís., la que opone una masa, en sentido contrario al movimiento, cuando se la imprime una aceleración. **28. fuerza mayor** Situación o circunstancia que obliga a alguna cosa. **29. fuerza pública** (o **fuerzas de orden público**) Conjunto de agentes de la policía encargados de mantener el orden. **30. fuerza Van der Waals** En fís., atracción entre las moléculas en estado líquido o gaseoso. **31. fuerzas armadas** Ejército de un país. **32. fuerzas vivas** Conjunto de las personas más influyentes en la política, la economía y la vida social de una localidad. **33. líneas de fuerza** Véase **línea**. ‖ **LOC. a fuerza de** *prep.* Seguido de un sustantivo o de un verbo, por usar o hacer repetidamente lo que éstos expresan. **a** (o **por**) **la fuerza** *adv.* Violentamente o contra la propia voluntad. **a viva fuerza** *adv.* Con violencia o usando de mucha fuerza física. **írsele** a uno **la fuerza por la boca** *fam.* Presumir de palabra y no obrar en consecuencia. **por fuerza** *adv.* Necesariamente, a la fuerza. **sacar fuerzas de flaqueza** Hacer un último esfuerzo cuando apenas se tienen fuerzas para intentarlo.

fuet (voz cat.) *s. m.* Embutido parecido al salchichón.

fuete *s. m. amer.* Látigo.

fuga *s. f.* **1.** Acción y efecto de fugarse. **2.** Salida de un líquido o gas por un orificio o abertura producidos accidentalmente en un recipiente o conducto. **3.** Forma musical basada en la repetición sucesiva de un mismo tema por las distintas voces a modo de contrapunto o respuesta. ‖ **4. fuga de capitales** Acción de sacar ilegalmente de un país dinero u otros valores. **5. ley de fugas** Modo de eliminar a detenidos o presos, generalmente políticos, simulando que han sido muertos al intentar huir. ‖ **LOC. poner en fuga** Hacer huir.

Fuga, Ferdinando (Florencia 1699 - Roma 1781) Arquitecto italiano. En su estilo barroco se advierte una cierta sobriedad decorativa. Estuvo al servicio de los papas Clemente XII y Benedicto XIV y de Carlos de Borbón, rey de Nápoles y futuro rey de España. Construyó, entre otros edificios, en Roma el Palacio de la Consulta, la iglesia de Santa Maria della Morte, la fachada de Santa Maria Maggiore, el palacio Corsini y la tumba de Inocencio XII, en San Pedro; y en Nápoles, la iglesia de San Felipe Neri, la Real manufactura de porcelanas y el colosal Albergue de los pobres, concebido para 8.000 personas.

fugacidad *s. f.* Cualidad de fugaz.

fugarse *v. prnl.* Huir alguien de un lugar. ■ Se conjuga como *pagar.*

fugaz *adj.* **1.** Que dura muy poco. **2.** Que pasa o sucede rápidamente. **FAM.** Fugazmente.

Fugger Célebre familia de banqueros alemanes que alcanzó un notable poderío durante los s. XV y XVI en gran parte de Europa gracias a sus actividades comerciales, financieras e industriales. Su riqueza se originó en el comercio de paños y especias. Prestaron dinero a los Habsburgo y otros monarcas y a varios papas. En España fueron llamados Fúcar o Fúcares. Entre sus miembros destacan: **Jakob I el Viejo** (? - ? 1469), que a su comercio de paños añadió la explotación de minas de plata del Tirol. Con sus hijos **Ulrich** (? 1441 - ? 1510), **Georg** (? - ? 1506) y **Jakob II el Rico** (? 1459 - ? 1525) alcanzó la familia una fuerte posición, especialmente bajo la dirección de este último (1510-25); entraron en los negocios bancarios y realizaron préstamos a Maximiliano y a Carlos V. También se asociaron con los Welser para el comercio de especias orientales; **Anton** (? 1494 - ? 1560), hijo de Georg, se hizo cargo de la dirección de los negocios y los llevó a su punto culminante; continuó haciendo préstamos a Carlos V, el cual le concedió el arrendamiento de los maestrazgos de las órdenes militares españolas, que comprendían la explotación de las minas de mercurio de Almadén; **Markus** (? 1529 - ? 1597), hijo del anterior, le sucedió al frente de la casa central; bajo su administración llegó la decadencia con la bancarrota de Felipe II (1596). A su muerte la casa Fugger se fragmentó y dejó de tener importancia en el mundo de las finanzas europeo.

fugitivo, va *adj.* **1.** Se dice del que está huyendo o escondiéndose. También *s.* **2.** Fugaz, breve.

-fugo, ga *suf.* Significa 'huir, hacer huir' o 'desaparecer': *centrífugo, febrífugo.*

Führer (voz al. que significa 'conductor, guía') *s. m.* Título que denominó a Adolf Hitler como jefe del Partido Nacionalsocialista y, posteriormente, como jefe del Estado.

Fujairah Emirato de los Emiratos Árabes Unidos. 1.150 km^2. 54.400 h. en 1985. Su capital es Fujairah, con 2.000 h. en 1985. Posee minas de uranio.

Fuji Yama Montaña de Japón, de 3.776 m. Antiguo volcán extinguido, situado en el centro de la isla de Honshu, es lugar sagrado y de peregrinación.

Fujian Prov. de China, situada en el SE del país, en la costa del estrecho de Formosa. 123.100 km^2. 30.048.200 h. en 1990. La capital es Fuzhou. Región eminentemente agrícola, cuenta con cultivos de té, especias y bambú. Posee también industria química y siderúrgica. Antiguamente era llamada *Fukien.*

Fujimori, Alberto (Lima 1938) Político peruano. En 1990 fue elegido presidente como candidato independiente con el apoyo de los partidos de izquierda. Enfrentado a una profunda crisis, hubo de hacer frente a la deuda externa, la hiperinflación, la corrupción, el terrorismo y el narcotráfico. En 1992, con apoyo del ejército, dio un golpe de Estado institucional, suspendiendo la constitución y asumiendo plenos poderes.

Fujita, Tsuguharu (Tokio 1886 - Zurich 1968) Pintor japonés. En 1913 se instaló en París y buscó en su estilo una síntesis de la tradición pictórica japonesa y la occidental. Pintó desnudos femeninos, retratos y naturalezas muertas. Decoró el pabellón japonés de la Ciudad Universitaria de París. Entre sus obras destacan *Mi interior* (1921), *Autorretrato* (1928), *Jean Rostand* y *Notre-Dame* (1950).

Fukuda, Tadeo (Gumma, Tokio 1905) Político japonés. Miembro del Partido Liberal Democrático, fue ministro de Finanzas y de Asuntos Exteriores. Contribuyó indirectamente a la caída de Tanaka (1974). Tras la renuncia de Takeo Miki, ocupó el puesto de primer ministro (1976-78).

Fukui, Kenidschi (Nara 1918) Químico japonés. Profesor de química y física en la universidad de Tokio, fue premiado con el Nobel de química de 1981, junto con Roald Hoffmann, por su teoría sobre el desarrollo de las reacciones químicas.

Fukuoka C. del Japón, situada en el N de la isla de Kyushu, junto a las aguas del estrecho de Corea. 1.218.300 h. en 1989. Es un importante centro portuario, comercial e industrial.

ful (voz caló que significa 'estiércol') *adj. vulg.* Malo, poco auténtico. También *s. f.*

fulano, na *s. m.* y *f.* **1.** Voz con la que se designa a una persona de la que se ignora o se calla el nombre. ‖ *s. f.* **2.** Prostituta*.

fular *s. m.* **1.** Pañuelo para el cuello de seda muy fina, gasa u otro tejido semejante. **2.** Tela de seda muy fina, normalmente con dibujos estampados.

fulastre *adj. fam.* Se dice de la persona o cosa chapucera. También *s.*

fulbito *s. m.* Futbito*.

fulcro *s. m.* Punto de apoyo de la palanca.

Fulda C. de Alemania, en el Land de Hessen, a orillas del río homónimo. 57.600 h. Centro industrial y comercial del valle, la ciudad creció en torno a la abadía benedictina de Fulda, fundada en el 744 por San Bonifacio, que fue un importante núcleo religioso y cultural en la Edad Media, y cuyos abades gobernaron la ciudad hasta 1802. En 1866 fue incorporada a Prusia y en 1871 a Alemania. Conserva catedral barroca (1704-12).

fulero, ra *adj.* **1.** *fam.* Chapucero. **2.** Embustero o tramposo.

fulgente *adj.* Que brilla o resplandece.

fulgor *s. m.* Resplandor, brillo intenso.

fulgurante *adj.* **1.** Brillante. **2.** Espectacular por su rapidez o su éxito.

fulgurar *v. intr.* Brillar intensamente. **FAM.** Fulguración.

fuliginoso, sa *adj.* **1.** Semejante o parecido al hollín. **2.** Ennegrecido, tiznado. **FAM.** Fuliginosidad.

full (voz ingl.) *s. m.* En el póquer, jugada que consiste en tener un trío y una pareja.

full time (voz ingl. que significa 'tiempo completo'). Se utiliza para indicar que la relación laboral de un trabajador con su empresa es exclusiva y de jornada completa.

Fuller, Richard Buckminster (Milton, Massachusetts 1895 - Los Ángeles 1983) Arquitecto y diseñador estadounidense. Inventó y construyó la cúpula geodésica, constituida por elementos en forma de tetraedros u octaedros sostenidos por una red de nervios de acero. Diseñó vehículos de líneas aerodinámicas. Su obra ha ejercido gran influencia en la arquitectura y el diseño contemporáneos.

Fuller, Samuel (Worcester, Massachusetts 1911). Director de cine estadounidense. Debutó como realizador en 1949. Sus filmes se encuadran en el cine de acción y se caracterizan por sus llamativas escenas violentas. Algunas de sus películas más representativas son *Manos peligrosas* (*Pick up on South Street,* 1953), *Yuma* (*Run of the Arrow,* 1957), *Corredor sin retorno* (*Shock Corridor,* 1963), *Una luz en el hampa* (*The Naked Kiss,* 1965) y *Muerte de un pichón* (*Dead Pigeon on Beethoven Street,* 1972).

Fuller, Sarah Margaret (Cambridgeport, Massachusetts 1810 - en el mar, cerca de Nueva York 1850) Escritora estadounidense. Propagadora del movimiento trascendentalista, dirigió la revista *The Dial.* Combatió el puritanismo y fue una declarada feminista, autora de *La mujer en el* *siglo* XIX (1845). En 1846 viajó a Europa y en Italia se casó con el marqués Angelo Ossoli. Murió en un naufragio.

fullería *s. f.* **1.** Trampa en el juego y, p. ext., en cualquier otra actividad. **2.** Astucia, treta.

fullero, ra *adj.* Que hace fullerías. También *s.*

fulminante *adj.* **1.** Que fulmina. **2.** Que sucede de forma muy rápida o que produce un efecto inmediato. **3.** Se dice de la materia o sustancia que hace estallar los explosivos. También *s. m.* ‖ *s. m.* **4.** En los cartuchos de armas de fuego, sustancia combustible que, al encenderse, comunica el fuego a la carga explosiva.

fulminar *v. tr.* **1.** Lanzar rayos eléctricos. **2.** Causar el rayo muertes o daños materiales. **3.** Matar instantáneamente. **4.** P. ext., destruir, acabar con alguien o algo. **5.** Dejar a alguien impresionado con una mirada de ira. **6.** Dañar una luz intensa a personas o cosas. **7.** Imponer a alguien castigos, excomuniones, sentencias, etc. **FAM.** Fulminación, fulminador.

fulminato *s. m.* **1.** $Hg(CNO)_2$. Fulminato de mercurio. Compuesto muy inestable que estalla por percusión, se utiliza como detonador o fulminante. **2.** P. ext., cualquier materia explosiva.

fulmíneo, a *adj.* Parecido al rayo o que posee alguna de sus propiedades.

Fulton, Robert (Little Britain, hoy Fulton, Pennsylvania 1765 - Nueva York 1815) Inventor estadounidense. Construyó en Francia el *Nautilus* (1798), primer sumergible de hélices, cuyas pruebas fueron un fracaso. De vuelta a EE UU, perfeccionó el barco de vapor, construyendo los primeros modelos utilizados en el comercio (el *Clermond*) y en la guerra (el *Demologos*).

fumada *s. f. Méx.* Chupada de un cigarro.

fumadero *s. m.* Local o sitio destinado especialmente a fumar.

fumador, ra *adj.* Se dice de la persona que tiene la costumbre de fumar. También *s.*

fumar *v. intr.* **1.** Aspirar y despedir el humo del tabaco. Se usa también como *v. tr.* **2.** P. ext., hacerlo con drogas, como el opio, marihuana, etc. ‖ *v. prnl.* **3.** *fam.* Gastar algo indebidamente o de manera poco razonable. **4.** *fam.* Faltar a una obligación, dejar de cumplirla. **FAM.** Fumable.

fumarada *s. f.* **1.** Cantidad de humo que sale de una vez. **2.** Cantidad de tabaco que cabe en una pipa.

fumarola *s. f.* Conjunto de gases y vapores que salen al exterior a través de grietas formadas en los terrenos volcánicos.

fumigador, ra *adj.* **1.** Persona que fumiga. También *s.* ‖ *s. m.* **2.** Aparato para fumigar.

fumigar *v. tr.* Desinfectar por medio de humo o de gases; se utiliza en edificios y en agricultura para combatir las plagas. ■ Se conjuga como *pagar.* **FAM.** Fumigación, fumigante.

fumígeno, na *adj.* Que provoca humo.

fumista *s. m.* y *f.* Persona que hace, arregla o limpia cocinas, chimeneas o estufas. **FAM.** Fumistería.

Funabashi C. de Japón, situada en el centro de la isla de Honshu, al fondo de la bahía de Tokio. 523.500 h. en 1989. Posee industrias alimentarias, madereras y de transformados metálicos.

funámbulo, la *s. m.* y *f.* Acróbata que hace ejercicios sobre la cuerda floja o el alambre.

Funchal C. de Portugal, cap. de la región autónoma de Madeira, situada en el S de la isla del mismo nombre, en el océano Atlántico. 48.650 h. en 1981. Importante centro portuario y turístico, es lugar de enlace de los cables submarinos del Atlántico.

función *s. f.* **1.** Acción o actividad que corresponde a alguien o algo. **2.** Actividad propia de un empleo, oficio, cargo, etc. **3.** Lo que una persona puede o debe hacer por el empleo o cargo que ejerce. **4.** Representación de una obra teatral o cinematográfica, de un espectáculo, etc. **5.** En ling., cometido que un elemento desempeña en la frase, como sujeto, complemento directo, etc. **6.** En mat., relación entre dos magnitudes de forma que a cada valor de una de ellas corresponde determinado valor de la otra. Según la teoría de conjuntos, una función es una aplicación entre dos conjuntos que relaciona cada elemento del primero con un elemento del segundo. Se expresa $y = f(x)$, en donde y es la variable dependiente y x la variable independiente. **7.** En quím., carácter de un cuerpo por el cual se le clasifica en alguno de los distintos grupos existentes de sustancias con propiedades análogas. El carácter de la función viene dado tanto por alguna agrupación atómica específica que tenga la molécula de dicho cuerpo, p. ej. la función alcohol, que posee el grupo –OH, o la función cetona, que posee el grupo –CO–; como por algún tipo de reacción química a la que puede dar lugar, p. ej. la función base, que al reaccionar con ácidos forma sales y agua. ‖ **8. función algebraica** En mat., aquella en que la variable x está sometida a operaciones de adición, sustracción, multiplicación, división, potenciación o extracción de raíces. **9. función continua en un punto** En mat., la función $y = f(x)$ es continua en $x = a$, si existe $f(a)$, si existe $\lim\limits_{x \to a} f(x)$ y si $\lim\limits_{x \to a} f(x) = f(a)$. **10. función derivada** En mat., la función derivada de $y = f(x)$ es la función $y' = f'(x)$ que asigna a cada número al número $f'(a)$: derivada de $f(x)$ en $x = a$, esto es, $f'(a) = \lim\limits_{x \to a} \dfrac{f(x) - f(a)}{x - a}$. **11. función exponencial** En mat., aquella cuya ecuación es de la forma $y = a^{f(x)}$, donde $f(x)$ es cualquier función y $a > 0$, $a \neq 1$ es un número real. **12. función inversa** En mat., la función g es la inversa de la función f, si $y = g(x)$ significa que $x = f(y)$. **13. función lineal** En mat., aquella cuya ecuación es de la forma $y = a \cdot x$, siendo a cualquier número real. **14. función logarítmica** En mat., aquella función cuya ecuación es de la forma $y = log_n f(x)$. Es la opuesta a la exponencial, es decir: $a = log_b c \Leftrightarrow c = b^a$. **15. función periódica** En mat., aquella para la que existe algún número T, tal que $f(x) = f(x + T)$ para cualquier x de su dominio. **16. función polinómica** En mat., aquella cuya ecuación es $y = f(x)$, en la que $f(x)$ es un polinomio. **17. función trigonométrica** En mat., aquella cuya ecuación se escribe con alguna razón trigonométrica. ‖ **LOC. en función** *adv.* En ejercicio propio de su cargo; también, en dependencia de otra cosa. **en funciones** *adj.* En sustitución del titular de un cargo.

funcional *adj.* **1.** Perteneciente o relativo a la función. **2.** Práctico, utilitario; se aplica particularmente a la arquitectura, mobiliario, etc., en los que el material y la forma se acomodan a la función a que se destinan. **3.** Se dice de los trastornos o enfermedades en los que no hay lesión orgánica o anatómica.

Funcionalismo: Fundación Maeght en Saint-Paul-de-Vence (Francia), obra de José Luis Sert.

funcionalismo *s. m.* **1.** Corriente surgida en arquitectura a principios del s. XX que exige que todo elemento formal cumpla una función práctica, en lo que reside su belleza. Sus principales representantes fueron el suizo Le Corbusier, el austriaco Adolf Loos, los alemanes Walter Gropius y Ludwig Mies van der Rohe y el español José Luis Sert. **2.** Doctrina sociológica que considera el sistema social como un todo en el que cada uno de sus elementos desempeña una función específica. Originada en la biología, donde se aplica a las funciones que cada órgano desempeña en un organismo, fue adoptada por los primeros estudiosos de sociología, como Emile Durkheim, Vilfredo Pareto y Herbert Spencer. En antropología fue aplicada por Bronislaw Malinowski, Alfred Radcliffe-Brown y otros, basándose en el estudio intensivo de comunidades. Su mayor auge se produjo en EE UU entre 1920 y 1960 gracias a los trabajos de Talcott Parsons y Robert Merton. **FAM.** Funcionalista.

funcionamiento *s. m.* Acción y efecto de funcionar.

funcionar *v. intr.* **1.** Realizar alguien o algo las funciones que le corresponden. **2.** Marchar bien una persona o cosa.

funcionariado *s. m.* Conjunto de funcionarios.

funcionario, ria *s. m.* y *f.* Persona que desempeña un empleo público y pertenece a un determinado cuerpo de la Administración del Estado. **FAM.** Funcionarial.

funda *s. f.* Cubierta con que se envuelve una cosa para protegerla y conservarla.

fundación *s. f.* **1.** Acción y efecto de fundar. **2.** Establecimiento benéfico, cultural o religioso creado y sostenido con los bienes de un particular.

fundacional *adj.* Perteneciente o relativo a la fundación.

fundado, da **1.** *p. p.* de **fundar**. También *adj.* ‖ *adj.* **2.** Que tiene algún fundamento. **FAM.** Fundadamente.

fundador, ra *adj.* Que funda algo. También *s.*

fundamental *adj.* Que sirve de fundamento o es lo principal o más importante en alguna cosa. **FAM.** Fundamentalmente.

fundamentalismo *s. m.* **1.** Actitud y pensamiento que en determinados movimientos religiosos y políticos defiende los fundamentos en su integridad o pureza más rigurosa. ‖ **2. fundamentalismo islámico** Movimiento doctrinario musulmán surgido en la segunda mitad del s. XX que defiende la rígida observancia del *Corán* en la vida civil, el proselitismo y un nuevo impulso a la *yihad* o guerra santa. Promovido por sectores chiitas, ha obtenido una considerable aceptación en países como Irán, Pakistán, Sudán, Argelia, etc., y provocado importantes acontecimientos, como la revolución de Jomeini en Irán, el asesinato del presidente egipcio Sadat, etc. **FAM.** Fundamentalista.

fundamentar *v. tr.* **1.** Poner los fundamentos o explicar las razones de algo. **2.** Colocar los cimientos de una construcción. También *v. prnl.* **3.** P. ext., hacer firme algo. También *v. prnl.* **FAM.** Fundamentación.

fundamento *s. m.* **1.** Principio o base, material o inmaterial, en que se funda o apoya algo. **2.** Razón, motivo. **3.** Seriedad o formalidad de una persona. ‖ *pl.* **4.** Principios básicos de una ciencia o arte.

fundar *v. tr.* **1.** Crear una ciudad, institución, empresa, etc. **2.** Apoyar una cosa material sobre otra que se expresa. También *v. prnl.* **3.** Apoyar con motivos o argumentaciones una afirmación, creencia, etc. También *v. prnl.*

fundente *adj.* **1.** Que facilita la fusión. También *s. m.* ‖ *s. m.* **2.** Material que se añade al mineral cargado en el alto horno para rebajar su punto de fusión y formar compuestos que fundan con mayor facilidad.

fundición *s. f.* **1.** Acción y efecto de fundir o fundirse. **2.** Proceso que permite obtener objetos de forma determinada, derramando un metal fundido en el interior de un molde. **3.** Fábrica o taller donde se funden los metales. **4.** Hierro colado. **5.** En imprenta, conjunto de letras o caracteres tipográficos de una clase o tipo.

fundido, da **1.** *p. p.* de **fundir**. También *adj.* ‖ *s. m.* **2.** Acción y efecto de fundir o fundirse. **3.** En cine, aparición de una imagen cuando todavía no ha desaparecido la anterior. **4.** En mús., paso gradual de un sonido a otro. ‖ **5. fundido en negro** Véase **cierre en fundido**.

fundidor, ra *s. m.* y *f.* Persona que tiene por oficio fundir metales.

fundir *v. tr.* **1.** Convertir en líquido un cuerpo sólido calentándolo. También *v. intr.* y *v. prnl.* **2.** Dar forma en moldes a un metal en fusión. **3.** Unir íntimamente a personas o cosas, reduciéndolas a una sola. También *v. prnl.* **4.** *fam.* Gastar, despilfarrar. También *v. prnl.* || *v. prnl.* **5.** Dejar de funcionar un aparato o dispositivo eléctrico por haberse quemado o soltado el hilo de resistencia. **6.** *amer. fam.* Arruinarse, hundirse. También *v. tr.* **FAM.** Fundible.

fundo *s. m.* Finca rústica.

fúnebre *adj.* **1.** Perteneciente o relativo a los difuntos. **2.** Muy triste o sombrío. **FAM.** Fúnebremente.

funeral *adj.* **1.** Perteneciente o relativo al entierro de un difunto y a las correspondientes ceremonias. || *s. m.* **2.** Oficio religioso que se hace por los difuntos.

funerala, a la *loc. adv.* **1.** Indica la manera de llevar las armas los militares en señal de duelo, con la boca o punta del cañón hacia abajo. **2.** *fam.* Se refiere también al color amoratado de un ojo a consecuencia de un golpe.

funerario, ria *adj.* **1.** Perteneciente o relativo al entierro o ceremonias por un difunto. || *s. f.* **2.** Empresa que se encarga de la conducción y entierro de los difuntos.

funesto, ta *adj.* Que causa o constituye desgracia o va acompañado de ella. **FAM.** Funestamente.

fungible *adj.* Que se consume con el uso y puede sustituirse por otras cosas de la misma clase.

fungicida *adj.* Se dice de la sustancia utilizada para matar los hongos que causan ciertas enfermedades a las plantas, a los animales o al hombre. Pueden ser antibióticos, sustancias químicas inorgánicas, como el azufre o el yoduro potásico, o sustancias orgánicas. También *s. m.*

fungiforme *adj.* En biol., que tiene forma de hongo.

fungir *v. intr.* **1.** Desempeñar un determinado cargo o función. **2.** *amer.* Actuar, funcionar. ■ Se conjuga como *surgir.*

fungoso, sa *adj.* Esponjoso, blando. **FAM.** Fungosidad.

funicular *adj.* Se aplica al vehículo o a la cabina en los cuales la tracción se realiza por medio de un cable o cadena. También *s. m.*

funículo *s. m.* **1.** Cordón umbilical. **2.** En bot., cordoncito que une el óvulo al carpelo. **3.** En la arquitectura románica, adorno en forma de cordón.

funk *adj.* Tipo de música negra de origen estadounidense, apropiada para el baile y la discoteca. También *s. m.*

Funk, Casimir (Varsovia 1884 - Albany, Nueva York 1967) Bioquímico estadounidense de origen polaco. Estudió en Europa y se trasladó a EE UU en 1915. Al investigar las sustancias necesarias en la dieta para evitar enfermedades como el beriberi, el escorbuto, la pelagra o el raquitismo, introdujo el nombre de *vitaminas* para dichas sustancias. En 1912 aisló la vitamina B, eficaz contra el beriberi.

furano *s. m.* C_4H_4O. Compuesto heterocíclico oxigenado. Es una sustancia orgánica aromática de molécula pentagonal, en cuatro de cuyos vértices existe un átomo de carbono y en el quinto uno de oxígeno. Líquido de baja temperatura de ebullición (32 °C), es atacable por los ácidos. Se utiliza para sintetizar numerosos derivados reemplazando su hidrógeno por diversos radicales.

furcia *s. f. desp.* Prostituta*.

furgón *s. m.* **1.** Vehículo largo y cubierto para el transporte de equipajes, muebles, víveres, municiones, etc. **2.** En los trenes, vagón cerrado para transportar mercancías y equipajes.

furgoneta *s. f.* Vehículo automóvil, más pequeño que el camión, destinado al transporte y reparto de mercancías.

furia *s. f.* **1.** Enfado violento contra alguien o algo. **2.** Persona muy irritada y colérica. **3.** Ímpetu con que se realiza algo. **4.** Violencia con que se manifiesta o desarrolla algo. **5.** Momento de más intensidad de alguna cosa.

Furias Divinidades romanas de la ira y la venganza, enviadas por los dioses a los asesinos, y que corresponden a las Erinias griegas.

furibundo, da *adj.* **1.** Furioso, lleno de furia. **2.** Irritable, irascible. **3.** Muy entusiasta o partidario de alguien o algo.

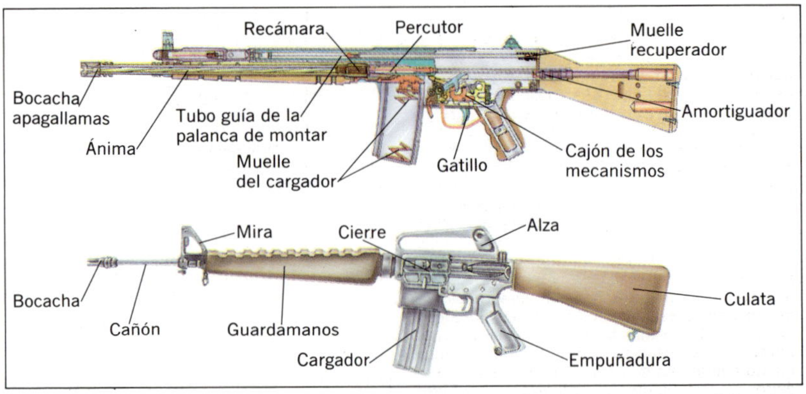

Dos modelos de fusil de asalto: arriba, sección del CETME, empleado por las fuerzas armadas españolas; abajo, el M-16 A 1, fusil automático estadounidense de gran ligereza.

furierismo *s. m.* Sistema social utópico creado por Fourier. **FAM.** Furierista.

Furini, Francesco (Florencia h. 1603 - íd. 1646) Pintor italiano. Pintó cuadros de asuntos mitológicos y religiosos, en los que destacan los desnudos femeninos. Fue ordenado sacerdote en 1633. Buena muestra de su arte son los cuadros *La muerte de Adonis, Lot y sus hijas, La Magdalena* y *La Fe.*

furioso, sa *adj.* **1.** Lleno de furia. **2.** Muy grande, terrible o violento. **3.** Se dice del loco violento que debe estar atado o sujeto. **FAM.** Furiosamente.

furor *s. m.* **1.** Enfado violento. **2.** En la demencia o en delirios pasajeros, violenta agitación con signos de cólera. **3.** Entusiasmo, violencia, ímpetu. **4.** Pasión, afición desmedida. || **5. furor uterino** Deseo sexual exagerado y violento en la mujer. || **LOC. hacer furor** Ponerse o estar algo muy de moda.

furriel o **furrier** *s. m.* Militar, generalmente cabo, encargado de repartir servicios, el correo, el material, etc.

furrio, rria o **furris** *adj. amer.* Despreciable, malo, mal hecho.

Fürth C. de Alemania, en el Land de Baviera, situada a 4 km al NO de Nuremberg, junto al canal que une los ríos Danubio y Main. 98.900 h. en 1988. Destacan las industrias óptica, textil, de electrodomésticos y del juguete.

furtivo, va *adj.* **1.** Hecho a escondidas. **2.** Se aplica a la persona que actúa de esta manera, especialmente al que caza o pesca sin licencia o en coto vedado. También *s.* **FAM.** Furtivamente.

Furtwangler, Adolf (Friburgo de Brisgovia 1853 - Atenas 1907) Arqueólogo alemán. Estudió los monumentos de Italia y Grecia y participó en las excavaciones de Olimpia (1878-79). Fue director de la Gliptoteca y del Antiquarium de Munich. Es autor, entre otros títulos, de *Eros en la pintura de vasos* (1875), *Obras maestras de la escultura griega* (1893), *Nuevas falsificaciones de obras antiguas* (1899) y *Las gemas antiguas* (1900).

Furtwangler, Wilhelm (Berlín 1886 - Baden-Baden 1954) Director de orquesta y compositor alemán. Estuvo al frente de la Filarmónica de Viena y de la Ópera de Berlín y está considerado como uno de los grandes directores del periodo de entreguerras. Se especializó en obras de Beethoven, Brahms y Wagner. Entre sus composiciones destacan dos sinfonías y un *Te Deum.*

furúnculo *s. m.* Forúnculo*.

fusa *s. f.* Signo de duración de una nota o sonido musical cuyo valor es la mitad de una semicorchea.

fuselaje *s. m.* Cuerpo central del avión, de forma más o menos parecida a la de un huso, en donde van los pasajeros y las mercancías.

Fushun C. de China, situada en el NE del país, al E de Shenyang, cerca de la frontera con Corea del Norte. 1.175.100 h. en 1989. Importante centro minero de carbón y bauxita, posee industrias químicas, siderúrgicas, alumínicas, mecánicas, eléctricas, de cemento y refinerías de petróleo.

fusible *adj.* **1.** Que se funde fácilmente. || *s. m.* **2.** Dispositivo que se intercala en un circuito eléctrico para impedir que pase por él una corriente de excesiva intensidad que podría causar daños. Normalmente consta de un hilo metálico que se calienta con el paso de la corriente y, cuando ésta supera ciertos límites, se funde interrumpiendo el circuito. **FAM.** Fusibilidad.

fusiforme *adj.* En forma de huso.

fusil *s. m.* **1.** Arma de fuego portátil, que dispara balas y constituye el armamento básico de los soldados de infantería. Consta de cañón, recámara, cierre, percutor, gatillo y culata. Los modelos modernos son automáticos y están dotados de un cargador que contiene de 20 a 30 balas. Para disparar con un fusil automático, se monta el arma empujando hacia atrás la palanca de cierre, que presiona sobre el muelle recuperador. El muelle impulsa el cierre hacia delante, arrastrando un cartucho del cargador e introduciéndolo en la recámara. Al apretar el gatillo, el percutor golpea el cartucho haciendo estallar su carga explosiva. La expansión de los gases de la explosión produce dos efectos: impulsa la bala hacia el exterior a través del cañón y hace retroceder el cierre, que automáticamente, por efecto del muelle recuperador, regresa a su posición inicial arrastrando un nuevo cartucho y dejando el arma en disposición de hacer fuego nuevamente. || **2. fusil de asalto** Arma propia del soldado de infantería, de poco peso (menos de cinco kilos), alcance de hasta 400 m y buena precisión de tiro; puede disparar tiro a tiro o a ráfagas.

fusilar *v. tr.* **1.** Matar a una persona con una descarga de fusil. **2.** *fam.* Plagiar una obra original. **3.** *fam.* En fútbol, meter el balón en la portería con gran fuerza y desde muy cerca.

fusilería *s. f.* **1.** Conjunto de fusiles. **2.** Conjunto de fusileros. **3.** Descarga de fusiles.

fusilero, ra *adj.* **1.** Perteneciente o relativo al fusil. || *s. m.* **2.** Soldado de infantería armado con fusil.

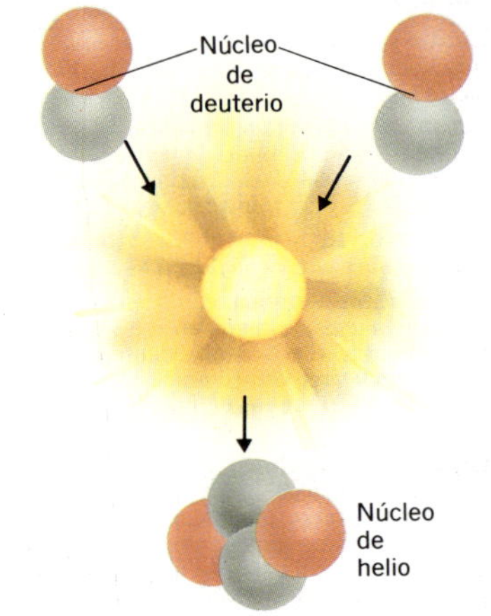

Fusión nuclear: los dos núcleos de deuterio se fusionan y dan lugar a un núcleo de helio, desprendiendo una enorme cantidad de energía.

fusión *s. f.* **1.** Acción y efecto de fundir o fundirse. **2.** Paso de un cuerpo del estado sólido al líquido. **3.** Unión de empresas, partidos, etc. || **4. fusión nuclear** Reacción nuclear en la que varios núcleos ligeros se unen entre sí para producir núcleos más pesados, liberándose gran cantidad de energía. La fusión nuclear más conocida es la que se lleva a cabo en el Sol y las estrellas de la serie principal, donde núcleos de hidrógeno se fusionan para dar helio. La energía liberada en la reacción se propaga por el espacio, calentando los astros próximos, como la Tierra. Otra reacción de fusión, la única utilizada por el hombre, es la que tiene lugar en la explosión de una bomba de hidrógeno. En este caso, la sustancia que se fusiona es el deuterio (isótopo pesado del hidrógeno). A lo largo de la reacción nuclear se forma tritio (otra forma pesada del hidrógeno) y éste y el deuterio se fusionan para producir helio. Se están llevando a cabo numerosas investigaciones que tratan de lograr el control de un reactor nuclear de fusión, que permitiría obtener grandes cantidades de energía no contaminante a bajo costo. Los primeros éxitos se obtuvieron en el programa *Joint European Torus*, desarrollado en el Reino Unido y que en 1991 consiguió producir 2.000 kilovatios durante dos segundos.

fusionar *v. tr.* Producir una fusión o unión de empresas, partidos, ideas, etc. También *v. prnl.*

fusor *s. m.* Recipiente o instrumento utilizado para fundir.

Fussli, Johann Heinrich (Zurich 1741 - Londres 1825) Pintor británico de origen suizo. Con una sólida formación literaria se estableció en Inglaterra (1763), donde Reynolds lo animó a dedicarse a pintar. Durante su estancia en Roma (1769-78) estudió la antigüedad clásica y especialmente los frescos de Miguel Ángel. Regresó a Londres (1779), donde realizó una pintura de gusto prerromántico. Fue presidente de la Royal Academy (1792).

fusta *s. f.* Látigo recto, delgado y flexible para fustigar a las caballerías.

fustal o **fustán** *s. m.* **1.** Tela gruesa de algodón con pelo por una de sus caras. **2.** *amer.* Combinación, enagua.

fustazo *s. m.* Golpe dado con la fusta.

fuste *s. m.* **1.** Parte de la columna que forma el cuerpo de ésta, comprendido entre la basa y el capitel. **2.** Vara de la lanza en que va fijado el acero. **3.** Armazón de madera de la silla de montar. **4.** Fundamento de un discurso, escrito, etc. **5.** Importancia, valor.

Fustel de Coulanges, Numa-Denis (París 1830 - Massy 1889) Historiador francés. Estudió los principios y reglas que rigieron la sociedad griega y la romana. En su obra *La ciudad antigua* (1864) explica el pasado como una sucesión lógica que parte del hecho religioso y llega hasta el concepto de ciudad (Roma), tras pasar por la familia, primera forma de sociedad humana, la fratría y la tribu. Su método influyó en la historiografía moderna.

Fuster, Joan (Sueca, Valencia 1922 - íd. 1992) Escritor español en lengua catalana. Es autor de ensayos históricos y literarios, entre los que sobresalen *La poesía catalana hasta el Renacimiento* (1954), *Nosotros, los valencianos* (1962) y *Escrito para el silencio* (1978).

fustigar *v. tr.* **1.** Golpear con una fusta, látigo, etc., a las caballerías para estimularlas. **2.** Censurar o reprender duramente a alguien. ▪ Se conjuga como *pagar*.

Futa Djalón o **Futa Yallon** Macizo montañoso del África occidental, en la república de Guinea. Su altitud no supera los 1.515 m y es un importante nudo hidrográfico donde nacen los ríos Gambia, Senegal y Níger.

futbito *s. m. fam.* Variedad de fútbol-sala. ▪ Se dice también *fulbito*.

fútbol *s. m.* Deporte de origen inglés que se practica entre dos equipos de once jugadores que, combinándose y lanzando un balón de cuero por medio de los pies, la cabeza y demás partes del cuerpo (menos los brazos), tratan de introducirlo en la portería contraria, defendida por un jugador, el portero, que, dentro de los límites del área, puede utilizar las manos. Los partidos se juegan sobre un terreno rectangular de hierba o tierra, de 100 a 110 m de largo y de 64 a 75 m de ancho, delimitado por las líneas de banda en los laterales y las líneas de fondo. En el centro de estas últimas se hallan las porterías, formadas por dos postes verticales de 2,44 m de alto que están

Fútbol: esquema del terreno de juego.

cruzados en su parte superior por un larguero de 7,32 m de largo. Cada partido consta de dos tiempos de 45 minutos de duración y el desarrollo del mismo está reglamentado por una serie de normas. Un árbitro, auxiliado por dos linieres o jueces de línea, dirige el encuentro y castiga las faltas cometidas contra el reglamento.
Deportes similares al fútbol se practicaron en la antigüedad en China, Japón y Grecia y en la Edad Media en Italia. En su forma actual nació en los colegios públicos británicos en el s. XVIII. Su auge comenzó a principios del s. XX. En 1904 fue creada la Federación Internacional de Fútbol Amateur (FIFA). La competición por el sistema de liga surgió en Inglaterra y se difundió por toda Europa en torno a 1930. La Copa del Mundo, disputada por selecciones nacionales, se disputó por vez primera en 1930. En 1956 se creó la Copa de Europa, competición que disputan los campeones de las ligas de cada país, y que en América del Sur tiene su equivalente en la Copa de Libertadores. El fútbol, en la actualidad, es mucho más que una competición deportiva y se ha convertido en un espectáculo de masas que gestiona grandes cantidades de dinero y provoca un apasionamiento que ha sido objeto de estudios sociológicos. **FAM.** Futbolístico.

futbolero, ra *adj.* Muy aficionado al fútbol. También *s.*

futbolín *s. m.* Juego en que se imita un partido de fútbol moviendo por medio de barras unas figuritas que golpean una bola.

futbolista *s. m.* y *f.* Jugador de fútbol.

fútbol-sala *s. m.* Deporte inspirado en el fútbol, que se juega en un terreno rectangular de 36 m por 18 m, de superficie dura, con un balón esférico de 53-55 cm de perímetro. El partido dura dos tiempos de 20 minutos, y cada equipo, formado por cinco jugadores, debe marcar sus goles desde fuera de un área de 4 m, en porterías de 3 m de ancho por 2 m de alto.

futesa *s. f.* Pequeñez, tontería, insignificancia.

fútil *adj.* Poco importante o serio.

futilidad *s. f.* **1.** Cualidad de fútil. **2.** Cosa fútil.

futurible *adj.* Se dice de lo futuro que está condicionado, es decir, que ocurriría si se dieran una serie de condiciones. También *s. m.*

futurición *s. f.* Condición de estar proyectado o dirigido hacia el futuro.

futuridad *s. f.* Cualidad o condición de futuro.

futurismo *s. m.* Movimiento artístico de vanguardia nacido en Italia y basado en el *Manifiesto futurista* (1909) del poeta italiano Filippo Tommaso Marinetti, que rompía con la cultura del pasado y defendía la nueva sociedad industrial y su símbolo más característico, la velocidad. Los futuristas, entre los que sobresalen los pintores Umberto Boccioni, Carlo Carrà, Luigi Russolo, Giacomo Balla y Gino Severini, buscaron la adecuación del arte a las nuevas formas de vida urbana e industrial. El movimiento se difundió rápidamente por Europa, donde surgieron escuelas futuristas como el *vorticismo* inglés o el *rayonismo* ruso, encabezado por el poeta Vladimir Maiakovski. Decayó a partir de 1917. **FAM.** Futurista.

futuro, ra *adj.* **1.** Que existirá o sucederá en un tiempo que aún no ha llegado. **2.** En ling., se aplica a la forma verbal que expresa una acción que ocurrirá en un tiempo que todavía no ha llegado. En castellano existen diversas posibilidades de expresar futuro: mediante perífrasis: *Rosa va a venir*; mediante el presente: *El lunes vamos al cine*; etc., pero las formas específicas de este tiempo son el **futuro imperfecto** y el **futuro perfecto**. El primero manifiesta una acción venidera con respecto al momento en que se habla: *Mañana vendré*. También denota un hecho probable en el presente: *Ahora serán las diez*. Se utiliza asimismo para reforzar una afirmación o exclamación: *¡Será tonto!*. El futuro perfecto indica una acción venidera, pero pasada con relación a otro momento posterior: *Cuando vengas, ya lo habré terminado*. También denota una acción que se cree que deberá haber sucedido en tiempo venidero o pasado: *En septiembre habrá aprobado todas las asignaturas*. El modo subjuntivo de estos tiempos verbales, *cantare, hubiere cantado*, están prácticamente en desuso. También *s. m.* ‖ *s. m.* **3.** Tiempo que está por venir. **4.** Situación favorable que promete alguna cosa. ‖ *s. m.* y *f.* **5.** *fam.* Novio o novia formal.

futurología *s. f.* Conjunto de estudios a través de los cuales se pretende predecir el futuro. **FAM.** Futurólogo.

Fuzhou C. de China, cap. de la prov. de Fujian, situada a orillas del océano Pacífico, frente a las costas de la isla de Taiwan. 1.210.000 h. en 1986. Importante centro portuario, exportador de té, posee industria química, siderúrgica, textil, azucarera y de materias plásticas. ▪ Se escribe también *Fu-cheu*.

Fuzuli Véase **Fuduli**.

Fyn Véase **Fionia**.

Fyt, Jan (Amberes 1611 - íd. 1661) Pintor flamenco barroco. Discípulo de Frans Snyders, se especializó en naturalezas muertas, pintura animalista y escenas de caza. Entre sus cuadros destacan *Los dos lebreles, Concierto de aves, Pavo muerto, Caza en una despensa* y *Flores y frutos en un paisaje*.

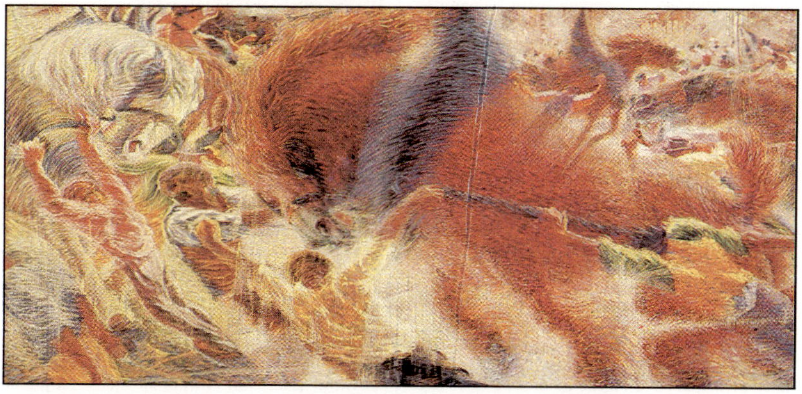

Futurismo: La ciudad emerge, *de Umberto Boccioni (Museo de Arte Moderno, Nueva York).*

G

g[1] *s. f.* Séptima letra del abecedario español y quinta de sus consonantes. Su nombre es *ge.* ▪ Inmediatamente seguida de *e, i,* su articulación es semejante a la *j* (velar fricativa sorda): *gema, girasol.* Sin embargo, en cualquier otra posición o seguida por el resto de las vocales, su sonido es velar oclusivo (o fricativo) sonoro: *gavilán, goma, agua.* Para conservar este sonido delante de *e, i,* se intercala una *u*: *guerra, guitarra,* y para indicar que esta *u* debe pronunciarse, ha de llevar diéresis: *cigüeña.*

g[2] **1.** Símbolo del gramo, unidad de masa en el sistema cegesimal. **2.** Letra con que se representa la aceleración de la gravedad, cuyo valor es 9,81 m/s^2.

G Símbolo que representa la constante de la gravitación universal, cuyo valor es:

$$6{,}67 \cdot 10^{-11}\ N \cdot m^2/kg^2$$

Ga Símbolo químico del galio.

gabacho, cha *adj.* **1.** De algunos pueblos de los Pirineos. También *s.* **2.** *fam. desp.* Francés. También *s.*

gabán *s. m.* **1.** Abrigo, prenda de vestir. **2.** Capote con mangas.

gabanear *v. tr.* **1.** *Amér. C.* Robar, apropiarse de algo. ‖ *v. intr.* **2.** *Méx.* Huir, escaparse.

gabardina *s. f.* **1.** Prenda de vestir impermeable, de forma parecida al abrigo. **2.** Tela de estambre o algodón y tejido diagonal con que se hacen estas y otras prendas. **3.** Rebozo de harina o pan rallado de algunos alimentos, especialmente de las gambas.

gabarra *s. f.* **1.** Pequeño barco de carga que se utiliza en los puertos. **2.** Embarcación de transporte, mayor que la lancha, normalmente con cubierta, que se lleva a remolque o se maneja con vela y remos.

gabarrero *s. m.* **1.** Persona que conduce una gabarra. **2.** El que la carga o descarga.

gabarro *s. m.* Nódulo o concreción existente dentro de una masa pétrea, de composición diferente a la de ésta. Es muy común en las rocas magmáticas.

gabela *s. f.* **1.** Impuesto, tributo. **2.** Ventaja, privilegio.

Gabin, Jean (Mériel, Seine-et-Oise 1904 - París 1976) Actor francés. Sus papeles de héroe taciturno, valeroso y profundamente humano le convirtieron en el galán más popular del cine francés. Entre sus películas sobresalen *La bandera* (1935), *Los bajos fondos* (1936), *Pepé le Moko* (1937), *La gran ilusión* (1937) y *Amanece* (1939).

gabinete *s. m.* **1.** Habitación, pequeña sala destinada a estudio o a recibir visitas de confianza. **2.** Conjunto de los muebles de esta habitación. **3.** Sala dotada del instrumental necesario para la práctica privada de la medicina o para la investigación y el estudio de otras ciencias. **4.** Conjunto de los ministros del gobierno de un país.

Gabirol, Salomón ibn, llamado **Avicebrón** (Málaga h. 1020 - Valencia 1050 ó 1058) Poeta y filósofo judeoespañol. Formado en las culturas árabe y hebrea, su obra poética consta de composiciones religiosas y profanas; en ella sobresalen los *azharot, resuyyot, geulot* y la *Corona real.* Fue un destacado pensador neoplatónico, cuyas doctrinas influyeron en los escolásticos. Su obra principal es la *Fuente de la vida,* que estudia el origen y esencia de los seres.

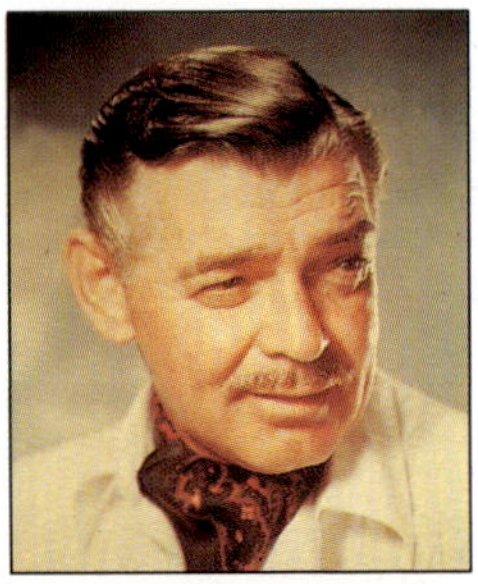

Clark Gable.

Gable, Clark (Cadiz, Ohio 1901 - Hollywood 1960) Actor de cine estadounidense. Prototipo del galán de los años treinta y cuarenta, en él se fundían rasgos de seducción, dureza y cierto cinismo. Entre sus películas destacan *Tierra de pasión* (*Red dust,* 1932), *Sucedió una noche* (1934), *Rebelión a bordo* (*Mutiny on the Bounty,* 1935), *San Francisco* (1936), *Lo que el viento se llevó* (1939), *Mogambo* (1953) y *Vidas rebeldes* (*The Misfits,* 1960).

gablete *s. m.* Remate formado por un ángulo muy agudo que corona algunos elementos arquitectónicos, muy frecuente en el arte gótico.

Gabo, Naoum Pevsner, llamado **Naum** (Briansk 1890 - Waterbury 1977) Escultor ruso. Estudió ingeniería en Munich e historia del arte en Oslo. Volvió a Rusia en 1917 y en 1920 redactó, junto con su hermano Anton Pevsner, el *Manifiesto realista,* base del constructivismo. Abandonó la URSS y residió sucesivamente en Alemania, Francia, Reino Unido y EE UU. Se adhirió a la abstracción y realizó esculturas empleando materiales no tradicionales, como celuloide, cartón, alambre de acero o plexiglás. Aplicó su preparación técnica a sus obras monumentales, como la escultura que figura en el Rockefeller Center, de Nueva York.

Gabón, República de Estado de África central, en el golfo de Guinea.

Extensión: 267.667 km^2.
Límites: al N, con Guinea Ecuatorial y Camerún; al E y S, con el Congo, y al O, con el océano Atlántico.
Población: 1.171.000 h. en 1990.
Densidad: 4,4 h./km^2.
Capital: Libreville.
División administrativa: 9 provincias.
Ciudades principales: Port-Gentil y Franceville.
Gentilicio: gabonés.
Forma de Estado: república presidencialista.
Idioma: francés.
Religión: catolicismo, 65,2 %; protestantismo, 18,8 %; cristianismo africano, 12,1 %; religiones tribales, 2,9 %.
Moneda: franco CFA.
Tasa de natalidad: 39 ‰ en 1990.
Tasa de mortalidad: 16 ‰ en 1990.
Renta per cápita: 2.770 dólares en 1989.

Geog. El territorio de Gabón ocupa la cuenca fluvial del río Ogooué y su relieve consta de dos unidades: al E, las mesetas interiores, con los montes de Cristal y Chaillú, y al O, las llanuras costeras, de naturaleza pantanosa. El clima y la vegetación son ecuatoriales. Casi la totalidad del territorio está cubierto por bosques. La población, bastante escasa, pertenece en su mayoría

Gabón: vista de la capital, Libreville.

a la etnia bantú, aunque también existen fang y pigmeos. Su economía es fundamentalmente agrícola, aunque buena parte de los productos van dirigidos al autoconsumo. Produce mandioca, caucho, café (uno de sus principales recursos), bananas, cacao y maderas preciosas. El país posee un rico subsuelo, con yacimientos de manganeso (tercer productor mundial), gas natural, petróleo, hierro y uranio (noveno productor mundial), que han generado una incipiente industria de refinado de petróleo y de tratamiento de minerales; asimismo posee industrias alimentarias (cerveza, azúcar).
Hist. En el s. XV, Diogo Cao y otros navegantes portugueses recorrieron las costas de Guinea, que fueron frecuentadas por buques negreros desde mediados del s. XVIII. El territorio fue colonizado por Francia desde 1839, constituido en colonia en 1886, unido al Congo francés en 1888, y finalmente devuelto al rango de colonia en 1910 e integrado en el África Ecuatorial Francesa. En 1957 obtuvo la autonomía y en 1960 la independencia, constituyéndose en república bajo la presidencia de Léon M'Ba. A su muerte en 1967 fue sustituido por Omar Bongo, que instauró un régimen de partido único, el Partido Democrático Gabonés, y renovó su mandato en las elecciones no democráticas de 1979 y 1986. Gabón, cuya economía ha sufrido el descenso del precio del petróleo, mantiene estrechos lazos políticos y financieros con la metrópoli francesa. En 1990 se produjeron violentas protestas contra el régimen de Omar Bongo, que ese mismo año anunció la legalización del multipartidismo y una reforma política.

gabonés, sa *adj.* De Gabón. También *s.*

Gabor, Dennis (Budapest 1900 - Londres 1979) Físico británico de origen húngaro. Tras investigar en laboratorios alemanes, se estableció en el Reino Unido. En 1971 recibió el premio Nobel de física por la invención de la holografía. También investigó sobre lentillas magnéticas.

Gaborone C. de Botswana, cap. del país, situada en el SE del mismo. 111.000 h. en 1988. Es un centro administrativo que posee universidad y aeropuerto internacional.

Gabriel Familia de arquitectos franceses de los s. XVII y XVIII. Los más conocidos son: **Jacques II** (Saint-Paterne h. 1636 - París 1686), fue colaborador de Mansart y construyó el castillo de Choisy-le-Roi y el Pont Royal, en París; **Jacques III** (París 1667 - íd. 1742), hijo del anterior; fue también discípulo de Mansart y erigió en París el palacio Biron (1728), luego sede del museo Rodin, y el ayuntamiento de Lyon; **Ange-Jacques** (París 1698 - íd. 1782), hijo del anterior; fue arquitecto de Luis XIV y director de la Academia de Arquitectura; algunas de sus obras más conocidas son, en Versalles, la ópera (1753) y el Petit Trianon (1762-64) y, en París, la Escuela Militar (1751-75) y la actual plaza de la Concordia (1762-70).

Gabriel, San Uno de los tres arcángeles mencionados en la *Biblia.* Según el *Evangelio* de San Lucas, anunció a Zacarías el nacimiento de Juan el Bautista y a María el nacimiento de Jesús. Los musulmanes le veneran como el espíritu que reveló a Mahoma el *Corán.*

Gabriel y Galán, José María (Frades de la Sierra, Salamanca 1870 - Guijo de Granadilla, Cáceres 1905) Poeta español. Ajeno a las corrientes estéticas de su época, en su obra, de estilo sencillo y en ocasiones prosaico, exalta la vida campesina. Escribió en castellano y en dialecto extremeño. Entre sus libros sobresalen *Castellanas* (1902), *Extremeñas* (1902), *Campesinas* (1904) y *Nuevas castellanas* (1905).

gabrieles *s. m. pl. fam.* Garbanzos del cocido.

Gabrieli Familia de compositores y organistas italianos que determinan la línea de la escuela veneciana a lo largo de todo el s. XVI: **Andrea** (Venecia h. 1510 - íd. 1586), discípulo de Willaert, fue uno de los más célebres madrigalistas del Renacimiento; viajó por Bohemia, Baviera y la región del Rhin y, vuelto a Venecia, fue nombrado organista de San Marcos; **Giovanni** (Venecia 1551 - íd. 1612), sobrino del anterior, fue maestro del compositor alemán Schütz; en sus composiciones utilizó simultáneamente los dos coros de San Marcos de Venecia, y su obra (canciones, madrigales, cantatas, misas, etc.) constituye la expresión más elaborada y genial de esta escuela.

gabro *s. m.* Roca intrusiva básica. Está formada principalmente por plagioclasas, piroxenos, olivino y pequeñas cantidades de sílice. Presenta color oscuro y aspecto granudo. Sus principales yacimientos se hallan en los Alpes y Alemania. Se usa en arquitectura como material decorativo y de construcción.

Gabro olivínico.

gacela *s. f.* Nombre común de diversos mamíferos artiodáctilos de la familia bóvidos, géneros *Gazella*, *Procapra*, etc. Tienen patas finas y largas, cabeza pequeña, cuernos curvados, más largos en los machos que en las hembras, color marrón claro en el dorso y blanco en el vientre. Se agrupan en rebaños y habitan en las sabanas de África y Asia. Se conocen dieciocho especies, entre las que destacan la gacela de Grant *(Gazella granti)* y la gacela común *(Gazella dorcas)*.

gaceta *s. f.* **1.** Publicación periódica de carácter cultural o científico. **2.** En España, nombre que tuvo durante muchos años el Boletín Oficial del Estado. **3.** *fam.* Persona que siempre está enterada de todo lo que ocurre.

Gacela de Grant (Gazella granti).

gacetilla *s. f.* **1.** Parte de un periódico en que se incluyen noticias cortas. **2.** Cada una de estas noticias.

gacetillero, ra *s. m.* y *f.* **1.** Redactor de gacetillas. **2.** *fam. desp.* Periodista.

gacha *s. f.* **1.** Cualquier masa muy blanda y poco espesa. Se usa sobre todo en *pl.* ‖ *pl.* **2.** Comida hecha de harina cocida con agua y condimentada.

gaché (voz gitana) *s. m.* Nombre con que los gitanos designan a los andaluces.

gacheta *s. f.* Pequeña palanca que en las cerraduras sujeta el pestillo, deteniéndolo en cierto punto.

gachí (voz gitana) *s. f. vulg.* Mujer, muchacha.

gacho, cha *adj.* **1.** Doblado o inclinado hacia abajo. **2.** Se aplica a la res que tiene los cuernos curvados hacia abajo.

gachó (voz gitana) *s. m.* **1.** *vulg.* Hombre, individuo. **2.** *vulg.* Amante de una mujer.

gachón, na *adj.* **1.** *fam.* Que tiene atractivo, gracia. **2.** Insinuante, atrayente.

gachonería *s. f.* Cualidad de gachón.

gachupín, na *s. m.* y *f.* Nombre que se da en algunos países americanos a los españoles allí establecidos. ▪ Se dice también *cachupín*.

Gadamer, Hans Georg (Marburgo 1900) Filósofo alemán. Es conocido principalmente por sus trabajos sobre filosofía hermenéutica, que desarrolló en su libro *Verdad y método* (1960). Entiende que todo acceso a la verdad pasa por un reconocimiento de la tradición y de la historia del conocimiento. Algunas de sus obras más importantes son *La dialéctica de Hegel: cinco estudios hermenéuticos* (1971) y *Pequeños escritos* (1967-77).

Gadda, Carlo Emilio (Milán 1893 - Roma 1973) Escritor italiano. Estudió ingeniería y publicó sus primeras narraciones en la revista florentina *Solaria*. Con su original estilo, en que mezcla cultismos, palabras dialectales, tecnicismos y un humor fantástico muy particular, renovó la narrativa de su país. Algunas de sus obras más significativas son *El castillo de Udine* (1934), *El zafarrancho aquel de via Merulana* (1957) y *Aprendizaje del dolor* (1963).

Gaddafi, Mohammar al- (Sirte 1941) Político y militar libio. Encabezó el pronunciamiento que derrocó al rey Idris I en 1969 y desde entonces preside el Consejo de la Revolución. En 1977 proclamó la Constitución por la que Libia se convirtió en república socialista popular árabe, al frente de la cual ha desarrollado una política favorable a la unidad de los países árabes y beligerante frente a EE UU e Israel. Su pugna con EE UU culminó con el bombardeo estadounidense del territorio libio (1986).

Mohammar al-Gaddafi.

Gaddi, Agnolo (Florencia h. 1333 - íd. 1396) Pintor italiano. Hijo y discípulo de Tadeo Gaddi y seguidor de Giotto, entre sus obras, muy influidas aún por el estilo gótico internacional, destacan los frescos de la *Historia de la Cruz*, en Santa Croce de Florencia (1390) y la decoración de la capilla de la Cintola, en la colegiata de Prato (1392-95).

Gaddi, Tadeo (Florencia h. 1300 - íd. 1366) Pintor italiano. Formado en el taller de Giotto, su obra maestra es la serie de frescos de la *Vida de la Virgen*, en la capilla Baroncelli de la Santa Croce, de Florencia (1332-38). También pintó frescos para San Francisco de Pisa (1342).

Gades Nombre latino de la antigua colonia fenicia de Gadir, la actual Cádiz.

Gades, Antonio (Elda, Alicante 1936) Bailarín y coreógrafo español. Perteneció a la compañía de Pilar López hasta que formó la suya propia (1964). Fue director del Ballet Nacional Español (1978-80) y creó un nuevo ballet con Cristina Hoyos (1981). Ha intervenido en varios filmes, especialmente en *Bodas de sangre* (1981), *Carmen* (1983) y *El amor brujo* (1986), como bailarín y coreógrafo, bajo la dirección de Carlos Saura.

gadget (voz ingl.) *s. m.* Objeto curioso e ingenioso, a veces mecánico o electrónico y por lo general de pequeño tamaño.

gádidos *s. m. pl.* Familia de peces teleósteos perteneciente al orden gadiformes, que comprende diversas especies de los géneros *Gadiculus, Gadus, Merluccius, Micromesistius*, etc. Tienen cuerpo rechoncho, a veces anguiliforme, y generalmente un barbillón bajo la mandíbula con función olfativa. Habitan en aguas frías y templadas y su importancia económica es considerable. Gádidos son el bacalao, la bacaladilla, la faneca, la merluza, etc. También *adj.* y *s. m.*

gaditano, na *adj.* De Cádiz. También *s.*

Gadolin, Johan (Abo, hoy Turku 1760 - íd. 1852) Físico y químico finlandés. Catedrático de química en la universidad de Abo, estudió un mineral procedente de Ytterby (Suecia), que se conoció como tierra rara; posteriormente se supo que contenía más de doce elementos diferentes, hoy llamados *tierras raras* o *lantánidos*. Uno de ellos fue denominado *gadolinio* en 1886.

gadolinio *s. m.* Gd. Elemento químico perteneciente al grupo de los lantánidos o tierras raras del sistema periódico. Su número atómico es 64 y su masa atómica 157,2. Fue aislado por Galissard de Marignac en 1880 y por Lecoq de Boisbaudran en 1886. Es un metal de color blanco plateado, maleable y dúctil, con brillo metálico, que cristaliza en el sistema hexagonal. Se halla en minerales como la monacita y bastnaesita en yacimientos de Brasil, Australia y República Sudafricana. Se usa en la industria nuclear, para reducir la velocidad en las reacciones en cadena, y en los tubos de televisores en color.

gaélico, ca *adj.* Se aplica a los dialectos de la lengua céltica hablados en Irlanda, Escocia y en la isla de Man. También *s. m.*

gafa *s. f.* **1.** Grapa metálica. ‖ *pl.* **2.** Par de lentes montadas en una armadura que se apoya en la nariz y se sujeta detrás de las orejas mediante patillas. Las gafas se utilizan para corregir defectos de la visión, como la miopía, la hipermetropía, el astigmatismo, etc. Cuando las gafas combinan lentes de dos tipos para corregir más de un defecto visual se llaman *bifocales*. También *s. f.* **3.** Ganchos empleados en la construcción para subir y bajar pesos.

gafar *v. tr. fam.* Dar mala suerte.

gafe *adj. fam.* Se dice de la persona que supuestamente trae mala suerte. También *s.*

gag (voz ingl.) *s. m.* Situación o golpe cómico.

gagá *adj. fam.* Se dice de la persona muy achacosa o que chochea.

Yuri Alexeievich Gagarin.

Gagarin, Yuri Alexeievich (Smoliensk 1934 - Novosielovo, Vladimir 1968) Astronauta soviético. En 1961 realizó el primer vuelo espacial tripulado de la historia, a bordo de la cápsula espacial Vostok I, que describió una órbita de la Tierra en 108 minutos. Murió en accidente de aviación.

Gaia, hipótesis Teoría propuesta por los biólogos James Lovelock (británico) y Lynn Margulis (estadounidense). Sostiene que los seres vivos interaccionan con la atmósfera y regulan su composición química y el propio clima de la Tierra.

Gaiferos Personaje legendario, sobrino de Roldán y uno de los doce pares de Francia, héroe de varios romances caballerescos españoles. Uno de ellos, *Romance de don Gaiferos que trata de cómo sacó a su esposa que estaba en tierra de moros*, fue llevado al teatro, popularizado por Cervantes en el *Quijote* y sirvió de argumento al *Retablo de maese Pedro*, ópera de cámara de Falla.

Gainsborough, Thomas (Sudbury, Suffolk 1727 - Londres 1788) Pintor británico. Discípulo de Gravelot en Londres, allí conoció a Francis

Thomas Gainsborough: Mary White, lady Bate Dudley, *óleo de 1787 (colección particular).*

Hayman, que influyó en su formación. Su obra se compone fundamentalmente de paisajes y retratos. Fue un artista muy apreciado por las clases altas inglesas y un consumado paisajista en cuyo estilo son de admirar los efectos de la luz y el color. Entre sus cuadros sobresalen *El puente, Paisaje de Suffolk, El bosque de Cornard, El balneario* y los retratos de *Miss Elizabeth Singleton, Las hermanas Linley* y *El niño azul.*

gaita *s. f.* **1.** Instrumento musical de viento provisto de una bolsa de cuero, o fuelle, que se llena de aire, una boquilla y dos o más tubos, el puntero y los roncones; por la boquilla se sopla para llenar de aire el fuelle, el puntero produce la melodía y el roncón da una nota fija. Es muy popular en Escocia y en el N de España (Galicia y Asturias). **2.** Flauta parecida a la chirimía. **3.** *fam.* Cuello, pescuezo. **4.** *fam.* Cosa fastidiosa, desagradable o molesta. ‖ **LOC. templar gaitas** *fam.* Ceder ante alguien o tratarle con miramientos para que no se disguste o para contentarle.

Gaitán, Jorge Eliecer (Bogotá 1903 - íd. 1948) Jurista y político colombiano. Fue diputado, senador, alcalde de Bogotá y ministro de Educación (1938-42) y de Trabajo (1942-46). Dirigente del ala izquierda del Partido Liberal, en 1946 organizó un movimiento político al margen de los partidos tradicionales, al frente del cual fue derrotado en las elecciones presidenciales por el conservador Ospina. Creció su popularidad y se convirtió en líder de la oposición. Su asesinato en Bogotá originó una auténtica revolución popular, que duró varios días y se conoce con el nombre de *bogotazo.*

gaitero, ra *s. m.* y *f.* Persona que toca la gaita.

Gajdusek, Daniel Carleton (Yonkers 1923) Médico y biofísico estadounidense. Director del laboratorio de estudios del sistema nervioso central en el Instituto Nacional de Sanidad, en Bethesda, Maryland, fue galardonado en 1976 con el premio Nobel de medicina y fisiología, compartido con Baruch Samuel Blumberg, por demostrar la naturaleza viral y no degenerativa de ciertas enfermedades neurológicas crónicas.

gaje *s. m.* **1.** Salario o complemento que se cobra aparte del sueldo. Se usa sobre todo en *pl.* ‖ **2. gajes del oficio** *fam.* Molestias o inconvenientes que lleva consigo un empleo, cargo u ocupación.

gajo *s. m.* **1.** Cada una de las partes en que se dividen interiormente algunos frutos, como la naranja, el limón, etc. **2.** Cada uno de los grupos de uvas que hay en un racimo. **3.** Racimo de cualquier fruta. **4.** Rama desprendida del árbol. **5.** *Arg., Chile, Par., Urug.* Esqueje.

gala *s. f.* **1.** Vestido o adorno elegante y lujoso. Se usa sobre todo en *pl.* **2.** Fiesta o ceremonia que por su carácter solemne requiere este tipo de vestuario. **3.** Ceremonia a la que se da un carácter excepcional. **4.** Cualquier actuación de un cantante, conjunto, actor, etc. **5.** Lo más escogido y exquisito de algo. ‖ **LOC. hacer gala de** alguna cosa Presumir de ella; también, mostrarla, lucirla. **tener a gala** Estar orgulloso o presumir de alguna cosa.

Gala, Antonio (Brazatortas, Ciudad Real 1930) Escritor español. En 1959 fue galardonado con el Adonais de poesía por su libro *Enemigo íntimo.* Autor dramático muy popular, con obras como *Anillos para una dama* (1973), *¿Por qué corres, Ulises?* (1976) y *Petra Regalada* (1980), ha cultivado también el periodismo, con series de artículos como *Charlas con Troylo* (1981) y *Dedicado a Tobías* (1988), y la novela, con *El manuscrito carmesí* (1990).

Gala Placidia (? h. 390 - Roma 450) Princesa romana. Hija del emperador Teodosio I, fue tomada como rehén por el visigodo Alarico en el saqueo de Roma (410). Contrajo matrimonio en Narbona con el rey Ataúlfo (414) y a la muerte de éste (415) fue devuelta a Roma, donde se casó en segundas nupcias con el emperador Constancio III. Influyó poderosamente en el gobierno de su hijo, el emperador Valentiniano III.

Galacia Región histórica de Asia Menor, poblada por los gálatas, pueblo de origen céltico que proporcionó eficaces tropas auxiliares a Roma. Fue incorporada al imperio romano en época de Augusto y evangelizada por San Pablo.

galáctico, ca *adj.* Perteneciente o relativo a la Vía Láctea o a otra galaxia.

galactita *s. f.* Arcilla que se deshace fácilmente en agua, a la que da un color blanquecino.

galactófago, ga *adj.* Que se alimenta de leche. También *s.*

galactóforo, ra *adj.* Se aplica a los conductos que llevan la leche desde las glándulas mamarias al pezón. ■ Se dice también *lactífero.*

galactómetro *s. m.* Instrumento para medir la densidad de la leche. ■ Se dice también *lactómetro.*

galactosa *s. f.* $C_6H_{12}O_6$. Azúcar del grupo de las aldohexosas, que forma parte del disacárido lactosa, presente normalmente en las reservas nutritivas animales y sobre todo en la leche. Es soluble en agua y en alcohol.

gálago *s. m.* Nombre común de diversos mamíferos primates de la familia lorísidos, género *Galago.* Son animales de pequeño tamaño, 20 cm de longitud aproximadamente, de miembros largos, cabeza redonda, grandes ojos, hocico puntiagudo, orejas erectas, pies prensiles y larga cola. Su piel es de color gris o rojizo. Son carnívoros, aunque también se alimentan de vegetales, tienen costumbres nocturnas y habitan en las regiones tropicales de África.

galaico, ca *adj.* **1.** Se dice de un pueblo de la España primitiva que habitaba en la actual Galicia y en el N del territorio portugués. **2.** De dicho pueblo. También *s.* **3.** P. ext., gallego.

Galaico, macizo Sistema montañoso español situado en el NO de la península Ibérica y que ocupa aproximadamente la región gallega. Es una continuación del zócalo de la meseta central fracturado durante la orogenia alpina. Está formado por bloques elevados, como la Cabeza de Manzaneda (1.778 m), que se alternan con fosas tectónicas como la de Tuy-Padrón y la del Miño, a su vez separadas por la Dorsal gallega, de escasa elevación, que marca el límite entre la Galicia costera y la interior.

galaicoportugués, sa *adj.* **1.** Se dice de la antigua lengua romance de la que derivan el gallego y el portugués. También *s. m.* **2.** Se aplica a una escuela lírica medieval, expresión literaria de esta lengua, que se desarrolló entre los s. XII-XIV y cuyas primeras composiciones aparecen agrupadas en cancioneros, como el de *Ajuda,* y en las *Cantigas de Santa María,* escritas por el rey Alfonso X el Sabió. Influida por la tradición occitana, desarrolló pronto unos rasgos propios, como demuestran las cantigas, con tres géneros fundamentales: la de amigo, expresada por boca de la amada, imitación culta de las jarchas; la de amor, y la de escarnio, de tono satírico. Posteriormente surgieron otros subgéneros, como las cantigas de romería, la pastorela, la bailada, etc. Entre los poetas galaicoportugueses destacan Alfonso X, Joan Airas Nunes, Martín Codax y Meendiño.

galán *s. m.* **1.** Hombre apuesto. **2.** Novio o pretendiente de una mujer. **3.** Actor teatral o cinematográfico que desempeña papeles de seductor, como fueron, p. ej., Rodolfo Valentino o Clark Gable. ‖ **4. galán de día** Planta arbustiva de la familia solanáceas, especie *Cestrum diurnum.* Presenta hojas gruesas, flores blancas y fruto en baya. Es nativo de América. **5. galán de noche** Planta arbustiva de la familia solanáceas, especie *Cestrum nocturnum.* Presenta un aspecto parecido al de la anterior, con flores blancuzcas muy olorosas por la noche. También, perchero con pie para colocar el traje.

Galán, Fermín (San Fernando, Cádiz 1899 - Huesca 1930) Militar español. En 1926 participó en la conspiración de la noche de San Juan contra Primo de Rivera. Encarcelado, fue amnistiado en 1930. Este mismo año lideró, en unión del capitán García Hernández, la sublevación republicana de Jaca. Fracasada la intentona, fue fusilado.

galanía *s. f.* Galanura*.

galano, na *adj.* **1.** De figura y aspecto hermoso y agradable. **2.** Muy bien arreglado y aseado. **3.** Aplicado a la manera de hablar o escribir y a lo que se dice o escribe, elegante, ingenioso.

galante *adj.* **1.** Muy educado y atento, especialmente con las mujeres. **2.** Se dice del relato de asunto amoroso algo picante. **3.** Se aplica al estilo musical desarrollado durante la segunda mitad del s. XVIII, de carácter ligero y profano. Se caracteriza por la elegancia de su forma y una gran variedad temática y corresponde al estilo rococó en las artes plásticas. **FAM.** Galantemente.

galantear *v. tr.* **1.** Decir galanterías a las mujeres. **2.** Intentar enamorar o atraer a una mujer. **FAM.** Galanteador, galanteo.

galantería *s. f.* **1.** Cualidad de galante. **2.** Acción o expresión propia de la persona galante.

galantina *s. f.* Carne rellena, cocida con gelatina, que se come en fiambre.

galanura *s. f.* Cualidad de galano. ■ Se dice también *galanía.*

Galápago leproso (Clemmys leprosa).

galápago *s. m.* **1.** Nombre común de diversas especies de reptiles quelonios de la familia emídidos, géneros *Emys, Clemmys,* etc. Suelen tener el caparazón bastante plano, largas extremidades y dedos unidos por una membrana. Viven en las aguas dulces de todo el mundo. La especie más conocida es el galápago eurcpeo *(Emys orbicularis),* que puede alcanzar 35 cm de longitud y tiene la concha un poco convexa y no completamente rígida, los pies con uñas y dedos unidos por una membrana interdigital y la cola larga. Es común en marismas y pantanos del S de Europa y Asia occidental. **2.** Silla de montar ligera. **3.** Palo en que encaja la reja del arado. **4.** Molde para hacer tejas. **5.** En carpintería, aparato con que se sujeta la pieza que se está trabajando. **6.** Polea achatada por un lado para que pueda sujetarse a un madero. **7.** Cimbra pequeña. **8.** En terrenos poco macizos, sostén subterráneo con que se afianzan los cimientos de una construcción. **9.** Lingote de plomo, estaño o cobre tal como sale del molde. **10.** Antigua máquina de guerra con que se cubrían los soldados para acercarse a las murallas de las fortificaciones enemigas. **11.** Defensa que formaban los soldados, uniendo los escudos sobre sus cabezas.

Galápagos 1. Archipiélago en el océano Pacífico, situado en la línea del ecuador, al O de América del Sur, formado por 13 islas y 17 islotes y perteneciente a Ecuador. Presentan un relieve típicamente volcánico, con unos 2.000 cráteres. El clima es de tipo subecuatorial. Su fauna tiene un gran interés ecológico, por lo que las islas han sido declaradas parque nacional. Se denomina también archipiélago de *Colón.*
2. Prov. de Ecuador, que comprende este archipiélago. 7.994 km^2. 9.250 h. en 1989. Sus princi-

pales recursos son la pesca de la tortuga marina, ballena, bacalao y atún, y la agricultura de caña de azúcar, algodón y café. La capital es Puerto Baquerizo Moreno, con 1.700 h. en 1982.

galardón *s. m.* Premio o recompensa por méritos o servicios.

galardonar *v. tr.* Premiar o recompensar los méritos o servicios de alguien o algo.

gálata *adj.* **1.** Se dice de cierto pueblo que habitaba Galacia, antigua región de Asia Menor. **2.** De este pueblo y esta región. También *s.*

Galatea Divinidad marina de la mitología griega. Hija de Nereo y Doris, fue pretendida por el cíclope Polifemo, pero ella prefirió al pastor Acis. Despechado, Polifemo aplastó a Acis con una enorme roca. Galatea convirtió en río el cuerpo de su amado.

Galati C. de Rumania, situada en el E del país, cerca de la frontera con Ucrania. 295.400 h. en 1987. Importante puerto fluvial sobre el Danubio, es además centro ferroviario con industrias navales, siderúrgicas y alimentarias.

galaxia *s. f.* Agrupación de estrellas concentrada en una determinada región del espacio por efecto de la atracción gravitatoria. Una galaxia puede contener más de un centenar de miles de millones de estrellas, y hasta el presente han sido descubiertas más de 70 millones de estas agrupaciones, número que aumenta a medida que se perfeccionan los sistemas de detección y observación astronómica. Entre estrella y estrella existe una materia galáctica, compuesta de hidrógeno, helio, grupos OH y moléculas de agua. Las galaxias adoptan formas elípticas, espirales o irregulares; también existen galaxias múltiples, formadas por dos o más galaxias unidas por puentes de materia poco brillante. El Sistema Solar, donde se halla la Tierra, pertenece a la galaxia llamada *Vía Láctea.*

galayo *s. m.* Saliente rocoso de un monte. Se usa más en *pl.*

Galba, Marí Joan de (? - ? 1490) Escritor valenciano. Se le atribuyen los últimos episodios de la novela caballeresca *Tirant lo Blanch,* que su autor, Joanot Martorell, dejó sin terminar.

Galba, Servio Sulpicio (Terracina h. 5 a. C. - Roma 69 d. C.) Emperador romano. Procónsul en África y gobernador de la provincia Tarraconense, fue proclamado emperador por sus tropas en el año 68, último del imperio de Nerón. Cuando éste se quitó la vida, los pretorianos reconocieron a Galba. Pocos meses después, a causa de sus decisiones poco afortunadas, las legiones de Germania proclamaron emperador a Vitelio y Galba fue asesinado por los pretorianos.

galbana *s. f. fam.* Desgana, pereza.

gálbano *s. m.* **1.** Nombre de dos plantas arbustivas de la familia umbelíferas, especies *Ferula galbaniflua* y *Ferula rubricaulis,* nativas de Siria. Producen una gomorresina aromática que se usa en medicina como expectorante. **2.** Gomorresina producida por estas plantas.

Galbraith, John Kenneth (Toronto, Canadá 1908) Economista estadounidense de origen canadiense. Profesor de las universidades de California, Princeton y Harvard y embajador en la India (1961-63), fue consejero económico del presidente Kennedy. Liberal en política y partidario de la protección de las pequeñas empresas y de los sectores sociales de rentas más bajas, ha escrito, entre otros libros, *Capitalismo americano* (1952), *La sociedad opulenta* (1957), *Dinero* (1975), *Naturaleza de la masa pobre* (1979) y *La anatomía del poder* (1983).

gálbula *s. f.* Fructificación en forma de cono, indehiscente, carnoso y de base redondeada, que producen los enebros y sabinas. ▪ Se dice también *gálbulo.*

gálbulo *s. m.* Gálbula*.

Galdácano (*Galdakao*) C. de España, en la prov. de Vizcaya, junto al río Ibaizábal. 28.300 h. en 1990. Pertenece a la región industrial que se extiende alrededor de Bilbao y posee industrias de explosivos, textiles, plásticas y de maquinaria agrícola y pesada.

Galdar C. de España, en la prov. de Las Palmas, situada en la isla de Gran Canaria. 21.200 h. en 1990. Cuenta con agricultura (plátanos, tomates, cebollas), ganadería vacuna y caprina y pesca. Fue antigua corte de los guanches y conserva restos de culturas prehispánicas.

Galdós, Benito Pérez Véase **Pérez Galdós, Benito.**

galdosiano, na *adj.* Propio o característico del escritor Benito Pérez Galdós.

gálea *s. f.* Casco que usaban los soldados romanos.

Galeana, Hermenegildo (Tecpan 1772 - El Salitral, Coyuca 1814) Patriota mexicano. Fue uno de los principales colaboradores de Morelos, a quien se unió en 1810. Se distinguió en distintas batallas por la emancipación mexicana, como Los Coyotes, Chilpancingo, Chilapa, Cuernavaca, Acapulco y Oaxaca. Murió en combate.

Galeano, Eduardo (Montevideo 1940) Escritor uruguayo. Autor de ensayos históricos y novelas, ha cultivado también el género periodístico. Entre sus obras principales se pueden citar *Las venas abiertas de América Latina* (1972), *Vagamundo* (1973), *La canción de nosotros* (1975), *Días y noches de amor y de guerra* (1978) y *Memoria del fuego* (1982).

galeato *adj.* Se dice del prólogo en que se defiende de objeciones o ataques a una obra.

galeaza *s. f.* Embarcación de gran tamaño dotada de vela y remos, cuya artillería era más potente que la de la galera. Fue empleada desde el s. XVI al XVIII.

galena *s. f.* **1.** PbS. Mineral de sulfuro de plomo. Cristaliza en el sistema cúbico y tiene color gris y brillo metálico. Es la principal mena de plomo y comúnmente contiene plata. Abunda en la naturaleza, en la que aparece formando filones, muchas veces asociada a otros sulfuros. Sus principales yacimientos se encuentran en EE UU, Australia, México, Peru y, en España, en Sierra Morena. **2.** Receptor de radio que utiliza un cristal de galena como semiconductor para la captación de las señales radioeléctricas.

Galena.

galeno *s. m.* Médico, por alusión al griego Galeno.

galeno, na *adj.* Entre marineros, se aplica al viento o brisa suave y apacible.

Galeno, Claudio (Pérgamo h. 129 - Roma h. 200) Médico griego. Estudió matemáticas, filosofía y medicina en su ciudad natal, Esmirna, Corinto y Alejandría. Ejerció su profesión en Pérgamo y en Roma, donde fue médico del emperador Marco Aurelio. Sistematizó los conocimientos médicos de la época y creó la fisiología experimental. Autor de numerosos descubrimientos anatómicos, sus obras fueron traducidas al árabe y posteriormente al latín e influyeron extraordinariamente en la medicina europea hasta el Renacimiento.

galeón *s. m.* Buque grande de vela, parecido a la galera, de guerra o mercante. Se usó desde el s. XV al XVII para el comercio de España con América.

galeota *s. f.* Galera pequeña, que tenía de 16 a 20 remos por banda, manejados cada uno por un solo hombre.

galeote *s. m.* Persona condenada a remar en las galeras.

galera *s. f.* **1.** Embarcación grande de vela y remo. Fue muy usada desde el s. IX hasta mediados del s. XVIII, principalmente en el Mediterráneo, a causa de su rapidez y maniobrabilidad. **2.** Carro de cuatro ruedas, generalmente cubierto con un toldo, usado para el transporte de personas. **3.** En imprenta, utensilio de cinc o madera sobre el cual el cajista va colocando las líneas de letras para formar la galerada. **4.** Nombre común de diversos crustáceos malacostráceos de la familia esquílidos, género *Squilla.* La galera común *(Squilla mantis)* mide hasta 20 cm de longitud, es de color claro, con dos puntos oscuros en el telson y tiene las patas anteriores prensiles. Habita en fondos rocosos y de gravas del mar Mediterráneo, entre 10 y 50 m de profundidad, y es apreciado como alimento. **5.** *Amér. C., Méx.* Cobertizo. **6.** *Arg., Chile, Urug.* Sombrero de copa. ‖ *pl.* **7.** Castigo que consistía en remar en las galeras reales.

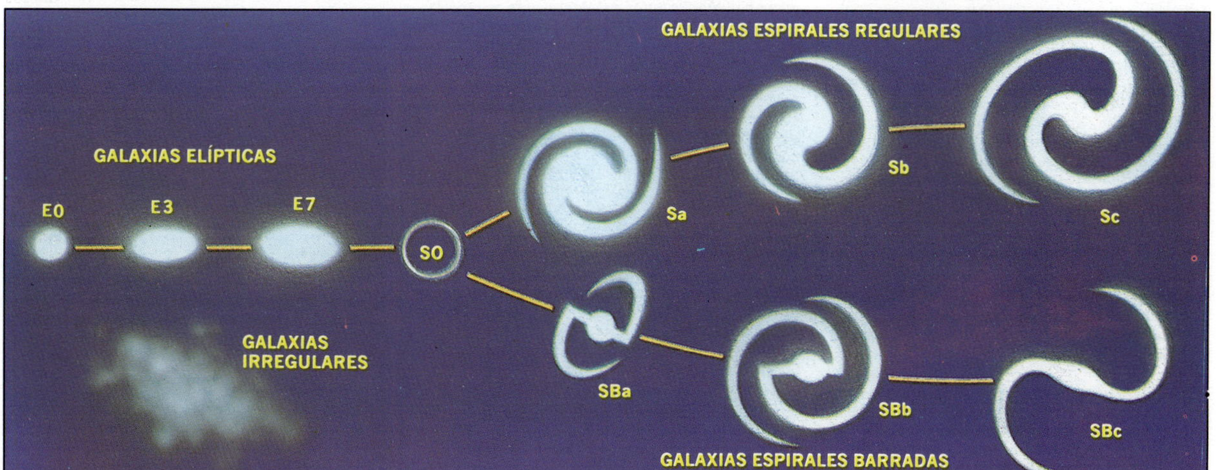

Clasificación de las galaxias según Hubble; aproximadamente el 75 % son espirales, el 21 % elípticas y el 4 % irregulares.

galerada *s. f.* **1.** En imprenta, fragmento de composición que cabe en una galera. **2.** Prueba sacada de esta composición para hacer sobre ella las correcciones oportunas.

galería *s. f.* **1.** Habitación larga y espaciosa, muy iluminada, generalmente sostenida por columnas o pilares. **2.** Pasillo abierto al exterior o con vidrieras que sirve para iluminar las habitaciones interiores. **3.** Sala o local donde se exponen obras de arte. **4.** Colección de obras artísticas. **5.** Conjunto de localidades situadas en el piso más alto de un teatro. **6.** Público que ocupa estas localidades. **7.** P. ext., público o gente corriente. **8.** Pasadizo subterráneo en minas, fortificaciones, etc. **9.** Bastidor de madera que sostiene las cortinas delante de ventanas y balcones. **10.** Crujía de un barco. ‖ *pl.* **11.** Conjunto de tiendas situadas en un pasaje interior, centro comercial. ‖ **12. galería cubierta** Construcción prehistórica hecha con dos filas de piedras cubiertas por otra horizontal a modo de techo, que se utilizaba para los enterramientos colectivos.

galerín *s. m.* En imprenta, plancha metálica o de madera con dos listones formando ángulo recto, donde el cajista va colocando las líneas que compone para llenar la galera.

Galerio Valerio Maximiano, Cayo (Sárdica ? - ? 311) Emperador romano (305-311). Yerno de Diocleciano, en la tetrarquía fue nombrado césar para Iliria, el Danubio y Acaya. Tras la dimisión de Diocleciano y de Maximiano, recibió el título de augusto, con poder sobre Italia y Oriente (305). Brazo ejecutor de la persecución contra los cristianos en tiempos de Diocleciano, poco antes de su muerte autorizó la religión cristiana.

galerna *s. f.* **1.** Viento fuerte y frío que sopla en la costa N española entre el O y NO. **2.** P. ext., cualquier viento fuerte.

galerón *s. m.* **1.** *Amér. del S.* Romance vulgar para ser recitado. **2.** *Amér. C.* Cobertizo. **3.** *Ven.* Melodía popular, al son de la cual se cantan coplas y se baila en los joropos.

Gales, País de (en ingl. *Wales*, en galés *Cymru*) País del Reino Unido, situado en el O de la isla de Gran Bretaña, entre los estuarios de los ríos Severn al S y Dee al N. 20.768 km². 2.857.000 h. en 1988. La capital es Cardiff, con 274.000 h. en 1983. Su relieve es montañoso, recorrido de N a S por los montes Cambrianos, entre los que destacan los macizos de Snowdon en el NE y de Brecon Beacons en el S. La península galesa está orientada al O, de cara a los vientos dominantes. Su clima es oceánico, fresco y húmedo. Gales ocupa la región más pobre y menos poblada del Reino Unido. Sus principales recursos económicos provienen de la ganadería vacuna y lanar, de las minas de hulla y hierro, de la industria metalúrgica y del refinado de petróleo.
Hist. El País de Gales, poblado por britones de raza celta desde el s. X a. C., fue conquistado por Roma entre los años 74 y 78 d. C. y parcialmente romanizado. Después de la caída del imperio romano permaneció independiente de las monarquías anglosajona y danesa, dividido en diversos reinos. Tras la creación del reino normando comenzó una creciente intervención de Inglaterra, cuyos señores de las Marcas intentaron sucesivas veces la conquista del territorio. En época de Juan sin Tierra, el País de Gales fue unificado en un solo reino por Llewelyn ap Iorwerth, cuyo nieto Llewelyn ap Gruffydd lo llevó al apogeo de su poder (1267). Eduardo I conquistó el país en 1282 y lo dotó de un estatuto. El pleno dominio inglés se obtuvo durante el reinado de Enrique VIII. El sentimiento nacionalista galés resurgió con fuerza a lo largo del s. XX, canalizándose a través del partido Plaid Cymru. En 1977 se votó en referéndum un estatuto de autonomía, que fue rechazado.

Gales, príncipe de Título del heredero de la corona británica. Fue creado en 1301 por Eduardo I Plantagenet para su hijo, el futuro Eduardo II.

galés, sa *adj.* **1.** De Gales. También *s.* ‖ *s. m.* **2.** Idioma céltico hablado en Gales. El galés es una supervivencia de la lengua celta que se hablaba en Gran Bretaña antes de la ocupación romana, que se resistió a las invasiones anglosajonas de los s. V y VI y que perduró incluso después de la pérdida de la independencia del país en el s. XIII. Actualmente es hablado por la cuarta parte de la población galesa.

galga[1] *s. f.* Instrumento para medir ángulos y longitudes.

galga[2] (del flamenco *galg*, viga) *s. f.* Palanca sujeta a la caja del carro que al oprimir la rueda sirve de freno.

galgo, ga *adj.* **1.** Se aplica a una raza de perros de figura estilizada y potente musculatura. Miden unos 60 cm de altura, pesan entre 30 y 32 kg y tienen la cabeza pequeña y el hocico alargado. Por su agilidad y velocidad son utilizados para la caza y en competiciones deportivas. También *s.* **2.** Goloso. ‖ **Loc. ¡échale un galgo!** *excl. fam.* Expresa la dificultad o imposibilidad de alcanzar a una persona o conseguir alguna cosa.

Galgo.

galguear *v. intr. Arg., Chile, Urug.* Pasar hambre o necesidades.

Galí, Francisco (Sevilla 1539 - México 1591) Navegante español. Por encargo de Pedro de Moya, virrey de México, mandó una expedición que llegó a Manila y Macao, descubrió algunas islas del archipiélago de Hawai y exploró las costas californianas y la bahía de la actual San Francisco.

Galí i Coll, Alexandre (Camprodón, Girona 1886 - Barcelona 1969) Pedagogo español. Abordó con acierto numerosos problemas de metodología educativa, formación de los maestros, técnicas calificadoras y, sobre todo, los derivados de la escolaridad bilingüe en Cataluña. Fue secretario del Consell de Cultura de la Generalitat.

Galia Región histórica que comprendía los territorios situados entre el Rhin, los Alpes, el Mediterráneo, los Pirineos y el Atlántico. Fue habitada en la prehistoria por celtas y ocupada por galos en el s. V a. C. César la conquistó para el imperio romano entre los años 58 y 51 a. C. Fue romanizada, urbanizada y dividida en las provincias de Germania inferior, Bélgica Lionense, Aquitania y Narbonense. A partir del s. III recibió una importante migración germana y en el 406 fue invadida por suevos, vándalos y alanos, a los que siguieron burgundios, francos y alamanes en el N y visigodos en el S. A fines del s. V fue unificada por el rey Clodoveo, que constituyó el reino franco merovingio.

Galiani, Ferdinando, llamado **el abate** (Chieti 1728 - Nápoles 1787) Religioso y economista italiano. Es autor del interesante tratado *De la moneda* (1750), en el que relacionó el valor de un bien con su rareza y con el trabajo necesario para producirlo. Secretario de la embajada de Nápoles en París (1759-69), se relacionó con los enciclopedistas y el propio Diderot se encargó de la edición de su obra *Diálogos sobre el comercio de granos* (1770), escrita en francés, en la que combatía a los fisiócratas y se oponía al libre comercio del trigo. Ingenioso y cáustico, son muy interesantes sus cartas, publicadas póstumamente.

Galib, Ullah Jan (Agra 1797 - Delhi 1869) Poeta indio. Está considerado como el más importante en lengua urdu. Aunque escribió obras sobre lexicografía y estilística y una serie de poemas en persa, su verdadero valor reside en su poesía en urdu. Su *Diwan* (1841, refundido en 1863) se caracteriza por su lirismo y por la complejidad de sus metáforas.

gálibo *s. m.* **1.** Arco metálico en forma de U invertida con que se comprueba si las dimensiones de un vehículo son aptas para pasar por un túnel, puente, arco, etc. ‖ **2. luces de gálibo** Las que llevan los vehículos de gran tamaño en la parte superior delantera y trasera para señalizar sus dimensiones.

galicanismo *s. m.* Doctrina defendida por parte del clero y la corona de Francia desde el s. XIII, que sostenía la independencia de la Iglesia nacional francesa frente al papado romano. El galicanismo, que aceptaba el poder espiritual del papa, pero no el temporal, trascendió los aspectos doctrinales y adquirió dimensión política, hasta convertirse en un arma utilizada en numerosas ocasiones por los monarcas franceses en sus relaciones con Roma y otros estados europeos. Durante el periodo napoleónico el galicanismo se convirtió en ley. En 1905 se estableció un concordato entre la Iglesia y el Estado por el cual se afirmaba la independencia del uno frente a otro, al tiempo que la Iglesia nacional francesa quedaba bajo la disciplina de Roma.

Galicia (*Galiza*) Comunidad autónoma de España, situada en el NO de la península Ibérica.

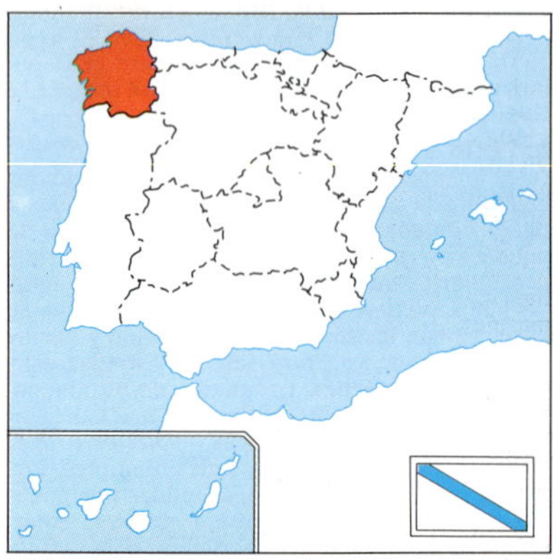

Extensión: 29.434 km².
Límites: al N, con el mar Cantábrico; al E, con las provincias de Asturias, León y Zamora; al S, con Portugal, y al O, con el océano Atlántico.
Población: 2.709.750 h. en 1991.
Densidad: 92,2 h./km².
Capital: Santiago de Compostela.
Provincias: La Coruña (*A Coruña*), Lugo, Orense (*Ourense*) y Pontevedra.

Geog. física En el relieve de Galicia se pueden distinguir cuatro elementos principales: montañas, llanos, depresiones y valles fluviales. Las montañas pertenecen al sistema del macizo Galaico y se dividen en sierras Septentrionales, sierras Centro-Occidentales y sierras Orientales, donde se halla la máxima altura de la comunidad, el pico de Peña Trevinca (2.095 m), en el límite con León. Las principales llanuras, con altitudes medias entre los 100 y los 600 m, están situadas en las comarcas coruñesas de Bergantiños, Ordes y Curtis y en las lucenses de Chantada y Terra Cha. Las depresiones pueden ser costeras, como las de Pontes y Meirama y, especialmente, la fosa Tuy-Padrón, e interiores, como las de Monforte de Lemos, Limia y el valle de Verín o Monterrey. Los valles fluviales son generalmente profundos y cerrados; merecen ci-

Galicia: El Grove, pueblo marisquero en la ría de Arosa (Pontevedra).

Galicia: parroquia de Portomouro, junto al río Tambre.

tarse los de los ríos Sil, Miño, Eume, Tambre y Ulla. En la costa cantábrica, baja y rectilínea, existen pequeñas rías como las de Ribadeo, Foz, Viveiro y Ortigueira. La costa atlántica, que se extiende desde el cabo Ortegal hasta la desembocadura del río Miño, alterna los acantilados y las zonas arenosas; en ella se encuentran, de N a S, las rías de Ferrol, Ares, Betanzos y Coruña, llamadas *Centrales*, y, a continuación, las de Camariñas, Corcubión, Muros, Noya, Arosa, Pontevedra y Vigo, llamadas *Bajas*. Los ríos son cortos y caudalosos; entre los que desembocan en el mar Cantábrico sobresalen el Eo, Navia, Ouro y Sor, mientras que entre los de la vertiente atlántica destacan el Miño, el más importante de la comunidad, su afluente el Sil, y los ríos Eume, Tambre y Ulla. El clima es oceánico, con temperaturas suaves y precipitaciones abundantes, aunque la mayor o menor proximidad al mar provoca ciertas diferencias comarcales. En el límite entre Lugo y Orense existe una zona con clima interior y en las sierras Orientales hay algunos puntos con clima de montaña. En la vegetación abundan los bosques de robles, hayas, castaños, pinos y eucaliptos y el monte bajo de helechos, tojo, brezo, jara, lavanda y tomillo. En la fauna destacan el zorro, lobo, corzo y liebre.

Geog. humana y ***económica*** La población, en buena parte rural, está desigualmente repartida y tiene un hábitat muy disperso. Las zonas más habitadas son las costeras y las situadas en torno a las grandes ciudades como Vigo, La Coruña y Santiago. El crecimiento demográfico a lo largo del s. XX ha sido lento debido sobre todo a la emigración a América, Europa centrooccidental y otras comunidades españolas (más de un millón de personas entre 1860 y 1960).

En la economía siguen desempeñando un papel predominante la agricultura, con cultivos de maíz, patatas, centeno, judías, frutales y vid, y la ganadería, en especial de vacuno y porcino. La pesca tiene gran importancia y ocupa a más de 50.000 personas, tanto en la de altura como en la de bajura y el marisqueo. Las principales especies capturadas son la merluza, el bacalao, el mero, el calamar y la sardina, además de numerosos tipos de marisco. El subsuelo encierra una gran variedad de minerales, pero en cantidades que no hacen rentable su explotación. Galicia produce abundante energía eléctrica gracias a las numerosas presas construidas en los ríos. En la industria destacan los sectores de la alimentación (conservas de pescado, productos lácteos y cárnicos, vino), la metalurgia (aluminio, construcción naval y automóviles), cerámica, vidrio y construcción, madera y muebles, química y confección.

Hist. Galicia fue poblada en la prehistoria por pueblos de origen celta, que desarrollaron la llamada *cultura de los castros*. Conquistada por Augusto para el imperio romano (29-19 a. C.) fue convertida posteriormente en la provincia Gallaecia, y dividida en los conventos Lucense (Lugo) y Bracarense (Braga). En el s. V fue ocupada por los suevos, pueblo germano que formó un reino hasta ser dominado por el rey visigodo Leovigildo (585). Invadida por los musulmanes a principios del s. VIII, fue reconquistada poco después por el rey de Asturias Alfonso I. El supuesto descubrimiento del enterramiento del apóstol Santiago en Compostela en época de Alfonso II, a principios del s. IX, hizo de la región un importantísimo centro de peregrinación a través del camino de Santiago. El condado de Galicia se convirtió en varias ocasiones y de forma efímera en reino independiente, en virtud del reparto de la herencia de reyes de Asturias, León y Castilla. En la Edad Media, Galicia estuvo dominada por nobles como el conde de Traba y el arzobispo Gelmírez, que en numerosas ocasiones desataron contiendas civiles. La opresión a que la nobleza sometió al pueblo provocó en la Baja Edad Media el estallido de revueltas como las de los irmandiños.

La sumisión de los nobles se logró en tiempos de los Reyes Católicos, a quienes se habían enfrentado durante la guerra de éstos con Juana la Beltraneja, lo que costó a Galicia perder su voto en las Cortes entre 1476 y 1621. Durante la Edad Moderna, su inclusión en las rutas comerciales atlánticas trajo consigo una gran prosperidad, que se prolongó hasta mediados del s. XVII. Pero las nuevas circunstancias de la política exterior española provocaron desde entonces la decadencia y el atraso de la región, agravados por un régimen de propiedad de la tierra que obligó a emigrar a numerosos gallegos, que buscaban en otras partes mejores condiciones de vida. Durante el s. XIX, Galicia se convirtió en importante núcleo del liberalismo y republicanismo, pero las áreas rurales siguieron bajo el control de los caciques. En 1929 se creó la ORGA (Organización Republicana Gallega Autónoma), que desempeñó un notable papel en la política de la Segunda República. El movimiento nacionalista, en el que destacó especialmente la personalidad de Castelao, consiguió en 1936 la aprobación de un estatuto de autonomía, pero el estallido de la guerra civil y la rápida ocupación de la región por las tropas de Franco impidieron su entrada en vigor. Tras la restauración democrática, comenzó en 1978 el proceso autonómico, que culminó en 1981 al ser aprobado el estatuto y constituirse la Junta de Galicia.

Lit. La literatura en lengua gallega se inició en el s. XII con la lírica galaicoportuguesa, uno de los mejores ejemplos de la literatura medieval española. Sin embargo, factores políticos, sociales y económicos interrumpieron esa tradición y desde el comienzo de la Edad Moderna hasta el s. XIX las manifestaciones literarias en lengua gallega fueron mucho más escasas y esporádicas. La recuperación se inició ya en el Romanticismo con la publicación en 1818 del poema de Nicomedes Pastor Díaz *A alborada*. A mediados de siglo, una nueva generación de escritores, entre los que sobresalen Curros Enríquez y Rosalía de Castro, confirmó el renacimiento de la literatura gallega, consolidado por la aparición de las primeras gramáticas y diccionarios y por la creación en 1905 de la Real Academia Gallega. En las primeras décadas del s. XX se dieron a conocer autores como Vicente Risco, Ramón Otero Pedraio y Alfonso Rodríguez Castelao, y proyectos culturales tan interesantes como la revista *Nos* (1920-46), pero la guerra civil provocó un retroceso, paliado en parte por la producción de Álvaro Cunqueiro, Eduardo Blanco Amor, Anxel Fole y Rafael Dieste, todos ellos excelentes prosistas. En el campo de la poesía, cultivada también por Cunqueiro, sobresale especialmente Celso Emilio Ferreiro. Entre las últimas generaciones conviene mencionar a Xosé Luis Méndez Ferrín y a Manuel Rivas.

galicismo *s. m.* Palabra o giro propio del francés empleado en otra lengua.

gálico, ca *adj.* **1.** Perteneciente o relativo a la Galia. **2.** Antiguamente, venéreo, especialmente aplicado a la sífilis, por creerse que esta enfermedad provenía de Francia. ‖ **3. ácido gálico** $C_6H_2(OH)_3COOH$. Sustancia orgánica sólida e incolora, que cristaliza en largas agujas y cuya molécula está constituida por un anillo bencénico en el que tres hidrógenos de carbono consecutivos han sido reemplazados por sendos grupos -OH y otro, de un carbono alterno, por el grupo ácido -COOH. Es abundante en la corteza de muchos árboles; aparece en forma de éster en las agallas de los robles y en forma de glucósido en los taninos. Se emplea en la fabricación de tinta, colorantes y medicamentos.

Galieno, Publio Licinio Egnacio (? h. 218 - Milán 268) Emperador romano (253-268). Hijo de Valeriano, compartió con éste el poder hasta 260. Combatió sin éxito a Póstumo, que se había proclamado emperador de Occidente (258-268) y con la ayuda de Odonato venció a los persas. Reforzó la autoridad imperial y potenció el Ejército para su actuación rápida en las fronteras del imperio. Murió asesinado.

Galilea Región histórica de Palestina, situada en el N del actual estado de Israel, entre el lago Kinnereth y el mar Mediterráneo. Es una región en la que alternan las llanuras y los desiertos y que ha estado dedicada tradicionalmente a la agricultura y la pesca. Sus principales ciudades son Tiberíades, Cafarnaum y Nazaret.

Galilei, Vincenzo (Santa Maria a Monte, Florencia 1533 - Florencia 1591) Compositor italiano. Padre de Galileo, fue defensor del recitativo melódico (compuso uno sobre el lamento de Ugolino en la *Divina comedia*), y contribuyó a la aparición de la ópera. Fue uno de los músicos vinculados a la Camerata Florentina. En su obra destacan dos libros de madrigales (1574-87) y *Música en tabulatura para laúd* (1563).

galileo, a *adj.* De Galilea. También *s.*

Galileo, Galileo Galilei, llamado (Pisa 1564 - Arcetri 1642) Astrónomo y físico italiano. Se le considera el creador del método experimental en las ciencias, al combinar el razonamiento inductivo con la deducción matemática. Con su obra comienza la ciencia moderna. Descubrió el isocronismo del péndulo y lo aplicó a la medición del tiempo; formuló los principios de la dinámica y estableció la ley de la inercia; ideó la balanza hidrostática; inventó el telescopio y fue el primero en observar las manchas solares, el relieve lunar, las estrellas que forman la Vía Láctea, las fases de Venus y Mercurio y los satélites mayores de Júpiter. Defendió la teoría heliocéntrica del universo elaborada por Copérnico, aunque la condena de la Iglesia le obligó a abjurar públicamente de ella. De sus escritos destacan *Diálogo sobre el sistema de los mundos* (1632) y *Discursos y demostración matemática en torno a dos nuevas ciencias relacionadas con la mecánica* (1638).

Galileo. Cuadro de Justus Sustermans (Galería de los Uffizi, Florencia).

galimatías *s. m.* **1.** *fam.* Lenguaje oscuro y enrevesado. **2.** Cosa confusa o embrollada.

Galindo, Beatriz, llamada **la Latina** (Salamanca 1475 - íd. 1534) Profesora y humanista española. Camarera de Isabel la Católica, a la que además dio clases de latín, fue muy popular en su tiempo por su conocimiento de los clásicos y de las humanidades. Se le han atribuido unos *Comentarios a Aristóteles*.

Galindo, Blas (San Gabriel, Jalisco 1910) Compositor mexicano. Influido por Carlos Chávez y Aaron Copland, utiliza en su música temas del folclore mexicano. Fue director del conservatorio de México. Es autor, entre otras composiciones, de dos conciertos para piano y orquesta (1942 y 1961), *Homenaje a Cervantes* (1947), los ballets *El Zanate* (1947) y *La hija del Yori* (1952) y *Obertura mexicana* (1953).

galio *s. m.* Ga. Elemento químico perteneciente al grupo III A del sistema periódico, en el que forma parte de la familia de los térreos. Su número atómico es 31 y su masa atómica 69,7. Fue descubierto por el francés Lecoq de Boisbaudran en 1875 y su principal mena es la germanita. Es un metal trivalente, de color blancoazulado, que cristaliza en octaedros, estable en aire seco y atacable por el ácido clorhídrico y por los álcalis. Se usa para fabricar termómetros de alta graduación, como cambiador de calor, como cierre en los sistemas de vacío y para la fabricación de semiconductores.

Galitzia (en al. *Galizien*, en polaco *Galicja*) Región histórica que comprendía diversos distritos del SE de la actual Polonia y parte de Ucrania. Por su situación estratégica fue objeto de disputas y luchas entre Polonia y Rusia en el curso de la historia. En 1772 se convirtió en provincia del imperio austrohúngaro. Durante la Primera Guerra Mundial fue ocupada por Polonia. Tras la Segunda Guerra Mundial, Polonia perdió el sector oriental, que pasó a pertenecer a la URSS, quedando anexionado a la república de Ucrania.

Gall, Franz Joseph (Tiefenbrunn, Baden 1758 - Montrouge, París 1828) Médico neurólogo alemán. Estudió la fisiología del sistema nervioso y el cerebro y creó la técnica de la frenología, que estudia el carácter del hombre en función de la estructura externa de su cerebro. Fue autor de *Anatomía y fisiología del sistema nervioso en general y del cerebro en particular* (1810-20) y *De las funciones del cerebro y cada una de sus partes* (1822-25).

galladura *s. f.* Pequeño coágulo de sangre que se halla en la yema del huevo de gallina fecundado. ■ Se dice también *engalladura.*

gallardear *v. intr.* Mostrar gallardía, presumir. También *v. prnl.*

gallardete *s. m.* Bandera de forma triangular, especialmente la que se coloca en lo alto de los mástiles de una embarcación, como insignia, adorno o señal.

gallardía *s. f.* **1.** Cualidad de gallardo. **2.** Ánimo, valentía.

gallardo, da *adj.* **1.** Que tiene buena presencia y movimientos ágiles y elegantes. **2.** Valiente y noble. ‖ *s. f.* **3.** Danza cortesana de movimiento vivo que se cantaba o tocaba normalmente con laúd. Pasó de moda a fines del s. XVI. **FAM.** Gallardamente.

Gallardo, Bartolomé José (Campanario 1776 - Alcoy 1852) Erudito, bibliófilo y periodista español. Declarado liberal, publicó en Cádiz el *Diccionario crítico burlesco* (1811), de corte volteriano. En sus *Letras de cambio* (1834) destacó como polemista, escribiendo críticas cortas e intencionadas. En 1835 fundó la revista *El Criticón.* Su saber bibliográfico fue recogido en los cuatro volúmenes de *Ensayo de una biblioteca de libros raros y curiosos* (1869-89), donde se reseñan más de cuatro mil títulos.

gallareta *s. f.* Focha*.

gallear *v. intr.* **1.** Presumir, fanfarronear. **2.** Imponerse a los demás con ostentaciones de fuerza. ‖ *v. tr.* **3.** Cubrir el gallo a las gallinas.

gallegada *s. f.* Cierta danza gallega y música con que se acompaña.

gallego, ga *adj.* **1.** De Galicia. También *s.* **2.** *amer. desp.* Se aplica al inmigrante español. También *s.* ‖ *s. m.* **3.** Lengua románica hablada actualmente en Galicia, así como en algunas áreas occidentales de Asturias, León y Zamora. Es la lengua cuyos rasgos fonéticos están menos evolucionados con respecto a las otras lenguas románicas peninsulares. En la Edad Media, el gallego constituyó una unidad lingüística con lo que hoy es el portugués. Durante la Reconquista se propagó hacia el S y, ya a mediados del s. XIII, se había extendido por los dominios peninsulares que actualmente se reparten el gallego y el portugués. En 1139, con Alfonso I Henriques, Portugal se constituyó en reino independiente, pero la unidad lingüística con Galicia se mantuvo hasta el s. XV. En la actualidad es, junto con el castellano, idioma oficial en la comunidad autónoma de Galicia.

Gallego, Fernando (? h. 1440 - ? 1506) Pintor español. Influido por la escuela flamenca, sobre todo en la claridad de los fondos, el carácter escultórico de las formas y los complicados ropajes, desarrolló un estilo personal, caracterizado por la intensidad dramática de los personajes. Entre sus obras más señaladas hay que citar el *Retablo de San Ildefonso*, en la catedral de Zamora, el *Retablo de San Lorenzo*, en Toro, y *La Piedad*, *Cristo bendiciendo* y *Calvario*, en el Museo del Prado.

Gallego, Juan Nicasio (Zamora 1777 - Madrid 1853) Poeta español. Estudió en Salamanca, donde hizo amistad con Meléndez Valdés, y ordenado sacerdote, pasó a residir en Madrid. Liberal, combatió a los franceses en la guerra de la Independencia y tuvo que exiliarse durante los años de absolutismo de Fernando VII. Perteneciente a la escuela neoclásica salmantina, su obra puede considerarse como de transición al Romanticismo. Algunas de sus composiciones más notables son la oda *A la defensa de Buenos Aires* (1807), las elegías *Al Dos de Mayo* (1808), *A la muerte de la reina Isabel de Braganza* (1819) y *A la muerte de la duquesa de Frías* (1830) y el romance *El conde de Saldaña* (1826).

Gállego Río de España, afluente del Ebro, al que se une cerca de Zaragoza. 215 km de longitud. Nace en el Portalet (Huesca) y recorre las sierras interiores prepirenaicas. Su régimen es nivopluvial y alcanza su caudal máximo en primavera. Se aprovecha para energía eléctrica en su curso alto y para el riego en sus cursos medio y bajo.

gallegoportugués, sa *adj.* Galaicoportugués.

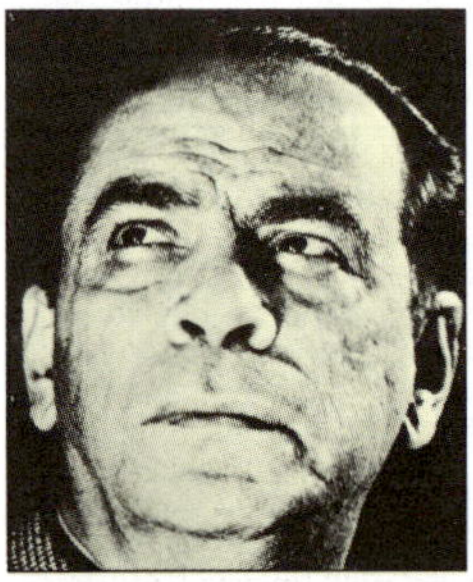

Rómulo Gallegos.

Gallegos, Rómulo (Caracas 1884 - íd. 1969) Escritor y político venezolano. Senador y ministro de Instrucción Pública, participó en la fundación del partido Acción Democrática (1941). Elegido presidente de la república (1947), fue derrocado a los pocos meses por Pérez Jiménez (1948). Su obra literaria refleja las condiciones étnicas, sociales y culturales de su país y el choque entre un mundo rural y primitivo y la civilización industrial. Su prosa, muy elaborada, posee un tono épico y lírico y numerosos elementos descriptivos. Entre sus mejores novelas se cuentan *Doña Bárbara* (1929), *Cantaclaro* (1934), *Canaima* (1935), *Pobre negro* (1937), *El forastero* (1942) y *Sobre la misma tierra* (1943).

galleguismo *s. m.* **1.** Palabra, expresión o giro propio de la lengua gallega. **2.** Doctrina o tendencia política que defiende la autonomía de Galicia y sus peculiaridades históricas y culturales. En un primer momento estuvo constituido por la juventud intelectual y dirigido por Antonio Faraldo. La creación en 1916 de las Irmandades de Fala, a las que pertenecían Castelao, Cabanillas y Viqueira, inició una nueva etapa en la evolución histórica del galleguismo. En 1929 se creó la ORGA (Organización Republicana Gallega Autónoma), que constituyó el principal promotor del estatuto gallego hasta el advenimiento de la guerra civil. Durante la dictadura del general Franco, el galleguismo fue perseguido, lo que no impidió que a mediados de los años sesenta se produjera un resurgimiento nacionalista, que dio lugar a distintas opciones políticas tras el establecimiento de la democracia. **FAM.** Galleguista.

galleo *s. m.* **1.** Acción y efecto de gallear. **2.** Quiebro que hace el torero con la capa ante el toro. **3.** Desigualdad en la superficie de un metal fundido producida al enfriarse éste rápidamente.

gallera *s. f.* **1.** Gallinero donde se crían gallos de pelea y jaula en que se transportan. **2.** Lugar donde se celebran las peleas de gallos.

gallero, ra *s. m.* y *f.* Criador de gallos de pelea.

galleta *s. f.* **1.** Dulce seco y crujiente, elaborado con harina, azúcar, leche y otros ingredientes, cocido al horno y de forma aplastada. **2.** Pan sin levadura que se lleva en los barcos por su buena conservación. **3.** *fam.* Bofetada o golpe fuerte. **4.** Placa o insignia que se lleva en gorras y uniformes. **5.** Carbón mineral en trozos cuyo tamaño varía entre 50 y 80 mm. **6.** *Arg.* Vasija hecha de calabaza en que se toma el mate.

galletero, ra *adj.* **1.** Perteneciente o relativo a la fabricación y comercio de galletas. ‖ *s. m.* **2.** Recipiente para guardar galletas.

galliformes *s. m. pl.* Orden de aves al que pertenecen numerosas especies comprendidas en las familias megapódidos, crácidos, tetraónidos, fasiánidos, numídidos, meleágridos y opistocómidos. Son aves de mediano y pequeño tamaño, pico corto ligeramente curvado y patas robustas, adaptadas para la carrera. Son mediocres voladoras y presentan un acusado dimorfismo sexual. Galliformes son la gallina, la perdiz, el pavo, la pintada, el urogallo, el faisán, etc. Algunas especies están domesticadas y constituyen aves de corral, utilizadas como alimento por su carne y sus huevos; otras son apreciadas piezas de caza. También *adj.* y *s. m.*

gallina *s. f.* **1.** Hembra del gallo. Se diferencia del macho por su menor tamaño, cresta más corta, cola sin timoneras y ausencia de espolones. Tiene plumas rígidas y alas cortas que hacen de ella una deficiente voladora. Es un ani-

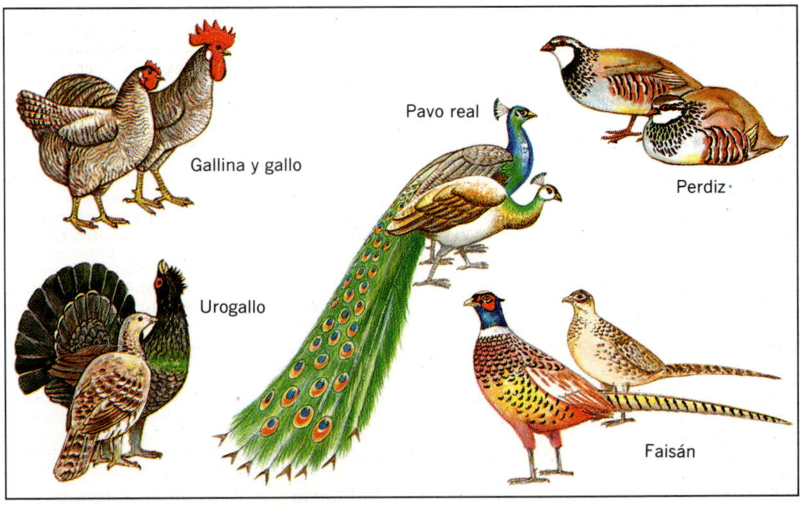

Galliformes: principales aves pertenecientes a este orden.

mal doméstico del que existen múltiples razas, criadas por el hombre para la obtención de carne y huevos (Sussex, Leghorn, Wyandotte, Leonada del Prat, Menorca, etc.). ‖ *s. m.* y *f.* **2.** Persona o animal cobarde. También *adj.* ‖ **3. carne** (o **piel**) **de gallina** Véase **carne**. **4. la gallina** (o **la gallinita**) **ciega** Juego en el que uno de los participantes, con los ojos vendados, debe atrapar a otro y adivinar quién es. **5. la gallina de los huevos de oro** Por referencia a una conocida fábula, fuente de riqueza. ‖ **Loc. acostarse con las gallinas** *fam.* Irse muy temprano a la cama. **como gallina en corral ajeno** *fam.* Muy avergonzado e incómodo por sentirse entre gente extraña.

gallináceo, a *adj.* **1.** Perteneciente o relativo a la gallina. ‖ *s. f. pl.* **2.** En ornitología, antigua familia de aves que corresponde al actual orden galliformes. También *adj.* y *s. f.*

Gallinas, Punta Extremo de la península de La Guajira, Colombia, punto más septentrional de América del Sur.

gallinazo, za *s. m.* y *f.* **1.** Ave falconiforme de la familia catártidos, especie *Cathartes aura.* Es una rapaz diurna que mide hasta 80 cm de longitud, presenta plumaje pardo y tiene la cabeza desnuda. Habita en América y se alimenta de carroña. ‖ *s. f.* **2.** Excremento de las gallinas.

Gallinazo (Cathartes aura).

gallinejas *s. f. pl.* Plato típico de Madrid que consiste en tripas fritas de gallina o cordero.

gallinero, ra *s. m.* y *f.* **1.** Persona que cría y vende gallinas. ‖ *s. m.* **2.** Lugar, cobertizo o nave donde se crían y guardan las aves de corral y conjunto de éstas. **3.** *fam.* Sitio donde hay mucho jaleo o griterío. **4.** *fam.* Paraíso, piso más alto de un teatro o cine donde se hallan las localidades más baratas.

gallineta *s. f.* **1.** Nombre común de diversas aves gruiformes de la familia rállidos, géneros *Pardirallus* y *Rallus.* Tienen alas cortas, patas largas y color gris, que puede estar rayado de negro. Habitan en lagunas y pantanos próximos a lugares de vegetación densa, siempre en zonas frías. **2.** Becada*. **3.** *amer.* Pintada común, ave.

gallipato *s. m.* Nombre común de diversos anfibios de la familia salamándridos, especie *Pleurodeles waltl.* Son salamandras que miden entre 15 y 30 cm de longitud. Tienen la cabeza ancha y plana, color de gris amarillento a oliváceo con manchas pardo oscuro y vientre amarillento, naranja, gris o blanquecino. Presentan en el dorso dos hileras de protuberancias verrugosas de color naranja. De costumbres acuáticas y nocturnas, habitan en la península Ibérica y el N de Marruecos.

Gallípolis Península de la Turquía europea, situada entre el estrecho de los Dardanelos y el golfo de Saros, y denominada hoy *Gelibolu.* Durante la Primera Guerra Mundial fue escenario del desembarco de una expedición francobritánica (1915).

gallito *s. m.* **1.** *dim.* de **gallo**. **2.** Individuo que en un lugar, grupo, etc., se impone al resto o sobresale entre todos. **3.** Matón, bravucón.

Gallito Véase **Joselito**.

gallo *s. m.* **1.** Ave galliforme de la familia fasiánidos y especie *Gallus gallus.* Tiene cresta alta, plumaje abundante y un espolón en el tarso. Presenta bajo el pico unas formaciones epiteliales llamadas *carúnculas.* Es un ave doméstica que se cría en todos los continentes; en Oceanía existen especies en estado salvaje. Tiene un acusado dimorfismo sexual. Se consumen su carne, sobre todo antes de la primera muda (pollo), y los huevos que pone la hembra (gallina). **2.** Nombre dado al macho de otras aves galliformes. **3.** Nombre dado a ciertos peces pleuronectiformes pertenecientes a distintas familias. La especie más común es el *Lepidorhombus whiffiagonis,* de la familia escoftálmidos, que mide unos 60 cm de longitud, tiene el cuerpo plano y asimétrico, con abertura bucal grande y oblicua y ojos en el flanco izquierdo; permanece gran parte de su vida recostado en el fondo marino sobre su lado derecho. Habita en los mares europeos y es muy apreciado por su carne. **4.** Nota aguda y desagradable que se da al cantar, hablar o levantar la voz. **5.** Gallito, persona que se impone a las demás. **6.** *fam.* Gargajo, escupitajo. **7.** En boxeo, categoría en la que se incluyen los púgiles cuyo peso está comprendido entre 52,163 y 53,524 kg (boxeo profesional) y entre 51 y 54 kg (boxeo aficionado); también, boxeador perteneciente a esta categoría. ‖ **8. gallo de pelea** El que se cría y entrena para las peleas; también, persona pendenciera. **9. gallo silvestre** Urogallo*. ‖ **Loc. en menos que canta un gallo** *adv. fam.* Con rapidez y facilidad. **otro gallo** (**me, te...**) **cantara** *fam.* Indica que, de hacerse o cumplirse cierta cosa, se habría obtenido un resultado más favorable.

Gallo, Rafael Gómez Ortega, llamado **el** (Madrid 1882 - Sevilla 1960) Torero español. Hermano de Joselito, tomó la alternativa en Sevilla (1902) y se mostró siempre como un diestro de acusada personalidad, capaz tanto de dar la espantada como de obtener el más clamoroso triunfo. Se retiró en 1936.

gallofa *s. f.* **1.** Comida que se daba como limosna a los peregrinos del camino de Santiago procedentes de Francia. **2.** *fam.* Comida mala, comistrajo. **3.** *fam.* Habladuría.

gallón *s. m.* Cada uno de los segmentos cóncavos o convexos en forma de gajo que se utilizan en decoración, por ejemplo en espacios abovedados. **Fam.** Gallonado.

Gallup, George (Jefferson, Iowa 1901 - Thun 1984) Técnico en estadística y periodista estadounidense. Ideó un método estadístico para sondear la opinión pública, y en 1935 fundó el Instituto Americano de la Opinión Pública, también conocido como *Instituto Gallup,* de fama internacional.

galo, la *adj.* **1.** De la Galia, referido especialmente a los pueblos celtas que habitaban esa región. También *s.* ■ A veces se utiliza como prefijo: *galorromano.* ‖ *s. m.* **2.** Antigua lengua céltica hablada en la Galia. No se conoce con exactitud, puesto que existen muy pocos testimonios escritos. El sustrato galo influyó en la constitución de algunas lenguas románicas como el francés.

Galois, Évariste (Bourg-la-Reine 1811 - París 1832) Matemático francés. A pesar de su temprana muerte en un duelo, se le considera como uno de los precursores del álgebra moderna, especialmente por su estudio del papel que desempeñan los grupos en la resolución de ecuaciones algebraicas. Sus teorías se hallan contenidas en *Carta a Auguste Chevalier.*

galón[1] (del fr. *galon,* del ant. fr. *galonner*) *s. m.* **1.** Cinta de tejido fuerte y resistente, a veces bordada con hilo dorado o plateado, que adorna vestidos y otros objetos. **2.** Cinta semejante usada en los uniformes militares para indicar grados o clases.

galón[2] (del ingl. *gallon*) *s. m.* Medida de capacidad para líquidos. El galón inglés equivale a 4,546 l y el estadounidense a 3,785.

galoneadura *s. f.* Adorno hecho con galones.

galop o **galopa** *s. m.* o *s. f.* **1.** Danza de origen húngaro o bávaro, de ritmo vivo, popular en Europa durante el s. XIX. **2.** Música de esta danza.

galopada *s. f.* Carrera a galope.

galopante *adj.* **1.** Que galopa. **2.** Se aplica a las enfermedades muy graves y repentinas. **3.** De crecimiento o desarrollo muy rápido.

galopar *v. intr.* **1.** Correr el caballo a galope. **2.** Cabalgar al galope.

galope *s. m.* **1.** Marcha más rápida del caballo, que durante un momento tiene las cuatro patas en el aire. ‖ **2. galope tendido** Ritmo máximo del galope. ‖ **Loc. a** (o **al**) **galope** o **a galope tendido** *adv.* A todo correr, muy deprisa.

galopín *s. m.* **1.** Muchacho sucio y mal vestido. **2.** Pícaro, bribón; a veces se emplea cariñosamente referido a los niños. **3.** *fam.* Hombre astuto y taimado.

galorromano, na *adj.* De la provincia romana de la Galia. También *s.*

galpón *s. m.* **1.** Departamento que se destinaba a los esclavos en las haciendas de América. **2.** *amer.* Almacén, barracón.

Galsworthy, John (Coombe, Surrey 1867 - Londres 1933) Escritor británico. Sus novelas y obras teatrales retratan críticamente a la alta burguesía inglesa de principios de siglo. En su narrativa destacan *La saga de los Forsyte* (1906-21) y *Una comedia moderna* (1924-28), y en su teatro, *La caja de plata* (1906), *Justicia* (1910) y *Lealtad* (1922). Obtuvo el premio Nobel de literatura en 1932.

Galtieri, Leopoldo Fortunato (Caseros, Buenos Aires 1926) Militar argentino. Desempeñó un papel decisivo en el golpe de Estado de 1976. Nombrado presidente de la república en 1981, ordenó la invasión de las islas Malvinas, lo que provocó la guerra con el Reino Unido. La derrota militar le forzó a dimitir en 1982. En 1983, una vez establecido el régimen democrático, fue procesado y condenado a prisión.

Galton, Francis (Birmingham 1822 - Londres 1911) Antropólogo inglés. Primo de Charles Darwin, estudió medicina, pero su campo de investigación fue en principio la meteorología, en la que creó la técnica del mapa meteorológico e inventó el término *anticiclón.* Desde 1860, por emulación de su primo, abordó la investigación antropológica. Estudió la herencia genética, la influencia del medio en el desarrollo humano y del factor hereditario en la inteligencia. Demostró que las huellas digitales son distintas y permanentes en cada individuo, descubrimiento que dio un gran impulso a la investigación policial. Expuso sus teorías en *Genio hereditario* (1869), *Investigaciones en torno a las facultades humanas* (1883) y *Herencia natural* (1889).

galucha *s. f. amer.* Galope.

Galván, Manuel de Jesús (Santo Domingo 1834 - San Juan 1910) Escritor y político dominicano. Fue partidario de la reincorporación de Santo Domingo a España (1861-65). Cuando el país recobró la independencia, fue presidente del Congreso y ministro de Relaciones Exteriores. Escribió *Enriquillo* (1879-82), una de las novelas históricas indianistas más notables del periodo romántico.

Galvani, Luigi (Bolonia 1737 - íd. 1798) Médico y físico italiano. Profesor de anatomía de la universidad de Bolonia, descubrió los efectos de la corriente eléctrica aplicada a la masa muscular de los animales. Es autor de *De viribus electricitatis in motu musculari commentarius* (1791).

Luigi Galvani provocando la contracción muscular de una rana con un arco metálico.

galvánico, ca *adj.* **1.** Perteneciente o relativo al galvanismo. ‖ **2. corriente galvánica** Corriente eléctrica generada por el contacto de dos metales de distinto potencial, como el cobre y el cinc, sumergidos en un líquido, al producirse la oxidación de uno y la reducción de otro.

galvanismo *s. m.* **1.** Propiedad de la corriente eléctrica de excitar o provocar contracciones en los nervios y músculos de animales vivos o muertos. **2.** Corriente galvánica*.

galvanizar *v. tr.* **1.** Cubrir un metal con una capa de otro, y especialmente dar un baño de cinc para evitar que se oxide. **2.** Aplicar corrientes eléctricas con fines curativos o de diagnóstico. **3.** Comunicar nuevos bríos o energías a una persona, comunidad, etc. ■ Se conjuga como *cazar.*

galvano *s. m.* Cliché en relieve conseguido por galvanoplastia. ■ Se dice también *galvanotipo.*

galvanómetro *s. m.* Instrumento para detectar o medir corrientes eléctricas. Consta generalmente de un imán y de una bobina conductora unida a una aguja que reacciona al paso de la corriente por la bobina e indica su intensidad. El galvanómetro es realmente un amperímetro de gran sensibilidad.

galvanoplastia o **galvanoplástica** *s. f.* Técnica que consiste en cubrir de metal mediante electrólisis una superficie u objeto. La pieza que se quiere cubrir es el cátodo, mientras que el ánodo es el metal con que aquélla se va a recubrir. Se utiliza mucho para obtener moldes en la fabricación de discos y clichés tipográficos. **FAM.** Galvanoplástico.

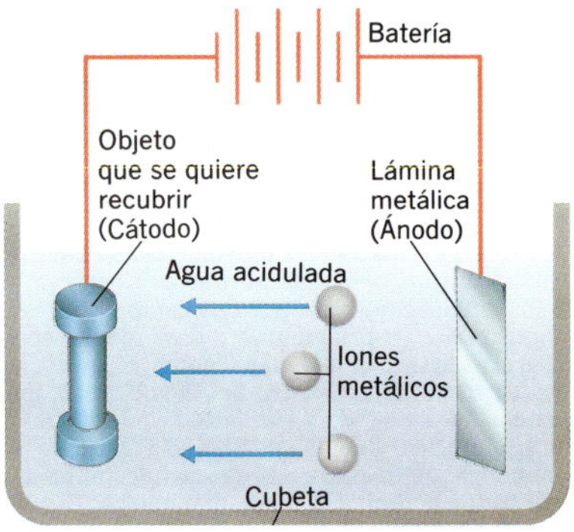

Galvanoplastia: esquema en que se muestra cómo de la lámina de metal (ánodo) se desprenden iones metálicos que se desplazan hacia el objeto que se desea recubrir (cátodo).

galvanostegia *s. f.* Tipo de galvanoplastia en que la superficie o el objeto que se quiere cubrir con una película de metal es también metálico. Se utiliza especialmente para chapar relojes, medallas, vajillas, etc., con metales más nobles, como plata u oro.

galvanotecnia *s. f.* Conjunto de técnicas y aplicaciones de las corrientes galvánicas. Comprende la galvanoplastia y la galvanostegia.

galvanotipia *s. f.* Procedimiento galvanoplástico aplicado a la imprenta para la obtención de clichés tipográficos, como los empleados en las rotativas.

galvanotipo *s. m.* Galvano empleado para la impresión tipográfica.

Galve, Gaspar de la Cerda Sandoval, conde de (? 1653 - El Puerto de Santa María, Cádiz 1697) Administrador colonial español. Virrey de Nueva España (1688-96), combatió a los franceses en Luisiana y en La Española, sofocó la insurrección de los indios de Nuevo México (1692) y favoreció la labor misionera en Texas y California. En 1692 reprimió con dureza un motín popular motivado por la escasez y el hambre.

Gálvez, Bernardo de, conde de Gálvez (Macharavialla, Málaga 1746 - Tacubaya, México 1786) Militar y administrador colonial español. Era hijo de Matías de Gálvez. Gobernador de Luisiana (1777), participó en la guerra de Independencia estadounidense. Recibió la capitanía general de Florida y Luisiana en 1782 y el título de conde en 1783. En 1784 fue nombrado capitán general de Cuba y sucedió a su padre en el virreinato de Nueva España. Durante su mandato impulsó las obras públicas (reconstrucción del castillo de Chapultepec y calzada de México a Acapulco).

Gálvez, José de, marqués de la Sonora (Vélez-Málaga, Málaga 1729 - Madrid 1787) Político español. Fue visitador general de Nueva España (1765-71), donde realizó una importante reforma administrativa. En 1775 fue nombrado secretario de Indias. Desde este puesto promovió los decretos sobre libertad de comercio con América (1778), creó las intendencias para limitar las atribuciones del virrey (1782) y, a instancias de Cabarrús, creó la Compañía Real de Filipinas.

Gálvez, Juan Manuel (Tegucigalpa 1887 - ? 1955) Político hondureño. Ministro de Gobernación y de la Guerra, fue elegido presidente como candidato del Partido Nacional (1949). Asistido por un equipo de técnicos, emprendió la transformación financiera y un importante plan de obras públicas. En 1954 se retiró de la política por motivos de salud.

Gálvez, Manuel (Paraná 1882 - Buenos Aires 1962) Escritor argentino. Publicó poesía romántica con elementos modernistas, como *El enigma interior* (1907) y *Sendero de humildad* (1909), y novelas de estilo realista, como *El mal metafísico* (1916) y *Nacha Regules* (1919).

Gálvez, Mariano (Guatemala 1794 - ? 1865) Político guatemalteco. Participó en la comisión que redactó el texto de la Constitución centroamericana y fue presidente del primer Congreso federal (1825) y del país (1831). Reelegido en 1836, fue derrocado en 1838 por un levantamiento dirigido por Rafael Carrera. De ideología liberal, sus planes renovadores chocaron con el clero y la aristocracia.

Gálvez, Matías de (Macharavialla, Málaga 1717 - México 1784) Administrador colonial español. Hermano de José de Gálvez, fue gobernador de Guatemala (1779-83) y combatió con fortuna a los ingleses en la guerra de Independencia estadounidense. Nombrado virrey de Nueva España (1783-84), impulsó el desarrollo de la Academia de San Carlos.

Gálvez Alfonso, José María (Matanzas 1834 - La Habana 1906) Político cubano. Colaboró con la junta revolucionaria de Nueva York, durante la guerra de los Diez Años (1868-78). Después de la paz de Zanjón (1878), fundó el Partido Liberal Autonomista (1881). Al conceder España la autonomía a Cuba, presidió el gobierno hasta su disolución por los insurrectos y las tropas estadounidenses (1898-99).

gama *s. f.* **1.** Sucesión gradual de cosas, especialmente de colores. **2.** P. ext., conjunto de cosas variadas, dentro de una misma categoría. **3.** Escala musical.

Gama, Vasco da (Sines h. 1469 - Cochin, India 1524) Navegante portugués. Dirigió la expedición organizada por el rey Manuel el Afortunado que trazó la ruta de las Indias Orientales rodeando África. Partió en 1497, dobló el cabo de las Tormentas (Buena Esperanza) y fundó factorías en Mozambique y Mombasa. A su regreso fue nombrado almirante de las Indias y posteriormente virrey. Dirigió dos nuevas expediciones en 1502 y 1524; murió en el curso de la última.

Vasco da Gama. Retrato que ilustra el Tratado de los virreyes de Indias, *de 1635 (Biblioteca Nacional, París).*

gamada *adj.* Se dice de la cruz griega que tiene los cuatro brazos acodados.

Gamarra, Agustín (Cuzco 1785 - Ingavi 1841) Político peruano. Participó en la guerra de la independencia, primero en el Ejército español y desde 1821 en las filas independentistas. Fue jefe del Estado Mayor en la batalla de Ayacucho (1824). Combatió contra Bolivia y Colombia. Fue presidente del Perú entre 1829 y 1833, y nuevamente desde 1839 hasta su muerte en la batalla de Ingavi.

gamba[1] (del ital. *gamba*, y éste del lat. vulg. *camba*) *s. f. fam.* Pierna. ‖ **Loc. meter la gamba** *fam.* Meter la pata.

gamba[2] (del cat. *gamba*, y éste del lat. *cammarus*) *s. f.* Nombre común de diversos crustáceos decápodos de la familia peneidos, géneros *Parapenaeus, Aristeomorpha*, etc. Tienen el cuerpo alargado, cubierto por un caparazón y rematado en una cola llamada *telson.* La gamba blanca *(Parapenaeus longirostris)* mide de 10 a 13 cm de longitud, tiene el rostro frontal largo y puntiagudo y habita en el Atlántico y el Mediterráneo. La gamba roja *(Aristeomorpha foliacea)* mide unos 20 cm de longitud y tiene el rostro aserrado. Es una especie propia del Mediterráneo que habita entre los 250 y 300 m de profundidad. Son comestibles y muy apreciadas en gastronomía.

gamberrada *s. f.* Acción propia del gamberro.

gamberrear *v. intr.* Hacer gamberradas.

gamberrismo *s. m.* Conducta o actividad de los gamberros.

gamberro, rra *adj.* Se dice de la persona que por diversión alborota y provoca escándalos, destrozos o molestias. También *s.*

gambeta *s. f.* **1.** En la danza, movimiento que se hace entrecruzando rápidamente las piernas en el aire. **2.** Movimiento que hace el caballo alzando las manos y caminando sobre las patas traseras. **3.** *amer.* En fútbol, regate. **FAM.** Gambetear, gambeteo.

Gambetta, Léon (Cahors 1838 - Sèvres 1882) Político francés. Republicano, se opuso a Napoleón III y formuló en 1869 el programa radical de Belleville, en el que se pedían una serie de libertades y reivindicaciones. Participó en la proclamación de la Tercera República (1870). Ministro del Interior y de la Guerra, organizó la resistencia contra los prusianos y se enfrentó a Thiers, partidario de la paz. Fundó el periódico *La République Française.* Con el paso del tiempo evolucionó hacia posturas más moderadas. Al dimitir Mac-Mahon, fue elegido presidente de la cámara de diputados (1879) y primer ministro (1881-82).

Gambia Río de África occidental. 1.015 km. Nace en Guinea, en el macizo Futa Yallon, penetra en Senegal y recorre Gambia de E a O para desembocar en el océano Atlántico formando un gran estuario.

Gambia, República de Estado de África occidental.

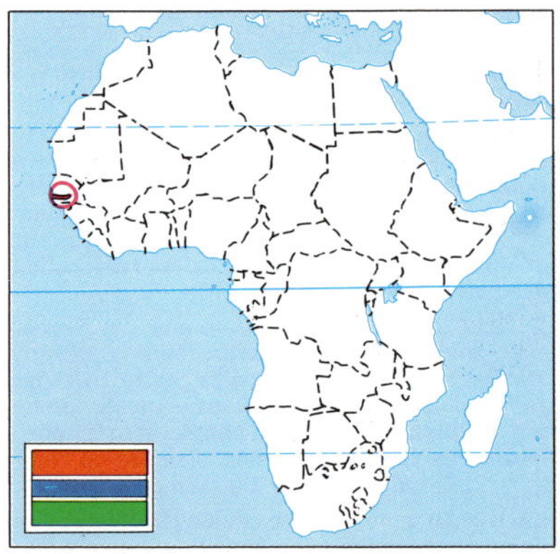

Extensión: 10.690 km^2.
Límites: al N, al E y al S, con Senegal, y al O, con el océano Atlántico.
Población: 860.000 h. en 1990.
Densidad: 80,4 h./km^2.
Capital: Banjul.
División administrativa: 6 divisiones.
Ciudades principales: Serekunda, Brikama, Bakau, Basse.
Gentilicio: gambiense o gambiano.
Forma de Estado: república presidencialista.
Idioma: inglés.
Religión: islamismo, 95,4 %; cristianismo, 3,7 %.
Moneda: dalasi.
Tasa de natalidad: 47 ‰ en 1990.
Tasa de mortalidad: 21 ‰ en 1990.
Renta per cápita: 230 dólares en 1989.

Geog. El territorio de Gambia es una estrecha franja de tierra enclavada en Senegal, que ocupa la cuenca del curso inferior del río Gambia. Éste forma desde Kerewan un gran estuario sobre el Atlántico. El país tiene un clima tropical húmedo y cálido, que se hace más seco en el interior. La población, fundamentalmente mandinga y wolof, habita con preferencia en la región costera. La economía, pobre y deficitaria, se basa en la agricultura, cultivándose cacahuetes (90 % de sus exportaciones), arroz, mandioca, mijo, sorgo y nuez de palma. Se practica la pesca fluvial en el río Gambia. Las principales industrias son la alimentaria, textil y alfarera. Cuenta con un turismo incipiente.

Hist. La región de la actual Gambia fue explorada por navegantes portugueses en el s. XV y colonizada en los s. XVI y XVII por los ingleses, que obtuvieron por el tratado de Versalles (1783) la confirmación de su dominio comercial, frente a los franceses, con quienes rivalizaban. Hasta el s. XIX fue un punto crucial en la trata de negros. En el periodo comprendido entre 1821 y 1843, estuvo integrada en Sierra Leona y posteriormente se hizo autónoma. En 1888 pasó a ser colonia inglesa y se fijaron definitivamente sus fronteras con Senegal. En 1894 obtuvo estatuto de protectorado y en 1963 estatuto de autonomía. En 1965 se convirtió en estado independiente en el seno de la Commonwealth. Desde las elecciones de 1970 se mantiene en el poder Kwesi Jawara, dirigente del Partido Popular Progresista, que ha sido reelegido por tres veces sucesivas y suscrito diversos acuerdos de integración con Senegal (Confederación Republicana de Senegambia en 1982), unificando fuerzas armadas e intereses económicos, pero conservando la plena soberanía.

Gambia: vista de la capital, Banjul.

gambito *s. m.* Jugada del ajedrez que consiste en sacrificar una pieza, generalmente un peón, para obtener una posición favorable.

Gamboa, Federico (Ciudad de México 1864 - íd. 1939) Diplomático y escritor mexicano. De estilo naturalista, influido por Zola y Galdós, es autor de novelas, entre las que destacan *Suprema ley* (1896), *Santa* (1903), *Reconquista* (1908) y *La llaga* (1910). También escribió teatro, como *La venganza de la gleba* (1905), y los libros de memorias *Impresiones y recuerdos* (1893) y *Mi diario* (1907-38).

Gamboa, José Joaquín (Ciudad de México 1878 - íd. 1931) Dramaturgo mexicano. Evolucionó del costumbrismo y la descripción realista hacia un teatro con elementos simbólicos. Algunas de sus obras más destacadas son *El hogar* (1905), *El día del juicio* (1908), *El diablo tiene frío* (1923), *Vía Crucis* (1925) y *Ella* (1930).

gamella[1] (del céltico *gamba, camba,* corva) *s. f.* Cada uno de los arcos del yugo que se apoyan sobre el cuello de las bestias.

gamella[2] (del lat. *camella*) *s. f.* Artesa, utilizada especialmente para dar de comer a los animales.

gameto *s. m.* Célula sexual haploide especializada en la reproducción. Se forma como resultado de un proceso denominado *gametogénesis,* que consiste en una serie de divisiones sucesivas de células diploides en las gónadas. En los animales, el gameto masculino se llama *espermatozoide* y el femenino, *óvulo*; de su unión, llamada *fecundación,* surge una nueva célula diploide, el cigoto, que por desarrollo embrionario producirá un nuevo individuo de la especie. En los vegetales superiores el gameto masculino se denomina *anterozoide* y el femenino *oosfera.*

gametocida *adj.* Se aplica a la sustancia que destruye gametos. También *s. m.*

gametocito *s. m.* Cada una de las células que en la gametogénesis dan lugar a los gametos. La masculina recibe el nombre de *espermatocito* y la femenina el de *ovocito.*

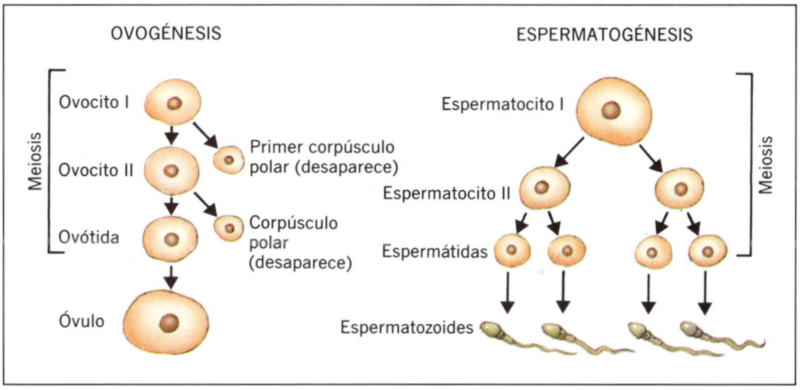

Gametogénesis. Esquema de la ovogénesis y de la espermatogénesis.

gametofito *s. m.* **1.** En las plantas que alternan la reproducción sexual y asexual, fase en la que se producen los gametos. **2.** Orgánulo de estas plantas en el que se verifica dicha fase de la reproducción.

gametogénesis *s. f.* Proceso de formación de los gametos a partir de células germinativas, mediante sucesivas divisiones que tienen lugar en las gónadas. La masculina se llama *espermatogénesis* y se produce en los testículos; la femenina, *ovogénesis* y se produce en los ovarios.

gamezno *s. m.* Cría del gamo.

-gamia *suf.* Significa 'unión': *monogamia, poligamia.*

Gamio, Manuel (Ciudad de México 1883 - íd. 1960) Antropólogo y arqueólogo mexicano. Director del Instituto Indigenista Interamericano (1943-60), descubrió en Teotihuacan el templo de Quetzalcóalt.

gamitar *v. intr.* Emitir su voz el gamo. **FAM.** Gamitido.

gamma *s. f.* **1.** Tercera letra del alfabeto griego, que corresponde al sonido suave de nuestra *g.* ■ La letra mayúscula se escribe Γ y la minúscula γ. **2.** Unidad internacional de medida de peso que equivale a la millonésima parte de un gramo. ‖ **3. rayos gamma** Radiaciones emitidas en la desintegración de los núcleos de ciertas sustancias radiactivas, como el radio. Son parecidos a los rayos X, pero tienen menor longitud de onda.

gammaglobulina *s. f.* Proteína de la sangre, a la que contribuye a dar su carácter viscoso. Presenta un peso molecular elevado y es portadora de anticuerpos, por lo que desempeña un papel fundamental en el sistema inmunológico.

gammagrafía *s. f.* En med., técnica exploratoria que consiste en inyectar endovenosamente al paciente una sustancia radiactiva y, mediante un contador de destellos, determinar su localización y distribución cuantitativa en los diferentes órganos.

Gamo (Dama dama).

gamo *s. m.* Nombre común de dos mamíferos artiodáctilos rumiantes de la familia cérvidos, género *Dama.* Suelen alcanzar alrededor de 1 m de altura, presentan pelaje pardo rojizo y el macho posee una cornamenta plana y ramificada. La especie *Dama dama* habita en la Europa mediterránea, mientras que *Dama mesopotamicus,* de mayor tamaño, lo hace en Asia Menor. Ha sido también introducido en otras zonas de Europa, América, Australia y Nueva Zelanda. Su carne es apreciada como alimento, pero se trata de un animal protegido.

gamo- o **-gamo, ma** *pref.* o *suf.* Significa 'unión': *gamopétalo, monógamo.*

gamón *s. m.* Nombre común de diversas especies de plantas herbáceas de la familia liliáceas, géneros *Asphodelus* y *Asphodeline.* El gamón común *(Asphodelus ramosus)* mide entre 50 y 100 cm de altura, tiene raíces tuberosas, hojas en forma de espada, flores blancas y fruto en cápsula. El gamón amarillo *(Asphodeline lutea)* mide hasta 1 m de altura, tiene las hojas estrechas y las flores en racimo de color amarillo. Crecen en todos los continentes.

gamonal *s. m.* **1.** Lugar donde abunda el gamón. **2.** *amer.* Cacique; también, persona rica.

gamopétalo, la *adj.* En bot., se aplica a la corola con los pétalos parcial o totalmente unidos y a las flores que así los tienen. También *s. f.*

gamosépalo, la *adj.* En bot., se aplica al cáliz que presenta los sépalos parcial o totalmente unidos y a las flores que así los tienen. También *s. f.*

Gamow, George Anthony (Odessa 1904 - Boulder, Colorado 1968) Físico estadounidense de origen ruso. Discípulo de Bohr y Rutherford, fue profesor en la universidad de Leningrado y en las estadounidenses de George Washington y de Colorado. Investigó sobre la estructura del átomo e ideó la llamada **barrera de Gamow**, que repele los electrones y sirve de defensa al núcleo. También estudió las reacciones nucleares en el seno de las estrellas. Es autor, entre otros libros, de *Estructura del núcleo atómico* (1931), *La energía atómica en el cosmos y la vida humana* (1946), *Creación del universo* (1952) y *Biografía de la física* (1961).

gamusino *s. m.* Animal imaginario con que se hacen bromas a los cazadores novatos.

Gamuza (Rupicapra rupicapra).

gamuza *s. f.* **1.** Mamífero rumiante de la familia bóvidos, especie *Rupicapra rupicapra.* Mide unos 130 cm de longitud y su cornamenta es lisa y recta, con curvatura en sus extremos; el pelaje es pardo rojizo en invierno y pardo negruzco en verano, y su cuerpo corto y con fuertes patas, adaptadas al salto. Habita en regiones montañosas del S de Europa. En España se le conoce también con el nombre de *rebeco, sarrio* e *isard.* **2.** Piel curtida de este animal, que resulta muy fina y flexible, y p. ext. la de otros animales de similares características. **3.** Tejido de lana, de algodón, etc., parecido por su aspecto y tacto a la piel de este animal. **4.** Paño de este tejido u otro semejante utilizado para la limpieza.

gana *s. f.* **1.** Deseo de hacer alguna cosa, de disfrutarla o de que ocurra. Se usa sobre todo en *pl.* **2.** Buena disposición, voluntad o agrado con que se hace algo. Se usa sobre todo en *pl.* **3.** Hambre, apetito. Se usa sobre todo en *pl.* ‖ **Loc. con ganas** *adv.* Con agrado o empeño; también se utiliza para intensificar un calificativo, generalmente de sentido negativo. **darle** a alguien **la** (**real**) **gana** de algo *fam.* Querer hacer aquello que se expresa. **de buena** (o **mala**) **gana** Con gusto o, por el contrario, a disgusto. **tenerle ganas** a alguien *fam.* Desear tener la oportunidad de hacerle daño. **venirle** a alguien **en gana** *fam.* Darle la gana.

ganadería *s. f.* **1.** Cría de ganado para su explotación y comercio. **2.** Determinada raza o clase de ganado. **3.** Conjunto de los ganados de un país, región o lugar. **4.** Conjunto de los toros bravos de un propietario.

Econ. La domesticación de animales por el hombre se remonta al último periodo interglaciar y se inicia con la domesticación del perro. La ganadería, en sentido estricto, surge con la domesticación de especies utilizadas para la alimentación por las civilizaciones nómadas esteparias o para tiro y transporte por las civilizaciones sedentarias y de ribera. Las principales modalidades de ganadería son: **estante** o **sedentaria**, sin traslado de los animales, que a su vez puede ser estabulada, si se los encierra en establos, semiestabulada o libre, y **trashumante** o **nómada**, con traslado de rebaños en busca de pastos. Asimismo se distingue entre **ganadería extensiva**, que aprovecha grandes espacios sin uso agrícola para la alimentación de los animales, y **ganadería intensiva**, que consiste en intensificar la producción forrajera con la finalidad de aumentar el número de cabezas de ganado que pueden ser alimentadas por cada unidad de superficie. La ganadería generalmente va asociada a la agricultura, de la que recibe cultivos forrajeros y a la que aporta abonos orgánicos y animales de tiro.

ganadero, ra *adj.* **1.** Perteneciente o relativo al ganado. ‖ *s. m.* y *f.* **2.** Propietario, criador o comerciante de ganado.

ganado, da **1.** *p. p.* de **ganar**. También *adj.* ‖ *s. m.* **2.** Conjunto de reses; en sentido más general, conjunto de animales domésticos de una especie determinada que se crían para su aprovechamiento. **3.** *fam. desp.* Conjunto de personas. ‖ **4. ganado bravo** El que no está domado o domesticado, y especialmente los toros de lidia. **5. ganado mayor** El de reses grandes, como vacas, caballos, etc. **6. ganado menor** El de reses pequeñas, como ovejas, cabras, etc.

ganador, ra *adj.* Que gana. También *s.*

ganancia *s. f.* **1.** Acción y efecto de ganar. **2.** Utilidad o beneficio, especialmente dinero, que se obtiene de alguna cosa. Se usa sobre todo en *pl.* **3.** En telecomunicación, aumento de la intensidad, tensión o potencia obtenido con un amplificador, transformador, etc. Generalmente se expresa en decibelios. ‖ **Loc. no arrendarle** a alguien **la ganancia** Advierte sobre las consecuencias negativas que pueden tener para una persona su comportamiento o sus actos.

ganancial *adj.* **1.** Perteneciente o relativo a la ganancia. ‖ **2. bienes gananciales** Véase **bien**.

ganancioso, sa *adj.* **1.** Que proporciona ganancias. **2.** Que sale beneficiado de un asunto, negocio, etc., o con respecto a otros. También *s.*

ganapán *s. m.* **1.** Persona que se gana la vida transportando cargas, llevando recados o con cualquier otra actividad menor. **2.** *fam.* Hombre rudo y torpe.

ganapierde *s. m.* Modo particular de jugar, en que el jugador que pierde todas las piezas o bazas se convierte en el ganador.

ganar *v. tr.* **1.** Conseguir un beneficio, especialmente dinero. **2.** Recibir un sueldo fijo por un trabajo. **3.** Conseguir aquello por lo que se disputa en una competición, oposición, batalla, etc. **4.** Conseguir alguna cosa con trabajo y esfuerzo o por merecerla. Se usa más como *v. prnl.* **5.** Obtener una persona, entidad, etc., una determinada opinión o consideración de alguien. También *v. prnl.* **6.** Superar a alguien en alguna cosa. **7.** Atraer a alguien hacia una determinada causa, partido, etc., o captar su simpatía, admiración o cariño. También *v. prnl.* **8.** Tomar, conquistar. **9.** Llegar al sitio que se pretende, generalmente con esfuerzo. **10.** Con sustantivos que indican tiempo o espacio, adelantar, avanzar. **11.** En artes gráficas, suprimir texto o reducir espacios en blanco. También *v. intr.* ‖ *v. intr.* **12.** Mejorar alguien de aspecto, situación, etc., con alguna cosa. **13.** *amer.* Tomar una determinada dirección. ‖ *v. prnl.* **14.** *Arg., Chile.* Esconderse, refugiarse.

Gance, Abel (París 1889 - íd. 1981) Director de cine francés. Formó parte del movimiento vanguardista francés posterior a la Primera Guerra Mundial. Puso en práctica nuevas técnicas que enriquecieron el naciente lenguaje cinematográfico, aunque su obra decayó notablemente con la llegada del cine sonoro. Entre sus películas destacan *Yo acuso* (1919), *La rueda* (1923), *Napoleón* (1926), *El fin del mundo* (1931), *Beethoven* (*Un grand amour de Beethoven*, 1936), *Austerlitz* (1960) y *Cyrano y D'Artagnan* (1963-64).

ganchete *s. m. dim.* de **gancho**. ‖ **Loc. a medio ganchete** *adv.* A medio hacer. **de ganchete** *adv. fam.* Del brazo. **de medio ganchete** *adv. fam.* Sin cuidado, de cualquier forma; también, sentado inseguramente, al borde del asiento.

ganchillo *s. m.* **1.** Aguja con un pequeño gancho en la punta que se emplea para hacer algunas labores de punto. **2.** Labor hecha con esta aguja. **3.** Acción de realizar estas labores.

gancho *s. m.* **1.** Instrumento curvo y generalmente puntiagudo, que sirve para sujetar, agarrar o colgar alguna cosa. **2.** Aguja de ganchillo. **3.** Especial atractivo que tiene alguien por su simpatía, belleza, cualidades, etc. **4.** *fam.* Compinche de un vendedor ambulante o de un estafador, que mezclándose entre el público anima a la gente a que compre sus productos o ayuda a que caiga en el engaño. **5.** En boxeo, golpe dado de abajo arriba con el brazo y antebrazo arqueados. **6.** En baloncesto, tiro a cesta que se efectúa arqueando el brazo sobre la cabeza. **7.** *amer.* Horquilla para el pelo. ‖ **Loc. echar el gancho** a alguien *fam.* Atraer o conquistar a una persona. **Fam.** Ganchoso.

ganchudo, da *adj.* En forma de gancho.

gándara *s. f.* Tierra baja sin cultivar y llena de maleza.

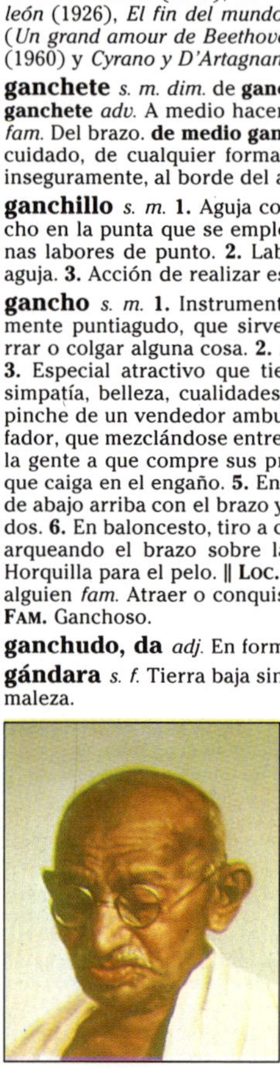

Gandhi.

Gandhi, Mohandas Karamchand, llamado **el Mahatma** (Porbandar 1869 - Nueva Delhi 1948) Dirigente político y religioso indio. Abogado de profesión, desarrolló sus primeras actividades públicas en Sudáfrica, donde se destacó en la defensa de la colonia de emigrantes indios. A su regreso a la India se mostró leal a los británicos, pero su actitud cambió tras la matanza de Amritsar (1919), momento en que promovió una campaña de no colaboración con las autoridades coloniales que excluía cualquier actitud violenta. Presidente del Partido del Congreso entre 1924 y 1934, participó en la conferencia de Londres (1931) sobre el futuro de la India, para la que reclamó la independencia. En 1930 adoptó una política de abierto anticolonialismo e inició una campaña de huelgas de hambre y desobediencia civil, que le llevaron en diversas ocasiones a la cárcel. Partidario de la tolerancia religiosa entre hindúes y musulmanes y enemigo de la partición de la península en dos estados, intervino en las negociaciones que culminaron en la proclamación de la independencia de la India en 1947. En 1948 murió asesinado a manos de un brahmán fanático.

Gandhi, Rajivaratna, llamado **Rajiv** (Nueva Delhi 1944 - Sriperumpudur, Tamil Nadu 1991) Político indio. Hijo de Indira Gandhi y piloto civil de profesión, fue nombrado en 1981 diputado y posteriormente, en 1983, secretario general del Partido del Congreso. Tras la muerte de su madre fue designado primer ministro (1984-89) y presidente del Partido del Congreso y del movimiento de países no alineados. Fue asesinado en un atentado terrorista.

Gandhi, Shrimati Indira (Allahabad 1917 - Nueva Delhi 1984) Política india. Hija de Nehru, fue presidenta del Partido del Congreso (1959), ministra de Información y Radiodifusión (1964) y jefa de gobierno (1966). Derrotada en las elecciones de 1977, retornó al poder en 1980. Su política interior se caracterizó por el esfuerzo de modernización y centralización del país, lo que en ocasiones provocó graves conflictos con algunas minorías étnicas, como los sijs en el Punjab. En el campo internacional se mostró partidaria de la neutralidad, mantuvo buenas relaciones con la URSS y potenció el movimiento de los países no alineados, de los que fue elegida presidenta en 1983. Murió asesinada por miembros de su escolta, pertenecientes a la etnia sij.

Indira Gandhi.

Gandía C. de España, en la prov. de Valencia, situada en la costa mediterránea, al N del cabo de La Nao. 54.800 h. en 1990. Posee una rica agricultura basada en el policultivo, en la que destacan los productos cítricos y los de huerta. El turismo constituye una de sus principales fuentes de riqueza. Cuenta con un importante puerto marítimo, uno de los principales exportadores de naranjas de España.

Gandía, Enrique de (Buenos Aires 1906) Historiador argentino. Ha investigado sobre el periodo del descubrimiento y colonización del Río de la Plata. Entre otras obras, ha publicado *Historia del Gran Chaco* (1929), *Historia crítica de los mitos y leyendas de la conquista americana* (1929), *Historia de la conquista del Río de la Plata y del Paraguay* (1931), *Historia de las ideas políticas en Argentina* (10 volúmenes, 1961-67) e *Historia política y política histórica* (1971).

gandul, la *adj. fam.* Vago, holgazán. También *s.* **Fam.** Gandulería.

gandulear *v. intr.* Vaguear, holgazanear, hacer el gandul.

ganga[1] (del al. *gang*, filón) *s. f.* Materia mineral no aprovechable de un yacimiento, que acompaña a la mena, de la que es separada por fusión, lavado o procedimientos químicos. En minería también se la llama *estéril*.

ganga[2] (voz onomat.) *s. f.* Cosa ventajosa y muy conveniente que se consigue sin esfuerzo o se compra a muy bajo precio.

Ganges (*Ganga*) Río de la India, de 2.700 km de longitud. Nace en el Himalaya y desemboca en el golfo de Bengala, en el océano Índico. Entre sus afluentes destacan el Brahmaputra, Gogra, Gandak y Kosi por la izquierda, y el Son y Yamuna por la derecha. Su curso alto es torrencial; al llegar a la llanura de Uttar Pradesh, también llamada *indogangética*, sus aguas se remansan; en su desembocadura se une al Brahmaputra en la región de Bengala occidental, formando un extenso delta que constituye una región de ciénagas y pantanos insalubres, donde se cultiva el arroz. La cuenca fluvial del Ganges-Brahmaputra es de 1.125.000 km^2. Para los hindúes es un río sagrado, cuyas aguas purifican a quien se sumerge en ellas.

ganglio *s. m.* **1.** Pequeño abultamiento que existe en una vía linfática o en el trayecto de un nervio. ‖ **2. ganglio cefálico** Cada una de las pequeñas masas de tejido nervioso que, conectadas entre sí mediante los cordones nerviosos, forman el cerebro de los invertebrados. **3. ganglio linfático** Órgano que forma parte del sistema linfático y cuya función es la de producir linfocitos y filtrar la linfa. **4. ganglio nervioso** Elemento de la estructura del sistema nervioso vegetativo, consistente en un abultamiento de los nervios vegetativos. Está conectado con el sistema nervioso central por medio de las neuronas preganglionares y posganglionares y es un punto intermedio en el tránsito del impulso nervioso. **FAM.** Ganglionar.

ganglioma *s. m.* Tumor en un ganglio, especialmente linfático.

ganglión *s. m.* Pequeño tumor que aparece en los tendones y aponeurosis, sobre todo alrededor de las articulaciones del pie y de la mano.

gangoso, sa *adj.* **1.** Se aplica a la persona que habla con resonancias nasales, por algún defecto en los conductos de la nariz. También *s.* **2.** Se dice de esta forma de hablar. También *adv. m.* **FAM.** Gangosidad.

gangrena *s. f.* **1.** Muerte de un tejido de un ser vivo a consecuencia de la interrupción de la circulación sanguínea que lo alimenta. Puede ser consecuencia de un trauma, trombosis, congelación o de enfermedades como la diabetes. A menudo va acompañada de infección bacteriana y puede extenderse hasta causar la muerte del paciente. Se trata con antibióticos o mediante la amputación del miembro afectado. **2.** Mal o daño grave que se extiende en un grupo, colectividad, etc. **FAM.** Gangrenoso.

gangrenarse *v. prnl.* Producirse gangrena en una parte del cuerpo.

gángster *s. m.* **1.** Individuo que formaba parte de las bandas de malhechores que controlaban el mundo del crimen en EE UU, especialmente durante el periodo de la ley seca. **2.** P. ext., miembro de una banda de delincuentes. **3.** Persona que emplea medios ilícitos o violentos para su propio beneficio o para el de la persona para quien trabaja. **FAM.** Gansterismo.

ganguear *v. intr.* Hablar con voz gangosa. **FAM.** Gangueo.

gánguil *s. m.* **1.** Barco auxiliar de una draga, destinado a recibir, conducir y verter en alta mar el material que aquella extrae del fondo. **2.** Barco de pesca con dos proas y una vela latina. **3.** Cierto arte de pesca de arrastre con red de malla muy estrecha.

Ganimedes 1. En la mitología griega, príncipe troyano de gran belleza que fue raptado por Zeus y llevado al Olimpo para ser copero de los dioses. Otra versión del mito hace de Ganimedes un joven pastor del monte Ida al que Zeus raptó y convirtió en águila.
2. Nombre del mayor de los satélites de Júpiter, descubierto por Galileo en 1610. Su diámetro es de 5.276 km.

Ganivet, Ángel (Granada 1865 - Riga 1898) Escritor español. Fue cónsul en Amberes, Helsinki y Riga, ciudad donde se suicidó arrojándose al río Dvina. Precedente inmediato de la generación del 98, mostró una gran preocupación por los problemas de España. Entre sus obras más significativas figuran *Granada la bella* (1896), los ensayos *Idearium español* (1897) y *Cartas finlandesas* (1898), las novelas satíricas *La conquista del reino de Maya por el último conquistador Pío Cid* (1897) y *Los trabajos del infatigable creador Pío Cid* (1898) y el drama *El escultor de su alma*, estrenado en 1899.

Ángel Ganivet. Retrato de R. de Almodóvar.

ganoso, sa *adj.* Que tiene gana o deseo de aquello que se expresa. **FAM.** Ganosamente.

gansada *s. f.* **1.** *fam.* Gracia, broma. **2.** *fam.* Tontería, cosa poco seria y sin sentido que se hace o se dice.

gansear *v. intr. fam.* Hacer o decir gansadas.

ganso, sa *s. m.* y *f.* **1.** Nombre común de diversas aves de la familia anátidos, géneros *Anser, Branta, Alopochen, Cereopsis*, etc. Son de gran tamaño (hasta 108 cm de envergadura), cuello largo, pico grueso, patas fuertes y membrana interdigital. Habitan en el hemisferio norte y migran hacia el S en el otoño. Varias especies han sido domesticadas y son muy apreciadas por su carne y su hígado, con el que se elabora foie-gras. El ganso doméstico común es el *Anser anser*. ‖ *adj.* **2.** *fam.* Se aplica a la persona que hace o dice gansadas. También *s.* **3.** *fam.* Muy alto o muy grande. También *s.* **4.** *fam.* Mayor, que ya no es un niño.

Ganso blanco o ánsar nival (Anser caerulescens).

Gansu Prov. de China, situada en el N del sector central del país, en la frontera con Mongolia. 366.500 km^2. 22.371.000 h. en 1990. La capital es Lanzhou, con 1.450.000 h. en 1989. Su territorio es montañoso y está recorrido por el curso medio del río Huang-ho. En el N se extienden grandes mesetas y desiertos. La población se concentra en oasis, que en la antigüedad constituían etapas de la ruta de la seda. Posee agricultura de trigo, arroz, mijo y tabaco, y minería de petróleo, sal, sosa, carbón, bauxita y hierro.

Gante (en flamenco *Gent*, en fr. *Gand*) C. de Bélgica, cap. de la prov. de Flandes Oriental, situada en la confluencia de los ríos Escalda y Lys. 230.500 h. en 1990. Ciudad portuaria y comercial, es el principal centro industrial de Flandes, destacando particularmente su industria textil, así como la metalúrgica, alimentaria, química, plástica, cauchera y papelera. Fundada en época merovingia, alcanzó gran desarrollo en la Alta y Baja Edad Media gracias a la industria pañera. Patria del emperador Carlos V, la ciudad participó en las numerosas guerras que tuvieron lugar en Europa hasta el s. XVII, lo que provocó su decadencia económica. En el s. XVIII pudo superar esta crisis mediante la introducción de técnicas para la elaboración de nuevas fibras textiles. Conserva numerosos monumentos de época medieval, entre los que sobresalen la catedral gótica de San Bavón y las casas de los gremios de Graslei.

ganzúa *s. f.* Alambre fuerte y doblado por una punta, a modo de garfio, que se utiliza para abrir cerraduras, en lugar de la llave.

gañán *s. m.* **1.** Mozo de labranza. **2.** Hombre tosco.

gañido *s. m.* Aullido lastimero del perro y de otros animales.

gañil *s. m.* **1.** Garganta, gaznate. **2.** Agalla de los peces. Se usa más en *pl.*

gañir *v. intr.* **1.** Aullar lastimeramente el perro y otros animales. **2.** Graznar las aves. ▪ Es v. irreg. Se conjuga como *mullir*.

gañote *s. m. fam.* Interior de la garganta. ‖ **LOC. de gañote** *adv. fam.* De gorra, a costa de otros.

Gaona, Rodolfo (León, Guanajuato 1888 - íd. 1975) Matador de toros mexicano. Tomó la alternativa en España, en la plaza de Tetuán de las Victorias (Madrid) en 1908. Realizaba las suertes con arte y elegancia. Se retiró del toreo en la capital mexicana en 1925.

Gaos, José (Ablaña, Asturias 1900 - México 1969) Filósofo mexicano de origen español. A causa de su militancia socialista hubo de exiliarse a México tras la guerra civil. Se consideraba discípulo de Ortega y Gasset, pero en su obra predomina un personalismo de carácter escéptico e individualista. Es autor de *Dos exclusivas del hombre: la mano y el tiempo* (1945), *Filosofía de la filosofía e historia de la filosofía* (1947), *Introducción a la fenomenología* (1960) y *Filosofía contemporánea* (1962).

Gaos, Vicente (Valencia 1919 - íd. 1980) Escritor español. Fue profesor de literatura española en universidades de EE UU (1948-56). Uno de los más destacados poetas de la posguerra española, evolucionó desde una poesía contenida a otra más valiente y desgarrada. Entre sus libros de poesía sobresalen *Arcángel de mi noche* (1944), *Sobre la tierra* (1945), *Profecía del recuerdo* (1956) y *Concierto en mí y en vosotros* (1965), y entre sus ensayos, *La poética de Campoamor* (1955), *Poesía y técnicas poéticas* (1955) y *Claves de literatura española* (1971).

gap (voz ingl.) *s. m.* **1.** Gran distanciamiento o diferenciación entre dos cosas. **2.** En econ., gran diferencia entre dos magnitudes o términos relacionados, p. ej. entre las exportaciones e importaciones.

garabatear *v. intr.* Trazar garabatos. También *v. tr.* **FAM.** Garabateo.

garabato *s. m.* **1.** Trazo caprichoso e irregular que no intenta representar nada, especialmente los que hacen los niños pequeños cuando aún no saben escribir ni dibujar. **2.** Escritura o dibujo mal hecho. Se usa más en *pl.* **3.** Instrumento de hierro, cuya punta está vuelta en semicírculo, para agarrar o tener colgada alguna cosa.

Garaikoetxea, Carlos (Pamplona 1939) Político español. Fue elegido *lendakari* del gobierno vasco en 1980, como candidato del Partido Nacionalista Vasco. Reelegido en 1984, se enfrentó a la dirección del PNV, por lo que fue destituido por ésta y sustituido en la presidencia. Tras abandonar el PNV fundó el partido Eusko Alkartasuna.

garaje *s. m.* **1.** Local público o privado destinado a guardar los automóviles. **2.** Taller de reparación y mantenimiento de automóviles.

garambaina *s. f.* **1.** Adorno innecesario, recargado o de mal gusto. Se usa más en *pl.* ‖ *pl.* **2.** Cosas o dichos inútiles y sin sentido. **3.** Muecas, gestos exagerados. **4.** Garabatos.

garante *adj.* Que da garantía; particularmente, persona que se hace responsable de que otra cumpla sus compromisos. También *s.*

garantía *s. f.* **1.** Acción y efecto de afianzar algo o responder de que se cumpla o realice. Se usa mucho en *pl.* **2.** Fianza, prenda. **3.** Seguridad que se ofrece por un determinado periodo de tiempo del buen funcionamiento o resultado de algo y documento en que consta. **4.** Confianza que ofrece alguien o algo. ‖ **5. garantías constitucionales** Derechos que la Constitución de un Estado reconoce y asegura a todos los ciudadanos.

garantir *v. tr.* Garantizar*. ▪ Es v. defect. Se conjuga como *abolir*.

garantizar *v. tr.* **1.** Dar garantías de alguna cosa. **2.** Responder una persona o entidad de que otra cumplirá un compromiso u obligación. **3.** Responder una empresa, fábrica, etc., del buen resultado o funcionamiento de sus productos, servicios prestados, etc., por un determinado periodo de tiempo. ▪ Se conjuga como *cazar*. **FAM.** Garantizador.

garañón *s. m.* Macho de ciertos animales, como caballo, asno y camello, destinado a la reproducción.

garapacho *s. m.* Carapacho*.

garapiña *s. f.* **1.** Garrapiña*. **2.** *Cuba, Méx.* Bebida refrescante hecha con la corteza de la piña, agua y azúcar.

garapiñar *v. tr.* Garrapiñar[1]. **FAM.** Garapiñado.

Garaudy, Roger (Marsella 1913) Filósofo y político francés. Miembro del comité ejecutivo del Partido Comunista francés y director del Centro de estudios e investigaciones marxistas, fue uno de los más cualificados ideólogos del partido. Impulsó el esfuerzo de comprensión del cristianismo e intentó integrar valores de esta religión en el marxismo. En 1970 abandonó el Partido Comunista, se convirtió al catolicismo y finalmente al islamismo. Es autor, entre otros libros, de *Teoría materialista del conocimiento* (1953), *Marxismo del siglo XX* (1966), *¿Es posible ser comunista hoy?* (1968), *El gran viraje del socialismo* (1970) y *Promesas del islam* (1981).

Garay, Juan de (Orduña, Vizcaya h. 1528 - Río de la Plata 1583) Conquistador español. Fundó Santa Fe de la Vera Cruz en 1573, recorrió el curso alto del río Paraná y en 1580 comenzó la reconstrucción de Buenos Aires.

Garay, Martín de (El Puerto de Santa María 1760 - La Almunia de Doña Godina, Zaragoza 1823) Político y economista español. Experto hacendista, fue nombrado por Fernando VII ministro de Hacienda (1816-18), pese a sus ideas liberales. Elaboró el primer presupuesto del Estado. Al triunfar la revolución liberal (1820), fue consejero de Estado.

garbancero, ra *adj.* **1.** Perteneciente o relativo al garbanzo. **2.** *fam.* Ordinario, descortés. También *s.* || *s. m.* y *f.* **3.** *Méx. desp.* Criado.

garbanzo *s. m.* **1.** Planta herbácea de la familia papilionáceas, especie *Cicer arietinum.* Alcanza una altura de 50 cm, tiene hojas compuestas y flores blancas de las que se obtienen frutos en legumbre, cuyas semillas también se conocen con el nombre de *garbanzo.* Originaria del Mediterráneo, se utiliza para alimentación tanto humana (semillas) como animal (hojas). **2.** Semilla de esta planta, usada en alimentación. || **3. garbanzo negro** *fam.* Persona que destaca por algo malo en una familia, grupo, etc. **FAM.** Garbanzal.

garbeo *s. m.* Paseo, generalmente corto.

garbo *s. m.* **1.** Gracia y desenvoltura en la manera de actuar y de moverse, especialmente al andar. **2.** Soltura, perfección y elegancia que se aprecia en una cosa. **3.** Generosidad, esplendidez.

Garbo, Greta (Estocolmo 1905 - Nueva York 1990) Actriz estadounidense de origen sueco. Dotada de una fotogenia extraordinaria, fue la gran estrella del cine de los años treinta, en los que se la conoció como «la Divina». En 1941 rodó *La mujer de las dos caras,* su último filme. Entre sus mejores interpretaciones se cuentan *La leyenda de Gösta Berling* (1923), *La calle sin alegría* (*The Street of Sorrow,* 1925), *Ana Christie* (1930), *La reina Cristina de Suecia* (1933), *Ana Karenina* (1935), *La dama de las camelias* (*Camille,* 1936) y *Ninotchka* (1939).

Greta Garbo.

garboso, sa *adj.* **1.** Que tiene garbo. **2.** Generoso, espléndido. **FAM.** Garbosamente.

garceta *s. f.* Nombre común de diversas aves ciconiformes de la familia ardeidos, géneros *Egretta, Casmerodius, Demiegretta* y *Dichromanassa.* De tamaño variable, tiene color generalmente blanco o gris y posee plumas ornamentales, muy apreciadas en moda, que caen durante la época de celo. Habita en diversos continentes, siendo abundante en América. Entre las especies más conocidas se encuentran la garceta común *(Egretta garzetta),* la garceta pizarrosa *(Demiegretta schistacea)* y la garceta rojiza *(Dichromanassa rufescens).*

García Nombre de dos condes de Castilla.
García I Fernández (Burgos 938 - Medinaceli o Córdoba 995) Conde de Castilla (970-995). Hijo y sucesor de Fernán González, tuvo que guerrear con los generales musulmanes Galib, de Medinaceli, y Almanzor, que le derrotaron. Aprovechando la sublevación de su hijo Sancho contra él, Almanzor se apoderó de Gormaz (994). Al año siguiente, el conde fue herido cerca de Osma y hecho prisionero.
García II Sánchez (? h. 1010 - León 1029) Conde de Castilla (1017-29). Era hijo de Sancho García, al que sucedió cuando tenía sólo siete años. Estuvo bajo la tutela de Sancho III el Mayor de Navarra. Fue asesinado por un noble de la familia de los Vela.

García (? - castillo de Luna, León 1090) Rey de Galicia (1066-71 y 1072-73). Hijo de Fernando I de Castilla, en 1066 fue destronado por sus hermanos Alfonso VI de León y Sancho II de Castilla, que se repartieron su reino. Muerto el monarca castellano, recuperó su reino (1072), pero al poco tiempo fue nuevamente encarcelado por Alfonso VI.

García Nombre de varios reyes de Navarra.
García I Íñiguez (s. IX) Rey de Navarra (851 o 852-870). Hijo de Íñigo Arista; apresado por los normandos, que habían remontado el río Ebro, tuvo que pagar un fuerte rescate. En el 860, su reino fue invadido por los musulmanes cordobeses, que se llevaron prisionero a su hijo Fortún Garcés.
García II Sánchez I (s. X) Rey de Navarra (926-970). Hijo y sucesor de Sancho I Garcés, durante su minoría de edad gobernó el reino su madre Toda. Contrajo matrimonio con Andregoto Galíndez, heredera del condado de Aragón. Hizo prisionero al conde Fernán González, al que luego ayudó contra León. En 962 participó en una alianza antimusulmana con el rey de León y los condes de Castilla y Barcelona. Derrotado por los musulmanes, perdió Calahorra.
García III Sánchez II el Temblón (? - ? 1005) Rey de Navarra (994-1005). Hijo de Sancho II Garcés Abarca, luchó contra Almanzor, el cual arrasó Pamplona (999).
García IV Sánchez III el de Nájera (? - batalla de Atapuerca, Burgos 1054) Rey de Navarra (1035-54). Hijo y sucesor de Sancho III el Mayor, ayudó a su hermano Fernando I de Castilla contra Vermudo III de León, el cual fue vencido y muerto en la batalla de Tamarón (1037). Continuó la expansión de su reino por tierras riojanas y reconquistó la plaza de Calahorra, que estaba en poder de los musulmanes (1045). Enemistado con su hermano Fernando I, se enfrentó a él en la batalla de Atapuerca, donde el navarro perdió la vida.
García V Ramírez el Restaurador (? - ? 1150) Rey de Navarra (1134-50). Bisnieto de García IV; elegido rey por los navarros a la muerte de Alfonso I de Aragón, supo mantener la independencia del reino frente a sus poderosos vecinos, rindiendo vasallaje a Alfonso VII de Castilla y combatiendo a Ramón Berenguer IV de Aragón. Participó en las campañas de Alfonso VII contra Córdoba y en la conquista de Almería (1147).

García I (? - La Rioja 914) Rey de León (910-914). Tras la forzosa abdicación de su padre Alfonso III en el año 910, recibió la corona de León y Castilla. En su corto reinado combatió a los musulmanes y favoreció la repoblación de Roa, Osma, Aza, Clunia y San Esteban.

García, Carlos Poléstico (Talibon 1896 - Ciudad Quezón 1971) Político filipino. Miembro del Partido Nacionalista, fue vicepresidente (1953) y presidente de la república (1957-61).

García, Lisardo (Guayaquil 1842 - ? 1937) Político ecuatoriano. De ideas liberales, fue ministro de Hacienda con Eloy Alfaro, vicepresidente con Plaza y presidente de la república (1905-06). Acusado de conservadurismo, fue derrocado por Alfaro y se exilió en Costa Rica.

García, Víctor (Tucumán 1934 - París 1982) Director teatral argentino. Trabajó en París, donde se dio a conocer con el montaje de *Ubu rey,* de Jarry. Sus montajes se caracterizaron por la espectacularidad y un concepto innovador del movimiento escénico. En colaboración con Nuria Espert montó *Las criadas,* de Genet (1968), *Yerma,* de García Lorca (1971) y *Divinas palabras,* de Valle-Inclán (1976).

García Abril, Antón (Teruel 1933) Compositor español. Estudió en Valencia y Madrid y amplió estudios con Goffredo Petrassi, en Roma. Es catedrático del Conservatorio de Madrid. Entre sus composiciones destacan *Diez canciones infantiles* (1956), *Concierto para piano y orquesta* (1966), *Don Juan* (1968), tragicomedia musical, *Cántico a La Pietá* (1976), para soprano y violonchelo, y *Concierto agudiano* (1978), para guitarra y orquesta.

García Bacca, Juan David (Pamplona, Navarra 1901) Filósofo venezolano de origen español. Desde sus cátedras de Santiago y Barcelona colaboró a introducir en España la lógica matemática. Posteriormente estudió el existencialismo y el marxismo y se preocupó por la relación entre el lenguaje filosófico y el científico. Entre sus principales obras cabe citar *Introducción a la lógica moderna* (1936), *Humanismo teórico, práctico y positivo según Marx* (1965) y *Antropología filosófica* (1982).

García Bellido, Antonio (Villanueva de los Infantes, Ciudad Real 1903 - Madrid 1973) Arqueólogo español. Director del Instituto español de Arqueología Rodrigo Caro, se consagró al estudio del arte y la arqueología griega y romana. Es autor, entre otras obras, de *España y los españoles hace 2.000 años* (1945), *Esculturas romanas de España y Portugal* (1949) y *La Península Ibérica en los comienzos de su historia* (1953).

García Calderón, Francisco (Arequipa 1834 - Lima 1905) Abogado y político peruano. Fue ministro de Hacienda en 1868 con el presidente Balta. Durante la guerra del Pacífico, al producirse la ocupación de Lima por los chilenos, presidió el gobierno provisional (1881). Autorizado a firmar un tratado de paz, se negó a acceder a las peticiones del gobierno chileno, el cual lo destituyó y lo confinó en Santiago. De vuelta a su país, fue presidente del Senado.

García Calderón, Ventura (Lima 1886 - íd. 1959) Escritor peruano. Vivió en París, donde inició su carrera literaria. Seguidor del modernismo, su obra de creación es claramente indigenista. Algunos de sus libros más sobresalientes son *La literatura peruana* (1914), *Dolorosa y desnuda realidad* (1915), *Semblanzas de América* (1920), *La venganza del cóndor* (1924), *Peligro de muerte* (1926) y *Sonrisas de París* (1926).

García Calvo, Agustín (Zamora 1926) Escritor y filólogo español. Separado de su cátedra en 1965 por sus actividades antifranquistas, residió en Francia hasta 1977. Traductor de clásicos griegos y latinos, autor de estudios filológicos y lingüísticos y de obras en verso y prosa, es un escritor de estilo muy elaborado y de talante ácrata e irónico. Entre sus libros poéticos merecen citarse *El sermón del ser y no ser* (1972); entre sus ensayos lingüísticos, *Lalia* (1973) y *Del ritmo del lenguaje* (1975), y entre sus obras filosóficas, *Cartas de negocio de José Requejo* (1973).

García de la Huerta, Vicente (Zafra, Badajoz 1734 - Madrid 1787) Dramaturgo español. Preso en Orán por sus ataques satíricos al conde Aranda, escribió en la cárcel *Raquel* (1775), tragedia según las reglas del teatro neoclásico.

García de Paredes, Diego (Trujillo, Cáceres 1466 - Bolonia 1530) Militar español. Participó en la conquista de Granada y combatió a las órdenes de Gonzalo Fernández de Córdoba en las campañas de Italia, donde alcanzó celebridad por su fuerza, valor y osadía. Murió al servicio del emperador Carlos V. Escribió su autobiografía, *Breve suma de la vida y hechos de Diego García de Paredes,* que constituye un valioso testimonio de su tiempo.

García de Paredes, Diego (Trujillo, Cáceres 1510 - Catia, La Guaira 1563) Conquistador español. Hijo del anterior, fundó la ciudad de Trujillo en Venezuela (1556). Fue gobernador y capitán general de Popayán en tiempos de Felipe II. Murió asesinado por los indios.

García Gómez, Emilio (Madrid 1905) Arabista español. Catedrático de árabe en las universidades de Madrid y Granada, fue embajador en Bagdad, Beirut y Ankara. Entre sus traducciones y estudios destacan *Poemas arabigoandaluces* (1928), *Cinco poemas musulmanes* (1945), *El collar de la paloma,* de Ibn Hazm (1942), *Las jarchas romances de la serie árabe en su marco* (1964) y *Árabe en endecasílabos* (1976). También es autor de *Silla del moro y nuevas escenas andaluzas* (1954), colección de artículos.

García González, Vicente (Las Tunas 1833 - Río Chico, Venezuela 1886) Patriota cubano. Dirigió las operaciones militares en Oriente y Camagüey durante la guerra de los Diez Años (1868-78). Lideró el movimiento que depuso al presidente Cisneros Betancourt (1875) y fue nombrado presidente de la república en armas (1877-78). Rechazó la paz de Zanjón y continuó la lucha al lado de Maceo, hasta que capituló. Pasó a Venezuela, donde murió envenenado.

García Granados, Miguel (? 1809 - ? 1878) Militar y político guatemalteco. De ideología liberal, dirigió con Barrios el derrocamiento de Cerna. Presidente del país (1871-73), restableció la libertad de prensa, expulsó a los jesuitas y abolió los monopolios.

García Gutiérrez, Antonio (Chiclana de la Frontera, Cádiz 1813 - Madrid 1884) Escritor español. Autor de libretos para zarzuela y poesía, es recordado por sus dramas románticos de asunto histórico, como *El trovador* (1836), que inspiró a Verdi la ópera homónima, *Venganza catalana* (1864) y *Doña Urraca de Castilla* (1872).

García Hortelano, Juan (Madrid 1928 - íd. 1992) Escritor español. Fue uno de los representantes más destacados del realismo social de los años cincuenta. Posteriormente abordó otras tendencias narrativas, incluida la experimentación de diferentes recursos expresivos. Entre sus obras cabe citar *Nuevas amistades* (1959), *Tormenta de verano* (1961), *Gente de Madrid* (1967), *El gran momento de Mary Tribune* (1972), *Apólogos y milesios* (1975), *Los vaqueros en el pozo* (1979) y *Gramática parda* (1982).

García Icazbalceta, Joaquín (Ciudad de México 1825 - íd. 1894) Escritor e historiador mexicano. Fundó la Academia mexicana. Entre sus obras sobresalen *Colección de documentos para la historia de México* (1858-66), una biografía de *Fray Juan de Zumárraga* (1881) y *Bibliografía mexicana del siglo XVI* (1886).

García Íñiguez, Calixto (Holguín 1839 - Washington 1898) Patriota y militar cubano. General, organizó la guerra Chiquita (1879). Apresado por los españoles, logró huir y fue jefe del ejército de Oriente y Camagüey en la guerra de independencia cubana. Derrotó a los españoles en Loma de Hierro, Las Tunas y Guisa y presidió la comisión negociadora con EE UU.

Federico García Lorca.

García Lorca, Federico (Fuente Vaqueros, Granada 1898 - Víznar, Granada 1936) Poeta y dramaturgo español. Representante destacado de la generación del 27, su obra poética se caracteriza por el tono musical, el tema andaluz y la riqueza de sus imágenes y metáforas en *Libro de poemas* (1921), *Canciones* (1927) y *Romancero gitano* (1928) y adquiere intensidad dramática y mayor libertad formal en *Poeta en Nueva York* (1929-30, aunque no apareció en libro hasta 1940), *Llanto por Ignacio Sánchez Mejías* (1934), *Seis poemas galegos* (1935) y *Diván de Tamarit* (1936). Su obra teatral, profundamente innovadora, comprende farsas y guiñoles, como *La zapatera prodigiosa* (1930) y *Retablillo de don Cristóbal* (1935), y sobre todo dramas, como *Yerma* (1934), *Bodas de sangre* (1934) y *La casa de Bernarda Alba* (1936), que reflejan con gran intensidad y lirismo la realidad social de su país y su tiempo. Murió fusilado por los franquistas a comienzos de la guerra civil.

García Márquez, Gabriel (Aracataca 1928) Escritor colombiano. Fue redactor del periódico liberal *El espectador*, clausurado por Rojas Pinilla en 1955. Estuvo exiliado en México y en diversos países europeos. En 1955 publicó la novela *La hojarasca*, a la que siguieron *El coronel no tiene quien le escriba* (1957), *La mala hora* (1961), *Los funerales de la Mamá Grande* (1962) y *Cien años de soledad* (1967), una de las obras que más ha contribuido al reconocimiento de la literatura de América Latina en todo el mundo. Es la crónica de una familia, los Buendía, y de un pueblo, Macondo, a través de varias generaciones, y constituye una metáfora de la realidad sudamericana y el ejemplo más acabado del llamado *realismo mágico* hispanoamericano. Además de las obras citadas merecen también mencionarse *La increíble y triste historia de la cándida Eréndira y su abuela desalmada* (1972), *El otoño del patriarca* (1975), *Crónica de una muerte anunciada* (1981), *El amor en los tiempos del cólera* (1985), y *El general en su laberinto* (1989). Obtuvo en 1982 el premio Nobel de literatura.

García Meza, Luis (La Paz 1929) Militar y político boliviano. Comandante en jefe del Ejército, dirigió el golpe de Estado que le llevó a la presidencia. Durante su mandato toleró la corrupción y se implicó en el tráfico de cocaína. Obligado a dimitir (1981), se exilió en Argentina.

García Moreno, Gabriel (Guayaquil 1821 - Quito 1875) Político ecuatoriano. Presidió el triunvirato que gobernó el país entre 1859 y 1861, año en que fue elegido presidente de la república. Hombre de ideas conservadoras, gobernó de forma dictatorial, apoyado por la Iglesia. En 1865 dejó el poder a Jerónimo Carrión, pero mantuvo siempre el control de la vida política ecuatoriana. Retornó a la presidencia en 1869, en la que se mantuvo hasta su muerte, ocurrida en atentado.

García Morente, Manuel (Arjonilla, Jaén 1888 - Madrid 1942) Filósofo español. Formado en la tradición del neokantismo, evolucionó luego bajo la tutela de Ortega y Gasset hacia una filosofía racional y vitalista. Al final de su vida, una fuerte crisis espiritual le llevó al catolicismo y, más tarde, al sacerdocio. Entre sus obras destacan *La filosofía de Kant* (1917), *Ensayos sobre el progreso* (1932) e *Ideas para una filosofía de la historia de España* (1942).

García Nieto, José (Oviedo 1914) Poeta español. Representante del llamado *garcilasismo*, fue director de la revista literaria *Garcilaso*. Entre sus obras destacan *Víspera hacia ti* (1940), *Retablo del ángel, el hombre y la pastora* (1945), *Del campo y soledad* (1946), *La tregua* (1951), *Elegía en Covaleda* (1959) y *La hora undécima* (1963).

García Oliver, Juan (Reus, Tarragona 1901 - Guadalajara, México 1980) Político español. Dirigente anarcosindicalista, fue uno de los fundadores de la FAI, compañero de Durruti y Ascaso en el grupo «los Solidarios» y líder destacado de la CNT. Durante la guerra civil fue, junto a Federica Montseny, uno de los dos ministros anarquistas del gobierno republicano. Al término de la misma marchó al exilio. Escribió sus memorias, tituladas *El eco de los pasos*.

García Ordóñez (? - Uclés 1108) Conde de Nájera (1076-1108). Alférez de Castilla, casó con la infanta navarra Urraca. Enemigo declarado del Cid en la corte castellana, intrigó para que fuese desterrado. En unión del infante Sancho, hijo de Alfonso VI, mandó las tropas castellanas en la batalla de Uclés y encontró la muerte a manos de los almorávides.

García Pavón, Francisco (Tomelloso, Ciudad Real 1919 - Madrid 1989) Escritor español. Sus novelas, de tono costumbrista, retratan con fidelidad y humor la vida rural y provinciana de la España de posguerra. Creó el personaje de Plinio, guardia municipal de Tomelloso, protagonista de obras a mitad de camino entre la novela policiaca y la de costumbres. Merecen citarse sus novelas *Historias de Plinio* (1968), *El reinado de Witiza* (1968), *El rapto de las sabinas* (1969) y *Las hermanas coloradas* (1970).

García Pérez, Alan (Lima 1949) Político peruano. Fue elegido presidente de la república en 1985, como candidato del APRA. Su política económica intentó superar la crisis del Perú mediante la aplicación de medidas nacionalizadoras y la negociación de la deuda externa. Terminado su mandato, se vio envuelto en un proceso, acusado de prevaricación y enriquecimiento ilegal durante sus años en la presidencia (1991).

García Ponce, Juan (Mérida, México 1932) Escritor mexicano. Crítico de arte, ensayista y dramaturgo, es también autor de novelas como *La casa en la playa* (1966), *La vida perdurable* (1970), *El gato* (1974) y *Crónica de la intervención* (1981).

Gabriel García Márquez.

García Prieto, Manuel (Astorga, León 1859 - San Sebastián, Guipúzcoa 1938) Político español. Fue ministro en diversos gobiernos y miembro de la delegación que negoció con Francia en 1911 y 1912 el establecimiento de un protectorado español en Marruecos. Tras la muerte de Canalejas, sus diferencias con Romanones provocaron la escisión del Partido Liberal. En 1917 presidió dos efímeros gobiernos que no pudieron hacer frente a la grave crisis social y política existente en el país. Volvió a ocupar la presidencia en 1918 y 1922. En 1923 su gobierno hubo de dimitir a causa del golpe de Estado del general Miguel Primo de Rivera.

García Quejido, Antonio (Toledo 1856 - ? 1927) Dirigente socialista español. Fue uno de los fundadores de la UGT y del PSOE, al que representó en diversos congresos de la Segunda Internacional. Partidario de la Revolución Rusa, abandonó el partido en 1921 y participó en la creación del Partido Comunista de España.

García Robles, Alfonso (Zamora, Michoacán, México 1911 - México 1991) Diplomático mexicano. Embajador de su país en Suecia, Brasil y la ONU, fue presidente del comité para la desnuclearización de América Latina y representante permanente de México en la conferencia para el desarme de Ginebra. En 1982 obtuvo el premio Nobel de la paz.

García Sabell, Domingo (Santiago de Compostela 1909) Médico y político español y ensayista en lengua gallega. Director de la Real Academia Gallega de las Letras (1978) y delegado general de Gobierno en Galicia (1981), entre sus escritos destacan *Seoane* (1954), *Ensayos I* (1962) y *II* (1976), *Tres síntomas de Europa* (1968), *La pintura como comunicación* (1971) y *Novoa Santos* (1981).

García Serrano, Rafael (Pamplona 1917 - Madrid 1988) Escritor español. Periodista, publicó también novelas que tienen como tema fundamental la guerra civil española y en las que exalta la causa franquista. Su obra más conocida es *La fiel infantería* (1942). Otras obras suyas son *Eugenio o la proclamación de la primavera* (1938), *Cuando los dioses nacían en Extremadura* (1949) y *Plaza del Castillo* (1951).

Garcilaso de la Vega.

Garcilaso de la Vega (Toledo h. 1501 - Niza 1536) Poeta español. Máximo representante de la lírica renacentista española, introdujo en la lengua castellana, junto con su amigo Juan Boscán, el verso endecasílabo italiano y estrofas como el soneto y la lira. Su obra, compuesta sólo por 40 sonetos, 5 canciones, 3 églogas, 2 elegías, 1 epístola a Boscán en endecasílabos y algunos poemas tradicionales, fue publicada después de su muerte y refleja en un lenguaje culto y musical, lleno de metáforas, muchas de las concepciones del Renacimiento sobre el amor, la naturaleza y la mitología. Pese a su brevedad, su poesía tuvo una gran trascendencia en la literatura española posterior. Murió a consecuencia de las heridas recibidas en el asalto a la fortaleza francesa de Muy, en Provenza.

Garcilaso de la Vega, llamado **el Inca** (Cuzco 1539 - Córdoba 1616) Escritor peruano. Hijo de un conquistador español y una princesa inca, viajó a España a los veinte años para reclamar la herencia paterna. Dotado de una vasta cultura humanística, escribió diversos libros de historia de las Indias hispánicas, entre los que destacan *Comentarios reales* (1609) e *Historia general del Perú* (1617).

garcilla *s. f.* Nombre común de diversas aves ciconiformes de la familia ardeidos, géneros *Ardeola* y *Bubulcus.* Tienen el cuerpo corto y alas robustas y habitan en zonas pantanosas del S y E de Europa, de Asia y de África. Son aves migratorias y entre las más conocidas se encuentran la garcilla bueyera *(Bubulcus ibis)* y la garcilla cangrejera *(Ardeola ralloides).*

Gard Departamento de Francia, situado en el S del país, en la región de Languedoc-Roussillon, a orillas del Mediterráneo. 5.853 km^2. 584.000 h. en 1990. La capital es Nîmes, con 128.000 h. en 1990. Su parte NO, montañosa, está poco poblada; en el bajo Languedoc abundan el viñedo, el cereal y la huerta y en el extremo meridional existen minas de hulla e industrias metalúrgicas, químicas, mecánicas, textiles y de zapatos.

Garda Lago de Italia, situado en el NE del país, al pie de los Alpes, en el límite entre Lombardía y Véneto. Con 370 km^2 de superficie, es el mayor de Italia. De forma estrecha y alargada, su emisario es el río Mincio, que desemboca en el Po. Constituye un importante centro de atracción turística.

Gardel, Carlos (Toulouse 1890 - Medellín, Colombia 1935) Cantante argentino. Se le considera el más importante intérprete de tangos de todos los tiempos. Protagonizó además diversas películas. Entre sus canciones más conocidas sobresalen *Mi Buenos Aires querido, Melodías de arrabal, Volver* y *Yira, yira.*

gardenia *s. f.* **1.** Nombre común de diversas plantas arbustivas de la familia rubiáceas, género *Gardenia.* Tienen hojas simples y opuestas, flores blancas de gran belleza y frutos coriáceos o carnosos. Originarias de regiones tropicales, se cultivan en todo el mundo y son muy apreciadas en jardinería. Se conocen unas 60 especies, entre las que destacan la *Gardenia jasminoides* y la *Gardenia grandiflora.* **2.** Flor de esta planta.

Gardenia (Gardenia grandiflora).

Gardiner, Stephen (Bury Saint Edmunds h. 1490 - Whitehall 1555) Prelado y político inglés. Secretario del cardenal Wolsey, viajó a Roma para conseguir la anulación del matrimonio de Enrique VIII con Catalina de Aragón (1528-29). Obispo de Winchester (1531), en su obra *De vera obedientia rato* (1535) defendió la supremacía del rey sobre la Iglesia. No obstante, siguió fiel al dogma católico y combatió la reforma anglicana. Fue nombrado canciller por María Tudor (1553).

gardingo *s. m.* Miembro del séquito real en la monarquía visigoda. Eran jóvenes nobles que residían junto al rey, a quien estaban vinculados por un juramento de fidelidad. Pertenecían al *Aula regia* y prestaban servicios de armas, por los que a menudo eran recompensados con lotes de tierra.

Gardner, Ava (Smithfield, Carolina del Norte 1922 - Londres 1990) Actriz de cine estadounidense. Dotada de gran belleza, protagonizó películas como *Forajidos* (*The Killers,* 1946), *Venus era mujer* (*One Touch of Venus,* 1948), *Pandora y el holandés errante* (1951), *Mogambo* (1953), *La condesa descalza* (1954), *55 días en Pekín* (1963) y *La noche de la iguana* (1964).

Gardner, Erle Stanley (Malden, Massachusetts 1889 - Riverside 1970) Escritor estadounidense. Abogado de profesión, creó el personaje del abogado-detective Perry Mason, que alcanzó gran popularidad en una serie de más de 80 novelas y en telefilmes.

garduña *s. f.* Mamífero carnívoro de la familia mustélidos, especie *Martes foina.* Es de pequeño tamaño (unos 45 cm de longitud, sin contar la cola), patas cortas, cuello largo y pelo de color

Garduña (Martes foina).

pardo o grisáceo, con una mancha blanca en el pecho. Depredador nocturno, se alimenta principalmente de roedores, serpientes y pájaros, aprovechando también las bayas en otoño. Habita en Europa central y meridional y en Asia.

garduño, ña *s. m.* y *f.* **1.** Ladrón que roba con maña y disimulo. ‖ *s. f.* **2.** Sociedad organizada de pícaros y maleantes.

garete, ir o **irse al** *loc.* Ir la embarcación sin rumbo, llevada por el viento o la corriente por haberse quedado sin gobierno; también, estar una cosa sin dirección, objetivos o rumbo fijo; también, irse a pique, fracasar.

garfa *s. f.* **1.** Garra, uña corva de algunos animales. **2.** Pieza con forma de U invertida que sujeta el cable conductor de la corriente en los vehículos alimentados eléctricamente, como los tranvías o los ferrocarriles.

Garfield, James Abram (Orange, Ohio 1831 - Long Branch, New Jersey 1881) Político estadounidense. Durante la guerra de Secesión alcanzó el grado de general en el ejército nordista. Líder del Partido Republicano, en 1880 fue elegido presidente de EE UU. Murió asesinado al año siguiente.

Garfield, John (Nueva York 1913 - íd. 1952) Actor cinematográfico estadounidense. Perteneció al *Group Theatre* y debutó en el cine en el filme *Four Daughters* (1938). Actor atractivo y con talento, fue catalogado como símbolo del joven rebelde. Su carrera fue truncada por la intervención del Comité de Actividades Antiamericanas. Algunas de sus películas más representativas son *Saturday's children* (1940), *Tortilla flat* (1942), *El cartero siempre llama dos veces* (1946), *Humoresque* (1946) y *Yo amé a un asesino* (*He Ran All the Way,* 1951).

garfio *s. m.* Instrumento de hierro, curvo y puntiagudo, que sirve para sujetar o agarrar algo.

gargajear *v. intr.* Arrojar gargajos por la boca. **FAM.** Gargajeo.

gargajo *s. m.* Flema espesa y voluminosa arrojada por la boca. **FAM.** Gargajiento, gargajoso.

Gargallo, Pablo (Maella, Zaragoza 1881 - Reus, Tarragona 1934) Escultor español. Formado en el modernismo, residió en distintas épocas en París, donde recibió la influencia de Rodin y del cubismo. Su obra evolucionó desde un estilo figurativo más tradicional, de volúmenes llenos, en materiales como mármol y terracota (*Retrato de Pablo Picasso,* 1912), hasta una escultura de formas menos realistas forjadas en hierro y otros metales, en las que los huecos tienen un gran valor expresivo (*Bailarina española,* 1931; *El profeta,* 1933).

Pablo Gargallo:
El profeta *(1933), obra forjada en metal (Museo de Arte Contemporáneo, Madrid).*

garganta *s. f.* **1.** Parte anterior del cuello. **2.** Región interna correspondiente a esta parte, espacio entre el paladar y la entrada del esófago. **3.** Voz del cantante. **4.** Paso estrecho entre montañas. **5.** Parte más estrecha y delgada de algo, como p. ej. la de algunos elementos arquitectónicos (columnas, balaustres, etc.). **6.** Ranura que tienen algunas cosas, p. ej. las poleas. **7.** Ángulo formado en la parte superior del pie, donde empieza la pierna. ‖ **LOC. tener** a alguien **atravesado en la garganta** *fam.* Sentir mucha antipatía por él.

gargantilla *s. f.* Collar corto que rodea el cuello.

gárgaras *s. f. pl.* Acción de mantener un líquido en la garganta, con la boca hacia arriba, sin tragarlo y expulsando el aire para moverlo, por lo que se produce un ruido semejante al de un líquido hirviendo. ‖ **LOC. mandar** a alguien o algo **a hacer gárgaras** *fam.* Echar a alguien o desprenderse de algo que resulta molesto.

gargarismo *s. m.* **1.** Acción de hacer gargaras. Se usa mucho en *pl.* **2.** Líquido con que se hacen gárgaras.

gárgol *s. m.* Ranura que tienen algunas piezas para que encaje el canto de otras.

gárgola *s. f.* Elemento ornamental colocado en las cornisas de los tejados para que salga el agua de lluvia, o caño semejante en una fuente. Fue muy utilizado durante la Edad Media y solía adoptar la forma de un animal fantástico.

garguero *s. m.* Parte superior de la tráquea o toda la tráquea.

Garibaldi, Giuseppe (Niza 1807 - Caprera, Cerdeña 1882) Militar y político italiano. De ideas republicanas radicales, se adhirió muy pronto al movimiento de la Joven Italia de Mazzini, lo que le obligó a exiliarse a América del Sur, donde luchó contra el dictador argentino Rosas (1842) en Uruguay. Retornó a Italia y en 1848 intervino en la guerra contra Austria. Al año siguiente participó en la defensa de la república romana. Tras otro periodo de exilio, inició en 1860 una expedición al frente de un grupo de voluntarios conocidos como los *camisas rojas* para conquistar Sicilia y el S de Italia, que permanecían bajo el régimen absolutista de los Borbones. Su victoria significó un gran impulso para la unidad italiana y convirtió a Garibaldi en un héroe popular.

Giuseppe Garibaldi (Biblioteca Nacional, Madrid).

garibaldino, na *adj.* Relativo a Garibaldi o partidario de él. También *s.*

Garibay, Ángel María (Toluca 1892 - Ciudad de México 1967) Filólogo e historiador mexicano. Se especializó en el estudio de la cultura náhuatl. Ordenado sacerdote, ayudó socialmente a los grupos indígenas. En 1941 pasó a residir en la capital. Algunos de sus libros más significativos son *La poesía lírica azteca* (1937), *Llave del náhuatl* (1940), *Historia de la literatura náhuatl* (1953-54) y *Poesía náhuatl* (1964-65).

Garibay, Esteban de (Mondragón, Guipúzcoa 1533 - Toledo 1599) Historiador español. Cronista de Felipe II, escribió un *Compendio historial de las crónicas y universal historia de todos los reinos de España* (1571), meritorio intento de una historia de España documentada.

Garin, Eugenio (Rieti 1909) Historiador de la filosofía italiano. Ha estudiado fundamentalmente el humanismo y el Renacimiento. Es autor de *Humanismo italiano* (1952) y *Medievo y Renacimiento* (1954), entre otras obras.

garita *s. f.* **1.** Torrecilla o caseta para diversos usos, en especial desde donde vigilan resguardados los centinelas o vigilantes. **2.** Cuarto pequeño dentro de algunos portales que ocupa el portero.

garito *s. m.* **1.** Casa de juego no autorizada. **2.** P. ext., local de mala reputación.

Garland, Judy (Grand Rapids, Minnesota 1922 - Londres 1969) Actriz y cantante estadounidense. Debutó a edad muy temprana y llegó a ser una de las grandes estrellas del cine musical. Entre sus filmes destacan *El mago de Oz* (1939), donde interpreta la célebre canción *Over the rainbow*, *Los hijos de la farándula* (*Babes in arms*, 1939), *Ha nacido una estrella* (1954) y *Vencedores y vencidos* (*Judgment at Nuremberg*, 1961).

garlito *s. m.* **1.** Red de pesca que tiene en su parte más estrecha una malla, colocada de tal forma que el pez, cuando entra, no puede volver a salir. **2.** *fam.* Situación que se prepara a alguien para perjudicarle, atrayéndole con engaños.

garlopa *s. f.* Cepillo de carpintero, más largo y con mango, utilizado para igualar y afinar las superficies ya cepilladas.

Garmendia, Salvador (Barquisimeto 1928) Escritor venezolano. En su obra aborda el tema de la alienación y el vacío del hombre en la sociedad moderna. Entre sus principales novelas cabe citar *Los pequeños seres* (1959), *Los habitantes* (1961), *Día de ceniza* (1963), *La mala vida* (1968) y *Memorias de Altagracia* (1974). Es autor también de libros de relatos, como *Doble fondo* (1966) y *Los escondites* (1972).

garnacha *s. f.* **1.** Variedad de uva muy fina y dulce de color negro rojizo. También *adj.* **2.** Vino obtenido con esta uva.

Garnier, Charles (París 1825 - íd. 1898) Arquitecto francés. Nombrado arquitecto de la ciudad de París, construyó el edificio de la Ópera (1861-75). También proyectó el casino de Montecarlo (1878), el observatorio de Niza y la capilla mortuoria del castillo de Dampierre.

Garnier, Tony (Lyon 1869 - íd. 1948) Arquitecto y urbanista francés. Se anticipó al funcionalismo y al empleo del hormigón armado y de grandes superficies acristaladas con su proyecto de Ciudad Industrial (1901-04). Buena parte de su obra la realizó en Lyon, como el estadio olímpico (1913-16), el hospital Grange Blanche (1915-30) y el barrio residencial Les Etats-Units (1928-35).

Garofalo, Benvenuto (Ferrara 1481 - íd. 1559) Pintor italiano. Influido por la escuela veneciana y por Rafael, trabajó en Roma y posteriormente en Ferrara para Lucrecia Borgia, duquesa de Este. Entre sus pinturas, de un moderado clasicismo, destacan *Diana y Endimión*, *Nacimiento*, *La matanza de los inocentes* y *Madonna con santos*.

Garona (*Garonne*) Río de Francia. 647 km de longitud. Nace en el valle de Arán (España), recorre la región de Aquitania, pasa por Toulouse y Burdeos y desemboca en el Atlántico, formando el estuario de la Gironda. Su régimen es nivo-pluvial y sus aguas, aprovechadas para la obtención de energía eléctrica, son navegables hasta Burdeos. Comunica el océano Atlántico con el mar Mediterráneo por medio del canal del Midi. Su principal afluente es el Dordoña.

Garona, Alto (*Haute-Garonne*) Departamento de Francia, situado en el S del país, en la región de Midi-Pyrénées. 6.309 km^2. 925.000 h. en 1990. La capital es Toulouse, con 359.000 h. en 1990. Región agrícola y ganadera (viñedos y vacuno), cuenta también con industria aeronáutica, química, de fundiciones de hierro y cobre y de construcción, concentrada en Toulouse.

garra *s. f.* **1.** Cada una de las uñas fuertes y afiladas que tienen en el extremo de los dedos algunos animales vertebrados. De forma curva, sirven para agarrar, como en el murciélago, y desgarrar y defenderse, como en las aves rapaces; ciertos animales, como los félidos, poseen garras retráctiles para evitar su desgaste en la carrera. **2.** Mano o pie del animal con estas uñas. **3.** *fam. desp.* Mano del hombre. Se usa sobre todo en *pl.* **4.** Fuerza, atractivo. **5.** *amer.* Trozo de cuero endurecido y arrugado. || *pl.* **6.** Parte de las pieles menos apreciada en peletería, que corresponde a las patas del animal. **7.** Con verbos como *caer*, *estar*, etc., poder que tiene una persona o cosa sobre alguien para hacerle grave daño. **8.** *Méx.* Tiras, desgarrones.

garrafa *s. f.* Vasija de cristal o de otro material, parecida a una botella muy abultada y redondeada, con cuello largo y estrecho; a veces lleva un revestimiento de mimbre, plástico, etc. || **Loc. de garrafa** *adj. fam.* Aplicado a licores, a granel, de mala calidad.

garrafal *adj.* **1.** Aplicado a faltas y otras cosas negativas o inconvenientes, muy graves, enormes. **2.** Se aplica a algunas frutas, especialmente guindas y cerezas, de mayor tamaño y más tiernas que las comunes, así como al árbol que las produce. También *s. f.* || *adv. m.* **3.** Muy mal. **Fam.** Garrafalmente.

garrapata *s. f.* Nombre común de diversos ácaros de las familias ixódidos y argásidos. Carecen de ojos y ano y miden muy pocos milímetros, aunque pueden dilatar su abdomen y almacenar gran cantidad de sangre. La hembra, una vez fecundada por el macho, vive como parásito en aves y mamíferos, a los que chupa sangre hasta engordar extraordinariamente, para lo que cuenta con una sustancia que impide la coagulación. Luego vuelve al suelo y realiza allí la puesta. Están muy extendidos y pueden transmitir numerosas enfermedades.

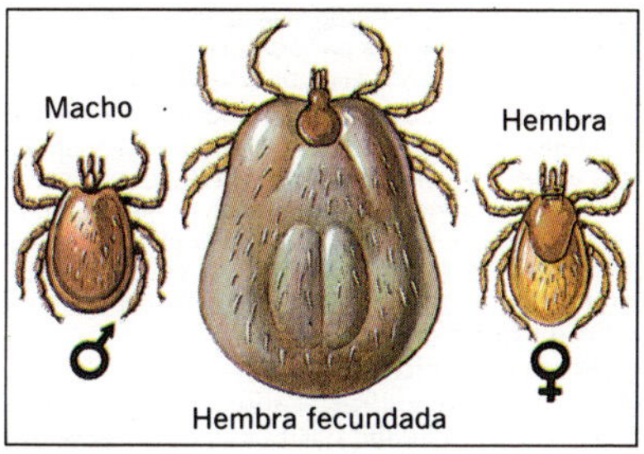

Garrapata común (Ixodes ricinus).

garrapatear *v. intr.* Garabatear*.

garrapato *s. m.* Garabato, trazo o dibujo caprichoso o mal hecho. **Fam.** Garrapatoso.

garrapiña *s. f.* Estado del líquido que se solidifica formando pequeños grumos. ■ Se dice también *garapiña*.

garrapiñar[1] (del lat. vulg. *carpiniare*, arrancar, del lat. *carpere*) *v. tr.* **1.** Hacer que un líquido se solidifique formando pequeños abultamientos. **2.** Bañar golosinas y frutos secos en almíbar solidificado de este modo. ■ Se dice también *garapiñar*. **Fam.** Garrapiñado.

garrapiñar[2] (del ant. *garfiñar*, hurtar, y éste de *garfa*, garra, con influencia de *rapiñar*) *v. tr. fam.* Robar algo agarrándolo o tirando de ello.

Garrick, David (Hereford 1717 - Londres 1779) Actor y dramaturgo británico. Fue alumno y gran amigo de Samuel Johnson. Empezó su carrera de actor interpretando el papel de Ricardo III y a lo largo de ella representó los principales papeles de las obras de Shakespeare. Director del teatro de Drury Lane (1747-76), incorporó nuevas técnicas de interpretación y decoración. Escribió obras como *El criado mentiroso* (1740) y *El casamiento clandestino* (1766).

garrido, da *adj.* Hermoso, bien parecido y proporcionado.

garrocha *s. f.* Vara larga con un pequeño arpón o una punta de metal, como la utilizada para picar a los toros en las corridas.

garrochazo *s. m.* Golpe y herida de garrocha.

garrochista *s. m.* y *f.* Persona que maneja la garrocha.

garrón *s. m.* **1.** Espolón del ave. **2.** Extremo de la pata de las reses y de otros animales, por donde se les cuelga una vez muertos. **3.** Gancho que queda en un árbol al cortar o romperse una rama. **4.** *amer.* Corvejón.

garronear *v. tr.* **1.** *Arg.*, *Chile*, *Par.*, *Urug.* Morder el perro los garrones. **2.** *Arg.*, *Chile*, *Par.*, *Urug.* Acosar a alguien. **3.** *Arg.*, *Chile*, *Par.*, *Urug.* Sablear, sacar dinero a alguien.

garrota *s. f.* **1.** Garrote, palo. **2.** Bastón grueso y curvo por la parte superior.

garrotazo *s. m.* Golpe de garrote. || **Loc. garrotazo y tente tieso** *fam.* Indica la manera de actuar con dureza y energía.

garrote *s. m.* **1.** Palo grueso y fuerte que se puede utilizar como bastón, arma, etc. **2.** En bot., estaca, sobre todo de olivo. **3.** Instrumento de tortura consistente en apretar una ligadura retorciéndola con un palo para comprimir los miembros de los prisioneros. **4.** Instrumento con que se ajusticiaba a los condenados a muerte en España y Portugal, consistente en un aro de hierro que se disponía en torno a la garganta del reo y que, accionado por un tornillo, se estrechaba produciendo estrangulación y desnucamiento. También se llamaba *garrote vil*. **5.** Pena de muerte así ejecutada.

garrotillo *s. m.* Nombre vulgar de la difteria.

garrotín *s. m.* Danza popular que estuvo de moda a finales del s. XIX.

garrucha *s. f.* Polea*.

garrulo, la *adj.* Se aplica a la persona basta, de modales toscos y zafios. También *s.*

gárrulo, la *adj.* **1.** Se dice de las aves que cantan o chirrían mucho. **2.** Que habla mucho o se extiende demasiado al exponer alguna cosa.

Garshin, Vsevolod Mijailovich (Bahmut 1855 - San Petersburgo 1888) Novelista ruso. Fue soldado voluntario en la guerra ruso-turca. Adscrito al populismo, sus protagonistas son seres humildes que sufren. Una enfermedad mental lo llevó al suicidio. Algunas de sus narraciones más significativas son *Los cuatro días* (1877), *Cobarde* (1879), *La flor roja* (1883) y *La señal* (1887).

garúa *s. f.* **1.** *amer.* Llovizna. **2.** *amer.* Niebla espesa.

garufa *s. f. Arg.*, *Par.*, *Urug.* Juerga.

garza *s. f.* Nombre común de diversas aves ciconiformes de la familia ardeidos, género *Ardea*. Su longitud varía entre los 80 cm y 1,5 m, tienen patas finas y largas, plumaje de colores diversos y cuello largo y sinuoso. Viven en las riberas de lagos y pantanos y se alimentan principalmente de peces. Anidan en árboles próximos al agua. Se conocen unas 35 especies, entre las que destacan la garza real *(Ardea cinerea)* y la garza imperial *(Ardea purpurea)*, ambas de Europa, y la garza gigante *(Ardea goliath)*, que es la de mayor tamaño y habita en África.

Garza imperial (Ardea purpurea), *a la izquierda, y garza real* (Ardea cinerea).

garzo, za *adj.* Azulado; se aplica principalmente a los ojos.

gas *s. m.* **1.** Estado de la materia caracterizado por la gran separación y desorden de las moléculas y la escasa intensidad de las fuerzas de atracción existentes entre ellas. El gas posee mayor fluidez que el líquido y mayor energía cinética, por lo que tiende a adoptar la forma del recipiente que lo contiene. Encerrado en un recipiente, ejerce una presión sobre éste que está en función de su volumen, temperatura y magnitud molar. **2.** Nombre genérico aplicado a cualquier combustible en este estado. **3.** Mezcla de carburante y aire que alimenta el motor de un vehículo. || *pl.* **4.** Restos gaseosos de la digestión, acumulados en el intestino. || **5. gas carbónico** Dióxido de carbono (CO_2). **6. gas ciudad** Cualquier gas combustible que se suministra por tuberías para uso doméstico o industrial. **7. gas de agua** Mezcla de hidrógeno y monóxido de carbono (CO) obtenida al reaccionar vapor de agua con carbón al rojo. **8. gas de los pantanos** Metano*. **9. gas del alumbrado** El que se obtiene por destilación seca de la hulla. **10. gas electrónico** Conjunto de electrones libres provenientes de los átomos de metales al ser ionizados para formar las redes metálicas. **11. gas hilarante** Nombre dado antiguamente al óxido nitroso (N_2O), que tiene propiedades anestésicas. **12. gas ideal** Gas teórico que cumple la llamada *ecuación de estado*, cuya fórmula es: $PV = nRT$, donde P es presión, V volumen, n número de moles, R la constante de los gases ideales y T la temperatura expresada en grados Kelvin. La constante de los gases ideales es aproximadamente 0,082 at · l/mol °K. **13. gas lacrimógeno** El tóxico que provoca abundantes lágrimas. Es utilizado en la guerra y por las fuerzas policiales. Se usa más en *pl.* **14. gas mostaza** Iperita*, gas tóxico. **15. gas natural** Mezcla de hidrocarburos gaseosos que se presenta en grandes depósitos subterráneos naturales. Normalmente está compuesto por metano y, en menor proporción, por etano, butano y propano. Se utiliza como combustible doméstico y los principales yacimientos se hallan en EE UU, Federación Rusa, Ucrania, Libia, Argelia y México. **16. gas noble** Cualquiera de los elementos químicos que componen el grupo VIII A del sistema periódico: helio, neón, argón, criptón, xenón y radón; tienen ocho electrones en su última capa, excepto el helio, que por no tener más que una capa sólo admite dos electrones. **17. gas perfecto** Gas ideal. **18. gas real** Por oposición a gas ideal, el que existe en la naturaleza. Su ecuación, llamada *de Van der Waals*, es:

$$(P + an^2/V^2) \cdot (V-nb) = nRT$$

donde a y b son factores de corrección propios de cada gas y las otras magnitudes, las anteriormente indicadas para el gas ideal. ‖ **Loc. a medio gas** *adv. fam.* A media velocidad o potencia. **a todo gas** *adv. fam.* A toda velocidad o potencia. **dar gas** Accionar el acelerador de un vehículo para dar entrada a la mezcla carburada en el cilindro y aumentar la velocidad; también, acelerar un asunto, proceso, etc.

gasa *s. f.* **1.** Tela muy ligera y transparente, generalmente de seda. **2.** Tejido de hilos bastante separados que se utiliza para vendas, compresas, curas, etc. **3.** Trozo de dicho tejido que, doblado varias veces, se pone a los niños pequeños para que empape el pis.

Gasca, Pedro de la (Navarregadilla, Ávila 1494 - Sigüenza, Guadalajara 1565) Religioso y político español. En 1545 fue nombrado presidente de la audiencia de Lima, donde hizo frente a la tercera guerra civil del Perú, provocada por las leyes Nuevas de Indias. Venció a Gonzalo Pizarro en Xaquixaguana (1548) y pacificó el virreinato, organizó expediciones a Chile y Bolivia e inició la explotación minera de cerro Potosí.

gascón, na o **gasconés, sa** *adj.* **1.** De Gascuña. También *s.* ‖ *s. m.* **2.** Dialecto de la lengua de oc, hablado en esta región.

Gascuña (*Gascogne*) Región histórica de Francia, situada en el extremo SO del país, al N del País Vasco. Su nombre deriva del de la antigua Vasconia y corresponde a la provincia romana de Aquitania. Fue ocupada por visigodos y gascones. Pasó luego a la corona inglesa por el matrimonio de Leonor de Aquitania con Enrique II Plantagenet. En la guerra de los Cien Años fue recuperada por Francia.

gasear *v. tr.* **1.** Hacer que un líquido absorba cierta cantidad de gas. **2.** Someter a la acción de gases asfixiantes, tóxicos, lacrimógenos, etc.

gaseiforme *adj.* En estado gaseoso.

gaseoducto *s. m.* Tubería de gran calibre y longitud para conducir gas combustible a largas distancias. ▪ Se dice también *gasoducto*.

gaseoso, sa *adj.* **1.** En estado de gas. **2.** Se aplica al líquido que contiene o desprende gases. ‖ *s. f.* **3.** Bebida refrescante, efervescente debido al gas carbónico disuelto en ella.

gasificar *v. tr.* **1.** Convertir líquidos o sólidos en sustancias gaseosas, aumentando su temperatura o sometiéndolos a reacciones químicas. **2.** Diluir gas carbónico en un líquido. ▪ Se conjuga como *sacar*. **Fam.** Gasificable, gasificación.

gasoducto *s. m.* Gaseoducto*.

gasógeno *s. m.* **1.** Aparato que produce gas combustible mediante la combinación de materiales sólidos o líquidos con aire u oxígeno y, en ocasiones, vapor. **2.** Aparato de ciertos automóviles que produce carburo de hidrógeno para su uso como carburante. **3.** Mezcla de gasolina y alcohol, usada en alumbrado y como quitamanchas.

gasoil (voz ingl. que significa 'aceite de gas') *s. m.* Gasóleo*. ▪ Se escribe también *gas-oil*.

gasóleo *s. m.* Mezcla de hidrocarburos líquidos obtenida en la destilación fraccionada del petróleo entre 250 y 350 °C, aproximadamente. Se usa como combustible en calefacción y en los motores pesados y diesel. ▪ Se dice también *gasoil*.

gasolina *s. f.* Mezcla de hidrocarburos líquidos obtenida en la destilación fraccionada del petróleo. La gasolina es un líquido amarillento, inflamable, de olor característico, que se evapora con facilidad; es soluble en éter, alcohol y cloroformo e insoluble en agua. Se emplea como combustible en los motores de explosión y como disolvente. Sus componentes tienen un bajo punto de ebullición (entre 60 y 200 °C) y los principales son el heptano y el octano de moléculas lineales o ramificadas; cuanto mayor es la proporción de octanos ramificados, mayor es el octanaje o número de octanos de la gasolina y menor es la vibración o detonación que su quemado produce en los motores. Se le suele añadir como antidetonante tetraetilplomo.

gasolinera *s. f.* **1.** Instalación con depósitos de gasolina y gasóleo y sus correspondientes surtidores para suministrarlos a los vehículos, en la que se ofrecen en ocasiones otros servicios. **2.** Lancha con motor de gasolina.

gasometría *s. f.* Método de análisis químico de las mezclas gaseosas para determinar la concentración de gas. **Fam.** Gasométrico.

gasómetro *s. m.* **1.** Instrumento para medir el volumen de un gas. **2.** Tanque de almacenaje de gas a presión conectado a la red de distribución. Su fondo está ocupado por agua y, aumentando el volumen de ésta, se comprime el gas, que es extraído por la parte superior a través de un manómetro y un contador que miden su presión y caudal de salida.

Gasperi, Alcide de (Pieve Tesino, Trento 1881 - Valsugana 1954) Político italiano. Diputado y presidente del Partido Popular, se opuso al fascismo, por lo que fue encarcelado en 1926. En 1943 participó en la fundación de la Democracia Cristiana, de la que fue secretario general (1943-54). Jefe de gobierno entre 1946 y 1953, durante su mandato se redactó la actual Constitución italiana. Fue uno de los principales impulsores de la unidad europea y de la alianza con EE UU.

Gassendi, Pierre (Champtercier, Provenza 1592 - París 1655) Filósofo, astrónomo, matemático y físico francés. Realizó investigaciones astronómicas y acústicas de gran importancia. En filosofía, lo más destacado de su pensamiento son sus críticas a las teorías de Descartes y su intento de reconciliar el antiguo atomismo y la moral epicúrea. Entre sus principales obras cabe citar *Objectiones ad Meditationes Cartesii* (1642) y *De vita et moribus Epicuri* (1647).

Gasser, Herbert Spencer (Platteville, Wisconsin 1888 - Nueva York 1963) Fisiólogo estadounidense. Fue jefe del Instituto de investigaciones médicas Rockefeller de Nueva York. En 1944 fue premiado con el Nobel de medicina, compartido con su colaborador Joseph Erlanger, por sus investigaciones sobre las funciones diferenciadas de las fibras nerviosas.

Gassman, Vittorio (Génova 1922) Actor italiano. Es una de las más importantes figuras del moderno teatro italiano. En 1976 montó en Roma el espectáculo *Gassman en subasta*. En cine, ha participado en películas como *Arroz amargo* (1948); *Kean* (1957), que él mismo dirigió; *La Gran Guerra* (1959); *La escapada* (*Il sorpasso*, 1962), y *Perfume de mujer* (1975). Publicó sus memorias con el título de *Un gran porvenir a la espalda* (1983).

Gassol, Ventura (La Selva del Campo 1894 - Tarragona 1980) Político y escritor español en lengua catalana. Catalanista radical, fue íntimo colaborador de Macià. En 1926 tomó parte en el intento de invasión de Cataluña desde Prats de Molló. Proclamada la República, fue diputado de Esquerra Republicana en las Cortes y consejero de Cultura de la Generalitat. Al iniciarse la guerra civil (1936) se exilió a Francia. Su poesía responde al gusto novecentista, pero tiene una raíz romántica, como en *Ánfora* (1916), *Las tumbas llameantes* (1923) y *Mirra* (1931). También escribió narraciones: *El precio de la sangre* (1923); novelas: *Una mujer se detiene en el camino* (1935), y teatro: *La Dolorosa* (1928) y *El hombre y la bestia* (1934).

gastado, da **1.** *p. p.* de **gastar**. También *adj.* ‖ *adj.* **2.** Manido, que ha perdido actualidad o interés.

gastador, ra *adj.* **1.** Derrochador, que gasta mucho. También *s.* ‖ *s. m.* **2.** Soldado que se ocupa de abrir trincheras, zanjas, etc. **3.** Cada uno de los soldados que abren paso en las marchas y desfiles. Suelen llevar ciertas herramientas (picos, palas, hachas, sierras).

gastar *v. tr.* **1.** Emplear dinero en algo. También *v. intr.* y *v. prnl.* **2.** Utilizar alguna cosa que se consume, se pierde o se estropea al hacer uso de ella. También *v. prnl.* **3.** Desgastar, estropear o destruir algo con el uso o a consecuencia de una acción continuada. También *v. prnl.* **4.** Usar, llevar. **5.** Tener habitualmente una persona la actitud, estado, etc., que se indica, especialmente cuando es negativo. **6.** Con sustantivos como *bromas*, *cumplidos*, etc., hacerlos. **7.** Debilitar las fuerzas o la capacidad de una persona. También *v. prnl.* ‖ **Loc. gastarlas** *fam.* Comportarse alguien habitualmente de una determinada manera. **Fam.** Gastable.

gasterópodos *s. m. pl.* Clase de moluscos a la que pertenecen unas 35.000 especies comprendidas en las subclases prosobranquios, opistobranquios y pulmonados. Se caracterizan por tener el cuerpo asimétrico debido a una torsión y arrollamiento de la masa visceral durante el desarrollo embrionario, lo que explica que su concha tenga forma de espiral. Su sistema nervioso se compone de ganglios cefálicos y otros ganglios situados en la masa visceral. Los prosobranquios, o caracoles de mar, respiran por branquias y tienen concha. Los opistobranquios, también marinos, son hermafroditas y generalmente carecen de concha. Los pulmonados, o caracoles terrestres, son hermafroditas, de respiración pulmonar; su cuerpo consta de cabeza, pie, cuya epidermis posee numerosas glándulas que segregan mucosa, y masa visceral; tienen en la parte anterior un órgano quitinoso llamado *rádula*, que utilizan para triturar los alimentos, y poseen tentáculos en cuyo extremo están los ojos. Gasterópodos son el caracol, la babosa, la lapa, etc. También *adj.* y *s. m.*

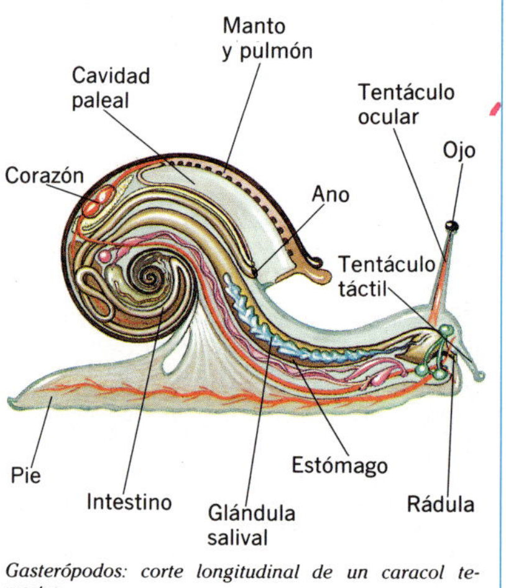

Gasterópodos: corte longitudinal de un caracol terrestre.

gasto *s. m.* **1.** Acción de gastar. **2.** Aquello que se gasta o se ha gastado, especialmente dinero. Se usa mucho en *pl.* **3.** Cantidad de líquido o de gas que sale por un orificio o circula por una conducción en cada unidad de tiempo. ‖ **4. gasto público** El que realiza el Estado para atender las necesidades públicas. ‖ **Loc. correr con los gastos** Hacerse cargo de ellos, abonarlos. **cubrir gastos** Producir un negocio los beneficios suficientes para que no cueste dinero mantenerlo. **hacer el gasto** Ser alguien el que habla la mayor parte del tiempo en una conversación; también, ser el que más se esfuerza o rinde en alguna actividad, especialmente en deportes.

gastón, na *adj.* Que gasta más dinero del necesario. También *s.*

gastoso, sa *adj.* Gastón*.

gastr- *pref.* Significa 'estómago': *gastritis.* ■ Existe también la variante *gastro-*: *gastroenteritis.*

gastralgia *s. f.* Dolor de estómago.

gastrectomía *s. f.* Extirpación quirúrgica parcial o total del estómago. Suele realizarse en los casos de úlcera gastroduodenal y de cáncer de estómago.

gástrico, ca *adj.* Perteneciente o relativo al estómago.

gastritis *s. f.* Inflamación de las capas mucosas del estómago causada por una secreción excesiva de ácido clorhídrico. Puede deberse a la ingestión de sustancias tóxicas, de alimentos en mal estado o demasiado abundantes y a problemas emocionales. Se trata con dieta y medicamentos antiespasmódicos.

gastro- *pref.* Véase **gastr-**.

gastroduodenal *adj.* Perteneciente o relativo al estómago y al duodeno.

gastroenteritis *s. f.* Inflamación simultánea de las mucosas gástrica e intestinal, debida a microorganismos, que causa vómitos, diarrea y dolores abdominales. Normalmente es leve, pero puede provocar deshidratación.

gastrointestinal *adj.* Perteneciente o relativo al estómago y los intestinos.

gastronomía *s. f.* **1.** Conjunto de conocimientos relacionados con la alimentación humana, especialmente en lo que respecta a la elaboración y preparación de los platos. **2.** Afición a la buena cocina. **FAM.** Gastronómico.

gastrónomo, ma *s. m.* y *f.* Experto en gastronomía o aficionado a la buena cocina.

gastrotricos *s. m. pl.* Tipo de invertebrados protostomas al que pertenecen diversas especies comprendidas en los órdenes quetonotoideos y macrodasioideos. Miden de 0,6 a 1,5 mm, tienen el cuerpo alargado, con cabeza diferenciada y dos apéndices caudales. Su reproducción es hermafrodita o partenogenética. Habitan en el mar y en aguas dulces. También *adj.* y *s. m.*

gástrula *s. f.* **1.** Estructura del embrión de los metazoos que se forma a partir de la blástula mediante el proceso de gastrulación. La gástrula presenta tres hojas embrionarias: ectodermo, mesodermo y endodermo –de las que se originarán los órganos del feto en la fase siguiente, llamada organogénesis–, así como los anexos embrionarios: corion, saco vitelino, amnios y alantoides, que intervienen en la nutrición y protección del embrión. **2.** Fase del desarrollo embrionario de los metazoos en que se forma esta estructura.

gastrulación *s. f.* Proceso del desarrollo embrionario de los metazoos mediante el cual la blástula se convierte en gástrula. Comienza al término de la segmentación del cigoto y durante el mismo se diferencian las tres hojas embrionarias.

Gata **1.** Cabo del litoral mediterráneo español, situado en la costa de Almería.
2. Sierra de España, situada entre Salamanca y Cáceres, y que constituye el extremo occidental del Sistema Central. Su máxima altitud es el Rongiero, de 1.627 m. Está formada por material granítico y metamórfico y separa las cuencas de los ríos Duero y Tajo.

gatas, a *loc. adv.* Modo de ponerse o caminar una persona apoyándose en las manos y los pies o las rodillas, como un gato u otro cuadrúpedo.

gatear *v. intr.* **1.** Andar a gatas. **2.** Trepar como lo hacen los gatos.

gateo *s. m.* **1.** Acción y efecto de gatear. **2.** Fase evolutiva de la maduración motriz de los niños, que precede a la de marcha erguida; en algunos casos puede no existir, o ser sustituida por el «culeo» o desplazamiento en posición sentada.

GATEPAC (siglas de *Grupo de Artistas y Técnicos Españoles para el Progreso de la Arquitectura Contemporánea*) Grupo formado en 1930 para introducir en España las tendencias más avanzadas en arquitectura y urbanismo. Entre sus miembros figuraban José Manuel Aizpurúa, Fernando García Mercadal, José Torres Clavé y José Luis Sert. Publicó la revista *A. C.* (Documentos de Actividad Contemporánea). Se disolvió al iniciarse la guerra civil en 1936.

gatera *s. f.* **1.** Agujero en una pared, puerta, etc., para que entren y salgan los gatos, utilizado

Diversas razas de gatos: 1. Europeo bicolor. 2. Siamés. 3. Montés. 4. Persa. 5. Europeo jaspeado rojo.

también para otros usos. **2.** Abertura hecha en los tejados como ventilación. **3.** En los barcos, agujero circular forrado de hierro, para que pasen por él cadenas y cabos de amarre.

gatillo *s. m.* **1.** En las armas de fuego, palanca que al presionarla con el dedo acciona el disparo. **2.** Instrumento semejante a unas tenazas que utiliza el dentista para extraer dientes. **3.** Gato pequeño utilizado en carpintería y en otros oficios.

gato, ta *s. m.* y *f.* **1.** Nombre común de diversos mamíferos carnívoros de la familia félidos, género *Felis.* Tienen cabeza redonda, ojos cuya pupila se adapta a la visión nocturna, lengua áspera y patas cortas con uñas retráctiles. Son animales ágiles, de alimentación carnívora. El gato fue domesticado en el antiguo Egipto y habita en los cinco continentes. El gato doméstico *(Felis catus)* incluye diversas razas: siamés, de Angora, etc. Algunas especies se conservan en estado salvaje, como el gato montés *(Felis silvestris)* y el gato jaspeado *(Felis marmorata).* **2.** Madrileño, de Madrid. **3.** *Méx.* Criado, sirviente. ‖ *s. m.* **4.** En general, cualquiera de los animales de la familia félidos: leones, tigres, etc. **5.** Instrumento que, colocado debajo de grandes pesos, sirve para elevarlos a poca altura, como el utilizado para levantar un automóvil con el fin de cambiarle las ruedas. **6.** En carpintería y otros oficios, instrumento en forma de U, entre cuyos brazos se sujeta mediante un tornillo la pieza que se trabaja. **7.** Instrumento semejante compuesto por dos piezas que se juntan con un tornillo. **8.** Instrumento de hierro utilizado para agarrar y transportar la madera. **9.** *Arg.* Errata, error en un escrito. **10.** *Arg., Chile, Par., Urug.* Danza popular del N de Argentina que bailan parejas sueltas, con ritmo de 6/8. ‖ **LOC. cuatro gatos** *fam.* Muy poca gente. **dar gato por liebre** *fam.* Hacer pasar una cosa de poca calidad, valor, etc., por otra parecida, pero mucho mejor. **haber gato encerrado** *fam.* Haber algo oculto y sospechoso en cierta cosa o asunto. **llevar(se) el gato al agua** *fam.* Conseguir alguien lo que se había propuesto en competencia con otros; también, ser alguien entre varios el que vence una dificultad. **tener gato** a alguien *fam.* Tenerle manía.

GATT (siglas de la expr. ingl. *General Agreement on Tariffs and Trade*) Acuerdo firmado en 1947 por 23 países que se comprometieron a reducir sus tarifas aduaneras y obstáculos comerciales. España suscribió este tratado en 1963.

Gattamelata, Erasmo da Narni, llamado **el** (Narni h. 1370 - Padua 1443) Condotiero italiano. Tras haber servido a los papas Martín V y Eugenio IV, pasó en 1437 a depender de Venecia, para la que defendió el paso de Adda contra los milaneses; ese mismo año fue nombrado capitán general de Venecia. En Padua se conserva su estatua ecuestre, obra de Donatello.

Gattinara, Mercurino Arborio, marqués de (Vercelli 1465 - Innsbruck 1530) Jurisconsulto y político piamontés. Fue el primer presidente del parlamento de Borgoña en 1508. Nombrado canciller por Carlos V en 1518, participó activamente en la elección de éste como emperador. Sostuvo la idea de una monarquía universal y quiso hacerla realidad en los Habsburgo. Con este objetivo dirigió la política exterior de Carlos V.

Gatto, Alfonso (Salerno 1909 - Grosseto 1976) Poeta italiano. Sufrió encarcelamiento por sus actividades antifascistas. En 1938 fundó y dirigió, junto con Vasco Pratolini, *Campo di Marte*, revista de literatura y arte. Su poesía, inicialmente surrealista y hermética, evolucionó hacia un realismo populista. Entre sus libros de poesía merecen citarse *La isla* (1932), *Muerto en los países* (1937), *La fuerza de los ojos* (1954) y *La historia de las víctimas* (1966).

gatuno, na *adj.* Relativo al gato o propio de él.

gatuperio *s. m.* **1.** *fam.* Enredo, tapujo, asunto turbio. **2.** Mezcolanza, revoltijo.

gauchada *s. f.* **1.** *Arg., Par., Urug.* Acción propia de gauchos. **2.** *Arg., Par., Urug.* Favor, servicio prestado.

gauchaje *s. m. Arg., Par., Urug.* Conjunto o grupo de gauchos.

gauchear *v. intr.* **1.** *Arg., Par., Urug.* Comportarse como un gaucho. **2.** *Arg., Par., Urug.* Andar errante. **3.** *Arg., Par., Urug.* Hacer favores.

gauchesco, ca *adj.* **1.** Relativo a los gauchos o semejante a su vida y costumbres. ‖ **2. literatura gauchesca** Género literario argentino que se inspira en el gaucho y su mundo. Surgió en el s. XIX y sus principales características son la imitación del habla de los gauchos, el elogio de su amor a la libertad, de su nobleza de carácter, de su habilidad como jinetes y con la guitarra, así como la protesta contra las injusticias sociales, en especial las cometidas con el gaucho. Su forma más común es el verso, en el que se escriben *Aniceto el Gallo* (1853), de Hilario Ascasubi; *Fausto* (1866), de Estanislao del Campo; *Los tres gauchos orientales* (1872), del uruguayo Antonio Lussich y, sobre todo, *Martín Fierro* (1872), de José Hernández, considerado el gran poema nacional argentino. El género halló continuidad en el teatro y la novela, de la que constituye un notable ejemplo *Don Segundo Sombra* (1926), de Ricardo Güiraldes.

gauchismo *s. m.* Corriente artística inspirada en la vida y costumbres de los gauchos, que ha tenido especial importancia en la literatura y en la música.

gaucho, cha *adj.* **1.** Se aplica a los habitantes de las pampas de Río de la Plata, en Uruguay y Argentina, y de Rio Grande do Sul, en Brasil, dedicados a la ganadería, de vida nómada y generalmente mestizos. También *s. m.* **2.** Propio o característico de estas personas. **3.** *Amér. del S.* Se dice del que es buen jinete o posee otras cualidades propias de las citadas personas. También *s. m.*

Gaudí y Cornet, Antonio (Reus, Tarragona 1852 - Barcelona 1926) Arquitecto español. Representante destacado del modernismo, su obra

Antonio Gaudí: templo de la Sagrada Familia en Barcelona.

es una de las aportaciones más originales de la arquitectura de su tiempo. Tras una primera etapa de clara influencia gótica y arabizante (palacio episcopal de Astorga, 1887-93; palacio Güell, 1885-89), desarrolló un estilo peculiar en el que se funden técnicas propias de la arquitectura contemporánea con elementos y motivos ornamentales de otras épocas, mezclados con imaginación y originalidad: uso de arcos parabólicos, combinación de piedra, madera y hierro, formas animales y cerámica policromada, fachadas onduladas, etc. A este periodo de madurez pertenecen sus obras maestras: la casa Milá (1905-10), la casa Batlló (1905-07), el parque Güell (1900-14) y el templo inacabado de la Sagrada Familia, todas ellas en Barcelona.

Gauguin, Paul (París 1848 - Atuona, islas Marquesas 1903) Pintor francés. Tras un acercamiento inicial al impresionismo, su obra evolucionó hacia un estilo caracterizado por la importancia concedida al color, a las formas planas y al contenido simbólico de los temas. Cada vez más interesado por la vuelta a la vida natural y las religiones primitivas, realizó varios viajes a los mares del Sur (Tahití, islas Marquesas), donde pintó sus mejores cuadros. Entre sus obras más representativas figuran *La visión después del sermón* (1888), *El Cristo amarillo* (1888-90), *Never more* (primer periodo de Tahití), *¿De dónde venimos? ¿Qué somos? ¿Adónde vamos?* (segundo periodo de Tahití).

Paul Gauguin: La llamada, *óleo de 1902 (Museo de Arte de Cleveland, EE UU).*

Gaulle, Charles de (Lille 1890 - Colombey-les-Deux-Églises, Haute Marne 1970) Militar y político francés. Oficial de la academia de Saint-Cyr, combatió en la Primera Guerra Mundial. En la Segunda Guerra Mundial mandó la cuarta división acorazada y fue ascendido a general de brigada. Cuando Pétain firmó el armisticio con Alemania, De Gaulle se trasladó a Londres, desde donde emitió la célebre proclama en la que llamaba a sus compatriotas a la resistencia. Con el apoyo de las colonias francesas organizó el Comité de Liberación Nacional que, en junio de 1944, se convirtió en gobierno provisional de la República Francesa. Tras la victoria aliada, fue nombrado presidente del gobierno provisional, pero pocos meses después dimitió. Derrotado en las elecciones de 1951, fue llamado al poder tras la crisis de Argelia de 1958. Promulgó una nueva Constitución, que dio origen a la Quinta República, y en 1959 fue elegido presidente. Llevó a cabo una política de descolonización, de apoyo a la unión de los países europeos y de impulso al desarrollo interno de Francia y a su papel internacional, manteniendo siempre una postura independiente ante los bloques. En 1969 dimitió al no ser aprobada en un referéndum su política de regionalización.

Charles de Gaulle.

gaullismo *s. m.* Política llevada a cabo en Francia por Charles de Gaulle y principios o posturas inspirados en ella. **Fam.** Gaullista.

Gaurisankar Pico del Himalaya central, situado en Nepal. 7.145 m de altitud.

gausímetro *s. m.* Instrumento para medir la intensidad de un campo magnético.

gauss *s. m.* Unidad de inducción magnética en el sistema cegesimal (CGS). Equivale a 10^{-4} Tesla. Su nombre procede del de *K. F. Gauss*, matemático alemán. Su símbolo es *Gs.*

Gauss, curva de La que representa la distribución normal de frecuencias de una variable probabilística.

Gauss, Karl Friedrich (Brunswick 1777 - Gotinga 1855) Matemático y astrónomo alemán. Fue profesor de matemáticas en la universidad de Gotinga desde 1807 y director del laboratorio astronómico de esta misma ciudad. Sus trabajos se desarrollaron fundamentalmente en el campo de las matemáticas aplicadas a la física. Entre ellos destacan el estudio del magnetismo terrestre y el método de los mínimos cuadrados. Enunció el teorema fundamental del álgebra, según el cual todo polinomio de grado *n* tiene *n* raíces, y el teorema fundamental de la aritmética, según el cual todo número puede descomponerse de forma única en producto de números primos.

Gauss, teorema de Establece que el flujo de un campo eléctrico a través de una superficie cerrada es igual a la suma de las cargas eléctricas contenidas en la superficie, dividida por la constante dieléctrica del medio.

Gautier, Théophile (Tarbes 1811 - Neuilly-sur-Seine 1872) Escritor francés. Periodista y ensayista, fue asimismo autor de novelas, relatos y poesía. Formado en el Romanticismo, se contó entre los parnasianos que defendían el «arte por el arte». En el género narrativo, destacan sus obras *Mademoiselle de Maupin* (1835), *La novela de una momia* (1858) y *El capitán Fracasse* (1863), y, en poesía, *Esmaltes y camafeos* (1852). También publicó *Historia del Romanticismo* (1874).

Gavá C. de España, en la prov. de Barcelona. 36.000 h. en 1990. Situada en el delta del Llobregat, al pie de los montes de Garraf, tiene cultivos de regadío y huerta en las márgenes del río. Pertenece al cinturón industrial barcelonés y cuenta con fábricas siderometalúrgicas, de materiales sanitarios, radiadores, productos químicos, textiles y material de construcción. Sus playas dan origen a una importante actividad turística.

gaveta *s. f.* **1.** Cajón corredizo, especialmente de los escritorios. **2.** Mueble que tiene uno o varios de estos cajones.

gavia *s. f.* **1.** Vela del mastelero mayor de un barco y, p. ext., cualquiera de las velas de los otros dos masteleros. **2.** Plataforma colocada en el mastelero de una galera. **3.** Surco hecho en la tierra como desagüe o para separar propiedades.

gavial *s. m.* Reptil crocodiliano de la familia gaviálidos, especie *Gavialis gangeticus.* Es un cocodrilo de gran tamaño (unos 6 m de longitud), que se caracteriza por su hocico largo y estrecho con un ensanchamiento en el extremo. Habita en los ríos de la India –Indo, Ganges, Brahmaputra, etc.– y se alimenta de peces.

gaviero *s. m.* Marinero que vigila desde la gavia.

gavieta *s. f.* En las embarcaciones, plataforma colocada sobre el bauprés.

gaviete *s. m.* Madero curvo situado en la popa de una lancha y provisto de una ruedecilla por la que pasa el cable del ancla al elevarla.

gavilán *s. m.* **1.** Nombre común de diversas aves falconiformes de la familia accipítridos, géneros *Parabuteo* y *Accipiter.* Son rapaces cuyo tamaño varía entre los 28 y los 38 cm, siendo mayor la hembra que el macho. Tienen el dorso grisáceo y el vientre blanquecino con rayas transversales. Son magníficas cazadoras, por lo que se las utiliza en cetrería. Habitan en bosques de América *(Parabuteo unicinctus)* y de Europa y N de África *(Accipiter nisus).* **2.** Cada uno de los dos hierros que forman la cruz de la espada y protegen la mano. Se usa más en *pl.*

Gavilán (Accipiter nisus).

gavilla *s. f.* **1.** Conjunto de cañas, ramas, mieses, etc., atadas o sujetas de algún modo. **2.** Grupo de individuos despreciables o mal considerados, como ladrones, estafadores, gamberros, etc.

gavión *s. m.* **1.** Especie de jaula de tela metálica rellena con tierra o grava que se utiliza como defensa en obras hidráulicas, para consolidar terrenos pantanosos, etc. **2.** Ave caradriforme de la familia láridos, especie *Larus marinus.* Es un tipo de gaviota de gran tamaño (unos 70 cm de longitud), plumaje blanco, con las alas y el dorso negros, y pico amarillo con una mancha roja. Depredadora agresiva y voraz, habita en los mares del N de Europa y de América y en verano emigra al S.

Gaviota argéntea (Larus argentatus).

gaviota *s. f.* Nombre común de diversas aves caradriformes de la familia láridos, géneros *Larus, Rhodostethia, Pagophila* y *Rissa.* Son aves marinas, cuyo tamaño varía entre los 28 y 70 cm de longitud, tienen alas largas, torso fuerte, pico largo y ganchudo y patas con cuatro dedos, tres de los cuales están unidos por una membrana interdigital. Generalmente, su plumaje es blanco. Viven en las costas de todos los continentes, aunque algunas especies penetran hasta el interior, y se alimentan de restos orgánicos y peces.

Las especies más conocidas son la gaviota enana *(Larus minutus)*, la gaviota mediterránea *(Larus melanocephalus)*, la gaviota argéntea *(Larus argentatus)* y la gaviota reidora *(Larus ridibundus)*.

Gaviria Trujillo, César (Pereira 1947) Político colombiano. Ministro de Hacienda y de Gobierno con Virgilio Barco, en 1990 fue elegido presidente de la república. En su programa se propuso como objetivos principales la lucha contra el narcoterrorismo y lograr la paz con los grupos armados.

gavota *s. f.* **1.** Danza de origen francés que se baila por parejas y que tuvo gran popularidad durante los reinados de Luis XIV y Luis XV. **2.** Música para esta danza.

gay (voz ingl.) *adj.* Homosexual*. También *s. m.*

Gay, John (Barnstaple, Devonshire 1685 - Londres 1732) Poeta y dramaturgo británico. Cultivó la poesía satírica y burlesca, como en el poema *El vino* (1708), *La semana del pastor* (1714) y *Trivia* (1716), pero donde alcanzó gran éxito fue en el teatro, especialmente con *La ópera del mendigo* (1728), sátira de la ópera italiana, que dos siglos después recrearía Bertolt Brecht en *La ópera de tres peniques*.

Gayarre, Julián (Valle del Roncal, Navarra 1844 - Madrid 1890) Tenor español. Se distinguió por su gran técnica en interpretaciones de óperas de Wagner, de Mozart y del repertorio italiano.

Gay-Lussac, ley de Afirma que, a presión constante, el volumen de un gas aumenta en la proporción en que aumenta su temperatura. Fue enunciada por el físico Gay-Lussac en 1802.

Gay-Lussac, Louis Joseph (Saint-Léonard-de-Noblat 1778 - París 1850) Físico y químico francés. Profesor de química en la Escuela Politécnica de París y posteriormente profesor de física en la Sorbona, estudió las proporciones de volumen en que se combinan los gases e ideó algunos métodos para medir la densidad de los mismos. También inventó un procedimiento para la fabricación de ácido sulfúrico por medio de la llamada torre de Gay-Lussac (1835). Realizó ascensiones en globo para estudiar las capas altas de la atmósfera.

gayo, ya *adj.* **1.** Alegre o vistoso. ▪ Se utiliza sobre todo en lenguaje culto y literario. ‖ **2. gaya ciencia** Denominación que recibía en la Edad Media la poesía de los trovadores, en contraposición a otro tipo de conocimientos, como la teología o la filosofía, de carácter más académico y oficial.

Gaza (en ár. *Gazza*) **1.** Territorio de Palestina, situado a orillas del Mediterráneo, al SO de Israel, que lo ocupó en la guerra de 1967. 363 km^2. 550.000 h. en 1989. Ha sido colonizado por campesinos-soldados israelíes, pese a la resistencia de la poblacion civil árabe. También se llama *franja de Gaza*.
2. C. de Palestina, cap. de este territorio, cuya antigüedad se remonta a tiempos de los filisteos. Es un centro de mercado de los productos agrícolas de huerta y regadío de la región.

gazapo[1] (del port. *caçapo*, de *cazar*) *s. m.* Cría de conejo.

gazapo[2] (del cat. *gasafató*, expresión malsonante) *s. m.* Equivocación que se comete por distracción al hablar o al escribir.

Gaziantep C. de Turquía, cap. de la provincia homónima, situada en el SE del país, en la frontera con Siria, entre los montes del Tauro y el valle del Eúfrates. 478.600 h. en 1986. Es un centro comercial y agrícola, célebre por su producción de pistachos.

Gaziel, Agustí Calvet, llamado (San Feliu de Guixols 1887 - Barcelona 1964) Escritor español en lenguas castellana y catalana. Figura del periodismo, fue director de *La vanguardia*, de Barcelona (1920-36). Entre sus libros sobresalen *Horas viajeras* (1926), *Todos los caminos llevan a Roma* (1958) y *La Península inacabada* (1961).

gazmoño, ña *adj.* Que es o finge ser muy devoto y escrupuloso en cuestiones de moral o religión. También *s.* **FAM.** Gazmoñería.

gaznápiro, ra *adj.* Se aplica a la persona tonta, simple. También *s.*

gaznate *s. m.* Parte superior de la garganta.

Gaznawí Dinastía musulmana de origen turco que gobernó entre 977 y 1187 en Afganistán y en el Punjab. Su capital fue Gazni y alcanzó su máximo esplendor durante el reinado de Mahmud (999-1030). Los guríes tomaron Gazni (1151), pero la dinastía siguió independiente en la India, hasta que fue desplazada por los mismos guríes (1187).

gazpacho *s. m.* **1.** Sopa fría que se hace mezclando hortalizas crudas (tomate, pimiento, pepino, cebolla) y pan, todo ello condimentado con sal, ajo, aceite y vinagre. **2.** *fam.* Mezcolanza.

gazuza *s. f. fam.* Hambre, ganas de comer.

Gd Símbolo químico del gadolinio.

Gdansk **1.** Golfo del mar Báltico situado en su sector SE, en el litoral de Polonia.
2. C. de Polonia, situada en el N del país, en el delta del Vístula, entre el mar Báltico y las colinas de Pomerania. 461.500 h. en 1989. Cuenta con grandes astilleros y con el principal puerto del país, orientado básicamente hacia el tráfico de carbón. Es un poderoso núcleo industrial. Reclamada por Alemania, fue ocupada en 1939 por las tropas de Hitler, lo que constituyó una de las causas del estallido de la Segunda Guerra Mundial. En 1980 los astilleros Lenin fueron el centro de un gran movimiento huelguístico del que surgió el sindicato Solidaridad. Su antiguo nombre era *Dánzig*.

Gdynia (en al. *Gdingen*) C. de Polonia, en el N del país, a orillas del mar Báltico, próxima a Gdansk. 250.200 h. en 1989. Es un importante centro portuario, con gran volumen de tráfico. Posee astilleros e industrias alimentarias de pescado.

ge *s. f.* Nombre de la letra *g*.

Ge Símbolo químico del germanio.

Gea En la mitología griega, divinidad que personificaba a la Tierra. Surgida del Caos, fue fecundada por Urano, el cielo, de quien engendró a los Titanes y los Cíclopes. Madre de Cronos y de Rea, es una divinidad protectora.

geco *s. m.* Nombre común de diversos reptiles escamosos de la familia gecónidos, géneros *Gekko, Ptyodactylus, Sphaerodactylus*, etc. Tienen piel rugosa, cabeza ancha y cuerpo aplastado, costumbres nocturnas, y se caracterizan por poseer dedos que se ensanchan en su zona terminal en forma circular, como el *Sphaerodactylus notatus*, o de bisagra, como el *Ptyodactylus hasselquisti*, con capacidad adhesiva, lo que le facilita el trepar. El más común es el geco salpicado *(Gekko gekko)*, que puede alcanzar los 35 cm de longitud y habita en el S y E de Asia. Se hallan en todas las regiones cálidas del planeta.

gecónidos *s. m. pl.* Familia de reptiles del orden escamosos a la que pertenecen unas 700 especies comprendidas en los géneros *Gekko, Ptyodactylus, Sphaerodactylus, Tarentola, Hemidactylus*, etc. Son saurios de 10 a 30 cm de longitud, que se caracterizan por poseer dedos adhesivos, que les permiten trepar, y párpados inmóviles transparentes; se alimentan principalmente de insectos y arácnidos. Gecónidos son los gecos. En la península Ibérica habitan dos especies, la salamanquesa rosada *(Hemidactylus turcicus)* y la salamanquesa común *(Tarentola mauritanica)*. También *adj.* y *s. m.*

Gedeón (s. XII a. C.) Quinto juez de Israel. Reunió a las tribus del N y del centro de Palestina y derrotó a los madianitas.

Gehena *s. amb.* Nombre con que en el Nuevo Testamento se designa al infierno y que proviene de Ge-Hinnon, un pequeño valle situado al SO de Jerusalén que se utilizaba como vertedero en el que los desechos ardían continuamente.

Geiger, contador Primer detector de partículas radiactivas, que consta de un cilindro lleno de una mezcla de gases –argón o neón y metano–, en cuyo interior hay dos electrodos: cuando una partícula radiactiva atraviesa el cilindro, el gas se ioniza y se produce entre los electrodos una corriente eléctrica que es registrada en el contador.

Geiger, Hans (Neustadt, Renania-Palatinado 1882 - Berlín 1945) Físico alemán. Colaborador de Ernest Rutherford, estudió la carga de las partículas alfa y el periodo radiactivo del radio y estableció que el número atómico de un elemento es el número de cargas de su núcleo. Inventó el *contador Geiger*.

Geijer, Erik Gustaf (Ransäter, Värmland 1783 - Estocolmo 1847) Poeta sueco. Exponente del romanticismo nacionalista, defendió ideas cercanas a un socialismo utópico de raíz cristiana. Es autor de *El vikingo* (1811), *Ensayos de cánticos* (1812) y *Canciones populares suecas* (1814-17).

Geisel, Ernesto (Bento Gonçalves, Rio Grande do Sul 1908) Militar y político brasileño. Uno de los organizadores del golpe militar de Castelo Branco (1964), fue ascendido a general (1969) y designado por las fuerzas armadas presidente de Brasil (1974-79).

géiser *s. m.* Fuente termal que de forma intermitente proyecta un surtidor de agua caliente (a más de 90 °C) y sulfurosa a través de una abertura de la corteza terrestre. Los géiseres abundan en regiones volcánicas de EE UU (Parque Nacional de Yellowstone), Islandia y Nueva Zelanda. ▪ También se escribe *géyser*.

Géiser en erupción en Islandia.

geisha (voz japonesa) *s. f.* En Japón, muchacha que entretiene y da agradable compañía a los hombres. Domina el arte del canto y el recitado, los instrumentos de música tradicionales, la conversación amena y el ritual de servir el té.

gel *s. m.* **1.** En quím., mezcla de un líquido y una materia coloidal, que forma una masa semisólida de aspecto homogéneo y gelatinoso, producto de la transformación de un sol, o dispersión coloidal, cuando aumenta su viscosidad por enfriamiento. Se emplea como soporte de catalizadores y para separar mezclas por adsorción, como en el caso del **gel de sílice**, una masa obtenida al calentar a 300 °C y presión reducida una mezcla de ácidos silícicos, que por su gran poder adsorbente se usa para limpiar de impurezas las corrientes gaseosas. **2.** Jabón líquido usado para el aseo. ▪ Se dice también *gel de baño*.

Gelabert, Fructuoso (Barcelona 1874 - íd. 1955) Director cinematográfico español. En 1897 construyó su propia cámara, basada en la de Lumière, con la que rodó los primeros reportajes. Entre sus filmes de ficción podemos destacar *Tierra baja* (1908), *Amor que mata* (1911) y *La encajera* (1928).

gelatina *s. f.* **1.** Proteína natural que procede del colágeno presente en los tejidos animales y que se obtiene mediante la cocción en agua de huesos, tendones y ligamentos. Es blanca, casi inodora e insípida, soluble en agua caliente y glicerina, y se usa en cocina, farmacia y fabricación de películas y pegamento. **2.** Jalea de frutas.

gelatinar *v. tr.* Cubrir con gelatina.

gelatinizar *v. tr.* Convertir en gelatina. También *v. prnl.* ▪ Se conjuga como *cazar*.

gelatinoso, sa *adj.* Que tiene mucha gelatina o es parecido a ella, especialmente en la consistencia.

gélido, da *adj.* **1.** Helado, muy frío. **2.** Poco afectuoso, distante.

gelifracción o **gelivación** *s. f.* En geol., proceso de fragmentación de una roca debido a los cambios bruscos de temperatura, que hielan y deshielan el agua contenida en sus grietas y fisuras.

Gell-Mann, Murray (Nueva York 1929) Físico estadounidense. Trabajó en la clasificación de las partículas subatómicas, basándose en las propiedades y reacciones de las mismas. En 1969 obtuvo el premio Nobel de física.

Gelmírez, Diego (? h. 1069 - Santiago de Compostela h. 1140) Arzobispo de Santiago de Compostela. Desempeñó un papel muy importante en la política gallega y peninsular durante el turbulento periodo que media entre la muerte de Alfonso VI y el acceso al trono de Alfonso VII. Combatió a la reina doña Urraca y a Alfonso el Batallador, rey de Aragón, que pretendía el trono leonés, sometió a la nobleza gallega, reprimió las revoluciones burguesas de Santiago e incluso armó navíos para defender las costas gallegas de las incursiones de normandos y musulmanes. Ejerció un poder eclesiástico y civil casi absoluto sobre Galicia.

Gelón (Gela 540 - Siracusa 478 a. C.) Tirano de Gela y Siracusa. Sustituyó a Hipócrates (485) y venció a los cartagineses en Himera (480).

Gelsenkirchen C. de Alemania, situada en el Land de Renania del Norte-Westfalia, en la cuenca del Ruhr. 287.300 h. en 1989. Gran centro carbonífero, cuenta con industria pesada, metalúrgica, mecánica, electrónica, química, de vidrio y de refinado de petróleo.

gema *s. f.* **1.** Piedra preciosa. **2.** Yema o botón de una planta.

gemación *s. f.* **1.** En bot., desarrollo de la gema para producir una nueva planta. **2.** Tipo de reproducción asexual de determinados seres vivos inferiores, consistente en la formación de un botón o yema en una parte del cuerpo que, al desprenderse, da lugar a un nuevo individuo.

Gemayel, Amin (Bikfaya 1942) Político libanés. A la muerte de su hermano Beshir fue elegido presidente (1982-88). Durante su mandato continuó la larga y cruenta guerra civil, agravada por la intervención militar siria, palestina e israelí.

Gemayel, Beshir (Beirut 1947 - íd. 1982) Político libanés. Hermano del anterior y jefe del Partido Falangista (Kataëb), tras vencer a los prosirios de Chamoun fue elegido presidente del Líbano y asesinado a los pocos días.

Gemayel, Pierre (Bikfaya 1905 - íd. 1984) Político libanés. Padre de los anteriores, cristiano maronita, fue fundador del Partido Falangista (Kataëb). Varias veces ministro, destacó por su oposición a los partidos árabes y a la resistencia palestina.

gemebundo, da *adj.* Que gime profundamente o tiende a hacerlo.

gemelo, la *adj.* **1.** Se aplica a cada uno de los individuos nacidos de un mismo parto. También *s.* **2.** Se dice de dos cosas semejantes que están emparejadas en una construcción, ornamentación, etc. **3.** De gustos similares, muy compenetrados. ‖ *s. m.* **4.** Músculo de la pantorrilla formado por la unión de otros dos músculos que se insertan por separado en el extremo inferior del fémur y terminan en un solo tendón, el tendón de Aquiles. Su función es elevar el talón y extender el pie al caminar. ‖ *s. m. pl.* **5.** Prismáticos*. **6.** Juego de dos botones, o dos piezas unidas, con que se abrochan los puños de las camisas.
Biol. Los gemelos pueden ser **univitelinos**, cuando un único espermatozoide fecunda a un solo óvulo, que se divide en las primeras fases del desarrollo embrionario, en cuyo caso los individuos son de igual sexo y rasgos semejantes; y **plurivitelinos**, producto de la fecundación simultánea de dos o más óvulos por dos o más espermatozoides distintos, en cuyo caso los individuos son de rasgos distintos y sexo no necesariamente igual. Cuando se produce una segmentación imperfecta del óvulo en el desarrollo embrionario de los gemelos univitelinos, los individuos pueden nacer unidos por alguna parte de su cuerpo, e incluso con miembros y órganos comunes, y se denominan *siameses.*

Gemelos Géminis*, constelación y signo del zodiaco.

gemido *s. m.* Acción y efecto de gemir.

geminación *s. f.* **1.** Disposición doble de un órgano, elemento, etc. **2.** Desarrollo de dos piezas dentarias en un solo alvéolo. **3.** En ling., repetición de un fonema, una sílaba o una palabra en el habla o en la escritura.

geminado, da **1.** *p. p.* de **geminar**. También *adj.* ‖ *adj.* **2.** Dispuesto o agrupado de dos en dos. **3.** Formado por dos partes iguales.

geminar *v. intr.* En ling., producirse una geminación. También *v. prnl.*

Géminis **1.** Constelación zodiacal del hemisferio boreal. Sus dos principales estrellas son Cástor y Pólux. **2.** Tercer signo del zodiaco, que el Sol recorre aparentemente del 20 de mayo al 21 de junio. ‖ *s. m.* y *f.* **3.** Persona nacida bajo este signo. ▪ Con este significado se escribe con minúscula.

gemíparo, ra *adj.* Se dice de los animales y plantas que se reproducen por yemas. También *s.*

gemir *v. intr.* **1.** Emitir una persona sonidos que expresan pena u otros sentimientos o sensaciones, p. ej. un placer intenso. **2.** Producir un animal o una cosa inanimada sonidos parecidos al gemido humano. ▪ Es v. irreg. Se conjuga como *pedir.* **FAM.** Gemidor.

gemología *s. f.* Parte de la mineralogía que estudia las gemas o piedras preciosas. **FAM.** Gemológico, gemólogo.

gen *s. m.* Fragmento del ácido desoxirribonucleico (ADN) contenido en los cromosomas y del que dependen los caracteres hereditarios de los seres vivos. El gen está formado por cadenas de nucleótidos, cada uno de los cuales consta de una molécula de ácido fosfórico, una base nitrogenada (adenina, guanina, citosina o timina) y un azúcar (pentosa). Un gen codifica la síntesis de una proteína, cada uno de cuyos aminoácidos queda codificado por una secuencia de tres bases nitrogenadas, llamada *triplete.* Códigos especiales señalan el principio y el final de cada gen. Cada uno de los caracteres del ser humano (el color del pelo o de los ojos, la forma del esqueleto, la tendencia a la obesidad, la alergia al polen de las flores) está determinado por un gen. En la mayoría de las especies, los individuos heredan los genes de sus progenitores, lo que significa que para cada carácter poseen dos genes o informaciones, el del padre y el de la madre. Cuando estos genes, que se denominan **alelos**, son iguales, se dice que el individuo es de raza pura para un determinado carácter; cuando los alelos son distintos, se dice que el individuo es de raza híbrida. En este último caso puede ocurrir que uno de los genes alelos, llamado **dominante**, se manifieste y desplace al otro, llamado **recesivo**; o puede suceder que ninguno de los dos genes domine sobre el otro, y la descendencia muestre entonces un carácter intermedio entre los de los progenitores. Gregor Mendel, considerado el padre de la genética, estableció en el s. XIX las leyes básicas que rigen las características de los descendientes en función de los genes de los progenitores: la primera ley establece que si se cruzan dos razas puras para un determinado carácter, los descendientes de la primera generación serán todos iguales entre sí; la segunda señala que los caracteres recesivos que quedan ocultos en la primera generación, tras el cruce de dos razas puras, reaparecerán en la segunda generación en proporción de 1 a 3 respecto a los caracteres dominantes; la tercera indica que al cruzar individuos que se diferencian en más de un carácter, estos caracteres se transmiten de forma independiente, apareciendo diversas combinaciones en la descendencia. Cuando Mendel realizó sus experimentos no se habían descubierto aún los genes ni su localización en los cromosomas; algunas de sus conclusiones se fueron modificando a medida que se iban ampliando las experiencias en el campo de la genética. ▪ Se dice también *gene.*

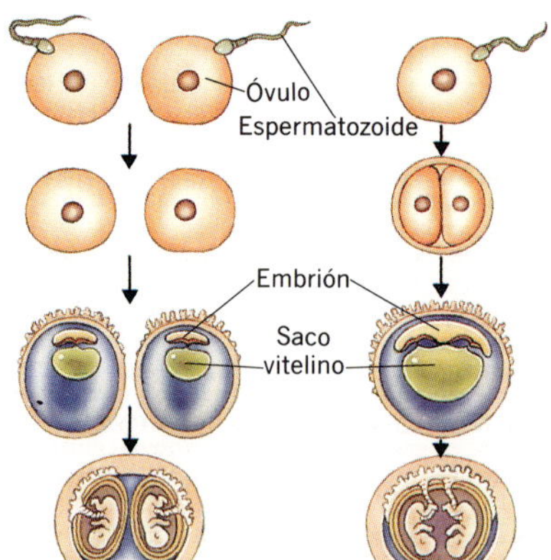

Gemelos: a la izquierda, gemelos bivitelinos, que proceden de la fecundación de dos óvulos distintos por dos espermatozoides; a la derecha, gemelos univitelinos, que se deben a la fecundación por un solo espermatozoide de un óvulo que luego se divide.

genciana *s. f.* Nombre común de diversas plantas herbáceas o arbustivas de la familia gencianáceas, género *Gentiana.* La genciana mayor *(Gentiana lutea)* mide entre 45 y 140 cm de altura, es anual y tiene hojas opuestas, flores aisladas o agrupadas de color amarillo y fruto en cápsula. Su raíz, de sabor amargo, contiene sustancias que se utilizan para bajar la fiebre y favorecer la digestión. La genciana púrpura *(Gentiana purpurea)* mide entre 20 y 60 cm de altura, tiene un cáliz en forma de vaina, con dos lóbulos y la corola de color púrpura. Otras muchas especies poseen flores de color azul, malva y violeta. Crecen en regiones montañosas de Europa, como los Alpes, Balcanes, Pirineos, etc.

gencianáceas *s. f. pl.* Familia de plantas herbáceas o arbustivas comprendidas en el orden gencianales a la que pertenecen unas 900 especies de los géneros *Gentiana, Gentianella, Sebaea, Swertia,* etc. Se caracterizan por tener hojas opuestas, flores regulares y hermafroditas y fruto en cápsula o en baya que contiene principios amargos medicinales. Su distribución es cosmopolita, pero son propias de las montañas de las regiones templadas. También *adj.* y *s. f.*

gendarme *s. m.* En Francia y otros países, agente de policía.

gendarmería *s. f.* **1.** Cuerpo de gendarmes. **2.** Cuartel o puesto de los gendarmes.

gene *s. m.* Gen*.

genealogía *s. f.* **1.** Conjunto de los antepasados de cada persona. **2.** Escrito o cuadro en que figuran. **3.** Ascendencia de un animal y documento en que consta. **FAM.** Genealógico.

genealogista *s. m.* y *f.* Persona que se dedica al estudio de las genealogías.

Gener, Pompeu (Barcelona 1848 - íd. 1920) Escritor español en lenguas castellana, francesa y catalana. Fue republicano federalista. Divulgó la teoría evolucionista. Escribió ensayo, teatro y poesía humorística. Entre sus obras destacan *La muerte y el diablo* (1880), *Literaturas malsanas* (1894), *Inducciones* (1901), *Cosas de España* (1903), y *La mujer mediterránea* (1916).

generación *s. f.* **1.** Acción y efecto de generar. **2.** Sucesión de descendientes en línea recta. **3.** Conjunto de personas nacidas aproximadamente en un mismo periodo de tiempo y que han vivido similares acontecimientos y circunstancias. **4.** Grupo de intelectuales, escritores, artistas, etc., de parecida edad, cuya obra presenta rasgos comunes. **5.** Conjunto de aparatos, máquinas, vehículos, armas, etc., que manifiestan un mismo grado de desarrollo tecnológico. Generalmente se usa con el adjetivo *nueva* para referirse a los que suponen un avance sobre los anteriores. **6.** En geom., formación de una línea, figura o sólido, por el movimiento imaginario de puntos, líneas o superficies; p. ej., la generación de un cono por la rotación de un triángulo rectángulo alrededor de uno de sus catetos. ‖ **7. generación espontánea** En biol., antigua teoría, hoy en desuso, que sostenía que algunos seres nacen espontáneamente, sin ser engendrados por otros individuos. Hasta el s. XVII persistió la idea de que algunos animales, como las ratas o los gusanos de la carne podrida, podían nacer espontáneamente. Cuando se demostró que esto era falso, se creyó que la generación espontánea se aplicaba sólo a los microorganismos, pero, tras una famosa controversia, Louis Pasteur demostró experimentalmente lo erróneo del concepto, al menos aplicado a las condiciones actuales de la vida en la Tierra.

generación del 98 Grupo de escritores españoles cuya obra aparece en los últimos años del s. XIX. Su nombre procede del «desastre del 98» en la guerra hispanonorteamericana. Está integrada por Miguel de Unamuno como precursor, Azorín, Pío Baroja, Ramiro de Maeztu, Ramón Menéndez Pidal, Ramón del Valle-Inclán y Antonio Machado como epígono o miembro tar-

Generación del 27: de izquierda a derecha, Alberti, García Lorca, Chabás, Bacarisse, Platero, Blasco Garzón, Jorge Guillén, Bergamín, Dámaso Alonso y Gerardo Diego.

dío. Herederos del regeneracionismo, no constituyen propiamente una escuela, pero tienen numerosas coincidencias entre sí: la preocupación por la decadencia histórica de España, el idealismo de los planteamientos renovadores de la realidad presente, la búsqueda del carácter y la esencia de lo español a través de la literatura y cierta actitud esteticista, así como el rechazo del barroquismo y retoricismo decimonónico, la sencillez y precisión de su estilo y la recuperación de localismos y arcaísmos en su vocabulario.

generación del 27 Grupo de poetas españoles, nacidos a fines del s. XIX y principios del XX, que recibe su nombre por los actos que organizaron en 1927 para conmemorar el tercer centenario de la muerte de Góngora, cuya obra, injustamente olvidada, reivindicaban. A ella pertenecen Pedro Salinas, Jorge Guillén, Gerardo Diego, Vicente Aleixandre, Dámaso Alonso, Federico García Lorca, Rafael Alberti, Luis Cernuda, Emilio Prados y Manuel Altolaguirre. La veneración por Góngora la combinan con numerosos aspectos heredados de los movimientos vanguardistas, lo que confiere a su arte un carácter marcadamente ecléctico. Sus principales características son el estricto equilibrio entre tradición e innovación, su admiración por los clásicos, el reconocido magisterio ejercido sobre ellos por Juan Ramón Jiménez, su interés por el folclore transmitido en la lírica popular y los romances, el uso del verso libre en alternancia con la métrica tradicional y la importancia concedida a la imagen y la metáfora.

generación del 36 Grupo de escritores españoles caracterizados por haber vivido la guerra civil de 1936-39 en plena juventud. Entre sus miembros se encuentran poetas como Leopoldo Panero, Ridruejo y Rosales; novelistas como Cela y Serrano Poncela y pensadores como Laín Entralgo y Aranguren.

generación perdida Nombre con que la escritora Gertrude Stein bautizó al grupo de escritores estadounidenses que residieron en París tras la Primera Guerra Mundial. A consecuencia de la misma, todos ellos experimentaron una crisis moral a la que se unió una crisis literaria, que dio lugar a la búsqueda de nuevas formas expresivas. Entre sus representantes destacan Ernest Hemingway, John Dos Passos y Francis Scott Fitzgerald.

generacional *adj.* Perteneciente o relativo a la generación.

generador, ra *adj.* **1.** Que genera. También *s.* **2.** En geom., se aplica al punto, línea o superficie que genera al moverse una figura o un cuerpo. ▪ Con este significado, el adjetivo femenino es *generatriz.* ‖ *s. m.* **3.** Aparato que produce energía. ‖ **4. generador eléctrico** Dispositivo capaz de producir corriente eléctrica. Los generadores eléctricos son de dos tipos: la *pila*, que produce corriente continua a partir de procesos químicos, y el *alternador*, que la produce alterna. Cuando esta última se rectifica a corriente continua, el generador se denomina *dinamo.* El alternador consta de dos partes: el rotor o parte móvil y el estator o parte fija; una de ellas es un imán o un conjunto de imanes, mientras que la otra es una bobina conductora. Al producirse movimiento relativo entre ambas partes se induce una corriente eléctrica alterna en la bobina. Dicha corriente puede utilizarse en un circuito exterior como tal corriente alterna o bien, mediante un sistema de conmutadores, ser rectificada a corriente continua. El movimiento del rotor puede conseguirse de varias formas: aprovechando la energía potencial del agua embalsada, transformada en movimiento rotatorio en una turbina (**generadores hidrodinámicos**); utilizando la energía del vapor caliente producido por evaporación del agua en una caldera calentada mediante carbón o petróleo (**generadores térmicos**) o mediante energía nuclear (**generadores nucleares**). El principio en que se basan los generadores eléctricos fue descubierto por el físico inglés Michael Faraday en 1831 y fue aplicado en la práctica por primera vez por el alemán Werner von Siemens en 1866.

general *adj.* **1.** Común a todo un conjunto de personas o cosas. **2.** Frecuente, muy extendido. **3.** Que no entra en detalles ni en casos concretos. **4.** En fil., concepto que se aplica a todos los individuos de una clase. ‖ *s. m.* **5.** Grado superior del ejército y la aviación, por encima del coronel. **6.** Superior de una orden religiosa. ‖ **7. capitán general** Véase **capitán**. **8. general de brigada** Primer grado del generalato, con mando sobre una brigada o unidad similar. **9. general de división** Empleo o categoría intermedia entre general de brigada y teniente general; tiene a su mando una división o unidad similar. **10. general en jefe** El que tiene el mando superior de un ejército. **11. teniente general** Véase **teniente**. ‖ **Loc. en** (o **por lo**) **general** *adv.* Generalmente. También, sin detallar, sin especificar.

generala *s. f.* **1.** En el ejército, toque de tambor, corneta o clarín para que las fuerzas se preparen con las armas. **2.** Mujer del general.

generalato *s. m.* **1.** En el ejército, empleo o grado de general y tiempo que dura. **2.** Conjunto de generales de un ejército, país, etc. **3.** Cargo del general de las órdenes religiosas y tiempo que dura.

generalidad *s. f.* **1.** Mayoría de las personas o elementos que componen un todo, sin atender a ninguno en particular. **2.** Falta de precisión en lo que se dice o escribe. **3.** Aquello que así se dice o escribe. Se usa mucho en *pl.* ‖ *pl.* **4.** Generalitat*. **5.** Principios básicos de una materia o ciencia.

Generalife Palacio construido en Granada por los reyes musulmanes de la dinastía nazarí a mediados del s. XIII. Está enclavado en la cima del cerro del Sol, cercano al palacio de la Alhambra. Sus hermosos jardines se caracterizan por la presencia del agua, en pilas, estanques y surtidores, simbolizando el paraíso musulmán, que estaba recorrido por cuatro ríos.

generalísimo *s. m.* General que tiene el mando supremo de todos los ejércitos de un estado o de una coalición de estados. En España se ha dado este título a Espartero (duque de la Victoria) y, especialmente, a Franco.

Generalitat (voz cat.) Órgano de gobierno autónomo de Cataluña y de la Comunidad Valenciana.

Generalitat de Cataluña Su origen se remonta a 1289, en que fue establecida en los distintos reinos de la corona de Aragón para recaudar y administrar los recursos votados en las Cortes. En el curso del tiempo fue asumiendo funciones de representación y competencias políticas y militares, y adquirió su forma definitiva a mediados del s. XIV con el nombre de *Diputació del General.* Dirigió los levantamientos contra Juan II en 1462-1472, contra Felipe IV en 1640-52 y contra Felipe V, que la suprimió en 1716 durante la guerra de Sucesión. La moderna institución se creó en la segunda república (1932) y su primer presidente fue Francesc Macià, a quien sucedió Lluís Companys. Suprimida tras la victoria de Franco en la guerra civil, la Generalitat se estableció en el exilio. Después de la instauración de la democracia, fue restaurada en 1977 durante el gobierno de Adolfo Suárez, con Josep Tarradellas como presidente. En las elecciones de 1980 resultó elegido presidente Jordi Pujol, del Partido Convergència i Unió, que fue reelegido para un nuevo mandato en 1984 y 1988.

Generalitat de Valencia Fue establecida en su forma definitiva en 1418 y suprimida a principios del s. XVIII por los decretos de Nueva Planta de Felipe V. En su forma actual se constituyó en 1983.

generalizar *v. tr.* **1.** Hacer general o común alguna cosa. También *v. prnl.* **2.** Atribuir a más individuos o cosas los rasgos de alguno o alguna. **3.** Considerar únicamente lo más general de algo, prescindiendo de los aspectos y casos particulares. ▪ Se conjuga como *cazar.* **Fam.** Generalizable, generalización.

generalmente *adv. m.* Común o habitualmente.

generar *v. tr.* Producir, originar.

generativo, va *adj.* **1.** Que es capaz de generar. ‖ **2. gramática generativa** (y **transformacional**) Modelo gramatical creado por Noam Chomsky, que trata de establecer una serie de reglas por las que una lengua es capaz de generar un número infinito de oraciones gramaticales (todas las posibles y aceptables según esas reglas) a partir de un conjunto relativamente reducido de construcciones básicas, de las que las diversas clases de oraciones se consideran transformaciones.

generatriz *adj.* **1.** En geom., se aplica al punto, línea o superficie que al moverse genera una figura o un cuerpo. La recta que gira en torno a un eje paralelo y equidistante genera una superficie cilíndrica de revolución. Si la recta es secante al eje y ambas se cruzan en un punto llamado *vértice*, genera una superficie cónica de revolución. También *s. f.* **2.** En fís., se aplica a la máquina que transforma la energía mecánica en eléctrica. También *s. f.*

genérico, ca *adj.* **1.** Común a todos los elementos de un género o conjunto. **2.** Perteneciente o relativo al género gramatical. **3.** Se aplica al sustantivo común. ‖ *s. m.* **4.** Parte de una película donde aparece el título, los nombres del realizador y productor, de los actores y de otros técnicos que han intervenido en su realización. **Fam.** Genéricamente.

género *s. m.* **1.** Conjunto de personas o cosas con características comunes. **2.** En biol., categoría taxonómica utilizada para clasificar a los seres vivos, que agrupa especies de características parecidas. Varios géneros constituyen una familia. El término con que se designa un género es siempre una palabra latina o latinizada y su primera letra se escribe en mayúscula. P. ej., el género *Canis,* al que pertenecen el lobo *(Canis lupus)* y el perro *(Canis familiaris).* **3.** Clase de persona o cosa. **4.** Manera, tipo. **5.** Tejido, paño. **6.** Mercancía. **7.** Categoría gramatical por la que los sustantivos, adjetivos, artículos y pronombres se clasifican en masculinos y femeninos y algunos pronombres y el artículo determinado además en neutros. **8.** Cada uno de los grupos en que se clasifican las creaciones artísticas. **9.** En fil., clase de mayor extensión que abarca a otra que se denomina *especie.* Los géneros supremos son aquellos que sirven para definir todas las especies sin que ellos mismos sean especie de ningún otro género. ‖ **10. género chico** Nombre aplicado a cierto tipo de obras teatrales, breves, generalmente musicales, de estructura sencilla, tema ligero y carácter popular, que surgieron como reacción a la zarzuela grande (de tres actos) y a la ópera extranjera. **11. género lírico** Categoría teatral a la que pertenecen ciertas obras cantadas, como las zarzuelas. ‖ **Loc. de género** *adj.* Se aplica a la pintura o escultura que representa escenas de la vida cotidiana, así como a los artistas que las crean. Tiene sus orígenes en la pintura flamenca.

Ling. En español, la oposición de género se reduce al esquema masculino/femenino, tanto para nombres de personas y animales como de cosas. El neutro ha quedado como resto del latín en ciertos pronombres (*esto, eso, aquello*) y en el artículo *lo.* La distinción del género en español se hace normalmente a través de los morfemas *-o* para el masculino y *-a* para el femenino. Sin embargo, existen numerosas excepciones en ambos géneros: *la mano, el tema, la salud, el sol.* A veces, es el artículo el que indica el género: *el/la gimnasta, el/la reo.* En ocasiones, la oposición masculino/femenino responde a una diferencia de sexo: *niño, niña; alumno, alumna;* en otras, a una diferencia de tamaño: *cesto, cesta; río, ría,* y en otras muchas el género es una marca convencional, p. ej., en *el loro, la ardilla,* ya que ambos sirven para designar a los individuos machos o hembras de su especie, o en algunos nombres de cosas, como *el tenedor, la cuchara.*
Lit. La clasificación de las obras literarias en géneros tiene su origen en la antigüedad clásica, cuando Aristóteles en su *Poética* y Horacio en la *Epístola a los Pisones* o *Arte poética* enunciaron la teoría y señalaron los tres géneros, **lírica**, **épica** y **dramática**, cada uno de ellos con forma y características propias. Esta doctrina y clasificación ha permanecido vigente en el curso del tiempo, con periodos en los que la obra literaria se ajustaba estrictamente a los cánones del género (p. ej., el neoclasicismo) y otros en los que por encima de las normas se estimó la libertad creadora (p. ej., el Romanticismo). Actualmente suele añadirse a los mencionados la **narrativa** y la **didáctica**. Con un sentido más extenso se denomina hoy literatura de tal o cual género a la obra narrativa que por sus características temáticas o formales puede ser clasificada dentro de un grupo definido, como el género de aventuras, policiaco, de ficción, etc. Lo mismo ocurre con las obras cinematográficas.
Fil. El concepto de 'género' tiene su origen en la filosofía griega y recibe distintas significaciones según cada filósofo. Así, para Platón los géneros son las ideas, el ser de las cosas; mientras que Aristóteles lo entiende como el atributo aplicable a muchas cosas que difieren entre sí específicamente, pero que en ningún caso coincide con el ser.

generoso, sa *adj.* **1.** Se aplica a la persona que tiende a dar o repartir lo que tiene, así como a su actitud, acciones, etc. **2.** Noble, dispuesto a sacrificarse por los demás. **3.** Abundante. **4.** Productivo. **5.** Se dice del vino fuerte y añejo. **FAM.** Generosamente, generosidad.

genesiaco o **genesíaco, ca** *adj.* Perteneciente o relativo a la génesis.

genésico, ca *adj.* Perteneciente o relativo a la generación.

génesis *s. f.* **1.** Origen o principio de una cosa. **2.** Proceso de formación de algo. ■ A veces se usa como sufijo: *biogénesis, epirogénesis.*

Génesis Primer libro de la *Biblia* y del *Pentateuco,* que narra la creación del mundo y del hombre por Dios, la expulsión de Adán y Eva del paraíso, la historia de Caín y Abel, la construcción de la torre de Babel, el diluvio universal, la historia de los patriarcas Abraham, Isaac y Jacob y la de José. Constituye una introducción a la salvación de la humanidad en el pensamiento judeocristiano.

Genet, Jean (París 1910 - íd. 1986) Escritor francés. Es autor de novelas, como *La querella de Brest* (1947), *Nuestra Señora de las Flores* (1948) y *Diario de un ladrón* (1949), y de obras de teatro, como *Las criadas* (1947), *Estricta vigilancia* (1949), *El balcón* (1956), *Los negros* (1958) y *Los biombos* (1966), en las que traza un retrato crudo y sórdido de la sociedad humana.

genética *s. f.* Ciencia que estudia las leyes de la transmisión de los caracteres hereditarios en los organismos. Aunque fue fundada como tal en 1906, sus bases fueron establecidas hacia 1870 por Gregor Mendel, que descubrió las leyes empíricas de la herencia biológica. La genética ha sido desarrollada sobre todo en el s. XX, a partir del descubrimiento de las mutaciones por el holandés Hugo de Vries en el año 1900, de los experimentos realizados por Morgan con las moscas de las frutas *(Drosophila melanogaster)* y de las experiencias de otros investigadores como Severo Ochoa. La base de estudio de la genética es el gen, o unidad de información para un carácter de un ser vivo contenida en los cromosomas de las células. El gen codifica la síntesis de las proteínas de acuerdo con un sistema, llamado *código genético,* descubierto en la década de 1960.
A partir de los años setenta ha experimentado un enorme desarrollo la **genética molecular**, que se está convirtiendo en una rama de la técnica y que permite a los investigadores modificar la información genética de los seres vivos, trasplantando genes de unos individuos a otros y de unas especies a otras. De esta manera se consigue que ciertas bacterias fabriquen grandes cantidades de proteínas, como la insulina humana y el interferón, necesarias para el tratamiento de ciertas enfermedades. De igual forma se mejoran ciertos cultivos trasplantando a una especie vegetal un gen de otra especie para que le proporcione protección contra ciertas enfermedades o alguna otra característica favorable. También es posible, aunque por el momento está en fase de investigación, la curación de algunas dolencias hereditarias utilizando estos métodos.

genético, ca *adj.* **1.** Perteneciente o relativo a los genes. **2.** Perteneciente o relativo a la genética. **3.** Perteneciente o relativo a la génesis u origen de las cosas. ‖ *s. m.* y *f.* **4.** Genetista*.

genetista *s. m.* y *f.* Persona especializada en genética.

Gengis Kan, Temudjín, llamado (? h. 1162 - ? 1227) Fundador del imperio mongol. Hijo de Yesügei, jefe del clan Borjigin, unificó a la muerte de su padre los distintos clanes mongólicos. Venció a los merquitas en 1196, a los nómadas tártaros de Manchuria en 1202, a sus antiguos aliados karaitas en 1203 y a los naimanes en 1204. En 1206 tomó el título de Gengis Kan, «emperador de todo lo que está rodeado de mares». Desde entonces inició un proceso de conquistas que le llevó a dominar un imperio que se extendía desde Rusia, en Occidente, hasta China, en Oriente. En 1211 comenzó la conquista de China del norte, dominada por la dinastía Kin, que culminó en 1216 con la toma de Beijing (Pekín). En 1218 se volvió contra Occidente y conquistó Jawarizm, la Tranxosiana, Bujará y Samarkanda (1221). En 1221 los mongoles ocuparon Jorasan y, en 1222, Afganistán y llegaron a Rusia, donde posteriormente fundaron el kanato de la Horda de Oro. En 1226 Gengis Kan se dirigió contra el reino tangut, al N de China, pero murió al año siguiente. Gengis Kan introdujo en sus dominios el sello y la escritura e implantó un código legal, el *yasa,* que favoreció el orden y la estabilidad. Su imperio fue dividido entre sus cuatro hijos.

-genia *suf.* Significa 'proceso natural de formación': *orogenia.*

genial *adj.* **1.** Propio de un genio o persona con extraordinario talento. **2.** Muy bueno, excelente. También *adv.* **FAM.** Genialmente.

genialidad *s. f.* Cualidad de genial o dicho, acción, etc., geniales.

geniecillo *s. m. dim.* de **genio**, personaje con poderes especiales que aparece en fábulas y cuentos.

Genil Río de España, afluente del Guadalquivir, de 358 km de longitud. Nace en Sierra Nevada, al pie de los picos Mulhacén y Alcazaba, y pasa por Granada y Écija. Su régimen es mediterráneo-subtropical. Sus aguas se aprovechan para riego y para la producción de energía eléctrica.

genio *s. m.* **1.** Forma de ser, carácter. **2.** Estado de ánimo. **3.** Mal humor o mal carácter. **4.** Talento, especial disposición que tiene una persona para desarrollar cierta actividad. **5.** Persona de gran talento. **6.** En la mitología grecorromana, divinidad que presidía el nacimiento de cada individuo, con el que vivía durante el transcurso de su vida y al que guiaba en todos sus actos. **7.** Ser fantástico con poderes sobrenaturales que aparece en leyendas y cuentos infantiles.

genital *adj.* **1.** Perteneciente o relativo a los órganos reproductores y a sus funciones. ‖ *s. m. pl.* **2.** Órganos sexuales masculinos o femeninos.

genitivo *s. m.* Uno de los casos de la declinación en las lenguas flexivas, como el latín o el griego. Indica propiedad o pertenencia, que se expresa en castellano mediante la preposición *de: la casa de sus padres, el color de su traje.*

genitourinario, ria *adj.* Perteneciente o relativo a las vías y órganos genitales y urinarios.

geno- o **-geno** *pref.* o *suf.* Significa 'engendrar, producir': *genotipo, endógeno, exógeno.*

genocidio *s. m.* Matanza sistemática de los individuos de un grupo social, étnico, etc., por motivos raciales, políticos, religiosos o económicos; p. ej., el de los judíos durante el nazismo.

genoma *s. m.* Conjunto de cromosomas que constituyen la dotación genética de un organismo. El número de cromosomas se denomina *número básico.*

genotipo *s. m.* Conjunto de la información genética de un organismo, heredado de sus padres y contenido en los cromosomas. Su manifestación externa, o conjunto de características físicas, se denomina *fenotipo.* **FAM.** Genotípico.

Génova **1.** Golfo del mar Tirreno, en el Mediterráneo occidental, limitado por los cabos de Mele al O y de Portovenere al E. Sus costas, formadas por el Apenino Ligur, son altas y escarpadas. En él se hallan los puertos de Génova y Savona.
2. C. de Italia, cap. de la región de Liguria, situada en el NO de la península Itálica, entre el golfo del mismo nombre y las estribaciones de los Apeninos. 706.750 h. en 1990. Importante centro portuario, es la salida natural hacia el Mediterráneo de los productos industriales de Lombardía y Piamonte. Posee industria siderúrgica, química, petrolífera y de construcción naval. El puerto de Génova era activo ya en época prerromana. La ciudad experimentó un gran desarrollo a partir del año 1100 en que, convertida en república, comenzó su expansión a través del Mediterráneo. Ciudad güelfa, opuesta a los emperadores Staufen, rivalizó con Pisa, Barcelona y Venecia y obtuvo grandes privilegios de Bizancio en la Baja Edad Media. Paralelamente al desarrollo comercial creó importantísimas entidades aseguradoras y financieras. La banca genovesa negoció activamente con los reyes castellanos y los de la casa de Austria e intervino intensamente en el comercio de Indias. Convertida en república Ligur en 1797, pasó a poder de Francia, luego al de Cerdeña y, definitivamente, quedó integrada en el reino de Italia en 1861. Entre sus numerosos monumentos destaca la catedral de San Lorenzo (s. XI-XVI).

genovés, sa *adj.* **1.** De Génova. También *s.* ‖ *s. m.* **2.** Ligur, dialecto del italiano hablado en Génova.

Génova: vista del puerto.

Juan Genovés: La calle *(Museo de Bellas Artes San Pío V, Valencia).*

Genovés, Juan (Valencia 1930) Pintor español. Tras iniciarse dentro de la corriente del informalismo, su obra evolucionó en la década de los años sesenta hacia el arte figurativo, muy influido por el *pop-art* y con una gran carga de denuncia social y política. Sus cuadros presentan multitudes humanas lejanas y despersonalizadas. Entre sus obras más significativas se cuentan *La calle* y *El abrazo.*

gens (voz lat.) *s. f.* Grupo familiar de la antigua Roma, al que pertenecían todos los descendientes de un antepasado común. Estaba integrado por el jefe o cabeza del grupo, llamado *pater familias,* todos los familiares en cualquier grado y los clientes o antiguos esclavos vinculados al clan.

Genserico (? - ? 477) Rey de los vándalos (428-477). Tras la derrota de su pueblo en la Bética a manos de los visigodos federados con Roma, dispuso una flota con la que trasladó a los vándalos al N de África, donde se apoderó de Numidia, Tunicia y Cartago. Implantó una monarquía caracterizada por la ocupación de las tierras imperiales y la adopción del arrianismo como religión de Estado, y comenzó una expansión marítima por el Mediterráneo occidental encaminada a dominar las tierras cerealistas. Ocupó las Baleares, Sicilia y Cerdeña, saqueó Roma en el 455 y en el 468 destruyó la flota bizantina enviada por el emperador León. Construyó un poderoso reino que, sin embargo, comenzó a decaer a su muerte.

gente *s. f.* **1.** Conjunto de personas. **2.** Cada una de las clases que se distinguen en la sociedad. **3.** Con algunos calificativos, equivale a persona. **4.** *fam.* Parentela, familia, conjunto de seguidores. **5.** *fam.* Grupo de amigos o compañeros. ‖ **6. gente de la calle** Cualquier persona, sin hacer referencia a ningún grupo en concreto. **7. gente menuda** *fam.* Los niños. ‖ **Loc. ser gente** *amer.* Ser buena persona; comportarse como es debido.

gentecilla *s. f.* Gentuza*.

gentil *adj.* **1.** Amable, cortés. **2.** Apuesto, de muy buena presencia. **3.** Antiguamente, se aplicaba a la persona que tenía una religión diferente a la cristiana. También *s.* **Fam.** Gentilmente.

Gentile, Giovanni (Castelvetrano, Trapani 1875 - Florencia 1944) Filósofo italiano. Fue colaborador de Benedetto Croce y en 1922 ministro de Instrucción Pública, cargo desde el que promovió una reforma escolar. Su pensamiento, idealista y hegeliano, se centra fundamentalmente en la noción del acto puro, que entiende como actividad libre del individuo, y que opone al hecho, sometido al mecanicismo de las circunstancias. Su obra más significativa es *Teoría general del espíritu* (1916). Dirigió la gran *Enciclopedia italiana* y fundó y dirigió el *Giornale critico della filosofia italiana.*

Gentileschi, Artemisia Lomi, llamada **Artemisia** (Roma 1597 - Nápoles h. 1652) Pintora italiana. Hija y discípula de Orazio Gentileschi, en su pintura siguió la técnica del claroscuro característica de Caravaggio. Entre sus cuadros destacan *Magdalena, Judit y Holofernes* y *Nacimiento de San Juan Bautista.*

Gentileschi, Orazio Lomi, llamado **Orazio** (Pisa h. 1563 - Londres 1639) Pintor italiano. Formado en el manierismo, fue influido por Caravaggio. Vivió en París y desde 1626 en Londres, donde fue pintor de la corte de Carlos I. Algunas de sus pinturas más significativas son *Moisés salvado de las aguas, Lot y sus hijas* y el techo de la Casa de la Reina, en Greenwich, trasladado luego a la Casa Marlborough, en Londres.

gentileza *s. f.* **1.** Amabilidad, cortesía. **2.** Gracia y garbo para desenvolverse.

gentilhombre *s. m.* Noble que servía en la corte o acompañaba a un personaje importante. ▪ Su pl. es *gentileshombres.*

gentilicio, cia *adj.* **1.** Se dice del sustantivo o adjetivo que expresa origen o nacionalidad, como p. ej. *español, inglés* y *andaluz.* También *s. m.* **2.** Entre los antiguos romanos indicaba el nombre propio de la *gens* o familia y se colocaba entre el nombre de pila (*praenomen*) y el sobrenombre del individuo (*cognomen*), p. ej.: Cayo *Julio* César, Marco *Tulio* Cicerón.

gentío *s. m.* Muchedumbre, aglomeración de gente en un lugar.

gentleman (voz ingl.) *s. m.* Hombre que se caracteriza por su distinción, su elegancia y su comportamiento noble y generoso.

gentualla *s. f.* Gentuza*.

gentuza *s. f.* Gente despreciable.

genuflexión *s. f.* Inclinación hecha doblando las rodillas en señal de reverencia o sumisión.

genuino, na *adj.* **1.** Que se mantiene puro, no deformado o mezclado con otras cosas. **2.** Propio o representativo de aquello a que se refiere.

geo- o **-geo** *pref.* o *suf.* Significa 'tierra o suelo': *geografía, geofísico, hipogeo.*

GEO 1. Siglas del Grupo Especial de Operaciones de la Policía Nacional española. ‖ *s. m.* **2.** Miembro de este grupo.

geobiología *s. f.* Ciencia que estudia de manera conjunta la evolución de la Tierra (procesos geológicos) y la de los seres vivos que habitan en ella (procesos biológicos).

geobotánica *s. f.* Rama de la botánica que estudia la relación entre la vida vegetal y el medio terrestre en que se desarrolla. Algunos autores la consideran una forma de la geografía botánica, ciencia que estudia la distribución geográfica de los vegetales y su relación con el medio terrestre.

geocéntrico, ca *adj.* **1.** Perteneciente o relativo al centro de la Tierra. **2.** Se aplica a los sistemas astronómicos que, como los de Aristóteles y Tolomeo, situaban a la Tierra en el centro del universo y consideraban que los demás astros y planetas giraban alrededor de ella.

geocentrismo *s. m.* Antigua teoría científica según la cual la Tierra era el centro del Universo y el resto de los planetas giraban alrededor de ella.

geocronología *s. f.* Conjunto de técnicas que permiten conocer la edad de las rocas, los minerales y los procesos geológicos. La **geocronología absoluta**, basada en técnicas radiométricas, se ocupa de establecer la edad real de las formaciones rocosas. La **geocronología relativa**, basada en la estratigrafía y la presencia de fósiles, ordena los acontecimientos o fenómenos según su época de formación.

geoda *s. f.* Formación de cristales minerales que tapiza la cavidad de una roca. Los cristales suelen ser de cuarzo, calcita e incluso de piedras semipreciosas. Se encuentran en las fracturas de rocas sedimentarias, como las calizas, y metamórficas, pero también en las cavidades dejadas por burbujas de gas en las rocas eruptivas.

geodesia *s. f.* Ciencia que se ocupa de determinar la forma y dimensiones de la Tierra y de su representación en los mapas correspondientes. **Fam.** Geodésico.

geodinámica *s. f.* Parte de la geología que estudia las fuerzas y procesos que modifican el relieve terrestre. Se divide en **geodinámica externa**, que trata de los procesos geológicos exógenos, como la erosión, la sedimentación o el transporte, y **geodinámica interna**, que se ocupa de los procesos geológicos endógenos, como la orogénesis y el vulcanismo.

Geoffroy Saint-Hilaire, Étienne (Étampes 1772 - París 1844) Biólogo francés. Estableció el principio de la unidad de composición orgánica, según el cual todos los animales tienen el mismo plan estructural básico y las diferentes especies son el resultado de modificaciones de detalle. Sus teorías están expuestas en la obra *Philosophie anatomique.*

geofísica *s. f.* Ciencia que estudia los fenómenos físicos que afectan a la corteza y al interior de la Tierra. Incluye el geomagnetismo, la sismología, la vulcanología, la geodesia, la meteorología y la hidrología.

geografía *s. f.* **1.** Ciencia que estudia la superficie de la Tierra y las relaciones que en ésta se establecen entre las esferas sólida (endosfera o litosfera), líquida (hidrosfera), gaseosa (atmósfera) y biológica (biosfera) y el medio humano. **2.** Tratado de esta ciencia. **3.** Conjunto de caracteres que constituyen la realidad humana y física de una región. ‖ **4. geografía lingüística** Rama de la lingüística que se ocupa de delimitar las áreas en las que tiene lugar un fenómeno lingüístico.

Geog. Los primeros conocimientos geográficos fueron desarrollados en Egipto, Fenicia y Caldea, pero la geografía adquirió carácter de ciencia en la antigua Grecia gracias a figuras como Herodoto, autor de la primera descripción de las tierras conocidas; Eratóstenes, que midió la longitud del meridiano, o Tolomeo, autor de un mapa del que luego se sirvieron los geógrafos medievales, en su mayoría de origen árabe. La época del Renacimiento, con los grandes descubrimientos y el comienzo de la expansión europea, fue una etapa de auge de la geografía que, en los siglos siguientes, desarrolló nuevas disciplinas como la potamología (estudio de los ríos), glaciología, geografía climática, etc. En el s. XVIII, una vez solucionados los problemas de la geografía de posición, aparece la geografía moderna. Durante el s. XIX, los trabajos de Alexander Humboldt sobre climatología y geobotánica y de Karl Ritter sobre geografía humana abrieron el fructífero campo del estudio de las relaciones entre el medio físico y el medio humano. La aparición en los países europeos de sociedades geográficas permitió además financiar grandes expediciones que penetraron en el interior de continentes desconocidos y llegaron hasta los polos. A principios del s. XX, el francés Paul Vidal de la Blache acometió una gran obra que aunaba los progresos efectuados en las distintas disciplinas y creó una escuela de la que surgieron figuras como Emmanuel de Martonne, Jean Brunhes y Albert Demangeon.

La ciencia geográfica suele dividirse en tres grandes especialidades: la geografía física, la geografía humana y la geografía regional.

La **geografía física**, o fisiografía, se ocupa de las características espaciales y temporales de todos los fenómenos del entorno físico de la Tierra y su interrelación y comprende, entre otras disciplinas, la geomorfología (que estudia las formas del relieve), la topografía, la climatología (climas), la hidrología (aguas), la edafología (suelos) y la biogeografía (flora y fauna).

La **geografía humana** estudia el comportamiento del hombre en relación con el medio e incluye ramas como la geografía social, o análisis de los fenómenos sociales en el espacio; la geografía de la población, o estudio de las relaciones entre el medio y los cambios espaciales en la distribución, composición y movimiento de las poblaciones; la geografía económica, que trata sobre todo de la producción y de la influencia que en ella pueda tener el medio físico; la geografía urbana; la geografía rural; la geografía industrial,

o estudio de la organización espacial de la actividad industrial; la geografía del bienestar, que resalta los problemas relacionados con la desigualdad socioeconómica; la geografía del transporte; la geografía médica, etc.
La **geografía regional** estudia el resultado de la interrelación de los elementos geográficos, naturales, humanos, económicos y culturales, singularizando el espacio terrestre en unidades bien diferenciadas, reconocibles y concretas, que identificamos y conocemos como regiones geográficas. El objeto de su estudio, la región, adopta formas variadas según los criterios que la definan: región natural, región económica, región histórica, región geográfica, etc. Igualmente varían las dimensiones de las unidades elegidas: comarca, región, país, zona, continente.

geográfico, ca *adj.* Perteneciente o relativo a la geografía. **FAM.** Geográficamente.

geógrafo, fa *s. m.* y *f.* Persona especializada en geografía.

geoide *s. m.* Forma teórica de la Tierra en la que se toma como superficie el nivel medio de los mares. Cada punto de la superficie del geoide es perpendicular a la vertical que pasa por el centro de gravedad.

geología *s. f.* Ciencia que estudia el origen, composición, estructura y evolución de la Tierra, así como los procesos que la han conducido a su estado actual. La geología suele dividirse en dos ramas principales: la **geología histórica**, que se ocupa de reconstruir el estado de la corteza terrestre en épocas pasadas y descubrir las razones de su evolución y para ello se sirve de la estratigrafía (estudio de la disposición de las rocas) y la paleontología (estudio de los fósiles); y la **geología estructural** o **tectónica**, que trata de las causas, efectos y mecanismos de los movimientos de la corteza terrestre y se ayuda de ciencias como la litología y la mineralogía.

geológico, ca *adj.* Perteneciente o relativo a la geología.

geólogo, ga *s. m.* y *f.* Persona especializada en geología.

geomagnético, ca *adj.* Perteneciente o relativo al geomagnetismo.

geomagnetismo *s. m.* **1.** Conjunto de fenómenos relativos al campo magnético terrestre. Las propiedades magnéticas de la Tierra provocan que cualquier aguja imantada, sostenida por una base que permita su libre movimiento (brújula), se oriente en dirección N-S, apuntando a los polos magnéticos N y S respectivamente, que no coinciden de manera exacta con los polos geográficos. Ello provoca que, en cualquier punto de la superficie terrestre, el meridiano indicado por la orientación de la aguja imantada, o meridiano magnético, no coincida con el meridiano geográfico y forme con él un ángulo que constituye la declinación magnética. **2.** Estudio de dichos fenómenos y de su aplicación.

geomancia o **geomancía** *s. f.* Adivinación del futuro por medio de los cuerpos terrestres o a través de puntos, líneas o círculos trazados en la tierra.

geomántico, ca *adj.* **1.** Perteneciente o relativo a la geomancia. ‖ *s. m.* y *f.* **2.** Persona que practica la geomancia.

geómetra *s. m.* y *f.* Persona especializada en geometría.

geometría *s. f.* **1.** Parte de las matemáticas que estudia las magnitudes y formas de las figuras y los cuerpos. Su objeto de estudio son, por tanto, los puntos, líneas, planos y volúmenes y las relaciones que entre éstos se establecen. ‖ **2. geometría analítica** La que utiliza para su estudio el cálculo algebraico o analítico. **3. geometría del espacio** La que se ocupa del estudio de figuras y cuerpos cuyos puntos no se encuentran en el mismo plano y tienen, por tanto, tres dimensiones. **4. geometría descriptiva** La que mediante proyecciones sobre planos reproduce las figuras de tres dimensiones para su estudio. **5. geometría euclidiana** La que se fundamenta en el postulado de Euclides, según el cual desde el punto exterior a una recta sólo puede trazarse una paralela a ésta. **6. geometría plana** La que estudia figuras cuyos puntos se encuentran comprendidos en un mismo plano.

geométrico, ca *adj.* **1.** Perteneciente o relativo a la geometría. **2.** Se dice del dibujo, decoración, etc., que por medio de líneas rectas y curvas reproduce figuras típicas de la geometría. **3.** Muy exacto o preciso. **FAM.** Geométricamente.

geomorfía *s. f.* Parte de la geodesia que trata de la forma del globo terráqueo y de su representación por medio de mapas.

geomorfogénesis *s. f.* Parte de la geomorfología que estudia los procesos internos y externos que dan lugar a la formación y evolución del relieve terrestre.

geomorfología *s. f.* **1.** Rama de la geología que estudia el relieve terrestre, tanto continental como submarino, y su evolución. ‖ **2. geomorfología aplicada** Aquella que se ocupa de salvaguardar los recursos naturales. **3. geomorfología climática** La que estudia la influencia del clima en el modelado del relieve. **4. geomorfología estructural** La que estudia la estructura del relieve terrestre, su composición y la disposición de sus elementos. **FAM.** Geomorfológico.

geoplano *s. m.* Material didáctico para el aprendizaje de las matemáticas y la geometría, consistente en un tablero cuadrado (también rectangular o circular), con una retícula formada por clavos y cintas elásticas de colores que se desplazan para formar líneas, figuras, formas geométricas básicas, etc.

geopolítica *s. f.* Disciplina que estudia las relaciones existentes entre el medio geográfico y la política. Su creador fue el alemán Friedrich Ratzel e investigaciones posteriores fueron realizadas por el británico Halford John Mackinder y el estadounidense Alfred Mahan. Consideraban que la estructura socioeconómica de un país, así como su evolución política, están determinadas por las condiciones naturales, físicas y humanas del mismo. Se desarrolló fundamentalmente en la Alemania de entreguerras y fue utilizada como argumento ideológico para justificar la política expansionista del Tercer Reich (*Geopolitik*). **FAM.** Geopolítico.

geoquímica *s. f.* Rama de la geología que estudia la composición química y las reacciones que tienen o han tenido lugar en las diversas esferas de la superficie terrestre: litosfera, hidrosfera y atmósfera.

geoquímico, ca *adj.* **1.** Perteneciente o relativo a la geoquímica. ‖ *s. m.* y *f.* **2.** Persona especializada en geoquímica.

georama *s. m.* Gran esfera hueca sobre cuya superficie interior está trazado el mapa de la Tierra, que puede ser observado por un espectador situado dentro de la misma.

George, Henry (Filadelfia 1839 - Nueva York 1897) Economista estadounidense. En su libro *Progreso y miseria* (1897) propuso la creación de un impuesto único y progresivo sobre la tierra e influyó en el movimiento fabiano en Gran Bretaña.

George, Stefan (Büdesheim, Renania 1868 - Minusio, Suiza 1933) Poeta alemán. En sus numerosos viajes, mantuvo diversos contactos con el círculo de Mallarmé en París y con los prerrafaelistas en Londres. Fundó una escuela literaria cuyos principales propósitos eran superar la situación de crisis en la que el lenguaje poético alemán se encontraba a finales del s. XIX y la búsqueda de una regeneración espiritual opuesta al naturalismo y materialismo dominantes. Entre sus obras destacan *El año del alma* (1897), *El séptimo anillo* (1907) y *La estrella de la alianza* (1914).

Georgetown C. de Guyana, cap. del país, en el N del mismo, situada a orillas del Atlántico, en la desembocadura del río Demerara. 150.400 h. en 1986. Ciudad administrativa y comercial, tiene refinerías de azúcar, puerto y aeropuerto internacional.

Georgia (*Gruzia*) Estado de Asia caucásica, antigua república de la URSS.
Geog. Su relieve es muy montañoso, especialmente al N, donde se sitúa la cordillera del Cáucaso; presenta alturas que superan los 5.000 m, como el Elbruz (5.633 m). Sus principales ríos son el Kura y el Rioni. Su sector O, a orillas del mar Negro, tiene un clima mediterráneo que favorece los cultivos de agrios, viñedos, maíz, tabaco, té (octavo productor mundial) y huerta; en el E, con clima continental seco, se cultivan algodón y cereales. Tiene yacimientos de manganeso, los más importantes de la antigua URSS que

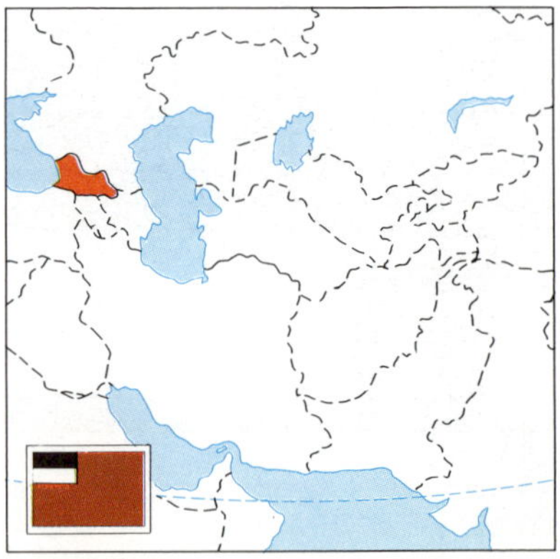

Extensión: 69.700 km^2.
Límites: al N, con la Federación Rusa; al E, con Azerbaiyán; al S, con Armenia y Turquía, y al O, con el mar Negro.
Población: 5.443.000 h. en 1989.
Densidad: 78,1 h./km^2.
Capital: Tbilisi.
Territorios: repúblicas autónomas de Abjasia (8,600 km^2, 537.000 h. en 1989) y Adzharia (3.000 km^2, 393.000 h. en 1989) y provincia autónoma de Osetia (3.900 km^2, 99.000 h. en 1989).
Ciudades principales: Kutaísi.
Gentilicio: georgiano.
Religión: cristianismo.
Moneda: rublo.
Renta per cápita: 7.430 dólares en 1988.

hacen de Georgia el primer productor mundial en la actualidad, de lignito y petróleo y cuenta con industria siderúrgica, de maquinaria, de refinado de petróleo y textil.
Hist. El sector póntico de Armenia constituyó en la antigüedad el reino de Cólquide (s. VI a. C.) y en el interior surgió el reino de Iberia (s. IV a. C.). El país fue conquistado por Roma en el 65 a. C. y cristianizado entre los s. IV y VI. Pasó a dominio persa sasánida y bizantino (627) y el Islam se apoderó de él en el 730. Una lenta reconquista, prolongada hasta el s. IX, se concretó en la aparición de diversos principados que fueron unificados en el s. XI por el rey Bagrat III. En el s. XIII cayó en poder de los mongoles y a partir del s. XIV de los persas y turcos otomanos. Alcanzó la autonomía bajo protección rusa en 1783 y fue anexionado por el zar Alejandro I en 1801. Por el tratado de Brest-Litovsk (1918) el Cáucaso fue separado de la URSS, pero en 1921 Georgia fue ocupada por tropas soviéticas e integrada en la República de Transcaucasia, junto a Armenia y Azerbaiyán. En 1936 se configuró como República Soviética de Georgia. En 1991, en el curso del proceso disgregador de la URSS, estalló una guerra civil entre los partidarios del presidente de la república Zviad Gamsajurdia y la oposición liderada por Tenguiz Kitovani, general de la guardia nacional, desarrollándose violentos combates en Tbilisi. Esta crisis impidió la incorporación de la república a la Comunidad de Estados Independientes que había sustituido a la antigua URSS.

Georgia Estado de EE UU, situado en el SE del país. 152.576 km^2. 6.508.000 h. en 1990. La capital es Atlanta, con 426.500 h. en 1989 y 2.561.000 h. en su área metropolitana. En su relieve pueden distinguirse tres zonas bien diferenciadas: la zona NO con parte del Blue Ridge y los montes Apalaches; el Piedmont, meseta central; y la llanura costera. Es un estado eminentemente agrícola, con cultivos de algodón, tabaco, cacahuetes, maíz y arroz. Posee yacimientos de bauxita y caolín e industria algodonera, papelera, química, aeronáutica y alimentaria. El primer explorador europeo que recorrió sus tierras fue el español Hernando de Soto, a mediados del s. XVI. Colonia inglesa a partir de 1752, consiguió la independencia y se adhirió a la Constitución de EE UU en 1788. Durante la guerra de Secesión fue uno de los baluartes de la Confederación Sudista.

georgiano, na *adj.* **1.** De Georgia, república del Cáucaso o estado de EE UU. También *s.* **2.** Se aplica a un estilo arquitectónico desarrollado durante el s. XVIII en Inglaterra y EE UU. **3.** Se dice de un movimiento literario desarrollado en Gran

Bretaña durante el reinado de Jorge V (1865-1936), que pretendía romper con las convenciones poéticas en favor de un lirismo más subjetivo. Entre los escritores de este movimiento destacan Rupert Brooke, William Henry Davies y David Herbert Lawrence. ‖ *s. m.* **4.** Lengua caucásica hablada en la república de Georgia.

Georgias del Sur Islas antárticas, al E de Tierra del Fuego. 4.164 km^2. Su población ronda el medio millar de personas. Centro de la pesca de ballenas, en la actualidad están bajo control del Reino Unido, pero son reclamadas por Argentina. Fueron descubiertas por el español Antonio de la Roca (1675).

geórgica *s. f.* Composición poética sobre la vida en el campo. Son famosas las de Virgilio. Se usa sobre todo en *pl.*

geosinclinal *s. m.* Tipo de cuenca sedimentaria constituida por una vasta depresión de la corteza terrestre, alargada en forma de fosa, en la que se han acumulado a lo largo del tiempo numerosos sedimentos. Constituye la primera fase de la orogénesis; posteriormente y mediante plegamientos, surgen las cordilleras.

geotectónico, ca *adj.* Perteneciente o relativo a la forma, disposición y estructura de las rocas y estratos que forman la corteza terrestre.

geotermia *s. f.* Rama de la geología que estudia el origen, distribución e intercambios del calor interno de la Tierra.

geotérmico, ca *adj.* **1.** Perteneciente o relativo a la geotermia. ‖ **2. energía geotérmica** La obtenida aprovechando el calor interno de la Tierra. **3. grado** (o **gradiente**) **geotérmico** Profundidad a la que hay que ahondar en la Tierra (33 m) para que la temperatura se eleve 1 °C.

geotropismo *s. m.* Influencia de la gravedad terrestre en los movimientos de crecimiento de las plantas, cuyas raíces crecen hacia el interior (**geotropismo positivo**) y el tallo hacia el exterior de la Tierra (**geotropismo negativo**).

gépido *adj.* **1.** Se dice de un pueblo germano establecido en la antigüedad en Transilvania, que en el s. V formó parte del imperio de Atila y a la muerte de éste constituyó un reino (453), destruido en el siglo siguiente por lombardos y ávaros. **2.** De este pueblo. También *s.*

Gera C. de Alemania, cap. del distrito del mismo nombre, situada en el Land de Turingia, a orillas del Weise-Elster. 135.000 h. en 1989. Es el centro de una región muy industrializada y cuenta con producción textil, papelera, mecánica, metalúrgica, farmacéutica y química, así como manufacturas del cuero, la madera e instrumentos musicales. Conserva un importante centro monumental de los s. XVI al XVIII.

geranio *s. m.* Nombre común de diversas especies de plantas herbáceas de la familia geraniáceas, género *Pelargonium.* Tienen hojas grandes, recortadas o divididas, flores de bellos colores, solitarias o reunidas en umbelas, y fruto en cápsula. Son originarias del S de África y en Europa se cultivan con fines ornamentales *(Pelargonium zonale),* por su aroma *(Pelargonium odoratissimum)* y para perfumería *(Pelargonium capitatum).*

Geranio: variedad Pelargonium peltatum.

Gérard, François (Roma 1770 - París 1837) Pintor francés. Discípulo de David, compitió como retratista con su maestro y con Gros, aunque sus retratos eran superficiales y faltos de solidez; entre ellos destacan los de *Talleyrand, Luis XVIII, Luis Felipe, Madame Récamier* y *Carlos X.* En 1810 consiguió un gran éxito con su cuadro *Batalla de Austerlitz.*

gerbo *s. m.* Jerbo*.

gerencia *s. f.* **1.** Cargo y función de gerente y tiempo durante el cual alguien lo ejerce. **2.** Gerente o conjunto de gerentes de una empresa, sociedad, etc. **3.** Oficina del gerente.

gerente *s. m.* y *f.* Persona que dirige los negocios de una sociedad o empresa, firma documentos y representa a las demás personas interesadas.

Gerhard, Roberto (Valls 1895 - Cambridge 1970) Compositor español. Estudió con Granados, Pedrell y Schönberg y se le considera como el introductor en España del dodecafonismo. Desde 1939 residió en Cambridge. Entre sus composiciones merecen citarse *Siete haiku* (1922), *Seis canciones populares catalanas* (1928), los ballets *Ariel* (1934), *Veladas de Barcelona* (1938), *Don Quijote* (1941) y *Alegrías* (1942), dos conciertos para violín y orquesta (1943) y las óperas *La dueña* (1947) y *La peste* (1964).

geriatra *s. m.* y *f.* Médico especializado en geriatría.

geriatría *s. f.* Rama de la medicina que se ocupa de las enfermedades de la vejez y los efectos tanto físicos como psicológicos que ésta tiene sobre las personas.

Géricault, Théodore (Ruán 1791 - París 1824) Pintor francés. Junto a Delacroix, es el representante más destacado del Romanticismo francés. Formado en la escuela de Gros, se dio a conocer con el cuadro *Oficial de cazadores de la guardia imperial dirigiendo una carga* (1812), en el que resaltan la viveza del colorido y el dinamismo del movimiento. Su obra más famosa es *La balsa de la Medusa* (1819), considerada como el símbolo de la ruptura con el neoclasicismo y en la que merece señalarse la combinación entre el dibujo y la composición, aún académicos, un hondo dramatismo y gran fuerza descriptiva.

Théodore Géricault: Caballo moteado gris *(colección particular, Londres).*

gerifalte *s. m.* **1.** Ave falconiforme de la familia falcónidos, especie *Falco rusticolus.* Es un halcón de gran tamaño (entre 52 y 56 cm de longitud) y plumaje blanco salpicado de manchas castañas, que se alimenta de pequeños mamíferos y aves zancudas. Anida en despeñaderos rocosos del N de Europa y América. Es utilizado en cetrería a pesar de la resistencia que ofrece a la domesticación. **2.** *fam.* Persona importante, con autoridad o poder.

Gerifalte (Falco rusticolus) *en sus dos variedades de plumaje, oscuro y claro.*

Gerión En la mitología griega, gigante de tres cabezas y tres troncos, que habitaba en la isla Eritea, en las cercanías de Gades, en la península Ibérica. Fue vencido y muerto por Hércules, que le robó su rebaño de bueyes y se lo llevó a Grecia.

Germana de Foix (? 1488 - ? 1538) Reina de Aragón (1505-16). Fue la segunda esposa de Fernando el Católico, con quien contrajo matrimonio en 1505. Tras la muerte de Felipe el Hermoso fue nombrada lugarteniente general del reino de Valencia. Cuando en 1516 murió Fernando el Católico, se casó con el marqués de Brandeburgo, y aun por tercera vez en 1526, con Fernando de Aragón, a quien Carlos I nombró virrey de Valencia.

germanesco, ca *adj.* Perteneciente o relativo a la germanía.

Germania **1.** Nombre que los romanos dieron al territorio que se extendía entre el mar del Norte, el mar Báltico, el río Vístula, la cordillera de los Cárpatos, el río Danubio y el río Rhin, habitado por pueblos indoeuropeos a los que también llamaron *germanos.* Desde el s. I Roma intentó conquistar esta inmensa región, cuya belicosa población constituía una permanente amenaza para la estabilidad de sus fronteras. Tras múltiples campañas, en el año 90 se crearon dos provincias romanas en la orilla derecha del Rhin, la Germania inferior y la Germania superior, pero las regiones orientales jamás llegaron a someterse plenamente.
2. Nombre de uno de los reinos que se creó tras la desmembración del imperio carolingio en el tratado de Verdún (843) y que correspondió a Luis el Germánico.

germanía *s. f.* **1.** Hermandad formada por los gremios de Valencia a principios del s. XVI, que se enfrentó a la nobleza en la llamada *guerra de las Germanías.* **2.** Lenguaje secreto utilizado durante los s. XVI y XVII por ladrones y maleantes que se llamaban entre sí *germanes* o *germanos.* Estaba formado por palabras españolas a las que se daba otro significado distinto del propio, así como por otros vocablos de orígenes muy diversos. ‖ **3. guerra de las Germanías** Revuelta de los gremios de Valencia (1519-23) y de Mallorca (1520-23) en tiempos de Carlos I. Fue causada por la carestía, el aumento de los impuestos y la tensión social existente entre estas clases sociales y la rica burguesía y la nobleza, que controlaban la representación municipal. Reunidos en una hermandad (germanía), autorizada en un primer momento por el rey, se alzaron en armas y lograron el dominio del reino. Fueron sometidos tras larga lucha por Diego Hurtado de Mendoza en Valencia y por Gurrea en Mallorca, y duramente castigados por la virreina Germana de Foix.

germánico, ca *adj.* **1.** De la Germania o los germanos. También *s.* **2.** Alemán. También *s.* ‖ *s. m.* **3.** Grupo de lenguas indoeuropeas habladas por los pueblos germánicos y del que derivaron el alemán, el inglés, etc. **4.** En geog., tipo de relieve fallado. La dureza y escasa plasticidad de ciertas rocas hace que al sufrir empujes tectónicos se fracturen y den lugar a bloques levantados (horst) y bloques hundidos (fosas tectónicas). Es típico de las zonas antiguas o de rocas cristalinas, como el granito.

Germánico, Julio César (Roma 15 a. C. - Antioquía 19 d. C.) Cónsul romano en época de Tiberio. Hermano del emperador Claudio y padre de Calígula, siendo cuestor venció a dálmatas y panonios. Tras obtener el consulado, combatió con éxito a las tribus germanas del Rhin derrotando a Arminio. Fue enviado por Tiberio a Oriente y halló la muerte en Siria.

germanio *s. m.* Ge. Elemento químico perteneciente al grupo IV A del sistema periódico. Su número atómico es 32 y su masa atómica 72,6. Fue descubierto por Clemens Alexander Winkler en 1886. Es un metal blanco grisáceo, muy frágil y estable, que cristaliza en octaedros. Se halla presente en minerales como la argirodita y la germanita, con yacimientos en el centro y S de África, pero comercialmente suele obtenerse de los residuos de fundición de menas de cinc. Se usa como semiconductor y como transistor en electrónica y en la fabricación de aparatos ópticos.

germanismo *s. m.* Palabra o giro propios de la lengua alemana empleados en otro idioma.

germanista *s. m.* y *f.* Persona especializada en lengua y cultura alemanas.

germanizar *v. tr.* Transmitir y difundir la cultura y costumbres germánicas. También *v. prnl.* ▪ Se conjuga como *cazar.* **FAM.** Germanización.

germano, na *adj.* **1.** Se aplica a un conjunto de pueblos indoeuropeos que habitaron en el N de Europa en la antigüedad. Carecían de unidad política, aunque poseían una lengua común, y participaron en dos oleadas invasoras (s. V y X) que fueron esenciales para la formación de Europa. **2.** De estos pueblos. También *s.* **3.** Alemán. También *s.* ▪ Con este significado a veces forma parte de voces compuestas: *germano-italiano.*
Hist. Originarios de la región de los estrechos del mar Báltico, los germanos comenzaron en época prehistórica una lenta y constante migración hacia el S y E, que se detuvo en el s. III a. C. ante las fronteras del imperio romano. Constituían un conglomerado de pueblos y tribus de cultura común. Estaban organizados en clanes familiares vinculados por la estirpe y se gobernaban por asambleas de hombres libres. Cada pueblo era dirigido por un juez en tiempos de paz y por un caudillo en época de guerra. Una de sus instituciones principales era el séquito, conjunto de guerreros unidos a un señor por juramento de fidelidad.
Estaban divididos en dos grandes grupos, separados por los ríos Elba y Oder: los germanos occidentales, como teutones, sajones, anglos y suevos, y los germanos orientales, como longobardos y godos, que en el E de Europa entraron en contacto con pueblos escitas, de los que adoptaron la lucha a caballo y técnicas metalúrgicas. Desde el s. II a. C. combatieron al imperio romano y en el s. III d. C. llegaron a penetrar hasta Hispania. En el año 406, presionados por la entrada en Europa de los hunos, forzaron la frontera del Rhin e iniciaron las invasiones que destruyeron el imperio occidental. En el s. X, otra oleada germánica, la de los vikingos o normandos, conocida como las *segundas invasiones*, se abatió nuevamente sobre Europa.

germanófilo, la *adj.* Simpatizante de Alemania, de sus habitantes, sus costumbres y su cultura. En ocasiones, se utiliza para designar a los partidarios del bando alemán durante las dos guerras mundiales.

germen *s. m.* **1.** Ser vivo compuesto por una sola célula, como las bacterias y los protozoos, o que sin llegar a ser célula vive a costa de éstas, como los virus, y especialmente los capaces de causar enfermedades. **2.** Primera fase del desarrollo de un organismo, una vez que se ha producido la fecundación. **3.** Primer tallo que brota de la semilla. **4.** Causa u origen de algo. **5.** En fís., pequeño cristal que al ser introducido en una solución sobresaturada provoca su rápida cristalización.

Germi, Pietro (Génova 1914 - Roma 1974) Director cinematográfico italiano. Figura representativa del neorrealismo, evolucionó hacia la comedia sentimental o satírica. Algunos de sus títulos más característicos son *En nombre de la ley* (1948), *El camino de la esperanza* (1950), *El ferroviario* (1956), *El hombre de paja* (1957), *Divorcio a la italiana* (1962) y *Señoras y señores* (1966).

germicida *adj.* Se aplica a la sustancia capaz de matar gérmenes. También *s. m.*

germinación *s. f.* Acción y efecto de germinar. En las plantas, la germinación comienza cuando la semilla encuentra condiciones favorables (temperatura entre 20 y 30 °C, humedad elevada, luz escasa), sale de su vida latente y da lugar al crecimiento del embrión. La semilla emite una radícula, pequeña raíz que comienza a crecer a favor de la gravedad (geotropismo positivo) profundizando en el suelo, y, posteriormente, de la gémula surge el tallo que crece hacia el exterior (geotropismo negativo) en busca de la luz. Los cotiledones proporcionan sustancias nutritivas a la nueva planta, hasta que ésta desarrolla las hojas y comienza el proceso de fotosíntesis.

germinador, ra *adj.* **1.** Que hace germinar. ‖ *s. m.* **2.** Cámara o local con condiciones de humedad, temperatura, luz, etc., favorables para la germinación de las semillas.

germinal *adj.* **1.** Perteneciente o relativo al germen. **2.** Que comienza a desarrollarse o manifestarse.

germinar *v. intr.* **1.** Comenzar a crecer las semillas para dar lugar a nuevas plantas. **2.** Empezar a desarrollarse o manifestarse algo no material. **FAM.** Germinante.

germinativo, va *adj.* Que puede germinar o causar la germinación.

gero- *pref.* Significa 'viejo, anciano': *gerodermia.* ▪ También existe la forma *geronto-*: *gerontología.*

gerodermia *s. f.* Alteración en la piel, propia de la vejez.

Gerona Véase **Girona**.

geronte *s.* Cada uno de los ancianos miembros del Consejo o Gerusía de Esparta, en la antigua Grecia.

geronto- *pref.* Véase **gero-**.

gerontocracia *s. f.* Forma de gobierno en la que los ancianos ejercen el poder.

gerontología *s. f.* Ciencia dedicada al estudio de los fenómenos y problemas propios de la vejez. Su campo es más amplio que el de la geriatría, ya que, además de ocuparse de los aspectos puramente médicos o biológicos, estudia también la vejez desde el punto de vista sociológico, económico y psicológico.

gerontólogo, ga *s. m.* y *f.* Persona especializada en gerontología.

Gershwin, George (Brooklyn, Nueva York 1898 - Hollywood 1937) Compositor estadounidense. Incorporó a su obra sinfónica la música popular de su país, y especialmente las estructuras melódicas del jazz. Es autor de *Rhapsody in blue* (1924), *Un americano en París* (1928) y la ópera *Porgy and Bess* (1935).

gerundense *adj.* De Gerona (Girona). También *s.*

gerundio *s. m.* Una de las formas no personales del verbo, que expresa generalmente una acción simultánea a la del verbo principal. ‖ **LOC. que es gerundio** *fam.* Refuerza una orden expresada en gerundio: *Vamos, corriendo que es gerundio.*
Ling. El gerundio tiene dos formas en español: una simple, que adopta la terminación *-ando* para la primera conjugación (*cantando*) y *-iendo* para la segunda y tercera (*temiendo, partiendo*), y otra compuesta, que se construye con el gerundio del verbo *haber* (*habiendo cantado*). El gerundio puede tener valor verbal y como tal admite pronombres personales pospuestos (*diciéndome, levantándose*) y puede llevar sujeto propio en construcciones absolutas: *Llegando el tren a la estación...* Cumple también una función adverbial como modificador del verbo: *salió corriendo, vino protestando.* Se ha criticado el uso del gerundio para expresar posterioridad; sin embargo este uso está cada vez más generalizado: *El ladrón huyó, siendo más tarde detenido.*

gerundivo *s. m.* En latín, adjetivo verbal pasivo, con declinación completa (terminación *-ndus, -nda, -ndum*), que concuerda con un sustantivo en género, número y caso.

gerusia *s. f.* Consejo de ancianos y principal órgano de gobierno en la antigua Esparta. Estaba constituido por veintiocho miembros, *gerontes*, que la asamblea del pueblo elegía entre la aristocracia, y dos reyes.

Gesaleico (? - ? 511) Rey visigodo (507-510). Hijo natural y sucesor de Alarico II. Los francos y los burgundios se apoderaron de Toulouse y Narbona y le obligaron a refugiarse en Barcelona. Teodorico venció a los francos y burgundios, pero colocó en el trono a Amalarico, hijo legítimo de Alarico II, y Gesaleico tuvo que buscar refugio en el reino vándalo de África.

Gesell, Arnold Lucius (Alma, Wisconsin 1880 - New Haven 1961) Psicólogo y pediatra estadounidense. Estudió el desarrollo neurológico y psicológico en las primeras etapas de crecimiento de los niños. Fundó la clínica de desarrollo infantil de Yale. Es autor, entre otras obras, de *El niño de 5 a 10 años* (1946), *Desarrollo infantil* (1952) y *El adolescente de 10 a 16 años* (1956).

Gessner, Salomon (Zurich 1730 - íd. 1788) Escritor suizo en lengua alemana. Siguiendo el modelo de Teócrito escribió *Idilios* (1756 y 1772) y el poema en prosa *La muerte de Abel* (1758). También fue pintor y grabador.

gesta *s. f.* **1.** Hecho heroico o conjunto de ellos de un personaje o de un pueblo. ‖ **2. cantar de gesta** Véase **cantar**.

gestación *s. f.* **1.** Periodo durante el cual las crías de los mamíferos permanecen dentro del cuerpo de la madre. Comienza en la fecundación y termina en el parto. Su duración varía según la especie; en la mujer es de nueve meses aproximadamente. **2.** Desarrollo o formación de algo.

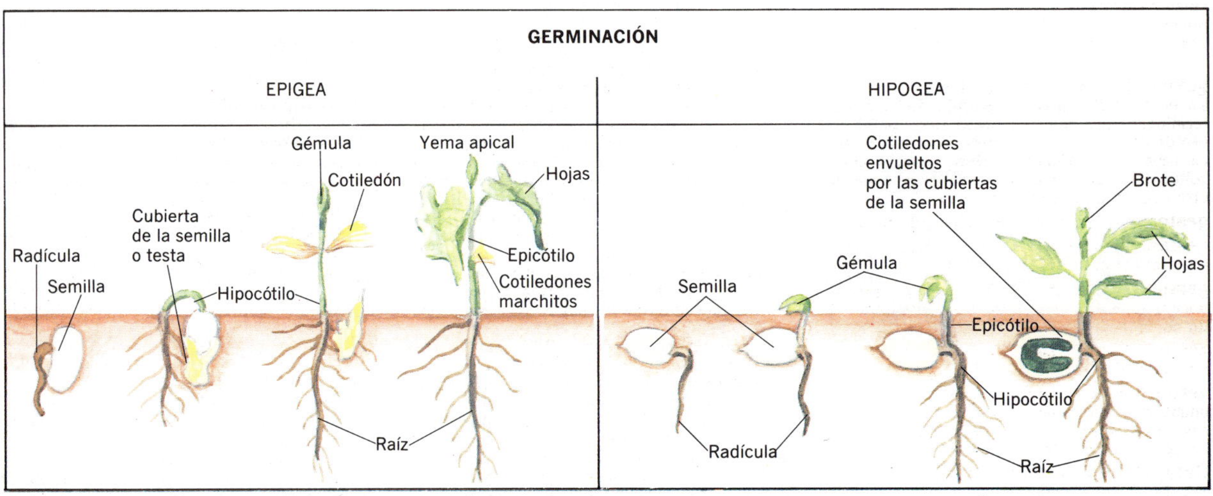

Germinación: a la izquierda, esquema de la germinación epigea (los cotiledones salen a la superficie) de la semilla de una judía; a la derecha, germinación hipogea (los cotiledones permanecen enterrados) de un melocotón.

Gestalt (voz al.) *s. f.* **1.** Forma, configuración. **2.** Totalidad integrada que no es simple suma de unidades. || **3. psicología de la Gestalt** Teoría psicológica que surgió en Alemania a principios del s. XX y defiende que la experiencia se presenta siempre organizada en totalidades estructuradas, que no son el simple resultado de la suma de sus partes. Su creador fue el psicólogo de origen checo Max Wertheimer (1880-1943). Fue aplicada fundamentalmente al estudio de la percepción. Se denomina también *psicología de la forma.*

gestante *adj.* **1.** Que gesta. **2.** Se aplica a la mujer que se encuentra en estado de gestación. También *s. f.*

Gestapo (siglas de *Geheime Staats Polizei*, Policía Secreta del Estado) *s. f.* Policía secreta del Partido Nacionalsocialista alemán, que en 1933 se convirtió en la policía del III Reich. Fue organizada y dirigida por Göring, Diehls, Himmler y Heydrich. Estaba dividida en policía del orden, uniformada y con funciones policiales tradicionales, y policía de seguridad, con sus secciones política y criminal, cuya misión fue perseguir y aniquilar cualquier disidencia de grupos y movimientos hostiles al Estado o al partido.

gestar *v. tr.* **1.** Llevar y mantener la madre en el vientre a su hijo hasta el momento del parto. || *v. prnl.* **2.** Formarse o desarrollarse procesos o cosas no materiales.

gestatorio, ria *adj.* Se aplica a lo que ha de transportarse en brazos o a hombros, como la *silla gestatoria* en que eran llevados los papas en ciertos actos solemnes.

gestear *v. intr.* Gesticular¹.

gestero, ra *adj.* Que hace muchos gestos.

gesticular¹ (del lat. *gesticulari*) *v. intr.* Hacer gestos, en especial si son frecuentes y exagerados. **Fam.** Gesticulación, gesticulador, gesticulante.

gesticular² (del lat. *gesticulus*, de *gestus*, gesto) *adj.* Perteneciente o relativo al gesto.

Gestido, Óscar (Montevideo 1901 - íd. 1967) Militar y político uruguayo. General en 1949, pasó a liderar el ala más conservadora del Partido Colorado. Miembro del Consejo Nacional de Gobierno, logró cambiar el sistema de gobierno colegiado por el presidencialista. Nombrado presidente de la república (1966), implantó un plan de austeridad para combatir la crisis económica.

gestión *s. f.* **1.** Conjunto de acciones que se realizan para conseguir o resolver algo. **2.** Acción y efecto de administrar o dirigir algún asunto, negocio, etc.

gestionar *v. tr.* Hacer las gestiones necesarias para conseguir o resolver alguna cosa.

gesto *s. m.* **1.** Movimiento o conjunto de movimientos hechos con los músculos de la cara, las manos o cualquier otra parte del cuerpo, que comunican un mensaje, manifiestan un estado de ánimo, dan expresividad al lenguaje y pueden incluso sustituirlo. **2.** Acción realizada por alguien de forma espontánea, que muestra un sentimiento, cualidad, intención, etc. || **Loc. torcer el gesto** *fam.* Poner expresión de disgusto o enfado.

gestor, ra *adj.* **1.** Que gestiona. También *s.* || *s. m.* y *f.* **2.** Persona que se ocupa de hacer determinadas gestiones por cuenta ajena. **3.** Miembro de una empresa que interviene en su dirección. || **4. gestor administrativo** Persona con facultad para gestionar documentos o resolver otro tipo de asuntos en oficinas públicas.

gestoría *s. f.* Oficina o despacho del gestor.

gestual *adj.* **1.** Perteneciente o relativo al gesto. || **2. pintura gestual** Gestualismo*.

gestualismo *s. m.* Nombre con el que se conoce una técnica de pintura que viene a coincidir con la *action painting* o pintura de acción.

gestudo, da *adj. fam.* Que suele hacer gestos o poner mala cara. También *s.*

geta *adj.* **1.** Se dice de un pueblo tracio que habitaba en la región más oriental del Danubio. Eran pastores y nómadas y acabaron fusionándose con los dacios. **2.** De este pueblo. También *s.*

Geta, Publio Septimio (Milán 189 - Roma 212) Emperador romano (211-212). Hijo de Septimio Severo, fue emperador junto con su hermano Caracalla, quien le hizo asesinar.

Getafe C. de España, en la prov. de Madrid, situada en el área metropolitana de la capital. 139.100 h. en 1990. Posee industria aeronáutica, eléctrica, farmacéutica, de maquinaria y materiales de construcción. Tiene aeródromo y base militar. Desde 1989 comparte con Leganés la universidad Carlos III.

Gethsemaní Lugar cercano a Jerusalén, también llamado *Huerto de los Olivos*, donde según los *Evangelios* Jesucristo oró antes de su pasión y fue apresado.

Gettysburgh, batalla de Batalla que se libró en el curso de la guerra de Secesión estadounidense entre el ejército de la Unión y los confederados, en la ciudad del mismo nombre, perteneciente al estado de Pennsylvania, y concluyó con una notable victoria de los federales.

géyser *s. m.* Géiser*.

Ghali, Butros (El Cairo, 1922) Político egipcio. De familia copta, es especialista en derecho internacional. Viceprimer ministro de su país, encargado de las relaciones exteriores, fue elegido secretario general de la ONU (1991).

Ghana, República de Estado de África, situado en el golfo de Guinea.

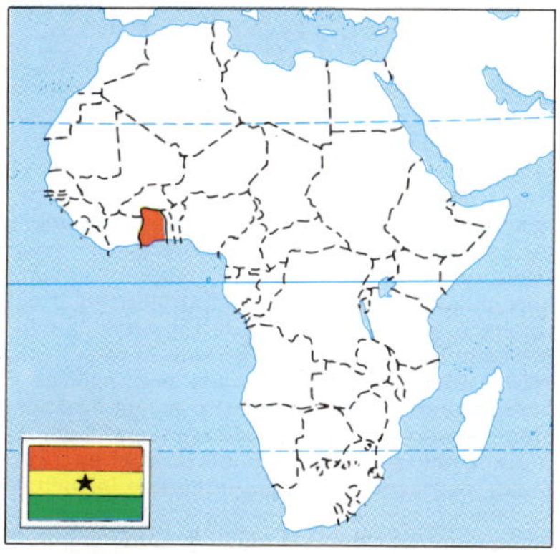

Extensión: 238.533 km².
Límites: al N, con Burkina Faso; al E, con Togo; al S, con el océano Atlántico, y al O, con Costa de Marfil.
Población: 15.020.000 h. en 1990.
Densidad: 63 h./km².
Capital: Accra.
División administrativa: 10 regiones.
Ciudades principales: Kumasi, Tamale, Bolgatanga, Wa, Sekondi-Takoradi.
Gentilicio: ghanés.
Forma de Estado: república, gobernada provisionalmente por un Consejo de Defensa Nacional.
Idioma: inglés.
Religión: protestantismo, 27,9 %; catolicismo, 18,7 %; cristianismo indígena africano, 16 %; religiones tradicionales, 21,4 %; islamismo, 15,7 %.
Moneda: cedi.
Tasa de natalidad: 44 ‰ en 1990.
Tasa de mortalidad: 13 ‰ en 1990.
Renta per cápita: 380 dólares en 1989.

Geog. El relieve de Ghana es muy llano, excepto en la parte SO, en la que se alcanzan alturas de hasta 1.000 m. En el centro del país, al O, se halla la meseta Ashanti y, al E, el lago Volta. Las costas son bajas y pantanosas. La red hidrográfica está compuesta por el río Volta (en el que se ha construido la gran central hidroeléctrica de Akosombo) y sus afluentes, Volta Negro, Volta Blanco y Oti. Tiene un clima ecuatorial al S y tropical sudanés al N, con intensas precipitaciones en la época de los monzones y una vegetación ecuatorial que se degrada hacia el N, más seco y elevado. La población está formada por etnias sudanoguineanas, entre las que destaca la akan, en el S del país, que incluye al grupo ashanti. La tasa de crecimiento demográfico es elevada (3,1 %) y la media de edad, joven. La economía se basa esencialmente en la agricultura, que produce cacao (tercer productor mundial), mandioca, cacahuetes, café, copra, aceite de palma, maíz, mijo, sorgo y arroz, y en la minería, que cuenta con yacimientos de oro (duodécimo productor mundial), diamantes (sexto) y manganeso (octavo). La industria está poco desarrollada y se reduce a los sectores alimentario, textil, del aluminio y del cemento.

Hist. Los primeros europeos en llegar a las costas de la actual Ghana (llamada *Costa de Oro* hasta 1957) fueron los portugueses, que en 1484 fundaron la factoría de Elmina. Les siguieron holandeses e ingleses, atraídos por el comercio de oro y esclavos. Durante los s. XVII y XVIII, el Reino Unido fue imponiéndose a sus competidores y en 1874 convirtió a la región en colonia, lo que provocó una guerra con el reino ashanti, establecido en el interior, que duró hasta 1902. Sus fronteras con las posesiones francesas quedaron fijadas en la convención de París de 1898. Ghana adquirió la independencia en 1957, pero permaneció en el ámbito de la Commonwealth.
En 1960 se proclamó la república, cuyo primer presidente fue Kwame Nkrumah, líder independentista histórico y fundador del Partido de la Convención del Pueblo. Derrocado Nkrumah por un golpe militar en 1966, los civiles retornaron al poder en 1969, del que fueron desplazados en 1972 por un nuevo golpe. En 1979, el teniente Jerry Rawlings se hizo con el control del país y convocó elecciones, en las que venció Hilla Limann. Pero en 1981 Limann fue depuesto por el propio Rawlings, quien se puso al frente del Consejo Provisional de Defensa Nacional y orientó al país hacia un régimen socialista.

ghanés, sa *adj.* De Ghana. También *s.*

ghetto (voz ital.) *s. m.* Gueto*.

Ghiberti, Lorenzo (Florencia 1378 - íd. 1455) Escultor, pintor, orfebre y arquitecto italiano. Es el gran maestro renacentista del relieve en bronce. Esculpió la segunda puerta del baptisterio de la catedral de Florencia (1403-24), cuyos paneles decoró con escenas del Nuevo Testamento, concebidas aún en el estilo gótico, pero con un nuevo tratamiento del espacio. También realizó una tercera puerta para el mismo edificio, llamada del *Paraíso* (1425-52), decorada con escenas del Antiguo Testamento, plenamente renacentistas, y en las que la sensación de profundidad se consigue mediante la perspectiva de los edificios y el paisaje y la gradación del tamaño de las figuras. Entre otras obras suyas destacan las esculturas de *San Juan Bautista* (1414), *San Mateo* (1419-22) y *San Esteban* (1425-29) para Orsanmichele, en Florencia, y la pila bautismal de Siena (1417-27).

Lorenzo Ghiberti: Moisés en el Sinaí, *bronce de la* Puerta del Paraíso *del baptisterio de la catedral de Florencia.*

Ghiraldo, Alberto (Mercedes, Buenos Aires 1874 - Santiago de Chile 1946) Escritor argentino. Su poesía modernista sigue la línea de Rubén Darío en libros como *Fibras* (1895) y *Triunfos nuevos* (1910). En cambio sus narraciones y obras teatrales realistas contienen una profunda queja social, como *Carne doliente* (1917), *Cuentos argentinos* (1935) y *La novela de la Pampa* (1943) y las piezas teatrales *Alma gaucha* (1909) y *La columna de fuego* (1919).

Ghirlandaio, Domenico di Tommaso Bigordi, llamado (Florencia 1449 - íd. 1494) Pintor italiano. Representante del arte renacentista del último periodo del *quattrocento*, sus cuadros se caracterizan por el dibujo, el detallismo y el interés por reflejar costumbres y personajes de su tiempo. En Florencia pintó los frescos de la capilla Sasseti, en Santa Trinità

(1483-85), los de Santa Maria Novella (1485-90) y *La adoración de los Magos* (1488) del hospital de los Inocentes. Su última obra fue *La visitación* (1491).

Giacometti, Alberto (Stampa 1901 - Coira 1966) Escultor y pintor suizo. Tras la influencia inicial del cubismo y del surrealismo, desarrolló un estilo caracterizado por el alargamiento de la figura humana y de los objetos y el uso de material de hierro de textura rugosa en sus esculturas. Entre éstas destacan *Mano* (1947) y *Hombre andando* (1960).

Giaever, Ivar (Bergen 1929) Físico estadounidense de origen noruego. En 1973 obtuvo el premio Nobel de física, compartido con Leo Esaki y Brian David Josephson, por sus descubrimientos relacionados con el efecto túnel en semiconductores y superconductores.

Giambologna, Jean Boulogne, llamado (¿Douai? 1529 - Florencia 1608) Escultor flamenco. De estilo manierista, desde 1556 vivió en Florencia, donde realizó la mayor parte de su obra al servicio de Francisco de Médicis, como *El rapto de las sabinas, Venus, Mercurio* y la estatua ecuestre de *Cosme I.*

Gianneo, Luis (Buenos Aires 1897 - íd. 1968) Compositor argentino. Perteneciente a la corriente musical del nacionalismo, es autor de los poemas sinfónicos *Turay-Turay* (1929) y *El Tarco en flor* (1930) y de conciertos como *Aymará* (1942), de inspiración folclórica.

Giap, Vô Nguyên (An Xa, Vietnam 1912) Militar y político vietnamita. Gran estratega, supo combinar la lucha guerrillera y la guerra convencional. En 1954 obtuvo la victoria de Dien Bien Phu, que supuso el fin de la presencia francesa en Indochina. Ministro de la Guerra con Ho Chi Minh, en 1968 dirigió la ofensiva contra Vietnam del Sur y en 1975 la batalla final que concluyó con la victoria de Vietnam del Norte sobre Vietnam del Sur y EE UU. Tras la proclamación de la República Socialista de Vietnam (1976), fue confirmado en el cargo de general en jefe del ejército, al que renunció en 1980, y nombrado viceprimer ministro. Es autor del libro *Guerra del pueblo, ejército del pueblo* (1961).

Giaquinto, Corrado (Molfetta 1703 - Nápoles 1765) Pintor italiano. Estudió en Nápoles y en 1723 se afincó en Roma, donde destacó por su pintura decorativa. Se le considera una de las más sólidas figuras del rococó de Nápoles y Roma. En 1753 pasó a Madrid, como pintor de cámara de Fernando VI, donde entre otras obras decoró el Palacio Real. Fue nombrado director de la Academia de San Fernando de Madrid. Entre sus cuadros sobresalen *La visitación, Descendimiento, San Francisco de Sales* y *Santa Juana de Chantal.*

Giauque, William Francis (Niagara Falls, Canadá 1895 - Oakland 1982) Químico estadounidense. Se doctoró en la universidad de California, de la que luego fue profesor. En 1929 descubrió la existencia de los isótopos del oxígeno 17 y 18. Obtuvo el premio Nobel de química en 1949 por su técnica para lograr bajas temperaturas.

giba *s. f.* Joroba*.

gibar *v. tr.* **1.** Fastidiar, molestar. También *v. prnl.* **2.** Hacer que una cosa tenga giba. También *v. prnl.*

Gibbon, Edward (Putney, Londres 1737 - Londres 1794) Historiador inglés. Escribió la monumental *Historia de la decadencia y caída del imperio romano* (1776-88), obra clásica que constituye el primer estudio sistemático, basado en fuentes escritas, epigráficas y arqueológicas, sobre dicho periodo de la historia. Es autor también de *Memorias de mi vida y escritos*, publicados póstumamente en 1796.

Gibbons, Orlando (Oxford 1583 - Canterbury 1625) Compositor, virginalista y organista inglés. Fue organista de la capilla real (1605-25). Escribió antífonas y música religiosa, madrigales y obras para instrumentos de cuerdas pulsadas y de tecla.

gibelino, na *adj.* **1.** En la Italia medieval, partidario de los emperadores de la dinastía Staufen, defensores del Sacro Imperio Romano Germánico, por oposición a los güelfos, defensores del papado y de la independencia de las ciudades frente al imperio. También *s.* **2.** Perteneciente o relativo a estas personas y familias.

Gibón lar (Hylobates lar).

gibón *s. m.* Nombre común de diversos mamíferos primates antropoides de la familia póngidos, géneros *Hylobates* y *Symphalangus.* El gibón lar *(Hylobates lar)* mide hasta 1 m de altura, tiene un cuerpo esbelto, con largos brazos, pelaje ceniciento y sin cola. Raramente desciende del estrato arbóreo, pero cuando lo hace camina erguido. Habita en las selvas del SE de Asia.

gibosidad *s. f.* Abultamiento semejante a una giba.

giboso, sa *adj.* Que tiene giba. También *s.*

Gibraltar Territorio británico situado en el peñón del mismo nombre, al SE de la provincia de Cádiz (España). 6 km^2. 30.700 h. en 1990 (sin incluir la guarnición militar). Su economía, alentada por la ayuda presupuestaria británica, se basa principalmente en el turismo, las sociedades financieras y en la industria textil y alimentaria. Posee puerto marítimo, en el que se desarrolla una notable actividad, aeropuerto y una base militar. Constituye un importante lugar estratégico sobre el estrecho de Gibraltar. Los ingleses lo llaman también *The rock*, la roca.

Hist. Gibraltar fue conquistado por ingleses y holandeses en 1704, durante la guerra de Sucesión española, y posteriormente atribuido al Reino Unido por el tratado de Utrecht en 1714. Desde entonces España ha intentado infructuosamente recuperar el enclave, por la fuerza de las armas (asedios de 1727, 1779 y 1782) o por la negociación diplomática. En 1830 recibió el estatuto de colonia y en 1981 sus habitantes se convirtieron en ciudadanos británicos. En 1985, España y el Reino Unido acordaron la libre circulación entre Gibraltar y España y en 1989 iniciaron negociaciones sobre la utilización conjunta del aeropuerto.

Gibraltar, estrecho de Brazo de mar que separa Europa y África y comunica el mar Mediterráneo con el océano Atlántico. Su anchura mínima es de 14 km y la máxima no supera los 28 km. Experimenta un intercambio de aguas entre ambos mares que oscila entre 1 y 2 millones de m^3/s y aporta una corriente de agua más salinizada que penetra en el Atlántico y se extiende hacia el N (a causa del movimiento de rotación de la Tierra), hasta las costas de Irlanda. Recibe una intensa navegación, dificultada en ocasiones por grandes temporales.

gibraltareño, ña *adj.* De Gibraltar. También *s.*

Gibson, Ian (Dublín 1939) Historiador irlandés, nacionalizado español en 1984. Se ha especializado en el estudio de la guerra civil española de 1936-39 y de la figura de García Lorca. Entre sus títulos destacan *Granada en 1936 y el asesinato de García Lorca* (1971), *El vicio inglés* (1978), *El asesinato de García Lorca* (1979), *En busca de José Antonio* (1981) y *Paracuellos: cómo fue* (1983).

Gide, André (París 1869 - íd. 1951) Escritor francés. Fue uno de los intelectuales europeos más influyentes del primer tercio del s. XX. Inicialmente cercano al simbolismo, su estilo evolucionó hasta alcanzar en su madurez un aire clásico, sobrio y de gran finura psicológica, con el que aborda temas como la moral, la libertad y la superación de todo tipo de prejuicios. Entre sus obras sobresalen las novelas *Los alimentos terrestres* (1897), *El inmoralista* (1902), *Los sótanos del Vaticano* (1914), *Sinfonía pastoral* (1919) y *Los monederos falsos* (1925), su *Diario* (1939, 1946 y 1950) y los polémicos libros *Corydon* (1911 y 1924), un diálogo en que se justifica la homosexualidad, y *Retorno de la URSS* (1936), en el que criticó el régimen estalinista. En 1947 recibió el premio Nobel.

Gielgud, sir John (Londres 1904) Actor británico. Destacado intérprete de obras de Shakespeare, comenzó en el teatro Old Vic (1921). En el cine, aparte de dar vida a personajes shakesperianos, ha interpretado brillantemente infinidad de papeles cortos pero inolvidables, como en *Becket* (1964), *Campanadas a medianoche* (1966), *La carga de la brigada ligera* (1968), *El director de orquesta* (1980), *El hombre elefante* (1980) y *Carros de fuego* (1981).

Gifu C. de Japón, cap. de la prefectura homónima, situada en la isla de Honshu, al O de Tokio. 407.800 h. en 1989. Nudo de transportes y centro de industria aeronáutica, textil, papelera, artesanal y cerámica, cuenta con yacimientos de uranio y manganeso. Es un importante centro turístico.

giga *s. f.* **1.** Instrumento musical de cuerda característico de la Edad Media. **2.** Danza y música populares de movimiento vivo y alegre, originarias de Gran Bretaña y difundidas por Europa durante el s. XVII. Fue muy utilizada por músicos barrocos como Haendel, Rameau y Bach.

giga- *pref.* Entra en la composición de unidades del Sistema Internacional multiplicando la unidad por mil millones (10^9); p. ej.: *gigagramo, gigahertzio.* Su símbolo es *G.*

gigante *adj.* De tamaño mucho más grande que el normal para su especie.

gigante, ta *s. m.* y *f.* **1.** Personaje fantástico de enorme estatura que aparece en diversas mitologías, en leyendas, cuentos infantiles, etc. **2.** Persona muy alta. **3.** Persona que padece gigantismo. ‖ *s. m.* **4.** Persona que destaca mucho en alguna actividad. ‖ *s. f.* **5.** Gigantea*. **FAM.** Gigantez, gigantón.

gigantea *s. f.* Girasol*, planta.

gigantesco, ca *adj.* **1.** Muy grande, enorme. **2.** Perteneciente o relativo a los gigantes.

gigantilla *s. f.* **1.** Figura ridícula con cabeza y miembros desproporcionados a su cuerpo. **2.** P. ext., mujer baja y muy gruesa.

gigantismo *s. m.* Enfermedad que consiste en un aumento excesivo del tamaño del cuerpo, debida generalmente a una disfunción de la hipófisis, que segrega un exceso de hormonas del crecimiento. Si este fenómeno se produce una vez finalizado el crecimiento, origina acromegalia, desarrollo excesivo de las extremidades del cuerpo.

gigoló (voz fr.) *s. m.* Hombre joven y atractivo que mantiene relaciones sexuales con mujeres maduras a cambio de regalos o dinero.

gigote *s. m.* Guisado de carne picada o troceada.

Gijón (*Xixón*) C. de España, situada en la prov. de Asturias, en el sector central de su costa cantábrica. 265.000 h. en 1990. Es un centro comercial e industrial, con una importante siderurgia y metalurgia, así como industria vidriera, textil, tabaquera y alimentaria. Su puerto, El Musel, desarrolla una intensa actividad exportadora de hulla. Tiene una notable universidad laboral.

gijonense *adj.* Gijonés*.

gijonés, sa *adj.* De Gijón. También *s.*

gil *adj. fam.* Gilí*.

Gil Albert, Juan (Alcoy, Alicante 1906) Escritor español. Su obra poética se caracteriza por la elegancia y perfección del estilo, el carácter íntimo y melancólico y la presencia constante del mundo clásico griego y del Mediterráneo. Entre sus libros sobresalen *Misteriosa presencia* (1936), *El existir medita su corriente* (1949) y *La Meta-física* (1974). También es autor de novelas, como *Valentín* (1974) y *El retrato oval* (1977), y de ensayos, como *Heraklés* (1975).

Gil de Biedma, Jaime (Barcelona 1929 - íd. 1990) Poeta español. Representante de la generación de los años cincuenta, su obra es una permanente reflexión sobre la influencia de la sociedad, el paso del tiempo y el amor en la vida del autor. Sus poemas están recogidos en *Colección particular* (1969) y *Las personas del verbo* (1975). En prosa escribió *Diario del artista seriamente enfermo* (1974).

Gil de Hontañón, Juan (? h. 1480 - ¿Salamanca? 1526) Arquitecto español. Dentro del estilo gótico hispanoflamenco, inició las obras de las catedrales de Salamanca y Segovia.

Gil de Hontañón, Rodrigo (? h. 1500 - Segovia 1577) Arquitecto español. Hijo de Juan Gil de Hontañón, culminó la construcción de las catedrales de Salamanca y Segovia, comenzadas por su padre. Formado en el estilo gótico, desarrolló el plateresco hacia formas plenamente clasicistas. Sus obras más representativas son el palacio de Monterrey en Salamanca (1539) y la fachada de la universidad de Alcalá de Henares (1551-53).

Gil de Taboada y Lemos, Francisco (Santo Longo, La Coruña h. 1740 - Madrid 1809) Marino y administrador colonial español. Fue virrey de Nueva Granada (1789) y del Perú (1790-96). Protegió la cultura y desarrolló una amplia labor científica en el virreinato. De vuelta a España, fue director general de la Armada (1799) y ministro de Marina (1805). Miembro de la Junta de gobierno nombrada por Fernando VII (1808), dimitió para no reconocer a José Bonaparte.

Gil Polo, Gaspar (Valencia h. 1530 - Barcelona 1584) Escritor español. Representante de la novela renacentista, a él se debe la *Diana enamorada*, continuación de la *Diana* de Jorge Montemayor, que se distingue por su lenguaje culto y elegante.

Gil Vicente Véase **Vicente, Gil**.

Gil y Carrasco, Enrique (Villafranca del Bierzo, León 1815 - Berlín 1846) Escritor español. Su obra más conocida es la novela histórica *El señor de Bembibre* (1844), ambientada en la época medieval y ejemplo de la narrativa romántica. Escribió numerosos artículos costumbristas en la prensa de su época.

Gil y Zárate, Antonio (El Escorial, Madrid 1793 - Madrid 1861) Dramaturgo español. Se educó en París. Fue director general de Instrucción Pública y consejero de Estado. Su teatro evolucionó de un neoclasicismo influido por Leandro Fernández de Moratín al Romanticismo. Algunas de sus obras más señaladas son *El entrometido* (1825), *Un año después de la boda* (1826), *Rodrigo* (1827), *Carlos II el Hechizado* (1827), *Guzmán el Bueno* (1842) y *Guillermo Tell* (1843).

Gilbert, John (Utah 1895 - Hollywood 1936) Actor cinematográfico estadounidense. Fue el galán romántico más cotizado de los años veinte y formó pareja en varios filmes con Greta Garbo. Su carrera se truncó con la llegada del sonoro. Algunas de sus películas más importantes son *Alma en las cumbres* (*Heart on the hills*, 1919), *Sota, caballo y rey* (*Cameo Kirby*, 1923), *Su hora* (1924), *La viuda alegre* (1925), *Vida de bohemia* (1926), *El demonio y la carne* (1926), *Ana Karenina* (1927), *Los cosacos* (1928) y *La reina Cristina de Suecia* (1933).

Gilbert, Walter (Boston 1932) Químico estadounidense. Obtuvo en 1980 el premio Nobel de química, compartido con Frederick Sanger y Paul Berg, por sus trabajos para determinar las secuencias básicas de los ácidos nucleicos.

Gilbert, William (Colchester, Essex 1544 - Londres 1603) Físico y médico inglés. Fue médico de Isabel I. Pionero de la experimentación, realizó trabajos sobre electricidad estática y magnetismo. Descubrió que algunas sustancias, entre ellas el cristal de roca, tenían al frotarlas la misma propiedad que el ámbar de atraer objetos poco pesados, por lo que las agrupó bajo el nombre de *eléctricas* (del gr. *elektron*, ámbar). También estudió la inclinación magnética y sus variaciones.

gilda *s. f.* Guilda*.

Gilgamesh Rey legendario de Uruk (2700 a. C.). Es protagonista de la epopeya mesopotámica *Quien todo lo vio*, más conocida como *Canto de Gilgamesh*, que narra las aventuras del héroe en busca de la inmortalidad. La obra alcanzó difusión en el Oriente Próximo y Medio.

Gili Gaya, Samuel (Lleida 1892 - Madrid 1976) Filólogo y lingüista español. Es autor, entre otras obras, de *Curso superior de sintaxis española* (1943), *Elementos de fonética general* (1950), *Estudios de lenguaje infantil* (1974) y *Tesoro lexicográfico, 1492-1627* (1960).

gilí *adj. fam.* Bobo, memo. También *s.*

gilipollada *s. f. vulg.* Gilipollez*.

gilipollas *adj. vulg.* Tonto, estúpido. También *s.*

gilipollez *s. f. vulg.* Tontería, estupidez.

gilipuertas *adj. vulg.* Gilipollas*.

Gilles de Gennes, Pierre (París 1932) Físico francés. En 1991 obtuvo el premio Nobel de física por su estudio de la estructura dinámica de la materia condensada mediante un haz de electrones (técnica más evolucionada que los rayos X). También ha realizado estudios sobre superconductividad, los cristales líquidos y los polímeros

Gillespie, Dizzy (Cheraw, Carolina del Sur 1917) Trompetista de jazz estadounidense. Importante representante del estilo *be-bop*, en 1945 formó su propio conjunto y en los años sesenta actuó con la agrupación *The giants of jazz*. Algunas de sus grabaciones más destacadas son *Hot house* (1945), *Manteca* (1948) y *The champ* (1951).

Gil-Robles y Quiñones, José María (Salamanca 1898 - Madrid 1980) Político español. Miembro de Acción Nacional, partido católico conservador, se convirtió en 1933 en cabeza indiscutible de la Confederación Española de Derechas Autónomas (CEDA), que gobernó coaligada con los radicales de Lerroux en 1934 y 1935. Como ministro de la Guerra (1935) designó al general Franco jefe de Estado Mayor. Después del golpe militar de julio de 1936, apoyó a los sublevados. Posteriormente, ya durante el franquismo, fue uno de los principales dirigentes de la oposición moderada y perteneció al consejo privado de don Juan de Borbón. Tras la restauración de la democracia, fundó con Joaquín Ruiz-Giménez el partido Democracia Cristiana, que fracasó en las elecciones de 1977.

Giménez Caballero, Ernesto (Madrid 1899 - íd. 1988) Escritor y político español. Fue un destacado representante de las corrientes de vanguardia en los años veinte, en los que fundó la revista *La Gaceta Literaria* (1927) y publicó obras como *Notas marruecas de un soldado* (1923) y *Yo, inspector de alcantarillas* (1928). Posteriormente evolucionó hacia el fascismo, participando en la fundación de las JONS y del movimiento falangista, y se convirtió en uno de sus principales ideólogos, con obras como *Genio de España* (1932).

Gimeno, Francisco (Tortosa, Tarragona 1858 - Barcelona 1927) Pintor español. Fue discípulo de Carlos Haes, en Madrid. Destacó por sus paisajes y retratos plenamente realistas. En su pintura abundan los paisajes de la Costa Brava y temas del suburbio barcelonés. Entre sus cuadros cabe citar *Aiguablava, Marina de Bagur, Mujer leyendo, La familia* y *Autorretrato.*

Gimferrer, Pere (Barcelona 1945) Escritor español en lengua catalana y castellana. Su poesía, que supuso una ruptura con el realismo y el compromiso de los años cincuenta, se caracteriza por la riqueza formal y la influencia de autores como Góngora, Aleixandre, Elliot y Pound. Entre sus libros en castellano destacan *Arde el mar* (1966) y *La muerte en Beverly Hills* (1968). A partir de 1970 adoptó el catalán como lengua poética, en obras como *Horas del atardecer* (1972) y *El espacio desierto* (1977). En prosa sobresalen la novela *Fortuny* (1983), el ensayo *Los raros* (1985) y sus *Dietarios.*

gimiente *adj.* Que gime o se lamenta.

gimnasia *s. f.* **1.** Conjunto de ejercicios que se realizan para desarrollar, fortalecer y dar flexibilidad al cuerpo. **2.** Práctica con que se adiestra o desarrolla alguna facultad. ‖ **3. gimnasia correctiva** La que se realiza como medida terapéutica para combatir determinadas enfermedades o lesiones, especialmente de los huesos y músculos. También se llama *kinesiterapia.* **4. gimnasia deportiva** Disciplina olímpica que consiste en realizar una serie de ejercicios en diversos aparatos. La categoría masculina comprende el potro de saltos, el caballo con arcos, las anillas, la barra fija, las barras paralelas y el suelo; la categoría femenina incluye el potro de saltos, la barra de equilibrios, las barras asimétricas y el suelo. **5. gimnasia rítmica** Disciplina olímpica de categoría femenina que consiste en realizar una serie de ejercicios con cinta, pelota, mazas y aro, acompañados de música. **6. gimnasia sueca** La que se hace sin aparatos.

gimnasio *s. m.* **1.** Local con instalaciones y aparatos para practicar gimnasia y otros deportes. **2.** En algunos países, como Alemania, Italia o Suiza, centro oficial de enseñanza.

gimnasta *s. m.* y *f.* Persona que se dedica a la gimnasia.

gimnástica *s. f.* Gimnasia*.

gimnástico, ca *adj.* **1.** Perteneciente o relativo a la gimnasia. ‖ **2. paso gimnástico** Paso lento de carrera.

gimnospermas *s. f. pl.* Grupo de plantas, división del reino metafitas, que comprende numerosas especies de las clases cicadinas, ginkgoínas, gnetinas y pinatinas. Se caracterizan por tener el óvulo desnudo, sin proteger en el interior de un ovario, por lo que carecen de frutos. Poseen flores unisexuales, pudiendo estar las masculinas y las femeninas en la misma o en diferente planta (monoicas o dioicas). Las flores femeninas no tienen cáliz ni corola y se agrupan en torno a un eje floral, dando lugar a una inflorescencia llamada *cono femenino* o *piña.* Las flores masculinas tienen una escama y dos sacos polínicos y forman también conos alrededor de un eje floral. Las gimnospermas son árboles y arbustos leñosos, que se agrupan formando grandes bosques; tienen hojas perennes, generalmente aciculadas, canales resiníferos y se mantienen verdes todo el año. Surgidas hace unos 350 millones de años, fueron la forma de vida vegetal predominante durante la era mesozoica; en la actualidad sólo existen unas 700 especies, en su mayoría pertenecientes a la clase coníferas, como el pino, el cedro, el abeto, el ciprés, el enebro y el tejo. También *adj.* y *s. f.*

gimnoto *s. m.* Nombre común de diversos peces cipriniformes de la familia gimnótidos, género *Gymnotus.* La especie más importante es el *Gymnotus carapo*, de cuerpo serpentiforme, que

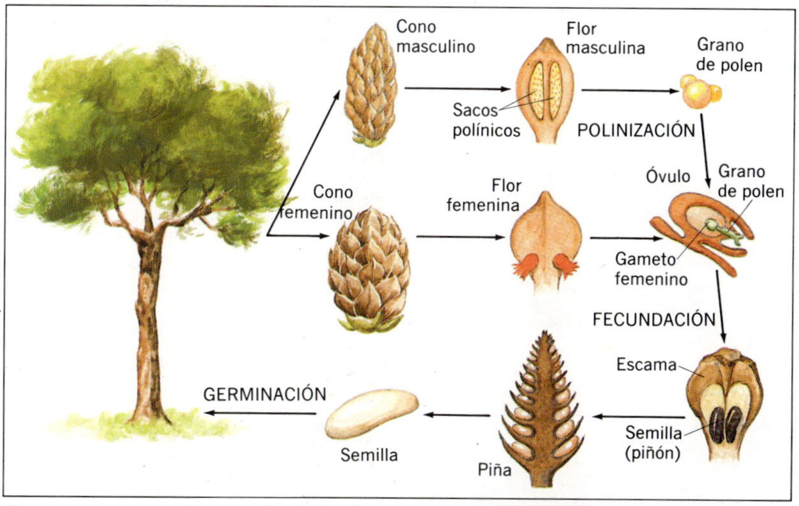

Gimnospermas: esquema de su reproducción. Las flores masculinas originan los granos de polen que el viento lleva hasta las flores femeninas. El polen fecunda el óvulo, que da lugar al piñón o semilla.

puede alcanzar hasta 2 m de longitud y se caracteriza por estar dotado de órganos eléctricos en sus costados, con los que emite descargas para paralizar a sus víctimas. Habita en ríos de Sudamérica, como el Amazonas.

gimotear *v. intr.* **1.** *fam.* Gemir sin motivo o de forma ridícula. **2.** Hacer gestos de llorar, pero sin llegar al llanto. **FAM.** Gimoteador, gimoteo.

gin (voz ingl.) *s. m.* **1.** Ginebra. ‖ **2. gin tonic** Combinado de tónica con ginebra.

Ginastera, Alberto (Buenos Aires 1916 - Ginebra 1983) Compositor argentino. Influido por Bartok, Stravinski y Shostakovich, introdujo elementos folclóricos en composiciones de técnica vanguardista. Entre sus obras destacan el ballet *Panambi* (1937), diversos conciertos para violonchelo y piano y las óperas *Don Rodrigo* (1966), *Bomarzo* (1966) y *Beatrix Cenci* (1971).

gincana *s. f.* Competición en que los participantes, utilizando algún vehículo (automóvil, bicicleta, etc.), deben salvar un gran número de obstáculos y dificultades. Se clasifican según el tiempo empleado y los puntos de penalización acumulados por las faltas cometidas en el trayecto.

ginebra *s. f.* Bebida alcohólica que se obtiene a partir de ciertas semillas, aromatizada con bayas de enebro.

Ginebra (en fr. *Genève*, en al. *Genf*) **1.** Cantón de Suiza, situado en el SO del país, junto a la frontera francesa. 282 km^2. 371.400 h. en 1989. Es una zona francófona, muy urbanizada, que tiene agricultura de viña, tabaco y cereal, ganadería vacuna y una industria diversificada.
2. C. de Suiza, cap. del cantón del mismo nombre, situada en el extremo SO del país, a orillas del lago Leman y recorrida por el río Ródano. 164.000 h. en 1989. Es un importante centro bancario y financiero mundial. Cuenta con industria química, alimentaria, electromecánica, de instrumentos de precisión, de relojería y de orfebrería. Es sede de organizaciones culturales, deportivas y diplomáticas, algunas de ellas de carácter internacional.
3. Nombre del extremo SO del lago Leman.
Hist. y ***Pol.*** La ciudad de Ginebra ha sido y es sede de múltiples reuniones donde se discuten y deciden cuestiones de derecho internacional. Esta tradición se remonta a 1863, cuando Henry Dunant la convirtió en sede de la Cruz Roja Internacional, y se consolidó al acoger a la Sociedad de Naciones en 1920. En ella fueron suscritas las **convenciones de Ginebra** (1864, 1929 y 1949), acuerdos internacionales para la protección de soldados heridos, derechos de los prisioneros y protección de la población civil en época de guerra. Las **conferencias de Ginebra** han servido para tratar distintos conflictos suscitados entre estados, como la conferencia de Corea e Indochina (1954), la conferencia de Namibia (1981), la de refugiados africanos (1981), la del Líbano (1983) y la conferencia permanente para el Desarme, iniciada en 1962 a instancias de la ONU y que ha tenido diversas fases (SALT, START, sobre euromisiles, etc.). Es sede de la ONU en Europa y de diversas agencias especializadas de este organismo.

Ginebra: vista de la ciudad.

Ginebra Personaje legendario del ciclo bretón, esposa del rey Arturo y amante de Lanzarote del Lago.

ginebrés, sa *adj.* Ginebrino*.

ginebrino, na *adj.* De Ginebra. También *s.*

gineceo *s. m.* **1.** Entre los antiguos griegos, habitaciones destinadas a las mujeres y situadas generalmente en el piso superior de la casa. **2.** Órgano femenino de las flores de las plantas angiospermas, formado por uno o varios carpelos, libres o soldados entre sí, que constituyen una formación cerrada llamada *ovario*. Contiene los óvulos y está provisto de un apéndice superior llamado *estigma* y un pedúnculo llamado *estilo*; el conjunto de estigma y estilo se llama *pistilo*. Su función es la reproducción sexual, que realiza en asociación con el órgano masculino llamado *androceo*.

gineco- *pref.* Significa 'mujer': *ginecología*.

ginecocracia *s. f.* Forma de gobierno en que las mujeres tienen el poder.

ginecología *s. f.* Rama de la medicina que se ocupa de las enfermedades propias de la mujer, como cáncer de útero y de pecho, tumores en los ovarios, abortos espontáneos, esterilidad y anormalidades de la menstruación. Generalmente, los médicos ginecólogos también se especializan en obstetricia, que se ocupa de la ayuda a las mujeres durante el parto. **FAM.** Ginecológico.

ginecólogo, ga *s. m.* y *f.* Médico especializado en ginecología.

ginecomastia *s. f.* Desarrollo excesivo de las mamas en el hombre.

Giner de los Ríos, Francisco (Ronda, Málaga 1839 - Madrid 1915) Pedagogo y escritor español. Catedrático de historia del derecho y derecho internacional en la universidad de Madrid y pensador muy influido por Hegel y Krause, fundó, junto con otros profesores, la Institución Libre de Enseñanza (1876), donde puso en práctica sus principios educativos basados en la libertad y actividad del alumno, la no confesionalidad de la escuela, el antiautoritarismo y la coeducación. Es autor de *Estudios sobre educación* (1886), *Educación y enseñanza* (1889) y *Pedagogía universalista* (1910).

Francisco Giner de los Ríos.

ginesta *s. f.* Retama*.

gineta *s. f.* Jineta*, animal.

ginfizz (voz ingl.) *s. m.* Bebida compuesta de ginebra, zumo de limón, soda y azúcar.

ginger-ale (voz ingl.) *s. m.* Bebida refrescante elaborada con jengibre.

gingival *adj.* Perteneciente o relativo a las encías.

gingivitis *s. f.* Inflamación de las encías causada por una infección o por mala higiene dental.

gingivorragia *s. f.* Hemorragia de las encías.

ginkgo *s. m.* Árbol de la familia ginkgoáceas, especie *Ginkgo biloba*. Mide entre 25 y 30 m de altura, tiene hojas caducas en forma de abanico, flores masculinas y femeninas situadas en distintos árboles y semilla semejante a una drupa de color amarillo rojizo. Es nativo de China y se cultiva en este país y Japón, donde se le considera árbol sagrado.

Ginsberg, Allen (Paterson, New Jersey 1926) Poeta estadounidense. Miembro de la generación *beat* y destacado defensor de los movimientos contraculturales en los años sesenta, su obra se caracteriza por el uso del verso libre y la experimentación formal. Entre sus escritos sobresalen *Aullido* (1956), *El espejo vacío* (1961), *Noticias del planeta* (1971) y *Poemas por todas partes* (1978).

ginsén o **ginseng** *s. m.* **1.** Nombre de diversas plantas arbustivas de la familia araliáceas, género *Panax*, a cuya raíz se atribuyen propiedades curativas. Su extracto se consume en infusión, como tonificante y vigorizante. Crecen en Asia *(Panax ginseng)* y en América *(Panax quinquefolium)*. **2.** Raíz de estas plantas.

Ginzburg, Natalia (Palermo 1916 - Roma 1991) Escritora italiana. De ideología antifascista, militó en las filas del Partido Comunista italiano. Entre sus novelas destacan *Valentino* (1957), *Las voces de la noche* (1961), *Léxico familiar* (1963), *Querido Miguel* (1973) y *Familia* (1977). También es autora de *Las pequeñas virtudes* (1962), ensayo, y de las comedias *La secretaria* (1967) y *El anuncio* (1968).

Giolitti, Giovanni (Mondovi 1842 - Cavour 1928) Político italiano. De ideas conservadoras, fue primer ministro en cinco ocasiones entre los años 1892 y 1921. Impulsó el desarrollo industrial y la modernización del país, con medidas como la ampliación de la enseñanza primaria y la instauración en 1913 del sufragio universal.

Giono, Jean (Manosque, Alpes-de Haute-Provence 1895 - íd. 1970) Novelista francés. En sus obras, de ambiente campesino, exalta la Provenza y las fuerzas naturales. Algunas de sus novelas más características son la trilogía *Pan*, formada por *Colina* (1929), *Uno de Baumugnes* (1929) y *Renovación* (1930); *El canto del mundo* (1934), *Triunfo de la vida* (1942), *Un húsar en los tejados* (1951) y *El iris de Suse* (1970).

Giordano, Luca Véase **Jordán, Lucas**.

Giorgione, Giorgio de Castelfranco, llamado **Il** (Castelfranco h. 1477 - Venecia 1510) Pintor italiano. Discípulo de Giovanni Bellini y representante de la escuela veneciana, su obra se caracteriza por la importancia concedida al tratamiento de la luz, la riqueza del colorido y el uso del paisaje como fondo en sustitución de los decorados arquitectónicos. Entre sus principales cuadros figuran *La tempestad* (1508) y *El concierto campestre* (1510).

Giotto di Bondone, Angelo (Colle di Vespignano h. 1267 - Florencia 1337) Pintor y arquitecto italiano. Discípulo de Cimabue, representa la transición de la pintura gótica medieval a la renacentista. El interés por la naturaleza y por el hombre, que caracterizan al nuevo periodo histórico, se reflejan en su obra y dan lugar a un tratamiento mucho más realista de los personajes, que ganan en expresividad y en viveza, a un dominio de la perspectiva y de la composición y a una mayor riqueza del colorido y de la luminosidad. Es autor de una serie de grandes ciclos de frescos, en los que narra una historia en diferentes episodios, como la *Vida de San Francisco* (1296), en Asís, y la *Historia de la Virgen* y la *Pasión de Cristo* (h. 1303-09), en la capilla Scrovegni de Padua. Otros cuadros son la *Madonna de Ognissanti* (h. 1310) y el *Crucifijo malatestiano* (1314). Como arquitecto, proyectó el campanario de Santa María de las Flores de Florencia.

Giotto di Bondone: San Francisco predica a los pájaros *(Iglesia de San Francisco, Asís, Italia).*

gira *s. f.* **1.** Viaje por diferentes lugares, volviendo luego al punto de partida. **2.** Serie de actuaciones sucesivas de un artista, espectáculo, compañía, etc., por distintas localidades.

giradiscos *s. m.* Pieza del tocadiscos sobre la que se coloca el disco, que da vueltas a una velocidad constante, para que el sonido grabado se reproduzca adecuadamente. ■ También se llama *plato* o *plato giradiscos*.

girado, da **1.** *p. p.* de **girar**. También *adj.* ‖ *s. m.* y *f.* **2.** Destinatario de una letra de cambio.

girador, ra *s. m.* y *f.* Persona que gira o cursa letras de cambio u otras órdenes de pago.

Giral, José (Santiago, Cuba 1879 - Ciudad de México 1962) Político y químico español. Participó en la fundación del partido Acción Republicana. Proclamada la república, fue rector de la universidad de Madrid, consejero de Estado (1931) y ministro de Marina (1931-33). Tras el 18 de julio de 1936 fue nombrado jefe de gobierno y ordenó la entrega de armas a las organizaciones populares para hacer frente a la sublevación militar; dimitió el mismo año y posteriormente desempeñó el cargo de ministro de Estado (1937-38). Exiliado en México, fue presidente del gobierno republicano en el exilio (1945-47).

giralda *s. f.* Veleta de una torre con figura humana o animal.

Giralda Nombre del campanario de la catedral de Sevilla. Fue el antiguo alminar de la gran mezquita, de estilo almohade (1184-95), convertido luego en campanario cristiano con el añadido de tres nuevos cuerpos rematados por una gran veleta (1560-68). El exterior se divide en tres partes desiguales recubiertas de ladrillo tallado y decoradas por una red geométrica de arquillos ciegos de varios lóbulos; el interior carece de decoración y contiene una rampa de ascenso al campanario.

girar *v. intr.* **1.** Dar vueltas alrededor de algo o sobre sí mismo. **2.** Cambiar de dirección. **3.** Tratar una conversación, asunto, etc., de un tema determinado. ‖ *v. tr.* **4.** Hacer que algo dé vueltas o cambie de dirección. **5.** Enviar por correo o telégrafo una cantidad de dinero. **6.** Remitir letras de cambio, giros postales u otras órdenes de pago a cargo de alguien.

Girardon, François (Troyes 1628 - París 1715) Escultor francés. Discípulo de Le Brun, fue representante del clasicismo francés de inspiración helenística y uno de los principales escultores del palacio de Versalles, donde labró *La gruta de Tetis*, con grupos escultóricos *Apolo servido por las ninfas* y *Baño de las ninfas*. Es autor asimismo del *sepulcro de Richelieu*, en la Sorbona.

Girardot, Annie (París 1931) Actriz francesa. Perteneció a la Comèdie Française y debutó en el cine en 1955. Atractiva y con talento, pronto se situó en uno de los primeros puestos de la cinematografía de su país. Algunos de sus filmes más característicos son *La francesa y el amor* (1960), *Rocco y sus hermanos* (1960), *Tres habitaciones en Manhattan* (1965), *Vivir para vivir* (1967), *La mandarine* (1972), *La bofetada* (1974) y *Mi querido comisario* (1977).

Girasol (Helianthus annuus).

girasol *s. m.* Nombre común de diversas plantas herbáceas de la familia compuestas, género *Helianthus*. Son plantas anuales de tallo largo, hojas alternas, pecioladas y acorazonadas, y fruto en aquenio, de cuya semilla comestible se extrae un apreciado aceite vegetal. La especie más común es el *Helianthus annuus*, originaria de América Central y del Sur y cultivada en diversas partes del mundo, fundamentalmente para producir aceite vegetal. Se llama así porque su flor gira siguiendo la dirección del sol.

giratorio, ria *adj.* Que gira alrededor de algo o sobre sí mismo.

Giraudoux, Jean (Bellac, Haute Vienne 1882 - París 1944) Escritor francés. En su obra dramática recrea temas y personajes del teatro clásico con un lenguaje rico y sutil y tonos líricos en los que no faltan humor e ironía. En ella sobresalen *Anfitrión 38* (1929), *Intermezzo* (1933), *La guerra de Troya no sucederá* (1935), *Electra* (1937), *Ondina* (1939) y *La loca de Chaillot* (1945). Escribió también novelas, como *Julieta en el país de los hombres* (1924) y *Combate con el ángel* (1934), y ensayos, como *Las cinco tentaciones de Lafontaine* (1938).

giro *s. m.* **1.** Acción y efecto de girar. **2.** Carácter u orientación que toma una conversación, asunto, etc. **3.** Frase, expresión, atendiendo particularmente a la forma de estar construida.

giro, ra *adj.* **1.** *amer.* Se dice del gallo de plumaje amarillento. **2.** *Méx.* Valiente, decidido.

Giró, Juan Francisco (Montevideo 1791 - íd. 1860) Político uruguayo. En 1824 participó en la campaña de los «Treinta y tres», bajo las órdenes de Lavalleja y Oribe. Apoyado por el Partido Blanco fue presidente de la república (1852-53), pero tuvo que dimitir ante la oposición de los colorados, dirigidos por el coronel Venancio Flores, y exiliarse a Buenos Aires.

girocompás *s. m.* Instrumento de navegación basado en el principio del giróstato, que señala siempre el norte geográfico. Se usa en barcos y aviones.

girola *s. f.* Galería semicircular que rodea el altar mayor de algunas iglesias y catedrales, especialmente góticas, y que constituye una prolongación de las naves laterales en torno a la cabecera de la nave central. También se denomina *deambulatorio*.

giromagnético, ca *adj.* Se dice de los fenómenos producidos al interaccionar los momentos cinético y magnético de una partícula elemental.

girómetro *s. m.* **1.** Aparato que mide la velocidad de rotación de un eje vertical. **2.** Instrumento que mide los cambios de dirección de un avión.

Girona **1.** Prov. de España perteneciente a la comunidad autónoma de Cataluña, en el NE de España, entre Lleida, la frontera francesa, Barcelona y el Mediterráneo. 5.886 km^2. 492.760 h. en 1991. Su relieve es montañoso al NO, en el sector oriental de los Pirineos catalanes, cuya máxima altura es el Puigmal (2.913 m), y llano en las depresiones del Ampurdán, Gironés y La Selva. Presenta una costa escarpada (Costa Brava), en la que se hallan el cabo de Creus y el golfo de Rosas. Sus ríos principales son el Muga, el Fluviá y el Ter con sus afluentes Freser y Oñar. Tiene un clima mediterráneo al E, de interior al O y de alta montaña en los Pirineos. La vegetación es de bosque de montaña, con hayas, pinos y robles, y mediterránea, con encinas, alcornoques y pinos. Su población se concentra en las zonas costeras. Las actividades terciarias, encabezadas por el turismo, constituyen el sector principal de su economía. La explotación agrícola, favorecida por el clima y la configuración del terreno, destaca por sus cultivos cerealísticos y su producción hortofrutícola. Posee una notable ganadería vacuna. En su industria, enormemente diversificada, cuenta con una importante actividad textil, maquinaria agrícola, electromecánica, química, metalurgia del corcho y papelera.
2. C. de España, cap. de la prov. del mismo nombre, situada en la confluencia de los ríos Oñar y Ter. 65.000 h. en 1991. A su tradicional función administrativa y de mercado une una importante industria textil, papelera, eléctrica, siderometalúrgica, química, maderera, corchera, de cantería y de artes gráficas. De origen ibérico, durante la colonización romana (en que se denominó *Gerunda*) experimentó un notable desarrollo urbano. Su cristianización fue muy temprana y la ocupación árabe muy breve. A finales del s. VIII, bajo la influencia de los francos, se había convertido en cabeza de un condado, que en el s. XI se integró en los de Wifredo I de Barcelona. Por su posición estratégica ha sufrido numerosos sitios, el más famoso de los cuales se produjo en 1809 durante la guerra de la Independencia. En los inicios del s. XX, fue uno de los principales focos de republicanismo federal. Cuenta entre sus monumentos con una catedral gótica del s. XIV, la también iglesia gótica de San Félix, la iglesia románica de San Pedro de Galligans y unos Baños Árabes del s. XIII.

Gironda (*Gironde*) **1.** Nombre del estuario que forman los ríos franceses Garona y Dordoña antes de su desembocadura en el Atlántico. Tiene 75 km de longitud y 10 km de anchura en su punto más amplio. En él se desarrollan actividades pesqueras y comerciales y cuenta con numerosos puertos, entre ellos el de Burdeos, dedicados principalmente al tráfico de petróleo.
2. Departamento de Francia, perteneciente a la región de Aquitania, situado en la costa atlántica, al S del estuario de los ríos Garona y Dordoña. 10.000 km^2. 1.211.000 h. en 1990. La capital es Burdeos, con 201.000 h. en 1990, 843.400 h. en su área metropolitana. En su agricultura sobresalen los viñedos de la región del Bordelais, donde se produce el famoso vino de Burdeos. La industria se concentra en torno a la capital, con factorías mecánicas, navales, aeronáuticas, químicas y textiles.

girondino, na *adj.* **1.** Perteneciente o relativo a la Gironda, departamento francés. **2.** Se aplica a uno de los grupos políticos surgidos durante la Revolución Francesa, de carácter moderado y entre cuyos jefes destacaron Condorcet y Brissot. Representante de la burguesía acomodada, luchó por convertir a esta clase en la más favorecida de la Revolución y se opuso a la ejecución de Luis XVI; su enfrentamiento con los jacobinos, mucho más radicales, concluyó con la detención y ejecución de sus principales dirigentes en 1793 y con la disolución del partido. **3.** Se dice del miembro de ese partido. También *s.*

Girondo, Oliverio (Buenos Aires 1891 - íd. 1967) Poeta argentino. Cercano a las tendencias vanguardistas europeas, y en especial al ultraísmo, perteneció al grupo Martín Fierro y defendió los valores de una cultura americana autóctona. Entre sus obras merecen citarse *Veinte poemas para ser leídos en el tranvía* (1922), *Calcomanías* (1925), *Espantapájaros* (en prosa, 1932), *Campo nuestro* (1946) y *En la masmédula* (1956).

Gironella, José María (Darníus, Girona 1917) Escritor español. Novelista de estilo realista, es autor, entre otras obras, de una extensa serie sobre la guerra civil española y sus consecuencias, que tuvo gran éxito, formada por *Los cipreses creen en Dios* (1953), *Un millón de muertos* (1961), *Ha estallado la paz* (1966) y *Condenados a vivir* (1971). También ha escrito *El escándalo de Tierra Santa* (1977), libro de viajes, y *Los fantasmas de mi cerebro* (1962), narración autobiográfica.

giroscopio o **giróscopo** *s. m.* Aparato formado por dos ruedas giratorias, una en el interior de la otra, y un eje y una polea de inercia en el centro, que al ser animado por cualquier movimiento mantiene su eje en dirección constante. Se utiliza en barcos, aviones y vehículos espaciales como indicador de dirección. Fue inventado por el físico francés Jean Foucault en 1852.

Girona: el río Oñar a su paso por la ciudad.

giróstato *s. m.* Aparato que gira en torno a su eje, manteniendo su plano de rotación frente a cualquier fuerza que pretenda desviarlo del mismo.

Gisbert, Antonio (Alcoy, Alicante 1835 - París 1902) Pintor español. Compitió con Casado del Alisal en grandes cuadros de pintura de historia, cuyos temas giran en torno a la libertad política. Algunas de sus obras más célebres son *Los comuneros de Castilla, El fusilamiento de Torrijos y sus compañeros, El desembarco de los puritanos* y *Amadeo de Saboya ante el cadáver del general Prim.*

Giscard d'Estaing, Valéry (Coblenza 1926) Político francés. Tras iniciar su carrera en el movimiento gaullista, fundó en 1966 su propio partido, la Unión de Republicanos Independientes, de carácter centrista. Ministro de Economía y Finanzas con Pompidou, triunfó en las elecciones presidenciales de 1974 frente al candidato socialista François Mitterrand. Presidente hasta 1981, fue derrotado en la reelección por el propio Mitterrand. En 1986 ocupó la presidencia del Consejo regional de Auvernia.

Gish, Lillian (Springfield, Ohio 1896) Actriz estadounidense. Estrella del cine mudo, representó en la pantalla a heroínas frágiles y dulces convirtiéndose en la intérprete favorita de D. H. Griffith, que la dirigió en películas como *El nacimiento de una nación* (1915) e *Intolerancia* (1916).

gitanada *s. f.* Acción o dicho propio de gitanos.

gitanear *v. intr.* Intentar por todos los medios, incluido el engaño, sacar el máximo beneficio de una compra, negocio, etc.

gitanería *s. f.* **1.** Cualidad de gitano o dicho o acción propios de él. **2.** Conjunto de gitanos.

gitanesco, ca *adj.* Propio de los gitanos o semejante a ellos.

gitanismo *s. m.* **1.** Forma de vida, costumbres y cultura propia de los gitanos. **2.** Palabra o giro característico de la lengua de los gitanos.

gitano, na *adj.* **1.** Se aplica a cierta raza de vida nómada, posiblemente originaria de la India, que se extendió en épocas muy distintas por Europa y otros lugares. **2.** De esta raza. También *s.* **3.** Parecido a este grupo humano o a sus cosas. **4.** *fam.* Que sabe atraerse a los demás con gracia y habilidad. También *s.* **5.** *fam.* Se dice de la persona que, en los tratos comerciales, utiliza medios poco formales y a veces poco lícitos. También *s.* **6.** *fam.* Sucio, desarrapado. También *s.* ‖ *s. m.* **7.** Lengua indoeuropea perteneciente al subgrupo indio del NO y que se suele dividir en dos grandes grupos: el europeo y el asiático. En cada país adopta unas características peculiares, en virtud de la influencia que recibe de distintos elementos lingüísticos. Actualmente en España se encuentra en vías de extinción. ‖ **Loc. que no se lo salta un gitano** *adj. fam.* Muy grande, muy bueno, fuera de lo común. **Fam.** Gitanamente.

Soc. Los gitanos son el resultado de una mezcla de razas cuyo principal componente es indoafgano. Aunque nunca constituyeron una unidad política, se han mantenido cohesionados a través de los siglos por su lengua y su cultura, vinculada con frecuencia al nomadismo. En su dispersión por gran parte del mundo, han constituido comunidades cerradas, a menudo marginadas e históricamente perseguidas. Diezmados a consecuencia de la persecución nazi, en la actualidad se encuentran asentados fundamentalmente en el S de Europa.

En España se llaman *calés* y componen un grupo social de cierta importancia. Se organizan en clanes de carácter patriarcal, formados por familias muy unidas. Poseen un código moral que en ocasiones choca con el de los *payos* (no gitanos), profesan un cristianismo fervoroso y hablan su propia lengua, el *caló*, que ha dado considerables aportaciones a la germanía y aun al castellano. Sus cantos y bailes han aportado asimismo importantes elementos al folclore andaluz (seguiriya, soleá, saeta, martinete, alegría, zambra, etc.). La industrialización y urbanización han hecho casi desaparecer sus viejos oficios (muleros, buhoneros, caldereros, etc.), lo que ha provocado su progresiva marginación y cierta conflictividad en sus relaciones con la comunidad paya.

Giuliano, Salvatore (Montelepre, Palermo 1922 - Castelvetrano 1950) Bandido italiano. Mandó una banda de forajidos vinculada con la Mafia. Fue partidario de la independencia de Sicilia del estado italiano, con el apoyo de las fuerzas estadounidenses ocupantes por aquel entonces de la isla. Apoyó al ala derechista de la Democracia Cristiana en la lucha contra los campesinos izquierdistas. Murió asesinado.

Gizeh (*Yiza*) **1.** C. de Egipto, situada en el N del país, próxima a la capital El Cairo, a cuya área metropolitana pertenece. 1.670.000 h. en 1986. Cuenta con industria textil, cervecera y de ladrillo. Es una zona residencial, comercial y turística.
2. Gobierno de Egipto. 85.153 km^2. 3.700.000 h. en 1983. En él se hallan la esfinge, las pirámides de Keops, Kefrén y Micerinos y gran número de mastabas.

glaciación *s. f.* Periodo de la historia de la Tierra en que, a causa de un descenso generalizado de las temperaturas, se produjo un aumento de los fenómenos glaciares y, por tanto, un avance de los hielos en dirección al ecuador. Periodos de glaciación se dieron en el paleozoico y sobre todo en el cuaternario, en que hubo una sucesión de glaciaciones: Donau, Günz (entre 1.200.000 y 700.000 a. C.), Mindel (660.000-350.000 a. C.), Riss (300.000-120.000 a. C.) y Würm (80.000-10.000 a. C.), separadas por periodos interglaciares. La aparición y desaparición de los hielos a lo largo de la historia geológica de la Tierra ha tenido importantes repercusiones en el modelado del relieve, en el nivel de los mares, en la distribución de la flora y de la fauna y en las migraciones humanas prehistóricas.

glacial *adj.* **1.** Helado, muy frío. **2.** Se aplica a las zonas terrestres y marítimas situadas dentro de los círculos polares. **3.** Que no tiene emoción o sentimientos. **Fam.** Glacialmente.

Glacial Antártico, océano Véase **Antártico, océano Glacial**.

Glacial Ártico, océano Véase **Ártico, océano Glacial**.

glaciar *s. m.* **1.** Masa de hielo originada en las partes más altas de las montañas por encima del límite de las nieves perpetuas, que desciende lentamente hasta niveles inferiores formando una lengua. ‖ *adj.* **2.** Perteneciente o relativo a estas masas de hielo.

Geol. Los glaciares ocupan aproximadamente el 10 % de la superficie terrestre. Los de tipo **alpino** están formados por el circo glaciar, que es una depresión rodeada de montañas donde la nieve se acumula y se transforma en hielo; el valle glaciar, o cauce por el que desciende la masa de hielo hacia lugares más bajos de las montañas, y la lengua glaciar, o masa de hielo que se desliza por el valle a una velocidad que varía entre los 10 y los 100 m al año, adaptándose a los accidentes del terreno. Otros tipos de glaciar son el **pirenaico** o **de circo**, en los que la lengua se funde con rapidez, y el **continental** o **de casquete** (inlandsis), propio de las zonas polares, que es una gran acumulación de hielo con muchas lenguas que terminan en el mar y forman icebergs. Los glaciares son activos agentes de erosión debido a la acción del hielo y de los materiales que transporta, denominados *morrenas*, y dan lugar al modelado glaciar, una de cuyas formas características es el valle en forma de U.

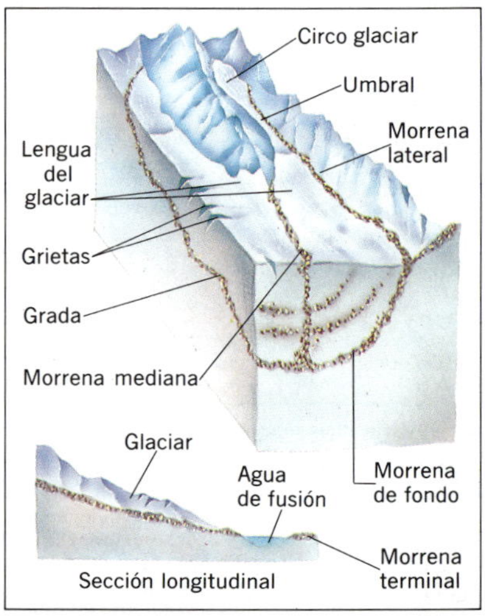

Glaciar en el Mont Blanc, Valle de Aosta, Italia (izquierda) y esquema de un glaciar.

glaciarismo *s. m.* **1.** Conjunto de fenómenos que están relacionados con la formación y evolución de los glaciares. **2.** Forma de relieve modelada por los glaciares.

glaciología *s. f.* Parte de la geología que estudia la distribución y los efectos de la nieve y del hielo en la superficie terrestre, especialmente los glaciares. **Fam.** Glaciológico.

glaciólogo, ga *s. m.* y *f.* Persona que se dedica a la glaciología.

glacis *s. m.* **1.** Terreno natural que presenta una pendiente suave y uniforme (1 a 8 % de inclinación). ‖ **2. glacis de erosión** Glacis de grandes dimensiones, sin escalones laterales, situado entre las montañas y la llanura, labrado sobre rocas blandas. También se denomina *rampa*. Si está formado sobre rocas duras se llama *pediment*.

gladiador *s. m.* Luchador que en el circo romano se enfrentaba con otros luchadores o con fieras, hasta vencerlos o perder la vida.

gladio *s. m.* Espadaña*, planta.

gladiolo o **gladíolo** *s. m.* Nombre común de diversas plantas herbáceas de la familia iridáceas, género *Gladiolus*. Son plantas vivaces, bulbosas, con flores reunidas en espigas de color blanco, rojo, rosado, etc. La más conocida es el gladiolo común *(Gladiolus communis)*. En su mayoría son originarias de África y se cultivan para uso ornamental.

Gladiolo común (Gladiolus communis).

Gladstone, William Ewart (Liverpool 1809 - Hawarden, Flintshire 1898) Estadista británico. Miembro del Partido Liberal y parlamentario, fue primer ministro en cuatro ocasiones (1868-74, 1880-85, 1886, 1892-94). Político reformista, impulsó el librecambismo y la reforma electoral, pero no logró que fuera aprobado por el Parlamento su *Home rule*, un amplio estatuto de autonomía para Irlanda. Junto a su rival conservador Disraeli, fue la principal figura política de la época victoriana.

glamour (voz ingl.) *s. m.* Atractivo, encanto.

glande *s. m.* Extremo o cabeza del pene.

glándula *s. f.* Órgano animal de tejido epitelial cuya función es producir una o más sustancias que vierte, ya sea en el interior del cuerpo a través de la sangre (**glándula endocrina**), ya sea al exterior o a una cavidad orgánica comunicada con el exterior mediante un conducto (**glándula exocrina**). Las glándulas endocrinas producen hormonas, encargadas de regular diversas funciones orgánicas; las principales son el hipotálamo, la hipófisis, el tiroides, el paratiroides, el páncreas y las glándulas suprarrenales y sexuales. Las exocrinas segregan sustancias necesarias para la digestión (glándulas salivares, hígado) y para la excreción (glándulas sebáceas, sudoríparas, lacrimales). Ciertos animales poseen glándulas con funciones específicas, como las odoríferas de los mamíferos carnívoros, que sirven para marcar el territorio, las venenosas de los reptiles y otros animales, que segregan productos tóxicos que usan para ataque o defensa.

glandular *adj.* Perteneciente o relativo a las glándulas.

glasé *s. m.* Cierto tejido de seda muy brillante o tela artificial que lo imita.

glaseado, da 1. *p. p.* de **glasear**. También *adj.* ‖ *s. m.* **2.** Acción y efecto de glasear.

glasear *v. tr.* **1.** Dar brillo a la superficie de algunas cosas, como el papel y las telas. **2.** Recubrir con azúcar derretido y clara de huevo algunos postres, como bizcochos y pasteles.

Glaser, Donald Arthur (Cleveland 1926) Físico estadounidense de origen ruso. Profesor de las universidades de Michigan y California, en 1952 inventó la cámara de burbujas, con hidrógeno líquido, que permitió estudiar fenómenos nucleares en los que participan partículas de energía elevada. Fue premiado con el Nobel de física en 1960.

Glasgow C. del Reino Unido, situada en Escocia, en la región de los Lowlands, a orillas del estuario del río Clyde. 703.200 h. en 1988. Es la mayor ciudad de Escocia y uno de los principales centros portuarios e industriales del Reino Unido. Posee grandes astilleros, acerías y refinerías de petróleo; industrias mecánicas, siderúrgicas, metalúrgicas, textiles, alimentarias, químicas y papeleras. Es un importante nudo de comunicaciones. Cuenta con interesantes museos de arte y con una catedral gótica de los s. XIII y XIV.

Glashow, Sheldon Lee (Nueva York 1932) Físico estadounidense. Profesor en las universidades de Stanford, California y Harvard, obtuvo en 1979 el premio Nobel de física, compartido con Steven Weimberg y Abdus Salam, por sus trabajos para encontrar una teoría unificadora de las interacciones entre partículas elementales.

glasnost (voz rusa que significa 'transparencia') *s. f.* Política de apertura que inició, en la URSS, Mijail Gorbachov a finales de los años ochenta, especialmente en lo referente a la claridad de la información.

glasto *s. m.* Planta herbácea de la familia crucíferas, especie *Isatis tinctoria.* Puede alcanzar hasta 1,5 m de altura, tiene flores amarillas, fruto en cápsula y de sus hojas se extrae el azul de índigo, utilizado en tintorería. Crece en terrenos calcáreos de Europa y del próximo oriente.

glauberita *s. f.* $Na_2Ca\ (SO_4)_2$. Mineral sulfato de sodio y calcio. Pertenece al grupo de los anfíboles, cristaliza en el sistema monoclínico, tiene brillo vítreo y color transparente con tonos blancos, grises, amarillos y rosados. Es poco frecuente y se halla en terrenos salinos.

glauco, ca *adj.* Verde claro o grisáceo.

glaucoma *s. m.* Enfermedad de los ojos caracterizada por un aumento de la tensión de los humores o líquidos interiores del globo ocular, que produce atrofia de la retina y del nervio óptico, pérdida de visión, dolores intensos y vómitos. Se denomina así por el color verdoso que toma la pupila.

Glazunov, Alexander Konstantinovich (San Petersburgo 1865 - París 1936) Compositor ruso. Discípulo de Rimski-Korsakov, fue seguidor de la corriente nacionalista. Escribió ocho sinfonías, más otra incompleta; los ballets *Astucias de amor* (1899) y *Las estaciones* (1901); dos conciertos para piano y otro para violín; la obertura *Carnaval*; cuartetos de cuerda y poemas sinfónicos.

gleba *s. f.* **1.** Porción de tierra que se levanta con el arado. **2.** P. ext., terreno de labranza. ‖ **3. siervo de la gleba** Véase **siervo**.

Gleizes, Albert (París 1881 - Saint-Rémy-de-Provence 1953) Pintor francés. Seguidor del cubismo desde 1910, escribió en colaboración con Metzinger *Sobre el cubismo y los medios para comprenderlo* (1912), primera obra sobre el tema. Posteriormente su pintura derivó hacia la abstracción y finalmente hacia el arte sacro. Entre sus obras destacan *Proyecto de mural para la estación de Moscú* (1920), *Pintura con siete elementos con cadencia y ritmo* (1924) y *Transfiguración* (1944).

Glenn, John (Cambridge, Ohio 1921) Astronauta estadounidense. A bordo de una cápsula espacial Mercury realizó en 1962 el primer vuelo orbital de EE UU, describiendo tres vueltas a la Tierra en un tiempo de 4 horas y 40 minutos. Posteriormente se dedicó a la política.

gley (voz rusa) *s. m.* Tipo de suelo que, debido a un desagüe insuficiente, permanece cubierto por una pequeña capa de aguas freáticas, lo que provoca un proceso de reducción y oxidación de sus compuestos de hierro que le confiere un color gris verdoso y una estructura arcillosa.

glía *s. f.* Variedad del tejido del sistema nervioso que presta soporte metabólico al sistema nervioso central. Constituye aproximadamente el 50 % del volumen del encéfalo y la médula espinal.

glicérido *s. m.* Compuesto derivado de la glicerina al esterificar con ácidos grasos uno, dos o los tres grupos -OH de ésta. Los principales glicéridos son los esterificados con ácidos grasos superiores, como el oleico, el palmítico y el esteárico.

glicerina *s. f.* $CH_2OH\text{-}CHOH\text{-}CH_2OH$. Nombre vulgar del propanotriol. Es un líquido viscoso, incoloro y de sabor dulce, presente en los ésteres glicéridos, de los que se obtiene al fabricar jabón. Se usa en la industria cosmética y farmacéutica y para la obtención de nitroglicerina.

glicol *s. m.* $CH_2OH\text{-}CH_2OH$. Nombre común del etanodiol. Es un dialcohol elaborado a partir del etano. Se obtiene al sustituir en éste un hidrógeno de cada grupo carbonado por radicales alcohólicos -OH. De aspecto y propiedades similares a la glicerina, sustituye a ésta en la fabricación de explosivos. También se usa como disolvente, anticongelante y en la fabricación de plásticos.

Glinka, Mijail Ivanovich (Novo-Spasskoie 1804 - Berlín 1857) Compositor ruso. Creador de la escuela nacionalista, es considerado el padre de la música rusa. Viajó por toda Europa e hizo amistad con Berlioz, Donizetti y Bellini. Intentó crear una ópera nacional basada en el folclore popular. Es autor, entre otras composiciones, de las óperas *La vida por el zar* (1836) y *Ruslán y Liudmila* (1842); *Kamarinskaia*, fantasía rusa; dos oberturas, *Jota aragonesa* y *Noche de verano en Madrid*; obras para piano; música de cámara y música sacra, como *Letanía* e *Himno de los querubines*.

glíptica *s. f.* **1.** Arte y técnica de grabar piedras finas y preciosas, ya sea en relieve (camafeo) o en hueco (entalle). **2.** Técnica de grabar en acero los cuños para monedas, medallas, sellos, etc.

glipto- *pref.* Significa 'grabar, esculpir': *gliptoteca, gliptografía.*

gliptogénesis *s. f.* Formación del relieve de la Tierra por efecto de los agentes geológicos externos (viento, agua, hielo, etc.).

gliptografía *s. f.* Estudio de los antiguos grabados en piedra.

gliptoteca *s. f.* **1.** Colección de piedras grabadas. **2.** Museo que las conserva. **3.** P. ext., museo de escultura.

glissando (voz ital.) *s. m.* Procedimiento musical, vocal o instrumental, que consiste en el tránsito de una nota a otra pasando rápidamente y de forma ligada por todos los sonidos comprendidos entre ellas.

Gliwice C. de Polonia, en la prov. de Kantowice, en la cuenca hullera de la Alta Silesia. 222.500 h. en 1989. Es uno de los centros polacos más importantes en metalurgia y siderurgia. Cuenta con industria mecánica y química. Importante nudo de comunicaciones, es el puerto fluvial de la Alta Silesia, comunicado con el Oder a través de un canal.

global *adj.* Que ha sido tomado en conjunto, sin dividirlo en partes. **Fam.** Globalmente.

globalidad *s. f.* Totalidad, conjunto.

globalizar *v. tr.* Hacer global. ■ Se conjuga como *cazar.* **Fam.** Globalización.

globigerina *s. f.* Nombre común de diversos protozoos foraminíferos de la familia globigerínidos, género *Globigerina.* Son microorganismos unicelulares que viven flotando en la superficie del mar y forman parte del plancton. Poseen un caparazón calizo perforado, a través de cuyos orificios emiten seudópodos. Cuando mueren, sus caparazones se hunden y constituyen un elemento esencial de los suelos marinos, sobre todo en el océano Atlántico.

globo *s. m.* **1.** Especie de bolsa de goma u otro material flexible llena de aire o gas ligero que utilizan los niños para jugar, como adorno, etc. **2.** Vehículo aéreo formado por una bolsa esférica muy grande llena de un gas de poca densidad (aire caliente, hidrógeno o helio), que lleva suspendida una barquilla para el transporte de los viajeros y de carga. ■ También se llama *globo aerostático.* **3.** El planeta Tierra. **4.** Denominación de diversos objetos de forma más o menos esférica, p. ej. los utilizados en las lámparas. **5.** En algunos deportes como el fútbol o el tenis, trayectoria semicircular que describe la pelota al ser lanzada muy alto. **6.** *Amér. del S.* Mentira, embuste. ‖ **7. globo cautivo** El que se mantiene fijo al suelo por medio de cables, con fines publicitarios o de defensa aérea. **8. globo ocular** Órgano de la visión formado por la córnea y la esclerótica, que constituye el ojo propiamente dicho. **9. globo sonda** El que no está tripulado y se envía a las regiones altas de la atmósfera para obtener medidas de sus condiciones físicas por medio de instrumentos adecuados. **10. globo terráqueo** El planeta Tierra. También, esfera en cuya superficie se representan los mares y continentes de la Tierra. ‖ **Loc. en globo** *adv.* Globalmente, en conjunto; también, incierto, en peligro de no realizarse.

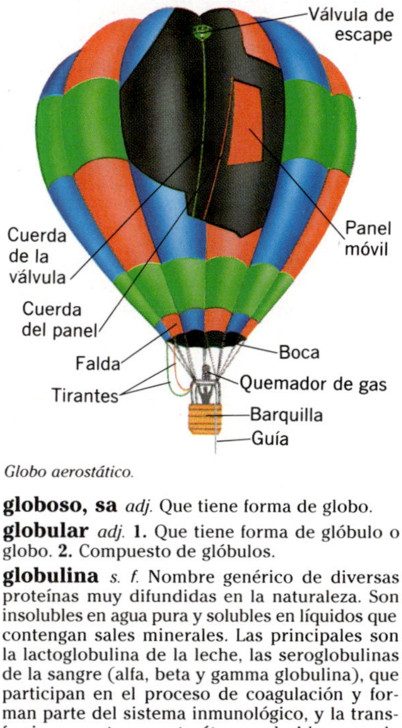

Globo aerostático.

globoso, sa *adj.* Que tiene forma de globo.

globular *adj.* **1.** Que tiene forma de glóbulo o globo. **2.** Compuesto de glóbulos.

globulina *s. f.* Nombre genérico de diversas proteínas muy difundidas en la naturaleza. Son insolubles en agua pura y solubles en líquidos que contengan sales minerales. Las principales son la lactoglobulina de la leche, las seroglobulinas de la sangre (alfa, beta y gamma globulina), que participan en el proceso de coagulación y forman parte del sistema inmunológico, y la transferrina, que transporta átomos de hierro en la sangre.

glóbulo *s. m.* **1.** Cuerpo esférico pequeño. **2.** Células de diversos tipos que forman parte de la sangre de los seres vivos. En el hombre se dividen en dos grandes grupos: los glóbulos rojos, eritrocitos o hematíes y los blancos o leucocitos.

globuloso, sa *adj.* Globular*.

gloria *s. f.* **1.** Estado o lugar en que, según algunas religiones, los bienaventurados gozan de la presencia de Dios. **2.** Gran fama alcanzada por alguien. **3.** Aquello con que se logra esta fama. **4.** Persona o cosa que constituye un orgullo para su patria, familia, etc. **5.** Grandeza, esplendor. **6.** Gran satisfacción que produce alguna cosa. **7.** En pintura, representación del cielo y los ángeles entre nubes y resplandores. **8.** Antiguo sistema de calefacción de las casas rurales castellanas que consiste en un doble suelo por el que circula el aire caliente producido por la quema de paja u otro combustible. || *s. m.* **9.** Cántico de la misa que comienza con las palabras *Gloria in excelsis Deo* (Gloria a Dios en el cielo). **10.** Oración que se reza después del padrenuestro y el avemaría. ▪ Se llama también *Gloria Patri* o *Gloria al Padre* por comenzar con estas palabras. || **11. pastel (de) gloria** Dulce de mazapán relleno de yemas de huevo batidas con azúcar. || **LOC. estar** alguien **en la gloria** *fam.* Encontrarse muy a gusto en un lugar, situación, etc. **que en gloria esté** Fórmula de respeto utilizada para referirse a los difuntos. **saber** algo **a gloria** *fam.* Saber muy bien; también, resultar muy agradable. **sin pena ni gloria** Véase **pena**.

gloriar *v. tr.* **1.** Glorificar*. || *v. prnl.* **2.** Vanagloriarse*. **3.** Sentirse muy alegre y satisfecho. ▪ En cuanto al acento, según unos autores se conjuga como *ansiar: glorío,* y según otros, sigue la regla general: *glorio.*

glorieta *s. f.* **1.** Plaza donde desembocan varias calles. **2.** Espacio, generalmente redondo, cerrado y cubierto de plantas trepadoras, sostenidas por un armazón. **3.** Plazoleta de un jardín, parque, etc.

glorificar *v. tr.* **1.** Alabar, ensalzar. **2.** Dar gloria, honor o fama. **3.** Dar la gloria o vida eterna. ▪ Se conjuga como *sacar.* **FAM.** Glorificable, glorificación, glorificador.

glorioso, sa *adj.* **1.** Digno de gloria, honor o fama. **2.** Perteneciente o relativo al cielo o a los seres celestiales. **3.** Que goza de la gloria eterna. || *s. f.* **4.** Nombre dado a la revolución española de septiembre de 1868. ▪ Con este significado se escribe con mayúscula. **FAM.** Gloriosamente.

glosa *s. f.* **1.** Comentario o explicación de un texto oscuro o difícil. **2.** Nota explicativa sobre una palabra, que contienen algunos manuscritos y que puede estar situada enfrente, al margen, incluso sobre la misma, apareciendo refundida con el propio texto. **3.** Aclaración hecha en un libro de cuentas o en una cuenta. **4.** Composición poética de extensión variable en la que se diferencian dos partes: una poesía breve (texto) y la glosa propiamente dicha, que la desarrolla y comenta. Las primeras aparecen en el s. XV; son famosas las que compusieron San Juan de la Cruz y Santa Teresa de Jesús a partir de poemas líricos tradicionales.
Lit. Las **glosas emilianenses** y las **glosas silenses**, que datan del s. X y deben su nombre a los monasterios de San Millán de la Cogolla (La Rioja) y Santo Domingo de Silos (Burgos), donde se compusieron, son el primer testimonio de la utilización de la lengua vulgar o romance en la escritura. Consisten en una serie de anotaciones que los monjes realizaban en los márgenes de los manuscritos latinos que copiaban.

glosar *v. tr.* **1.** Añadir glosas. **2.** Comentar palabras, expresiones, etc., aclarándolas y ampliándolas. **FAM.** Glosador.

glosario *s. m.* **1.** Vocabulario con la definición o explicación de aquellos términos que puedan ofrecer duda en un determinado texto, tema, autor, etc. **2.** Colección de glosas.

glose *s. m.* Acción de glosar.

glosemática *s. f.* Teoría del lenguaje desarrollada por Louis Hjelmslev y el Círculo Lingüístico de Copenhague, a partir de las tesis de Ferdinand de Saussure, que constituye una de las expresiones más elaboradas del estructuralismo europeo. Desde una inspiración lógica, persigue la formulación de una teoría lingüística universal a partir de lo que tienen en común en su estructura las distintas lenguas e incluso otros sistemas de comunicación.

glosopeda *s. f.* Enfermedad de los animales herbívoros provocada por un virus y caracterizada por la aparición de pequeñas ampollas en la boca y entre las pezuñas.

glótico, ca *adj.* Perteneciente o relativo a la glotis.

glotis *s. f.* Espacio existente en la laringe entre las cuerdas vocales.

glotón, na *adj.* **1.** Que come mucho y con ansia. También *s.* || *s. m.* **2.** Mamífero carnívoro de la familia mustélidos, especie *Gulo gulo.* Puede medir hasta 1 m de longitud, incluida la cola, tiene cuerpo robusto, patas cortas de fuertes uñas y piel oscura y muy tupida, con una franja clara en los flancos. Es de costumbres solitarias y habita en los bosques de las zonas frías del hemisferio norte. **FAM.** Glotonamente.

glotonear *v. intr.* Comer excesivamente y con ansia.

glotonería *s. f.* Cualidad de glotón o acción propia de él.

Gloucester C. del Reino Unido, cap. del condado de Gloucestershire (Inglaterra), situada al N de Bristol. 108.150 h. en 1981. Enclavada a orillas del río Severn, cuenta con puerto fluvial y piscifactorías, así como con industria de maquinaria ferroviaria, siderúrgica y agrícola, de muebles, relojes y astilleros. Tiene una catedral de estilo gótico, iniciada a finales del s. XI, con un famoso claustro (s. XIII y XIV).

Gloucester, Humphrey, duque de (? 1391 - Bury St Edmunds 1447) Noble y humanista inglés. Cuarto hijo de Enrique IV, fue regente (1420-1421) en ausencia de Enrique V y tutor, junto con su hermano John de Lancaster, de Enrique VI. Acusado de conspirar, fue detenido y murió en la cárcel.

glucagón *s. m.* Hormona polipeptídica segregada por las células alfa de los islotes de Langerhans del páncreas como reacción defensiva ante la hipoglucemia.

glucemia *s. f.* Presencia de azúcar en la sangre. Los valores normales oscilan entre 80 y 120 mg por cada 100 ml de sangre. Cuando la concentración es superior a la normal se habla de *hiperglucemia* y, cuando es menor, de *hipoglucemia.*

glúcido *s. m.* $C_nH_{2n}O_n$. Nombre genérico de diversos principios inmediatos orgánicos, compuestos por oxígeno, hidrógeno y carbono, también llamados *hidratos de carbono, carbohidratos* y *azúcares.* Pueden ser monosacáridos, cuando cuentan con tres a ocho átomos de carbono; oligosacáridos, resultantes de la unión de dos a nueve monosacáridos, y polisacáridos, cuando resultan de la unión de diez a varios miles de monosacáridos. Son sólidos, blancos, con punto de fusión bastante alto, generalmente dulces y solubles en agua (excepto los polisacáridos), que desempeñan en los seres vivos funciones energéticas (glucosa), estructurales (almidón, quitina) y en ocasiones forman parte de la estructura de los ácidos nucleicos.

Gluck, Christoph Willibald von (Erasbach, Alto Palatinado 1714 - Viena 1787) Compositor alemán de origen bohemio. Renovador de la ópera francesa, concibió la música como apoyo dramático del libreto, que redujo a tres actos, subrayó la acción y evitó arias inútiles destacando, en cambio, la importancia de la obertura y los coros. Es autor de *Orfeo y Eurídice* (1762), *Alceste* (1767), *Ifigenia en Áulide* (1774) e *Ifigenia en Táuride* (1778).

gluco- *pref.* Significa 'dulce': *glucómetro.*

glucógeno *s. m.* $(C_6H_{10}O_5)_n$. Polisacárido formado por largas cadenas de moléculas de glucosa. En los animales vertebrados se almacena en el hígado y los músculos, como reserva de glucosa, en la que se transforma por acción de la hormona adrenalina. La glucosa, a su vez, se convierte en glucógeno por acción de la hormona insulina.

glucólisis *s. f.* Primera fase del metabolismo de la glucosa, mediante la cual los organismos vivos obtienen energía. La glucosa se transforma en ácido pirúvico durante la respiración y en ácido láctico durante la fermentación.

glucómetro *s. m.* Aparato que sirve para medir la cantidad de azúcar de un líquido.

glucosa *s. f.* $C_6H_{12}O_6$. Glúcido del grupo de las hexosas. Se halla presente en la miel, en la fruta y en la sangre de los animales, en la que desempeña la función de reserva energética. Su presencia en la sangre (en una proporción media del 0,1 %) viene regulada por las hormonas adrenalina e insulina; la insuficiencia de esta última provoca enfermedades como la diabetes. Asimismo, la glucosa participa en la composición de diversos polisacáridos, como la sacarosa, el almidón y la celulosa.

glucósido *s. m.* Nombre genérico de diversos compuestos naturales presentes en los vegetales, que por hidrólisis dan lugar a la glucosa y otras sustancias, como ácidos, alcoholes y fenoles. Se utilizan como colorantes y, en algunos casos, en farmacología.

glucosuria *s. f.* Presencia de azúcar en la orina. Suele ser síntoma de diabetes.

gluma *s. f.* Cada una de las dos brácteas o escamas de las gramíneas que recubren las espiguillas, antes de abrirse las flores.

glutamato *s. m.* Cualquier sal o éster del ácido glutámico ($C_5H_9O_4N$). Se emplea como aditivo en ciertos alimentos para darles olores y sabores característicos o resaltar los que poseen naturalmente.

gluten *s. m.* Mezcla que se obtiene amasando la harina de trigo con agua y separando luego los glúcidos. Es pegajosa, de color pardo y tiene un alto valor nutritivo.

glúteo, a *adj.* **1.** Perteneciente o relativo a la nalga. || *s. m.* **2.** Cada uno de los tres músculos, mayor, mediano y menor, que forman las nalgas y permiten mantener la posición erguida.

glutinoso, sa *adj.* Pegajoso y con capacidad para pegar una cosa con otra, como el engrudo, la goma, la cola, etc. **FAM.** Glutinosidad.

Gmelin, Leopold (Gotinga, Hannover 1788 - Heidelberg 1853) Químico alemán. En 1822 descubrió el ferrocianuro potásico. Fue el primero en utilizar los términos éster y cetona en su *Manual de química,* enciclopedia que recoge el desarrollo de la química orgánica en el primer tercio del s. XIX.

gnatostomúlidos *s. m. pl.* Tipo de invertebrados protostomas al que pertenecen diversas especies comprendidas en los órdenes bursovaginoideos y filospermoideos. Miden entre 0,5 y 3 mm de longitud, tienen simetría bilateral y un aspecto parecido al de los platelmintos. Su boca está en posición ventral. Son hermafroditas y viven en el fango. También *adj.* y *s. m.*

gneis *s. m.* Roca metamórfica de grano grueso, compuesta por cuarzo, feldespato y mica. Se forma por alteración magmática de rocas sedimentarias o por alteración de rocas ígneas. Su estructura presenta capas alternas de minerales claros y oscuros.

gnómico, ca *adj.* **1.** Se aplica a los poetas que escriben breves sentencias y consejos morales, así como a las poesías de este género. También *s.* **2.** Relativo a los proverbios y refranes.

gnomo *s. m.* En la mitología nórdica, genio de la tierra y los bosques, de tamaño muy pequeño, guardián de los tesoros subterráneos.

gnomon *s. m.* **1.** En los relojes de sol, barrita cuya sombra indica la hora. **2.** Instrumento en forma de triángulo rectángulo usado para trazar líneas rectas. **3.** Antiguo instrumento de astronomía con que se determinaban el acimut y altura del Sol.

gnomónica *s. f.* Técnica de construir relojes solares. **FAM.** Gnomónico.

gnoseología *s. f.* Rama de la filosofía que se ocupa del estudio de las cuestiones relativas al conocimiento humano: su posibilidad, su límite, su origen, su validez y su naturaleza. También se denomina *teoría del conocimiento.* **FAM.** Gnoseológico.

gnosis *s. f.* **1.** Conocimiento de la realidad sensible, cognición. **2.** Conocimiento intuitivo y absoluto de la divinidad, que postulaban los partidarios del gnosticismo.

gnosticismo *s. m.* Conjunto de doctrinas y sectas filosófico-religiosas surgidas en el Oriente mediterráneo en los primeros siglos del cristianismo, que unían aspectos del pensamiento platónico, doctrinas cristianas y tradiciones judías y orientales y fundaban la salvación en el conocimiento de la divinidad (gnosis). El principal representante del gnosticismo en el s. I fue Simón el Mago, cuyas enseñanzas unidas a cierta tradición helénica dieron lugar a diferentes desarrollos dentro de lo que fue esta primera formulación del pensamiento neoplatónico. Floreció durante el s. II en Alejandría, donde constituyó una amenaza para la Iglesia y fue perseguido por el cristianismo oficial.

gnóstico, ca *adj.* **1.** Perteneciente o relativo al gnosticismo. **2.** Seguidor del gnosticismo. También *s.*

Goa-Daman y Diu Territorio de la India, situado en la costa del mar de Omán (océano Índico) al N de Bombay. 3.813 km^2. 1.086.700 h. en 1981. La capital es Panaji, con 43.200 h. en 1981. Tiene agricultura de cereales y frutales, minería de hierro, manganeso y bauxita e industria alimentaria, textil y metalúrgica. Corresponde a tres antiguos enclaves portugueses incorporados al país en 1961 y convertidos en estados de la India en 1987.

gobelino *s. m.* **1.** Tapicero que trabajaba en la llamada *manufactura de los Gobelinos*, creada en París por Luis XIV en la fábrica de tejidos que había pertenecido a Jacques Gobelin. **2.** Tapiz hecho por dichos artesanos o que lo imita.

gobernación *s. f.* **1.** Acción y efecto de gobernar o gobernarse. **2.** En ciertos periodos de la historia de España, organismo equivalente al actual ministerio del Interior. ■ Con este significado suele escribirse con mayúscula. **3.** En algunos países, división administrativa o territorial. **4.** En la antigua América española, demarcación administrativa dentro de un virreinato.

gobernador, ra *adj.* **1.** Que gobierna. También *s.* ‖ *s. m.* y *f.* **2.** Jefe superior de una provincia, ciudad o territorio, que según el tipo de jurisdicción que ejerce toma el nombre de *gobernador civil, militar*, etc. **3.** Representante del gobierno en algún establecimiento o entidad pública; p. ej., el gobernador del Banco de España. **4.** En Méx., EE UU y otros estados federales, persona elegida por votación que está al frente de un estado federado.

gobernalle *s. m.* Timón de la nave.

gobernanta *s. f.* **1.** Mujer encargada del servicio, limpieza y conservación de un hotel. **2.** Mujer encargada de la administración de una casa o institución. **3.** *fam.* Mujer a la que le gusta mucho mandar y organizar. También *adj.* **4.** *amer.* Institutriz.

gobernante *adj.* **1.** Que gobierna. También *s.* **2.** Que gobierna un país o forma parte de su gobierno. También *s.* **3.** *fam.* Que le gusta mandar y organizar. También *s. m.*

gobernar *v. tr.* **1.** Dirigir un país. También *v. intr.* **2.** Dirigir la vida y el funcionamiento de una colectividad. También *v. intr.* **3.** Dominar a alguien, influir en él. **4.** Conducir una nave, vehículo, etc. ‖ *v. intr.* **5.** Responder el barco al timón. ‖ *v. prnl.* **6.** Manejarse, comportarse. ■ Es v. irreg. Se conjuga como *pensar.*

Gobi (*Sha-mo*) Desierto de Asia central, de 1.036.000 km^2, situado entre Mongolia y China. Es una gran meseta de clima frío, con temperaturas extremas que sobrepasan los 25 °C bajo cero, suelo arenoso y pedregoso, con vegetación esteparia. Está habitado por grupos nómadas dedicados al pastoreo.

gobierno *s. m.* **1.** Acción y efecto de gobernar o gobernarse. **2.** Conjunto de personas y organismos que dirigen un Estado. **3.** Edificio donde tiene su despacho y oficinas el que gobierna. **4.** División administrativa de ciertos países. **5.** Timón de un barco. ‖ **6. gobierno de unión** (o **concentración**) **nacional** El formado con representantes de partidos de diversas tendencias para hacer frente a una situación de emergencia o de excepción del país. **7. gobierno en la sombra** El constituido sin carácter legal por miembros de la oposición, en aquellos regímenes políticos caracterizados por el bipartidismo. ‖ **Loc. para mi (tu, su,** etc.**) gobierno** Se advierte a alguien que tenga en cuenta aquello que se le comunica con respecto a sus planes, conducta, etc.

Gobineau, Joseph Arthur, conde de (Ville-d'Avray 1816 - Turín 1882) Ensayista francés. Ejerció la carrera diplomática y alcanzó celebridad con su *Ensayo sobre la desigualdad de las razas humanas* (1853-55), en el que mantiene que de los arios de la India descienden las razas superiores. Esta obra influyó en el pangermanismo y en el nacionalsocialismo.

gobio *s. m.* **1.** Nombre común de diversos peces perciformes de la familia góbidos, géneros *Gobius, Lebetus, Lesueurigobius, Buenia*, etc. Son peces de pequeño tamaño, cuerpo alargado subcilíndrico, con aletas pélvicas soldadas en toda su longitud formando un disco ventral con funciones de ventosa, y cabeza ancha de ojos grandes en posición elevada. Son malos nadadores y habitan en aguas litorales **2.** Pez cipriniforme de la familia ciprínidos, especie *Gobio gobio.* Es de pequeño tamaño (hasta 15 cm), tiene dos barbillas cortas en la boca, manchas oscuras en el lomo y cuerpo casi cilíndrico. Habita en ríos de Europa y N de Asia, donde forma bancos.

goce *s. m.* Acción y efecto de gozar.

gocho, cha *s. m.* y *f.* Cerdo*, animal.

Godard, Jean-Luc (París 1930) Director de cine francés. Fue crítico de la revista *Cahiers du Cinéma* y uno de los impulsores del movimiento de la *nouvelle vague,* que revolucionó el panorama cinematográfico francés. Ha dirigido, entre otras películas, *Al final de la escapada* (*A bout de souffle*, 1959), *Vivir su vida* (1962), *Alphaville* (1965), *Pierrot el loco* (1965), *Pasión* (1983) y *Dios te salve, María* (1984).

Jean-Luc Godard.

Godavari Río de la India. Nace en la vertiente E de los Ghates Occidentales, atraviesa de O a E la meseta del Decán y, tras un recorrido de 1.500 km, desemboca en el golfo de Bengala, donde forma un gran delta, cuyas aguas se utilizan para el regadío.

Goddard, Paulette (Whitestone Landings, Nueva York 1911 - Lugano, Suiza 1990) Actriz cinematográfica estadounidense. Alcanzó la fama como compañera de Charlot en *Tiempos modernos* (1936) y *El gran dictador* (1940). Estrella del Hollywood de los cuarenta, rodó, entre otros filmes, *Policía montada del Canadá* (1940), *Los inconquistables* (1947) y *Muchachas de Bagdad* (1952).

Gödel, Kurt (Brno 1906 - Princeton 1978) Filósofo y matemático estadounidense de origen austriaco. Profesor de la universidad de Viena, formó parte del Círculo de Viena. Exiliado en EE UU (1938), fue miembro del Instituto de estudios avanzados de Princeton. Revolucionó los fundamentos de las matemáticas con su *teorema de incompletitud* (1931), donde demostró que hay proposiciones indemostrables e irrefutables en los sistemas formales que permiten una representación de la aritmética elemental. También probó la consistencia relativa del axioma de elección (1939).

Godiva, lady Heroína legendaria inglesa. Casada con Leofric, conde de Chester (s. XI), suplicó a éste que disminuyera los impuestos que pesaban sobre Coventry; el conde accedió con la condición de que cabalgara desnuda por las calles de esta ciudad y ella así lo hizo. Según la leyenda Godiva pidió a los vecinos que se encerraran en sus casas y sólo uno la desobedeció *Tom el fisgón* (*Peeping Tom*).

godo, da *adj.* **1.** Se aplica a un antiguo pueblo germánico que invadió gran parte del imperio romano y cuyas dos ramas, visigodos y ostrogodos, fundaron reinos en España e Italia, respectivamente. **2.** De este pueblo. También *s.* **3.** En Canarias, se dice despectivamente del español peninsular. También *s.* **4.** *Arg., Chile, Col.* Nombre despectivo dado a los españoles durante las luchas de independencia.

Hist. Los godos procedían de la península Escandinava y protagonizaron una lenta emigración, comenzada a principios del primer milenio a. C., que les llevó hasta la región del Ponto, en el mar Negro, donde entraron en contacto con pueblos escitas, de los que aprendieron el combate a caballo y el arte de las estepas. La irrupción de los hunos en Europa, que puso en marcha el proceso de las grandes invasiones del s. V, dividió al pueblo godo en dos grupos: los visigodos, que aceptaron la federación con el imperio romano, y los ostrogodos, que permanecieron en el alto Danubio sometidos a los hunos. Se gobernaban por medio de jueces en época de paz y de caudillos en época de guerra y su estructura social se basaba en la estirpe y en los vínculos de fidelidad entre guerreros libres. Conservaban su historia y sus tradiciones en los *carmina,* canciones que recordaban hazañas de sus antepasados y que entonaban para enardecerse antes de entablar combate, y en las que Menéndez Pidal vio un antecedente de la épica medieval.

Godofredo de Bouillon (Baisy, Brabante h.1061 - Jerusalén 1100) Duque de la Baja Lorena (1089-95) y protector del Santo Sepulcro (1099-1100). Participó en la primera cruzada y conquistó Jerusalén en el año 1099. Al parecer murió envenenado.

Godoy, Manuel (Badajoz 1767 - París 1851) Político español. Miembro de la guardia de corps en 1784, fue nombrado primer ministro de Carlos IV en 1792, según algunos por su condición de amante de la reina María Luisa y según otros por el deseo del monarca de contraponer a los ministros de Carlos III (Aranda, Jovellanos, Floridablanca) una persona de su entera confianza. Hombre abierto a las ideas ilustradas, su política interior se caracterizó por el intento de sanear la economía nacional con leyes desamortizadoras. En el campo internacional, declaró en 1793 la guerra a la Francia revolucionaria, concluida en 1795 con la paz de Basilea, que le valió el título de Príncipe de la Paz. En 1796 estableció una alianza con Napoleón que llevó a España a entablar dos conflictos bélicos con Inglaterra (1796-1802 y 1804-08), durante los que se produjeron la declaración de guerra a Portugal (1801) y la derrota naval de Trafalgar (1805). Obligado a dimitir en 1808 tras la invasión francesa y el motín de Aranjuez, salió de España en 1812 y se estableció primero en Italia y más tarde en París.

Manuel Godoy. Retrato de Antonio Carnicero (Museo Romántico, Madrid).

Godoy Cruz C. de Argentina, situada en la prov. de Mendoza, en la vertiente oriental de la cordillera de los Andes. 141.500 h. en 1980. Forma parte del área urbana de la ciudad de Mendoza y posee industrias alimentarias, textiles, de curtidos y alcoholeras.

Godthaab (*Nuuk*) C. de Groenlandia, cap. del país, situada en la costa SO de la isla, en el fiordo del mismo nombre. 12.200 h. en 1990. Es la principal ciudad del país, que alberga sus organismos administrativos. Posee además un importante puerto pesquero.

Godwin, William (Wisbech, Cambridgeshire 1756 - Londres 1836) Teórico anarquista y escritor británico. De pastor protestante (1778-83) pasó a ser un precursor del anarquismo. En su obra *Investigaciones sobre la justicia política* (1793) se muestra partidario de abolir la propiedad privada y de una sociedad de pequeñas comunidades independientes, regidas por la razón y la justicia.

Goebbels, Joseph Paul (Rheydt 1897 - Berlín 1945) Político alemán. Periodista de profesión, ingresó en 1922 en el Partido Nacionalsocialista. En 1933 fue designado por Hitler ministro de Propaganda e Información, llegando a ser uno de los hombres claves del régimen nazi. Destacó por su antisemitismo. Se suicidó junto a su familia poco antes de la entrada de los aliados en Berlín.

Goering, Hermann Wilhelm (Rosenheim 1893 - Nuremberg 1946) Militar alemán. Jefe de escuadrilla durante la Primera Guerra Mundial, abandonó el ejército en 1920 y poco después ingresó en el Partido Nacionalsocialista. Ministro del Aire en 1933 y, en 1940, mariscal del Reich y presidente del Consejo de Economía de Guerra, se convirtió en el hombre de confianza de Hitler. Tras la derrota alemana en la Segunda Guerra Mundial, fue condenado a muerte en los juicios de Nuremberg. Se suicidó en prisión.

Goeritz, Mathias (Danzig 1915) Escultor y arquitecto mexicano de origen alemán. Radicado en México desde 1949, ha integrado su arte en el conjunto urbanístico. Algunas de sus obras más representativas en México son las torres de la ciudad satélite (1957-58) y *La Osa Mayor* (1968), delante del Palacio de los Deportes.

Goes, Hugo van der Véase **Van der Goes, Hugo**.

Goethe, Johann Wolfgang von (Frankfurt del Main 1749 - Weimar 1832) Escritor alemán. Inició su creación literaria bajo la influencia de los prerrománticos del grupo *Sturm und Drang*, pero su estilo evolucionó hacia un clasicismo puro. Su obra abarca multitud de géneros, como el drama, con títulos entre los que destacan *Ifigenia* (1779), *Egmont* (1787), *Torquato Tasso* (1789) y el drama burgués *La hija natural* (1803); la poesía, *Elegías romanas* (1790), el poema épico idílico *Hermann y Dorotea* (1797), *Diván de Occidente y Oriente* (1819) y *Elegía de Marienbad* (1823), e incluso el ensayo científico; pero alcanza su mayor altura en la narrativa, con *Las desventuras del joven Werther* (1774), novela epistolar, *La vocación teatral de Wilhelm Meister* (1777), *Las afinidades electivas* (1807-09), *Años de peregrinación de Wilhelm Meister* (1821), y, sobre todo, con el poema dramático *Fausto*, publicado en dos partes (1808 y 1833), obra maestra de la literatura universal.

Johann Wolfgang von Goethe. Óleo de Josef Karl Stieler (Museo Nacional Bávaro, Munich).

gofio *s. m. Can., amer.* Harina tostada, generalmente de maíz.

gofrado, da **1.** *p. p.* de **gofrar**. También *adj.* ‖ *s. m.* **2.** Acción y efecto de gofrar.

gofrador, ra *s. m.* y *f.* **1.** Persona que gofra. ‖ *s. m.* **2.** Máquina o herramienta empleada para esta labor.

gofrar *v. tr.* Estampar dibujos, adornos, letras, ya sea en hueco o en relieve, sobre tela, papel, etc.

Gogh, Vincent van Véase **Van Gogh, Vincent**.

gogó *s. f.* Chica que baila profesionalmente en discotecas, salas de fiesta, etc.

gogó, a *loc. adv. fam.* En gran cantidad.

Gogol, Nikolai Vasilievich (Sorochintsi, Poltava 1809 - Moscú 1852) Escritor ruso. En sus novelas y narraciones describe la vida rusa con un estilo lírico y realista; ejemplo de ello son *Taras Bulba* (1835), *El retrato, La perspectiva Nevski, Diario de un loco* (1835) y, sobre todo, *Las almas muertas* (1842). Fue autor asimismo de violentas sátiras contra la burocracia, como *El inspector* (teatro, 1836) y *El abrigo* (1841).

Goiânia C. de Brasil, cap. del estado de Goiás, situada al SO de Brasilia. 1.038.200 h. en 1989. Es un centro administrativo, comercial y minero. Cuenta con industrias textiles, de calzado, cemento y materiales de transporte. Se encuentra unida por carretera a los núcleos industriales de São Paulo y Rio de Janeiro.

Goiás Estado de Brasil, situado en la Meseta Central, en el interfluvio de los ríos San Francisco y Tocantins. 340.166 km². 3.983.300 h. en 1990. Su capital es Goiânia. Su economía se basa en la agricultura, con cultivos de café, caña de azúcar y algodón; en la minería, con explotaciones de oro, diamantes, mica y amianto; y en la ganadería vacuna y porcina.

Goicoechea, Alejandro (Elorrio, Vizcaya 1895 - Madrid 1984) Ingeniero español. En 1938 proyectó un tren articulado ligero y en 1942, tras la prueba satisfactoria, se creó la empresa Talgo S.A., para la fabricación de estos trenes, que recibieron el nombre de Talgo.

gol *s. m.* **1.** En fútbol y otros deportes, introducción del balón, la bola, etc., en la portería o meta. **2.** Tanto así conseguido. ‖ **Loc. meter un gol** a alguien *fam.* Obtener un triunfo sobre alguien, generalmente de forma inesperada; también, engañarle o adelantársele en algo.

gola *s. f.* **1.** Adorno de tul, encaje, etc., plegado o fruncido, que se ponía antiguamente alrededor del cuello. **2.** Pieza de la armadura que protegía la garganta. **3.** Garganta. **4.** En arq., cimacio, moldura. **5.** Entrada estrecha de un puerto o ría. **6.** Insignia militar en forma de media luna que cuelga del cuello.

Golán Meseta del SO de Siria. Su sector occidental fue ocupado por Israel en la tercera guerra árabe-israelí (1967) y fue escenario de duros combates en 1973 entre las tropas sirias e israelíes. La zona quedó bajo control de la ONU por los acuerdos de Ginebra de 1974, lo que no impidió la instalación de colonos judíos y su anexión en 1981 por Israel. También se la conoce como *altos del Golán*.

golazo *s. m. aum.* de **gol**. Gol realizado mediante un potente disparo o una jugada de gran calidad.

Golding, William (Saint Columb Minor, Cornualles 1911) Escritor británico. Sus obras, de apariencia realista, son alegorías cargadas de pesimismo sobre el hombre y la sociedad. Entre ellas sobresalen *El señor de las moscas* (1954), *Martín el náufrago* (1956), *La pirámide* (1967), *El dios escorpión* (1971) y *Ritos de paso* (1980). Le fue concedido el premio Nobel en 1983.

Goldmann, Nahum (Wisznewo, Lituania 1895 - Bad Reichenhall 1982) Político judío de origen lituano. Sionista, fundó con Stephen Wise el Congreso judío mundial (Ginebra, 1936), del que fue presidente (1951-77); también presidió la Organización mundial sionista (1956-68). Se nacionalizó sucesivamente estadounidense (1940), israelí (1962) y suizo (1968). Después de la guerra de los Seis Días, se mostró partidario de devolver los territorios ocupados a los árabes, para lograr una paz duradera con los mismos.

Goldoni, Carlo (Venecia 1707 - París 1793) Escritor italiano. Renovó la escena con comedias de tono realista, en las que concede gran importancia a la descripción de los caracteres de los personajes y al medio en que discurre la acción, superando el estilo de la comedia del arte. Entre sus obras destacan *Arlequín servidor de dos señores* (1745), *La viuda astuta* (1748), *El café* (1750), *La posadera* (1753), *Las riñas en Chioggia* (1762) y *El abanico* (1764).

Goldsmith, Oliver (Pallasmore, Irlanda 1728 - Londres 1774) Escritor británico. Interrumpió sus estudios de medicina para viajar por Europa. Se estableció en Londres en 1756 y alcanzó la celebridad con *El vicario de Wakefield* (1766), novela sentimental característica de la época. Otros títulos destacados suyos son *El viajero* (1764), poema filosófico, *La aldea abandonada* (1770), poema pastoral, y *El buen hombre* (1768) y *Humillarse para vencer* (1773), obras teatrales.

Goldstein, Joseph Leonard (Sumter, Carolina del Sur 1940) Médico estadounidense. Director del departamento de genética molecular de la universidad de Texas, en Dallas, investigó, en colaboración con Michael S. Brown, sobre los receptores proteínicos de la células relacionados con el metabolismo del colesterol. Ambos científicos fueron premiados con el Nobel de fisiología y medicina en 1985.

goleada *s. f.* Acción y efecto de golear.

goleador, ra *adj.* Se dice del jugador o equipo que marca muchos goles. También *s.*

golear *v. tr.* Marcar muchos goles al equipo contrario.

golem *s. m.* En la mitología hebrea, monstruo autómata que se utilizaba como sirviente y llevaba escrita en la frente la palabra *ernet*, que significa 'verdad'.

goleta *s. f.* Barco velero ligero de dos o tres palos y bordas poco elevadas.

golf *s. m.* Deporte que consiste en introducir una pequeña pelota de 4 cm de diámetro en dieciocho hoyos, muy separados, situados correlativamente, golpeándola con un bastón. El jugador se sitúa en el *tee*, o punto de partida, y golpea la pelota con un *driver*, bastón de hierro o madera, dirigiéndola hacia el *green*, donde se halla el hoyo señalizado por un banderín. La pelota recorre la *calle*, evitando caer en los *bunkers* u obstáculos. Al llegar al *green*, se golpea la bola con un bastón fino llamado *putter*. Cada hoyo tiene un *par* o número de golpes razonable en que un buen jugador debería poder introducir la pelota en el hoyo. Si el jugador emplea ese número de golpes hace el par del hoyo; si emplea uno menos hace *birdie*, si emplea dos menos hace *eagle*, pero si necesita uno o dos más hace *bogey* o doble *bogey*. Gana el partido el jugador que con menor número de golpes completa los dieciocho hoyos.

golfante *adj. fam.* Golfo, sinvergüenza. También *s.*

golfear *v. intr.* Vivir o comportarse como un golfo.

golfería *s. f.* **1.** Acción propia de un golfo. **2.** Conjunto de golfos.

golfista *s. m.* y *f.* Jugador de golf.

golfo *s. m.* Accidente geográfico que consiste en una amplia entrada del mar en la tierra, generalmente de mayores dimensiones que las de una bahía. Los golfos más grandes del mundo son el de Bengala (2.172.000 km² y 5.258 m de profundidad) y el de México (1.813.000 km² y 4.380 m de profundidad).

golfo, fa *s. m.* y *f.* **1.** Pillo, vagabundo. También *adj.* ‖ *s. m.* **2.** Hombre de vida y costumbres poco formales, holgazán y juerguista. ‖ *s. f.* **3.** Mujer deshonesta en su comportamiento sexual. ‖ *adj.* **4.** Atrevido, picante. **Fam.** Golfillo.

Golfo, corriente del (en ingl. *Gulf stream*) Corriente cálida al N del océano Atlántico, que nace en el golfo de México y llega hasta Islandia, donde se convierte en *deriva nordatlántica* y sigue el rumbo N-NE. Tiene una gran influencia en las temperaturas de las costas septentrionales europeas, donde suaviza el rigor del clima.

Golf: arriba, diversos tipos de bastones; abajo, esquema de un hoyo.

Golgi, aparato de Parte del citoplasma de la célula formada por una agrupación en paralelo de cuatro a diez sáculos o cisternas, llamada también *dictiosoma*, en la que se sintetizan muchas glucoproteínas y que interviene en el transporte y almacenamiento de diversas sustancias.

Golgi, Camillo (Corteno, Brescia 1844 - Pavía 1926) Médico italiano. Investigó la estructura de las células nerviosas e inventó un método de coloración del sistema nervioso con nitrato de plata. Descubrió en la célula el aparato de Golgi y realizó además importantes descubrimientos sobre el paludismo. En 1906 compartió con Ramón y Cajal el premio Nobel de medicina.

Gólgota Véase **Calvario**.

goliardesco, ca *adj.* **1.** Perteneciente o relativo a los goliardos. **2.** Se aplica particularmente a la poesía compuesta por ellos, generalmente escrita en latín, y que, parodiando los cantos litúrgicos, exaltaba los placeres de la vida y satirizaba la sociedad de su época. Ejemplos de estas composiciones se conservan en cancioneros o colecciones, destacando los famosos *Carmina Burana*.

goliardo, da *adj.* En la Edad Media, clérigo o estudiante de vida errante y disipada; algunos de ellos se dedicaban a la literatura.

Goliat Según la *Biblia*, gigante filisteo al que se enfrentó y mató con una honda el joven David.

golilla *s. f.* **1.** Cuello postizo hecho con una tira de tela negra que tiene sobrepuesta otra blanca almidonada y rizada; lo usaban antiguamente los hombres, especialmente los empleados de los tribunales. **2.** Arandela que tienen en el borde las piezas del cuerpo de una bomba para poder unirlas con otras por medio de tornillos y tuercas. **3.** Plumas que tienen algunas aves alrededor del cuello.

gollería *s. f.* **1.** Comida de sabor muy agradable y muy bien presentada. **2.** *fam.* Cosa innecesaria, demasiado buena o refinada para exigirla en ciertas circunstancias.

golletazo *s. m.* **1.** En tauromaquia, estocada que se da al toro en el cuello y que le atraviesa los pulmones. **2.** Término brusco que se pone a un negocio, discusión, etc., sin dejar que llegue a su fin.

gollete *s. m.* **1.** Parte superior delantera del cuello por donde se une a la cabeza. **2.** Cuello de botellas, garrafas, vasijas, etc. ‖ **Loc. no tener gollete** *Amér. del S. fam.* Ser descabellada alguna cosa.

Golondrina de mar o charrán común (Sterna hirundo), *a la izquierda, y golondrina común* (Hirundo rustica).

golondrina *s. f.* **1.** Nombre común de diversas especies de aves paseriformes de la familia hirundínidos, géneros *Hirundo, Atticora, Petrochelidon*, etc. Su tamaño es pequeño, entre 10 y 23 cm de longitud, tienen el plumaje oscuro o negro, el pico corto y la cola en forma de horquilla. Construyen nidos de barro en paredes, cuevas y bajo los aleros de los edificios. Excelentes voladoras, se alimentan de insectos y tienen costumbres migratorias. Se conocen 79 especies, distribuidas por casi todo el mundo. En la península Ibérica habitan la golondrina común *(Hirundo rustica)* y la golondrina dáurica *(Hirundo daurica)*. **2.** Pequeña embarcación con motor y toldo para transporte de pasajeros en trayectos cortos. ‖ **3. golondrina de mar** Nombre común de diversas especies de aves caradriformes de la familia estérnidos, géneros *Sterna, Anous*, etc. Parecidas a las gaviotas, tienen alas estrechas, pico alargado y cola ahorquillada. Su plumaje es blanco y anidan en las costas y lagos. Se las denomina también *charranes*.

golondrino *s. m.* **1.** Pollo de la golondrina. **2.** Bulto producido en las axilas debido a la inflamación de una glándula sudorípara.

golosear *v. intr.* Golosinear*.

golosina *s. f.* **1.** Cosa de comer de sabor muy agradable y generalmente dulce, como los caramelos, los pasteles, etc. **2.** Cosa muy apetecible con que se atrae o tienta a alguien. **3.** Cualquier cosa agradable pero de poca utilidad.

golosinear *v. intr.* Andar comiendo o picando golosinas.

goloso, sa *adj.* **1.** Se dice de la persona a la que le gusta mucho el dulce. También *s.* **2.** Muy apetitoso o deseado. **3.** *fam.* Sucio, manchado. **Fam.** Golosamente.

golpazo *s. m. aum.* de **golpe**. Golpe fuerte.

golpe *s. m.* **1.** Acción de juntar o juntarse con violencia dos cuerpos. **2.** Ruido producido por esa acción. **3.** Disgusto, gran contrariedad. **4.** Fuerte impresión o sorpresa que causa alguna cosa. **5.** Atraco, robo. **6.** Dicho, situación, etc., gracioso o ingenioso que tiene lugar en una conversación, espectáculo, etc. **7.** Latido del corazón. **8.** Ataque repentino, p. ej. de tos. **9.** Pequeña cantidad de algo que se echa de una vez. **10.** Número de plantas o semillas que se siembran en un hoyo. **11.** Adorno de pasamanería colocado sobre una prenda de vestir. ‖ **12. golpe bajo** En boxeo, el antirreglamentario dado por debajo de la cintura del calzón; también, acción o dicho malintencionado y traicionero. **13. golpe de efecto** Acción inesperada que sorprende o impresiona. **14. golpe de Estado** Acción por la que un grupo, ya sea militar o con apoyo armado, se apodera ilegalmente y por la fuerza del gobierno de un país. **15. golpe de mano** Acción de guerra rápida y por sorpresa hecha por una fuerza reducida; también, cualquier tipo de acción rápida con que se sorprende a un rival. **16. golpe de pecho** Gesto de arrepentimiento que consiste en golpearse el pecho con el puño o la mano. **17. golpe de suerte** Suceso muy favorable. **18. golpe de vista** Percepción rápida de una cosa. **19. golpe franco** En fútbol, castigo por falta cometida cerca del área de penalty, en el que se permite disparar directamente a gol. ‖ **Loc. a golpe de** alguna cosa *adv.* A fuerza de algo, sirviéndose de ello: *a golpe de pedal, a golpe de martillo.* **a golpes** *adv.* Dando golpes; también, bruscamente o sin educación. **de golpe** *adv.* De una vez; también, inesperadamente, con brusquedad, o sin pensárselo. **de golpe y porrazo** *adv. fam.* De golpe, bruscamente. **de un golpe** *adv.* De una sola vez. **no dar (ni) golpe** *fam.* No trabajar o esforzarse en algo.

golpear *v. tr.* Dar uno o más golpes a alguien o algo. También *v. intr.* y *v. prnl.* **Fam.** Golpeador, golpeo.

golpetazo *s. m.* Golpazo*.

golpetear *v. tr.* Dar golpes continuados. También *v. intr.* **Fam.** Golpeteo.

golpismo *s. m.* **1.** Actitud política favorable al cambio en la forma de gobierno de un país por medio de golpes de Estado o pronunciamientos militares. **2.** Actividad que prepara o ejecuta golpes de Estado. **Fam.** Golpista.

golpiza *s. f. amer.* Paliza.

goma *s. f.* **1.** Sustancia viscosa que se extrae de ciertas plantas; se endurece en contacto con el aire, es soluble en agua e insoluble en alcohol y, disuelta en agua, sirve para pegar. **2.** Esta sustancia disuelta en agua empleada para pegar y, en general, cualquier pegamento líquido. **3.** Material elástico obtenido a partir de la mencionada sustancia u otro similar elaborado con distintas sustancias. **4.** Tira o hilo elástico para sujetar cosas o para otros usos. **5.** Trozo de material elástico, hecho con caucho u otra sustancia, empleado para borrar. **6.** *fam.* Preservativo. **7.** En argot, hachís de buena calidad. **8.** *amer.* Malestar que se siente después de una borrachera. **9.** *Arg., Par., Urug.* Neumático. ‖ **10. goma 2** Explosivo plástico de ciclonita o hexógeno, más potente y mucho más estable que el trinitrotolueno, impermeable e insensible a los golpes y al fuego. **11. goma arábiga** La obtenida de cierta acacia africana *(Acacia senegalensis)* y que se emplea como pegamento y en farmacia. **12. goma de mascar** Resina obtenida del árbol chicozapote, originario del Yucatán, o por medios artificiales, que se mastica como golosina. ▪ Se la conoce popularmente como *chicle*. **13. goma elástica** Látex*. **14. goma laca** Resina de ciertos árboles de la India.

gomaespuma *s. f.* Caucho natural o sintético.

Gombrowicz, Witold (Maloszyce 1904 - Vence 1969) Escritor polaco nacionalizado argentino. Autor próximo a los distintos movimientos de vanguardia, trató complejos temas filosóficos y psicológicos, satirizando la vida moderna, en novelas como *Ferdydurke* (1938), *Transatlántico* (1954), *La seducción* (1960) y *Cosmos* (1965); dramas como *Ivonne, princesa de Borgoña* (1938) y *El matrimonio* (1953), y libros de relatos como *Bakakai* (1957).

Gomel C. de Bielorrusia, cap. de la provincia del mismo nombre, situada en el extremo SE de la república, en el valle del Dniéper. 500.000 h. en 1989.Es el centro de una región agrícola e industrial. Cuenta con industrias químicas, de nitratos, de fibras sintéticas, mecánica y agroalimentaria.

Gomera, La Isla de España perteneciente al archipiélago de las Canarias y a la prov. de Santa Cruz de Tenerife. 353 km^2. 17.310 h. en 1988. La capital es San Sebastián de la Gomera, con 5.700 h. en 1986. Es una isla de origen volcánico, bastante montañosa (pico Garajonay, 1.487 m), surcada por grandes barrancos y con costas altas y escarpadas. En ella se halla el parque nacional de Garajonay, donde se conservan bosques de laurisilva. Su economía es eminentemente agrícola, con cultivos de plátanos, tomates y patatas, y pesquera. Tiene ganadería bovina, caprina y de cerda, así como una pequeña industria conservera e hidroeléctrica.

gomero, ra[1] (de *goma*) *adj.* **1.** Perteneciente o relativo a la goma. ‖ *s. m.* **2.** *amer.* Árbol que produce la goma. ‖ *s. m.* y *f.* **3.** *amer.* Recolector de caucho. **4.** *amer.* Persona dedicada a la explotación de la goma o a su venta.

gomero, ra[2] (de *La Gomera*) *adj.* De la isla de La Gomera. También *s.*

Gomes, Manuel Teixeira (Vila Nova de Portimao 1862 - Bugía 1941) Político y escritor portugués. Republicano, fue elegido presidente de la república (1923), pero se vio obligado a dimitir al fracasar su política de unidad (1925).

Gómez, José Luis (Huelva 1940) Director y actor teatral español. Estudió arte dramático en Alemania y Francia. Fue director del Centro Dramático Nacional (1979-80) y del Teatro Español

La Gomera: Parque Nacional de Garajonay.

de Madrid (1980-84). También ha protagonizado algunos filmes, como *La familia de Pascual Duarte* (1976) y *Los ojos vendados* (1978).

Gómez, José Miguel (Sancti Spiritus 1858 - Washington 1921) Militar y político cubano. Combatió por la independencia del país (1868-78 y 1895-98). Dirigente liberal, fue elegido presidente de la república (1909-13). Realizó un programa de importantes obras públicas y mejora de la enseñanza y la sanidad. Encabezó una insurrección contra el gobierno conservador del presidente García Menocal, pero fracasó y tuvo que exiliarse (1917).

Gómez, Juan Vicente (San Antonio del Táchira 1859 - Maracay 1935) Político venezolano. Fue vicepresidente durante el gobierno de Cipriano Castro entre 1904 y 1908, año en que accedió a la presidencia mediante un golpe de Estado. Gobernó dictatorialmente y controló la vida política venezolana, directa o indirectamente, hasta su muerte. Su mandato se caracterizó por el gran auge de la industria del petróleo y por la penetración del capital estadounidense.

Gómez, Laureano (Bogotá 1889 - íd. 1965) Político colombiano. Conservador, fue ministro de Obras Públicas y de Relaciones Exteriores con Ospina y presidente de la república (1950). Se retiró por enfermedad en 1951, dejando la presidencia a Roberto Urdaneta, aunque siguió gobernando indirectamente. En 1953 el también conservador Rojas Pinilla derrocó el régimen constitucional con un golpe militar y Gómez marchó a España (1953-57). Su extremismo lo llevó a organizar desde 1947 bandas terroristas, con ayudas militares y policiacas, para combatir a la oposición, especialmente en las zonas rurales.

Gómez, Máximo (Baní, Santo Domingo 1836 - La Habana 1905) Patriota cubano. Formado en el ejército español y destinado a Cuba, se unió a la insurrección en 1868, poniéndose al mando de las tropas rebeldes. Al firmarse la paz de Zanjón (1878), se exilió a Honduras. En 1892, junto a Martí, inició la lucha que concluyó en 1898 con la expulsión de los españoles y la independencia de Cuba. Rechazó la presidencia del país y apoyó la candidatura de Estrada Palma.

Gertrudis Gómez de Avellaneda. Retrato de Federico Madrazo (Museo Lázaro Galdiano, Madrid).

Gómez de Avellaneda, Gertrudis (Puerto Príncipe 1814 - Madrid 1873) Escritora cubana. Residió en España desde los 22 años y llegó a ser una de las figuras más destacadas del mundo literario de su época. Su obra se enmarca en el Romanticismo, con influencias de Victor Hugo, Lamartine y Lord Byron, y gira principalmente en torno al tema del amor. Cultivó la novela, en la que sobresalen los títulos *Sab* (1841), *Dos mujeres* (1842) y *Guatimozín* (1846); la poesía, con libros como *Poemas* (1841), y el teatro, en obras como *Alfonso Munio* (1844), *Saúl* (1849) y *Baltasar* (1858).

Gómez de la Serna, Ramón (Madrid 1888 - Buenos Aires 1963) Escritor español. Difundió en España las tendencias literarias de vanguardia a través de la revista *Prometeo*. Creó la greguería, breve enunciado que contiene una asociación de conceptos, una imagen poética o una metáfora insólita. Es autor de ensayos, biografías, como *Azorín* (1930) y *Retratos contemporáneos* (1941), y novelas. Entre estas últimas merecen citarse *La viuda blanca y negra* (1917), *El doctor inverosímil* (1921), *El secreto del acueducto* (1922), *La quinta de Palmyra* (1923), *El torero Caracho* (1926) y *La Nardo* (1930). En 1948 publicó su autobiografía, *Automoribundia,* considerada como una de sus mejores obras.

Gómez de Mora, Juan (Madrid 1586 - íd. h. 1648) Arquitecto español. Fue el principal representante del barroco castellano y su obra se caracteriza por un estilo sobrio y elegante. Construyó en Madrid el convento de la Encarnación (1611-16), la Plaza Mayor (1617-19) y el alcázar de los Austrias (1619-27), y comenzó la edificación del ayuntamiento (1640).

Gómez Farías, Valentín (Guadalajara 1781 - Ciudad de México 1858) Político mexicano. Liberal, combatió por la independencia de México. Vicepresidente con Santa Anna, desempeñó varias veces la presidencia durante las ausencias de éste (1833-34 y 1846-47). Impulsó la libertad de prensa y la enseñanza estatal y abolió privilegios de eclesiásticos y militares. Por sus reformas liberales tuvo que exiliarse (1834-40) y, tras el fracaso de la lucha en Texas, se vio obligado a dimitir (1847). En 1855 fue nombrado presidente de la Junta de representantes y al año siguiente asistió al Congreso constituyente de Jalisco.

Gómez Manrique Véase **Manrique, Gómez**.

Gómez Palacio C. de México, en el estado de Durango, situada en el valle del Nazas. 117.000 h. en 1980. Centro agrícola, comercial e industrial, cuenta con cultivos de regadío, como algodón, frutas, vid, caña, tabaco y huerta, con destilerías de alcohol e industrias textiles, alimentarias, de fundición y químicas.

Gómez Pedraza, Manuel (Querétaro 1789 - Ciudad de México 1851) Militar y político mexicano. Del ejército realista se pasó a las filas de Iturbide. Ministro de Guerra y Marina en el gobierno de Guadalupe Victoria (1825), apoyado por los moderados fue elegido presidente de la república (1829), pero el motín de la Acordada por los populistas le obligó a exiliarse en Francia. Tras la caída del general Bustamante, volvió a México y fue designado presidente por segunda vez (1832-33).

Gómez Restrepo, Antonio (Bogotá 1869 - íd. 1947) Escritor colombiano. Representante del romanticismo tardío, es autor de las obras poéticas *Ecos perdidos* (1893), *Relicario* (1928) y *Resurrección* (1944). Son más importantes sus ensayos, entre los que destacan *Apuntes de literatura* (1893) e *Historia de la literatura colombiana* (1945-46).

gomina *s. f.* Fijador para el cabello.

Gomorra Según el libro del *Génesis*, ciudad de Palestina situada al S del mar Muerto, destruida junto a Sodoma por un fuego que cayó del cielo para castigar la maldad e inmoralidad de sus habitantes.

gomorresina *s. f.* Jugo lechoso que fluye de algunas plantas de forma natural o haciendo en ellas un corte; se compone generalmente de resina mezclada con una materia gomosa y un aceite o esencia volátil.

gomoso, sa *adj.* **1.** Que contiene goma o es parecido a ella. **2.** Se aplica al hombre que cuida excesivamente su aspecto físico. También *s. m.* FAM. Gomosidad.

Gomulka, Wladislaw (Krosno, Galitzia 1905 - Varsovia 1982) Político polaco. Fue un destacado sindicalista y miembro del Partido Comunista. Durante la Segunda Guerra Mundial organizó la resistencia antinazi y al término de la misma participó en el gobierno de unión nacional (1945). Su defensa del socialismo polaco frente a la URSS le ocasionó en 1949 la expulsión del partido y el encarcelamiento. Tras ser rehabilitado en 1956, ocupó la secretaría del partido. Fue destituido en 1970 después de un gran movimiento de huelgas contra la subida de los precios.

Ramón Gómez de la Serna. Retrato de Enrique Segura (Ateneo de Madrid).

gónada *s. f.* Glándula sexual que produce las células reproductoras o gametos. La gónada masculina es el testículo, que produce los gametos masculinos o espermatozoides; la gónada femenina es el ovario, que produce los gametos femeninos u óvulos.

gonadotropina *s. f.* Hormona de origen hipofisiario que estimula las gónadas.

Gonçalves, Nuno (s. XV) Pintor portugués. Su obra, de estilo gótico e influida por la escuela flamenca, tiene su mejor manifestación en el *Políptico de San Vicente*, en el que son de admirar el tratamiento individual de los personajes y la monumentalidad del conjunto.

Nuno Gonçalves: fragmento del Políptico de San Vicente *(Museo Nacional de Arte Antiguo, Lisboa).*

Gonçalves Dias, António (Caxias, Maranhao 1823 - junto a las costas de Brasil 1864) Poeta brasileño. Fue una de las grandes figuras del Romanticismo de su país. Murió en un naufragio. Algunas de sus obras más características son *Os tymbiras* (1857), *Sextilhas de frei Antão* (1857) e *Y-Juca-Piraina* (1857).

Goncharov, Ivan Alexandrovich (Simbirsk 1812 - San Petersburgo 1891) Novelista ruso. Consiguió la celebridad con su obra *Oblomov* (1859), donde se describen las costumbres de la sociedad rusa de su época y se crea un personaje, Oblomov, en el que aparecen rasgos del carácter ruso: soñador, sensible, inactivo, que se convirtió en Rusia en prototipo del hombre perezoso y abúlico.

Goncharova, Natalia (Moscú 1883 - París 1962) Pintora rusa. Casada con el también pintor Mijail Larionov, lanzó con éste el movimiento *rayonista* (1910), especie de expresionismo, afín a la abstracción. En 1914 se estableció en París y alcanzó celebridad con sus decorados para los ballets de Diaghilev, como *El gallo de oro* (1914), *Las bodas* (1923), *El pájaro de fuego* (1926) y *Una noche en el monte Pelado* (1926).

Goncourt, Edmond Huot de (Nancy 1822 - Champrosay 1896) y **Jules Huot de** (París 1830 - íd. 1870) Escritores franceses. Conjuntamente son autores de ensayos sobre la historia y la cultura francesas y de novelas de estilo realista, antecedentes del naturalismo, como *Renata Mauperin* (1864), *Germinia Lacerteux* (1864) y *Madame Gervaisais* (1869). Tras la muerte de Jules, Edmond publicó nuevas novelas, como *Elisa* (1877) y *Chérie* (1884), y estudios sobre arte japonés. Por deseo testamentario de Edmond se creó la academia que lleva su nombre y que concede el más importante premio literario en lengua francesa. A ambos hermanos se debe también un *Diario*, crónica de la vida literaria de su tiempo.

góndola *s. f.* **1.** Embarcación ligera, característica de Venecia, que tiene la popa y la proa salientes y puntiagudas. Se mueve por un solo remo sujeto a popa y manejado por uno o más remeros que van de pie. **2.** Barquilla de los dirigibles. **3.** En los aviones, recinto donde está colocado el reactor. **4.** Cierto tipo de carruaje con capacidad para muchas personas. **5.** *Chile, Col.* Ómnibus.

gondolero *s. m.* Hombre que conduce una góndola, embarcación.

Gondra, Manuel (? 1872 - ? 1927) Político y escritor paraguayo. Participó en el movimiento liberal que derrocó a Ezcurra (1904). Líder de los liberales, fue ministro en varias ocasiones y presidente de la república (1910-11 y 1920-21). En 1923 asistió a la V Conferencia Panamericana de Santiago de Chile, donde se firmó el tratado que lleva su nombre.

Gondwana Gran continente del hemisferio Austral, formado en el periodo carbonífero (hace unos 300 millones de años) por la división de la Pangea o conjunto de las tierras emergidas. Agrupaba las superficies correspondientes a las actuales América del Sur, África, Madagascar, Arabia, India, Australia y la Antártida y estaba separado de Laurasia –América del Norte, Europa y Asia– por el mar de Tethys. Su existencia se justifica por la teoría de la deriva de los continentes del geólogo alemán Alfred Wegener.

gonfalón *s. m.* Bandera, estandarte.

gonfalonero o **gonfaloniero** *s. m.* Hombre que lleva la bandera o estandarte.

gong o **gongo** *s. m.* Instrumento de percusión de procedencia asiática consistente en un disco de metal que, suspendido de un soporte, resuena con fuerza al ser golpeado con una maza.

Góngora y Argote, Luis de (Córdoba 1561 - íd. 1627) Escritor español. Poeta barroco, fue el creador y principal representante del estilo culterano, en cuyas composiciones adquirieron gran importancia la metáfora y el hipérbaton. Además de sus dos grandes poemas culteranos, *Fábula de Polifemo y Galatea* (1612) y *Soledades* (1613), llenos de neologismos, latinismos, elementos mitológicos y forzadas construcciones que hacen difícil su lectura, es autor de composiciones más sencillas, principalmente romances y letrillas, de tono popular y satírico, y de numerosos sonetos. Atacado por sus contemporáneos Lope de Vega y Quevedo, fue muy valorado por la generación del 27, que vio en él una de las cumbres de la lírica castellana.

Luis de Góngora y Argote. Retrato de Diego Velázquez (Museo Lázaro Galdiano, Madrid).

gongorino, na *adj.* **1.** Propio y característico del poeta Luis de Góngora. **2.** Partidario o imitador de Luis de Góngora. También *s.*

gongorismo *s. m.* Estilo o escuela literaria iniciada por Luis de Góngora.

goniometría *s. f.* **1.** Teoría y técnica de la medición de los ángulos. **2.** Radiogoniometría*.

goniómetro *s. m.* **1.** Instrumento para medir ángulos. Se usa en topografía, cristalografía, óptica, etc. **2.** Radiogoniómetro*.

-gono *suf.* Significa 'ángulo': *hexágono.*

gonococia *s. f.* Enfermedad venérea producida por gonococos. **FAM.** Gonocócico.

gonococo *s. m.* Bacteria gramnegativa *(Neisseria gonorrhoeae)*, de forma redondeada, que se encuentra en el pus o en el interior de los leucocitos y causa la blenorragia.

gonorrea *s. f.* Blenorragia* crónica.

Gonzaga Familia noble italiana originaria de Mantua, cuya influencia permaneció desde finales del s. XIII hasta principios del XVIII. Algunos de sus miembros destacaron en la política, así como en la promoción de la cultura y el arte: **Luigi** (? 1278 - ? 1370), quien fue nombrado vicario imperial y Capitán general de Mantua, título que a partir de entonces heredarían sus descendientes; **Gian Francesco I** (? 1395 - ? 1444), a quien el emperador Segismundo confirmó el título de marqués; **Francesco** (Mantua 1444 - Porretta 1483), cardenal humanista que luchó por unificar los esfuerzos de los príncipes alemanes contra la expansión del imperio turco; **Barbara** (? 1456 - ? 1503), que en 1477 fundó la universidad de Tubinga e introdujo el Renacimiento en Alemania; y **Ferrante** (? 1507 - ? 1557), a quien el emperador nombró virrey de Sicilia en 1535 como recompensa a los servicios prestados en el ejército imperial.

González, Ángel (Oviedo 1925) Poeta español. Considerado como uno de los representantes de la poesía social de los años cincuenta, su obra adquiere posteriormente un tono irónico y escéptico. Es autor, entre otros libros, de *Sin esperanza, con convencimiento* (1961), *Palabra sobre palabra* (1965), *Tratado de urbanismo* (1967), *Prosemas o menos* (1985) y *Procedimientos narrativos* (1972).

González, Juan Natalicio (Villarrica 1897 - Ciudad de México 1966) Político y escritor paraguayo. Del Partido Colorado, en 1948 fue elegido presidente de la república (el primero de dicho partido en 44 años) y derrocado por un golpe de Estado al año siguiente. Es autor de obras históricas, como *Proceso y formación de la cultura paraguaya* y *El Paraguay eterno*, y poéticas, como *Baladas guaraníes* (1925) y *Elegías de Tenochtitlan* (1953).

González, Julio (Barcelona 1876 - París 1942) Escultor español. Desde 1900 vivió en París. En un principio se dedicó a la pintura, que pronto abandonó para entregarse de lleno a la escultura. Realizó la mayor parte de su obra en hierro, empleando la soldadura autógena. Alternó el estilo abstracto y el figurativo, como se aprecia en *Mujer peinándose* (1932), *Hombres-cactos* y *La Montserrat* (1937).

González, Manuel (Matamoros 1833 - Chapingo, Guanajuato 1893) Militar y político mexicano. Combatió en la guerra contra EE UU en 1847 y contra la intervención francesa y fue jefe de estado mayor de Porfirio Díaz. Elegido presidente de la república (1880-84), creó durante su mandato el Banco Nacional y amplió la red ferroviaria.

González, Valentín, llamado **El Campesino** (? 1909 - Madrid 1983) Militar español. Miembro del Partido Comunista, fue uno de los jefes militares republicanos más populares durante la guerra civil de 1936-39. Exiliado durante el franquismo, regresó a España en 1978. Escribió *Vida y muerte en la URSS, 1939-49* (1950), *Comunista en España y antiestalinista en la URSS* (1952) y *Hasta la muerte* (1978).

González Bravo, Luis (Cádiz 1811 - Biarritz 1871) Político y periodista español. Tras iniciarse en los sectores más radicales del liberalismo, evolucionó hacia posiciones moderadas, que se acentuaron cuando ocupó la jefatura de gobierno en 1843-44. Fue posteriormente ministro de Gobernación con Narváez y, después de la muerte de éste, otra vez presidente del gobierno. Pese a la dureza de sus medidas, no pudo evitar la revolución de 1868, que provocó la caída de Isabel II. Ya en el exilio se unió al carlismo.

González Dávila, Gil (Ávila h. 1480 - ? h. 1526) Conquistador español. Desde Santo Domingo emprendió una expedición por el mar del Sur (1519-23). Exploró la actual Nicaragua. Sus conquistas chocaron con los intereses de Cortés y Pedrarias Dávila, por lo que fue apresado y enviado a España.

González de Mendoza, Pedro (Guadalajara 1428 - íd. 1495) Religioso y político español. En 1473 fue nombrado cardenal y en 1482 arzobispo metropolitano de Toledo. Intervino activamente en la política castellana del s. XV, sirviendo con lealtad a los Reyes Católicos.

González Garza, Roque (Saltillo 1885 - Ciudad de México 1962) Militar y político mexicano. Luchó junto a Madero contra Porfirio Díaz y, muerto aquél, se unió a Villa contra Huerta. En 1915 ocupó provisionalmente la presidencia de la república hasta que entregó el poder a Lagos Cházaro.

González Lanuza, Eduardo (Santander, España 1900 - Buenos Aires 1984) Poeta y ensayista argentino. Vanguardista, sus primeros libros poéticos son ultraístas. Posteriormente utilizó las formas clásicas. Entre sus libros de poesía destacan *Prismas* (1924), *La degollación de los inocentes* (1938), *Transitable cristal* (1943), *Oda a la alegría y otros poemas* (1949) y *Aires para canciones* (1977), y en ensayo, *Cuando el ayer era mañana* (1954) y *Los martinfierristas* (1961).

González León, Adriano (Valera 1931) Escritor venezolano. Es autor de relatos y novelas en los que refleja la realidad sociopolítica de Latinoamérica, entre los que destacan *Asfalto-Infierno* (1962) y *País portátil* (1968).

González Márquez, Felipe (Sevilla 1942) Político español. Secretario general del PSOE desde 1974, impulsó la transformación del partido, que evolucionó desde posiciones marxistas a planteamientos socialdemócratas. Cabeza de la oposición durante los primeros gobiernos de la monarquía, fue elegido presidente del gobierno en 1982 y reelegido en 1986 y 1989. Durante su mandato España se integró en la Comunidad Económica Europea, se mantuvo en la OTAN y se intensificaron los esfuerzos en la lucha contra el terrorismo de ETA. En economía dio prioridad al control de la inflación y a la reducción del déficit público, con vistas a la convergencia con la CEE, y favoreció la iniciativa privada.

Felipe González.

González Martínez, Enrique (Guadalajara 1871 - México 1952) Escritor mexicano. Diplomático, fue ministro plenipotenciario en Chile, Argentina, España y Portugal. Como poeta, se formó en el modernismo, que posteriormente abandonó por un estilo vanguardista. Entre sus principales obras figuran *La hora inútil* (1916), *El romero alucinado* (1923) y *El nuevo Narciso y otros poemas* (1952).

González Navero, Emiliano (? 1861 - ? 1938) Político paraguayo. Miembro del Partido Liberal, fue vicepresidente (1908) y presidente de la república (1908-10, 1912 y 1931-32). Dirigió la insurrección liberal contra el Partido Colorado.

González Ruano, César (Madrid 1902 - íd. 1965) Escritor y periodista español. Maestro del artículo corto, fue además autor de novelas de carácter introspectivo, como *Ni César ni nada* (1951) y *Los oscuros dominios* (1953), y de una autobiografía, *Diario íntimo* (1951).

González Santín, Ignacio María (? 1840 - ? 1915) Político dominicano. Elegido presidente de la república (1874), intentó normalizar las relaciones económicas y diplomáticas con España. Dimitió en 1876, pero ocupó provisionalmente la presidencia a fines de este año y 1878.

González Velázquez Familia de pintores españoles de los s. XVIII y XIX. Entre sus miembros más destacados figuran: **Luis** (Madrid 1715 - íd. 1764), pintor de cámara, al que se deben murales de varias iglesias madrileñas, como la Encarnación y San Marcos; **Antonio** (Madrid 1723 - íd. 1793), hermano del anterior, estudió con Corrado Giaquinto en Roma y allí pintó la cúpula de la iglesia de la Trinidad de los Españoles; nuevamente en España (1753), creó el fresco de la capilla de la Virgen del Pilar de Zaragoza; nombrado pintor de cámara (1757), realizó frescos en el Palacio Real de Madrid y en el palacio de El Pardo; **Zacarías** (Madrid 1763 - íd. 1834), hijo del anterior, fue un destacado retratista

González Videla, Gabriel (La Serena 1898 - Santiago 1980) Político chileno. Dirigente del Partido Radical, fue elegido en 1946 presidente de la república gracias al apoyo de un frente popular. Rota la alianza tras la prohibición del Partido Comunista, gobernó hasta 1952 con el apoyo del centro y de la derecha. En 1976 fue nombrado miembro del Consejo de Estado del régimen de Pinochet.

González Víquez, Cleto (Barba 1858 - ? 1937) Político costarricense. Abogado, fue ministro del Interior, Relaciones Exteriores y Hacienda y presidente de la república en dos ocasiones (1906-10 y 1928-32).

González Zeledón, Manuel, llamado **Magón** (San José 1864 - íd. 1936) Escritor costarricense. Destacó por sus cuadros costumbristas, que constituyen documentos valiosos para el conocimiento de la época. Entre sus obras destacan *La propia* (1910), novela corta, la *Oda a Costa Rica* (1929) y una nutrida colección de cuentos.

Goodman, Benny (Chicago 1909 - Nueva York 1986) Músico de jazz estadounidense. Virtuoso del clarinete, creó en 1933 su propia orquesta. Fue también intérprete de música de cámara y sinfónica. Bartók, Hindemith, Copland y Szigeti compusieron obras para él.

Goodyear, Charles (New Haven, Connecticut 1800 - Nueva York 1860) Inventor e industrial estadounidense. En 1844 descubrió y patentó la goma vulcanizada, al someter la mezcla de azufre y caucho a temperatura muy elevada. Este descubrimiento posibilitó la fabricación de neumáticos para vehículos.

Gorbachov, Mijail (Privolnoye, Stavropol 1931) Político soviético. Miembro del Comité Central del PCUS en 1971 y del Politburó en 1980, fue nombrado secretario general del partido tras la muerte de Chernenko en 1985. Acometió una importante renovación y reforma del régimen soviético, conocida como *perestroika,* que trataba de introducir en el mismo una mayor libertad. En política internacional mejoró las relaciones con Occidente, se mostró partidario de la reducción de armas convencionales y nucleares en Europa y puso fin a la presencia soviética en Afganistán. En 1990 obtuvo el premio Nobel de la paz. En 1991, el proceso de liberalización política que había puesto en marcha escapó a su control, a causa fundamentalmente de la aguda crisis económica padecida por la URSS, la obtención de la independencia por parte de las repúblicas bálticas y el creciente poder del presidente de la Federación Rusa Boris Yeltsin. Intentó llevar a cabo un cambio institucional basado en el fin de la hegemonía del Partido Comunista y la introducción gradual de la economía de mercado, que habría de concretarse en la creación de una Unión de Estados Soberanos, pero fracasó debido a la resistencia de diversas repúblicas de la Unión, fundamentalmente Ucrania y Kazajstán, que propugnaron su plena independencia. El intento de golpe militar comunista del verano de 1991 y la creación de la Comunidad de Estados Independientes, patrocinada por Yeltsin y que en la práctica supuso la desaparición de la URSS, le forzaron a dimitir a fines de ese mismo año.

Mijail Gorbachov.

gordal *adj.* Que sobrepasa en gordura a las cosas de su especie.

gordezuelo, la *adj. dim.* de **gordo**. Se usa en sentido cariñoso.

gordiano *adj.* Véase **nudo gordiano**.

Gordillo, Luis (Sevilla 1934) Pintor español. Tras un periodo informalista, influido por el arte pop, pasó a un figurativismo expresionista. Entre sus obras destacan *Cabezas* (1964-65), *Los automóviles* (1968), *Lunas* (1977) y *Misterium mundi* (1981).

Gordimer, Nadine (Johannesburgo 1923) Novelista sudafricana. Nacida en una familia de emigrantes judíos, en su obra trata de reflejar la relación entre las comunidades blanca y negra y adopta una actitud crítica frente al sistema racista de su país. Algunos de sus títulos más característicos son *Mundo de extraños* (1958), *Ocasión de amar* (1963), *El huésped de honor* (1970), *El conservador* (1974), *La hija de Burger* (1979) y *La historia de mi hijo* (1990). En 1991 fue galardonada con el premio Nobel de literatura.

gordinflas *adj. fam.* Gordinflón. También *s.*

gordinflón, na *adj. fam.* Demasiado grueso y de carnes fofas. También *s.*

gordo, da *adj.* **1.** Que tiene muchas carnes o grasas. También *s.* **2.** De mayor grosor que lo normal para su clase. **3.** Muy abultado o voluminoso. **4.** Se aplica al dedo mas grueso de la mano o del pie. También *s. m.* **5.** *fam.* Grave, de consideración. **6.** Se dice del primer premio de la lotería. También *s. m.* || *s. m.* **7.** Grasa de la carne animal. || *s. f.* **8.** *fam.* Perra gorda, antigua moneda de diez céntimos. Se usa generalmente con el sentido de «dinero»: *sin gorda, no tener ni gorda.* || **Loc. algo gordo** *fam.* Suceso importante o muy sonado. **armarse la gorda** *fam.* Organizarse un alboroto, una riña, etc. **caer gordo** *fam.* Resultar antipática una persona. **ni gorda** *fam.* Nada en absoluto.

Gordon, Charles George, llamado **Gordon Pachá** (Woolwich 1833 - Jartum 1885) Militar y administrador británico. Combatió en China y Egipto, y posteriormente ocupó diversos cargos administrativos en territorios del imperio británico. Nombrado responsable de la evacuación del Sudán egipcio, que se encontraba en plena revuelta mahdista, murió en el ataque de los rebeldes a Jartum.

gordura *s. f.* Exceso de carnes o grasas en personas o animales.

Gorgias (Leontini, Sicilia h. 487 - Larisa, Tesalia h. 380 a. C.) Filósofo griego. Fue maestro de retórica y uno de los más importantes sofistas. Su doctrina se caracteriza por un escepticismo radical que llega a negar la existencia misma. De su tratado *Sobre la naturaleza o el no-ser* sólo se conservan fragmentos. Platón atacó con crudeza sus doctrinas en el *Diálogo* que lleva su nombre.

gorgojo *s. m.* Nombre común de numerosos insectos coleópteros de la familia curculiónidos con gran número de géneros. Son de tamaño pequeño, cuerpo ovalado y colores diversos, a veces brillantes por la presencia de escamas diminutas, tienen el rostro bien marcado y antenas claviformes, generalmente acodadas; algunas especies son ápteras y con los élitros fusionados entre sí. Muchos de ellos son muy nocivos para el hombre, pues viven como parásitos de cultivos, como el *Sitophilus granitarius* o gorgojo de los cereales, el *Sitophilus oryzae* o gorgojo del arroz y el *Curculio nucum* o gorgojo de las avellanas. También reciben el nombre de gorgojos otros coleópteros de la familia brúquidos, que se diferencian de los anteriores en que no tienen el rostro bien marcado ni las antenas acodadas, como p. ej. el gorgojo de los guisantes *(Bruchus pisorum)*, el de las lentejas *(Bruchus lentis)* y el de las judías *(Acanthoscelides obtectus)*. Están extendidos por todos los continentes.

gorgojoso, sa *adj.* Atacado por el gorgojo.

Gorgonas En la mitología griega, nombre dado a tres monstruosas criaturas, Esteno, Euríale y Medusa, que tenían colmillos de jabalí, serpientes en vez de cabellos y mirada que petrificaba a los humanos. Perseo mató a Medusa cortándole la cabeza.

gorgonzola *s. m.* Queso graso de sabor fuerte y con enmohecimientos internos.

gorgorito *s. m. fam.* Quiebro o vibración de la voz en tono agudo, especialmente al cantar. Se usa más en *pl.*

gorgotear *v. intr.* Hacer ruido un líquido al moverse en el interior de una cavidad, recipiente, etc. **Fam.** Gorgoteo.

gorguera *s. f.* Gola*, adorno y pieza de la armadura.

gorigori *s. m.* **1.** *fam.* Nombre dado al canto fúnebre de los entierros. **2.** *fam.* Escándalo, alboroto.

gorila *s. m.* **1.** Mamífero antropoide de la familia póngidos, especie *Gorilla gorilla.* El tamaño de los machos alcanza en la madurez hasta 2 m de altura, llegando a pesar el doble que las hembras. Todo su cuerpo, excepto el pecho, está cubierto de vello; tiene pies prensiles y patas cortas. Camina erguido apoyándose en los nudillos de las manos, anida en el suelo o en la copa de los árboles y se alimenta de hojas, brotes, tallos y algunos frutos. Habita en grupos en los bosques húmedos de África occidental. Existen tres

Gorilas de Ruanda.

subespecies: el gorila de llanura occidental, el de llanura oriental y el gorila de montaña. **2.** *fam.* Guardaespaldas.

gorjal *s. m.* Parte de las antiguas armaduras que se ajustaba al cuello para protegerlo.

gorjear *v. intr.* **1.** Hacer cambios rápidos de sonidos agudos con la voz las personas y los pájaros. **2.** Hacer el niño sonidos semejantes cuando aún no sabe hablar o cuando se ríe. **Fam.** Gorjeador, gorjeante.

gorjeo *s. m.* Acción y efecto de gorjear.

Gorki C. de la Federación Rusa, situada al E de Moscú, en la confluencia de los ríos Oka y Volga. 1.438.000 h. en 1989. Destaca por su gran actividad industrial y comercial: tiene industria de automóviles, aviones, barcos, maquinaria y material eléctrico y, en su conurbación, industrias químicas, de celulosa, papel, cuero y yute. Cuenta con una importante red de comunicaciones. En 1991 volvió a llamarse *Nizhni Novgorod.*

Gorki, Alexei Maximovich Pechkov, llamado **Máximo** (Nizhni Novgorod 1868 - Moscú 1936) Escritor ruso. En su obra, de estilo realista, describe crudamente la miseria y sufrimiento de las clases bajas en la Rusia de los zares. Fue partidario de la revolución de Octubre y está considerado el iniciador de la escuela soviética del *realismo socialista.* Es autor, entre otras obras, del drama *Los bajos fondos* (1902), la novela *La madre* (1907) y los relatos autobiográficos *Mi infancia* (1914), *Entre los hombres* (1916) y *Mis universidades* (1923).

Máximo Gorki.

Gorostiza, Carlos (Buenos Aires 1920) Dramaturgo argentino. Su teatro muestra una clara intención social. Algunas de sus obras más características son *El puente* (1949), *El caso del hombre de la valija negra* (1951), *Marta Ferrari* (1954), *Vivir aquí* (1964), *Los prójimos* (1967), *¿A qué jugamos?* (1968) y *Los hermanos queridos* (1978), y de narrativa, *Los cuartos oscuros* (1976).

Gorostiza, Celestino (Villahermosa 1904 - Ciudad de México 1967) Dramaturgo mexicano. Fundó el Teatro de Ulises (1927-28) y el Teatro Orientación (1932) en un intento de renovación de la escena mexicana. Entre sus obras destacan *La escuela del amor* (1933), *Escombros del sueño* (1938), *El color de nuestra piel* (1952), *Columna social* (1955) y *La leña está verde* (1958). También escribió guiones para el cine.

Gorostiza, José (Villahermosa 1901 - Ciudad de México 1973) Poeta mexicano. Hermano del anterior, formó parte del grupo de poetas de la revista *Contemporáneos.* Es autor de *Canciones para cantar en las barcas* (1925), *Muerte sin fin* (1939), poema filosófico, y *Poesía* (1964).

Gorostiza, Manuel Eduardo de (Veracruz 1789 - Tacubaya 1851) Dramaturgo y político mexicano de origen español. Alcanzó el grado de coronel en la guerra de Independencia española.

Fue ministro de Relaciones Exteriores (1838-39) y de Hacienda (1838, 1842-43 y 1846). En 1947 combatió la invasión estadounidense. Neoclásico, se le considera renovador de la comedia de tipo moratiniano. Entre sus títulos merecen mencionarse *Indulgencia para todos* (1818), *Don Dieguito* (1820), *Tal para cual o las mujeres y los hombres* (1820), *Contigo pan y cebolla* (1833) y *Don Bonifacio* (1840).

gorra *s. f.* **1.** Prenda que cubre la cabeza, hecha con distintos materiales, sin copa ni alas y generalmente con visera. ‖ **2. gorra de plato** La que tiene visera y la parte superior más ancha y plana. ‖ **LOC. con la gorra** *adv. fam.* Fácilmente, sin esfuerzo. **de gorra** *adv. fam.* Gratis, a costa ajena.

gorrear *v. intr.* Gorronear*.

gorrería *s. f.* Taller donde se hacen gorras y gorros y establecimiento donde se venden.

gorrero, ra *s. m.* y *f.* Persona que hace o vende gorros y gorras.

gorrinada *s. f.* Guarrada*.

gorrinera *s. f.* Pocilga*.

gorrinería *s. f.* Guarrada*.

gorrino, na *s. m.* y *f.* **1.** Cerdo, especialmente el de menos de cuatro meses. **2.** Persona sucia o grosera o indecente. También *adj.* **FAM.** Gorrinamente.

gorrión, na *s. m.* y *f.* Nombre común de diversas aves paseriformes de la familia ploceidos, géneros *Passer*, *Petronia*, etc. El gorrión común *(Passer domesticus)* es de pequeño tamaño (menos de 15 cm de longitud), tiene plumaje de color pardo a franjas, más oscuro en los machos, y costumbres granívoras, aunque también come insectos. Posee una gran fecundidad (pone 5 o 6 huevos en cada nidada) y habita en cualquier medio, incluso el urbano. Los gorriones son oriundos de Asia, pero se han extendido por el resto del mundo gracias a su gran capacidad de adaptación.

Gorrión común (Passer domesticus).

gorro *s. m.* **1.** Prenda de vestir con que se cubre la cabeza, especialmente la que carece de alas y visera. **2.** *fam.* Cualquier objeto con que se cubre el extremo o punta de alguna cosa. ‖ **3. gorro frigio** El que es semejante al de los frigios, adoptado como emblema de la libertad durante la Revolución Francesa y posteriormente difundido por toda Europa como símbolo del régimen republicano. ‖ **LOC. estar** alguien **hasta el gorro** *fam.* Estar harto.

gorrón, na *adj.* Se aplica a la persona que está acostumbrada a hacerse invitar por otras y que nunca paga. También *s.*

gorronear *v. intr.* Comer, beber o hacer cualquier cosa dejando que paguen los demás. También *v. tr.*

gorronería *s. f.* Cualidad de gorrón y acción propia de él.

Goscinny, René (París 1926 - íd. 1977) Escritor y guionista de cómics francés. En 1955 creó el personaje de Lucky Luke y en 1959 los de Astérix y Obélix, junto con el dibujante Uderzo, que se han convertido en clásicos de los tebeos infantiles. Es autor también de la serie *El pequeño Nicolás*, colección de relatos de gran éxito entre niños y adultos.

gospel (voz ingl. que significa 'evangelio') *s. m.* Estilo musical del folclore negro estadounidense inspirado en los himnos evangélicos. Muy relacionado con el espiritual, constituye un estilo distinto, que adquiere su mayor auge en el periodo comprendido entre 1930 y 1960.

Gossaert, Jan Véase **Mabuse**.

Gossec, François Joseph Gossé, llamado (Vergnies, Hainaut 1734 - París 1829) Compositor francés de origen belga. Fundador de los Conciertos de aficionados (1770), fue director de la Ópera de París y organizador y director de la Escuela Real de Canto, que transformó en conservatorio. Está considerado como el creador del sinfonismo en su país. Compuso unas 30 sinfonías, 15 óperas, ballets, himnos y misas.

gota *s. f.* **1.** Pequeña porción redondeada de un líquido que se desprende o se deposita sobre algo. **2.** Pequeña cantidad de algo. **3.** Enfermedad del metabolismo caracterizada por alta concentración de ácido úrico en la sangre y depósito de cristales de esta sustancia en las articulaciones, lo que produce una inflamación muy dolorosa. ‖ *pl.* **4.** Medicamento líquido que se administra con cuentagotas. **5.** Pequeña cantidad de licor que se echa en el café y otras infusiones. ‖ **6. gota a gota** Dispositivo de administración terapéutica de un líquido, que hace que éste caiga lenta y continuadamente. **7. gota fría** Centro de baja presión formado por un embolsamiento de aire frío, situado en una zona de aire caliente. Produce bruscos cambios de tiempo e inestabilidad atmosférica en forma de intensas lluvias, nieve o granizo. ‖ **LOC. gota a gota** *adv.* En forma de gotas, con intervalos entre una y otra. **ni gota** *adv. fam.* Absolutamente nada. **ser** algo **la gota que colma el vaso** *fam.* Hacer que la paciencia, el sufrimiento, etc., de alguien llegue a su límite. **sudar** alguien **la gota gorda** *fam.* Trabajar o esforzarse mucho para conseguir algo.

goteado, da **1.** *p. p.* de **gotear**. También *adj.* ‖ *adj.* **2.** Manchado de gotas.

gotear *v. intr.* **1.** Caer un líquido gota a gota. **2.** Producirse algo a intervalos más o menos regulares, de manera continuada, pero con escasez. ‖ *v. impers.* **3.** Comenzar a llover gotas muy espaciadas. **FAM.** Goteo.

gotelé *s. m.* Técnica para pintar paredes y techos mediante una máquina especial que esparce gotas de pintura espesa, dando a la superficie un relieve granulado.

Gotemburgo (*Göteborg*) C. de Suecia, situada en el SO del país, en el estuario del rio Göta, a orillas del estrecho de Kattegat. 431.850 h. en 1990. Es un centro portuario que concentra gran parte del tráfico comercial marítimo del país. Cuenta con una importante actividad industrial: tiene astilleros, refinerías de petróleo e industria plástica, mecánica, automovilística, eléctrica y papelera.

gotera *s. f.* **1.** Paso de agua a través del techo o la pared. **2.** Grieta u orificio por donde se filtra y mancha que deja. **3.** Dolencia propia de la vejez. Se usa sobre todo en *pl.* ‖ *pl.* **4.** *amer.* Afueras, alrededores de una población.

gotero *s. m. amer.* Cuentagotas.

goterón *s. m.* Gota muy grande, especialmente de lluvia.

gótico, ca *adj.* **1.** Perteneciente o relativo a los godos. **2.** Se aplica al arte desarrollado en Europa occidental desde que finaliza el románico

Arte gótico: de izquierda a derecha, arriba, Ángel de la sonrisa *(siglo XIII), en la catedral de Reims, y el salón del Tinell (siglo XIV), en el Palacio Real de Barcelona; abajo, catedral de León (siglo XIII), y* Entrada de Jesús en Jerusalén *(siglo XV), de Fernando Gallego, en la iglesia parroquial de Arcenillas, Zamora.*

hasta que empieza el Renacimiento, es decir, desde la segunda mitad del s. XII hasta comienzos del XVI, excepto en Italia, donde su desarrollo comienza a principios del s. XIII y finaliza en los inicios del XV. También *s. m.* **3.** Se dice del tipo de letra que se introdujo en occidente en el s. XII como evolución de la letra carolina y que en la Baja Edad Media produjo tres formas características españolas: la de albalaes, la cortesana y la procesal. **4.** Se dice de un género literario narrativo, desarrollado especialmente en la Inglaterra del último cuarto del s. XVIII que se caracteriza por el dramatismo de su argumento, generalmente ambientado en castillos, monasterios y ruinas medievales de España e Italia, y por ciertos rasgos de misterio y terror. Constituye un antecedente del Romanticismo. Un claro ejemplo es *El monje*, de Matthew G. Lewis. || *s. m.* **5.** Lengua perteneciente al grupo germánico hablada por los godos.

Arte El arte gótico se inició y floreció gracias al gran desarrollo económico, científico y cultural de Europa occidental entre los s. XII y XVI y es expresión de las nuevas formas de espiritualidad religiosa de aquel tiempo. El auge de las ciudades, de la industria y del comercio, el fortalecimiento del poder real y la mejora de las técnicas de construcción permitieron levantar grandes catedrales que simbolizaban el esplendor de la ciudad, recogían las nuevas tendencias artísticas y arquitectónicas y servían de vínculo espiritual a todos los ciudadanos, con cuyo esfuerzo se habían edificado. Nacido como evolución del románico, el gótico decayó hasta desaparecer con la llegada del Renacimiento y pasó por varios siglos de menosprecio y olvido hasta que en el s. XIX renació en el Reino Unido y en los EE UU, defendido por críticos de arte como John Ruskin y por el movimiento romántico.

La arquitectura gótica surgió en centros monásticos cistercienses del N de Francia. Sus elementos constructivos característicos son la bóveda de crucería, el arco ojival y los arbotantes. El peso de la bóveda, que en el románico ejerce una presión horizontal, en el gótico se concentra en los ángulos donde confluyen los nervios de la bóveda y se contrarresta con el uso de arbotantes, medios arcos volados adosados al muro, al que liberan de soportar la totalidad del peso. Este sistema permite elevar la altura de los muros, dotando a las catedrales góticas de verticalidad; asimismo admite la abertura de grandes ventanales decorados con vidrieras que aportan luminosidad. Las primeras manifestaciones de arquitectura gótica son la iglesia abacial de Saint-Denis (comenzada en 1132) y Notre-Dame de París (1163-1245). En el s. XIII el gótico adquiere su forma clásica en las catedrales de Chartres, Reims (iniciada en 1211), Amiens (iniciada en 1220) y en la Sainte-Chapelle de París (1243-1248). Desde Francia se extendió al resto de Europa: catedrales de Canterbury (finales del s. XII) y Salisbury (comenzada en 1220) en Inglaterra; catedral de Colonia (iniciada en 1248) en Alemania; catedrales de Cuenca (finales del s. XII), Burgos (s. XIII-XV) y León (s. XIII) en España.

La escultura, presente en cruceros, portadas, sillerías de coro y sepulcros, pierde la rigidez propia del románico y se hace más realista y humana. En el desarrollo de la escultura monumental se plasman los nuevos ideales de representación figurativa.

En el estilo gótico desaparece la importancia de la pintura al fresco imponiéndose el temple sobre tabla y la miniatura. Por otra parte, el tipo de arquitectura favorece más el uso de la vidriera, que el de los grandes murales. Los principales pintores góticos fueron Cimabue, Giotto, Pietro y Ambrogio Lorenzetti y Duccio en Italia; Campin en Flandes; y Ferrer Bassa y los hermanos Serra en Cataluña.

Su evolución produjo el estilo **gótico internacional**, que se difundió por toda Europa (finales del s. XIV y XV) y que se caracterizó por su estilización y elegancia, por el predominio de un colorido brillante y por la utilización del dorado. Sin abandonar la inspiración religiosa, el gótico internacional supone cierta secularización en el arte: posee un carácter mundano, evasivo y realista. De entre las numerosas escuelas pictóricas que surgieron, cabe distinguir: la borgoñona, en la que sobresalen Jacquemart de Hesdin, Pol de Limbourg y Melchior Broederlam; la de Colonia, en la que destaca Stefan Lochner, y la de Praga, donde hay que mencionar al maestro de Trebon. En España estuvo representado por los catalanes Lluís Borrassà y Bernat Martorell, el valenciano Pere Nicolau y el castellano Nicolás Francés, entre otros. Como reacción al gótico internacional surgió la pintura flamenca del s. XV. En la Baja Edad Media, la arquitectura gótica evolucionó hacia el estilo **flamígero**, caracterizado por la complicación de sus crucerías y arcos y su riqueza decorativa, del que son ejemplo las catedrales de Amberes, Ulm y Wells, y por el auge de la arquitectura civil, de la que son muestra representativa el palacio de los papas de Aviñón y el salón del Consejo de Ciento en Barcelona.

Gotinga (*Göttingen*) C. de Alemania, situada en el Land de Baja Sajonia, a orillas del río Leine. 118.100 h. en 1989. Antigua ciudad hanseática, célebre por su universidad, cuenta en la actualidad con una importante industria de instrumentos ópticos, científicos y de precisión.

Gotland Isla y prov. de Suecia en el mar Báltico. 3.140 km^2. 56.840 h. en 1990. La capital es Visby, con 20.650 h. en 1989. De relieve abrupto pero fértil, tiene una economía forestal, pesquera y ganadera (bovina y ovina). Sus playas y la suavidad del clima la convierten en un centro de interés turístico. Desde la antigüedad, fue una importante encrucijada comercial y miembro de la Hansa alemana en la Baja Edad Media.

gotoso, sa *adj.* Que padece gota. También *s.*

gouache (voz fr.) *s. m.* **1.** Tipo de pintura, parecida a la acuarela, que se diluye en agua o cola, dando unos colores más espesos y opacos. **2.** Obra realizada con este material.

Goujon, Jean (¿Normandía? h. 1510 - Bolonia h. 1565) Escultor y arquitecto francés. De estilo manierista, sus esculturas se caracterizan por la esbeltez de las figuras. Fue nombrado arquitecto de Enrique II y trabajó en el Louvre. Algunas de sus obras más importantes son, en París, la tribuna para la iglesia de Saint-Germain-l'Auxerrois (1544-46) y la fuente de *Los inocentes* (1549), y en el Louvre, la sala de *Las cariátides* (1550). Se le atribuye la tumba de Louis de Brézé, marido de Diane de Poitiers (catedral de Ruán).

Goulart, João (São Borja, Rio Grande do Sul 1918 - Mercedes, Argentina 1976) Político brasileño. Dirigente del Partido Trabalhista, de carácter socialdemócrata, ocupó en 1962 la presidencia del país. Impulsó una política reformista que contó con la oposición de los conservadores y del Ejército. Derrocado en 1964 por un golpe militar, se exilió a Uruguay.

Gounod, Charles-François (París 1818 - Saint-Cloud 1893) Compositor francés. Su obra consta de música sacra y sinfónica, pero debe su fama a la ópera. Compuso el oratorio *La redención* (1882) y la célebre *Ave María* (1859), basada en un preludio de Bach. Fue uno de los más destacados autores del movimiento operístico francés del s. XIX con *Fausto* (1859), *Mireia* (1864) y *Romeo y Julieta* (1867).

gourmet (voz fr.) *s. m.* y *f.* Persona entendida y de gustos refinados en lo referente a la comida y la bebida.

Goya: Majas en el balcón *(Metropolitan Museum, Nueva York).*

Gourmont, Remy de (Bazoches-au-Houlme, Orne 1858 - París 1915) Escritor francés. Desde 1884 vivió en París y fue uno de los fundadores del *Mercure de France*. Se sintió atraído por el simbolismo y en sus obras se advierte una preocupación filosófica. Escribió poesía, como *Las malas oraciones* (1900) y *Diversiones* (1913); narraciones, como *Sixtina, novela de la vida cerebral* (1890), *Historias mágicas* (1893) y *Una noche en el Luxemburgo* (1906), y ensayos, como *El latín místico* (1892), *Libro de las máscaras* (1896 y 1898), *Paseos filosóficos* (1909) y *Cartas a la amazona* (1923).

Goya y Lucientes, Francisco de (Fuendetodos, Zaragoza 1746 - Burdeos 1828) Pintor español. Cronológicamente su obra se extiende desde el neoclasicismo hasta el Romanticismo, aunque difícilmente puede ser encasillada en ningún estilo dada la riqueza y diversidad de sus manifestaciones: cartones para tapices de la Real Fábrica de Madrid (1775-92), retratos (*Floridablanca, La condesa de Chinchón, La duquesa de Alba*), pintura al fresco (*San Antonio de la Florida*), retratos como pintor de cámara (*La familia de Carlos IV*), los cuadros de *La maja vestida* y *La maja desnuda*, pintura histórica (*Los fusilamientos de la montaña del Príncipe Pío*), grabados (*Los caprichos, Los desastres de la guerra, La tauromaquia, Los disparates*) y pintura negra (pinturas de *La quinta del sordo*). Sus retratos poseen gran sensibilidad y una fina penetración psicológica. Empleó el color de forma vigorosa en los cartones y la pintura histórica, aunque fue capaz de realizar espléndidos cuadros con tan sólo dos tonos. Su obra como grabador es extraordinaria; las series de *Los caprichos* y *Los disparates* constituyen una sorprendente muestra de su fértil imaginación. Las pinturas negras, de tonalidades oscuras y temas sobrecogedores, son exponente de la sensibilidad singular y adelantada a su tiempo. Su última obra, *La lechera de Burdeos*, está realizada en un estilo que se podría considerar plenamente moderno. Fue un pintor ilustrado y al tiempo popular, profundamente innovador, capaz de plasmar tanto escenas alegres y festivas como dramáticas, y dotado de un gran dominio de la técnica pictórica y una extraordinaria capacidad expresiva.

Goyeneche, José Manuel de (Arequipa 1776 - Madrid 1846) Militar español. Nombrado por el virrey Abascal gobernador y presidente de la audiencia de Cuzco (1809), venció en Huaqui a los independentistas bonaerenses de Castelli (1811), pero después de la derrota de Salta en 1813, el abandono de Potosí y la retirada a Oruro, tuvo que dimitir y regresar a España.

goyesco, ca *adj.* Propio y característico de Francisco de Goya y de su época, o que tiene semejanza con su estilo como pintor.

Goytisolo, José Agustín (Barcelona 1928) Escritor español. Es conocido, sobre todo, como autor de poesía social, que evolucionó hacia una tendencia más intimista, siempre con preocupación ética. Entre sus libros destacan *Salmos al viento* (1956), *Del tiempo y del olvido* (1977), *Los pasos del cazador* (1980) y *Final de un adiós* (1984).

Goya: Autorretrato a los 69 años *(Museo de la Real Academia de San Fernando, Madrid).*

Goytisolo, Juan (Barcelona 1931) Escritor español. Hermano del anterior, tras unas primeras novelas de carácter realista y contenido social, como *Duelo en el paraíso* (1959) y *Fin de fiesta* (1962), evolucionó hacia un estilo más vanguardista y una temática en la que se funden lo autobiográfico, una visión muy crítica del pasado y presente de España y el progresivo acercamiento del autor al mundo árabe. A esta segunda etapa pertenecen *Señas de identidad* (1966), *Reivindicación del conde don Julián* (1970), *Makbara* (1980) y *Coto vedado* (1985).

Goytisolo, Luis (Barcelona 1935) Escritor español. Hermano de los anteriores, en su obra narrativa crea un universo dominado por los recuerdos de infancia y juventud, describiendo el mundo burgués de la Cataluña de posguerra y tratando el tema de las relaciones amorosas, con un estilo rico y complejo, en el que se utilizan perspectivas múltiples y acciones paralelas y se reduce poco a poco la importancia del argumento. Entre sus novelas merecen citarse *Recuento* (1973), *Los verdes de mayo hasta el mar* (1976), *La cólera de Aquiles* (1979), *Estela de fuego que se aleja* (1984) y *La paradoja del ave migratoria* (1987).

gozada *s. f.* Gran placer y satisfacción que produce alguna cosa.

gozar *v. intr.* **1.** Sentir placer o alegría. También *v. prnl.* ‖ *v. tr.* **2.** Tener algo útil, ventajoso o agradable. Se usa más como *v. intr.* seguido de la preposición *de.* ▪ Se conjuga como *cazar.* ‖ **Loc. gozarla** con alguien o algo *fam.* Pasarlo bien, disfrutar. **Fam.** Gozador.

gozne *s. m.* Bisagra.

gozo *s. m.* **1.** Placer o alegría que se experimenta ante alguna cosa. ‖ *pl.* **2.** Composición poética en honor a la Virgen o los santos dividida en coplas, al final de cada una de las cuales se repite el mismo estribillo.

gozoso, sa *adj.* **1.** Que siente gozo. **2.** Que causa gozo o va acompañado de él. **Fam.** Gozosamente.

gozque *adj.* Se dice del perro pequeño y ladrador. También *s. m.*

Gozzoli, Benozzo di Lese, llamado **Benozzo** (Florencia 1420 - Pistoia 1497) Pintor italiano. Artista renacentista de la escuela florentina, se advierte aún en él la influencia del gótico internacional, sobre todo en los fondos de paisajes. En su obra, de brillante colorido y tema narrativo, merecen especial mención los frescos de *El cortejo de los Reyes Magos* (h. 1459), en el palacio florentino de los Médicis, y los de la *Vida de San Agustín*, en la iglesia de San Agustín, en San Gimignano (1463-67).

Graaf, Reiner de (Schoonhoven, Utrecht 1641 - Delf 1673) Anatomista y microscopista neerlandés. Realizó estudios sobre la función del jugo pancreático y describió los folículos del ovario que llevan su nombre.

grabación *s. f.* **1.** Acción y efecto de grabar un sonido en un disco, cinta magnetofónica, etc. **2.** P. ext., disco, cinta, etc., que lo contiene.

grabado *s. m.* **1.** Arte de grabar. **2.** Cada uno de los procedimientos utilizados para grabar. **3.** Estampa obtenida mediante cualquiera de esos procedimientos. **4.** Plancha grabada para la reproducción o impresión de imágenes fotográficas, de dibujos o de textos. ‖ **5. grabado al agua fuerte** Aguafuerte*. **6. grabado al agua tinta** (o **a media tinta**) Aguatinta*. **7. grabado al buril** o **talla dulce** El realizado directamente con buril sobre una plancha metálica. **8. grabado a punta seca** El realizado directamente sobre plancha de cobre con una punta de acero, diamante o rubí. **9. grabado a puntos** (o **punteado**) El que resulta de dibujar sobre plancha con puntos hechos a buril o con una ruedecilla con dientes muy agudos. **10. grabado en hueco** Aquel en que la imagen o el motivo está formado por las partes rebajadas o hundidas de la plancha. **11. grabado en madera** Xilografía*. **12. grabado en metal** El que se hace sobre plancha de cinc, acero y, especialmente, cobre, labrando el dibujo con el buril o con agua fuerte y rellenando de tinta los huecos para obtener las copias. **13. grabado litográfico** Litografía*. **14. grabado tipográfico** Aquel en que la imagen o el motivo está formado por las partes en relieve de la plancha.

Arte y ***Tecnol.*** El grabado es un sistema de reproducción muy antiguo, perfeccionado hoy por los avances de la técnica. Cuando el artista lo realiza sobre planchas de madera, la técnica se denomina *xilografía;* si, por el contrario, utiliza una plancha de piedra, el grabado se denomina *litografía.* En la actualidad, el soporte más frecuente es la plancha metálica, trabajada con técnicas que varían según el número de reproducciones que se quiere obtener. Si la tirada va a ser muy grande, suele recurrirse al fotograbado, pero si lo que se desea es hacer un número pequeño de reproducciones de gran calidad, como a menudo ocurre en el mundo del arte, se emplean planchas de cobre rojo o acero que el artista talla directamente con buriles y punzones o, como sucede en la técnica del aguafuerte, recubre con ceras o barnices antes de iniciar el grabado, sometiéndolas luego a un baño de ácido que corroe las zonas en las que el metal ha quedado al descubierto. Los huecos tallados o las zonas atacadas por el ácido reciben después la tinta con que se realiza la impresión.

grabador, ra *adj.* **1.** Que graba. **2.** Perteneciente o relativo al arte del grabado. ‖ *s. m.* y *f.* **3.** Persona que se dedica profesionalmente al grabado. ‖ *s. f.* **4.** Magnetófono, generalmente de pequeño tamaño, que se emplea principalmente para grabar del exterior. ‖ *s. m. amer.* **5.** Magnetófono*.

grabar *v. tr.* **1.** Marcar algo sobre una superficie dura con objetos punzantes o mediante otros procedimientos. **2.** Hacer las planchas que se han de reproducir por impresión y que pueden ser en relieve o en hueco. **3.** Recoger e imprimir el sonido u otro tipo de señales, como imágenes o información, en un disco, cinta magnética, etc., para después poder reproducirlo. **4.** Fijar en el pensamiento o en el ánimo de una persona sentimientos, recuerdos, etc. También *v. prnl.*

Grabbe, Christian (Detmold 1801 - íd. 1836) Dramaturgo alemán. Autor romántico, su obra anticipa algunos elementos del expresionismo, en dramas como *Federico Barbarroja* (1829), *Don Juan y Fausto* (1829), *Napoleón o los Cien días* (1831) y *Aníbal* (1835).

gracejada *s. f. Amér. C., Méx.* Dicho o hecho para hacer reír, generalmente grosero.

gracejo *s. m.* Gracia y desenvoltura al hablar o escribir.

gracia *s. f.* **1.** Capacidad de alguien o algo para hacer reír. **2.** Aquello que hace reír, divierte o resulta chocante. Se usa con frecuencia en sentido irónico referido a algo que irrita o molesta. **3.** Encanto, atractivo, elegancia. **4.** Soltura, desenfado. **5.** Habilidad, talento. **6.** Amistad o protección de alguien influyente. **7.** Favor o concesión gratuita. **8.** Perdón de la autoridad, especialmente el concedido a un condenado. **9.** En la religión cristiana, don o favor que reciben los hombres, no por méritos propios, sino por la voluntad divina, lo que les permite acceder a la vida de la fe y a la liberación del pecado. **10.** En un lenguaje muy ceremonioso o humorístico, nombre propio. **11.** *fam.* El quid de algo o lo que le hace atractivo o interesante. ‖ *pl.* **12.** Fórmula de agradecimiento. ‖ **13. derecho de gracia** El que posee el rey para perdonar a los condenados. ‖ **Loc. caer en gracia** Agradar, caer bien a alguien. **de gracia** *adj.* y *adv.* Se dice del golpe o tiro con que se remata a alguien; también, aplicado a *golpe*, aquello que agrava y completa la desgracia de alguien. **en estado de gracia** *adv.* Sin pecado; también, con mucha suerte y acierto. **gracias a** *adv.* Por mediación o a causa de alguien o algo. **gracias a Dios** Expresa alegría o alivio. **hacer** algo **gracia** Parecer divertido; gustar, resultar agradable; también, irónicamente, resultar absurda o irritante una cosa. **y gracias** *fam.* Indica que alguien debe darse por contento con lo que ha conseguido, aunque sea poco.

graciable *adj.* Se dice de lo que se concede como gracia, por voluntad del que lo otorga.

Gracián, Baltasar (Belmonte de Calatayud, Zaragoza 1601 - Tarazona, Zaragoza 1658) Escritor español. Es el principal representante, junto a Quevedo, del conceptismo. Su obra se caracteriza por un profundo pesimismo sobre la naturaleza humana y por un estilo en el que destacan la frase breve y la casi inexistencia de adjetivos. Entre sus libros, publicados a veces con seudónimo dada su condición de jesuita, sobresalen títulos como *El héroe* (1637), *El político don Fernando el Católico* (1640), *El discreto* (1646), *Agudeza y arte de ingenio* (1648) y, sobre todo, *El criticón* (1651, 1653 y 1657), novela filosófica en la que plantea el conflicto entre el instinto y la razón, propio del Barroco.

Baltasar Gracián (Biblioteca Nacional, Madrid).

Graciano, Flavio (Sirmium 359 - Lyon 383) Emperador romano de Occidente. Nombró como emperador de Oriente a Teodosio y compartió el gobierno de Occidente con su hermano Valentiniano II. Logró una gran victoria sobre los alamanes (378). En materia religiosa se sometió al obispo Ambrosio y renunció al título de sumo pontífice pagano. Fue asesinado durante la sublevación de Máximo, que había sido aclamado emperador por las legiones de Britania.

Gracias, las (en gr. *jarites*) En la mitología griega, nombre de tres hermanas, Áglae, Eufrosina y Talía, hijas de Zeus y Eurínome, que simbolizan la belleza física y espiritual.

grácil *adj.* Delgado, delicado, ligero. **Fam.** Gracilidad.

Graciosa, La Isla de España, perteneciente al archipiélago de las Canarias, situada en la prov. de Las Palmas, al N de Lanzarote. 27 km^2. 475 h. Es una isla de origen volcánico y está formada por una llanura arenosa en la que se alzan los volcanes Montaña Amarilla (171 m) y Agujas Grandes (266 m). Sus habitantes viven de la pesca.

graciosamente *adv. m.* **1.** Con gracia o encanto. **2.** Como gracia o favor.

gracioso, sa *adj.* **1.** Se aplica a la persona o cosa que divierte o hace reír. También *s.* **2.** Se aplica también, irónicamente, a la persona pesada, molesta o sin gracia. También *s.* **3.** Se dice del aspecto, rasgo, etc., que sin ser bello resulta agradable y simpático. **4.** Que concede gracias o favores. **5.** Que se concede como gracia o favor. ‖ *s. m.* y *f.* **6.** Actor o actriz que representa papeles cómicos y este tipo de papeles o personajes. ‖ *s. m.* **7.** En el teatro clásico español, personaje de carácter ingenioso y burlón, generalmente un criado, que protagonizaba la parte humorística y satírica de la obra. ‖ **8. su graciosa majestad** Título dado a los reyes del Reino Unido.

Graco, Cayo Sempronio (Roma 154 - íd. 121 a. C.) Político romano. Tribuno de la plebe en el 123 a. C., quiso aplicar la ley agraria de su hermano Tiberio Graco, al tiempo que trató de extender la ciudadanía romana a toda la península Itálica, lo que le enfrentó al Senado. Murió junto con muchos de sus partidarios durante un motín.

Graco, Tiberio Sempronio (Roma 162 - íd. 133 a. C.) Político romano. Hermano del anterior y tribuno de la plebe en el 134 a. C., elaboró y propuso una ley agraria contra los latifundios, que proponía repartir a la plebe el *ager publicus* (tierras del Estado) en poder de los terratenientes. Fue asesinado en un motín promovido por la nobleza senatorial.

grada[1] (del lat. *gradus*) *s. f.* **1.** Cada uno de los grandes escalones con asientos o estos mismos escalones empleados como banco corrido, donde se acomodan los espectadores en los estadios, plazas de toros, anfiteatros, etc. **2.** Escalón, especialmente el de un altar o trono. **3.** Tarima que suele haber al pie de los altares. **4.** Construcción de piedra en forma de plano inclinado sobre la que se construyen y reparan los barcos. ‖ *pl.* **5.** Escalinata de un edificio grande.

grada[2] (del lat. *crates*, verja, enrejado) *s. f.* Instrumento de labranza en forma de reja con que se allana la tierra después de ararla.

gradación *s. f.* **1.** Serie de cosas, hechos, etc., que se suceden gradualmente, en orden creciente o decreciente. **2.** Desarrollo paso a paso de alguna cosa de forma creciente o decreciente. **3.** Figura retórica que consiste en una sucesión de palabras o frases que van creciendo o decreciendo en fuerza expresiva, como p. ej. la que se produce en los siguientes versos de Góngora: *«no sólo en plata o viola troncada / se vuelva, mas tú y ello juntamente: / en tierra, en humo, en polvo, en sombra, en nada».*

gradería *s. f.* Graderío*.

graderío *s. m.* **1.** Conjunto de las gradas de un estadio, plaza de toros, etc. **2.** P. ext., público que ocupa esas localidades.

gradiente *s. m.* **1.** Grado en que varía una magnitud con relación a la unidad. **2.** Medida en que varía un elemento meteorológico en función de la distancia y la dirección. P. ej. el gradiente de temperatura en sentido vertical se mide en °C por 100 m. **3.** En mat., vector cuyos componentes son las derivadas parciales de una función escalar *A (x, y, z)* respecto a las variables *x, y, z.* Se simboliza como grad *A* o $\vec{\nabla}$ *A.* **4.** *Chile, Ec., Nic., Urug.* Pendiente, inclinación del terreno. ‖ **5. gradiente geotérmico** En geol., número de °C que aumenta la temperatura en el interior de la Tierra al profundizar 100 m. En la corteza es de 3 °C por cada 100 m.

gradina (voz ital.) *s. f.* Cincel de muchos dientes que utilizan los escultores para trabajar la piedra.

grado[1] (del lat. *gradus*) *s. m.* **1.** Cada uno de los valores, medidas o estados de las cosas que pueden ordenarse de mayor a menor o viceversa. **2.** Intensidad con que se manifiesta algo. **3.** Unidad de medida de ciertas variaciones. P. ej. de la temperatura, del nivel de acidez de un aceite, del nivel de alcohol de un vino, de la dureza de los minerales, etc. **4.** Cada una de las secciones en las que se agrupan los alumnos en las escuelas, atendiendo a su edad y conocimientos. **5.** Título que recibe la persona que termina con éxito ciertos estudios. **6.** Cada una de las categorías que se distinguen en un cuerpo o institución, especialmente en el Ejército. **7.** Cada fase por la que puede pasar un proceso judicial. **8.** En ling., cada uno de los tres modos, positivo, comparativo y superlativo, en que se expresa el significado de un adjetivo. **9.** En mat., exponente más alto que tiene la incógnita de una ecuación o la variante de un polinomio. **10.** En mat., unidad de medida de los ángulos planos; puede ser centesimal o sexagesimal. ‖ **11. grado centesimal** Cada una de las 100 partes en que se divide un ángulo recto. Se representa con el superíndice ^{g}, p. ej. 100^g. **12. grado centígrado** o **Celsius** Unidad de la escala de temperatura del mismo nombre, que se obtiene dando un valor de 0 grados centígrados a la temperatura de fusión del hielo a la presión de 1 atmósfera y un valor de 100 grados centígrados a la temperatura de ebullición del agua en idénticas condiciones de presión. **13. grado de disociación** Tanto por mol de sustancia que se separa en sus componentes atómicos (disociación iónica) al disolverla en agua. **14. grado de una curva** Grado de la ecuación que la representa. **15. grado Fahrenheit** Unidad de la escala de temperatura del mismo nombre, que se obtiene dando un valor de 32 grados Fahrenheit a la temperatura de fusión del hielo a la presión de 1 atmósfera y un valor de 212 grados Fahrenheit a la temperatura de ebullición del agua en idénticas condiciones de presión. **16. grado geotérmico** Relación que se establece entre temperatura y profundidad de la corteza terrestre: cada 33 m de profundidad la temperatura aumenta un grado centígrado. **17. grado sexagesimal** Cada una de las 90 partes en que se divide un ángulo recto. Se representa con el superíndice °, p. ej. 90°. Un grado (1°) tiene 60 minutos (60′) y un minuto, 60 segundos (60″).

grado[2] (del lat. *gratus,* grato) *s. m.* Gusto o agrado con que se hace algo. Se emplea casi exclusivamente en la locución adverbial **de (buen) grado,** con gusto, de buena gana.

graduación *s. f.* **1.** Acción y efecto de graduar o graduarse. **2.** Proporción en que una cualidad, componente, etc., se encuentra en alguna cosa, p. ej. la cantidad de alcohol de un vino. **3.** En el Ejército y cuerpos en los que hay una jerarquización semejante, grado.

graduado, da **1.** *p. p.* de **graduar.** También *adj.* ‖ **2. graduado escolar** Título obtenido al finalizar los estudios elementales o de educación básica. **3. graduado social** Profesional que desempeña en las empresas diversas funciones para ayudar a resolver problemas laborales, como indemnizaciones, relaciones entre empleados y dirección, asesoramiento, etc.

gradual *adj.* **1.** Se dice de lo que se presenta o desarrolla por grados, de forma continuada, sin saltos ni variaciones bruscas. ‖ *s. m.* **2.** Parte de la misa que se reza entre la epístola y el evangelio. **FAM.** Gradualmente.

graduar *v. tr.* **1.** Dar a una cosa el grado que se desea de intensidad, cantidad, etc. **2.** Medir los grados en que una cualidad, componente, etc., se encuentra en alguna cosa. **3.** Hacer en los instrumentos de medida señales o marcas que indican las unidades en que se miden las magnitudes correspondientes. **4.** Conceder a alguien un grado o título en un centro de enseñanza. **5.** Dividir una cosa en varios niveles. **6.** Aumentar o disminuir una cosa gradualmente. ‖ *v. prnl.* **7.** Conseguir una persona un grado académico o militar, y especialmente, un título universitario. ■ En cuanto al acento, se conjuga como *actuar*: *gradúo.* **FAM.** Graduable, graduador.

graffiti (voz ital.) *s. m.* Inscripción, dibujo o pintura callejera que se realiza en paredes, puertas, vallas o cualquier otra superficie apropiada para ello.

Keith Harring, pintor de graffiti, con Carolina de Mónaco.

grafía *s. f.* Letra o conjunto de letras con que se representan los sonidos.

-grafía *suf.* Significa 'escrito', 'escritura', 'descripción' o 'tratado descriptivo': *mecanografía, caligrafía, geografía.*

gráfico, ca *adj.* **1.** Perteneciente o relativo a la escritura o a la imprenta. **2.** Se dice de la representación por medio de dibujos, esquemas, etc. **3.** Que transmite con claridad y expresividad la idea que pretende comunicar. ‖ *s. amb.* **4.** Representación de cantidades o datos estadísticos mediante dibujos, esquemas o coordenadas. ‖ **5. artes gráficas** Las relacionadas con la imprenta, como composición, grabado, encuadernación, etc. **6. gráfico de barras** Diagrama* de barras. **7. gráfico de sectores** Diagrama* de sectores. **FAM.** Gráficamente.

***Mat.* gráfica de una función $y = f(x)$** Conjunto de todos los puntos cuyas coordenadas son de la forma $[a, f(a)]$, donde *a* recorre el dominio de la función. Así pues, si el punto $A(x_0, y_0)$ pertenece a la gráfica de $y = f(x)$, entonces $f(x_0) = y_0$. Recíprocamente, si las coordenadas de un punto *A* verifican la relación $f(x) = y$, el punto *A* está en la gráfica de *f.*

gráfica de la función lineal:
$y = ax + b$

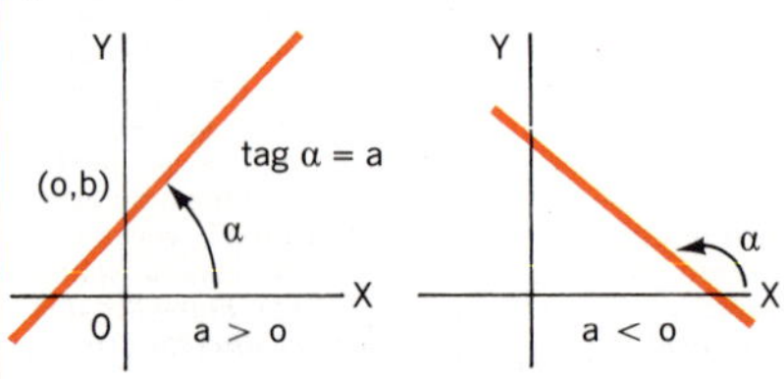

gráfica de la función cuadrática:
$y = ax^2 + bx + c$

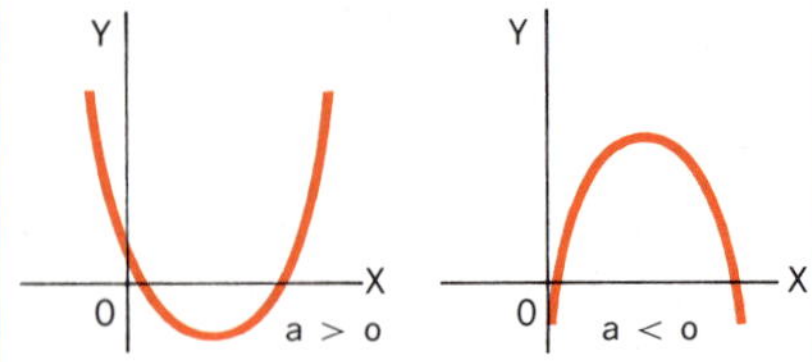

gráfica de la función de proporcionalidad inversa:
$y = a/x,\ a \neq 0$

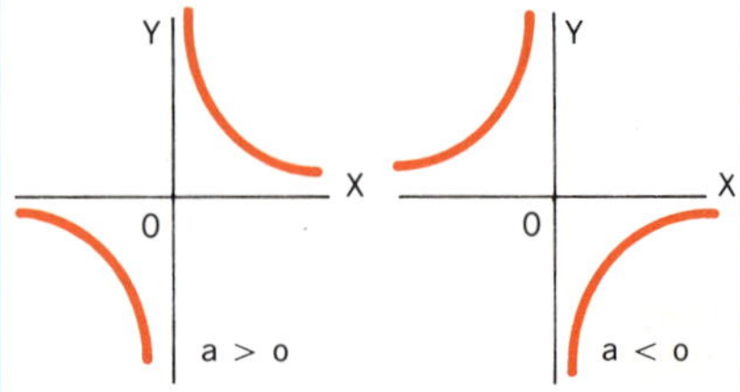

gráfica de la función exponencial:
$y = a^x,\ a > 0,\ a \neq 1$

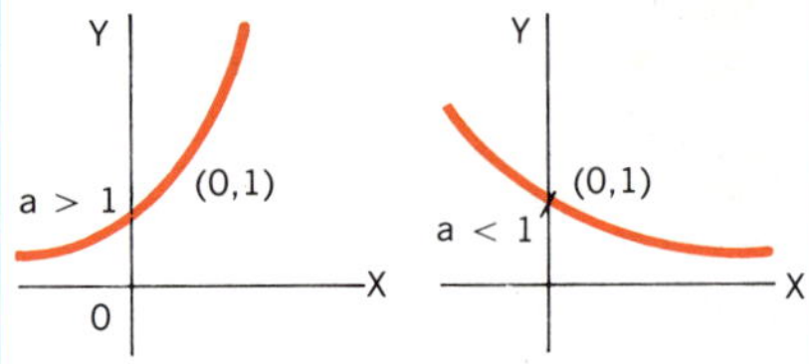

gráfica de la función logarítmica:
$y = log_a\ x,\ a > 0,\ a \neq 1$

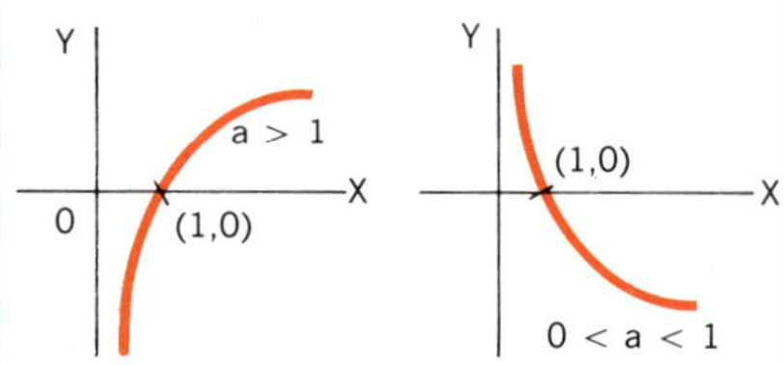

gráfica de la función seno:
$y = sen\ x$

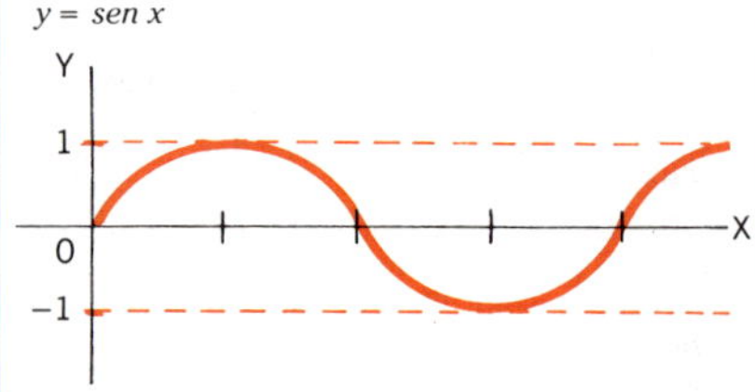

gráfica de la función coseno:
$y = cos\ x$

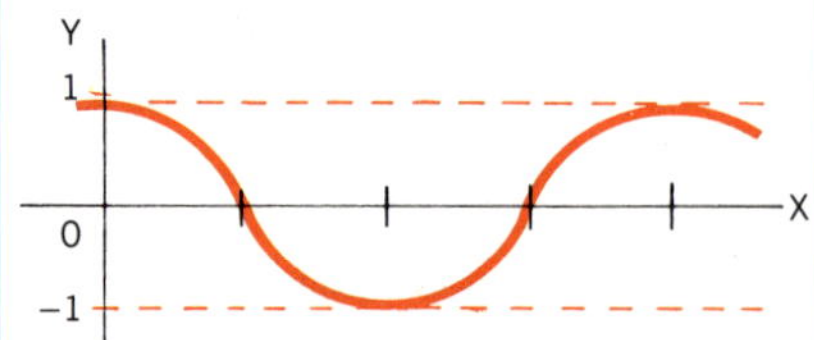

gráfica de la función tangente:
$y = tg\ x$

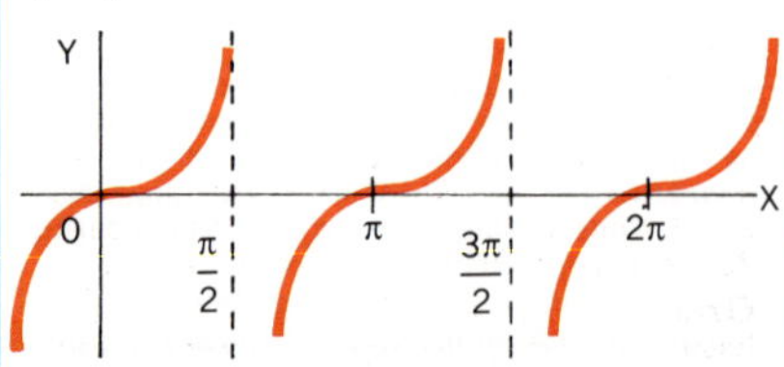

grafila o **gráfila** *s. f.* Conjunto de puntos o rayitas que en el anverso o reverso de las monedas suelen rodear a la leyenda.

grafio *s. m.* Instrumento para dibujar sobre superficies que tienen dos capas de colores superpuestos, raspando la primera capa y dejando al descubierto la pintura del fondo.

grafismo *s. m.* **1.** Manera peculiar de hacer los trazos al escribir o dibujar. **2.** Diseño* gráfico. **3.** Cualidad de gráfico, expresividad.

grafista *s. m.* y *f.* Persona especializada en diseño gráfico.

grafito *s. m.* Mineral de carbono puro. Es una forma alotrópica del carbono (la otra es el diamante) procedente de rocas carbonosas que han sufrido metamorfismo. Cristaliza en el sistema hexagonal, tiene color negro o gris oscuro, brillo poco intenso, es graso al tacto y buen conductor del calor y de la electricidad. Se usa en la fabricación de electrodos, crisoles refractarios, minas de lápices y productos lubricantes. Sus principales yacimientos se hallan en Sri Lanka, Madagascar, México, Siberia y EE UU.

Grafito.

grafo- o **-grafo** *pref.* o *suf.* Significa 'escribir, representar gráficamente': *grafología, comediógrafo.*

grafología *s. f.* Método que estudia el carácter o personalidad de los individuos a través de los rasgos de su escritura. **Fam.** Grafológico.

grafólogo, ga *s. m.* y *f.* Persona experta en grafología.

grafómetro *s. m.* Instrumento utilizado para medir cualquier ángulo en las operaciones de topografía.

grafomotricidad *s. f.* Actividad motriz vinculada a la realización de grafismos. Su desarrollo es un aspecto de la educación psicomotriz, cuya finalidad es la adquisición de las destrezas motoras, incluyendo las directamente relacionadas con la escritura.

gragea *s. f.* Pequeña pastilla de medicamento, generalmente redondeada y recubierta por una sustancia de sabor agradable.

Graham, Martha (Pittsburgh, Pennsylvania 1893 - Nueva York 1991) Bailarina y coreógrafa estadounidense. Renovó el ballet con coreografías y técnicas de danza basadas en la libre expresión corporal y en elementos del folclore africano y oriental. Algunos de sus principales ballets fueron *Primavera apalache* (1944), *Clitemnestra* (1958), *Fedra* (1962) y *Lucifer* (1975).

Graham, Thomas (Glasgow 1805 - Londres 1869) Químico escocés. Investigó los coloides, el fenómeno de la ósmosis, las características del ácido fosfórico y, sobre todo, la difusión de los gases, para la que enunció la **ley de Graham**, que establece que la velocidad de difusión de los gases es inversamente proporcional a la raíz cuadrada de sus respectivos pesos moleculares.

grajilla *s. f.* Ave paseriforme de la familia córvidos, especie *Corvus monedula.* Mide unos 33 cm de longitud, tiene plumaje negro, con el cogote y lados de la cara de color gris y pico corto. Habita en Europa, en el N de África y en el SO de Asia hasta el lago Baikal.

grajo, ja *s. m.* y *f.* **1.** Ave paseriforme de la familia córvidos, especie *Corvus frugilegus.* Mide unos 45 cm de longitud y tiene plumaje negro azulado. Es muy semejante a la corneja, de la que se distingue por tener el pico más fino y de color algo más claro. Vive en Europa y Asia y emigra al S de ambos continentes en las estaciones frías. **2.** Persona muy habladora.

Gram, Hans Christian Joachim (Copenhague 1853 - íd. 1938) Biólogo danés. Fue profesor de patología de la universidad de Copenhague (1900-23). Desarrolló un método para la clasificación de las bacterias, basado en su coloración y posterior lavado con una solución yodada y alcohol, la **tinción de Gram**, que permite distinguirlas en grampositivas y gramnegativas.

grama *s. f.* **1.** Planta herbácea de la familia gramíneas, especie *Cynodon dactylon.* Es una planta perenne y rastrera, con hojas planas y flores en espiga de color violeta. Se multiplica por rizomas y estolones, y constituye el césped tropical más común. También se llama *hierba de Bermudas.* ‖ **2. grama de olor** Planta herbácea de la familia gramíneas, especie *Anthoxanthum odoratum.* Mide entre 30 y 50 cm de altura, tiene el tallo sin ramificar y el panículo denso. Desprende un perfume muy agradable y se utiliza como alimento del ganado. Está muy difundida en prados, sembrados y bosques y tiene uso medicinal.

-grama *suf.* Significa 'escrito, trazado': *telegrama, crucigrama.*

gramaje *s. m.* Peso en gramos de un papel por m^2.

gramal *s. m.* Terreno donde abunda la grama.

gramática *s. f.* **1.** Estudio y descripción del lenguaje como sistema, particularmente en sus aspectos morfológicos y sintácticos. En un sentido estricto, la gramática se reduce a la morfología y la sintaxis, es decir, al estudio de la palabra como unidad mínima y al de las relaciones que ésta mantiene con el resto. Sin embargo, en un sentido más amplio, la gramática incluye también la fonología y la semántica. **2.** Texto en que se recoge dicho estudio. ‖ **3. gramática comparada** La que estudia dos o más lenguas comparándolas entre sí para analizar sus semejanzas y diferencias. **4. gramática histórica** La que estudia el proceso de evolución de una lengua a través del tiempo. **5. gramática normativa** La que da normas de uso del lenguaje, estableciendo lo que es correcto o incorrecto. **6. gramática parda** *fam.* Habilidad que tiene alguien para manejarse o valerse en la vida.

gramatical *adj.* **1.** Perteneciente o relativo a la gramática. **2.** Se dice de la oración, expresión, etc., que se ajusta a las reglas de la gramática. **Fam.** Gramaticalmente.

gramaticalidad *s. f.* Propiedad de una oración o secuencia que está construida según las reglas de la gramática. La gramaticalidad se refiere exclusivamente a la construcción de la frase y no al sentido que ésta pueda tener. Oraciones que carecen de significado pueden ser gramaticales si se ajustan a las reglas de la gramática, y aceptables dentro de cierto tipo de lenguajes, como el poético. La ausencia de gramaticalidad en una frase o secuencia se llama *agramaticalidad.*

gramaticalización *s. f.* En ling., proceso mediante el cual una palabra pierde su significado para convertirse en un simple instrumento gramatical; p. ej., el verbo *tener* pierde su significado de 'poseer' y se convierte en auxiliar en perífrasis como *tengo que estudiar.*

gramaticalizarse *v. prnl.* Experimentar gramaticalización un elemento lingüístico. ■ Se conjuga como *cazar.*

gramático, ca *adj.* **1.** Perteneciente o relativo a la gramática. ‖ *s. m.* y *f.* **2.** Persona especializada en gramática.

gramil *s. m.* Instrumento formado por dos piezas en ángulo recto usado por carpinteros y ebanistas para trazar líneas rectas y paralelas en una superficie de madera.

Grajilla (Corvus monedula).

gramináceas *s. f. pl.* Gramíneas*.

gramíneas *s. f. pl.* Familia de plantas angiospermas del orden poales o glumifloras a la que pertenecen unas 9.000 especies comprendidas en unos 650 géneros. Son monocotiledóneas, tienen raíces fasciculadas, tallo hueco y nudoso y hojas lanceoladas y paralelinervias que se insertan en los nudos y carecen de peciolo. Sus flores están dispuestas en espiguilla y forman inflorescencias protegidas por brácteas. Esta familia se halla extendida por todo el mundo y comprende los cereales, de gran importancia económica al ser fundamentales para la alimentación humana. Gramíneas son el arroz *(Oryza sativa)*, el trigo *(Triticum vulgare)*, el maíz *(Zea mays)*, la cebada *(Hordeum vulgare)*, los bambúes (género *Bambusa*), la caña de azúcar *(Saccharum officinarum)*, etc. También *adj.* y *s. f.*

gramnegativo, va *adj.* Se dice de las bacterias que, una vez tratadas con la tinción de Gram, pierden el color azul al añadírseles decolorantes como el alcohol o la acetona. Entre ellas están los gonococos y bacilos como el tífico y el cólico.

gramo *s. m.* Unidad de masa en el sistema cegesimal, que equivale a la milésima parte de un kilogramo y es igual a la masa de 1 cm^3 de agua destilada a 4 °C. Su símbolo es *g.*

gramófono *s. m.* Aparato que reproduce sonidos grabados previamente en un disco que gira a 78 revoluciones por minuto. Consta de una aguja que recorre los surcos del disco y transmite esas vibraciones a una membrana que las convierte en ondas sonoras. Fue muy pronto desplazado por otros aparatos más perfeccionados, como los tocadiscos. **Fam.** Gramofónico.

gramola *s. f.* **1.** Tipo de gramófono en el que la bocina para reforzar el sonido está en el interior de la caja del aparato y no fuera, como sucedía en los más antiguos. **2.** Gramófono eléctrico instalado generalmente en establecimientos públicos en el que, mediante una moneda, se hace sonar el disco que se selecciona.

gramoso, sa *adj.* **1.** Perteneciente o relativo a la grama. **2.** Que cría esta hierba.

Grampian Región de Escocia, en el Reino Unido, situada en el NE del país. 8.704 km^2. 497.300 h. en 1984. La capital es Aberdeen, con 190.450 h. en 1981. El turismo y la economía constituyen sus principales recursos económicos.

Grampianos, montes (en ingl. *Grampian Mountains*) Sistema montañoso de Escocia, que separa las tierras altas (Highlands) al N, de las tierras bajas (Lowlands) al S. Es un macizo cristalino, muy erosionado, en el que se encuentra el pico Ben Nevis (1.340 m), el más alto del Reino Unido.

grampositivo, va *adj.* Se dice de las bacterias que, una vez tratadas con la tinción de Gram, conservan el color azul al añadírseles decolorantes como el alcohol o la acetona. Entre ellas están los estreptococos, los estafilococos y los bacilos de la tuberculosis.

Gramsci, Antonio (Ales, Cerdeña 1891 - Roma 1937) Político y pensador italiano. Fue miembro del Partido Socialista y uno de los fundadores en 1921 del Partido Comunista italiano. Creó los periódicos *L'Ordine Nuovo* y *L'Unità.* Fue encarcelado en 1926 por el régimen fascista y escribió en prisión la mayor parte de su obra, recopilada póstumamente con el título de *Cuadernos de la cárcel* (1948-51). En ellos reflexiona principalmente sobre temas filosóficos, señalando la importancia de la praxis o práctica como forma de superar la ruptura entre la sociedad y la cultura, y sobre cuestiones políticas, en las que avanza conceptos que influyeron en el marxismo de los años sesenta y setenta y en la estrategia de los partidos eurocomunistas.

gran *adj. apóc.* de **grande**. Se utiliza en singular, delante de un sustantivo, tanto masculino como femenino.

Gran Barrera Barrera de coral que se extiende a lo largo de 2.400 km en la costa NE de Australia.

Gran Bretaña (*Great Britain*) **1.** La mayor de las islas del archipiélago británico, situada en el océano Atlántico, en el NO de Europa, separada del continente por el canal de La Mancha. 229.885 km^2. Comprende Inglaterra, País de Gales y Escocia.

2. Nombre con el que también se conoce al estado del Reino Unido de Gran Bretaña e Irlanda del Norte.

Gran Canaria Isla de España del archipiélago de las Canarias, perteneciente a la comunidad autónoma del mismo nombre. Es la más occidental de la provincia de Las Palmas y se encuentra situada entre Tenerife y Fuerteventura. 1.531 km^2. 704.750 h. en 1990. La capital es Las Palmas de Gran Canaria, con 342.030 h. en 1991, que asimismo es la capital autonómica. De origen volcánico y perfil redondeado, tiene un relieve montañoso, en el que la máxima altura es el pico de las Nieves (1.949 m) y en el que son frecuentes los barrancos, como el Guiniguada y el Guayadeque, y las calderas, como las de Bandama y Tejeda. Las costas N y O son altas y escarpadas, mientras que las del S y E presentan playas, como Maspalomas y El Inglés. El clima es subtropical, con temperaturas suaves y escasas precipitaciones. Entre su variada vegetación, adaptada a la falta de agua, conserva bosques de laurisilva. En la agricultura destacan los cultivos de plátano, tomate, tabaco, cebolla, patata y vid. Cuenta con una notable flota pesquera con base en los puertos de La Luz y Las Palmas, Agaete y Arguinegín. Las principales industrias son la química, la alimentaria, la del tabaco y la de construcción. El turismo constituye asimismo una importante fuente de ingresos.

Gran Canaria: vista de Arucas.

Gran Capitán Véase **Fernández de Córdoba, Gonzalo**.

Gran Colombia, República de la Confederación constituida en el congreso de Angostura, en 1819, y de la que formaban parte Nueva Granada (Colombia y la región de Quito) y Venezuela. Simón Bolívar, su principal inspirador, fue nombrado presidente, pero la pugna entre los partidarios del centralismo de Bolívar y el sector constitucionalista encabezado por el vicepresidente, Francisco de Paula Santander, ocasionó su desintegración (1830), de la que surgieron tres nuevas repúblicas: Nueva Granada (Colombia), Ecuador y Venezuela.

Gran Cordillera Divisoria Sistema montañoso de Australia, que recorre de N a S la costa oriental de la isla, desde la península de Cabo York hasta el extremo SE, prolongándose en la isla de Tasmania. Sus principales cadenas, que se hallan en el S, son New England Range, Blue Mountains y los Alpes Australianos, en los que se alza el pico Kosciusko (2.230 m), máxima altura de la isla.

Gran Cuenca Región natural de EE UU, situada al O de las Montañas Rocosas, extendida por los estados de Idaho, Utah, Oregón, Nevada, California y Arizona. 1.000.000 de km^2. Es una región casi desértica, donde se hallan el valle de la Muerte y el Gran Lago Salado. Aparte de algunas explotaciones agrarias, sus principales recursos son la ganadería extensiva y la minería.

Gran Cuenca Artesiana Cuenca sedimentaria de Australia, situada en el sector E de la isla, entre los montes Selwyn, la meseta de Buckland, los montes Grey, Macdonnell y Musgrave. 1.500.000 km^2. Tiene importantes depósitos subterráneos de agua salada.

Gran Sasso de Italia Macizo montañoso italiano situado en la región de los Abruzos, en el que se halla la mayor elevación de los montes Apeninos, el Corno Grande, de 2.940 m. En él se practica una ganadería seminómada.

grana[1] *s. f.* **1.** Acción y efecto de granar. **2.** Semilla pequeña de algunos vegetales.

grana[2] (del lat. *granum*, grano) *s. f.* **1.** Sustancia de color rojo oscuro utilizada como colorante, que se obtiene de la cochinilla. **2.** Cochinilla*, insecto. ‖ *s. m.* **3.** Color rojo oscuro.

granada *s. f.* **1.** Fruto del granado. **2.** Bomba pequeña que se lanza con la mano y que la infantería utiliza en combates a corta distancia. **3.** Proyectil hueco que contiene un explosivo y se dispara con piezas artilleras de pequeño calibre.

Granada 1. Prov. de España, perteneciente a la comunidad autónoma de Andalucía, situada en el SE de la Península, a orillas del Mediterráneo. 12.531 km^2. 785.130 h. en 1991. En su relieve existen importantes sistemas montañosos: al N se encuentran las estribaciones de la cordillera Subbética y al S la cordillera Penibética con el macizo de Sierra Nevada, donde se halla el Mulhacén, máxima altura de la Península (3.478 m), y la región de las Alpujarras. En el interior, la depresión penibética es recorrida por el río Genil y al S el río Guadalfeo recoge las aguas de Sierra Nevada y desemboca en el mar Mediterráneo. La población está desigualmente repartida y se concentra en las vegas de los ríos y en la costa. El clima es mediterráneo en el S y de interior en el resto, con zonas de clima de montaña. En la agricultura, concentrada en las fértiles vegas de los ríos, sobresalen los cultivos de cereales, vid, olivo, hortalizas, frutales y tabaco, y en la costa, productos exóticos, como caña de azúcar, aguacates y chirimoyas; en la ganadería destacan las cabañas ovina, caprina y mular. Se explota la pesca, sobre todo en el puerto de Motril. En cuanto a la minería, se extrae plomo en Órjiva y hierro en Alquife. Cuenta con industria azucarera, química, de material eléctrico, alimentaria y papelera. Ha adquirido gran auge el turismo, tanto interior, en la capital o Sierra Nevada, como el costero, en Motril, Almuñécar o Salobreña.
2. C. de España, cap. de la prov. homónima. 254.050 h. en 1991. Situada en la confluencia de los ríos Darro y Genil, tiene industria alimentaria y química y es un importante centro turístico. Posee un monumental conjunto artístico, en el que son de admirar la Alhambra y el Generalife, de época islámica nazarí, la capilla Real (s. XV), en la que se encuentra la tumba de los Reyes Católicos, la catedral, el palacio de Carlos V y la cartuja, así como sus característicos barrios del Albaicín y el Sacromonte.

Granada: vista de la Alhambra.

Granada, guerra de Campaña militar acometida por los Reyes Católicos para conquistar el reino de Granada, último territorio de la Península gobernado por musulmanes. Emprendida en 1481 ante la amenaza de que un estado islámico en la Península sirviera de base para que el imperio turco aumentara su poder, se vio favorecida por las disensiones internas del reino nazarí. Tras la caída de Málaga (1487) y Almería (1489), la ciudad de Granada quedó aislada del mar y a principios de 1492 el rey Boabdil capituló y entregó la plaza. Los Reyes Católicos incumplieron la promesa de respetar la religión y las costumbres musulmanas y ello provocó en 1499 un levantamiento morisco en las Alpujarras, que se repitió en 1568.

Granada, reino de Reino islámico nazarí que existió en el SE de España entre 1238 y 1492 y cuyo centro fue la ciudad de Granada. El reino fue fundado por Muhammad ibn Nasr que, aprovechándose de la decadencia almohade, extendió su poder a las actuales provincias de Granada, Málaga y Almería. Fue un gran centro comercial, al que llegaban grandes cantidades de oro procedentes de Sudán, y un importante foco de la industria de la seda, en el que florecieron la cultura y el arte. Conservó casi la totalidad de sus territorios hasta las últimas décadas del s. XV, momento en que los Reyes Católicos iniciaron la reconquista, que finalizó con la ocupación definitiva del reino en 1492.

Granada (*Grenada*) Estado de América Central situado en la isla del mismo nombre, en las Pequeñas Antillas.

Extensión: 345 km^2.
Situación: entre el océano Atlántico y el mar Caribe, al S de San Vicente y las Granadinas, y al N de Trinidad y Tobago.
Población: 101.000 h. en 1990.
Densidad: 292,8 h./km^2.
Capital: Saint George's.
División administrativa: 7 parroquias.
Gentilicio: granadino.
Forma de Estado: monarquía constitucional.
Idioma: inglés.
Religión: catolicismo, 64,4 %; protestantismo, 34,5 %.
Moneda: dólar del Caribe oriental.
Tasa de natalidad: 37 ‰ en 1990.
Tasa de mortalidad: 7 ‰ en 1990.
Renta per cápita: 1.900 dólares en 1989.

Geog. Granada es una isla de origen volcánico y de relieve montañoso, en el que destaca el pico Mount Saint Catherine (840 m). Tiene un clima y una vegetación tropicales. La economía se basa en la agricultura, con cultivos de plantación (limones, plátanos, nuez moscada, cacao y coco). Cuenta también con una pequeña cabaña ganadera, pesca, industria alimentaria y turismo.
Hist. La isla fue descubierta por Cristóbal Colón (1498) y pasó a poder de Martinica en 1650. Poco después, en 1665, fue tomada por la Compañía francesa de las Indias Occidentales y dependió de la corona francesa desde 1674. Posteriormente fue conquistada por Inglaterra (1762), cuya posesión se ratificó en el tratado de Versalles (1783). En 1967, como el resto de las Pequeñas Antillas, pasó a ser estado asociado al Reino Unido y en 1974 obtuvo la independencia en el seno de la Commonwealth. El primer ministro Eric Gairy gobernó de acuerdo con los intereses coloniales. En 1979 fue depuesto por un golpe de Estado dirigido por Maurice Bishop, líder del partido JEWEL. Bishop implantó un régimen socialista, hasta que en 1983 el sector más radical de su partido le depuso y asesinó. Este incidente sirvió de pretexto a EE UU para invadir el país y acabar con su política de izquierdas. En las elecciones legislativas de 1984 fue elegido primer

Granada: vista de la capital, Saint George's.

ministro Herbert Blaize, del Nuevo Partido Nacional, y en las de 1990 Nicholas Braithwaite, del Congreso Nacional Democrático, que se puso al frente de un gobierno de coalición.

Granada, fray Luis de (Granada 1504 - Lisboa 1588) Escritor español. Fue monje dominico y gozó de gran fama como predicador. Escribió en latín, castellano y portugués. Su obra trata de la doctrina cristiana y está escrita con una finalidad moralizadora en un estilo elegante y de culta elocuencia. En ella sobresalen *Libro de la oración y meditación* (1554), *Guía de pecadores* (1556) e *Introducción al símbolo de la fe* (1582-85).

granadal *s. m.* Terreno plantado de granados.

granadero *s. m.* **1.** Soldado encargado de lanzar granadas. **2.** Soldado de elevada estatura perteneciente a una compañía que formaba a la cabeza del regimiento.

granadillo *s. m.* Árbol de la familia papilionáceas, especie *Buchenaria capitata.* Mide unos 7 m de altura y tiene ramas espinosas. Originario de las Antillas, crece en América y su madera, muy dura, es apreciada en ebanistería.

granadino, na[1] *adj.* **1.** Perteneciente o relativo al granado o a la granada. ‖ *s. m.* **2.** Flor del granado. ‖ *s. f.* **3.** Refresco hecho con zumo o extracto de granada.

granadino, na[2] *adj.* **1.** De Granada. También *s.* ‖ *s. f.* **2.** Canción popular andaluza parecida al fandango, originaria de Granada.

granado *s. m.* Nombre común de dos árboles de la familia punicáceas, género *Punica.* El *Punica granatum,* la especie más conocida, puede alcanzar hasta 6 m de altura, tiene una copa extendida y muy ramificada, hojas coriáceas y lustrosas, flores rojas grandes y hermafroditas y fruto redondeado, de color verde o rojizo. Su corteza contiene principios alcaloides, por lo que se utiliza en el curtido de pieles y como antiparasitario. Es originario de la región del Himalaya y hoy crece en toda la región mediterránea. Su fruto, la granada o balausta, tiene granos muy dulces que son comestibles y se emplean para elaborar una bebida refrescante, la granadina. El *Punica protopunica* es nativo de Socotora.

granado, da **1.** *p. p.* de **granar**. También *adj.* ‖ *adj.* **2.** Se dice de la planta que tiene los granos grandes y llenos. **3.** Se aplica a la persona madura. **4.** Notable, principal, escogido.

Granados, Enrique (Lleida 1867 - canal de La Mancha 1916) Compositor y pianista español. Fue discípulo de Pedrell y, posteriormente en París, estudió con Bériot y conoció al pianista Ricardo Viñes. Especialmente vinculado al piano, creó, junto con Albéniz, la escuela española de proyección internacional. Su música, de carácter romántico, contiene elementos propios de la tradición española. Compuso varias óperas, poemas sinfónicos, obras de cámara vocales y pianísticas. Entre éstas sobresalen las *Danzas españolas* y *Goyescas.* Murió en un naufragio.

granalla *s. f.* Metal reducido a granos o trocitos para hacer más fácil su fundición. Cuando es de acero, se emplea para limpiar las incrustaciones de las piezas forjadas y para perforar rocas duras en las canteras.

granar *v. intr.* Formarse y crecer el grano de algunos frutos, como las espigas, los racimos, etc.

granate *s. m.* **1.** Y_2X_3 (Si $O_4)_3$. Nombre genérico de los minerales silicatos de un metal trivalente, como el aluminio, el hierro o el cromo (X en la fórmula), y de otro bivalente, como el calcio, el magnesio o el manganeso (Y en la fórmula). Cristaliza en el sistema cúbico, tiene brillo vítreo y color que varía según la composición. El más frecuente es el rojo, pero existen también variedades verde, como el demantoide; negra, como la melanita; pardo rojizo como el almandino, e incolora o ámbar, como la grosularia. Aparece en la composición de muchas rocas metamórficas, se usa en joyería y como abrasivo y sus principales yacimientos se encuentran en Minas Gerais (Brasil) y en Alemania. **2.** Color rojo oscuro, mezcla de rojo y negro. También *adj.*

Granate, en su variedad de almandino.

granazón *s. f.* Acción y efecto de granar.

grande *adj.* **1.** De dimensiones mayores a las normales o convenientes. **2.** Muy fuerte o intenso. **3.** De mucha importancia, calidad o fama. También *s.* **4.** *fam.* Mayor, adulto. También *s.* ‖ *s. m.* **5.** Persona perteneciente a la clase superior de la nobleza española que adquirió carácter oficial durante el reinado de Carlos I. Los grandes eran considerados primos del rey y podían permanecer ante éste con la cabeza cubierta. ▪ Se dice también *grande de España.* ‖ **LOC. a lo grande** *adv.* Con mucho lujo y derroche. **en grande** *adv.* Construido con *pasarlo,* muy bien. **FAM.** Grandón, grandote.

Grande del Norte, río Véase **Bravo, río.**

grandemente *adv. m.* Mucho.

Grandes Lagos Región natural de América del Norte, situada en el sector oriental de la frontera entre EE UU y Canadá. En ella se encuentran los lagos Superior (84.131 km^2), Michigan (58.016 km^2), Hurón (61.797 km^2), Erie (25.612 km^2) y Ontario (18.941 km^2), que están comunicados entre sí y con el océano Atlántico por el río San Lorenzo. Constituyen una importante vía de navegación en una región densamente poblada y muy industrializada.

grandeza *s. f.* **1.** Importancia, valor. **2.** Bondad, nobleza. **3.** Grandiosidad. **4.** Categoría de grande de España y conjunto de ellos.

grandilocuencia *s. f.* Cualidad de grandilocuente.

grandilocuente *adj.* Se aplica a las palabras, escritos, etc., de estilo pomposo y altisonante, y a las personas que hablan o escriben de ese modo.

Granado (Punica granatum), *con detalle del fruto, la granada, y rama con flores.*

grandioso, sa *adj.* Impresionante por su tamaño, su espectacularidad o cualidades. **FAM.** Grandiosamente, grandiosidad.

grandullón, na *adj. fam.* Se aplica a la persona alta y fuerte, especialmente a los muchachos que están demasiado crecidos para su edad. También *s.*

graneado, da *adj.* **1.** En forma de granos. **2.** Cubierto de pintas o manchas.

granel, a *loc. adj.* y *adv.* **1.** Referido a ciertos géneros y a la forma de venderlos, sin envasar o empaquetar. **2.** En gran cantidad.

granero *s. m.* **1.** Sitio donde se guarda el grano. **2.** Territorio donde abunda el cereal y provee de él a otros lugares.

Granit, Ragnar Arthur (Helsinki 1900 - Estocolmo 1991) Fisiólogo sueco de origen finlandés. Fue director del Instituto Nobel de Neurofisiología (1945-67). Investigó la retina del ojo y demostró que las fibras nerviosas distinguen las distintas longitudes de onda de la luz. En 1967 recibió el premio Nobel de fisiología y medicina, compartido con los estadounidenses Haldan Keffer Hartline y George Wald.

granítico, ca *adj.* **1.** Perteneciente o relativo al granito. **2.** Que contiene granito o se parece a él. **3.** Muy duro o resistente. **4.** Inflexible, difícil de convencer.

granitización *s. f.* Conjunto de procesos metamórficos que provocan la transformación de diversas rocas en granitos o rocas similares.

granito *s. m.* Roca intrusiva ácida, de estructura holocristalina, compuesta fundamentalmente de cuarzo, feldespato y mica. En función del tamaño, abundancia y tipo de sus componentes presenta diversas variedades, como el granito de dos micas (biotita y moscovita), el granito anfibólico (con hornblenda), las aplitas (formadas por granos muy finos en que predominan el cuarzo y feldespatos alcalinos), etc. Su color más frecuente es el gris. No hay acuerdo sobre si su formación se debe al enfriamiento del magma (batolito) o a la transformación de rocas ya existentes. Es la roca más común en la corteza terrestre y se utiliza como piedra de construcción, dada su dureza e impermeabilidad. En España existen grandes depósitos en el Sistema Central.

Granito de dos micas.

granívoro, ra *adj.* Se dice del animal que se alimenta de granos.

granizado, da **1.** *p. p.* de **granizar**. También *adj.* ‖ *adj.* **2.** Se dice del refresco hecho con hielo picado y zumo o extracto de frutas, café, etc. También *s. m.* ‖ *s. f.* **3.** Precipitación abundante de granizo. **4.** P. ext., gran número de cosas que caen o suceden a la vez.

granizar *v. impers.* **1.** Caer granizo. ‖ *v. intr.* **2.** Caer algo con fuerza y abundancia. También *v. tr.* ‖ *v. tr.* **3.** Hacer granizado un refresco. ▪ Se conjuga como *cazar.*

granizo *s. m.* **1.** Tipo de precipitación que cae en forma de pequeños trozos de hielo. El granizo se origina al congelarse el agua de lluvia en las alturas. En las latitudes templadas suele estar asociado al paso de un frente frío y, en las latitudes más alejadas del ecuador, a corrientes de convección de ascenso rápido. El diámetro normal de una bola de granizo es de 5 a 50 mm, pero se conocen casos de bolas de 430 mm de diámetro y 700 g de peso y, en una ocasión, en China, se recogieron bolas de granizo de 4,6 kg. **2.** Cada uno de esos trozos de hielo. **3.** Conjunto de cosas que caen, suceden, etc., a la vez.

granja *s. f.* **1.** Finca en el campo con casa, corrales y establos. **2.** Conjunto de instalaciones apropiadas para la cría de aves y otros animales de corral. **3.** Establecimiento dedicado a la venta de leche y sus derivados y otros productos.

Granja, La o **San Ildefonso** C. de España, en la prov. de Segovia. 5.000 h. en 1990. Situada al pie del puerto de Navacerrada, cuenta con cultivos de cereales y hortalizas y con ganadería vacuna. Su industria se basa en productos alimentarios, la madera y el vidrio. Real sitio, tiene su origen en el palacio construido en época de Felipe V y engrandecido por Carlos III, que corresponde a tres tradiciones artísticas distintas: española, francesa e italiana. El edificio cuenta con unos magníficos jardines de estilo francés, diseñados por René Carlier. En 1734 se creó una Real fábrica manufacturera de vidrio, que se caracterizó por la gran calidad de sus obras.

Granja, motín de La Sublevación de un grupo de sargentos contra la regente María Cristina y su política conservadora la noche del 12 al 13 de agosto de 1836, a causa de la destitución de Mendizábal. Provocó la derogación del Estatuto real y la entrada nuevamente en vigor de la Constitución de 1812.

granjearse *v. prnl.* Conseguir una persona o entidad una determinada opinión, consideración o sentimiento de alguien. **FAM.** Granjeable, granjeo.

granjería *s. f.* **1.** Beneficio producido por una granja o una finca agrícola. **2.** P. ext., ganancia en general.

granjero, ra *s. m.* y *f.* Persona que posee una granja o trabaja en ella.

grano *s. m.* **1.** Semilla y fruto de los cereales; también, el conjunto de ellos. **2.** Semilla de otras plantas, como el café o la pimienta. **3.** Cada uno de los frutos que forman un racimo, como en la uva, o un agregado, p. ej. en la granada. **4.** Porción muy pequeña y redondeada de ciertas cosas, p. ej. de azúcar. **5.** Bulto pequeño que se produce en la piel. **6.** Cada una de las partículas que se aprecian en la masa o en la superficie de algo. **7.** P. ext., estructura de las cosas formada por estas partículas. **8.** Cara pulida de las pieles. **9.** En fotografía, cada una de las manchitas formadas por una acumulación de partículas de sales de plata cuyo conjunto forma la imagen fotográfica. Cuanto mayor sea la unión entre ellas, la imagen que se obtiene es más nítida. También, el conjunto de estas manchitas. **10.** En joyería, unidad de peso para piedras preciosas y perlas que equivale a la cuarta parte de un quilate. **11.** En farmacia, medida que equivale aproximadamente a 5 cg. || **12. grano** (o **granito**) **de arena** Pequeña ayuda a una causa, obra, etc. || **LOC. ir al grano** *fam.* Dirigirse a lo fundamental de una cosa sin dar rodeos o detenerse en detalles.

Granollers C. de España, en la prov. de Barcelona, situada en la comarca del Vallés oriental. 50.560 h. en 1990. Si bien su agricultura se encuentra en un periodo de estancamiento, su ganadería, especialmente la vacuna, ha adquirido un notable desarrollo. Es un importante centro industrial, comercial y de comunicaciones, en el que destacan el sector textil, de antigua tradición, y la industria mecánica. Son célebres sus ferias y mercados agropecuarios.

granoso, sa *adj.* Se aplica a lo que tiene pequeños abultamientos en su superficie, como p. ej. la cáscara de algunas frutas.

Grant, Cary (Bristol, Reino Unido 1904 - Davenport, Iowa 1986) Actor estadounidense de origen británico. Popular galán de los años cuarenta y cincuenta, se especializó en papeles de protagonista de comedias y películas de suspense. Sobresalen sus interpretaciones en *La fiera de mi niña* (*Bringing up baby,* 1938), *Historias de Filadelfia* (1941), *Sospecha* (1941), *Arsénico por compasión* (*Arsenic and old lace,* 1944), *Encadenados* (*Notorious,* 1946), *Atrapa a un ladrón* (1955) y *Con la muerte en los talones* (*North by Northwest,* 1959).

Grant, Ulysses Simpson (Point Pleasant, Ohio 1822 - Mount McGregor, Nueva York 1885) Militar y político estadounidense. Recibió el mando del ejército de la Unión en la etapa final de la guerra de Secesión. Tras el triunfo nordista, fue nombrado secretario de Guerra y en 1868 elegido presidente de EE UU por el Partido Republicano, cargo para el que fue reelegido (1872-77). Su política favoreció el capitalismo industrial mediante medidas financieras proteccionistas.

granuja *s. m* y *f.* Pillo, sinvergüenza. A veces se utiliza como apelativo cariñoso.

granujada *s. f.* Acción propia de un granuja.

granujería *s. f.* **1.** Granujada*. **2.** Conjunto o reunión de granujas.

granulación *s. f.* **1.** Acción y efecto de granular. **2.** Cada uno de los gránulos que se encuentran en el protoplasma de las células. **3.** Aparición de pequeños granos en la superficie de heridas y llagas.

granulado, da **1.** *p. p.* de **granular.** || *adj.* **2.** En forma de granos o pequeñas partículas sueltas. || *s. m.* **3.** Preparado farmacéutico presentado de esa manera.

granular[1] *v. tr.* **1.** Dar forma de granos o gránulos a una masa o sustancia. **2.** Hacer granulosa una superficie. También *v. prnl.*

granular[2] *adj.* Que tiene granos en su masa o superficie.

gránulo *s. m.* **1.** Grano, porción muy pequeña de algo. **2.** Pequeña masa o cuerpo que se forma naturalmente o como resultado de alguna enfermedad en células y tejidos orgánicos. **3.** Pequeña pastilla que contiene dosis mínimas de medicamento.

granuloso, sa *adj.* Que está compuesto de gránulos o tiene pequeños abultamientos en su superficie. **FAM.** Granulosidad.

Granvela, Antonio Perrenot, cardenal (Ornans, Franco Condado 1517 - Madrid 1586) Político francés al servicio de España. Perteneció al Consejo de Estado de Felipe II, fue consejero en el gobierno de los Países Bajos (1559-64), cargo del que fue apartado por su intransigencia religiosa, y virrey de Nápoles (1571-75). En 1561 recibió el capelo cardenalicio. Tras la caída de Antonio Pérez fue el principal consejero de Felipe II, que le encargó los asuntos de Estado durante sus ausencias.

Granvela, Nicolás Perrenot, señor de (Ornans, Franco Condado 1486 - Augsburgo 1550) Diplomático francés al servicio de España. Padre del anterior, fue agente de la gobernadora Margarita de Austria. En 1524 pasó al consejo privado del emperador Carlos V y llegó a dirigir su política europea. Asistió a las dietas de Augsburgo (1530), de Ratisbona (1541) y de Espira (1544) y negoció la paz de Crépy con Francia (1544).

granza *s. f.* **1.** Carbón mineral cuyos trozos tienen un tamaño entre 15 y 25 mm. || *s. f. pl.* **2.** Restos que quedan del trigo y otras semillas después de aventarlas y cribarlas. **3.** Desechos del yeso después de limpiarlo. **4.** Residuos de cualquier metal.

grao *s. m.* Puerto*.

grapa[1] (del germ. *krappa,* gancho) *s. f.* Trozo pequeño y delgado de metal cuyos extremos doblados en la misma dirección se clavan para unir o sujetar papeles, tablas, etc.

grapa[2] (del ital. *grappa,* tipo de aguardiente) *s. f. Arg.* Aguardiente de orujo.

grapadora *s. f.* Utensilio que sirve para grapar.

grapar *v. tr.* Sujetar o unir cosas con grapas.

graptolitos o **graptolites** *s. m. pl.* Grupo de invertebrados fósiles marinos. Su forma era arborescente y poseían exoesqueleto quitinoso. Poblaron los mares durante los periodos ordovícico y silúrico de la era paleozoica. También *adj.* y *s. m.*

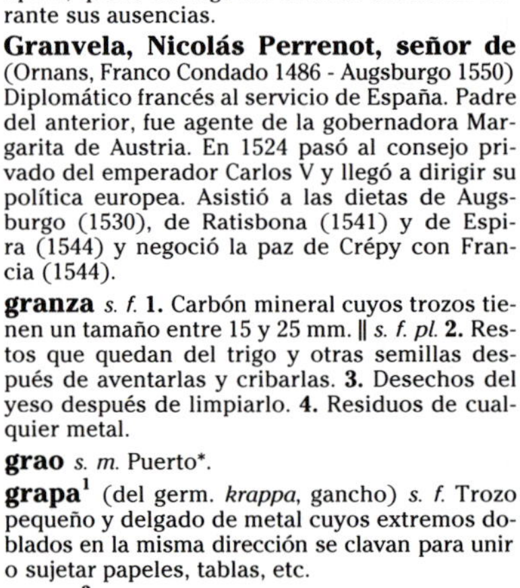

Cary Grant con Eva Marie Saint en Con la muerte en los talones.

grasa *s. f.* **1.** Nombre genérico de diversas sustancias animales o vegetales que son ésteres de los ácidos grasos y la glicerina y que en la materia viva sirven como reservas de energía. Las grasas o lípidos están formados por carbono, hidrógeno y oxígeno, son insolubles en agua y actúan en el organismo como reserva de energía a la espera de que se agote la que proporcionan los glúcidos o hidratos de carbono. Si el organismo no consume excesiva energía, las grasas se almacenan en el cuerpo y producen obesidad. Por eso, las personas que desean adelgazar toman menos glúcidos y grasas de los necesarios para realizar su actividad vital y obtienen la energía que les falta de sus grasas acumuladas, que así se eliminan poco a poco. Las principales grasas utilizadas en alimentación son la mantequilla, la manteca, el aceite de oliva y la margarina. **2.** Sebo de un animal. **3.** Sustancia para engrasar.

grasiento, ta *adj.* Que tiene grasa o más grasa de lo debido.

graso, sa *adj.* **1.** Que tiene grasa o está constituido por ella. || **2. ácido graso** Nombre genérico de una serie de ácidos orgánicos de elevado número de carbonos que pueden tener enlaces dobles. Los más conocidos son el ácido esteárico, el linoleico, el oleico y el palmítico.

Grass, Günter (Dánzig, actual Gdansk 1927) Escritor alemán. Desde su juventud formó parte de los grupos de intelectuales que mantuvieron una postura más crítica frente a la sociedad alemana de la posguerra. Aunque se inició en el teatro, sus mayores éxitos los ha obtenido en el campo de la novela, en el que emplea elementos fantásticos y realistas con intención satírica. En su obra narrativa sobresalen títulos como *El tambor de hojalata* (1959), *Años de perro* (1963), *Anestesia local* (1969) y *El rodaballo* (1977).

Grassi, Giovanni Battista (Rovellasca 1854 - Roma 1925) Médico y naturalista italiano. Fue profesor de anatomía comparada en la universidad de Roma. En 1848 descubrió que la malaria era transmitida por la hembra del mosquito *Anopheles.*

gratén *s. m.* Salsa espesa de besamel y queso con que se recubren algunos alimentos para luego dorarla en el horno.

gratificación *s. f.* **1.** Acción y efecto de gratificar. **2.** Cantidad de dinero que se añade al sueldo principal dada como recompensa.

gratificante *adj.* Que produce satisfacción.

gratificar *v. tr.* **1.** Recompensar a alguien, generalmente con dinero, por un trabajo, servicio, ayuda, etc. **2.** Gustar, satisfacer. ■ Se conjuga como *sacar.* **FAM.** Gratificador.

grátil o **gratil** *s. m.* **1.** Borde de la vela de las embarcaciones por donde se sujeta al palo. **2.** Parte central de la verga, donde se ata un cabo o se sujeta la vela.

gratinado, da **1.** *p. p.* de **gratinar.** También *adj.* || *s. m.* **2.** Acción y efecto de gratinar.

gratinador *s. m.* En el horno, parte superior acondicionada para dorar la superficie de los alimentos.

gratinar *v. tr.* **1.** Tostar en el gratinador la parte superior de los alimentos. **2.** Dorar al horno un alimento recubierto de besamel, queso, pan rallado, etc.

gratis *adv. m.* **1.** Sin pagar o recibir dinero. También *adj.* **2.** Sin mérito ni esfuerzo.

gratitud *s. f.* Sentimiento por el cual alguien aprecia lo que otro le ha dado o ha hecho por él.

grato, ta *adj.* Agradable.

gratuidad *s. f.* Cualidad de gratuito.

gratuito, ta *adj.* **1.** Que no cuesta dinero. **2.** Sin fundamento o razón. **FAM.** Gratuitamente.

Grau Delgado, Jacinto (Barcelona 1877 - Buenos Aires 1958) Dramaturgo español. En 1939 se exilió al término de la guerra civil. Para salir del teatro naturalista escribió obras simbólicas. Su lenguaje peca de cierto rebuscamiento. Entre sus obras destacan *Las bodas de Camacho* (1903), comedia lírica, *El conde Alarcos* (1917), *El hijo pródigo* (1918), *El señor de Pigmalión* (1921), *La casa del diablo* (1942) y *Tabarín* (1946).

Grau Sala, Emilio (Barcelona 1911 - íd. 1975) Pintor español. Residió en París. En su obra, en la que el color manda sobre el dibujo, evoca la *belle époque*. Fue importante su labor como ilustrador de obras de Maupassant, Baudelaire, Carner y otros. También realizó decorados para el teatro.

Grau San Martín, Ramón (La Palma 1889 - La Habana 1969) Médico y político cubano. Fue catedrático de fisiología de la universidad de La Habana. Lideró la oposición contra el dictador Gerardo Machado y sustituyó a Céspedes en la presidencia de la república (1933). Al año siguiente fue depuesto por Fulgencio Batista. Nuevamente ocupó la presidencia (1944-48) y durante su mandato concedió la autonomía a la universidad y promulgó una nueva ley sobre accidentes laborales.

Grau Santos, Julián (Canfranc, Huesca 1937) Pintor y dibujante español. Hijo de Grau Sala. De estilo expresionista, ha pintado especialmente bodegones y paisajes, y publicado infinidad de dibujos en periódicos y revistas.

grava *s. f.* **1.** Conjunto de piedras pequeñas (entre 2 y 25 mm) procedentes de la erosión y meteorización de otras rocas, a veces redondeadas por el transporte fluvial o marino. Al consolidarse dan origen a los conglomerados. **2.** Piedra machacada que se utiliza para cubrir y allanar el suelo de caminos y carreteras o para hacer hormigón. **3.** Mezcla de piedras pequeñas, arena y a veces arcilla, que se encuentra en yacimientos.

gravamen *s. m.* **1.** Impuesto, obligación fiscal. **2.** Carga impuesta sobre un inmueble o sobre un capital.

gravar *v. tr.* **1.** Imponer una carga o gravamen. **2.** Pesar una carga, gasto u obligación sobre alguna cosa.

grave *adj.* **1.** Se dice de lo que encierra peligro, dificultad o puede tener malas consecuencias. **2.** De mucha importancia. **3.** Se dice de la persona que está muy enferma. **4.** Serio, que causa respeto. **5.** Se aplica al sonido de baja frecuencia. También *s. m.* **6.** En ling., se dice de la palabra que tiene su acento tónico en la penúltima sílaba. **7.** En algunas lenguas, como el francés, se aplica al acento (è) que indica que la vocal sobre la que se coloca se pronuncia abierta. **8.** Que tiene peso. También *s. m.* **FAM.** Gravemente.

gravedad *s. f.* **1.** Cualidad o estado de grave. **2.** Fenómeno que se manifiesta en la aparición de fuerzas de atracción entre cuerpos con masa. Es el responsable del movimiento de caída libre de los cuerpos y del movimiento ordenado de los cuerpos celestes. La gravedad terrestre produce unas fuerzas de atracción sobre los cuerpos situados en las proximidades de la Tierra, que recibe el nombre de peso y que responde a la fórmula $P = m \cdot g$, donde m es la masa del cuerpo y g la aceleración de la gravedad, que equivale a 9,8 m/s^2 para puntos relativamente próximos a la Tierra. Si un cuerpo se encuentra muy alejado de nuestro planeta y no sufre su atracción, se dice que carece de peso o que tiene ingravidez.

gravera *s. f.* Yacimiento de grava.

Graves, Robert Ranke (Wimbledon 1895 - Deia, Mallorca 1985) Escritor inglés. Terminada la Segunda Guerra Mundial fijó su residencia en Mallorca. Aunque se inició en la poesía, su primer éxito llegó con *Adiós a todo eso* (1929), un relato autobiográfico sobre la Primera Guerra Mundial, de fuerte contenido antimilitarista. Posteriormente alcanzó gran notoriedad con novelas de carácter histórico, como *Yo, Claudio* (1934), *Claudio, el dios* (1934), *El conde Belisario* (1938) y *El rey Jesús* (1947), y con ensayos sobre mitología, como *La diosa blanca* (1948) y *Los mitos griegos* (1955). En su poesía destacan *Siete días en Nueva Creta* (1949), *Poemas sobre el amor* (1968) y *Encuentro intemporal* (1973).

gravidez *s. f.* Estado de la hembra que ha sido fecundada y tiene el feto en el vientre.

grávido, da *adj.* **1.** Lleno, cargado. **2.** Se aplica a la hembra en estado de gravidez.

gravilla *s. f.* Grava menuda.

gravimetría *s. f.* Conjunto de técnicas para medir la aceleración de la gravedad y sus variaciones en distintos puntos de la superficie terrestre por medio del gravímetro. **FAM.** Gravimétrico.

gravímetro *s. m.* Instrumento que sirve para medir la aceleración de la gravedad en la superficie de la Tierra. Los más usados son el péndulo y la balanza de torsión.

Gravina, Federico Carlos (Palermo 1756 - Cádiz 1806) Marino español de origen siciliano. Participó en numerosas acciones navales a lo largo de la segunda mitad del s. XVIII. Fue nombrado general en jefe de la escuadra española y combatió a Nelson en Cádiz (1797). Murió a causa de las heridas que recibió en la batalla de Trafalgar.

gravitación *s. f.* **1.** Acción y efecto de gravitar. **2.** En fís., atracción mutua entre dos masas. || **3. ley de la gravitación universal** Ley enunciada por Isaac Newton, según la cual todos los cuerpos del universo, cualquiera que sea su tamaño, se atraen mutuamente con una fuerza que depende no sólo de las masas de ambos cuerpos, sino también de la distancia que los separa, según la fórmula

$$F = G\frac{m \cdot m'}{d^2}$$

en la que F es la fuerza de atracción, m y m' las masas de los cuerpos, d la distancia que los separa y G la constante de gravitación universal, igual a $6{,}67 \cdot 10^{-11}$ $N \cdot m^2/kg^2$.

gravitar *v. intr.* **1.** Moverse un cuerpo en torno a otro por efecto de la atracción gravitatoria. **2.** Tener tendencia a caer un cuerpo sobre otro debido a su peso. **3.** Descansar un cuerpo pesado sobre otro que lo soporta. **4.** Recaer sobre alguien o algo una carga, trabajo, obligación, etc. **5.** Estar algo negativo a punto de suceder.

gravitatorio, ria *adj.* Perteneciente o relativo a la gravitación.

gravoso, sa *adj.* **1.** Que ocasiona mucho gasto. **2.** Molesto, pesado.

Gray, Stephen (? h. 1670 - Londres 1736) Físico inglés. Estudió los fenómenos de la conducción eléctrica y descubrió que los distintos materiales tienen diferente capacidad para conducir la electricidad.

Gray, Thomas (Londres 1716 - Cambridge 1771) Poeta inglés. Fue un escritor de formación clásica, en cuyo estilo destacan la elegancia, la sencillez y el tono melancólico. Su interés por el mundo medieval y por la descripción del paisaje le convierten en uno de los precedentes del romanticismo. Es autor de *Elegía escrita en un cementerio rural* (1751) y las odas *El progreso de la poesía* (1757), *El bardo* (1757) y *Las hermanas fatídicas* (1768).

Graz C. de Austria, cap. del estado de Steiermark (Estiria), situada en el E del país, a orillas del río Mur y de los Alpes. 249.500 h. en 1986. La economía de la ciudad se basa en el sector secundario, representado por la industria metalúrgica, química, mecánica (material ferroviario y bicicletas) y textil (de lana y cuero).

Graziani, Rodolfo (Filettino, Frosinone 1882 - Roma 1955) Militar italiano. Sucedió a Badoglio como virrey de Etiopía (1936-37). Jefe de las tropas italianas en Libia, fue vencido por los británicos (1940). Ministro de Defensa en el gobierno republicano de Mussolini (1943), fue capturado por los aliados, condenado en 1945 a veinte años de prisión y amnistiado en 1950.

graznar *v. intr.* **1.** Dar graznidos. **2.** Cantar o hablar en un tono chillón y desagradable. **FAM.** Graznador.

graznido *s. m.* **1.** Sonido característico de algunas aves, como el cuervo, el grajo, el ganso, etc. **2.** Voz chillona al hablar o al cantar.

greba *s. f.* Pieza de la armadura antigua que cubría desde la rodilla hasta el comienzo del pie.

greca *s. f.* Banda o tira de adorno en la que se repiten los mismos motivos decorativos, consistentes en líneas rectas que se vuelven sobre sí mismas formando una sucesión de ángulos rectos. Fue muy utilizada por el arte griego y romano.

Grecia, República de (*Hellas*) Estado del SE europeo, situado en la península Balcánica e islas del mar Egeo.

Extensión: 131.957 km².
Límites: al N, con Albania, Macedonia y Bulgaria; al E, con Turquía y el mar Egeo; al S, con el mar Mediterráneo, y al O, con el mar Jónico.
Población: 10.038.000 h. en 1990.
Densidad: 76,1 h./km².
Capital: Atenas.
División administrativa: 13 regiones divididas en nomos: Ática, Creta, Egeo Meridional, Egeo Septentrional, Épiro, Grecia Central, Grecia Occidental, Islas Jónicas, Macedonia Central, Macedonia Occidental, Macedonia Oriental y Tracia, Peloponeso, Tesalia; y una administración autónoma en Monte Athos.
Ciudades principales: Salónica, Pireo, Patrás, Heraclion, Larissa, Peristérion.
Gentilicio: griego o heleno.
Forma de Estado: república presidencialista.
Idioma: griego.
Religión: cristianismo ortodoxo, 97,6 %; islamismo, 1,5 %.
Moneda: dracma.
Tasa de natalidad: 11 ‰ en 1990.
Tasa de mortalidad: 9 ‰ en 1990.
Renta per cápita: 5.340 dólares en 1989.

Geog. física Grecia ocupa el sector S de la península Balcánica y diversos archipiélagos del Mediterráneo oriental, por lo que su estructura geográfica es extremadamente variada y fragmentada. Tiene un relieve montañoso: al N se alzan las estribaciones meridionales de los montes Ródope, las montañas de la Calcídica y de Macedonia, donde se hallan los ríos Strimon (Struma), Nestos (Mesta) y Evros (Maritsa), en el E se encuentra el macizo de Bermión, con el monte Olimpo (2.911 m), máxima altura del país; el O de Grecia está recorrido de N a S por el sistema de los montes Pindo; y en la península del Peloponeso se hallan los montes Parnon y Taigeto. En torno al golfo de Salónica se extiende la llanura de Macedonia, recorrida por los ríos Vardar y Aliakmon. Debido a la topografía accidentada y al clima, de precipitaciones escasas e irregulares, su red hidrográfica no es demasiado importante. Grecia es un país eminentemente marítimo, cuya costa escarpada presenta numerosos cabos, como los de Maleas y Matapán; golfos, como el de Corinto, que separa el Peloponeso del continente, y los de Salónica, Patrás, Mesenia y Laconia; y penínsulas, como el Peloponeso y la Calcídica. Posee gran cantidad de islas: al O se encuentran las Jónicas, que incluyen Corfú, Leucas, Cefalonia y Zante; en el mar Egeo destacan Tasos, Samotracia, Lemnos, Lesbos y Quíos, situadas de N a S en las costas de Tracia y Asia Menor; las Espóradas del Norte, a las que pertenecen Skiros y Skopelos; Eubea; las Cícladas, que comprenden Andros, Tinos, Mikonos, Naxos y Paros; y las islas del Dodecaneso, entre las que se cuentan Rodas, Samos, Icaria y Cos; al S, en el mar Mediterráneo, está Creta.

El clima es mediterráneo, aunque algunas regiones septentrionales y montañosas tienen inviernos muy fríos. En la vegetación dominan los bosques y prados en las montañas del interior, pero las regiones costeras e insulares poseen vegetación mediterránea de matorral, arbusto espinoso y bosque de encinas.

Geog. humana y ***económica*** La población ha ido disminuyendo a lo largo del s. XX a causa de la emigración a países europeos y americanos, aunque actualmente tiende a estabilizarse y se concentra sobre todo en las costas y los núcleos urbanos, en los que reside más del 60 % de los griegos. La economía se ha basado tradicionalmente en la agricultura, que produce en el con-

Grecia: vista de los montes Pindo, con el pico Tzoumerka.

tinente cereales, como trigo, maíz y cebada; y en la península del Peloponeso se han fomentado los cultivos hortofrutícolas y los encaminados directamente a la industria, como el tabaco y el algodón (décimo productor mundial). Grecia es el tercer productor mundial de aceite de oliva; también destaca la vid. En la ganadería, las cabañas ovina y caprina son las más relevantes. En el litoral e islas se practica una pesca de bajura. Entre los recursos del subsuelo sobresalen por su importancia los yacimientos de magnesita (séptimo productor mundial), amianto (primero), cromo, plata, níquel y cinc, manganeso y hierro de la península Calcídica, los de bauxita (décimo) en el Ática y los de lignito (séptimo) en Macedonia. Como en la mayoría de los países mediterráneos, la industria ha empezado a desarrollarse tardíamente. Está localizada en núcleos urbanos como Atenas, Pireo, Salónica y Patrás y es fundamentalmente textil, metalúrgica (acero y aluminio), química, papelera, alimentaria, del cemento y del tabaco. Especial importancia tiene el turismo, que representa una fuente de ingresos muy considerable. Desde 1981 Grecia pertenece a la Comunidad Europea.

Hist. **oleadas migratorias** La península Balcánica y las islas del Egeo, que estuvieron habitadas en época neolítica por pueblos pelasgos, léleges y carios, recibieron a lo largo de la prehistoria sucesivas oleadas migratorias. La cultura del bronce se introdujo a principios del tercer milenio a. C. y dio lugar a tres civilizaciones: la heládica en la península, la cicládica en las islas Cícladas y la minoica en la isla de Creta. La civilización minoica constituyó una *talasocracia* o imperio marítimo y construyó los grandes palacios cretenses de Cnosos, Festos y Hagia Tríada. A principios del segundo milenio a. C., procedente de Centroeuropa, llegó la segunda gran oleada migratoria, constituida por los pueblos aqueo y jonio, que son considerados los primeros griegos. Crearon la civilización micénica, que edificó en la Argólida las ciudades fortificadas de Micenas y Tirinto y se extendió a mediados del segundo milenio a Creta (s. XV a. C.) y a Asia Menor (guerra contra Troya, s. XIV-XIII a. C.). La tercera oleada migratoria (fines del segundo milenio) estuvo constituida por pueblos dorios, que introdujeron la cultura del hierro y obligaron a los aqueos a retirarse al Peloponeso y a los jonios, al Ática, Eubea y las Cícladas.

Grecia: vista de la ciudad de Naxos, en la isla del mismo nombre.

polis y democracia Grecia se fragmentó y hacia el s. XI a. C. aparecieron las polis o ciudades-Estado, que al principio estuvieron gobernadas por reyes y luego pasaron a ser controladas por la aristocracia terrateniente. El auge del comercio en el s. VII a. C. provocó la aparición de una clase media que, aliada con campesinos y jornaleros, implantó en Atenas un nuevo sistema político, la democracia. A principios del s. V a. C. el imperio persa intentó repetidas veces la conquista de Grecia, lo que desencadenó las guerras médicas. Atenas asumió la dirección de la defensa y con su triunfo final (479 a. C.) obtuvo la hegemonía en el mundo griego. Para proseguir la guerra contra Persia creó la liga de Delos o confederación ateniense, lo que la convirtió en una potencia marítima y comercial y en el centro del arte y la cultura griegas, sobre todo en el s. V a. C. o de Pericles. Frente a la liga de Delos se alzó la del Peloponeso, encabezada por Esparta, una ciudad gobernada por una aristocracia de carácter militar. La rivalidad entre ambas potencias hizo estallar la guerra del Peloponeso (431 a. C.), que terminó con la victoria del espartano Lisandro (406 a. C.) y con el final del poderío ateniense.

dominio de Macedonia, Roma, bizantinos y turcos A Esparta se enfrentó en el s. IV a. C. Tebas, que la venció gracias a sus caudillos Pelópidas y Epaminondas. Su dominación, sin embargo, duró poco debido al creciente poder militar de Macedonia, cuyo rey Filipo II unificó las polis griegas en la liga de Corinto (337 a. C.). Su hijo Alejandro Magno emprendió una guerra de expansión que comenzó con la conquista de Persia, siguió con la de Egipto y sólo se detuvo al llegar al valle del río Indo. Este imperio helenístico se fragmentó a la muerte de Alejandro, cuyos generales o *diadocos* formaron diferentes reinos. El de Macedonia mantuvo el dominio de Grecia hasta principios del s. II a. C., en que fue conquistada por Roma. Convertida en provincia por Augusto, Grecia influyó poderosamente en la civilización romana. A fines del s. IV, tras la fundación de Constantinopla y la división del imperio entre Oriente y Occidente, quedó incorporada al imperio bizantino. Los turcos otomanos comenzaron la conquista de Bizancio en el s. XIV y la culminaron en 1453 con la toma de Constantinopla.

independencia y época actual Grecia formó parte del imperio otomano hasta que, a principios del s. XIX, surgió un fuerte sentimiento nacionalista, impulsado por los *fanariotas*, una poderosa y enriquecida burguesía comercial. Los grupos independentistas se reunieron en el congreso de Epidauro (1822) y proclamaron la independencia de Grecia, pero ésta no se hizo realidad hasta 1829, cuando el sultán otomano fue derrotado con ayuda de Francia, Reino Unido y Rusia. El nuevo estado adoptó la forma republicana y eligió como presidente a Capo d'Istria; pero, asesinado éste en 1831, la Asamblea decidió convertir al país en una monarquía. El primer rey fue Otón de Baviera, que gobernó con el apoyo de Alemania y Rusia y con la hostilidad del Reino Unido y Francia, que consiguieron por fin, en 1862, su destronamiento y sustitución por el príncipe Jorge de Dinamarca.
Grecia aumentó su territorio con la incorporación de las islas Jónicas en 1864, cedidas por el Reino Unido; con Tesalia y Épiro en 1878, conquistados tras la guerra ruso-turca, y con Creta en 1908, que se integró por decisión de su presidente autónomo Venizelos, futuro primer ministro griego. Junto con Bulgaria, Serbia y Montenegro, Grecia formó la liga balcánica, que en 1912 declaró la guerra a Turquía. En 1913 heredó el trono Constantino I, partidario de los imperios centrales en la Primera Guerra Mundial, lo que le enfrentó a Venizelos, partidario de los aliados. En 1917 el rey abdicó en su hijo Alejandro I, que entró en guerra a favor de los aliados y arrebató Asia Menor a Turquía. Al término del conflicto y después de la muerte de Alejandro I, fue restaurado en el trono Constantino I. Sin embargo, la derrota ante Turquía en 1922 y la consiguiente pérdida de muchos de los territorios conquistados le obligaron a abdicar en su hijo Jorge II. En 1924 se declaró un plebiscito y los griegos eligieron la república, pero el nuevo régimen, sacudido por graves problemas sociales y políticos, duró algo menos de diez años. Un golpe militar del general Plastiras abolió en 1933 la república, presidida entonces por Venizelos, y otro plebiscito restauró la monarquía en 1935. Durante la Segunda Guerra Mundial el país fue invadido primero por tropas italianas y más tarde por alemanas, que debieron hacer frente a una dura oposición guerrillera, encabezada por los comunistas. La liberación del territorio en 1944 por los británicos no trajo la paz, ya que de inmediato se inició una intensa guerra civil entre la guerrilla comunista y los partidarios de la monarquía. Como en los pactos de Yalta Grecia había quedado englobada en la zona de influencia occidental, la URSS no intervino en favor de sus partidarios y el conflicto concluyó en 1949 con el triunfo monárquico. Dos años antes Jorge II había cedido el trono a su hijo Pablo I, que a su vez lo entregó en 1964 a Constantino I. La falta de entendimiento entre el rey y el primer ministro, el centrista Georgios Papandreu, provocó la destitución de éste en 1965 y una grave crisis política, a la que puso fin el golpe militar de «los coroneles» en 1967, que el propio monarca apoyó en un primer momento. La dictadura duró hasta 1974, en que Constantino Karamanlis inició la restauración democrática. Ese mismo año se celebró un nuevo referéndum sobre la forma de Estado, en el que el pueblo griego escogió la república, con lo que se inició una nueva etapa bajo la dirección de Karamanlis y de su partido Nueva Democracia. Entre 1974 y 1980 Grecia abandonó la estructura militar de la OTAN y en 1981 ingresó en la Comunidad Económica Europea. Entre 1981 y 1989 gobernó Andreas Papandreu, del partido socialista PASOK, pero tras las elecciones de ese año, el conservador Constantinos Mitsotakis formó un gobierno de minoría. En las elecciones presidenciales de 1990 resultó elegido Constantino Karamanlis, quien encomendó a Constantinos Mitsotakis la formación de un gobierno monocolor, que, a causa de su extremada dureza y austeridad, provocó diversas protestas.

Arte En la isla de Creta la civilización minoica construyó grandiosos palacios, con gran número de aposentos distribuidos de forma irregular y un elemento constructivo característico: la columna cuyo diámetro disminuye progresivamente con la altura. Los principales son los de Cnosos, Festos y Hagia Tríada. Las artes decorativas cretenses alcanzaron un desarrollo extraordinario. La pintura al fresco, que decoraba las salas de los palacios, representa escenas naturalistas con figuras humanas y posee gran riqueza cromática. En la escultura sobresalen las estatuillas votivas de divinidades y los relieves con escenas de la vida cotidiana. La cerámica, llamada de *Kama-*

rés, está decorada con temas animales o vegetales de estructura geométrica. En orfebrería destacan los vasos labrados y las mascarillas funerarias, como las del tesoro de los Atridas.
La civilización micénica, desarrollada en la Grecia continental, erigió fortalezas de planta cuadrada construidas según la fórmula del *mégaron* y protegidas por fuertes murallas con puertas megalíticas, como la puerta de los Leones; las principales son las de Micenas, Tirinto y Troya. Su arquitectura funeraria se caracteriza por las tumbas de cámara cubierta con falsa bóveda, como el tesoro de Atreo.
El arte griego antiguo suele dividirse en tres periodos: arcaico (s. X-V a. C.), clásico (s. V-IV a. C.) y helenístico (s. III-II a. C.). En arquitectura existieron tres órdenes o estilos: dórico, jónico y corintio, correspondientes los dos primeros a la época clásica y el último a la helenística. Su construcción característica es el templo, generalmente de planta rectangular, elevado sobre unas gradas y rodeado en su frente y lados por un número variable de columnas. Otros edificios propios de la arquitectura griega clásica son los teatros, odeones, estadios, gimnasios y palestras. La decoración de los templos consistía en relieves, que recorrían los frisos y los muros interiores, y en grupos escultóricos, situados en las acróteras y los tímpanos de los frontones.
La escultura de bulto redondo evolucionó a lo largo de los diversos periodos. Durante el periodo arcaico, las formas características son representaciones de jóvenes de uno y otro sexo, llamadas *kourós* y *koré* respectivamente, que se distinguen por su hieratismo o rigidez solemne. A principios del s. V a. C. surgió el estilo severo, en el que las figuras humanas pierden ya la rigidez arcaica y cuyo ejemplo más representativo es el *Auriga de Delfos*. En el s. V a. C. la escultura clásica llegó a su plenitud: las formas humanas alcanzan una perfecta armonía de proporciones en las obras de Policleto y Fidias, mientras que Scopas, Praxíteles y Lisipo hicieron resaltar los aspectos dramáticos y expresivos de la figura humana. El arte decorativo más utilizado fue la pintura, de la que apenas han quedado muestras, pero que logró una extraordinaria perfección. Sus representantes más destacados fueron Apeles y Polignoto. La cerámica tuvo su principal centro en Corinto, entre los s. VII y VI a. C., donde se impuso un modelo de color claro decorado con bandas superpuestas negras y rojas e incisiones. Durante los s. VI y V a. C. el centro ceramista más importante fue Atenas, donde se elaboraron dos tipos característicos, la cerámica de figuras negras y la de figuras rojas.
El periodo helenístico se caracterizó por la *koiné* cultural, o creación de un ámbito común de civilización a lo largo del mar Mediterráneo, cuyos centros más notables fueron Antioquía, Alejandría y Pérgamo. En la arquitectura son de señalar las planificaciones urbanísticas, las perspectivas monumentales y la verticalidad. La escultura perdió la armonía propia del periodo clásico, realizando retratos de personajes y escenas de la vida cotidiana y composiciones piramidales o espirales que tienden a lo desmesurado y lo patético. Sus principales escuelas fueron la de Pérgamo (*Galo moribundo*), la de Alejandría (*Homero ciego*) y la de Rodas (*Victoria de Samotracia*).
A partir del s. II a. C., sobrevino la dominación de Roma y la consiguiente pérdida de la independencia griega, lo que supuso un declive para la cultura de la Hélade del que no volvería a recuperarse, aun cuando ejerciera una gran influencia sobre sus invasores. Desde el s. IV hasta el final de la Edad Media, Grecia perteneció al ámbito cultural del imperio bizantino. En 1456 el imperio turco otomano conquistó Atenas y desde entonces y hasta el s. XVIII, en que renació el espíritu nacional griego, el arte de Grecia se confunde con el arte otomano. Cuando el país alcanzó la independencia se impuso el estilo neoclásico. Durante el s. XIX, los artistas más destacados fueron el escultor Lázaro Sobos y los pintores Nicéforo Lytras y Nicolás Gysis; entre los que realizaron su obra fuera de Grecia sobresalen el pintor Teodoro Ralli y el grabador Demetrio Galanis. En el s. XX prevalecen las tendencias y escuelas internacionales. Así se puede clasificar dentro de la corriente expresionista a Parthenes y Maleas y en el futurismo a Gounaropoulos. Otros pintores significativos son N. Engonopoulos y Katraki.
Lit. El género literario más antiguo surgido en Grecia fue la épica, poesía de transmisión oral que alcanzó su mayor esplendor en los s. IX-VIII a. C. con la figura de Homero, autor de dos obras maestras de la literatura universal: la *Ilíada* y la *Odisea*. A partir del s. VIII a. C. y hasta el s. V a. C., la épica evolucionó en dos ciclos: el troyano y el tebano. En el s. VII a. C., Hesíodo compuso dos grandes poemas: la *Teogonía*, sobre la genealogía de los dioses, y *Los trabajos y los días*, sobre las labores del campo. La lírica apareció más tarde que la épica y tuvo dos formas fundamentales: el poema cantado, llamado *poesía mélica*, y el poema recitado con acompañamiento musical, que adoptó formas de elegía, yambo, oda, coral, etc. Los principales poetas líricos fueron Tirteo, Focílides, Arquíloco, Alceo, Safo, Anacreonte, Estesícoro, Baquílides y Píndaro. El teatro se desarrolló en la época clásica (s. V a. C.) a partir del ditirambo y su primera y más importante expresión fue la tragedia, cultivada por Esquilo, Sófocles y Eurípides. La comedia, rivalizando en cierto modo con el género anterior, culminó durante este periodo en la obra de Aristófanes. Otros géneros que alcanzaron su madurez en la época clásica fueron la historia, que cultivaron Herodoto, Tucídides y Jenofonte, y la oratoria, representada por Anfión, Lisias, Isócrates, Licurgo, Esquines y, ya en época helenística, Demóstenes.
Durante el periodo helenístico Atenas perdió la hegemonía cultural al tiempo que surgieron nuevos focos a lo largo del Mediterráneo, como Antioquía, Pérgamo, Rodas y Siracusa. Sus más destacados representantes fueron: Licofrón en el drama, Menandro en la comedia, Apolonio de Rodas en la épica, Calímaco y Teócrito en la lírica, Nicandro en la didáctica, Aristarco en la gramática y Plutarco y Polibio en la historia.
Tras el periodo bizantino sobrevino la ocupación turca otomana, en la que la literatura griega decayó, preservándose sus características diferenciales en Creta y las islas Jónicas, donde se practicó una literatura regional. A principios del s. XIX, el renacimiento helenista permitió la creación de una nueva literatura nacional. De este siglo merece citarse a los poetas Dyonysios Solomós, Polylas, Marcoras, Mavilis, Martzokis y Andreas Calvos y al prosista Lascaratos. En Atenas renació la novela con Jean Psichari y la poesía con Georgios Drosinis y Kostis Palamás. El poeta alejandrino Constantino Kavafis reaccionó contra el populismo de estas escuelas y escribió versos de tono culto y estilo clásico. Su obra se publicó ya en el s. XX, en el que una nueva generación literaria superó, a través del realismo, la carga tradicionalista que había tenido el renacimiento helénico del s. XIX; de ella destacan, en prosa, Stratis Myrivilis, Ilias Venezis, Thrasos Castanakis, Cosmas Politis, Basile Dascalakis y Nikos Kazantzakis; y en poesía, Georgios Seferis, Angelos Sikelianos y, sobre todo, Odysseus Elytis.
Fil. El pensamiento filosófico nació en las colonias jónicas de Asia Menor a fines del s. VII a. C. cuando, al enfrentarse con el problema de la naturaleza y su esencia, los miembros de la escuela de Mileto prescindieron de las explicaciones mitológicas y buscaron una respuesta por medio de la razón. Estos pensadores y los que les siguieron, denominados *presocráticos*, se propusieron como objeto de su estudio la materia física y el principio último que la compone. Entre ellos destacaron Tales, Anaximandro y Anaxímenes. La escuela pitagórica floreció en Magna Grecia a fines del s. VI y principios del s. V a. C. y debe su nombre a su principal representante, Pitágoras, para quien el número era la realidad fundamental y origen de la naturaleza. Empédocles pensó que el principio de las cosas era múltiple y que existían cuatro elementos (aire, tierra, agua y fuego) vinculados por relaciones de atracción y repulsión. El propósito que mueve a estos primeros filósofos es la búsqueda de un principio que pudiera dar cuenta de todos los fenómenos de la naturaleza y al que todos ellos pudieran reducirse. Heráclito de Éfeso concibió una realidad cambiante, siempre en movimiento, cuya clave es la lucha de los contrarios, como el frío y el calor o el día y la noche; Parménides y los pensadores de la escuela eleática sostuvieron, en cambio, que la realidad es única e inmutable.
En época clásica la filosofía decayó en las colonias jónicas y floreció en Atenas. Anaxágoras estudió las causas naturales de los fenómenos, cuyo primer motor identificó con el espíritu, y concibió unos principios inmutables, los gérmenes, que al entrar en movimiento generan los seres y las cosas. Leucipo y Demócrito enunciaron la doctrina del atomismo, según la cual la naturaleza se compone de multitud de pequeños elementos, los átomos, que al combinarse producen todas las formas. En la segunda mitad del s. V a. C. se produjo una gran revolución filosófica con la aparición de los sofistas, como Protágoras, Hipias, Critias, Pródico y Gorgias, que trasladaron su atención de la naturaleza al hombre. Frente a ellos se alzó la gran figura que transformó el curso de la filosofía, Sócrates, que no redactó obra alguna, pero cuyo pensamiento fue recogido y transmitido por el más grande de sus discípulos, Platón, a través de sus *Diálogos*. Platón desarrolló la teoría de las formas, para la que, además del mundo sensible, existe el mundo de las ideas, en el que radica la única realidad y al que sólo se puede acceder a través de la razón y la ciencia. Fundó la escuela de la Academia, donde recibió su formación Aristóteles, el tercero de los grandes filósofos clásicos griegos. Aristóteles culminó el desarrollo de la filosofía enunciando la metafísica, que convierte la idea platónica en la forma, la cual, al unirse con la materia, constituye la sustancia, es decir, la realidad concreta e individual; los principios fundamentales de la lógica, que se mantendrían en vigor hasta que en el s. XIX se formularon las bases de una lógica matemática; y una serie de investigaciones en física natural y biología que determinarían el desarrollo de estas ciencias hasta la época moderna.
Durante el periodo helenístico se formaron las escuelas postaristotélicas, caracterizadas por una preocupación básicamente ética. Destacan, entre otras, el escepticismo, el epicureísmo, el cinismo, así como el estoicismo de Epicteto. El neoplatonismo floreció en época romana y tuvo en Plotino a su principal representante.
La ciencia se desarrolló en Grecia al compás de la filosofía. Tales de Mileto logró grandes avances en las matemáticas y la astronomía e Hipócrates de Cos fundó la medicina, al estudiar las enfermedades sin recurrir a explicaciones sobrenaturales. Los avances más importantes se produjeron en el periodo helenístico: Euclides dio un gran impulso a la geometría, Eratóstenes cal-

Arte griego: el Partenón, en la acrópolis de Atenas.

culó con gran precisión la circunferencia de la Tierra; Aristarco sostuvo que la Tierra gira en torno al Sol; Hiparco enunció la teoría geográfica de la longitud y latitud; Arquímedes formuló el principio que lleva su nombre sobre las masas sumergidas en líquidos y descubrió las aplicaciones de la palanca, la polea y la grúa; Teofrasto hizo progresar las ciencias naturales, y Herófilo descubrió la circulación de la sangre.

grecismo *s. m.* Palabra o giro propios de la lengua griega empleados en otra lengua.

greco- *pref.* Significa 'griego': *grecorromano.*

Greco, Doménikos Theotokópoulos, llamado **El** (Candía, Creta 1541 - Toledo 1614) Pintor cretense, que realizó su obra principal en España. Se formó en Venecia, donde recibió la influencia de Tiziano, Tintoretto y Bassano, y hacia 1576 se trasladó a Toledo, donde se estableció definitivamente. La ciudad castellana era la sede más importante de la Iglesia española y contaba con numerosas instituciones religiosas para las que el artista trabajó hasta su muerte. En 1579 y 1582 realizó dos encargos para Felipe II, que no gustaron al rey. Su pintura, de estilo manierista, se caracteriza por el alargamiento y la estilización de las figuras, que adoptan posturas casi siempre dramáticas, por un colorido vibrante y original, en el que destacan los azules, amarillos, ocres, verdes y violetas, y por un ambiente de profunda y austera religiosidad. Entre sus obras sobresalen las de tema religioso, como *La Trinidad* (1579), *El expolio* (1579) y *El martirio de San Mauricio* (1582), y los retratos individuales, como *El caballero de la mano al pecho* (1580) y *Fray Hortensio Félix de Paravicino* (1609), y colectivos, como *El entierro del conde de Orgaz* (1588).

El Greco: El caballero de la mano al pecho *(Museo del Prado, Madrid).*

Greco, Juliette (Montpellier 1927) Cantante francesa. Musa del existencialismo, triunfó con canciones escritas para ella por personajes famosos como Sartre, Prévert, Quéneau o Mac Orlan, especialmente con *Las hojas muertas.* También ha interpretado algunos filmes, como *Orfeo* (1950), *Elena y los hombres* (1956) y *Las raíces del cielo* (*Roots of heaven,* 1958).

grecolatino, na *adj.* Perteneciente o relativo a los griegos y a los latinos, especialmente a la cultura desarrollada en el ámbito mediterráneo en la época de esplendor de la Roma clásica, cuya raíz era esencialmente griega.

grecorromano, na *adj.* **1.** Perteneciente o relativo a los griegos y a los romanos. **2.** Se aplica a una variedad de lucha deportiva que tiene categoría olímpica.

greda *s. f.* Arcilla arenosa de color blanquecino.

gredal *adj.* **1.** Se aplica a la tierra que tiene greda. || *s. m.* **2.** Terreno donde abunda la greda.

Gredos, sierra de Conjunto montañoso de España, situado en el Sistema Central, en el S de la prov. de Ávila. Tiene una longitud de casi 150 km y una anchura de 30 km. Consta de tres macizos: el oriental, entre el río Alberche y el puerto del Pico; el central, desde el puerto del Pico a Tornavacas, donde está situado el circo de Gredos, y el occidental, desde Tornavacas hasta el puerto de Béjar. Sus principales picos son Cabezo (2.188 m), Plaza del Moro Almanzor (2.592 m), Mira (2.348 m), Calvitero (2.425 m) y Canchal (2.369 m). Entre su fauna se encuentra la valiosa cabra hispánica.

gredoso, sa *adj.* Perteneciente a la greda o semejante a ella.

Green, Julien (París 1900) Escritor francés. En su obra novelística trata el problema del dolor y la angustia del hombre en un mundo que ha perdido la fe. Entre sus principales novelas pueden citarse *Adrienne Mesurat* (1927), *Leviatán* (1929), *Moira* (1950) y *El otro* (1971).

Graham Greene.

Greene, Graham (Great Berkhamstead, Hertfordshire 1904 - Vevey, Suiza 1991)) Escritor británico. Su conversión al catolicismo influyó poderosamente en el carácter de su obra, preocupada siempre por la actitud del hombre ante los problemas religiosos y de conciencia. Entre sus novelas, en las que son frecuentes los argumentos policiacos y de espionaje, merecen citarse *Brighton, parque de atracciones* (1938), *El poder y la gloria* (1940), *El revés de la trama* (1948), *El fin de la aventura* (1951), *El americano impasible* (1955), *Nuestro hombre en La Habana* (1960) y *El factor humano* (1977). También es autor del guión de *El tercer hombre* (1950).

Greene, Robert (Norwich h. 1558 - Londres 1592) Dramaturgo y novelista inglés. Viajó por Francia, Italia y España. Se le considera un precedente del teatro isabelino. Entre sus títulos teatrales destacan *Fray Bacon y fray Bungay* (1589), *Jacobo IV* (1592), *Orlando furioso* (1592) y *Un espejo para Londres e Inglaterra* (1592), en colaboración con Lodge, y en su narrativa, *Mamillia* (1583), *Pandosto* (1588), *El arte de domesticar mirlos* (1591-92) y *Cuatro ochavos de ingenio adquiridos con un millón de arrepentimientos* (1592).

Greenpeace Organización ecologista internacional, fundada en 1972 y con representación en trece países. Promueve campañas activas en contra de las pruebas nucleares, los vertidos radiactivos y la caza de especies animales en vías de extinción.

Greenwich C. del Reino Unido, situada al SO de Londres, actualmente integrada en el condado del Gran Londres. 217.800 h. en 1986. En su parque se alza el antiguo observatorio astronómico, en el que en 1884 se estableció el meridiano 0, a partir del que comienza a calcularse la longitud geográfica.

Greenwich Village Barrio de Nueva York, situado en Manhattan, que conserva casas antiguas y calles estrechas y está habitado por intelectuales y artistas.

gregal[1] (del lat. *gregalis,* de *grex, gregis,* rebaño) *adj.* Gregario*.

gregal[2] (del lat. *graegalis,* de *graecus,* griego) *s. m.* Viento fresco del Mediterráneo entre el levante y la tramontana procedente del NO.

gregario, ria *adj.* **1.** Se aplica a los animales que viven agrupados en rebaños o manadas. **2.** Se dice de los individuos pertenecientes a un grupo, en el que no cumplen una función que les distinga del resto, p. ej. los soldados rasos. **3.** Que sigue en todo momento las iniciativas e ideas de los demás, por no tener personalidad propia. || *s. m.* **4.** En ciclismo, corredor que ayuda al más destacado de su equipo.

gregarismo *s. m.* **1.** Cualidad de gregario. **2.** Tendencia a la agrupación con otros organismos de su misma especie que presentan ciertos seres vivos.

gregoriano, na *adj.* **1.** Se dice del canto religioso adoptado oficialmente por la Iglesia romana para su liturgia y cuya ordenación ha sido atribuida por la tradición medieval al papa Gregorio Magno. Llamado también *canto llano,* consta de una sola voz, utiliza escalas diatónicas, tiene un ritmo libre y un sistema de notación propio. Posiblemente recibió influencias de la música judía y del sistema modal griego. Alcanzó su mayor esplendor durante los primeros siglos del cristianismo. También *s. m.* **2.** Se aplica al año, calendario y era reformados por el papa Gregorio XIII. || **3. misas gregorianas** Véase **misa**. **4. reforma gregoriana** Movimiento reformador de la Iglesia católica en los s. XI y XII, impulsado por la orden monástica cluniacense ante el deterioro de la vida espiritual de las jerarquías eclesiásticas y las prácticas habituales de simonía, cesaropapismo, etc. Su principal promotor fue el papa Gregorio VII. **5. rito gregoriano** Reforma del ritual católico en el oficio divino y la administración de los sacramentos, atribuida al papa Gregorio Magno.

Gregorio Nombre de diversos papas.

Gregorio I Magno, San (Roma h. 540 - íd. 604) Papa romano. Su pontificado abarca de 590 a 604. Fue prefecto de Roma (572-574). Elegido papa, enunció la doctrina de la supremacía de la sede episcopal romana sobre el conjunto de la cristiandad y la puso en práctica mediante una acertada gestión del patrimonio de San Pedro y una administración centralizada en las diócesis occidentales, con las que mantuvo un intenso contacto epistolar.

Gregorio VII, San (Soana, Toscana h. 1020 - Salerno 1085) Papa italiano. De nombre Hildebrando, su pontificado abarca de 1073 a 1085. Se enfrentó al emperador germánico Enrique IV por la querella de las investiduras eclesiásticas. En el decreto *Dictatus papae* rechazó cualquier dependencia de la Iglesia respecto al imperio u otro poder temporal. Llevó a cabo una profunda reforma espiritual de la Iglesia.

Gregorio IX (Anagni h. 1170 - Roma 1241) Papa italiano. De nombre Ugolino di Segni, su pontificado abarca de 1227 a 1241. Se enfrentó a la política absolutista de Federico II, al que excomulgó en dos ocasiones (1227 y 1239). Confió la Inquisición a los dominicos.

Gregorio XI (Rosiers-d'Égletons, Corrèze 1329 - Roma 1378) Papa francés. De nombre Pierre Roger de Beaufort, su pontificado abarca de 1370 a 1378. Restableció la sede papal en Roma en 1377 después del destierro de Aviñón. A su muerte estalló el cisma de Occidente.

Gregorio XIII (Bolonia 1502 - Roma 1585) Papa italiano. De nombre Ugo Boncompagni, su pontificado abarca de 1572 a 1585. Aplicó la doctrina del concilio de Trento y favoreció la política de Felipe II de España. Editó el *Corpus iuris canonici* (1580) y promovió la reforma del calendario juliano (1582).

Gregorio XVI (Beluno 1765 - Roma 1846) Papa italiano. De nombre Bartolomeo Cappellari, su pontificado abarca de 1831 a 1846. Era religioso camaldulense. Con ayuda de Austria reprimió las sublevaciones desencadenadas en los Estados Pontificios. Impulsó las misiones y condenó las ideas modernas y a Lamennais

Gregorio de Nisa, San (Cesarea 335 - Nisa h. 394) Doctor de la Iglesia. Su hermano San Basilio lo consagró como obispo de Nisa (371). Fue buen conocedor de la filosofía platónica. Asistió al primer concilio de Constantinopla (381) y dejó numerosos escritos contra el arrianismo.

Gregorio de Tours, San (Clermont Ferrand h. 538 - Tours h. 594) Obispo de Tours e historiador francés. Escribió la *Historia Francorum,* crónica histórica de la antigüedad tardía del reino franco y del Occidente romano y principal fuente para el estudio de dicha época.

Gregorio Nacianceno, San (Arianzo, Capadocia h. 330 - íd. h. 390) Doctor de la Iglesia. Fue obispo de Constantinopla, combatió el arrianismo y contribuyó a la elaboración de la teología sobre la Santísima Trinidad y la encarnación. Son célebres sus *Discursos teológicos.*

greguería *s. f.* **1.** Ruido producido por las voces o gritos de muchas personas. **2.** Composición literaria creada por Ramón Gómez de la Serna, de extensión muy breve, normalmente no mayor de 2 o 3 líneas, en las que mediante ingeniosas metáforas y comparaciones se presenta una visión sorprendente o humorística de la realidad: «*El búho es la lámpara de la mesilla de noche del bosque*». **3.** Género literario constituido por estas composiciones.

greguescos o **gregüescos** *s. m. pl.* Especie de calzones bombachos muy anchos usados durante los s. XVI y XVII.

grelo *s. m.* Hoja tierna y comestible de la planta del nabo.

gremial *adj.* Perteneciente al gremio, profesión o sindicato.

gremialismo *s. m.* Doctrina o tendencia política que propugna la formación de gremios y su predominio sobre otros sectores de la sociedad. **FAM.** Gremialista.

gremio *s. m.* **1.** Agrupación de personas de una misma profesión regida por una reglamentación especial para defender sus intereses. **2.** *fam.* Clase de personas que están en la misma situación o que comparten los mismos gustos, aficiones, etc. ***Hist.*** Los gremios surgieron como resultado de la libre asociación de los artesanos de las ciudades a partir del s. XI y del interés de los poderes municipales por controlar la calidad y el precio de los productos y evitar la competencia de los artesanos extranjeros y las oscilaciones de los precios. Su organización era fuertemente jerárquica y establecía tres categorías: la de los aprendices, que trabajaban sin sueldo de 3 a 6 años en el taller de un maestro; la de los oficiales, artesanos ya especializados que cobraban un salario, y la de los maestros, una categoría en la que ya se era dueño del taller y de los instrumentos de trabajo y que se alcanzaba tras superar una prueba consistente en realizar la «obra maestra». Los gremios fijaban unas minuciosas ordenanzas en las que se indicaban las técnicas de trabajo, los instrumentos que se debían utilizar, el número de empleados y los días de fiesta, lo que los convirtió en los s. XIV y XV en auténticos reguladores de la economía. El rígido control que establecían sobre la producción terminó por enfrentarlos al desarrollo y a la renovación tecnológicos iniciados en la Edad Moderna y, ya en el s. XVIII, entraron en decadencia paralelamente al auge del capitalismo y la industrialización.

Grenoble C. de Francia, cap. del departamento de Isère, situada al SE del país, al pie de los Alpes, junto al río Isère. 159.000 h. en 1990. Entre las numerosas industrias con que cuenta la ciudad destacan la metalúrgica, eléctrica, química, alimentaria y textil. Es un importante centro turístico y universitario.

Grenville, George (Wotton Hall, Buckinghamshire 1712 - Londres 1770) Político británico. Primer ministro (1763-65), hizo aprobar la *Stamp act* (1765), que obligaba a las colonias americanas a sufragar parte de los gastos imperiales y que provocó la sublevación de las mismas.

Grenville, William Wyndham Grenville, barón de (? 1759 - Dropmore, Buckinghamshire 1834) Político británico. Hijo del anterior y miembro del partido Tory, fue ministro de Asuntos Exteriores con Pitt y, a la muerte de éste, jefe del gobierno (1806-07). Hizo aprobar una ley que prohibía la trata de negros (1807).

greña *s. f.* **1.** Pelo revuelto o mal cuidado, especialmente si es largo. Se usa sobre todo en *pl.* **2.** Mies extendida en la era con la que se forma la parva. ‖ **LOC. andar a la greña** *fam.* Reñir dos o más personas, o estar continuamente en disposición de hacerlo.

greñudo, da *adj.* Que lleva greñas. También *s.*

gres *s. m.* Pasta cerámica vitrificada compuesta por arcilla plástica y arena cuarzosa, cocidas a elevadas temperaturas (de 1.200 a 1.400 °C), que se utiliza para fabricar objetos domésticos resistentes al fuego, en la construcción y como material artístico.

gresca *s. f.* **1.** Riña o pelea poco violenta, pero muy ruidosa. **2.** Alboroto, follón.

Gresham, Thomas (? 1519 - Londres 1579) Financiero inglés. Fundó la Bolsa de Londres (1566-68) y enunció la ley de su nombre, según la cual, en un sistema monetario en el que circulen monedas de distinto valor, como p. ej. de oro, de plata y de cobre, siempre se pagará con la moneda considerada mala o de menor valor para guardar la buena o de mayor valor.

Grétry, André Modeste (Lieja 1741 - Montmorency 1813) Músico francés. Estudió composición en Roma y fue admirador de los músicos bufos italianos, como Pergolesi y Piccinni. Destacó por su contribución a la ópera cómica francesa. De entre sus numerosas obras, la más célebre fue *Ricardo Corazón de León* (1784).

Greuze, Jean-Baptiste (Tournus 1725 - París 1805) Pintor francés. Ganó celebridad con sus cuadros costumbristas, de un gusto sensiblero, como *La novia del pueblo* (1761), elogiado por Diderot, *El cántaro roto* o *El paralítico cuidado por sus hijos* (1763), pero en la actualidad es más admirado por sus retratos, como el de *Madame de Porcin* o el de *Sophie Arnould*.

Grévy, Jules (Mont-sous-Vaudrey, Jura 1807 - íd. 1891) Abogado y político francés. Republicano, durante el Segundo Imperio se retiró de la política. Fue presidente de la Asamblea Nacional (1871-73), de la Cámara de diputados (1876) y de la Tercera República (1879-87).

grey *s. f.* **1.** Rebaño. **2.** Conjunto de personas que tienen características comunes, como la raza, la religión, una misma actividad, etc. **3.** Conjunto de los fieles de una religión, agrupados bajo la dirección de sus guías o pastores espirituales.

Grey, Zane (Zanesville, Ohio 1872 - Altadena, California 1939) Escritor estadounidense. Fue autor de novelas del género del Oeste, muy populares entre los adolescentes, como *Al oeste del Pecos*, *Los jinetes de la Pradera Roja*, *El caballo de hierro* y *La última senda*.

grial *s. m.* Según una leyenda medieval, vaso o copa que sirvió a Jesús durante la Última Cena para instituir el sacramento de la eucaristía. Esta leyenda dio lugar en los s. XII y XIII a un ciclo literario que trata de la búsqueda del santo grial y cuyas principales manifestaciones son *Perceval o El cuento del grial*, de Chrétien de Troyes, y *La historia del grial*, de Robert de Boron.

Grieg, Edvard (Bergen 1843 - íd. 1907) Compositor noruego. Está considerado como el principal representante del nacionalismo noruego. Su obra consta de piezas corales y música instrumental y entre las composiciones más significativas figuran *Concierto para piano y orquesta*, la suite *Peer Gynt*, *Danzas noruegas* y las *Piezas líricas*.

griego, ga *adj.* **1.** De Grecia. También *s.* ‖ *s. m.* **2.** Lengua indoeuropea hablada en Grecia. El antiguo griego era una lengua indoeuropea dividida en múltiples dialectos, como el dórico, el etolio, el eólico, el ático y el jónico. Este último fue el que utilizó Homero y, posteriormente, filósofos como Heráclito e historiadores como Herodoto. El momento de esplendor del dialecto ático coincide con el florecimiento de la cultura ateniense: en esta lengua se escribieron las obras de los autores más destacados del s. V a. C. Entre los s. IV y III a. C., el ático se convirtió en la lengua común o *koiné* de todos los pueblos griegos. Con el paso del tiempo, llegó a ser la lengua escrita del imperio bizantino y de la Iglesia ortodoxa, así como el origen del griego moderno. **3.** *fam.* Lenguaje muy difícil de comprender. ‖ **4. Iglesia griega** La cristiana ortodoxa.

grieta *s. f.* **1.** Abertura larga y estrecha que se hace en la tierra o en cualquier cuerpo sólido. **2.** Rendija. **3.** Pequeña raja que aparece en la piel, especialmente en zonas como el pezón durante la lactancia, el ano, las palmas de las manos y las plantas de los pies. **4.** Problema o dificultad que amenaza a la solidez o estabilidad de algo.

grifa *s. f.* **1.** Marihuana, en especial la de Marruecos. ‖ **2. llave grifa** Véase **llave**.

grifería *s. f.* **1.** Conjunto de grifos. **2.** Tienda donde se venden.

Griffith, David Wark (La Grange, Kentucky 1875 - Hollywood 1948) Director de cine estadounidense. Fue uno de los grandes creadores del lenguaje cinematográfico, al que aportó entre otros elementos fundamentales el primer plano, las acciones simultáneas y los movimientos de la cámara. A él se deben obras maestras, como *El nacimiento de una nación* (1915), *Intolerancia* (1916) y *El lirio roto* (*Broken blossoms*, 1919).

grifo *s. m.* **1.** Mecanismo, normalmente metálico, provisto de una llave para abrir o cerrar el paso de un líquido. **2.** Animal fantástico, con cabeza, alas y patas delanteras de águila y cuerpo de león. ‖ **LOC. abrir** (o **cerrar**) **el grifo** Aumentar (o reducir) el suministro de algo, especialmente de dinero.

grifón *s. m.* Perro de pelo áspero y rizado, usado para la caza y como animal de compañía y cuyo tamaño puede variar entre 20 y 60 cm de altura. También *adj.*

Grignard, Victor (Cherburgo 1871 - Lyon 1935) Químico francés. En 1912 obtuvo el premio Nobel de química, compartido con su compatriota Paul Sabatier, por el descubrimiento de la llamada *reacción Grignard*, que ha permitido la realización de numerosas síntesis orgánicas.

Grijalva, Juan de (Cuéllar, Segovia h. 1480 - valle de Olancho, América Central 1527) Navegante español. Colaboró con Diego Velázquez de Cuéllar en la conquista y colonización de Cuba y exploró por primera vez las costas de Yucatán. Murió asesinado por los indios.

grill (voz ingl.) *s. m.* **1.** Parrilla. **2.** Gratinador*.

grillado, da **1.** *p. p.* de **grillarse**. ‖ *adj.* **2.** *fam.* Loco, mal de la cabeza. También *s.*

grillarse *v. prnl. fam.* Volverse loco.

grillé (voz fr.) *adj.* Hecho a la parrilla.

grillera *s. f.* **1.** Hueco donde se recogen los grillos en el campo. **2.** Jaula para grillos. **3.** *fam.* Lugar donde hay mucho alboroto y desorden.

grilleta *s. f.* En las armaduras antiguas, rejilla de la celada.

grillete *s. m.* Arco de metal con un agujero en cada extremo, por donde se hace pasar una pieza alargada metálica, utilizado sobre todo para sujetar los pies de los presidiarios.

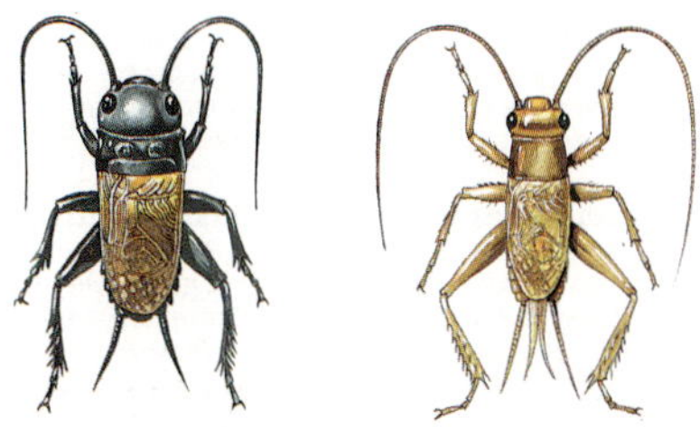

Grillo común (Gryllus campestris), *A, y grillo doméstico* (Acheta domesticus), *B.*

grillo *s. m.* Nombre común de diversos insectos ortópteros de la familia grillidos, géneros *Gryllus*, *Acheta*, *Liogryllus*, etc. Miden de 15 a 30 mm de longitud, son de color negro o marrón y tienen la cabeza gruesa, élitros cortos y patas posteriores adaptadas al salto. Los machos producen frotando los élitros un sonido agudo y monótono. Se conocen unas 2.000 especies, distribuidas por todo el mundo, entre las que destacan el grillo común *(Gryllus campestris)* y el grillo doméstico *(Acheta domesticus)*.

grillos *s. m. pl.* Conjunto de dos grilletes unidos por una misma pieza que, colocados en los pies de los presos, les impide andar.

Grillparzer, Franz (Viena 1791 - íd. 1872) Dramaturgo austriaco. Viajó por Alemania, Italia,

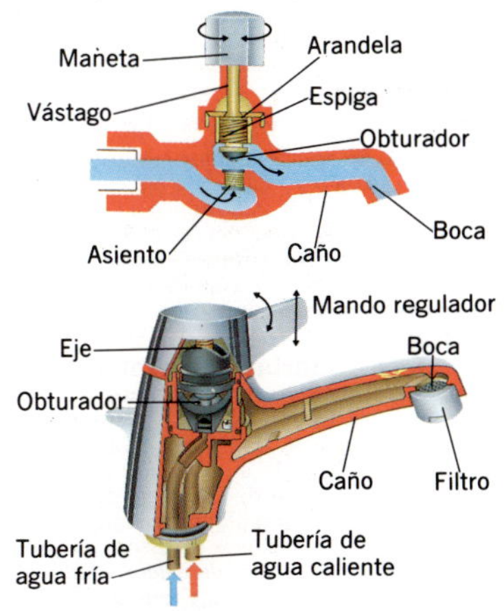

Grifo de espiga (arriba) y grifo monomando.

Francia, Inglaterra y Grecia. De espíritu romántico, aporta a su obra elementos del drama barroco español. Es uno de los más interesantes dramaturgos en lengua alemana. Algunos de sus títulos más representativos son *Safo* (1819), *El Toisón de oro* (trilogía, 1822), *Un fiel criado de su señor* (1830), *Las olas del mar y el amor* (drama lírico, 1831), *El sueño es una vida* (1840) y *La judía de Toledo* (1855).

grima *s. f.* **1.** Irritación, lástima o disgusto que produce alguna cosa. **2.** Dentera*.

Grimaldi Familia de la nobleza genovesa, partidaria de los güelfos, cuyos miembros fueron señores de Mónaco desde finales del s. XIII y príncipes de Mónaco desde 1612. El linaje principal se extinguió en 1731 y el título se transmitió por vía femenina a una segunda casa Grimaldi a mediados del s. XVIII y a una tercera casa Grimaldi en 1949 con la llegada al principado de Rainiero III.

Grimaldi, Jerónimo, duque de (Génova 1720 - íd. 1786) Político español de origen genovés. Fue secretario de Estado en el reinado de Carlos III y participó en la expulsión de los jesuitas (1767). Enfrentado al conde de Aranda por asuntos de política internacional, fue destituido y reemplazado por Floridablanca en 1776, tras el fracaso de la expedición española contra Berbería y Argel (1775).

Grimm, Jacob (Hanau 1785 - Berlín 1863) y **Wilhelm** (Hanau 1786 - Berlín 1859) Filólogos y escritores alemanes, conocidos como los *hermanos Grimm*. Editaron antiguos textos germánicos y fuentes jurídicas del derecho germano y acometieron la redacción de un monumental *Diccionario alemán* (1852-58), pero deben su popularidad a sus colecciones de cuentos y antiguas leyendas germanas, como *Cuentos infantiles y del hogar* (1812-15) y *Leyendas alemanas* (1816-1818).

Grimmelshausen, Hans Jakob Christoffel von (Gelnhausen h. 1622 - Renchen 1676) Novelista alemán. Combatiente en la guerra de los Treinta Años en el bando protestante, se convirtió al catolicismo. Escribió *El aventurero Simplicius Simplicissimus* (1669), novela en la línea de la picaresca española, que tiene por fondo la guerra de los Treinta Años y es característica del barroco alemán.

grímpola *s. f.* **1.** Bandera pequeña. **2.** Antigua insignia militar.

gringo, ga *adj. desp.* Estadounidense. También *s.*

gripa *s. f. amer.* Gripe.

gripado, da **1.** *p. p.* de **gripar**. También *adj.* ‖ *s. m.* **2.** Acción y efecto de gripar o griparse.

gripal *adj.* Perteneciente o relativo a la gripe.

gripar *v. tr.* Agarrotar las piezas de un engranaje, generalmente por la falta de lubricante. También *v. intr.* y *v. prnl.*

gripe *s. f.* **1.** Nombre vulgar de la bronquitis o catarro con fiebre. **2.** Enfermedad infecciosa aguda, causada por virus, que tiene como síntomas más frecuentes la fiebre, dolores generalizados y catarro respiratorio. Se presenta en forma de epidemia que, por su facilidad de contagio, puede convertirse en pandemia. Existen vacunas para prevenirla, pero no se ha conseguido la inmunización contra los diversos tipos de virus que la producen.

griposo, sa *adj.* Enfermo de gripe. También *s.*

gris *adj.* **1.** Se aplica al color que resulta de la mezcla de blanco y negro, y a las cosas que lo tienen. También *s. m.* **2.** Se aplica a las personas o cosas que no destacan del resto. **3.** Triste, apagado. **4.** Borroso, sin perfiles definidos. ‖ *s. m.* **5.** En España, durante cierta época, policía armada. ‖ **6. gris marengo** Gris muy oscuro. **7. gris perla** Gris claro.

Gris, José Victoriano González, llamado **Juan** (Madrid 1887 - Boulogne-sur-Seine 1927) Pintor español. Establecido en París desde 1906, entró en contacto con los círculos cubistas, lo que marcó definitivamente su obra. Junto con Braque y Picasso es uno de los principales representantes de este estilo pictórico. Entre sus cuadros destacan *Homenaje a Picasso, Guitarra, libro y periódico, El tablero de ajedrez, Naturaleza muerta gris, Pierrot* y *Botella y frutero.*

grisáceo, a *adj.* Que tira a gris.

Groenlandia: vista de Julianehaab, ciudad de la costa sur.

grisalla *s. f.* Técnica pictórica que consiste en realizar una imagen con diferentes tonos de gris, blanco y negro, con la finalidad de imitar relieves escultóricos o espacios arquitectónicos.

gríseo, a *adj.* De color gris.

grisómetro *s. m.* Grisúmetro*.

grisón, na *adj.* **1.** Del cantón suizo de los Grisones. También *s.* ‖ *s. m.* **2.** Lengua neolatina hablada en la mayor parte de este cantón.

Grisones (en al. *Graubünden*) Cantón de Suiza, situado en el E del país, en la frontera con Austria e Italia. 7.106 km^2. 167.900 h. en 1989. La capital es Coira, con 30.400 h. en 1988. Es una región alpina eminentemente montañosa, cuya economía está basada en el policultivo, la ganadería bovina, el turismo, la industria maderera y la explotación de energía hidroeléctrica.

grisú *s. m.* Gas inflamable compuesto por metano, nitrógeno y dióxido de carbono, que se desprende principalmente en las minas de carbón. Constituye un gran peligro para los mineros por su facilidad de provocar explosiones al mezclarse con el aire.

grisúmetro *s. m.* Aparato utilizado para medir la cantidad de grisú en el interior de una mina.

grita *s. f.* Griterío o vocerío, sobre todo el que sirve de protesta.

gritar *v. intr.* **1.** Hablar alto, levantar la voz. También *v. tr.* **2.** Dar gritos. ‖ *v. tr.* **3.** Protestar levantando la voz o dando gritos.

griterío o **gritería** *s. m.* o *s. f.* Conjunto de voces confusas de personas que gritan.

grito *s. m.* **1.** Sonido potente y violento emitido por el hombre o los animales. **2.** Hecho con que se iniciaron algunas guerras de independencia en Hispanoamérica, como el de Dolores en México (1810) y los de Yará y Baire en Cuba (1868 y 1895). ‖ **LOC. a gritos** (o **a grito pelado** o **limpio**) *adv.* Dando voces, gritando. **estar en un grito** Quejarse alguien de un dolor fuerte y constante. **pedir** alguien o algo una cosa **a gritos** *fam.* Tener gran necesidad de ello. **poner el grito en el cielo** *fam.* Mostrar gran enfado o indignación ante algo. **ser** una cosa **el último grito** *fam.* Ser una cosa lo más moderno, estar muy de moda.

Juan Gris: Saint Martorel *(Museo Nacional de Arte Moderno, Centro Georges Pompidou, París).*

gritón, na *adj. fam.* Que grita mucho. También *s.*

Grivas, Georgios Theodoros (Trikomo, Famagusta 1898 - Limassol 1974) Militar y político griego de origen chipriota. Combatió contra los alemanes en la Segunda Guerra Mundial y contra los comunistas en la guerra civil. En 1954 regresó a Chipre y fundó la EOKA (Organización Nacional para la Liberación de Chipre), que consiguió la independencia de la isla. Partidario de la *Enosis* (unión con Grecia), combatió a Makarios.

Grocio, Huig van Groot, llamado **Hugo** (Delft 1583 - Rostock 1645) Jurista neerlandés. Fue uno de los creadores del derecho internacional y el primero en afirmar la existencia de un derecho natural que no tiene su fundamento en Dios, sino en el carácter racional del ser humano. Su obra más importante es *De iure belli ac pacis* (1625), en la que combate la esclavitud y defiende la reglamentación legal de la guerra.

groenlandés, sa *adj.* De Groenlandia. También *s.*

Groenlandia (*Grønland*) Isla de Dinamarca situada al NE del continente americano, entre el océano Glacial Ártico al N, mar de Groenlandia al E, océano Atlántico al S y mar de Baffin y estrecho de Davis al O. 2.175.600 km^2, de los que sólo 341.700 están libres de los hielos permanentes. 55.900 h. en 1990. La capital es Godthaab, con 12.200 h. en 1990. Groenlandia es la isla más grande de la Tierra. Su relieve está constituido por una alta meseta, a la que una depresión tectónica divide en dos submesetas permanentemente cubiertas de hielo, y por una serie de cordilleras de tipo alpino situadas al NE, SE y SO. La costa es escarpada y presenta numerosos fiordos. Tiene un clima polar y una vegetación compuesta por líquenes, musgos y bosque de sauces y abedules enanos. La mayor parte de la población es esquimal y se concentra en el S y O de la isla. La principal actividad económica es la pesca, a la que siguen en importancia la ganadería y la minería (criolita, grafito, carbón, plomo y cinc). La isla fue descubierta por el navegante Erik el Rojo en el año 982 y colonizada por Dinamarca, cuya corona pertenece en la actualidad como condado autónomo. En 1985 abandonó la Comunidad Económica Europea, en manifestación de una actitud de creciente independencia respecto a Dinamarca.

grog (voz ingl.) *s. m.* Bebida hecha con ron u otro licor, agua caliente y una rodaja de limón.

grogui *adj.* **1.** En boxeo y en otros deportes de combate, se aplica al luchador que está aturdido o semiinconsciente por los golpes recibidos. **2.** *fam.* Atontado, embobado o medio dormido.

Gromaire, Marcel (Noyelles-sur-Sambre 1892 - París 1971) Pintor francés. Representante del expresionismo francoflamenco, influido por el cubismo, realizó una pintura eminentemente decorativa. Entre sus obras destacan *La guerra* (1925), *La fuente* (1929), *La selva, Las líneas de la mano* (1935) y *Nueva York* (1951). Es autor también de aguafuertes para ilustrar libros y de tapices.

Gromiko, Andrei Andreievich (Minsk 1909 - Moscú 1989) Político soviético. Desarrolló su carrera en el campo de las relaciones internacionales, primero como embajador en EE UU y el Reino Unido y más tarde como ministro de Asuntos Exteriores (1957-85). En 1973 se integró en el politburó y en 1985 fue nombrado jefe del Presidium Supremo de la URSS.

Groninga (*Groningen*) **1.** Prov. de los Países Bajos, situada en el NE del país. 2.346 km². 555.200 h. en 1989. Su agricultura produce patatas, remolacha, cereales y cultivos industriales. Tiene una rica ganadería, especialmente de vacuno, e importantes yacimientos de gas. Carece de núcleos urbanos importantes.
2. C. de los Países Bajos, cap. de la prov. del mismo nombre, situada en la confluencia de los ríos Aa y Hunse. 167.800 h. en 1989. Es puerto fluvial y tiene astilleros, industria metalúrgica, mecánica, eléctrica, química y textil y una célebre universidad.

Gropius, Walter (Berlín 1883 - Boston 1969) Arquitecto alemán. Fue el fundador de la Bauhaus, escuela de artes aplicadas de gran trascendencia en el s. XX, cuya sede en Dessau construyó en 1924. Tras la subida de Hitler al poder abandonó Alemania y se trasladó al Reino Unido y posteriormente a EE UU, donde fue profesor en la universidad de Harvard. Como arquitecto practicó un estilo equilibrado, con armonía de líneas y volúmenes, en el que es frecuente el empleo del vidrio y del acero. Entre sus principales trabajos figuran la factoría Fagus (1910-11), en colaboración con Adolf Meyer, en Ahlfeld an der Leine; el teatro de Berlín (1927) y, ya en EE UU, numerosos inmuebles en Massachusetts y Pennsylvania, edificios escolares en Harvard, Lexington y Falls Church y la sede de la Panam (1963), en Nueva York. Realizó también diseño de muebles, tapices y coches y una importante labor pedagógica.

Gros, Antoine (París 1771 - Meudon 1835) Pintor francés. Formó parte de la comisión encargada de seleccionar las obras que habían de llevarse a Francia desde los distintos países ocupados por Napoleón. Muy influido por la escuela de David, su obra consta de grandes composiciones de carácter épico, como *Batalla de Abukir* (1806) y *El campo de batalla de Eylau* (1808), y de retratos de Napoleón, como *Napoleón en Arcole* (1799) y *Los apestados de Jaffa* (1804). Se suicidó arrojándose al Sena.

grosella *s. f.* **1.** Fruto del grosellero, de color generalmente rojo, sabor agridulce y rico en azúcares, muy utilizado para elaborar bebidas y mermeladas. **2.** Color rojo semejante al de este fruto.

grosellero *s. m.* Nombre común de diversas plantas arbustivas o arbóreas de la familia saxifragáceas, género *Ribes.* Miden entre 1 y 2,5 m de altura, tienen flores blancas o rosáceas en racimo y fruto en baya, conocido como *grosella.* Las especies más conocidas son el grosellero común *(Ribes rubrum)* y el grosellero negro *(Ribes nigrum)*, que crecen en los bosques templados del hemisferio norte.

grosería *s. f.* **1.** Cualidad de grosero. **2.** Dicho, gesto, etc., grosero.

grosero, ra *adj.* **1.** Que no tiene o no demuestra educación ni delicadeza. También *s.* **2.** Basto, ordinario. **FAM.** Groseramente.

grosor *s. m.* **1.** Dimensión más pequeña de un cuerpo de tres dimensiones. **2.** Diámetro de un cuerpo cilíndrico.

Grosseteste, Robert (Stradbroke, Suffolk h. 1168 - Buckden, Huntington 1253) Filósofo inglés. Profesor de Oxford y obispo de Lincoln, cultivó diversas ciencias como la astronomía, la meteorología, la física y la óptica. Tradujo y dio a conocer numerosos textos de Aristóteles y el Pseudo Dionisio. Formuló una teoría sistemática de la ciencia experimental, lo que le convirtió en fundador de la tradición del pensamiento científico en Inglaterra. Entre sus obras principales se encuentran *Compendium Scientiarum* y *Libellus de physicis unus.*

Grosso, Alfonso (Sevilla 1928) Escritor español. Tras escribir novelas en el estilo del realismo social, como *La zanja* (1961), *Un cielo difícilmente azul* (1961) y *El capirote* (1963), desarrolló una narrativa caracterizada por el experimentalismo de su lenguaje, en la que sobresalen *Ines just coming* (1968), *Guarnición de silla* (1970) y *Florido mayo* (1973).

grosso modo *loc. adv. lat.* Aproximadamente, sin detallar.

Grosz, George (Berlín 1893 - íd. 1959) Dibujante y pintor alemán. Se distinguió por sus dibujos de estilo expresionista y contenido satírico, en los que refleja la realidad social y política de la Alemania de entreguerras. Entre ellos destacan los incluidos en *El espejo del burgués* (1925).

grotesco, ca *adj.* Que por su deformidad, mal gusto o extravagancia produce reacciones muy distintas, como risa, burla o rechazo. **FAM.** Grotescamente.

Grotowski, Jerzy (Rzeszow 1933) Director teatral polaco. Estudió en Moscú y fue director de la Escuela Superior de Teatro de Cracovia y del Teatro Laboratorio de Opole, que en 1965 se trasladó a Wroclaw y donde pudo libremente experimentar sus ideas sobre el montaje. Influido por Stanislawski y Meyerhold, rechaza la sumisión de los actores al texto y toma éste como una provocación; centra el espectáculo en la relación actor-espectador y cuida la expresión corporal de los actores.

groupie (voz ingl.) *s. f.* Chica que acompaña a los componentes de un conjunto de rock.

Groussac, Paul (Toulouse 1848 - Buenos Aires 1929) Escritor argentino de origen francés. Fue director de la Biblioteca Nacional de Buenos Aires. En su obra como crítico e historiador sobresalen los títulos *Estudios de historia argentina* (1918) y *Los que pasaban* (1919). Cultivó también la novela, de la que es buena muestra *Fruto vedado* (1884), de carácter autobiográfico, y el relato corto, como *El número 9090* (1922). Para el teatro escribió *La divisa punzó* (1923), sobre el caudillo argentino Rosas.

Grozny C. de la Federación Rusa, cap. de la república autónoma de Checheno-Ingushia, situada al pie del Cáucaso, entre los mares Negro y Caspio. 401.000 h. en 1989. Cuenta con yacimientos petrolíferos, de gas natural y de estaño, refinerías y oleoductos, así como con industria mecánica y alimentaria.

grúa *s. f.* **1.** Máquina que consiste en una estructura metálica provista de un brazo horizontal o inclinado, llamado *aguilón,* del que cuelgan cables y poleas, para elevar grandes pesos y transportarlos a distancias cortas. **2.** Vehículo automóvil u otro medio de transporte dotado de esta máquina, especialmente el que se emplea para remolcar otro vehículo. **3.** Aparato con brazo móvil que permite toda clase de movimientos a la cámara de cine y televisión situada sobre el mismo. **4.** Antigua máquina de guerra que se utilizaba para atacar fortalezas.

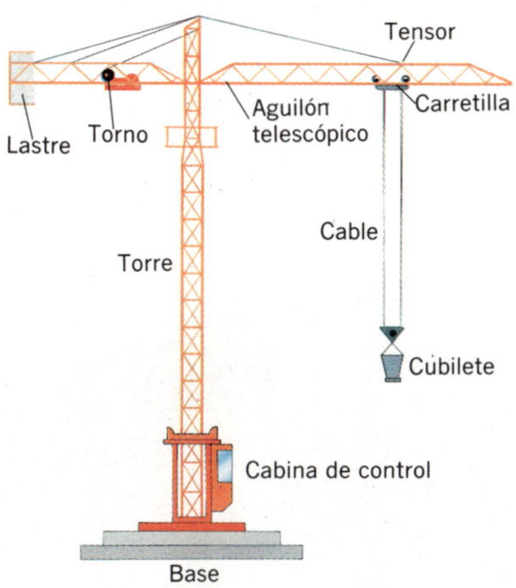

Grúa de torre, utilizada principalmente en la construcción.

grueso, sa *adj.* **1.** Gordo, que tiene muchas grasas o carnes. **2.** Que tiene más grosor que lo normal para su clase. **3.** Grande, que sobrepasa lo regular. **4.** Basto, ordinario, obsceno. ‖ *s. m.* **5.** Grosor de una cosa. **6.** Parte principal o más importante de algo. **7.** Trazo más ancho de una letra. ‖ *s. f.* **8.** Conjunto de doce docenas de alguna cosa, generalmente menuda. ‖ **LOC. en grueso** *adv.* Al por mayor.

gruiformes *s. f. pl.* Orden de aves al que pertenecen unas 200 especies comprendidas en las familias gruidos, rállidos, otídidos, etc. Son aves de mediano o gran tamaño, cuello largo, alas anchas y patas largas con los pies no palmeados. Generalmente habitan en zonas pantanosas de todo el mundo. Gruiformes son las grullas, las avutardas, las pollas de agua, las fochas, los rascones, etc. También *adj.* y *s. f.*

grulla *s. f.* Nombre común de diversas aves gruiformes de la familia gruidos, géneros *Grus, Balearica, Anthropoides,* etc. Son aves gregarias de gran talla (entre 90 y 180 cm de altura), con patas y cuello largos, cabeza pequeña y calva, pico corto y colores vistosos. Viven en los campos y zonas pantanosas de todo el mundo, excepto América del Sur, emiten un grito muy agudo y vuelan formando una V. Las especies más conocidas son la grulla común *(Grus grus)*, de plumaje gris y negro, que habita en Europa y Asia e inverna en África; la grulla damisela *(Anthropoides virgo)*, más pequeña que la anterior, que habita en Europa y E de Asia; la grulla coronada *(Balearica pavonina)*; y la grulla japonesa *(Grus japonensis).*

Grulla común (Grus grus).

grumete *s. m.* Muchacho que aprende el oficio de marinero ayudando a la tripulación en sus labores.

grumo *s. m.* **1.** Parte de un líquido o masa líquida que se hace más compacta o se solidifica. **2.** Conjunto de cosas apretadas entre sí, como p. ej. el cogollo de algunas hortalizas. **3.** Brote de los árboles. **4.** Extremidad del alón de las aves. **FAM.** Grumoso.

Grünewald, Matthias (Wurzburgo h. 1460 - Halle 1528) Pintor alemán. De 1508 a 1514 fue pintor de cámara del arzobispo-elector de Maguncia y, posteriormente, del cardenal Albrecht, elector de Sajonia. Contemporáneo de Durero, renovó con originalidad la técnica y el contenido de la pintura gótica, sin recibir la influencia del Renacimiento italiano. Su principal obra es el *Retablo de Isenheim* (1515), donde se manifiestan la gran expresividad y el dramatismo de su pintura.

gruñido *s. m.* **1.** Voz del cerdo. **2.** Sonido que hacen los perros y otros animales cuando van a atacar, para asustar, etc. **3.** *fam.* Refunfuño, rezongo.

gruñir *v. intr.* **1.** Dar gruñidos. **2.** *fam.* Refunfuñar, murmurar algo entre dientes demostrando enfado, desacuerdo, etc. ■ Es v. irreg. Se conjuga como *mullir.*

gruñón, na *adj. fam.* Que gruñe o refunfuña mucho. También *s.*

grupa *s. f.* Parte posterior del lomo de una caballería.

grupo *s. m.* **1.** Conjunto de personas, animales o cosas que están reunidas o que se considera juntos. **2.** Conjunto de personas y de objetos pintado, esculpido, fotografiado, etc. **3.** Conjunto musical. **4.** Unidad del ejército, mandada generalmente por un comandante. **5.** En quím., cada una de las columnas del sistema periódico, en las que se agrupan los elementos que tienen propiedades semejantes por poseer el mismo número de electrones en su capa externa. **6.** Estructura matemática que adopta un conjunto cuando en él se define una operación que cumple las siguientes propiedades: asociativa, tal que $(a * b) * c = a * (b * c)$; posea un elemento neutro e tal que para todo elemento a se verifique $e * a = a * e = a$;

y que cada elemento del conjunto posea un elemento simétrico a', tal que $a * a' = a' * a = e$. P. ej., el conjunto de los números enteros ($\mathbb{Z}$) con la operación adición y el conjunto de los números racionales ($\mathbb{Q}$) con la operación adición tienen estructura algebraica de grupo. Un grupo se denomina **abeliano** cuando además de las propiedades indicadas cumple la propiedad conmutativa, tal que para cualquier par de elementos a y b se verifica $a * b = b * a$. **7.** *Arg., Par., Urug.* Mentira, trola. ‖ **8. dinámica de grupos** En psicol. y soc., análisis de la conducta de los grupos humanos. **9. grupo control** En un estudio experimental, conjunto de individuos especialmente seleccionados con objeto de servir de referencia y comparación con el grupo experimental, al que debe igualarse lo más posible en cuanto a las características y factores que inciden sobre ambos. **10. grupo de empresa** Organización creada por el personal de una empresa con fines culturales y recreativos. **11. grupo de empresas** Conjunto de empresas, jurídicamente independientes, encaminadas a la consecución de objetivos comunes y bajo una única dirección. **12. grupo de presión** (o **de interés**) En pol., conjunto de personas o entidades que se asocian para presionar e influir sobre el Estado y otros poderes públicos y privados y así favorecer sus propios intereses. También se le denomina con el término inglés *lobby.* **13. grupo electrógeno** Véase **electrógeno**. **14. grupo experimental** En un estudio experimental, conjunto de individuos sometidos a una situación, programa o tratamiento, sobre los que se manipula directamente el valor de la variable independiente, controlándose los cambios producidos en la variable dependiente; los resultados que producen se comparan con los de un grupo control. **15. grupo parlamentario** En el Parlamento, el formado por los miembros de un mismo partido o una misma tendencia y para el que se exige un número mínimo de diputados. **16. grupo sanguíneo** En biol., cada uno de los tipos en que se clasifica la sangre en función del antígeno presente en los glóbulos rojos del plasma sanguíneo. En los eritrocitos o glóbulos rojos de la sangre existen numerosas proteínas que, al penetrar en un organismo extraño, actúan como antígenos, es decir, como sustancias que hacen que éste libere anticuerpos para combatirlas. En el ser humano se conocen unos dieciséis grupos de antígenos, o aglutinógenos, entre los que destacan el ABO, el Rh, el MN, el P, el de Lutheran, etc. Como el efecto de las reacciones antígeno-anticuerpo es grave, resulta muy importante conocer la influencia del grupo ABO en las transfusiones de sangre y el del Rh en los embarazos.

En el grupo ABO pueden distinguirse cuatro tipos de personas, según el antígeno (A o B) que posea su sangre: las del grupo A, las del grupo B, las del grupo AB y las del grupo O, que carece de antígenos A y B. Las personas de los grupos A y B pueden recibir sangre de su propio grupo y del grupo O y donarla a las del grupo AB. Las personas del grupo AB pueden recibir sangre de cualquier otro grupo, pero sólo pueden donarla a las del suyo. Las personas del grupo O pueden donar su sangre al resto de los grupos, pero recibirla sólo del suyo. El grupo Rh incluye diversos antígenos, entre los que destaca el D o factor Rh, que aparece aproximadamente en el 85 % de las personas de raza blanca y casi en el 100 % de las de raza negra. El factor Rh distingue, por tanto, dos tipos de sangre: la Rh positiva, que posee el antígeno D, y la Rh negativa, que no lo posee. Una madre Rh negativa que tenga un feto Rh positivo sintetizará anticuerpos contra el antígeno D que le llega a través de la placenta; en un segundo embarazo esa producción de anticuerpos será mayor y existirá el peligro de hemólisis o desintegración de los glóbulos rojos del recién nacido. **17. grupo social** Conjunto de individuos que forman una unidad caracterizada por sus relaciones internas, su situación o actividades comunes y una conciencia colectiva más o menos afirmada.

grupo de los Cinco El formado por los compositores Rimski-Korsakov, Cesar Cui, Mussorgski, Borodin y Balakirev, creadores del nacionalismo musical ruso.

grupo de los Seis El compuesto en 1918 por los compositores franceses Arthur Honegger, Darius Milhaud, Francis Poulenc, Georges Auric, Louis Durey y Germaine Tailleferre.

grupoide *s. m.* En mat., estructura menor que puede tener un conjunto cualquiera en el que se ha definido una operación.

grupúsculo *s. m.* Organización política formada por un reducido número de miembros y caracterizada por el radicalismo de su ideología y su fuerte activismo.

gruta *s. f.* **1.** Cavidad natural abierta en las rocas por la acción de la erosión o por otros fenómenos geológicos. **2.** Cavidad hecha artificialmente que imita la anterior.

grutesco, ca *adj.* **1.** Perteneciente o relativo a las grutas. **2.** Se dice de la ornamentación, característica del Renacimiento, constituida por figuras de animales reales o fabulosos, motivos vegetales, etc., que forman un conjunto muy apretado, como p. ej. la fachada de la universidad de Salamanca. Recibe este nombre por imitar la decoración encontrada en las ruinas de las termas de Tito. También *s. m.*, sobre todo *pl.*

gruyer o **gruyere** *s. m.* Queso de leche de vaca, originario de la comarca suiza de Gruyère, en forma de grandes ruedas, que es fuerte y seco, tiene un color amarillo pálido y se caracteriza por sus agujeros.

gua *s. m.* **1.** Pequeño hoyo que se hace en el suelo para hacer entrar en él bolitas o canicas. **2.** Juego de las canicas.

guaca *s. f.* **1.** Sepulcro de los antiguos indios, principalmente de Bolivia, Ecuador y Perú. **2.** *Amér del S.* Tesoro escondido o enterrado. **3.** *Amér. del S.* En la región andina, nombre que los indígenas daban a los lugares sagrados. **4.** *Bol., C. Rica, Cuba, Ven.* Hucha o alcancía. ▪ Se dice también *huaca.*

guacal *s. m.* **1.** *Amér. C.* Árbol de la familia bignoniáceas, especie *Crescentia cujete.* Produce unos frutos de pericarpio leñoso que, partidos por la mitad y extraída su pulpa, se usan como vasija. **2.** *Amér. C.* Esta vasija. **3.** *Can., Ant., Col., Méx., Ven.* Especie de cesta o jaula de varillas de madera, utilizada para transportar mercancías. **4.** *Méx.* Angarillas para llevar alguna mercancía a la espalda.

Pareja de guacamayos rojos (Ara macao).

guacamayo *s. m.* Nombre común de diversas aves psitaciformes de la familia psitácidos y género *Ara.* Miden unos 40 cm de altura, tienen el pico curvo, cola larga con dos plumas timoneras muy desarrolladas y un plumaje de vivos colores. Las principales especies son el guacamayo común *(Ara militaris)*, el guacamayo azul *(Ara ararauna)* y el guacamayo rojo *(Ara macao).* Habitan en las selvas de América Central y Meridional.

guacamole o **guacamol** *s. m. Amér. C., Cuba, Méx.* Ensalada de aguacate, chile o pimiento verde y cebolla.

guacamote *s. m. Méx.* Yuca*.

Guacara C. de Venezuela, situada en el estado de Carabobo, junto al lago de Valencia. 122.700 h. en 1990. Constituye el núcleo urbano de una comarca agrícola.

guache[1] (voz quechua) *s. m.* **1.** *Col., Ven.* Hombre rudo y grosero. **2.** *Col., Ven.* Coatí*.

guache[2] (del fr. *gouache*) *s. m.* Aguada, técnica pictórica.

guachinango, ga *adj.* **1.** *amer.* Zalamero, astuto. **2.** *Col., Cuba, P. Rico.* Simpático, divertido.

guacho, cha *adj. Amér. del S.* Huérfano, desamparado.

guaco *s. m. Amér. del S.* Objeto de cerámica precolombina que se encuentra en las guacas o sepulcros. ▪ Se dice también *huaco.*

Guadalajara **1.** Prov. de España, perteneciente a la comunidad autónoma de Castilla-La Mancha. Limita al N con Segovia, Soria y Zaragoza, al S con Cuenca, al E con Teruel y al O con Madrid. 12.190 km^2. 144.250 h. en 1991. Forma el extremo NE de la Meseta Sur. Su relieve es montañoso y presenta las sierras de Somosierra, Pela, Ayllón y Ocejón del Sistema Central al N y los altos de Barahona, sierra Ministra, paramera de Molina y estribaciones del macizo de Albarracín del sistema Ibérico al N y E. El sector central está ocupado por las comarcas de La Campiña y La Alcarria. Su red fluvial consta de cuatro ríos principales: el Tajo al S y al E con los embalses de Entrepeñas y Buendía, y el Henares, el Tajuña y el Jarama que recorren de N a S el sector occidental. El clima es de interior y la vegetación de bosque de pino en las sierras del N y E y de monte bajo, páramo y dehesa en el resto. La población está en retroceso, debido sobre todo a la emigración. Cuenta con agricultura cerealista y forrajera que se explota en las cuencas fluviales, ganadería ovina, apicultura (miel) en La Alcarria y explotación forestal en las sierras. La industria tradicional es la textil (lana y cáñamo); el resto se concentra en la capital y en Alovera (química), Azuqueca (vidrio y electricidad), Brihuega (cerámica) y Matillas (materiales de construcción). Tiene minería de hierro en Setiles, caolín en Villanueva de Alcorón, energía hidroeléctrica en Entrepeñas y Buendía y energía nuclear en Zorita de los Canes y Trillo.
2. C. de España, cap. de la prov. del mismo nombre, situada al O, en el curso del río Henares. 63.000 h. en 1991. Antiguo mercado agrícola al estar en la zona de confluencia de La Campiña y La Alcarria, en la actualidad posee un polígono industrial con empresas de mobiliario metálico, zapatos, confección, maquinaria, electricidad y alimentación. Su proximidad a Madrid hace que dependa en buena medida de la capital de España en lo económico y de Alcalá de Henares en lo universitario. Entre sus monumentos sobresale el palacio del duque del Infantado, de finales del s. XV.

Guadalajara C. de México, cap. del Estado de Jalisco, situada junto al lago de Chapala, al O de la capital del país. 1.628.600 h. en 1990 y 2.250.000 en su área metropolitana. Es un centro comercial y financiero que posee importantes industrias textiles, del calzado, químicas, petroquími-

Guadalajara (España): palacio del duque del Infantado.

Guadalajara (México): la catedral en la plaza de las Armas.

cas, mecánicas, electrónicas, cementeras y alimentarias. Constituye asimismo un núcleo turístico, cuyos principales monumentos son la catedral, de fines del s. XVI, las iglesias barrocas de Santa Mónica y San Felipe Neri, el Hospicio Cabañas, decorado por el muralista Orozco, y el palacio de la Audiencia. La ciudad, fundada por Cristóbal de Oñate en 1529 y situada en su actual emplazamiento en 1542, experimentó un gran auge en los s. XVII y XVIII gracias a la minería de plata y a partir del s. XIX por el comercio.

Guadalajara, batalla de Batalla de la guerra civil española, librada en marzo de 1937, en la que el ejército republicano derrotó a las tropas italianas del general Roatta, que pretendían cerrar el cerco de Madrid por el sector NE.

guadalajarense *adj.* De Guadalajara, ciudad mexicana. También *s.*

guadalajareño, ña *adj.* De Guadalajara, provincia y ciudad españolas. También *s.*

Guadalcanal Pueblo de España, situado en la prov. de Sevilla, en el N de la misma. 3.320 h. en 1990. Enclavado en la sierra, su agricultura produce olivo, cereales y legumbres; su ganadería es lanar, caprina y porcina. Tiene yacimientos de cobre y plata e industria aceitera. Su época de mayor prosperidad se produjo entre los s. XVI y XVII, debido a la explotación de sus ricas minas de plata. Dio su nombre a la isla de Guadalcanal, del archipiélago de las Salomón, en el océano Pacífico.

Guadalcanal Isla volcánica del archipiélago de las Salomón, en el océano Pacífico. En 1942, durante la Segunda Guerra Mundial, fue escenario de una gran batalla entre japoneses y estadounidenses. A principios de 1943 el ejército japonés abandonó la isla.

Guadalete Río de España, en Andalucía. 157 km. Nace en la sierra de Grazalema y desemboca en El Puerto de Santa María, en la bahía de Cádiz. Sus principales afluentes son el Guadalporcún y el Majaceite. Alimenta el embalse de Bornos.

Guadalete, batalla del Combate librado en el 711 en Wadi Lakka (nombre que utilizaban los árabes para designar al río Guadalete) por las fuerzas invasoras musulmanas de Musa ibn Nusayr y el ejército del rey Rodrigo. La deserción de parte del ejército visigodo, mandado por los hermanos de Witiza, facilitó el triunfo islámico y su posterior conquista de Hispania, con la consiguiente pérdida del reino de los godos en la Península.

Guadalquivir Río de España, en Andalucía, perteneciente a la vertiente atlántica. 657 km. Nace en la sierra de Cazorla y desemboca en Sanlúcar de Barrameda, en la provincia de Cádiz, donde forma un gran estuario. Recorre diversas ciudades, como Andújar, Córdoba, Palma del Río, Lora del Río y Sevilla, y recibe como afluentes al Guadiana Menor, Guadajoz y Genil, por la izquierda, y al Jándula, Guadiato y Bembézar, por la derecha. Su cuenca, encajonada en la depresión que lleva su nombre, tiene 56.978 km^2 y abarca casi toda Andalucía, a la que recorre de E a O. El río, en su curso bajo, es navegable desde Sevilla y forma las Marismas, donde se divide en varios brazos que rodean la isla Menor y la isla Mayor y en cuyas cercanías se halla la reserva ecológica del coto de Doñana. Su régimen es pluvionival e irregular y su caudal es el mayor de Andalucía. Se aprovecha para el riego y para energía eléctrica en los embalses de Tranco de Beas, Guadalmena, Guadalén y Jándula, en Jaén, y Puente Nuevo, Bembézar e Iznájar, en Córdoba.

Guadalupe Villa de España, situada en la prov. de Cáceres, cerca de Trujillo. 2.650 h. en 1990. En ella se encuentra el monasterio de Guadalupe (s. XIII-XV), de estilo mudéjar con elementos góticos, renacentistas y barrocos, que conserva importantes cuadros de Francisco de Zurbarán y Juan Carreño de Miranda. Es uno de los santuarios marianos más importantes de la Península.

Guadalupe C. de México, situada en el estado de Nuevo León, junto a Monterrey, a cuya área metropolitana pertenece. 370.500 h. en 1980. Es un centro industrial.

Guadalupe, Virgen de Advocación de la Virgen de origen extremeño, llevada por Hernán Cortés a México, donde goza de gran veneración. En 1737 fue proclamada patrona de México y en 1910 patrona de la Hispanidad. Su santuario se halla en el cerro de Tepeyat, próximo a la capital del país.

Guadalupe Hidalgo, tratado de Acuerdo firmado en 1848 por México y EE UU en la población de Guadalupe Hidalgo tras la guerra mexicano-estadounidense. En virtud del mismo, México cedió los territorios de Nuevo México y Alta California (actuales estados de Nuevo México, California, Arizona, Nevada, Utah y parte de Colorado) y renunció a sus pretensiones sobre Texas a cambio de una compensación económica de 15 millones de pesos. De esta forma quedó establecida la frontera entre ambos países a lo largo de los ríos Grande y Gila.

Guadalupe y dependencias (*Guadaloupe*) Islas de las Pequeñas Antillas pertenecientes a Francia, situadas en el mar Caribe, en el conjunto de islas de Sotavento, al N de Dominica y al S de Antigua y Barbuda. Son, además de Guadalupe, Marie-Galante, Les Saintes, La Désirade, Saint-Barthélemy, Iles de la Petite-Terre, Tintamarre y Saint-Martin (compartida con Holanda). 1.780 km^2. 380.000 h. en 1990. La capital es Basse-Terre, con 14.000 h. en 1990. La principal isla es Guadalupe, dividida en dos partes, la Grande-Terre, de origen calcáreo, y la Basse-Terre, de origen volcánico, separadas por un estrecho brazo de mar. Tiene un relieve llano, excepto en el sector occidental, en el que se alzan macizos volcánicos (La Soufrière, 1.467 m) cubiertos por grandes bosques. El clima es tropical húmedo y está sometido al efecto de los alisios; en invierno son frecuentes las grandes lluvias y ciclones. Está habitada por negros, mulatos y criollos. Su economía, eminentemente agrícola, se basa en la caña de azúcar, cacao, tabaco y vainilla; también posee industrias derivadas de estos cultivos, como la tabaquera, azucarera y destilerías de ron. Fue descubierta por Colón en 1493 y colonizada por franceses a partir de 1635. En 1674 pasó a la corona de Francia y en 1946 fue convertida en departamento de ultramar.

guadamecí o **guadamecil** *s. m.* Cuero curtido y decorado con dibujos pintados o en relieve.

guadaña *s. f.* **1.** Instrumento utilizado para segar a ras de tierra y que consiste en una cuchilla curva, larga y puntiaguda, sujeta a un mango de gran tamaño que se maneja con las dos manos. **2.** Este instrumento como símbolo y atributo de la muerte.

guadañador, ra *adj.* **1.** Que guadaña. ‖ *s. f.* **2.** Máquina que sirve para guadañar.

guadañar *v. tr.* Segar con la guadaña o con la guadañadora.

guadarnés *s. m.* **1.** Lugar donde se guardan las sillas y guarniciones de las caballerías. **2.** Persona que cuida de ellas. **3.** Armería, lugar donde se guardan las armas.

Guadarrama **1.** Sierra de España, perteneciente al Sistema Central, situada entre la sierra de Gredos y la de Somosierra. Es una formación granítica con forma de Y, pues presenta una alineación hasta Navacerrada y, a continuación, aparece dividida en dos sectores por el valle del río Lozoya: el macizo de Peñalara al N, con el pico de Peñalara (2.430 m), y la Cuerda Larga al S, con el macizo de La Pedriza y el pico de La Maliciosa (2.227 m). En su vegetación destacan la encina, el roble, el pino silvestre y el enebro enano. **2.** Río de España, afluente del Tajo. 130 km. Nace en la vertiente meridional de la sierra de Guadarrama, al pie de Siete Picos, y discurre hacia el S, hasta desembocar en el Tajo aguas abajo de Toledo. Su régimen es pluvionival y tiene acusados estiajes.

Guadiana Río de España de la vertiente atlántica. 834 km. Nace de forma dispersa en las lagunas del campo de Montiel y unifica su cauce a partir de los Ojos del Guadiana, para discurrir luego por el Campo de Calatrava (Ciudad Real), comarca de los Barros (Badajoz), Mérida y Badajoz y desembocar en Ayamonte (Huelva), avenando una cuenca de 59.870 km^2. Sus principales afluentes son el Záncara y Cigüela por la derecha y el Jabalón, Zújar, Matachel y Ardila por la izquierda. Su régimen es pluvial, con profundos estiajes. Se aprovecha para energía eléctrica y regadío en los embalses de Cíjara, Orellana y Zújar (el mayor de España), en Extremadura.

Guadix C. de España, en la prov. de Granada, al pie de la sierra de Baza. 20.655 h. en 1988. Su economía es agrícola, cultivándose olivos, cereales, patatas y remolacha. Posee industria harinera, aceitera y espartera. Parte de su población habita viviendas trogloditas, excavadas en tierra caliza, muy confortables.

guagua[1] *s. f.* **1.** Autobús de servicio urbano. ▪ Se dice sobre todo en Canarias y en diversas partes de América. **2.** Cosa sin importancia o valor. **3.** *Cuba.* Nombre de diversos insectos hemípteros que forman unas costras en el tronco de algunos árboles frutales y los destruyen.

guagua[2] (del quechua *huahua*) *s. f. Amér. del S.* Niño pequeño, bebé.

Guaicaipuro (? - Los Teques 1568) Cacique de los teques. Levantó a los indios de la región de la actual Caracas contra los españoles. Derrotó a Luis Narváez y a Francisco Fajardo. Organizó una confederación de caciques (1568), pero fue derrotado por Diego de Losada. Murió en lucha con los españoles.

guaira *s. f.* **1.** *Amér. C.* Especie de flauta indígena formada por varios tubos de diferentes tamaños. **2.** *Bol., Chile, Perú.* Horno de barro que usaban los indígenas para fundir metales.

Guaira, La C. de Venezuela, situada en el distrito Vargas. 170.000 h. en 1987. Es puerto del mar de las Antillas y salida natural de Caracas. En ella se encuentra uno de los aeropuertos más importantes del país.

Guajira, La Departamento de Colombia. Situado en la península del mismo nombre, en el mar Caribe, es el punto más septentrional de América del Sur. 20.848 km^2. 257.250 h. en 1989. La capital es Riohacha, con 91.300 h. en 1989. Entre sus ríos, en general de poco caudal, destaca el Riohacha. Sus principales recursos son el ganado caprino, la agricultura de plátanos, yuca, algodón y maíz y la pesca de mariscos y perlas. Tiene yacimientos de carbón, cal y sal marina.

guajiro, ra[1] *adj.* **1.** Se dice de los aborígenes colombianos y venezolanos que habitan en La Guajira, en el NE de Colombia y NO de Venezuela. **2.** De esta tribu. También *s.*

guajiro, ra[2] (del yucateco *guajiro*, señor) *s. m.* y *f.* **1.** Campesino de la isla de Cuba. ‖ *s. f.* **2.** Canción popular, procedente de Cuba, con cierto carácter flamenco.

guajolote *s. m. Méx.* Pavo*, ave.

Gual, Adrià (Barcelona 1872 - íd. 1943) Dramaturgo español en lengua catalana y director teatral. En París estudió dirección escénica y fundó en Barcelona el *Teatre Íntim* (1898) y la Escuela de Arte Dramático de la Generalitat. También cultivó la pintura, destacando como cartelista. Formado en el modernismo, su teatro responde a este estilo, aunque algunas obras están empapadas de naturalismo. Triunfó con *Misterio de dolor* (1904), drama rural.

Gual, Manuel (La Guaira ? - San José de Oruña, Trinidad 1800) Patriota venezolano. Retirado del ejército, organizó, junto con José María España y Juan Mariano Picornell, entre otros, una sublevación independentista en La Guaira y Caracas (1797). Descubierta la conspiración, huyó a Curaçao y, posteriormente, a Trinidad.

Gual, Pedro (Caracas 1783 - Guayaquil 1862) Político venezolano. Sobrino del anterior; independentista, fue uno de los principales colaboradores de Miranda y posteriormente luchó al lado de Bolívar. Diputado en el congreso de Cúcuta, fue ministro de Hacienda y de Asuntos Exteriores. Representó a la Gran Colombia en el congreso de Panamá (1826). Muerto el Libertador se retiró a la vida privada. Elegido vicepresidente de la república (1860), ocupó la presidencia por renuncia de Tovar (1861), pero fue depuesto a los tres meses por un golpe militar.

gualda *s. f.* **1.** Planta herbácea de la familia resedáceas y especie *Reseda luteola.* Mide entre 20 y 120 cm de altura, presenta hojas enteras y flores tetrámeras amarillas. Crece en Europa en terrenos arenosos. De esta planta se obtiene un colorante de color amarillo dorado, utilizado antiguamente para teñir las telas. ‖ *s. m.* **2.** Color amarillo semejante al de las flores de esta planta.

gualdo, da *adj.* De color amarillo dorado.

gualdrapa *s. f.* **1.** Cobertura larga que se coloca sobre las ancas de las caballerías, generalmente como adorno. **2.** Harapo, andrajo.

gualdrapear *v. tr.* Poner unas cosas junto a otras de modo que el extremo de una coincida con el extremo contrario de la siguiente.

Guam Isla del archipiélago de las Marianas, situada en el océano Pacífico, en el grupo de la Micronesia, y que actualmente es una dependencia de EE UU dotada de autogobierno. 541 km^2. 134.000 h. en 1990. La capital es Agana, con 4.800 h. en 1987. Es una isla de origen volcánico, de relieve montañoso y costa rodeada de arrecifes coralinos. Tiene plantaciones de cocoteros y maíz. Cuenta con una importante base aeronaval estadounidense. Fue descubierta por Magallanes en 1521 y cedida por España a EE UU en 1898. En la Segunda Guerra Mundial fue ocupada por Japón.

guampa (voz quechua) *s. f. Arg., Chile, Par., Urug.* Cuerno de animal vacuno.

guanaco *s. m.* **1.** Mamífero artiodáctilo de la familia camélidos, especie *Lama guanicoe.* Es un rumiante parecido a la llama, que mide unos 160 cm de altura y tiene pelaje pardo rojizo. Habita en la cordillera de los Andes en América del Sur, hasta los 4.000 m de altitud. Es muy apreciado por su lana, de finísima calidad. ‖ *adj.* **2.** *Amér. del S.* Tonto, bobo.

Manada de guanacos (Lama guanicoe).

Guanahaní Nombre de la isla avistada por la expedición de Colón el 12 de octubre de 1492 y que fue la primera tierra americana pisada por los españoles. Se la identifica con la actual Watling del archipiélago de las Bahamas.

Guanajuato **1.** Estado de México, situado en el sector central del país, al NO de Ciudad de México. 30.491 km^2. 3.980.000 h. en 1990. Tiene recursos agrícolas, entre los que destacan maíz, fríjol, frutales, hortalizas, leguminosas, cacahuete y caña de azúcar; minería de oro, cobre y cinc; e industrias textiles, curtidurías, siderúrgicas y alimentarias.
2. C. de México, cap. del Estado del mismo nombre. 45.000 h. en 1982. Es un centro minero, agrícola y ganadero, que tiene también industrias textiles y alimentarias. Es un importante centro turístico.

Guanare C. de Venezuela, cap. del estado de Portuguesa, situada a orillas del río de su mismo nombre, al pie de la cordillera de Mérida. 104.100 h. en 1990. Constituye el núcleo urbano de una región agrícola y ganadera.

guanche *adj.* **1.** Se dice del pueblo de raza blanca que habitaba en las islas Canarias antes de la colonización española (s. XVI). Constituía un complejo grupo étnico formado por diversas migraciones llegadas a las islas desde finales del periodo neolítico. Su economía era recolectora y ganadera; fabricaban útiles de piedra y madera, como armas, cayados, molinos de mano y cerámica. Formaban una sociedad monógama patriarcal, que tenía realeza (*mencey*) y aristocracia. **2.** De este pueblo. También *s.* ‖ *s. m.* **3.** Lengua hablada por dicho pueblo.

guanera *s. f.* Sitio donde abunda el guano.

Guangdong Prov. de China, situada en el SE del país, sobre la costa del mar de la China Meridional. 197.100 km^2. 62.829.000 h. en 1990. La capital es Guangzhou (Cantón), con 3.490.000 h. en 1989. Constituye la región más rica y poblada de todo el país. El río Sikiang forma un fértil delta, en el que se cultiva sobre todo arroz, así como trigo, batatas, caña de azúcar, yute y frutales. Sus bosques de moreras alimentan una floreciente cría de gusanos de seda. Tiene minas de tungsteno, manganeso, hierro, antimonio y mercurio, e industria azucarera, papelera, cementera, química y de fertilizantes. Es una de las regiones en las que se ha experimentado la economía mixta, socialista y capitalista, y la apertura al exterior, produciéndose un fuerte desarrollo económico. También se llama *Kwangtung.*

Guangxi Zhuang Región autónoma de China, situada en el S del país, junto a la frontera con Vietnam. 220.400 km^2. 42.246.000 h. en 1990. La capital es Nanning, con 693.000 h. en 1989. Está regada por el río Sikiang, lo que favorece su agricultura de arroz, maíz, batatas y caña de azúcar. Tiene recursos forestales, minas de manganeso, estaño y carbón, e industria metalúrgica, química, textil y refinerías. También se denomina *Kuang-si.*

Guangzhou C. de China, cap. de la prov. de Guangdong, en el S del país, a orillas del río Sikiang. 3.490.000 h. en 1989. Su proximidad a Hong Kong y Macao, con la creación de los llamados «nuevos territorios», de economía mixta, la ha convertido en un importante núcleo comercial. Posee una considerable industria siderúrgica, electrónica, naval y química, además de las tradicionales de la seda, la laca, el marfil y el bambú. Fue la ciudad china que primero se abrió a la presencia europea en el s. XIX y desde entonces ha jugado un importante papel en la historia del país. También es conocida como *Cantón.*

guanina *s. f.* $C_5H_5ON_5$. Base nitrogenada, derivada de la purina, que está presente en los ácidos nucleicos, ADN y ARN.

guano *s. m.* **1.** Estiércol de aves marinas que se utiliza como abono para la agricultura. Se recoge en la costa del Pacífico de América del Sur. **2.** *amer.* Estiércol de cualquier animal.

guantada *s. f.* Guantazo, golpe con la mano abierta.

Guantánamo **1.** Prov. de Cuba, situada en el sector oriental de la isla, al E de Santiago. 6.184 km^2. 470.500 h. en 1983. Su economía es agrícola y se centra en el cultivo de la caña de azúcar, el cacao y el café. Tiene salinas. En su costa existe una base naval de EE UU.
2. C. de Cuba, cap. de la prov. del mismo nombre. 171.100 h. en 1984. Es el centro comercial e industrial de la provincia, en el que destacan el sector textil, del calzado, las artes gráficas y la alimentación. Cuenta con tostadoras de café, chocolateras y destilerías de alcohol.

guantazo *s. m.* **1.** Golpe que se da en la cara con la mano abierta. **2.** P. ext., cualquier golpe.

guante *s. m.* **1.** Prenda de muy distintos materiales que cubre, protege o abriga la mano, ajustándose a su forma. **2.** En boxeo, especie de manoplas acolchadas de cuero u otro material con que se protege el puño y se amortigua el golpe. ‖ **Loc. arrojar el guante** a alguien Retarle o provocarle. **colgar los guantes** Retirarse del boxeo y, p. ext., de cualquier actividad. **como un guante** (o **más suave que un guante**) *fam.* Muy dócil, obediente o sumiso. **de guante blanco** *adj.* Se aplica al ladrón de gran habilidad y que no emplea la violencia; se dice también del entrenamiento, rivalidad, etc., desarrollado con mucha deportividad. **echar el guante** a alguien *fam.* Apresarle.

guantelete *s. m.* Pieza de la armadura que protegía la mano.

guantera *s. f.* Compartimiento en el salpicadero de los automóviles para guardar objetos.

guantería *s. f.* Establecimiento donde se confeccionan o se venden guantes.

guapamente *adv. m. fam.* Muy bien, como si tal cosa. ■ Suele ir precedido de *tan.*

guaperas *adj. fam.* Se dice del hombre guapo que presume de ello. También *s. m.*

guapetón, na *adj. fam. aum.* de **guapo**. Atractivo, apuesto.

guapeza *s. f.* **1.** *fam.* Cualidad de guapo. **2.** *fam.* Acción propia del guapo o fanfarrón.

guapo, pa *adj.* **1.** Se dice de la persona de aspecto agradable, sobre todo referido a la cara. También *s.* **2.** Elegante, arreglado. **3.** *fam.* Aplicado a cosas, bonito, bueno, interesante. ‖ *s. m.* **4.** Hombre fanfarrón, bravucón.

guapura *s. f.* Cualidad de guapo.

guaracha *s. f. Cuba, P. Rico.* Baile similar al zapateado.

guarango, ga *adj. Arg., Chile, Par., Urug.* Grosero, mal educado. También *s.*

guaraní *adj.* **1.** Se dice del pueblo amerindio que habitó la región comprendida entre el Río de la Plata y el Amazonas y del que en la actualidad sólo quedan pequeños núcleos. Era un pueblo agricultor que cultivaba maíz, mandioca, batatas, alubias, etc. Los guaraníes vivían en comunidades gobernadas por un jefe, cuyo núcleo era la familia extendida, y practicaban una religión animista que incluía el canibalismo ritual. Fueron colonizados por los españoles a partir del s. XVI, por medio de encomiendas y reducciones jesuíticas, produciéndose un intenso mestizaje. **2.** De este pueblo. También *s.* ‖ *s. m.* **3.** Lengua hablada por este pueblo y que hoy es, junto con el español, el idioma oficial de Paraguay. **4.** Unidad monetaria de Paraguay.

guarapo (voz quechua) *s. m. amer.* Jugo de caña de azúcar y bebida fermentada hecha con él.

guarda *s. m.* y *f.* **1.** Persona encargada de la vigilancia y conservación de alguna cosa, propiedad, etc. ‖ *s. f.* **2.** Acción de guardar. **3.** Cada una de las hojas de papel o cartulina que, dobladas por la mitad, unen la tapa con el resto del libro. Se usa sobre todo en *pl.* **4.** Cada una de las dos varillas exteriores del abanico. **5.** Parte de la espada que protege la mano. ‖ **6. guarda jurado** El que ha jurado su cargo y responsabilidades ante la autoridad, pero que puede ser contratado por empresas particulares.

guardabarrera *s. m.* y *f.* Persona que en las líneas férreas vigila un paso a nivel y se ocupa de cerrar y abrir las barreras cuando pasan los trenes.

guardabarros *s. m.* Pieza que cubre las ruedas de un vehículo y protege de las salpicaduras de barro.

guardabosque o **guardabosques** *s. m.* y *f.* Guarda de un bosque.

guardacantón *s. m.* Poste de piedra, cemento, metal, etc., que protege las esquinas de los edificios de los golpes de los vehículos o impide su paso.

guardacoches *s. m.* y *f.* Persona que aparca y vigila los automóviles de los clientes en un establecimiento.

guardacostas *s. m.* Barco pequeño y rápido encargado de vigilar la costa y perseguir el contrabando.

guardaespaldas *s. m.* y *f.* Persona que acompaña a otra para protegerla.

guardafrenos *s. m.* y *f.* En los trenes, persona que maneja los frenos.

guardagujas *s. m.* y *f.* En los ferrocarriles, encargado del manejo de las agujas en los cambios de vía.

guardainfante *s. m.* Armazón hecho de alambres unidos con cintas, que se ponían antiguamente las mujeres alrededor de la cintura para ahuecar la falda.

guardamalleta *s. f.* Pieza de adorno fija que cuelga sobre la parte superior de un cortinaje.

guardameta *s. m.* y *f.* En el fútbol y otros deportes, portero.

guardamonte *s. m.* En las armas de fuego, pieza, generalmente semicircular, que resguarda el gatillo y por la que se introduce el dedo para disparar.

guardamuebles *s. m.* Local donde se guardan muebles, pagando una cantidad.

guardapelo *s. m.* Joya en forma de cajita que sirve para guardar recuerdos, p. ej. un mechón de pelo o una fotografía.

guardapolvo *s. m.* **1.** Funda con que se cubre algo para evitar que se llene de polvo. **2.** Bata o delantal que se usa para no ensuciar la ropa de calle en el trabajo.

guardar *v. tr.* **1.** Cuidar, vigilar. **2.** Colocar algo en lugar seguro o apropiado. **3.** Contener. **4.** Proteger. **5.** Reservar alguna cosa para alguien o para cierta ocasión. **6.** Retener alguien para sí una cosa. **7.** Mantener hacia alguien o algo cierto sentimiento o actitud. **8.** Conservar un recuerdo o sensación. **9.** Permanecer en cierta actitud, situación o estado. **10.** Cumplir una regla. **11.** No gastar, ahorrar. || *v. prnl.* **12.** Prevenirse contra alguien o algo. **13.** Evitar hacer algo por precaución, por ser inconveniente, etc. ▪ Se usa también como amenaza. || **Loc. guardarla** (o **guardárselas**) a alguien *fam.* Esperar la ocasión para vengarse de una persona.

guardarraya *s. f. amer.* Linde entre dos terrenos.

guardarropa *s. m.* **1.** En locales públicos, lugar donde los clientes pueden dejar los abrigos y otros objetos. **2.** Armario para guardar la ropa. **3.** P. ext., conjunto de prendas de vestir de una persona. || *s. m.* y *f.* **4.** Encargado del guardarropa o de la guardarropía.

guardarropía *s. f.* **1.** En teatro, cine y televisión, conjunto de trajes y objetos que pueden usarse en las representaciones o en el rodaje. **2.** Lugar donde se guardan. || **Loc. de guardarropía** *adj.* Que es sólo apariencia.

guardarruedas *s. m.* **1.** Guardacantón*. **2.** Pieza metálica, generalmente en forma de S, que se coloca a los lados del umbral de las puertas para proteger los quicios de los roces de las ruedas de los vehículos.

guardavía *s. m.* y *f.* Empleado de ferrocarriles encargado de la vigilancia de un tramo de la vía férrea.

guardería *s. f.* **1.** Establecimiento donde se cuida a niños pequeños que aún no han cumplido la edad escolar y se atiende a algunos aspectos de su desarrollo. **2.** Lugar en el que se cuida de los niños pequeños mientras sus padres están ausentes.

guardés, sa *s. m.* y *f.* **1.** Persona encargada de guardar una casa. || *s. f.* **2.** Mujer del guarda.

Guardi, Francesco (Venecia 1712 - íd. 1793) Pintor italiano. De estilo rococó, fue seguidor de Canaletto y se especializó en el género de los paisajes de Venecia, que captó con gran minuciosidad y realismo. Entre sus cuadros sobresalen *La Salute*, *Regata en el puente de Rialto*, *Embarque del Dux en el Bucentauro* y *La visita de Pío VI a Venecia*.

guardia *s. f.* **1.** Acción de guardar o vigilar. **2.** Servicio especial que se hace fuera del horario normal. **3.** Grupo de soldados o gente armada que defiende o vigila a una persona o lugar. **4.** Nombre que reciben ciertos cuerpos armados, como la guardia civil. **5.** Postura de defensa en algunos deportes, como el boxeo o la esgrima. || *s. m.* y *f.* **6.** Individuo de ciertos cuerpos armados; p. ext., agente de policía. || **7. guardia civil** Cuerpo armado español destinado a mantener el orden en las zonas rurales y vigilar las costas, fronteras y carreteras; también, cada uno de los miembros de dicho cuerpo. Fue creado por el duque de Ahumada en 1844. **8. guardia de corps** La destinada a proteger al rey; también, cada uno de sus miembros. **9. guardia nacional** Milicia civil francesa creada para defender la Revolución (1789). También, en los EE UU, ejército territorial, encuadrado por cada estado, y que interviene en conflictos de orden público. **10. guardia pretoriana** En Roma, la que escoltaba al pretor y, posteriormente, al emperador; también, en sentido figurado, la que protege y rodea a un personaje destacado, formada por personas de su total confianza. **11. guardia roja** Movimiento juvenil chino, creado en 1964 y apoyado por Mao Zedong, que tuvo gran importancia durante la revolución cultural, en la que destacó por su radicalismo revolucionario. Se disolvió en 1978. **12. guardia suiza** La del Vaticano, creada por el papa Julio II (1506) con mercenarios suizos; da escolta al pontífice y se ocupa del mantenimiento del orden. || **Loc. bajar la guardia** Descuidar la defensa o vigilancia. **en guardia** *adv.* En actitud de defensa, con desconfianza. **poner en guardia** a alguien Llamar su atención sobre un peligro.

Guardia, Ernesto de la (Panamá 1904 - íd. 1983) Político panameño. Líder del Partido Renovador, fue presidente de la república (1956-60) apoyado por la Coalición Patriótica Nacional.

Guardia, Ricardo Adolfo de la (Panamá 1889 - íd. 1969) Político panameño. Ministro de Interior y Justicia con Arnulfo Arias, al ser derrocado éste le sustituyó en la presidencia de la república (1941-45). Su política estuvo totalmente al servicio de los intereses de EE UU.

Guardia Gutiérrez, Tomás (Bagaces 1832 - ? 1882) Militar y político costarricense. Dirigió la lucha contra el filibustero Walker. Lideró la insurrección liberal que derrocó a Jiménez y fue presidente de la república en dos ocasiones (1870-76 y 1877-82). En su primer mandato promulgó la constitución de 1871 y se inició la construcción de la red de ferrocarriles; en su segundo mandato implantó una dictadura militar.

guardián, na *s. m.* y *f.* **1.** Persona que guarda o cuida de una cosa. || *s. m.* **2.** Entre los franciscanos, superior de un convento. || *adj.* **3.** Se dice del animal, especialmente el perro, adiestrado para guardar y defender alguna cosa.

guardilla *s. f.* Buhardilla*.

Guardiola, Santos (Tegucigalpa 1812 - íd. 1862) Militar y político hondureño. Fracasada la sublevación contra el presidente Zelaya, tuvo que exiliarse (1850). Vuelto al país fue presidente de la república (1856-62). Durante su mandato se unió a los países centroamericanos para arrojar a Walker de Nicaragua, promulgó la libertad de culto y la de imprenta y consiguió que el Reino Unido devolviese a Honduras las islas de la Bahía. Murió asesinado.

guarecer *v. tr.* **1.** Proteger de un mal o peligro. || *v. prnl.* **2.** Refugiarse. ▪ Es v. irreg. Se conjuga como *agradecer*.

Guarenas-Guatire C. de Venezuela, situadas en el estado de Miranda, cerca de Caracas, a cuya área metropolitana pertenecen. 241.000 h. en 1990.

Guareschi, Giovanni (Roccabianca, Parma 1908 - Cervia, Ravenna 1968) Escritor italiano. Fue director del semanario *Cándido* (1945-57). Autor de novelas de humor, logró popularidad con el personaje del cura Don Camilo, llevado también a la pantalla. Entre sus novelas destacan *El destino se llama Clotilde* (1942), *Don Camilo* (1948) y *Don Camilo y su parroquia* (1953).

Guárico Estado de Venezuela, en el sector septentrional del país, al S de la capital Caracas. 64.986 km². 525.737 h. en 1990. La capital es San Juan de los Morros, con 51.000 h. en 1983. En su agricultura destaca el cultivo del arroz. También produce maíz, tomate, tabaco y algodón, y cuenta con ganadería vacuna y porcina. Tiene importantes explotaciones petrolíferas.

guarida *s. f.* **1.** Lugar resguardado donde se refugian los animales. **2.** Refugio de malhechores. **3.** *fam.* Lugar o rincón donde se recoge y aísla una persona.

Guarini, Guarino (Módena 1624 - Milán 1683) Arquitecto italiano. Principal representante del barroco turinés, realizó estudios de teología y matemáticas, lo que influyó en su estilo, que armoniza una idea del templo como lugar misterioso, donde se manifiesta la presencia divina, con un uso racional de los elementos geométricos. Entre sus obras destacan la capilla del Santo Sudario en Turín (1668), iniciada por Amedeo di Castellamonte, con una compleja bóveda sostenida por pechinas; San Lorenzo de Turín (1668-80), con planta octogonal de lados curvados, y el palacio Carignano (1679). Es autor también del tratado *Architettura civile*.

guarismo *s. m.* Signo o conjunto de signos que expresa un número.

guarnecer *v. tr.* **1.** Poner guarnición. **2.** Abastecer. **3.** Ocupar o defender una guarnición militar una plaza, puesto, etc. **4.** Revocar una pared. ▪ Es v. irreg. Se conjuga como *agradecer*.

Guarnerius o **Guarneri** Familia italiana de constructores de violines, violas y violonchelos. Trabajaron en Cremona durante los s. XVII y XVIII y la gran calidad de sus obras llegó a rivalizar con la de los *stradivarius*.

guarnición *s. f.* **1.** Adorno que se pone en vestidos, colgaduras, etc. **2.** Complemento de hortalizas, legumbres, etc., que se sirve acompañando a un plato más fuerte. **3.** Tropa que protege una ciudad, posición, etc. **4.** Parte de las espadas, sables, etc., que protege la mano. **5.** Montura de una joya. || *pl.* **6.** Conjunto de correajes de las caballerías.

guarnicionería *s. f.* **1.** Taller en que se hacen guarniciones para las caballerías y otros objetos de cuero. **2.** Tienda en que se venden. **Fam.** Guarnicionero.

guarrada *s. f.* **1.** *fam.* Suciedad, porquería. **2.** *fam.* Acción indecente o injusta.

guarrazo *s. m. fam.* Golpe que se da alguien.

guarrear *v. tr. fam.* Ensuciar. También *v. prnl.*

guarrería *s. f.* Guarrada*.

guarro, rra *s. m.* y *f.* Cerdo*.

Guarulhos C. de Brasil que forma parte del área metropolitana de São Paulo. 821.200 h. en 1989. Es un centro residencial, que cuenta además con industrias alimentarias, farmacéuticas y electrotécnicas.

Guas, Juan (Saint-Pol, Bretaña ?-Toledo 1496) Arquitecto y escultor español, de origen bretón. Es, junto con Gil de Siloé, Enrique Egas y Simón de Colonia, uno de los principales representantes del estilo isabelino, que se desarrolló durante el reinado de los Reyes Católicos. Conjugó el gótico flamígero con el estilo gótico-mudéjar toledano. Construyó la iglesia y claustro de San Juan de los Reyes en Toledo (1476) y realizó los planos del palacio del Infantado en Guadalajara (h. 1483).

guasa *s. f. fam.* Burla, ironía, pitorreo.

guasanga *s. f. Amér. C., Col., Cuba, Méx.* Jaleo, follón. ▪ Se dice también *guasango*.

guasca (voz quechua) *s. f. Amér. del S.* Látigo ancho de cuero.

guasearse *v. prnl.* Burlarse, estar de guasa con alguien.

guaso, sa (voz caribe) *s. m.* y *f.* **1.** *Chile.* Campesino de la zona centro y sur. || *adj.* **2.** *Arg., Chile, Par., Urug.* Grosero, tosco. También *s.*

guasón, na *adj. fam.* Burlón, que le gusta la guasa. También *s.*

guasteco, ca *adj.* Huasteco*.

guata *s. f.* Lámina de algodón o material similar que se emplea como relleno.

guatear *v. tr.* Rellenar o acolchar con guata. **Fam.** Guateado.

Guatemala C. de Guatemala, cap. del país y del departamento del mismo nombre. 1.057.200 h. en 1989. Se encuentra situada en el Altiplano Central, en los valles de la Ermita y de la Virgen. Es la mayor ciudad de América Central. Centro administrativo, comercial y de comunicaciones, cuenta con industrias derivadas de la agricultura, cementeras, textiles y farmacéuticas. Se fundó en 1776 tras la destrucción de Antigua Guatemala por un terremoto en 1773.

Guatemala: vista de la ciudad.

Guatemala, República de Estado de América Central.

Extensión: 108.889 km^2.
Límites: al N, con México; al E, con Belice, el mar Caribe y Honduras; al S, con El Salvador y el océano Pacífico, y al O, con México.
Población: 9.197.000 h. en 1990.
Densidad: 84,5 h./km^2.
Capital: Guatemala.
División administrativa: 22 departamentos.
Ciudades principales: Quetzaltenango, Escuintla, Totonicapán, Mazatenango.
Gentilicio: guatemalteco.
Forma de Estado: república presidencialista.
Idioma: español.
Religión: catolicismo, 80 %; protestantismo, 20 %.
Moneda: quetzal.
Tasa de natalidad: 39 ‰ en 1990.
Tasa de mortalidad: 8 ‰ en 1990.
Renta per cápita: 920 dólares en 1989.

Geog. física El relieve de Guatemala está constituido, de N a S, por cuatro grandes unidades: la gran llanura de Petén, prolongación de la plataforma de Yucatán; las tierras altas, con las montañas Cuchumatanes y las sierras de Santa Cruz y de las Minas; la gran Cordillera Volcánica, con una sucesión de volcanes que se extiende desde México hasta El Salvador, entre los que destacan el Tajumulco (4.220 m), Agua (3.760 m) y Fuego (3.763 m); y la llanura costera sobre el Pacífico. El principal río es el Usumacinta (800 km), que discurre por el Petén y desemboca en el golfo de México. En la llanura de Petén existen también numerosos lagos, como el Izabal al E y el Petén Itza al N. En el clima, de tipo predominantemente tropical, se distinguen tres zonas: una cálida, hasta los 1.000 m de altura; otra templada, hasta los 2.000, y una fría, por encima de los 2.000 m. Hay vegetación de selva ecuatorial en la llanura de Petén, de sabana herbácea en las otras llanuras y de bosque monzónico en las regiones montañosas.
Geog. humana y ***económica*** La población, formada por un 50 % de indios maya-quiché, un 30 % de mestizos y un 20 % de blancos, tiene un crecimiento anual del 3,1 % y se concentra en la región costera del Pacífico y en los núcleos urbanos, mientras que la llanura de Petén permanece aún poco habitada. La economía se basa fundamentalmente en la agricultura, a la que se dedica el 52 % de la población activa y que tiene como principales cultivos el maíz, las judías, el café (octavo productor mundial), el banano, el arroz, el cacao, el sésamo, la caña de azúcar, el algodón y el tabaco. El país cuenta también con ganado vacuno y porcino y con recursos mineros como níquel, petróleo, antimonio (octavo productor mundial) y tungsteno. En la industria destacan los sectores alimentario, textil, del cemento y del refinado de petróleo.
Hist. La civilización maya, que había alcanzado su esplendor entre los s. III y X y se había extendido por el S de México, Yucatán y parte septentrional de Centroamérica, estaba en plena decadencia a la llegada de los españoles. El país fue conquistado por Pedro de Alvarado, que llegó al territorio en 1523 y encontró una fuerte resistencia indígena, sobre todo en la región de Petén. El país dependió primero de la audiencia de Nueva España, más tarde de la de los Confines y luego retornó a la de Nueva España, hasta que en 1570 se creó la audiencia de Guatemala, dependiente del virreinato de México. Los tres siglos de presencia española se caracterizaron en el aspecto económico por la fuerte explotación de la mano de obra indígena mediante la encomienda y en el político por la gran influencia de la Iglesia. Las principales industrias del periodo virreinal fueron las del añil, el cacao, los tejidos, la orfebrería y la minería de oro y plata.
En 1821 se proclamó la independencia, impulsada por el proceso emancipador que tenía lugar en México. Tras un corto periodo en el que Guatemala pasó a depender de México, el Congreso centroamericano optó en 1823 por la completa autonomía, con el nombre de Provincias Unidas del Centro de América. El primer presidente fue Juan Barrundia. En 1839, la oposición al régimen federal, apoyada por la oligarquía y la Iglesia, consiguió la secesión de Guatemala e implantó un régimen dictatorial dominado por la figura política de Rafael Carrera. Pocos años después de su muerte (1865), los liberales consiguieron acceder al poder y se sucedieron las presidencias de Barrios (1873-85), Barillas (1885-92), Reina Barrios (1892-98) y Estrada Cabrera (1898-1920), sin que variara en exceso el régimen dictatorial y la injusta distribución de la riqueza.
La historia guatemalteca del s. XX se caracteriza por la gran inestabilidad política, la sucesión de los golpes de Estado y el protagonismo del ejército. En 1931 ocupó la presidencia el general Ubico, estrechamente vinculado a los intereses de las grandes empresas fruteras estadounidenses. Fue derrocado en 1944 y sustituido por el general Ponce, que también hubo de abandonar el poder a causa de un golpe de Estado. Se sucedieron entonces los gobiernos reformistas de Arévalo (1945) y Arbenz (1950), pero el proceso fue interrumpido en 1954 por otro golpe de Estado. En las elecciones de 1958 resultó vencedor Ydígoras Fuentes, que fue depuesto en 1963 por una nueva intervención militar. La presidencia del centrista Méndez Montenegro (1966) intentó, sin éxito, detener el clima de violencia imperante en el país. Le sucedió Arana Osorio (1970), que impulsó un programa político similar, pero las sucesivas presidencias de Laugerud García (1974) y Lucas García (1978), el golpe militar de Ríos Montt (1982) y el contragolpe que le derrocó (1983), confirmaron las graves dificultades que Guatemala encuentra para alcanzar la estabilidad política. En 1985 triunfó en las elecciones el demócrata cristiano Vinicio Cerezo, que contó con el apoyo de EE UU en su intento por implantar en el país un régimen democrático estable que permitiera resolver de forma pacífica las graves desigualdades sociales existentes. En las elecciones de 1991 resultó vencedor el conservador Jorge Serrano.

Guatemala: pirámide de Tikal, construcción maya.

Cult. Durante el periodo precolombino, en Guatemala floreció la civilización maya, que erigió grandes construcciones en piedra, como pirámides, palacios, estelas, plazas, etc., entre las que destacan las de los conjuntos monumentales de Tikal y de Uaxactún, que conocieron su periodo de mayor esplendor entre los s. IV y X. Asimismo adquirieron gran desarrollo la escultura en piedra, la pintura al fresco y la cerámica con decoración pintada. El arte colonial alcanzó su expresión más elevada en la arquitectura, en la que se distinguieron Nicolás de Cárcamo en el s. XVII (iglesia y hospital de San Pedro, en Antigua), y en el s. XVIII Diego de Porres (ayuntamiento de Antigua) y José Manuel Ramírez. Merecen reseñarse también las iglesias renacentistas de Chichicastenango y Panajachel y las barrocas de Camotán, Jocotenango y Quezaltepeque. Guatemala tuvo en la época colonial una importante escuela escultórica de tallas policromadas, cuyos miembros más sobresalientes fueron Alonso de Paz, fray Cristóbal de Ochoa, fray Félix de Mata, Antón de Rodas, Pedro de Mendoza y Quirio Cataño. Desde finales del s. XIX y en el XX hay que citar al arquitecto Jorge Molina, a los pintores impresionistas Carlos Valenti y Rafael Rodríguez Padilla, a los muralistas Carlos Mérida y Alfredo Gálvez Suárez, a los pintores indigenistas Roberto Ossaye, Miguel Alzamora, Rodolfo Galeotti Torres y Máximo Soto Hall, y a los escultores Guillermo Grajeda Mena, Dagoberto Vásquez, Aldaberto de León Soto, Eduardo de León, Julio Vásquez y Roberto González Goyri.
La literatura maya-quiché ha dejado tres grandes manifestaciones: el libro sagrado *Popol Vuh,* el drama *Rabinal Achí* y el conjunto de historias y leyendas *Memorial de Tecpan-Atitlán.* Tras la época colonial, en la que destaca el poeta Rafael Landívar, aparecen a lo largo del s. XIX los primeros escritores propiamente guatemaltecos. Los más importantes son los poetas Antonio José de Irisarri, Juan y Manuel Diéguez Olaverri, Domingo Estrada y José Batres Montúfar; y los novelistas José Milla y Enrique Gómez Carrillo. Ya en el s. XX surgieron las dos grandes figuras de la literatura guatemalteca: el poeta y narrador Rafael Arévalo Martínez y el prosista Miguel Ángel Asturias, premio Nobel en 1967. Otros autores notables de este siglo son, en poesía, Carlos Wyld Ospina, José Rodríguez Cerna y Federico Hernández de León; y, en prosa, Luis Cardoza y Aragón, Flavio Herrera, Mario Monteforte Toledo, Enrique Muñoz Meany y Juan José Arévalo. De las últimas generaciones literarias merecen citarse la del *grupo Acento,* aparecida en 1940 y en la que sobresale entre otros el poeta Otto Raúl González, y la más reciente del grupo *Saker Ti.*

Guatemala: la ciudad de Antigua Guatemala con el volcán Acatenango al fondo.

La música guatemalteca ha dado importantes figuras, entre las que son de señalar Jesús Castillo, autor de estudios sobre música maya-quiché y de la ópera *Quiché-Virak*, Ricardo Castillo y los hermanos Miguel Ángel, Lucas y Raúl Paniagua, todos ellos de fines del s. XIX y del s. XX.

guatemalteco, ca *adj.* De Guatemala. También *s.*

guateque (voz caribe) *s. m.* **1.** Fiesta en una casa particular, en que se come y se baila. **2.** Fiesta, convite.

Guatimozín Véase **Cuauhtémoc**.

Guattari, Pierre Félix (Villeneuve-les-Sablons, Oise 1930) Filósofo y psicoanalista francés. Influido por la teoría de Jacques Lacan, ha realizado algunas obras en colaboración con el filósofo Gilles Deleuze, entre las que cabe destacar *El Antiedipo* (1976).

guau 1. Voz onomatopéyica que imita el ladrido del perro. ‖ *interj.* **2.** Expresa admiración y alegría.

guay *adj. fam.* Estupendo, sensacional. También *adv.*

guayaba (voz araucana) *s. f.* **1.** Fruto comestible del guayabo. **2.** Conserva que se hace con esta fruta. **3.** *Amér. C., Ven.* Mentira.

guayabera *s. f.* Chaquetilla o camisa suelta y de tela ligera, que imita la que usan los campesinos en Cuba.

guayabo *s. m.* **1.** Nombre común de diversas plantas leñosas arbustivas de la familia mirtáceas, género *Psidium.* La más apreciada es la *Psidium guajaba*, que puede alcanzar hasta 8 m de altura, tiene hojas ovales y coriáceas y flores blancas. Es originaria de América Central y se cultiva por su fruto, la guayaba, de sabor dulce, que se consume al natural, en mermelada o en jalea. **2.** *fam.* Muchacha joven y hermosa.

Guayana Región del NE de América del Sur, situada entre el océano Atlántico y las cuencas de los ríos Orinoco, Amazonas y Negro. Comprende la Guayana Francesa, Surinam y Guyana, el sector oriental de Venezuela y el septentrional de Brasil. Constituye un macizo erosionado, cubierto por selvas y surcado por una compleja red fluvial. Fue descubierta por Cristóbal Colón en su tercer viaje (1499) y colonizada por jesuitas y capuchinos españoles. La ocupación francesa y holandesa comenzó en el s. XVI y principios del XVII. Los británicos, que durante este periodo también pretendían un asentamiento en la zona, no lo consiguieron hasta comienzos del s. XIX. Los estados europeos se disputaron este territorio a lo largo de todo el s. XVIII, hasta que, en la primera mitad del XIX, se fijaron los límites de influencia francesa, holandesa y británica.

Guayana Británica Véase **Guyana, República Cooperativa de**.

Guayana Francesa (*Guyane Française*) Departamento francés de ultramar, en la costa NE de América del Sur, entre Surinam y Brasil. 86.504 km^2. 117.000 h. en 1990. Su capital es Cayena, con 41.600 h. en 1990. Está asentada sobre un macizo cristalino y tiene un relieve poco accidentado. El clima es ecuatorial, con muchas precipitaciones, y la vegetación, de selva en el interior y de sabana y manglar en la costa. El territorio está poco poblado, predominando la población de raza mestiza. Sus principales recursos son la pesca, el patrimonio forestal y la minería del oro. Entre los productos agrícolas de mayor importancia se encuentran la caña de azucar, el café y el cacao. El país fue colonizado por franceses desde principios del s. XVII y utilizado como lugar de deportación. En 1946 adquirió el estatuto de departamento de ultramar.

Guayana Holandesa Véase **Surinam**.

Guayaquil 1. Golfo de la costa del Pacífico de América del Sur, situado en el S de Ecuador, en su frontera con Perú. En él se encuentra el delta del Guayas.
2. C. de Ecuador, cap. de la prov. de Guayas, situada en la desembocadura del río Guayas, en el golfo de Guayaquil. 1.669.400 h. en 1989. Es el primer centro urbano del país, tanto por el número de habitantes como por el volumen de las actividades económicas, derivadas de su carácter de ciudad portuaria, comercial, industrial y financiera. Tiene destilerías de alcohol, industria zapatera, jabonera, cementera, textil y química. Fue fundada en 1535 y durante la época colonial se convirtió en una de las principales ciudades del país. En 1822 fue escogida por Bolívar y San Martín para celebrar su histórica entrevista.

Guayas 1. Río de Ecuador. 160 km. Nace de la confluencia de diversos ríos andinos y desemboca en el golfo de Guayaquil formando un delta. Su gran caudal se utiliza en riegos para la agricultura.
2. Prov. de Ecuador, situada al O del país, en la costa del océano Pacífico. 20.270 km^2. 2.751.000 h. en 1989. La capital es Guayaquil, 1.669.400 h. en 1989. Es la región más poblada de todo el país. En ella se cultiva cacao, caña de azúcar y arroz. Cuenta también con explotación forestal, ganadería, pesca y refinerías de azúcar. Su buena red de carreteras se suma a sus rutas fluvial y marítima.

Guayasamín, Oswaldo (Quito 1919) Pintor ecuatoriano. En su estilo se unen la tradición indigenista, el expresionismo y la influencia de los muralistas mexicanos. Es autor, entre otras obras, de las series *El camino del llanto*, compuesta por un centenar de lienzos de temas americanos, y *La época de la cólera* (1968-71).

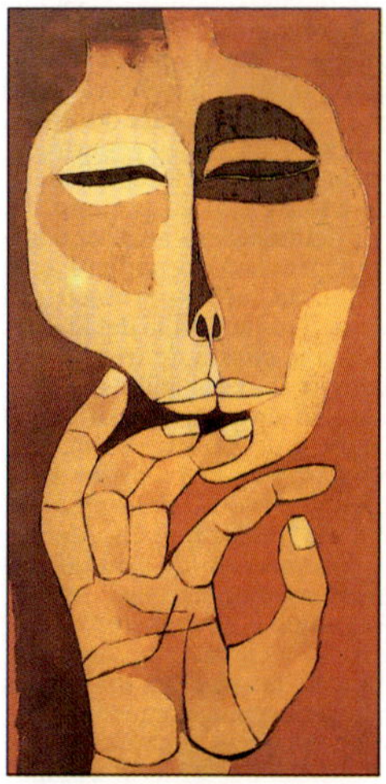

Oswaldo Guayasamín: Rostros y manos *(colección particular).*

gubernamental *adj.* **1.** Perteneciente o relativo al gobierno. **2.** Partidario del gobierno.

gubernativo, va *adj.* **1.** Perteneciente o relativo al gobierno. **2.** Se dice de las órdenes, disposiciones o actos que proceden directamente del poder ejecutivo. **FAM.** Gubernativamente.

gubia *s. f.* **1.** Herramienta con boca en forma de mediacaña que se emplea en ebanistería y carpintería para labrar superficies curvas o acanaladas. **2.** En cirugía, instrumento de boca semiesférica utilizado para separar o extirpar fragmentos de hueso.

gudari (voz vasc.) *s. m.* Soldado, guerrero.

Gudea (Mesopotamia s. XXI a. C.) Gobernador de la ciudad de Lagash, durante la tercera dinastía de Ur. De él se conservan numerosas estatuas en diorita con inscripciones cuneiformes.

Guderian, Heinz (Kulm, actual Chelmno 1888 - Schwangau, Baviera 1954) Militar alemán. Técnico en carros de combate, fue apoyado por Hitler para crear en 1935 las primeras divisiones *Panzer.* Al mando de los blindados combatió en Polonia (1939), Francia (1940) y la URSS (1941). Fue nombrado jefe del Ejército de Tierra (1944-1945).

Guecho (*Getxo*) C. de España, en la prov. de Vizcaya, muy próxima a Bilbao, en cuya área metropolitana está incluida. 81.800 h. en 1990. Está formada por varios núcleos de población, unidos en la actualidad: Algorta, Neguri, Las Arenas y Santa María. Es un centro residencial y con un gran atractivo por sus playas. Su industrialización ha sido reciente.

guedeja *s. f.* **1.** Mechón de pelo. **2.** Cabellera de una persona cuando es larga. **3.** Melena del león.

Guelbenzu, José María (Madrid 1944) Novelista español. Tras una primera etapa experimental se ha decidido por una narrativa más tradicional. Entre sus títulos sobresalen *Antifaz* (1970), *El pasajero de ultramar* (1976), *El río de la luna* (1981) y *El esperado* (1984).

güelfo, fa *adj.* **1.** En la Edad Media, en Italia, partidario de los papas y enemigo de los gibelinos o defensores de los emperadores alemanes de la casa Hohenstaufen. También *s.* **2.** Perteneciente o relativo a este bando.
***Hist.* güelfos y gibelinos** El origen de este enfrentamiento se halla en las luchas de los duques de Baviera y Sajonia (*Welf*) contra los duques de Suabia (*Hohenstaufen*) por la hegemonía en el Sacro Imperio Romano Germánico. El traslado de esta querella al territorio imperial del N de Italia dio lugar a la aparición de dos facciones enfrentadas: la de los güelfos, partidaria del papado romano y compuesta principalmente por miembros de la burguesía urbana comerciante, y la de los gibelinos, partidaria de los emperadores Hohenstaufen Enrique VI y Federico II y representada por la nobleza feudal. El fracaso de la política de Federico II y la extinción de su dinastía provocó el declive de los gibelinos.

Güemes, Juan Francisco de, primer conde de Revillagigedo (Reinosa 1682 - Madrid 1768) Militar y administrador colonial español. Capitán general de Cuba (1734-46), rechazó los ataques británicos y creó la Compañía de Comercio de La Habana (1739-40). Nombrado virrey de Nueva España (1746-55), mejoró la minería, ayudó a la liberalización del comercio, prosiguió la colonización de California y pacificó Nueva Santander y Sonora.

Güemes, Juan Vicente de, segundo conde de Revillagigedo (La Habana 1740 - Madrid 1799) Militar y administrador colonial español. Hijo del anterior; nombrado virrey de Nueva España (1789-94), fue para muchos historiadores el mejor del virreinato. Hombre ilustrado, creó la Escuela de Minas (1792), así como escuelas populares para los indígenas; mandó realizar excavaciones (descubrimiento de la *Piedra del Sol* o *Calendario azteca*); mejoró los caminos y fomentó las obras públicas y apoyó las expediciones españolas a la costa norteamericana del Pacífico y la de Quimper a las islas Hawai.

guepardo *s. m.* Mamífero carnívoro de la familia félidos, especie *Acinonyx jubatus.* Parecido al leopardo, aunque más esbelto, puede alcanzar 135 cm de longitud y 90 cm de altura. Tiene pelaje leonado claro con manchas negras y uñas no retráctiles. Es un depredador que aprovecha su velocidad inicial de carrera (más de 100 km/h.) para atrapar a sus presas. Habita en Asia y en las llanuras africanas. Es muy apreciado por su piel y acepta la domesticación. Antiguamente también era llamado *onza.*

Pareja de guepardos (Acinonyx jubatus).

Guerasimov, Alexander Mijailovich (Michurinsk 1881 - Moscú 1963) Pintor soviético. Claro exponente del llamado *realismo socialista*, entre sus cuadros más conocidos figuran *Lenin en la tribuna* (1932), *Stalin en el XVI congreso del partido* (1933) y *El primer ejército de caballería* (1936).

Guercino, Giovanni Francesco Barbieri, llamado il (Cento 1591 - Bolonia 1666) Pintor italiano. Influido por Ludovico Carracci en un principio, pronto siguió la técnica del claroscuro de Caravaggio, pero suavizándola, para llegar en su madurez a un cromatismo jugoso y a una iluminación lisa. Su obra maestra es *La aurora* (1621), decoración del techo del Casino Ludovisi, en Roma. Otras pinturas interesantes suyas son *Martirio de San Pedro*, *El hijo pródigo*,

Susana y los viejos, El entierro de Santa Petronila y San Agustín meditando sobre el misterio de la Trinidad.

Guericke, Otto von (Magdeburgo 1602 - Hamburgo 1686) Físico alemán. Inventó la bomba de extracción de aire y estudió experimentalmente el vacío y la necesidad del aire para la respiración y la combustión. En 1654, en Magdeburgo, demostró la existencia de la presión atmosférica mediante una esfera de 35 cm de diámetro, formada por dos semiesferas en cuyo interior había hecho el vacío; dos tiros de ocho caballos fueron incapaces de separar los hemisferios.

Guernica y Lumo (*Gernika-Lumo*) C. de España, situada en la prov. de Vizcaya, al E de Bilbao. 16.420 h. en 1990. Cuenta con una agricultura intensiva y con industrias metalúrgicas y alimentarias. Fue sede de la Casa de Juntas del señorío de Vizcaya y en ella se alza el árbol de Guernica, símbolo nacional del País Vasco. En 1937, durante la guerra civil española, la villa fue bombardeada y destruida por la aviación alemana aliada de Franco, lo que ocasionó numerosas muertes entre la población civil.

guerra *s. f.* **1.** Lucha armada entre dos o más países o entre grupos contrarios dentro de un mismo país; p. ext., cualquier clase de lucha continua. **2.** Acción o conjunto de acciones encaminadas a acabar con algo que se considera negativo o perjudicial. ‖ **3. guerra atómica** (o **nuclear**) Aquella en que se emplean armas nucleares. Hasta el presente las armas nucleares sólo se han utilizado en el bombardeo realizado en 1945 por EE UU contra las ciudades japonesas de Hiroshima y Nagasaki, que puso término a la Segunda Guerra Mundial. Actualmente poseen armamento atómico EE UU, algunas repúblicas de la desaparecida Unión Soviética, China, Francia, Reino Unido, India y posiblemente Israel, pero sólo EE UU y las repúblicas de la antigua URSS lo tienen en cantidad suficiente para desarrollar una guerra nuclear total, es decir, con capacidad de destrucción absoluta de la potencia enemiga. Estudios de simulación han demostrado que la guerra nuclear produciría una serie de efectos capaces de terminar con la vida en la Tierra. Esta posibilidad ha favorecido la firma de diversos tratados de limitación de armas estratégicas y de pruebas nucleares, pero su alcance aún se considera insuficiente. **4. guerra biológica** Conflicto bélico en que se hace uso de armas biológicas, que introducen en el campo enemigo microorganismos para provocar enfermedades mortales en hombres, animales y plantas. **5. guerra civil** La que sostienen entre sí bandos contrarios de un mismo país. **6. guerra de las galaxias** Programa militar desarrollado por EE UU para situar armamento nuclear en satélites artificiales en órbita terrestre. **7. guerra de precios** Competencia en la reducción de los precios entre dos compañías o estados, generalmente para conseguir o asegurarse un mercado. **8. guerra fría** Tensión política surgida tras la Segunda Guerra Mundial entre EE UU y sus aliados, integrados en la OTAN, y la URSS y los suyos, integrados en el Pacto de Varsovia. P. ext., también se aplica a las relaciones muy tensas entre países, organismos, personas, etc. EE UU y la URSS nunca estuvieron enfrentados en una guerra declarada entre ambos países o sus respectivos bloques, pero sus relaciones han pasado por momentos de gran tensión (crisis de los misiles en Cuba, en 1962) y en numerosas guerras localizadas cada bando ha apoyado a un contendiente (Corea, Vietnam, conflicto de Oriente Medio, Afganistán). Después de la mejora de relaciones que supuso la llegada de Kruschev al poder a mediados de los años cincuenta y el empeoramiento que siguió a la de Breznev, la tensión entre las dos grandes potencias disminuyó tras el nombramiento de Gorbachov como máximo líder de la URSS y dejó prácticamente de existir en 1991 con la caída de los regímenes comunistas del E de Europa y la desaparición de la Unión Soviética. **9. guerra psicológica** (o **de nervios**) Enfrentamiento entre dos grupos, cuyas acciones están dirigidas a desmoralizar a la población y al ejército enemigos, sin que lleguen a desembocar en conflicto armado. **10. guerra química** Aquella en que se hace uso de armas químicas, bombas incendiarias y gases tóxicos. Fue practicada por primera vez por los alemanes en la Primera Guerra Mundial, al bombardear con gases tóxicos las posiciones francesas en Ypres (1915). Las bombas incendiarias fueron introducidas en la Segunda Guerra Mundial y utilizadas masivamente por EE UU en la guerra de Vietnam. **11. guerra relámpago** La que se lleva a cabo con rapidez de acción y la utilización de grandes medios. **12. guerra santa** La que realizaban los musulmanes en los primeros siglos del Islam para extender su religión, también conocida como *yihad*, y que en la actualidad aún cuenta con adeptos entre los grupos fundamentalistas islámicos; p. ext., se llama así también a cualquier guerra que se haga por motivos religiosos. ‖ **LOC. buscar** (**pedir** o **querer**) **guerra** *fam.* Buscar pelea; también, provocar sexualmente. **dar guerra** *fam.* Molestar, enredar; también, causar problemas. **de antes de la guerra** *adj. fam.* Muy antiguo. **declarar la guerra** Comunicar formalmente el inicio de las hostilidades; también, iniciar una lucha o combate contra alguien o algo. **tener** (**la**) **guerra declarada** a alguien o algo *fam.* Actuar continuamente y por sistema contra una persona o cosa.

***Hist.* Primera Guerra Mundial** Conflicto bélico desarrollado entre 1914 y 1918 y que enfrentó a Alemania, imperio austro-húngaro, Turquía y Bulgaria con Francia, Reino Unido, Rusia, Italia, Bélgica, Serbia, Japón, EE UU, Grecia y Portugal. La causa principal de la guerra fue la creciente oposición entre el Reino Unido, que entonces era el país más poderoso del mundo, y Alemania, que se había convertido en una gran potencia industrial, pero que apenas había participado en la expansión colonial y exigía un nuevo reparto de las zonas de influencia en el que le correspondiera una parte más acorde con su poderío. El asesinato en Sarajevo del heredero austriaco fue la causa inmediata que provocó el conflicto, que se inició con la invasión de Serbia por Austria y de Bélgica por Alemania. Tras la batalla del Marne el frente se estabilizó en la guerra de trincheras. La retirada de Rusia tras la revolución de 1917 alivió el esfuerzo alemán en el frente oriental, pero la entrada en guerra de EE UU ese mismo año desequilibró la balanza en favor de los aliados, que contraatacaron en todos los frentes. En 1918, tras la ofensiva del mariscal Foch, Alemania tuvo que firmar el armisticio de Compiègne y aceptar en 1919 las duras condiciones del tratado de Versalles. El conflicto se caracterizó por la utilización de nuevas técnicas y materiales, como las armas químicas, la aviación, los carros de combate y la lucha submarina, y causó la pérdida de nueve millones de vidas humanas. Entre sus consecuencias políticas destacan la desaparición del imperio austro-húngaro, la independencia de Yugoslavia, Checoslovaquia, Polonia, Estonia, Letonia, Lituania y Finlandia, la creación del primer estado comunista de la historia y la aparición en Alemania de un sentimiento nacionalista, fomentado por las condiciones impuestas al país por los vencedores, que tuvo mucha influencia en el estallido de la Segunda Guerra Mundial.

Segunda Guerra Mundial Conflicto bélico que entre 1939 y 1945 enfrentó a los países del Eje: Alemania, Italia y Japón, con los aliados: Francia, Reino Unido, URSS y EE UU, principalmente. Fue provocado, en parte, por las consecuencias que se derivaron de la Primera Guerra Mundial, en especial por las durísimas reparaciones de guerra impuestas a Alemania en el tratado de Versalles (1919) que, junto con la crisis económica de 1929, propiciaron el establecimiento del nacionalsocialismo; y por la aparición de un estado socialista en el E de Europa, la URSS, que suponía una amenaza para Occidente y frente al cual se permitió el rearme de Alemania. Otra de las causas de esta guerra fue la política expansionista de Japón, que unió sus intereses con la Alemania nazi y el fascismo italiano. El III Reich incorporó Austria, se anexionó los Sudetes en 1938 y ocupó Checoslovaquia en 1939, mientras Italia se apoderaba de Albania, todo ello ante la impasibilidad de los aliados.

En 1939 se produjo la firma del tratado de no-agresión germano-soviético, que permitió la invasión alemana de Polonia, ante lo cual el Reino Unido y Francia declararon la guerra a Alemania. Su primera fase fue de triunfos del Eje: Alemania, en la guerra relámpago, penetró en Dinamarca, Noruega, Bélgica, Países Bajos, Luxemburgo y llegó hasta París, forzando la capitulación de Francia; posteriormente ocupó Rumania, mientras Italia invadía Grecia. Por su parte, el ejército soviético entró en Finlandia, Lituania, Letonia y Estonia. En 1941, Alemania invadió Grecia y Yugoslavia. Tan sólo resistían la Inglaterra de Winston Churchill, sometida a fuertes bombardeos de la aviación alemana, y el gobierno francés en el exilio presidido por el general De Gaulle. Este mismo año Hitler rompió el pacto de no-agresión y atacó a la URSS, llegando a las puertas de Moscú, y Japón bombardeó la flota de EE UU estacionada en Pearl Harbor.

La entrada de la URSS y EE UU en guerra contra el Eje cambió el desarrollo del conflicto. En 1942, los aliados desembarcaron en África e impidie-

PRINCIPALES GUERRAS DE LA HISTORIA

Médicas (499-449 a. C.)	Entabladas entre el imperio persa y las polis griegas a causa de las colonias helenas en Asia Menor. Los griegos, dirigidos por Atenas, rechazaron tres veces la invasión persa.
Peloponeso (431-404 a. C.)	Lucha por la hegemonía en el mundo griego. Esparta y sus aliados de la liga del Peloponeso derrotaron a Atenas.
Púnicas (264-146 a. C.)	Enfrentamiento por el dominio de Hispania y el Mediterráneo occidental. Roma destruyó por completo el imperio cartaginés.
Cien Años (1337-1453)	Diversos conflictos entablados por los Plantagenet de Inglaterra para defender sus señoríos en Francia y dominar el canal de La Mancha. El triunfo de los monarcas franceses consolidó el reino de Francia.
Treinta Años (1618-1648)	Guerra de religión en la que el imperio de los Habsburgo perdió la hegemonía europea frente a los protestantes alemanes, Dinamarca, Suecia y Francia.
Sucesión española (1700-1715)	Instauró en España la dinastía Borbón a la muerte sin herederos de Carlos II, el último Austria. Supuso el declive en Europa de la casa de Austria y el comienzo de la hegemonía de la Francia borbónica.
Siete Años (1756-1763)	Prusia extendió sus dominios a costa de Austria, y Francia perdió sus colonias americanas en favor del Reino Unido.
Independencia española (1808-1813)	El pueblo español, auxiliado por el ejército inglés, expulsó a los invasores napoleónicos y restauró en el trono a Fernando VII, que anuló la Constitución aprobada por las Cortes de Cádiz y reimplantó el absolutismo.
Secesión (EE UU) (1846-1848)	Los estados industriales y abolicionistas del Norte impidieron la secesión de los estados agrícolas y esclavistas del Sur.
Primera Guerra Mundial (1914-1918)	Estalló a causa del reparto colonial del mundo y de los nacionalismos europeos. Los imperios centrales, Alemania y Austria-Hungría, fueron derrotados por los aliados, Reino Unido, Francia, Serbia, Rusia, EE UU, Japón e Italia.
Civil española (1936-1939)	Una parte del Ejército se sublevó contra la Segunda República. Tras su triunfo, el general Franco instauró una dictadura personalista.
Segunda Guerra Mundial (1939-1945)	El expansionismo militarista de la Alemania nazi y el Japón imperial fue derrotado por los aliados, Reino Unido, Francia, URSS, EE UU, etc. Europa quedó dividida en bloques y se consolidaron como potencias EE UU y URSS.
Vietnam (1955-1975)	Intervención estadounidense en Indochina, para apoyar el régimen pro-occidental de Vietnam del Sur en su enfrentamiento con el Vietcong. Tras la victoria de éste se produjo la reunificación del país.

ron a Rommel apoderarse de Egipto; con el apoyo americano la URSS resistió en Stalingrado y, en 1943, pasó a la ofensiva; los aliados liberaron Túnez y Sicilia y penetraron en Italia, consiguiendo la capitulación italiana y la expulsión de Mussolini. En 1944, los avances continuaron con mayor fuerza: tras los desembarcos de Normandía y Anzio fueron liberadas París y Roma, respectivamente; las fuerzas estadounidenses comenzaron a desalojar a los japoneses de Birmania y las islas del Pacífico; y los soviéticos ocuparon los países del E de Europa. En 1945 capituló Berlín y Alemania se rindió incondicionalmente; poco después EE UU arrojó sendas bombas atómicas sobre Hiroshima y Nagasaki, mientras la URSS invadía Manchuria, lográndose la capitulación de Japón.
La guerra produjo la pérdida de 40 millones de vidas e incalculables daños materiales. En las conferencias de Teherán, Yalta y Potsdam los vencedores Roosevelt, Churchill y Stalin acordaron un reparto de Europa en dos áreas de influencia, lo que provocó el principio de la guerra fría; Alemania quedó dividida y comenzó el proceso de descolonización de Asia y África.

Guerra, Cristóbal (? - Cartagena de Indias 1504) Navegante español. Capitaneó tres expediciones a la costa de la actual Venezuela (1499-1500, 1500-01 y 1503-04), en que recogieron oro y perlas.

Guerra, Ruy (Lourenço Marques 1931) Director cinematográfico mozambiqueño. Residente en Brasil, es uno de los representantes del *cinema novo* de este país. Entre sus filmes más importantes figuran *Los cachorros* (1962), *Los fusiles* (1964) y *Los dioses y los muertos* (1970).

Guerra González, Alfonso (Sevilla 1940) Político español. Miembro del PSOE, formó parte de la ejecutiva del partido desde 1970 y fue el principal responsable de su reorganización interna. En 1982 accedió al cargo de vicepresidente del gobierno, del que dimitió en 1991.

Guerra Junqueiro, Abilio (Freixo-de-Espada-à-Centa, Trás-os-Montes 1850 - Lisboa 1923) Escritor portugués. Su obra poética pertenece al periodo de transición del Romanticismo al naturalismo y muestra un estilo místico y en ocasiones grandilocuente. Entre sus libros más representativos pueden citarse *La muerte de Don Juan* (1874), *Patria* (1890), *Oración del pan* (1902) y *Oración a la luz* (1903).

guerrear *v. intr.* **1.** Hacer la guerra. **2.** Enfrentarse, oponerse.

guerrera *s. f.* Chaqueta ajustada que forma parte de algunos uniformes militares.

guerrero, ra *adj.* **1.** Relativo a la guerra o propio de ella. **2.** Que lucha en la guerra. También *s.* **3.** *fam.* Travieso, revoltoso. **4.** *fam.* Pendenciero, belicoso. También *s.*

Guerrero Estado de México, situado al SO de la capital del país, en la costa del océano Pacífico. 64.281 km^2. 2.622.100 h. en 1990. Presenta un relieve montañoso, en el que destacan la cordillera Neovolcánica al N y la Sierra Madre del Sur, que sigue la línea de costa. Entre ambos sistemas se halla la depresión del río Balsas. Tienen gran importancia la agricultura, que cuenta con cultivos de maíz, copra, caña de azúcar, ajonjolí, fríjol y arroz, y el turismo, atraído por centros como Acapulco e Ixtapa-Zihuatanejo. Posee además explotaciones forestales, ganaderas y pesqueras y minas de oro, plata y mercurio. La capital es Chilpancingo, con 74.000 h. en 1980.

Guerrero, Francisco (Sevilla 1528 - íd. 1599) Compositor español. En la polifonía renacentista española, fue juntamente con Cristóbal de Morales el máximo representante de la escuela andaluza. Fue maestro de capilla de las catedrales de Jaén, Málaga y Sevilla. Unía a su gran técnica la sobriedad interpretativa. Su obra más conocida son las *Lamentaciones.* Compuso salmos, motetes, magnificat, misas, etc., y también algunas canciones profanas.

Guerrero, Jacinto (Ajofrín, Toledo 1895 - Madrid 1951) Compositor español. Fue un célebre autor de zarzuelas, que alcanzó sus mayores éxitos con *Los gavilanes* (1924), *El huésped del sevillano* (1926) y *La rosa del azafrán* (1930).

Guerrero, María (Madrid 1867 - íd. 1928) Actriz española. Fue primera actriz del teatro Español de Madrid y formó compañía propia con su marido Fernando Díaz de Mendoza, con la que realizó numerosas giras por América. Destacaron sus interpretaciones en el *Don Juan Tenorio* de Zorrilla y en obras de Galdós, Benavente y Guimerà.

Guerrero, Vicente (Tixtla 1783 - Cuilapan 1831) Militar y político mexicano. Participó en la guerra de la independencia y, bajo la presidencia de Guadalupe Victoria, fue jefe supremo del Ejército. Elevado a la presidencia del país por la revolución de la Acordada en 1829, al año siguiente fue derrocado y ajusticiado por Bustamante. Durante su gobierno se abolió la esclavitud.

Guerrero y Torres, Francisco (Guadalupe ? - Ciudad de México 1792) Arquitecto mexicano. De estilo barroco, sucedió a Lorenzo Rodríguez en la dirección de las obras de la catedral. Su obra maestra es la capilla del Pocito (1777-91), levantada en el lugar en que, según la tradición, se apareció la Virgen al indio Juan Diego. Otros edificios suyos en la capital mexicana dignos de mención son el palacio de los condes de San Mateo de Valparaíso (1769-72), la iglesia de la Enseñanza (1772-78) y la casa del marqués de Jaral de Berrio (1779).

guerrilla *s. f.* **1.** Pequeño grupo armado que combate hostilizando al enemigo con golpes de mano, aprovechando su conocimiento del terreno y su facilidad de maniobra. **2.** Conjunto de estos grupos que actúa en un determinado país, especialmente los que luchan contra un invasor o contra el Ejército del propio estado. **3.** Forma de guerra llevada a cabo por dichos grupos y caracterizada por acciones discontinuas y aisladas. **4.** Partida de soldados regulares que actúa empleando tácticas semejantes. || **5. guerrilla urbana** La que actúa en las ciudades; también, esta forma de guerra.

guerrillero, ra *adj.* **1.** Perteneciente o relativo a la guerrilla. || *s. m.* y *f.* **2.** Individuo que forma parte de una guerrilla.

Guerrita, Rafael Guerra, llamado (Córdoba 1862 - íd. 1941) Matador de toros español. Después de actuar como peón y banderillero en las mejores cuadrillas de la época, tomó la alternativa en Madrid en 1887, de manos de su paisano *Lagartijo.* Fue uno de los diestros más completos y brillantes de todos los tiempos. Se retiró en 1899.

Guesclin, Bertrand du Véase **Duguesclin, Bertrand.**

Guesde, Jules Bazile, llamado **Jules** (París 1845 - Saint-Mandé 1922) Político francés. Periodista de ideas progresistas y republicanas, participó en la Comuna de París y en la creación del Partido Socialista francés (1905), junto con Jean Jaurès. Fue varias veces diputado y ministro de Estado en los gobiernos de Viviani y Briand (1914-16).

gueto *s. m.* **1.** Barrio de una ciudad en el que vivían los judíos. **2.** Cualquier minoría de personas que se encuentra aislada por motivos raciales, políticos, culturales, etc. El aislamiento puede ser voluntario o motivado por presiones políticas, económicas o sociales. **3.** Lugar en que vive dicha minoría.

gueux (voz fr. que significa 'mendigos') Nombre con que se conoce a los flamencos opuestos a la dominación española en los Países Bajos en tiempos de Felipe II. Nobles y burgueses en su mayoría, reclamaron a Margarita de Parma libertades religiosas, que no fueron concedidas, por lo que se sublevaron en 1567. Durante el mandato del duque de Alba fueron duramente reprimidos. En 1572, ocuparon Brille y Flesinga, acceso principal al puerto de Amberes, a lo que siguió la insurrección general de los Países Bajos.

Guevara, Ernesto, llamado **Che** (Rosario 1928 - Higueras, Bolivia 1967) Revolucionario argentino. De familia acomodada y médico de profesión, conoció a Fidel Castro en México e intervino activamente en el derrocamiento de Batista y en el triunfo de la revolución cubana. Entre 1961 y 1965 ocupó el ministerio de Industria en Cuba, que abandonó para reanudar la lucha guerrillera, primero en el Congo y luego en Bolivia, donde fue herido, capturado y muerto.

Guevara, fray Antonio de (¿Treceño? h. 1480 - Mondoñedo, Lugo 1545) Escritor español. Monje franciscano y obispo de Mondoñedo, fue un miembro asiduo de la corte de Carlos V. Su obra tiene un carácter didáctico-moral e influyó estilísticamente en los autores del Barroco. Entre sus libros sobresalen el *Relox de príncipes* o *Libro áureo del emperador Marco Aurelio* (1529), que es un manual para la educación del príncipe cristiano en el que abundan las citas inventadas de autores clásicos, *Menosprecio de corte y alabanza de aldea* (1539), en el que defiende la vida retirada en el campo, *Arte de marear* (1539) y *Epístolas familiares* (1539-41).

Guggenheim, Museo Edificio construido en Nueva York por Frank Lloyd Wright (1943-59), para albergar la colección de pintura moderna y contemporánea de Solomon R. Guggenheim (Filadelfia 1861 - Nueva York 1949), su fundador. Contiene obras de Cézanne, Picasso, Bonnard, Léger, Mondrian, Chagall, Chirico, Kandinsky, Klee, Arp, Miró, Pollock y Giacometti, entre otros.

Guggiari, José Patricio (Asunción 1884 - Buenos Aires 1957) Político paraguayo. Líder del Partido Liberal, fue presidente de la cámara de diputados (1924) y de la república (1928-32). Durante su gobierno surgieron los problemas con Bolivia, que desembocaron en la guerra del Chaco, al final del mandato.

guía *s. m.* y *f.* **1.** Persona que enseña a otras el camino que deben seguir. **2.** Persona que se encarga de enseñar a los turistas lo más importante de una ciudad, museo, conjunto monumental, etc. **3.** Persona que dirige, aconseja u orienta a otras. || *s. m.* **4.** Soldado que colocado en primera fila y a la derecha de la formación sirve para alinear la tropa. || *s. f.* **5.** Cualquier cosa que sirve a alguien de orientación. **6.** Libro en que se dan indicaciones sobre la forma de actuar en determinados casos o sobre la utilización de un aparato, mecanismo, etc. **7.** Libro o folleto que contiene una serie de datos e informaciones sobre alguna materia. **8.** Documento que certifica y autoriza el transporte de ciertas mercancías que por razones fiscales, de salud, etc., tienen algunas limitaciones. **9.** Tallo principal de algunos árboles. **10.** Vara o sarmiento que se deja sin podar en las cepas y en los árboles. **11.** Palo, caña, etc., que se pone junto a una planta para que crezca recta. **12.** Ranura, carril, barra, etc., que sirve para que un objeto o mecanismo siga una dirección determinada. **13.** Caballería que, sola o junto con otra, va delante de las demás, tirando de un carruaje. **14.** Cada una de las varillas exteriores y más grandes de un abanico. **15.** En el movimiento scout, muchacha exploradora. También *adj.* **16.** Cada una de las puntas del bigote cuando están retorcidas. **17.** Mecha con pólvora para prender fuego a los barrenos o a los fuegos artificiales. || *s. amb.* **18.** Manillar. || *s. f. pl.* **19.** Riendas para conducir las caballerías que van delante.

guiar *v. tr.* **1.** Conducir a alguien o algo hacia un lugar o señalarle una determinada dirección. **2.** Dirigir a alguien, aconsejándole o informándole en cierto asunto. **3.** Manejar un vehículo o animal para que vaya por donde se quiere. || *v. prnl.* **4.** Dejarse alguien llevar o dirigir por una persona, señal, consejo, etc. ■ En cuanto al acento, se conjuga como *ansiar*: *guío.*

Guido, Beatriz (Rosario 1925 - Madrid 1988) Escritora argentina. Perteneció a la llamada generación de los parricidas, por su rechazo al pasado inmediato. Es autora, entre otras novelas, de *La casa del ángel* (1954), *Fin de fiesta* (1958), *El incendio y las vísperas* (1964) y *La invitación* (1979). Algunos de sus títulos fueron llevados al cine por su marido, el director Leopoldo Torre-Nilsson.

Ernesto «Che» Guevara.

Guido, José María (Viedma 1910 - Buenos Aires 1975) Político argentino. Presidente de la Unión Cívica Radical Intransigente, fue nombrado presidente del Senado (1958) y se hizo cargo de la presidencia de la república (1962-63), tras la destitución de Frondizi por los militares, que controlaron también su gobierno.

Guido II (? - ? 894) Duque de Spoleto, rey de Italia (889-894) y emperador de Occidente (891-894). Se hizo proclamar después de vencer en Ivrea a Berengario I y fue coronado emperador por el papa Esteban I.

Guido d'Arezzo (Arezzo h. 995 - ? h. 1050) Teórico musical italiano. Monje del monasterio de Pomposa, fue posteriormente profesor de la escuela catedralicia de Arezzo. Redujo a cuatro líneas el pautado musical y denominó monosilábicamente los sonidos o notas con la primera sílaba de cada verso del himno de San Juan *Ut queant laxis*, hasta un total de seis, pues el *si* se añadió posteriormente. Desde el s. XII el sonido *ut* se denominó *do*.

Guifré I el Pilós Véase **Wifredo I el Velloso**.

Guifré II Borrell Véase **Wifredo II Borrell**.

guija *s. f.* **1.** Guijarro*. **2.** Almorta*.

güija *s. f.* Juego en el que supuestamente los espíritus invocados se comunican con los jugadores moviendo un vaso sobre un tablero con letras.

guijarro *s. m.* Piedra pequeña y redondeada por la erosión, como las que se encuentran en las orillas y cauces de los ríos.

guijo *s. m.* Conjunto de guijas o piedras pequeñas, utilizadas para construir caminos y carreteras.

guil *s. m.* En argot, moneda de cinco pesetas. Se usa más en *pl.*

guilda *s. f.* En la Edad Media, asociación de mercaderes, comerciantes y artesanos que proliferó en los países del N de Europa, encaminada a defender los intereses de una profesión o sector, la seguridad del comercio y de las comunicaciones, así como el control de los precios y los monopolios. Se dice también *gilda*.

Guilford, Joy (Marquette, Nebraska 1897) Psicólogo estadounidense. Sus trabajos se encaminaron a la elaboración de un modelo tridimensional de la estructura de la inteligencia, a través de métodos psicométricos y análisis de la personalidad. También realizó importantes estudios sobre la creatividad. Es autor, entre otras obras, de *Personalidad* (1959), *Análisis de la inteligencia* (1971) y *Fundamentos estadísticos en psicología y educación* (1973).

guillado, da **1.** *p. p.* de **guillarse**. ‖ *adj.* **2.** Loco, trastornado. También *s.*

guillarse *v. prnl.* **1.** *fam.* Volverse loco. **2.** *fam.* Irse, marcharse. **FAM.** Guilladura.

Guillaume, Charles Édouard (Fleurier 1861 - Sèvres 1938) Físico suizo. Director de la Oficina Internacional de Pesos y Medidas de Sèvres (1915), realizó importantes estudios sobre el termómetro de mercurio. Describió las propiedades de las aleaciones de acero y de níquel. Fue distinguido con el premio Nobel de física en 1920.

Guillemin, Roger (Dijon 1924) Fisiólogo estadounidense de origen francés. Logró sintetizar la hormona somatostanina, que regula la actividad de la pituitaria y del páncreas. En 1977 obtuvo el premio Nobel de medicina y fisiología, compartido con Rosalyn Yalow y Andrew Victor Schally.

Guillén, Jorge (Valladolid 1893 - Málaga 1984) Poeta español. Fue miembro destacado de la generación del 27. Ejerció la docencia en diversas universidades españolas y extranjeras y en plena guerra civil se exilió a EE UU. Su obra poética recibió la influencia de los simbolistas franceses y sigue la línea de la poesía pura de Pedro Salinas. *Cántico*, que fue publicado en 1928 y aumentado en sucesivas ediciones, contiene una exaltación de la vida, en contraste con *Clamor* (1957), donde expresa el dolor y la angustia de la guerra y del exilio. *Homenaje* (1967) supone un retorno al júbilo de su primera obra, expresando el triunfo de la belleza y la razón sobre el dolor de la historia. En 1977 recibió el premio Miguel de Cervantes.

Guillén, Nicolás (Camagüey 1902 - La Habana 1989) Poeta cubano. Vivió exiliado en España y Francia hasta el triunfo de la revolución castrista. Su obra se caracteriza por la musicalidad de su métrica, muy influida por la cultura negra de la isla, por la fuerza de las imágenes y el compromiso político. Entre sus libros sobresalen *Sóngoro Cosongo* (1931), *Cantos para soldados y sones para turistas* (1937), *España, poema en cuatro angustias y una esperanza* (1937), *El son entero* (1947), *La paloma de vuelo popular* (1958) y *El gran zoo* (1968). En 1982 publicó sus memorias, tituladas *Páginas vueltas*.

Guillermina (La Haya 1880 - castillo de Het Loo, Apeldoorn 1962) Reina de los Países Bajos (1890-1948). Hija de Guillermo III, se casó con Enrique de Mecklemburgo-Schwering y en 1948 abdicó en su hija Juliana.

Guillermo Nombre de diez duques de Aquitania.

Guillermo VIII (? 1027 - castillo de Chizé h. 1086) Conde de Poitiers y duque de Aquitania (1058-86). Se anexionó la Gascuña (1070) y ayudó al rey castellano Alfonso VI en su lucha contra los musulmanes (1080).

Guillermo IX (? 1071 - ? 1126) Conde de Poitiers y duque de Aquitania (1086-1126). Participó en la primera cruzada y se apoderó del condado de Tolosa (1113). En 1120 luchó en España contra los almohades en la batalla de Cutanda. Es el primer poeta provenzal cuya obra se conoce. Sus canciones pertenecen al tipo juglaresco y también al del amor cortés.

Guillermo Nombre de varios reyes de Inglaterra y el Reino Unido.

Guillermo I el Conquistador (¿Falaise? h. 1027 - Ruán 1087) Duque de Normandía (1035-87) y rey de Inglaterra (1066-87). Después de consolidar su autoridad en Normandía frente a la nobleza rebelde, hizo valer sus derechos al trono de Inglaterra. En la batalla de Hastings (1066) venció a Harold de Wessex y conquistó el reino inglés. Introdujo en Inglaterra el sistema feudal vigente en Francia, impuso su dominio por medio de los sheriffs e hizo redactar el célebre *Domesday Book*, catastro de todas las posesiones territoriales, para conocer la cuantía de las obligaciones fiscales de sus súbditos.

Guillermo II el Rojo (? h. 1056 - New Forest 1100) Rey de Inglaterra (1087-1100). Sucedió a su padre Guillermo I en el trono usurpando los derechos del primogénito Roberto, que se alzó en armas y fue derrotado en 1090. Combatió a galeses y escoceses. Murió asesinado.

Guillermo III (La Haya 1650 - Kensington 1702) Estatúder de las Provincias Unidas (1672-1702) y rey de Inglaterra, Escocia e Irlanda (1688-1702). Se casó en 1677 con María, hija del futuro rey de Inglaterra Jacobo II, al que derrocó en 1688 con el apoyo del Parlamento. Dominó Irlanda en 1690 y combatió al rey de Francia Luis XIV, que hubo de reconocerle como rey inglés tras la paz de Ryswick (1697).

Guillermo Nombre de varios reyes de los Países Bajos.

Guillermo I (La Haya 1772 - Berlín 1843) Rey de los Países Bajos y gran duque de Luxemburgo (1815-40). Proclamado rey por el congreso de Viena (1815), pretendió limitar la influencia de la Iglesia católica y de Francia. En 1830 se produjo la sublevación de los belgas, a los que Francia y el Reino Unido reconocieron su independencia en la conferencia de Londres (1830-31). Guillermo dimitió para no aceptar el régimen parlamentario.

Guillermo II (La Haya 1792 - Tilburg 1849) Rey de los Países Bajos y gran duque de Luxemburgo (1840-49). Hijo de Guillermo I, estuvo al mando de las operaciones contra la sublevación belga (1831). Se vio obligado a aceptar una constitución parlamentaria (1848).

Jorge Guillén.

Guillermo III (Bruselas 1817 - íd. 1890) Rey de los Países Bajos y gran duque de Luxemburgo (1849-90). Hijo y sucesor del anterior y último representante masculino de la casa de Orange, reinó como monarca constitucional y anexionó el ducado de Limburgo a Luxemburgo.

Guillermo Nombre de varios estatúder de las Provincias Unidas (Holanda).

Guillermo I de Orange-Nassau, llamado **el Taciturno** (Dillenburg 1533 - Delft 1584) Estatúder de Holanda, Zelanda, Utrecht (1559) y Frisia (1581) y príncipe de Orange (1544). Fue cortesano del emperador Carlos V, pero en época de Felipe II se puso al frente de la rebelión de los gueux contra el dominio español. Ocupó Amsterdam y en 1578 proclamó la Unión de Utrecht, que fue el origen del Flandes independiente de España.

Guillermo II de Orange-Nassau (La Haya 1626 - íd. 1650) Estatúder de las Provincias Unidas (1647-50). Tras la paz de Münster con España (1648) trató de convertir a Holanda en monarquía hereditaria, pero lo impidió su muerte prematura.

Guillermo III de Orange-Nassau Véase **Guillermo III de Inglaterra**.

Guillermo Nombre de dos reyes de Prusia y emperadores (*káiser*) de Alemania.

Guillermo I (Berlín 1797 - íd. 1888) Rey de Prusia (1861-88), al suceder a su hermano Federico Guillermo IV, incapacitado por la locura, y emperador de Alemania (1871-88). Luchó por conseguir la unidad de Alemania con el auxilio de su canciller Bismarck. Aseguró la hegemonía de Prusia en la Confederación Germánica, venció a Austria en 1866 y a Francia en la guerra francoprusiana de 1870-71. Fue coronado emperador de Alemania en Versalles (1871).

Guillermo II (Potsdam 1859 - Doorn, Países Bajos 1941) Rey de Prusia y emperador de Alemania (1888-1918). Nieto de Guillermo I, hizo dimitir a Bismarck en 1890 y con el auxilio del nuevo canciller Caprivi inició una política militarista y de expansión colonial. Bajo el consejo del canciller Bülow endureció sus relaciones con Francia y el Reino Unido a partir de 1904 y, tras la constitución de la Triple Entente (Francia, Reino Unido y Rusia), reforzó su alianza con el imperio austro-húngaro y Turquía. A causa del atentado de Sarajevo y presionado por su estado mayor declaró la guerra a Francia y Rusia en 1914, desencadenando la Primera Guerra Mundial. En 1918 fue obligado a abdicar por la revolución y hubo de exiliarse a Holanda.

Guillermo Nombre de varios reyes de Sicilia.

Guillermo I el Malo (? h. 1120 - ? 1166) Rey de Sicilia (1154-66). Hijo y sucesor de Roger II, hizo frente a la rebelión de los barones, apoyados por Manuel I Comneno, emperador de Oriente, y por el Papa, y derrotó a la coalición en Brindisi. El Papa reconoció sus posesiones por el concordato de Benevento (1156). También fue reconocido por Bizancio. Perdió los territorios africanos conquistados por su padre (1158-60).

Guillermo II el Bueno (? h. 1153 - ? h. 1189) Rey de Sicilia (1166-89). Hijo y sucesor del anterior, dirigió varias expediciones para reconquistar los territorios africanos (1174-77 y 1185). Intervino en las luchas internas del imperio bizantino en favor del pretendiente Alejo Comneno y fue derrotado en Demetridza por Isaac II Ángelo. Participó en la tercera cruzada.

Guillermo de Aquitania o de Tolosa, San (? h. 735 - Gellone, Languedoc 812) Conde de Tolosa (789-804). Nieto de Carlos Martel, Carlomagno le encomendó el gobierno de la Marca Hispánica y en 793 frenó el avance de los árabes en Narbona. Participó en la conquista de Barcelona (801). Se retiró a la abadía benedictina de Aniane (804) y posteriormente fundó la de Gellone.

Guillermo de Holanda (Leiden 1227 - Frisia 1256) Conde de Holanda (1235) y emperador germánico (1254-56). En 1247 fue elegido por los príncipes renanos y por el Papa frente a Federico II, pero no fue reconocido hasta la muerte de Conrado IV (1254).

Guillermo el León (? 1143 - Stirling 1214) Rey de Escocia (1165-1214). Hermano y sucesor de

Malcolm IV, en su intento de apoderarse de Northumberland, entró en guerra con Enrique II de Inglaterra, pero fue hecho prisionero en Alnwick (1174) y se reconoció vasallo de Inglaterra.

Guillermo Tell (s. XIV) Héroe legendario suizo. Según la leyenda, obligado por el bailío Gessler hubo de probar su habilidad de ballestero haciendo blanco en la manzana situada sobre la cabeza de su hijo. Encarcelado por haber reservado una segunda flecha para disparar al bailío si llegaba a herir al muchacho, logró escapar y vengarse matando al tirano. El tema de esta leyenda ya aparece en la *Gesta danorum* de Saxo Gramático (principios del s. XIII) y ha sido recreado en la literatura y en la música (Schiller, Rossini, etc.).

guillotina *s. f.* **1.** Máquina creada en Francia para decapitar a los condenados a muerte, consistente en una cuchilla que resbala por un armazón de madera; se empezó a utilizar durante la Revolución Francesa. También, pena de muerte efectuada mediante esta máquina. **2.** Máquina semejante utilizada para cortar papel y otras cosas parecidas. **3.** *fam.* Procedimiento establecido en varias cámaras legislativas para detener la obstrucción de voto a un proyecto de ley, señalando un plazo en que debe terminar la discusión y procederse a la votación del mismo. ‖ **LOC. de guillotina** *adj.* Se aplica a las ventanas, persianas, etc., que se abren y se cierran verticalmente deslizándose por guías, en lugar de girar sobre bisagras.

guillotinar *v. tr.* **1.** Ejecutar a un condenado mediante la guillotina. **2.** Cortar algo con guillotina.

Guimarães Rosa, João (Cordisburgo, Minas Gerais 1908 - Rio de Janeiro 1967) Escritor brasileño. Su obra narrativa describe la lucha del hombre con la naturaleza y la vida en el norte brasileño, situando la acción en la región de Sertão. Entre sus novelas sobresalen *Sagarana* (1938), *Cuerpo de baile* (1956) y *Gran Sertão: veredas* (1956).

Guimerà, Àngel (Santa Cruz de Tenerife 1845 - Barcelona 1924) Escritor español en lengua catalana. Fue uno de los impulsores de la *renaixença*, movimiento de renovación de la cultura catalana, en el que destacó como su principal dramaturgo. Su obra se caracteriza por la fuerza del retrato psicológico de los personajes, la habilidad de la construcción dramática y el uso de versos inéditos en el teatro catalán, como el endecasílabo. Entre sus dramas destacan *Gala Placidia* (1879), *Mar y cielo* (1888), *Tierra baja* (1897), *Mossén Janot* (1898) y *La araña* (1906).

guinche *s. m. Arg., Chile., Urug.* Grúa.

guinda *s. f.* **1.** Fruto del guindo, parecido a la cereza, pero más redondo y de sabor más ácido, que suele servirse confitado para adornar postres. **2.** *fam.* Detalle que remata y perfecciona una cosa.

guindar *v. tr. fam.* Robar, quitar.

guindilla *s. f.* **1.** Variedad del pimiento, de tamaño más pequeño y alargado, color rojo o verde y muy picante. **2.** Fruto del guindillo de Indias.

guindillo de Indias *s. m.* Árbol de la familia solanáceas, especie *Capsicum baccatum.* Es de pequeño tamaño, tiene flores blancas y fruto redondo de sabor picante. Se usa como planta ornamental y crece en Asia meridional.

guindo *s. m.* Nombre común de diversas especies de árboles de la familia rosáceas, género *Prunus.* El guindo común *(Prunus cerasus)* puede alcanzar hasta 10 m de altura, tiene hojas dentadas de color oscuro, flores blancas y fruto rojo en drupa, de sabor ácido. Se aprovecha su madera y su fruta. Crece en tierras bajas y en montañas. Existe también una especie silvestre, el *Prunus avium,* que puede llegar a los 20 m de altura. ‖ **LOC. caerse de un guindo** *fam.* Ser muy ingenuo o no estar al tanto de las cosas.

guinea *s. f.* Antigua moneda británica de oro, equivalente a veintiún chelines.

Guinea 1. Golfo de la costa atlántica de África, situado entre la desembocadura del río Ogoué (Gabón) y el cabo Palmas (Liberia).
2. Región de África occidental, situada en torno al golfo del mismo nombre y que comprende los actuales países de Senegal, Gambia, Guinea-Bissau, Guinea, Sierra Leona, Liberia, Costa de Marfil, Ghana, Togo, Benin, Nigeria, Camerún, Guinea Ecuatorial y Gabón. Estaba habitada en la Edad Moderna por diversas etnias: akan, yoruba, ervé, fon, timné, uolof, fulbé, baulé, agni, ashanti, bamiliké y bamún. Los primeros colonizadores fueron portugueses (h. 1445), que exploraron toda la costa. Muy pronto la región se convirtió en un gran mercado de oro, marfil y esclavos, explotado por compañías británicas, francesas, holandesas y alemanas. En la segunda mitad del s. XIX se intensificó la penetración europea, al tiempo que se creó el estado de Liberia para asentar esclavos manumitidos. Tras la Primera Guerra Mundial la región fue dominada por Francia y el Reino Unido, con pequeños enclaves españoles y portugueses.

Guinea, República de Estado de África occidental a orillas del océano Atlántico.

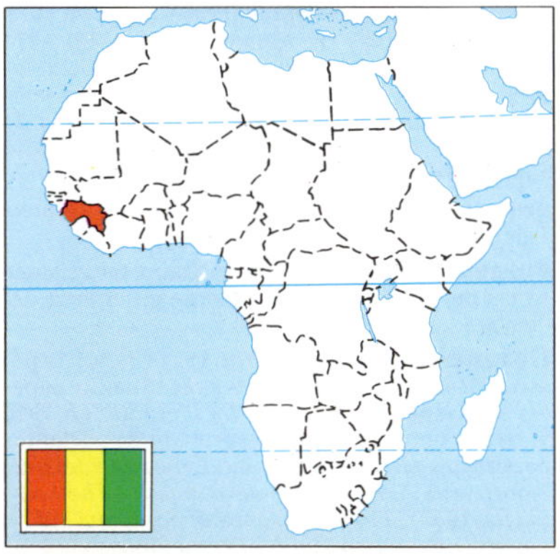

Extensión: 245.857 km².
Límites: al N, con Senegal y Malí; al E, con Malí y Costa de Marfil; al S, con Liberia y Sierra Leona, y al O, con el océano Atlántico y Guinea-Bissau.
Población: 6.876.000 h. en 1990.
Densidad: 28 h./km².
Capital: Conakry.
División administrativa: 31 regiones.
Ciudades principales: Kankan, Labé, Nzérékoré.
Gentilicio: guineano.
Forma de Estado: república presidencialista.
Idioma: francés.
Religión: islamismo, 69 %; cultos tribales, 29,5 %; catolicismo, 1,1 %.
Moneda: franco guineano.
Tasa de natalidad: 47 ‰ en 1990.
Tasa de mortalidad: 22 ‰ en 1990.
Renta per cápita: 430 dólares en 1989.

Geog. El relieve de Guinea consta de tres unidades: la región costera, formada por una llanura en la que son frecuentes las lluvias, atravesada por ríos cortos y sinuosos, como el Konkouré, Nunez y Cogon, y en la que predomina la vegetación de manglar; la cordillera de Futa Yallón, situada en el centro del país, que alcanza sus máximas alturas en los montes Loura y en la que nacen los ríos Níger, Senegal y Gambia; y la meseta interior, región llana con vegetación de sabana. La población, de etnia nalu, baga y susu en la costa, fulbé en las montañas y mandinga en la meseta interior, es eminentemente rural y se concentra en la región costera. La economía se basa en la agricultura y minería; se cultiva arroz, palmeras de aceite, mandioca, plátano, café y productos de huerta y se extrae bauxita, hierro y diamante. Asimismo hay ganadería en el Futa Yallón. Aunque el sector secundario es muy deficitario, cuenta con industria alimentaria y del aluminio. El embalse del río Konkouré proporciona energía hidroeléctrica.

Hist. Guinea estuvo sometida al imperio de Ghana hasta el s. XVIII, en que tribus procedentes del N crearon un estado islámico basado económicamente en la ganadería. Los franceses comenzaron a instalarse en el territorio a partir de 1658, pero su asentamiento no se hizo firme hasta la construcción del puerto de Conakry en 1890. La lucha por la independencia comenzó tras la Segunda Guerra Mundial y estuvo dirigida por el líder sindical Sékou Touré. En 1956 el país obtuvo el estatuto de autonomía y en 1958, mediante referéndum, la independencia. El régimen de Sékou Touré recibió la ayuda de países socialistas como URSS, China y Checoslovaquia, nacionalizó la banca, creó cooperativas agrícolas y apoyó la lucha de diversos movimientos de liberación africanos, lo que le supuso la enemistad de Francia. Partidario del panafricanismo, formó junto con Ghana y Malí la Unión de Estados Africanos. Sékou Touré, que había sido reelegido presidente en 1961, suavizó a mediados de los años sesenta el carácter socialista de su régimen, permitió la iniciativa privada y abrió el país a la inversión estadounidense. Touré murió en 1984; ese mismo año su régimen fue derrocado por un golpe del Comité Militar de Saneamiento Nacional y asumió la presidencia del país y su gobierno el coronel Lansana Conté.

Guinea Ecuatorial, República de Estado de África centro-occidental, en el golfo de Guinea.

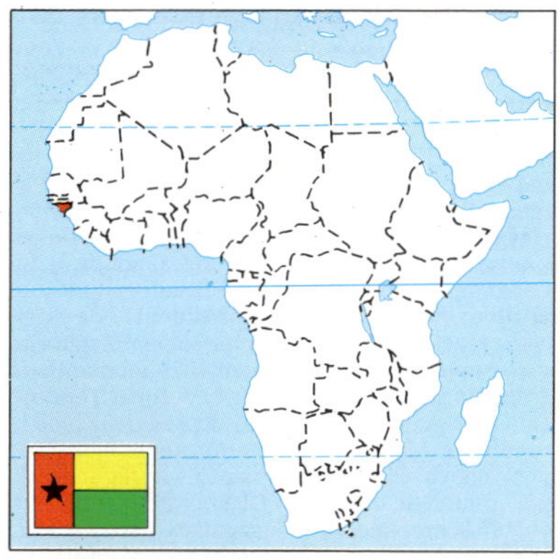

Extensión: 28.051 km².
Límites: al N, con Camerún; al E y S, con Gabón, y al O, con el océano Atlántico.
Población: 350.000 h. en 1990.
Densidad: 12,5 h./km².
Capital: Malabo.
División administrativa: una región continental, Mbini, con 4 provincias, y otra insular, Bioko, con 3 provincias.
Ciudades principales: Ela-Nguema, Bata, Campo Yaunde y Los Ángeles.
Gentilicio: guineano.
Forma de Estado: república presidencialista.
Idioma: español.
Religión: cristianismo, 88,8 %; cultos tribales, 4,6 %.
Moneda: franco CFA.
Tasa de natalidad: 43 ‰ en 1990.
Tasa de mortalidad: 19 ‰ en 1990.
Renta per cápita: 430 dólares en 1989.

Geog. En el relieve del territorio continental de Guinea Ecuatorial se distinguen dos unidades: un conjunto de llanuras litorales, con vegetación de manglar, interrumpido por regiones pantanosas en las desembocaduras de los tres principales ríos, el Campo al N, el Benito (Mbini) en el centro y el Muni al S; y una serie de macizos montañosos en el interior, como el Niefang-Mikomeseng, Ebebiyin y Evinayong, que se elevan sobre la selva ecuatorial. Las islas de Annobón, Bioko y Corisco son volcánicas y alcanzan su máxima altitud en el pico Santa Isabel (3.007 m), en la isla de Bioko. El clima es ecuatorial, con

Guinea Ecuatorial: Luba, ciudad en la isla de Bioko.

numerosas lluvias. La población, del grupo lingüístico bantú, pertenece a la etnia fang en el continente, la parte más poblada del país, y a las etnias bubi e ibo en las islas. En la economía predomina la agricultura, cultivándose batata, mandioca, banana, palma de aceite, coco, café y cacao. El país tiene también recursos forestales y pesqueros. La industria, muy escasa, se centra en la transformación de productos alimenticios, como el cacao, y en la fabricación de jabón.
Hist. En la segunda mitad del s. XV navegantes portugueses ocuparon las islas de Annobón y Bioko, que convirtieron en centro del tráfico de esclavos del golfo de Guinea. Pasaron a soberanía española en 1777 y 1778 en virtud de los tratados de El Pardo y San Ildefonso. La ocupación española se hizo efectiva a mediados del s. XIX y en 1859 se otorgó a las islas el estatuto de colonia con el nombre de su descubridor portugués Fernando Poo. En 1901 se reconoció a España el derecho a ocupar el territorio continental de Río Muni. En 1959 se equiparó jurídicamente a los habitantes de la colonia con los de España y se realizó la división provincial. En 1963, a instancias de la ONU, se le concedió el estatuto de autonomía y en 1966, mediante referéndum, la independencia. En 1968 Guinea Ecuatorial se convirtió en república, bajo la presidencia de Francisco Macías, que instauró un régimen dictatorial y corrupto. Fue derrocado en 1979 mediante un golpe de Estado dirigido por el coronel Teodoro Obiang Nguema, que asumió la presidencia de la república. Macías fue posteriormente ejecutado y el nuevo dirigente implantó un régimen de partido único, el Partido Democrático, y promovió el acercamiento a los países occidentales, cuya ayuda sustituyó a la soviética y china. En 1991 Obiang convocó un referéndum para la reforma política, mientras la oposición, encabezada por Severo Moto, permanecía en el exilio.

Guinea-Bissau, República de Estado de África occidental a orillas del océano Atlántico.

Extensión: 36.125 km^2.
Límites: al N, con Senegal; al E con Guinea; al S, con Guinea y el océano Atlántico, y al O, con el océano Atlántico.
Población: 973.000 h. en 1990.
Densidad: 26,9 h./km^2.
Capital: Bissau.
División administrativa: 8 regiones y el sector autónomo de Bissau.
Ciudades principales: Bafatá, Gabú, Mansôa, Catió.
Gentilicio: guineano.
Forma de Estado: república presidencialista.
Idioma: portugués.
Religión: cultos tribales, 66 %; islamismo, 30 %; cristianismo, 4 %.
Moneda: peso guineano.
Tasa de natalidad: 41 ‰ en 1990.
Tasa de mortalidad: 20 ‰ en 1990.
Renta per cápita: 180 dólares en 1989.

Geog. El relieve de Guinea-Bissau es esencialmente llano. A continuación de la costa de manglares se extiende una llanura pantanosa surcada por ríos como el Geba, el Corubal y el Cacheu, que se unen entre sí mediante brazos y canales y están bordeados de bosque tropical. El interior está ocupado por un altiplano con vegetación de sabana. El clima es ecuatorial húmedo. La población está compuesta por etnias balante, fulbé, malinke, manjaco y papeis y se concentra en la costa, donde se hallan las principales ciudades. Tiene una economía fundamentalmente agrícola, con cultivos de arroz, cacahuete, mandioca, palma de aceite, coco, maíz, sorgo y mijo. Posee también una pequeña cabaña ganadera bovina y porcina y recursos forestales. En el sector secundario, muy deficitario, sólo cuenta con una incipiente industria alimentaria.
Hist. El país fue explorado por los portugueses en el s. XV, pero hubieron de pasar cuatro siglos antes de que iniciaran la colonización definitiva. En 1889 se estableció el primer gobernador, aunque por entonces el comercio de la región lo controlaban Francia e Inglaterra y no fue recuperado por Portugal hasta 1932. En 1956 se fundó el PAIGC, Partido Africano para la Independencia de Guinea y Cabo Verde, que comenzó la lucha nacionalista por medio de guerrillas en 1963. Su dirigente Amílcar Cabral fue asesinado en 1973 y le sucedió Luis de Almeida Cabral. En 1974 Portugal reconoció al país la independencia. En 1980 un golpe de Estado dirigido por los sectores más radicales del PAIGC derrocó a Luis de Almeida e implantó un consejo revolucionario bajo la presidencia de João Bernardo Vieira.

guineano, na o **guineo, a** *adj.* De Guinea. También *s.*

guineo *s. m.* Variedad de plátano en algunas zonas de América, especialmente en el área del Caribe.

Guinness, Alec (Londres 1914) Actor británico. Destacó en el teatro representando papeles shakespearianos. Debutó en el cine en 1946 y, desde entonces, ha interpretado importantes personajes en películas como *El hombre del traje blanco* (1951), *El quinteto de la muerte* (*The Ladykillers*, 1955), *El puente sobre el río Kwai* (1957), *Lawrence de Arabia* (1962), *Doctor Zhivago* (1965) y *Pasaje a la India* (1984).

Guinovart, Josep (Barcelona 1927) Pintor español. Su obra, inicialmente figurativa, derivó desde 1959 hacia el estilo abstracto y la experimentación con nuevos materiales. Entre sus creaciones cabe mencionar *Cosas, sillas y personajes* (1974), *Contorno-entorno* (1978) y *Variaciones sobre la imagen del pintor J. Mir* (1980).

guiña *s. f. Col., Ven.* Mala suerte.

guiñapo *s. m.* **1.** Andrajo, harapo. **2.** Prenda sucia o muy estropeada. **3.** Persona muy débil, enfermiza, o muy decaída moralmente. ■ Se usa mucho en las expresiones **estar** o **dejar hecho un guiñapo**. || **Loc. poner** a alguien **como un guiñapo** *fam.* Hablar mal de él, insultarle.

guiñar *v. tr.* **1.** Cerrar y abrir rápidamente un ojo dejando el otro abierto, p. ej. para hacer una seña disimulada a otra persona. También *v. prnl.* **2.** Entrecerrar los dos ojos por efecto de la luz, por mala visión, etc.

guiño *s. m.* **1.** Acción de guiñar. **2.** Mensaje implícito, no expresado abiertamente.

guiñol *s. m.* Representación teatral realizada con muñecos que una o más personas, ocultas detrás del escenario, mueven metiendo las manos dentro de ellos.

guión *s. m.* **1.** Esquema básico de un discurso, conferencia, etc., que sirve de ayuda al hacer la exposición. **2.** Texto que contiene los diálogos, la distribución por escenas, la relación de los elementos sonoros y musicales y las indicaciones técnicas necesarias para la realización de una película o un programa de radio o televisión. **3.** Signo ortográfico (-) empleado para distintos usos, como indicar que un renglón termina con parte de una palabra que continuará en el siguiente; unir los elementos de algunas palabras compuestas (*franco-alemán*); señalar en un diálogo cuándo habla cada persona; sustituir a veces un paréntesis en listas, índices, etc., o una palabra o frase que está en la línea superior y que no se quiere repetir. **4.** Ave que va delante de la bandada guiándola. **5.** Estandarte del rey o de otro jefe. **6.** Cruz o bandera que se lleva delante de las procesiones como insignia de una comunidad, cofradía, etc.

guionista *s. m.* y *f.* Persona que escribe guiones de cine, de radio o de televisión.

guipar *v. tr.* **1.** *fam.* Ver. **2.** *fam.* Descubrir las intenciones, defectos o debilidades de alguien.

guipur *s. m.* Cierto tipo de encaje de malla gruesa.

Guipúzcoa (*Gipuzkoa*) Prov. española, perteneciente a la comunidad autónoma del País Vasco, a orillas del mar Cantábrico, que limita al E con Francia y Navarra, al S con Álava y al O con Vizcaya. 1.997 km^2. 671.800 h. en 1991. La capital es San Sebastián (*Donostia*), con 170.000 h. en 1991. Tiene un relieve montañoso y en ella se encuentra el pico más alto del País Vasco, el Aitzgorri (1.544 m), situado en el S. La costa es escarpada y presenta las rías de Orio y Deva y los puertos de San Sebastián, Pasajes, Orio, Guetaria, Zumaya y Motrico. Sus principales ríos son el Deva, Urola, Oria, Urumea, Oyarzun y Bidasoa, que sirve de frontera con Francia. El clima es oceánico, lo que favorece una vegetación de hayas y robles atlánticos. La población, que se ha triplicado desde comienzos del s. XX, arroja una de las densidades más altas de España, con 336 h./km^2. Su agricultura produce patatas, cereales y judías. Cuenta además con una importante cabaña bovina y con actividad pesquera, sobre todo en Pasajes y Zumaya. En cuanto a la minería, se extrae plomo, cinc, espato, caliza y margas. Pero el principal sector económico es el industrial, con fábricas de maquinaria, herramientas, armamento, electrodomésticos, papel, productos químicos y alimentarios. San Sebastián es una ciudad cosmopolita y un importante centro turístico y de veraneo. Otras ciudades importantes son Irún, Rentería, Éibar, Tolosa, Mondragón y Hernani.

guipuzcoano, na *adj.* **1.** De Guipúzcoa. También *s.* || *s. m.* **2.** Dialecto del vascuence.

güira (voz antillana) *s. f.* **1.** Árbol tropical de la familia bignoniáceas, especie *Crescentia alata.* Puede alcanzar hasta 5 m de altura, tiene el tronco torcido, hojas grandes con forma de corazón y flores blanquecinas. Da un fruto de corteza dura y blanquecina con el que se fabrican vasijas, tazas, etc. **2.** Fruto de este árbol. ■ Se dice también *hibuero* y *huira.*

Güiraldes, Ricardo (Buenos Aires 1886 - París 1927) Escritor argentino. Su poesía, que se caracteriza por la riqueza de las imágenes y metáforas, marca en Argentina la transición entre el modernismo y el vanguardismo. En su narrativa destaca *Don Segundo Sombra* (1926), obra maestra del género gauchesco. Otras novelas suyas que merecen ser citadas son *Raucho* (1917), *Rosaura* (1918) y *Xaimaca* (1923).

guiri *s. m.* y *f. fam.* Turista extranjero.

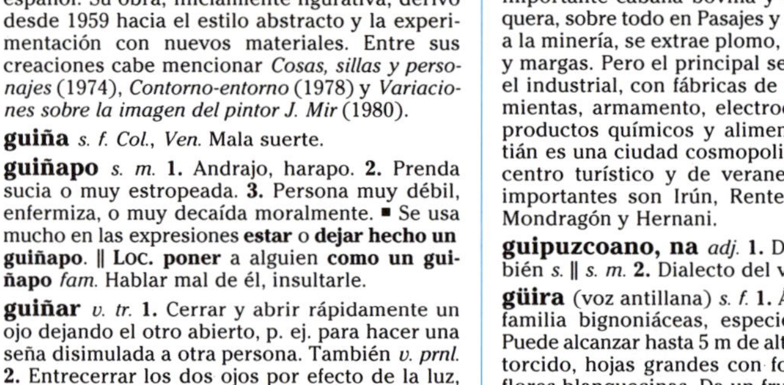

Guipúzcoa: puerto y ría de Pasajes.

guirigay *s. m.* **1.** Lenguaje confuso, difícil de entender. **2.** Griterío, alboroto.

Guirior, Manuel de (Aoiz 1708 - Madrid 1788) Militar y administrador colonial español. Virrey de Nueva Granada (1772-75), sometió a los motilones y guajiros e implantó algunas medidas de tipo económico. Nombrado virrey del Perú (1775-80), fomentó la agricultura, la minería y el comercio. Durante su gobierno se separó del virreinato del Perú el nuevo virreinato de Río de la Plata (1776).

guirlache *s. m.* Dulce hecho con almendras o avellanas tostadas y caramelo.

guirnalda *s. f.* Tira hecha con flores, hojas, naturales o artificiales, u otras cosas entretejidas, que se usa como adorno.

guisa *s. f.* Modo, manera. ‖ **LOC. a guisa de** *adv.* A modo de.

Guisa, Enrique de Lorena, duque de (? 1550 - Blois 1588) Militar y noble francés. Hijo de Francisco de Lorena, encabezó la Liga Católica contra los hugonotes, con el apoyo de Felipe II de España. Se opuso al rey protestante Enrique III, a quien expulsó de París (1588) y a quien obligó a dictar el decreto de Unión. Temeroso Enrique III del clamor popular que pedía su deposición y la coronación del duque de Guisa, le hizo asesinar en el mismo palacio real.

Guisa, Francisco de Lorena, duque de (Bar 1519 - Saint-Mesmin 1562) Militar y noble francés. Combatió contra el emperador Carlos V en Italia y Metz (1552) y contra Felipe II en defensa del papa Pablo IV, pero fue derrotado en San Quintín. Arrebató Calais a los ingleses (1558). Participó como ferviente católico en las guerras de religión de Francia y murió asesinado por un hugonote.

guisado, da **1.** *p. p.* de **guisar**. También *adj.* ‖ *s. m.* **2.** Guiso generalmente de carne o pescado cocidos con otros ingredientes como patatas, verdura, etc.

Guisando, concordia de Acuerdo establecido en 1468 entre Isabel la Católica y su hermano, el rey Enrique IV, tras una reunión en los toros de Guisando, que puso fin a la guerra civil castellana. Por él Isabel se convirtió en heredera de la corona de Castilla, pero adquirió la obligación de contraer matrimonio con la aprobación de Enrique IV. La boda con Fernando de Aragón, celebrada sin consentimiento del rey, anuló el acuerdo.

Guisando, toros de Grupo escultórico realizado en granito, situado en la provincia de Ávila, en las cercanías del pueblo madrileño de San Martín de Valdeiglesias, que representa cuatro grandes figuras animales de formas toscas, quizá toros o verracos. Es una obra celta y data del s. II a. C. Se desconoce su función, aunque probablemente se trate de ídolos protectores del ganado.

Toros de Guisando.

guisante *s. m.* **1.** Planta leguminosa de la familia papilionáceas, especie *Pisum sativum.* Es trepadora y está dotada de zarcillos, estípulas anchas y foliáceas, flores blancas y fruto en legumbre, con semillas lisas o rugosas de color verde o amarillo. Se cultiva en todo el mundo para el consumo de su fruto. **2.** Semilla de esta planta.

guisar *v. tr.* **1.** Preparar los alimentos condimentándolos y cociéndolos al fuego. También *v. intr.* **2.** Planear, organizar.

guiso *s. m.* Comida guisada.

guisote *s. m.* Guiso mal hecho o mal presentado.

güisqui *s. m.* Whisky*.

guita *s. f.* **1.** Cuerda delgada de cáñamo. **2.** *fam.* Dinero.

guitarra *s. f.* **1.** Instrumento musical de cuerda pulsada que consta de una caja de resonancia con formas redondeadas, un mástil dividido en trastes, un clavijero donde se afinan las seis cuerdas y un puente donde se fijan éstas en la parte inferior de la caja. Se toca pisando las cuerdas en el mástil con los dedos de una mano, según lo requiera la nota o acorde que se ejecute, y pulsándolas sobre la abertura de la caja con los dedos de la otra. Su origen no está muy claro: algunos musicólogos sostienen que procede del laúd asirio, mientras que otros afirman que se deriva de la cítara romana. Muchos compositores han introducido la guitarra en sus obras y han escrito conciertos para este instrumento. Por otra parte, hay que señalar el lugar privilegiado que ocupa la guitarra en el ámbito de la música popular española. **2.** *Ven.* Traje de fiesta. ‖ *s. m.* y *f.* **3.** Guitarrista. ‖ **4. guitarra eléctrica** Aquella cuyo sonido no se produce en la caja de resonancia, sino en unas pastillas electrónicas que recogen la vibración de las cuerdas y la transmiten a un amplificador.

Guitarra clásica.

guitarreo *s. m.* Toque de guitarra continuo y pesado.

guitarrería *s. f.* **1.** Taller donde se fabrican o arreglan guitarras y otros instrumentos musicales semejantes. **2.** Tienda donde se venden. **FAM.** Guitarrero.

guitarrillo *s. m.* Instrumento musical de cuatro cuerdas, parecido a la guitarra. ▪ Se dice también *guitarro.*

guitarrista *s. m.* y *f.* Persona que toca la guitarra.

guitarro *s. m.* Guitarrillo*.

guitarrón *s. m. aum.* de **guitarra**. Guitarra grande, especialmente la que usan los mariachis mexicanos.

güito *s. m.* **1.** *fam.* Sombrero. **2.** Hueso de fruta, especialmente el del albaricoque. ‖ *pl.* **3.** Juego de chicos en que se utilizan estos huesos.

Guitry, Sacha (San Petersburgo 1885 - París 1957) Actor, autor dramático y director de cine francés. Escribió más de 140 obras teatrales, entre las que merecen citarse *Mi padre tenía razón* (1919), *Las dos palomas* (1948) y *Tú me has salvado la vida* (1949). Algunas de sus películas más significativas son *La novela de un tramposo* (1935), *Las perlas de la corona* (1937), *Si Versalles pudiera hablar* (*Si Versalles m'était conté*, 1954) y *Napoleón* (1955).

Guiyang C. de China, cap. de la prov. de Guizhou, en el S del país, a orillas del río Nanming. 963.700 h. en 1989. Nudo ferroviario, cuenta con industrias metalúrgicas, de maquinaria, químicas, electrónicas y de neumáticos.

Guizhou Prov. de China, en el S del sector central del país. 174.000 km^2. 32.391.000 h. en 1990. La capital es Guiyang, con 963.700 h. en 1989. Está formada por una alta meseta regada por el río Wujiang. Tiene cultivos de arroz, maíz, trigo, soja, batatas, tabaco y té; recursos forestales; minas de mercurio, hierro y cobre; e industria siderúrgica, metalúrgica, de maquinaria, fertilizantes, material eléctrico, cemento, motores, alimentaria y textil. También es conocida como *Kweichow.*

Guizot, François (Nîmes 1787 - Val-Richer, Calvados 1874) Historiador y político francés. Profesor de historia moderna en la Sorbona, ayudó a la implantación de la monarquía burguesa de Luis Felipe y fue ministro del Interior (1830), de Instrucción Pública (1832-37) y de Asuntos Exteriores (1840-48). Desde sus cargos defendió los intereses de la gran burguesía. Es autor, entre otros títulos, de *Historia de la revolución inglesa* (1826-27) e *Historia de la civilización en Francia* (1830).

Gujarat Estado de la India, en el NO del país, en la frontera con Pakistán, a orillas del mar de Omán. 196.024 km^2. 34.085.800 h. en 1981. La capital es Ahmedabad, con 2.515.200 h. en 1981. Región agrícola algodonera, cuenta también con cultivos de arroz, mijo, tabaco y cacahuete. Tiene yacimientos de gas y petróleo, así como manganeso y bauxita. Es una de las regiones más industrializadas de la India, en la que sobresalen sus producciones alimentarias, químicas y electromagnéticas.

Gujrānwāla C. de Pakistán, en el NE del país, cerca de Lahore. 658.750 h. en 1981. Es un centro comercial que tiene industrias metalúrgicas de aluminio y hierro.

gula *s. f.* Vicio de comer y beber en exceso, glotonería.

gulag (voz rusa, abreviatura de *Glavnoie Upravlenie Laguerei*, Dirección General de los Campos de Concentración) *s. m.* Campo de concentración soviético cuya función era la de albergar a los disidentes del sistema político implantado a raíz de la revolución bolchevique. Su finalidad consistía en una rehabilitación mediante el trabajo forzado. Estos campos alcanzaron una gran difusión en el periodo estalinista. El término fue difundido por el escritor ruso disidente Alexander Solzhenitsin en su novela *Archipiélago gulag* (1973); más tarde ha sido empleado como símbolo de la represión soviética.

gulasch *s. m.* Estofado de buey o cerdo, típico de Hungría.

Gulbenkian, Calouste Sarkis (Scutari, Turquía 1869 - Lisboa 1955) Financiero británico de origen armenio. Realizó las primeras prospecciones petrolíferas en Mesopotamia y llegó a conseguir una inmensa fortuna negociando en el sector petrolífero, al reservarse el 5 % de los beneficios. Al final de su vida residió en Lisboa y reunió una importante colección de arte que se exhibe en el Instituto Gulbenkian de la capital portuguesa.

Guldberg, Cato Maximilian (Oslo 1836 - íd. 1902) Químico y matemático noruego. Junto a su cuñado Peter Waage enunció en 1863 la ley de acción de masas, llamada en su honor **ley de Guldberg-Waage**.

gules *s. m. pl.* En heráldica, color rojo.

Gullón, Ricardo (Astorga, León 1908 - Madrid 1991) Ensayista español. Profundo conocedor de la literatura española, fue profesor en universidades de Puerto Rico y EE UU. Entre sus libros más importantes figuran *La poesía de Luis Cernuda* (1952), *Las secretas galerías de Antonio Machado* (1958), *Galdós, novelista moderno* (1960), *García Márquez o el arte de contar* (1970) y *El modernismo visto por los modernistas* (1980).

Gullstrand, Allvar (Landskrona 1862 - Estocolmo 1930) Oftalmólogo sueco. Profesor de la universidad de Uppsala, ideó una lámpara oblicua útil para biomicroscopia ocular; mejoró las lentes correctoras empleadas después de las operaciones de cataratas y realizó importantes trabajos sobre estrabismo. Fue galardonado con el premio Nobel de medicina y fisiología en 1911.

gulusmear *v. intr.* **1.** Andar comiendo golosinas y otras cosas semejantes, especialmente entre comidas. **2.** Curiosear en la cocina, probando lo que se guisa.

gulusmero, ra *adj.* Se dice del que gulusmea. También *s.*

gumía *s. f.* Puñal de hoja ligeramente curva que usan los moros.

Gumiel (s. XV-XVI) Arquitecto español. Figura destacada del mudéjar plateresco o estilo Cisneros, es autor de la antesala capitular de la catedral de Toledo (1504-12) y, en Alcalá de Henares, de la iglesia magistral y de la capilla de la universidad (comenzada en 1508).

Guntūr C. de la India, situada en el estado de Andhra Pradesh, junto al delta del río Kitsnā o Krishna. 367.700 h. en 1981. Cuenta con industria textil del algodón, del cuero, papelera y alimentaria.

günz (de *Günz*, río de Alemania) *s. m.* Glaciación de la era cuaternaria. Es la más antigua de las cuatro que se produjeron en este periodo de la historia geológica.

Gupta Dinastía de la India, que unificó el N del país entre los años 320 y 330 y reinó hasta el año 535 aproximadamente. Su fundador fue Chandragupta, rey de Pataliputra, a quien sucedió su hijo Samudragupta, que completó la conquista dominando Bengala, Assam y Nepal y recibió tributo de Uyaín y Ceilán. A fines del s. V, los Gupta vieron disminuir su poder hasta desaparecer como dinastía. Su época se caracteriza por la calidad de las obras artísticas, sobre todo en los campos de la arquitectura y la escultura.

gurí, risa *s. m.* y *f. Arg., Par., Urug.* Niño.

Guridi, Jesús (Vitoria 1886 - Madrid 1961) Compositor y organista español. Miembro de la corriente del nacionalismo musical vasco, sus composiciones más sobresalientes son *Mirentxu* (1910) y *Amaya* (1920), dramas líricos, la zarzuela *El caserío* (1926) y la obra orquestal *Diez melodías vascas.*

Guriev C. de la república de Kazajstán, situada en la orilla septentrional del mar Caspio, junto a la desembocadura del río Ural. 149.000 h. en 1989. Es un importante centro portuario, que cuenta con refinerías de petróleo e industria metalúrgica.

guripa *s. m.* **1.** *fam.* Soldado raso. **2.** *fam.* Guardia municipal. **3.** *fam.* Granuja, golfo.

gurja o **gurka** *adj.* **1.** Se dice de un pueblo de raza indoafgana que habita en el Nepal. Practica la religión hinduista y es un pueblo guerrero que desde el s. XVIII domina el país. Algunos de sus miembros forman un cuerpo de élite en el ejército británico, famoso por su habilidad en la lucha cuerpo a cuerpo. **2.** De este pueblo. También *s.*

gurriato *s. m.* **1.** Cría del gorrión. **2.** *fam.* Niño.

gurrumino, na *adj.* **1.** *Arg., Par., Urug.* Débil, enclenque. ‖ *s. m.* y *f.* **2.** *Amér. C., Méx.* Niño, muchacho. ‖ *s. f.* **3.** *amer.* Cansancio, flojera.

gurruñar *v. tr.* Encoger, arrugar.

gurruño *s. m.* Cosa encogida o arrugada.

gurú *s. m.* **1.** En la India, jefe o director espiritual de un grupo religioso. **2.** P. ext., jefe espiritual de grupos religiosos de inspiración oriental. **3.** Persona que ejerce una gran influencia moral o intelectual sobre otras.

gurullo *s. m.* Grumo que se forma en un líquido, pasta, etc.

gusa *s. f. fam.* Hambre, apetito.

gusanera *s. f.* **1.** Sitio donde se crían o acumulan los gusanos. **2.** Recipiente para meter gusanos, p. ej. el que utilizan los pescadores.

gusanillo *s. m.* **1.** *dim.* de **gusano**. **2.** Hilo de seda, oro, plata, etc., enrollado en espiral con el que se confeccionan algunas labores. **3.** Cierto tipo de labor de bordado muy minuciosa. ‖ **LOC. matar el gusanillo** *fam.* Satisfacer ciertas necesidades o deseos; p. ej., la de tomar una copa o comer algo, la de enterarse de alguna cosa, etc. **picar** (o **entrar**) **el gusanillo** *fam.* Entrarle a alguien un deseo o afición.

gusano *s. m.* **1.** Nombre genérico que se utiliza para designar a diversos metazoos invertebrados, pertenecientes a varios tipos: platelmintos, que a su vez se divide en las clases turbelarios, trematodos y cestodos; anélidos, que comprende las clases poliquetos, oligoquetos e hirudíneos; y asquelmintos, que incluye las clases rotíferos, nemertinos y nematodos, entre otras. Tienen cuerpo plano o cilíndrico, con simetría bilateral, sistema nervioso ganglionar y, en general, dividido en tres sectores: cabeza o prosoma, tronco o metasoma y zona final u opistosoma. **2.** En general, cualquier animal de cuerpo alargado, cilíndrico, blando, sin esqueleto ni extremidades, que se desplaza contrayendo y estirando el cuerpo, como p. ej. la oruga o la lombriz. **3.** Larva de algunos insectos que se desarrolla sobre las materias en descomposición. **4.** Persona despreciable. **5.** Persona de ínfima importancia. ‖ **6. gusano de luz** Luciérnaga*. **7. gusano de seda** Oruga de ciertos lepidópteros que teje un capullo utilizado en la confección de telas de seda. La especie cultivada, *Bombyx mori,* se alimenta de hojas de morera, tiene cuatro mudas en su crecimiento y se envuelve en un capullo formado por hilo de seda que alcanza los 400 o 500 m de longitud. Tras la metamorfosis nace una mariposa que muere a las pocas horas, después de poner gran número de huevos.

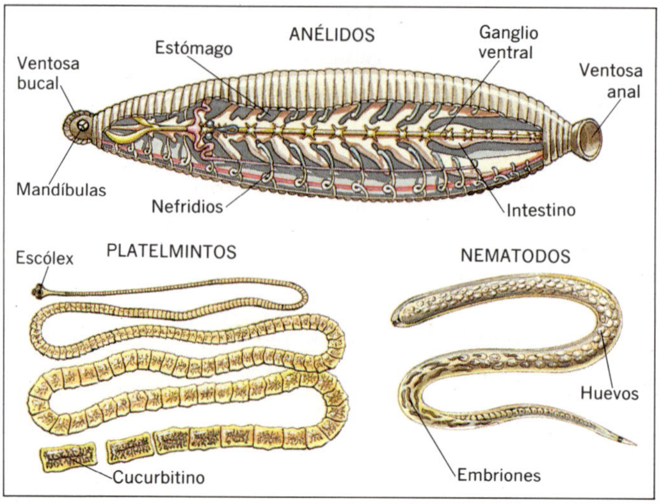

Gusanos: arriba, sanguijuela (Hirudo medicinalis); *abajo, a la izquierda, tenia* (Taenia solium); *a la derecha, triquina* (Trichinella spiralis).

gusarapo, pa *s. m.* y *f.* Cualquier tipo de animal con forma de gusano que se desarrolla en los líquidos.

gustar *v. intr.* **1.** Resultar algo o alguien agradable o atractivo a una persona, parecerle bien. También *v. prnl.* **2.** Construido con la preposición *de,* sentir agrado o afición por alguna cosa. **3.** Se usa como fórmula de cortesía para ofrecer a alguien de lo que se está comiendo o bebiendo: *¿Gustas?* ‖ *v. tr.* **4.** Percibir el sabor de alguna cosa. **5.** Probar o experimentar algo.

gustativo, va *adj.* Perteneciente o relativo al sentido del gusto.

Gustavo Nombre de varios reyes de Suecia.

Gustavo I Vasa (Lindholm 1496 - Estocolmo 1560) Rey de Suecia (1523-60) y fundador de la dinastía real sueca. Expulsó a los daneses rompiendo la Unión de Kalmar. Adoptó el luteranismo como religión oficial, combatió a los rusos y trató de liberar el comercio del control de la Hansa alemana.

Gustavo II Adolfo (Estocolmo 1594 - Lützen 1632) Rey de Suecia (1611-32). Hijo de Carlos IX, hizo del país un estado centralizado y poderoso, protegiendo la cultura y la educación y modernizando la economía. Extendió sus dominios a costa de Dinamarca, Rusia y Polonia. Concertó una alianza con la Francia de Richelieu y combatió al imperio alemán de los Habsburgo, muriendo en la batalla de Lützen.

Gustavo III (Estocolmo 1746 - íd. 1792) Rey de Suecia (1771-92). Liberal y enciclopedista, fue un representante del despotismo ilustrado, aunque en los últimos años de su reinado adoptó una postura autoritaria. Combatió a Rusia y Dinamarca.

Gustavo IV Adolfo (Estocolmo 1778 - Saint-Gall 1837) Rey de Suecia (1792-1809). Contrario a la Revolución Francesa, combatió a Napoleón en la tercera coalición. En guerra con Rusia perdió Finlandia, siendo depuesto por el ejército y sustituido por su tío Carlos XIII.

Gustavo V (castillo de Drottningholm 1858 - íd. 1950) Rey de Suecia (1907-50). Mantuvo a su país en la neutralidad en las dos guerras mundiales.

gustazo *s. m. fam.* Gran satisfacción que produce algo muy deseado o apetecible.

gustillo *s. m.* Regusto*.

gustirrinín *s. m.* Sensación muy placentera.

gusto *s. m.* **1.** Uno de los cinco sentidos corporales, gracias al cual se perciben los sabores dulces, salados, ácidos y amargos. En el hombre y en muchos vertebrados está localizado en las papilas gustativas de la lengua. **2.** Sabor de las cosas que se experimenta a través de este sentido. **3.** Satisfacción. ■ Se usa en algunas expresiones de cortesía utilizadas en las presentaciones como *mucho gusto, tanto gusto, el gusto es mío.* **4.** Agrado o disposición con que se hace algo. **5.** Voluntad o decisión propia. **6.** Deseo, capricho. **7.** Forma de apreciar las cosas propia de cada persona. **8.** Capacidad que tiene alguien para apreciar las cosas bonitas o elegantes y distinguirlas de las que no lo son. **9.** Cualidad de una cosa que la hace hermosa y agradable o fea y desagradable. **10.** Estilo de una obra artística o literaria según la época, país, etc., a que pertenece. ‖ **LOC. a gusto** *adv.* Cómodamente, sin problemas. **a mi** (**tu**, **su**, etc.) **gusto** o **a gusto de** alguien *adv.* Con satisfacción de esa persona, según su deseo o conveniencia. **cogerle** (o **tomarle**) **el gusto** a algo Aficionarse a aquello que se expresa. **dar gusto** a alguien Complacerle. **darse** uno **el gusto** Darse una satisfacción o capricho. **despacharse** uno **a gusto** *fam.* Hacer o decir alguien todo lo que le apetece, sin reprimirse. **tener el gusto** Tener el placer o la satisfacción de aquello que se expresa.

gustosamente *adv. m.* Con gusto.

gustoso, sa *adj.* **1.** Que siente gusto o hace algo con gusto. **2.** Sabroso.

gutapercha *s. f.* **1.** Goma vegetal, sólida y flexible, que se obtiene a partir del látex de ciertos árboles del sur y del sudeste asiático. Es parecida al caucho y se utiliza como aislante, p. ej. para recubrir cables eléctricos, para impermeabilizar, especialmente las telas, para hacer empastes en odontología, etc. **2.** Tela barnizada con esta sustancia.

Gutenberg, Johannes Gensfleisch, llamado (Maguncia h. 1399 - íd. 1468) Impresor alemán. Orfebre de profesión, se le considera el inventor de la imprenta de tipos móviles (hacia 1440). En el año 1455 imprimió la famosa *Biblia de Gutenberg,* a doble columna.

Gutiérrez, Eulalio (Coahuila 1881 - íd. 1939) Político y militar mexicano. Participó en la revolución de Madero contra Porfirio Díaz (1910) y fue nombrado presidente provisional de la república por la Convención de Aguascalientes (1914). Enfrentado con Villa, tuvo que abandonar la capital y fue perseguido por Villa. Renunció a la presidencia en un manifiesto y se retiró de la política (1915).

Gutiérrez, Francisco (San Vicente de Arévalo, Ávila 1727 - Madrid 1782) Escultor español. De estilo neoclásico, fue escultor de cámara de Carlos III. Trabajó en la decoración de la puerta de Alcalá. Es autor del mausoleo de Fernando VI, en las Salesas Reales de Madrid, y del carro y estatua de Cibeles, en Madrid.

Gutiérrez, Santos (Cocuy 1820 - Bogotá 1872) Militar y político colombiano. Dirigente del Partido Liberal, se levantó contra la dictadura de Melo (1854) y posteriormente contra el presidente Ospina (1860). El senado le nombró presidente de la república (1868-70).

Gutiérrez, Tomás (Majes ? - Lima 1872) Militar peruano. Fue ministro de la Guerra con el presidente Balta. En unión de sus tres hermanos, Silvestre, Marcelino y Marceliano, derrocó y asesinó a Balta (1872) y se proclamó dictador. El pueblo se sublevó y mató a Tomás, Silvestre y Marceliano. El otro hermano huyó al extranjero.

Gutiérrez Aragón, Manuel (Torrelavega, Cantabria 1942) Director cinematográfico español. Entre sus películas destacan *Habla mudita* (1973), *El corazón del bosque* (1979), *Maravillas* (1981), *Demonios en el jardín* (1983) y *La noche más hermosa* (1984). También ha dirigido una versión de *Don Quijote* para la televisión (1991).

Gutiérrez González, Gregorio (Ceja del Tambo 1826 - Medellín 1872) Poeta colombiano. Recibió la influencia de los románticos españoles, en especial de Espronceda y Zorrilla. Su obra más conocida es *Memoria sobre el cultivo del maíz en Antioquia* (1862), escrita en cuartetos y endecasílabos, en la que plasma su visión del mundo rural.

Gutiérrez Guerra, José (Sucre 1869 - Antofagasta 1929) Economista y político boliviano. Fue ministro de Hacienda en el gobierno del liberal Ismael Montes, al que sustituyó en la presidencia de la república (1917-20). Fue derrocado por una sublevación dirigida por los republicanos.

Gutiérrez Mellado, Manuel (Madrid 1913) Militar español. Representante del sector liberal del Ejército en los años de transición a la democracia, en 1977 fue nombrado ministro de Defensa y vicepresidente primero del gobierno de Adolfo Suárez. Cesó al llegar al gobierno Calvo Sotelo (1981).

Gutiérrez Nájera, Manuel (Ciudad de México 1859 - íd. 1895) Poeta mexicano. Fue uno de los precursores del modernismo. En su obra se advierte el influjo de los poetas místicos y religiosos del Siglo de Oro español y de los románticos Bécquer y Musset. Entre sus poemas principales figuran *La serenata de Schubert*, *Pax animae*, *Non omnis moriar* y *Para entonces*. Como cuentista publicó *Cuentos frágiles* (1883) y, póstumamente, *Cuentos de color de humo* (1898).

Gutiérrez Solana, José Véase **Solana, José Gutiérrez**.

Guttuso, Renato (Bagheria, Palermo 1912 - Roma 1987) Pintor italiano. Representante del realismo social, en su pintura se encuentran influencias cubistas y de Picasso. En su obra atacó al fascismo y a los nazis, como en la serie de dibujos *Dios con nosotros* (1944). Otras obras suyas dignas de mención son *Crucifixión* (1941), *La discusión* (1959-60) y *La Vucciria* (1975).

gutural *adj.* **1.** Perteneciente o relativo a la garganta. **2.** En fon., se aplica a las consonantes velares *g, j, k.* También *s. f.* FAM. Guturalmente.

Guyana, República Cooperativa de Estado de América del Sur.

Extensión: 215.000 km^2.
Límites: al N, con el océano Atlántico; al E, con Surinam; al S, con Brasil, y al O, con Brasil y Venezuela.
Población: 756.000 h. en 1990.
Densidad: 3,5 h./km^2.
Capital: Georgetown.
División administrativa: 10 regiones.
Ciudades principales: Linden, New Amsterdam, Corriverton, Rose Hall.
Gentilicio: guyanés.
Forma de Estado: república presidencialista.
Idioma: inglés.
Religión: hinduismo, 34,4 %; protestantismo, 18 %; catolicismo, 18 %; anglicanismo, 16 %; islamismo, 9 %.
Moneda: dólar guyanés.
Tasa de natalidad: 25 ‰ en 1990.
Tasa de mortalidad: 6 ‰ en 1990.
Renta per cápita: 310 dólares en 1989.

Geog. El país tiene un relieve poco accidentado, con grandes llanuras cubiertas de selva ecuatorial. En el O se alzan los montes Pacaraima. El territorio está surcado por los ríos Essequibo, Berbice y Courantyne, que discurren de S a N. Su población, que es escasa, está compuesta por un 50 % de hindúes, un 30 % de negros y un 10 % de mulatos y mestizos; el resto está constituido por blancos y amerindios. Su débil economía se basa en la agricultura y en la explotación forestal y minera, destacando los cultivos de caña de azúcar, arroz, café y bananas y los yacimientos de bauxita (octavo productor mundial), manganeso, oro y diamantes. Cuenta también con industria alimentaria y tabaquera.

Guyana: el río Berbice, cerca de New Amsterdam.

Hist. El país fue colonizado por holandeses desde fines del s. XVI y ocupado por los británicos en 1796. En 1814 se fijaron las fronteras con la Guayana Holandesa (Surinam) y en 1833 se abolió la esclavitud, lo que dio inicio a la inmigración de trabajadores asiáticos. En 1961 obtuvo la autonomía y en 1966 la independencia en el seno de la Commonwealth. En 1985 fue elegido presidente de la república Desmond Hoyte, del Congreso Nacional del Pueblo, partido de la mayoría negra.

Guys, Constantin (Flesinga 1802 - París 1892) Dibujante francés. Baudelaire lo calificó como «el dibujante de la vida moderna». Se hizo popular por sus apuntes de las guerras de independencia griega y de Crimea y de sus viajes por Italia, España, Alemania y Oriente, realizados a lápiz, tinta o aguada, como corresponsal gráfico del *Illustrated London News*.

guzla *s. f.* Instrumento musical parecido al violín, de una sola cuerda, popular entre algunos pueblos eslavos de los Balcanes.

Guzmán Familia noble castellana, cuyos miembros se distinguieron en la conquista de Andalucía, donde consiguieron extensos dominios. Destacaron: **Santo Domingo**, fundador de los dominicos; **Pedro Ruiz** (? - Alarcos 1195), mayordomo de Alfonso VIII, muerto en la batalla de Alarcos; **Pedro Núñez**, adelantado mayor de Castilla en el reinado de Fernando III; casó con una hermana del monarca y participó en la conquista de Sevilla (1248); **Alonso Pérez de Guzmán**, llamado **Guzmán el Bueno**, hijo del anterior; **Juan Alfonso** (Sevilla 1342 - íd. 1396), heredero del señorío de Sanlúcar (1365); apoyó a Enrique II contra Pedro I el Cruel y recibió el título de conde de Niebla; **Juan Alfonso** (? - ? 1469), nieto del anterior y primer duque de Medina-Sidonia; **Pedro de Guzmán y Zúñiga**, que en 1535 recibió el título de conde de Olivares; **Enrique** (Madrid 1540 - íd. 1607), hijo del anterior; en el reinado de Felipe II fue embajador en Roma (1582) y virrey de Sicilia (1591) y de Nápoles (1595); **Gaspar**, hijo del anterior, conde-duque de Olivares; **Ramiro de Guzmán** (León ? - ? 1668), marqués de Toral, perteneciente a una antigua rama de la familia, que en 1625 se casó con la única hija del conde-duque; fue virrey de Nápoles (1636).

Guzmán, Martín Luis (Chihuahua 1887 - Ciudad de México 1977) Escritor mexicano. Es el principal cronista de la revolución mexicana, que narra con objetividad y emoción en sus novelas históricas *El águila y la serpiente* (1928), *La sombra del caudillo* (1929) y *Memorias de Pancho Villa* (1940).

Guzmán Blanco, Antonio (Caracas 1829 - París 1898) Militar y político venezolano. Fue uno de los principales negociadores del tratado de Coche (1863), que puso fin a la revolución federal. Vicepresidente con Falcón (1863-68), dirigió en 1870 la revolución de abril, que le llevó al poder. Ejerció desde entonces el gobierno de la república en tres periodos (1870-77, 1879-83 y 1886-88), caracterizados por su esfuerzo modernizador y una cierta recuperación de la economía.

Guzmán el Bueno, Alonso Pérez de Guzmán, llamado (León 1256 - Sierra de Gaucín, Málaga 1309) Noble castellano del linaje de los Guzmán, primer señor de Sanlúcar de Barrameda. Nombrado por Sancho IV alcaide de Tarifa, protagonizó una heroica defensa de la plaza frente a los musulmanes benimerines, no dudando en sacrificar a su propio hijo. Por su fidelidad y valor mereció el sobrenombre de *el Bueno*, que se incorporaría a su apellido.

Guzmán Fernández, Silvestre Antonio (Santiago de los Caballeros 1911 - Santo Domingo 1982) Político dominicano. Dirigente del Partido Revolucionario Dominicano (socialdemócrata), fue presidente de la república (1978-82). Inició un proceso democratizador y caracterizado por las reformas sociales, pero su política económica fracasó.

Gwalior C. de la India, situada en el estado de Madhya Pradesh, al S de Delhi. 539.000 h. en 1981. La celebridad de la ciudad proviene de su conjunto monumental, formado por los notables palacios y templos que alberga la ciudadela. Centro comercial e industrial, constituye un importante nudo de comunicaciones.

Györ (en al. *Raab*) C. de Hungría, cap. del departamento de Györ-Sopron, situada en el NO del país, en la frontera de Checoslovaquia y en la confluencia de los ríos Raba y Pequeño Danubio. 131.500 h. en 1989. Es un importante centro de la industria textil, alimentaria y automovilística.

H

h[1] *s. f.* **1.** Octava letra del abecedario español y sexta de sus consonantes. Su nombre es *hache.* ▪ No se pronuncia, aunque su antiguo sonido aspirado se conserva en algunas regiones, como Andalucía y Extremadura, o en algunas palabras de origen árabe, p. ej. *Sáhara.* ‖ **2. hora h** Véase **hora**.

h[2] **1.** Letra con que generalmente se representa la altura de los cuerpos geométricos. **2.** Abreviatura de hora. **3.** Abreviatura de habitantes. **4.** Abreviatura de hacia.

H 1. Símbolo químico del hidrógeno. **2.** En electrónica, símbolo del henrio. ‖ **3. bomba H** Bomba* de hidrógeno.

ha Símbolo de la hectárea.

Ha Símbolo químico del hahnio.

Haakon Nombre de varios reyes de Noruega. **Haakon I el Bueno** (? h. 915 - Fitje h. 960) Rey de Noruega (935-960). Su padre Harald I Haarfager le envió a Inglaterra, donde fue educado en el cristianismo. A la muerte de aquél, hubo de combatir a su hermanastro Erik, que se había hecho coronar aprovechando su ausencia. Intentó infructuosamente introducir el cristianismo en su reino.
Haakon IV Haakonsson (Skarpsborg 1204 - Kirkwall, Orcadas 1263) Rey de Noruega (1217-63). Hasta 1223 tuvo la oposición de la Iglesia por su nacimiento, pues era hijo natural y póstumo de Haakon III. Rey autoritario, restableció el orden en el reino. Sometió Islandia y Groenlandia y combatió a Escocia por el dominio de las islas Hébridas y Orcadas, muriendo en la campaña.
Haakon V Magnusson (? 1270 - ? 1319) Rey de Noruega (1299-1319). Hizo de Oslo la capital de su reino. Luchó contra Dinamarca, Suecia y los alemanes de la Hansa, y en el interior combatió a la alta nobleza feudal.
Haakon VI Magnusson (? 1340 - ? 1380) Rey de Noruega (1343-80). Intervino en los conflictos internos de Suecia, de la que fue coronado rey en 1361 y posteriormente expulsado por Alberto de Mecklemburgo. En 1363 se casó con Margarita, heredera de Dinamarca, por lo que su hijo Olaf heredó ambas coronas.
Haakon VII (Charlottenlund, Dinamarca 1872 - Oslo 1957) Rey de Noruega (1905-57). Cuando el país fue invadido por Alemania en la Segunda Guerra Mundial, se refugió en el Reino Unido y organizó la resistencia. En 1945 introdujo una reforma liberal en Noruega.

Haarlem C. de los Países Bajos, cap. de la prov. de Holanda Septentrional, situada al O de Amsterdam, próxima al mar del Norte. 149.200 h. en 1989. Es un importante centro de industrias peleteras, alimentarias, químicas, metalúrgicas y mecánicas y exportador de tulipanes. Fundada antes del s. X, fue la primera ciudad de los Países Bajos y desarrolló en la Baja Edad Media una importante industria textil, si bien alcanzó su momento de mayor esplendor cultural y económico en el s. XVII. Entre los numerosos monumentos que conserva destacan el ayuntamiento (s. XIV) y la catedral (s. XV).

haba *s. f.* **1.** Planta herbácea leguminosa de la familia papilionáceas, especie *Vicia faba.* Puede alcanzar hasta un metro de altura. Tiene hojas compuestas y flores de color violeta o blanco, con una mancha negra en cada pétalo superior. El fruto es una legumbre y se utiliza en alimentación, sobre todo las semillas, que se presentan en vaina en número de dos a diez. Se cultiva en el área mediterránea y existen variedades obtenidas por mejora genética. **2.** Fruto y semilla de esta planta. **3.** Semilla de algunos frutos, como el café, el cacao, etc. **4.** Roncha que sale en la piel. **5.** Figurilla escondida en el roscón de reyes que, según la tradición, da suerte a quien le toca en su porción. **6.** Trozo de mineral envuelto por la ganga. **7.** Glande*. ‖ **8. haba de San Ignacio** Planta arbustiva de la familia loganiáceas, especie *Strychnos ignatii.* Tiene tallo trepador, hojas ovaladas opuestas, flores blancas olorosas y fruto en baya. De sus semillas se extrae estricnina. Crece en las islas Filipinas. ‖ Loc. **ser** algo **habas contadas** Ser seguro y claro, no ofrecer dificultades; también, haber un número o cantidad fija y, generalmente, escasa de algo.

Haba (Vicia faba).

Haba, Alois (Vizovice 1893 - Praga 1973) Compositor checo. Discípulo de Novák, fue pionero del atonalismo y experimentó con la música en cuartos de tono. Es autor, entre otras composiciones, de las óperas *La madre* (1931) y *Nueva tierra* (1934) y la fantasía sinfónica *El camino de la vida* (1934).

Haba, Karel (Vizovice 1898 - Praga 1972) Compositor y violinista checo. Hermano del anterior, empleó la misma técnica de microtonos que él. Es autor de las óperas *Janosik* y *Vieja historia*, dos sinfonías y música de cámara.

Habacuc (fines del s. VII a. C.) Profeta menor del Antiguo Testamento. En su libro, escrito en lengua hebrea, se lamenta del sufrimiento del pueblo judío oprimido por los babilonios, pero profetiza el triunfo de la justicia y el castigo de los opresores.

Habana, La 1. Prov. de Cuba, en el sector NO de la isla. 5.731 km^2. 636.900 h. en 1989. La capital es La Habana. Su economía se basa en los cultivos de caña de azúcar y tabaco y su elaboración industrial. Cuenta además con importantes cultivos hortofrutícolas, ganadería vacuna y una notable actividad pesquera, fundamentalmente en las costas del Caribe. La producción industrial se concentra en la capital.
2. C. de Cuba, cap. del país, situada en la costa N de la isla, en su sector occidental. 2.078.000 h. en 1989. Es el principal centro de servicios administrativos, culturales y comerciales del país. Desde 1970 se ha creado un cinturón agrícola en torno a la ciudad y se ha desarrollado industria metalúrgica, mecánica, textil, alimentaria y refinerías en el área del puerto. Fundada en su actual emplazamiento en 1518, fue capital en 1553. En 1762 fue ocupada por el Reino Unido y evacuada al año siguiente a causa de las disposiciones de la paz de Versalles, con lo que retornó a la corona española, situación que se prolongó hasta que en 1898 el país alcanzó su independencia. Tiene aeropuerto y su puerto marítimo es el de mayor tráfico de todo el país.

habanero, ra *adj.* **1.** De La Habana. También *s.* ‖ *s. f.* **2.** Danza y melodía de origen incierto, de compás binario y ritmo cadencioso. Se hizo muy popular en toda Europa en el s. XIX y fue utilizada por compositores como Bizet, Ravel y Falla.

habano, na *adj.* **1.** Perteneciente o relativo a La Habana y, p. ext., a la isla de Cuba. Se aplica en particular al tabaco. ‖ *s. m.* **2.** Cigarro puro elaborado en Cuba con el tabaco del país.

habar *s. m.* Terreno sembrado de habas.

Habarovsk C. de la Federación Rusa, cap. del territorio autónomo del mismo nombre, situada en el extremo oriental de Siberia. 601.000 h. en 1989. Enclavada en la confluencia de los ríos Amur y Ussuri, es un importante centro industrial, que sobresale por sus producciones en mecánica pesada, química y petroquímica.

Habash, Georges (Lod 1925) Político palestino. Cristiano ortodoxo, fundó en 1967 el Frente Popular para la Liberación de Palestina (FPLP), de tendencia marxista, del que fue nombrado secretario general. Ha representado tradicionalmente las posturas más radicales e intransigentes frente a Israel dentro de la OLP.

habeas corpus (expr. lat. que significa 'que tengas el cuerpo') *s. m.* Derecho de los ciudadanos que están detenidos a ser llevados ante el juez en un plazo límite después de su arresto, para que se resuelva si éste fue o no legal y si debe anularse o mantenerse.

haber[1] (del lat. *habere,* tener, poseer) *v. aux.* **1.** Se usa para formar los tiempos compuestos de los verbos. **2.** *fam.* Se utiliza el infinitivo como auxiliar en expresiones de sentido imperativo o de reproche. **3.** Con *de* y un infinitivo, indica obligación o necesidad; si se añade el adverbio *siempre,* expresa una acción o un comportamiento habitual. ‖ *v. impers.* **4.** Ocurrir, suceder, producirse algo, estar presente. **5.** Seguido de *que* y un infinitivo, ser necesario. **6.** La forma *ha* acompañada de expresiones de tiempo significa haber discurrido ese tiempo. ▪ Es v. irreg. ‖ Loc.

La Habana: edificio del Capitolio, terminado en 1929.

como hay pocos *adj.* Intensifica un nombre o un calificativo. **de lo que no hay** *adj.* Refuerza también un calificativo, generalmente en sentido negativo. **donde los (las) haya** Refuerza lo expresado anteriormente. **habérselas con** alguien Enfrentarse con alguien, entendérselas. **no haber (nada) como** Pondera la eficacia, utilidad o conveniencia de algo. **no haber de qué** No haber razón o motivo para alguna cosa. ▪ Se usa mucho para responder al que da las gracias. **no haber más que pedir** Expresa la perfección de algo. **no haber (o tener) por donde coger** a alguien o algo *fam.* No tener una persona o cosa nada bueno, estar muy mal; también, ser algo muy difícil de tratar, manejar o comprender.

HABER	
INDICATIVO	
Presente	**Pretérito perf. simple**
he	*hube*
has	*hubiste*
ha	*hubo*
hemos	*hubimos*
habéis	*hubisteis*
han	*hubieron*
Futuro imperf.	**Condicional simple**
habré	*habría*
habrás	*habrías*
habrá	*habría*
habremos	*habríamos*
habréis	*habríais*
habrán	*habrían*
SUBJUNTIVO	
Presente	**Pretérito imperfecto**
haya	*hubiera* o *hubiese*
hayas	*hubieras* o *hubieses*
haya	*hubiera* o *hubiese*
hayamos	*hubiéramos* o *hubiésemos*
hayáis	*hubierais* o *hubieseis*
hayan	*hubieran* o *hubiesen*
Futuro imperfecto	
hubiere	*hubiéremos*
hubieres	*hubiereis*
hubiere	*hubieren*

haber[2] *s. m.* **1.** Conjunto de bienes o derechos que posee una persona o entidad. Se usa mucho en *pl.* **2.** Parte de una cuenta bancaria donde se anotan los ingresos. **3.** Cualidades positivas que tiene en su favor una persona o cosa. ‖ *pl.* **4.** Dinero que percibe un empleado por su trabajo.

Haber, Fritz (Breslau 1868 - Basilea 1934) Químico alemán. Descubrió el procedimiento para sintetizar el amoniaco por medio de catalizadores, en condiciones de baja temperatura y alta presión, que posteriormente perfeccionó Carl Bosch, por lo que se denomina **método de Haber-Bosch**.

Habermas, Jürgen (Düsseldorf 1929) Filósofo y sociólogo alemán. Considerado último representante de la escuela de Frankfurt, su pensamiento se caracteriza por la crítica del positivismo, así como por una nueva formulación de la teoría marxista, al tiempo que supone importantes aportaciones a la sociología del conocimiento y de los medios de comunicación de masas. Es autor, entre otras obras, de *Teoría y praxis* (1963), *Conocimiento e interés* (1968), *La reconstrucción del materialismo histórico* (1976) y *Teoría de la acción comunicativa* (1981).

habichuela *s. f.* Alubia*.

habiente *adj.* Que tiene. Se usa sobre todo en expresiones jurídicas.

hábil *adj.* **1.** Que tiene habilidad. **2.** Aplicado a cosas, apto. **FAM.** Hábilmente.

habilidad *s. f.* **1.** Capacidad para realizar determinadas actividades o tareas. **2.** Astucia para manejar un asunto o tratar a las personas.

habilidoso, sa *adj.* Hábil en actividades manuales o físicas.

habilitación *s. f.* **1.** Acción y efecto de habilitar. **2.** Cargo y despacho u oficina del habilitado. ‖ **3. habilitación de bandera** Concesión hecha en los tratados a buques extranjeros para comerciar en aguas y puertos nacionales.

habilitado, da **1.** *p. p.* de **habilitar**. También *adj.* ‖ *s. m.* **2.** En algunos organismos, persona encargada de pagar los sueldos. **3.** En el ejército, encargado de cobrar en la tesorería las cantidades asignadas a su unidad.

habilitar *v. tr.* **1.** Preparar o disponer algo de manera que sirva para un determinado fin. **2.** Permitir o dar la posibilidad de ejercer una profesión, acceder a un cargo, etc. **3.** Proporcionar medios a una persona o entidad para alguna cosa.

habitabilidad *s. f.* Cualidad de habitable, especialmente la que un local o vivienda tiene con arreglo a ciertas normas legales.

habitación *s. f.* **1.** Cada una de las divisiones por medio de tabiques o cosas similares de la superficie de una casa. Particularmente, la destinada a dormitorio. **2.** Edificio o parte del mismo destinado a ser habitado. **3.** Acción y efecto de habitar.

habitáculo *s. m.* **1.** Lugar destinado a ser habitado. **2.** Hábitat* natural.

habitante *adj.* **1.** Que habita. ‖ *s. m.* **2.** Persona que vive en un lugar determinado, como un barrio, ciudad, provincia o nación.

habitar *v. tr.* Ocupar un lugar o casa, vivir en él. También *v. intr.* **FAM.** Habitable.

hábitat *s. m.* **1.** Territorio que presenta unas condiciones ambientales (físico-químicas, biológicas y climáticas) determinadas y que está habitado por una biocenosis o conjunto de seres vivos para los que tales condiciones son adecuadas. La suma de hábitat y biocenosis constituye el ecosistema. **2.** Entorno donde vive el hombre.

hábito *s. m.* **1.** Costumbre*. **2.** En psicol., modo estable y específico de comportarse, adquirido a través del aprendizaje. **3.** Vestimenta usada por los religiosos o por algunos cofrades y penitentes. ‖ **LOC. colgar los hábitos** Abandonar la carrera eclesiástica y, p. ext., otras carreras o profesiones. **tomar el hábito** Ingresar en una orden religiosa.

habitual *adj.* **1.** Usual, corriente. **2.** Asiduo, frecuente. **FAM.** Habitualmente.

habituar *v. tr.* **1.** Hacer que alguien se adapte a cierta cosa. Se usa más como *v. prnl.* **2.** Hacer que alguien adquiera un hábito. Se usa más como *v. prnl.* ‖ *v. prnl.* **3.** Sufrir la dependencia de ciertas sustancias, como las drogas o los medicamentos. ▪ En cuanto al acento, se conjuga como *actuar: habitúo.* **FAM.** Habituación.

habla *s. f.* **1.** Capacidad de hablar. **2.** Acción de hablar. **3.** En ling., utilización individual que hacen los hablantes del código o sistema común, llamado *lengua.* **4.** Manifestación peculiar de la lengua en una zona determinada, un grupo, una persona, etc. ‖ **LOC. al habla** *adv.* En comunicación con alguien. **dejar** a alguien **sin habla** Provocar en él asombro o admiración.

habladera *s. f. Cuba, Guat., Rep. Dom.* Habladuría, murmuración.

habladero *s. m.* **1.** *Arg., Chile.* Murmuración en la que intervienen varias personas. **2.** *Arg., Chile.* Verborrea.

hablado, da **1.** *p. p.* de **hablar**. También *adj.* ‖ *s. f. pl.* **2.** *Arg., Méx.* Fanfarronadas, bravatas.

hablador, ra *adj.* **1.** Que habla mucho. También *s.* **2.** Que cuenta imprudentemente lo que debería callar. También *s.* **3.** *Méx., Rep. Dom.* Matón, bravucón, pendenciero. **4.** *Méx., Rep. Dom.* Mentiroso.

habladuría *s. f.* Cosa sin fundamento que se divulga entre la gente. Se usa sobre todo en *pl.*

hablante *adj.* Que habla. También *s.*

hablantín, na *adj.* **1.** *fam.* Hablador. También *s.* ‖ *s. f.* **2.** *Col., Ven.* Parloteo, charla insustancial.

hablar *v. intr.* **1.** Pronunciar sonidos en forma de palabras. **2.** Expresar el pensamiento y comunicarse a través de la palabra y, p. ext., expresarse o comunicar algo por otros medios. **3.** Conversar, charlar. **4.** Dirigirse a alguien de palabra. **5.** Seguido de la preposición *de,* ocuparse de un tema o referirse a alguien o algo. **6.** Con los adverbios *bien* y *mal,* respectivamente, decir cosas favorables o desfavorables de alguien o algo. También, expresarse correcta o incorrectamente. También *v. tr.* **7.** Murmurar, criticar. **8.** Decir algo a alguien de otra persona. **9.** Confesar, revelar algo. **10.** Precedido de una negación, estar enemistado con alguien. También *v. prnl.* **11.** Hacer pensar en algo. **12.** Tratar o convenir un asunto. **13.** Tener una relación de noviazgo. **14.** Dar a alguien el tratamiento que se expresa. ‖ *v. tr.* **15.** Conocer y utilizar un idioma. ‖ *v. prnl.* **16.** Tener una relación amistosa con alguien. Se usa especialmente en frases negativas. ‖ **LOC. hablar por no callar** Decir cosas inútiles, que no vienen al caso. **ni hablar** Se utiliza para rechazar una proposición o para negar alguna cosa. **no se hable más** Expresión con que se da por terminada una discusión o se concede algo que se pide. **sólo le falta hablar** Indica que algo parece muy real o que está cerca de la perfección.

hablilla *s. f.* Habladuría*. Se usa sobre todo en *pl.*

hablista *s. m.* y *f.* Persona que utiliza correctamente el idioma y enseña a utilizarlo con corrección.

habón *s. m.* Bulto en forma de grano que produce mucho picor y aparece en la piel debido a la picadura de un insecto, por urticaria, etc.

Habsburgo Dinastía de duques y archiduques de Austria, emperadores germánicos y reyes de España. La familia Habsburgo, de la nobleza feudal alemana, comenzó su ascenso al ser elegido emperador germánico Rodolfo I (1273), que en la batalla de Marchfeld conquistó Austria, Estiria y Carniola. En 1440, tras la elección de Federico II y mediante una acertada política matrimonial, el imperio de los Habsburgo comenzó a crecer. Maximiliano I, por su matrimonio con María de Borgoña, obtuvo el condado de Flandes y el ducado de Borgoña. Su hijo Felipe el Hermoso se casó con Juana la Loca, por lo que el hijo de ambos, Carlos de Gante, heredó Castilla, con las Canarias y América, y Aragón, con Nápoles, Sicilia y Cerdeña. Al ser coronado emperador, Carlos I de España y V de Alemania pasó a poseer inmensos dominios. Su hermano Fernando, por matrimonio con Ana de Hungría, heredó Bohemia y Hungría. A la muerte del emperador Carlos V, la familia se dividió en dos ramas: la de su hijo Felipe II, cuyos descendientes de la casa de Austria reinaron en España hasta la muerte de Carlos II en 1700, y la de Fernando, heredero del imperio, en el que se mantuvo la dinastía hasta 1918, año de la abdicación de Carlos I, emperador de Austria.

Maximiliano de Habsburgo con su esposa, su hijo Felipe el Hermoso y los hijos de éste.

hacedero, ra *adj.* Que puede hacerse.

hacedor, ra *adj.* Que hace o ejecuta alguna cosa. Se aplica especialmente a Dios con el sentido de 'creador'. También *s.*

hacendado, da **1.** *p. p.* de **hacendar**. ‖ *adj.* **2.** Que posee una o varias haciendas; comúnmente se dice del que tiene muchas. También *s.* **3.** *Arg., Chile, Par., Urug.* Propietario de una hacienda de ganado. También *s.*

hacendar *v. tr.* **1.** Dar en propiedad haciendas o tierras a alguien. ‖ *v. prnl.* **2.** Adquirir propiedades una persona para establecerse en algún lugar. ▪ Es v. irreg. Se conjuga como *pensar.*

hacendista *s. m.* Persona entendida en la administración y en todo lo relacionado con la Hacienda Pública.

hacendístico, ca *adj.* Perteneciente o relativo a la Hacienda Pública.

hacendoso, sa *adj.* Que hace bien y con esmero las tareas de la casa.

hacer *v. tr.* **1.** Producir cosas materiales, crear. **2.** Causar, ocasionar. **3.** Con sustantivos que implican una actividad, llevarla a cabo; p. ej., *hacer las manos* (la manicura) *hacer la cama* (estirar y colocar las sábanas, mantas, etc.), *hacer* (ejercicios) *abdominales.* También *v. intr.*: *hacer de vientre.* **4.** Conseguir, llegar a tener. **5.** Convertir, dar un determinado aspecto, comunicar una cualidad. También *v. prnl.* **6.** Concebir algo con la mente, imaginar. **7.** Forma a menudo con su complemento locuciones verbales que equivalen al verbo de la misma raíz: *hacer alusión* (aludir), *hacer presión* (presionar). **8.** Forma también locuciones verbales que expresan acciones, procesos, etc.: *hacer feliz, hacer efecto.* **9.** Obligar. **10.** Seguido de un nombre con artículo, actuar como lo que indica el sustantivo. **11.** Aparentar, fingir. También *v. prnl.* **12.** Suponer, creer. **13.** En el teatro y otros espectáculos, desempeñar un papel. **14.** Representar una obra teatral o espectáculo. **15.** Formar o completar cierto número o cantidad. También, tener un recipiente la capacidad que se expresa. **16.** Ocupar un lugar en una serie. **17.** Sustituye a un verbo sobrentendido o que se menciona en otro lugar. **18.** Cumplir años. **19.** Acostumbrar, habituar. Se usa más como *v. prnl.* ‖ *v. intr.* **20.** Tener que ver, venir a cuento, concernir. **21.** Con las preposiciones *por* y *para*, procurar. **22.** Con la preposición *de*, ejercer temporalmente un oficio o profesión o servir una cosa para un fin que no le es propio. **23.** Actuar, proceder. También *v. tr.* **24.** Con los adverbios *bien* y *mal*, respectivamente, tener un efecto favorable o desfavorable. **25.** *fam.* Apetecer, parecer bien. ‖ *v. prnl.* **26.** Con la preposición *con*, conseguir, apropiarse. Cuando el complemento se refiere a personas, ganar su simpatía, apoyo, etc. **27.** Seguir su curso un proceso, elaboración o desarrollo hasta llegar a su estado final. ‖ *v. impers.* **28.** Haber transcurrido cierto tiempo. **29.** Haber determinada temperatura o estado del tiempo. ■ Es v. irreg. ‖ LOC. **hacer alguna** *fam.* Realizar una mala acción, una travesura o trastada. **hacer buena una cosa** *fam.* Aprobarla, hacerla válida. **hacer de las suyas** (o **las tuyas**, etc.) *fam.* Realizar alguien una mala acción, un destrozo, etc., tal como acostumbra. **hacer de menos** Menospreciar. **hacerla** *fam.* Hacer una trastada, una jugarreta, etc. **hacer y deshacer** Mandar en todo de una forma absoluta. **¿qué le vamos a hacer?** o **¿qué se le va a hacer?** Expresa resignación ante un hecho.

HACER	
GERUNDIO	**PARTICIPIO PASADO**
haciendo	*hecho*
INDICATIVO	
Presente	**Pret. perf. simple**
hago	*hice*
haces	*hiciste*
hace	*hizo*
hacemos	*hicimos*
hacéis	*hicisteis*
hacen	*hicieron*
Futuro imperfecto	**Condicional simple**
haré	*haría*
harás	*harías*
hará	*haría*
haremos	*haríamos*
haréis	*haríais*
harán	*harían*
SUBJUNTIVO	
Presente	**Pretérito imperfecto**
haga	*hiciera, -ese*
hagas	*hicieras, -eses*
haga	*hiciera, -ese*
hagamos	*hiciéramos, -ésemos*
hagáis	*hicierais, -eseis*
hagan	*hicieran, -esen*
Futuro imperfecto	
hiciere	
hicieres	
hiciere	
hiciéremos	
hiciereis	
hicieren	
IMPERATIVO	
haz	*haced*

hacha[1] (del fr. *hache,* y éste del germ. *happja*) *s. f.* **1.** Herramienta cortante formada por una hoja ancha de metal, afilada por uno de sus lados y unida por el otro a un mango. **2.** Utensilio o arma de forma similar. ‖ *s. m. fam.* **3.** Persona muy competente en una actividad. ‖ LOC. **desenterrar el hacha de guerra** Comenzar o declarar la guerra.

hacha[2] (del lat. *fascula,* cruce entre *facula,* antorcha, y *fascis,* haz) *s. f.* **1.** Trozo de madera resinosa o mecha de esparto y alquitrán que se prende por un extremo para dar luz. **2.** Vela de cera grande y gruesa.

Hacha, Emil (Trhové Sviny 1872 - Praga 1945) Político checoslovaco. Nombrado presidente de la república después de los tratados de Munich (1938), firmó un tratado con Alemania que supuso la desmembración del país. Hitler le nombró presidente del protectorado alemán de Bohemia y Moravia. Tras la derrota alemana, fue arrestado y murió en prisión.

hachazo *s. m.* **1.** Golpe cortante que se da con un hacha. **2.** Golpe lateral que el toro da con un cuerno y que produce sólo contusión. **3.** *fam.* En fútbol, patada que un jugador da a un contrario intencionadamente. **4.** *Col.* Movimiento brusco del caballo al espantarse.

hache *s. f.* Nombre de la letra *h.* ‖ LOC. **llámale** (o **llámele**) **hache** *fam.* Lo mismo da una cosa que otra; ni el nombre ni otra circunstancia hacen que algo cambie. **por hache o por be** *adv.* Por un motivo u otro.

hachemí o **hachemita** *adj.* **1.** Se dice de un clan árabe fundado por un antepasado de Mahoma y a cuyo cuidado estuvo el santuario de la Kaaba, en La Meca, desde el s. X hasta 1924. A él pertenecen la antigua dinastía iraquí de Faysal y la dinastía reinante en Jordania en la actualidad con Hussein. **2.** De este clan. También *s.*

hachero *s. m.* Candelero para poner el hacha o vela.

Hachioji C. de Japón, situada en la isla de Honsu, en el área urbana de Tokio. 455.700 h. en 1989. Es un importante nudo ferroviario, que cuenta con industrias textiles, eléctricas y de instrumentos de precisión.

hachís *s. m.* Sustancia resinosa extraída de las inflorescencias femeninas del cáñamo indio *(Cannabis indica),* que se usa como droga por sus efectos euforizantes y alucinógenos.

hachón *s. m.* **1.** Vela grande y gruesa. **2.** Antorcha*.

hacia *prep.* **1.** Indica dirección. **2.** Expresa tendencia: *Ese negocio va hacia la ruina.* **3.** Cuando se refiere a una situación de lugar o de tiempo, significa alrededor de, cerca de.

hacienda *s. f.* **1.** Finca o conjunto de ellas que posee una persona. **2.** Bienes y propiedades de una persona. **3.** Hacienda Pública. **4.** Ministerio de Hacienda, conjunto de organismos encargados de administrar los bienes, ingresos y pagos del Estado. ‖ **5. Hacienda Pública** Conjunto de bienes, rentas, impuestos, etc., que pertenecen o son percibidos por el Estado y otros poderes públicos, y que constituyen el sustento económico de la nación. También, el Estado mismo en su aspecto fiscal.

hacinar *v. tr.* **1.** Amontonar sin orden unas cosas sobre otras. **2.** Colocar los haces ordenados unos encima de otros. También *v. prnl.* ‖ *v. prnl.* **3.** Estar muchas personas apretadas en un sitio. FAM. Hacinamiento.

hada *s. f.* **1.** Ser fantástico de los cuentos y leyendas representado por una mujer, generalmente muy bella, dotada de poderes mágicos. ‖ **2. cuento de hadas** Narración en que intervienen estos seres fantásticos; también, historia muy bonita de la vida real, llena de acontecimientos venturosos, generalmente falsa o increíble. **3. hada madrina** Personaje benéfico que aparece en los cuentos infantiles, protectora de cada persona.

Hades 1. En la mitología griega, dios de los infiernos. Hijo de Cronos y Rea, tras el triunfo de los dioses sobre los titanes le correspondió el reino de las profundidades. Recibía asimismo el nombre de Plutón, «el rico». **2.** Mundo de ultratumba, morada de los muertos.

Hadiz *s. m.* Conjunto de textos sagrados de la religión musulmana que recogen los dichos de Mahoma y de sus primeros seguidores. Contiene una serie de interpretaciones de las enseñanzas del profeta determinadas por las tendencias político-religiosas de sus autores. Constituye un complemento doctrinal y jurídico al *Corán,* libro revelado por dios a Mahoma.

hado *s. m.* **1.** En la antigua Roma, divinidad o fuerza que regía la vida de los hombres e incluso la suerte de los dioses. **2.** Destino, sino.

hadrón *s. m.* Partícula atómica susceptible de interacciones electromagnéticas fuertes. Existen dos tipos de hadrones: los bariones, de naturaleza fermiónica, y los mesones, de naturaleza bosónica.

Haeckel, Ernst (Potsdam 1834 - Jena 1919) Naturalista alemán. Destacado discípulo de Darwin, enunció la teoría de la recapitulación, que sostiene que la ontogenia recapitula la filogenia, y desarrolló las genealogías completas desde los protozoos hasta el hombre. Entre sus principales obras pueden citarse *Morfología general de los organismos* (1866) y *La antropogenia o historia de la evolución humana* (1874).

Haendel, Georg Friedrich (Halle 1685 - Londres 1759) Compositor alemán, nacionalizado británico en 1726. Su formación tuvo lugar en Alemania, si bien la influencia italiana marcó en buena medida sus composiciones. Gran maestro del contrapunto, su obra constituye una de las más altas cimas del estilo barroco tardío. En ella sobresalen las óperas *Agripina* (1709), *Rinaldo* (1710), los *Concerti grossi, Música acuática* (1717), *Música para los reales fuegos artificiales* (1748) y, sobre todo, los oratorios *El Mesías* (1742) y *Judas Macabeo* (1746), en los que brilla su dominio de la técnica musical.

Georg Friedrich Haendel.

Hafiz, Sams al-Din Muhammad (Siraz h. 1320 - íd. 1389) Poeta persa. Su *Diwan* comprende composiciones de diversos tipos y en él destaca la belleza de las imágenes y los símbolos, en una temática que aborda desde lo mundano hasta lo místico. Fue considerado en Occidente la expresión más elevada de la lírica persa.

hafnio *s. m.* Hf. Elemento químico perteneciente al grupo IV B del sistema periódico. Su número atómico es 72 y su masa atómica 178,5. Descubierto por Dirk Coster y Georg von Hevesey en 1922, su nombre viene de Hafnia, nombre latino de la ciudad de Copenhague. Es un metal raro, plateado, brillante y dúctil. Se halla presente en los minerales de circonio, de los que se obtiene. Se emplea en los reactores nucleares, aleaciones duras y en los cátodos de los tubos de rayos X.

Hagen C. de Alemania, situada en el Land de Renania del Norte-Westfalia, en la confluencia de los ríos Ruhr y Lenne. 290.650 h. en 1989. Forma parte de la cuenca del Rhur y tiene yacimientos de carbón y lignito. Cuenta con industrias metalúrgicas y mecánicas.

Haggard, Henry Rider (Bradenham, Norfolk 1865 - Londres 1925) Novelista británico. Funcionario administrativo en Transvaal, se dedicó a la literatura al regresar a Inglaterra. Escribió novelas de aventuras y fantásticas, entre las que destacan *Aurora* (1884), *La cabeza de la bruja* (1885), *Las minas del rey Salomón* (1885), su mayor éxito, y *Ella* (1887).

hagiografía *s. f.* Género literario religioso que trata de las vidas de los santos. FAM. Hagiográfico.

hagiógrafo, fa *s. m.* y *f.* **1.** Escritor de vidas de santos. **2.** Autor de cualquiera de los libros que forman la *Biblia.* **3.** Apologista, partidario ferviente de alguien o algo.

Hahn, Otto (Frankfurt 1879 - Gotinga 1968) Físico y químico alemán. Profesor y luego director del Instituto Káiser Guillermo de Berlín. Trabajó con Ramsay y Rutherford (1905). Descubrió el radiotorio, el mesotorio y el protactinio. En 1938 descubrió con Strassmann la fisión del uranio, base de la energía nuclear. En 1944 recibió el premio Nobel de química.

Hahn, Reynaldo (Caracas 1875 - París 1947) Compositor francés de origen venezolano. Fue director de la Ópera de París (1945-46). Es autor de óperas, como *Nausicaa* (1919) y *El mercader de Venecia* (1935), de ballets, como *El baile de Beatriz de Este* (1909), de operetas, como *Ciboulette* (1923), y de canciones.

Hahnemann, Christian Friederich Samuel (Meissen, Sajonia 1755 - París 1843) Médico alemán. Creador de la homeopatía, expuso sus principios en *Medicina racional* (1810) y *Las enfermedades crónicas, su naturaleza y su tratamiento homeopático* (1830).

hahnio *s. m.* Ha. Elemento químico perteneciente al grupo V B del sistema periódico. Su número atómico es 105. Es un elemento artificial que se cree fue obtenido por primera vez en la segunda mitad de los años sesenta por científicos soviéticos del Instituto de Investigación Nuclear de Dubna. En 1970 fue identificado positivamente por investigadores de la universidad de Berkeley, California, que lo obtuvieron mediante el bombardeo de átomos de californio con núcleos de un isótopo del nitrógeno. Los científicos de Berkeley lo llamaron *hahnio* en honor del físico-químico alemán Otto Hahn. Se han obtenido tres isótopos del hahnio, el Ha^{260}, con una vida media de 1,6 segundos; el Ha^{261}, con una vida media de 1,8 segundos; y el Ha^{262}, con una vida media de 40 segundos.

Haiderabad Véase **Hyderabad**.

Haifa (en ár. *Hayfa*) C. de Israel, situada en el N del país, en la costa mediterránea, al pie del monte Carmelo. 222.600 h. en 1989. Principal centro portuario e industrial de Israel, tiene importantes refinerías de petróleo, así como una considerable producción en los sectores mecánicos, químicos, del vidrio, del cemento y del acero.

Haig, Alexander (Filadelfia 1924) Militar y político estadounidense. Ascendido a general en 1965, efectuó misiones diplomáticas para el presidente Nixon (1973-74). Fue nombrado comandante en jefe de la OTAN en Europa (1974-79) y secretario de Estado (1980-82).

haiku o **hai-kai** (voz japonesa) *s. m.* Forma poética japonesa, compuesta generalmente por tres versos sin rima de 5, 7 y 5 sílabas respectivamente. En sus orígenes, estos poemas tenían como objetivo la captación de un momento de unión espiritual entre el hombre y la naturaleza; posteriormente se amplió su temática, pero continuaron inspirándose en la idea de un arte muy expresivo y sugerente que fuera capaz de usar el menor número de palabras.

Haile Selassie (Harar 1891 - Addis Abeba 1975) Emperador de Etiopía. En 1928 tomó el título de *negus* y en 1930, a la muerte de la emperatriz Zawditu, recibió el imperio. Durante la invasión italiana de 1935 hubo de refugiarse en el Reino Unido. En 1941 recuperó el trono. Promulgó una constitución de tipo occidental y abolió la esclavitud. Fue derrocado en 1974 por un movimiento revolucionario provocado por la crisis económica y las grandes hambres de principios de los setenta.

Hainan Isla de China, situada al S del país, en el golfo de Tonkín. 35.000 km². Vinculada administrativamente a la provincia de Guangdong, su economía se basa en la agricultura, que produce arroz, copra, café, té, cacahuetes y frutos tropicales, y en la minería, dedicada al hierro y al uranio.

Haile Selassie.

Haiphong C. de Vietnam, situada en el sector septentrional del país, en el golfo de Tonkín al E de Hanoi. 456.000 h. en 1984, 1.400.000 h. en su área metropolitana en 1980. Principal centro portuario del país, desarrolla una importante actividad industrial: cuenta con producciones mecánicas, fundiciones de hierro y cinc, fábricas de cemento, vidrio e industria alimentaria.

Haití, República de Estado de América Central, situado en el mar Caribe, en el grupo de las islas Grandes Antillas.

Extensión: 27.400 km².
Límites: al N, con el océano Atlántico; al E, con la República Dominicana; al S, con el mar Caribe, y al O, con Cuba y Jamaica.
Población: 5.862.000 h. en 1987.
Densidad: 213,9 h./km².
Capital: Puerto Príncipe.
División administrativa: 9 departamentos.
Ciudades principales: Cap-Haïtien, Petionville, Gonaïves, Les Cayes.
Gentilicio: haitiano.
Forma de Estado: república presidencialista.
Idioma: francés.
Religión: catolicismo, 80 %; protestantismo, 16 %.
Moneda: gourde.
Tasa de natalidad: 35 ‰ en 1990.
Tasa de mortalidad: 14 ‰ en 1990.
Renta per cápita: 400 dólares en 1989.

Geog. física Haití ocupa el sector occidental de la isla La Española. Su territorio tiene forma de media luna, enmarcando el golfo de la Gonâves entre las dos penínsulas N y S. En el centro del golfo se halla la isla homónima y al N del país la isla de la Tortuga. Su relieve es montañoso; en la península N se encuentra la Cadena del Norte; en el sector central, los montes Negros y la cordillera de Matheux; en la península S, el macizo de la Selle (2.680 m) y el macizo de la Hotte (2.347 m). La parte central del país contiene la depresión del lago Saumâtre y la cuenca del río Artibonite. El clima es tropical, húmedo en la costa y seco en el interior, y la vegetación es tropical, aunque escasean los bosques.

Geog. humana y ***económica*** La población, mayoritariamente negra y mulata, presenta altas tasas de natalidad, mortalidad y emigración. Haití es un país subdesarrollado, de economía eminentemente agrícola, en la que prevalece la explotación familiar dirigida al autoconsumo. Su producción más importante es la de café, a la que siguen la de caña de azúcar, cacao, frutas tropicales, sisal y algodón. Posee ricos yacimientos de bauxita, monopolizados por una compañía estadounidense, mientras que el cobre, el oro y la plata sólo tienen una importancia secundaria. Posee pequeñas industrias azucareras, textiles y alimentarias. Su nivel de vida es uno de los más bajos de América y la tasa de analfabetismo muy elevada, situación que tiende a perpetuarse a causa de la inestabilidad política.

Hist. El sector occidental de La Española fue base de operaciones de numerosos grupos filibusteros, hasta ser dominado en 1697 por Francia, que introdujo un gran número de esclavos negros para trabajar en las plantaciones. En 1791, la insurrección anticolonial negra, dirigida por Toussaint Louverture, consiguió el dominio del país y la independencia en 1804. Jacobo I Dessalines se proclamó emperador, pero fue asesinado en 1806. Tras un periodo de luchas surgieron dos estados, el reino de Henri Christophe al N y la república de Pétion al S. En 1844 se produjo la definitiva división de la isla, con la República Dominicana al E y Haití al O, que se convirtió en imperio bajo Faustino I Soulouque en 1849. Diez años más tarde fue proclamada la república, en la que se sucedieron diversos presidentes. En 1915, EE UU intervino en la isla y la ocupó hasta 1934. El ejército impuso la presidencia del coronel Magloire en 1950, que mantuvo una política de colaboración con EE UU hasta 1956, en que fue derrocado y sustituido por Jean-François Duvalier, llamado *Papa Doc.* Duvalier suspendió los derechos políticos en 1958 e implantó una dictadura basada en la represión, sirviéndose para este fin de su guardia personal, los *tonton macoutes.* A su muerte, en 1971, fue sucedido por su hijo Jean-Claude Duvalier, Baby Doc. Durante su mandato el descontento social provocó estallidos de violencia y en el seno del ejército surgieron divisiones. Cuando el dictador perdió el apoyo de EE UU, fue expulsado del país en 1986 y el poder lo asumió una junta cívico-militar, presidida por el general Henri Namphy. En 1988, en unas elecciones manejadas, alcanzó la presidencia el civil Leslie-François Manigat. Su intento de reformar democráticamente el país fue respondido, cinco meses después, por un nuevo

Haití: aspecto de la costa septentrional cerca de Cap-Haïtien.

golpe de Estado que devolvió el poder absoluto al general Namphy. En septiembre de este mismo año se produjo un golpe de Estado más, dirigido por el general Prosper Avril, quien derrocó a Namphy y se autoproclamó presidente. En 1990 resultó elegido presidente Jean-Bertrand Aristide, pero al año siguiente fue derrocado por un golpe militar dirigido por el general Raoul Cédras, quien designó nuevo presidente al juez de la corte suprema de justicia Joseph Nerette. Aristide pasó al exilio, desde donde intentó la restauración de la legalidad y su vuelta al poder con el apoyo de la comunidad internacional.

haitiano, na *adj.* De Haití. También *s.*

¡hala! *interj.* Se emplea para animar, meter prisa o expresar desagrado, especialmente ante algo exagerado.

halagador, ra *adj.* Que halaga.

halagar *v. tr.* **1.** Decir cosas amables, tener atenciones, etc., para satisfacer a alguien. **2.** Satisfacer el amor propio o el orgullo de alguien. ▪ Se conjuga como *pagar.*

halago *s. m.* **1.** Acción y efecto de halagar. **2.** Aquello que se dice o hace para halagar.

halagüeño, ña *adj.* **1.** Que halaga o puede halagar. **2.** Optimista, que anuncia hechos favorables.

halar *v. tr.* **1.** En lenguaje marinero, tirar de un cabo, de una lona, de un remo, etc. **2.** *amer.* Tirar hacia sí de cualquier cosa.

halcón *s. m.* **1.** Nombre común de diversas aves falconiformes, de las familias falcónidos, en la que destaca el género *Falco*, y accipítridos, cuyos géneros más importantes son *Pernis, Elanus*, etc. Son rapaces diurnas cuyo tamaño alcanza hasta 60 cm de longitud, aunque hay especies que no llegan a los 25 cm, y que poseen alas largas y puntiagudas, pico curvo y garras poderosas. Su color es variable y se modifica en las diversas etapas de su crecimiento. Son generalmente carnívoras, pero existen también especies insectívoras. Habitan en todo el mundo. Es posible domesticarlas y se usan en cetrería. Cuando cazan, su vuelo alcanza velocidades próximas a los 200 km/h. Entre las especies más conocidas hay que citar al halcón peregrino *(Falco peregrinus)*, que mide entre 38 y 48 cm de longitud, presenta plumaje gris con las patas a franjas marrón claro y vive en todos los continentes; al halcón gerifalte *(Falco rusticolus)*, de 50 a 56 cm de longitud y color variable, que habita en el N de Europa; y al halcón abejero *(Pernis apivorus)*, de 50 a 58 cm de longitud y plumaje pardo con patas franjeadas de blanco, que cría en Europa y Asia e inverna en África. **2.** Nombre que se aplica, sobre todo en EE UU e Israel, a los políticos partidarios de adoptar posturas de firmeza e intransigencia ante conflictos, adversarios, etc.

Halcón sacre (Falco cherrug).

halconero, ra *s. m.* y *f.* Persona que cuida de los halcones de cetrería.

Haldane, John Burdon Sanderson (Oxford 1892 - Bhubaneswar, India 1964) Biólogo británico. Fue profesor de genética en la universidad de Londres (1933-37) y catedrático de biometría en el University College de Londres (1937-1957). Por razones políticas se exilió voluntariamente a la India. Pionero de la genética, calculó por primera vez la frecuencia de mutación de un gen humano (1932) y arriesgó su propia vida en algunas experimentaciones.

¡hale! *interj.* ¡Hala!*.

Hale, George Ellery (Chicago, Illinois 1868 - Pasadena, California 1938) Astrónomo estadounidense. Fue director de los observatorios de Yerkes (1897-1905) y de Monte Wilson e instaló el de Monte Palomar. Inventó el espectroheliógrafo (1889), que hace posible fotografiar el Sol, y localizó los polos magnéticos del Sol

Halévy, Jacques Fromental Lévy (París 1799 - Niza 1862) Compositor francés. Discípulo de Cherubini, fue, junto con Giacomo Meyerbeer, precursor de la ópera romántica francesa. Aunque también escribió música religiosa, su producción se centra básicamente en el género operístico, en el que creó más de una treintena de obras, entre las que cabe citar *La judía* (1835) y *La tempestad* (1850).

Halffter, Cristóbal (Madrid 1930) Compositor español. Sobrino de Rodolfo y Ernesto, es uno de los principales representantes de la vanguardia musical española. En su obra, influida por Falla, Bela Bartok y el dodecafonismo, merecen mencionarse *Misa ducal* (1956), *Secuencias* (1965) y *Elegías a la muerte de tres poetas españoles* (1974-75).

Halffter, Ernesto (Madrid 1905 - íd. 1989) Compositor español. Tío del anterior, terminó la sinfonía *Atlántida* de Manuel de Falla, de quien fue discípulo. Es autor de numerosos conciertos, ballets, canciones y obras de carácter religioso, entre las que sobresalen *Sinfonietta* (1925), *El cojo enamorado* (1953) y *Gozos de Nuestra Señora* (1970).

Halffter, Rodolfo (Madrid 1900 - México 1987) Compositor español. Hermano del anterior, fue un autodidacta, en el que influyó decisivamente la música de Falla y Schoerg. Gran parte de su obra la realizó en México; en ella destacan *Dos sonatas de El Escorial* (1930), *Epitafios* (1954) y *Diferencias* (1970).

Halicarnaso (*Halikarnassos*) Antigua ciudad griega, situada en Caria, al N del golfo de Cos. De origen jonio, cayó en el s. VI a. C. bajo poder persa y, tras las guerras médicas (s. V a. C.), se integró en la liga de Delos. Fue embellecida en el s. IV a. C. por Mausolo y su esposa Artemisa, que hizo construir el célebre mausoleo. En ella nacieron los historiadores Herodoto y Dionisio.

Halifax C. de Canadá, cap. de la prov. de Nueva Escocia, situada en el SE del país, en la costa atlántica. 113.600 h. en 1987. 300.000 h. en su área metropolitana en 1986. Cuenta con el puerto pesquero más grande de Canadá, tanto por el volumen de su tráfico, como por la amplitud de sus instalaciones. Sus actividades económicas más destacables son el refinado de petróleo y las industrias automovilísticas, navales, electrónicas y químicas, aunque también tiene importancia la producción en el sector alimentario y en el del acero.

Halifax, Edward Frederick Lindley Wood, conde de (Powderham Castle, Devonshire 1881 - Garrowby Hall, York 1959) Político británico. Diputado conservador, fue ministro de Agricultura (1924-25), virrey de la India (1926-31), ministro de la Guerra (1935) y de Asuntos Exteriores (1938-40). En este último puesto trató por todos lo medios de evitar la guerra con Alemania.

halita *s. f.* NaCl. Mineral cloruro de sodio. Pertenece al grupo de los haluros y es muy común. Cristaliza en el sistema cúbico, tiene color transparente o blanco, y su peso específico es 2,2 y su dureza 2,5. Abunda en EE UU, Alemania y España. Se utiliza como condimento y en la industria. También se llama *sal gema.*

hálito *s. m.* **1.** Aliento de un animal. **2.** En uso literario, aliento de una persona. **3.** Vapor arrojado por cualquier cosa. **4.** En lenguaje literario, soplo suave del aire.

halitosis *s. f.* Mal olor en el aliento.

hall (voz ingl.) *s. m.* Vestíbulo*.

Hall, Charles Martin (Thompson, Ohio 1863 - Daytona Beach, Florida 1914) Químico estadounidense. Inventó un procedimiento para la obtención industrial del aluminio (1886), que lleva su nombre.

Hall, Granville Stanley (Ashfield, Massachusetts 1844 - Worcester, Massachusetts 1924) Psicólogo y pedagogo estadounidense. Fundó la revista *American Journal of Psychology* (1877). Estudió la psicología infantil y fue uno de los primeros en utilizar el método de encuestas. Es autor de *Problemas educacionales* (1911) y *Vida y confesiones de un psicólogo* (1923).

Hall, James (Haddington 1761 - Edimburgo 1832) Geólogo británico. Se le considera el creador de la geología experimental y de la geoquímica.

Hall, Marshall (Basford, Nottinghamshire 1790 - Brighton 1857) Médico británico. Realizó estudios sobre los reflejos medulares y recogió sus descubrimientos en *Función refleja del bulbo y de la médula espinal* (1833).

hallar *v. tr.* **1.** Encontrar*. **2.** Calcular. ‖ *v. prnl.* **3.** Estar en un determinado lugar, estado, etc. ‖ **Loc. no hallarse** uno Sentirse molesto o incómodo en algún lugar o situación.

hallazgo *s. m.* **1.** Acción y efecto de hallar. **2.** Aquello que ha sido hallado, en particular cuando se trata de algo muy conveniente o importante.

Halle (*Halle an der Saale*) C. de Alemania, situada en el Land de Alta Sajonia, a orillas del río Saale. 236.050 h. en 1989. Es un centro administrativo que cuenta con industrias químicas, mecánicas, electrónicas y alimentarias. Asimismo, posee yacimentos de carbón, lignito y sales naturales. Conserva un importante conjunto monumental de finales de la Edad Media.

Haller, Albrecht (Berna 1708 - íd. 1777) Fisiólogo suizo. Fue catedrático de la universidad de Gotinga (1736-53). Considerado como una de las figuras científicas más representativas de su siglo, realizó investigaciones valiosas sobre los músculos y los nervios y demostró que estos últimos van a parar a la espina dorsal o al cerebro.

Halley Cometa descubierto por el astrónomo británico Edmond Halley en 1705. Halley observó que las órbitas de los cometas aparecidos en 1531, 1607 y 1682 eran muy similares y dedujo que se trataba del mismo astro; predijo que reaparecería en 1758 o 1759, lo que así sucedió, aunque él no viviera para verlo. El cometa Halley cruza la órbita terrestre cuando está en su perihelio, mientras que en su afelio se encuentra en las proximidades de Plutón. Tarda 75 o 76 años en describir su órbita completa y su última aparición se produjo en mayo de 1986.

Halley, Edmond (Haggerston, Londres 1656 - Greenwich 1742) Astrónomo británico. Descubrió que los cometas aparecen en el cielo a intervalos periódicos. Estudió el cometa que lleva su nombre, calculó su órbita y predijo su retorno a las proximidades de la Tierra. Se le deben, entre otras obras, una *Synopsis astronomiae cometicae* (1705) y unas *Tablas astronómicas* (1752) de gran exactitud.

Halloween Festividad anual, típica de algunos países anglosajones, que se celebra la noche del 31 de octubre, víspera del día de todos los Santos. En ella se funden tradiciones paganas y religiosas y se festeja la vuelta de los espíritus a sus lugares de origen.

Hallstatt, periodo de Primera fase de la edad del hierro europea. Recibe su nombre de una localidad austriaca donde se descubrió una necrópolis de más de mil tumbas con objetos de este metal. Comenzó en el s. VIII a. C. y se divide en dos subperiodos. Se caracterizó por los contactos de pueblos danubianos con el Mediterráneo, los poblados fortificados y los enterramientos en túmulos. Sus instrumentos más representativos son la daga corta, fíbulas, collares, brazaletes, hebillas y utensilios de cerámica. En la península Ibérica se desarrolló a principios del primer milenio una cultura del tipo hallstático, llamada de *campos de urnas.*

Halmar, Augusto Geominne Thomson, llamado **Augusto d'** (Santiago 1882 - íd. 1950) Escritor chileno. Su primera novela, *Juana Lucero* (1902), es un exponente del naturalismo, pero luego asimiló las distintas corrientes literarias de su época, especialmente el modernismo. Algunas de sus obras más destacadas son en poesía *Palabras para canciones* (1942); en narrativa *Los alucinados* (1917), *Pasión y muerte del cura Deusto* (1924) y *Capitanes sin barcos* (1934), y en ensayo *La Mancha de don Quijote* (1934) y *Los 21* (1948).

halo *s. m.* **1.** Cerco luminoso y de colores pálidos que a veces se aprecia alrededor del Sol y de la Luna. **2.** Círculo de luz difusa que rodea un cuerpo luminoso. **3.** Aro luminoso que suele representarse alrededor de la cabeza de las imágenes religiosas. **4.** Fama o atmósfera que rodea a una persona o cosa.

Frans Hals: Las regentes del asilo de ancianos *(Museo Frans Hals, Haarlem, Países Bajos).*

halofito o **halófito, ta** *adj.* Se aplica a los vegetales que habitan en suelos con elevadas concentraciones de sal. También *s.*

halogenación *s. f.* Proceso químico por el que se sustituye en una molécula orgánica un átomo de hidrógeno por otro de un halógeno. En función del elemento que se trate, puede ser una cloración, bromación, yodación o fluoración.

halógeno, na *adj.* **1.** Se aplica a los elementos químicos pertenecientes al grupo VII A del sistema periódico, es decir, flúor, cloro, bromo, yodo y astato, aunque este último fue obtenido artificialmente en 1940 en una cantidad tan escasa que suele excluírsele al hablar de las propiedades generales de estos elementos. Tienen siete electrones en la última capa, son muy electronegativos y reactivos y forman sales binarias al combinarse con los metales. Son elementos necesarios para la vida de los animales superiores. También *s. m.* **2.** Se dice de ciertas lámparas que contienen algunos de estos elementos y producen una luz blanca y brillante.

halogenuro *s. m.* Haluro*.

Hals, Frans (Amberes h. 1580 - Haarlem 1666) Pintor holandés. En su obra retratista refleja fundamentalmente el aspecto amable y popular del modelo. Es uno de los principales representantes del género flamenco del retrato colectivo. Ejemplos significativos de su estilo son los cuadros *Banquete de los oficiales de la guardia cívica de San Jorge* (1616), *El alegre bebedor* (h. 1627), *La gitanilla* (h. 1628), *Oficiales de la compañía del capitán Reael* (1633) y *Las regentes del asilo de ancianos* (1664).

Hälsingborg C. de Suecia situada en la parte O del país, a orillas del estrecho del Ore Sund y a sólo 4,5 km de la ciudad danesa de Elsinor. 108.400 h. en 1990. Cuenta con un destacado puerto marítimo, con refinerías de cobre, y con una importante actividad industrial, en la que sobresalen los sectores textil, químico, mecánico y alimentario.

haltera *s. f.* Aparato formado por una barra metálica que tiene en los extremos dos esferas también de metal o discos cambiables, que se emplea en halterofilia o simplemente para ejercitar o desarrollar los músculos.

halterofilia *s. f.* Deporte que consiste en el levantamiento de pesos o halteras. Existen dos modalidades, arrancada y dos tiempos, según se realice el levantamiento en una o dos fases. Es deporte olímpico.

halterófilo, la *adj.* **1.** Perteneciente o relativo a la halterofilia. **2.** Se aplica a la persona que practica este deporte. También *s.*

haluro *s. m.* Compuesto binario de un halógeno con un radical orgánico (halogenuro) o con otro elemento, fundamentalmente algún metal, como p. ej. el fluoruro, cloruro, bromuro y yoduro de plata. En la naturaleza se presentan en forma de minerales y se caracterizan por su simplicidad química, baja dureza, brillo vítreo y alta solubilidad en agua. Algunos haluros se disuelven por la simple humedad del aire (delicuescencia). Sus yacimientos se forman por evaporación de agua, fundamentalmente marina. Los más importantes son halita, silvina, querargirita, criolita, fluorita, atacamita y carnalita. También se les llama *halogenuros.*

hamaca *s. f.* **1.** Red gruesa de malla o tira ancha de lona que, sujeta por sus dos extremos, queda colgada en el aire y sirve para tumbarse. **2.** Asiento que consiste en un armazón de tijera en la que se coloca una lona que forma el asiento y el respaldo. **3.** *Amér. del S.* Mecedora.

Hamamatsu C. de Japón, en la isla de Honshu, en la costa del océano Pacífico. 530.500 h. en 1989. Es un núcleo comercial y cuenta con industria textil, química y alimentaria.

hamaquear o **hamacar** *v. tr. Amér. del S.* Mecer la hamaca u otra cosa que pueda columpiarse. También *v. prnl.* ■ La forma *hamacar* se conjuga como *sacar.*

hambre *s. f.* **1.** Ganas de comer. **2.** Escasez de alimentos. **3.** Deseo intenso de algo. ‖ **Loc. juntarse el hambre con la(s) gana(s) de comer** *fam.* Expresa que se han reunido dos personas cuyos defectos o aficiones son los mismos. **más listo que el hambre** *fam.* Muy listo.

hambriento, ta *adj.* Que tiene hambre. También *s.*

hambrón, na *adj. fam.* Glotón, tragón. También *s.*

hambruna *s. f.* **1.** Situación de hambre intensa y prolongada que padece una población, región, país, etc., motivada por escasez económica. **2.** *Amér. del S.* Hambre grande.

Hamburgo: el edificio del ayuntamiento, con su característica torre.

Hamburgo (*Hamburg*) C. de Alemania, que junto con su área metropolitana constituye el Land del mismo nombre, situada en el N del país, en el estuario del río Elba. 1.603.100 h. en 1989. Es el principal puerto de Alemania y uno de los primeros del mundo. Cuenta con una industria muy desarrollada: metalúrgica, mecánica, eléctrica, naval, refinerías, petroquímica, artes gráficas, textil y alimentaria. En la explotación de canteras ocupa el segundo lugar a nivel mundial. Asimismo, la presencia del sector terciario juega un papel decisivo en su economía, con actividades bancarias, entidades financieras, dirección de industrias, etc. Tiene aeropuerto y una célebre universidad. La ciudad fue prácticamente destruida por bombardeos aliados en la Segunda Guerra Mundial y posteriormente reconstruida.

hamburgués, sa *adj.* **1.** De Hamburgo. También *s.* ‖ *s. f.* **2.** Filete de carne picada; también, bocadillo de pan especial, generalmente redondo, que está hecho con esta carne y otros ingredientes, como lechuga, cebolla, etc.

hamburguesería *s. f.* Establecimiento donde se sirven y venden hamburguesas y otros productos.

Hamhung-Hungnam C. de la República Democrática de Corea, situada a orillas del río Tong Song-shon. 670.000 h. en 1986. Es un centro de mercado agrícola que cuenta con industrias alimentarias, químicas, textiles y de construcciones mecánicas.

Hamilton C. de Canadá, situada en la prov. de Ontario, en el S del país, a orillas del lago Ontario. 306.700 h. en 1987, 567.000 h. en su área metropolitana. Centro portuario para la importación de hierro y carbón de EE UU, tiene industria siderúrgica (produce el 50% del acero del país), mecánica, textil, eléctrica, fabricación de automóviles y de productos químicos.

Hamilton C. de las Bermudas, cap. de esta dependencia británica, situada en la costa N de la Main Island. 6.000 h. en 1990. Es un importante centro turístico.

Hamilton, David (Londres 1933) Fotógrafo inglés. Fue director de la revista *Queen* y trabajó en *Vogue* y otras prestigiosas publicaciones. Su labor como fotógrafo artístico se centra en los desnudos de adolescentes. En cine ha realizado películas como *Bilitis* (1976) y *Tiernas primas* (1980).

Hamilton, Richard (Londres 1922) Pintor inglés. Artista de vanguardia, por medio del collage y otras técnicas de materiales múltiples pretende llevar la realidad urbana al lenguaje artístico. Como representativa de su estilo puede citarse la obra *¿Es esto lo que hace a los hogares de hoy tan diferentes, tan agradables?* (1956), considerado el cuadro con el que se inició el arte pop.

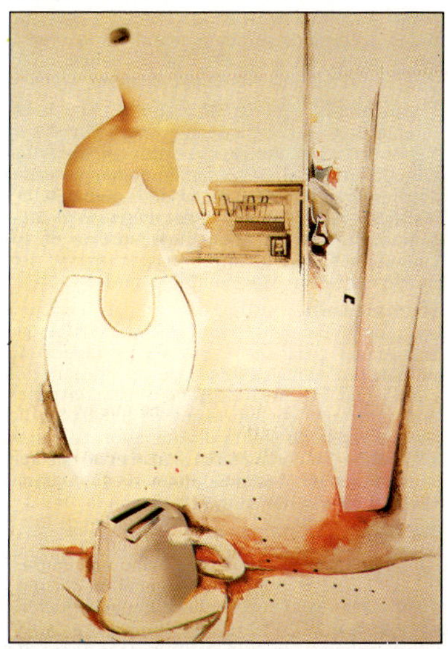

Richard Hamilton: Ella, *1958-1961 (Tate Gallery, Londres).*

Hamilton, William Rowan (Dublín 1805 - íd. 1865) Astrónomo y matemático irlandés. A la edad de 20 años fue nombrado catedrático de astronomía del Trinity College de Dublín. Contribuyó a demostrar la teoría ondulatoria de la luz. Investigó sobre álgebra y física matemática, formulando la teoría de los *cuaternios*. Introdujo el nombre de *vector*. En el campo de la mecánica introdujo el empleo de la llamada *función característica*. Estudió el fenómeno de la refracción cónica.

Hamlet Tragedia en cinco actos, escrita en torno a 1600 por el dramaturgo inglés William Shakespeare. A Hamlet, príncipe de Dinamarca, se le aparece el fantasma de su padre, que le revela que murió asesinado por su hermano con el acuerdo de la reina. Hamlet, para tomar venganza, simula estar loco y abandona a su prometida Ofelia, que pierde la razón y se suicida. El príncipe muere bajo la espada de Laertes, hermano de Ofelia, después de haber matado a su tío y de que su madre muera envenenada. La obra, por encima de estas circunstancias, presenta las reflexiones de Hamlet, personaje melancólico, invadido por la duda, la sospecha, el temor y la irresolución, que perece víctima del papel que la fatalidad le ha asignado, tras haber llevado la desgracia a amigos y enemigos. Shakespeare crea un perfecto retrato de un personaje ambiguo y atormentado, del que puede señalarse como actitud característica su célebre monólogo ante el cráneo del bufón Yorick: «Ser o no ser, he aquí el dilema».

Hamm C. de Alemania perteneciente al Land de Renania del Norte-Westfalia, en la región del Ruhr. 136.600 h. en 1989. Es un nudo de comunicaciones, que cuenta con importantes yacimientos de hulla, así como con industrias metalúrgicas, químicas y mecánicas.

Hammarskjöld, Dag (Jönköping 1905 - Ndola, Zambia 1961) Político y diplomático sueco. Doctor en derecho y economía, fue ministro de Estado (1951-53). En 1951 fue elegido secretario general de la ONU, cargo desde el que intervino en la crisis de Suez (1956) y en el conflicto del Congo (1960). Murió en accidente aéreo, quizá provocado, y recibió el premio Nobel de la paz a título póstumo.

Hammett, Dashiell Samuel (St. Mary's County, Maryland 1894 - Nueva York 1961) Escritor estadounidense. Creador de la novela policiaca realista estadounidense, llamada de *serie negra*, comenzó escribiendo relatos para revistas del género como *Black Mask*, en los que narraba sus experiencias como detective de la agencia Pinkerton. Entre sus novelas destacan *Cosecha roja* (1929), *La maldición de los Dain* (1929), *El halcón maltés* (1930), *La llave de cristal* (1931), *El hombre delgado* (1934) y *Aventuras de Sam Spade* (1945), en las que describe una sociedad violenta y corrupta, donde el ansia de poder y riqueza provoca los crímenes más sórdidos. A causa de sus ideas marxistas fue perseguido en la «caza de brujas» del senador McCarthy y sufrió una condena de cárcel.

Hammurabi (h. 1728 - h. 1686 a. C.) Rey de Babilonia. Sexto monarca de la primera dinastía de Babilonia, engrandeció su reino combatiendo a Larsa, Mari y Asiria, conquistó Sumer y Acad y creó un gran imperio, al que dotó de una administración centralizada y eficaz. Potenció el culto a Marduk, convertido en dios supremo de los sumerio-acadios, divinizó su persona y promulgó el célebre *código de Hammurabi*.

Hammurabi, código de Código legal promulgado en Babilonia por el rey Hammurabi, que recoge la legislación vigente en su imperio. Es notable por su lógica y equidad y su formulación clara y concisa. Sus 282 artículos están inscritos, con caracteres cuneiformes y en lengua acadia, en una estela de piedra diorita, adornada en su parte superior con un bajorrelieve en el que aparece el dios de la justicia Shamash dictando las leyes al propio Hammurabi.

hampa *s. f.* Grupo constituido por los individuos que se dedican a actividades delictivas. **FAM.** Hampesco.

hampón *adj.* **1.** Maleante, delincuente. También *s. m.* **2.** Bravucón, valentón.

Hampshire Condado del Reino Unido, en el S de Inglaterra. 3.777 km^2. 1.542.900 h. en 1988. La capital es Winchester. Tiene agricultura cerealista y de huerta, así como cultivos forrajeros y pastizales para su ganadería, fundamentalmente ovina. Su industria de astilleros, material ferroviario y petróleo se concentra en los núcleos urbanos de la costa.

Hampton, Lionel (Louisville, Kentucky 1913) Músico de jazz estadounidense. En 1930 introdujo el vibráfono en la orquesta de jazz y ese mismo año realizó *Memories of you*, su primera grabación como solista. En 1940 formó su propio conjunto. Entre sus grabaciones destacan *Fliying home*, *Vibraphone blues* y *Midnight sun*.

hámster (voz al.) *s. m.* Nombre común de diversos mamíferos roedores de la familia cricétidos, géneros *Cricetus*, *Mesocricetus* y otros. El hámster común *(Cricetus cricetus)* mide entre 25 y 35 cm de longitud, tiene el cuerpo rechoncho, pelaje espeso de color pardo claro en el dorso y negro en el vientre, con manchas claras en los flancos y la cabeza, pies grandes y grandes abazones a ambos lados de la boca, en los que transporta las semillas que le sirven de alimento para almacenarlas bajo tierra. Habita en Europa central y oriental. El hámster dorado *(Mesocricetus auratus)* mide entre 18 y 20 cm de longitud, tiene pelaje pardorojizo en el dorso y blanco en el vientre y habita en el E de Europa y O de Asia. De esta especie son los ejemplares que se utilizan para experimentos de laboratorio y como animales domésticos.

Hámster dorado (Mesocricetus auratus).

Hamsun, Knut Pedersen, llamado **Knut** (Garmostraeet, Gudbrandsdal 1859 - Nörholm 1952) Escritor noruego. En sus novelas exalta al individuo como ser libre, frente a las ataduras y el convencionalismo de la sociedad. Entre ellas destacan *Hambre* (1890), *Misterios* (1892), *Pan* (1894), *Victoria* (1898), *Un vagabundo toca con sordina* (1909) y *Los frutos de la tierra* (1917). Tras la Segunda Guerra Mundial sufrió condena por colaborar con el nazismo. Fue galardonado con el premio Nobel de literatura en 1920.

handicap (voz ingl.) *s. m.* **1.** Prueba hípica en que se igualan las posibilidades de victoria de los participantes, p. ej. colocando pesos suplementarios a algunos caballos en determinados casos y en otros, concediendo a algunos una cierta ventaja en la salida. **2.** Competición deportiva en que se nivelan las oportunidades de los participantes mediante ciertas ventajas o desventajas en la salida, distancia recorrida, cálculo de tiempos, etc. **3.** Desventaja, circunstancia desfavorable.

Handke, Peter (Griffen, Carintia 1942) Escritor austriaco. Es autor de obras teatrales y de novelas, elaboradas con técnicas y estilos innovadores, en las que el tema fundamental es la soledad y la angustia del ser humano. Entre sus dramas sobresalen *Insultos al público* (1966), *Kaspar* (1967) y *Quodlibet* (1970) y entre sus novelas, *Los avispones* (1966), *El miedo del portero ante el penalty* (1970) y *La mujer zurda* (1976).

hangar *s. m.* Cobertizo donde se guardan, revisan o reparan los aviones en los aeródromos y aeropuertos.

Hangzhou C. de China, cap. de la prov. de Zhejiang, situada a orillas del mar de la China Oriental, al SO de Shanghai. 1.310.000 h. en 1989. Importante puerto comercial, cuenta con industrias de la seda, químicas y de material eléctrico. Es uno de los núcleos de mayor interés turístico y cultural del país. Tiene universidad, así como numerosos centros de formación especializada.

Hankar, Paul (Frameries 1859 - Bruselas 1901) Arquitecto y decorador belga. Junto a Van de Velde y Horta fue uno de los máximos representantes del *art nouveau*. Entre sus construcciones destacan las casas Chamberlain (1897) y Kleyer (1898), en Bruselas.

Hannover C. de Alemania, cap. del Land de Baja Sajonia, situada en el sector septentrional del país, a orillas del Leine y del Mittellandkanal. 498.500 h. en 1989. Importante centro ferroviario y comercial, cuenta con grandes complejos industriales, en los que sobresalen sus producciones metalúrgicas, mecánicas, químicas, petroquímicas, del plástico y alimentarias.

Hannover, casa de Familia noble fundada a finales del s. XVII por Ernesto-Augusto I, primer elector de Hannover (1692). En 1714 su hijo heredó el trono inglés, con el nombre de Jorge I. Como consecuencia de la ley sálica los dos estados se separaron en 1837: Victoria I pasó a ocupar el trono británico y Ernesto Augusto II se convirtió en rey de Hannover. Durante la Primera Guerra Mundial, la familia real británica cambió su nombre por el de Windsor, rompiendo así con su pasado alemán.

Hanoi.

Hanoi C. de Vietnam, cap. del país, situada en el N del mismo y a orillas del río Song Hong, en la zona del delta que éste forma en el golfo del Tonkín. 1.088.900 h. en 1989, 2.878.000 h. en su área metropolitana. La ciudad tiene una desarrollada red ferroviaria, así como aeropuerto; es un importante centro comercial, cuyas industrias más relevantes son las alimentarias, cerámicas, textiles y químicas.

hansa *s. f.* **1.** Asociación de mercaderes de diversas ciudades en Inglaterra, Flandes y, sobre todo, el N de Alemania durante la Baja Edad Media. Las hansas alemanas nacieron por la necesidad de ayuda mutua y protección y su expansión en la Baja Edad Media se debió especialmente al auge de la acción cooperativa y monopolizadora característica de esta época. ‖ **2. Hansa de las diecisiete ciudades** Asociación de mercaderes pañeros flamencos para organizar el comercio en las ferias de Champaña. Creada a principios del s. XIII, decayó a mediados del XIV. **3. Hansa de Londres** Asociación de guildas de las ciudades flamencas para organizar su comercio con Londres. Surgida antes de 1187, garantizaba a comerciantes flamencos el monopolio de importación de lana inglesa. Perdió fuerza a fines del s. XIII. **4. Hansa teutónica** o **Liga hanseática** Asociación de las hansas de diversas ciudades alemanas septentrionales, encabezada por Lübeck, Hamburgo, Bremen y Colonia, que actuó conjuntamente para combatir a Dinamarca por la hegemonía en el mar Báltico o para negociar precios y aranceles en los distintos mercados a los que acudía, fundamentalmente Brujas y Londres. Nacida a mediados del s. XIII, su importancia comenzó a disminuir en el s. XV.

hanseático, ca *adj.* Perteneciente o relativo a la hansa. También *s. m.*

hápax *s. m.* Denominación que se da a cualquier palabra que sólo se ha documentado una vez en los textos escritos.

haploide *adj.* Se aplica a las células o los individuos que presentan la mitad de la dotación cromosómica, como los gametos de los animales (espermatozoides y óvulos) y las esporas y gametofitos de las plantas.

happening (voz ingl.) *s. m.* Manifestación artística en forma de espectáculo en que se incluye la participación espontánea de los espectadores. Pretende la expresión creativa de cada individuo por medio de improvisaciones, proyecciones, bailes, decorados, móviles, útiles, etc. Entre sus antecedentes se encuentran la comedia del arte, así como algunas de las vanguardias de principios de siglo tales como el dadaísmo, futurismo y surrealismo. En 1940, el compositor John Cage realizó conciertos con la participación no preparada del auditorio, pero la verdadera creación del happening se debe al pintor estadounidense Allan Kaprow, quien en 1958 expuso en Nueva York *18 happenings en 6 partes.* Ha ejercido gran influencia en el desarrollo del arte de vanguardia, fundamentalmente en pintores *pop* como Jim Dine o Claes Oldenburg.

happy end (voz ingl.) *s. m.* Desenlace o final feliz de una película, novela o historia en general.

haragán, na *adj.* Gandul, holgazán. También *s.*

haraganear *v. intr.* Holgazanear.

haraganería *s. f.* Cualidad de haragán.

Harald Nombre de varios reyes de Dinamarca.
Harald I (? - ? h. 863) Rey de Dinamarca (h. 826 - h. 863). Pretendiente al trono, venció a los hijos de Godofredo, con la ayuda del emperador Luis I el Piadoso, quien exigió su conversión. Durante su reinado el monje Anscario evangelizó el país. Murió asesinado.
Harald II Blatand (? 910 - ? h. 985) Rey de Dinamarca (h. 940 - h. 985). Convertido al cristianismo (966), favoreció la difusión de esta religión por su reino. Dominó sobre el sur de Noruega y combatió a los vendos. Su hijo Svend se rebeló contra él.

Harald Nombre de varios reyes de Noruega.
Harald I Haarfager (? h. 850 - ? 933) Rey de Noruega (872-933). Instauró la monarquía tras someter a los *jarls* (aristocracia territorial) y logró unificar Noruega. Dirigió expediciones a las islas Shetland, Hébridas y Orcadas. Dividió el reino entre sus hijos.
Harald III Haardrade (? h. 1015 - Stamford Bridge 1066) Rey de Noruega (1047-66). Exiliado del país, combatió en Novgorod, Constantinopla, Sicilia y Jerusalén. Tras regresar a Noruega, disputó el reino a Magnus y, a la muerte de éste, unificó el país. Sometió Dinamarca y murió al intentar la invasión de Inglaterra.

harapiento, ta *adj.* Cubierto de harapos.

harapo *s. m.* **1.** Trozo desgarrado de ropa vieja y usada. **2.** Vestidura vieja y sucia. En esta acepción, se usa más en *pl.*

haraquiri (voz japonesa) *s. m.* Suicidio ritual practicado en Japón, sobre todo entre los samuráis, por motivos de honor o por orden de un superior, y que consiste en abrirse el vientre con un arma cortante.

Harare C. de Zimbabwe, cap. del estado, situada en su zona NE. 863.000 h. en 1987. Es el principal centro administrativo, cultural y económico del país. En su producción industrial destacan los sectores químicos, mecánicos y textiles, la fabricación de alimentos, de papel y de cemento, así como la manufactura del tabaco. Antiguamente se llamó *Salisbury.*

Harare.

haras *s. m. Arg., Par., Urug.* Criadero de caballos.

Harbin C. de China, cap. de la prov. de Heilongjiang, en el NE del país, a orillas del río Sungari. 2.930.000 h. en 1989. Importante centro fluvial, cuenta con una rica agricultura y con abundantes recursos minerales. Tiene industria metalúrgica, química, textil, alimentaria, mecánica y electrónica.

harca *s. f.* **1.** En Marruecos, expedición militar de tropas indígenas organizadas de forma irregular. **2.** Partida de rebeldes marroquíes en la época del protectorado. ▪ Por su origen árabe, la *h* se pronuncia aspirada.

hardcore (voz ingl.) *adj.* Se aplica a los espectáculos o películas pornográficas caracterizadas por la representación directa y no simulada del acto sexual.

Harden, Arthur (Manchester 1865 - Londres 1940) Químico británico. Fue profesor de bioquímica en la universidad de Londres. En 1929 obtuvo el premio Nobel de química, compartido con Hans von Euler-Chelpin, por sus investigaciones sobre la fermentación del azúcar y la intervención de las enzimas en el proceso.

Harding, Warren Gamaliel (Corsica, Ohio 1865 - San Francisco 1923) Político estadounidense. Miembro del Partido Republicano, fue partidario del aislacionismo y rival del presidente Wilson. Elegido presidente en 1920, se mostró enemigo de la Sociedad de Naciones y firmó una paz por separado con los imperios centrales (1921). Durante su mandato se fijaron cuotas a la inmigración y se aplicó con dureza la ley seca. Favoreció los grandes negocios y se vio complicado en el escándalo del *Ohio gang.* Murió en extrañas circunstancias antes del término de su mandato.

Hardouin-Mansart, Jules Véase **Mansart**.

hardware (voz ingl.) *s. m.* Conjunto de componentes físicos de un sistema informático, en contraposición a los elementos lógicos o *software,* que se refieren a la programación. El *hardware* incluye el ordenador con su unidad central de proceso y la memoria interna, los periféricos de entrada (teclado, lectoras, lápiz óptico, etc.), los periféricos de salida (pantallas o monitores, impresora, etc.) y la memoria externa (cintas, discos o tambores magnéticos).

Hardy, Oliver, llamado **el Gordo** (Atlanta, Georgia 1892 - Burbank, California 1957) Actor estadounidense. Formó una célebre pareja cómica con Stan Laurel, *el Flaco.* Algunas de sus películas más recordadas son *Fra Diavolo* (1933), *Hollywood Party* (1934), *En el Oeste* (1937), *Estudiantes en Oxford* (*A chumps at Oxford,* 1940) y *Marineros de agua dulce* (*Saps at sea,* 1940).

Hardy, Thomas (Upper Bockhampton, Dorsetshire 1840 - Max Gate, Dorchester 1928) Escritor británico. En sus obras retrata la vida provinciana británica en un tono pesimista y en ocasiones amargo. Entre sus novelas merecen mencionarse *Tess, la de los d'Urbervilles* (1891) y *Judas el Oscuro* (1895) y, en su poesía, las colecciones *Poemas del pasado y el presente* (1901) y *Los dinastas* (1904-08).

Hare Krisna (del sánscrito *hare Krishna,* salve Krisna) Movimiento hinduista basado en la adoración a Krisna, octava reencarnación del dios Visnú. Fue legalizado en España en 1977 bajo el nombre de Asociación Internacional para la Conciencia de Krisna.

harén o **harem** *s. m.* **1.** Entre los musulmanes, departamento de la casa donde viven exclusivamente las mujeres. **2.** El conjunto de las mujeres que viven bajo la dependencia de un jefe de familia musulmán.

harina *s. f.* **1.** Polvo que se obtiene al moler cereales, en especial trigo, semillas de algunas leguminosas, tubérculos como la patata, pescado seco, etc. **2.** Polvo a que quedan reducidos algunos materiales sólidos. ‖ **3. harina en flor** La que está tamizada, muy blanca y pura. **4. harina fósil** (o **trípoli**) Roca silícea constituida por la aglomeración de caparazones de diatomeas fósiles, que desprende un polvo ligero, generalmente de color gris o amarillento. **5. harina lacteada** Alimento utilizado para la primera infancia hecho con leche concentrada en el vacío, harina de cereales o leguminosas y azúcar. ‖ **LOC. estar metido en harina** *fam.* Estar actuando o trabajando de lleno en algo. **ser** una cosa **harina de otro costal** Ser algo completamente distinto de aquello que se ha dicho con anterioridad.

harinado *s. m.* Harina disuelta en agua.

harinear *v. intr. Ven.* Lloviznar*.

harinero, ra *adj.* **1.** Perteneciente o relativo a la harina. ‖ *s. m.* y *f.* **2.** Persona que se dedica a la fabricación o al comercio de la harina. ‖ *s. m.* **3.** Arcón u otro lugar donde se guarda la harina. ‖ *s. f.* **4.** Fábrica de harinas.

harinoso, sa *adj.* **1.** Que tiene mucha harina. **2.** De aspecto o propiedades semejantes a los de la harina. Suele aplicarse a las frutas, sobre todo a determinadas manzanas.

Harkins, William Draper (Titusville, Pennsylvania 1873 - Chicago 1951) Químico estadounidense. Fue profesor de la universidad de Chicago desde 1912. Interesado por la química nuclear, predijo la existencia del neutrón y del hidrógeno pesado, y estudió el mecanismo de la conversión del hidrógeno en helio y la energía liberada en el proceso de fusión, base de la bomba de hidrógeno.

Harlem Barrio de Nueva York (EE UU), que ocupa el sector NE de la isla de Manhattan. Habitado fundamentalmente por negros e hispanos, posee un nivel de vida bajo en relación al resto de Manhattan.

Harley Davidson Compañía estadounidense de motocicletas fundada en 1901, cuyos productos han adquirido enorme prestigio entre algunos sectores de la sociedad, especialmente juveniles.

Harlow, Harry Frederick (Fairfield, Iowa 1905) Psicólogo estadounidense. Estudió la psicología de la motivación mediante trabajos experimentales con monos y puso de manifiesto la importancia de la curiosidad. Su principal obra es *Aprendiendo a amar* (1971).

Harlow, Jean (Kansas City 1911 - Hollywood 1937) Actriz estadounidense. Una de las más célebres estrellas de los años treinta, implantó la moda de las vampiresas de pelo rubio platino. Interpretó sus mejores papeles en las películas *Los ángeles del infierno* (1930), *La jaula de oro* (*Platinum blonde,* 1931), *Tierra de pasión* (*Red dust,* 1932) *Mares de China* (1935) y *Saratoga* (1937).

harmonía *s. f.* Armonía*. **FAM.** Harmónicamente, harmónico.

harmónica *s. f.* Armónica*.

harmonio *s. m.* Armonio*.

harmonioso, sa *adj.* Armonioso*. **FAM.** Harmoniosamente.

harmonizar *v. tr.* Armonizar*.

harnear *v. tr. Chile, Col.* Cribar, cernir, pasar por el harnero.

harnero *s. m.* Cierto tipo de criba.

Haro y Guzmán, Luis Méndez de (Valladolid 1598 - Madrid 1661) Político español. Sobrino del conde-duque de Olivares, sustituyó a éste como valido de Felipe IV. Firmó las paces de Westfalia (1648) y de los Pirineos (1659), poco favorables para España. Fracasó en su intento de atraerse a Inglaterra para luchar contra Francia y tampoco tuvo éxito en su lucha contra Portugal, pues fue derrotado en Elvas (1658). Su único triunfo consistió en finalizar la guerra de Cataluña.

Harold Nombre de varios reyes anglosajones de Inglaterra.
Harold I Harefoot (? - Oxford 1040) Rey de Inglaterra (1037-40). Hijo ilegítimo del rey danés Canuto el Grande, combatió al heredero legítimo Hardicanuto, su hermanastro.
Harold II (? h. 1022 - Hastings 1066) Rey de Inglaterra (1066). Era hijo de Godwin, conde de Wessex, y fue uno de los señores más poderosos en época de Eduardo el Confesor. A la muerte de éste fue elegido rey (1066), pero ese mismo año Inglaterra fue invadida por su hermano Tostig, exiliado desde la revuelta de Northumbria, y su aliado el rey noruego Harald Haardrade, a los que venció en Stamford Bridge, y luego por Guillermo de Normandía, a quien se enfrentó en la batalla de Hastings, en la que perdió la vida. Guillermo se apoderó de la Inglaterra anglosajona.

harpagón, na *adj. Col.* Muy flaco.

Harris, Richard (Limerick 1933) Actor cinematográfico irlandés. Alcanzó popularidad con su interpretación en *El ingenuo salvaje* (*This sporting life*, 1962). También triunfó como cantante y grabó un disco millonario, *Mac Arthur Park*. Entre sus películas más destacadas figuran *Camelot* (1967), *Un hombre llamado Caballo* (1970), *El puente de Casandra* (1976), *Patos salvajes* (1978) y *El pardón* (1991).

Harrison, Benjamin (North Bend, Ohio 1833 - Indianápolis 1901) Político estadounidense. Miembro del Partido Republicano, fue elegido presidente de los EE UU (1889-93). Durante su mandato se aprobó la ley antitrust y se promulgaron tarifas proteccionistas.

Harrison, John (Foulby, cerca de Pontefract, Yorkshire 1693 - Londres 1776) Inventor inglés. Diseñó varias versiones del cronómetro marino, antecedente de los relojes portátiles de bolsillo y de pulsera.

Harrison, Rex (Huyton 1908 - Nueva York 1990) Actor teatral y cinematográfico británico. Debutó en el teatro en 1924 y en el cine en 1929. Rodó filmes en Inglaterra y en EE UU. Especializado en comedias, algunos de sus títulos más importantes son *La ciudadela* (1938), *Un espíritu burlón* (1944), *Ana y el rey de Siam* (1946), *Cleopatra* (1963), *El Rolls-Royce amarillo* (1964) y *My fair Lady* (1964).

Harrison, Wallace Kirkman (Worcester 1895 - Nueva York 1981) Arquitecto estadounidense. Formado en París y Roma, su arquitectura responde a las últimas tendencias. Se especializó en grandes edificios para oficinas. Juntamente con Abramowitz construyó la sede de la ONU en Nueva York (1948-50), según proyecto de Le Corbusier, y el Alcoa Building, en Pittsburg (1953), entre otros. También proyectó el edificio de la mutua de seguros Phoenix, en Hartford, Connecticut (1965) y los talleres del *Daily News*, en Nueva York (1972)

Harrison, William Henry (Berkeley, Virginia 1773 - Washington 1841) Político estadounidense. Gobernador del Territorio del Noroeste (1798) y de Indiana (1801), en 1811 venció a los indios mandados por Tecumseh en Tippecanoe y en 1813 al británico Proctor. Elegido presidente de EE UU (1840), falleció al mes de tomar posesión del cargo.

Harrod, Roy Forbes (Londres 1900 - Holt, Norfolk 1978) Economista británico. Profesor en Oxford, fue asesor del Fondo Monetario Internacional y presidente de la Royal Economic Society (1962-64). Basándose en el esquema keynesiano, estudió el crecimiento económico y afirmó que era decisiva la tasa de aumento del producto nacional. Es autor, entre otros libros, de *El ciclo económico* (1936), *Política contra la inflación* (1958) y *Hacia una nueva política económica* (1967).

hartada *s. f.* Acción y efecto de hartar o hartarse.

hartar *v. tr.* **1.** Dar de comer o de beber a una persona o a un animal hasta que no puede más. También *v. prnl.* **2.** Cansar, fastidiar. También *v. prnl.* **3.** Seguido de la preposición *a* o *de* y algunos sustantivos, dar o aplicar gran cantidad de lo que éstos expresan. ‖ *v. prnl.* **4.** Hacer algo a menudo o con exceso. **5.** Satisfacer plenamente el deseo o el gusto que se tiene de algo.

hartazgo *s. m.* **1.** Acción y efecto de hartarse comiendo o bebiendo. **2.** P. ext., exceso de cualquier cosa.

Harte, Francis Brett (Albany, Nueva York 1836 - Camberley, Reino Unido 1902) Escritor estadounidense. Muy joven marchó a California en busca de fortuna. Fundó la revista *The Overland Monthly*, donde publicó sus narraciones del Oeste, con las que alcanzó popularidad y que luego recogió en el libro *La fortuna de Roaring Camp* (1870). Fue cónsul en Alemania y en Escocia. También escribió el libro de narraciones *Cuentos de los argonautas* (1875).

Hartline, Haldan Keffer (Bloomburg, Pennsylvania 1903 - Fallston, Maryland 1983) Fisiólogo estadounidense. Profesor en las universidades de Pennsylvania, Johns Hopkins y Rockefeller, investigó en animales el funcionamiento de las células de la retina del ojo. Obtuvo el premio Nobel de fisiología y medicina de 1967, compartido con George Wald y Ragnar Arthur Granit.

Hartmann, Nicolai (Riga 1882 - Gotinga 1950) Filósofo alemán. Fue profesor en las universidades de Marburgo y Gotinga. Procedente del neokantismo, su pensamiento se caracteriza por replantear muchos de los problemas suscitados en la historia de la filosofía. Desarrolló una ética de los valores partiendo de las investigaciones de Max Scheller. Entre sus principales textos figuran *Metafísica del conocimiento* (1921), *Ética* (1926) y *Filosofía de la naturaleza* (1960).

harto, ta *adj.* **1.** Saciado, satisfecho. **2.** Cansado de alguna persona, cosa, actividad, etc. ‖ *adv. c.* **3.** Bastante, demasiado.

hartón, na *adj.* **1.** *Amér. C.* Glotón. ‖ *s. m.* **2.** *fam.* Hartazgo.

Hartung, Hans (Leipzig 1904 - Antibes 1989) Pintor francés de origen alemán. Influido por Kandinsky, es uno de los principales representantes del arte abstracto. En 1935, huyendo de la Alemania nazi, se trasladó a París. Durante la Segunda Guerra Mundial combatió en la Legión extranjera. Sus obras forman generalmente una red de pinceladas oscuras, como signos caligráficos, sobre un fondo claro.

hartura *s. f.* **1.** Hartazgo*. **2.** Abundancia.

Hartzenbusch, Juan Eugenio (Madrid 1806 - íd. 1880) Escritor español. Cultivó el drama histórico de estilo romántico, del que son muestra representativa *Los amantes de Teruel* (1837), *Alfonso el Casto* (1841) y *La jura de Santa Gadea* (1845). Es también autor de sainetes de tono popular, como *La coja y el encogido* (1842), de poesías y de relatos costumbristas.

Harun al-Rashid ibn Mahdí (Rayy, Persia 766 - Tus, Jorasán 809) Califa musulmán de la dinastía abasida. En los primeros años de su califato, el poder fue ejercido por los visires barmékidas hasta el año 803, en que fueron expulsados. Combatió y sometió a tributo a Bizancio. Su época es la de mayor esplendor cultural de la corte de Bagdad y en ella se escribió *Las mil y una noches*, obra maestra de la literatura islámica y universal.

Harvey, William (Folkestone 1578 - Hampstead, Essex 1657) Médico y anatomista inglés. Descubrió la circulación de la sangre y la función del corazón. Su obra más importante es *Movimiento del corazón y de la sangre en los animales* (1628).

Haryana Estado del N de la India, cuya creación tuvo lugar en 1966 al ser separado del Punjab. 44.292 km^2. 12.922.618 h. en 1981. La capital es Chandigarh con 379.700 h. en 1981. En su economía, básicamente agrícola, tienen especial importancia los cultivos de cerales, azúcar y algodón. Cuenta con industria textil, del vidrio y del cemento, y con fábricas de maquinaria agrícola.

Hasek, Jaroslav (Praga 1883 - Lipnice 1923) Escritor checo. Llevó una vida bohemia y durante la Primera Guerra Mundial combatió en el ejército austriaco, del que desertó, y en 1918 fue comisario de las tropas soviéticas. Alcanzó la fama con *Las aventuras del buen soldado Svej durante la Guerra Mundial* (1921-23), novela inacabada, que constituye una sátira antimilitarista.

hasidismo Movimiento místico judío que tuvo dos principales fases de desarrollo: una en la Baja Edad Media y otra iniciada en el s. XVIII, que se prolonga hasta nuestros días. Parte de la creencia de que la verdadera religión consiste en el conocimiento de la inmanencia de Dios en toda la creación.

Hassan II (Rabat 1929) Rey de Marruecos. Sucedió en el trono a su padre Muhammad V en 1961. Los primeros años de su reinado se caracterizaron por la inestabilidad interior y las diferencias con otros países árabes. Tras el intento en 1972 del golpe militar del general Ufkir, ministro de la Guerra, tomó la iniciativa y adoptó importantes medidas en política internacional, como el acercamiento diplomático a Francia y República Federal de Alemania, el establecimiento de una fuerte alianza con EE UU, la reclamación y posterior ocupación del Sáhara occidental y la reclamación a España de Ceuta y Melilla, que le permitieron consolidar la posición de la monarquía. Desde 1975 mantiene una guerra de desgaste en el Sáhara occidental con el Frente Polisario. Ha impulsado la creación de una unión del Magreb árabe, mediante un acuerdo con Libia en 1984 y otro posterior con Argelia, Tunicia, Libia y Mauritania en 1989. Político hábil y pragmático, gobierna el país de forma autoritaria y personalista desde la disolución del Parlamento en 1965. En 1977 y 1984 convocó elecciones en las que los partidos de la oposición no contaron con las suficientes garantías democráticas.

Hassan II de Marruecos.

Hassel, Odd (Oslo 1897 - íd. 1981) Químico noruego. Director del departamento de químicafísica de la universidad de Oslo, fue encarcelado durante la ocupación alemana (1943-45). En 1969 obtuvo el premio Nobel de química, compartido con Derek Harold Richard Barton, por sus investigaciones sobre el desarrollo de la conformación de las moléculas químicas.

Hassler, Hans Leo (Nuremberg 1564 - Frankfurt del Main 1612) Compositor y organista alemán. En Italia fue discípulo de Andrea Gabrieli y estuvo al servicio de los Fugger en Augsburgo, del emperador Rodolfo II en Praga y del príncipe Cristián II en Dresde. Sus colecciones de canciones profanas son de una elegancia y lozanía difíciles de igualar. Entre sus composiciones destacan *Canzonette*, a cuatro voces (1590), *Canciones sacras* (1591), *Madrigales* (1596), *Nuevas canciones alemanas*, de cuatro a ocho voces (1596) y *Misas*, de cuatro a ocho voces (1599).

hasta *prep.* **1.** Expresa el lugar donde termina o al que llega algo. **2.** Indica un límite de tiempo: *Faltan tres días hasta el domingo.* **3.** Denota el máximo de una cantidad: *Él me paga hasta mil pesetas.* **4.** Introduce una oración que señala el final de la acción del verbo principal: *Trabajó hasta quedar rendido.* En frases negativas toma un sentido condicional: *No me iré hasta que no me paguen.* ‖ *adv.* **5.** Sirve para ponderar o exagerar algo; equivale a *incluso* y a *aún*: *Te han oído hasta en la calle.* **6.** Se emplea en fórmulas de despedida: *hasta luego, hasta cuando quieras.*

hastial *s. m.* **1.** Parte superior de la fachada de los edificios sobre la que descansan las dos vertientes del tejado. **2.** P. ext., el total de la fachada. **3.** En las iglesias, las fachadas correspondientes al pie y los laterales del crucero. **4.** En una excavación minera, pared lateral de roca sin valor. **5.** *fam.* Hombre alto y fuerte.

hastiar *v. tr.* Cansar, hartar. También *v. prnl.* ■ En cuanto al acento, se conjuga como *ansiar*: *hastío.*

Hastings, batalla de Batalla en la que Guillermo de Normandía se apoderó de la Inglaterra anglosajona en 1066. Harold, duque de Wessex, fue elegido rey de Inglaterra a la muerte de Eduardo el Confesor, pero Guillermo, duque de Normandía, reclamó sus derechos al trono y desembarcó en la isla. Harold, que vigilaba las costas del S con su ejército, hubo de acudir rápidamente a Stamford Bridge, en el N, para rechazar la invasión de su hermano Tostig, aliado a Harald Haardrade de Noruega, lo que permitió a Guillermo desembarcar y tomar posiciones. Los ejércitos se encontraron cerca de Hastings (1066) y Harold fue derrotado y muerto, con lo que dio comienzo la dinastía normanda de Inglaterra.

hastío *s. m.* **1.** Aburrimiento, cansancio, hartazgo. **2.** Asco a la comida.

hatajo *s. m.* **1.** Grupo pequeño de cabezas de ganado. **2.** Conjunto de personas o cosas. Generalmente se usa en tono despectivo.

Hathaway, Henry (Sacramento, California 1898 - Los Ángeles 1985) Director cinematográfico estadounidense. Realizó filmes de los más variados géneros, como el de aventuras, negro, western, comedia, etc. Algunas de sus películas más destacadas son *Sueño de amor eterno* (*Peter Ibbetson*, 1935), *La casa de la calle 92* (1945), *Niágara* (1953), *Alaska, tierra de oro* (*North to Alaska*,

1960), tres episodios de *La conquista del Oeste* (*How the West was won*, 1962), *Los cuatro hijos de Katie Elder* (1965) y *Nevada Smith* (1966).

hatillo *s. m.* Pequeño envoltorio con ropa y objetos de uso personal.

hato *s. m.* **1.** Pequeño envoltorio de ropa y otros objetos que una persona lleva consigo cuando se traslada de un lado para otro. **2.** Grupo de cabezas de ganado. **3.** Hatajo, conjunto de personas o cosas.

Hatsepsut (? h. 1490 - ? h. 1468 a. C.) Reina egipcia de la XVIII dinastía. Hija de Tutmosis I, fue corregente de su sobrino e hijastro Tutmosis III y gobernó con los poderes de un faraón. Durante su gobierno se realizó una expedición comercial al Punt y se construyó el templo de Deir el-Bahari.

Hauksbee, Francis (? h. 1670 - ? h. 1713) Físico británico. Discípulo de Boyle, fue uno de los pioneros en la investigación de los fenómenos eléctricos. Explicó la electroluminiscencia, perfeccionó la cámara neumática y estudió la transmisión del sonido en el vacío y a través del agua.

Hauptmann, Gerhart (Obersalzbrunn, Silesia 1862 - Agnetendorf 1946) Escritor alemán. Autor de dramas, novelas y poesías, sus primeras obras reponden al naturalismo alemán, para evolucionar luego hacia el simbolismo y, ya en su etapa final, hacia un lirismo visionario. En casi toda su obra defiende al proletariado y vierte violentas críticas contra la sociedad capitalista. Algunos de sus dramas más significativos son *Antes de amanecer* (1889), *Los tejedores* (1892), *La piel del castor* (1893), *Florian Geyer* (1896), *La campana sumergida* (1896), *El pobre Enrique* (1902), *Las ratas* (1910) y *El arco de Ulises* (1912). Entre sus novelas destacan *El hereje de Soana* (1918) y *La isla de la Gran Madre* (1924), y entre sus poemas, *Till Eulenspiegel* (1928). En 1912 obtuvo el premio Nobel de literatura.

Hauser, Arnold (Budapest 1892 - íd. 1978) Historiador de arte húngaro. En 1924 fundó en Viena, junto a von Max Dvorak, la Escuela de Viena para estudios histórico-artísticos. En 1938 emigró al Reino Unido, huyendo de los nazis. Su obra capital es *Historia social de la literatura y el arte* (1957), en la que, influido por el marxismo, vincula la producción artística a las diversas situaciones sociales. Otras obras suyas son *El manierismo* (1965) y *Sociología del arte* (1975).

Haussmann, Georges Eugène, barón (París 1809 - íd. 1891) Administrador y político francés. Prefecto del departamento del Sena (1853-70), fue el encargado de la reforma de París que dio a la capital francesa su actual fisonomía, con la destrucción de antiguos barrios obreros y el trazado de grandes avenidas, bulevares y parques. También estableció el alcantarillado en toda la ciudad y la conducción subterránea del agua y el gas.

Haussmann, Raoul (Viena 1886 - Limoges 1971) Pintor, escultor y escritor austriaco. Fue uno de los fundadores del grupo dadá berlinés y participó en numerosas manifestaciones vanguardistas. Cultivó técnicas como el collage, el montaje y el fotomontaje, y escribió poemas fonéticos y fonográficos. Durante la represión nazi se refugió en Francia.

Haüy, René-Just (Saint-Just, Charente 1743 - París 1822) Mineralogista francés. Ordenado sacerdote, fue encarcelado durante la Revolución Francesa, pero bajo Napoleón regentó la cátedra de mineralogía en el Museo de Historia Natural de París, puesto que perdió al caer el emperador. Está considerado como uno de los fundadores de la cristalografía. Descubrió el principio de la simetría cristalina y estableció los elementos de simetría de cinco sistemas cristalinos, así como un único criterio para la clasificación de las formas cristalinas.

Havel, Vaclav (Praga 1936) Dramaturgo y político checo. Destacado disidente, fue condenado en diversas ocasiones por el régimen comunista. En 1989, tras la instauración de un sistema democrático en el país, fue designado presidente de la república, cargo para el que fue reelegido en 1990. Entre sus obras sobresalen *La fiesta* (1963), *El memorándum* (1965), *La audiencia* y *La inauguración*.

Havilland, Olivia de (Tokio 1916) Actriz estadounidense. Formada en el teatro, debutó en el cine en 1935. Algunas de sus más destacadas interpretaciones fueron *El capitan Blood* (1935), *La carga de la brigada ligera* (1936) y *Robín de los bosques* (1938), en las que formaba pareja con Errol Flynn, *Lo que el viento se llevó* (1939) y *La heredera* (1949).

Hawai: playa de Kee en la isla de Kauai.

Havre, El C. de Francia, en la costa atlántica, en la desembocadura del río Sena. 196.000 h. en 1990, 225.000 h. en su área metropolitana. Activo puerto y centro de importación de hidrocarburos, cuenta con industria mecánica y naval, metalúrgica, química y petroquímica y refinerías de petróleo.

Hawai 1. Estado de EE UU, situado en el archipiélago Hawai o Sandwich, en el centro del océano Pacífico, al S del trópico de Cáncer. 16.760 km^2. 1.115.300 h. en 1990. La capital es Honolulu, con 849.000 h. en 1989. El archipiélago está integrado por ocho islas, de naturaleza volcánica y clima tropical. Su población está constituida básicamente por habitantes de origen japonés, polinesios y filipinos, a los que se añaden algunos grupos de puertorriqueños y negros americanos. Estado de EE UU desde 1959, las bases de su economía son la agricultura (caña de azúcar, café y piña) y el turismo. En Pearl Harbor se halla la más importante base militar aeronaval de EE UU en el Pacífico.
2. Principal isla del archipiélago del mismo nombre. Tiene una extensión de 10.400 km^2 y está cubierta por los materiales arrojados por los volcanes Mauna Kea (4.205 m) y Mauna Loa (4.169 m). Su principal fuente de ingresos es el turismo.

hawaiano, na *adj.* **1.** De Hawai. También *s.* **2.** Se aplica a un tipo de volcán propio de los archipiélagos del Pacífico. Se caracteriza por tener conos de escasa pendiente, caldera cuyo diámetro alcanza hasta decenas de kilómetros, lavas muy fluidas, magma en fusión y escasos materiales de deyección. No produce explosiones y la lava se derrama por desbordamiento.

Hawking, Stephen (Oxford 1942) Astrofísico británico. Desde los veinte años padece la enfermedad de Gehring, que le mantiene en una silla de ruedas y le obliga a comunicarse por medio de un sofisticado ordenador, lo que no le ha impedido desarrollar importantes investigaciones sobre los agujeros negros y la cosmología cuántica. Es autor de *Historia del tiempo* (1988).

Hawkins, John (Plymouth 1532 - frente a Puerto Rico 1595) Pirata y almirante inglés. Se dedicó al comercio de esclavos negros, al mismo tiempo que atacaba naves españolas en el Atlántico y saqueaba ciudades de las colonias españolas en América. En 1573 fue nombrado tesorero e interventor de la Armada inglesa y estuvo al mando de uno de los barcos de la escuadra que derrotó a la Armada Invencible (1588). En 1595 emprendió, en compañía de Drake, una expedición a las Antillas, durante la cual murió.

Hawks, Howard (Goshen, Indiana 1896 - Palm Springs, California 1977) Director de cine estadounidense. Autor de comedias y películas de acción, supo imprimir en ellas un ritmo magistral. Entre sus filmes sobresalen *Scarface* (1932), *La fiera de mi niña* (*Bringing up baby*, 1938), *El sargento York* (1941), *El sueño eterno* (*The big sleep*, 1946), *Río rojo* (1948), *La novia era él* (*I Was a Male War Bride*, 1949), *Me siento rejuvenecer* (*Monkey Business*, 1952), *Río Bravo* (1959), *El dorado* (1967) y *Río Lobo* (1970).

Hawksmoor, Nicholas (Ragnall, Nottinghamshire 1661 - Londres 1736) Arquitecto británico. Formado con Christopher Wren, colaboró posteriormente con John Vanbrung en las obras de Castle Howard, en Yorkshire, y del Blenheim Palace. Proyectó varias iglesias en Londres, como la de Saint Mary Woolnoth (1716-27) y Saint George en Bloomsbury (1720-30). Entre sus edificios civiles más notables figuran la Clarendon Library y el All Soul's College, en Oxford. En su estilo convergen elementos del barroco con motivos clásicos y góticos.

Haworth, Walter Norman (Chorley, Lancashire 1883 - Barnt Green, Worcestershire 1950) Químico británico. Profesor en las universidades de Durham y de Birmingham, obtuvo en 1937 el premio Nobel de química, compartido con Paul Karren, por sus investigaciones sobre los hidratos de carbono y la vitamina C.

Hawthorne, Nathaniel (Salem, Massachusetts 1804 - Plymouth, New Hampshire 1864) Escritor estadounidense. En su obra, de cuidado estilo y gran fuerza poética, retrata la severa sociedad puritana de Nueva Inglaterra. De ella destacan las novelas *La letra escarlata* (1850), *La casa de los siete desvanes* (1851) y *El fauno de mármol* (1860).

Haya (Fagus sylvatica) *con sus hojas y fruto.*

haya *s. f.* Nombre común de diversos árboles de la familia fagáceas, género *Fagus*. Su raíz principal, poderosa y recta, le permite alcanzar hasta 40 m de altura. Sus hojas son alternas, nervadas y de borde azulado. Tiene flores en amento y frutos en aquenio con cúpula llamados hayucos. La especie *Fagus sylvatica* crece en Europa en parajes húmedos y constituye en España el principal componente de los bosques septentrionales. Su madera se utiliza en ebanistería y para combustible y sus frutos para alimento del ganado porcino. El haya oriental *(Fagus orientalis)*, semejante a la anterior, crece en el SE de Europa y Asia Menor.

Haya, La (*'s Gravenhage* o *Den Haag*) C. de los Países Bajos, cap. de Holanda Meridional, situada en la costa del mar del Norte. 443.850 h. en 1989. Es el lugar de residencia de la familia real y sede del gobierno, los Parlamentos e im-

La Haya: la Ridderzaal (sala de los Caballeros), del siglo XIII.

portantes organismos de derecho internacional, como el Tribunal Internacional de Justicia. Incluye un núcleo industrial en el que hay que señalar la electrónica, la metalurgia, la mecánica, la química y los productos plásticos. Alberga notables monumentos, como el palacio Binnenhof, del s. XIII, y el Mauritshuis, del s. XVII, en el que se encuentra el Museo Real de Pintura.

Haya de la Torre, Víctor Raúl (Trujillo 1895 - Lima 1979) Político peruano. En 1924 fundó en México, donde estuvo exiliado, la Alianza Popular Revolucionaria Americana (APRA), partido revolucionario anticomunista y antiimperialista. Fue elegido presidente del Perú en 1962, pero un golpe militar le impidió gobernar.

hayaca *s. f. Ven.* Especie de pastel de harina de maíz relleno de carne o pescado y frutos secos, que se suele preparar para las fiestas de Navidad y fin de año.

hayal *s. m.* Hayedo*.

Haydn, Franz Joseph (Rohrau, Austria 1732- Viena 1809) Compositor austriaco. Es, junto a Mozart, uno de los grandes representantes del clasicismo. Su obra fue decisiva para la configuración de la sonata y la sinfonía, a las que dotó de tres partes, dos tiempos vivos enmarcando uno lento. En la música de cámara impuso el cuarteto de cuerda. Su estilo es elegante y equilibrado, de gran variedad melódica y complejidad estructural. Su obra comprende principalmente sonatas, sinfonías, conciertos y óperas, y en ella destacan el *Concierto para violonchelo en re mayor* (1783), el *Concierto para piano en do mayor* (1784), la *Sinfonía del reloj* (1794) y los oratorios *La creación* (1798) y *Las estaciones* (1801).

Franz Joseph Haydn. Retrato de Johann Zitterer (Museo Histórico, Viena).

hayedo *s. m.* Lugar poblado de hayas.

Hayek, Frederich August von (Viena 1899 - Friburgo 1992) Economista británico de origen austriaco. Fue profesor de la London School of Economics (1931-50) y de las universidades de Chicago (1950-62) y de Friburgo (1962-70). Defensor del liberalismo económico, se mostró contrario a cualquier intervencionismo del Estado. En 1974 fue premiado con el Nobel de economía, compartido con Karl Gunnar Myrdal. Es autor, entre otras obras, de *La teoría monetaria y el ciclo económico* (1933), *Teoría pura del capital* (1941), *Camino de servidumbre* (1944) y *El espejismo de la justicia social* (1976).

Hays, William (Sullivan, Indiana 1879 - íd. 1954) Político y directivo cinematográfico estadounidense. Miembro del Partido Republicano, en 1922 fue designado director de la Organización de Productores y Distribuidores cinematográficos de EE UU. En 1930 creó e impuso un código de autocontrol moral para las producciones cinematográficas, conocido como *código Hays*, que se convirtió en una censura encubierta y permaneció vigente hasta 1960.

hayuco *s. m.* Fruto del haya, con forma de pirámide triangular. Se usa como alimento del ganado porcino.

Hayward, Susan (Nueva York 1919 - Beverly Hills, California 1975) Actriz cinematográfica estadounidense. Encarnó mujeres de carácter apasionado y vehemente. Algunas de sus películas más logradas son *Una mujer destruida* (*Smash-up*, 1947), *Tulsa* (1949), *Mañana lloraré* (1956) y *Quiero vivir* (1958).

Hayworth, Margarita Carmen Cansino, llamada **Rita** (Nueva York 1918 - íd. 1987) Actriz de cine estadounidense. Obtuvo un gran éxito con su interpretación en *Gilda* (1946) y se convirtió en el *sex symbol* de la época. Otras películas importantes suyas fueron *La dama de Shanghai* (1948), dirigida por su marido Orson Welles, *Salomé* (1953) y *Mesas separadas* (1958).

haz[1] (del lat. *fascis*) *s. m.* **1.** Conjunto de cosas alargadas unidas y atadas, como mies, leña, hierba, etc. **2.** En ópt., conjunto de rayos luminosos que parten de un mismo punto. **3.** En fís., conjunto de partículas que se mueven aproximadamente con igual velocidad y dirección. **4.** En fís., conjunto de ondas que se propagan en la misma dirección. ‖ **5. haz de fibras musculares** En anat. y fisiol., conjunto de fibras estriadas que, unidas por una capa de tejido conjuntivo llamado endomisio, constituyen los fascículos musculares de que se componen los músculos. **6. haz de planos** En geom., conjunto de todos los planos que contienen una recta dada. **7. haz de planos paralelos** En geom., conjunto de todos los planos que son paralelos a un plano dado. **8. haz de rectas** En geom., conjunto de todas las rectas que pasan por un punto dado que constituye su vértice. Si el punto $P(x_0, y_0)$ es el vértice, la ecuación del haz es $h(x - x_0) + k(y - y_0) = 0$, donde h y k representan números reales. **9. haz de rectas paralelas** En geom., conjunto de todas las rectas que son paralelas a una dada. Si la recta dada es la de ecuación $ax + by + c = 0$, la ecuación del haz es $ax + by + h = 0$, donde h representa cualquier número real distinto de c.

haz[2] (del lat. *facies*, cara) *s. f.* **1.** En bot., cara más brillante y lisa de la hoja, con menos nervadura que en el envés. **2.** Derecho de una tela o de otro objeto que tenga dos caras. ‖ **3. haz de la Tierra** Superficie de la misma.

hazaña *s. f.* Proeza, hecho heroico o ilustre.

Hazm, Abu Muhammad ibn (Córdoba 993 - Casa Montija, Huelva 1064) Escritor hispanoárabe. Es autor de *El collar de la paloma*, tratado sobre el amor y los amantes, que ofrece un cuadro de la vida sentimental en la España medieval musulmana.

hazmerreír *s. m. fam.* Persona que, en determinada circunstancia, resulta ridícula y sufre la burla de los demás.

he *adv.* Sirve para señalar a una persona o cosa. ▪ Se construye con los adverbios *aquí*, *ahí* y *allí*. *He ahí el cuadro más valioso del museo;* en ocasiones, va unido a los pronombres personales: *Heme aquí.*

He Símbolo químico del helio.

Hearn, Lafcadio (Leucade, Grecia 1850 - Tokio 1904) Escritor británico. Se nacionalizó japonés con el nombre de Yakumo Koizumi. Estudió la cultura y el folclore del Japón. Entre sus libros destacan *Visiones del Japón menos conocido* (1894), *Kokoro* (1896) y *Japón, intento de interpretación* (1904).

Hearst, William Randolph (San Francisco 1863 - Beverly Hills, California 1951) Magnate estadounidense. Fue dueño de una importante cadena de periódicos (*New York american, International news service*, etc.), desde donde dirigió campañas de prensa de carácter derechista de gran repercusión política, como la que desembocó en la guerra hispano-norteamericana por la isla de Cuba.

Hearthfield, Helmunt Herzfelde, llamado **John** (Berlín 1891 - íd. 1968) Pintor y periodista alemán. En colaboración con George Grosz, fundó la revista antimilitarista *Neue Jugend*. Se distinguió por sus originales fotomontajes, de fuerte contenido revolucionario y crítico, en contra del capitalismo, la guerra y el nazismo.

Heath, Edward (Broadstairs, Kent 1916) Político británico. Miembro del Partido Conservador, fue elegido primer ministro en 1970. Durante su mandato, en el que el Reino Unido ingresó en la CEE (1972), hubo de hacer frente a una importante agitación social y a un recrudecimiento del conflicto del Ulster.

Heaviside, Oliver (Londres 1850 - Torquay, Devonshire 1925) Físico británico. Aplicó las matemáticas al estudio de los circuitos eléctricos y al movimiento ondulatorio. Predijo la existencia de una capa ionizada en la alta atmósfera, que luego se llamó con su nombre, situada entre los 80 y 120 m y que refleja las hondas herzianas.

heavy metal (voz ingl.) *s. m.* Estilo de la música rock, caracterizado por la sencillez de sus temas, que se repiten con poderosa instrumentación y ritmo violento, y por lo vistoso de su puesta en escena. Surgido del *hard rock* británico, cuyos principales intérpretes fueron Led Zeppelin y Deep Purple, en la actualidad está representado por grupos como AC/DC, Judas Priest, Motorhead, Iron Maiden y Scorpions.

Hebb, Donald Olding (Chester, Nueva Escocia 1904 - ? 1985) Psicólogo canadiense. Investigó sobre la conducta y la percepción. Estudió los procesos psicológicos internos con términos fisiológicos. Es autor de *La organización del comportamiento* (1949) y *Psicología* (1958).

Hebbel, Christian Friedrich (Wesselburen, Holstein 1813 - Viena 1863) Poeta y dramaturgo alemán. Lleva a sus obras realistas su visión dramática de la vida, aunque sus personajes tienden a ser entes abstractos. Entre sus dramas más significativos figuran *Judith* (1840), *Genoveva* (1843), *María Magdalena* (1844), *Herodes y Marianna* (1849), *Agnes Bernauer* (1855) y la trilogía *Nibelungos* (1861). Póstumamente apareció su *Diario* (1885-86).

hebdomadario, ria *adj.* Semanal; se aplica generalmente a los periódicos. También *s. m.*

Hebei Prov. de China, en el E del país, al S de Pekín. 202.700 km^2. 61.082.500 h. en 1990. La capital es Shijiazhuang, con 1.020.900 h. en 1989. Es una provincia abierta al mar en el golfo de Bo Hai y regada por los ríos Huai He y Huang-ho. En su territorio se cultiva trigo, algodón, frutas, patatas, arroz y mijo. Cuenta con minas de carbón, hierro y amianto, así como con yacimientos de petróleo. Es la segunda provincia más industrializada de todo el país, con especial desarrollo de los sectores textiles y mecánicos. Produce energía hidroeléctrica.

Hébert, Jacques (Alençon 1757 - París 1794) Político francés. Miembro destacado del club de los Cordeleros, dirigió la facción más radical y extremista del partido de la Montaña. Sus partidarios controlaban el ayuntamiento de París, el ministerio de la Guerra y numerosas sociedades populares. Favorable a la socialización del comercio, a la requisa de alimentos y a la máxima dureza en la represión, fue detenido y ejecutado bajo la acusación de preparar una insurrección en tiempos de Robespierre.

hebilla *s. f.* Objeto de metal o de otros materiales que se emplea para unir los dos extremos de un cinturón o de una o varias cintas.

hebillaje *s. m.* Conjunto de hebillas que forman parte de un vestido o adorno.

hebra *s. f.* **1.** Trozo de hilo de coser que se pone en la aguja. **2.** Hilo del discurso. **3.** Nombre que se da a diversas fibras vegetales y animales, como las que hay en la juntura de las legumbres o las de la carne. **4.** Fibra textil. **5.** Brizna de tabaco. **6.** Estigma de la flor del azafrán, que es la parte utilizada como especia. **7.** En la madera, aquella parte que puede ser trabajada o doblada sin romperse debido a su flexibilidad y consistencia. **8.** Vena o filón de una mina. **9.** Filamento de cualquier materia que guarda semejanza con un hilo. ‖ **Loc. a punto de hebra** *adv.* Se dice cuando el almíbar alcanza la densidad apropiada para formar filamentos o hilillos. **pegar la hebra** *fam.*

Entablar una conversación de forma casual y prolongarla demasiado.

hebraico, ca *adj.* Perteneciente o relativo a los hebreos.

hebraísmo *s. m.* **1.** Religión hebrea antigua según la ley de Moisés. **2.** Forma de expresión, giro o construcción propios de la lengua hebrea empleados en otro idioma.

hebraísta *s. m.* y *f.* Persona que estudia la lengua y cultura hebreas.

hebraizante *adj.* Judaizante*.

hebreo, a *adj.* **1.** Se aplica al pueblo semita que en la antigüedad habitó en Palestina, también llamado *israelita* y *judío.* **2.** De este pueblo. También *s.* ‖ *s. m.* **3.** Lengua hablada antiguamente por este pueblo y en la actualidad en el estado de Israel y comunidades judías.

Hist. El pueblo hebreo, originario de la baja Mesopotamia e instalado en Palestina en época de Abraham, participó junto a otros pueblos semitas en las invasiones hicsas (1720 a. C.) que conquistaron el delta del Nilo. En el s. XIII a. C. abandonó Egipto y volvió a Palestina (éxodo), guiado por Moisés. Allí disputó el territorio a otros pueblos, fundamentalmente al filisteo. Fue gobernado por jueces hasta finales del s. XI a. C., en que fue elegido rey Saúl. Su sucesor David impuso en torno al primer milenio a. C. su autoridad a los dos reinos hebreos, Judá e Israel, venció a los filisteos y arameos y organizó administrativamente la unificada Palestina. Salomón consolidó el poder e instaló su capital en Jerusalén. A su muerte comenzó la decadencia. Israel volvió a hacerse independiente, con capital en Samaria, mientras Judá mantuvo la capital en Jerusalén. En esta época comenzó a desterrarse el culto a Baal y a producirse la unidad religiosa con la fe en un solo Dios, Yahvé. En el 721 a. C., Sargón II de Asiria conquistó Israel y deportó a sus habitantes, repoblando la región con babilonios y árabes. Judá sobrevivió sometido a Asiria. Tras la decadencia de ésta, fue conquistado por el faraón Necao II y dominado por los egipcios. En el 605 a. C., Nabucodonosor derrotó a los egipcios y dominó Palestina, venció la resistencia judía y en el 587 a. C. destruyó y desterró a los judíos a Babilonia.
En el 537 a. C., el rey Ciro permitió su regreso y el estado hebreo fue reconstruido, gobernado por los sumos sacerdotes, pero sometido a Persia. En el 333 a. C. Alejandro Magno destruyó el estado persa y, a su muerte, Palestina fue dominada por sus sucesores, tolomeos primero y seléucidas después. Los hebreos recuperaron su independencia en la revuelta de los Macabeos. La influencia helenística provocó la división del pueblo en dos sectas, los saduceos y los fariseos, mientras un tercer grupo, los esenios, se retiraron al desierto del mar Muerto. En el 63 a. C., Pompeyo conquistó Jerusalén e integró Palestina en el imperio romano, instaurando una nueva dinastía con Herodes (40 a. C.). En época del emperador Augusto nació Jesús de Nazaret, que en el año 33 fue condenado por el sanedrín y crucificado por el gobernador romano Poncio Pilatos.
Durante el periodo comprendido entre los años 66 y 70 se produjo una sublevación judía reprimida por Tito, quien destruyó la ciudad de Jerusalén, con lo que comenzó la diáspora o dispersión de los judíos, a los que se prohibió residir en Judá. En el año 132 tuvo lugar el último levantamiento judío, dirigido por Bar Koseba. La dirección espiritual del pueblo hebreo permaneció en Palestina y Babilonia. La legislación de Teodosio II, recogida después en el código de Justiniano, que prohibía a los judíos ejercer cargos públicos, poseer esclavos cristianos y erigir nuevas sinagogas, permaneció vigente a lo largo de la Edad Media. Durante este periodo, los judíos se organizaron en pequeñas comunidades en las que el hecho religioso y el respeto a la tradición constituyeron los principales elementos de unión. En el mundo cristiano e islámico los judíos fueron comunidad aparte, excluida de la sociedad. En la Baja Edad Media, la más importante comunidad hebrea se estableció en los reinos hispánicos (Sefarad), donde practicaron el comercio y las finanzas, lo que les supuso la protección real y la animadversión popular. Los judíos sufrieron diversas persecuciones, hasta su expulsión en época de los Reyes Católicos (1492).
Durante la Edad Moderna, las principales comunidades fueron la flamenca y la alemana (askenazíes). Tras la Revolución Francesa (1789), los judíos fueron progresivamente integrados en la sociedad, pero en el último cuarto del s. XIX surgió el antisemitismo y, como reacción a él, el sionismo, que propugnaba el regreso a Sión (Jerusalén) y la creación de una patria judía. La terrible persecución a que se vio sometido el pueblo hebreo durante el periodo nazi de Alemania favoreció la resolución de la ONU del año 1948, por la que se creó el moderno estado de Israel en territorio de Palestina.

Ling. La lengua hebrea pertenece al tronco semítico junto al árabe, el arameo y otras. Se escribe horizontalmente de derecha a izquierda y, al igual que el resto de las lenguas de este grupo, forma su vocabulario a partir de raíces verbales, generalmente triconsonánticas, mediante la variación vocálica y la adición de afijos. Ha aportado al español voces como *amén, cábala, querubín, maná,* etc. Es idioma oficial del estado de Israel desde su creación en 1948.

Lit. La literatura hebrea, hasta el s. XVIII, es de carácter esencialmente religioso y en ella destaca sobre cualquier otra obra la *Biblia,* el libro por antonomasia. Se trata de una antología sagrada que se formó en el curso del tiempo, incorporando sus diversas partes y siendo expurgada de escritos profanos, heterodoxos o apócrifos. En 1947 y 1952 fueron descubiertos los textos de Qumran, llamados *manuscritos del mar Muerto,* debidos a la secta esenia. El judeo-romano Flavio Josefo trasladó del hebreo al latín su *Guerra de los judíos* (s. I). La segunda gran obra de la literatura hebrea clásica es el *Talmud,* compuesto de una tradición oral, la *haggadá,* y un comentario religioso-jurídico, la *halaká.* Los comentarios al *Talmud* hechos por las distintas escuelas fueron recogidos en la *Misná* y en la *Toseftá,* a las que se añade un comentario de comentarios, la *Guemará.*
Durante la Edad Media floreció la literatura sefardí en España. En la Baja Edad Media se realizaron gran número de interpretaciones místicas y esotéricas de la *Biblia,* que constituyen la *cábala,* uno de cuyos principales estudiosos fue el portugués Isaac Abrabanel. El declinar de la cultura sefardí fue acompañado del florecimiento de la askenazí, desarrollada en diversos lugares de Europa. A principios del s. XVIII, el poeta italiano Mosé Hayyim Luzzatto escribió una obra no religiosa, que dio comienzo a la moderna literatura hebrea. (Véase **Israel**.)

Hébridas, islas Archipiélago del Reino Unido, situado al NO de Escocia, en el océano Atlántico. Está dividido en dos sectores, Hébridas Interiores y Hébridas Exteriores, separados por el estrecho Little Minch. Lo forman más de 500 islas que ocupan 7.283 km^2, de las cuales hay unas 100 deshabitadas. Sus principales recursos son la ganadería lanar, la pesca y la industria textil.

hebroso, sa *adj.* Que tiene hebras, fibroso.

Hécate En la mitología griega, diosa lunar, marina e infernal, identificada con Selene, Artemisa y Perséfone, por lo que se la representaba con tres cabezas.

hecatombe *s. f.* **1.** En la antigüedad grecorromana, sacrificio ritual de cien bueyes u otras víctimas. **2.** P. ext., todo sacrificio con un alto número de víctimas. **3.** Desastre, gran catástrofe, mortandad.

hechicería *s. f.* **1.** Conjunto de prácticas mediante las cuales se pretende dominar las fuerzas de la naturaleza y los poderes sobrenaturales. Es característica de los pueblos primitivos, entre los cuales los hechiceros o chamanes gozaron de gran poder. **2.** Acto de hechizar.

hechicero, ra *adj.* **1.** Que practica la hechicería. También *s.* **2.** Que hechiza o produce una irresistible admiración, afecto, etc.

hechizar *v. tr.* **1.** Ejercer sobre una persona una influencia o poder, generalmente perjudicial, mediante la hechicería. **2.** Producir en alguien una irresistible admiración, afecto o deseo. ■ Se conjuga como *cazar.*

hechizo, za *adj.* **1.** *amer.* Fabricado a mano, artesanalmente. ‖ *s. m.* **2.** Toda práctica destinada a hechizar y lo que se emplea para tal fin, como plantas, ungüentos, conjuros, etc. **3.** Atractivo muy poderoso.

hecho, cha **1.** *p. p.* irreg. de **hacer**. También *adj.* ‖ *adj.* **2.** Maduro, desarrollado. ‖ *s. m.* **3.** Obra o acción de una persona. **4.** Acontecimiento, suceso, caso. **5.** En der., cuestión sobre la que trata el pleito o litigio. ‖ *adv.* **6.** Expresa que se acepta un trato, una proposición, etc.: *¿Hacemos un cambio? ¡Hecho!* ‖ **7. condición imposible de hecho** En der., la que no se puede realizar. **8. hecho consumado** Acción que ha sido realizada y que ya no se puede evitar. **9. hecho de armas** Acción o batalla importante de un enfrentamiento bélico. **10. hecho imponible** Situación o acto económico de un individuo que implica la correspondiente obligación de pagar impuestos a la Hacienda Pública; p. ej., la percepción de ingresos profesionales o la renta de propiedades. **11. hecho jurídico** En der., acto que tiene consecuencias jurídicas. **12. hecho probado** En der., el que es así considerado por los tribunales y sobre el que se harán las apreciaciones jurídicas. **13. hecho social** Según Durkheim, fenómeno colectivo, exterior a los individuos y que se presenta a éstos de forma coercitiva; tal es el caso del lenguaje o de las normas jurídicas. **14. Hechos de los apóstoles** Libro del Nuevo Testamento atribuido al evangelista San Lucas. Narra la historia del cristianismo en sus primeros años de existencia, prestando particular atención a la actividad apostólica de San Pedro y San Pablo. **15. ignorancia de hecho** En der., desconocimiento de un hecho que es de carácter obligatorio y contra la que no se admiten pruebas. ‖ **Loc. a lo hecho, pecho** *fam.* Indica que hay que afrontar las consecuencias de lo que se ha hecho. **de hecho** *adj.* y *adv.* En oposición a *de derecho,* en la práctica, en la realidad. También, verdaderamente, en realidad. **el hecho es que** Introduce una frase que expresa contradicción con lo expresado anteriormente: *Dijiste que lo arreglarías, pero el hecho es que sigue estropeado.* **eso está hecho** *fam.* Expresa que algo no ofrece dificultades para su realización: *¿Podrás conseguir las entradas? Eso está hecho.* **estar hecho un** Haberse convertido en lo que se indica a continuación o tener su aspecto. **hecho y derecho** *adj.* Se aplica a la persona que ya es adulta. También, auténtico, verdadero, cabal.

hechor, ra *adj.* **1.** *Chile, Ec.* Malhechor, bandido. También *s.* **2.** *Amér. del S.* Se dice del caballo o del asno dedicado a la reproducción.

Hecht, Ben (Nueva York 1893 - íd. 1964) Escritor y guionista cinematográfico estadounidense. En colaboración con Charles Mac Arthur escribió la comedia *Primera página* (1928), llevada posteriormente al cine. Entre sus novelas destacan *Erik Dorn* (1921) y *El reino del mal* (1924), y entre sus muchos guiones *La ley del hampa* (*Underworld,* 1927), *Scarface* (1931), *Cumbres borrascosas* (1940) y *Adiós a las armas* (1957). También dirigió algunos filmes de bajo presupuesto, como *Crimen sin pasión* (1934) y *Una vez en una luna azul* (1936).

hechura *s. f.* **1.** Acción y efecto de hacer, especialmente confección de ropa, y manera en que algo está hecho. **2.** Forma externa de una persona o cosa. Referido a personas, se usa más en *pl.* **3.** Cualquier cosa respecto del que la ha realizado. **4.** Una persona respecto a otra a la que debe su educación, posición, fortuna, etc.

Heckel, Erich (Döbeln 1883 - Bonn 1970) Pintor alemán. Miembro fundacional del grupo *Die Brücke* (1905), su obra es característica del expresionismo alemán. Desde 1918 residió en Berlín hasta que en 1944 huyó a Suiza, después de que su arte fuera condenado por los nazis.

hect- *pref.* Significa 'cien': *hectárea.* ■ Ante consonante toma la forma *hecto.*

hectárea *s. f.* Unidad de superficie que equivale a 100 áreas o a un hectómetro cuadrado, esto es, 10.000 metros cuadrados. Su símbolo es *ha.*

hectogramo *s. m.* Medida de masa que equivale a 100 gramos. Su símbolo es *hg.*

hectolitro *s. m.* Medida de capacidad que equivale a 100 litros. Su símbolo es *hl.*

hectómetro *s. m.* Medida de longitud que equivale a 100 metros. Su símbolo es *hm.*

Héctor Personaje de la *Ilíada.* Hijo de Príamo, rey de Troya, esposo de Andrómaca y hermano de Paris, dirigió a los troyanos en su lucha contra los aqueos, en la que combatió con Áyax y Diomedes e incendió la flota enemiga. Mató a Patroclo y murió a manos de Aquiles.

heder *v. intr.* Despedir mal olor. ■ Es v. irreg. Se conjuga como *tender.*

hediento, ta *adj.* Que despide hedor.

Hedilla, Manuel (Santander 1898 - Denia, Alicante 1970) Político español. Miembro de la Falange Española, fue jefe de la junta provisional de mando en 1937. Se opuso a la fusión con los tradicionalistas y fue condenado a muerte por Franco, aunque se le conmutó la pena por la de prisión.

hediondamente *adv. m.* Con mal olor.

hediondez *s. f.* **1.** Mal olor. **2.** Cualquier cosa hedionda.

hediondo, da *adj.* **1.** Que produce mal olor. **2.** Sucio, obsceno, que repugna física o moralmente.

hedónico, ca *adj.* Hedonístico*.

hedonismo *s. m.* Doctrina filosófica que considera que el placer es el fundamento de la moral. A partir de la interpretación que se haga de la naturaleza del placer surgen distintas formas de hedonismo. En la antigüedad, fueron hedonistas las escuelas cirenaica y epicúrea, en la Edad Moderna los neo-epicúreos (Gassendi, Valla, etc.) y en el s. XVIII los materialistas franceses (Helvetius, Holbach, Sade, etc.).

hedonista *adj.* **1.** Perteneciente o relativo al hedonismo. **2.** Seguidor de esta doctrina o actitud. También *s.*

hedonístico, ca *adj.* **1.** Perteneciente o relativo al hedonismo o al hedonista. **2.** Que proporciona placer o que está relacionado con él.

hedor *s. m.* Olor fuerte y desagradable.

Hefaisto, Hefaistos o **Hefesto** En la mitología griega, dios del fuego subterráneo y, posteriormente, de los hogares familiares y artesanos. Hijo de Hera, que lo concibió sin concurso de varón alguno para mostrar su despecho a Zeus por el nacimiento de Atenea, fue precipitado por éste fuera del Olimpo, quedando cojo y deforme a causa de la caída. Patrón de los herreros y metalúrgicos, en su taller forjó la coraza de Hércules, el cetro de Zeus y el escudo de Aquiles. Corresponde al dios Vulcano de los romanos.

Georg Wilhelm Friedrich Hegel.

Hegel, Georg Wilhelm Friedrich (Stuttgart 1770 - Berlín 1831) Filósofo alemán. Estudió teología en Tubinga e inició su carrera como preceptor privado en Berna y Frankfurt; posteriormente fue profesor en las universidades de Jena, Heidelberg y Berlín. Su pensamiento supone la culminación de la filosofía racionalista occidental, y es un todo sistemático cuyo motor es la dialéctica. Desde el idealismo kantiano y la noción de sustancia de Spinoza, Hegel se plantea la reconciliación entre sujeto y objeto. Su *Fenomenología del Espíritu* (1807) es la exposición de esa reconciliación que se muestra a través de las experiencias que la conciencia hace de su objeto, pasando por las distintas fases de su desarrollo (autoconciencia, razón y espíritu) hasta culminar en el saber absoluto. Será en la *Ciencia de la lógica* (1817) donde Hegel exponga las determinaciones lógicas del saber absoluto (ser, esencia y concepto), lo que constituye propiamente la exposición de la Idea en sí. En la *Enciclopedia de las ciencias filosóficas en compendio* (1817), se desarrolla por un lado la filosofía de la naturaleza, o ciencia de la Idea en su existencia exterior a sí misma y, por otro, la filosofía del espíritu, o ciencia de la Idea que después de haberse exteriorizado vuelve a recogerse en sí misma. Su influencia ha sido muy amplia y profunda, especialmente en Karl Marx y en el marxismo.

hegelianismo *s. m.* Sistema filosófico fundado por Hegel.

hegeliano, na *adj.* **1.** Perteneciente o relativo a Hegel o al hegelianismo. **2.** Seguidor del hegelianismo.

Fil. A la muerte de Hegel se desarrollaron dos tendencias distintas en el seno de su escuela, conocidas como *derecha hegeliana* e *izquierda hegeliana.* A la primera pertenecían pensadores como Kuno Fischer, Karl Friedrich Rosenkranz, Carl Ludwig Michelet y Eduard Erdmann, quienes afirmaban que en el pensamiento de Hegel se hallaba presente el fundamento de la verdad esencial del cristianismo. Muchos de ellos se distinguieron por sus trabajos sobre la historia de la filosofía. La izquierda hegeliana, representada por David Friedrich Strauss, Ludwig Feuerbach, Bruno Bauer y Max Stirner, desde un principio se mostró crítica con los dogmas religiosos y en abierta oposición al régimen dominante. Estos *jóvenes hegelianos* tuvieron una influencia decisiva en el pensamiento de Marx.

hegemonía *s. f.* **1.** Superioridad de un país sobre otro u otros. **2.** Supremacía. **FAM.** Hegemónico.

hégira *s. f.* **1.** Emigración o huida de Mahoma de La Meca a Yatrib (Medina), ocurrida en el año 622 d. C. **2.** Era de los musulmanes, que se cuenta desde esa fecha.

Martin Heidegger.

Heidegger, Martin (Messkirch, Baden 1889 - íd. 1976) Filósofo alemán. Tras estudiar en la universidad de Friburgo, fue profesor titular en Marburgo y posteriormente en Friburgo, donde sustituyó a Husserl y fue nombrado rector en 1933, cargo que abandonó al poco tiempo. Esta elección y su discurso de investidura se han interpretado como una adhesión al régimen nacionalsocialista, y, tras el final de la Segunda Guerra Mundial, provocaron su apartamiento de la universidad hasta 1952. Su obra, influida por Husserl, Kierkegaard y Dilthey, ha sido, aun a su pesar, considerada como una de las más elaboradas expresiones del existencialismo. Heidegger, sin abandonar un punto de vista crítico, manifestó que la cultura occidental suponía la realización de los ideales metafísicos, cuya historia se extendía desde los antiguos griegos hasta la actualidad. En su filosofía se pueden distinguir dos etapas; en la primera de ellas, la idea rectora de su investigación es la pregunta por el ser, y está representada por su obra *Ser y tiempo* (1927); en la segunda su pensamiento aparece formulado de manera más asistemática y la reflexión sobre el ser se encuentra indisociablemente unida a la del lenguaje. Un texto característico de este periodo es *De camino al habla* (1959). Publicó numerosos escritos, de los que son un ejemplo *¿Qué es metafísica?* (1929), *Introducción a la metafísica* (1953), *Sobre la cuestión del ser* (1955) y *El principio de la razón* (1956).

Heidelberg C. de Alemania, situada en el SO del país, en el Land de Baden-Württemberg, a orillas del río Neckar. 131.430 h. en 1989. Ciudad esencialmente residencial y cultural, cuenta con una importante universidad, la más antigua de Alemania, y con un conjunto monumental muy valioso. También posee industrias cementeras.

Heilbronn C. de Alemania, situada en el SO del país, en el Land de Baden-Württemberg, a orillas del río Neckar. 112.300 h. en 1989. Núcleo industrial, comercial y de comunicaciones, cuenta con una importante producción vinícola y metalúrgica, así como con industrias químicas, textiles, del acero, alimentarias, del papel y del cuero. Tiene puerto fluvial.

Heilongjiang Prov. de China, situada en el NE del país. 463.600 km^2. 35.215.000 h. en 1990. La capital es Harbin, con 2.930.000 h. en 1989. Tiene agricultura de trigo, arroz y soja, minería de carbón y oro, recursos petrolíferos, refinerías e industrias cementeras, alimentarias, mecánicas, petroquímicas, textiles y papeleras.

Heine, Heinrich (Düsseldorf 1797 - París 1856) Escritor alemán. Poeta romántico, vivió en Alemania y en Francia, sin que ninguno de los dos países le aceptara como suyo, debido a su origen judío. En su obra se mezclan un lirismo melancólico, el escepticismo y la sátira. Entre sus principales libros figuran *Intermezzo lírico* (1823), *El mar del Norte* (1825-26), *Cuadros de viaje* (1826-30) y *Romancero* (1851).

Heinemann, Gustav (Schwelm, Westfalia 1899 - Essen 1976) Político alemán. Luchó contra el nazismo desde la dirección de la Iglesia evangelista alemana y, posteriormente, desde el Partido Socialcristiano. Fue ministro del Interior (1949-50), con Adenauer, y creó el Partido Popular Panalemán (1952-57), de carácter neutralista, pero acabó en las filas de la socialdemocracia (1957). Fue presidente de la República Federal de Alemania (1969-74).

Heinichen, Johann David (Krössuln, Weissenfels 1683 - Dresde 1729) Compositor alemán. Conocedor de la ópera italiana, fue maestro de capilla de la corte de Dresde y compuso numerosas obras religiosas, óperas, cantatas, conciertos y música de cámara.

Heisenberg, Werner Karl (Würzburg 1901 - Munich 1976) Físico alemán. Realizó sus estudios en Munich y más tarde fue ayudante de Born y de Bohr. Investigó el problema de los modelos atómicos, predijo la existencia de dos formas de la molécula de hidrógeno y enunció el principio de indeterminación, según el cual es imposible realizar un cálculo exacto y simultáneo de la posición y el momento (velocidad, masa, tiempo) de un cuerpo. Obtuvo el premio Nobel de física en 1932.

Werner Karl Heisenberg.

héjira *s. f.* Hégira*.

helada *s. f.* **1.** Fenómeno atmosférico que consiste en el descenso de la temperatura por debajo de 0 °C, con lo que puede formarse hielo. ‖ **2. helada blanca** Escarcha*.

Hélade 1. Nombre que designaba en la antigüedad a las regiones centrales de Grecia, en oposición a la península del Peloponeso, y posteriormente al conjunto de las tierras habitadas por griegos (helenos). **2.** En la actualidad, nombre griego de Grecia.

heladero, ra *adj.* **1.** Perteneciente o relativo a la fabricación de helados. ‖ *s. m.* y *f.* **2.** Vendedor de helados. ‖ *s. f.* **3.** *Arg., Chile, Urug.* Refrigerador, nevera.

heladizo, za *adj.* Que se hiela fácilmente.

helado, da 1. *p. p.* de **helar**. También *adj.* ‖ *adj.* **2.** Se dice de aquello que está muy frío o de la persona que tiene mucho frío. **3.** Lleno de asombro, miedo o sorpresa. ‖ *s. m.* **4.** Dulce elaborado con zumos de frutas, leche, etc., que se somete a cierto grado de congelación. ‖ **5. helado al** (o **de**) **corte** El que se vende en pequeñas porciones y entre dos galletas. **FAM.** Heladería.

helador, ra *adj.* **1.** Que hiela. ‖ *s. f.* **2.** Aparato casero para la preparación de helados.

helar *v. tr.* **1.** Convertir un líquido en sólido por la acción del frío, y especialmente el agua en hielo. También *v. prnl.* **2.** Dañar el frío a las plantas o a sus frutos. También *v. prnl.* **3.** Dejar a alguien sin poder reaccionar de asombro, sorpresa o miedo. También *v. prnl.* ‖ *v. prnl.* **4.** Pasar o tener frío. **5.** Morir a causa del frío. ‖ *v. impers.* **6.** Producirse heladas. ■ Es v. irreg. Se conjuga como *pensar.* **FAM.** Helamiento.

Helecho macho (Dryopteris filix-mas) *y detalle de una hoja con soros.*

helechal *s. m.* Lugar poblado de helechos.

helecho *s. m.* Nombre común de diversas plantas pteridofitas comprendidas en las clases licopodiales (parecidas a los musgos), equisetales (las denominadas *colas de caballo*) y filicadales (los helechos propiamente dichos). Se caracterizan por tener células agrupadas en tejidos especializados en el transporte de sustancias nutritivas y por carecer de flores y semillas. Tienen un tallo subterráneo llamado *rizoma*. Su reproducción se realiza por esporas contenidas en los esporangios, que forman soros en el envés de sus hojas, llamadas *frondes*. Su ciclo reproductor alterna fases de gametofito (haploide) y de esporofito (diploide). Las esporas caen al suelo y forman otra planta, el protalo, que es pequeño y vive en zonas muy húmedas; en el protalo aparecen los anteridios y los arquegonios, que producen respectivamente los gametos masculino y femenino, que al fecundarse generan el cigoto, del que surge una nueva planta. Los helechos crecen especialmente en bosques húmedos y umbríos.

Helena En la mitología griega, hija de Leda y de Zeus y esposa de Menelao, rey legendario de Lacedemonia (Grecia). De belleza deslumbrante, fue raptada por Paris, hijo de Príamo, rey de Troya, lo que provocó la guerra entre aqueos (griegos) y troyanos, narrada por Homero en la *Ilíada*.

helenismo *s. m.* **1.** Periodo de la historia y la cultura griegas posterior al reinado de Alejandro Magno (336-323 a. C.). **2.** Influencia de la antigua civilización griega en la cultura universal. **3.** Palabra o giro propio de la lengua griega empleado en otro idioma.

Hist. Durante el periodo histórico que media entre la muerte de Alejandro Magno y la conquista romana del Mediterráneo oriental reinaron las monarquías fundadas por los generales sucesores de Alejandro, llamados los diadocos. La cultura y la civilización griegas se difundieron por gran parte del mundo entonces conocido, especialmente en el Mediterráneo oriental, donde surgieron centros culturales de gran relieve, como Alejandría, Pérgamo, Rodas, Éfeso y Antioquía, y donde florecieron las ciencias y las artes. En Alejandría, bajo Tolomeo I, se crearon la célebre biblioteca, con más de 700.000 volúmenes, el museo, centro de reunión e investigación de filósofos y eruditos, el parque zoológico y el jardín botánico. La física consiguió importantes logros. Aristarco efectuó medidas astronómicas y Eratóstenes calculó la circunferencia de la Tierra. Euclides y Arquímedes desarrollaron las matemáticas. Herófilo y Erasístrato realizaron disecciones de cuerpos humanos. La Academia y los filósofos peripatéticos continuaron investigando en las líneas establecidas por sus maestros Platón y Aristóteles, al tiempo que nacían otras escuelas como la estoica y la epicúrea. La literatura, aunque imitativa, dio figuras como Calímaco, Apolonio de Rodas y Teócrito. En religión se tendió a abandonar los dioses griegos, introduciéndose cultos orientales, como el de Cibeles de Asia Menor, Mitra de Persia o Isis de Egipto.

Arte La gran aportación de la arquitectura helenística fue el desarrollo del urbanismo. En los numerosos programas constructivos se aplica el principio reticular de Hipodamo de Mileto, integrando los templos y los grandes edificios en perspectivas monumentales que resaltan su valor plástico en relación con el entorno. Los tres órdenes clásicos pierden su tradicional rigidez y se mezclan armónicamente en un mismo edificio. Frente a la horizontalidad del arte clásico, el helenismo manifiesta su interés por la verticalidad en las construcciones (*faro de Alejandría*).
La escultura desarrolla composiciones en grupo (*El toro Farnesio*). Estilísticamente se supera el ideal de belleza clásico y se esculpen figuras en las que resaltan el movimiento y la composición dramática (*Laoconte*). Asimismo aparecen los temas del retrato y la vida cotidiana, representándose ancianos y niños, y las alegorías de ríos y ciudades con forma humana. Las principales escuelas escultóricas tuvieron como centros a las ciudades de Pérgamo (*Gálatas moribundos*), de Alejandría (*Alegoría del Nilo*) y de Rodas (*Victoria de Samotracia*).
La pintura sigue las mismas pautas temáticas y estilísticas que la escultura pero, al ser material perecedero, se han perdido la mayoría de sus manifestaciones, que sólo se conocen a través de algunas copias tardías y, sobre todo, de los mosaicos de Pompeya, como el de la *Batalla de Darío y Alejandro*.

Arte helenístico: El espinario, *siglo III a. C. (Galería de los Uffizi, Florencia).*

helenista *s. m.* y *f.* **1.** Estudioso de la lengua, literatura y civilización griegas. **2.** Nombre que se daba a los judíos que hablaban la lengua griega o profesaban su religión.

helenístico, ca *adj.* **1.** Perteneciente o relativo al helenismo o a los helenistas. **2.** Se aplica a la lengua común griega, que se difundió por el mundo helénico a partir de Alejandro Magno.

helenizar *v. tr.* **1.** Transmitir las costumbres, la cultura y la lengua griegas a otras personas o lugares. ‖ *v. prnl.* **2.** Adoptar las costumbres, la cultura y la lengua griegas. ▪ Se conjuga como *cazar*. **FAM.** Helenización, helenizante.

heleno, na *adj.* **1.** De la Grecia antigua. También *s.* **2.** P. ext., perteneciente o relativo a la Grecia actual. **FAM.** Helénico.

helero *s. m.* **1.** Masa de hielo formada en las altas cumbres por debajo de las nieves perpetuas, que en veranos muy calurosos puede derretirse. **2.** P. ext., toda la masa de nieve en esas mismas zonas.

hélice *s. f.* **1.** Dispositivo formado por aletas o aspas que giran alrededor de un eje; movido por un motor, se usa principalmente como propulsor de barcos y aviones. **2.** En geom., curva de longitud indefinida que da vueltas sin cerrarse sobre la superficie de un cilindro, formando ángulos iguales con todas las generatrices. **3.** En arq., voluta en forma de espiral que decora un capitel. **4.** Parte externa del pabellón de la oreja que va desde el exterior del conducto auditivo hasta el lóbulo.

helico- *pref.* Significa 'hélice': *helicóptero.*

helicoidal *adj.* En forma de hélice, curva.

helicoide *s. m.* Superficie engendrada por una recta que se mueve apoyándose en una curva helicoidal y en el eje del cilindro sobre el que está trazada ésta.

helicón *s. m.* Instrumento musical de viento cuyo tubo, de forma circular, se coloca alrededor del cuerpo y apoyado en el hombro.

helicóptero *s. m.* Vehículo aéreo al que una gran hélice o rotor que gira horizontalmente en su parte superior permite elevarse y tomar tierra verticalmente, desplazarse en cualquier dirección y mantenerse inmóvil en el aire. Para evitar que el movimiento de giro del rotor se comunique al fuselaje, en la parte posterior hay una pequeña hélice de cola (hélice antipar) que gira verticalmente en sentido opuesto al rotor de la parte superior. En lugar de dicha hélice, puede llevar un segundo rotor horizontal (rotor antipar) que gira en sentido contrario al primero. Variando la inclinación de las paletas de la hélice durante la rotación se puede desplazar el helicóptero en cualquier dirección. El principio de su funcionamiento era conocido desde antiguo, pero el primer helicóptero práctico fue construido en 1939 por Igor Ivan Sikorsky. Puede considerarse un precedente del helicóptero el autogiro, inventado por Juan de la Cierva en 1923, aunque éste se desplaza mediante una hélice colocada como en un avión normal y el rotor sirve al aparato de sustentación.

helio *s. m.* He. Elemento químico perteneciente al grupo VIII A del sistema periódico, o grupo de los gases nobles. Su número atómico es 2 y su

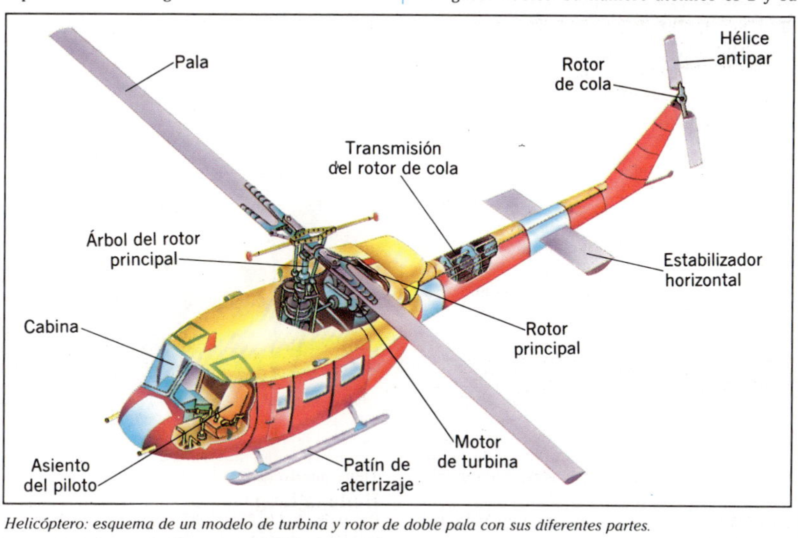

Helicóptero: esquema de un modelo de turbina y rotor de doble pala con sus diferentes partes.

masa atómica 4,0026. Fue descubierto por Joseph Lockyer y William Huggins en 1868 al estudiar el espectro solar durante un eclipse. Es un gas inodoro, incoloro, insípido y no inflamable, y constituye el elemento más ligero después del hidrógeno. Está presente en la atmósfera terrestre en una proporción de $5{,}3 \cdot 10^{-4}$ %, y es uno de los principales constituyentes del Sol (41 % de su masa). Se obtiene por licuación del gas natural y se emplea en globos aerostáticos y vehículos espaciales, para producir atmósferas inertes, para descubrir fugas en contenedores, en la soldadura por arco y en iluminación.

helio- *pref.* Significa 'sol': *heliograbado, heliograma.*

heliocéntrico, ca *adj.* **1.** Se aplica a los sistemas que consideran el Sol como centro del universo. **2.** En astron., se aplica a las coordenadas de un planeta calculadas tomando como centro el Sol.

Heliodoro (Emesa, Siria s. III) Escritor griego. Es autor de *Las Etiópicas*, un precedente de la novela bizantina que narra las aventuras de dos enamorados, Teágenes y Cariclea. Influyó en la literatura europea de los s. XVI y XVII.

heliogábalo *s. m.* Comilón.

Heliogábalo, Marco Aurelio Antonio, llamado (? 204 - Roma 222) Emperador romano (218-222). Pariente lejano de Septimio Severo y sumo sacerdote del dios Helios, el Sol, en el santuario de Emesa, fue proclamado augusto por la legión acuartelada en esta ciudad. El poder fue ejercido por su madre Julia Maesa, mientras Heliogábalo vivía de forma extravagante y entregado al vicio. Fue asesinado por los pretorianos.

heliograbado *s. m.* **1.** Procedimiento por el que se obtienen grabados en relieve mediante la acción de la luz solar sobre planchas preparadas para ello. **2.** Grabado obtenido de esta forma.

heliografía *s. f.* **1.** Método de transmisión de señales mediante destellos de luz solar. **2.** Heliograbado*. **3.** Descripción del Sol. **4.** Fotografía del Sol. **FAM.** Heliográfico.

heliógrafo *s. m.* **1.** Instrumento de telecomunicación que transmite mensajes mediante destellos de luz solar, reflejados por medio de espejos que se cubren y descubren alternativamente. **2.** En astron., aparato que mide la cantidad de calor emitida por el Sol. **3.** En meteorología, aparato que registra la duración diaria de la luz solar.

heliograma *s. m.* Mensaje telegráfico transmitido con el heliógrafo.

Helios En la mitología griega, el Sol. Hijo de Hiperión y Tía y hermano de Eos, la aurora, y Selene, la Luna, recorría el firmamento montado en su carro de fuego. Se le consideraba un dios menor, supeditado a Febo. Estaba representado en la estatua del coloso en Rodas.

helióstato *s. m.* Instrumento que refleja los rayos solares en una dirección determinada.

heliotecnia *s. f.* Técnica que convierte la luz solar en energía eléctrica por medio de fotopilas.

helioterapia *s. f.* Tratamiento de ciertas enfermedades mediante las radiaciones solares.

heliotropo *s. m.* Nombre común de diversas plantas herbáceas de la familia borragináceas, género *Heliotropium.* Tienen hojas de color verde oscuro y superficie rugosa y gran número de pequeñas flores de color blanco o violeta. Crecen en Europa y América y se usan en jardinería, como planta de interior de agradable perfume, y también en farmacia como febrífugo y excitador de la secreción biliar. El heliótropo europeo o hierba verruguera (*Heliotropium europaeum*) mide entre 20 y 30 cm de longitud, tiene hojas cubiertas de suave vello y flores blanquecinas; es nativo del S de Europa. Otras especies importantes son el *Heliotropium curassavicum*, que crece silvestre en las costas arenosas, y el *Heliotropium peruvianum.*

heliozoos *s. m. pl.* Clase de protozoos rizópodos a la que pertenecen numerosas especies comprendidas en diversos órdenes. Son pequeños organismos caracterizados por su estructura esquelética en forma de pequeñas agujas silíceas o quitinosas. En su mayoría flotan en aguas dulces, aunque hay algunas especies marinas. También *adj.* y *s. m.*

Helsinki: a la izquierda, el palacio presidencial; a la derecha, la iglesia ortodoxa.

helipuerto *s. m.* Aeropuerto destinado al despegue y aterrizaje de helicópteros.

Heller, Agnes (Budapest 1929) Filósofa húngara. Discípula de Lukács, ha realizado importantes investigaciones sociológicas, históricas y en el campo de la ética. En contraste con la interpretación economicista de las obras de Marx, pretende formular una teoría de los valores inherente en el pensamiento marxiano. Entre sus textos más relevantes se encuentran *Sociología de la vida cotidiana* (1970), *Teoría de las necesidades en Marx* (1974), *El hombre del Renacimiento* (1978) y *Teoría de la historia* (1982).

Hellín C. de España, en la prov. de Albacete, al S de la capital. 25.100 h. en 1990. En su término existen cultivos de trigo, olivo y viñedo y explotación minera de azufre. Posee manufacturas de aceite, esparto y cerámica, e industrias de plantas aromáticas.

Hellman, Lillian (Nueva Orleans 1905 - Boston 1984) Escritora estadounidense. Compañera sentimental de Dashiell Hammett, compartió con él las opiniones progresistas, siendo perseguida durante la «caza de brujas» de McCarthy. Entre sus obras dramáticas merecen destacarse *La hora de los niños* (1934) y *La loba* (1939), esta última llevada al cine. Para el cine escribió *Callejón sin salida* (1937). Tienen carácter autobiográfico *Una mujer inacabada* (1969) y *Pentimento* (1974).

Helmholtz, Hermann von (Potsdam 1821 - Charlottenburg 1894) Científico alemán. Formuló una versión de la ley de conservación de la energía, midió la velocidad de los impulsos nerviosos y realizó importantes aportaciones a las matemáticas, la física, la medicina y la psicofisiología.

helmíntico, ca *adj.* **1.** Perteneciente o relativo a los helmintos. **2.** Se aplica al medicamento empleado para acabar con los helmintos intestinales.

helminto *s. m.* Gusano, especialmente el que es parásito de hombres y animales.

Helmont, Jan Baptista van (Bruselas 1577 - íd. 1644) Químico y médico flamenco. Descubrió la existencia de los gases, a los que por carecer de volumen constante llamó *caos*, de donde procede la palabra gas. Por sus experimentaciones biológicas se le considera el padre de la bioquímica.

Heliotropos: 1. Heliotropium europaeum. *2.* Heliotropium peruvianum.

Helsinki (*Helsingfors*) C. de Finlandia, cap. del país, situada en el S del mismo, en las costas del mar Báltico. 490.700 h. en 1990, 990.200 h. en su área metropolitana. Sede del gobierno finés y centro cultural, administrativo y comercial, cuenta con una intensa actividad del sector terciario. En su industria destacan la construcción naval y ferroviaria, la manufactura del tabaco, las ramas textil y alimentaria, la fabricación de porcelanas y los productos derivados de la madera. Es uno de los puertos bálticos más relevantes y un importante nudo de comunicaciones. Fundada en el s. XVI, fue reconstruida después del incendió que la arrasó en 1809. No fue sede del gobierno hasta 1829. Helsinki se vio gravemente afectada durante la Segunda Guerra Mundial y la guerra contra la URSS (1939-40). Desde 1969 se han celebrado en ella numerosas conferencias internacionales.

Helvecia Región histórica que en la antigüedad ocupaba el sector oriental de las Galias y que corresponde aproximadamente al actual territorio de Suiza. Estaba habitada por el pueblo helvecio.

helvecio, cia *adj.* **1.** Se dice de un pueblo de origen céltico que en el s. V a. C. se instaló en la región del Jura (Suiza), desde entonces llamada *Helvecia.* Estaba asentado en cuatro cantones, gobernados por asambleas. En el 107 a. C. los helvecios vencieron a las legiones romanas de Cassio pero, derrotados por Julio César (58 a. C.), se refugiaron en las montañas alpinas y poco después recibieron el estatus de federados del imperio. **2.** De este pueblo. También *s.* **3.** De Suiza. También *s.*

helvético, ca *adj.* Helvecio*.

Helvetius, Claude Adrien (París 1715 - Versalles 1771) Filósofo materialista francés. A partir de la lectura de Locke, enuncia una teoría sensacionista en la que fundamenta la igualdad entre todos los hombres. Considera que el ideal supremo es la coincidencia entre los intereses individuales y los colectivos, tarea que debe ser dirigida por el Estado. Su obra *Sobre el espíritu* (1758), única publicada en vida del autor, suscitó grandes polémicas y fue condenada por las autoridades. Entre sus escritos póstumos destacan *Del hombre, de sus facultades intelectuales y su educación* (1772) y *El verdadero sentido del sistema de la naturaleza.*

hemat- *pref.* Significa 'sangre': *hematuria, hematoma.* ■ Existen también las variantes *hemato-* y *hemo-*: *hematología, hemofilia.*

hematíe *s. m.* Cada una de las células de la sangre desprovistas de núcleo, que contienen hemoglobina y cuya función es transportar el oxígeno desde los pulmones hasta los tejidos y el dióxido de carbono de los tejidos a los pulmones. Se llaman también *eritrocitos* o *glóbulos rojos* y son incapaces de reproducirse, originándose en la médula ósea en grandes cantidades (más de 100 millones por minuto). Su concentración en la sangre humana se aproxima a los 5 millones por mm^3. Su forma, generalmente de disco bicóncavo, es muy flexible.

hematites *s. f.* Fe_2O_3. Mineral trióxido de hierro (sesquióxido de hierro). Cristaliza en el sistema trigonal y su color varía del rojizo al negro, su peso específico es 5,3 y su dureza 6. Existen diversas variedades, como la hematites parda o limonita y la hematites roja u oligisto. Abunda en Canadá, Siberia (Federación Rusa), Minnesota (EE UU), Alemania e Italia y en España en Bilbao, Sierra Nevada y León. Es una de las más difundidas y abundantes menas del hierro, y se utiliza también como pigmento.

hematocrito, índice En med., proporción de glóbulos que existe en la sangre en relación con el plasma sanguíneo, cuyo valor normal es del 45 %.

hematófago, ga *adj.* Se aplica a los animales que se alimentan de sangre; p. ej., algunos insectos y gusanos y los mamíferos quirópteros, como el vampiro.

hematología *s. f.* Parte de la medicina que se ocupa de las enfermedades de la sangre. **FAM.** Hematológico.

hematólogo, ga *s. m.* y *f.* Médico dedicado a la hematología.

hematoma *s. m.* Lesión superficial que consiste en derramamiento interno de sangre y su acumulación en la dermis y que es causada normalmente por un golpe o por una enfermedad circulatoria. Los hematomas se reabsorben espontáneamente de forma gradual.

hematopatía *s. f.* Cualquier enfermedad de la sangre.

hematopoyesis *s. f.* Proceso de formación de los glóbulos rojos de la sangre o hematíes, que tiene lugar principalmente en la médula ósea.

hematosis *s. f.* Proceso de intercambio de gases entre el aire inspirado y la sangre, que se verifica en los pulmones.

hematuria *s. f.* Presencia de sangre en la orina. Puede deberse a una lesión de los riñones o de las vías urinarias.

hembra *s. f.* **1.** En los animales que tienen los órganos sexuales en individuos diferenciados, aquel que tiene los femeninos. **2.** En las plantas dioicas, aquella que da flores femeninas. **3.** *fam.* Mujer. **4.** En algunos objetos que constan de dos piezas, como corchetes, enchufes, etc., la que tiene el hueco o agujero donde encaja la otra, llamada *macho.* **5.** Molde hueco.

hembraje *s. m. Amér. del S.* Conjunto de las hembras de un ganado.

hembrilla *s. f.* **1.** Anilla metálica con un tornillo que permite fijarla. Se utiliza para insertar en ella otra pieza, un candado, una escarpia, etc. **2.** En algunos utensilios, pieza pequeña en la que encaja otra.

hemeralopía *s. f.* Mala visión en condiciones de luz crepuscular o poco intensa, producida por ciertas enfermedades retinianas o en estados carenciales de vitaminas.

hemeroteca *s. f.* **1.** Colección de periódicos y revistas para la consulta de los lectores. **2.** Local donde se guardan y consultan estos periódicos y revistas.

hemianopsia *s. f.* Ceguera en la mitad del campo visual de uno o ambos ojos.

hemiciclo *s. m.* **1.** Espacio, sala, etc., de forma semicircular y provisto de gradas. **2.** Por antonomasia, el del salón de sesiones del Congreso. **3.** Semicírculo.

hemicordados *s. m. pl.* Tipo de invertebrados al que pertenecen numerosas especies comprendidas en las clases enteropneustos, pterobranquios y planctosferoideos. Son animales marinos cuyo cuerpo está dividido en protosoma, mesosoma y metasoma, y que presentan en su tracto digestivo una evaginación rematada en un hemicordio. También *adj.* y *s. m.*

hemicránea *s. f.* Jaqueca*.

hemimorfita *s. f.* $Zn_4 (Si_2O_7) (OH)_2 \cdot H_2O$. Mineral silicato de cinc hidratado. Cristaliza en el sistema rómbico piramidal y se presenta en cristales tubulares rematados en forma de pirámide. Los principales yacimientos se hallan en Canadá, Australia, EE UU, Japón e Italia; en España se extrae en Asturias y Cantabria. Se utiliza como mena para la obtención del cinc. También se llama *calamina.*

Hemingway, Ernest (Oak Park, Illinois 1899 - Ketchum, Idaho 1961) Escritor estadounidense. Miembro destacado de la generación perdida, como reportero periodístico viajó a Europa, África

Ernest Hemingway.

y Sudamérica, participando en las dos Guerras Mundiales y en la de España, en busca siempre de la emoción, la aventura y el peligro. Sus novelas, escritas en un estilo sencillo y directo de gran fuerza expresiva, reflejan a menudo experiencias de su vida. Entre ellas sobresalen *Fiesta* (1926), *Adiós a las armas* (1929), *Las nieves del Kilimanjaro* (1936), *Tener y no tener* (1937), *Por quién doblan las campanas* (1940) y *El viejo y el mar* (1952). Una fuerte depresión lo llevó al suicidio. En 1964 se publicó *París era una fiesta,* donde relata sus años juveniles en la capital francesa. Fue galardonado con el premio Nobel en 1954.

hemión *s. m.* Mamífero perisodáctilo de la familia équidos, especie *Equus hemionus.* Es un tipo de asno salvaje que mide entre 110 y 120 cm de altura en la cruz y presenta pelaje de color cambiante. Se ha resistido a la domesticación y habita en regiones áridas o montañosas de Asia central, formando manadas. También se llama *Kulan.*

hemiplejia o **hemiplejía** *s. f.* Parálisis de todo un lado del cuerpo, provocada generalmente por una lesión de columna.

hemipléjico, ca *adj.* **1.** Perteneciente o relativo a la hemiplejia. **2.** Que padece hemiplejia. También *s.*

hemípteros *s. m. pl.* Orden de insectos al que pertenecen unas 50.000 especies comprendidas en dos subórdenes: heterópteros (chinches) y homópteros (cigarras y pulgones), con numerosas familias. Presentan dimensiones muy variadas y se caracterizan por poseer piezas bucales perforantes y chupadoras, con las que obtienen los jugos de animales y vegetales para alimentarse. Tienen largas antenas poco segmentadas y generalmente dos pares de alas, las anteriores parcialmente endurecidas. Se hallan en todo el mundo y algunos son nocivos como agentes transmisores de enfermedades víricas. También *adj.* y *s. m.*

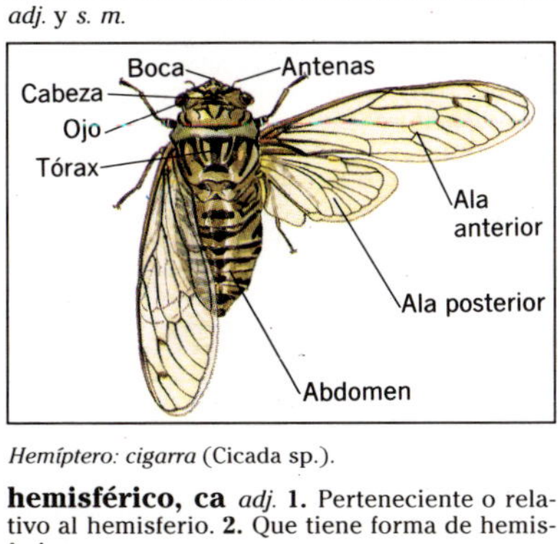

Hemíptero: cigarra (Cicada sp.).

hemisférico, ca *adj.* **1.** Perteneciente o relativo al hemisferio. **2.** Que tiene forma de hemisferio.

hemisferio *s. m.* **1.** Cada una de las dos mitades en las que queda dividida una esfera por un círculo máximo o plano que pasa por su centro. **2.** Cada una de las dos mitades en que se dividen las esferas celeste y terrestre, cortadas éstas por el ecuador o por un meridiano. **3.** Cada una de las dos mitades laterales en que parecen dividirse el cerebro y el cerebelo.

hemistiquio *s. m.* Cada una de las dos partes, separadas por una cesura, en que se dividen algunos versos de arte mayor.

hemo- *pref.* Véase **hemat-**.

hemocianina *s. f.* Proteína que realiza el transporte de oxígeno en la sangre de ciertos invertebrados, como los moluscos y muchos artrópodos. Contiene átomos de cobre.

hemodiálisis *s. f.* En med., técnica terapéutica consistente en realizar una diálisis o depuración exterior de la sangre por medio de un riñón artificial.

hemofilia *s. f.* Enfermedad congénita hereditaria que consiste en la dificultad de la sangre para coagularse, por lo que las hemorragias, incluso las más pequeñas, pueden ser peligrosas. La hemofilia está causada por un gen recesivo que se encuentra en el cromosoma X. Las mujeres no padecen la enfermedad, pero la transmiten a sus hijos varones. Para detener las hemorragias en los hemofílicos es preciso utilizar transfusiones de sangre o inyección de plasma que contenga el factor de coagulación que le falta al paciente.

hemofílico, ca *adj.* **1.** Perteneciente o relativo a la hemofilia. **2.** Que padece esta enfermedad. También *s.*

hemoglobina *s. f.* Pigmento rojo contenido en los hematíes de la sangre de los vertebrados, que hace posible el transporte de oxígeno. Sus componentes son una proteína (una globina) y una molécula no proteica llamada *hemo,* que contiene hierro. En los alvéolos pulmonares la hemoglobina capta el oxígeno del aire y lo lleva a los tejidos, de los que toma el dióxido de carbono, que transporta a los pulmones para ser expulsado.

hemograma *s. m.* Cuadro o fórmula sanguínea en que se expresa el número y proporción de los elementos celulares de la sangre.

hemólisis *s. f.* Destrucción de los glóbulos rojos de la sangre, producida por medios físicos o químicos, con la consiguiente liberación de hemoglobina y otras sustancias.

hemopatía *s. f.* Enfermedad de la sangre.

hemopoyesis *s. f.* Hematopoyesis*.

hemorragia *s. f.* Salida de la sangre de los vasos sanguíneos, especialmente cuando se produce en grandes cantidades. Puede ser externa, si la sangre sale fuera del organismo, e interna, si la sangre se derrama en un órgano hueco o una cavidad del organismo. Entre las causas que la originan hay que mencionar los traumas y heridas, las úlceras, el cáncer y el parto. Las hemorragias en el cerebro pueden dar lugar a apoplejías. Si la hemorragia es muy importante es preciso recurrir a transfusiones de sangre. **FAM.** Hemorrágico.

hemorroide *s. f.* Dilatación anormal de las venas situadas en el ano o el recto. Puede deberse a una debilidad congénita de las paredes venosas, a estancamiento o dificultad de la circulación en esa parte del cuerpo, a estreñimiento, etc. En ocasiones, las hemorroides llegan a sangrar o salirse hacia el exterior, especialmente durante la defecación. Se usa más en *pl.* **FAM.** Hemorroidal.

hemostasia o **hemostasis** *s. f.* Contención de una hemorragia de forma espontánea o por medios terapéuticos.

hemostático, ca *adj.* Se aplica a la sustancia, acción, etc., que sirve para detener una hemorragia. También *s. m.*

Hempel, Carl Gustav (Orianenburg 1905) Filósofo alemán. Formó parte del grupo de Berlín que, ligado al Círculo de Viena, sostuvo una filosofía encuadrada en el positivismo lógico. Sus trabajos se dirigen al análisis de problemas del lenguaje científico, tales como el estudio de la formación de conceptos, la función de las leyes, el problema de la inducción y de la confirmación de hipótesis, etc. Entre sus obras más difundidas se encuentra *Aspectos de la explicación científica y otros ensayos sobre filosofía de la ciencia* (1966).

henal *s. m.* Henil*.

Henan Prov. de China, en el sector centro-oriental del país. 167.000 km^2. 85.509.500 h. en 1990. La capital es Zhengzhou, con 1.630.000 h. en 1989. Es una región montañosa, cuyo sector oriental está atravesado por los ríos Huang-ho y Huai He. Cuenta con cultivos de arroz, trigo, algodón, cacahuete y tabaco, y con ricos yacimientos de carbón, amianto y grafito. En su territorio se encuentra una de las mayores centrales hidroeléctricas de todo el país.

henar *s. m.* Campo en que se cultiva el heno.

Henares Río de España, afluente por la izquierda del Jarama. 113 km de longitud. Nace en Sierra Ministra, entre las provincias de Soria y Guadalajara. Pasa por Sigüenza, Guadalajara y Alcalá de Henares. En su curso medio y bajo forma una fértil vega, a la vez que importante zona industrial conocida como Corredor del Henares.

Hench, Philip Showalter (Pittsburg 1896 - Ocho Ríos, Jamaica 1965) Médico estadounidense. Director de reumatología en la clínica Mayo, de Rochester, y profesor de la universidad de Minnesota, introdujo el uso de la cortisona para el tratamiento de enfermedades reumáticas. Obtuvo el premio Nobel de medicina en 1950, compartido con Edward Calvin Kendall y Tadeus Reichstein.

henchido, da **1.** *p. p.* de **henchir**. ‖ *adj.* **2.** Lleno, repleto.

henchir *v. tr.* **1.** Rellenar de algo una cosa, sobre todo si ésta se va abultando según se llena. ‖ *v. prnl.* **2.** Llenarse de comida y bebida. ■ Es v. irreg. Se conjuga como *ceñir*, excepto los tiempos de este verbo que no tienen una *-i* en la conjugación, que se sustituyen por los de *hinchar*, p. ej. en el presente: *hincho*. **Fam.** Henchidor, henchidura, henchimiento.

hendedura *s. f.* Hendidura*.

hender *v. tr.* **1.** Abrir o rajar un cuerpo sólido sin llegar a partirlo del todo. También *v. prnl.* **2.** Atravesar un fluido o un líquido. ■ Es v. irreg. Se conjuga como *tender*. **Fam.** Hendimiento.

Henderson, Arthur (Glasgow 1863 - Londres 1935) Político y sindicalista británico. Jefe del Partido Laborista (1908-09 y 1914), fue ministro del Interior (1924) y de Relaciones Exteriores (1929-31). Presidió la Conferencia de desarme de Ginebra (1932-33) y recibió el premio Nobel de la paz (1934).

hendidura *s. f.* Separación existente entre dos partes de una cosa, producida por un corte, por rotura, etc.

hendir *v. tr.* Hender*. ■ Es v. irreg. Se conjuga como *discernir*.

Hendrix, Jimi (Seattle 1945 - Londres 1970) Guitarrista y cantante estadounidense. Renovó la técnica de la guitarra eléctrica, lo que le convirtió en uno de los intérpretes más populares de la década de los setenta. Compuso un gran número de canciones, entre las que se encuentran *Hey Joe* y *Up from the skies*. Murió de una sobredosis de heroína.

henequén *s. m.* Especie de pita, planta amarilidácea.

henil *s. m.* Lugar donde se guarda el heno y el forraje para el ganado. ■ Se dice también *henal*.

Henle, Jakob (Fürt, Baviera 1809 - Gotinga 1885) Médico alemán. Fue profesor de anatomía de Zurich (1840) y, desde 1852, director del Instituto Anatómico de Gotinga. En sus estudios sobre anatomía describió numerosos hallazgos, especialmente los llamados *tubos de Henle* del riñón.

henna (voz ár.) *s. f.* **1.** Planta arbustiva de la familia litráceas, especie *Lawsonia inermis*. Mide unos 60 cm de altura, tiene las ramas delgadas y la corteza blanquecina, flores blancas en panoja de olor suave y hojas ovales opuestas. Originaria de Arabia, se cultiva en climas tropicales, sobre todo en Oriente. **2.** Polvo de color rojizo que se obtiene de las hojas de esta planta una vez secas y molidas y que se emplea desde la antigüedad en la elaboración de tintes para el cabello.

heno *s. m.* **1.** Nombre común de diversas plantas herbáceas de la familia gramíneas, género *Aira*. Tienen hojas estrechas y agudas y flores en panoja. El heno temprano *(Aira praecox)*, que crece en Europa, mide entre 3 y 10 cm de altura y tiene panículos densos. El heno plateado *(Aira caryophyllea)* mide entre 6 y 15 cm de altura, tiene el panículo laxo y crece en el centro y S de Europa. Son plantas propias de baldíos y terrenos cultivados de clima seco. **2.** Hierba segada y seca para alimento del ganado, consistente en gramíneas, leguminosas y otras plantas. ‖ **3. fiebre del heno** Enfermedad de carácter alérgico provocada por el polen de ciertas gramíneas, que se manifiesta en primavera y verano. Produce congestión nasal, sinusitis e irritación de las mucosas nasales. **4. heno blanco** Planta herbácea de la familia gramíneas, especie *Holcus lanatus*. Mide entre 30 y 100 cm de altura, tiene hojas planas muy pubescentes y flores en panoja. Crece en praderas y terrenos altos.

henrio *s. m.* Unidad de inductancia eléctrica en el Sistema Internacional. Equivale a la inductancia generada en un circuito cerrado cuando, al variar uniformemente la intensidad de la corriente un amperio por segundo, se induce una fuerza electromotriz de un voltio. Su símbolo es *H*. Sus múltiplos son el *milihenrio* (mH), que equivale a 10^{-3}H, y el *microhenrio* (μH), que equivale a 10^{-6}H.

Henríquez Carvajal, Francisco (? 1859 - ? 1935) Político y médico dominicano. Ministro de Asuntos Exteriores (1899-1902), fue elegido presidente de la república (1916), cuando existían fuertes tensiones con EE UU. A los pocos meses fue obligado a exiliarse por la intervención militar estadounidense.

Henríquez Ureña, Pedro (Santo Domingo 1884 - La Plata, Argentina 1946) Lingüista y humanista dominicano. Fue catedrático de las universidades de Buenos Aires y La Plata. Entre sus obras merecen citarse *La versificación irregular en la poesía castellana* (1933), *Gramática castellana* (1938-39), en colaboración con Amado Alonso, y *Corrientes literarias en la América Hispana* (1941).

Henry, Joseph (Albany 1797 - Washington 1878) Físico estadounidense. Profesor en Albany y en Princeton y director del Instituto Smithsoniano, investigó sobre electromagnetismo; descubrió la autoinducción y las extracorrientes y en 1831 estableció un telégrafo de una milla de alcance.

Henry, Pierre (París 1929) Compositor francés. Pionero de la música concreta, ha escrito numerosas composiciones para películas, radio y televisión. Son especialmente relevantes su *Orfeo* (1953), obra con la que inició su periodo expresionista, y *La reina verde* (1963), con coreografía de Maurice Béjart.

heñir *v. tr.* Amasar el pan con los puños. ■ Es v. irreg. Se conjuga como *ceñir*.

heparina *s. f.* Polisacárico ácido presente en diversos tejidos de los animales mamíferos, fundamentalmente en el hígado; tiene función anticoagulante.

hepáticas *s. f. pl.* Clase de plantas briofitas a la que pertenecen unas 10.000 especies comprendidas en los órdenes marcantiales, esferocarpales, calobriales, metzgeriales y jungermaniales. Son de pequeñas dimensiones, carecen de tejidos conductores y de su parte inferior parten estructuras pilosas llamadas *rizoides*, que actúan como raíces. Existen dos tipos de hepáticas: foliosas, que presentan aspecto de tallo con hojas, y talosas, formadas únicamente por lóbulos aplanados. Se reproducen sexualmente por anteridios y arquegonios, o asexualmente por propágulos. Crecen en regiones húmedas de todo el mundo, sobre suelos, rocas o troncos de árboles. También *adj.* y *s. f.*

hepático, ca *adj.* **1.** Perteneciente o relativo al hígado. **2.** Que padece del hígado. También *s.*

hepatitis *s. f.* Inflamación del hígado, causada normalmente por virus. Existen varias formas de la enfermedad, debidas a diferentes agentes. La hepatitis A se transmite por ingestión de aguas o alimentos contaminados. Más peligrosa es la hepatitis B, que se transmite por la sangre mediante transfusiones, jeringuillas, etc., y puede causar la muerte. Los síntomas de la enfermedad son fiebre, ictericia y dolores abdominales.

Hepburn, Audrey (Bruselas 1929) Actriz estadounidense. Inició su carrera en Londres. Su primer gran éxito fue el filme *Vacaciones en Roma* (1953). Destacan sus interpretaciones en *Sabrina* (1954), *Una cara con ángel* (1957), *Desayuno con diamantes* (*Breakfast at Tiffany's*, 1961), *Charada* (1963) y *My fair lady* (1964).

Hepburn, Katharine (Hartford, Connecticut 1907) Actriz estadounidense. Interpretó deliciosas comedias, sobre todo formando pareja con Spencer Tracy, y excelentes papeles dramáticos. Recibió tres Oscar de Hollywood. Entre sus principales películas cabe mencionar *La fiera de mi niña* (*Bringing up baby*, 1938), *Historias de Filadelfia* (1940), *La mujer del año* (1942), *La reina de África* (1952), *El león en invierno* (1968) y *En el estanque dorado* (1981).

hept- o **hepta-** *pref.* Significa 'siete': *heptasílabo*.

heptaedro *s. m.* Poliedro irregular de siete caras planas.

heptágono, na *adj.* Se aplica al polígono con siete lados y siete ángulos. También *s. m.*

heptámetro *adj.* Se dice del verso compuesto por siete pies. También *s. m.*

heptano *s. m.* C_7H_{16}. Hidrocarburo saturado cuya molécula consta de siete átomos de carbono. Se obtiene de la destilación fraccionada del petróleo. Se usa como disolvente en las síntesis orgánicas.

heptarquía anglosajona Conjunto de los siete reinos constituidos en el S de Gran Bretaña a principios del s. VI por los pueblos anglo, sajón y juto, que habían llegado a la isla durante las invasiones germánicas. Los reinos fueron Anglia, Mercia, Northumbria (anglos), Essex, Wessex, Sussex (sajones) y Kent (jutos). En el s. IX quedaron unificados bajo el dominio de los reyes de Wessex y en el s. XI fueron conquistados por el duque Guillermo de Normandía.

heptasílabo, ba *adj.* Compuesto de siete sílabas. También *s. m.* **Fam.** Heptasilábico.

Hera En la mitología griega, diosa de la maternidad. Hija de Cronos y Rea y hermana y esposa de Zeus, se la veneraba como protectora de las esposas y era representada como una mujer celosa y vengativa. Corresponde a la *Juno* de los romanos.

Heracles En la mitología griega, héroe que representa la fuerza y que corresponde al *Hércules* latino. Hijo de Zeus, fue concebido por Alcmena en ausencia de su marido Anfitrión. Hera, esposa de Zeus, envió dos serpientes para que le mataran en la cuna, pero Heracles las estranguló con sus manos. Casado con Megara, hija de Creonte, la mató en un acceso de ira y, para purgar su crimen, hubo de realizar doce trabajos: matar al león de Nemea; matar a la hidra de Lerna; atrapar a la cierva de Cerinea; capturar al monstruoso jabalí del Erimanto; abatir a las aves del Estínfalo; limpiar los establos de Augías; capturar al toro de Creta; robar las yeguas de Diomedes; robar el cinturón de Hipólita, reina de las amazonas; robar los toros de Gerión; robar las manzanas del jardín de las Hespérides y encadenar al can Cerbero. Se le atribuyen multitud de hazañas, como la de combatir a los centauros y la de separar las montañas Calpe y Abila (Gibraltar).

Heraclio I (Capadocia h. 575 - ? 641) Emperador bizantino (610-641). Siendo exarca de Cartago, derrocó a Focas, bajo cuyo reinado Bizancio había caído en la anarquía, y se hizo coronar emperador, con lo que dio comienzo la dinastía Heraclia. Hizo frente a la amenaza de persas sasánidas, ávaros y lombardos, y en el 628 derrotó al ejército persa y ocupó Nínive y Ctesifonte. En el 634, una nueva potencia, el Islam, irrumpió en el Asia occidental, penetró en Siria, tomó Damasco y en 636 destruyó al ejército bizantino. El imperio perdió Siria y Egipto. A partir de Heraclio, Bizancio experimentó una profunda orientalización.

Heráclito (Éfeso, Asia Menor h. 544 - íd. 480 a. C.) Filósofo griego. De su obra sólo nos han llegado fragmentos a través de citas y comentarios de otros autores de la antigüedad. Filósofo del devenir, afirma que todo fluye y está en perpetuo movimiento, si bien esta constante mutación no es un proceso arbitrario, sino algo establecido por la Razón universal (*Logos*). El origen de este eterno devenir radica en la lucha de los contrarios (el calor y el frío, el día y la noche, etc.), simbolizada por el fuego, principio elemental de la naturaleza.

Katharine Hepburn.

Heráldica: formas, colores y adornos de distintos escudos de armas.

heráldica *s. f.* Conjunto de conocimientos referentes a los escudos de armas. **FAM.** Heráldico.

heraldista *s. m.* y *f.* Experto en heráldica.

heraldo *s. m.* **1.** Cortesano medieval que transmitía mensajes de importancia, organizaba ceremonias y torneos y llevaba el registro de la nobleza. **2.** Oficial que se encargaba de anunciar públicamente las noticias importantes. **3.** Individuo que encabeza una comitiva, anunciándola. **4.** Mensajero. **5.** Cualquier cosa que anuncia con su presencia o aparición la llegada de otra.

herbáceo, a *adj.* Se aplica a las plantas que tienen las características o el aspecto de la hierba.

herbaje *s. m.* Conjunto de hierbas que crecen en prados y dehesas.

herbario, ria *adj.* **1.** Perteneciente o relativo a las hierbas y plantas. ‖ *s. m.* **2.** Colección de plantas secas, clasificadas y conservadas principalmente para su estudio. **3.** Primera de las cuatro cavidades de que consta el estómago de los rumiantes.

Herbart, Johann Friedrich (Oldenburg 1776 - Gotinga 1841) Filósofo y pedagogo alemán. Adversario del idealismo romántico, fue profesor en la universidad de Gotinga y ocupó la cátedra de Kant en Königsberg. Entendía el estudio de la filosofía como una elaboración de los conceptos que permitiera eliminar las aparentes contradicciones de la realidad. Entre sus numerosos textos publicados destacan *Pedagogía general* (1806), *Filosofía práctica universal* (1808) y *Metafísica general* (1828-29).

herbazal *s. m.* Lugar con mucha hierba.

Herbert, Frank (Tacoma 1920 - Madison 1986) Escritor estadounidense. Después de haber ejercido como fotógrafo, psicoanalista y periodista se dedicó a la literatura. En 1956 publicó su primera novela, *The Dragon in the Sea.* Su obra maestra consiste en un ciclo de novelas de ciencia-ficción que lleva por título *Dune* (1965-85).

herbicida *adj.* Se aplica al producto químico que impide el desarrollo de las hierbas perjudiciales. También *s. m.*

herbívoro, ra *adj.* Se aplica a aquellos animales que se alimentan de vegetales, especialmente de hierba. Tienen unos dientes incisivos grandes y fuertes, con los que cortan la hierba o parten las cubiertas duras de los frutos y semillas, y, en general, carecen de caninos o los tienen poco desarrollados. El aparato digestivo está también adaptado a este tipo de alimentación y varía según que el herbívoro sea rumiante, como la vaca, roedor, como la ardilla, o con molares adecuados a la alimentación vegetariana pero no rumiante, como el caballo. También *s. m.*

herbolario, ria *s. m.* y *f.* **1.** Persona dedicada a la recolección de hierbas y plantas medicinales para la venta. ‖ *s. m.* **2.** Herboristería*.

herboristería *s. f.* Establecimiento en que se venden plantas y hierbas medicinales.

herborizar *v. intr.* Recoger plantas silvestres para estudiarlas o coleccionarlas. ■ Se conjuga como *cazar.*

herboso, sa *adj.* Cubierto de abundante hierba.

herciniano, na *adj.* **1.** Se dice del movimiento orogénico producido en la segunda mitad de la era primaria, entre los periodos devónico y pérmico. Provocó la formación de numerosas cordilleras, como los Apalaches, Urales, montañas centroeuropeas, montañas sudafricanas, Sistema Central español, montes de Asturias, etc. Durante su fase de plegamiento enterró grandes bosques que, al fosilizarse, han dado lugar a importantes yacimientos de carbón. Se verificó en dos fases orogénicas principales: la armoricana y la varisca. También *s. m.* **2.** Perteneciente o relativo a este movimiento orogénico.

hercio *s. m.* Hertzio*.

Herculano Antigua ciudad romana, situada en Campania, al E de Nápoles, que junto a Pompeya fue sepultada por una erupción del volcán Vesubio en el año 79. Su hallazgo se produjo casualmente en 1709, lo que originó una serie de excavaciones, aunque de manera científica y sistemática éstas no se realizaron hasta 1927. Ambas ciudades constituyen un testimonio arqueológico clásico de grandísima importancia.

Herculano, Alexandre (Lisboa 1810 - Vale do Lobos, Santarém 1877) Escritor portugués. Exponente del Romanticismo en Portugal, fue director de la revista *O panorama* (1837-42) y director de la biblioteca de Ajuda (1837-69). Escribió una importante *Historia de Portugal* (1846-53), que disgustó a los conservadores y a la Iglesia. También se distinguió como narrador, con obras como *El padre Enrico* (1843) y *El monje cisterciense* (1848).

hercúleo, a *adj.* Perteneciente o relativo a Hércules o que tiene sus cualidades, sobre todo en lo que se refiere a su fuerza.

hércules *s. m. fam.* Hombre de gran fortaleza y corpulencia.

Hércules **1.** Nombre latino de Heracles. **2.** Constelación del hemisferio boreal situada a la derecha del ápex o punto del espacio al que parece dirigirse el Sol.

Herder, Johann Gottfried (Mohrungen, Prusia oriental 1744 - Weimar 1803) Filósofo alemán. Sus más importantes contribuciones al pensamiento son su doctrina del lenguaje y, sobre todo, su filosofía de la historia. Inspiró la estética romántica y defendió la lírica popular, así como una literatura nacionalista germánica. En Estrasburgo (1770-71) hizo amistad con el joven Goethe. Entre sus obras destacan *Sobre una nueva literatura alemana* (1767), *Ideas sobre la filosofía de la historia de la humanidad* (1784-91) y *Cartas sobre el progreso de la humanidad* (1793-97).

heredad *s. f.* **1.** Parcela de terreno cultivada que pertenece a un solo dueño. **2.** Conjunto de fincas rústicas o urbanas que constituyen la propiedad de una persona, una institución, etc.

heredar *v. tr.* **1.** Recibir, por ley o por testamento, todos o algunos bienes, obligaciones o derechos que deja una persona al morir. **2.** Recibir ciertos caracteres biológicos o cualidades de los padres o antepasados. **3.** Recibir cierta cosa procedente de personas o circunstancias de un momento anterior. **4.** *fam.* Recibir una persona alguna cosa que otra ya ha utilizado antes. **FAM.** Heredable.

heredero, ra *adj.* **1.** Que hereda o va a heredar bienes, obligaciones o derechos de otra persona. También *s.* **2.** Se aplica al que ha heredado ciertos rasgos, costumbres, etc., de sus antepasados o de las personas que le precedieron. También *s.* **3.** Que procede total o parcialmente de algo anterior. ‖ **4. heredero forzoso** Persona que según la ley tiene derecho a recibir al menos una parte de la herencia, que no puede serle negada por el testador sin causa justificada. **5. príncipe heredero** Hijo del rey que sucederá a éste en el trono.

Heredia, José María (Santiago de Cuba 1803 - Ciudad de México 1839) Poeta cubano. Por conspirar contra los españoles tuvo que exiliarse en EE UU, desde donde pasó a México. En su poesía de estilo neoclásico aparecen ya elementos románticos. Entre sus obras destacan las odas *En el teocalli de Cholula* (1820) y *Niágara* (1824).

Heredia, José María de (La Fortuna, cerca de Santiago de Cuba 1842 - castillo de Bourdonné, Houdan 1905) Poeta francés. Era pariente del anterior. Su libro de sonetos *Los trofeos* (1893) muestra un estilo de la más pura estética parnasiana.

Heredia, Pedro de (Madrid ? - frente a Cádiz 1554) Conquistador español. Fue gobernador de La Española y en 1529 obtuvo una capitulación para colonizar el territorio de la actual Colombia. Desembarcó en 1533 en la bahía de Cartagena, donde fundó Cartagena de Indias.

hereditario, ria *adj.* Perteneciente o relativo a la herencia o que se adquiere o transmite por herencia.

hereje *s. m.* y *f.* **1.** Persona que defiende o practica herejías. **2.** Blasfemo o irreverente.

herejía *s. f.* **1.** Doctrina o creencia opuesta a los dogmas de una religión, especialmente a los de la Iglesia católica. **2.** Postura que se enfrenta a principios comúnmente aceptados en una ciencia o arte. **3.** Daño o tormento causado a una persona o animal. **4.** *fam.* Error muy grande, disparate.

herencia *s. f.* **1.** Conjunto de bienes que a la muerte de una persona pasa a sus herederos. **2.** Cualquier otra cosa o circunstancia que se hereda de los antepasados o de personas o situaciones anteriores. **3.** En biol., proceso por el que los hijos adquieren propiedades biológicas semejantes a las de sus padres; también, conjunto de caracteres anatómicos y fisiológicos que se transmiten de una generación a otra. ‖ **4. herencia yacente** En der., aquella que aún no ha sido aceptada por el heredero.
Biol. Las leyes biológicas de la herencia fueron deducidas hacia 1870 por el monje austriaco Gregor Mendel pero no fueron reconocidas en todo su valor por la comunidad científica hasta 1900. Mendel enunció tres principios para la transmisión de los caracteres, que fueron posteriormente modificados o ampliados a la luz de los nuevos descubrimientos para convertirse en las tres **leyes de la herencia**. La primera, o ley de la uniformidad de la primera generación, afirma que cuando se cruzan dos razas puras los hijos tienen caracteres homogéneos, que pueden coincidir con los de uno de sus padres o ser intermedios entre los dos. La segunda, o ley de la disyunción de los caracteres antagónicos, afirma que en la segunda generación los caracteres de las razas puras originales se separan en parte de la progenie, que aparece dividida en dos o tres tipos, en proporciones de 25-25-50 % o 25-75 %. La tercera, o ley de la independencia, afirma que los distintos caracteres que diferencian las razas puras originales pueden ser independientes, en cuyo caso se transmiten de acuerdo con las dos primeras leyes, pero alternándose irregularmente.
Hoy se sabe que las leyes de Mendel son el resultado puramente estadístico del hecho de que los caracteres de los individuos vienen definidos por unidades de herencia (fragmentos de ADN) llamadas *genes*, que se transmiten de padres a hijos, y de las que casi todos los individuos tienen dos copias: una procedente del padre y otra de la madre. Las distintas formas de un solo gen (alelos) pueden ser dominantes, recesivas o equipotentes, lo que da lugar a las distintas formas de herencia observadas por Mendel, que se convirtieron en la base de la ciencia de la genética.

hereque *adj.* **1.** *Ven.* Que tiene viruelas o marcado por ellas. ‖ *s. m.* **2.** *Ven.* Enfermedad de la piel. **3.** *Ven.* Cierta enfermedad del árbol del café.

heresiarca *s. m.* Autor o defensor de una herejía.

herético, ca *adj.* Perteneciente o relativo a la herejía o al hereje.

Hergé, Georges Rémi llamado (Etterbeek 1907 - Bruselas 1983) Dibujante y guionista de cómics belga. Es el creador del famoso personaje Tintín y sus compañeros Milú, Haddock, Tornasol y los gemelos Dupont (Hernández y Fernández en la traducción española), protagonistas de 23 episodios que han sido traducidos a multitud de idiomas e, incluso, objeto de estudios sociológicos y tesis doctorales. Es considerado el creador del estilo de *línea clara*.

herida *s. f.* **1.** Rotura de los tejidos causada en alguna parte del cuerpo por un golpe, corte o pinchazo. **2.** Pena, dolor. **3.** Ofensa, agravio.

herido, da **1.** *p. p.* de **herir**. ‖ *adj.* **2.** Que tiene heridas. También *s.* ‖ **Loc. sentirse herido** Sentirse ofendido o apenado a causa de algo.

herir *v. tr.* **1.** Romper o abrir los tejidos de un ser vivo por algún medio violento. También *v. prnl.* **2.** Ofender a una persona en su amor propio. **3.** Causar en alguien un vivo sentimiento de dolor o de pena. **4.** Producir en alguno de los sentidos una sensación desagradable y molesta. **5.** Golpear o dar una cosa con otra. **6.** Hacer sonar las cuerdas de un instrumento musical. ▪ Es v. irreg. Se conjuga como *sentir*.

hermafrodismo *s. m.* Hermafroditismo*.

hermafrodita *adj.* **1.** Se aplica a aquellas especies en las que un mismo individuo tiene los dos sexos. También *s.* **2.** Se dice de las flores que tienen a la vez órganos masculinos, estambres, y femeninos, pistilos.

hermafroditismo *s. m.* Cualidad de hermafrodita. ▪ Se dice también *hermafrodismo*.
Biol. El hermafroditismo tiene dos variantes: en una, los órganos sexuales masculinos y femeninos son activos al mismo tiempo (hermafroditismo simultáneo); en otra, son funcionales alternativamente (hermafroditismo sucesivo), y en este caso, si es activo en primer lugar el órgano masculino, se llama *protandría* y, si lo es el femenino, se llama *protoginia*. El hermafroditismo no implica la autofecundación (fecundación entre los gametos masculinos y femeninos de un mismo individuo), que se da en rarísimos casos, siendo más frecuente la fecundación cruzada, es decir, aquella en la que intervienen dos individuos, cada uno de los cuales actúa a la vez como macho y como hembra, fecundándose mutuamente. Ejemplos de animales hermafroditas se encuentran en algunos gusanos, crustáceos y en moluscos como el caracol común.

Herman, Woody (Milwaukee 1913 - Los Ángeles 1987) Músico de jazz estadounidense. Gran instrumentista y uno de los más destacados directores de orquesta de raza blanca, entre sus grabaciones más célebres se encuentran *Caldonia* (1947), *Four brothers* (1945) y *Mo-Lasse* (1962).

hermanado, da **1.** *p. p.* de **hermanar**. También *adj.* ‖ *adj.* **2.** Semejante en todo a otra cosa.

hermanar *v. tr.* **1.** Juntar una cosa con otra haciéndolas compatibles. También *v. prnl.* **2.** En sentido espiritual o simbólico, unir, hacer hermanas a dos o más personas o cosas, especialmente dos ciudades. También *v. prnl.* **Fam.** Hermanable, hermanamiento.

hermanastro, tra *s. m.* y *f.* Hijo o hija de uno solo de los cónyuges con respecto a los hijos del otro.

hermandad *s. f.* **1.** Parentesco entre hermanos. **2.** Relación de afecto y solidaridad entre personas, grupos o pueblos. **3.** Asociación de cierto número de personas a las que unen motivos de trabajo, ideales, etc. **4.** En la Edad Media, asociación de burgueses y en ocasiones de campesinos, en defensa de sus bienes e intereses y para combatir los abusos de los señores. **5.** Cofradía de devotos. ‖ **6. Santa Hermandad** Institución que antiguamente perseguía y castigaba los delitos cometidos fuera de las poblaciones.
Hist. Las hermandades nacieron en Castilla en el s. XIII. La más antigua fue la Hermandad Vieja de Toledo, Talavera y Villarreal, también llamada de los *colmeneros*, por ser su primer objetivo el cuidado de colmenas y ganados, aunque en 1300 asumió también la tarea de perseguir bandoleros o *golfines*. En 1312 fue autorizada por el papa, de donde le viene el calificativo de *Santa*. Tenía tres alcaldes, que dirigían a los cuadrilleros en la captura y posterior ejecución de los bandidos. A ésta siguieron otras muchas hermandades que adquirieron gran importancia sobre todo en el s. XV, a consecuencia de las guerras entre linajes y la protección nobiliaria de los bandoleros. Los Reyes Católicos, en las cortes de Madrigal (1476), crearon la nueva Santa Hermandad, dirigida desde una diputación general situada en Toledo y con grandes fuerzas militares, mandadas por el infante Alfonso, hermano del rey, y cuyo ámbito se extendía a todo el reino; pero su mantenimiento era muy costoso, lo que obligó a reducirla, volviendo a convertirse en una simple policía rural.

hermano, na *s. m.* y *f.* **1.** Persona que con respecto a otra es hija de los mismos padres o tiene al menos uno de ellos en común. **2.** Miembro de ciertas congregaciones religiosas y, en algunas, los no destinados al sacerdocio, y tratamiento que se les da. **3.** Miembro de una hermandad o cofradía. **4.** Persona o cosa unida a otra u otras por algún tipo de vínculo, como religión, situación, origen, etc. También *adj.* **5.** Una cosa con respecto a otra a la que es semejante. ‖ **6. hermana** (o **hermanita**) **de la caridad** Religiosa de la congregación fundada en Francia por San Vicente de Paúl en 1633 para el cuidado de enfermos y ayuda a los pobres. **7. hermano de leche** El niño que ha sido amamantado por una nodriza con respecto al hijo de ésta y viceversa. **8. hermano político** Cuñado*. **9. hermanos de la Compañía de María** Véase **marianistas**. **10. hermanos de la costa** Nombre que se daban a sí mismos los piratas del mar Caribe entre los s. XVI y XVIII. **11. hermanos de la Vida Común** Comunidad católica de laicos devotos, surgida en Deventer, Holanda, en el s. XIV, que trató de reproducir la forma de vida de los primitivos cristianos. Fue reconocida por la Iglesia en 1414. A ella perteneció Tomás de Kempis. **12. hermanos hospitalarios de San Juan de Dios** Véase **Juan de Dios, San**. **13. hermanos maristas de las es-**

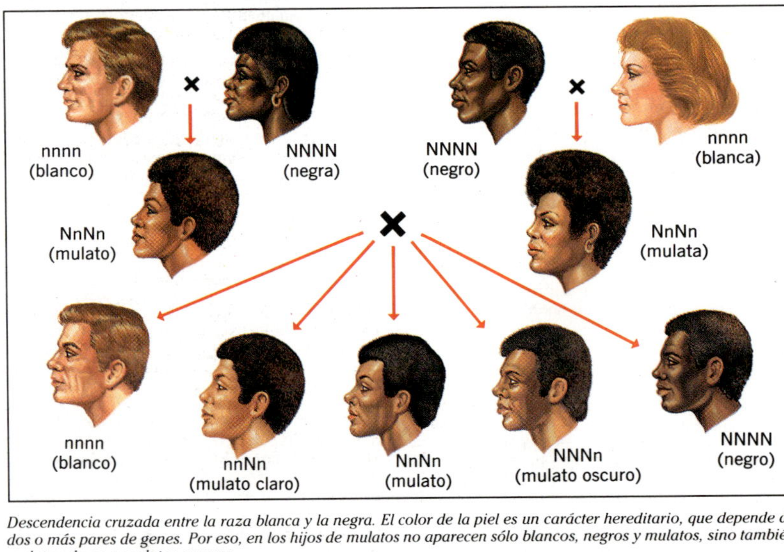

Descendencia cruzada entre la raza blanca y la negra. El color de la piel es un carácter hereditario, que depende de dos o más pares de genes. Por eso, en los hijos de mulatos no aparecen sólo blancos, negros y mulatos, sino también mulatos claros y mulatos oscuros.

cuelas Véase **maristas**. **14. hermanos moravos** Secta cristiana surgida en Bohemia tras la derrota del movimiento husita; fue un antecedente de la Reforma protestante. Actualmente subsisten algunas comunidades en Europa oriental y América. **15. hermanos musulmanes** Movimiento político-religioso musulmán, surgido en Egipto en 1928, que defiende la estricta ortodoxia sunnita y rechaza la cultura occidental en los países árabes. Sus miembros asesinaron al presidente egipcio Anuar el-Sadat en 1981. **16. medio hermano** Hermanastro*.

Hermenegildo, San (? - Tarragona 585) Príncipe visigodo. Asociado al trono por su padre Leovigildo, recibió el gobierno de la Bética (573). Convertido al catolicismo y apoyado por la aristocracia terrateniente hispanorromana, por los bizantinos del SE peninsular y por los suevos de Galicia, se rebeló contra su padre y tomó el título de rey. Tras largas campañas fue vencido por Leovigildo y desterrado a Tarragona, donde murió asesinado. La Iglesia católica le canonizó, aunque el propio San Isidoro le consideró un usurpador.

hermeneuta *s. m.* y *f.* Persona dedicada a la hermenéutica.

hermenéutica *s. f.* Técnica o método de interpretación de los textos, fundamentalmente los antiguos, para precisar su auténtico significado y facilitar su comprensión. Originalmente se limitó a la interpretación de las Sagradas Escrituras, pero en la actualidad se aplica a cualquier texto, ya sea histórico, filosófico, científico, etc. **FAM.** Hermenéutico.

Fil. Aunque muchos autores de la antigüedad realizaron investigaciones sobre hermenéutica, el primero que aborda la disciplina en un sentido más moderno es Schleiermacher, quien la aplicó a los estudios teológicos en su obra *Hermenéutica* (1838). Dilthey, partiendo de los trabajos del anterior, formula un planteamiento realmente innovador en *El origen de la hermenéutica* (1909) al hacer de la hermenéutica el método de interpretación de todas las ciencias del espíritu, cuyo fundamento radicaría en la conciencia histórica. Con los estudios de Heidegger sobre la historicidad, en obras como *Ser y Tiempo* (1927) y *De camino al habla* (1959), la disciplina adquiere dimensión ontológica; ya no se trataría exclusivamente de un método, sino de un modo de pensar todo lo dicho en un discurso. En esta misma línea, Gadamer concibe la hermenéutica como el modo de comprensión de las ciencias del espíritu, gracias a la posibilidad de las distintas interpretaciones que ofrece la tradición. Las investigaciones hermenéuticas de Paul Ricoeur, en *Hermenéutica de los símbolos y reflexión filosófica* (1961) y *El conflicto de las interpretaciones: ensayos de hermenéutica* (1969), proponen, desde una perspectiva fenomenológica, un análisis y valoración de los símbolos, y un diálogo con las distintas disciplinas lingüísticas, así como la crítica de las ideologías de Habermas.

Hermes En la mitología griega, hijo de Zeus y Maya, originalmente dios de la fecundidad y de los muertos, aunque tradicionalmente se le considera mensajero de los dioses, así como dios del azar y la riqueza, dios de la gimnasia, patrón de comerciantes y ladrones y protector de los caminos. Fue asimilado al *Mercurio* latino y era representado calzando sandalias aladas.

Hermes Trimegisto En la mitología griega, nombre del dios egipcio Tot, asociado a Hermes con la denominación *Trimegisto* o 'tres veces grande', al cual se atribuía un conjunto de escritos esotéricos (*Corpus hermeticum*) sobre astrología, magia, alquimia, astronomía, filosofía, física, etc., que ejercieron considerable influencia en el Renacimiento, al considerarse que contenían una sabiduría antiquísima y oculta.

hermético, ca *adj.* **1.** Que cierra una abertura de manera que no permite pasar el aire, el agua o algún otro fluido. **2.** Oculto, oscuro, incomprensible. **3.** Que es o que se muestra muy reservado. **4.** Perteneciente o relativo al conjunto de escritos antiguos atribuidos a Hermes Trimegisto, así como a los seguidores de las doctrinas que éstos contienen.

hermetismo *s. m.* **1.** Cualidad o estado de hermético. **2.** Comportamiento de la persona reservada. **3.** Conjunto de teorías derivadas del *Corpus hermeticum*.

Hermite, Charles (Dieuze 1822 - París 1901) Matemático francés. Desde 1876 fue profesor de álgebra superior de la universidad de París. Inició los estudios de las funciones algebraicas y en 1873 demostró que el número *e* no podía ser la solución de ninguna ecuación polinómica.

hermosear *v. tr.* Hacer o poner hermoso. También *v. prnl.* **FAM.** Hermoseamiento.

Hermosillo C. de México, cap. del estado de Sonora, situada en el NO del país. 341.000 h. en 1984. Es el centro de una región agrícola, ganadera y minera, con cultivos de cereales, algodón, legumbres y fruta y yacimientos de oro, plata, cobre y molibdeno. Tiene industrias de cemento, alimentación y tabaco.

hermoso, sa *adj.* **1.** Que tiene belleza. **2.** Grande, abundante, bien hecho, de buen aspecto. **3.** Sano, robusto. **4.** Referido al tiempo, soleado. **5.** Noble, digno de elogio. **FAM.** Hermosamente.

hermosura *s. f.* **1.** Cualidad de hermoso. **2.** Aquello que es hermoso.

Hernandarias de Saavedra (Asunción, Paraguay 1564 - Santa Fe 1634) Conquistador y administrador colonial español. En 1588 colaboró en la fundación de la ciudad de Vera de las Siete Corrientes (hoy Corrientes) y la defendió durante un año de los indios. Nombrado en 1598 gobernador de Río de la Plata, fue el primer criollo en este cargo. Nuevamente ocupó el cargo de 1602 a 1609 y de 1614 a 1618. Durante su gobierno promulgó ordenanzas para defender a los indios, favoreció el establecimiento de los jesuitas y aumentó el territorio pacificado con el envío de expediciones.

Hernández, Filisberto (Montevideo 1902 - íd. 1963) Escritor uruguayo. En sus narraciones se combinan la fantasía onírica con lo absurdo y el humor. Entre sus obras merecen citarse *Por los tiempos de Clemente Colling* (1942), *El caballo perdido* (1943) y las colecciones tituladas *Nadie encendía las lámparas* (1947) y *La casa inundada* (1960).

Hernández, Gregorio Véase **Fernández, Gregorio**.

Hernández, José (Pueyrredón, Buenos Aires 1834 - Buenos Aires 1886) Escritor argentino. En 1872 publicó *El gaucho Martín Fierro*, al que seguiría en 1879 *La vuelta de Martín Fierro*, obra por la que fue reconocido poeta nacional argentino. Se trata de un vasto poema épico centrado en la figura del gaucho, vaquero de las llanuras rioplatenses. Compuesto en versos octosílabos, con diversas combinaciones de estrofas, está escrito en tono popular y relata las peripecias y las penas del gaucho, protestando contra las injusticias sociales que padece.

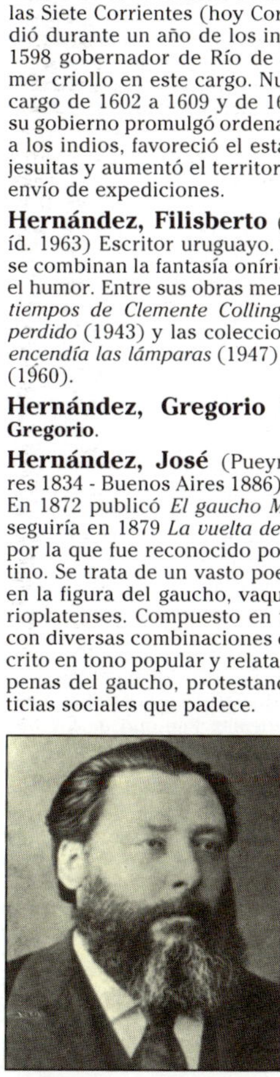

José Hernández.

Hernández, Mateo (Béjar 1888 - Meudon, Francia 1949) Escultor español. Se trasladó a París en 1913 y se dedicó a la escultura animalística, en un estilo realista que recuerda el de los antiguos egipcios.

Hernández, Miguel (Orihuela, Alicante 1910 - Alicante 1942) Poeta español. De origen campesino y formación autodidacta, su primera etapa está muy influida por Góngora, y en ella destaca la perfección formal en la expresión de los sentimientos amorosos (*Perito en lunas*, 1933; *El rayo que no cesa*, 1936). Pasó luego a concebir la poesía como un instrumento de lucha social durante la guerra civil, en la que intervino como comisario de cultura (*Viento del pueblo*, 1937). Su obra póstuma, *Cancionero y romancero de ausencias*, 1938-40, escrita durante su prisión en las cár-

Miguel Hernández. Retrato de Antonio Buero Vallejo.

celes franquistas, refleja su madurez, un gran dominio de la forma y una honda emoción. Sus versos, que tratan fundamentalmente los temas del pueblo, del amor y de la muerte, alcanzan alturas sublimes en poesías como *Elegía a Ramón Sijé*, *El niño yuntero* y *Nanas de la cebolla*.

Hernández Catá, Alfonso (Aldeadávila de la Ribera, Salamanca, España 1885 - Rio de Janeiro 1940) Escritor cubano. Fue embajador de su país en España, Panamá, Chile y Brasil. Sus narraciones son de corte naturalista con tendencia hacia lo erótico y psicológico. Escribió relatos cortos, como *Cuentos pasionales* (1907) y *Los frutos ácidos* (1915), y novelas: *Pelayo González* (1909), *La juventud de Aurelio Zaldíbar* (1911), *El ángel de Sodoma* (1928) y *Manicomio* (1931).

Hernández Colón, Rafael (Ponce 1936) Político puertorriqueño. Miembro del Partido Popular Democrático, fue gobernador de Puerto Rico (1972-76), nuevamente elegido en 1984. Es partidario del mantenimiento del estatuto de estado libre asociado para Puerto Rico.

Hernández Martínez, Maximiliano (San Salvador 1882 - Jamastran, Honduras 1966) Militar y político salvadoreño. Vicepresidente de la república, lideró un golpe de Estado que derrocó a Araujo y pasó a ocupar la presidencia (1932). Permaneció en el poder hasta 1944, en que fue derrocado por una sublevación.

Hernani C. de España, en la prov. de Guipúzcoa. 18.860 h. en 1990. Aunque cuenta con cultivos agrícolas y con ganado vacuno, su principal fuente de riqueza es la industria del papel, a la que siguen en importancia la química, la siderúrgica, la fabricación de plástico, de caucho y de material eléctrico, así como la producción alimentaria y textil.

Herne C. de Alemania, situada en el Land de Renania del Norte-Westfalia. 174.700 h. en 1989. Centro industrial y minero, cuenta con ricos yacimientos de hulla y con importantes fábricas en los sectores metalúrgico, químico y mecánico.

hernia *s. f.* Tumor formado por la salida de un órgano o parte del mismo, a través de una abertura natural o accidental, fuera de la cavidad que normalmente lo contiene. Las hernias más frecuentes son las **abdominales**, que se producen cuando un órgano de esta cavidad, generalmente el intestino, atraviesa la pared abdominal o el diafragma, como consecuencia de debilidad muscular, defectos congénitos o esfuerzos excesivos. Según su localización, se distinguen hernias **inguinales** (en la ingle), **crurales** (en la parte superior del muslo), **diafragmáticas** (a través del diafragma), etc. Si el punto de salida del intestino a través de la musculatura se vuelve a contraer después de producirse la hernia, ésta se llama **estrangulada** y tiene mayor gravedad. Puede corregirse mediante cirugía. Las hernias **discales** consisten en el desplazamiento de uno de los discos que hay entre las vértebras, especialmente de la región lumbar, y tienen como consecuencia la rigidez de la columna vertebral en ese punto y la compresión de la médula o de las raíces nerviosas, por lo que son muy dolorosas.

herniario, ria *adj.* Perteneciente o relativo a las hernias.

herniarse *v. prnl.* **1.** Causarse o sufrir una hernia. **2.** Hacer mucho esfuerzo; suele usarse irónicamente para indicar que alguien trabaja poco. **FAM.** Herniado.

Herodes Nombre de varios reyes de los judíos.

Herodes I el Grande (Ascalón 73 - Jericó 4 a. C.) Rey de Judea (40 - 4 a. C.). Conquistó Jerusalén

auxiliado por dos legiones romanas, derrocando a los asmoneos. Combatió a partos y árabes y fortificó y embelleció Jerusalén, Cesarea y Samaria. Gobernó como aliado y tributario de Roma.
Herodes Antipas (? h. 20 a. C. - ? 39 d. C.) Tetrarca de Galilea y de Perea (4 a. C. - 39 d. C.). Hijo del anterior, del que heredó una parte del reino, condenó a muerte a Juan el Bautista y, según los *Evangelios*, por temor a comprometerse se negó a juzgar a Jesús, que le fue enviado por el gobernador romano Poncio Pilato. Fue destituido por Calígula y desterrado a Galia.
Herodes Agripa I (? 10 a. C. - 44 d. C.) Rey de los judíos (41 - 44). Era nieto de Herodes I el Grande. Nombrado rey por Calígula en el año 37, no consiguió reunir bajo su mando el antiguo imperio de su abuelo hasta la llegada al poder de Claudio (41). Según los *Hechos de los Apóstoles* encarceló a San Pedro y condenó a muerte a Santiago.
Herodes Agripa II (? 27 - Roma h. 100) Rey de los judíos (50 - h. 93). Hijo del anterior, sus relaciones amorosas con su hermana Berenice escandalizaron a su pueblo. Luchó al lado de los romanos durante el gran levantamiento de Judea (66-70).

Herodías (? 7 a. C. - ? 39 d. C.) Princesa judía. Era nieta de Herodes el Grande y esposa de Herodes Antipas, a quien acompañó voluntariamente al exilio. Por mediación de su hija Salomé, pidió y obtuvo la cabeza de Juan el Bautista, que había proclamado públicamente que su matrimonio era adúltero e incestuoso.

Herodoto (Halicarnaso h. 484 -Turios h. 420 a. C.) Historiador griego. Escribió una *Historia*, en nueve volúmenes, primera obra de este género redactada con un método científico, puesto que consultó archivos y censos, descifró inscripciones, comprobó datos y viajó por el mundo reuniendo información de primera mano. Aunque a veces carece de sentido crítico su obra es una fuente histórica inapreciable, en especial sobre las guerras entre griegos y persas. El libro III constituye la primera descripción geográfica e histórica sistemática de la península Ibérica.

héroe, heroína *s. m.* y *f.* **1.** Persona que ha realizado una heroicidad. **2.** Persona muy admirada por sus cualidades. **3.** Personaje principal de una obra literaria o de una película. ‖ *s. m.* **4.** En mit., hijo de un dios o una diosa y de un ser humano, p. ej. Hércules.

heroicidad *s. f.* **1.** Cualidad o comportamiento de héroe. **2.** Hecho admirable para el que se ha necesitado mucho valor.

heroico, ca *adj.* **1.** Se aplica a la persona que realiza una acción admirable y valerosa y a esta misma acción. **2.** Se aplica a las obras que narran grandes hazañas y a lo que es propio de ellas. **FAM.** Heroicamente.

heroína *s. f.* $C_{21}H_{23}O_5N$. Alcaloide derivado de la morfina que se utiliza como estupefaciente y produce adicción e importantes daños al organismo. Es un polvo blanco cristalino, soluble en alcohol y benzol, que se elabora mediante acetilación de la morfina. Los heroinómanos la inhalan por la nariz o se la inyectan por vía intravenosa. La sobredosis produce insuficiencia respiratoria, frecuentemente mortal. Su fabricación, comercialización y consumo están penados por las leyes.

heroinómano, na *adj.* Adicto a la heroína. También *s.*

heroísmo *s. m.* **1.** Cualidad de héroe o heroico. **2.** Valor que lleva al hombre a realizar heroicidades.

Herón el Joven o **de Bizancio** (s. III a. C.) Matemático griego. Dio solución práctica a diversos problemas de agrimensura o geodesia y a él se debe la **fórmula de Herón** para calcular el área de un triángulo en función de los lados:

$$A = \sqrt{p\,(p-a)\,(p-b)\,(p-c)}$$

donde *a*, *b* y *c* son las longitudes de los lados y *p* es el semiperímetro. Escribió *De machinis bellicis* y *Geodesia*.

Herón el Viejo o **de Alejandría** (s. I a. C.) Matemático y mecánico griego. Inventor de diversos mecanismos basados en la ciencia física, escribió *La neumática*, *La dioptra* y *Catóptrico*.

herpes o **herpe** *s. m.* Nombre de varias enfermedades causadas por virus, caracterizadas por la aparición de granos, vesículas o costras. El **herpes simple** adopta dos formas: la primera ataca la piel de la región de la boca y la segunda la de los órganos genitales. Esta última puede considerarse enfermedad venérea, pues se transmite con la actividad sexual. El **herpes zóster** es producido por el virus de la varicela, que puede permanecer latente durante muchos años, se desarrolla en las vías nerviosas y provoca la aparición de vesículas en la parte de la piel situada sobre dichas vías.

herpético, ca *adj.* Relativo al herpes, que lo padece o es propenso a él. También *s.*

herpetismo *s. m.* Predisposición al herpes.

herpetología *s. f.* Parte de la zoología que estudia los reptiles.

herrada *s. f.* Cubo de madera más ancho por su base que por su boca y reforzado con grandes aros metálicos.

herradero *s. m.* Operación de marcar las reses con un hierro al rojo y lugar y temporada en que se hace.

herrador *s. m.* Persona que desempeña el oficio de herrar o poner herraduras a las caballerías.

herradura *s. f.* **1.** Hierro más o menos semicircular que se fija con clavos a las pezuñas de las caballerías para que no se les desgasten o se les dañen contra el suelo. Según la creencia popular es símbolo de buena suerte. ‖ **2. arco de herradura** En arq., aquel cuyo trazado es mayor que media circunferencia. Es característico del arte visigótico e hispanomusulmán.

herraje *s. m.* Conjunto de piezas de hierro o acero con que se decora o refuerza un objeto.

herramental *s. m.* Conjunto de las herramientas de un oficio o actividad.

herramienta *s. f.* Instrumento utilizado para desempeñar algún oficio o para realizar un trabajo manual; también, conjunto de dichos instrumentos.

Herrán, Pedro Alcántara (Bogotá 1800 - íd. 1872) Militar y político colombiano. Se distiguió contra los españoles en la batalla de Ayacucho (1824). Presidente de la república de Nueva Granada (1841-45), promulgó una constitución conservadora (1843), abolió la libertad de prensa, protegió la enseñanza y colaboró con la Iglesia. Al dejar su cargo, fue ministro de la Guerra (1854) y embajador en Washington.

herrar *v. tr.* **1.** Poner las herraduras a las caballerías. **2.** Marcar los ganados con un hierro candente para indicar quién es su dueño. **3.** Reforzar o decorar con hierro u otro metal un objeto. ■ Es v. irreg. Se conjuga como *pensar*.

Herrera, Dionisio (Nicaragua 1783 - ? 1850) Político centroamericano. Fue uno de los dirigentes liberales más populares de América Central. Tras la constitución de las Provincias Unidas de Centro América, fue elegido jefe de Estado de Honduras (1824), pero fue derrocado en 1827. Con Morazán fue jefe de Estado de Nicaragua (1829-33) y, por último, rehusó ocupar la jefatura del Estado en el El Salvador (1835).

Herrera, Fernando de, llamado **el Divino** (Sevilla 1534 - íd. 1597) Poeta español. Fue un humanista dotado de gran erudición y el principal representante de la escuela sevillana. Su obra, de estilo muy elaborado, con abundancia de adjetivos y metáforas, muestra una gran preocupación por la perfección de la forma y consta de composiciones amorosas y heroicas. En ella destacan los poemas dedicados a su amada Leonor, *Canción por la victoria de Lepanto*, *Canción a don Juan de Austria*, *Canción al Santo Rey don Fernando* y *Canción por la pérdida del rey don Sebastián*. En 1580 publicó *Anotaciones a Garcilaso*, donde expone en un lenguaje culto su concepto de la poesía. De su labor como historiador quedan *La relación de la guerra de Chipre y batalla naval de Lepanto* (1572) y *Elogio de la vida y muerte de Tomás Moro* (1592).

Herrera, Francisco, llamado **el Mozo** (Sevilla 1622 - Madrid 1685) Pintor y arquitecto español. Hijo de Francisco Herrera el Viejo, fue pintor de cámara de Carlos II y arquitecto real. Ejerció un importante papel en la evolución del Barroco sevillano y madrileño. Es autor de *Triunfo de San Hermenegildo* y del proyecto de la basílica de El Pilar, en Zaragoza.

Herrera, Francisco, llamado **el Viejo** (Sevilla h. 1590 - Madrid ? h. 1656) Pintor español. Padre del anterior, su obra parte del estilo manierista, para evolucionar en el curso de los años hacia el realismo, influido por Velázquez y Zurbarán; en ella sobresalen *Episodios de la vida de San Buenaventura* (1628), *Juicio final* (1629) y *San Basilio dictando su doctrina* (1639).

Herrera, José Joaquín de (Jalapa 1792 - Ciudad de México 1854) Militar y político mexicano. Retirado del Ejército español con el grado de coronel, se unió a los insurgentes. Capitán general de Ciudad de México y ministro de la Guerra (1823-24 y 1833-34), reformó el Ejército y creó el Estado Mayor. Presidente del Consejo de Estado, fue nombrado presidente interino de la república, tras la caída de Santa Anna (1845). Elegido nuevamente presidente (1848-51), logró la pacificación del país.

Herrera, Juan de (Mobellán, Valdáliga, Cantabria h. 1530 - Madrid 1597) Arquitecto español. Construyó el monasterio de San Lorenzo de El Escorial, obra a la que se incorporó a la muerte de Juan Bautista de Toledo (1567). Gran estudioso de las matemáticas, aplicó sus conocimientos a la obra, en la que se manifiestan la exacta proporción y las formas geométricas puras, configurando un edificio de sobria y grandiosa monumentalidad. Su estilo clasicista, llamado *herreriano*, fue el oficial en la España de la época de Felipe II.

Herrera, Luis Alberto de (Montevideo 1873 - íd. 1959) Político y escritor uruguayo. Miembro del Partido Nacional (Blanco), lideró la facción moderada del mismo, denominada *herrerista*, fue presidente de Consejo Administrativo Nacional (1925-27) y representante de la minoría en el Consejo Nacional de Gobierno, que ejerció el poder ejecutivo de 1952 a 1966. En 1958 consiguió que su partido volviese al poder tras cerca de un siglo de gobierno de los colorados. Es autor, entre otros títulos, de *La tierra charrúa* (1901).

Herrera Campins, Luis (Acarigua 1925) Político venezolano. Miembro del Partido Democratacristiano (COPEI), en 1950 fue desterrado por Pérez Giménez. Elegido presidente de gobierno (1979-84), tuvo que hacer frente a la difícil situación económica del país.

Herrera y Luna, Carlos (? 1856 - Guatemala 1930) Político guatemalteco. Derrocado Estrada, le sucedió en la presidencia de la república (1920). Participó en un intento de crear una República Centroamericana, integrada por El Salvador, Honduras y Guatemala. Fue derrocado por Orellana (1922).

Herrera y Obes, Julio (Montevideo 1841 - íd. 1912) Político uruguayo. Miembro del Partido Colorado, fue ministro de Relaciones Exteriores (1872), de Gobierno (1886-90) y presidente de la república (1890-94). Formó un gobierno de coalición con los nacionalistas y logró mantener la paz y el orden durante su mandato, pese a la crisis económica.

Herrera y Reissig, Julio (Montevideo 1875 - íd. 1910) Poeta uruguayo. Fue el iniciador del modernismo en su país y fundó en 1899 *La Revista*, publicación que en su corta vida difundió dicho movimiento. Su obra, de un barroquismo moderno y dotada de un humor personalísimo, incluye los libros *Las pascuas del tiempo* (1900), *Los maitines de la noche* (1902), *Los parques enamorados* (1908), *Los éxtasis de la montaña* (1904) y *Clepsidras* (1910).

herrería *s. f.* Taller y oficio del herrero.

herreriano, na *adj.* **1.** Propio o característico del estilo de Juan de Herrera, arquitecto español

Fernando de Herrera. Retrato de Francisco Pacheco.

del s. XVI. **2.** Perteneciente o relativo al poeta sevillano Fernando de Herrera, también del s. XVI.

herrerillo *s. m.* Nombre común de diversas aves paseriformes de la familia páridos, género *Parus.* El herrerillo común *(Parus caeruleus)* mide unos 11 cm de longitud, tiene el pico corto y cónico, caperuza, alas y cola de color azul, cabeza blanca y negra y pecho amarillo. El herrerillo capuchino *(Parus cristatus)*, también de 11 cm de longitud, es de color pardo con manchas faciales negras y partes inferiores claras; se distingue por estar rematado con una cresta de color blanco y negro. El herrerillo ciáneo *(Parus cyanus)* es algo mayor (13 cm de longitud) y presenta plumaje azul y gris en el dorso y blanco en el vientre. Habitan en todos los continentes excepto Oceanía. Se llaman también *trepatroncos.*

herrero, ra *s. m.* y *f.* Persona que trabaja el hierro.

herrete *s. m.* Remate de metal que se pone en los extremos de cordones, cintas, etc., como adorno o para facilitar su entrada por los ojetes.

Herri Batasuna (expr. vasc. que significa 'unidad popular') Coalición de partidos independentistas vascos fundada en 1978, brazo político de ETA. Desde 1980, a causa de la expulsión o disolución de los restantes partidos, ha quedado reducida a HASI (Partido Popular Socialista Revolucionario) y ciertas asociaciones controladas por este partido. Su programa político se basa en la autodeterminación del Pueblo Vasco y en la unificación de éste con Navarra.

Herriot, Édouard (Troyes 1872 - Saint-Genis-Laval, Rhône 1957) Político francés. Miembro del Partido Radical, fue alcalde de Lyon (1905), cargo que conservó durante cincuenta años, excepto de 1940 a 1945. Elegido varias veces ministro y jefe del gobierno (1924-25 y 1932), promovió la evacuación de la región del Ruhr (1924) y reconoció a la URSS (1924). Se opuso a Pétain y fue detenido en 1942 e internado en una prisión de Alemania (1944-45). Fue presidente de la Asamblea (1947-54).

herrumbrar *v. tr.* Llenar de herrumbre. También *v. prnl.*

herrumbre *s. f.* **1.** Orín, óxido de hierro que se forma sobre los objetos de este metal. **2.** Gusto o sabor que deja el hierro en aquello con lo que ha estado en contacto, p. ej. en el agua.

herrumbroso, sa *adj.* **1.** Que tiene herrumbre. **2.** De color amarillo rojizo, parecido al de la herrumbre.

Herschel, sir John Frederick (Slough, Buckinghamshire 1792 - Collingwood, Kent 1871) Astrónomo británico. Hijo de sir William Herschel, centró sus estudios en el hemisferio austral. Descubrió las Nubes de Magallanes y fue el primero en aplicar la técnica fotográfica a la astronomía.

Herschel, sir William (Hannover 1738 - Slough, Buckinghamshire 1822) Astrónomo británico de origen alemán. En colaboración con su hermana Caroline construyó lentes y telescopios cada vez más perfeccionados. Descubrió en 1781 un nuevo planeta del Sistema Solar, que recibió el nombre de Urano. Otros descubrimientos suyos fueron las estrellas dobles y Titania y Oberón, satélites de Urano. Estudió en profundidad la Vía Láctea.

Hershey, Alfred Day (Owosso, Michigan 1908) Bioquímico estadounidense. Obtuvo el premio Nobel de medicina y fisiología de 1969, compartido con Max Delbrück y Salvatore E. Luria, por sus estudios sobre el ADN y su papel en la reproducción de virus y bacterias.

hertz *s. m.* Nombre del hertzio en la nomenclatura internacional, llamado así en honor del físico alemán Heinrich Hertz.

Hertz, Gustav (Hamburgo 1887 - Berlín 1975) Físico alemán. Era sobrino de Heinrich Hertz. Profesor de la universidad de Halle (1922), fue premiado con el Nobel de física de 1925, compartido con su colaborador James Frank, por sus investigaciones sobre la estructura interna del átomo. Ejerció la docencia en la Escuela Técnica Berlín-Charlottenburg (1928-33). Capturado por los soviéticos, trabajó en la investigación atómica en la URSS y en Alemania Oriental.

Hertz, Heinrich (Hamburgo 1857 - Bonn 1894) Físico alemán. Descubrió la naturaleza electromagnética de las ondas de radio, llamadas en su honor *ondas hertzianas.* Fue el primero en producirlas en el laboratorio, transmitirlas y recibirlas. También se debe a él el descubrimiento del efecto fotoeléctrico.

hertziano, na *adj.* Se aplica a las ondas electromagnéticas cuya longitud de onda se halla comprendida entre un milímetro y decenas de kilómetros, denominadas así en honor de su descubridor, Heinrich Hertz.

hertzio *s. m.* Unidad de frecuencia en un movimiento periódico. Equivale al número de oscilaciones o vibraciones producidas por dicho movimiento en el tiempo de un segundo. Su símbolo es *Hz.* Se escribe también *hercio* o *hertz.*

Hertzog, Enrique (La Paz 1897 - Buenos Aires 1980) Político boliviano. Miembro de la Unión Republicana Socialista, fue elegido presidente de la república (1947), cargo en el que ejerció una política de carácter muy conservador. Dimitió en 1949. Fue embajador en España (1949-58).

Hertzog, James (Wellington, Cabo de Buena Esperanza 1866 - Ciudad del Cabo 1942) Político sudafricano. Fue general en la guerra de los bóers y fundó el Partido Nacionalista en 1914. Elegido primer ministro en 1924, estuvo en el poder hasta 1940. Durante su mandato reforzó las leyes de *apartheid.*

Hertzsprung, Ejnar (Fredericksberg 1873 - Roskilde 1967) Astrónomo danés. Fue director del observatorio de Leiden (1944). En 1905 descubrió, al mismo tiempo que Henry Norris Russell, la relación existente entre el color y la luminosidad de las estrellas. Ambos realizaron el *diagrama Hertzsprung-Russell* de distribución y clasificación de las estrellas.

hérulo, la *adj.* **1.** Se dice de un pueblo germánico de origen escandinavo, que en el s. V tomó parte en la invasión del imperio romano. En el s. II, los hérulos se hallaban asociados a los godos en el oriente europeo y fueron sometidos por Atila en el s. V. Dirigidos por Odoacro, depusieron al último emperador de Occidente, Rómulo Augústulo (476), y fueron posteriormente vencidos por el ostrogodo Teodorico en Verona (489). En el s. XV combatieron como mercenarios de Bizancio, a las órdenes de Belisario y Narsés. Desaparecieron a consecuencia de la invasión de los lombardos en Italia. **2.** De este pueblo. También *s.*

Hervás y Panduro, Lorenzo (Horcajo de Santiago, Cuenca 1735 - Roma 1809) Jesuita y filólogo español. Al ser expulsados los jesuitas de España (1767), marchó a Italia. Es autor de un *Catálogo de las lenguas de las naciones conocidas* (1800-05), en el que da noticia de más de trescientas lenguas y de su relación con la etnografía. Se le considera un precursor de la filología comparada.

hervidero *s. m.* **1.** Ruido y movimiento de los líquidos al hervir. **2.** Multitud, muchedumbre y lugar por el que se mueve. **3.** Lugar o reunión en el que hay mucho movimiento, agitación de pasiones, murmuraciones, etc. **4.** Manantial en el que se producen burbujas cuando brota el agua, como si ésta estuviese hirviendo.

hervidor *s. m.* **1.** Utensilio de cocina para hervir líquidos. **2.** Recipiente de ciertos aparatos, como calderas, termosifones y algunas cámaras frigoríficas, donde hierve el agua.

hervir *v. intr.* **1.** Producir burbujas un líquido cuando alcanza determinada temperatura o también por fermentación. **2.** Con las preposiciones *en* y *de* y algunos nombres, abundar en lo que éstos significan. **3.** Con las mismas preposiciones y seguido de nombres que expresan afectos, pasiones, etc., sentirlas intensamente. ‖ *v. tr.* **4.** Calentar un líquido hasta que llegue a la ebullición. **5.** P. ext., meter algo dentro de un líquido y calentarlo para que se cueza. ▪ Es v. irreg. Se conjuga como *sentir.* **FAM.** Hervido.

hervor *s. m.* Acción y efecto de hervir.

Herzberg, Gerhard (Hamburgo 1904) Físico-químico canadiense de origen alemán. Expulsado de la Alemania nazi, emigró a Canadá. Obtuvo el premio Nobel de química de 1971 por su contribución para determinar la estructura geométrica de las moléculas, en especial de los radicales libres.

Herzegovina Región de la Europa balcánica comprendida en la República de Bosnia-Herzegovina, que ocupa el sector S de la misma.

Herzen, Alexandr Ivanovich (Moscú 1812 - París 1870) Político y escritor ruso. Expulsado de Rusia por sus ideas políticas, vivió en Francia, Italia, Suiza e Inglaterra. Orientado hacia un socialismo utópico, combatió el zarismo desde el exilio. Fundó la revista *Kolokol* (1857-67). Entre sus obras destacan *Cartas sobre el estado de la naturaleza* (1845), *Sobre el desarrollo de las ideas revolucionarias en Rusia* (1851), *El pueblo ruso y el socialismo* (1851), la novela *¿Quién es culpable?* (1845-47) y *El pasado y pensamiento* (1861), memorias.

Herzl, Theodor (Budapest 1860 - Edlach, Austria 1904) Político y escritor húngaro. Fue uno de los principales promotores del sionismo, cuya doctrina expuso en *El Estado judío* (1895) y en la novela *Altneuland* (1902). Reunió en Basilea el primer congreso sionista (1897).

Herzog, Werner (Sachrang 1942) Director de cine alemán. En sus películas reflexiona sobre el ser humano llevado a situaciones extremas; entre ellas destacan *Fata Morgana* (1971), *Aguirre, la cólera de Dios* (1973), *El enigma de Kaspar Hauser* (1974), *Stroszek* (1977), *Nosferatu* (1979) y *Donde duermen las hormigas verdes* (1984).

Hesíodo (Beocia s. VIII a. C.) Escritor griego. Compuso dos grandes poemas, *La teogonía,* en que trata de los orígenes del mundo y de los dioses, intentando dar unidad a los distintos mitos griegos, y *Los trabajos y los días,* en que explica las labores agrícolas, a la vez que hace reflexiones morales acerca de la ambición de riquezas y las virtudes del trabajo y la justicia.

Hesperia Nombre dado por los griegos a Italia y por los romanos a España.

Hespérides **1.** En la mitología griega, ninfas hijas de Atlas y Hesperis, encargadas de guardar en su jardín las manzanas de oro que Gea dio a Hera y Zeus como regalo de boda y que robó Hércules. **2.** Islas que constituían para los griegos el extremo occidental del mundo conocido, y que pueden corresponder a las islas Canarias o las de Cabo Verde. **3.** Pléyades*, estrellas de la constelación de Toro.

hesperidio *s. m.* Fruto indehiscente carnoso, de corteza gruesa rica en esencias, y endocarpio muy jugoso, dividido en gajos o secciones por telillas membranosas, como p. ej. la naranja o el limón.

Hess, Germain Henri (Ginebra 1802 - San Petersburgo 1850) Químico ruso de origen suizo. Discípulo de Berzelius, fue profesor en la universidad de San Petersburgo. Se le considera el fundador de la termodinámica, al enunciar en 1840 la ley que lleva su nombre, según la cual la cantidad de energía que interviene en una reacción es independiente del número de etapas en que se produce.

Hess, Rudolf (Alejandría, Egipto 1894 - Spandau, Berlín 1987) Político alemán. Fue miembro del partido nazi, secretario particular de Hitler desde 1925 y presidente del comité central del partido desde 1932. Durante la Segunda Guerra Mundial huyó de Alemania al Reino Unido (1941), quizá para ofrecer un plan de paz. Juzgado en Nüremberg (1945), fue condenado a cadena perpetua y recluido en la prisión de Spandau hasta su muerte.

Hess, Victor Franz (Waldstein 1883 - Mount Vernon, Nueva York 1964) Físico estadounidense de origen austriaco. Profesor en las universidades de Graz y de Innsbruck, emigró en 1938 a EE UU, huyendo de la Alemania nazi. Fue profesor de física en la universidad de Fordham. Descubrió la existencia de los rayos cósmicos y comprobó que su intensidad aumentaba con la altura. En 1936 recibió el premio Nobel de física, compartido con Carl David Anderson.

Hess, Walter Rudolf (Frauenfeld 1881 - Zurich 1973) Médico suizo. Director del Instituto de Fisiología de la universidad de Zurich, fue premiado con el Nobel de medicina de 1949, compartido con Egas Moniz, por sus investigaciones sobre el sistema nervioso central y el estudio de las enfermedades del cerebro.

Hesse, Hermann (Calw, Württemberg 1877 - Montagnola, Tesino 1962) Escritor suizo de origen alemán. En sus novelas, muy influidas por la filosofía oriental, analiza la complejidad interna del hombre y sostiene la búsqueda del yo íntimo para adquirir un sentido de la existencia. Entre

Hermann Hesse.

sus obras sobresalen *Peter Camenzind* (1904), *Bajo las ruedas* (1905), *Demian* (1919), *Siddharta* (1922), *El lobo estepario* (1927) y *El juego de los abalorios* (1943). En 1946 le fue otorgado el premio Nobel.

Hessen Land de Alemania, situado en el sector central del país. 21.115 km^2. 5.661.000 h. en 1990. La capital es Wiesbaden, con 254.200 h. en 1989. Se encuentra en una región de colinas y bosques, regada por los ríos Rhin y Main, y fértiles llanuras, en las que se cultivan productos frutícolas, hortalizas y viñedos. Cuenta con ganadería bovina, aunque la base de su economía es la industria, que se encuentra estimulada por la abundancia de recursos naturales de la región y a la que se dedica más de la mitad de la población activa. Tiene una elevada producción en los sectores químico, mecánico, automovilístico, textil, alimentario, electrotécnico y del cuero. Destaca por su elaboración de metales preciosos y por sus refinerías de petróleo. En su territorio existen cinco de las universidades más prestigiosas de Alemania: Frankfurt, Darmstadt, Giessen, Marburgo y Kassel. Su principal centro urbano es Frankfurt del Main.

Heston, Charlton (Evanston, Illinois 1923) Actor de cine estadounidense. Destacó como protagonista de populares superproducciones, entre las que cabe citar *Los diez mandamientos* (1956), *Ben Hur* (1959) y *El Cid* (1961). Otras películas suyas son *Sed de mal* (*Touch of evil*, 1957) y *El planeta de los simios* (1968).

hetaira *s. f.* **1.** En la antigua Grecia, cortesana, mujer que por oficio ofrecía compañía y relación sexual a los hombres. Solían tener una esmerada educación y algunas gozaban de una elevada consideración social. **2.** Prostituta.

hetero- *pref.* Significa 'diferente, otro': *heterótrofo, heterosexual.*

heterocerco, ca *adj.* Se aplica a la aleta caudal de algunos peces, formada por dos lóbulos desiguales, uno de los cuales contiene el extremo de la columna vertebral; p. ext., se dice de los peces que presentan esta aleta caudal. En este último caso, también *s. m.*

heterociclo *s. m.* Estructura cíclica cerrada o en anillo de moléculas orgánicas que además de átomos de carbono posee átomos de otros elementos, como p. ej. el furano. **FAM.** Heterocíclico.

heteróclito, ta *adj.* Formado por elementos dispares, sin relación entre sí.

heterocromosoma *s. m.* Cromosoma sexual de los animales superiores, en el que se hallan localizados los factores genéticos que determinan el sexo. En el género humano las hembras presentan dos heterocromosomas X y los machos un heterocromosoma X y uno Y.

heterodoxia *s. f.* Postura, actitud o conducta del heterodoxo.

heterodoxo, xa *adj.* **1.** Que está en desacuerdo con los dogmas de una fe o los principios de una norma o doctrina que se considera cierta. También *s.* **2.** Que piensa o actúa de forma distinta a la admitida generalmente. También *s.*

heterogamia *s. f.* Tipo de reproducción sexual en la que intervienen gametos claramente diferenciados, como p. ej. un óvulo y un espermatozoide.

heterogéneo, a *adj.* Formado por elementos muy diferentes. **FAM.** Heterogeneidad.

heteronimia *s. f.* En ling., fenómeno por el cual palabras con significados muy relacionados o parecidos tienen una forma y origen distintos, p. ej. *caballo* y *yegua, hombre* y *mujer.*

heterónimo *s. m.* Cada una de las palabras que forman una heteronimia.

heteronomía *s. f.* Condición del individuo que depende de otros (padres, cuidadores, maestros, etc.) para realizar todas o parte de sus funciones biológicas, de relación, instructivas, etc.

heterópteros *s. m. pl.* Suborden de insectos hemípteros al que pertenecen unas 25.000 especies comprendidas en muy diversas familias. Se diferencian de los homópteros por tener las alas anteriores sólo parcialmente endurecidas. Su cuerpo es generalmente aplanado y tienen las mandíbulas y maxilas en forma de estiletes aciculares. Muchas especies segregan una sustancia hedionda mediante unas glándulas próximas a las patas posteriores. Heterópteros son las chinches de suelo, chinches hediondas, chinches acuáticas o zapateros, etc. También *adj.* y *s. m.*

heterosexual *adj.* Se aplica a la atracción y a la relación sexual entre individuos de distinto sexo y, también, a estos mismos individuos.

heterosexualidad *s. f.* Cualidad o condición de heterosexual.

heterótrofo, fa *adj.* **1.** Se aplica a los seres que se alimentan de materia elaborada por otros seres vivos, como los animales, algunos vegetales sin clorofila y la mayor parte de las bacterias. Es lo opuesto a autótrofo. También *s.* **2.** Se dice también de este tipo de nutrición.

hético, ca *adj.* **1.** Tuberculoso, tísico. También *s.* **2.** Muy flaco.

Heureaux, Ulises (Puerto Plata 1845 - Moca 1899) Político dominicano. Combatió contra España en la lucha por la independencia y en 1882 ocupó la presidencia de la República Dominicana (1882-84). En 1887 implantó una dictadura que llevó al país a la bancarrota. Fue asesinado por sus enemigos políticos.

heurística *s. f.* **1.** Investigación o búsqueda de documentos y fuentes históricas. **2.** En general, método de investigación basado no en la aplicación de principios o normas ya conocidos, sino en el descubrimiento de nuevas relaciones o normas. En este sentido, se opone a algoritmo.

heurístico, a *adj.* Perteneciente o relativo a la heurística.

Heuss, Theodor (Brackenheim, Württemberg 1884 - Stuttgart 1963) Político alemán. Miembro del Partido Demócrata, se opuso en el Reichstag a los nazis. Terminada la Segunda Guerra Mundial, fundó el Partido Democrático Libre y fue ministro de Educación (1945-46) y presidente de la República Federal de Alemania (1949-59).

hevea *s. f.* Género de plantas arbóreas de la familia euforbiáceas, cuya principal especie es la *Hevea brasiliensis*, de unos 30 m de altura, tronco recto de color gris claro y hojas verde oscuro, de la que se extrae un látex con el que se elabora el caucho. Es originaria de América tropical y de ella se obtiene el 90% de la producción cauchera mundial.

Hevesy, George de (Budapest 1885 - Friburgo de Brisgovia 1966) Químico sueco de origen húngaro. Fue profesor en las universidades de Manchester, Copenhague y Friburgo de Brisgovia y en el Instituto de química orgánica de Estocolmo. Investigó sobre el empleo de los isótopos como indicadores para el estudio de los procesos químicos y biológicos. En 1923 descubrió el hafnio. Obtuvo el premio Nobel de química de 1943.

Hewish, Antony (Fowey, Cornualles 1924) Astrónomo británico. Especialista en radioastronomía de la universidad de Cambridge, en 1967 descubrió señales de radio periódicas procedentes del espacio, a las que se llamó *púlsares.* Fue premiado con el Nobel de física de 1974, compartido con su compatriota Martin Ryle.

hexa- *pref.* Significa 'seis': *hexágono, hexámetro.*

hexadecimal *adj.* Se aplica al sistema de numeración de base 16.

hexaedro *s. m.* Sólido con seis caras planas. ▪ Se escribe también *exaedro.*

hexagonal *adj.* **1.** En forma de hexágono o que tiene un hexágono por base. **2.** En geol., se aplica al sistema de cristalización cuya unidad fundamental es un prisma recto que tiene por base un hexágono. Posee centro, eje senario perpendicular a un plano principal de simetría, seis ejes binarios y otros seis planos de simetría. En este sistema cristalizan el cuarzo, berilo, etc. ▪ Se escribe también *exagonal.*

hexágono, na *adj.* Se aplica al polígono con seis ángulos y seis lados. También *s. m.* ▪ Se escribe también *exágono.*

hexámetro *s. m.* Verso griego o latino que consta de seis pies: cinco dáctilos y un troqueo o un espondeo.

hexasílabo, ba *adj.* Que tiene seis sílabas. También *s. m.*

Heyerdahl, Thor (Larvik, Vestfold 1914) Etnólogo noruego. En 1947 realizó a bordo de la balsa Kon-Tiki un viaje entre las costas de Perú y el atolón polinesio de Raroia para demostrar la posibilidad de que en época precolombina hubieran existido relaciones entre América del Sur y Polinesia. Relató su experiencia en el libro *La expedición de la Kon-Tiki* (1948).

Heymans, Corneille (Gante 1892 - Knokke, Flandes Occidental 1968) Fisiólogo belga. Fue profesor de farmacología en la universidad de Gante y director del Instituto de Farmacodinámica y Terapéutica de la misma ciudad. En 1938 obtuvo el premio Nobel de medicina por su investigación sobre la intervención del seno carotídeo y del cayado aórtico en la regulación de la respiración.

Heyrovsky, Jaroslav (Praga 1890 - íd. 1967) Químico checo. Discípulo de Ramsey en Londres, fue director del Instituto de Química-Física de Praga (1926-54) y del Instituto Polarográfico de Checoslovaquia. Obtuvo el premio Nobel de química de 1959 por su descubrimiento del método polarográfico para los análisis electroquímicos.

Heyse, Paul von (Berlín 1830 - Munich 1914) Escritor alemán. Fue protegido por Maximiliano II de Baviera y por Luis II. Enemigo del naturalismo, destacó por sus narraciones cortas en un estilo refinado. Entre sus colecciones de cuentos sobresalen *L'Arrabbiata* (1855), *Cuentos del lago Garda* (1902) y *Ninón y otros cuentos* (1902), y entre sus novelas *Los hijos del mundo* (1872), *En el paraíso* (1875) y *Merlín* (1892). En 1910 obtuvo el premio Nobel de literatura.

hez *s. f.* **1.** Sedimento de ciertas sustancias o preparados líquidos. Se usa más en *pl.* **2.** Lo más bajo y despreciable. ‖ *pl.* **3.** Excrementos.

Hf Símbolo químico del hafnio.

hg Símbolo del hectogramo, unidad de masa.

Hg Símbolo químico del mercurio.

hiato *s. m.* **1.** Pronunciación en sílabas distintas de dos vocales que se hallan juntas dentro de una palabra. Se produce hiato cuando ambas vocales son abiertas: *ca-er, le-er, tacone-ar,* o cuando el acento recae en la vocal cerrada: *a-hí, re-úma.* **2.** En un verso, fenómeno que consiste en que la vocal final de una palabra y la primera de la siguiente se mantienen como sílabas diferentes. Es el fenómeno contrario a la *sinalefa.*

hibernación *s. f.* **1.** Letargo con considerable reducción de las funciones orgánicas que experimentan durante el invierno algunos animales. **2.** Estado semejante provocado artificialmente en un organismo, mediante fármacos y un descenso progresivo de la temperatura, con fines curativos o anestésicos.

hibernal *adj.* Invernal*.

hibernar *v. intr.* **1.** Pasar el invierno algunos animales en estado de hibernación. ‖ *v. tr.* **2.** Provocar a una persona un estado semejante de forma artificial.

hibisco *s. m.* Nombre común de diversas plantas herbáceas, arbustivas o arbóreas de la familia malváceas, género *Hibiscus.* Sus hojas son caducas, trilobuladas o dentadas, generalmente de gran tamaño, lo mismo que sus flores, que tienen cinco pétalos y presentan vivos colores. Dan fruto en cápsula. Se hallan en todas las regiones tropicales y templadas del planeta. Entre las especies más conocidas se encuentran la rosa de Siria *(Hibiscus syriacus)* y la rosa de China *(Hibiscus rosa-sinensis),* que se cultivan con fines ornamentales.

hibridación *s. f.* Producción artificial de seres híbridos, mezclando distintas razas, géneros y especies.

híbrido, da *adj.* **1.** Se aplica a los seres que son el resultado de un cruce entre individuos de distinta raza, género o especie. **2.** Que procede o está formado de elementos de distinta naturaleza. **3.** En quím., se dice del orbital atómico formado por la mezcla de dos o más orbitales atómicos puros. P. ej., en el metano, un orbital *s* y tres orbitales *p* del carbono se hibridan para formar cuatro orbitales híbridos idénticos sp^3, que son los que participan en los enlaces carbono-hidrógeno.

Hicks, John Richard (Warwick 1904 - Gloucester 1989) Economista británico. Fue profesor en las universidades de Londres, Cambridge, Manchester y Oxford. Estudió temas de microeconomía, teoría monetaria, crecimiento y fluctuaciones. Entre sus obras destacan *Valor y capital* (1939) y *Una contribución a la teoría del ciclo económico* (1950). En 1972 recibió el Nobel de economía, compatido con Kenneth Arrow.

hicso, sa *adj.* **1.** Se dice de los pueblos semitas que, procedentes de Siria y Palestina, invadieron la región del delta del Nilo hacia 1678 a. C. Constituyeron la XV dinastía, con capital en Avaris, y se adaptaron al sistema político egipcio. Introdujeron el caballo y el carro de combate. Fueron expulsados hacia 1570 por Amosis, fundador de la XVIII dinastía. **2.** De estos pueblos. También *s.*

Hidacio (Nocelo da Pena, Orense, fines del s. IV - ¿Chaves? h. 468) Obispo y cronista hispanorromano. Viajó en su adolescencia a Palestina, fue consagrado clérigo en 416 y obispo de Chaves (Aquae Flaviae) en 427. Escribió una *Crónica* de gran importancia para el estudio de la historia de España en el s. V.

hidalgo, ga *s. m.* y *f.* **1.** Miembro del escalón más bajo de la antigua nobleza castellana. ‖ *adj.* **2.** Propio de dicha persona. **3.** Noble, generoso, caballeroso.

Hidalgo 1. Estado de México, situado al N de la cap. del país. 20.813 km^2. 1.880.600 h. en 1990. La capital es Pachuca, con 135.000 h. en 1982. Es una región eminentemente rural, dedicada a la agricultura y la ganadería vacuna, aunque su principal recurso es la minería de plata, cinc y hierro. Tiene también industria mecánica y del cemento.
2. Asteroide número 944 de nuestro sistema. Fue descubierto en 1920 y tiene una órbita excepcionalmente inclinada y excéntrica.

Hidalgo, Alberto (Arequipa 1894 - Buenos Aires 1967) Poeta peruano. Seguidor de las vanguardias literarias, especialmente del futurismo, influyó sobre César Vallejo. Algunos de sus títulos más significativos son *Arenga lírica al emperador de Alemania* (1916), *Panoplia lírica* (1917), *Las voces de colores* (1918), *Joyería* (1919) y *Dimensión del hombre* (1938).

Hidalgo, Bartolomé (Montevideo 1788 - Morón, Buenos Aires 1822) Poeta uruguayo. Fue el iniciador de la literatura gauchesca. Escribió *Diálogos patrióticos* y buen número de *cielitos*, poemas populares en cuartetas octosilábicas, en los que puso su poesía al servicio de la causa republicana e independentista.

Hidalgo, Juan (Madrid h. 1612 - íd. 1685) Compositor español. Destacó por ser uno de los primeros músicos españoles que escribieron música para un texto teatral. Colaboró con Calderón de la Barca en la ópera *Celos aun del aire matan* (1660) y con Juan Vélez en la comedia *Los celos hacen estrellas.*

Hidalgo, Miguel, llamado **el cura** (Pénjamo 1753 - Chihuahua 1811) Patriota mexicano. En 1810, junto a otros independentistas, proclamó la insurrección contra España conocida como *grito de Dolores.* Puesto al frente de un ejército, ocupó las ciudades de Celaya y Guanajuato y venció al ejército realista. Formó un gobierno provisional en Guadalajara, donde fue vencido. Huyó hacia el N y fue capturado en Acatita de Baján. Trasladado a Chihuahua, murió fusilado.

hidalguía *s. f.* **1.** Cualidad o condición de hidalgo. **2.** Generosidad y nobleza de carácter.

hidátide *s. f.* **1.** Equinococo*. **2.** Vesícula acuosa producida por este parásito en algún órgano del hombre. **3.** Quiste hidatídico.

hidatídico, ca *adj.* **1.** Perteneciente o relativo a la hidátide. ‖ **2. quiste hidatídico** Véase **quiste**.

Hideyoshi, Toyotomi (Nakamura 1536 - Fushimi 1598) General y político japonés. Se adueñó del poder e implantó una dictadura militar (1582-98). Unificó el país, perfeccionó el régimen territorial y eliminó el poder de los monjes, pero fracasó en su intento de conquistar Corea (1592-97). Edificó un castillo en Osaka.

hidra *s. f.* **1.** Nombre común de diversos metazoos celentéreos de los géneros *Hydra, Chlorohydra,* etc. Tienen forma de pólipo tubular, con cavidad digestiva simple y en su parte superior una boca rodeada por tentáculos urticantes. Se reproducen sexual o asexualmente (gemación) y tienen gran capacidad de regeneración. Habitan en aguas dulces en colonias o en solitario y se alimentan de pequeños crustáceos, insectos y anélidos. **2.** Serpiente marina. **3.** En la mitología griega, serpiente de siete cabezas que habitaba en la laguna de Lerna en la Argólida. Heracles acometió el trabajo de matarla, pero de cada cabeza cortada nacían dos. El héroe pudo acabar con ella quemando sus cabezas a medida que las decapitaba. **4.** Nombre de dos constelaciones australes, una grande, **Hidra hembra**, y otra pequeña, **Hidra macho**. ■ En esta acepción se escribe con mayúscula.

hidrácido *s. m.* Compuesto binario formado por la unión del hidrógeno con un elemento no metálico. Al disolverse en agua se ioniza liberando iones de hidrógeno y da una reacción ácida.

hidracina *s. f.* **1.** NH_2–NH_2. Base para la obtención de derivados orgánicos al sustituir sus hidrógenos por radicales orgánicos diversos. **2.** Compuesto nitrogenado perteneciente al grupo de las diaminas, que deriva de esta base al sustituir uno o varios átomos de hidrógeno por radicales alcohólicos o fenólicos.

hidrargirismo *s. m.* Intoxicación por mercurio.

hidrartrosis *s. f.* En med., acumulación de líquido seroso en la cavidad de una articulación.

hidratante *adj.* **1.** Que hidrata. **2.** Se aplica a la sustancia o al producto cosmético que sirve para restablecer el grado normal de humedad en la piel. También *s. m.*

hidratar *v. tr.* **1.** Añadir agua a una sustancia o cuerpo. También *v. prnl.* **2.** En quím., combinar una sustancia o un cuerpo con el agua para formar un hidrato. También *v. prnl.* **FAM.** Hidratación, hidratador.

hidrato *s. m.* **1.** Sustancia sólida en cuya composición existen moléculas de agua. ‖ **2. hidratos de carbono** $C_n(H_2O)_p$. Denominación genérica de compuestos que contienen en su molécula *n* átomos de carbono, *p* átomos de oxígeno y el doble de átomos de hidrógeno. Constituyen un componente básico de la materia orgánica. Actualmente se prefiere la denominación *glúcidos* o *azúcares.*

hidráulica *s. f.* **1.** Parte de la mecánica dedicada al estudio del movimiento y equilibrio del agua y otros fluidos. **2.** Rama de la ingeniería especializada en la conducción, contención y aprovechamiento industrial de las aguas.

hidráulico, ca *adj.* **1.** Perteneciente o relativo a la hidráulica. **2.** Se aplica a la energía producida por el movimiento del agua. **3.** Se dice de lo que funciona gracias al movimiento o la presión del agua u otro líquido. **4.** Se aplica a las sustancias que, como la cal y el cemento, adquieren dureza al contacto con el agua.

hidria *s. f.* Vasija grande de barro usada por los griegos y los romanos para contener agua.

hidro- *pref.* Significa 'agua': *hidroavión*; e 'hidrógeno': *hidrocarburo.*

El cura Hidalgo.

hidroala *s. m.* **1.** Dispositivo en forma de aleta situado bajo el casco de una embarcación y capaz de producir una fuerza de sustentación similar a la del ala de un avión, que eleva el barco por encima del agua y le permite alcanzar grandes velocidades. **2.** Embarcación provista de este dispositivo.

hidroavión *s. m.* Avión dotado de flotadores, en lugar de tren de aterrizaje, que le permiten despegar desde el agua y posarse en ella.

hidrocarburo *s. m.* Sustancia orgánica en cuya molécula se hallan como únicos componentes el carbono y el hidrógeno. En función de la estructura de sus moléculas, los hidrocarburos se clasifican en dos clases principales: alifáticos y aromáticos. Los **hidrocarburos alifáticos** constan de dos grandes grupos de familias: saturados, que son aquellos que sólo poseen enlaces sencillos entre sus átomos de carbono y que comprenden la serie de los alcanos o parafinas (cadena abierta) y la de los cicloalcanos (cadena cerrada); y no saturados, que son aquellos que poseen enlaces dobles o triples entre sus átomos de carbono y que comprenden la serie de los alquenos o etilénicos (cadena abierta y enlaces dobles) y la de los alquinos o acetilénicos (cadena abierta y enlaces triples). Los **hidrocarburos aromáticos** comprenden el benceno y todos los de estructura similar a éste. Los hidrocarburos se utilizan fundamentalmente como combustible: gasolina, butano, propano, gas ciudad, gasóleo, etc., y desempeñan un papel fundamental en la industria como materias primas, ya que a partir de ellos se obtienen otros productos derivados: alcoholes, plásticos, ésteres, fibras artificiales, etc.

PRINCIPALES HIDRATOS DE CARBONO

TIPOS	PRESENCIA
Monosacáridos	
Glucosa	Azúcar animal.
Fructosa	Fruta y miel.
Galactosa	Leche.
Disacáridos	
Maltosa	Producto de la digestión del almidón.
Lactosa	Leche.
Sacarosa	Caña de azúcar y remolacha azucarera.
Polisacáridos	
Almidón	Tejidos vegetales.
Glucógeno	Tejidos animales.
Quitina	Exoesqueleto de insectos.
Celulosa	Pared de la célula vegetal.

hidrocefalia *s. f.* Enfermedad congénita que se caracteriza por la acumulación de líquido cefalorraquídeo en la cavidad craneal. Provoca dolores violentos por la presión a que es sometida la masa encefálica y, cuando se produce en la infancia, deformación y aumento anormal del tamaño de la cabeza. **FAM.** Hidrocéfalo.

hidrocele *s. m.* Enfermedad que se caracteriza por la acumulación de líquido en el interior del testículo y puede dar lugar a tumores voluminosos.

hidrodinámica *s. f.* Parte de la dinámica que estudia el movimiento de los líquidos y las fuerzas que ejercen éstos sobre cuerpos sumergidos en ellos. **FAM.** Hidrodinámico.

hidroelectricidad *s. f.* Energía hidroeléctrica.

hidroeléctrico, ca *adj.* Se dice de lo relacionado con el aprovechamiento de las corrientes y saltos de agua para la obtención de la electricidad.

hidrófilo, la *adj.* **1.** Que absorbe agua. **2.** Se dice del organismo que vive en ambientes húmedos.

hidrofito o **hidrófito, ta** *adj.* Se aplica a las plantas que habitan en el agua. También *s.*

hidrofobia *s. f.* **1.** Aversión al agua y a los líquidos en general. **2.** Rabia*.

hidrófobo, ba *adj.* Que padece hidrofobia. También *adj.*

hidrófugo, ga *adj.* Se dice de las sustancias que no dejan pasar la humedad ni las filtraciones. También *s. m.*

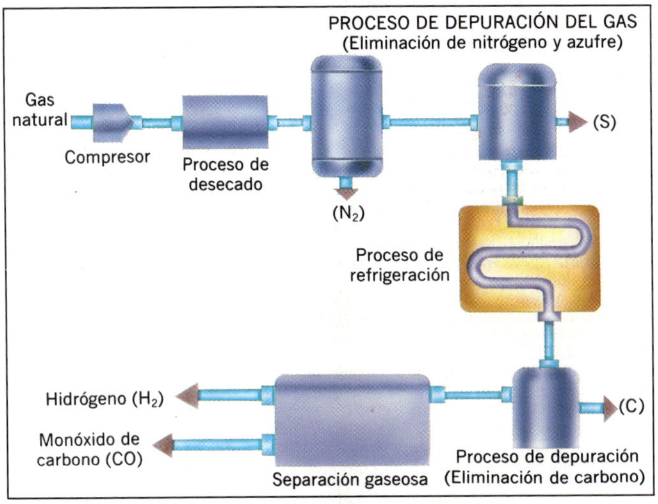

Producción industrial de hidrógeno a partir de gas natural.

hidrogenación *s. f.* En quím., introducción de átomos de hidrógeno en una molécula, fundamentalmente en las de hidrocarburos con dobles o triples enlaces.

hidrogenar *v. tr.* Combinar con hidrógeno una sustancia. **Fam.** Hidrogenado.

hidrógeno *s. m.* H. Primer elemento químico del sistema periódico. Su número atómico es 1 y su masa atómica 1,0079. Fue descubierto por Henry Cavendish en 1766 y le puso nombre Antoine Lavoisier. Es el más ligero de todos los elementos y su átomo el más simple, pues consta únicamente de un protón como núcleo y de un electrón. Existe en estado puro, en pequeña proporción, en la atmósfera y gases volcánicos y está presente en el agua, en los ácidos y en las sustancias orgánicas. Tiene tres isótopos: protio, deuterio (hidrógeno pesado) y tritio (hidrógeno hiperpesado). Se emplea en la fabricación del gas amoniaco, en la hidrogenación de grasas, como agente reductor, en los globos aerostáticos y en la fabricación de gasolinas sintéticas.

hidrogeología *s. f.* Parte de la geología que estudia las aguas subterráneas y su acción sobre rocas y estratos. La hidrogeología práctica calcula las reservas de agua y estudia los métodos de captarla para el consumo humano u otros usos.

hidrografía *s. f.* Parte de la geografía que estudia las aguas, tanto marítimas como continentales. **Fam.** Hidrográfico.

hidrólisis *s. f.* **1.** Reacción química de división de una molécula en sus iones por la acción del agua. **2.** P. ext., reacción en la que participan cualquier compuesto químico y agua.

hidrolizar *v. tr.* Efectuar una hidrólisis. También *v. prnl.* ■ Se conjuga como *cazar.*

hidrología *s. f.* Ciencia que estudia las aguas, sus propiedades, distribución, circulación y utilización. Comprende diversas disciplinas, como la oceanografía (que estudia mares y océanos), la potamología (ríos), la limnología (lagos), la glaciología (glaciares) y la hidrogeología (aguas subterráneas). **Fam.** Hidrológico.

hidromel *s. m.* Hidromiel*.

hidrometalurgia *s. f.* Conjunto de procesos metalúrgicos realizados mediante reacciones químicas en medio acuoso. Los principales son la flotación, para separar el mineral rico en elementos metálicos de las tierras estériles; la lixiviación, riego de los minerales con soluciones ácidas o básicas; la precipitación, y la extracción con líquidos.

hidrometría *s. f.* Parte de la hidrodinámica que se ocupa de medir el caudal, la velocidad o la fuerza de los líquidos en movimiento. **Fam.** Hidrométrico.

hidrómetro *s. m.* Instrumento empleado para medir el caudal, la velocidad o la fuerza de los líquidos en movimiento.

hidromiel *s. m.* Bebida elaborada con agua y miel. ■ Se dice también *hidromel.*

hidronefrosis *s. f.* Acumulación de orina en los cálices renales causada por la oclusión de un uréter, que provoca una distensión renal y un tumor fluctuante en la pelvis.

hidropesía *s. f.* Acumulación anormal de líquido seroso en alguna de las cavidades o tejidos del organismo.

hidrópico, ca *adj.* Relativo a la hidropesía o que la padece. También *s.*

hidroplano *s. m.* Hidroavión*.

hidropónico, ca *adj.* Se aplica a las técnicas agrícolas y a los cultivos que prescinden de la tierra y utilizan agua como sustento de las plantas. Éstas reciben las sustancias minerales que precisan mediante soluciones nutritivas adecuadas, vertidas en el agua.

hidroquinona *s. f.* $C_6H_4(OH)_2$. Paradifenol, uno de los tres fenoles divalentes. Es un sólido cristalino obtenido por la reducción de la quinona. Funde a 170 °C y es soluble en agua, alcohol y éter. Se utiliza en los reveladores fotográficos.

hidroscopia *s. f.* Técnica de localizar aguas subterráneas mediante el estudio de la naturaleza y de la configuración del terreno.

hidrosfera *s. f.* Conjunto de las aguas que ocupan la superficie terrestre, ya sea en estado líquido (océanos, mares, ríos, lagos) o sólido (hielos, nieve). Con la atmósfera y la litosfera constituye las tres grandes divisiones del planeta Tierra.

hidrosol *s. m.* Emulsión coloidal acuosa.

hidrostática *s. f.* Parte de la física hidráulica que estudia las propiedades de los líquidos en equilibrio o en reposo. Su base son los principios de Pascal, que afirman que la presión ejercida sobre un líquido en equilibrio se transmite con igual intensidad en todas las direcciones, y de Stevin, que descubrió la paradoja hidrostática. **Fam.** Hidrostático.

hidroterapia *s. f.* Utilización del agua para tratar enfermedades, ya sea tomando baños termales o bebiendo aguas ricas en ciertas sustancias minerales. **Fam.** Hidroterápico.

hidrotermal *adj.* Se aplica a las aguas de elevada temperatura que, procedentes del interior de la corteza terrestre, salen a la superficie en forma de manantiales, a través de fisuras o fallas, en forma de géiseres, a causa de fenómenos volcánicos o por medio de captaciones realizadas por el hombre para utilizar su calor (energía geotérmica).

hidrotimetría *s. f.* Cálculo de la proporción de sales cálcicas y magnésicas contenidas en las aguas.

hidrotórax *s. m.* En med., derrame de un líquido seroso en la cavidad pleural por trasudación, característico de obstrucción venosa o enfermedad cardiaca.

hidróxido *s. m.* Compuesto químico inorgánico cuya molécula tiene un ion metálico y uno o varios radicales monovalentes -OH. Por su carácter básico neutraliza los ácidos y reacciona con ellos dando sales.

hidroxilo o **hidróxilo** *s. m.* En quím., radical monovalente -OH.

hidrozoos *s. m. pl.* Clase de invertebrados celentéreos a la que pertenecen unas 2.700 especies distribuidas en siete órdenes. Son animales acuáticos que pueden tener alternancia de generaciones, con fases de pólipo y de medusa, o generaciones individuales. La reproducción asexual se realiza por gemación. Los pólipos forman a veces colonias, mientras que las medusas viven en solitario. Ejemplos de hidrozoos son la hidra de agua dulce *(Hydra viridis)* y la carabela portuguesa *(Physalia physalis)*, colonia flotante de pólipos. También *adj.* y *s. m.*

hidruro *s. m.* **1.** Compuesto binario de hidrógeno con un metal. **2.** P. ext., cualquier compuesto binario de hidrógeno con otro elemento. Pueden ser salinos, volátiles o metálicos.

Hiedra común (Hedera helix).

hiedra *s. f.* Nombre común de diversas plantas arbustivas y arbóreas de la familia araliáceas, géneros *Hedera*, y otros. La hiedra común *(Hedera helix)* es una planta trepadora de hojas alternas y persistentes, con textura coriácea y lustrosa, forma entera o palmeada, con tres o cinco lóbulos. Sus flores son verdes, con forma de umbela y cinco pétalos, y sus frutos, carnosos y negros. Trepa sobre cualquier soporte, mediante raicillas que brotan de sus ramas y se aferran a

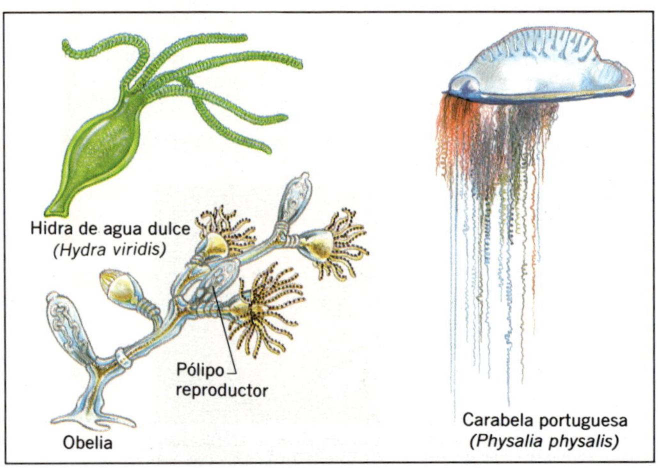

Distintas especies de hidrozoos. La colonia Obelia *del dibujo presenta pólipos reproductores.*

muros y árboles. Está distribuida por todo el mundo. Se usa en jardinería como ornamento, sus hojas como cicatrizante y sus frutos como purgante. Otras especies, también ornamentales, son la hiedra de Canarias *(Hedera canariensis)* y la *Fatsia japonica*, de color verde brillante. Crecen en todas las regiones tropicales y templadas. ■ Se dice también *yedra*.

hiel *s. f.* **1.** Bilis*, sustancia segregada por la vesícula biliar. **2.** Amargura, resentimiento, mala intención. ‖ *pl.* **3.** Adversidades, padecimientos.

hielera *s. f. Chile, Méx.* Nevera.

hielo *s. m.* **1.** Agua en estado sólido por efecto del frío. Cristaliza en el sistema hexagonal. Se puede formar por congelación, cuando la temperatura del agua desciende por debajo de 0 °C; por compactación de la nieve, o por sublimación, paso del vapor de agua a cristales de hielo sin pasar por el estado líquido. El hielo cubre los casquetes polares de la Tierra y ocupa grandes extensiones de las montañas, llamadas *glaciares*. De las masas heladas se desprenden bloques llamados *témpanos* que, al llegar al mar, flotan a la deriva a causa de su menor densidad y constituyen *icebergs*. **2.** Acción de helar o helarse. **3.** Falta absoluta de afecto o interés entre personas. ‖ **4. hielo seco** Dióxido de carbono en estado sólido utilizado en refrigeración o para apagar incendios. Se llama también *nieve carbónica*. ‖ **Loc. romper el hielo** *fam.* Empezar una conversación, charla, asunto, etc., que hasta entonces nadie se había atrevido a comenzar.

hiena *s. f.* **1.** Nombre común de diversos mamíferos carnívoros de la familia hiénidos, géneros *Hyaena* y *Crocuta*. La hiena estriada *(Hyaena hyaena)* mide hasta 1,50 m de longitud y tiene los cuartos traseros más bajos que los delanteros. Posee pelaje gris o pardo con estrías negras y una crin espesa en el espinazo. Sus mandíbulas están adaptadas para triturar huesos y se alimenta de carroña o de presas abatidas por otros depredadores. Habita en estepas de África, Asia Menor y la India. La hiena manchada *(Crocutta crocuta)* tiene el pelaje pardo amarillento con manchas negras, es un depredador de costumbres nocturnas y emite una «risa» característica en el periodo de cortejo nupcial. Habita en África central y meridional. **2.** *desp.* Persona cruel y despiadada.

Hiena estriada (Hyaena hyaena).

hierático, ca *adj.* **1.** Que no deja ver lo que piensa o siente. **2.** P. ext., se aplica a las facciones de las figuras reproducidas en escultura o en pintura cuando éstas son rígidas e inexpresivas y a las figuras así representadas, p. ej. las egipcias. **3.** Perteneciente o relativo a las funciones o asuntos sagrados y a los sacerdotes. **4.** Se aplica a cierta escritura egipcia, que es abreviación de la antigua escritura jeroglífica. **Fam.** Hieratismo.

hierba *s. f.* **1.** Cualquier planta pequeña de tallo tierno. **2.** Conjunto de muchas de estas plantas que cubre un terreno. **3.** Hablando de animales que se crían en los pastos, año de edad. **4.** Planta utilizada para infusiones o para la elaboración de ciertos productos. Se usa sobre todo en *pl.* **5.** *fam.* Marihuana*. ‖ **6. finas hierbas** Hierbas picadas muy menudas que se emplean como condimento. **7. hierba luisa** Planta herbácea de la familia verbenáceas, especie *Lippia triphylla*. Es una planta aromática de jardín, con olor muy agradable, cuyas hojas, utilizadas en infusión, tienen propiedades medicinales. **8. mala hierba** Plantas perjudiciales que crecen en los sembrados; también, mala persona. ■ Se escribe también *yerba*. ‖ **Loc. como la mala hierba** *adv. fam.* Mucho, muy deprisa. Se usa referido a algo perjudicial o desagradable que crece o se extiende. **ver** (o **sentir**) uno **crecer la hierba** *fam.* Ser de inteligencia viva y despierta, darse cuenta en seguida de las cosas. **y otras hierbas** *fam.* Expresión humorística con que se abrevia una enumeración.

hierbabuena *s. f.* **1.** Planta herbácea de la familia labiadas, especie *Mentha sativa*. Alcanza hasta 50 cm de altura, tiene hojas lanceoladas y flores rosadas y despide un olor agradable. Crece en el E y S de la península Ibérica y se utiliza como tónico y condimento. **2.** Nombre que se da a otras plantas labiadas parecidas a la anterior, como el poleo, el sándalo y la menta. ■ Se escribe también *hierba buena* o *yerbabuena*.

Hierbabuena (Mentha sativa).

hierofante *s. m.* **1.** Sacerdote que, en algunos templos griegos como el de Ceres Eleusina, dirigía las ceremonias de iniciación en los misterios sagrados. **2.** P. ext., toda persona que inicia a otra en algo oscuro y misterioso.

Hierón Nombre de dos soberanos de Siracusa. **Hierón I** (? - ? 466 a. C.) Tirano de Siracusa (478 - 466 a. C.). Extendió su dominio a la mayor parte de Sicilia y venció a etruscos y cartagineses. Acogió en Siracusa a los escritores Esquilo, Píndaro y Simónides. **Hierón II** (Siracusa h. 306 - ? 215 a. C.) Rey de Siracusa (265 - 215 a. C.). Venció a los mamertinos y fue proclamado rey el 265 a. C. Ante la amenaza romana pidió ayuda a Cartago, lo que dio inicio a la primera guerra púnica. Tras sitiar infructuosamente Messina, fue vencido por los romanos (264), con los que pactó una paz ventajosa que aseguró la prosperidad de Siracusa.

hierra *s. f. Amér. del S.* Acción de marcar con el hierro el ganado. ■ Se dice también *yerra*.

hierro *s. m.* **1.** Fe. Elemento químico del grupo VIII B del sistema periódico. Su número atómico es 26 y su masa atómica 55,8. Metal conocido y utilizado desde la prehistoria, se halla en diversos minerales, fundamentalmente los hematites y la limonita, en forma de óxidos, muy abundantes, cuyos yacimientos se distribuyen por toda la Tierra; en estado nativo se encuentra únicamente en pequeños yacimientos de Groenlandia y en los meteoritos. Es dúctil y tenaz, de color gris plateado, aunque normalmente se presenta negruzco por las impurezas de carbono. Como ion se encuentra en la sangre y en diversos tejidos animales y vegetales. Se emplea como metal, elaborándose en altos hornos de la industria siderúrgica. **2.** Arma, instrumento o pieza de hierro o de otro metal similar. **3.** Instrumento de este material que se calienta al rojo vivo para marcar el ganado, y marca realizada con este instrumento. **4.** Parte metálica y cortante de algunas armas y herramientas. ‖ *pl.* **5.** Instrumentos de hierro, como grilletes, cadenas, etc., usados para apresar las extremidades u otras partes del cuerpo. ‖ **6. hierro blanco** Variedad de hierro colado, llamada así por ser éste el color que adquiere. **7. hierro colado** (o **fundido**) El que ha sido fundido en los altos hornos. **8. hierro dulce** El que no tiene impurezas y se trabaja fácilmente. ‖ **Loc. a hierro y fuego** (o **sangre**) *adv.* A sangre y fuego, destruyéndolo todo, sin respetar a nadie ni nada. **quitar hierro** Quitar importancia o gravedad a algo.

PRINCIPALES PAÍSES PRODUCTORES DE HIERRO (Año 1990. En millones de tm)

Brasil	153,7
Ucrania	110
Rusia	107
Australia*	97,7
Estados Unidos	58,7
China*	52,5
India	51,1
Canadá	40,8
Rep. Sudafricana	30
Kazakhstán	22,5
Suecia	14
Liberia	12,8
Mauritania	12
Venezuela	11
México	5,1

* *Año 1989*

hierro, edad del Periodo de la prehistoria que se caracteriza por la utilización del hierro en la fabricación de armas y utensilios. Comenzó en Asia Menor en torno al s. XIV a. C. y en Europa, en la región danubiana, a fines del s. XI y principios del s. X a. C. En Occidente su primer periodo, llamado de *Hallstatt*, coincidió con el auge de la cultura celta y tuvo como principales características los poblados fortificados, las relaciones comerciales entre los pueblos de Europa, el uso del carro de guerra y la cerámica decorada con motivos geométricos. Durante el segundo periodo, llamado de *La Tène*, se produjo un contacto cultural entre los países danubianos, la Galia, la península Itálica y Grecia; en él surgieron los motivos decorativos animales, vegetales y de líneas espirales y se comenzó a acuñar moneda. Se prolongó hasta la expansión romana por el Occidente mediterráneo (s. III a. C.) y en los países europeos situados más allá del limes hasta la cristianización. En muchos lugares de Asia y África, el hierro no se conoció hasta siglos más tarde y en el Nuevo Mundo fue introducido desde Europa en los s. XV y XVI.

Hierro, El Isla de España perteneciente a la prov. de Santa Cruz de Tenerife, del archipiélago de las Canarias, situada en el SO del mismo, en el océano Atlántico. 288 km^2. 7.700 h. en 1990. La

Edad del hierro: a la izquierda, fíbulas del periodo de Hallstatt; a la derecha, armas celtibéricas del periodo de La Tène (Museo Arqueológico, Barcelona).

El Hierro: costa de El Golfo.

capital es Valverde, con 3.700 h. en 1990. Es una isla volcánica y montañosa, de costas altas y escarpadas. Su cima más elevada es la de Malpaso con 1.501 m. No cuenta con abundantes recursos naturales. Su economía se basa en cultivos de cereales, vid, patatas y huerta, y en la ganadería caprina.

Hierro, José (Madrid 1922) Poeta español. Pertenece a la generación de la posguerra y su poesía se caracteriza por la preocupación social, mezclando el testimonio sobre la realidad cotidiana con elementos imaginativos. Entre sus obras merecen citarse *Alegría* (1947), *Poesía del momento* (1957), *Quinta del 42* (1953) y *Cuanto sé de mí* (1957), título con el que editaron en 1974 sus poesías completas. Tras un largo silencio, en 1991 publicó *Agenda*.

hifa *s. f.* Cada uno de los filamentos que conforman el micelio de los hongos.

hi-fi Abreviatura de la expr. ingl. *High Fidelity*, alta fidelidad.

higa *s. f.* **1.** Amuleto en forma de puño al que se atribuye tradicionalmente la propiedad de librar a los niños del mal de ojo. **2.** Gesto realizado con el puño cerrado, dejando asomar el pulgar entre el índice y el corazón, usado despectivamente hacia las personas, o contra el mal de ojo. **3.** *vulg.* En determinadas frases, equivale a *nada* o a una cosa insignificante y se usa en tono despectivo y de burla.

higadillo *s. m.* Hígado de los animales pequeños, sobre todo de las aves, que se utiliza para el consumo alimenticio.

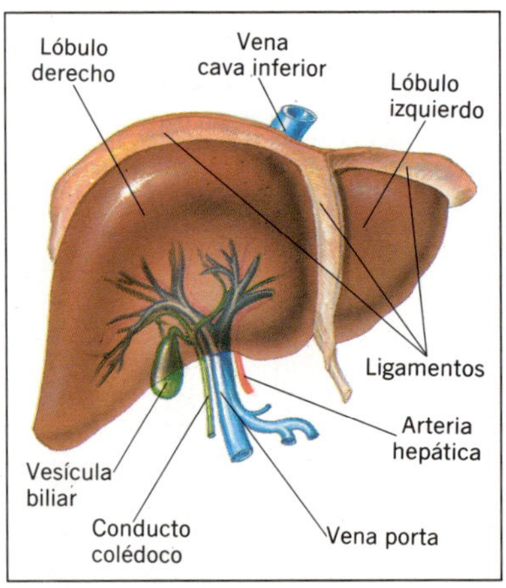

Esquema del hígado humano.

hígado *s. m.* **1.** Glándula perteneciente al aparato digestivo que segrega la bilis y realiza otras importantes funciones en el organismo. En el hombre está situado en la parte derecha del cuerpo, debajo del diafragma, por detrás y debajo del estómago. Segrega la bilis, que se almacena en la vesícula biliar y ayuda a la digestión de las grasas en el duodeno, al que vierte por medio del conducto colédoco. También actúa como elemento importante en el almacenamiento de las sustancias alimenticias absorbidas en el intestino, que llegan al órgano a través de la vena porta, y en la síntesis de diversos productos, como enzimas, proteínas diversas, etc. En particular, polimeriza la glucosa, transformándola en glucógeno, que se almacena hasta que sea necesaria su utilización. Las enfermedades principales del hígado son la hepatitis infecciosa, la cirrosis y el cáncer. ‖ *pl.* **2.** Valor, ánimo. **3.** Falta de escrúpulo.

higadoso, sa *adj. C. Rica, Méx.* Majadero, fastidioso.

Higashi-Osaka C. de Japón, situada en la isla de Honshu, al E de Osaka. 521.450 h. en 1989. Cuenta con industria mecánica y eléctrica.

Highlands (voz ingl. que significa 'tierras altas') Región geográfica del N de Escocia. Tiene un relieve montañoso que forma largos y estrechos valles ocupados por lagos (*lochs*). No dispone de muchos recursos naturales. Posee pequeñas explotaciones agrícolas, pero la base de su economía es la ganadería. Es una región que ofrece un gran atractivo para el turismo, sobre todo por la belleza de sus paisajes.

Highsmith, Patricia (Fort Worth 1921) Escritora estadounidense. Cultiva el género policiaco y su estilo se caracteriza por la creación de atmósferas opresivas, en las que lo cotidiano se va tornando progresivamente amenazador. Entre sus novelas más representativas figuran *Extraños en un tren* (1950), adaptada al cine por Alfred Hitchcock, *A pleno sol* (1955), primera de una serie de cinco libros dedicados al personaje de Tom Ripley, *Ese dulce mal* (1960) y *El diario de Edith* (1977).

higiene *s. f.* **1.** Limpieza del cuerpo y de los utensilios, viviendas, instalaciones, etc., que utilizan las personas, así como el conjunto de normas y prácticas destinadas a este fin. **2.** Parte de la medicina que se ocupa de las reglas y procedimientos que conducen a la conservación de la salud y la prevención de las enfermedades. Se ocupa fundamentalmente de la selección de las dietas alimenticias más adecuadas, del lavado de la piel, los dientes y otras partes del cuerpo, de la protección de la vista, del ejercicio físico, etc. La **higiene mental** se dedica especialmente a la protección de la salud psíquica del individuo, tanto en su ambiente familiar como en relación con su trabajo. La **higiene industrial** tiene por objeto la protección de los trabajadores contra accidentes o enfermedades específicas de su tipo de trabajo (enfermedades profesionales).

higiénico, ca *adj.* Perteneciente o relativo a la higiene.

higienista *adj.* Especialista en higiene. También *s.*

higienizar *v. tr.* Hacer que algo se acomode a las normas de la higiene. ■ Se conjuga como *cazar.* **Fam.** Higienización.

higo *s. m.* **1.** Fruto de la higuera. Es un sicono blando, de sabor dulce, por dentro de color encarnado y blanco, lleno de pequeñas semillas y cubierto de una fina piel verdosa, negra o morada según las variedades. Se toma como postre, fresco o seco. **2.** En ciertas frases, y en tono despectivo o de burla, equivale a *nada.* ‖ **3. higo chumbo** Fruto dulce y carnoso de la chumbera o nopal. ‖ **Loc. de higos a brevas** *adv. fam.* De tarde en tarde, pasando mucho tiempo entre una vez y otra. **hecho un higo** *adj. fam.* Muy estropeado o arrugado.

higrófilo, la *adj.* Se aplica a los organismos que buscan la humedad, y en especial a las plantas que necesitan un medio muy húmedo para desarrollarse. También *s.*

higrófobo, ba *adj.* Se aplica a los organismos que no pueden adaptarse a los sitios húmedos. También *s.*

higrometría *s. f.* Disciplina de la meteorología que se ocupa de medir y analizar la humedad atmosférica. Se denomina también *higroscopia.*

higrométrico, ca *adj.* **1.** Perteneciente o relativo a la higrometría o al higrómetro. **2.** Se aplica a los cuerpos que cambian sensiblemente con las variaciones de la humedad atmosférica, dilatándose o contrayéndose.

higrómetro *s. m.* Instrumento que mide la humedad del aire atmosférico. Se basa en el em-

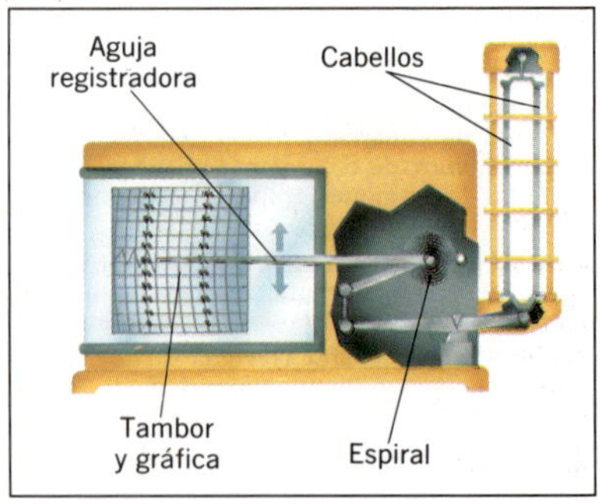

Higrómetro de cabellos: los cabellos se estiran con la humedad o encogen con la sequedad y ponen en movimiento una aguja; ésta registra los cambios de humedad en una gráfica arrollada a un cilindro que gira uniformemente.

pleo de materias orgánicas que al absorber humedad se dilatan. Se denomina también *higroscopio.*

higroscopia *s. f.* Higrometría*.

higroscopio *s. m.* **1.** Higrómetro*. **2.** Aparato dotado de una cuerda de tripa que se tensa o destensa según la humedad del aire sea mayor o menor, moviendo una figurilla o aguja indicadora.

higuera *s. f.* Nombre común de diversos árboles de la familia moráceas, género *Ficus.* De mediana altura y madera blanda, tiene hojas grandes, lobuladas y dentadas, verdes y brillantes en el haz y grises y ásperas en el envés. Sus flores nacen en un receptáculo carnoso a partir del cual se forma el higo, infrutescencia llamada sicono que contiene en su interior los granillos o verdaderos frutos. La especie más conocida es la higuera común *(Ficus carica).* Algunas variedades pueden producir dos cosechas: en otoño se recogen los higos y en la primavera siguiente (o principios del verano) las brevas, que son más grandes. Crecen en regiones tropicales, subtropicales y algunas templadas. ‖ **Loc. estar en la higuera** *fam.* Estar muy distraído o desorientado, no enterarse de nada. **Fam.** Higueral.

Higuera común (Ficus carica).

Híjar, Rodrigo Sarmiento de Silva, duque de (Madrid 1600 - León 1664) Aristócrata español. Casó con la duquesa de Híjar (1622), descendiente de la familia real de Aragón. Cuando Haro reemplazó como valido al conde-duque de Olivares, conspiró contra aquél y fue desterrado a La Mancha durante dos años. En 1648 participó en una descabellada conjura para destronar a Felipe IV y proclamarse rey de Aragón, por lo que fue castigado a prisión perpetua en el castillo de León.

hijastro, tra *s. m.* y *f.* Respecto a una persona que se ha casado con otra, los hijos que esta última ha tenido de una unión anterior.

hijear *v. intr. amer.* Retoñar, echar brotes una planta.

hijo, ja *s. m.* y *f.* **1.** Cualquier persona o animal respecto a sus padres. **2.** Toda persona respecto al lugar donde ha nacido. **3.** Resultado, consecuencia, producto. **4.** Cada uno de los hombres respecto a Dios. **5.** Nombre que habitualmente se da al yerno y a la nuera respecto a sus suegros. **6.** Miembro de una orden religiosa en relación a su fundador. **7.** *fam.* Expresión con que una persona se dirige a otra con variados matices, como cariño, impaciencia, enfado, etc. ‖ *s. m.* **8.** Brote o retoño de una planta. ‖ *pl.* **9.** Descendientes. ‖ **10. el Hijo de Dios** (o **Hijo del Hombre**) Jesucristo. **11. hijo de papá** El que se aprovecha de la buena situación económica de sus padres, sin hacer nada por sus propios medios. **12. hijo natural** El que se tiene sin haberse casado. **13. hijo político** El yerno o la nuera respecto a sus suegros. ‖ **LOC. como** (o **cualquier** o **todo**) **hijo de vecino** *fam.* Como cualquier persona normal y corriente.

hijuela *s. f.* **1.** Cosa que es derivada o ramificada de otra principal, como p. ej. un camino, una ruta o un canal. **2.** Cada una de las partes en que se ha dividido una herencia y documento donde se deja constancia de las mismas. ‖ **LOC. costarle** a uno algo **la hijuela** *fam.* Costarle mucho, salirle muy caro.

Hikmet, Nazim (Tesalónica 1902 - Moscú 1963) Escritor turco. Residió en Moscú (1921-23 y 1923-28). Nuevamente en su patria, fue encarcelado por comunista (1938-50) y tuvo que exiliarse en la URSS. Renovó la poesía turca, que utilizaba la métrica árabe y persa, con la utilización del verso libre. En su producción lírica destacan *835 líneas* (1928), *La Gioconda* (1929), *Telegramas turcos* (1956), *El duro oficio del exilio* (1958) y *Este año de 1941* (1961); de sus obras teatrales, *La leyenda del amor* (1948), *José en la tierra de Egipto* (1948) y *¿Existió realmente Ivan Ivanovich?* (1956) y en su narrativa, *Las manzanas verdes* y *La caravana pasa.*

hila *s. f.* **1.** Hilado, acción y efecto de hilar. **2.** Conjunto de hebras sacadas de un trozo de tela, empleado en medicina para curar las heridas antes de utilizarse algodón hidrófilo. Se usa sobre todo en *pl.*

hilachento, ta *adj. amer.* Andrajoso, deshilachado.

hilacho, cha *s. m.* y *f.* **1.** *desp.* Trozo de hilo que cuelga de una tela o prenda. ‖ *s. f.* **2.** Parte muy pequeña que queda de algo. Se usa más en *pl.* ‖ *s. m. pl.* **3.** *Méx.* Harapos, andrajos.

hilada *s. f.* Serie de cosas dispuestas en fila, particularmente las hileras de ladrillos de un muro.

hiladillo *s. m.* Hilo que sale de la maraña de la seda que se hila en la rueca.

hilado, da 1. *p. p.* de **hilar**. ‖ *adj.* **2.** Se aplica a cualquier cosa que haya sido convertida en hilos. ‖ *s. m.* **3.** Acción y efecto de hilar. **4.** Fibra textil transformada en hilos. Se usa sobre todo en *pl.*

hilandería *s. f.* **1.** Oficio y arte de hilar. **2.** Taller donde se fabrican los hilados.

hilandero, ra *s. m.* y *f.* Persona que tiene como oficio hilar.

hilar *v. tr.* **1.** Transformar en hilo materias textiles como lino, seda, lana, algodón, etc. **2.** Elaborar el gusano de seda y algunos insectos, como las arañas, la hebra para tejer sus capullos o telas. **3.** Pensar o deducir unas cosas de otras. ‖ **LOC. hilar fino** (o **delgado**) Pensar o actuar con mucha precisión y acierto.

hilarante *adj.* **1.** Que produce ganas de reír o alegría. ‖ **2. gas hilarante** Nombre que se daba al óxido nitroso por sus propiedades anestésicas, que dejan en un estado de aturdimiento que recuerda a la alegría.

hilaridad *s. f.* Risa ruidosa y prolongada.

hilatura *s. f.* **1.** Arte, industria y comercialización de los hilados. **2.** Lugar donde se hilan las materias textiles.

hilaza *s. f.* **1.** Materia textil transformada en hilos. **2.** Hilo grueso y desigual.

Hilbert, David (Königsberg 1862 - Gotinga 1943) Matemático alemán. Autor de la teoría del cuerpo de los números algebraicos, escribió *Fundamentos de geometría* (1899), donde estructura esta ciencia por medio de un conjunto de 21 axiomas.

Hildebrand, Adolf von (Marburg 1847 - Munich 1921) Escultor alemán. Se formó artísticamente durante una larga estancia en Roma. Destacó tanto por su obra escultórica como por sus exposiciones teóricas (*Problema de la forma en las artes plásticas*, 1893) y desarrolló en ambas facetas una corriente de renovación clasicista. Entre sus obras más significativas figuran *El aguador* (1878-80) y la estatua ecuestre de Bismarck, en Bremen (1907-10).

Hildebrandt, Johann Lukas von (Génova 1668 - Viena 1745) Arquitecto austriaco. Es una de las grandes figuras del Barroco en Austria. Construyó el palacio Daun-Kinsky (1713-16), el palacio de Harrach (1714) y, sobre todo, el palacio Belvedere en Viena (1714-22), caracterizados por la monumentalidad y la rica decoración interior.

Hildesheim C. de Alemania, situada en la Baja Sajonia, al SE de Hannover. 103.500 h. en 1989. Cuenta con industrias metalúrgicas, mecánicas, químicas y del calzado. Es un centro universitario que posee un valioso conjunto monumental de la Edad Media, restaurado después de la Segunda Guerra Mundial.

hilemorfismo *s. m.* Teoría filosófica, creada por Aristóteles y seguida por la mayoría de los escolásticos, según la cual toda sustancia o realidad concreta está constituida por dos principios esenciales: uno pasivo e indeterminado, la materia, que no varía y que es el fundamento de la continuidad del mundo físico, y otro activo y universal, la forma, que varía en cada cambio sustancial y hace ser a la cosa lo que es, dándole las características y propiedades que posee.

hilera *s. f.* **1.** Conjunto de personas, animales o cosas colocados en línea. **2.** Instrumento que consiste en una lámina de acero o diamante provista de agujeros por donde se hacen pasar los metales para reducirlos a hilo o alambre. ‖ *pl.* **3.** Apéndices situados alrededor del ano de algunos animales hiladores, como las arañas, donde se encuentran las glándulas con las que elaboran el líquido para formar los hilos.

Hill, Archibald Vivian (Bristol 1886 - Cambridge 1977) Fisiólogo británico. Obtuvo el premio Nobel de medicina de 1922, compartido con Otto Meyerhof, por su descubrimiento sobre la producción de calor durante la contracción muscular.

Hillary, Edmund (Auckland 1919) Alpinista neozelandés. Junto al sherpa Tensing coronó en 1953 la cima del monte Everest, en la cordillera del Himalaya, la mayor altura de la Tierra.

Hilliard, Nicholas (Exeter h. 1547 - Londres 1619) Pintor inglés. Fue nombrado retratista y orfebre real por la reina Isabel I, aunque hacia el final de su vida perdió los favores de la corona y fue encarcelado en 1617. Pintó numerosos retratos que, concebidos al modo de joyas o camafeos, son muestra de una gran elegancia y de la agudeza psicológica de su autor. Entre ellos sobresalen los que hizo de Isabel I y de María Estuardo.

hilo *s. m.* **1.** Fibra larga y delgada de una materia textil como el algodón, el lino, la lana, etc., que se usa para hacer tejidos o para coser. **2.** Filamento o hebra de material flexible. **3.** Hebra que segregan los gusanos de seda y las arañas y otros insectos para confeccionar sus capullos y telas. **4.** Tipo de tela hecha con fibra de lino. **5.** Chorro muy delgado de un líquido. **6.** P. ext., se aplica a otras cosas, como la voz, para indicar su debilidad. **7.** Desarrollo del discurso, de un pensamiento, etc. **8.** Curso que siguen las cosas. ‖ **LOC. colgar** (o **pender**) **de un hilo** *fam.* Estar en peligro o en una situación muy poco segura. **perder el hilo** Olvidar alguien en una conversación lo que estaba diciendo.

hilobatinos *s. m. pl.* Subfamilia de mamíferos perteneciente al orden primates, suborden antropoides, que comprende seis especies del género *Hylobates*, los gibones, y una del género *Symphalangus*, el siamang. Son los antropoides de menor tamaño, tienen pelaje abundante de diversas tonalidades, brazos muy largos, cabeza pequeña y carecen de cola. Sus costumbres son arborícolas y habitan en selvas del sudeste asiático e Indonesia. Algunos autores la clasifican como familia con el nombre de *hilobátidos*. También *adj.* y *s. m.*

hilozoísmo *s. m.* Doctrina filosófica, sostenida por algunos pensadores presocráticos, según la cual toda materia está dotada de vida.

hilván *s. m.* **1.** Costura de puntadas largas que se hace de forma provisional para marcar señales en la tela o para sujetar las piezas mientras se realiza el cosido definitivo; también, cada uno de los hilos con que está hecha. **2.** *Arg., Chile, Par., Urug.* Hilo empleado para esta clase de costura.

hilvanar *v. tr.* **1.** Coser con hilvanes. **2.** Trazar a grandes rasgos un proyecto, una idea, etc. **3.** Enlazar unas ideas con otras, darles un sentido coherente. También *v. prnl.*

Himachal Pradesh Estado de la India, situado en el NO del país. 4.280.818 h. en 1981. La capital es Simla, con 70.600 h. en 1981. Sus tierras son montañosas y muy poco cultivadas. Carece de industria, pero cuenta con una importante artesanía textil. El principal recurso económico del estado es la madera.

Himalaya Gran cordillera asiática, situada al S de la meseta del Tíbet, que se extiende de O a E por Pakistán, China, India, Nepal y Bután, desde el Hindu Kush hasta Yunan. Su anchura varía entre los 200 y los 400 km y su longitud es de 2.500 km. Doscientos de sus picos superan los 7.000 m de altura y catorce los 8.000 m, entre los que se encuentra el Everest (8.848 m), cima más alta de la Tierra. Se formó en un movimiento orogénico entre el eoceno y el oligoceno, completando su formación con fases tectónicas de fines del terciario y del cuaternario. Sus picos dominan grandes mesetas y cuencas profundas, como el valle de Cachemira y la cuenca de Katmandú. En ella nace una importante red hidrográfica de ríos transversales cuyo curso se orienta al S: Jhelum, Chenab, Yamuna, Ganges, Indo y en la vertiente N el Brahmaputra.

Himeji C. de Japón, situada en el S de la isla de Honshu, al O de Osaka. 453.600 h. en 1978. Cuenta con industrias siderúrgicas, mecánicas, petroquímicas y textiles. Conserva una de las más representativas fortalezas japonesas de la época shogun, el castillo de la Garza Blanca (s. XIV - XV).

himen *s. m.* Repliegue membranoso que recubre y reduce el orificio externo de la vagina en las mujeres vírgenes.

himeneo *s. m.* **1.** En lenguaje literario, boda, casamiento. **2.** Composición poética en la que se canta esta celebración.

himenio *s. m.* Capa que forman las esporas de los hongos.

Cordillera del Himalaya, vista desde Nepal.

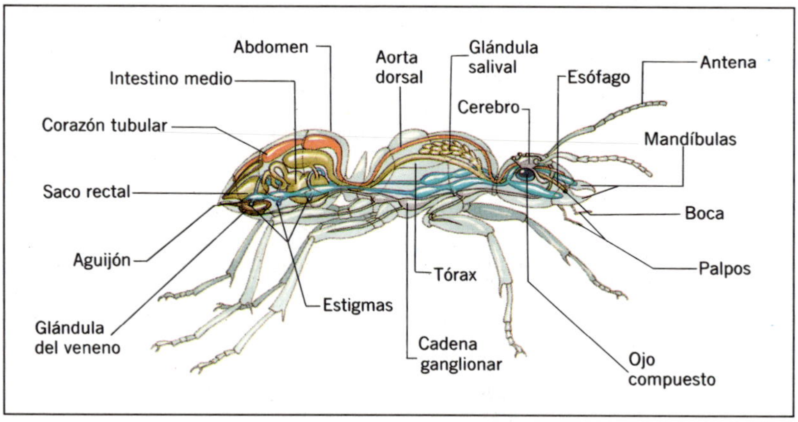

Himenópteros: anatomía interna de una hormiga.

himenópteros *s. m. pl.* Orden de insectos al que pertenecen más de 100.000 especies comprendidas en los subórdenes sínfitos y apócritos. Se caracterizan por poseer generalmente dos pares de alas membranosas y transparentes, de los cuales el anterior es el mayor, y un aparato bucal masticador y, a menudo, también lamedor y chupador. Su tamaño, aspecto y costumbres son extremadamente variados. Muchas de sus especies son insectos sociales y también muchas parásitas de otros insectos. Himenópteros son las hormigas, las avispas y las abejas. También *adj.* y *s. m.*

Himes, Chester (Jefferson City 1909 - Moraira, España 1984) Novelista estadounidense. Escritor de raza negra, en una primera época denunció los problemas raciales y la violencia de los blancos en su país, como en *Si chilla suéltalo* (1945). Posteriormente cultivó el género policiaco negro en títulos como *Por amor a Imabelle* (1957), *Algodón en Harlem* (1965), *Corre, hombre* (1966) y *Un ciego con una pistola* (1969).

Himmler, Heinrich (Munich 1900 - Lüneburg 1945) Político alemán. Destacado miembro del partido nazi, fue nombrado jefe de las SS en 1929, de la Gestapo en 1934 y ministro del Interior (1943). Fue uno de los principales responsables del exterminio producido en los campos de concentración. Destituido por Hitler en 1945 tras intentar concertar un armisticio con los aliados, fue detenido por los británicos y se suicidó antes de ser juzgado.

himno *s. m.* Composición poética o musical de tono solemne en alabanza de seres, hechos o cosas que son considerados importantes.

Hinault, Bernard (Yffiniac, Côtes-du-Nord 1954) Ciclista francés. Venció en el Tour de Francia (1978, 1979, 1981 y 1982), el Giro de Italia (1980 y 1982) y la Vuelta a España (1983).

hincada *s. f.* **1.** *amer.* Acción y efecto de hincar. **2.** *Chile, Ec., P. Rico.* Genuflexión. **3.** *Perú, P. Rico.* Dolor agudo, punzada.

hincapié *s. m.* Acción de asegurar el pie o los pies en un sitio para apoyarse y hacer fuerza con el resto del cuerpo. Se usa casi exclusivamente en la locución **hacer hincapié**, con el significado de insistir.

hincar *v. tr.* **1.** Clavar una cosa, normalmente con punta, empujando con fuerza. También *v. prnl.* **2.** Apoyar con fuerza una cosa en otra. ■ Se conjuga como *sacar.* ‖ **Loc. hincarse de rodillas** Arrodillarse.

hincha *s. f.* **1.** *fam.* Antipatía, manía. ‖ *s. m.* y *f.* **2.** Persona que sigue con entusiasmo a un equipo deportivo o, p. ext., a cualquier persona destacada o famosa, como actores, cantantes, etc.

hinchado, da **1.** *p. p.* de **hinchar**. También *adj.* ‖ *adj.* **2.** Engreído, vanidoso. **3.** Aplicado al lenguaje o al estilo, pomposo, enfático, grandilocuente. ‖ *s. f.* **4.** Conjunto de hinchas.

hinchar *v. tr.* **1.** Hacer que algo aumente de volumen llenándolo de un gas o de otra cosa. También *v. prnl.* **2.** Exagerar. **3.** Aumentar el agua de un río o arroyo. También *v. prnl.* ‖ *v. prnl.* **4.** Abultarse una parte del cuerpo por un golpe, una herida, etc. **5.** Comer o hacer cualquier cosa en exceso. **6.** Darse importancia, presumir. ‖ **Loc. hinchar** (o **hinchársele**) a uno **las narices** *fam.* Enfadar(se), hartar(se).

hinchazón *s. f.* **1.** Efecto de hinchar o hincharse. **2.** Cualidad de hinchado.

Hindemith, Paul (Hanau 1895 - Frankfurt del Main 1963) Compositor alemán. Creó el contrapunto inarmónico, en el que mezclaba las formas de combinación clásica con un régimen atonal. En sus trabajos teóricos subrayó el carácter utilitario de la música y la necesidad de que el público adoptara una actitud participativa y no meramente pasiva. A consecuencia de su ópera *Matías el pintor*, representada en 1934, fue perseguido por los nazis y tuvo que abandonar el país tres años más tarde. Entre sus obras más importantes figuran *Esperanza de las mujeres* (1921), *Cardillac* (1926), *Los cuatro temperamentos* (1940), *Ludus Tonalis* (1942), *Metamorfosis sinfónicas* (1943) y *Armonía del mundo* (1957).

Hindenburg, Paul von Beneckendorff und von (Posen 1847 - Neudeck, Prusia Oriental 1934) Militar y político alemán. Participó en la Primera Guerra Mundial, en la que dirigió con brillantez la campaña del frente oriental. En 1925 fue elegido presidente de la república, apoyado por los partidos de derechas, en una época de grave crisis económica y política. En 1933 nombró a Hitler canciller alemán.

hindi *s. m.* Lengua oficial de la India, derivada del sánscrito.

hindú *adj.* De la India; se aplica particularmente a los que practican el hinduismo o el budismo, en oposición a los de religión musulmana, y a lo relacionado con ellos. También *s.*

hinduismo *s. m.* Conjunto de creencias diversas predominante en la India actual, que deriva del vedismo y brahmanismo antiguo, y según el cual el hombre ha de pasar por una serie de formas de vida para lograr la salvación, lo que sólo consigue mediante un estricto cumplimiento de las normas morales. A diferencia de otras grandes religiones, el hinduismo carece de un fundador y su origen corre parejo a los comienzos de la historia de la India. No se trata de una religión única, sino de la formación de distintas concepciones, tales como el brahmanismo, el budismo y el jainismo, originadas a partir de las tradiciones que se desprenden de sus textos sagrados: los *Veda* (doctrina revelada, redactada entre el año 2000 y el 600 a. C.) y las grandes epopeyas *Ramayana* y *Mahabharata* (interpretaciones de esa doctrina, escritas entre los años 600 y 300 a. C.). Según el hinduismo, la vida se mueve en dos niveles diferentes: uno es el de la existencia material y terrena, y otro el de la realidad eterna. El lugar que ocupan los seres en el mundo está en función de un orden superior (ley universal: *dharma*) que engloba su existencia concreta y que viene determinado por el nacimiento. De este modo, la sociedad se compone de cuatro castas: la de los *brahmanes*, clase superior y única a la que es permitido conocer los textos sagrados; los *chatría*, integrada por príncipes y guerreros; los *vaisya*, industriales y comerciantes, y los *sudra*, grupo inferior constituido por la parte de la población dedicada a las tareas más innobles. El hecho de pertenecer a una casta u otra no es arbitrario; depende de la conformidad a la ley universal que se haya seguido en vidas anteriores. La desigualdad social se concibe como la expresión de una justicia inmanente a todo. El hinduismo reconoce principalmente dos divinidades, Visnú y Siva, cuyas representaciones son variadas. El objetivo de la vida religiosa de los hindúes es la liberación del ciclo de reencarnaciones, lo que supone la inmortalidad, sólo alcanzable a través de la renuncia, la abstinencia y la contemplación. **Fam.** Hinduista.

hiniesta *s. f.* Retama*.

hinojo[1] (del bajo lat. *genuculum*, de *genu*, rodilla) *s. m.* Rodilla. Se emplea exclusivamente en lenguaje literario en la loc. adv. **de hinojos**, de rodillas.

hinojo[2] (del bajo lat. *fenuculum*, de *fenum*, heno) *s. m.* Planta herbácea de la familia umbelíferas, especie *Foeniculum vulgare*. Anual o vivaz, llega a alcanzar los 2 m de altura y tiene hojas recortadas, flores amarillas en umbelas y frutos en aquenio. Originaria del ámbito mediterráneo, existe en forma silvestre en América y Europa Central. Se usa como condimento por el sabor anisado de sus frutos y en medicina como carminativo y expectorante.

Hinshelwood, Cyril Norman (Londres 1897 - íd. 1967) Químico británico. Profesor en Oxford, fue premiado con el Nobel de química de 1956, compartido con Nikolai N. Semionov, por sus investigaciones sobre los mecanismos de las reacciones en cadena.

hinterland (voz al.) *s. m.* **1.** Área de influencia de un centro urbano, industrial o comercial, del que depende fundamentalmente en lo económico. **2.** Territorio próximo a una colonia en el que se dejaba sentir la influencia de la metrópoli.

hioides *s. m.* Hueso impar y solitario del cuello de los vertebrados. Tiene forma parabólica y se halla situado entre la base de la lengua y la laringe.

hipálage *s. f.* Figura retórica que consiste en aplicar un complemento a otra palabra distinta de aquella a la que lógicamente debería referirse. P. ej., en la frase *El agua corre por caños susurrantes*, el adjetivo *susurrantes*, a pesar de acompañar al sustantivo *caños*, se refiere a *agua*.

hipar *v. intr.* **1.** Tener hipo. **2.** Llorar o sollozar produciendo sonidos parecidos al hipo.

Hiparco (Nicea h. 190 - ? h. 120 a. C.) Astrónomo griego. Realizó sus trabajos astronómicos en Rodas. Midió la distancia y tamaño del Sol y de la Luna y calculó el año solar. Encontró una explicación para la precesión de los equinoccios. Construyó el primer mapa estelar y clasificó las estrellas según su brillo. Diseñó un nuevo esquema del universo y redujo las esferas celestes a siete, una para cada planeta, e introdujo la teoría de las deferentes y los epiciclos para justificar los movimientos de los planetas. Inventó también un astrolabio.

hiper- *pref.* Significa 'mucho, grande o excesivo': *hipersensibilidad, hipermercado, hipermetropía.*

hiperactividad *s. f.* **1.** En psicol., alteración de la conducta infantil que se caracteriza por el exceso de movimientos del niño y la incapacidad de permanecer quieto o sentado. **2.** Situación o actitud de las personas ocupadas simultáneamente en distintas actividades o proyectos. **Fam.** Hiperactivo.

hiperacusia *s. f.* Aumento exagerado de la agudeza auditiva general, acompañada a menudo de sensación dolorosa.

hipérbaton *s. m.* Figura retórica que consiste en una alteración del orden normal de las palabras o las frases.

hipérbola *s. f.* Curva plana y simétrica que resulta de cortar una superficie cónica por un plano paralelo a su eje. Es el lugar geométrico de los puntos del plano cuya diferencia de distancias a dos puntos fijos llamados *focos* es constante.

hipérbole *s. f.* Figura retórica que consiste en deformar la realidad exagerándola.

hiperbólico, ca *adj.* **1.** Perteneciente o relativo a la hipérbola. **2.** Que tiene forma de hipérbola o que se parece a ella. **3.** Perteneciente o relativo a la hipérbole; exagerado. **Fam.** Hiperbólicamente.

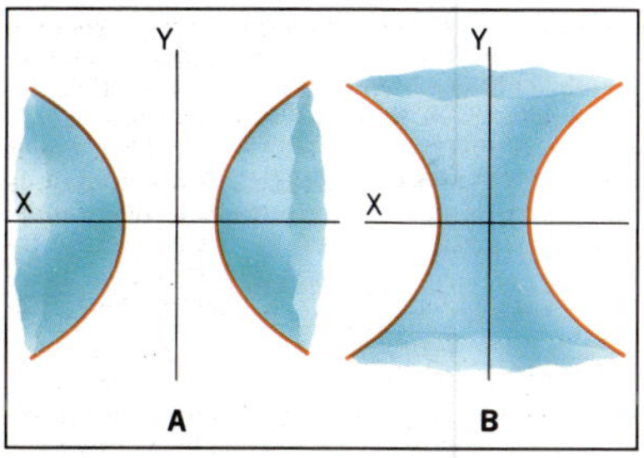

Hiperboloide: A. De dos hojas. B. De una hoja.

hiperboloide *s. m.* Superficie engendrada al girar una hipérbola alrededor de uno de sus ejes. Si el giro se hace alrededor del eje real (eje X en la figura), se obtiene el hiperboloide de dos hojas. Si se hace alrededor del eje imaginario (eje Y), se obtiene el hiperboloide de una hoja.

hiperbóreo, a *adj.* **1.** Se aplica a las regiones situadas en el extremo N, cerca del Polo, así como a lo relacionado con las mismas. **2.** En la mitología griega, perteneciente o relativo a un pueblo utópico y legendario que habitaba en las regiones septentrionales.

hipercinesia *s. f.* Excesiva movilidad o inquietud motora.

hiperclorhidria *s. f.* Exceso de ácido clorhídrico en el jugo gástrico, que produce acidez de estómago. **FAM.** Hiperclorhídrico.

hipercolesterolemia *s. f.* En med., elevación del índice de colesterol en la sangre por encima de los valores normales.

hiperemesis *s. f.* Tendencia a padecer vómitos frecuentes, sobre todo las mujeres durante el embarazo.

hiperemia *s. f.* Acumulación anormal de sangre en alguna parte del cuerpo.

hiperespacio *s. m.* Espacio de más de tres dimensiones.

hiperestesia *s. f.* Sensibilidad excesiva que llega a producir dolor. **FAM.** Hiperestésico.

hiperfocal *adj.* En fotografía, se aplica a la distancia comprendida entre un objetivo enfocado al infinito y el límite más próximo al mismo que resulta enfocado con nitidez.

hiperglucemia *s. f.* Presencia excesiva de azúcar en la sangre.

hiperinflación *s. f.* Subida de los precios por encima de la tasa del 20% y que en ocasiones puede alcanzar índices de hasta el 1.000 % anual. Es característica de periodos de posguerra, como la que afectó a Alemania tras la Primera Guerra Mundial, o de graves crisis político-económicas, como las que afectaron a Argentina y Brasil en la década de los ochenta.

hipermedios *s. m. pl.* En inform., acceso tridimensional o asociativo a la información de cualquier tipo (texto, imágenes, gráficos, grabaciones de vídeo, audio, etc, contenida en un ordenador. Cuando se trata únicamente de información en forma de texto su tratamiento asociativo se denomina *hipertexto*.

hipermercado *s. m.* Supermercado perteneciente a la categoría de las grandes superficies que suele estar situado en las afueras de las ciudades y que ofrece gran cantidad de artículos con precios normalmente más bajos.

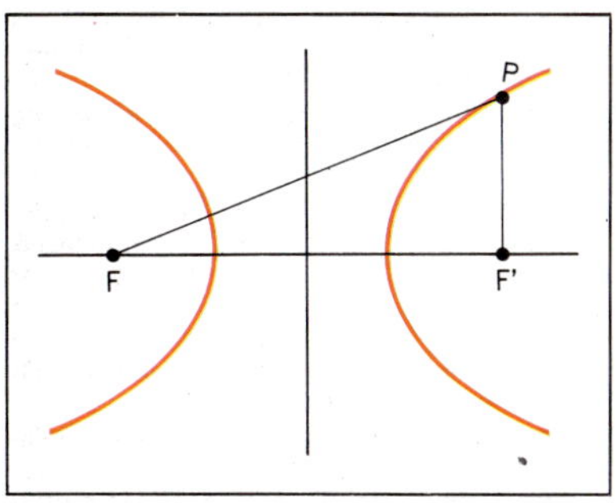

Hipérbola: en esta curva plana se cumple que FP–F'P es constante, siendo F y F' los focos.

hipermétrope *adj.* Que tiene hipermetropía. También *s.*

hipermetropía *s. f.* Defecto de la visión que impide ver bien de cerca por formarse la imagen de los objetos más allá de la retina, debido a la falta de convergencia del cristalino. Se corrige con lentes convergentes.

hiperoxia *s. f.* Aumento o exceso de oxígeno en los tejidos del organismo.

hiperplasia *s. f.* Excesiva multiplicación de células en un tejido u órgano.

hiperrealismo *s. m.* Movimiento artístico contemporáneo, caracterizado por representar la realidad con el máximo de fidelidad al modelo. Sus principales manifestaciones se dan en la pintura, que se asemeja en ocasiones a la reproducción fotográfica, y en la escultura, que crea figuras de tamaño natural realizadas con fibras sintéticas o plásticos. Surgido en EE UU a fines de los años sesenta, sus más destacados representantes son los pintores John Kacere, Malcolm Morley, Chuck Close, Richard Estes y Thomas Blackwell, y los escultores Duane Hanson y John de Andrea. En España, los pintores más sobresalientes dentro de esta línea son Antonio López, Cristóbal Toral, Manuel Villaseñor, José Manuel Capuletti y Eduardo Naranjo. **FAM.** Hiperrealista.

hipersensibilidad *s. f.* Sensibilidad extremada.

hipersensible *adj.* **1.** Excesivamente sensible a algún agente o sustancia. **2.** Persona que es muy sensible a las emociones y estímulos afectivos.

hipersónico, ca *adj.* Se aplica a la velocidad superior a los 6.000 km/h. (Mach 5) y a las aeronaves capaces de alcanzarla.

hipersustentador *s. m.* Dispositivo del ala de los aviones que proporciona una sustentación adicional en las maniobras de despegue y aterrizaje.

hipertensión *s. f.* Tensión excesivamente alta de la sangre en el aparato circulatorio.

hipertenso, sa *adj.* Que padece hipertensión. También *s.*

hipertermia *s. f.* Aumento anormal de la temperatura del cuerpo.

hipertexto *s. m.* En inform., acceso tridimensional a la información escrita contenida en un ordenador. Permite acceder a dicha información mediante la asociación de ideas, eludiendo las limitaciones de la página impresa. En un sistema hipertexto basta situar el cursor de la pantalla sobre una palabra o frase y pulsar la tecla de introducción para obtener su definición o pasar a otras secciones del texto que tengan alguna relación con ella.

hipertiroidismo *s. m.* Actividad excesiva de la glándula tiroides y conjunto de trastornos que origina.

hipertrofia *s. f.* **1.** Crecimiento excesivo, y por tanto anormal, de un órgano o de un organismo. **2.** P. ext., crecimiento desmesurado de otras cosas. **FAM.** Hipertrófico.

hipertrofiarse *v. prnl.* Producirse hipertrofia en un órgano u organismo o, p. ext., en otras cosas.

hípico, ca *adj.* **1.** Perteneciente o relativo al caballo. Se aplica específicamente a lo relacionado con los deportes de caballos. ‖ *s. f.* **2.** Deporte que se practica a caballo, en la modalidad de carreras o en la de saltos de obstáculos.

hipido *s. m.* Acción y efecto de hipar o sollozar.

hipismo *s. m.* Conjunto de conocimientos acerca de la cría del caballo y su adiestramiento, especialmente para el deporte.

hipnosis *s. f.* Estado parecido al sueño, provocado en una persona por medios artificiales o psíquicos, cuyo efecto más característico es la receptividad de la voluntad del hipnotizado a la del hipnotizador. Fue estudiada en el s. XVIII por el médico austriaco Franz Mesmer y utilizada por el francés Charcot en el tratamiento de la histeria y por Sigmund Freud para ayudar a los neuróticos a recordar sucesos traumáticos olvidados, aunque después la rechazó en favor del psicoanálisis. También se ha utilizado para reducir o evitar dolores.

hipnótico, ca *adj.* **1.** Perteneciente o relativo a la hipnosis o al hipnotismo. **2.** Se aplica al medicamento utilizado para producir sueño. También *s. m.* **3.** Magnético, fascinador, que atrae irresistiblemente la atención. ‖ **4. trance hipnótico** Estado del que ha sido hipnotizado.

hipnotismo *s. m.* Conjunto de teorías y fenómenos referentes a la hipnosis y a los procedimientos empleados para producirla.

hipnotizar *v. tr.* **1.** Producir hipnosis en alguien. **2.** Atraer mucho a alguien o influir poderosamente en él. ■ Se conjuga como *cazar.* **FAM.** Hipnotizable, hipnotización, hipnotizado, hipnotizador, hipnotizante.

hipo *s. m.* **1.** Serie de inspiraciones bruscas, acompañadas de un ruido característico, producidas por la contracción del diafragma. **2.** Ruido similar que se provoca al intentar contener el llanto. ‖ **LOC. quitar el hipo** *fam.* Asombrar, sorprender algo por su belleza o buenas cualidades.

hipo- *pref.* **1.** Significa 'poca cantidad, inferioridad, subordinación': *hipotensión, hipocondriaco.* **2.** En quím., indica que el elemento no metálico de un oxoácido u oxoal actúa con su menor valencia. P. ej. en el ácido hipocloroso (HClO), el cloro actúa con la menor de sus valencias posibles.

hipocampo *s. m.* **1.** Caballito* de mar. **2.** En la mitología griega, monstruo marino mitad caballo, mitad pez. **3.** En anat. y fisiol., sector de la circunvolución límbica de Broca situado en la cara media o interna de los hemisferios cerebrales a nivel del lóbulo temporal. Sus funciones, aún no plenamente establecidas, están relacionadas con la actividad emocional y la memoria reciente.

hipocentro *s. m.* Lugar del interior de la corteza terrestre donde tiene su origen un movimiento sísmico o terremoto. El punto de la superficie situado en su vertical, que se denomina *epicentro*, es el lugar donde el terremoto desarrolla mayor intensidad y a partir del cual se desplazan las ondas sísmicas.

hipoclorito *s. m.* Sal del ácido hipocloroso que resulta de sustituir el átomo de hidrógeno de dicho ácido por un metal monovalente, como p. ej. el hipoclorito de sodio NaClO, componente básico de la lejía, o el hipoclorito de calcio $Ca(ClO)_2$.

hipocondría *s. f.* Estado de ansiedad o melancolía debido a una preocupación constante y angustiosa por la propia salud, particularmente por contraer enfermedades.

hipocondriaco o **hipocondríaco, ca** *adj.* **1.** Que sufre hipocondría o tiene tendencia a ella. También *s.* **2.** Perteneciente a la hipocondría.

hipocorístico, ca *adj.* Se aplica a los diminutivos o alteraciones de los nombres, ya sean propios o comunes, que se usan de forma cariñosa o familiar, p. ej. *Susi* por *Susana.*

hipocótilo *s. m.* Parte del tallo embrionario de las espermafitas comprendida entre los cotiledones y la raíz.

Hipócrates (isla de Cos, Hélade 460 - Larisa, Tesalia h. 377 a. C.) Médico griego. Está considerado el padre de la medicina, a la que dio una fundamentación científica sobre las bases de la observación y la experiencia. Se le atribuyen numerosos escritos, que constituyen el *Corpus Hippocraticum*, uno de los cuales incluye el famoso juramento hipocrático.

hipocrático, ca *adj.* **1.** Perteneciente o relativo a Hipócrates o a sus estudios sobre medicina. ‖ **2. juramento hipocrático** El que se encuentra en una de las obras atribuidas a Hipócrates y que ha sido una especie de código ético del ejercicio de la medicina en Occidente.

hipocresía *s. f.* Cualidad, actitud o conducta de hipócrita.

hipocristalino, na *adj.* Se aplica a las rocas eruptivas, generalmente plutónicas, constituidas por componentes cristalinos, como el cuarzo, y por una pasta amorfa de carácter vítreo. También *s.*

hipócrita *adj.* Que finge o aparenta lo que no es o lo que no siente. También *s.* **FAM.** Hipócritamente.

Hipodamo de Mileto (segunda mitad del s. V a. C.) Arquitecto griego. En la planificación y construcción de ciudades utilizó de manera sistemática el plano cuadriculado o reticular, conocido desde el s. VII a. C. Con este trazado realizó los planos de Mileto y El Pireo.

hipodérmico, ca *adj.* Se dice de lo que está debajo de la piel y de lo que actúa o se aplica en esa zona.

hipódromo *s. m.* Lugar destinado para hacer carreras de caballos y otras pruebas de equitación, generalmente con carácter público.

hipófisis *s. f.* Glándula de secreción interna que controla la actividad de las demás glándulas y regula el funcionamiento del organismo. En el hombre está situada en la parte ventral del encéfalo, en las proximidades del hipotálamo, y segrega, entre otras, las siguientes hormonas: *somatotropina* (hormona del crecimiento), que regula el crecimiento del cuerpo; *gonadotropinas*, que regulan la actividad de las glándulas sexuales; *prolactina*, que estimula la actividad de las glándulas mamarias; *adrenocorticotropa* (ACTH), que controla la actuación de las cápsulas suprarrenales; *tirotropina*, que regula la acción del tiroides; *oxitocina*, que estimula las contracciones del útero durante el parto; y *vasopresina* u *hormona antidiurética*, que regula la cantidad de agua del cuerpo y la concentración de sal en la sangre. **FAM.** Hipofisario.

hipogástrico, ca *adj.* Perteneciente o relativo al hipogastrio.

hipogastrio *s. m.* Parte inferior del vientre.

hipogeo, a *adj.* **1.** Se aplica a la planta o a cualquiera de sus órganos que se desarrollan bajo el suelo. ‖ *s. m.* **2.** Cueva excavada en un macizo rocoso, utilizada desde la prehistoria como lugar de enterramiento. Su uso se extendió, sobre todo en el Imperio Nuevo egipcio, como tumba de faraones, sacerdotes y nobles.

hipoglucemia *s. f.* Disminución de la cantidad normal de azúcar en la sangre.

hipogrifo *s. m.* Animal fabuloso y legendario, mitad caballo y mitad grifo.

Hipólito En la mitología griega, hijo de Teseo, rey de Atenas. Se enamoró de él su madrastra Fedra, que al verse rechazada lo calumnió ante Teseo. Murió arrastrado por su carro.

hipopótamo *s. m.* Nombre común de dos especies de mamíferos suiformes de la familia hipopotámidos. El *Hippopotamus amphibius* es un animal acuático de cuerpo rechoncho, que alcanza hasta 3,5 m de longitud, 1,5 m de alzada y tiene la piel gruesa, cabeza pequeña con los ojos, orificios nasales y orejas situados en la parte superior, lo que le permite permanecer con la mayor parte del cuerpo sumergido en el agua. Sus caninos inferiores están muy desarrollados y los utiliza como defensa. Habita en los ríos africanos al S del Sáhara. El hipopótamo enano *Choeropsis liberiensis* es de menor tamaño y habita en regiones boscosas de África occidental.

Hipopótamo (Hippopotamus amphibius).

hipóstasis *s. f.* **1.** En fil., existencia real, ser de un modo verdadero. **2.** En rel., cada una de las tres personas de la Santísima Trinidad. **3.** En ling., paso de una palabra de una categoría gramatical a otra, p. ej. *flauta*, sustantivo, pasa a adjetivo en *canario flauta*.

hipostático, ca *adj.* **1.** Perteneciente o relativo a la hipóstasis. **2.** En rel., se aplica a la unión de la naturaleza humana y la divina en la persona de Jesucristo.

hipostesia *s. f.* Disminución anormal de la sensibilidad.

hipóstilo, la *adj.* En arq., sostenido por columnas.

hipotálamo *s. m.* Formación nerviosa que constituye parte del encéfalo situada debajo del tálamo. Controla el funcionamiento del sistema nervioso autónomo, la actividad de la hipófisis, los impulsos sexuales, el apetito, la sed y la alternancia del sueño y la vigilia. Regula la cantidad de agua del cuerpo, la concentración de sales y el metabolismo de las sustancias alimenticias. **FAM.** Hipotalámico.

hipoteca *s. f.* **1.** Contrato por el que se garantiza con un bien inmueble (una casa, una finca, etc.) el pago de un crédito. En caso de que el deudor no pague, el acreedor puede apropiarse de dicho bien o venderlo. **2.** Dicho bien inmueble. **3.** Obligación pesada o costosa.

hipotecar *v. tr.* **1.** Someter a hipoteca ciertas propiedades para responder con ellas del pago de una deuda. **2.** Poner cierta cosa en peligro de que se pierda, se dañe o fracase. ■ Se conjuga como *sacar*.

hipotecario, ria *adj.* Relativo a la hipoteca o garantizado mediante ella.

hipotensión *s. f.* Tensión excesivamente baja de la sangre en el aparato circulatorio.

hipotenso, sa *adj.* Que padece hipotensión. También *s.*

hipotensor *adj.* Se aplica a las sustancias que reducen la presión sanguínea. También *s.*

hipotenusa *s. f.* Lado que se opone al ángulo recto en un triángulo rectángulo; es el mayor de los tres lados.

hipotermia *s. f.* Disminución anormal de la temperatura del cuerpo. **FAM.** Hipotérmico.

hipótesis *s. f.* **1.** Teoría, explicación o conjetura no confirmada que se admite de forma provisional. ‖ **2. hipótesis del continuo** En mat., la que supone la no existencia de ningún conjunto cuyo número cardinal sea mayor que el de los conjuntos numerables y menor que el del continuo numérico correspondiente al conjunto de los números.

Fil. En el método científico o experimental, la formulación de hipótesis constituye uno de los pasos fundamentales como proposición o conjunto de proposiciones que sirven de punto de partida para la explicación de un fenómeno. La hipótesis deberá ser confirmada por la observación y la experimentación para llegar a una conclusión definitiva sobre su validez.

hipotético, ca *adj.* **1.** Relativo a la hipótesis o basado en ella. **2.** Posible. **3.** Poco probable. **FAM.** Hipotéticamente.

hipotiroidismo *s. m.* Actividad deficiente de la glándula tiroides y trastornos que esta deficiencia origina.

hipotrofia *s. f.* Crecimiento deficiente de un órgano u organismo.

hippy o **hippie** (voz ingl.) *adj.* **1.** Se aplica al movimiento juvenil surgido en EE UU en la década de los sesenta como rechazo de la sociedad capitalista y de consumo y que se extendió a Europa y a otras partes del mundo. Sus principales características fueron el pacifismo, la liberación de la moral sexual, el contacto con la naturaleza, la búsqueda de formas distintas de vida comunitaria y de nuevas experiencias con drogas como LSD, peyote, etc. Fue un elemento básico de la corriente contracultural estadounidense, que decayó a principios de los años setenta, aunque persistió en ciertos grupos despojado de gran parte de su contenido ideológico. **2.** Se dice de la persona perteneciente a dicho movimiento y de lo relacionado con el mismo. También *s.*

hipsómetro *s. m.* **1.** En electricidad, instrumento que permite medir el nivel eléctrico en las líneas de transmisión. **2.** En meteorología, instrumento que sirve para determinar la presión atmosférica a partir de la temperatura de ebullición del agua pura.

hiracoideos *s. m. pl.* Orden de mamíferos euterios al que pertenecen once especies comprendidas en la familia procávidos. Son pequeños animales plantígrados y herbívoros, de tronco alargado y hocico corto, pelaje espeso, cola rudimentaria y extremidades poco desarrolladas, con cuatro dedos en las patas anteriores y tres en las posteriores y uñas aplanadas. Habitan en África y Próximo Oriente. Hiracoideos son los damanes. También *adj.* y *s. m.*

Hiram Nombre de varios reyes de Tiro.

Hiram I (fines del s. X a. C.) Rey fenicio de Tiro (969-935 a. C.). Aliado de Salomóm, colaboró en la construcción del templo de Jerusalén. Tuvo contactos comerciales con Tartessos y realizó expediciones al mar Rojo y al país de Ofir.

hiriente *adj.* Que hiere o hace daño.

Hiro-Hito (Tokio 1901 - íd. 1989) Emperador de Japón (1926-89). Durante su reinado, ejércitos japoneses invadieron en 1932 Manchuria y China. Más tarde, Japón provocó la guerra del Pacífico, atacando a la flota estadounidense en Pearl Harbor (1941). Obligado a rendirse tras el bombardeo atómico de Hiroshima y Nagasaki, Hiro-Hito tuvo que aceptar el establecimiento de una monarquía constitucional y democrática y perdió su carácter divino para los japoneses. A su muerte le sucedió por su hijo Aki-Hito.

Hiro-Hito.

Hiroshige, Utagawa Ichryusai, llamado (Edo, actual Tokio 1797 - íd. 1858) Pintor y grabador japonés. Su obra es fundamentalmente paisajística, con diversas series de estampas de delicado colorido. Fue conocido en Europa y ejerció gran influencia en los pintores impresionistas.

Hiroshima C. de Japón, situada en la costa S de la isla de Honshu, al O de Osaka. 1.079.600 h. en 1989. Es un puerto pesquero y cuenta con astilleros. Centro administrativo y de servicios, entre sus industrias destacan la mecánica y la del acero. El 6 de agosto de 1945, en el curso de la Segunda Guerra Mundial, un bombardero de EE UU dejó caer en el centro de la población una bomba atómica, que destruyó gran parte de la ciudad y produjo 150.000 víctimas, de ellas 75.000 mortales, e incontables efectos nocivos a causa de la radiación.

hirsuto, ta *adj.* **1.** Se aplica al pelo duro y tieso y, p. ext., a lo que está cubierto de este tipo de pelo, de púas o de espinas. **2.** Huraño, de carácter áspero y rudo.

hirudíneos *s. m. pl.* Clase de anélidos que comprende unas 300 especies pertenecientes a los órdenes rincobdelos, acantobdelos, gnatobdelos y faringobdelos. Su cuerpo es cilíndrico y segmentado, más o menos aplanado, carece de cerdas y de parápodos y posee dos ventosas, una caudal y otra anal, que les sirven para desplazarse, adherirse a otros animales y de esta manera chupar su sangre. Son hermafroditas, parásitos o depredadores. La mayor parte viven en agua dulce. Hirudíneos son las sanguijuelas, una de cuyas especies, la sanguijuela medicinal *(Hirudo medicinalis)*, se usaba antiguamente para sangrar a los enfermos. También *adj.* y *s. m.*

hirviente *adj.* Que está hirviendo.

Hisam Nombre de diversos soberanos de Córdoba.

Hisam I (Córdoba 757 - íd. 796) Emir omeya de Córdoba (788-796). Sucedió a su padre Abderramán I. Introdujo en al-Ándalus la escuela doctrinal malikí, lo que permitió acabar con las disputas jurídico-religiosas. Realizó diversas expediciones (aceifas) contra los reinos cristianos, atacando Oviedo, Astorga, Gerona y Narbona.

Hisam II (Córdoba 965 - ¿Córdoba? h. 1013) Califa omeya de Córdoba (976-1009 y 1010-13). Sucedió a su padre Alhakem II. El poder fue realmente ejercido por Almanzor (al-Mahnsur) hasta su muerte en el 1002 y posteriormente por Abd al-Malik y Abd al-Rahman Sanchuelo, víctima este último de la conspiración de Muhammad II, que derrocó a Hissam II (1009). Al-Ándalus estalló en luchas internas. Repuesto el califa en el trono por Wadih (1010), se vio obligado a abdicar en favor de Sulayman.

Hisam III (Córdoba 975 - Lleida 1036) Último califa omeya de Córdoba (1027-31). Depuesto por una rebelión de la alta burguesía cordobesa, se le permitió emigrar a Lleida. Su caída supuso el fin del califato y la disgregación de al-Ándalus en los reinos de taifas.

hisopo *s. m.* **1.** Planta herbácea de la familia labiadas y especie *Hyssopus officinalis.* Su altura oscila entre 20 y 60 cm. Muy olorosa, tiene hojas lanceoladas y flores azules. Crece en Europa y Asia y se ha usado en farmacia como tónico estomacal y en perfumería. En grandes dosis es tóxica. **2.** Utensilio usado en las iglesias para esparcir el agua bendita; consiste en un mango unido a una bola hueca de metal con agujeros por donde sale el agua al agitarlo. **3.** Manojo de ramitas usado con este fin.

hispalense *adj.* Sevillano*.

Hispalis Nombre romano de Sevilla.

Hispania Nombre que recibió la península Ibérica durante la dominación romana. Dividida originalmente en Citerior y Ulterior, tras el final de la conquista en el año 19 (guerras cántabras de Augusto), Hispania fue objeto de una nueva división en tres provincias: Tarraconense, Bética y Lusitania. En tiempos de Caracalla se crearon dos nuevas, Gallecia y Astúrica, y en las reformas de Diocleciano la Tarraconense se dividió en Tarraconense y Cartaginense, añadiéndose a Hispania las de Mauritania Tingitana y la Baleárica. Hispania recibió el derecho romano (*ius latinus*) en época de Vespasiano y la plena ciudadanía en época de Caracalla.

hispánico, ca *adj.* Perteneciente o relativo a España, a la hispanidad o a la antigua Hispania.

hispanidad *s. f.* Comunidad de pueblos de lengua y cultura hispanas y conjunto de caracteres que comparten.

hispanismo *s. m.* **1.** Giro o palabra propia de la lengua española, especialmente la empleada en otro idioma. **2.** Estudio de la cultura española.

hispanista *s. m.* y *f.* Especialista en cultura española, sobre todo en lengua y literatura.

hispanizar *v. tr.* Transmitir la lengua, la cultura y las costumbres hispanas. ■ Se conjuga como *cazar.* **FAM.** Hispanización.

hispano, na *adj.* **1.** Perteneciente o relativo a España o a las naciones de lengua española. **2.** Se dice de los habitantes de habla española de EE UU y de lo relacionado con estas personas. También *s.*

Hispanoamérica Conjunto de los países americanos colonizados por España, de lengua e influencia cultural españolas.

hispanoamericano, na *adj.* **1.** De Hispanoamérica. También *s.* **2.** Perteneciente o relativo a España y América.

hispanoárabe *adj.* **1.** Perteneciente o relativo a la España musulmana. **2.** Musulmán de la península Ibérica. También *s.* ■ Se dice también *hispanomusulmán.*
Cult. La civilización hispanoárabe se desarrolló en la península Ibérica entre los s. VIII y XV, época del dominio islámico de al-Ándalus. En ella se fundieron elementos hispanogodos, arábigos, beréberes y orientales, lo que dio lugar a importantes manifestaciones en el arte, las ciencias, la literatura y el pensamiento. De la arquitectura califal destacan la mezquita de Córdoba y el palacio de Medina Zahara; del periodo almohade, la Giralda y la torre del Oro; y del periodo nazarí, la Alhambra de Granada y la Alcazaba. Gran importancia tienen los elementos decorativos, como arcos de herradura o polibulados, mocárabes, yeserías, azulejos, mosaicos, estanques y surtidores de agua. La literatura andalusí presenta manifestaciones en la poesía y la prosa, en la geografía, en la historia y en las ciencias. Entre sus figuras más representativas hay que citar a los poetas Ibn Hazm e Ibn Quzman; a los geógrafos Ibn Yusuf, Ubayd al-Bakri y Muhammad al Idrisi; a los historiadores Ibn Idari, Ibn Jaldún, al-Jatib, al-Qutiya, al-Jusani y al-Maqqari; y a los filósofos Ibn Bayya (Avempace), Ibn Tufayl (Abentofail) e Ibn Rusd (Averroes).

hispanocolonial *adj.* Se aplica al arte hispanoamericano de influencia española.

hispanófilo, la *adj.* Se aplica a la persona que, sin ser española, es aficionada a la cultura, historia y costumbres españolas. También *s.*

hispanohablante *adj.* Que tiene como lengua el español. También *s.*

hispanomusulmán *adj.* Hispanoárabe*.

hispano-norteamericana, guerra Conflicto armado entablado en 1898 entre España y EE UU por el dominio de las colonias españolas en el Caribe y el Pacífico. España, que combatía desde 1895 el movimiento revolucionario independentista, concedió en 1897 una amplia autonomía a Cuba. EE UU, que anteriormente había intentado comprar la isla a España por motivos estratégicos, envió entonces el viejo buque de guerra *Maine* al puerto de La Habana con la excusa de proteger los intereses de los estadounidenses que allí residían. El *Maine* fue volado misteriosamente, aunque ciertamente sin intervención española; la prensa de EE UU aireó el hecho acusando a España y el presidente McKinley declaró la guerra. El almirante Dewey atacó y destruyó la flota española de Filipinas; EE UU bloqueó Cuba, invadió Puerto Rico y hundió la flota de Cuba que mandaba el almirante Cervera. En el tratado de París, España renunció a sus últimas posesiones coloniales y EE UU obtuvo Puerto Rico, Guam, Filipinas y estableció un protectorado encubierto sobre Cuba, cuyos representantes no fueron admitidos por los estadounidenses en las sesiones del tratado. Para España esta guerra significó el «desastre del 98» y para EE UU el comienzo de su expansión por Centroamérica y el Pacífico.

hispanorromano, na *adj.* **1.** Perteneciente o relativo a los pueblos romanizados de la península Ibérica. **2.** De estos pueblos. También *s.*
Cult. La civilización hispanorromana fue el resultado de la romanización de los diversos pueblos hispánicos tras la conquista de la península por Roma. Los pueblos que más intensamente asimilaron la cultura latina fueron los del litoral mediterráneo y los de la Bética; solamente después de largas guerras fueron romanizados los pueblos de la Meseta, mientras que los cántabros, sometidos en las campañas de Augusto (s. I a. C.), nunca fueron integrados plenamente en la cultura romana. Este proceso tuvo dos hechos culminantes: la concesión del derecho latino al conjunto de Hispania por Vespasiano (s. I) y la concesión de la ciudadanía romana en época de Caracalla (212). Hispania aportó grandes figuras a la civilización latina, como el filósofo Séneca, el poeta Marcial y el historiador Orosio, y naturales de Hispania fueron los emperadores Adriano, Trajano y Teodosio.

híspido, da *adj.* De pelo hirsuto.

histamina *s. f.* Amina derivada del aminoácido histidina contenido en diversas proteínas. Realiza funciones de mediador químico en numerosos procesos biológicos. Se emplea en medicina para disminuir la tensión arterial y provocar secreciones.

histerectomía *s. f.* En med., extirpación quirúrgica del útero, practicada para contrarrestar un proceso cancerígeno, tumor benigno, infección o problemas de la menstruación.

histéresis *s. f.* Fenómeno por el cual el valor de una magnitud dependiente de otra viene determinado no sólo por los valores que posee esta última en el momento presente, sino también por los valores que poseía previamente.

histeria *s. f.* **1.** Transtorno psíquico, encuadrado en el grupo de las neurosis, caracterizado por respuestas emocionales agudas en situaciones de ansiedad. Los síntomas son muy variados: simples tics, vómitos, amnesia, lágrimas y risas incontrolables, parálisis, etc. **2.** Estado transitorio de excitación nerviosa. Se dice también *histerismo.*

histérico, ca *adj.* **1.** Relativo a la histeria o que la padece. También *s.* **2.** Perteneciente o relativo al útero.

histerismo *s. m.* Histeria*.

histiocito *s. m.* Célula libre de gran tamaño del tejido conjuntivo que desarrolla actividades fagocitarias.

histogénesis *s. f.* Proceso de generación y desarrollo de los tejidos orgánicos.

histograma *s. m.* Diagrama de barras.

histología *s. f.* Parte de la anatomía que se ocupa del estudio de los tejidos de los seres vivos. **FAM.** Histológico.

histólogo, ga *s. m.* y *f.* Especialista en histología.

histona *s. f.* Proteína básica constituida por un número relativamente bajo de aminoácidos que, unida a los ácidos nucleicos, forma parte del núcleo de las células en los organismos vegetales y animales superiores.

histoplasmosis *s. f.* Enfermedad pulmonar semejante al kala-azar o leishmaniosis, producida por el hongo *Histoplasma capsulatum.*

historia *s. f.* **1.** Estudio y exposición de los hechos y acontecimientos de la realidad ocurridos a lo largo del tiempo, ya sea en su conjunto o alguno de ellos en particular, y especialmente los que se refieren al hombre y a sus sociedades. **2.** Desarrollo de estos acontecimientos. **3.** Obra histórica. **4.** Biografía. **5.** Relato de cualquier suceso. **6.** Narración inventada. **7.** *fam.* Relato pesado, fastidioso. **8.** *fam.* Explicación, excusa, etc., sin justificación. Se usa más en *pl.* **9.** *fam.* Problema, asunto. **10.** *fam.* Chisme, rumor, enredo. Se usa más en *pl.* ‖ **11. historia clínica** Véase **clínico**. **12. historia natural** Conjunto de las ciencias que se ocupan de la naturaleza. **13. historia sagrada** Conjunto de las narraciones de la *Biblia.* ‖ **LOC. hacer historia** Tener algo tal fama o importancia que merece ser recordado. **pasar a la historia** Ser recordado por su fama o por su trascendencia; también, dejar de tener actualidad.
Hist. La historia responde a la necesidad del hombre de poseer una memoria colectiva de su pasado y, entendida en un sentido amplio, es tan antigua como el propio hombre. En las sociedades primitivas, la historia se confunde con el mito y generalmente consiste en genealogías de reyes que se remontan hasta los dioses y en canciones épicas que se transmiten oralmente y narran las hazañas de los antepasados. En la Grecia clásica, con Herodoto y Tucídides, la historia se convirtió en ciencia al desprenderse de la leyenda, comprender la importancia de los testimonios e intentar analizar las causas que producen los hechos históricos. En Roma, la historia tuvo una función de exaltación, narrando las grandezas de una sociedad orgullosa de su pasado, y didáctica, ponderando las virtudes de los mayores para ejemplo de los contemporáneos. El cristianismo cambió profundamente la historia, considerándola un plan divino que comenzó con la creación de Adán y Eva y que ha de acabar con el juicio final; de esta forma, el hombre se convirtió en protagonista pasivo y la historia se hizo providencialista.
El humanismo y el Renacimiento transformaron este planteamiento y la historia quedó desligada de la teología. No obstante, siguió limitándose a narrar episodios y recopilar los hechos de las clases privilegiadas. Su función era la de instruir moral y políticamente (Maquiavelo). En la época de la Ilustración (s. XVIII) aparecen las primeras obras en las que la historia puede ser considerada como una verdadera ciencia social: puesto que la sucesión de acontecimientos no es arbitraria, sino que responde a ciertas causas, el relato es sustituido por la explicación de los hechos (Giambattista Vico, Montesquieu, Edward Gibbon, etc.). En el s. XIX, el Romanticismo introdujo por vez primera al pueblo como protagonista de la historia (Jules Michelet). El historicismo positivista, en oposición a la tendencia anterior, supuso el florecimiento de la crítica y de la erudición: Leopold von Ranke, Theodor Mommsen y Jacob Burckhardt, entre otros, sentaron las bases de la moderna ciencia histórica, demostrando un interés creciente por la búsqueda sistemática de fuentes. A principios del s. XX, el positivismo historiográfico sufrió un desprestigio por ser sus estudios una acumulación de datos desprovistos de una coherencia teórica, lo que provocó la aparición de algunas tendencias que consideraban la imposibilidad de la historia como disciplina científica. Como reacción a las mismas surgieron escuelas que reivindicaban la posibilidad de un conocimiento histórico científico. Tal es el caso de la escuela de Annales, encabezada por Fernand Braudel, Lucien Febvre y Marc Bloch, que subrayó la importancia de la interrelación entre las dimensiones económica, política, social y cultural; o de la escuela del materialismo histórico (Karl Marx), que desde una posición economicista, dividió la historia en grandes periodos, caracterizados por el modo de producción económica. A lo largo del

s. XX se ha avanzado en la crítica de las fuentes, se ha tendido a la visión totalizadora (historia comparada) y a la investigación en nuevos campos (historia de las costumbres, de la vida privada, etc.), se ha establecido una mayor conexión con otras ciencias sociales, se han desarrollado las ciencias auxiliares (arqueología, epigrafía, paleografía, etc.) y se ha comenzado a utilizar otras (estadística, lingüística, demografía, sociología, etc.), alcanzando así la ciencia histórica un considerable rigor y madurez.

historiado, da **1.** *p. p.* de **historiar**. También *adj.* ‖ *adj.* **2.** Recargado de adornos o colores.

historiador, ra *s. m.* y *f.* **1.** Autor de obras históricas. **2.** Persona especializada en el estudio de la historia.

historial *s. m.* Escrito en el que constan los datos, méritos, etc., referentes a la actividad de una persona o entidad, como p. ej. los antecedentes de una empresa o los estudios y conocimientos de un profesional.

historiar *v. tr.* **1.** Narrar un hecho o suceso de forma ordenada y detallada. **2.** En arte, pintar o plasmar una escena histórica o mitológica. **3.** *amer.* Enredar, complicar.

historicidad *s. f.* Cualidad de histórico.

historicismo *s. m.* Conjunto de corrientes y doctrinas de carácter muy diverso que sostienen que la naturaleza de un hecho solo es comprensible en relación a un proceso de desarrollo. Cualquier fenómeno está sometido a cierto relativismo desde el momento en que no es considerado en términos absolutos sino como un momento determinado del proceso. **FAM.** Historicista.

histórico, ca *adj.* **1.** Perteneciente o relativo a la historia. **2.** Que ha sucedido realmente. **3.** Se aplica a los acontecimientos de gran importancia y trascendencia. **FAM.** Históricamente.

historieta *s. f.* **1.** *dim.* de **historia**. **2.** Relato breve y divertido, como un cuento, una anécdota, etc. **3.** Cómic, relato ilustrado con viñetas o dibujos que van narrando la acción.

historiografía *s. f.* **1.** Conjunto de conocimientos sobre el método de escribir la historia. **2.** Estudio de las obras que han tratado temas históricos y de los autores que han investigado estos temas. **3.** El conjunto de estas obras. **FAM.** Historiográfico.

historiógrafo, fa *s. m.* y *f.* **1.** Persona que se ocupa de la historiografía. **2.** Antiguamente, cronista.

historiología *s. f.* Teoría de la historia, especialmente la que se refiere a la estructura, leyes y condiciones de la realidad histórica.

histrícidos *s. m. pl.* Familia de mamíferos roedores a la que pertenecen 15 especies del género *Hystrix.* Son animales de extremidades cortas y cuerpo rechoncho cubierto de púas, que son más largas en el dorso. Habitan en Europa, Asia y África. Histrícidos son los puercoespines. También *adj.* y *s. m.*

histrión *s. m.* **1.** Actor, especialmente el del teatro de la antigüedad clásica. **2.** Actor que actúa exageradamente. **3.** P. ext., persona que se expresa o se comporta de forma teatral y exagerada o finge algo con muchos gestos. **4.** Persona que hace cosas ridículas o grotescas para divertir a otros. **FAM.** Histriónico.

histrionismo *s. m.* **1.** Oficio de histrión y mundo de las personas que se dedican a esta profesión. **2.** Teatralidad, afectación.

hit (voz ingl. que significa 'golpe') *s. m.* **1.** Disco fonográfico que alcanza un gran éxito de venta. ‖ **2. hit parade** Lista de éxitos de esos discos.

Hita, Arcipreste de Véase **Arcipreste de Hita**.

Hitchcock, Alfred (Londres 1899 - Hollywood 1980) Director de cine inglés. Dio un tratamiento muy personal al género policiaco, creando situaciones que provocan en el espectador intriga y expectación por el desenlace de la acción, lo que ha sido denominado *suspense.* Está considerado como uno de los grandes maestros del lenguaje cinematográfico, dotado de un perfecto dominio del ritmo y de la técnica narrativa y un fino sentido del humor. Entre sus principales películas se cuentan *El hombre que sabía demasiado* (dos versiones, 1934 y 1956), *39 escalones* (1935), *La posada de Jamaica* (1939),

Alfred Hitchcock.

Rebeca (1940), *Recuerda* (*Spellbound,* 1945), *Yo confieso* (1953), *La ventana indiscreta* (*Rear window,* 1954), *Vértigo* (1958), *Con la muerte en los talones* (*North by Nortwest,* 1959), *Psicosis* (1960) y *Los pájaros* (1963).

Arte hitita: bajorrelieve del siglo IX a. C. (Museo Arqueológico de Alepo, Siria).

hitita *adj.* **1.** Se dice de un pueblo indoeuropeo que, entre los años 1600 y 1200 a. C., constituyó un poderoso imperio en Asia Menor. Los hititas eran una aristocracia militar que sometió a los restantes pueblos de Anatolia en época de Labarna I. Con Mursil I penetraron en Siria septentrional y en una incursión destruyeron la I dinastía de Babilonia. Ya en el imperio nuevo, Subiluliuma I conquistó el reino mitani (h. 1350) y Muwatali venció al faraón Ramsés II (1298), conservando Siria. El imperio desapareció víctima de los pueblos del mar (aqueos). **2.** De este pueblo. También *s.* ‖ *s. m.* **3.** Lengua del mismo.

Adolf Hitler.

Hitler, Adolf (Braunau, Alta Austria 1889 - Berlín 1945) Político alemán. Entre 1920 y 1930 creó una poderosa fuerza política en Alemania, el Partido Nacionalsocialista, de tendencia ultraderechista, nacionalista, racista y antibolchevique; este partido, debido al sentimiento de frustración nacional provocado por la derrota en la Primera Guerra Mundial, al descontento de amplios sectores de la pequeña y media burguesía, castigados por la crisis económica, y al apoyo de los industriales temerosos del ascenso del comunismo, se convirtió en una de las grandes fuerzas políticas del país y llevó a Hitler al poder en 1933. El incendio del Reichstag, atribuido sin fundamento a los comunistas, fue decisivo para que el parlamento le otorgara plenos poderes, de los que se sirvió para imponer un régimen totalitario de partido único. En 1934 ordenó la destrucción de las SA (cuerpo paramilitar nazi, dirigido por Ernst Röhm) en la «noche de los cuchillos largos» y creó una policía política, la Gestapo. Proclamando la superioridad de la raza germánica, desató una feroz persecución contra los judíos, a la vez que silenciaba a izquierdistas e intelectuales. Potenció la formación de un poderoso ejército mediante el apoyo a la industria bélica y pesada y desarrolló una agresiva política de expansión en el exterior: anexión de Austria, ocupación de los Sudetes (Checoslovaquia), aceptada por las potencias en el pacto de Munich, creación del Pacto Antikomintern con Japón, alianza con la Italia de Mussolini, apoyo al ejército franquista en la guerra civil española e imposición del protectorado a Bohemia-Moravia. En 1939 invadió Polonia, hecho que provocó la Segunda Guerra Mundial. En 1944 salió ileso de un atentado con bomba. En 1945, ante la inevitable derrota, designó para sucederle al almirante Dönitz y se suicidó en su búnquer del Reichstag de Berlín. Su ideología está contenida en el libro *Mi lucha,* dictado en 1924 durante su breve encarcelamiento.

hitleriano, na *adj.* Perteneciente o relativo a Adolf Hitler o al sistema político inspirado en sus ideas.

hito *s. m.* **1.** Poste de piedra que señala los límites de las tierras, la dirección de los caminos o indica las distancias. **2.** Suceso muy importante dentro de un ámbito o contexto. ‖ **LOC. mirar de hito en hito** Mirar fijamente, sin apartar la vista.

Hitopadeza Obra clásica de la literatura sánscrita. Es una colección de fábulas y parábolas de carácter didáctico y moralizador, fechada entre los s. XI y XIV y atribuida a Narayana.

Hittorf, Johann Wilhelm (Bonn 1824 - Münster 1914) Químico y físico alemán. Fue profesor de física y química en la universidad de Münster (1856-89). Realizó importantes estudios de electroquímica. Investigó los diferentes estados del selenio y del fósforo. Estudió con Plucker el espectro solar y en 1869 descubrió los rayos catódicos.

Hjelmslev, Louis (Copenhague 1899 - íd. 1965) Lingüista danés. Fundó junto con Viggo Bröndal en 1931 el círculo lingüístico de Copenhague y en 1939 la revista *Acta lingüística.* Entre sus obras merecen especial mención *Principios de gramática general* (1928), *Prolegómenos a una teoría del lenguaje* (1943), donde se exponen los fundamentos de su teoría lingüística de la glosemática, y *El lenguaje* (1963).

hl Símbolo del hectolitro, medida de capacidad.

hm Símbolo del hectómetro, medida de longitud.

Ho Símbolo químico del holmio.

Ho Chi Minh, Ciudad de Nombre actual de Saigón, c. de Vietnam, en el S del país, al N del delta del Mekong. 3.169.100 h. en 1989, 3.564.000 h. en su área metropolitana. Es un importante centro de mercado para el comercio a través del mar de China Meridional. Tiene fértiles regiones agrícolas en las que se cultiva arroz, tabaco, caña de azúcar y caucho. Cuenta con astilleros y con industrias alimentarias, textiles, químicas, mecánicas, del papel, de la goma, del tabaco y de materiales de construcción.

Ho Chi Minh.

Ho Chi Minh, Nguyen Ai Quoc, llamado (Kim Lien, Nghe An 1890 - Hanoi 1969) Político vietnamita. Creador del estado de Vietnam, fue una de las grandes figuras de la lucha nacionalista revolucionaria en los países colonizados del Tercer Mundo. En 1930, después de una larga etapa de formación en Europa y China, fundó el Partido Comunista indochino. Perseguido por las autoridades francesas y británicas, se refugió en las montañas Tien-tsin, donde creó la liga para la independencia de Vietnam (*Vietminh*). En 1945 proclamó la República Democrática de Vietnam, combatiendo a la potencia colonial francesa, a la que derrotó en 1954. Partidario de la reunificación de los dos Vietnam, inició a continuación una larga guerra contra el estado del Sur, al que apoyaba EE UU, que concluyó seis años después de su muerte con la plena victoria comunista.

Hobbema, Meindert (Amsterdam 1638 - íd. 1709) Pintor holandés. Fue un gran paisajista barroco en cuya técnica sobresale el matizado tratamiento de la luz y del color y que influyó en la escuela de paisajistas británicos del s. XVIII. Entre sus obras más representativas se cuentan *El camino de Middelharnis* (1689) y *El molino de agua*.

Hobbes, Thomas (Westport, Malmesbury 1588 - Hardwick Hall 1679) Filósofo inglés. Su doctrina filosófica, que ha sido definida como materialismo mecanicista, considera la naturaleza compuesta por cuerpos en movimiento; estos cuerpos son naturales o sociales, por lo que su estudio atañe a la filosofía natural y a la social (ética y política). Hobbes defiende el Estado absolutista, capaz de garantizar la paz social y la convivencia de los hombres, en su obra *Leviatán* (1651), que constituye una de las argumentaciones lógicas más sólidas en favor del despotismo. Su concepción de la naturaleza humana, que puede sintetizarse en la frase *homo homini lupus* (el hombre es un lobo para el hombre), es radicalmente opuesta a la que formularía Rousseau un siglo más tarde. Fue autor además de *De cive* (1642), *De corpore* (1655) y *De homine* (1658).

Thomas Hobbes. Retrato de sir Godfrey Kneller.

hobby (voz ingl.) *s. m.* Afición o pasatiempo favorito para entretenerse en los ratos de ocio.

Hobson, John Atkinson (Derby 1858 - Hampstead 1940) Economista británico. En su estudio del capitalismo destacó el peligro constante del subconsumo, o sea la creación de un ahorro excesivo, y sostuvo que ello conducía al imperialismo, pues los grandes países industriales, al no poder invertir ese ahorro en ellos mismos, tenían necesidad de hacerlo en los países colonizados. Esta concepción fue recogida por Keynes, Rosa Luxemburg y Lenin. Algunas de sus obras más características son *Fisiología de la industria* (1889), *La evolución del capitalismo moderno* (1894), *Imperialismo* (1902), *El sistema industrial* (1904) y *Economía y ética* (1929).

hocicar *v. tr.* **1.** Levantar o remover la tierra con el hocico. **2.** *desp.* Besuquear. También *v. prnl.* || *v. intr.* **3.** *fam.* Curiosear. **4.** *fam.* Encontrarse con un obstáculo o dificultad insuperable. **5.** Caerse de bruces. ■ Se conjuga como *sacar.*

hocico *s. m.* **1.** Parte saliente y más o menos alargada de la cabeza de algunos animales, en la que tienen la nariz y la boca. **2.** *fam.* Boca de una persona. Se usa más en *pl.* || **LOC. darse de hocicos** *fam.* Golpearse en la cara contra algo. **meter el hocico** (o **los hocicos**) en algo *fam.* Fisgar, curiosear.

hocicudo, da *adj.* **1.** Se aplica al animal que tiene mucho hocico. **2.** *desp.* Se aplica a las personas que tienen los labios gruesos o salientes. **3.** *Guat., Perú, P. Rico.* Enfadado, disgustado.

hockey (voz ingl.) *s. m.* Deporte de competición en el que dos equipos disputan una bola de caucho o un disco de metal (*puck*), jugándolo con un bastón (*stick*), con el fin de introducirlo en la portería contraria. Existen tres modalidades: sobre hierba, sobre hielo y sobre patines. Las dos primeras son modalidades olímpicas.

Hockney, David (Bradford, Yorkshire 1937) Pintor británico. Es uno de los principales representantes del arte pop. Sus obras se caracterizan por la presencia de la figura humana, situada generalmente en casas de moderna arquitectura. Las más conocidas son las pertenecientes a la serie de las piscinas, entre las que sobresale *La gran zambullida.* Es, además, un excelente dibujante y grabador, que últimamente ha experimentado con el fotomontaje.

hoco *s. m. amer.* Nombre común de diversas aves galliformes de la familia crácidos, género *Crax.* Miden aproximadamente 80 cm de envergadura, tienen un copete rizado sobre la cabeza, pico fuerte y ganchudo, cola larga y alas cortas. Las principales especies son *Crax rubra, Crax nigra* y *Crax alberti.* Habitan en América, desde México hasta Paraguay.

Hodgkin, Alan Lloyd (Banbury, Oxfordshire 1914) Biofísico británico. Profesor en Cambridge, se dedicó al estudio del fisiologismo nervioso. Fue presidente de la *Royal Society* (1970-75). Investigó, en colaboración con Andrew Fielding Huxley, el origen y mecanismo de transmisión del impulso nervioso. Ambos científicos fueron premiados con el Nobel de medicina y fisiología de 1963, compartido con el australiano John Eccles.

Hodgkin, Dorothy Crowfoot (El Cairo 1910) Química británica. En Cambridge se especializó en investigaciones cristalográficas por medio de los rayos X. Por este método determinó la estructura de sustancias de importancia biológica, como la penicilina, la insulina y la vitamina B. En 1964 obtuvo el premio Nobel de química.

hodierno, na *adj.* Perteneciente o relativo al día de hoy o al tiempo presente.

Hodler, Ferdinand (Berna 1853 - Ginebra 1918) Pintor suizo. De estilo simbolista, realizó obras monumentales, de tema histórico o mitológico. Algunas de las más representativas son *La noche* (1890), *El elegido* (1894), *La primavera* (1901) y los frescos de la *Batalla de Marignano,* en el Museo Histórico de Zurich

Hofer, Karl (Karlsruhe 1878 - Berlín 1955) Pintor alemán. En las obras de su primera época se advierte la influencia de Cézanne, pero posteriormente evolucionó hacia el expresionismo.

Hoffman, Dustin (Los Ángeles 1937) Actor estadounidense. Ha representado papeles característicos de antihéroe y adquirió prestigio internacional con la película *El graduado* (1967), a la que siguieron *Cowboy de medianoche* (1969), *Pequeño gran hombre* (1970), *Perros de paja* (1971), *Lenny* (1974), *Kramer contra Kramer* (1979), *Tootsie* (1982), *Rainman* (1989) y *Billy Bathgate* (1991).

Hoffmann, Ernst Theodor Amadeus (Königsberg 1776 - Berlín 1822) Escritor y músico alemán. En su juventud compuso obras musicales, entre las que destaca la ópera *Ondina* (1816). Escribió novelas y narraciones de tema fantástico y carácter romántico, muchas de las cuales han inspirado óperas y ballets a músicos como Offenbach y Tchaikovski. Entre sus escritos sobresalen *Piezas de fantasía* (1814), *Cascanueces y el rey de las ratas* (1816), *Los elixires del diablo* (1816), *La princesa Brambilla* (1821) y *Opiniones sobre la vida del gato Murr* (1820-22).

Hoffmann, Josef (Pirnitz 1870 - Viena 1956) Arquitecto y decorador austriaco. Discípulo de Otto Wagner, participó en la fundación de la Secesión de Viena, movimiento de vanguardia, y fundó en 1903, en colaboración con Koloman Moser, los Talleres Vieneses para la fabricación de muebles, lámparas, tejidos y objetos decorativos. En arquitectura se le considera como un adelantado del estilo funcional y entre sus obras más importantes pueden mencionarse el sanatorio Purkensdorf (1904-08), cerca de Viena, y el palacio Stoclet (1905-11), en Bruselas, así como el pabellón de Austria en la exposición de Werkbund (1913-14), en Colonia.

Hoffmann, Roald (Zloczow, Polonia 1937) Químico estadounidense de origen polaco. En 1949 pasó a EE UU y fue profesor de la universidad de Cornell en Ithaca, Nueva York. Descubrió, simultáneamente con el japonés Kenidschi Kukui, los principios de las reacciones moleculares, de suma utilidad para las industrias química y farmacéutica. Ambos científicos fueron premiados con el Nobel de química de 1981.

Hofmannsthal, Hugo von (Viena 1874 - Rodaun, Viena 1929) Escritor austriaco. Estudió derecho y filología románica y viajó por algunos países mediterráneos. Se sintió atraído por la cultura clásica y por el barroco español. Simbolista, desde el esteticismo pretendió recuperar los valores espirituales y culturales europeos. En 1920 fundó, junto con Max Reinhard y Richard Strauss, los Festivales de Salzburgo. Escribió dramas, como *La muerte de Tiziano* (1892), *El necio y la muerte* (1893), *El pequeño teatro del mundo* (1897), *Todo el mundo* (1911), *El gran teatro del mundo de Salzburgo* (1922) y *La torre* (1925); libretos para óperas, como *El hombre de la rosa* (1911) y *Arabella* (1929); narraciones, como *La mujer sin sombra* (1919) y *Andrea o los unidos* (inacabada, 1932), y también ensayos.

Hofstadter, Robert (Nueva York 1915) Físico estadounidense. Como jefe del departamento de física de la universidad de Stanford pudo utilizar el gran acelerador de partículas y estudiar por primera vez las estructuras de capas de los núcleos atómicos. Obtuvo el premio Nobel de física de 1961, compartido con Rudolf Mössbauer.

hogaño *adv. t.* En este año, en esta época.

hogar *s. m.* **1.** Lugar donde se hace fuego en las cocinas, chimeneas, hornos de fundición, etc. **2.** Sitio donde vive una persona, generalmente con su familia. **3.** P. ext., este lugar junto con las personas que lo habitan y que forman una familia.

hogareño, ña *adj.* **1.** Perteneciente o relativo al hogar. **2.** Se aplica a la persona amante del hogar y de la vida en familia.

Hogarth, William (Londres 1697 - íd. 1764) Pintor y grabador inglés. Se le considera el creador de la pintura de sátira moralizante. Son famosos sus retratos y sus series de temas narrativos y escenas de costumbres. Entre sus obras merecen mencionarse *Garrick con su esposa, El mariscal Wade* y *La vendedora de quisquillas.* Escribió un tratado de estética, *Análisis de la belleza* (1753).

hogaza *s. f.* Pan grande, generalmente de forma circular.

hoguera *s. f.* Fuego que se hace en el suelo al aire libre, utilizando ramas y otros materiales combustibles que producen mucha llama.

Hohenstaufen Dinastía alemana de duques de Suabia y emperadores del Sacro Imperio Romano Germánico en la plena Edad Media. Fue cabeza del partido gibelino y enemiga de los güelfos y de la Iglesia romana, y su programa político pretendía crear una monarquía universal. Sus principales representantes fueron Federico I Barbarroja, Enrique VI, Felipe de Suabia y Federico II.

Hohenzollern Dinastía alemana de reyes de Prusia y emperadores germánicos. Repartida en dos ramas, la de Suabia y la de Franconia, sus principales representantes fueron el arzobispo Alberto de Brandeburgo, Alberto, gran maestre de la orden teutónica y creador del ducado de Prusia, diversos reyes de Prusia (véase **Federico**) y diversos emperadores germánicos (véase **Federico** y **Guillermo**).

Hohenzollern Sigmaringen, Leopoldo de (Kranchenwies 1835 - Berlín 1905) Noble prusiano. Católico y casado con la princesa de Portugal Antonia, fue propuesto para ocupar el trono español tras la expulsión de Isabel II en 1868. Su candidatura, apoyada por Bismarck, despertó el rechazo francés y provocó en 1870 la guerra francoprusiana.

hoja *s. f.* **1.** Órgano de las plantas briofitas, pteridofitas, gimnospermas y angiospermas, generalmente plano y simétrico, que crece en los extremos de las ramas o en los tallos y que realiza principalmente las funciones de transpiración y fotosíntesis. **2.** Pétalo de las flores. **3.** Lámina delgada de cualquier materia, particularmente de papel. **4.** Parte plana y cortante de las armas blancas o de algunos utensilios y herramientas. **5.** Parte de las puertas y las ventanas que se cierra y se abre; también, de otras cosas similares como un tríptico o un biombo. **6.** Cada una de las piezas enteras de las que se componen una pernera, una manga y otras partes de una prenda de vestir. **7.** Cada una de las piezas en que se dividía la armadura. **8.** Porción de tierra de labranza que se siembra un año y se deja descansar otro. || **9. hoja de cálculo** Conjunto de programas para ordenador que permite manejar grandes cantidades de información, generalmente numérica,

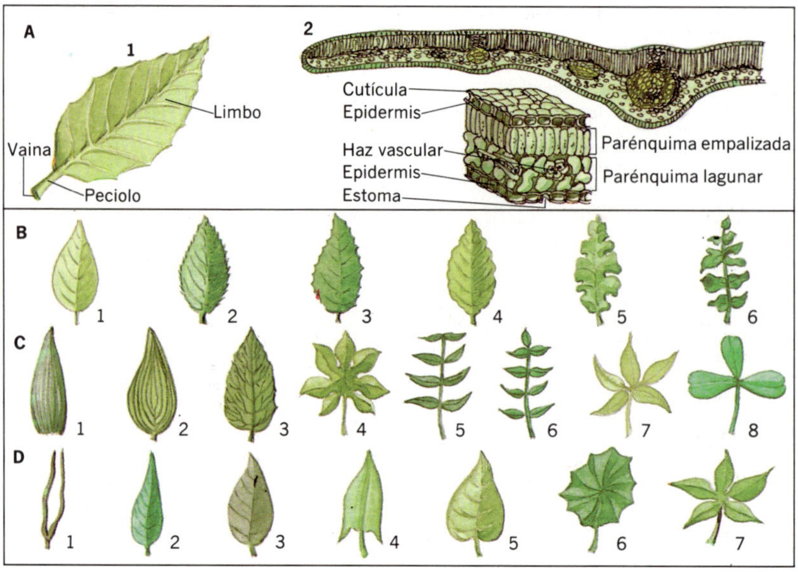

A. 1. Las tres partes de que consta una hoja; 2. corte tranversal de una hoja, con un fragmento ampliado en que se muestra la disposición de las diferentes células y tejidos. B. *Distintos tipos de hojas según el borde: 1. entera; 2. serrada; 3. dentada; 4. lobulada; 5. hendida; 6. partida.* C. *Según los nervios: 1. paralelinervia; 2. curvinervia; 3. penninervia; 4. palmatinervia; 5. paripinnada; 6. imparipinnada; 7. palmadocompuesta; 8. trifoliada.* D. *Según la forma: 1. acicular; 2. lanceolada; 3. ovalada; 4. sagitada; 5. acorazonada; 6. orbicular; 7. palmeada.*

en forma de tablas o matrices de filas y columnas. **10. hoja de lata** Hojalata*. **11. hoja de servicios** Expediente en el que figuran los empleos, antecedentes, méritos, etc., de un funcionario. **12. hoja de tocino** Mitad de un cerdo en canal partido a lo largo. ‖ **Loc. poner** a uno **de** (o **como**) **hoja de perejil** *fam.* Ponerle verde, insultarle o criticarle duramente.

Bot. La hoja es un órgano vegetal aéreo que presenta tres partes diferenciadas: la vaina, o zona de fijación a un nudo del tallo; el peciolo, o pedúnculo que une el limbo al tallo; y el limbo, o lámina con una cara superior, llamada *haz*, y otra inferior, llamada *envés*. En esta última aparecen las nerviaciones, que son relieves longitudinales formados por los haces conductores de la savia. Generalmente, las hojas tienen un nervio principal, que va desde la base hasta el ápice y del que parten nervios secundarios. En la hoja tienen lugar la fotosíntesis, en la que la materia inorgánica (CO_2, H_2O y sales minerales) se convierte en orgánica (glúcidos, lípidos y prótidos) mediante la transformación de la energía luminosa del Sol en energía bioquímica; la transpiración, en la que el agua utilizada para transportar las sales desde la raíz hasta las hojas pasa a la atmósfera en forma de vapor; y el intercambio gaseoso, al entrar y salir por los estomas oxígeno (O_2) y dióxido de carbono (CO_2). Un corte transversal de una hoja permite observar los siguientes tejidos: la epidermis del envés, que es transparente, está cubierta por una película impermeable y posee muchos estomas; el parénquima, que se divide en un sector clorofílico lagunar, donde circulan los gases necesarios para la nutrición del vegetal, y en uno clorofílico en empalizada, con células ricas en cloroplastos, en cuyo interior se realiza la fotosíntesis; el tejido conductor, formado por haces liberoleñosos, que permite el tránsito de sustancias necesarias para la alimentación de la planta; y la epidermis del haz, transparente y cubierta por una película impermeable. Cuando la planta pierde las hojas al comienzo de la estación desfavorable se llama *caducifolia*; si no las pierde y se mantiene verde todo el año se llama *perennifolia*. A su vez, las hojas pueden ser simples, cuando a un peciolo le corresponde un limbo, o compuestas, cuando a un peciolo le corresponde más de un limbo, que en ese caso se denominan *foliolos*.

hojalata *s. f.* Lámina de hierro o acero cubierta de estaño por las dos caras.

hojalatería *s. f.* **1.** Taller donde se hacen y arreglan piezas de hojalata. **2.** Tienda donde se venden estas piezas.

hojalatero, ra *s. m.* y *f.* Persona que hace o vende piezas de hojalata.

hojaldra *s. f. amer.* Hojaldre.

hojaldrado, da 1. *p. p.* de **hojaldrar**. También *adj.* ‖ *s. m.* **2.** Nombre de ciertos pasteles hechos con hojaldre.

hojaldrar *v. tr.* Dar a una masa consistencia de hojaldre.

hojaldre *s. m.* Pasta hecha con harina y manteca, trabajada de cierta manera que al cocerse en el horno forma capas superpuestas muy delgadas.

hojarasca *s. f.* **1.** Conjunto de las hojas secas que han caído de los árboles. **2.** Frondosidad muy abundante de algunos árboles o plantas. **3.** Paja, cosa que no aporta nada a lo que se dice, escribe, etc., y no hace sino estorbar.

hojear *v. tr.* **1.** Pasar las hojas de un libro, revista, etc. **2.** Leer un libro o revista de forma rápida y superficial, sin prestar mucha atención a lo que se lee. ‖ *v. intr.* **3.** *amer.* Echar hojas los árboles.

Hojeda, Alonso de Véase **Ojeda, Alonso de**.

Hojeda, Diego de (Sevilla 1570 - Lima 1615) Poeta español. En 1591 profesó en el convento de dominicos del Rosario, en Lima. En su epopeya religiosa *La Cristiada* (1911) relata la pasión de Cristo, en doce cantos en octavas reales.

hojoso, sa *adj.* **1.** Que tiene muchas hojas. **2.** De estructura en forma de hojas o láminas.

hojuela *s. f.* **1.** En bot., cada una de las hojas que forman parte de una compuesta. **2.** Masa de harina muy delgada que se suele comer frita. **3.** *Cuba, Guat.* Hojaldre*. ‖ **Loc. miel sobre hojuelas** Véase **miel**.

Hokkaido Isla del Japón, la más septentrional de las grandes que componen el archipiélago. 83.520 km^2. 5.670.000 h. en 1989. La capital es Sapporo, con 1.648.500 h. en 1989. Tiene un relieve montañoso y volcánico, con grandes llanuras como la de Ishikari, Tokashi y Konsen. De clima frío, sus principales recursos económicos proceden de la agricultura, con producciones de arroz, patatas, remolacha azucarera, cereales y forrajes. Asimismo tiene minería de carbón, recursos forestales y pesqueros e industria de la madera, alimentaria y papelera. También se llama *Yeso*.

Hokusai, Katsuskika (Tokio 1760 - íd. 1849) Pintor y grabador japonés. Renovó la estampa en color. Seguidor del estilo *ukiyo-e*, es conocido por sus álbumes de dibujos, especialmente los quince cuadernos de *Mangwa* (1817-48), donde en estilo espontáneo aparecen toda clase de personas, y por sus paisajes, como *Ocho vistas de Edo* (1798), *Treinta y seis vistas de Fuji* (1823) y *Cien vistas de Fuji* (1834-35).

¡hola! *interj.* Expresión empleada para saludar en la conversación corriente.

holancina *s. f. Cuba, Guat., Méx.* Tela fina de algodón.

holanda *s. f.* **1.** Cierta tela muy fina, de algodón o de hilo. **2.** Aguardiente que se obtiene destilando vinos puros.

Holanda Nombre con el que generalmente se denomina a los Países Bajos.

Holanda (*Holland*) Región de los Países Bajos, situada en el O del país junto a las costas del mar del Norte. Comprende las provincias de **Holanda Meridional** y **Holanda Septentrional**. Es la zona más poblada y con mayor desarrollo industrial, comercial y agrícola de todo el estado. Está situada en su mayor parte por debajo del nivel del mar y protegida por diques.

Holanda, condado de Señorío creado por el emperador carolingio Carlos el Simple y posteriormente engrandecido a costa de las tierras del obispado de Utrecht y de Zelanda. Experimentó un gran auge desde el s. XII gracias a las actividades comerciales. Al extinguirse la dinastía condal en 1345 pasó a la casa de Baviera y en 1428, por el tratado de Delft, al duque de Borgoña Felipe el Bueno. Por el matrimonio de María de Borgoña con Maximiliano de Austria formó parte de la herencia que recibió el emperador Carlos V. Mostró gran receptibilidad a las ideas de la Reforma y durante el s. XVI el calvinismo desplazó al anapbatismo hasta conseguir su implantación. En 1579 se incorporó a las Provincias Unidas.

Holanda Meridional Provincia de los Países Bajos. 2.908 km^2, 3.200.400 h. en 1989. La capital es La Haya con 443.850 h. en 1989. Es la zona con mayor densidad de población de todo el país. Su economía está constituida por la explotación agrícola (horticultura floral) y ganadera y por una intensa actividad industrial, especialmente en el sector químico. El turismo, tanto en las playas del litoral como en las ciudades históricas, representa una importante fuente de ingresos. Tiene un conjunto portuario Rotterdam-Europoort de gran importancia.

Holanda Septentrional Provincia de los Países Bajos. 2.672 km^2, 2.365.200 h. en 1989. La capital es Haarlem, con 149.200 h. en 1989. Frente a la zona norte, eminentemente rural, el sur de la provincia concentra mayor número de habitantes. Los pólders con cultivos florales constituyen la base de su economía, aunque también cuenta con una importante actividad industrial, especialmente siderúrgica, y un notable desarrollo del sector terciario. Tiene el principal puerto pesquero del país (Ijmuiden).

holandés, sa *adj.* **1.** De Holanda. También *s.* ‖ *s. m.* **2.** Lengua germánica hablada en este país. ‖ *s. f.* **3.** Hoja de papel algo más pequeña que un folio. ‖ **Loc. a la holandesa** *adv.* Modo de encuadernación de bajo costo, en que las pastas van forradas de papel o tela y el lomo de piel.

Holbach, Paul Henri Dietrich, barón de (Edesheim, Palatinado 1723 - París 1789) Filósofo francés, de origen alemán. Su obra filosófica es de carácter naturalista y materialista. Sostiene que tan sólo existe una realidad, la materia, organizada por la naturaleza y en perpetuo movimiento. El conocimiento de esta naturaleza debe liberar a los hombres de toda superstición, origen de la infelicidad. Colaboró en *La Enciclopedia* editada por Diderot y D'Alembert. Escribió *El espíritu del judaísmo* (1770), *La política natural* (1773) y *La moral universal* (1776), aunque su obra de mayor relevancia fue *Sistema de la naturaleza o las leyes del mundo físico y del mundo moral* (1770).

Holbein, Hans, llamado **el Joven** (Augsburgo 1497 - Londres 1543) Pintor alemán. Hijo de Holbein el Viejo, fue el más destacado retratista alemán del s. XVI y pintor de cámara del rey inglés Enrique VIII. Influido por el arte italiano y por el humanismo, su pintura muestra nitidez del dibujo y del color, una acertada composición y una gran penetración psicológica. Entre sus cuadros sobresalen *Enrique VIII, Los embajadores, Tomás Moro* y *La esposa del pintor y sus hijos*.

Holbein, Hans, llamado **el Viejo** (Augsburgo h.1465 - Isenheim, Alsacia 1524) Pintor alemán. Representante del gótico tardío, tuvo taller en Augsburgo, que hacia 1517 trasladó a Isenheim.

Especializado en retablos, merecen citarse el de la basílica de Santa María la Mayor, en Roma; el del altar de Weingarten, en la catedral de Augsburgo; el de San Sebastián, en Munich, y el de la iglesia de los dominicos en Isenheim. También destacan el cuadro *La fuente de la vida* (h. 1519) y sus retratos.

Holden, William (O'Fallon, Illinois 1918 - Santa Mónica, California 1981) Actor de cine estadounidense. Tras iniciarse como galán, amplió su registro con interpretaciones de mayor intensidad dramática. Entre sus principales películas se cuentan *El crepúsculo de los dioses* (*Sunset Boulevard*, 1950), *Picnic* (1956), *El puente sobre el río Kwai* (1957) y *Alvarez Kelly* (1966).

Hölderlin, Friedrich (Lauffen, Württemberg 1770 - Tubinga 1843) Escritor alemán. En Tubinga trabó amistad con Hegel, Schelling y Schiller. Muy influido por sus estudios de teología y filosofía idealista, unió en su obra la mentalidad romántica de la época con una profunda admiración por el mundo de la Grecia clásica. Como poeta es de una extremada sencillez y sensibilidad. Perdió la razón poco después de cumplir los treinta años y firmó sus últimos poemas con el nombre de Scardanelli. Entre sus obras poéticas sobresalen *El archipiélago* (1800), *En medio del camino de la vida* (1804) y *Patmos* (1808). Fue también autor de *Hiperión* (1797-99), novela epistolar, y de *La muerte de Empédocles* (1798-99), drama incompleto.

holding (voz ingl.) *s. m.* Sociedad financiera que posee acciones de varias empresas y de esta forma ejerce control sobre ellas.

holgado, da **1.** *p. p.* de **holgar**. ‖ *adj.* **2.** Amplio, ancho. **3.** Se aplica a la situación económica del que vive sin preocupaciones de dinero. **FAM.** Holgadamente.

holganza *s. f.* Descanso, inactividad excesiva.

holgar *v. intr.* **1.** No trabajar. **2.** Estar algo de más, sobrar. ‖ *v. prnl.* **3.** Recrearse, solazarse. **4.** Alegrarse. ■ Es v. irreg. Se conjuga como *contar*.

holgazán, na *adj.* Vago, gandul. También *s.*

holgazanear *v. intr.* Vaguear, gandulear.

holgazanería *s. f.* Cualidad de holgazán.

Holguín C. de Cuba, cap. de la prov. homónima. Está situada en el sector oriental de la isla, al N de Sierra Maestra. 222.800 h. en 1989. Es un importante centro agrícola en el que destaca la producción de caña de azúcar, aunque también cuenta con cultivos frutícolas, café, cacao y tabaco. Tiene ganadería vacuna, así como apicultura, manufacturas azucareras e industria metalúrgica, química, maderera, alimentaria, del tabaco y curtidos.

Holguín, Carlos (Nóvita 1832 - íd. 1894) Político colombiano. Miembro del Partido Conservador, fue embajador en el Reino Unido (1880-82) y en España (1882-86), ministro de Relaciones Exteriores (1887-88) y presidente de Colombia (1888-92). Durante su mandato estrechó los vínculos con la Iglesia y realizó importantes obras públicas, sobre todo en las vías de comunicación.

holgura *s. f.* **1.** Espacio que queda entre dos cosas que van unidas o encajadas una en la otra. **2.** Posición económica en que se tiene más de lo necesario para vivir. **3.** Cualidad de holgado, p. ej. en la ropa.

Holiday, Billie (Baltimore 1915 - Nueva York 1959) Cantante de jazz estadounidense. Solista en las orquestas de Count Basie y Artie Shaw, inició en 1939 su carrera en solitario. Su forma de interpretar, muy influida por el blues, y su voz cálida, profunda y desgarrada la han convertido en una de las cantantes más admiradas del s. XX. En 1956 publicó su autobiografía, *Lady sings blues*. En su valiosa discografía destacan *Night and day*, *God bless the child*, *This foolish things*, *Travellin'light*, *Strange fruit* y *Don't explain me*.

holismo *s. m.* Doctrina epistemológica que, en oposición al atomismo, sostiene que la comprensión de una realidad compleja no puede ser reducida a la suma de sus elementos, sino que ha de ser considerada como un sistema global con leyes propias. **FAM.** Holista, holístico.

holladura *s. f.* **1.** Acción y efecto de hollar. **2.** Huella*.

hollar *v. tr.* **1.** Pisar, poner los pies. **2.** Profanar, humillar, despreciar.

hollejo *s. m.* Piel delgada que envuelve algunas frutas y legumbres, como la uva y la judía.

Hollerith, Hermann (Buffalo 1860 - Washington 1929) Estadístico estadounidense. Inventó las máquinas estadísticas de tarjetas perforadas (1889) y para la explotación de las mismas fundó la *Tabulating Machine Corporation*, que luego se convertiría en la IBM.

Holley, Robert William (Urbana, Illinois 1922) Bioquímico estadounidense. Fue jefe del departamento de bioquímica y biología molecular de la universidad Cornell de Nueva York. Durante la Segunda Guerra Mundial logró la síntesis de la penicilina. Obtuvo el premio Nobel de medicina y fisiología de 1968, compartido con Har Gobind Khorana y Marshall Warren Nirenberg, por sus trabajos para el desciframiento del código genético, especialmente al determinar la estructura completa del ARN transparente.

hollín *s. m.* Sustancia negra y grasienta que el humo deja pegada sobre los objetos y las paredes.

Holly, Buddy (Lubbock, Texas 1936 - Mason City, Iowa 1959) Músico estadounidense. Fue una de las figuras más destacadas del rock en los años cincuenta, acompañado por su grupo *The Crickets*. Su estilo de rock refinado y melódico incorporaba buen número de elementos de la música *country*. Murió en accidente de aviación. Entre sus canciones merecen citarse *Maybe baby*, *Words of love*, *My baby is you* y *Peggy Sue*.

Hollywood Suburbio de la ciudad estadounidense de Los Ángeles, en California, que desde 1920 se convirtió en el mayor centro cinematográfico mundial. La bondad de su clima, que permite un mayor número de días al año útiles para el rodaje de exteriores, y la gran variedad de paisajes atrajeron a la industria cinematográfica estadounidense, que abandonó Nueva York para escapar de los problemas legales con los poseedores de la patente del cinematógrafo. Su decadencia comenzó en los primeros años sesenta, a causa del descenso de audiencia provocado por la competencia de la televisión y de las leyes antitrust del gobierno de EE UU, que afectaron a las compañías más poderosas.

Holmes, Sherlock Personaje literario creado por el novelista británico Arthur Conan Doyle. Es un detective de singular perspicacia que resuelve los casos más misteriosos empleando el método deductivo, ayudado únicamente por su fiel mentor el doctor Watson.

holmio *s. m.* Ho. Elemento químico perteneciente al grupo de los lantánidos o tierras raras del sistema periódico. Su número atómico es 67 y su masa atómica 164,9304. Es un metal muy escaso, descubierto por Teodor Cleve en 1879, que cristaliza en el sistema hexagonal y se emplea en los reactores nucleares y como captador de impurezas en la industria metalúrgica.

holo- *pref.* Significa 'totalidad': *holografía*.

holobionte *adj.* Se aplica a los organismos cuyo ciclo vital se desarrolla en un único ambiente. También *s.*

holocausto *s. m.* **1.** Sacrificio religioso, especialmente entre los judíos, en el que el animal era totalmente quemado. **2.** Nombre dado a la persecución que sufrió el pueblo judío en Europa durante el régimen nazi. **3.** Sacrificio, acto de renuncia que hace una persona por el bien de otras.

holocéfalos *s. m. pl.* Subclase de peces condrictios que comprende unas 25 especies del orden único quimeriformes. Tienen la mandíbula superior sólidamente soldada al cráneo y la cabeza más grande que el cuerpo. Los machos poseen un apéndice claviforme adornado de espinas sobre los ojos. Habitan en el Atlántico oriental y en el Mediterráneo. Holocéfalos son las quimeras. También *adj.* y *s. m.*

holoceno, na *adj.* **1.** Se dice de la última época del periodo cuaternario, que sigue al pleistoceno. Comprende los últimos 10.000 años de la historia de la Tierra y su comienzo coincide con la revolución neolítica y el fin de la última glaciación (Würm). En él comenzó la desertización de zonas anteriormente ricas en flora, como el Sáhara; comenzó la desaparición de la fauna de gran tamaño del neozoico, como los mamuts; y el género humano inició el proceso que le llevó al grado máximo de evolución. También *s. m.* **2.** Perteneciente o relativo a esta época.

holocristalino, na *adj.* Se aplica a las rocas eruptivas formadas enteramente por cristales, como p. ej. el granito. También *s.*

holoedro *s. m.* Forma que alcanza la máxima simetría dentro de un sistema cristalino, como la que presenta un cristal cúbico, que tiene tres ejes que pasan por el centro de las seis caras, tres planos de simetría que dividen en dos al cubo, cuatro ejes entre los vértices opuestos, seis ejes que pasan por la mitad de las aristas opuestas, seis planos de simetría perpendiculares a éstos y un único centro de simetría por el que pasan todos los ejes.

holografía *s. f.* Técnica fotográfica que sirve para obtener reproducciones en tres dimensiones de una imagen mediante la interferencia de dos haces de rayos láser. Se emplea en microscopia, en informática, en cine y en televisión. **FAM.** Holográfico.

holografo, fa *adj.* Ológrafo*. También *s. m.*

holograma *s. m.* **1.** Placa o cliché fotográfico obtenido mediante la técnica de la holografía. **2.** Imagen óptica obtenida por esta técnica.

holometábolo, la *adj.* Se dice de los insectos que sufren en su desarrollo una metamorfosis completa, pasando por los estadios de larva, pupa e imago, como las mariposas, las moscas y los escarabajos. También *s. m.*

holómetro *s. m.* Aparato que sirve para calcular la altura angular de un punto en el horizonte.

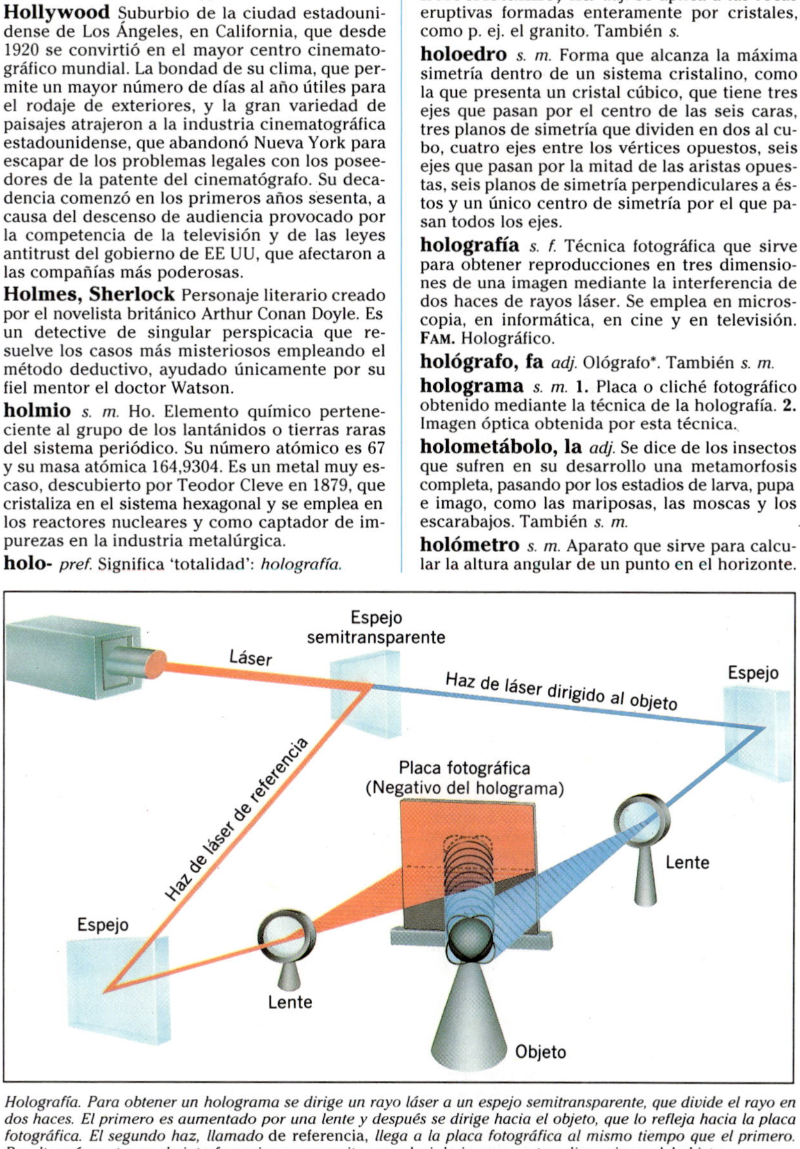

Holografía. Para obtener un holograma se dirige un rayo láser a un espejo semitransparente, que divide el rayo en dos haces. El primero es aumentado por una lente y después se dirige hacia el objeto, que lo refleja hacia la placa fotográfica. El segundo haz, llamado de referencia, llega a la placa fotográfica al mismo tiempo que el primero. Resulta así una trama de interferencias que permite reproducir la imagen en tres dimensiones del objeto.

holomorfosis *s. f.* Regeneración de órganos o tejidos, frecuente sobre todo en las especies menos evolucionadas.

holoparásito, ta *adj.* Se aplica a los organismos vegetales adaptados a la vida parasitaria. También *s.*

holósteos *s. m. pl.* Superorden de peces osteictios actinopterigios al que pertenecen unas 8 especies comprendidas en los órdenes amiformes y semionotiformes. Su esqueleto es en parte cartilaginoso y tienen el cráneo recubierto de placas. Presentan una capa de ganoina en las escamas. Habitan en aguas dulces de América del Norte. Holósteos son los garpikes y el Bowfin. También *adj.* y *s. m.*

holotipo *s. m.* Primer animal que sirve de patrón para describir una especie.

holoturia *s. f.* Nombre común que reciben diversas especies de equinodermos de la clase holoturoideos a los que se suele llamar *pepinos* o *cohombros de mar* por su forma alargada y cilíndrica. Son animales que viven en los fondos marinos y se alimentan de materia en descomposición y diminutos organismos flotantes. La *Cucumaria frondosa* mide unos 20 cm de longitud y habita en el Atlántico Norte; la *Cucumaria planci* vive en el Mediterráneo.

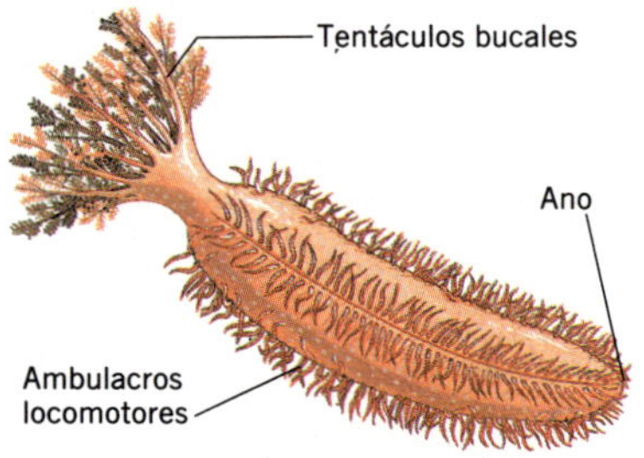

Holoturia: con los ambulacros se desplaza y con los tentáculos captura alimento.

holoturoideos *s. m. pl.* Clase de equinodermos a la que pertenecen unas 900 especies comprendidas en las subclases dendroquirotáceos, aspidoquirotáceos y apodáceos. Se caracterizan por su forma cilíndrica y alargada y el cuerpo blando, que mide entre 4 y 95 cm de longitud y suele ser oscuro. Tienen elementos esqueléticos en forma de pequeñas espinas calcáreas, la boca y el ano situados en ambos extremos del cuerpo, cinco áreas ambulacrales con pies ambulacrales que les sirven para moverse y un aparato circulatorio (sistema hemal) bastante desarrollado. También *adj.* y *s. m.*

hombrada *s. f.* Acción propia de un hombre fuerte y valeroso.

hombre *s. m.* **1.** Ser vivo perteneciente a la especie *Homo sapiens* y familia homínidos, caracterizado, entre otros rasgos, por su desarrollada inteligencia, su capacidad de hablar, postura erguida sobre sus extremidades inferiores y manos prensiles. **2.** Individuo o adulto de la especie humana. **3.** Individuo de la especie humana de sexo masculino. **4.** Persona de este sexo que muestra cualidades, comportamientos, etc., tradicionalmente considerados masculinos por excelencia, como la energía, el valor, la virilidad, etc. También *adj.* **5.** Con algunos sustantivos y la preposición *de*, designa al varón caracterizado por la cualidad, condición, ocupación, etc., que expresa el sustantivo. **6.** *fam.* Marido o amante. ‖ *interj.* **7.** Expresa sorpresa, vacilación o enfado. ‖ **8. hombre bueno** En derecho, persona designada para mediar en un conflicto entre dos partes. **9. hombre de mundo** El que tiene experiencia y ha viajado mucho; también, el acostumbrado a tratar con personas de elevada posición y a moverse en ambientes selectos. **10. hombre de paja** El que actúa en nombre de otro al que no le interesa aparecer en primer plano, siguiendo las órdenes y conveniencias de éste. **11. hombre de pelo en pecho** El que es muy viril. **12. hombre del saco** Personaje fantástico con que se asusta a los niños. **13. hombre lobo** Personaje fantástico, tema de la literatura y del cine, que en las noches de luna llena se transforma en un monstruo mitad hombre mitad lobo. **14. hombre rana** Persona que realiza actividades submarinas provista de un equipo apropiado, que se compone generalmente de aletas, gafas submarinas, depósitos de oxígeno y, a veces, un traje especial. **15. pobre hombre** El de poco carácter o poca importancia social. ‖ **Loc. de hombre a hombre** *adv.* Entre dos hombres que han de tratar una cuestión, en confianza. **hacer** a uno **un hombre** *fam.* Hacerle madurar. También, hacerle un gran favor a alguien, sacarle de un apuro. **ser hombre (para)** Ser capaz. Se usa sobre todo en frases negativas.
Biol. El hombre se clasifica en la clase mamíferos, orden primates, familia homínidos y género *Homo.* Todos los seres humanos actuales pertenecen a la misma especie, que se diversifica en tres grandes razas principales: la europeoide o blanca, la mongoloide o amarilla y la negroide o negra. Sin embargo, los antepasados del hombre han podido pertenecer a otras especies diferentes. La clasificación más comúnmente aceptada divide al género *Homo* en tres especies distintas: *Homo habilis,* que vivió desde hace dos millones y medio de años hasta hace un millón y medio; *Homo erectus,* que vivió desde hace un millón y medio de años hasta hace medio millón de años; y *Homo sapiens,* que se divide a su vez en dos subespecies: *Homo sapiens neanderthalensis* (la más antigua) y *Homo sapiens sapiens,* el hombre actual, cuya aparición se remonta a hace aproximadamente cien mil años. No existe acuerdo entre los antropólogos respecto al origen de la familia de los homínidos y a la fecha en que se separó de los simios más próximos y evolucionados (los póngidos, que incluyen al chimpancé, al gorila y al orangután), ni sobre cuál de éstos es el más próximo pariente del hombre. La especie *Homo sapiens* se caracteriza por tener los miembros posteriores más largos que los anteriores y carecer de cola, de callosidades en las nalgas y de pelo en la mayor parte de su cuerpo. Posee un cerebro muy desarrollado, tiene costumbres diurnas y es omnívora.

hombrear[1] (de *hombre*) *v. intr.* Imitar un muchacho a los hombres adultos, queriendo parecerse a ellos.

hombrear[2] (de *hombro*) *v. tr.* **1.** *Amér. del S.* Emplear los hombros para sujetar o empujar algo. **2.** *Arg., Col., Méx., Par., Urug.* Ayudar, proteger.

hombrecillo *s. m.* **1.** *dim.* de **hombre**. **2.** Lúpulo, planta trepadora.

hombrera *s. f.* **1.** Almohadilla que se pone en las prendas de vestir para levantar los hombros. **2.** Franja de tela colocada sobre los hombros de los uniformes, camisas militares y prendas similares, por donde pasan y se sujetan correas, cordones, etc., y que a menudo tienen estrellas, galones u otros distintivos. **3.** En algunas prendas, cintas de tela a modo de tirantes. **4.** Pieza que protege los hombros en algunos deportes. **5.** Pieza de las armaduras antiguas que protegía el hombro.

hombretón *s. m.* Hombre corpulento.

hombría *s. f.* Valor y firmeza.

hombro *s. m.* **1.** Cada una de las partes superiores y laterales del tronco del hombre y de los primates, de las que nacen los brazos. **2.** Parte de las prendas de vestir que cubre esa zona. ‖ **Loc. a hombros** *adv.* Sobre los hombros. **al hombro** *adv.* Sobre el hombro o colgando de él. **arrimar el hombro** Ayudar, cooperar en alguna tarea. **hombro con hombro** *adv. fam.* En unión con otra u otras personas en el trabajo, en las responsabilidades, etc. **mirar por encima del hombro** *fam.* Despreciar a una persona, considerarla inferior. **sobre mis** (o **tus**, **sus**, etc.) **hombros** *adv.* Bajo la responsabilidad de uno.

hombruno, na *adj. fam.* Se aplica a las mujeres o a las características de éstas que tienen algún parecido con el hombre.

Home rule Nombre del régimen político autonómico reivindicado por Irlanda durante el periodo comprendido entre 1870 y 1914.

homenaje *s. m.* **1.** Acto o actos públicos que se celebran como reconocimiento a alguien. **2.** Demostración de respeto o admiración hacia una persona. **3.** Ceremonia medieval mediante la cual señor y vasallo establecían un vínculo feudal.

homenajear *v. tr.* Dedicar un homenaje a alguien. **Fam.** Homenajeado.

homeomorfismo *s. m.* Propiedad de ciertos cuerpos químicos de cristalizar en el mismo sistema pese a tener composiciones distintas.

homeópata *adj.* Se dice del médico que ejerce la homeopatía. También *s.*

homeopatía *s. f.* Doctrina médica que, basándose en la ley de la similitud, afirma que una enfermedad debe combatirse por medio de las mismas sustancias que la provocan, administradas en dosis muy pequeñas. Fue formulada a finales del s. XVIII por el médico alemán Christian Hahnemann y tuvo muchos seguidores en Francia durante el s. XIX.

homeopático, ca *adj.* **1.** Perteneciente o relativo a la homeopatía. **2.** Muy pequeño, de cantidad muy reducida.

homeostasia *s. f.* Homeostasis*.

homeostasis u **homeóstasis** *s. f.* Conjunto de mecanismos que aseguran el control automático de las constantes biológicas de los seres vivos, manteniéndolas fijas dentro de límites muy estrechos a pesar de las variaciones del ambiente externo. En el hombre y los animales superiores, la homeostasis comprende el control de la temperatura del cuerpo, volumen de agua y sales minerales, etc. Estos mecanismos dependen en gran medida de las hormonas. **Fam.** Homeostático.

homeotermia *s. f.* Capacidad de regulación metabólica para mantener la temperatura del cuerpo constante e independiente de la temperatura ambiental.

homeotermo, ma *adj.* Se aplica a los seres vivos, como p. ej. el hombre, cuya temperatura interna es constante. También *s.*

homérico, ca *adj.* Propio o característico del poeta griego Homero o semejante a su estilo.

Homero (s. IX a. C.) Escritor griego, al que se atribuye la redacción de los dos grandes poemas épicos la *Ilíada* y la *Odisea.* Su vida es prácticamente desconocida e incluso se llegó a dudar de su existencia real; asimismo, se consideró que ambos poemas eran el resultado de una larga tradición oral que en un momento dado fue fijada por escrito, lo que parecía confirmarse por las diferencias estilísticas de uno y otro. La crítica actual considera que Homero existió y que, adaptando diversos cantos de transmisión oral, compuso ambos poemas en torno a sus dos temas centrales, la cólera de Aquiles y el regreso de Ulises. La influencia ejercida por su obra en la cultura universal es inmensa.

Homero (Museo Capitolino, Roma).

homicida *adj.* **1.** Que comete homicidio. También *s.* **2.** Se aplica a aquello con lo que se ha cometido un homicidio, p. ej. un arma. **3.** Se dice de los instintos, intenciones, etc., muy hostiles o que buscan la muerte de alguien.

homicidio *s. m.* **1.** Muerte de una persona causada intencionadamente por otra. ‖ **2. homicidio culposo** Muerte de una persona a consecuencia de un acto voluntario y lícito en su origen, pero cuyo resultado mortal debía haber previsto el inculpado (accidente de circulación, disparo de arma de caza, etc.). **3. homicidio preterintencionado** Muerte de una persona a causa de unas lesiones provocadas intencionadamente, pero sin ánimo de matar.

homilía *s. f.* En la liturgia católica, sermón que el sacerdote dirige a los fieles, generalmente durante la misa, para explicar los textos bíblicos y sagrados y otras materias de la religión.

homínidos *s. m. pl.* Familia de mamíferos primates cuyo único representante actual es el hombre *(Homo sapiens sapiens).* Se caracterizan por la postura erguida (bípedos), mano libre, gran capacidad craneana, presencia de mentón, pelvis adaptada a la postura erguida, dedo gordo del pie no oponible y dentición especializada. Su antigüedad se remonta a más de 5 millones de años. A esta familia pertenecen, además del hombre actual, los hombres fósiles, del género *Homo*, y sus antecedentes más directos, del género *Australopithecus*. También *adj.* y *s. m.*

hominización *s. f.* Proceso evolutivo de los primates que dio lugar a los primeros homínidos y al hombre.

homo- *pref.* Significa 'semejanza o igualdad': *homogéneo, homosexual.*

Homo *s. m.* Género de mamíferos primates superiores perteneciente a la familia homínidos, que se caracteriza porque sus individuos poseen una capacidad craneana superior a 750 cc. Comprende diversas especies fósiles, como *Homo sapiens neanderthalensis*, *Homo erectus*, etc., y la especie *Homo sapiens sapiens*, a la que pertenece el hombre actual, que se caracteriza por ser bípedo, de mano libre, maduración retardada y poseer lenguaje articulado y vida social compleja.

homocerco, ca *adj.* **1.** Se dice de la aleta caudal de los peces cuando está formada por dos lóbulos iguales y simétricos, como la de la sardina. **2.** Se aplica, p. ext., a la cola y a los peces que tienen esta clase de aleta.

homocromía *s. f.* Propiedad de ciertos animales que presentan una coloración semejante a la del medio en el que viven.

homodonto *adj.* Se aplica a los animales que presentan un solo tipo de dientes. También *s.*

homofonía *s. f.* **1.** Cualidad de homófono. **2.** En mús., composiciones musicales en las que las distintas voces o partes instrumentales ejecutan la misma línea melódica.

homófono, na *adj.* **1.** Se aplica a las palabras que se pronuncian igual, aunque tengan diferente ortografía y significado; p. ej., *honda*, utensilio para lanzar piedras, y *onda*, curva. **2.** Se dice del canto o la música en el que todas las voces o sonidos siguen la misma línea melódica.

homogeneidad *s. f.* Cualidad de homogéneo.

homogeneización *s. f.* **1.** Acción y efecto de homogeneizar. **2.** Proceso al que se someten ciertas mezclas para impedir que las sustancias que las componen formen sedimentos o, como en el caso de la leche, coágulos de grasa.

homogeneizar *v. tr.* **1.** Transformar en homogéneos, por medios físicos o químicos, un conjunto o una mezcla compuestos de elementos diversos. **2.** P. ext., unificar, hacer que se parezcan personas o cosas diferentes. ▪ Se conjuga como *enraizar*.

homogéneo, a *adj.* **1.** Se aplica a aquello en lo que no se aprecian diferencias en sus partes o componentes. ‖ **2. compuesto homogéneo** En quím., se dice de un compuesto cuyos elementos son todos del mismo tipo o se hallan mezclados. En sentido estricto, el término se aplica a los elementos o compuestos químicos. **3. polinomio homogéneo** En mat., se aplica al polinomio en el que todos sus términos son del mismo grado: $3x^2 - 5xy + 7y^2$.

homógrafo, fa *adj.* Se aplica a las palabras que se escriben igual, pero que tienen significados diferentes, p. ej.: *llama*, animal; *llama*, del verbo *llamar*; y *llama*, de fuego.

homologar *v. tr.* **1.** Igualar cosas o hacer que sean equivalentes. **2.** En dep., dar validez un organismo oficial al resultado de una prueba deportiva. **3.** Asegurar una autoridad oficial que un producto se ajusta a las normas de calidad establecidas. **4.** Hacer que un producto se ajuste a determinadas normas. **5.** Declarar válidos en un país estudios realizados en otro. **6.** En der., dar firmeza las partes a la decisión tomada por los tribunales al no impugnarla en el plazo indicado. **7.** Confirmar el juez ciertos actos y convenios de las partes. ▪ Se conjuga como *pagar*. **FAM.** Homologable, homologación.

homólogo, ga *adj.* **1.** Se dice de una persona o cosa respecto a otra con la que se corresponde por su estructura, función, etc. **2.** En bot. y zool., se aplica a los órganos o partes del cuerpo de especies diferentes que se asemejan por tener un origen embrionario similar, por sus relaciones con otros órganos y por su posición en el cuerpo, aunque su aspecto y función sean diferentes. Son homólogas, p. ej., las extremidades anteriores de los mamíferos y las alas de las aves. ‖ **3. elementos homólogos** En geom., se dice de los lados, ángulos, etc., correspondientes, en figuras que son semejantes. P. ej., en dos triángulos semejantes se dice de los lados que se oponen a los ángulos iguales.

homomorfismo *s. m.* En mat., aplicación entre dos conjuntos dotados de una misma estructura algebraica y en la cual a la suma de elementos del primer conjunto corresponde la suma de las imágenes de estos elementos en el segundo conjunto.

homonimia *s. f.* En ling., fenómeno por el cual palabras con una misma pronunciación u ortografía tienen significados distintos.

homónimo, ma *adj.* **1.** En ling., se aplica a las palabras que tienen una misma pronunciación u ortografía, pero distintos significados; p. ej., *hacha*, utensilio cortante, y *hacha*, trozo de madera o mecha para alumbrar. También *s. m.* **2.** Se dice de una persona con respecto a otra que tiene el mismo nombre. También *s.*

homópteros *s. m. pl.* Suborden de insectos hemípteros al que pertenecen numerosas especies comprendidas en diversas familias y superfamilias. Son insectos terrestres y fitófagos, caracterizados por tener las alas anteriores dispuestas paralelamente sobre el dorso y no cruzadas. Homópteros son las cigarras, pulgones, cochinillas, etc. También *adj.* y *s. m.*

homosexual *adj.* Se aplica a las personas que se sienten sexualmente atraídas por otras de su mismo sexo. Se dice también de sus tendencias, prácticas, etc. También *s.*

homosexualidad *s. f.* Cualidad de homosexual.

homosfera *s. f.* Capa de la atmósfera comprendida entre la superficie de la Tierra y unos 100 km de altura, caracterizada porque el aire mantiene casi constante su proporción entre oxígeno y nitrógeno.

homotecia *s. f.* En mat., correspondencia entre los puntos del plano que asocia a cada punto *A* otro punto *A'* de modo que $\overline{OA'} = k\,\overline{OA}$, siendo *k* un número real.

homotético, ca *adj.* Que presenta homotecia.

Homs (en ár. *Hims*) C. de Siria, cap. de la provincia del mismo nombre, situada al E de la cadena del Antilíbano. 464.000 h. en 1989. Es un centro comercial agrícola, que cuenta con industria textil (seda y algodón), del cemento y petrolífera.

honda *s. f.* Arma manual formada por una tira de cuero u otro material, ensanchada por el centro, que permite arrojar piedras u otros objetos a gran distancia, aplicando la fuerza centrífuga producida al hacerla girar.

hondero *s. m.* Soldado que antiguamente iba armado con honda. Los honderos baleáricos tuvieron gran importancia como tropas auxiliares de las legiones romanas.

hondo, da *adj.* **1.** Que tiene mucha profundidad o está a gran profundidad. **2.** Muy adentro en el interior de algo. **3.** Referido a pensamiento, sentimientos, etc., íntimo, profundo. **FAM.** Hondamente.

Hondo Véase **Honshu**.

hondón *s. m.* **1.** Fondo de cualquier cosa hueca. **2.** Parte del terreno más profunda que el resto. **3.** Ojo de la aguja. **4.** Parte del estribo donde va apoyado el pie.

hondonada *s. f.* Parte de un terreno que está situada en un lugar más hondo que el resto.

hondura *s. f.* Cualidad de hondo. ‖ **LOC. meterse en honduras** Profundizar demasiado en una materia o asunto. Suele usarse en expresiones negativas.

Honduras, golfo de Golfo de la costa atlántica centroamericana al S del de México, comprendido entre la costa oriental de la península de Yucatán y la costa hondureña. Se extiende por México, Belice, Guatemala y Honduras y comprende diversas bahías, las islas Turneffe, islas de la Bahía y los cayos de Belice. Sus costas son bajas y arenosas.

Honduras, República de Estado de América Central.

Geog. física Honduras es un país montañoso, dividido en dos sectores por la cordillera Centroamericana. En la vertiente atlántica se hallan las cuencas de los ríos Ulúa, Patuca y Coco o Segovia, y en la pacífica la del Choluteca. En el extremo NE se extiende la llanura aluvial de La Mosquitia, donde se encuentra la laguna marítima de Caratasca. Tiene un clima tropical húmedo, suavizado en las regiones central y S a causa de la altitud, y una vegetación de pinos y encinas en las regiones altas, selva tropical en las regiones cálidas y de manglar en las costas.

Extensión: 112.088 km^2.
Límites: al N, con el mar Caribe; al E, con el mar Caribe y Nicaragua; al S, con Nicaragua, el océano Pacífico y El Salvador, y al O, con Guatemala.
Población: 4.674.000 h. en 1990.
Densidad: 41,7 h./km^2.
Capital: Tegucigalpa.
División administrativa: 18 departamentos.
Ciudades principales: San Pedro Sula, La Ceiba, Choluteca, El Progreso.
Gentilicio: hondureño.
Forma de Estado: república presidencialista.
Idioma: español.
Religión: catolicismo, 93,6 %; protestantismo, 3 %.
Moneda: lempira.
Tasa de natalidad: 39 ‰ en 1990.
Tasa de mortalidad: 8 ‰ en 1990.
Renta per cápita: 900 dólares en 1989.

Geog. humana* y *económica La población, fundamentalmente amerindia (20 %) y mestiza (69 %), presenta uno de los crecimientos naturales más elevados del mundo (3,1 % anual), compensado con la emigración, y una media de edad poco elevada. Se dedica mayoritariamente a la agricultura (52,6 % de la población activa) y se concentra en las cuencas fluviales y en la región O. Su economía es una de las más deficitarias de los países centroamericanos. Es un país eminentemente agrícola en el que destacan los cultivos de banana (principal producto de exportación del que es noveno productor mundial), café, caña de azúcar, maíz, arroz, algodón y tabaco. Posee ganadería vacuna y porcina, así como importantes recursos forestales y mineros (oro, plomo, antimonio y cinc). Su actividad industrial, muy poco desarrollada, se centra en las producciones alimentarias, del papel, de la madera y del cemento.

Hist. Honduras fue un centro de la cultura maya, a cuyas costas llegó Díaz de Solís en 1497. Conquistada por los españoles en la primera mitad del s. XVI, fue convertida en audiencia de la capitanía general de Guatemala y en provincia del virreinato de Nueva España. La colonia se organizó en torno a las alcaldías de Comayagua y Tegucigalpa, dos importantes centros productores de oro y plata. La independencia se alcanzó en 1821 y Honduras se integró en el imperio mexicano (1822) y posteriormente en las Provincias Unidas de Centroamérica (1824). Roto el pacto federal en 1838, el país declaró su independencia en 1839 y se convirtió en república. A partir de ese momento la vida política hondureña se caracterizó por la inestabilidad, el enfrentamiento entre conservadores y liberales y la fuerte dependencia exterior, primero del Reino Unido y más tarde de EE UU. La presidencia del liberal Marco Aurelio Soto (1876-83) tuvo especial im-

Honduras: a la izquierda, estela maya en Copán; a la derecha, poblado en las montañas.

portancia, tanto en el ámbito político como en el económico, pues al tiempo que acabó con el régimen político dictatorial e impulsó reformas constitucionales de carácter progresista varió los lazos de dependencia, se alejó del Reino Unido y abrió el camino a la influencia estadounidense y en especial a la de las grandes compañías fruteras Standard Fruit y United Fruit. Desde entonces, EE UU influyó poderosamente en la evolución política del país, incluso con intervenciones militares directas, debilitando la autoridad de los presidentes opuestos a sus intereses y favoreciendo los golpes de Estado y dictaduras de militares que le eran favorables.

Pese a sus diferencias, las facciones políticas hondureñas persiguieron la reunificación de Centroamérica en una nueva confederación, apoyando una serie de pactos y congresos a lo largo del s. XIX y primeras décadas del XX que nunca fructificaron y que, paradójicamente, se vieron además acompañados por el estallido de numerosas guerras con los países vecinos: El Salvador (1845), Guatemala (1863, 1873, 1883) y Nicaragua (1894, 1903).

En 1957, Ramón Villeda Morales intentó una reforma agraria que dio lugar al golpe de López Arellano, bajo cuya presidencia estalló la «guerra del fútbol» con El Salvador, así llamada por tener su origen en los enfrentamientos que siguieron a un partido de fútbol entre los equipos nacionales de ambos países. En 1971 se instauró un régimen civil, derribado de nuevo por López Arellano, que poco después dimitió a causa de su implicación en los sobornos de las compañías fruteras estadounidenses. En 1975, otro golpe militar depuso al reformista Melgar Castro. Las elecciones de 1981 otorgaron el poder al liberal Suazo Córdoba que, a cambio del apoyo estadounidense para someter a obediencia al Ejército, se vio obligado a convertir a Honduras en el principal aliado de la política de EE UU en la región, comprometiéndola en los conflictos de El Salvador y Nicaragua. En las elecciones de 1986 obtuvo la presidencia el conservador Simón Azcona y en las de 1989 el líder del Partido Nacional Rafael Leonardo Callejas que ejerció su cargo desde el mes de enero del año siguiente.

Cult. Del arte precolombino, fundamentalmente maya, se conservan pequeñas pirámides, obras de ingeniería como canales y caminos, estructuras arquitectónicas, industria lítica, estelas esculpidas, esculturas exentas, cerámica y ajuares funerarios; su manifestación más destacada es la ciudad maya de Copán. El barroco hondureño se desarrolló en el s. XVIII, en que fueron construidas la catedral de Comayagua, la iglesia de los Dolores y la catedral de Tegucigalpa. En la pintura contemporánea destacan Pablo Zelaya Sierra (1896-1933) y sus discípulos Carlos Zúñiga, Juan Antonio Velázquez y López Rodezno.

La literatura se inicia a principios del s. XIX, al adquirir Honduras la independencia, con la obra de José Cecilio del Valle y José Trinidad Reyes (*Pastorelas*). Dentro del Romanticismo merecen mención los poetas Manuel Molina Vigil y José Antonio Domínguez. A Carlos Gutiérrez se debe la primera novela hondureña, *Angelina*. El movimiento modernista fue iniciado por el poeta Juan Ramón Molina (*Tierras, mares y cielos*) y en él hay que nombrar a Luis Andrés Zúñiga, Ramón Ortega, Julián López Pineda, Augusto Coello y, sobre todo, a Froilán Turcios (*Águilas y leones* y *Flores de almendro*). Del modernismo evolucionaron al indigenismo y otras tendencias los poetas Jorge Zepeda, Alfonso Guillén Zelaya (*El almendro en el patio*) y Rafael Heliodoro Valle (*Ánfora sedienta*), este último el principal representante del ensayo en Honduras. A la llamada *generación del 26* pertenecen los novelistas Marcos Carías Reyes (*Trópico*) y Carlos Izaguirre (*Bajo el chubasco*). En las últimas décadas sobresalen los poetas Claudio Barrera (*Recuerdo de la imagen*), Jacobo Cárcamo (*Pinos de Honduras*), Daniel Laínez, Alejandro Valladares, Clementina Suárez y Federico Travieso y los prosistas Argentina Díaz Lozano (*Topacio*), Alejandro Castro (*Armas para la libertad*), Víctor Cáceres Lara (*Arcilla*) y Ramón Amaya Amador.

hondureño, ña *adj.* De Honduras. También *s.*

Honecker, Erich (Neunkirchen 1912) Político alemán. Miembro del Partido Comunista, sufrió encarcelamiento bajo el régimen nazi. Creada la República Democrática Alemana, fue secretario general del Partido Socialista Unificado (1971) y jefe del Estado (1976). Las constantes manifestaciones de descontento le hicieron presentar la dimisión en 1989 y ese mismo año fue expulsado del partido y sometido a arresto domiciliario; finalmente tuvo que refugiarse en el extranjero.

Honegger, Arthur (El Havre 1892 - París 1955) Compositor suizo. Fundó con Darius Milhaud el grupo de los Seis. Utilizó una escritura tonal y su obra se mantuvo dentro de una línea neorromántica con grandes influencias del periodo barroco. Cultivó los más diversos géneros musicales, sobresaliendo sus oratorios *El rey David* (1921) y *Juana de Arco en la hoguera* (1934-1935) y el poema sinfónico *Pacific 231* (1923).

honestidad *s. f.* Cualidad de honesto.

honesto, ta *adj.* **1.** Honrado. **2.** Casto, decente. **FAM.** Honestamente.

Hong Kong (*Hsiang Kang*) Enclave británico en la costa meridional de China, que comprende algunas islas y un territorio continental. 1.074 km^2. 5.841.000 h. en 1990. La capital es Victoria, cuya economía se asemeja a la de las ciudades occidentales. A causa de sus ventajas fiscales y financieras y de su estratégica situación, constituye un importante centro comercial e industrial, con especial relevancia de los sectores químico, textil, electrónico, editorial, siderúrgico y naval. Ocupado por los británicos entre 1841 y 1860, el enclave de Hong Kong retornará a la soberanía china en 1997, en virtud del acuerdo suscrito en 1984, y durante un periodo de 50 años se mantendrá la estructura económica y social existente.

hongo *s. m.* **1.** Cualquiera de los seres vivos pertenecientes al reino de los hongos. **2.** Sombrero de copa baja y redondeada con ala estrecha, fabricado normalmente de fieltro. ‖ *s. m. pl.* **3.** Uno de los cinco reinos en que se clasifican los seres vivos, al que pertenecen unas 100.000 especies comprendidas en las clases ficomicetos, zigomicetos, ascomicetos y basidiomicetos. Son seres unicelulares o pluricelulares, que no tienen tejidos y cuyas células se agrupan formando un cuerpo filamentoso muy ramificado. El hongo está formado por un conjunto de hifas o filamentos, denominado *micelio*, y sus células tienen una pared celular que puede ser de celulosa o de quitina. Su alimentación es heterótrofa, ya que no pueden realizar la fotosíntesis, y su digestión externa, por vertido al exterior de enzimas digestivas que atacan a los alimentos. Su reproducción puede ser sexual o asexual (esporas). Por su tipo de vida pueden ser saprofitos, como el champiñón y la trufa, que se alimentan de sustancias en descomposición; depredadores, que capturan a otros seres vivos; parásitos, que se alimentan de los líquidos internos de otros seres vivos, o simbiontes, que se asocian con otros organismos y se benefician mutuamente. Viven en lugares húmedos, sobre materia orgánica en descomposición y ocultos a la luz del Sol, aunque también pueden habitar en medios acuáticos o en el interior de seres vivos, de los que son parásitos. Hongos son el mildiu de la vid, el moho del pan, las levaduras, las trufas, las setas, etc. ‖ **LOC. más solo que un hongo** *adj. fam.* Muy solo, sin nadie.

Honiara C. de las islas Salomón, cap. del país, situada en la isla de Guadalcanal. 30.500 h. en 1986. Principal centro económico del país, cuenta con cultivos de coco, frutas tropicales y copra, y con un importante tráfico marítimo.

Honolulu C. de las islas Hawai, cap. de este estado de EE UU, situada en la isla de Oahu, en su costa meridional. 372.350 h. en 1986 y 849.000 h. en 1989 en su área metropolitana. Es un importante centro turístico y uno de los principales puertos del Pacífico por su tráfico comercial, especialmente por la exportación de productos agrícolas como azúcar, piña y madera.

honor *s. m.* **1.** Cualidad por la que alguien o algo merece el respeto y la consideración de los demás y el suyo propio. **2.** Distinción, cargo, título, etc., que concede importancia o prestigio. **3.** Tradicionalmente, decencia y castidad de las mujeres. **4.** Satisfacción, orgullo. **5.** Acto o palabras que se dedican a alguien en reconocimiento de su categoría o méritos. Se usa mucho en *pl.* ‖ **LOC. con honores de** *adv.* Dando la categoría que se expresa. **en honor de** *adv.* Como homenaje o reconocimiento a alguien. **hacer honor a** Comportarse según corresponde a lo que se expresa. **hacer los honores** En una fiesta o reunión, atender el anfitrión a los invitados; también, hacer aprecio de la comida o bebida, tomando bastante de ellas, sobre todo un invitado.

honorabilidad *s. f.* Cualidad de honorable.

honorable *adj.* Muy digno y respetable. **FAM.** Honorablemente.

Hong Kong: puerto Victoria y península de Kowloon.

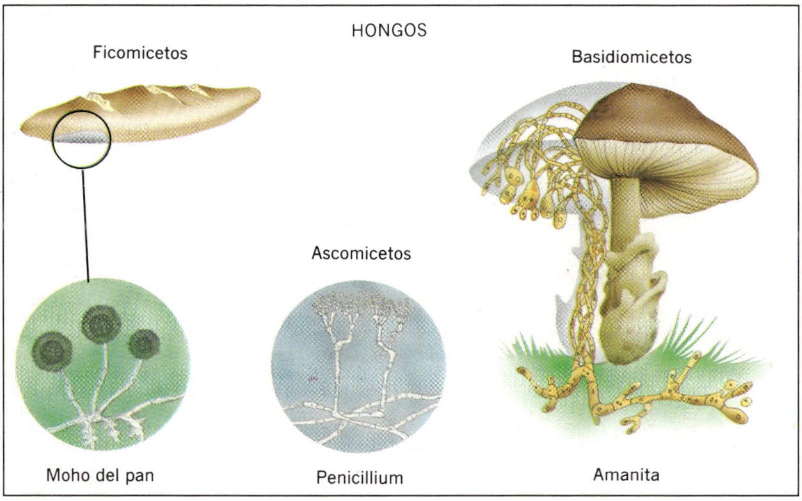

Hongos: las tres clases en que se dividen y un ejemplo de cada una de ellas.

honorario, ria *adj.* **1.** Honorífico*. ‖ *s. m. pl.* **2.** Suma de dinero que se da como pago por un trabajo o servicio en las profesiones liberales.

honorífico, ca *adj.* Se aplica a determinados títulos, puestos, condecoraciones, etc., concedidos a una persona, a la que proporcionan honor y distinción, pero no retribución económica. **FAM.** Honoríficamente.

Honorio Nombre de cuatro papas de la Iglesia. **Honorio I** (Campania ? - Roma 638) Papa italiano. Su pontificado abarca de 625 a 638. Fue discípulo de San Gregorio Magno. Intervino en la querella entre católicos y monotelitas, lo que mereció la condena del III concilio de Constantinopla (680-681).
Honorio III (Roma ? - Roma 1227) Papa italiano. De nombre Cencio Savelli, su pontificado abarca de 1216 a 1227. Aprobó las órdenes de los dominicos (1216), los franciscanos (1223) y los carmelitas (1226). En 1220 coronó al emperador Federico II. Continuó la campaña contra los albigenses.

Honorio, Flavio (Constantinopla 384 - Ravena 423) Emperador romano de Occidente (395-423). Hijo de Teodosio el Grande, recibió a la muerte de su padre (395) la parte occidental del imperio, mientras que su hermano Arcadio obtuvo la oriental. Cedió la responsabilidad del gobierno al general Estilicón, que contuvo las invasiones bárbaras hasta ser asesinado en Ravena, adonde Honorio había trasladado la capital, víctima de una conjura palaciega. Tras la muerte de Estilicón cesó la resistencia y el visigodo Alarico saqueó Roma (410).

honoris causa *loc. lat.* Significa 'por razón o causa de honor' y se aplica a los grados universitarios concedidos a una persona perteneciente al mundo de la política, las artes, las ciencias, etc., en razón de sus méritos, sin que tenga que pasar ningún examen o prueba ni ejercer las funciones que corresponden al nombramiento.

honra *s. f.* **1.** Respetabilidad, buen nombre. **2.** Decencia, castidad. **3.** Orgullo, satisfacción. Se usa en la locución **a mucha honra**. ‖ **4. honras fúnebres** Oficio religioso o acto solemne dedicado a los difuntos.

honradez *s. f.* Cualidad de honrado.

honrado, da **1.** *p. p.* de **honrar**. También *adj.* ‖ *adj.* **2.** Que obra dignamente, cumplidor de su palabra y sus obligaciones. **3.** Se aplica también a la actitud, los actos, etc., de estas personas. **FAM.** Honradamente.

honrar *v. tr.* **1.** Dar o proporcionar honra. **2.** Producir alguien o algo orgullo o satisfacción. **3.** Mostrar respeto o consideración. También, venerar. ‖ *v. prnl.* **4.** Sentirse orgulloso por algo que se considera un honor.

honrilla *s. f.* Amor propio. Se utiliza frecuentemente en la expresión **la negra honrilla**, con el mismo significado.

honroso, sa *adj.* **1.** Se dice de las cosas que honran o hacen más digno a alguien. **2.** Que respeta la dignidad. **FAM.** Honrosamente.

Honshu Isla de Japón, la más grande y poblada del archipiélago, situada al E de la península de Corea y separada de ésta por el mar del Japón. 231.072 km^2. 98.817.000 h. en 1989. Es una isla montañosa, que alcanza su máxima altura en el volcán Fuji Yama (3.776 m) y en la que se hallan la capital del país, Tokio, y las principales ciudades, como Yokohama, Nagoya, Kioto, Kobe y Osaka. Su economía es eminentemente industrial, con un especial desarrollo de los sectores alimentario, mecánico, petroquímico, siderúrgico, electrotécnico, automovilístico y textil. Asimismo tiene una elevada producción de máquinas fotográficas y de bienes de consumo en general. También tiene cultivos de soja, mijo, arroz, manzanos, té y algodón y minería de hierro, cobre, carbón y petróleo. Antiguamente se llamaba *Hondo*.

hontanar *s. m.* Lugar en el que nacen fuentes o manantiales.

Hooch (o **Hoogh**), **Pieter de** (Rotterdam 1629 - Amsterdam h. 1684) Pintor neerlandés. Cultivador de la pintura de género, residió en Delft (1654-62), donde quizá conoció a Vermeer. En los cuadros de esta primera época pintó interiores burgueses con figuras y se preocupó por llevar al lienzo los reflejos de la luz sobre la superficie de las cosas. En 1667 se trasladó a Amsterdam y allí se dedicó a pintar retratos y escenas de las clases acomodadas.

Hooke, Robert (Freshwater, isla de Wight 1635 - Londres 1703) Físico inglés. Fue alumno de Robert Boyle en Oxford y miembro de la *Royal Society*. Investigó las ondas luminosas, la gravitación universal y el vapor, y enunció la **ley de Hooke** o ley de la resistencia de los materiales, que establece que la deformación que experimenta un cuerpo bajo la acción de una fuerza es directamente proporcional a la magnitud de dicha fuerza. Cuando ésta cesa, actúa una fuerza recuperadora de igual intensidad, pero de sentido contrario, que tiende a volver al cuerpo a su posición primitiva. En esta ley se basa el principio de funcionamiento de muelles, resortes o dinamómetros.

Hoover, Herbert Clark (West Branch, Iowa 1874 - Nueva York 1964) Político estadounidense. Miembro del Partido Republicano, fue secretario de Comercio (1921-28) y presidente de EE UU (1928-32). Tuvo que soportar la crisis económica de 1929 y fue acusado de no tomar las medidas necesarias para combatir el paro. En 1937 promovió la ayuda a China, invadida por los japoneses.

hopa *s. f.* **1.** Vestidura larga y cerrada parecida a una túnica o sotana. **2.** Saco que se ponía a los ajusticiados.

hopalanda *s. f.* Vestidura grande y holgada, en especial la que usaban antiguamente los estudiantes. Se usa sobre todo en *pl.*

Hope, Anthony (Londres 1863 - Tadworth, Surrey 1933) Escritor británico. Es autor de la famosa novela de aventuras *El prisionero de Zenda* (1894).

Hope, Bob (Eltham, Inglaterra 1903) Actor estadounidense de origen británico. Formó un popular trío cómico con Bing Crosby y Dorothy Lamour. Entre sus películas más famosas figuran *El gato y el canario* (1939), *Camino de Singapur* (1940) y *El rostro pálido* (1948).

Hope, Thomas Charles (Edimburgo 1766 - íd. 1884) Químico británico. Descubrió, en unión de Martin Heinrich Klaproth, la estroncianita (1792). Demostró que el agua alcanza su máximo de densidad a 4 °C.

hopi *adj.* **1.** Se dice de un pueblo amerindio del grupo shoshón que habita en el estado de Arizona (EE UU). Pertenece al área cultural de los indios «pueblo». **2.** De este pueblo. También *s.*

Hôpital, Guillaume de L' (París 1661 - íd. 1704) Matemático francés. Discípulo de Jean Bernoulli, publicó en su obra *Análisis de los infinitamente pequeños para el entendimiento de las líneas curvas* (1696) la primera formulación completa del cálculo infinitesimal.

Hopkins, Frederick Gowlard (Eastbourne, Sussex 1861 - Cambridge 1947) Bioquímico británico. Profesor en la universidad de Cambridge y presidente de la *Royal Society* (1930-1935), ha sido uno de los grandes impulsores de la bioquímica en el Reino Unido. En 1907 aisló el aminoácido triptófano y en 1929 recibió el premio Nobel de medicina, compartido con Christiaan Eijkman, por su contribución al conocimiento de las vitaminas.

Hopkins, Gerard Manley (Stratford, Essex 1844 - Dublín, Irlanda 1899) Poeta británico. Estudió en Oxford, donde se convirtió al catolicismo (1866). Ingresó en los jesuitas y fue profesor en Dublín. En su poesía, vigorosa y hondamente espiritual, utiliza un rico vocabulario e introduce innovaciones métricas. Su obra, publicada póstumamente por Robert Bridge (1918), influyó en la lírica del s. XX.

hoplita *s. m.* En la antigua Grecia, soldado de infantería que llevaba armas pesadas (casco, coraza, escudo, etc.).

hopo *s. m.* Cola de algunos animales con mucho pelo o lana, como la del zorro o la oveja.

Hopper, Dennis (Dodge City, Kansas 1936) Actor y director cinematográfico estadounidense. Alcanzó celebridad como director con su película *Easy rider* (1969), que también interpretó junto a Peter Fonda y Jack Nicholson. Como actor sobresalen sus actuaciones en los filmes *El amigo americano* (1977), *Apocalypse Now* (1979), *Terciopelo azul* (1982) y *La ley de la calle* (*The Rumble Fish*, 1982).

Hopper, Edward (Nueva York 1882 - íd. 1967) Pintor estadounidense. Viajó por Europa entre 1905 y 1910. Autor de estilo realista, sus paisajes urbanos representan escenas cotidianas, en las que plasma la soledad del hombre contemporáneo. Entre sus obras destacan *Domingo por la mañana* (1930) y *Los noctámbulos* (1941-42).

Edward Hopper: Autorretrato *(Museo Whitney de Arte Americano, Nueva York).*

hora *s. f.* **1.** Cada una de las veinticuatro partes iguales en que se divide el día solar. **2.** Huso horario. **3.** Momento determinado del día. **4.** Momento oportuno o señalado para alguna cosa. Se usa también en *pl.* con el mismo significado. **5.** Cita fijada para un día y momento determinados. **6.** Momento de la muerte, últimos instantes de una persona. ‖ **7. hora h** Hora determinada y prefijada en que ha de ocurrir o llevarse a cabo una cosa. **8. hora oficial** La establecida en un territorio por decisión de las autoridades, que puede estar adelantada o retrasada respecto a la solar. **9. hora punta** La que coincide con la hora de entrada o de salida del trabajo, en la que se produce una mayor aglomeración en las calles, los transportes, etc. **10. hora solar** La que corresponde al día solar. **11. hora tonta** Momento de debilidad en que una persona consiente o hace cosas que en otra ocasión no hubiera hecho. **12. horas canónicas** Las distintas partes en que se divide el oficio divino, a las que corresponden diferentes oraciones: maitines, laudes, prima, tercia, sexta, nona, vísperas y completas. **13. horas extraordinarias** (o **extras**) Aquellas que se trabajan además del horario laboral normal. **14. la hora de la verdad** Momento decisivo de algo. ‖ **Loc. ¡a buenas horas (mangas verdes)!** *excl.* Expresa que algo llega o sucede demasiado tarde, cuando ya no es necesario. **de última hora** *adj.* En los últimos momentos, muy reciente. **en buena hora** *adv.* Oportunamente, por suerte. **en mala hora** *adv.* Desafortunadamente, por mala suerte. **entre horas** *adv.* Entre una comida y otra. **hacer horas** Trabajar horas extraordinarias. **no ver** uno **la hora** de algo *fam.* Estar ansioso o impaciente por que algo ocurra. **pasar** (o **estar**) **las horas muertas** Emplear mucho tiempo en alguna ocupación sin provecho.

horaciano, na *adj.* Propio o característico del poeta latino Horacio y de sus obras.

Horacio, Quinto Horacio Flaco, llamado (Venusia, Apulia 65 - íd. 8 a. C.) Escritor romano. Es uno de los grandes poetas latinos, al que los renacentistas consideraron el perfecto modelo de la lírica clásica. Su obra, de carácter satírico y mordaz, evolucionó hacia la reflexión moral. Entre sus composiciones poéticas sobresalen las *Sátiras*, *Epodos*, *Odas* y *Epístolas*, y entre las escritas en prosa el tratado de arte poética titulado *Epístola a los Pisones*.

Horacios Nombre de tres hermanos que, según la leyenda, fueron elegidos por Roma para enfrentarse en combate a los tres hermanos Curiacios, representantes de la ciudad de Alba, durante el reinado de Tulio Hostilio. El encuentro se había fijado para decidir cuál de las dos ciudades dominaría el Lacio, y en él los Horacios se impusieron a sus rivales.

horadable *adj.* Que puede ser horadado.

horadar *v. tr.* Hacer un agujero en algo de modo que lo atraviese de parte a parte. **Fam.** Horadable.

horario, ria *adj.* **1.** Perteneciente o relativo a las horas. ‖ *s. m.* **2.** Distribución, a veces reglamentada, de las horas en que se desarrolla una actividad, una jornada de trabajo, un servicio público, etc., especialmente en lo que se refiere a su comienzo y a su término. **3.** Cuadro en el que se reparten las horas del día y se indican las tareas o actividades correspondientes. **4.** Tablero, cartel o folleto en el que se detallan las horas de llegada y salida de algunos medios de transporte. **5.** La manecilla más corta del reloj, que indica las horas.

horca *s. f.* **1.** Estructura formada por maderos, de la que cuelga una cuerda con que se ahorca a los condenados a muerte. **2.** Utensilio en forma de tenedor, normalmente de madera, que se usa para amontonar las mieses y otras faenas del campo. **3.** Palo con acabado en forma de *V* que sirve para sujetar las ramas de los árboles, parrales, etc. **4.** Conjunto formado por dos ristras de ajos o cebollas unidas por un extremo. **5.** *P. Rico, Ven.* Regalo de santo o de cumpleaños. ‖ **Loc. pasar** a uno **por las horcas caudinas** Humillar a alguien obligándole a hacer algo que no quería.

horcajadas, a *loc. adv.* Modo de montar a caballo o de sentarse sobre cualquier sitio poniendo una pierna a cada lado.

horchata *s. f.* Refresco hecho con chufas, y a veces con almendras, que se machacan y luego se mezclan con agua y azúcar.

horchatería *s. f.* Establecimiento donde se hace, vende o sirve horchata y otros refrescos.

horchatero, ra *s. m.* y *f.* Persona que hace o vende horchata.

Horco Orco*.

horcón *s. m.* **1.** Horca para sujetar las ramas de los árboles. **2.** *amer.* Madero que en las casas rústicas sirve para sostener vigas y aleros.

horda *s. f.* **1.** Grupo de nómadas que forman una comunidad. **2.** Grupo de gente armada que no pertenece a un ejército regular. **3.** P. ext., reunión o grupo de individuos que alteran el orden y causan destrozos.

Horda de Oro Nombre del kanato o reino mongol fundado por Batu, nieto de Gengis Kan, en el oriente de Europa a mediados del s. XIII. Se extendía por el bajo Volga y tenía su capital en Saray. Sometió a los principados rusos, que tuvieron que pagarle tributo. A mediados del s. XIV entró en decadencia y se dividió en los kanatos de Crimea, Kazan y Astracán, que fueron posteriormente anexionados por Rusia.

horero *s. m. amer.* Horario del reloj.

horizontal *adj.* **1.** Se aplica a lo que está paralelo al horizonte o que tiene todos sus puntos a una misma altura. **2.** En geom., se dice de la recta o plano que es perpendicular a la vertical. **3.** Se dice de las personas o cosas que están o se realizan al mismo nivel, sin diferencias de autoridad o categoría. ‖ **Loc. coger la horizontal** *fam.* Acostarse, dormir. **Fam.** Horizontalidad, horizontalmente.

horizonte *s. m.* **1.** Línea más lejana a que alcanza la vista y donde parece que se juntan la tierra o el mar con el cielo. **2.** Campo que abarcan los pensamientos o las inquietudes de las personas. **3.** Conjunto de posibilidades o perspectivas que ofrece una cosa. **4.** En geol., cada una de las capas que forman el suelo y que, reunidas, dan lugar al perfil del mismo. El perfil del suelo está formado por tres horizontes: el **horizonte A**, capa de tierra fina de color negro o gris, compuesta fundamentalmente por materia orgánica, llamada *humus*; el **horizonte B** o iluvial, que consta de una acumulación de materiales de diverso tipo y textura que varían mucho en razón de su profundidad, y el **horizonte C**, capa alterada que limita con la roca madre subyacente.

Horkheimer, Max (Stuttgart 1895 - Nuremberg 1973) Filósofo y sociólogo alemán. Fue uno de los fundadores de la escuela de Frankfurt. Su pensamiento se encuentra enormemente influido por la obra de Marx y de Hegel. Desde una concepción dialéctica de la realidad y en oposición rotunda al positivismo y a la sociología académica alemana analiza aspectos de la sociedad contemporánea tales como la cultura de masas, el totalitarismo, el papel de la ciencia y de la técnica, los orígenes de la sociedad burguesa, etc. Entre sus obras de mayor relevancia cabe mencionar *Eclipse de la razón* (1947), *Crítica de la razón instrumental* (1967), *Teoría crítica* (1968), *Razón y autoconservación* (1970) y *Dialéctica de la Ilustración* (1947) en colaboración con Theodor W. Adorno.

horma *s. f.* **1.** Molde que se emplea para dar forma a algunos objetos, p. ej. a los zapatos o a la copa de los sombreros. **2.** Utensilio que se coloca dentro de los zapatos, cuando éstos no se usan, para que no se deformen y también para ensancharlos o alargarlos. ‖ **Loc. encontrar** (o **hallar**) uno **la horma de su zapato** *fam.* Encontrar uno la persona o cosa adecuada a él o que puede competir con él.

hormiga *s. f.* **1.** Nombre común de diversos insectos himenópteros de la familia formícidos, con numerosos géneros. Su tamaño varía entre un milímetro y varios centímetros, son generalmente de color negro o pardo, tienen antenas plegadas, abdomen peciolado y están provistas de fuertes mandíbulas. Su alimentación puede ser fitófaga o carnívora. Son insectos sociales y forman colonias, llamadas *hormigueros*, en galerías excavadas generalmente en el suelo. Incluyen tres castas bien diferenciadas: las hembras fértiles (reinas), las hembras estériles (obreras), que son ápteras, y los machos. Los individuos reproductores están dotados de alas; tras la fecundación los machos mueren pronto y las hembras pierden las alas. Las obreras recolectan alimentos, construyen los hormigueros, los defienden y cuidan de las larvas. Algunas especies parasitan a otros insectos e incluso esclavizan a otras hormigas. Entre las especies más comunes destacan *Messor barbarus*, *Formica rufa*, *Cremastogaster scutellaris*, *Formica sanguinea* e *Iridomyrmex humilis*. Habitan en todo el mundo, especialmente en las regiones de clima templado y tropical. **2.** Persona muy trabajadora y ahorradora. Suele usarse en forma diminutiva: *hormiguita*. ‖ **3. hormiga león** Nombre común de diversos insectos de la familia mirmeleóntidos, género *Myrmeleon*. La especie más común, *Myrmeleon formicarius*, puede alcanzar hasta 7,5 cm de longitud y tiene 4 alas con numerosas nervaduras. Su larva vive oculta en un agujero excavado en la arena y se alimenta de los insectos que caen en él.

hormigón[1] (del ant. *hormigos*, cierto plato de repostería con almendras o avellanas) *s. m.* **1.** Mezcla compuesta de piedras pequeñas, arena y cemento que se emplea en la construcción, ya que al fraguar adquiere una gran dureza y resistencia. ‖ **2. hormigón armado** El que lleva en su interior armaduras metálicas, que lo hacen más resistente que el hormigón corriente. **3. hormigón pretensado** El que se hace vaciando la mezcla sobre barras de acero sometidas a mucha tensión, que luego cede durante el fraguado y hace que el acero comprima el hormigón. Es el más usado en la actualidad.

hormigón[2] (de *hormiga*) *s. m.* **1.** Cierta enfermedad que sufre el ganado vacuno. **2.** Enfermedad de algunas plantas, provocada por un insecto que roe raíces y tallos.

hormigonera *s. f.* Máquina que consiste en un recipiente o tambor giratorio en el que se hace la mezcla del hormigón.

hormigueante *adj.* Que produce hormigueo.

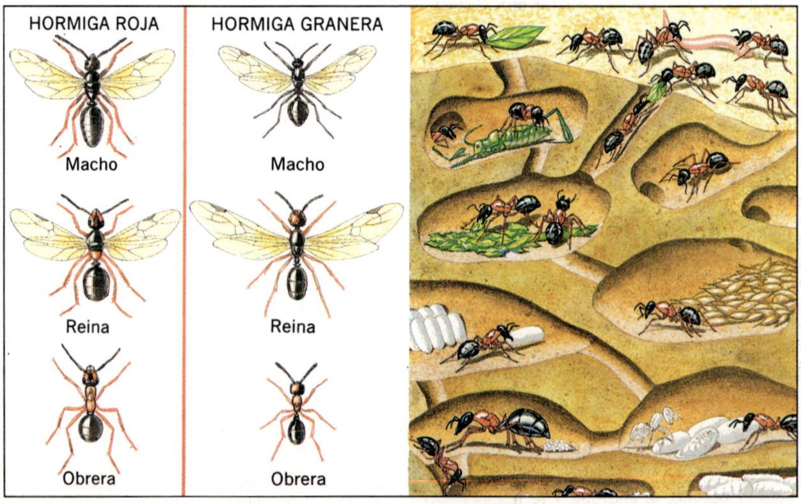

A la izquierda, macho, reina y obrera de dos especies de hormigas: la hormiga roja (Formica rufa) *y la hormiga granera* (Messor barbarus). *A la derecha, hormiguero de hormigas rojas.*

hormiguear *v. intr.* **1.** Producirse en alguna parte del cuerpo una sensación de hormigueo. **2.** Moverse o agitarse desordenadamente una multitud de personas o animales.

hormigueo *s. m.* **1.** Sensación de cosquilleo localizada en alguna parte del cuerpo. **2.** Desasosiego, nerviosismo. **3.** Movimiento desordenado de gente o animales.

hormiguero *s. m.* **1.** Lugar donde viven las hormigas, formado por una red de túneles que éstas abren en la tierra, en los muros, los árboles, etc. **2.** P. ext., conjunto de hormigas que habitan en un mismo lugar. **3.** Lugar donde hay mucha gente en movimiento. También, esta misma multitud.

hormiguillo *s. m.* Hormigueo, cosquilleo.

hormilla *s. f.* Pequeño disco de metal, madera u otro material que se forra para hacer botones.

hormona *s. f.* Sustancia química de naturaleza orgánica producida por las glándulas endocrinas o de secreción interna (tiroides, páncreas, genitales, etc.) que la vierten a la sangre para que ésta la transporte a los diferentes órganos y tejidos, donde activa y regula importantes funciones del organismo. Químicamente, las hormonas son moléculas orgánicas de diversos tipos: derivados de aminoácidos (como la adrenalina y la tiroxina), proteínas (como la insulina o la hormona del crecimiento), derivados de ácidos grasos (como las prostaglandinas) y esteroides (como los andrógenos y estrógenos). Las glándulas endocrinas fabrican constantemente hormonas, acelerando el proceso cuando resulta necesario; p. ej., la glándula páncreas fabrica permanentemente la hormona insulina, pero incrementa la producción cuando el cuerpo ingiere alimentos con mucha glucosa y necesita más insulina para metabolizarla. La secreción o vertido en la sangre de las hormonas se desencadena cuando la glándula recibe una información química (p. ej., aumento de glucosa en las células, en el caso del páncreas y la insulina) o un impulso nervioso (p. ej., en el caso de la médula suprarrenal y la adrenalina). Entre los procesos en los que intervienen las hormonas destacan la regulación del equilibrio del medio interno, el crecimiento y desarrollo de los tejidos y los órganos, el metabolismo y la regulación de la actividad del sistema nervioso central, periférico y autónomo. La rama de la medicina que las estudia es la endocrinología.

hormonal *adj.* Perteneciente o relativo a las hormonas.

Horn, Felipe de Montmorency-Nivelle, conde de (Neverle h. 1524 - Bruselas 1568) Noble flamenco. Estuvo al servicio del emperador Carlos V. En 1561 Felipe II lo nombró consejero de Margarita de Parma, gobernadora de los Países Bajos. Moderado, intentó suprimir la Inquisición, derogar los edictos contra los protestantes y conseguir una mayor autonomía del país. Ante la intransigencia del rey, se sublevó en unión de Egmont y Guillermo de Orange (1566). Fue encarcelado y mandado ejecutar por el duque de Alba.

hornacina *s. f.* Hueco en forma de arco que se hace en un muro para colocar en él una estatua, imagen o cualquier objeto decorativo. Se empleó mucho en la decoración de catedrales góticas.

hornada *s. f.* **1.** Cantidad de pan, cerámica, etc., que se cuece de una vez en el horno. **2.** *fam.* Conjunto de personas que acaban unos estudios o consiguen un cargo, trabajo, etc., al mismo tiempo. **3.** *fam.* Conjunto de cosas que se hacen o salen al mismo tiempo.

hornalla *s. f.* **1.** *Arg., Chile, Urug.* Quemador, fuego de una cocina. **2.** *Arg., Chile, Urug.* Brasero*.

hornazo *s. m.* Rosca o bollo que se adorna con huevos que se cuecen en el horno junto con la masa.

hornblenda *s. f.* $(Ca, Na, K)_{2-3}(Mg, Fe, Fe^{+2} Al)_5 Si_6 (Si, Al)_2 O_{22} (OH, F)_2$. Mineral del grupo de los anfíboles. Es un silicato de calcio, hierro y magnesio que cristaliza en prismas del sistema monoclínico. Es duro, exfoliable, de forma columnar, fibrosa o granular, color verde oscuro o negro y brillo vítreo. Abunda en rocas eruptivas, como el basalto, la andesita y la traquita. Los principales yacimientos se encuentran en Finlandia, los Urales y Japón.

Horne, Marilyn (Bradford, Pennsylvania 1929) Cantante estadounidense. Es una de las mezzosopranos más célebres del s. XX. Especialista en las óperas de Rossini, ha obtenido gran éxito por su interpretación de la *Carmen* de Bizet y del *Orfeo* de Gluck.

hornear *v. tr.* Tener los alimentos un tiempo determinado en el horno.

hornero, ra *s. m.* y *f.* **1.** Persona propietaria o encargada de un horno. ‖ *s. m.* **2.** *Amér. del S.* Pájaro de la familia furnáridos, especie *Furnarius rufus.* Mide unos 15 cm de longitud y tiene color marrón rojizo y blanco. Construye su nido con barro, al que da una forma semejante a un horno. Habita en América del Sur.

Horney, Karen (Hamburgo 1885 - Nueva York 1952) Psicoanalista estadounidense de origen alemán. Fundó en Nueva York el Instituto Americano del Psicoanálisis (1934). Formada en el psicoanálisis freudiano, es una de las figuras de la escuela culturalista. Escribió, entre otros libros, *La personalidad neurótica de nuestro tiempo* (1937) y *El nuevo psicoanálisis* (1939).

hornilla *s. f.* Hueco hecho en el hogar, con una rejilla para sostener la lumbre y dejar caer la ceniza y un respiradero.

hornillo *s. m.* Utensilio o recipiente de pequeñas dimensiones, que sirve para cocinar, calentar u otros usos y funciona con electricidad o con diversos combustibles.

horno *s. m.* **1.** Obra de albañilería o aparato metálico donde se introducen ciertas cosas para someterlas a la acción de las altas temperaturas. Sirve, p. ej., para cocer pan, ladrillos y cerámica, fundir metales, etc. **2.** Parte de la cocina o electrodoméstico independiente donde se introducen los alimentos para asarlos, calentarlos o descongelarlos. **3.** Local donde se cuece y vende pan. **4.** Montón de leña, piedras, etc., para su carbonización, calcinación o cocción. **5.** *fam.* Lugar donde hace mucho calor. ‖ **6. horno crematorio** El utilizado en los cementerios para incinerar los cadáveres. ‖ **Loc. no estar el horno para bollos** *fam.* No ser conveniente hacer alguna cosa porque alguien no está de humor para ello.
Tecnol. Los hornos pueden ser de muy diferentes tipos según sea la fuente que suministra el calor. Cuando éste procede de la quema de combustibles industriales, se denomina de **combustión**; si procede de una resistencia o un arco voltaico, se denomina **eléctrico**; si el calor lo produce la fisión del átomo, el horno se denomina **nuclear**; si se obtiene aprovechando la energía del Sol, se denomina **solar**; si la fuente es un magnetrón que genera ondas electromagnéticas, se denomina **microondas**. El **alto horno** es un gran cilindro vertical de unos 25 m de altura, con paredes refractarias y refrigeradas, que usa el carbón como combustible y la caliza como fundente. El mineral de hierro se introduce por la parte superior o tragante y, tras reducirse el hierro a medida que desciende, sale en forma de colada por un canal inferior.

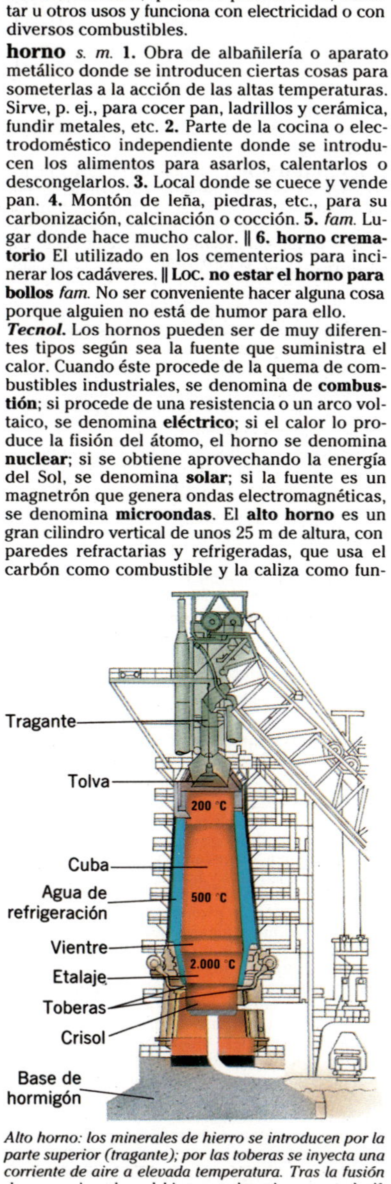

Alto horno: los minerales de hierro se introducen por la parte superior (tragante); por las toberas se inyecta una corriente de aire a elevada temperatura. Tras la fusión de esos minerales, el hierro se deposita en estado líquido en el crisol.

Hornos, cabo de Extremo S del continente americano, situado en la isla de Hornos (Chile), al S de Tierra del Fuego. Lo dobló por primera vez el marino inglés Francis Drake en 1577. Forma un elevado saliente rocoso rodeado de escollos y bajíos, donde soplan vientos huracanados de dirección variable. Las fuertes corrientes costeras también dificultan la navegación en sus alrededores.

horóscopo *s. m.* **1.** Predicción del futuro de una persona, país, etc., hecha por los astrólogos, deducida de la posición de los astros, o según el signo del zodiaco correspondiente a la fecha en que alguien ha nacido. **2.** Gráfico utilizado por los astrólogos en el que se representan los doce signos zodiacales y la posición de los astros. **3.** A veces se utiliza con el significado de signo del zodiaco.

Horowitz, Vladimir (Kiev 1904 - Nueva York 1989) Pianista estadounidense de origen ucraniano. Desde sus primeras actuaciones se reveló como un virtuoso, fundamentalmente por su interpretación de las obras de Liszt, Schubert, Chopin, Debussy y Prokofiev.

Horozco, Sebastián de (Toledo h. 1510 - ? 1580) Escritor español. Padre de Sebastián de Covarrubias, estudió leyes y fue consejero del Santo Oficio. Es autor de un *Cancionero* de vena satírica, de *Teatro universal de proverbios, adagios, o comúnmente llamados refranes vulgares que más ordinariamente se usan en nuestra España* (1550), colección de más de 3.000 refranes, así como de obras para el teatro, como *Representación de la historia evangélica del capítulo nono de San Juan* y *Representación de la famosa historia de Ruth.* Se le ha atribuido, sin mucho fundamento, la autoría del *Lazarillo de Tormes.*

horqueta *s. f.* **1.** Horca utilizada para sujetar las ramas de los árboles, parrales, etc. **2.** Parte del árbol donde el tronco y una rama forman un ángulo agudo. **3.** *amer.* Bifurcación de un camino. **4.** *Arg.* Curva muy cerrada en el curso de un río y terreno que queda dentro de ella.

horquetear *v. intr.* **1.** *Col., Méx., Urug.* Brotar ramas en los árboles. ‖ *v. prnl.* **2.** *Col., Méx., Urug.* Montar a horcajadas.

horquilla *s. f.* **1.** Trozo de alambre u otro material doblado por el centro que se usa para sujetar el pelo. **2.** Vara o palo terminado en dos puntas que se emplea como soporte. **3.** En las bicicletas y motocicletas, parte del cuadro que va desde la rueda delantera hasta el manillar.

horrendo, da *adj.* Horrible*. **Fam.** Horrendamente.

hórreo *s. m.* **1.** En Asturias y Galicia, construcción, generalmente de madera o piedra, sostenida por cuatro pilotes o columnas, donde se almacena el grano y otros productos agrícolas para evitar la humedad y la acción de los roedores. **2.** En general, granero.

horrible *adj.* **1.** Que causa horror. **2.** Muy feo. **3.** Muy malo. **4.** Muy grande o intenso. **Fam.** Horribilísimo, horriblemente.

horripilar *v. tr.* **1.** Poner el miedo los pelos de punta. También *v. prnl.* **2.** Horrorizar*. **Fam.** Horripilación, horripilante.

horrísono, na *adj.* **1.** Se aplica a lo que causa horror por su sonido. **2.** Que tiene un sonido muy desagradable.

horro, rra *adj.* **1.** Se decía del esclavo que conseguía la libertad. **2.** Libre de carga, impuesto, etc. **3.** Que no tiene alguna cualidad o propiedad.

horror *s. m.* **1.** Miedo muy grande. **2.** Desagrado, repugnancia, disgusto muy intenso. También, aquello que lo produce. **3.** Desgracia, sufrimiento, etc. **4.** *fam.* Enormidad, mucho. Se usa mucho en *pl.* ‖ *pl.* **5.** Cosas extraordinarias por lo negativas o lo exageradas.

horror vacui *loc. lat.* Significa 'horror al vacío'. En las artes plásticas designa la tendencia a llenar por completo todo el plano o el espacio.

horrorizar *v. tr.* **1.** Producir horror. ‖ *v. prnl.* **2.** Sentir horror. ■ Se conjuga como *cazar.*

horroroso, sa *adj.* Horrible*.

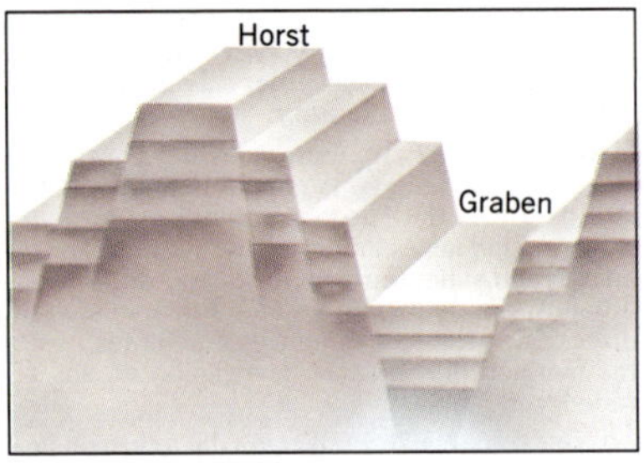

Horst o bloque levantado; los hundidos se denominan fosas tectónicas o graben.

horst (voz al.) *s. m.* En un relieve de fallas, bloque fracturado y levantado por encima del terreno circundante. Es característico del relieve germánico y también se le conoce como *pilar tectónico.* Es muy abundante en los antiguos macizos cristalinos, como el renano y el galaico.

Horta, Victor (Gante 1861 - Bruselas 1947) Arquitecto belga. Es una de las principales figuras del modernismo. Su estilo se caracteriza por la adecuación de los diseños y estructuras a las circunstancias sociales y culturales de su tiempo, así como por su originalidad decorativa. Sus edificios más representativos son la casa Tassel (1892-93), el hotel Solvay (1895-1900), los almacenes La Innovación (1901) y el palacio de Bellas Artes (1922-28), todos ellos en Bruselas.

Victor Horta: fachada de su propia casa (1898) en Bruselas.

hortaliza *s. f.* Planta comestible que se cultiva en huerto. De ella se aprovecha la raíz (zanahoria, rábano), los bulbos (cebolla, ajo), las flores o inflorescencias (coliflor, alcachofa) o los frutos y semillas (pepino, berenjena, calabaza). Contiene gran cantidad de minerales y vitaminas.

hortelano, na *adj.* **1.** Perteneciente o relativo a la huerta. ‖ *s. m.* y *f.* **2.** Persona que tiene o cultiva una huerta.

hortense *adj.* Perteneciente o relativo a la huerta.

Flores de hortensia (Hydrangea hortensia).

hortensia *s. f.* Nombre común de diversas especies de plantas arbustivas de la familia saxifragáceas, género *Hydrangea.* Tienen hojas caducas, simples y dentadas, flores olorosas de distintos colores con cuatro sépalos, cuatro pétalos y fruto en cápsula. Originarias de Japón, se cultivan en todo el mundo y su uso es ornamental.

hortera *adj.* **1.** Se dice de la persona de condición humilde que pretende aparentar más de lo que es en realidad, especialmente en su manera de vestir. También *s.* **2.** P. ext., vulgar, poco refinado. También *s.* ‖ *s. m.* **3.** Dependiente de un comercio.

horterada *s. f.* **1.** Dicho o hecho propio de un hortera. **2.** Cualquier acción o cosa vulgar.

hortícola *adj.* Perteneciente o relativo a la horticultura.

horticultor, ra *s. m.* y *f.* Persona que se dedica a la horticultura.

horticultura *s. f.* **1.** Cultivo de las plantas de huerta. **2.** Rama de los estudios agrícolas especializada en este cultivo.

hortofrutícola *adj.* Perteneciente o relativo al cultivo de las huertas y árboles frutales.

Horty von Nagybanya, Miklos (Kenderes 1868 - Estoril 1957) Político y militar húngaro. Comandante en jefe de la flota austro-húngara en 1918, mandó en 1919 las tropas que derrocaron el gobierno comunista de Bela Kun. Nombrado regente de Hungría en 1920 hasta la llegada de Carlos IV, impidió sin embargo la restauración del monarca y gobernó el país durante más de dos décadas. Durante la Segunda Guerra Mundial apoyó a Hitler y en 1944 aceptó la ocupación alemana.

Horus Dios egipcio del Sol. Hijo de Isis y Osiris, se le representaba con cabeza de halcón y coronado por el disco solar.

Hory, Elmir de (? 1906 - Ibiza 1976) Pintor apátrida de origen húngaro. Fue conocido por sus más de 3.000 falsificaciones de cuadros de pintores del s. XX, como Braque, Picasso, Matisse, Chagall, Modigliani, etc. Se suicidó.

hosanna *excl.* **1.** Se utiliza en la liturgia católica, indicando alegría, júbilo. ‖ *s. m.* **2.** Himno que se canta el domingo de Ramos.

hosco, ca *adj.* **1.** Poco amable en el trato, poco sociable. **2.** Aplicado a lugares, ambientes, etc., poco acogedor, desagradable, amenazador.

hospedaje *s. m.* **1.** Acción de hospedar. **2.** Cantidad que se paga por estar hospedado. **3.** Lugar donde se está hospedado.

hospedar *v. tr.* Alojar a una persona como invitada o como huésped de pago. También *v. prnl.*

hospedería *s. f.* **1.** Lugar donde se albergan huéspedes que pagan su estancia. **2.** Habitación para huéspedes en conventos o comunidades religiosas.

hospedero, ra *s. m.* y *f.* Persona que se encarga de una hospedería.

hospiciano, na *adj.* Se dice del niño que vive en un hospicio o persona que se ha criado allí. También *s.*

hospiciante *s. m.* y *f. Col., Guat., Méx.* Persona acogida en un asilo.

hospicio *s. m.* **1.** Establecimiento donde se recoge gratuitamente a niños huérfanos, pobres o abandonados. **2.** Casa donde se albergaba a peregrinos y pobres.

hospital *s. m.* **1.** Establecimiento público o privado donde se atiende y cura a los enfermos. Los hospitales cuentan con personal e instalaciones para el examen, diagnóstico y tratamiento de heridas, enfermedades y partos, y con salas en las que los enfermos pueden permanecer durante periodos de tiempo prolongados. Existen hospitales de distintas clases: según la propiedad, pueden ser públicos o privados; según los servicios que prestan, los hay generales, que aceptan cualquier tipo de pacientes y enfermedades, y especiales, que se dedican a cierto tipo de pacientes o de dolencias, como en el caso de los hospitales mentales. Muchos cumplen también una función ambulatoria, atendiendo a pacientes que no requieren cama, y son igualmente numerosos aquellos en los que se realizan tareas de enseñanza e investigación. Una de las actividades más importantes de todo hospital es el tratamiento de urgencia en caso de accidente o enfermedad grave y repentina. ‖ **2. hospital de sangre** Lugar que durante la guerra se destina para hacer la primera cura a los heridos.

hospitalario, ria *adj.* **1.** Se dice de la persona, comunidad, etc., que acoge amablemente a visitantes o forasteros. **2.** Se aplica a los lugares en los que es agradable estar y cuyas gentes son amables. **3.** Se dice de las órdenes religiosas que concedían hospedaje a peregrinos y forasteros, como la orden de Malta, la de San Juan de Dios, etc. **4.** Perteneciente o relativo al hospital. **FAM.** Hospitalariamente.

Hospitalet de Llobregat C. de España, en la prov. de Barcelona, situada en la desembocadura del río Llobregat, junto a la ciudad de Barcelona, a cuya área metropolitana pertenece. 276.200 h. en 1990. Es uno de los centros con mayor actividad comercial e industrial de todo el país. Tiene importantes recursos agrícolas además de grandes empresas metalúrgicas, químicas, textiles, papeleras, madereras, constructoras, vidrieras, cerámicas y alimentarias.

hospitalidad *s. f.* Cualidad de las personas hospitalarias.

hospitalizar *v. tr.* Internar a alguien en un hospital o clínica para que reciba los cuidados necesarios. ▪ Se conjuga como *cazar.* **FAM.** Hospitalización.

hosquedad *s. f.* Cualidad de hosco.

hostal *s. m.* Establecimiento de hospedaje, de menor categoría que un hotel según la clasificación oficial.

hostelería *s. f.* Conjunto de servicios destinados a proporcionar alojamiento, comida, etc., a huéspedes y viajeros mediante el correspondiente pago.

hostelero, ra *adj.* **1.** Perteneciente o relativo a la hostelería. ‖ *s. m.* y *f.* **2.** Persona a cuyo cargo está algún establecimiento de hostelería.

hostería *s. f.* Hospedería, fonda.

hostia *s. f.* **1.** Lámina redonda y delgada de pan ázimo que el sacerdote consagra durante la misa y con la que él comulga; también, cada una de las formas más pequeñas de este pan consagrado que da a los fieles en la comunión. **2.** P. ext., hoja delgada hecha con agua, harina y otros ingredientes que se come como dulce o sirve de base para algunos postres. **3.** *vulg.* Golpe, bofetón. ‖ *interj.* **4.** *vulg.* Indica sorpresa, admiración, enfado, etc. Se usa sobre todo en *pl.*

hostiario *s. m.* Caja donde se guardan las hostias no consagradas.

hostigar *v. tr.* **1.** Molestar continuamente a una persona, en especial de palabra. **2.** En la guerra, inquietar y entorpecer al enemigo con ataques poco importantes. **3.** Presionar a alguien para que haga alguna cosa. **4.** Golpear a las caballerías con látigos u otros instrumentos para hacerlas andar. ▪ Se conjuga como *pagar.* **FAM.** Hostigador, hostigamiento.

hostil *adj.* Contrario, enemigo, opuesto. **FAM.** Hostilmente.

hostilidad *s. f.* **1.** Cualidad o actitud de hostil. **2.** Acción hostil. ‖ *pl.* **3.** Guerra, enfrentamiento armado. ‖ **LOC. romper las hostilidades** Comenzar la guerra; también, dar comienzo a cualquier otro tipo de conflicto.

hostilizar *v. tr.* **1.** Realizar actos hostiles contra alguien. **2.** En la guerra, realizar pequeños ataques contra el enemigo. ▪ Se conjuga como *cazar.*

Hostos, Eugenio María de (Mayagüez 1839 - Santo Domingo 1903) Escritor puertorriqueño. Fue un importante ensayista cuya obra abarca muy diversos aspectos del saber. Estudió derecho en España, donde frecuentó los círculos krausistas. Entre sus libros sobresalen *Lecciones de derecho constitucional* (1887), *Moral social* (1888) y dos tratados de *Sociología* (1883 y 1901). En su novela *La peregrinación de Bayoán* (1863) reflejó su ideología política, favorable a la independencia y unidad de las Antillas.

hot dog *expr. ingl.* Perrito caliente.

hotel *s. m.* **1.** Establecimiento público donde se da alojamiento, y en algunos de ellos comida, a huéspedes y viajeros mediante el pago de cierta cantidad; particularmente, el que ha recibido oficialmente esta categoría. **2.** Casa aislada, normalmente con jardín, donde habita una sola familia.

hotelería *s. f.* Hostelería*.

hotelero, ra *adj.* **1.** Perteneciente o relativo al hotel. ‖ *s. m.* y *f.* **2.** Persona que posee o dirige un hotel.

hotentote *adj.* **1.** Se dice de un pueblo negro del SO de África. Es del grupo khoisan y posee una lengua rica y compleja. La presión de la penetración europea a principios del s. XX redujo su territorio a una pequeña región al N del río Orange, donde viven practicando la caza y la ganadería. **2.** De este pueblo. También *s.* ‖ *s. m.* **3.** Lengua hablada por el mismo.

Houdini, Harry (Budapest 1874 - Detroit 1926) Ilusionista estadounidense de origen húngaro. Alcanzó enorme popularidad como fuguista, poniendo en escena un espectáculo en el que se libraba en pocos segundos de todo tipo de ataduras y encierros.

Houdon, Jean-Antoine (Versalles 1741 - París 1828) Escultor francés. Alumno en París de Lemoyne y de Pigalle, completó su formación en Italia (1764-68). Destacó por sus retratos. Algunas de sus esculturas más notables son su célebre *Desollado* (1767), *San Bruno* (1767), *Diderot* (1771), *Catalina II de Rusia* (1773), *Voltaire* (1778), *Luis XVI* (1785) y *Napoleón* (1806).

Hounsfield, Godfrey Newbold (Newark 1919) Ingeniero británico. Obtuvo el premio Nobel de medicina de 1979, compartido con Allan MacCormack, por la invención de la tomografía axial computarizada (escáner).

Houssay, Bernardo Alberto (Buenos Aires 1887 - íd. 1971) Médico argentino. Se especializó en endocrinología y fisiología. En 1947 compartió el premio Nobel de medicina con Carl y Gerty Cori por sus trabajos sobre el metabolismo de los hidratos de carbono.

Houston C. de EE UU, situada en el estado de Texas, cerca de la costa del golfo de México. 1.713.500 h. en 1989 y 3.634.000 h. en su área metropolitana en 1987. Tiene un importante puerto a 80 km de la ciudad, Galveston, con el que está conectada mediante un canal y que es el tercero de EE UU por movimiento de mercancías. Centro de una de las principales regiones petrolíferas del mundo, cuenta con refinerías, industrias petroquímicas, siderúrgicas, aeronáuticas, electrónicas, textiles y azucareras. Es además un activo mercado agrícola y sede de una estación de seguimiento espacial de la NASA.

Houston: rascacielos del centro de la ciudad.

hovercraft (voz ingl.) *s. m.* Aerodeslizador*.

Howard, Ebenezer (Londres 1850 - Welwyn Garden City, Hertfordshire 1928) Urbanista británico. En su obra *El futuro: una vía pacífica para la reforma del suelo* (1898) expone su teoría sobre la ciudad jardín, que concebía como una comunidad autosuficiente, entre urbana y rústica, para una población de unos 30.000 habitantes.

Howard, Leslie (Londres 1893 - golfo de Vizcaya 1943) Actor británico. Su porte distinguido y su aspecto inequívocamente británico le proporcionaron una gran celebridad en la industria cinematográfica estadounidense. Realizó notables interpretaciones en las películas *La pimpinela escarlata* (1935), *Romeo y Julieta* (1936), *Pigmalión* (1938), *Intermezzo* (1939) y *Lo que el viento se llevó* (1939). Murió durante la Segunda Guerra Mundial al derribar los alemanes el avión en el que viajaba.

Howrah C. de la India, situada en Bengala occidental, cerca de Calcuta. 744.400 h. en 1981. Es el centro de una rica región arrocera que ha experimentado en las últimas décadas una intensa industrialización. Cuenta con astilleros, construcciones mecánicas y ferroviarias e industrias químicas y textiles.

Hoxha, Enver (Gjirokastër 1908 - Tirana 1985) Político albanés. Maestro de profesión, fundó en 1941 el Partido Comunista de Albania, que más tarde se llamó Partido del Trabajo. Participó en la resistencia contra Italia durante la Segunda Guerra Mundial y fue jefe del Movimiento de Liberación Nacional. Al ser proclamada la república popular (1946), fue elegido presidente del consejo y secretario general del partido. En 1961 impulsó la ruptura de relaciones con la URSS y el acercamiento a China, con la que también rompió en 1980, acusándola de abandonar la línea política maoísta. Su largo mandato se caracterizó por una estricta observancia de la ortodoxia estalinista y el completo aislamiento en que mantuvo a su país con respecto a Europa.

hoy *adv. t.* **1.** En el día presente. **2.** Actualmente, en el tiempo presente. ‖ *s. m.* **3.** El día o el tiempo presente. ‖ **Loc. hoy (en) día** *adv.* Actualmente, en estos tiempos. **hoy por hoy** *adv.* En el momento actual, aunque más adelante las cosas cambien.

hoya *s. f.* **1.** Ahondamiento grande en el terreno o en el fondo de un río, lago, mar, etc. **2.** Llanura extensa rodeada de montañas, que constituye una comarca natural o unidad geográfica; p. ej., las hoyas de Baza y Guadix, en Granada. **3.** Hoyo para enterrar un cadáver. **4.** *Arg., Chile, Col.* Cuenca de un río.

Hoyle, Fred (Bingley, Yorkshire 1915) Astrofísico británico. Fue profesor en la universidad de Cambridge. Formuló, junto con Gold y Dondi, la teoría cosmológica del estado estacionario. En 1946 aventuró que las nuevas estrellas podrían originarse en la explosión de una supernova.

hoyo *s. m.* **1.** Hueco en el terreno. **2.** Hueco o agujero en ciertas superficies; p. ej., las señales que las viruelas dejan en el cuerpo. **3.** En el deporte del golf, cada una de las partes del recorrido y sus respectivos agujeros, en los que hay que introducir la pelota. **4.** *fam.* Sepultura.

hoyuelo *s. m.* Pequeño hoyo que tienen algunas personas en la barbilla o que se les forma en las mejillas al reírse.

hoz[1] (del lat. *falx, falcis*) *s. f.* Herramienta para segar de hoja curva, sujeta a un mango de madera. ‖ **Loc. de hoz y coz** *adv.* De lleno, por completo.

hoz[2] (del lat. *faux, faucis*, garganta) *s. f.* Paso estrecho que forma un valle profundo o un río entre dos montañas.

hozada *s. f.* **1.** Golpe o corte dado con la hoz. **2.** Cantidad de mies o hierba cortada de una sola vez con la hoz.

hozar *v. tr.* Remover y levantar la tierra con el hocico algunos animales como el cerdo o el jabalí. También *v. intr.* ■ Se conjuga como *cazar*.

Hradec Kralove (en el al. *Koniggratz*) C. de Checoslovaquia, cap. de Bohemia Oriental, situada en la confluencia de los ríos Orlice y Labe. 101.000 h. en 1989. Constituye el núcleo urbano de una rica región agrícola y cuenta con industrias alimentarias, textiles, madereras, mecánicas y químicas.

Hu Yaobang (Livyang, Hunan 1915 - Pekín 1989) Político chino. Participó en la Larga Marcha. Ligado políticamente a Deng Xiaoping, fue depurado durante la revolución cultural y más tarde rehabilitado. Elegido presidente del Partido Comunista chino en 1980 en sustitución de Hua Guofeng, fue nuevamente apartado del poder en 1987 y sustituido por Zhao Ziyang bajo la acusación oficial de derechismo. Su muerte y funerales dieron motivo a grandes manifestaciones en favor de la democracia.

Hua Guofeng (Hunan 1921) Político chino. Miembro de la dirección del Partido Comunista desde 1973, mantuvo una postura intermedia entre el sector radical de Mao y los moderados de Chu En-lai. Tras la muerte de este último, fue nombrado jefe de gobierno, cargo desde el que ayudó a la derrota del ala izquierda del partido, enfrentada al Ejército y a los sectores moderados y tecnócratas. Dimitió en 1980, desplazado del poder junto con los últimos maoístas por Deng Xiaoping.

huaca *s. f. Amér. del S.* Guaca*.

huacalón, na *adj.* **1.** *Méx.* Gordo, grueso. **2.** *Méx.* Gritón.

huachafo, fa *adj. Perú.* Cursi, ridículo.

huaco *s. m. Amér. del S.* Guaco*.

huaico *s. m. Amér. del S.* Masa de rocas desprendidas de las montañas por el agua de la lluvia o los deshielos que, al caer en el cauce de los ríos, provoca desbordamientos.

huaino *s. m. Amér. del S.* Danza popular muy sencilla en la que se van repitiendo dos frases cortas.

huairuro *s. m. Amér. del S.* Especie de fríjol o judía de color rojizo, no comestible, utilizada para hacer collares y otros adornos.

Huamán Poma de Ayala, Felipe (? 1534 - ? 1615) Historiador peruano. En su obra *Nueva crónica y buen gobierno* describe minuciosamente la cultura de los pueblos preincaicos y expone los inconvenientes del sistema colonial de encomiendas.

Huancavelica **1.** Departamento de Perú, en el centro del país. 21.078 km^2. 376.000 h. en 1990. Su relieve está separado en dos sectores por la cordillera de los Andes: uno de altiplanos en Castrovirreyna y otro de valles tropicales al N. Su economía se basa en la agricultura, con cultivos de patata, cebada, maíz, trigo y coca. Tiene minería de plata, plomo y cobre, y ganadería ovina, caprina y bovina.
2. C. de Perú, cap. de este departamento, situada en la zona andina. 21.000 h. en 1981. Es un centro agropecuario y administrativo. Tiene importantes recursos mineros (plata y mercurio), así como industria alimentaria y del cuero.

Huancayo C. de Perú, cap. de la prov. del mismo nombre y del departamento de Junín, situada en la región andina, al E de Lima. 207.600 h. en 1990. Tiene una agricultura basada en el cultivo de cereales. Constituye el centro comercial del departamento y cuenta con industria cervecera, textil, cerámica y del cuero.

Huang He Véase **Huang-ho**.

Huang-ho Río de China, en el N del país. Nace en la meseta del Tíbet, en la cadena de los Bayan Khara y recorre el país a lo largo de 4.845 km, para desembocar en el golfo de Bo Hai (mar Amarillo) formando un gran delta. Sus principales afluentes son el Fen-He y el Wei-He. Su régimen es irregular y provoca numerosas crecidas, por lo que ha sido en parte canalizado con diques y represas. Es poco navegable. Se le conoce también como *río Amarillo* por el color de los aluviones de loess que transporta. Ocupa una cuenca de 750.000 km^2. Se llama también *Huang He*.

huánuco o **huanuco, ca** *adj.* **1.** Se dice de un pueblo amerindio del grupo chinchasuyo, perteneciente a la familia lingüística quechua. Antes de su extinción habitaba la actual región de Huánuco. **2.** De este pueblo. También *s.*

Huánuco **1.** Departamento de Perú, situado en el sector central del país, en la región andina. 33.897 km^2. 609.000 h. en 1990. De relieve muy montañoso, su territorio está regado por los ríos Marañón y Huallaga. La variedad climática determina el tipo de agricultura: en las zonas frías es cerealista y patatera, mientras que en las templadas predominan los cultivos de café, té, coca, algodón, caña de azúcar y bananas. Tiene minería del carbón. Uno de sus principales recursos es la exportación de madera y caucho.
2. C. de Perú, cap. del departamento y de la prov. homónima. 71.800 h. en 1985. Es un centro administrativo y turístico, con una importante actividad agrícola. En su industria, no muy abundante, sobresale el sector alimentario.

huapango *s. m.* Danza popular mexicana taconeada y de ritmo muy vivo.

huarache *s. m. Méx.* Sandalia de cuero.

Huarte de San Juan, Juan (San Juan de Pie de Puerto 1529 - Baeza 1588) Médico y escritor español. Por su obra *Examen de ingenios para la ciencia* (1575) se le considera un precursor de la psicología diferencial.

Huáscar (? h. 1491 - ? 1532) Soberano inca. A la muerte de su padre, el inca Huayna Cápac (1528), se proclamó inca en Cuzco, al tiempo que su hermano Atahualpa lo hacía en Quito. Ambos se enfrentaron en Riobamba y, posteriormente, en Tomebamba (1532), donde Huáscar fue derrotado y hecho prisionero. Ante la llegada de Francisco Pizarro, Atahualpa hizo matar a Huáscar junto con sus mujeres e hijos.

Huascarán, nevado de Pico de los Andes, situado en Perú. Es el más elevado de la cordillera Blanca, y está constituido por dos cumbres, con 6.768 m de altura la más alta.

huasteco o **huaxteco, ca** *adj.* **1.** Se aplica a un pueblo amerindio del grupo lingüístico maya. Habitaron en lo que hoy es el S de Tamaulipas, N de Veracruz y parte de San Luis Potosí. Desarrolló una importante cultura, de la que se conservan manifestaciones arquitectónicas, escultóricas y de cerámica. **2.** De este pueblo. También *s.*

Huaylas, nevado de Pico de la cordillera Blanca, en los Andes peruanos. Tiene una altura de 6.259 m, la más elevada de los nevados de Santa Cruz. También es llamado *pico Santa Cruz.*

Huayna Cápac (? h. 1465 - Quito 1525) Inca que rigió el imperio entre 1493 y 1525. Era hijo de Tupac Yupanqui y padre de Atahualpa y Huáscar. Durante su reinado amplió considerablemente los límites de sus posesiones.

huayno *s. m. Amér. del S.* Huaino*.

Hubble, Edwin Powell (Marshfield 1889 - San Marino, California 1953) Astrónomo estadounidense. Realizó sus investigaciones en los observatorios del Monte Wilson y del Monte Palomar. Estudió las nebulosas extragalácticas, determinó la distancia de algunas de ellas y dedujo la expansión del universo.

Hubei Prov. de China, en el centro del país. 187.500 km^2. 53.969.200 h. en 1990. La capital es Wuhan, con 3.640.000 h. en 1989. Su territorio, formado por mesetas y llanuras aluviales, está recorrido por el río Yangtsé-kiang. Dispone de notables recursos agrícolas con cultivos de arroz y algodón. Tiene minería de hierro y manganeso e industrias metalúrgicas, alimentarias y textiles (seda).

Hubel, David Hunter (Windson, Ontario 1926) Neurólogo canadiense. Investigador en la universidad de Harvard, colaboró con Torsten N. Wiesel en el estudio sobre las reacciones ópticas en el cerebro. En 1981 ambos fueron premiados con el Nobel de medicina y fisiología, compartido con Roger Wolcott Sperry.

Hucbaldo (? h. 840 - Saint-Amand 930) Religioso y teórico musical francés. Escribió el tratado de música *De harmonica institutione*, en el que estableció un sistema de líneas paralelas para situar las notas según su altura, siendo éstas designadas por letras del alfabeto latino.

hucha *s. f.* **1.** Recipiente o caja con una ranura donde se guarda dinero. **2.** Dinero que se tiene ahorrado.

Huddersfield C. del Reino Unido, situada en el condado inglés de Yorkshire occidental, al pie de los montes Peninos. 148.550 h. en 1981. Gran centro de la industria lanera, posee asimismo construcciones mecánicas e industrias químicas y textiles.

Hudson Río de EE UU, en el NE del país. 492 km de longitud. Nace en las montañas Adirondacks, pasa por los estados de Nueva York y New Jersey y desemboca en la bahía de Nueva York. Constituye una gran vía de comunicación y transporte entre los Grandes Lagos y el océano Atlántico, pues está unido al lago Erie, Ontario y al río San Lorenzo a través de un sistema de canales. Su curso es navegable en su totalidad.

Hudson, bahía de Mar interior de Canadá, situado en el NE del país. Forma una extensa bahía, comunicada con el océano Atlántico a través del **estrecho de Hudson**, que separa la península del Labrador y la Tierra de Baffin, y con el océano Glacial Ártico a través del canal de Foxe. En ella se encuentran las islas Southampton, Coats, Mansel y Belcher y, en el S, la bahía de James. En invierno sus aguas se congelan.

Hudson, Henry (? h. 1550 - ? 1611) Navegante y explorador inglés. Entre los años 1607 y 1610 emprendió diversas expediciones en busca de un paso directo hacia China a través del océano Glacial Ártico. En el curso de las mismas descubrió el río, el estrecho y la bahía que llevan su nombre. Durante su cuarto viaje fue abandonado junto con su hijo en un bote por su tripulación amotinada y desapareció.

Hudson, Rock (Winnetka, Illinois 1925 - Los Ángeles 1985) Actor de cine estadounidense. Fue un popular galán de los años cincuenta, que destacó tanto en el género de la comedia como en el del melodrama. Entre sus películas sobresalen *Obsesión* (*Magnificent obsession*, 1954), *Gigante* (1956) y *Su deporte favorito* (*Man's favorite sport?*, 1964).

hueco, ca *adj.* **1.** Vacío. **2.** Esponjoso, mullido, holgado. **3.** Presumido, vanidoso, satisfecho de sí mismo. **4.** Aplicado al lenguaje, estilo, etc., pedante, vacío de contenido. **5.** Se aplica a lo que tiene un sonido profundo, como si retumbase, y a ese mismo sonido. ‖ *s. m.* **6.** Espacio vacío, cavidad. **7.** Vano o abertura en un muro. **8.** Intervalo de tiempo entre otras ocupaciones, citas, etc. **9.** Plaza o sitio libre. **10.** Puesto o empleo vacante.

huecograbado *s. m.* **1.** Procedimiento de impresión mediante planchas o cilindros en los que los trazos o motivos que se han de reproducir se graban en hueco y se llenan de tinta para luego estamparlos sobre una superficie. **2.** Estampa o grabado que se obtiene de este modo.

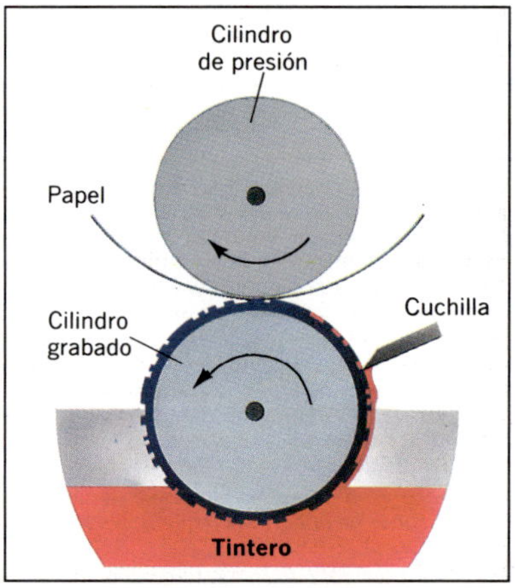

Esquema de impresión en huecograbado mediante cilindros.

huecorrelieve *s. m.* Tipo de relieve en el que las figuras y motivos están en un nivel más bajo respecto del fondo.

huelga *s. f.* **1.** Paro colectivo del trabajo que hacen por común acuerdo los empleados como protesta o como medio para conseguir mejoras laborales. ‖ **2. huelga de brazos caídos** La que se hace acudiendo al puesto laboral, pero sin trabajar. **3. huelga de celo** La que hacen los trabajadores realizando sus funciones con excesiva meticulosidad y lentitud, para que descienda el rendimiento. **4. huelga de hambre** Abstención de todo alimento que se practica como medida de presión para conseguir lo que se pretende. **5. huelga general** La que se produce en todos los sectores laborales. **6. huelga salvaje** La que se realiza sin previo aviso y sin seguir las normas que la ley establece para los conflictos laborales. **FAM.** Huelguístico.

huelgo *s. m.* **1.** Aliento, respiración. **2.** Holgura, anchura. **3.** Espacio libre que queda entre dos superficies que ajustan.

huelguista *s. m.* y *f.* Persona que toma parte en una huelga.

huella *s. f.* **1.** Señal que dejan en el terreno el pie, la pezuña de los animales, las ruedas, etc., al pasar o posarse. **2.** Impresión que queda de un suceso, una acción pasada, etc. **3.** Parte de los peldaños de una escalera donde se pone el pie. **4.** *Arg., Chile, Urug.* Senda marcada por el paso de animales, vehículos y personas. ‖ **5. huellas dactilares** (o **digitales**) Marcas del dibujo de las yemas de los dedos, que son diferentes en cada persona. ‖ **LOC. seguir las huellas** Seguir el ejemplo de alguien, imitarle.

Huelva: fachada de la catedral (siglo XVII).

Huelva 1. Prov. de España, perteneciente a la comunidad autónoma de Andalucía. Situada en el SO del país, en la costa atlántica, limita al N con Badajoz, al E con Sevilla y Cádiz, al S con el océano Atlántico y al O con Portugal. 10.085 km^2. 440.650 h. en 1991. Su densidad es de 43,7 h./km^2. Tiene un relieve montañoso al N, donde se alza la Sierra de Aracena y el sector occidental de Sierra Morena, y llano al S, en la depresión del Guadalquivir. Está regada por los ríos Tinto y Odiel, que se unen en la desembocadura y forman la ría de Huelva, así como el Guadiana, que traza la frontera con Portugal. Su vegetación es de castaños, robles y encinas en las tierras altas y de chopos, eucaliptos y carrascas en las llanas. La costa, baja y arenosa, cuenta con extensas playas. La economía se basa en la agricultura, la pesca, la industria y un creciente turismo. Posee cultivos de olivar, algodón, productos hortícolas, como fresas y lechugas, viñedo y cereal e industria química, cementera y conservera. En su subsuelo existen importantes yacimientos de piritas de hierro y de cobre.

2. C. de España, cap. de la prov. del mismo nombre, situada en su costa, en la desembocadura de los ríos Tinto y Odiel. 141.050 h. en 1991. Su puerto desarrolla una importante actividad exportadora de minerales. Cuenta con industria de fertilizantes, refinería de petróleo, metalurgia del cobre y manganeso y fábricas de cemento y celulosa. Fue fundada por los fenicios, que la llamaron *Onuba.* Bajo dominio árabe hasta mediados del s. XIII, inició un gran desarrollo a partir del s. XIX gracias a la minería del cobre.

huelveño, ña *adj.* Onubense*.

huemul (voz mapuche) *s. m.* Mamífero artiodáctilo de la familia cérvidos, especie *Hippocamelus bisulcus.* Alcanza poco más de un metro de altura y tiene el pelaje leonado. Habita en la cordillera de los Andes. Chile lo adoptó como emblema de su escudo nacional.

huérfano, na *adj.* **1.** Se dice de la persona menor de edad que ha perdido a sus padres o alguno de los dos. También *s.* **2.** Que carece de alguna cosa, especialmente cariño o seguridad.

huero, ra *adj.* **1.** Vacío, hueco. **2.** Vano, sin contenido.

huerta *s. f.* **1.** Terreno mayor que el huerto, donde se cultivan verduras, legumbres y árboles frutales. **2.** En algunas regiones, la tierra de regadío.

Huerta, Efraín (Silao 1914 - Ciudad de México 1982) Escritor mexicano. Integrante del grupo de la revista *Taller*, entre sus libros destacan, en poesía, *Absoluto amor* (1935), *Los hombres del alba* (1944), *Poesía 1935-1968* (1968), *Poemas prohibidos y de amor* (1973) y *Circuito interior* (1977), y en ensayo, *Textos profanos* (1979).

Huerta, Victoriano (Colotlán, Jalisco 1845 - El Paso, Texas 1916) Militar y político mexicano. Tras colaborar con Porfirio Díaz, pasó al servicio del presidente Francisco Madero, al que derrocó en 1913, implantando a continuación una férrea dictadura apoyada por EE UU. Combatido por los revolucionarios, dimitió en 1914 y abandonó el país.

huertano, na *adj.* Se aplica a los habitantes de algunas regiones de regadío, como Valencia, Murcia, etc. También *s.*

huerto *s. m.* Terreno de pequeña extensión y generalmente cercado donde se cultivan verduras, legumbres y árboles frutales. || Loc. **llevar** a alguien **al huerto** *fam.* Engañarle o estafarle.

Huesca **1.** Prov. de España, perteneciente a la comunidad autónoma de Aragón. Situada en el NE del país, limita al N con Francia, al S con Zaragoza, al E con Lleida y al O con Zaragoza y Navarra. 15.671 km^2. 206.750 h. en 1991. Su densidad es de 13,2 h./km^2. Tiene un relieve montañoso en su mitad N, donde se halla la cordillera de los Pirineos, y llano en la mitad S, que pertenece a la depresión del Ebro y en la que existen zonas semidesérticas, como la comarca de Los Monegros. Su economía es eminentemente agrícola y ganadera. Se cultivan cereales, plantas forrajeras, olivo, vid, almendras y posee una importante cabaña vacuna y ovina. Cuenta con dos núcleos industrializados: Sabiñánigo, que posee industria electrometalúrgica, electroquímica y de celulosa, y Monzón, que alberga industria alimentaria, electroquímica, metalúrgica, del papel y de la construcción. Existe además una importante producción de energía hidroeléctrica en los afluentes del Ebro y turismo de invierno en las estaciones pirenaicas.
2. C. de España, cap. de la prov. del mismo nombre, situada al NE de Zaragoza. 44.100 h. en 1991. Es una ciudad administrativa y comercial, con pequeñas industrias alimentarias, de maquinaria y textiles. Construida sobre un antiguo poblado ilergete, fue la Osca de los romanos. A comienzos del s. VIII fue ocupada por los árabes, que la perdieron frente a Pedro I en el 1096. De su época medieval, en la que fue la primera capital de Aragón, conserva el monasterio de San Pedro el Viejo (s. XII) y la catedral (s. XIII-XV).

Huesca: vista de la capital, con la catedral al fondo.

hueso *s. m.* **1.** Cualquiera de las piezas duras que constituyen el esqueleto de los animales vertebrados. **2.** Materia de la que están constituidas estas piezas. **3.** Parte dura y leñosa que está en el interior de algunas frutas, donde se encuentra la semilla. **4.** Color blanco amarillento. **5.** Persona o cosa difícil o desagradable. **6.** *fam.* Persona muy exigente y severa. **7.** Dulce pequeño y de forma alargada, como los huesos de santo, de San Expedito, etc. || *pl.* **8.** Restos mortales. || Loc. **dar** (o **pinchar**) **en hueso** *fam.* Tropezar con alguien o algo que opone dificultades. **estar** (o **quedarse**) **en los huesos** *fam.* Estar excesivamente delgado (o adelgazar mucho). **hueso duro de roer** *fam.* Persona o cosa que opone dificultad.
Anat. y ***Fisiol.*** Los huesos cumplen tres funciones principales: protegen órganos delicados del cuerpo, como hace el cráneo con el cerebro o la caja torácica con los pulmones y el corazón; son órganos de sostén y el lugar en que se insertan los músculos, formando sistemas de palancas para los movimientos; y sirven de depósito de calcio y fósforo para las necesidades metabólicas del cuerpo. Químicamente están formados por materia orgánica –tejido conjuntivo de fibras colágenas y tejido óseo de osteocitos– e inorgánica –sales de calcio– y se caracterizan por su resis-

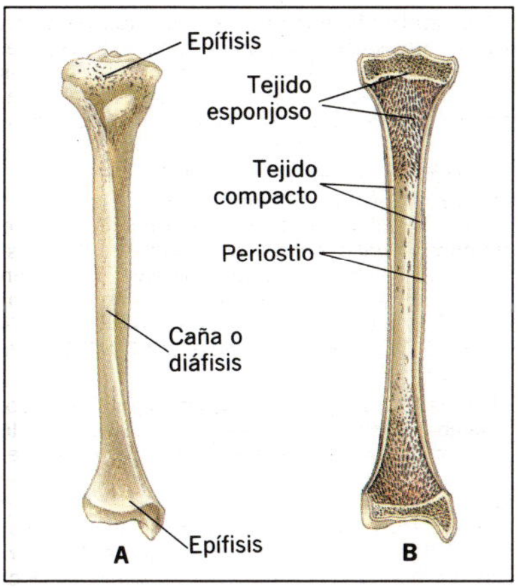

Hueso largo: A. Tibia vista por delante. B. Corte longitudinal de la tibia.

tencia, rigidez y elasticidad. Por su tamaño se clasifican en largos, como el fémur, la tibia o las costillas; cortos, como la rótula o el tarso; y planos, como los que forman la pelvis y el cráneo. Sus extremos se llaman *cabeza* o *epífisis* y la zona situada entre las dos epífisis, *caña* o *diáfisis*. Están recubiertos por una membrana conjuntiva, denominada *periostio*, y formados por un tejido óseo compacto en el exterior y por uno esponjoso en el interior, con numerosos huecos llenos de médula ósea roja, o amarilla si se trata de los huesos largos.
El proceso de formación de los huesos se llama *osteogénesis* y se origina a partir de tejido conjuntivo. Si éste se transforma directamente en hueso, la osificación se denomina *intramembranosa*; si previamente da lugar a piezas cartilaginosas, que luego son sustituidas por tejido óseo, la osificación se denomina *condral*.

huésped, da *s. m.* y *f.* **1.** Persona que habita en casa ajena como invitada o en un hotel o pensión pagando su estancia. **2.** Anfitrión, persona que hospeda o invita en su casa a otra. **3.** Organismo animal o vegetal a cuya costa vive, temporal o permanentemente, un parásito.

hueste *s. f.* **1.** Ejército, tropa o gente armada. Se usa sobre todo en *pl.* || *pl.* **2.** Seguidores o partidarios de una persona, bando, etc.

huesudo, da *adj.* Que tiene mucho hueso o que se le notan mucho los huesos.

hueva *s. f.* Masa que forman los huevecillos de ciertos peces, contenida en una bolsa o membrana ovalada.

huevería *s. f.* Tienda donde se venden huevos.

huevero, ra *s. m.* y *f.* **1.** Persona que vende huevos. || *s. f.* **2.** Pequeño recipiente en forma de copa en que se sirven los huevos pasados por agua. **3.** Utensilio que sirve para transportar y guardar huevos. **4.** Conducto membranoso que tienen las aves desde el ovario hasta la cloaca y en el que se acaba de formar el huevo.

huevo *s. m.* **1.** Cuerpo de forma oval que producen las hembras de algunos animales, llamados *ovíparos*. Está formado por una sola célula que contiene las materias necesarias para la alimentación del embrión y, cuando está fecundado, da origen a un nuevo ser. En el lenguaje común, y sin especificar, se refiere a los de la gallina, destinados a la alimentación. **2.** Cualquier cosa que presenta esta forma. **3.** *fam.* Abultamiento. **4.** Célula que resulta de la fecundación del gameto masculino y el femenino para la reproducción sexual de algunos animales y plantas. Gracias a la información genética que posee es capaz de dar lugar por sí solo a un nuevo organismo de la especie. También se la conoce como *célula huevo* o *cigoto*. **5.** Óvulo*, célula sexual femenina. **6.** *vulg.* Testículo. Se usa sobre todo en *pl.* || *pl.* **7.** *vulg.* Valor, coraje. || **8. huevo duro** El cocido con la cáscara hasta que está completamente cuajado. **9. huevo frito** El que se fríe en abundante aceite sin que se rompa la yema. **10. huevo hilado** El cuajado en almíbar y reducido a hebras. **11. huevo pasado por agua** El cocido ligeramente con la cáscara sin que cuaje la yema. **12. huevos al plato** Los cuajados en mantequilla o aceite y servidos en el mismo recipiente en que se han hecho. **13. huevos revueltos** Los batidos y cuajados ligeramente en la sartén, revolviéndolos para que no formen tortilla. || Loc. **a huevo** *adv. fam.* En forma o circunstacia muy favorable o conveniente. **pisando huevos** *adv. fam.* Con mucho cuidado, muy despacio. **un huevo** *adv. vulg.* Mucho, considerablemente.
Biol. El huevo está formado por el embrión, el vitelo o yema, que es una acumulación de reservas que el embrión utilizará durante su desarrollo, los anejos embrionarios (amnios, saco vitelino, alantoides y corion) y la cubierta protectora o cáscara, característica de ciertos vertebrados terrestres. Los animales cuyas hembras ponen huevos se llaman *ovíparos* y a esta categoría pertenecen la mayoría de los peces actuales y todos los anfibios, reptiles y aves. Las especies en las que los huevos permanecen en el cuerpo de la hembra hasta después de romperse la cáscara se llaman *ovovivíparas*, como el tiburón o ciertas clases de víbora.
De acuerdo con el tamaño y distribución del vitelo, los huevos pueden ser **isolecitos** (vitelo poco abundante y repartido uniformemente, como en los espongiarios, equinodermos, cefalocordados y mamíferos), **telolecitos** (vitelo bastante abundante y más denso en uno de los polos, como en muchos moluscos, anélidos y anfibios) y **centrolecitos** (vitelo muy abundante en el centro del huevo, como en la mayoría de los artrópodos). Existen también diferencias en lo que se refiere a las distintas membranas de que consta el huevo. Los huevos de los peces y anfibios, p. ej., carecen de amnios, que protege al embrión del ambiente circundante, por lo que al realizarse la puesta en el agua la cubierta protectora es una membrana muy fina o una cápsula gelatinosa, ya que el huevo no corre el riesgo de desecación. Los huevos de reptiles y aves sí tienen amnios, por lo que su puesta puede realizarse en tierra, pero para evitar la desecación y otras agresiones están rodeados de una membrana calcárea, llamada *cáscara*.

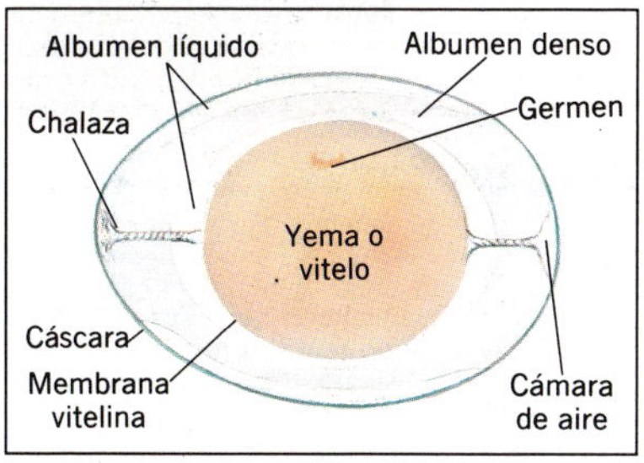

Huevo de gallina.

huevón, na *adj.* **1.** *vulg.* Se aplica a la persona lenta, calmosa y poco avispada. **2.** *Cuba, Guat., Méx.* Vago. **3.** *Perú, P. Rico.* Majadero, pesado. **4.** *Ven.* Tonto. **5.** *Chile.* Cobarde.

Huggins, Charles Branton (Halifax 1901) Cirujano estadounidense de origen canadiense. Profesor de la universidad de Chicago, demostró que el cáncer de próstata podía tratarse con estrógenos. En 1966 fue galardonado con el premio Nobel de medicina, compartido con Francis Peyton Rous.

Huggins, William (Londres 1824 - íd. 1910) Astrónomo británico. Ideó el espectroscopio estelar. Demostró que existían los mismos elementos químicos en las estrellas que en la Tierra y que la cola de los cometas está compuesta por hidrocarburos gaseosos. Calculó la velocidad radial de las estrellas por sus espectros.

Hughes, David Edward (Londres 1831 - íd. 1900) Ingeniero estadounidense de origen británico. En 1855 patentó un procedimiento de impresión por telégrafo y en 1877 ideó el micrófono.

Hughes, Howard (Houston 1905 - en vuelo hacia Acapulco 1976) Financiero estadounidense. Realizó grandes negocios en la industria metalúrgica, petrolífera, aeronáutica (fue el principal accionista de la TWA), hostelera y cinematográfica, en la que compró la productora RKO, produjo películas como *Scarface* (1932) y codirigió *Los ángeles del infierno* (1930) y *El fuera de la ley* (1941).

Hughes, Langston (Joplin, Missouri 1902 - Nueva York 1967) Escritor estadounidense. Fue corresponsal de prensa en la URSS y en España durante la guerra civil. De raza negra, reflejó en su obra los problemas y la cultura de los negros estadounidenses. Algunos de sus títulos más representativos en poesía son *Tristeza macabra* (1926), *El conservador de sueños* (1932), *Shakespeare en Harlem* (1942) y *Pregúntale a tu madre* (1961). También escribió narraciones y *El ancho mar* (1940), autobiografía.

Hugo, Victor (Besançon 1802 - París 1885) Escritor francés. Es uno de los principales representantes del Romanticismo. Cultivó el teatro, la poesía y la novela. Se le considera introductor de la nueva estética romántica, cuyo manifiesto redactó en el prólogo del drama *Cromwell* (1827). Con *Hernani* (1830) rompió la rígida normativa de la tragedia clásica francesa; sus éxitos teatrales continuaron con *El rey se divierte* (1832) y *Ruy Blas* (1838). En sus primeros libros de poesía, como *Nuevas odas* (1823), *Baladas* (1826), *Las hojas de otoño* (1831) y *Los cantos del crepúsculo* (1835), se expresa con gran pureza de forma. Posteriormente adquirió una mayor gravedad y profundidad en *Los castigos* (1853), *Las contemplaciones* (1856) y *La leyenda de los siglos* (1859). En sus novelas plantea temas de carácter humano y social; entre ellas destacan *Nuestra Señora de París* (1831), *Los miserables* (1862), *Los trabajadores del mar* (1866) y *El hombre que ríe* (1869).

Victor Hugo. Retrato de Léon Bonnat (Palacio de Versalles, Francia).

Hugo I Capeto (? h. 941 - ? 996) Rey de Francia (987-996). Era hijo de Hugo el Grande. Duque de Francia en 956, defendió París contra Otón II en 978 y poco después fue proclamado rey en Reims. Encarceló al último heredero carolingio, Carlos, que pretendía hacer valer sus derechos, consolidó el dominio real e hizo reconocer sucesor a su hijo, asegurando el establecimiento de su dinastía.

Hugo de Cluny, San (Semur 1024 - Cluny 1109) Abad de Cluny. Difundió la reforma cluniacense por Europa. Fue consejero del papa Gregorio VII y colaboró en la reforma de la Iglesia.

Hugo el Grande (? h. 897 - Dourdan 956) Conde de París y duque de Francia. Fue uno de los señores más poderosos de Francia. A la muerte de Luis IV (954), apoyó la sucesión de Lotario y consiguió la soberanía sobre Aquitania y el ducado de Borgoña.

hugonote *s. m.* y *f.* Nombre dado por los católicos a los calvinistas franceses de los s. XVI y XVII. Fueron protagonistas de las guerras de religión francesas (1562-98), entabladas entre protestantes y católicos en una época de debilidad de la Corona. En 1572 se produjo la matanza de San Bartolomé, en que perdieron la vida gran número de hugonotes. El edicto de Nantes (1598) les concedió plenos derechos jurídicos, pero con importantes restricciones de culto. Una segunda época de persecución comenzó en 1685, al ser revocado el edicto de Nantes y prohibirse en Francia la práctica del protestantismo, por lo que más de 50.000 familias, algunas de ellas ilustres, hubieron de exiliarse a Países Bajos, Inglaterra, Alemania, Norteamérica y S de África. También *adj.*

Huguet, Jaume (Valls, Tarragona h. 1415 - Barcelona 1492) Pintor catalán. Uno de los últimos representantes de la pintura medieval catalana, su obra tiene influencias flamencas, borgoñonas y del primer Renacimiento toscano. Entre sus obras merecen mención el *Tríptico de San Jorge* (h. 1435-45), el retablo de *San Abdón y San Senén* (1459-60), el retablo de la *Flagelación*, en la catedral de Barcelona, y el de la *Consagración de San Agustín* (h. 1467-86).

huida *s. f.* Acción de huir.

huidizo, za *adj.* **1.** Que huye o tiende a huir. **2.** Temeroso, esquivo. **3.** Fugaz, breve.

Huidobro, Vicente (Santiago 1893 - Cartagena, Chile 1948) Escritor chileno. Poeta iniciado en el simbolismo francés, fue uno de los impulsores del creacionismo, movimiento literario que rechazaba la tradición poética y defendía la autonomía del poema, más allá de cualquier significado lógico. Viajó por Europa, donde mantuvo contacto con las vanguardias artísticas, y en España contribuyó al nacimiento del ultraísmo. Escribió en español y en francés. Entre sus libros sobresalen *Las pagodas ocultas* (1914), *Adán* (1916), *Horizonte cuadrado* (1917), *Torre Eiffel* (1918), *Altazor, o el viaje en paracaídas* (1931), *Ver y palpar* (1941) y *El ciudadano del olvido* (1941).

Huila 1. Volcán de Colombia, en la cordillera Central de los Andes. 5.439 m. Sus cumbres permanecen nevadas durante todo el año.
2. Departamento de Colombia, situado en el sector central. 19.890 km^2. 693.700 h. en 1986. La capital es Neiva, con 178.100 h. en 1985. Su economía se basa en la ganadería y la agricultura. Tiene también minas de hierro.

huipil *s. m. Amér. C., Méx.* Camisa suelta que usan las mujeres, sin mangas y con vistosos bordados.

huir *v. intr.* **1.** Marcharse muy deprisa de un sitio, por temor, para evitar un peligro o por otro motivo. **2.** Fugarse. **3.** Apartarse de alguien o algo, rehuir. También *v. tr.* **4.** Con expresiones de tiempo, transcurrir rápidamente. ▪ Es v. irreg.

HUIR

GERUNDIO: *huyendo*

INDICATIVO

Presente	Pretérito perf. simple
huyo	*huí*
huyes	*huiste*
huye	*huyó*
huimos	*huimos*
huís	*huisteis*
huyen	*huyeron*

SUBJUNTIVO

Presente	Pretérito imperf.	Fut. imp.
huya	*huyera,-ese*	*huyere*
huyas	*huyeras,-eses*	*huyeres*
huya	*huyera,-ese*	*huyere*
huyamos	*huyéramos,-ésemos*	*huyéremos*
huyáis	*huyerais,-eseis*	*huyereis*
huyan	*huyeran,-esen*	*huyeren*

IMPERATIVO: *huye* *huid*

huira *s. f. Ant., Méx.* Güira*.

huiro *s. m. Chile.* Nombre común de varias especies de algas marinas.

huisache *s. m. Amér. C., Méx.* Aromo*.

huisquil *s. m. Amér. C.* Chayote, fruto de la chayotera.

huisquilar *s. m. Amér. C.* Chayotera*.

Huitzilopochtli Divinidad solar de los aztecas. Era el dios de la guerra y la principal divinidad de la ciudad de Tenochtitlan. Se le representaba vestido de plumas de colibrí y recibía culto en ritos que incluían sacrificios humanos.

Huizar, Candelario (Jerez, Zacatecas 1883 - Ciudad de México 1970) Compositor mexicano. Miembro de la corriente nacionalista, fundió en su música las influencias folclórica y clásica. En su obra merecen resaltarse las suites sinfónicas *Imágenes* (1927), *Pueblerinas* (1931) y *Surco* (1935) y el ballet *Preludio y fuga en do mayor* (1943).

Huizinga, Johan (Groninga 1872 - De Steeg 1945) Historiador neerlandés. Profesor en las universidades de Amsterdam, Groninga y Leiden y especialista en lingüística comparada, estudió la Edad Media occidental. En su obra resalta la importancia de los movimientos culturales y la historia de las mentalidades. Es autor, entre otros libros, de *El otoño de la Edad Media* (1919) y *Homo ludens* (1938).

hule *s. m.* **1.** Tela recubierta por uno de sus lados con una capa brillante de óleo y barniz que la hace impermeable y flexible. **2.** Caucho*.

Hull Véase **Kingston-upon-Hull**.

Hull, Clark Leonard (Akron 1884 - New Haven 1952) Psicólogo estadounidense. Desarrolló numerosos estudios sobre psicología del aprendizaje y ejerció una marcada influencia sobre la teoría conductista. Entre sus obras principales se encuentran *Principios de la conducta* (1943) y *Sistema de la conducta* (1952).

Hull, Cordell (Olympus, Tennessee 1871 - Bethesda, Maryland 1955) Político estadounidense. Miembro del Partido Demócrata, fue secretario de Estado (1933-44), desde donde practicó una política de buena vecindad con los países iberoamericanos. Partidario de un sistema de seguridad internacional, asistió a la conferencia de Moscú (1943), en la que se sentaron las bases para la creación de la ONU. En 1945 fue premiado con el Nobel de la paz.

hulla *s. f.* Mineral fósil que contiene entre un 75 y un 90 % de carbono. De color negro y brillo mate o graso, es una roca sedimentaria cuyos depósitos se formaron al quedar enterradas grandes masas vegetales en la segunda mitad de la era primaria, fundamentalmente en el carbonífero. Se usa como combustible y para la obtención de gas. Los principales yacimientos se hallan en Alemania, Polonia, Rusia, Ucrania, EE UU, China y República Sudafricana; en España existen yacimientos en Asturias y León.

hullero, ra *adj.* Perteneciente o relativo a la hulla.

Humanae Vitae Encíclica del papa Pablo VI publicada en 1968, en la que exponía la posición que mantenía la Iglesia en lo relativo a las relaciones sexuales en el matrimonio. Se subrayaba el significado procreador de todo acto sexual y se rechazaba el aborto, así como cualquier otro medio que pusiera límites a las consecuencias naturales de dicha acción.

humanamente *adv. m.* **1.** De manera humana. **2.** Dentro de las posibilidades humanas.

humanidad *s. f.* **1.** Cualidad o naturaleza de humano. **2.** Conjunto de todos los seres humanos. **3.** Compasión, bondad. **4.** *fam.* Corpulencia, gordura. **5.** *fam.* Muchedumbre, aglomeración de gente. ‖ *pl.* **6.** Rama del saber que comprende las disciplinas relacionadas con la cultura, como la literatura, la historia, la filosofía, las lenguas clásicas y actuales, etc.

humanismo *s. m.* **1.** Estudio y conocimiento de las humanidades. **2.** Movimiento cultural que surgió en Europa durante el Renacimiento y tuvo como principales características el interés fundamental por el hombre y la inspiración en los maestros de la antigüedad clásica. **3.** Se dice de las corrientes de pensamiento que manifiestan un ideal del ser humano o de la humanidad.
Hist. En la Italia del s. XIV surgió un movimiento cultural, heredero de las enseñanzas medievales de gramática y retórica, que se extendió al resto de Europa y se caracterizó por el estudio y la admiración de los grandes autores clásicos griegos y latinos, especialmente Cicerón. El ideal estético de la antigüedad grecolatina se aplicó asimismo al arte y las grandes obras clásicas influyeron en la formación de los artistas de la época. Ideológicamente, el humanismo significó una evolución desde la sociedad de la Edad Media, en la que la existencia de hombres y estados giraba en torno a Dios, hasta una sociedad en la que el hombre ocupó nuevamente un lugar central en el universo.
Esta transformación de las mentalidades fue debida, entre otras razones, al ascenso social de la burguesía, que se convirtió en mecenas de artistas e intelectuales –papel reservado a la Iglesia en los siglos anteriores–, a la decadencia de la vieja sociedad feudal y al crecimiento de las universidades y las escuelas urbanas frente a las escuelas catedralicias y monacales. Grandes figuras de este movimiento fueron los italianos Petrarca, Boccaccio, Lorenzo Valla, Marsilio Ficino y Pico della Mirandola, el holandés Erasmo de Rotterdam y los españoles Elio Antonio de Nebrija, el Brocense, Juan Luis Vives y los hermanos Valdés.

humanista *s. m.* y *f.* **1.** Persona experta en humanidades. **2.** Nombre dado a los estudiosos europeos de los s. XV y XVI que centraron su interés en la cultura de la antigüedad clásica y la tomaron como modelo de su pensamiento y su arte. ‖ *adj.* **3.** Se aplica a ciertas tendencias filosóficas o políticas que conceden especial importancia al hombre, a su libertad, independencia y bienestar.

humanístico, ca *adj.* Perteneciente o relativo al humanismo o a las humanidades.

humanitario, ria *adj.* Que se preocupa y trabaja por el bienestar de los hombres. **FAM.** Humanitarismo.

humanizar *v. tr.* **1.** Hacer a alguien o algo más humano y agradable, menos duro o cruel. ‖ *v. prnl.* **2.** Hacerse más humano, más comprensivo o caritativo. ▪ Se conjuga como *cazar.*

humano, na *adj.* **1.** Perteneciente o relativo al hombre o a la humanidad. **2.** Comprensivo y bondadoso con los demás. ‖ *s. m.* **3.** Persona, hombre.

humareda *s. f.* Gran cantidad de humo.

humazo *s. m.* Humo muy denso y molesto.

Humberto Nombre de dos reyes de Italia.
Humberto I (Turín 1844 - Monza 1900) Rey de Italia (1878-1900). Hijo y sucesor de Víctor Manuel II, fue partidario de la alianza con Austria y Alemania (1882) y de la política de expansión colonial, auspiciada por Crispi, que terminaría con la derrota de Adua, en Etiopía (1896). Murió en un atentado anarquista.
Humberto II (Racconigi 1904 - Ginebra 1983) Rey de Italia (1946). Hijo y sucesor de Víctor Manuel III y hostil a Mussolini, fue regente de Italia (1944-46) y subió al trono al abdicar su padre. Al mes, un referéndum estableció la república y tuvo que exiliarse.

Humboldt, Alexander von (Berlín 1769 - íd. 1859) Naturalista alemán. Realizó largos viajes por América del Sur y Rusia que le permitieron obtener importantes datos sobre la fauna, la flora y la geología de las regiones visitadas. Descubrió en el océano Pacífico una corriente que pasa cerca de la costa occidental de Sudamérica y que hoy lleva su nombre. Publicó *Viaje a las regiones equinocciales del Nuevo Continente, realizado de 1799 a 1804* (1805-32).

Humboldt, corriente de Corriente fría del Pacífico que se extiende hacia el N por las costas de Chile y de Perú hasta entrar en contacto con la corriente del Niño.

Humboldt, Wilhelm von (Potsdam 1767 - Tegel, Berlín 1835) Filólogo y político alemán. Hermano del anterior, estuvo relacionado con el círculo de Weimar, en especial con Goethe. Fue uno de los fundadores de la universidad de Berlín (1810). De ideas liberales, redactó varios proyectos de constitución para Alemania. Se le considera un precursor de la lingüística comparada. Entre sus obras destaca *Sobre la diferencia de estructura de las lenguas humanas* (1820).

Hume, David (Edimburgo 1711 - íd. 1776) Filósofo británico. Es uno de los principales representantes del empirismo, corriente que sostiene que la única fuente de conocimiento es la experiencia sensible. Para Hume, el contenido de la mente se halla compuesto por dos elementos, impresiones e ideas, derivados ambos de la experiencia y cuya única diferencia es su grado de intensidad. Nociones como sustancia, trascendencia o yo, no son, según él, más que representaciones creadas por la imaginación a partir de datos procedentes del mundo empírico, pero sin correspondencia con él. Se ocupó también de problemas morales, políticos y económicos. Entre sus libros merecen citarse *Tratado sobre la naturaleza humana* (1739-40), *Ensayos sobre el entendimiento humano* (1748) e *Investigación sobre los principios de la moral* (1751).

humear *v. intr.* **1.** Desprender alguna cosa humo o vapor. ‖ *v. tr.* **2.** *amer.* Fumigar. **FAM.** Humeante.

humectador, ra *adj.* **1.** Que humedece. ‖ *s. m.* **2.** Aparato utilizado para humedecer tejidos, papel, etc. **3.** Humidificador*.

humectar *v. tr.* Humidificar, impregnar de humedad. **FAM.** Humectación, humectante.

humedad *s. f.* **1.** Cualidad de húmedo. **2.** Agua u otro líquido que impregna algo. **3.** Cantidad de vapor de agua que hay en la atmósfera. ‖ **4. humedad absoluta** Contenido de vapor de agua que existe en una unidad de volumen de gas; se expresa en gramos por metro cúbico. **5. humedad relativa** Relación, expresada en porcentaje (%), entre la masa de vapor de agua existente en un volumen de gas y el valor de ese mismo volumen saturado de vapor. Son extremadamente raras en la naturaleza las humedades relativas inferiores al 20 %.

humedecer *v. tr.* Mojar ligeramente alguna cosa o impregnarla de humedad. También *v. prnl.* ▪ Es v. irreg. Se conjuga como *agradecer.* **FAM.** Humedecimiento.

húmedo, da *adj.* **1.** Que está ligeramente mojado. **2.** Se dice del aire, atmósfera, etc., con un gran contenido de vapor de agua. **3.** Aplicado a clima, país, región, etc., que tiene mucha humedad o abundantes lluvias.

humeral *adj.* **1.** Perteneciente o relativo al húmero. ‖ *s. m.* **2.** Paño que se pone el sacerdote sobre los hombros, con cuyos extremos se cubre las manos para coger la custodia o el copón.

húmero *s. m.* Hueso de la parte superior del brazo. Se articula en el hombro con el omóplato y en el codo con el radio y el cúbito. En su parte superior tiene una cabeza semiesférica y en la inferior la tróclea y el cóndilo.

Humfrey, Pelham (Londres 1647 - Windsor 1674) Compositor inglés. Fue discípulo de Lully y maestro de Purcell. Puso música a algunos dramas shakespearianos y compuso canciones de tipo religioso y profano, así como numerosos *anthems* (composición equivalente al motete latino) para grandes coros.

humidificador, ra *adj.* **1.** Que humidifica. ‖ *s. m.* **2.** Aparato que sirve para aumentar el grado de humedad del aire en lugares cerrados. ▪ Se dice también *humectador.*

humidificar *v. tr.* Aumentar el grado de humedad de un lugar o cosa. ▪ Se conjuga como *sacar.* **FAM.** Humidificación.

humificación *s. f.* Proceso de formación del humus, mediante la alteración y descomposición de sustancias orgánicas depositadas sobre el suelo, como hojas y ramas, por la acción de los ácidos, bacterias, microorganismos, etc.

humildad *s. f.* **1.** Condición y actitud de las personas que actúan sin orgullo, no presumen de sus méritos y reconocen sus defectos y errores. **2.** Sumisión, docilidad.

humilde *adj.* **1.** Que tiene humildad. **2.** Perteneciente a una posición o clase social baja. **FAM.** Humildemente.

humillación *s. f.* Acción y efecto de humillar o de ser humillado.

humilladero *s. m.* Lugar con una cruz o una imagen que suele haber a la entrada de los pueblos o en los caminos.

humillar *v. tr.* **1.** Rebajar el orgullo de alguien, hacerle pasar por una situación de inferioridad o vergüenza. **2.** Doblar o inclinar una parte del cuerpo, como la cabeza o la espalda, en señal de sumisión. **3.** En tauromaquia, bajar la cabeza el toro. También *v. intr.* ‖ *v. prnl.* **4.** Adoptar una persona una actitud de inferioridad respecto a otra o perder su dignidad por alguna acción, circunstancia, etc. **FAM.** Humillante.

humita *s. f. Amér. del S.* Pasta de maíz tierno rallado, cebolla, pimientos, etc., que, envuelta en las hojas del maíz, se cocina al vapor.

humo *s. m.* **1.** Producto gaseoso que se desprende de la combustión, compuesto fundamentalmente por vapor de agua, ácido carbónico y pequeñas partículas de carbón si el combustible contiene carbono. **2.** Vapor visible que despide cualquier cosa al fermentar o un líquido al hervir. ‖ *pl.* **3.** Soberbia, orgullo. ‖ **LOC. a humo de pajas** *adv. fam.* Sin reflexionar, sin fundamento. **echar humo** *fam.* Estar muy enfadado. **subírsele** a alguien **los humos** *fam.* Envanecerse, darse importancia por lo que es o hace.

humor *s. m.* **1.** Estado de ánimo. **2.** Disposición para hacer o emprender alguna cosa. **3.** Capacidad para descubrir y mostrar lo cómico o divertido de las personas, cosas, situaciones, etc., y aplicación de dicha capacidad. **4.** Nombre que antiguamente recibían los líquidos que segrega el cuerpo. Según la medicina antigua y medieval, los humores del cuerpo eran cuatro: la sangre, la flema, la bilis y la melancolía o bilis negra. Se creía también que los distintos temperamentos (colérico, flemático, linfático y melancólico) correspondían al exceso de uno de estos humores. ‖ **5. humor ácueo** (o **acuoso**) Líquido transparente contenido en el ojo, en una cámara entre la córnea y el cristalino. Es segregado por el cuerpo ciliar. **6. humor de perros** *fam.* Muy mal humor, enfado, irritación. **7. humor gráfico** Medio de expresión que se sirve de dibujos, con o sin palabras, y que tiene una intención humorística. **8. humor negro** El que busca provocar la risa a partir de situaciones dramáticas o trágicas. **9. humor vítreo** Masa gelatinosa y transparente contenida en el cuerpo vítreo, bolsa formada por una fina membrana conjuntiva llamada *hialoides*, que se encuentra entre la retina y el cristalino del ojo.

humorada *s. f.* **1.** Broma, ocurrencia. **2.** Breve composición poética creada por Campoamor que contiene un pensamiento filosófico, tratado de forma humorística.

humorismo *s. m.* **1.** Sentido del humor, gracia. **2.** Estilo artístico o literario que presenta el aspecto cómico de las cosas. **3.** Actividad profesional que pretende divertir y hacer reír al público.

humorista *adj.* **1.** Que se expresa o actúa con humor. ‖ *s. m.* y *f.* **2.** Autor de obras humorísticas. **3.** Persona que se dedica profesionalmente al humorismo.

humorístico, ca *adj.* **1.** Que expresa o contiene humor. **2.** Perteneciente o relativo al humorismo. **FAM.** Humorísticamente.

humus (voz lat. que significa 'tierra') *s. m.* Conjunto de materias orgánicas descompuestas o en proceso de transformación (humificación) que constituyen la capa más externa de un suelo. La cantidad de humus determina la riqueza agrícola de cada suelo. Cuando se forma sobre rocas calcáreas se denomina *mull* y cuando se forma sobre rocas silíceas se llama *mor.* En jardinería recibe el nombre de *mantillo.*

Hunan Prov. de China, situada en el centro del SE del país. 210.500 km^2. 60.659.700 h. en 1990. La capital es Changsha, con 1.062.800 h. en 1989. Es una región montañosa surcada por el río Yangtsé-kiang y donde se halla enclavado el lago Dongting. Su agricultura produce fundamentalmente arroz, así como cereales, algodón, té y cítricos. Posee minas de antimonio, manganeso, plomo, cinc y carbón.

hunco *s. m. Bol.* Poncho de lana sin flecos.

hundido, da **1.** *p. p.* de **hundir**. También *adj.* ‖ *adj.* **2.** Afligido, abatido.

hundimiento *s. m.* **1.** Acción y efecto de hundir o hundirse. **2.** Parte que está más hundida en una superficie.

hundir *v. tr.* **1.** Hacer que algo se vaya al fondo. También *v. prnl.* **2.** Introducir algo en un líquido, masa o cuerpo. También *v. prnl.* **3.** Deformar algo desde su superficie hacia abajo o hacia adentro. También *v. prnl.* **4.** Derrumbar un edificio o construcción. También *v. prnl.* **5.** Hacer fracasar, destruir. También *v. prnl.* **6.** Abatir, deprimir. También *v. prnl.* **7.** Derrotar totalmente. ‖ *v. prnl.* **8.** Haber en un sitio mucho ruido o alboroto.

húngaro, ra *adj.* **1.** De Hungría. También *s.* ‖ *s. m.* **2.** Lengua que se habla en este país.

Hungría, República de (*Magyar Népköztársaság*) Estado de Europa oriental.

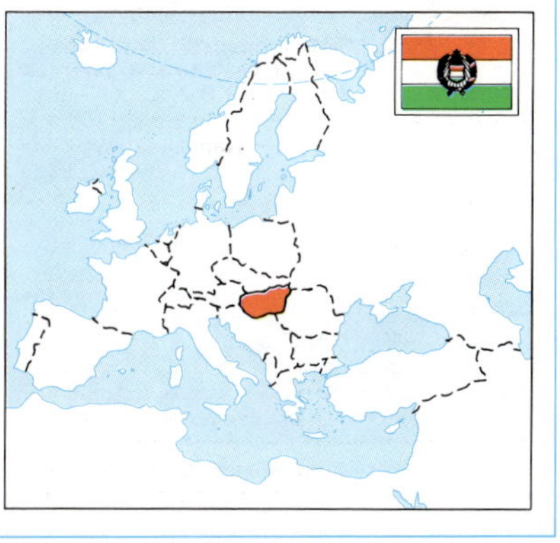

Extensión: 93.036 km^2.
Límites: al N, con Checoslovaquia y Ucrania; al E, con Rumania; al S, con Croacia y Serbia, y al O, con Eslovenia y Austria.
Población: 10.437.000 h. en 1990.
Densidad: 112,2 h./km^2.
Capital: Budapest.
División administrativa: 19 condados y el distrito urbano de Budapest.
Ciudades principales: Debrecen, Miskolc, Szeged, Pécs, Györ.
Gentilicio: húngaro.
Forma de Estado: república.
Idioma: húngaro.
Religión: catolicismo, 53,9 %; protestantismo, 21,6 %; judaísmo, 0,9 %.
Moneda: forint.
Tasa de natalidad: 12 ‰ en 1990.
Tasa de mortalidad: 13 ‰ en 1990.
Renta per cápita: 6.100 dólares en 1989.

Geog. física El relieve de Hungría es esencialmente llano, con una sucesión de pequeños sistemas montañosos que recorren el país de O a NE, en los que destacan los montes Bakony, Matra y Zemplén. El resto lo constituye una gran llanura, Nagyalföld, compuesta de tres unidades: Dunantúl, al O del Danubio; la llanura Danubio-Tisza, entre ambos ríos; y Tiszantúl, al E del Tisza. El río Danubio recorre Hungría de N a S, transportando un considerable caudal de agua; sus principales afluentes son, por la derecha, el Raba Drave y el Sió, emisario este último del gran lago Balatón, situado al S de los montes Bakony, y por la izquierda el Tisza. El clima es continental, con inviernos rigurosos y veranos cálidos.

Geog. humana y ***económica*** La población es de la raza magiar y habla una lengua ugroaltaica; con un crecimiento negativo (0,1 % anual), tiene carácter urbano en un 62 %. La agricultura ha abandonado las tendencias colectivistas que se impusieron en los años cincuenta, abundando en la actualidad las explotaciones privadas y en cooperativa. Se cultivan, con altos rendimientos, cereales -trigo, centeno y maíz-, patatas, remolacha, productos de huerta, vid, tabaco y plantas oleaginosas. La ganadería, de tipo extensivo, tiene importantes cabañas bovina, porcina y ovina. La minería es rica en hulla, lignito, bauxita, uranio y manganeso (séptimo productor mundial). El país cuenta también con energía hidroeléctrica, petróleo y gas natural. La industria se desarrolló en la segunda mitad del s. XX y en su mayor parte pertenece al Estado, destacando los sectores mecánico y eléctrico, en los que se fabrican radios, televisores, motocicletas, bicicletas, herramientas y elementos ferroviarios; también existen industrias textiles, químicas y alimentarias.

Hist. **de los magiares al reino húngaro** Durante la segunda mitad del s. IX, tribus de ugrofineses y turcos, que procedían del SE de los Urales, penetraron en la llanura del Danubio bajo el mando del caudillo Arpad. La más importante de esas tribus era la de los magiares, cuyo nombre pasó a denominar a todas ellas. A principios del s. X comenzaron los ataques de los magiares a la cristiandad occidental, hasta que el emperador Otón I los venció en Lechfeld (955) y se asentaron en Alföld. El duque Geza unificó todas las tribus a fines del s. X. Su hijo Esteban I introdujo el cristianismo, recibió la corona real de manos de la Iglesia romana y adoptó las instituciones feudales, creando el reino húngaro en torno al año 1000. A fines del s. XII, Bela III instituyó una cancillería y un organismo financiero. Andrés II otorgó la Bula de Oro, carta constitucional del reino. Tras las devastaciones mongólicas de mediados del s. XIII, Bela IV reorganizó el reino, pero a fines del siglo se extinguió la dinastía y comenzó el periodo de dominio angevino, al que siguió el germánico y el de la dinastía polaco-lituana de los Jagellones. A mediados del s. XV, el voivoda Juan Hunyadi restauró la monarquía autóctona en la persona de su hijo Matías Corvino. El sector E del país fue conquistado por los turcos otomanos en la batalla de Mohács (1526) y el resto fue integrado en Austria. Los turcos fueron expulsados a fines del s. XVII, pero Hungría quedó bajo soberanía austriaca.

Hungría: Miskolc, capital del condado de Borsod-Abaúj-Zemplén.

de la monarquía austrohúngara a la República Popular A mediados del s. XIX surgió el nacionalismo húngaro y se produjo un alzamiento revolucionario dirigido por Sándor Petöfi en 1848. En 1867, tras el fracaso del nacionalismo revolucionario, se creó la monarquía austrohúngara. Desde principios del s. XX Hungría experimentó una intensa industrialización, que favoreció la aparición de un movimiento obrero. Al caer la monarquía austrohúngara después de la Primera Guerra Mundial se creó la República Soviética Húngara, presidida por el comunista Béla Kun (1919), que fue destruida por la intervención checorrumana. La monarquía fue restaurada bajo la regencia del almirante Horthy, que concertó una alianza con la Alemania nazi e hizo intervenir a Hungría en la Segunda Guerra Mundial a favor del Eje. Tras la guerra se implantó nuevamente la república bajo la presidencia de Zoltan Tildy y en 1949 se adoptó la fórmula de República Popular dentro de la órbita soviética, con el Partido Socialista Obrero Húngaro, de carácter comunista, como partido único. En 1956 estalló un levantamiento popular contra el régimen estalinista de Matias Rakosi y contra la presencia soviética, que llevó provisionalmente a la presidencia del país a Imre Nagy, partidario de un comunismo más flexible y nacionalista, pero fue aplastado por las fuerzas del Pacto de Varsovia. El nuevo presidente, János Kádár, supo conciliar la influencia de la URSS con el equilibrio y desarrollo económico del país.

el fin del comunismo En 1975 fue elegido jefe de gobierno György Lázár, que profundizó en el desarrollo de las libertades internas y permitió la creación de una economía de mercado. En 1988, a János Kádár le sucedió en la presidencia Karoly Grosz. A comienzos de 1989 las autoridades anunciaron el fin del partido único y la aceptación del pluralismo político. En junio de ese año Reszo Nyers fue nombrado presidente del PSOH, y a los pocos días Hungría y Austria desmantelaron el telón de acero. El PSOH decidió en el XIV Congreso cambiar su nombre por el de Partido Socialista Húngaro y variar su programa y estatutos. Posteriormente, el Parlamento aprobó la ley de partidos políticos y Hungría se definió como república independiente. A finales de 1989 fue aprobada una nueva Constitución y elegido presidente en funciones Matyas Szuros. En marzo de 1990 se celebraron elecciones libres, en las que resultó vencedor el Foro Democrático de Jozsef Antall, movimiento político de carácter liberal, surgido de la unión de varios grupos.

Cult. Hungría desarrolló en sus orígenes un arte metalúrgico similar al arte de las estepas, pero a partir del s. XI se abrió a las influencias occidentales. De época románica se conservan las torres de Pécs y la decoración escultórica de portadas como la de Ják. En estilo gótico destacan la catedral de Kosice, las esculturas de madera policromada de Matheóc y Felsöguz, la estatua ecuestre de bronce de San Jorge esculpida por Jorge y Martín de Kolozsvár y la pintura de Thomas Kolozsvár y del maestro del que sólo se conocen sus iniciales M. S. El Renacimiento tan sólo dejó edificios, como el castillo de Frics, mientras que el barroco alcanzó gran difusión, como lo demuestran en la arquitectura las iglesias de Santa Ana en Budapest y de los franciscanos de Egar y el palacio de Gödöllo; en escultura las obras de J. A. Krauss y Hebenstreit y en pintura las de J. Kupeczky, A. Mányoky y Bogdány. En el neoclasicismo sobresalen los arquitectos Mihály Polláck y J. Hild y el escultor I. Ferenczy. De estilo neogótico son el Parlamento de Budapest, de E. Steindl, y la Casa de los Pescadores en Buda, de Schulek. En el s. XIX se debe citar a los pintores Pál Szinyei Merse, C. Ferenczy, L. Paál y M. Munkácsy y ya en el s. XX a los arquitectos B. Latja, B. Árkay y J. Vágó; a los pintores abstractos Barcsay y Korniss; a los surrealistas Bálint, Kondor e Illes; a los escultores Schaár, Varga, Vigh, Kö y Vilt, y a los ceramistas Gorkä y Kovács.
La literatura en lengua húngara comenzó su desarrollo en el s. XVI, en que fue redactada la primera gramática magiar, y alcanzó un gran florecimiento en época barroca gracias a István Gyöngyösi en prosa y Miklós Zrinyi en poesía, pero después decayó debido a la hegemonía cultural de las lenguas francesa y alemana. En el s. XVIII comenzó un periodo de renacimiento nacionalista; los dramaturgos György Bessenyei, József Kármán y Ferenc Kazinczy renovaron la literatura. El movimiento nacionalista llegó a su mayor esplendor en el periodo romántico con el poeta Sándor Petöfi, el novelista József Eötvös y el dramaturgo Zsigmond Czako. La época de dominio austriaco impuso de nuevo la lengua alemana, pero ello provocó un brote más violento de nacionalismo magiar, en el que se significaron el poeta János Arany, los novelistas Maurus Jókai y Zsigmond Kemény y el dramaturgo Imre Madách. A principios del s. XX escribió el gran poeta lírico Endre Ady, de estilo modernista. Tras la Primera Guerra Mundial, la disolución del imperio austrohúngaro significó el retroceso de la influencia cultural germánica, pero tras la Segunda Guerra Mundial la inclusión de Hungría en el bloque soviético favoreció la implantación de un estilo de realismo socialista poco fructífero para las letras. En el s. XX merecen especial mención el premio Nobel Lajos Zilahy, los también novelistas Kálmán Kikszáth y Zsigmond Móricz y el dramaturgo Ferenc Molnár.
La música húngara tuvo su primer gran representante en el romántico Franz Liszt, compositor de rapsodias y creador del poema sinfónico. En el s. XX, dentro del nacionalismo musical, Béla Bartók y Zoltán Kodály recuperaron gran número de temas del folclore magiar.
Hungría ha proporcionado grandes figuras al cine, algunas de las cuales han dirigido sus películas en otros países, como Alexander Korda en el Reino Unido o Michael Curtiz en EE UU. Los más destacados de los que han desarrollado su labor en Hungría son Miklós Jancsó e István Szabó.

huno, na *adj.* **1.** Se dice de un pueblo nómada de raza mongoloide y etnia uralo-altaica que, procedente de las estepas asiáticas, invadió el continente europeo a fines del s. IV. **2.** De este pueblo. También *s.*
Hist. La horda de los hunos penetró en Europa oriental en las últimas décadas del s. IV. Tras derrotar, entre otros, a ostrogodos, visigodos y alanos, llegaron hacia el 405 al curso medio del Danubio, ejerciendo una presión sobre los pueblos germanos establecidos en la frontera del imperio romano que desencadenó las invasiones bárbaras. Los hunos combatieron muchas veces como tropas mercenarias del general romano Aecio. En 445, su rey Atila reunió la horda, que incluía numerosos elementos germanos e iranios, y marchó hacia Occidente devastando el territorio. Aecio, al mando de un ejército compuesto fundamentalmente por visigodos y burgundios, detuvo el avance de Atila en la batalla de los Campos Cataláunicos (451). Después los hunos penetraron en Italia; según la tradición, el papa León I evitó milagrosamente su entrada en Roma, aunque en realidad fue la falta de suministros y la llegada de un ejército romano desde Oriente lo que les obligó a retirarse. Atila murió en el 453 y la horda se disgregó.

Hunt, William Holman (Londres 1827 - íd. 1910) Pintor británico. Fundó con Millais y Rossetti la hermandad de los prerrafaelistas (1848). En sus cuadros, de meticuloso realismo paisajístico, representa escenas religiosas o alegóricas de gran contenido simbólico. Algunas de sus obras más notables son *Dos gentileshombres de Verona* (1851), *La luz del mundo* (1854) y *Virgen con Jesús en el Templo.* Escribió *El prerrafaelismo y la hermandad prerrafaelista* (1905).

hura *s. f.* Agujero pequeño, madriguera.

huracán *s. m.* **1.** Ciclón tropical característico del mar Caribe, que puede alcanzar velocidades superiores a los 150 km/h. **2.** P. ext., viento de gran fuerza. **3.** Persona o cosa que destruye o trastorna todo a su paso. **4.** Persona muy impetuosa.

huracanado, da *adj.* Que tiene la fuerza o las características del huracán.

huracanarse *v. prnl.* Hacerse el viento cada vez más fuerte hasta convertirse en huracán.

huraño, ña *adj.* Se aplica a la persona que evita el trato o la conversación con la gente, así como a su actitud, sus gestos, etc.

Hurdes, Las Comarca natural de España, situada en el N de la provincia de Cáceres, al pie de la sierra de Gata. Es una región de tradicional atraso económico debido a su clima extremado de interior y a sus suelos poco fértiles, que en la actualidad explota fundamentalmente sus recursos forestales.

hurgar *v. tr.* **1.** Remover algo con las manos o con algún instrumento, especialmente en un hueco o cavidad. También *v. intr.* **2.** Fisgar, curiosear. Se usa más como *v. intr.* **3.** Inquietar algún recuerdo, idea, etc. También *v. intr.* ■ Se conjuga como *pagar.*

hurgón *s. m.* Instrumento de hierro que sirve para remover y atizar la lumbre.

hurí *s. f.* Mujer de gran belleza que, según la religión islámica, corresponde como compañera a todo hombre que logra el paraíso.

hurón *s. m.* **1.** Mamífero carnívoro de la familia mustélidos, especie *Mustela putorius furo.* Es una variedad doméstica del turón, que tiene el cuerpo esbelto, de unos 40 cm de longitud, patas cortas, pelo áspero y largo, cuyo color varía desde el albino hasta el pardo oscuro, cola larga y ojos rojos en los ejemplares albinos. Es utilizado para la caza por su gran ferocidad y por su facilidad para penetrar en las madrigueras en busca de la presa. Poblaciones asilvestradas habitan en Gran Bretaña y en la región mediterránea. **2.** *fam.* Persona huraña.

Hurón (Mustela putorius furo).

hurón, na *adj.* **1.** Se dice de un pueblo amerindio de América del Norte, de raza iroquesa, que habitó en la margen izquierda del río San Lorenzo hasta el s. XVIII. **2.** De este pueblo. También *s.* ‖ *s. m.* **3.** Lengua hablada por este pueblo.

Hurón Lago de Norteamérica, situado entre Canadá y EE UU, en la región de los Grandes Lagos. 61.797 km^2 de extensión. Recibe aguas del lago Superior a través del río Saint Mary y está conectado con el lago Michigan a través del canal de Mackinac y con el lago Erie a través del río Saint Clair. De origen glaciar, en invierno se hielan sus aguas. Es muy rico en pesca y en verano permite una navegación muy activa.

huronear *v. intr.* **1.** Cazar utilizando hurones para conseguir la presa. **2.** *fam.* Fisgar.

huronera *s. f.* **1.** Madriguera del hurón o jaula donde se encierran los hurones destinados a la caza. **2.** *fam.* Guarida, escondite.

¡hurra! *interj.* Expresa alegría o satisfacción.

hurrita *adj.* **1.** Se dice de un pueblo indoeuropeo que, procedente del Cáucaso, se estableció en la alta Mesopotamia entre 1700 y 1500 a. C. Estaba dirigido por una aristocracia indoaria, utilizaba el carro de guerra tirado por caballos y asimiló la religión y cultura sumerioacadia, adoptando la escritura cuneiforme. En torno a 1500 a. C. los principados hurritas se unieron en el reino de Mitanni, con capital en Washukani, que fue consolidado por el rey Saushsatar h. 1475 a. C. Su decadencia comenzó h. 1380 a. C. a causa de las intervenciones del rey hitita Shubiluliuma. Mitanni fue destruido por el rey asirio Assurballit I. **2.** De este pueblo. También *s.*

hurtadillas, a *loc. adv.* Ocultamente, a escondidas.

Hurtado de Mendoza, Andrés (? - Lima 1561) Administrador colonial español. Marqués de Cañete, fue nombrado virrey de Perú (1555-1561). Durante su mandato puso fin a la rebelión de los seguidores de Hernández Girón y creó una fuerza militar permanente. En 1556 nombró gobernador de Chile a su hijo García Hurtado de Mendoza y en 1560 sometió a Sayri-Tupac, descendiente de Manco Cápac, que se había refugiado en las montañas de Vilcabamba.

Hurtado de Mendoza, Diego (Granada 1503 - Madrid 1575) Político y escritor español. Fue embajador en Inglaterra (1537) y Venecia (1539), representante de Carlos V en el concilio de Trento (1542), gobernador de Toscana (1547), embajador en Roma, miembro del Consejo de Estado y caballero de Alcántara. Caído en desgracia, fue desterrado a Granada, donde combatió a la rebelión morisca de Las Alpujarras. Es autor de numerosos libros de poesía y de *Guerra de Granada* (1627).

Hurtado de Mendoza, García (Cuenca 1535 - Madrid 1609) Militar y administrador colonial español. Era hijo de Andrés Hurtado de Mendoza. Gobernador de Chile (1556-61), venció a Caupolicán, se internó hacia el sur, hasta llegar al golfo de Reloncaví, y envió una expedición para explorar la isla de Chiloé. Nombrado virrey de Perú (1589-96), rechazó el ataque de una escuadra inglesa y capturó a John Hawkins. Durante su mandato introdujo nuevos impuestos, creó la provincia de Huancavelica y fundó algunas ciudades.

Hurtado Izquierdo, Francisco (Lucena 1669 - Priego 1725) Arquitecto español. De estilo barroco, por su riqueza de elementos ornamentales se le considera un precursor del rococó español. Entre sus obras más características figuran la capilla del sagrario de la cartuja de Granada (1702-20), el sagrario de la catedral granadina (1704) y la capilla del Tabernáculo del monasterio del Paular (Segovia), comenzada en 1718 y terminada por sus discípulos.

Hurtado Larrea, Oswaldo (Chambo 1940) Político ecuatoriano. Fundó el Partido Demócrata Cristiano ecuatoriano en 1964. Fue vicepresidente de Ecuador durante la presidencia de Jaime Roldós y, tras la muerte de éste, presidente del país (1981-84).

hurtar *v. tr.* **1.** Robar algo de poca importancia y sin utilizar la violencia. **2.** Apartar, desviar. ‖ *v. prnl.* **3.** Esconderse, ocultarse.

hurto *s. m.* **1.** Delito que consiste en apoderarse de un bien ajeno sin emplear violencia contra las personas o fuerza en las cosas, p. ej. el que cometen los carteristas. **2.** Cosa hurtada.

Hus, Jan (Husinec, Bohemia 1369 - Constanza 1415) Reformador religioso checo. Influido por las ideas de John Wycliff, predicó contra la corrupción de la jerarquía eclesiástica y en favor de una Iglesia de los pobres. Excomulgado en 1411, sus sermones provocaron un gran movimiento popular, conocido como la *revolución husita,* en el que se mezclaban reivindicaciones religiosas, sociales y nacionalistas. En 1414 acudió a la ciudad de Constanza provisto de un salvoconducto del emperador Segismundo, que había convocado un concilio para solventar el cisma de Occidente, y allí fue capturado, acusado de herejía y quemado en la hoguera.

Husak, Gustav (Bratislava 1913) Político checoslovaco. Miembro del Partido Comunista eslovaco, al finalizar la Segunda Guerra Mundial fue nombrado jefe del gobierno autónomo de Eslovaquia (1946-50). Bajo la acusación de nacionalismo fue condenado a diez años de prisión (1954). Rehabilitado en 1963, ocupó el cargo de viceprimer ministro de Checoslovaquia bajo el mandato de Dubcek. Después de la invasión del país por las tropas de Pacto de Varsovia, fue primer secretario del Partido Comunista checoslovaco (1969) y presidente de la república (1975-87).

húsar *s. m.* Militar de caballería ligera con un uniforme semejante a los de la caballería húngara.

husillo *s. m.* Tornillo de metal o madera utilizado para mover las piezas de algunas máquinas, como las prensas.

husita *adj.* **1.** Perteneciente o relativo a las doctrinas reformadoras de Jan Hus y al movimiento que encabezó. **2.** Partidario de las mismas. También *s.*

husita, revolución Movimiento revolucionario de carácter religioso y social desatado en Bohemia en el s. XV por la predicación de Jan Hus y en el que también se reflejó el sentimiento nacionalista checo enfrentado a la prepotencia de la nobleza alemana. Los husitas, que iniciaron la lucha en 1420, estaban divididos en dos grupos: los moderados o utraquistas de Praga (pequeña nobleza y burguesía) y los radicales de Tabor o taboritas (clases populares). Su programa, expuesto en la declaración de Praga de 1420, exigía libertad de predicación, comunión bajo las dos especies, pobreza de los eclesiásticos y jurisdicción civil para los delitos religiosos. Tras diversas batallas en que vencieron a las tropas del emperador Segismundo, las conversaciones sostenidas en Constanza y Praga, en las que Segismundo accedió a varias peticiones, consiguieron la escisión del movimiento. Los taboritas, que fueron finalmente derrotados por un ejército de utraquistas e imperiales en Lipany (1434), dieron más tarde origen a los hermanos moravos.

husmear *v. tr.* **1.** Seguir el rastro de algo con el olfato. También *v. intr.* **2.** Fisgonear. Se usa más como *v. intr.* **FAM.** Husmeador, husmeo.

huso *s. m.* **1.** Instrumento manual, de madera o metal, con forma cilíndrica y alargada, más estrecho en los extremos, en el que se va devanando o recogiendo la hebra que se hila en la rueca. **2.** Nombre dado a diversos objetos que tienen esta forma, como p. ej., en algunas máquinas, la pieza en la que se colocan los carretes donde se enrolla el hilo que se va fabricando. ‖ **3. huso esférico** Porción de superficie comprendida entre dos semicircunferencias máximas. **4. huso horario** Cada una de las veinticuatro partes en que se divide el globo terrestre, limitadas por dos meridianos separados 15° de longitud y en las que rige la misma hora. (Véase última página de este diccionario.)

Hussein I (Ammán 1935) Rey de Jordania desde 1952. En 1958 consiguió que las tropas británicas abandonaran el país, lo que no impidió que mantuviera desde entonces buenas relaciones con las potencias occidentales. En 1967 participó en la tercera guerra árabe-israelí, en la que Jordania perdió Cisjordania y la parte jordana de Jerusalén. Sus relaciones con los palestinos, muchos de los cuales se refugiaron en su país, han pasado por momentos muy diferentes: en 1970 sostuvo con ellos una auténtica guerra civil, mientras que a mediados de la década de los ochenta llegó a una serie de acuerdos con la OLP con vistas a la creación de un estado palestino en Cisjordania como posible solución al conflicto con Israel.

Hussein I.

Hussein, Saddam (Takrit 1937) Político iraquí. Destacado militante del partido Baas, fue elegido presidente de la república en 1979, cargo desde el que continuó la política de industrialización y socialización de su predecesor al-Bakr. En 1980, debido a disputas fronterizas, inició la guerra contra Irán, que concluyó sin vencedor en 1988. En 1990 ocupó Kuwait, lo que provocó la intervención militar de una amplia coalición de países, dirigida por EE UU, en la llamada *guerra del Golfo*. El ejército iraquí fue derrotado en 1991 y hubo de abandonar el emirato.

Husserl, Edmund (Prossnitz, Moravia 1859 - Friburgo de Brisgovia 1938) Filósofo alemán. Discípulo de Brentano, desarrolló sus investigaciones en el campo de la fenomenología. Su obra intenta analizar y conocer la experiencia inmediata a través de los actos de la conciencia, que él denominó *vivencias*, precisando las distintas formas en que esa experiencia se presenta al sujeto. Al objeto conocido lo llamó *nóema* y a la conciencia de ese conocimiento *nóesis*, que puede adoptar formas como la percepción, el recuerdo, el deseo o la necesidad. Entre sus libros principales se cuentan *Investigaciones lógicas* (1901), *La filosofía como ciencia rigurosa* (1911) e *Ideas directrices para una fenomenología* (1913).

Edmund Husserl.

Huston, John (Nevada, Missouri 1906 - Middletown, Rhode Island 1987) Director de cine estadounidense. Alcanzó gran celebridad con su primera película *El halcón maltés* (1941), a la que siguieron, entre otras, *El tesoro de Sierra Madre* (1946), *La jungla de asfalto* (1950), *La reina de África* (1952), *Vidas rebeldes* (*The Misfits*, 1961), *El honor de los Prizzi* (1985) y *Dublineses* (*The Dead*, 1987). Realizador ecléctico, se desenvolvió con parecida soltura en géneros como el policiaco, el *western* o el de aventuras, haciendo resaltar siempre temas como el individualismo, la vida concebida como desafío, la solidaridad y el fracaso.

John Huston durante el rodaje de la película Dublineses *(1987).*

Hutcheson, Francis (Drumalig, Irlanda del Norte 1694 - Glasgow 1746) Catedrático de filosofía moral en Glasgow, tomó parte decisiva en la constitución de la escuela escocesa y fue maestro de David Hume y de Adam Smith. Desarrolló importantes estudios en filosofía del arte y de la moral. Su publicación más importante es *Investigación sobre el sistema de nuestras ideas de la belleza y de la virtud en dos tratados* (1725).

Hutten, Felipe von (Birkenfeld 1511 - Quirube 1546) Gobernador alemán de Venezuela, al servicio de los Welser. Participó en dos expediciones en busca de El Dorado, la primera con Spira (1535-38) y la dirigida por él mismo (1541-1546). Al regresar a Coro supo que la Audiencia de Santo Domingo había nombrado un nuevo gobernador de Venezuela, Juan de Frías (1544). Enfrentado a Juan de Carvajal, lugarteniente de aquél, fue apresado y muerto.

Hutton, James (Edimburgo 1729 - íd. 1797) Geólogo británico. Considerado como el padre de la geología, expuso sus ideas en *Teoría de la Tierra* (1785). Fue el primero en clasificar las rocas en eruptivas, sedimentarias y metamórficas, y estableció el «principio de uniformidad», en el que explicaba los fenómenos geológicos como resultado de causas naturales, iguales a las que actúan en nuestro tiempo, y no a cambios bruscos y catastróficos. Sus ideas fueron rechazadas por los seguidores de las doctrinas oficiales, que creían en una Tierra de sólo 6.000 años de edad, fundándose en el relato de la *Biblia*.

Huxley, Aldous (Godalming, Surrey 1894 - Hollywood 1963) Escritor británico. Sus novelas, de tono muy intelectual, analizan con escepticismo e ironía la naturaleza humana. Entre ellas sobresalen *Los escándalos de Crome* (1921), *Contrapunto* (1928), *Un mundo feliz* (1932), desesperanzada visión futurista de una humanidad controlada por la genética; *Ciego en Gaza* (1936), *Los demonios de Loudun* (1952), y, en su última época, obras influidas por la espiritualidad oriental, como *La isla* (1962). También es autor de ensayos y relatos, como *La sonrisa de la Gioconda* (1922).

Aldous Huxley.

Huxley, Andrew Fielding (Hampstead 1917) Fisiólogo británico. Era nieto de Thomas Henry Huxley. Catedrático en el University College de Londres (1960) y especialista en neurofisiología, obtuvo el premio Nobel de medicina y fisiología, compartido con Alan Lloyd Hodgkin y John Eccles, por sus investigaciones sobre el mecanismo de transmisión del impulso nervioso.

Huxley, Thomas Henry (Ealing, Middlesex 1825 - Londres 1895) Biólogo británico. Defendió las teorías de Darwin e hizo importantes contribuciones a las ciencias naturales, y especialmente a la taxonomía. Entre sus obras sobresalen *Historia de los hidrozoos del océano* (1858) y *Evidencias de la situación del hombre en la naturaleza* (1863).

¡huy! *interj.* Expresa extrañeza, sorpresa o dolor físico.

Huygens, Christiaan (La Haya 1629 - íd. 1695) Físico y matemático neerlandés. Estudió el cálculo de probabilidades matemáticas en *De ratiociniis in ludo aleae* (1656); la teoría del péndulo, en *Horologium oscillatorium* (1673), y la hipótesis del modelo ondulatorio de la luz, su reflexión, refracción, difracción, etc., en *Tratado de la luz* (1678). Según el principio que lleva su nombre, todo punto de un frente de ondas puede considerarse como un foco emisor de nuevas ondas, las cuales originan, al superponerse, un nuevo frente de ondas que envuelve a las anteriores.

Huysmans, Camille (Bilzen, Limburgo 1871 - Amberes 1968) Político belga. Socialista, fue ministro de Instrucción Pública y presidente de la Internacional Socialista (1940). Durante la Segunda Guerra Mundial formó parte del gobierno belga en Londres y terminada ésta fue presidente del gobierno (1946-47).

Huysmans, Joris-Karl (París 1848 - íd. 1907) Novelista francés. Evolucionó del naturalismo de la escuela de Zola al decadentismo. Convertido al catolicismo (1892), relató su conversión en *En ruta* (1895). Algunas de sus mejores novelas son *Marta, historia de una muchacha* (1876), *Mochila a cuestas* (1880, publicada en *Las veladas de Médan*, colección de seis narraciones naturalistas), *Al revés* (1884), *Allá abajo* (1891), *La catedral* (1898) y *El oblato* (1903).

Hyatt, John Wesley (Starkey, Nueva York 1837 - Short Hills 1920) Químico e inventor estadounidense. Buscando un sustituto al marfil para las bolas de billar, descubrió el celuloide (1869), primer plástico sintético.

Hyderabad **1.** C. de la India, cap. del estado de Andhra Pradesh, en el centro de la península Indostánica, al E de Bombay. 2.150.600 h. en 1981; 3.448.000 h. en su área metropolitana en 1989. Es un importante centro comercial y artesanal en el que sobresalen las industrias alimentaria, del tabaco, textil, mecánica, química, cristalera y papelera. Posee universidad y aeropuerto, además de un gran número de museos y edificios de interés, lo que le aporta un notable interés cultural. ▪ Se escribe también *Haiderabad*.
2. C. de Pakistán, situada en el SE del país, en la región de Sind, junto al río Indo. 751.500 h. en 1981. Nudo de comunicaciones e importante mercado agrícola, cuenta con industrias textiles, alimentarias, del vidrio, cuero, cemento, y artesanía de joyas, seda y objetos lacados. Desempeña un destacado papel en el ámbito cultural de la región. ▪ Se escribe también *Haiderabad*.

hyperon *s. m.* Partícula elemental del grupo de los bariones, cuya masa en reposo es mayor que la de los neutrones.

Hyppolite, Jean (Jonzac 1907 - París 1968) Filósofo francés. Tradujo al francés la *Fenomenología del espíritu* de Hegel y realizó numerosos estudios sobre la obra de este filósofo. Sostenía que las corrientes filosóficas contemporáneas sólo pueden entenderse en relación con el pensamiento hegeliano. Entre sus obras publicadas merecen especial mención *Génesis y estructura de la Fenomenología del espíritu de Hegel* (1946), *Lógica y existencia* (1953) y *Estudio sobre Marx y sobre Hegel* (1958).

Hz Símbolo del hertzio.

I

i[1] *s. f.* **1.** Novena letra del abecedario español y tercera de sus vocales. También recibe el nombre de *i latina.* ‖ **2. i griega** Nombre de la letra *y.*

i[2] Símbolo matemático de la unidad imaginaria, número complejo que tiene la propiedad de que su cuadrado es –1 o, lo que es lo mismo, símbolo que representa $\sqrt{-1}$.

I **1.** Símbolo químico del yodo. **2.** Letra que en la numeración romana equivale a uno.

I Ching Manual de adivinación o libro de consultas chino cuya antigüedad se desconoce y que fue introducido en Europa por los jesuitas en 1687. Está compuesto por 64 hexagramas, cada uno formado por seis líneas, enteras o partidas, que representan los dos principios elementales: el yin y el yang. Cada hexagrama lleva su correspondiente texto interpretativo.

-ía *suf.* **1.** Forma nombres abstractos de cualidad: *anomalía, campechanía.* **2.** Asociado generalmente al sufijo *-ero,* indica 'profesión, actividad' o 'lugar donde se ejerce': *jardinería, fontanería.* También, 'tienda': *papelería.*

Iacopone da Todi (Todi h. 1230 - Collazzone, Perugia 1306) Poeta italiano. Jurista, ingresó en la orden de los franciscanos a la muerte de su esposa. Se puso del lado de los hermanos espirituales en la lucha que sostenían con los conventuales. Escribió 93 laudes en dialecto umbro y otras composiciones en latín. Su escenificación de la Pasión de Cristo es la primera obra de teatro sacro italiano. Se le ha atribuido el *Stabat Mater.*

Iasi C. de Rumania, cap. del distrito del mismo nombre, situada en el sector NE del país, cerca de la frontera con Moldavia. 313.050 h. en 1986. Ciudad histórica y centro cultural, cuenta con siderurgias e industrias textiles, alimentarias, farmacéuticas y tabaqueras.

IATA (siglas de *International Air Transport Association*) Organismo internacional que regula el tráfico aéreo. Fue fundado en 1945 y tiene su sede en Ginebra y Montreal. A él están afiliadas la mayoría de las compañías aéreas.

iatrogénico, ca *adj.* Se dice de la alteración en el estado de un enfermo producida por la medicación o el tratamiento.

Ibadán C. de Nigeria, cap. del estado de Oyo, situada en el SO del país, al N de Lagos. 1.232.000 h. en 1990. Es un centro comercial y agrícola, cuya producción industrial más relevante es la de transformación del algodón, tabaco, cacao, aceite de palma y automovilística.

Ibagué C. de Colombia, cap. del departamento de Tolima, situada en la vertiente E de la Cordillera Central. 293.000 h. en 1986. Constituye el centro de una comarca agrícola y ganadera, que tiene yacimientos de feldespato e industrias textiles, alimentarias, del jabón y tabaqueras.

Ibáñez del Campo, Carlos (Linares, Chile 1877 - Santiago, Chile 1960) Político y militar chileno. De ideología conservadora, fue presidente de Chile en 1927-31 y 1952-58. Su primer mandato fue dictatorial y se caracterizó por una deficiente gestión económica y por la persecución de los grupos de izquierda y sectores liberales del país. Tras un periodo de exilio recuperó la presidencia al ganar las elecciones y en esta ocasión su mandato se sometió a la Constitución, pero volvió a fracasar en el aspecto económico.

Ibarbourou, Juana Fernández Morales, llamada **Juana de** (Melo 1895 - Montevideo 1979) Escritora uruguaya. Su obra poética está influida por el modernismo y trata preferentemente los temas del amor, la maternidad, la infancia y la naturaleza. El tono vibrante y apasionado de sus primeros libros se hizo más sereno e intimista en su madurez. Entre sus obras más significativas figuran *Las lenguas del diamante* (1919), *Poemas* (1942), *Mensajes del escriba* (1953) y *Oro y tormenta* (1956). Es autora asimismo de poemas en prosa, cuentos autobiográficos y relatos.

Ibargüengoitia, Jorge (Guanajuato 1928 - Mejorada del Campo, Madrid 1983) Escritor mexicano. En sus novelas costumbristas ambientadas en Latinoamérica ejerce la crítica social con un tono humorístico y satírico. Entre ellas destacan *Los relámpagos de agosto* (1964), *Dos crímenes* (1979) y *Los conspiradores* (1981) y en teatro, *Susana y los jóvenes* (1954).

Ibárruri, Dolores, llamada **Pasionaria** (Gallarta, Vizcaya 1895 - Madrid 1989) Dirigente comunista española. Miembro del Comité Central del Partido Comunista Español desde 1930, durante la guerra civil desempeñó un activo papel en la propaganda de la causa republicana. Exiliada en la URSS tras la guerra, fue secretaria general del partido desde 1942 hasta 1960, año en el que fue sustituida por Santiago Carrillo y nombrada presidenta del mismo. Regresó a España después de la muerte de Franco y fue elegida diputada en las Cortes de 1977.

Dolores Ibárruri, Pasionaria.

Iberia **1.** Nombre con el que los geógrafos griegos de la antigüedad designaron a la península Ibérica. Equivale a la Hispania de los romanos. **2.** País de los iberos.

Ibérica, cordillera Sistema montañoso español, situado en el borde oriental de la Meseta. Su sector N consta de la sierra de la Demanda, picos de Urbión y sierra del Moncayo (2.313 m). Desde el valle del Jalón la cordillera se bifurca en dos alineaciones separadas por la fosa del Jiloca: una bordea la Meseta y está formada por la sierra de Albarracín y la serranía de Cuenca; la otra sigue hacia el E y está compuesta por las sierras Gudar, de Javalambre y por las estribaciones del Maestrazgo. También se denomina *Sistema Ibérico.*

Ibérica, península Península que constituye el extremo SO del continente europeo. 581.906 km². Está separada del resto de Europa por la cordillera de los Pirineos y de África por el estrecho de Gibraltar. Limita con el mar Cantábrico al N, el océano Atlántico al O y SO y el Mediterráneo al SE y E. Contiene tres países, España, Portugal y Andorra, y el dominio británico de Gibraltar.

ibérico, ca *adj.* **1.** Ibero*. También *s.* **2.** Perteneciente o relativo a Iberia, a la península Ibérica o, p. ext., a España.

iberismo *s. m.* **1.** Carácter o modo de ser del ibero. **2.** Estudio de la civilización y cultura iberas. **3.** Palabra o rasgo lingüístico propio de la lengua de los iberos y empleado en otra lengua. **4.** Doctrina política surgida a mediados del s. XIX en la que se intenta un mayor acercamiento entre España y Portugal.

ibero o **íbero, ra** *adj.* **1.** De Iberia, hoy España y Portugal. También *s.* ‖ *s. m.* **2.** Lengua de los antiguos iberos.

Hist. La civilización ibera, cuyo origen aún se discute, surgió en torno a los s. VI y V a. C. entre un conjunto de pueblos peninsulares del área mediterránea. Su desarrollo fue favorecido por el contacto con los comerciantes fenicios y griegos establecidos a lo largo de la costa. Su mezcla con pueblos celtas del N de la Península produjo el grupo celtíbero, que ocupó preferentemente ambas mesetas. Constaba de numerosos pueblos repartidos por las actuales Cataluña, Levante y Andalucía oriental. Habitaban en poblados, que los romanos llamaron *oppida,* situados en lugares altos y amurallados, gobernados por régulos o reyezuelos. No tenían grandes distinciones sociales, lo que se demuestra por la igualdad de las viviendas de las ciudades.

A diferencia de las restantes culturas urbanas mediterráneas no erigieron templos ni grandes edificios civiles. En lugares separados de los poblados construían pequeños santuarios donde depositaban exvotos, figuritas de forma humana o animal. Sus cementerios se hallaban en lugares cercanos a las ciudades; practicaban la incineración de los muertos, cuyas cenizas se enterraban acompañadas de ajuar: armas, alimentos, estatuas, hebillas, etc. Sus bases económicas fueron la agricultura de trigo y cebada, la ganadería ovina, porcina y de animales de tiro, la minería de plata, bronce, plomo y hierro, la artesanía cerámica y textil, y el comercio con los colonizadores mediterráneos.

Arte Las principales manifestaciones del arte ibérico se producen en la escultura de bulto redondo y son figuras femeninas sedentes a escala natural, como la dama de Baza, o bustos femeninos, como la dama de Elche. Se trata de estatuas de piedra policromadas (aunque en la actualidad han perdido prácticamente el color), de estilo naturalista, que tienen complejos tocados en la cabeza, con grandes pendientes o aros y ricos collares. También se esculpieron representaciones de animales yacentes de influjo oriental, como la bicha de Balazote, el toro de Porcuna o la leona de Baena. En los santuarios se han encontrado gran número de exvotos de figura humana, en forma de pequeñas estatuillas de bronce, como las halladas en Despeñaperros. La cerámica decorada es de tradición oriental y presenta formas geométricas, humanas y zoomórficas, de color rojo vinoso, como las de Liria (Valencia) y las de Alloza y Azaila (bajo Aragón). La orfebrería de oro y plata denota influencia griega, como la del tesoro de Jávea.

Arte ibérico: la dama de Baza (Museo Arqueológico Nacional, Madrid).

Ling. La lengua ibérica, de origen indoeuropeo, constituye hoy en día un enigma de difícil solución. El importante cuerpo de inscripciones ibéricas que se conserva no ha sido aún descifrado. Desde que Gómez Moreno fijó su alfabeto, que tiene signos con valor de letra y otros con valor silábico, se advirtieron sus paralelismos con el euskera en diversos elementos y sufijos, llegándose a pensar que ésta era una lengua ibérica. En la actualidad, pese a las evidentes semejanzas entre ambas, se sabe que a través del euskera no se puede transcribir el ibero y se tiende a considerarlo como una lengua camítica.

Iberoamérica Nombre dado al conjunto de países americanos que fueron colonizados por España y Portugal.

iberoamericano, na *adj.* **1.** De Iberoamérica. También *s.* **2.** Perteneciente o relativo a estos países, junto con España y Portugal.

iberorromano, na *adj.* Se aplica al arte ibero producido bajo influencia romana.

Ibert, Jacques (París 1890 - íd. 1962) Compositor francés. Discípulo de Gabriel Fauré, en su formación recibió grandes influencias del impresionismo y del neoclasicismo. Escribió música sinfónica y de cámara, así como óperas y ballets. Entre sus obras merecen mención *Escalas* (1922), *Angélica* (1926), *Diana de Poitiers* (1934) y *Bacanal* (1956).

Ibi C. de España, situada en la prov. de Alicante, al N de la capital. 21.000 h. en 1990. Destaca su industria juguetera.

íbice *s. m.* Mamífero artiodáctilo de la familia bóvidos, especie *Capra ibex*. Alcanza hasta 1,5 m de longitud y su peso supera en algunos machos adultos los 100 kg. Los machos tienen unos cuernos anchos y robustos, curvados hacia atrás; los de las hembras son mucho más cortos. Habita en las altas regiones alpinas formando rebaños, de los que se separan los machos al alcanzar la edad adulta para llevar una vida solitaria.

ibicenco, ca *adj.* De Ibiza. También *s.*

ibídem (voz lat.) *adv. l.* Allí mismo, en el mismo lugar; se utiliza en índices, notas y citas de impresos o manuscritos.

ibirapitá *s. m.* Árbol de la familia cesalpiniáceas, especie *Peltophorum vogelianum.* Su fruto es una leguminosa. Su madera, de color rosáceo o rojizo, se utiliza en carpintería y en la construcción de embarcaciones.

ibis *s. m.* Nombre común de diversas aves ciconiformes de la familia tresquiornítidos, géneros *Threskiornis, Guara, Geronticus* y otros. Alcanzan hasta 80 cm de longitud. Tienen el pico largo y curvado y patas con cuatro dedos, tres anteriores y el cuarto dirigido hacia atrás. Habitan en zonas pantanosas formando bandadas y se alimentan de invertebrados acuáticos, anfibios y peces. El ibis sagrado *(Threskiornis aethiopica)* tiene el plumaje blanco, con la cabeza, cuello y cola negros, y habita en África. El ibis rojo *(Guara rubra)* tiene el plumaje rojizo y habita en Centroamérica y la región del Amazonas.

Ibis sagrado (Threskiornis aethiopica).

Ibis Ave sagrada de la mitología egipcia. Estaba considerada la encarnación del dios Thot, al que a menudo se representaba con rostro de ibis. Se han encontrado ejemplares momificados en tumbas del Egipto faraónico.

Ibiza (*Eivissa*) **1.** Isla de España, en el archipiélago de las Baleares, situada en el mar Mediterráneo, al E del cabo de la Nao. 541 km^2. 80.540 h. en 1990. Su relieve consta de dos conjuntos montañosos: uno al N de la isla, con el pico Puig Fornàs (410 m), y otro al S, con los picos Atalaiassa (475 m) y Puig Gros (415 m). Sus costas N y O son escarpadas, con numerosas calas, y las del S y E bajas y arenosas, con las playas d'en Bossa y des Codolar. Tiene un único río, el torrente Santa Eulalia. El clima es mediterráneo y la vegetación de pinar y garriga. Cuenta con cultivos de cereales, leguminosas, almendros e higueras, ganadería ovina, pesca y salinas. La industria se concentra en la capital y elabora productos metálicos, alimentarios, muebles y bisutería. En Santa Eulalia se fabrica material de construcción. Los principales núcleos urbanos son Ibiza, San Antonio y Santa Eulalia. Es un importante enclave turístico y residencial.
2. C. de España, cap. de la isla del mismo nombre, situada en su costa S. 33.800 h. en 1990. Ciudad de origen púnico, en la actualidad constituye un centro turístico de primer orden. Una de sus principales actividades es el diseño de moda.

ibn (voz ár.) Ben*.

ibn Ezra, Abraham Véase **Ezra, Abraham ibn**.

ibn Ezra, Mosé Véase **Ezra, Mosé ibn**.

ibn Gabirol Véase **Avicebrón**.

ibn Hazm, Abu Muhammad Véase **Hazm, Abu Muhammad ibn**.

ibn Jaldún Véase **Jaldún, ibn**.

ibo *adj.* **1.** Se dice de un pueblo africano de raza negra guineana y lengua sudanesa, que habita en la región SE de Nigeria. En 1967 se proclamó independiente, creando el estado de Biafra. Nigeria inició una guerra para evitar la separación, causándoles casi dos millones de muertos, buena parte de ellos por hambre. **2.** De este pueblo. También *s.*

Henrik Ibsen. Retrato de Erik Werenskiold (Galería Nacional, Oslo, Noruega).

Ibsen, Henrik (Skien 1828 - Cristianía, actual Oslo 1906) Escritor noruego. En 1864 se exilió de Noruega a causa de la invasión prusiana y decepcionado del mundo escandinavo; durante 26 años vivió en distintos países europeos, para regresar a su país ya como autor consagrado. Su obra dramática se caracteriza por la penetración psicológica de los personajes, sobre todo los femeninos, por la creación de caracteres y por la crítica de aspectos de la realidad como los prejuicios sociales de la burguesía, la falta de honradez del capitalismo y la ignorancia política de las gentes. Entre sus principales obras teatrales se cuentan *Brand* (1866), *Peer Gynt* (1867), *Casa de muñecas* (1879), *Un enemigo del pueblo* (1882), *El pato silvestre* (1884), *Hedda Gabler* (1890) y *Juan Gabriel Borkman* (1896).

Ica 1. Departamento de Perú, situado en la costa del océano Pacífico, al SE de Lima. 21.251 km^2. 543.000 h. en 1990. Tiene cultivos de algodón, vid y frutales; pesca, minas de oro y hierro e industria conservera de pescado.
2. C. de Perú, cap. del departamento del mismo nombre. 152.300 h. en 1990. En ella se concentran las industrias de transformación de los productos agrícolas de la región, además de los sectores textiles, del alcohol y de curtidos.

Icaria Comunidad igualitaria utópica, ideada por Étienne Cabet en su obra *Viaje a Icaria* (1840), donde no existiría la propiedad ni el dinero y el trabajo sería común para todos. En 1848 Cabet intentó en realidad fundar la comunidad, primero en Texas, luego en Nueva Orleans y finalmente en Illinois, en el establecimiento mormón de Nauvoo, pero su empeño fue un completo fracaso.

Ícaro En la mitología griega, hijo de Dédalo. Ayudó a su padre a construir el laberinto de Creta, donde ambos fueron encerrados por el rey Minos. Dédalo hizo unas alas de plumas y cera con las que poder escapar volando, pero Ícaro desobedeció la orden de no aproximarse al sol, el calor fundió sus alas y él cayó al mar, cerca de la isla de Samos.

Icaza, Francisco de (Ciudad de México 1863 - Madrid 1925) Crítico literario y poeta mexicano. Diplomático, residió muchos años en Madrid. En su labor crítica destacan los libros *Las novelas ejemplares de Cervantes* (1901) y *Lope de Vega, sus amores y sus odios* (1925). Su obra poética, de una refinada melancolía, está en la línea del modernismo y en ella sobresalen los títulos *Efímera* (1892), *Lejanías* (1899) y *Cancionero de la vida honda y de la emoción fugitiva* (1922).

Icaza, Jorge (Quito 1906 - íd. 1978) Escritor ecuatoriano. Narrador representante de la corriente indigenista, en su novela *Huasipungo* (1934) describe con estilo naturalista la explotación de los indios por el hombre blanco y el Estado. Es autor asimismo de *Cholos* (1938), *Media vida deslumbrados* (1942) y de libros de cuentos como *Seis veces la muerte* (1953) y *Viejos cuentos* (1960).

iceberg (voz ingl. que significa 'montaña de hielo') *s. m.* **1.** Bloque de hielo, desprendido de un glaciar o de una costa helada, que flota en el mar arrastrado por las corrientes. Ocho décimas partes de su masa están sumergidas. Son frecuentes en las altas latitudes y constituyen un peligro para la navegación. ‖ **2. la punta del iceberg** Aquello que se conoce sobre un asunto cuya mayor parte permanece oculta.

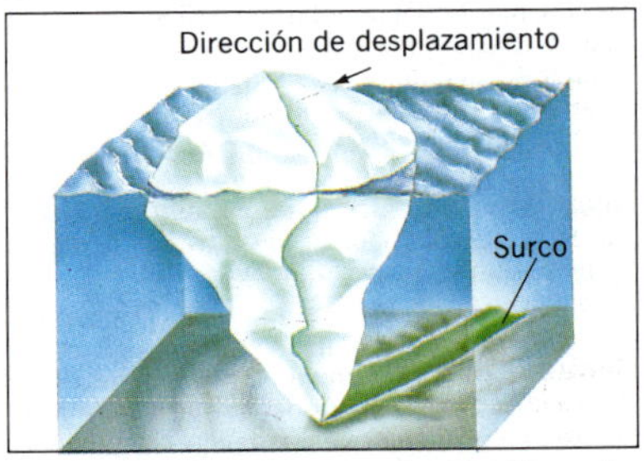

Estructura de un iceberg, con su mole sumergida que abre un surco en el fondo marino.

icefield (voz ingl. que significa 'campo de hielo') *s. m.* Gran extensión de hielo en las regiones polares.

icnografía *s. f.* Dibujo de la planta de un edificio.

Icod de los Vinos C. de España, situada en Santa Cruz de Tenerife. 22.450 h. en 1990. Cuenta con pesca de bajura, elaboración de gofio y vino, y con un notable turismo.

ICONA Siglas del Instituto para la Conservación de la Naturaleza. Organismo español dependiente del ministerio de Agricultura, Pesca y Alimentación y creado en 1971, sus funciones son el estudio e inventario de los recursos naturales renovables y la conservación y mejora de los espacios agrícolas y forestales, así como de los parques y reservas nacionales.

icónico, ca *adj.* Perteneciente o relativo al icono.

Ibiza: vista de la ciudad desde la boca del puerto.

icono *s. m.* **1.** Imagen religiosa pintada sobre tabla, propia del arte bizantino. Se caracteriza por el revestimiento de partes de la tabla con lámina de oro o dorada. El arte de los iconos ha alcanzado un gran desarrollo en Rusia y los países eslavos. **2.** Una de las tres clases fundamentales de signo, junto con el símbolo y el indicio, según la teoría de Charles Sanders Peirce. El icono se caracteriza por mantener una relación o semejanza en la forma con aquello que representa, como p. ej. algunas señales de tráfico o los tenedores que indican la categoría de un restaurante.

icono- *pref.* Significa 'imagen': *iconoscopio.*

iconoclasta *adj.* **1.** Se dice del movimiento religioso y de sus seguidores que negaban el culto a las imágenes y las destruían; se desarrolló en el imperio bizantino durante los s. VIII y IX. También *s.* **2.** P. ext., que no respeta los valores admitidos como tradicionales (maestros, símbolos, normas, etc.) y trata de desprestigiarlos o destruirlos. También *s.*
Hist. y ***Rel.*** La querella iconoclasta estalló en el 726, cuando el emperador León III el Isáurico, preocupado por el crecimiento del poder de los monasterios, en los que se veneraban imágenes con gran fervor popular, prohibió el culto a las imágenes religiosas. Su sucesor, Constantino V, en el concilio de Hieria del 753, ratificó la prohibición y ordenó cubrir las imágenes con cal, lo que provocó una revuelta dirigida por los monasterios. Frente a los monjes se alzó el ejército y el conflicto adquirió dimensiones políticas y sociales. El concilio de Nicea del 787 decidió la vuelta a la veneración de las imágenes, pero en el concilio de Santa Sofía del 815 se impuso de nuevo la iconoclastia. Por último, en el 843, la emperatriz Teodora, regente de Miguel III, restableció el culto a las imágenes y la querella terminó con el triunfo de los iconódulos o partidarios de dicho culto.

iconografía *s. f.* **1.** Descripción y explicación de las representaciones figurativas, como imágenes, retratos, esculturas, etc. **2.** Colección de imágenes, cuadros, etc., de una determinada época o asunto.

iconográfico, ca *adj.* **1.** Perteneciente o relativo a la iconografía. **2.** Se aplica a la escritura que utiliza iconos.

iconolatría *s. f.* Adoración y culto a las imágenes.

iconología *s. f.* **1.** Estudio e interpretación de los símbolos y atributos con que se han representado personajes mitológicos, religiosos o históricos, ideas abstractas, etc. **2.** Representación de ideas abstractas a través, generalmente, de figuras con apariencia humana; p. ej., la iconología de la justicia suele ser una mujer con los ojos vendados que sostiene una balanza. **3.** Conjunto de estos símbolos. **FAM.** Iconológico.

iconoscopio *s. m.* **1.** En fotografía, visor provisto de lente divergente que muestra a escala reducida la imagen que se desea fotografiar, antes de hacer el encuadre definitivo. **2.** En televisión, tubo catódico que transforma las imágenes en impulsos eléctricos y se utiliza para la toma de vistas en las cámaras.

iconostasio *s. m.* En las iglesias de rito ortodoxo, especie de retablo o mampara con imágenes sagradas pintadas que está colocado delante del altar. Tiene una puerta grande y dos más pequeñas; tras él se oculta el sacerdote durante la consagración. Se utilizó también en iglesias de Occidente hasta el Renacimiento.

iconoteca *s. f.* Cualquier almacén o registro de imágenes sistemáticamente organizado (fotografías, murales, ilustraciones, etc.). Suele estar integrada en un museo, mediateca o centro de recursos.

icosaedro *s. m.* **1.** Sólido con veinte caras planas. ‖ **2. icosaedro regular** Aquel cuyas veinte caras son triángulos equiláteros iguales.

ictericia *s. f.* Coloración amarilla de la piel, mucosas y secreciones producida por la presencia de pigmentos biliares en la sangre. Es síntoma característico de enfermedades del hígado.

ictérico, ca *adj.* **1.** Perteneciente o relativo a la ictericia. **2.** Que padece ictericia. También *s.*

ictíneo, a *adj.* Parecido a un pez.

Ictino (mediados del s. V a. C.) Arquitecto griego. Fue el principal artífice del Partenón, templo de orden dórico construido en la acrópolis de Atenas.

ictio- *pref.* Significa 'pez': *ictiófago, ictiología.*

ictiófago, ga *adj.* Que se alimenta de peces. También *s.*

ictiografía *s. f.* Parte de la zoología que se ocupa de la descripción de los peces.

ictiología *s. f.* Rama de la zoología que estudia los peces. **FAM.** Ictiológico, ictiólogo.

ictiosaurios *s. m. pl.* Orden de reptiles fósiles. Eran animales marinos que vivieron en el mesozoico y alcanzaron su mayor extensión entre los periodos triásico y cretácico. Tenían forma parecida a los delfines, con extremidades transformadas en aletas y poderosos dientes cónicos. Vivían en alta mar, bien adaptados a las zonas pelágicas, y eran vivíparos. También *adj.* y *s. m.*

Ictiosaurio, reptil prehistórico adaptado a la vida acuática.

id *s. m.* En psícol., ello.*

íd. Abreviatura de ídem.

ida *s. f.* Acción de ir de un sitio a otro o de irse de un lugar.

Idaho Estado de EE UU, situado en el sector NO del país, entre Canadá, Montana, Wyoming, Utah, Nevada, Oregón y Washington. 216.430 km². 1.012.000 h. en 1990. La capital es Boise, con 109.500 h. en 1988. Tiene un relieve montañoso al N, donde se alzan los montes Bitterrooty y Salmon, y al SE, con los montes Wasatch, pertenecientes a las Rocosas, y de llanura al S, en la cuenca del río Snake. En la región meridional se cultivan cereales y patatas. También posee ganadería y ricos yacimientos de cobre, cinc, mercurio, oro, plomo, plata, uranio, cobalto, vanadio, tungsteno, torio y antimonio.

idea *s. f.* **1.** Representación que se forma en la mente sobre cualquier cosa. **2.** Conocimiento u opinión que se tiene sobre alguien o algo. **3.** Plan, intención. **4.** Presentimiento, creencia. **5.** Tema esencial de algo. **6.** Disposición o habilidad. **7.** Ocurrencia. **8.** *fam.* Manía, obsesión. Se usa sobre todo en *pl.* ‖ *pl.* **9.** Ideología, forma de pensar, especialmente en cuestiones políticas o religiosas. ‖ **10. idea fija** La que constituye una obsesión. **11. ideas de bombero** (o **de casquero**) *fam.* Las descabelladas o absurdas. **12. mala idea** Mala intención. ‖ **LOC. dar** (**una**) **idea** de algo a alguien Ayudarle a comprenderlo o imaginarlo; también, expresar algo de forma general, sin entrar en detalles. **hacerse a la idea** Acostumbrarse o resignarse.
Fil. Platón, influido por la concepción del ser de Parménides y por las tesis de los pitagóricos, enunció por vez primera una teoría de las ideas: la idea es la verdadera realidad, eterna e inmutable, en oposición a los seres sensibles, cuya realidad no sería más que una copia o reflejo del verdadero ser. A diferencia de Platón, Aristóteles consideró las ideas no como realidades separadas, sino indisociablemente unidas a los objetos: la realidad individual, la sustancia, es la unión entre la idea o forma y la materia sensible. El hombre, mediante el razonamiento, separa la idea general del ser concreto y es precisamente este carácter universal de la idea lo que la convierte en el objeto de la ciencia. El neoplatonismo de Filón identifica las ideas con el Logos, el de Plotino con el pensamiento de Dios, mientras que San Agustín las situaba en el intelecto divino y sostenía que la creación había sido realizada de acuerdo con ellas. Los filósofos escolásticos concebían las ideas como la representación mental de los objetos, desde un punto de vista lógico, y como *causas ejemplares,* desde una perspectiva ontológica. En el mundo moderno se produce una subjetivización de la noción de idea; desde entonces serán realidades circunscritas al intelecto humano. El s. XVII está marcado por la pugna entre racionalismo y empirismo en lo relativo al origen y naturaleza de las ideas: mientras el primero sostenía que no eran adquiridas mediante un conocimiento ajeno al propio ejercicio racional, sino que nos eran dadas de manera innata, el empirismo insistía en su procedencia empírica. Kant supone la reconciliación entre ambas escuelas y afirma que las ideas son conceptos de la razón, que carecen de correlato empírico, por lo que están fuera de toda experiencia posible. Sin embargo, aunque sean ajenas al uso teórico de la razón, son postulados de la razón práctica; estarían, pues, en la esfera de la moralidad. El pensamiento hegeliano, una vez eliminada la dicotomía entre sujeto y objeto, parte de la unidad primera, la Idea absoluta, para retornar a ella después de un proceso dialéctico en el que se especifican sus contenidos.
En la filosofía contemporánea, el significado del término se amplía y, aunque con diferencias entre unos pensadores y otros, designa en general cualquier contenido mental, por lo que comprende también las representaciones proporcionadas tanto por los sentidos como por la imaginación.

ideación *s. f.* Formación de las ideas.

ideal *adj.* **1.** Perteneciente o relativo a la idea. **2.** Formado en la mente, sin realidad física. **3.** Que posee el grado máximo de perfección en su clase. **4.** Excelente. ‖ *s. m.* **5.** Modelo, canon. **6.** Aspiración, meta, objetivo. **7.** Conjunto de creencias o ideas, especialmente políticas y religiosas, de una persona, grupo, etc. Se usa sobre todo en *pl.* ‖ **8. ideal de un anillo** En mat., subconjunto $I \neq \emptyset$ de un anillo (A, +, ·) que verifica:

$\forall x, y \in I \Rightarrow x - y \in I$

$\forall a \in A, \forall x \in I \Rightarrow a \cdot x \in I, x \cdot a \in I$

P. ej., el conjunto de los números enteros que son múltiplos del número 3 es un ideal del anillo de los números enteros. **FAM.** Idealidad.

idealismo *s. m.* **1.** Nombre dado a las escuelas y sistemas filosóficos que sostienen que las ideas constituyen la verdadera realidad. **2.** Tendencia a idealizar. **3.** Actitud de quien se rige por sus ideales, sin atender a la realidad y a las dificultades prácticas.
Fil. Existe una gran variedad de posturas idealistas que se pueden clasificar de muy distintos modos. Aquí distinguiremos cuatro tipos: **idealismo objetivo**, que considera que las ideas tienen una existencia independiente de la realidad material y son fundamento de la misma (Platón); **idealismo subjetivo**, que identifica la realidad con las percepciones del sujeto que conoce (Berkeley); **idealismo trascendental** de Kant, según el cual sólo conocemos las cosas a través de los elementos que ponemos en ellas, es decir, el objeto sólo se constituye como tal en cuanto recibe las condiciones impuestas por el sujeto (formas a priori), que posibilitan ese conocimiento; e **idealismo absoluto**, representado por Hegel, que afirma el espíritu como única realidad, cuya autorrealización tiene lugar en la historia.

idealista *adj.* **1.** Relativo al idealismo o partidario del mismo. También *s.* **2.** Que tiene idealismo. También *s.* **3.** Que idealiza o tiende a idealizar. También *s.*

idealizar *v. tr.* Considerar o presentar las personas y las cosas mejores o más bellas de lo que son en realidad. ▪ Se conjuga como *cazar.* **FAM.** Idealización, idealizador.

idealmente *adv. m.* **1.** En la idea o pensamiento. **2.** De manera ideal, estupendamente.

idear *v. tr.* Formar en la mente una idea, un proyecto o una cosa realizable.

ideario *s. m.* Ideología, conjunto de las ideas de un autor, escuela, doctrina, etc.

ideático, ca *adj. amer.* Maniático, caprichoso, raro. ▪ Se dice también *ideoso.*

ídem (voz lat.) *pron.* Significa 'lo mismo'; se utiliza para evitar repetir lo mencionado anteriormente. ‖ **LOC. ídem de ídem** *fam.* Lo mismo, exactamente igual.

idempotente *adj.* En mat., se dice de la propiedad que se cumple cuando, al efectuar una operación dos veces sobre un elemento o conjunto, el resultado final es igual al propio elemento o conjunto. P. ej., la complementación de conjuntos cumple la propiedad idempotente porque el complementario del complementario de un conjunto es el propio conjunto.

idéntico, ca *adj.* Igual o muy parecido. **FAM.** Idénticamente.

identidad *s. f.* **1.** Cualidad de idéntico. **2.** Hecho de ser una persona o cosa la misma que se dice o se supone que es. **3.** En psicol., cualidad y vivencia del yo, que proporciona un sentido unitario a la personalidad en el transcurso del tiempo. **4.** En mat., igualdad entre dos expresiones algebraicas que se verifica cualquiera que sea el valor de sus variantes.

identificación *s. f.* **1.** Acción y efecto de identificar. **2.** Lo que se usa para identificar.

identificador *s. m.* En inform., nombre, generalmente formado por una serie de caracteres alfanuméricos, que permite identificar un fichero o cualquier elemento de un programa.

identificar *v. tr.* **1.** Reconocer la identidad de una persona o cosa. **2.** Considerar o presentar como idénticas dos o más cosas o asociarlas de alguna manera. También *v. prnl.* ‖ *v. prnl.* **3.** Sentir alguna cosa como propia, estar de acuerdo con alguien o algo. ▪ Se conjuga como *sacar.* **FAM.** Identificable, identificado.

ideografía *s. f.* **1.** Representación de una idea por medio de signos o símbolos. **2.** Sistema de escritura en el que los signos no representan sonidos, sino morfemas, palabras o frases, como p. ej. el chino.

ideográfico, ca *adj.* Perteneciente o relativo a la ideografía o a los ideogramas.

ideograma *s. m.* Signo que representa una idea o, en ciertos sistemas de escritura, un morfema, una palabra o una frase determinados.

ideología *s. f.* Conjunto de ideas y valores organizados sistemáticamente que expresan una determinada interpretación de la realidad histórico-social y que constituyen una guía para la acción práctica. El marxismo identificó la ideología con la falsa conciencia, percepción errónea y falsificada de la realidad social.

ideológico, ca *adj.* **1.** Perteneciente o relativo a la ideología. **2.** Perteneciente o relativo a las ideas o los conceptos.

ideólogo, ga *s. m.* y *f.* Persona que elabora una ideología o, en una organización política, movimiento, etc., se ocupa de las cuestiones relacionadas con la ideología.

ideoso, sa *adj. amer.* Ideático.

Idiarte, Juan Bautista (Mercedes 1844 - Montevideo 1897) Político uruguayo. Miembro del Partido Colorado, sucedió a Herrera y Obes en la presidencia de la república (1894). Durante su mandato impulsó las obras públicas y fundó el Banco de la República (1896). Seguidor de la política de su antecesor, fue atacado por el Partido Blanco y por el sector popular de su propio partido. Murió asesinado en la revolución de 1897.

idílico, ca *adj.* Muy apacible, agradable o hermoso.

idilio *s. m.* **1.** *fam.* Aventura o relación amorosa. **2.** Composición poética que trata de forma idealizada la vida campestre y los amores de los pastores. En la literatura clásica grecorromana merecen citarse los *Idilios* de Teócrito y las *Bucólicas* de Virgilio.

idiocia *s. f.* Forma más grave de la deficiencia mental. Este término ha sido sustituido por el de deficiencia mental severa o profunda.

idiográfico, método Método de trabajo o investigación cuyo objetivo fundamental es la comprensión de cada fenómeno, hecho, situación o persona de forma individual y como una totalidad, destacando su carácter de singularidad. Se contrapone a *método nomotético.*

idiolalia *s. f.* Lenguaje inventado por el propio individuo, caracterizado por metáforas personales, simbolismo subjetivo y alteraciones fónicas y sintácticas. Es ininteligible y suele aparecer en la esquizofrenia y en trastornos del pensamiento.

idiolecto *s. m.* La lengua tal como la posee y emplea un individuo determinado.

idioma *s. m.* Lengua de una comunidad, pueblo o nación.

idiomático, ca *adj.* Propio de una lengua determinada.

idiopatía *s. f.* Enfermedad que aparece sin causa conocida que la provoque o la condicione.

idiosincrasia *s. f.* Carácter, temperamento, manera de ser propia de cada individuo, pueblo, etc. **FAM.** Idiosincrásico.

idiota *adj.* **1.** Poco inteligente, estúpido. También *s.* **2.** Término, hoy en desuso, que se aplicaba al que padecía retraso mental grave. También *s.*

idiotez *s. f.* **1.** Cualidad de idiota. **2.** Acción o dicho propios de un idiota.

idiotismo *s. m.* Expresión característica de una lengua, difícil de analizar o que en sí misma carece de sentido, p. ej. *a tontas y a locas.*

idiotizar *v. tr.* **1.** Hacer o volver idiota. También *v. prnl.* ‖ *v. prnl.* **2.** Quedarse asombrado o atontado ante algo. ▪ Se conjuga como *cazar.*

ido, da **1.** *p. p.* de **ir**. ‖ *adj.* **2.** Loco, chiflado. **3.** Muy distraído o despistado. **4.** *amer.* Borracho, embriagado.

-ido, da *suf.* Significa 'forma' o 'semejanza': *anélidos, homínidos.*

idólatra *adj.* **1.** Que adora a ídolos o falsos dioses. También *s.* **2.** Que ama o admira con exceso a una persona o cosa.

idolatrar *v. tr.* **1.** Adorar a ídolos o falsos dioses. **2.** Amar o admirar con exceso a una persona o cosa.

idolatría *s. f.* **1.** Adoración de ídolos o falsos dioses. **2.** Amor o admiración excesiva que se siente por una persona o cosa. **FAM.** Idolátrico.

ídolo *s. m.* **1.** Representación de un ser superior que es objeto de culto. Con el cristianismo adquirió un sentido peyorativo y pasó a ser sinónimo de falsa divinidad. **2.** Persona o cosa muy admirada.

idoneidad *s. f.* Cualidad de idóneo.

idóneo, a *adj.* **1.** Apto o apropiado. **2.** Muy conveniente y oportuno.

Idris I (Yarabub 1890 - El Cairo 1983) Primer rey de Libia (1951-69). Jefe de la comunidad sanusí y emir de diversos oasis, fue expulsado por los italianos y se exilió a Egipto (1923). Combatió a favor de los aliados en la Segunda Guerra Mundial. Regresó a la Cirenaica y la asamblea nacional le nombró rey de Libia. A causa de su política conservadora fue derrocado en 1969 por un golpe militar dirigido por jóvenes jefes y oficiales con Gaddafi al frente y volvió a exiliarse a Egipto.

Idrisi, al (Ceuta 1099 - Palermo 1166) Geógrafo musulmán. Estudió en Córdoba y emigró a Sicilia, donde estuvo al servicio de Roger II, para el que realizó varios mapas y una descripción del mundo sobre una lámina de plata, conocida como *Libro de Roger.* Sus obras sirvieron de modelo a los cartógrafos de la Edad Media.

idus (voz lat.) *s. m. pl.* En el antiguo calendario romano, día que corresponde al 13 de nuestro calendario, excepto en los meses de marzo, mayo, julio y octubre, en que corresponde al 15.

If Isla francesa del mar Mediterráneo, situada en el golfo de León, frente a Marsella. De pequeña extensión y relieve accidentado, en ella se alza un castillo construido en 1529 por Francisco I y posteriormente transformado en prisión, lugar donde fue encerrado el conde de Montecristo, según la novela de Alejandro Dumas.

Ifach Peñón español de la costa mediterránea, situado en la prov. de Alicante, junto a Calpe. Es un promontorio calcáreo de 325 m de altura unido a la costa por un istmo, que constituye la extremidad E de la sierra de Aitana.

Ifigenia En la mitología griega, hija de Agamenón y Clitemnestra. La diosa Artemisa exigió que le fuera sacrificada para conceder vientos favorables a la flota aquea en la expedición contra Troya. En el momento del sacrificio la diosa la sustituyó por una cierva y la consagró sacerdotisa en Táuride, de donde Ifigenia escapó en compañía de su hermano Orestes. Es uno de los personajes principales de varias tragedias griegas, en especial de *Ifigenia en Áulide* e *Ifigenia en Táuride,* de Eurípides.

Ifni Antigua posesión colonial española, hoy incluida en Marruecos, provincia de Agadir, situada en la costa atlántica africana, frente a las islas Canarias. Fue adquirida por España en virtud del tratado de Tetuán de 1860 y ocupada efectivamente en 1934. El territorio fue descolonizado e integrado en Marruecos en 1969.

iglesia *s. f.* **1.** Institución religiosa constituida por el conjunto de las creencias, fieles y clero de la religión cristiana. Por antonomasia, se utiliza para designar la comunidad católica. **2.** Cada una de las comunidades heterodoxas derivadas del cristianismo (Iglesia anglicana, Iglesia protestante, etc.). **3.** Conjunto de fieles cristianos de una región, país, etc., o durante un periodo de tiempo. **4.** Jerarquía eclesiástica. **5.** Condición eclesiástica. ▪ En estas cinco acepciones se suele escribir con mayúscula. **6.** Templo cristiano. ‖ **7. Iglesia (ortodoxa) griega** La que se formó, independiente de Roma, como consecuencia del cisma de Oriente. **8. Iglesia oriental** La del imperio romano de Oriente; también, la que sigue el rito griego.

Hist.* y *Rel. La Iglesia fue creada por Jesucristo para hacer presente en la tierra el reino de Dios. En su seno, todos los hombres pueden alcanzar la salvación a través de la verdad, la justicia, el amor y la paz. Jesús eligió a doce apóstoles que, después de su muerte y resurrección, predicaron a todos los pueblos su mensaje. Entre ellos nombró a Pedro cabeza de la Iglesia. Por todo el imperio romano se fueron creando diversas comunidades cristianas, las Iglesias de Jerusalén, de Antioquía, de Corinto, etc., que mantenían una unidad por encima de sus características propias e individuales.

Especial importancia tuvo en los mismos comienzos de la Iglesia la predicación de San Pablo. Durante los primeros siglos de la era cristiana, la Iglesia sufrió violentas persecuciones, en las que murieron numerosos mártires que sacrificaron su vida por confesar y defender su fe. En el año 313, el emperador Constantino promulgó el edicto de Milán, que concedía libertad religiosa. Por el edicto de Tesalónica (380), decretado por el emperador Teodosio, el cristianismo se convirtió en la religión oficial del imperio romano. La Iglesia de Roma, ciudad en la que había muerto crucificado San Pedro, adquirió progresivamente autoridad sobre las demás Iglesias. La prioridad del obispo de Roma fue reconocida por primera vez en el sínodo de Sárdica (343).

Durante los primeros siglos de vida de la Iglesia los escritos de los Santos Padres (patrística) contribuyeron a fijar la doctrina cristiana y a profundizar en las verdades de la fe; los principales fueron los de Orígenes, San Juan Crisóstomo, San Gregorio Nacianceno, San Jerónimo, San Ambrosio y San Agustín. Los concilios ecuménicos desempeñaron desde muy pronto un papel fundamental en la vida de la Iglesia, aclarando cuestiones de fe y moral, definiendo los dogmas, combatiendo las herejías y decidiendo en materias de organización. Uno de los hechos más destacados del cristianismo primitivo fue el monacato: los eremitas eran fieles que se apartaban de la sociedad para vivir dedicados a la oración y a la penitencia. El más conocido fue San Antonio. En el s. IV, San Pacomio reunió a varios eremitas y creó el cenobitismo o vida en común. Los monasterios se ordenaron por medio de reglas; las más importantes fueron la de San Basilio en Oriente y la de San Benito en Occidente.

En la Alta Edad Media se produjo la evangelización de los pueblos germanos. El papa Gregorio Magno consolidó la primacía de Roma sobre la cristiandad manteniendo un intenso contacto epistolar con la mayoría de los obispos y engrandeciendo el patrimonio de San Pedro. La primacía de Roma produjo un enfrentamiento con la Iglesia oriental bizantina, que culminó en el año 1054 con el cisma de ésta, promovido por Miguel Cerulario. En el año 800, el papa León III coronó emperador al rey franco Carlomagno y restauró así el imperio. Las tensiones entre papado e imperio condujeron a la querella de las investiduras, superada en el concordato de Worms (1222). La Iglesia experimentó diversas reformas, surgidas sobre todo de la orden monástica cluniacense en época del papa Gregorio VII (s. XI) y de la cisterciense (s. XII). En los s. XII y XIII aparecieron las órdenes mendicantes de dominicos y franciscanos, fundada la primera por Santo Domingo de Guzmán y la segunda por San Francisco de Asís, que se distinguieron en la predicación y la enseñanza y a las que pertenecieron

San Alberto Magno, Santo Tomás de Aquino y San Buenaventura. La Iglesia realizó una función esencial en la transmisión de la cultura, creando escuelas catedralicias y universidades, donde floreció la filosofía escolástica.

En la plena Edad Media la Iglesia organizó las cruzadas para recuperar los Santos Lugares, luchó contra los emperadores Staufen que querían imponerse a ella y creó el tribunal de la Inquisición para evitar la herejía (1232). Durante la Baja Edad Media la Iglesia sufrió una crisis provocada por la intervención del poder temporal en los asuntos religiosos. En época del rey francés Felipe IV la sede papal se trasladó a Aviñón y a su regreso a Roma se produjo el cisma de Occidente, a causa del cual la Iglesia estuvo dividida hasta 1417, año en que el concilio de Constanza eligió papa a Martín V. En la Edad Moderna, Martin Lutero fue excomulgado por el papa León X (1518) a causa de sus críticas al sistema de indulgencias, lo que contribuyó a que se produjera la Reforma protestante. El protestantismo fue extendido por Zuinglio y Calvino en el continente. Por su parte, el rey Enrique VIII creó en Inglaterra la Iglesia anglicana. La Iglesia respondió con la Contrarreforma, impulsada por el concilio de Trento (1545-64) y defendida por príncipes católicos como el emperador Carlos V, por nuevas órdenes religiosas como la Compañía de Jesús, que fundó San Ignacio en 1540, y por grandes santos como Carlos Borromeo, Felipe Neri, Francisco de Borja, Teresa de Jesús, Francisco de Sales y Vicente de Paúl. La conquista española de América extendió el catolicismo al nuevo continente gracias a la actividad de misioneros como el dominico Bartolomé de las Casas, defensor de los indios. También fue evangelizada parte de Asia por los jesuitas Francisco Javier, Roberto de Nobili y otros. El papa Gregorio XV organizó la actividad misionera al crear la institución *De propaganda fide* en 1622. Las actitudes críticas hacia la tradición y los nuevos ideales de progreso que florecieron en el s. XVIII dieron lugar a un proceso de secularización que provocó la hostilidad hacia la Iglesia, manifestada en la expulsión de los jesuitas de muchos países. Este proceso se acrecentó con la Revolución Francesa de 1789. La Iglesia reaccionó aliándose a las fuerzas más conservadoras y condenando a los ilustrados, así como a todos los portadores de las nuevas ideas; esta actitud se concretó en la bula *Syllabus* de Pío IX y en la convocatoria del concilio Vaticano I (1869). Mientras tanto prosiguió la labor evangelizadora y docente, cuya mayor expresión fue la creación de numerosas congregaciones de religiosos dedicados a la enseñanza, como las escuelas cristianas de la Salle, los hermanos maristas y los salesianos de San Juan Bosco. Durante el s. XIX, la Iglesia rectificó su actitud, sostuvo doctrinas sociales cristianas y realizó una gran labor de asistencia a los pobres y desamparados. En el s. XX, después de la Segunda Guerra Mundial, se convocó el concilio Vaticano II (1962), gracias al cual la Iglesia entró en un periodo de intensa transformación y renovación, caracterizado por una mayor preocupación y actuación social, una actitud dialogante, el acercamiento a otras Iglesias y una mayor participación de los laicos en una liturgia puesta al día y en la acción pastoral. Desde el nombramiento de Juan Pablo II en 1978, la Iglesia oficial ha experimentado una serie de cambios regresivos, hasta el punto de cuestionar algunas de las resoluciones tomadas en el concilio Vaticano II, mientras que amplios sectores de creyentes siguen posturas más abiertas y comprometidas con la lucha por la justicia, los pobres y el tercer mundo en la línea de la teología de la liberación.

Iglesias, José María (Ciudad de México 1823 - Tacubaya 1891) Político mexicano. Fue ministro de Justicia, Hacienda y Gobernación y en 1857 apoyó a Benito Juárez durante la intervención francesa. Presidente de la Suprema Corte de Justicia (1873), se opuso a la reelección de Lerdo de Tejada a la presidencia de la república. Intentó proclamarse presidente, pero tuvo que abandonar el país al ser elegido Porfirio Díaz.

Iglesias, Julio (Madrid 1945) Cantante español. Intérprete de canción ligera, de estilo melódico y sentimental, alcanzó fama internacional y en 1977 se instaló en Miami (Florida). Algunas de sus canciones más populares son *La vida sigue igual*, *Gwendoline* y *Hey*.

Iglesias, Miguel (Cajamarca 1830 - Madrid 1909) Militar y político peruano. Durante la guerra del Pacífico y ante la invasión chilena propuso en 1883 negociar una paz con Chile (grito de Montán) y firmó la paz de Ancón. Designado por la Asamblea constituyente presidente provisional de la república (1884), fue derrocado por Cáceres (1886).

Iglesias, Pablo (El Ferrol, La Coruña 1850 - Madrid 1925) Político y sindicalista español. Era de origen obrero y tuvo el oficio de impresor. En 1870 se afilió a la sección española de la Primera Internacional y en 1879 participó en la fundación en la clandestinidad del Partido Socialista Obrero Español (PSOE). En 1886 fue director del periódico *El Socialista*. Participó en la creación legal del PSOE, del que fue presidente, así como del sindicato Unión General de Trabajadores (UGT), y asistió a las sesiones de la Segunda Internacional. Fue el primer socialista que obtuvo acta de diputado en Cortes (1910), la cual mantuvo en las sucesivas elecciones. Hasta su muerte fue presidente del comité nacional del PSOE y de la UGT.

Pablo Iglesias.

Iglesias Villoud, Héctor (San Nicolás 1913) Compositor argentino. Estudió el folclore de varios países hispanoamericanos. En su obra, de carácter marcadamente nacionalista, aparecen numerosos elementos indígenas y criollos. Su composición más célebre es *El oro del inca* (1945).

iglú *s. m.* Vivienda temporal de los esquimales hecha con bloques de hielo, de planta circular y forma de cúpula.

ignaciano, na *adj.* Perteneciente o relativo a la doctrina de San Ignacio de Loyola o a las instituciones fundadas por él.

San Ignacio de Loyola. Retrato anónimo (colección particular, Azcoitia, Guipúzcoa, España).

Ignacio de Loyola, Íñigo López de Recalde, San (Loyola, Azpeitia 1491 - Roma 1556) Religioso español, fundador de la Compañía de Jesús. Era de origen noble y en su juventud fue militar. Convaleciente de las heridas recibidas en el cerco de Pamplona por los franceses, experimentó una crisis espiritual que determinó su vocación religiosa. Durante un año se retiró a hacer penitencia a Manresa y como fruto de sus experiencias escribió *Los ejercicios espirituales*, libro de meditaciones y reglas de vida espiritual que sería la base de sus posteriores predicaciones y de la espiritualidad de la Compañía de Jesús. En 1523 peregrinó a Tierra Santa. A su regreso a España, comenzó estudios de latín y teología que alternó con la predicación. La Inquisición le prohibió continuar sus actividades, por lo que marchó a Francia, donde terminó sus estudios y reunió el núcleo de sus compañeros: Pedro Fabro, Francisco Javier, Alfonso Salmerón y Diego Laínez. En 1537, en Italia, recibió las órdenes sacerdotales y se puso a disposición del papa Pablo III. En 1540, el Papa otorgó la constitución de la Compañía de Jesús y en 1541 Ignacio fue nombrado su superior. Escribió las *Constituciones de la Compañía* (1541-56) y una *Autobiografía* (1555). Fue canonizado en 1622. Los miembros de la Compañía de Jesús o jesuitas se convirtieron en el arma más eficaz de la Iglesia en la Contrarreforma.

ignaro, ra *adj.* En lenguaje culto, ignorante. También *s.*

ígneo, a *adj.* **1.** De fuego o que tiene alguna de sus cualidades, p. ej. el color. **2.** Se aplica a las rocas procedentes de la masa en fusión que existe en el interior de la Tierra.

ignición *s. f.* **1.** Acción y efecto de estar un cuerpo ardiendo o incandescente. **2.** Encendido o arranque de un motor.

ignifugación *s. f.* Proceso al que se someten ciertos materiales combustibles para hacerlos más resistentes al fuego. Sus principales variantes son: impregnación con sales de bórax, sulfato amónico, etc.; adición de productos retardantes; adición o recubrimiento de productos incombustibles, como fibra de vidrio, amianto, etc.

ignífugo, ga *adj.* Que protege contra el fuego.

ignimbrita *s. f.* Roca formada por la acumulación y consolidación de materiales magmáticos que arrojan los volcanes y transportan las nubes ardientes en las erupciones. Es de carácter ácido y parecida a la obsidiana.

ignominia *s. f.* **1.** Deshonor, descrédito. **2.** Motivo que origina esa situación. **3.** Ofensa o injusticia, en especial si se comete públicamente.

ignominioso, sa *adj.* Que es o puede ser causa de ignominia. **FAM.** Ignominiosamente.

ignorancia *s. f.* **1.** Estado del que no sabe. **2.** Falta general de cultura o de ciencia.

ignorante *adj.* **1.** Que ignora o desconoce algo. **2.** Inculto, que carece de instrucción. También *s.* **FAM.** Ignorantemente.

ignorar *v. tr.* **1.** No saber una cosa. **2.** No hacer caso de alguien o algo.

ignoto, ta *adj.* **1.** Desconocido. **2.** No descubierto, inexplorado.

igual *adj.* **1.** Que es de la misma naturaleza, cantidad o calidad que otra persona, animal o cosa. **2.** Muy parecido o semejante. **3.** Indiferente. **4.** Constante, que no varía. **5.** Liso, sin desniveles. **6.** Se dice de las figuras geométricas que se pueden superponer de modo que se confundan en su totalidad. ‖ *s. m.* y *f.* **7.** Persona de la misma clase, condición o rango que otra u otras. ‖ *s. m.* **8.** Signo de la igualdad formado por dos rayas horizontales y paralelas (=). ‖ *pl.* **9.** En tenis, pelota vasca, pimpón, igualdad de puntos. **10.** *fam.* Cupones de la ONCE (Organización Nacional de Ciegos de España). ‖ *adv. m.* **11.** Lo mismo. **12.** Posiblemente, tal vez. ‖ **LOC. dar (o ser) igual** Ser indiferente, no tener importancia. **por igual** *adv.* Igualmente, con uniformidad. **sin igual** *adj.* Incomparable, extraordinario.

iguala *s. f.* **1.** Acción y efecto de igualar o igualarse. **2.** Convenio por el que se contratan los servicios de una asociación o persona (médico, veterinario, etc.), mediante el pago periódico de una cierta cantidad; también, lo que se paga por este servicio. **3.** Listón de madera con que los albañiles comprueban si están bien lisas las superficies.

Iguala, Plan de Manifiesto publicado por el general Agustín de Iturbide en la ciudad de Iguala, en el que se proclamó la independencia de México en 1821.

Iguala de la Independencia C. de México, situada en el estado de Guerrero, al S de la capital del país. 50.000 h. en 1970. Es un mercado agrícola y ganadero con industrias de transformación agropecuaria.

igualación *s. f.* **1.** Acción y efecto de igualar o igualarse. **2.** Iguala, convenio. **3.** En mat., uno de los tres métodos de resolución de sistemas de ecuaciones. Consiste en despejar una misma incógnita en las dos ecuaciones e igualar los segundos miembros, despejándose la otra incógnita.

Igualada C. de España, situada en la prov. de Barcelona, en el O de la misma, a orillas del río Noya. 31.850 h. en 1990. Es un importante centro comercial y de la industria de la piel. Cuenta además con fábricas textiles y papeleras.

igualado, da 1. *p. p.* de **igualar**. ‖ *adj.* **2.** Se aplica a personas o cosas que están en situación semejante. **3.** *Guat., Méx.* Se dice de la persona que pretende igualarse con otras de una jerarquía, posición o clase social superior. ‖ *s. f.* **4.** En dep., empate. **5.** En tauromaquia, acción de igualar al toro.

igualar *v. tr.* **1.** Hacer iguales a personas o cosas. También *v. prnl.* **2.** Considerar a una persona como igual a otra. **3.** Alcanzar a alguien en una cualidad, acción, resultado, etc. **4.** Alisar una superficie. **5.** Ajustar o contratar algo, especialmente una iguala médica. También *v. prnl.* **6.** En dep., empatar. También *v. intr.* **7.** En tauromaquia, hacer que el toro coloque sus cuatro patas paralelas entre sí. También *v. intr.* ‖ *v. intr.* **8.** Ser una persona o cosa igual o muy parecida a otra. También *v. prnl.* **FAM.** Igualable, igualador, igualamiento, igualatorio.

igualdad *s. f.* **1.** Circunstancia de ser o considerarse iguales dos o más personas o cosas. **2.** Situación en la que todos los hombres tienen los mismos derechos y reciben el mismo trato sin distinción. **3.** Expresión de la equivalencia de dos cantidades. ‖ **4. criterios de igualdad de triángulos** En geom., dos triángulos son iguales cuando tienen dos ángulos y un lado iguales, cuando tienen un ángulo y los dos lados que forman dicho ángulo iguales o cuando tienen los tres lados o los tres ángulos iguales. **5. igualdades notables** Ciertas identidades de uso muy frecuente en álgebra. Las principales son:

$$(a+b)^2 = a^2 + 2ab + b^2$$
$$(a-b)^2 = a^2 - 2ab + b^2$$
$$a^2 - b^2 = (a+b)(a-b)$$
$$(a+b)^3 = a^3 + 3a^2b + 3ab^2 + b^3$$
$$(a-b)^3 = a^3 - 3a^2b + 3ab^2 - b^3$$

6. relación de igualdad En mat., condición de igualdad que poseen dos expresiones algebraicas. Se expresa por el signo =. Implica una relación reflexiva, simétrica y transitiva.

igualitario, ria *adj.* Que tiende a producir igualdad, especialmente en las relaciones sociales.

igualitarismo *s. m.* Tendencia política que defiende la supresión de las diferencias sociales y económicas entre los hombres.

igualmente *adv. m.* **1.** Del mismo modo: *Puedes llegar igualmente en metro o en autobús.* **2.** Asimismo, también, además: *Fue novelista e, igualmente, un notable poeta.*

iguana *s. f.* Nombre común de diversos reptiles escamosos lacertilios de la familia iguánidos, géneros *Iguana, Anolis, Corythophanes, Conolophus* y otros. Son lagartos de gran tamaño, que pueden alcanzar hasta 1,80 m de longitud. Tienen una lengua gruesa, pegada al suelo de la boca, dedos puntiagudos y párpados móviles. Se alimentan de insectos, de vegetales o son omnívoros. Habitan en las regiones cálidas de América. Su carne y sus huevos son comestibles. Entre sus especies destacan la iguana común *(Iguana iguana)*, de costumbres arborícolas, que vive en las proximidades de los ríos; la iguana crestada *(Corythophanes cristatus)*, que tiene una gran cresta en la cabeza; y las iguanas de las islas Galápagos, como la iguana gigante *(Conolophus subcristatus)*, que es una especie protegida.

Iguana común (Iguana iguana).

iguanodonte *s. m.* Nombre común de varios reptiles fósiles pertenecientes a la familia iguanodóntidos, con diversos géneros entre los que destaca *Iguanodon.* Eran dinosaurios herbívoros que medían hasta 5 m de altura y se caracterizaron por poder adoptar postura bípeda. Caminaban a saltos, utilizando su larga cola como contrapeso. Sus extremidades anteriores tenían el dedo pulgar provisto de una fuerte uña que utilizaban como arma defensiva. Vivieron en todos los continentes durante el cretácico inferior.

Cataratas de Iguazú, salto de los Amoraes (Brasil).

Iguazú (*Iguaçu*) Río de Brasil, afluente del Paraná. 1.320 km. Nace en la Serra do Mar, discurre en dirección O y en su último tramo constituye la frontera entre Argentina y Brasil. En su curso bajo se hallan las **cataratas de Iguazú**, conjunto de gran belleza formado por más de 270 cascadas de hasta 70 m de caída, en cuyo entorno se halla el parque nacional del mismo nombre.

Ihara, Saikaku (Osaka 1641 - íd. 1693) Escritor japonés. Cultivó el haiku y la narrativa, creando cuentos y novelas de tema erótico o de costumbres y carácter realista y satírico. Entre sus obras en prosa merecen mencionarse *Un voluptuoso* (1682), *Cinco mujeres mundanas* (1686) y *El almacén eterno de Japón* (1688).

IHS Siglas de la expresión latina *Iesus Hominum Salvator*, que significa 'Jesús Salvador de los Hombres'. ■ Se escribe también *JHS.*

ijada *s. f.* **1.** Cada uno de los dos espacios entre las costillas flotantes y los huesos de las caderas. **2.** Parte anterior e inferior del cuerpo de los peces.

ijar *s. m.* Ijada del hombre y algunos mamíferos.

ikastola (voz vasc.) *s. f.* Escuela en la que se enseña en vascuence.

ikebana (voz japonesa) *s. m.* Arte tradicional japonés de arreglar las flores según ciertas reglas y simbolismos místico-religiosos.

ikurriña (voz vasc.) *s. f.* Bandera oficial del País Vasco.

ilación *s. f.* **1.** Enlace de ideas o partes que se deducen de otra o que están relacionadas entre sí; p. ej., las partes de un discurso. **2.** Acción y efecto de deducir una cosa de otra. **3.** Relación gramatical que establecen las conjunciones causales y consecutivas.

ilativo, va *adj.* **1.** Que se deduce o se puede deducir. **2.** Perteneciente o relativo a la ilación. **3.** Se aplica a las conjunciones que expresan una relación de ilación o consecuencia, como es el caso de las causales y las consecutivas.

Ildefonso de Toledo, San (Toledo h. 607 - íd. 667) Obispo español. Sucedió a su tío Eugenio en la sede episcopal toledana y participó en los concilios hispanovisigodos del 653 y 655. Escribió, entre otras obras, *De la virginidad de Santa María* y *Preparación para el bautismo.* Se conserva también una colección de sus sermones.

Île-de-France **1.** Antigua región francesa que en la Edad Media perteneció a la dinastía Capeto.
2. Región de Francia, en el centro del sector N del país. Comprende los departamentos de Essonne, Hauts-de-Seine, Ville de Paris, Seine-et-Marne, Seine-Saint-Denis, Val-de-Marne, Val-d'Oise e Yvelines. 12.011 km^2. 10.650.600 h. en 1990. La capital es París, 2.152.000 h. en 1990, 10.210.050 h. en 1982 en el conjunto de su área metropolitana. Está regada por los ríos Sena, Oise y Marne. Región profundamente urbanizada, cuenta con un sector agrario muy tecnificado, una importantísima industria y un sector terciario en el que destaca la actividad administrativa, turística, comercial y universitaria.
3. Raza francesa de ganado ovino característica de esta región, de vellón corto y apta para la producción lanar y lechera. Son muy apreciados los corderos lechales.

ilegal *adj.* Contrario a la ley. **FAM.** Ilegalmente.

ilegalidad *s. f.* **1.** Cualidad o situación de ilegal. **2.** Acto o cosa ilegal.

ilegible *adj.* Que no se puede o no se debe leer. **FAM.** Ilegibilidad.

ilegitimar *v. tr.* Privar de su carácter legítimo o legal a una persona o cosa.

ilegitimidad *s. f.* Cualidad de ilegítimo o ilegal.

ilegítimo, ma *adj.* **1.** No legítimo, que está fuera de la ley o es contrario a ella. **2.** Se aplica a los hijos que se tienen fuera del matrimonio. **3.** Falso, no auténtico. **FAM.** Ilegítimamente.

íleon[1] (del gr. *eileo*, retorcerse) *s. m.* Tercera y última sección del intestino delgado, que comienza al final del yeyuno y desemboca en el intestino grueso a través de la válvula ileocecal.

íleon[2] *s. m.* Ilion*.

Ilerda Antiguo nombre romano de la ciudad de Lleida, situada en la provincia Tarraconense. Fue la capital de los ilergetes.

ilerdense *adj.* **1.** De la antigua Ilerda, actual Lleida. También *s.* **2.** Leridano. También *s.*

ilergete *adj.* **1.** Se dice de un pueblo ibero asentado en la antigüedad en las actuales provincias de Huesca, Zaragoza y Lleida. Era conocido por los geógrafos griegos ya desde el s. VI a. C. **2.** De este pueblo. También *s.*

ileso, sa *adj.* Que no ha sufrido lesión o daño.

iletrado, da *adj.* Inculto, analfabeto.

iliaco o **ilíaco, ca** *adj.* Perteneciente o relativo al íleon o ilion.

Ilíada o **Iliada** Poema épico griego, escrito por Homero en torno al s. IX a. C. y dividido en 24 cantos. Narra un episodio de la guerra de Troya: Aquiles, irritado porque el jefe de los griegos Agamenón le ha arrebatado una esclava, decide abandonar la lucha. Los troyanos aprovechan la ausencia del héroe para atacar el campo griego y matan a Patroclo, que les había hecho frente con las armas de Aquiles. Al conocer la triste noticia, el héroe aqueo, Aquiles, vuelve al combate y toma venganza matando a Héctor, hijo del rey troyano Príamo. El poema ha ejercido una influencia fundamental en el desarrollo del género épico y es una de las obras cumbres de la literatura universal.

Iliberris Antigua ciudad ibera de la España prerromana, cerca de Granada. Urbe floreciente en la época de la segunda guerra púnica (218-206 a. C.), conservó su importancia bajo el dominio romano, visigodo y musulmán y decayó a principios del s. XI.

Ilici Nombre romano de una antigua ciudad ibera, hoy Elche. Estaba situada a poca distancia de la actual urbe y en ella fue hallada la célebre estatua de la dama de Elche.

ilicitano, na *adj.* De Elche. También *s.*

ilícito, ta *adj.* Que no está permitido por la ley o por la moral. **FAM.** Ilícitamente.

ilicitud *s. f.* Cualidad de ilícito.

ilimitado, da *adj.* Que no tiene límites. **FAM.** Ilimitable, ilimitadamente.

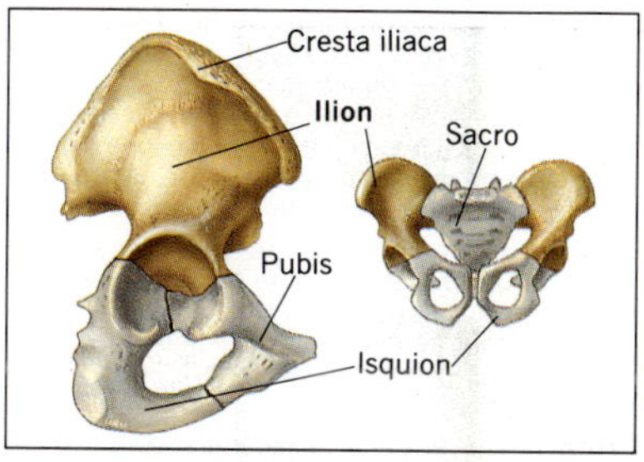

El ilion está situado en la parte superior trasera de la cintura pélvica, soldado al sacro.

ilion *s. m.* Hueso de la cadera, que en los mamíferos adultos se suelda con el isquion y el pubis para formar la pelvis. ■ Se dice también *íleon.*

Ilión Uno de los nombres de Troya, derivado del legendario fundador de la ciudad, Ilos, hijo de Tros.

Iliria 1. Antigua región de la costa NE del mar Adriático que corresponde a las actuales Bosnia y Dalmacia. Fue conquistada por Roma en las guerras ilirias (230 y 220 a. C.) y sometida al gobierno militar romano tras la segunda guerra macedónica (167 a. C.). En el 27 a. C. fue provincia romana, dividida en Dalmacia, Mesia y Panonia. En el s. IV dio grandes emperadores a Roma, como Diocleciano.
2. Reino creado en el congreso de Viena en 1815, separado del imperio austriaco. Desapareció en 1849.

ilírico, ca *adj.* **1.** De Iliria. También *s.* ‖ *s. m.* **2.** Lengua indoeuropea hablada antiguamente en la región del Adriático norte. ■ Se dice también *ilirio.*

ilirio, ria *adj.* Ilírico*.

Illampu Pico de los Andes bolivianos, en el departamento de La Paz. Su cima más alta alcanza los 6.550 m de altitud. También se denomina *nevado de Sorata.*

Ille-et-Vilaine Departamento de Francia, en la región de Bretaña. 6.775 km^2. 774.300 h. en 1986. La capital es Rennes, con 190.850 h. en 1982. Tiene cultivos de trigo, forraje y frutales, ganadería bovina y porcina, e industrias mecánicas, automovilísticas, electrónicas y farmacéuticas. En la costa se practica la pesca y existen importantes centros turísticos.

Illia, Arturo Umberto (Pergamino, Buenos Aires 1900 - Córdoba, Argentina 1983) Político y médico argentino. Alternó la práctica profesional de la medicina con la política. En 1948 fue elegido diputado y en 1963 presidente de la república, como representante de la Unión Cívica Radical del Pueblo. Su moderado programa de reformas sociales y económicas le enfrentó al Ejército y a la oposición. Fue derrocado en 1966 por el golpe de Estado del general Onganía.

Illich, Ivan (Viena 1926) Pedagogo austriaco. Su doctrina educativa rechaza la moderna concepción pedagógica utilitarista, competitiva y consumista, contra la que propone una escuela libre y descentralizada que fomente los valores humanos de los alumnos. Ha expuesto sus teorías en los escritos *Una sociedad sin escuela* (1971), *Energía y equidad* (1973), *La huelga creadora* (1977) y *El género vernacular* (1983).

Illimani, nevado de Macizo montañoso de Bolivia, situado en el departamento de La Paz, en la región del Altiplano. Con sus 6.882 m de altura es el pico más elevado del país.

Illinois Estado de EE UU, situado al SO del lago Michigan. 149.885 km^2. 11.466.700 h. en 1990. La capital es Springfield, con 100.200 h. en 1988. Pertenece al sector N de la gran llanura norteamericana. Posee una agricultura muy desarrollada con cultivos de soja y maíz. Su ganadería se centra principalmente en la cría de cerdos y aves de corral. En cuanto a la minería, tiene especial relevancia la extracción de hulla, petróleo y gas natural. En el área urbana de Chicago, que constituye su principal población, a orillas del lago Michigan, existe una poderosa industria siderúrgica, mecánica y alimentaria. Se convirtió en estado de la Unión en el año 1818.

illita *s. f.* Mineral arcilloso de estructura semejante a la de la moscovita, variedad de la mica. Abunda en terrenos muy fertilizados y en los sedimentos recientes, sobre todo de los fondos oceánicos.

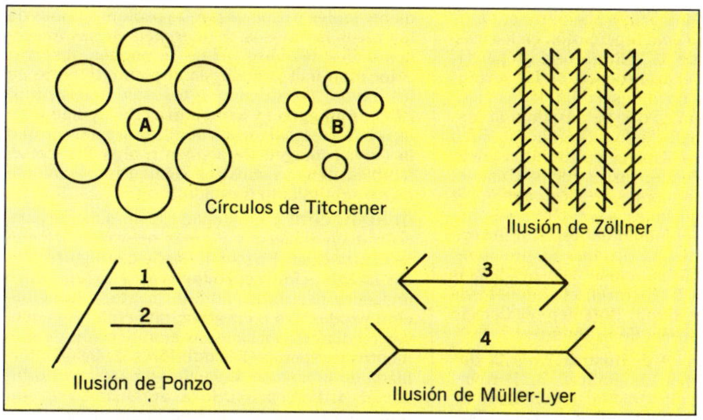

Ilusión óptica: pese a su apariencia, los círculos de Titchener A y B son iguales, los segmentos de Zöllner paralelos, y los segmentos 1 y 2 de Ponzo y 3 y 4 de Müller-Lyer, de igual longitud.

Ilmen Lago de la Federación Rusa, situado junto a Novgorod, al S de San Petersburgo. Tiene poca profundidad y una superficie de unos 2.260 km^2, aunque variable en función del caudal de los ríos que en él desaguan. Su río emisario es el Voljov, que lo une al lago Ladoga.

Ilmo., ma Abreviatura de **ilustrísimo**.

-ilo *suf.* Indica radical químico orgánico: *etilo.*

ilógico, ca *adj.* Que carece de lógica.

Iloilo C. de Filipinas, cap. de la prov. del mismo nombre, situada en la costa SE de la isla de Panay. 288.500 h. en 1990. Es un importante centro portuario.

Ilorin C. de Nigeria, cap. de la prov. de Kwara, situada en el sector SO del país. 409.700 h. en 1990. Es un centro comercial del cacao que cuenta con industrias alimentarias, universidad y estación de ferrocarril.

ilota *s. m.* y *f.* **1.** Miembro de la población servil de la antigua Esparta. Los ilotas carecían de todo derecho político y eran propiedad del Estado, que los entregaba a los ciudadanos (espartiatas), quienes los utilizaban para cultivar la tierra. Su número era muy superior al de espartanos libres, que para mantenerlos sometidos crearon una sociedad militarizada. **2.** Se aplica a la persona desposeída de sus derechos civiles.

iluminación *s. f.* **1.** Acción y efecto de iluminar. **2.** Conjunto de luces que alumbran un lugar o se ponen como decoración. **3.** Cantidad de luz que hay o entra en un lugar. **4.** Disposición de la luz en un cuadro. **5.** En cine, fotografía, teatro y otros espectáculos, técnica y acción de disponer las luces. **6.** Ilustración con miniaturas de un manuscrito. **7.** Tipo de pintura al temple. **8.** Conocimiento que, según ciertas creencias, se adquiere por intervención de la divinidad o de un poder sobrenatural.

iluminado, da 1. *p. p.* de **iluminar**. También *adj.* ‖ *adj.* **2.** Se dice de la persona inspirada por la divinidad o un poder sobrenatural. También *s.* **3.** Alumbrado*, miembro de una secta surgida en España en el s. XVI. También *s.* **4.** Se aplica a los miembros de ciertas sectas religiosas, en especial de la fundada en 1776 por Adam Weishaupt. También *s.*

iluminador, ra *adj.* **1.** Que ilumina. También *s.* ‖ *s. m.* y *f.* **2.** Persona que adorna con colores libros, estampas, etc.

iluminar *v. tr.* **1.** Dar luz sobre algo. También *v. intr.* **2.** Adornar con luces. **3.** Colorear las figuras, dibujos o letras de un libro, grabado, etc. **4.** Aclarar, enseñar, orientar. **5.** En rel., mostrar Dios a los hombres la verdad, su voluntad, etc.

iluminismo *s. m.* **1.** Doctrina religiosa que se basa en una iluminación mística interior inspirada por Dios. Rechaza la jerarquía y el uso de los sacramentos. **2.** Secta de los iluminados o seguidores de esta doctrina. Sectas de carácter iluminista fueron los alumbrados en la España de los s. XVI y XVII, los quietistas y los cuáqueros. **3.** Ilustración. **FAM.** Iluminista.

ilusión *s. f.* **1.** Imagen o concepto que alguien se forma de algo que no existe como tal en realidad; puede ser producido por la imaginación o por un error en la percepción de los sentidos. **2.** Esperanza sin fundamento real. **3.** Alegría o satisfacción que produce algo que se obtiene o se espera. **4.** Entusiasmo, optimismo. ‖ **5. ilusión óptica** Interpretación errónea de una sensación visual, que lleva a percibir los objetos como no son en realidad.

ilusionar *v. tr.* **1.** Hacer que alguien conciba esperanzas, generalmente no fundadas. También *v. prnl.* **2.** Causar satisfacción o alegría una cosa que se espera o se desea. **FAM.** Ilusionado.

ilusionismo *s. m.* Arte de producir fenómenos aparentemente imposibles o contrarios a las leyes naturales por medio de juegos de manos y otros trucos.

ilusionista *s. m.* y *f.* Prestidigitador, persona que hace juegos de ilusionismo.

ilusivo, va *adj.* Ilusorio*.

iluso, sa *adj.* **1.** Que se deja engañar fácilmente. También *s.* **2.** Que tiende a crearse ilusiones, esperanzas infundadas. También *s.* **FAM.** Ilusamente.

ilusorio, ria *adj.* Engañoso, imaginario. **FAM.** Ilusoriamente.

ilustración *s. f.* **1.** Acción y efecto de ilustrar o ilustrarse. **2.** Fotografía, dibujo o grabado impreso en un libro o revista. **3.** Movimiento cultural, político y filosófico que tuvo lugar en Europa y América en el s. XVIII, caracterizado por una confianza ilimitada en el poder de la razón para resolver los problemas del hombre. También, época en la que se desarrolló este movimiento. ■ En esta acepción suele escribirse con mayúscula.
Fil. e ***Hist.*** El periodo de desarrollo de la Ilustración es el comprendido entre los primeros años del s. XVIII y el estallido de la Revolución Francesa. El principal objetivo de los ilustrados era iluminar todas las esferas de la vida y de la sociedad a través de la razón, que se concebía como una capacidad natural y esencial de todos los hombres. Mediante el ejercicio de la crítica se pretendía eliminar supersticiones y prejuicios, así como todo tipo de creencias, morales y religiosas, que no se asentaran en una concepción naturalista de la religión. La Ilustración considera que la tarea fundamental del hombre es el conocimiento y el dominio de la naturaleza. Las ideas de razón y progreso, y una gran receptibilidad hacia el pensamiento heredado del s. XVII, marcan decisivamente este periodo: desde el racionalismo de Descartes, Leibniz y Spinoza, hasta el empirismo de Hobbes y Locke, pasando por el entusiasmo que provocó el auge de las ciencias, especialmente a partir de Newton. Los principales focos de la Ilustración surgieron en Alemania, Inglaterra y Francia. En Alemania, donde se llamó *Aufklärung*, alcanza su culminación con la figura de Immanuel Kant. En Inglaterra, con la denominación de *Enlightenment*, se desarrolló bajo la influencia de los filósofos empiristas George Berkeley y David Hume. Probablemente fue en Francia donde este movimiento (llamado *Lumières*) tuvo mayor difusión social. Estuvo encabezado por los enciclopedistas, cuyas pretensiones se orientaban no tanto a la formulación de una doctrina teórica, como a la sistematización del conocimiento, con el fin de hacerlo accesible al mayor número de personas. Tal fue la finalidad de *La Enciclopedia* de Denis Diderot y Jean d'Alembert. Entre los principales intelectuales de este movimiento se encuentran Voltaire, Montesquieu, Jean-Jacques Rousseau,

Buffon, Helvetius, Holbach y Maupertuis. La filosofía ilustrada tuvo gran repercusión en los más diversos campos de la cultura: en el pensamiento político, en el arte rococó, en las revoluciones burguesas y en el desarrollo de las ciencias. Por todo ello el s. XVIII ha pasado a la historia con el nombre de «Siglo de las Luces». Tuvo su manifestación en España en literatos como Benito Jerónimo Feijoo, en políticos como el conde de Aranda, el conde de Floridablanca y el conde de Campomanes y en monarcas como Carlos III. Bajo el influjo del espíritu ilustrado se crearon en España diversas instituciones culturales y científicas, como las Academias de la Lengua y de la Historia, el Gabinete de Historia Natural, el Jardín Botánico, el Colegio de Medicina y la Escuela de Ingenieros.

ilustrado, da 1. *p. p.* de **ilustrar**. ‖ *adj.* 2. Que contiene ilustraciones o láminas. 3. Perteneciente o relativo a la Ilustración, movimiento intelectual del s. XVIII. 4. Se dice de las personas que participaron en este movimiento o fueron partidarias del mismo. También *s.* 5. Instruido, culto. También *s.*

ilustrar *v. tr.* 1. Aclarar algo mediante datos, imágenes, comparaciones, etc. 2. Incorporar ilustraciones a un libro, revista, etc. 3. Informar, instruir. También *v. prnl.* **FAM.** Ilustrador.

ilustrativo, va *adj.* Que ilustra o ayuda a aclarar una cosa.

ilustre *adj.* 1. Noble, distinguido. 2. Se dice de la persona que destaca en algún aspecto o actividad. 3. Tratamiento honorífico. **FAM.** Ilustremente.

ilustrísimo, ma *adj.* 1. *sup.* de **ilustre**. Se aplica a ciertas personas como tratamiento correspondiente a su cargo o dignidad, p. ej. a un director general. ‖ *s. f.* 2. Tratamiento que se da a los obispos. ▪ Su abreviatura es *Ilmo., Ilma.*

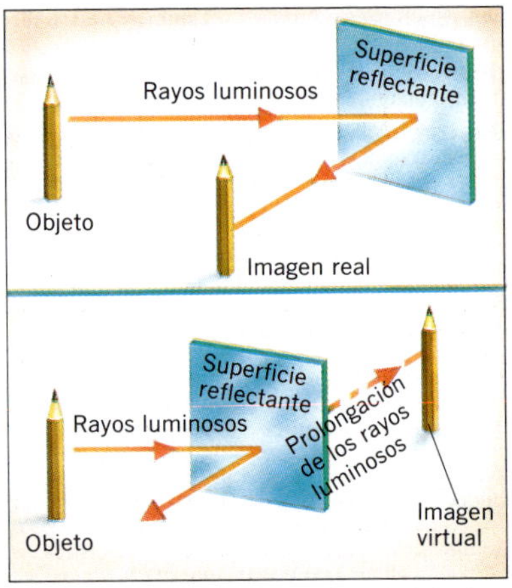

Imagen real (arriba) y virtual (abajo) del mismo objeto.

imagen *s. f.* 1. Representación de alguien o algo en un espejo, fotografía, pantalla, pintura, etc. 2. Figura de un objeto que se percibe a través del sentido de la vista, formada por los rayos de luz que parten, reflejados o refractados, de dicho objeto. 3. Representación mental de alguien o algo. 4. Estatua o pintura de Jesucristo, la Virgen o los santos. 5. Aspecto que ofrece alguien o algo o impresión que produce en los demás. 6. En el lenguaje literario, empleo de una palabra, giro, expresión, etc., de tal forma que sugiera con viveza un sentido distinto al que tiene corrientemente. ‖ 7. **imagen acústica** Reproducción de un sonido mediante la concentración en un punto de las ondas emitidas por el mismo. 8. **imagen de un elemento a ∈ A** En mat., dada la función $f: A \rightarrow B$, elemento o conjunto de elementos de *B* que se obtienen al transformar mediante la función *f* el elemento $a \in A$. 9. **imagen de una función** En mat., dada la función $f: A \rightarrow B$, conjunto de elementos de *B* que se obtienen al transformar mediante la función *f* los elementos de *A*. 10. **imagen real** En óptica, aquella que se forma en el punto en el que convergen los rayos de luz que provienen de un objeto, reflejados por un espejo o refractados por una lente. 11. **imagen virtual** En óptica, aquella que se forma mediante lentes y espejos por las prolongaciones de los rayos luminosos. A diferencia de las imágenes reales, las virtuales no se pueden observar colocando una pantalla en el plano de corte de los rayos, puesto que éstos son divergentes. ‖ **LOC. a imagen** (**y semejanza**) de alguien o de algo *adv.* De igual forma, a semejanza de. **ser** uno **la** (**viva**) **imagen** de alguien o algo Parecerse; también, tener y mostrar alguien intensamente cierto sentimiento o estado.

imaginación *s. f.* 1. Capacidad de la mente para reproducir imágenes y crear nuevas asociaciones entre éstas. En psicol., suele distinguirse entre **imaginación reproductiva**, que reproduce imágenes percibidas anteriormente, e **imaginación productiva** o **creativa**, que crea otras nuevas mediante asociación o modificación de elementos y experiencias anteriores. 2. Imagen formada en la misma. 3. Facilidad para crear o inventar. 4. Percepción, idea, aprensión, etc., sin fundamento real. Se usa sobre todo en *pl.*

imaginar *v. tr.* 1. Representarse imágenes en la mente. También *v. prnl.* 2. Inventar algo. También *v. prnl.* 3. Creer, suponer. También *v. prnl.* **FAM.** Imaginable.

imaginaria *s. f.* 1. Cuerpo de guardia que se halla en reserva, preparado para intervenir en caso necesario. 2. Vigilancia que se hace por turno durante la noche. ‖ *s. m.* 3. Soldado que hace esta guardia de noche.

imaginario, ria *adj.* 1. Que sólo existe en la imaginación. ‖ 2. **número imaginario puro** En mat., número complejo cuya parte real es nula. Se simboliza por $b \cdot i$, donde *b* es cualquier número real e *i* la unidad imaginaria. 3. **raíces imaginarias** En mat., soluciones de una ecuación que no son reales. En la ecuación de segundo grado $ax^2 + bx + c = 0$, cuando el discriminante o expresión $b^2 - 4ac$ es negativo, aparecen dos raíces imaginarias. **FAM.** Imaginariamente.

imaginativo, va *adj.* 1. Perteneciente o relativo a la imaginación. 2. Que tiene mucha imaginación. ‖ *s. f.* 3. Capacidad de imaginar.

imaginería *s. f.* 1. Arte de pintar o esculpir imágenes religiosas. 2. Conjunto de este tipo de obras debidas a un autor, una escuela o una época. 3. Cierto bordado que imita a la pintura.

imaginero, ra *s. m.* y *f.* Escultor o pintor de imágenes religiosas.

imaginismo *s. m.* Corriente literaria anglonorteamericana caracterizada por rechazar la retórica del Romanticismo y preconizar un estilo claro, breve y concreto. Su creador fue Ezra Pound y a ella pertenecieron Aldous Huxley y D. H. Lawrence.

imago (voz lat. que significa 'imagen') *s. m.* 1. Estado final de los insectos que experimentan metamorfosis; p. ej., las mariposas. 2. En psicol., imagen ideal de una persona formada en la primera infancia y que ejerce una gran influencia en el individuo adulto, en sus decisiones y actitudes.

imam *s. m.* Imán*, jefe musulmán.

imán[1] (del fr. *aimant*, y éste del lat. *adamans, -antis*, diamante) *s. m.* 1. Magnetita, óxido de hierro natural, que tiene la propiedad de atraer al hierro y otros metales. 2. Cualquier materia capaz de atraer metales. 3. Atractivo de alguien o algo.

Tecnol. Los imanes tienen dos puntos, llamados *polo norte* (N) y *polo sur* (S), donde se manifiesta con mayor intensidad su propiedad de atracción magnética. La zona de influencia de un imán se llama *campo magnético* y puede ser determinada mediante un espectro de limaduras de hierro. El hierro y sus aleaciones pueden ser imantados al ser sometidos a la acción de un campo magnético; si ésta es intensa se convierten en imanes permanentes. El imán cuyo campo magnético es producido por el paso de una corriente eléctrica se denomina *electroimán*.

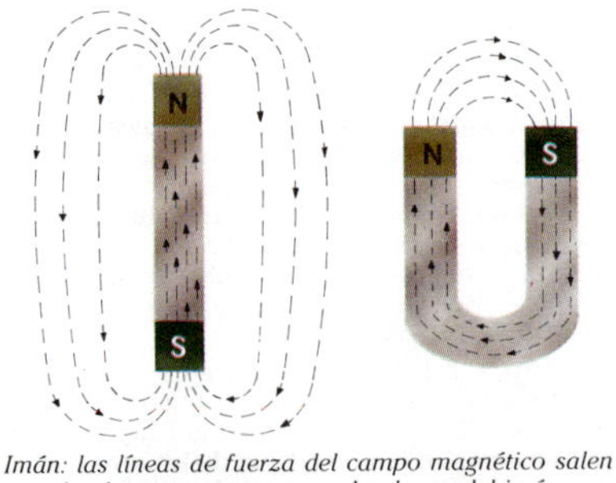

Imán: las líneas de fuerza del campo magnético salen por el polo norte y entran por el polo sur del imán.

imán[2] (del ár. *imam*, el que preside) *s. m.* 1. Entre los musulmanes, el que preside la oración en la mezquita. 2. Guía o jefe, generalmente religioso, aunque también puede ser político, de una comunidad de musulmanes, sobre todo chiita. ▪ Se escribe también *imam*.

imanar *v. tr.* Imantar*. **FAM.** Imanación.

imanato *s. m.* Cargo o dignidad de imán o jefe de una comunidad musulmana.

imantar *v. tr.* Comunicar al hierro, al acero u otro material las propiedades magnéticas del imán. También *v. prnl.* ▪ Se dice también *imanar*. **FAM.** Imantación.

Imbabura Prov. de Ecuador, en el N del país, en la región andina. 4.976 km^2. 295.500 h. en 1989. La capital es Ibarra, con 52.800 h. en 1982. Región muy montañosa, alcanza sus mayores alturas en los picos de Imbabura (4.630 m), Cotacachi (4.939 m) y Yana Urcu (4.537 m). Existen en ella numerosos lagos. Entre sus recursos agrícolas destacan los cultivos de cereales, patatas, caña de azúcar, algodón, café y frutales. Cuenta también con industrias textiles y de curtidos.

imbécil *adj.* 1. *desp.* Tonto, poco inteligente. También *s.* 2. *desp.* Se dice de la persona que molesta o enfada. También *s.* 3. Término, hoy en desuso, que se aplicaba a los individuos con una deficiencia mental media o moderada.

imbecilidad *s. f.* 1. Cualidad o estado de imbécil. 2. Acción o dicho imbécil.

imberbe *adj.* 1. Que no tiene barba o tiene muy poca. También *s. m.* 2. Se aplica al muchacho muy joven. También *s. m.*

imbornal *s. m.* 1. Agujero que se abre en las bordas de los barcos para dar salida al agua que a veces se acumula en las cubiertas. 2. Abertura situada en las azoteas o en los bordillos de las aceras para desaguar.

imborrable *adj.* 1. Que no se puede borrar. 2. Que no se puede olvidar.

imbricación *s. f.* 1. Acción y efecto de imbricar. 2. En arq., recurso ornamental que consiste en la imitación de las escamas del pez.

imbricado, da 1. *p. p.* de **imbricar**. También *adj.* ‖ *adj.* 2. Se aplica a las conchas de superficie ondulada.

imbricar *v. tr.* 1. Colocar cosas de manera que unas se apoyen parcialmente en otras como las tejas de un tejado. También *v. prnl.* 2. Trabar, relacionar estrechamente. Se usa más como *v. prnl.* ▪ Se conjuga como *sacar*.

imbuir *v. tr.* 1. Comunicar a alguien ideas o sentimientos para que los haga suyos. ‖ *v. prnl.* 2. Adquirir ideas o sentimientos. ▪ Es v. irreg. Se conjuga como *huir*.

Imhotep (Menfis s. XXVII a. C.) Arquitecto egipcio. Consejero político de Zoser, construyó para él una pirámide escalonada de piedra en Sakarat y, según la tradición, fue el primero en edificar en piedra. Divinizado por los griegos (s. III a. C.), lo identificaron con Asclepio por sus curaciones milagrosas.

imida *s. f.* $HN(CO\text{-}R)_2$. Nombre común de los compuestos orgánicos derivados del amoniaco por sustitución de dos átomos de hidrógeno por radicales acilo.

imitación *s. f.* 1. Acción y efecto de imitar. 2. Producto fabricado para sustituir a otro, procurando que se parezca lo más posible a éste.

imitar *v. tr.* 1. Hacer algo del mismo modo que otra persona o tratando de reproducir alguna cosa. 2. Dar una cosa la misma impresión que otra. **FAM.** Imitable, imitador.

imitativo, va *adj.* Relativo a la imitación. ▪ Se dice también *imitatorio*.

imitatorio, ria *adj.* Imitativo*.

impaciencia *s. f.* 1. Falta de paciencia, intranquilidad. 2. Ansia, deseo.

impacientar *v. tr.* Hacer que alguien pierda la paciencia. También *v. prnl.*

impaciente *adj.* **1.** Que no tiene paciencia para esperar o está intranquilo por algo. También *s.* **2.** Que tiene prisa por hacer algo o ganas de que ocurra cierta cosa. También *s.* **FAM.** Impacientemente.

impactante *adj.* Que impacta o impresiona.

impactar *v. intr.* **1.** Producir impacto un cuerpo contra otro. **2.** Causar impacto, impresión.

impacto *s. m.* **1.** Choque de un proyectil o de otra cosa lanzada fuertemente contra algo. **2.** Señal dejada por ese choque. **3.** Fuerte impresión o emoción producida por alguien o algo.

impagable *adj.* **1.** Que no se puede pagar. **2.** De tanto valor que es imposible pagarlo.

impagado, da *adj.* **1.** Que no se ha pagado. ‖ *s. m.* **2.** Letra, recibo, etc., cuyo importe no ha sido pagado a su vencimiento.

impago, ga *s. m.* **1.** *amer.* Se dice de la persona a la que aún no se ha pagado. **2.** *adj.* Falta de pago de una deuda, obligación, etc., en el plazo convenido.

impala *s. m.* Mamífero artiodáctilo de la familia bóvidos, especie *Aepyceros melampus.* Es un rumiante que mide unos 90 cm de altura en la cruz. Los machos tienen unos cuernos curvos, finos y anillados. Destaca por la agilidad de su carrera a grandes saltos, que alcanzan hasta 5 m de longitud. Vive en regiones selváticas del África sudoriental.

Impala (Aepyceros melampus).

impalpable *adj.* **1.** Que no produce sensación al tacto. **2.** Ligero, de muy poca densidad. **3.** Que no puede percibirse o es difícil de demostrar.

impar *adj.* **1.** Se aplica al número no divisible por dos, como el cinco. **2.** Sin par, que no tiene igual. ‖ **3. función impar** En mat., función f que tiene la propiedad: $f(-x) = -f(x)$, cualquiera que sea el número x. P. ej., $f(x) = x^3 - 3x$ es impar.

imparable *adj.* Que no se puede parar o detener.

imparcial *adj.* **1.** Que juzga o actúa con objetividad. También *s.* **2.** Se aplica asimismo a sus juicios, actos o palabras. **3.** Independiente, que no toma partido en una disputa, enfrentamiento, etc. También *s.* **FAM.** Imparcialmente.

imparcialidad *s. f.* Cualidad de imparcial o conducta imparcial.

imparipinada o **imparipinnada** *adj.* Se dice de las hojas compuestas cuyo raquis termina en una hojuela, por lo que el total de folíolos es impar, como las del rosal o el fresno.

impartir *v. tr.* Repartir, comunicar, dar.

impasible *adj.* **1.** Imperturbable, que no siente ni muestra emoción o inquietud. **2.** Insensible, incapaz de padecer. **FAM.** Impasibilidad, impasiblemente.

impasse (voz fr.) *s. m.* Punto muerto, situación sin salida o solución.

impávido, da *adj.* **1.** Que no tiene miedo. **2.** Tranquilo, sereno, impasible. **3.** *amer.* Descarado, desvergonzado. **FAM.** Impávidamente, impavidez.

impeachment (voz ingl.) *s. m.* Procedimiento constitucional para la destitución del presidente, vicepresidente y otros altos cargos en Estados Unidos, cuando ha habido comisión de delitos graves. Se aplica por iniciativa de la Cámara de Representantes y la decisión final corresponde al Senado. Un solo presidente ha sido sometido a este procedimiento: Andrew Johnson, en 1868, aunque Richard Nixon dimitió en 1974 ante un virtual *impeachment* por el escándalo *Watergate.*

impecable *adj.* Perfecto, sin ningún defecto o mancha. **FAM.** Impecabilidad.

impedancia *s. f.* En electricidad, oposición que ejerce un circuito al paso de la corriente alterna. Su magnitud viene dada por la razón entre la tensión máxima y la intensidad de corriente máxima que discurre por el circuito:

$$Z = \frac{V_m}{I_m}.$$

Se expresa habitualmente en notación compleja: $Z = R + iX$, donde la parte real R es la resistencia y la parte imaginaria X es la reactancia del circuito. Para calcular su valor numérico se aplica la ecuación:

$$Z = \sqrt{R^2 + \left(L\omega - \frac{1}{\omega C}\right)^2}$$

donde R es la resistencia, L la autoinducción, C la capacidad y ω la pulsación de la corriente alterna. La impedancia se mide en ohmios.

impedido, da **1.** *p. p.* de **impedir**. También *adj.* ‖ *adj.* **2.** Incapacitado, inválido. También *s.*

impedimenta *s. f.* Bagaje o carga que dificulta los movimientos de alguien, especialmente de un ejército.

impedimento *s. m.* **1.** Obstáculo, lo que impide o dificulta algo. **2.** Cualquier circunstancia que impide o anula el matrimonio.

impedir *v. tr.* Hacer imposible o difícil una cosa. ▪ Es v. irreg. Se conjuga como *pedir.*

impeler *v. tr.* **1.** Impulsar, propulsar. **2.** Incitar, mover, animar. **FAM.** Impelente.

impenetrabilidad *s. f.* **1.** Propiedad que tienen los cuerpos que impide que uno pueda estar en el sitio ya ocupado por otro. **2.** Cualidad de lo muy difícil de penetrar o adivinar.

impenetrable *adj.* **1.** Que no se puede o es difícil penetrar. **2.** Incomprensible, difícil de conocer. **3.** Se aplica a la persona que no deja ver lo que sabe, piensa, etc., así como a su actitud o comportamiento.

impenitente *adj.* **1.** *fam.* Incorregible, empedernido. También *s.* **2.** Se dice de quien no quiere arrepentirse del pecado. También *s.*

impensable *adj.* **1.** Absurdo. **2.** Difícil o imposible de realizar.

impensado, da *adj.* **1.** Inesperado, imprevisto. **2.** No pensado, irreflexivo. **FAM.** Impensablemente.

impepinable *adj. fam.* Inevitable, indiscutible.

imperante *adj.* **1.** Que impera. **2.** En astrología, se aplica al signo que se supone que domina durante el año por estar en una parte superior del cielo.

imperar *v. intr.* **1.** Ejercer el emperador su mando. **2.** Mandar, dominar, predominar.

imperativo, va *adj.* **1.** Que impera, que suele mandar o se utiliza para mandar. **2.** Obligatorio, ineludible. **3.** Se aplica al modo verbal que expresa mandato o ruego. El modo imperativo sólo se conjuga en segunda persona del singular, *canta* (tú), y del plural, *cantad* (vosotros). Para las formas restantes se utilizan las del presente de subjuntivo: *cante* (yo, él), *cantemos* (nosotros), *canten* (ellos). También *s. m.* ‖ *s. m.* **4.** Obligación, deber. ‖ **5. imperativo categórico** En la filosofía de Kant, aquel en que la regla práctica no está condicionada por ningún fin, de modo que la acción se realiza por sí misma y es un bien en sí misma. Su formulación es la siguiente: «Obra de tal modo que tu máxima pueda valer al mismo tiempo como principio de una ley universal». El imperativo categórico es propio y constitutivo de la esencia del hombre. **6. imperativo hipotético** En la filosofía de Kant, aquel en que la regla práctica que impone la razón está condicionada por los fines que se pretende alcanzar. **FAM.** Imperativamente.

imperceptible *adj.* Que no se puede percibir o que apenas se percibe. **FAM.** Imperceptibilidad, imperceptiblemente.

imperdible *adj.* **1.** Que no puede perderse. ‖ *s. m.* **2.** Especie de alfiler formado por un alambre doblado que se abrocha sujetando uno de sus extremos a un gancho o pequeña pieza de metal.

imperdonable *adj.* Que no se puede perdonar. **FAM.** Imperdonablemente.

imperecedero, ra *adj.* **1.** Que no perece. **2.** Eterno, que no desaparecerá nunca.

imperfección *s. f.* **1.** Falta de perfección. **2.** Defecto, generalmente pequeño.

imperfectivo, va *adj.* Se dice de los verbos o formas verbales que expresan la acción en su desarrollo, no acabada, como los verbos *querer, creer, desear* y todos los tiempos simples excepto el pretérito indefinido (pretérito perfecto simple).

imperfecto, ta *adj.* **1.** Que no es perfecto. **2.** En ling., se aplica al tiempo verbal que expresa la acción en su transcurso, sin que se dé idea de su comienzo o su final. **3.** En sentido restringido, se dice del pretérito simple de indicativo (*cantaba*) o subjuntivo (*cantara* o *cantase*). También *s. m.* **FAM.** Imperfectamente.

imperforación *s. f.* Cierre anormal de un orificio en el organismo, generalmente debido a una malformación congénita.

imperial *adj.* **1.** Perteneciente o relativo al emperador o al imperio. ‖ *s. f.* **2.** Parte superior de un vehículo o carruaje provista de asientos.

Imperial, Francisco (? h. 1372 - h. 1409) Poeta español de origen genovés. Vivió en Sevilla y fue lugarteniente del almirante de Castilla. Influido por Dante, algunas de sus composiciones figuran en el *Cancionero de Baena.* Fue el introductor del verso endecasílabo en España.

Imperial de Aragón, canal Canal derivado de las aguas del río Ebro. Se inicia cerca de Tudela y llega hasta Pina del Ebro en un recorrido de 90 km. Fue comenzado a construir por iniciativa del emperador Carlos V.

imperialismo *s. m.* **1.** Tendencia a la formación de imperios, es decir, al dominio político y económico de países y estados por parte de una potencia. **2.** Doctrina política en que se basa esta tendencia. **FAM.** Imperialista.

impericia *s. f.* Falta de pericia o experiencia.

imperio *s. m.* **1.** Organización política superior al reino en que un estado extiende su dominio a otros países que conservan mayor o menor autonomía. **2.** Conjunto de los territorios que se hallan bajo esta organización. **3.** Potencia o estado importante, con gran influencia política, económica y cultural. **4.** Acción de imperar o mandar. **5.** Predominio o importancia que tiene alguien o algo en un momento dado. **6.** *fam.* Actitud y acción de mandar con mucha autoridad. **7.** Dignidad de emperador. **8.** Tiempo que dura el gobierno del emperador o durante el cual hubo emperadores en un país. ‖ **9. estilo imperio** En arte, variante artística del estilo neoclásico francés, que tuvo especial importancia durante el imperio napoleónico. Se desarrolló principalmente en las artes decorativas, sobre todo en el diseño de muebles inspirados en modelos clásicos romanos y egipcios. Sus principales cultivadores fueron el pintor Jacques-Louis David y los arquitectos de corte Pierre-Louis Fontaine y Charles Percier. **10. imperio bizantino** Véase **bizantino**. **11. imperio británico** Véase **británico**. **12. imperio de Occidente** Véase **Occidente, imperio romano de**. **13. imperio del sol naciente** Nombre dado a Japón. **14. imperio germánico** Véase **Romano Germánico, Sacro Imperio**. **15. imperio latino de Constantinopla** Véase **latino**. **16. imperio otomano** Véase **otomano**. **17. imperio romano** Véase **romano**. **18. primer imperio** El de Napoleón I. **19. segundo imperio** El de Napoleón III. ‖ **LOC. valer un imperio** *fam.* Ser muy valioso.

Imperio, Pastora Rojas Monje llamada **Pastora** (Sevilla 1889 - Madrid 1979) Bailaora española. En 1915 estrenó en un teatro madrileño *El amor brujo* de Manuel de Falla. Gozó de grandísima popularidad.

imperioso, sa *adj.* **1.** Autoritario. **2.** Urgente o muy necesario. **FAM.** Imperiosamente.

impermeabilizar *v. tr.* Hacer impermeable una cosa. ▪ Se conjuga como *cazar.* **FAM.** Impermeabilización, impermeabilizante.

impermeable *adj.* **1.** Que no puede ser atravesado por el agua y otros líquidos. ‖ *s. m.* **2.** Prenda semejante al abrigo hecha con tela que el agua no puede traspasar. **FAM.** Impermeabilidad.

impermutable *adj.* Que no puede permutarse o cambiarse. **FAM.** Impermutabilidad.

impersonal *adj.* **1.** Que no tiene personalidad. **2.** Que no se refiere a ninguna persona en concreto. **3.** Se aplica al tratamiento de respeto en que se utiliza la tercera persona en vez de la segunda; p. ej., en la frase *¿Qué desea el señor?* en lugar de *Señor, ¿qué desea usted?* **4.** Se aplica al verbo o forma verbal cuya acción se expresa sin hacer referencia a un sujeto determinado, así como a las oraciones en que interviene dicho verbo o forma verbal. Los verbos impersonales sólo tienen una forma por tiempo, la que corresponde a la tercera persona, generalmente del singular, como los que hacen referencia a fenómenos atmosféricos o de la naturaleza: *llueve, nevaba, tronó*, etc. Sin embargo, basta que se suprima el sujeto cuando éste se desconoce o se pretende ocultar, en frases con el verbo en tercera persona del plural, para que se comporten como impersonales verbos que no lo son: *Me robaron la cartera.* También se pueden construir frases impersonales con *se*: *Se precisa camarero;* o con verbos como *haber, hacer* o *ser*: *Hay de todo. Hace frío. Es tarde.* **FAM.** Impersonalidad, impersonalmente.

impersonalizar *v. tr.* Usar como impersonal un verbo que en otros casos no lo es; p. ej., el verbo *hacer* en *hace frío, hacía mucho tiempo.* ■ Se conjuga como *cazar.*

impertérrito, ta *adj.* Se dice de la persona que no se altera, conmueve o asusta ante nada, y de su actitud, gestos, acciones, etc.

impertinencia *s. f.* **1.** Cualidad de impertinente. **2.** Dicho o hecho impertinente.

impertinente *adj.* **1.** Inoportuno, que no tiene consideración o discreción. También *s.* **2.** Que molesta con sus exigencias. También *s.* ‖ *s. m. pl.* **3.** Anteojos provistos de mango para poder sujetarlos delante de los ojos. **FAM.** Impertinentemente.

imperturbable *adj.* Que no se perturba o altera, que no siente ni muestra emoción o intranquilidad. **FAM.** Imperturbabilidad, imperturbablemente.

impétigo *s. m.* Enfermedad infecciosa de la piel que se caracteriza por la aparición en el rostro y en el cuero cabelludo de ampollas que al desecarse forman costras amarillentas.

impetrar *v. tr.* Pedir, implorar, rogar. **FAM.** Impetración, impetrador, impetrante, impetratorio.

ímpetu *s. m.* **1.** Gran fuerza y rapidez con que se mueven personas, animales o cosas. **2.** Esfuerzo, energía. ■ Se dice también *impetuosidad.*

impetuosidad *s. f.* Ímpetu*.

impetuoso, sa *adj.* **1.** Con ímpetu. **2.** Que actúa de forma precipitada y sin reflexionar. **FAM.** Impetuosamente.

impiedad *s. f.* Falta de fe o piedad religiosa.

impío, a *adj.* **1.** Que no tiene fe o piedad religiosa. También *s.* **2.** Que no respeta las cosas sagradas. También *s.* **FAM.** Impíamente.

implacable *adj.* **1.** Que no se puede aplacar o moderar. **2.** Inflexible, riguroso. **FAM.** Implacablemente.

implantación *s. f.* **1.** Acción y efecto de implantar. **2.** Fijación del huevo fecundado en la superficie interna del útero. **3.** En med., colocación en el organismo humano de medicamentos, prótesis o trasplantes.

implantar *v. tr.* **1.** Hacer que entren en vigor o empiecen a funcionar instituciones, leyes, costumbres, sistemas políticos, etc. **2.** Colocar, injertar. **FAM.** Implantador.

implementar *v. tr. amer.* Dotar de los medios necesarios para hacer algo.

implemento *s. m.* **1.** Utensilio*. Se usa sobre todo en *pl.* **2.** Nombre que dan algunos lingüistas al complemento directo.

implicación *s. f.* **1.** Acción y efecto de implicar. **2.** Participación en un asunto o actividad, especialmente en un delito. **3.** En lóg., función proposicional que pone en relación dos enunciados, llamados *antecedente* y *consecuente*, y que es verdadera en todos los casos, salvo cuando se afirma la falsedad del antecedente y la verdad del consecuente. Su símbolo es ⇒ y se lee: «si ... entonces ...». También se denomina *condicional.*

implicancia *s. f.* **1.** *amer.* Consecuencia, secuela. **2.** *Arg., Chile, Urug.* Impedimento o incompatibilidad legal o moral.

implicar *v. tr.* **1.** Mezclar o hacer participar a alguien en algo. También *v. prnl.* **2.** Significar, suponer. **3.** Inferir, extraer una consecuencia de algo. ■ Se conjuga como *sacar.*

implícito, ta *adj.* Que se entiende incluido en algo, sin necesidad de expresarlo. **FAM.** Implícitamente.

implorar *v. tr.* Pedir con ruegos o lágrimas alguna cosa. **FAM.** Imploración, implorante.

implosión *s. f.* **1.** Acción de estallar hacia dentro las paredes de un recipiente cuya presión interior es menor que la exterior. **2.** En astron., disminución brusca del tamaño de un astro. **3.** En fon., primera fase de la articulación de las consonantes oclusivas (*p, t, k*...) que corresponde al momento en que se forma la oclusión.

implosivo, va *adj.* **1.** Se dice de la articulación o sonido oclusivo que, por estar en posición final de sílaba, como la *b* en *ábside*, no termina en la abertura brusca que caracteriza a las consonantes explosivas. **2.** P. ext., se aplica a cualquier otra consonante en posición final de sílaba y a esta misma posición; p. ej., se dice que la *r* de *árbol* está en posición implosiva.

implume *adj.* Que no tiene plumas.

impluvio *s. m.* Espacio descubierto en medio del atrio de las antiguas casas romanas por donde entraba el agua de lluvia, que se iba acumulando en un pequeño depósito situado en el centro del atrio.

impolítico, ca *adj.* Que no tiene prudencia o tacto. **FAM.** Impolíticamente.

impoluto, ta *adj.* Limpio, inmaculado, intachable.

imponderable *adj.* **1.** Que no se puede pesar, medir o precisar. **2.** De gran valor. ‖ *s. m.* **3.** Factor que interviene en alguna cosa y cuya influencia no se puede precisar. **FAM.** Imponderabilidad, imponderablemente.

imponente *adj.* **1.** Que impone. **2.** Magnífico, estupendo. ‖ *s. m.* y *f.* **3.** En banca y bolsa, persona que ingresa dinero en una entidad bancaria.

imponer *v. tr.* **1.** Obligar a alguien a hacer, aceptar, tolerar, etc., alguna cosa. También *v. prnl.* **2.** Causar miedo o respeto. También *v. intr.* **3.** Instruir o ejercitar a alguien en una materia o actividad. También *v. prnl.* **4.** Poner un nombre. **5.** Colocar en una institución bancaria o en bolsa una cantidad de dinero en depósito o a interés. **6.** En artes gráficas, distribuir debidamente para la impresión las páginas de un pliego con sus correspondientes márgenes. ‖ *v. prnl.* **7.** Dejar a alguien clara su superioridad o ventaja sobre otros. **8.** Predominar una cosa sobre otras. ■ Es v. irreg. Se conjuga como *poner.*

imponible *adj.* **1.** Que se puede gravar con un impuesto. ‖ **2. base imponible** Parte de la renta o del patrimonio sobre la que se calcula la cantidad que ha de pagarse como impuesto.

impopular *adj.* Que disgusta a una mayoría. **FAM.** Impopularidad.

importación *s. f.* **1.** Acción y efecto de importar mercancías. **2.** Conjunto de todo lo que se importa.

importador, ra *adj.* Que importa mercancías del extranjero. También *s.*

importancia *s. f.* **1.** Valor, influencia o interés que tiene una persona o cosa. **2.** Categoría o situación social de una persona. ■ En ambas acepciones, si el término no lleva ningún calificativo, suele entenderse que la importancia es grande o elevada. ‖ **LOC. darse** uno **importancia** Presumir, aparentar superioridad.

importante *adj.* Que tiene importancia. **FAM.** Importantemente.

importar *v. intr.* **1.** Tener una persona o cosa valor, influencia, interés para alguien o algo. **2.** Ser algo asunto de alguien, interesarle, incumbirle. **3.** Como fórmula de cortesía y sobre todo en frases interrogativas, molestar. ‖ *v. tr.* **4.** Introducir en un país cosas procedentes de otro, y especialmente comprar mercancías del extranjero. **5.** Costar algo determinado precio. **FAM.** Importable, importado.

importe *s. m.* Valor de una cosa en dinero.

importunar *v. tr.* Molestar con peticiones insistentes o que están fuera de lugar. **FAM.** Importunación.

importuno, na *adj.* **1.** Inoportuno*. **2.** Impertinente, fastidioso. También *s.* **FAM.** Importunidad.

imposibilidad *s. f.* **1.** Falta de posibilidad para que exista, ocurra o se haga algo. **2.** Enfermedad o defecto físico que imposibilita o estorba para el ejercicio de algún cargo, empleo o profesión.

imposibilitado, da **1.** *p. p.* de **imposibilitar**. También *adj.* ‖ *adj.* **2.** Tullido, impedido. También *s.*

imposibilitar *v. tr.* Quitar la posibilidad de hacer o conseguir una cosa.

imposible *adj.* **1.** Que no es posible. **2.** Muy difícil. También *s. m.* **3.** Inaguantable, intratable, muy malo. ‖ **LOC. hacer lo imposible** *fam.* Hacer cuanto se puede para conseguir algo.

imposición *s. f.* **1.** Acción y efecto de imponer o de imponerse. **2.** Carga, obligación o tributo. **3.** Ingreso de una cantidad en una cuenta corriente, depósito bancario, etc. ‖ **4. imposición de manos** Rito religioso que consiste en poner las manos sobre la cabeza de los que reciben ciertos sacramentos, como la confirmación o la ordenación sacerdotal, para atraer sobre ellos la gracia del Espíritu Santo.

impositivo, va *adj.* Perteneciente o relativo a los impuestos.

imposta *s. f.* **1.** Fila de sillares sobre la que se asienta un arco. **2.** Faja o moldura que recorre horizontalmente la fachada de algunos edificios y separa sus plantas. **3.** Tablero fijo de una puerta o ventana, sobre el que cierra la hoja.

impostar *v. tr.* En mús., técnica del canto que consiste en conducir el aire a los resonadores adecuados para que la voz suene en su plenitud. **FAM.** Impostación.

impostor, ra *adj.* **1.** Se aplica a la persona que engaña con apariencia de verdad. También *s.* **2.** Suplantador, que se hace pasar por lo que no es. También *s.* **3.** Calumniador, murmurador.

impostura *s. f.* **1.** Engaño con apariencia de verdad. **2.** Acción de hacerse pasar alguien por otra persona o por lo que no es. **3.** Calumnia*.

impotencia *s. f.* **1.** Falta de poder para hacer algo. **2.** Incapacidad del varón de realizar el acto sexual. Puede deberse a razones de tipo orgánico o psíquico.

impotente *adj.* **1.** Que no tiene poder o fuerza para hacer alguna cosa. **2.** Que padece impotencia sexual. También *s.*

impracticable *adj.* **1.** Que no se puede practicar o realizar. **2.** Se dice del camino o lugar por donde es imposible o difícil pasar. **3.** Se aplica a ventanas o puertas que no se abren. **FAM.** Impracticabilidad.

imprecación *s. f.* **1.** Exclamación con la que se manifiesta el deseo de que a alguien le ocurra algo malo. **2.** Figura retórica que consiste en esa exclamación.

imprecar *v. tr.* Pronunciar imprecaciones. ■ Se conjuga como *sacar.*

imprecatorio, ria *adj.* Que implica o denota imprecación.

imprecisión *s. f.* **1.** Falta de precisión o exactitud. **2.** Cosa imprecisa.

impreciso, sa *adj.* No preciso, indefinido.

impregnar *v. tr.* **1.** Introducir entre las moléculas de un cuerpo las de otro, sin que haya combinación o mezcla. También *v. prnl.* **2.** Empapar, embeber. También *v. prnl.* ‖ *v. prnl.* **3.** Adquirir conocimientos, ideas, etc., debido al contacto con alguien o algo. **FAM.** Impregnable, impregnación.

impremeditado, da *adj.* No premeditado. **FAM.** Impremeditación.

imprenta *s. f.* **1.** Técnica de reproducir sobre papel u otro material textos y figuras mediante tipos, planchas u otros procedimientos. La imprenta tiene su origen en el grabado. Se conocen reproducciones de escritura muy antiguas, hechas sobre cera o arcilla mediante sellos como los encontrados en Sumer y Mesopotamia (h. s. XIX o XVIII a. C.). En China, la impresión por medio de caracteres independientes se remonta al s. X. En Occidente se atribuye al alemán Gu-

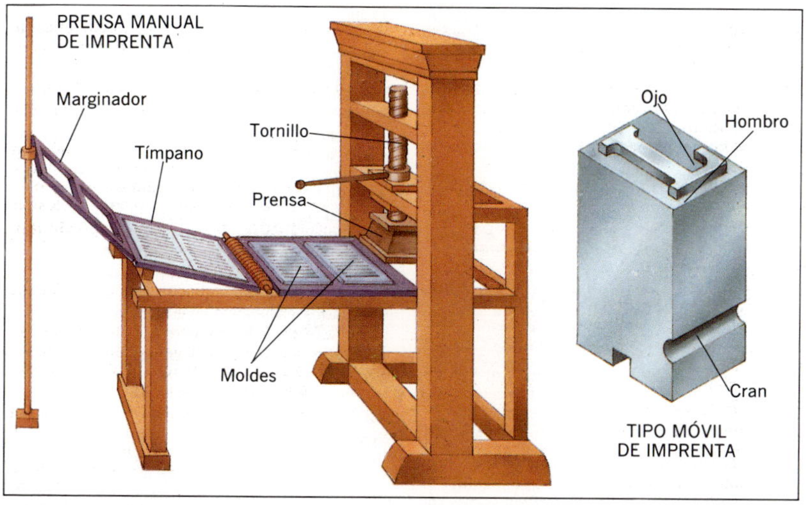

Antigua prensa manual de imprenta: el pliego de papel se pone en el tímpano y se cubre con el marginador; los moldes de tipos móviles se entintan con un rodillo; el tímpano se gira sobre su bisagra y entra en contacto con los moldes; mediante el giro del tornillo la prensa comprime el papel contra los moldes y el pliego queda debidamente impreso.

tenberg la invención de la imprenta moderna de tipos metálicos móviles, con la que editó la *Biblia* en 1455. En la impresión tipográfica tal como la ideó Gutenberg, el texto que se quiere imprimir se compone con tipos independientes, cada uno de los cuales contiene una letra o signo ortográfico en relieve. La página compuesta se entinta y el papel se imprime por presión. Este sistema de impresión, que al principio utilizaba prensas de madera, se fue perfeccionando gracias a otras clases de prensas (de platina, de cilindros, etc.). Posteriormente aparecieron otros procedimientos de impresión, como el huecograbado, que se extendió en la segunda mitad del s. XIX, y el offset, cuyas primeras máquinas fueron diseñadas a principios del s. XX. La invención de la imprenta contribuyó a la creación del mundo moderno por cuanto permitía una mayor difusión de la cultura. **2.** Taller o lugar donde se imprime.

imprentilla *s. f.* Colección de letras, números y signos de caucho u otro material que sirven para componer algunas palabras y poder imprimirlas.

imprescindible *adj.* Se dice de aquel o aquello de lo que no se puede prescindir. También *s.*

imprescriptible *adj.* Que no puede prescribir. **FAM.** Imprescriptibilidad.

impresentable *adj.* Que no es apto para presentarse o ser presentado. También *s.*

impresión *s. f.* **1.** Acción y efecto de imprimir. **2.** Forma de estar impreso. **3.** Marca que una cosa deja en otra contra la que se aprieta. **4.** Efecto, generalmente grande o fuerte, que las cosas, los acontecimientos, etc., producen en una persona. **5.** Opinión o conjetura que alguien se forma de algo. **6.** En la filosofía empirista, representación de la mente a partir de una experiencia sensible, esto es, conocimiento de algún aspecto de la realidad a través de los sentidos. ‖ **7. impresión dactilar** (o **digital**) La que deja la yema de un dedo en un objeto o superficie al tocarlo. ‖ **LOC. cambiar impresiones** Comunicarse dos o más personas su opinión sobre algo. **de impresión** *adj.* Impresionante.

impresionable *adj.* **1.** Se dice de las personas que se impresionan o emocionan fácilmente. **2.** Que se puede impresionar por la luz, el sonido, etc.

impresionante *adj.* Que impresiona, que causa gran emoción o sensación.

impresionar *v. tr.* **1.** Causar en alguien una gran impresión o emoción. También *v. prnl.* **2.** Fijar una imagen, sonido, etc., en una superficie sensible, como una placa fotográfica o una cinta magnetofónica.

impresionismo *s. m.* **1.** Movimiento y estilo pictórico que surgió en Francia a finales del s. XIX y que se caracteriza por reproducir las impresiones que la naturaleza o cualquier objeto produce en el artista. La pintura impresionista fue creada y desarrollada en París a partir de 1860 por un grupo de artistas franceses que rechazaban el academicismo vigente en la época y que, para realizar su obra, abandonaron el taller y plantaron sus caballetes al aire libre, tratando de captar en sus lienzos los cambios de color que produce la luz solar a lo largo del día, las variaciones del clima o las estaciones del año. Camille Pissarro, Claude Monet, Alfred Sisley, Edgar Degas, Auguste Renoir, Paul Cézanne y Berthe Morisot constituyeron la «Sociedad anónima de pintores, escultores y grabadores», que en 1874 organizó una exposición en el taller del fotógrafo Nadar. El nombre de «impresionistas» les fue impuesto, en tono despectivo, por el crítico Louis Leroy, a causa del cuadro de Claude Monet *Amanecer, impresión* (1872). En un primer momento chocaron con la hostilidad oficial y la negativa a aceptar sus cuadros en las sucesivas exposiciones nacionales. A partir de 1880, los distintos miembros del grupo siguieron nuevas direcciones en el desarrollo de su arte. En 1900, el arte impresionista alcanzó la plena consagración y su influencia se extendió al resto de los países europeos. En España, los más destacados representantes de este estilo son Darío Regoyos y Joaquín Sorolla. **2.** Movimiento musical que floreció en Francia desde finales del s. XIX hasta la Primera Guerra Mundial y cuyos principales representantes fueron Claude Debussy, Maurice Ravel y Paul Dukas. Entre sus características más significativas se pueden señalar la expresión de impresiones y sentimientos y el uso de formas libres de armonía y acordes, a veces disonantes. **FAM.** Impresionista.

impreso, sa **1.** *p. p.* irreg. de **imprimir**. También *adj.* ‖ *s. m.* **2.** Obra o escrito reproducido mediante técnicas de impresión. **3.** Formulario para llenar a mano o a máquina.

impresor, ra *adj.* **1.** Que imprime. ‖ *s. m.* y *f.* **2.** Persona que dirige o posee una imprenta. **3.** Operario de una imprenta. ‖ *s. f.* **4.** En inform., máquina que imprime sobre papel la información tratada. Las impresoras más modernas, controladas por ordenador, imprimen por medio de chorros de tinta, rayos láser o mediante impacto de una matriz de agujas sobre una cinta entintada.

imprevisible *adj.* Que no se puede prever.

imprevisión *s. f.* Falta de previsión.

imprevisto, ta *adj.* **1.** No previsto, que ocurre sin que se haya contado con ello. También *s. m.* ‖ *s. m. pl.* **2.** Gastos inesperados. **FAM.** Imprevistamente.

imprimar *v. tr.* Preparar con el tratamiento adecuado lo que se ha de pintar o teñir. **FAM.** Imprimación.

imprimátur (voz lat. que significa 'sea impreso') *s. m.* Permiso que concede la autoridad eclesiástica para imprimir un escrito.

imprimir *v. tr.* **1.** Reproducir en papel u otro material textos e ilustraciones. **2.** Elaborar un libro u otra obra impresa. **3.** Dejar una marca mediante presión. **4.** Fijar en el ánimo o en la memoria algún sentimiento, sensación, idea, etc. **5.** Dar a algo determinado carácter, estilo u orientación. **6.** Comunicar actividad, velocidad y cosas semejantes. ▪ Este verbo tiene dos p. p.: uno reg., *imprimido*, para la formación de los tiempos compuestos, y otro irreg., *impreso*, utilizado también como adjetivo.

improbable *adj.* Poco probable. **FAM.** Improbabilidad, improbablemente.

improbidad *s. f.* Falta de probidad u honradez.

ímprobo, ba *adj.* **1.** Aplicado a un trabajo, esfuerzo, etc., muy grande y continuado. **2.** Que no tiene probidad u honradez.

improcedente *adj.* **1.** Que no es oportuno o adecuado. **2.** Que no se ajusta a la ley o a los reglamentos. **FAM.** Improcedencia.

improductivo, va *adj.* Que no produce fruto, ganancia o resultado. **FAM.** Improductividad.

impromptu *s. m.* Composición musical breve para piano y otros instrumentos, que por su libertad formal sugiere la idea de una improvisación. Aparece con frecuencia en la época romántica. Son famosos los impromptus de Liszt, de Schubert, de Schumann y de Chopin.

impronta *s. f.* **1.** Reproducción de una imagen en hueco o en relieve sobre una materia blanda. **2.** Estilo, carácter peculiar. **3.** Influencia que alguien o algo deja en otros.

impronunciable *adj.* **1.** Muy difícil o imposible de pronunciar. **2.** Que no se debe o no conviene decir.

improperio *s. m.* **1.** Insulto grave de palabra. ▪ Suele emplearse en las loc. **llenar** o **cubrir** (a alguien) **de improperios**. ‖ *pl.* **2.** Versículos que se cantan durante la adoración de la cruz en el oficio del Viernes Santo.

impropiedad *s. f.* **1.** Cualidad de impropio. **2.** Falta de propiedad al emplear las palabras.

impropio, pia *adj.* **1.** Extraño a una persona o cosa. **2.** Inadecuado. **FAM.** Impropiamente.

improrrogable *adj.* Que no se puede prorrogar.

improvisación *s. f.* **1.** Acción y efecto de improvisar. **2.** Aquello que se improvisa. **3.** Composición creada o desarrollada por un músico al tiempo que la ejecuta, basándose en un tema previo o en su fantasía. Ejemplos de improvisación son frecuentes en el jazz.

improvisar *v. tr.* **1.** Hacer una cosa sin preparación, inventándola o componiéndola a medida que se realiza. **2.** Hacer algo con los medios disponibles. **FAM.** Improvisadamente, improvisado, improvisador.

improviso, sa *adj.* Imprevisto. ▪ Se usa casi exclusivamente en la locución adverbial **de improviso**, de repente, sin avisar.

Impresionismo: Fachada de la catedral de Ruán, *de Claude Monet (Museo de Orsay, París).*

imprudencia *s. f.* **1.** Falta de prudencia. **2.** Dicho o acto imprudente. || **3. imprudencia temeraria** La que por representar un peligro para otras personas constituye un delito.

imprudente *adj.* Que carece de prudencia. También *s.* **Fam.** Imprudentemente.

impúber *adj.* Que aún no ha alcanzado la pubertad. También *s.*

impudicia *s. f.* Falta de pudor o vergüenza.

impúdico, ca *adj.* Que no tiene pudor. También *s.* **Fam.** Impúdicamente.

impudor *s. m.* **1.** Impudicia*. **2.** Cinismo, descaro.

impuesto, ta 1. *p. p.* de **imponer**. También *adj.* || *s. m.* **2.** Entrega de dinero que el Estado o las administraciones locales exigen a los ciudadanos para poder atender a las necesidades públicas. || **3. impuesto directo** El que se paga por la renta, el capital, el patrimonio y los beneficios y se recauda periódicamente. **4. impuesto indirecto** El que se paga por el consumo de ciertos artículos, en cuyo precio va incluido, por las transmisiones de bienes y por los actos jurídicos documentados. **5. impuesto sobre el valor añadido** (IVA) El indirecto sobre el consumo que se aplica no sólo sobre el precio del producto final, sino sobre todas las fases del proceso de producción y distribución, y en el que de la cantidad que hay que pagar por cada venta de bienes o prestación de servicios se descuenta el impuesto ya soportado en las compras o adquisiciones. **6. impuesto sobre la renta de las personas físicas** (IRPF) Denominación que recibe en España el impuesto general que las personas físicas han de pagar anualmente por el conjunto de sus ingresos, que incluyen los rendimientos de trabajo, del capital mobiliario e inmobiliario y de las actividades profesionales o artísticas, empresariales o agrarias.
Hist. y ***Econ.*** Los impuestos existieron ya en la antigüedad y al principio eran el tributo al que se veían sometidas las poblaciones por sus conquistadores o vencedores. Posteriormente se convirtieron en una obligación de los súbditos para con sus soberanos. En el mundo moderno, el fundamento del impuesto es el deber del ciudadano de contribuir al gasto público de acuerdo con su capacidad económica. El Estado administra los fondos recaudados a través de los impuestos y los destina al sostenimiento de los organismos públicos y a prestar a los ciudadanos diversos servicios esenciales: educación, sanidad, obras públicas, etc. De este modo, el impuesto es también un sistema de redistribuir la renta, permitiendo a las clases sociales menos favorecidas el acceso a unos bienes y servicios mínimos e indispensables, que son pagados por el conjunto de los ciudadanos y en mayor medida por los que más ganan o poseen.

impugnar *v. tr.* Oponerse con razones a algo, por considerar que no es cierto o legal. **Fam.** Impugnable, impugnación, impugnador, impugnante.

impulsar *v. tr.* **1.** Hacer que algo se mueva empujándolo o aplicándole una fuerza. También *v. prnl.* **2.** Estimular una acción, actividad, etc. **3.** Animar, incitar. **Fam.** Impulsor.

impulsivo, va *adj.* Se dice de quien obra sin reflexionar, llevado de sus impulsos y sentimientos, y también de su actitud, carácter y acciones. También *s.* **Fam.** Impulsivamente, impulsividad.

impulso *s. m.* **1.** Acción y efecto de impeler o impulsar. **2.** Fuerza con que algo se mueve, desarrolla, etc. **3.** Estímulo o deseo que lleva a alguien a obrar de cierta manera. **4.** En fís., acción de la fuerza ejercida durante un cierto intervalo de tiempo. **5.** Grupo de oscilaciones de elevada frecuencia y corta duración transmitidas periódicamente por un emisor de radio. || **6. impulso electromagnético** Cantidad de movimiento transportado por las radiaciones electromagnéticas. La radiación electromagnética transporta, además de energía, un impulso dado por:

$$p = \frac{h}{\lambda}$$

donde h es la constante de Planck y λ la longitud de onda de la radiación. **7. impulso nervioso** Cada una de las ondas de energía electroquímica que se transmiten a lo largo de las fibras nerviosas hasta una neurona o un órgano, produciendo cierto efecto o respuesta a un estímulo.|| **Loc. a impulsos de** *prep.* Impulsado o motivado por lo que se expresa. **coger** (o **tomar**) **impulso** Correr, balancearse o contraerse para ganar empuje en el salto.
Fís. El valor del impulso se calcula como:

$$I = \int_{t_0}^{t} \vec{F} \cdot dt$$

y teniendo en cuenta $\vec{F} = m \cdot \vec{a} = m \dfrac{d\vec{v}}{dt}$:

$$I = \int_{t_0}^{t} m \frac{d\vec{v}}{dt} dt = \int_{v_0}^{v} md\vec{v} = \int_{v_0}^{v} d(m\vec{v}) = $$
$$= m\vec{v} - m\vec{v}_0$$

Donde I es el impulso, F la fuerza, t el tiempo, t_0 el tiempo inicial, m la masa, a la aceleración, v la velocidad y v_0 la velocidad inicial.
Cada uno de estos dos últimos términos se denominan *cantidad de movimiento* o *momento lineal*, por lo que el impulso es igual a la variación que experimenta la cantidad de movimiento.

impune *adj.* Que queda sin castigo. **Fam.** Impunemente.

impunidad *s. f.* Hecho de quedar impune la persona o acto que lo merece.

impureza *s. f.* **1.** Cualidad de impuro. **2.** Sustancia extraña en una materia o en un cuerpo. **3.** Falta de castidad.

impurificar *v. tr.* Volver impuro. ▪ Se conjuga como *sacar*. **Fam.** Impurificación.

impuro, ra *adj.* **1.** No puro. **2.** Indecente, deshonesto. **Fam.** Impuramente.

imputable *adj.* Que se puede imputar a alguien o algo. **Fam.** Imputabilidad.

imputación *s. f.* **1.** Acción de imputar. **2.** Aquello que se imputa.

imputar *v. tr.* **1.** Atribuir a alguien una falta o un delito. **2.** Atribuir a algo la causa de cierto perjuicio o daño. **3.** Dar cierto destino a una cantidad de dinero. **Fam.** Imputador.

imputrescible *adj.* Que no se pudre, o no lo hace fácilmente.

in (voz ingl.) *adj.* Que está de moda o de actualidad. También *adv.*

in- *pref.* **1.** Significa 'en', 'dentro de': *inmigración, infiltrar.* **2.** Significa 'privación' o 'negación': *incapacitar, incierto.* ▪ Toma la forma *im-* ante *p* o *b*: *imposible*; e *i-* ante *l* o *r*: *ilegal, irreal.*

-in, -ina *suf.* **1.** Unido a sustantivos y adjetivos forma diminutivos: *pequeñín.* ▪ Muchos de estos derivados se han independizado, desarrollando un significado propio: *botiquín, figurín.* **2.** Añadido a verbos da lugar a adjetivos y sustantivos que designan al que ejecuta la acción: *bailarín, cantarín.* **3.** Forma también algunos gentilicios: *mallorquín.*

in aeternum *loc. adv. lat.* Significa 'para siempre'.

in albis *loc. adv. lat.* En blanco, sin entender, sin enterarse.

in articulo mortis *loc. adv. lat.* Significa 'en el momento de la muerte'.

in crescendo *loc. adv. lat.* En aumento.

in extenso *loc. adv. lat.* Significa 'por extenso', con todos sus detalles.

in extremis *loc. adv. lat.* **1.** En los últimos instantes de la vida, cuando se está a punto de morir. **2.** En el último momento, al final.

in fraganti *loc. adv. lat.* En el mismo momento en que se está cometiendo una falta o delito. ▪ Se escribe también *infraganti.*

in medias res *loc. adv. lat.* Significa 'en mitad del asunto' e indica que una obra, capítulo, etc., comienza en mitad de la acción, o que una cosa empieza en medio del desarrollo de algo.

in memoriam *loc. adv. lat.* Significa 'en recuerdo' y se emplea con relación a una persona que ha muerto.

in mente *loc. adv. lat.* Significa 'en la mente, en el pensamiento'.

in pectore *loc. adv. lat.* Significa 'en el pecho' y se dice del cardenal que ya ha sido designado por el papa, pero que no será proclamado hasta el momento oportuno. También, se aplica a la decisión que ya ha sido tomada, pero se reserva para una determinada ocasión.

in puribus *loc. adv. lat. fam.* Desnudo, en cueros; deformación de *in puris naturalibus*, que significa 'en estado puramente natural'.

in saecula saeculorum o **in secula seculorum** *loc. adv. lat.* Significa 'por los siglos de los siglos' y se emplea para expresar una duración de tiempo indefinido o muy largo.

in situ *loc. adv. lat.* Significa 'en el mismo sitio', en el mismo lugar en que sucede, se desarrolla o se encuentra algo.

in vitro *loc. adv. lat.* Significa 'en vidrio' y designa los procesos biológicos y experimentos realizados en laboratorio, fuera del organismo, p. ej. la *fecundación in vitro.*

in vivo *loc. adv. lat.* Significa 'en vivo' y designa los procesos biológicos y experimentos que se realizan en organismos vivos.

In Símbolo químico del indio.

-ina *suf.* **1.** Significa 'relacionado con': *cafeína, marina.* **2.** Forma derivados a los que aporta un matiz de intensidad o insistencia: *llantina, regañina.* **3.** Terminación de fármacos y productos químicos: *morfina, penicilina.*

inabarcable *adj.* Que no se puede abarcar.

inabordable *adj.* Que no se puede o es difícil de abordar o tratar.

inacabable *adj.* Que no se acaba o no se le ve un final cercano.

inacabado, da *adj.* Que no está acabado.

inaccesible *adj.* **1.** Imposible de alcanzar o lograr. **2.** Se dice de la persona o lugar a los que es muy difícil acceder. **3.** Incomprensible. **Fam.** Inaccesibilidad, inaccesiblemente.

inacción *s. f.* Inactividad*.

inacentuado, da *adj.* Que no tiene acento.

inaceptable *adj.* Que no se puede aceptar.

inactivar *v. tr.* Suprimir la actividad. También *v. prnl.* **Fam.** Inactivación.

inactividad *s. f.* Falta de actividad o movimiento.

inactivo, va *adj.* Que se halla en estado de inactividad.

inactual *adj.* Que no es actual.

inadaptable *adj.* Que no se puede adaptar. **Fam.** Inadaptabilidad.

inadaptación *s. f.* Falta de adaptación.

inadaptado, da *adj.* Que no se adapta a determinadas condiciones o circunstancias; se dice especialmente de las personas con respecto a su situación familiar, social, etc. También *s.*

inadecuación *s. f.* Falta de adecuación.

inadecuado, da *adj.* Que no es adecuado.

inadmisible *adj.* Que no se puede admitir o tolerar.

inadvertencia *s. f.* Distracción, ignorancia, imprevisión.

inadvertido, da *adj.* **1.** No advertido o notado. **2.** Distraído, desprevenido. **Fam.** Inadvertidamente.

inagotable *adj.* Que no se puede agotar, que dura o produce mucho.

inaguantable *adj.* Que no se puede aguantar o es muy difícil aguantarlo.

inalámbrico, ca *adj.* Se aplica al sistema de comunicación eléctrica que no utiliza cables para la transmisión.

inalcanzable *adj.* Que no se puede alcanzar.

inalienable *adj.* **1.** Se aplica a la propiedad que no se puede vender o ceder legalmente. **2.** Que no puede ser negado o quitado a alguien.

inalterable *adj.* **1.** Que no se altera o no se puede alterar. **2.** Se dice de la persona que no pierde la serenidad, ni cambia el gesto, la expresión, etc., o no refleja ninguna emoción. **Fam.** Inalterabilidad, inalterablemente.

inalterado, da *adj.* Que no presenta alteración o cambio.

inamovible *adj.* **1.** Que no puede ser movido o cambiado. **2.** Se dice de ciertos cargos en los que las personas que los ocupan no pueden ser trasladadas o separadas de ellos fuera de los casos previstos por la ley. **Fam.** Inamovilidad.

inane *adj.* Insustancial, que no tiene contenido o valor.

inanición *s. f.* Estado de extrema debilidad producido por la falta de alimentos o dificultades en su asimilación.

inanidad *s. f.* **1.** Cualidad de inane. **2.** Cosa inane.

inanimado, da *adj.* Que no tiene vida; se aplica a los seres que no son ni animales ni vegetales, como p. ej. los minerales.

inánime *adj.* **1.** Exánime, muerto. **2.** Inanimado*.

inapelable *adj.* **1.** Se aplica a la sentencia o decisión contra la que no se puede apelar. **2.** Que no ofrece duda, indiscutible. **3.** Inevitable, irremediable.

inapetencia *s. f.* Falta de apetito o ganas de comer.

inapetente *adj.* Que no tiene apetito o ganas de comer.

inaplazable *adj.* Que no se puede aplazar o dejar para más tarde.

inapreciable *adj.* **1.** De gran valor o importancia. **2.** Que no se puede apreciar o distinguir. **3.** De mínimo valor o importancia.

inaprensible *adj.* **1.** Que no se puede comprender o captar. **2.** Que no se puede coger.

inaprensivo, va *adj.* Que no tiene aprensión. También *s.*

inapropiado, da *adj.* No apropiado.

inarmónico, ca *adj.* Que no es armónico; se aplica especialmente a los sonidos.

inarrugable *adj.* Que no se arruga.

inarticulado, da *adj.* **1.** Que no está articulado. **2.** Se dice de los sonidos de la voz que no llegan a formar palabras, p. ej. los gritos.

inasequible *adj.* No asequible, imposible de conseguir.

inasible *adj.* **1.** Que no se puede asir o coger. **2.** Que no se puede comprender.

inasistencia *s. f.* Falta de asistencia.

inasistente *adj.* Que no asiste o no está presente en un lugar, reunión, etc.

inastillable *adj.* Se dice del vidrio cuya rotura no produce fragmentos agudos ni cortantes.

inatacable *adj.* **1.** Que no puede ser atacado, p. ej. un material. **2.** Que es tan evidente que no se puede atacar o contradecir.

inatento, ta *adj.* Descortés, desatento. **Fam.** Inatención.

inaudible *adj.* Que no se oye o no se puede oír.

inaudito, ta *adj.* **1.** Nunca oído. **2.** Asombroso, increíble. **3.** Muy malo, intolerable.

inauguración *s. f.* Acción y efecto de inaugurar y acto con el que se inaugura algo.

inaugural *adj.* Perteneciente o relativo a una inauguración.

inaugurar *v. tr.* **1.** Dar comienzo a una cosa con un acto solemne. **2.** Abrir un establecimiento o negocio con algún tipo de celebración. **Fam.** Inaugurable.

inauténtico, ca *adj.* Que no es auténtico.

inca *adj.* **1.** Se dice del pueblo amerindio que habitaba el sector occidental de Sudamérica y formó un importante imperio que a la llegada de los españoles se extendía desde Quito al N hasta Santiago de Chile al S y penetraba en el interior del continente por la región del Altiplano trasandino. **2.** De este pueblo. También *s.* ‖ *s. m.* **3.** Denominación del soberano que lo gobernaba. **4.** Moneda de oro peruana equivalente a 20 soles. ‖ *s. m.* y *f.* **5.** Habitante de la región de Cuzco.
Hist. El origen remoto del imperio inca es impreciso, pero no se remonta a fechas anteriores al s. XI o XII. El fundador de la dinastía fue el inca Manco Cápac, a quien siguieron doce soberanos hasta 1532, fecha de la conquista de Francisco Pizarro. El imperio estaba organizado con una rígida jerarquía social y tenía una estructura política y religiosa muy evolucionada. Las clases inferiores se dedicaban a la agricultura y la ganadería, y pagaban sus tributos mediante la prestación de trabajos que repercutían en beneficio de la comunidad. Mantenían el principio de la propiedad y del trabajo colectivo: la propiedad privada no se respetaba salvo en el caso de los bienes personales. Los incas erigieron grandes templos de arquitectura megalítica, cuya perfección y majestuosidad deslumbraron a los conquistadores españoles. Las ruinas de Machu Picchu, que corresponden a un gran templo y varios palacios y fortalezas, permiten aún hoy admirar la solidez y grandeza de las construcciones incaicas. Trazaron una red de calzadas suficiente para garantizar las comunicaciones y permitir rápidos desplazamientos del ejército. No conocían el hierro y carecían de escritura, pero desarrollaron una poesía de tradición oral muy valiosa, que se encontraba esencialmente unida con la música y el canto. Su cultura fue la más evolucionada de las americanas precolombinas. La conquista del imperio fue realizada por Pizarro aprovechando las luchas internas entre Atahualpa y Huáscar, hijos del inca Huayna Cápac.

Arquitectura inca: ruinas de Pisac, ciudad incaica situada al noroeste de Cuzco.

Inca C. de España, en la prov. de Baleares. 22.200 h. en 1990. Situada en el centro de la isla de Mallorca, es la capital de la comarca del Pla. Tiene una producción agrícola de primicias e industria de calzado y tejidos.

Inca Roca (s. XIV) Sexto soberano inca. Sucedió a Cápac Yupanqui y fue el primero que procedía de Hanan Cuzco (Cuzco Alto), pues los anteriores eran de Hurin Cuzco (Cuzco Bajo). Envió expediciones contra los antis y chancas, realizó importantes obras en el Cuzco y convirtió el imperio en el más floreciente de América.

incachable *adj. Amér. C.* Inútil, inservible.

Incahuasi Pico volcánico de los Andes meridionales, en la frontera argentino-chilena. Su cima más elevada alcanza los 6.620 m de altitud.

incaico, ca *adj.* Perteneciente o relativo a los incas.

incalculable *adj.* **1.** Que no se puede calcular. **2.** Muy grande o numeroso.

incalificable *adj.* **1.** Que merece desaprobación o rechazo. **2.** Que no se puede calificar.

incandescencia *s. f.* Cualidad o estado de incandescente.

incandescente *adj.* Se dice del cuerpo metálico que por la acción del calor se pone rojo o blanco luminoso.

incansable *adj.* Que no se cansa o resiste mucho sin cansarse. **Fam.** Incansablemente.

incapacidad *s. f.* **1.** Falta de capacidad para algo. **2.** Estado de la persona que se ve privada de algunos derechos. **3.** Estado de la persona que queda imposibilitada para ejercer la actividad laboral debido a una enfermedad o accidente.

incapacitado, da **1.** *p. p.* de **incapacitar**. También *adj.* ‖ *adj.* **2.** Se dice de las personas que carecen de capacidad legal, como los locos, los pródigos, los reos que sufren pena de interdicción, etc.

incapacitar *v. tr.* **1.** Hacer que alguien o algo no pueda hacer cierta cosa. **2.** Declarar oficialmente la incapacidad de una persona para ejercer todos o determinados derechos civiles o para ocupar un cargo público.

incapaz *adj.* **1.** Que no tiene capacidad para cierta cosa o no puede hacerla. **2.** Sin capacidad legal para ciertos actos. **3.** Que no tiene suficiente capacidad para contener algo. **4.** *fam.* Que tiene poco talento o habilidad.

incardinar *v. tr.* **1.** Referido a ideas, obras artísticas o literarias, etc., encuadrar. Se usa más como *v. prnl.* **2.** Admitir un obispo como súbdito suyo a un eclesiástico de otra diócesis. También *v. prnl.* **Fam.** Incardinación.

incautarse *v. prnl.* **1.** Apoderarse una autoridad competente de todos o parte de los bienes de una persona o entidad. **2.** Apropiarse de algo injustamente. **Fam.** Incautación.

incauto, ta *adj.* **1.** Que no tiene cautela o precaución. También *s.* **2.** Que se deja engañar fácilmente. También *s.* **Fam.** Incautamente.

Ince, Thomas Harper (Newport 1882 - Hollywood 1924) Director y productor de cine estadounidense. Forjó el *western* cinematográfico con la serie de *Río Jim*, protagonizada por el actor William S. Hart. Implantó el uso del guión técnico previo en el rodaje. Entre las películas que dirigió destacan *La cólera de los dioses* (1914), *El huracán* (1914) y *La cruz de la humanidad* (*Civilization*, 1916).

incendiar *v. tr.* Prender fuego a algo provocando un incendio. También *v. prnl.*

incendiario, ria *adj.* **1.** Se aplica a las cosas destinadas a incendiar o que pueden provocar un incendio. **2.** Se aplica a la persona que provoca voluntariamente un incendio. También *s.* **3.** Apasionado, revolucionario.

incendio *s. m.* Fuego grande que quema y destruye cosas que no estaban destinadas a arder.

incensada *s. f.* **1.** Movimiento del incensario. **2.** Adulación.

incensar *v. tr.* **1.** Echar con el incensario el humo del incienso. **2.** Adular. ■ Es v. irreg. Se conjuga como *pensar.* **Fam.** Incensación.

incensario *s. m.* Especie de braserillo que cuelga de unas cadenas y sirve para quemar incienso y echar su humo.

incentivar *v. tr.* Estimular a alguien para que haga algo o lo haga mejor, o dar estímulos para que algo mejore.

incentivo, va *adj.* **1.** Que anima a hacer o desear algo. También *s.* ‖ *s. m.* **2.** En el campo laboral, estímulo ofrecido a los trabajadores para favorecer e incrementar su rendimiento; suele ser un sobresueldo. **3.** En política económica, estímulo creado por la autoridad para favorecer e incrementar la inversión, la contratación, la creación de puestos de trabajo, etc.

incentro *s. m.* En geom., punto en el que se cortan las bisectrices interiores de un triángulo; es el centro de la circunferencia inscrita en el mismo.

incertidumbre *s. f.* **1.** Falta de certeza o seguridad. **2.** Indecisión.

incesante *adj.* Que no cesa, muy frecuente. **Fam.** Incesantemente.

incesto *s. m.* Relación sexual entre familiares en grado próximo, a los que la ley prohíbe contraer matrimonio entre sí.

incestuoso, sa *adj.* Perteneciente o relativo al incesto o que lo comete. También *s.* **Fam.** Incestuosamente.

Inchon C. de la República de Corea, cap. de la prov. de Kyonggi, situada al SO de Seúl, en las costas del mar Amarillo. 1.682.000 h. en 1990. En el sector industrial cuenta con acerías, fabricación de productos químicos y textiles y refinerías de petróleo. Tiene una importante actividad portuaria.

incidencia *s. f.* **1.** Lo que sucede en el transcurso de algo y tiene conexión con ello sin ser esencial. **2.** Acción y efecto de incidir. **3.** En geom., caída de una línea, plano o cuerpo sobre otro.

incidental *adj.* **1.** Secundario, no principal. **2.** Inesperado, accidental. **FAM.** Incidentalmente.

incidente *adj.* **1.** Que incide. ‖ *s. m.* **2.** Hecho que interrumpe u obstaculiza un acto o asunto. **3.** Disputa o choque entre dos o más personas. **4.** Incidencia en el transcurso de algo. **5.** En una obra teatral, poema, novela, etc., acontecimiento o relato accesorio a la acción principal. **6.** En der., cuestión distinta del principal asunto, pero relacionada con él, que se decide por separado.

incidir[1] (del lat. *incidere*, dar sobre algo) *v. intr.* **1.** Afectar, influir. **2.** Tratar un tema, asunto, etc., o insistir en él. **3.** Caer en una falta o error. **4.** Chocar una cosa contra otra.

incidir[2] (del lat. *incidere*, de *caedere*, cortar) *v. intr.* Hacer una incisión o cortadura quirúrgica.

incienso *s. m.* **1.** Gomorresina aromática que se extrae de diversas especies de árboles de la familia burseráceas y que produce un olor aromático al arder. Se usa especialmente en ceremonias religiosas. **2.** *fam.* Adulación, coba.

inciertamente *adv. m.* Con incertidumbre o inseguridad.

incierto, ta *adj.* **1.** Que no es cierto, falso. **2.** No seguro, dudoso, impreciso. **3.** Desconocido.

incinerador, ra *adj.* Se dice de la instalación o aparato que sirve para incinerar. También *s. m.*

incinerar *v. tr.* Quemar algo hasta convertirlo en cenizas. **FAM.** Incinerable, incineración.

incipiente *adj.* Que empieza.

incircunciso, sa *adj.* No circuncidado.

incisión *s. f.* Corte o raja que se hace en un cuerpo con algún instrumento cortante.

incisivo, va *adj.* **1.** Que sirve para abrir o cortar. **2.** Agudo, penetrante, que ataca con ironía. ‖ *s. m.* **3.** Diente de una sola raíz, plano y cortante, situado en la parte anterior del maxilar.

inciso *s. m.* **1.** Construcción, comentario, etc., que se intercala en una oración o en la línea principal del discurso. **2.** Pausa en el desarrollo de una acción para cambiar de asunto, actividad, etc.

incisorio, ria *adj.* Que corta o puede cortar; se aplica especialmente a los instrumentos de cirugía.

incitamiento o **incitamento** *s. m.* Aquello que incita.

incitante *adj.* **1.** Que incita. **2.** Provocativo, que despierta el deseo sexual.

incitar *v. tr.* **1.** Animar a alguien para que haga alguna cosa, especialmente algo malo. **2.** Excitar sexualmente. **FAM.** Incitación, incitador.

incivil o **incívico, ca** *adj.* **1.** Que no tiene civismo, que no cumple las obligaciones de un buen ciudadano. **2.** Que no tiene educación o cortesía. **FAM.** Incivilmente.

incivilizado, da *adj.* **1.** Que aún no ha sido civilizado. **2.** Que carece de civismo o educación.

inclasificable *adj.* Que no puede ser clasificado.

inclaustración *s. f.* Ingreso en una orden monástica o religiosa de clausura.

inclemencia *s. f.* **1.** Falta de clemencia. **2.** Referido al tiempo, condición de inclemente. Se usa sobre todo en *pl.*

inclemente *adj.* **1.** Sin clemencia, duro y riguroso. **2.** Se aplica al tiempo atmosférico desagradable y perjudicial por el frío, el fuerte viento, etc.

inclinación *s. f.* **1.** Acción y efecto de inclinar o inclinarse. **2.** Dirección de una línea o superficie con respecto a otra. **3.** Reverencia hecha con el cuerpo o la cabeza. **4.** Afición, vocación. **5.** Afecto, cariño. **6.** Propensión, tendencia. **7.** En astron., ángulo formado por el plano de la órbita de un planeta con el plano de la eclíptica. ‖ **8. inclinación magnética** Ángulo que forma la dirección del campo magnético terrestre con el plano del horizonte en un punto cualquiera de la Tierra.

inclinar *v. tr.* **1.** Apartar una cosa de su posición horizontal o vertical. También *v. prnl.* **2.** Influir en las acciones o decisiones de alguien. ‖ *v. prnl.* **3.** Tender a algo. **4.** Parecerse.

inclinómetro *s. m.* **1.** Instrumento que mide la inclinación de un avión con respecto al plano horizontal. **2.** Aparato utilizado para medir la inclinación magnética.

ínclito, ta *adj.* Ilustre, noble, célebre.

incluir *v. tr.* **1.** Hacer que una persona o cosa forme parte de algo. **2.** Contener una cosa a otra.

inclusa *s. f.* Establecimiento benéfico donde se recoge a niños huérfanos o abandonados.

inclusero, ra *adj.* **1.** Se dice de la persona que se ha criado en la inclusa. También *s.* **2.** *fam.* Se aplica al producto que no tiene marca o no es conocida.

inclusión *s. f.* **1.** Acción y efecto de incluir. **2.** Aquello que ha sido incluido en una cosa. **3.** En mat., relación entre dos conjuntos que indica que el conjunto A está incluido en el conjunto B: $A \subset B$; esto ocurre cuando todos los elementos de A son elementos de B. Su símbolo es $\subset$.

inclusive *adv. m.* **1.** Incluyendo el primero y último de los términos de una serie que se menciona. **2.** Incluso.

inclusivo, va *adj.* Que incluye o tiene capacidad de incluir.

incluso, sa *adj.* **1.** Incluido. ‖ *adv.* **2.** Sirve para ponderar algo: *Es difícil incluso para un experto.* **3.** Incluyendo la persona o cosa que se expresa. **4.** Además.

incluyente *adj.* Que incluye.

incoar *v. tr.* Dar comienzo a algo, especialmente un proceso administrativo, un expediente, un pleito, etc. **FAM.** Incoación.

incoativo, va *adj.* **1.** Que indica el comienzo de una acción. **2.** Se aplica al verbo o expresión verbal que señala el principio de una acción o el paso a un estado determinado, como p. ej. *florecer, envejecer, echarse a reír*, etc.

incoercible *adj.* Que no puede ser coercido o reprimido.

incógnita *s. f.* **1.** Cantidad o magnitud no conocida en una ecuación, un problema, etc., que hay que averiguar; suele representarse por las letras *x, y* o *z*. **2.** Aquello que se ignora sobre un hecho, asunto, etc.

Incisivos de diversos mamíferos, adaptados a sus respectivas formas de alimentación: de carnívoro (lobo), herbívoro (ciervo), roedor (ardilla) y omnívoro (hombre).

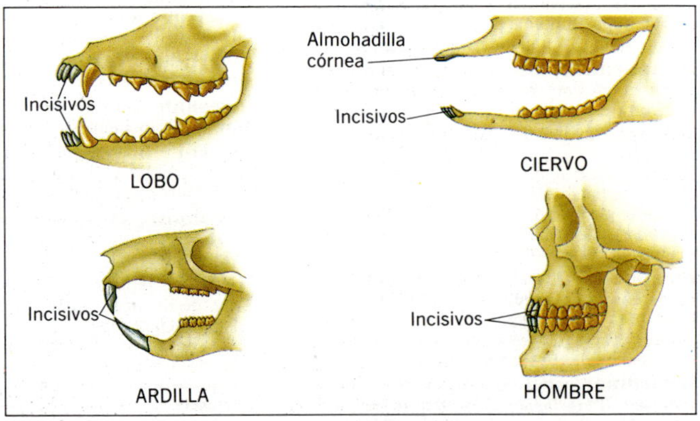

incógnito, ta *adj.* **1.** Que no se conoce. ‖ *s. m.* **2.** Hecho de ocultar su identidad una persona. ‖ **LOC. de incógnito** *adv.* Encubiertamente, de forma que no sea reconocido.

incognoscible *adj.* Que no se puede conocer.

incoherencia *s. f.* **1.** Cualidad de incoherente. **2.** Cosa que resulta incoherente.

incoherente *adj.* Que no es coherente, contradictorio. **FAM.** Incoherentemente.

incoloro, ra *adj.* Que no tiene color.

incólume *adj.* Indemne, que no ha sufrido ningún daño.

incolumidad *s. f.* Cualidad o estado de incólume.

incombustible *adj.* **1.** Que no puede arder. **2.** Se aplica a la persona incansable, a quien no se consigue dominar ni hacer abandonar una actividad. **FAM.** Incombustibilidad.

incomible *adj.* Que no se puede comer, especialmente por estar muy mal cocinado.

incomodar *v. tr.* **1.** Causar alguien o algo molestia o fastidio. También *v. prnl.* **2.** Enfadar, disgustar. También *v. prnl.* **FAM.** Incomodador.

incomodidad *s. f.* **1.** Cualidad o estado de incómodo. **2.** Aquello que resulta incómodo. **3.** Dolor o malestar físico.

incomodo *s. m.* Molestia, fastidio.

incómodo, da *adj.* **1.** Que no tiene comodidad. **2.** Que incomoda o molesta. **3.** Se dice de la situación en la que alguien no se encuentra a gusto. **4.** Que se encuentra a disgusto en una determinada situación o con ciertas personas. **FAM.** Incómodamente.

incomparable *adj.* Que no admite comparación; se utiliza a menudo para hacer resaltar las cualidades de una persona o cosa. **FAM.** Incomparablemente.

incomparado, da *adj.* Incomparable*.

incomparecencia *s. f.* Falta de asistencia a un acto o lugar al que hay obligación de acudir.

incompasivo, va *adj.* Que no tiene o no muestra compasión.

incompatibilidad *s. f.* **1.** Cualidad de incompatible. **2.** Impedimento legal para ejercer dos o más funciones o cargos al mismo tiempo. **3.** Imposibilidad de administrar juntos algunos medicamentos debido a las consecuencias negativas que ello pueda ocasionar.

incompatible *adj.* **1.** Que no puede existir o hacerse a la vez que otra cosa. **2.** Se dice de las personas que no se llevan bien, que no pueden estar juntas. **3.** Se aplica a la ecuación o sistema de ecuaciones que no tiene solución.

incompetencia *s. f.* Falta de competencia.

incompetente *adj.* Que muestra incompetencia. También *s.*

incompleto, ta *adj.* **1.** Que no está completo o terminado. **2.** En bot., se aplica a la flor que carece de algunas de sus partes: cáliz, corola, androceo y gineceo.

incomprendido, da *adj.* **1.** Que no se ha comprendido. **2.** Se aplica a la persona o grupo cuyos méritos, actividades, etc., no han sido debidamente reconocidos. También *s.*

incomprensible *adj.* Imposible o muy difícil de comprender. **FAM.** Incomprensiblemente.

incomprensión *s. f.* Falta de comprensión.

incomprensivo, va *adj.* Que no quiere comprender el comportamiento o los sentimientos de los demás.

incompresible *adj.* Que no se puede comprimir o reducir a un volumen menor. **FAM.** Incompresibilidad.

incomunicable *adj.* Que no se puede comunicar. **FAM.** Incomunicabilidad.

incomunicación *s. f.* **1.** Acción y efecto de incomunicar o de incomunicarse. **2.** Aislamiento temporal de un procesado establecido por el juez. **3.** Falta de comunicación o de diálogo, relación, etc., con los demás.

incomunicado, da **1.** *p. p.* de **incomunicar**. También *adj.* ‖ *adj.* **2.** Se aplica al preso que está en régimen de incomunicación. También *s.*

incomunicar *v. tr.* **1.** Dejar a alguien o algo sin comunicación. ‖ *v. prnl.* **2.** Apartarse del trato con otras personas. ■ Se conjuga como *sacar*.

inconcebible *adj.* **1.** Imposible o muy difícil de conceptualizar, concebir, imaginar o explicar. **2.** Imperdonable, que merece total desaprobación.

inconciliable *adj.* Que no se puede conciliar, poner de acuerdo o armonizar.

inconcluso, sa *adj.* Que no ha sido concluido.

inconcreto, ta *adj.* No concreto, poco preciso.

inconcuso, sa *adj.* Se dice de lo que es tan evidente que no admite duda o discusión.

incondicionado, da *adj.* Que no depende de ninguna condición, motivación, etc.

incondicional *adj.* **1.** Que se hace o se impone sin condiciones. **2.** Partidario sin ninguna reserva de una persona, idea, etc. También *s.* **FAM.** Incondicionalmente.

inconexión *s. f.* Falta de conexión.

inconexo, xa *adj.* Se dice de las cosas que no guardan relación con otras o de las partes de un todo entre las que no existe conexión.

inconfesable *adj.* Se dice de lo que no puede o no debe confesarse o manifestarse, generalmente por ser vergonzoso, deshonroso u ofensivo.

inconfeso, sa *adj.* Se dice de la persona que no confiesa la falta o crimen del que se le acusa.

inconforme *adj.* **1.** Inconformista*. **2.** No conforme con alguna cosa.

inconformidad *s. f.* Cualidad o condición de inconforme.

inconformismo *s. m.* Actitud o comportamiento de la persona que no acepta lo establecido o predominante en una sociedad, o no se adapta a ello, en el terreno político, moral, estético, etc.

inconformista *adj.* Se dice de la persona, actitud, etc., que tiene o muestra inconformismo. También *s.*

inconfundible *adj.* Que por sus características o cualidades no puede confundirse con otro o es muy difícil que se confunda.

incongruencia *s. f.* **1.** Cualidad de incongruente. **2.** Cosa que resulta incongruente.

incongruente *adj.* **1.** Se dice de las partes que no guardan conformidad con el conjunto. **2.** Se dice de las cosas que no guardan relación entre ellas cuando deberían guardarla. **3.** Se dice de las personas, conductas, etc., sin sentido lógico, contradictorias. **FAM.** Incongruentemente.

inconmensurable *adj.* **1.** Que no puede medirse. **2.** Enorme, extraordinario. **3.** En mat., se dice de la magnitud cuyo valor no puede expresarse mediante un número racional; p. ej., la proporción entre la diagonal y el lado de un cuadrado. **FAM.** Inconmensurabilidad.

inconmovible *adj.* Que no se conmueve o altera, o lo hace difícilmente.

inconmutable *adj.* **1.** Que no se puede conmutar o cambiar por otra cosa, especialmente referido a una pena judicial. **2.** Inmutable. **FAM.** Inconmutabilidad.

inconsciencia *s. f.* **1.** Imprudencia, insensatez. **2.** Estado de la persona que ha perdido el conocimiento.

inconsciente *adj.* **1.** Se dice del acto realizado sin tener conciencia. **2.** Desmayado, sin conocimiento. **3.** Irreflexivo, imprudente. También *s.* ‖ *s. m.* **4.** Conjunto de procesos mentales de los que el individuo no tiene conciencia, pero que influyen en su conducta. El concepto de inconsciente fue elaborado por Sigmund Freud. Para el creador del psicoanálisis es una zona psíquica formada por recuerdos, deseos y motivaciones que el hombre no puede recuperar voluntariamente, regida por el principio de placer o búsqueda de la satisfacción inmediata. ‖ **5. inconsciente colectivo** Término acuñado por C. G. Jung, discípulo de Freud, para expresar lo perdido por la conciencia de la especie humana a lo largo de la historia, pero que continúa influyendo en la conducta. Incluye los arquetipos o formas de valor universal que se transmiten de generación en generación. **FAM.** Inconscientemente.

inconsecuencia *s. f.* **1.** Cualidad de inconsecuente. **2.** Acción o dicho inconsecuente.

inconsecuente *adj.* **1.** Se aplica a la persona cuyo comportamiento no se corresponde con lo que dice o piensa, así como a su actitud, postura, etc. También *s.* **2.** Ilógico, incoherente.

inconsideración *s. f.* **1.** Desconsideración. **2.** Falta de consideración o de reflexión.

inconsiderado, da *adj.* **1.** Desconsiderado, descortés. También *s.* **2.** Que no se ha pensado. **FAM.** Inconsideradamente.

inconsistente *adj.* Que no es consistente. **FAM.** Inconsistencia.

inconsolable *adj.* Que es imposible o muy difícil de consolar. **FAM.** Inconsolablemente.

inconstancia *s. f.* Cualidad de inconstante.

inconstante *adj.* **1.** Que no tiene constancia. También *s.* **2.** Que no es constante.

inconstitucional *adj.* Que no está de acuerdo con la Constitución de un Estado. **FAM.** Inconstitucionalidad, inconstitucionalmente.

inconsútil *adj.* Se dice de lo que no tiene costura; suele aplicarse a la túnica de Jesucristo.

incontable *adj.* **1.** Que no se puede contar. **2.** Muy numeroso, difícil de calcular.

incontaminado, da *adj.* Que no está contaminado.

incontenible *adj.* Que no se puede contener o reprimir.

incontestable *adj.* Que no admite contestación o discusión por ser muy evidente o estar muy bien fundado. **FAM.** Incontestabilidad.

incontinencia *s. f.* **1.** Expulsión involuntaria de excremento u orina por trastornos de los esfínteres. **2.** Imposibilidad o dificultad para controlar los impulsos, deseos, afectos, etc.

incontinente *adj.* **1.** Que sufre incontinencia. **2.** Se dice de la persona que no puede, o a la que resulta muy difícil, reprimir sus deseos, impulsos, etc. ‖ *adv. t.* **3.** Incontinenti*. **FAM.** Incontinentemente.

incontinenti *adv. t.* Al instante, en seguida.

incontrastable *adj.* **1.** Indiscutible, incontestable. **2.** Se dice de lo que no es susceptible de contrastación. **FAM.** Incontrastablemente.

incontrolable *adj.* Imposible o muy difícil de controlar.

incontrolado, da *adj.* Que actúa o funciona sin control. También *s.*

incontrovertible *adj.* Se dice de lo que no admite duda o discusión.

inconveniencia *s. f.* **1.** Cualidad de inconveniente. **2.** Dicho o hecho inconveniente.

inconveniente *adj.* **1.** Que no es conveniente ni oportuno. **2.** Se dice de las acciones, palabras, etc., que producen mal efecto o no están de acuerdo con ciertas normas sociales. ‖ *s. m.* **3.** Aspecto desfavorable o perjudicial de algo, obstáculo.

incordiar *v. tr.* Causar molestia o fastidio. También *v. intr.*

incordio *s. m.* **1.** *fam.* Persona o cosa que molesta o fastidia. **2.** Tumor blando con pus.

incorporar *v. tr.* **1.** Unir una cosa a otra u otras para formar un todo. **2.** Levantar la parte superior del cuerpo al que está tumbado o echado hacia atrás para que quede sentado o reclinado. Se usa más como *v. prnl.* **3.** Destinar a un funcionario, especialmente a un militar, a la dependencia, cuerpo o unidad en que debe prestar servicio. También *v. prnl.* ‖ *v. prnl.* **4.** Entrar a formar parte de una asociación, grupo, empresa, etc. **FAM.** Incorporación.

incorporeidad *s. f.* Cualidad de incorpóreo.

incorpóreo, a *adj.* Se dice de lo que no tiene cuerpo o parte material.

incorrección *s. f.* **1.** Cualidad de incorrecto. **2.** Dicho o hecho incorrecto. **3.** En ling., falta de corrección en el significante de las palabras.

incorrecto, ta *adj.* **1.** Que no es correcto, que está equivocado. **2.** Descortés, grosero. **FAM.** Incorrectamente.

incorregible *adj.* **1.** Imposible o muy difícil de corregir. **2.** Se aplica especialmente a la persona a la que no se puede o cuesta mucho corregir o enmendar de sus malas costumbres, defectos, etc. **FAM.** Incorregibilidad, incorregiblemente.

incorrupción *s. f.* Estado o cualidad de incorrupto.

incorruptamente *adv. m.* Sin corrupción.

incorruptible *adj.* **1.** Que no se corrompe o se pudre. **2.** Se aplica a la persona, grupo, etc., al que no se puede corromper. **FAM.** Incorruptibilidad.

incorrupto, ta *adj.* **1.** Que permanece sin corromperse o pudrirse. **2.** Que no está corrompido moralmente. **FAM.** Incorruptamente.

increado, da *adj.* Que no ha sido creado.

incredulidad *s. f.* **1.** Actitud del incrédulo. **2.** Falta de fe o creencia religiosa.

incrédulo, la *adj.* **1.** Se dice de la persona que no cree fácilmente lo que otros dicen. **2.** Que no tiene fe religiosa. **FAM.** Incrédulamente.

increíble *adj.* **1.** Imposible o muy difícil de creer. **2.** Se aplica a algo que se desaprueba o censura. **3.** Enorme, extraordinario. **FAM.** Increíblemente.

incrementar *v. tr.* Aumentar, acrecentar. También *v. prnl.*

incremento *s. m.* **1.** Acción y efecto de incrementar. **2.** Parte incrementada. **3.** En mat., diferencia entre dos valores. ‖ **4. incremento de una función** En mat., diferencia entre los valores que toma la función en dos valores de la variable. **5. incremento de una variable** En mat., diferencia entre dos valores de la variable. **6. teorema de los incrementos finitos** En mat., si la función $f(x)$ es continua en el intervalo cerrado $[a, b]$ y derivable en el intervalo abierto (a, b), existe un valor $x_0 \in (a, b)$ tal que

$$f(b) - f(a) = f'(x_0) \cdot (b - a),$$

siendo $f'(x_0)$ la derivada de $f(x)$ en $x = x_0$

increpar *v. tr.* **1.** Reñir a alguien con dureza. **2.** Insultar. **FAM.** Increpación, increpador, increpante.

incriminar *v. tr.* **1.** Acusar a alguien de una falta o delito grave. **2.** Exagerar la importancia de una culpa, falta, defecto, etc. **FAM.** Incriminación.

incristalizable *adj.* Que no se puede cristalizar.

incruento, ta *adj.* Que se realiza sin derramamiento de sangre. **FAM.** Incruentamente.

incrustación *s. f.* **1.** Acción y efecto de incrustar. **2.** Cosa que ha sido incrustada.

incrustar *v. tr.* **1.** Introducir una cosa, generalmente como adorno, en la superficie de otra, de modo que quede bien sujeta y ajustada. **2.** Intercalar un encaje, un bordado, etc., en una tela. **3.** Meter un cuerpo en otro sin que se mezclen. También *v. prnl.* **4.** Fijar una idea en la mente. También *v. prnl.*

incubación *s. f.* **1.** Acción y efecto de incubar o incubarse. **2.** Periodo inicial de ciertas enfermedades desde que empiezan a actuar las causas de la misma hasta que se manifiestan sus efectos. **3.** Cultivo de microorganismos en condiciones adecuadas para su desarrollo con fines científicos o industriales. **4.** En los animales ovíparos, periodo entre la puesta y la eclosión, durante el cual el embrión se desarrolla dentro del huevo, ayudado por una fuente externa de calor, que puede ser el sol o el cuerpo de uno de sus padres, como en el de las aves.

incubadora *s. f.* **1.** Aparato utilizado para incubar artificialmente los huevos de las aves domésticas. **2.** Aparato donde se incuban microorganismos. **3.** Recinto cerrado donde se mantiene en condiciones controladas a los niños que nacen prematuramente para disminuir la posibilidad de infecciones y completar su desarrollo normal.

incubar *v. tr.* **1.** Cubrir las aves los huevos en el nido durante algún tiempo para que su calor permita el desarrollo del embrión y la formación de los polluelos. **2.** Comenzar a sufrir ciertas enfermedades. También *v. prnl.* ‖ *v. prnl.* **3.** Empezar algo a desarrollarse lentamente.

íncubo *adj.* **1.** Se dice del diablo que, con la apariencia de un hombre, tiene relaciones sexuales con una mujer. También *s. m.* ‖ *s. m.* **2.** Pesadilla*.

incuestionable *adj.* Que no admite discusión o duda. **FAM.** Incuestionablemente.

inculcar *v. tr.* Introducir firmemente en alguien ideas, sentimientos, deseos, etc. ■ Se conjuga como *sacar.* **FAM.** Inculcación, inculcador.

inculpabilidad *s. f.* Falta de culpabilidad. FAM. Inculpable.

inculpado, da *p. p.* de **inculpar**. También *adj.* y *s.*

inculpar *v. tr.* Acusar a alguien de una falta o delito. FAM. Inculpación.

inculto, ta *adj.* **1.** Que no tiene cultura. También *s.* **2.** Aplicado al estilo de hablar o escribir, descuidado, tosco. **3.** Se aplica al terreno sin cultivar. FAM. Incultamente.

incultura *s. f.* **1.** Falta de cultura o instrucción. **2.** Falta de cultivo.

incumbencia *s. f.* Circunstancia de corresponder a una determinada persona, cargo, etc., una función, obligación o asunto.

incumbir *v. intr.* **1.** Corresponder a una persona cierta función, obligación o responsabilidad. **2.** Interesar algo a alguien, ser asunto suyo.

incumplir *v. tr.* No cumplir. FAM. Incumplidor, incumplimiento.

incunable *adj.* Se aplica a las ediciones hechas desde el principio de la imprenta hasta el año 1500 inclusive, así como a los libros impresos durante este tiempo. También *s. m.*

incurable *adj.* **1.** Imposible de curar. **2.** Incorregible, irremediable. FAM. Incurabilidad.

incuria *s. f.* Falta de cuidado, atención o limpieza en uno mismo o en las cosas.

incurrir *v. intr.* **1.** Con palabras que indican falta, culpa, etc., caer en ella, cometerla. **2.** Tener alguien merecido o haber provocado aquello que se expresa. FAM. Incurrimiento.

incursión *s. f.* **1.** Penetración de fuerzas armadas en territorio enemigo. **2.** Dedicación por poco tiempo o de forma ocasional a actividades, labores, etc., que no son las habituales. **3.** Acción y efecto de incurrir.

incursionar *v. intr.* **1.** *amer.* Hacer incursiones en otra actividad, profesión, etc. **2.** *amer.* Hacer incursiones militares.

incurso, sa *adj.* Que ha incurrido en aquello que se expresa a continuación.

indagar *v. tr.* Hacer preguntas, averiguaciones, etc., para enterarse de algo. También *v. intr.* ■ Se conjuga como *pagar.* FAM. Indagación, indagador.

indagatoria *s. f.* Primera declaración que se toma a un procesado sobre el delito que se está averiguando, sin tomarle juramento, y que tiene como principal objeto determinar su identidad.

indagatorio, ria *adj.* Que sirve para indagar o está encaminado a ello.

indano *s. m.* C_9H_{10}. Hidrocarburo formado por la unión de un núcleo bencénico y un anillo pentagonal. Se encuentra en el alquitrán de hulla y se usa en síntesis orgánica.

indantrona *s. f.* $C_{28}H_{14}N_2O_4$. Compuesto formado por dos núcleos de antraquinona unidos por dos grupos NH, que se usa como colorante.

indebido, da *adj.* **1.** Que no es justo, correcto o legal. **2.** Que no es obligatorio o necesario. FAM. Indebidamente.

indecencia *s. f.* **1.** Cualidad de indecente. **2.** Cosa indecente.

indecente *adj.* **1.** Que no está de acuerdo con la moral establecida o las buenas costumbres, sobre todo en el terreno sexual. **2.** Poco honrado, injusto. **3.** Muy sucio, desarreglado o estropeado. **4.** Indigno, miserable. FAM. Indecentemente.

indecible *adj.* Tan grande o tan intenso que no se puede expresar. ‖ LOC. **lo indecible** *adv.* Muchísimo. FAM. Indeciblemente.

indecisión *s. f.* Falta de decisión.

indeciso, sa *adj.* **1.** Que aún está sin decidir o determinar. **2.** Se dice de la persona a la que le cuesta decidirse o que todavía no se ha decidido. También *s.*

indeclinable *adj.* **1.** Se dice de lo que necesariamente tiene que realizarse o cumplirse. **2.** Que no se puede declinar o renunciar a ello. **3.** En las lenguas que presentan declinación, se aplica a las palabras que no la tienen, como p. ej. en latín, las preposiciones y los adverbios.

indecoroso, sa *adj.* Que no tiene decoro, indecente. FAM. Indecorosamente.

indefectible *adj.* Que tiene que ocurrir necesariamente. FAM. Indefectibilidad, indefectiblemente.

indefendible o **indefensible** *adj.* Que no puede ser defendido.

indefensión *s. f.* Falta de defensa o estado de indefenso.

indefenso, sa *adj.* Que no tiene medios de defensa.

indefinible *adj.* **1.** Imposible o muy difícil de definir. **2.** Imposible o muy difícil de precisar.

indefinición *s. f.* Falta de precisión.

indefinido, da *adj.* **1.** No definido, impreciso. **2.** Que no tiene término o límite concreto. **3.** Se aplica al adjetivo o pronombre que no se refiere a una persona o cosa en concreto, como *algún, varios, cualquier,* etc. **4.** Se dice del pretérito perfecto simple. FAM. Indefinidamente.

indehiscencia *s. f.* Estado de indehiscente.

indehiscente *adj.* En bot., se aplica a los órganos vegetales, y en especial a los frutos, que no se abren espontáneamente, p. ej. la mayoría de los frutos carnosos.

indeleble *adj.* Imposible o muy difícil de hacer desaparecer u olvidar. FAM. Indeleblemente.

indeliberado, da *adj.* No deliberado. FAM. Indeliberadamente.

indelicadeza *s. f.* **1.** Falta de delicadeza. **2.** Hecho o dicho indelicado.

indelicado, da *adj.* Que no tiene delicadeza ni consideración.

indemne *adj.* Que no ha sufrido ningún daño o perjuicio. FAM. Indemnidad.

indemnización *s. f.* **1.** Acción y efecto de indemnizar. **2.** Bien o dinero con que se indemniza. **3.** Cantidad con que una empresa, según el derecho laboral, compensa al trabajador cuyo despido ha sido improcedente.

indemnizar *v. tr.* Dar algo, generalmente dinero, a alguien por haberle causado voluntaria o involuntariamente algún perjuicio. También *v. prnl.* ■ Se conjuga como *cazar.*

indemorable *adj.* Que no se puede demorar o retrasar.

indemostrable *adj.* Que no se puede demostrar.

indeno *s. m.* C_9H_8. Hidrocarburo formado por la condensación de un núcleo bencénico con otro de ciclopentadieno. Se encuentra en el alquitrán de hulla y, en menor proporción, en el petróleo. Tiene consistencia aceitosa y se emplea como componente de resinas por su capacidad de polimerización.

independencia *s. f.* **1.** Cualidad o estado de independiente. **2.** Situación de un territorio que no depende o ha dejado de depender de otro. ‖ **3. independencia lineal de vectores** En mat., los vectores $\vec{V_1}$, $\vec{V_2}$..., $\vec{V}$ son linealmente independientes si la relación $h_1 \cdot \vec{V_1} + h_2 \cdot \vec{V_2} + ... + h_n \cdot V_n = 0$ sólo se verifica cuando $h_1 = 0$, $h_2 = 0$, ..., $h_n = 0$.

independencia de Estados Unidos Revolución de las trece colonias británicas de América del Norte contra el Reino Unido, por la que lograron su independencia y constituyeron los Estados Unidos. Como respuesta al gobierno británico y a su política fiscal, representantes de las colonias se reunieron en el congreso de Filadelfia de 1774. En 1775 estalló la guerra entre los colonos y el ejército británico y en 1776 los rebeldes proclamaron la *Declaración de independencia,* redactada por Thomas Jefferson. El ejército americano, cuyo general en jefe era George Washington, obtuvo con el auxilio de Francia las victorias de Saratoga (1777) y Yorktown (1781). En 1783 se firmó el tratado de paz de Versalles (o París), por el que EE UU obtuvo la independencia.

independencia de Hispanoamérica Proceso de emancipación de las colonias españolas de América, que se extiende desde 1810 hasta 1825. Inspirado en las revoluciones estadounidense y francesa, el movimiento independentista estuvo encabezado por los criollos, americanos de origen español que, deseosos de asumir funciones de gobierno, aprovecharon la invasión napoleónica de España para negar la soberanía a José Bonaparte e iniciar la lucha por

Independencia de México: el cura Hidalgo arenga a las multitudes. Fragmento de un mural de Juan O'Gorman (Museo Nacional de Historia, México).

la independencia. Contra este movimiento España adoptó medidas primero diplomáticas y posteriormente militares. En una primera etapa, entre 1810 y 1816, el ejército realista mandado por Morillo sofocó el levantamiento en Venezuela y Colombia; estalló la sublevación de Hidalgo y posteriormente la de Morelos en el virreinato de Nueva España (México); el virrey de Perú restableció el dominio español en Chile; y únicamente el virreinato de la Plata (Argentina y Paraguay) obtuvo la independencia. En la segunda etapa, entre 1816 y 1820, San Martín obtuvo la independencia de Chile con sus victorias en Chacabuco y Maipú; Bolívar batió a los realistas en Boyacá e independizó el virreinato de Nueva Granada (Colombia); y el territorio de Uruguay fue invadido por tropas brasileñas y anexionado a Portugal. En la tercera etapa, entre 1820 y 1825, se independizaron Venezuela, por el triunfo de Bolívar en Carabobo; el virreinato de Nueva España, Ecuador, por la victoria de Bolívar en Pichincha; Perú por la victoria de Sucre en Ayacucho; y Bolivia, que en el congreso de Chuquisaca de 1825 se proclamó independiente de Perú.

Independencia española, guerra de la Lucha sostenida por España, con ayuda del Reino Unido, contra las tropas francesas de Napoleón Bonaparte entre 1808 y 1814. Se originó ante la ocupación del país por el ejército francés, al que Carlos IV y su ministro Godoy habían permitido cruzar España para invadir Portugal (tratado de Fontainebleau, 1807); y ante la imposición de José Bonaparte, hermano de Napoleón, en el trono español en sustitución de los Borbones, que habían abdicado en Bayona. La guerra, que se inició con un levantamiento popular en Madrid el 2 de mayo, tuvo en su primera etapa como hecho más sobresaliente la victoria de Castaños sobre el mariscal francés Dupont en Bailén. La llegada del propio Napoleón en noviembre de 1808 al frente de su ejército abrió un segundo periodo, de clara superioridad francesa, con victorias en Somosierra, Ocaña y Medellín y las tomas de Zaragoza y Gerona tras largos meses de asedio. El aumento de la intervención británica, dirigida por Wellington, y la marcha de Napoleón, obligado a atender personalmente los graves problemas con los que se enfrentaba en Europa, determinaron una tercera fase de la guerra, favorable ya a los hispanobritánicos, sobre todo tras la decisiva victoria de Los Arapiles (1812), a la que siguieron las de Vitoria y San Marcial (1813). En el aspecto militar, la guerra aportó el empleo de una nueva táctica, la guerrilla, en la que sobresalieron el Empecinado, Mina, el cura Merino y Porlier; en el político, permitió a las colonias americanas iniciar su proceso de independencia y propició el retorno triunfal de Fernando VII (1814), que anuló la Constitución de Cádiz e implantó el absolutismo.

independentismo *s. m.* Movimiento encaminado a reclamar la independencia política de un país, región, etc. FAM. Independentista.

independiente *adj.* **1.** Que no depende de otra persona, nación o cosa, que no está unido o relacionado con ella. **2.** Se dice de la persona que se desenvuelve sin ayuda de otros o toma decisiones sin contar con los demás, así como de su actitud y conducta. **3.** Que no está adscrito a ningún partido político o ideología. También *s.*

independientemente *adv. m.* **1.** De manera independiente. **2.** Con la preposición *de*, aparte de, además de.

independizar *v. tr.* Hacer independiente a alguien o algo. También *v. prnl.* ■ Se conjuga como *cazar.*

indescifrable *adj.* Imposible o muy difícil de descifrar.

indescriptible *adj.* **1.** Que no se puede describir. **2.** Tan grande, impresionante o intenso que es difícil de describir o expresar.

indeseable *adj.* **1.** Despreciable, indigno. También *s.* **2.** Se aplica al extranjero que por circunstancias sociales y políticas es rechazado en un país. También *s.*

indesmallable *adj.* Se dice del tejido o de la prenda confeccionada con él en que, al soltarse uno de los puntos de la malla, no se deshacen los restantes.

indestructible *adj.* Imposible o muy difícil de destruir. **FAM.** Indestructibilidad.

indeterminable *adj.* Que no se puede determinar o precisar.

indeterminación *s. f.* **1.** Cualidad o circunstancia de indeterminado o impreciso. **2.** Indecisión. ‖ **3. principio de indeterminación** En fís., concepto enunciado en 1927 por el físico alemán Werner Heisenberg, que establece la imposibilidad de calcular con exactitud y simultáneamente la posición y el momento (masa, tiempo, velocidad) de un cuerpo. Cuanto más precisa sea la determinación de uno de ellos, más inexacta será la del otro, resultando que el producto de las indeterminaciones da un valor parecido al de la constante de Planck. El enunciado de Heisenberg tuvo gran importancia en el campo de la física y en el del conocimiento, pues debilitó la teoría de la causa y el efecto y acabó con las concepciones mecanicistas del universo.

indeterminado, da *adj.* **1.** No determinado, impreciso. **2.** Indeciso. ‖ **3. artículo indeterminado** Véase **artículo**. **4. forma indeterminada** En mat., función cuyo límite en un punto no está determinado; p. ej.: $\lim_{x \to 1} \frac{x^2 - 1}{x^3 - 1}$. Las formas de indeterminación más frecuentes se representan con los símbolos

$$\frac{0}{0}, \frac{\infty}{\infty}, 0 \cdot \infty, \infty - \infty, 0^0, 1^\infty, \infty^0$$

que indican la causa de la indeterminación. **5. indeterminada de un polinomio** En mat., letra que se utiliza para escribir el polinomio. P. ej., en el polinomio $x^2 - 3x + 2$ la indeterminada es x. **6. sistema indeterminado** En mat., sistema de ecuaciones que se caracteriza por tener infinitas soluciones. **FAM.** Indeterminadamente.

indeterminismo *s. m.* Doctrina filosófica que introduce el azar en la explicación de los hechos y niega que los acontecimientos del universo sean necesarios y se encuentren sometidos a leyes. Se contrapone a determinismo. Pueden distinguirse diversos tipos de indeterminismo, por oposición al tipo de determinismo que se pretenda negar. **FAM.** Indeterminista.

indexacción *s. f.* Análisis y registro sistemático del contenido de documentos utilizando algún criterio, alfabético o cronológico, para su clasificación.

India (en hindi *Bharat*) Estado del S de Asia.

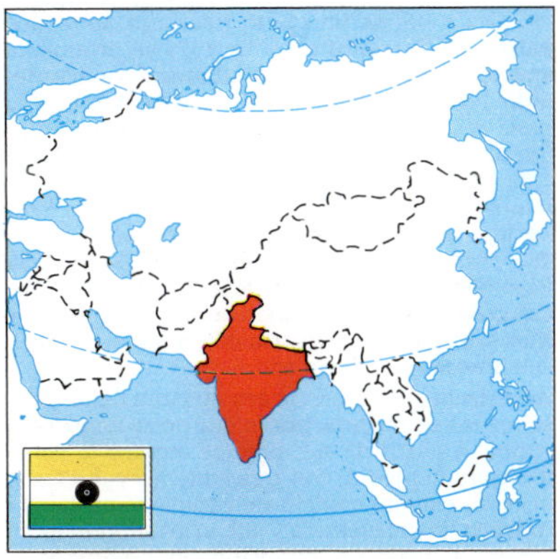

Extensión: 3.166.414 km^2.
Límites: al N, con Pakistán, China, Nepal y Bután; al E, con Birmania, Bangladesh y el golfo de Bengala; al S, con el océano Índico y Sri Lanka, y al O, con el mar Arábigo y Pakistán.
Población: 853.373.000 h. en 1990.
Densidad: 269,5 h./km^2.
Capital: Nueva Delhi.
División administrativa: estados de Andhra Pradesh, Arunachal Pradesh, Assam, Bengala Occidental, Bihar, Goa-Daman y Diu, Gujarat, Haryana, Himachal Pradesh, Jammu y Cachemira, Karnataka, Kerala, Madhya Pradesh, Maharashtra, Manipur, Meghalaya, Mizoram, Nagaland, Orissa, Punjab, Rajasthan, Sikkim, Tamil Nadu, Tripura, Uttar Pradesh, y los territorios de islas Andaman y Nicobar, Chandigarh, Dadra y Nagar Haveli, Daman y Diu, Delhi, islas Laquedivas y Pondicherry.
Ciudades principales: Gran Bombay, Delhi, Calcuta, Madras, Bangalore, Hyderabad, Ahmadabad, Kanpur, Nagpur, Pune, Jaipur, Lucknow, Indore, Coimbatore, Modurai, Patna, Surat.
Gentilicio: indio, hindú.
Forma de Estado: república federal.
Idioma: hindi, inglés.
Religión: hinduismo, 82,7 %; islamismo, 11,2 %; cristianismo, 2,6 %; sij, 1,97 %; budismo, 0,71 %; jainismo, 0,48 %; zoroastrismo, 0,01 %.
Moneda: rupia.
Tasa de natalidad: 32 ‰ en 1990.
Tasa de mortalidad: 11 ‰ en 1990.
Renta per cápita: 350 dólares en 1989.

Geog. física El relieve de la India consta de tres grandes regiones muy diferenciadas. Al N se alza la cordillera del Himalaya, que se extiende desde Cachemira al O hasta Birmania al E y constituye la cadena montañosa más alta del mundo. Al S del Himalaya está la llanura indogangética, extensa región aluvial regada por los ríos Ganges, Brahmaputra y afluentes del Indo. En el S, ocupando la península Indostánica, se halla la gran meseta del Decán, formada por rocas eruptivas y cristalinas y recorrida por ríos como el Godavari (1.400 km), Krishna, Mahanadi, Narmada y Tapti; el Decán está bordeado por dos grandes sistemas montañosos, los Ghates Occidentales y los Ghates Orientales. La costa occidental de la India, o costa de Malabar, es muy accidentada, mientras que la oriental, o costa de Coromandel, es baja y arenosa. Los principales ríos del país son el Ganges (2.700 km), con sus afluentes Yamuna, Son y Ghaghara, y el río Brahmaputra (2.900 km), que se une con el Ganges cerca de la desembocadura, en el golfo de Bengala, y forma un extenso delta. La India tiene un clima tropical monzónico, seco y suave en invierno por efecto de los alisios y muy lluvioso en verano a causa de los vientos monzónicos, y clima de altura en el Himalaya. En la vegetación predomina la jungla al S y O, el monte alto y la jungla monzónica al E. Al E del Indo se extiende el desierto de Thar y bosque ecuatorial en la costa malabar y en la desembocadura del Ganges.

Geog. humana y ***económica*** La población, segunda más numerosa del planeta después de la de China, presenta un alto índice de crecimiento (2,1 % anual), reducido en los últimos tiempos con medidas políticas. Casi el 74 % de la población es rural y las mayores densidades se dan en la llanura indogangética y en ciertas regiones del Decán. La economía se basa principalmente en la agricultura, en la que destacan los cultivos intensivos en los valles del Indo y del Ganges: los principales son el arroz (segundo productor mundial), el trigo (cuarto), el sorgo (segundo), la caña de azúcar (primero), el mijo (primero), el maíz, el té (primero), las bananas (segundo), el tabaco (cuarto), las patatas, los cacahuetes (primero), el café, el algodón (tercero), el yute (primero), la seda (segundo), y otras plantas oleaginosas, como el sésamo (segundo), el lino, la soja o la colza. Posee unos importantes recursos forestales que la convierten en el cuarto productor mundial de madera, entre la que destaca por su valor específico la teca, el palo santo, el sándalo y el bambú. El país cuenta con una importante cabaña ganadera (primer criador mundial de bovinos, caprinos y búfalos y cuarto de ovinos), pero se trata de una ganadería muy descuidada, que en el caso de los bovinos no puede utilizarse para el consumo humano por motivos religiosos. Cuenta con una pesca de litoral muy rica, que la sitúa en el sexto lugar mundial en capturas. Hay también importantes yacimientos de hierro, manganeso, mica, carbón, petróleo, bauxita, cromo, titanio y torio. Como principales fuentes de energía del país se deben mencionar la hulla y las centrales hidroeléctricas y nucleares. La industria, que aún se encuentra en vías de desarrollo, posee excelentes materias primas. El sector más importante es el textil, que ha convertido al país en uno de los principales exportadores mundiales de tejidos de algodón y yute. La siderurgia ha hecho importantes progresos; junto a ella sobresalen la metalurgia, la industria mecánica (trenes, bicicletas, coches), la química, la papelera y la cinematográfica (segunda productora mundial).

***Hist.* antigüedad** Desde el segundo milenio a. C. grupos de arios procedentes de la meseta irania comenzaron a instalarse en el valle del Indo, donde crearon una civilización cuya más temprana manifestación fue la literatura védica, escrita en sánscrito. En el primer milenio a. C. se produjo una progresiva separación en castas que marcó la evolución social de la India a lo largo de su historia. Las castas son cuatro: sacerdotes

India: paisaje de Tamil Nadu, en el sudeste del Indostán.

India: vista de Jaipur, capital de Rajasthan, llamada la «ciudad rosa».

(brahmanes), nobles guerreros (chatrias), pueblo (vaisias) y esclavos (sudras). A mediados de este milenio, frente al brahmanismo surgieron dos nuevas religiones, el budismo y el jainismo, que alcanzaron un gran desarrollo. En la península indostánica existen tres ámbitos históricamente diferenciados: el valle del Ganges al N, el Decán al S y el valle del Indo y el Punjab al O. Los tres sufrieron sucesivas invasiones a lo largo de su historia, procedentes fundamentalmente de Occidente y del océano Índico. Darío I de Persia a fines del s. VI a. C. y Alejandro Magno en el año 326 a. C. invadieron el valle del Indo. Posteriormente, el N del país fue unificado por la dinastía Maurya. La unidad fue rota por dos invasiones, protagonizadas por Antíoco III de Siria en el 206 de nuestra era y Demetrio de Bactriana, tras las cuales se produjo una nueva unificación llevada a cabo por la dinastía Sunga en el valle del Ganges. A fines del s. I se impuso la dinastía Kusana, que llegó a su mayor esplendor en época del emperador Kanishka. La región meridional del país, el Decán, estuvo dominada por la dinastía Adra y, a la caída de ésta, por los dravidianos, sucediéndose en el poder diversas dinastías. En el s. IV, en la zona indogangética, reinó la dinastía Gupta, que extendió su poder hasta Bengala, Assam y Nepal. En el s. VI hicieron su aparición los hunos heftalitas, nómadas esteparios procedentes de la región de Samarcanda; en esta misma época nació la doctrina del tantrismo. La India occidental fue invadida a mediados del s. VI por otros nómadas centroasiáticos, los gurjara, que crearon la dinastía gurjara-prathihara y unificaron gran parte del N de la India hasta finales del s. X. Desde principios del s. VIII comenzaron las incursiones musulmanas que, al introducir la religión islámica, influyeron poderosamente en la evolución histórica del país. A fines del s. X el valle del Indo fue conquistado por el sultanato musulmán gaznaví, que desde allí extendió su dominio por el Ganges y el Decán. Los gaznavíes fueron expulsados por otros musulmanes, los guríes, que crearon el sultanato de Delhi.

colonización A fines del s. XIV el país fue asolado por los turcos de Tamerlán y quedó dividido en multitud de pequeños estados antagónicos hindúes y musulmanes, mientras en el extremo S de la península subsistió el reino Pandya. Desde principios del s. XVI comenzó la colonización portuguesa. En 1526 Babar, descendiente de Tamerlán, creó el imperio mogol, que ejerció el dominio en toda la India, excepto en el extremo S, hasta mediados del s. XIX. Desde 1717 la compañía británica de las Indias orientales comenzó una penetración económica que progresivamente derivó hacia el dominio político. Para consolidarlo, el ejército colonial británico libró y ganó las batallas de Calcuta (1757), Panipat (1761) y Bakusar (1765). La hegemonía británica sólo pudo sostenerse a costa de sucesivas guerras contra los maratha, los mysore y los cipayos. Los gobernadores y virreyes británicos administraron con eficacia la India, lo que supuso una época de prosperidad. En 1877 la reina Victoria fue proclamada emperatriz de la India, al tiempo que el dominio de la metrópoli se extendió a Afganistán, Birmania y Ceilán, al precio de entablar sendas guerras contra afganos, sijs, musulmanes e hindúes. A principios del s. XX surgió un gran movimiento nacionalista anticolonial, impulsado por el Congreso Nacional Indio, partido fundado en 1885, y la Liga Musulmana, creada en 1906. En 1919 el Reino Unido concedió la autonomía, pero esto no satisfizo al dirigente Mohandas Gandhi, que comenzó una campaña de no colaboración y resistencia civil pacífica contra los británicos. El movimiento cobró gran auge, pero no pudo evitar estallidos de violencia que ensangrentaron el país. En 1935 Gandhi proclamó el Acta de gobierno de la India y en 1940 la Liga Musulmana solicitó un territorio nacional en Pakistán.

independencia Tras la Segunda Guerra Mundial el último virrey británico, lord Mountbatten, firmó el acta de independencia de Pakistán y la Unión India (1947). Con la retirada de los ingleses estallaron graves enfrentamientos entre hindúes y musulmanes. Gandhi fue asesinado en 1948. En 1950, bajo el gobierno de Nehru, líder del Partido del Congreso elegido en 1947, se aprobó la Constitución, que convirtió a la India en república federal, y se abolió el sistema de castas. En 1950, la India se constituyó en república y en 1957 se anexionó Cachemira, lo que provocó la guerra con Pakistán. A Nehru le sucedió Shastri en 1964 y a éste la hija de Nehru, Indira Gandhi, en 1966. En 1962 estalló una guerra fronteriza con China. En 1972 se desató una nueva guerra con Pakistán, en el curso de la cual se independizó Bangladesh. Desde 1974 la India posee la bomba atómica y ejerce un cierto liderazgo sobre los países del Tercer Mundo. En 1975 se produjo la anexión del Sikkin. En los últimos años han tenido lugar sangrientos enfrentamientos con la etnia sij, a consecuencia de los cuales Indira Gandhi fue asesinada. La sucedió su hijo Rajiv como líder del Partido del Congreso y primer ministro en 1984, pero en las elecciones de 1989 se impuso Vishwanath Pratap Singh, al frente de una coalición de partidos de izquierda. En 1991 Rajiv Gandhi murió en un atentado; el Partido del Congreso designó candidato a primer ministro a Narasimha Rao, quien triunfó en las elecciones celebradas ese mismo año.

Arte Hasta el s. IV a. C. la arquitectura de la India se realizó en madera, por lo que no se conservan restos. A partir de ese siglo se impuso la construcción en piedra, con tres edificios característicos: la estupa, edificio de cúpula semiesférica rodeada de balaustrada y cubierto de relieves; el vihara, monasterio excavado en piedra; y la chaitya, con planta tripartita y bóveda de medio cañón. En época gupta, del s. IV al VI, se construyen pequeños templos de tejado plano. A partir del s. VI predominan los templos a cielo abierto coronados por una torre, los edificios de una pieza tallados en la roca, y adquieren gran importancia las puertas monumentales llamadas *tanjore.* Durante los s. IX al XII aparece un nuevo tipo de santuario: el sikhara.

En época islámica la arquitectura cobra un gran esplendor con construcciones de inspiración árabe o persa. Bajo los emperadores mogoles se construyeron el palacio de Akbar y el Taj Majal. La escultura desempeña un importante papel en la decoración de templos con bajorrelieves. También hay que mencionar la escultura de bulto redondo, en la que sobresalen representaciones de las divinidades, grandes estatuas de Buda de estilo Gandhara y, ya en los s. VI al XI, tallas de estilo Amaravati y Ajanta. A partir del s. XII la escultura de bronce sustituye a la de piedra y aparecen representaciones de Shiva y de guerreros y cortesanos. La pintura al fresco surge en época gupta para decorar los muros interiores de los templos con escenas búdicas o paisajísticas. En el periodo mogol destacan las miniaturas de retratos realistas. Las artes menores, como talla de la madera y el marfil, y la joyería de filigrana y esmalte, alcanzaron un gran desarrollo en todas las épocas.

Lit. La literatura clásica hindú fue escrita en sánscrito y comprende obras religiosas y mitológicas como los *Veda*, el *Purana*, el *Brahamana*, los *Sutra* y los *Upanisad*; grandes poemas épicos como el *Mahabharata*, atribuido a Vyasa, y el *Ramayana* de Valmiki; literatura búdica como los *Tripitaka*, los *Jtaka* y las biografías de Buda; y colecciones de fábulas como el *Panchatantra*, conocido en Occidente a través de su versión árabe, llamada *Calila y Dimna.* La literatura moderna está escrita en la multitud de lenguas que se hablan en la India, de las que sólo 14 son oficiales. Los principales autores son los poetas Sumitranandan (en lengua hindi), Nanalal Devi (en gujarati), Bhai-vir-singh (en punjabi), Muhammad Iqbal (en urdu), Rabindranath Tagore (en bengalí), Shir Aurobindo (en inglés) y Nazr al-Islam (en árabe); y los novelistas Prem Chand (en hindi) y Swami Vivekananda, Salman Rushdie y Dh. J. Mukerjee (en inglés).

Indiana Estado de EE UU, situado en el E del sector central del país, al S del lago Michigan. 94.309 km^2. 5.564.200 h. en 1990. La capital es Indianápolis, con 784.000 h. en 1989. El territorio tiene un relieve llano y una fértil agricultura de maíz asociada a ganadería porcina y aviar; también se cultiva soja, hortalizas y frutales. Hay minería de hulla, gas natural e industrias alimentarias, mecánicas, automovilísticas, del acero, la madera y de conservas.

Indianápolis C. de EE UU, cap. del estado de Indiana, en el centro del mismo. 784.000 h. en 1989. Es un importante nudo de transporte ferroviario y gran centro comercial. Posee industrias aeronáuticas, automovilísticas, electrónicas y farmacéuticas. Tiene universidad y un conocido circuito de carreras de automóviles.

indianista *s. m.* y *f.* **1.** Persona que se dedica al estudio de las lenguas y literatura del Indostán. **2.** Persona que estudia la cultura y civilización de los indios americanos.

indiano, na *adj.* **1.** Perteneciente o relativo a las Indias, tanto las Occidentales como las Orientales. **2.** Se dice de la persona que ha hecho fortuna en América. También *s.* ‖ *s. f.* **3.** Tela de algodón o lino estampada por un solo lado.

Indias *s. f. pl.* **1.** Nombre con que se conocían las posesiones españolas en América y Asia y que tuvo su origen en los erróneos cálculos de Cristóbal Colón, que creyó haber alcanzado la costa oriental de Asia. Desde el s. XVII se distinguió ya entre las **Indias Occidentales** (territorios americanos) y las **Indias Orientales** (territorios de Asia). ‖ **2. leyes de Indias** Conjunto de leyes dictadas por la monarquía española, o por organismos y autoridades de ella dependientes, y que sólo tenían aplicación en las posesiones americanas, como las leyes de Burgos (1512) o las *Leyes Nuevas.*

Indíbil (segunda mitad del s. III a. C.) Caudillo ilergete. Aliado primero con los cartagineses, derrotó en el 211 a. C. a Escipión. Más tarde cambió de alianza y combatió a los cartagineses, con la esperanza de que Roma le ayudara a recuperar su reino. Al no conseguirlo, encabezó junto con su hermano Mandonio una sublevación de los pueblos hispánicos al N del Ebro contra Roma, que fue sofocada por los procónsules Léntulo y Acidinio en el 206 a. C.

indicación *s. f.* **1.** Acción y efecto de indicar. **2.** Aquello con que se indica alguna cosa. **3.** Observación o corrección que se hace sobre algo.

indicado, da **1.** *p. p.* de **indicar**. También *adj.* ‖ *adj.* **2.** Apropiado, conveniente.

indicador, ra *adj.* **1.** Que indica. ‖ *s. m.* **2.** Instrumento de medida que suministra informaciones sobre el control de una máquina o aparato, o el funcionamiento de un organismo; p. ej., el indicador de velocidad, de altitud, de la presión arterial. **3.** En ciencias sociales, aspecto de una situación que se considera significativo y que ayuda a definir y a explicar un fenómeno, permitiendo establecer previsiones sobre su evolución futura; p. ej., indicadores del bienestar social, de la calidad de la enseñanza, etc. Se expresan numéricamente mediante índices, como la

Arte hindú: templo de tipo sikhara de Rishabji, perteneciente al conjunto monumental de Ranakpur, al norte de Udaipur.

renta per cápita o la tasa de inflación (indicador económico); el índice de escolaridad o la tasa de fracaso escolar (indicador de la calidad de la enseñanza). **4.** En quím., nombre de la sustancia que tiene la propiedad de adquirir distinto color según sea el *ph* de la disolución en la que se sumerge. Los indicadores se emplean para conocer la acidez o basicidad de las soluciones y para indicar el momento en el que se completa una reacción de neutralización. Los más usados son el tornasol y la fenolftaleína; en medio ácido el primero es rojo y la segunda incolora, mientras que en el básico son azul y rosa, respectivamente. ‖ **5. indicadores de alerta** En econ., conjunto de ratios que sirven para sintetizar una coyuntura económica concreta y permiten a los responsables de la política económica conocer los riesgos que representa.

indicar *v. tr.* **1.** Hacer saber alguna cosa de cualquier forma, mediante señales, palabras, etc. **2.** Significar, expresar. **3.** Aconsejar alguna cosa. **4.** Ordenar el médico un medicamento, tratamiento, etc. ▪ Se conjuga como *sacar.*

indicativo, va *adj.* **1.** Que indica o sirve para indicar. También *s. m.* **2.** Se dice del modo verbal que expresa únicamente la acción del verbo, sin aportar otro tipo de matices como el subjuntivo o el imperativo. También *s. m.* ‖ *s. m.* **3.** Conjunto de letras o números con los que se identifica un radioaficionado.

índice *adj.* **1.** Se aplica al segundo dedo de la mano, entre el pulgar y el corazón, con el que normalmente se señala. También *s. m.* ‖ *s. m.* **2.** Aquello que indica el grado, la intensidad, etc., de algo. **3.** Lista de las materias, temas, capítulos, etc., que contiene un libro y que va colocada al principio o al final de éste. **4.** Catálogo clasificado por orden alfabético, cronológico, etc., de las obras existentes sobre un autor, tema o materia, o de los ejemplares de una biblioteca. **5.** Relación de las piezas existentes en una exposición, colección, etc. **6.** Lista de los libros prohibidos por la Iglesia. ▪ También se llama *índice expurgatorio* o *de libros prohibidos.* Con este significado suele escribirse con mayúscula. **7.** Manecilla del reloj o cualquier otro tipo de indicador en un instrumento. **8.** En estadística, valor numérico que expresa de forma sencilla una serie de datos y permite realizar estudios comparativos y cronológicos sobre un fenómeno determinado; p. ej., el índice de precios al consumo, el índice de natalidad, la renta per cápita, etc. ‖ **9. índice cefálico** Véase **cefálico**. **10. índice de coordinación** En quím., número de iones que rodean a otro en una red cristalina, y de iones o moléculas que se unen con otro central en los complejos. Así, el número de coordinación del Fe^{3+} en el ferricianuro es 6 por estar unido a 6 iones CN^- en dicho complejo. **11. índice de mortalidad** Valor que expresa la relación entre el número de defunciones anuales y el número total de individuos de una población. **12. índice de natalidad** Valor que expresa la relación entre el número de nacimientos anuales y el número total de individuos de una población. **13. índice de precios al consumo** (IPC) Valor que expresa las variaciones del precio de bienes y servicios durante un periodo respecto de otros anteriores. Tiene gran importancia social y económica, ya que se utiliza para conocer el grado de inflación y es un factor de referencia en las negociaciones salariales, alquiler de pisos, etc. **14. índice de refracción** En fís., relación entre las velocidades de una onda en dos medios diferentes. Si se trata de una onda luminosa, y uno de los dos medios es el vacío (o el aire), dicha relación se denomina **índice de refracción absoluto** y responde a la fórmula $n = \frac{c}{v}$, en la que *c* es la velocidad de la luz en el vacío y *v* la velocidad de la luz en el otro medio. Así pues, los índices de refracción absolutos son siempre mayores que la unidad, puesto que la velocidad de la luz en cualquier medio material es menor que en el vacío. Si se trata de dos medios cualesquiera, p. ej. agua y vidrio, la relación se denomina **índice de refracción relativo** del segundo medio respecto al primero. El índice de refracción absoluto no es una constante del medio, sino que depende de la longitud de onda de la luz incidente. **15. índice de saponificación** En quím., peso en miligramos de hidróxido potásico necesario para saponificar un gramo de éster; se usa particularmente en el caso de los ésteres glicéridos de los ácidos grasos superiores a partir de los cuales se obtienen los jabones, de cuya circunstancia toma la denominación. **16. índice de un radical** En mat., número al que hay que elevar la raíz para que dé el radicando; p. ej.: en $\sqrt[6]{4} = a$, 6 es el índice e indica las veces que hay que elevar la raíz *a* para que dé el radicando: $a^6 = 4$. **17. índice de yodo** En quím., peso en gramos de yodo que se adiciona a los dobles y triples enlaces de las moléculas orgánicas; es un dato analítico para deducir el número de éstos, ya que el yodo actúa al mismo tiempo como indicador, pues mientras sigue la adición pasa de color azulado a incoloro; los gramos de yodo gastados hasta que esto ocurre por cada cien gramos de sustancia orgánica son el índice de yodo de la misma.

indiciado, da **1.** *p. p.* de **indiciar**. También *adj.* ‖ *adj.* **2.** Sospechoso de un delito. También *s.*

indiciar *v. tr.* **1.** Dar indicios de una cosa o ser indicio de algo. **2.** Llegar a conocer una cosa a través de indicios.

indicio *s. m.* **1.** Aquello que demuestra o pone de manifiesto la existencia de alguna cosa. **2.** Primera manifestación de algo o escasa cantidad de ello.

índico, ca *adj.* Perteneciente o relativo a la India.

Índico Océano que se extiende entre Asia al N, Indonesia y Australia al E, oceáno Glaciar Antártico al S y África al O. Ocupa casi 75.000.000 de km^2 de superficie, lo que lo convierte en el tercero de los océanos. Contiene al mar Arábigo, mar Rojo, golfo de Adén, golfo Pérsico, golfo de Omán, mar de Omán, golfo de Bengala y mar de Andamán. En él se hallan las islas Socotora, Laquedivas, Maldivas, Ceilán, Andamán, Nicobar, Comores, Seychelles, Mascareñas, Chagos, Cocos, Christmas, Kerguelen y Madagascar. Su profundidad máxima es de 7.450 m en la fosa de la Sonda. Las corrientes marinas de su sector N se invierten cada seis meses por efecto de los vientos monzones, que circulan del SO hacia la India entre mayo y octubre y del NE hacia África entre noviembre y abril. Sus aguas son cálidas y siempre superan en superficie los 0 °C, llegando en ocasiones a rozar los 30 °C.

indiferencia *s. f.* Actitud o estado de ánimo de la persona que no muestra interés, entusiasmo o especial preferencia por algo.

indiferenciado, da *adj.* Que no presenta rasgos o características que lo diferencian de otros.

indiferente *adj.* **1.** Que es igual que sea o se haga de un modo u otro. **2.** Se dice de la persona que no tiene preferencia por una cosa u otra. **3.** Se aplica a la persona que no muestra interés hacia alguien o algo. **4.** Se aplica a la persona o cosa por la que se muestra ese desinterés. **5.** Que no produce ninguna impresión o emoción. **6.** Se aplica a la persona que no tiene creencias religiosas o políticas. También *s.* **Fam.** Indiferentemente.

indiferentismo *s. m.* Indiferencia o desinterés, especialmente en política, religión, etc.

indígena *adj.* Originario de un determinado pueblo o país. Se aplica especialmente a los primeros pobladores de un lugar y a lo perteneciente a ellos. También *s.*

indigencia *s. f.* Estado del que no tiene lo necesario para vivir.

indigenismo *s. m.* **1.** Estudio de las características y costumbres de los pueblos indígenas americanos, con el fin de revalorizar su cultura autóctona frente a la civilización de origen europeo. **2.** Ideología y movimiento sociopolítico que defiende y promueve la identidad y la cultura de los indios en los países iberoamericanos y que tiene también su reflejo en los campos del arte y la literatura. **3.** En sentido general, préstamo lingüístico que una lengua no europea aporta a una europea; en la lengua española, americanismo.

indigenista *adj.* **1.** Perteneciente o relativo al indigenismo. **2.** Partidario del indigenismo. También *s.* **3.** Se aplica a la corriente literaria iberoamericana, reducida casi exclusivamente a la narrativa, que trata el tema de la vida y la situación de los indios. Surgida a fines del s. XIX por influencia del Romanticismo, pronto abandonó el exotismo costumbrista de sus inicios, para adoptar un marcado carácter de denuncia social, en defensa de las minorías amerindias sometidas a graves desigualdades jurídicas y socioeconómicas. Dos de las obras más representativas de esta corriente son *Huasipungo,* de Jorge Icaza, y *El mundo es ancho y ajeno,* de Ciro Alegría.

Arte indigenista: Mujeres mayas, *cuadro de Roberto Montenegro (Museo de Arte Moderno, Nueva York).*

indigente *adj.* Se dice de la persona que no tiene lo necesario para vivir. También *s.*

indigestarse *v. prnl.* **1.** Sufrir alguien una indigestión. **2.** Producir algo una indigestión. **3.** *fam.* Resultar alguien o algo muy pesado, molesto o antipático.

Océano Índico.

indigestión *s. f.* Trastorno producido en las funciones digestivas por diferentes causas, como tomar demasiados alimentos, no masticarlos lo suficiente, etc.

indigesto, ta *adj.* **1.** Se dice del alimento difícil de digerir. **2.** Que no está digerido. **3.** Que tiene indigestión. **4.** Se dice de la obra literaria, tratado, etc., que resulta pesado, farragoso o difícil de comprender. **5.** Se aplica a la persona o cosa antipática o molesta.

indigete *adj.* **1.** Se dice del pueblo prerromano ibero que habitaba en una región de la Hispania tarraconense, situada en el N de la actual provincia de Gerona. **2.** De este pueblo. También *s.*

indignación *s. f.* Gran enfado que produce una persona o cosa, especialmente si es injusta o censurable.

indignante *adj.* Que produce indignación.

indignar *v. tr.* Enfadar mucho a alguien. También *v. prnl.*

indignidad *s. f.* **1.** Cualidad de indigno. **2.** Acción indigna.

indigno, na *adj.* **1.** Que no es digno de alguien o algo. **2.** Bajo, despreciable. **3.** Humillante, degradante. **FAM.** Indignamente.

índigo *s. m.* **1.** $C_{16}H_{10}O_2N_2$. Colorante natural que se obtiene por síntesis orgánica de ciertas plantas del género *Indigofera*, sobre todo de la *Indigofera tinctoria*. Es un polvo muy fino, de color entre azul morado y púrpura, soluble en nitrobenceno, esencia de trementina y fenoles, e insoluble en agua y en alcohol. Se emplea en tintorería y para la obtención de numerosos derivados. **2.** Colorante sintético de color y características similares a las del índigo natural. Es una sustancia azul del grupo de los indantrenos, también llamada *indigotina*.

Indiguirka Río de la Federación Rusa, en Siberia oriental. 1.793 km. Nace en los montes Verjoiansk y desemboca en el océano Glacial Ártico formando un gran delta.

indio *s. m.* In. Elemento químico perteneciente al grupo III A del sistema periódico. Su número atómico es 49 y su masa atómica 114,82. Fue descubierto por Ferdinand Reich y Hieronymus Theodor Richter en 1863. Es un metal blanco y brillante, blando y maleable, cuyo espectro presenta una raya de color índigo. Muy escaso en la naturaleza, se encuentra en yacimientos de minerales de cinc y se usa en la fabricación de semiconductores y transistores y en baños anticorrosivos de cojinetes.

indio, dia *adj.* **1.** De la India. También *s.* **2.** Se aplica a los originarios pobladores de América (Indias Occidentales) y a sus descendientes sin mezcla de otra raza. También *s.* **3.** Perteneciente o relativo a estas gentes. ‖ **LOC. hacer el indio** *fam.* Hacer tonterías; también, hacer algo poco acertado, por equivocación, engaño, etc.

indiófilo, la *adj.* Que simpatiza con los indios y su cultura. También *s.*

indirecto, ta *adj.* **1.** Que no es directo. ‖ *s. f.* **2.** Cosa que se dice o se da a entender sin expresarla. **FAM.** Indirectamente.

indiscernible *adj.* Que no se puede discernir o distinguir.

indisciplina *s. f.* Falta de disciplina.

indisciplinado, da **1.** *p. p.* de **indisciplinar**. También *adj.* ‖ *adj.* **2.** Que no es disciplinado.

indisciplinar *v. tr.* **1.** Producir o fomentar la indisciplina. ‖ *v. prnl.* **2.** Rebelarse contra la disciplina impuesta o contra las órdenes de un superior.

indiscreción *s. f.* **1.** Cualidad de indiscreto. **2.** Dicho o hecho indiscreto.

indiscreto, ta *adj.* **1.** Se aplica a la persona que dice o hace cosas inoportunas, que pueden molestar a otros o que no tienen por qué conocerse. También *s.* **2.** Se dice de la persona que pretende enterarse de cosas que no son asunto suyo. También *s.* **3.** Se aplica a las cosas que se dicen o hacen con imprudencia o inoportunamente. **FAM.** Indiscretamente.

indiscriminado, da *adj.* Se dice de aquello en lo que no se hace distinción o selección. **FAM.** Indiscriminadamente.

indiscutible *adj.* Se dice de lo que es tan evidente o razonable que no admite discusión.

indisociable *adj.* Que no se puede disociar o separar.

indisoluble *adj.* **1.** Que no se puede disolver. **2.** Aplicado a uniones, relaciones, lazos, etc., que no se puede deshacer o romper. **FAM.** Indisolublemente.

indispensable *adj.* **1.** Que es absolutamente necesario. **2.** Que no se puede dispensar o excusar. **FAM.** Indispensabilidad, indispensablemente.

indisponer *v. tr.* **1.** Enfrentar a dos o más personas. También *v. prnl.* **2.** Causar a alguien una indisposición o enfermedad leve. ‖ *v. prnl.* **3.** Sufrir una indisposición. ▪ Es v. irreg. Se conjuga como *poner*.

indisposición *s. f.* **1.** Enfermedad leve y pasajera. **2.** Acción y efecto de indisponer o indisponerse contra alguien. **3.** Falta de disposición para hacer algo.

indispuesto, ta **1.** *p. p.* de **indisponer**. ‖ *adj.* **2.** Se dice de la persona enfadada o enemistada con otra. **3.** Que padece una indisposición o enfermedad pasajera.

indisputable *adj.* Que no admite disputa o discusión. **FAM.** Indisputablemente.

indistinción *s. f.* Circunstancia de no ser distinto o distinguible.

indistinguible *adj.* Imposible o muy difícil de distinguir.

indistintamente *adv. m.* Sin hacer distinción, sin ninguna preferencia.

indistinto, ta *adj.* **1.** Que no se distingue de otra cosa. **2.** Se dice de lo que no se distingue o percibe claramente. **3.** Que no importa que sea o se haga de una manera o de otra. **4.** Se dice de la cuenta corriente, depósito, etc., realizado por dos o más personas, del que puede disponer cualquiera de ellas.

individual *adj.* **1.** Perteneciente o relativo al individuo. **2.** Propio y característico de una sola persona o cosa. **3.** Se dice de lo que está dispuesto para un solo individuo. **FAM.** Individualmente.

individualidad *s. f.* **1.** Cualidad por la que una persona o cosa se distingue y caracteriza respecto a las demás. **2.** Individuo que se destaca claramente frente a otros.

individualismo *s. m.* **1.** Actitud de la persona individualista. **2.** Cualquiera de las doctrinas éticas, políticas, sociales, etc., que consideran al individuo, y no a la colectividad, como entidad básica de la sociedad. El individuo, y no el grupo, es tomado como objeto de estudio o como base de cualquier consideración.

individualista *adj.* **1.** Se aplica a la persona que piensa y actúa según su propio criterio y sin sujetarse a normas generales, en ocasiones mirando sólo su propio interés. También *s.* **2.** Partidario del individualismo como doctrina. También *s.* **3.** Perteneciente o relativo al individualismo.

individualizar *v. tr.* **1.** Dar o atribuir a alguien algo que es común a varios. ‖ *v. prnl.* **2.** Separarse alguien o algo del resto por sus características, cualidades, etc. ▪ Se conjuga como *cazar*. **FAM.** Individualización.

individuo, dua *s. m.* **1.** Cada uno de los distintos seres o elementos que forman una especie o clase. **2.** Persona que pertenece a una corporación, organismo, sociedad, etc. ‖ *s. m.* y *f.* **3.** Persona cuya identidad no se conoce o no se quiere decir. Se usa mucho en sentido despectivo. ‖ *adj.* **4.** Indivisible.

indivisible *adj.* **1.** Se aplica a lo que no se puede dividir en partes. **2.** En mat., se dice de un número respecto a otro cuando, al dividir el primero por el segundo, el resultado no es un número entero. **3.** En der., se aplica a lo que no se puede dividir o repartir, por no ser un bien material o por perjudicar la división su naturaleza, función, etc. **FAM.** Indivisibilidad, indivisiblemente.

indivisión *s. f.* **1.** Cualidad o estado de indiviso. **2.** Propiedad compartida entre dos o más personas.

indiviso, sa *adj.* **1.** Que no está dividido en partes. También *s.* **2.** En der., se dice de los bienes que, aun pudiendo dividirse, permanecen unidos. **FAM.** Indivisamente.

indizar *v. tr.* **1.** Hacer índices. **2.** Registrar de forma ordenada datos e informaciones para elaborar un índice con ellos. ▪ Se conjuga como *cazar*. **FAM.** Indización.

indo- *pref.* Significa 'indio': *indoafgano*, *indoeuropeo*, *indoario*.

Indo (en sánscrito *Sindhu*) Río de Pakistán, de 3.180 km de longitud y 1.000.000 de km^2 de cuenca. Nace en los montes Kailash, en el Tíbet. Discurre en dirección NO hasta Cachemira, donde toma dirección S, continúa por el Punjab, donde se hace navegable, y por el Sind y desemboca en el mar de Omán, formando un gran delta de 7.700 km^2. Sus principales afluentes son el Kabul por la derecha y el Chenab y el Sutlej por la izquierda. Sus aguas se aprovechan para regadíos y para la obtención de energía eléctrica.

indoafgano, na *adj.* **1.** Se dice de un grupo de subrazas, pertenecientes a la raza blanca, extendido desde el S de Irán hasta el N de la India. **2.** De este grupo de subrazas. También *s.*

indoario, ria *adj.* Indoiranio*.

Indochina Región peninsular del SE asiático. 2.276.600 km^2 de extensión. Comprende los países de Tailandia, Vietnam, Camboya, Laos y Birmania y se prolonga en la península de Malaca, donde se hallan parte de Malaisia y Singapur.

Indochina francesa Conjunto de las antiguas posesiones coloniales francesas en la región de Indochina, que comprendía los actuales estados de Laos, Camboya y Vietnam. Francia empezó la conquista en 1858 y la terminó en 1893. Tras la Segunda Guerra Mundial, el Vietminh, dirigido por Ho Chi Minh, inició con ayuda china y soviética la lucha por la independencia. En 1954 el ejército francés fue derrotado en la batalla de Dien Bien Phu y ese mismo año Camboya, Laos y Vietnam obtuvieron la independencia tras los acuerdos de Ginebra.

indochino, na *adj.* De Indochina. También *s.*

indócil *adj.* Difícil de manejar, educar o trabajar. **FAM.** Indocilidad.

indocto, ta *adj.* Que no tiene cultura o conocimientos sobre cierta materia. **FAM.** Indoctamente.

indocumentado, da *adj.* **1.** Se dice de la persona que no tiene o no lleva documentos que demuestren su identidad. También *s.* **2.** Que ignora una materia o tiene pocos conocimientos sobre ella. También *s.* **3.** Que no está probado o mencionado en ningún documento.

indoeuropeo, a *adj.* **1.** Se dice de un conjunto de pueblos procedentes de las estepas asiáticas, dedicados principalmente a la agricultura, ganadería y minería, que ocuparon desde finales del neolítico el SE europeo y el occidente asiático. **2.** De estos pueblos. También *s.* ‖ *s. m.* **3.** Lengua de la que proceden las lenguas itálicas, el griego, las lenguas germánicas, bálticas, célticas, eslavas y un grupo de lenguas asiáticas. Aunque no existe ningún texto que la documente, ha sido reconstruida comparando los rasgos comunes de las lenguas que proceden de ella. Actualmente, la mitad de la humanidad habla una lengua derivada del indoeuropeo. También *adj.*

Indogangética, llanura Región natural del subcontinente indio, que incluye el N de la India y Pakistán. Se extiende por una gran cuenca, limitada al N por la cordillera del Himalaya y al S por la meseta del Decán y regada por los ríos Indo al O y Ganges y Brahmaputra al E. Está sometida a la acción de los monzones y es una región muy poblada e intensamente cultivada.

indogermánico, ca *adj.* Indoeuropeo*.

indoiranio, nia *adj.* Se aplica a una rama de la familia de lenguas indoeuropeas que comprende dos grandes grupos: el indo (sánscrito, prácrito, etc.) y el iranio, también llamado *ario* (persa antiguo, avéstico, etc.). También *s. m.*

indol *s. m.* C_8H_7N. Benzopirrol. Es un heterociclo aromático formado por un anillo bencénico y otro pirrólico concentrado. Se encuentra en el alquitrán de la hulla y en estado puro tiene un agradable olor, por lo que se emplea en perfumería.

índole *s. f.* **1.** Forma de ser de una persona. **2.** Condición o carácter de las cosas.

indolencia *s. f.* Cualidad de indolente.

indolente *adj.* **1.** Apático, abúlico. También *s.* **2.** Se aplica a la persona que no cuida su aspecto ni sus cosas. También *s.* **FAM.** Indolentemente.

indoloro, ra *adj.* Que no causa dolor.

indomable *adj.* **1.** Que no se puede domar o dominar. **2.** Imposible o muy difícil de moldear o trabajar. **FAM.** Indomabilidad.

indomeñable *adj.* Que no se puede dominar.

indomesticable *adj.* Que no se puede domesticar.

indómito, ta *adj.* **1.** Que no se puede domar o no ha sido domado. **2.** Difícil de dominar o someter. **3.** P. ext., se dice de lo que presenta problemas para su control o acceso.

Indonesia, República de Estado del SE asiático.

Extensión: 1.948.732 km².
Límites: al N, con Malaisia y el mar de Célebes; al E, con el océano Pacífico y Papúa-Nueva Guinea; al S y al O, con el océano Índico.
Población: 180.763.000 h. en 1990.
Densidad: 94,2 h./km².
Capital: Yakarta.
División administrativa: 24 provincias, 2 distritos autónomos y 1 distrito metropolitano.
Ciudades principales: Surabaya, Medan, Bandung, Semarang.
Gentilicio: indonesio.
Forma de Estado: república presidencialista.
Idioma: bahasa indonesio.
Religión: islamismo, 87,1 %; protestantismo, 5,8 %; catolicismo, 3 %; hinduismo, 2 %; budismo, 0,9 %.
Moneda: rupia indonesia.
Tasa de natalidad: 27 ‰ en 1990.
Tasa de mortalidad: 11 ‰ en 1990.
Renta per cápita: 490 dólares en 1989.

Geog. física El archipiélago indonesio está formado por más de 3.000 islas, situadas en el océano Pacífico, entre el continente asiático y el australiano, separadas por diversos estrechos y divididas en varios grupos: las grandes islas de la Sonda, como Java, Madura, Sumatra, Borneo y las Célebes; el archipiélago de las Molucas y la parte occidental de Nueva Guinea; y más al S, las pequeñas islas de la Sonda (desde Bali a Timor) y las islas Tanimbar. Entre ellas existen numerosos mares interiores, como los de Java, Banda, Arafura y Sonda. El país está además rodeado por algunas de las fosas marinas más profundas del mundo, como la de las Célebes (8.547 m) al N, la del mar de Banda (7.630 m) al E y la de Java (7.450 m) al S. Tiene un relieve abrupto y escarpado, con una importante actividad sísmica y volcánica, como la que produjo la explosión de la isla Krakatoa en 1883. Las máximas alturas se encuentran en los conos volcánicos de Kerintji en Sumatra (3.805 m), Semeru en Java (3.676 m), Rindjani en Lombok (3.726 m) y el Puncak Jaya en la zona occidental de Nueva Guinea (5.030 m). Las costas de las islas son recortadas y los ríos cortos, excepto en Borneo, donde se encuentran el Kapuas (1.150 km), el Barito (890 km) y el Sungai en Nueva Guinea. El clima es ecuatorial, húmedo y cálido, y la acción de los vientos alisios proporciona lluvias abundantes y cuantiosas que alimentan una amplia red fluvial y originan una vegetación exuberante, con selvas, sotobosques y manglares.

Indonesia: vista parcial de Medan, ciudad de Sumatra septentrional.

Geog. humana y ***económica*** La población, de raza malaya fundamentalmente y asentada en hábitat rural (74 %), es muy numerosa, aunque se halla desigualmente repartida: la isla de Java tiene 800 h. por km², mientras que Borneo está casi despoblada. Económicamente, la agricultura está poco desarrollada a causa de la intensa parcelación; produce arroz (tercer productor mundial), mandioca (cuarto), batata (segundo), maíz, soja, aceite de palma (segundo), bananas (quinto), cacahuete (cuarto), caña de azúcar, café (tercero), té, especias y tabaco. Sus bosques están sometidos a una intensa explotación para producción de madera, caucho (segundo productor mundial) y quina, de la que se obtiene la quinina. Cuenta con ganadería caprina y de búfalos. Destaca también la pesca. Los recursos del subsuelo son abundantes y entre ellos sobresalen el estaño (segundo productor mundial), la bauxita, el níquel, el cobre, el oro, el petróleo y el gas natural. La industria, escasa y poco diversificada, se centra en el sector automovilístico y en el de productos químicos y textiles.

Hist. **invasiones** Indonesia estuvo poblada en la antigüedad por una raza negroide a la que se añadieron pueblos llegados de Indochina en sucesivas oleadas. Comerciantes chinos e hindúes aportaron las religiones y culturas del brahmanismo y el budismo. Los distintos reinos fueron sometidos en el s. VIII a la hegemonía de los budistas Srivijaya, que desde Borneo impusieron su dominio en el mar. En el s. IX surgió en Java el reino de los Sailendra. En el s. XI el reino Srivijaya se dividió entre los Janggala y los Kadiri y en el E de Java apareció el reino Singhasari. A fines del s. XIII se produjo una invasión mongólica y, tras ser rechazada, el archipiélago fue unificado por la dinastía Madjapahit. El Islam penetró por medio de los comerciantes musulmanes de la India.

colonización La colonización europea, iniciada por Portugal en 1521 con la fundación de fortines y factorías, se llevó a cabo por la Compañía Holandesa de las Indias Orientales. La ocupación holandesa fue disputada por los británicos desde principios del s. XIX. El dominio colonial impuso cultivos obligatorios que produjeron grandes riquezas a las metrópolis, lo que provocó en las primeras décadas del s. XX el nacimiento de partidos independentistas, como el Sarekat Islam, de carácter musulmán, el Partido Comunista y el Partido Nacional de Sukarno. Durante la Segunda Guerra Mundial el archipiélago fue ocupado por Japón y, a su término, los indonesios, liderados por Sukarno, proclamaron la independencia. Holanda intentó someterlos por las armas, pero al final hubo de aceptar una independencia que al principio fue limitada (1946-1949) y que en 1954 se hizo plena.

independencia Sukarno, convertido en presidente de la república, asumió paulatinamente nuevos poderes y disolvió en 1960 el parlamento. Su política, que contaba con el apoyo del poderoso Partido Comunista, unía aspectos nacionalistas y socializantes y potenciaba el movimiento de los países no alineados (conferencia de Bandung en 1955), al tiempo que estrechaba las relaciones con China. En 1963 se proclamó presidente vitalicio, pero en 1965 se produjo un golpe militar de carácter prooccidental, dirigido por los generales Suharto y Nasution, que reprimieron y aniquilaron a los comunistas, acusados de instigar a su vez un golpe izquierdista, y redujeron los poderes de Sukarno progresivamente hasta destituirle en 1967. En 1968 el general Suharto fue elegido presidente y reelegido por cinco veces consecutivas, la última de las cuales tuvo lugar en 1988. Su política invirtió las alianzas de Sukarno, estrechó lazos con EE UU y abrió el país a la inversión extranjera.

Cult. En Indonesia se desarrolló desde mediados del segundo milenio a. C. una cultura autóctona cuyas principales manifestaciones (tambores de lluvia, hachas de ceremonia y cerámica) se produjeron en la edad del bronce. En época histórica penetró la influencia de la India a través de los intercambios comerciales y se introdujo el sánscrito como lengua culta. Las más antiguas formas artísticas fueron escultóricas, sobresaliendo el estilo amaravati en las islas Célebes durante los s. II y III, el gupta en Borneo en los s. VI y VII, y el pallava en Java occidental durante los s. VII y VIII. Los primeros monumentos

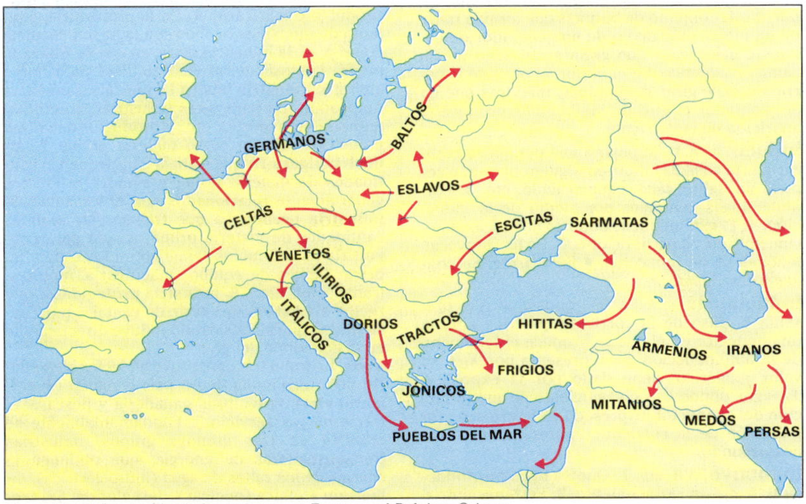

Expansión de los pueblos indoeuropeos por Europa y el Próximo Oriente.

Arte indonesio: templo de Siva en el conjunto monumental de Lara-Djonggrang, Prambanan, Java.

arquitectónicos aparecieron a mediados del s. VIII, en un estilo llamado *indojavanés*, del que destaca el periodo de Java central, en el que se erigió el templo de Barabudur (h. 800-850), de forma hemisférica y rodeado por cinco galerías decoradas con bajorrelieves que ilustran la vida de Buda. En la meseta de Dieng se construyeron santuarios sivaítas de pequeñas dimensiones. Principal motivo decorativo es la Kala o cabeza de monstruo, rodeada de dos monstruos de perfil; entre los templos merecen citarse el de Mendut (h. 800), decorado con relieves y con una estatua de Buda de 3 m de altura, y el Lara-Djonggrang, que integran seis grandes santuarios con un cinturón de templetes. A partir del s. X se desarrolló en Java oriental un nuevo estilo de templos que constituyen grandes conjuntos arquitectónicos, a los que se accede a través de puertas monumentales llamadas *gopura*. En esta época la escultura se hace hierática, se abandona el uso del bulto redondo y se labran sobre todo relieves. Los templos más representativos son los de Panataran (s. XII al XV), Sawentar (s. XIII), Kidal (s. XIII), Singhasari (s. XIV), Diabung (s. XIV) y Suravana (fines del s. XIV). En el s. XIV comenzó a penetrar la influencia musulmana y fruto de la misma fue la construcción de mezquitas, sobre todo en Kudus, adaptadas al gusto local en lo decorativo; esta influencia coexistió con el estilo brahmánico, al que pertenecen los templos de Kedaton (1370), Sukuh (s. XV) y Tejta (s. XIV). A lo largo de todas las épocas en Indonesia florecieron las artes decorativas.

indonesio, sia *adj.* **1.** De Indonesia. También *s.* ‖ *s. m.* **2.** Grupo de lenguas malayo-polinésicas, habladas por casi 120 millones de habitantes en el SE de Asia. También *adj.*

Indore (*Indaur*) C. de la India, situada en el estado de Madhya Pradesh, en el centro del país. 829.350 h. en 1981. Posee industria alimentaria, cementera, de materiales de construcción, metalúrgica, de motores y textil.

Indostán Nombre del sector N de la India, por oposición al Decán, situado en el S. Comprende la llanura Indogangética y la cuenca de los cinco ríos del Punjab. Constituye el núcleo político, cultural y económico de la India.

indostaní *adj.* **1.** Del Indostán. También *s.* ‖ *s. m.* **2.** Lengua de la familia indoaria hablada en la India y en Pakistán y una de cuyas variantes es el hindi, lengua oficial de la India.

indostánico, ca *adj.* Perteneciente o relativo al Indostán.

indotado, da *adj.* Que no está dotado de aquello que se expresa.

Indra Uno de los principales dioses del hinduismo según los textos védicos. Es soberano del cielo, señor del rayo y de la lluvia y patrono de la casta de los chatria (guerreros). Pasó al brahmanismo con el nombre de *Mahendra* y al budismo con el de *Sakka*. Se le representa con el cuerpo cubierto por mil ojos.

indubitable *adj.* Indudable*. **FAM.** Indubitablemente.

inducción *s. f.* **1.** Acción y efecto de inducir. **2.** Razonamiento en el que a partir de hechos particulares observados se establece una ley general que vale también para los casos no observados. Es el procedimiento inverso a la deducción. **3.** En med., primer periodo de la anestesia. ‖ **4. inducción electromagnética** En fís., proceso de producción de corriente eléctrica en un conductor cuando éste es atravesado por un flujo magnético variable. El flujo magnético se produce por medio de un imán, a causa de las variaciones relativas de posición de inductor e inducido, o por medio de corriente eléctrica, a causa de las variaciones de intensidad de dicha corriente. Cuando este fenómeno se produce en un conductor debido a la variación de la intensidad de corriente que circula por él recibe el nombre de *autoinducción*. Los efectos recíprocos que tienen lugar entre dos conductores sometidos a la acción de corrientes eléctricas de intensidad variable se denominan *inducción mutua*. La inducción electromagnética es el principio de funcionamiento de todos los generadores de corriente alterna. **5. inducción electrostática** En fís., proceso por el cual un cuerpo adquiere carga eléctrica estática. Cuando un cuerpo con carga positiva se aproxima a otro cuerpo, tiene lugar en éste una reordenación de sus cargas; las positivas serán eliminadas a través de la toma de tierra y permanecerán las negativas, de signo opuesto a las del primer cuerpo. El primer cuerpo ha inducido una carga estática en el segundo. **6. principio de inducción** En mat., procedimiento de demostración de ciertas propiedades de los números naturales: una propiedad de números naturales que se verifica para un número natural fijo A, y también para otro número natural B, es común para el conjunto de los números naturales si probamos que se verifica para el número $A + B$. **7. vector de inducción magnética** En fís., magnitud vectorial simbolizada por $\vec{B}$, mediante la cual se puede calcular la fuerza que un campo magnético ejerce sobre una carga q que se desplaza con una velocidad $\vec{v}$ en el interior de dicho campo. Se calcula mediante la ecuación:

$$\vec{F} = q(\vec{v} \times \vec{B}).$$

La unidad de inducción magnética en el Sistema Internacional (SI) es el tesla o weber/m^2.

inducido, da **1.** *p. p.* de **inducir**. También *adj.* ‖ *adj.* **2.** En fís., se aplica a la corriente eléctrica que se produce en un circuito atravesado por un flujo magnético variable. La corriente inducida se caracteriza por oponerse siempre a la causa que la ha producido. Así, si la causa es un aumento de flujo magnético, la corriente inducida se producirá en el sentido en que tienda a contrarrestar dicho aumento; si, por el contrario, la causa es una disminución del flujo magnético, el sentido de la corriente inducida tratará de reforzar el campo magnético e impedir dicha disminución. A consecuencia de ello, la corriente inducida circula a veces en un sentido y a veces en el sentido contrario y es, por tanto, una corriente alterna, cuya intensidad no tiene un valor constante, sino que toma valores máximos en un sentido y en otro pasando por cero. ‖ *s. m.* **3.** Conductor en el cual se genera una corriente inducida. **4.** Conjunto de bobinas que forman parte de un motor eléctrico o de un generador de corriente eléctrica y que giran en el seno de un campo magnético. En el motor, el paso de la corriente hace girar las bobinas, mientras que en el generador el giro de las bobinas produce la aparición de la corriente.

inducir *v. tr.* **1.** Empujar a una persona a realizar cierta cosa **2.** Influir en alguien para que cometa un delito, falta, equivocación, etc. **3.** Formular ideas generales por medio de la inducción. **4.** P. ext., deducir, obtener una idea, conocimiento, etc., a partir de otro. **5.** En fís., provocar fenómenos de inducción. ■ Es v. irreg. Se conjuga como *conducir*.

inductancia *s. f.* En fís., oposición que presenta al paso de la corriente eléctrica alterna un conductor en el que se produce el fenómeno de la autoinducción. Se representa por X_L y su valor numérico viene dado por la expresión $X_L = L\omega$, donde L es el coeficiente de autoinducción del conductor, expresado en henrios, y ω la pulsación de la corriente, expresada en radianes/segundo.

inductivo, va *adj.* **1.** Que se hace por inducción; p. ej., un razonamiento. **2.** Perteneciente o relativo a la inducción.

inductor, ra *adj.* **1.** Que induce a hacer cierta cosa. También *s.* ‖ *s. m.* **2.** Parte del generador electromagnético que produce una variación de flujo magnético en el inducido. Está formado por electroimanes.

indudable *adj.* Que no admite duda. **FAM.** Indudablemente.

indulgencia *s. f.* **1.** Cualidad de indulgente. **2.** Perdón que concede la Iglesia católica de la pena por los pecados. Puede ser **parcial**, cuando perdona parte de la pena, o **plenaria**, la que perdona toda la pena.

Hist. y ***Rel.*** En los primeros tiempos la Iglesia imponía a los pecadores penitencias públicas para satisfacer el castigo temporal por los pecados, en la creencia de que si un creyente muere sin pecado mortal, pero sin haber satisfecho toda la pena temporal, va al purgatorio. A partir del s. VI se comenzaron a sustituir las penitencias públicas por obras piadosas más llevaderas. Las indulgencias libraban en todo o en parte de tales penitencias y se concedían por determinadas oraciones, peregrinaciones, etc. En la Edad Media, esta práctica provocó grandes abusos al ofrecerse indulgencias a cambio de limosnas, p. ej. para financiar las cruzadas. En 1515 el papa León X promulgó una bula en la que se concedía indulgencias a aquellos que hicieran aportaciones económicas para la terminación de la basílica de San Pedro de Roma, lo que llevó a Lutero a redactar las célebres 95 tesis que desencadenaron la Reforma protestante.

indulgente *adj.* Se aplica a la persona, y a su actitud o comportamiento, que perdona o juzga con comprensión las faltas o equivocaciones de los demás y no es exigente al obligarles a cumplir sus compromisos. **FAM.** Indulgentemente.

indulina *s. f.* Material colorante azul, del grupo de las azinas, que se elabora calentando un aminoazoico con anilina y clorhidrato de anilina. Se usa para fabricar tintes y barnices.

indultar *v. tr.* **1.** Conceder un indulto. ‖ *v. prnl.* **2.** *Bol.* Entrometerse. **3.** *Cuba.* Salir de una situación comprometida.

indulto *s. m.* Perdón, total o parcial, de una pena o castigo por parte de la autoridad competente.

indumentaria *s. f.* **1.** Conjunto de prendas que lleva puestas o posee una persona. **2.** Estudio de la vestimenta a través de la historia.

indumentario, ria *adj.* Perteneciente o relativo al vestido.

induración *s. f.* Endurecimiento, en especial el de los tejidos de un órgano producido por una enfermedad, como esclerosis, cirrosis, etc.

Induráin, Miguel (Villava, Navarra 1964) Ciclista español. Triunfó en el Tour de Francia (1991 y 1992) y en el Giro de Italia (1992).

industria *s. f.* **1.** Conjunto de actividades destinadas a la transformación de materias primas en productos preparados para el consumo. **2.** En oposición a artesanía, fabricación de objetos o productos mediante máquinas y, generalmente, en serie. **3.** Conjunto de máquinas, personas e instalaciones necesarias para transformar algún producto o fabricarlo. **4.** En la prehistoria, conjunto de utensilios hechos con la misma técnica, como p. ej. la industria lítica, en que se utiliza la piedra como material. **5.** Habilidad para hacer algo. ‖ **6. industria básica** La que fabrica medios de producción para otras industrias, como maquinaria, transportes, etc., y productos que otras industrias utilizan como materia prima. **7. industria ligera** La que trabaja con pequeñas cantidades de materia prima y elabora productos generalmente relacionados con el consumo. **8. industria pesada** La que trabaja con grandes cantidades de materia prima pesada para convertirla en productos semielaborados o para fabricar bienes de equipo (maquinaria, motores, transportes, etc.). **9. industria protegida** La que recibe del Estado una serie de ventajas por considerarse que su desarrollo influye directamente en la economía del país.

Econ. La industria constituye el sector secundario de la economía de un país o región (el primario es la agricultura, ganadería y pesca, y el terciario, los servicios). Fundamentalmente se clasifica en tres grandes grupos: industrias transformadoras de energía, que obtienen la energía de los saltos de agua (hidroeléctrica), de la fisión atómica (nuclear), del calor del Sol (solar), de la fuerza del viento (eólica), de las ma-

INDUSTRIAS	
Energéticas	Hidroeléctrica, nuclear, solar, eólica, maremotriz...
Extractivas	Minerales, hidrocarburos, gas natural, cantería...
De transformación	*Básicas* Siderurgia, metalurgia, química, construcción, del vidrio y cerámica, materiales de construcción, refino de petróleo, plásticos...
	Bienes de equipo Construcción naval, construcción ferroviaria, construcción aeronáutica, construcción de vehículos industriales, instrumentos de precisión y ópticos, productos mecánicos, productos metálicos, maquinaria de oficina y ordenadores, maquinaria y material eléctrico, material electrónico...
	Bienes de consumo perecederos Alimentaria, textil y de la confección, tabaquera, de cuero y calzado, papel, juegos y material deportivo...
	Bienes de consumo duraderos Automovilística, de electrodomésticos, artes gráficas y editorial, muebles, joyería y bisutería, instrumentos de música, informática, tecnología punta...

reas (maremotriz), etc.; las industrias extractivas, que extraen del subsuelo minerales, rocas, hidrocarburos, gas, etc., y las industrias de transformación, que fabrican los productos acabados o semielaborados y se pueden dividir en básicas (metalurgia, química), de fabricación de bienes de equipo (naval, ferroviaria, de maquinaria, de vehículos industriales), de fabricación de bienes de consumo perecederos (alimentaria, textil, del cuero, papelera) y de fabricación de bienes de consumo duraderos (automovilística, electrodoméstica).

Hist. Las primeras actividades industriales se remontan al neolítico y surgen en sociedades agrícolas avanzadas. Durante la antigüedad y la Edad Media fueron sobre todo metalúrgicas, textiles y constructoras. El desarrollo urbano de la Baja Edad Media conllevó el crecimiento de la industria y su evolución tecnológica, aunque la productividad se vio restringida por los propios límites del mercado. Su verdadera expansión llegó con el invento de la máquina de vapor y la revolución industrial en la segunda mitad del s. XVIII, que transformó radicalmente la productividad, el transporte y el consumo. En las últimas décadas su evolución se ha basado principalmente en el desarrollo de la energía nuclear, la electrónica y la robótica.

industrial *adj.* **1.** Perteneciente o relativo a la industria. **2.** Se dice de los objetos o productos que han sido fabricados mecánicamente y, por lo general, en serie, frente a los artesanales, hechos a mano. ‖ *s. m.* y *f.* **3.** Propietario de una industria y, p. ext., persona dedicada al comercio o a cualquier tipo de negocio. ‖ **4. cantidades industriales** *fam.* Mucha cantidad de algo. **FAM.** Industrialmente.

industrialismo *s. m.* **1.** Tendencia al predominio de los intereses industriales y al desarrollo excesivo de la industria. **2.** Mercantilismo*. **FAM.** Industrialista.

industrialización *s. f.* **1.** Acción y efecto de industrializar. **2.** Desarrollo de la industria en un país, región, etc.

industrializar *v. tr.* **1.** Crear industrias en una región, país, etc., o desarrollar las que ya existían. También *v. prnl.* **2.** Fabricar o producir algo por medios industriales. También *v. prnl.* ▪ Se conjuga como *cazar.*

industriarse *v. prnl.* Agenciarse*.

industrioso, sa *adj.* **1.** Muy trabajador. **2.** Hábil, ingenioso. **FAM.** Industriosamente.

Indy, Vincent d' (París 1851 - íd. 1931) Compositor francés. Discípulo de César Franck, en su música se advierte la influencia de Wagner. Fundó, junto con Charles Bordes y Felix Alexandre Guilmant, la Schola Cantorum (1894). Compuso óperas, como *El canto de la campana* (1879-1883), *Fervaal* (1889-95) y *El extranjero* (1903); sinfonías, como *Wallenstein* (1873-81) y *Sinfonía sobre un canto montañés de Francia* (1886); obras para piano, como *Cuadros de viaje* (1889) y *Fantasía sobre una antigua canción de corro francesa* (1930); corales y música de cámara.

inecuación *s. f.* Desigualdad algebraica en la que aparecen una o más letras (incógnitas) y que se verifica para ciertos valores que se den a esas letras. P. ej., $3x - 1 \leq 2 - 5x$; se verifica si $x = 0$ y no se verifica si $x = 1$.

inedia *s. f.* Estado de fuerte debilidad en el que se encuentra la persona que lleva mucho tiempo sin tomar alimento.

inédito, ta *adj.* **1.** Que aún no ha sido editado. También *s. m.* **2.** No conocido aún por el público.

ineducación *s. f.* Mala educación.

ineducado, da *adj.* Maleducado*. También *s.*

inefable *adj.* **1.** Se dice de lo que no se puede explicar con palabras. **2.** Maravilloso, extraordinario. **FAM.** Inefabilidad, inefablemente.

inefectivo, va *adj.* Que no produce efecto.

ineficacia *s. f.* Cualidad de ineficaz.

ineficaz *adj.* Que no es eficaz. **FAM.** Ineficazmente.

ineficiencia *s. f.* Ineficacia*.

ineficiente *adj.* Ineficaz*.

inelegante *adj.* Que no tiene elegancia. **FAM.** Inelegancia.

ineluctable *adj.* Se dice de aquello contra lo cual no se puede luchar o que no puede evitarse.

ineludible *adj.* Que no puede eludirse o evitarse. **FAM.** Ineludiblemente.

inenarrable *adj.* **1.** Imposible o muy difícil de describir con palabras. **2.** Maravilloso.

inepcia *s. f.* **1.** Cualidad de necio, bobo. **2.** Ineptitud.

ineptitud *s. f.* Cualidad de inepto.

inepto, ta *adj.* Que no sirve para nada o no es apto para alguna cosa. También *s.*

inequívoco, ca *adj.* Que no admite duda o equivocación. **FAM.** Inequívocamente.

inercia *s. f.* **1.** Incapacidad de los cuerpos para modificar su estado de reposo o de movimiento en tanto que sobre ellos no actúe una causa externa. La cantidad de inercia de un cuerpo es directamente proporcional a su masa, por lo que suele recibir el nombre de *masa inercial.* Galileo formuló el principio de la inercia que hoy conocemos como primera ley de Newton: «Siempre que sobre un cuerpo no actúe una fuerza neta, éste continuará en reposo o en movimiento rectilíneo uniforme.» Los sistemas de referencia en los que se cumplen las leyes de Newton se llaman *sistemas inerciales.* Aquellos otros en los que es preciso recurrir a fuerzas ficticias o fuerzas de inercia para explicar el movimiento de los cuerpos se llaman *sistemas no inerciales.* Sistemas inerciales son todos los que se hallan en reposo o dotados de movimiento rectilíneo uniforme respecto a la Tierra. Sistemas no inerciales son aquellos que poseen aceleración. **2.** Tendencia de las personas, situaciones, etc., a no cambiar. ‖ **3. momento de inercia** En fís., cociente constante entre el momento angular de un cuerpo que gira en torno a un eje y su aceleración angular.

inercial *adj.* Perteneciente a la inercia o relativo a ella.

inerme *adj.* **1.** Sin armas. **2.** En bot. y zool., que carece de espinas, púas, aguijones, etc. **3.** Que no tiene defensas, física o moralmente.

inerte *adj.* **1.** Que no tiene vida o movimiento. **2.** En quím,, se dice de los cuerpos caracterizados por su inactividad, como los gases nobles. **3.** Se aplica al medio o la sustancia en donde no pueden surgir ni desarrollarse organismos vivos.

inervación *s. f.* **1.** Conjunto de las acciones nerviosas. **2.** Acción de un nervio sobre una parte del cuerpo. **3.** Distribución de las fibras nerviosas en un órgano o región del organismo.

inervador, ra *adj.* Que produce inervación.

Inés de Castro (? h. 1320 - Coimbra 1355) Dama gallega, segunda esposa de Pedro I de Portugal. Era dama de compañía de Constanza Manuel, mujer del príncipe Pedro, el cual la convirtió en su amante y contrajo matrimonio con ella en secreto a la muerte de Constanza. Alfonso IV, padre de Pedro, mandó asesinarla, lo que provocó la rebelión de su hijo. Al subir al trono Pedro (1357), hizo trasladar el cadáver de Inés al monasterio cisterciense de Alcobaça y obligó a los cortesanos a rendirle homenaje. El personaje de Inés inspiró poemas y dramas que suelen referir cómo fue coronada por Pedro después de muerta.

inescrutable *adj.* Imposible de averiguar.

inesperado, da *adj.* Que ocurre sin haberlo esperado o previsto. **FAM.** Inesperadamente.

inestabilidad *s. f.* Cualidad de inestable.

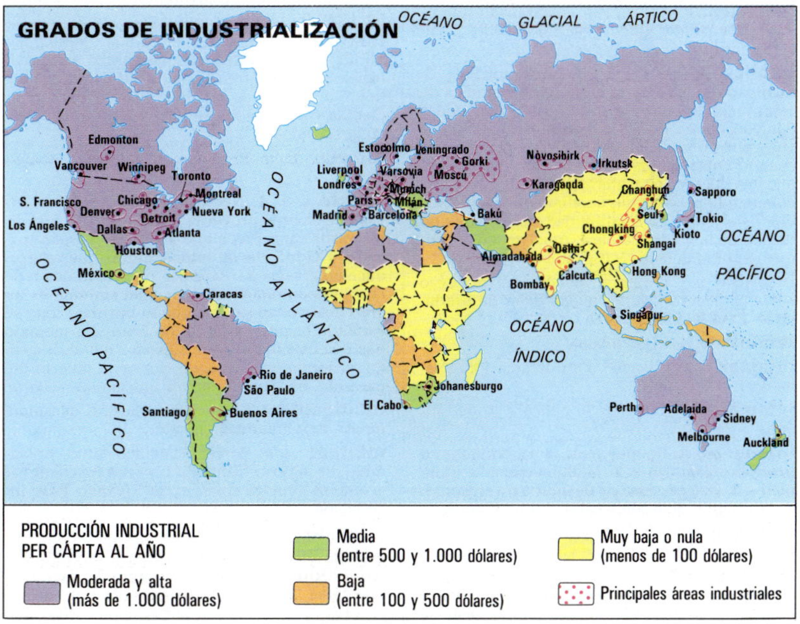

inestable *adj.* **1.** Que está en peligro de caerse, cambiar de situación o desaparecer. **2.** Se aplica a la persona poco firme, que varía fácilmente de humor, de ideas, etc., y a su manera de ser, comportamiento. **3.** En quím., se dice del compuesto químico o del núcleo atómico que se descompone fácilmente.

inestimable *adj.* Que tiene demasiado valor para ser debidamente apreciado. **FAM.** Inestimabilidad.

inestimado, da *adj.* **1.** Que está sin calcular o tasar. **2.** Que no se estima o valora como se merece.

inevitable *adj.* **1.** Que no se puede evitar. **2.** Que no puede faltar, dejar de ser o de ocurrir. **FAM.** Inevitablemente.

inexactitud *s. f.* **1.** Falta de exactitud. **2.** Cosa inexacta.

inexacto, ta *adj.* Que no es exacto o preciso. **FAM.** Inexactamente.

inexcusable *adj.* **1.** Que no se puede dejar de hacer, cumplir, etc. **2.** Que no puede disculparse o justificarse. **FAM.** Inexcusablemente.

inexhausto, ta *adj.* Se dice de lo que es imposible o muy difícil que se acabe.

inexistencia *s. f.* Carencia, ausencia.

inexistente *adj.* **1.** Que no existe o no es real. **2.** *fam.* Se dice de aquello que, aunque existe, se considera nulo, sin efecto.

inexorable *adj.* **1.** Imposible de evitar. **2.** Que no se deja convencer o ablandar con ruegos. **FAM.** Inexorabilidad, inexorablemente.

inexperiencia *s. f.* Falta de experiencia.

inexperto, ta *adj.* Que no tiene experiencia.

inexplicable *adj.* **1.** Que no tiene explicación o no se le encuentra. **2.** Que no tiene justificación. **FAM.** Inexplicablemente.

inexplicado, da *adj.* Que no ha sido suficientemente explicado.

inexplorable *adj.* Que no se puede o resulta muy difícil explorar.

inexplorado, da *adj.* Que no ha sido explorado.

inexpresable *adj.* De tal naturaleza, intensidad, etc., que es imposible o muy difícil de expresar.

inexpresivo, va *adj.* **1.** Que carece de expresividad. **2.** Seco, poco afectuoso.

inexpugnable *adj.* **1.** Imposible o muy difícil de expugnar o conquistar. **2.** P. ext., se dice de aquello a lo que resulta muy difícil tener acceso. **3.** Se aplica a la persona muy difícil de convencer o persuadir.

inextinguible *adj.* Que no puede extinguirse o acabarse.

inextricable *adj.* **1.** Tan enmarañado que es imposible o muy difícil penetrar en ello. **2.** Incomprensible*.

infalibilidad *s. f.* **1.** Cualidad de infalible. **2.** Cualidad del magisterio de la Iglesia católica de estar inspirado por el Espíritu Santo y no poder equivocarse en las definiciones dogmáticas hechas por un concilio ecuménico o por el papa cuando habla *ex cathedra*, es decir, cuando define una doctrina en materia de fe o de moral, así como en la predicación unánime de los obispos unidos al papa. La infalibilidad del papa es un dogma de la Iglesia católica, proclamado oficialmente por el concilio Vaticano I en 1870.

infalible *adj.* **1.** Que no puede equivocarse o fallar. **2.** Seguro, que no puede dejar de producirse. **FAM.** Infaliblemente.

infamante *adj.* Que infama.

infamar *v. tr.* Difamar*. **FAM.** Infamación, infamador.

infamatorio, ria *adj.* Se aplica a lo que infama.

infame *adj.* **1.** De muy mala fama, sin honra o prestigio. También *s.* **2.** Malintencionado. También *s.* **3.** Que es causa de deshonra o vergüenza. **4.** Muy malo, de pésima calidad o muy desagradable. **FAM.** Infamemente.

infamia *s. f.* **1.** Cualidad o situación de infame. **2.** Acción infame.

infancia *s. f.* **1.** Periodo de la vida del hombre que comprende desde su nacimiento hasta la adolescencia. **2.** Conjunto de los niños. **3.** Primera época en la vida de algo, como una sociedad, país, institución, etc.

infantado o **infantazgo** *s. m.* **1.** Dignidad de infante. **2.** Territorio del infante o la infanta real.

Infantado, Pedro Alcántara de Toledo, duque del (? 1773 - Madrid 1841) Militar y político español. Participó en la guerra contra la república francesa de 1793 y en la guerra de las Naranjas contra Portugal (1801). Fue favorito de Fernando VII y participó en la conspiración de El Escorial. Marchó a Bayona con el príncipe, pero regresó a España para participar en la guerra de la Independencia. Perteneció a la camarilla de Fernando VII, fue regente en 1812 y 1823 y ministro de Estado (1825-26).

infante, ta *s. m.* y *f.* **1.** En lenguaje culto y literario, niño. **2.** En España y Portugal, cualquiera de los hijos del rey, con excepción del heredero al trono español. **3.** En Castilla, antes del s. XIII, título que se otorgaba a los parientes del rey. ‖ *s. m.* **4.** Soldado de infantería.

Infante, Blas (Casares, Málaga 1885 - Sevilla 1936) Político y escritor español. Ejerció como notario y abogado laboralista. Impulsor del andalucismo, colaboró en la elaboración del anteproyecto para el estatuto de autonomía de Andalucía en 1933. Murió fusilado por las tropas franquistas. Es autor de *El ideal andaluz* (1915) y *La dictadura pedagógica* (1921).

Infante Rojas, José Miguel (Santiago 1778 - íd. 1844) Político chileno. Integrante de la Junta Gubernativa (1813-14), fue ministro de Hacienda con O'Higgins (1818). A él se debe la ley de abolición de la esclavitud en Chile (1823). Ocupó la presidencia del Consejo Directorial (1825-26) y propugnó el régimen federal.

infantería *s. f.* **1.** En el ejército, conjunto de tropas que combaten a pie, provistas de armamento ligero. ‖ **2. infantería de marina** La que se destina a la vigilancia de los buques y participa en los desembarcos. **3. infantería mecanizada** La que dispone de vehículos ligeros, e incluso blindados, para su transporte.

infantes de Lara, Los siete Véase **Lara, Los siete infantes de**.

infanticida *adj.* Que comete infanticidio. También *s.*

infanticidio *s. m.* **1.** Acción de matar a un niño. **2.** En der., muerte dada a un recién nacido por la madre o los abuelos maternos para ocultar la deshonra de aquella.

infantil *adj.* Relativo a los niños o propio de ellos y de sus cosas.

infantilismo *s. m.* **1.** Cualidad de infantil, inmadurez. **2.** Presencia en un adulto de caracteres físicos y psíquicos o conductas propias de los niños. **3.** Falta de desarrollo en ciertos órganos del cuerpo.

infanzón, na *s. m.* y *f.* En la Edad Media, noble de segunda categoría que basaba sus privilegios en la sangre o linaje, y no como combatiente a caballo. A partir de los s. XII y XIII, en Castilla y León se les empezó a denominar *hijodalgos* o *hidalgos*.

infartar *v. tr.* Producir un infarto. También *v. prnl.*

infarto *s. m.* **1.** Necrosis de tejidos de un órgano del cuerpo provocada por la obstrucción de los vasos sanguíneos que les proporcionan oxígeno. ‖ **2. infarto de miocardio** El que se produce en el músculo cardiaco por obstrucción de la arteria coronaria. Su principal síntoma es un gran dolor en el pecho, que lo oprime y que se extiende hacia el cuello, los brazos, a menudo hasta la espalda y parte superior del abdomen. En su forma aguda puede causar la muerte del paciente. Se llama también únicamente *infarto*.

infatigable *adj.* Que no se cansa o desanima nunca. **FAM.** Infatigablemente.

infatuar *v. tr.* Volver a alguien fatuo, presumido o vanidoso. También *v. prnl.* ▪ En cuanto al acento se conjuga como *actuar*: *infatúo*. **FAM.** Infatuación.

infausto, ta *adj.* Se aplica a lo que causa o va acompañado de desgracia. **FAM.** Infaustamente.

infección *s. f.* **1.** Acción y efecto de infectar o infectarse. **2.** Enfermedad causada por un microorganismo (bacteria, virus o protozoo) que puede transmitirse a otro individuo directa o indirectamente. Muchas infecciones forman epidemias, endemias o pandemias.

infeccioso, sa *adj.* Que causa infección o presenta sus características.

ENFERMEDADES INFECCIOSAS

Enfermedad	Agente etiológico
Cólera	Vibrio cholerae
Difteria	Corynebacterium diphteriae
Escarlatina	Estreptococo pyogenes
Gripe	Virus de la gripe
Hepatitis	Virus de la hepatitis
Meningitis	Meningococo
Paludismo	Plasmodium vivax y Plasmodium falciparum
Paperas	Myxovirus parotiditis
Peste bubónica	Yersinia pestis
Poliomielitis	Poliovirus
Rabia	Virus de la rabia
Sarampión	Virus del sarampión
SIDA	Virus VIH
Sífilis	Treponema pallidum
Tifus	Rickettsia prowazecki
Tos ferina	Haemophilus pertussis
Tuberculosis	Bacilo de Koch
Varicela	Varicella zoster

infectar *v. tr.* **1.** Contaminar con gérmenes una herida, lesión, etc., o un objeto. También *v. prnl.* **2.** Transmitir una enfermedad causada por microorganismos. También *v. prnl.* **3.** Hacer que se extiendan sentimientos, actitudes, etc., de carácter negativo. También *v. prnl.*

infecto, ta *adj.* **1.** Infectado, contaminado, corrompido. **2.** Repugnante. **3.** Ínfimo, muy malo.

infecundo, da *adj.* Que no es fecundo o productivo. **FAM.** Infecundidad.

infelicidad *s. f.* Desgracia, desdicha.

infeliz *adj.* **1.** Que no es feliz. **2.** Que sufre o está apenado por alguna desgracia. También *s.* **3.** *fam.* Ingenuo, sin malicia. También *s.* **4.** *fam.* Se dice de la persona de poco carácter o ambición. También *s.* **FAM.** Infelizmente.

inferencia *s. f.* Acción y efecto de inferir, deducir.

inferior *adj.* **1.** Que está más bajo respecto a otra cosa o por debajo de ella dentro de una serie. **2.** De menor calidad, cantidad, categoría, etc., que otra persona o cosa. **3.** Se dice de la persona que está a las órdenes de otra o pertenece a una clase social más baja. También *s.* **4.** Se aplica al lugar, país, etc., que, con respecto a otro u otros, está situado más abajo en el curso de un río o a menor altitud.

inferioridad *s. f.* **1.** Cualidad de inferior. ‖ **2. complejo de inferioridad** Sentimiento causado por una valoración negativa que el propio individuo tiene de sí mismo, con la consiguiente necesidad de superar o disimular sus defectos, ya sean reales o imaginarios.

inferir *v. tr.* **1.** Deducir, sacar en consecuencia. **2.** Traer como consecuencia. **3.** Con palabras que indiquen daños, heridas, etc., causarlos. ▪ Es v. irreg. Se conjuga como *sentir*.

infernal *adj.* **1.** Perteneciente o relativo al infierno. **2.** *fam.* Muy desagradable o molesto.

infértil *adj.* Que no es fértil. **FAM.** Infertilidad.

infestar *v. tr.* Invadir un lugar una plaga o cualquier cosa que se considera molesta o perjudicial. También *v. prnl.* **FAM.** Infestación.

infibular *v. tr.* Disponer un anillo o un elemento semejante en los órganos genitales de los animales para impedirles el coito.

inficionar *v. tr.* **1.** Infectar*. **2.** Intoxicar, envenenar. También *v. prnl.*

infidelidad *s. f.* **1.** Falta de fidelidad o lealtad. **2.** Acción o comportamiento infiel, en especial el de una persona con respecto a su pareja.

infiel *adj.* **1.** Que no guarda fidelidad. **2.** Se aplica a la persona que engaña a su pareja en el terreno sentimental o sexual. **3.** Entre cristianos y musulmanes, se aplica a la persona que no profesa su fe. También *s.* **FAM.** Infielmente.

infiernillo *s. m.* Hornillo*.

infierno *s. m.* **1.** Según ciertas religiones, lugar donde sufren castigo eterno las almas de los condenados. **2.** En mit., lugar donde iban a parar las almas de los muertos. **3.** Lugar o circunstancia en que hay sufrimiento, malestar, etc. || **Loc. ¡al infierno!** *excl. fam.* Expresa enfado; también indica desprecio; con los verbos *ir* y *mandar*, se usa para rechazar o despedir bruscamente a alguien. **en el quinto infierno** *adv. fam.* Muy lejos.

infijo, ja *adj.* Se aplica al afijo que aparece en el interior de una palabra, p. ej. en *pel-ambr-era.* También *s. m.*

infiltración *s. f.* **1.** Acción y efecto de infiltrar o infiltrarse. **2.** En geol., absorción del agua de la lluvia por el suelo o el subsuelo. **3.** En med., acumulación en un tejido de sustancias extrañas a él, como sangre, pus, orina, etc., y trastorno físico que esto provoca. **4.** En med., inyección de un medicamento en una parte del cuerpo.

infiltrar *v. tr.* **1.** Introducir un líquido entre los poros o resquicios de un cuerpo sólido. También *v. prnl.* **2.** Comunicar a otro u otros ideas, sentimientos, doctrinas, etc. También *v. prnl.* **3.** En med., inyectar una sustancia en una parte del organismo. También *v. intr.* || *v. prnl.* **4.** Introducirse encubiertamente en alguna parte.

ínfimo, ma *adj.* Referido al tamaño, cantidad, calidad, etc., de algo, muy bajo o muy poco, inferior.

infinidad *s. f.* Gran número de personas o cosas.

infinitamente *adv. m.* **1.** De forma infinita. **2.** Muchísimo, enormemente.

infinitesimal *adj.* **1.** Se aplica a la cantidad infinitamente pequeña. **2.** Relativo a los infinitésimos. || **3. cálculo infinitesimal** Véase **cálculo**.

infinitésimo *s. m.* **1.** Función matemática que tiene por límite cero. || **2. infinitésimos equivalentes** Infinitésimos cuyo cociente tiene límite 1.

infinitivo *s. m.* Una de las formas no personales del verbo, y por tanto no conjugable, con la que se le da nombre.

Ling. El infinitivo tiene dos formas en español: una simple, que adopta las terminaciones *-ar* para la primera conjugación (*cantar*), *-er* para la segunda (*temer*) e *-ir* para la tercera (*partir*); y otra compuesta, que se construye con el infinitivo del verbo *haber* (*haber cantado*). El infinitivo tiene valor verbal y como tal admite pronombres personales: *conseguirlo, ganárselo*, y puede llevar sujeto pospuesto en frases como: *Entrar yo y enfadarse fue todo uno.* En ocasiones se utiliza como imperativo, p. ej. para ordenar algo de forma más suave: *¡callar!* Cumple también función de sustantivo y puede ir acompañado de determinantes y adjetivos: *El caminar le relaja. Tiene un perder muy malo.*

infinito, ta *adj.* **1.** Que no tiene fin o límite. **2.** Incontable, innumerable. **3.** Mucho, inmenso. También *adv.* || *s. m.* **4.** Aquello que no tiene límite. **5.** Punto o lugar del espacio indefinido y lejano. **6.** En las cámaras fotográficas, última graduación de la escala de distancias de un objetivo, que sirve para enfocar con nitidez todos los planos visibles por muy lejos que estén. **7.** En mat., término por el que se expresa que una función es, en valor absoluto, mayor que cualquier número prefijado para ciertos valores de la variable x. Su símbolo es ∞. Así p. ej., la función $f(x) = \frac{1}{x}$ tiene límite infinito cuando x tiende a 0.

infinitud *s. f.* Cualidad de infinito.

inflación *s. f.* **1.** Proceso de subida persistente y generalizada de los precios, iniciado por algún desequilibrio entre la producción de bienes y servicios y el crecimiento de la demanda, cuando el crecimiento de la última es superior al de la primera. Este desequilibrio suele extenderse a los diferentes grupos económicos, los cuales provocan a su vez nuevas elevaciones de los precios. **2.** Aumento desproporcionado de algo.

Econ. A pesar de que la inflación se ha convertido en las últimas décadas del s. XX en uno de los grandes problemas de la economía mundial, no existe una definición exacta y satisfactoria del término ni un acuerdo sobre las causas que la provocan. Sus características principales son las siguientes: se trata de un proceso dinámico, lo que significa que una sola subida de precios no supone inflación; es un fenómeno generalizado, aunque no todos los precios suban ni lo hagan en la misma cuantía; no está provocada por una única causa y, una vez iniciada, se extiende debido a las reacciones de los diferentes agentes económicos.

Las teorías sobre su origen, efectos y tratamiento son muy variadas y contradictorias. Tradicionalmente suelen agruparse en tres tipos: las que consideran que es el exceso de oferta monetaria el que provoca la subida de los precios, al producirse un exceso de dinero que da lugar a un aumento de la demanda de bienes y servicios (**inflación de demanda**); las que achacan la inflación al alza de los factores de producción, como salarios, tipos de interés, materias primas, etc. (**inflación de costes**); y las que sostienen que son las deficiencias estructurales de las economías, como la inestabilidad de los ingresos públicos, la falta de capital fijo social, el mal aprovechamiento de la agricultura o las desigualdades en la distribución de la propiedad, las causantes de los procesos inflacionistas.

Hasta finales de los años sesenta los índices de inflación fueron relativamente bajos y no superaron el 5 % anual. Desde entonces y hasta principios de los años ochenta la inflación se disparó en la mayoría de los países industrializados por encima de la tasa del 10 %, acompañada además de altos índices de paro. Desde entonces los países más desarrollados (EE UU, Alemania, Francia, etc.) han vuelto a reducir su inflación a tasas inferiores al 5 % mediante políticas de reducción del gasto público, contención salarial y freno de la demanda.

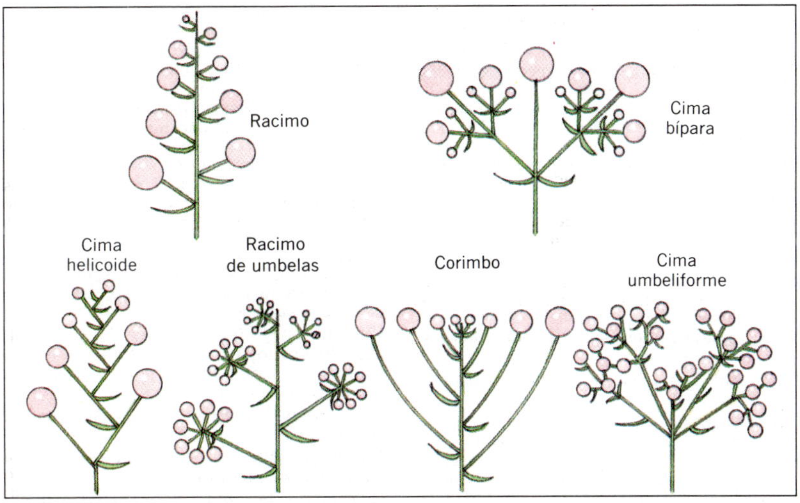

Diversos tipos de inflorescencia.

inflacionario, ria o **inflacionista** *adj.* Perteneciente o relativo a la inflación.

inflador *s. m.* Aparato que sirve para inflar.

inflamable *adj.* **1.** Que se inflama fácilmente. **2.** Que se irrita o altera con facilidad. **Fam.** Inflamabilidad.

inflamación *s. f.* **1.** Acción y efecto de inflamar o inflamarse. **2.** Reacción de una parte del organismo frente a golpes, heridas, infección, etc., que se caracteriza por trastornos de la circulación de la sangre, hinchazón, aumento de la temperatura, enrojecimiento y dolor. ■ Se dice también *inflamamiento.*

inflamamiento *s. m.* Inflamación*.

inflamar *v. tr.* **1.** Hacer que algo arda bruscamente desprendiendo llamas. También *v. prnl.* **2.** Hacer más vivo un sentimiento, deseo, etc. También *v. prnl.* **3.** Producir inflamación en una parte del cuerpo. También *v. prnl.* **Fam.** Inflamador.

inflamatorio, ria *adj.* Que causa inflamación o es consecuencia de ella.

inflar *v. tr.* **1.** Hinchar con gas u otra cosa. También *v. prnl.* **2.** Exagerar algo. **3.** Llenar de vanidad. Se usa más como *v. prnl.* **4.** *fam.* Hartar de comida. Se usa más como *v. prnl.* **5.** *fam.* Con palabras como *golpes, bofetadas*, etc., dárselos abundantemente a alguien. **Fam.** Inflamiento.

inflexible *adj.* **1.** Que no se puede torcer o doblar. **2.** Se dice de la persona que no se deja conmover o convencer. **3.** Rígido, que no se acomoda a las circunstancias. **Fam.** Inflexibilidad, inflexiblemente.

inflexión *s. f.* **1.** Acción y efecto de doblarse en un punto algo que estaba recto o plano. **2.** Punto de una curva en que ésta cambia de sentido. **3.** Cada uno de los cambios de tono que se producen en la voz. **4.** Cada una de las terminaciones o formas de una palabra variable, como las que presenta el verbo en la conjugación (*-a, -as, -a, -amos*, etc.), las de género y número en el sustantivo y adjetivo (*-o, -a*, etc.), los diferentes casos del pronombre (*yo, me, mí*), etc.

infligir *v. tr.* Con palabras que signifiquen castigos, penas, etc., imponerlos, causarlos. ■ Se conjuga como *surgir.*

inflorescencia *s. f.* Grupo de flores que se reúnen sobre un mismo eje, como sucede p. ej. en la hortensia. Suelen distinguirse dos tipos de inflorescencia: las **racemosas**, en las que el eje principal crece de forma constante y se desarrolla más que los laterales, y las **cimosas**, en las que el eje principal tiene un crecimiento limitado, al producir su yema una flor, y por tanto los laterales se desarrollan más que él. Estos dos grupos de inflorescencias pueden ser, a su vez, **simples**, cuando cada zona que parte del eje principal concluye en una flor, o **compuestas**, cuando concluye en varias flores.

influencia *s. f.* **1.** Influjo, acción y efecto de influir. **2.** Poder, autoridad. **3.** En fís., acción de un campo eléctrico sobre un conductor aislado. || *pl.* **4.** Personas que, por parentesco, amistad, etc., proporcionan poder a otra o le facilitan algo.

influenciable *adj.* Que se deja influir fácilmente.

influenciar *v. tr.* Influir, especialmente una persona en otra u otras.

influenza (voz ital.) *s. f.* Gripe*.

influir *v. tr.* Actuar una persona o cosa sobre otra determinándola o produciendo en ella ciertos efectos, cambios, etc. Se usa más como *v. intr.* ■ Es v. irreg. Se conjuga como *huir.*

influjo *s. m.* **1.** Acción y efecto de influir. **2.** Movimiento de subida de la marea.

influyente *adj.* **1.** Que influye. **2.** Que tiene mucha influencia, poder. También *s.*

infografía *s. f.* Parte de la informática cuya finalidad es la producción de imágenes o dibujos.

infolio *s. m.* Libro en formato o tamaño folio.

información *s. f.* **1.** Acción y efecto de informar o informarse. **2.** Conjunto de noticias, datos, etc. **3.** En prensa, radio y televisión, sección de noticias sobre un tema determinado. **4.** Oficina, despacho, etc., donde se informa sobre algo. **5.** Investigación judicial de un hecho o delito. **6.** En teoría de la comunicación, todo mensaje o contenido que llega a un receptor y que puede ser representada mediante un conjunto de símbolos convencionalmente organizados. || **7. información genética** La que se transmite de padres a hijos y determina las características del nuevo organismo. Está contenida en pequeños trozos de las cadenas de ADN (ácido desoxirribonucleico) llamados *genes*, cada uno de los cuales determina la aparición de una función o de un carácter del ser vivo (color del pelo, propensión a una cierta enfermedad, etc.). **8. teoría de la información** Rama de la ingeniería de las comunicaciones cuyo objetivo es el cálculo de la cantidad de información que puede transmitir un sistema de comunicaciones y de los métodos que pueden emplearse para reducir al mínimo los errores de transmisión. La cantidad de información se mide en *bits*.

informal *adj.* **1.** Se dice de la persona que no cumple sus obligaciones o compromisos. También *s.* **2.** Que no sigue ciertas normas sociales o no tiene la seriedad y solemnidad que suele caracterizarlas. **3.** En lit. y otras artes, se aplica al estilo que se preocupa menos de la forma o no sigue ciertas reglas, generalmente estéticas. ‖ **4. arte** (o **pintura**) **informal** Véase **informalismo**. **FAM.** Informalmente.

informalidad *s. f.* **1.** Cualidad de informal. **2.** Acción informal.

informalismo *s. m.* Tendencia artística contemporánea surgida a fines de los años cuarenta y caracterizada por la ausencia de todo rasgo figurativo y la búsqueda del valor expresivo de la obra a través del tratamiento de la materia pictórica. Entre sus principales representantes sobresalen Tàpies, Millares, Wols y Dubuffet. **FAM.** Informalista.

informar *v. tr.* **1.** Facilitar noticias, datos, etc., sobre alguna cosa. También *v. prnl.* **2.** Caracterizar o definir una cosa a otra. **3.** Dar forma a algo. ‖ *v. intr.* **4.** En un juicio, hablar los fiscales y abogados ante el tribunal. **FAM.** Informador, informante.

informática *s. f.* Conjunto de técnicas y conocimientos sobre el tratamiento automático de la información mediante el uso de ordenadores. Considerada generalmente como una parte de la cibernética, la informática se divide en dos ramas principales: el *hardware*, que se ocupa del soporte físico o equipo, y el *software*, que se refiere al soporte lógico o programación. Su origen se sitúa a finales del s. XIX y responde a la necesidad de las sociedades modernas de almacenar y manejar con rapidez gran cantidad de información y efectuar operaciones aritméticas en muy poco tiempo. El desarrollo de la informática en la segunda mitad del s. XX ha sido extraordinario y hoy es casi imposible encontrar una rama del comercio, la ciencia o la industria en la que no sea un medio de trabajo imprescindible. También ha penetrado con parecida fuerza en la vida doméstica (especialmente a través de los juegos de ordenador), en el diseño gráfico e industrial, en el arte, en la música, etc.

informático, ca *adj.* **1.** Perteneciente o relativo a la informática. ‖ *s. m.* y *f.* **2.** Persona especializada en informática o que se dedica a ella.

informativo, va *adj.* **1.** Que informa o sirve para informar. ‖ *s. m.* **2.** Programa de radio o televisión en el que se ofrecen noticias de actualidad.

informatizar *v. tr.* **1.** Dotar de medios informáticos. **2.** Aplicar métodos informáticos. ■ Se conjuga como *cazar*. **FAM.** Informatización.

informe[1] (de *informar*) *s. m.* **1.** Noticia o conjunto de datos que se da acerca de una persona o cosa. Se usa mucho en *pl.* **2.** Exposición, generalmente escrita, del estado de una cuestión. **3.** Discurso que pronuncia el abogado defensor o el fiscal ante los tribunales o los jueces.

informe[2] (del lat. *informis*, de *in*, part. priv., y *forma*, figura) *adj.* Que no tiene una forma determinada.

informidad *s. f.* Cualidad de informe.

infortunado, da *adj.* Desgraciado, desafortunado. **FAM.** Infortunadamente.

infortunio *s. m.* **1.** Mala suerte, desgracia. **2.** Hecho infortunado.

infra (voz lat.) *adv.* Significa 'abajo' y se utiliza en los textos para remitir al lector a un párrafo posterior.

infra- *pref.* Significa 'inferior, debajo de': *infrahumano, infraestructura.*

infracción *s. f.* Acción y efecto de infringir, no cumplir una ley, código, norma, etc.

infractor, ra *adj.* Que ha cometido una infracción. También *s.*

infraestructura *s. f.* **1.** En obras y construcciones, estructura, materiales, etc., colocados en la parte inferior de éstas para proporcionarles sostén o firmeza. **2.** Conjunto de medios o instalaciones que se consideran básicos para el desarrollo de una actividad, para que un lugar pueda ser habitado, etc. **3.** Conjunto de servicios básicos para el desarrollo de la economía de un país, como transportes, redes de energía, educación, sanidad, vivienda, etc. **4.** P. ext., aquello que constituye la base o fundamento de algo. ‖ **5. infraestructura de un modo de producción** Según la filosofía marxista, estructura económica de la sociedad, es decir, base real de la producción de bienes materiales sobre la que se apoya toda la superestructura, compuesta por las instituciones políticas y jurídicas, así como por las formas de conciencia social o ideología.

infrahumano, na *adj.* Se dice de lo que es impropio de seres humanos por ser injusto, excesivamente duro o humillante.

infrangible *adj.* Que no se puede romper o quebrantar.

infranqueable *adj.* Que es imposible de franquear, atravesar o salvar.

infrarrojo, ja *adj.* **1.** Se dice de las radiaciones electromagnéticas, no visibles para el ojo humano, situadas en el espectro electromagnético por debajo del color rojo y cuya longitud de onda es superior a 8.000 ångströms. Fueron descubiertas en 1800 por el astrónomo William Herschel y su frecuencia es inferior a la de la luz visible. Son emitidas por los cuerpos calientes y tienen la propiedad de atravesar la bruma y las nubes poco densas. Entre sus muchas aplicaciones están la de revelar la estructura de los átomos mediante análisis espectrales, deshidratar o secar alimentos y otros productos gracias a lámparas de incandescencia, ser la base del funcionamiento de ciertas bombas voladoras que persiguen al objeto enemigo captando los rayos infrarrojos que éste emite, realizar fotografías en total oscuridad o de paisajes muy lejanos, atravesar la materia y permitir detectar las primitivas capas de pintura ocultas por otra más reciente, permitir a los satélites artificiales la obtención de datos sobre la temperatura del aire, la distribución del vapor de agua y del ozono, etc. También *s. m.* **2.** Se aplica al aparato que suministra esas radiaciones. También *s. m.*

infrascripto o **infrascrito, ta** *adj.* **1.** Se dice del que firma al final de un escrito. También *s.* **2.** Que aparece debajo de un escrito o al final de éste.

infrasonido *s. m.* Vibración de frecuencia inferior a 20 hertzios, que no puede ser escuchada por el oído humano.

infrasonoro, ra *adj.* Perteneciente o relativo a los infrasonidos.

infravalorar *v. tr.* Dar a alguien o algo menos valor o importancia del que tiene o merece. También *v. prnl.*

infrecuente *adj.* No frecuente. **FAM.** Infrecuencia.

infringir *v. tr.* No cumplir una ley, norma, acuerdo, etc., o actuar en contra de lo dispuesto en ellos. ■ Se conjuga como *surgir.*

infructífero, ra *adj.* **1.** Que no da fruto. **2.** Infructuoso*.

infructuoso, sa *adj.* Que no produce los resultados esperados. **FAM.** Infructuosamente, infructuosidad.

infrutescencia *s. f.* Conjunto de frutos que se desarrollan a partir de las flores en inflorescencia; p. ej., la mora o el trigo.

ínfula *s. f.* **1.** Cada una de las dos cintas anchas que cuelgan de la mitra de los obispos. **2.** Cinta blanca con que se ceñían la cabeza los sacerdotes de algunas religiones antiguas, algunos reyes, etc. ‖ *pl.* **3.** Soberbia, presunción.

infumable *adj.* **1.** Se aplica al tabaco muy malo. **2.** P. ext., de muy mala calidad.

infundado, da *adj.* Que no tiene fundamento o motivo. **FAM.** Infundadamente.

infundíbulo *s. m.* En anat. y fisiol., cavidad del organismo con forma de embudo.

infundio *s. m.* Noticia o rumor falso, generalmente negativo o difundido con mala intención. **FAM.** Infundioso.

infundir *v. tr.* **1.** Causar cierto sentimiento o estado de ánimo en alguien. **2.** Comunicar Dios al ser humano un don o gracia.

infusible *adj.* Que no se puede fundir o derretir. **FAM.** Infusibilidad.

infusión *s. f.* **1.** Acción de cocer o introducir en agua muy caliente ciertos frutos, hierbas, etc., para obtener sus partes solubles; y líquido así obtenido. **2.** En el bautismo, acción de verter agua sobre quien se bautiza. **3.** Introducción de un líquido, especialmente una solución salina, en una vena. **4.** Acción y efecto de infundir.

infuso, sa *adj.* Se aplica a los conocimientos que, según la religión católica, Dios infunde o comunica al hombre.

infusorios *s. m. pl.* Ciliados*.

Ingavi, batalla de Combate acontecido el 18 de noviembre de 1841 en la provincia boliviana del mismo nombre en el que se enfrentaron las tropas de este país contra el ejército invasor peruano. La victoria de Bolivia significó su independencia, al tiempo que su definitiva separación de Perú.

Inge, William (Independence, Kansas 1913 - Los Ángeles 1973) Dramaturgo estadounidense. En su teatro critica la vida de la clase media de EE UU. Entre sus títulos más significativos figuran *Vuelve, pequeña Sheba* (1950), *Picnic* (1953), *Parada de autobús* (1955) y *La oscuridad al final de la escalera* (1958). La mayoría de sus obras fueron llevadas al cine.

Ingenhousz, Jan (Breda 1730 - Wiltshire 1799) Médico y botánico neerlandés. Residió en Inglaterra y en Austria, donde fue médico de cabecera de la emperatriz María Teresa, en Viena (1772). En sus estudios sobre la nutrición de los vegetales, demostró que las plantas verdes durante el día absorben dióxido de carbono y desprenden oxígeno, y durante la noche absorben oxígeno y expulsan dióxido de carbono.

ingeniar *v. tr.* Inventar o idear algo con ingenio. ‖ **LOC. ingeniárselas** Arreglárselas para conseguir algo o salir de una dificultad.

ingeniería *s. f.* **1.** Conjunto de conocimientos y técnicas que permiten aplicar los descubrimientos científicos y los recursos naturales a la industria y al servicio del hombre. ‖ **2. ingeniería del conocimiento** Rama de la inteligencia artificial que se ocupa de la construcción de sistemas expertos, fundamentalmente con la finalidad de ser introducidos en un programa de ordenador. **3. ingeniería genética** La relacionada con el mejoramiento de los individuos de una especie por medio de la manipulación de sus genes. **4. ingeniería humana** Rama de la psicología industrial que se ocupa de la aplicación del análisis psicológico a los procesos de interacción hombre-máquina con el objetivo de lograr la mayor eficacia posible en este tipo específico de comportamiento.

ingeniero, ra *s. m.* y *f.* **1.** Persona que tiene el título de ingeniería en cualquiera de sus ramas. ‖ *s. m.* **2.** *Méx.* Tratamiento dado a ejecutivos y otros profesionales. ‖ **3. ingeniero aeronáutico** El que se dedica al diseño y construcción de aeronaves. **4. ingeniero agrónomo** El experto en técnicas de explotación de cultivos. **5. ingeniero civil** El que pertenece a alguno de los cuerpos facultativos no militares relacionados con los trabajos de obras públicas. **6. ingeniero de caminos, canales y puertos** El dedicado al trazado, construcción y conservación de las obras públicas, como carreteras, puentes, embalses, etc. **7. ingeniero de minas** El que realiza estudios de detección, construcción y explotación de minas. **8. ingeniero de montes** El especialista en el desarrollo y aprovechamiento de los mismos. **9. ingeniero electrónico y de telecomunicaciones** El que está especializado en dispositivos e instrumentos electrónicos y en procedimientos de comunicación a distancia. **10. ingeniero industrial** Experto en lo relacionado con los aspectos técnicos de la industria, como el diseño de maquinaria, piezas, instalaciones, productos de fábrica, etc. **11. ingeniero militar** El que pertenece al arma de ingenieros, cuerpo especializado en obras para uso militar, como fortificaciones, puentes, minado, etc. **12. ingeniero naval** El que proyecta y construye barcos. **13. ingeniero superior** Técnico de grado superior en ingeniería. **14. ingeniero técnico** Perito, técnico de grado medio en ingeniería.

Ingenieros, José (Buenos Aires 1877 - íd. 1925) Escritor y psicólogo argentino. Militó en el socialismo, fundó junto con Lugones el periódico *La Montaña* y editó la *Revista de filosofía*. Fue partidario de la revolución rusa y criticó la intervención de EE UU en Iberoamérica. Destacan entre sus ensayos *La simulación de la lucha por la vida* (1903), *Las fuerzas morales* (1918-23) y *La evolución de las ideas argentinas* (1918-20).

ingenio *s. m.* **1.** Inventiva, inteligencia. **2.** Persona dotada de ese talento. **3.** Habilidad, maña. **4.** Sentido del humor agudo y ocurrente. **5.** Artefacto mecánico, máquina. **6.** Explotación de caña de azúcar y fábrica donde se elabora.

Ingenio C. de España, en la prov. de Las Palmas, situada en la isla de Gran Canaria. 22.500 h. en 1990. Cuenta con empaquetadoras de productos agrícolas, cordelería y pesca de bajura.

ingeniosidad *s. f.* **1.** Cualidad de ingenioso. **2.** Idea o dicho agudo y original o que pretende serlo.

ingenioso, sa *adj.* **1.** Que tiene ingenio. **2.** Dicho o hecho con ingenio. **FAM.** Ingeniosamente.

ingénito, ta *adj.* **1.** Que no ha sido engendrado. **2.** Congénito, innato.

ingente *adj.* Muy grande, desmesurado.

ingenuidad *s. f.* Cualidad de ingenuo.

ingenuo, nua *adj.* **1.** Que no tiene malicia ni picardía. También *s.* ‖ *s. f.* **2.** En teatro y cine, papel de joven inocente y actriz que lo representa. **FAM.** Ingenuamente.

ingerir *v. tr.* Introducir en el organismo a través de la boca comida, bebida, etc. ▪ Es v. irreg. Se conjuga como *sentir.*

ingestión *s. f.* Acción y efecto de ingerir.

Inglaterra (*England*) País del Reino Unido, situado en la isla de Gran Bretaña, cuyo sector meridional ocupa, con excepción de la parte occidental que constituye el País de Gales. 130.439 km^2. 47.536.300 h. en 1988. La capital es Londres, con 6.735.400 h. en 1988.
Geog. El territorio inglés tiene un relieve fundamentalmente llano, con suaves colinas cubiertas de prados y bosques en la zona central, que se elevan en la región septentrional hasta alcanzar las mayores alturas del país. En el S y el E predominan las llanuras. Los ríos son cortos y caudalosos, como el Támesis, que pasa por Londres, y el Humber. Inglaterra es el país más densamente poblado del Reino Unido y también el más industrializado, especialmente en las regiones del Gran Londres, Lancashire y Midlands. Posee una importante cabaña ganadera (bovina, ovina y porcina), a la que en parte está supeditada la agricultura (plantas forrajeras) y que satisface además industrias derivadas muy desarrolladas (leche, queso, lana). Destacan asimismo la pesca y la industria conservera. El principal recurso del subsuelo es el carbón (sexto productor mundial en antracita), seguido del hierro, cobre, plomo y cinc. La industria está muy desarrollada y en ella sobresalen el sector textil (Lancashire), el aeronáutico y de automoción (zona de Nottingham y Coventry), el automovilístico (Birmingham), el de vidrio, el electrónico y el siderúrgico.
Hist. En la antigüedad Inglaterra estuvo poblada por pueblos célticos. La conquista romana fue comenzada por Julio César en el año 55 a. C. y completada por Claudio. En época de Adriano, se construyó una muralla defensiva frente a los pueblos hostiles del N, bajo cuya protección se consolidó la romanización. En el s. V, en plena decadencia del imperio, fue invadida por los pueblos germánicos anglo, sajón y juto, que constituyeron la heptarquía anglosajona. Recibió el cristianismo en época del papa Gregorio Magno y la Iglesia se organizó en torno a la sede arzobispal de Canterbury. Desde el s. IX sufrió ataques vikingos, procedentes fundamentalmente de Dinamarca; la defensa fue organizada por Alfredo el Grande Wessex, cuyos sucesores unificaron la heptarquía en un solo reino. La isla fue ocupada por Sven de Dinamarca e incorporada al imperio danés de Canuto en 1016. El reino anglosajón fue restaurado por Eduardo el Confesor pero, poco después, en 1066, se produjo la conquista de Guillermo, duque de Normandía, y el comienzo de la dinastía normanda, con la introducción plena del feudalismo y la curia real. Durante el reinado de Enrique I tuvo lugar la lucha de las investiduras eclesiásticas y tras su muerte, sin descendencia masculina, su hija Matilde, casada con Godofredo Plantagenet, duque de Anjou, impuso la sucesión de su hijo Enrique II, con lo que dio comienzo la dinastía Plantagenet. Enrique II reformó las instituciones e impuso los justicias reales y los sheriffs en cada condado; la lucha religiosa causó la muerte del arzobispo de Canterbury, Tomás Beckett. Ricardo Corazón de León, hijo de Enrique, combatió al rey francés Felipe Augusto, que había invadido sus estados franceses: Normandía, Anjou y Aquitania. Esta guerra terminó con la derrota de Juan sin Tierra, hermano de Ricardo, que hubo de firmar la Carta Magna, documento que recortaba la autoridad real en beneficio de los derechos feudales de los barones. En 1265 una revolución nobiliaria dio el poder a Simón de Monfort. Eduardo I restauró la dinastía en 1272 y convocó los parlamentos de Westminster donde, junto a la nobleza y el clero, participaron representantes de las ciudades y los condados, que se reunieron en la Cámara de los Comunes. En 1337 Eduardo III desató la guerra de los Cien Años, en defensa de sus derechos dinásticos al trono francés y por el dominio del canal de La Mancha. La guerra comenzó con victorias inglesas en Crécy y Poitiers, pero acabó con el triunfo de Francia y la firma de la paz de Bratigny en 1360. Se reanudó tras la deposición de Ricardo II y la llegada al trono de la dinastía Lancaster. Enrique V obtuvo en 1415 la victoria de Azincourt, pero su hijo Enrique VI fracasó ante Orleans, defendida por Juana de Arco. La guerra concluyó en 1453 con la derrota inglesa, pero para entonces ya se había desencadenado la guerra de las Dos Rosas entre las casas de Lancaster y York. Triunfó esta última y fue proclamado rey Eduardo IV. Durante el s. XV se produjo una gran agitación social y religiosa con la revuelta de Wat Tylor y el movimiento herético de Wycliff. La conjura de Ricardo III supuso el fin de la dinastía de York, pero a su muerte llegó al trono Enrique VII y con él la dinastía Tudor. Enrique VIII provocó el cisma con Roma y el nacimiento de la Iglesia anglicana. María Tudor intentó un regreso al catolicismo, pero fue expulsada a Escocia y posteriormente ejecutada. Su sucesora Isabel I consolidó el anglicanismo y venció a Felipe II de España al destruir la Gran Armada. En su reinado comenzó la expansión ultramarina; sir Walter Raleigh fundó en Virginia la primera colonia inglesa en América y se creó la Compañía de las Indias Orientales. En 1603 ocupó el trono Jacobo I de Escocia, instaurando la dinastía Estuardo, y dio comienzo la progresiva unificación de ambos reinos. La pugna entre burguesía parlamentaria y nobleza provocó la revolución que instauró la dictadura de Oliver Cromwell. La monarquía fue restaurada bajo Carlos II. En 1707 fue proclamada el Acta de Unión de Inglaterra y Escocia que dio origen al Reino Unido.

Inglaterra: vista del río Támesis en los alrededores de Richmond, condado de Surrey.

Inglaterra, batalla de Conjunto de combates entre la aviación del Reino Unido y de Alemania durante la Segunda Guerra Mundial, desarrollados entre los meses de agosto y octubre de 1940 y que concluyeron con victoria británica, evitándose así la invasión alemana.

ingle *s. f.* Parte del cuerpo donde se unen la zona anterior e inferior de la cavidad abdominal con el muslo.

inglés, sa *adj.* **1.** De Inglaterra. También *s.* **2.** En el lenguaje corriente, británico*. ‖ *s. m.* **3.** Lengua germánica hablada en el Reino Unido, EE UU, Canadá, Australia y otros países de influencia británica. En la evolución del inglés se distinguen tres etapas: el inglés antiguo o anglosajón, que a su base germánica incorpora elementos célticos, escandinavos y latinos; el inglés medio, que experimenta una importante aportación de vocabulario continental, especialmente francés, por acción de la conquista normanda; y el inglés moderno, desde el s. XVI, aproximadamente, hasta nuestros días. Destaca en esta lengua el contraste entre su sintaxis sencilla y la marcada complejidad de su fonética y su escritura, en la que, a menudo, un mismo sonido es expresado por signos muy diferentes y un signo corresponde, según los casos, a diversos sonidos. Se distingue también por su escasez de morfemas, compensada por la importancia que tiene la posición de las palabras en las relaciones sintácticas. La expansión colonial británica ha hecho del inglés, como lengua oficial, el segundo idioma en número de hablantes después del chino: alrededor de 400 millones en 1987. A su vez, el protagonismo político y económico de EE UU tras la Segunda Guerra Mundial ha convertido el inglés en el idioma internacional por excelencia.

Inglés, Jorge (s. XV) Pintor y miniaturista formado en Flandes, pero probablemente de origen inglés. Introdujo en Castilla la corriente del gótico flamenco. Algunas de sus obras más importantes son los retablos de *Los ángeles*, en que aparecen los retratos del marqués de Santillana y su esposa, de la *Virgen* de Villasandino y de *San Jerónimo* de la Mejorada.

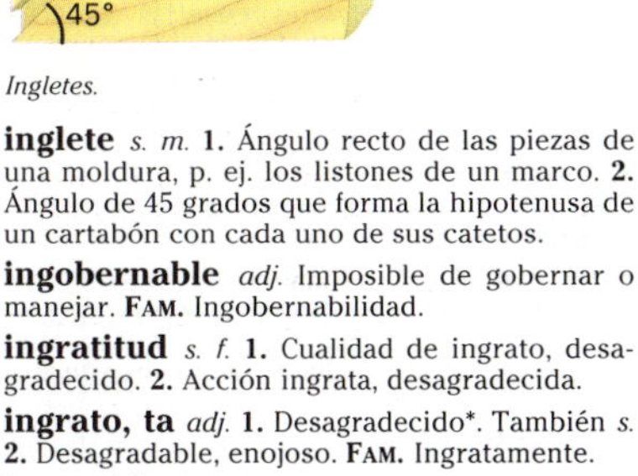

Ingletes.

inglete *s. m.* **1.** Ángulo recto de las piezas de una moldura, p. ej. los listones de un marco. **2.** Ángulo de 45 grados que forma la hipotenusa de un cartabón con cada uno de sus catetos.

ingobernable *adj.* Imposible de gobernar o manejar. **FAM.** Ingobernabilidad.

ingratitud *s. f.* **1.** Cualidad de ingrato, desagradecido. **2.** Acción ingrata, desagradecida.

ingrato, ta *adj.* **1.** Desagradecido*. También *s.* **2.** Desagradable, enojoso. **FAM.** Ingratamente.

ingravidez *s. f.* Cualidad o estado de ingrávido.

ingrávido, da *adj.* **1.** De muy poco o ningún peso. **2.** Que no está sometido a la atracción de la fuerza de la gravedad. **3.** Ligero, tenue.

ingrediente *s. m.* **1.** Cualquiera de los elementos que se combinan para formar un compuesto. **2.** P. ext., cada uno de los elementos que contribuyen a caracterizar algo o a producir un efecto.

Dominique Ingres: Retrato de Madame Aymon *(Museo de Bellas Artes, Ruán, Francia).*

Ingres, Jean Auguste Dominique (Montauban 1780 - París 1867) Pintor francés. Estudió con David, de quien recibió la influencia neoclásica. En oposición al Romanticismo vigente en su época, su estilo nunca abandonó el dibujo exacto, la pureza de formas y la composición clásica. Sus obras más representativas son los retratos, como el de *Madame de Senonnes* (1805), la pintura histórica, como *El voto de Luis XIII* (1820), y la de tema oriental, como *El baño turco* (1862).

ingresar *v. intr.* **1.** Entrar en algún tipo de organismo, centro o corporación para formar parte de él, hacer uso de sus servicios e instalaciones, permanecer en él, etc. **2.** Particularmente, entrar en un centro sanitario o en alguna de sus dependencias para recibir asistencia. También *v. tr.* ‖ *v. tr.* **3.** Depositar dinero en un banco o establecimiento semejante. También *v. intr.* **4.** Obtener o recibir periódicamente una cantidad de dinero por algún concepto.

ingreso *s. m.* **1.** Acción y efecto de ingresar. **2.** Exámenes o pruebas que se hacen para ingresar en ciertos establecimientos de enseñanza. **3.** Cantidad de dinero que se ingresa. ‖ *pl.* **4.** Cantidades que se reciben periódicamente, como sueldos, rentas, beneficios, etc.

íngrimo, ma *adj. amer.* Solo completamente, sin compañía.

inguinal *adj.* Perteneciente o relativo a la ingle.

ingurgitar *v. tr.* **1.** Tragar. ‖ *v. prnl.* **2.** En med., llenarse de líquido un órgano o una parte del cuerpo.

inhábil *adj.* **1.** No hábil. **2.** Incapacitado para ciertos cargos, empleos o dignidades. **FAM.** Inhabilidad.

inhabilitar *v. tr.* **1.** Declarar a alguien no apto para ciertos cargos, empleos, etc., o para ejercer determinados derechos. **2.** Imposibilitar, impedir. También *v. prnl.* **FAM.** Inhabilitación.

inhabitable *adj.* Que no reúne las condiciones necesarias para ser habitado.

inhalación *s. f.* Acción y efecto de inhalar.

inhalador *s. m.* Aparato que sirve para inhalar, especialmente un medicamento.

inhalar *v. tr.* Aspirar gases, vapores o líquidos muy pulverizados.

inherencia *s. f.* **1.** Cualidad de inherente. **2.** Unión entre cosas que son inseparables por su propia naturaleza y que sólo pueden concebirse como algo distinto mediante un proceso de abstracción.

inherente *adj.* Propio o constitutivo de una persona o cosa.

inhibición *s. f.* **1.** Acción y efecto de inhibir o inhibirse. **2.** En psicol. y psiquiatría, perturbación del curso normal de las actividades corporales o psíquicas (pensamiento, conducta, movimiento, etc.) por diversas causas, como miedo, sentimiento de culpabilidad, de inferioridad, etc. **3.** En quím., proceso por el que una sustancia es capaz de detener o retardar una reacción química.

inhibidor, ra *adj.* **1.** Que inhibe. También *s.* ‖ *s. m.* **2.** En quím., sustancia que impide o retarda una reacción o proceso químico.

inhibir *v. tr.* **1.** Reprimir las acciones, impulsos, respuestas, etc., de alguien o algo. También *v. prnl.* **2.** Suspender o frenar la función o actividad de un órgano o tejido por la acción de cualquier agente físico, químico, nervioso, etc. También *v. prnl.* **3.** Impedir que un juez continúe ocupándose de una causa o proceso. ‖ *v. prnl.* **4.** No intervenir en un asunto, actividad, etc.

inhibitorio, ria *adj.* **1.** Que inhibe o sirve para inhibir. **2.** Se dice del documento que inhibe a un juez. También *s. f.*

inhospitalario, ria *adj.* **1.** No hospitalario. **2.** Inhóspito*. **FAM.** Inhospitalidad.

inhóspito, ta *adj.* Se aplica a los lugares, climas, etc., desagradables, que no ofrecen seguridad o abrigo.

inhumación *s. f.* Acción y efecto de inhumar.

inhumano, na *adj.* **1.** Cruel, despiadado. **2.** Infrahumano, indigno para el hombre. **3.** Se dice del dolor, pena, etc., muy intenso, insoportable. **4.** *Chile.* Muy sucio, desaseado. **FAM.** Inhumanamente, inhumanidad.

inhumar *v. tr.* Dar sepultura a un cadáver.

iniciación *s. f.* **1.** Acción y efecto de iniciar o iniciarse. **2.** Introducción de una persona en una religión, secta, sociedad secreta, etc., por medio de rituales.

iniciado, da **1.** *p. p.* de **iniciar**. También *adj.* ‖ *adj.* **2.** Que tiene conocimientos sobre una materia, tema, etc., y particularmente de algo secreto o misterioso. También *s.* **3.** Se dice del miembro de alguna secta, comunidad o sociedad secreta. También *s.*

inicial *adj.* **1.** Que está al inicio o principio. **2.** Se aplica particularmente a la primera letra de una palabra. También *s. f.*

iniciar *v. tr.* **1.** Comenzar, empezar. También *v. prnl.* **2.** Dar a alguien los primeros conocimientos sobre algo. También *v. prnl.* **3.** Introducir a alguien en los secretos de alguna cosa o admitirle en una religión, secta o sociedad secreta. **FAM.** Iniciador.

iniciativa *s. f.* **1.** Capacidad para emprender o idear cosas. **2.** Idea que propone alguien para hacer alguna cosa. **3.** Acción de anticiparse a los demás en alguna acción, generalmente dirigiéndola.

iniciativo, va *adj.* Que inicia o comienza.

inicio *s. m.* Comienzo, principio.

inicuo, cua *adj.* **1.** No equitativo, injusto. **2.** Malvado, cruel. **FAM.** Inicuamente.

inigualable *adj.* Incomparable, que no tiene igual.

inigualado, da *adj.* Inigualable*.

inimaginable *adj.* **1.** Que no se puede imaginar. **2.** Excesivo, numeroso, muy grande.

inimitable *adj.* Único, imposible de imitar.

ininteligible *adj.* Imposible o muy difícil de entender o interpretar. **FAM.** Ininteligibilidad.

ininterrumpido, da *adj.* Sin interrupciones o cortes. **FAM.** Ininterrumpidamente.

iniquidad *s. f.* **1.** Cualidad de inicuo. **2.** Acción inicua.

injerencia *s. f.* Acción y efecto de injerirse.

injerir *v. tr.* **1.** Introducir una cosa en otra. ‖ *v. prnl.* **2.** Meterse alguien en asuntos que no le interesan o donde no le corresponde. ■ Es v. irreg. Se conjuga como *sentir.*

injerta *s. f.* Injerto, acción de injertar.

injertar *v. tr.* **1.** Introducir en la rama o tronco de una planta una rama de otra, con una o más yemas, para que brote. **2.** Aplicar un trozo de tejido vivo a una parte lesionada del cuerpo para que se unan.

injerto *adj.* **1.** Acción y efecto de injertar. ‖ *s. m.* **2.** Forma de reproducción asexual de las plantas, usado sobre todo en las frutales y en las de jardín, que consiste en injertar una parte de una planta en otra de diferente variedad o especie, poniendo en contacto los meristemos y los vasos conductores de ambas, de modo que se unan ambos vegetales y den lugar a un individuo con las características de ambas plantas. **3.** Rama injertada. **4.** Fragmento de tejido vivo que se injerta en otro.

injuria *s. f.* **1.** Ofensa o insulto grave y daño causado. **2.** Delito que consiste en ofender de palabra u obra el honor de una persona o grupo, provocando su descrédito.

injuriar *v. tr.* Ofender a alguien con palabras o acciones. **FAM.** Injuriador, injuriante.

injurioso, sa *adj.* Que injuria. **FAM.** Injuriosamente.

injusticia *s. f.* **1.** Falta de justicia. **2.** Acción injusta.

injustificable *adj.* Que no se puede justificar, fundamentar o disculpar.

injustificado, da *adj.* No justificado, infundado. **FAM.** Injustificadamente.

injusto, ta *adj.* Que no es justo. También *s.* **FAM.** Injustamente.

inlandsis (voz escandinava) *s. m.* Gran acumulación de hielo que ocupa amplias superficies continentales o insulares, resto de los mantos glaciares cuaternarios. En la actualidad existen el de Groenlandia, con 1.650.000 km^2 de extensión, y el de la Antártida, con 13.000.000 km^2.

Inmaculada **1.** Nombre dado a la Virgen María. **2.** Cuadro o imagen de la Virgen. ‖ **3. Inmaculada Concepción** Dogma de la Iglesia católica según el cual la Virgen María, destinada a ser madre de Jesucristo, fue preservada del pecado original desde el momento de su concepción. Fue establecido en el concilio de Basilea de 1431 y proclamado solemnemente por el papa Pío IX en 1854.

inmaculado, da *adj.* **1.** Totalmente limpio, sin manchas. **2.** Puro, intachable, sin defectos o aspectos negativos. **FAM.** Inmaculadamente.

inmadurez *s. f.* Cualidad de inmaduro.

inmaduro, ra *adj.* **1.** Que no ha madurado. También *s.* **2.** Inexperto.

inmanencia *s. f.* **1.** Cualidad de inmanente. **2.** En fil., aquello que permanece dentro de sí, sin ir más allá de sí mismo. Se opone a trascendencia. Para los filósofos escolásticos, la inmanencia es la causa cuyos efectos no están fuera del agente. Filosofías de tipo inmanentista son el monismo, el materialismo y el panteísmo.

inmanente *adj.* Se dice de aquello inherente a un ser, de lo que está indisociablemente unido a la esencia de algo.

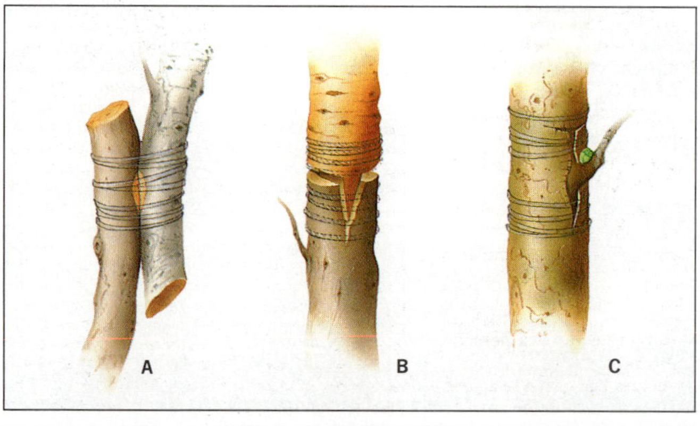

Diversos tipos de injerto: por aproximación (A), de púa (B) y de escudete (C).

inmanentismo *s. m.* **1.** Conjunto de las doctrinas filosóficas que se fundamentan en la noción de inmanencia. **2.** En rel., teorías que sostienen que Dios no es algo distinto del mundo y del hombre y que las verdades reveladas no son fijas, sino que experimentan cambios en función de la conciencia religiosa.

inmarcesible *adj.* Que no se puede marchitar, imperecedero.

inmaterial *adj.* No material. **FAM.** Inmaterialidad.

inmediaciones *s. f. pl.* Alrededores, proximidades.

inmediatamente *adv. m.* **1.** A continuación, sin que medie espacio o cosa alguna. || *adv. t.* **2.** Al instante o al poco tiempo.

inmediatez *s. f.* Cualidad de inmediato.

inmediato, ta *adj.* **1.** Contiguo, sin estar separado por un espacio u otra cosa. **2.** Muy cercano, en las proximidades. **3.** Que sucede sin tardar, sin que pase tiempo. **4.** En fil., se dice del conocimiento que no está categorizado conceptualmente. || *s. f.* **5.** Con el artículo *la*, el resultado o la acción siguiente de lo que se expresa. || **LOC. de inmediato** *adv.* Inmediatamente, al instante.

inmejorable *adj.* Tan bueno que no se puede mejorar. **FAM.** Inmejorablemente.

inmemorial o **inmemorable** *adj.* Tan antiguo que apenas se recuerda cuándo empezó.

inmensidad *s. f.* **1.** Cualidad de inmenso. **2.** Gran número o cantidad de algo.

inmenso, sa *adj.* **1.** Muy grande o intenso. **2.** Muy oportuno, acertado o inspirado. **FAM.** Inmensamente.

inmerecido, da *adj.* No merecido. **FAM.** Inmerecidamente.

inmersión *s. f.* **1.** Acción y efecto de sumergir o sumergirse en un líquido. **2.** En astron., paso de un astro por detrás de otro que lo oculta.

inmerso, sa *adj.* **1.** Sumergido en un líquido. **2.** Absorto. **3.** Que permanece en cierta situación, estado, etc., del que es difícil salir.

inmigración *s. f.* **1.** Acción y efecto de inmigrar. **2.** Conjunto de inmigrantes en un país o región. **3.** Situación o condición del inmigrante.

inmigrante *adj.* Que inmigra; particularmente, se aplica a la persona que se instala en un país o región procedente de otro. También *s.*

inmigrar *v. intr.* **1.** Llegar a un país o región para establecerse allí una persona o grupo procedente de otro. **2.** P. ext., establecerse los animales en un territorio, trasladándose desde otro.

inmigratorio, ria *adj.* Perteneciente o relativo a la inmigración.

inminencia *s. f.* Cualidad de inminente.

inminente *adj.* Que está a punto de suceder o puede ocurrir muy pronto.

inmisario, ria *adj.* En geog., se dice del curso de agua que desemboca en otro o en un lago. También *s. m.*

inmiscible *adj.* Que no puede mezclarse.

inmiscuirse *v. prnl.* Entrometerse, intervenir en algo sin tener autoridad o ser invitado a ello. ▪ Es v. irreg. Se conjuga como *huir.*

inmisericorde *adj.* Que no tiene misericordia.

inmobiliario, ria *adj.* **1.** Perteneciente o relativo a los bienes inmuebles. || *s. f.* **2.** Empresa que se dedica a la construcción, compraventa, alquiler y administración de viviendas y locales.

inmoderación *s. f.* Falta de moderación.

inmoderado, da *adj.* Que no tiene moderación. **FAM.** Inmoderadamente.

inmodestia *s. f.* **1.** Cualidad de inmodesto. **2.** Acción o comportamiento inmodesto.

inmodesto, ta *adj.* Que no es modesto, vanidoso. También *s.* **FAM.** Inmodestamente.

inmolación *s. f.* Acción y efecto de inmolar o inmolarse.

inmolar *v. tr.* **1.** Sacrificar una víctima a la divinidad. **2.** Sacrificar alguna cosa por el bien de los demás. || *v. prnl.* **3.** Sacrificarse una persona por alguien o algo. **FAM.** Inmolador.

inmoral *adj.* Que va contra la moral o se aparta de ella. También *s.*

inmoralidad *s. f.* **1.** Cualidad de inmoral. **2.** Acción inmoral.

inmortal *adj.* **1.** Que no puede morir. **2.** Se aplica a la persona o cosa que siempre será recordada y valorada. **FAM.** Inmortalmente.

inmortalidad *s. f.* Cualidad o estado de inmortal.

inmortalizar *v. tr.* Hacer que alguien o algo sea siempre recordado y valorado. También *v. prnl.* ▪ Se conjuga como *cazar.*

inmotivado, da *adj.* Sin motivo, injustificado. **FAM.** Inmotivadamente.

inmóvil *adj.* Que no se mueve.

inmovilidad *s. f.* Cualidad o estado de inmóvil.

inmovilismo *s. m.* Tendencia a mantener lo establecido sin ninguna innovación, especialmente en el terreno político, social o religioso. **FAM.** Inmovilista.

inmovilizado, da **1.** *p. p.* de **inmovilizar**. También *adj.* || *s. m.* **2.** En econ., parte del activo de una empresa, entidad, etc., formado por bienes permanentes, como maquinaria, inmuebles y otros elementos tangibles (inmovilizado material) y otros no tangibles, como la imagen de marca, la cuota de mercado, etc., (inmovilizado inmaterial).

inmovilizar *v. tr.* **1.** Hacer que alguien o algo quede inmóvil o sin posibilidad de movimiento. También *v. prnl.* **2.** Impedir que algo cambie, evolucione, se desarrolle, etc. **3.** Invertir dinero en algo que produce beneficios a muy largo plazo. **4.** En der., impedir la libre enajenación o transmisión de bienes o propiedades. ▪ Se conjuga como *cazar.* **FAM.** Inmovilización.

inmueble *adj.* **1.** Se dice de los bienes que no pueden trasladarse de un sitio a otro, como fincas, edificios, etc. También *s. m.* || *s. m.* **2.** Edificio.

inmundicia *s. f.* **1.** Cualidad de inmundo. **2.** Basura, suciedad. Se usa más en *pl.* **3.** Asunto o ambiente deshonesto, inmoral.

inmundo, da *adj.* **1.** Lleno de basura y suciedad. **2.** Deshonesto, inmoral, soez. **3.** Se aplica a aquello que está prohibido a los judíos por su religión.

inmune *adj.* **1.** Que tiene las defensas necesarias contra una enfermedad determinada y, por lo tanto, no puede padecerla. **2.** Protegido contra un daño, perjuicio, etc. **3.** Libre de ciertos oficios, cargas o penas.

inmunidad *s. f.* **1.** Cualidad de inmune. **2.** Capacidad que tienen o adquieren las personas y los animales de no padecer una determinada enfermedad. **3.** Privilegio o ventaja de la que disfrutan ciertas personas, lugares u objetos al no encontrarse sometidos a los procedimientos legales normales. || **4. inmunidad diplomática** Privilegio que poseen los diplomáticos, las embajadas y otras sedes, su correspondencia, etc., de no estar sometidos al sistema judicial del país en el que se encuentran y desempeñan su función. **5. inmunidad eclesiástica** La que se otorga a personas, bienes y lugares pertenecientes a la Iglesia. **6. inmunidad parlamentaria** Privilegio que se concede a diputados y senadores, gracias al cual no pueden ser detenidos ni procesados por opiniones emitidas en el desempeño de su cargo y, en los casos de delito no relacionado con la actividad política, no pueden ser procesados sin la aprobación de la Cámara a la que pertenecen. ***Anat.*** y ***Fisiol.*** Existen dos mecanismos principales de inmunidad: los fagocitos, células especiales de la familia de los leucocitos, que capturan y digieren los elementos extraños; y la reacción antígeno-anticuerpo, que consiste en la producción de sustancias especiales llamadas *anticuerpos*, generalmente proteínas, que se adhieren a una o varias moléculas de las que componen la sustancia o célula extraña, llamada *antígeno*, inmovilizándola y desactivándola. La inmunidad puede ser congénita, como la que protege a los individuos de una especie contra las enfermedades propias de otra, o adquirida. Esta última puede ser de diversos tipos: la **inmunidad natural activa**, que se consigue después de superar con éxito una determinada enfermedad y se debe a la memoria inmunológica de los linfocitos y a que los anticuerpos perduran cierto tiempo en la sangre del animal; la **inmunidad natural pasiva**, que es propia de los mamíferos durante el desarrollo embrionario y la lactancia y es debida a los anticuerpos que el embrión recibe de la madre a través de la placenta y, luego, de la leche; la **inmunidad artificial activa**, que se consigue mediante la vacunación, o introducción en un individuo sano de microorganismos debilitados o muertos, característicos de la enfermedad contra la que se quiere obtener inmunidad; la **inmunidad artificial pasiva**, que se obtiene mediante la sueroterapia, o inyección en un cuerpo enfermo de suero sanguíneo de un animal que contenga anticuerpos contra el microbio causante de la enfermedad. El sistema inmune está sujeto a enfermedades como la alergia, la anafilaxia, las enfermedades autoinmunitarias, en que se producen anticuerpos contra antígenos del propio cuerpo, o a los síndromes de inmunodeficiencia, como el SIDA, adquirido por infección de un virus y en el que el funcionamiento general del sistema queda debilitado.

inmunitario, ria *adj.* En med., perteneciente o relativo a la inmunidad.

inmunizar *v. tr.* Hacer inmune a alguien frente a algo. También *v. prnl.* ▪ Se conjuga como *cazar.* **FAM.** Inmunización, inmunizador, inmunizante.

inmunodepresor, ra *adj.* Se aplica al medicamento o método que contrarresta las reacciones de inmunidad del organismo. También *s. m.*

inmunodiagnóstico *s. m.* En med., diagnóstico de ciertas enfermedades mediante el estudio de la reacción de la sangre del paciente ante la presencia de diversos anticuerpos que inmunizan contra los agentes infecciosos correspondientes (virus o bacterias).

inmunología *s. f.* Parte de la medicina que estudia los fenómenos de inmunidad en el organismo.

inmunológico, ca *adj.* **1.** Perteneciente o relativo a la inmunología y a la inmunidad. || **2. aparato inmunológico** Conjunto de órganos de los animales en los que se producen o se acumulan los linfocitos, que son los encargados de elaborar los anticuerpos. En los animales vertebrados superiores está formado por la médula ósea roja de los huesos, el timo, los ganglios linfáticos, el bazo y las placas de Peyer.

inmunólogo, ga *s. m.* y *f.* Especialista en inmunología.

inmunoterapia *s. f.* Tratamiento de las enfermedades infecciosas mediante la producción de inmunidad.

inmutable *adj.* **1.** Que no cambia. **2.** Que no se altera o impresiona. **FAM.** Inmutabilidad.

inmutar *v. tr.* Alterar, impresionar. Se usa más como *v. prnl.* y en frases negativas. **FAM.** Inmutación.

Inn Río europeo, afluente del Danubio por la derecha. 524 km. Nace en el cantón suizo de los Grisones, atraviesa el Tirol y Baviera y hace frontera entre Alemania y Austria. Pasa por la ciudad de Innsbruck.

innatismo *s. m.* Conjunto de teorías que sostienen que el hombre posee desde su nacimiento una serie de ideas o de principios lógicos que no son producto de la experiencia. Es propio de las filosofías de carácter racionalista e idealista, como las de Platón, Descartes y Leibniz, y rechazado por las de carácter empirista, como las de Locke y Hume.

innato, ta *adj.* Se aplica a aquello que se posee desde que se nace y que no se debe a la educación, la experiencia o la influencia del ambiente. En la actualidad, es un concepto cuya validez se discute, ya que no parece que pueda desarrollarse ningún carácter hereditario sin la acción del medio sobre la dotación genética del individuo.

innecesario, ria *adj.* No necesario. **FAM.** Innecesariamente.

innegable *adj.* Que no se puede negar por ser claro, evidente. **FAM.** Innegablemente.

innoble *adj.* Que demuestra deslealtad, falsedad o cobardía.

innocuo, cua *adj.* Inocuo*. **FAM.** Innocuidad.

innombrable *adj.* Que no se puede o debe nombrar por producir horror, ser inconveniente, etc.

innominado, da *adj.* Que no tiene un nombre en particular.

Innsbruck: vista general de la ciudad, con los Alpes al fondo.

innovación *s. f.* Acción y efecto de innovar, novedad.

innovar *v. tr.* Cambiar algo introduciendo cosas nuevas o desconocidas. **FAM.** Innovador.

Innsbruck C. de Austria, cap. del Tirol, situada cerca de la frontera con Alemania, al S de Munich, a orillas del río Inn. 117.000 h. en 1986. Posee industrias textiles, químicas, farmacéuticas y alimentarias; es un importante centro turístico de deportes de invierno y nudo de comunicaciones ferroviarias y por carretera entre Alemania e Italia. De sus monumentos sobresalen la Hofkirche (s. XVI) y el Hofburg (s. XVIII).

innumerable *adj.* Tan numeroso que no se puede numerar o contar; hiperbólicamente, muy abundante, mucho.

innúmero, ra *adj.* Innumerable*.

inobservancia *s. f.* No observancia, incumplimiento.

inobservante *adj.* Que no observa o cumple órdenes, normas, leyes, etc.

inocencia *s. f.* Cualidad o estado de inocente.

Inocencio Nombre de trece papas.

Inocencio I, San (Albano ? - Roma 417) Papa italiano. Su pontificado abarca de 401 a 417. Defendió a San Juan Crisóstomo (407), soportó el saqueo de Roma por Alarico (410) y condenó la herejía pelagiana (417).

Inocencio III (Anagni 1160 - Perugia 1216) Papa romano. De nombre Lotario di Segni, su pontificado abarca de 1198 a 1216. Enemigo político de los emperadores Staufen, apoyó la candidatura imperial del güelfo Otón IV, a quien coronó en Roma en 1209, pero ante la actitud hostil de éste le excomulgó y defendió a los gibelinos en la gran guerra de Occidente (1214). Hizo coronar emperador a su pupilo, el rey de Sicilia, Federico II Staufen. Favoreció la fundación de las órdenes mendicantes de franciscanos y dominicos y presidió el cuarto concilio de Letrán.

Inocencio VI (Beyssac-en Corrèze ? - Aviñón 1362) Papa francés. De nombre Étienne Aubert, su pontificado abarca de 1352 a 1362. Reformó la corte de Aviñón. Combatió a los cardenales que intentaban restringir el poder papal y encomendó al cardenal español Gil Álvarez Carrillo de Albornoz la pacificación de los Estados Pontificios (1353-60).

Inocencio VIII (Génova 1432 - Roma 1492) Papa italiano. De nombre Giovanni Battista Cibo, su pontificado abarca de 1484 a 1492. Fomentó el nepotismo en la corte pontificia y dejó al cardenal Juliano della Rovere dirigir la política de la Iglesia. Luchó contra Fernando I, rey de Nápoles, al que obligó a pagar un censo anual de vasallaje. Predicó una cruzada contra los valdenses y condenó al humanista Pico della Mirandola. Mandó edificar el Belvedere en el Vaticano.

Inocencio X (Roma 1574 - íd. 1655) Papa romano. De nombre Giambattista Pamphili, su pontificado abarca de 1644 a 1655. Fue elegido a pesar de la oposición de Mazarino. Impulsó la reforma de las órdenes religiosas y la enseñanza del catecismo. Se mostró en desacuerdo con las cláusulas religiosas de la paz de Westfalia, condenó las cinco proposiciones jansenistas (1653) y suprimió los escolapios. Protector de los artistas, su retrato, pintado por Velázquez en 1650, está considerado como uno de los mejores de la historia de la pintura.

Inocencio XI, Beato (Como 1611 - Roma 1689) Papa italiano. De nombre Benedetto Odescalchi, su pontificado abarca de 1676 a 1689. Fue secretario de Inocencio X. Combatió el nepotismo y se enemistó con Luis XIV por la cuestión de las regalías. Condenó el probabilismo, el laxismo y el quietismo de Miguel de Molinos.

Inocencio XII (Spinazzola, Basilicata 1615 - Roma 1700) Papa italiano. De nombre Antonio Pignatelli, su pontificado abarca de 1691 a 1700. Prosiguió con la política de lucha contra el nepotismo emprendida por Inocencio XI. Restableció las buenas relaciones con Francia y aconsejó a Carlos II de España para que testara en favor del duque de Anjou, nieto de Luis XIV. Condenó el jansenismo y el quietismo.

inocentada *s. f. fam.* Broma que se gasta a alguien, en especial el 28 de diciembre, día de los Santos Inocentes.

inocente *adj.* **1.** Que no tiene culpa. También *s.* **2.** Ingenuo, sin malicia. También *s.* **3.** Crédulo, fácil de engañar. También *s.* **4.** Que no produce daño o mal alguno. || **5. Santos Inocentes** Festividad en que la Iglesia conmemora a los niños sacrificados por Herodes, y que se celebra el día 28 de diciembre. **FAM.** Inocentemente.

inocentón, na *adj. fam.* Muy ingenuo, fácil de engañar. También *s.*

inocuidad *s. f.* Cualidad de inocuo. ■ Se escribe también *innocuidad.*

inocular *v. tr.* **1.** Introducir en el organismo una sustancia, generalmente orgánica, y en especial gérmenes o virus de una enfermedad infecciosa. También *v. prnl.* **2.** Comunicar a alguien ideas, costumbres, etc., que se consideran perjudiciales. **FAM.** Inoculable, inoculación, inoculador.

inocuo, cua *adj.* **1.** Inofensivo*. **2.** Que no despierta interés o emoción. ■ Se escribe también *innocuo.*

inodoro, ra *adj.* **1.** Que no tiene olor. || *s. m.* **2.** Retrete, wáter.

inofensivo, va *adj.* **1.** Que no causa daño o perjuicio. **2.** Que no ofende o no pretende ofender.

inoficioso, sa *adj.* **1.** Se dice de testamentos, donaciones o dotes que lesionan los derechos del heredero forzoso. **2.** *amer.* Inútil, ineficaz.

inolvidable *adj.* Que no se puede olvidar, que deja un buen recuerdo.

Inönü, Mustafá Ismet, llamado **Ismet** (Izmir 1884 - Ankara 1973) Político y militar turco. Participó en la revolución de los Jóvenes Turcos de 1908. Subsecretario para la Guerra, Mustafá Kemal le nombró comandante en jefe de las fuerzas contra los griegos (1920), sobre los que consiguió la victoria de Inönü (1921), por lo que se le autorizó a llevar este nombre. Fue ministro de Asuntos Exteriores (1922), primer ministro (1923-24 y 1925-37) y sucedió a Kemal Ataturk en la presidencia de la república (1938-50) y del Partido Republicano del Pueblo. Durante la Segunda Guerra Mundial mantuvo a Turquía en la neutralidad hasta 1945, en que declaró la guerra al Eje. Nuevamente fue presidente del consejo de ministros (1961-65).

inoperante *adj.* Ineficaz, inútil.

inopia *s. f.* Pobreza, escasez. || **LOC. estar en la inopia** *fam.* Estar distraído, no enterarse de lo que pasa.

inopinado, da *adj.* Inesperado, repentino. **FAM.** Inopinadamente.

inoportunidad *s. f.* **1.** Cualidad de inoportuno. **2.** Acción o dicho inoportuno.

inoportuno, na *adj.* Se aplica a lo que se hace, se dice o sucede en ocasiones o lugares en que no conviene, y a las personas que lo hacen o dicen. También *s.* **FAM.** Inoportunamente.

inorgánico, ca *adj.* **1.** Que no tiene vida, como los minerales. **2.** Se dice de los compuestos químicos en cuya composición no entra el carbono como elemento fundamental. **3.** Mal organizado.

inosilicato *s. m.* Tipo de silicato que se caracteriza porque los tetraedros de SiO_4 de que se compone forman largas cadenas, que pueden ser simples o dobles. A él pertenecen, p. ej., la augita y la hornblenda.

inoxidable *adj.* Que no se oxida.

input (voz ingl.) *s. m.* **1.** En econ., cantidad de energía, materia prima, producto o servicio que se incorpora al proceso de producción para obtener, mediante su transformación, un nuevo producto o output. P. ej., los principales inputs de la industria conservera de pescado son los peces, el aceite de oliva, las latas, etc. **2.** En inform., sistema de entrada de información en un ordenador y los datos y programas que se introducen. || **3. tablas input-output** En econ., procedimiento de análisis económico creado por el estadounidense de origen ruso Wassily Leontief que registra en cada rama de actividad los inputs o entradas y los outputs o salidas y ofrece una síntesis estadística de la estructura económica de un país y de la interrelación de los distintos sectores.

inquebrantable *adj.* Que no puede quebrantarse.

inquietante *adj.* Que inquieta.

inquietar *v. tr.* Poner inquieto, nervioso. También *v. prnl.*

inquieto, ta *adj.* **1.** Que no puede estarse quieto. **2.** Nervioso, preocupado. **3.** Agitado, sin tranquilidad ni reposo. **4.** Se dice de la persona que siempre está dispuesta a emprender o conocer cosas nuevas.

inquietud *s. f.* **1.** Cualidad o estado de inquieto. **2.** Interés de tipo intelectual, social, etc. Se usa más en *pl.*

inquilinato *s. m.* **1.** Alquiler de una casa o parte de ella. **2.** Conjunto de derechos que adquiere el inquilino sobre la casa alquilada. **3.** Impuesto que está en relación con el precio del alquiler.

inquilinismo *s. m.* Asociación biológica de seres vivos en la que una especie busca refugio o provecho en otra, a la que no perjudica; así, p. ej., el pez perla vive en la cavidad cloacal de las holoturias y sólo la abandona para buscar alimento.

Inquilinismo: el pez perla (Fierasfer acus) *busca refugio en la cavidad cloacal de las holoturias.*

inquilino, na *s. m.* y *f.* **1.** Persona que vive en una casa alquilada. **2.** Arrendatario de finca urbana. **3.** En biol., ser vivo que practica el inquilinismo.

inquina *s. f.* Manía, antipatía.

inquirir *v. tr.* Preguntar, indagar. ■ Es v. irreg. Se conjuga como *adquirir.* **FAM.** Inquiridor.

inquisición *s. f.* **1.** Acción y efecto de inquirir. **2.** Antiguo tribunal creado por la Iglesia, conocido como *Santo Oficio,* que perseguía y castigaba los delitos contra la fe. Fue creado oficialmente por el papa Gregorio IX en 1233 como respuesta a la importancia que había adquirido el movimiento de los cátaros o albigenses en el

Languedoc y Provenza. Encomendado a los miembros de la orden de predicadores (dominicos), su ámbito de acción se extendió al N de Italia, S de Francia y Alemania (donde desapareció muy pronto), mientras que Escandinavia, Inglaterra y el resto de Europa quedaron libres de su influencia. En la península Ibérica se estableció en el reino de Aragón, en época de Jaime I (1242), y hubieron de pasar más de dos siglos hasta que el tribunal se instalara en toda España, por deseo de los Reyes Católicos. El concilio Vaticano II disolvió oficialmente el tribunal de la Inquisición en 1967 y lo transformó en la Congregación para la Doctrina de la Fe, adecuando sus métodos de funcionamiento al espíritu de las legislaciones contemporáneas. ▪ En esta acepción se escribe con mayúscula.

Inquisición Española Tribunal inquisidor exclusivo de España y la América española, creado por el papa Sixto IV en 1478 a petición de los Reyes Católicos. Dependía de la Corona y estaba desvinculado de la Inquisición del resto del mundo cristiano, la cual en esta época se hallaba en plena decadencia. El motivo de su establecimiento fue la supuesta amenaza que para la fe representaban los judíos y moriscos convertidos al cristianismo, aunque posteriormente el tribunal se ocupó también de casos como brujería, bigamia, blasfemia, libros prohibidos, etc. Su época de mayor actividad fue el reinado de los Reyes Católicos, en el que se pronunciaron más de las dos terceras partes del total de las sentencias de muerte, para decaer paulatinamente hasta su práctica desaparición en tiempo de los últimos Borbones del s. XVIII. Fue abolido por las Cortes de Cádiz en 1813, restaurado por Fernando VII en 1814 y suprimido definitivamente en 1834. A su frente se hallaba el inquisidor general, asesorado por un Consejo Supremo de la Inquisición, del que dependían los tribunales provinciales, dirigidos por sus correspondientes inquisidores y con sus propios asesores teológicos, llamados *calificadores,* y agentes seglares, llamados *familiares.* En su época de mayor apogeo llegó a haber nueve tribunales en la Península. La Inquisición fue trasplantada a América en la segunda mitad del s. XVI. Podía aplicar a los condenados penas muy variadas, desde cortos encarcelamientos hasta la pena de muerte, aunque en este último caso era la justicia civil la encargada de la ejecución. Las sentencias se hacían públicas en solemnes actos, llamados *autos de fe.*

Inquisición: Auto de fe, *cuadro de Pedro Berruguete (Museo del Prado, Madrid).*

inquisidor, ra *adj.* **1.** Inquisitivo*. También *s.* ‖ *s. m.* **2.** Juez de la Inquisición.

inquisitivo, va *adj.* Que inquiere.

inquisitorial *adj.* **1.** Perteneciente o relativo al inquisidor o a la Inquisición. **2.** Se dice de los procedimientos excesivamente severos o represivos y de quien los utiliza.

inri *s. m.* Iniciales de las palabras del rótulo latino de la cruz en que murió Jesucristo, que decía: *Iesus Nazarenus Rex Iudaeorum* (Jesús Nazareno, rey de los judíos). ‖ **Loc. para más inri** *fam.* Indica que algo viene a empeorar lo dicho anteriormente.

insaciable *adj.* Imposible o muy difícil de saciar o satisfacer. **Fam.** Insaciabilidad, insaciablemente.

insalivación *s. f.* Acción y efecto de insalivar. La insalivación permite, gracias a la particular composición de la saliva, la deglución de los alimentos, al tiempo que protege y lubrifica la mucosa bucal y limpia los dientes. Uno de los elementos de la saliva, la ptialina, inicia además el proceso digestivo al descomponer los hidratos de carbono.

insalivar *v. tr.* Mezclar los alimentos con saliva dentro de la boca.

insalubre *adj.* Insano, perjudicial para la salud. **Fam.** Insalubridad.

insalvable *adj.* Imposible o muy difícil de salvar o superar.

insania *s. f.* Demencia*. ▪ Se usa en lenguaje culto.

insano, na *adj.* **1.** Perjudicial para la salud. **2.** Propio de una persona mentalmente enferma.

insatisfacción *s. f.* Estado de insatisfecho.

insatisfactorio, ria *adj.* No satisfactorio.

insatisfecho, cha *adj.* No satisfecho.

insaturado, da *adj.* En quím., se dice de todo compuesto o grupo funcional orgánico que tiene un enlace múltiple entre dos átomos de carbono.

inscribir *v. tr.* **1.** Anotar en una lista, registro, etc. También *v. prnl.* **2.** Grabar. **3.** Trazar una figura geométrica dentro de otra de manera que estén en contacto por varios puntos, pero sin cortarse. También *v. prnl.* ▪ Su p. p. es irreg.: *inscrito.* **Fam.** Inscribible.

inscripción *s. f.* **1.** Acción y efecto de inscribir o inscribirse. **2.** Escrito breve grabado en una piedra, una moneda, etc. **3.** Anotación de un título del Estado en el libro de la deuda pública y documento o título que acredita esta deuda.

inscultura *s. f.* Representación rupestre de la época prehistórica, y especialmente de la edad del bronce, hecha en la roca mediante incisiones.

insectario *s. m.* Instalación utilizada para criar y conservar insectos, con fines biológicos, investigadores y docentes.

insecticida *adj.* Se aplica al producto para matar insectos. Son generalmente de dos tipos: los que actúan por contacto, como la nicotina, rotenona, DDT y diversos sulfuros y ésteres; y los que actúan por ingestión, como los arseniatos de calcio y de plomo. Se usan para combatir los parásitos domésticos o en agricultura para proteger de plagas las cosechas (pesticidas). También *s. m.*

insectívoro, ra *adj.* **1.** Se dice de los animales que se alimentan de insectos. También *s.* **2.** Se dice de algunas plantas que atrapan insectos entre sus hojas y los digieren, como la drosera. ‖ *s. m. pl.* **3.** Orden de mamíferos euterios al que pertenecen más de 200 especies comprendidas en las familias macroscélidos, solenodóntidos, tenrécidos, crisoclóridos, erinaceidos, sorícidos y tálpidos. Son de pequeño tamaño, cuerpo cubierto de pelaje o espinas, dedos provistos de garras y molares aguzados que les permiten atrapar y masticar pequeños mamíferos e insectos. Son plantígrados y tienen patas con cinco dedos dotados de fuertes uñas. Viven en los árboles o en túneles subterráneos que ellos mismos excavan y están extendidos por toda la tierra, con excepción de Australia y la mayor parte de Sudamérica. Insectívoros son los topos, erizos, musarañas, almizcleras, etc. También *adj.* y *s. m.*

insecto *adj.* **1.** Artrópodo perteneciente a la clase insectos. También *s.* ‖ *pl.* **2.** Clase de artrópodos de la que han sido descritas más de 750.000 especies comprendidas en dos subclases, apterigotos o insectos sin alas, con cuatro órdenes, y pterigotos o insectos con alas, que a su vez consta de dos divisiones, exopterigotos, con dieciséis órdenes, y endopterigotos, con nueve órdenes. La clase insectos es la más numerosa de la tierra, tanto por el número de especies como de individuos (5/6 de todos los seres vivos que pueblan el planeta). Son animales de tamaño relativamente reducido, que generalmente tienen antenas, mandíbulas y tráqueas y un cuerpo segmentado y dividido en cabeza, tórax y abdomen. Muchos de ellos se han adaptado al medio aéreo gracias al desarrollo de dos pares de alas membranosas, recorridas por nervaciones. En la cabeza tienen ojos compuestos y dos o tres ojos simples, antenas que perciben los olores y boca. Su tórax está dividido en tres segmentos y cada uno de ellos tiene un par de patas; en los dos últimos es donde están situadas las alas, cuyo primer par está a veces endurecido y cumple una función protectora, como sucede con los élitros de los escarabajos. El abdomen, formado por once segmentos, carece de patas, pero posee estigmas (orificios respiratorios) y en él terminan el ano y los conductos reproductores. En su anatomía interna destaca el tubo digestivo, formado por una boca con glándulas salivales, esófago, buche de almacenamiento, molleja trituradora, intestino medio con ciego de función digestiva e intestino posterior que desemboca en el ano. El aparato excretor está compuesto por los túbulos de Malpighi y desemboca en el intestino posterior. La respiración se realiza mediante tráqueas conectadas con el exterior a través de los estigmas. Poseen circulación abierta y su aparato consta de

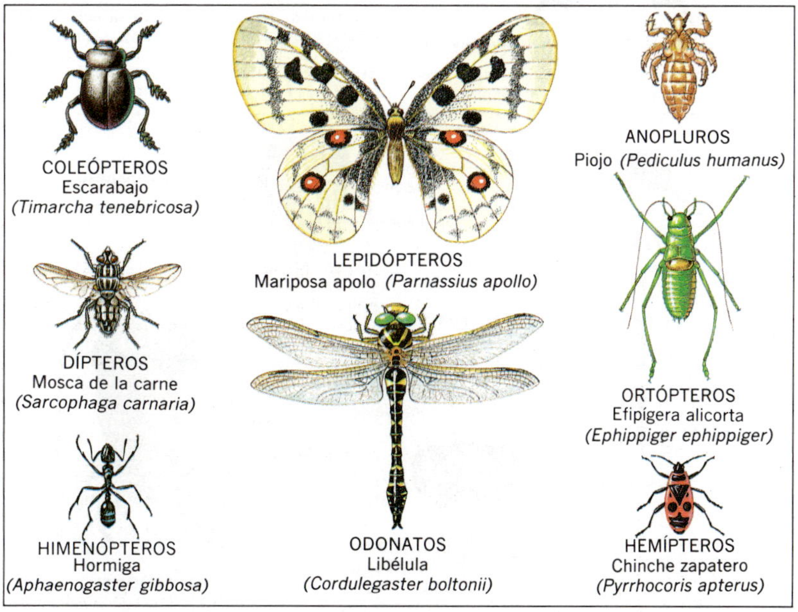

Insectos: especies representativas de los principales órdenes.

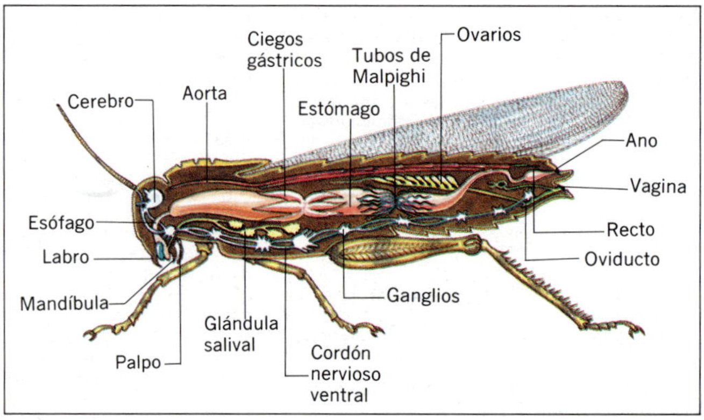

Anatomía de un insecto.

un corazón dorsal y una arteria aorta. El sistema nervioso incluye un cerebro y una cadena nerviosa ganglionar en posición ventral. La alimentación de los insectos es muy variada, lo que ha dado lugar a aparatos bucales muy diferentes: masticador, como el de los saltamontes; masticador-lamedor, como el de las abejas; masticador-chupador, como el de las avispas; chupador, como el de las mariposas y moscas; picador-chupador, como el de los mosquitos, etc. Los insectos que se alimentan de flores, hojas, semillas, madera, etc., se denominan **fitófagos** y los que lo hacen de animales vivos, excrementos, sangre o cadáveres reciben el nombre de **zoófagos**. La fecundación de los insectos, en los que suele existir una acentuada diferencia entre los individuos de los dos sexos, es generalmente interna: los machos poseen dos testículos y pene y las hembras dos ovarios situados en el último segmento del abdomen. Se reproducen por huevos y se desarrollan mediante un proceso de transformación llamado metamorfosis. Habitan en toda la Tierra. ‖ **3. insecto hoja** Nombre común de numerosos insectos del orden fásmidos, que pertenecen a varias familias y géneros, especialmente al *Phyllium.* Tienen el cuerpo aplastado y un ensanchamiento característico en alas y patas, lo que unido a su color verde les hace casi irreconocibles entre las hojas. **4. insecto palo** Nombre común de diversos insectos fásmidos de la familia fasmátidos, géneros *Bacillus, Leptynia, Clonopsis, Acanthoxyla* y otros. Tienen el cuerpo alargado y muy estrecho, las patas y antenas largas y finas, mandíbula masticadora y generalmente carecen de alas o las tienen muy pequeñas. Se confunden con los tallos de las plantas, en los que suelen estar posados. En Europa meridional habitan las especies *Bacillus rossii, Leptynia hispanica* y *Clonopsis gallicus.*

Insectos. Proceso de metamorfosis de la mariposa: 1. Huevo. 2. Oruga joven. 3. Oruga adulta. 4. Oruga dispuesta para el periodo de ninfa. 5. Comienzo del periodo de ninfa. 6. Crisálida. 7. Eclosión. 8. Imago.

inseguridad *s. f.* Falta de seguridad.

inseguro, ra *adj.* Que no tiene o no ofrece seguridad. **Fam.** Inseguramente.

inselberg (voz al.) *s. m.* Elevación aislada, de laderas muy abruptas, que aparece en las llanuras de las regiones secas y calurosas por efecto de la erosión.

inseminación *s. f.* **1.** Fecundación del óvulo femenino por semen del macho. ‖ **2. inseminación artificial** Procedimiento para hacer llegar el semen a las vías genitales femeninas sin haberse efectuado el coito.

insenescencia *s. f.* Cualidad de lo que no envejece.

insensatez *s. f.* **1.** Cualidad de insensato. **2.** Acción o dicho insensato.

insensato, ta *adj.* Se dice de la persona que actúa o habla de forma irreflexiva, sin pensar en el daño que puede sufrir o causar, así como de las acciones, palabras, etc., sin sentido común. También *s.* **Fam.** Insensatamente.

insensibilidad *s. f.* Falta de sensibilidad.

insensibilizar *v. tr.* **1.** Hacer insensible. También *v. prnl.* **2.** Anestesiar total o parcialmente el cuerpo de una persona o animal. ▪ Se conjuga como *cazar.*

insensible *adj.* **1.** Que no tiene o ha perdido sensibilidad. **2.** Incapaz de impresionarse por los sentimientos de los demás o de apreciar la belleza y el valor de las cosas. **3.** Difícil de apreciar o notar. **4.** Inconsciente, sin conocimiento.

insensiblemente *adv. m.* Imperceptiblemente, sin que se sienta o perciba.

inseparable *adj.* **1.** Imposible o muy difícil de separar. **2.** Se dice de las personas o cosas que están muy unidas. **3.** En ling., se aplica al elemento que no tiene valor por sí mismo y siempre está unido a una palabra, como p. ej. los afijos. **Fam.** Inseparablemente.

insepulto, ta *adj.* Se dice del cadáver que no ha recibido sepultura.

inserción *s. f.* **1.** Acción y efecto de insertar. **2.** Punto o lugar donde se inserta una cosa en otra.

insertar *v. tr.* **1.** Introducir una cosa en otra o entre otras. También *v. prnl.* **2.** Publicar un texto en un periódico, revista, etc. ‖ *v. prnl.* **3.** En biol., introducirse, con más o menos profundidad, un órgano entre las partes de otro o pegarse a su superficie.

inserto, ta *adj.* Insertado, introducido en otra cosa.

inservible *adj.* Que no sirve o ya no está en condiciones de servir.

insidia *s. f.* **1.** Acción o dicho malintencionado. **2.** Maquinación, asechanza.

insidioso, sa *adj.* **1.** Que se vale de insidias. También *s.* **2.** Se hace a través de insidias o demuestra mala intención. **3.** En med., se aplica a ciertas enfermedades graves, aunque con apariencia benigna. **Fam.** Insidiosamente.

insigne *adj.* Famoso, ilustre.

insignia *s. f.* **1.** Símbolo, emblema, especialmente cuando es pequeño y puede llevarse prendido en la ropa. **2.** Bandera que en un buque señala la graduación del que lo manda o de alguien que va en él.

insignificancia *s. f.* **1.** Cualidad de insignificante. **2.** Cosa o cantidad muy pequeña. **3.** Cosa sin importancia.

insignificante *adj.* Muy pequeño, sin importancia.

insincero, ra *adj.* Hipócrita, falso. **Fam.** Insinceridad.

insinuación *s. f.* **1.** Acción y efecto de insinuar o insinuarse. **2.** Acción o palabras con que se insinúa algo.

insinuar *v. tr.* **1.** Indicar algo ligera y disimuladamente, sin expresarlo con claridad. ‖ *v. prnl.* **2.** Dejarse ver algo ligeramente. **3.** Empezar a manifestarse. **4.** Dar a entender a una persona con ciertas actitudes, gestos, etc., que se quiere mantener con ella relaciones amorosas o sexuales. ▪ En cuanto al acento, se conjuga como *actuar: insinúo.* **Fam.** Insinuador, insinuante, insinuativo.

insipidez *s. f.* Cualidad de insípido.

insípido, da *adj.* **1.** Que tiene poco o ningún sabor. **2.** Sin gracia, viveza o interés. **Fam.** Insípidamente.

insistencia *s. f.* **1.** Acción de insistir. **2.** Esfuerzo, constancia.

insistente *adj.* Que insiste. **Fam.** Insistentemente.

insistir *v. intr.* **1.** Repetir una acción, petición, etc., para conseguir lo que se pretende. **2.** Perseverar, mantenerse firme en una idea, opinión, etc. **3.** Poner mayor énfasis, interés o esfuerzo en algo.

insobornable *adj.* **1.** Que no se deja sobornar. **2.** Que no se aparta de sus ideas, creencias, etc., llevado por influencias exteriores. **Fam.** Insobornabilidad.

insociable *adj.* Que evita el trato con otras personas. También *s.* ▪ Se dice también *insocial.* **Fam.** Insociabilidad.

insocial *adj.* Insociable*.

insolación *s. f.* **1.** Acción y efecto de insolar. **2.** Conjunto de trastornos, como dolor de ca-

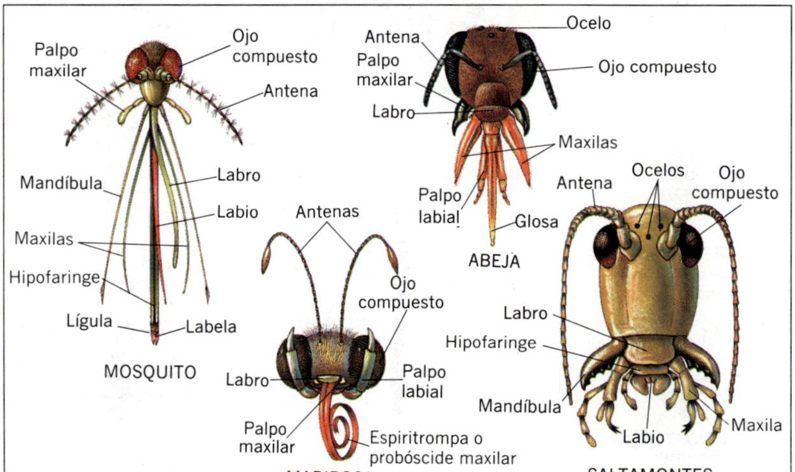

Morfología de la cabeza de diversos insectos, con sus órganos sensitivos y su aparato bucal.

beza, náuseas, enrojecimiento de la piel y aumento de temperatura, producidos al estar expuesto alguien durante mucho tiempo a los rayos solares. **3.** Número de horas en que brilla el Sol durante un determinado periodo de tiempo. **4.** En fotografía, exposición a la acción de la luz solar o artificial de un preparado sensible a ella.

insoladora *s. f.* Máquina que sirve para insolar.

insolar *v. tr.* Exponer una cosa a la acción de los rayos solares o de la luz artificial, p. ej. una plancha en artes gráficas.

insolencia *s. f.* **1.** Cualidad o actitud de insolente. **2.** Hecho o dicho insolente.

insolentarse *v. prnl.* Mostrarse insolente.

insolente *adj.* **1.** Se dice de la persona que no trata a las demás con el debido respeto y educación, así como de su actitud, acciones, etc. También *s.* **2.** Soberbio, desafiante. **FAM.** Insolentemente.

insolidaridad *s. f.* Falta de solidaridad.

insolidario, ria *adj.* Que no tiene solidaridad. También *s.* **FAM.** Insolidariamente.

insólito, ta *adj.* Raro, poco frecuente.

insoluble *adj.* **1.** Que no puede disolverse o diluirse. **2.** Que no tiene solución. **FAM.** Insolubilidad.

insolvencia *s. f.* Cualidad o situación de insolvente.

insolvente *adj.* **1.** Que no puede hacer frente a una deuda u obligación. También *s.* **2.** Que no ofrece garantías para confiarle una tarea, puesto, etc. También *s.*

insomne *adj.* Desvelado, que padece insomnio.

insomnio *s. m.* Estado morboso de vigilia o dificultad para conciliar el sueño.

insondable *adj.* **1.** Que no se puede sondear o calcular su profundidad. **2.** Imposible o muy difícil de conocer o comprender.

insonoridad *s. f.* Cualidad de insonoro.

insonorizar *v. tr.* **1.** Acondicionar un recinto para aislarlo de ruidos del exterior o amortiguar los que se producen en su interior. **2.** Debilitar el ruido de una máquina, motor, etc. ▪ Se conjuga como *cazar.* **FAM.** Insonorización.

insonoro, ra *adj.* Que no produce ni transmite sonido.

insoportable *adj.* Que no se puede soportar. **FAM.** Insoportablemente.

insoslayable *adj.* Que no se puede soslayar o eludir.

insospechable *adj.* Inesperado, que no puede sospecharse.

insospechado, da *adj.* No sospechado.

insostenible *adj.* **1.** Que no se puede sostener o soportar. **2.** Que no se puede defender con razones.

inspección *s. f.* **1.** Acción y efecto de inspeccionar. **2.** Oficina o dependencia del inspector. ‖ **3. inspección ocular** En der., examen que hace el juez de un lugar u objeto, personalmente o a través de peritos, para conocer su estado y poder juzgar más acertadamente.

inspeccionar *v. tr.* Examinar algo atentamente para determinar su estado, en busca de personas o cosas, etc.

inspector *adj.* **1.** Que inspecciona. También *s.* ‖ *s. m.* y *f.* **2.** Persona encargada de controlar las actividades de otras personas o el cumplimiento de ciertas normas, reglamentos, etc.

inspiración *s. f.* **1.** Acción de inspirar, tomar aire. **2.** Estado apropiado para idear o crear, y estímulo, idea, etc., que favorece este estado. **3.** Cualidad que da a una obra valor artístico. **4.** Influencia. **5.** Conocimiento que comunica Dios a los hombres.

inspirado, da **1.** *p. p.* de **inspirar**. También *adj.* ‖ *adj.* **2.** Que posee inspiración. **FAM.** Inspiradamente.

inspirar *v. tr.* **1.** Tomar aire u otra mezcla gaseosa para hacerla llegar a los pulmones. **2.** Producir cierto sentimiento, idea o propósito en una persona. **3.** Sugerir ideas creadoras. ‖ *v. prnl.* **4.** Venirle a alguien la inspiración. **5.** Tomar a una persona o cosa como punto de partida para crear algo propio. **FAM.** Inspirador.

Institución Libre de Enseñanza: de izquierda a derecha, Ricardo Rubio, Francisco Giner de los Ríos y Manuel Bartolomé Cossío.

inspiratorio, ria *adj.* **1.** Perteneciente o relativo a la inspiración respiratoria. **2.** Se dice de los músculos que intervienen en la inspiración, dilatando la cavidad torácica.

instalación *s. f.* **1.** Acción y efecto de instalar o instalarse. **2.** Conjunto de objetos, edificaciones, etc., instalados para un servicio.

instalar *v. tr.* **1.** Colocar algo en el lugar y forma adecuados para la función o servicio que desempeña. **2.** Colocar o acomodar a alguien en un lugar o circunstancia determinados. También *v. prnl.* ‖ *v. prnl.* **3.** Establecerse alguien en un sitio. **FAM.** Instalador.

instancia *s. f.* **1.** Petición por escrito redactada según determinadas fórmulas. **2.** Acción y efecto de instar. **3.** En der., cada una de las fases en que se encuentra un proceso según establece la ley. ‖ *pl.* **4.** Grupo o personas influyentes. ▪ Suele ir precedido del adjetivo *altas.* ‖ **LOC. a instancia (o instancias) de** *adv.* o *prep.* A petición de, por deseo de. **en última instancia** *adv.* Como último recurso.

instantáneo, a *adj.* **1.** Que dura sólo un instante. **2.** Inmediato, que ocurre al momento. **3.** Se aplica a la placa fotográfica que se impresiona rápidamente (una fracción de segundo aproximadamente) y a la fotografía que se obtiene de ella. También *s. f.* **4.** Se aplica al producto alimenticio que se disuelve en un líquido (agua, leche) sin necesidad de cocerlo. **FAM.** Instantáneamente, instantaneidad.

instante *s. m.* **1.** Fracción brevísima de tiempo; se usa mucho hiperbólicamente. **2.** Momento, rato. ‖ **LOC. al instante** *adv.* En seguida, inmediatamente. **(a) cada instante** *adv.* Frecuentemente.

instar *v. tr.* **1.** Pedir algo con insistencia o apremio. ‖ *v. intr.* **2.** Urgir, meter prisa.

instaurar *v. tr.* Establecer, implantar. **FAM.** Instauración, instaurador.

instigar *v. tr.* Provocar a alguien para que haga una cosa, generalmente negativa. ▪ Se conjuga como *pagar.* **FAM.** Instigación, instigador.

instilador *s. m.* En med., instrumento para instilar.

instilar *v. tr.* Echar gota a gota un líquido en algún sitio.

instintivo, va *adj.* Que es resultado del instinto y no de la reflexión o la razón.

instinto *s. m.* **1.** Conducta innata que se transmite genéticamente entre los individuos de una especie y les hace responder de la misma forma ante una serie de estímulos. Los instintos animales poseen diversas cualidades: son innatos, es decir, heredados y no aprendidos; estables, ya que no varían en distintas regiones de la tierra ni en el curso del tiempo, y específicos, pues cada especie animal tiene instintos propios. La psicología actual no utiliza el término instinto referido al hombre; los mecanismos naturales que le impulsan a realizar ciertos actos o adoptar determinadas conductas reciben el nombre de *tendencias.* **2.** Inclinación de la conducta de alguien. **3.** Capacidad natural para percibir con rapidez y facilidad las cosas.

institución *s. f.* **1.** Acción y efecto de instituir. **2.** Establecimiento u organismo que realiza una labor social, cultural, etc. **3.** Cada uno de los organismos fundamentales de un Estado o sociedad. **4.** Organización política de un país. ‖ *pl.* **5.** Conjunto de órganos políticos fundamentales de una nación. **6.** Conjunto de principios de una ciencia, arte, etc. ‖ **LOC. ser una institución** Tener un gran prestigio en un lugar o actividad.

Institución Libre de Enseñanza Instituto pedagógico fundado en Madrid en 1876 por Francisco Giner de los Ríos, Gumersindo de Azcárate, Joaquín Costa y Nicolás Salmerón, entre otros intelectuales. Constituyó el primer intento realizado en España de elaborar un sistema educativo en el que los tres grados de enseñanza –primaria, media y superior– se desarrollaran de manera progresiva e integrada. Sus principales orientaciones eran la filosofía krausista, el laicismo, el liberalismo político y la coeducación, conforme a los métodos de educación integral de Friedrich Fröebel. En torno a ella se crearon en Madrid otras instituciones, como la Residencia de Estudiantes (1910), que reunió a eminentes intelectuales, escritores y artistas, y el Instituto-escuela (1918) para la formación de profesores. La influencia de la Institución Libre de Enseñanza en la vida cultural y política españolas de finales del s. XIX y comienzos del XX fue muy intensa. En el año 1940 el gobierno franquista la clausuró y se apropió de sus bienes.

institucional *adj.* Perteneciente o relativo a una institución, especialmente política.

institucionalismo *s. m.* Escuela de pensamiento económico desarrollada a finales del s. XIX en EE UU cuyo objetivo básico es la búsqueda de formulaciones económicas tomando como punto de partida la evolución de las instituciones. Bajo la influencia de las teorías de Darwin y Herbert Spencer, considera la sociedad como un complejo en continua evolución en el que las acciones humanas se explican en función de factores tales como los hábitos o los grupos de presión. La figura más representativa de esta corriente es Thorstein Veblen.

institucionalizar *v. tr.* **1.** Convertir algo en institución o darle su mismo carácter. También *v. prnl.* **2.** Reconocer la legalidad de algo. ▪ Se conjuga como *cazar.* **FAM.** Institucionalización.

instituir *v. tr.* **1.** Crear una persona o entidad ayudas, premios, etc. **2.** Establecer una norma, un cambio, etc. ▪ Es v. irreg. Se conjuga como *huir.*

Instituta Compendio o resumen de Derecho Civil romano encargado por el emperador Justiniano con destino a la enseñanza y que posteriormente se convirtió en código legal.

instituto *s. m.* **1.** Centro estatal de enseñanza secundaria. **2.** Corporación científica, literaria, económica, etc. **3.** Nombre que reciben algunos organismos oficiales. **4.** Nombre que se da a algunos cuerpos militares, como la Guardia Civil, a ciertas congregaciones religiosas y al reglamento por el que se rigen. **5.** Nombre que toman algunos establecimientos comerciales.

Instituto Nacional de Industria (INI) Organismo creado en 1941 por el Estado español para favorecer la inversión y el desarrollo industrial, especialmente en los sectores menos atendidos por la iniciativa privada o más deficitarios. En la actualidad es un holding del Estado que participa en buen número de empresas de gran importancia económica, como Ensidesa, Iberia, CASA, Endesa, etc.

institutriz *s. f.* Mujer encargada de la educación de los niños de una familia.

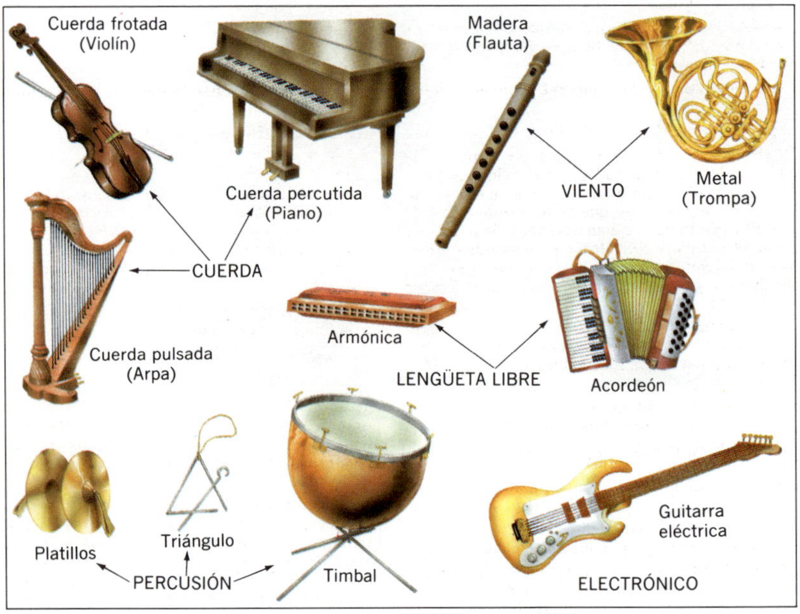

Instrumentos musicales de las distintas familias.

instrucción *s. f.* **1.** Acción y efecto de instruir o instruirse. **2.** Conjunto de conocimientos que posee una persona. **3.** Conjunto de ejercicios con que se adiestra a los soldados. **4.** Explicación que se da a alguien sobre cómo hacer o utilizar algo. Se usa más en *pl.* **5.** En inform., información codificada que indica a un ordenador que ejecute una o varias operaciones. || *pl.* **6.** Papel o folleto donde se explica el funcionamiento, instalación, etc., de algo.

instructivo, va *adj.* Que instruye o enseña. **FAM.** Instructivamente.

instructor, ra *adj.* **1.** Que instruye. También *s.* **2.** Se aplica a la persona que dirige la instrucción militar. También *s.* **3.** Se dice del profesor de gimnasia u otra actividad deportiva. También *s.*

instruido, da **1.** *p. p.* de **instruir**. También *adj.* || *adj.* **2.** Que posee bastante cultura.

instruir *v. tr.* **1.** Proporcionar conocimientos teóricos o prácticos. También *v. prnl.* **2.** Realizar las actuaciones necesarias para que se lleve a cabo un proceso o un expediente. ■ Es v. irreg. Se conjuga como *huir.*

instrumental *adj.* **1.** Perteneciente o relativo a los instrumentos, especialmente los musicales y los médicos. **2.** Que sirve de instrumento. || *s. m.* **3.** Conjunto de instrumentos. **FAM.** Instrumentalmente.

instrumentalismo *s. m.* Nombre que se aplica a la doctrina filosófica de John Dewey que, partiendo del pragmatismo, concibe el pensamiento no sólo como un mecanismo de acceso al conocimiento, sino también como instrumento para modificar la realidad. La validez de una idea está en función de la utilidad que proporcione. Posteriormente se utilizó este nombre en el campo de la epistemología, para definir una corriente, opuesta al realismo, que considera las teorías científicas no como enunciados acerca de una realidad objetiva, sino como un conjunto de reglas o principios de análisis de los que se obtienen una serie de enunciados, cuya validez residirá en la utilidad que muestren para investigar la realidad observable. Lo importante, según esta teoría, no es que los términos teóricos tengan un referente objetivo, sino que efectivamente sirvan de guía para la investigación.

instrumentar *v. tr.* **1.** Escribir y coordinar las partes de una pieza musical que han de interpretar los diferentes instrumentos. **2.** Organizar, preparar. **3.** Realizar las diversas suertes de la lidia de un toro. **FAM.** Instrumentación.

instrumentista *s. m.* y *f.* **1.** Músico que toca un instrumento. **2.** Fabricante de instrumentos musicales. **3.** Ayudante del cirujano que se encarga del instrumental.

instrumento *s. m.* **1.** Utensilio utilizado para realizar alguna cosa. **2.** Objeto empleado para producir sonidos musicales. **3.** Máquina, aparato. **4.** Persona o cosa que se utiliza como medio para algún fin. **5.** Documento notarial en el que se hace constar algún hecho o acto. || **6. instrumento de cuerda** El que tiene cuerdas de tripa, metal u otro material, que se hacen sonar al pulsarlas, golpearlas o rozarlas. **7. instrumento de percusión** El que suena al ser golpeado con baquetas, varillas, etc. **8. instrumento de viento** El que se hace sonar haciendo pasar por él una corriente de aire.
Mús. Los instrumentos musicales se clasifican en diversas familias: la familia de la cuerda, que a su vez se divide en cuerda frotada (violín, viola, violonchelo), cuerda pulsada (guitarra, laúd, arpa) y cuerda percutida (piano); la familia del viento, constituida por instrumentos de madera (oboe, flauta de pico, clarinete), de metal (flauta travesera, trompeta, trombón, corneta) y de fuelle (órgano); la familia de la percusión, que consta de timbales, de instrumentos de afinación indefinida, como tambores, platillos y triángulo, y de instrumentos afinados, como el xilófono, la marimba y el vibráfono. Una última familia de instrumentos, creada en el s. XIX, es la de lengüeta libre, a la que pertenecen la armónica y el acordeón. En el s. XX aparecieron los instrumentos electrónicos: guitarras, pianos y órganos eléctricos, sintetizadores, cajas de ritmo, etc.

Insúa, Alberto (La Habana 1885 - Madrid 1963) Escritor español. Se trasladó a España en 1900, donde se dedicó al periodismo y fue corresponsal de prensa en París durante la Primera Guerra Mundial. Es autor de novelas realistas, la mayoría de ellas del género erótico, entre las que destacan *La mujer fácil* (1910), *Las neuróticas* (1911), *El demonio de la voluptuosidad* (1911), *Los hombres: Mary los descubre* (1913), *Los hombres: Mary los perdona* (1914), *La mujer, el torero y el toro* (1926) y *El amante invisible* (1930). Obtuvo su mayor éxito con *El negro que tenía el alma blanca* (1922).

insubordinación *s. f.* Acción y efecto de insubordinar o insubordinarse.

insubordinar *v. tr.* **1.** Hacer que alguien desobedezca o se rebele. || *v. prnl.* **2.** Negarse alguien a obedecer o a someterse a una disciplina o norma. **FAM.** Insubordinado.

insubstancial *adj.* Insustancial*. **FAM.** Insubstancialidad, insubstancialmente.

insuficiencia *s. f.* **1.** Cualidad o circunstancia de ser insuficiente. **2.** Disminución de la capacidad de un órgano para cumplir su función.

insuficiente *adj.* **1.** Que no es suficiente. || *s. m.* **2.** Calificación académica que indica que no se ha alcanzado el nivel mínimo exigido.

insuflar *v. tr.* **1.** Introducir gases, vapores o sustancias en polvo dentro de una cavidad o un órgano. **2.** Comunicar a alguien ideas o sentimientos. **FAM.** Insuflación.

insufrible *adj.* Que no se puede sufrir o soportar. **FAM.** Insufriblemente.

ínsula *s. f.* **1.** Isla. **2.** Territorio muy pequeño o poco importante.

insular *adj.* Isleño, de una isla. También *s.*

insularidad *s. f.* Conjunto de características propias de una isla, sus habitantes, su fauna y flora, etc.

insulina *s. f.* Hormona producida por las células beta de los islotes de Langerhans del páncreas, que interviene en el metabolismo de los hidratos de carbono provocando su transformación en glucógeno, para reducir su concentración y mantenerla dentro de unos límites fijos. La incapacidad de producir insulina en respuesta a un aumento de la concentración de azúcar en la sangre da lugar a la enfermedad llamada *diabetes.*

Insulindia Nombre genérico que se da al conjunto de islas del SE asiático.

insulsez *s. f.* **1.** Cualidad de insulso. **2.** Cosa insulsa.

insulso, sa *adj.* **1.** Que tiene poco sabor. **2.** Sin gracia o interés. **FAM.** Insulsamente.

insultante *adj.* Que insulta o constituye un insulto.

insultar *v. tr.* Ofender con palabras, gestos o acciones. También *v. prnl.*

insulto *s. m.* Acción, palabra o expresión que ofende o humilla.

insumisión *s. f.* **1.** Desobediencia, insubordinación. **2.** Nombre del movimiento de rechazo al servicio militar obligatorio.

insumiso, sa *adj.* **1.** Que no obedece o no se somete. **2.** Que rechaza la obligación de cumplir el servicio militar. También *s.*

insumo *s. m.* En econ., bien empleado en la producción de otros bienes. Equivale a *input.*

insuperable *adj.* Imposible o muy difícil de superar.

insurgente *adj.* Insurrecto*.

insurrección *s. f.* Levantamiento, sublevación. **FAM.** Insurreccional.

insurreccionar *v. tr.* Sublevar, rebelar. También *v. prnl.*

insurrecto, ta *adj.* Rebelado contra la autoridad. También *s.*

insustancial *adj.* **1.** Sin sustancia o sabor. **2.** Que no tiene importancia o interés. ■ Se escribe también *insubstancial.* **FAM.** Insustancialidad, insustancialmente.

insustituible *adj.* Imposible o muy difícil de sustituir.

intachable *adj.* Que no merece desaprobación o reproche.

intacto, ta *adj.* Que no ha sido tocado, alterado o dañado.

intangible *adj.* **1.** Que no se debe o no se puede tocar; que merece ser respetado. **2.** Que no tiene realidad física. || *s. m. pl.* **3.** En econ. de empresa, conjunto de las actividades, inversiones, etc., que carecen de materialización concreta en activos, materias primas o productos terminados. **FAM.** Intangibilidad.

integración *s. f.* **1.** Acción y efecto de integrar o integrarse. **2.** En soc., proceso por el que una sociedad acoje a los individuos o grupos marginados de la misma, reconociéndoles los mismos derechos y servicios que al resto de los ciudadanos y poniendo a su disposición los medios que favorezcan su adaptación al entorno. **3.** En mat., acción de calcular una integral.

integracionista *adj.* Que defiende o favorece la integración, especialmente de los marginados. También *s.*

integral *adj.* **1.** Que contiene todas las partes, elementos o aspectos de la cosa de que se trata. **2.** P. ext., absoluto, completo. **3.** Se dice de la harina de la que no se ha separado el salvado y del pan elaborado con ella. **4.** En fil., se aplica a las partes no esenciales que entran en la composición de un todo. **5.** En mat., se dice del signo ($\int$) con que se expresa la integración. || *s. f.* **6.** En mat., operación mediante la cual se obtiene una función cuya derivada es la función de la que se ha partido. || **7. integral definida** La integral definida de la función *f(x)* en el intervalo *(a, b)* representa el área limitada por la gráfica de *f(x)*, con el eje de abscisas y las ordenadas en $x = a$ y en $x = b$. Se representa por $\int_a^b f(x) \cdot dx$, y es igual a $F(b) - F(a)$, siendo *F(x)* una función tal que $F'(x)=f(x)$. **8. integral indefinida** La integral indefinida de la función *f(x)* es el conjunto de todas las funciones cuya derivada es *f(x)*. Se representa $\int f(x) \cdot dx$. Si *F(x)* es una de las primitivas, cualquier otra primitiva puede ser también $F(x) + K$, siendo *K* una constante arbitraria: $\int f(x) \cdot dx = F(x) + K$. **FAM.** Integralmente.

íntegramente *adv. m.* **1.** Completamente, del todo. **2.** Con integridad, con rectitud.

integrante *adj.* Que integra o forma parte de algo. También *s.*

integrar *v. tr.* **1.** Formar partes diversas un todo o conjunto. **2.** Unir a alguien o algo a un grupo, sociedad, etc., y hacer que participe en ellos. También *v. prnl.* **3.** En mat., calcular una integral. También *v. intr.* **FAM.** Integrable, integrador.

integridad *s. f.* **1.** Cualidad de íntegro. **2.** Salud o vida de una persona. ▪ Suele utilizarse con el adjetivo *física*. **3.** Virginidad.

integrismo *s. m.* Tendencia de ciertos sectores o grupos ideológicos, políticos y especialmente religiosos, partidarios de la estricta observancia de las doctrinas tradicionales frente a cualquier evolución o apertura. **FAM.** Integrista.

íntegro, gra *adj.* **1.** Entero, con todas sus partes o capacidades. **2.** Honrado, recto.

intelección *s. f.* Acción y efecto de entender.

intelectiva *s. f.* Capacidad de entender. **FAM.** Intelectivo.

intelecto *s. m.* Entendimiento, inteligencia.

intelectual *adj.* **1.** Perteneciente o relativo a la inteligencia. **2.** Se dice de la persona dedicada a trabajos que requieren especialmente el empleo de la inteligencia, así como de estos trabajos o actividades. También *s.* **FAM.** Intelectualmente.

intelectualidad *s. f.* Conjunto de los intelectuales de un país, lugar, etc.

intelectualismo *s. m.* Corriente filosófica que mantiene que la realidad posee una estructura inteligible susceptible de ser comprendida por el intelecto humano. También se utiliza para referirse a las teorías que afirman la superioridad del entendimiento sobre la voluntad. **FAM.** Intelectualista.

intelectualoide *adj. desp.* Se aplica a quien, sin serlo, presume de intelectual. También *s.*

inteligencia *s. f.* **1.** Capacidad para comprender las cosas, establecer relaciones entre ellas y formar nuevas ideas. **2.** Habilidad, acierto. **3.** Acuerdo, entendimiento. || **4. cociente de inteligencia** Cociente* intelectual. **5. inteligencia artificial** Programas de ordenador que realizan operaciones simbólicas que recuerdan las de la inteligencia humana. **6. servicio de inteligencia** Organismo de un país encargado de los asuntos de información secreta y espionaje.

inteligente *adj.* **1.** Que tiene o implica inteligencia. **2.** Que tiene gran capacidad intelectual. También *s.* **3.** Muy acertado, ingenioso o agudo.

inteligentsia o **intelligentsia** (voz rusa) *s. f.* **1.** En la Rusia zarista, clase formada por los intelectuales, que defendía la implantación de las reformas. **2.** P. ext., conjunto de intelectuales de un país que marca las directrices ideológicas de la sociedad, ya sea ejerciendo su influencia en los gobernantes o en un sector determinado de la misma.

inteligible *adj.* Que se entiende. **FAM.** Inteligibilidad, inteligiblemente.

intemerata, la *loc. fam.* Indica que algo ha llegado al límite, que es el colmo.

intemperado, da *adj.* Que no tiene templanza o moderación. **FAM.** Intemperadamente.

intemperancia *s. f.* Cualidad de intemperante.

intemperante *adj.* **1.** Intolerante en el trato con los demás. **2.** Que no tiene moderación.

intemperie *s. f.* Variaciones e inclemencias del tiempo atmosférico. || **LOC. a la intemperie** *adv.* Al aire libre.

intempestivo, va *adj.* Que no es oportuno o conveniente, fuera de tiempo. **FAM.** Intempestivamente.

intemporal *adj.* No temporal, ajeno al paso del tiempo.

intemporalidad *s. f.* Cualidad de intemporal.

intención *s. f.* **1.** Propósito o pensamiento de hacer algo. **2.** Finalidad de una acción, conducta, etc. **3.** Modo de hablar o de actuar, generalmente malicioso, con que se da a entender algo distinto de lo que se dice o se hace. Se usa sobre todo en la expresión **doble** (o **segunda**) **intención**. **4.** Referido a animales, malos instintos. || **LOC. de primera intención** *adv.* En el primer momento.

intencionado, da *adj.* **1.** Hecho con intención, a propósito. **2.** Hecho o dicho con cierta intención disimulada. **FAM.** Intencionadamente.

intencional *adj.* **1.** Perteneciente o relativo a la intención o a la voluntad. **2.** Intencionado, hecho a propósito. **FAM.** Intencionalmente.

intencionalidad *s. f.* Intención, cualidad de intencional.

intendencia *s. f.* **1.** Cuerpo del ejército encargado del aprovisionamiento de las tropas. **2.** Administración de alguna cosa. **3.** Cargo y jurisdicción del intendente y oficina del mismo.

intendente, ta *s. m.* y *f.* **1.** Jefe de algunos servicios económicos del Estado. || *s. m.* **2.** Jefe superior de los servicios de administración militar. **3.** *Arg.*, *Chile*, *Urug.* Alcalde. **4.** *Chile.* Gobernador de una provincia. **5.** *Méx.* Inspector de policía.

intensidad *s. f.* **1.** Grado de energía o fuerza con que se manifiesta un agente natural, una cualidad, un sentimiento, etc. **2.** Entusiasmo, apasionamiento. || **3. intensidad de la corriente eléctrica** En fís., cantidad de carga que atraviesa una sección transversal de conductor en la unidad de tiempo. Constituye la relación entre la tensión aplicada al circuito y la resistencia del mismo. En el Sistema Internacional se mide en amperios (*A*). Su símbolo es I. **4. intensidad de un sonido** En fís., energía sonora que atraviesa en un segundo la unidad de superficie perpendicular a la dirección de propagación. **5. intensidad de una onda** En fís., energía media que transporta una onda por unidad de tiempo y por unidad de superficie perpendicular a la dirección de propagación. Se mide en vatios/m^2 y es siempre proporcional al cuadrado de la amplitud de la onda. **6. intensidad del campo eléctrico** En fís., fuerza que se ejerce sobre la unidad de carga eléctrica positiva en un punto del campo eléctrico. Su símbolo es $\vec{E}$. **7. intensidad del campo magnético** En fís., fuerza que se ejerce sobre la unidad de masa magnética en un punto del campo. Su símbolo es H. **8. intensidad luminosa** En fís., cantidad de luz emitida por segundo dentro del ángulo sólido iluminado. Se mide en candelas.

intensificar *v. tr.* Aumentar la intensidad o la actividad de algo. También *v. prnl.* ▪ Se conjuga como *sacar*. **FAM.** Intensificación, intensificador.

intensión *s. f.* Especialmente en fís., intensidad*.

intensivo, va *adj.* **1.** Que intensifica. **2.** Se dice de aquello que se realiza concentrándolo en poco tiempo, espacio, etc. **FAM.** Intensivamente.

intenso, sa *adj.* **1.** Que tiene mucha intensidad o fuerza. **2.** Muy vivo o apasionado.

intentar *v. tr.* Hacer los esfuerzos, trabajos, etc., necesarios para realizar u obtener alguna cosa, sin tener la seguridad de conseguirlo.

intento *s. m.* Acción y efecto de intentar. || **LOC. de intento** *adv.* Intencionadamente, aposta.

intentona *s. f. fam.* Intento, especialmente aquel en el que no se consiguen resultados.

inter- *pref.* Significa 'entre, en medio o entre varios': *interacción, intercostal, intercontinental.*

inter nos *loc. lat.* Significa 'entre nosotros, en confianza'.

inter vivos *loc. lat.* Significa 'entre vivos' y se aplica en derecho a las donaciones hechas en vida.

interacción *s. f.* Acción o influencia recíproca entre dos o más personas o cosas.

interaliado, da *adj.* Que existe o se realiza entre aliados.

interamericano, na *adj.* Que existe o se realiza entre países americanos.

interandino, na *adj.* Que existe o se realiza entre los países o habitantes que están a uno y otro lado de los Andes.

interarticular *adj.* Que está situado entre dos o más articulaciones o entre dos superficies articulares.

intercadencia *s. f.* **1.** Falta de continuidad en la conducta, sentimientos, etc. **2.** Desigualdad en el lenguaje, estilo, etc. **3.** En fisiol., cierta irregularidad en el número de pulsaciones, que consiste en la presencia de una anormal entre dos normales.

intercadente *adj.* Que tiene intercadencias. **FAM.** Intercadentemente.

intercalar[1] *v. tr.* Colocar una cosa entre otras. **FAM.** Intercalación, intercaladura.

intercalar[2] *adj.* Que está intercalado.

intercambiable *adj.* Se aplica a las cosas que pueden cambiarse entre sí.

intercambiar *v. tr.* Cambiar entre sí. También *v. prnl.*

intercambio *s. m.* **1.** Acción y efecto de intercambiar. **2.** Cambio recíproco de servicios y actividades entre organismos o entidades similares. **3.** Relación económica entre dos países. || **4. intercambio gaseoso** En fís., proceso bioquímico por el que los vegetales absorben oxígeno, necesario para la respiración celular, y dióxido de carbono (CO_2), utilizado en la fotosíntesis, y desprenden oxígeno procedente de la fotosíntesis y dióxido de carbono producido en la respiración celular. Se verifica por medio de los estomas.

interceder *v. intr.* Intentar convencer a una persona para que perdone a otra o le conceda algo que ha pedido.

intercelular *adj.* En biol., situado entre las células de un tejido.

intercepción *s. f.* Acción y efecto de interceptar.

interceptar *v. tr.* **1.** Detener alguna cosa, apoderarse de ella o destruirla antes de que llegue a su destino o cumpla su misión. **2.** Obstruir una vía de comunicación. **3.** En ciertos deportes, cortar el paso o estorbar la jugada del rival. **FAM.** Interceptación.

interceptor, ra *adj.* **1.** Que intercepta. **2.** Se dice del avión dotado de gran velocidad y armado convenientemente, que sirve para interceptar los del enemigo. También *s. m.* || *s. m.* **3.** *amer.* Interruptor de corriente eléctrica.

intercesión *s. f.* Acción y efecto de interceder.

intercesor, ra *adj.* Que intercede. También *s.*

intercolumnio *s. m.* Espacio vacío que hay entre dos columnas en una construcción.

intercomunicación *s. f.* **1.** Comunicación recíproca entre dos o más personas o entidades. **2.** Comunicación interna, especialmente telefónica, entre las dependencias de un edificio o lugar.

intercomunicador *s. m.* Aparato que se utiliza para la intercomunicación.

interconexión *s. f.* En electricidad, conexión entre dos o más centros de energía.

intercontinental *adj.* Situado o realizado entre dos continentes, especialmente Europa y América.

intercostal *adj.* Que está o se produce entre las costillas.

intercurrente *adj.* Se dice de la enfermedad que aparece durante el curso de otra, a la que generalmente modifica.

intercutáneo, a *adj.* Situado entre la piel y la carne.

interdecir *v. tr.* Prohibir o impedir algo. ▪ Es v. irreg. Se conjuga como *decir*.

interdental *adj.* **1.** Se aplica a la consonante que se pronuncia colocando la punta de la lengua entre los dientes superiores y los inferiores, p. ej. la *z*. **2.** Se dice de la letra que representa este sonido. También *s. f.*

interdependencia *s. f.* Dependencia que tienen dos personas o cosas entre sí.

interdicción *s. f.* **1.** Prohibición, acción y efecto de interdecir. || **2. interdicción civil** En der., acción de privar a una persona de ciertos derechos civiles, ya sea por razones de delito o por cualquier otra causa prevista por la ley.

interdicto *s. m.* **1.** Prohibición. **2.** Juicio breve y de trámites sencillos en que se discute la posesión de una cosa.

interdigital *adj.* Se dice de los tejidos, músculos, etc., que se encuentran entre los dedos; p. ej., las membranas que tienen en las patas las aves palmípedas.

interdisciplinar o **interdisciplinario, ria** *adj.* Se dice de los estudios, investigaciones, enseñanzas, etc., en los que se integran o relacionan los contenidos y métodos de varias disciplinas o ciencias. **FAM.** Interdisciplinariedad.

interés *s. m.* **1.** Curiosidad, afición o inclinación hacia alguien o algo. **2.** Importancia, valor o utilidad. **3.** Esfuerzo y atención que se pone en algo. **4.** Cantidad que se ha de pagar por el uso del dinero recibido en préstamo. **5.** Renta o cantidad de dinero producida por un capital. **6.** Tanto por ciento que se aplica al capital para calcular las mencionadas cantidad y renta. **7.** Conveniencia o provecho de alguien. **8.** Sentimiento egoísta por el que se intenta buscar únicamente el propio beneficio. || *pl.* **9.** Bienes o beneficios que posee una persona, comunidad, institución, etc. || **10. interés compuesto** El que se aplica en cada periodo de tiempo sobre el capital inicial más los réditos procedentes de periodos anteriores. La fórmula para hallar el interés compuesto es $R = C[(1 + i)^n - 1]$, en la que R es el interés generado en n periodos de tiempo por un capital C a un tanto i por uno (o tanto por ciento dividido entre cien). **11. interés fijo** Precio del crédito fijado por las autoridades económicas de un país mediante disposiciones legales. **12. interés libre** Precio del crédito fijado por las fuerzas del mercado y no por la intervención de las autoridades económicas. **13. interés simple** El que se aplica en cada periodo de tiempo sólo sobre el capital inicial. La fórmula para hallar el interés simple es $R = niC$, en la que las letras tienen el mismo valor que en la fórmula del interés compuesto. **14. intereses creados** Conjunto de ventajas, generalmente abusivas o poco lícitas, de que disfrutan un grupo de personas y que crean en este grupo un sentimiento de solidaridad para conservarlas.

interesado, da **1.** *p. p.* de **interesar**. También *adj.* y *s.* || *adj.* **2.** Se dice de la persona demasiado preocupada en obtener el beneficio propio. También *s.* **3.** En lenguaje burocrático, se aplica al que dirige una solicitud, presenta una demanda, etc. También *s. m.* **FAM.** Interesadamente.

interesante *adj.* **1.** Que interesa o que puede interesar. **2.** Se aplica a quien por su personalidad y rasgos resulta atractivo, sin ser necesariamente guapo. || **LOC. hacerse** alguien **el interesante** *fam.* Adoptar ciertas actitudes para llamar la atención, para que se fijen en él.

interesar *v. intr.* **1.** Tener interés para alguien una persona o cosa. También *v. prnl.* **2.** Ser algo asunto de alguien. ■ Se usa mucho en frases negativas. || *v. tr.* **3.** Hacer que alguien sienta interés por algo. **4.** Hacer participar a alguien en un asunto. **5.** Dañar algo una parte del cuerpo. **6.** Colocar dinero en algo para obtener beneficios.

interestatal *adj.* Se dice de las relaciones, acuerdos, etc., entre dos o más países.

interestelar *adj.* **1.** Que está situado entre las estrellas. **2.** Se dice del espacio comprendido entre dos o más astros. || **3. materia interestelar** La que existe diseminada en el espacio, entre las estrellas de nuestra galaxia.

interface (voz ingl.) *s. m.* Interfaz*.

interfase *s. f.* **1.** Intervalo entre dos fases sucesivas. **2.** Etapa de la vida de una célula entre dos procesos de mitosis. **3.** Interfaz*.

interfásico, ca *adj.* Se dice del núcleo celular durante el periodo de interfase, en el que ya presenta su estructura y composición típicas.

interfaz *s. f.* **1.** En electrónica, zona de comunicación entre sistemas o acción de un sistema sobre otro. **2.** Dispositivo que pone en conexión dos aparatos o circuitos.

interfecto, ta *adj.* **1.** Se dice de la persona muerta violentamente. También *s.* || *s. m.* y *f.* **2.** *fam.* Se utiliza para referirse a la persona de quien se habla.

interferencia *s. f.* **1.** Acción y efecto de interferir. **2.** En fís., efecto que se produce al coincidir dos o más movimientos ondulatorios en un mismo punto del espacio. La perturbación en el punto de coincidencia de dos o más movimientos ondulatorios resulta ser la composición de las perturbaciones producidas por cada onda. Cuando dos perturbaciones suman sus efectos se dice que la interferencia es **constructiva**; si, por el contrario, una de ellas disminuye los efectos de la otra, se trata de una interferencia **destructiva**. En el caso de las ondas luminosas, las interferencias dan lugar a una serie de franjas alternativamente brillantes y oscuras que corresponden a interferencias constructivas y destructivas en cada caso. **3.** Este fenómeno en radio y en televisión, que impide la normal recepción de los programas. **4.** En una comunicación telefónica, cruce de líneas, de forma que en el teléfono puede oírse una conversación que no estaba destinada a él. **FAM.** Interferencial.

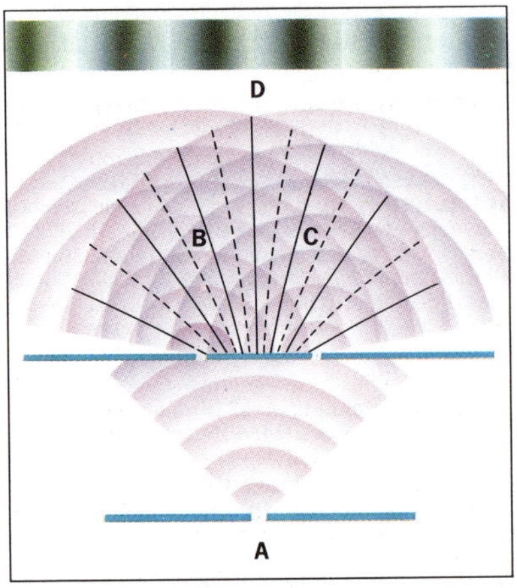

Interferencia: cuando un haz de ondas (A) pasa por dos aberturas (B y C) se divide en dos haces diferentes que interfieren entre sí. Si se trata de ondas luminosas, dicha interferencia produce un espectro (D) que alterna zonas oscuras con zonas de luz.

interferente *adj.* Que tiene o causa interferencias.

interferir *v. tr.* **1.** Cruzar o interponer una acción, movimiento, etc., en el camino de otro. También *v. prnl.* **2.** Producir interferencias las ondas o en las ondas. También *v. intr.* || *v. intr.* **3.** Intervenir alguien en un asunto que no le corresponde. ■ Es v. irreg. Se conjuga como *sentir*.

interferómetro *s. m.* Aparato de precisión para medir diversas magnitudes físicas, como longitudes de onda, dilatación térmica, índices de refracción, etc., que se basa en la medida de las franjas de interferencia.

interferón *s. m.* Proteína de bajo peso molecular que se produce en muchas células animales cuando son atacadas por un virus y que tiene por función impedir el crecimiento de los microorganismos. Forma parte del sistema inmune del cuerpo.

interfluvio *s. m.* Sector de tierra situado entre dos ríos.

interfoliar *v. tr.* Intercalar hojas en blanco entre las impresas o escritas de un libro.

interfono *s. m.* **1.** Sistema telefónico para las comunicaciones internas de un edificio, oficina, avión, etc. **2.** Aparato empleado como emisor y receptor en este sistema telefónico.

intergaláctico, ca *adj.* Perteneciente o relativo a los espacios existentes entre las galaxias.

interglaciar *s. m.* Periodo de tiempo entre dos glaciaciones, durante el cual se produce un aumento general de las temperaturas. A causa de este cambio climático se verifica un deshielo y retroceso de los glaciares con importantes consecuencias geomorfológicas y biológicas. Durante un periodo glaciar pueden sucederse pequeñas etapas interglaciares, que reciben el nombre de *interestadiales*.

interhalógeno *s. m.* Compuesto químico formado por la unión de dos halógenos cuyos átomos comparten electrones.

ínterin *s. m.* Espacio de tiempo transcurrido entre dos acciones o entre el momento presente y algo que ocurrirá.

interinato *s. m.* **1.** *amer.* Interinidad. **2.** *amer.* Cargo o empleo de interino.

interindividual *adj.* Se aplica a la relación personal entre individuos, en oposición a la social o colectiva.

interinidad *s. f.* **1.** Cualidad de interino. **2.** Tiempo que dura el desempeño de las funciones de interino. **3.** Cargo interino.

interino, na *adj.* **1.** Se dice de la persona o cosa que desempeña una función temporalmente; se aplica particularmente al empleado o funcionario que ocupa su puesto provisionalmente. También *s.* || *s. f.* **2.** Criada de una casa particular que no reside o duerme en ella. **FAM.** Interinamente.

interinsular *adj.* Que ocurre o se realiza entre dos o más islas o las pone en comunicación.

interior *adj.* **1.** Se dice de lo que está, se lleva, ocurre, etc., en la parte de dentro. **2.** Se dice de la vivienda o habitación cuyos balcones y ventanas no dan a la calle o no los tiene. También *s. m.* **3.** Espiritual. **4.** Íntimo, muy personal. **5.** Perteneciente al propio país o al país de que se habla, en oposición a extranjero. || *s. m.* **6.** Parte de dentro de algo. **7.** Parte central de un país, por contraste con zonas costeras o fronterizas. **8.** *amer.* Todo lo que no es la capital o las ciudades principales. **9.** Conciencia o fondo moral de una persona. **10.** En fútbol, delantero que juega principalmente entre el extremo y el delantero centro. **11.** Ministerio* del Interior. || *pl.* **12.** En el cine, escenas rodadas en lugares cerrados. **13.** P. ext., escenarios donde se filman dichas escenas. **FAM.** Interiormente.

interioridad *s. f.* **1.** Cualidad de interior. || *pl.* **2.** Asuntos reservados o íntimos de una persona, familia, entidad, etc.

interiorismo *s. m.* Arte de ambientar y decorar los espacios interiores de la arquitectura.

interiorista *s. m.* y *f.* Persona que se dedica profesionalmente al interiorismo.

interiorizar *v. tr.* **1.** Hacer más íntimos y profundos creencias, sentimientos, ideas, etc. **2.** No manifestar los sentimientos. ■ Se conjuga como *cazar*. **FAM.** Interiorización.

interjección *s. f.* En ling., voz o expresión que se pronuncia en tono exclamativo para manifestar un estado de ánimo, un aviso, una orden, etc. Se escribe entre signos de admiración (¡ !) y equivale a una oración abreviada o sobrentendida. Son interjecciones *¡ay!*, *¡hola!*, *¡mi madre!*

interjectivo, va *adj.* Perteneciente o relativo a la interjección.

interlínea *s. f.* En un escrito o impreso, espacio existente entre línea y línea.

interlineado, da **1.** *p. p.* de **interlinear**. También *adj.* || *s. m.* **2.** Acción y efecto de interlinear. **3.** Conjunto de espacios en blanco que hay entre las líneas de un impreso o manuscrito.

interlineal *adj.* **1.** Escrito o impreso entre dos líneas. **2.** Se dice de la traducción que está intercalada entre los renglones de un texto, de forma que cada línea de la versión original tiene debajo la traducida.

interlinear *v. tr.* **1.** Escribir algo entre dos líneas o renglones. **2.** En imprenta, espaciar la composición de un texto, poniendo interlíneas entre los renglones o líneas. **FAM.** Interlineación.

interlocución *s. f.* Diálogo*.

interlocutor, ra *s. m.* y *f.* Cada una de las personas que toman parte en una conversación o en un diálogo.

interlocutorio, ria *adj.* En der., se dice del auto o de la sentencia que se da antes de la definitiva. También *s. m.*

interludio *s. m.* **1.** En mús., composición o pieza breve que sirve de introducción o de intermedio. **2.** Breve composición que tocaban los organistas entre dos versículos de un salmo, un himno, etc.

interlunio *s. m.* En astron., tiempo de la conjunción en que no se ve la Luna.

intermediar *v. intr.* Hacer alguien de intermediario.

intermediario, ria *adj.* **1.** Se aplica a la persona u organismo que media entre otros para ponerlos de acuerdo, negociar algo, etc. También *s.* **2.** Se dice del comerciante que hace llegar las mercancías del productor al consumidor. También *s.*

intermedio, dia *adj.* **1.** Que está en medio, entre dos puntos extremos de lugar, tiempo, calidad, etc. || *s. m.* **2.** Espacio de tiempo durante el cual queda interrumpido un espectáculo, programa de televisión, etc., o en general cualquier proceso o actividad, para continuar después. **3.** Pieza breve de danza, música, etc., que se representa o ejecuta entre los actos de un espectáculo teatral.

intermezzo (voz ital.) *s. m.* **1.** En mús., composición breve, generalmente de carácter cómico, intercalada entre los actos de una representación teatral. **2.** P. ext., cualquier pieza musical, poética, coreográfica, etc., de corta duración.

interminable *adj.* **1.** Muy largo o que lo parece, generalmente por resultar pesado, desagradable, etc. **2.** Que no puede terminar.

interministerial *adj.* Que corresponde a varios ministerios o los relaciona entre sí.

intermisión *s. f.* Interrupción de una acción.

intermitencia *s. f.* **1.** Cualidad de intermitente. **2.** En med., discontinuidad de la fiebre o de cualquier otro síntoma que cesa y reaparece.

intermitente *adj.* **1.** Se dice de lo que se interrumpe y continúa repetidas veces. || *s. m.* **2.** En un vehículo, luz que se enciende y apaga rápida y sucesivamente para señalar los cambios de dirección o carril. **3.** Luz que se enciende y apaga para llamar la atención, avisar de un peligro, etc. **FAM.** Intermitentemente.

intermolecular *adj.* Que está entre las moléculas o dentro de ellas.

intermuscular *adj.* Que está situado entre los músculos.

internación *s. f.* Acción y efecto de internar o internarse.

internacional *adj.* **1.** Perteneciente o relativo a dos o más naciones o al conjunto de todas ellas. **2.** Se aplica al deportista que representa a su país en una competición entre naciones. También *s.* || *s. f.* **3.** Nombre que reciben diversas organizaciones supraestatales obreras creadas en los s. XIX y XX, y, p. ext., otras de ideología liberal, conservadora, etc. **4.** Himno de los partidos socialistas y comunistas del mundo, compuesto en 1888 por el letrista Eugène Pottier y el músico Pierre Degeyter. ▪ En las dos últimas acepciones, se escribe con mayúscula. **FAM.** Internacionalidad.

Primera Internacional Organización obrera fundada en Londres en 1864 con el nombre de Asociación Internacional de los Trabajadores (AIT). Celebró diversos congresos en Ginebra (1866), Lausana (1867), Bruselas (1868), Basilea (1869) y Londres (1870), que fueron escenario de fuertes debates entre marxistas y anarquistas. En el de La Haya (1872) se expulsó a los partidarios de Bakunin, por discrepar en los puntos esenciales que debían constituir la acción política revolucionaria y por rechazar la idea de Estado, lo que les enfrentaba a las principales tesis del marxismo. Ese mismo año se reunieron en Saint-Imier y constituyeron otra Primera Internacional de ideología anarquista. La Internacional marxista trasladó su sede a Nueva York y desapareció tras el congreso de Filadelfia (1876).

Segunda Internacional Fue fundada en París en 1889 y en 1900 creó una oficina permanente con sede en Bruselas. Agrupaba a los diferentes partidos socialdemócratas, entre los que desempeñaban un destacado papel el alemán y el austriaco. A pesar de que en 1907 condenó tajantemente la guerra, en 1914 muchos de sus miembros votaron en sus respectivos parlamentos los créditos de guerra y apoyaron el conflicto bélico, lo que provocó la ruptura de la organización y su posterior desaparición. Reconstruida en 1923, nunca recuperó su antigua importancia. Tras la Segunda Guerra Mundial, los dirigentes socialistas europeos crearon una nueva agrupación, que en 1951 dio lugar al nacimiento de la Internacional Socialista.

Tercera Internacional Fue creada en Moscú en 1919 por Lenin y Trotski bajo el nombre de *Komintern* y en ella se integraron los grupos socialistas que se habían opuesto a la guerra mundial y apoyaban a la URSS. En su segundo congreso estableció 21 condiciones exigibles a cualquier partido comunista que quisiera integrarse en la Internacional, que se dotó de una férrea disciplina bajo el control de la URSS. Los fracasos de su táctica en China y Alemania la obligaron a realizar en su séptimo Congreso (1935) un completo cambio de estrategia y a apoyar la creación de frentes populares, en los que se unieron comunistas, socialistas y partidos burgueses. Fue disuelta en 1943 por Stalin para favorecer las relaciones de la URSS con los aliados. En 1947 los nueve países europeos gobernados por comunistas fundaron en Polonia el *Kominform*, cuya sede se instaló en Belgrado y que desapareció en 1956 tras la muerte de Stalin.

Cuarta Internacional Fue fundada por Trotski en 1938, en una reunión a las afueras de París en la que participaron delegados trotskistas de 11 países. Tuvo influencia en algunos países latinoamericanos y asiáticos y en los movimientos radicales europeos de los años sesenta, especialmente en el mayo francés. En los años setenta algunos de sus miembros formaron parte de un gobierno en Sri Lanka.

internacionalismo *s. m.* **1.** Cualidad de internacional. **2.** Doctrina que defiende o afirma los intereses supranacionales o internacionales sobre los puramente nacionales. || **3. internacionalismo proletario** Tesis política que defiende la identidad de los intereses obreros por encima de los nacionales, a los que considera simple instrumento de las clases burguesas. Organizativamente se plasmó en las distintas Internacionales obreras y conoció dos graves fracasos con el estallido de las dos guerras mundiales. **FAM.** Internacionalista.

internacionalizar *v. tr.* **1.** Hacer que algo local o nacional sea internacional. También *v. prnl.* **2.** Hacer que un territorio, zona marítima, jurisdicción, servicio, etc., se extienda a varias naciones o pase a depender de la autoridad de más de una. ▪ Se conjuga como *cazar.* **FAM.** Internacionalización.

internado, da **1.** *p. p.* de **internar**. También *adj.* || *s. m.* **2.** Establecimiento de enseñanza o parte del mismo en el que hay alumnos internos. **3.** Estado y forma de vida del alumno interno. **4.** Conjunto de alumnos internos en un colegio. || *s. f.* **5.** En deportes como el fútbol o el rugby, entrada rápida en el área contraria.

internar *v. tr.* **1.** Meter a alguien en un colegio, institución, etc., para que viva o permanezca allí. **2.** Instalar a un enfermo en un centro sanitario. **3.** Conducir a alguien o algo al interior de un país, región, etc. || *v. prnl.* **4.** Avanzar hacia el interior. **5.** Profundizar en una determinada materia o asunto. **FAM.** Internamiento.

internista *adj.* Se dice del médico especializado en el tratamiento de enfermedades de los órganos internos que no requieren en principio intervención quirúrgica. También *s.*

interno, na *adj.* **1.** Interior. **2.** Se dice del alumno que vive dentro de un establecimiento de enseñanza. También *s.* **3.** Se dice del médico o estudiante de medicina que realiza sus prácticas en un hospital y tiene su residencia más o menos fija en el establecimiento. También *s.* **4.** Se dice de la empleada doméstica que vive en su lugar de trabajo. También *s. f.* || *s. m.* y *f.* **5.** Persona que sufre prisión en un establecimiento penitenciario. **FAM.** Internamente.

interoceánico, ca *adj.* Que pone en comunicación dos océanos.

interóseo, a *adj.* En anat., que está situado entre huesos.

interpaginar *v. tr.* Interfoliar*.

interparlamentario, ria *adj.* Se aplica a las comunicaciones y relaciones que se establecen entre los órganos parlamentarios y legislativos de distintos países, así como a los organismos que las mantienen.

interpelante *adj.* Que interpela. También *s.*

interpelar *v. tr.* **1.** Exigir explicaciones a alguien sobre cierta cosa en la que ha intervenido de alguna manera. **2.** Pedir protección o ayuda a alguien. **FAM.** Interpelación.

interplanetario, ria *adj.* Que está o sucede entre dos o más planetas.

Interpol (abreviatura de Organización Internacional de Policía Criminal) Institución que agrupa a la policía criminal de gran número de países y cuyo objetivo es la coordinación de la investigación de los delitos y persecución de los delincuentes a escala internacional. Fue fundada en 1923 y reorganizada en 1946. Tiene su sede en París.

interpolación *s. f.* **1.** Acción y efecto de interpolar. **2.** Cosa interpolada. **3.** En mat., construcción de una progresión aritmética o geométrica conociendo los términos primero y último de la misma, así como el número de términos que se van a interpolar. || **4. interpolación aritmética** En mat., aquella que se resuelve mediante la siguiente ecuación: $d = \frac{b-a}{n+1}$, siendo *d* la diferencia de la progresión, *a* y *b* los términos primero y último respectivamente y *n* el número de términos que se van a interpolar. **5. interpolación geométrica** En mat., aquella que se resuelve mediante la ecuación $r = \sqrt[n+1]{\frac{b}{a}}$, siendo *r* la razón de la progresión y los restantes signos los mismos que en la ecuación de la interpolación aritmética.

interpolar[1] (del lat. *interpolare*) *v. tr.* **1.** Intercalar*. **2.** Introducir palabras o fragmentos en un texto ajeno para ampliarlo o enriquecerlo. **3.** En mat., efectuar una interpolación. **FAM.** Interpolador.

interpolar[2] (de *inter-* y *polar*) *adj.* Situado entre los dos polos de un generador o de un circuito.

interponer *v. tr.* **1.** Poner algo entre dos personas o cosas. También *v. prnl.* **2.** Con palabras como *poder, autoridad,* etc., emplearlo una persona para lograr algo que interesa a otra. **3.** Presentar un recurso legal. || *v. prnl.* **4.** Ponerse una persona o cosa en el camino de otra o entre otras, impidiendo o dificultando la realización de algo. ▪ Es v. irreg. Se conjuga como *poner.*

interposición *s. f.* Acción y efecto de interponer o interponerse.

interpretable *adj.* Que se puede interpretar.

interpretación *s. f.* Acción y efecto de interpretar.

interpretar *v. tr.* **1.** Dar el significado de algo, especialmente cuando es difícil o confuso. **2.** Dar un determinado sentido o valoración a algo. **3.** Comprender y llevar a la práctica una persona las ideas, deseos, etc., de otra. **4.** Expresar de modo artístico una realidad. **5.** Representar los actores una obra teatral, película, etc. **6.** Ejecutar para el público una pieza musical o un baile. **FAM.** Intérpretador.

interpretativo, va *adj.* **1.** Que interpreta o sirve para interpretar algo. **2.** Perteneciente o relativo a la interpretación artística. **FAM.** Interpretativamente.

intérprete *s. m.* y *f.* **1.** Persona que interpreta una obra teatral, película, composición, etc. **2.** Persona que traduce de viva voz y en el acto lo que alguien está diciendo. **3.** Persona que interpreta o aclara un texto. **4.** Persona que expresa los pensamientos y deseos de otras e intenta llevarlos a cabo. **5.** Cualquier cosa que da a conocer los sentimientos, deseos, etc., de alguien. || *s. m.* **6.** En inform., programa de ordenador que traduce un lenguaje de alto nivel al lenguaje de la máquina y lo ejecuta inmediatamente. Ciertos lenguajes informáticos, como APL, BASIC, LISP y PROLOG, son fácilmente adaptables a la utilización de un intérprete.

interprofesional *adj.* Se dice de lo que interesa o corresponde a varias profesiones o a todas ellas.

interregno *s. m.* **1.** Periodo de tiempo durante el cual un estado está sin soberano. **2.** P. ext., tiempo durante el cual están suspendidas las funciones gubernamentales o legislativas. **3.** Intervalo.

interrelación *s. f.* Relación o correspondencia que mantienen entre sí personas, cosas o fenómenos.

interrogación *s. f.* **1.** Acción y efecto de interrogar. **2.** Palabra o expresión con que se interroga o pregunta. **3.** Signo ortográfico que se coloca al principio (¿) y al final (?) de una palabra o frase para indicar que es una pregunta. **4.** Figura retórica que consiste en preguntar algo sin esperar obtener respuesta, sino solamente para dar más fuerza a lo que se dice. **5.** Interrogante, incógnita.

interrogante *adj.* **1.** Que interroga. También *s.* **2.** Se dice del signo ortográfico de interrogación. También *s. m.* ‖ *s. amb.* **3.** Aquello que se desconoce sobre un hecho, asunto, etc.

interrogar *v. tr.* **1.** Someter a alguien a un interrogatorio. **2.** Preguntar algo a alguien. ▪ Se conjuga como *pagar.* **FAM.** Interrogador.

interrogativo, va *adj.* **1.** Que sirve para interrogar o expresa interrogación. **2.** Se dice de la oración gramatical què expresa una pregunta. También *s. f.* **3.** Se dice de los pronombres, adjetivos y adverbios que se utilizan para preguntar, como *qué, cuál, quién, dónde,* etc. ‖ **4. oración interrogativa directa** La que expresa su carácter de pregunta a través de la entonación al hablar y mediante los signos ¿? cuando se escribe, como p. ej.: *¿Me acompañas? ¿Dónde estuviste?* **5. oración interrogativa indirecta** La que está introducida por verbos como *decir, saber, preguntar,* etc., y su carácter interrogativo no va marcado por la entonación al hablar ni por los signos ¿? al escribir, p. ej.: *No sabe cuántos vendrán. Me preguntó dónde estabas.* **FAM.** Interrogativamente.

interrogatorio *s. m.* **1.** Serie de preguntas para aclarar un hecho, especialmente un delito. **2.** Acto de hacer estas preguntas al que debe contestarlas.

interrumpir *v. tr.* **1.** Cortar o parar la realización, actividad o desarrollo de algo. También *v. prnl.* **2.** Impedir o dificultar el paso por un sitio, la realización de algo, etc.

interrupción *s. f.* Acción y efecto de interrumpir.

interruptor, ra *adj.* **1.** Que interrumpe. También *s.* ‖ *s. m.* **2.** Dispositivo con que se abre o cierra un circuito eléctrico.

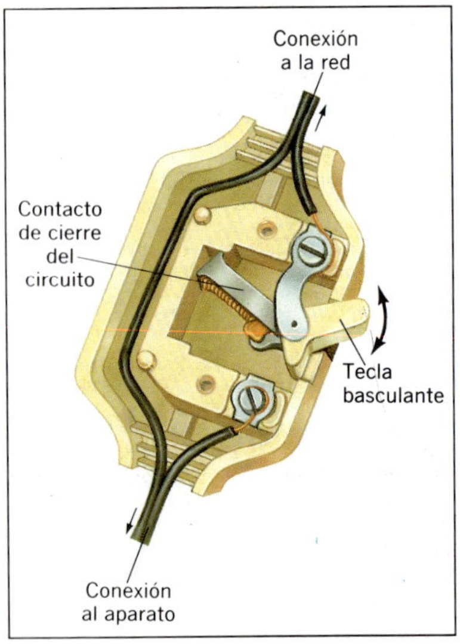

Interruptor: uno de los hilos del cable eléctrico permanece interrumpido o entra en contacto, en función de la posición de la tecla.

intersecarse *v. prnl.* En geom., cortarse dos líneas o superficies entre sí. ▪ Se conjuga como *sacar.*

intersección *s. f.* **1.** Punto en el que se cortan dos líneas, dos superficies o dos sólidos. ‖ **2. intersección de conjuntos** En mat., conjunto formado por los elementos comunes a todos los conjuntos dados. **3. intersección de sucesos aleatorios** En mat., suceso que se verifica cuando, al realizar la experiencia, se verifican todos los sucesos dados.

intersexual *adj.* Que presenta intersexualidad.

intersexualidad *s. f.* Presencia en un mismo individuo de caracteres físicos masculinos y femeninos.

intersideral *adj.* Perteneciente o relativo al espacio existente entre dos astros.

intersticial *adj.* Que ocupa los intersticios que existen en un cuerpo o entre dos o más cuerpos.

intersticio *s. m.* Grieta, resquicio.

intertropical *adj.* Perteneciente o relativo a los territorios situados entre los trópicos y a sus habitantes.

interurbano, na *adj.* Se dice de lo que existe o se realiza entre distintas poblaciones, y especialmente de las comunicaciones que las unen.

intervalo *s. m.* **1.** Espacio de tiempo que existe entre dos acciones, hechos, etc. **2.** Espacio de tiempo cuya duración se indica. **3.** Pausa, descanso. **4.** Distancia existente entre dos objetos, lugares, etc. **5.** Conjunto de valores que toma una magnitud entre dos límites dados. **6.** En mús., espacio comprendido entre dos notas musicales cualesquiera. ‖ **7. intervalo abierto** En mat., conjunto de todos los números comprendidos entre los números *a* y *b*, excepto *a* y *b*. Se representa *(a,b)* o *]a,b[*. **8. intervalo cerrado** En mat., conjunto de todos los números comprendidos entre los números *a* y *b*, incluidos *a* y *b*. Se representa *[a,b]*. **9. intervalo semiabierto** En mat., conjunto de todos los números comprendidos entre los números *a* y *b* en el que se incluye uno cualquiera de los extremos *a* o *b*. Si se incluye *a* se representa *[a,b)* o *[a,b[*. Si se incluye *b* se representa *(a,b]* o *]a,b]*.

intervención *s. f.* **1.** Acción y efecto de intervenir. **2.** Acción de intervenir de manera activa un estado o una organización internacional en los asuntos internos de otro estado. **3.** Operación quirúrgica. **4.** Cargo y oficina del interventor.

intervencionismo *s. m.* **1.** Doctrina política que defiende la intervención activa del Estado en los asuntos económicos, tomando a su cargo ciertas actividades y servicios que corresponden normalmente a la iniciativa privada; se opone al liberalismo. **2.** Política favorable a la intervención de un estado en los asuntos internos de otra nación. **FAM.** Intervencionista.

intervenir *v. intr.* **1.** Tomar parte en un asunto, actividad, etc. **2.** Contribuir a que algo se lleve a cabo. ‖ *v. tr.* **3.** Hacer una operación quirúrgica. **4.** Investigar o inspeccionar algo una persona u organismo con autoridad para hacerlo. **5.** Inmovilizar la hacienda pública los bienes de una persona. **6.** Leer o escuchar la comunicación privada de una persona. **7.** Dirigir, limitar o impedir una autoridad la libertad y actuación de ciertas entidades, organismos, etc. **8.** Dirigir una o más potencias los asuntos internos de otra. ▪ Es v. irreg. Se conjuga como *venir.*

interventor *adj.* **1.** Que interviene. ‖ *s. m.* y *f.* **2.** Funcionario o empleado que inspecciona ciertas operaciones para que se hagan con legalidad. **3.** Persona que en los trenes comprueba y pica los billetes. **4.** En unas elecciones, persona designada por un partido o candidato para vigilar la votación y autorizar el resultado de la misma, juntamente con el presidente y los miembros de la mesa.

intervertebral *adj.* Que está situado entre dos vértebras.

interviú *s. f.* Entrevista realizada para cualquier medio de comunicación.

interviuvar *v. tr.* Entrevistar a una persona para un medio de comunicación. **FAM.** Interviuvador.

intervocálico, ca *adj.* Se dice de la consonante o grupo consonántico que se encuentra entre vocales.

intestado, da *adj.* **1.** Se dice de la persona que muere sin hacer testamento o sin que éste sea legal o válido. También *s.* ‖ *s. m.* **2.** Herencia que se recibe sin que conste en ningún testamento.

intestinal *adj.* Perteneciente o relativo a los intestinos.

intestino, na *adj.* **1.** Interior, interno. Se aplica especialmente al conflicto entre bandos de un mismo país. ‖ *s. m.* **2.** Tubo que forma la parte inferior del aparato digestivo, entre el estómago y el ano. El intestino, que con diferentes tamaños y morfología existe en todos los animales a partir de los platelmintos, alcanza en el hombre 8 m de longitud y consta de dos partes: el **intestino delgado** (6,5 m de largo) y el **intestino grueso** (1,5 m). El delgado se divide en tres regiones: duodeno, yeyuno e íleon, y el grueso se divide en ciego, colon y recto. En la primera parte del

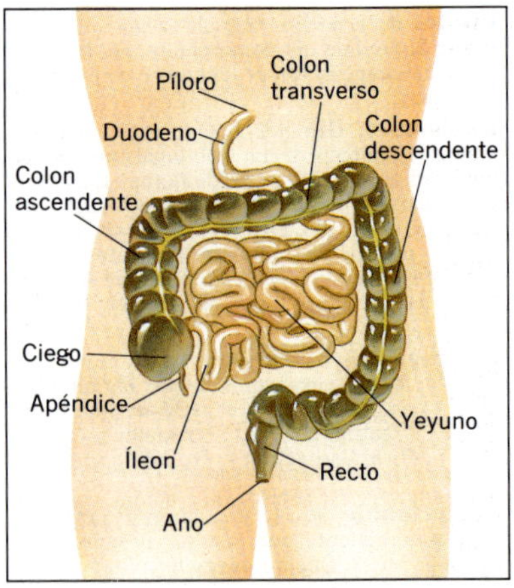

Anatomía del intestino: en color oscuro, el intestino grueso; en color claro, el intestino delgado.

intestino continúa la digestión de los alimentos, comenzada en el estómago, por medio del jugo intestinal segregado por las paredes intestinales, el jugo pancreático y la bilis del hígado. En el intestino se absorben los productos de la digestión y se incorporan a la sangre a través de las vellosidades que recubren interiormente el intestino delgado y a través de las paredes del intestino grueso. En el intestino existen normalmente numerosas bacterias que ayudan a la digestión de los alimentos.

inti *s. m.* Unidad monetaria de Perú, equivalente a mil soles.

Inti Dios del Sol entre los incas y protector de la fertilidad agrícola. Recibía culto oficial y en la jerarquía de las divinidades sólo era inferior a Viracocha.

intifada *s. f.* Levantamiento popular de la población palestina de Gaza y Cisjordania iniciado en 1987 contra la ocupación israelí.

intimar *v. intr.* **1.** Llegar a tener con alguien una relación o amistad estrecha. ‖ *v. tr.* **2.** Hacer saber a alguien una cosa, especialmente empleando cierta autoridad, amenazas, etc., para que obedezca. **FAM.** Intimación.

intimatorio, ria *adj.* Se dice de la carta, mandamiento, despacho, etc., con que se intima o exige a alguien que cumpla una orden o decreto.

intimidad *s. f.* **1.** Cualidad de íntimo. **2.** Amistad muy estrecha entre personas. **3.** Vida privada de una persona. **4.** Círculo de personas que tienen con otra lazos muy estrechos de parentesco o amistad. ‖ *pl.* **5.** Conjunto de pensamientos o sentimientos íntimos de una persona.

intimidar *v. tr.* **1.** Causar miedo o respeto. **2.** Presionar a alguien para que haga algo, recurriendo a la amenaza, autoridad, etc. **FAM.** Intimidación, intimidante.

intimista *adj.* Se aplica a los artistas que reflejan en sus obras emociones y sentimientos íntimos, así como a estas obras, su carácter, etc. También *s.* **FAM.** Intimismo.

íntimo, ma *adj.* **1.** Se dice de lo más interior de algo, especialmente si es inmaterial. **2.** Se aplica a la persona con la que se mantiene una relación muy estrecha de amistad, así como a esta relación y a las cosas en que se manifiesta. También *s.* **3.** Privado, muy personal. **4.** Aplicado a palabras como *relación, unión,* etc., muy estrecha. **5.** Se aplica a los lugares que resultan muy acogedores por estar retirados, ser tranquilos, etc. **6.** Se aplica a las relaciones sexuales. **7.** Perteneciente o relativo a las partes del cuerpo que normalmente se ocultan, especialmente los genitales. **FAM.** Íntimamente.

intitular *v. tr.* **1.** Poner título a un libro, escrito, etc. **2.** Dar título o tratamiento particular a una persona o cosa. También *v. prnl.*

intocable *adj.* **1.** Que no se puede o no se debe tocar, tratar o comentar. **2.** Se dice de la persona a la que es difícil atacar, debido a su poder, situación, etc. También *s.* ‖ *s. m.* y *f.* **3.** Entre los hindúes, miembros de la clase inferior de la sociedad cuyo contacto se considera deshonroso. También *s.*

intolerable *adj.* Que no se puede tolerar. **FAM.** Intolerabilidad.

intolerancia *s. f.* **1.** Falta de tolerancia o comprensión con las creencias, opiniones, etc., de los demás. **2.** Imposibilidad o dificultad del organismo para soportar determinadas sustancias o medicamentos.

intolerante *adj.* Que tiene o demuestra intolerancia. También *s.*

intonso, sa *adj.* **1.** Que no tiene cortado el pelo. **2.** Se aplica al libro cuyos pliegos no han sido cortados con guillotina, por lo que sus bordes son irregulares.

intoxicar *v. tr.* **1.** Producir una sustancia venenosa en un organismo viviente consecuencias de gravedad e incluso la muerte. También *v. prnl.* **2.** Causar daño en la salud el abuso de drogas, alcohol, etc. También *v. prnl.* **3.** Distribuir o publicar información interesada o errónea para que no se conozcan ciertos hechos, se cree confusión, etc. ▪ Se conjuga como *sacar.* **FAM.** Intoxicación.

intra- *pref.* Significa 'dentro de': *intramuros, intracelular.*

intracelular *adj.* Que está, se produce, etc., dentro de una o más células.

intracerebral *adj.* Que está, se produce, etc., en el interior del cerebro.

intracraneal *adj.* Que está o se produce dentro del cráneo.

intradérmico, ca *adj.* Que está, se produce, etc., en el interior de la piel.

intradós *s. m.* **1.** Superficie interior de un arco o bóveda. **2.** Cara de una dovela que forma parte de dicha superficie.

intraducible *adj.* Que no se puede traducir de un idioma a otro. **FAM.** Intraducibilidad.

intragable *adj.* **1.** *fam.* Muy pesado o de muy mala calidad. **2.** *fam.* Imposible o muy difícil de creer.

intrahistoria *s. f.* Término creado por Unamuno para designar la vida cotidiana de los pueblos que sirve de marco a los hechos históricos.

intramedular *adj.* Que está, se produce, etc., en el interior de la médula ósea.

intramolecular *adj.* Que está, se produce, etc., dentro de una molécula.

intramontano, na *adj.* Situado en una región montañosa.

intramuros *adv. l.* Que está dentro de los muros o murallas de una ciudad o población.

intramuscular *adj.* Que está, se produce, etc., en el interior de los músculos.

intranquilidad *s. f.* Cualidad o estado de intranquilo.

intranquilizar *v. tr.* Hacer perder la tranquilidad o la calma. También *v. prnl.* ▪ Se conjuga como *cazar.* **FAM.** Intranquilizador, intranquilizante.

intranquilo, la *adj.* Que no es o está tranquilo.

intransferible *adj.* Que no se puede transferir o transmitir.

intransigencia *s. f.* Cualidad o actitud de intransigente.

intransigente *adj.* Que no es transigente.

intransitable *adj.* Se dice del lugar por donde no se puede transitar o pasar.

intransitivo, va *adj.* Se dice de los verbos que no necesitan complemento directo, como p. ej. *permanecer, crecer, morir, pestañear,* así como de la oración formada con estos verbos. También *s.*

intransmisible *adj.* Que no se puede transmitir, comunicar o ceder.

intransmutable *adj.* Que no se puede transmutar, convertir o cambiar.

intraocular *adj.* Que está, se produce, etc., en la parte interna del ojo.

intrascendencia *s. f.* Cualidad de intrascendente.

intrascendente *adj.* Que no tiene trascendencia o importancia.

intrasmisible *adj.* Intransmisible*.

intratable *adj.* **1.** Se aplica a las personas con las que es difícil tratar, por ser maleducadas o tener mal carácter. **2.** Difícil de manejar. **FAM.** Intratabilidad.

intrauterino, na *adj.* Que está, sucede, etc., dentro de la cavidad del útero.

intravenoso, sa *adj.* Que está, sucede, etc., en el interior de una vena. Se aplica especialmente a la inyección que se pone directamente en vena.

intrépido, da *adj.* Se dice de la persona con ánimo y valor para enfrentarse a las cosas y superar peligros y dificultades. **FAM.** Intrépidamente, intrepidez.

intriga *s. f.* **1.** Acción y efecto de intrigar. **2.** Gran curiosidad que despierta en alguien una cosa. **3.** Conjunto de sucesos que en una novela, obra de teatro, película, etc., atrae y mantiene el interés del lector o espectador. **4.** Género literario y cinematográfico que mantiene el interés del lector o espectador con argumentos en los que abundan el misterio, la emoción y las sorpresas y que no dejan sospechar el desenlace.

intrigante *adj.* **1.** Se aplica a la persona que intriga o suele intrigar. También *s.* **2.** Se dice de lo que intriga o despierta interés o curiosidad.

intrigar *v. intr.* **1.** Actuar en secreto y con astucia para beneficiarse uno o perjudicar a alguien ‖ *v. tr.* **2.** Despertar algo el interés de alguien. ▪ Se conjuga como *pagar.*

intrincado, da **1.** *p. p.* de **intrincar**. También *adj.* ‖ *adj.* **2.** Que tiene numerosos cruces, rodeos, vueltas y revueltas. **3.** Complicado, confuso. **FAM.** Intrincadamente.

intrincar *v. tr.* Complicar. También *v. prnl.* ▪ Se conjuga como *sacar.* **FAM.** Intrincación, intrincamiento.

intríngulis *s. m.* **1.** *fam.* Dificultad que presenta alguna cosa. **2.** *fam.* Clave, punto en el que se encuentra el interés o valor de algo. **3.** *fam.* Intención o razón oculta que se supone en una persona o acción.

intrínseco, ca *adj.* Se dice de la cualidad, valor, etc., que tiene una cosa por sí misma y no por causas ajenas, p. ej. una moneda tiene un valor intrínseco por el metal de que está hecha, independientemente del valor que se le da como medio de cambio. **FAM.** Intrínsecamente.

introducción *s. f.* **1.** Acción y efecto de introducir o introducirse. **2.** Aquello que sirve de preparación para entrar de lleno en un asunto, estudio, etc.; p. ej., la explicación que precede a una obra o un discurso. **3.** Obra que trata sobre los aspectos básicos y fundamentales de una materia. **4.** Fragmento musical, generalmente breve, que va antes de una composición instrumental o vocal.

introducir *v. tr.* **1.** Meter una cosa en otra. **2.** Hacer que una cosa no estrictamente material aparezca dentro de algo. **3.** Acompañar a alguien al interior de un lugar. **4.** Hacer que una persona tenga acceso a determinado ambiente o círculo social. También *v. prnl.* **5.** Hacer participar a alguien con la imaginación de un determinado ambiente o situación. **6.** Hacer que algo aparezca en un lugar, circunstancias, contexto, etc., en que antes no se conocía. También *v. prnl.* ‖ *v. prnl.* **7.** Entrar alguien en un sitio. ▪ Es v. irreg. Se conjuga como *conducir.*

introductor, ra *adj.* **1.** Que introduce. También *s.* ‖ **2. introductor de embajadores** Funcionario o diplomático que se encarga de conducir a los embajadores ante el jefe del Estado.

introductorio, ria *adj.* Que sirve para introducir o como introducción.

introito *s. m.* **1.** Prólogo de un escrito, discurso, etc. **2.** En la liturgia romana, oración o canto ejecutado en el momento en que el sacerdote se dirige hacia el altar para celebrar la misa. **3.** En el teatro antiguo, introducción en la que se explicaba al público el argumento de la obra, se le pedía que no fuera demasiado exigente, etc.

intromisión *s. f.* Acción y efecto de entrometerse alguien en asuntos que no le corresponden.

introspección *s. f.* Observación y análisis que hace una persona de su propia conciencia, pensamientos, sentimientos, etc. El método de la introspección fue utilizado por Wilhelm Wundt, padre de la psicología experimental, así como por otros psicólogos posteriores, como William James. Sus defensores mantienen que es el único medio de conocer realmente los actos psíquicos. El método opuesto recibe el nombre de *extrospección.* La mayor parte de los psicólogos actuales tienden cada vez más a destacar la validez de los datos obtenidos por esta vía y reducen la función de la introspección a un simple medio de obtención de datos acerca de las reacciones humanas, procurando además comprobar sus resultados con experimentos.

introspectivo, va *adj.* Perteneciente o relativo a la introspección.

introversión *s. f.* Cualidad de introvertido.

introvertido, da *adj.* Se aplica a la persona que tiende a concentrarse en su propio mundo interior y le resulta difícil relacionarse con otras personas. También *s.*

intrusión *s. f.* **1.** Acción de introducirse sin derecho o autorización en un lugar, profesión, etc. **2.** Acción de apropiarse indebidamente de un beneficio, cargo, derecho, etc. **3.** Cosa introducida en otra. ‖ **4. intrusión magmática** En geol., penetración de una masa de magma fundido procedente del interior de la Tierra en rocas consolidadas de la corteza, que al consolidarse da lugar a formas como batolitos, diques y lacolitos.

intrusismo *s. m.* Ejercicio de una actividad profesional por una persona que no está autorizada para ello.

intrusivo, va *adj.* Se dice de la roca que cristaliza en zonas profundas de la corteza terrestre y que aflora con posterioridad a su enfriamiento. Rocas intrusivas son el granito, los gabros, la diorita, etc. También *s. f.*

intruso, sa *adj.* Se dice de la persona que se ha introducido en un lugar, ambiente, profesión, etc., sin que le corresponda. También *s.*

intubar *v. tr.* En med., introducir un tubo o sonda en el interior de un órgano durante una operación quirúrgica o para suministrar alimentos y medicamentos, facilitar la respiración, etc. **FAM.** Intubación.

intuición *s. f.* **1.** Capacidad y acción de percibir y comprender las cosas sin intervención del razonamiento. **2.** Sospecha, presentimiento. **3.** En fil., visión o comprensión directa e inmediata de una realidad o verdad. Lo fundamental en la intuición es que no haya en ella elementos intermedios; se opone, por lo tanto, a cualquier otro conocimiento que suponga una mediación.

intuicionismo *s. m.* Doctrina filosófica que valora la intuición como forma más elevada de conocimiento.

intuir *v. tr.* **1.** Percibir o comprender algo mediante la intuición. **2.** Sospechar, presentir. ▪ Es v. irreg. Se conjuga como *huir.*

intuitivo, va *adj.* **1.** Perteneciente o relativo a la intuición. **2.** Se dice de la persona que tiene mucha intuición, así como de su mente, ideas, etc. También *s.* **FAM.** Intuitivamente.

intumescencia *s. f.* Hinchazón, inflamación.

intumescente *adj.* Que está en un proceso de inflamación.

inundación *s. f.* **1.** Acción y efecto de inundar o inundarse. **2.** Abundancia excesiva de algo.

inundado, da **1.** *p. p.* de **inundar**. También *adj.* ‖ *s. m.* **2.** En marina, acción de inundar un tanque, compartimiento o buque.

inundar *v. tr.* **1.** Cubrir de agua un lugar. También *v. prnl.* **2.** En marina, llenar de agua un tanque, compartimiento o buque. También *v. prnl.* **3.** Llenar un lugar de personas o cosas que se mencionan. También *v. prnl.*

Inurria, Mateo (Córdoba 1869 - Madrid 1924) Escultor español. Con un estilo sobrio realizó monumentos funerarios y conmemorativos, retratos y desnudos femeninos. Entre sus obras merecen citarse las estatuas del Gran Capitán, en Córdoba, y la del pintor Rosales, en Madrid.

inusitado, da *adj.* Que no es habitual o frecuente. **FAM.** Inusitadamente.

inusual *adj.* No usual o acostumbrado.

inútil *adj.* **1.** Que no sirve para aquello que se expresa o no sirve para nada. También *s.* **2.** Se dice de la persona que por algún impedimento físico no puede trabajar o valerse por sí misma. También *s.* **3.** Se aplica al hombre que no es apto para el servicio militar. También *s. m.* **FAM.** Inútilmente.

inutilidad *s. f.* **1.** Cualidad de inútil. **2.** Persona o cosa inútil.

inutilizar *v. tr.* Dejar inservible alguna cosa, hacer que algo ya no sirva para lo que estaba destinado. ■ Se conjuga como *cazar*. **FAM.** Inutilización.

invadir *v. tr.* **1.** Entrar en un lugar y ocuparlo por la fuerza. **2.** Llenar por completo un lugar personas o cosas. **3.** Ejercer alguien funciones que corresponden a otro. **4.** Dominar a alguien un estado de ánimo, sensación, etc.

invaginación *s. f.* **1.** Acción y efecto de invaginar o invaginarse. **2.** Penetración de un segmento de intestino en otro. **3.** Técnica quirúrgica que consiste en introducir, uno en otro, los dos extremos del intestino en la operación de hernia estrangulada.

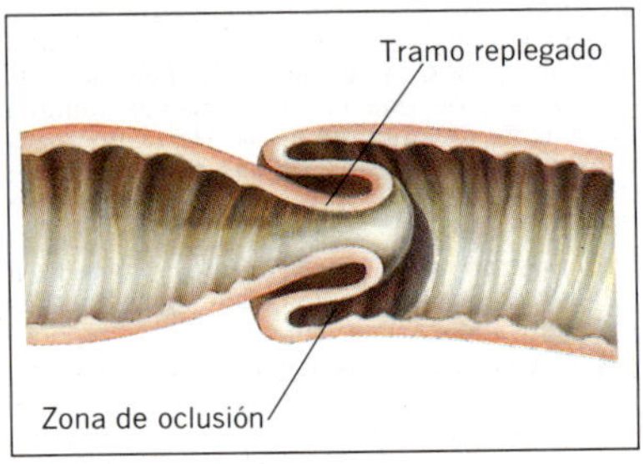

Invaginación del intestino delgado.

invaginar *v. tr.* Doblar hacia dentro los bordes de un tubo. También *v. prnl.*

invalidar *v. tr.* Quitar validez a algo, dejarlo sin valor o efecto. **FAM.** Invalidación.

invalidez *s. f.* **1.** Cualidad de inválido. **2.** Incapacidad física o mental de una persona para desempeñar cierto trabajo, actividad, etc.

inválido, da *adj.* **1.** Se dice de la persona que tiene ciertas deficiencias físicas o mentales las cuales le impiden o dificultan algunas actividades. También *s.* **2.** Que no tiene valor por no reunir las condiciones que exigen ciertas leyes, reglamentos, etc. **3.** Poco sólido, sin fundamento.

invaluable *adj.* Inapreciable, inestimable.

invariable *adj.* **1.** Que no varía. **2.** En ling., se dice de las palabras que no sufren ninguna variación en su forma, como los adverbios, preposiciones, conjunciones o interjecciones. **FAM.** Invariabilidad, invariablemente.

invariado, da *adj.* No variado o cambiado.

invariante *adj.* **1.** Que no varía. **2.** En mat. y fís., se dice de la magnitud cuyo valor no varía al cambiar el sistema al que se halla referida. ‖ **3. invariante por un movimiento** En geom., se dice de la figura, línea o punto que no varía al serle aplicado un movimiento; p. ej., en traslación, cualquier recta paralela al vector de traslación; en giro, el centro de giro, etc.

invasión *s. f.* **1.** Acción y efecto de invadir. **2.** Penetración masiva de gérmenes causantes de enfermedades en un organismo, seguida o no de infección.

invasiones, segundas Nombre con que se conocen las oleadas de vikingos, magiares y sarracenos que entre los s. IX y X se lanzaron sobre el imperio carolingio y la cristiandad occidental. Eran fundamentalmente expediciones de saqueo, sin ánimo de conquista, por lo que no produjeron grandes cambios en las fronteras, pero causaron graves pérdidas económicas y humanas y aceleraron la división del imperio carolingio y la implantación del régimen feudal.

Invernadero de claveles en Trujillo (Cáceres, España).

invasiones germánicas Invasiones del imperio romano por los pueblos bárbaros –turcos, iranios y, sobre todo, germanos– que tuvieron lugar a principios del s. V. Fueron provocadas por la debilidad interna del imperio y por la irrupción en el oriente de Europa de los hunos, que procedían de las estepas asiáticas. En el 378 los visigodos vencieron al emperador Valente en Adrianópolis. En el 406, suevos, vándalos y alanos cruzaron la frontera del Rhin y penetraron en el imperio. El visigodo Alarico saqueó Roma en el 410 y su sucesor Walia creó el reino de Tolosa. En el 429 Genserico fundó el reino vándalo de África. En el 476 Odoacro depuso al último emperador, Rómulo Augústulo, con lo que desapareció el imperio romano de Occidente y Europa occidental quedó dividida en reinos germánicos: anglosajón, franco, burgundio, suevo, ostrogodo, visigodo y vándalo.

invasor, ra *adj.* Que invade. También *s.*

invectiva *s. f.* Discurso o escrito en que se ataca o critica de forma violenta.

invencible *adj.* Imposible o muy difícil de vencer o superar. **FAM.** Invenciblemente.

invención *s. f.* **1.** Acción y efecto de inventar. **2.** Aquello que se ha inventado. **3.** Parte de la retórica que se ocupa del contenido de las obras literarias.

invendible *adj.* Imposible o muy difícil de vender por cualquier circunstancia.

inventar *v. tr.* **1.** Construir, elaborar, concebir algo nuevo o una nueva forma de hacer alguna cosa. **2.** Imaginar, idear. También *v. prnl.* **3.** Añadir cosas que no son reales al hablar o algo que no está escrito al leer, recitar, etc. También *v. prnl.*

inventariar *v. tr.* Hacer inventario. ■ En cuanto al acento, se conjuga como *ansiar*: *inventarío*.

inventario *s. m.* **1.** Lista en la que se detallan todas las propiedades, mercancías, etc., de una persona o entidad. **2.** Descripción del estado de una empresa, sociedad, etc., en un determinado momento. **3.** Valoración que hace alguien del estado de algo. ‖ **LOC. a beneficio de inventario** Véase **beneficio**.

inventiva *s. f.* Imaginación, fantasía.

inventivo, va *adj.* Que tiene mucha imaginación.

invento *s. m.* **1.** Acción y efecto de inventar. **2.** Cosa que se inventa. ‖ **LOC. el invento del tebeo** *fam.* Idea u objeto muy complicado, pero de poca o ninguna utilidad.

inventor, ra *adj.* Que inventa. También *s.*

inverecundia *s. f.* Desvergüenza, descaro.

inverecundo, da *adj.* Desvergonzado, irrespetuoso.

invernáculo *s. m.* Lugar abrigado para proteger las plantas del frío.

invernada *s. f.* **1.** Acción y efecto de invernar. **2.** Época de invierno. **3.** *amer.* Campo destinado al engorde del ganado durante el invierno y tiempo que dura.

invernadero *s. m.* **1.** Recinto, generalmente cubierto de cristaleras, con las condiciones de ambiente y temperatura adecuadas para el cultivo de vegetales fuera de su ambiente natural. **2.** Lugar cómodo y agradable para pasar el invierno. **3.** Sitio destinado a que paste el ganado durante el invierno.

invernal *adj.* Perteneciente o relativo al invierno.

invernar *v. intr.* **1.** Pasar el invierno algunos animales en estado de vida latente o letargo. **2.** Pasar el invierno en alguna parte. ■ Según algunos autores es v. irreg. y se conjuga como *pensar*. Sin embargo, otros lo consideran v. reg.

invernazo *s. m. P. Rico, Rep. Dom.* Periodo de lluvias, que dura de julio a septiembre.

invernizo, za *adj.* Perteneciente o relativo al invierno o que tiene sus características.

inverosímil *adj.* Que no tiene apariencia de verdad, imposible o muy difícil de creer. **FAM.** Inverosímilmente.

inverosimilitud *s. f.* Cualidad de inverosímil.

inversión *s. f.* **1.** Acción y efecto de invertir. **2.** Dinero que se dedica a una actividad o negocio para obtener luego un beneficio o satisfacer una necesidad pública. **3.** Homosexualidad. **4.** Cambio de sentido en una corriente eléctrica. **5.** En fotografía, procedimiento de revelado que permite convertir un negativo en imagen positiva. **6.** En mús., repetición de una sucesión de sonidos en orden contrario a como hubieran sido ejecutados anteriormente. **7.** En med., desviación de un órgano de su posición natural. **8.** En quím., transformación por hidrólisis de la sacarosa y otros azúcares dextrógiros que pasan a ser levógiros. ‖ **9. inversión de centro O y potencia k** En geom., transformación geométrica mediante la cual se hace corresponder a un punto M otro M' alineado con O y con M, tal que $\overline{OM} \cdot \overline{OM'} = k^2$. **10. inversión del relieve** En geol., modelo de

PRINCIPALES INVENTOS DE LA HUMANIDAD

Imprenta	1440	Johannes Gutenberg	Dinamita	1866	Alfred Nobel
Microscopio	1590	Zacharias Janssen	Teléfono	1876	Alexander Graham Bell
Telescopio	1608	Galileo Galilei	Alumbrado eléctrico	1879	Thomas A. Edison
Barómetro	1643	Evangelista Torricelli	Automóvil	1886	Gottlieb Daimler
Termómetro	1715	Gabriel D. Fahrenheit	Cine	1895	A. y L. Lumière
Pararrayos	1752	Benjamin Franklin	Radio	1901	Guglielmo Marconi
Máquina de vapor	1765	James Watt	Avión	1903	O. y W. Wright
Globo aerostático	1783	J. M. y J. E. Montgolfier	Radar	1922	Taylor y Young
Telar mecánico	1785	Richard Arkwright	Televisión	1922	J. Logie Baird
Alumbrado de gas	1792	William Murdoch	Autogiro	1923	Juan de la Cierva
Pila eléctrica	1800	Alessandro Volta	Microscopio electrónico	1932	Ernst Ruska
Fotografía	1822	Nicéphore Niepce	Ordenador	1938	Konrad Zuzc
Ferrocarril	1825	George Stephenson	Pila de uranio	1942	Enrico Fermi
Telégrafo	1833	Gauss y Weber	Transistor	1948	Bardeen, Brattain, Schockley
Motor de explosión	1860	Étienne Lenoir	Láser	1960	Bell Telephone Co.

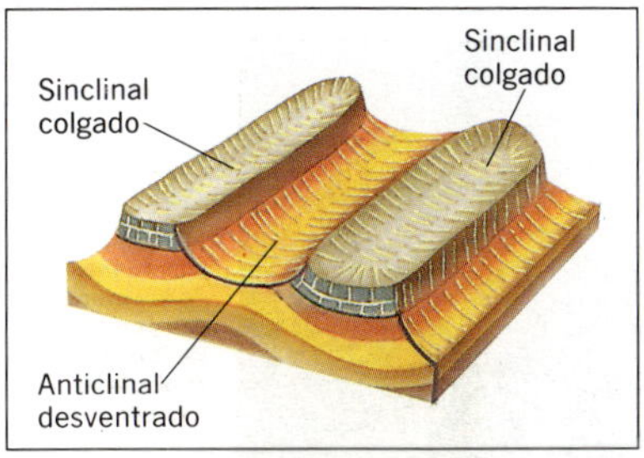

Inversión del relieve: la erosión desgasta las rocas blandas de los anticlinales, mientras los sinclinales permanecen colgados.

relieve en que la disposición de las estructuras plegadas se presenta invertida, situándose las más antiguas encima de las más recientes, debido a la erosión o a causas tectónicas. P. ej., anticlinal desventrado y sinclinal colgado. **11. inversión térmica** En geog., fenómeno por el cual las capas bajas de la atmósfera se hallan a una temperatura inferior a las capas más altas. Suele producirse en las laderas de las montañas y en los valles, especialmente en invierno.

inversionista *adj.* Se dice de la persona u organismo que hace una inversión de capital. También *s.*

inverso, sa *adj.* **1.** Aplicado a dirección, orden, etc., contrario, opuesto. **2.** En mat., y dado un número *x* distinto de 0, se dice de otro número x' tal que $x \cdot x' = 1$. También *s. m.* **3.** En geol., se dice de la falla en la que el bloque superior cabalga sobre el inferior. || **Loc. a la inversa** *adv.* Al contrario, al revés. **Fam.** Inversamente.

inversor, ra *adj.* **1.** Que invierte. También *s.* || *s. m.* **2.** Dispositivo que convierte la corriente continua en alterna. **3.** Mecanismo que permite cambiar el sentido de rotación de un eje.

invertebrado, da *adj.* **1.** Se dice de los animales que no tienen columna vertebral. También *s.* **2.** Que carece de estructuración o es escasa. || *s. m. pl.* **3.** Antigua clasificación zoológica que incluía a los animales que carecen de columna vertebral. Los invertebrados constituyen un grupo amplísimo del reino animal, sin valor sistemático, pues engloba a animales pertenecientes a tipos muy diferentes y, en muchos casos, con características taxonómicas opuestas. En la actualidad se conocen más de un millón de especies de invertebrados, que pertenecen a gran número de tipos: esponjas, celentéreos, platelmintos, anélidos, moluscos, artrópodos, equinodermos, etc.

invertido, da **1.** *p. p.* de **invertir**. También *adj.* || *s. m.* **2.** Homosexual.

invertir *v. tr.* **1.** Colocar las cosas en dirección, posición u orden contrario al que tenían. **2.** Emplear una cantidad de algo en una cosa. También *v. prnl.* **3.** Dedicar dinero a una actividad con el fin de obtener un beneficio o satisfacer una necesidad pública. También *v. intr.* y *v. prnl.* **4.** Emplear el tiempo en algo. **5.** En mat., cambiar los lugares que en una proporción ocupan respectivamente los dos términos de cada razón. ■ Es v. irreg. Se conjuga como *sentir.*

investidura *s. f.* **1.** Acción y efecto de investir. **2.** Carácter que da a la persona la toma de posesión de un cargo o dignidad. **3.** Votación parlamentaria para designar al jefe del Estado o del gobierno. **4.** En la Edad Media, acto jurídico por el que se otorgaba un beneficio (renta, cargo, posesión, etc.) a una persona.

investiduras, querella de las Conflicto entre el papado romano y los monarcas occidentales, sobre todo los emperadores germánicos, en los s. XI y XII, por la investidura o nombramiento de las altas dignidades eclesiásticas (obispos, abades, etc.) que ambos poderes exigían para sí. El mayor enfrentamiento se produjo en 1076, cuando el papa Gregorio VII excomulgó al emperador Enrique IV, que hubo de hacer penitencia en Canosa y que invadió Roma al año siguiente y expulsó al papa. La solución del conflicto se alcanzó en el concordato de Worms de 1122, cuyos acuerdos fueron ratificados por el concilio de Letrán de 1123; en éstos se reconoció el derecho de la Iglesia a designar dichas dignidades.

investigación *s. f.* **1.** Acción y efecto de investigar. **2.** Actividad que mediante determinadas técnicas y métodos busca obtener conocimientos nuevos en los campos de las ciencias, las artes o las letras o para encontrar aplicaciones nuevas de los conocimientos ya existentes.

investigador, ra *adj.* **1.** Que investiga, especialmente en el campo científico. También *s.* || **2. investigador privado** Detective, persona que realiza investigaciones por encargo de un cliente.

investigar *v. tr.* **1.** Hacer lo necesario para enterarse de algo, aclarar un hecho, etc. También *v. intr.* **2.** Estudiar a fondo una rama del saber, un fenómeno, etc. También *v. intr.* ■ Se conjuga como *pagar.* **Fam.** Investigable.

investir *v. tr.* Conceder a una persona una dignidad, privilegio, cargo importante, etc. ■ Es v. irreg. Se conjuga como *pedir.*

inveterado, da *adj.* Muy antiguo y arraigado. **Fam.** Inveteradamente.

inviable *adj.* Que no puede llevarse a cabo. **Fam.** Inviabilidad.

invicto, ta *adj.* Que no ha sido vencido.

invidente *adj.* Ciego, que carece del sentido de la vista. También *s.* **Fam.** Invidencia.

invierno *s. m.* **1.** Estación más fría del año comprendida entre el otoño y la primavera. Transcurre desde el solsticio de invierno, 22 de diciembre, hasta el equinoccio de primavera, 21 de marzo, en el hemisferio norte; y desde el solsticio de verano, 22 de junio, hasta el equinoccio de otoño, 23 de septiembre, en el hemisferio sur. Al hallarse el eje de la Tierra inclinado con respecto al plano de la eclíptica, en invierno los días son más cortos que las noches y los rayos solares inciden oblicuamente sobre el hemisferio terrestre respectivo, por lo que calientan menos. || **2. invierno nuclear** Conjunto de fenómenos climáticos y ambientales que, según algunos expertos, se producirían en la Tierra después de una guerra atómica: bajas temperaturas, fuertes vendavales, nieblas tóxicas, etc.

inviolabilidad *s. f.* **1.** Cualidad de inviolable. **2.** Protección especial que se concede a ciertas personas y cosas, como representantes diplomáticos, embajadas, valijas y archivos diplomáticos, etc., que tienen además el privilegio de no estar sometidos a la acción de la policía y la justicia del país en que se encuentran. **3.** Privilegio que tienen algunas personas, como el monarca y los parlamentarios, de no poder ser interrogados, detenidos o procesados salvo en ciertos casos y en determinadas condiciones. || **4. inviolabilidad del domicilio** Principio constitucional por el que nadie puede entrar en el domicilio de otro sin su permiso o un mandato del juez.

inviolable *adj.* **1.** Que no se debe o no se puede violar, profanar o quebrantar. **2.** Se aplica a ciertas personas y cosas, como representantes diplomáticos, embajadas, etc., que disfrutan de inviolabilidad. **Fam.** Inviolablemente.

inviolado, da *adj.* Que se conserva íntegro y puro.

Querella de las investiduras: entrevista de Canosa entre el papa Gregorio VII y el emperador Enrique IV. Miniatura de una Crónica *del siglo* XIV *(Biblioteca Vaticana, Roma).*

invisible *adj.* Que no se puede ver o es difícil de ver. **Fam.** Invisibilidad, invisiblemente.

invitación *s. f.* **1.** Acción y efecto de invitar. **2.** Tarjeta o escrito con que se invita.

invitado, da **1.** *p. p.* de **invitar**. También *adj.* || *s. m.* y *f.* **2.** Persona que ha sido invitada a algo.

invitar *v. tr.* **1.** Comunicar a una persona el deseo de que asista a una celebración, comida, espectáculo, o vaya a algún lugar, etc. **2.** Pagarle algo a alguien. **3.** Pedir a alguien por cortesía o como mandato que haga algo. **4.** Animar a una persona un determinado lugar, circunstancia, etc., a hacer aquello que se expresa. **Fam.** Invitador, invitante.

invocación *s. f.* **1.** Acción y efecto de invocar. **2.** Palabras con que se invoca. **3.** Parte del poema en que el autor invoca a un ser divino o sobrenatural, verdadero o falso.

invocar *v. tr.* **1.** Dirigirse a alguien, especialmente a Dios o los santos, para solicitar algo. **2.** Hacer referencia a cierta persona o cosa para conmover o impresionar a alguien y obtener de él algo que se pide. **3.** Citar una ley, disposición o circunstancia determinada para reclamar un derecho. **4.** Llamar a un espíritu, divinidad, etc., para que se manifieste o participe en algún rito o ceremonia. ■ Se conjuga como *sacar.* **Fam.** Invocador.

invocatorio, ria *adj.* Que sirve para invocar.

involución *s. f.* **1.** Retroceso en la marcha o evolución de algo. **2.** Fase de un proceso biológico durante la cual su actividad y funciones quedan disminuidas o detenidas. **3.** Modificación regresiva de un órgano o de todo un organismo. || **4. involución senil** Conjunto de fenómenos de atrofia y esclerosis que sufre el organismo durante la vejez.

involucionar *v. intr.* Producirse una involución.

involucionismo *s. m.* Tendencia que defiende la involución política, cultural, económica, etc., y especialmente la vuelta a situaciones no democráticas. **Fam.** Involucionista.

involucrar *v. tr.* **1.** Complicar a alguien en un asunto. **2.** Incluir en una cuestión, charla, discurso, etc., algo que no tiene que ver con ellos.

involucro *s. m.* En bot., conjunto de hojitas llamadas *brácteas* que forman la base de algunas inflorescencias, como las umbelas y las cabezuelas.

involuntario, ria *adj.* Que se hace sin querer o sucede sin que intervenga la voluntad o la intención. **Fam.** Involuntariamente, involuntariedad.

involutivo, va *adj.* Perteneciente o relativo a la involución.

invulnerable *adj.* Que no puede ser herido, dañado o vencido. **Fam.** Invulnerabilidad.

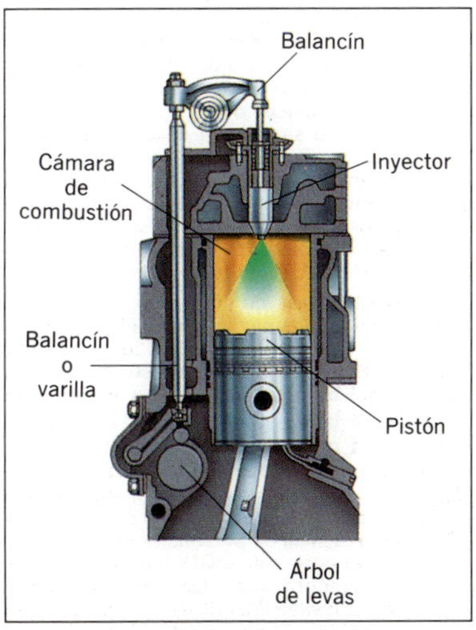

Inyección directa de combustible en el motor diesel.

inyección *s. f.* **1.** Acción y efecto de inyectar. **2.** Introducción de una sustancia en el interior del organismo por medio de una jeringa. Puede ser subcutánea o hipodérmica (debajo de la piel), intramuscular (en un músculo) o intravenosa (en una vena). **3.** Sustancia o líquido que se inyecta. **4.** Introducción de la mezcla explosiva en el cilindro de un motor de combustión interna. **5.** En mat., aplicación inyectiva*.

inyectable *adj.* Se dice de la sustancia o medicamento preparados para usarlos en inyecciones. También *s. m.*

inyectado, da **1.** *p. p.* de **inyectar**. También *adj.* ‖ *adj.* **2.** Se dice de los ojos enrojecidos por una afluencia intensa de sangre.

inyectar *v. tr.* **1.** Introducir a presión un fluido en un cuerpo por medio de un instrumento apropiado. **2.** Administrar un medicamento o una droga por medio de inyección. También *v. prnl.* **3.** Comunicar a alguien un determinado estado de ánimo, sentimiento, etc.

inyectiva, aplicación En mat., aplicación *f* entre dos conjuntos en la que a originales distintos corresponden imágenes distintas o, lo que es lo mismo, si $f(x) = (x')$, entonces $x = x'$.

inyector *s. m.* **1.** Aparato que pulveriza el combustible en la cámara de combustión de los motores que no tienen carburador. **2.** Especie de bomba de chorro para introducir el agua en las calderas de vapor, tomándola directamente del depósito. **3.** Aparato para poner inyecciones.

Íñigo Arista (? h. 770 - ? 852) Primer rey de Pamplona. Hijo de un jefe vascón, apoyado por sus yernos García el Malo, señor de Jaca, y Muza ibn Fortún, derrotó a los condes de Eblo y Aznar (824). En 842 Pamplona fue saqueada por Abderramán II y al año siguiente Íñigo resultó herido en combate contra las huestes del emir cordobés. Asoció al poder a su hijo y sucesor García I Íñiguez.

Ío **1.** En la mitología griega, ninfa hija del río Ínaco. Zeus la convirtió en su amante transformándola en novilla, lo que suscitó los celos de Hera, que le hizo padecer grandes sufrimientos, hasta que Zeus, compadecido, le devolvió su forma primitiva.
2. Primer satélite del planeta Júpiter, descubierto por Galileo en 1610. Tiene un diámetro de 3.638 km.

iodo *s. m.* Yodo*, elemento químico.

Ioffe, Abram Fiodorovich (Romny, Poltava 1900 - Moscú 1960) Físico soviético. Fue director del Instituto de Física Agronómica de Leningrado. Investigó sobre la física del estado sólido y las propiedades de los cristales dieléctricos y utilizó semiconductores en la producción de refrigeradores y generadores.

ion o **ión** *s. m.* Átomo o agrupación atómica que por exceso o defecto de electrones ha adquirido carga eléctrica. El ion que tiene exceso de electrones se llama **ion negativo** o **anión** y el que tiene defecto **ion positivo** o **catión**, debido a que el ion negativo y el positivo son atraídos por el ánodo y el cátodo, respectivamente, cuando están en forma de electrólito, al paso de una corriente eléctrica. Por regla general, el ion que se forma a partir de un metal tiene carga positiva y el que proviene de un no metal tiene carga negativa. Se simbolizan añadiendo al signo del elemento atómico o de la agrupación atómica un exponente con el signo menos o más, respectivamente, precedido del número de electrones que posee en defecto o exceso; p. ej., el ion cloruro se simboliza Cl^-, el ion sulfato SO_4^{2-}, el ion amonio NH_4^+, el ion ferroso Fe^{2+}.

ion gramo Masa en gramos de un ion cuya cuantía viene dada por la suma del peso de los átomos de que consta. P. ej., el ion gramo del amonio NH_4^+ es 18 gramos, puesto que el peso atómico del hidrógeno (H) es 1 y el del nitrógeno (N) es 14.

Ionesco, Eugène (Slatina, Rumania 1912) Escritor francés de origen rumano. Representante destacado del teatro del absurdo, sus obras se caracterizan por la mezcla de lo cotidiano y lo irreal, la presencia de personajes marginales, el uso de un lenguaje coloquial y una intención alegórica o simbólica. Entre las más significativas figuran *La cantante calva* (1950), *La lección* (1951), *Las sillas* (1952), *El rinoceronte* (1959), *El rey se muere* (1963), *La sed y el hambre* (1965) y *El hombre de las maletas* (1975).

iónico, ca *adj.* **1.** Perteneciente o relativo a los iones. ‖ **2. enlace iónico** Enlace químico que se

Iquitos: panorámica de la ciudad, que se extiende en la orilla izquierda del río Amazonas.

produce por atracción electrostática entre dos átomos previamente cargados con signos contrarios.

ionización *s. f.* **1.** En quím., proceso de formación de un ion por el cual un átomo pierde o gana electrones en su capa más externa; en el primer caso, el proceso es endotérmico y la energía absorbida se llama *potencial de ionización*; en el segundo es exotérmico y la energía desprendida se denomina *afinidad electrónica*. ‖ **2. cámara de ionización** Aparato que permite estudiar las trayectorias que siguen los iones y que consiste en una cámara sometida a la acción de un campo magnético. En función de dicha trayectoria pueden conocerse las masas y cargas de los iones. **3. potencial de ionización** o **energía de ionización** Energía necesaria para arrancar un electrón a un átomo. Cuando es el electrón más externo, se denomina *primera energía de ionización*, cuando es el siguiente, *segunda energía de ionización*, y así sucesivamente.

ionizante *adj.* Que ioniza.

ionizar *v. tr.* Producir iones. También *v. prnl.* ▪ Se conjuga como *cazar*.

ionosfera *s. f.* Capa de la atmósfera comprendida entre los 80 y los 600 km de altitud, así llamada por existir en ella partículas cargadas eléctricamente (iones) que reflejan las ondas de radio. Las capas de partículas ionizadas hacen que los meteoritos al penetrar en ella se pongan incandescentes y en muchos casos se desintegren, dando lugar a las llamadas *estrellas fugaces*. **Fam.** Ionosférico.

iota *s. f.* Nombre de la novena letra del alfabeto griego, que corresponde a nuestra *i*. ▪ La letra mayúscula se escribe *I* y la minúscula *ι*.

Iowa Estado de EE UU, situado en el sector central del país. 145.752 km². 2.787.400 h. en 1990. La capital es Des Moines, 194.150 h. en 1988. Su relieve presenta al E una llanura que desciende suavemente hacia el río Mississippi y al O una meseta limitada por el río Missouri. Tiene una economía eminentemente agrícola, con monocultivos intensivos de trigo, maíz, soja y avena, en cuya producción ocupa los primeros lugares de EE UU. Es también el principal estado ganadero del país, con una gran cabaña vacuna, porcina y lanar. Posee minas de lignito. En su industria destaca la de maquinaria agrícola, neumáticos y fertilizantes.

Iparraguirre, José María (Villarreal de Urrechua, Guipúzcoa 1820 - Ichaso, Guipúzcoa 1881) Poeta español en lengua vasca. Luchó en las filas carlistas y posteriormente se exilió y recorrió Francia, Italia e Inglaterra ganándose la

Eugène Ionesco.

vida con su guitarra como cantor ambulante. Es el compositor de *Gernikako arbola* (*El árbol de Guernica*), que más tarde fue adoptado como himno vasco.

iperita *s. f.* $ClCH_2-CH_2-S-CH_2-CH_2-Cl$. Sulfuro de diclorodietilo, también llamado *gas mostaza*. Es una de las sustancias que se han empleado como gas tóxico con fines bélicos, ataca a los ojos y a las vías respiratorias.

Ipoh C. de Malaisia, cap. del estado de Perak. 293.849 h. en 1980. Está situada en la zona continental del país a orillas del río Kinta. Su principal recurso económico es la extracción de estaño.

ípsilon *s. f.* Nombre de la vigésima letra del alfabeto griego. ▪ Su sonido es parecido al de la *u* francesa. La letra mayúscula se escribe *Y* y la minúscula *υ*.

ipso facto *loc. lat.* Significa 'inmediatamente, en el acto'.

Ipswich C. del Reino Unido, cap. del condado de East Suffolk, situada en el SE de Inglaterra, en el estuario del río Orwell. 131.150 h. en 1981. Es puerto comercial, mercado agrícola y ganadero y posee industrias mecánicas, químicas, textiles, alimentarias y tabaqueras.

Iqbal, Muhammad (Sialkot 1877 - Lahore 1938) Poeta, filósofo y político musulmán de la India. Viajó a Europa (1905), donde realizó estudios de filosofía, y a su regreso a la India (1908) se convirtió en defensor de la creación de un estado musulmán. Fue presidente de la Liga musulmana (1930). Entre sus libros poéticos, escritos en persa y en urdu, destacan *Los secretos del yo* (1915), *Salmos del Este* (1927), *El libro de la eternidad* (1932) y *El ala de Gabriel* (1935).

Iquique C. de Chile, cap. de la región de Tarapacá, situada en la costa, al N de la capital del país. 144.650 h. en 1989. Enclavada en una región desértica, tiene minas de cobre, nitrato y depósitos de guano. Su puerto pesquero es el principal del país. Posee además industrias químicas, alimentarias y cementeras, refinerías de petróleo e importantes astilleros.

Iquitos C. del Perú, cap. del departamento de Loreto, situada al NE de la capital del país, a orillas del Amazonas. 269.500 h. en 1990. Su economía es eminentemente agrícola, con cultivos de caucho, batata, plantas medicinales, café, arroz, algodón y tabaco. Tiene también refinerías de petróleo e industrias madereras, textiles y alcoholeras. Es la capital y la ciudad más importante de la Amazonia peruana.

ir *v. intr.* **1.** Moverse para llegar a un lugar. **2.** Asistir. **3.** Extenderse o comprender algo desde los límites que se indican. **4.** Estar o deber estar en un lugar determinado. **5.** Marchar, funcionar. **6.** Haber diferencia entre dos o más personas o cosas. **7.** Ser algo conveniente o apropiado para alguien o algo. **8.** Gustar. **9.** Ser apostada cierta cosa o cantidad de dinero. También, en algunos juegos de cartas, seguir la apuesta. **10.** Ser, estar, presentarse, etc., de una determinada manera. **11.** Con la preposición *a*, ocuparse o centrarse en aquello que se expresa. **12.** Con *a favor de*, *con*, etc., ser partidario; seguido de *contra*, oponerse. **13.** Con la preposición *con*, referirse algo a alguien en concreto. **14.** Con la preposición *con*, acudir a alguien para contarle algo, generalmente molesto. **15.** Con la preposición *de*, tratar algo sobre cierto tema. **16.** Con la preposición *de*,

I R

GERUNDIO

yendo

INDICATIVO

Presente	Pretér. imperf.	Pretér. perf. simple
voy	*iba*	*fui*
vas	*ibas*	*fuiste*
va	*iba*	*fue*
vamos	*íbamos*	*fuimos*
vais	*ibais*	*fuisteis*
van	*iban*	*fueron*

SUBJUNTIVO

Presente	Pretérito imperfecto
vaya	*fuera, -ese*
vayas	*fueras, -eses*
vaya	*fuera, -ese*
vayamos	*fuéramos, -ésemos*
vayáis	*fuerais, -eseis*
vayan	*fueran, -esen*

Futuro imperfecto

fuere
fueres
fuere
fuéremos
fuereis
fueren

IMPERATIVO

ve	*id*

adoptar cierta actitud, generalmente fingida o criticable. **17.** Con la preposición *en*, depender. **18.** Con la preposición *en*, influir, repercutir. **19.** Seguido de la preposición *en*, ser cuestión de aquello que se expresa. **20.** Seguido de la preposición *en*, importar, interesar. **21.** Con la preposición *por*, buscar o tratar de conseguir algo. **22.** Con la preposición *por*, haber alcanzado un cierto punto en un estudio, trabajo, acción, etc. **23.** Con la preposición *por*, estar algo dirigido o dedicado a alguien. **24.** Con la preposición *por*, ser algo justa correspondencia o pago de otra cosa. **25.** Seguido de la conjunción *y* con un verbo, destaca el significado de éste, indicando generalmente sorpresa, enfado, etc., por parte del que lo dice: *Entonces va, y empieza a gritar.* ‖ *v. prnl.* **26.** Marcharse, dejar de estar, escaparse. **27.** Consumirse algo. **28.** Desgastarse o hacerse vieja una tela o prenda. **29.** Olvidarse. **30.** Morirse. **31.** Perder el control de algo. **32.** Hacerse alguien sus necesidades o expulsar gases sin querer. **33.** *fam.* Junto a expresiones como *a la porra, a paseo*, etc., fracasar. **34.** *fam.* En imperativo y seguido de algunas de estas expresiones, se utiliza para echar o rechazar a alguien. **35.** Con la preposición *de* y tratándose de cartas de la baraja, descartarse. ‖ *v. aux.* **36.** Seguido de un gerundio, presenta una acción que comienza a realizarse o que se produce gradualmente. **37.** Con la preposición *a* y un infinitivo, indica una acción que está a punto de producirse. ‖ **Loc. a eso voy** *fam.* Indica que alguien va a hablar sobre algo que otra persona le recuerda pensando que quizá lo haya olvidado. **¡ahí va!** *interj. fam.* Expresa asombro, admiración. **allá se van** *fam.* Ser dos o más personas o cosas parecidas, tener más o menos el mismo valor. **¡dónde va a parar!** *excl. fam.* Destaca la diferencia que existe entre dos o más personas. **¿dónde va** (o **vas**, etc.) **con** algo? Indica que algo que se hace, lleva, etc., es exagerado o innecesario. **ir a una** *fam.* Estar o ponerse de acuerdo una o más personas para conseguir un mismo fin. **ir dado** *fam.* Irle mal las cosas a alguien; también, no tener nada que hacer con alguien o algo. **ir detrás de** (o **trás**) alguien Intentar con insistencia conseguir algo de una persona o ganarse su amistad o amor. **ir** algo **para largo** *fam.* Quedar mucho para que algo se realice o se termine. **ir** alguien **que arde** (o **chuta**) *fam.* Tener más que suficiente. **ni irle ni venirle** algo a alguien *fam.* No importarle, no tener ningún interés por ello. **¡qué va!** *interj. fam.* Expresa negación. **¿quién va?** *interr.* Se emplea para dar el alto o para pedir que alguien se identifique o advierta de su presencia. **sin ir más lejos** Sirve para reforzar algo que se ha dicho anteriormente presentando una prueba o muestra de lo que se ha expresado. **¡vamos!** *interj. fam.* Se utiliza para ordenar o animar. También expresa rechazo: *¡Pero vamos! ¡Cómo se atreve usted!* Se emplea con frecuencia como muletilla. **¡vaya!** *interj. fam.* Expresa asombro, admiración, fastidio o protesta. En ocasiones sirve sólo para reforzar, equivaliendo a *menudo.* **vete** (**tú**) **a saber** o **vaya usted a saber** *fam.* Indica ignorancia sobre algo. ▪ Es v. irreg.

Ir Símbolo químico del iridio.

ira *s. f.* **1.** Enfado muy violento, cólera. **2.** Violencia del viento, del mar, etc.

IRA (siglas de *Irish Republican Army*, Ejército Republicano Irlandés) *s. m.* Organización política irlandesa de carácter terrorista e ideología nacionalista, partidaria de la unificación del Ulster con la República de Irlanda. El IRA fue creado en 1914 en sustitución de los Voluntarios irlandeses, rama armada del partido Sinn Fein, con la finalidad de expulsar a las tropas británicas estacionadas en Irlanda. En 1921, tras la concesión de la independencia a Eire, una parte se integró en el ejército regular irlandés, mientras que otro sector continuó la lucha para recuperar el Ulster y reunificar la isla. Tras un periodo de declive, reapareció con fuerza en Irlanda del Norte en los años sesenta, representando a los sectores católicos más radicalizados. En 1969 se escindió en dos tendencias, el «IRA oficial», más moderado y partidario de la lucha política, y el «IRA provisional», partidario de la lucha terrorista. Desde entonces sus atentados han sido continuos y han llevado al gobierno de Londres a ocupar militarmente Irlanda del Norte, sin que se haya alcanzado hasta el presente una solución política o militar del conflicto.

iracundia *s. f.* Cualidad o estado de iracundo.

iracundo, da *adj.* Que se deja llevar fácilmente por la ira o está dominado por ella.

Irak, República de (*al-Iraq*) Estado del SO de Asia.

Extensión: 435.042 km^2.
Límites: al N, con Siria, Turquía e Irán; al E, con Irán; al S, con el golfo Pérsico, Kuwait y Arabia Saudí, y al O, con Jordania y Siria.
Población: 17.754.000 h. en 1990.
Densidad: 40,9 h./km^2.
Capital: Bagdad.
División administrativa: 15 gobiernos y 3 regiones autónomas kurdas.
Ciudades principales: Basora, Mosul, Kirkuk, Irbil y as-Sulaymaniyah.
Gentilicio: iraquí.
Forma de Estado: república presidencialista.
Idioma: árabe.
Religión: islamismo, 95,8 %; cristianismo, 3,5 %.
Moneda: dinar iraquí.
Tasa de natalidad: 45 ‰ en 1990.
Tasa de mortalidad: 8 ‰ en 1990.
Renta per cápita: 2.520 dólares en 1988.

Geog. física Irak se asienta sobre un territorio predominantemente llano; sólo al N se alzan algunas formaciones montañosas calizas. Su región más característica es la fértil llanura de Mesopotamia, una gran fosa tectónica al pie de los montes Zagros, que se extiende por el país de N a S, y por la que discurren los ríos Tigris y Eúfrates, que se unen para formar el Satt al-Arab, un gran delta que desemboca en el golfo Pérsico. Los sectores O y S están constituidos por las estribaciones del desierto sirio, una zona árida poblada por grupos nómadas. El país tiene un clima continental, caluroso en verano, por la acción del viento *kaws* procedente del golfo Pérsico, y riguroso en invierno a causa de las masas de aire polar procedentes de Siberia. La vegetación es esencialmente de estepa desértica, con la excepción de las regiones agrícolas de regadío y el sector N, en el que existe bosque mediterráneo. ***Geog. humana*** y ***económica*** La población pertenece fundamentalmente a la etnia armenia y semita y se concentra en Mesopotamia; en el N vive una minoría kurda. Aunque la principal actividad del país es la agricultura, el 68 % de su población se concentra en las ciudades. Prevalece el regadío, que se enfrenta a las grandes dificultades que crean las crecidas repentinas y violentas del Tigris y el Eúfrates. Se cultivan cereales, trigo y cebada, arroz, tabaco, algodón, palmera datilera y sésamo. La ganadería trashumante es el único recurso de las regiones desérticas. El país posee importantes yacimientos petrolíferos (séptimo productor mundial) e industria petroquímica, cementera, papelera, eléctrica, siderúrgica, automovilística, vidriera, farmacéutica, textil y del cuero. ***Hist.*** La región de Mesopotamia fue en la antigüedad cuna de importantes civilizaciones en torno a Babilonia y Nínive. Anexionada al imperio persa por Ciro II en el 539 a. C. y conquistada por Alejandro Magno en el 331 a. C., constituyó el núcleo del reino helenístico de los seléucidas, del imperio parto (s. II a. C.) y del sasánida (s. III). Pasó a poder del Islam en el 634 y desde el 762 Bagdad se convirtió en capital del califato abbasida. Con la decadencia de éste en el s. IX, el actual Irak fue objeto de permanentes conflictos entre persas, mongoles y turcos. Hulagu Kan lo incorporó al imperio mongol a mediados del s. XIII. Desde entonces el territorio fue disputado por turcos y persas, hasta que el sultán otomano se apoderó de él en 1524. A partir del s. XVII las

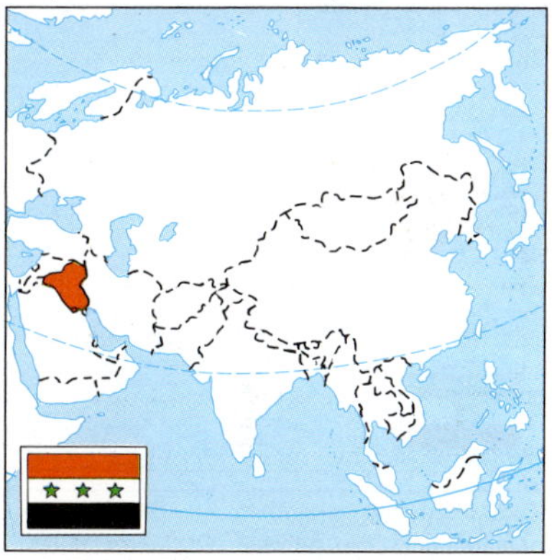

ciudades de Basora y Bagdad obtuvieron una creciente autonomía respecto a Turquía. En 1831 el sultán otomano Mahmud II envió un gobernador para restablecer su autoridad en el territorio. La penetración británica había comenzado con la construcción del ferrocarril de Bagdad y en la Primera Guerra Mundial el Reino Unido conquistó la región a los otomanos. En 1921 se creó bajo protectorado británico la monarquía del rey Faysal, y en 1925 el país obtuvo la independencia. Durante el periodo de entreguerras creció el poder del Ejército y aumentó la influencia alemana, lo que provocó que en la

Irak: vista del recinto amurallado de Babilonia.

Segunda Guerra Mundial fuera nuevamente invadido por el Reino Unido. Al término de la misma, la agitación nacionalista antibritánica surgió por doquier y provocó graves levantamientos contra la monarquía en 1952. En 1958 se concertó la confederación árabe jordano-iraquí, pero ese mismo año se produjo el golpe del sector revolucionario del Ejército, muy influido por las tesis de Nasser y encabezado por el general Kassem, que estableció la república. El nuevo gobierno se retiró de la Liga Árabe y concertó acuerdos económicos con la URSS. En 1963 se produjo un nuevo golpe, dirigido por un sector del Ejército y el partido Baas, que llevó al poder a Abd al-Salam Aref, desplazado a su vez por Hasam al-Bakr en 1968. El gobierno revolucionario, controlado por los baasistas, intensificó la relación con la URSS, nacionalizó el petróleo, reformó la propiedad agraria y dio autonomía al Kurdistán. En 1979 alcanzó la presidencia del gobierno Saddam Hussein. En 1980 Saddam desató la guerra contra Irán, que concluyó en 1988 sin un vencedor. En 1990 Irak ocupó Kuwait, lo que provocó la condena de la ONU y la intervención de una amplia coalición de países, encabezada por EE UU, que derrotó y expulsó al ejército iraquí de Kuwait.

irakí *adj.* Iraquí*.

Iraklion C. de Grecia, en la isla de Creta, situada en la costa N de la misma. 102.400 h. en 1981. Constituye un importante centro comercial y turístico. Cuenta con industria alimentaria. Es la antigua *Candía.*

Irán, República Islámica de (*Iran*) Estado del SO de Asia.

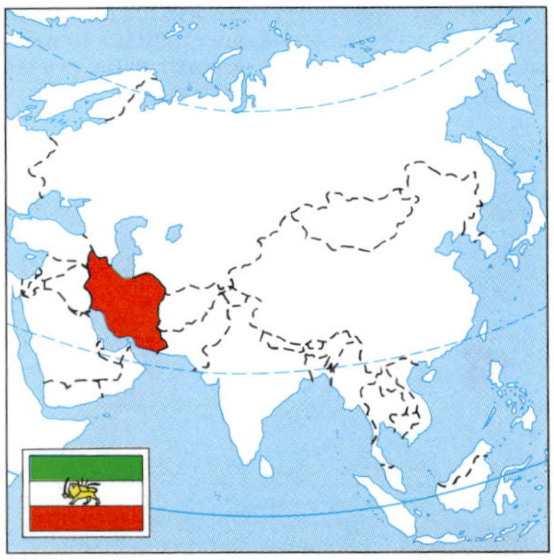

Extensión: 1.648.196 km^2.
Límites: al N, con Armenia, Azerbaiyán, el mar Caspio y Turkmenistán; al E, con Afganistán y Pakistán; al S, con el golfo de Omán y el golfo Pérsico, y al O, con Irak y Turquía.
Población: 56.293.000 h. en 1990.
Densidad: 34,3 h./km^2.
Capital: Teherán.
División administrativa: 24 provincias.
Ciudades principales: Isfahan, Mashhad, Tabziz, Shiraz y Ahvaz.
Gentilicio: iraní.
Forma de Estado: república islámica.
Idioma: farsi (persa).
Religión: islamismo 98 %.
Moneda: rial.
Tasa de natalidad: 45 ‰ en 1990.
Tasa de mortalidad: 10 ‰ en 1990.
Renta per cápita: 1.800 dólares en 1988.

Geog. física El relieve de Irán consta de dos grandes unidades: las cadenas montañosas periféricas (cordilleras de Elburz, al N, y de Zagros, Fars y Laristán, de NO a SE) y una gran meseta interior de carácter desértico. Existen diversas llanuras aluviales en la zona del golfo Pérsico. Los ríos son escasos y de poco caudal; los más importantes son el Karum, de 750 km, que es tributario del Satt al-Arab, el Marum y el Karkheh. Tiene un clima continental y árido, con grandes oscilaciones térmicas, y una vegetación muy escasa, esteparia, aunque existen regiones boscosas en los montes Elburz y palmerales en el área meridional.

Geog. humana y ***económica*** La población es fundamentalmente iranio-afgana, con minorías turcas, armenias, kurdas, baluchis, mongólicas y árabes; se concentra en los sectores O y S del país

Irán: olivar en la cuenca de los ríos Quizil Ouzan y Safid Rud, al sur del mar Caspio.

y se distribuye casi al 50 % entre el campo y la ciudad. La agricultura se limita a las escasas regiones fértiles, con cultivos cerealísticos de trigo, cebada y arroz y cultivos industriales de algodón, tabaco y remolacha azucarera. Posee también ganadería ovina y caprina.

La principal riqueza del país reside en el petróleo (sexto productor mundial) con grandes yacimientos en Marun, Gash Saran, Ahvaz y Bibi Hakimeh, que suponen el 10 % de las reservas mundiales. También se extrae gas natural, hierro, plomo, cinc y cromo. Entre las principales industrias están la de refino de petróleo, especialmente en la gran refinería de Abadán, la siderúrgica, del aluminio, la automovilística y eléctrica, que coexisten con otras de carácter tradicional, como la alimentaria y la textil, sobre todo la de alfombras de lana.

Hist. El 21 de marzo de 1935 Persia se convirtió oficialmente en Irán. Apenas catorce años antes el general Reza Kan Pahlavi, en un golpe de Estado, había depuesto al sha Ahmed y poco después, en 1925, se había proclamado sha de Persia. Durante su mandato y bajo la influencia del Reino Unido y la URSS, el país fue modernizado; se mejoraron las carreteras, se creó un servicio aéreo con aviones Junker alemanes, el Estado obtuvo el control del comercio exterior, se creó la flota persa del golfo y se inauguró el ferrocarril transiraní. En 1941 el Reino Unido y la URSS invadieron Irán para acabar con la influencia alemana, lo que provocó la abdicación del sha en su hijo Muhammad Reza. La intervención extranjera hizo renacer el movimiento nacionalista, que en 1951 llevó a la presidencia del gobierno a Musaddaq, quien nacionalizó el petróleo; la falta de recursos para su explotación provocó una crisis económica. El sha ordenó detener a Musaddaq en 1953 y en 1959 firmó un acuerdo de defensa con EE UU. A partir de 1960 intentó una reforma agraria e industrial, pero la oposición no dejó de crecer y en 1965 fue asesinado el primer ministro Hassan Alí. Muhammad Reza Pahlavi profundizó en su alianza con EE UU y creó un poderoso ejército con las rentas del petróleo, aunque la situación económica no mejoró y el movimiento de oposición comenzó a centrarse en los grupos islámicos chiitas, dirigidos desde el destierro por el ayatola Jomeini.

En 1979 una gran huelga general culminó el proceso revolucionario y el sha hubo de abandonar el país, después de lo cual se proclamó la república islámica y se aprobó una nueva Constitución. Su principal característica es la *velayat faghih* o tutela del máximo líder religioso sobre el Estado, con poderes casi absolutos, pues puede destituir al presidente del gobierno y disolver el parlamento cuando lo considere necesario. El régimen de Jomeini fue radicalizándose progresivamente: los guardianes de la revolución, vanguardia del movimiento, asaltaron la embajada de EE UU y tomaron a muchos de sus miembros como rehenes, al tiempo que el presidente moderado Bani Sadr era destituido en 1981 y sustituido por el fundamentalista islámico Mohamed Alí Rayai, a su vez muerto en atentado y reemplazado por Sayed Alí Jamenei. La voluntad del régimen de exportar la revolución chiita a otros

Irán: poblado a las afueras de Maku, ciudad del noroeste del país.

países del golfo y una serie de cuestiones fronterizas provocaron que Irak iniciara la guerra irano-iraquí en 1980, que se prolongó hasta 1988 causando innumerables daños en vidas humanas y en la economía del país. El conflicto concluyó sin vencedor claro y sin que el régimen jomeinista variara su política de enfrentamiento con los países occidentales. En 1989 murió Ruhollah Jomeini y fue sucedido por Alí Jamenei.

Irangate Escándalo producido en EEUU en 1986, durante la presidencia de Ronald Reagan, en el que se acusó a altos funcionarios de la Casa Blanca de la venta secreta de armas a Irán y de la utilización del dinero obtenido en la financiación de la contra nicaragüense.

iraní *adj.* De Irán. También *s.*

iranio, nia *adj.* **1.** Del antiguo Irán. También *s.* **2.** Se aplica a un grupo de lenguas indoeuropeas de la familia indoirania. También *s. m.*

irano-iraquí, guerra Conflicto bélico desencadenado entre Irán e Irak en 1980. Fue iniciado por los iraquíes con la excusa de recuperar sus derechos de navegación por el Satt al-Arab, pero su motivo profundo fue la tradicional enemistad entre ambos países por motivos étnicos (Irán es persa e Irak árabe), religiosos (los iraquíes son sunnitas y los iraníes chiitas) y económicos (dominio del golfo Pérsico). El presidente iraquí Hussein había previsto una guerra relámpago, pero el conflicto se estancó en un enfrentamiento de desgaste que, a lo largo de los años, causó a ambos países innumerables daños humanos y económicos. En 1987 el ataque con misiles a barcos no beligerantes amenazó con internacionalizar el conflicto; pese a ello, en 1988 se alcanzó un acuerdo de paz, en el que ninguno de los dos países fue considerado vencedor o vencido.

Irapuato C. de México, situada en el estado de Guanajuato, al NO de la capital del país. 246.000 h. en 1985. Tiene ricos cultivos de trigo, maíz, frijol, legumbres, caña de azúcar, tabaco, huerta y frutales, además de una importante ganadería vacuna. Cuenta también con minas de oro y plata, con metalurgia y con industrias del cuero y tabaco.

Iraq Véase **Irak**.

iraquí *adj.* De Irak. También *s.*

irascible *adj.* Se dice de la persona que se irrita o enfada fácilmente. **FAM.** Irascibilidad.

Irawadi o **Irrawaddy** Río de Birmania. 2.250 km de longitud. Nace de la confluencia de dos ríos de montaña, el Mali y el Nmai en el Himalaya oriental, y recorre el país en dirección S. Desemboca en el mar de Andamán, formando un gran delta, que constituye una de las regiones arroceras más importantes del mundo. Es navegable durante 1.700 km a partir de Bhamo y se utiliza para el transporte de viajeros y mercancías.

Irazú Volcán de Costa Rica. 3.432 m. Situado en la Cordillera Central, aún se encuentra en actividad.

Irene (Atenas h. 752 - Lesbos 803) Emperatriz de Bizancio (797-802). Al morir en el 780 su esposo, el emperador León IV, fue regente de su hijo Constantino VI, al que luego hizo destronar en el 797. Concertó la paz con el Islam a cambio de pagar tributo y reunió el concilio de Nicea del 787, que condenó la doctrina iconoclasta. Planeó su matrimonio con Carlomagno para unir ambos imperios, a consecuencia de lo cual fue depuesta y desterrada en el año 802.

Ireneo, San (Esmirna h. 130 - Lyon h. 208) Filósofo y teólogo de origen griego, obispo de Lyon y padre de la Iglesia. Combatió la doctrina del gnosticismo en sus obras *Exposición y refutación del falso conocimiento* y *Demostración de la prédica apostólica.*

Irian Jaya Prov. de Indonesia, situada en el sector occidental de la isla de Nueva Guinea. 419.660 km^2. 1.363.500 h. en 1989. La capital es Jayapura, con 149.600 h. en 1989. Fue colonia holandesa hasta 1963. Posee importantes yacimientos de petróleo, cobre, níquel y cobalto.

Iriarte, Tomás de (La Orotava, Tenerife 1750 - Madrid 1791) Escritor español. Fue archivero del consejo de Guerra. Tradujo obras teatrales francesas y el *Arte poética* de Horacio. Autor ilustrado y volteriano, escribió el poema didáctico *La música* (1779) y obras teatrales como *El señorito mimado* (1783) y *La señorita malcriada* (1788), pero es conocido sobre todo por sus *Fábulas literarias* (1782).

Tomás de Iriarte. Retrato de Joaquín Inza (Museo del Prado, Madrid).

iridáceas *s. f. pl.* Familia de plantas herbáceas del orden liliales a la que pertenecen más de 1.500 especies comprendidas en unos 80 géneros, entre los que destacan *Crocus, Freesia, Gladiolus* e *Iris.* Son plantas perennes que tienen flores hermafroditas, fruto en cápsula y raíces, rizomas o bulbos que constituyen órganos de reserva. Son propias de la región mediterránea, África meridional y América, pero se hallan distribuidas por todo el mundo. Iridáceas son el azafrán y los lirios. También *adj.* y *s. f.*

iridiado, da *adj.* Se dice del metal que tiene aleación de iridio.

irídico, ca *adj.* Perteneciente o relativo al iris del ojo.

iridio *s. m.* Ir. Elemento químico perteneciente al grupo VIII B del sistema periódico. Su número atómico es 77 y su masa atómica 192,2. Fue descubierto por Smithson Tennant en 1804, que le dio ese nombre por las irisaciones que aparecen en algunas de sus disoluciones. Es el elemento más pesado, con una densidad de 22,4 g/cm^3, y muy resistente a la corrosión. Metal blanco, se presenta asociado al platino, paladio y osmio en yacimientos de Canadá, Colombia, República Sudafricana y otros. Se emplea en la fabricación de recipientes estables al ataque ácido y en aleaciones especiales. El metro patrón que se conserva en la Oficina Internacional de Pesas y Medidas de París está fabricado con una aleación de iridio y platino.

iridiscente *adj.* **1.** Que muestra o refleja los colores del arco iris. **2.** Que brilla o produce destellos.

irire *s. m. Amér. del S.* Calabaza de forma ovalada con que se bebe la chicha.

iris *s. m.* **1.** Disco de color, situado en el globo ocular, entre la córnea y el cristalino, que constituye el diafragma del ojo y forma la parte anterior de la coroides. El orificio circular central se llama *pupila.* La contracción del iris permite ajustar el diámetro de la pupila a la cantidad de luz del ambiente, para mejorar la capacidad visual. Las células pigmentadas del iris son las responsables del color de los ojos: cuando hay poco pigmento, el iris es azul y, cuando hay mayor cantidad, es pardo. **2.** Arco* iris. **3.** Nombre común de diversas plantas herbáceas de la familia iridáceas, género *Iris.* Son plantas perennes que tienen bulbos o rizomas y sus flores poseen piezas periánticas coloreadas, diferenciadas en tres internas y tres externas. Se utilizan como plantas ornamentales de jardín. El lirio cárdeno *(Iris germanica)* tiene flores purpúreas; la *Iris variegata,* amarillas. Crecen en el hemisferio boreal.

Iris púrpura o lirio cárdeno (Iris germanica).

irisación *s. f.* Brillo con los colores del arco iris que presentan ciertos cuerpos; p. ej., algunos minerales o el nácar.

irisado, da **1.** *p. p.* de **irisar**. || *adj.* **2.** Con irisaciones.

irisar *v. intr.* **1.** Presentar irisaciones un cuerpo. || *v. tr.* **2.** Hacer que algo adquiera un colorido parecido al del arco iris.

Irisarri, Antonio José de (Guatemala 1786 - Brooklyn, EE UU 1868) Político y escritor chileno de origen guatemalteco. Fue dictador supremo interino de Chile en 1814 y posteriormente colaboró con O'Higgins como ministro del Interior y de Relaciones Exteriores. Participó en la guerra contra la confederación de Perú y Bolivia en 1836. Escritor satírico y gran polemista, fue autor de *Memorias* (1826), *Cuestiones filológicas* (1861) y *Poesías satíricas y burlescas* (1867).

Irkutsk **1.** Prov. de la Federación Rusa, situada en el S del sector central de Siberia. 767.900 km^2. 2.839.000 h. en 1989.
2. C. de la Federación Rusa, cap. de esta prov., situada en la confluencia de los ríos Angara e Irkut, al SO del lago Baikal. 626.000 h. en 1989. Es un centro administrativo y económico, con minas de bauxita e industrias metalúrgicas, químicas, madereras y alimentarias. Fue fundada en 1652 en la ruta de Siberia meridional.

Irlanda Isla del océano Atlántico, perteneciente a las islas Británicas, situada al O de Gran Bretaña. 84.420 km^2. En ella se hallan enclavadas la República de Irlanda (Eire) y el territorio de Irlanda del Norte (Ulster), perteneciente al Reino Unido y que ocupa el sector NE de la isla.

Irlanda, mar de Mar del océano Atlántico, situado entre las islas de Irlanda y Gran Bretaña. Está limitado al N por el canal del Norte y al S por el canal de Saint George y en él se encuentra la isla de Man.

Irlanda, República de (*Eire*) Estado del NO europeo, situado en la isla del mismo nombre, del archipiélago británico.

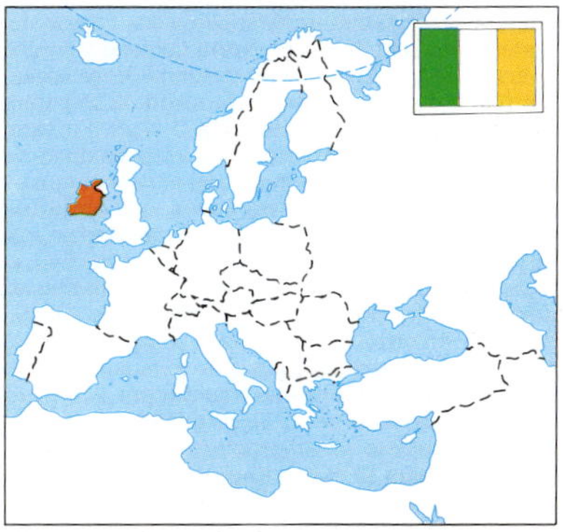

Extensión: 70.285 km^2.
Límites: al N, con el océano Atlántico e Irlanda del Norte; al E, con el mar de Irlanda, y al S y al O, con el océano Atlántico.
Población: 3.509.000 h. en 1990.
Densidad: 51,9 h./km^2.
Capital: Dublín.
División administrativa: provincias de Connaught, Leinster, Munster y Ulster.
Ciudades principales: Cork, Limerick, Galway y Waterford.
Gentilicio: irlandés.
Forma de Estado: república parlamentaria.
Idioma: irlandés e inglés.
Religión: catolicismo, 93,1 %; anglicanismo, 2,8 %.
Moneda: libra irlandesa.
Tasa de natalidad: 15 ‰ en 1990.
Tasa de mortalidad: 9 ‰ en 1990.
Renta per cápita: 7.480 dólares en 1988.

Geog. física El relieve irlandés está formado por una gran llanura central, rodeada por diversos sistemas montañosos, como los montes Donegal al N, los montes Wicklow al E, los montes Galty, Boggeragh y Caha al S y los montes Connemara y Ox al O. Estos sistemas se originaron durante el plegamiento caledoniano y fueron moldeados por la acción glaciar del cuaternario, que asimismo trazó una red fluvial irregular, en la que destaca el río Shannon, y numerosos lagos, como el Mask, Ree, Corrib y Derg, así como una costa escarpada con grandes fiordos en su sector occidental. El clima es oceánico, con gran pluviosidad, lo que produce un paisaje en que alternan las zonas de vegetación exuberante con las zonas de landas y turberas.

Geog. humana y ***económica*** La población aún no se ha recuperado de las emigraciones masivas del s. XIX. El 57 % vive en ciudades. La agricultura está poco desarrollada; se cultivan sobre todo cereales (cebada, trigo, avena), patatas y remolacha azucarera. Más importancia tiene la ganadería, en la que destaca el ganado bovino. La pobreza de su minería, salvo el cinc, plomo y gas natural, frenó el desarrollo industrial, en el que sobresalieron el sector textil y el de las destilerías, sobre todo de cerveza. Desde mediados del s. XX se ha realizado un gran esfuerzo industrializador en sectores básicos como la construcción y la energía hidroeléctrica y en otros como la siderurgia, la construcción mecánica, la química y la alimentación.

***Hist.* antigüedad y Edad Media** La isla de Irlanda recibió a principios del s. IV a. C. una oleada migratoria de celtas gaélicos que fundaron gran número de pequeños estados. A principios de

Irlanda: paisaje de la bahía de Donegal, en el noroeste del país.

nuestra era estaban unificados en los reinos de Ulster, Connacht, Munster, North Leinster y South Leinster, sobre los que ejercieron su hegemonía los reyes de Ulster, que alcanzaron su máximo poder en el s. V con la dinastía O'Neill. En este siglo se propagó el cristianismo a través de la figura de San Patricio. A fines del s. VIII comenzaron las expediciones de noruegos, que constituyeron varios reinos, entre los que destacaron los de Limerick y Dublín, cuyo dominio decayó a principios del s. XI. A fines del s. XII caballeros normandos procedentes de Inglaterra y dirigidos por Ricardo de Pembroke conquistaron el reino de Leinster y ocuparon extensos dominios. El rey inglés Enrique II luchó por someterlos a su autoridad y en 1175, por el tratado de Windsor, impuso su soberanía sobre la isla.

Edad Moderna El *Pale* o dominación inglesa fue a menos, pero en el s. XVI la dinastía Tudor comenzó a establecer colonos ingleses fieles a la corona. La ruptura de Enrique VIII con la Iglesia de Roma agravó la diferencia, pues los irlandeses hicieron del catolicismo el emblema de su independencia. Con ocasión de la guerra entre Isabel I y Felipe II de España se sublevaron las provincias de Ulster y Munster, que fueron sometidas tras una cruel represión. Los irlandeses apoyaron a la dinastía Estuardo y por ello se enfrentaron tanto a Cromwell (1649) como al príncipe de Orange (1689), siendo vencidos en ambas ocasiones. Paulatinamente, la minoría protestante inglesa se fue haciendo con la propiedad de la tierra, al tiempo que los irlandeses sufrían una marginación consagrada incluso por las leyes (*Penal laws*).

Edad Contemporánea En el s. XVIII la prosperidad de Inglaterra comenzó a favorecer a Irlanda, pero ello no impidió que a finales de la centuria estallara la primera gran revuelta nacionalista, el *Wolfe Tone*, que concluyó en una nueva derrota y en la incorporación en 1800 de Irlanda al Reino Unido en condición de simple provincia. En 1829 se suprimieron las leyes discriminatorias contra los católicos. Entre 1846 y 1848 se produjo una crisis alimenticia de grandes proporciones; en pocos años, a causa de la emigración, la población disminuyó un 25 % y a fin de siglo había quedado reducida a la mitad. El Reino Unido, y en especial Gladstone, intentaron buscar soluciones a fines del s. XIX para contener el creciente movimiento independentista, que había resurgido a principios del s. XIX con Daniel O'Connell, pero la resistencia de los protestantes y el radicalismo de la protesta hicieron inútiles las medidas. Durante la Primera Guerra Mundial los nacionalistas republicanos del Sinn Fein organizaron una sublevación (1916), que fue sofocada con dureza, y en 1921 el gobierno británico dividió la isla en dos sectores y concedió al sur una autonomía parcial. La decisión provocó violentos enfrentamientos entre los irlandeses que la aceptaron y los que la consideraban insuficiente. Estos últimos, dirigidos por Eamon de Valera, proclamaron la ruptura con el Reino Unido en 1937 y la creación de Eire y lograron la independencia efectiva en 1949. El primer presidente fue Sean O'Kelly (1949-59), al que siguieron De Valera (1959-73), Childers (1973-74), O'Dalaigh (1974-76) y Patrick Hillery (1976). Desde 1973 Irlanda es miembro de la Comunidad Económica Europea. Los dos principales partidos del país son el Fianna Fail, de carácter nacionalista, fundado por De Valera tras abandonar el Sinn Fein, y el Fianna Gail, de centro izquierda. El primero de ellos ha dominado la vida política irlandesa casi desde la independencia y, aunque fue derrotado en las elecciones de 1982, recuperó el poder en las de 1987 con Charles Haughey como primer ministro. En 1992 Haughey se vio involucrado en escándalos financieros, perdió el apoyo de su partido y hubo de dimitir. Fue sustituido al frente del Fianna Fail y del gobierno por Albert Reynolds.

Arte Las más primitivas manifestaciones artísticas irlandesas pertenecen a la cultura céltica y son joyas de profusa decoración geométrica. A partir del s. V comenzaron a penetrar las influencias romanas y orientales; en esta época se construyeron los primeros monasterios de piedra, se esculpieron grandes cruces y estelas y se realizaron códices ilustrados y relicarios: cruz de Athenry, estela de Donegal, libro de Lindisfarne. En el s. XII se edificaron las grandes abadías cistercienses de Mellifont, Jerpoint, Boyle y Monasternenagh y posteriormente las magníficas catedrales de estilo gótico de San Patricio en Dublín, Cashel, Clonfert, Kildare y Kilkenny, así como colegiatas, la abadía de Sligo y los castillos de Limerick, Carrickfergus y Roscommon.

Desde entonces el arte irlandés se confunde con el de Inglaterra, sin rasgos distintivos propios. Los principales pintores de fines del s. XVIII y principios del XIX son Robertson, George Place y William Mulready y de los s. XIX-XX William Orpen. La arquitectura del s. XIX tuvo sus más destacadas manifestaciones en las catedrales de Cork y Killarney, de estilo neogótico, y en el ayuntamiento de Belfast, de estilo neoclásico. En el s. XX sobresale el pintor Francis Bacon. La música irlandesa halla su expresión singular en el folclore gaélico, interpretado fundamentalmente con el instrumento nacional, el arpa, así como con la gaita llamada *union-pipe*. De sus autores y estudiosos se recuerda sobre todo al bardo ciego O'Carolan (s. XVIII) y a Bunting (s. XIX).

Lit. La literatura irlandesa en lengua gaélica se remonta al s. IV a. C., en una tradición de poesía épica que se desarrolló en dos ciclos poéticos: el de *Ullates* y el de *Leinster-Munster*. La literatura gaélica fue quedando marginada por el predominio de la lengua inglesa, a la que Irlanda aportó grandes escritores: en el s. XVIII, Jonathan Swift, Richard Brinsley Sheridan y Oliver Goldsmith; en el s. XIX, Oscar Wilde, George Bernard Shaw y Liam O'Flaherty, y ya en el s. XX, James Joyce y Samuel Beckett, que alternó su idioma con el francés.

En el s. XIX se produjo un renacimiento de la lengua gaélica, impulsado por el creciente movimiento nacionalista. Sus principales representantes fueron los poetas William Butler Yeats y George Moore, los dramaturgos John Millington Synge y Sean O'Casey y los prosistas George William Russell y Lord Dunsany. En el s. XX escribieron en gaélico e inglés los novelistas Sean O'Faolain's y Flann O'Brien, los dramaturgos Donagh MacDonagh y Micheál MacLiammóir y los poetas Patrick Kavanagh y Thomas Kinsella.

Irlanda del Norte (*Northern Ireland*) País del Reino Unido, situado en el sector NE de la isla de Irlanda, que ocupa la mayor parte de la antigua provincia de Ulster. 14.120 km^2. 1.578.100 h. en 1988. La capital es Belfast, con 303.800 h. en 1987.

Geog. Su relieve está constituido por una región de tierras bajas que rodean los montes Sperrin al N, Antrim al NE y Mourne al SE y en la que se encuentran los grandes lagos de Neagh y Erne. Su costa es escarpada, con profundos estuarios como los de Foyle, Belfast, Strangford y Carlingford. Casi dos tercios de su población descienden de colonos ingleses y escoceses, instalados sobre todo en el s. XVII. Tiene una economía eminentemente ganadera, con una importante cabaña bovina y ovina; la agricultura, de avena, patatas y lino desempeña un papel secundario. La industria alcanzó gran desarrollo en el sector textil y de construcciones navales y aeronáuticas, pero en la actualidad se ve perjudicada por la inestabilidad política.

Hist. Cuando la República de Irlanda (Eire) obtuvo la independencia en 1949, la región de Ulster fue excluida de este acuerdo y permaneció integrada en el Reino Unido bajo un estatuto de autonomía vigente desde 1922. En el país conviven católicos irlandeses (35 %) y protestantes de origen inglés y escocés (65 %) en una situación de antagonismo irreconciliable. Durante la década de los sesenta los católicos protagonizaron acciones de progresiva violencia exigiendo la reunificación con Eire. El grupo IRA organizó la lucha armada, sobre todo a partir del «domingo sangriento» (30 de enero de 1972), en que el ejército británico causó la muerte de numerosos católicos en Londonderry. Desde ese año el gobierno británico suspendió las instituciones autonómicas norirlandesas y prácticamente militarizó la región. En 1973 se convocó un referéndum sobre la permanencia en el Reino Unido, que ganaron los protestantes. En la actualidad, pese al acuerdo alcanzado en 1985 por el que Eire participa en la administración de Ulster, la tensión entre católicos y protestantes continúa sin resolverse.

irlandés, sa *adj.* **1.** De Irlanda. También *s.* **2.** Se dice del café que se prepara con whisky y nata. También *s. m.* ‖ *s. m.* **3.** Lengua del grupo gaélico, una de las oficiales de la república de Irlanda.

irmandiño *s. m.* Miembro de las hermandades de campesinos y burgueses que en la Galicia medieval se agrupaban para defender sus intereses contra los abusos y explotación de los señores. Las primeras se reunieron a principios del s. XII para combatir la autoridad del obispo Diego Gelmírez en Santiago de Compostela. En el s. XV se produjo la mayor sublevación de irmandiños, a causa de la crisis económica agraria, que hizo aumentar las cargas señoriales y sumió en la miseria a gran número de campesinos. El rey Enrique IV les apoyó para reducir el poder de la nobleza y autorizó la creación de la hermandad en 1465. En 1467 se levantó un ejército de casi 80.000 campesinos y burgueses que expulsó a la nobleza de Galicia, pero en 1469 el rey les retiró su auxilio, lo que permitió el regreso de la aristocracia gallega, con la consiguiente derrota y sometimiento de los irmandiños.

ironía *s. f.* **1.** Modo de expresarse en el que, valiéndose de ciertos recursos como la entonación o el gesto, se da a entender algo distinto de lo que se dice; en literatura constituye una figura retórica. **2.** Tono burlón con que se expresa algo. **3.** Burla ingeniosa y disimulada. **4.** Paradoja, contraste. **5.** En fil., recurso utilizado por Sócrates en sus enseñanzas y que consistía en interrogar a un discípulo fingiendo desconocer el asunto, para obligarle a razonar su respuesta y demostrarle así su ignorancia.

irónico, ca *adj.* **1.** Que muestra o contiene ironía. También *s.* **2.** Perteneciente o relativo a la ironía. **FAM.** Irónicamente.

ironista *s. m.* y *f.* Persona que habla o escribe con ironía.

ironizar *v. tr.* Utilizar la ironía al hablar o escribir. Se usa más como *v. intr.* ■ Se conjuga como *cazar*.

iroqués, sa *adj.* **1.** Se dice de un pueblo amerindio de América del Norte que vivía en el actual estado de Nueva York, en el valle de Mohawk y a orillas de los lagos Erie, Hurón y Ontario. Hoy sólo quedan unos 5.000 individuos, que habitan en reservas. **2.** De este pueblo. También *s.* ‖ *s. m.* **3.** Lengua de este pueblo.

IRPF Siglas de Impuesto* sobre la Renta de las Personas Físicas.

irracional *adj.* **1.** Que no es racional. **2.** En mat., se dice del número real que no puede expresarse como cociente de dos números enteros; p. ej., $\sqrt{5}$. **FAM.** Irracionalidad, irracionalmente.

irracionalismo *s. m.* En fil., doctrina que niega el valor de la razón como forma de conocimiento, bien porque considera que la realidad misma es irracional, bien porque estima que es inaccesible para los medios de conocimiento racionales. **FAM.** Irracionalista.

irradiación *s. f.* **1.** Acción y efecto de irradiar. La irradiación puede realizarse con ondas electromagnéticas, como las ultravioleta y los rayos X o rayos gamma, o con partículas materiales, como neutrones, rayos alfa, protones o electrones. Como fuente de irradiación se utilizan generadores de ondas, isótopos radiactivos y aceleradores de partículas. El objeto de la irradiación puede ser la esterilización de materiales o alimentos, la realización de experimentos genéticos, el control de los insectos dañinos, la modificación de las propiedades de una sustancia, etc. **2.** Exposición de un cuerpo a determinadas radiaciones con fines terapéuticos, científicos, etc.

irradiar *v. tr.* **1.** Despedir un cuerpo radiaciones de luz, de calor, magnéticas, etc. **2.** Exponer un cuerpo a la acción de determinadas radiaciones. **3.** Transmitir o comunicar alguna cosa, especialmente un estado de ánimo o un sentimiento. **FAM.** Irradiador.

irrazonable *adj.* Que no es razonable.

irreal *adj.* **1.** Que no es real, sino producto de la imaginación, de los sueños, etc. **2.** No realista. **FAM.** Irrealidad.

irrealismo *s. m.* Cualidad de irreal.

irrealizable *adj.* Que no se puede realizar.

irrebatible *adj.* Que no se puede rebatir o discutir.

irreconciliable *adj.* Se dice de las personas, opiniones, etc. que no pueden reconciliarse.

irrecuperable *adj.* Que no se puede recuperar.

irrecusable *adj.* Que no se puede recusar o rechazar.

irredentismo *s. m.* **1.** Doctrina y movimiento político que pretende la incorporación a un país de un territorio dependiente de otra nación y que aquél considera suyo por razones históricas, culturales, étnicas, etc. **2.** Situación o condición de irredento. **FAM.** Irredentista.

irredento, ta *adj.* **1.** Que no está redimido. **2.** Se aplica al territorio que un país pretende hacer suyo por motivos históricos, culturales, étnicos, etc.

irreducible *adj.* **1.** Que no se puede reducir o hacer más pequeño. **2.** Imposible o muy difícil de dominar o someter. || **3. número irreducible** Número* primo. **4. polinomio irreducible** En mat., el que no puede descomponerse en producto de otros dos de grado menor que el suyo.

irreductible *adj.* **1.** Irreducible*. **2.** Que no se puede amoldar a algo o armonizar con ello. **FAM.** Irreductibilidad, irreductiblemente.

irreemplazable o **irremplazable** *adj.* Que no se puede reemplazar o sustituir.

irreflexión *s. f.* Falta de reflexión.

irreflexivo, va *adj.* Se dice de la persona que actúa o habla sin pararse a pensar en lo que va a hacer o decir, así como de su actitud, acciones, etc. También *s.* **FAM.** Irreflexivamente.

irrefrenable *adj.* Imposible o muy difícil de refrenar o contener.

irrefutable *adj.* Imposible de refutar.

irregular *adj.* **1.** Que no es regular. **2.** Inestable, desordenado. **FAM.** Irregularmente.

irregularidad *s. f.* **1.** Cualidad de irregular. **2.** Acción o conducta contraria a ciertas normas, reglamentos, etc., por lo cual constituye una falta o delito.

irrelevancia *s. f.* Cualidad o condición de irrelevante.

irrelevante *adj.* Que no tiene relevancia o importancia.

irreligioso, sa *adj.* Que no tiene creencias religiosas o es contrario a la religión. También *s.* **FAM.** Irreligiosidad.

irremediable *adj.* Que no se puede remediar o evitar. **FAM.** Irremediablemente.

irremisible *adj.* **1.** Que no se puede perdonar. **2.** Inevitable. **FAM.** Irremisiblemente.

irrenunciable *adj.* Se aplica a aquello a lo que no se puede renunciar.

irreparable *adj.* Que no se puede reparar; se aplica especialmente a los daños sufridos por alguien o algo. **FAM.** Irreparablemente.

irrepetible *adj.* **1.** Se aplica a lo que es imposible o muy difícil que se repita. **2.** Se dice de la experiencia que por ser tan agradable o maravillosa es muy difícil o imposible que vuelva a ocurrir.

irreprensible *adj.* Irreprochable*.

irrepresentable *adj.* **1.** Se dice de la obra, teatral o no, que por sus características no puede ser representada en una escena. **2.** Que no se puede representar en la imaginación.

irreprimible *adj.* Imposible o muy difícil de reprimir o contener.

irreprochable *adj.* Se aplica a la persona o cosa a la que no se le puede reprochar nada porque no tiene o no se le encuentra ninguna falta. **FAM.** Irreprochabilidad.

irrescindible *adj.* Que no se puede rescindir o anular.

irresistible *adj.* **1.** Que no se puede resistir o aguantar. **2.** Aplicado a personas y a sus rasgos, gestos, etc., muy atractivos. **FAM.** Irresistiblemente.

irresoluble *adj.* Imposible de resolver.

irresolución *s. f.* Falta de resolución o decisión.

irresoluto, ta *adj.* Se aplica a la persona indecisa. También *s.*

irrespetar *v. tr. Col.* Faltar al respeto. **FAM.** Irrespeto.

irrespetuoso, sa *adj.* Que no demuestra respeto hacia alguien o algo. También *s.* **FAM.** Irrespetuosamente, irrespetuosidad.

irrespirable *adj.* **1.** Que no puede respirarse. **2.** Se aplica a la atmósfera que, por estar cargada de impurezas, no es apropiada para ser respirada. **3.** Se dice del ambiente o entorno en el que alguien se encuentra a disgusto.

irresponsable *adj.* **1.** Se dice de la persona que actúa sin pensar en las consecuencias de lo que hace, así como de su actitud, acciones, etc. **2.** Que está libre de responsabilidad por sus condiciones personales, como la de ser menor de edad, o que no es responsable de algo concreto. **FAM.** Irresponsabilidad, irresponsablemente.

irresuelto, ta *adj.* Irresoluto*.

irretroactividad *s. f.* Principio legislativo y jurídico que sostiene que las leyes no pueden aplicarse a hechos anteriores a su promulgación, a no ser que exista una disposición que exprese lo contrario.

irreverencia *s. f.* **1.** Cualidad de irreverente. **2.** Dicho o hecho irreverente.

irreverente *adj.* Que no muestra respeto hacia las personas o cosas, especialmente las religiosas. **FAM.** Irreverentemente.

irreversible *adj.* **1.** Se dice de aquello que no puede volver a un estado o condición anterior. **2.** En quím., se dice de la reacción que no puede ser limitada por la reacción inversa y en la que, por tanto, los productos no pueden reaccionar entre ellos para volver a dar los reactantes iniciales. **3.** En mecánica, se dice de los movimientos que sólo pueden actuar en un sentido. **4.** En termodinámica, se dice de los procesos que sólo pueden seguir una dirección. **FAM.** Irreversibilidad, irreversiblemente.

irrevocable *adj.* Que no se puede revocar o anular. **FAM.** Irrevocabilidad, irrevocablemente.

irrigación *s. f.* **1.** Acción y efecto de regar una superficie. **2.** Mecanismo por el que la sangre llega, a través de los vasos sanguíneos, a una determinada parte del cuerpo. **3.** En med., riego de un órgano o tejido con agua o líquidos medicinales, especialmente el intestino a través del ano.

irrigador *s. m.* En med., instrumento que sirve para irrigar.

irrigar *v. tr.* **1.** Regar una superficie. **2.** Llevar la sangre, o llegar ésta, a las distintas partes y órganos del cuerpo a través de los vasos sanguíneos. **3.** En med., echar un líquido en una superficie o cavidad del organismo, especialmente en el intestino a través del ano. ■ Se conjuga como *pagar.*

irrisible *adj.* Risible*.

irrisión *s. f. fam.* Risión*.

irrisorio, ria *adj.* **1.** Que provoca risa o burla. **2.** De muy poca importancia o valor. **FAM.** Irrisoriamente.

irritabilidad *s. f.* **1.** Cualidad de irritable. **2.** Capacidad de un organismo, de sus órganos o tejidos, de reaccionar a los estímulos.

irritable *adj.* **1.** Que se irrita o enfada con facilidad. **2.** En biol., que tiene la capacidad de reaccionar a los estímulos.

irritación *s. f.* **1.** Enfado. **2.** Picor, escozor o enrojecimiento en alguna parte del cuerpo.

irritante *adj.* Que irrita.

irritar *v. tr.* **1.** Enfadar violentamente a alguien. También *v. prnl.* **2.** Producir dolor, escozor o enrojecimiento en alguna parte del cuerpo. También *v. prnl.* **3.** Provocar ciertos sentimientos o pasiones.

irrogar *v. tr.* Con palabras que significan daño, perjuicio, inconveniente, etc., causarlo. También *v. prnl.* ■ Se conjuga como *pagar.* **FAM.** Irrogación.

irrompible *adj.* Imposible o muy difícil de romper.

irrumpir *v. intr.* **1.** Entrar en un lugar de forma brusca o violenta. **2.** Aparecer o surgir algo con mucha fuerza y, por lo general, de repente.

irrupción *s. f.* Acción y efecto de irrumpir.

Irtish Río de la Federación Rusa, afluente del Obi. 4.030 km de longitud. Nace en los montes Altai (Mongolia) y recorre Siberia occidental. Sus aguas se aprovechan para producir energía eléctrica y, a través de canales, para regar las estepas de Kazajstán. Pasa por Ust'-Kamenogorsk, Semipalatinsk y Omsk, y sus principales afluentes son el Tobol y el Ishim.

Irún (*Uranzu*) C. de España, en la prov. de Guipúzcoa, situada en la orilla izquierda del río Bidasoa, junto a la frontera con Francia. 55.200 h. en 1990. Es un importante puesto fronterizo, que posee además industrias de material de construcción, maquinaria, químicas, siderúrgicas, papeleras y de construcción naval y ferroviaria.

Iruña Antiguo nombre de la ciudad española de Pamplona.

irupé *s. m. Amér. del S.* Planta acuática de la familia ninfáceas, especie *Victoria regia.* Tiene hojas redondas, que pueden alcanzar hasta 2 m de diámetro, y flores blanco-rosadas. Produce una baya comestible y abunda en toda la zona NE de América del Sur, donde crece en lugares pantanosos.

Irving, John (Exeter, New Hampshire 1942) Novelista estadounidense. Sus relatos realistas de asuntos en que se mezclan perversión y sexo están narrados con cinismo y sarcasmo. Algunos de sus títulos más destacados son *Epopeya del bebedor de agua* (1972), *El mundo según Garp* (1978) y *Hotel New Hampshire* (1981).

Irving, Washington (Nueva York 1783 - Tarrytown, Nueva York 1859) Escritor estadounidense de origen escocés. Alcanzó gran celebridad con *Libro de apuntes* (1819), donde recoge antiguas leyendas alemanas, entre ellas el cuento *Rip van Winkle.* Durante muchos años residió en Europa y en 1826 viajó a España, donde halló la materia e inspiración para sus libros *Vida y viajes de Colón* (1828-30), *Historia de la conquista de Granada* (1829) y el libro de relatos *Cuentos de la Alhambra* (1832), su obra más conocida. De nuevo en EE UU publicó *Vida de Washington* (1855-59).

isa *s. f.* Canto y baile típicos de las islas Canarias.

Isaac Patriarca hebreo, hijo de Abraham y de Sara. Tomó por esposa a Rebeca, de quien tuvo a Esaú y a Jacob, padre de las doce tribus de Israel.

Isaac Nombre de dos emperadores bizantinos.
Isaac I Comneno (? h. 1005 - Studion 1061) Emperador bizantino (1057-59). Hijo de Manuel Comneno, general de Basilio II, derrocó a Miguel IV con el apoyo del patriarca Miguel Cerulario. Abdicó ante la imposibilidad de someter a la nobleza y se hizo monje.
Isaac II Ángelo (h. 1155 - Constantinopla 1204) Emperador bizantino (1185-95 y 1203-04). Subió al trono al derrocar a Andrónico I Comneno. Su abuso en el aumento de los impuestos ocasionó la sublevación de los búlgaros, serbios y valacos. Fue derribado por su hermano Alejo III, quien lo hizo cegar. Su hijo Alejo IV, con la ayuda de los venecianos, lo repuso en el trono (1203), pero padre e hijo fueron asesinados (1204).

Isaacs, Jorge Enrique (Cali 1837 - Ibagué 1895) Escritor y político colombiano. Dirigió el periódico *La República,* de tendencia conservadora, y fue cónsul de su país en Chile. Posteriormente evolucionó hacia el liberalismo y participó en la revolución de 1876. Es autor de *Poesías* (1863) y de *María* (1867), la novela romántica sudamericana por antonomasia, en la que con un tratamiento realista se ensalzan el amor puro y la vida campesina.

Isabel Nombre de dos reinas de España.
Isabel I la Católica (Madrigal de las Altas Torres, Ávila 1451 - Medina del Campo, Valladolid 1504) Reina de Castilla (1474-1504) y reina consorte de Aragón por su matrimonio con Fernando II. Durante el reinado de su hermanastro Enrique IV fue la candidata al trono con el apoyo de una parte importante de la alta nobleza cas-

Isabel la Católica (Museo Naval, Madrid).

tellana, que obligó al monarca a reconocerla sucesora en el pacto de Guisando (1468). Sus partidarios, de acuerdo con el rey Juan II de Aragón, concertaron su matrimonio con el príncipe aragonés Fernando (1469). A la muerte de Enrique IV, en 1474, estalló la guerra de sucesión entre sus partidarios y los linajes que defendían a la heredera legítima doña Juana la Beltraneja; la guerra concluyó con el triunfo de Isabel en la batalla de Toro (1476). El reinado de Isabel y Fernando, conocidos como los *Reyes Católicos*, se caracterizó por el reforzamiento del poder real frente a la nobleza, la organización de la Santa Hermandad, el control de las órdenes militares y el establecimiento de la Inquisición castellana y aragonesa. En 1492 fueron expulsados los judíos, se dio fin a la conquista de Granada y se financió el viaje que permitió a Cristóbal Colón descubrir América. A su muerte, quedaron sentadas las bases de la unidad política española.

Isabel II de Borbón. Retrato de Franz Winterhalter (Palacio Real, Madrid).

Isabel II de Borbón (Madrid 1830 - París 1904) Reina de España (1833-68). Sucedió a su padre Fernando VII, lo que provocó el estallido de la primera guerra carlista. Durante su minoría de edad ejercieron la regencia su madre María Cristina hasta 1840 y el general Espartero hasta 1843, en que las Cortes proclamaron su mayoría de edad. La primera etapa de su reinado, conocida como la *Década Moderada*, se caracterizó por la presencia de gobiernos conservadores y por la importancia de la figura política de Narváez. En 1846 se casó con su primo Francisco de Asís, pero el matrimonio resultó un fracaso. Muy influida por las ideas integristas de una camarilla formada por personajes como el padre Fulgencio y sor Patrocinio, la Monja de las llagas, dio su apoyo a gobiernos cada vez más reaccionarios y su figura fue perdiendo popularidad al tiempo que aumentaban las acusaciones de corrupción contra personalidades de la corte, hasta que en 1854 el descontento provocó un estallido revolucionario que dio inicio al Bienio Progresista. En 1856, sin embargo, Isabel consiguió desplazar del poder a Espartero y abrir un nuevo periodo en su reinado (1856-63), dominado por O'Donnell y su Unión Liberal. En 1868, muertos ya Narváez y O'Donnell, una revolución liberal dirigida por Prim acabó con el creciente reaccionarismo de los últimos gobiernos y la derrocó. Exiliada en París, abdicó en su hijo Alfonso en 1870 y nunca retornó a España.

Isabel Nombre de dos reinas de Inglaterra y del Reino Unido.

Isabel I de Inglaterra. Retrato de Marc Gheeraerts (National Portrait Gallery, Londres).

Isabel I (Greenwich 1533 - Richmond 1603) Reina de Inglaterra (1558-1603). Hija de Enrique VIII y Ana Bolena, subió al trono a la muerte de su hermanastra María Tudor (1558). Su política interior consiguió el triunfo del anglicanismo en contra de los católicos y el desarrollo del comercio marítimo y colonial. En el exterior mantuvo una rivalidad con el rey de España Felipe II, auxiliando las revueltas de los *gueux* en Flandes y los hugonotes en Francia, que finalmente se convirtió en guerra abierta, cuyo principal episodio fue la victoria inglesa sobre la Armada Invencible. Fue una reina autoritaria y eficaz, que se rodeó de hábiles consejeros como William Cecil, Lord Burghley y Francis Walsingham, favoreció el desarrollo de la industria y el comercio, otorgó patente de corso a Drake, Hawkins y otros navegantes para atacar a los españoles en América y ordenó la muerte de su prima la reina escocesa María Estuardo para evitar que encabezara una rebelión de los católicos escoceses.

Isabel II, soberana del Reino Unido.

Isabel II (Londres 1926) Soberana del Reino Unido. Sucedió a su padre Jorge VI en 1952. La legislación británica le reserva un papel con pocas responsabilidades políticas, pero en su calidad de reina de Gran Bretaña e Irlanda del Norte y cabeza de la Commonwealth conserva una gran importancia representativa. En 1947 contrajo matrimonio con Felipe de Mountbatten, duque de Edimburgo.

Isabel, Santa Esposa de Zacarías, madre de Juan el Bautista y prima de María, la madre de Jesús. Recibió la visitación de la Virgen, a la que saludó con las palabras «bendita tú entre todas las mujeres», frase que la Iglesia incorporó a la oración del avemaría.

Isabel Clara Eugenia (Balsaín, Segovia 1566 - Bruselas 1633) Princesa española. Hija de Felipe II de España e Isabel de Valois y casada en 1598 con el archiduque Alberto de Austria, recibieron ambos de Felipe II el gobierno de los Países Bajos en 1598. Muerto su esposo en 1621, los gobernó sola hasta su fallecimiento.

Isabel de Aragón (o **de Portugal**)**, Santa** (? 1271 - Estremoz 1336) Reina de Portugal (1282-1325) por su matrimonio con Dionisio el Liberal. Era hija de Pedro el Grande de Aragón. Fomentó entre sus súbditos la explotación de pequeñas propiedades agrícolas. Se retiró al monasterio de Santa Clara de Coimbra, fundado por ella.

Isabel de Borbón (Fontainebleau 1603 - Madrid 1644) Reina de España (1621-44) por su matrimonio con Felipe IV. Hija de Enrique IV de Francia, tuvo siete hijos, de los que cinco murieron al nacer o de muy corta edad, salvo Baltasar Carlos, que murió a los 17 años, y María Teresa, que se casó con Luis XIV de Francia. Favoreció la caída del conde-duque de Olivares.

Isabel de Brasil (Rio de Janeiro 1846 - ?1921) Princesa de Brasil, hija de Pedro II. Regente durante las ausencias del emperador (1871-72, 1876-77 y 1887-88), aprobó la *ley áurea* (1888), que terminó con la esclavitud en su país.

Isabel de Hungría, Santa (? 1207 - Marburgo 1231) Hija de Andrés II, rey de Hungría. Casó con el landgrave de Turingia y de Hesse y al enviudar se dedicó a atender a los enfermos en un hospital fundado por ella en Marburgo.

Isabel de Portugal (? - Arévalo 1496) Reina de Castilla (1447-54) por su matrimonio con Juan II. Nieta de Juan I de Portugal, se negoció su matrimonio para estrechar la alianza con Portugal frente al reino de Aragón. Contribuyó a la caída del condestable Álvaro de Luna. Fue madre de Isabel la Católica.

Isabel de Portugal (Lisboa 1503 - Toledo 1539) Reina de España y emperatriz de Alemania (1526-39) por su matrimonio con Carlos V. Era hija de Manuel I de Portugal y nieta de los Reyes Católicos. Su boda buscaba acentuar la política de unión de Portugal y Castilla. Ejerció la regencia entre 1529 y 1533 y desde 1535 hasta su muerte en 1539, debido a las ausencias del monarca. Gracias a su herencia, su hijo Felipe II obtuvo la corona de Portugal en 1581.

Isabel de Valois (Fontainebleau 1546 - Madrid 1568) Reina de España (1559-68) por su matrimonio con Felipe II. Hija de Enrique II de Francia y de María de Médicis, estaba destinada al príncipe Carlos, heredero español, pero, al quedar viudo Felipe II, se concertó el matrimonio con el rey para que Francia endureciese su política anticalvinista.

Isabel de Wittelsbach, llamada **Sissi** (Possenhofen, Baviera 1837 - Ginebra 1898) Emperatriz de Austria (1854-98). Hija de Maximiliano José, duque de Baviera, se casó en 1854 con el emperador de Austria Francisco José I. En sus primeros años de reinado convirtió la corte de Viena en la más admirada de Europa. Más tarde se alejó de la vida oficial y viajó por Europa, al tiempo que se sucedían diversas desgracias familiares. Murió apuñalada por un anarquista.

Isabel Farnesio (Parma 1692 - Madrid 1766) Reina de España (1714-46) por su matrimonio con Felipe V de Borbón. Favoreció el ascenso del cardenal Alberoni e inspiró la política antiaustriaca en Italia, con la que obtuvo el ducado de Parma y posteriormente el reino de Nápoles para su hijo Carlos y el Milanesado y Parma para su hijo Felipe. A la muerte de su esposo hubo de retirarse a La Granja por desavenencias con Bárbara de Braganza, esposa del rey Fernando VI, pero cuando éste murió sin sucesión actuó como reina gobernadora (1759) hasta la llegada de su hijo Carlos III a la Península.

Isabel Petrovna (Kolomenskoie, Moscú 1709 - San Petersburgo 1762) Zarina rusa (1741-62). Hija de Pedro el Grande y Catalina I, su reinado se caracterizó por una política antialemana y por la reforma de las instituciones: restablecimiento del senado (1743), creación de un consejo político supremo (1743), supresión de las aduanas interiores (1754) y desarrollo de la industria. Fue aliada de Austria y Francia contra el rey prusiano Federico II y resultó victoriosa en la guerra contra Suecia (1743), la guerra de Sucesión de Austria (1746) y la guerra de los Siete Años contra Prusia (1759).

isabelino, na *adj.* **1.** Perteneciente o relativo a cualquiera de las reinas que llevaron el nombre de Isabel en España o en Inglaterra y a la época en que reinaron. **2.** En España, se dice de los partidarios de Isabel II en su enfrentamiento

Gótico isabelino: iglesia de San Juan de los Reyes (Toledo, España).

con los seguidores del infante Carlos María Isidro o carlistas. También *s.* **3.** Se aplica al estilo artístico español del gótico tardío, que se corresponde con el reinado de Isabel I, como el de la iglesia de San Juan de los Reyes, en Toledo, o el monasterio del Parral, en Segovia. También *s. m.* **4.** Se dice del estilo artístico desarrollado en España a mediados del s. XIX, durante el reinado de Isabel II; se aplica especialmente al mobiliario. También *s. m.* **5.** Se dice del estilo artístico, literario, etc., que se desarrolló en Inglaterra en la segunda mitad del s. XVI durante el reinado de Isabel I, así como de cada una de sus manifestaciones culturales y artísticas. También *s. m.* **6.** Se aplica a la persona que perteneció a cualquiera de estos movimientos artísticos y culturales. También *s.*

Isabey, Jean-Baptiste (Nancy 1767 - París 1855) Miniaturista francés. Discípulo de David, fue director de dibujo de la manufactura de Sèvres. Sus más apreciadas miniaturas son las realizadas sobre marfil de Napoleón, Josefina, María Luisa, el rey de Roma y miembros del Directorio.

isagoge *s. f.* Introducción, prólogo.

Isaías (s. VIII a. C.) Profeta mayor del Antiguo Testamento. Se le atribuye el *Libro de Isaías* de la *Biblia*, que la moderna crítica considera obra de diversos autores. Los capítulos 1 al 39, escritos en verso, son casi con seguridad debidos a la pluma del profeta, y en ellos se ensalza la importancia de Yahvé y se anuncian las penas que habrá de sufrir el Mesías para redimir a su pueblo.

isalóbaro, ra *adj.* Se dice de la curva que en una representación cartográfica une los puntos de la Tierra en que las variaciones de la presión atmosférica son iguales durante un periodo determinado. Los mapas de isalóbaras se utilizan para predecir los cambios atmosféricos. También *s. f.*

isalotermo, ma *adj.* Se dice de la curva que en una representación cartográfica une los puntos de la Tierra en que las variaciones de temperatura del aire son iguales durante un periodo determinado. También *s. f.*

isanómalo, la *adj.* Se dice de la curva que en una representación cartográfica une todos los puntos de la Tierra que registran la misma anomalía meteorológica en relación con la media de un círculo de latitud. También *s. f.*

Isar Río de Alemania. 352 km de longitud. Nace en los Alpes tiroleses, pasa por Munich y desemboca en el Danubio. Sus aguas se utilizan para la producción de energía eléctrica.

isáurico, ca *adj.* **1.** Se dice de la dinastía de emperadores de Bizancio que sucedió a la heráclida y precedió a la macedónica. Gobernó el imperio entre los años 717 y 802. En la época del emperador León III estalló la querella iconoclasta debido a la prohibición del culto a las imágenes religiosas. En el exterior, Bizancio perdió el exarcado de Ravena, pero contuvo el avance de musulmanes y búlgaros. **2.** De esta dinastía. También *s.*

isba *s. f.* Vivienda de madera, característica del N de Europa y de Asia, especialmente de Rusia.

Isbert, José (Madrid 1886 - Madrid 1966) Actor español. Formado en el teatro, alcanzó gran popularidad en el cine encarnando personajes bonachones a los que prestaba su característica voz. Algunas de sus películas más destacadas son *Bienvenido, Mr. Marshall* (1951), *Calabuch* (1955), *Los jueves milagro* (1956), *El cochecito* (1960) y *El verdugo* (1964).

ISBN Siglas de *International Standard Book Number*, sistema internacional de numeración de libros para su fácil y correcta identificación y para su informatización. Consta de diez dígitos, divididos en cuatro segmentos separados por guiones, que indican para cada libro: el país, grupo nacional, área geográfica o idiomática a la que pertenece; su editor o editorial; obra concreta dentro de la producción de dicho editor; y un dígito de control que permite la verificación automática, por ordenador, de la exactitud del valor y del orden de las cifras de ese ISBN.

Isère **1.** Departamento de Francia, situado en el sector SE del país, región de Rhône-Alpes. 7.431 km^2. 1.015.000 h. en 1990. La capital es Grenoble, con 151.000 h. en 1990. Es una región alpina con una importante infraestructura turística para la práctica de deportes de invierno. Posee viñedos y tabaco e industrias de construcciones mecánicas y electrónicas.
2. Río de Francia situado en la región alpina del mismo nombre. 290 km de longitud. Nace en el macizo de Vanoise, pasa por Grenoble y desemboca en el Ródano.

Isfahan o **Ispahan** **1.** Prov. de Irán, situada en el sector central del país. 104.650 km^2. 3.295.000 h. en 1986. Es una región montañosa en la vertiente N de la cadena de los montes Zagros.
2. C. de Irán, cap. de la prov. homónima. 986.750 h. en 1986. Tiene una importante industria siderúrgica y petrolera, artesanía de alfombras, tejidos, calzado, porcelana y cuero.

Isherwood, Christopher (Disley, Cheshire 1904 - Los Ángeles 1986) Escritor británico nacionalizado estadounidense. Sus novelas más conocidas son *Mr. Norris cambia de tren* (1935) y *Adiós a Berlín* (1939), en las que describe el ambiente de Alemania en la época del ascenso nazi al poder. Escribió en colaboración con W. H. Auden los dramas *En la frontera* (1938) y *Viaje a una guerra* (1939), ambientados en China. En 1940 se estableció en EE UU, donde compaginó su labor literaria con la de guionista cinematográfico.

isiaco o **isíaco, ca** *adj.* Perteneciente o relativo a la diosa egipcia Isis.

isidoriano, na *adj.* Perteneciente o relativo a San Isidoro de Sevilla.

Isidoro de Mileto (s. VI) Arquitecto bizantino. Construyó, en compañía de Antemio de Tralles, el templo de Santa Sofía de Constantinopla (527-536), mandado levantar por Justiniano.

San Isidoro de Sevilla. Cuadro de Álvaro de Valdés (Biblioteca Colombina, Sevilla).

Isidoro de Sevilla, San (? h. 560 - Sevilla 636) Escritor y doctor de la Iglesia española. Fue obispo de Sevilla, sede en la que sucedió a su hermano San Leandro en torno al año 600. Su principal obra, las *Etimologías*, es una enciclopedia en la que recopiló el saber de la antigüedad clásica y que ejerció gran influencia en la ciencia y filosofía medievales. Participó activamente en la vida política de su época, presidió el segundo concilio de Sevilla (619) y el cuarto de Toledo (633) y apoyó decididamente el Estado hispanovisigodo creado por Leovigildo. Otras obras suyas importantes son *Varones ilustres*, *Crónica*, *Historia de los godos, vándalos y suevos* y *La naturaleza de las cosas.*

isidro, dra *s. m.* y *f.* **1.** En Madrid, campesino o forastero que acude a la capital durante las fiestas de San Isidro y se muestra desconcertado y asombrado. **2.** P. ext., palurdo, paleto.

Isidro, San (Madrid h. 1070 - íd. 1130) Santo de la Iglesia católica. Era un jornalero agrícola y estaba casado con María Toribia, canonizada como Santa María de la Cabeza. Es patrón de los agricultores y de la ciudad de Madrid.

Isis Diosa madre, una de las más antiguas e importantes de la mitología egipcia. Esposa de Osiris y madre de Horus, es la divinidad protectora de mujeres y niños y de la familia y simboliza la fidelidad conyugal. Se la representa como vaca, como mujer con cabeza de vaca o con un tocado en forma de trono. Los griegos la identificaron con Deméter y los romanos asimilaron su culto.

isla *s. f.* **1.** Porción de tierra rodeada de agua por todas partes. **2.** P. ext., porción de algo que se diferencia de forma clara de lo que la rodea. **3.** En calles, estaciones, etc., plataforma o recinto claramente señalado y reservado para cierto uso. **4.** Conjunto de árboles o matas aislado en medio de un terreno no poblado. **5.** *Chile.* Terreno próximo a un río, que ha estado o está a veces cubierto por las aguas.

Isla, José Francisco de (Vidanes, León 1703 - Bolonia 1781) Escritor español. Perteneció a la Compañía de Jesús y hubo de emigrar a Italia cuando se decretó la expulsión de los jesuitas en 1767. Fue un hombre ilustrado, conocedor de la filosofía racionalista y la física de Galileo y Tycho Brahe. Su obra principal es *Historia del famoso predicador Fray Gerundio de Campazas, alias Zotes* (1758-70), una aguda sátira contra cierto sector del clero español.

Isla Príncipe Eduardo Prov. de Canadá, situada en la isla del mismo nombre, en el golfo de San Lorenzo. 5.660 km^2. 130.400 h. en 1990. La capital es Charlottetown, con 15.800 h. en 1986. Sus principales recursos económicos son la ganadería y la pesca.

islam *s. m.* **1.** Religión musulmana. **2.** Comunidad de los musulmanes. **3.** Conjunto de los países y naciones de cultura y religión musulmana.
▪ Se escribe frecuentemente con mayúscula.
Hist. La fecha tradicionalmente aceptada del nacimiento del Islam es el año 622, en el que se produjo la hégira o emigración de Mahoma de La Meca a Yatrib (Medina). Desde entonces, en el curso de menos de un siglo, el Islam llevó a cabo una enorme expansión: se extendió al conjunto de la península Arábiga, conquistó el imperio persa sasánida, arrebató Siria y Egipto a Bizancio y, tras ocupar todo el N de África, invadió y dominó la península Ibérica, mientras en el Oriente llevó sus fronteras hasta la India. El Islam fue una comunidad religiosa y, al mismo tiempo, una estructura política de Estado, profundamente teocrático y organizado jurídica y administrativamente según los preceptos de sus

Islam: santuario de la Kaaba en La Meca (Arabia Saudí).

libros sagrados –el *Corán* y el *Hadiz*–, que contienen la religión revelada. Sus soberanos fueron los califas, sucesores de Mahoma, que en los primeros tiempos fueron elegidos y posteriormente fundaron dinastías: la omeya y la abasida. De la primitiva comunidad ortodoxa, más tarde llamada *sunnita*, se escindieron dos sectas en el curso de las luchas que en el califato de Alí (650) llevaron al poder a los omeyas: los jariyitas y los chiitas.

A lo largo del califato abasida (desde finales del s. VIII), el Islam se fragmentó en multitud de estados –califato de Córdoba, califato fatimí, etc.–, pero persistió su unidad religiosa y cultural, aún vigente en nuestros días. Conoció periodos de gran esplendor y fue una de las culturas más desarrolladas durante la época de al-Ándalus: aportó numerosas figuras que sobresalieron en las ciencias y en las artes medievales y que contribuyeron a la traducción y difusión de los pensadores de la Antigüedad. En la actualidad, los países que integran el Islam constituyen una de las más importantes comunidades humanas, que ha conocido la decadencia y el subdesarrollo durante los últimos siglos, pero que posee gran parte de los recursos petrolíferos mundiales, que le han concedido un protagonismo político desde la década de los setenta hasta el presente.

Rel. El Islam es la religión revelada por Dios a Mahoma en Arabia a principios del s. VII y contenida en el libro sagrado, el *Corán*. Mediante su predicación, Mahoma logró la unificación de los clanes y tribus nómadas árabes creando un Estado que extendió el Islam a toda África septentrional, Asia occidental y parte de la Europa meridional. En la actualidad constituye una de las principales religiones del mundo (la segunda en número de practicantes, con 589 millones, aproximadamente). El Islam nace como sociedad teocrática, en la que la propia religión es la ley por la que se rige y ordena la vida civil y política. Al *Corán* como fuente jurídica se unen el *Hadiz* (dichos y hechos del profeta Mahoma) y la *Sunna* (tradición); la materia religiosa y jurídica que contienen fue desarrollada por los ulemas (doctores) de las distintas escuelas doctrinales. En las primeras décadas de su existencia sufrió la escisión de dos sectas heréticas, chiitas y jariyitas, cuyas diferencias con los ortodoxos o sunnitas son fundamentalmente de tipo político. La doctrina islámica consta de creencias y obligaciones. La creencia esencial es que Dios es sólo uno y que Mahoma es su enviado. Dios se ha manifestado a los hombres a través de profetas: Abraham, Moisés, Jesús y, el último de ellos, Mahoma, que cerró el ciclo de la revelación. Las obligaciones son cinco: la profesión de fe, la oración cinco veces diarias, la limosna o impuesto, el ayuno de Ramadán y la peregrinación a La Meca una vez en la vida. Algunas sectas y grupos islámicos consideran también como obligación la *yihad* o guerra santa contra los infieles.

Islamabad C. de Pakistán, cap. del país, situada en el NE del mismo, en la meseta de Potwar. 359.000 h. en 1983. Es una ciudad de nueva creación, fundada en 1961 para sustituir a la antigua capital, Rawalpindi, lo que oficialmente sucedió en 1967. Su área urbana está dividida en ocho sectores, destinado cada uno de ellos a una función específica. Sus actividades principales son la política y la administrativa.

islámico, ca *adj.* Perteneciente o relativo al Islam.

islamismo *s. m.* Conjunto de dogmas y normas morales que constituyen la religión fundada por Mahoma.

islamita *adj.* Que profesa el islamismo. También *s.*

islamizar *v. tr.* Difundir la religión, prácticas y costumbres islámicas entre otros pueblos. También *v. prnl.* ■ Se conjuga como *cazar*.

islandés, sa *adj.* **1.** De Islandia. También *s.* ‖ *s. m.* **2.** Lengua nórdica del grupo germánico hablada en Islandia.

Islandia (*Lýdhveldidh*) Estado insular del NO de Europa.

Geog. física La isla de Islandia tiene un relieve volcánico profundamente modificado por la acción de los glaciares. Un gran número de volcanes permanecen activos en la actualidad; entre ellos destaca el Hekla (1.491 m). Son frecuentes los géiseres y los manantiales de aguas termales. El interior de la isla contiene grandes casquetes glaciares, como el Langjökull, el Hofsjökull y el Vatnajökull. Sus costas, sobre todo la N, son muy escarpadas, con numerosos fiordos y estuarios. El clima es frío, pues está sometido a la influencia del Ártico, pero suavizado por la corriente del Golfo en el sector meridional. En la vegetación, muy escasa, destacan la tundra al N y la pradera y las turberas al S.

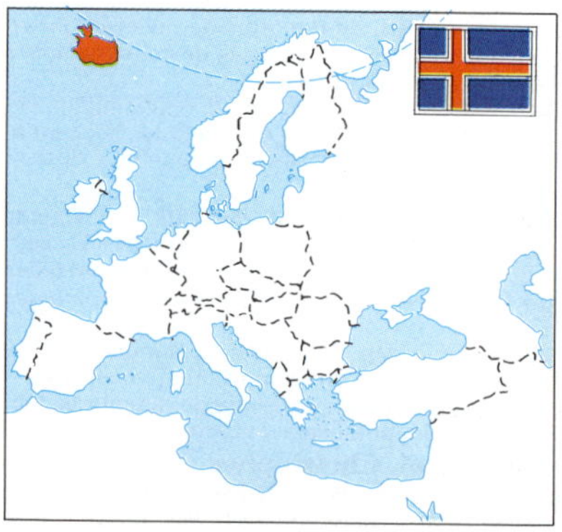

Extensión: 102.819 km^2.
Situación: en el N del océano Atlántico, al E de Groenlandia, al O del mar de Noruega y al NO de las islas Británicas.
Población: 256.000 h. en 1990.
Densidad: 2,5 h./km^2.
Capital: Reikiavik.
División administrativa: 8 regiones.
Ciudades principales: Kópavogur, Akureyri, Hafnarfjördhur y Keflavik.
Gentilicio: islandés.
Forma de Estado: república presidencialista.
Idioma: islandés.
Religión: luteranismo, 96,7 %; catolicismo, 0,7 %.
Moneda: corona.
Tasa de natalidad: 19 ‰ en 1990.
Tasa de mortalidad: 7 ‰ en 1990.
Renta per cápita: 20.160 dólares en 1988.

Geog. humana y ***económica*** La población está desigualmente repartida y se concentra en las ciudades (90,5 %), especialmente en la región de Reikiavik. Su economía está basada casi por completo en la pesca de la merluza, el arenque y el bacalao y en las industrias derivadas de esta actividad, como las conserveras y de congelación, y en la fabricación de aceite y harina de pescado. Posee una pequeña agricultura hortícola de invernadero y una importante ganadería ovina, que abastece de lana a la industria textil. La falta de recursos energéticos se suple con la presencia de aguas cálidas en su subsuelo, que se emplean como fuente de energía geotérmica. Cuenta asimismo con industria cementera, del aluminio, cervecera, textil (hilados y tejidos de lana) y de fertilizantes.

Hist. Islandia fue colonizada por navegantes noruegos en el s. IX. La población creció, pese a lo extremado del clima, gracias a la iniciativa de la monarquía noruega, que favorecía las aventuras ultramarinas como un medio de alejar a la nobleza rebelde. Los colonizadores se gobernaron, según la costumbre normanda, por medio del *Alting*, asamblea de hombres libres. El cristianismo fue introducido por monjes irlandeses y en el s. XI estaba afianzado en torno a las sedes episcopales de Skalholt y Holar. A mediados del s. XII la corona noruega mostró un creciente interés en someter Islandia a su autoridad y, en 1262, el rey Haakon IV ocupó la isla e implantó su soberanía. Desde 1380, y debido al pacto escandinavo, quedó bajo dominio de Dinamarca, que en 1550 impuso el protestantismo. La riqueza de su pesca atrajo desde la Edad Media a numerosos barcos de las costas atlánticas de Europa. A fines del s. XVI y principios del XVII sus aguas fueron asoladas por piratas berberiscos. En el s. XIX comenzó un movimiento en favor de la independencia, que obtuvo de Dinamarca ciertas concesiones en el tratado de Kiel de 1814. En 1843 fue restablecido el *Alting* como órgano de gobierno, pero sometido a la soberanía danesa, que le otorgó en 1874 poderes autonómicos. En 1918 recibió ya el tratamiento de «Estado unido a Dinamarca».

Ocupada durante la Segunda Guerra Mundial por tropas británicas y estadounidenses, reclamó y obtuvo en 1944 la total independencia, tras la cual se convirtió en república. Su primer presidente fue Sveinn Bjornsson (1944-52). El país es miembro de la ONU desde 1946 y de la OTAN desde 1949, en la que cumple funciones de base estratégica, pues carece de ejército. En 1958 estalló un conflicto pesquero con el Reino Unido debido a la ampliación de sus aguas jurisdiccionales a 12 millas, que se agravó en 1972 al aumentarlas a 50 y en 1976 a 200, lo que provocó la ruptura de relaciones diplomáticas por parte británica. La solución al conflicto se alcanzó mediante la aplicación del acuerdo pesquero fijado entre Islandia y la Comunidad Económica Europea en 1972. Los dos principales grupos políticos del país son el Partido de la Independencia (conservador) y el Partido Progresista (centro-izquierda), que gobiernan en coalición. En 1980 fue elegida presidenta de la república la señora Vigdis Finnbogadóttir, cargo que renovó en 1984 y 1988.

Cult. La cultura de Islandia se desarrolló en estrecha unión con la de los países escandinavos, sobre todo Noruega y Dinamarca. Durante el periodo medieval florecieron dos formas de expresión literaria, la poesía édica, contenida en la *Edda* (s. VII-XIII), o colección de poemas dedicados a los dioses y héroes, y la poesía escáldica, escrita por poetas cortesanos, que se conserva en versiones en prosa de autores como Snorri Sturluson. El arte de los escaldos se perpetuó en la Baja Edad Media en los *lausarvisur*, poesías improvisadas, y los *rimur*, baladas con rima y aliteración. En prosa se escribieron sagas históricas como la *Heims kringla*, la *Islendingabok*, la saga del *Njáll* o la saga *Sturlunga*.

En la Edad Moderna los autores más destacados fueron los poetas Hallgrimur Petursson, Angrimur Jonsson y Eggert Olafsson. Un nuevo periodo de florecimiento tuvo lugar en el periodo de auge de los nacionalismos (s. XIX), del que sobresalen como autores más representativos

Islandia: paisaje característico de suelos sulfurosos, géiseres y fumarolas.

Islandia: panorámica del puerto pesquero de Heimaey, en las islas Vestmannaeyjar.

los románticos Bjarni Thorarenssen, Jonas Hallgrimsson y, más adelante, los poetas Grimur Thomsen, Mathis Jochumsson, Einar Benediktsson y el novelista Jon Thoroddsen. En el s. XX algunos autores adoptaron la lengua danesa o noruega; de este periodo merecen mención los novelistas Gunar Gunnarsson y Halldór Laxness, los dramaturgos Johann Sigurjónsson, Jónas Árnason, Jökull Jakobsson y Kjartan Ragnarsson, y los poetas David Stefansson y Thomas Gudmundsson.
Las manifestaciones artísticas de Islandia durante el medioevo muestran una clara inspiración vikinga. A partir del s. XII comenzó la penetración de los estilos románico y gótico (iglesia de Vathjofsstadir), que alcanzaron gran virtuosismo en las miniaturas de códices. Tras el periodo medieval el arte entró en decadencia, situación de la que consiguió salir gracias al nacionalismo del s. XIX, cuyo pintor más significativo es el paisajista Jóhannes Kjarval. En la actualidad el arte islandés participa de las tendencias internacionales.

Islandia, ciclón de Centro de baja presión permanente, situado en el N del Atlántico. En invierno crece y llega hasta el N de España, mientras que en verano reduce su extensión a las regiones cercanas al círculo polar ártico. Produce abundantes precipitaciones. También se denomina *ciclón de Groenlandia.*

islándico, ca *adj.* Perteneciente o relativo a Islandia.

islario *s. m.* **1.** Descripción y estudio de las islas de un mar, continente o país. **2.** Mapa en que figuran estas islas.

isleño, ña *adj.* De una isla. También *s.*

isleta *s. f.* Pequeña plataforma o cualquier otro espacio delimitado en el suelo de una plaza, carretera, etc., para facilitar el paso de los peatones, determinar las posibles direcciones o para otras funciones.

islote *s. m.* **1.** Isla pequeña y despoblada o roca de gran tamaño rodeada de mar. **2.** En biol., parte de tejido o grupo de células que aparece aislado. || **3. islotes de Langerhans** Corpúsculos celulares que existen en gran número en el páncreas, de naturaleza endocrina, que segregan la insulina y el glucagón.

Ismael Según la *Biblia,* hijo del patriarca Abraham y su esclava Agar. Al contrario de Isaac, concebido por Sara, mujer legítima del patriarca, no fue fruto del designio de Yavé y por ello fue expulsado de su hogar. Se casó con una egipcia y tuvo doce hijos, de quienes los árabes se consideran descendientes.

ismaelita *adj.* **1.** Descendiente de Ismael. También *s.* **2.** P. ext., árabe, musulmán, islámico. También *s.*

Ismail I (Ardabil 1487 - íd. 1524) Sha de Persia (1502-24). Descendiente de familia de derviches turcos, fundó la dinastía safawí y tomó el título de sha (1502). Su imperio comprendía Persia, Irak y Armenia. Extendió el chiismo por sus territorios. Fue derrotado por el sultán turco Selim I (1514), que llegó a ocupar su capital, Tabriz.

Ismail Bajá (El Cairo 1830 - Constantinopla 1895) Jedive de Egipto (1863-79). Preocupado por la modernización del país, reformó la enseñanza, realizó importantes trabajos urbanísticos e inauguró el canal de Suez (1869). Las potencias europeas crearon una comisión para controlar la deuda pública egipcia, lo que motivó levantamientos nacionalistas. Gran Bretaña y Francia presionaron al sultán turco, que depuso a Ismail.

ismailí *adj.* **1.** Se dice de un grupo religioso musulmán separado de la secta chiita. Su origen está en Ismail, séptimo imán chiita. A esta secta pertenecieron los qármatas y los fatimíes. En la actualidad son poco numerosos y su jefe espiritual es el Aga Kan. **2.** De este pueblo. También *s.*

ismailismo *s. m.* Conjunto de dogmas que constituye la religión de los ismailíes.

-ismo *suf.* **1.** Significa 'doctrina, partido': *calvinismo, comunismo, capitalismo.* **2.** Añade el significado de 'movimiento, tendencia o escuela', especialmente artístico o literario: *cubismo, Romanticismo.* También *s. m.*: *los ismos de vanguardia* **3.** Indica 'modo, cualidad, actitud': *pesimismo, optimismo.* **4.** Expresa 'vocablo o expresión de una lengua incorporados a otra': *arabismo.* **5.** En terminología científica, 'fenómeno': *fototropismo.*

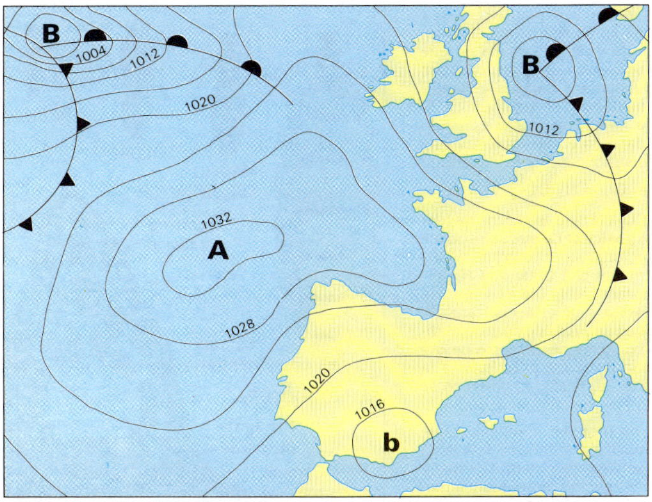

En los mapas meteorológicos las isobaras llevan un número en el que se expresa la presión atmosférica en milibares.

iso- *pref.* **1.** Significa 'igualdad o semejanza': *isobara, isosilábico.* **2.** En quím., se emplea para designar un isómero ramificado de un compuesto orgánico lineal, p. ej. *isobutano.*

isobárico, ca *adj.* **1.** Se dice de las líneas isobaras. **2.** Que tiene igual presión atmosférica. **3.** En fís., se dice de toda transformación en la que la presión permanece igual. **4.** En quím., se aplica a los elementos que tienen igual número de masa, pero diferentes números atómicos.

isobaro o **isóbaro, ra** *adj.* Se dice de la línea imaginaria que en una representación cartográfica une los puntos de la Tierra que tienen la misma presión atmosférica, expresada en milibares, en un determinado momento o en un promedio de las presiones. También *s. f.*

isobático, ca *adj.* Perteneciente o relativo a la isobata. También *s.*

isobato o **isóbato, ta** *adj.* Se dice de la línea imaginaria que en una representación cartográfica une los puntos de igual profundidad del subsuelo o de los fondos marinos, así como de grandes lagos. También *s. f.*

isoca *s. f. Arg., Par.* Nombre común de varias especies de larvas que devastan los cultivos.

isocalórico, ca *adj.* Se dice de los alimentos que teniendo el mismo peso producen la misma cantidad de calorías.

isoclinal *adj.* Se dice del tipo de plegamiento caracterizado por que los estratos, muy comprimidos, tienen el mismo ángulo de buzamiento y dan lugar a pliegues de flancos paralelos entre sí, con una inclinación y dirección muy similar. También *s. m.*

isoclino, na *adj.* **1.** Que tiene la misma inclinación magnética. **2.** Se dice de la línea imaginaria que en una representación cartográfica une los puntos de la Tierra con igual inclinación magnética. También *s. f.*

isocoro, ra *adj.* En fís., se dice del proceso o transformación de un sistema que se realiza manteniendo el volumen constante. También *s. f.*

Isócrates (Atenas 436 - íd. 338 a. C.) Orador y escritor griego. Discípulo de Sócrates, Gorgias y Protágoras, fundó una escuela de oradores. Pretendió unir todas las ciudades griegas contra los persas. De él se conservan 21 discursos, entre los que destacan *Panegírico de Atenas* (380 a. C.), *Evágoras* (370 a. C.), *Antidosis* (h. 354 a. C.) y *A Filipo* (346 a. C.).

isocromático, ca *adj.* **1.** Que tiene el mismo color. **2.** En fotografía, se dice de la emulsión preparada para que sea igualmente sensible a todos los colores.

isocronismo *s. m.* Igualdad de duración en los movimientos de un cuerpo.

isócrono, na *adj.* **1.** Sincrónico. **2.** Se dice de la línea imaginaria que une puntos de igual distancia horaria con respecto a un centro. También *s. f.*

isodinámico, ca *adj.* **1.** Isodinamo*. **2.** Se dice de las cosas que poseen la misma fuerza o intensidad.

isodinamo, ma *adj.* Se dice de la línea imaginaria que en una representación cartográfica une los puntos de la Tierra con igual intensidad magnética. También *s. f.*

isodonte *adj.* Se aplica a los animales que tienen todos los dientes iguales.

isoédrico, ca *adj.* En cristalografía, se dice de los cristales que tienen sus caras iguales.

isoeléctrico, ca *adj.* **1.** Se dice de un cuerpo eléctricamente neutro. **2.** Se aplica a los cuerpos que tienen el mismo potencial eléctrico.

isoentálpico, ca *adj.* Se dice de las transformaciones termodinámicas en las que permanece constante la entalpía.

isoentrópico, ca *adj.* Se dice de las transformaciones termodinámicas en las que la entropía permanece constante.

isoetáceas *s. f. pl.* Familia de plantas pteridofitas del orden isoetales a la que pertenecen unas 50 especies comprendidas en el género *Isoetes.* Son plantas acuáticas de tallo grueso y corto, hojas largas liguladas y esporofitos, con aspecto de musgos. Viven bajo el agua o en zonas muy húmedas. También *adj.* y *s. f.*

isofonía *s. f.* Igualdad de sonoridad. **FAM.** Isofónico.

isófono, na *adj.* Del mismo sonido.

isofoto, ta *adj.* Se dice de la línea que une los puntos que tienen la misma luminosidad. También *s. f.*

isogamia *s. f.* Tipo de fecundación en la que los gametos son aparentemente iguales, pero fisiológicamente diferentes. Es poco frecuente y se da en algas y protozoos.

isogeotermo, ma *adj.* Se dice de la línea que une los puntos del interior de la corteza terrestre que están a igual temperatura, comprobada por sondeos o perforaciones. También *s. f.*

isoglosa *adj.* Se dice de la línea imaginaria que en un mapa lingüístico señala los límites de una determinada peculiaridad fonética, gramatical o léxica. También *s. f.*

isógono, na *adj.* **1.** En fís., se dice de los cuerpos cristalizados que tienen ángulos iguales. **2.** En geom., se dice de las figuras de ángulos iguales. **3.** Se dice de la línea imaginaria que en una representación cartográfica une los puntos de la Tierra que tienen la misma declinación magnética. También *s. f.*

isohipsa *adj.* Se aplica a la curva de nivel. También *s. f.*

isomería *s. f.* **1.** Fenómeno por el cual moléculas de igual composición química y, por tanto, con la misma fórmula empírica, tienen una estructura molecular diferente y presentan propiedades distintas. || **2. isomería cis-trans** La debida a la distinta disposición de los átomos respecto a un plano definido por dos carbonos unidos por doble enlace; p. ej., en el dicloroetileno, el compuesto en cuya molécula los dos átomos de cloro están en el mismo semiplano es el *cis* y aquel en que se hallan en un semiplano distinto, el *trans.* **3. isomería de cadena** Aquella en que los compuestos isómeros sólo se diferencian por sus cadenas, que pueden ser lineales o ramificadas; p. ej., en el pentano y el metilbutano. **4. isomería de función** La que se produce cuando las funciones que aparecen en las moléculas de los isómeros son distintas; p. ej., el aldehído propanal de fórmula $CH_3{-}CH_2{-}C\substack{\nearrow O \\ \searrow H}$ y la cetona propanona $CH_3{-}CO{-}CH_3$ son isómeros de función. **5. isomería de posición** La que se produce cuando el grupo funcional se encuentra en carbonos distintos; p. ej., en el 1-butanol, $CH_2OH{-}CH_2{-}CH_2{-}CH_3$, y 2-butanol, $CH_3{-}CHOH{-}CH_2{-}CH_3$. **6. isomería geométrica** Isomería cis-trans. **7. isomería óptica** La que se produce cuando al disolverse uno de los compuestos isómeros desvía su plano de vibración de la luz polarizada a la derecha y el otro a la izquierda. El primero se denomina *dextrógiro* y el segundo *levógiro.*

isómero, ra *adj.* Se dice del compuesto que tiene la misma composición química y la misma fórmula empírica que otro, pero distinta estructura molecular, por lo que sus propiedades físicas y/o químicas y sus reacciones no son las mismas. También *s. m.*

isometría *s. f.* Transformación geométrica en que la distancia entre dos puntos es igual a la de sus transformados; p. ej., el giro y las simetrías.

isométrico, ca *adj.* **1.** En cristalografía, se dice de los cristales cuyos ejes de simetría tienen el mismo grado y las mismas dimensiones. **2.** En lit., se aplica a la composición poética cuyos versos tienen igual número de sílabas.

isomorfismo *s. m.* **1.** Cualidad de isomorfo. **2.** En mat., homomorfismo en el que la aplicación es biyectiva. **3.** En geol., propiedad que tienen algunos cuerpos de composición química distinta de cristalizar en el mismo sistema; p. ej., las plagioclasas en el sistema triclínico o los carbonatos de calcio, magnesio, hierro, etc., en el romboédrico. **4.** Identidad formal que presentan ciertas estructuras que poseen el mismo tipo de propiedades y de relaciones. **5.** En ling., correlaciones que pueden establecerse entre el plano de la expresión y el del contenido del signo lingüístico. **6.** En fil., teoría representada por Ludwig Wittgenstein que sostiene que entre el lenguaje y la realidad existe una relación de correspondencia, de tal manera que ésta aparece expresada de forma inmediata por aquél.

isomorfo, fa *adj.* Se dice de los cuerpos de diferente composición química, pero que tienen la misma estructura molecular e igual forma cristalina.

Isonzo, batallas del Sucesivos enfrentamientos que tuvieron lugar a orillas del río Isonzo entre Italia y las tropas aliadas durante la Primera Guerra Mundial.

isópodos *s. m. pl.* Orden de crustáceos malacostráceos al que pertenecen unas 4.000 especies comprendidas en los subórdenes oniscoideos, aselotos, flabelíferos, epicarideos, anturideos, gnatideos, microcerberideos, valvíferos y freatoicideos. Tienen el cuerpo pequeño (entre 5 y 15 mm de longitud) y deprimido, con el primer segmento torácico soldado a la cabeza. Todas sus patas son semejantes. Habitan en lugares húmedos o acuáticos, en aguas dulces (como los del género *Asellus*), aguas marinas (como los del género *Idothea*), medio terrestre (como los de los géneros *Oniscus* y *Porcellio*) o como parásitos. Isópodos son las cochinillas de la humedad. También *adj.* y *s. m.*

isopreno *s. m.* $CH_2 = C(CH_3){-}CH = CH_2$. Hidrocarburo alifático insaturado, derivado del butadieno por introducción de un grupo metílico. Es un líquido que hierve a 34 °C y que, polimerizado, constituye el caucho natural y el caucho sintético. Se obtiene por síntesis a partir de la acetona y el acetileno en presencia de hidróxido de potasio. También se llama *metilbutadieno.*

isópteros *s. m. pl.* Orden de insectos pterigotos al que pertenecen unas 2.000 especies comprendidas en diversas familias, de las que únicamente los kalotermítidos y rinotermítidos habitan en Europa. Son insectos sociales, de pequeño o mediano tamaño, ápteros o alados, con pieza bucal masticadora, cuerpo blando de color

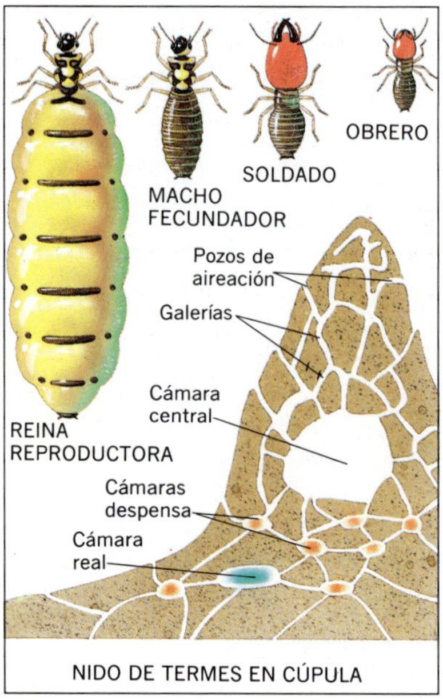

Isópteros: distintas castas de las termes y sección de su nido.

pálido, que se alimentan generalmente de madera. Sus colonias contienen casi tanto número de machos como de hembras, y se dividen en castas de rey y reina, obreros y soldados. Habitan en todo el mundo en regiones de clima tropical y cálido, raramente en climas templados, y sus especies más evolucionadas construyen grandes nidos de tierra cementada con saliva, llamados *termiteros.* Se les conoce igualmente como *termes* o *comejenes.* También *adj.* y *s. m.*

isoquímena o **isoquimena** *adj.* Se dice de la línea imaginaria que en una representación cartográfica une los puntos de la Tierra de igual temperatura media invernal. También *s. f.*

isósceles *adj.* **1.** Se dice de la figura geométrica que tiene los dos lados no paralelos iguales. **2.** Se dice del triángulo que tiene dos lados iguales.

isosilábico, ca *adj.* Se dice de los versos y de las palabras que tienen el mismo número de sílabas.

isosista *adj.* Se dice de la línea imaginaria que une todos los puntos de la superficie terrestre en los que es igual la intensidad de un seísmo.

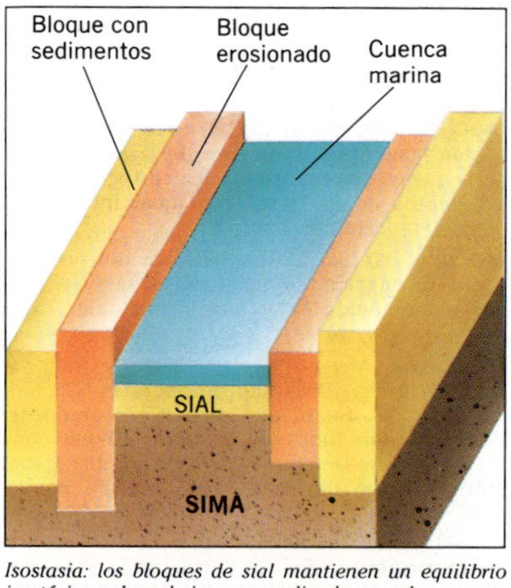

Isostasia: los bloques de sial mantienen un equilibrio isostásico sobre el sima, ascendiendo cuando su parte externa se erosiona y descendiendo cuando se acumula un depósito de sedimentos.

isostasia *s. f.* Estado de equilibrio que la corteza terrestre tiende a mantener o recuperar cuando se produce alguna alteración del mismo. La corteza terrestre está formada por bloques de sial de gran rigidez que flotan en el sima, más denso y elástico, de tal forma que siempre existe una pequeña parte emergida (1/9) y otra, mucho mayor, sumergida (8/9). Entre ambos existe un equilibrio isostático que tiende a romperse continuamente debido a procesos como la erosión, que rebaja la altura de los continentes, o la sedimentación, que acumula un exceso de materiales en zonas deprimidas. Frente a ellos, la corteza recupera el equilibrio mediante movimientos en vertical, de ascenso o de descenso, llamados *epirogénicos.*

isostático, ca *adj.* **1.** Perteneciente o relativo a la isostasia. **2.** Se dice de la línea o superficie cuyos puntos están sometidos al mismo equilibrio o las mismas presiones. También *s. f.*

isotermo, ma *adj.* **1.** De igual temperatura o con temperatura constante. **2.** Se dice de la transformación de un sistema que se realiza a temperatura constante. También *s. f.* **3.** Se dice del local, compartimiento, etc., que se mantiene a baja temperatura por estar aislado térmicamente, pero sin ningún dispositivo frigorífico. También *s. m.* **4.** Se dice de la línea que en una representación cartográfica une los puntos de la Tierra con la misma temperatura media anual. También *s. f.* ‖ **5. curva isoterma** Gráfica que representa la relación entre la presión y el volumen de un gas para una temperatura constante.

isótero, ra *adj.* Se dice de la línea que en una representación cartográfica une los puntos de la Tierra de igual temperatura media durante el verano. También *s. f.*

isotonía *s. f.* En quím., efecto que se produce cuando dos soluciones a la misma temperatura tienen la misma presión osmótica.

isotónico, ca *adj.* En quím., se dice de las soluciones que a la misma temperatura tienen igual presión osmótica.

isotono *adj.* Se aplica a los átomos en cuyo núcleo tienen igual número de neutrones, pero que difieren en el de protones.

isotópico, ca *adj.* Perteneciente o relativo a los isótopos.

isótopo *s. m.* **1.** Nombre que se da a cada átomo de un elemento químico que posee el mismo número atómico, es decir, el mismo número de electrones y protones, pero distinta masa atómica, o sea, distinto número de neutrones; p. ej., aunque la mayoría de los átomos de hidrógeno están formados por 1 electrón y 1 protón, se conocen átomos de hidrógeno formados por 1 electrón, 1 protón y 1 neutrón, llamados *deuterio,* o por 1 electrón, 1 protón y 2 neutrones, llamados *tritio.* El deuterio y el tritio son dos isótopos del hidrógeno. Todos los isótopos de un elemento ocupan el mismo lugar en la tabla del sistema periódico; tienen las mismas propiedades químicas y pequeñas diferencias en sus propiedades físicas debido a la diferencia de sus masas. La mayor parte de los elementos en estado natural están constituidos por mezclas de varios de sus isótopos. ‖ **2. isótopos radiactivos** Aquellos cuyos núcleos sufren transformación, ya sea espontáneamente o de forma artificial, emitiendo radiaciones del tipo α, β o γ.

isotropía *s. f.* Propiedad de los cuerpos de transmitir por igual en todas direcciones cualquier acción recibida en un punto de su masa.

isótropo, pa *adj.* Que tiene isotropía.

isoyeto, ta *adj.* Se dice de la línea que en una representación cartográfica une los puntos de la Tierra que han recibido la misma media de lluvia anual. También *s. f.*

Ispahan Véase **Isfahan**.

isquemia *s. f.* Trastorno circulatorio que consiste en la disminución o detención del riego sanguíneo de un órgano o tejido.

isquiático, ca *adj.* Perteneciente o relativo al hueso isquion.

isquion *s. m.* Hueso de la cadera que, junto al ilion y pubis, forma la pelvis en los mamíferos superiores y en el hombre.

Israel (*Yisrael*) Estado de Asia occidental.
Geog. física El relieve de Israel consta de tres grandes unidades que recorren su territorio de N a S. La más oriental es la depresión del Jordán, una fosa de hundimiento situada entre el lago Hula al N y el mar Muerto al S, por la que discurre el río Jordán, que desde el lago Kinnereth lo hace por debajo del nivel del mar. Al O

Extensión: 20.700 km^2.
Límites: al N, con el Líbano; al E, con Siria y Jordania; al S, con Egipto, y al O, con el mar Mediterráneo.
Población: 4.666.000 h. en 1990.
Densidad: 225,4 h./km^2.
Capital: Jerusalén.
División administrativa: distritos Central, Haifa, Jerusalén, Septentrional, Meridional, Tel Aviv.
Ciudades principales: Tel Aviv-Jaffa, Haifa, Holon, Bat Yam.
Gentilicio: israelí.
Forma de Estado: república parlamentaria.
Idioma: hebreo.
Religión: judaísmo, 82 %; islamismo, 13 %; cristianismo, 2,4 %.
Moneda: shequel.
Tasa de natalidad: 23 ‰ en 1990.
Tasa de mortalidad: 7 ‰ en 1990.
Renta per cápita: 9.750 dólares en 1989.

de esta depresión se alzan, de N a S, los montes Meiron y Hazon, el monte Tabor y los montes de Judea. Una fértil llanura litoral de poca anchura, dividida en dos por el monte Carmelo, se extiende junto al Mediterráneo desde el Líbano, al N, hasta Gaza, en el S. En el S del país se halla la región desértica del Negev, que llega hasta el golfo de Aqaba, en el mar Rojo. El clima es mediterráneo al O, semidesértico en la región del Jordán y desértico al S, lo que condiciona una vegetación de matorral y bosque mediterráneo en el N y O y desértica en el interior y el S.

Geog. humana y ***económica*** La población pertenece a las etnias árabe y, sobre todo, judía; esta última procede en buena medida de la inmigración; habita fundamentalmente en la franja costera mediterránea y se concentra en un 89,4 % en las ciudades. La agricultura se caracteriza por el alto rendimiento, al superar los problemas de escasez de tierra fértil y de aguas de riego con una gran tecnificación. Produce cereales, como trigo, cebada y sorgo, olivo, vid, algodón, agrios y hortalizas. Posee una minería poco importante, salvo la producción de sal gema y potasa, al S del mar Muerto, fosfatos en el Negev, donde también se extrae petróleo, gas natural y cobre, y hierro en Galilea. Su industria es la más desarrollada de Oriente Medio y se concentra en torno a Tel Aviv y Haifa, con factorías metalúrgicas, químicas, textiles y constructoras; tienen gran desarrollo las industrias de tecnología avanzada, como las aeronáuticas y electrónicas.

***Hist.* fundación y conflictos** El estado de Israel fue fundado en 1948, después de varias décadas de esfuerzos del movimiento sionista por crear una patria que acogiera a los judíos de la diáspora. El lugar elegido fue Palestina, donde desde la antigüedad subsistían algunas comunidades judías y donde a fines del s. XIX se habían creado colonias agrícolas de judíos. Theodor Herzl, fundador del movimiento sionista, constituyó el Banco y el Fondo Nacional judío. La declaración Balfour (1917) confirmó el derecho a la creación de una nación judía y la Sociedad de Naciones confió en 1922 al Reino Unido el protectorado sobre Palestina para supervisar esta decisión. Comenzó una etapa de inmigración de numerosos grupos judíos, lo que provocó los primeros conflictos con los palestinos habitantes del territorio. En 1943 la organización judía Haganá inició una actividad guerrillera contra la administración británica y en 1947 la ONU ordenó el reparto del país en dos estados, árabe y judío, a lo que se opusieron ambas comunidades.

guerras árabe-israelíes La retirada británica al año siguiente fue seguida por la inmediata proclamación del estado de Israel por David Ben Gurion y el estallido de la primera guerra árabe-israelí, que concluyó con la victoria del nuevo estado, que amplió considerablemente los terrenos concedidos por la ONU, llegando a Jerusalén, y con la salida de más de medio millón de árabes palestinos, que tuvieron que refugiarse en los países próximos. A partir de este momento Israel se consolidó, gracias a la ayuda de EE UU y a las compensaciones económicas pagadas por Alemania tras la Segunda Guerra Mundial, y continuó la llegada masiva de inmigrantes judíos de todas partes del mundo.

En 1956, con ocasión del conflicto del canal de Suez, se inició la segunda guerra árabe-israelí, en la que el ejército judío, mandado por Moshe Dayan y ayudado por Francia y el Reino Unido, invadió la península del Sinaí, de la que hubo de retirarse en 1957 por mandato de la ONU. El principal partido del país era el Mapai, de carácter socialdemócrata, que encabezó los primeros gobiernos elegidos en sucesivas convocatorias electorales. En 1964 se puso en práctica un plan de captación de aguas del río Jordán, que agudizó las tensiones con los países árabes limítrofes. Los palestinos se organizaron en grupos guerrilleros y adoptaron la táctica terrorista. En 1967 el ejército israelí desató la tercera guerra árabe-israelí, la guerra de los Seis Días, pues fue el tiempo que tardó en ocupar la Cisjordania y en arrebatar la península del Sinaí a Egipto y los altos del Golán a Siria.

En 1968 se formó en torno al Mapai un gran partido laborista, el Mai, cuya dirigente Golda Meir fue nombrada primera ministra en 1969. A principios de la década de los setenta las acciones terroristas de la OLP se incrementaron hasta alcanzar la máxima notoriedad con la matanza de atletas judíos en Munich en 1972. En 1973 los países árabes desataron la cuarta guerra contra Israel –la guerra del Yon Kippur–, en la que, gracias al factor sorpresa, lograron un espectacular avance en el Sinaí, que luego no pudieron mantener. La tradicional hegemonía electoral socialista terminó en 1977 tras la victoria del partido derechista Likud y el nombramiento como primer ministro de Menahem Begin, que en 1979 firmó la paz con Egipto en Camp David con la mediación de EE UU.

Israel: vista del sector moderno de la ciudad de Haifa.

Israel: basílica de la Agonía, en Jerusalén.

época actual En las elecciones de 1981 vencieron los socialistas, pero con tan escaso margen de votos sobre el Likud, que fue necesario crear un gobierno de coalición, a cuyo frente se alternaron el sucesor de Begin, Isaac Shamir, y el laborista Simon Peres y que reflejaba en su composición y en su actividad la división política del electorado israelí, confirmada en posteriores consultas a las urnas. En 1982 Israel invadió el S del Líbano, en una guerra preventiva que cercó a un importante número de combatientes de la OLP en Beirut. A fines de 1987 los palestinos de Gaza y Cisjordania, tierras ocupadas por Israel en la guerra de 1967, iniciaron un levantamiento popular, conocido como la *intifada,* duramente reprimido por el ejército israelí. El movimiento obtuvo un gran eco internacional y colocó al gobierno judío en una difícil situación. En 1988 Yasir Arafat, líder de la OLP, anunció el abandono de la lucha armada y la adopción de la intifada como única táctica de lucha. Roto el gobierno de coalición, comenzó a gobernar en solitario el Likud, con Shamir como jefe de gobierno. Israel fue objeto de ataques con misiles durante la guerra del Golfo contra Irak, pese a su no intervención en dicho conflicto (1991). Al término del mismo, Israel participó en la conferencia de paz de Madrid, continuada después en Nueva York, en la que se buscó una solución para garantizar la estabilidad en Oriente Medio y en la que por primera vez los palestinos tuvieron representantes reconocidos. En las elecciones de 1992 venció el laborista Isaac Rabin.

Cult. La cultura israelí actual constituye una amalgama de tradiciones sefardíes, askenazíes y orientales, resultado de la inmigración de judíos procedentes de todas partes del mundo. En 1954 fue creada la Academia de la Lengua Hebrea, cuya función esencial es crear una norma común a las distintas formas del hebreo. La orquesta filarmónica de Israel ha adquirido un gran prestigio internacional. En 1917 fue creado en Moscú el *Habima,* teatro nacional israelí, trasladado a Palestina en 1932. Las artes plásticas se han desarrollado bajo la influencia de las escuelas europeas. La pintura y la escultura están representadas en la escuela de arte de Betzalel en Jerusalén: Israël Paldi y Reuven Rubin son sus principales miembros. Posteriormente sobresalen los pintores Moshe Mokady y Mordecai Ardon, de origen polaco, el dadaísta Marcel Janco, Yaacov Agam, Igael Tumarkin y los escultores Zeev Ben-Zvi, Itshak Danziger y Yehiel Schemi. La creación de nuevos barrios en las principales ciudades permitió el desarrollo de una interesante escuela arquitectónica, en la que sobresalen Mansfeld, Gad, Yaski y Alexandroni.

La moderna literatura hebrea tiene sus primeras manifestaciones en el s. XVIII, tras el periodo de decadencia posterior a la Edad Media, entre las comunidades judías extendidas por los países europeos. Comenzó así un periodo conocido como *haskalá,* en que la lengua hebrea literaria inició su renacimiento; sus autores más destacados fueron el poeta J. Gordon, los ensayistas N. Wessely, Perez Smolenskin, Moses Mendelssohn y el historiador S. Luzatto. Desde finales del s. XIX hasta la Primera Guerra Mundial, la implantación del sionismo y las aspiraciones políticas de construir un estado judío se vieron reflejadas en la literatura de autores como los poetas Hayyin Bialik y Chernijovski, el novelista Salom Abramovitz y los pensadores Asher Ginzberg y Eliezer Ben Yehuda. Después de la constitución del estado de Israel surgió una generación de literatos en la que sobresalen los prosistas Samuel Agnón, premio Nobel de literatura en 1966, A. Meged y A. Cohen, los poetas A. Shlonsky y Nathan Alterman y el dramaturgo M. Shamir. Hacia 1960 apareció la primera generación de escritores nacidos en el nuevo estado, en la que cabe citar a Amos Oz y Dan Pagis.

israelí *adj.* Del estado de Israel. También *s.*

israelita *adj.* Del antiguo reino de Israel. También *s.*

Istanbul Véase **Estambul**.

Istiqlal Partido marroquí fundado en 1937 y de carácter marcadamente nacionalista. Tuvo un papel decisivo en la lucha por la independencia de Marruecos; a partir de este momento su importancia disminuyó y en su seno se originaron numerosas escisiones. Su trayectoria ha sido diversa y se ha caracterizado por seguir una política de coalición. Las elecciones legislativas de 1984 lo convirtieron en la cuarta fuerza electoral del país.

istmeño, ña *adj.* **1.** Natural de un istmo. También *s.* **2.** Ístmico*.

ístmico, ca *adj.* Perteneciente o relativo a un istmo.

istmo *s. m.* Estrecha franja de tierra que une una península al continente o dos continentes entre sí; p. ej., los de Panamá y Corinto.

Istria Península del Mediterráneo, situada en el N del mar Adriático, entre los golfos de Trieste y Kvarner, en la costa de Croacia. 3.600 km^2.

Istúriz, Francisco Javier de (Cádiz 1790 - Madrid 1871) Político español. Liberal exaltado en sus comienzos, participó en la revolución de 1820, por lo que hubo de exiliarse en 1823 tras la restauración del absolutismo. Vuelto a España en 1834, defendió una política mucho más moderada. Presidió las Cortes en 1834 y 1838-40 y los gobiernos de 1836, 1846-47 y 1858.

Ítaca Isla griega del archipiélago de las islas Jonias, en el mar Jónico. Según la *Odisea*, era el reino de Ulises, adonde regresó el héroe tras la guerra de Troya.

Itagüi C. de Colombia, situada en el departamento de Antioquia. 135.800 h. en 1985. Cuenta con cultivos de caña de azúcar, café y maíz, ganadería bovina, porcina y equina, además de un núcleo importante de industrias textiles y cerveceras.

Italia Estado de la Europa mediterránea.

Extensión: 301.277 km^2.
Límites: al N, con Francia, Suiza y Austria; al E, con Eslovenia, mar Adriático y mar Jónico; al S, con el mar Mediterráneo, y al O, con el mar Tirreno, mar Ligur y Francia.
Población: 57.512.000 h. en 1990.
Densidad: 190,9 h./km^2.
Capital: Roma.
División administrativa: regiones de Abruzos, Apulia, Basilicata, Calabria, Campania, Cerdeña, Emilia-Romaña, Friul-Venecia Julia, Lacio, Liguria, Lombardía, Marcas, Molise, Piamonte, Sicilia, Toscana, Trentino-Alto Adigio, Umbría, Valle de Aosta y Véneto.
Ciudades principales: Milán, Nápoles, Turín, Génova, Palermo, Bolonia, Florencia y Venecia.
Gentilicio: italiano.
Forma de Estado: república.
Idioma: italiano.
Religión: catolicismo, 83,2 %.
Moneda: lira.
Tasa de natalidad: 10 ‰ en 1990.
Tasa de mortalidad: 9 ‰ en 1990.
Renta per cápita: 15.150 dólares en 1989.

Geog. física Italia está formada por un sector continental en el N, la larga península Itálica, que penetra profundamente en el Mediterráneo, y dos grandes islas, Sicilia al S, donde se encuentra el volcán Etna (3.340 m), y Cerdeña al O. El relieve del sector continental consta de dos unidades: la zona alpina y la llanura del Po. La cordillera de los Alpes traza un arco de 1.200 km, que va desde Liguria (en el O) hasta Friul-Venecia Julia (en el E), y en ella destacan el Mont Blanc (4.810 m), el monte Rosa (4.634 m), el Cervino (4.478 m) y

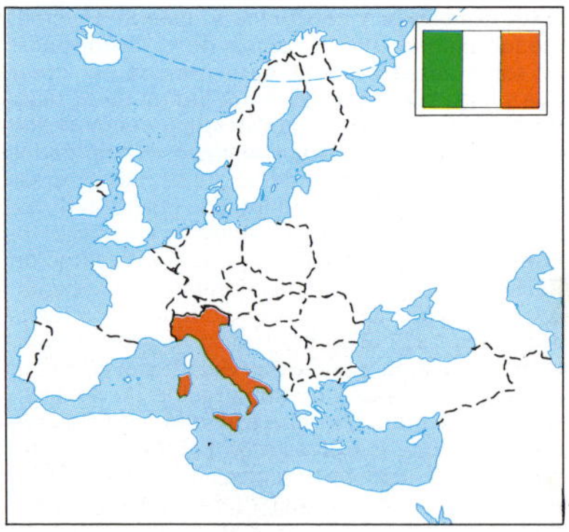

el macizo de los Dolomitas, y tres grandes lagos de origen glaciar, el Mayor, el Como y el Garda. La llanura del río Po (652 km) o llanura padana, la mayor del país, se abre hacia el Adriático en un arco de 300 km de amplitud; alberga las regiones agrícolas e industriales más desarrolladas del país y sus principales ciudades son Milán, Turín, Venecia, Bolonia, Padua, Verona y Brescia. La península Itálica está recorrida de N a S por la cordillera de los Apeninos, desde la estribación O de los Alpes hasta el extremo de Calabria; su mayor altura la alcanza en el Gran Sasso (2.914 m), situado en la parte central, mientras que en su zona meridional abundan los fenómenos volcánicos. En la península existen numerosas llanuras: algunas son litorales, como las de Maremma y Agro Pontino; otras fluviales, como las del Arno y Tíber; y otras interiores, como las de Apulia. El río más importante es el Po, que cuenta con afluentes como el Ticino, Trebia y Panaro; muy cerca de su delta desemboca el Adigio (410 km), que es el segundo río en importancia del país. Los peninsulares son mucho más cortos y entre ellos hay que mencionar el Tíber (405 km), que pasa por Roma, y el Arno (241 km), que lo hace por Florencia. Las costas del mar Tirreno y del mar de Liguria son altas y rocosas, mientras que las del Adriático son bajas y arenosas. El clima es de montaña al N, aunque la barrera de los Alpes cierra el paso a las influencias centroeuropeas, y mediterráneo en la península y las islas. El sector meridional del país sufre una importante deforestación, tan sólo en las zonas montañosas aparece el bosque de encinas y coníferas; desde Roma hacia el N la vegetación, más densa, es de hayas, robles y encinas; en la región alpina alternan el bosque de haya y el de coníferas.

Geog. humana y ***económica*** Italia, pese a la intensa emigración de las regiones del S hacia América en el s. XIX y principios del XX, está densamente poblada y sus habitantes se concentran en las grandes ciudades (72 %). Las diferencias socioeconómicas y culturales entre el N y el S del país continúan siendo enormes: mientras que las regiones septentrionales se encuentran entre las más desarrolladas de Europa, las meridionales albergan todavía importantes focos de subdesarrollo. El sector agrícola sigue teniendo una im-

Italia: el monte Cervino, en su vertiente italiana.

portancia mayor que en otros países industrializados. Se cultivan cereales, como trigo, maíz, arroz, cebada y avena, agrios (quinto productor mundial), vid (primero), olivo (segundo), remolacha azucarera, tabaco y productos hortofrutícolas. Hay ganadería bovina en el N y ovina en el S y las islas. Posee yacimientos de mercurio, antimonio, cinc, gas natural, azufre y mármol. La industria, principal recurso económico del país, se localiza preferentemente en las regiones del N y cuenta con un importante sector textil, químico, siderúrgico, automovilístico, eléctrico y electrónico, de motocicletas y bicicletas, mecánico, alimentario, de fibras artificiales, vidrio, calzado, editorial y objetos de diseño. El turismo, especialmente de carácter cultural y religioso, proporciona también importantes ingresos a su balanza comercial.

Hist. **antigüedad** Italia estuvo poblada en el neolítico por diversos pueblos no indoeuropeos (ligures, ítalos, sicanos, etc.), que fueron desplazados por numerosas migraciones comenzadas a mediados del segundo milenio. Los indoeuropeos llegaron en dos oleadas: la cultura de las terramasas y los vilanovianos, cuya penetración fue detenida en el centro de la península por un conglomerado de pueblos llamados *italiotas* (picenos, sabelios, marsos, samnitas, sabinos, lucanos, volscos, umbros, etc.). Las costas del Adriático fueron pobladas por migraciones procedentes de Iliria. En el s. VIII a. C. se produjo la llegada de los etruscos, que crearon una poderosa federación de ciudades entre el Arno y el Tíber. El S de Italia fue colonizado por griegos, que fundaron ciudades en Magna Grecia y Sicilia desde el s. X a. C. Tras la destrucción del estado etrusco por las invasiones galas del s. V a. C., la ciudad latina de Roma comenzó un desarrollo que la llevaría a la conquista de toda Italia y a la creación de un poderoso imperio que en el s. I se extendía a lo largo del mar Mediterráneo, centro y O de Europa, islas Británicas, Asia Menor, Persia y Egipto. Separado en el s. IV en una parte oriental y otra occidental, el imperio romano de Occidente cayó víctima de las invasiones bárbaras del s. V y en la península se crearon sucesivamente los reinos ostrogodo y lombardo.

Edad Media La Iglesia romana mantuvo la unidad espiritual de la cristiandad occidental y favoreció su reunificación política al coronar emperador en Roma el año 800 a Carlomagno, que había destruido el reino lombardo. La decadencia de los carolingios vino acompañada de las incursiones de normandos, sarracenos y magiares; el reino de Italia fue ocupado por monarcas de poca importancia y breve gobierno hasta que el rey de Germania, Otón I, fue coronado emperador el año 962 y se creó el Sacro Imperio Romano Germánico. En 1059 Roberto Guiscardo fundó una monarquía normanda en el S de Italia y Sicilia. Entre la Iglesia y el imperio germánico estalló el conflicto de las investiduras eclesiásticas, que llegó a su máxima intensidad con la excomunión de Enrique IV y la entrada de éste en Roma con un ejército. En las ciudades italianas surgió un activo movimiento comunal favorecido por las actividades de artesanado, comercio y banca. Ciudades como Pisa, Génova, Milán, Amalfi, Venecia, Lucca, Piacenza y Siena, bajo la tolerante autoridad imperial, evolucionaron hacia el autogobierno y experimentaron un importante desarrollo económico. Con la llegada de la dinastía Staufen se reavivó la lucha entre papado e imperio, que implicó a las ciudades italianas en la pugna güelfo-gibelina. El emperador Enrique IV heredó por su matrimonio el trono siciliano, pero el fracaso de la política de Federico II significó el triunfo del partido güelfo y la implantación de la dinastía angevina en el S de Italia en 1268. En 1282 Sicilia se rebeló contra los angevinos en las «Vísperas Sicilianas» y se sometió a Pedro IV de Aragón. El papado dejó Roma en 1309 y se instaló en Aviñón; cuando regresó a Roma en 1378 estalló el cisma de Occidente, que se prolongó hasta 1417. Durante la Baja Edad Media las principales ciudades, gobernadas mediante repúblicas o señorías, crearon poderosos estados sometiendo a grandes regiones en su entorno. Estos estados, que fueron focos del esplendor renacentista, alcanzaron el equilibrio en la paz de Lodi de 1454; los principales eran los ducados de Milán y de Saboya, las repúblicas de Venecia, Génova, Florencia y Siena, los Estados Pontificios y el reino de Nápoles y Sicilia, en manos de la corona de Aragón.

Italia: vista de Asís, en Perugia, en la que destaca la basílica de San Francisco.

Edad Moderna En la Edad Moderna, Italia se convirtió en el campo de batalla de las luchas entre Francia y los Habsburgo de España y la economía decayó a causa del desplazamiento de las rutas comerciales del Mediterráneo al Atlántico. La Contrarreforma religiosa se consolidó en el Concilio de Trento de 1545 y la Iglesia romana adoptó actitudes hostiles a un desarrollo de la ciencia y la filosofía que ella consideraba peligroso para la fe, condenando a la hoguera a Giordano Bruno y excomulgando a Galileo. Las costas fueron asoladas por las incursiones de piratas turcos y berberiscos. La guerra de Sucesión española concluyó con el tratado de Utrecht de 1714, por el que Sicilia pasó a manos del duque de Saboya y el Milanesado, Cerdeña y Nápoles al emperador austriaco Carlos VI. En 1734 Italia fue nuevamente escenario de una guerra entre España y Austria, a consecuencia de la cual Austria fortaleció su dominio en el N y la reina española Isabel de Farnesio obtuvo la corona de Parma para su hijo Carlos y la de Nápoles para el príncipe Carlos de Borbón.

Edad Contemporánea En 1796 comenzaron las campañas italianas de Napoleón Bonaparte, que expulsó a los austriacos y constituyó las repúblicas Ligur, Cisalpina, Romana y Partenopea. Los austriacos fueron nuevamente derrotados en Marengo (1800), después de lo cual se constituyó la república italiana convertida en 1804 en reino de Italia y cuyo soberano fue Napoleón. Tras la caída del imperio napoleónico, el congreso de Viena de 1815 devolvió el N de Italia (Lombardía y Véneto) al dominio austriaco; tan sólo tres estados conservaron la independencia: el reino de Nápoles, con Fernando I de Borbón, que tomó el título de rey de las Dos Sicilias; los Estados Pontificios (Lacio, Umbría y Las Marcas), y el reino de Piamonte-Cerdeña, con Víctor Manuel I. Surgió entonces un sentimiento nacionalista que organizó diversos levantamientos contra la dominación austriaca (Nápoles en 1820, Módena en 1831), impulsados por sociedades secretas como la de los carbonarios y por personajes como Giuseppe Mazzini, creador del movimiento Joven Italia y partidario de una república unitaria. Tras diversos fracasos, la voluntad nacional de independencia depositó sus esperanzas de unificación en el reino de Piamonte. El rey Carlos Alberto dio su apoyo a la sublevación de los milaneses en 1848, pero fue vencido por los austriacos en las batallas de Custoza y Novara y obligado a abdicar. Le sucedió su hijo Víctor Manuel II que, junto con su ministro Cavour y Garibaldi, se convirtió en la gran figura del *Risorgimento*.

Aliados con Francia en 1859, los piamonteses arrebataron Lombardía a los austriacos, incorporaron mediante plebiscito en 1860 Toscana y Emilia-Romaña y recibieron de Garibaldi Sicilia y el reino de Nápoles, conquistadas ese mismo año por la expedición de los «camisas rojas». En 1861 se reunió el primer parlamento en Turín, que proclamó la creación del reino de Italia. En 1865 fue incorporado el Véneto y en 1867 comenzó la ocupación de Lacio y de Roma, retrasada hasta 1870 a causa de la intervención de Napoleón III en favor de los papas. Humberto I sucedió a Víctor Manuel II en 1878; durante su reinado se impulsó una política de expansión colonial en Abisinia, que concluyó con el desastre de Adua en 1896. Muerto en atentado en 1900, le sucedió su hijo Víctor Manuel III. Bajo la dirección del liberal Giolitti, el país inició un periodo de desarrollo industrial y de crecimiento demográfico, con importantes reformas políticas (sufragio universal, reducción de la jornada de trabajo).

Tras un año de neutralidad, Italia entró en la Primera Guerra Mundial junto a los aliados y en contra de Austria y Alemania. Después de la victoria incorporó Trentino, Alto Adigio, Trieste, Istria y Zara a su territorio, pero el esfuerzo de la guerra provocó una grave crisis social y económica y el avance de las posturas radicales, tanto de izquierda (socialistas y comunistas) como de derechas (fascismo).

En 1922 el movimiento fascista de Benito Mussolini organizó la «marcha sobre Roma», una gran manifestación después de la cual el rey encargó a Mussolini la formación de un nuevo gobierno. Se iniciaba así el periodo fascista, que duró hasta la derrota italiana en la Segunda Guerra Mundial y que se caracterizó por la rápida implantación de un régimen de partido único, la exaltación del nacionalismo y del imperialismo (invasión de Abisinia en 1935) y la estatalización de la economía. El final de la guerra trajo consigo el retorno de la democracia y el final del régimen monárquico, derrotado en el referéndum de 1946. El primer presidente de la república fue el economista Luigi Einaudi, aunque la gran personalidad política de la posguerra fue el demócrata cristiano Alcide de Gasperi, que trazó la estrategia para la reconstrucción del país a partir de una estrecha alianza con EE UU, que invirtió grandes sumas a través del Plan Marshall, de la vocación europeísta (Italia fue uno de los impulsores de la CEE) y de la creación de un gran partido popular y cristiano capaz de hacer frente al poderoso Partido Comunista.

época actual Miembro de la OTAN en 1949 y de la ONU en 1951, el país conoció un gran desarrollo durante la década de los cincuenta y buena parte de los sesenta, siempre bajo la hegemonía de la Democracia Cristiana. La crisis se inició en 1969 con una gran oleada de huelgas, que siguió en 1970. Desgastada tras muchos años de ejercicio del poder, la Democracia Cristiana comenzó a atravesar graves dificultades políticas, al tiempo que los comunistas aumentaron su influencia electoral, aunque sin conseguir entrar en el gobierno a pesar de los esfuerzos de su dirigente Enrico Berlinguer. La inestabilidad y la ausencia de soluciones de recambio favoreció la aparición de grupos terroristas de extrema derecha (Orden Negro, Primera Línea) y de extrema izquierda (Brigadas Rojas), que ocasionaron un grave deterioro social y político cuyo punto culminante fue el asesinato del líder democristiano Aldo Moro por las Brigadas Rojas (1978). La situación fue estabilizándose en los años ochenta, en que la Democracia Cristiana compartió la labor de gobierno con otros partidos, como el Socialista, el Republicano o el Liberal, y llegó incluso a ceder en 1983 la presidencia del gobierno al socialista Bettino Craxi. Ayudaron también a esta estabilidad la mejoría de la situación económica internacional, la victoria sobre el terrorismo y la figura del anciano presidente socialista Sandro Pertini, sustituido en 1985 por el demócrata cristiano Francesco Cossiga. En 1989 fue elegido jefe de gobierno el demócrata cristiano Giulio Andreotti, al frente de una coalición de gobierno. En las elecciones generales de 1992 la Democracia Cristiana fue la gran derrotada, pese a ello, su candidato Oscar Luigi Scalfaro fue designado presidente.

Arte Las formas arquitectónicas del arte romano derivaron en la primera Edad Media hacia el arte paleocristiano, cuyo edificio característico es la basílica. La decoración escultórica se manifiesta en los relieves del sarcófago de Junio Basso. En Ravena, durante el exarcado bizantino, se desarrolló una arquitectura con influencias griegas y cuyas principales construcciones fueron San Apolinar in Classe, San Apolinar el Nuevo, San Vital y el mausoleo de Gala Placidia. Al estilo románico pertenecen el duomo de Pisa, la iglesia de San Ambrosio de Milán, el baptisterio de la catedral de Florencia, las catedrales de Módena, Ferrara y Parma y la catedral de San Marcos de Venecia, esta última con elementos orientales. En Sicilia, bajo la triple influencia bizantina, islámica y normanda, se construyeron las catedrales de Catania, Cefalú y Palermo. El gótico penetró en Italia en el s. XIII y adoptó fórmulas particulares: gótico-bizantinas en el Castel del Monte, en Apulia; gótico-toscanas en Santa María Novella de Florencia; en el N, el estilo gótico europeo sufrió menos modificaciones, como queda patente en el duomo de Milán. En escultura sobresalen Nicola, Giovanni y Andrea Pisano y en pintura la escuela florentina, con Cimabue y Giotto, y la de Siena, con Duccio di Buoninsegna y Simone Martini.

El humanismo y el gusto por las formas clásicas son los elementos que conforman el arte del Renacimiento. Durante el *quattrocento* (s. XV), el principal foco del arte renacentista fue Florencia. En arquitectura destacaron Brunelleschi, Alberti y Michelozzo y en escultura Ghiberti, Della Quercia, Donatello y Luca della Robbia. La pintura experimentó una intensa evolución con Masaccio, Fra Angélico, Gentile da Fabriano, Pisanello, Filippo Lippi, Benozzo Gozzoli, Paolo Uccello, Piero della Francesca, Andrea del Castagno, Andrea Mantegna, Sandro Botticelli, Andrea Verrocchio, Antonio y Pietro Pollaiuolo, Ghirlandaio, Perugino, Carpaccio, Cosme Tura, Giovanni Bellini y Antonello da Messina.

El *cinquecento* (s. XVI) es la época clásica del renacimiento italiano, en la que el centro artístico se traslada a Roma. La figura humana pierde realismo y gana grandiosidad, hasta culminar en el manierismo. En arquitectura sobresalen Bramante y Miguel Ángel, gran maestro también de la escultura y de la pintura, junto a Leonardo y Rafael. Plenamente manieristas son los arquitectos Vignola y Palladio, los escultores Benvenuto Cellini y Giambologna y los pintores Giorgione, Tiziano, Andrea del Sarto, Bronzino, Correggio, Parmigianino, Tintoretto, Veronés y Jacopo Bassano.

El estilo barroco constituye la otra gran aportación de Italia al arte universal. Nació en Roma en el s. XVII, bajo el impulso del espíritu triunfante de la Contrarreforma, con una estética grandiosa y naturalista en la que predominan el sentimiento religioso y la emoción, como se aprecia en la obra de los arquitectos romanos Pietro da Cortona, Bernini (también gran escultor) y Borromini y de los pintores Caravaggio, Annibale Carracci, Guido Reni, Domenichino, Guercino, Giovanni Lanfranco y Andrea Pozzo. En el barroco tardío merecen citarse la escuela de

Arte italiano: el Duomo de Milán, monumento sobresaliente del gótico lombardo.

paisajistas venecianos, con Canaletto, Tiepolo, Guardi y Longhi, el grabador Giambattista Piranesi y Lucas Jordán. Desde mediados del s. XVIII surgió el estilo neoclásico, en el que destaca el escultor Antonio Canova. En el s. XX Milán se convierte en el principal centro de la arquitectura italiana, donde nacen las nuevas tendencias: la racionalista de Giuseppe Terragni, la futurista de Antonio Sant'Elia, la arquitectura en hormigón de Luigi Nervi, el neorracionalismo del grupo *Tendenza*, con Samonà y Rossi, entre otros. En escultura sobresalen Medardo Rosso, Marino Marini y Alberto Giacometti. En pintura, el siglo arranca con la escuela futurista, que sigue los postulados teóricos de Marinetti y cuyos principales representantes son Umberto Boccioni, Carlo Carrà, Luigi Russolo, Giacomo Balla y Gino Severini. También hay que mencionar a Giorgio de Chirico, creador de la pintura metafísica; a Amadeo Modigliani, cuya obra de retratos y desnudos fue realizada en París, y a Giorgio Morandi, autor de magníficos bodegones. Entre las últimas tendencias se cuentan el arte pop, con Valerio Adami; el informalismo, con la pintura matérica de Lucio Fontana y Alberto Burri; el *arte povera* de Pistoletto; el estilo figurativo de Renato Gatusso, y el movimiento de la transvanguardia, con Francesco Clemente, Sancho Chia y Enzo Cucchi.

Lit. La literatura italiana se desarrolló más tardíamente que la de las restantes lenguas romances a causa de la pervivencia del latín, que había alcanzado un gran peso cultural como lengua litúrgica de la Iglesia. Sus primeras manifestaciones se produjeron en el s. XIII en Umbría, con el *Cántico al sol* de Francisco de Asís, y en Sicilia con la poesía cortesana de la corte de Federico II Staufen. En Toscana, por influencia de la lírica provenzal, surgió el *dolce stil nuovo*, forma poética practicada por Guido Cavalcanti, Cino da Pistoia, Guido Guinicelli y Guittone d'Arezzo. La obra de los poetas Dante Alighieri (*Divina comedia*) y Francesco Petrarca (*Canzoniere*) y el prosista Giovanni Boccaccio (*El Decamerón*) impuso el toscano como lengua culta en la Italia del s. XIV. Durante el s. XV floreció el humanismo en Florencia, desde donde se extendió al conjunto de Italia; este siglo fue el de mayor esplendor de la poesía épica, que alcanzó su cima en el XVI con Ludovico Ariosto (*Orlando furioso*) y Torquato Tasso (*La Jerusalén liberada*). Destacan en este periodo en la narrativa Jacopo Sannazzaro (*Arcadia*), creador de la novela pastoril, y en la lírica, Leone Battista Alberti y Pietro Aretino.

En el s. XVII se desarrolló la literatura barroca, con poetas culteranos como Alessandro Tassoni y Giambattista Marino, y en el s. XVIII la neoclásica, en que frente a la obra teatral de Carlo Gozzi, en la tradición de la *commedia dell'arte*, se produjo la renovación de Carlo Goldoni, creador de un teatro de caracteres; la gran figura del teatro trágico de este siglo fue Vittorio Alfieri. La poesía estaba representada por Giuseppe Parini; otros poetas prerrománticos fueron Vincenzo Monti y Ugo Foscolo. En el s. XIX dieron prestigio a la literatura italiana, dentro del Romanticismo, el poeta Giacomo Leopardi y el novelista Alessandro Manzoni (*Los novios*). La narrativa del s. XIX se caracterizó por el estilo realista llamado *verismo*, cuyos principales representantes fueron Giovanni Verga, Antonio Fogazzaro y Edmondo d'Amicis. Notables poetas del posromanticismo fueron Giosue Carducci, Giovanni Pascoli y Gabriele d'Annunzio.

La primera mitad del s. XX fue una época de auge de la novela, cuyos autores más sobresalientes fueron Giovanni Papini, Aldo Palazzeschi, Alberto Moravia, Italo Svevo, Cesare Pavese, Curzio Malaparte, Giuseppe Tomasi di Lampedusa, Grazia Deledda, Ignazio Silone, Vasco Pratolini y Dino Buzzati. La poesía se vio influida por las tendencias vanguardistas, como el futurismo de Filippo Tommaso Marinetti. Entre los poetas más significativos figuran Giuseppe Ungaretti, Eugenio Montale y Salvatore Quasimodo. En teatro destaca la figura del dramaturgo Luigi Pirandello. En la segunda mitad del s. XX ha surgido una nueva generación de narradores, entre los que descuellan Elsa Morante, Leonardo Sciascia, Italo Calvino y Umberto Eco. En teatro merecen citarse las experiencias vanguardistas de Dario Fo y en poesía la obra de Pier Paolo Pasolini. En las últimas décadas cabe señalar a los novelistas Alberto Arbasino, Giorgio Manganelli, Carlo Cassola, Giorgio Bassani y Carlo Levi.

Fil. y ***Pens.*** La filosofía postaristotélica se extendió por el ámbito del helenismo; en Roma florecieron dos doctrinas: el epicureísmo y el estoicismo. Importantes filósofos estoicos fueron Séneca, Epícteto y Marco Aurelio, y epicúreo Filodemo de Gadara. En la Italia ostrogoda sobresalieron dos representantes de la patrística cristiana, Cassiodoro y Boecio. En la Edad Media nacieron las universidades, entre las que destacaron la de Bolonia en derecho y la de Palermo en medicina. Santo Tomás de Aquino, el gran maestro de la escolástica, ejerció su magisterio en la universidad de París.

El humanismo representó un periodo de intenso desarrollo del arte y del pensamiento. Marsilio Ficino y Pico della Mirandola pertenecieron a la escuela del platonismo florentino; asimismo sobresalieron el aristotélico Pomponazzi, el filólogo Lorenzo Valla y el teórico del arte Leone Battista Alberti. El ensayo político adquirió una gran importancia y en él merecen ser mencionados Nicolás Maquiavelo y Baltasar de Castiglione. Durante los s. XVI y XVII la astronomía y las ciencias experimentaron grandes avances, a pesar de la actitud conservadora de la Iglesia, que condenó a la hoguera a Giordano Bruno y excomulgó a Galileo Galilei.

La Ilustración tuvo su proyección sobre autores italianos como el jurista Cesare Beccaria, el economista Pietro Verri, el historiador Pietro Giannone y el también economista Antonio Genovesi. Pensador eminente del s. XVII fue el filósofo historicista Giambattista Vico. En el s. XVIII la historiografía alcanzó gran madurez con investigaciones notables, como las realizadas por Michele Amari, al tiempo que la obra de Algarotti contribuyó a la divulgación y mejor conocimiento del pensamiento científico de la época. En el s. XIX realizó su obra el lingüista y teórico de la literatura Francesco de Sanctis.

Figura ilustre del pensamiento italiano del s. XX es el filósofo idealista Benedetto Croce; en campos específicos del conocimiento han destacado asimismo el semiólogo Umberto Eco, los teóricos marxistas Antonio Labriola, Antonio Gramsci y Galvano della Volpe, el psiquiatra Franco Basaglia, y el filósofo del idealismo realista Michele Sciacca. En el ámbito de la crítica histórica, literaria y del derecho, han despuntado numerosos ensayistas tales como Eugenio Garín, Arnaldo Momigliano y Norberto Bobbio. Asimismo, Giovanni Vattimo constituye uno de los pensadores clave de la llamada *postmodernidad*.

Mús. En el s. XI, Guido de Arezzo ideó un procedimiento de notación musical, dando nombre a las seis primeras notas y diseñando la pauta, que sería trascendental en la historia de la música. Francesco Landino fue uno de los principales representantes del *ars nova* en el s. XIV. Durante el Renacimiento destacaron los madrigalistas Luca Mayencia y Carlo Gesualdo. En el s. XVI, la polifonía religiosa se perpetuó con Pier Luigi de Palestrina y la música instrumental con Giovanni Gabrieli. El origen de la ópera tuvo lugar en Florencia a raíz de una serie de reuniones celebradas entre músicos y poetas. En este grupo se encontraban Peri, Caccini, Vincenzo Galilei y Cavalieri. La transición al Barroco se caracterizó por la obra vocal de Claudio Monteverdi. El Barroco constituyó una edad de oro de la música italiana. Surgieron nuevas formas musicales como la suite, la sonata, el concerto grosso, la cantata y el oratorio; compositores notables fueron Arcangelo Corelli, Benedetto Marcello, Tommaso Albinoni, Alessandro y Domenico Scarlatti, Antonio Vivaldi y Giacomo Carissimi. La ópera se consagró con las obras de Monteverdi (s. XVII) y Pergolesi (s. XVIII); pero fue durante el s. XIX cuando el género alcanzó la plenitud de su desarrollo con figuras como Gioacchino Rossini (*El barbero de Sevilla*), Bellini (*Los puritanos*), Donizetti (*Lucía de Lammermoor*), Giuseppe Verdi (*Nabuco*) y Giacomo Puccini (*Tosca*). En el s. XX merecen mención autores como Ferruccio Busoni, autor de un «ultracromatismo sonoro», Dallapiccola, Petrassi y Nono.

Cine El cine italiano ocupa un lugar destacado en la cinematografía europea, sobre todo a partir del final de la Segunda Guerra Mundial. La época fascista se había caracterizado por la baja calidad de un cine propagandístico, pero puso los cimientos de la industria con la creación del Centro Experimental de Cinematografía y la construcción en Roma de los estudios *Cinecittà*, los mayores de Europa. El rodaje de *Roma, ciudad abierta* de Roberto Rossellini marcó el comienzo del neorrealismo, género característico del cine italiano, en el que señalaron también Vittorio de Sica, Alberto Lattuada y Giuseppe de Santis. A partir de los años cincuenta decayó el neorrealismo, que derivó en comedias de tono populista, como las de Luigi Comencini, pero aparecieron grandes creadores como Luchino Visconti, Federico Fellini, Michelangelo Antonioni, Francesco Rosi y Pier Paolo Pasolini. En los años setenta se consolidó una nueva generación de directores de valía como Marco Ferreri, Bernardo Bertolucci, Marco Bellocchio, Ettore Scola, Liliana Cavani y los hermanos Taviani.

Cine italiano: fotograma de Roma, ciudad abierta *(1945), película de Roberto Rossellini.*

italianismo *s. m.* Palabra, expresión o giro de esta lengua empleado en otra, como p. ej. *cantata, sonata* y *pizza* en español.

italianizante *adj.* Que transmite o presenta influencias italianas, especialmente en el terreno cultural. También *s.*

italiano, na *adj.* **1.** De Italia. También *s.* ‖ *s. m.* **2.** Lengua oficial de Italia. El italiano procede del toscano, uno de los dialectos en que se fragmentó el latín en Italia. Las primeras manifestaciones escritas en lengua italiana se remontan al s. VIII, pero fue a partir del XIV cuando alcanzó un gran prestigio literario, que se fue incrementando con las obras de Dante Alighieri, Francesco Petrarca y Giovanni Boccaccio. En el s. XIV el toscano se impuso como lengua culta.

Itálica 1. Península del mar Mediterráneo, en el S de Europa, situada entre los mares Tirreno al O y Adriático al E; divide al mar Mediterráneo en dos sectores, oriental y occidental. Está recorrida de N a S por la cadena montañosa de los Apeninos y en ella se asienta gran parte del territorio de la república de Italia.

2. Antigua ciudad de la Hispania romana, en la provincia Bética, cuyos restos se conservan en las proximidades de Sevilla. Era de fundación romana y una de las urbes mayores y más prósperas de Hispania. Allí nacieron Trajano, que en el año 98 fue el primer emperador romano nacido fuera de Italia, y Adriano, su sucesor, que la amplió y enriqueció, otorgándole rango de colonia romana.

itálico, ca *adj.* **1.** De Italia o de la península Itálica. También *s.* **2.** De Itálica, antigua ciudad romana de Hispania. También *s.* **3.** Se aplica a la letra cursiva. También *s. f.* ‖ *s. m.* **4.** Lengua indoeuropea de la que procede el latín.

ítalo, la *adj.* En lenguaje culto o literario, italiano.

Itapúa Dep. de Paraguay, situado en el SE del país, en la frontera con Argentina. 16.525 km^2. 371.600 h. en 1990. Su capital es Encarnación, con 44.100 h. en 1990. Su relieve es montañoso en la zona NE y llano en el resto del territorio. Sus principales recursos económicos son la agricultura y la explotación forestal, predominando los cultivos de arroz, mate, soja, algodón, tabaco y árboles frutales. Tiene ganadería vacuna, porcina y equina, además de industrias madereras y alimentarias, que se concentran principalmente en los núcleos urbanos. El río Paraná es el medio de comunicación más importante de toda la región.

Itard, Jean Marc Gaspard (Oraison, Provenza 1775 - París 1834) Médico francés. Su obra, acerca de la educación de niños subnormales, constituyó el punto de arranque de la moderna pedagogía científica.

ítem *adv.* **1.** Se emplea para distinguir cada una de las divisiones de un escrito, documento, etc., y también como señal de suma. ▪ Se dice también *ítem más.* ‖ *s. m.* **2.** Cada una de estas divisiones. **3.** Cosa que se añade a una serie. **4.** Cada uno de los elementos o partes de que se compone un test, prueba o cuestionario. **5.** En inform., cada uno de los elementos o caracteres que pertenecen a un mismo dato.

iterar *v. tr.* Repetir. **FAM.** Iteración.

iterativo, va *adj.* **1.** Que se repite o tiene la propiedad de repetirse. **2.** En ling., se aplica al verbo que expresa una repetición de la acción, como la mayoría de los terminados en *-ear.*

iterbio *s. m.* Yb. Elemento químico perteneciente al grupo de los lantánidos del sistema periódico. Su número atómico es 70 y su masa atómica 173,04. Fue descubierto por Jean Charles Galissard de Marignac en 1878 en el mineral de gadolinita extraído en las proximidades de la ciudad sueca de Ytterby, de la que recibe su nombre. Es un metal blanco, brillante y maleable, que cristaliza en el sistema cúbico centrado, alcanza su punto de fusión a 824 °C y el de ebullición a 1.193 °C. Su isótopo Yb -169 se utiliza para analizar las deficiencias estructurales del acero.

itinerante *adj.* Ambulante, que se traslada de un lado a otro.

itinerario *s. m.* **1.** Descripción de un recorrido indicando los lugares, las paradas, etc. **2.** Plano o mapa donde se detalla. **3.** Ruta.

-itis *suf.* Significa 'inflamación': *faringitis, meningitis.* ▪ A veces se usa humorísticamente con el sentido de 'enfermedad': *vaguitis, mieditis.*

Ito, Hirobumi (Tsukari 1841 - Jarbin 1909) Político japonés. Gran impulsor de la modernización del Japón, fue ministro en varias ocasiones y presidente del consejo (1885-88, 1892-96, 1898 y 1900-1901). Tomó parte en la redacción de la Constitución de 1889 y, tras la guerra chino-japonesa, negoció con China el tratado de Shimonoseki (1895). Establecido el condominio chinojaponés sobre Corea, fue residente general de la región (1905). Murió asesinado por un nacionalista coreano.

itrio *s. m.* Y. Elemento químico perteneciente al grupo III B del sistema periódico. Su número atómico es 39 y su masa atómica 88,905. Fue descubierto por Johan Gadolin en 1794 y tratado como metal por Friedrich Wöhler a partir de su cloruro en 1828. Es un metal de color gris, estable en atmósfera seca y que actúa como trivalente. Se halla, sobre todo, en el mineral de monacita y gadolinita, cuyos principales yacimientos se explotan en EE UU y Brasil. Su óxido se usa unido al europio para proporcionar el color rojo en los tubos catódicos de televisores. También se emplea en la metalurgia, en la construcción de reactores atómicos y en el tratamiento del cáncer.

Itten, Johannes (Süderen-Linden 1888 - Zurich 1967) Pintor suizo. A sus primeras pinturas abstractas siguieron otras de inspiración cubista-futurista. Fue profesor de la Bauhaus (1919-23) y director de la Escuela de Artes Aplicadas de Zurich (1938-53).

Iturbi, José (Valencia 1895 - Los Ángeles 1980) Pianista, compositor y director de orquesta español. Estudió en Valencia, Barcelona y, con Wanda Landowska, en París. Fue profesor del conservatorio de Ginebra (1918-23). Trasladado a Hollywood, intervino en filmes musicales de los años cuarenta.

Iturbide, Agustín de (Valladolid, México 1783 - Padilla 1824) Militar y político mexicano. Fue un destacado jefe del ejército realista, que se distinguió combatiendo a los insurgentes Morelos, López Rayón y Bravo. En 1821 pactó con el jefe rebelde Guerrero el plan de Iguala, un acuerdo para lograr la independencia de México que, entre otros puntos, establecía un régimen monárquico para el país. Fue nombrado presidente del consejo de regencia tras un acuerdo con el virrey O'Donojú, para posteriormente proclamarse en 1822 emperador de México con el nombre de Agustín I. Apenas diez meses después, el levantamiento del general Santa Anna le obligó a abdicar y exiliarse a Italia. En 1824 regresó de incógnito a México, pero fue detenido y fusilado por orden del Congreso del estado de Tamaulipas, pues un año antes había sido declarado traidor y puesto fuera de la ley.

Iturrigaray y Aróstegui, José Joaquín de (Cádiz 1742 - Madrid 1815) Militar y administrador colonial español. Amigo de Godoy, fue nombrado virrey de Nueva España (1803). Tras los acontecimientos de 1808 en España, el virrey apoyó la propuesta criolla de crear una junta gubernativa independiente y se puso al frente de la misma. Desautorizado por la Audiencia, fue hecho prisionero por los comerciantes españoles y enviado a la Península (1808).

Iturrino, Francisco de (Bilbao 1880 - Suiza 1924) Pintor español. Estudió en Bélgica y en París. Influido por los pintores *fauves* y por Cézanne, sus cuadros son de un rico colorido. Entre sus lienzos más característicos figuran *Bañistas, Muchachas desnudas* y *Gitanos.*

Itzcóatl (? h. 1380 - ? 1440) Rey azteca (1428-1440). Inició una expansión territorial que le llevó a dominar una vasta región entre el río Balsas al S y Cuauhtitlán al N. A él se deben grandes construcciones religiosas, como el templo de Huitzilopochtli, defensivas y calzadas en la ciudad de México.

ius (voz lat.) *s. m.* Derecho.

IVA Siglas de Impuesto* sobre el Valor Añadido.

Iván I Danilovich Kalita (? h. 1303 - Moscú 1341) Gran príncipe de Moscú y de Vladimir (1328-40). Fundador del principado de Moscú, reconoció la soberanía de la Horda de Oro, se apoyó en el poder de los kanes mongoles y se impuso sobre los principados rivales. Trasladó la sede metropolitana a Moscú y terminó su vida en un convento.

Iván III el Grande (Moscú 1440 - íd. 1505) Gran príncipe de Moscú y de todas las Rusias (1462-1505). Extendió su autoridad al conjunto de los principados rusos y se liberó de la sumisión al kanato de la Horda de Oro, creando el gran estado de Moscú. Abrió el país a las influencias occidentales.

Iván IV Vasilievich, llamado **el Terrible** (Moscú 1530 - ? 1584) Zar de Rusia (1533-84). Fue hijo y sucesor de Basilio III. A la regencia de su madre, Elena Glinski (1533-38), que murió envenenada, sucedió un periodo de dominación boyarda hasta que comenzó su reinado personal en 1547. Conquistó Astracán, dominó la región del río Volga e inició la expansión hacia Siberia, pero fracasó en su campaña en la región de Livonia. Reformó la administración de las provincias, el sistema de impuestos y el ejército. Reorganizó la Iglesia y terminó con el poder de los nobles boyardos.

Iván IV el Terrible. Retrato anónimo (Galería Tretiakov, Moscú).

Ivanov, Viacheslav Ivanovich (Moscú 1866 - Roma 1949) Poeta, filósofo y filólogo ruso. Fue profesor de filología clásica en Moscú y Bakú y de literatura rusa en la universidad de Pavía. Influido por Nietzsche, escribió el libro *Religión griega del dios doliente* (1904). Fue el máximo teórico del simbolismo en su país. En su poesía conjuga el preciosismo con las tendencias experimentales. De su obra poética pueden destacarse *Eros* (1907), *Cor ardens* (1911) y *Sonetos de invierno* (1920). También escribió dramas filosóficos, como *Prometeo* (1919), y ensayos.

Ivanov, Vsievolod Viacheslavovich (Semipalatinsk 1895 - Moscú 1963) Novelista ruso. Durante la guerra civil luchó en el ejército rojo y el tema de la revolución bolchevique está presente en casi todas sus obras. Algunas de sus novelas más significativas son *Partisanos* (1921), *El tren blindado n.º 1469* (1922), *Vientos coloreados* (1922), *Recuerdos del brigada Sinicyn* (1931) y la autobiográfica *Las aventuras de un fakir* (1935).

Ivanovo C. de la Federación Rusa, situada al NE de Moscú. 481.000 h. en 1989. Su economía se basa casi exclusivamente en la industria del algodón, de la que es uno de los primeros centros productores del país.

Ivens, Joris (Nimega 1898 - París 1989) Director de cine neerlandés. Autor de documentales de tema social y político, entre sus películas destacan *Tierra de España* (1937), *Indonesia llama* (1946), *Pueblo en armas* (1961), *Paralelo 17* (1967) y *Cómo Yukong movió las montañas* (1976).

Ives, Charles (Danbury, Connecticut 1874 - Nueva York 1954) Compositor estadounidense. Estudió con Horatio Parker, en la universidad de Yale. Revolucionario del ritmo y de la técnica, fue un precursor de las técnicas modernas (atonalidad, poliatonalidad, polirritmo, etc.). Entre sus composiciones sobresalen, para orquesta, *La pregunta sin respuesta* (1908), *Sinfonía inglesa, Tres lugares en Nueva Inglaterra* (1903-14) y *Concord sonata* (1915), así como piezas para piano, música de cámara y corales.

Ives, Frederic Eugene (Litchfield 1856 - Filadelfia 1937) Inventor estadounidense. Ideó un procedimiento de fotograbado, llamado *de medio tono*; realizó las primeras fotografías en color; inventó la impresión gráfica en tricromía, así como un sistema de filmación cinematográfica en color.

iwán *s. m.* En las mezquitas, sala con bóveda de cañón, cerrada por tres lados y abierta totalmente por el cuarto.

ixtle *s. m.* **1.** *Méx.* Cualquier planta amarilidácea del género *Agave* que proporciona fibra textil. **2.** *Méx.* Fibra de esas plantas. **3.** *Méx.* Estropajo de fibras de maguey.

Izabal **1.** Lago de Guatemala, situado en el E del país, cerca del océano Atlántico. 600 km^2 de extensión. Ocupa una depresión tectónica entre las sierras de Santa Cruz al N y Minas al S. Recibe las aguas del río Polochic y, a través de su emisario el Dulce, tiene salida al Atlántico, en el golfo de Honduras.

2. Departamento de Guatemala, en la costa del golfo de Honduras, en el mar Caribe. 9.038 km^2. 306.250 h. en 1989. La capital es Puerto Barrios, con 37.800 h. en 1989. La base de su economía reside en la agricultura, con cultivos de café, cacao, maíz, arroz, bananas y caña de azúcar. Tiene también explotaciones forestales.

Izalco Volcán de El Salvador, situado en el departamento de Sonsonate. Tiene 1.885 m de altura y está en constante actividad.

izar *v. tr.* Hacer subir algo tirando de una cuerda o cable en que está sujeto. ▪ Se conjuga como *cazar.* **FAM.** Izado, izamiento.

Izhevsk Véase **Ustinov**.

Izmir C. de Turquía, situada en el O de la península de Anatolia, a orillas del mar Egeo. 1.489.800 h. en 1985. Importante centro portuario y comercial, posee industria algodonera y papelera. En la antigüedad se llamó *Esmirna* y fue una notable ciudad griega y helenística.

izquierdista *adj.* Que comparte o manifiesta las ideas de la izquierda política. También *s.*

izquierdo, da *adj.* **1.** Se dice de las partes del cuerpo situadas en el lado del corazón y de las cosas que quedan en dicho lado. **2.** Se dice del lado de un objeto que, con relación a su parte delantera, está situado como en el hombre la parte del cuerpo que está en el lado del corazón. ‖ *s. f.* **3.** Mano o pierna del cuerpo humano situada en el lado del corazón. **4.** Espacio situado a ese lado. **5.** Conjunto de las organizaciones políticas y de las personas partidarias de transformaciones sociales que favorezcan a las clases populares, generalmente de carácter marxista y socialista. Este término proviene del lugar que ocupaban en la Asamblea Nacional francesa los liberales, sentados a la izquierda del hemiciclo, mientras que los partidarios del Antiguo Régimen lo hacían a la derecha. ‖ *interj.* **6.** En su forma femenina, voz militar de mando con que se ordena al soldado que se vuelva sobre el lado izquierdo.

izquierdoso, sa *adj. fam.* Que tiende a la izquierda en política. También *s.*

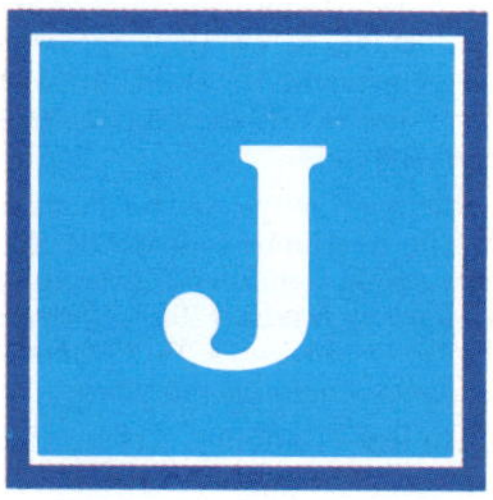

j *s. f.* Décima letra del abecedario español y séptima de sus consonantes. Su nombre es *jota.*

J 1. Símbolo del julio, unidad de trabajo y energía en el Sistema Internacional (SI). **2.** Símbolo del equivalente Joule, o equivalente mecánico del calor, igual a 4.185 julios por caloría.

jab (voz ingl.) *s. m.* En boxeo, golpe directo.

jaba (voz caribe) *s. f.* **1.** *amer.* Recipiente de palma tejida. **2.** *Ven.* Miseria, pobreza.

jabalcón *s. m.* En arq., madero que, unido oblicuamente a otro vertical, sirve de sostén a un tercero horizontal o inclinado.

jabalí, lina *s. m.* y *f.* Mamífero artiodáctilo de la familia suidos, especie *Sus scrofa.* Alcanza hasta 1,8 m de longitud y 90 cm de altura, su cuerpo está cubierto de cerdas de color pardo, tiene un morro alargado y de su boca sobresalen los dientes caninos superiores, cuyo crecimiento es continuo, que adoptan una forma curva y que utiliza como defensa. Omnívoro, habita en los bosques de Europa, Asia y N de África, formando rebaños de los que se separan los machos al alcanzar la edad adulta. Es pieza de caza y su carne muy apreciada.

Jabalí (Sus scrofa).

jabalina *s. f.* **1.** Arma arrojadiza más corta que la lanza, utilizada antiguamente en la caza mayor y hoy día en una especialidad deportiva. ‖ **2. lanzamiento de jabalina** Prueba atlética que consiste en arrojar una jabalina a la mayor distancia posible; la jabalina tiene una longitud de 2,60 m y 800 g de peso en la competición masculina y 2,20 m y 600 g en la femenina.

Jabalón Río de España. 171 km. Nace en el Campo de Montiel, provincia de Ciudad Real, y discurre en dirección O cruzando el campo de Calatrava, hasta desembocar en el Guadiana. Su régimen es pluvial mediterráneo.

Jabalpur C. de la India, situada en el estado de Madhya Pradesh, en el centro del país. 614.000 h. en 1981. Es un importante centro de comunicaciones y militar; posee además industria textil y serrerías.

jabardillo *s. m.* **1.** Bandada desordenada y ruidosa de insectos o pájaros. **2.** *fam.* Gentío.

Jabarovsk (*Khabárovsk*) C. de la Federación Rusa, situada en el extremo oriental del país, en la confluencia de los ríos Amur y Ussuri, junto a la frontera con China. 601.000 h. en 1989. Es un nudo de comunicaciones que tiene aeropuerto y estación del ferrocarril transiberiano. Cuenta con astilleros, refinerías de petróleo, industrias metalúrgicas, de motores, maquinaria agrícola, materiales de construcción, maderas y muebles.

jabato, ta *s. m.* y *f.* **1.** Cría de jabalí, que tiene el pelo rojizo con rayas amarillas. ‖ *adj.* **2.** *fam.* Atrevido, valiente. También *s.* **3.** *Cuba, Méx.* Irritable, irascible. También *s.* **4.** *Cuba, Méx.* Grosero. También *s.*

jábeca o **jábega** *s. f.* Red muy larga que se recoge desde la costa.

jábega *s. f.* Embarcación parecida al jabeque, más pequeña, que se usa para pescar.

jabeque *s. m.* Embarcación de tres palos con velas latinas y también con remos.

Jaboatão C. de Brasil, situada en el NE del país, en el estado de Pernambuco, junto a Recife, de cuya área metropolitana forma parte. 470.200 h. en 1989. Es un importante centro comercial y mercado ganadero, que cuenta con industria textil del algodón y alimentaria.

jabón *s. m.* **1.** Producto que sirve para lavar la piel, la ropa, etc. El jabón se obtiene mediante la saponificación de ésteres de ácidos grasos superiores con glicerina o de ésteres glicéridos con hidróxido sódico o hidróxido potásico; si se emplea el sódico, el jabón será de mayor dureza que si se usa el potásico. Cuando se fabrica para su uso como producto de limpieza, en su elaboración se añaden sustancias colorantes y aromáticas. Existen también jabones obtenidos por medio de hidróxidos de metales pesados, que se emplean en la fabricación de lubricantes. **2.** *Arg., P. Rico, Urug.* Miedo, susto. ‖ **3. jabón de sastre** Jaboncillo, barra de esteatita. ‖ **Loc. dar jabón** *fam.* Adular, dar coba. **dar un jabón** a alguien *fam.* Castigarle o reñirle fuertemente.

jabonada *s. f.* **1.** Acción y efecto de jabonar. **2.** *Arg., Chile, Méx. fam.* Reprimenda.

jabonadura *adj.* Enjabonadura*.

jabonar *v. tr.* Enjabonar*. **Fam.** Jabonado.

jaboncillo *s. m.* **1.** Pequeña barra de esteatita que usan sastres y modistas para hacer señales en la tela. **2.** Árbol de la familia sapindáceas, especie *Sapindus saponaria.* Alcanza hasta 8 m de altura, tiene hojas divididas y un fruto en baya que contiene mucha saponina, sustancia utilizada en farmacia como depurativo y sudorífico y como sustituto del jabón. Crece en regiones de clima tropical de América.

jabonería *s. f.* Establecimiento en que se hace o vende jabón.

jabonero, ra *adj.* **1.** Perteneciente o relativo al jabón. **2.** Se dice de la res de pelo blanco sucio. También *s.* ‖ *s. m.* y *f.* **3.** Persona que fabrica o vende jabón. ‖ *s. f.* **4.** Recipiente para dejar o guardar el jabón. **5.** Nombre común de diversas plantas herbáceas de la familia cariofiláceas, géneros *Saponaria* y *Melandrium.* La jabonera común *(Saponaria officinalis)* es una planta de tallo erguido, hojas lanceoladas, flores rosadas y rizoma ramificado. De ella se obtiene saponina, que se utiliza como depurativo y sudorífico.

jabonoso, sa *adj.* **1.** Que tiene jabón. **2.** Que posee características del jabón, especialmente su tacto suave.

jaca *s. f.* **1.** Caballo de poca alzada. **2.** Yegua.

Jaca C. de España, situada en la prov. de Huesca, en el NO de la misma, al pie de los Pirineos. 10.870 h. en 1990. Es un importante centro turístico de deportes de invierno. Entre los años 1035 y 1096 fue capital del reino de Aragón, posteriormente sustituida por Huesca.

Jaca, sublevación de Levantamiento revolucionario de la guarnición militar de Jaca contra la monarquía de Alfonso XIII, dirigido por los capitanes Fermín Galán y Ángel García Hernández en 1930. La sublevación triunfó en Jaca, pero al avanzar las tropas sobre Huesca encontraron fuerzas leales a la corona y se desbandaron. Galán y García Hernández fueron fusilados.

jacal *s. m. Guat., Méx., Ven.* Choza o casa humilde.

jácara *s. f.* **1.** Romance alegre sobre pícaros y rufianes, escrito generalmente en la jerga de los bajos fondos. Es el equivalente en verso de la novela picaresca. Son célebres los escritos por Rodrigo de Reinosa en el s. XV y ya en el s. XVII los del *Romancero de germanía* atribuido a Juan Hidalgo y los compuestos por Quevedo. **2.** Danza popular y música que la acompaña. **3.** En el teatro del s. XVII, breve intermedio en que se alternaban diálogos, canto y danza.

jacarandá (del guaraní *yacarandá*) *s. m.* Nombre común de diversos árboles de la familia bignoniáceas, género *Jacaranda.* La *Jacaranda mimosifolia* alcanza hasta 10 m de altura, tiene flores de color violeta y se cultiva en jardines como planta ornamental. La *Jacaranda brasiliensis* proporciona una madera oscura llamada *palisandro,* muy apreciada en ebanistería. Crecen en las regiones tropicales de América del Sur.

jacarandoso, sa *adj. fam.* Garboso, que tiene alegría y gracia.

jacarero, ra *adj. fam.* Amigo de bromas y juergas. También *s.*

jácena *s. f.* Viga maestra que sostiene otros maderos transversales.

jacetano, na *adj.* De Jaca. También *s.*

jacinto *s. m.* **1.** Planta herbácea de la familia liliáceas, especie *Hyacinthus orientalis.* Alcanza hasta 30 cm de altura, presenta bulbo y sus flores, de colores variables, aunque el más apreciado es el blanco, se agrupan en racimo. Es originaria de Asia Menor y tiene uso ornamental. **2.** $Zr(SiO_4)$. Mineral silicato variante del circón; es una piedra semipreciosa transparente y de color rojo amarillento. Abunda en Ceilán y es apreciado en joyería. ‖ **3. jacinto de Compostela** Variedad de cuarzo cristalino, de color rojo intenso a causa de la presencia de óxidos de hierro.

Jacinto (Hyacinthus orientalis).

jack (voz ingl.) *s. m.* Parte hembra de un dispositivo de conexión de un circuito eléctrico, de un sistema de comunicación telefónica, etc., en la cual se introduce una clavija.

Jack el Destripador Asesino británico no identificado. Entre los meses de agosto y noviembre de 1888 asesinó y mutiló terriblemente a seis prostitutas en el Whitechapel de Londres, sembrando el pánico en toda la ciudad y levantando grandes protestas contra la policía y el ministerio del Interior.

Jackson, Andrew (Waxhaw, Carolina 1767 - Hermitage, Tennessee 1845) Político estadounidense. Se distinguió combatiendo a los británicos, a los indios y a los españoles en la conquista de Florida, de la que fue gobernador. Fue el séptimo presidente de EE UU, elegido en 1828, cargo que ocupó hasta 1836. Defendió la autonomía de los estados, pero manteniendo la Unión. Estableció el método del *spoils system,* por el que los puestos administrativos pasan a poder de funcionarios del partido ganador de las elecciones presidenciales.

Jackson, Gabriel (Mount Vernon, Nueva York 1921) Historiador estadounidense. Especializado en el estudio de la Segunda República y la guerra civil (1936-39) españolas, ha escrito, entre otros libros, *La república española y la guerra civil* (1965), *Entre la reforma y la revolución* (1980) y *La guerra civil española* (1984).

Jackson, Glenda (Birkenhead, Cheshire 1936) Actriz teatral y cinematográfica británica. Dirigida por Peter Brook interpretó el papel de Charlotte Corday, junto con la compañía Royal Shakespeare, en *Marat-Sade* (1964), que llevó al cine tres años después, bajo el mismo director. Algunas de sus películas más relevantes son *Mujeres enamoradas* (1969), *La pasión de vivir* (*The music lovers* (1971), *Domingo, maldito domingo* (1971), *Un toque de distinción* (1973) y *Una inglesa romántica* (1975).

Jackson, Jesse Louis (Greenville, California 1941) Eclesiástico y político estadounidense de raza negra. Ministro baptista, fundó la Operación Pueblo Unido para salvar a la Humanidad (1971). Se presentó en dos ocasiones (1984 y 1988), con un programa progresista, para la designación demócrata a la presidencia de EE UU y, aunque no triunfó, tuvo un amplio respaldo.

Jackson, Mahalia (Nueva Orleans 1911 - Chicago 1972) Cantante de jazz estadounidense. Fundió en sus interpretaciones la tradición musical del jazz con el gospel y el espiritual negro.

Jackson, Michael (Gary 1958) Cantante norteamericano. Su carrera comenzó en 1966, cuando cantaba con sus cuatro hermanos en el grupo de música soul *The Jackson Five*. Sus trabajos en solitario le han convertido en una de las figuras del rock más populares de las últimas décadas. Sus grabaciones *Thriller* (1982), *Bad* (1987) y *Dangerous* (1992) han obtenido un gran número de ventas.

Jackson, Thomas Jonathan, llamado **Stonewall** (Clarksburg, Virginia 1824 - Chancellorsville 1863) Militar estadounidense. Participó en la guerra contra México (1846-48). En la guerra de Secesión, fue general del ejército confederado y venció en Bull Run, Fredericksburg y en Chancellorsville, donde resultó mortalmente herido por el fuego de sus propias tropas.

Jacksonville C. de EE UU, situada en el estado de Florida, en el N del mismo, junto a la costa atlántica. 654.800 h. en 1989. Es un centro financiero y comercial, que posee industria siderúrgica, metalúrgica, de la construcción, química, textil y papelera. Tiene aeropuerto internacional.

jaco *s. m.* Caballo pequeño y escuálido.

Jacob Patriarca hebreo, hijo de Isaac y nieto de Abraham. Según la *Biblia* en el libro del *Génesis*, suplantó a su hermano gemelo Esaú en la primogenitura mediante un engaño. De sus doce hijos proceden las doce tribus de Israel.

Jacob, François (Nancy 1920) Biólogo francés. Obtuvo el premio Nobel de medicina en 1965, compartido con sus compatriotas Jacques Monod y André Lwoff, por sus investigaciones sobre el ARN mensajero. Es autor de *Lógica de lo viviente* (1970) y *El juego de lo posible* (1982).

Jacob, Max (Quimper 1876 - Drancy 1944) Escritor francés. De origen judío, vivió a principios de siglo el ambiente artístico y bohemio de París. Se convirtió al catolicismo en 1914. En la Segunda Guerra Mundial fue internado en un campo de concentración nazi, donde murió. Se le considera precursor del surrealismo. Su obra, en prosa y verso, recoge impresiones y emociones producidas por la realidad cotidiana, pero deformadas con rasgos caricaturescos. De ella merecen resaltarse *El cubilete de los dados* (1917), *La defensa de Tartufo* (1919), *El laboratorio central* (1921) y *El nombre* (1926).

jacobeo, a *adj.* Perteneciente o relativo al apóstol Santiago.

Jacobi, Carl Gustav (Potsdam 1804 - Berlín 1851) Matemático alemán. Fue profesor de matemáticas en Königsberg. Desarrolló la teoría de las funciones elípticas y estableció la de los determinantes funcionales, que lleva su nombre. Estudió las ecuaciones diferenciales, la mecánica y dinámica analíticas y la mecánica celeste.

Jacobi, Friedrich Heinrich (Düsseldorf 1743 - Munich 1819) Filósofo alemán. Mantuvo relaciones con Herder, Lessing y Goethe y mostró un gran interés en la filosofía de Spinoza. Sostenía que el pensamiento racionalista desemboca necesariamente en el materialismo, lo que solo puede remediarse por medio de la fe. Entre sus obras principales se encuentran *Sobre la filosofía de Spinoza* (1785), *Idealismo y realismo* (1787) y *Sobre la empresa del criticismo de reducir la razón al entendimiento* (1801).

jacobinismo *s. m.* **1.** Doctrina de los jacobinos. **2.** P. ext., corriente política del s. XIX y principios del s. XX que se caracterizó por la exaltada y radical defensa de las libertades democráticas, por su anticlericalismo y antimilitarismo.

jacobino, na *adj.* **1.** Se dice de los miembros del club de los jacobinos y de lo relacionado con esta asociación. También *s.* **2.** P. ext., defensor extremista de las libertades democráticas. También *s.* **3.** Partidario de la revolución violenta y de la necesidad de una organización centralizada y disciplinada que la dirija. También *s.*

jacobinos, club de los Asociación política surgida durante la Revolución Francesa bajo el nombre de Sociedad de los Amigos de la Constituyente, pero llamados así por reunirse en un convento de dominicos (jacobinos) de París. Se fundó en Versalles en 1789 y estaba compuesta por diputados de los Estados Generales. En sus comienzos tuvo carácter moderado y sus miembros más destacados fueron Mirabeau y La Fayette, pero desde 1791 cambió su orientación al caer bajo la dirección ideológica de Robespierre, Pétion y Saint Just y se convirtió en el sector más importante del partido de la Montaña, que defendía los medios revolucionarios violentos y el régimen republicano. Fue prohibida en 1794, tras la caída de Robespierre, y pese a algunos intentos de restauración desapareció en 1799.

jacobita *adj.* **1.** Se decía del hereje que negaba que en Jesucristo hubiera dos naturalezas, una humana y otra divina. También *s.* **2.** Partidario de la restauración en el trono de Inglaterra de Jacobo II Estuardo o de sus descendientes. También *s.* **3.** Perteneciente o relativo a la política de dichos partidarios.

Jacobo Nombre de varios reyes de Escocia de la dinastía Estuardo.

Jacobo I (Dunfermline 1394 - Perth 1437) Rey de Escocia (1424-37). Aplastó la oposición nobiliaria encabezada por el regente Albany y combatió las herejías. Consolidó el poder real, reorganizó la administración e impulsó el comercio. Fue asesinado, víctima de una conjura.

Jacobo II (Holyrood 1430 - Roxburgh Castle 1460) Rey de Escocia (1437-60). Hijo y sucesor del anterior, durante su minoría de edad estallaron de nuevo las luchas nobiliarias, pero en 1455 logró someter a los barones y asegurar la paz del reino. Apoyó a los Lancaster en las guerras civiles inglesas.

Jacobo III (? 1451 - Sauchieburn, Bannockburn 1488) Rey de Escocia (1460-88). Hijo y sucesor del anterior, se enfrentó a la nobleza, obtuvo las islas Orcadas y Shetland y combatió a Inglaterra. Fue asesinado en una revuelta nobiliaria.

Jacobo IV (? 1473 - Flodden 1513) Rey de Escocia (1488-1513). Hijo y sucesor del anterior, mantuvo el orden en el país. Por su matrimonio con Margarita Tudor, hija de Enrique VII de Inglaterra, sus sucesores adquirieron derechos sobre el trono inglés. Intentó en 1513 la invasión de Inglaterra, en la que encontró la muerte.

Jacobo V (Linlithgow 1512 - Falkland 1542) Rey de Escocia (1513-42). Hijo y sucesor del anterior, durante su minoría de edad gobernaron sucesivamente su madre, el duque de Albany y el conde de Angus, y en 1528 asumió el poder. Se opuso a la reforma del rey de Inglaterra Enrique VIII, que le venció en la batalla de Solway Moss (1542).

Jacobo VI Véase **Jacobo I de Inglaterra**.

Jacobo VII Véase **Jacobo II de Inglaterra**.

Jacobo Nombre de varios reyes de Escocia e Inglaterra.

Jacobo I Estuardo (Edimburgo 1566 - Theobalds Park 1625) Rey de Escocia (1567-1625) con el nombre de Jacobo VI y de Inglaterra e Irlanda (1603-25) al suceder a Isabel I. En Escocia heredó el trono por la destitución de su madre María Estuardo, aunque no ejerció el gobierno hasta 1583. Combatió a la nobleza y sustituyó la organización feudal por una administración centralizada. En Inglaterra adoptó una política contraria al Parlamento y gobernó auxiliado por sus consejeros, muchos de ellos escoceses. Se enfrentó a los católicos, a pesar de lo cual mantuvo su política de amistad hacia España, defensora del catolicismo inglés.

Jacobo I Estuardo, rey de Escocia y de Inglaterra. Pintura flamenca del siglo XVII (Museo Municipal de Padua, Italia).

Jacobo II Estuardo (Londres 1633 - Saint-Germain-en-Laye 1701) Rey de Inglaterra, Irlanda y Escocia (1685-88). Hermano y sucesor de Carlos II, su conversión al catolicismo le granjeó la hostilidad del Parlamento y del Partido Conservador, que en 1688 apoyaron la llegada a Inglaterra de Guillermo de Nassau, estatúder de las Provincias Unidas, el cual fue proclamado rey. Jacobo se exilió a Francia.

Jacobsen, Arne (Copenhague 1902 - íd. 1971) Arquitecto danés. Influido por Le Corbusier, se caracterizó por la utilización del muro-cortina. Algunas de sus obras más importantes son el palacio Stelling (1937-38), las oficinas Jasperson (1955) y la terminal de la SAS (1959), en Copenhague; el ayuntamiento de Rodovre (1954-56) y el St. Catherine's College (1964) en Oxford.

Jacomart, Jaume Baçó, llamado (Valencia h. 1413 - íd. 1461) Pintor español. Es uno de los principales representantes del gótico valenciano. En su obra, influida por el estilo flamenco y en la que se advierten detalles del renacimiento italiano, producto de su estancia en Roma, destacan el *retablo de Catí* (1460); *San Benito*, en la catedral de Valencia, y *San Ildefonso y San Agustín*, en la colegiata de Játiva.

jacquerie (voz fr., de *Jacques* Bonhomme, nombre genérico con que la nobleza designaba despectivamente a los campesinos) *s. f.* **1.** Revuelta de los campesinos franceses durante el reinado de Juan II (1358) a causa de la guerra de los Cien Años, la peste y la crisis económica que padecía el Occidente cristiano y que afectaba más vivamente a las clases menos favorecidas. Fue aplastada por la nobleza señorial dirigida por Carlos II de Navarra. **2.** P. ext., cualquier revuelta campesina espontánea y desorganizada.

jactancia *s. f.* Cualidad de jactancioso o actitud o acción jactanciosa.

jactancioso, sa *adj.* Se dice de quien presume con vanidad de lo que posee o disfruta, y de sus actitudes, acciones o dichos. **FAM.** Jactanciosamente.

jactarse *v. prnl.* Presumir de tener cierta cualidad, bien, conocimiento, etc.

jaculatoria *s. f.* **1.** Oración breve y fervorosa. **2.** Composición musical breve de tipo religioso, escrita para un conjunto de voces e instrumentos.

jade *s. m.* Variedad de la jadeíta, de color blanquecino o verdoso, que se usa como piedra semipreciosa en joyería. Se denomina también *lemanita.*

jadear *v. intr.* Respirar con trabajo por causa del cansancio, del sofoco, etc. **FAM.** Jadeante.

jadeíta *s. f.* $NaAlSi_2O_6$. Mineral silicato de aluminio y sodio, que cristaliza en el sistema monoclínico. Es un piroxeno duro, pesado, traslúcido y de color blanquecino o verdoso. Sus principales yacimientos se encuentran en Birmania, China y Guatemala.

jadeo *s. m.* Acción de jadear.

Jaeger, Werner (Lobberich 1881 - Boston 1961) Filólogo y filósofo alemán. Desde 1934 fue profesor en las universidades de Berlín, California, Chicago y Harvard. Es uno de los principales estudiosos del pensamiento y de la cultura griega, y especialmente de Aristóteles. Sobresalen entre sus obras *Aristóteles* (1923), *Paideia* (1934) y *La teología de los primeros filósofos griegos* (1952), que se han convertido en textos clásicos de nuestro siglo y de referencia obligada para cualquier estudio sobre esta época.

Jaén **1.** Prov. de España, perteneciente a la comunidad autónoma de Andalucía. Limita con Ciudad Real, Albacete, Granada y Córdoba. 13.498 km^2. 632.300 h. en 1991. Está situada en la depresión del Guadalquivir, río que la atraviesa de E a O; su relieve es montañoso al N, donde se hallan la sierra Madrona, el pico la Estrella (1.308 m) y el paso de Despeñaperros; al E, con las sierras del Pozo, Cazorla y Segura, y al S, donde se encuentra la cordillera Subbética. Tiene un clima mediterráneo de interior. La vegetación consta fundamentalmente de encinar y de matorral xerófilo, y también pinares en la Sierra de Cazorla. Su economía se basa en la agricultura, en la que predomina el monocultivo de olivar (primer productor español) y se cultivan también cereales y leguminosas. Posee asimismo ganadería ovina y porcina; minería de plomo, que se ex-

plota en Linares y La Carolina, actualmente en regresión; industria automovilística, en La Carolina; de maquinaria agrícola y alimentaria, principalmente del aceite, en Andújar, y de cerámica en Bailén y Santa Elena.
2. C. de España, cap. de la prov. del mismo nombre. Está situada en la vega del río Guadalbullón. 101.950 h. en 1991. Es un núcleo administrativo, principal centro olivarero español y el mercado más importante del alto Guadalquivir. Cuenta además con industrias alimentarias y de materiales de construcción. De origen romano, conoció un gran desarrollo durante el califato de Córdoba y, posteriormente, bajo el señorío de Granada. Fue entregada a Fernando III el Santo en 1246, lo que provocó la marcha de la población musulmana. Entre sus monumentos destaca la catedral, iniciada en el s. XV, y el castillo medieval de Santa Catalina.

Jaén: fachada de la catedral (siglos XVI-XVII).

jaez *s. m.* **1.** Adorno que se pone a las caballerías. Se usa más en *pl.* **2.** *desp.* Clase, género, calaña.

Jafet Tercer hijo del patriarca Noé, hermano menor de Sem y Cam. Según la *Biblia*, de él proceden los pueblos de raza aria o indoeuropea.

jafético, ca *adj.* Se aplica, en vez de ario, a los pueblos o razas de Europa que se suponían descendientes de Jafet. También *s.*

Jaffa-Tel Aviv Véase **Tel Aviv**.

Jagellón Dinastía lituano-polaca, fundada por Ladislao II, rey de Polonia. Sus miembros reinaron en Polonia (1386-1572), Hungría (1440-44 y 1490-1526) y Bohemia (1471-1526).

jagua (voz araucana) *s. f.* Árbol de la familia rubiáceas, especie *Genipa americana.* Alcanza hasta 12 m de altura y tiene hojas opuestas lanceoladas, flores blancas amarillentas y fruto en drupa de sabor agridulce. Crece en las regiones tropicales de América.

jaguar (del guaraní *yaguar*) *s. m.* Mamífero carnívoro de la familia félidos, especie *Panthera onca.* Alcanza hasta 75 cm de longitud, sin contar la cola, y 75 cm de altura en la cruz; su color es generalmente amarillento con pequeños anillos negros y la zona ventral blancuzca, aunque son frecuentes los ejemplares de color enteramente negro. De costumbres nocturnas, habita en América del Sur y Central y en la parte meridional de América del Norte. ■ Se escribe también *yaguar.*

Jaguar (Panthera onca).

jaguarzo *s. m.* Arbusto de la familia cistáceas, especie *Cistus monspeliensis.* Alcanza hasta 2 m de altura y tiene hojas lanceoladas peludas y viscosas, flores blancas y fruto en cápsula. Crece en la península Ibérica en regiones mediterráneas.

jagüey *s. m. amer.* Balsa, zanja o pozo en que se recoge agua.

Jahvé Véase **Jehová**.

jai (voz gitana) *s. f.* Mujer, muchacha.

jai-alai (voz vasc. que significa 'fiesta alegre') *s. m.* Denominación muy extendida para los frontones públicos en el País Vasco.

jaiba *s. f. amer.* Nombre que se da a varios crustáceos decápodos braquiuros, como los cangrejos de río y de mar.

Jaime Nombre de dos reyes de Aragón.
Jaime I el Conquistador (Montpellier 1208 - Valencia 1276) Conde de Barcelona, rey de Aragón (1213-76), de Mallorca (1229-76) y de Valencia (1239-76). Hijo y sucesor de Pedro II, durante su minoría de edad el reino se vio sumido en luchas nobiliarias. Tras asumir el gobierno en 1218, comenzó una política de expansión territorial; con el apoyo de la burguesía comerciante de Barcelona conquistó Mallorca en 1229, Menorca se declaró tributaria en 1231 e Ibiza quedó incorporada a la Corona en 1235. Posteriormente acometió la conquista de Valencia, terminada en 1245. Un año antes había establecido por el tratado de Almizra un acuerdo con Castilla sobre las zonas de influencia de ambos reinos. En 1258 firmó con Francia el tratado de Corbeil, por el que renunció a su política expansiva en el Languedoc, lo que orientó al reino de Aragón a las conquistas mediterráneas. En 1266, a petición de su yerno Alfonso X el Sabio, conquistó Murcia y luego la entregó a Castilla. Impulsó las actividades comerciales y dotó a sus reinos de instituciones políticas y administrativas. Al final de su reinado estallaron nuevamente las luchas nobiliarias a causa de su deseo de repartir el reino entre sus hijos.

Jaime I el Conquistador. Tabla del siglo XV (Museo de Arte de Cataluña, Barcelona).

Jaime II el Justo (Valencia 1264 - Barcelona 1327) Rey de Aragón (1291-1327), de Sicilia (1286-1296) y de Cerdeña (1324-27). Hijo segundo de Pedro III de Aragón y Constanza de Sicilia, al morir su padre, fue coronado rey de Sicilia y, al morir su hermano mayor, Alfonso III el Liberal, heredó el trono de Aragón (1291). Ante la oposición del papado y de los angevinos a que ocupara ambas coronas, firmó el tratado de Anagni (1295), por el que renunció a Sicilia y a cambio recibió Córcega y Cerdeña.

Jaime Nombre de varios reyes de Mallorca.
Jaime I Véase **Jaime I el Conquistador**.
Jaime II (Montpellier 1243 - Mallorca 1311) Rey de Mallorca (1276-1311). Hijo segundo de Jaime el Conquistador, a la muerte de éste recibió el reino de Mallorca, así como los condados de Rosellón y Cerdaña y el señorío de Montpellier (1276). Fue desposeído de su reino en 1285 por Alfonso III de Aragón, pero le fue devuelto por el tratado de Anagni (1295) a condición de reconocerse vasallo de Aragón.
Jaime III (Catania 1315 - Lluchmajor 1349) Rey de Mallorca (1324-43). Heredó el trono de Mallorca de su tío Sancho I en 1324, pero le fue arrebatado por Pedro IV de Aragón (1343). Murió en la batalla de Lluchmajor cuando intentaba recuperar su reino.

Jaime II de Urgel (? h. 1380 - Játiva, Valencia 1433) Conde de Urgel (1408-12). En 1410, al morir sin descendencia masculina, Martín el Humano, rey de Aragón, pretendió ocupar el trono, pero el compromiso de Caspe se lo otorgó a Fernando de Antequera, de la dinastía Trastámara, apoyado por la burguesía catalana y el papa Benedicto XIII. Jaime de Urgel, que representaba a la aristocracia feudal de Cataluña, se alzó en armas, pero fue vencido y encarcelado en Játiva.

Jaimes Freyre, Ricardo (Tacna, Chile 1868 - Buenos Aires 1933) Poeta, lingüista e historiador boliviano. Fue una de las más destacadas figuras del modernismo. Junto a Rubén Darío fundó la *Revista de América* en 1894. Su obra poética está recogida en *Castalia Bárbara* (1899) y *Los sueños son vida* (1917).

jainismo *s. m.* Una de las tres grandes religiones de la India, junto con el budismo y el brahmanismo. Fundada en el s. VI a. C. por Mahavira, es en la actualidad profesada por 3.750.000 hindúes aproximadamente. Su fin es llevar el alma hasta el nirvana, estado de perfección y felicidad absoluto, por medio de distintas prácticas ascéticas, y conseguir la salvación a través de diversas reencarnaciones.

Jaipur C. de la India, cap. del estado de Rajasthan, situada al SO de Delhi. 1.005.000 h. en 1983. Sus principales actividades económicas son la artesanía de joyas, esmaltes y tallas, así como las industrias metalúrgica, textil y alimentaria. Es un importante centro comercial y de comunicaciones y posee aeropuerto.

Roman Jakobson.

Jakobson, Roman (Moscú 1896 - Boston 1982) Lingüista estadounidense de origen ruso. Contribuyó a sentar las bases de la fonología y fue junto a Trubetzkoi uno de los fundadores del Círculo Lingüístico de Praga. Estudió las filologías eslavas, la fonología estructural y la función poética del lenguaje. Entre sus obras más representativas cabe citar *Principios de fonología histórica* (1931), *Fundamentos del lenguaje* (1956), *Lenguaje infantil, afasia y leyes generales sobre el lenguaje* (1969), *La forma fónica de la lengua* (1979) y *La magia de las palabras* (1980).

jalapa *s. f.* Planta herbácea de la familia convolvuláceas, especie *Ipomoea purga.* Es trepadora, de tallo voluble, hojas axilares con forma de corazón y pequeñas flores de color rojizo. Originaria de México, su raíz tiene propiedades purgantes.

Jalapa **1.** Sierra centroamericana que se extiende a través de Honduras y Nicaragua. Su máxima altura es el cerro Jesús (1.793 m).
2. Departamento de Guatemala, situado en el E del sector central del país. 2.063 km^2. 181.400 h. en 1989. Su economía se basa en la agricultura, la ganadería y los recursos forestales, predominando los cultivos de café, tabaco, caña de azúcar y cereales. Tiene industria alimentaria.
3. C. de Guatemala, cap. de este departamento. 74.000 h. en 1985. Es un importante centro agrícola y de comunicaciones.

Jalapa Enríquez C. de México, cap. del estado de Veracruz, situada al E de la capital del país. 213.000 h. en 1983. Es el centro comercial de una comarca productora de café y tabaco y posee industria textil y alimentaria.

jalar[1] (de *halar*) *v. tr.* Tirar de una cuerda, cable, etc.

jalar[2] *v. tr.* **1.** *fam.* Comer con ganas. También *v. intr.* ‖ *v. intr.* **2.** *fam.* Correr o huir.

jalbegar *v. tr.* Enjalbegar*. **FAM.** Jalbegado.

jalbegue *s. m* **1.** Blanqueo de las paredes con cal. **2.** Cal preparada para enjalbegar.

Jaldún, Ibn (Túnez 1332 - El Cairo 1406) Historiador musulmán de origen español. Escribió una *Historia universal* (1382), que constituye una de las principales fuentes para conocer la historia del Islam.

jalea *s. f.* **1.** Conserva dulce de fruta, de aspecto gelatinoso y transparente, que se elabora cociendo la fruta con la piel y el corazón. **2.** Medicamento muy azucarado de parecidas características, que tiene por base una materia vegetal o animal. ‖ **3. jalea real** Sustancia blanquecina secretada por las abejas para alimentar a las reinas y a las larvas que habrán de convertirse en reinas. Contiene vitaminas, glúcidos y prótidos que provocan en las abejas la aparición de los órganos reproductores. Se utiliza en farmacia como reconstituyente y se le han atribuido propiedades rejuvenecedoras.

jalear *v. tr.* **1.** Animar con palmadas, palabras, gritos, etc., a los que bailan, cantan o intervienen en alguna competición. **2.** Alabar con exageración lo que alguien hace. **3.** Incitar a los perros para que persigan o ataquen a la caza. **FAM.** Jaleador.

jaleo *s. m.* **1.** Situación o asunto en que hay mucho movimiento, ruido, complicación, desorden, etc. **2.** *fam.* Riña, altercado. **3.** *fam.* Enredo, lío. **4.** Acción y efecto de jalear. **5.** Baile popular andaluz de compás ternario y música y coplas del mismo.

Jalid ibn Abd al-Aziz (Riyad 1913 - Tai 1982) Rey de Arabia Saudí (1975-82). Designado heredero (1965), pasó a ocupar el trono tras el asesinato de Faysal. Impulsó la industrialización del país con la ayuda de EE UU, Alemania y Japón.

jalifa *s. m.* Autoridad suprema en el antiguo protectorado español de Marruecos que, por delegación del sultán, ejercía las funciones de éste.

Jalisco Estado de México, situado en el O del sector central del país, a orillas del Pacífico. 80.836 km^2. 5.279.000 h. 1990. La capital es Guadalajara, con 1.628.600 h. en 1990 y 2.250.000 h. en su área metropolitana. Su economía es fundamentalmente agropecuaria, con predominio de cultivos de maíz, legumbres, alfalfa, caña de azúcar y cítricos. Tiene minas de plata y manganeso, además de una importante industria textil, alimentaria, de cerámica y del calzado.

jalón *s. m.* **1.** Vara con punta metálica que se clava en tierra para determinar ciertos puntos o cualquier otra señal con este mismo fin. **2.** Hecho importante que constituye un punto de referencia en la vida de alguien o en el desarrollo de algo.

Jalón Río de España, en la prov. de Zaragoza. 235 km. Nace en Sierra Ministra, al S de Soria, y discurre en dirección NE hasta desembocar en el Ebro, aguas arriba de Zaragoza. Su principal afluente es el Jiloca, con el que se une en Calatayud, y tiene un régimen pluvionival.

jalonar *v. tr.* **1.** Señalar con jalones. **2.** Marcar un hecho la vida o desarrollo de alguien o algo. **FAM.** Jalonamiento.

jalufa *s. f.* En argot, hambre, apetito.

jam session (expr. ingl., de *jam*, multitud, y *session*, sesión) Concierto en el que intervienen músicos que generalmente no tocan juntos y en el que se suele improvisar. En un principio el término se empleaba sólo en el mundo del jazz, pero hoy está extendido ya a otros estilos.

Jamaica Estado de América Central, en las Grandes Antillas.

Extensión: 10.991 km^2.
Situación: en el mar Caribe, al S de Cuba.
Población: 2.392.000 h. en 1990.
Densidad: 217,5 h./km^2.
Capital: Kingston.
División administrativa: 14 parroquias.
Ciudades principales: Spanish Town, May Pen, Montego Bay.
Gentilicio: jamaicano.
Forma de Estado: monarquía constitucional.
Idioma: inglés.
Religión: protestantismo, 70,7 %; catolicismo, 9,6 %; cristianismo indígena, 8,6 %; espiritismo rastafariano, 7,1 %.
Moneda: dólar jamaicano.
Tasa de natalidad: 22 ‰ en 1990.
Tasa de mortalidad: 5 ‰ en 1990.
Renta per cápita: 1.080 dólares en 1988.

Geog. Jamaica es una isla del grupo de las Grandes Antillas. Está ocupada en su mayor parte por una meseta calcárea con suaves colinas. Al E se alza el macizo Blue Mountains, cuya máxima altura alcanza 2.292 m. Su clima es tropical húmedo y la vegetación de bosque tropical. La población, formada por negros y mulatos, se caracteriza por un alto crecimiento y por un elevado índice de emigración hacia el Reino Unido, Canadá y EE UU. El principal cultivo es la caña de azúcar, materia prima de la industria alcoholera del ron, la más importante del país; asimismo se cultivan bananas, pimienta, café, cacao, tomate, maíz y tabaco. Sus grandes yacimientos de bauxita la convierten en el tercer productor mundial de este mineral. Cuenta también con industria textil, cementera, de abonos y fertilizantes y con refinerías de petróleo.

Hist. La isla de Jamaica fue descubierta en 1494 en el segundo viaje de Cristóbal Colón, que la bautizó con el nombre de Santiago. Su colonización comenzó en 1509 y la población indígena fue diezmada en el curso de las luchas de conquista y, sobre todo, a causa de epidemias de enfermedades llevadas por los conquistadores. Fue posteriormente repoblada con esclavos negros africanos. La isla fue concedida en propiedad a la familia Colón en 1537, que ejerció su dominio nombrando gobernadores, funcionarios y clérigos. En 1655 desembarcó en ella un ejército inglés, que la ocupó tras cinco años de lucha; desde entonces se convirtió en un centro de vital importancia para la navegación y el comercio inglés en el área caribeña, así como un reducto de la piratería. En 1807 se prohibió la importación de más esclavos negros. El gran número de éstos provocó una tensión social que en 1831 desembocó en revueltas y rebeliones. Durante el s. XIX Jamaica experimentó un considerable crecimiento económico gracias a sus exportaciones de cacao, café, azúcar y añil.

En el s. XX surgieron los primeros movimientos independentistas, iniciados con las luchas de los trabajadores de las plantaciones de caña. En 1938 se constituyó el Partido Nacional del Pueblo, dirigido por Norman Manley. El líder sindical William Alexander Bustamante fundó en 1943 el Partido Laborista, que resultó triunfador en las elecciones de 1944, lo cual se tradujo en una cierta autonomía para la isla, que se hizo plena en 1957. En 1962, mediante referéndum, se alcanzó la independencia en el seno de la Commonwealth. Edward Seaga, del Partido Laborista, que venció en las elecciones de 1983, presidió el gobierno hasta 1989, en que fue elegido primer ministro Michael Manley, líder del Partido Nacional del Pueblo.

Jamaica: paisaje de playa en Port Antonio.

jamaicano, na *adj.* De Jamaica. También *s.*

jamancia *s. f. fam.* Comida.

jamar *v. tr. fam.* Comer. También *v. intr.* y *v. prnl.*

jamás *adv. t.* En ningún momento. ▪ Expresa una negación total, más fuerte que *nunca.* A veces se refuerza: *nunca jamás.*

jamba *s. f.* Cada una de las piezas laterales que sostienen el dintel o arco de una puerta o ventana.

jambar *v. tr.* **1.** *Amér. C., Méx.* Comer. **2.** *Méx.* Fastidiar, molestar.

jamelgo *s. m. fam.* Caballo flaco y de mal aspecto.

James, Henry (Nueva York 1843 - Londres 1916) Escritor británico de origen estadounidense. Viajó en muchas ocasiones a Europa hasta instalarse definitivamente en el Reino Unido, cuya nacionalidad adoptó en 1915. Su narrativa destaca por la gran perfección técnica y lo refinado de su estilo y en ella aborda estudios psicológicos en los que la narración se hace desde el punto de vista del propio personaje. En sus primeras novelas, como *Washington Square* (1881) y *Retrato de una dama* (1881), trató el tema de las diferencias culturales entre la joven América y la antigua Europa. El problema del ser humano frente a la realidad social es una constante de su obra, como se aprecia en *Las bostonianas* (1886) y *Los papeles de Aspern* (1888), así como en los relatos de ambiente británico, *Otra vuelta de tuerca* (1898) y *Las alas de la paloma* (1902).

James, Jesse Woodson (Centerville, Clay County, Missouri 1847 - Saint Joseph, Missouri 1882) Bandido estadounidense. En la guerra de Secesión luchó con los guerrilleros sudistas de William Clarke Quantrill, en Kansas y Missouri. Acabada la guerra, en 1866, formó con su hermano Frank una banda que atracó bancos, trenes postales y diligencias por todo el Oeste. Murió asesinado a traición por su amigo Robert Ford, para cobrar la recompensa.

James, Phyllis Dorothy (Oxford 1920) Escritora de novelas policiacas británica. Trabajó en el ministerio del Interior, primero en la policía y posteriormente en la división de niños del departamento Criminal. En su obra, de lenguaje muy cuidado, destaca el retrato psicológico de los personajes y la descripción del paisaje. Entre sus títulos sobresalen *Mortaja para un ruiseñor* (1971), *Sangre inocente* (1980), *La torre negra* y *Sabor a muerte.*

James, William (Nueva York 1842 - Chocorua, New Hampshire 1910) Filósofo y psicólogo estadounidense. Hermano de Henry James, fue profesor de fisiología y de filosofía de la universidad de Harvard. Su carácter polifacético le llevó a realizar numerosas investigaciones en distintos campos de la cultura. Defendió el pragmatismo y la utilización de métodos empíricos en las ciencias sociales. Realizó importantes estudios sobre filosofía de la religión. Entre sus textos principales se encuentran *Principios de psicología* (1890), *La voluntad de creer* (1897), *Las variedades de la experiencia religiosa* (1902) y *El pragmatismo* (1907).

Jammes, Francis (Tournay 1868 - Hasparren 1938) Poeta francés. Pasó casi toda su existencia en el País Vasco francés. Heredero del simbolismo, escribe una poesía sencilla y melancólica, con nostalgia de la infancia. Entre sus libros destacan *Del toque de alba al toque de oración* (1898), *El triunfo de la vida* (1902), *Claros en el cielo* (1906), *Las Geórgicas cristianas* (1911), *El Rosario al sol* (1916) y *El crucifijo del poeta* (1934).

Jammu y Cachemira Estado federal de la India, situado en el N del país. 101.387 km^2. 5.987.389 h. en 1981. Comprende la parte S de Cachemira. La capital es Srinagar, con 586.000 h. en 1981. Tiene un relieve montañoso, aunque existen numerosos valles, en los que se concentra la población. Su economía está centrada en la agricultura, en la ganadería ovina y en la industria textil.

Jamna o **Jamuna** (*Yamunā*) Río de la India. 1.370 km. Nace en las cumbres del Himalaya occidental, discurre hacia el S y, al penetrar en la llanura gangética, se desvía hacia el SE. Desemboca en el Ganges junto a la ciudad de Allahabad. Su régimen es nivopluvial y sus aguas se usan para regadíos. Pasa por Nueva Delhi y Agra.

jamón *s. m.* **1.** Pierna entera de cerdo salada y curada. **2.** Carne de dicha pierna. ▪ Se llama también *jamón serrano.* **3.** *fam.* Pierna de una persona, especialmente si es gruesa. ‖ *adj.* **4.** *fam.* Aplicado a personas, muy atractivo. ‖ **5. jamón (en) dulce** El cocido que se cubre con una capa de azúcar acaramelada. **6. jamón (de) York** Jamón cocido que se consume como fiambre. ‖ **LOC. y un jamón (con chorreras)** *fam.* Expresión con que se niega algo rotundamente.

jamona *adj. fam.* Se dice de la mujer madura y algo gruesa. También *s. f.*

Jamshëdpur C. del NE de la India, en el estado de Bihar. 438.385 h. en 1981. Es un importante centro industrial, dedicado a la siderometalurgia, a la fabricación de vehículos y maquinaria y a la alimentación.

jamuga *s. f.* Silla de tijera con las patas curvas y piezas anchas de cuero para apoyar la espalda y los brazos.

Janaceck, Leos (Hukvaldy 1854 - Moravska Ostrava 1928) Compositor checo. Fue el renovador de la música de su país y principal representante de la corriente nacionalista, que recuperaba e incorporaba la tradición folclórica. Entre sus obras destacan sobre todo las óperas, como *Jenufa* (1896-1904), *La zorrita astuta* (1921-23) y *De la casa muerta* (1937). Escribió también cantatas, como *Amarus,* música de cámara y sinfónica y reunió una gran colección de cantos populares moravos.

Janco, Marcel (Bucarest 1895 - Tel Aviv 1984) Artista israelí de origen rumano. Fue uno de los fundadores del movimiento dadá en Zurich (1916). En 1940 pasó a Palestina y contribuyó al resurgimiento del arte israelí.

Jancso, Miklos (Vac, Pest 1921) Director de cine húngaro. Interesado al principio en aspectos del folclore y la vida política húngara, evolucionó hacia un cine mucho más preocupado por la belleza formal de las imágenes y la puesta en escena. Sobresalen entre sus películas *Los desesperados* (1965), *Silencio y clamor* (1968), *Vicios privados, públicas virtudes* (1976) y *Allegro Barbaro* (1979).

Janet, Pierre (París 1859 - íd. 1947) Psiquiatra francés. Es considerado, junto con Freud, padre de la moderna psicología dinámica. Elaboró el concepto de psicastenia, que define como debilidad en las funciones superiores del cerebro, y lo aplicó a su teoría de las neurosis. Es autor de *Neurosis e ideas fijas* (1898) y *Las obsesiones y la psicastenia* (1909), entre otras obras.

Jannequin, Clément (? h. 1475 - París h. 1560) Compositor francés. Fue discípulo de Josquin Desprès y, aunque escribió música religiosa, su mayor celebridad la adquirió en el terreno de la *chanson,* composición sencilla que persigue efectos imitativos. En este género son particularmente populares *La canción de los pájaros* y *La guerra.*

Jannings, Emil (Rorschach, Suiza 1884 - Strobl, Austria 1950) Actor alemán. Fue uno de los más destacados intérpretes de cine de la escuela expresionista en películas como *El hombre de las figuras de cera* (1924), *Varieté* (1925) y *El ángel azul* (1930).

Jano En la mitología romana, dios que vigilaba las puertas del cielo y la tierra y guardaba sus llaves. Era invocado al principio de cualquier empresa y por eso el primer mes del año se llamaba *ianuarius* (enero) en su honor. Denominado *Jano bifronte,* se le representaba con dos rostros, como protector de entradas y salidas y conocedor del pasado y del futuro.

Jansen, Corneille, llamado también **Jansenio** o **Jansenius** (Acquoy 1585 - Ypres 1638) Teólogo neerlandés. Llegó a ser obispo de Ypres. Intentó una reforma de la Iglesia para llevarla a su primitivo rigor. Se enfrentó a los jesuitas. Su obra *Augustinus* (1640), publicada póstumamente, dio origen al jansenismo.

jansenismo *s. m.* Doctrina y movimiento religioso que tuvo su origen en los escritos del obispo neerlandés del s. XVII Corneille Jansen que, basándose en San Agustín, exageraba la importancia del papel de la gracia divina, al tiempo que afirmaba el libre albedrío. El núcleo principal del movimiento fue la abadía de Port-Royal, cerca de París, y entre sus más destacados representantes figuraron Antoine Arnauld, Pasquier Quesnel y Blaise Pascal. El jansenismo, que defendía una rígida austeridad de vida frente a la relajación de costumbres que atribuía a los jesuitas, se extendió por gran parte de Francia, Bélgica, Holanda, Italia y Alemania. Fue condenado por la Iglesia romana en las bulas *Cum ocassione* (1653) y *Unigenitus* (1713). **FAM.** Jansenista.

Jansky, Karl (Norman, Oklahoma 1905 - Red Bank, New Jersey 1950) Ingeniero estadounidense. Trabajó en los laboratorios de la *Bell Thelephone* y dedicó sus esfuerzos a resolver el problema de los ruidos parásitos que interferían las comunicaciones telefónicas. Logró encontrar las causas de todos menos de uno, hasta que en 1932 determinó que estas radiaciones procedían del centro de nuestra galaxia y con ello inició el desarrollo de la radioastronomía. En honor suyo se ha dado el nombre de *jansky* a la unidad de potencia de emisión de la radioonda.

Japón (*Nihon*) Estado insular de Asia oriental.

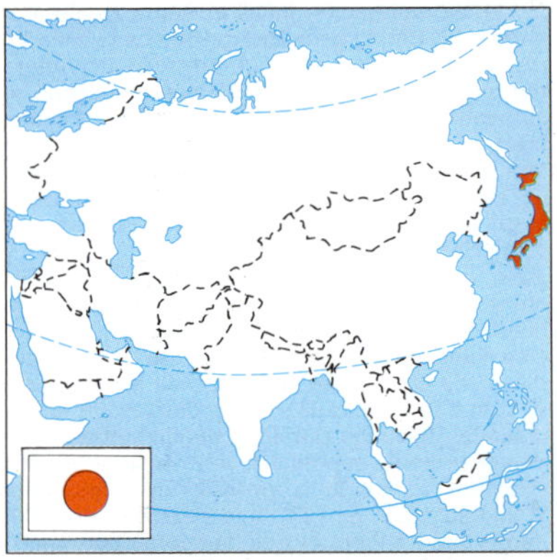

Extensión: 377.837 km^2.
Límites: al N, con el mar de Ojotsk; al S, con el mar de la China Oriental; al E, con el océano Pacífico, y al O, con el mar de Japón.
Población: 123.692.000 h. en 1990.
Densidad: 327,4 h./km^2.
Capital: Tokio.
División administrativa: regiones de Chubu, Chugoku, Hokkaido, Kanto, Kinki, Kyushu, Riukiu, Shikoku, Tohoku, la metrópoli de Tokio y las prefecturas urbanas de Kioto y Osaka.
Ciudades principales: Yokohama, Osaka, Nagoya, Sapporo, Kioto, Kobe, Fukuoka, Kawasaki, Hiroshima, Kitakyushu.
Gentilicio: japonés.
Forma de Estado: monarquía constitucional.
Idioma: japonés.
Religión: sintoísmo, 93,1 %; budismo, 73,9 % (muchos japoneses profesan dos religiones); cristianismo, 1,4 %.
Moneda: yen.
Tasa de natalidad: 10 ‰ en 1990.
Tasa de mortalidad: 6 ‰ en 1990.
Renta per cápita: 23.730 dólares en 1989.

Geog. física Japón ocupa un archipiélago en el extremo oriental de Asia, formado de N a S por las islas Hokkaido, Honshu, Shikoku, Kyushu y el archipiélago Nansei o Riukiu. Tiene un relieve eminentemente montañoso, en el que destacan los montes Kitami, e Hidaka en la isla de Hokkaido; la cordillera central, montes Mikuni e Hida en la isla de Honshu; y los montes Kyushu en la isla del mismo nombre. Existen varios centenares de volcanes, muchos de ellos en actividad, entre los que sobresale el Fuji-Yama (3.776 m), la mayor altura del país. Las llanuras se extienden fundamentalmente por las regiones litorales, como la de Kanto, en la isla Honshu, y la de Ishikari, en la isla de Hokkaido. Los principales ríos son el Shinano y el Tone, en Honshu, y el Ishikari, en Hokkaido, todos ellos cortos y caudalosos. En general, las islas presentan al océano Pacífico unas costas abruptas y recortadas, mientras que las del mar del Japón son rectilíneas. Entre las islas meridionales existe el Seto Naikai o mar Interior, de gran importancia para el comercio y las comunicaciones; varios puentes unen las islas de Hanshu y Shikoku. Las costas del archipiélago se ven afectadas por la acción de dos corrientes marinas, la corriente cálida de Kuro Shivo y la fría de Oya Shivo. Japón tiene un clima lluvioso y húmedo en verano, debido al monzón, y frío en invierno, con grandes diferencias según la latitud. Su vegetación es de floresta subtropical al S, de bosque y sotobosque templado en el centro y de prado alpino y bosque de coníferas en el N y las alturas montañosas.

Geog. humana y ***económica*** La población pertenece a la etnia nipona, salvo el pequeño grupo ainú, y experimenta un crecimiento moderado, pero continuo; se concentra sobre todo en las ciudades y conurbaciones (77 %). Japón es una de las grandes potencias económicas mundiales. Se cultiva fundamentalmente arroz (octavo productor mundial) y, en menor medida, trigo, cebada, té (séptimo), soja, tabaco, caña de azúcar, patata, cítricos (sexto), remolacha y morera. Una flota pesquera de primera magnitud opera por todo el mundo y la marina mercante ocupa el quinto lugar mundial. En minería destacan las extracciones de cobre, plata (décimo), cinc, níquel, piritas, carbón, estaño, oro, plomo, tungsteno, manganeso y petróleo. Existen numerosas centrales nucleares y geotérmicas para cubrir las elevadas necesidades de energía. La industria constituye el principal sector de la economía japonesa y ha colocado al país en los primeros puestos mundiales de la siderurgia y metalurgia, de la construcción naval, fabricación de automóviles y motos, mecánica de precisión, radiotecnia, electrónica, óptica, química y producción de seda natural (tercero), algodón y fibras sintéticas.

***Hist.* periodo clásico y feudal** El archipiélago fue poblado originalmente por pueblos altaicos del NE asiático y por malayos del SE. A principios de nuestra era, uno de los clanes guerreros se impuso a los demás y creó el imperio. En torno al s. VI penetró en el país la influencia china, lo que significó la adopción de sus instituciones y la introducción del confucianismo y los sutra budistas. El periodo clásico se divide en la época Nara (710-794), con capital en la ciudad de este nombre, en la que el dominio fue ejercido por el clan Fujiwara, y la época Heian (794-1185), con capital en Kioto. En este periodo prosiguió la influencia china y se constituyeron grandes entidades territoriales con elevado nivel de autonomía. En 1185 se impuso el clan Minamoto, co-

Japón: Kobe, principal centro portuario del país, situado en la isla de Honshu.

Japón: vista de los puentes que unen las islas de Honshu y Shikoku.

menzando el periodo feudal primitivo, caracterizado por el declive del poder de los funcionarios imperiales y el ascenso de los shogun (caudillos militares), cuyo poder caracterizó una larga etapa de la historia japonesa, el shogunato, que concluyó a mediados del s. XIX.

el shogunato En 1192, el shogun Yorimoto estableció una dictadura con capital en Kamakura. Durante la época Kamakura (1192-1333) impuso su hegemonía el clan Hojo. Entre los años 1274 y 1281 fueron rechazados diversos intentos de invasión mongólica. La época Muromachi, comenzada en las primeras décadas del s. XIV, se caracterizó por las luchas entre clanes, que finalizaron al tomar el poder el clan Ashikaga. El general Nobunaga (1573) y su oficial Hideyoshi (1598) reconstruyeron la unidad nacional y, a la muerte de este último (1608), Tokugawa Ieyasu fundó una dinastía que dominó el país hasta 1868. Durante los s. XV y XVI comenzó la llegada de comerciantes occidentales y misioneros cristianos. En el periodo Tokugawa la capital se instaló en Yedo (Tokio); los extranjeros fueron expulsados en 1624 y el cristianismo prohibido en 1637. Esta época se caracterizó por el sometimiento de los daimíos (señores territoriales) al poder central, la estabilidad política y la nueva apertura de las fronteras, debida a las presiones de la floreciente burguesía comercial y de las potencias europeas y EE UU.

el imperio En 1867, ante la definitiva crisis del shogunato, el emperador Mutsu-Hito asumió plenos poderes, con lo que dio comienzo el periodo Meiji. Se introdujo la industrialización, desaparecieron las administraciones locales, la autoridad se centralizó en Tokio y se abolieron las clases sociales cerradas. En 1890 se aprobó una Constitución que consagraba el poder absoluto del emperador. El país se modernizó, se creó la red ferroviaria, se introdujo la energía eléctrica, se instalaron industrias metalúrgicas, textiles y mineras y se equipó al ejército con material moderno.

En sendas guerras sostenidas contra China (1894) y Rusia (1904), Japón obtuvo el dominio de Formosa, Manchuria, Corea y zonas de Siberia. Su participación en la Primera Guerra Mundial en el bando aliado le permitió ampliar sus posesiones a las islas Marshall, Carolinas y Marianas. En la conferencia de Versalles de 1919, Japón reclamó el dominio de China y de las colonias alemanas del lejano Oriente. Tras la conferencia de Washington de 1922, retiró sus tropas de China y Siberia, pero en 1937 estalló una nueva guerra con China, en la que conquistó la región de Manchuria. En 1940 Japón era una gran potencia mundial y como tal firmó el pacto tripartito con Alemania e Italia. En 1941, realizó un ataque aéreo masivo contra la flota estadounidense en Pearl Harbor y entró así en la Segunda Guerra Mundial. El conflicto se extendió al Pacífico, donde Japón ocupó las Filipinas, Hong Kong y Malaca y triunfó en la batalla del mar del Coral (1942), pero las derrotas de Okinawa e Iwo Jima (1945) cambiaron el signo de la guerra. El bombardeo atómico de Hiroshima y Nagasaki obligó al país a capitular y Japón fue ocupado por tropas estadounidenses que no se retiraron hasta 1951.

En 1946, el emperador Hiro-Hito aceptó la Constitución que abolía la monarquía absoluta, convertía la institución imperial en un mero símbolo del Estado y otorgaba al primer ministro la dirección de los asuntos políticos. Desde entonces el país comenzó un desarrollo económico espectacular, unido a una profunda occidentalización de la sociedad, hasta convertirse en una de las principales potencias del mundo. El principal partido es el Liberal Democrático, de carácter conservador, que ha formado la mayoría de los gobiernos desde la instauración de la democracia y que en la década de los ochenta ha sufrido dos graves crisis debido a escándalos económicos: en 1983 fue condenado su líder, Tanaka, y en 1989 hubo de dimitir el primer ministro Noburo Takesita, que fue sustituido por Sosuke Uno. No obstante, en las elecciones siguientes el partido Liberal Democrático volvió a ser mayoritario y Toshiki Kaifu fue nombrado presidente de gobierno. En 1989 falleció el emperador Hiro-Hito y le sucedió su hijo Aki-Hito. Dada la incapacidad que había mostrado Toshiki Kaifu para reformar las estructuras políticas del país, en octubre de 1991 se celebraron elecciones en el seno del partido Liberal Democrático para la designación de un nuevo presidente. Resultó elegido Kiichi Miyazawa, a quien el parlamento ratificó como primer ministro en noviembre de ese mismo año.

Arte En el arte japonés ha ejercido un papel decisivo la influencia china y coreana, pero ello no ha impedido el desarrollo de estilos y tendencias originales. En el s. VI, la penetración del budismo desde Corea inició la época Asuka, en la que floreció la escuela Mahayana, cuyas principales manifestaciones son la decoración pictórica de los templos y las ofrendas votivas: bronces, estatuillas y tallas de madera. La época Nara, desde mediados del s. VII a fines del X, denota la influencia china. En ella se construyeron templos de gran planta rectangular y poca altura, como el de Toshodai-ji y el monasterio Horyu-ji. A este periodo siguió la época Heian, dividida en las fases Konin y Fujiwara. En la primera, los templos ganan altura y las representaciones iconográficas, tanto en pintura como en escultura, pierden amabilidad, adquiriendo fiereza y haciéndose más rígidas. En la segunda se impuso el gusto de la aristocracia, que reaccionó contra la severidad religiosa anterior.

A fines del s. XII, con el advenimiento de los shogun, comienza el periodo Kamakura, caracterizado por la influencia del budismo zen, que dotó

Japón: templo en Hirosaki, ciudad de la isla de Honshu.

a los retratos de penetración psicológica. En el periodo Muromachi del clan Ashikaga, del s. XIV al XVI, el mecenazgo de la aristocracia permitió erigir numerosos templos y palacios, la arquitectura perdió su carácter bélico y se cultivaron elegantes jardines, aunque la escultura y la pintura se hicieron más inexpresivas. La época Momoyama, en los s. XVI y XVII, es otro periodo brillante para el arte. Se construyeron el castillo de Osaka y el palacio Fushimí, se erigió la monumental estatua de Buda en Kioto y las artes decorativas florecieron con magníficas obras de marquetería, lacas y biombos pintados. A la escuela de Tosa pertenecieron pintores que dejaron obras de gran colorido, mientras que la escuela de Kano mantuvo la tradición decorativa en biombos. La época Tokugawa, del s. XVII al XIX, representa el auge de la clase comerciante y en ella las artes decaen y pierden originalidad. En la escuela de Kano sobresalieron pintores que realizaron paisajes con la técnica de aguada, los decoradores Koetsu y Sotatsu y el laquista Ogata Korin. La escuela de Shijo se distingue por los temas naturalistas de flores, aves, etc. La escuela Ukiyo-e descuella en la representación de la vida cotidiana y su principal miembro fue Iwasa Matabei. En la escuela Torii practicaron el arte de la estampa los grandes maestros Hokusai, Hiroshige y Utamaro, cuyas obras de trazo exquisito y bello colorido muestran también escenas cotidianas y paisajes. Desde entonces comenzó la penetración de la influencia occidental.

En el s. XX, los arquitectos K. Maekawa, J. Sakakura y J. Yoshimura aplican los principios y las técnicas de las construcciones europeas y estadounidenses. A éstos siguieron Kenzo Tange, N. Kurokawa, M. Otaka, K. Kitukane, A. Isozaki e I. Yoshida. La escultura está representada por G. Sato, Bukichi Inue, M. Kano, A. Imoto y K. Yamaguchi, que a la tradición iconográfica japonesa aportan el surrealismo y la abstracción. También bajo influencia occidental realizan su obra los pintores abstractos Takeo Yamaguchi y Masanari Munai; Fujita, A. Tanaka, K. Sato y K. Sugai, instalados en París; G. Inocuma, K. Okada y T. Takai, que residen en EE UU; K. Usami y K. Yoshida, conceptuales; T. Kudo, naturalista. La vitalidad de la sociedad japonesa favorece el dinamismo de su arte, abierto a todas las tendencias e influencias.

Lit. Cronológicamente, la primera forma literaria japonesa que se produjo fue, como en las restantes culturas, la poesía. En el s. VIII se compilaron toda una serie de epopeyas semihistóricas en la antología *Manyoshu*, en la que las formas métricas ya se hallan definidas en tres modelos: nagauta, con versos sin rima de 5 y 7 sílabas; tanka o canción breve y haiku con sólo tres versos. En narrativa, entre los s. IX y XI se desarrollaron dos géneros: el nikki o diario íntimo, en el que sobresalió Ki no Tsurayuki, y el monogatari o relato novelado, representado por Murasaki Shikibu. Durante la época Kamakura se impuso la estética bélica, tendencia de la que sólo escapa ron Kenko (s. XIV) y el monje Kamo no Chomei (s. XIII); la composición más frecuente fue la epopeya guerrera o gunki. En teatro surgieron tres géneros: el no, en el que destacó Zeami; el bunraku o teatro de marionetas, y el kabuki, practicados estos últimos por Chikamatsu y Mokuami, ya en el s. XVII. En esta época se escriben las novelas costumbristas o satíricas de Ihara, Kyokutei Bakin, Jippensha Ikku y Santo Kyoden, cuya actividad se prolonga en el s. XVIII. El mejor poeta de este periodo es Matsuo Basho, que practicó sobre todo el haiku. Entre los s. XVII y XIX se produjo la pugna de los partidarios de la cultura tradicional japonesa, como Norinoga Motoohori, y los partidarios de la cultura china.

El iniciador de la literatura moderna fue el novelista Futabatei Shimei, a quien siguieron Shoyo Tsubouchi, Soseki Natsume, Toson Shimazaki, Mori Ogai y Takeo Arishima. A principios del s. XX la novela sigue siendo el género preferido, en él merecen mención Saneatsu Mushanokoji, Junichiro Tanizaki, Nagai Kafu, Shiga Naoya y Ryunosuke Akutagawa. En teatro sobresalió Kinoshita Junji. A mediados de siglo aparecen los movimientos *Shinkankakuha* o arte nuevo, cuyo principal representante es Yasunari Kawabata, y el *Sengoha* o grupo de posguerra, en el que destacan Noma Hiroshi y Takeda Taijun. Después apareció el grupo de los «hombres nuevos», *Daisan no Shiün*, al que pertenecen Ooka Shohei y Yasuoka Shotaro. Otros novelistas importantes de mediados de siglo fueron Agawa Hiroyuki, Dazai Osamu, Kambayashi Akatsuki, Niwa Fumio, Hirabayashi Taiko, Ito Sei, Yukio Mishima, Abe Kobo y Shimao Toshio. La última generación consagrada la forman, en narrativa, Oe Kenzaburo, Oda Makoto y Takahashi Kazumi; en poesía, Tsukamoto Kunio y Yoshioka Minoru; y en teatro, Terayama Shuji, Suzuki Tadashi y Kara Juro.

Cine La cinematografía japonesa es una de las más interesantes e importantes de la historia del cine y ha dado un grupo de directores de primera fila mundial. Hasta el término de la Segunda Guerra Mundial produjo pocas películas de interés, pese a ser el principal abastecedor de las salas del oriente asiático. Nació vinculado al teatro kabuki, con todas las limitaciones que ello representa, y posteriormente se orientó a los temas contemporáneos y al género histórico. En este contexto destacó el primer gran realizador japonés Kenji Mizoguchi. Desde 1946 se creó una poderosa industria y en 1950 la proyección de la película *Rashomon,* de Akira Kurosawa, en el festival de Venecia significó la irrupción de un cine hasta entonces desconocido en Occidente. Durante las décadas de los cincuenta y los sesenta filmaron sus películas una generación privilegiada de directores, entre los que sobresalen, además de los ya mencionados Mizoguchi y Kurosawa, Teinosuke Kinugasa, Heinosuke Gosho y Yasujiro Ozu, a los que siguieron Sekigawa, Shindo, Yamamura y Kobayashi. De la siguiente generación destaca Nagisa Oshima.

japonés, sa *adj.* **1.** De Japón. También *s.* || *s. m.* **2.** Lengua hablada en Japón.

japuta *s. f.* **1.** Pez perciforme de la familia brámidos, especie *Brama raii.* Alcanza unos 65 cm de longitud, su cuerpo es alto, ovalado y comprimido, con el dorso pardo grisáceo y los flancos y vientre plateado. Habita en los mares cálidos de todo el globo y es apreciado como alimento. **2.** Palometa*.

jaque *s. m.* **1.** En ajedrez, jugada en la que el rey o la reina están amenazados por una pieza contraria. || **2. jaque mate** En el ajedrez, jugada en la que el rey amenazado no puede salvarse, lo que significa la victoria del jugador que lo da. || **LOC. tener** (o **traer**) a uno **en jaque** *fam.* Inquietarle o importunarle de forma continua.

jaquear *v. tr.* **1.** Dar jaques en el juego del ajedrez. **2.** Hostigar al enemigo.

jaqueca *s. f.* Dolor intenso de cabeza, que suele atacar sólo a una parte de ella; a veces va acompañado de náuseas y vómitos. **FAM.** Jaquecoso.

jaquetón *s. m.* Pez condrictio de la familia lámnidos, especie *Carcharodon carcharias.* Es un tipo de tiburón que alcanza hasta 10 m de longitud, tiene el cuerpo rechoncho, de color gris pardusco o azulado, y dentadura poderosa. Habita en casi todos los mares y es un gran depredador.

jara *s. f.* Nombre común de diversas plantas arbustivas de la familia cistáceas, género *Cistus.* Alcanzan hasta 2 m de altura, con hojas viscosas muy aromáticas. La especie *Cistus ladaniferus* tiene hojas lanceoladas y flores blancas; la *Cistus albidus* o jara blanca, hojas ovales y flores rosas, y la *Cistus populifolius* o jara macho, hojas acorazonadas y flores blancas o amarillentas. Crecen en la región mediterránea y su uso es ornamental.

Flor de la jara común (Cistus ladaniferus).

Jara, Víctor (Chillán 1938 - Santiago 1973) Cantautor chileno. Fue director teatral y del conjunto musical *Quilapayún.* Luego pasó a interpretar como solista canciones de protesta y clara inspiración social, como *Plegaria de un labrador.* Fue asesinado durante el golpe de la junta militar

jarabe *s. m.* **1.** Bebida que se hace cociendo azúcar en agua hasta que se espesa y añadiendo zumos o sustancias medicinales o bien por medios químicos o artificiales. **2.** P. ext., bebida muy dulce. **3.** *Méx.* Danza de ritmo lento y forma binaria, considerada como baile nacional mexicano. Deriva del zapateado español y alternan en ella los compases de 3/4 y 6/8. || **4. jarabe de palo** *fam.* Golpes dados como castigo para enmendar a alguien.

jaral *s. m.* Lugar poblado de jaras.

Jarama Río de España. 190 km. Nace en Somosierra, macizo del Sistema Central y discurre en dirección S para desembocar en el Tajo a la altura de Aranjuez. Sus principales afluentes son el Lozoya, el Manzanares, el Henares y el Tajuña. Tiene régimen pluvionival y sus aguas se aprovechan para el riego y el abastecimiento de Madrid.

Jarama, batalla del Conjunto de combates librados en la guerra civil española en el curso medio del río Jarama entre el 5 y el 25 de febrero de 1937. El objetivo del ejército nacionalista era rodear Madrid, cortando la carretera de Valencia, y llegar hasta Alcalá de Henares. La contraofensiva republicana desencadenada por Líster y El Campesino frustró el intento y Madrid resistió hasta el final de la guerra.

jaramago *s. m.* Nombre común de diversas plantas herbáceas de la familia crucíferas, género *Diplotaxis.* El jaramago común *(Diplotaxis virgata),* de 12 a 60 cm de altura, tiene hojas grandes y ásperas, flores amarillas en espigas y fruto en silicua. El jaramago perenne *(Diplotaxis tenuifolia)* mide de 30 a 80 cm de altura y tiene hojas pinnadas y flores amarillas. El jaramago pequeño *(Diplotaxis viminea)* mide entre 15 y 25 cm de altura y tiene hojas en roseta basal. Crecen en la península Ibérica y toda Europa y sus hojas se han utilizado en medicina como expectorante.

jarana *s. f.* **1.** Juerga, diversión. **2.** Riña, escándalo. **3.** *Amér. C.* Baile familiar, entre personas de confianza. **4.** *Amér. C.* Deuda.

jaranear *v. intr.* Ir de jarana.

jaranero, ra *adj.* Juerguista, aficionado a la jarana. También *s.*

jarcha *s. f.* Estrofa o cancioncilla final, escrita en dialecto mozárabe, de un poema largo denominado *moaxaja,* escrito en árabe o en hebreo. Las jarchas (s. XI) son de tema amoroso y constituyen las primeras manifestaciones de la poesía lírica peninsular en lengua romance.

jarcia *s. f.* **1.** Conjunto de aparejos y cabos de un buque. Se usa más en *pl.* **2.** Conjunto de instrumentos y redes para pescar.

Jardiel Poncela, Enrique (Madrid 1901 - íd. 1952) Escritor español. Es autor de novelas humorísticas como *Amor se escribe sin hache* (1929), *¿Pero hubo alguna vez once mil vírgenes?* (1930) y *La tournée de Dios* (1932), pero adquirió gran celebridad en el teatro, con comedias de un humor disparatado y sutil ironía, entre las que sobresalen *Angelina o el honor de un brigadier* (1932), *Los ladrones somos gente honrada* (1941), *Los habitantes de la casa deshabitada* (1942) y *Eloísa está debajo de un almendro* (1943).

jardín *s. m.* **1.** Terreno, público o privado, en el que se cultivan y conservan árboles, plantas y flores. || **2. jardín botánico** El dedicado al cultivo de plantas de todas las regiones del mundo, con fines de conservación, exhibición e investigación. **3. jardín de infancia** Centro educativo para niños de 2 a 4 años.

jardinería *s. f.* Actividad de cultivar los jardines.

jardinero, ra *s. m.* y *f.* **1.** Persona que por oficio cuida y cultiva un jardín. || *s. f.* **2.** Mueble o soporte en que pueden colocarse tiestos o cultivarse plantas. **3.** Carruaje descubierto de cuatro ruedas y muy ligero. || **LOC. a la jardinera** *adj.* Modo de guisar algunos alimentos con verduras variadas.

jareta *s. f.* **1.** Dobladillo que se hace en la ropa para meter por él una cinta, cordón o goma y ajustarla. **2.** Adorno que consiste en un pliegue cosido con un pespunte paralelo.

jaretón *s. m.* Dobladillo muy ancho.

jariyita o **jariyí** (voz ár.) *adj.* **1.** Se aplica a una secta musulmana escindida de los chiitas partidarios de Alí, yerno de Mahoma, cuando estos no aceptaron el arbitraje mediante el *Corán* en el conflicto que enfrentó a Alí y a Muhawiya, de la familia omeya, en la sucesión del califa Utmán. Tuvieron gran importancia en la Edad Media, pero en la actualidad son prácticamente inexistentes. **2.** De esta secta. También *s.*

Jarkov (*Kharkov*) C. de Ucrania, situada en la cuenca del río Donetz. 1.611.000 h. en 1989. Es uno de los principales centros fabriles de la república por sus industrias metalúrgicas, de material ferroviario y maquinaria agrícola, electrónica, química, textil y alimentaria.

Jarnés, Benjamín (Codo, Zaragoza 1888 - Madrid 1950) Escritor español. Miembro del grupo de la Revista de Occidente y autor influido por Ortega y Gasset, cultivó el ensayo con un estilo elegante, sutil e irónico, abordando tanto la crítica, como la biografía y la creación literaria. Entre sus obras merecen citarse *Ejercicios* (1927), *La vida de San Alejo* (1928), *Zumalacárregui, el caudillo romántico* (1931) y *Lo rojo y lo azul* (1932). Fue asimismo autor de la novela *La novia del viento* (1940).

jaro *s. m.* Mancha de matorral espeso en monte bajo.

jaro, ra *adj.* Se dice del animal que tiene el pelo rojizo, especialmente del cerdo, del jabalí y del toro. También *s.*

Jaroslavl C. de la Federación Rusa, situada a orillas del alto Volga. 633.000 h. en 1989. Cuenta con industria automovilística, química, de neumáticos y plásticos y de refinado de petróleo.

jarra *s. f.* Vasija de boca ancha con asa y un pico en el borde para echar el líquido con facilidad. || **LOC. en jarras** *adv.* Con los brazos separados del cuerpo y las manos apoyadas en la cintura.

jarrear *v. impers. fam.* Llover mucho, a cántaros.

jarrete *s. m.* **1.** Corva de la pierna de las personas y los cuadrúpedos. **2.** Parte alta y carnosa de la pantorrilla.

jarretera *s. f.* **1.** Liga con hebilla para sujetar la media o el calzón al jarrete. **2.** Orden militar inglesa, fundada por Eduardo III a mediados del s. XIV, cuya insignia es una liga.

jarro *s. m.* Vasija de boca ancha con asa. || **LOC. a jarros** *adv. fam.* Abundantemente. **echar** a alguien **un jarro de agua fría** *fam.* Desanimarle, decepcionarle.

jarrón *s. m.* **1.** Vasija de adorno. **2.** Pieza arquitectónica de adorno en forma de jarro.

Jarry, Alfred (Laval 1873 - París 1907) Escritor francés. Sus obras teatrales, escritas en tono de farsa, constituyen una alegoría sobre la sociedad y los individuos que la componen, y encierran una sátira mordaz y violenta contra el convencionalismo, la hipocresía, la avaricia y la incoherencia de la condición humana. Su primer drama fue *Ubu rey* (1896), al que siguió toda una serie con el mismo personaje, que fue recopilada con el título de *Todo Ubu* (1962). Del resto de su obra destaca *Gestos y opiniones del Dr. Faustroll, patafísico* (1911).

Jartum (*Khartoum*) C. de Sudán, cap. del país, en el sector central del mismo, en la confluencia del Nilo Blanco y el Nilo Azul. 557.000 h. en 1983, 1.802.300 h. en el área metropolitana. Es un centro administrativo, comercial y de comunicaciones, que posee industria textil, vidriera, alimentaria y química. Tiene aeropuerto internacional.

Jaruzelski, Wojciech (Kurow, Lublín 1923) Militar y político polaco. Siendo jefe del Estado y secretario general del Partido Comunista Polaco, dirigió, en 1981, un golpe de Estado promovido por la URSS y encaminado a paralizar el movimiento reformista del sindicato Solidaridad, instaurando la ley marcial y suspendiendo los derechos sindicales. En 1989 llegó a un importante acuerdo con la oposición, legalizando dicho sindicato independiente y convocando elecciones libres, en las que fue elegido presidente con el consentimiento de la oposición, que tenía mayoría simple en el Parlamento. Tras las elecciones de 1991 fue desplazado de la presidencia por Lech Walesa.

Jasón Héroe mitológico griego. A fin de recuperar el reino de su padre, usurpado por el tirano Pelias, partió hacia la Cólquida y conquistó el vellocino de oro con el único auxilio de Medea y de cincuenta marineros de Argos, los argonautas.

jaspe *s. m.* **1.** Variedad de calcedonia, de grano fino y con vetas de diversos colores, según contenga porciones de alúmina y carbono, que se utiliza en ornamentación. **2.** Mármol veteado.

jaspeado, da **1.** *p. p.* de **jaspear**. ‖ *adj.* **2.** Que tiene vetas como el jaspe. ‖ *s. m.* **3.** Acción y efecto de jaspear.

jaspear *v. tr.* Pintar imitando las vetas y las salpicaduras del jaspe.

Jaspers, Karl (Oldenburg 1883 - Basilea 1969) Filósofo alemán. Formado en disciplinas científicas y psiquiatra de profesión, destacó como filósofo existencialista, muy influido por el pensamiento de Kierkegaard. Considera que la existencia humana está basada en una búsqueda constante de algo trascendente e inalcanzable. Expuso sus teorías y doctrinas en los ensayos *Filosofía* (1932), *Razón y existencia* (1935) y *La fe filosófica ante la revelación* (1962).

Jatib, Ibn al- (Loja, Granada 1313 - Fez 1374) Político y escritor hispanoárabe. Fue primer ministro del rey de Granada, Muhammad V. Escribió gran número de obras históricas sobre la España musulmana, entre las que destacan *Jardín del conocimiento del amor noble*, *Historia universal*, *Historia de los califas* y *Círculo sobre la historia de Granada*, además de diversas obras de medicina.

Játiva (*Xátiva*) C. de España, situada en la prov. de Valencia, al S de la capital. 25.600 h. en 1990. Es el centro de una comarca agrícola en la que abundan los cultivos de vid, cítricos, arroz y hortalizas. Posee industria papelera, maderera, textil y alimentaria. Sus principales monumentos son la iglesia gótica de San Félix y el castillo medieval.

jato, ta *s. m.* y *f.* Becerro o ternero.

jauja *s. f.* **1.** Lugar o situación ideales. **2.** *Chile.* Mentira.

jaula *s. f.* **1.** Especie de caja hecha con barrotes, listones, etc., utilizada para guardar o transportar animales. **2.** P. ext., embalaje en forma de caja hecha con barras, tablas, etc. **3.** Ascensor de las minas. **4.** *fam.* Cárcel.

Jáuregui, Agustín de (Lecaroz h. 1712 - Lima 1784) Militar y administrador colonial español. Fue capitán general de Chile (1773) y virrey del Perú (1780-84). Durante su mandato sofocó la rebelión de José Gabriel Condorcanqui, llamado *Tupac Amaru*, continuada por su primo Diego Cristóbal. Mejoró la situación de los indios y reforzó las fortificaciones del Callao para hacer frente a los ataques ingleses.

Jáuregui, Juan de (Sevilla 1583 - Madrid 1641) Escritor y pintor español. En su *Discurso poético* (1624) defiende el clasicismo y ataca el culteranismo. Sin embargo, en su mejor libro de poesía, *Orfeo* (1624), adoptó formas poéticas próximas a este último estilo. Como pintor se le atribuye un retrato de Cervantes.

Jaurès, Jean (Castres 1859 - París 1914) Político francés. Partidario de un socialismo moderado, en 1901 participó en la creación del Partido Socialista francés, del que fue dirigente desde 1905. Fundó el periódico *L'humanité* (1904). Por su rechazo a la guerra con Alemania fue asesinado por un nacionalista radical en 1914. Escribió la *Historia socialista de la Revolución Francesa* (1901-08).

jauría *s. f.* Conjunto de perros que participan juntos en una cacería.

Java (*Jawa*) Isla de Indonesia, perteneciente al archipiélago de la Sonda, en el SE asiático, al S de Sumatra y Borneo. 125.900 km². Constituye una unidad administrativa con la isla adyacente de Madura, de 4.481 km². 107.400.200 h. en 1989, lo que supone una densidad de 824 h./km², una de las más elevadas de la tierra. La capital es Yakarta, con 9.199.100 h. en 1989, y las principales ciudades son Surabaya y Bandung. Tiene un relieve muy montañoso, con una importante actividad volcánica, y un clima cálido. Su población es de raza malaya y religión musulmana. Posee cultivos de arroz, café y té e industrias cementeras, textiles y alimentarias.

Isla de Java: vista aérea de arrozales al sur de Yakarta.

Java, hombre de Restos humanos fósiles de la era cuaternaria encontrados en la isla de Java. Pertenecen a la época *Mindel* y a la especie *Homo erectus.* Fueron descubiertos por Dubois en 1890 y, junto con los últimos hallazgos de Koenigswald, ha sido posible la reconstrucción completa del cráneo.

Java, mar de Mar del océano Índico, comprendido entre las islas de Sumatra, Borneo y Java y el mar de Flores. 480.000 km² y 68 m de profundidad máxima. En él existen importantes yacimientos petrolíferos.

Javalambre, sierra de Sierra de España, perteneciente al sistema Ibérico, situada entre las provincias de Teruel y Valencia. Su máxima altura es el pico Javalambre (2.020 m).

javanés, sa *adj.* **1.** De Java. También *s.* ‖ *s. m.* **2.** Lengua del grupo indonesio hablada por los habitantes de Java.

Jawlensky, Alexei von (Kuslovo 1864 - Wiesbaden 1941) Pintor alemán de origen ruso. Pasó casi toda su vida en Alemania. Fundó con Kandinsky y Klee la Nueva Sociedad de Artistas (1909) y, posteriormente, en Wiesbaden, el grupo «Cuatro azules» (1924). Aportó al estilo expresionista una gran simplicidad y un fuerte cromatismo. En su última época, bajo la influencia del cubismo, abandonó el color intenso y pintó en tonos oscuros.

Jartum: vista parcial de la ciudad, con la gran mezquita en primer término.

jayán, na *s. m.* y *f.* **1.** Persona alta y fuerte. **2.** Persona basta y grosera.

jázaro, ra *adj.* **1.** Se dice de un pueblo turco que, entre los s. VII y X, fundó un poderoso reino en el Volga inferior, al N del Cáucaso. Desapareció en el 969 cuando los rusos conquistaron su capital Itil. **2.** De este pueblo. También *s.*

jazmín *s. m.* **1.** Nombre común de diversas plantas arbustivas de la familia oleáceas, género *Jasminum.* Su especie más común, *Jasminum officinale*, generalmente trepadora, presenta hojas alternas y flores blancas, muy olorosas. Es originaria de Persia y se cultiva en jardinería y para perfumería. La especie *Jasminum fruticans* alcanza entre 60 y 120 cm de altura, tiene hojas compuestas, flores amarillas y olorosas y fruto en baya. Es una planta ornamental que crece espontáneamente en la región mediterránea. La especie *Jasminum grandiflorum*, o jazmín de España, da flores más grandes, rojizas y blancas, muy aromáticas, que se usan en perfumería. Es originaria de Asia y fue introducida en Europa en el s. XVI. **2.** Flor de esta planta.

Jazmín amarillo (Jasminum fruticans).

jazz (voz ingl.) *s. m.* Género musical originario de EE UU, creado por intérpretes negros a fines del s. XIX, que concede gran importancia a la improvisación y se caracteriza por sus peculiares estructuras rítmicas. El jazz surge de la conjunción de ritmos negroafricanos con melodías del folclore anglosajón. Sus características principales son el ritmo sincopado y la alternancia o superposición de tiempos, el *swing* o balanceo de un tiempo a otro que produce la tensión emocional propia de esta música, las melodías en escala mayor, menor o pentatónica y la libertad de improvisación de los ejecutantes. Se interpreta con instrumentos como el piano, el clarinete, el saxofón, la trompeta, el trombón, el contrabajo, la batería, la guitarra, etc., por solistas, grupos con sección de ritmo y sección melódica y orquestas. En su origen recogió formas musicales anteriores, como los espirituales y el *gospel.* Nació en el barrio de prostíbulos Storyville de Nueva Orleans y se extendió al resto de EE UU cuando este barrio fue clausurado por el ejército con ocasión de la Primera Guerra Mundial.
A lo largo de su historia desarrolló diversos estilos: el *ragtime*, de ritmo vivo y sincopado, que se interpreta al piano; el *dixieland*, jazz ejecutado por bandas de blancos a imitación de los negros; el *be-bop*, en el que se emplean ritmos muy sincopados y melodías complejas; el *cool*, de armonías sobrias y ritmos relajados, y el *free-jazz*, que otorga una libertad total al solista. Grandes figuras del jazz han sido Buddy Kid Bolden, la Original Dixieland Jazz-band, King Oliver, Louis Armstrong, Count Basie, Fletcher Henderson, Duke Ellington, Benny Goodman, Ella Fitzgerald, Billie Holiday, Dizzie Gillespie, Charlie Parker, West Montgomery, Thelonious Monk, Stan Getz, Sonny Rollins, Oscar Peterson, Ornette Coleman, Miles Davis, Charlie Mingus, Erroll Garner y John Coltrane. La influencia ejercida por el jazz en la música contemporánea es inmensa y llega incluso hasta la música sinfónica.

Jean Paul, Johann Paul Friedrich Richter, llamado (Wunsiedel, Baviera 1763 - Bayreuth 1825) Novelista alemán. Estudió en la facultad de teología de Leipzig. Considerado como escritor de transición entre el clasicismo y el Romanticismo, en sus obras revela un alto grado de ingenio, ironía y fantasía. Algunos de sus títulos más importantes son *La logia invisible* (1793), *Hesperus* (1795), *Vida de Quintus Fixlein* (1796), *Siebenkas* (1796-97), *Titán* (1800-03), *Años inmaduros* (1804-05) y *El viaje del doctor Katzenberber al balneario* (1809).

jeans (voz ingl.) *s. m. pl.* Blue-jeans*.

Jeans, James Hopwood (Londres 1877 - Dorking, Surrey 1946) Matemático y astrónomo inglés. Estudió el proceso de formación de los planetas y elaboró una teoría según la cual se desprendieron del Sol hace cinco mil millones de años a causa de una colisión de éste con otro cuerpo celeste. Entre sus libros principales pueden citarse *El universo que nos rodea* (1929) y *A través del tiempo y del espacio* (1934).

jebe *s. m.* **1.** Alumbre*. **2.** *amer.* Árbol del caucho y, p. ext., caucho.

jedive *s. m.* Título que se daba al virrey de Egipto.

jeep (voz ingl., de las siglas *GP*, de *general purpose*, 'todo uso o todo terreno') *s. m.* Vehículo ligero y resistente, apto para todo tipo de terreno. Fue utilizado por los ejércitos aliados durante la Segunda Guerra Mundial.

jefatura *s. f.* **1.** Cargo o dignidad de jefe. **2.** Oficina o edificio donde están instalados ciertos organismos oficiales.

jefe, fa *s. m.* y *f.* **1.** Persona que manda o dirige a otras. **2.** Líder o cabeza de algo. **3.** *fam.* Tratamiento informal que se da a alguien. **4.** *fam.* Padre o madre. ‖ *s. m.* **5.** Cualquier categoría militar superior al grado de capitán. ‖ **6. jefe de Estado** Máxima autoridad de un país, rey en las monarquías y presidente en las repúblicas. **7. jefe de gobierno** Presidente del consejo de ministros, equivalente a primer ministro. ‖ **LOC. en jefe** *adj.* Que tiene el mando más alto, que es la cabeza principal.

Jefferson, Thomas (Shadwell, Virginia 1743 - Monticello, Virginia 1826) Político y arquitecto estadounidense. Fue el autor de la declaración de independencia de EE UU, redactada al comienzo de la guerra contra el Reino Unido (1776). Tras ocupar la embajada en París (1785-89) y la secretaría de Asuntos Exteriores (1790), fue el promotor del Partido Republicano de EE UU y presidente de la nación entre 1801 y 1809. En su mandato se compró Luisiana a Francia, con lo que casi se duplicó la superficie del país. Como arquitecto impuso la vuelta a los modelos clásicos frente al estilo colonial británico.

Thomas Jefferson. Litografía de Nathaniel Currier (siglo XIX).

Jehová Nombre de Yahvé, Dios de los judíos, introducido en el s. XII al vocalizarse la voz *Yhwh* de las Sagradas Escrituras.

Jehová, testigos de Véase **testigos de Jehová**.

jeito *s. m.* Red usada en el Atlántico para la pesca de peces pequeños, como la anchoa o la sardina.

jején (voz haitiana) *s. m.* Insecto díptero, más pequeño que el mosquito; su picadura es muy irritante. Abunda en América Central y América del Sur.

jeme *s. m.* Medida de longitud equivalente a la distancia entre los extremos de los dedos pulgar e índice de una mano abierta lo más posible.

jemer *adj.* Khmer*.

Jena C. de Alemania, situada en el Land de Turingia, a orillas del río Saale. 108.000 h. en 1989. Es un núcleo industrial, en el que destaca la fabricación de cristales ópticos de precisión, y que posee asimismo industrias mecánicas, químicas, farmacéuticas, fotográficas y cristaleras. Tiene una famosa universidad.

jengibre *s. m.* Planta herbácea de la familia zingiberáceas, especie *Zingiber officinale*. Tiene hojas lanceoladas, flores amarillas y rojas y rizoma carnoso perenne, del que se extrae una sustancia aromática. Es originaria de Asia tropical y se utiliza en farmacia por sus propiedades tónicas.

jeniquén *s. m. Ant., Col.* Henequén*.

jenízaro *s. m.* Soldado de una tropa de infantería turca creada en el s. XIV y disuelta en el XIX.

Jenner, Edward (Berkeley 1749 - íd. 1823) Médico británico. Descubrió la vacuna de la viruela. Al observar que las vaqueras que habían padecido pústulas por su trato con las vacas no solían contagiarse de la enfermedad, dedujo el sistema de inmunidad que, a causa de ello, fue llamado *vacuna*.

Jenney, William Le Baron (Fairhaven, Massachusetts 1832 - Los Ángeles 1907) Arquitecto estadounidense. Estudió en París y actuó como ingeniero militar durante la guerra de Secesión. Construyó el primer edificio de estructura metálica en la ciudad de Chicago. Entre sus obras más importantes figuran, en Chicago, el Leiter Building I (1879) y el Leiter Building II (1889-90).

Jenócrates (Calcedonia h. 400 - ? 314 a. C.) Filósofo griego. Fue discípulo de Platón y sucedió a Espeusipo como director de la Academia de Atenas. Intentó conciliar las doctrinas de Platón con las de Pitágoras, identificando las ideas con los números. A él se debe la clasificación del saber en dialéctica, física y ética.

Jenófanes (Colofón h. 570 - íd. h. 470 a. C.) Filósofo griego. Fue el fundador de la escuela eleática, posiblemente durante el exilio en Sicilia al que le obligó la invasión persa en Asia Menor. Rechazó la doctrina antropomorfista de la religión griega y defendió la idea de un único dios. Fue el primero que, al encontrar conchas y fósiles marinos en las montañas, mantuvo que éstas tenían que haber estado cubiertas por el mar en sus orígenes.

Jenofonte (Atenas h. 430 - Corinto h. 355 a. C.) Historiador griego. Fue discípulo de Sócrates, de quien escribió una apología. Participó en la expedición de mercenarios que el rey persa Ciro el Joven organizó contra su hermano Artajerjes. Después de la derrota de Cunaxa dirigió a la tropa en su regreso a Grecia, experiencia que narró en su obra *Anábasis*. Combatió a favor de Esparta, por lo que fue condenado al destierro por los atenienses. Otros de sus escritos que merecen ser citados son las *Helénicas*, la *Ciropedia*, *De la equitación*, *Economía* y la *Constitución de Esparta*.

Jensen, Hans Daniel (Hamburgo 1907 - Heidelberg 1973) Físico alemán. Fue director del Instituto de Física Teórica de la universidad de Hamburgo. Obtuvo el premio Nobel de física de 1963, compartido con Maria Goepert-Mayer y Eugene Paul Wigner, por su propuesta del modelo de capas para la estructura del núcleo atómico.

Jensen, Johannes Vilhelm (Farsø, Jutlandia 1873 - Copenhague 1950) Escritor danés. Como narrador evolucionó de un gusto decadentista hacia el realismo. Algunos títulos significativos suyos son *Los daneses* (1896), *Einar Elkaer* (1898), *Historias del Himmerland* (1904-10) y *El largo viaje* (1908-22). En sus ensayos trató de demostrar la superioridad de la raza anglosajona sobre la semítica de la Europa meridional. Entre sus obras ensayísticas destacan *El renacimiento gótico* (1901), *Introducción a nuestro tiempo* (1923), *Estética y evolución* (1923). Fue premiado con el Nobel de literatura en 1944.

jeque *s. m.* Entre los musulmanes, jefe de un territorio, lugar, comunidad, etc.

jerarca *s. m.* y *f.* Persona de elevada categoría dentro de una organización.

jerarquía *s. f.* **1.** Organización por orden de importancia de grupos, personas, acciones o cosas. **2.** P. ext., cada categoría de una organización. **3.** Jerarca*. **FAM.** Jerárquicamente, jerárquico.

jerarquizar *v. tr.* Organizar por orden de importancia grupos, personas, acciones o cosas. ■ Se conjuga como *cazar*.

jerbo *s. m.* Nombre común de diversos mamíferos roedores de la familia dipódidos, géneros *Jaculus*, *Dipus* y otros. Alcanzan de 30 a 40 cm de longitud, de los que la mitad aproximadamente corresponden a la cola. Tienen las extremidades posteriores muy desarrolladas y preparadas para el salto, pelaje amarillento o grisáceo y cola rematada por un pincel de pelos. Son de costumbres nocturnas. El jerbo tridáctilo *(Dipus sagitta)* vive en las estepas del E de Europa y Asia central y el jerbo del desierto o jerbo de Egipto *(Jaculus jaculus)* en las regiones desérticas del N de África; se le llama también *gerbo*.

Jerbo tridáctilo (Dipus sagitta).

jeremiada *s. f.* Lamentación exagerada o expresión ridícula de dolor.

jeremías *s. m.* y *f.* Persona que se está lamentando continuamente.

Jeremías (Anatot h. 650 - Egipto h. 580 a. C.) Profeta mayor de Israel. Anunció la ruina de Judá y la destrucción de Jerusalén. Pidió a los hebreos que se sometieran al poder asirio, por lo que sufrió persecución y hubo de exiliarse a Egipto.

jerez *s. m.* Vino blanco, seco, de finísima calidad y alta graduación alcohólica, que se cría y elabora especialmente en los términos de Jerez de la Frontera, El Puerto de Santa María y Sanlúcar de Barrameda, en la provincia de Cádiz.

Jerez, Francisco de (Sevilla h. 1504 - ? h. 1554) Conquistador y cronista español. Embarcó a Indias con Pedrarias Dávila (h. 1519) y acompañó a Pizarro en su expedición a Perú. Fue secretario de este último y escribió la *Verdadera relación de la conquista del Perú y provincia de Cuzco, llamada Nueva Castilla* (1534).

Jerez de la Frontera C. de España, situada en la prov. de Cádiz, en el NO de la misma. 186.800 h. en 1990. Su economía depende en buena medida del vino que lleva su nombre, que se elabora y envejece en sus numerosas bodegas y en relación al cual han surgido diversas industrias, botelleras, toneleras, etc. También es importante la cría de caballos de monta y tiro que, al igual que los vinos, gozan de prestigio internacional.

jerezano, na *adj.* De Jerez de la Frontera. También *s.*

jerga *s. f.* **1.** Lenguaje especial que emplean entre sí los individuos de una misma clase o profesión. **2.** Lenguaje difícil de entender.

jergal *adj.* Perteneciente o relativo a la jerga o lenguaje especial.

jergón *s. m.* Colchón relleno de hierba, paja o esparto y sin bastas.

Jericó (*al-Riha*) C. de Cisjordania, al N del mar Muerto. 12.900 h. en 1964. Es una de las más antiguas ciudades en la historia de la humanidad, pues se remonta al año 6.800 a. C. Ya en el neolítico poseía templo y santuario y fue habitada sin interrupción hasta el s. VI a. C. Entre 1400 y 1260 a. C. fue conquistada por los israelitas, mandados por Josué. La ciudad actual, que fue fundada en época de Herodes, está situada a 3 km de distancia del antiguo emplazamiento.

jerigonza *s. f.* **1.** Jerga, particularmente lenguaje difícil de entender. **2.** *fam.* Gesto o acción extraños y ridículos.

jeringa *s. f.* **1.** Tubo hueco, provisto de un émbolo y con un estrechamiento en un extremo, que se utiliza para aspirar o expulsar líquidos o materias blandas. **2.** *fam.* Fastidio, molestia. **3.** *Arg.* Persona molesta y cargante.

jeringar *v. tr.* Fastidiar, molestar. También *v. prnl.* ■ Se conjuga como *pagar*.

jeringuilla *s. f.* Jeringa pequeña, en uno de cuyos extremos se sujeta una aguja metálica hueca con punta cortada a bisel. Se utiliza para poner inyecciones.

Jerjes I (? h. 519 - Susa 465 a. C.) Rey de Persia (486-465 a. C.). Heredó el trono a la muerte de su padre Darío I. En su política de expansión hacia Occidente, invadió Grecia. Tras forzar el paso de las Termópilas llegó a Atenas con un poderoso ejército y tomó la ciudad en el 480 a. C., pero fue derrotado por Temístocles en la batalla naval de Salamina y en Platea, lo que le obligó a retirarse. Embelleció su capital, Persépolis, con magníficos monumentos. Murió asesinado en una conjura palaciega.

Jerne, Niels Kaj (Londres 1911) Inmunólogo danés. Ideó un método para detectar las células productoras de anticuerpos y defendió la teoría del desarrollo global del sistema inmunológico, que se activa o desactiva cuando el organismo así lo necesita. En 1984 obtuvo el premio Nobel de fisiología y medicina, compartido con César Milstein y Georges J. Köhler.

Jeroboam Nombre de dos reyes de Israel.
Jeroboam I (? - ? 910 a. C.) Rey de Israel (930-910 a. C.). Fue proclamado por las tribus del N que rechazaron a Roboam, hijo de Salomón, rey de Judá. Estableció su capital en Tirsá y combatió a Roboam.
Jeroboam II (? - ? h. 743 a. C.) Rey de Israel (h. 783 - h. 743 a. C.). Extendió su reino a costa de Damasco. Su reinado fue un periodo de prosperidad. Los profetas Amós y Oseas le acusaron de idolatría y corrupción.

jeroglífico, ca *adj.* **1.** Se dice de la escritura cuyos signos están constituidos por dibujos de objetos, como la de los antiguos egipcios. ‖ *s. m.* **2.** Cada signo de esta escritura. **3.** Pasatiempo que consiste en descifrar una frase, respuesta, etc., expresada con símbolos y figuras. **4.** P. ext., situación, problema, imagen, etc., de difícil interpretación.

Jeroglífico hitita en piedra (Museo Petit Palais, París).

Jerome, Jerome Klapka (Walsall 1859 - Northampton 1927) Escritor británico. Es uno de los representantes más populares del humor inglés, con novelas como *Tres hombres en barca* (1889) y obras de teatro como *El huésped del tercer piso* (1907).

jerónimo, ma *adj.* **1.** Se dice del religioso de la orden de San Jerónimo, fundada en España en 1373 por un grupo de ermitaños y que adoptó la regla de San Agustín. En el s. XVI estuvieron a su cargo monasterios tan importantes como El Escorial, Guadalupe y Yuste. Prácticamente desaparecida después de 1835, fue restaurada en 1925. También *s.* **2.** Perteneciente o relativo a esta orden.

Jerónimo (No-doyohn, Arizona 1829 - Lawton, Oklahoma 1909) Jefe apache. Fue uno de los caudillos indios que más resistencia ofreció a la colonización blanca, contra la que sostuvo una guerra desigual entre 1880 y 1886. Ante el riesgo de exterminio de su pueblo se rindió al general Miles y sufrió condena de trabajos forzados.

Jerónimo, San (Stridon h. 342 - Belén h. 420) Padre y doctor de la Iglesia. Estudió la cultura clásica en Roma, donde recibió el bautismo. Viajó a Oriente y se consagró al estudio de las Sagradas Escrituras. A su regreso a Roma fue secretario del papa Dámaso, emprendió la revisión de la traducción latina del Nuevo Testamento y, más tarde, tradujo el Antiguo. Su obra dio lugar a la *Vulgata*, que el concilio de Trento declaró versión auténtica de la *Biblia*.

jerosolimitano, na *adj.* De Jerusalén. También *s.*

jersey *s. m.* Prenda de vestir con mangas, que cubre hasta la cintura y confeccionada generalmente en lana.

Jersey Isla del Reino Unido, en el canal de La Mancha. 116 km^2. 80.000 h. en 1986. Es la mayor de las islas Anglonormandas o islas del Canal. Tiene un clima oceánico, con temperaturas suaves, lo que unido a sus playas arenosas han hecho de ella un importante centro turístico. Cuenta también con ganado vacuno y con cultivos de flores, tomates y patatas.

Jerusalén (en hebreo *Yérusalaym,* en ár. *al-Quds*) C. de Israel, cap. del país, situada en el sector central de su territorio, al O del mar Muerto. 493.500 h. en 1989. Es una ciudad santa para las tres religiones monoteístas más extendidas, el cristianismo, el judaísmo y el islamismo, y un importantísimo centro de peregrinación. Sede de organismos administrativos y oficiales, sus recursos proceden fundamentalmente del turismo. También posee industrias, principalmente de manufacturas de tabaco. El lugar de Jerusalén ya fue habitado en época cananea y se convirtió en ciudad al instalarse en él los jebuseos en el segundo milenio a. C. A principios del primer milenio a. C. fue conquistada por el rey David, que trasladó a ella el arca de la alianza y la constituyó en capital de Israel. Su sucesor Salomón, en el s. IX a. C., hizo construir un templo donde conservar el arca, una ciudadela y fortificaciones. Jerusalén se convirtió en cabeza de un poderoso reino que dominó la región palestina hasta el año 732 a. C., en que Tiglatfalasar, rey de Asiria, arrasó el país. El rey Ezequías, en el año 701 a. C., resistió en la ciudad los ataques de Senaquerib; pero fue conquistada al fin por el rey Nabucodonosor en el año 597 a. C., en tiempos de Joachim, y sus habitantes sufrieron el destierro de Babilonia. Los hebreos regresaron a la ciudad bajo la autoridad de Ciro de Persia entre los años 520 y 515 a. C. y reconstruyeron sus murallas. El sometimiento a Persia concluyó en el 141 a. C., gracias a la sublevación de los Macabeos. Jerusalén fue nuevamente asediada y conquistada en el año 63 a. C. por las tropas de Pompeyo y quedó sometida a Roma. Hacia el año 33 fue ajusticiado en ella Jesús de Nazaret por orden del procurador romano Poncio Pilato. En el año 69, en el imperio de Vespasiano, Tito ocupó la ciudad y destruyó el templo. En el 132, a causa de una rebelión popular contra Roma, la ciudad fue arrasada y se produjo la diáspora judía a través del Mediterráneo. Los emperadores Constantino (s. IV) y Justiniano (s. VI) la restauraron y embellecieron.
En el año 638 fue conquistada por el califa musulmán Omar y en el 691 Abd al-Malik construyó su mezquita. La ciudad fue recuperada para la cristiandad en la primera cruzada, el año 1099; Godofredo de Bouillon tomó el título de defensor del Santo Sepulcro y la convirtió en capital del reino feudal de su mismo nombre. En 1187 fue recuperada por el sultán Saladino, lo que provocó la tercera cruzada, en que Ricardo Corazón de León llegó hasta sus murallas sin poder conquistarla. La ciudad perteneció sucesivamente al reino mameluco (1291) y al imperio otomano (1516), en cuyo poder permaneció hasta la Primera Guerra Mundial, en que fue tomada por los británicos (1917).
Fue convertida en capital de Palestina en 1922 y pronto comenzaron los conflictos religiosos entre musulmanes y judíos. En 1929 se produjo una matanza de judíos en la disputa por el muro de las lamentaciones. En 1949 fue puesta bajo administración internacional y posteriormente dividida en un sector israelí y otro jordano. En 1967, en la guerra de los Seis Días, Israel ocupó el sector musulmán de la ciudad, que desde entonces ha permanecido en sus manos sin que la comunidad internacional acepte la legitimidad de este dominio.

Jerusalén, reino de Reino feudal cristiano creado en Palestina tras la conquista de Jerusalén en la primera cruzada (1099). Godofredo de Bouillon fue su primer gobernante con el título de defensor del Santo Sepulcro, quedando la soberanía en manos de la Iglesia romana, que ejercía su autoridad mediante un legado pontificio. En el 1100, Balduino de Bouillon tomó el título de rey y consolidó un régimen laico. El reino se extendió desde la costa mediterránea hasta el río Jordán. En 1187, en la batalla de Hattin, el sultán Saladino conquistó casi todo el reino, a excepción de Tiro y Acre, que fueron tomadas por los mamelucos de Egipto en 1291.

Jespersen, Otto (Randers 1860 - Copenhague 1943) Lingüista danés. Fue profesor de lengua y literatura inglesas en la universidad de Copenhague. Realizó investigaciones sobre la lengua inglesa, lingüística aplicada y también sobre lenguas artificiales, creando una, el *novial.* Es autor, entre otras obras, de *Gramática inglesa moderna* (1909-49), *Naturaleza, origen y desarrollo del lenguaje* (1922) y *Eficacia en el cambio lingüístico* (1941).

Jesucristo Nombre con que también se conoce a Jesús de Nazaret, del latín *Iesus,* y éste del hebreo *Yesu'ah,* Salvador, y el latín *Christus,* del griego *jristos,* ungido.

jesuita *adj.* **1.** Se dice del religioso de la Compañía de Jesús. También *s. m.* **2.** Perteneciente o relativo a la Compañía de Jesús. **3.** *fam.* Hipócrita. También *s.*

jesuítico, ca *adj.* **1.** Perteneciente o relativo a la Compañía de Jesús o a sus miembros. **2.** Se aplica a la conducta o procedimiento en que existe astucia, disimulo o hipocresía.

jesuitina *adj.* Se dice de las religiosas de las Hijas de María, congregación fundada en 1871 e inspirada en la espiritualidad ignaciana; se dedican a la educación de jóvenes y a las misiones. También *s. f.*

Jesús (del lat. *Iesus*) **1.** Personaje histórico que vivió en Israel en los primeros años de la era cuyo

Jerusalén: vista del recinto amurallado en torno a la ciudad vieja.

comienzo se sitúa en su nacimiento, predicó una doctrina que se apartaba del judaísmo oficial en aspectos fundamentales y reunió a un grupo de discípulos o apóstoles que, después de su muerte, llevaron por todo el mundo su mensaje, dando origen al cristianismo y a la Iglesia cristiana. Para los cristianos, Jesús es la segunda persona de la Santísima Trinidad, hijo de Dios, que se hizo hombre, murió y resucitó para salvar a la humanidad. ‖ *interj.* **2.** Expresa admiración, asombro, temor o lástima; también se dice cuando una persona estornuda.

Jesús: El Salvador. *Cuadro de El Greco (Museo Casa de El Greco, Toledo).*

Hist. y ***Rel.*** Según el Nuevo Testamento, parte de la *Biblia* que contiene los cuatro *Evangelios*, Jesús nació en Belén, en la fecha que da origen a la era cristiana, hijo de la Virgen María, que le concibió por obra del Espíritu Santo. A los treinta años dejó su casa, reunió un grupo de doce discípulos, los apóstoles, e inició su predicación. El tema central de la vida y la predicación de Jesús es el anuncio del reino de Dios, expresión que no significa autoridad y poder material, como lo entendieron muchos judíos, sino una presencia de Dios en la vida de los hombres que libra a éstos de los males que sufren, en especial de la falsedad, de la injusticia, de la opresión, de la violencia, del odio, y les lleva a practicar la verdad, la justicia y el amor. Jesús realizó numerosos milagros, sobre todo curaciones de enfermos, que son como signos de esa presencia de Dios entre los hombres, y en particular entre los pobres, es decir, los más necesitados, despreciados y marginados de la sociedad, a los que Jesús se dirigió preferentemente.
Al sostener que el amor al prójimo está por encima de la ley y de las prácticas religiosas que tanta importancia tenían en el judaísmo y al acusar a los sacerdotes, escribas y doctores judíos de hipocresía, Jesús se enfrentó a estas autoridades, que decidieron su muerte. Como a los judíos no les estaba permitido por Roma ejecutar sentencias de muerte, entregaron a Jesús al procurador Poncio Pilato, acusándole de sublevar al pueblo contra el poder romano. Jesús fue sometido a tormento y finalmente crucificado en el monte Calvario. Pero la fe cristiana, de acuerdo con el testimonio de los discípulos, confiesa que Jesús resucitó al tercer día, ascendió a los cielos y envió al Espíritu Santo sobre los apóstoles, que comenzaron a predicar por todo el mundo la buena nueva, el evangelio, en el que se funda el cristianismo.
En algunas fuentes históricas –Josefo, Tácito, Suetonio, Plinio, etc.–, se hacen breves referencias a Jesús, a quien presentan como un agitador social. La religión islámica reconoce su carácter de profeta, que preparó el camino a la revelación de Mahoma. Su naturaleza de Dios y hombre produjo numerosas controversias y herejías en la comunidad cristiana, pero desde los primeros concilios, como el de Nicea (325), Constantinopla (381), Éfeso (431) y Calcedonia (451), la Iglesia afirma su fe en Jesús: «Dios verdadero de Dios verdadero... que por nosotros los hombres y por nuestra salvación... se hizo hombre.»

Jesús, Compañía de Orden religiosa católica fundada por San Ignacio de Loyola y reconocida por Roma en 1540. A los votos de obediencia, pobreza y castidad, une un cuarto que la somete a especial obediencia al papa, por lo que se convirtió en el mejor instrumento de la Iglesia romana para la Contrarreforma. Sus principales actividades son la misionera, en la que destacó San Francisco Javier (s. XVI), los ejercicios espirituales y la educación de los niños y los jóvenes. Su implantación, prestigio y poder fueron grandísimos en los países europeos. En la época del despotismo ilustrado (s. XVIII) sufrió la hostilidad de políticos progresistas y de ciertos sectores religiosos que consideraban a los jesuitas agentes papales y aliados de los reaccionarios; a causa de ello fueron expulsados de Portugal (1759), Francia (1764) y España (1767). Se instalaron en Italia, donde tampoco fueron bien recibidos y, en 1773, el papa Clemente XIV disolvió la orden. Fue restablecida por el papa Pío VII en 1814. En la actualidad, y desde el gobierno como Prepósito General del Padre Arrupe, numerosos jesuitas de todo el mundo desarrollan en distintos campos una labor de carácter progresista tanto en la teología como en la acción docente y pastoral, sobre todo en América Latina.

jet (voz ingl.) *s. m.* **1.** Avión a reacción. ‖ *s. f.* **2.** Conjunto de personas famosas y populares de la alta sociedad; reciben también los nombres de *jet set* y *jet society.*

jeta *s. f.* **1.** *fam.* Cara de una persona. **2.** *fam.* Caradura. **3.** *fam.* Boca muy abultada o saliente de una persona. **4.** Hocico de cerdo. ‖ **Loc. estirar la jeta** *Arg., Chile, Urug. fam.* Morirse; también, en Argentina, poner mala cara. **Fam.** Jetudo.

jeté (voz fr.) *s. m.* Paso de baile que consiste en saltar sobre una pierna para caer sobre la otra.

jettatore (voz ital.) *s. m.* y *f.* Gafe, persona que da mala suerte.

Jevons, William Stanley (Liverpool 1835 - Bexhill, Hastings 1882) Economista y lógico británico. Fue profesor de economía política en las universidades de Manchester y Londres, y uno de los fundadores del marginalismo. Formuló las teorías del valor, basado en la utilidad, y de los ciclos económicos. También desarrolló la lógica combinatoria. Entre sus obras destacan *Teoría de la economía política* (1871), *Principios de la ciencia* (1874) y *La periodicidad de las crisis comerciales y sus justificaciones físicas* (1878).

Jezabel Según la *Biblia*, princesa fenicia, esposa de Acab, rey de Israel, la cual introdujo en el país el culto de Baal y mandó matar al profeta Elías. Jehú, rey de Israel, la hizo matar y que echasen su cadáver a los perros.

JHS Véase **IHS**.

ji *s. f.* Nombre de la vigésima segunda letra del alfabeto griego, que corresponde a nuestra *j*. ■ La letra mayúscula se escribe X y la minúscula χ.

Jiang Jieshi Véase **Chiang Kai-chek**.

Jiang Qing (Chucheng 1914 - Pekín 1991) Política china. Actriz de profesión y tercera esposa de Mao Zedong (Mao Tse-Tung), se destacó como propagandista de las ideas radicales durante la revolución cultural. Fue elegida miembro del Politburó en 1969, en el que encabezó el sector más izquierdista. Tras la muerte de Mao en 1976 fue desplazada del poder por Deng Xiaoping, encarcelada y condenada a muerte (1980), aunque posteriormente fue indultada. Se suicidó.

Jiangsu Prov. de China, en el E del país, a orillas del mar Amarillo. 102.600 km². 67.056.500 h. en 1990. La capital es Nanjing, con 2.430.000 h. en 1989. En ella se unen los ríos Yangtsé-kiang y el Huai He antes de su desembocadura, lo que origina una gran fertilidad a su agricultura. Es uno de los graneros de China, con cultivos de trigo, mijo, maíz, soja, arroz y algodón. Tiene recursos mineros de hierro y hulla e industria localizada en su capital Nanjing.

Jiangxi Prov. de China, situada en el S del país. 164.800 km². 37.710.300 h. en 1990. La capital es Nanchang, con 1.030.400 h. en 1989. Está regada por los ríos Yangtsé-kiang y Kan, que permiten una floreciente agricultura de arroz, té, caña de azúcar, frutales y yute. Cuenta con recursos forestales, de bambú y alcanfor, cría del gusano de seda, minería de carbón, estaño, bismuto, molibdeno, hierro y cadmio e industria de maquinaria agrícola y textil, camiones, material ferroviario y suministros eléctricos.

jíbaro, ra *adj.* **1.** Se dice de un pueblo amerindio que habita en la cuenca amazónica al N del río Marañón. Forma comunidades tribales dedicadas a la agricultura, la caza y la pesca. Es pueblo de guerreros belicosos que practican el rito de la reducción de cabezas de sus enemigos (*tzantzas*). **2.** De este pueblo. También *s.* **3.** *amer.* Rústico, salvaje.

jibia *s. f.* **1.** Molusco cefalópodo de la familia sépidos, especie *Sepia elegans*. Alcanza unos 15 cm de longitud. De la cabeza, grande y provista de ojos compuestos y mandíbulas córneas, salen ocho tentáculos cortos y dos más largos. Tiene un hueso calcáreo interno y se desplaza por medio de un sifón, que expulsa chorros de agua. Habita en las aguas litorales de todos los mares cálidos y es muy apreciado en gastronomía. **2.** Jibión, pieza caliza de este molusco.

Jibia (Sepia elegans).

jibión *s. m.* **1.** Pieza caliza de la jibia. **2.** En las costas cantábricas, calamar.

jícara *s. f.* **1.** Taza pequeña, generalmente de loza, para tomar el chocolate. **2.** *Amér. del S.* Vaso de corteza de güira o de otra madera.

jicote *s. m.* **1.** *Amér. C., Méx.* Nombre de varios insectos himenópteros de cuerpo negro y amarillo, su picadura es muy dolorosa. **2.** *Méx.* P. ext., avispa.

jicotera *s. f.* **1.** *Méx.* Nido o panal de jicotes. **2.** *Méx.* Zumbido de las avispas.

jiennense o **jienense** *adj.* De Jaén. También *s.*

jijona *s. m.* Turrón blando, hecho a base de almendras trituradas, miel o azúcar, propio de la ciudad alicantina de Jijona.

Jijona C. de España, situada en la prov. de Alicante, al pie de la sierra de la Carrasqueta. 7.615 h. en 1988. Es el principal centro de producción de turrón y del cultivo de almendros, materia prima de la elaboración de este producto. También tiene cultivos de huerta, manufacturas de conservas vegetales e industria textil y cerámica.

jilguero *s. m.* Nombre común de diversas aves paseriformes de la familia fringílidos. El jilguero común *(Carduelis carduelis)* mide unos 12 cm de longitud y tiene el plumaje pardo, excepto en las alas, donde es negro y amarillo, y en la cabeza, donde es blanco, negro y rojo. Habita en Europa, África y Asia y es apreciado por su canto melodioso.

Jilguero (Carduelis carduelis).

Jilin **1.** Prov. de China, situada en el NE del país, al N de Corea. 187.000 km². 24.658.700 h. en 1990. La capital es Changchun, con 2.020.000 h. en 1989. Sus tierras meridionales, regadas por el río Sungari (Song Hua), que constituye además una importante vía de transporte, son muy fértiles y en

ellas se cultiva soja, sorgo, trigo, maíz, mijo, remolacha y arroz. Posee minería de hierro y carbón e industria mecánica y química.
2. C. de China, en la prov. del mismo nombre. 998.700 h. en 1989. Situada a orillas del río Sungari (Song Hua), es un importante centro agrícola y de industria química y alimentaria.

jilote *s. m. Méx.* Mazorca de maíz con los granos aún tiernos.

Jiménez, Enrique Adolfo (Panamá 1888 - ? 1970) Político panameño. De ideas liberales, fue presidente de la Asamblea Nacional durante tres legislaturas, y vicepresidente (1920 y 1932) y presidente de la república (1945-48). Fundó el Partido Demócrata.

Jiménez, Jerónimo (Sevilla 1854 - Madrid 1923) Compositor español. Es autor de música sinfónica y de numerosas zarzuelas, algunas en colaboración con Amadeo Vives, entre las que destacan *El baile de Luis Alonso* (1896), *La boda de Luis Alonso* (1897) y *La Tempranica.*

Jiménez, Juan Isidro (Santo Domingo 1846 - ? 1919) Político dominicano. Por dos veces fue elegido presidente de la república. La primera, en 1899, tras el asesinato de Hereaux; durante su mandato negoció la deuda con los países acreedores y trató de relanzar la economía del país, pero lo derrocaron en 1902. La segunda, en 1914, en elecciones controladas por EE UU, potencia que le obligó a dimitir por rechazar el desembarco de los marines en el país (1915).

Jiménez, Juan Ramón (Moguer, Huelva 1881 - San Juan de Puerto Rico 1958) Poeta español. Desde su juventud sufrió depresiones que marcaron su personalidad melancólica. En 1903 fundó con otros escritores la revista literaria *Helios.* Mantuvo estrechas relaciones con la Institución Libre de Enseñanza. En 1916 contrajo matrimonio con Zenobia Camprubí, que ejerció una gran influencia en su vida y su obra. En la guerra civil española se exilió a América, donde permaneció hasta su muerte. Recibió el premio Nobel de literatura en 1956. En su obra se distinguen diversas etapas. En la primera cultivó una poesía de estilo modernista y simbolista; a ella pertenecen *Arias tristes* (1903), *Jardines lejanos* (1904) y *Elejías* (1908-10). La segunda, de intimismo lírico, a la que corresponden *Poemas májicos y dolientes* (1911) y *Estío* (1916), coincide con su actitud reformista de la ortografía; en esta etapa compuso el célebre relato en prosa poética *Platero y yo* (1907-14). Tras su matrimonio, su obra tiende hacia la poesía pura, liberada de artificios de estilo; en esta época destacan *Diario de un poeta recién casado* (1917), *Eternidades* (1918) y *Piedra y cielo* (1922). Ya en el exilio escribió sus últimos y mejores libros: *La estación total* (1946) y *Animal de fondo* (1949).

Juan Ramón Jiménez. Cuadro de Juan Bonafé (Casa-museo Zenobia y Juan Ramón Jiménez, Moguer, España).

Jiménez de Asúa, Luis (Madrid 1889 - Buenos Aires 1970) Político y abogado español. Profesor de derecho en la universidad de Madrid y miembro del PSOE, durante la segunda república fue diputado y presidente de la comisión que redactó la Constitución (1931). Se exilió a Argentina al final de la guerra civil. Ocupó el cargo de presidente de la república en el exilio.

Jiménez de Cisneros, Francisco Véase **Cisneros, Francisco Jiménez de.**

Jiménez de Quesada, Gonzalo (Córdoba 1509 - Mariquita, Colombia 1579) Conquistador y cronista español. Descubrió y conquistó Nueva Granada, la actual Colombia, y fundó la ciudad de Bogotá (1538) tras vencer a los indios chibchas, uno de los cuatro grandes pueblos civilizados de la América prehispana. Escribió *Relación de la conquista del Nuevo Reino de Granada.*

Jiménez de Rada, Rodrigo Véase **Ximénez de Rada, Rodrigo.**

Jiménez Oreamuno, Ricardo (Cartago 1859 - íd. 1945) Político costarricense. Fue ministro con el presidente Carlos Durán (1889-90) y ocupó la presidencia de la república en tres ocasiones (1910-14, 1924-28 y 1932-36). Fomentó las obras públicas y fundó el Banco Hipotecario.

Jiménez Rueda, Julio (Ciudad de México 1896 - ? 1960) Escritor mexicano. Abogado y catedrático, cultivó el teatro, con obras como *La silueta humo* (1927) y *Miramar* (1932); la novela, con títulos como *Moisés* (1924), y, especialmente, el ensayo histórico y literario, en el que destacan *Letras mexicanas en el siglo XIX* (1944) y *Herejías y supersticiones en la Nueva España* (1946).

Jiménez Zamora, Jesús (Cartago 1823 - ? 1897) Político costarricense. Fue ministro de Estado con el presidente Montealegre, al que sucedió en 1863. Al estar en desacuerdo con el congreso, lo disolvió y se proclamó dictador. En 1866 entregó la presidencia a José María Castro pero, derribado éste por los militares, se hizo de nuevo cargo del poder (1868) y volvió a gobernar dictatorialmente, hasta que fue depuesto por Tomás Guardia (1870).

Jimmu Tenno (722 - 585 a. C., según la tradición) Primer emperador de Japón. Parece que gobernó de 660 a 585 a. C. Considerado de origen divino, fundó el imperio en Yamato, isla de Hondo.

Jinan C. de China, cap. de la prov. de Shandong, a orillas del río Huang-ho. 1.322.600 h. en 1989. Es un importante nudo de comunicaciones que cuenta, además, con industria textil y química.

Jineta (Genetta genetta).

jineta[1] (del ár. *yarnait,* variedad del gato de algalia) *s. f.* Nombre común de diversos mamíferos carnívoros de la familia vivérridos, género *Genetta.* La jineta común *(Genetta genetta)* mide unos 50 cm de longitud, sin contar la cola que alcanza otro tanto, tiene pelaje gris leonado con manchas negras, cola anillada y pezuñas con garras retráctiles. Habita en Europa meridional (península Ibérica, Baleares y S de Francia), Israel, Arabia y N de África y su piel es muy apreciada en peletería. ▪ Se escribe también *gineta.*

jineta[2] (de *jinete*) *s. f.* **1.** Manera de montar a caballo llevando los estribos cortos y las piernas dobladas y en posición vertical desde la rodilla abajo. **2.** *amer.* Amazona, mujer que monta a caballo.

jinete *s. m.* **1.** Persona que monta a caballo. **2.** Soldado a caballo.

jineteada *s. f.* **1.** *Arg., Chile, Urug.* Demostración de habilidad montando a caballo. **2.** Doma de caballos.

jiñar *v. intr. vulg.* Expulsar los excrementos.

jipato, ta *adj. amer.* Pálido, enfermizo.

jipi *s. m.* Sombrero de jipijapa.

jipijapa *s. f.* **1.** Tira flexible que se obtiene de las hojas de una palma y se emplea para hacer sombreros. ‖ *s. m.* **2.** Sombrero hecho con este material. ▪ En esta última acepción se dice también *jipi.*

jipío *s. m.* Grito o quejido que se intercala en el cante flamenco.

jira *s. f.* Comida campestre entre amigos, con bullicio y alegría generales.

jirafa *s. f.* **1.** Mamífero artiodáctilo de la familia jiráfidos, especie *Giraffa camelopardalis.* Es un rumiante que alcanza hasta 5 m de altura, tiene

Jirafas (Giraffa camelopardalis) *en el Parque Nacional de Serengeti, Tanzania.*

un cuello largo y esbelto que le permite llegar a los brotes tiernos de las ramas altas de los árboles. Sus patas traseras son más cortas que las delanteras, en la cabeza tiene dos pequeños cuernos frontales y su color es amarillo leonado con manchas oscuras. Habita en la sabana africana formando rebaños. **2.** En cine y televisión, brazo articulado y móvil que sostiene un micrófono y permite acercarlo a los actores sin que entre en el encuadre.

jirimiquear *v. intr. Amér. C., Chile, Méx.* Gimotear, lloriquear.

jirón *s. m.* **1.** Trozo desgarrado de una prenda de vestir o de cualquier tela. **2.** Pedazo separado con violencia o injustamente de algo. **3.** Bandera o pendón terminado en punta. **4.** Toro con pelo de un color uniforme y una mancha blanca en parte de los ijares. También *adj.*

jitomate *s. m. Méx.* Tomate.

jiu-jitsu (voz japonesa que significa 'arte de ceder') *s. m.* Arte marcial de origen japonés mediante golpes y presas con manos, pies, codos, etc., en el que tienen más importancia que la fuerza la concentración, el equilibrio y la habilidad.

¡jo! *interj.* Expresa asombro, fastidio, protesta o rabia: *¡Jo, qué pesado!* ▪ Existen numerosas variantes como *¡jobar!, ¡jolín!, ¡jolines!, ¡jopé!,* etc.

João Pessoa C. de Brasil, cap. del estado de Paraíba, situada en la costa atlántica, en el E del país. 440.300 h. en 1989. Sus recursos económicos proceden de las industrias siderúrgicas, cementeras, textiles y tabaqueras. Tiene puerto exportador de algodón y azúcar y aeropuerto.

Job Personaje bíblico y protagonista del libro que lleva su nombre, perteneciente al Antiguo Testamento. Se trata de un poema narrativo en el que se plantea el problema del mal en el mundo y del sufrimiento del hombre justo. A Job se le considera la personificación de la paciencia.

¡jobar! *interj.* ¡Jo!*.

jockey (voz ingl.) *s. m.* Jinete profesional para carreras de caballo.

joco, ca *adj. Amér. C., Méx.* Se aplica a la fruta pasada.

jocosidad *s. f.* **1.** Cualidad de jocoso. **2.** Chiste, dicho jocoso.

jocoso, sa *adj.* Muy gracioso y divertido. **FAM.** Jocosamente.

jocundo, da *adj.* Alegre y agradable. **FAM.** Jocundidad.

joder *v. tr.* **1.** *vulg.* Realizar el acto sexual. **2.** *vulg.* Fastidiar. También *v. prnl.* ▪ Este verbo se usa también como interjección malsonante, expresando fastidio, sorpresa, etc.

Jodhpur C. de la India, en el estado federal de Rajasthan, en el NO del país. 506.400 h. en 1981. Es un importante centro agropecuario que cuenta además con industrias mecánicas (ferrocarriles, motores, herramientas), textiles y artesanales (marfil, lacas, alfombras).

Jodl, Alfred (Wurzburgo 1890 - Nuremberg 1946) General alemán. En la Segunda Guerra Mundial fue adjunto de Keitel en el mando de la Wehrmacht. Jefe de Estado Mayor en el gobierno de Dönitz (1945), firmó en Reims la rendición de los ejércitos alemanes (1945). Condenado a muerte en el juicio de Nuremberg, murió en la horca.

Joe Louis, Joseph Barrow, llamado (Detroit 1914 - Las Vegas 1981) Boxeador estadounidense. Fue campeón del mundo de los pesos pesados entre 1937 y 1949 y se retiró imbatido tras disputar 24 combates. Intentó recuperar el título en 1951, pero fue derrotado por Rocky Marciano.

Joel (s. VI a. C.) Uno de los doce profetas menores de Israel. El *Libro de Joel*, del Antiguo Testamento, contiene sus profecías.

jofaina *s. f.* Palangana*.

Joffre, Joseph (Rivesaltes, Pirineos Orientales 1852 - París 1931) Militar francés. En la Primera Guerra Mundial era comandante en jefe de los ejércitos franceses del N y NE y obtuvo la decisiva victoria del Marne, que libró a París de ser ocupada por el ejército alemán. Fue nombrado mariscal de Francia en 1917.

jogging (voz ingl.) *s. m.* Ejercicio que consiste en correr a ritmo moderado.

Johan, Pere (Barcelona h. 1400 - íd. h. 1458) Escultor español. Fue uno de los principales representantes del estilo gótico internacional en Cataluña. Entre sus obras más significativas figuran el medallón de San Jorge en la portada de la Diputación de Barcelona (1418) y el retablo mayor de la seo de Zaragoza (1434-40).

Johannesburgo C. de la República Sudafricana, en la prov. de Transvaal. 632.350 h. en 1986, 1.609.400 h. en su área metropolitana. Enclavada en una región de ricos yacimientos auríferos (Witwatersrand), cuenta con numerosas fábricas para el tratamiento del oro. Asimismo tiene industrias alimentarias, textiles, químicas, mecánicas, de material ferroviario, armamento y plástico. En su área suburbana se hallan importantes barrios, como el de Soweto.

Johannesburgo: vista parcial de la ciudad.

Johanssen, Wilhelm Ludvig (Copenhague 1857 - íd. 1927) Biólogo danés. Fue catedrático en la universidad de Copenhague. Estudiando los mecanismos de la herencia, propuso la utilización de la palabra *gen.* También definió los conceptos de genotipo, fenotipo y línea pura.

John, Elton (Londres 1947) Músico británico. Cantante y pianista, ha compuesto numerosos temas de música pop, caracterizados por una atractiva elaboración melódica y elevada sensibilidad. Entre sus canciones más populares destacan *Rockett man* y *Crocodile rock.*

John Bull Personaje de una obra teatral del s. XVIII que personifica a Inglaterra.

Johns, Jasper (Allendale, Carolina del Sur 1930) Pintor y escultor estadounidense. Es uno de los creadores del *pop-art*, al que aportó una visión crítica, especialmente en su serie de cuadros sobre el tema de la bandera. Con el tiempo introduce en sus obras objetos en tres dimensiones.

Johnson, Andrew (Raleigh, Carolina del Norte 1808 - Carter's Station, Tennessee 1875) Político estadounidense. Fue vicepresidente con Abraham Lincoln (1864) y tras el asesinato de éste asumió la presidencia (1865-69). Su política de reconciliación con los estados del Sur le supuso el enfrentamiento con los republicanos radicales. Acusado de alta traición ante el Senado por haber destituido al secretario de Guerra, fue absuelto por un solo voto, lo que acabó con su carrera política. Durante su mandato, EE UU compró Alaska a Rusia.

Johnson, Ben (Falmouth 1961) Atleta canadiense de origen jamaicano. Especialista en los 100 m lisos, consiguió medalla de oro en la copa del mundo de Camberra (1985) y el récord mundial en los campeonatos del mundo de Roma (1987). En los Juegos Olímpicos de Seúl (1988) volvió a triunfar, pero dio positivo en las pruebas de doping, siendo desposeído de la medalla y duramente sancionado por el comité olímpico.

Johnson (o Jonson), Cornelius (Londres 1593 - Utrecht 1662) Pintor flamenco. Activo en Inglaterra entre 1619 y 1643, fue retratista de la familia real y de la nobleza inglesa. Sus obras denotan la influencia de Van Dyck.

Johnson, Earvin Johnson, llamado **Magic** (Lansing, Michigan 1959) Jugador de baloncesto estadounidense. Fue un base de gran talla (206 cm) dotado de una agilidad, visión de juego y espectacularidad impropias de su estatura. Desarrolló su carrera en el equipo *Los Angeles Lakers*, con los que consiguió cinco anillos de campeón. En 1991 se vio obligado a abandonar prematuramente su carrera deportiva al serle detectado el virus del SIDA.

Johnson, Jack (Galveston, Texas 1878 - Raleigh 1946) Boxeador estadounidense. Fue campeón de los pesos pesados desde 1908 a 1915. Perdió el título ante Jess Willard, en La Habana.

Johnson, Lyndon Baines (Gillespie County, Texas 1908 - San Antonio 1973) Político estadounidense. Vicepresidente con John Kennedy, cuando éste fue asesinado en 1963 hubo de asumir la presidencia. Aunque impulsó importantes leyes contra la pobreza y el problema racial, no pudo evitar que este último se agravara. En política intensificó la intervención estadounidense en la guerra de Vietnam. Fue reelegido para otro mandato (1964-69).

Johnson, Samuel (Lichfield 1709 - Londres 1784) Escritor británico. Abordó los géneros de la crítica, el ensayo, la poesía y la novela. Escribió dos poemas satíricos de tono moralizante, *Londres* (1738) y *La vanidad de los deseos humanos* (1749), un *Diccionario de la lengua inglesa* (1755), el libro de viajes *Viaje a las islas occidentales de Escocia* (1775), la novela *Historia de Rasselas, príncipe de Abisinia* (1759) y la monumental *Vidas de los poetas* (1779-81), ensayo sobre los poetas ingleses. Su estilo era clásico, aunque abierto a otras tendencias; fue considerado el mejor crítico de su tiempo.

Johnson, Uwe (Cammin, Pomerania 1934 - Sheernes-on-Sea, Londres 1984) Escritor alemán. Con una técnica experimental, trata de dar testimonio de la división de Alemania en dos estados. Algunas de sus novelas más importantes son *Conjeturas sobre Jacob* (1959), *El tercer libro sobre Achim* (1961), *Dos opiniones* (1965) y *La vida de Gesine Cresspahl* (1973).

joint venture (expresión inglesa que significa 'riesgo compartido') Agrupación de varias empresas en la que las distintas partes comparten el riesgo del capital y los beneficios obtenidos, según los porcentajes acordados.

Jasper Johns: Números en color *(Galería de Arte Albright-Know, Buffalo, EE UU).*

Joinvile C. de Brasil, situada en el estado de Santa Catarina, entre la Serra do Mar y el océano Atlántico. 343.600 h. en 1989. Constituye el núcleo urbano de una región agrícola. Posee aeropuerto.

jolgorio *s. m.* Juerga o fiesta alegre y ruidosa.

¡jolín! o **¡jolines!** *excl. fam.* Expresa asombro, enfado o alegría.

Joliot-Curie, Jean Frédéric (París 1900 - íd. 1958) y **Joliot-Curie, Irène** (París 1897 - íd. 1956) Matrimonio de físicos franceses. Realizaron importantes estudios sobre la radiactividad natural y sobre la estructura del átomo y descubrieron la radiactividad artificial. Bombardeando los núcleos de átomos de diversos elementos con partículas alfa hallaron isótopos que no existían en la naturaleza y que se desintegraban espontáneamente. Por su descubrimiento recibieron el premio Nobel de química en 1935.

jollín *s. m. fam.* Escándalo, jolgorio, gresca.

Jolly, Phillip Johann Gustav von (Mannheim 1809 - Munich 1884) Físico alemán. Fue profesor en Heidelberg y en Munich. Estudió la endósmosis. Ideó el termómetro de aire que lleva su nombre y determinó los coeficientes de dilatación de los gases.

Jolson, Al (San Petersburgo, Rusia 1886 - San Francisco 1950) Actor y cantante estadounidense. Alcanzó la fama por su interpretación en el *El cantor de jazz* (1927), melodrama que puede ser considerado como la primera película sonora. Otras películas suyas son *El loco cantor* (1929) y *Soy un vagabundo* (*Hallelujah I'm a bum*, 1933).

Jomeini, Ruhollah (Jomein, cerca de Qum 1900 - Teherán 1989) Dirigente religioso y político iraní. Jefe de la comunidad chiita iraní desde 1962, se opuso a la política del sha, por lo que sufrió prisión y hubo de exiliarse. Tras el derrocamiento del sha (1979), regresó a Irán y se puso al frente del movimiento islámico que proclamó la república. La nueva Constitución le otorgó plenos poderes y total control de las leyes y organismos del Estado, lo que le permitió reprimir violentamente toda oposición interna y llevar a cabo una política exterior agresiva, en especial contra EE UU y otros países de Occidente. Bajo su mandato, Irán adoptó una forma de vida estrictamente musulmana, libró la guerra del Golfo contra Irak e intentó exportar la revolución islámica a otros países musulmanes.

Jonás Profeta menor hebreo. Es el protagonista del libro del Antiguo Testamento que lleva su nombre y en el que se plantea que la salvación es universal y que todos los hombres deben aceptar la llamada divina. El episodio más conocido narra cómo el profeta fue tragado por una ballena que le arrojó días después a la costa sano y salvo.

Jones, Ernest (Llwchwy, Gales 1879 - Londres 1958) Psicoanalista británico. Discípulo y amigo de Freud, introdujo el psicoanálisis en Gran Bretaña y EE UU. Es autor de una importante biografía sobre su maestro titulada *Sigmund Freud: vida y obra* (1953-58).

Jones, Inigo (Londres 1573 - íd. 1652) Arquitecto inglés. Se caracterizó por un estilo racional y mesurado, alejado del Barroco en boga en su época y más próximo a los modelos clásicos de Palladio, cuya obra conoció durante su estancia en Italia. Fue un gran renovador de la arquitectura inglesa y entre sus principales construcciones figuran el *Queen's House* de Greenwich (1616-1635),la *Banqueting House* de Whitehall (1619-22) y la *Queen's Chapel* de Saint James Palace (1633). Fue además destacado decorador y figurinista de teatro.

Jones, James (Robinson, Illinois 1921 - Nueva York 1977) Escritor estadounidense. Alcanzó popularidad con su novela *De aquí a la eternidad* (1951), llevada posteriormente al cine, sobre el ataque sorpresa de los japoneses a Pearl Harbor. Otras obras suyas son *Como un torrente* (1957), *La pistola* (1959) y *El alegre mes de mayo* (1971).

Jones, LeRoi (Newark, New Jersey 1934) Escritor estadounidense. Su nombre africano es Imamu Amiri Baraka. Representante de la cultura afroamericana, es autor de ensayos, como *Cuba libre* (1960), *El pueblo del blues* (1963) y *Música negra* (1967); de novelas, como *El sistema del infierno dantesco* (1965); de obras teatrales, como *El barco negrero* (1969), y de poesía, como *El predicador muerto* (1961) y *Revolución africana* (1973).

Jonia Antigua región de Grecia que comprendía la costa egea de Asia Menor entre Mileto y Focea. Hacia el año 1000 a. C., grupos de jonios, principalmente de Ática y Grecia central, emigraron a esas costas y fundaron las ciudades de Samos, Quíos, Mileto, Éfeso, Colofón, Miunte, Priene, Lébedos, Teos, Clazómenas, Eritrea y Focea y, posteriormente, Esmirna. Estas ciudades llevaron a cabo una intensa expansión colonizadora (s. VIII-VII a. C.). Entre los s. VII y VI a. C. cayeron bajo dominio persa y tras las guerras médicas (s. V a. C.) formaron parte de la liga de Delos.

jónica, escuela Nombre con que se conoce a la escuela de filósofos griegos que nacieron y desarrollaron su actividad en las ciudades jonias del Asia Menor a finales del s. VII a. C. A ella pertenecieron Tales, Anaximandro, Anaxímenes y Heráclito. Su rasgo común es haber buscado una explicación de la naturaleza basada en elementos materiales, como el fuego, el agua y la tierra, desechando los mitos religiosos.

Jónicas, islas Archipiélago de Grecia, situado en el mar Jónico, frente a la costa O de la península Balcánica. Comprende las islas de Corfú, Paxos, Leucas, Ítaca, Cefalonia, Zante, Citera y otras menores.

jónico, ca *adj.* **1.** Jonio*. **2.** Se dice de uno de los órdenes de la arquitectura clásica griega y de sus elementos característicos. Dichos elementos son: columna más esbelta que la dórica y apoyada sobre una basa, fuste acanalado, capitel decorado con volutas, arquitrabe de tres franjas y friso libre de decoración. También *s. m.* ‖ *s. m.* **3.** Uno de los dialectos principales del griego. **4.** Pie métrico de la poesía clásica griega y latina constituido por seis unidades; se divide en mayor, compuesto de dos sílabas largas y dos breves, y menor, formado por dos breves y dos largas.

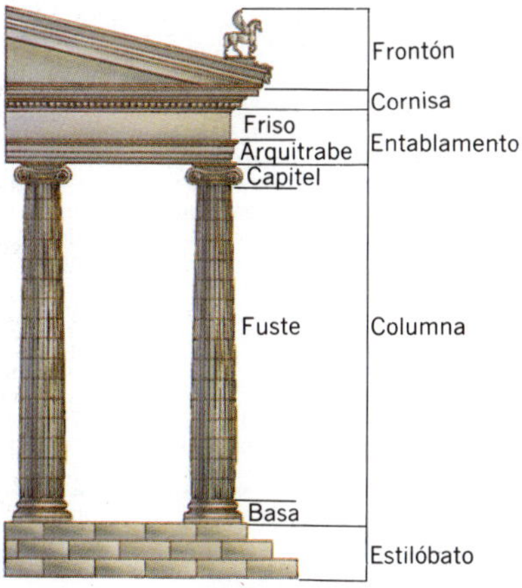

Jónico: elementos arquitectónicos en los que se aprecian las características de este orden.

Jónico, mar Mar del Mediterráneo situado entre el S de Italia y la costa O de la península Balcánica. Comunica con el mar Adriático al N por el canal de Otranto y con el Tirreno al O a través del estrecho de Messina. Su profundidad máxima es de 4.594 m.

jonio, nia *adj.* **1.** Se dice de un antiguo pueblo de origen indoeuropeo que hacia el segundo milenio a. C. se estableció en Grecia central y, hacia el año 1000 a. C., ocupó también la costa egea de Asia Menor. Dedicado a la agricultura y ganadería, asimiló las culturas minoica y egea y dio origen al pensamiento filosófico griego. **2.** De este pueblo. También *s.*

jonja *s. f. Chile.* Burla que se hace de una persona imitando su habla o sus gestos.

Jönköping C. de Suecia, cap. de la prov. del mismo nombre, situada en el sector meridional del país, a orillas del lago Vättern. 110.900 h. en 1990. Sus recursos económicos proceden de las industrias de fósforos, lana, papel, vidrio y material plástico. Fundada en 1284, es una de las más antiguas de Suecia.

JONS (siglas de Juntas de Ofensiva Nacional Sindicalista) Partido político español, fundado por Ramiro Ledesma Ramos y Onésimo Redondo en 1931. Su ideología era próxima a la del fascismo italiano. Se fusionó con Falange Española en 1934.

Jonson, Benjamin, llamado **Ben** (Westminster 1572 o 1573 - Londres 1637) Dramaturgo inglés. Contemporáneo de Marlowe y Shakespeare fue, junto con ellos, uno de los grandes representantes del teatro isabelino. Supo captar el sentimiento y las costumbres de las gentes de su época y llevarlos a la escena de modo satírico, con talento y brillantez. Entre sus obras más significativas cabe mencionar *Cada cual según su humor* (1598), *Las fiestas de Cintia* (1600), *Volpone o el Zorro* (1605), *Epicene o la mujer silenciosa* (1609), *El alquimista* (1610) y *La feria de San Bartolomé* (1614).

Joplin, Janis (Port Arthur 1953 - Los Ángeles 1970) Cantante norteamericana. Su música se caracteriza por combinar elementos del blues negro con otros del rock clásico. Su estilo peculiar, así como su forma de vida, la convirtieron en una de las figuras más populares entre las jóvenes generaciones. Murió de una sobredosis de heroína. Temas suyos célebres son *Summertime* (1966) y *Me and Bobby McGee* (1970).

jopo *s. m.* **1.** Hopo*, cola. **2.** *Arg., Par., Urug.* Tupé del peinado o mechón de pelo que cae sobre la frente. **3.** *Arg., Bol., Par., Urug.* Horquilla o alfiler grande para sujetar el pelo.

Jordaens, Jacob (Amberes 1593 - íd. 1678) Pintor flamenco. Vinculado a la tradición flamenca, sus cuadros se caracterizan por un estilo popular y satírico. Refleja ambientes cotidianos con gran realismo, utilizando un rico colorido, que en su última época evolucionó hacia el tenebrismo. En la serie *El rey bebe* ofrece una visión jovial de la sociedad flamenca. Otras obras que merecen resaltarse son *Los evangelistas, Alegoría de la fecundidad* y *La familia del pintor.*

Jordan, Camille (Lyon 1838 - París 1922) Matemático francés. Fue ingeniero de minas y profesor en la Escuela Politécnica y en el Colegio de Francia. Difundió las ideas de Evariste Galois. Investigó sobre las ecuaciones algebraicas y aportó la resolución de una ecuación por radicales.

Jordan, Ernst Pascual (Hannover 1902) Físico alemán. Ha investigado en varios campos de la física y ha trabajado, junto con Werner Heisenberg y Max Born, para establecer los fundamentos de la mecánica cuántica.

Jordan, Michael, llamado **Air** (1966) Jugador de baloncesto estadounidense. Obtuvo la medalla de oro en los juegos olímpicos de Los Ángeles (1984) con el equipo nacional de EE UU. Ingresó en la NBA en los *Chicago Bulls*, donde ha jugado desde entonces. Es y ha sido considerado como uno de los mejores baloncestistas de todos los tiempos.

Jordán Río de Israel y Jordania. 360 km. Nace en el monte Hermón, en el Antilíbano, y recorre Siria, Israel y Jordania hasta desembocar en el mar Muerto. Atraviesa los lagos Hula y Kinnereth, fluye por debajo del nivel del mar en la mayor parte de su recorrido y tiene un alto índice de salinidad. Sus aguas se utilizan para la irrigación. Fue escenario de numerosos episodios bíblicos, como el bautismo de Jesús.

Jordán, Esteban (León h. 1530 - Valladolid 1598) Escultor español. Miembro destacado de la escuela de Valladolid, en su estilo manierista se advierten influencias de Juan de Juni, Alonso Berruguete y Gaspar Becerra. Entre sus obras más notables figuran el retablo del Calvario y el sepulcro de Pedro de la Gasca, en la iglesia de la Magdalena, en Medina del Campo; el retablo de la iglesia de Santa María, en Alaejos y, sobre todo, el retablo mayor de la iglesia de la Magdalena, en Valladolid.

Jordán, Lucas (Nápoles 1634 - íd. 1705) Pintor italiano. Es el máximo representante de la pintura decorativa barroca de la escuela napolitana. Fue un virtuoso del pincel, dotado de una gran capacidad de imitar estilos ajenos y una proverbial rapidez para ejecutar sus obras. En sus cuadros pone en escena numerosos personajes, distribuidos con un grandioso sentido de la teatralidad. Decoró al fresco las iglesias de San

Lucas Jordán: Hércules en la pira, *fragmento (Museo del Prado, Madrid).*

Agustín de las Descalzas en Nápoles, la abadía de Montecassino, Santa Maria in Campitelli en Roma, el palacio Medici-Ricardi en Florencia y Santa Maria della Salute en Venecia. En España participó en la decoración del monasterio de El Escorial y el casón del Buen Retiro. Se le conoce también como *Luca Giordano.*

Jordania (*al-Urdunn*) Estado del Próximo Oriente asiático.

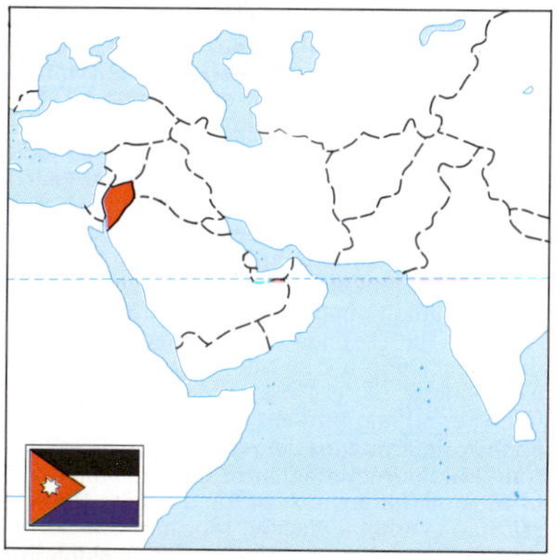

Extensión: 88.946 km^2.
Límites: al N, con Siria; al E, con Irak y Arabia Saudí; al S, con Arabia Saudí, y al O, con Israel.
Población: 3.169.000 h. en 1990.
Densidad: 35,6 h./km^2.
Capital: Ammán.
División administrativa: 8 gobernaciones.
Ciudades principales: az-Zarqa, Irbid, ar-Rusayfah, as-Salt.
Gentilicio: jordano.
Forma de Estado: monarquía.
Idioma: árabe.
Religión: islamismo, 93 %; cristianismo, 4,9 %.
Moneda: dinar jordano.
Tasa de natalidad: 41 ‰ en 1990.
Tasa de mortalidad: 6 ‰ en 1990.
Renta per cápita: 1.300 dólares en 1989.

Geog. física Jordania está dividida en dos partes por el río Jordán, que discurre encajonado en la depresión de al-Gawr entre el lago Kinnereth al N y el mar Muerto al S. En el sector occiden-

Jordania: poblado cerca del wadi Musa, al sur del mar Muerto.

tal, la Cisjordania, actualmente ocupada por Israel, se hallan las mesetas calcáreas de Samaria y Judea. El sector oriental, la Transjordania, consta de dos regiones diferenciadas: al O, paralelas al eje del Jordán, Mar Muerto y su prolongación hacia el S, Uadi al-Araba, se alzan colinas y montañas calizas y volcánicas cuya máxima altura es el Yebel Ram (1.754 m); más al E se extiende una gran zona desértica. El clima es árido en buena parte del territorio, excepto al O, donde es mediterráneo; la pluviosidad es escasa.

Geog. humana y ***económica*** La población, que tiene una tasa de crecimiento anual del 3,5 % y que en diversas ocasiones se ha visto bastante acrecentada por la llegada de emigrantes palestinos provenientes de Israel, se concentra en las regiones fértiles del O. Su economía está poco desarrollada. La mayor parte de las áreas cultivadas se encuentran en Cisjordania y fueron ocupadas por Israel. En las proximidades del Jordán se cultiva trigo, maíz y legumbres y en las laderas de las montañas vid y olivo. La ganadería es nómada y las principales cabañas son de ovejas y cabras. Hay yacimientos de fosfatos en as-Salt y ar-Rusayfah, de cobre en Uadi al-Araba y petrolíferos al S, e industrias cementeras, cerveceras y tabaqueras en el área de Ammán. Su economía se equilibra con la ayuda de los países árabes.

Hist. El antiguo emirato otomano de Transjordania fue ocupado por el Reino Unido en la Primera Guerra Mundial y convertido en dominio británico. En 1922 fue nombrado gobernante el emir hachemita Abdallah, que obtuvo la independencia en 1946. Cuando en 1948, ante la retirada británica, fue proclamado el estado judío de Israel en Palestina, estalló la primera guerra árabe-israelí, en la cual Abdallah ocupó la Cisjordania y creó el reino de Jordania (1949). El nuevo estado sufrió la hostilidad de los palestinos y de los países árabes radicales, que lo acusaban de admitir implícitamente a Israel. En 1949, Abdallah fue asesinado por un refugiado palestino y sucedido por su hijo Tallal, que a su vez fue depuesto por el Parlamento en 1952 y sustituido por su hijo Hussein.

En los primeros años del reinado de éste estallaron grandes revueltas entre los palestinos instalados en Jordania. A partir de 1956, Hussein reformó la administración, reprimió con dureza a los palestinos y, en 1958, obtuvo la salida del país de las últimas tropas británicas. En 1966 se produjo una nueva crisis a causa del nombramiento como primer ministro del prosaudí Wasfi Tall. En 1967 estalló la tercera guerra árabe-israelí, en la que el país perdió el territorio de Cisjordania; paralelamente se recrudeció el conflicto con los refugiados palestinos, políticamente muy radicalizados, hasta convertirse en 1970 en una auténtica guerra civil en la que las bases guerrilleras de la OLP fueron destruidas. En la cuarta guerra árabe-israelí de 1973, Jordania no participó directamente, pero aportó su ayuda y apoyo. Tras la misma, Hussein afianzó su posición, disolvió la Cámara de Diputados y asumió plenos poderes. En 1977, Hussein se entrevistó con Arafat, líder palestino, y logró estabilizar sus relaciones. En 1984 devolvió sus poderes al Parlamento y normalizó la vida política del país. En 1988 Jordania rompió definitivamente los lazos teóricos que todavía le unían con Cisjordania. Al año siguiente se celebraron elecciones legislativas en las que el grupo integrista musulmán resultó mayoritario. Durante la guerra del Golfo iniciada en febrero de 1991, el gobierno jordano tuvo que hacer frente a las presiones de la población palestina, favorable a Irak, que se oponía a su resolución de no intervenir en el conflicto. A finales de ese mismo año participó junto con Siria, Egipto, Arabia Saudí y una delegación palestina en las conversaciones de paz con Israel.

jordano, na *adj.* De Jordania. También *s.*

jorfe *s. m.* **1.** Muro para contener tierras hecho con piedras en seco, sin trabazón alguna. **2.** Peñasco cortado que forma despeñadero.

Jorge Nombre de dos reyes de Grecia.
Jorge I (Copenhague 1845 - Tesalónica 1913) Rey de Grecia (1863-1913). Hijo segundo del rey de Dinamarca Cristián IX. Acrecentó los territorios del recién creado reino griego al recibir las islas Jónicas del Reino Unido, alentando la sublevación de Creta contra Turquía y ocupando Tesalia en la guerra ruso-turca, y Macedonia, el Épiro y las islas del Egeo en 1912. Murió asesinado.
Jorge II (Tatoi 1890 - Atenas 1947) Rey de Grecia en 1922-23 y 1935-47. Estuvo separado del trono a causa de la proclamación de la república. Hubo de sufrir el exilio con motivo de la invasión alemana en la Segunda Guerra Mundial. Al término de la misma estalló la guerra civil y no pudo recuperar la corona hasta 1946.

Jorge Nombre de seis reyes del Reino Unido.
Jorge I (Hannover 1660 - íd. 1727) Rey de Gran Bretaña y de Irlanda (1714-27). Príncipe elector de Hannover desde 1698, obtuvo la corona británica en 1714, mediante el Acta de Establecimiento, que traspasaba la soberanía británica de los Estuardo a sus primos Hannover. Nunca se interesó en el gobierno del Reino Unido, que dejó en manos del partido whig primero y de Walpole después, circunstancia que este último aprovechó para crear el gabinete, órgano de gobierno que sustituyó al Consejo Real.

Jorge I, rey del Reino Unido. Cuadro de Godfrey Kneller (Crown Estate Commissioners, Londres).

Jorge II (Herrenhausen, Hannover 1683 - Kensington, Londres 1760) Elector de Hannover y soberano del Reino Unido (1727-60). Hijo del anterior, en su reinado se produjo la caída de Walpole (1742). Arrastró al Reino Unido a la guerra de Sucesión austriaca (1741), que era ajena a los intereses del país y en la que resultó vencido. A consecuencia de ello, la Cámara de los Comunes obligó a que Pitt el Viejo fuera elegido primer ministro.
Jorge III (Londres 1738 - Windsor 1820) Rey de Gran Bretaña y de Irlanda (1760-1820), elector (1760-1814) y rey de Hannover (1815-20). Nieto y sucesor del anterior, quiso restaurar el poder real, disminuido con sus dos antecesores, pero fue víctima de ataques de locura y hubo de abandonar las tareas de gobierno en el primer ministro Pitt el Joven; agravada su enfermedad en 1810, se promulgó una ley de regencia (1811). En su reinado consiguió la independencia la colonia de Norteamérica, que se convirtió en Estados Unidos.
Jorge IV (Londres 1762 - Windsor 1830) Soberano del Reino Unido y Hannover (1820-30). Hijo del anterior, fue una persona culta y brillante, pero un rey despreocupado y amante del placer. Dejó el gobierno en manos del partido tory.
Jorge V (Londres 1865 - Sandringham 1936) Soberano del Reino Unido (1910-36). Hijo de Eduardo VII, hubo de afrontar la Primera Guerra Mundial y el proceso de descolonización, así como la independencia de Irlanda del Sur. Su actuación política fue prudente y de acuerdo con las normas constitucionales.
Jorge VI (Sandringham 1895 - íd. 1952) Soberano del Reino Unido (1936-52). Hijo del anterior, subió al trono por la abdicación de su hermano Eduardo VIII. Fue un monarca constitucional respetuoso con las instituciones de gobierno.

Jorge VI.

Jorge, San (s. IV) Mártir y santo de la Iglesia cristiana. Se cree que nació en Capadocia y murió martirizado en Palestina durante la persecución de Diocleciano. Es patrón de Inglaterra, Rusia y Cataluña. La iconografía le representa atravesando a un dragón con su lanza.

Jorge de Podebrady (Podebrady 1420 - Praga 1571) Rey de Bohemia (1458-71). Administró el reino de Bohemia durante la minoría de Ladislao el Póstumo y, a la muerte de éste, fue elegido rey por unanimidad. Consolidó el poder real. Apoyó a los husitas y se enfrentó al papa Pío II, que lo excomulgó y predicó una cruzada contra él. Sólo el rey húngaro Matías Corvino se puso al frente de ella e invadió Bohemia, pero Jorge logró mantener su reino.

Jorn, Asger (Vejrum 1914 - Århus 1973) Pintor danés. Fue uno de los fundadores del grupo CoBrA (1948) y del Movimiento para una Bauhaus imaginista (1955). Su pintura es de un expresionismo informal. Entre sus obras destacan *La gran victoria* (1956) y *La lujuria lúcida de la hiperestesia* (1970).

jornada *s. f.* **1.** Día. **2.** Duración de la actividad o trabajo diario o semanal. **3.** Expedición militar. **4.** Época en que oficialmente se traslada el cuerpo diplomático y el gobierno, o parte de él, a otra ciudad distinta de la capital. **5.** Viaje de la familia real a un sitio de recreo y estancia en el mismo. **6.** En el teatro clásico, acto. **7.** Cada capítulo de una novela. **8.** Ocasión, hecho memorable. ‖ *pl.* **9.** Congreso, simposio. ‖ **10. jornada intensiva** Aquella en que las horas diarias de trabajo se hacen seguidas, sin interrupción, sólo con un breve intervalo de descanso. **11. jornada partida** La que reparte el número de horas diarias de trabajo entre la mañana y la tarde con un espacio de tiempo de una hora o más para comer.

jornal *s. m.* **1.** Dinero que recibe un trabajador por cada día de trabajo. **2.** Este mismo trabajo. ‖ LOC. **a jornal** *adv.* Cobrando un dinero fijo por cada día trabajado. Se contrapone al trabajo *a destajo*, en el que se cobra por labor realizada.

jornalero, ra *s. m.* y *f.* Persona que cobra un dinero fijado por cada día de trabajo, especialmente la que trabaja en el campo.

joroba *s. f.* **1.** Abultamiento en la espalda, el pecho o en ambas partes a la vez, debido a una desviación de la columna vertebral. **2.** Saliente que ciertos animales, como el camello o el bisonte, tienen en el lomo. **3.** P. ext., bulto en cualquier otra cosa. ‖ *excl.* **4.** *fam.* Expresa molestia, sorpresa, admiración, etc.

jorobado, da **1.** *p. p.* de **jorobar**. También *adj.* ‖ *adj.* **2.** Que tiene joroba o chepa. También *s.*

jorobar *v. tr.* **1.** *fam.* Fastidiar o molestar a alguien. También *v. prnl.* ‖ *v. prnl.* **2.** Aguantarse, conformarse. ‖ **Loc. ¡no jorobes!** Indica asombro, incredulidad o enfado.

jorobeta *adj. fam.* y *desp.* Jorobado. También *s.*

jorongo *s. m. Méx.* Poncho largo.

joropo *s. m.* Baile y canto típicos de Venezuela. Según su procedencia, se denomina *costeño* o *llanero.*

Josafat, valle de Nombre que se da al valle del Cedrón, entre Jerusalén y el monte de los Olivos, donde según la tradición tendrá lugar el juicio final.

José Patriarca de Israel. Según el *Génesis*, era hijo de Jacob y Raquel y el penúltimo de doce hermanos, que por envidia le vendieron como esclavo. La mujer de su amo Putifar, intendente del faraón de Egipto, quiso seducirle y ante su negativa le acusó falsamente y fue encarcelado. Fue rescatado por el copero del faraón, que le tomó a su servicio. Interpretó el sueño del faraón de las siete vacas flacas y las siete vacas gordas y se convirtió en un gran personaje de la corte, adonde atrajo a sus hermanos, les perdonó y les llenó de riquezas.

José Nombre de dos emperadores germánicos y de Austria.
José I (Viena 1678 - íd. 1711) Rey de Hungría (1687-1711), archiduque de Austria y emperador (1705-11). Participó activamente en la guerra de Sucesión española en favor de su hermano, el archiduque Carlos, conquistando el N de Italia. Resolvió sus diferencias con el rey Carlos XII de Suecia y con la nobleza húngara haciendo concesiones a protestantes y calvinistas.
José II (Viena 1741 - íd. 1790) Emperador germánico (1765-90). Hijo de Francisco I, fue un monarca ilustrado que favoreció las ideas enciclopedistas del s. XVIII. Intentó unificar los estados de los Habsburgo y reformó la economía del imperio introduciendo la libertad de comercio y fomentando la industria, pero lo despótico y desmesurado de sus medidas provocó un descontento que llevó a la revuelta a los Países Bajos (1789) y al borde de la misma a Hungría, por lo que hubo de renunciar a gran parte de las mismas.

José II. Retrato anónimo (Museo del Risorgimento, Turín, Italia).

José, San Según los *Evangelios*, esposo de la Virgen María y padre adoptivo de Jesús, a quien salvó de la persecución de Herodes trasladando su familia a Egipto. Era artesano de oficio y murió antes de que Jesús iniciara su vida pública. Es el patrón de la Iglesia universal.

José I Bonaparte (Corte, Córcega 1768 - Florencia 1844) Rey de Nápoles (1806-08) y de España (1808-13). Recibió de su hermano Napoleón el título de príncipe del Imperio y las coronas napolitana y española. Fue un monarca ilustrado y liberal, pero rechazado por sus súbditos, que estaban enfrentados a Napoleón en la guerra de la Independencia. Tras la caída de éste vivió en EE UU, Reino Unido e Italia.

José de Arimatea (s. I) Miembro del sanedrín de Jerusalén. En compañía de Nicodemo pidió a Pilatos el cuerpo de Jesús para darle sepultura.

José de Calasanz, San (Peralta de la Sal, Huesca 1556 - Roma 1648) Religioso español. Fundó una congregación de clérigos regulares para la enseñanza de los niños pobres, cuya primera casa estuvo en Roma y que fue constituida con el nombre de *Escuelas Pías* (1597). A sus miembros se les conoce como *escolapios.*

José I el Reformador (Lisboa 1714 - íd. 1777) Rey de Portugal (1750-77). Dejó el gobierno en manos del marqués de Pombal, secretario de Estado, que se distinguió en la reconstrucción de Lisboa después del terremoto de 1755. Por su alianza con el Reino Unido, se enfrentó a España, especialmente por la colonia de Sacramento. Al caer enfermo dejó la regencia a su esposa Mariana Victoria de Borbón (1776).

Josefina, Marie Josèphe Tascher de La Pagerie, llamada (Martinica 1763 - La Malmaison, París 1814) Esposa de Napoleón (1796) y emperatriz de Francia (1804). El emperador la abandonó en 1809 por no poder darle descendencia.

josefinismo o **josefismo** *s. m.* Doctrina cesaropapista, propia del despotismo ilustrado, que subordina la Iglesia al Estado, reduciendo su ámbito de influencia a aquellos aspectos que proporcionen un beneficio social, tales como la enseñanza. Se impuso durante el mandato de José II de Austria. **Fam.** Josefinista.

josefino, na *adj.* **1.** Perteneciente o relativo a ciertos personajes históricos que llevaron el nombre de José. **2.** Se dice de los miembros de las congregaciones devotas que tienen como patrón a San José. También *s.*

Josefo, Flavio (Jerusalén 37 - ? h. 100) Historiador romano de origen judío. Escribió la *Historia de la guerra de los judíos* y *Antigüedades judías*, obras que constituyen la principal fuente histórica sobre el mundo hebreo en la época de la dinastía Flavia.

Joselito, José Gómez Ortega, llamado (Gelves, Sevilla 1895 - Talavera de la Reina, Toledo 1920) Torero español, también conocido como *Gallito.* Tomó la alternativa en Sevilla (1912), de manos de su hermano Rafael *el Gallo.* Fue un maestro en todas las suertes y su competencia con Juan Belmonte está considerada como una etapa cumbre del toreo. Le mató el toro «Bailaor», de Miura.

Josephson, Brian David (Cardiff 1940) Físico británico. Profesor de física de la universidad de Cambridge. En 1973 obtuvo el premio Nobel de física, compartido con Leo Esaki e Ivar Giaever, por el descubrimiento en 1962 de los efectos que llevan su nombre, relacionados con el efecto túnel en semiconductores y superconductores.

Josías (? - ? 609 a. C.) Rey de Judá (640-609 a. C.). Hijo y sucesor de Amón, trató de eliminar los cultos paganos. Luchó contra el faraón Necao II y murió combatiendo contra los egipcios en la batalla de Meggido.

Josquin Des Prés (Beaurevoir, Picardía h. 1440 - Condé-sur-Escaut 1521) Músico flamenco. Fue discípulo de Johannes Ockeghem y uno de los compositores más relevantes del nuevo estilo polifónico del Renacimiento. En sus obras sintetiza la compleja técnica contrapuntística flamenca con el renovado gusto armónico de la escuela italiana. Escribió tres volúmenes de misas, unos cien motetes y un elevado número de canciones.

Josué Personaje bíblico. En el libro que lleva su nombre aparece como sucesor de Moisés al frente del pueblo de Israel, al que condujo a Canaán, país que conquistó, cumpliéndose así la promesa de Yahvé de otorgar a los israelitas la Tierra Prometida.

José I Bonaparte. Cuadro de Joseph Flaugier (Museo de Arte Moderno, Barcelona).

jota[1] (del lat. *iota*, y éste del gr. *iota*) *s. f.* Nombre de la letra *j*. ‖ **Loc. ni jota** *fam.* Se emplea en ciertas expresiones con el significado de 'nada': *No se ve ni jota.*

jota[2] (del arag. *jotar*, y éste del lat. *saltare*) *s. f.* **1.** Baile popular de Aragón y de otras regiones españolas de ritmo vivo y carácter vigoroso. **2.** Música y copla propias de este baile. ‖ **Loc. cuerpo de jota** *fam.* Ganas de divertirse.

jotero, ra *s. m.* y *f.* Persona que canta, baila o compone jotas.

Joule, James Prescott (Salford, Lancashire 1818 - Sale, Cheshire 1889) Físico británico. Estudió las relaciones que se establecen entre trabajo y calor, determinando el equivalente mecánico de este último, y enunció la ley de la conservación de la energía o **ley de Joule**, que establece que la energía no puede crearse ni destruirse, sino que cambia de una forma a otra.

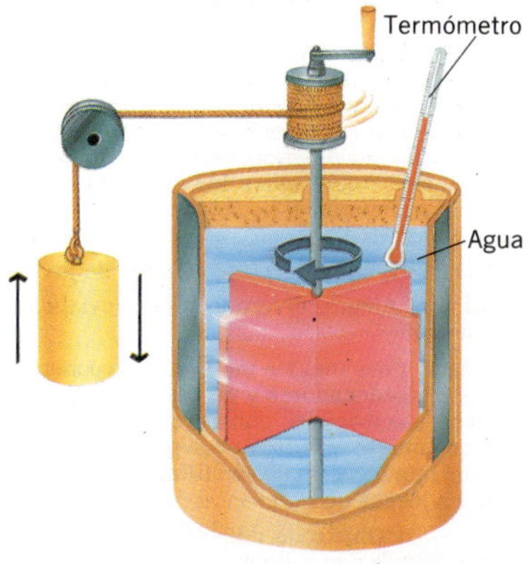

Experimento de Joule sobre la transformación de la energía: el movimiento del agua por medio de las paletas produce calor, cuyo aumento se registra en la cubeta por medio de un termómetro.

Jouvet, Louis (Crozon 1887 - París 1951) Actor y director de teatro y cine francés. Dirigió el teatro *Comédie* de los Campos Elíseos. Como actor teatral alcanzó sus mejores triunfos representando obras de Molière y de Giraudoux. Entre sus interpretaciones cinematográficas cabe destacar *La kermesse heroica* (1935), *Los bajos fondos* (1936), *Carnet de baile* (1937), *La marsellesa* (1937) y *En legítima defensa* (*Quai des Orfèvres*, 1947).

Jovellanos, Gaspar Melchor de (Gijón, Asturias 1744 - Vega, Asturias 1811) Político y escritor español. Fue una de las principales figuras de la Ilustración española. Realizó en su juventud estudios de leyes, fue oidor de la audiencia de Sevilla (1767) y alcalde de casa y corte de Madrid (1778). Ministro de Gracia y Justicia de Carlos IV en 1797, fue destituido a los pocos meses y encarcelado en 1801 a causa de sus actitudes reformistas. Liberado por Fernando VII en 1808, recibió de José I Bonaparte la oferta de un ministerio; sin embargo, él prefirió unirse a la Junta Central antinapoleónica. En su juventud escribió melodramas de estilo neoclásico, como *El delincuente honrado* (1773), y poesía, pero sus principales escritos son los ensayos, en los que desde posiciones progresistas defiende la reforma política, social y económica de España. Entre éstos destacan su *Informe en el expediente de ley agraria* (1795), *Bases para la formación de un plan general de instrucción pública* (1811) y *Memoria en defensa de la Junta Central* (1811).

Gaspar Melchor de Jovellanos. Cuadro de Francisco de Goya (colección particular, Barcelona).

joven *adj.* **1.** Que tiene poca edad. También *s.* **2.** Que tiene poco tiempo de existencia. **3.** Perteneciente o relativo a la juventud. **4.** Que mantiene caracteres de la juventud.

Joven Alemania Movimiento político e intelectual, surgido en Alemania entre 1830 y 1848, de carácter francófilo, liberal y muy influido por el pensamiento de Saint-Simon. Entre sus miembros más destacados se encontraban los escritores Heinrich Heine, Karl Ferdinand Gutzkow y Ludwig Borne.

Joven Italia Sociedad revolucionaria italiana creada por Giuseppe Mazzini en 1831, partidaria de la unificación italiana en el marco político de una república unitaria. Editó el periódico *Joven Italia* y organizó sublevaciones en Módena (1833), Saboya (1834), Sicilia (1837) y Calabria (1843-44), que fracasaron.

Jóvenes Turcos Movimiento político creado por Midhat Bajá en 1868 para la reforma de las instituciones en Turquía y la occidentalización del país. Obtuvo del sultán Abdulhamid la proclamación de una Constitución de tipo liberal en 1876, pero ésta fue derogada dos años después y el sultán volvió al absolutismo. En 1894 se creó el comité *Unión y progreso*; el movimiento se extendió al Ejército, el sultán fue depuesto (1909) y en 1913 asumieron el poder Enver Bajá, Talaat Bajá y Yamal Bajá.

jovenzuelo, la *s. m.* y *f. dim. desp.* de **joven**.

jovial *adj.* Alegre, divertido. **FAM.** Jovialidad, jovialmente.

joy stick (voz ingl.) *s. m.* Dispositivo periférico de los ordenadores y de ciertos juegos recreativos electrónicos, consistente en una palanca que mueve el cursor en la pantalla y envía diversos impulsos, y que se utiliza fundamentalmente en juegos de ordenador.

joya *s. f.* **1.** Objeto de mucho valor, realizado principalmente con metales y piedras preciosas, que suele utilizarse como adorno. **2.** Persona de mucha valía, de muy buenas cualidades. **3.** Cosa de mucho valor, especialmente por su originalidad o por ser difícil de encontrar.

Joyce, James (Dublín 1882 - Zurich 1941) Escritor irlandés. Permaneció casi toda la vida lejos de su país, residiendo en París, Roma, Trieste y Zurich, pero los temas irlandeses están siempre presentes en sus libros. Su obra narrativa supuso una profunda renovación de la técnica novelística del s. XX. En 1914 publicó *Dublineses*, una colección de cuentos escritos en estilo tradicional, que constituye una galería de retratos de su ciudad natal. En *Retrato del artista adolescente* (1914) anticipa el tema y la técnica que llevó a su plenitud con *Ulises* (1922), novela compleja en la que la estructura narrativa tradicional es sustituida por el monólogo interior, los saltos cronológicos, las asociaciones de ideas y la alternancia de realidad y ensoñación. En *Finnegan's wake* (1939) el relato se hace oscuro y de difícil comprensión y el autor utiliza un lenguaje que es mezcla de muchos idiomas, creado por él mismo. Escribió también poesía, como *Música de cámara* (1907), y la obra teatral *Desterrados* (1918).

James Joyce. Cuadro de Jacques-Émile Blanche (National Portrait Gallery, Londres).

joyel *s. m.* Joya pequeña.

joyería *s. f.* **1.** Taller en que se hacen joyas o tienda donde se venden. **2.** Comercio de las joyas. **3.** Arte de hacer joyas.

joyero, ra *s. m.* y *f.* **1.** Persona que hace o vende joyas. || *s. m.* **2.** Caja o estuche que sirve para guardar joyas.

Joyosa Nombre de la espada de Carlomagno.

Jozsef, Attila (Budapest 1905 - Balatonszarszo 1937) Poeta húngaro. Simpatizante con el marxismo, participó en el movimiento obrero. Su vida de pobreza y sufrimientos se refleja en su poesía plena de metáforas, recogida en los libros *El mendigo de la belleza* (1922) y *No soy yo quien grita* (1925). Una enfermedad le arrastró al suicidio.

Jruschov, Nikita Sergeievich Véase **Kruschev, Nikita Sergeievich**.

Juan Nombre propio que se usa para hacer referencia a distintos tipos de personas: **Juan Español**, personificación de los españoles; **Juan Lanas**, pelele, hombre sin carácter, especialmente el gobernado por su mujer; **Juan Palomo**, el que pretende hacerlo todo él solo, sin que nadie intervenga. En este último caso suele ir acompañado por la coletilla *yo me lo guiso y yo me lo como*.

Juan Nombre de dos reyes de Aragón.
Juan I (Perpiñán 1350 - Foixá, Girona 1396) Rey de Aragón (1387-96). Hijo y sucesor de Pedro el Ceremonioso, con ocasión del cisma de la Iglesia decidió otorgar su apoyo al papa de Aviñón Clemente VII y a su sucesor Benedicto XIII, el papa Luna. Hubo de reprimir la rebelión de Cerdeña, conquistó Sicilia para Martín el Joven, nieto de Pedro el Ceremonioso, y rechazó una invasión francesa en el Ampurdán (1390). Los ducados de Atenas y Neopatria se perdieron en su reinado. Fue un rey culto, amante de la poesía y la música.
Juan II (Medina del Campo, Valladolid 1398 - Barcelona 1479) Rey de Aragón (1458-79), al suceder a su hermano Alfonso V el Magnánimo, y de Navarra (1425-79), por su matrimonio con Blanca, hija y heredera de Carlos III. Antes de recibir la corona de Aragón participó activamente en las luchas nobiliarias castellanas en torno al condestable don Álvaro de Luna. Los enfrentamientos con su hijo, el príncipe de Viana, le ocasionaron la enemistad de Cataluña. Intervino a favor de los payeses de la Remensa. En su lucha con la diputación de Cataluña recibió la ayuda de Francia a cambio del Rosellón y la Cerdaña. Nombró heredero a su hijo Fernando, a quien casó con la infanta Isabel de Castilla.

Juan Nombre de varios emperadores de Bizancio.
Juan I Tzimisces (Hierápolis, Armenia 925 - Constantinopla 976) Emperador de Bizancio (969-975), tras asesinar a su antecesor Nicéforo Focas. Conquistó Bulgaria occidental y venció a los rusos y los musulmanes.
Juan II Comneno (? 1088 - Tauro 1143) Emperador de Bizancio (1118-43). Hijo y sucesor de Alejo I, destruyó a los turcos pechenegos, venció a serbios y húngaros y conquistó parte de Asia Menor y de Siria.
Juan III Ducas Vatatzes (Didimótica, Tracia 1193 - Ninfeo 1254) Emperador de Bizancio (1222-54). Sucesor de Teodoro I Láscaris, expulsó a los latinos de Asia Menor. Ayudado por los búlgaros intentó la toma de Constantinopla, sin conseguirlo (1235). Conquistó Tesalónica (1246).
Juan IV Ducas Láscaris (? h. 1250 - ?) Emperador de Bizancio (1258-61). Hijo y sucesor de Teodoro II, a la muerte de éste (1258) quedó bajo la tutela de Jorge Muzalon y, posteriormente, de Miguel VIII Paleólogo, quien tras apoderarse del trono, lo encarceló y lo cegó.
Juan V Paleólogo (? 1332 - ? 1391) Emperador de Bizancio (1341-54, 1355-76 y 1379-91). Hijo y sucesor de Andrónico III, fue un monarca débil que hubo de compartir el imperio con Juan Cantacuceno. Fue vencido por los serbios y genoveses y quedó bajo la tutela de los sultanes otomanos.
Juan VI Cantacuceno (Constantinopla h. 1293 - Mistra 1383) Emperador de Bizancio (1341-55). En 1341, cuando Ana de Saboya era tutora de Juan V Paleólogo, fue nombrado regente y en el mismo año coemperador. Venció a los serbios, pero la conquista turca de Gallípoli (1354) provocó su ruina. Juan V Paleólogo tomó Constantinopla y le obligó a abdicar (1355).
Juan VII Paleólogo (? 1366 - monte Athos h. 1420) Emperador de Bizancio (1399-1402). Hijo de Andrónico II, en 1390 conquistó Constantinopla con la ayuda del sultán Bayaceto I. Asociado al trono por Manuel II Paleólogo en 1399, ejerció el poder en ausencia de éste y defendió Constatinopla de los turcos.
Juan VIII Paleólogo (? 1390 - ? 1448) Emperador de Bizancio (1425-48). Hijo y sucesor de Manuel II, ante los avances de los turcos otomanos pidió ayuda a Occidente, ofreciendo la unión de las Iglesias romana y griega, pero su pueblo no lo aceptó y fue vencido por los turcos en Varna (1444).

Juan Nombre de dos reyes de Castilla.
Juan I (Épila, Zaragoza 1358 - Alcalá de Henares, Madrid 1390) Rey de Castilla (1379-90). Hijo y sucesor de Enrique II de Trastámara, hubo de rechazar una invasión portuguesa instigada por Juan de Gante, duque de Lancaster y candidato al trono castellano por su boda con la hija de Pedro I el Cruel. A la muerte del rey portugués Fernando I, intentó la conquista del reino vecino, pero fue derrotado en Aljubarrota (1385), lo que aprovechó Juan de Gante para desembarcar en La Coruña, donde fue rechazado. La última parte de su reinado la dedicó a restablecer el orden y la autoridad real en Castilla.
Juan II (Toro, Zamora 1405 - Valladolid 1454) Rey de Castilla (1406-54). Hijo y sucesor de Enrique III, durante su minoría de edad ejercieron la regencia su madre Catalina de Lancaster y su tío Fernando de Antequera, futuro rey de Aragón. Asumió el gobierno en 1419 y su reinado estuvo marcado por la personalidad de su valido, el condestable don Álvaro de Luna, y las luchas nobiliarias entre éste y los infantes de Aragón, hijos de Fernando de Antequera, que concluyeron cuando mandó ajusticiar al condestable en 1453.

Juan Nombre de dos reyes de Francia.
Juan II el Bueno (Le Mans 1319 - Londres 1364) Rey de Francia (1350-64). Hijo y sucesor de Felipe VI de Valois, su reinado estuvo caracterizado por la guerra de los Cien Años contra Inglaterra y por el enfrentamiento con su yerno Carlos II de Navarra. Fue vencido y hecho prisionero en la batalla de Poitiers (1356) y reconoció como su heredero al rey Enrique V de Inglaterra, disposición rechazada por su hijo, el delfín Carlos, en torno a quien se unificaron los defensores de Francia.

Juan Nombre de tres reyes de Polonia.
Juan II Casimiro o **Casimiro V** (? 1609 - Nevers 1672) Rey de Polonia (1648-68). Fue el último soberano Vasa en Polonia. Durante su reinado se sucedieron sublevaciones y guerras. Luchó contra Rusia, y los suecos invadieron el país (1655-1660). Todos estos desastres le hicieron abdicar en 1668.
Juan III Sobieski (Olesko 1624 - Wilanow 1696) Rey de Polonia y Lituania (1674-96). Jefe supremo del Ejército (1668), aplastó a los otomanos en Choczim (1673). Elegido rey por la Dieta de Varsovia, recuperó Ucrania y aconsejado por su esposa, Maria Casimira de Arquien, firmó el pacto de Varsovia con Leopoldo I de Austria. Destacó en la defensa de Viena contra los turcos (1683).

Juan Nombre de varios reyes de Portugal.
Juan I (Coimbra 1358 - Lisboa 1433) Rey de Portugal (1385-1433). Sucedió a su hermano bastardo Fernando I. Venció a Juan I de Castilla en las batallas de Troncoso y Aljubarrota (1385). Con él comenzó la expansión portuguesa en África.
Juan II (Lisboa 1455 - Alvor 1495) Rey de Portugal (1481-95). Hijo y sucesor de Alfonso V, sometió la aristocracia al poder real tras duras luchas. Intentó la alianza con Castilla por medio del matrimonio de su hijo Alfonso con la infanta Isabel, futura reina de Castilla, pero la muerte de aquél impidió su realización. Durante su reinado prosiguió la expansión colonial portuguesa y se concertó el tratado de Tordesillas con Castilla (1494), en el que se fijaron los límites de los dominios de ambos reinos en ultramar.
Juan III (Lisboa 1502 - íd. 1557) Rey de Portugal (1521-57). Hijo de Manuel I, durante su reinado se establecieron la Inquisición (1531) y los jesuitas (1540). Alentó la colonización de Brasil y se anexionó Macao y las Molucas.
Juan IV (Villaviciosa 1604 - Lisboa 1656) Rey de Portugal (1640-56). Duque de Braganza, fue proclamado rey tras la secesión de Portugal de España en el reinado de Felipe IV. Consolidó la independencia de su reino.
Juan V (Lisboa 1698 - íd. 1750) Rey de Portugal (1706-50). Hijo y sucesor de Pedro II y casado con Mariana de Austria, intervino en la guerra de Sucesión española en ayuda del archiduque Carlos y fue derrotado en Almansa (1707) y en Caia

(1709). Por el tratado de Utrecht (1713) obtuvo la colonia española de Sacramento.

Juan VI (Lisboa 1767 - íd. 1826) Rey de Portugal (1816-26). Hijo de Pedro III y de María I, por locura de su madre ocupó la regencia desde 1792. Ante la invasión francesa del país, huyó a Brasil (1807-21). A su regreso asumió un mayor control sobre el gobierno, pero no pudo evitar que Brasil se proclamara independiente (1822).

Juan Nombre de varios papas.

Juan VIII (Roma h. 820 - íd. 882) Papa romano (872-882). Consagró emperador en Roma a Carlos el Calvo (875). Rechazó a los sarracenos de Italia con la ayuda de Nicéforo Focas. Condenó a Formoso (876) y reconoció a Focio. Murió envenenado.

Juan XII (Roma 936 - íd. 964) Papa romano. De nombre Ottaviano da Tusculo, nieto de Marozia e hijo de Alberico II, su pontificado abarca de 955 a 964. Coronó al emperador Otón I para que le librara de Berengario (962) pero, debido a la conducta del papa, el emperador logró que fuese depuesto en un concilio y reemplazado por León VIII (963). El papa consiguió volver a los Estados de la Iglesia y persiguió a los partidarios de León VIII.

Juan XXI (Lisboa 1226 - Viterbo 1277) Papa portugués. De nombre Pedro Hispano, fue elegido papa en 1276. Fue filósofo, teólogo y médico, autor del célebre tratado de lógica *Summulae logicales*, que constituye una recopilación de toda la lógica medieval.

Juan XXII (Cahors 1245 - Aviñón 1334) Papa francés. De nombre Jacques Duèse, su pontificado abarca de 1316 a 1334. Fue elegido después de estar vacante la silla de San Pedro durante dos años y estableció la sede en Aviñón. Acrecentó las riquezas papales, excomulgó a los espirituales franciscanos y castigó a los begardos. Aprovechó el conflicto entre Federico de Austria y Luis de Baviera para posesionarse de Italia, pero este último nombró un antipapa, Nicolás V, y depuso a Juan XXII (1328).

Juan XXIII (Sotto il Monte, Bérgamo 1881 - Roma 1963) Papa italiano. De nombre Angelo Giuseppe Roncalli, su pontificado abarca de 1958 a 1963. Era patriarca de Venecia cuando fue elegido papa. Puso en marcha la política de *aggiornamento* o actualización de la Iglesia. Convocó el concilio Vaticano II, que transformó las estructuras del catolicismo, reformó la liturgia, renovó la vida eclesiástica, descentralizó la jerarquía y mostró una mayor apertura y preocupación de la Iglesia por los problemas de todo tipo (no sólo religiosos) de los hombres. Realizó una importante labor pastoral con sus encíclicas *Mater et magistra* y *Pacem in terris*. Es recordado como un papa bondadoso, generoso y comprensivo, cuyo pontificado fue decisivo para la modernización de la Iglesia católica.

Juan XXIII.

Juan Bautista, San (? - Maqueronte, Palestina 28 d. C.) Profeta hebreo y precursor de Jesús. Según los *Evangelios*, era hijo de Zacarías e Isabel, prima de la Virgen María. Muy joven se retiró al desierto a predicar la llegada del Mesías. Bautizó a Jesús en el río Jordán. Murió ajusticiado por orden de Herodes, a quien había reprochado sus relaciones ilícitas con Herodías.

Juan Bautista de La Salle, San (Reims 1651 - Ruán 1719) Religioso francés. Fue el fundador del instituto de los hermanos de las Escuelas Cristianas (1682), integrados por religiosos no sacerdotes, cuya finalidad es la enseñanza de los niños, especialmente la de los pobres. Es el patrón de los educadores.

Juan Bosco, San (Becchi 1815 - Turín 1888) Religioso italiano. Fue ordenado sacerdote en Turín en 1841 y, preocupado por la suerte de los niños pobres, fundó la congregación de religiosos salesianos o Sociedad Salesiana de San Juan Bosco, institución dedicada a la educación y formación profesional de aquéllos, que fue aprobada por el papa Pío IX en 1874.

Juan Carlos I (Roma 1938) Rey de España. Hijo de don Juan de Borbón, titular de los derechos sucesorios de la monarquía española tras la muerte de Alfonso XIII, y de doña María de las Mercedes de Borbón-Dos Sicilias, fue educado en España por acuerdo de su padre y de Francisco Franco, quien decidió restaurar la monarquía en su persona. Fue proclamado rey en 1975 a la muerte de Franco y ha contribuido de forma decisiva a la transformación de España en un país democrático.

Juan Carlos I.

Juan Crisóstomo, San (Antioquía h. 344 - Cumanos, Capadocia 407) Patriarca de Constantinopla y padre de la Iglesia oriental. Su fama como predicador le valió el sobrenombre de Crisóstomo (boca de oro). Su actitud combativa en contra de la relajación de costumbres entre el clero y los fieles de Constantinopla le hizo incómodo para la corte de la emperatriz Eudoxia, que le hizo desterrar en el año 404. Se conservan gran número de sus escritos y homilías.

Juan Damasceno, San (Damasco fines de s. VII - San Sabas, cerca de Jerusalén h. 749) Doctor de la Iglesia. Monje del monasterio de San Sabas, destacó como predicador en Jerusalén. Teólogo, filósofo y autor de himnos sagrados, escribió en griego. Defendió el culto a las imágenes frente a los iconoclastas. Entre sus escritos destacan *Fuente de sabiduría*, *Discursos apologéticos contra los que rechazan las santas imágenes* y *La vida de Barlaam y Josafat*.

Juan de Austria (Ratisbona, Alemania 1545 - Namur, Bélgica 1578) Príncipe y militar español. Era hijo natural del emperador Carlos V y, a la muerte de éste, Felipe II le confió importantes misiones militares en los distintos frentes donde combatía España. Fue capitán general de la flota del Mediterráneo y el Adriático y venció a los turcos en la batalla de Lepanto (1571) al mando de una armada organizada por la liga de España, Venecia y la Santa Sede. Participó en las conquistas de La Goleta, Túnez y Bizerta (1573). Combatió en las campañas de Italia y fue gobernador de los Países Bajos (1576) en sustitución de Luis de Requesens.

Juan de Ávila, San (Almodóvar del Campo, Ciudad Real 1500 - Montilla, Córdoba 1569) Sacerdote español. Fue un famoso predicador y escritor ascético. Su exceso de celo le valió un proceso de la Inquisición, que le consideró sospechoso de luteranismo. Escribió el tratado *Audi, filia, et vide* (1567).

Juan de Borbón y Battenberg (La Granja o San Ildefonso, Segovia 1913) Conde de Barcelona. Tercer hijo de Alfonso XIII, en él recayeron los derechos sucesorios a la corona española por la renuncia de sus hermanos Alfonso y Jaime. En 1946 pasó a residir en Estoril (Portugal). Concertó con Francisco Franco la educación de su hijo Juan Carlos en España. Después del acceso de éste al trono, renunció a sus derechos dinásticos en el año 1977.

Juan de Capistrano, San (Capistrano 1386 - Ilok, Croacia 1456) Franciscano italiano. Actuó contra los fraticelos como inquisidor. Legado apostólico del papa Nicolás V, combatió a los husitas y predicó una cruzada contra los turcos.

Juan de Dios, San (Montemor-o-Novo 1495 - Granada 1550) Religioso portugués. Fue el fundador de la orden de los Hermanos Hospitalarios (1537), dedicada al cuidado de los enfermos y los pobres.

Juan de Flandes Véase **Flandes, Juan de**.

Juan de Juanes, Joan Vicent Masip, llamado (Fuente la Higuera, Valencia h. 1523 - Bocairente, Valencia 1579) Pintor español. En su obra se advierte la influencia del clasicismo italiano y aspectos propios del manierismo. En sus pinturas de tema religioso destacan el modelado de las figuras y el fondo paisajístico o arquitectónico. Entre ellas merecen mencionarse *La Sagrada Familia*, *La Virgen de la leche*, *Ecce homo* y *La Última Cena*. En sus retratos, como el de *Don Luis del Castillo*, demostró una mayor originalidad.

Juan de la Cruz, Juan de Yepes Álvarez, llamado **San** (Fontiveros, Ávila 1542 - Úbeda, Jaén 1591) Religioso y poeta español. Estudió humanidades y filosofía en Medina del Campo y Salamanca. Conoció a Teresa de Jesús, con quien decidió la reforma de los carmelitas, orden a la que pertenecía desde 1563. Fundó varios conventos de carmelitas descalzos y sufrió la hostilidad de los carmelitas calzados, que provocaron su prisión en Toledo. La última parte de su vida la pasó en Andalucía. Su obra literaria comprende cuatro libros: *Subida al monte Carmelo*, *Noche oscura del alma* y *Llama de amor viva*, publicados en Alcalá en 1618, y *Cántico espiritual*, publicado en Bruselas en 1627. En todos ellos, un extenso comentario en prosa acompaña a los poemas para explicarlos. Sus pocos versos hacen de él uno de los más excelsos poetas místicos de la literatura española, que sabe dar a su experiencia del amor divino una bellísima expresión lírica, con gran riqueza de metáforas y armoniosa musicalidad.

San Juan de la Cruz. Grabado de Francisco Pacheco (Museo de la Real Academia de San Fernando, Madrid).

Juan Evangelista, San (Betsaida, Galilea ? - Éfeso h. 100) Uno de los doce apóstoles de Jesucristo. Era hermano de Santiago el Mayor y, según algunos testimonios, el discípulo predilecto de Jesús, a quien acompañó en la transfiguración y el Calvario, donde Jesucristo le encomendó a su madre la Virgen. Escribió el cuarto *Evangelio* canónico, el libro del *Apocalipsis* y tres epístolas. En sus escritos hay que resaltar como características principales el frecuente uso del simbolismo y la insistencia en la divinidad de Jesús y en la importancia del amor al prójimo, núcleo del mensaje evangélico.

Juan Fisher, San (Beverley h. 1469 - Londres 1535) Cardenal inglés. Humanista de la universidad de Cambridge, fue amigo de Erasmo. Obispo de Rochester, se opuso al divorcio de Enrique VIII y Catalina de Aragón, por lo que fue decapitado.

Juan José de Austria (Madrid 1629 - íd. 1679) Príncipe español, hijo natural de Felipe IV y la actriz María Calderón. En vida de su padre recibió mandos militares en los que no obtuvo éxito; sofocó la revuelta de Nápoles, pero fue vencido en Flandes (1658) y Portugal (1663). Durante la minoría de edad de su hermanastro Carlos II conspiró contra la regente Mariana de Austria con el apoyo de nobles descontentos. Carlos II le nombró ministro y durante su gobierno se vio obligado a firmar la paz de Nimega con Francia (1678) en condiciones humillantes para España, por lo que fue desposeído de sus cargos.

Juan Manuel, infante Don (Escalona, Toledo 1282 - Córdoba 1348) Escritor español. Perteneció a uno de los más nobles linajes castellanos y era pariente de reyes. Intervino activamente en las luchas nobiliarias durante la minoría de edad de Alfonso XI, aunque los últimos años de su vida permaneció fiel al rey, a quien acompañó en la batalla del Salado (1340) y en la toma de Algeciras (1344). Su obra narrativa le convierte en uno de los principales literatos españoles del s. XIV. Escribió obras didácticas y ejemplares, entre las que sobresalen *El libro del caballero y el escudero*, *El libro de los estados* y *El conde Lucanor*, en las que refleja los ideales y costumbres de su época en un estilo conciso, claro y elegante.

Juan Pablo Nombre de dos papas.
Juan Pablo I (Forno di Canale 1912 - Roma 1978) Papa italiano. De nombre Albino Luciani, era patriarca de Venecia cuando fue elegido papa a la muerte de Pablo VI (1978). Murió a los 33 días de pontificado.
Juan Pablo II (Wadowice, Polonia 1920) Papa polaco. De nombre Karol Wojtyla, era obispo de Cracovia cuando fue elegido papa en 1978, el primero no italiano desde 1523. En su pontificado ha dado una gran revitalización a la Iglesia, realizando una intensa labor diplomática mediante viajes pastorales a todas partes del mundo. En 1981 fue herido en un gravísimo atentado. Su actitud doctrinal se caracteriza por el progresismo en cuestiones sociales junto a una postura conservadora en lo que se refiere a la fe y la moral. Las encíclicas *Redemptor hominis* (1979), *Laborem exercens* (1981), *Slavorum apostoli* (1985) y *Sollicitudo rei socialis* (1988) son algunos de los principales documentos en que se expone su pensamiento.

Juan Pablo II.

Juan sin Miedo (Dijon 1371 - París 1419) Duque de Borgoña (1404-19). Hijo y sucesor de Felipe el Atrevido, en el curso de la guerra de los Cien Años se apoderó de París, se convirtió en preceptor del delfín, el futuro Carlos VI, y se alió con Enrique V de Inglaterra para destruir la monarquía de los Armagnac. Fue asesinado por un partidario de éstos.

Juan I sin Tierra (Oxford 1167 - Newark, Nottinghamshire 1216) Rey de Inglaterra (1199-1216). Sucedió a su hermano Ricardo Corazón de León. Era el cuarto hijo de Enrique Plantagenet. Combatió al rey francés Felipe II Augusto en defensa de sus estados franceses de Anjou, Normandía y Aquitania, pero fue derrotado en Bouvines (1214). Se enfrentó al papa Inocencio III por la investidura eclesiástica del arzobispo de Canterbury, fue excomulgado y hubo de hacer penitencia. A causa de sus fracasos en el exterior fue obligado a firmar la Carta Magna, documento que reducía la autoridad real en beneficio de los privilegios feudales de la nobleza.

Juana Nombre de varias reinas de Navarra.
Juana I (Bar-sur-Seine h. 1273 - Vincennes 1305) Reina de Navarra (1274-1305) y de Francia (1284-1305) por su matrimonio con el delfín Felipe el Hermoso. Así el reino navarro se unió a la corona francesa. Fue madre de los reyes Luis X, Felipe V y Carlos IV.
Juana II (? 1311 - Conflans 1349) Reina de Navarra (1328-49). Hija de Luis X de Francia, contrajo matrimonio con Felipe de Évreux y así introdujo la dinastía Évreux en Navarra.
Juana III de Albret (Saint-Germain-en-Laye 1528 - París 1572) Reina de Navarra (1555-72). Hija de Enrique II de Albret y de Margarita de Angulema, hermana de Francisco I de Francia, casó con Antonio de Borbón y fue madre del futuro Enrique IV de Francia. Apoyó a los protestantes en las guerras de religión.

Juana, papisa Protagonista de una leyenda, difundida en el s. XIII, según la cual una mujer, bajo el nombre de Juan el Inglés, ocupó el trono pontificio, a la muerte de León IV, de 855 a 857. Se descubrió el engaño, según la tradición, al sobrevenirle los dolores de parto en medio de una procesión.

Juana de Arco, Santa (Domrémy 1412 - Ruán 1431) Heroína francesa. Era una humilde campesina de apenas trece años cuando sintió que Dios le pedía que acudiera a salvar a Francia, que estaba siendo destruida en la guerra de los Cien Años. Al frente de las tropas del delfín de Francia, futuro Carlos VII, liberó en 1429 la ciudad de Orleans, sitiada por los ingleses. Ese mismo año coronó rey a Carlos VII en Reims. En 1430 fue hecha prisionera por los borgoñones, que la entregaron a los ingleses. Sometida a juicio por brujería, en el proceso quedó probada su fe sencilla y sin malicia, pero mediante una artimaña fue condenada a la hoguera, donde murió. La Iglesia católica la rehabilitó (1456) y la canonizó (1920).

Juana de Castilla, llamada **la Beltraneja** (Madrid 1462 - Lisboa 1530) Infanta y heredera del trono de Castilla. Era hija de Enrique IV y Juana de Portugal, pero un sector de la nobleza quiso desacreditarla, extendiendo el rumor de que era en realidad hija del valido Beltrán de la Cueva, y otorgó su apoyo para la sucesión al infante Alfonso y posteriormente a Isabel la Católica. En la guerra civil que siguió a la muerte de Enrique IV, los partidarios de Juana fueron vencidos en Toro. Isabel fue reina de Castilla y ella ingresó en el convento de Santa Clara en Coimbra.

Juana de Portugal (Almada 1439 - Madrid 1475) Reina de Castilla (1455-74) por su matrimonio con Enrique IV. Era hija de Duarte de Portugal y Leonor de Aragón. Fue madre de Juana la Beltraneja, cuya paternidad se atribuyó a Beltrán de la Cueva. Acusada de infidelidad, en el pacto de los Toros de Guisando se acordó su separación de Enrique IV.

Juana Enríquez (? 1425 - ? 1468) Reina de Navarra (1447-68) y de Aragón (1458-68) por su matrimonio con Juan II. Nombrada corregente de Navarra junto a su hijastro Carlos de Viana (1451), participó en la lucha entre agramonteses y beaumonteses. Madre de Fernando el Católico, se opuso al nombramiento de Carlos como heredero de la corona de Aragón (1458), pero tuvo que aceptarlo por las presiones de Cataluña. Muerto Carlos de Viana, le sucedió Fernando, y Juana se ocupó de su tutoría y del gobierno de Cataluña. Preparó el casamiento de Fernando con Isabel la Católica.

Juana Grey (Bradgate h. 1537 - Londres 1554) Reina de Inglaterra (1553). Hija del duque de Suffolk y nieta de Enrique VIII, fue coronada reina a la muerte de Eduardo VI, pero solamente reinó 9 días, pues se impuso María Tudor, la heredera legítima. Juana fue condenada a muerte.

Juana Inés de la Cruz, sor (Nepantla 1648 - México 1695) Escritora mexicana. A los diecisiete años ingresó en la orden del Carmelo, donde se dedicó al estudio de la ciencia, la filosofía y la literatura. Gran admiradora de Góngora, cultivó los más variados géneros literarios. En su obra poética, de influencia culterana, destacan los títulos *Neptuno alegórico* y *Primero sueño* (1692). En prosa, sus libros fundamentales son *Carta athenagórica* (1690) y *Respuesta a Sor Filotea de la Cruz* (1691), donde defiende los derechos intelectuales de la mujer. También escribió obras teatrales, como *Los empeños de una casa* (1683) y *Amor es más laberinto* (1689).

Juana la Loca (Toledo 1479 - Tordesillas, Valladolid 1555) Reina de Castilla (1504-55). Era hija de los Reyes Católicos y contrajo matrimonio con el archiduque Felipe el Hermoso. Heredó el trono de Castilla a la muerte de su madre (1504), pero pronto dio muestras de enajenación, y comenzó la lucha por la regencia entre Fernando el Católico, su padre, y la nobleza castellana partidaria de Felipe. En 1506, a la muerte de su marido, designó sucesor a su hijo Carlos I y encomendó la regencia a Cisneros.

Juana Seymour (Wolf Hall, Witshire 1509 - Hampton Court 1537) Reina de Inglaterra (1536-1537) por su matrimonio con Enrique VIII, al día siguiente de la ejecución de Ana Bolena. Murió al poco tiempo de dar a luz al futuro rey Eduardo VI.

juanete *s. m.* **1.** Deformidad del hueso o inflamación crónica de la base en el dedo gordo del pie que suele afectar a la bolsa sinovial; puede originarse por enfermedad (reúma, gota) o simplemente por el uso de zapatos demasiado ajustados. **2.** Pómulo abultado. **3.** En el velero, cada una de las vergas que se cruzan sobre las gavias y las velas que se sujetan en ellas.

juanetudo, da *adj.* Que tiene juanetes en los pies.

Juárez Véase **Ciudad Juárez**.

Juárez, Benito (San Pablo Guelatao, Oaxaca 1806 - México 1872) Político mexicano. Fue gobernador de Oaxaca, ministro de Justicia y presidente de la Suprema Corte de Justicia. Impulsó la elaboración de la Constitución de 1857, de corte progresista. Fue presidente de la república desde 1858. Suspendió el pago de la deuda externa, lo que provocó la intervención francesa y la creación de la monarquía de Maximiliano de Austria (1864); entonces se hizo fuerte en el N del país y desató una guerra que concluyó con el fusilamiento del emperador y su retorno a la presidencia. Las graves dificultades financieras de su mandato provocaron el levantamiento de Porfirio Díaz y Sebastián Lerdo de Tejada, que ocuparon el poder tras su muerte.

Benito Juárez. Cuadro de Diego Rivera (Museo Nacional de Historia, Castillo de Chapultepec, México).

Juárez Celman, Miguel (Córdoba, Argentina 1844 - Arrecifes 1909) Político argentino. Presidente de la república (1886-90), fomentó las obras públicas y promulgó la ley de matrimonio civil. La crisis económica le forzó a dimitir.

juarismo *s. m.* Doctrina política de Benito Juárez. **FAM.** Juarista.

jubilación *s. f.* **1.** Acción y efecto de jubilar o jubilarse. **2.** Cantidad de dinero que cobra una persona jubilada.

jubilado, da **1.** *p. p.* de **jubilar**. También *adj.* ‖ *s. m.* y *f.* **2.** Persona que se ha jubilado.

jubilar[1] (del lat. *iubilare*) *v. tr.* **1.** Retirar a una persona de su trabajo, por haber llegado a la edad fijada o por enfermedad, concediéndole una pensión. También *v. prnl.* **2.** P. ext., excluir a una persona, por su edad o imposibilidad, de ciertos trabajos u obligaciones que tenía. **3.** Dejar de usar alguna cosa por vieja, anticuada o inútil.

jubilar[2] *adj.* Perteneciente o relativo al jubileo.

jubileo *s. m.* **1.** Indulgencia plenaria concedida por el papa en determinadas ocasiones. **2.** Fiesta pública que celebraban los israelitas cada cincuenta años. **3.** *fam.* Lío, follón.

Sor Juana Inés de la Cruz. (Museo de América, Madrid).

júbilo *s. m.* Alegría, regocijo.

jubiloso, sa *adj.* Alegre, lleno de júbilo. **FAM.** Jubilosamente.

jubón *s. m.* Antigua vestidura ajustada, con o sin mangas, que cubría la parte superior del cuerpo.

Júcar Río de España, perteneciente a la vertiente mediterránea. 498 km. Nace junto al cerro de San Felipe, en los montes Universales del Sistema Ibérico, y recorre las provincias de Cuenca y Albacete en dirección S y la de Valencia en dirección E, para desembocar en Cullera. Pasa por las ciudades de Cuenca y Alzira y sus principales afluentes son el Cabriel y el Magro. Sus aguas se aprovechan para regadíos y producción de energía eléctrica.

Judá **1.** Según la *Biblia*, cuarto hijo del patriarca Jacob, que da nombre a una de las doce tribus de Israel.
2. Uno de los dos reinos en que se dividió Israel a la muerte del rey Salomón (h. 922 a. C.), que perduró hasta la conquista de Nabucodonosor y el sometimiento a Babilonia (587 a. C.).

judaico, ca *adj.* Perteneciente o relativo a los judíos.

judaísmo *s. m.* Religión de los judíos, descendientes de los antiguos hebreos, que creen en la existencia de un único Dios, creador de todas las cosas y de todos los hombres, a quien deben adorar en privado y en común y cuyos preceptos, dados a Moisés y recogidos en las tablas de la ley, deben cumplir. Según el Antiguo Testamento, el origen de la religión judía se halla en el pacto o alianza que hizo Dios, Yahvé, con el patriarca Abraham, por la cual el pueblo hebreo se convirtió en el elegido de Dios. Su primer legislador fue Moisés, a quien Yahvé entregó las tablas de la ley en el monte Sinaí. Salomón construyó el templo de Jerusalén, para conservar el arca de la Alianza, y lo convirtió en el centro espiritual del judaísmo. El culto a Yahvé, en especial los sacrificios, era llevado a cabo en el templo por los sacerdotes, que llegaron a formar una clase privilegiada en la que residía la máxima autoridad de Israel. También se crearon sinagogas, casas donde los judíos se reunían a orar y a oír la doctrina de Moisés y los profetas. El código de vida judaico fue establecido en el *Deuteronomio*, especialmente en el decálogo, y explicado y aumentado por el *Talmud* y otros comentarios autorizados. Una vez producida la dispersión de los judíos a partir del año 70, la unidad doctrinal estuvo en manos de los rabinos, cuyas obras de mayor alcance fueron la *Misná* y la *Guemará*, comentarios a la ley mosaica que constituyen los textos sagrados del judaísmo posbíblico. Los judíos no creen que en Cristo se hayan cumplido de manera definitiva las Escrituras y siguen esperando un Mesías salvador, cuyo acto de liberación no quedará reducido al terreno espiritual, sino que también comportará una dimensión política.
La historia del judaísmo ha estado unida siempre a la dramática existencia del pueblo judío, expulsado de Jerusalén en el cautiverio de Babilonia (s. VI a. C.), destruido por el emperador romano Tito (año 70), que sufrió la diáspora, la marginación en la Edad Media, la expulsión de numerosos países en la Edad Moderna y diversos progroms que culminaron con el holocausto nazi. En la actualidad, el judaísmo florece en numerosas comunidades extendidas por todo el mundo, siendo la principal la del estado de Israel, creado en Palestina en 1948. En conjunto los judíos suman hoy unos quince millones.

judaizante *adj.* **1.** Que practica el judaísmo. También *s.* **2.** En España y Portugal, se aplicó a los judíos oficialmente católicos, pero que siguieron observando, en público o en secreto, la fe judaica. También *s.*

judaizar *v. intr.* **1.** Convertirse al judaísmo. **2.** Practicar, pública o secretamente, ritos judaicos. ▪ Se conjuga como *enraizar.*

judas *s. m.* **1.** Hombre traidor. **2.** En Semana Santa, muñeco que en algunos lugares se cuelga en la calle y después se quema. **3.** En una prisión, mirilla en las puertas de las celdas para observar el interior.

Judas Iscariote Uno de los doce apóstoles de Jesús. Según los *Evangelios*, traicionó a su maestro entregándole a los sacerdotes a cambio de treinta monedas. Poco después, abrumado por los remordimientos, se quitó la vida ahorcándose.

Judas Tadeo Uno de los doce apóstoles de Jesús. Hermano de Santiago el Menor, se le atribuye la epístola que lleva su nombre.

Judd, Donald, llamado **Don** (Excelsior Spring 1928) Escultor estadounidense. Representante del minimalismo, realiza figuras geométricas en distintos materiales, generalmente en serie cerrada o abierta, bien en el suelo o fijas en la pared.

Judea Región histórica del Próximo Oriente, que corresponde al sector meridional de Palestina, entre el mar Muerto y el Mediterráneo. Tras la división de Israel a la muerte de Salomón (922 a. C.) se convirtió en reino. Durante la dinastía de Herodes fue una monarquía vasalla de Roma y, a partir del año 6, una provincia romana. Perteneció sucesivamente al imperio bizantino (s. V), al Islam (s. VII), con la breve interrupción del reino feudal de Jerusalén (1099-1187), y al imperio otomano (s. XVI). Fue después dominio británico (1920), ocupada por Jordania (1949) y definitivamente conquistada por Israel (1967).

judeocristiano, na *adj.* Se dice de la cultura, moral, etc., herederas de la tradición judía y cristiana.

judeoespañol, la *adj.* **1.** Perteneciente o relativo a los judíos españoles o sefardíes, expulsados de España en 1492, y a sus descendientes, que conservaron en el exilio, principalmente en los Balcanes, Asia Menor y N de África, la lengua y las tradiciones españolas. ‖ *s. m.* **2.** Lengua hablada por estos judíos.

judería *s. f.* En una ciudad, barrio que habitaron o habitan los judíos. En las grandes ciudades medievales españolas, como Granada, Córdoba, Sevilla y Toledo, las juderías constituían una administración autónoma, con régimen fiscal y, en algunos casos, jurisdicción civil y criminal propias.

judía *s. f.* **1.** Planta herbácea de la familia papilionáceas, especie *Phaseolus vulgaris.* Tiene el tallo delgado y en espiral, hojas pecioladas con tres hojuelas, flores blancas o amarillas en racimo y fruto en vainas aplastadas con varias semillas en forma de riñón. Es originaria de América, pero hoy día se cultiva en todo el mundo y su fruto y semillas se usan en alimentación humana. **2.** Fruto y semilla de esta planta, del que se consumen sus vainas tiernas y sus semillas tiernas o secas; existen numerosas variedades, en función del lugar y tipo de cultivo, que reciben muy diversos nombres: habichuela, haba, fabe, fríjol, alubia, etc. ‖ **3. judía blanca** Variedad de la semilla de la judía, de color claro, que se utiliza en la elaboración de numerosos platos de cocina. **4. judía pinta** Variedad de la semilla de la judía, de color marrón rojizo, que se utiliza en cocina. **5. judía verde** Vaina tierna del fruto de la judía, que se utiliza en cocina.

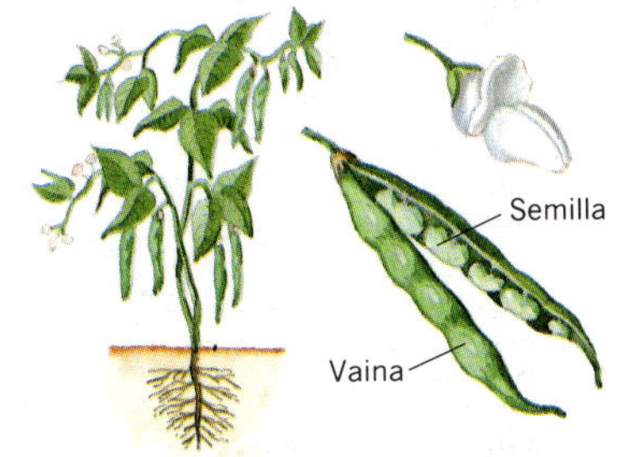

Judía (Phaseolus vulgaris); *detalle de la flor y del fruto.*

judiada *s. f.* Acción mala o injusta que se hace contra otra persona.

judicatura *s. f.* **1.** Ejercicio profesional de juzgar. **2.** Cargo de juez y tiempo que dura. **3.** Conjunto de los jueces de un país.

judicial *adj.* Perteneciente o relativo al juicio, a la administración de justicia o a la judicatura. **FAM.** Judicialmente.

judío, a *adj.* **1.** Israelita o hebreo. También *s.* **2.** Que profesa el judaísmo. También *s.* **3.** De Judea. También *s.* **4.** Tacaño, avaro. También *s.* ‖ **5. judío errante** Personaje legendario, condenado a caminar sin rumbo hasta el día del juicio final por haber maltratado a Jesucristo en el camino del Gólgota. A partir del s. XVII también se le conoce con el nombre de *Ahasverus* o *Asuero.*

judión *s. m.* Cierta variedad de judía, de tamaño mayor que la normal.

Judit Heroína judía cuya historia se narra en el libro del Antiguo Testamento que lleva su nombre. Cuando la ciudad de Betulia fue sitiada por el ejército de Holofernes, general de Nabucodonosor, Judit acudió al campamento enemigo, utilizó su belleza para pasar la noche con el jefe babilonio y, mientras éste dormía, le cortó la cabeza, salvando así a su pueblo.

judo *s. m.* Técnica tradicional de defensa japonesa que hoy se ha extendido por todo el mundo como deporte. Se practica sin armas entre dos luchadores y se basa en la rapidez de movimientos y en la agilidad, así como la utilización de la fuerza del contrario en beneficio propio, por medio de llaves que provocan la pérdida del equilibrio de aquél. Según el grado de habilidad se establecen categorías, simbolizadas por el color del cinturón de los practicantes: blanco, amarillo, naranja, verde, azul, marrón y negro; a partir de la obtención del cinturón negro, los combatientes se clasifican por grados, llamados *dan* del primero al décimo. El judo es deporte olímpico desde 1964. ▪ También se escribe *yudo.*

judoka *s. m.* y *f.* Deportista que practica el judo. ▪ También se escribe *yudoca.*

Jueces, libro de los Libro del Antiguo Testamento que narra la historia de Israel entre 1200 y 1020 a. C. aproximadamente, periodo en que la comunidad hebrea fue gobernada por jueces. La función de éstos fue esencialmente militar y los más importantes fueron Gedeón, Sansón y Samuel.

juego *s. m.* **1.** Actividad cuya única finalidad es divertirse o entretenerse. **2.** Actividad concreta con determinadas reglas y en la que suele haber competición. **3.** Acción y efecto de jugar. **4.** Juego de azar. **5.** Ejercicio que se hace para divertir a otros, como juegos de manos o juegos malabares. **6.** Lugar donde se juega a alguna cosa. **7.** Articulación con que están unidas dos cosas, de manera que sin separarse puedan tener movimiento. **8.** Movimiento de estas cosas articuladas. **9.** Plan o intriga para conseguir una cosa. **10.** Cosa que se toma con poca seriedad o se le da poca importancia. **11.** Conjunto de ciertas cosas similares relacionadas entre sí y que sirven para un mismo fin o se combinan en su uso. **12.** Conjunto de piezas, fichas, etc., necesarias para jugar a alguna cosa. **13.** Combinación de cosas vistosas. **14.** En tenis, cada una de las divisiones de un set. **15.** En juegos de cartas, las que se reparten a cada jugador. **16.** En un vehículo, cada par de ruedas con su eje y elementos accesorios. ‖ *pl.* **17.** En Grecia y Roma, fiestas y espectáculos públicos. **18.** Juegos Olímpicos. ▪ Con este significado suele escribirse con mayúscula. ‖ **19. juego de azar** El que depende de la suerte y en el que se hacen apuestas, como los dados. **20. juego de manos** El basado en la agilidad manual para hacer aparecer y desaparecer cosas o para moverlas. **21. juego de niños** Asunto muy fácil, que no tiene dificultad o que se hace sin darle la menor importancia. **22. juego de palabras** Uso ingenioso de los diferentes sentidos de las palabras o de la forma de las mismas. **23. juego en blanco** En tenis, juego que se apunta un jugador o una pareja sin haber perdido ningún tanto. **24. juegos florales** Concurso poético en que se premia al vencedor con una flor natural, aparte de una cantidad de dinero; están presididos por una reina de la fiesta. **25. juegos malabares** Espectáculo en que se hacen ejercicios de habilidad, manteniendo cosas en equilibrio inestable, lanzándolas a lo alto y recogiéndolas, etc. **26. Juegos Olímpicos** Conjunto de competiciones deportivas que se celebran cada cuatro años en la ciudad elegida para este fin. Los Juegos Olímpicos tienen su origen en los que los antiguos griegos celebraban en la ciudad de Olimpia, y los modernos tuvieron lugar por primera vez en Atenas en 1896, por iniciativa del barón de Coubertin. Desde 1924 se celebran también los *Juegos Olímpicos de Invierno*, que abarcan competiciones deportivas sobre hielo y en la nieve. ▪ Se conocen también como *Olimpiada* u *Olimpiadas.* **27. teoría de los juegos** Disciplina matemática que se aplica al estudio de situaciones concretas propias de campos diversos, fundamentalmente de la economía y la estrategia militar, para evitar la intervención del azar y formular posibilidades de equilibrio. Fue elaborada por Johannes

Ceremonia de inauguración de los Juegos Olímpicos de Los Ángeles (EE UU), en 1984.

von Neumann y desarrollada por Oskar Morgenstern, a partir de la noción de estrategia. Considera dos casos distintos: el *puro conflicto*, cuando las pérdidas de un jugador constituyen las ganancias del otro, y el *conflicto-cooperación*, cuando ambos jugadores persiguen una mejora del resultado conjunto, aunque posteriormente hayan de discutirse las ganancias. ‖ **Loc. conocerle** (o **verle**) a uno **el juego** Descubrir su intención. **crear juego** En fútbol y otros deportes, dar un jugador a sus compañeros de equipo muchas ocasiones para atacar y conseguir tantos. **dar juego** alguien o algo *fam.* Expresa que una persona o cosa ofrece muchas posibilidades o será objeto de muchos comentarios. **entrar** alguien o algo **en juego** Intervenir, actuar. **estar en fuera de juego** Estar al margen de un asunto, desconocerlo. **estar en juego** algo Depender esa cosa de una acción o de otra cosa de que se trata. **fuera de juego** En fútbol y otros deportes, posición antirreglamentaria en que se encuentra un jugador, generalmente por estar situado por detrás del último defensor, sin contar el portero, del equipo contrario. Se castiga con falta. **hacer el juego** a alguien Apoyarle o seguirle en algún manejo. **hacer juego** Combinar bien una cosa con otra. **poner en juego** algo Emplear ciertos medios que se expresan.

Dep. Los primeros Juegos Olímpicos se remontan al 776 a. C. y comprendían únicamente la prueba del estadio o carrera de 192 m; con posterioridad el programa de los Juegos se fue enriqueciendo progresivamente y así en los XVIII se incluyeron el pentathlón y la lucha, y en los XXV, las carreras de cuadrigas, hasta llegar a un buen número de competiciones que alargaba el programa a una duración de cinco días. Los Juegos fueron decayendo y los casos de corrupción se multiplicaron, porque la victoria suponía una vida regalada, hasta tal punto que fueron suprimidos por el emperador Teodosio (393), a instancias de San Ambrosio.

A fines del s. XIX, el barón Pierre de Coubertin se propuso restablecer los Juegos Olímpicos con la idea de conseguir la fraternidad de los pueblos por medio del deporte; para el barón el espíritu de los Juegos quedaba resumido en esta frase: «Lo importante no es ganar, sino participar.» Los Juegos se reanudaron en Atenas en 1896, reservándose los de 1900 para París, durante la Exposición Universal. Desde su restauración se han venido celebrando cada cuatro años en distintas ciudades, salvo en 1916, debido a la Primera Guerra Mundial, y en 1940 y 1944, por la Segunda Guerra Mundial. Su universalidad y relieve han originado su politización. En un principio, los participantes fueron rigurosamente amateurs, pero en los últimos juegos se advierte la tendencia a la profesionalidad.

Juego de Pelota, juramento del Episodio de la Revolución Francesa, juramento solemne prestado por los diputados del tercer estado, constituidos en asamblea nacional, el 23 de junio de 1789, por el que se comprometieron a permanecer unidos hasta que la Constitución de Francia quedara definitivamente asentada.

juerga *s. f.* **1.** Diversión con jaleo. **2.** Diversión muy animada de varias personas en que se bebe y se suelen cometer excesos. **3.** Esta diversión acompañada de cante y baile flamencos.

juerguista *adj.* Se dice de la persona aficionada a las juergas. También *s.*

jueves *s. m.* **1.** Cuarto día de la semana. ‖ **2. Jueves Negro** Nombre que se da al jueves 24 de octubre de 1929 en que se produjo una tremenda caída del precio de los valores en la bolsa de Nueva York, origen de la llamada *Gran Depresión.* **3. Jueves Santo** El de la Semana Santa, en que se celebra la institución de la eucaristía. ‖ **Loc. no ser cosa** (o **nada**) **del otro jueves** *fam.* Expresa no ser nada extraordinario aquello de que se habla.

juez *s. m.* y *f.* **1.** Persona con capacidad y autoridad para juzgar y sentenciar en los tribunales de justicia. **2.** Persona con autoridad para juzgar los méritos de los que se presentan a exámenes, oposiciones, etc. **3.** En dep., persona encargada de hacer cumplir el reglamento o bien resolver las dudas y determinar cuál es el vencedor en una competición. **4.** En certámenes literarios y otras competiciones, persona que vigila el cumplimiento de las reglas y se encarga de la distribución de los premios. **5.** Magistrado supremo del pueblo de Israel, desde que éste se estableció en Palestina hasta la fundación de la monarquía. **6.** Cada uno de los caudillos legendarios que conjuntamente gobernaron el condado de Castilla en sus orígenes. ‖ **7. juez de instrucción** (o **de primera instancia**) Aquel al que llegan los asuntos civiles que no corresponden a los jueces municipales e instruye el sumario de los asuntos penales. **8. juez de línea** En fútbol, cada uno de los dos árbitros auxiliares que vigilan el juego por las bandas y advierten al árbitro principal, levantando una bandera, de las faltas que observan. ■ Se llama también *linier.* **9. juez de silla** En tenis y voleibol, árbitro que dirige el partido; está sentado en una silla, a mayor altura que la red y al lado de uno de los postes que la sostienen. **10. juez municipal** Persona que, sin carrera especial, actúa en un municipio o el distrito de éste en juicios de faltas o en conciliaciones. **11. juez ordinario** El que conoce en primera instancia las causas y pleitos. ‖ **Loc. ser juez y parte** Expresa que una persona no puede ser neutral en algún asunto por ser parte interesada.

jugada *s. f.* **1.** Acción de intervenir el jugador cuando le toca su turno. **2.** Cada una de las actuaciones puntuales en un juego o episodio del mismo. **3.** Bueno o mal negocio que hace una persona, acción que puede resultar beneficiosa o perjudicial. **4.** Acción mal intencionada o injusta. ‖ **Loc. hacer** uno **su jugada** *fam.* Sacar provecho en un asunto.

jugador, ra *adj.* **1.** Se dice de la persona que participa en un juego o forma parte de un equipo. También *s.* **2.** Que tiene gran afición a los juegos de azar o que vive de ellos. También *s.*

jugar *v. intr.* **1.** Realizar ciertas actividades que proporcionan diversión o entretenimiento con esta única finalidad. También *v. tr.* **2.** Tomar parte en un juego o deporte con reglas establecidas. **3.** Intervenir uno en un juego cada vez que le llega su turno. **4.** Tomar parte en sorteos o juegos de azar. **5.** Actuar sin tomar en serio lo que se está haciendo. **6.** Participar en ciertas actividades, p. ej. en la compra y venta de valores de bolsa. **7.** Tener influencia o intervenir en un asunto. **8.** Mover o tocar algo con las manos distraídamente o por entretenimiento. ‖ *v. tr.* **9.** Llevar a cabo partidos o partidas de juego. **10.** Tratándose de cartas, piezas o fichas, utilizarlas en el juego. También, p. ext., utilizar los medios de que se dispone para lograr un fin. **11.** Apostar o arriesgar algo que se expresa en el juego. También *v. prnl.* ‖ *v. prnl.* **12.** Exponerse a perder algo. **13.** Sortearse una lotería, rifa, etc. ■ Es v. irreg. ‖ **Loc. jugar con** alguien Entretenerle, hacerle ir y venir sin resolverle lo que pretende; también, utilizarle para un fin. **jugársela** a alguien Perjudicarle, engañarle.

JUEGOS OLÍMPICOS

Año	Sede de verano	N.º de países participantes (verano)	Sede de invierno
1896	Atenas (Grecia)	13	
1900	París (Francia)	20	
1904	Saint Louis (EE UU)	10	
1908	Londres (Reino Unido)	22	
1912	Estocolmo (Suecia)	28	
1920	Amberes (Bélgica)	29	
1924	París (Francia)	44	Chamonix (Francia)
1928	Amsterdam (Países Bajos)	46	Saint-Moritz (Suiza)
1932	Los Ángeles (EE UU)	37	Lake Placid (EE UU)
1936	Berlín (Alemania)	49	Garmisch-Partenkirchen (RFA)
1948	Londres (Reino Unido)	59	Saint-Moritz (Suiza)
1952	Helsinki (Finlandia)	69	Oslo (Noruega)
1956	Melbourne (Australia)	67	Cortina d'Ampezzo (Italia)
1960	Roma (Italia)	84	Squaw Valley (EE UU)
1964	Tokio (Japón)	94	Innsbruck (Austria)
1968	México (México)	112	Grenoble (Francia)
1972	Munich (RFA)	122	Sapporo (Japón)
1976	Montreal (Canadá)	95	Innsbruck (Austria)
1980	Moscú (URSS)	80	Lake Placid (EE UU)
1984	Los Ángeles (EE UU)	140	Sarajevo (Yugoslavia)
1988	Seúl (Corea del Sur)	158	Calgary (Canadá)
1992	Barcelona (España)	170	Albertville (Francia)

JUGAR

INDICATIVO: Presente	INDICATIVO: Pret. perf. simple
juego	*jugué*
juegas	*jugaste*
juega	*jugó*
jugamos	*jugamos*
jugáis	*jugasteis*
juegan	*jugaron*

SUBJUNTIVO: Presente	IMPERATIVO
juegue	
juegues	*juega*
juegue	
juguemos	
juguéis	*jugad*
jueguen	

jugarreta *s. f. fam.* Engaño o acción injusta con que se perjudica a alguien.

juglandáceas *s. f. pl.* Familia de árboles del orden juglandales a la que pertenecen unas 50 especies comprendidas en siete géneros, entre los que destacan *Juglans* y *Carya.* Tienen hojas alternas pinnadas, son monoicas, con flores dispuestas en inflorescencia colgante las masculinas y en espiga las femeninas, y fruto en drupa o nuez. Crecen en regiones subtropicales y templadas del S de Asia, E de Europa y América. Se utiliza su fruto, la nuez, del que se extrae un aceite, y su madera. Juglandáceas son los nogales y los nogales americanos. También *adj.* y *s. f.*

juglar, resa *s. m.* y *f.* Artista ambulante que en la Edad Media se ganaba la vida recitando poesías, cantando y bailando o haciendo otros juegos y habilidades. Para la literatura tuvieron gran importancia los juglares, que recitaban cantares de gesta y, más tarde, romances, pues no sólo transmitieron los textos, sino que a veces también los modificaron y hasta intervenían en su composición.

Juglar, Joseph-Clement (París 1819 - íd. 1905) Economista francés. Estudió el problema de las crisis económicas y observó que éstas se suceden con una cierta periodicidad, según ciclos de 8 años. En honor de Juglar, la moderna economía denomina **ciclos Juglar** a los ciclos de duración media (8-10 años).

juglaresco, ca *adj.* Perteneciente o relativo al juglar o al mester de juglaría.

juglaría *s. f.* Actividad y oficio de los juglares.

jugo *s. m.* **1.** Líquido de las sustancias animales o vegetales que puede extraerse por presión, cocción o destilación. **2.** Parte líquida que acompaña a ciertos alimentos después de cocinados. **3.** En fisiol., líquido orgánico que segregan ciertas glándulas. **4.** Contenido o interés de lo dicho o escrito. **5.** Provecho que se obtiene de algo. ‖ **6. jugo gástrico** Líquido ácido segregado por las diversas glándulas de la pared mucosa del estómago, que contiene pepsina y colabora en la digestión de los alimentos. **7. jugo pancreático** Líquido alcalino segregado por el páncreas y que llega al intestino por un conducto especial, donde actúa sobre algunos hidratos de carbono, grasas y proteínas de los alimentos. ‖ **LOC. sacar el jugo** a alguien o algo Obtener el mayor provecho posible.

jugoso, sa *adj.* **1.** Que tiene mucho jugo y sabor. **2.** Que tiene mucho interés o contenido. **3.** En arte, se aplica al colorido rico y cálido y al dibujo suelto, ágil y movido. **FAM.** Jugosidad.

juguete *s. m.* **1.** Objeto que sirve para que jueguen los niños. **2.** Persona o cosa dominada y manejada a capricho por una fuerza material o moral. **3.** Pieza teatral o musical breve y ligera.

juguetear *v. intr.* **1.** Divertirse jugando o corriendo. **2.** Entretenerse moviendo o tocando alguna cosa con las manos. **3.** En tauromaquia, corretear y adornarse el torero delante del toro sin realizar ninguna suerte. **FAM.** Jugueteo.

juguetería *s. f.* **1.** Tienda donde se venden juguetes. **2.** Fabricación y comercio de juguetes.

juguetero, ra *adj.* **1.** Perteneciente o relativo al juguete. ‖ *s. m.* y *f.* **2.** Persona que hace o vende juguetes. ‖ *s. m.* **3.** Lugar destinado a guardar los juguetes. **4.** Mueble donde se colocan figuritas de porcelana y otros objetos artísticos pequeños.

juguetón, na *adj.* Se dice de la persona o animal que juega, corre, salta, hace travesuras, etc., con frecuencia.

juicio *s. m.* **1.** Capacidad de conocer y valorar a las personas, los hechos y las cosas. **2.** Idea u opinión que uno se forma de alguien o algo. **3.** Estado normal del entendimiento por oposición a locura. **4.** En la lógica tradicional, relación que se establece entre dos conceptos, afirmando o negando el uno del otro; la expresión del juicio recibe el nombre de *proposición*. **5.** Procedimiento por el que un juez o un tribunal, oyendo a las personas o partes interesadas, a los testigos y abogados, etc., llega a conocer los hechos ocurridos y puede pronunciar sentencia. **6.** Juicio final de la religión cristiana. ‖ **7. juicio contencioso** (o **civil**) El celebrado ante un juez o tribunal sobre derechos o cosas que se disputan entre sí las partes. **8. juicio criminal** (o **penal**) El que tiene por objeto determinar la responsabilidad de una o varias personas en un delito. **9. juicio de Dios** Antiguamente, prueba para demostrar la inocencia de una persona o la verdad de cierta cuestión; podía consistir en un duelo o en pasar sobre hierros candentes, etc.; si el acusado salía sin daño era considerado inocente. Se llama también *ordalía*. **10. juicio de faltas** El que trata sobre delitos leves, de poca importancia. **11. juicio de residencia** El que se hacía a los altos funcionarios de la administración española para exigirles responsabilidades al terminar su gestión. **12. juicio de valor** Expresión en que la realidad objetiva de algo se equipara con la valoración que hacemos de semejante objeto. **13. juicio divino** Juicio particular. **14. juicio final** (o **universal**) En la teología cristiana, el que llevará a cabo Dios en el final de los tiempos, después de la resurrección de los muertos, en presencia de todos los hombres, para dar a cada uno de ellos el premio o el castigo que merezca. **15. juicio oral** En un procedimiento judicial, periodo en que se presentan las pruebas y alegaciones en presencia de los interesados y del tribunal. **16. juicio particular** (o **divino**) En la teología cristiana, el que Dios hace al alma después de la muerte. **17. juicio posesorio** El celebrado para discutir la posesión de una cosa. **18. juicio sumarísimo** El que por la urgencia, gravedad o claridad del caso se efectúa con gran rapidez, especialmente en la jurisdicción militar. **19. juicio temerario** Opinión que se da sin suficiente conocimiento y puede perjudicar a alguien.

Juguetes: de izquierda a derecha, arriba, cocina económica, de lata, años cincuenta, y caballito de cartón. Abajo, muñeco que varea un frutal y moto, ambas piezas de lata y de los años cuarenta.

juicioso, sa *adj.* **1.** Que tiene buen juicio y madurez. También *s.* **2.** Hecho o dicho con buen sentido y prudencia. **FAM.** Juiciosamente.

Juiz de Fora C. de Brasil, en el estado de Minas Gerais, al N de Rio de Janeiro. 378.500 h. en 1983. Sus recursos económicos proceden principalmente de las confecciones textiles, la metalurgia del cinc y la industria de productos de alimentación.

Jujuy Prov. de Argentina, situada en el NO del país, junto a las fronteras de Chile y Bolivia. 53.219 km^2. 487.000 h. en 1986. La capital es San Salvador de Jujuy, con 124.950 h. en 1980. En ella se distingue el Altiplano de la Puna, al O, una región de valles en el centro y las sierras subandinas en el E. Su economía se basa en la agricultura, fundamentalmente de la caña de azúcar; en la minería de hierro, plomo, petróleo y gas, así como en las industrias metalúrgica y alimentaria.

julepe *s. m.* **1.** Juego de cartas en que se reparten cinco a cada jugador y se descubre otra que señala el triunfo; los jugadores pueden cambiar las cartas que deseen por otras del montón sin repartir, hasta un máximo de cuatro, salvo el que reparte, que puede cambiar cinco; gana quien hace dos bazas de las cinco posibles. **2.** *fam.* Trabajo o desgaste excesivo. **3.** *fam.* Castigo o regañina. **4.** *fam.* Golpe, paliza. **5.** Medicina compuesta de agua destilada, jarabes y otras materias medicinales. **6.** *Arg.*, *Par.*, *Urug.* Susto, miedo.

Julia-Claudia Dinastía que gobernó en el imperio romano entre los años 14 y 68 y a la que pertenecieron Augusto, Tiberio, Calígula, Claudio y Nerón.

Julián de Toledo, San (Toledo h. 642 - ? 690) Obispo y escritor visigodo hispano. Nombrado obispo de Toledo (679), consiguió la primacía de su sede (683). Presidió cuatro concilios toledanos, del XII al XV. Entre sus libros más importantes figuran un *Elogio de San Ildefonso*, *Las postrimerías*, *Remedios contra la blasfemia*, *Historia de la rebelión de Pablo contra Wamba* y *Comprobación de la sexta edad*, sobre la divinidad de Jesucristo y contra los judíos.

Juliana de Orange-Nassau (La Haya 1909) Reina de los Países Bajos. Heredó el trono de su madre Guillermina en 1948 y gobernó hasta 1980, año en que abdicó en su hija Beatriz.

juliano, na *adj.* **1.** Perteneciente o relativo a Julio César o instituido por él, como el calendario juliano. ‖ **2. sopa juliana** Véase **sopa**.

Juliano, Flavio Claudio, llamado **el Apóstata** (Constantinopla 331 - Mesopotamia 363) Emperador romano. Fue nombrado césar por su antecesor Constancio II y enviado a las Galias para combatir a los germanos. Por sus éxitos, las legiones le aclamaron augusto en 360. En 361 murió Constancio II y Juliano quedó como emperador. Fue un hombre ilustrado y tolerante, conocedor de la filosofía helenística, que hizo apostasía de la fe cristiana y restauró el culto pagano en el imperio. Murió combatiendo a los persas.

julio[1] *s. m.* Séptimo mes del año, que consta de 31 días. Los romanos le pusieron este nombre en honor de Julio César.

julio[2] (de *Joule*, físico inglés) *s. m.* Unidad de trabajo y de energía en el Sistema Internacional (SI). Equivale al trabajo producido por una fuerza de un newton cuyo punto de aplicación se desplaza un metro. Su símbolo es *J*.

Julio Nombre de tres papas.
Julio I, San (Roma h. 280 - íd. 352) Papa romano. Su pontificado abarca de 337 a 352. Defendió a Atanasio, obispo de Alejandría, expulsado por los arrianos, y el concilio de Sárdica (343) aprobó sus decisiones.
Julio II (Albissola, Savona 1443 - Roma 1513) Papa italiano. De nombre Giuliano della Rovere, su pontificado abarca de 1503 a 1513. Reorganizó los estados de la Iglesia, convocó el XVIII concilio ecuménico (lateranense V) e impulsó la Liga Santa contra Francia. En 1505 llamó a Roma a Miguel Ángel para que construyera su mausoleo y decorara la Capilla Sixtina.
Julio III (Roma 1487 - íd. 1555) Papa italiano. De nombre Giovan Maria de'Ciocchi del Monte, su pontificado abarca de 1550 a 1555. Legado papal en Trento, intervino activamente en la primera etapa del concilio y convocó la segunda eta-

pa (1551-52). Fue aliado de Carlos V contra Enrique II, apoyó a los jesuitas (creación en Roma de los colegios Romano y Germánico) y protegió a los artistas, como Palestrina y Miguel Ángel.

Julio Antonio, Antonio Julio Rodríguez Hernández, llamado (Mora de Ebro, Tarragona 1889 - Madrid 1919) Escultor español. En su obra influyó el arte clásico, especialmente el de Donatello. Recorrió Castilla y realizó una serie de *Bustos de la raza* (1909-14). También trabajó en monumentos, como el de Ruperto Chapí, en Madrid, y el titulado *A los héroes de la Independencia*, en Tarragona.

Jullundur C. de la India, situada al N del país, en la región del Punjab. 405.709 h. en 1981. Importante nudo de comunicaciones, su economía se asienta sobre la comercialización de productos agrícolas. Asimismo cuenta con industrias del cuero y de artículos de deporte.

juma *s. f. fam.* Jumera*.

jumarse *v. prnl. fam.* Emborracharse.

Jumblatt, Kamal (Mutjara 1917 - Beirut 1977) Político libanés. Líder de la comunidad drusa, fundó en 1949 el Partido Socialista del Progreso. Fue uno de los organizadores del levantamiento contra el presidente de la república Camille Chamoun en 1958, defendió los intereses de los palestinos refugiados en el Líbano y, al estallar la guerra civil en 1975, se puso al frente de las fuerzas de izquierda. Murió asesinado.

Jumblatt, Walid (? 1949) Político libanés. Hijo del anterior, a quien sucedió al frente de los drusos. En 1982, sus tropas sostuvieron duros combates contra el ejército gubernamental del presidente Amin Gemayel. En 1984, en alianza con los chiitas, ocupó el sector occidental de Beirut, y fundó el Frente Democrático Nacional (PSP). En 1985 hubo choques entre el Frente y los chiitas por el apoyo del Frente a los palestinos. Tras la muerte del primer ministro Karami (1987), volvió a oponerse al presidente Gemayel.

jumbo (del ingl. *Yumbo*) *s. m.* Tipo de avión de pasajeros de grandes dimensiones.

jumento, ta *s. m.* y *f.* Asno, burro.

jumera *s. f. fam.* Embriaguez, borrachera.

jumilla *s. m.* Vino embocado de alta graduación, tinto o rosado, que se produce en la comarca de Jumilla, Murcia.

Jumilla C. de España, situada en la prov. de Murcia, en el N de la misma. 21.100 h. en 1990. Su economía se basa en el vino de su propio nombre: cultivo de la vid, industrias embotelladoras, de maquinaria y comercialización del mismo. También se dan cultivos de huerta y olivar e industria cerámica y de materiales de construcción. Entre sus monumentos destacan la iglesia de Santiago (s. XVI) y el castillo (s. XV).

jumo, ma *adj. Ec., Méx., P. Rico, Ven.* Jumado, borracho.

junar *v. tr.* **1.** En argot, ver. **2.** *Arg., Par., Urug.* Mirar fijamente a algo, como reflexionando.

juncáceas *s. f. pl.* Familia de plantas herbáceas, raramente arbustivas, del orden juncales a la que pertenecen unas 400 especies comprendidas en nueve géneros, entre los que destacan *Juncus* y *Luzula*. Son hierbas perennes o anuales, con tallos erectos, hojas envainadas, flores pequeñas, generalmente hermafroditas, y rizoma ramificado. Crecen por todo el mundo, esencialmente en regiones templadas, frías o de montaña, junto a corrientes de agua. Sus tallos se usan en cestería. También *adj.* y *s. f.*

juncal *adj.* **1.** Perteneciente o relativo al junco. **2.** Esbelto, de figura agraciada y movimientos elegantes. ‖ *s. m.* **3.** Terreno poblado de juncos.

Juncal **1.** Isla de Argentina, situada en la desembocadura del río Paraná. Fue escenario de una importante victoria de la escuadra argentina sobre la brasileña en 1827.
2. Pico de los Andes centrales, situado en la frontera entre Argentina y Chile. 6.180 m.

juncar *s. m.* Juncal*.

juncia *s. f.* Planta herbácea de la familia ciperáceas, especie *Cyperus longus*. Tiene tallo triangular, hojas alternas, largas y estrechas, flores verdosas en umbela, fruto en granos secos y rizoma grande oloroso y dulce, que se usa en perfumería o como tónico estomacal. Crece en la península Ibérica.

juncial *s. m.* Terreno poblado de juncias.

junco[1] (del lat. *iuncus*) *s. m.* **1.** Nombre común de diversas plantas herbáceas de las familias juncáceas, ciperáceas y alismatáceas, con gran número de especies. Se caracterizan por su tallo recto y flexible. Crecen en zonas húmedas. Suelen emplearse como ataduras y para la fabricación de sombreros y cestas. **2.** Bastón delgado y flexible.

junco[2] (del port. *junco*, y éste del malayo *jung*) *s. m.* Embarcación ligera, de pequeño tamaño, dotada de velas rectangulares reforzadas con listones de bambú, propia de Extremo Oriente. Se emplea para la pesca y el transporte de mercancías.

juncoso, sa *adj.* **1.** Parecido al junco, planta. **2.** Poblado de juncos.

Jundiaí C. de Brasil, situada en el estado de São Paolo. 346.293 h. en 1989. Tiene industrias metalúrgicas, textiles, de fertilizantes y papeleras.

Jung, Carl Gustav (Kesswil 1875 - Küsnacht 1961) Psiquiatra y escritor suizo. Fue discípulo de Sigmund Freud, con quien rompió en 1911. Se mostró contrario a la excesiva importancia que Freud concedía a los aspectos sexuales en su análisis del comportamiento humano. Introdujo el concepto de *inconsciente colectivo*, conjunto de experiencias de la humanidad acumuladas en el curso del tiempo, que se manifiestan en un reducido número de imágenes o arquetipos. Propuso una tipología de formas psíquicas de la personalidad basada en la introversión y extraversión. Entre sus numerosas obras sobresalen *Transformaciones y símbolos de la libido* (1912), *Tipos psicológicos* (1920), *Sobre la psicología del inconsciente* (1942) y *Consciente e inconsciente* (1957).

Jünger, Ernst (Heidelberg 1895) Escritor alemán. En su juventud se alistó en la Legión Extranjera y participó en la Primera Guerra Mundial, experiencias que forjaron su carácter individualista y defensor de valores heroicos. Fue considerado próximo a la ideología nazi, a la que, sin embargo, criticó en algunas de sus novelas. Desde finales de la Segunda Guerra Mundial escribió sobre todo ensayos, en los que evolucionó desde una postura estética hacia un humanismo matizado de desencanto. Entre sus obras más importantes se cuentan *Sobre los acantilados de mármol* (1939), *Diario* (1951-1953), *El nudo gordiano* (1953), *Números y dioses* (1973) y *Eumeswill* (1977).

Jungfrau Pico de los Alpes Suizos, situado en el macizo de los Alpes Berneses, región de grandes glaciares donde nacen los ríos Ródano y Aar. 4.158 m. Cerca de su cima se halla una estación científica de estudios de alta montaña.

jungla *s. f.* **1.** Bosque tropical donde abunda la vegetación exuberante y la vida animal. Se aplica especialmente a la formación herbácea típica de la India, compuesta por una maraña de juncos, hierbas altas, lianas, bambúes y palmeras, hábitat común del tigre. **2.** Lugar lleno de peligros y dificultades.

Juni, Juan de (¿Joigny, Yonne? h. 1507 - Valladolid 1577) Escultor español de origen francés. Es uno de los principales representantes de la imaginería renacentista castellana. Su obra muestra un clasicismo de formas unido a un hondo patetismo religioso, en composiciones dramáticas que, en su última etapa, manifiestan la influencia manierista con la distorsión de las figuras. Algunas de sus esculturas más sobresalientes son *El santo entierro* (1544), el retablo de la capilla de los Benavente, en Medina de Rioseco (1557), el retablo de la catedral de Segovia (1571) y la *Virgen de las Angustias* (1572), en la iglesia de las Angustias de Valladolid.

Junín Departamento de Perú, situado en el sector central del país. 41.296 km^2. 1.114.000 h. en 1990. La capital es Huancayo, con 207.600 h. en 1990. Asentado en una región montañosa andina, tiene como principal recurso económico la minería de cobre, cinc, plomo y oro. Asimismo cuenta con cultivos de cereales, ganadería e industria metalúrgica.

Junín, batalla de Combate librado cerca de la laguna de este nombre, en Perú, entre las tropas de Bolívar y las del realista Canterac (1824). El triunfo del Libertador americano preparó la definitiva victoria de Ayacucho y la ulterior independencia del país.

junio *s. m.* Sexto mes del año, que consta de 30 días. Recibió este nombre entre los romanos en honor de la diosa Juno.

júnior *adj.* **1.** Se aplica a la más joven de dos personas que tienen el mismo nombre. ■ Su abreviatura es *jr.* **2.** Se dice de la categoría que encuadra a los deportistas jóvenes, generalmente entre 18 y 21 años o entre 15 y 19 en tenis, o entre 15 y 18 años en fútbol, por oposición a *sénior*. También *s.* ‖ *s. m.* **3.** Religioso joven que aún no ha hecho la profesión o los votos definitivos.

junípero *s. m.* Enebro*.

Junípero Serra, Miguel Serra y Ferrer, llamado **fray** (Petra, Baleares 1713 - San Carlos de Monterrey, California 1784) Misionero y colonizador español. Monje franciscano, fue destinado en 1749 a las misiones de Nueva España. En 1769 marchó a la alta California, donde fundó San Diego (1769) y Monterrey (1770), que originalmente fueron misiones franciscanas, a partir de las cuales se fundaron San Francisco (1776) y San Gabriel (actual Los Ángeles, fundado como pueblo en 1781). Fue el apóstol y civilizador de California, adonde llevó la cultura hispánica.

junker (voz al.) *s. m.* Nombre que se daba en Prusia a los miembros de la aristocracia terrateniente, impulsora del nacionalismo militarista prusiano.

Junkers, Hugo (Rheydt 1859 - Munich 1935) Inventor y constructor aeronáutico alemán. Fundó la empresa de su nombre (1919) y unas líneas aéreas que más adelante se transformaron en la actual Lufthansa. Construyó el primer avión totalmente metálico (1915) y durante la Primera Guerra Mundial sus factorías fabricaron aviones militares.

Juno Diosa principal romana, esposa de Júpiter, protectora de las mujeres, del matrimonio, de la fecundidad y de los nacimientos. Corresponde a la diosa Hera de los griegos. Se la veneraba también como divinidad guerrera.

Junot, Jean Andoche (Bussy-le-Grand, Côte d'Or 1771 - Montbard, Borgoña 1813) Militar francés. Fue uno de los generales favoritos de Napoleón Bonaparte. Combatió en Austerlitz y en las campañas de Italia, Egipto, España (donde estableció el sitio de Zaragoza) y Rusia. Dirigió la campaña de Portugal, en la que llegó a tomar Lisboa, pero fue vencido por Wellington y hubo de firmar la paz de Cintra (1808). Enloqueció y acabó suicidándose.

junquera *s. f.* Junco*, planta.

junqueral *s. m.* Juncal*.

junquillo *s. m.* **1.** Nombre común de diversas plantas herbáceas de la familia ciperáceas, género *Eleocharis*. El junquillo común palustre *(Eleocharis palustris)* mide de 8 a 60 cm de altura, tiene tallo cilíndrico y espiguillas terminales. El junquillo tenue *(Eleocharis acicularis)* mide de 2 a 10 cm de altura y tiene el tallo tetragonal. Crecen en lugares húmedos, fangosos o arenosos, en las márgenes de lagos, charcas, etc., de toda Europa. **2.** Planta herbácea de la familia amarilidáceas, especie *Narcissus jonquilla*. Su as-

Juan de Juni: Virgen de las Angustias *(iglesia de las Angustias, Valladolid).*

pecto es parecido al del junco y da unas flores amarillas de intenso olor. Crece en la península Ibérica y se utiliza en perfumería. **3.** Cualquier adorno o moldura redondeada en forma de junco. **4.** Bastón muy delgado.

junta *s. f.* **1.** Reunión de personas para tratar de algún asunto. **2.** Conjunto de personas nombradas para administrar o dirigir los asuntos de una entidad. **3.** Parte en que se juntan dos o más cosas, especialmente acoplamiento o unión de varios elementos mecánicos o piezas que forman una estructura. **4.** Espacio estrecho que queda entre piedras o ladrillos de una pared, entre tejas, entre maderas en un mueble, etc. **5.** Pieza de un material elástico que se coloca entre dos tubos o partes de un aparato para que ajusten perfectamente, en especial para impedir que escape el líquido o gas que contienen. **6.** En la historia de España e Hispanoamérica, nombre de diversas instituciones de gobierno o administrativas. **7.** En la España del s. XIX, cada uno de los organismos revolucionarios que surgieron espontáneamente en numerosas localidades y se adueñaron del poder para defender la independencia de la nación frente a los franceses. En 1808, con ocasión de la invasión napoleónica de España y tras la abdicación de los reyes y del príncipe de Asturias en Bayona, el poder político fue asumido espontáneamente por las Juntas, un nuevo tipo de autoridad derivada de la voluntad del pueblo. En junio de ese mismo año existían numerosas Juntas distribuidas por toda la península, coordinadas por trece **Juntas Supremas**, y en septiembre se creó la **Junta Central**. Generalmente participaron en estas nuevas instituciones los mismos funcionarios que ejercían la autoridad antes del comienzo de la guerra, pero dotados de un nuevo espíritu reformista. La Junta Central fue presidida por el conde de Floridablanca, que se limitó a realizar una tarea de gestión en la que abundaron más los fracasos políticos y militares que los éxitos. A principios de 1810 fueron disueltas, pasando el poder a una regencia que convocó las Cortes de Cádiz de 1812. ‖ **8. junta de accionistas** Órgano superior colectivo formado por todos los accionistas de una sociedad anónima. **9. junta de acreedores** Reunión de los acreedores de un comerciante o entidad para estudiar las deudas del mismo y decidir la conveniencia o no de llegar a un acuerdo con él. **10. junta de dilatación** En la construcción, la que se deja sin rellenar o se rellena con un material blando para permitir tanto la dilatación como la contracción.

juntar *v. tr.* **1.** Unir cosas de manera que se toquen o estén más cerca unas de otras. **2.** Reunir, agrupar. También *v. prnl.* **3.** Aproximar las hojas de puertas y ventanas sin cerrarlas del todo. ‖ *v. prnl.* **4.** Andar en compañía de alguien, mantener amistad. **5.** Llevar vida matrimonial dos personas sin estar casadas.

Juntas Militares de Defensa Organizaciones de oficiales de infantería que se crearon en España a partir de 1916 para la defensa de sus intereses. La dirección del movimiento la asumió una Junta Central en Barcelona, presidida por el coronel Márquez. A mediados de 1917 habían adquirido gran poder y su programa superaba el marco de las simples reivindicaciones corporativas, por lo que se ordenó su disolución y se detuvo a sus dirigentes. La amenaza de un golpe militar hizo ceder al gobierno, que consiguió, sin embargo, evitar que el malestar en los cuarteles se aliara a la agitación obrera y nacionalista. Poco a poco las Juntas perdieron fuerza y acabaron por disolverse en 1922.

Juntas Revolucionarias Organismos de gobierno creados en toda España tras la huida y el exilio de la reina Isabel II en 1868. Fueron coordinadas por la Junta Suprema de Gobierno de Madrid, que dio paso a un gobierno provisional, presidido por el general Serrano y compuesto por unionistas y progresistas.

juntero *s. m.* Individuo que forma parte de una junta, especialmente política.

junto, ta *adj.* **1.** Se dice de lo que está cerca, próximo o unido. **2.** Reunido. **3.** En compañía de, acompañado de. ‖ *adv. l.* **4.** Seguido de la preposición *a,* equivale a muy cerca de. ‖ *adv. m.* **5.** Seguido de *a* o *con,* significa en compañía de, juntamente, a la vez. **FAM.** Juntamente.

juntura *s. f.* **1.** Parte o lugar en que se unen dos o más cosas. **2.** Pieza que se coloca entre dos tubos o partes de un aparato para efectuar la unión. **3.** Unión de dos huesos.

Flora y fauna del periodo jurásico: 1. Archaeopteryx. 2. Bennettinas. 3. Esteneosaurio. 4. Estegosaurio. 5. Coníferas. 6. Rhamphorhynchus. 7. Megalosaurio. 8. Diplodoco. 9. Escelidosaurio. 10. Helechos arborescentes. 11. Compsognathus. 12. Proganchelys. 13. Emidosaurio. 14. Ictiosaurio. 15. Plesiosaurio. 16. Dapedius. 17. Banjo.

Júpiter **1.** Máxima divinidad romana, rey de los dioses. Es el dios del cielo, cuyos atributos son el rayo y el trueno, que otorga la victoria y hace cumplir la ley. Corresponde al Zeus griego. **2.** Quinto planeta del Sistema Solar, el primero en cuanto a tamaño. Está situado entre Marte y Saturno y su órbita media dista del Sol 778 millones de km. Tiene un diámetro de 142.113 km, baja densidad y una composición en la que predominan el hidrógeno y el helio en estado sólido, a causa de las bajas temperaturas. Posee al menos doce satélites, de los cuales Ío, Europa, Ganimedes y Calisto fueron descubiertos por Galileo.

jura *s. f.* **1.** Acto solemne en que se promete el cumplimiento de una obligación, deber o la fidelidad a un país, institución o persona. **2.** Juramento. ‖ **3. jura de bandera** Acto solemne en que los alumnos de academias militares o reclutas se comprometen a la obediencia y fidelidad en el servicio a la patria.

Jura **1.** Cordillera de Francia y Suiza, situada en la frontera de ambos países, al O de los lagos Leman y Neuchâtel. Se extiende entre Basilea y el lago Bourget, a lo largo de 250 km. Su máxima altura es el pico Crêt de la Neige (1.723 m). **2.** Departamento de Francia, en el Franco Condado, al E del país. 4.999 km^2. 245.500 h. en 1986. La capital es Lons-le-Saunier, con 20.100 h. en 1982. Cuenta con cultivos de viñedo y policultivos, ganadería vacuna y explotación forestal. **3.** Cantón de Suiza, situado en el NO del país. 837 km^2. 64.700 h. en 1989. La capital es Delémont, con 11.300 h. en 1985.

jurado, da **1.** *p. p.* de **jurar**. También *adj.* ‖ *adj.* **2.** Se dice de la persona que ha prestado juramento para desempeñar un cargo o función. ‖ *s. m.* **3.** Conjunto de personas que forman un tribunal para examinar y calificar en exposiciones, concursos, etc. **4.** Tribunal judicial que existe en algunos países democráticos, formado por particulares elegidos mediante sorteo y encargado de declarar al final de un proceso si encuentra o no culpable al reo. **5.** Cada uno de los miembros de estas dos clases de tribunales.

Jurado, Rocío (Chipiona, Cádiz 1945) Cantante española. Destacada intérprete de la canción española, dotada de una gran voz, alcanzó popularidad en los años setenta y ochenta. Entre sus discos sobresalen *De ahora en adelante* y *Señora.*

juramentar *v. tr.* **1.** Tomar el juramento a una persona. ‖ *v. prnl.* **2.** Comprometerse varias personas mediante juramento a hacer algo.

juramento *s. m.* **1.** Manifestación solemne en que se afirma o niega algo poniendo por testigo a Dios o a personas y cosas muy queridas o respetadas. **2.** Palabra o expresión malsonante. **3.** Dicho contra las cosas sagradas o deseando algo malo a alguien.

jurar *v. tr.* **1.** Afirmar o comprometerse a algo mediante juramento. **2.** Reconocer solemnemente la soberanía de un monarca. **3.** Someterse solemnemente y con juramento a la Constitución de un país, a unos estatutos, a los deberes de un cargo, etc. ‖ *v. intr.* **4.** Decir palabras o expresiones malsonantes. **5.** Blasfemar, maldecir. ‖ **LOC. jurársela** (o **jurárselas**) uno a otro *fam.* Asegurar que se vengará de él o le causará daño.

jurásico, ca *adj.* **1.** Se dice del segundo de los periodos en que se divide la era secundaria o mesozoica. Comenzó hace 190 millones de años y terminó hace 135 millones aproximadamente. Las rocas que lo caracterizan son las margas, arcillas, arenisca y calizas. Durante este periodo experimentaron una gran expansión y diversificación los reptiles terrestres: dinosaurios, pterosaurios, etc., y marinos: plesiosaurios e ictiosaurios. También *s. m.* **2.** Perteneciente o relativo a este periodo. **3.** Se aplica al tipo de plegamiento caracterizado por la sucesión de anticlinales y sinclinales en series litológicas en las que alternan calizas y margas. También *s. m.*

jurel *s. m.* Nombre común de diversos peces perciformes de la familia carángidos, género *Trachurus.* El jurel común *(Trachurus trachurus)* mide unos 50 cm de longitud y se distingue por la aleta caudal en forma de horquilla y por la presencia de escamas óseas muy altas recubriendo la línea lateral. Su color es gris verdusco o azulado, con los flancos plateados. Habita en todos los mares. Es apreciado como alimento.

Jurel (Trachurus trachurus).

juridicidad *s. f.* Tendencia a aplicar soluciones jurídicas en asuntos políticos o sociales.

jurídico, ca *adj.* Que se refiere o se ajusta al derecho o a las leyes. **FAM.** Jurídicamente.

jurisconsulto, ta *s. m.* y *f.* **1.** Persona que con el debido título se dedica a la ciencia del derecho, especialmente a escribir sobre temas legales o a resolver las consultas legales que se le proponen. **2.** Persona que conoce la ciencia del derecho.

jurisdicción *s. f.* **1.** Poder para gobernar y aplicar las leyes. **2.** Territorio sobre el que se extiende dicho poder. **3.** Territorio de un lugar o provincia. **4.** Autoridad a que están sometidos ciertas personas o ciertos asuntos. **5.** En tauromaquia, el terreno tanto del torero como del toro; el del diestro es el espacio en que puede realizar las suertes y el del toro, hasta donde alcanza con sus cuernos en la embestida.

jurisdiccional *adj.* Perteneciente o relativo a la jurisdicción.

jurispericia *s. f.* Jurisprudencia*.

jurisperito, ta *s. m.* y *f.* Persona entendida en la ciencia del derecho.

jurisprudencia *s. f.* **1.** Conjunto de decisiones de los tribunales que sirven de criterio o fundamento razonable en aquellos casos en que no existe una ley que claramente los regule. **2.** Ciencia del derecho. **3.** Toda la legislación sobre determinada materia.

jurisprudente *s. m.* y *f.* Jurisperito*.

jurista *s. m.* y *f.* Persona que se dedica al estudio e interpretación de las leyes.

juro *s. m.* Derecho perpetuo de propiedad.

Jussieu, Bernard de (Lyon 1699 - París 1777) Botánico francés. Encargado del Jardín Real, Luis XV le encomendó la creación de los jardines del Trianón, en Versalles (1759). Realizó numerosos estudios sobre botánica y zoología y fue el primero en clasificar a las anémonas de mar en el reino animal y no en el vegetal. Ideó un método para la clasificación de las plantas, que fue continuado por su sobrino **Antoine Laurent de Jussieu** (1748-1836), director del Jardín Botánico y autor de *Genera plantarum*.

justa *s. f.* **1.** En la Edad Media, combate entre dos caballeros, a caballo y con lanza. **2.** Ejercicios a caballo en que los caballeros mostraban su destreza en el manejo de las armas. **3.** P. ext., competición literaria.

justador *s. m.* Caballero que participaba en una justa.

justamente *adv. m.* **1.** Con justicia. **2.** Exactamente. **3.** De manera muy ajustada. **4.** Precisamente; se usa para recalcar algo.

justedad *s. f.* **1.** Cualidad de lo que es justo. **2.** Igualdad o correspondencia exacta de una cosa con otra.

justeza *s. f.* Exactitud, precisión.

justicia *s. f.* **1.** Virtud que consiste en dar a cada uno lo que le corresponde. **2.** Derecho y su aplicación, en especial en su aspecto penal. **3.** Conjunto de órganos, medios, agentes, etc., de un Estado para castigar los delitos y resolver las disputas y conflictos entre los ciudadanos de acuerdo con las leyes. **4.** En la religión cristiana, virtud cardinal que consiste en acatar la voluntad de Dios. **5.** Atributo de Dios por el cual premia o castiga según el comportamiento de cada persona. ‖ *s. m.* **6.** Nombre que se daba en Aragón al magistrado supremo del reino, que administraba justicia y cuidaba del mantenimiento de los fueros; en Castilla, una de las dignidades más elevadas encargada de castigar a los culpables. ‖ **7. justicia conmutativa** La que regula la proporción entre las cosas que se intercambian. **8. justicia distributiva** La que regula la proporción en la distribución de premios y castigos. ‖ **LOC. de justicia** *adj.* y *adv.* De acuerdo con la justicia, justo, procedente. **en justicia** *adv.* Justamente, de forma justa. **hacer justicia** Aplicar la ley y especialmente el castigo prescrito por ésta; también, reconocer los méritos o cualidades de alguien. **tomarse** alguien **la justicia por su mano** Resolver uno mismo un asunto de derecho sin acudir a los tribunales o fuerzas del orden, p. ej. aplicando un castigo para vengarse de un mal recibido.

justiciable *adj.* Que puede o debe someterse a los tribunales de justicia.

justicialismo *s. m.* Movimiento político argentino, de carácter social y económico, fundado por el general Juan Domingo Perón a partir de la unificación de los partidos Laboralista, Independiente y Radical Renovado. Como Partido Justicialista alcanzó el poder en Argentina en los dos mandatos de Perón, en el de su viuda María Estela Martínez y en 1989, tras el triunfo electoral de Carlos Menem. También se llama *peronismo*. **FAM.** Justicialista.

justiciero, ra *adj.* **1.** Que observa y hace observar estrictamente la justicia. **2.** Riguroso en el castigo de las faltas o delitos.

justificación *s. f.* **1.** Acción y efecto de justificar o justificarse. **2.** Palabras, escritos, etc., con que se hace. **3.** En teol., acto por el que se pasa de un estado de pecado a un estado de salvación a través de la fe.

justificado, da **1.** *p. p.* de **justificar**. También *adj.* ‖ *adj.* **2.** Que tiene un motivo o razón para que ocurra o exista. **FAM.** Justificadamente.

justificante *adj.* **1.** Que justifica o sirve para justificar. ‖ *s. m.* **2.** Documento u otra prueba con que se justifica algo.

justificar *v. tr.* **1.** Constituir una cosa la razón de que otra no sea o parezca extraña, inadecuada o censurable. **2.** Presentar una persona ese tipo de razones en favor de alguien o algo. También *v. prnl.* **3.** Probar algo con documentos, testigos o razones. **4.** En teol., hacer Dios justo a uno. ■ Se conjuga como *sacar*. **FAM.** Justificable, justificador.

justificativo, va *adj.* Que sirve para justificar alguna cosa.

justillo *s. m.* Prenda interior sin mangas que ciñe el cuerpo y no baja de la cintura.

Justiniano Nombre de dos emperadores bizantinos.

Justiniano I, Flavio (Tauresio, Iliria 482 - Constantinopla 565) Emperador bizantino (527-565). Sucedió a su tío Justino. Se rodeó de inteligentes colaboradores, como el financiero Juan de Capadocia, el jurista Triboniano y los generales Belisario y Narsés. Estuvo muy influido por su esposa, la emperatriz Teodora, intrigante y ávida de poder, pero de una rara sagacidad política. Emprendió una ambiciosa política exterior y así, tras pactar la paz con el emperador sasánida Cosroes, intentó recuperar la parte occidental del imperio romano, destruyó el reino vándalo de África, el reino ostrogodo de Italia y ocupó el litoral levantino y parte de la Bética. Debió hacer frente al descontento popular, agravado por el problema de la herejía monofisita, que desembocó en la revuelta de Niké. Embelleció la ciudad de Constantinopla e hizo elaborar un importantísimo cuerpo de jurisprudencia, el *Corpus iuris civilis*, síntesis del derecho romano, compuesto por el *Codex*, el *Digesto* o *Pandectas*, las *Instituta* y las *Novellae*. Gran parte de sus logros no le sobrevivieron.

Justiniano II (? 669 - Sínope 711) Emperador bizantino (685-695 y 705-711). Hijo y sucesor de Constantino IV, sus fracasos militares, su crueldad y el abuso en el cobro de impuestos hicieron que el pueblo lo derrocara (695). Fue mutilado y desterrado al Quersoneso. Apoyado por jázaros y búlgaros logró reconquistar el poder (705) y se dedicó a perseguir a sus enemigos hasta que fue asesinado.

Justino Nombre de dos emperadores bizantinos.

Justino I (Bederiana, Iliria h. 450 - Constantinopla 527) Emperador bizantino (518-527). Fue aconsejado por su sobrino Justiniano, al que asoció al poder en 527. Persiguió a los monofisitas y realizó una aproximación a Roma.

Justino II (? - ? 578) Emperador bizantino (565-578). Sobrino y sucesor de Justiniano I, perdió parte de las conquistas de éste en Italia y en la Bética. Tuvo que dejar que los eslavos se establecieran en Iliria, luchó contra los persas y continuó la persecución de los monofisitas.

Justino, San (Flavia Neápolis, Samaria h. 100 - Roma 165) Filósofo romano y santo del cristianismo. Fue el primer gran conciliador entre la fe cristiana y la razón filosófica. Escribió *Apologías* y *Diálogo con Trifón*.

justipreciar *v. tr.* Determinar el valor de una cosa, ponerle precio. **FAM.** Justipreciación.

justiprecio *s. m.* **1.** Valor o precio dado a una cosa al tasarla. **2.** Acción y efecto de justipreciar.

justo, ta *adj.* **1.** Que actúa o está de acuerdo con la justicia, que es como debe ser. **2.** Que vive según la ley de Dios. También *s.* **3.** Exacto. También *adv. m.*

Justo, Agustín Pedro (Concepción del Uruguay, Entre Ríos 1876 - íd. 1943) Militar y político argentino. En 1930 intervino en la revolución acaudillada por Uriburu que derribó el régimen de Hipólito Yrigoyen. En 1932 llegó a la presidencia del gobierno mediante unas elecciones fraudulentas, con el apoyo de los conservadores y el Ejército. Gobernó dictatorialmente hasta el año 1938.

Justo, Juan Bautista (Buenos Aires 1865 - íd. 1928) Político argentino. En 1895 fue uno de los fundadores del Partido Socialista argentino, en el que ocupó el cargo de secretario general hasta su muerte. Tradujo al español el primer volumen de *El capital*, de Karl Marx.

Jutiapa **1.** Departamento de Guatemala, situado en el SE del país. 3.219 km^2, 339.300 h. en 1989. Es una región eminentemente agrícola. Posee cultivos de café, tabaco y cereales, ganadería ovina y explotación forestal.
2. C. de Guatemala, cap. del departamento del mismo nombre. 86.500 h. en 1985. Núcleo urbano de una región agrícola, cuenta con industria agroalimentaria.

Jutlandia Península del N de Europa, en la que se asienta la parte continental de Dinamarca, situada entre el mar del Norte y el Báltico y unida al continente por el istmo de Schleswig.

Jutlandia, batalla de Combate naval que tuvo lugar en 1916 entre la flota británica y la alemana, durante la Primera Guerra Mundial. Los británicos sufrieron más pérdidas que los alemanes pero obligaron a éstos a retirarse a sus puertos y quedaron dueños del mar.

Juvara, Filippo (Messina 1676 - Madrid 1736) Arquitecto italiano. Su obra se sitúa en el periodo de transición del Barroco al neoclásico y destaca por su carácter monumental y la perspectiva escenográfica de los edificios. Construyó en Turín la basílica de Superga (1717-31), la fachada del palacio Madama (1718) y el pabellón de caza de Stupinigi (1729-33). Trabajó en el proyecto del Palacio Real de Madrid por encargo de Felipe V. También diseñó los jardines del palacio de La Granja en Segovia.

Juvenal, Décimo Junio (Aquino, Apulia h. 60 - íd. h. 140) Poeta latino. En su obra ataca cruelmente los vicios y frivolidades de la Roma de su tiempo. De ella se conservan dieciséis *Sátiras*, divididas en cinco libros. A un estilo de fuerte y sugerente realismo une una tendencia moralizadora.

juvenil *adj.* **1.** Perteneciente o relativo a la juventud. **2.** En dep., se dice de la categoría a la que pertenecen los deportistas jóvenes, generalmente entre 15 y 18 años. También *s.*

juventud *s. f.* **1.** Etapa de la vida entre la niñez y la edad madura. **2.** Cualidad de joven. **3.** Conjunto de personas jóvenes. **4.** Primeros tiempos o etapas del desarrollo de una cosa. **5.** Energía, frescura.

juzgado *s. m.* **1.** Local donde se celebran los juicios. **2.** Conjunto de jueces y funcionarios encargados de administrar justicia en una demarcación determinada. **3.** Territorio a que se extiende su acción. **4.** Tribunal de un solo juez. ‖ **5. juzgado de guardia** El que funciona permanentemente noche y día para atender las primeras actuaciones en un hecho delictivo. ‖ **LOC. de juzgado de guardia** Muy malo, claramente condenable.

juzgar *v. tr.* **1.** Realizar el juez o tribunal las funciones que le son propias. **2.** Creer, opinar, considerar a alguien o algo de determinada manera. **3.** Formular un juicio. ■ Se conjuga como *pagar*. ‖ **LOC. a juzgar por** Se utiliza para introducir los rasgos o características que nos hacen suponer cierta cosa. **FAM.** Juzgador.

K

k *s. f.* Undécima letra del abecedario español y octava de sus consonantes. Su nombre es *ka.*

k. o. (abreviatura de la expr. ingl. *knok-out*) *s. m.* **1.** En boxeo y otras variedades de lucha, expresión que indica que uno de los contendientes ha caído y no ha sido capaz de incorporarse en diez segundos, lo que le supone la pérdida del combate. **2.** Pérdida del conocimiento producida por un golpe. ‖ **3. k. o. técnico** En boxeo, el que decide el árbitro cuando uno de los contendientes ha recibido tal castigo que pone en peligro su integridad física. ‖ **Loc. dejar k. o.** a alguien *fam.* Dejarle tan abrumado que no tiene posibilidad de contestar o de tomar parte en un asunto.

K 1. Símbolo químico del potasio. **2.** Símbolo del kilobyte, unidad de memoria de un ordenador. **3.** Símbolo del kelvin, unidad de temperatura.

K2 Pico del macizo Karakorum, situado en Cachemira, en el N de Pakistán. Es la segunda montaña más alta de la Tierra, después del Everest, con 8.611 m. También se denomina *Godwin Austen.*

ka *s. f.* Nombre de la letra *k.*

Kaaba Santuario musulmán de la ciudad de La Meca. Es un lugar de culto de época preislámica, convertido por Mahoma en centro espiritual del Islam. En el ángulo oriental de su estructura cuadrada se halla la piedra negra, objeto de veneración por los musulmanes. Constituye el principal lugar de peregrinación islámico, que todos los fieles deben visitar al menos una vez en su vida.

kabuki (voz japonesa) *s. m.* Género teatral japonés que alterna partes recitadas o dialogadas, canciones y danza con argumentos de corte heroico o fantástico. Surgió en el s. XVII y es interpretado sólo por actores masculinos (en 1629 se prohibió la participación de mujeres), que visten trajes tradicionales y van cuidadosamente maquillados.

Kabul 1. Río de Afganistán y Pakistán. 700 km aproximadamente. Nace en las montañas Kuh-i-Baba al SO de la ciudad del mismo nombre, atraviesa los pasos de Khyber y desemboca en el Indo. Sus aguas se utilizan para el riego.
2. C. de Afganistán, cap. del país, situada en el E del mismo. 1.424.400 h. en 1988. Es el principal centro cultural, industrial y comercial del país. Cuenta con industrias textiles, alimentarias y aeropuerto internacional.

Kadar, Janos (Rijeka, Yugoslavia 1912 - Budapest 1989) Político húngaro. Dirigente comunista, participó activamente en la resistencia antinazi durante la Segunda Guerra Mundial. Entre 1945 y 1951 desempeñó diversos cargos en la dirección del partido y en el Parlamento. En 1951 fue acusado de desviacionismo político y encarcelado hasta 1956, año en que se le rehabilitó gracias a la desestalinización. Apoyó la invasión soviética de Hungría y fue nombrado primer ministro (1956-58 y 1961-65). Desde entonces ocupó la presidencia del Partido Socialista húngaro, desde la que impulsó una serie de reformas económicas que convirtieron al país en uno de los más desarrollados de Europa oriental. En 1988 cesó en su cargo y fue nombrado presidente de honor.

Kafka, Franz (Praga 1883 - Viena 1924) Escritor checo en lengua alemana. Llevó una oscura existencia trabajando de burócrata en Praga hasta que enfermó gravemente de tuberculosis, dolencia que le causó la muerte. Sus obras, que en su gran mayoría permanecieron inéditas hasta después de su fallecimiento, describen un universo angustioso y opresivo en que el individuo se halla solo e impotente ante la burocracia, la justicia, el poder y la sociedad, que aparecen ante él como algo hostil e incomprensible. Las más importantes son las novelas *La metamorfosis* (1916), *El proceso* (1925), *El castillo* (1926) y *América* (1927). También merecen citarse sus relatos breves, el *Diario* (1948) y la *Correspondencia* (1958).

Franz Kafka.

kafkiano, na *adj.* **1.** Perteneciente o relativo a Franz Kafka, escritor checo, o a sus obras. **2.** Se aplica a las situaciones complicadas, absurdas y angustiosas, por referencia al universo opresivo descrito por este autor.

Kagel, Mauricio (Buenos Aires 1931) Compositor argentino. En 1959 ocupó el cargo de director del Estudio para la Nueva Música de Colonia. Muy influido por Stockhausen, es uno de los creadores más destacados en el campo de la música aleatoria. Entre sus obras deben citarse *Sexteto* (1953), *Anagrama* (1958), *Match* (1964) y *Bestiarium* (1976).

Kagera Río de África centro-oriental. 400 km de longitud. Desemboca en el lago Victoria, por lo que se le considera el primer afluente o rama madre del Nilo.

Kagoshima C. de Japón, situada en el S de la isla de Kyushu. 536.400 h. en 1989. Es un centro portuario y comercial, que cuenta con industria naval, alimentaria, maderera y de manufacturas de laca y porcelana.

Kahlo, Frida (Coyoacán 1910 - íd. 1954) Pintora mexicana. Casada con el muralista Diego Rivera, se dedicó a la pintura tras sufrir un accidente que la obligó a utilizar una silla de ruedas. Su estilo se caracteriza por la unión de elementos surrealistas de gran imaginación con aspectos ingenuos de pura tradición popular. Entre sus cuadros sobresalen los autorretratos *Las dos Fridas* y *Mi nana y yo.*

Frida Kahlo: Autorretrato con pelo corto *(Museo de Arte Moderno, Nueva York).*

Kahn, Louis (Saaremaa 1901 - Nueva York 1974) Arquitecto estadounidense de origen estoniano. Su obra muestra elementos racionalistas y funcionalistas y su principal característica es el equilibrio compositivo y el ritmo, logrados mediante la alternancia de volúmenes macizos y huecos. Diseñó la Yale Art Gallery de New Haven (1952-54), el balneario Trenton de New Jersey (1956), el Medical Research Building de la universidad de Pennsylvania (1958-60), el Instituto Salk, en San Diego, y el Parlamento de Dacca.

Kairuán (*al-Kayrawan*) C. de Tunicia, situada al S de Túnez, en el N del país. 72.300 h. en 1985. Fundada por los árabes en el 670, fue la capital de Ifriquiya y alcanzó su mayor esplendor durante los califatos aglabí y fatimí. Conserva una monumental mezquita y un grandioso conjunto de murallas. Es una ciudad santa del Islam.

káiser (voz al., del lat. *Caesar*) *s. m.* Título que se aplica a los tres emperadores del II Reich alemán y particularmente a Guillermo II.

Kaiserslautern C. de Alemania, situada en el Land de Renania-Palatinado, en el SO del país. 97.650 h. en 1985. Es un importante nudo ferroviario y centro de la industria del hierro, textil y de maquinaria.

kala-azar (voz hindi) *s. m.* Tipo virulento de la enfermedad leishmaniasis visceral, provocado por un parásito de la sangre que se transmite por la picadura de un insecto llamado *mosca de la arena.* Produce epidemias en países subdesarrollados.

Kalahari Desierto del África austral, situado en su mayor parte en territorio de Botswana. Es una cubeta sedimentaria rodeada de un elevado reborde mesetario, de una altura media de unos 1.300 m. Su sector S comprende una región de dunas y los sectores N y O la cuenca pantanosa de Okavango y las marismas de Makgadikgadi, un oasis de extraordinaria riqueza biológica y faúnica. Tiene vegetación de arbustos xerófilos y está habitado por un reducido número de bosquimanos y hotentotes que viven de la ganadería y la caza. En su sector SO se halla el parque nacional de Kalahari-Gemsbok.

Kalevala Poema épico finlandés, compuesto en el primer tercio del s. XIX por Elias Lönnrot y constituido por una recopilación de poemas pertenecientes a la tradición oral. Fue editado por vez primera de forma definitiva en 1849, consta de 23.000 versos y narra las hazañas de los hombres del norte. Su contenido revela la cosmovisión particular del pueblo finlandés.

Kalf, Willem (Rotterdam 1619 - Amsterdam 1693) Pintor neerlandés. Fue autor de interiores y bodegones, en una primera época integrados por ricos elementos, piezas de orfebrería, porcelanas, etc. Posteriormente sus composiciones perdieron su tono lujoso para ganar sutileza, creando variados juegos de luces y transparencias sobre fondos oscuros. Entre sus cuadros destacan *El vaso Ming, La sopera china* y *Naturaleza muerta con limones y cristalería.*

Kali Diosa hindú de la destrucción y la muerte. Es la esposa del dios Siva y se la representa como una mujer negra de cuatro brazos, rodeada en algunas representaciones de serpientes y con los ojos inyectados en sangre. Recibe culto sobre todo en Bengala.

Kalinin, Mijail Ivanovich (Vierjnaia Troika 1875 - Moscú 1946) Político soviético. Militante de la fracción bolchevique del Partido Socialdemócrata, en 1912 entró a formar parte del comité central del partido. Participó en la revolución de Octubre de 1917; en 1919 fue nombrado miembro del comité central del PCUS y en 1929 del Politburó. Desde el año 1937 ocupó la presidencia del Soviet Supremo, cargo equivalente al de jefe del Estado.

Kaliningrad C. de la Federación Rusa, situada en el N del golfo del Vístula, en el mar Báltico, cerca de la frontera con Polonia. 401.000 h. en 1989. Es base naval e importante puerto comercial y pesquero. Cuenta con industria maderera, papelera, de motores y maquinaria. Antiguamente era llamada *Königsberg,* capital de Prusia Oriental y ciudad natal de Kant.

Kalisz C. de Polonia, situada en el sector central del país. 104.100 h. en 1986. Posee industria textil, de equipamiento agrícola y de fabricación de instrumentos musicales.

Kallio, Kyösti (Ylivieska 1873 - Helsinki 1940) Político finlandés. Fue ministro de Agricultura, jefe del gobierno (1922-24, 1925-26, 1929-30 y

1936-37) y presidente de la república (1937-40). En 1923 realizó una reforma agraria.

Kalmar C. de Suecia, situada en el SE del país, en la costa del estrecho del mismo nombre. 55.100 h. en 1989. Es un puerto marítimo con astilleros, fábricas de fósforos y de construcciones mecánicas. En ella se realizó la Unión de Kalmar en 1397.

Kalmar, Unión de Unión de las monarquías escandinavas de Dinamarca, Noruega y Suecia bajo un mismo soberano, realizada por Margarita de Dinamarca en 1397. Hija de Valdemar IV de Dinamarca y viuda de Haakon VI de Noruega, Margarita se convirtió en regente de los tres reinos escandinavos, de los que hizo coronar rey a Erik de Pomerania, en la ciudad de Kalmar. La unión duró hasta que Suecia se independizó mediante el levantamiento de Gustavo Vasa en 1521.

Kama Dios hindú del amor. Es el esposo de Rati, diosa del placer, y se le representa como un apuesto joven, montado sobre un loro, que lleva un arco con cinco flechas.

Kama Río de Rusia, principal afluente del Volga. 2.000 km y una cuenca de 500.000 km^2. Nace en la república de los Udmurtos y recorre la vertiente occidental de los Urales septentrionales. Sus aguas se recogen en los embalses de Kama, Votkinsk y Kuibishev, donde se une al Volga. Es aprovechado para producir energía eléctrica.

Kama-sutra Libro sánscrito que trata de las leyes y códigos amorosos. Fue redactado entre los s. IV y VII por Vatsayana Mallanaga. Está incluido entre los textos religiosos de la India.

Kamchatka Península asiática de la Federación Rusa, situada en el NE del país, entre los mares de Ojotsk y de Bering. Está recorrida de N a S por la cordillera central, donde existe una importante actividad volcánica en la que destaca el volcán Kliuchevskaya (4.750 m). Su clima es muy frío y está poco poblada. Las principales actividades económicas son forestales, ganaderas y pesqueras. Posee industrias de conservas y yacimientos mineros.

Kamenev, Lev Borissovich Rosenfeld, llamado (Moscú 1883 - íd. 1936) Político soviético. Fue director del periódico *Pravda*. Tras el triunfo de la revolución de 1917, fue nombrado miembro del Politburó y presidente del Consejo de Trabajo. Apoyó a Stalin en su pugna con Trotski en 1922, aunque posteriormente formó con éste y con Zinoviev la llamada oposición de izquierda en un intento de combatir a Stalin. Fue expulsado del Partido en 1932, encarcelado y fusilado en 1936 tras un gran proceso.

Kamerlingh-Onnes, Hieke (Groninga 1853 - Leiden 1926) Físico neerlandés. Estudió el comportamiento de los gases a muy bajas temperaturas y en 1908 obtuvo por primera vez helio líquido. Descubrió el principio de la superconductividad. En 1913 recibió el premio Nobel de física.

kamikaze (voz japonesa que significa 'viento divino') *s. m.* **1.** Piloto suicida de la aviación imperial japonesa durante la Segunda Guerra Mundial. Los kamikazes entraron en combate en los últimos meses del conflicto, estrellando sus aviones, cargados de explosivos, contra los barcos de la flota de EE UU para echarlos a pique o averiarlos gravemente. En el curso de la guerra dañaron o hundieron 250 barcos estadounidenses. **2.** Avión tripulado por uno de estos pilotos suicidas. **3.** P. ext., persona muy temeraria.

Kampala C. de Uganda, cap. del país, situada en el S del mismo, junto al lago Victoria. 458.500 h. en 1980. Es un centro agrícola y comercial. Tiene universidad y aeropuerto en Entebbe.

Kampuchea Nombre oficial de Camboya desde 1976 hasta 1989.

kan *s. m.* Entre los pueblos tártaros, título de soberanía. En el imperio mongol era el título del príncipe, inferior al de *kagan* o emperador supremo.

Kananga C. de Zaire, cap. de la prov. de Kasai occidental, situada a orillas del río Lulua. 301.350 h. en 1990. Es un centro comercial del diamante y mercado agrícola y ganadero e importante nudo de comunicaciones para la salida de la minería katangueña. Antes se denominó *Luluaburg*.

Kanaris, Konstantinos (Psara 1790 - Atenas 1877) Político griego. Participó en las luchas de independencia griega contra Turquía, distinguiéndose en las batallas de Quíos y Tenedos (1822). Nombrado almirante por el presidente Capo d'Istria, fue elegido en 1848 jefe de gobierno, cargo que ocupó nuevamente en los años 1864 y 1877. Participó en el levantamiento contra el rey Otón I (1862) y fue uno de los promotores de la llegada al trono de Jorge I (1863).

Kanchenjunga Pico de la cordillera del Himalaya, situado en la frontera entre Nepal y Sikkim. Tiene 8.603 m de altura y es la tercera montaña más alta de la Tierra, después del Everest y del K2.

Kandinsky, Vasily (Moscú 1866 - Neuilly-sur-Seine 1944) Pintor ruso. Fue uno de los iniciadores del arte abstracto. Junto a Franz Marc y August Macke creó el grupo *Der Blaue Reiter* en Munich (1912). Abandonó paulatinamente el estilo figurativo y concedió cada vez más importancia al color como elemento expresivo. A partir de 1920 su obra adquirió rigor constructivo y se estructuró en formas geométricas y colores simples. Realizó asimismo una importante función didáctica como profesor de la Bauhaus y con obras teóricas como *Punto, línea, plano* (1926) y *Reflexiones sobre el arte abstracto* (1931). De sus distintos periodos merecen citarse *Improvisaciones*, *Impresiones* y *Composiciones*, series pintadas entre 1909 y 1914; *Cuadro con tres manchas* (1914), *Ligereza flotante* (1927), *Trece ángulos rectos* (1930) y *Serenidad* (1938).

Vasily Kandinsky: Pintura *(colección particular).*

Kangxu o **Kang-xi** (? - ? 1723) Emperador chino (1662-1723) de la dinastía Qing. Consolidó el imperio, en el que aseguró el dominio de los manchúes. En 1683 ocupó la isla de Formosa y en 1689 frenó la expansión rusa en el N de Manchuria mediante el tratado de Nierchinsk. Impuso el protectorado a Mongolia Oriental (1696). Abrió el imperio a la influencia europea, especialmente a través de los jesuitas, que dieron a conocer los avances científicos y técnicos de la época y llegaron a ocupar altos cargos en el gobierno imperial.

Kano C. de Nigeria, situada en el N del país. 580.200 h. en 1990. Es un importante centro comercial de ganado, cuero, cacahuetes y sal. Tiene industrias metalúrgicas y textiles, además de aeropuerto. Fue la antigua capital del reino hausa y en época islámica, durante los s. XII y XIII, el principal centro comercial del área de Sudán.

Kanpur C. de la India, situada en el estado de Uttar Pradesh, a orillas del Ganges. 1.481.800 h. en 1981. Es un centro comercial, así como un importante nudo de comunicaciones, que cuenta con industria textil, zapatera, química y ferroviaria.

Kansas Estado de EE UU, situado en el sector central del país. 213.096 km^2. 2.485.600 h. en 1990. La capital es Topeka, con 120.250 h. en 1988. Forma parte de la región de las Grandes Llanuras; su sector O tiene relieve de meseta y presenta numerosas colinas; en el sector E se halla la cuenca del río Missouri y al S la del Arkansas. El principal cultivo es el trigo, seguido de sorgo y maíz. Cuenta con ganadería bovina, porcina y ovina, importantes yacimientos de petróleo y gas natural. El sector secundario se basa en la fabricación de maquinaria y en las industrias alimentaria y del refino de petróleo, que se concentran en las ciudades de Kansas City y Wichita.

Kansas City C. de EE UU, situada en el estado de Missouri, a orillas del río Missouri, aunque su área metropolitana comprende la ciudad homónima del estado de Kansas. 440.400 h. en 1989, 1.518.000 h. en 1989 en su área metropolitana (162.100 h. en 1986 en el sector perteneciente al estado de Kansas). Centro comercial y financiero, constituye un importante nudo de comunicaciones, con aeropuerto y un puerto fluvial de gran actividad. Posee industria de astilleros, aeronáutica, automovilística, alimentaria, química y refinerías de petróleo.

Kansu Véase **Gansu**.

Immanuel Kant.

Kant, Immanuel (Königsberg, actual Kaliningrad 1724 - íd. 1804) Filósofo alemán. Tuvo una formación pietista y su vida transcurrió íntegramente en su ciudad natal, lugar que no abandonó pese a las ofertas que le surgieron a lo largo de su carrera. En 1770, llegó a ser profesor de lógica y metafísica en la universidad de Königsberg y desde allí elaboró una obra que le ha situado en las más altas cimas de la historia del pensamiento. Su reflexión toma como punto de partida el racionalismo de Leibniz y Wolff, el empirismo de Hume, los planteamientos de los ilustrados franceses y los avances de la física y la matemática de Newton. En la primera de sus

Kampala: vista parcial de la ciudad.

grandes obras, *Crítica de la razón pura* (1781), establece las condiciones de todo conocimiento científico. A partir de una crítica de la razón analiza, desde ella misma, su modo de proceder y marca los límites que por su propia naturaleza no puede sobrepasar. Su concepción de la ética aparece reflejada en *Fundamentación de la metafísica de las costumbres* (1785) y *Crítica de la razón práctica* (1778), en las que la razón ya no se considera desde el punto de vista teórico, sino desde su uso práctico. Es aquí donde Kant establece el imperativo categórico como principio supremo de la moralidad. En la *Crítica del juicio* (1790) se produce la síntesis de los dos usos de la razón, unificación que tiene lugar en el juicio estético. El idealismo trascendental de Kant supone un punto de inflexión en la historia de la filosofía; es inevitable que toda investigación posterior en el ámbito del pensamiento asuma su legado. Entre los principales textos que publicó se encuentran *Sueños de un visionario* (1766), *Disertación* (1770), *¿Qué es la Ilustración?* (1784) y *La religión dentro de los límites de la mera razón* (1793).

kantiano, na *adj.* **1.** Perteneciente o relativo a Kant o a sus doctrinas filosóficas. **2.** Seguidor de Kant y de sus teorías. También *s.*

kantismo *s. m.* Sistema filosófico de Kant y sus seguidores, basado principalmente en la crítica del conocimiento.

Kantor, Tadeusz (Wielopole 1915 - Cracovia 1990) Director teatral y pintor polaco. Fundador en 1955 de la compañía Cricot-II de Cracovia, está considerado como uno de los renovadores del lenguaje teatral, con obras como *La clase muerta* (1975) y *Wielopole, Wielopole* (1980), caracterizadas por la belleza plástica de una puesta en escena en la que evoca momentos autobiográficos y ambientes de la Polonia de su niñez.

Tadeusz Kantor: Número 5 *(colección Fred Zimmerman, Nueva York).*

Kantorovich, Leonid (San Petersburgo 1912 - Moscú 1986) Matemático y economista soviético. Fue uno de los creadores de la programación lineal aplicada a la planificación económica. Expuso sus doctrinas en los ensayos *Métodos matemáticos para la organización y la producción* (1939) y *Sobre la transferencia de masas* (1942).

Kaohsiung C. de Taiwan, situada en el SO de la isla de Formosa. 1.362.100 h. en 1989. Es un activo puerto comercial, que posee industrias metalúrgicas, petroquímicas, alimentarias y refinerías de petróleo. También se denomina *Kao-Hiong.*

kaoliang (voz china) *s. m.* Variedad de sorgo que se cultiva en Extremo Oriente, sobre todo en China.

kaón *s. m.* Mesón ka, partícula atómica de masa 965 veces mayor que la del electrón, de carga negativa o nula.

Kapitsa, Pietr (Kronstadt 1894 - Moscú 1984) Físico soviético. Investigó las propiedades de los gases a muy bajas temperaturas siguiendo el camino abierto por Kamerlingh-Onnes. Trabajó sobre el helio II (helio a temperaturas inferiores a 2,2 °K) y descubrió que conducía el calor 800 veces más rápidamente que el cobre (el mejor conductor a temperaturas normales). También realizó importantes investigaciones sobre las ondas estacionarias. Obtuvo el premio Nobel de física en 1978, compartido con Arno Allen Penzias y Robert W. Wilson.

kappa (voz gr.) *s. f.* Décima letra del alfabeto griego, que corresponde a nuestra *ka.* ■ La letra mayúscula se escribe *K* y la minúscula *k.*

kaputt (voz al.) *adj.* Acabado, arruinado.

Kara Mar del océano Glacial Ártico, situado al N de Siberia occidental. 883.000 km^2 y 620 m de profundidad máxima. Se extiende entre las islas Nueva Zembla y la península de Taimir y comunica con el mar de Barents a través del estrecho del mismo nombre.

Karachi C. de Pakistán, situada en el S del país, en la costa del mar de Omán. 5.208.100 h. en 1981. Puerto comercial y mayor centro urbano de Pakistán, es al mismo tiempo un importante nudo de comunicaciones ferroviarias. Tiene además refinerías de petróleo. Fue la capital del país hasta 1960.

Karaganda C. de Kazajstán, situada al N del lago Baljash. 614.000 h. en 1989. Su principal actividad económica es la minería del carbón, que se complementa con industria siderúrgica y metalúrgica.

Karagjorgjevic Dinastía serbia fundada por Gjorgje Petrovich Karagjorgje en 1808, año en que consiguió expulsar a los turcos de Serbia, gracias a la ayuda prestada por Rusia. Entre sus miembros más destacados figuran Alejandro, príncipe de Serbia, y los reyes Pedro I, Alejandro I y Pedro II. En 1945 la dinastía fue destronada por la Asamblea yugoslava.

Karajan, Herbert von (Salzburgo 1908 - íd. 1989) Director de orquesta austriaco. Dirigió varias de las orquestas más prestigiosas del mundo, tales como la de la Scala de Milán, la filarmónica de Londres y la filarmónica de Berlín. Asimismo, fue el director artístico de la ópera de Viena. En 1967 creó el Festival de Pascua de Salzburgo, dedicado a las óperas de Wagner. Se le considera uno de los más grandes directores contemporáneos.

Karakorum Macizo montañoso del N de Cachemira, que se extiende por Pakistán, India y China. Comprende las cordilleras de Mustagh, Aghil, Kailash y Ladakh, y en él se halla el pico K2 (8.611 m), la segunda cima más alta de la Tierra después del Everest.

karakul *adj.* Se aplica a una variedad de ganado ovino, oriunda de la región asiática de Bujara, al SE del lago Aral. Del pelo rizado de sus crías se obtiene el astracán. También *s. m.*

Karamanlis, Konstantinos (Prote, Serrai 1907) Político griego. De ideología centrista, sucedió al mariscal Papagos en la jefatura de gobierno en 1955. Durante su mandato, Chipre se convirtió en república independiente (1959). Dimitió en 1963 y se exilió a Londres. Regresó a Grecia tras la caída del régimen de los coroneles en 1974. Fue nombrado primer ministro en 1975 y en 1980 alcanzó la presidencia de la república, que perdió en 1985 al ser elegido Christos Sartzetakis. Nuevamente ocupó la presidencia en 1990.

Karami, Rashid (Trípoli 1921 - en vuelo sobre Enfe 1987) Político libanés. Dirigente de los musulmanes sunnitas y del Frente Democrático (Nahj), fue uno de los promotores de la insurrección árabe de 1958 y presidió el gobierno en diversas ocasiones entre 1955 y 1975. Su partido, el Frente de Salvación Nacional, constituyó una de las múltiples fuerzas que intervinieron en la guerra civil del Líbano. Nombrado primer ministro de un gobierno de concentración (1984), presentó en varias ocasiones su dimisión, pero no le fue aceptada. Murió en un atentado a bordo de un helicóptero.

karate o **kárate** (voz japonesa que significa 'mano vacía') *s. m.* Arte marcial de origen japonés que consiste fundamentalmente en el combate mediante golpes dados con manos, puños, pies, etc.

karateka *s. m.* y *f.* Practicante de karate.

Karl-Marx-Stadt C. de Alemania, situada en el Land de Sajonia, a orillas del río Chemnitz. 311.800 h. en 1989. Es un gran centro de la industria textil, que cuenta asimismo con industrias mecánicas, eléctricas, del vidrio, químicas y alimentarias. En 1991 recuperó su antiguo nombre de *Chemnitz.*

Karloff, Boris (Londres 1887 - íd. 1969) Actor británico. Realizó su carrera en EE UU, donde se especializó en interpretar personajes de monstruos en el cine. Alcanzó la celebridad por su papel en *Frankenstein* (1931). Otras de sus películas más destacadas son *Scarface* (1933), *La novia de Frankenstein* (1935) y *Los muertos andan* (1936).

Karlsruhe C. de Alemania, situada en el Land de Baden-Württemberg, cerca del río Rhin. 265.100 h. en 1989. Es un centro metalúrgico, que cuenta con industria química, papelera, de artes gráficas, plástica y alimentaria. Tiene además un puerto fluvial unido al Rhin por un canal, refinería de petróleo y una central nuclear.

karma (voz sánscrita) *s. m.* Principio que comparten distintas religiones y filosofías hindúes, según el cual las acciones de las personas tienen siempre una consecuencia de premio o de castigo. El karma es la ley moral por la cual el conjunto de hechos realizados por cada hombre determina la mejora o empeoramiento del destino personal en el tránsito de una vida a otra.

Karmal, Babrak (Kabul 1930) Político afgano. Participó en la fundación del Partido Democrático del Pueblo y en el golpe que en 1973 derribó la monarquía. Tras la intervención soviética de 1979 se convirtió en el hombre de confianza de Moscú y fue nombrado jefe de gobierno, secretario general del partido y jefe de las fuerzas armadas. Perdió sus cargos en 1986.

Karnak Conjunto monumental del antiguo Egipto, próximo a la antigua ciudad de Tebas, al N de Luxor. Su principal construcción es el templo de Amón, cuyos restos más antiguos se remontan a la XI dinastía y que fue engrandecido a partir de la XVIII dinastía, cuando Amón se convirtió en divinidad imperial. Destacan sus diez pilonos decorados con relieves, los obeliscos y las estatuas de Amón y Amonet. Una avenida de esfinges (dromos) lleva al templo de Luxor. Otros templos menores de Karnak son los de Montu, Ptah, Jonsu y Mut.

Karnataka Estado de la India, situado en el S del país, en la costa Malabar. 191.791 km^2. 37.135.700 h. en 1981. La capital es Bangalore, con 2.476.350 h. en 1981. Su relieve está constituido por mesetas, que se elevan progresivamente hasta

Karnak: restos del templo de Amón.

la cadena montañosa de los Ghates occidentales. El clima, sometido a la influencia de los monzones, permite una rica agricultura de té, café, pimienta, mijo, maíz y cultivos industriales. Posee minería de oro, manganeso y hierro, explotación de madera de sándalo e industrias textiles y alimentarias. Hasta 1973 fue llamado *Mysore*.

Karpov, Anatoli (Zlatoust 1951) Ajedrecista ruso. Fue designado campeón del mundo ante la retirada del estadounidense Robert Fischer en 1975. Defendió con éxito su título ante su compatriota nacionalizado suizo Victor Korchnoi, pero fue batido por Gari Kasparov en 1985.

karren *s. m.* Lapiaz*.

karroo *s. m.* Formación geológica característica de las mesetas semiáridas del S de África y que consiste en grandes depósitos de esquistos y areniscas de finales del primario.

karst *s. m.* Carst*. **FAM.** Kárstico.

kart (voz ingl.) *s. m.* Pequeño vehículo monoplaza equipado con un motor de dos tiempos de 100 ó 125 cm^3, que carece de suspensión, diferencial y carrocería y se usa sólo en competiciones deportivas y como diversión.

karting (voz ingl.) *s. m.* **1.** Deporte y competición de karts. **2.** Circuito de karts.

KAS Siglas de *Koordinadora Abertzale Sozialista*, formación política vasca de carácter independentista. Fue creada a mediados de los años setenta, vinculada a ETA.

Kasai Río de África central. 1.995 km de longitud. Nace en la meseta de Angola, recorre Zaire y desemboca en el río Congo, del que es uno de los principales afluentes.

Kasavubu, Joseph (Mayombé 1917 - Boma 1969) Político congoleño. Dirigente nacionalista, en 1957 participó en las negociaciones con Bélgica para obtener la independencia del Congo. En 1960 fue elegido presidente de la república. Partidario de un estado federalista, se enfrentó al jefe de gobierno Lumumba y le destituyó. En 1965 fue depuesto por el coronel Mobutu.

kasbah (voz ár.) *s. f.* Barrio antiguo de las ciudades árabes. ▪ Se escribe también *kasba*.

Kashmir Véase **Cachemira**.

Kasparov, Gari (Bakú 1963) Ajedrecista azerbaiyano. Conquistó el título mundial al vencer a Anatoli Karpov en 1985 y lo retuvo en las revanchas de 1986 y 1987. Su estilo se caracteriza por unir a una depurada técnica un gran instinto por el juego de ataque.

Kassel C. de Alemania, situada en el Land de Hessen, en el sector central del país. 189.150 h. en 1989. Es un importante centro ferroviario y posee industrias automovilísticas, textiles y de construcciones eléctricas y ferroviarias. Es, además, sede de una importante feria de arte contemporáneo denominada *Documenta de Kassel*, que se celebra cada cuatro años.

Kassem, Abd al-Karim (Bagdad 1914 - íd. 1963) Militar y político iraquí. Participó en la guerra árabe-israelí de 1948, y en 1958 dirigió el golpe de Estado que derribó la monarquía y proclamó la república. Convertido en jefe del Estado y del Ejército, impulsó una política de carácter neutralista que le enfrentó a los partidarios del nasserismo. Hubo de hacer frente, además, a un levantamiento kurdo en la región N del país. En 1963 fue derrocado por el sector más radical del Ejército y posteriormente fusilado.

Kastler, Alfred (Guebwiller, Alsacia 1902 - Bandol, Var 1984) Físico francés. Investigó sobre la resonancia magnética y el fenómeno conocido como bombeo óptico, fundamentales para el posterior desarrollo del láser. En 1966 fue galardonado con el premio Nobel de física.

Katanga Antiguo nombre de la región S de Zaire, cuyo nombre actual es *Shaba*, de gran riqueza minera (cobre, plata, uranio, manganeso, cinc, etc.). Al producirse la independencia del Congo belga, Moïse Tshombé proclamó la república de Katanga, con el respaldo de las compañías mineras y de potencias europeas como Bélgica, Francia y el Reino Unido. Aprovechando los conflictos en el gobierno del Congo entre Lumumba y el presidente Kasavubu, Katanga mantuvo la secesión hasta 1963, defendida por un ejército mercenario.

Katin C. de la Federación Rusa, situada al O de Smoliensk. En 1943 el ejército alemán descubrió en sus proximidades varias fosas con los cadáveres de 4.500 oficiales polacos ejecutados y acusó a la URSS del crimen. El gobierno soviético lo negó y denunció a su vez a los alemanes como autores de la matanza.

katiusca *s. f.* Bota de goma impermeable que llega hasta media pierna o hasta la rodilla.

Katmandú C. de Nepal, cap. del país, situada en el sector central de su territorio, al pie de la cordillera del Himalaya. 235.150 h. en 1981. Es un centro comercial, que posee industrias alimentarias y textiles. Constituye un importante lugar de peregrinación budista.

Katmandú: vista de la plaza de Durbar.

Katowice C. de Polonia, situada en Alta Silesia, en el S del país. 365.800 h. en 1989 y más de 1.500.000 h. en su conurbación. Es un importante nudo de comunicaciones, que cuenta con industrias siderúrgicas, químicas, mineras, mecánicas y electrónicas.

Kattegat Estrecho europeo del Atlántico N, situado entre los estrechos de Skagerrak al NO y Sund y Gran Belt al S, junto a los cuales comunica el mar del Norte con el Báltico. Separa la costa NE de la península de Jutlandia de la costa SO de Suecia, en la península Escandinava.

Katz, Bernard (Leipzig 1911) Fisiólogo británico de origen alemán. Obtuvo el premio Nobel de fisiología y medicina de 1970, compartido con Julius Axelrod y Ulf von Euler, por sus investigaciones sobre la química de la transmisión nerviosa.

Kauffmann, Angelica (Chur, Graubünden 1741 - Roma 1807) Pintora suiza. Viajó por Italia y residió en Londres (1765-81), donde recibió la influencia de Reynolds. Se especializó en el retrato, de un refinado academicismo. Se casó con el pintor veneciano Zucchi (1781).

Kaunas (*Kovno*) C. de Lituania, situada junto al río Niemen. 423.000 h. en 1989. Principal centro económico de Lituania, cuenta con industria textil, metalúrgica, química y alimentaria. Sede de la universidad de Lituania, fue capital del país entre 1921 y 1939.

Kaunda, Kenneth David (Lubowa 1924) Político zambiano. Fundó el Congreso Nacional Africano de Zambia (1960), que se convirtió en el Partido Unificado para la Independencia Nacional. Primer presidente del país en 1964, fue reelegido por sexta vez en 1988 al frente de un régimen de partido único. En política internacional apoyó los movimientos independentistas africanos.

Kautsky, Karl (Praga 1854 - Amsterdam 1938) Político e ideólogo marxista alemán. Secretario de Engels, criticó con dureza las teorías revisionistas del ala derecha del partido, representada por Bernstein, pero posteriormente evolucionó hacia posturas más reformistas y se enfrentó a las tesis de Lenin y Rosa Luxemburgo. Fundó en 1883 la revista *Neue Zeit*, órgano del Partido Socialdemócrata alemán. Entre sus obras más destacadas cabe citar *Las doctrinas económicas de Karl Marx* (1887), *La cuestión agraria* (1899) y *Ética y concepción materialista de la historia* (1906).

Kavafis, Constantino (Alejandría 1863 - Atenas 1933) Poeta griego. Es el gran cantor de la civilización helenística mediterránea y defensor de una lírica culta frente a la tendencia popular de Palamás y otros autores. Sus poemas denotan una refinada elegancia, un destacado poder de evocación y una gran sutileza al tratar los temas sensuales y eróticos. Su obra se halla recopilada en dos colecciones de *Poemas* (1905-15 y 1915-18).

Kawabata, Yasunari (Osaka 1899 - Zushi, Jokosuka 1972) Escritor japonés. Sus novelas, de tono reflexivo y poético, destacan por su cuidadoso estilo; de ellas merecen citarse *La cinta roja de Asakuza* (1929), *País de nieve* (1947) y *El rugido de la montaña* (1952). Fue galardonado con el premio Nobel de literatura en 1968.

Kawasaki C. de Japón, situada en la costa SE de la isla de Honshu e integrada en el área metropolitana de Tokio. 1.157.000 h. en 1989. Es un gran centro portuario, con una floreciente industria metalúrgica, de construcciones navales y aeronáuticas, eléctrica, textil, química, ferroviaria y refinerías de petróleo.

kayak (voz esquimal) *s. m.* **1.** Embarcación individual usada por los esquimales, que consiste en una especie de canoa con armazón de madera recubierta de pieles cosidas. **2.** Embarcación deportiva ligera, formada por un armazón de madera y recubierta de lona embreada; se impulsa con una pala doble, llamada *canalete*, que debe manejarse a pulso, sin apoyo; según el número de tripulantes, se denomina k-1 (un tripulante), k-2 (dos) o k-4 (cuatro).

Kayseri C. de Turquía, cap. de la prov. de Capadocia, situada en la península de Anatolia, al SE de Ankara. 378.450 h. en 1985. Cuenta con industria textil, aeronáutica y automovilística.

Kazajstán Estado de Asia Central, antigua república de la URSS.

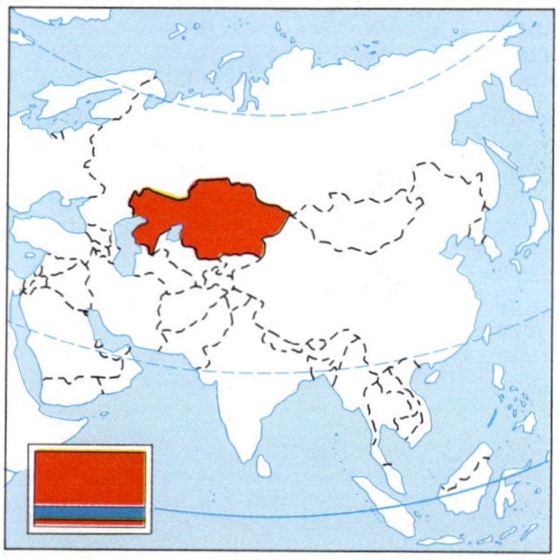

Extensión: 2.717.300 km^2.
Límites: al N, con la Federación Rusa; al E, con China; al S, con Kirguizistán, Uzbekistán y Turkmenistán, y al O, con el mar Caspio y la Federación Rusa.
Población: 16.538.000 h. en 1989.
Densidad: 6,1 h./km^2.
Capital: Alma-Ata.
División administrativa: 19 provincias.
Ciudades principales: Karaganda, Cimkent.
Gentilicio: kazaco.
Forma de Estado: república.
Idioma: ruso, kazaco.
Religión: cristianismo, islamismo.
Moneda: rublo.
Renta per cápita: 6.430 dólares en 1988.

Geog. Su relieve presenta una topografía horizontal, como continuación de la llanura de Siberia occidental. Sólo el extremo oriental, con los rebordes de los montes Altai y Tien Shan, alcanza alturas notables (Beluja, 4.506 m). Tres importantes ríos discurren por sus regiones periféricas, el Ural en el O, el Irtish en el NE y el Amu Daria en el S. Hay asimismo grandes lagos, como el Aral, el Baljash y el Zaisan, además del mar Caspio, que constituye su extremo SO. El clima es continental y la vegetación esteparia, salvo las regiones desérticas meridionales. Su economía se basa en las riquezas mineras del subsuelo, del que se extrae carbón, hierro, cobre (sexto productor mundial), fosfatos (segundo),

plomo (segundo), manganeso, cinc, bauxita, níquel, cromo, fosforita, oro y petróleo. Pese a la aridez del terreno existe una agricultura muy mecanizada que produce cereales, arroz, remolacha, frutas, tabaco y algodón. Cuenta también con ganadería caballar y ovina de la raza lanera karakul. Constituye el tercer productor mundial de caviar, con sus factorías del mar Caspio. Su industria está muy relacionada con las extracciones mineras y es esencialmente siderúrgica, metalúrgica e industria pesada. En el sector meridional de su territorio se halla enclavado el complejo espacial de Baikonur, base de la carrera espacial soviética.
Hist. El pueblo kazaco, de raza mongólica y lengua turca, ocupaba una amplia región esteparia organizado en clanes nómadas y dedicado fundamentalmente al pastoreo. Entre los s. XIV y XV adoptó la religión islámica y en el s. XVI se dividió en tres hordas. Entre 1730 y 1873 les fue impuesta la dominación rusa. Tras la caída del régimen zarista surgió con fuerza una tendencia autonomista, que fue reprimida por el régimen soviético, el cual organizó la región creando la República Kazaca en 1925, convertida en 1936 en República Socialista Soviética de Kazajstán. Los kazacos fueron progresivamente adoptando la civilización sedentaria, al tiempo que se producía una importante inmigración de rusos. Cuando se produjo la disolución de la URSS en 1991, Kazajstán obtuvo la independencia. A fines de este mismo año se llevaron a cabo las primeras elecciones libres, en las que resultó vencedor Nursultan Nazarbaiev, que previamente ocupaba la presidencia. Kazajstán suscribió el tratado de adhesión a la Comunidad de Estados Independientes junto a las restantes repúblicas asiáticas de la antigua URSS en diciembre de 1991.

Kazan C. de la Federación Rusa, situada al E de Moscú, a orillas del río Volga. 1.094.000 h. en 1989. Importante puerto fluvial, cuenta con industria química, metalúrgica, de material ferroviario, aeronáutica y textil. Conserva un recinto amurallado, varias iglesias del s. XVI y una famosa universidad. Fue la capital de los tártaros.

Kazan, Elia (Constantinopla 1909) Director de cine y teatro estadounidense de origen griego. Se formó en el *Group theatre* de Nueva York y fue uno de los fundadores del *Actor's Studio* (1947). En sus películas sabe penetrar en la psicología de los personajes, enfrentados a situaciones de tenso dramatismo. Entre ellas sobresalen *Un tranvía llamado deseo* (1951), *¡Viva Zapata!* (1952), *La ley del silencio* (*On the waterfront*, 1954), *Al este del Edén* (1955), *Esplendor en la hierba* (1961), *América, América* (1963) y *El último magnate* (1976).

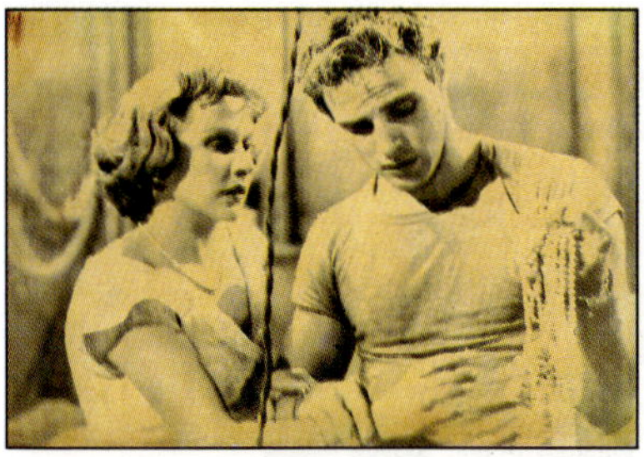

Escena de Un tranvía llamado deseo *(1951), de Elia Kazan, con Kim Hunter y Marlon Brando.*

Kazantzakis, Nikos (Heraclio 1885 - Friburgo de Brisgovia 1957) Escritor griego. Es autor de un vasto poema de 33.000 versos, *Odisea* (1938), que continúa la obra de Homero. Sus novelas, de estilo impresionista, abordan los temas de Grecia y del cristianismo. Entre ellas destacan *Alexis Zorba* (1946), *Cristo de nuevo crucificado* (1954) y *El pobre de Asís* (1956). Escribió también obras de teatro, como *Nicéforo Focas* (1927) y *Teseo* (1953), y libros de viajes.

kcal Símbolo de la kilocaloría, medida de calor.

Kean, Edmund (Londres 1787 - Richmond 1833) Actor británico. Inició su carrera de actor interpretando el papel de Shylock (1814). Alcanzó grandes éxitos con obras de Marlowe y Shakespeare y fue uno de los máximos actores románticos. Alexandre Dumas, padre, lo hizo protagonista de una de sus obras de teatro.

Buster Keaton.

Keaton, Buster (Pickway, Kansas 1895 - Woodland Hills, Los Ángeles 1966) Actor y director de cine estadounidense. Durante la época del cine mudo creó un personaje de rostro impasible y gran comicidad. Sus películas más célebres son *El navegante* (1924), *El maquinista de la General* (*The General*, 1926) y *El cameraman* (1928), de las que fue protagonista y director. En el cine sonoro intervino como actor en *El crepúsculo de los dioses* (*Sunset Boulevard*, 1948), *Candilejas* (*Limelight*, 1952) y *Golfus de Roma* (1966).

Keaton, Diane (Los Ángeles 1946) Actriz cinematográfica estadounidense. Se dio a conocer con sus papeles en *El Padrino I* y *II* (1972 y 1974 respectivamente) y alcanzó gran celebridad en su etapa junto a Woody Allen con los filmes *Annie Hall* (1977), *Interiores* (1978) y *Manhattan* (1979), creando un personaje de intelectual neoyorquina liberal y algo contradictoria en tono tragicómico. Otras películas suyas son *Buscando a Mr. Goodbar* (1977) y *Mrs. Soffel* (1985).

Keats, John (Londres 1795 - Roma 1821) Poeta inglés. Es uno de los grandes autores del Romanticismo. Murió a los veintiséis años enfermo de tuberculosis. Su obra se caracteriza por la búsqueda y la expresión de la belleza, la creación de atmósferas sugestivas mediante las imágenes más ricas, y en ella sobresalen *Endymion* (1818), *Sonetos* (1820), *Odas* (1820), *Lamia y otros poemas* (1820) e *Hyperion* (1821).

kechup o **ketchup** *s. m.* Catchup*.

Kecskemet C. de Hungría, situada al SE de Budapest, entre los ríos Danubio y Tisza. 106.900 h. en 1989. Es un centro comercial agrícola y ganadero, que cuenta con industria de maquinaria, textil, alimentaria y de fertilizantes.

Keelung C. de Taiwan, situada en el N del país, a orillas del mar de la China Oriental. 350.200 h. en 1990. Es base naval y cuenta con industrias químicas, alimentarias, cementeras y astilleros. También se denomina *Chi-lung*.

kéfir (voz caucásica) *s. m.* Bebida originaria del Cáucaso que consiste en leche fermentada artificialmente.

Kefrén (segunda mitad del s. XXVI a. C.) Cuarto faraón de la IV dinastía del imperio Antiguo egipcio. Era hijo de Keops e hizo construir la segunda de las tres pirámides de Gizeh y la gran esfinge.

Keitel, Wilhelm (Helmscherode, Harz 1882 - Nuremberg 1946) Militar alemán. Combatió en la Primera Guerra Mundial. En 1938, siendo mariscal del III Reich, recibió de Adolf Hitler el mando supremo de la Wehrmacht, que ejerció durante la Segunda Guerra Mundial. En 1945, tras la desaparición de Hitler, firmó la capitulación alemana. Fue procesado en Nuremberg y ejecutado.

Kekkonen, Uro Kaleva (Pielavesi 1900 - Helsinki 1986) Político finlandés. Fue jefe de gobierno entre 1950 y 1956 y presidente de la república al ser elegido en sucesivas ocasiones desde esa fecha hasta 1982, en que dimitió por problemas de salud. Mantuvo una política de neutralidad y de buenas relaciones con la URSS. Favoreció la celebración en Helsinki de la Conferencia sobre Seguridad Europea (1973-75).

Kekulé von Stradonitz, August Friedrich (Darmstadt 1829 - Bonn 1896) Químico alemán. Su principal aportación a la química fue el descubrimiento de la estructura cíclica del benceno, que expuso en 1865 en la teoría que lleva su nombre.

Keller, Helen Adams (Tuscombia, Alabama 1880 - Easton, Connecticut 1968) Ciega y sordomuda estadounidense. Fue célebre su proceso de educación por la pedagoga Anne Sullivan. A pesar de sus limitaciones adquirió el uso de la palabra y llegó a graduarse en diversas universidades. Publicó varios libros autobiográficos.

Kellogg, Frank Billings (Potsdam, Nueva York 1856 - Saint Paul, Minnesota 1937) Político estadounidense. Desempeñó diversos cargos en la diplomacia de EE UU y fue secretario de Estado bajo la presidencia de Coolidge. Negoció el pacto Briand-Kellogg de condena y renuncia a la guerra (1928), por lo que recibió el premio Nobel de la paz en 1929.

Kelly, Gene (Pittsburgh 1912) Actor, coreógrafo y director de cine estadounidense. Fue uno de los renovadores del género de la comedia musical, además de excelente bailarín. Entre sus películas destacan *Un día en Nueva York* (*On the town*, 1949), *Un americano en París* (1951) y *Cantando bajo la lluvia* (1952).

Kelly, Grace (Filadelfia 1928 - Montecarlo 1982) Actriz estadounidense. Alcanzó gran celebridad durante los años cincuenta por su belleza serena y su aspecto distinguido. Contrajo matrimonio en 1956 con el príncipe Rainiero III de Mónaco y abandonó su carrera cinematográfica. Interpretó papeles destacados en *Solo ante el peligro* (*High noon*, 1952), *Mogambo* (1954), *La ventana indiscreta* (1954), *Crimen perfecto* (*Dial M for murder*, 1954) y *Atrapa a un ladrón* (1955).

Kelsen, Hans (Praga 1881 - Orinda, Berkeley 1973) Jurista estadounidense de origen austriaco. Profesor en diversas universidades europeas y de EE UU y redactor de la Constitución austriaca de 1920, es el autor de la «teoría pura del derecho», según la cual el derecho no es una creación del Estado, sino la personalización del orden jurídico. Entre sus obras sobresalen *Teoría general del Estado* (1925, 1945) y *Teoría pura del derecho* (1935, 1960).

kelvin *s. m.* Unidad de temperatura en el Sistema Internacional. El grado 0 Kelvin, también llamado *cero absoluto*, equivale a −273,16 °C y constituye el principio de la escala Kelvin. La dimensión de cada grado Kelvin coincide con la del grado centígrado. Su símbolo es *K*.

Kelvin, escala Escala termométrica que toma por referencia el punto triple del agua, en el que coexisten los tres estados: sólido, líquido y gaseoso, y cuya temperatura, para una presión de 4,58 mm de mercurio, se define como 273,16 kelvin; dicha temperatura coincide aproximadamente con el 0 °C de la escala centígrada. También se denomina *escala de temperaturas termodinámicas absolutas*.

Kelvin, William Thomson, lord (Belfast 1824 - Netherhall, Escocia 1907) Físico británico. Realizó importantes investigaciones sobre termodinámica, cuyas leyes aplicó a distintos tipos de sistemas. Descubrió el enfriamiento provocado por la expansión de los gases (efecto Joule-Thomson) y propuso la escala absoluta de temperaturas que lleva su nombre.

Mustafá Kemal.

Kemal Pasa, Mustafá, llamado **Kemal Ataturk** (Tesalónica 1880 - Estambul 1938) Militar y político turco. Obtuvo importantes victorias en la Primera Guerra Mundial y fue miembro de movimientos revolucionarios y progresistas, opuestos al sultán Mehmet VI, como Jóvenes Turcos y Unión y Progreso. Tras la guerra, se negó a aceptar las condiciones del tratado de Sèvres (1920) y derrotó a los kurdos, franceses, italianos y griegos, restableciendo la unidad territorial de Turquía. En 1922 depuso al sultán y proclamó la república, de la que fue elegido presidente. Trasladó la capital de Estambul a Ankara, suprimió la religión oficial islámica, adoptó el derecho europeo y occidentalizó la escritura, el vestido y las costumbres. Estableció el sistema de partido único y asumió poderes absolutos; durante su larga presidencia se modernizó el país, creándose industrias y una red viaria que garantizó las comunicaciones. Recibió el patronímico de Atatürk, 'padre de los turcos'.

Kemerovo C. de la Federación Rusa, situada en Siberia, al N de la frontera con China y Mongolia. 520.000 h. en 1989. Importante centro minero de la cuenca de Kuznetsk, cuenta con industrias químicas, mecánicas, electrónicas y de materiales de construcción. Es un puerto fluvial del río Tom, afluente del Obi.

Kempis, Thomas Hemerken, llamado **Tomás de** (Kempen, Renania h. 1380 - Sint Agnietenberg, Zwolle 1471) Religioso alemán. Se le atribuye la *Imitación de Cristo*, famosa obra de espiritualidad que aconseja la vida interior y la meditación.

Kendall, Edward Calvin (South Norwalk, Connecticut 1886 - Princeton 1972) Químico estadounidense. Aisló la tiroxina e investigó sobre las hormonas de la corteza de las glándulas suprarrenales y sobre la glándula pituitaria, lo que le llevó al descubrimiento de la cortisona en 1935. Obtuvo el premio Nobel de medicina en 1950, compartido con Philip Showalter Hench y Tadeusz Reichstein.

kendo (voz japonesa) *s. m.* Arte marcial japonés que se practica con espadas de bambú, llamadas *shinai*, empuñadas con ambas manos.

Kendrew, John Cowdery (Oxford 1917) Bioquímico británico. En colaboración con Max Ferdinand Perutz estudió la estructura de las moléculas proteicas. Mediante la técnica de rayos X, ambos lograron determinar las estructuras de la molécula de la miohemoglobina y de la hemoglobina, descubriendo su forma globular. Recibieron conjuntamente el premio Nobel de química en 1962.

Kenia, República de (*Kenya*) Estado de África oriental.

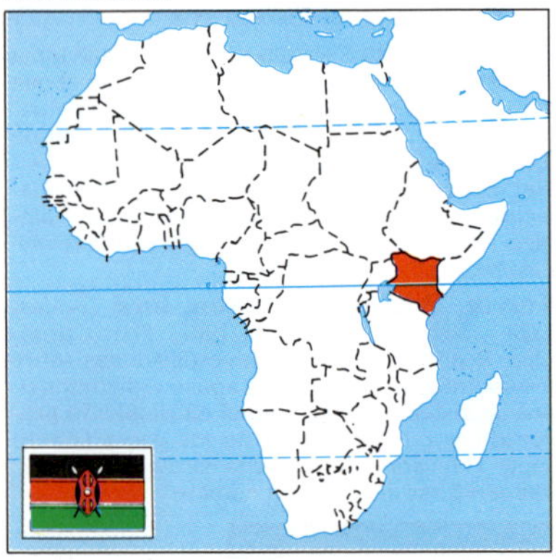

- Extensión: 582.646 km^2.
- Límites: al N, con Sudán y Etiopía; al E, con Somalia y el océano Índico; al S, con Tanzania, y al O, con Uganda.
- Población: 24.871.800 h. en 1990.
- Densidad: 43,5 h./km^2.
- Capital: Nairobi.
- División administrativa: 8 provincias.
- Ciudades principales: Mombasa, Kisumu, Nakuru, Machakos.
- Gentilicio: keniata.
- Forma de Estado: república presidencialista.
- Idioma: swahili e inglés.
- Religión: protestantismo, 26,5 %; catolicismo, 26,4 %; cultos indígenas, 18,9 %; islamismo, 6 %.
- Moneda: chelín keniata.
- Tasa de natalidad: 46 ‰ en 1990.
- Tasa de mortalidad: 7 ‰ en 1990.
- Renta per cápita: 380 dólares en 1989.

Kenia: reserva natural de Samburu.

Geog. física En el relieve de Kenia se distingue una fosa de hundimiento que atraviesa el país de N a S, el Rift Valley, en el que se halla al N el gran lago Turkana (Rodolfo); al O del Rift Valley está el borde nororiental del gran escudo centroafricano, con altas mesetas en las que se halla enclavado el lago Victoria; al E del Rift Valley se alzan unos característicos montes volcánicos, entre los que destaca el macizo de Kenia (5.194 m), la segunda altura de África. Desde allí hasta la costa del océano Índico el terreno desciende progresivamente en una sabana que en la desembocadura de los ríos Tana, el más importante del país, y Galana se convierte en manglar. Kenia tiene un clima ecuatorial en la región del lago Victoria, semidesértico en el sector NE y tropical en el resto, y una vegetación en la que predomina la sabana de gramíneas, con bosque claro al NE, bosque tropical húmedo en las regiones altas y de palmeras en la costa.

Geog. humana* y *económica La población pertenece principalmente a la etnia bantú (entre la que destaca la tribu kikuyu) y está desigualmente repartida por el territorio, concentrándose en las regiones agrícolas de Nairobi y del lago Victoria. Habitan en el país dos importantes minorías, la hindú y la europea. El 78 % de la población activa se dedica a la agricultura. La economía es eminentemente agropecuaria; se cultiva maíz, trigo, sisal, mijo, mandioca, sorgo, arroz y cultivos industriales, como café, algodón y té, y se cría ganadería vacuna, ovina y caprina. Kenia tiene una minería muy pobre, aunque cuenta con yacimientos de sosa y sal. Sus principales industrias son la alimentaria, petroquímica, metalúrgica, papelera y cementera, concentradas en torno a Mombasa y Nairobi. Una importante fuente de ingresos procede del turismo, atraído por los parques nacionales, como el Tsavo, donde se practican safaris de caza y fotografía.

Hist. El país estuvo originalmente habitado por pueblos nilóticos, que fueron más tarde desplazados por tribus bantúes, como los kikuyu y los kamba. Sus costas fueron colonizadas desde el s. VIII por árabes, fundamentalmente omaníes, y en el s. XVI por portugueses. A principios del s. XIX comenzó la penetración británica. En el congreso de Berlín de 1878 se fijaron los límites de la expansión de las potencias alemana y británica en la región (Alemania obtuvo la parte S, actual Tanzania) y en 1895 el Reino Unido obtuvo el protectorado de la actual Kenia.

La lucha por la independencia se inició ya en las primeras décadas del s. XX pero alcanzó su mayor intensidad tras la creación del partido de la Unión Africana de Kenia en 1943, cuyo principal dirigente fue Jomo Kenyatta. El enfrentamiento con la metrópoli se endureció en la década de los cincuenta con la insurrección armada del Mau-Mau, que aunque fue derrotada por los británicos aceleró el momento de la independencia. En 1961 se celebraron las primeras elecciones, en las que resultó vencedor el nuevo partido de Jomo Kenyatta, la Unión Nacional Africana de Kenia (KANU). Convertido en primer ministro, Kenyatta obtuvo la autonomía en 1962, proclamó la independencia en 1963 y transformó el país en república en 1964. En 1967 consiguió plenos poderes del parlamento y dos años después fueron ilegalizadas todas las organizaciones políticas excepto el KANU, por lo que Kenia se convirtió en un régimen de partido único. Presidente hasta su muerte en 1978, Kenyatta fue sustituido por Daniel Arap Moi, que en 1982 hizo frente, con éxito, a un intento de golpe de Estado y fue confirmado en el cargo en 1983 y 1988.

keniano, na o **keniata** *adj.* De Kenia. También *s.*

Kenitra C. de Marruecos, cap. de la prov. del mismo nombre, situada a orillas del río Sebou, cerca del océano Atlántico. 188.194 h. en 1982. Es un puerto comercial y pesquero que posee industrias alimentarias.

Kennedy, cabo Cabo situado en la costa O de la península de Florida, EE UU, donde se halla emplazada una importante base de lanzamientos de cohetes de la NASA. Antiguamente se llamó *cabo Cañaveral*.

Kennedy, John Fitzgerald (Brookline, Massachusetts 1917 - Dallas 1963) Político estadounidense. Miembro de una importante familia de la oligarquía irlandesa de EE UU, fue elegido, al frente del Partido Demócrata, presidente del país en 1960. Su mandato se caracterizó en el interior por la recesión económica y la lucha de los negros por los derechos civiles. En el exterior procuró la distensión de la guerra fría gracias a la entrevista con Kruschev en Viena (1961) y al tratado de no proliferación de armas nucleares en Moscú (1963), e intentó una mejora de las relaciones con el resto de países americanos mediante la creación de la Alianza para el Progreso. Aumentó, sin embargo, la presencia militar norteamericana en Vietnam y apoyó la invasión de bahía Cochinos, en Cuba, con cuyo régimen se había además enfrentado por el intento de Fidel Castro de instalar misiles soviéticos en la isla. Fue asesinado por un francotirador en circunstancias aún mal aclaradas.

John Fitzgerald Kennedy.

Kennedy, Margaret (Londres 1896 - Adderbury, Oxfordshire 1967) Escritora británica. Como novelista, adquirió gran celebridad en los años veinte con la publicación de su obra *La ninfa constante* (1926), estudio psicológico de la vida bohemia de una familia, escrito en tono realista. Posteriormente publicó *El tonto de la familia* (1930), *¡Nunca huyas de mí!* (1934) y *Pronto* (1953), y en teatro *Cielo rojo por la mañana* (1928), en colaboración con Basil Dean.

Kennedy, Robert (Brookline, Massachusetts 1926 - Los Ángeles 1968) Político estadounidense. Hermano de John Fitzgerald, bajo cuya presidencia fue fiscal general, combatió las actividades poco éticas del sindicato de transportes y defendió la causa de los derechos civiles para los negros. Murió asesinado durante la campaña para su nominación como candidato demócrata a la presidencia de EE UU.

Kennedy Toole, John (Nueva Orleans 1937 - íd. 1969) Escritor estadounidense. Su suicidio a temprana edad limita su obra a la novela *La conjura de los necios,* publicada póstumamente en 1980, una farsa disparatada, cargada de ironía y amargura, en la que se retrata una humanidad mezquina y grotesca, sin excluir al propio protagonista, en el que se intuye un trasunto del propio autor.

Kensington and Chelsea C. del Reino Unido, perteneciente al área urbana de Londres. 137.400 h. en 1986. Es un barrio residencial.

Kent Reino anglosajón fundado a fines del s. V por el pueblo germano de los jutos. La capital fue Canterbury y alcanzó su mayor poder en el s. VI. Posteriormente cayó bajo la hegemonía de Wessex.

Kent Condado del Reino Unido, situado en Inglaterra, en el SE de la isla de Gran Bretaña. 3.731 km^2. 1.520.300 h. en 1988. La capital es Maidstone, con 72.300 h. en 1981. Región de agricultura intensiva, especializada en frutales y cultivos de huerta, tiene asimismo minería de hulla e industrias derivadas de la misma.

Kent, Victoria (Málaga 1898 - Nueva York 1987) Jurista y política española. Fue la primera mujer dada de alta en el colegio de abogados de Madrid. Diputada en Cortes durante la Segunda República, fue nombrada directora general de prisiones. Tras la guerra civil española marchó al exilio.

kentia *s. f.* Árbol de la familia palmáceas, especie *Howeia forsteriana.* En ocasiones supera los 15 m de altura. Es originaria de las islas del Pacífico y se cultiva frecuentemente en Europa y América como planta ornamental.

Kentucky 1. Río de EE UU. 410 km. Nace en la vertiente NO de los Apalaches y atraviesa el estado del mismo nombre para desembocar en el Ohio. Sus aguas se utilizan para regadío.
2. Estado de EE UU, situado en el centro del sector E del país. 104.659 km^2. 3.699.000 h. en 1990. La capital es Frankfort, con 26.000 h. en 1980. Su relieve está constituido por una gran meseta que se extiende al S del río Ohio, desde los montes Apalaches al E hasta el Mississippi al O. Es un estado fundamentalmente agrícola, en el que destacan los cultivos de tabaco, maíz, trigo, soja, forraje y plantas tropicales. Cuenta con grandes praderas y una importante cabaña ganadera vacuna, ovina y equina, con recursos forestales, hulleros y petrolíferos, así como con industrias siderúrgicas, mecánicas, alimentarias, destilerías de whisky y químicas.

Kenyatta, Kamau Johnstone, llamado **Jomo** (Ichweri, Kiambu 1893 - Mombasa 1978) Político keniata. Cursó estudios en la URSS y el Reino Unido. Presidente del KAU (Unión Africana de Kenia) desde 1947, fue encarcelado por las autoridades británicas en las revueltas del Mau-Mau y elegido en 1961 presidente del KANU (Unión Nacional Africana de Kenia). Fue primer ministro (1963-64) y el primer presidente de Kenia (1964), cargo en el que se mantuvo hasta su muerte.

Keops (s. XXVI a. C.) Segundo faraón de la IV dinastía, en el imperio Antiguo egipcio. Hizo construir la gran pirámide del valle de Gizeh que lleva su nombre.

kepis o **kepí** *s. m.* Quepis*.

Johannes Kepler.

Kepler, Johannes (Weil, Württemberg 1571 - Ratisbona 1630) Astrónomo alemán. Fue discípulo de Tycho Brahe y recibió la influencia de las teorías heliocéntricas de Copérnico. Enunció las tres leyes que llevan su nombre. Según la primera, todo planeta describe una órbita elíptica en uno de cuyos focos se halla el Sol. La segunda establece que el radio vector que une el centro de cada planeta con el centro del Sol describe un área proporcional al tiempo empleado en trazarla. La tercera determina que los cuadrados de los tiempos de las revoluciones de los planetas son proporcionales a los cubos de los semiejes mayores de sus órbitas. Estas leyes precisaron el movimiento de los planetas del Sistema Solar y permitieron luego a Newton formular la ley de la gravitación universal. La teorías de Kepler están contenidas en *Astronomia nova* (1609), *Harmonices Mundi, Libri V* (1619) y *Admonitio ad astronomos* (1630). También publicó un tratado sobre lentes ópticas, *Dioptrice* (1611), y unas tablas astronómicas, *Tablas rudolfinas* (1627).

kepleriano, na *adj.* Perteneciente o relativo al sistema astronómico formulado por Johannes Kepler o a sus leyes.

Kerala Estado de la India, situado en el SO de la península del Decán, junto al mar Arábigo. 38.863 km^2. 25.453.700 h. en 1981. Ocupa los Ghates occidentales y la llanura de la costa Malabar. La capital es Trivandrum, con 500.000 h. en 1983. Es una región cálida y húmeda afectada directamente por el monzón, lo que posibilita una rica agricultura de arroz, mandioca y cocotero, complementada con cultivos industriales de algodón, té y café, y de especias como la pimienta, el jengibre y el cardamomo. Posee yacimientos de ilmenita, monacita y circón e industrias metalúrgicas, químicas y textiles.

Kerenski, Alexander Feodorovich (Simbirsk 1881 - Nueva York 1970) Político ruso. Perteneciente al Partido Social Revolucionario, fue elegido miembro de la Duma en 1912. En 1917 fue nombrado ministro de la Guerra y desató la ofensiva Kerenski en Galitzia, que fue rechazada por los alemanes. Alcanzó el poder tras el fracaso del golpe de Estado del general Kornilov pero, enfrentado a los bolcheviques, fue derrocado por la revolución de Octubre de 1917 y abandonó Rusia.

Kerguelen Archipiélago del océano Índico perteneciente a Francia, situado al N del cabo Darnley en la Antártida. Consta de más de 300 islas e islotes volcánicos. La mayor de ellas tiene una extensión de 5.800 km^2 y posee una estación científica desde 1951. Están habitadas por una importante colonia de aves marinas y en sus aguas abundan las focas y las ballenas.

kermés o **kermes** *s. f.* **1.** En los Países Bajos, fiestas populares con ferias, bailes, procesiones, etc. **2.** Fiesta popular al aire libre, generalmente con fines benéficos. ■ Se escribe también *quermés* o *quermesse.*

kernita *s. f.* $Na_2B_4O_7.4H_2O$. Mineral borato sódico hidratado. Cristaliza en el sistema monoclínico, en grandes masas de color blanco. Constituye una importante mena del boro. Sus principales yacimientos se encuentran en California, Argentina, Asia Menor y España.

Kerouac, Jack (Lowell, Massachusetts 1922 - Saint Petersburg, Florida 1969) Escritor estadounidense. Fue uno de los miembros más destacados de la generación beat. Sus personajes son seres que viven marginados de la sociedad establecida, claros precedentes de lo que poco tiempo después serían los hippies. Entre sus obras merecen citarse los libros de poemas *Blues de la Ciudad de México* (1959) y *El libro de los sueños* (1961) y las novelas *En el camino* (1957), *Los vagabundos del Dharma* (1958), *Gran sur* (1962) y *Los ángeles de la desolación* (1965).

Kerr, Deborah (Helensburgh, Escocia 1921) Actriz británica. Obtuvo su primer éxito con la película *Black Narcissus* (1947). Durante dos décadas interpretó películas de éxito, como *Quo Vadis* (1951), *De aquí a la eternidad* (1953), *El rey y yo* (1956) y *Mesas separadas* (1958).

Kerschensteiner, Georg (Munich 1854 - íd. 1932) Pedagogo alemán. Desarrolló y puso en práctica en Munich una reforma educativa basada en la «escuela del trabajo», que buscaba vincular la vida escolar con la de la sociedad. Es autor de *Consideraciones sobre la teoría de la educación* (1899) y *El alma del educador y el problema de la formación del maestro* (1933), entre otras.

Kesey, Ken (La Junta, Colorado 1935) Escritor estadounidense. Representante de la cultura marginal, en cuya azarosa vida hay episodios de droga y enfrentamientos con la ley, alcanzó celebridad con la novela *Alguien voló sobre el nido del cuco* (1962), llevada al cine por Milos Forman. Otras de sus obras destacadas son *En ocasiones una gran idea* (1963) y *Coches usados Kesey* (1973).

ketch *s. m.* Queche*.

Ketelbey, Albert William (Birmingham 1875 - Cowes, isla de Wight 1959) Compositor británico. Su obra, que alcanzó una gran popularidad, es de carácter descriptivo. Sus piezas más conocidas son *En el jardín de un monasterio* (1915) y *En un mercado persa* (1920).

Keynes, John Maynard (Cambridge 1883 - Firle, Sussex 1946) Economista británico. Fue director del *Economic Journal* y secretario de la Royal Economic Society. En 1919 asistió como observador a la conferencia de paz de Versalles, cuyos resultados comentó luego en el libro *Las consecuencias económicas de la paz* (1919), en el que sostuvo que un grave castigo económico a Alemania provocaría su deseo de revancha y representaría por tanto una amenaza para la paz en Europa. En 1936 publicó su obra fundamental, *Teoría general del empleo, el interés y el dinero,* donde formuló la tesis de que la caída de la demanda produce desempleo y que para evitarlo el Estado debe fortalecer el mercado mediante la inversión pública. Al final de la Segunda Guerra Mundial representó al Reino Unido en la conferencia de Bretton Woods para la creación del Fondo Monetario Internacional, donde defendió la creación de una institución monetaria internacional que garantizara la flexibilidad de los intercambios.

keynesianismo *s. m.* Corriente de pensamiento económico basado en las teorías de John M. Keynes. Tuvo especial influencia en los años cuarenta y cincuenta. Sus principales representantes son Thomas Balogh, Richard Ferdinand Kahn, Joan Violet Robinson, Franco Modigliani y Oskar Lange.

keynesiano, na *adj.* **1.** Perteneciente o relativo a las teorías económicas de John M. Keynes. **2.** Partidario de dichas teorías. También *s.*

kg Símbolo del kilogramo, unidad de masa en el Sistema Internacional.

KGB Siglas de *Komitet Gosudarstvennoe Bezopasnosti* (Comité de Seguridad del Estado), organismo soviético que agrupaba los servicios de seguridad destinados a combatir los delitos contra el Estado. Fue creado en 1954 para sustituir al MGB, Ministerio de la Seguridad del Estado, que se había convertido en instrumento de las purgas estalinistas, y desapareció a principios de la década de los noventa. Dependía directamente del consejo de ministros y sus funciones eran las propias de una policía política.

kgm Símbolo del kilográmetro, unidad de trabajo.

Khatchaturian, Aram (Tbilisi 1903 - Moscú 1978) Músico armenio. Fue un estudioso del folclore armenio y un especialista en música oriental. Compuso sinfonías, conciertos, ballets, piezas para música instrumental y diversas bandas sonoras para películas. Entre sus obras destacan *Poema sobre Stalin* (1938), el ballet *Gayaneh* (1940) y *Oda en memoria de Lenin* (1948).

Khayyam, Omar (Nishapur h. 1050 - íd. h. 1123) Poeta, matemático y astrónomo persa. Al servicio del sultán Malik, trabajó en el observatorio de Isfahan, escribió un tratado de álgebra, elaboró unas tablas astronómicas de gran exactitud y reformó el calendario musulmán adaptándolo a los hechos astronómicos. Fue autor de una colección de cuartetas (*rubahiyyat*) de tono escéptico y melancólico traducidas por E. Fitzgerald y muy apreciadas en Occidente.

Khieu Samphan (Svay Rieng 1931) Político camboyano. Miembro del movimiento de los khmeres rojos desde 1967, ocupó la presidencia del país después de la caída del régimen de Lon Nol en 1975. Fue el principal impulsor de la política económica del nuevo gobierno. Tras la invasión vietnamita en 1979 volvió a la lucha de guerrillas. En 1982 fue nombrado vicepresidente del gobierno en el exilio que presidía el príncipe Norodom Sihanuk, con quien los khmeres rojos habían vuelto a aliarse, y en 1985 se convirtió en el máximo dirigente de los khmeres rojos.

khmer *adj.* **1.** Se aplica a un pueblo del sudeste asiático que habita en Camboya desde principios de la era cristiana. **2.** De este pueblo. También *s.* ‖ *s. m.* **3.** Lengua hablada por este pueblo. ‖ **4. khmeres rojos** Nombre que reciben los miembros del Partido Comunista camboyano y su movimiento. Derrocaron a Lon Nol en 1975 y ocuparon el poder hasta la invasión vietnamita de 1979. Volvieron entonces a la lucha de guerrillas, aliados con sectores nacionalistas. ▪ Se dice también *jemer*.

khoisan *adj.* **1.** Se dice de un grupo de pueblos que habitan en el S de África y que está comprendido por los hotentotes o *khoi* y los bosquimanos o *san*. **2.** De estos pueblos. También *s.* ‖ *s. m.* **3.** Conjunto de las lenguas habladas por estos pueblos.

Khorana, Har Gobind (Raipur 1922) Químico estadounidense de origen hindú. Ha realizado importantes descubrimientos sobre el código genético, que le valieron el premio Nobel de medicina y fisiología en 1968, compartido con Robert W. Holley y Marshall W. Nirenberg.

Khulna **1.** División de Bangladesh, situada en el sector SO del país, en el delta del río Ganges. 33.574 km^2. 22.247.000 h. en 1990. Su economía es agrícola, con cultivos de tabaco, arroz, caña de azúcar, yute y algodón.
2. C. de Bangladesh, cap. de esta división. 940.000 h. en 1990. Posee industrias alimentarias y textiles y es un importante mercado agrícola.

Khyber Desfiladero entre Afganistán y Pakistán. Está recorrido por el río Kabul y comunica las ciudades de Kabul y Peshawar. Fue el punto estratégico de la difícil frontera del NO durante la dominación británica de la India.

kHz Símbolo del kilohertzio, medida de frecuencia.

Kiangsi Véase **Jiangxi**.

Kiangsu Véase **Jiangsu**.

kibbutz o **kibutz** (voz hebr.) *s. m.* Explotación agrícola israelí organizada según un régimen económico comunitario; el trabajo y los medios de producción son colectivos y los rendimientos son proporcionalmente distribuidos entre todos sus miembros. El kibbutz posee en usufructo la tierra, que pertenece al Estado. Surgió a principios del s. XX entre los colonos judíos emigrados a Palestina; en la actualidad existen más de 300, que reciben ayudas y subvenciones del Estado. Combina la función económica con la militar y de integración de sus miembros, de orígenes diferentes.

Kiel C. de Alemania, cap. del Land de Schleswig-Holstein, situada en el N del país, a orillas del mar Báltico. 240.700 h. en 1989. Es un puerto comercial y pesquero y posee industrias mecánicas, de maquinaria, aparatos eléctricos, químicas, conserveras, madereras y astilleros.

Kiel, canal de (*Nord-Ostsee Kanal*) Canal alemán que atraviesa el istmo de la península de Jutlandia, desde Kiel hasta la desembocadura del río Elba, y une los mares Báltico y del Norte. Fue construido en 1887, tiene 99 km de longitud y en virtud del tratado de Versalles es de libre navegación en tiempos de paz. Constituye una importante arteria comercial.

Kielce C. de Polonia, cap. de la prov. del mismo nombre. 211.100 h. en 1989. Es un centro industrial, cuyas producciones más importantes se dan en los sectores del vidrio, de la alimentación, de la mecánica y del cemento.

Kierkegaard, Sören (Copenhague 1813 - íd. 1855) Filósofo danés. Su formación tuvo lugar en un austero ambiente protestante. Está considerado como uno de los principales precursores del existencialismo, lo que se debe a su afirmación de la superioridad de la existencia sobre la esencia y a su constante preocupación por el individuo. En un intento por comprender la existencia del hombre, señaló las tres vías de su desarrollo: la estética, la ética y la religiosa, resaltando la superioridad de esta última. La gran paradoja de la religión cristiana consiste en que el hombre, ser finito, aspira a alcanzar la esencia divina, es decir, lo infinito. Entre sus principales obras se cuentan *O esto o lo otro* (1843), *El concepto de la angustia* (1844), *Etapas en el camino de la vida* (1845) y *La enfermedad mortal* (1849).

Kiev C. de Ucrania, cap. de esta república, situada a orillas del río Dniéper. 2.587.000 h. en

Kiev: vista de la ciudad.

1989. Puerto fluvial y nudo de comunicaciones, cuenta con industria de construcciones navales, mecánica, alimentaria, electrónica y química. Es el principal centro cultural de Ucrania y posee una importante universidad.

Kiev, Principado de Estado medieval de Rusia. En el curso del s. IX, comerciantes suecos establecieron la ruta de los varegos, que unía el mar Báltico con el Negro, y a lo largo de ella fundaron factorías y centros urbanos en los que se unieron escandinavos y eslavos; los principales fueron Novgorod y Kiev. A principios del s. X se produjo una unificación de las distintas ciudades rusas bajo la hegemonía de los príncipes de Kiev. Sviatoslav, Vladimir el Santo, Yaroslav y Vladimir Monomakh llevaron el principado a su mayor esplendor, dominando una vasta región comprendida entre el Volga y el Danubio. A principios del s. XIII penetró en Rusia la horda mongólica de Subatai, que destruyó el poder de Kiev.

kif (voz ár.) *s. m.* Estupefaciente elaborado con las hojas del cáñamo índico. Se consume fumado en pipa, mezclado con tabaco.

Kigali C. de Ruanda, cap. del país, situada en el centro del mismo. 181.600 h. en 1983. Cuenta con industria artesanal y mercado agrícola. Posee universidad y aeropuerto.

kikuyu *adj.* **1.** Se dice de un pueblo de raza negra bantú que habita en Kenia y cuyas actividades principales son la ganadería y la agricultura. Protagonizó la revuelta del Mau-Mau contra el dominio colonial inglés. **2.** De este pueblo. También *s.*

Kilauea Volcán de EE UU, situado en la isla Hawai. 1.243 m de altura. Su cráter está ocupado por un lago de lava hirviente. Es parque nacional y centro de estudios volcánicos.

Kilimanjaro **1.** Volcán de Tanzania, situado en la parte septentrional del país. Es la mayor altura de África (5.895 m). Está inactivo y su cima se encuentra cubierta por nieves perpetuas.
2. Región de Tanzania, situada en el NE del país. 13.309 km^2. 1.108.700 h. en 1988. La capital es Moshi, con 52.223 h. en 1978. Tiene una economía agrícola, cuyos principales cultivos son el café, la caña de azúcar y el sisal.

kilo *s. m.* **1.** *apóc.* de **kilogramo**. **2.** *fam.* Millón de pesetas. **3.** *fam.* Gran cantidad de alguna cosa. ‖ **Loc. un kilo** *adv. fam.* Mucho.

Sören Kierkegaard.

kilo- *pref.* Multiplica por mil la unidad a la que precede: *kilogramo, kilocaloría*.

kilobyte *s. m.* Unidad de capacidad de memoria del ordenador que equivale a 1.024 bytes. Su múltiplo es el megabyte, cuyo valor es de mil kilobytes. Su símbolo es *K*.

kilocaloría *s. f.* Medida de calor equivalente a mil calorías. Su símbolo es *kcal*.

kilográmetro *s. m.* Unidad de trabajo en el sistema técnico; equivale al esfuerzo necesario para levantar un kilogramo a un metro de altura. Su valor aproximado es de 9,8 julios. Su símbolo es *kgm*.

kilogramo *s. m.* Unidad de masa en el Sistema Internacional que equivale a mil gramos. Se define como la masa de un cilindro de platino-iridio conservado en la Oficina Internacional de Pesos y Medidas de París. Su valor es el de la masa de un dm^3 de agua destilada a la temperatura de su máxima densidad (4 °C). Su símbolo es *kg*.

kilohertzio *s. m.* Unidad de medida de la frecuencia, equivalente a mil hertzios. Su símbolo es *kHz*.

kilolitro *s. m.* Medida de capacidad en el Sistema Internacional que equivale a mil litros. Su símbolo es *kl*.

kilometraje *s. m.* Número de kilómetros que se han recorrido o hay de distancia entre dos puntos.

kilométrico, ca *adj.* **1.** Perteneciente o relativo al kilómetro. **2.** Muy largo. ‖ *s. m.* **3.** Billete de tren que autoriza a su comprador a recorrer un determinado número de kilómetros en un plazo fijado.

kilómetro *s. m.* **1.** Medida de longitud que equivale a mil metros. Su símbolo es *km*. ‖ **2. kilómetro cero** En un sistema radial de carreteras, punto central del que parten las mismas. **3. kilómetro cuadrado** Medida de superficie que equivale a la superficie de un cuadrado cuyo lado mide 1 km. Su símbolo es km^2 **4. kilómetro por hora** Unidad de velocidad que equivale a la velocidad de un móvil que recorre un kilómetro en una hora. ▪ Su símbolo es *km/h*.

kilopondio *s. m.* Unidad de fuerza que equivale al peso de un kilogramo.

kilotón *s. m.* Unidad de potencia explosiva que equivale a la de mil toneladas de TNT (trinitrotolueno o trilita). Se utiliza para expresar la potencia de las bombas atómicas.

kilovatio *s. m.* **1.** Unidad de potencia eléctrica en el Sistema Internacional que equivale a mil vatios. Su símbolo es *kW*. ‖ **2. kilovatio hora** Unidad de trabajo cuyo valor es de 3.600.000 julios. Equivale al trabajo desarrollado por una máquina durante una hora a la potencia de un kilovatio. Su símbolo es *kWh*.

kilt (voz ingl.) *s. m.* Falda corta de tejido a cuadros de distinto color, usada por los montañeses de Escocia y convertida en la indumentaria tradicional del país.

Kim Il Sung (Pyongyang 1912) Político coreano. Miembro del Partido Comunista Coreano desde 1931, fue uno de los dirigentes de la lucha

El monte Kilimanjaro.

armada contra la ocupación japonesa. En 1946 fue nombrado secretario general de los comunistas coreanos y en 1948, tras la proclamación de la República Popular de Corea, primer ministro. Fue comandante en jefe de las fuerzas norcoreanas en la guerra contra EE UU (1950-53) y en 1972 elegido presidente de la república, cargo en el que fue ratificado en 1977, 1982 y 1987.

Kimberley C. de la República Sudafricana, en la prov. de El Cabo, situada en el sector central del país, próxima al río Vaal. 149.700 h. en 1985. Es el principal centro mundial de producción de diamantes.

kimberlita *s. f.* Roca ígnea intrusiva del grupo de las ultrabásicas. Es una variedad de la peridotita constituida por olivino y mica, con ciertas cantidades de piroxenos, apatita y magnetita. Es la roca en que suelen aparecer los diamantes. Los principales yacimientos se encuentran en la República Sudafricana.

kimono (voz japonesa) *s. m.* Quimono*.

kina *s. f.* Unidad monetaria principal de Papúa-Nueva Guinea; sustituyó al dólar australiano en 1975.

kindergarten (voz al.) *s. m.* Jardín de infancia, escuela de párvulos. Fue ideada por el pedagogo alemán Friedrich Fröebel.

kinescopio *s. m.* Tubo de rayos catódicos utilizado en televisión como tubo de imagen.

kinesia *s. f.* Movimiento.

kinesiología *s. f.* **1.** Conjunto de procedimientos curativos para restablecer la normalidad de los movimientos del cuerpo humano. **2.** Conocimiento científico de esos procedimientos. ▪ Se escribe también *quinesiología*.

kinesiterapia *s. f.* Gimnasia correctora, tratamiento de ciertas deformaciones del esqueleto o de la parálisis por los movimientos y el ejercicio muscular. ▪ Se escribe también *quinesiterapia*. **FAM.** Kinesiterápico.

kinetoscopio *s. m.* Aparato precursor del cinematógrafo. Fue inventado por Edison y permitía contemplar las sucesivas fases de un movimiento.

Martin Luther King.

King, Martin Luther (Atlanta, Georgia 1929 - Memphis, Tennessee 1968) Dirigente del movimiento negro estadounidense. Era pastor de la Iglesia baptista e inició una campaña en defensa de los derechos civiles de las personas de color, basada en el boicot a los servicios públicos segregados, marchas de protesta y sentadas, dentro de una política de no violencia inspirada en Gandhi. En el verano de 1963 la actitud de las autoridades de los estados sureños, las acciones de grupos racistas como el Ku Klux Klan y de los jóvenes negros radicales del Black Power provocaron un estallido de violencia que causó gran número de muertos. Ese mismo año se produjo la multitudinaria marcha sobre Washington en la que Luther King pronunció su famoso discurso *He tenido un sueño.* Murió asesinado.

King, Stephen (Portland 1946) Escritor estadounidense. Especializado en el género de terror, es un reputado autor de *best-sellers.* Entre sus títulos más vendidos figuran *Carrie* (1973), llevada al cine por Brian de Palma, *El resplandor* (1977), llevada al cine por Stanley Kubrick, *Zona muerta* (1979) y *Christine* (1983).

King Kong Gorila gigantesco, personaje de la película del mismo título dirigida en 1933 por Merian Cooper y Ernest B. Schoedsack, basada en el mito de la bella y la bestia. En ella, el terrible gorila se enamora de una joven blanca y por ella acaba perdiendo la libertad y la vida.

Kingsley, Charles (Holne, Devonshire 1819 - Eversley, Hampshire 1875) Escritor británico. Pastor anglicano, fue capellán de la reina Victoria, canónigo de Westminster y uno de los fundadores del *socialismo cristiano.* Sostuvo una fuerte controversia con John Henry Newman. Destaca su obra narrativa, con títulos como *Fermento* (1853), *Hacia el Oeste* (1855) y *Los héroes* (1860). También escribió ensayos, sermones y el poema dramático *La tragedia de la santa* (1848).

Kingston C. de Jamaica, cap. del país, situada en la costa S de la isla. 104.050 h. en 1982; 661.600 h. en 1990 en su área metropolitana. Es un importante centro comercial y a través de su puerto se realizan la mayoría de las exportaciones del país. Cuenta con industrias químicas, textiles, alimentarias y cementeras, refinerías de petróleo y manufacturas de tabaco.

Kingston-upon-Hull C. del Reino Unido, situada en el condado inglés de Yorkshire, junto al estuario del río Humber. 325.500 h. en 1982. Importante plaza militar hasta el s. XVIII, es un puerto pesquero y cuenta con industrias del estaño, alimentarias, químicas y de pieles.

Kingstown C. de San Vicente y las Granadinas, cap. del país, situada en la costa S de la isla San Vicente. 19.300 h. en 1989. Es un centro administrativo y comercial.

Kinks, The Grupo musical inglés, representante del más puro pop británico. Su líder Ray Davis es autor de canciones con melodías de gran frescura y letras de tono sarcástico, como *Village green preservation society, Lola, Sitting in the midday sun* y *Come dancing.*

Kinsey, Alfred (Hoboken, New Jersey 1894 - Bloomington, Indiana 1956) Biólogo estadounidense. Realizó importantes estudios sobre la sexualidad masculina y femenina, que hizo públicos en sendos informes con los títulos *Conducta sexual del varón* (1948) y *Conducta sexual de la mujer* (1953).

Kinshasa C. de Zaire, cap. del país, situada en su sector O, junto al río Congo. 3.562.100 h. en 1990. Es un importante centro portuario y comercial, que posee asimismo industrias alimentarias, metalúrgicas, químicas y mecánicas. En la época colonial belga su nombre era *Leopoldville.*

Kinski, Klaus (Gdansk, hoy Dantzig, Polonia 1936 - California 1991) Actor alemán de origen polaco. Intérprete de gran personalidad, marcada por sus rasgos duros y atormentados, interpretó papeles de personajes extraños, fantásticos o extravagantes. Actor favorito del director Werner Herzog, entre sus películas destacan *Aguirre, o la cólera de Dios* (1972), *Lo importante es amar* (1974), *Woyzeck* (1979), *Nosferatu el vampiro* (1979), *Fitzcarraldo* (1982) y *Cobra verde* (1987).

kiosco *s. m.* Quiosco*.

Kioto C. de Japón, situada en el S de la isla de Honshu, a orillas del lago Biwa. 1.470.560 h. en 1989. Integrada en el área urbana de Osaka y de Kobe, tiene industrias aeronáuticas, automovilísticas, textiles, eléctricas y químicas. Es uno de los principales centros culturales del Japón, antigua residencia imperial y lugar de culto budista y sintoísta.

kiowa *adj.* **1.** Se dice de un pueblo amerindio de América del Norte que actualmente habita en reservas de los estados de Oklahoma y Colorado, en EE UU. **2.** De este pueblo. También *s.*

kip *s. m.* Moneda oficial de Laos.

Kipling, Rudyard (Bombay 1865 - Londres 1936) Escritor británico. En sus relatos y novelas recrea en un tono de romántica exaltación y gran poder evocador las tradiciones de la antigua Inglaterra y el ambiente de la India colonial. Sus narraciones de aventuras se cuentan entre los clásicos del género. De sus novelas merecen destacarse *El libro de las tierras vírgenes* (1894), *Capitanes intrépidos* (1897), *Kim* (1901) y *Puck, de la colina de Pook* (1905), y de su obra en verso, los poemas *If* y *Recessional* (1897). En 1907 fue premiado con el Nobel de literatura.

Kipp, aparato de Aparato de laboratorio usado como generador de hidrógeno, de flujo continuo y regulable mediante la reacción de ácido sulfúrico y cinc: $H_2SO_4 + Zn \rightarrow ZnSO_4 + H_2$. Debe su nombre al químico holandés Petrus Kipp.

Kirchhoff, Gustav Robert (Königsberg, Prusia 1824 - Berlín 1887) Físico alemán. Profesor en Heidelberg, inventó el espectroscopio, mediante el cual, junto con Bunsen, realizó notables descubrimientos en el campo de los espectros de emisión y los de absorción de los elementos químicos. Enunció la **ley de Kirchhoff**, que establece que la relación entre el poder de emisión y el poder de absorción para rayos del mismo color es una constante para todos los cuerpos que están a una misma temperatura. En electricidad estableció dos leyes: en un nudo de una red eléctrica la suma de las intensidades es cero, y a lo largo de cualquier camino cerrado de una red eléctrica la suma de las caídas de potencial es nula.

Kirchner, Ernst Ludwig (Aschaffenburg 1880 - Frauenkirch, Suiza 1938) Pintor alemán. Fue el fundador del grupo *Die Brücke* (El puente), principal foco del expresionismo alemán. Sus cuadros más conocidos retratan escenas callejeras de la Alemania de principios de siglo, generalmente en tonos lúgubres. Realizó también numerosos grabados.

Kirguisia o **Kirguizia** Véase **Kirguizistán**.

kirguiz o **kirguis** *adj.* **1.** Se dice de un pueblo turco-mongol que habita en Kirguizistán y en la región autónoma china de Sinkiang. **2.** De este pueblo. También *s.* ‖ *s. m.* **3.** Dialecto turco hablado por este pueblo.

Kirguizistán (*Kirgizkaia*) Estado de Asia occidental, antigua república de la URSS.

Extensión: 198.500 km².
Límites: al N, con Kazajstán; al E, con China; al S, con China y Tayikistán, y al O, con Tayikistán y Uzbekistán.
Población: 4.290.000 h. en 1989.
Densidad: 21,6 h./km².
Capital: Frunze.
División administrativa: 5 provincias.
Ciudades principales: Osh.
Gentilicio: kirguiz.
Forma de Estado: república.
Idioma: ruso, kirguiz.
Religión: cristianismo, islamismo.
Moneda: rublo.
Renta per cápita: 4.628 dólares en 1988.

Geog. Su relieve es eminentemente montañoso, con las mayores alturas en los picos Pobiedi (7.439 m) y Khan-Tengri (7.400 m), que se encuentran en la frontera china. El territorio está recorrido por el río Sir-Daria o Narin y en su sector NE se encuentra el gran lago Issik-Kul. Su clima es continental, agudizado por su relieve de montaña. Sus recursos económicos proceden fundamentalmente de la ganadería ovina, bovina

Rudyard Kipling.

y caballar, con dos especies singulares: el yak, que se utiliza como animal de silla y de tiro y del que se aprovecha la lana, la leche y la carne, y el caballo kirguiz, de talla pequeña pero muy resistente. La agricultura produce cereales, remolacha, tabaco, frutales y vid. Posee también minería de hulla en la depresión de Ferganá e industria alimentaria, del cuero, textil, automovilística y de maquinaria.
Hist. El pueblo kirguiz, nómada de origen turco, estaba situado junto al curso del río Yenisei en el s. I a. C. A lo largo de su historia combatió contra diversos pueblos turcos hasta ser sometido por Gengis Kan a principios del s. XIII. Tras la decadencia del imperio mongol los kirguizes lucharon sucesivamente contra kazakos, calmucos y uzbecos, hasta caer bajo dominio de la Rusia zarista en 1864. Su territorio fue constituido en república autónoma en 1926 y en la República Socialista Soviética de Kirguizia en 1936. Tras la desaparición de la URSS en 1991 el presidente de la república, el liberal Askar Akayev, suscribió el tratado de adhesión a la Comunidad de Estados Independientes (CEI).

Kiribati Estado de Oceanía.

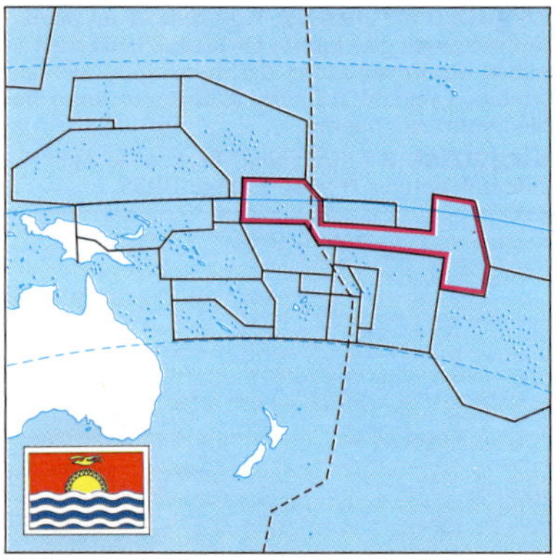

Extensión: 849 km^2.
Situación: en el océano Pacífico, al E de las islas Carolinas y Nauru, al O de las Marquesas, al N de las islas de la Sociedad Samoa y Tuvalu, y al S de las Marshall y Hawai.
Población: 71.000 h. en 1990.
Densidad: 97,9 h./km^2.
Capital: Bairiki.
División administrativa: islas Gilbert, islas Line e islas Fénix.
Ciudades principales: Tarawa.
Gentilicio: kiribatiense.
Forma de Estado: república presidencialista.
Idioma: inglés y gilbertense.
Religión: catolicismo, 52,5 %; protestantismo, 40,9 %; bahai, 2,4 %; adventismo, 1,4 %.
Moneda: dólar australiano.
Tasa de natalidad: 31 ‰ en 1990.
Tasa de mortalidad: 8 ‰ en 1990.
Renta per cápita: 700 dólares en 1989.

Geog. El país está constituido por los archipiélagos Gilbert, Line y Fénix, situados en el océano Pacífico, parte de ellos en la Micronesia y parte en la Polinesia. La mayor de sus islas es Kiritimati, de 388 km^2. Son islas coralinas o atolones, habitadas por micronesios, con algunos núcleos de polinesios. Sus principales recursos económicos proceden de la agricultura de cocos y copra, de la minería de fosfatos y de la pesca.
Hist. Las islas Gilbert fueron colonizadas por el Reino Unido. Recibieron la autonomía en 1977 y la independencia en el seno de la Commonwealth en 1979, convirtiéndose en la República de Kiribati. Ese mismo año, EE UU renunció a su dominio sobre las islas Fénix y Line. Ieremia Tabai, primer presidente en 1979, renovó el cargo en 1982, 1983 y 1987.

kirie *s. m.* **1.** Invocación a Dios que se realiza en la primera parte de la misa, después del introito. Se usa más en *pl.* ‖ *pl.* **2.** Nombre de esta parte de la misa. ■ Se escribe también *kyrie.*

kirieleisón *s. m.* **1.** Kirie*. **2.** *fam.* Canto fúnebre de los entierros y de los funerales. ‖ **Loc. cantar el kirieleisón** Pedir disculpas.

Kirin Véase **Jilin**.

Kirov C. de la Federación Rusa, situada al NE de Moscú, a orillas del río Viatka. 441.000 h. en 1989. Posee industrias metalúrgicas, mecánicas, madereras y de neumáticos, y yacimientos de petróleo y de hierro. Antiguamente era llamada *Viatka.*

Kirov, Sergei (gobierno de Viatka 1886 - Leningrado 1934) Político soviético. Se afilió muy pronto al partido bolchevique y tras participar en la revolución de 1917 ocupó en 1930 un puesto en el politburó del Partido Comunista. Fue asesinado en un confuso atentado, y su muerte, atribuida a los trotskistas, permitió a Stalin realizar una gran purga contra sus opositores.

kirsch (voz al. que significa 'cereza') *s. m.* Aguardiente que se elabora con cerezas y que suele consumirse sobre todo en Europa central.

Kisangani C. de Zaire, cap. de la región de Alto Zaire, situada en el NE del país, a orillas del río Congo. 315.500 h. en 1990. Es un mercado agrícola que cuenta con industria alimentaria y textil. Posee aeropuerto. Su antiguo nombre era *Stanleyville.*

Kishinev Véase **Kishiniov**.

Kishiniov C. de Moldavia, cap. de esta república, situada en el SO del país, cerca de la frontera con Rumania. 665.000 h. en 1989. Posee industrias alimentarias, de maquinaria agrícola y electrodomésticos. Es un centro cultural y universitario.

Kissinger, Henry (Fuerth, Alemania 1923) Político estadounidense de origen alemán. Experto en política internacional, fue asistente especial para asuntos exteriores del presidente Richard Nixon y secretario de Estado en 1973, cargo que también ocupó bajo la presidencia de Gerald Ford hasta 1976. Durante este periodo fue el responsable de la política estadounidense en Oriente Medio y en Vietnam, donde en un principio intensificó la presencia militar norteamericana, pero luego negoció el fin de las hostilidades. Recibió el premio Nobel de la paz en 1973.

kit *s. m.* **1.** Aparato, mueble, etc., que el fabricante sirve por piezas, con un libro o folleto de instrucciones para ser montado por el propio usuario. **2.** P. ext., conjunto formado por una serie de elementos relacionados entre sí o con una función común.

Kita Kyushu C. de Japón, situada en el N de la isla de Kyushu. 1.034.300 h. en 1989. Es el principal centro siderúrgico del país y posee industrias químicas, mecánicas y cementeras, además de un gran puerto industrial.

Kitchener, Horatio Herbert (Bally Longford, Kerry 1850 - en el mar 1916) Militar británico. Tras destacarse en la guerra contra los derviches en Egipto (1898) y contra los bóers en la República Sudafricana (1900), fue nombrado jefe del ejército británico de la India y, posteriormente, residente general de Egipto. En 1914 estuvo al frente del ministerio de la Guerra. Murió mientras se dirigía a una misión en Rusia.

kitsch (voz al.) *adj.* Se dice de los objetos artísticos y decorativos muy ostentosos, pero de mal gusto. P. ext., se aplica a edificios, representaciones artísticas, vestimenta, etc. También *s. m.*

Kitwe-Kaluhushi C. de Zambia, situada en el N del país, cerca de la frontera con Zaire. 472.300 h. en 1988. Enclavada en la cuenca minera del cobre (Copperbelt), es un centro comercial que posee industria transformadora de este mineral.

Kivi, Aleksis Stenvall, llamado **Aleksis** (Palojoki, Nurmijärvi 1834 - Tuusula 1872) Escritor finlandés. Su obra más importante es *Los siete hermanos* (1870), novela realista, cuyos protagonistas se convirtieron en símbolos de los sentimientos del pueblo finlandés. También escribió teatro, como *Kullervo* (1860), drama inspirado en el *Kalevala*, *Los zapateros de la landa* (1864), *Los fugitivos* (1867) y *Canzio* (1867-68).

kiwi *s. m.* **1.** Ave apterigiforme de la familia apterígidos, género *Apteryx*, que comprende tres especies: *Apteryx australis*, *Apteryx oweni* y *Apteryx mantelli.* Alcanza hasta 70 cm de longitud, tiene plumaje marrón, alas muy rudimentarias y apenas visibles, patas fuertes y un largo pico curvado. De vida nocturna, se alimenta de gusanos, insectos y larvas. Habita en Nueva Zelanda y se halla en peligro de extinción. **2.** Planta arbustiva de la familia actinidiáceas, especie *Actinidia sinensis.* Tiene flores blancas y amarillas y fruto comestible de piel rugosa y color verde. Es

Kiwi (Apteryx australis).

originaria de China, pero se cultiva sobre todo en Nueva Zelanda y en España (Galicia y Asturias). **3.** Fruto de esta planta. ■ Se escribe también *quiwi.*

Kizilkun Desierto de Asia central, entre los ríos Sir Daria y Amu Daria. 300.000 km^2. Tiene gas natural, minas de oro y ganadería nómada de carneros karakul.

kl Símbolo del kilolitro, medida de capacidad.

Kleber, Jean-Baptiste (Estrasburgo 1753 - El Cairo 1800) General francés. Arquitecto y militar, se distinguió en la campaña contra los realistas de la Vendée (1793) y en la batalla de Fleurus (1794). Acompañó luego a Napoleón en la campaña de Egipto, en la que tomó Alejandría (1798). Tras la marcha de Bonaparte a Francia asumió el mando de la expedición francesa, derrotó a los turcos en El-Hanca y Heliópolis (1800) y reprimió una revuelta en El Cairo, donde poco después murió en un atentado.

Klebs, Edwin (Könisberg 1834 - Berna 1913) Médico alemán. Colaboró con Virchov en Berlín y fue catedrático en varias universidades. Descubrió los bacilos del tifus y de la difteria.

Klee, Paul (Münchenbuchsee, Berna 1879 - Muralto, Locarno 1940) Pintor suizo. Se formó bajo la influencia del grupo alemán *Der Blaue Reiter* y del grupo cubista de París. En 1920 fue nombrado profesor de la Bauhaus, primero en Weimar y luego en Dessau. Abandonó Alemania en 1933 huyendo del nazismo, para instalarse en Berna. Sus pinturas se caracterizan por el predominio de la línea y el color, el primitivismo de las formas y la gama de tonos fríos; entre ellas merecen citarse *Ideogramas* (1916-18), *La magia de los peces* (1925), *Ad parnasum* (1932) y *Muerte por fuego* (1940).

Paul Klee: Aventura de una joven *(Tate Gallery, Londres).*

kleenex (marca registrada) *s. m.* Pañuelo de papel.

Klein, Felix (Düsseldorf 1849 - Gotinga 1925) Matemático alemán. Realizó importantes aportaciones en el campo de la geometría, con el «programa de Erlangen», que puso fin a la escisión entre geometría pura y geometría analítica. Fue promotor de una reforma de la didáctica de las matemáticas en la enseñanza escolar.

Klein, Lawrence (Omaha 1920) Economista estadounidense. Precursor de los modelos econométricos, creó el proyecto *Link*, que coordina el estudio económico de numerosos países y permite elaborar una previsión coyuntural sobre el flujo de capitales y el comercio a escala mundial. Recibió el premio Nobel de economía en 1980. Es autor de *La revolución keynesiana* (1947), *Manual de econometría* (1968) y *Economía de la oferta y la demanda* (1983).

Klein, Melanie (Viena 1882 - Londres 1960) Psicoanalista austriaca. Se formó en la Sociedad Psicoanalítica de Budapest y como discípula de Abraham en Berlín. Practicó el psicoanálisis infantil y estudió la expresión de las ansiedades a través del juego, elaborando unas teorías terapéuticas que se aplicaron con éxito a la curación de adultos. Entre sus ensayos sobresalen *El psicoanálisis de niños* (1932) y *Nuevas directrices en psicoanálisis* (1955).

Klein, Yves (Niza 1928 - París 1962) Pintor francés. Su obra se caracteriza por una rigurosa monocromía cargada de sentido esotérico y simbólico. Entre sus obras resaltan *Las esponjas* (1960-61), *Cosmogonía* (1960-61) y *Los fuegos* (1961). También fue compositor musical.

Kleist, Heinrich von (Frankfurt del Oder 1777 - Wannsee, Berlín 1811) Dramaturgo y poeta alemán. Fue un autor romántico y destacado representante del movimiento *Sturm und Drang*. Sus obras más representativas son la novela corta *La marquesa de O* (1806), la comedia *El jarrón roto* (1808), las tragedias *Pentesilea* (1808) y *Catalina de Heilbronn* (1808-10) y los dramas patrióticos *La batalla de Hermann* (1808) y *El príncipe de Homburg* (1810).

Klemperer, Otto (Breslau 1885 - Zurich 1973) Músico alemán. Inició su carrera como director de orquesta en 1906. Aunque realizó algunas composiciones, alcanzó sus mayores éxitos con la interpretación de los músicos clásicos alemanes, especialmente de Beethoven. Es considerado como uno de los más importantes directores de este siglo.

Klenze, Leo von (Schladen 1784 - Munich 1864) Arquitecto alemán. Fue nombrado director de las construcciones reales en Westfalia y Baviera. Trasladado a Munich en 1815, diseñó una serie de edificios de aspecto clásico, como el palacio Leuchtenberg, los Propileos y la Ruhmeshalle. También construyó el Walhalla, cerca de Ratisbona, y proyectó el Museo de L'Ermitage (1852) de San Petersburgo.

Klerk, Frederik de (Johannesburgo 1936) Político sudafricano. Líder del Partido Nacional, sustituyó en la presidencia de la república a Pieter Botha (1989). Ha puesto en marcha una serie de reformas para terminar con el *apartheid*.

Gustav Klimt: Las tres edades *(Galería de Arte Moderno, Roma).*

Klimt, Gustav (Baumgarten, Viena 1862 - Viena 1918) Pintor austriaco. Fue uno de los fundadores en 1879 del grupo Secesión Vienesa, que reaccionó contra el academicismo pictórico e introdujo la estética modernista en Austria. Es autor, entre otras obras, de los murales de la universidad de Viena y de cuadros como *El beso, Salomé* y *Las tres edades*, caracterizados por la riqueza del colorido y la ornamentación y la presencia de la figura femenina.

Kline, Franz (Wilkes-Barre, Pennsylvania 1910 - Nueva York 1962) Pintor estadounidense. Tras un primer periodo figurativo realizó una obra de estilo expresionista abstracto, dentro de la tendencia del *action painting*. Sus cuadros se caracterizan por los trazos caligráficos de color negro en telas de gran formato, como *Pintura número dos* (1957).

Klinger, Friedrich Maximilian von (Frankfurt del Main 1752 - Dorpat 1831) Escritor alemán. Amigo de Goethe, participó en el movimiento prerromántico *Sturm und Drang*, cuyo nombre corresponde al título de una de sus tragedias. Entre sus dramas, de estilo declamatorio, merecen citarse *Othon* (1775), *Los gemelos* (1776), *Tempestad y empuje* (1776) y *Simsone Grisaldo* (1776). En su vertiente como narrador destaca la novela *Vida, hazañas y viajes al infierno de Fausto* (1791).

klistrón *s. m.* Tubo electrónico generador de microondas utilizado para la emisión de ondas ultracortas y como amplificador y cambiador de frecuencias.

Klitzing, Klaus von (Schroda, Polonia 1943) Físico alemán de origen polaco. Estudió el comportamiento cuántico asociado al efecto Hall y determinó la resistencia de Hall en relación con la constante de Planck. Recibió el premio Nobel de física en 1985.

Klopstock, Friedrich Gottlieb (Quedlinburg 1724 - Hamburgo 1803) Escritor alemán. Su mayor obra fue un vasto poema épico en veinte cantos sobre la vida de Cristo, *El Mesías*, a cuya composición dedicó gran parte de su vida (1748-1773). Fue también autor de dramas bíblicos, como *La muerte de Adán* (1756) y *Salomón* (1763), y participó en el nacionalismo literario alemán con tres dramas épicos sobre el héroe legendario Hermann.

Klossowski, Pierre (París 1905) Escritor francés. Autor de textos entre la narrativa y la especulación filosófica, ha abordado el examen del erotismo, en un tono lúcido y desapasionado, así como el estudio de la obra de Nietzsche. Entre sus ensayos destacan *Sade, mi prójimo* (1947) y *Ese funesto deseo* (1963).

Klug, Aaron (Johannesburgo 1926) Biólogo británico. Estudió la estructura del virus del mosaico del tabaco y la naturaleza de los nucleosomas, con técnicas de microscopía electrónica cristalográfica. También realizó importantes investigaciones sobre los ácidos ribonucleicos de transferencia. Recibió el premio Nobel de química en 1982.

Kluge, Alexander (Halberstadt 1932) Director de cine alemán. Tras iniciarse como ayudante de Fritz Lang, se convirtió en uno de los principales representantes del llamado *nuevo cine alemán*. Entre sus películas sobresalen *Una muchacha sin historia* (1966), *Los artistas bajo la carpa del circo: perplejos* (1968), *La patriota* (1979) y *La fuerza de los sentimientos* (1983).

Kluge, Hans Günter von (Poznan 1882 - Metz 1944) General alemán. Estuvo al frente del IV Ejército Alemán, primero en Polonia y luego en Francia. Mariscal en 1940, participó en la campaña de Rusia y, tras el desembarco de Normandía, sustituyó a Von Rundstedt en el mando del frente occidental (1944) pero, después de la caída de Cherburgo, propuso la retirada y fue destituido. Tras escribir una carta a Hitler aconsejándole que firmase la paz, se suicidó.

km Símbolo del kilómetro, medida de longitud.

km^2 Símbolo del kilómetro cuadrado, medida de superficie.

knock-out (voz ingl. que significa 'fuera de combate') *s. m.* K. o. También *adj.*

Knossos Véase **Cnosos**.

Knox, John (Haddington h. 1514 - Edimburgo 1572) Reformador religioso escocés. Ordenado sacerdote en 1530, en 1546 se unió a la Reforma protestante, por lo que hubo de abandonar Escocia. Amigo de Calvino, se trasladó a Ginebra, donde participó en la traducción inglesa de la *Biblia*. En 1559 regresó a Escocia y encabezó el movimiento que depuso a María Estuardo e implantó el presbiterianismo. Escribió *Confessio Scotica* y el *Libro de la disciplina*.

Koala (Phascolarctos cinereus).

koala *s. m.* Mamífero marsupial de la familia falangéridos, especie *Phascolarctos cinereus*. De una altura de unos 80 cm, tiene hocico corto, orejas grandes, pelo grisáceo y cola rudimentaria. Posee bolsas en las mejillas para almacenar alimentos y un marsupio (bolsa ventral) donde permanecen sus crías los primeros seis meses de su desarrollo. Se alimenta de las hojas, corteza y yemas de los eucaliptos. Habita en los árboles en Australia, donde es especie protegida.

Kobayashi, Masaki (Hokkaido 1916) Director de cine japonés. Sus películas tratan el tema de la violencia y la guerra con óptica muy crítica. Entre ellas destacan *La condición humana* (1959-61), *Harakiri* (1963), *Rebelión* (1967), *El albergue del mal* (1970) y *La mesa vacía* (1985).

Kobe C. de Japón, situada en la isla de Honshu, en la costa septentrional de la bahía de Osaka. 1.462.100 h. en 1989. Es el segundo centro portuario del país y quinto del mundo y desarrolla un intenso tráfico comercial. Posee altos hornos, fundiciones, acerías y astilleros, así como industrias mecánicas, eléctricas, aeronáuticas, automovilísticas, químicas y alimentarias.

Koch, bacilo de Microorganismo que transmite la tuberculosis *(Mycobacterium tuberculosis)*, descubierto por Robert Koch en 1882.

Koch, Robert (Clausthal 1843 - Baden-Baden 1910) Médico y bacteriólogo alemán. Fue miembro del Instituto Imperial de Higiene de Berlín (1880) y fundó el Instituto de Enfermedades Infecciosas (1891). Realizó importantes estudios bacteriológicos sobre diversas enfermedades, que le llevaron a descubrir el agente responsable del cólera y el bacilo causante de la tuberculosis, que lleva su nombre. Le fue concedido el premio Nobel de medicina en 1905.

Kocher, Theodor (Berna 1841 - íd. 1917) Médico cirujano suizo. Realizó estudios en torno a la fisiología de la glándula tiroides. Mejoró el material quirúrgico introduciendo el uso de las pinzas de Kocher. Recibió el premio Nobel de medicina en 1909.

Kodaly, Zoltan (Kecskemet 1882 - Budapest 1967) Compositor húngaro. Se formó en el conservatorio de Budapest y en París y fue, junto a Béla Bartók, un gran estudioso del folclore húngaro y principal representante de su escuela nacionalista. En su obra destacan la ópera *Hary Janos* (1925- 27) y composiciones sinfónicas como *Salmo hungárico* (1923), *Danzas de Galanta* (1933) y *Variaciones del pavo real* (1939).

Koestler, Arthur (Budapest 1905 - Londres 1983) Escritor húngaro nacionalizado británico. Fue corresponsal del periódico londinense *News Chronicle* en la guerra civil española y en la Segunda Guerra Mundial. Militante comunista en los años treinta, evolucionó posteriormente hasta convertirse en autor muy crítico con su antigua ideología. Posteriormente se interesó por temas científicos y parapsicológicos. Miembro de una sociedad de eutanasia, se suicidó junto a su esposa Cynthia. Entre sus obras merecen citarse el relato autobiográfico *Testamento español* (1938), las novelas *Los gladiadores* (1939) y *El cero y el infinito* (1941) y los ensayos *El loto y el robot* (1960) y *La búsqueda del absoluto* (1981).

Kohl, Helmut (Ludwigshafen 1930) Político alemán. Presidente del Partido Cristianodemócrata desde 1976, fue nombrado canciller de la República Federal de Alemania tras la moción de censura que derribó a Helmut Schmidt, cargo en el que fue ratificado en las elecciones de 1983. En 1990, una vez producida la reunificación de Alemania, resultó vencedor en las elecciones, convirtiéndose en canciller del nuevo estado.

Köhler, Georg J. (Munich 1946) Biólogo alemán. En el laboratorio de biología molecular de la universidad de Cambridge, conjuntamente con César Milstein, trabajó en el desarrollo de una técnica para producir anticuerpos monoclonales. Ambos científicos recibieron el premio Nobel de fisiología y medicina de 1984, compartido con Niels K. Jerne.

Köhler, Wolfgang (Reval, actual Tallin 1887 - Enfield 1967) Psicólogo alemán nacionalizado estadounidense. Realizó estudios sobre la inteligencia de los monos antropoides. Fue uno de los principales impulsores de la *gestalt* o teoría de la forma. Fue autor de *La inteligencia en los monos superiores* (1930) y *Dinámica en psicología* (1940), entre otras obras.

koiné *s. f.* **1.** Lengua griega común, formada en el s. IV a. C. a partir de diversos dialectos, sobre todo del ático, y extendida a todos los pueblos de cultura helenística en el periodo grecorromano. **2.** Lengua común derivada de la unificación de distintos dialectos o variedades lingüísticas. ■ Se escribe también *coiné.*

Koivisto, Mauno (Turku 1923) Político finlandés. Miembro del Partido Socialdemócrata, fue ministro de Hacienda en varias ocasiones, primer ministro (1968-70 y 1979-82) y presidente de la república (1982).

Kojeve, Alexander Koschenikow, llamado **Alexander** (Moscú 1900 - París 1968) Filósofo francés de origen ruso. Su obra se centró básicamente en el análisis del pensamiento de Hegel. Asimismo contribuyó a la difusión de la filosofía de Marx en Francia. Escribió *Introducción a la lectura de Hegel* (1947), *Los presocráticos* (1968) y *Kant* (1973).

Kokoschka, Oskar (Pöchlarn 1886 - Villeneuve, Suiza 1980) Pintor austriaco. Encuadrado en la corriente expresionista, su estilo se caracteriza por el trazo vigoroso, las grandes manchas de color y la fuerte penetración psicológica de los personajes. Es autor fundamentalmente de retratos, como *El doctor Ernest Blass* (1925), y de paisajes, como *Puerto de Estocolmo* (1917) y *Puente de la Torre de Londres* (1925).

Kola Península de Rusia, situada en la región de Laponia, entre los mares Blanco y Barents. Tiene costas poco recortadas y numerosos lagos. Está en la latitud del círculo polar ártico y su clima es frío, aunque sus aguas costeras occidentales nunca se hielan debido a la influencia de la corriente del Golfo. Cuenta con importantes yacimientos de fosfatos, cobre, níquel y tierras raras. La ciudad más importante es Murmansk, con 468.000 h. en 1989.

Kolakowski, Leszek (Radom 1927) Escritor y filósofo polaco. Desde un marxismo heterodoxo defiende la libertad individual frente a la concepción histórica determinista. En sus planteamientos se entremezclan aspectos del marxismo con elementos existencialistas y de la filosofía analítica. Es autor de *Ensayos filosóficos* (1964), *Conversaciones con el diablo* (1965) y *El racionalismo como ideología* (1967).

Kolbe, Hermann (Elliehausen, Gotinga 1818 - Leipzig 1884) Químico alemán. Estudió la síntesis de los ácidos grasos y sintetizó el ácido acético, descubrió los derivados organometálicos al mismo tiempo que Frankland, y describió las cualidades del ácido salicílico.

Kolchack, Alexander Vasilievich (? 1874 - Irkutsk 1920) Marino y político ruso. Mandó durante la Primera Guerra Mundial la flota rusa en el Báltico y en el mar Negro. Contrario a los bolcheviques, creó en 1918 en Omsk un gobierno que recibió el apoyo del Reino Unido y Francia. Atacó a los comunistas al frente de un numeroso ejército, pero tras unos éxitos iniciales, fue derrotado, detenido y ejecutado.

Kolhapur C. de la India, perteneciente al estado de Maharashtra, situada al pie de los Ghates occidentales, al N de Goa. 340.600 h. en 1981. Es un centro comercial que cuenta con industrias alimentarias, textiles, de construcciones mecánicas y eléctricas. Asimismo tiene estudios cinematográficos.

Kolima Río asiático de la Federación Rusa, en el NE de Siberia. 2.129 km de longitud. Nace en los montes de Kolima y discurre hacia el N hasta desembocar en el mar de Siberia. Es navegable en su curso bajo.

koljós o **koljoz** (abreviatura de la expresión rusa *kollektivnoie joziaistvo,* economía colectiva) *s. m.* Cooperativa agrícola característica de la URSS. Fue una de las formas de producción puestas en vigor por Lenin a partir de 1922 para crear una economía socialista. Las tierras son cedidas por el Estado y explotadas colectivamente por los miembros de la comunidad y la maquinaria es de propiedad colectiva. Los productos obtenidos se venden fundamentalmente al Estado, y cada miembro de la comunidad recibe una remuneración en función de la cantidad y calidad de su trabajo.

Kollontai, Alexandra (San Petersburgo 1872 - Moscú 1952) Política y escritora soviética. De origen aristocrático, se unió muy joven al movimiento revolucionario, primero al sector menchevique y posteriormente al bolchevique, con el que participó en la revolución de 1917. Miembro del Comité Central del PCUS (1918), dirigió en 1920 la oposición obrera, contraria a la estatalización de los sindicatos, y más tarde ocupó cargos diplomáticos. Partidaria del feminismo, escribió *La nueva moral y la clase obrera* (1919) y *Autobiografía de una mujer sexualmente emancipada* (1920).

Kolstov, Mijail (? 1898 - ? 1942) Político y periodista soviético. Miembro del PCUS desde su juventud, realizó viajes por Asia, Hungría y Alemania, en los que compaginó sus labores de periodista con los de agente de la Tercera Internacional. Llegó a España en 1936, a comienzos de la guerra civil. A su regreso a Moscú fue detenido y ejecutado durante las purgas estalinistas. Es autor de *Diario de la guerra de España* (póstumo, 1957), uno de los testimonios directos más interesantes sobre el conflicto.

Komi República autónoma de la Federación Rusa, situada en el NE de Rusia. 415.900 km^2. 1.263.000 h. en 1989. La capital es Syktyvkar, con 233.000 h. en 1989. Se extiende entre los montes Urales septentrionales al E, las llanuras rusas al S y al O y el mar de Barents al N. Está recorrida por los ríos Pechora y Vychegda. Su vegetación es de tundra al N y de taiga al S. Posee yacimientos de petróleo, gas, bauxita y titanio, e industria papelera, maderera y peletera.

Kominform (abreviatura de la expresión rusa *Informatsionnoie biuro Kommunisticheskij i rabochij partii*) Oficina de información de los partidos comunistas y obreros, organismo creado en 1947 para sustituir a la Komintern y disuelto en 1956.

Komintern (abreviatura de la expresión rusa *Kommunisticheskii Internatsional*) Tercera Internacional*.

Kon Tiki Nombre de la balsa en que el antropólogo danés Thor Heyerdahl realizó en 1947 su viaje desde El Callao en Chile hasta Oceanía con el fin de demostrar el origen amerindio de los pueblos del S del Pacífico.

Konakry Véase **Conakry**.

Kondratiev, Nikolai Dimitrievich (? 1892 - ? h. 1931) Economista estadounidense de origen ruso. Mediante el estudio de diversos indicadores económicos, como la evolución de los precios, el comercio exterior, etc., dedujo la existencia de ciclos de amplia duración, entre 50 y 60 años, que se repiten a lo largo de la historia y que tienen una fase de expansión y otra de depresión. Estos ciclos, llamados *largos* o *de Kondratiev,* son debidos a que en la fase de expansión se crea una sobrecapacidad de producción y al tiempo se frena la capacidad de consumo por una mala redistribución de la renta, lo que provoca la depresión. Esta teoría la expuso en *Los grandes ciclos de la vida económica* (1932).

Königsberg Véase **Kaliningrad**.

Konya C. de Turquía, situada en la península de Anatolia, al N de los montes Taurus. 439.200 h. en 1986. Es el centro de una rica región minera. Cuenta con industria textil, del cuero, alimentaria y del aluminio.

Kooning, Willem de (Rotterdam 1904) Pintor estadounidense de origen neerlandés. Se formó bajo la influencia del grupo *De Stijl.* Establecido en EE UU desde 1926, es uno de los principales representantes del expresionismo abstracto y su técnica posee las características propias del *action painting.* De su obra merece especial mención la serie titulada *Mujeres,* comenzada en 1945 y que consta de diversos estudios femeninos pintados con una extraordinaria intensidad expresiva.

Willem de Kooning: Mujer II *(Museo de Arte Moderno, Nueva York).*

kopec *s. m.* Cópec*.

Korda, Alexander (Turkeve 1893 - Londres 1956) Director y productor de cine británico de origen húngaro. Fue director de London Films y contribuyó a dar al cine británico una proyección internacional. Dirigió películas de género histórico, como *La vida privada de Enrique VIII* (1933) y *Lady Hamilton* (*The Hamilton woman,* 1941).

koré *s. f.* En el primitivo arte griego, representación escultórica de muchachas vestidas.

Korea Véase **Corea**.

Kornilov, Lavr Georgievich (Ust-Kamenogorsk 1870 - Ekaterinodar 1918) General y político ruso. Comandante de la región de Petrogrado en 1917, presionó al gobierno de Kerenski para que se restableciera la disciplina en el ejército e intentó a continuación un golpe de Estado, que fracasó. Depuesto y encarcelado, huyó de la prisión y se trasladó a Ucrania. Al estallar la guerra civil fue nombrado jefe del ejército blanco en el sur de Rusia. Murió en combate.

Korolenko, Vladimir Galaktionovich (Zhitomir 1853 - Poltava 1921) Escritor ruso. Estuvo deportado en Siberia (1879-85). Autor progresista y populista, en sus obras realiza un sutil estudio psicológico de la condición humana. Influido por Tolstoi, entre sus mejores narraciones figuran *El sueño de Makar* (1885), *El músico ciego* (1886), *Susurros del bosque* (1886) y la autobiografía *Historia de un contemporáneo mío* (1906-22).

Korsch, Karl (Tostedt, Baja Sajonia 1886 - Belmont, Massachusetts 1961) Filósofo alemán. Teórico del marxismo, sus planteamientos se encaminan a determinar la relación dialéctica existente entre el movimiento revolucionario y su expresión teórica. Sus principales obras son *Marxismo y filosofía* (1923), *El materialismo histórico* (1929) y *Karl Marx* (1938).

Kosciusko Montaña de Australia, situada en los Alpes australianos, en el SE del país, en la región de Victoria, cerca de la ciudad de Canberra. Con 2.230 m constituye la máxima altura de Australia.

Kosciuszko, Tadeusz (Mereczowszczyzna, Lituania 1746 - Soleure, Suiza 1817) Patriota polaco. Voluntario en la guerra de la independencia de EE UU, fue más tarde el jefe de la resistencia polaca cuando el país se repartió entre Rusia y Prusia. Dirigió el levantamiento de Cracovia, venció al ejército ruso en Raclawice (1794) y obligó a los prusianos a levantar el sitio de Varsovia pero, al ser vencido en Maciejowice, fue hecho prisionero y expulsado del país en 1796.

Kosice C. de Checoslovaquia, cap. de Eslovaquia Oriental, situada en el E del país, a orillas del río Hernad. 234.100 h. en 1989. Es nudo ferroviario y el centro comercial de las regiones agrícolas y forestales que la rodean y posee industrias siderometalúrgicas, de maquinaria, petroquímicas y alimentarias.

Kosigin, Alexei Nicolaievich (San Petersburgo 1904 - Moscú 1980) Político soviético. Ingresó en el Partido Comunista en 1927 y, tras ocupar diversos cargos de responsabilidad, fue nombrado miembro del Politburó en 1948. Sucedió a Kruschev como primer ministro en 1964, cargo al que renunció poco antes de su muerte.

Kosinski, Jerzy (Lodz, Polonia 1933) Escritor polaco nacionalizado estadounidense. En sus novelas aborda el tema del individuo inmerso en el medio social, que tiende a despersonalizarle y oprimirle. De ellas merecen ser mencionadas *El pájaro pintado* (1965), *Pasos* (1968), *Desde el Jardín* (1971), llevada al cine con el título *Bienvenido mister Chance*, y *El juego de la pasión* (1979).

Kosovo Prov. autónoma de Yugoslavia, en el SE del país, en la república de Serbia. 10.887 km^2. 1.939.000 h. en 1989. La capital es Pristina, con 108.100 h. en 1981. Su territorio se extiende por la llanura de Metohija y los valles de Kosovo y sus principales recursos económicos provienen de la ganadería extensiva, ovina y bovina. Es la región menos desarrollada del país. Fue el centro del antiguo reino de Serbia, que tras la Segunda Guerra Mundial quedó integrado en Yugoslavia, pese a las reclamaciones de Albania, basadas en que la mayoría de sus habitantes son de origen albanés. En 1981 estalló una revuelta nacionalista albanesa, reprimida duramente por el gobierno; desde entonces la tensión entre serbios y albaneses no ha dejado de crecer, alcanzando gran intensidad con ocasión de la guerra civil entre Serbia y Croacia, que provocó la secesión de esta última y de Eslovenia a principios de 1992.

Kossel, Albrecht (Rostock 1853 - Heidelberg 1927) Bioquímico alemán. Descubrió los ácidos nucleicos y algunas de las bases nitrogenadas que forman parte de los nucleótidos. En 1910 le fue otorgado el premio Nobel de fisiología y medicina.

Kossuth, Lajos (Monok, Zemplen 1802 - Turín 1894) Político húngaro. Participó en la revolución de 1848 y fue ministro del gobierno de Tabbhyány. Al producirse la ruptura con Austria (1849) levantó en armas al pueblo húngaro consiguiendo la deposición de los Habsburgo y la independencia de Hungría, pero la intervención rusa hizo fracasar el movimiento, por lo que hubo de huir a Turquía y permanecer en el exilio hasta su muerte.

Koszalin (en al. *Köslin*) C. de Polonia, situada en el NO del país, a orillas del mar Báltico. 105.600 h. en 1989. Sus principales recursos económicos son la industria alimentaria, los astilleros y las salinas.

Kota C. de la India, situada en el estado de Rajasthan, cerca del río Chambal. 358.250 h. en 1981. Cuenta con industria aceitera, textil, papelera, de material eléctrico y del caucho.

kourós *s. m.* Kurós*.

Kowlon (*Kieu-long*) C. de Hong Kong, situada al SE de China, en el sector continental de la colonia. 2.163.000 h. en 1989. Es un importante centro comercial, en el que destacan las industrias textil y alimentaria, a la vez que área residencial y turística.

Kr Símbolo químico del criptón.

Kraepelin, Emil (Neustrelitz 1856 - Munich 1926) Psiquiatra alemán. Estudió la psicosis maniaco-depresiva y la demencia precoz. Elaboró una clasificación de las enfermedades mentales, con su descripción clínica. Sus obras completas fueron publicadas bajo el título *Psiquiatría* (1927).

kraft (voz al.) *adj.* Se dice del papel resistente y de color oscuro empleado para embalar, envolver, etc. También *s. m.*

krak *s. m.* Fortaleza edificada por los cruzados en Oriente Medio.

Krakatoa Isla de Indonesia, situada en el estrecho de Sonda, entre las islas Sumatra y Java. La violenta erupción de su volcán Perbuatan en 1883 hizo desaparecer parte de su territorio y causó la muerte de miles de personas.

kraker (voz neerl.) *s. m.* y *f.* Miembro de un movimiento de ocupación ilegal de viviendas urbanas deshabitadas. El movimiento surgió en los Países Bajos y se extendió a otros países de Europa occidental. En España se llaman *okupas.*

Kramer, Stanley (Nueva York 1913) Productor y director de cine estadounidense. En la década de los cincuenta se convirtió en el más prestigioso productor independiente de EE UU. Entre las películas producidas por él destacan *El ídolo de barro* (*Champion*, 1949), *La muerte de un viajante* (1951) y *Solo ante el peligro* (*High noon*, 1952). Como productor y director, algunas de sus principales realizaciones son *No serás un extraño* (1955), *Vencedores y vencidos* (*Judgement at Nuremberg*, 1961), *El mundo está loco, loco, loco* (1963) y *Adivina quién viene esta noche* (*Guess who's coming to dinner*, 1967).

Krasnodar C. de la Federación Rusa, situada al N del Cáucaso, cerca de la costa NE del mar Negro, a orillas del río Kubán. 620.000 h. en 1989. Tiene refinerías de petróleo e industrias alimentarias y textiles. Antiguamente era llamada *Ekaterinodar* en honor a su fundadora, Catalina II.

Krasnoyarsk C. de la Federación Rusa, situada en el S de Siberia central, a orillas del río Yenisei. 912.000 h. en 1989. Importante centro minero de lignito y manganeso, cuenta con refinerías de petróleo e industrias petroquímicas, aeronáuticas, madereras y alimentarias.

Kraus, Alfredo (Las Palmas de Gran Canaria 1927) Tenor español. Estudió canto en Barcelona, Valencia y Milán y ha actuado en los principales teatros de Europa y América. Ha destacado por su interpretación de la ópera romántica italiana, la ópera francesa, de la que es considerado uno de los mejores especialistas, y por sus papeles en zarzuelas.

Kraus, Karl (Jicin, Bohemia 1874 - Viena 1936) Escritor austriaco. Su obra, fundamentalmente periodística –fundó en 1899 la revista *Die Fackel*– y de carácter polémico, consta de aforismos, poesía, ensayos y teatro, en los que fustiga los vicios de la burguesía y de los políticos. En ella destacan el drama *Los últimos días de la humanidad* (1922), la comedia *Los invencibles* (1928) y el ensayo *La lengua* (1937).

Krause, Karl Christian Friedrich (Eisenberg 1781 - Munich 1832) Filósofo alemán. Fue discípulo de Fichte y Schelling y su obra, que suscitó poco interés durante su vida, fue propagada posteriormente por sus discípulos de las universidades de Jena y Dresde, entre los que se encontraba el español Julián Sanz del Río. Krause reelaboró el idealismo alemán confiriéndole un contenido humanista que contribuye a reducir su rigor lógico y metafísico. Se interesó por aspectos relativos a la organización de la sociedad. Desde una profunda preocupación religiosa, defendió la libertad en la investigación y sostuvo una valoración positiva de la razón. Sus principales escritos son *Fundamentos del derecho natural* (1804), *Ensayo sobre la base científica de la moral* (1810), *El ideal de la humanidad* (1811) y *Bosquejo del sistema de la filosofía* (1825).

krausismo *s. m.* Movimiento filosófico español desarrollado en la segunda mitad del s. XIX, inspirado en las doctrinas de Krause y de gran influencia en la vida política e intelectual del país. Sus principales representantes fueron Julián Sanz del Río, Fernando de Castro, Francisco Giner de los Ríos, Francisco de Paula Canalejas, Nicolás Salmerón y Gumersindo de Azcárate. En 1876, Giner de los Ríos y otros profesores krausistas fundaron en Madrid la Institución Libre de Enseñanza. **FAM.** Krausista.

Krebs, Hans Adolf (Hildesheim 1900 - Oxford 1981) Bioquímico alemán nacionalizado británico. Fue profesor de la universidad de Hamburgo, donde comenzó sus investigaciones sobre los aminoácidos de las cadenas proteicas, pero en 1934, con la llegada de Hitler al poder, hubo de exiliarse en el Reino Unido. En 1953 recibió el premio Nobel de fisiología y medicina, compartido con Fritz Albert Lipmann, por su descubrimiento del **ciclo de Krebs** o ciclo del ácido cítrico, conjunto de reacciones químicas que constituyen la fase final de la oxidación de las sustancias nutritivas en las células vivas aerobias y que permiten a éstas obtener la mayor parte de su energía vital.

Krefeld C. de Alemania, situada en el Land de Renania Septentrional-Westfalia, cerca del Rhin, en el que tiene un puerto fluvial. 235.400 h. en 1989. Es un centro industrial que cuenta con una importante producción en los sectores textil, siderúrgico, químico, de maquinaria y de material ferroviario.

Kreisky, Bruno (Viena 1911 - íd. 1990) Político austriaco. En los años anteriores a la Segunda Guerra Mundial fue encarcelado debido a su militancia socialista. Elegido presidente del Partido Socialdemócrata de Austria en 1967 y jefe de gobierno en 1970, asumió en 1974 el cargo de canciller federal, en el que se mantuvo hasta 1987.

kremlin (voz rusa) *s. m.* **1.** Ciudadela o fortaleza rusa. **2.** Por antonomasia, la ciudadela de Moscú, que fue residencia de los zares y sede del gobierno soviético. **3.** Gobierno de la antigua URSS. ▪ En las dos últimas acepciones se escribe con mayúscula.

krill *s. m.* Nombre que se da a los bancos de moluscos microscópicos de la especie *Euphausia superba*, que ocupan grandes extensiones de los océanos fríos y constituyen el zooplancton de que se alimentan las ballenas azules.

kriptón *s. m.* Criptón*.

Krishna Octava reencarnación del dios Vishnú, según la tradición hindú. Su vida se narra en el poema épico *Mahabharata*. Se le presenta como un héroe que realizó gran número de proezas, a la vez que como dios y salvador de todo mal. Aporta una doctrina de liberación mediante la acción desinteresada.

Krishnamurti, Jiddu (Madanapalle 1897 - Ojai, California 1986) Teósofo hindú. En su juventud fue tenido por un nuevo «Maestro del Mundo», pero renunció a las expectativas que respecto a su persona se habían forjado las sectas teosóficas y se retiró a California, dedicado a la filosofía y la literatura.

Kristeva, Julia (Sofía 1941) Lingüista búlgara. Especialista en semiótica y teoría literaria, ha estudiado estas disciplinas desde una perspectiva marxista aplicando principios del psicoanálisis. Introdujo el concepto de *semanálisis*, reflexión sobre el significante que se produce en el texto. Sus principales ensayos son *Semiótica* (1969), *La travesía de los signos* (1975), *Polílogos* (1977) y *El lenguaje, ese desconocido* (1981).

Krivoi Rog C. de Ucrania, situada en la cuenca baja del río Dniéper. 713.000 h. en 1989. Enclavada en una región con grandes yacimientos de hierro, posee una importante industria siderúrgica y una central nuclear.

Krogh, August (Grena, Jutlandia 1874 - Copenhague 1949) Fisiólogo danés. Es autor de importantes estudios sobre el intercambio gaseoso en la respiración y la función reguladora de los capilares en la circulación. Recibió el premio Nobel de medicina y fisiología en 1920.

Kronstadt Isla y base naval de Rusia, situada en el golfo de Finlandia, próxima a San Petersburgo. Su guarnición desempeñó un importante papel en la caída del zarismo y en el triunfo de los bolcheviques. Considerados como héroes de la revolución, los marineros de Kronstadt se alzaron en 1921 contra el gobierno comunista, al que acusaban de dictatorial. Su revuelta fue duramente reprimida por Trotski.

Kropotkin, Piotr Alexeievich (Moscú 1842 - Dmitrov 1921) Revolucionario e ideólogo anarquista ruso. De familia aristocrática, abandonó el ejército y rechazó el régimen zarista. En 1872 se integró en la Internacional y aceptó las doctrinas de Bakunin. Fue encarcelado por sus actividades de agitación social y tras fugarse se exilió de Rusia, adonde no regresó hasta 1917. Sus teorías están expuestas en las obras *La conquista del pan* (1888), *Campos, fábricas y talleres* (1899) y *Ayuda mutua* (1902). Escribió asimismo su autobiografía *Memorias de un revolucionario* (1902).

Kruger, Paulus (Vaalbank, colonia de El Cabo 1825 - Clarens, Suiza 1904) Político de Transvaal. Participó junto a Pretorius en la fundación del estado sudafricano de Transvaal, del que fue nombrado vicepresidente (1852). Tras la intervención británica fue uno de los promotores de la insurrección bóer que condujo a la creación de la república de Transvaal, de la que fue cuatro veces presidente. Al estallar la guerra con el Reino Unido en 1899, viajó a Europa para solicitar ayuda y ya jamás regresó a causa de la derrota de 1902.

Krupp Familia alemana, creadora de una de las más poderosas industrias pesadas europeas durante el periodo que media entre 1850 y la Segunda Guerra Mundial. El sector en que alcanzó mayor desarrollo fue la industria de armamento, por lo que algunos de sus miembros participaron en la administración del Estado durante la época del káiser Guillermo II y en el III Reich nacionalsocialista. Condenado por su apoyo a Hitler, Alfred Krupp (1906-67) llegó a un acuerdo con los aliados en 1953 y remodeló la empresa, que volvió a convertirse en una de las principales del mundo. Desde 1967 se convirtió en una sociedad por acciones en la que la familia Krupp conserva una importante participación.

Kruschev, Nikita Sergeievich (Kalinovka, Kursk 1894 - Moscú 1971) Político soviético. En su juventud participó en la revolución de Octubre. Miembro del Comité Central del Partido Comunista en 1934 y del Politburó en 1939, fue elegido secretario general del partido tras la muerte de Stalin. En política exterior mejoró las relaciones con los países capitalistas, con los que firmó en 1963 el pacto de no proliferación nuclear, pese a sostener un grave enfrentamiento con los EE UU por la cuestión de los misiles soviéticos en Cuba, en 1962. En el interior inició el proceso de desestalinización, culminado con su discurso ante el XX Congreso del PCUS, lo que no impidió la intervención militar soviética en Hungría (1956). En el terreno económico intentó una serie de medidas para potenciar el mercado interno, que resultaron fallidas, mientras que alcanzó importantes éxitos en los campos científico y tecnológico. Fue destituido en 1964 y sustituido por Breznev.

Nikita Kruschev.

Ku Klux Klan Organización secreta racista estadounidense. Fue fundada en 1865 en Tennessee por propietarios de grandes plantaciones para oponerse a las medidas políticas del gobierno de Washington y se extendió rápidamente al conjunto de los estados sureños. Ha protagonizado gran número de atentados, linchamientos y violencias contra los ciudadanos de color y los partidarios de la igualdad de derechos. Sus miembros van vestidos con togas blancas y encapuchados y su símbolo es una cruz ardiente. En la actualidad, pese a los esfuerzos del gobierno federal, la organización subsiste, si bien fragmentada y poco activa.

Kuala Lumpur C. de Malaisia, cap. del país, en el O de la península de Malaca, en la confluencia de los ríos Gombak y Klang. 1.182.700 h. en 1988. Es el centro administrativo y económico más importante del país. En su actividad industrial destaca la producción y la comercialización del caucho y del estaño, la manufactura del tabaco, los sectores alimentario y mecánico, así como las industrias del cemento y del jabón.

Kuang-si Véase **Guangxi Zhuang**.

Kuantung Véase **Guangdong**.

Kubala, Ladislao (Budapest 1927) Futbolista español de origen húngaro. Se inició en el Ferencvaros y a los 17 años alcanzó la internacionalidad. Huyó de su país en 1949 y, tras una estancia en Austria, fichó por el Barcelona, equipo en el que alcanzó extraordinaria popularidad y numerosos éxitos. Tras su retirada se convirtió en entrenador.

Kubilai Kan (? 1214 - ? 1294) Nieto de Gengis Kan y kan del imperio mongol (1260-94). Conquistó China meridional y fundó la dinastía Yuan, haciendo de Pekín su capital. En su corte residió el comerciante veneciano Marco Polo. Intentó sin éxito conquistar Japón en 1274 y 1281. También se le llama *Kublai Kan.*

Kubin, Alfred (Leitmeritz, Bohemia 1877 - Zwickledt, Austria 1959) Pintor y escritor austriaco. Su arte, de tono simbólico y fantástico, alcanza su mayor altura en la obra gráfica: ilustraciones de clásicos literarios como Poe, Dostoievski y Hoffmann, litografías, carteles, etc. Su obra literaria también es notable y en ella destaca la novela *La otra parte* (1909).

Kubitschek, Juscelino (Diamantina 1902 - Rio de Janeiro 1976) Político brasileño. De ideología socialdemócrata, fue presidente de la nación (1956-60). Durante su mandato se iniciaron las obras de construcción de Brasilia, nueva capital del país.

Kubrick, Stanley (Nueva York 1928) Director de cine estadounidense. Es un prestigioso realizador que se distingue por tratar todo tipo de géneros, siempre con gran perfección técnica e intensidad narrativa. Entre sus películas más importantes figuran *Senderos de gloria* (1957), *Espartaco* (1960), *Lolita* (1962), *2001, una odisea del espacio* (1968), *La naranja mecánica* (1971), *Barry Lyndon* (1975) y *El resplandor* (1979).

Kuhn, Rodolfo (Buenos Aires 1934) Director de cine argentino. Es uno de los principales representantes del nuevo cine argentino, surgido en los años sesenta. Entre sus películas sobresalen *Los jóvenes viejos* (1961), *Pajarito Gómez* (1964) y *Ufa con el sexo* (1964).

Kuhn, Thomas Samuel (Cincinatti 1922) Filósofo estadounidense. Partiendo de un análisis de la historia de la ciencia, niega que exista un progreso o una evolución lineal en el desarrollo de la misma. En su obra *La estructura de las revoluciones científicas* (1962), introdujo el concepto de paradigma, marco teórico aceptado por la comunidad científica en el que se desarrolla y progresa la ciencia hasta la aparición de otro nuevo paradigma, que desplaza al anterior sin solución de continuidad. Otras obras suyas dignas de mención son *La revolución copernicana* (1957), *Segundos pensamientos sobre paradigmas* (1970) y *La tensión esencial* (1977).

Kuibishev C. de la Federación Rusa, situada en la confluencia de los ríos Samara y Volga. 1.257.000 h. en 1989. Cuenta con industrias de la construcción, químicas, metalúrgicas, mecánicas y aeronáuticas. Produce energía hidroeléctrica en una central sobre el río Volga, aguas arriba de la ciudad. Antiguamente era llamada *Samara.*

kulak (voz rusa) *s. m.* Nombre con el que se designaba en la Rusia de finales del s. XIX a los campesinos propietarios de tierras que tenían a otros campesinos asalariados a su servicio. Respetados en los primeros momentos de la revolución bolchevique, sufrieron a partir de 1922 una dura persecución hasta desaparecer como clase social.

Kulturkampf (voz al. que significa 'lucha por la cultura') *s. f.* Nombre con que se conoce el enfrentamiento del canciller alemán Bismarck con las organizaciones católicas y de centro y la Iglesia romana entre 1871 y 1878, que provocó la expulsión de las órdenes religiosas no hospitalarias y la promulgación de leyes que restringían la libertad de acción de la Iglesia. La reprobación del emperador y los partidos conservadores, así como los triunfos electorales de los católicos, obligaron a Bismarck a derogar gran parte de esas leyes.

Kumamoto C. de Japón, situada en la isla de Kyushu, a orillas del río Shira. 575.250 h. en 1988. Es un centro de gran interés artístico y cultural, al tiempo que un lugar de peregrinación budista. Sus actividades económicas más sobresalientes se centran en la industria alimentaria, textil, química, papelera y cerámica.

Kumaon Macizo montañoso de la India y el Tíbet, situado en la cordillera del Himalaya, entre el Himachal Pradesh al O y la frontera con Nepal al E. En él se halla el pico Nanda Devi (7.816 m).

Kumasi C. de Ghana, cap. de la región de Ashanti, situada en el centro del sector meridional del país. 385.200 h. en 1988. Es un nudo de comunicaciones y núcleo comercial, que posee industria alimentaria y textil. Cuenta con aeropuerto.

kümmel *s. m.* Cúmel*.

Kun, Bela (Szilagycsen, Transilvania 1886 - Ucrania 1936) Político húngaro. Fundador del Partido Comunista, dirigió la revolución de 1918, que implantó la efímera República de los Soviets (133 días). Ante la invasión rumana, el alzamiento contrarrevolucionario de Szeged y el levantamiento campesino, hubo de huir exiliándose en la URSS. Miembro del Comité Ejecutivo de la Tercera Internacional, fue acusado por Stalin de trotskista y ejecutado.

Kundera, Milan (Brno 1929) Escritor checoslovaco nacionalizado francés. Enfrentado con el gobierno comunista de Checoslovaquia, se exilió en 1975 a Francia. Es autor de poesía, teatro y novela. En la narrativa, su faceta más relevante, destacan los títulos *Libro de los amores ridículos* (1963-64), *La broma* (1967), *El libro de la risa y el olvido* (1978), *La insoportable levedad del ser* (1984) y *La inmortalidad* (1989).

kung fu (voz china) *s. m.* Arte marcial que consiste en la lucha con manos y pies. Su origen es budista y de él derivan el karate japonés y el taekwondo coreano.

Küng, Hans (Sursee 1928) Teólogo católico suizo. Se ordenó sacerdote en 1954 y en 1963 ocupó la cátedra de teología en Tubinga. Se ha mostrado muy crítico con importantes aspectos de la Iglesia, por lo que en 1975 la Congregación para la Doctrina de la Fe le privó de la cátedra. Destacan entre sus obras *Estructura de la Iglesia* (1962), *Sacerdotes, ¿para qué?* (1972), *Ser cristiano* (1976) y *¿Existe Dios?* (1978).

Kunlun Cordillera de China, situada al N de la meseta del Tíbet y al S del desierto de Takla Makan, entre la meseta de Pamir al O y la región de Qinghai al E. Su máxima altura es el pico Ulug Mustag (7.723 m). En sus montañas nacen importantes ríos, como el Yangtsé-kiang, Huang-ho y Mekong.

Kunming C. de China, cap. de la prov. de Yunnan, situada en el SO del país, en la orilla septentrional del lago Dian Chi. 1.480.000 h. en 1989. Cuenta con industria metalúrgica, de maquinaria, textil y electrónica.

Kuomingtang (voz china que significa 'Partido Nacional del Pueblo') Partido político chino de carácter nacionalista, fundado por Sun Yat-sen en 1912. Tras una etapa en la que incluso contó con la ayuda de los comunistas y que culminó en el Primer Congreso (1924), favorable al nacionalismo, la democracia y el socialismo, pasó a convertirse, bajo la dirección de Chiang Kai-chek, en una organización más conservadora y próxima a las potencias occidentales. La invasión japonesa de 1937 interrumpió las hostilidades con los comunistas y llevó a los dos partidos a la creación de un frente nacional, pero en 1945 el conflicto se reanudó y derivó en guerra civil (1945-49). Derrotado, el Kuomingtang se trasladó a Formosa, donde creó la República Nacionalista de China (Taiwan).

Kupka, Frank (Opocno, Bohemia 1871 - Puteaux 1957) Pintor checo. Tras un comienzo como ilustrador, pasó por un periodo impresionista y otro como pintor fauve. Se le considera uno de los iniciadores del arte abstracto (1911). Su estilo está influido por Klimt y el orfismo. Entre sus obras son muy representativas *Nocturno* y *Estudio para la fuga.* Posteriormente evolucionó hacia el constructivismo. En Praga existe un interesante Museo Kupka.

Kuprin, Alexander Ivanovich (Narovchat 1870 - Moscú 1938) Escritor ruso. Fue autor de novelas satíricas y moralizantes de estilo naturalista, entre las que destacan *Molok* (1896), *El desafío* (1905) y *Yama* (1909-15).

Kura Río de Asia occidental. 1.515 km. Nace en Turquía, penetra en Georgia y recorre el S del Cáucaso, pasa por Tbilisi, atravesando Azerbaiyán, hasta desembocar en un gran delta, con su afluente Aras, en el mar Caspio. Se aprovecha para riegos y energía hidroeléctrica.

kurchatovio *s. m.* Ku. Elemento químico perteneciente al grupo de los transactínidos del sistema periódico. Su número atómico es 104. Fue obtenido en 1964 por científicos soviéticos del instituto de Dubna, mediante el bombardeo de plutonio con iones de neón acelerados. Presenta propiedades químicas similares a las del hafnio. En 1969 científicos de la universidad de Berkeley en California identificaron positivamente tres isótopos de kurchatovio, el Ku^{257}, el Ku^{258} y el Ku^{259}. También se le conoce con el nombre de *rutherfordio.*

Kurdistán Región asiática que abarca el E de Turquía, el NE de Irak, el N de Irán y el S de la república de Armenia. Es una región montañosa y de alta meseta, regada en su sector meridional por los ríos Tigris y Eúfrates y habitada por población kurda.

kurdo, da *adj.* **1.** Se dice de un pueblo que vive en la región del Kurdistán, de religión musulmana sunnita, costumbres nómadas y economía pastoril. Al estar su territorio repartido entre diversos estados (Turquía, Armenia, Irak, Irán), ha protagonizado diversas revueltas de carácter nacionalista; concretamente, en 1991, sufrió una dura represión por parte del ejército iraquí de Sadam Hussein. **2.** De este pueblo. También *s.* ‖ *s. m.* **3.** Lengua de la familia irania, hablada principalmente en el Kurdistán.

Kuriles, islas Archipiélago de la Federación Rusa, situado al NE de Asia, entre la península de Kamchatka y Japón. Está formado por 36 islas volcánicas que separan el mar de Ojotsk del océano Pacífico. Sus principales recursos son la caza de osos, zorros y martas cibelinas para aprovechamiento de las pieles, así como las pesquerías y las industrias conserveras de pescado. Pertenecieron a la URSS desde 1940 (desde 1991 a la Federación Rusa), aunque las islas meridionales han sido reclamadas por Japón. Al E del archipiélago se encuentra la fosa de las Kuriles, de 10.542 m de profundidad máxima.

Kuro Shivo o **Kuro-shio** Corriente marina cálida del océano Pacífico. Discurre entre el N de Filipinas y la costa oriental de Japón y se prolonga en un brazo que penetra en el mar del Japón a través del estrecho de Corea. Convertida en deriva Nordpacífica, atraviesa el Pacífico norte y baña las costas occidentales de Canadá y Alaska. En verano sus aguas superficiales son casi 10 °C más cálidas que otras de esa misma latitud.

kurós *s. m.* Estatua del primitivo arte griego que representa un joven desnudo. Se trataba de imágenes votivas, que eran ofrecidas a los santuarios o situadas en las tumbas, de tamaño natural o aún mayor, realizadas en mármol o bronce, con importantes rasgos de hieratismo, que en el curso del tiempo fueron evolucionando hacia un estilo naturalista antecedente de la escultura clásica griega.

Kurosawa, Akira (Tokio 1910) Director de cine japonés. Su obra, influida por el cine occidental, se caracteriza por su gran plasticidad y por la penetración en la psicología de los personajes. Entre sus películas más sobresalientes se cuentan *Rashomon* (1950), *Los siete samuráis* (1954), *Barbarroja* (1965), *Dersu Uzala* (1975), *Kagemusha* (1980) y *Ran* (1985).

Escena de Ran *(1985), película de Akira Kurosawa.*

Kursk C. de la Federación Rusa, situada a orillas del río Sejm, al S de Moscú. 424.000 h. en 1989. Es un importante centro agrícola y de minería del hierro, que posee industria química, farmacéutica y de maquinaria.

Kusch, Polykarp (Blankenburg, Alemania 1911) Físico estadounidense de origen alemán. Estudió en universidades de EE UU y se especializó en física atómica. En 1955 obtuvo el premio Nobel de física, compartido con Willis Eugene Lamb, por la determinación exacta del momento magnético del electrón.

Kutuzov, Mijail Illarionovich (San Petersburgo 1745 - Bunzlau, Silesia 1813) Militar ruso. Participó en todas las campañas del final del reinado de Catalina II y defendió Moscú de Napoleón (1812), ante quien retrocedió con orden en la batalla de Borodino. Durante la retirada del ejército francés no cesó de hostigar al enemigo y, al final de la campaña, fue considerado el salvador de Rusia.

Kuwait (*al-Kuwayt*) Estado de Asia occidental.

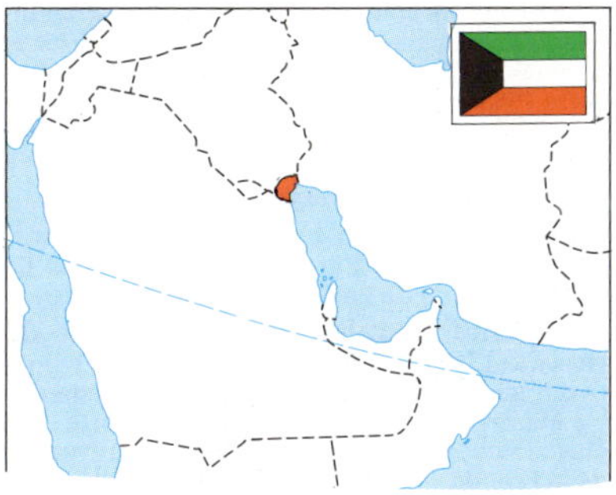

Extensión: 17.818 km^2.
Límites: al N, con Irak; al E, con el golfo Pérsico; al S, con Arabia Saudí, y al O, con Irak.
Población: 2.143.000 h. en 1990.
Densidad: 120 h./km^2.
Capital: Kuwait.
División administrativa: 4 gobernaciones.
Ciudades principales: as-Salimiyah, Hawalli, al-Jahra y al-Farwaniyah.
Gentilicio: kuwaití.
Forma de Estado: monarquía.
Idioma: árabe.
Religión: islamismo, 91,5 %; cristianismo, 6,4 %.
Moneda: dinar kuwaití.
Tasa de natalidad: 27 ‰ en 1990.
Tasa de mortalidad: 3 ‰ en 1990.
Renta per cápita: 16.380 dólares en 1989.

Geog. Kuwait, situado en la costa NO del golfo Pérsico, es un país llano y desértico que carece de cursos fluviales y tiene escasa vegetación, concentrada en los oasis. Frente a su costa, baja y rectilínea, se hallan las islas de Bubiyan y Faylaka. Sus habitantes son árabes, persas, pakistaníes, hindúes, armenios y europeos y habitan sobre todo en la región costera; la antigua población nómada se ha sedentarizado y la tasa de crecimiento demográfico es muy alta. Sus principales recursos económicos proceden del petróleo, del que el país posee un 13 % de las reservas mundiales, y del gas natural. Tiene también importancia la actividad pesquera. Las explotaciones petrolíferas han transformado profundamente su economía y sociedad; posee una de las rentas per cápita más elevadas del mundo, aunque la riqueza está desigualmente repartida. Al amparo de esta prosperidad se han creado gran número de industrias de refinado y derivados del petróleo, así como industrias químicas (fertilizantes) y cementeras, y una agricultura hortícola que depende casi exclusivamente de la irrigación.

Hist. La ciudad de Kuwait, fundada en el s. XVII, adquirió importancia económica tras la conquista de Basora por Persia, pues desde entonces fue escala de la ruta de las especias, que enlazaba el Extremo Oriente con el mundo árabe y el Mediterráneo. Kuwait era tributaria del imperio otomano, pero desde principios del s. XIX el Reino Unido comenzó a ejercer su influencia y en 1914 impuso el protectorado británico. En 1934 la compañía British Petroleum y la estadounidense Gulf Oil Corporation se asociaron bajo el nombre de Kuwait Oil Company y obtuvieron la concesión para el sondeo y explotación petrolífera del territorio. Los yacimientos descubiertos en 1938 permitieron paliar los efectos de la recesión del petróleo iraní. Kuwait obtuvo la independencia en 1961 y al año siguiente fue proclamado jefe del Estado el jeque Sabbah al-Salim. Los países limítrofes, deseosos de acceder a sus recursos, plantearon reclamaciones territoriales; Irak reclamó la totalidad del país y Arabia Saudí la zona neutral del S. El ingreso de Kuwait en la Liga Árabe (1961) y en la ONU (1963) permitió la solución del conflicto en 1966 y garantizó la integridad de su territorio. En 1978 fue proclamado jefe de Estado el jeque Jaber al-Ahmed. En 1990 el país fue invadido por Irak, lo que provocó la intervención militar de una coalición de países, encabezada por EE UU, que derrotó en 1991 al ejército iraquí en la guerra del Golfo y liberó el emirato. Ese mismo año comenzó un proceso de reconstrucción del país, gravemente dañado durante los meses de ocupación.

Kuwait (*al-Kuwayt*) C. de Kuwait, cap. del país, situada en el E del mismo, en la costa del golfo Pérsico. 44.350 h. en 1985, 167.800 h. en su área metropolitana. Antiguo puerto pesquero cuya principal actividad era la extracción de ostras perlíferas, en la actualidad es un importante centro de refinado y exportación de petróleo.

Kuwait: vista de la moderna mezquita de la ciudad.

kuwaití *adj.* De Kuwait. También *s.*

Kuznets, Simon (Jarkov 1901 - Cambridge, Massachusetts 1986) Economista estadounidense de origen ruso. Profesor en varias universidades de EE UU, de 1927 a 1961 formó parte del equipo de la Oficina Nacional para la Investigación Económica (NBER). En 1971 obtuvo el premio Nobel de economía por sus trabajos sobre el crecimiento económico.

kW Símbolo del kilovatio, unidad de potencia eléctrica.

kwacha *s. f.* **1.** Unidad monetaria principal de Malawi, sustituyó a la libra en 1971. **2.** Unidad monetaria principal de Zambia, sustituyó a la libra en 1978.

Kwangju C. de Corea del Sur, cap. de la prov. de Cholla-namdo, situada en el SO del país. 1.206.000 h. en 1990. Es el centro administrativo y comercial de su región y posee industrias textiles, químicas y alimentarias.

Kweichow Véase **Guizhou**.

kWh Símbolo del kilovatio hora, unidad de trabajo.

kyat *s. m.* Unidad monetaria de Birmania.

kylix (voz gr.) *s. f.* En la antigua Grecia, copa de cerámica, baja, de boca grande y con dos asas horizontales o curvadas hacia arriba.

Kyprianou, Spyros (Limassol 1932) Político grecochipriota. Conseguida la independencia de Chipre, fue ministro de Asuntos Exteriores (1960-1972). En 1976 fundó el Partido Democrático y tras la muerte de Makarios (1977) ocupó la presidencia de la república hasta 1988.

kyrie (voz gr.) *s. m.* Kirie*.

Kyushu Isla del Japón, la más meridional de las grandes islas del archipiélago, situada entre el mar de la China Oriental y el océano Pacífico y separada de las islas Honshu y Shikoku por el estrecho Bungo. 42.149 km^2. 13.324.000 h. en 1989. Su relieve, muy accidentado y con gran cantidad de volcanes, presenta unas costas muy recortadas. Su clima es templado. Posee cultivos de arroz, frutas tropicales, hortalizas y cultivos industriales, recursos pesqueros y minería de hulla, así como industria metalúrgica, textil, química y electrónica en sus principales centros urbanos, Kitakyushu, Kumamoto y Kawasaki.

L

l[1] *s. f.* Duodécima letra del abecedario español y novena de sus consonantes. Su nombre es *ele.* Seguida de otra *l*, tiene un sonido palatal lateral: *llave, hallar.*

l[2] Símbolo del litro, unidad de capacidad.

L Letra que en la numeración romana equivale a cincuenta.

la[1] (del lat. *illa*) *art. det. f.* **1.** Acompaña a sustantivos que tienen género femenino y número singular: *la niña, la casa.* Sirve también para sustantivar oraciones de relativo y sintagmas preposicionales: *Esa es la que quiero.* ‖ *pron. pers. f. de 3.ª pers.* **2.** Funciona como complemento directo: *Tu llegada repentina la sorprendió.* A veces se utiliza sin referirse a ningún sustantivo en concreto, con valor expresivo: *¡La hemos hecho buena!* Con el mismo valor, se utiliza en plural con verbos como *arreglarse, apañarse,* etc.: *¡Compóntelas como puedas! ¡Ya me las arreglaré yo solo!*

la[2] (sílaba de la primera estrofa del himno a San Juan Bautista) *s. m.* Sexta nota de la escala musical.

La Símbolo químico del lantano.

La Bruyère, Jean de (París 1645 - Versalles 1696) Escritor y moralista francés. Recomendado por Bossuet, fue preceptor de Luis de Borbón, nieto del Gran Condé. Su principal obra es *Los caracteres de Teofrasto, traducidos del griego, con los caracteres o las costumbres de este siglo,* donde en forma de máximas condensa sus reflexiones y en los retratos hace una sátira de la sociedad francesa de su tiempo.

La Farge, John (Nueva York 1835 - Providence, Rhode Island 1910) Pintor estadounidense de origen francés. En París fue discípulo de Thomas Couture. Realizó una pintura de gusto academicista. Fue muralista, acuarelista y pintor de vidrieras. Decoró las iglesias de la Trinidad, en Boston (1876), y de la Ascensión, en Nueva York (1890).

La Fayette, Gilbert Motier, marqués de (castillo de Chavaniac, Auvernia 1757 - París 1834) Aristócrata y político francés. Luchó contra los ingleses en la guerra de Independencia de EE UU. Perseguido en Francia durante la Revolución, huyó a Prusia. Retornó en 1800, después del golpe de Estado de Napoleón, pero no aceptó cargos oficiales y vivió retirado hasta 1815, en que fue elegido diputado. Viajó a EE UU en 1824, donde fue recibido como un héroe. En 1830, durante la revolución liberal, que llevó al trono a Luis Felipe, fue nombrado comandante de la guardia nacional.

La Fontaine. Grabado de la época (Biblioteca Nacional, Madrid).

La Fontaine, Jean de (Château-Thierry, Aisne 1621 - París 1695) Escritor francés. Fue un destacado fabulista que continuó la tradición de los clásicos Esopo y Fedro, de quienes adoptó la fórmula de planteamiento y moraleja, aunque dando mayor importancia al primero. Sus fábulas constituyen un retrato alegórico y mordaz de su época y sus contemporáneos. Ejerció gran influencia en los españoles Samaniego e Iriarte. Además de las *Fábulas* en doce libros, escritas entre 1668 y 1694, es autor de *Elegía de las ninfas de Vaux* (1661), *Cuentos* en cinco volúmenes (1665-94) y la novela *Psyché* (1669).

La Pampa Véase **Pampa, La.**

La Pérouse, Jean François de Galaup, conde de Véase **Pérouse, Jean François de Galaup, conde de La.**

La Rochefoucauld, François, duque de (París 1613 - íd. 1680) Escritor, moralista y político francés. Su manifiesta oposición a Richelieu y a Mazarino le mantuvo alejado de la corte e incluso le llevó al exilio. Participó en las revueltas de la Fronda y fue herido en el sitio de París. Escribió sus *Memorias* (1664) y un libro de *Máximas* (1665), en las que reflexiona con agudeza y pesimismo sobre la condición humana.

La Spezia C. de Italia, situada en la región de Liguria, junto a la costa del mar Ligur. 104.500 h. en 1990. Tiene un importante puerto marítimo y es base naval. Cuenta con astilleros y refinerías de petróleo, así como con industrias siderúrgicas y de construcciones mecánicas. Es asimismo centro turístico y veraniego.

Labadie, Jean de (Bourg, Guayana 1610 - Altona 1674) Reformador protestante. Fue jesuita y en 1650 se convirtió al calvinismo, en el que creó una rama disidente. Preconizó la vuelta a la forma de vida de las antiguas comunidades cristianas.

lábaro *s. m.* **1.** Estandarte de los emperadores romanos, especialmente después de Constantino quien, al convertirse al cristianismo, mandó incorporar al suyo la cruz y el monograma de Cristo, que está compuesto por las dos primeras letras de este nombre en griego, la «ji» y la «ro». **2.** Signo formado por la cruz y el monograma de Cristo, que a veces aparece solo, sin la cruz.

Labé, Louise (Lyon h. 1524 - Parcieux-en Dombes 1566) Poetisa francesa. Llamada «La Bella Cordelera», por el oficio de su padre o de su marido, conocedora del latín y del italiano, escribió poesía amorosa y sensual, que muestra la influencia de Petrarca. Su obra, publicada en 1555, comprende *Debate entre locura y amor,* diálogo en prosa, 24 sonetos y 3 elegías.

label (voz ingl. que significa 'etiqueta') *s. m.* Etiqueta que garantiza la calidad de un producto.

laberíntico, ca *adj.* **1.** Perteneciente o relativo al laberinto. **2.** Muy enredado o confuso.

laberinto *s. m.* **1.** Lugar lleno de caminos entrecruzados o dispuestos de tal manera que es muy difícil encontrar la salida. El más famoso fue el de Creta, donde estaba encerrado el Minotauro. **2.** Asunto muy confuso y enredado. **3.** Conjunto de órganos y conductos semicirculares que constituyen el oído interno de los vertebrados. Está formado por el laberinto membranoso y el laberinto óseo. El **laberinto membranoso** consta de los conductos semicirculares, el conducto endolinfático y dos saquitos de forma ovoidal: el utrículo y el sáculo, llenos de un líquido llamado *endolinfa.* El **laberinto óseo** es el conjunto de cavidades del hueso temporal, donde se alberga el laberinto membranoso, y está lleno de un líquido llamado *perilinfa.* **4.** P. ext., cualquier cavidad formada por conductos circulares.

labia *s. f.* Facilidad de palabra, especialmente cuando se utiliza con habilidad y gracia para agradar o convencer a alguien.

labiadas *s. f. pl.* Familia de plantas herbáceas o arbustivas perteneciente al orden lamiales, que comprende aproximadamente 3.000 especies, agrupadas en gran número de géneros, como *Salvia, Mentha, Lavandula, Thymus* y *Origanum.* Se caracterizan porque los pétalos de sus flores se agrupan en dos superiores y tres inferiores en forma de labios. Tienen tallo cuadrado, cáliz tubular, androceo dotado de cuatro estambres, pistilo con estilo bífido y fruto compuesto. Muchas especies poseen sustancias aromáticas que las hacen útiles como condimentos culinarios, infusiones, medicamentos o en perfumería. Crecen en todas las regiones templadas de la Tierra. Labiadas son el romero, tomillo, espliego, menta, orégano y salvia. También *adj.* y *s. f.*

labial *adj.* **1.** Perteneciente o relativo a los labios. **2.** En ling., se aplica a los sonidos que se articulan fundamentalmente con los labios, como las consonantes *p, b, m* y *f.* También *s. f.*

labializar *v. tr.* Hacer labial un sonido que no lo era. ■ Se conjuga como *cazar.* **FAM.** Labialización.

Labiche, Eugène (París 1815 - íd. 1888) Comediógrafo francés. Escribió farsas y vodeviles, muchos de ellos en colaboración con otros autores, donde describe con fino humor las costumbres de su tiempo. Algunos de sus títulos más destacados son *Un sombrero de paja de Italia* (1851), *Edgar y su criada* (1852), *El viaje del señor Perrichon* (1860) y *La gramática* (1867).

labiérnago *s. m.* Planta arbustiva de la familia oleáceas, especie *Phillyrea angustifolia.* Alcanza hasta 3 m de altura, tiene ramas delgadas, hojas perennes largas y estrechas de color verde oscuro, flores de color blanco agrupadas en ramillete verdoso y fruto en drupa negro azulado. Crece en la región mediterránea.

labihendido, da *adj.* Que tiene hendido o partido el labio superior.

lábil *adj.* **1.** Que se desliza o cae con facilidad. **2.** Cambiante, poco seguro. **3.** Débil, frágil. **4.** Se aplica a los compuestos químicos inestables, que se descomponen fácilmente. **FAM.** Labilidad.

labio *s. m.* **1.** Cada uno de los bordes carnosos y móviles que limitan la abertura de la boca del hombre y de algunos animales. **2.** Cada uno de los bordes de la vulva. **3.** Borde exterior de una abertura y de algunas cosas. Se usa sobre todo en *pl.* **4.** Cada una de las partes en que se divide la corola de las plantas labiadas. ‖ *pl.* **5.** Boca, órgano de la palabra. ‖ **LOC. morderse los labios** *fam.* Hacer esfuerzos para no decir algo o para no reírse. **no despegar los labios** No hablar.

labiodental *adj.* Se dice del sonido que se articula entre el labio inferior y los dientes superiores, como la *f.* También *s. f.*

labor *s. f.* **1.** Trabajo o actividad que lleva a cabo alguien. **2.** Obra realizada por alguien. **3.** Cualquier tipo de trabajo de costura, bordado, etc., hecho a mano o a máquina. Se usa mucho en *pl.* **4.** Obra hecha mediante este trabajo. **5.** Cada una de las operaciones que se realizan en el campo para preparar y cultivar la tierra. Se usa mucho en *pl.* **6.** Operación que consiste en remover la tierra antes de la siembra. **7.** Cada una de las clases de productos confeccionados en las fábricas de tabacos. Se usa más en *pl.* **8.** *El Salv., Guat., Méx.* Pequeña finca agrícola. ‖ **9. día de labor** El laborable. **10. sus labores** Ocupación de la mujer que se dedica sólo a las tareas domésticas de su hogar. ‖ **LOC. de labor** *adj.* Se dice del animal, herramienta, etc., que se usan para trabajar los campos; aplicado a la tierra, de cultivo.

laborable *adj.* **1.** Se dice del día de trabajo, que no es fiesta. También *s. m.* **2.** Se aplica al terreno que puede ser cultivado.

laboral *adj.* Perteneciente o relativo al trabajo, especialmente en su aspecto económico, jurídico y social, o a los trabajadores.

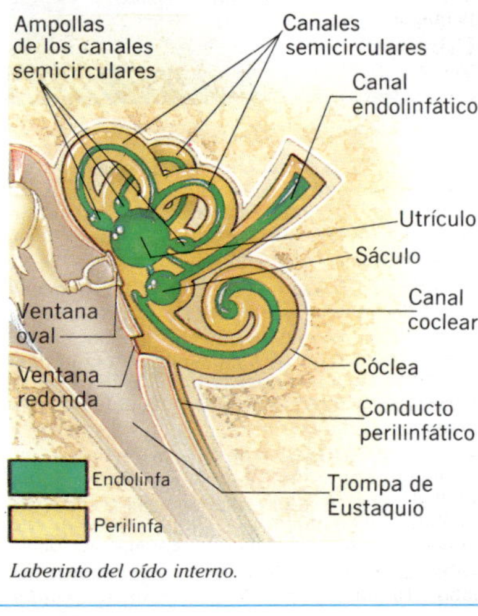

Laberinto del oído interno.

laboralista *adj.* Se dice de la persona especializada en derecho laboral. También *s.*

laborar *v. tr.* **1.** Labrar la tierra. || *v. intr.* **2.** Trabajar y esforzarse por conseguir algo.

laboratorio *s. m.* **1.** Lugar provisto de los aparatos, instrumentos y productos necesarios para realizar cualquier tipo de investigaciones científicas y técnicas, análisis clínicos, elaboración de medicamentos, enseñanza práctica, etc. **2.** Lugar donde se revelan negativos fotográficos y de películas. || **3. laboratorio de idiomas** Sala o local dotado de medios audiovisuales para la enseñanza de lenguas extranjeras. **4. laboratorio espacial** Estación* espacial. || **Loc. de laboratorio** *adj.* Se dice de lo que ha sido creado artificialmente o lo parece.

laborear *v. tr.* **1.** Trabajar la tierra. **2.** Hacer excavaciones en una mina para extraer el mineral. **Fam.** Laboreo.

laboriosidad *s. f.* Cualidad de laborioso.

laborioso, sa *adj.* **1.** Muy trabajador, que realiza las cosas bien y con cuidado. **2.** Que requiere mucho trabajo y atención. **Fam.** Laboriosamente.

laborismo *s. m.* Movimiento y doctrina política de carácter socialista o socialdemócrata, representado por el Partido Laborista británico y sus homónimos de los países de la Commonwealth.

laborista *adj.* **1.** Perteneciente o relativo al laborismo. **2.** Se aplica a los miembros o partidarios del Partido Laborista. También *s.*

Laborista, Partido (*Labour Party*) Partido político británico de ideología socialista moderada. Fue fundado en 1906 por los sindicatos obreros con el fin de obtener representantes parlamentarios propios. Sus antecedentes fueron el *Independent Labour Party*, creado por el sindicalista escocés J. Keir Hardie en 1893, y el *Labour Representation Committee*, reunido por los sindicatos tras su congreso de 1899. En sus orígenes fue una agrupación dispersa de elementos socialistas y sindicales influidos por las doctrinas de la Sociedad Fabiana, pero tras su profunda reorganización en 1918, cobró la influencia suficiente para alcanzar el gobierno del país en 1924 y nuevamente en 1929. Desde entonces ha alternado en el poder con el Partido Conservador, ocupando el gobierno en 1945, 1964, 1966 y 1974. La crisis económica desatada en 1975 dio el poder a la conservadora Margaret Thatcher en 1979. El Partido Laborista permaneció en la oposición, dirigido desde 1983 por Neil Kinnock, que dimitió en 1992 como consecuencia de su derrota electoral ante los conservadores.

labra *s. f.* Acción y efecto de labrar un material.

labradío, a *adj.* Labrantío*.

labrado, da **1.** *p. p.* de **labrar**. También *adj.* || *adj.* **2.** Se dice de los tejidos y prendas que tienen dibujos o adornos en relieve. || *s. m.* **3.** Labra*. || *s. f.* **4.** Tierra arada y preparada para sembrar en ella al siguiente año.

labrador, ra *adj.* Se dice de la persona que se dedica a las labores agrícolas y especialmente de la que cultiva sus propias tierras. También *s.*

Labrador, corriente del Corriente marina fría del Atlántico norte, que se origina en el océano Glacial Ártico y discurre hacia el S bordeando la península de Labrador, hasta encontrar la corriente del Golfo. Transporta numerosos icebergs.

Labrador, península de Península de Canadá, situada en el NE del país, entre la bahía de Hudson al O, el estrecho de Hudson al N y el océano Atlántico al E. Constituye el extremo oriental del escudo canadiense, sus costas son muy recortadas y está recorrida por numerosos ríos. Tiene un clima polar, escasa vegetación, y sus principales recursos económicos son mineros, sobre todo de hierro, cobre y oro.

labradorita *s. f.* $AlSi_3O_8(Na,Ca)$. Mineral magmático del grupo de los feldespatos. Es una plagioclasa traslúcida que cristaliza en el sistema triclínico y se presenta en rocas ígneas, sobre todo en las andesitas. Abunda en la península de Labrador, de la que recibe su nombre, y en Finlandia. Se usa como material de construcción.

labrantío, a *adj.* Se aplica al campo o tierra de labor. También *s. m.* ▪ Se dice también *labradío.*

labranza *s. f.* **1.** Cultivo de los campos. **2.** Propiedad agrícola.

labrar *v. tr.* **1.** Trabajar un material como la madera, la piedra, el cuero, etc., para darle forma o grabar en él. **2.** Cultivar la tierra. **3.** Arar la tierra para sembrarla después. **4.** Trabajar alguien para conseguir y asegurarse su porvenir, felicidad, etc.

labriego, ga *s. m.* y *f.* Persona que trabaja en las labores agrícolas.

Labriola, Antonio (Cassino 1843 - Roma 1904) Filósofo italiano. De formación hegeliana, evolucionó luego hacia el marxismo, del que fue el primer divulgador en Italia. Entre sus obras destacan *Moral y religión* (1873), *Del materialismo histórico* (1897) y *Escritos varios de filosofía política* (1906).

Labrouste, Henri (París 1801 - Fontainebleau 1875) Arquitecto francés. Profesor en la Escuela Nacional de Bellas Artes de París, fue uno de los pioneros de la corriente racionalista en la arquitectura moderna. Trabajó en la reconstrucción de la biblioteca de Santa Genoveva y en la biblioteca nacional, ambas en París.

labro *s. m.* Labio superior de la boca de los insectos.

laburo *s. m. Arg., Par., Urug. fam.* Trabajo.

laca *s. f.* **1.** Sustancia resinosa obtenida de algunos árboles anacardiáceos de Asia meridional, sobre todo de las especies *Rhus verniciflua* (laca de Japón) y *Melanorhoea laccifera.* **2.** Barniz duro y brillante que se fabrica con esta sustancia u otras sustancias. **3.** Objeto cubierto con este barniz. **4.** Cosmético que se aplica sobre el cabello para fijar el peinado. || **5. laca de uñas** Barniz utilizado para dar color o brillo a las uñas.

lacado, da **1.** *p. p.* de **lacar**. También *adj.* || *s. m.* **2.** Acción y efecto de lacar.

Lacalle, Luis Alberto (Montevideo 1942) Político uruguayo. En 1990 fue elegido presidente de la república como candidato del Partido Nacional (Blanco).

Lacan, Jacques (París 1901 - íd. 1981) Médico y psicoanalista francés. Fue el fundador de la escuela psicoanalista de París, que abordó el estudio de las teorías de Freud desde la perspectiva de los descubrimientos y avances de la lingüística y de la antropología estructural. Para él, el centro del ser humano no se halla en la conciencia, sino en el inconsciente. Entre sus principales obras figuran *Escritos* (1966), *Cuatro conceptos fundamentales del psicoanálisis* (1973) y *Escritos técnicos de Freud* (1975).

lacandón, na *adj.* **1.** Se aplica a un pueblo amerindio de origen maya, que habita en la cuenca de los ríos Lacandón y Usumacinta, en Chiapas, México, y Petén, Guatemala. **2.** De esta tribu. También *s.*

lacar *v. tr.* Barnizar o decorar con laca un objeto. ▪ Se conjuga como *sacar.* Se dice también *laquear.*

lacayo *s. m.* **1.** Criado de librea que acompañaba a un señor y que, generalmente, iba sentado junto al cochero. **2.** *desp.* Persona que obedece de forma servil en todo a otra e intenta agradarla excesivamente. **Fam.** Lacayuno.

laceador *s. m. Amér. del S.* Peón que se encarga de echar el lazo al ganado.

lacear *v. tr.* **1.** Cazar un animal con lazo. **2.** Sujetar o inmovilizar un animal con el lazo. **3.** Adornar algo con lazos y cintas.

Lacedemonia Véase **Esparta**.

lacedemonio, nia *adj.* De Lacedemonia, espartano. También *s.*

lacerante *adj.* **1.** Que lacera. **2.** Se aplica al dolor muy agudo y punzante.

lacerar *v. tr.* **1.** Producir en el cuerpo un daño o herida. **2.** Causar una cosa a alguien pena, dolor o perjuicio de forma intensa. **Fam.** Laceración, lacerado.

laceria *s. f.* **1.** Pobreza, miseria. **2.** Molestia, padecimiento. Se usa más en *pl.*

lacería *s. f.* **1.** Conjunto de lazos que adornan algo. **2.** Decoración de líneas, cintas, motivos vegetales, etc., entrelazados, que forman generalmente figuras geométricas.

lacero *s. m.* **1.** Persona que maneja hábilmente el lazo para atrapar animales. **2.** Cazador, generalmente furtivo, que captura animales utilizando trampas de lazo. **3.** Empleado municipal que recoge los perros vagabundos atrapándolos con lazo.

lacertilios *s. m. pl.* Suborden de reptiles escamosos que comprende las familias agámidos, ánguidos, escíncidos, gecónidos, helodermátidos, iguánidos, lacértidos, varánidos, etc. En él se incluyen todos los lagartos y animales semejantes. Su cuerpo es esbelto, con cabeza cónica, patas robustas rematadas en cinco dedos con uñas (algunas especies son ápodas) y cola larga; están cubiertos de escamas, granulosas o imbricadas en el dorso y placas rectangulares en el vientre; tienen lengua larga y bífida y ojos de pupila alargada. Habitan en regiones cálidas y templadas de todo el mundo. Actualmente reciben el nombre de *saurios.* También *adj.* y *s. m.*

lacetano, na *adj.* **1.** Se aplica a un pueblo de la España prerromana que habitaba junto a la desembocadura de los ríos Llobregat y Cardoner, en tierras de la actual ciudad de Barcelona. **2.** De este pueblo. También *s.*

lacha (voz gitana que procede del sánscrito *lajja*, pudor) *s. f. fam.* Vergüenza, apuro.

lachear *v. tr. Chile.* Cortejar a una mujer.

lacho, cha *s. m.* y *f.* **1.** *Chile, Perú.* Entre el pueblo bajo, amante. || *s. m.* **2.** *Perú.* Galán de pueblo que viste con afectación ridícula.

lacio, cia *adj.* **1.** Se aplica al pelo liso, sin ondas ni rizos. **2.** Marchito, mustio. **3.** Débil, sin fuerza, desanimado.

Lacio (*Lazio*) Región de Italia, situada en el sector central de la península Itálica, a orillas del mar Tirreno. 17.203 km^2. 5.170.700 h. en 1990. La capital es Roma, con 2.803.900 h. en 1990. En su relieve destacan los montes Abruzos al E, diversas colinas que rodean los lagos de Bolsena, Vico y Bracciano en el centro y una llanura marítima con numerosos pantanos al O. Su actividad económica se concentra en la ciudad de Roma, capital del país. Posee cultivos de cereales, olivos, viñas y frutales. Aparte de la industria localizada en Roma, cuenta con producción cerámica, papelera, química, vidriera y mecánica. En el s. V a. C. constituyó la Liga Latina, que agrupaba a 30 ciudades; entre el 338 y 335 a. C. fue sometida por Roma, que comenzó así su expansión.

Laclos, Pierre Choderlos de (Amiens 1741 - Tarento 1803) Escritor francés. Fue militar de profesión y escritor por afición y, a causa de ello, pese al éxito de su única novela, no siguió la carrera de las letras. *Las amistades peligrosas* (1782), escrita en estilo epistolar, es una obra maestra de la narrativa y constituye un profundo estudio psicológico del erotismo.

lacolito *s. m.* Formación geológica constituida por una masa intrusiva de magma en forma de domo y con chimenea de alimentación, que abomba las capas superiores de la roca sedimentaria.

lacón (voz gall.) *s. m.* Pata delantera del cerdo, especialmente una vez salada y curada.

lacónico, ca *adj.* Breve, conciso, que emplea pocas palabras. **Fam.** Lacónicamente.

laconismo *s. m.* Cualidad de lacónico.

Lacordaire, Henri (Recey-sur-Ource, Côte d'Or 1802 - Sorèze 1861) Filósofo y teólogo francés. Fue sacerdote y posteriormente ingresó en la orden de los dominicos. Junto a Lamennais y Montalembert fundó la revista *L'Avenir*, desde donde promovió la renovación de la Iglesia. Pero cuando el papa Gregorio XVI condenó la orientación de la revista, abandonó esta tendencia e incluso rebatió a Lamennais. Escribió *Consideraciones sobre el sistema de Lamennais* (1834) y *Carta sobre la Santa Sede* (1837).

Lacoste, Yves (Fez 1929) Geógrafo francés. Especialista en temas de geografía humana y subdesarrollo, es autor, entre otras obras, de *Geografía del subdesarrollo* (1965), *Geografía, ideología y estrategias espaciales* (1977) y *Unidad y diversidad del Tercer Mundo* (1980).

lacra *s. f.* **1.** Señal que deja en alguien una enfermedad o cualquier daño físico. **2.** Defecto físico o moral de alguien o algo. **3.** *Amér. del S.* Herida, llaga. **4.** *Arg., P. Rico.* Costra que se forma sobre las heridas al cicatrizar.

lacrar[1] *v. tr.* Producir lacra o daño en alguien o algo.

lacrar[2] *v. tr.* Cerrar algo sellándolo con lacre.

lacre *s. m.* Pasta sólida, generalmente de color rojo, hecha de goma laca y trementina, que se derrite con facilidad y se solidifica rápidamente, por lo que se usa para sellar sobres, paquetes, etc.

Lacretelle, Jacques de (castillo de Cormatin 1888 - París 1985) Escritor francés. Es autor de novelas de estilo tradicional, entre las que destacan *La vida inquieta de Jean Hermelin* (1920), *Silbermann* (1922) y, sobre todo, *Los altos puentes* (1932-35).

lacrimal *adj.* **1.** Lagrimal*. ‖ **2. aparato lacrimal** Órgano del ojo encargado de la formación de las lágrimas, cuya función es lubrificante y bactericida. Consta de la glándula lacrimal, el punto lacrimal superior, el punto lacrimal inferior, el conducto lacrimal, el saco lacrimal y la carúncula lacrimal.

lacrimógeno, na *adj.* **1.** Que produce lágrimas; se aplica especialmente a los gases, vapores y humos que irritan los ojos. **2.** Se dice de los relatos, películas, escenas, etc., excesivamente sentimentales.

lacrimoso, sa *adj.* **1.** Que tiene o provoca lágrimas. **2.** Que se lamenta o se entristece. **FAM.** Lacrimosamente.

lact- *pref.* Significa 'leche': *lactancia, lactífero.* ▪ También existen las variantes *lacti-, lacto-.*

lactalbúmina *s. f.* Proteína natural de la leche. Es soluble en agua y por hidrólisis se descompone en aminoácidos. Se coagula por la acción del calor.

lactancia *s. f.* **1.** Primer periodo de la vida de los mamíferos, durante el cual se alimentan con la leche producida por las glándulas mamarias de sus madres. **2.** Esta forma de alimentación.

Lactancio, Lucio (Cirta h. 260 - Tréveris h. 325) Apologista cristiano. Convertido al cristianismo en Nicomedia (h. 300), fue elegido por Constantino como preceptor de su hijo Crispo. De poca formación teológica, cuidó en extremo su estilo. Entre sus escritos destacan *Instituciones divinas, La obra de Dios* y *Sobre las muertes de los perseguidores.*

lactante *adj.* **1.** Que está en periodo de lactancia; se dice en especial del bebé que se alimenta fundamentalmente de leche. También *s.* **2.** Que da de mamar. También *s. f.*

lactar *v. tr.* **1.** Amamantar*. ‖ *v. intr.* **2.** Mamar, alimentarse de leche.

lactario *s. m.* Nombre común de diversos hongos basidiomicetos del género *Lactarius.* Tienen el sombrero algo cóncavo, carecen de volva y anillo y suelen contener látex. Algunas especies son comestibles, como el níscalo *(Lactarius deliciosus).*

lactasa *s. f.* Enzima que cataliza la hidrólisis de la lactosa, a la que desdobla en glucosa y galactosa.

lacteado, da *adj.* Mezclado con leche.

lácteo, a *adj.* **1.** Perteneciente a la leche o parecido a ella. **2.** Hecho con leche o derivado de ella. ‖ *s. m. pl.* **3.** Alimentos derivados de la leche. ‖ **4. Vía Láctea** Véase **vía**.

láctico, ca *adj.* **1.** Perteneciente o relativo a la leche. ‖ **2. ácido láctico** CH_3–CHOH–COOH. Nombre común del ácido 2-hidroxi-propanoico o ácido 2-propanoloico, que se genera en la leche por la acción de bacterias y en los músculos en condiciones de escasez de oxígeno, donde produce las agujetas. Presenta dos isómeros ópticos con diferentes propiedades. Sus sales se utilizan en las industrias peletera y tintorera y en la elaboración de bebidas refrescantes y medicamentos.

lactífero, ra *adj.* Galactóforo*.

lactómetro *s. m.* Galactómetro*.

lactosa *s. f.* $C_{12}H_{22}O_{11}$. Azúcar disacárido presente en la leche de los mamíferos, a la que comunica su sabor dulce y que por la acción de la enzima lactasa se descompone en glucosa y galactosa. Es un polvo blanco, soluble en agua, y se emplea en medicina y alimentación.

lacustre *adj.* Perteneciente o relativo a los lagos.

Lacy y Gautier, Luis de (Campo de Gibraltar 1775 - Palma de Mallorca 1817) Militar español. Exiliado en Francia por su rivalidad con Godoy, volvió a España y participó en la guerra de la Independencia. Fue nombrado capitán general de Cataluña (1811) y posteriormente de Galicia, pero al regreso de Fernando VII fue destituido a causa de sus ideas liberales. Participó en el pronunciamiento antiabsolutista de 1817, por lo que fue fusilado.

ládano *s. m.* Resina que segregan las hojas y las ramas de diversas especies de jara, como *Cistus ladanifer* y *Cistus creticus.* Tiene olor agradable y se usa en perfumería.

Ladd, Alan (Hot Springs, Arkansas 1913 - Palm Springs, California 1964) Actor cinematográfico estadounidense. Galán de los años cuarenta, formó pareja con Verónica Lake. Entre sus filmes más conocidos figuran *El cuervo* (1942), *La llave de cristal* (1942), *El gran Gatsby* (1949) y *Raíces profundas* (1953).

ladeado, da **1.** *p. p.* de **ladear**. ‖ *adj.* **2.** Inclinado, torcido hacia un lado. **3.** *Arg.* Se dice de la persona desgarbada, un poco encorvada.

ladear *v. tr.* **1.** Torcer hacia un lado. También *v. prnl.* ‖ *v. prnl.* **2.** *Chile. fam.* Enamorarse. **FAM.** Ladeo.

ladera *s. f.* Pendiente de una montaña por cualquiera de sus lados.

ladero *s. m. Amér. del S.* Compinche de una persona, especialmente en asuntos ilegales.

ladilla *s. f.* Insecto anopluro de la familia pedicúlidos, especie *Phthirus pubis.* Es un parásito del hombre, de 2 mm de longitud y color amarillento, que se transmite generalmente durante el coito y vive en las partes vellosas del cuerpo, especialmente en el pubis, donde se reproduce rápidamente.

ladillo *s. m.* En imprenta, subtítulo que se intercala en las columnas del texto; también, texto breve colocado al margen de la plana.

ladino, na *adj.* **1.** Se dice de la persona que actúa con astucia y disimulo para conseguir lo que quiere. También *s.* **2.** Antiguamente, se aplicaba a la lengua romance o al castellano antiguo. **3.** Perteneciente o relativo al dialecto judeoespañol. **4.** *amer.* Se dice del indio que habla correctamente el español. **5.** *Col., Rep. Dom.* Charlatán, hablador. ‖ *s. m.* **6.** Forma arcaica de la lengua castellana hablada por los judíos sefardíes expulsados de España en el s. XV y que se conserva en algunos puntos de EE UU, Israel, los Balcanes, etc., prácticamente sin evolucionar, transmitida de generación en generación. Se denomina también *judeoespañol.*

Ladislao Nombre de varios reyes de Hungría.
Ladislao I Árpad, San (? h. 1040 - Nyitra, Eslovaquia 1095) Rey de Hungría (1077-95). Hijo de Bela I y sucesor de su hermano Geza I en 1077, ocupó Croacia y fundó el obispado de Zagreb. Por su fidelidad a la reforma gregoriana de la Iglesia, fue canonizado en 1198.
Ladislao II Árpad (? 1131 - ? 1162) Rey de Hungría (1161-62). Hermano y sucesor de Geza II, usurpó el trono a su sobrino Esteban III.
Ladislao IV el Cumano (? 1262 - Köröshegy 1290) Rey de Hungría (1272-90). Hijo y sucesor de Esteban V, se alió con Rodolfo de Habsburgo para combatir a Otokar II de Bohemia.
Ladislao V Véase **Ladislao III Jagellón**, rey de Polonia.
Ladislao VII Jagellón (? 1456 - Buda 1516) Rey de Bohemia (1471-1516) y de Hungría (1490-1516). Hijo de Casimiro IV Jagellón de Polonia, sucedió a Jorge Podebrady en el trono de Bohemia y a Matías Corvino en el de Hungría; de esta forma Polonia, Bohemia y Hungría estaban regidas por una sola familia, los Jagellones, y así se pensaba que podrían oponer una mayor resistencia contra los turcos. Reprimió una revuelta campesina.

Ladislao Nombre de varios reyes de Polonia.
Ladislao I (? 1260 - Cracovia 1333) Duque (1305-1320) y rey de Polonia (1320-33). Hijo de Casimiro Conrado, apoyado por rusos y húngaros conquistó Cracovia y Pomerania. Proclamado rey (1320), combatió a los caballeros teutónicos, que habían invadido la Gran Polonia, y los derrotó en Plowce (1331).
Ladislao II (o **V**) **Jagellón** (? h.1348 - Gródec 1434) Rey de Polonia (1386-1434). Fundador de la dinastía Jagellón, llegó al trono en 1386 por su matrimonio con Eduvigis de Anjou, hija de Luis I. Era duque de Lituania, pero al convertirse al catolicismo hubo de renunciar a dicho estado, aunque conservó el título. Venció a los caballeros teutónicos en Grunwald (1410).
Ladislao III Jagellón (Cracovia 1424 - Varna 1444) Rey de Polonia (1434-44) y de Hungría (1440-44). Le ofrecieron la corona de Hungría a la muerte de Alberto II de Habsburgo, para que luchase contra los turcos. Reconquistó Serbia y Bulgaria, pero fue vencido y muerto en Varna.
Ladislao IV Vasa (Cracovia 1595 - Merecz 1648) Rey de Polonia (1632-48). Hijo de Segismundo III, luchó contra los rusos y firmó con éstos la paz de Polanow (1634). Adquirió los ducados de Smolensko y de Chernigov. Aliado de los Habsburgo, firmó con Suecia el armisticio de Stuhmsdorf (1635) y consiguió del emperador parte de Silesia.

Ladislao el Magnánimo (? h. 1377 - Nápoles 1414) Rey de Nápoles (1386-1414). Hijo y sucesor de Carlos III, durante su minoría de edad estuvo bajo la tutela de su madre Margarita de Durazzo y tuvo que enfrentarse a su primo Luis II de Anjou, aspirante al trono. Intentó en vano reinar en Hungría y dominar al antipapa Juan XXIII, quien llamó en su ayuda a Luis II de Anjou y derrotaron a Ladislao en Rocca Secca (1411). En 1413 Ladislao ocupó Roma.

lado *s. m.* **1.** Costado del cuerpo que va desde el brazo hasta la cadera. **2.** Cada una de las mitades del cuerpo desde la cabeza hasta los pies. **3.** Parte de un objeto, lugar, etc., próxima a los extremos, en oposición al centro. **4.** Con respecto a un lugar, cada una de las partes que lo rodean y que pueden distinguirse por alguna circunstancia. **5.** Cada una de las superficies de un cuerpo plano. **6.** Sitio, lugar, especialmente con referencia a otro distinto. **7.** Cada uno de los distintos aspectos o puntos de vista en alguna cosa. **8.** Medio o camino que toma una persona para conseguir algo. **9.** Partido que se toma por alguien o algo. **10.** En geom., cada una de las dos líneas que forman un ángulo; cada una de las que limitan un polígono; arista de los poliedros regulares. **11.** Línea que genera la superficie lateral del cono y el cilindro. **12.** Rama de un parentesco. ‖ **LOC. al lado** *adv.* Muy cerca; también, en el lugar inmediato al que se expresa o sobrentiende. **al lado de** (o **a mi**, **tu**, etc., **lado**) *adv.* En comparación con; también, junto con. **dar de lado** a alguien o algo *fam.* Rechazarlo. **de (medio) lado** *adj.* y *adv.* Ladeado, torcido. **de lado a lado** *adv.* De un extremo a otro. **de un lado para otro** *adv.* Moviéndose mucho, haciendo muchas gestiones. **dejar a un lado** (o **de lado**) a una persona Prescindir de ella, no tomarla en cuenta. **ir cada uno por su lado** *fam.* Tener dos o más personas ocupaciones, opiniones, etc., distintas. **ir de lado** *fam.* Ir mal o descaminado. **mirar de (medio) lado** *fam.* Mirar con desprecio.

Ladoga (*Ladozhskoie*) Lago de Rusia, situado junto al golfo de Finlandia, con el que comunica a través del río Neva. 18.400 km^2. Su profundidad máxima es de 225 m; recibe las aguas del lago Onega por el río Svir y las del Ilmen por el Voljov. Posee abundante pesca.

ladrar *v. intr.* **1.** Dar ladridos el perro. **2.** Hablar alguien con voz alta y muy desagradable. **3.** Gritar o insultar a alguien. También *v. tr.* **FAM.** Ladrador.

ladrido *s. m.* **1.** Sonido que emite el perro. **2.** Grito, insulto.

ladrillazo *s. m.* Golpe dado con un ladrillo.

ladrillo *s. m.* **1.** Pieza de barro cocido con forma de prisma rectangular que se utiliza en construcción. **2.** Cosa pesada o aburrida.

ladrón *adj.* **1.** Que roba. También *s.* **2.** Se aplica como apelativo cariñoso a personas y, especialmente a niños, con un sentido de pillo, granuja. También *s.* ‖ *s. m.* **3.** Dispositivo que, colocado en una toma de corriente, sirve para que puedan enchufarse a la misma varios aparatos. **4.** Toma de corriente mediante dos agujas o mediante la pieza hembra de un enchufe adaptada al casquillo de una lámpara. ‖ **5. el buen ladrón** Denominación que suele darse a uno de los dos malhechores que fueron ajusticiados juntamente con Jesucristo y que, según el *Evangelio*, se arrepintió de sus pecados y logró la salvación. La tradición le identifica con San Dimas. **6. el mal ladrón** El otro malhechor crucificado con Jesucristo que murió sin arrepentirse. La tradición le atribuye el nombre de Gestas.

Ladrón de Guevara, Diego (Cifuentes 1641 - México 1718) Eclesiástico y administrador colonial español. Fue obispo de Panamá (1698) y presidente de esta Audiencia. Obispo de Huamanga (1699-1703) y de Quito (1703-18), fue nombrado virrey del Perú (1710-16), donde incrementó la explotación minera y fortificó el puerto de El Callao.

ladronear *v. intr.* Vivir cometiendo pequeños robos, hurtos, etc.

ladronesco, ca *adj.* Perteneciente o relativo a los ladrones.

ladronzuelo, la *s. m.* y *f.* **1.** *dim.* de **ladrón**. Ladrón de poca importancia. **2.** Se usa cariñosamente para referirse a personas y, sobre todo, a niños.

lady (voz ingl.) *s. f.* **1.** Tratamiento honorífico que se da en el Reino Unido a las mujeres que pertenecen a la nobleza. **2.** P. ext., señora, dama.

Laennec, René Théophile Hyacinthe (Quimper 1781 - Kerlouanec 1826) Médico francés. Jefe clínico del hospital Necker de París (1816), inventó el estetoscopio, cuyo empleo fue descrito en su *Tratado de auscultación mediata* (1819).

Laertes En la mitología griega, rey de Ítaca y padre de Ulises, que esperó pacientemente el retorno de su hijo.

Lafargue, Paul (Santiago de Cuba 1842 - Draveil, París 1911) Político y escritor francés. Yerno de Karl Marx, fue un destacado propagandista de la ideología marxista y su introductor en España. Colaboró en el periódico *La Rive Gauche* de París y en obras como *El socialismo y la conquista de los poderes públicos* (1899) y *El socialismo y los intelectuales* (1905), publicada en Madrid.

Laforet, Carmen (Barcelona 1921) Escritora española. En 1944 ganó el premio Nadal con la novela *Nada,* en el estilo del realismo social característico de la narrativa de posguerra. Entre sus novelas posteriores cabe citar *La isla y los demonios* (1952), *La mujer nueva* (1955), *La insolación* (1963) y *Paralelo 35* (1967).

Laforgue, Jules (Montevideo 1860 - París 1887) Poeta francés. Su breve obra tiene un tono simbolista y se caracteriza por la ironía y la riqueza verbal. Es autor de *Las lamentaciones* (1855) y *La imitación de Nuestra Señora la Luna* (1886).

Lafourcade, Enrique (Santiago 1927) Novelista chileno. Tras su primera novela, *La fiesta del rey Acab* (1959), sátira sobre el dictador dominicano Trujillo, su obra evolucionó hacia la crónica de la vida chilena, con títulos como *Frecuencia modulada* (1968), *En el fondo* (1973) y *Salvador Allende* (1974).

Lafuente, Modesto (Rabanal de los Caballeros, Palencia 1806 - Madrid 1866) Historiador español. Es autor de *Historia general de España* (1850-1859), en 30 volúmenes, que fue una de las obras en su género más leídas en el s. XIX.

Lafuente Ferrari, Enrique (Madrid 1898 - Cercedilla, Madrid 1985) Historiador del arte español. Algunos de sus libros más característicos son *Breve historia de la pintura española* (1934), *La pintura española del s. XVII* (1935), *Velázquez* (1944) e *Introducción a la pintura española* (1971).

lagar *s. m.* Lugar donde se prensa la uva, la aceituna o la manzana, para obtener, respectivamente, el mosto, el aceite y la sidra, y recipiente que se usa para tal fin.

Lagar, Celso (Ciudad Rodrigo, Salamanca 1891 - Sevilla 1966) Pintor español. Formado en Madrid, se trasladó a París (1916), donde fue amigo de Max Jacob, de Modigliani y del marchante Paul Guillaume. De estilo expresionista, merecen mención sus cuadros sobre el circo.

lagarterano, na *adj.* De Lagartera, pueblo de Toledo, famoso por sus bordados. También *s.*

lagartero, ra *adj.* **1.** Que caza lagartos. ‖ *s. f.* **2.** Madriguera o cubil de los lagartos.

lagartija *s. f.* Nombre común de diversos reptiles saurios de la familia lacértidos, géneros *Lacerta, Podarcis, Psammodromus,* etc. Miden generalmente entre 6 y 8 cm de longitud, aunque hay especies que pueden alcanzar hasta 20 cm. Su cuerpo y extremidades están cubiertos de escamas y su color varía entre grisáceo pardusco y verdoso; tienen gran agilidad y su larga cola puede regenerarse una vez cortada. Habitan en zonas rocosas de Eurasia y África; en la península Ibérica viven gran número de especies, de las que es endémica la lagartija de Valverde *(Algyroides marchi),* que vive en las sierras de Cazorla y Alcaraz.

Lagartija roquera (Lacerta muralis).

lagartijero, ra *adj.* Se dice del animal que se alimenta de lagartijas.

Lagartijo, Rafael Molina, llamado (Córdoba 1841 - íd. 1900) Matador de toros español. Tomó la alternativa en 1860 y hasta 1893, en que se retiró de los ruedos, mantuvo una brillante competencia con *Frascuelo.* Fue un torero clásico y elegante cuyo estilo constituye el punto de partida del toreo moderno.

lagarto, ta *s. m.* y *f.* **1.** Nombre común de diversos reptiles saurios escamosos de las familias lacértidos, cordílidos, iguánidos, agámidos, etc., aunque los más característicos pertenecen a los lacértidos. Su tamaño es variable, pero no suele exceder los 60 cm de longitud. Son ovíparos, se alimentan de insectos y presentan colores diversos que van desde el pardo al verdoso y amarillento. Las especies más comunes en Europa son el lagarto verde *(Lacerta viridis),* el lagarto ocelado *(Lacerta lepida)* y el lagarto ágil *(Lacerta agilis).* ‖ *s. m.* **2.** *amer.* Caimán. ‖ *s. f.* **3.** Mujer taimada, astuta.

Lagartos: 1. Lagarto ocelado (Lacerta lepida). *2. Lagarto verde* (Lacerta viridis). *3. Lagarto ágil* (Lacerta agilis).

lagartón, na *s. m.* y *f.* **1.** *fam.* Persona que actúa con astucia y picardía. También *adj.* ‖ *s. f.* **2.** *fam.* Prostituta*.

Lagasca, Pedro de Véase **Gasca, Pedro de la.**

Lagash Antigua ciudad de Mesopotamia, situada en la confluencia de los ríos Tigris y Eúfrates. Fue capital del estado sumerio del mismo nombre, que floreció a mediados del III milenio a. C., en época del rey Urnanshe y de su nieto Eannatum, que extendió su poder desde Elam hasta Mari, y fue destruido un siglo después por Lugalzaggisi, rey de Uruk.

Lagerkvist, Pär (Växjö 1891 - Estocolmo 1974) Escritor sueco. En su obra, influida por el simbolismo y el expresionismo, trata preocupaciones de tipo religioso y existencial. Cultivó la poesía: *Angustia* (1916); la novela: *El verdugo* (1933), *El enano* (1944) y *Barrabás* (1950), y el teatro: *El hombre que revivió su vida* (1928), *El hombre sin alma* (1936) y *Victoria en las tinieblas* (1939). En 1951 obtuvo el premio Nobel de literatura.

Lagerlöf, Selma (Mårbacka 1858 - íd. 1940) Escritora sueca. Es una de las principales representantes del realismo romántico. Fue la primera mujer que ingresó en la Academia sueca (1914). Su obra narrativa se inspira en las antiguas leyendas y sagas de su país y en ella sobresalen *La saga de Gösta Berling* (1891), *El carretero de la muerte* (1912), *El anillo de Löwensköld* (1925) y el relato infantil *El maravilloso viaje de Nils Holgersson a través de Suecia* (1906-1907).

lágida *adj.* **1.** Se dice de una dinastía que reinó en Egipto entre los años 306 y 30 a. C. Fundada por Tolomeo I Sóter, general de Alejandro Magno, dependió de Roma desde el s. II y se extinguió con el suicidio de su última reina, Cleopatra VII. **2.** De dicha dinastía. También *s.*

lago *s. m.* Masa de agua, generalmente dulce, acumulada en depresiones del terreno en el interior de los continentes. Según su origen, los lagos pueden ser **tectónicos**, cuando ocupan fosas de hundimiento, como el Baikal (Asia central); **glaciares**, en la zona de fusión del hielo de un glaciar, u ocupando un antiguo valle glaciar y represados por una morrena, como el Leman (Suiza); **de presa**, si están situados en antiguos valles cerrados por derrumbamiento o corrimiento de tierras, como el Aydat (Francia); **volcánicos**, cuando ocupan el cráter de un volcán apagado; **cársticos**, cuando están situados en depresiones de terrenos calizos, como las lagunas de Ruidera (España); **costeros** (también llamados *albufera, limán,* etc.), cuando son zonas

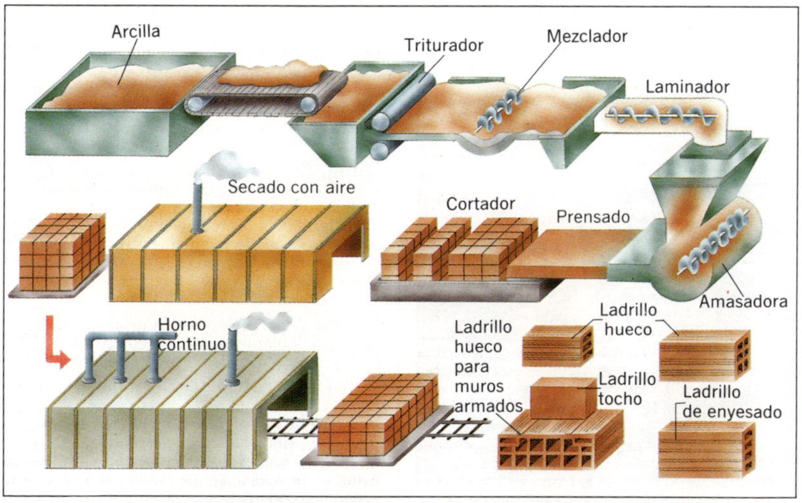

Esquema de la fabricación de ladrillos. Trabajada la arcilla, se prensa, corta y cuece en el horno.

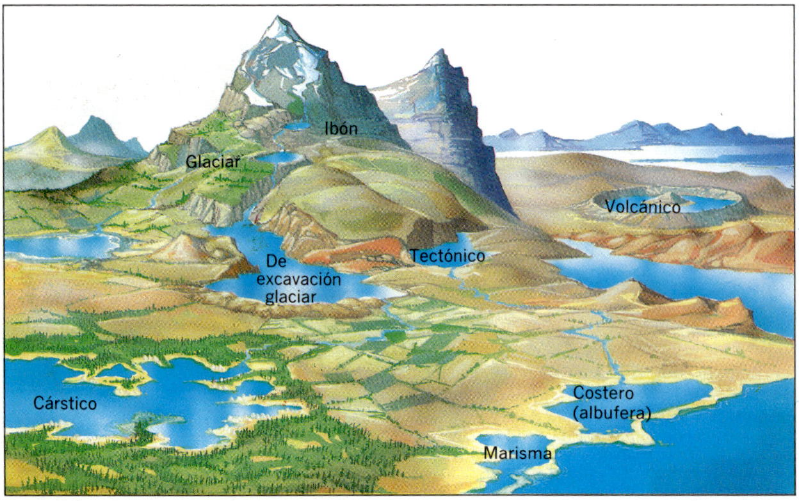

Diferentes tipos de lagos según su origen.

bajas y llanas separadas del mar por cordones litorales, como la Albufera (España); y **endorreicos** o **arreicos**, si están localizados en áreas comprendidas entre suaves pendientes de regiones áridas, en las que la red hidrográfica no desagua hacia el mar y las aguas tienden a acumularse en grandes extensiones, como el Aral (Asia central). Generalmente se alimentan de un glaciar o un río, que se llama *inmisario* o *afluente*, y desaguan a través de otro río, denominado *emisario*, aunque los lagos cársticos pueden nutrirse de aguas subterráneas y los endorreicos perder su agua por evaporación. Su extensión es muy variable y a los mayores se les llama *mares*, como sucede con el mar Caspio. Su profundidad suele ser grande en los tectónicos y de pocos metros en los endorreicos.

lagomorfos *s. m. pl.* Orden de mamíferos al que pertenecen 64 especies comprendidas en las familias lepóridos y ocotónidos. Son animales parecidos a los roedores, pero caracterizados por tener un segundo par de incisivos en la mandíbula superior. Incluye especies de pequeño y mediano tamaño, de cola corta o sin cola, pelaje denso y suave y alimentación herbívora. Viven en madrigueras o huras que excavan en el suelo. Habitan en todo el mundo, aunque en Oceanía han sido introducidos por el hombre en época relativamente reciente. Lagomorfos son los conejos y las liebres (lepóridos) y los pikas (ocotónidos). También *adj.* y *s. m.*

lagópodo *s. m.* Nombre común de diversas aves galliformes de la familia tetraónidos, género *Lagopus*. Miden entre 30 y 40 cm de longitud, tienen el plumaje pardo rojizo en verano y blanco en invierno, cabeza pequeña y dedos emplumados hasta las uñas. Viven en las regiones septentrionales del hemisferio boreal y en alta montaña. Las especies más conocidas son el lagópodo escandinavo *(Lagopus lagopus)*, el lagópodo escocés *(Lagopus lagopus scoticus)* y el lagópodo alpino o perdiz nival *(Lagopus mutus)*.

Lagos C. de Nigeria, situada en el SO del país, en la costa del golfo de Guinea. 1.307.000 h. en 1989. Antigua capital del estado, es un importante centro comercial cuyo puerto, el principal del golfo de Guinea, desarrolla una intensa actividad exportadora. Cuenta además con industria alimentaria, textil y química.

Lagos, Los Región de Chile, situada en el centro del sector meridional del país. 66.997 km^2 y 914.300 h. en 1989. La capital es Puerto Montt, con 120.350 h. en 1989. Sus numerosos glaciares andinos han originado los grandes lagos que le dan nombre. Tiene cultivos de cereales y frutales, así como explotación forestal y ganadería vacuna y porcina. Constituye el cuarto gran núcleo industrial chileno, con industrias textiles, de la madera, de frigoríficos y alimenticias.

Lagrange, Joseph Louis, conde de (Turín 1736 - París 1813) Astrónomo y matemático francés de origen italiano. Realizó importantes aportaciones en los campos del análisis, de la teoría de las ecuaciones y del cálculo integral y aplicó la matemática al estudio de la mecánica, donde estableció las ecuaciones que llevan su nombre. También abordó el campo de la astronomía, en el que profundizó en el sistema del movimiento de los cuerpos celestes enunciado por Newton. Su obra más importante es *Mecánica analítica* (1788).

lágrima *s. f.* **1.** Cada una de las gotas segregadas por las glándulas lacrimales de los ojos, que sirven para humedecerlos y protegerlos. Las lágrimas pueden producirse en mayores cantidades y rebosar al exterior del ojo cuando la córnea está irritada o en momentos de tensión emocional (llanto). **2.** Cada una de las gotas que salen de algunas plantas, árboles y de las vides, después de podarlas o al hacerles un corte. **3.** Objeto con forma de gota. **4.** Cantidad muy pequeña de un licor. ‖ *pl.* **5.** Desgracias, sufrimientos. ‖ **6. lágrimas de cocodrilo** Las fingidas, sin verdadero sentimiento.

lagrimal *adj.* **1.** Perteneciente o relativo a las lágrimas. ‖ *s. m.* **2.** Parte del ojo que está más cerca de la nariz.

lagrimear *v. intr.* **1.** Producir lágrimas los ojos. **2.** Llorar con frecuencia o hacerlo por cualquier cosa. **FAM.** Lagrimeo.

lagrimoso, sa *adj.* Lacrimoso, que tiene o provoca lágrimas.

laguna *s. f.* **1.** Depósito natural de agua, menor que el lago. **2.** Aquello que falta en un escrito, exposición, etc. **3.** Espacio sin ocupar en una lista, serie, etc. **4.** Aquello que se desconoce o no se recuerda. **5.** En biol., cavidad del cuerpo en la que desembocan vasos sanguíneos, que la mantienen llena de sangre, y que es característica del sistema circulatorio de artrópodos y moluscos.

Laguna, Andrés (Segovia 1499 o 1511 - íd. 1559) Médico y humanista español. Importante traductor de autores clásicos, estuvo muy vinculado a la corte de Carlos V, lo que le permitió viajar por toda Europa. Realizó la versión española de la *Materia médica* de Dioscórides, llevó a cabo investigaciones botánicas e impulsó la creación en Aranjuez de uno de los primeros jardines botánicos de Europa.

Lagos: vista parcial de la ciudad, emplazada sobre varias islas.

Laguna, La C. de España, situada en la prov. de Santa Cruz de Tenerife, en el NO de la isla de Tenerife. 118.500 h. en 1990. Es un centro residencial y universitario, que cuenta con industria del tabaco, de la alimentación y de materiales de construcción.

Lahore C. de Pakistán, situada en el NE del país, próxima a la frontera con la India. 2.952.700 h. en 1981. Fue la antigua capital del imperio musulmán de la India y en ella se conservan numerosos monumentos artísticos. Posee industria siderúrgica, de maquinaria agrícola, equipo eléctrico, textil, química, tabaquera y zapatera.

Lahti C. de Finlandia, situada en el sector meridional del país, al S del lago Päijäne. 93.700 h. en 1987. Fundada a principios del presente siglo, es un centro de la industria maderera, vidriera, cervecera, textil y de maquinaria.

lai o **lay** *s. m.* Poema narrativo o lírico, escrito generalmente en provenzal o en francés y casi siempre en versos octosílabos, que tuvo gran difusión durante la Edad Media. Entre las obras más célebres de este género se encuentran los *Lais* de María de Francia.

laicalizar *v. tr.* Laicizar*. **FAM.** Laicalización.

laicidad *s. f.* Cualidad de laico.

laicismo *s. m.* **1.** Tendencia o doctrina que defiende la total independencia del hombre, y especialmente del Estado, de la influencia religiosa. **2.** Laicidad*. **FAM.** Laicista.

laicizar *v. tr.* Hacer independiente de toda influencia religiosa, especialmente una institución. ■ Se dice también *laicalizar*. Se conjuga como *cazar*. **FAM.** Laicización.

laico, ca *adj.* **1.** Que no es eclesiástico ni religioso. También *s.* **2.** Relativo a la vida civil e independiente de la religión, especialmente de los organismos religiosos.

Laiglesia, Álvaro de (San Sebastián 1922 - Manchester 1981) Escritor español. Director de la revista *La Codorniz*, es autor de gran número de novelas humorísticas, como *Un náufrago en la sopa* (1943), *Todos los ombligos son redondos* (1956) y *Yo soy Fulana de Tal* (1963).

Laín Entralgo, Pedro (Urrea de Gaén, Teruel 1908) Médico y escritor español. Fue catedrático de historia de la medicina en la universidad de Madrid y director de la Real Academia Española (1982-87). Ha publicado numerosos trabajos de investigación sobre historia de la medicina, como *El médico en la historia* (1958). Asimismo ha abordado el estudio de la historia y la cultura españolas en *España como problema* (1942) y escrito ensayos filosóficos, religiosos y literarios, entre los que destacan *La generación del 98* (1945) y *La espera y la esperanza* (1957). En 1976 publicó sus memorias con el título de *Descargo de conciencia (1930-1970)*.

Laínez, Diego (Almazán, Soria 1512 - Roma 1565) Jesuita español. Compañero de San Ignacio de Loyola, le sucedió como general de la Compañía de Jesús (1558), cuya organización completó. Intervino activamente en el concilio de Trento (1545).

Laing, Ronald (Glasgow 1927 - Saint-Tropez 1989) Psiquiatra británico. Considerado como uno de los iniciadores de la antipsiquiatría, realizó investigaciones sobre la esquizofrenia y su relación con el medio familiar. Entre sus obras sobresalen *El yo dividido* (1960), *El yo y los otros* (1961), *Cordura, locura y familia* (1964) y *Las cosas de la vida* (1977).

laísmo *s. m.* Empleo de los pronombres femeninos de complemento directo *la, las,* como complemento indirecto cuando deberían usarse *le, les*; p. ej.: *La entregó el regalo*, en vez de *Le entregó el regalo (a ella)*.

laissez-faire *loc. fr.* Significa 'dejar hacer' y se refiere al principio de *no intervención*, a permitir que los hechos evolucionen según su propia dinámica. Se aplica en particular al liberalismo económico que defiende la no interferencia del Estado en los asuntos económicos.

laísta *adj.* Que incurre en laísmo. También *s.*

laja *s. f.* Piedra lisa, plana y de poco grosor.

Lakas, Demetrio (Colón 1925) Político panameño. Después del intento de golpe de Estado contra Omar Torrijos (1969), éste le nombró presidente del consejo provisional de gobierno. Posteriormente fue presidente del país (1972-78).

Lakatos, Imre (? 1922 - Londres 1974) Filósofo británico de origen húngaro. Influido por el pensamiento de Karl Popper y de Thomas Kuhn, desarrolló una amplia investigación en el terreno de la metodología de la ciencia, siendo su aportación más importante la teoría de los programas de investigación. Entre sus textos publicados destacan *Crítica y desarrollo del conocimiento científico* (1970), en colaboración con A. Musgrave, y *La historia de la ciencia y sus reconstrucciones racionales* (1971).

Lalanda, Marcial (Vaciamadrid, Madrid 1903 - Madrid 1990) Torero español. Tomó la alternativa en Sevilla, de manos de Juan Belmonte (1921). Fue un diestro dominador y excelente muletero. Se retiró en 1942.

Lalande, Joseph Jérôme (Bourgen-Bresse 1732 - París 1807) Astrónomo francés. En 1751, aprovechando la oposición perihélica de Marte, calculó con gran precisión el paralaje de la Luna. Publicó una edición mejorada de las *Tablas de planetas y cometas* de Halley y un catálogo estelar titulado *Historia celeste* (1801).

Lalande, Michel Richard de (París 1657 - Versalles 1726) Compositor y organista francés. Contemporáneo de Lully, enseñó música a las hijas de Luis XIV y llegó a ser maestro de la capilla real. Escribió ballets y composiciones religiosas.

Lalin C. de España, en la prov. de Pontevedra. 20.800 h. en 1990. Constituye el centro administrativo y comercial de una comarca agrícola de la Galicia interior. Cuenta con industria agroalimentaria.

Lalo, Édouard (Lille 1823 - París 1892) Compositor francés. Su estilo se caracteriza por una refinada sensibilidad melódica. Es autor de óperas, ballets, composiciones para orquesta y música de cámara. Entre sus principales obras figuran el ballet *Namouna* (1882) y *Sinfonía española* (1883), para violín y orquesta.

lalopatía *s. f.* Cualquier trastorno del lenguaje no debido a enfermedades mentales.

Lam, Wifredo (Sagua la Grande 1902 - París 1982) Pintor cubano. Su obra funde la experiencia surrealista con temas y estilos propios de la tradición antillana. Sus cuadros poseen una gran carga fantástica e imaginativa; entre ellos descuellan *El oráculo y el pájaro verde* (1947) y *Trópico de Capricornio* (1961).

lama[1] (del lat. *lama*) *s. f.* **1.** Especie de barro, blando y oscuro, que se encuentra en fondos acuáticos. **2.** *amer.* Musgo. **3.** *Bol., Col., Méx.* Moho.

lama[2] (del lat. *lamina*, a través del fr. *lame*) *s. f.* **1.** Plancha de metal, lámina. **2.** Tela hecha con hilos de oro o plata.

lama[3] (del tibetano *blama*) *s. m.* Religioso budista del Tíbet y Asia central.

lamaísmo *s. m.* Forma particular de la religión budista, con gran implantación en el Tíbet y Asia central. Su introducción, en el año 747, se debe al monje Padma Sambhava, quien fundó el primer monasterio de lamas. A principios del s. XV fue reformada y organizada jerárquicamente por Tsong Khapa. Desde el s. XVII, los Dalai Lama ejercieron el poder temporal en el Tíbet, aunque en 1959 la invasión china les obligó a exiliarse. FAM. Lamaísta.

Lamarck, Jean-Baptiste de Monet, caballero de (Bazentin, Picardía 1744 - París 1829) Naturalista francés. Elaboró una teoría para explicar la evolución de las especies, conocida como *lamarckismo*. Fue un gran experto en botánica y en los invertebrados, como lo demuestran su *Enciclopedia botánica* (1783-1817) y su *Historia natural de los animales invertebrados* (1815-1822). Otras obras suyas que merecen citarse son *Investigaciones sobre la organización de los seres vivos* (1802) y *Sistema analítico de los conocimientos del hombre* (1820).

lamarckismo o **lamarquismo** *s. m.* Teoría de la evolución de las especies, expuesta por el naturalista francés Lamarck en su obra *Filosofía zoológica* (1809). Propone como causa de la evolución la necesidad de adaptación de los órganos a las condiciones ambientales y la transmisión hereditaria de estos caracteres de una generación a otra. Fue desechada cuando Charles Darwin enunció la teoría de la selección natural de las especies.

Lamarque, Libertad (Rosario 1909) Cantante y actriz cinematográfica argentina. Supo dar al tango un acento dramático. Entre sus películas destacan *Tango* (1933), *El alma del bandoneón* (1935), *Ayúdame a vivir* (1936), *Madreselva* (1938), *La casa del recuerdo* (1940) y *Gran Casino* (1946).

Lamarr, Hedy (Viena 1914) Actriz cinematográfica estadounidense de origen austriaco. Huyendo de los nazis se trasladó a Gran Bretaña y, posteriormente, a EE UU. Entre sus interpretaciones más logradas figuran las de los filmes *Argel* (1938), *Esta mujer es mía* (*I take this woman*, 1938), *Fruto dorado* (1940), *No puedo vivir sin ti* (1941) y *Sansón y Dalila* (1949).

Lamartine, Alphonse de (Mâcon 1790 - París 1869) Escritor francés. Alternó su actividad literaria con la diplomacia y la política. Su obra poética, de estilo romántico, se caracteriza por el tono delicado y melancólico, y en ella sobresalen *Meditaciones poéticas* (1820), *Armonías poéticas y religiosas* (1830), *Jocelyn* (1836) y *La caída de un ángel* (1838). También escribió novelas, como *Genoveva, historia de una sirvienta* (1851), y estudios históricos, como *Historia de los girondinos* (1847).

Lamas, Andrés (Montevideo 1817 - Buenos Aires 1891) Político e historiador uruguayo. Ministro de Hacienda en 1844 y en 1875 y embajador en Brasil, creó la Casa de la Moneda e impulsó la Triple Alianza contra el dictador argentino Rosas. Fue uno de los fundadores del periódico *El Iniciador*, desde el que difundió las ideas románticas.

Lamb, Charles (Londres 1775 - Edmonton 1834) Escritor británico. Estudió la época isabelina. Entre sus libros destacan *Ejemplos de poetas dramáticos ingleses que vivieron en la época de Shakespeare* (1808), *Ensayos de Elia* (1823) y especialmente *Cuentos basados en Shakespeare* (1807), en colaboración con su hermana Mary.

Lamb, Willis Eugene (Los Ángeles 1913) Físico estadounidense. Estudió la estructura fina del espectro del átomo de hidrógeno. Recibió el premio Nobel de física en 1955, compartido con Polykarp Kusch.

Lambayeque Departamento de Perú, situado en el NO del país, en la costa del océano Pacífico. 13.737 km^2. 935.000 h. en 1990. La capital es Chiclayo, con 426.300 h. en 1990. Sus recursos económicos proceden de la agricultura de caña de azúcar, arroz, cereales y legumbres, de la ganadería ovina y de la industria textil y alimentaria.

lambda (voz gr.) *s. f.* Nombre de la undécima letra del alfabeto griego que equivale a nuestra *l*. ■ La letra mayúscula se escribe *Λ* y la minúscula λ.

lamber *v. tr.* **1.** *amer.* Lamer. **2.** *amer.* Adular de forma servil.

Lambert, Johann Heinrich (Mulhouse 1728 - Berlín 1777) Matemático, físico y filósofo alemán. Miembro de la Academia de Ciencias de Berlín, fue el creador de la trigonometría esférica y uno de los fundadores de la fotometría. Demostró que el número *pi* (π) es irracional y trató de relacionar la lógica con los términos matemáticos. Algunas de sus obras más significativas son *Nuevo órgano* (1763), *Análisis de arquitectura* (1771) y *Lo primero en el conocimiento filosófico y matemático* (1771).

Lambert, Michel (Vivonne, Pitou h. 1610 - París 1696) Compositor y cantante francés. Fue músico de cámara del rey y colaborador de Lully, quien contrajo matrimonio con su hija. Compuso numerosas arias y participó en la composición de ballets de corte, como el *Ballet de los amores disfrazados* (1664) y el *Ballet del nacimiento de Venus* (1666).

Lambeth C. del Reino Unido, al S del río Támesis, perteneciente al Gran Londres. 243.500 h. en 1985. En ella se encuentra el palacio de Lambeth, residencia del arzobispo de Canterbury.

lambido, da **1.** *p. p.* de **lamber**. ‖ *adj.* **2.** *amer.* Se dice de la persona afectada y presumida. También *s.*

lambón, na *adj. Col., Méx., Pan.* Adulador, rastrero. También *s.*

lambrucear *v. intr.* Lambucear*.

lambrucio, cia *adj.* Lambucero*.

lambrusco, ca *adj. Chile, Méx.* Glotón.

lambucear *v. intr.* Andar alguien picando y comiendo a todas horas. ■ Se dice también *lambrucear*.

lambucero, ra *adj.* Que lambucea. También *s.* ■ Se dice también *lambrucio*.

lamé (voz fr.) *s. m.* Tejido muy brillante que se elabora intercalando entre las fibras hilos de oro o plata.

lameculos *s. m.* y *f. vulg.* Persona de conducta servil y aduladora. También *adj.*

lamedura *s. f.* Acción de lamer.

lamelibranquios *s. m. pl.* Clase de moluscos acuáticos a la que pertenecen unas 20.000 especies comprendidas en los órdenes protobranquios, filibranquios, septibranquios y eulamelibranquios. También se les llama *bivalvos*, ya que su concha está formada por dos piezas o valvas articuladas entre sí mediante unos dientes que encajan, denominados *charnela*, y un músculo, llamado *ligamento*. Poseen branquias laminares, carecen de cabeza diferenciada y su pie tiene forma de paleta excavadora o está muy reducido. Tienen una glándula que segrega unos filamentos llamados *biso*, con el que se adhieren a las rocas, aunque algunas especies pueden desplazarse mediante movimientos violentos de sus conchas. Se alimentan filtrando el agua que circula por su interior. Las especies más comunes pertenecen a los géneros *Tapes* (almeja), *Ostrea* (ostra), *Pinna* (nacra), *Mytilus* (mejillón) y *Tridacna* (pila de agua bendita), muchas de ellas cultivadas por el hombre para su alimento. Tambien *adj.* y *s. m.*

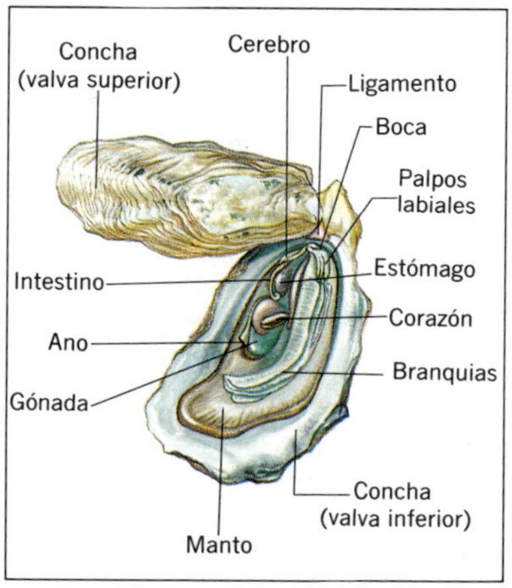

Lamelibranquios: anatomía de la ostra portuguesa (Crassostrea angulata).

Lamennais, Félicité Robert de (Saint Malo 1782 - París 1854) Escritor y pensador francés. Ordenado sacerdote en 1816, llegó a ser uno de los representantes más conocidos del conservadurismo religioso, cuyas ideas expuso especialmente en su obra *De la religión considerada en sus relaciones con el orden político y social* (1825), en la que se mostraba partidario de la completa libertad de acción para el catolicismo y de la superioridad del poder religioso sobre el temporal. En 1830 fundó con Lacordaire y Montalembert el periódico *L'Avenir*. Sus ideas fueron, sin embargo, condenadas por la Iglesia en 1832, lo que le llevó a publicar dos años después la obra *Palabras de un creyente*, en la que rompió con sus tesis anteriores e inició una evolución hacia posturas más democráticas. Durante la revolución de 1848 fue nombrado representante del pueblo en la Asamblea Constituyente.

lamentable *adj.* **1.** Digno de ser lamentado. **2.** Que causa muy mala impresión por ser inoportuno, estar mal hecho, dañado, etc. FAM. Lamentablemente.

lamentación *s. f.* **1.** Acción de lamentarse. **2.** Palabra, expresión, etc., con que alguien se lamenta. Se usa sobre todo en *pl.*

Lamentaciones, Libro de las Libro del Antiguo Testamento atribuido a Jeremías, que está formado por cinco composiciones poéticas en las que se lamenta por la ruina de Jerusalén.

lamentar *v. tr.* **1.** Sentir pena o disgusto por alguna cosa. ‖ *v. prnl.* **2.** Expresar con palabras pena o disgusto por algo.

lamento *s. m.* Manifestación de pena, dolor, disgusto, etc.

lamer *v. tr.* **1.** Pasar la lengua por algo. También *v. prnl.* **2.** Rozar una cosa, especialmente un líquido, suavemente a otra. ‖ **Loc. que no me** (**te**, etc.) **lamo** (**lames**, etc.) *fam.* Expresión con que se destaca el tamaño o importancia de algo.

lamerón, na *adj. fam.* Se aplica a la persona a la que le gusta picar y comer a todas horas. También *s.*

lameruzo, za *adj. fam.* Lamerón*.

lametada *s. f.* Lametazo*.

lametazo *s. m.* Cada pasada de la lengua al lamer.

lametear *v. tr.* Lamer algo repetidamente. **Fam.** Lameteo.

lametón *s. m.* Cada pasada de la lengua al lamer, especialmente si se hace con fuerza.

lamia *s. f.* En mitología clásica, ser fantástico con cuerpo de mujer, cola de pez o de dragón y garras afiladas en lugar de manos. Lo mismo que las sirenas, atraían a los viajeros con sus cantos y después se lanzaban sobre ellos y los devoraban.

lamido, da **1.** *p. p.* de **lamer**. También *adj.* ‖ *adj.* **2.** *fam.* Excesivamente delgado. **3.** *fam.* Gastado por el uso.

lámina *s. f.* **1.** Pieza plana y delgada de cualquier material. **2.** Plancha en que está grabado un dibujo para reproducirlo después. **3.** Grabado, ilustración. **4.** Aspecto o figura de una persona y, especialmente, de un animal. **5.** Parte más aplanada y delgada de los huesos, cartílagos, etc. **6.** Parte más ancha de las hojas, pétalos, etc., de las plantas.

laminación *s. f.* **1.** Acción y efecto de laminar. **2.** Proceso industrial de fabricación de láminas de metal mediante una laminadora. **3.** Técnica utilizada para fabricar materiales laminados uniendo entre sí varias capas del material de que se trate (vidrio, madera, plástico, etc.) con resinas sintéticas.

laminado, da **1.** *p. p.* de **laminar**. También *adj.* ‖ *adj.* **2.** Reducido a láminas. ‖ *s. m.* **3.** Laminación, acción y efecto de laminar. **4.** Producto que se obtiene uniendo láminas de un material.

laminador, ra *adj.* **1.** Que sirve para laminar. ‖ *s. m.* y *f.* **2.** Máquina utilizada para reducir el grosor de un material o darle forma de lámina, haciéndolo pasar entre cilindros que giran normalmente en sentido contrario.

laminar[1] *v. tr.* **1.** Reducir a láminas un material. **2.** Recubrir algo con láminas.

laminar[2] *adj.* **1.** Que tiene forma de lámina. **2.** Se aplica a la estructura de un cuerpo formado por varias capas superpuestas y a los cuerpos que así la tienen. **3.** Se dice del movimiento de un fluido cuando sus capas se deslizan unas sobre otras sin que se mezclen.

laminaria *s. f.* Nombre común de diversas especies de algas del orden laminariales, género *Laminaria.* Son de color pardo y su talo, de forma laminar, puede alcanzar varios metros de longitud. Viven fijadas a los fondos costeros de mares templados y fríos. Se usan en medicina por su contenido de yodo y como forraje y abono.

laminero, ra *adj.* Goloso.

laminoso, sa *adj.* Con forma de lámina o constituido por láminas.

Lamizana, Sangoulé (Touga 1916) Militar y político del Alto Volta. Luchó en las filas del ejército francés en la guerra de Indochina. Tras un golpe de Estado contra el presidente Yameogo, asumió la presidencia (1966-80). Intentó sin éxito volver al régimen democrático.

lampa (voz quechua) *s. f. Amér. del S.* Azada de mineros y agricultores.

lampalagua *s. f. Amér. del S.* Ser fantástico que vive en los ríos y es capaz de secarlos, bebiéndose toda el agua.

lampar *v. intr. fam.* Andar pidiendo dinero.

lámpara *s. f.* **1.** Utensilio que produce luz artificial. **2.** Instrumento que sirve de soporte a una o varias luces. **3.** Bombilla eléctrica. **4.** Válvula electrónica. **5.** *fam.* Mancha. ‖ **6. lámpara de descarga** La que produce luz mediante una descarga eléctrica en un tubo que contiene un gas enrarecido. **7. lámpara de incandescencia** Aquella que produce la luz mediante un filamento, normalmente de volframio, que, contenido en una atmósfera cerrada, gaseosa e inerte, se pone incandescente al paso de la energía eléctrica. **8. lámpara de seguridad** Aquella cuya llama está protegida por una tela metálica para impedir que se inflame al contacto con gases tóxicos; se utiliza en minas donde existe gas grisú. Fue inventada por el químico británico Humphry Davy en 1815. **9. lámpara votiva** La que se ofrece como voto y arde delante de una imagen religiosa.

lamparazo *s. m. Col., Méx.* Trago de aguardiente o de otro licor.

lamparería *s. f.* Establecimiento donde se fabrican, venden o almacenan lámparas.

lamparilla *s. f.* **1.** *dim.* de **lámpara**. **2.** Mecha sujeta en un corcho que flota sobre aceite; se utiliza para iluminar imágenes religiosas. **3.** Recipiente donde se coloca esta mecha. **4.** P. ext., cualquier vela, luz, etc., que se ofrece como voto a una imagen religiosa. **5.** Mechero de alcohol.

lamparón *s. m. fam.* Mancha muy visible en la ropa, especialmente la de grasa.

lampazo *s. m.* **1.** Nombre común de diversas plantas herbáceas de la familia compuestas, género *Arctium.* El lampazo mayor *(Arctium lappa)* mide entre 50 y 200 cm de altura, tiene el tallo grueso, hojas rugosas, las inferiores ovales, y flores de color púrpura que terminan en cabezuela y cuyo cáliz presenta un involucro de brácteas ganchudas. Su raíz se utiliza como diurético y depurativo. El lampazo menor *(Arctium minus)* mide entre 25 y 80 cm de altura. El lampazo tomentoso *(Arctium tomentosum)* mide entre 40 y 100 cm de altura, el envés de sus hojas es grisáceo y las brácteas del involucro tienen densos pelos blanquecinos. Crecen en terrenos incultos, junto a los caminos y en bosques de toda Europa. También son conocidas como *bardana.* **2.** *Amér. del S.* Trapo, fregona.

Lampedusa, Giuseppe Tomasi, príncipe de (Palermo 1896 - Roma 1957) Escritor italiano. Miembro de una de las más ilustres familias de la aristocracia siciliana, es autor de una sola novela, *El gatopardo* (1958), en la que narra la decadencia de la nobleza rural siciliana en el periodo de la unificación de Italia y que posteriormente fue llevada al cine por Luchino Visconti. También es autor de relatos cortos, como *El profesor y la sirena* (1960).

lampiño, ña *adj.* **1.** Se aplica al hombre que no tiene barba o al muchacho al que todavía no le ha salido. **2.** Que tiene poco vello.

lampista *s. m.* y *f.* Fontanero*.

lampo *s. m.* En lenguaje culto y literario, brillo intenso y breve, fulgor.

lamprea *s. f.* Nombre común de diversos peces ciclóstomos de la familia petromizóntidos, géneros *Lampetra* y *Petromyzon.* Tienen el cuerpo alargado y cilíndrico, esqueleto cartilaginoso y boca en forma de ventosa con gran número de dientes córneos. La lamprea de mar *(Petromyzon marinus)* alcanza hasta 80 cm de longitud, tiene color grisáceo, con dibujos negros en el dorso, los machos con el abdomen púrpura, y la de río *(Lampetra fluviatilis)* mide 40 cm y tiene el dorso verde azulado o pardusco. Algunas especies son parásitas y se alimentan de otros animales acuáticos, a los que chupan la sangre. Viven en las costas y ríos de Eurasia y Norteamérica y su carne es muy apreciada.

Lampreas de mar y de río.

lamprófido *s. m.* Roca filoniana, constituida fundamentalmente por feldespatos. Es básica, lo que la diferencia de las masas magmáticas de las que deriva. Tiene color oscuro debido a la presencia de biotita en su composición y es frecuente en regiones con abundante actividad volcánica.

lana *s. f.* **1.** Pelo de oveja, llama, vicuña, etc., que se emplea para hacer tejidos, y de otros animales que recuerda al de las ovejas. **2.** *fam.* Pelo de una persona, especialmente si es largo y rizado. Se usa más en *pl.* **3.** Hilo de lana. **4.** Tejido confeccionado con este hilo. **5.** *Amér. C.* Holgazán, sinvergüenza. **6.** *Méx.* Dinero.

Tecnol. La lana está constituida fundamentalmente por una proteína llamada *queratina,* que le proporciona las cualidades que la hacen idónea para fabricar tejidos. Se obtiene por esquileo de reses de entre dos y cinco años y su calidad varía según la raza y la zona del cuerpo donde crece, en función de su longitud, grosor y uniformidad. Tras el esquilado sufre un proceso industrial en el que la lana en bruto es batida, lavada y escurrida; seguidamente es secada y pasa a la má-

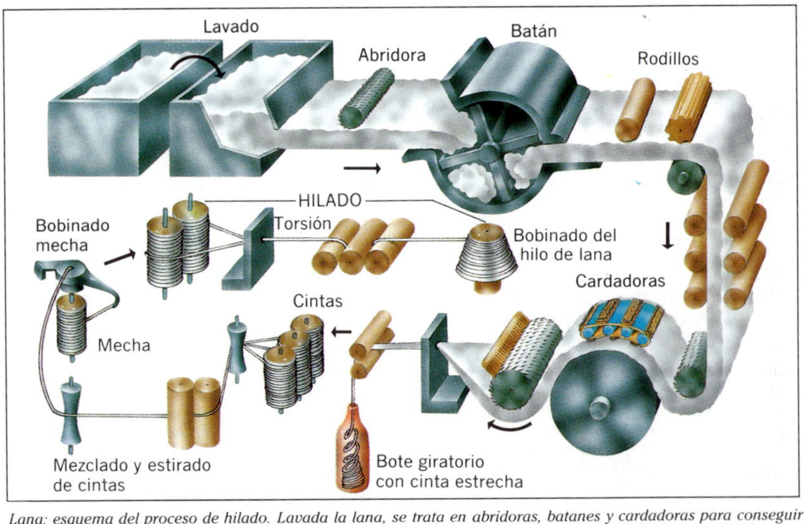

Lana: esquema del proceso de hilado. Lavada la lana, se trata en abridoras, batanes y cardadoras para conseguir una cinta, que se deposita en botes giratorios; estas cintas se mezclan y estiran para conseguir la mecha; por un último proceso de torsión, se consigue el hilo de lana.

quina cardadora, donde multitud de púas la despojan de impurezas, estiran las fibras y forman con ellas un velo amplio; de aquí pasa a la mezcladora, donde se le añaden fibras sintéticas, y seguidamente a la peinadora, donde se vuelve a estirar y se separa en tiras; por último, en la hiladora, cada una de las tiras se convierte en hilo mediante su torsión.

lanar *adj.* Se aplica al ganado o res que tiene lana.

Lancashire **1.** Condado del Reino Unido, situado al O del sector central de la isla de Gran Bretaña, en las costas del mar de Irlanda. 3.064 km^2. 1.382.000 h. en 1988. La capital es Preston, con 168.400 h. en 1981. Su economía se basó tradicionalmente en la industria textil, de la que fue uno de los primeros productores mundiales desde el s. XVIII hasta 1930. En la actualidad la industria se encuentra diversificada, siendo los sectores más productivos el químico, el automovilístico y el aeronáutico.
2. Región histórica del Reino Unido que comprendía el condado de Manchester, foco de la revolución industrial del s. XVIII, en que experimentó gran desarrollo la maquinaria textil para el proceso de la lana.

Lancaster Linaje nobiliario inglés, instituido por Enrique III al otorgar a su hijo Edmundo el condado de este nombre, que adquirió categoría de ducado en 1351. Alcanzó gran importancia cuando Juan de Gante, hijo de Eduardo III, se convirtió en su titular. Los sucesores de éste, Enrique IV, Enrique V y Enrique VI, constituyeron la dinastía Lancaster, que reinó en Inglaterra hasta 1461, en que fue desbancada por la casa de York en la guerra de las Dos Rosas.

Lancaster, Burt (Nueva York 1913) Actor de cine estadounidense. Protagonizó gran número de películas de acción, ayudado por su físico de atleta, y en su madurez realizó importantes papeles dramáticos. Entre sus mejores interpretaciones destacan las de las películas *Forajidos* (*The killers,* 1946), *Apache* (1954), *Duelo de titanes* (1957), *El hombre de Alcatraz* (1962), *El gatopardo* (1963), *El nadador* (1968) y *Confidencias* (*Grupo di famiglia in un interno,* 1974).

lance *s. m.* **1.** Suceso de la vida real o de la ficción, que constituye en sí una acción completa. **2.** Situación difícil, comprometida. **3.** Riña, pelea. **4.** En el juego, y especialmente en el de cartas, cada una de las acciones que tienen lugar durante una partida. **5.** Acción de lanzar o arrojar algo. **6.** Acción de echar la red al agua para pescar. **7.** En tauromaquia, suerte realizada con la capa. || **8. lance de honor** Duelo, desafío. || **LOC. de lance** *adj.* y *adv.* De segunda mano.

lancear *v. tr.* **1.** Alancear*. También *v. intr.* **2.** Torear con capa. También *v. intr.*

lanceolado, da *adj.* De forma semejante a la punta de una lanza.

lancero *s. m.* Soldado armado de lanza.

lancero, ra *s. m.* y *f. Arg., Par., Urug. desp.* Persona que se arriesga imprudentemente confiando en su suerte.

lanceta *s. f.* **1.** Instrumento quirúrgico de hoja triangular y muy aguda que se utiliza para hacer pequeños cortes. **2.** *Chile, Guat., Méx., Perú.* Aguijón*.

lancha[1] *s. f.* Piedra lisa, plana y de poco grosor.

lancha[2] (del malayo *lancar,* rápido, a través del port.) *s. f.* **1.** Barca grande, generalmente con motor, utilizada para servicios auxiliares de los barcos, puertos y costas. **2.** Barco pequeño y sin cubierta. || **3. lancha de desembarco** La que se emplea para desembarcar tropas militares desde los barcos a tierra. **4. lancha rápida** Embarcación de motor muy veloz utilizada para el servicio de los oficiales de un barco de guerra o para vigilar la costa.

lanchero, ra *s. m.* y *f.* Conductor o patrón de una lancha.

Land (voz al.) Estado federal de Alemania.

Land, Edwin Herbert (Bridgeport 1909) Inventor estadounidense. En 1937 inventó el polaroide, un material polarizante, utilizable en gafas y en cualquier tipo de cristal donde se quiera evitar la transmisión del reflejo solar, y en 1947, la cámara Polaroid, que toma y revela fotografías en pocos segundos.

landa *s. f.* Formación vegetal propia de regiones templadas de clima oceánico en el occidente de Europa. Sus plantas características son el brezo, la retama y el junco, que crecen en manchones sobre una superficie de césped.

Landa, Alfredo (Pamplona 1933) Actor español. Representante característico de la «comedia a la española» en los años sesenta, ha demostrado su talento en películas como *El puente* (1977), *Los santos inocentes* (1984) y *El bosque animado* (1987), así como en el papel de Sancho en la serie *El Quijote* (1992) para la televisión.

Landa, fray Diego de (Cifuentes 1524 - ? h. 1579) Franciscano español. Enviado como misionero a Yucatán (1549), fue nombrado obispo en 1573 y escribió *Relación de las cosas de Yucatán,* buena fuente para conocer la sociedad y cultura mayas.

Landas, Las Región natural de Francia, situada en Aquitania, en el SO del país, entre el océano Atlántico, las colinas de la Chalosse y el valle del Garona. Es una región agrícola, forestal, pesquera y turística.

Landau, Lev Davidovich (Baku, Azerbaiyán 1908 - Moscú 1968) Físico soviético. Elaboró una importante teoría sobre el helio II (helio a 2,2 °K) en términos de mecánica cuántica. Recibió el premio Nobel de física en 1962.

landgrave *s. m.* Título honorífico y nobiliario del Sacro Imperio Romano Germánico.

Landini, Francesco (Florencia 1325 - íd. 1397) Compositor italiano. A pesar de que era ciego desde su infancia, tocaba con gran maestría la flauta, el órgano, el laúd y otros instrumentos. Es uno de los principales representantes de la música prerrenacentista italiana. Compuso numerosos madrigales y baladas.

landó *s. m.* Coche de caballos de cuatro ruedas con capota plegable delantera y trasera.

Landowska, Wanda (Varsovia 1877 - Lakeville 1959) Clavecinista polaca. Difundió por toda Europa la antigua música para clave y para piano. En 1925 fundó una escuela de música antigua en Saint-Leu-la-Forêt. Falla escribió para ella su *Concierto* para clave y cinco instrumentos. Es autora del libro *La música antigua* (1908).

Landru, Henri Désiré (París 1869 - Versalles 1922) Criminal francés. Fue acusado en 1919 de la muerte y desaparición de diez mujeres, a las que atraía a su casa con promesas de matrimonio, y de un joven. Condenado a muerte y ejecutado, su figura sirvió de tema para relatos y películas.

Landsat Serie de tres satélites lanzados por EE UU entre 1972 y 1978 para recoger información fotográfica con luz visible e infrarroja sobre los recursos naturales de la Tierra, su constitución geológica y mineralógica, las condiciones atmosféricas y la contaminación.

Landsteiner, Karl (Viena 1868 - Nueva York 1943) Médico austriaco. Descubrió los grupos sanguíneos ABO y el factor Rh y estableció las bases del sistema actual de transfusiones de sangre. Recibió el premio Nobel de medicina y fisiología en 1930.

lanería *s. f.* Establecimiento donde se vende o compra lana, especialmente para colchones.

lanero, ra *adj.* **1.** Perteneciente o relativo a la lana. || *s. m.* y *f.* **2.** Comerciante de lana. || *s. m.* **3.** Almacén de lana.

Lanfranco, Giovanni (Terenzo, Parma 1582 - Roma 1647) Pintor italiano. Discípulo de Agostino y Annibale Carracci e influido por Correggio, es un brillante representante del Barroco italiano. En Roma decoró la villa Borghese y las iglesias de San Pablo Extramuros, San Juan de los Florentinos, San Agustín y el ábside de San Carlo ai Catinari; y en Nápoles, frescos de la cartuja de San Martín y la cúpula de San Gennaro, en la catedral

Lang, Fritz (Viena 1890 - Nueva York 1976) Director de cine alemán. Su primera etapa se desarrolló en Alemania, donde trabajó para los estudios de la UFA, convirtiéndose en una de las principales figuras del cine expresionista, con películas como *Metrópolis* (1926), *M., el vampiro de Düsseldorf* (1931) y *El testamento del Dr. Mabuse* (1932). En 1933 abandonó su país a causa del nazismo y se trasladó a EE UU, donde rodó, entre otros filmes memorables, *Furia* (1936) y *Mientras Nueva York duerme* (*While the city sleeps,* 1956). Nuevamente en Alemania filmó *El tigre de Esnapur* (1959) y *La tumba india* (1959).

Langdon, Harry (Council Bluffs, Iowa 1884 - Los Ángeles 1944) Actor cinematográfico estadounidense. Cómico del cine mudo, rodó algunos cortos para Mack Sennett. Generalmente interpretó el papel de un hombre tímido obsesionado por la mujer y el amor, pero lleno de desconfianza. Algunos de sus filmes más característicos son *Un día de playa* (1924), *Sonría, por favor* (1924), *El rey de los bosques* (1925), *Un sportman de ocasión* (1926), *El hombre cañón* (1926), *Sus primeros pantalones* (1927), *Soy un vagabundo* (1933) y *Zenobia* (1939).

Lange, Christian Louis (Stavanger 1869 - Oslo 1938) Jurisconsulto noruego. Fue director del Instituto Nobel (1901-09) y delegado de su país en la Sociedad de Naciones (1935-37), donde abogó por el desarme internacional. En 1931 obtuvo el premio Nobel de la paz.

Lange, Dorothy (Hoboken, New Jersey 1895 - San Francisco 1965) Fotógrafa estadounidense. En 1935 realizó reportajes para la administración estadounidense sobre la vida de ciertas comunidades rurales. En 1939 publicó *Un éxodo americano.*

Lange, Friedrich Albert (Wald, Solingen 1828 - Marburgo 1875) Filósofo alemán. En su obra más importante, *Historia del materialismo* (1866) defiende la tesis de que, si bien el materialismo es un sistema válido para dar cuenta de la realidad, no puede explicar el funcionamiento de la conciencia. Consideraba que la metafísica, aunque necesaria para expresar las aspiraciones humanas, carecía de valor científico. Otras obras suyas dignas de mención son *La cuestión obrera en su significación para el presente y para el futuro* (1865) y *Estudios lógicos. Contribución a la nueva fundamentación de la lógica formal y de la teoría del conocimiento* (1877).

Lange, Oskar (Tomaszów 1904 - Londres 1965) Economista y político polaco. Profesor en diversas universidades y diplomático, fue nombrado en 1957 vicepresidente de su país. Colaboró en programas de desarrollo para diversos países del Tercer Mundo. Como teórico realizó estudios sobre la formación de los precios y la planificación económica. Entre sus obras deben mencionarse *Sobre la teoría económica del socialismo* (1937), *Precios, flexibilidad y empleo* (1944), *Economía política* (1959) y *Planificación y desarrollo económico* (1961).

Langley, Samuel Pierpont (Roxbury, Massachusetts 1834 - Aiken, Carolina del Sur 1906) Astrónomo estadounidense. En 1878 inventó el bolómetro y con este instrumento midió las radiaciones solares en el espectro visible y en el infrarrojo. Interesado por el vuelo, utilizó principios aerodinámicos para el proyecto del primer aeroplano movido a vapor, pero la prueba fue un fracaso (1896).

Langmuir, Irving (Brooklyn 1881 - Falmouth 1957) Físico y químico estadounidense. Creador de las teorías de la valencia electroquímica, inventó la bombilla eléctrica con atmósfera gaseosa, una bomba de vacío molecular e impulsó la técnica de los tubos electrónicos. Obtuvo en 1932 el premio Nobel de química.

langosta *s. f.* **1.** Nombre común de diversos insectos ortópteros de la familia acrídidos, géneros *Locusta, Schistocerca* y otros. Tienen el cuerpo alargado, patas posteriores saltadoras y color pardo, verde o rojizo. Viven en solitario hasta que escasean los vegetales para su alimento, momento en que pasan a fase gregaria, constituyen manchones y emigran en masa, convirtiéndose en terribles plagas para los cultivos. Las especies más importantes son *Anacridium aegyptium,* que habita en la península Ibérica, y *Schistocerca gregaria* y *Locusta migratoria,* que viven en el N de África y Europa meridional. Reciben el nombre de **langosta verde** diversos insectos ortópteros de la familia tetigónidos, como la *Tettigonia viridissima,* que mide unos 5 cm de longitud y tiene gran parecido con las langostas verdaderas, pero cuyas largas antenas y otros detalles anatómicos la aproximan más a los grillos de matorral. **2.** Nombre común de diversos crustáceos decápodos de la familia palinúridos, género *Palinurus.* Alcanzan hasta 50 cm de longitud, tienen dos largas antenas, ojos compuestos y cinco pares de patas sin pinzas. La langosta común *(Palinurus vulgaris)* vive en el Mediterráneo y en el Atlántico europeo. En el Atlántico americano vive la *Palinurus argus* y en el Pacífico, la *Palinurus interruptus*. Es muy apreciada en gastronomía.

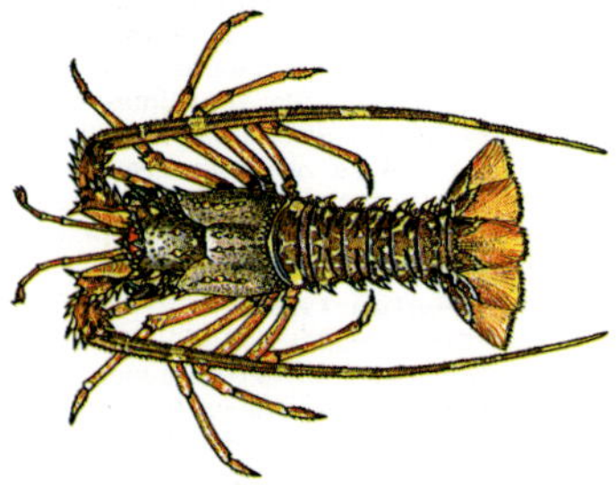

Langosta común (Palinurus vulgaris).

langostino *s. m.* Nombre común de diversas especies de crustáceos decápodos de la familia peneidos, género *Penaeus*. Alcanzan hasta 25 cm de longitud, tienen dos antenas, una larga cola y un caparazón poco consistente. En las costas españolas se encuentra la especie *Penaeus kerathurus*. Su carne es muy sabrosa.

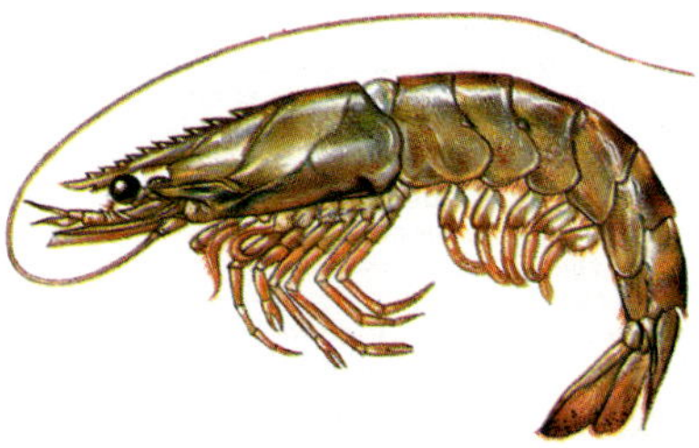

Langostino (Penaeus kerathurus).

Langreo C. de España, situada en la prov. de Asturias, a orillas del río Nalón. 53.250 h. en 1990. Es un centro minero e industrial que se desarrolló gracias a la explotación del carbón; cuenta con un complejo petroquímico cuyo rendimiento está en disminución. El municipio consta de dos núcleos: Sama y La Felguera.

languedociano, na *adj.* **1.** Del Languedoc. También *s.* ‖ *s. m.* **2.** Dialecto de la lengua de oc, hablado en el Languedoc.

Languedoc-Roussillon Región de Francia, situada en el sector central del S del país. 27.376 km². 2.109.800 h. en 1990. La capital es Montpellier, con 208.000 h. en 1990. Su relieve está configurado por mesetas bajas y llanuras, y surcan el territorio los ríos Ródano y Aude. Tiene una economía eminentemente agrícola, con cultivos de vid y de huerta, y una pequeña industria textil y alimentaria. En la antigüedad fue la provincia romana Galia Narbonense, convertida después en el reino visigodo de Tolosa (s. V) y conquistada por el rey carolingio Pipino el Breve (759). En la Edad Media fue la Occitania, donde se hablaba lengua provenzal, sometida por la corona francesa en la cruzada contra los albigenses (1229) y definitivamente incorporada a Francia en 1271.

languidecer *v. intr.* Disminuir la fuerza, intensidad o energía de alguien o algo. ■ Es v. irreg. Se conjuga como *agradecer*.

languidez *s. f.* Cualidad de lánguido.

lánguido, da *adj.* **1.** Débil, sin intensidad o energía. **2.** Desanimado, triste.

langur *s. m.* Nombre común de diversos mamíferos primates de la familia cercopitécidos, géneros *Presbytis*, *Simias*, *Rhinophitecus* y *Pygathrix*. Miden de 40 a 80 cm de altura y tienen una larga cola de hasta 1 m de longitud y el pelo fino y abundante. Habitan en el Tíbet, India, Paquistán, China, Ceilán, Malaisia, Tailandia, Indochina e Indonesia. La especie más conocida es el langur común *(Presbytis entellus)*.

lanilla *s. f.* **1.** Pelillo que tienen los tejidos de lana por el derecho. **2.** Tela fina de lana.

lanolina *s. f.* Grasa obtenida de la lana de la oveja y del carnero, que se utiliza como base de pomadas y otros productos, principalmente en farmacia y cosmética.

lanosidad *s. f.* **1.** Cualidad de lanoso. **2.** Pelillo o pelusa que cubre algunos vegetales, frutos, etc.

lanoso, sa *adj.* **1.** Que tiene mucha lana. **2.** Cubierto de vello o pelusilla. **3.** Que tiene características propias de la lana.

lansquenete *s. m.* Soldado de infantería de origen alemán que luchó como mercenario al servicio de diversos ejércitos europeos en los s. XVI y XVII. En España combatió junto a los tercios castellanos durante gran parte del reinado de los Austrias.

lantánido *s. m.* Nombre común a los elementos químicos que en el sistema periódico ocupan los números 57 a 71, ambos inclusive. Este grupo junto con el de los actínidos, se denomina también *tierras raras*. Son elementos metálicos que actúan como trivalentes y cuyo comportamiento químico es muy similar. Se encuentran en diversos minerales acompañados de otros metales, fundamentalmente en la monacita, asociados al torio. Los lantánidos son el lantano, cerio, praseodimio, neodimio, promecio, samario, europio, gadolinio, terbio, disprosio, holmio, erbio, tulio, iterbio y lutecio. Se utilizan generalmente como absorbentes neutrónicos para la fabricación de componentes cerámicos y en instrumentación electrónica. También *adj.*

lantano *s. m.* La. Elemento químico perteneciente al grupo III B del sistema periódico, primero en la serie de los lantánidos o tierras raras. Su número atómico es 57 y su masa atómica 138,91. Fue descubierto por Carl Gustav Mosander en 1839. Es un metal maleable, con brillo argénteo que se oscurece al contacto con el aire, atacable por la humedad y muy reactivo. Cristaliza en el sistema hexagonal a temperatura ambiente y en el cúbico a 350 °C. Se encuentra asociado al torio y al cesio en minerales como la monacita y la cerita, que se extraen en yacimientos de Brasil, India, EE UU, Sudáfrica y Australia. Se emplea para aleaciones y en trabajos de investigación de procesos magnéticos.

lanudo, da *adj.* Que tiene mucha lana o vello.

lanuginoso, sa *adj.* Cubierto de pelillo o pelusa; se aplica especialmente a los vegetales.

Lanús C. de Argentina, perteneciente al área metropolitana del Gran Buenos Aires. 467.000 h. en 1980. Es un importante enclave de la industria textil y metalúrgica.

Lanusse, Alejandro Agustín (Buenos Aires 1918) Militar y político argentino. Participó en los golpes de Estado contra Arturo Frondizi (1962) y Arturo Illia (1966), encabezó los que derrocaron a Juan Carlos Onganía (1970) y a Roberto Levingston (1971) y después de este último fue designado presidente de la república. Convocó las elecciones que devolvieron el poder a Juan Domingo Perón (1973) y, a la caída de su sucesora Isabel Perón, fue acusado de irregularidades y encarcelado.

Lanuza, Juan de (? 1564 - Zaragoza 1591) Justicia mayor de Aragón. Miembro de una noble familia aragonesa, fue nombrado justicia mayor durante el conflicto entre Felipe II y su antiguo secretario Antonio Pérez. Apoyado por los defensores de los fueros, se opuso a la entrada del ejército real en Zaragoza, por lo que fue detenido y ejecutado.

lanza *s. f.* **1.** Arma formada por una vara larga en cuyo extremo va sujeta una punta de hierro afilada y cortante. **2.** Soldado que usaba esta arma. **3.** Vara de madera que se une a la parte delantera de un carruaje para darle dirección y enganchar en ella las caballerías. **4.** Tubo metálico en que terminan las mangueras y que dirige el chorro de agua. ‖ *pl.* **5.** Tributo creado por Felipe IV en 1631 por el cual los nobles, en lugar de aportar soldados, debían pagar su equivalente en dinero. ‖ **Loc. a punta de lanza** *adv.* Severamente. **(con la) lanza en ristre** *adv.* Preparado para atacar. **romper lanzas por** alguien o algo Salir en su defensa.

Lanza del Vasto, Joseph Jean Lanza, llamado (San Vito dei Normanni 1901 - Elche de la Sierra, Albacete 1981) Escritor francés de origen italiano. Discípulo de Gandhi, su obra denuncia los valores de la sociedad contemporánea, a la que considera dominada por la violencia, y propone el retorno a la vida en el campo y a las actividades artesanales. Escribió, entre otros libros, *Peregrinaje a las fuentes* (1944), *La ascensión de las almas vivientes* (1968) y *Viático*, serie de cuadernos íntimos que publicó desde 1970.

lanzacohetes *s. m.* Arma destinada al lanzamiento de cohetes. También *adj.*

lanzada[1] *s. f.* Golpe de lanza y herida que produce. ■ Se dice también *lanzazo*.

lanzada[2] (de *lanzar*) *s. f.* Movimiento que realiza el caballo saltando sobre sus patas traseras y con las delanteras en el aire.

lanzadera *s. f.* **1.** Instrumento que contiene el carrete de hilo o canilla y que los tejedores pasan de un lado a otro de la trama. **2.** Pieza semejante de las máquinas de coser. **3.** Vehículo que transporta una carga al espacio y, una vez cumplida su misión, vuelve y aterriza sobre una pista como los aviones, por lo que puede ser nuevamente utilizado. También se denomina *lanzadera espacial* y *transbordador*.

lanzado, da **1.** *p. p.* de **lanzar**. También *adj.* ‖ *adj.* **2.** Decidido, que se atreve a todo. También *s.* **3.** *fam.* Muy rápido.

lanzagranadas *s. m.* Arma que lanza granadas, en especial para atacar a corta distancia vehículos blindados. También *adj.*

lanzallamas *s. m.* Arma portátil que lanza a corta distancia un chorro de líquido inflamable.

lanzamiento *s. m.* **1.** Acción y efecto de lanzar. **2.** Prueba atlética que consiste en lanzar aparatos como el disco, el martillo, la jabalina, etc. **3.** Acción judicial que consiste en ordenar el desalojo de una casa, local, etc.

lanzamisiles *s. m.* Aparato, plataforma, etc., destinado a lanzar misiles. También *adj.*

lanzaplatos *s. m.* En el deporte de tiro al plato, máquina que lanza los platos.

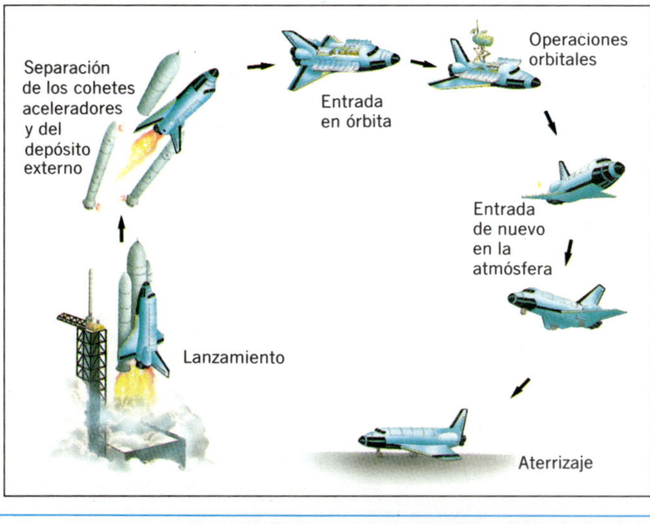

Esquema del vuelo de una lanzadera espacial estadounidense, que entra en órbita a unos 109 km de altura.

Lanzarote: vista del pueblo de Tinajo y cultivos en suelo volcánico.

lanzar *v. tr.* **1.** Impulsar a alguien o algo con las manos, mediante un mecanismo, un golpe, etc., de modo que recorra cierta distancia. **2.** Emitir sonidos o palabras, especialmente cuando son violentos. **3.** Dirigir hacia alguien ciertas acciones, palabras, etc. **4.** Dar a conocer al público una persona o cosa, introducir una costumbre o tendencia. || *v. prnl.* **5.** Dirigirse rápida o violentamente hacia alguien o algo. **6.** Comenzar bruscamente una acción. **7.** Decidirse a hacer algo. ▪ Se conjuga como *cazar.*

Lanzarote Isla de España, en el archipiélago de las Canarias, en el NE del mismo. 832 km^2. 74.000 h. en 1990. Pertenece a la provincia de Las Palmas y la capital es Arrecife, con 39.000 h. en 1990. De origen volcánico, presenta un relieve de poca altitud, en el que destacan el pico Peña del Chache (670 m), en el macizo de Famara, las Montañas del Fuego, los malpaíses de Timanfaya, donde se encuentra un parque natural, y el monte de La Corona. Sus costas forman acantilados en Famara y playas en El Reducto, Los Pocillos, Playa Blanca, Bahía Ávila y Bahía de Penedo. Tiene un clima semidesértico y cálido y una vegetación xerófila. Cuenta con cultivos de vid y tomate, ganadería caprina, pesca e industria conservera de pescado y del mueble. El turismo ha adquirido un gran desarrollo.

Lanzarote del Lago Personaje legendario perteneciente al ciclo artúrico de los caballeros de la Tabla Redonda. Se hizo indigno de conquistar el grial a causa de sus amores con la reina Ginebra. Su historia está narrada en la novela de Chrétien de Troyes (s. XII) que lleva su nombre.

lanzatorpedos *s. m.* Dispositivo que lanza torpedos y los dirige. También *adj.*

lanzazo *s. m.* Lanzada*.

Lanzhou C. de China, cap. de la prov. de Gansu, situada en el centro del país, a orillas del río Huang-ho. 1.450.000 h. en 1989. Cuenta con industria petroquímica, de maquinaria, ferroviaria, del aluminio, fertilizantes, textil, del cuero y refinerías de petróleo.

laña *s. f.* **1.** Especie de grapa que se usa, entre otras cosas, para unir piezas de barro o cerámica. **2.** Grapa utilizada en medicina para unir los bordes de una herida.

lañar *v. tr.* Unir algo con lañas. **FAM.** Lañador.

Laocoonte En la mitología griega, adivino troyano que pidió a sus compatriotas que rechazaran el caballo de madera ofrecido por los aqueos. La diosa Atenea, partidaria de éstos en la guerra, envió dos grandes serpientes que le estrangularon junto a sus hijos.

Laos Estado del SE de Asia.

Geog. física El relieve de Laos es eminentemente montañoso. El sector N del país está ocupado por una sucesión de macizos cuyo punto culminante es el Pou Loi (2.257 m), al S del cual se alza la meseta de Tran-ninh, dividida en dos por la llanura de los Jarros. Al S de la misma se eleva el Phou Bia, máxima altura del país con 2.820 m. Del centro al S se extiende la cordillera Annamita, que traza la frontera con Vietnam. En el sector S se encuentra la meseta de los Boloven. El río Mekong discurre del NO al S y gran parte de su curso constituye la frontera con Tailandia. La mayoría de las llanuras fértiles se hallan en torno al curso del Mekong, en el sector O del país. Su clima está sujeto al régimen de monzones, con una estación de lluvias de abril a octubre y una estación seca. La vegetación es de bosque de coníferas en las montañas, de selva ecuatorial por debajo de los 2.000 m de altura y de acacias y bambúes al pie de las montañas.

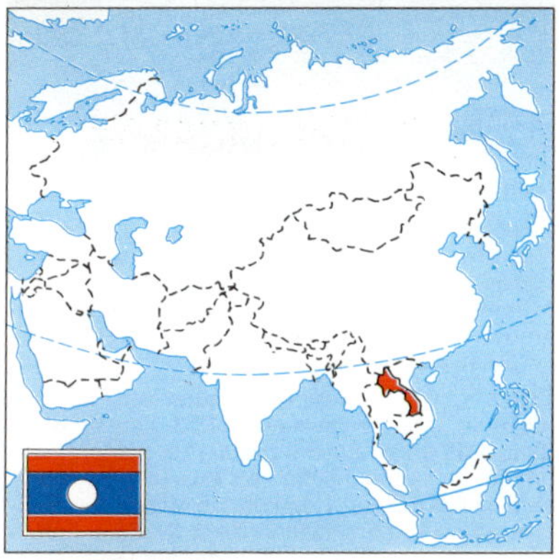

Extensión: 236.800 km^2.
Límites: al N, con China; al E, con Vietnam; al S, con Camboya, y al O, con Birmania y Tailandia.
Población: 4.024.000 h. en 1990.
Densidad: 17 h./km^2.
Capital: Vientiane.
División administrativa: 16 provincias y la municipalidad de Vientiane.
Ciudades principales: Savannakhet, Paksé, Luang Prabang.
Gentilicio: laosiano.
Forma de Estado: república popular.
Idioma: laosiano.
Religión: budismo, 57,8 %; tribalismo, 33,6 %; cristianismo, 1,8 %.
Moneda: nuevo kip.
Tasa de natalidad: 41 ‰ en 1990.
Tasa de mortalidad: 16 ‰ en 1990.
Renta per cápita: 170 dólares en 1989.

Laocoonte, *grupo escultórico griego de mármol (siglo I a. C.), obra de los rodios Agesandro, Polidoro y Atenodoro (Museo Vaticano).*

Geog. humana y ***económica*** La población pertenece a la raza tai lao y habita en las llanuras fértiles; en las montañas subsisten tribus como los meo y los annamitas. La economía de Laos padece un tradicional atraso, agravado por las continuas guerras libradas en el país durante las últimas décadas. Sus principales recursos proceden de la agricultura de arroz, que se practica en los valles del Mekong; otros cultivos son el maíz, cacahuetes, mandioca, tabaco, patatas, café y, en la ilegalidad, opio. También son importantes la pesca de agua dulce, la minería de estaño y los recursos forestales, sobre todo de maderas preciosas. Cuenta con ganadería bovina, porcina, de búfalos y elefantes, utilizados como animal de tiro. La industria es prácticamente artesanal, textil y cerámica, aunque en los últimos tiempos se han desarrollado industrias de la madera, del tabaco y del cemento.

Hist. El reino de Laos, perteneciente a la civilización indo-khmer, fue fundado por Fa Ngum en el s. XIV con el nombre de Lang Chang, al segregarse del reino khmer de Camboya. Hasta el s. XIX estuvo sometido a la influencia de los reinos de Siam, Birmania y Vietnam y sufrió diversas invasiones: en 1478 de Vietnam y en 1574 de Birmania. En 1694 quedó dividido en dos reinos, Vieng Chan y Luang Prabang; este último fue sometido por Birmania en 1767, mientras Vieng Chan fue asolado por el general siamés Phya Bodin en 1828. Se produjeron nuevas invasiones: una procedente de China meridional en 1864 y otra de Siam en 1872.

Laos: stupa de That Mak Mo, en la ciudad de Luang Prabang.

La ocupación por Francia comenzó en 1833 a partir de sus posesiones en el golfo de Tonkín y concluyó con la firma de un tratado en 1893, en virtud del cual Laos quedó integrado en la Indochina francesa con categoría de protectorado. En 1941, con ocasión de la Segunda Guerra Mundial, fue invadido por Japón. Al término del conflicto se proclamó la independencia, pero Francia ocupó nuevamente el territorio, lo que provocó la aparición de un importante movimiento nacionalista. En 1949 Francia concedió a Laos la autonomía en el seno de la Comunidad francesa y en 1954 la plena independencia, ratificada en los acuerdos de Ginebra del año siguiente. Se restableció el reino de Laos y fue constituido un gobierno de coalición, pero pronto comenzaron las luchas entre las distintas facciones: los derechistas del general Fumi Nosavan, los centristas del príncipe Suvana Fuma, apoyado por EE UU y teórico presidente del país, y los comunistas del Pathet Lao dirigidos por el príncipe Sufanuvong. La guerra civil se prolongó hasta 1973 por estar Laos inmerso en la crisis política y militar que afectaba a todo el SE asiático y sometido a la acción de EE UU.

En 1973 se formó un gobierno paritario dirigido por Suvana Fuma y Sufanuvong. La derrota de EE UU en Vietnam permitió el ascenso del Pathet Lao, que en 1975 decretó el fin de la monarquía y proclamó la República Democrática Popular de Laos, presidida por Sufanuvong. El nuevo régimen, integrado en el área de influencia soviética, hubo de hacer frente a una gran crisis económica que impulsó a millares de personas a abandonar el país. En 1979 el Pathet

Lao fue reemplazado por el Frente Laosiano de Reconstrucción Nacional, presidido por Sufanuvong y controlado por el comunista Partido Revolucionario del Pueblo Laosiano (PRPL). En 1986 Sufanuvong fue sucedido en la presidencia por Phoumi Vongvicht.

laosiano, na *adj.* **1.** De Laos. También *s.* ‖ *s. m.* **2.** Lengua hablada en Laos.

Lao-tse (s. VI o V a. C.) Filósofo chino. Tradicionalmente se le atribuye la fundación del taoísmo, una de las tres grandes religiones chinas. Asimismo se le creyó erróneamente autor del *Tao te King*, libro que contiene la doctrina taoísta, redactado en el s. IV a. C. y que agrupa pensamientos de diversos filósofos y religiosos chinos.

lapa *s. f.* **1.** Nombre común de diversos moluscos gasterópodos de la familia patélidos, géneros *Patella*, *Acmaea* y otros. Tienen concha en forma de escudo, lisa o estriada, y cónica. Viven en el mar, se adhieren a las rocas costeras mediante el pie y se alimentan por filtración de las aguas. La especie más conocida es la lapa vulgar *(Patella vulgata)*, que mide hasta 5,5 cm en su diámetro mayor y presenta ribetes radicales muy acusados. **2.** *fam.* Persona que no se separa de otra u otras, por lo que resulta pesada.

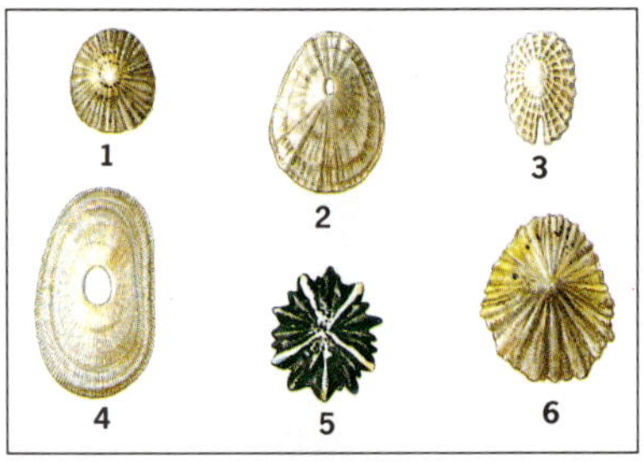

Lapas: 1. Patella vulgata. *2.* Diodora italica. *3.* Notomella dilecta. *4.* Megathura crenulata. *5.* Acmaea saccharina. *6.* Patella barbara.

lapacho *s. m.* Árbol de la familia bignoniáceas, especie *Tecoma lapacho*. Tiene grandes dimensiones. Crece en regiones tropicales de América del Sur y su madera, muy dura, se utiliza en ebanistería y construcción.

laparoscopia *s. f.* Examen del interior del abdomen que se hace introduciendo un instrumento óptico a través de una pequeña incisión.

laparotomía *s. f.* Abertura que se realiza en la pared abdominal como inicio de una operación o con fines exploratorios.

Lapesa, Rafael (Valencia 1908) Filólogo español. Catedrático de la Universidad Complutense y académico, es autor, entre otras obras, de la fundamental *Historia de la lengua española* (1942).

lapiaz *s. m.* Forma del relieve propia del modelado cárstico, que se caracteriza por la erosión superficial de las capas calcáreas del terreno por acción del agua de arroyada o la lluvia. La erosión forma entalladuras en la roca, produciendo acanaladuras, surcos y huecos en la misma. También se llama *lenar* y *karren*.

lapicera *s. f.* **1.** Lápiz plano usado en carpintería. **2.** *Amér. del S.* Lapicero. **3.** *Amér. del S.* Bolígrafo o pluma estilográfica. **4.** *Amér. del S.* Portaplumas.

lapicero *s. m.* **1.** Pieza cilíndrica de madera, plástico o metal, maciza o hueca con un mecanismo interno, que contiene una barra de grafito u otros materiales y que se utiliza para escribir o dibujar. **2.** *Amér. del S.* Portaplumas.

lápida *s. f.* Losa con una inscripción en memoria de alguien o algo, como las que cierran o cubren algunos enterramientos.

lapidar *v. tr.* Tirar piedras contra alguien o matarle a pedradas. **FAM.** Lapidación.

lapidario, ria *adj.* **1.** Perteneciente o relativo a las piedras preciosas. **2.** Perteneciente o relativo a las lápidas. **3.** Se aplica a la frase, estilo, etc., que merece ser recordado por su solemnidad o perfección. Se usa a veces en sentido irónico. ‖ *s. m.* y *f.* **4.** Persona que talla piedras preciosas o comercia con ellas. **5.** Persona que hace inscripciones en las lápidas.

lapídeo, a *adj.* De piedra o perteneciente a ella.

lapilli (voz ital.) *s. m.* Pequeños fragmentos de lava arrojados por los volcanes. Su diámetro varía entre 4 y 32 mm, tienen forma de huso y cuando son muy abundantes se acumulan en capas formando conos volcánicos.

lapislázuli *s. m.* $(Na,Ca)_8(SO_4,S,Cl)_2(AlSiO_4)_6$. Mineral silicato de aluminio y sodio con sulfuro sódico. Es de color azul y gran dureza y cristaliza en el sistema cúbico. Se usa como piedra de adorno y sus principales yacimientos se encuentran en Chile, Afganistán, Siberia, Birmania y EE UU. También se llama *lazurita*.

Lapislázuli.

Lapitas En la mitología griega, pueblo tesalio que, dirigido por Piritoo, se enfrentó a los Centauros obteniendo una gran victoria sobre los mismos. La batalla librada entre ambos es un motivo que aparece repetidamente en el arte de la Grecia clásica.

lápiz *s. m.* **1.** Grafito o cualquier otro mineral utilizado para dibujar o escribir. **2.** Este material dentro de un cilindro o prisma de madera, metal, etc. **3.** Dibujo hecho con este instrumento y técnica del mismo. **4.** Barrita de diversas sustancias utilizada para maquillaje. ‖ **5. lápiz óptico** Dispositivo electrónico en forma de lápiz capaz de captar una señal y transmitirla a un vídeo, un ordenador, etc.

Laplace, Pierre Simon, marqués de (Beaumont-en-Auge 1749 - París 1827) Astrónomo, matemático y físico francés. A él se debe la formulación definitiva de la física y la cosmología newtonianas, de cuyas anomalías pudo dar cuenta sin recurrir a la «hipótesis de Dios», presupuesto hasta entonces presente en el sistema elaborado por Newton. Estudió la órbita de la Luna y los planetas del Sistema Solar y demostró que la excentricidad total de las órbitas de los mismos permanece constante. Elaboró la **hipótesis de Laplace** sobre la formación del Sistema Solar a partir de una nebulosa de gas en rotación. Sus teorías y descubrimientos se hallan contenidos en el tratado *Mecánica celeste* (1799-1825). Asimismo publicó un ensayo matemático sobre la teoría de las probabilidades y enunció las **leyes de Laplace**, relativas a la fuerza que se ejerce sobre un elemento de corriente situado en un campo magnético.

lapo *s. m.* **1.** *fam.* Escupitajo*. **2.** *fam.* Golpe, trastazo.

lapón, na *adj.* **1.** De Laponia. También *s.* **2.** Se dice de un pueblo de raza probablemente alpina y lengua ugrofinesa que habita en las regiones del N de Europa, por encima del círculo polar ártico. Gran número de lapones conservan las tradiciones culturales originales y viven como nómadas practicando la ganadería de renos. **3.** De este pueblo. También *s.* ‖ *s. m.* **4.** Lengua hablada por este pueblo.

Laponia Región natural del N de Europa, situada en su mayor parte por encima del círculo polar ártico, que comprende el extremo septentrional de Noruega, Suecia y Finlandia y el NO de la Federación Rusa. Está asentada sobre un territorio con muchos lagos y costas escarpadas, frente a las cuales hay numerosas islas. Tiene un clima muy riguroso y está habitada por los lapones. Sus principales recursos económicos son la ganadería de renos, la pesca, la explotación forestal y la minería de hierro.

lapso *s. m.* **1.** Espacio o periodo de tiempo. **2.** Lapsus*.

lapsus (voz lat.) *s. m.* **1.** Equivocación cometida por descuido. ‖ **2. lapsus calami** El que se comete al escribir. **3. lapsus linguae** El que se comete al hablar.

Laptev, mar de Mar del océano Glacial Ártico, junto a la Federación Rusa, entre los archipiélagos de la Tierra del Norte y de Nueva Siberia. Tiene 650.000 km^2 y permanece helado durante el invierno.

laque (voz mapuche) *s. m. Arg., Chile.* Boleadoras*.

laquear[1] *v. tr. Arg., Chile.* Atrapar o derribar mediante el laque.

laquear[2] (de *laca*) *v. tr.* Lacar*.

Laquedivas Archipiélago indio situado en el mar Arábigo, frente a la costa Malabar. Lo forman islas coralinas, habitadas mayoritariamente por musulmanes. Sus principales recursos económicos son la pesca, los cultivos de coco, mijo y el árbol del pan.

lar *s. m.* **1.** Cada uno de los dioses romanos del hogar, que protegían y custodiaban la casa y la familia. También se llaman *penates*. Se usa más en *pl.* **2.** Fogón bajo. ‖ *pl.* **3.** Hogar, casa.

Lara Estado de Venezuela, situado en el NO del país. 19.800 km^2. 1.244.000 h. en 1990. La capital es Barquisimeto, con 723.600 h. en 1990. La economía se basa esencialmente en los cultivos de caña de azúcar y café y en la ganadería vacuna y caprina. Cuenta también con industrias alimentarias, madereras, mecánicas y de la construcción.

Lara, Agustín (Tlacotalpan, Veracruz 1900 - Ciudad de México 1970) Compositor mexicano. Fue autor de canciones que gozan de gran popularidad en España e Hispanoamérica, entre las que destacan el chotis *Madrid*, *Solamente una vez* y *Granada*.

Lara, casa de Linaje castellano de gran poder durante la Edad Media. Fueron titulares de un extenso señorío y desempeñaron un destacado papel en la política medieval castellana. Entre sus miembros más importantes se encuentran **Álvaro Núñez de Lara**, mayordomo del rey leonés Alfonso IX; **Nuño González de Lara**, vasallo del rey francés Felipe III; **Alvar Núñez de Lara** (? - 1219), regente de Enrique I; **Juan Núñez de Lara** (? - 1315), partidario de los infantes de la Cerda en las luchas nobiliarias del s. XIV, y **Juan Núñez de Lara y de la Cerda** (? - 1350), mayordomo mayor de Alfonso XI.

Lara, Los siete infantes de Poema épico castellano recogido en la *Crónica general* de Alfonso X el Sabio, cuyo tema pasó al romancero, al teatro del Siglo de Oro y a la poesía romántica española. Relata el asesinato de los siete hijos de Gonzalo Gustioz y la venganza que llevó a cabo su hermanastro moro Mudarra.

Larache C. de Marruecos, en la prov. de Tetuán, situada en la desembocadura del río Lucus. 45.710 h. en 1971. Es un importante centro portuario del Atlántico, cuyos principales recursos económicos provienen de la agricultura y la pesca. Colonizada por portugueses y españoles, fue recuperada por Marruecos en 1689 y desde 1911 hasta 1955 formó parte del protectorado español.

Larbaud, Valery (Vichy 1881 - íd. 1957) Escritor francés. Contribuyó a difundir en Francia la obra de James Joyce, que influyó en sus relatos. Algunos de sus libros más representativos son *Fermina Márquez* (1911), *A. O. Barnabooth* (1913) y *Amantes, felices amantes* (1926).

Laredo C. de España, perteneciente a la prov. de Cantabria, situada en el sector oriental de la bahía de Santoña. 13.500 h. en 1990. Es un importante centro turístico y veraniego, que recibe gran número de visitantes atraídos por sus playas. Tiene un pequeño puerto pesquero e industria conservera.

larga *s. f.* En tauromaquia, suerte de capa a una mano en la que se cita al toro de frente para que siga el movimiento de capa hasta el remate. Se llama *larga cambiada* cuando se hace salir al toro por el lado contrario al de la mano que sujeta el capote. ‖ **LOC. a la larga** *adv.* Después de que haya pasado mucho tiempo o haya ocurrido lo que tenga que ocurrir. **dar largas** Retrasar algo intencionadamente.

largamente *adv. m.* **1.** Durante mucho tiempo. **2.** Con abundancia o generosidad.

largar *v. tr.* **1.** Soltar poco a poco un cable, una cuerda, etc.; se usa mucho en lenguaje marinero. **2.** *fam.* Dar, endosar, propinar. **3.** *fam.* Decir a alguien algo pesado, inoportuno o que se debería callar. **4.** *fam.* Echar a alguien. ‖ *v. intr.* **5.** *fam.* Hablar mucho. ‖ *v. prnl.* **6.** Irse, marcharse. ▪ Se conjuga como *pagar.*

larghetto (voz ital.) *s. m.* **1.** Movimiento musical de tiempo lento. Es más lento que el andante y más rápido que el largo. **2.** Parte de una pieza musical interpretada con este movimiento. ‖ *adv. m.* **3.** Con este movimiento.

largo (voz ital.) *s. m.* **1.** Movimiento musical de ritmo lento. **2.** Composición o parte de ella interpretada con este movimiento. ‖ *adv. m.* **3.** Con este movimiento.

largo, ga *adj.* **1.** Que tiene mucha longitud o más de la normal. **2.** Que es más de lo justo, abundante. **3.** Que dura mucho o demasiado. **4.** Con sustantivos que indican tiempo, como *meses, horas,* etc., equivale a muchos. **5.** *fam.* Alto y delgado. También *s.* **6.** Espléndido, generoso. **7.** Listo, despierto. **8.** En ling., se dice de la vocal o sílaba de mayor duración en lenguas como el latín o el griego. ‖ *s. m.* **9.** La más grande de las tres dimensiones. **10.** Trozo de tela de una determinada anchura y longitud. **11.** En una piscina, distancia que se nada cruzándola por su parte más grande. **12.** Largometraje*. ‖ *s. f.* **13.** Luz de más alcance de un vehículo. Se usa mucho en *pl.* ‖ *adv.* **14.** Largamente*. ‖ **Loc. a lo largo** *adv.* En sentido longitudinal. **a lo largo de** *adv.* Durante. **de largo** *adv.* Desde hace mucho tiempo; también, con traje de fiesta, generalmente hasta los pies. **¡largo!** *interj.* Expresión con que se echa bruscamente de un sitio a alguien. **largo y tendido** *adv.* Durante mucho tiempo. **para largo** *adv.* Para mucho tiempo. **pasar de largo** No detenerse en un lugar o tema.

Largo Caballero, Francisco (Madrid 1869 - París 1946) Político y dirigente obrero español. Estuquista de profesión, ingresó en UGT en 1890 y en el PSOE en 1894. Por su participación en la huelga de 1917 fue condenado a cadena perpetua, pero recuperó la libertad al ser elegido diputado en 1918. Secretario general de UGT desde ese mismo año, fue nombrado ministro de trabajo cuando se produjo el triunfo de la izquierda en las elecciones municipales de 1931. A partir de 1934 se convirtió en el líder del sector radical del socialismo, partidario de la revolución y enfrentado al reformismo de Indalecio Prieto. Al poco tiempo de comenzar la guerra civil fue designado presidente de un gobierno de concentración del Frente Popular, pero dimitió tras los sucesos de Barcelona de 1937. Se exilió a Francia en 1939, donde fue detenido por el gobierno de Vichy e internado en un campo de concentración nazi, en el que permaneció de 1943 a 1945.

largometraje *s. m.* Película cinematográfica de más de una hora de duración. También se denomina *largo.*

larguero *s. m.* **1.** Cada uno de los palos que en una cama, puerta, ventana, etc., está colocado a lo largo. **2.** Palo horizontal de una portería de fútbol, balonmano, etc.

largueza *s. f.* Generosidad, esplendidez.

larguirucho, cha *adj. fam. desp.* Se dice de la persona alta, delgada y desgarbada. También *s.*

largura *s. f.* Longitud, largo.

laringe *s. f.* Órgano fonador del aparato respiratorio situado entre la faringe, con la que se comunica a través de la epiglotis, y la tráquea. Mide unos 4 cm de longitud, se inicia con el hueso hioides y continúa con nueve cartílagos, de los que los principales son el tiroides, el cricoides y la epiglotis. Está interiormente tapizado por un epitelio ciliado. En su interior se hallan los repliegues ventriculares o cuerdas vocales falsas, los ventrículos de Morgagni y las cuerdas vocales, que al vibrar o hacer vibrar el aire producen la voz. El espacio que queda entre ellos se denomina *glotis.* Sus paredes membranosas y cartilaginosas sobresalen en el exterior del cuello formando la nuez o bocado de Adán.

laringectomía *s. f.* Extracción de toda la laringe o de una parte, generalmente a causa de la presencia de un tumor maligno.

laríngeo, a *adj.* Perteneciente o relativo a la laringe.

laringitis *s. f.* Inflamación de la laringe. Puede ser debida a excesos en la producción de voz o a infección por virus o bacterias. Suele dar lugar a pérdida de la voz o ronquera.

laringófono *s. m.* Micrófono que se coloca en la garganta de las personas a las que se ha practicado una laringectomía para facilitarles el habla.

laringología *s. f.* Parte de la medicina que estudia las enfermedades de la laringe.

laringólogo, ga *s. m.* y *f.* Médico especialista en las enfermedades de la laringe.

laringoscopio *s. m.* Instrumento que sirve para examinar internamente la laringe.

laringotomía *s. f.* Operación que consiste en abrir la laringe para extirpar un tumor o extraer un cuerpo extraño.

Larionov, Mijail Fiodorovich (Tiraspol 1881 - Fontenay-aux-Roses 1964) Pintor ruso. Formado en Moscú, tras un periodo de pintura primitivista, inspirada en temas del pueblo ruso, se sintió atraído por el arte occidental y, en unión de su mujer Natalia Goncharova, expuso el *rayonismo* (1913), corriente cercana a la abstracción, que considera que el objeto debe representarse pictóricamente mediante la suma de rayos que parten de él. En París realizó los decorados para varios ballets de su compatriota Sergei Diaghilev.

Larisa C. de Grecia, en Tesalia. 102.400 h. en 1981. Es un centro comercial y mercado agrícola, que cuenta con industrias alcoholeras, textiles y vidrieras. Posee aeropuerto.

Mariano José de Larra. Cuadro de José Gutiérrez de la Vega (Museo Romántico, Madrid).

Larra, Mariano José de (Madrid 1809 - íd. 1837) Escritor español. En su corta vida de escritor abordó el teatro, género al que pertenece su drama *Macías* (1834), el verso y la novela, de la que es muestra *El doncel de don Enrique el Doliente* (1834), pero debe su celebridad a los artículos periodísticos de temas costumbristas, sociales y políticos, en los que con ingenio, sentido crítico y mentalidad progresista plasma su visión pesimista y mordaz sobre el Madrid y la España de su época. Algunos de sus artículos más representativos son *Vuelva usted mañana, El casarse pronto y mal, Día de difuntos de 1836* y *El castellano viejo.* Éstos fueron publicados en los folletos *El duende satírico del día* (1828) y *El pobrecito hablador* (1832-33) y en las revistas *El Redactor General* y *El Mundo.* Utilizó los seudónimos «Fígaro» y «El pobrecito hablador». Su estilo literario anticipa un Romanticismo que también estuvo presente en su propia vida. Se suicidó en plena juventud.

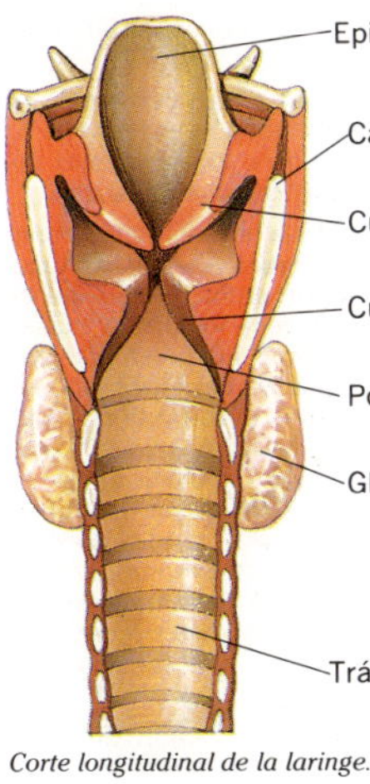

Corte longitudinal de la laringe.

Larrañaga, Dámaso Antonio (Montevideo 1771 - ? 1848) Político y naturalista uruguayo. Ordenado sacerdote (1798), fue nombrado miembro del cabildo, pero por sus ideas independentistas fue expulsado de Montevideo (1811). Colaboró con el gobierno de Artigas y fue el primer vicario apostólico de Uruguay (1824) y primer senador por Montevideo (1830). Realizó importantes estudios sobre la flora y fauna de Uruguay.

Larrea, Juan (Bilbao 1895 - Córdoba, Argentina 1980) Escritor español. Activo miembro de la vanguardia literaria parisina, fundó con César Vallejo la revista ultraísta *Favorables, París Poemas* (1926). Después de la guerra civil española se exilió a México, desde donde se trasladó a EE UU y, finalmente, a Argentina. Su obra poética está reunida en el libro *Versión celeste* (1970). Es autor, además, de ensayos sobre arte y literatura, como *Visión del Guernica* (1947) y *Del surrealismo a Machu Picchu* (1967).

Larreta, Enrique Rodríguez (Buenos Aires 1873 - íd. 1961) Escritor argentino. Ingresó en la carrera diplomática y cultivó una literatura modernista de estilo refinado y culto, en la que sobresale su segunda novela y mayor éxito *La gloria de don Ramiro* (1908). Otras obras suyas en prosa son *Zogoibi* (1926) y sus memorias; en teatro, *La que buscaba don Juan* (1923) y *Santa María de Buenos Aires* (1933), y en poesía, *La calle de la vida y de la muerte* (1941).

larva *s. f.* Fase en el desarrollo de los insectos, anfibios, crustáceos, gusanos, moluscos y algunos peces anterior al estado adulto. La larva surge tras la eclosión del huevo y, después de un periodo de metamorfosis, se convierte en imago o individuo adulto.

larvado, da *adj.* **1.** Se dice de las enfermedades que presentan síntomas por los que no se puede determinar su verdadera naturaleza. **2.** Oculto, latente.

larval *adj.* Perteneciente o relativo a la larva.

larvario, ria *adj.* **1.** Larval*. **2.** Se dice de las enfermedades, fenómenos o estados que aún no se han manifestado, pero están en fase de desarrollo.

larvicida *adj.* Que destruye las larvas de los parásitos. También *s. m.*

las Casas, fray Bartolomé de Véase **Casas, fray Bartolomé de las.**

lasaña *s. f.* Plato típico italiano hecho con cuadrados de pasta de harina y otros ingredientes como carne picada, besamel, queso, especias, etc.; también, esta pasta.

lasca *s. f.* Fragmento pequeño y delgado, de forma plana, desprendido de una piedra.

Láscaris o **Láskaris, Constantino** (Constantinopla 1434 - Messina 1501) Erudito y gramático griego. Pasó a Italia tras la caída de Constantinopla y en Messina estableció una escuela de griego, a la que acudió Pietro Bembo desde Venecia. Compuso una *Gramática griega,* primer libro impreso totalmente en griego.

Lascaux, cueva de Cueva de Dordogne (Francia), habitada en la prehistoria y que conserva un conjunto pictórico rupestre del periodo magdaleniense (h. 14.000 a. C.). Sus pinturas, realizadas con un gran realismo, muestran escenas de caza en las que aparecen representados animales y alguna figura humana. Constituyen una de las más valiosas muestras de arte paleolítico.

lascivia *s. f.* **1.** Cualidad de lascivo. **2.** Actitud o comportamiento lascivo.

lascivo, va *adj.* Que muestra un exagerado deseo o actividad sexual. **Fam.** Lascivamente.

láser (siglas de la expresión ingl. *Light Amplification by Stimulated Emission of Radiation,* amplificación de la luz por emisión de radiación estimulada) *s. m.* Dispositivo que produce rayos de luz coherente, es decir, constituida por fotones de igual energía y que oscilan en la misma fase, con lo que el haz no se dispersa y puede dirigirse a mucha distancia con exactitud y contener grandes cantidades de energía. Existen diversos tipos de generadores láser: sólidos (como el de rubí), de dinámica gaseosa, de tintes orgánicos, de semiconductor y de electrones libres. Su principio de funcionamiento es la excitación simultánea de la mayor parte de los átomos de la sustancia emisora de luz; cuando estos átomos vuelven al estado normal (estado fundamental), cada uno de ellos emite un fotón (cuanto de luz). El conjunto de todos los fotones emitidos forma un rayo de luz coherente. Las aplicaciones del láser son numerosas: en telemetría, como cortador y soldador industrial, en telecomunicaciones, en la industria bélica, en microcirugía, para la obtención de hologramas, etc.

lasitud *s. f.* Falta de fuerzas, cansancio.

Lasker, Emmanuel (Berlinchen, Prusia 1868 - Nueva York 1941) Ajedrecista alemán. Fue campeón mundial desde 1894 a 1921.

laso, sa *adj.* **1.** Cansado. **2.** Desanimado, decaído. **3.** Lacio.

Lassalle, Ferdinand (Breslau 1825 - Ginebra 1864) Político alemán. Figura señalada del socialismo en Alemania, fue discípulo de Karl Marx, con quien mantuvo una intensa correspondencia, aunque sus diferencias sobre la estrategia política que había que seguir acabaron por provocar la ruptura. Se mostró partidario de la colaboración con el canciller Bismarck y del sufragio universal como método para la conquista del poder por la clase obrera. En 1863 creó la Asociación General de Trabajadores Alemanes. Su pensamiento está contenido en la obra *Sistema de los derechos adquiridos* (1861).

Lasso o **Lassus, Orlando di** (Mons 1532 - Munich 1594) Compositor flamenco. Su estilo musical, de carácter cosmopolita, responde a una síntesis de tendencias diversas, por lo que no es adecuado enmarcarlo en una escuela concreta. Aunque cultivó todos los géneros propios de su época, se interesó principalmente por las composiciones profanas, siendo el madrigal la forma en la que alcanzó mayor virtuosismo. Está considerado, junto con Palestrina y Tomás Luis de Victoria, uno de los grandes maestros de la polifonía del s. XVI.

Lastarria, José Victorino (Santiago 1817 - íd. 1888) Escritor chileno. Discípulo del venezolano Andrés Bello, se le encuadra en el movimiento romántico. Algunos de sus libros más importantes son *Antaño y hogaño* (1855), colección de ensayos costumbristas y relatos, y *Recuerdos literarios* (1878), donde da testimonio de la generación de 1842.

lástima *s. f.* **1.** Sentimiento de disgusto, dolor, tristeza o compasión. **2.** Aquello que produce este sentimiento. || **Loc. hecho una lástima** *adj. fam.* Muy estropeado o dañado.

lastimadura *s. f. amer.* Herida, magulladura.

lastimar *v. tr.* **1.** Hacer daño físico. También *v. prnl.* **2.** Ofender.

lastimero, ra *adj.* Que produce lástima.

lastimoso, sa *adj.* **1.** Que es digno de lástima o la produce. **2.** Muy estropeado o dañado. **Fam.** Lastimosamente.

lastra *s. f.* Trozo de piedra plano y delgado.

lastrar *v. tr.* **1.** Poner lastre a una embarcación. **2.** Obstaculizar, estorbar.

lastre[1] (del neerl. *last*, peso) *s. m.* **1.** Peso que se pone en el fondo de una embarcación para que ésta entre en el agua hasta la profundidad necesaria y tenga estabilidad. **2.** Peso, generalmente en forma de pequeños sacos de arena, que llevan los globos aerostáticos para ganar o perder altitud. **3.** Estorbo, obstáculo. **4.** Madurez, sensatez.

lastre[2] (de *lastra*) *s. m.* Piedra de mala calidad que se encuentra en la superficie de la cantera y sólo sirve para obras de mampostería.

lata *s. f.* **1.** Hojalata*. **2.** Envase hecho de este material, que se utiliza principalmente para contener alimentos en conserva. **3.** Alimento contenido en este envase. **4.** Tabla delgada sobre la cual se asientan las tejas. **5.** *fam.* Cosa pesada, aburrida o molesta. || **Loc. dar la lata** *fam.* Molestar, fastidiar.

Latakia (en ar. *al-Ladiqiyya*) C. de Siria, situada en la costa mediterránea. 258.000 h. en 1989. Es un importante puerto comercial, que tiene industria de construcciones eléctricas, tabaquera y textil. Antiguamente se llamó *Laodicea.*

latamente *adv. m.* **1.** En sentido lato o general. **2.** Extensamente.

latazo *s. m. aum.* de **lata.** Fastidio, pesadez.

latencia *s. f.* **1.** Cualidad o estado de latente. **2.** Periodo de incubación de una enfermedad. **3.** En fisiol., intervalo de tiempo que media entre la presentación del estímulo y el inicio de la respuesta.

latente *adj.* Se dice de aquello que, aunque existe, permanece oculto, sin manifestarse.

lateral *adj.* **1.** Que está situado en un lado. **2.** Que llega o se produce por línea indirecta. **3.** Se aplica al sonido en cuya articulación el aire pasa por los lados de la lengua, como la *l* y la *ll.* || *s. m.* **4.** Parte de un objeto, lugar, etc., que está próxima a los extremos. **5.** En fútbol y otros deportes de balón, jugador que cubre una de las bandas del campo, con función principalmente defensiva. **Fam.** Lateralmente.

lateralización *s. f.* Predominio funcional de un lado del cuerpo sobre el otro. Se adquiere a través de un proceso evolutivo y depende de factores genéticos y adquiridos.

lateralizar *v. tr.* En ling., convertir en lateral un sonido cuyo modo de articulación era otro. ■ Se conjuga como *cazar.*

laterita *s. f.* Depósito de residuos procedentes de la meteorización de rocas silíceas en condiciones climáticas tropicales húmedas. Constituye un suelo característico de color rojizo que contiene óxidos de hierro y aluminio y adopta forma de arcilla o de costra dura, que impide el crecimiento de la vegetación. También se llama *duricostra, plincita, latosol* y *suelo ferralítico.*

látex *s. m.* Líquido de aspecto lechoso, formado por resinas, alcaloides, gomas, etc., que se obtiene al hacer cortes en el tronco de algunos árboles y que, al solidificarse, da ciertas materias primas, como el caucho, la laca y la gutapercha.

latido *s. m.* **1.** Movimiento rítmico de contracción y dilatación del corazón y las arterias. **2.** Sensación de golpe que produce este movimiento. **3.** Sensación intermitente de dolor.

latifundio *s. m.* Propiedad rústica agrícola de grandes dimensiones; generalmente se denominan así aquellas que alcanzan más de cien hectáreas. Son características del S de Europa y Latinoamérica, donde se explotan mediante mano de obra temporera con técnicas agrícolas poco evolucionadas. También existen latifundios en EE UU, Siberia y Australia, que difieren de los anteriores en su alto nivel de mecanización.

latifundismo *s. m.* Sistema de distribución de la tierra en un determinado país, región, etc., en que predominan los latifundios.

latifundista *adj.* **1.** Perteneciente o relativo al latifundismo. || *s. m.* y *f.* **2.** Propietario de un latifundio.

latigazo *s. m.* **1.** Golpe dado con un látigo y sonido que produce. **2.** Dolor breve y agudo. **3.** Acción, dicho, etc., inesperado y brusco que hiere a alguien o le sirve de estímulo. **4.** *fam.* Trago de vino u otro licor.

látigo *s. m.* **1.** Instrumento que consiste en una cuerda o correa unida al extremo de un mango o vara y sirve para hacer andar a las caballerías o para azotar. **2.** Atracción de feria en la que una serie de vagonetas que recorren un circuito aumentan su velocidad en las curvas, provocando así bruscos movimientos.

latiguear *v. intr.* Hacer ruido con el látigo al golpear contra algo.

latiguillo *s. m.* **1.** Palabra o expresión que se repite constantemente al hablar o al escribir. **2.** Exageración en las palabras o en los gestos de un actor o un orador para buscar el aplauso.

latín *s. m.* **1.** Lengua hablada en la antigua Roma, de la que derivaron las lenguas romances, como el castellano, el gallegoportugués, el catalán, el francés, el rumano, etc. **2.** *fam.* Palabra o expresión latina usada a lo largo de una conversación, escrito, etc., en otra lengua. Se usa sobre todo en *pl.* || **3. bajo latín** El empleado durante la Edad Media después de la caída del imperio romano. También se llama *latín tardío* y, a partir del s. VII, *latín medieval.* **4. latín clásico** El que utilizaron durante los primeros siglos los grandes escritores latinos como César, Cicerón, Salustio, Varrón o Lucrecio. **5. latín moderno** El empleado durante la Edad Moderna y épocas posteriores y que sigue las líneas del latín clásico. **6. latín vulgar** El que hablaba la gente del pueblo y del que parten las lenguas romances. || **Loc. saber latín** *fam.* Ser muy listo y despierto.

Ling. El latín es una lengua europea en la que influyeron diversos pueblos con los que mantuvo contacto: los pueblos mediterráneos que habitaban en Italia cuando llegaron los indoeuropeos; los etruscos, oscos, umbros y, sobre todo, los griegos, poseedores de una civilización muy desarrollada, que transmitieron su alfabeto a los latinos, así como multitud de giros y términos. La lengua latina posee un sistema de cinco declinaciones para los sustantivos, con seis casos; y tiene tres géneros: masculino, femenino y neutro. No existe el artículo y se utilizan pocas preposiciones, si bien las funciones que adquieren son muy diversas. El orden de las palabras es mucho más flexible que en castellano, aunque se tiende a colocar el verbo al final de la frase.

Lit. La literatura latina nació en Roma, tomando como modelo a la griega, y se desarrolló a lo largo de diversos periodos. En el primero de ellos, el arcaico (240-88 a. C.), bajo la influencia del teatro griego representado en Roma, surgió la comedia, cuyos principales autores fueron Plauto y Terencio; asimismo nació la oratoria y la prosa didáctica, representada por Catón el Censor. El periodo clásico o ciceroniano (88-44 a. C.) está caracterizado por la figura de Cicerón, autor de una vasta obra de diálogos filosóficos, género epistolar y oratoria. La poesía adquirió en esta época gran esplendor, con la obra de Catulo y Lucrecio, así como el género histórico, representado por Julio César, Salustio y Cornelio Nepote. El tercer periodo o augusteo, en las primeras décadas del imperio (44 a. C.-14 d. C.), es la época de mayor florecimiento de la poesía y constituye un reflejo de la paz política y la estabilidad económica. A él pertenecen los tres poetas mayores latinos, Horacio, Ovidio y, sobre todo, Virgilio. El género histórico siguió vivo en la obra de Tito Livio. Durante el periodo posclásico (desde el año 14), los distintos géneros maduran, se cultiva la filosofía epicúrea y estoica y los temas se hacen más escépticos y frívolos. Sus autores más representativos son el filósofo Séneca, los poetas satíricos Lucano y Marcial, el prosista Petronio, el naturalista Plinio y el historiador Tácito. El último periodo o cristiano (desde el s. III) está caracterizado por la obra del apologista Tertuliano y los autores patrísticos San Hilario, San Ambrosio, San Jerónimo y San Agustín. La prosa no cristiana está representada por Gelio y Apuleyo, la poesía por Juvenco, Prudencio, Paulino de Nola y Ausonio y la historia por Orosio. La literatura latina pervivió como género culto en los distintos reinos germánicos, donde se prolongó hasta la plena Edad Media. En esta época postrera destacan Apolinar, Boecio, Casiodoro, Gregorio de Tours y San Isidoro de Sevilla, a los que ya podemos considerar enmarcados en las distintas literaturas nacionales.

Latina C. de Italia, cap. de la prov. homónima, situada en el centro del país, en la región de Lacio. 102.000 h. en 1990. Cuenta con industria química, textil, alimentaria y del calzado y con una central nuclear.

latinajo *s. m.* **1.** *fam. desp.* Palabra, frase o cita en latín. **2.** *fam.* Latín mal utilizado, con incorrecciones.

latinidad *s. f.* **1.** Civilización y cultura latinas. **2.** Conjunto de pueblos de origen o lengua latinos.

latiniparla *s. f.* Lenguaje o forma de hablar en que se emplean pedantemente voces y expresiones latinas.

latinismo *s. m.* Palabra o expresión latina empleada en otra lengua.

latinista *s. m.* y *f.* Persona entendida en cultura latina.

latinizar *v. tr.* **1.** Llevar la lengua y cultura latinas a otros pueblos. **2.** Dar forma latina a voces o giros de otra lengua. También *v. prnl.* ■ Se conjuga como *cazar.* **Fam.** Latinización, latinizador, latinizante.

latino, na *adj.* **1.** De la región italiana del Lacio y de las demás regiones que formaron parte del imperio romano. También *s.* **2.** Se dice de los países o regiones cuya lengua deriva del latín, así como de sus hablantes, cultura, etc. También *s.* **3.** Perteneciente o relativo al latín. **4.** Se aplicaba al habitante del imperio romano que obtenía la ciudadanía romana o el derecho latino. También *s.* **5.** Se dice de la Iglesia romana o de Occidente, en oposición a la griega ortodoxa o de

Oriente, así como de sus ritos, costumbres, etc. **6.** Se aplica a un tipo de vela triangular y a la embarcación que la lleva.

latino de Constantinopla, imperio Estado formado en Constantinopla por los caballeros que participaron en la cuarta cruzada en 1204 con ayuda de Venecia. Dicha cruzada fue desviada de sus objetivos originales, la lucha contra el Islam, y dirigida a la conquista de Constantinopla por instigación de los comerciantes de Venecia, rivales de los bizantinos. Su primer emperador, Balduino de Flandes, instauró una dinastía que reinó en lucha contra búlgaros y bizantinos hasta 1261, en que el emperador del estado bizantino de Nicea, Miguel Paleólogo, recuperó Constantinopla.

Latinoamérica Conjunto de países americanos que hablan lenguas latinas, especialmente español y portugués.

latinoamericano, na *adj.* De Latinoamérica. También *s.*

latir *v. intr.* **1.** Dar latidos el corazón y las arterias. **2.** Producir un dolor punzante e intermitente una parte del cuerpo. **3.** Estar algo vivo, pero latente, sin manifestarse de forma clara.

latitud *s. f.* **1.** Distancia que hay desde un punto cualquiera de la superficie terrestre al ecuador y que se mide en grados, minutos y segundos a lo largo de una línea imaginaria llamada *meridiano.* Junto con la longitud, forma el sistema de coordenadas geográficas, que sirven para determinar la posición de un lugar sobre la superficie de la Tierra. Todos los lugares situados al norte del ecuador tienen latitud norte y los situados al sur de dicha línea imaginaria, latitud sur. **2.** En astron., distancia en grados que hay desde la eclíptica a cualquier punto de la esfera celeste. **3.** Lugar considerado en relación con su distancia al ecuador y con las consecuencias físicas, y especialmente climatológicas, que ello trae consigo. Se usa sobre todo en *pl.* **4.** Extensión de un territorio. **5.** Anchura de un cuerpo.

latitudinal *adj.* Que se extiende a lo ancho.

lato, ta *adj.* **1.** Extenso, dilatado. **2.** Se dice del sentido más amplio y no literal de una palabra, expresión, etc.

latón *s. m.* Aleación de cobre y cinc (del 20 al 45 % de cinc), de color amarillento y susceptible de gran brillo y pulimento, empleada en la fabricación de recipientes y estructuras metálicas.

Latorre, Lorenzo (Montevideo 1840 - Buenos Aires 1916) Militar y político uruguayo. Participó en el derrocamiento de Ellauri (1875) y fue ministro de Guerra y Marina con Valera, al cual derrocó (1876) y se proclamó dictador, apoyado por los conservadores. Elegido presidente constitucional (1879), dimitió al año siguiente.

Latorre, Mariano (Cobquecura, Ñubla 1886 - Santiago de Chile 1955) Escritor y periodista chileno. Es uno de los miembros más destacados del criollismo, de estilo realista, muy descriptivo, y temas costumbristas. De sus obras se recuerdan *Cuentos de Maule* (1912), *Zurzulita* (1921), su mejor novela, *Uly y otras novelas del sur* (1923), *Hombres y zorros* (1937) y *Viento de mallines* (1944). También escribió *La literatura de Chile* (1941).

latoso, sa *adj.* Molesto, pesado, fastidioso. También *s.*

latría *s. f.* Adoración y culto a Dios.

-latría *suf.* Significa 'adoración': *idolatría, egolatría.*

latrocinio *s. m.* Robo, estafa.

Lattuada, Alberto (Milán 1914) Director cinematográfico italiano. Fue uno de los más destacados realizadores del neorrealismo, aunque luego derivó hacia el melodrama y el cine de tintes eróticos. Algunas de sus películas más conocidas son *El bandido* (1946), *Sin piedad* (1947), *El molino del Po* (1949), *El alcalde, el escribano y su abrigo* (*Il cappoto*, 1952), *Ana* (1953), *La mandrágora* (1965), *Guendalina* (1975) y *La chicharra* (1980).

laucha (voz araucana) *s. f.* **1.** *Arg., Chile, Urug.* Ratón. **2.** *Arg., Chile, Urug.* Persona delgada y menuda.

Laud, William (Reading 1573 - Londres 1645) Arzobispo anglicano. Decidido partidario del poder real, elaboró y dirigió con gran dogmatismo la política religiosa de Carlos I. Su intento de imponer autoritariamente el anglicanismo en Escocia desató en 1637 una insurrección nacional. Abandonado por el rey, fue acusado por los Comunes (1640), encarcelado y ajusticiado.

laúd *s. m.* **1.** Instrumento musical de cuerdas pulsadas que consta de una caja de resonancia y de un mástil provisto de trastes móviles. La caja suele tener forma oval, bombeada por la parte opuesta a la tabla. Por sus posibilidades polifónicas desempeñó un papel importantísimo en la música instrumental de los s. XVI y XVII. **2.** Embarcación pequeña de vela latina.

Laúd.

Lauda, Niki (Viena 1949) Piloto de carreras austriaco. Se inició en la Fórmula 1 en 1972 y obtuvo el campeonato del mundo en los años 1975, 1977 y 1984, estos dos últimos tras sufrir un gravísimo accidente en 1976. Venció en 20 grandes premios.

laudable *adj.* Que merece ser alabado.

láudano *s. m.* Jugo de opio, especialmente el preparado con azafrán, canela y vino, utilizado antiguamente en medicina como calmante.

laudatorio, ria *adj.* **1.** Elogioso, que alaba. ‖ *s. f.* **2.** Discurso, palabras, etc., dichos en alabanza de alguien.

laudes *s. m. pl.* Una de las partes del oficio divino que se dice después de maitines.

laudo *s. m.* Decisión que emiten los árbitros en un litigio.

Laue, Max Theodor von (Pfaffendorf, Renania 1879 - Berlín 1960) Físico alemán. Determinó la naturaleza electromagnética de las ondas de rayos X. Su método de análisis de los mismos mediante un cristal de estructura conocida permitió medir su longitud de onda. Recibió el premio Nobel de física en 1914.

Laugerud García, Kjell Eugenio (Guatemala 1930) Militar y político guatemalteco. Ministro de la Guerra (1970-74), fue presidente de la república (1974-78). Declaró el estado de sitio para combatir a la guerrilla.

Laughton, Charles (Scarborough, Inglaterra 1899 - Hollywood 1962) Actor británico. Comenzó su carrera en 1926 en el teatro inglés, donde interpretó obras de Shakespeare. Trabajó en el cine en Inglaterra y EE UU, tanto en papeles cómicos como dramáticos. Entre sus películas merecen resaltarse *La vida privada de Enrique VIII* (1933), *Rebelión a bordo* (*Mutiny on the Bounty*, 1935), *Rembrandt* (1936), *El jorobado de Nuestra Señora de París* (1939), *Posada Jamaica* (1939) y *Testigo de cargo* (1958). Dirigió también la excelente película *La noche del cazador* (1955).

lauráceas *s. f. pl.* Familia de plantas arbóreas o arbustivas del orden laurales a la que pertenecen unas 2.500 especies comprendidas en 32 géneros, entre los que destacan *Cinnamomum, Sassafras, Persea, Litsea* y *Laurus.* Son plantas de hojas alternas, generalmente coriáceas, flores en inflorescencias racimosas o cimosas de color fundamentalmente amarillo y fruto en drupa o baya. Crecen en regiones tropicales o subtropicales de todo el mundo, sobre todo en el sudeste asiático y América tropical. Muchas de sus especies son útiles al hombre por su fruto (aguacate), corteza (alcanfor), hojas (laurel) o madera. También *adj.* y *s. f.*

Laurana, Francesco (La Vrana, Zara h. 1430 - ¿Aviñón? h. 1502) Arquitecto y escultor italiano. Trabajó en Nápoles en los bajorrelieves del arco de triunfo de Alfonso de Aragón en Castelnuovo. Entre las restantes obras que de él se conservan merecen citarse la *Virgen con Niño* (1471), en la catedral de Palermo, y los bustos en mármol de Leonor de Aragón, de Beatriz de Aragón y de Battista Sforza.

Laurana, Luciano (La Vrana, Zara h. 1420 - Pesaro 1479) Arquitecto italiano. Hermano del anterior, residió en Mantua, Nápoles y Pesaro. Influido por Alberti, diseñó el palacio ducal de Urbino (1466-72), cuya fachada se tiene por una obra maestra del Renacimiento.

Laurasia Gran continente septentrional formado por la división de Pangea según la hipótesis de la deriva de los continentes. Estaba separado del continente meridional Gondwana por el mar Tethys y comprendía parte de América del Norte, Groenlandia y Eurasia.

laureado, da **1.** *p. p.* de **laurear**. También *adj.* ‖ *adj.* **2.** Que ha obtenido un premio, condecoración, etc. **3.** Se aplica al militar que ha obtenido la cruz de San Fernando y a esta condecoración.

laurear *v. tr.* **1.** Poner una corona de laurel en señal de gloria o reconocimiento. **2.** Conceder a alguien un premio, condecoración, etc.

laurel *s. m.* **1.** Árbol o arbusto de la familia lauráceas, especie *Laurus nobilis.* Llega a alcanzar hasta 12 m de altura, tiene hojas alternas de forma lanceolada y borde entero, duras y correosas, flores blancoamarillentas y fruto carnoso de color negro. Su corteza es delgada, lisa y de color pardo verdoso o grisáceo. Crece en Asia Menor y en Europa. Sus hojas se utilizan como condimento culinario y contienen, como también los frutos, sustancias medicinales. **2.** Gloria, fama. Se usa sobre todo en *pl.* ‖ **Loc. dormirse en** (o **sobre**) **los laureles** Véase **dormir**.

Laurel (Laurus nobilis); *detalle de la hoja, la flor y el fruto.*

Laurel, Stan, llamado **el Flaco** (Tynemouth, Lancashire 1890 - Santa Mónica, California 1965) Actor estadounidense de origen británico. Junto a Oliver Hardy, *el Gordo*, formó en 1926 una célebre pareja cómica que alcanzó grandes éxitos con películas como *En el Oeste* (1937), *Quesos y besos* (*Swiss miss*, 1938), *Estudiantes en Oxford* (*A chump at Oxford*, 1940) y *Marineros de agua dulce* (*Saps at Sea*, 1940).

Laurencin, Marie (París 1883 - íd. 1956) Pintora francesa. Influida por los cubistas, especialmente por Picasso, posteriormente derivó hacia un estilo muy personal, de tonos suaves, en que se nota su admiración por Matisse. Destacó como ilustradora de libros y por sus decorados y figurines para el teatro.

laurencio *s. m.* Lr. Elemento químico del sistema periódico perteneciente al grupo de los actínidos, de número atómico 103 y masa atómica 257. Fue obtenido en 1961 por un grupo de investigadores dirigido por Glenn Seaborg, bombardeando núcleos de californio -252 con iones de boro -10. Es un elemento radiactivo cuyos isótopos tienen una vida media de escasos segundos y que se utiliza para estudiar la fisión espontánea.

Laurens, Henri (París 1885 - íd. 1954) Escultor francés. Sus primeras obras, de estilo cubista, son collages, piedras polícromas y figuras de trazo anguloso, como *Mujer del abanico* (1917), *Mujer con collar* (1918) y *El fumador* (1919). Desde 1920 esculpió grandes bronces cuyo tema es el desnudo femenino: *La gran música* (1938), *La sirena* (1944).

Laurent, Auguste (La Folie 1807 - París 1953) Químico francés. Estableció un sistema para clasificar los compuestos orgánicos basado en la manera de agruparse los átomos en la molécula. Descubrió, junto con Jean-Baptiste Dumas, el antraceno (1832).

Laurentiis, Dino de (Torre Annunziata, Nápoles 1919) Productor cinematográfico italiano. De 1950 a 1957 estuvo asociado con Carlo Ponti.

Algunos de los principales títulos producidos por él son *La strada* (1954), *Guerra y paz* (1956), *La dolce vita* (1959) y *La Biblia* (1966).

láureo, a *adj.* De laurel o de hojas de laurel.

laureola o **lauréola** *s. f.* Corona de laurel que se ponía como premio a los héroes o con que se coronaba a los sacerdotes paganos.

Lauria o **Lluria, Roger de** (Lauria, Basilicata h. 1250 - Valencia 1305) Almirante catalán de origen italiano. Educado en la corte aragonesa, fue nombrado almirante de la Corona, cargo con el que obtuvo numerosas victorias en el Mediterráneo, que aseguraron la hegemonía de los monarcas catalanoaragoneses Pedro III el Grande y Alfonso III el Liberal.

láurico, ca *adj.* **1.** Se dice del ácido láurico y de sus derivados. || **2. ácido láurico** $CH_3-(CH_2)_{10}-COOH$. Nombre común del ácido dodecanoico. Es un ácido graso saturado presente en grasas animales y vegetales. Sus sales alcalinas se utilizan en la elaboración de jabón.

Laurier, Wilfrid (Saint-Lin-des-Laurentides, Quebec 1841 - Ottawa 1919) Político canadiense. Jefe del Partido Liberal, fue el primer canadiense de origen francés elegido primer ministro (1896-1911). Trató de establecer un distanciamiento con Gran Bretaña, aunque conservando los lazos de unión con la metrópoli. Desde 1911 fue jefe de la oposición.

laurisilva *s. f.* Tipo de vegetación propia de las zonas húmedas de Canarias. Está formada por bosques de árboles de hoja perenne de muy diferentes especies, como el loro *(Laurus azorica)*, el viñátigo *(Persea indica)*, el barbusano *(Apollonias barbujana)* y el acebiño *(Ilex canariensis)*, además de musgos, helechos y arbustos. Quedan bosques de laurisilva en La Gomera, Tenerife, La Palma y Gran Canaria.

lauro *s. m.* Laurel*.

laus Deo *loc. lat.* Significa 'gloria a Dios' y aparece al final de algunas obras.

Lausana (en fr. *Lausanne*) C. de Suiza, cap. del cantón de Vaud, situada en la orilla del lago Leman. 123.500 h. en 1989. Es un importante centro financiero, del comercio, la banca y los seguros, que además cuenta con industria mecánica de precisión, de plásticos y alimentos. En él se halla la sede de importantes organismos internacionales, como el Comité Olímpico Internacional.

Lautaro (selvas de Carampangue y Tirúa, Chile 1534 - río Mataquito, Chile 1557) Caudillo araucano. Fue servidor de Valdivia, gobernador de Chile, pero en 1553 encabezó una rebelión que derrotó a los españoles y costó la vida al propio Valdivia en la batalla de Tucapel (1554). A su vez fue derrotado y ajusticiado por Francisco de Villagrasa, corregidor y justicia mayor de Chile.

Lautréamont, Isidore Ducasse, conde de (Montevideo 1846 - París 1870) Poeta francés. Es autor de los *Cantos de Maldoror* (1869), obra poética que pasó inadvertida en su tiempo pero que, posteriormente, fue revalorizada por los surrealistas, que consideraron al autor como uno de los precursores de su movimiento.

lava[1] (del ital. *lava*, y éste del lat. *labes*, deslizamiento) *s. f.* Material magmático fundido que arrojan los volcanes durante las erupciones y que posteriormente se solidifica al enfriarse. La lava puede ser ácida, cuando es rica en sílice; básica, cuando es rica en ferromagnesio; o intermedia. Según la forma que adopta tras su solidificación, puede ser lisa; cordada o pahoehoe, de superficie rugosa en círculos concéntricos; almohadillada, en masas redondeadas con aspecto de almohadillas; prismática, en forma columnar; malpaís; domo; etc.

lava[2] (de *lavar*) *s. f.* En minería, operación de lavar los metales para limpiarlos de impurezas.

lavable *adj.* Que se puede lavar.

lavabo *s. m.* **1.** Pila con grifos que se utiliza principalmente para lavarse la cara y las manos. **2.** Habitación de la casa donde está instalada y que a veces coincide con el cuarto de baño. **3.** P. ext., servicio de los locales públicos. **4.** Palanganero*.

lavacoches *s. m.* y *f.* Persona que en garajes, gasolineras, etc., se encarga de limpiar coches.

lavada *s. f.* Lavado, acción y efecto de lavar o lavarse.

lavadero *s. m.* **1.** Lugar o recipiente donde se lava, especialmente la ropa. **2.** Lugar de un río donde se extraen y lavan las arenas que contienen pepitas de oro. **3.** Instalación en las minas donde se lavan los minerales. **4.** *Arg., Par., Urug.* Lavandería.

lavado, da **1.** *p. p.* de **lavar**. También *adj.* || *adj.* **2.** Se dice de los colores, y de las cosas que los tienen, que han perdido intensidad. || *s. m.* **3.** Acción y efecto de lavar o lavarse. || **4. lavado de cerebro** Acción o técnica efectuada sobre un individuo para anular su personalidad y comunicarle las ideas o mentalidad que se deseen. **5. lavado de estómago** (o **gástrico**) Operación que consiste en vaciar el contenido del estómago haciendo pasar por él una cantidad mayor o menor de agua y medicamentos, mediante sondas. Se realiza generalmente para eliminar sustancias tóxicas.

lavador, ra *adj.* **1.** Que lava o sirve para lavar. También *s.* || *s. f.* **2.** Máquina automática para lavar la ropa.

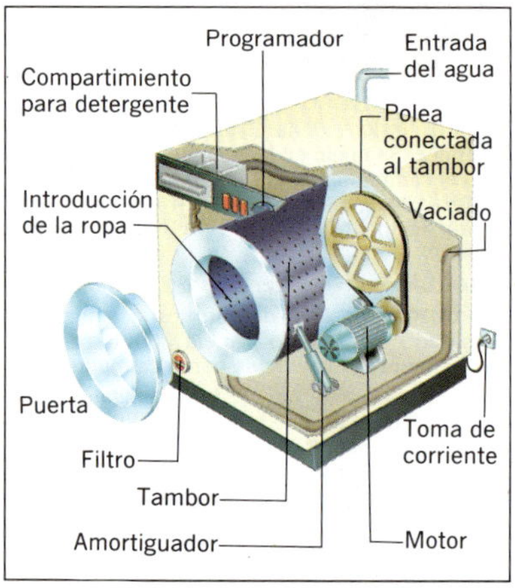

Lavadora automática de carga frontal: el lavado se realiza por rotación del tambor alrededor de un eje.

lavafrutas *s. m.* Recipiente con agua que se pone en la mesa para lavar la fruta.

lavaje *s. m.* **1.** Lavado que se da a las lanas. **2.** Lavado de heridas, cavidades corporales, etc., con desinfectantes.

Laval, Gustav de (Orsa 1845 - Estocolmo 1913) Ingeniero sueco. Trabajó en el campo de la metalurgia e inventó un horno eléctrico, un separador centrífugo y la turbina de vapor que lleva su nombre (1883).

Laval, Pierre (Châteldon, Puy-de-Dôme 1883 - Fresnes 1945) Político francés. Comenzó su carrera en las filas del socialismo para actuar posteriormente como independiente. Fue presidente de gobierno en 1931-32 y nuevamente en 1935. Siguió una política pacifista de concesiones a los países del Eje, que provocó su caída en 1936. Tras la invasión alemana en la Segunda Guerra Mundial fue impuesto por los nazis como vicepresidente del gobierno de Vichy (1940) y, posteriormente, como jefe del gobierno (1942-44). Ante el triunfo aliado se exilió a Austria y España, pero, entregado a los franceses, fue juzgado y ejecutado.

Lavalle, Juan (Buenos Aires 1797 - Jujuy 1841) Militar y político argentino. Participó en las luchas de independencia de Hispanoamérica combatiendo en Chile (1817-18), Perú (1820), Ecuador (1822), donde intervino en las batallas de Ríobamba y Pichincha, y en la guerra de Brasil (1825-28). Partidario de los unitarios, se levantó contra Rosas, pero fue derrotado y muerto en Jujuy, durante su retirada hacia Bolivia.

Lavalleja, Juan Antonio (Santa Lucía, Minas h. 1780 - ? 1853) Político y militar uruguayo. Participó en las luchas de independencia hispanoamericana y desempeñó diversos cargos de gobierno en su país. Formó parte del triunvirato que gobernó brevemente Uruguay en 1853.

lavamanos *s. m.* **1.** Recipiente con agua que se pone en la mesa para lavarse los dedos. **2.** Depósito de agua con un pequeño grifo y una pila para lavarse las manos. **3.** Palanganero*.

lavanda *s. f.* **1.** Espliego*. **2.** Perfume obtenido de esta planta.

lavandería *s. f.* Establecimiento donde se lava, seca y plancha la ropa.

lavandero, ra *s. m.* y *f.* Persona que tiene por oficio lavar ropa.

lavandina (voz ital.) *s. f. Amér. del S.* Lejía*.

lavándula *s. f.* Espliego*.

lavaojos *s. m.* Pequeño recipiente que se adapta a la forma del ojo y sirve para lavarlo o aplicarle algún medicamento.

lavaplatos *s. m.* **1.** Lavavajillas*. || *s. m.* y *f.* **2.** Persona que lava los platos en la cocina de un restaurante, hotel, etc.

lavar *v. tr.* **1.** Limpiar a alguien o algo mojándolo con agua y otras sustancias. También *v. intr.* y *v. prnl.* **2.** En minería, quitar con agua las impurezas de los minerales. **3.** Pasar un trapo mojado por una superficie revestida con yeso para mejorar el acabado. **4.** Dar colores y sombras con aguada a un dibujo. **5.** Purificar, borrar faltas, culpas, etc., o reparar ofensas al honor o la reputación. || *v. intr.* **6.** Con *bien, mal*, etc., soportar un tejido o prenda el lavado de la manera que se expresa.

Lavardén, Manuel José de (Buenos Aires 1754 - íd. 1810) Poeta y dramaturgo argentino. Fue el autor de *Siripo* (1789), primera tragedia representada en el Buenos Aires colonial, cuyo manuscrito se ha perdido. En poesía escribió *Oda al Paraná* (1801), de estilo neoclásico.

lavarropas *s. m. Arg., Chile, Urug.* Lavadora*.

lavativa *s. f.* Enema* e instrumento para administrarlo.

lavatorio *s. m.* **1.** Acción de lavar o lavarse. **2.** Ceremonia de la misa del Jueves Santo en que el sacerdote lava los pies a doce personas que representan a los apóstoles, como hizo Jesús en la última cena. **3.** Acto de la misa en que el sacerdote se lava las manos después de preparar el cáliz. **4.** *Arg., Chile, Urug.* Lavabo. **5.** *Arg., Chile, Urug.* Palangana.

lavavajillas *s. m.* **1.** Máquina eléctrica que lava platos, vasos, cubiertos, etc. **2.** Detergente especial para lavar la vajilla.

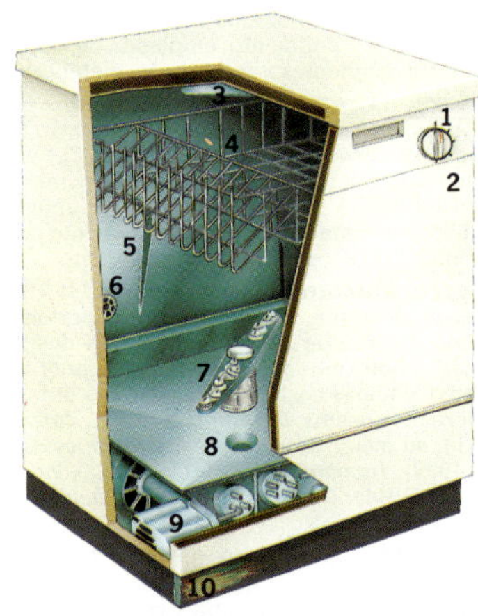

Principales elementos de un lavavajillas: 1. Programador. 2. Puerta. 3. Brazo de dispersión superior. 4. Castillo superior. 5. Cuba inoxidable. 6. Toma de aire para la cuba. 7. Brazo de dispersión inferior. 8. Desagüe. 9. Base con motor y bombas. 10. Zócalo.

lavazas *s. f. pl.* Agua con la suciedad, impurezas, etc., que deja lo que se ha lavado en ella.

Laver, Rod (Rockhampton 1938) Tenista australiano. Consiguió ganar el *Grand Slam* en los años 1962 y 1969. Entre sus muchos triunfos destacan los de Wimbledon, donde venció en cuatro torneos (1961, 1962, 1968 y 1969).

Laveran, Charles Louis Alphonse (París 1845 - íd. 1922) Médico francés. Realizó investigaciones sobre la forma de contagio del paludismo y descubrió el agente que lo provoca. Recibió el premio Nobel de medicina en 1907.

Lavoisier, Antoine Laurent de (París 1743 - íd. 1794) Químico francés. Está considerado como uno de los padres de la química moderna, cuyas bases estableció en su *Tratado elemental de Química* (1789), en el que utilizó una nomenclatura basada en el concepto de elemento químico. Sus investigaciones se orientaron al estudio de los fenómenos de la combustión y la respiración: descubrió el mecanismo de oxidación en contacto con el aire; calculó diversos valores de calores específicos o de reacción química; demostró que el agua se obtenía por la combustión del hidrógeno y estableció la composición del gas carbónico. Formuló la *ley de conservación de la masa*: en las transformaciones químicas corrientes, la suma de las masas de las sustancias reaccionantes es igual a la suma de las masas de las sustancias reaccionantes. Se ocupó también de la relación entre la química y la biología y probó que el calor animal proviene de la combustión del carbono que forma parte de los alimentos. Fue además miembro de la comisión encargada de establecer un nuevo sistema de pesos y medidas. Aunque durante los primeros años de la Revolución puso su ciencia al servicio de la misma, ocupando incluso cargos políticos, en 1794 se le acusó de realizar actividades contrarrevolucionarias y fue guillotinado.

lavotear *v. tr. fam.* Lavar deprisa y mal. También *v. prnl.* **Fam.** Lavoteo.

Law, John (Edimburgo 1671 - Venecia 1729) Banquero y economista escocés. En su libro *Consideraciones sobre el dinero y el comercio* (1705) expone que el Estado debe desempeñar un papel dirigente en la economía, mediante la emisión de billetes y el control de la circulación monetaria. Experimentó el sistema en Francia, con el apoyo del regente Felipe de Orleans. Creó el Banco General y emitió papel moneda, pero todo fracasó al exigir los poseedores de billetes su pago en metálico.

Lawrence, David Herbert (Eastwood, Nottinghamshire 1885 - Vence 1930) Escritor británico. Manifestó en sus obras su rechazo al mundo moderno industrializado, que según él altera los impulsos vitales humanos, y defendió la vuelta a la naturaleza. Algunas de sus novelas provocaron escándalo por la crudeza de su tema y de la descripción del acto sexual. Entre ellas merecen mencionarse *El pavo real blanco* (1911), *Hijos y amantes* (1913), *Mujeres enamoradas* (1920), *La serpiente emplumada* (1926) y *El amante de lady Chatterley* (1928).

Lawrence, Ernest Orlando (Canton, Dakota del Sur 1901 - Palo Alto, California 1958) Físico estadounidense. Investigador de física nuclear, diseñó y construyó el ciclotrón, primer acelerador cíclico de partículas atómicas. Recibió el premio Nobel de física en 1939.

Lawrence, Thomas (Bristol 1769 - Londres 1830) Pintor británico. Discípulo de Reynolds, fue nombrado pintor del rey (1792) y presidente de la Real Academia (1820). En su obra, de estilo neoclásico, destacan los retratos, como *Miss Farren* (1790), *Mrs. Siddons* (1797), *Francis Baring* (1807), *Pío VII* (1819), *Lady Blessington* (1822) y *John Nash* (1827).

Lawrence, Thomas Edward, llamado **Lawrence de Arabia** (Tremadoc, Gales 1888 - Moreton, Dorsetshire 1935) Agente político británico y escritor. Desde 1914 fue miembro de la Oficina Árabe de El Cairo, donde actuó para el servicio de información británico preparando la sublevación árabe contra el imperio otomano. Apoyó al rey Faisal en su conquista de Gaza y Damasco y pretendió crear una gran confederación árabe dependiente del Reino Unido. En su libro *Los siete pilares de la sabiduría* (1926) narra en estilo directo y con numerosas reflexiones morales sus aventuras entre los árabes.

lawsonita *s. f.* $CaAl_2(OH)_2Si_2O_7.H_2O$. Silicato hidratado de aluminio y calcio. Forma cristales rómbicos de color azul grisáceo o blanco y tiene brillo vítreo. Los principales yacimientos se encuentran en EE UU y los Alpes.

laxante *adj.* **1.** Que laxa. **2.** Se dice del alimento, medicamento, etc., que provoca o facilita la defecación, produciendo el movimiento de los intestinos. También *s. m.*

laxar *v. tr.* **1.** Facilitar las evacuaciones intestinales con una alimentación adecuada, medicamentos, etc. **2.** Disminuir la tensión o rigidez de algo. También *v. prnl.* **Fam.** Laxación, laxamiento.

laxativo, va *adj.* Que laxa.

laxismo *s. m.* **1.** Doctrina moral según la cual es lícito seguir una opinión ligeramente probable, aunque se oponga a otra más probable. **2.** P. ext., actitud o comportamiento excesivamente libre. **Fam.** Laxista.

laxitud *s. f.* Cualidad de laxo.

Laxness, Halldór Kiljan (Laxness 1902) Escritor islandés. Creador de novelas de tema histórico, ambientadas en la sociedad de Islandia, es el autor más conocido de su país y premio Nobel de literatura en 1955. Entre sus numerosas obras destacan *Salka Valka* (1931-32), la trilogía *La campana de Islandia* (1943-46), situada en los s. XVII y XVIII, durante la dominación danesa, y *El paraíso reencontrado* (1960), en la que expresa su progresivo alejamiento del comunismo.

laxo, xa *adj.* **1.** Que no está firme, tenso o tirante. **2.** Aplicado a personas, conducta, moral, doctrina, etc., demasiado libre, poco estricta.

laya[1] (del vasc. *laia*) *s. f.* Pala fuerte de hierro con mango de madera que sirve para labrar y remover la tierra.

laya[2] (del port. *laia*, y éste del lat. *lana*, lana) *s. f.* Clase o especie de personas o cosas.

layetano, na *adj.* **1.** Se aplica a un antiguo pueblo ibero que ocupaba la Layetania, región comprendida entre los ríos Tordera y Llobregat. **2.** De dicho pueblo. También *s.*

lazada *s. f.* **1.** Nudo que se deshace con facilidad al tirar de una de sus puntas. **2.** Cada uno de los círculos o anillas que forman dicho nudo.

lazar *v. tr.* Atrapar o sujetar con lazo. ▪ Se conjuga como *cazar*.

lazareto *s. m.* **1.** Local sanitario donde se mantiene aisladas y en observación a personas que padecen o pudieran padecer alguna enfermedad contagiosa. **2.** Hospital de leprosos.

lazarillo *s. m.* Persona o animal que acompaña y guía a un ciego. También *adj.*

Lazarillo de Tormes Novela picaresca española, escrita a mediados del s. XVI por un autor anónimo. Es un relato narrado en primera persona y compuesto de diversos episodios, que cuenta las andanzas del pícaro Lázaro y los diversos amos a los que sirve. Constituye una descripción descarnada y mordaz de la España de los Austrias, con una fuerte carga anticlerical y una visión pesimista de la condición humana. Está escrito en un estilo llano y sencillo y dio origen al género español de la novela picaresca.

Lázaro Nombre de dos personajes del Nuevo Testamento: el primero aparece en el *Evangelio* de San Juan, es el hermano de Marta y María, amigo de Jesús y que fue resucitado por Él; el segundo es el pobre Lázaro, mendigo de la parábola del rico Epulón, contenida en el *Evangelio* de San Lucas.

Lázaro Carreter, Fernando (Zaragoza 1923) Filólogo español. Catedrático y académico, es autor, entre otras obras, de *Cómo se comenta un texto literario* (1952), *Lazarillo de Tormes en la picaresca* (1973) y *Estudios de lingüística* (1980), además de una importante edición crítica de *El buscón* de Quevedo (1965). Fue elegido director de la Real Academia Española en 1991.

lazo *s. m.* **1.** Nudo hecho con cinta, hilo, cuerda, etc., que sirve de adorno y se hace doblándolos en dos o más lazadas y dejando a veces los extremos colgando. **2.** Cualquier cosa de forma parecida. **3.** Cinta empleada para sujetarse y adornarse el pelo. **4.** Corbata que se anuda con dos lazadas junto al cierre del cuello. **5.** Cuerda con un nudo corredizo en un extremo que se utiliza para atrapar a ciertos animales. **6.** Trampa, engaño. **7.** Vínculo, atadura, relación. Se usa más en *pl.* **8.** En ballet, movimiento realizado al cruzar los pies. **9.** Dibujo o motivo que se repite y forma la decoración de lacería. ‖ **Loc. echar el lazo** a alguien *fam.* Cazarle, ganarse su voluntad.

lazulita *s. f.* $(Mg, Fe)Al_2(PO_4)_2(OH)_2$. Mineral dihidroxidifosfato de aluminio-hierro (II) o de aluminio-magnesio. De forma masiva o granular, color azul celeste y brillo vítreo, cristaliza en el sistema monoclínico. Es un mineral muy raro. Se encuentra en yacimientos de EE UU, Austria, Madagascar y Suecia y se utiliza en la fabricación de adornos y joyas.

lazurita *s. f.* Lapislázuli*.

le *pron. pers. de 3.ª pers. m.* y *f.* Funciona como complemento indirecto. Se emplea siempre delante del verbo, salvo cuando acompaña al imperativo. ▪ Hay una tendencia cada vez mayor a usar este pronombre y su forma plural *les* como complemento directo (leísmo) cuando se refiere a personas en género masculino: *Le pegó. Les vio en la calle.*

Le Brun, Charles (París 1619 - íd. 1690) Pintor francés. Formado en los grandes maestros del Renacimiento italiano, su obra marcó la pauta de los gustos artísticos en la Francia de Luis XIV. Participó en la fundación de la Real Academia de escultura y pintura y ostentó en ella importantes cargos directivos. Bajo la protección de Colbert, fue pintor del rey y director de la manufactura de los Gobelinos. Realizó la *Galería de Apolo* en el Louvre y la *Galería de los Espejos* en Versalles.

Le Carré, David Cornwell, llamado **John** (Poole 1931) Escritor británico. Es autor de novelas de espionaje de gran penetración psicológica, en las que describe la suciedad e inmoralidad que esconden las actividades de los servicios secretos. Entre las más célebres figuran *El espía que surgió del frío* (1963), *El topo* (1974) y *La chica del tambor* (1983).

Le Châtelier, Henry (París 1850 - Miribel-les-Échelles, Isère 1936) Químico francés. Estudió las reacciones reversibles en equilibrio dinámico y enunció el **principio de Le Châtelier**, según el cual, una vez alcanzado el equilibrio en una reacción reversible, éste tiende a mantenerse indefinidamente salvo que se altere alguna de las condiciones de reacción, es decir, concentración, temperatura o presión. Cuando la alteración se produce, la reacción evoluciona en el sentido que tiende a contrarrestar los efectos causados por dicha modificación: si se aumenta la temperatura, aparecerán sustancias que precisen calor para su formación; si se aumenta la concentración de una de las sustancias, se favorecerá la reacción en que dicha sustancia se consuma; y si se aumenta la presión, se favorecerá la reacción cuyos productos ocupen menos volumen.

Le Corbusier, Charles Édouard Jeanneret Véase **Corbusier, Le.**

Le Duc Tho (Nam Ha 1910) Político vietnamita. Dirigente del Vietminh, presidió la delegación norvietnamita que negoció con Kissinger en París (1973) el final de la guerra de Vietnam. Galardonado con el Nobel de la paz, compartido con Kissinger, lo rechazó. Miembro del politburó y secretario del Partido Comunista de Vietnam, renunció a estos cargos en 1986.

Le Fanu, Joseph Sheridan (Dublín 1814 - íd. 1875) Escritor irlandés. Abogado y periodista, escribió extrañas historias alucinantes de fantasmas y vampiros. Es autor de novelas, como *El tío Silas*, y de libros de relatos, como *In a glass darkly*, que contiene *Carmilla*, núcleo del filme *Y morir de placer*, de Roger Vadim, y otra narración de la que Carl Theodor Dreyer extrajo la idea para su *Vampyr*.

Le Guin, Ursula (Berkeley, California 1929) Escritora estadounidense. Alcanzó su celebridad en el terreno de la ciencia ficción, al que pertenecen sus obras más populares. Entre ellas destacan *La mano izquierda de la oscuridad* (1969) y *Los desposeídos* (1974).

Le Jeune, Claude (Valenciennes h. 1525 - París 1600) Compositor francés. Es uno de los grandes polifonistas del s. XVI. Partidario del protestantismo, escribió numerosos salmos, así como canciones profanas y piezas instrumentales en un estilo lleno de lirismo y expresividad. La mayor parte de su vasta producción no fue publicada hasta después de su muerte. Entre sus obras hay que mencionar *Diez salmos* (1564), *La primavera* (1603) y *Salmos en verso medido y en octetos* (1606).

Le Mans C. de Francia, cap. del departamento de Sarthe, situada al SO de París. 146.000 h. en 1990. Es un centro de la industria de material ferroviario. Cuenta con un circuito automovilístico en el que se celebra anualmente la famosa carrera de resistencia, cuya duración es de 24 horas.

Le Nain Familia de pintores franceses integrada por tres hermanos, que tenían un taller común y firmaban sólo con el apellido, lo que ha dificultado la atribución de las pinturas: **Antoine**

(Laon h. 1588 - París 1648) Excelente colorista, parece que adquirió fama como miniaturista; entre sus obras merecen citarse *La procesión* y *Reunión de familia*; **Louis** (Laon h. 1593 - París 1648) Realizó un viaje a Roma y en su estilo se advierte la influencia del tenebrismo de Caravaggio; pintó cuadros religiosos, mitológicos y de género; algunos de sus lienzos más conocidos son *La forja*, *La carreta*, *Venus en la fragua de Vulcano* y *El pesebre*; **Mathieu** (Laon h. 1607 - París 1677) También influido por Caravaggio, realizó retratos y cuadros de género, entre los que destacan *Cuerpo de guardia* y *La lección de danza*.

Le Nôtre, André (París 1613 - íd. 1700) Arquitecto francés. Fue el creador del jardín francés, con setos recortados y amplias perspectivas. Entre los jardines por él proyectados se encuentran los de Versalles, Fontainebleau, las Tullerías y el castillo de Chantilly, en Francia, y en Inglaterra, los parques reales de Whitehall y Hampton Court.

Le Roy, Mervyn (San Francisco 1900) Director cinematográfico estadounidense. Su variada producción abarca desde filmes policiacos hasta melodramas, sin olvidar los musicales. Algunas de sus películas más conseguidas son *Hampa dorada* (*The little Caesar*, 1931), *Soy un fugitivo* (*I'm a fugitive from a Chaing Gang*, 1932), *El puente de Waterloo* (1940), *Madame Curie* (1943), *Mujercitas* (1949) y *Quo Vadis?* (1951).

leal *adj.* **1.** Se dice de la persona que guarda fidelidad, que no engaña, así como de su comportamiento, actitud, etc. **2.** Se aplica al animal que obedece, sigue, etc., a su amo. **3.** Partidario de una persona, grupo, institución, etc. También *s.* **FAM.** Lealmente.

lealtad *s. f.* Cualidad de leal.

Lean, David (Croydon 1908 - Londres 1991) Director de cine británico. Sus películas más características son costosas producciones rodadas en escenarios naturales, en las que se analizan los comportamientos de individuos inmersos en grandes convulsiones sociales y políticas. Destacan entre sus filmes *El puente sobre el río Kwai* (1957), *Lawrence de Arabia* (1962), *Doctor Zhivago* (1966), *La hija de Ryan* (1970) y *Pasaje a la India* (1984).

leandra *s. f. fam.* Peseta*.

Leandro, San (Cartagena, Murcia, principios del s. VI - Sevilla h. 600) Arzobispo de Sevilla. Era hermano de San Isidoro y la tradición le atribuye haber incitado la rebelión de Hermenegildo contra su padre Leovigildo, por lo que sufrió destierro. Ya en el reinado de Recaredo presidió el III concilio de Toledo (587), en el que el reino visigodo abandonó la herejía arriana.

leasing (voz ingl.) *s. m.* Operación financiera por la cual una empresa arrienda bienes, equipos, inmuebles, etc., con opción de compra al final del contrato.

lebeche *s. m.* Viento procedente del sudoeste, cálido y muy seco, que sopla en la costa mediterránea de la península Ibérica penetrando hasta muy adentro en el interior.

lebrato *s. m.* Cría de la liebre o liebre de poco tiempo.

lebrel *s. m.* Perro de talla alta, figura estilizada, hocico largo y puntiagudo, orejas caídas y pelaje muy variado. Posee grandes cualidades para la caza. También *adj.*

lebrero, ra *adj.* Se aplica al perro muy apropiado para cazar liebres.

Lebrija C. de España, perteneciente a la prov. de Sevilla, situada cerca de las marismas del Guadalquivir. 29.800 h. en 1990. Es el centro de una comarca agrícola con cultivos de regadío, como arroz y algodón, y de secano, como cereales, olivo y vid, en la que se crían toros de lidia. Posee industria alimentaria y del cemento.

lebrillo *s. m.* Recipiente de barro o metal de poca altura y boca más ancha que la base.

Lebrun, Albert (Mercy-le-Haut 1871 - París 1950) Político francés. De izquierda democrática, fue ministro en varias ocasiones, presidente del senado (1932) y presidente de la república (1932-40). Tras la dimisión de Paul Reynaud, encargó a Petain que formara gobierno y firmara el armisticio con los alemanes, y disolvió la Tercera República. Fue detenido por la Gestapo y deportado a Baviera.

Lecce C. de Italia, cap. de la prov. del mismo nombre, situada en la región de Apulia, en el SE del país. 102.000 h. en 1990. Es un importante centro comercial, que cuenta con industrias de alimentación, tabaco, vidrio y juguetes.

lección *s. f.* **1.** Exposición y explicación que alguien hace de una materia para enseñarla a otros. **2.** Cada una de las divisiones de que se compone un libro de texto o un módulo de aprendizaje. **3.** Parte de una materia que se estudia o aprende de una vez. **4.** Enseñanza que se da o se obtiene de cualquier forma. **5.** Aquello que enseña o escarmienta. **6.** En algunas oposiciones, ejercicio que consiste en exponer durante un tiempo limitado un determinado tema. **7.** Lectura, acción de leer. || **8. lección magistral** La que realiza el profesor sin participación activa de los alumnos; también, la solemne que tiene lugar con motivo de algún acontecimiento señalado.

lecha *s. f.* Líquido seminal de los peces y cada una de las dos bolsas que lo contienen.

lechada *s. f.* **1.** Masa fina de cal, yeso o cemento mezclados con agua, que se usa como argamasa para unir piedras o hiladas de ladrillos o para blanquear paredes. **2.** Líquido que tiene en suspensión cuerpos insolubles muy divididos. **3.** Masa hecha de trapos molidos usada para fabricar papel. **4.** *Méx.* Rebaba.

lechal *adj.* **1.** Se aplica al animal que todavía mama, especialmente al cordero. También *s. m.* **2.** Se aplica a las plantas y frutos que tienen una especie de jugo blanco similar a la leche. || *s. m.* **3.** Ese mismo jugo.

lechazo *s. m.* Cordero lechal.

leche *s. f.* **1.** Líquido blanco y opaco producido por las mamas de los animales mamíferos hembra, con el que éstos alimentan a sus crías; la de algunos animales domésticos, como la vaca o la cabra, es aprovechada por el hombre como alimento por su alto contenido en hidratos de carbono, grasas y proteínas. **2.** Sustancia segregada por algunas plantas, como la higuera. **3.** Bebida obtenida ablandando en agua ciertas semillas, como la almendra, y machacándolas luego. **4.** Producto cosmético en forma de crema líquida. **5.** *vulg.* Golpe o puñetazo. **6.** *vulg.* Mal humor, carácter o intención. ■ Se usa más calificado con el adjetivo *mala*. **7.** *vulg.* Cosa molesta o fastidiosa. || *interj.* **8.** *vulg.* Expresa sorpresa, enfado, disgusto, rechazo, etc. Se usa mucho en *pl.* || **9. leche condensada** La concentrada por evaporación de parte de su agua, a la que se añade azúcar. **10. leche en polvo** La deshidratada a baja temperatura para su mejor conservación. **11. leche frita** Dulce elaborado con una masa de leche y harina que se fríe rebozada. **12. leche merengada** Bebida preparada con leche, azúcar, canela y clara de huevo, cuya mezcla se calienta y luego se deja enfriar. **13. leche pasteurizada** Véase **pasteurización**. **14. leche uperisada** o **UHT** Véase **uperización**. || **LOC. a toda leche** o **echando leches** *adv. vulg.* A toda prisa, a toda velocidad. **de leche** *adj.* Se dice de las hembras de animales destinadas a producir leche para el consumo humano; también se aplica a los animales que todavía no han dejado de mamar. **ser la leche** *vulg.* Ser el colmo, ser asombroso o indignante.

lechecillas *s. f. pl.* **1.** Mollejas de las reses. **2.** Asaduras de res.

lechería *s. f.* Establecimiento en el que se vende leche.

lechero, ra *adj.* **1.** Perteneciente o relativo a la leche. **2.** Que contiene leche o alguna de sus propiedades. **3.** Se aplica a los animales hembra que se crían para aprovechar su leche. || *s. m.* y *f.* **4.** Persona que vende leche o la reparte por las casas. || *s. f.* **5.** Recipiente o vasija para guardar, transportar o servir la leche.

lechetrezna *s. f.* Nombre común de diversas plantas herbáceas de la familia euforbiáceas, género *Euphorbia*. Alcanzan hasta 70 cm de altura, tienen el tallo erguido, hojas en forma de espátula, fruto en cápsula y un jugo lechoso que se ha empleado en medicina. Son malas hierbas, muy frecuentes en los jardines. Entre sus especies se encuentran la lechetrezna dulce *(Euphorbia dulcis)*, la lechetrezna verrucosa *(Euphorbia verrucosa)* y la lechetrezna erguida *(Euphorbia stricta)*.

lechigada *s. f.* Conjunto de animales que han nacido en el mismo parto y se crían juntos.

lechiguana *s. f. Amér. del S.* Insecto himenóptero de la familia véspidos, especie *Nectariana lecheguana*. Es una avispa que habita en las regiones tropicales de Brasil.

lechín *adj.* **1.** Se aplica a cierta variedad de olivo que da abundante fruto. También *s. m.* **2.** Se dice de la aceituna de este olivo, muy rica en aceite.

Lechín Oquendo, Juan (? 1915) Sindicalista y político boliviano. Fue secretario general de la Central Obrera Boliviana, vicepresidente de Paz Estenssoro en 1960 y fundador en 1964 del Partido Revolucionario de Izquierda Nacionalista. Tras el golpe de Barrientos se exilió a Argentina y Chile; en 1980 regresó a Bolivia y fue reelegido secretario general de la Central Obrera.

lecho *s. m.* **1.** Cama preparada con colchón, sábanas, etc. **2.** Fondo del mar, de un río, de un lago, etc. **3.** Cauce de un río o de un canal. **4.** En geol., estrato*. **5.** Capa o conjunto de cosas que se colocan horizontalmente sobre otras. **6.** Superficie plana preparada para que sobre ella se asiente algo.

lechón, na *s. m.* y *f.* **1.** Cría de cerdo que todavía mama. || *s. m.* **2.** Cerdo macho.

lechoso, sa *adj.* **1.** Que tiene aspecto o cualidades de la leche, especialmente su color blancuzco. **2.** Se dice del fruto o vegetal que contiene látex.

lechucear *v. intr.* **1.** Estar a cada momento comiendo golosinas y cosas semejantes. **2.** *Amér. del S.* Trabajar de noche. || *v. tr.* **3.** *Arg.*, *Urug.* Maldecir a alguien.

lechuga *s. f.* **1.** Nombre común de diversas plantas herbáceas de la familia compuestas, género *Lactuca*. Alcanzan hasta un metro de altura

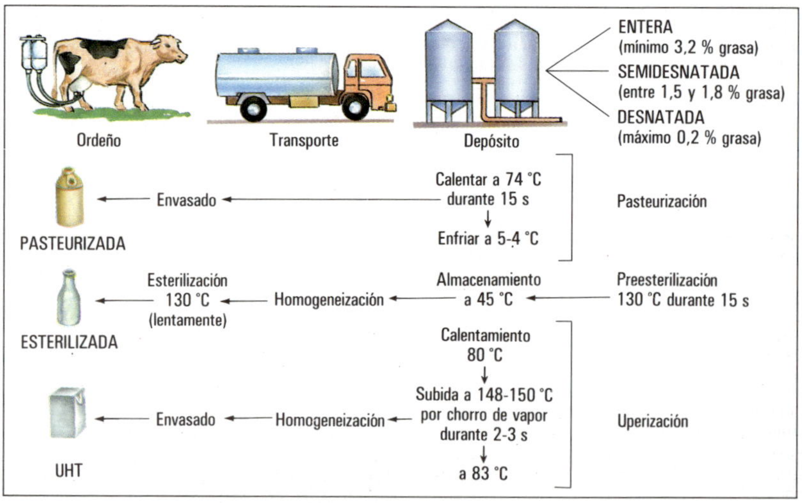

Esquema del tratamiento de la leche de vaca desde su obtención hasta la llegada al consumidor.

Lechuga (Lactuca sativa).

cuando florecen, tienen pequeñas inflorescencias blancas y hojas grandes de distintas formas según las variedades. La especie cultivada, *Lactuca sativa*, crece en el hemisferio norte y se usa en alimentación. **2.** *fam.* Billete de mil pesetas. || Loc. **más fresco que una lechuga** *fam.* Muy desvergonzado, muy caradura; también, muy sano.

lechuguilla *s. f.* **1.** Lechuga silvestre. **2.** Cuello o puño rizado y almidonado que se usaba antiguamente.

lechuguino *s. m.* **1.** Lechuga pequeña antes de ser transplantada. **2.** *fam.* Joven excesivamente arreglado y presumido.

lechuza *s. f.* **1.** Nombre común de diversas especies de aves rapaces nocturnas de las familias titónidos, género *Tyto*, y estrígidos, géneros *Asio, Aegolius* y *Surnia*. Tienen la cara redonda, pico corto y curvo y ojos grandes. La lechuza común *(Tyto alba)* alcanza hasta 35 cm de longitud, su plumaje es pardo claro en el dorso y blanco por delante; habita en todos los continentes y se alimenta de insectos y roedores. La lechuza campestre *(Asio flammeus)* es algo mayor, tiene plumaje listado y cría en América, Asia y Europa. **2.** *fam.* Noctámbulo, trasnochador. **3.** *Cuba, Méx.* Prostituta. **4.** *Chile, Méx.* Persona albina o muy rubia.

Lechuza campestre (Asio flammeus).

lechuzo, za *adj.* **1.** Que lechucea. También *s.* **2.** Se aplica a la persona que en su aspecto, costumbres, etc., recuerda a una lechuza. También *s.* **3.** *fam.* Tonto. También *s. m.*

lechuzón *s. m. Amér. del S.* Ñacurutú*.

lecitina *s. f.* Sustancia orgánica del grupo de los fosfolípidos, en la que el ácido fosfórico está esterificado con el alcohol colina. Se halla presente en los tejidos animales y vegetales y tiene uso terapéutico como tónico. Se llama también *fosfoglicérido de colina* o *fosfatidilcolina*.

Leclerc, Charles Victor-Emmanuel (Pontoise 1772 - Cap-Français, Santo Domingo 1802) Militar francés. General amigo de Napoleón, con cuya hermana Paulina contrajo matrimonio, realizó con él la campaña de Italia (1796). Fue enviado a Santo Domingo para reprimir la revuelta independentista de Toussaint-Louverture, a quien venció, pero poco después falleció víctima de la fiebre amarilla.

Leconte de Lisle, Charles Marie Leconte, llamado (Saint-Paul, La Reunión 1818 - Louveciennes 1894) Poeta francés. Fue el creador del núcleo poético de El Parnaso y el primero que rompió en Francia con la tendencia poética del Romanticismo. Sus obras más representativas son *Poemas antiguos* (1852), *Poemas bárbaros* (1862) y *Poemas trágicos* (1884).

lectivo, va *adj.* Se aplica al periodo de tiempo durante el cual se dan clases en los centros de enseñanza.

lector, ra *adj.* **1.** Que lee; se aplica especialmente al público al que están destinados un libro, revista, etc. También *s. m.* y *f.* || *s. m.* y *f.* **2.** Profesor que enseña su idioma en una universidad extranjera. **3.** Persona encargada de leer los originales de una obra enviados a una editorial para dar un juicio sobre si debe o no publicarse. || *s. m.* **4.** En electrónica, cualquier dispositivo que capta las señales grabadas en discos, cintas magnéticas y otros soportes y las transforma en sonidos, imágenes u otro medio de reproducción. **5.** En inform., dispositivo que transforma la información grabada en un soporte (cinta, disco, etc.) en algún otro tipo de información. **6.** Persona que enseña teología, filosofía o ética en algunas órdenes religiosas. || **7. lector óptico** Aparato óptico-electrónico que permite identificar e interpretar marcas y caracteres, impresos o manuscritos, escritos de acuerdo con cierto código.

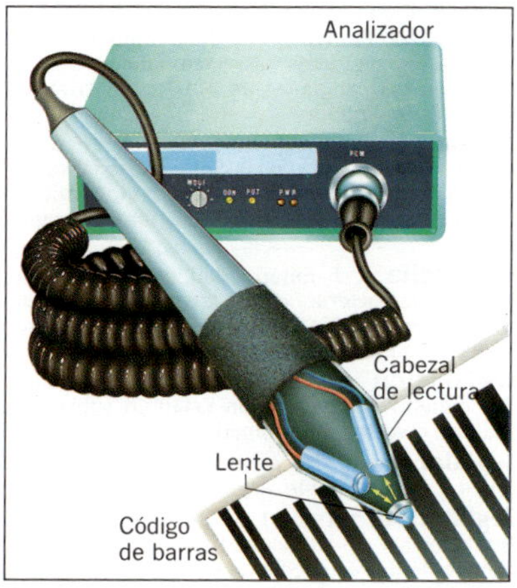

Lector óptico de caracteres de barras que transforma en impulsos eléctricos la luz reflejada por aquéllas.

lectorado *s. m.* Cargo y plaza de lector en una universidad.

lectura *s. f.* **1.** Acción de leer. **2.** Aquello que se lee. **3.** Interpretación de una obra, especialmente literaria, y p. ext., de un suceso, acontecimiento, etc. **4.** En algunas oposiciones, acción de leer una persona su ejercicio. **5.** Cultura que posee alguien. **6.** Acción de leer o interpretar los signos, magnitudes u otros datos que se indican en un instrumento. **7.** En electrónica e inform., interpretación de los sonidos, imágenes o cualquier tipo de información almacenada en discos, cintas magnéticas, etc. || *pl.* **8.** Conjunto de libros que ha leído alguien o que influyen en una obra.

Lecuona, Ernesto (Guanabacoa 1897 - Santa Cruz de Tenerife, España 1964) Compositor cubano. Autor de las zarzuelas *Cafetal* y *María de la O*, alcanzó popularidad con canciones como *Siboney* o *Siempre en tu corazón*.

Lederberg, Joshua (Montclair, New Jersey 1925) Biólogo estadounidense. Realizó investigaciones sobre las bacterias y demostró, junto con Edward Lawrie Tatum, que eran capaces de reproducción sexual. Ambos científicos recibieron el premio Nobel de medicina en 1958, compartido con George W. Beadle.

Ledesma Ramos, Ramiro (Alfaraz, Zamora 1905 - Paracuellos del Jarama, Madrid 1936) Político español. Publicó el manifiesto *La conquista del Estado* (1931), y luego una revista con el mismo nombre, en la que defendió los principios del nacionalsindicalismo. En 1931 fundó con Onésimo Redondo las JONS, que en 1934 se unieron a Falange Española, de la que Ledesma fue dirigente, aunque la abandonó en 1935 por discrepancias con José Antonio. Murió fusilado tras el comienzo de la guerra civil.

Ledoux, Claude Nicolas (Dormans 1736 - París 1806) Arquitecto y urbanista francés. Su estilo, uno de los más originales del s. XVIII, es una mezcla de clasicismo y extravagancias barrocas basadas en volúmenes geométricos. Fue arquitecto de corte de Luis XVI y autor de los palacios de Madame Guimard (1770), de Madame du Barry (1772), de Bénouville (1768-77), del teatro de Besançon (1778-84) y del proyecto de una ciudad en Arc-et-Senans (1779).

Lee, Robert Edward (Stratford, Virginia 1807 - Lexington, Virginia 1870) General estadounidense. Jefe de los ejércitos sudistas durante la guerra de Secesión, obtuvo diversas victorias sobre los nordistas y amenazó Washington, pero fue derrotado en Gettysburg (1863) y cercado en Richmond, donde finalmente se rindió (1865).

Lee, Tsung-Dao (Shanghai 1926) Físico estadounidense de origen chino. Junto a Chen Ning Yang estudió los K-mesones, partículas atómicas que parecían desintegrarse de dos maneras distintas, por lo que se pensó que existían dos formas diferentes. Lee y Yang demostraron que los K-mesones tenían una única forma. Ambos recibieron el premio Nobel de física en 1957.

Leeds C. del Reino Unido, en Inglaterra, situada en el condado de Yorkshire Occidental, a orillas del río Humber. 710.000 h. en 1988. Es uno de los principales centros de la industria textil, que además cuenta con industrias mecánica, eléctrica, papelera, química, de productos metálicos y artes gráficas.

leer *v. tr.* **1.** Descifrar y traducir los signos escritos o impresos en un texto entendiendo lo que significan y reproduciendo o no los sonidos a que equivalen. **2.** P. ext., comprender el sentido de cualquier tipo de signos. **3.** Descifrar y traducir en sonidos, mediante la voz o un instrumento, las notas o signos musicales de una partitura. **4.** Entender un idioma extranjero escrito. **5.** En las oposiciones, realizar el opositor ante el tribunal la lectura de su ejercicio. **6.** Adivinar o percibir alguna cosa. ■ Es v. irreg.

LEER	
GERUNDIO	
leyendo	
INDICATIVO	
Pretérito indefinido	
leí	
leíste	
leyó	
leímos	
leísteis	
leyeron	
SUBJUNTIVO	
Pretérito imperfecto	**Futuro imperfecto**
leyera, -ese	*leyere*
leyeras, -eses	*leyeres*
leyera, -ese	*leyere*
leyéramos, -ésemos	*leyéremos*
leyerais, -eseis	*leyereis*
leyeran, -esen	*leyeren*

Leeuwenhoek, Anton van (Delft 1632 - íd. 1723) Biólogo y microscopista holandés. Descubrió diversos microorganismos, entre ellos los espermatozoides y glóbulos rojos humanos, las levaduras, los infusorios y algunas bacterias. Su trabajo le valió el ingreso en la *Royal Society* de Londres, aunque carecía de titulación oficial.

Lefebvre, Georges (Lille 1874 - Boulogne-Billancourt 1959) Historiador francés. Especializado en el estudio de la Revolución Francesa, fue director de los *Annales historiques de la Révolution*. Entre sus obras más importantes destacan *Los campesinos del norte durante la Revolución* (1924), *La Revolución Francesa* (1930), *Napoleón* (1937), *Los termidorianos* (1937) y *El Directorio* (1946).

Lefebvre, Henri (Hagetmau, Las Landas 1905) Filósofo y sociólogo francés. Marxista ortodoxo, evolucionó luego hacia posturas más flexibles, interesándose por temas como la alienación, la sociología urbana y la vida cotidiana. Entre sus obras principales se cuentan *Crítica de la vida cotidiana* (1947-61), *La suma y la resta* (1959), *Introducción a la modernidad* (1962), *El final de la historia* (1971) y *La revolución urbana* (1973).

Lefebvre, Marcel (Turcoing 1905-Martigny, Suiza 1991) Prelado francés. Arzobispo de Dakar (1955-62), se opuso en nombre de la tradición a los cambios promovidos por el concilio Vaticano II. En 1969 fundó en Ecône (Suiza) el Seminario Internacional San Pío X. Enfrentado abiertamente a la jerarquía eclesiástica, fue suspendido *a divinis* por el papa Juan Pablo II.

legación *s. f.* **1.** Empleo o cargo de legado, particularmente facultad que un gobierno concede a una persona para que lo represente en el extranjero. **2.** Asunto o mensaje que lleva un legado. **3.** Conjunto de personas a las órdenes de un legado. **4.** Sede de una embajada u otra oficina de representación diplomática.

legado *s. m.* **1.** Lo que se deja a alguien en testamento mediante una disposición especial. **2.** P. ext., todo aquello, espiritual o material, que se deja o transmite a los sucesores. **3.** Persona que un gobierno, una autoridad, etc., envía a otros como representante suyo en ciertos actos o para tratar una cuestión. **4.** En el imperio romano, persona que se enviaba a las provincias recién conquistadas para dirigir su organización. ‖ **5. legado apostólico** (o **pontificio**) Eclesiástico nombrado por el papa para que le represente en un concilio o en otro lugar o circunstancia; también, nuncio*.

legajo *s. m.* Conjunto o montón de papeles, generalmente atados, que tratan de una misma materia.

legal *adj.* **1.** Establecido por la ley o de acuerdo con ella. **2.** Perteneciente o relativo a la ley o la justicia. **3.** *fam.* Leal, digno de confianza. **Fam.** Legalmente.

legalidad *s. f.* **1.** Cualidad de legal. **2.** Ámbito de lo legal.

legalismo *s. m.* **1.** Tendencia a aplicar las leyes y sus formalizaciones en un sentido excesivamente minucioso y literal. **2.** Formalidad o tecnicismo legal que obstaculiza o condiciona alguna cosa. **Fam.** Legalista.

legalizar *v. tr.* **1.** Dar estado de legal a una cosa. **2.** Confirmar la autenticidad de un documento o una firma. ▪ Se conjuga como *cazar.* **Fam.** Legalizable, legalización.

légamo *s. m.* **1.** Lodo o barro pegajoso. **2.** Parte arcillosa de las tierras de cultivo. **Fam.** Legamoso.

Leganés C. de España, en la prov. de Madrid, al S de la capital. 172.700 h. en 1990. En las últimas décadas ha experimentado un gran crecimiento como ciudad dormitorio del área metropolitana de Madrid y con la instalación de industrias transformadoras, textiles, papeleras y químicas.

legaña *s. f.* Secreción producida por las glándulas de los párpados que se seca en las comisuras de los ojos, generalmente durante el sueño.

legañoso, sa *adj.* Que tiene muchas legañas. También *s.*

legar *v. tr.* **1.** Dejar a alguien alguna cosa en testamento. **2.** Transmitir una persona, generación o época anterior a otra posterior tradiciones, ideas, situaciones, etc. **3.** Delegar*. ▪ Se conjuga como *pagar.*

legatario, ria *s. m.* y *f.* Persona a la que se deja algo en testamento.

legato (voz ital.) *s. m.* En mús., se aplica a la ejecución de una partitura en la que no se percibe ninguna interrupción entre las notas.

Legazpi, Miguel López de (Zumárraga, Guipúzcoa h. 1510 - Manila 1572) Navegante y conquistador español. En 1564 dirigió la expedición que conquistó las Filipinas, de las que fue nombrado gobernador y capitán general en 1569. En 1571 fundó Manila.

legendario, ria *adj.* **1.** Perteneciente o relativo a las leyendas o que sólo existe en ellas. **2.** Que ha alcanzado una fama y una popularidad duraderas.

Léger, Fernand (Argentan 1881 - Gif-sur-Yvette 1955) Pintor francés. Se inició en el impresionismo y el fauvismo, pero desde 1910, por influencia del cubismo, comenzó un periodo caracterizado por las formas geométricas y los colores planos. En una primera etapa buscó la expresión del movimiento; posteriormente creó figuras estáticas en una temática que representa la era de la industria y el mundo del trabajo. Entre sus obras más significativas figuran *Desnudos en el bosque* (1909), *La ciudad* (1919), *Los ciclistas* (1942-45) y *Los constructores* (1950-51).

legible *adj.* Que se puede leer. **Fam.** Legibilidad.

legión *s. f.* **1.** Principal cuerpo de tropas del ejército romano. **2.** Nombre dado en algunos países a ciertas unidades militares de élite compuestas por soldados profesionales; en su origen estaban formadas principalmente por voluntarios extranjeros y fueron creadas para actuar en los territorios coloniales. **3.** Gran número de personas o de animales. ‖ **4. Legión de Honor** Orden de caballería francesa creada por Napoleón para premiar los méritos militares o civiles; también, condecoración de la misma, que es la máxima distinción de la República Francesa.

Legión Española Cuerpo del Ejército español. Fue fundado en 1920 por el coronel Millán Astray con el nombre de *Tercio de Extranjeros* y estaba compuesto por voluntarios, a los que posteriormente se añadieron miembros del Ejército regular. Desempeñó un papel fundamental en la guerra de Marruecos y en la guerra civil española, antes de la cual cambió su nombre por el de *Legión.*

Legión Extranjera Cuerpo del Ejército francés, fundado en Argel en 1831 y compuesto por voluntarios de todas las nacionalidades. Participó en las campañas de México, Marruecos, Indochina y Argelia.

legionario, ria *adj.* **1.** Perteneciente o relativo a la legión. ‖ *s. m.* **2.** Soldado de la legión romana. **3.** Soldado de alguna legión militar moderna. ‖ **4. enfermedad del legionario** Legionella*.

legionella *s. f.* Enfermedad contagiosa causada por la bacteria *Legionella pneumophilia,* que provoca congestión, fiebre, neumonía y, con frecuencia, la muerte del paciente.

legislación *s. f.* **1.** Acción y efecto de legislar. **2.** Conjunto de leyes de un Estado o sobre una materia o sector determinados.

legislar *v. intr.* Hacer, reformar o establecer leyes. **Fam.** Legislable, legislador.

legislativo, va *adj.* **1.** Se dice del organismo que legisla y de su facultad para hacerlo. También *s. m.* **2.** Perteneciente o relativo a la legislación o a los que legislan. **3.** Autorizado por una ley. ‖ **4. poder legislativo** Uno de los poderes del Estado, cuya función es elaborar y reformar las leyes. En los países democráticos reside en las cámaras legislativas: Parlamento y Senado, cuyos miembros son elegidos libremente por el conjunto de los ciudadanos.

legislatura *s. f.* **1.** Periodo de tiempo desde que se constituye un órgano legislativo hasta que se disuelve y durante el cual desarrolla sus actividades. **2.** Periodo de sesiones de cortes en el que siguen constituidas la mesa y las comisiones permanentes elegidas en cada cuerpo legislador. **3.** *amer.* Parlamento o asamblea legislativa.

legista *s. m.* y *f.* **1.** Persona entendida en leyes o derecho. **2.** Persona que enseña o estudia leyes.

legitimar *v. tr.* **1.** Asegurar la autenticidad de un documento o firma. **2.** Dar carácter de legal o lícito a una actuación, una situación, etc. **3.** Capacitar a una persona para ejercer un cargo o una función. **4.** Hacer legítimo a un hijo natural. **Fam.** Legitimación, legitimador.

Fernand Léger: Los constructores *(colección Galería Adrien Maeght, París).*

legitimario, ria *adj.* **1.** Perteneciente o relativo a la legítima. **2.** Se aplica al que tiene derecho a la legítima. También *s.*

legitimidad *s. f.* **1.** Cualidad de legítimo. **2.** Derecho de un poder político a establecer su autoridad.

legitimista *adj.* Se aplica a los partidarios de otra persona o dinastía distinta a la que reina, por considerarla con más derecho a ocupar el trono. También *s.* **Fam.** Legitimismo.

legítimo, ma *adj.* **1.** De acuerdo con la ley o la justicia. **2.** Justo, razonable. **3.** Auténtico, verdadero. ‖ *s. f.* **4.** En derecho civil, parte de la herencia de la que la persona que hace testamento no puede disponer libremente por corresponder según la ley a determinados herederos, p. ej. a los hijos. **Fam.** Legítimamente.

Legnica (en al. *Leignitz*) C. de Polonia, situada en la Baja Silesia, en el SO del país. 102.800 h. en 1989. Es un centro de la industria metalúrgica del cobre, que asimismo cuenta con producción textil, maderera, papelera y alimentaria.

lego, ga *adj.* **1.** Laico, seglar. **2.** Se aplica a la persona que pertenece a una comunidad religiosa, pero no ha recibido las órdenes sagradas. También *s. m.* **3.** En los conventos, se dice de la monja dedicada a las faenas domésticas. También *s. f.* **4.** Que carece de conocimientos de cierta materia. También *s.*

legón *s. m.* Azada pequeña.

legra *s. f.* **1.** Instrumento que se usa para legrar. **2.** Herramienta en forma de cucharilla que sirve para tallar ciertos objetos de madera.

legrado, da 1. *p. p.* de **legrar**. También *adj.* ‖ *s. m.* **2.** Raspado de una cavidad del organismo, especialmente la uterina, para obtener material que se desea analizar o para limpiar el órgano, como p. ej. después de un aborto.

legrar *v. tr.* En cirugía, practicar un legrado.

legua *s. f.* **1.** Medida de longitud que equivale a 5.572,7 m. ‖ **2. legua marina** (o **marítima**) La que equivale a 3 millas o 5.555,55 m. ‖ **Loc. a la legua** (o **a una legua** o **a cien leguas** o **a mil leguas**) *adv. fam.* Claramente, evidentemente. ▪ Se usa con verbos como *ver* o *notar.*

Leguía, Augusto Bernardino (Lambayeque 1863 - Bellavista de Callao 1932) Político peruano. Elegido presidente del Perú (1908-12), implantó un régimen autoritario y al término de su mandato hubo de exiliarse. Recuperó el poder mediante el golpe de Estado de 1919, disolvió el Congreso e impuso una dictadura; a causa de la crisis económica y el malestar social fue derrocado en un golpe militar en 1930. Murió en prisión.

Leguizamón, Martiniano (Rosario Tala 1858 - finca La Morita, Entre Ríos 1935) Escritor argentino. Exaltó la figura del gaucho en obras como el drama *Calandria* (1896), los relatos *Montaraz* (1900), *Alma nativa* (1906) y *De cepa criolla* (1908) y el ensayo *El gaucho: su indumentaria, armas, música, cantos y bailes nativos* (1916).

leguleyo, ya *s. m.* y *f. desp.* Abogado, especialmente el de escasos conocimientos.

legumbre *s. f.* **1.** Nombre común de toda clase de frutos o semillas que crecen en vainas. Los frutos son secos, alargados y dehiscentes, propios de las plantas leguminosas, y se abren por el borde ventral y por el dorso. Tienen un solo carpelo cuya hoja está dividida en dos mitades que contienen una hilera de semillas cada una o una única semilla. Legumbres son las lentejas, garbanzos, judías, etc. **2.** Hortaliza*.

leguminosas *s. f. pl.* Familia de plantas arbóreas, arbustivas o herbáceas al que pertenecen unas 17.000 especies comprendidas en las subfamilias mimosáceas, cesalpináceas y papilionáceas, con unos 700 géneros. Sus hojas son generalmente alternas, pinnadas, compuestas y con estípulas; las flores, inflorescencias en racimos o glomérulos. Se caracterizan por tener un único carpelo de varios óvulos que da un fruto en legumbre. Crecen en regiones templadas, tropicales e intertropicales de todo el mundo y muchas de ellas constituyen importantes cultivos. Leguminosas son las judías, guisantes, cacahuetes, soja, trébol, alfalfa, acacias, tojos, etc. Se llaman también *fabáceas*. También *adj.* y *s. f.*

Lehár, Franz (Komárom 1870 - Bad Ischl 1948) Compositor húngaro. En su estilo recoge la influencia de la música popular española e italiana, así como elementos de origen zíngaro. Aunque compuso algunas piezas instrumentales, su fama se debe a las operetas. Entre las que alcanzaron mayor popularidad se hallan *La viuda alegre* (1905), *El conde de Luxemburgo* (1909) y *El país de las sonrisas* (1929).

lehendakari (voz vasc.) *s. m.* Presidente del gobierno autónomo vasco.

Leibniz, Gottfried Wilhelm (Leipzig 1646 - Hannover 1716) Filósofo y matemático alemán. De formación precoz, pronto sobresalió en numerosos campos del saber, como el derecho, la física, la teología y la historia, además de la filosofía y las matemáticas. En 1700 fundó la Sociedad de Ciencias de Berlín y fue su primer presidente. Concebía los distintos saberes como partes integrantes de una ciencia universal. Introdujo en la filosofía la noción de *mónada*. Las mónadas son los elementos constitutivos de la realidad: poseen en sí mismas el principio de sus acciones y su propia finalidad; son simples, inextensas, e indiscernibles unas de otras. La doctrina de la armonía prestablecida se basa en el supuesto de que el orden existente en el universo responde a un plan previo trazado por Dios, según el cual jamás podrá romperse el estado de interdependencia y sucesión en el que las mónadas se hallan. Otros puntos esenciales de su filosofía son la afirmación de que todo es continuo, su doctrina de que siempre hay una razón suficiente para explicar un acontecer y la valoración de este mundo como el mejor de todos los posibles. En el campo de la matemática, su descubrimiento más señalado es el del cálculo infinitesimal, que realizó en 1676, aunque no lo dio a conocer hasta 1684. Entre sus obras más importantes sobresalen *Discurso de metafísica* (1686), *Nuevo sistema de la naturaleza* (1795), *Nuevos ensayos sobre el entendimiento humano* (1701-04), *Ensayos de teodicea* (1710) y *Monadología* (1714).

Gottfried Wilhelm Leibniz.

Leibowitz, René (Varsovia 1910 - París 1972) Músico francés de origen polaco. Estudió con Schönberg, Webern y Ravel. En su actividad musical combinó la dirección de orquesta y las investigaciones musicológicas sobre el dodecafonismo con la composición de óperas, sinfonías, conciertos y música de cámara. Entre sus composiciones destaca *El fantasma de la ópera* (1973) y entre las obras teóricas *Schönberg y su escuela* (1946) y *La evolución de la música, de Bach a Schönberg* (1952).

Leicester C. del Reino Unido, cap. del condado de Leicestershire, situada en el E del sector central de Inglaterra. 328.850 h. en 1981. Cuenta con industria del calzado, textil, de construcciones mecánicas y de instrumentos de precisión.

Leiden C. de los Países Bajos, situada en Holanda Meridional, al N de Rotterdam. 109.250 h. en 1989. Es un centro comercial y tiene industria metalúrgica, de materiales de construcción y alimentaria. Conserva numerosos monumentos medievales y renacentistas.

Leiden, Lucas van (Leiden 1494 - íd. 1533) Pintor y grabador neerlandés. Su pintura, de estilo renacentista, se caracteriza por el uso del claroscuro. Como grabador recibió la influencia de Durero. Entre sus obras, de temática religiosa, destaca el tríptico del *Juicio final*, en Leiden.

leído, da **1.** *p. p.* de **leer**. ‖ *adj.* **2.** Con adverbios como *muy*, *poco*, *bastante*, etc., se aplica a las obras o publicaciones con muchos o pocos lectores. **3.** Se dice de la persona que tiene una gran cultura y erudición. ▪ Se suele usar con el adverbio *muy*. ‖ *s. f.* **4.** Acción de leer.

Leigh, Vivien (Darjeeling, India 1913 - Londres 1967) Actriz británica. Actuó tanto en teatro como en cine en el Reino Unido, pero alcanzó celebridad mundial por su papel de Scarlett O'Hara en la película *Lo que el viento se llevó* (1939). Otros de sus filmes más destacados fueron *El puente de Waterloo* (1940), *Lady Hamilton* (*The Hamilton woman*, 1941), *Ana Karenina* (1948), *Un tranvía llamado deseo* (1952) y *La primavera romana de la señora Stone* (1961).

Leipzig C. de Alemania, situada en el Land de Alta Sajonia, en la confluencia de los ríos Pleisse, Parthe y Weisse. 543.300 h. en 1989. Es un importante centro de la industria de maquinaria pesada, herramientas, aparatos de precisión, óptica, electricidad e instrumentos musicales. Cuenta con una prestigiosa universidad.

leishmaniasis o **leishmaniosis** *s. f.* Enfermedad tropical producida por protozoos flagelados del género *Leishmania*. Sus síntomas son inflamación del bazo, anemia y fiebre y se combate con compuestos de antimonio. Su forma virulenta se llama *kala-azar*.

leísmo *s. m.* En los pronombres personales de tercera persona, empleo de la forma de complemento indirecto *le* como complemento directo, en lugar de los correspondientes *lo* y *la*, p. ej.: *A tu hermano le vi ayer*, en vez de *a tu hermano lo vi ayer*. ▪ Referido a personas del género masculino, este uso está cada vez más admitido.

leísta *adj.* Que incurre en leísmo. También *s.*

leitmotiv (voz al. que significa 'tema conductor') *s. m.* **1.** Frase o tema musical que aparece de forma recurrente en una composición. **2.** P. ext., motivo o asunto central de una obra literaria, una conferencia, una conversación, etc.

Leiva, Antonio de (Navarra 1480 - Aix-en-Provence 1536) Militar español. Fue uno de los jefes del ejército imperial en la batalla de Pavía (1525), en la que fue capturado el rey francés Francisco I. Nombrado por ello gobernador del Milanesado, luchó luego contra los turcos en Viena (1529) y participó en la expedición contra Túnez (1535).

Leiva y de la Cerda, Juan Francisco (Alcalá de Henares 1604 - Pastrana h. 1678) Administrador colonial español. Nombrado virrey de Nueva España (1660-64), reprimió las sublevaciones de los indios de Tehuantepec (1660) y de los tarahumaras (1662). Su mandato fue un desastre a causa de su falta de carácter y los abusos cometidos por su familia.

Leivick, Halper (Igumen, Bielorrusia 1886 - Nueva York 1962) Escritor ruso en lengua yiddish. Alcanzó popularidad con su obra *Golem* (1921), poema dramático en ocho cuadros, basado en la leyenda judía de un robot con forma humana al que anima por arte de magia Low ben Bezalel, rabino de Praga.

lejanía *s. f.* **1.** Cualidad o situación de lejano. **2.** Lugar o lugares que se ven a lo lejos.

lejano, na *adj.* **1.** Que está lejos. **2.** Que ocurrió hace mucho tiempo. **3.** Se dice de la persona o cosa ligada a otra por una débil relación, y también de esta relación.

lejía *s. f.* Disolución en agua de sustancias básicas tales como la sosa, potasa y compuestos clorados, que se emplea principalmente para clarear la ropa y como agente de limpieza y desinfección. Antiguamente se elaboraba cociendo cenizas, mientras que hoy se hace generalmente con hipoclorito sódico.

Lejona (*Leioa*) C. de España, situada en la prov. de Vizcaya, en la margen derecha de la ría del Nervión. Es un área residencial que cuenta con varios centros de la universidad vasca. Posee industria química y metalúrgica.

lejos *adv. l.* y *t.* **1.** A gran distancia en el espacio o en el tiempo. **2.** Con verbos como *ir*, *llegar*, etc., más allá de un determinado punto o límite. ‖ **LOC. lejos de** *conj.* En lugar de. ▪ Se construye seguida de infinitivo.

lek *s. m.* Unidad monetaria oficial de Albania.

lelo, la *adj.* Pasmado, atontado.

Leloir, Luis Federico (París 1906 - Buenos Aires 1987) Bioquímico francés nacionalizado argentino. Se especializó en endocrinología. En 1970 recibió el premio Nobel de química por sus estudios sobre los azúcares nucleótidos y el papel de éstos en la biosíntesis de los hidratos de carbono.

Lelouch, Claude (París 1937) Director cinematográfico francés. Alcanzó grandes éxitos con películas comerciales, entre las que sobresalen *Un hombre y una mujer* (1966), *Vivir para vivir* (1967), *Toda una vida* (1974) y *Los unos y los otros* (1981).

Lely, Pieter van der Faes, llamado **Peter** (Soest, Utrecht 1618 - Londres 1680) Pintor inglés de origen neerlandés. Estudió en Haarlem con Pieter de Grebber. Llevado a Inglaterra por Guillermo de Nassau, se estableció en 1641 y fue pintor de cámara de Carlos II. Entre sus retratos destacan los de Carlos I, Carlos II, Cromwell y *Dos damas de la familia Lake*.

Lem, Stalislaw (Lvov 1921) Escritor polaco. Maestro del género de ciencia-ficción, aprovecha el tema para abordar los problemas de la sociedad del futuro con humor e ironía. Algunos de sus títulos más significativos son *Los astronautas* (1951), *La invasión de Aldebarán* (1959), *Solaris* (1961), *Ciberiada* (1965) y *Catarro* (1975).

lema *s. m.* **1.** Frase que expresa una intención o regla de conducta. **2.** Leyenda o letrero de los emblemas, escudos y estandartes. **3.** Breve texto que se pone a veces al principio de una obra literaria para indicar el argumento de la misma. **4.** En lexicografía, voz que encabeza cada uno de los artículos de un diccionario y que es el término que se define. **5.** Palabra o frase que se pone en los escritos presentados a un concurso, a unas oposiciones, etc., para identificar a su autor, cuyo nombre se mantiene oculto hasta que el jurado haya fallado. **6.** En mat., cuestión previa que hay que demostrar antes de plantear un teorema.

Leman Lago de Europa, situado entre Francia y Suiza. 582 km^2. Consta de dos sectores, el Gran Lago al E y el Pequeño Lago, también llamado *de Ginebra*, al O. Está atravesado por el río Ródano y en sus orillas se hallan las ciudades de Ginebra y Lausana.

lemanita *s. f.* Jade*.

lemming *s. m.* Nombre común de diversas especies de mamíferos roedores de la familia cricétidos, géneros *Lemmus*, *Dicrostonyx* y otros. El lemming común o de Noruega (*Lemmus lemmus*) mide unos 15 cm de longitud, tiene cola muy corta y color marrón amarillento. Habita en la zona ártica de Europa y Asia y realiza espectaculares migraciones hacia el mar del Norte y el golfo de Botnia en grupos compuestos por millares de individuos. El lemming americano (*Lemmus trimucronatus*) vive en la bahía de Hudson.

Lemmon, Jack (Boston, 1925) Actor de cine estadounidense. Ha protagonizado papeles cómicos y dramáticos con gran éxito. Destacan entre sus películas *Con faldas y a lo loco* (*Some like it hot*, 1959), *El apartamento* (1960), *Días de vino y rosas* (1963), *La extraña pareja* (1968), *Salvar al tigre* (1973), *Primera plana* (1974) y *Desaparecido* (1982).

lemosín, na *adj.* **1.** De la ciudad de Limoges o de la región francesa de la que es capital, Lemosín. También *s.* **2.** Se dice de una raza de ganado vacuno. ‖ *s. m.* **3.** Dialecto del provenzal hablado en la región de Limoges. **4.** Lengua* de oc. **5.** Nombre que se dio al catalán al considerarlo equivocadamente una variante dialectal del provenzal.

Lemosín (*Limousin*) Región de Francia, situada en el sector central del país. 16.942 km^2. 723.800 h. en 1990. Comprende los departamentos de Corrèze, Creuse y Haute-Vienne. La capital es Limoges, con 133.000 h. en 1990. Sus principales recursos económicos provienen de la agricultura y de la rica ganadería ovina y vacuna. La porcelana de Limoges y la tapicería de Aubusson son actividades artesanales típicas de la región.

lempira *s. f.* Unidad monetaria oficial de Honduras.

lémur *s. m.* **1.** Nombre común de diversos mamíferos primates prosimios de la familia lemúridos, géneros *Lemur*, *Varecia*, *Microcebus* y otros. Miden hasta 60 cm de altura, tienen el hocico prominente, ojos sobresalientes, dedo pulgar oponible y una larga cola. Algunas de las principales especies son el lémur de collar *(Varecia variegata)* y el lémur ratón *(Microcebus murinus)*. Habitan en los árboles en las islas de Madagascar y Comores. ‖ *pl.* **2.** En la mitología etrusca y en la romana, genios maléficos. **3.** Fantasmas, duendes.

Lemus, José María (San Carlos de la Unión 1911) Militar y político salvadoreño. Ministro del Interior (1949-55), fue elegido presidente de la república (1956), apoyado por el Partido de Unificación Democrática, pero la caída de los precios del algodón y del café provocaron su derrocamiento (1960).

Lena Río asiático de la Federación Rusa, situado en el sector central de Siberia. 4.400 km de longitud y 2,5 millones de km^2 de cuenca. Nace junto al lago Baikal y discurre en dirección NE hasta el pie de los montes Verjoiansk, donde recibe sus principales afluentes, el Aldan y el Vilini, y cambia de dirección hacia el NO. Desemboca en el mar de Laptev, del océano Glacial Ártico, formando un gran delta. Permanece helado durante los meses fríos del año.

lenar *s. m.* Lapiaz*.

Lenard, Philipp (Bratislava 1862 - Messelhausen 1947) Físico alemán. Realizó estudios sobre los rayos catódicos y la naturaleza del electrón. Obtuvo el premio Nobel de física en 1905.

Lenau, Nikolaus Niembsch von Strehlenau, llamado **Nikolaus** (Csatad, Temesvar, Hungría 1802 - Oberdöbling, Viena 1850) Poeta austriaco. Representante del espíritu romántico, su amor por Sophie von Lowenthalle le inspiró una serie de poemas apasionados. Sus depresiones le llevaron al final de sus días a un manicomio. Entre sus obras merecen citarse *Poemas* (1832), *Nuevas poesías* (1838), el poema epicodramático *Fausto* (1836) y los dramas *Savonarola* (1838) y *Don Juan* (1844).

lencería *s. f.* **1.** Ropa de cama, mesa, baño y, especialmente, prendas interiores femeninas. **2.** Confección y comercio de esta clase de ropa. **3.** Establecimiento o sección del mismo en que se vende esta ropa. **4.** Lugar donde se guarda la ropa blanca en hoteles, internados, hospitales y establecimientos similares. **FAM.** Lencero.

lengua *s. f.* **1.** Órgano muscular situado en el interior de la boca y que en el hombre sirve para percibir los sabores y participa con sus movimientos en la masticación y la deglución de los alimentos, así como en la pronunciación de sonidos. **2.** P. ext., nombre de cosas que tienen la forma alargada y estrecha como la de la lengua, p. ej. una lengua de tierra. **3.** Medio de comunicación humano basado en un conjunto establecido de sonidos que se seleccionan y combinan para expresar pensamientos, sentimientos, etc., y que es común a los miembros de una comunidad de personas y distinto al de otras. **4.** P. ext., determinada fase o modalidad histórica, social, profesional, etc., de este medio de comunicación. ‖ **5. lengua afilada** (o **de doble filo**) *fam.* Mala lengua. **6. lengua común** (o **madre**) La que da origen a una familia de lenguas, p. ej., el latín respecto a las lenguas románicas. **7. lengua de cultura** La que goza de prestigio como lengua literaria o científica o por su influencia social o internacional. **8. lengua de fuego** Nombre dado a cada una de las llamas que, según los *Hechos de los Apóstoles*, se posaron sobre la cabeza de los apóstoles el día de Pentecostés, al venir a ellos el Espíritu Santo. **9. lengua de gato** Pequeño bizcocho o chocolatina muy delgado y alargado. **10. lengua de oc** Conjunto de los dialectos medievales del Mediodía francés. **11. lengua de oil** Conjunto de dialectos que constituían el francés antiguo y que acabaron imponiéndose sobre las lenguas de oc. **12. lengua de trapo** (o **de estropajo** o **estropajosa**) *fam.* Pronunciación confusa y difícil de comprender. **13. lengua de víbora** (o **viperina**) *fam.* Inclinación a murmurar y hablar mal de las personas y las cosas; también, mala lengua. **14. lengua glaciar** Parte del glaciar donde la masa de nieve desciende como un río entre las paredes de un valle. **15. lengua materna** La que alguien ha aprendido de su madre y, en general, la hablada habitualmente en un país o comunidad por los naturales del mismo. **16. lengua muerta** La que ha dejado de hablarse en la vida cotidiana, como el latín o el griego antiguo. **17. lenguas aglutinantes** Véase **aglutinante**. **18. lenguas aislantes** (o **isolantes**) Aquellas en las que las palabras son invariables y las relaciones gramaticales se establecen mediante la yuxtaposición de las raíces, los cambios de entonación, el orden de palabras, etc. **19. lenguas analíticas** Véase **analítico**. **20. lenguas en contacto** Aquellas que, geográfica o demográficamente, tienen zonas de contacto y mutua influencia, como el castellano y el catalán. **21. lenguas flexivas** (o **sintéticas**) Las que establecen sus relaciones gramaticales mediante flexión. **22. mala lengua** *fam.* Persona que murmura y habla mal de las personas y las cosas. Se usa más en *pl.* **23. media lengua** Pronunciación imperfecta y vacilante, como la de los niños pequeños. **24. segunda lengua** La aprendida con posterioridad a la lengua materna. ‖ **LOC. darle a la lengua** *fam.* Hablar en exceso. **hacerse lenguas** de alguien o algo *fam.* Alabar mucho. **irse de la lengua** *fam.* Hablar más de lo debido o conveniente. **morderse la lengua** *fam.* Contenerse de decir alguna cosa. **tener** algo **en la punta de la lengua** *fam.* Estar a punto de decir algo que no acaba de venir a la memoria. **tener la lengua muy larga** *fam.* Hablar de más, decir inconveniencias o cometer indiscreciones. **tirarle** a uno **de la lengua** *fam.* Intentar que diga algo que quiere o debe callar, provocarle.

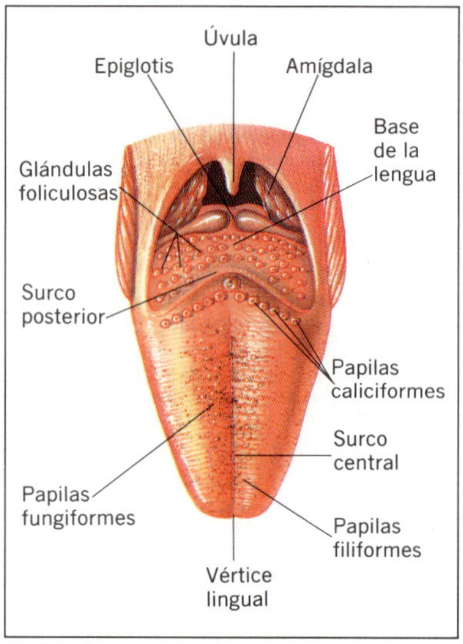

Morfología externa de la lengua.

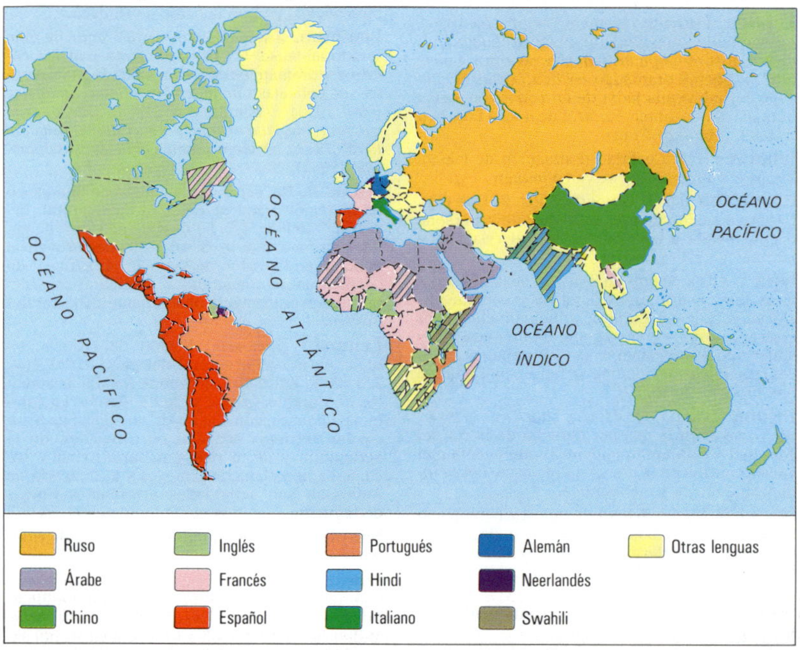

Anat. y ***Fisiol.*** La superficie de la lengua se halla recubierta por la mucosa lingual, en la que se encuentran pequeñas elevaciones cónicas llamadas *papilas*. Las principales son las papilas caliciformes y fungiformes, que mediante unos órganos microscópicos denominados *botones* perciben los sabores; y las papilas filiformes y coroliformes, que son sensibles al tacto y a las temperaturas. Los botones constan de células de sostén y células gustativas, que poseen cilios o pelos comunicados al exterior a través de un poro y conectados con numerosas células nerviosas que transmiten la sensación del gusto al bulbo raquídeo.

Ling. Con el término lengua, a partir de Ferdinand de Saussure, se suele designar un sistema formal de unidades distintivas que se combinan según ciertas reglas para construir mensajes complejos; es, por tanto, el código o modelo abstracto y general del que se sirven los hablantes para comunicarse. La utilización material (mediante sonidos o caracteres gráficos) e individual de la lengua se conoce como *habla* y es lo que apreciamos en la realidad. Al ser común a un conjunto de hablantes, la lengua es también un producto social e histórico y como tal está sometido a transformaciones. Frente a esta concepción estructuralista, la gramática generativa considera la lengua como un sistema de reglas que permiten formar el conjunto de oraciones gramaticales, teóricamente infinito, con que nos expresamos.

lenguado *s. m.* Nombre común de diversos peces pleuronectiformes de la familia soleidos, género *Solea*. El lenguado común *(Solea solea)* mide hasta 70 cm de longitud, tiene el cuerpo casi plano y asimétrico, reposa en los fondos marinos sobre una de sus caras, de color blanquecino, mientras la otra, en la que están situados los dos ojos, es de tono oscuro y rugosa y le sirve de camuflaje. El lenguado de arena *(Solea lascaris)* mide unos 40 cm de longitud y tiene radios parduscos en las aletas dorsal y anal. Habitan en el Atlántico y Mediterráneo y su carne es muy apreciada como alimento.

Lenguado (Solea solea).

lenguaje *s. m.* **1.** Medio o instrumento de comunicación entre los miembros de una misma especie. **2.** Capacidad que posee el hombre para comunicar ideas, sentimientos, etc., mediante palabras y utilización de la misma. **3.** Cualquier método de comunicación por medio de signos, señales, gestos, etc. **4.** Idioma, lengua. **5.** Manera especial de hablar o de expresarse con palabras. **6.** P. ext., cualquier otro medio de dar a entender algo. **7.** En inform., sistema de símbolos o caracteres que, de acuerdo con unas reglas establecidas, se utiliza para programar un ordenador electrónico. ‖ **8. lenguaje animal** Conjunto de determinados comportamientos, como gestos, movimientos, sonidos, etc., por los que los miembros de ciertas especies se intercambian información entre sí. **9. lenguaje corporal** Modo de comunicación no verbal mediante el que se expresa o recibe información a través de las manifestaciones físicas, voluntarias o inconscientes, del propio cuerpo, como p. ej. el gesto, la mirada o la expresión del rostro.

Inform. El único lenguaje que puede ejecutar directamente la computadora es el **lenguaje de la máquina**, en el que las instrucciones están codificadas en forma de tensiones eléctricas, altas o bajas, o de polarizaciones magnéticas, norte o sur. Para representar estos dos estados se utiliza el código binario, que representa cualquier número mediante dos símbolos: 0 y 1. Una instrucción en lenguaje de la máquina se representa, por tanto, mediante una cadena de ceros y unos. Pero programar en el lenguaje de la máquina es lento, difícil y propenso a errores. Por ello se utilizan otros lenguajes de programación, que antes de ejecutarse tienen que traducirse al lenguaje de la máquina.

Los **lenguajes de segunda generación** o **lenguajes simbólicos** son simples representaciones de las instrucciones del lenguaje de la máquina que utilizan símbolos en vez de números binarios. Los traductores de estos lenguajes se llaman *ensambladores*. Los **lenguajes de tercera generación** o **lenguajes de alto nivel** utilizan frases semejantes a las de los lenguajes naturales y símbolos parecidos a los de las matemáticas. Sus traductores se llaman *compiladores* e *intérpretes*. Entre estos lenguajes destacan BASIC, FORTRAN, PASCAL y COBOL. Los **lenguajes de cuarta generación** o **generadores de aplicaciones** son entidades más complejas que permiten construir una aplicación determinada, como una base de datos, utilizando bloques elementales prefabricados. Finalmente, los **lenguajes de quinta generación**, como LISP, PROLOG y APL, son en realidad lenguajes de alto nivel con cualidades especiales que los hacen aptos para aplicaciones de inteligencia artificial.

lenguaraz *adj.* Se dice de la persona que habla con descaro y desvergüenza. También *s.*

lengüeta *s. f.* **1.** Pieza, moldura o instrumento de forma estrecha y alargada, parecido a una lengua. **2.** Lámina fina y pequeña de madera o metal que, instalada en la boquilla de algunos instrumentos musicales de viento, produce al vibrar el sonido de los mismos. **3.** Tira de cuero que suelen tener los zapatos en el empeine. **4.** Epiglotis*. **5.** *Amér. del S.*, *Méx.* Chismoso, charlatán.

lengüetada *s. f.* Cada pasada con la lengua al lamer o tomar algo con ella. ■ Se dice también *lengüetazo*.

lengüetazo *s. m.* Lengüetada*.

lengüetear *v. intr.* **1.** Sacar la lengua moviéndola repetidamente. **2.** Lamer. **3.** *amer.* Chismorrear, parlotear. **FAM.** Lengüeteo.

lenidad *s. f.* Blandura en el castigo de las faltas o en exigir el cumplimiento de los deberes.

lenificar *v. tr.* **1.** Ablandar, suavizar. **2.** Calmar la irritación de un tejido orgánico. **3.** Aliviar un sufrimiento. ■ Se conjuga como *sacar*. **FAM.** Lenificación.

Lenin, pico Pico de Asia, en la región de Pamir, situado en la frontera entre Tayikistán y Kirguizistán. 7.134 m. Antiguamente se denominaba *Kaufmann*.

Lenin, Vladimir Ilich Ulianov, llamado (Simbirsk, hoy Ulianovsk 1870 - Gorki 1924) Revolucionario y estadista ruso. Después de la ejecución de su hermano por la policía zarista, entró en contacto con el movimiento revolucionario. En 1895 fue detenido y deportado a Siberia. En 1900 obtuvo la libertad y se exilió a Suiza, donde fundó con Plejanov, entonces principal figura del marxismo ruso, el periódico *Iskra* (La Chispa). En el segundo congreso del Partido Obrero Socialdemócrata de Rusia impuso sus tesis radicales, favorables a la posibilidad de una revolución obrera y a la organización de un nuevo modelo de partido muy disciplinado, frente a las más moderadas de Plejanov, que consideraba necesaria una etapa de gobierno democrático burgués antes de llegar al socialismo. El partido se escindió y los seguidores de Lenin pasaron a llamarse *bolcheviques* (mayoritarios), mientras los de Plejanov se denominaron *mencheviques* (minoritarios).

Lenin.

Después de participar en la fracasada revolución de 1905, volvió a exiliarse. En 1914 se opuso abiertamente a la Primera Guerra Mundial, a la que consideraba un conflicto entre potencias imperialistas. Retornó a Rusia en 1917, poco después de la caída del zarismo, y sostuvo frente a los mencheviques y a buena parte de los bolcheviques la necesidad de la toma del poder por los soviets (comités populares) sin detenerse en la etapa de la democracia burguesa. Su opinión fue seguida por el segundo Congreso de los Soviets y los revolucionarios tomaron el poder en octubre de 1917.

Nombrado presidente del Consejo de Comisarios del Pueblo, Lenin se convirtió en la cabeza del nuevo estado, que impulsó la nacionalización de industrias, repartió tierras a los campesinos y apartó a Rusia de la Primera Guerra Mundial al firmar con Alemania la paz de Brest-Litovsk (1918). Al año siguiente constituyó la Tercera Internacional. Tras una dura guerra civil, Lenin apoyó en 1921 una serie de medidas económicas para potenciar el mercado interior y paliar las necesidades de la población. En 1922 procedió a la creación de la Unión de Repúblicas Socialistas Soviéticas (URSS) y ese mismo año sufrió un ataque cerebral que le apartó de las tareas de gobierno. Consiguió recuperarse y volver a la vida política, pero falleció al poco tiempo. Fue autor de numerosas obras de carácter teórico y político, como *El desarrollo del capitalismo en Rusia* (1899), *¿Qué hacer?* (1902), *Materialismo y empirocriticismo* (1909) y *El imperialismo, fase superior del capitalismo* (1917).

Leningrado Nombre con el que fue designada la ciudad de San Petersburgo (Federación Rusa) desde 1924 hasta 1991.

leninismo *s. m.* Conjunto de aportaciones realizadas por Lenin al marxismo y con las cuales la teoría adquirió una dimensión práctica más definida. Clarificó las características de la dictadura del proletariado, etapa previa antes de la implantación del comunismo, y defendió la necesidad de un partido jerárquicamente organizado que se erigiera en instrumento de la revolución. Este partido, integrado por profesionales, asumiría el poder en la fase de la dictadura, socializaría los medios de producción y transformaría el instinto de clase del proletariado en auténtica conciencia revolucionaria. Asimismo debería luchar por extender la revolución a nivel internacional, dado el peligro que suponían las tendencias expansivas del imperialismo capitalista. A partir de los años veinte, con Stalin ya en el poder, el término adquirió un valor más genérico y pasó a identificarse con la doctrina ortodoxa del comunismo soviético. **FAM.** Leninista.

lenitivo, va *adj.* **1.** Que suaviza o ablanda. ‖ *s. m.* **2.** Medicamento que sirve para ablandar un tumor o para calmar el dolor o la irritación en la parte en que se aplica. **3.** Aquello que alivia un sufrimiento espiritual.

Lennon, John (Liverpool 1940 - Nueva York 1980) Músico y cantante británico. Fue miembro del grupo musical *The Beatles*, uno de los más importantes de la historia de la música pop. Junto a Paul McCartney y en solitario compuso gran número de excelentes canciones como *Yesterday*, *All you need is love*, *Get back* e *Imagine*. Murió asesinado por un admirador demente.

lenocinio *s. m.* **1.** Acción y actividad de hacer de alcahuete o intermediario en las relaciones sexuales entre dos personas. ‖ **2. casa de lenocinio** Prostíbulo*.

Lenoir, Étienne (Mussy-la-Ville, Bélgica 1822 - La Varenne-Saint-Hilaire, Seine 1900) Ingeniero francés de origen belga. Diseñó el primer motor de explosión, que utilizó como combustible el gas de alumbrado inflamado por una chispa eléctrica (1860).

Lenormand, Henri René (París 1882 - íd. 1951) Dramaturgo francés. Llevó al teatro los recientes descubrimientos psicoanalíticos. Algunos de sus dramas más representativos son *Los poseídos* (1909), *Los fracasados* (1920), *El hombre y sus fantasmas* (1925) y *La loca del cielo* (1936). Escribió sus memorias bajo el título de *Confesiones de un autor teatral* (1949-53).

Lens C. de Francia, perteneciente al departamento de Pas-de-Calais, situada en el N del país. 327.383 h. en su área metropolitana en 1982. Sus principales fuentes de ingresos provienen de la extracción de carbón y de las industrias metalúrgica y química.

lente *s. f.* **1.** Cristal u objeto transparente limitado por dos superficies, una de ellas, al menos, curva, ya sea cóncava o convexa, y que refracta la luz consiguiendo un determinado efecto óptico, p. ej. la corrección de un defecto de visión, el aumento de la imagen de un objeto, etc. Según la forma de sus caras, las lentes pueden ser *bicóncavas, biconvexas, plano-cóncavas, plano-convexas* o *cóncavo-convexas.* **2.** Lupa*. ‖ *s. m. pl.* **3.** Anteojos o gafas. ‖ **4. lente convergente** La que tiene una o las dos caras convexas, que hace que los rayos de luz que la atraviesan converjan o se reúnan en un punto. (Véase **óptica**.) **5. lente de contacto** Pequeño disco, generalmente de material plástico, adaptado a la curva del ojo, que se coloca sobre la córnea para corregir defectos de la visión. Se llama también *lentilla*. **6. lente divergente** La que posee una o las dos superficies cóncavas, que hace diverger o separarse los rayos de luz que la atraviesan. (Véase **óptica**.) **7. lente electrónica** Dispositivo electromagnético que realiza una función semejante a la de las lentes o cristales ópticos en ciertos aparatos, p. ej. en el microscopio electrónico. **8. lente gravitatoria** Efecto semejante al de una lente óptica, producido por la gravedad de un objeto muy denso y de gran masa sobre los rayos luminosos procedentes de otro objeto más alejado.

lenteja *s. f.* **1.** Planta herbácea leguminosa de la familia papilionáceas, especie *Lens culinaris*. Es trepadora, anual, y tiene hojas compuestas en disposición alterna, flores blancas y fruto en legumbre. Se cultiva desde la antigüedad para utilizarla en alimentación tanto animal como humana. **2.** Semilla comestible de esta planta. **3.** P. ext., se da este nombre a diversos objetos que se parecen en su forma a este fruto, como las pesas de ciertos relojes de péndulo.

Lenteja (Lens culinaris); *detalle del fruto.*

lentejuela *s. f.* Cada una de las pequeñas láminas redondas, aproximadamente del tamaño de una lenteja, de metal u otro material brillante, que se emplean para adornar prendas.

lenticular *adj.* **1.** De forma biconvexa, como la semilla de la lenteja. **2.** En ciclismo, se dice de un tipo de rueda especial para velocidad, en la que los radios están sustituidos por un disco sólido con agujeros; se emplea principalmente en velódromos y en pruebas contra reloj de trazado llano. También *s. f.*

lentilla *s. f.* Lente* de contacto.

lentisco *s. m.* Planta arbustiva de la familia anacardiáceas, especie *Pistacia lentiscus.* Mide entre 1 y 5 m de altura, tiene hojas compuestas de textura coriácea, flores pequeñas y fruto en drupa de color rojo que luego se vuelve negro. Su madera es muy dura. Abunda en los matorrales mediterráneos.

lentitud *s. f.* Cualidad de lento.

lento (voz ital.) *adv. m.* En mús., y referido al tiempo, lenta y pausadamente. También *s. m.*

lento, ta *adj.* **1.** Se dice de la persona que emplea mucho tiempo en algo, o de aquello que sucede, se desarrolla, etc., muy despacio. También *adv.* **2.** Tranquilo. **3.** Aplicado a fuego, suave, poco intenso. **FAM.** Lentamente.

Lenz, Heinrich Friedrich Emil (Dorpat 1804 - Roma 1865) Físico ruso. Fue profesor de la universidad de San Petersburgo. Estudió la inducción electromagnética y enunció la **ley de Lenz**, que afirma que el sentido de una corriente inducida es el que produce como resultado una oposición a la causa que origina la corriente.

Lenz, Jakob Michael Reinhold (Sesswegen, Livonia 1751 - Moscú 1792) Dramaturgo alemán. Influido por Goethe, es uno de los representantes del movimiento *Sturm und Drang.* Residió en Weimar y murió loco en Moscú. Entre sus obras destacan *El preceptor* (1774) y *Los soldados* (1776). También escribió una novela epistolar, *El ermitaño* (1797).

leña *s. f.* **1.** Conjunto de troncos, ramas secas o madera en general que se emplea para hacer fuego. **2.** *fam.* Golpes, pelea. ‖ **LOC. añadir** (o **echar**) **leña al fuego** *fam.* Aumentar el enfado de alguien o avivar una disputa.

leñador, ra *s. m.* y *f.* Persona que tiene por oficio cortar leña en el bosque o en el monte.

leñazo *s. m.* Golpe dado con un leño y, p. ext., cualquier clase de golpe fuerte.

¡leñe! *interj. fam.* Expresa fastidio, enfado, contrariedad, sorpresa, etc.

leñero, ra *s. m.* y *f.* **1.** Persona que vende leña. **2.** Persona encargada de comprarla. ‖ *s. m.* **3.** *fam.* En ciertos deportes, jugador o equipo que realiza un juego excesivamente duro. También *adj.* ‖ *s. f.* **4.** Lugar donde se guarda la leña.

Leñero, Vicente (Guadalajara, México 1933) Escritor mexicano. Es autor de obras de tono realista y clara denuncia social, como las novelas *Los albañiles* (1964), *El garabato* (1967) y *El evangelio de Lucas Gavilán* (1978) y las piezas para teatro *Pueblo rechazado* (1969) y *La mudanza* (1978).

leño *s. m.* **1.** Tejido vegetal cuya función es transportar la savia bruta, compuesta por agua y sales minerales, desde la raíz de las plantas hasta el tallo y las hojas. Está constituido por una serie de células muertas alargadas y de paredes engrosadas, denominadas *traqueidas.* Se denomina también *tejido leñoso* o *xilema.* **2.** En los tallos y raíces que tienen crecimiento secundario, conjunto de tejidos que se forman hacia el interior por actividad del cambium. **3.** Tronco o rama gruesa de árbol, cortado y limpio de ramaje. **4.** Madera de árbol. **5.** *fam.* Persona torpe, de poca inteligencia. ‖ **LOC. dormir como un leño** *fam.* Dormir profundamente.

leñoso, sa *adj.* **1.** Se aplica a lo que tiene la dureza y la consistencia de la madera. **2.** Se dice del tejido vegetal llamado *leño.*

Leo 1. Constelación del hemisferio norte. En ella destaca la estrella Régulo, de primera magnitud. **2.** Quinto signo del zodiaco, entre Cáncer y Virgo, que el Sol recorre aparentemente entre el 23 de julio y el 23 de agosto. ‖ *s. m.* y *f.* **3.** Persona nacida bajo este signo. ▪ Con este significado se escribe con minúscula.

león, na *s. m.* y *f.* **1.** Mamífero carnívoro de la familia félidos, especie *Panthera leo.* Alcanza hasta 3 m de longitud, tiene la cabeza grande, los dientes caninos muy desarrollados y pelaje de color ocre claro. Macho y hembra presentan un marcado dimorfismo sexual: la leona es de menor tamaño y carece de la gran melena que adorna la cabeza del macho. Descansa durante el día y caza de noche al acecho de animales herbívoros cerca

León (Panthera leo).

de los abrevaderos. Habita en los bosques y sabanas de África central y austral. **2.** Persona valiente o de mucho genio. ‖ *s. m.* **3.** *amer.* Puma*. ‖ **4. león marino** Nombre común de diversos mamíferos pinnípedos de la familia otáridos, géneros *Eumetopias, Otaria, Zalophus,* etc. Miden unos 2,5 m de longitud, tienen la piel desnuda y las extremidades posteriores transformadas en aletas. Habitan en el océano Pacífico formando bandadas. Las especies principales son el león marino ártico *(Eumetopias juvatus),* el león marino del sur *(Otaria byronia)* y el león marino de California *(Zalophus californianus).*

León Leo*, constelación y signo del zodiaco.

León Golfo del mar Mediterráneo, situado al SE de Francia, entre el cabo de Creus y la desembocadura del río Ródano.

León 1. Prov. de España, perteneciente a la comunidad autónoma de Castilla y León, en el NO de la misma. 15.460 km^2. 524.100 h. en 1991. Presenta un relieve montañoso en el N, donde se alza la vertiente meridional de la cordillera Cantábrica, cuya máxima altura es el pico Torre Cerredo (2.648 m), y también en el O, donde se hallan los montes de León, con los picos Teleno (2.188 m) y Peña Trevinca (2.096 m). Al pie de estos sistemas se extiende el páramo y en el resto de la provincia las riberas por las que discurren diversos afluentes del Duero: Órbigo, Esla, Cea y Bernesga. El Sil fluye por el O hacia el Atlántico, formando la comarca de El Bierzo, y el Cares hacia el N, en dirección al mar Cantábrico. Tiene un clima atlántico en el O y de interior en el resto, con algunas áreas de clima de montaña en las sierras citadas y vegetación de bosque de hayas y castaños en la comarca de El Bierzo y en las estribaciones de la Cantábrica, y de matorrales y monte bajo en los páramos. Sus principales recursos económicos proceden de la agricultura y minería, cultivándose cereales, alubias en La Bañeza, vid en El Bierzo y ribera del Esla, remolachas y plantas forrajeras; cuenta con importantes yacimientos de carbón en Fabero y Villablino, de hierro en Ponferrada, Astorga y San Miguel de Dueñas y canteras de pizarra. Posee también industria de materiales de construcción, maquinaria y metal, química, textil, alimentaria, del vidrio y del mueble.

2. C. de España, cap. de la prov. homónima, situada en la confluencia de los ríos Bernesga y Torio. 144.150 h. en 1991. Es un importante centro comercial y tiene industria química, constructora, de maquinaria, metalúrgica, de productos lácteos, del vidrio y del azúcar. Sus principales monumentos son la catedral, de estilo gótico, la iglesia románica de San Isidoro y el hospital de San Marcos, actual parador nacional de turismo.

Hist. El acantonamiento de la *Legio Septima Gemina* en época de Augusto frente a los pueblos norteños de Hispania dio origen y nombre a la ciudad de León. Fue conquistada a principios del s. VIII por el Islam, que mantuvo su dominio hasta el año 846. La ciudad fue repoblada por Ordoño I en el año 856 y se convirtió en sede episcopal. Durante el reinado de Alfonso III llegó a ser el eje cultural y político del reino de Asturias, cuya capitalidad obtuvo en época de Ordoño II. Tras otra época de dominio musulmán se convirtió en capital del reino del mismo nombre. En las célebres cortes de León de 1188 fueron convocados a la Curia Real por vez primera los caballeros y burgueses, compartiendo tal prerrogativa con obispos y magnates. El avance de la Reconquista más allá del valle del Tajo hizo disminuir su importancia, siendo incorporada al reino de Castilla.

León 1. C. de México, situada en el estado de Guanajuato. 872.450 h. en 1990. Es un destacado núcleo comercial, sobre todo de mercado agrícola y ganadero. Su industria zapatera, textil, alimentaria, química y metalúrgica está entre las más desarrolladas del país. También se llama *León de los Aldamas.*

2. C. de Nicaragua, cap. del departamento del mismo nombre, al NO de la capital del país. 101.000 h. en 1985. Es un centro comercial y administrativo que cuenta con industrias del cuero, alimentarias, fosforeras y perfumeras. Entre sus monumentos destacan la catedral (s. XVIII) y las iglesias barrocas de la Merced y de la Recolección.

León Nombre de varios emperadores de Bizancio.

León I (h. 411 - 474) Emperador de Oriente (457-474). Fue elevado al trono por Aspar, general en jefe del ejército, que por ser de raza alana no podía ocuparlo. Contra el dominio de los germanos en el ejército opuso a mercenarios isaurios, pueblo de Asia Menor, y consiguió que Aspar fuera acusado de traición y ajusticiado. Envió una expedición contra los vándalos de Genserico, dueños del Mediterráneo occidental, pero fue derrotado. Persiguió la herejía del monofisismo.

León III el Isáurico (Germanicea, Comagene h. 675 - ? 741) Emperador de Oriente (717-741). Siendo gobernador de Anatolia, ante el peligro que corría Constantinopla, sitiada por los musulmanes, se hizo coronar emperador y consiguió romper el asedio. Venció a los búlgaros y reformó la administración. Su prohibición del culto a las imágenes desató la querella iconoclasta. Fue el fundador de la dinastía isáurica.

León IV el Jázaro (? 750 - ? 780) Emperador de Oriente (775-780). Hijo de Constantino V, combatió a sus hermanos Nicéforo y Cristóforo y con el apoyo del ejército aseguró el trono a su hijo Constantino. Aunque mantuvo la postura iconoclasta, su temprana muerte permitió a su mujer, la emperatriz Irene, restablecer el culto a las imágenes (787).

León V el Armenio (? - ? 820) Emperador de Oriente (813-820). Derrocó a Miguel I y defendió Constantinopla del asedio búlgaro. Volvió a la iconoclastia, abolida por la emperatriz Irene, y fue asesinado por los seguidores de Miguel II.

León VI el Sabio o **el Filósofo** (? 866 - ? 912) Emperador de Oriente (886-912). Hijo de Basilio I, publicó las *Basílicas* (887-893), obra legislativa iniciada por su padre. Fue derrotado por los búlgaros, en una campaña desastrosa, y perdió Sicilia. Mandó al exilio al patriarca Focio (886).

León Nombre de varios papas.

León I Magno, San (Volterra ? - Roma 461) Papa italiano. Su pontificado abarca de 440 a 461. Defendió Roma de Atila (452), pero no pudo impedir que la ciudad fuera saqueada por el vándalo Genserico (455). Combatió la herejía de Nestorio en el concilio de Calcedonia (451).

León III, San (Roma 750 - íd. 816) Papa romano. Su pontificado abarca de 795 a 816. Sometido totalmente a Carlomagno, coronó a éste emperador en el año 800, hecho que provocó la ruptura con Bizancio. Condenó el adopcionismo, y durante su pontificado se planteó la disputa del *Filioque.*

León: vista aérea de la catedral.

León IV, San (¿Roma? ? - Roma 855) Papa romano. Su pontificado abarca de 847 a 855. Era monje benedictino. Para defender Roma de los ataques sarracenos, rodeó la basílica de San Pedro de murallas que la unían a la ciudad y al castillo de Sant'Angelo (Ciudad Leonina). Defendió los derechos de la Santa Sede frente al poder imperial y consagró emperador a Luis II.
León IX, San (Egisheim, Alsacia 1002 - Roma 1054) Papa lorenés. De nombre Bruno de Egisheim-Dagsburg, su pontificado abarca de 1049 a 1054. Fue elevado al solio pontificio en el concilio de Worms por deseo del emperador Enrique III. Comenzó la reforma de la Iglesia con la colaboración del monje Hildebrando (futuro papa Gregorio VII). Viajó por Italia, Francia y Alemania. Enfrentado al patriarca Miguel Cerulario, envió a sus legados Federico y Humberto de Lorena, que lo excomulgaron, lo que originó el cisma de Oriente (1054) tras la muerte del papa.
León X (Florencia 1475 - Roma 1521) Papa italiano. De nombre Giovanni de Médicis, era hijo de Lorenzo el Magnífico y su pontificado abarca de 1513 a 1521. Practicó el nepotismo, colocando a sus familiares en puestos de la curia romana. Intervino activamente en la política italiana y apoyó al emperador Carlos V. Excomulgó a Lutero (1520). Ejerció el mecenazgo protegiendo a artistas como Miguel Ángel y a numerosos humanistas.
León XII (Genga, Ancona 1760 - Roma 1829) Papa italiano. De nombre Annibale Sermattei della Genga, su pontificado abarca de 1823 a 1829. De talante conservador, condenó el liberalismo y la masonería, y se le llamó el *Papa de la Santa Alianza.* Trasladó la corte pontificia del Quirinal al Vaticano.
León XIII (Carpineto Romano 1810 - Roma 1903) Papa italiano. De nombre Vincenzo Gioacchino Pecci, su pontificado abarca de 1878 a 1903. Durante su pontificado la Iglesia experimentó un considerable avance modernizador. Desvinculó a los católicos de la fidelidad a las monarquías si éstas se apartaban de la justicia, mejoró el clima ecuménico entre las distintas Iglesias y buscó la aproximación a los católicos estadounidenses. En su encíclica *Rerum novarum* (1891) expresó la doctrina de la Iglesia respecto a la justicia social con un carácter progresista.

León XIII.

León, Diego de (Córdoba 1807 - Madrid 1841) Militar español. Combatió en la primera guerra carlista, en la que se distinguió en la toma de Belascoain, y en la campaña de Aragón. Al tomar el poder Espartero, se exilió a Francia, desde donde regresó para participar en una conspiración en la que estaba previsto el secuestro de la reina niña, pero fue detenido, juzgado y fusilado.

León, fray Luis de (Belmonte, Cuenca 1527 - Madrigal de las Altas Torres, Ávila 1591) Escritor español. Religioso agustino, era catedrático de teología en Salamanca cuando fue encarcelado por la Inquisición, acusado de herejía. Se dice que, al reintegrarse a su cátedra cinco años más tarde, comenzó su primera lección con la frase: «Decíamos ayer...». Fue un gran erudito, experto en lenguas semíticas, filosofía escolástica y patrística española. Escribió poesías, en las que es de señalar su profundo conocimiento de los clásicos grecolatinos e italianos, la serenidad del sentimiento religioso y la sencillez expresiva, que hacen de él uno de los más genuinos representantes del Renacimiento español. Entre ellas destacan *La vida retirada, Noche serena, La profecía del Tajo, Oda a Felipe Ruiz* y *A Francisco Salinas.* Sus principales obras en prosa son *La perfecta casada* (1583) y *De los nombres de Cristo* (1583).

León, reino de Reino cristiano de la España medieval. Surgió en el año 910 a consecuencia del reparto del reino de Asturias entre los tres hijos de Alfonso III; la muerte de sus dos hermanos permitió a Fruela II reunificar los tres territorios, pero ya con su centro político en León. Formaron el reino cinco entidades territoriales diferenciadas: Asturias, Galicia, León y las marcas de Portugal y Castilla, que después se independizaron. En lo político se caracterizó por su pretensión de ser la continuación del reino visigodo, lo que le confirió una teórica hegemonía sobre el conjunto de reinos hispánicos; y en lo social, por la llegada de numerosos mozárabes procedentes de al-Ándalus.
El reino perdió su independencia al ser vencido Bermudo III en 1037 por el ya rey castellano Fernando I. Fue nuevamente independiente entre 1065 y 1072 bajo Alfonso VI, pero otra vez incorporado a Castilla tras la batalla de Golpejera. El último periodo independiente de León se produjo durante los reinados de Fernando II y Alfonso IX, entre 1157 y 1230, época en la que prosiguió su expansión a costa del Islam y la repoblación. Fue definitivamente incorporado a Castilla bajo Fernando III el Santo.

León, Ricardo (Barcelona 1877 - Madrid 1943) Escritor español. Con un estilo altisonante exaltó los valores tradicionales. Algunas de sus novelas más características son *Casta de hidalgos* (1908), *Alcalá de los Zegríes* (1909), *El amor de los amores* (1910), *Las siete vidas de Tomás Portolés* (1931) y la trilogía *Jornadas de la revolución española* (1932-43).

León Felipe, Felipe Camino Gallego, llamado (Tábara, Zamora 1884 - Ciudad de México 1968) Poeta español. La primera etapa de su vida estuvo marcada por su vocación viajera y su amor por el teatro ambulante. En 1938 se exilió a México y desde entonces y hasta su muerte su obra evocó el sentimiento de desgarro y ruptura que la derrota de la república y su marcha de España le provocaron. Admirador de Walt Whitman, muestra en su poesía un profundo interés por el hombre y por lo cotidiano, expresado siempre con patetismo y un lenguaje muy sobrio. Entre sus obras sobresalen *Versos y oraciones de caminante* (1929), *El payaso de las bofetadas* (1938), *Ganarás la luz* (1942), *Oídme, publicanos* (1950) y *Este pobre y roto violín* (1968).

León Hebreo, Yehudá Abrabanel, llamado (Lisboa h. 1465 - Italia h. 1521) Filósofo y médico judío. Residió en Toledo, ciudad que tuvo que abandonar debido a la expulsión de los judíos, trasladándose entonces a Italia, donde ejerció como médico del Gran Capitán en Nápoles. Escribió en italiano *Diálogos de amor* (1535), de influencia platónica, considerado como el mejor tratado de amor de la época.

León Pinelo, Antonio de (¿Valladolid? h. 1590 - Madrid 1660) Erudito español. Viajó a América y residió en Buenos Aires, Córdoba y Lima. Tras ejercer de alcalde mayor en las minas de Oruro (1619), regresó a España e ingresó en el Consejo de Indias, ocupándose de la recopilación de las leyes de Indias. Trasladado a Madrid (1621), logró obtener el cargo de cronista mayor de Indias (1658). Entre sus obras merecen citarse *Epítome de la Biblioteca oriental y occidental, náutica y geográfica* (1629) y *Tratado de confirmaciones reales de encomiendas y oficios y casos en que se requieren para las Indias Occidentales* (1630).

leonado, da *adj.* De color rubio rojizo, como la piel del león.

Leonard, Sugar Ray (Wilmington 1956) Boxeador estadounidense. Medalla de oro de los welters en los Juegos Olímpicos de Montreal (1976), pasó al campo profesional y en 1979 conquistó el título mundial de los welters, en versión del Consejo Mundial. Al año siguiente perdió y reconquistó el título frente al panameño Roberto Durán. En 1981 también consiguió ser campeón de los welters, en versión de la Asociación Mundial de Boxeo. Retirado en 1982, volvió al ring en 1986 y en 1988 consiguió el título mundial de los pesos medios. Se retiró en 1991.

Fray Luis de León. Grabado de Francisco Pacheco (Museo de la Real Academia de San Fernando, Madrid).

Leonardo da Vinci: Mona Lisa *o* La Gioconda *(Museo del Louvre, París).*

Leonardo da Vinci (Vinci, Toscana 1452 - Amboise 1519) Pintor, escultor, ingeniero y arquitecto italiano. Fue uno de los grandes artistas de su tiempo y prototipo de los hombres del Renacimiento, interesado por todos los aspectos del saber. Se formó en Florencia, en el taller de Andrea Verrocchio, aunque desarrolló la mayor parte de su actividad en Milán gracias al mecenazgo de Ludovico el Moro. Hizo notables aportaciones a los campos de la anatomía, física, ingeniería civil y militar, arquitectura, música y literatura; realizó diseños científicos de aparatos para la navegación, el vuelo y la guerra, que anticiparon máquinas que sólo siglos más tarde fueron construidas. Pero el campo en el que su talento halló su máxima demostración fue la pintura. Su obra pictórica se caracteriza por la perfección de las composiciones, la creación de perspectiva con la gradación del color, las atmósferas sutiles producidas por la técnica del esfumado y la célebre y enigmática sonrisa de sus personajes. Entre sus principales pinturas cabe citar *La anunciación, Retrato de Ginebra Benzi, La Adoración de los Magos, La Virgen de las rocas, La Santa Cena, Santa Ana, la Virgen y el Niño, Mona Lisa* o *La Gioconda* y *La batalla de Anghiari.* Su obra teórica, *Tratado de pintura* (1651), constituye un documento valiosísimo para el conocimiento de las concepciones estéticas del autor. Sostenía que el objeto de la pintura era la imitación de la naturaleza y que este arte tenía que ocupar un lugar en el ámbito de las ciencias.

Leoncavallo, Ruggiero (Nápoles 1858 - Montecatini, Florencia 1919) Compositor italiano. Es autor de óperas de estilo verista, como *Payasos* (1892) y *La bohème* (1897).

leone *s. m.* Unidad monetaria oficial de Sierra Leona.

Leone, Giovanni (Nápoles 1908) Político italiano. Democristiano, fue presidente de la república (1971-78).

Leone, Sergio (Roma 1921 - íd. 1989) Director de cine italiano. Es el creador del *espagueti western,* género de películas del oeste rodadas en Europa que destacaron por la estilizada y teatral forma de presentar la violencia, como *Por un puñado de dólares* (1964), *La muerte tenía un precio* (1965) y *El bueno, el feo y el malo* (1966). Posteriormente dirigió *Érase una vez en América* (1986).

leonera *s. f.* **1.** Lugar donde se encierra a los leones. **2.** *fam.* Habitación o casa muy desordenada. **3.** *fam.* Casa de juego. **4.** *Arg., Ec., P. Rico. fam.* En los cuarteles de policía, celda o habitación donde se encierra a muchos detenidos.

leonés, sa *adj.* **1.** De León, ciudad y provincia de España, y ciudad de México, en el estado de Guanajuato. **2.** Perteneciente o relativo al antiguo reino de León. ‖ *s. m.* **3.** Antiguo dialecto romance hablado en el reino de León, conocido también como *asturleonés*.

Leonhardt, Gustav ('s-Graveland 1928) Musicólogo y organista neerlandés. Sus interpretaciones, realizadas con instrumentos de la época y basadas en investigaciones históricas, le han convertido en una de las mayores autoridades en materia de música antigua.

Leoni, Leone (Menaggio, Como 1509 - Milán 1590) Escultor italiano. Realizó esculturas de bronce y medallones conmemorativos. En 1546 entró al servicio de Carlos V, para quien esculpió *Carlos Quinto abatiendo al furor* (1564) y las estatuas de la emperatriz Isabel, María de Austria y Felipe II.

Leoni, Leone (Verona h. 1560 - Vicenza 1627) Compositor italiano. Fue maestro de capilla y autor de obras religiosas y profanas. Publicó varios volúmenes de motetes y madrigales, escritos a varias voces y algunos de ellos con instrumentación.

Leoni, Pompeo (Pavía h. 1533 - Madrid 1608) Escultor italiano. Hijo del también escultor Leone Leoni, estuvo como él al servicio de la corte de España. En su obra, de estilo manierista, destacan los mausoleos de Carlos V y de Felipe II (1590) que flanquean el altar mayor de la basílica del monasterio de El Escorial.

Leoni, Raúl (Upata, Bolívar 1905 - Nueva York 1972) Político venezolano. En 1945 fundó el partido Acción Democrática, que presidió hasta 1963. Fue elegido presidente de la república en 1964 y durante los cinco años de su mandato combatió la acción guerrillera e impulsó una reforma agraria moderada.

Leónidas Nombre de dos reyes de Esparta.
Leónidas I (? - Paso de las Termópilas 480 a. C.) Rey de Esparta (h. 490-480 a. C.). Durante la segunda guerra médica, al mando de 300 hoplitas espartanos y otras fuerzas de diversas polis griegas, defendió el paso de las Termópilas frente al poderoso ejército persa de Jerjes, compuesto por más de 100.000 soldados. Con su heroica defensa, y al precio de su vida y la del último de sus hombres, permitió a las fuerzas griegas reorganizarse y vencer a Jerjes en la batalla de Salamina.
Leónidas II (? h. 315 - ? 236 a. C.) Rey de Esparta (h. 247-236 a. C.). Conservador, se opuso a las reformas iniciadas por su colega Agis IV, por lo que fue destronado y desterrado a Tegea (242 a. C.), pero logró reconquistar el poder (240 a. C.) y condenó a muerte a Agis IV.

leonino, na *adj.* **1.** Relativo al león o parecido a él. **2.** Se dice del acuerdo, contrato, etc., en que una de las partes ha de cumplir unas condiciones muy duras, y también de estas condiciones. **3.** Perteneciente o relativo a alguno de los papas que llevaron el nombre de León. ‖ *s. f.* **4.** Lepra en que la piel toma el aspecto de la del león.

Leonor de Aquitania (? h. 1122 - ? 1204) Reina de Francia (1137-52) y posteriormente de Inglaterra (1154-89). Hija de Guillermo X, duque de Aquitania, casó primero con Luis VII de Francia y, al disolverse el matrimonio en 1152, con Enrique II Plantagenet, rey de Inglaterra. Fue madre de los reyes ingleses Ricardo Corazón de León y Juan sin Tierra.

Leonor de Aragón (? 1358 - ? 1382) Reina de Castilla (1379-82). Hija de Pedro IV de Aragón y de Leonor de Sicilia, casó con el futuro Juan I y fue madre de Enrique III, rey de Castilla, y de Fernando de Antequera, rey de Aragón.

Leonor de Aragón (? 1420 - Tudela, Navarra 1479) Reina de Navarra (1479). Hija de Juan II de Aragón y esposa de Gastón de Foix, su padre la nombró reina de Navarra en 1457, tras desposeer de sus derechos a su hijo Carlos de Viana, pero hasta la muerte de Juan II (1479) sólo actuó como su lugarteniente.

Leonor de Austria (Lovaina 1498 - Talaveruela, Badajoz 1558) Reina de Portugal y después de Francia. Hija mayor de Felipe el Hermoso y de Juana la Loca, casó primero con Manuel el Afortunado, rey de Portugal en 1519, y tras enviudar, con Francisco I de Francia en 1530.

Leonor de Castilla (? h. 1310 - Castrojeriz, Burgos 1359) Reina de Aragón. Hija de Fernando IV de Castilla, casó con Alfonso IV el Benigno y luchó abiertamente contra sus hijastros. Cuando murió su marido, se refugió en Castilla, desde donde siguió conspirando contra Aragón. Pedro I el Cruel mandó ejecutarla a causa del apoyo que prestó a su hermano bastardo Enrique de Trastámara.

Leonor de Guzmán (? 1310 - Talavera de la Reina, Toledo 1351) Amante de Alfonso XI de Castilla. Aunque por motivos políticos éste se casó con María de Portugal, ella nunca se separó de su lado y llegó a darle nueve hijos, uno de los cuales sería Enrique II de Castilla, primer rey de la dinastía Trastámara, tras vencer a Pedro I el Cruel en la guerra civil castellana.

Leonor de Inglaterra (? 1156 - ? 1214) Reina de Castilla (1170-1214) por su matrimonio con Alfonso VIII. Hija de Enrique II Plantagenet y de Leonor de Aquitania, a ella se debe la fundación del monasterio de las Huelgas en Burgos.

Leonor de Trastámara (? 1350 - Olite, Navarra 1415) Reina de Navarra (1387-1415) por su matrimonio con Carlos III el Noble. Era hija de Enrique II de Castilla. Por la infidelidad del rey, pasó a la corte castellana e intervino en la política interna del reino castellano durante el reinado de Juan I y la minoría de Enrique III. En 1395 volvió al lado de Carlos III y gobernó prudentemente el reino de Navarra durante los frecuentes viajes de su esposo a Francia.

Leonor Téllez de Meneses (Tras-os-Montes ? - Tordesillas, Valladolid 1405) Reina de Portugal (1372-85). Pertenecía a un poderoso linaje castellano. Casó con Fernando I de Portugal, sobre el que ejerció gran influencia interviniendo en el gobierno del reino. A la muerte de su marido pretendió que heredara la corona Juan I de Castilla, casado con su única hija Beatriz, pero lo impidió la derrota de Aljubarrota. Se retiró al convento de Tordesillas.

León-Portilla, Miguel (Ciudad de México 1926) Historiador y antropólogo mexicano. Autoridad en culturas precolombinas mesoamericanas, fue director del Instituto Indigenista Interamericano (1960-66) y en 1963 fue nombrado director del Instituto de Investigaciones Históricas de la UNAM. Algunos de sus libros más destacados son *Visión de los vencidos* (1959), *Los antiguos mexicanos* (1961), *Literaturas precolombinas de México* (1964), *Historia documental de México* (1964), *El reverso de la conquista* (1964) y *Mesoamérica antes de 1519* (1984).

Leontief, Wassily (San Petersburgo 1906) Economista estadounidense de origen ruso. Profesor en la universidad de Harvard, realizó importantes estudios sobre las tablas input-output. Es autor de *La estructura de la economía norteamericana, 1919-1939* (1941) y *Estudios sobre la estructura de la economía norteamericana* (1953). Obtuvo el premio Nobel de economía en 1973.

leontina *s. f.* Cadena corta de reloj de bolsillo.

Leopardi, Giacomo (Recanati, Marcas 1798 - Nápoles 1837) Poeta italiano. Hombre de salud enfermiza y carácter atormentado, es el principal representante de la lírica romántica italiana, aunque su gran conocimiento de la literatura griega y latina da a sus obras, melancólicas y desesperadas, una sencillez y precisión expresiva de corte clásico. En su poesía destacan los títulos *Al pie del monumento de Dante* (1818), *Cantos* (1824-35), *La calma después de la tempestad* (1829), *Canto nocturno* (1831) y *La retama* (1836). En prosa escribió *Opúsculos morales* (1827) y *Misceláneas* (1817-32).

leopardo *s. m.* Mamífero carnívoro de la familia félidos, especie *Panthera pardus*. Alcanza hasta dos metros y medio de longitud, incluida la cola, tiene la cabeza grande, el cuello corto, el cuerpo esbelto y las patas fuertes. El color de su piel es ocre amarillento con manchas negras, aunque existe una variedad de color negro intenso. Habita en los bosques y sabanas de África, Asia meridional, Ceilán y el archipiélago de Sonda. Es muy ágil tanto andando como trepando y se alimenta de otros animales, incluso de gran tamaño, que caza al acecho.

Leopoldo Nombre de dos emperadores germánicos.
Leopoldo I (Viena 1640 - íd. 1705) Rey de Hungría (1655-1705), archiduque de Austria y emperador (1657-1705) y rey de Bohemia (1658-1705). Defendió Hungría de los turcos otomanos, obteniendo la victoria de San Gotardo en 1664. Su reinado supuso el declive de la hegemonía del imperio en Centroeuropa, desplazado por el rey Luis XIV de Francia, que le arrebató el Palatinado. Apoyó las pretensiones de su hijo Carlos al trono de España, tras la muerte sin sucesor de Carlos II.
Leopoldo II (Viena 1747 - íd. 1792) Emperador, archiduque de Austria y rey de Bohemia y Hungría (1790-92). Fue gran duque de Toscana (1765-1791) con el nombre de Leopoldo I, recuperó los Países Bajos para el imperio en 1790 y aplastó la sublevación de Lieja en 1791. Firmó una paz con el imperio otomano y concertó una alianza con Prusia contra la Francia revolucionaria.

Leopoldo Nombre de tres reyes de Bélgica.
Leopoldo I (Coburgo 1790 - Laeken 1865) Rey de Bélgica (1831-65). Fue elegido rey tras haber rechazado la corona de Grecia. Su política trató de mantener el equilibrio entre Francia y Gran Bretaña. En 1832 logró recuperar Amberes, entonces en poder de los neerlandeses. A partir de 1857 se limitó a su papel constitucional.
Leopoldo II (Bruselas 1835 - Laeken 1909) Rey de Bélgica (1865-1909) y soberano del Congo (1885-1907). Hijo y sucesor de Leopoldo I, se enriqueció con la explotación del caucho y marfil congoleños; acusado de trato inhumano a los nativos, el parlamento belga le obligó a ceder la soberanía de este país africano al Estado en 1908.
Leopoldo III (Bruselas 1901 - íd. 1983) Rey de Bélgica (1934-51). Hijo de Alberto I e Isabel de Baviera, debido a su actitud ambigua ante la invasión alemana en la Segunda Guerra Mundial, al término de la misma fue obligado por el parlamento a abdicar en su hijo Balduino.

leotardo *s. m.* **1.** Especie de medias que llegan hasta la cintura. Se usa sobre todo en *pl.* **2.** Traje deportivo, generalmente sin mangas y ceñido al cuerpo, que cubre hasta los pies, usado por los gimnastas, trapecistas, etc.

Leovigildo (? - Toledo 586) Rey visigodo de España (573-586). Fue asociado al trono por su hermano Liuva en 573 y se casó con la mujer del antecesor de éste, Goswintha. Fue el constructor de la primera unidad política de España. Inició su reinado sometiendo los numerosos núcleos independientes que existían en la Península. Los ricos propietarios hispanorromanos del valle del Guadalquivir, temerosos de su creciente poder, incitaron a su hijo Hermenegildo a sublevarse, lo que éste hizo como defensor del catolicismo, pero fue vencido en Sevilla y Córdoba (584) y posteriormente ajusticiado. Leovigildo conquistó el reino suevo de Galicia, rechazó una invasión de los francos, adoptó la pompa de la realeza de los emperadores de Oriente, acuñó moneda por vez primera en el reino visigodo y promulgó un código de leyes. Una vez unificado el reino políticamente, intentó su unidad ideológica y racial, derogando la antigua ley que prohibía matrimonios entre romanos y godos y convocando un concilio en Toledo, que facilitó la conversión de los católicos hispanorromanos al arrianismo, siendo ésta la única de sus iniciativas en la que fracasó, por la resistencia del clero católico.

Leoz de la Fuente, Rafael (Madrid 1921 - íd. 1976) Arquitecto español. Inventó el módulo en L para la racionalización del espacio interior. Construyó, entre otras obras, la embajada de España en Brasilia (1960).

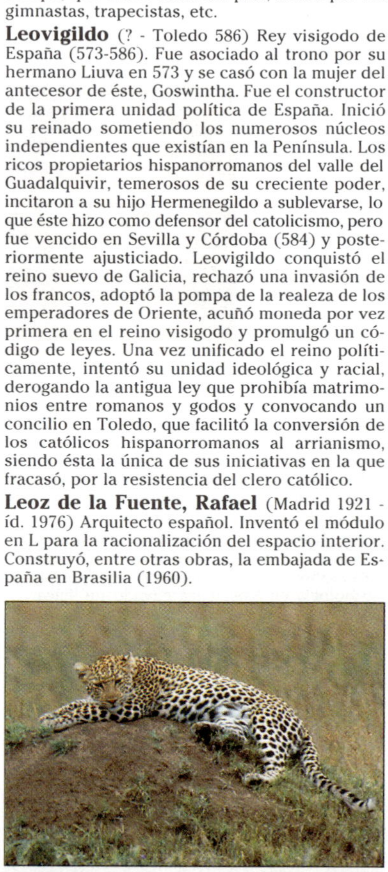

Leopardo (Panthera pardus).

Lepanto, batalla de Combate naval librado en 1571 en el golfo de este nombre, frente a las costas griegas, entre la flota de la Liga Santa, formada por España, Estados Pontificios y Venecia, y la del imperio otomano. La flota de la Liga, que contaba con unas 280 naves, estaba al mando de don Juan de Austria y en ella participaban militares tan prestigiosos como Álvaro de Bazán, Alejandro Farnesio, Andrea Doria, Luis de Requesens, Marco Antonio Colonna y Sebastián Veniero. La flota otomana, al mando de Alí-Bajá, que murió en el combate, constaba de unas 300 embarcaciones. La batalla duró cinco horas y en ella obtuvo una resonante victoria Juan de Austria. El triunfo puso un freno al poderío turco en el Mediterráneo, aunque por breve tiempo.

Lepe C. de España, situada en la prov. de Huelva, al O de la capital. 16.500 h. en 1990. Ha desarrollado una importante agricultura bajo plástico y de invernadero. Es el primer productor europeo de fresón y posee asimismo cultivos de huerta, cereales, etc. El turismo de su litoral ha experimentado gran auge.

Lepe Se utiliza en las loc. fam. **saber más que Lepe** o **saber más que Lepe, Lepijo y su hijo**, saber mucho, ser muy astuto, por alusión a Don Pedro de Lepe, obispo de Calahorra en el s. XVII, famoso por su sabiduría.

lépero, ra *adj. Amér. C., Méx.* Ordinario, grosero, de clase social baja. También *s.*

Lépido, Marco Emilio (? - ? h. 13 a. C.) Militar y político romano. Formó el segundo triunvirato del año 43 a. C. junto a Marco Antonio y Octaviano, el futuro emperador Augusto. Fue depuesto por sus dos colegas y nombrado pontífice máximo en el año 36 a. C.

lepidolita *s. f.* $KLi[Al(OH,F)_2]Al(SiO_3)_3$. Mineral silicato de potasio, litio y aluminio. Variedad de la mica, es relativamente raro, transparente y de color lila o rosa, y cristaliza en el sistema monoclínico. Se aprovecha como mena del litio y se halla en yacimientos de Sajonia (Alemania), los Urales (Rusia), Australia y EE UU.

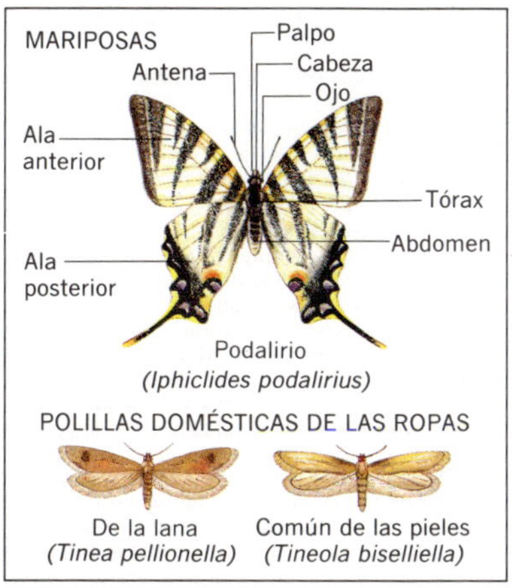

Lepidópteros: mariposas y polillas.

lepidópteros *s. m. pl.* Orden de insectos al que pertenecen unas 100.000 especies comprendidas en los subórdenes ropalóceros y heteróceros. Se caracterizan por tener dos pares de alas membranosas, cubiertas de escamas diminutas y de muy diversos colores, boca chupadora con una prolongación llamada espiritrompa, antenas mazudas o plumosas y ojos compuestos. Su metamorfosis es compleja, pasando por la fase de oruga, y tienen costumbres diurnas o nocturnas. Habitan en todos los continentes y algunas de las especies son dañinas para los cultivos. Lepidópteros son las mariposas y las polillas. También *adj.* y *s. m.*

leporino, na *adj.* **1.** Perteneciente o relativo a la liebre. **2.** Se aplica al labio superior humano que está partido debido a una malformación congénita, a semejanza del de la liebre.

lepra *s. f.* Enfermedad infecciosa transmitida por una micobacteria llamada bacilo de Hansen *(Mycobacterium leprae)*. Produce úlceras y lesiones en la piel y los nervios, que provocan insensibilidad e incluso mutilaciones. Se trata con quimioterapia y en algunos países tiene carácter endémico. Es una enfermedad temida desde la antigüedad y que ha supuesto la marginación de los que la padecían.

leprosería *s. f.* Hospital de leprosos.

leproso, sa *adj.* Que tiene lepra. También *s.*

leptomitáceas *s. f. pl.* Familia de hongos ficomicetos perteneciente al orden lectomitales y que incluye diversas especies de los géneros *Leptomitus* y *Apodachlya*. Viven en el agua y se caracterizan por tener el micelio ramificado. También *adj.* y *s. f.*

leptón *s. m.* Partícula subatómica de spin semientero y masa menor que los mesones. Son leptones el electrón, el positrón, los neutrinos y los muones.

Lera, Ángel María de (Baides, Guadalajara 1912 - Madrid 1984) Novelista español. Autor de carácter realista y estilo directo, publicó entre otras obras *Los clarines del miedo* (1959) y *Las últimas banderas* (1967).

lerdo, da *adj.* **1.** Torpe, tonto. **2.** Aplicado generalmente a los animales, lento, torpe de movimientos.

Lerdo de Tejada, Sebastián (Jalapa 1827 - Nueva York 1889) Político mexicano. Prestó su apoyo a Juárez en la guerra de Intervención (1863) y firmó la prórroga del mandato presidencial de éste en su condición de ministro de Gobernación. A la muerte de Juárez ocupó interinamente la presidencia de la república, en la que fue confirmado en las elecciones de 1872. Su mandato fracasó por una deficiente gestión económica. Fue derrocado por Porfirio Díaz en 1876 y se exilió a EE UU.

Lérida Véase **Lleida**.

leridano, na *adj.* De Lérida. También *s.*

Lerma, Francisco de Sandoval y Rojas, duque de (? 1553 - Tordesillas, Valladolid 1623) Político español. Fue el valido de Felipe III entre los años 1598 y 1618 y en su largo gobierno se ganó el odio del pueblo y de la nobleza por su avaricia y nepotismo. Acumuló cargos y rentas, adquiriendo un patrimonio de millones de ducados. Cuando fue sustituido en el puesto de valido por su propio hijo, el duque de Uceda, se hizo nombrar cardenal, lo que le evitó ser ajusticiado. En el interior decidió la expulsión de los moriscos (1609-10) y no pudo llevar a cabo la necesaria reforma económica; en el exterior buscó siempre la paz, mejorando las relaciones con Inglaterra y Francia y acordando la tregua de los Doce Años con los Países Bajos (1609). En el Mediterráneo prosiguió la política de Felipe II y en 1610 ocupó la plaza de Larache en Marruecos.

Lermontov, Mijail Yurievich (Moscú 1814 - Piatigorsk, Cáucaso 1841) Poeta ruso. En su vida y obra fue el prototipo del romántico. Siguió la carrera militar, vivió diversas aventuras amorosas y murió a los 27 años en un duelo. Escribió en prosa *Un héroe de nuestro tiempo* (1839); en poesía, *El boyardo Orsha* (1835), *La muerte del poeta* (1837), *El demonio* (1840) y *Octubre* (1840), y para el teatro, *Los españoles* (1830).

Leroux, Gaston (París 1868 - Niza 1927) Escritor francés. Periodista judicial y parlamentario, escribió novelas psicológicas, como *La doble vida de Théophraste Languet* (1904), y policiacas, protagonizadas por el detective Rouletabille, como *El misterio de la habitación amarilla* (1908) y *El perfume de la dama de negro* (1909). Alcanzó un gran éxito con su novela *El fantasma de la Ópera* (1910).

Lerroux García, Alejandro (La Rambla, Córdoba 1864 - Madrid 1949) Político español. Inició su carrera en el periodismo, colaborando en *El progreso*, *El intransigente* y *El radical* y distinguiéndose por su demagogia republicana. Fue elegido diputado a cortes por Barcelona, donde creó la Unión Republicana con Nicolás Salmerón, de la que se escindió en 1908 para fundar el Partido Republicano Radical. En 1910 fue nuevamente elegido diputado. Al ser proclamada la República fue llamado al gobierno (1931) y entre 1933 y 1935 presidió seis gobiernos distintos, de tendencia cada vez más derechista, el último de ellos en coalición con la CEDA. Desprestigiado por el escándalo del estraperlo, su partido fue estrepitosamente derrotado en las elecciones de 1936 y ni él mismo consiguió un escaño.

Lesage, Alain René (Sarzeau 1688 - Boulogne-sur-Mer 1747) Escritor francés. Buen conocedor de la literatura española, realizó adaptaciones de novelas y temas de la picaresca ambientados en la sociedad francesa. La más conocida es *Gil Blas de Santillana* (1715-35).

lesbianismo *s. m.* Inclinación sexual de las lesbianas. **FAM.** Lésbico.

lesbiano, na *adj.* **1.** Lesbio*. También *s.* **2.** Se dice de las mujeres que se sienten sexualmente atraídas hacia otras mujeres, así como de este tipo de atracción y de las relaciones, conductas, etc., a las que da lugar. También *s.*

lesbio, bia *adj.* De la isla griega de Lesbos. También *s.*

Lesbos **1.** Nomo de Grecia, que comprende además de la isla homónima la de Limnos y la de Ayos Eustratios. 2.154 km². 104.620 h. en 1981. La capital es Mitilene.
2. Isla griega del mar Egeo, situada en las proximidades de la costa turca. Tiene una economía basada en la agricultura.

Lescaze, William (Ginebra 1896 - Nueva York 1969) Arquitecto estadounidense de origen suizo. Estudió en Zurich y en 1923 emigró a EE UU. Representante del estilo internacional, colaboró de 1929 a 1934 con George Howe, en obras como el rascacielos de la Saving Fund Society de Filadelfia (1932).

Lescot, Pierre (París 1515 - íd. 1578) Arquitecto francés. En colaboración con Jean Goujon proyectó el nuevo Louvre de París y dirigió la construcción del ala SO del patio cuadrado y la fachada.

lesión *s. f.* **1.** Daño físico producido por una herida, un golpe o una enfermedad. **2.** Daño o perjuicio en general. **3.** En der., perjuicio que sufre una de las partes en un contrato, por ser éste desventajoso para la misma o por no cumplirse los términos acordados. ‖ *pl.* **4.** Delito o falta derivados de los daños ocasionados en el cuerpo o la salud de una persona sin que existiera la intención de matarla.

lesionar *v. tr.* **1.** Producir lesiones o daños físicos. También *v. prnl.* **2.** Perjudicar, agraviar.

lesivo, va *adj.* Que causa o puede causar lesión o perjuicio.

leso, sa *adj.* **1.** Lesionado, perjudicado. Se usa sobre todo en derecho. Se antepone al sustantivo. **2.** Con palabras como *mente*, *imaginación*, *juicio* y otras similares, trastornado.

Lesotho Estado de África austral.

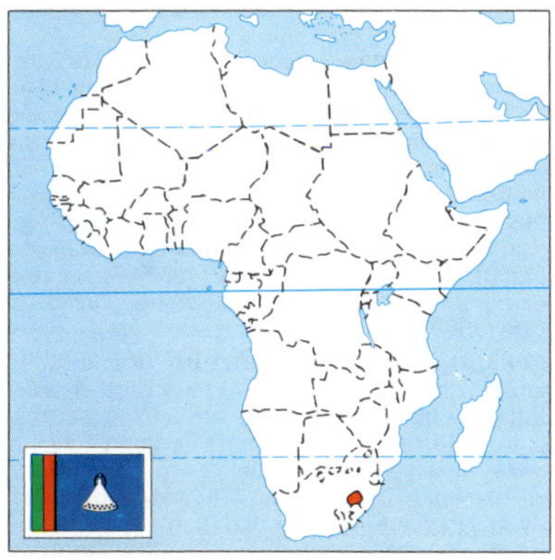

Extensión: 30.355 km².
Situación: en el interior de la República Sudafricana.
Población: 1.760.000 h. en 1990.
Densidad: 58 h./km².
Capital: Maseru.
División administrativa: 10 distritos.
Ciudades principales: Maputsoe, Teyateyaneng.
Gentilicio: basuto.
Forma de Estado: monarquía constitucional.
Idioma: sotho, inglés.
Religión: catolicismo, 43,5 %; protestantismo, 29,8 %; anglicanismo, 11,5 %; otros cristianismos, 8 %; tribalismo, 6,2 %.
Moneda: loti.
Tasa de natalidad: 41 ‰ en 1990.
Tasa de mortalidad: 12 ‰ en 1990.
Renta per cápita: 470 dólares en 1989.

Geog. física El país se halla enclavado en la región montañosa de los Drakensberg; en su sector oriental se alzan las mayores alturas del África austral, el Mont-Aux-Sources (3.299 m) y el Cathkin (3.660 m), y en su sector occidental el relieve presenta altas mesetas. De NE a SO discurren los ríos Orange y Caledon. El clima es mediterráneo de interior y de montaña, con grandes oscilaciones térmicas, y la vegetación herbácea y de matorral perenne.
Geog. humana y ***económica*** La población, de raza bantú, tiene un alto índice de crecimiento (2,9 % anual) y se concentra en las regiones llanas occidentales. Su economía es fundamentalmente agropecuaria, con cultivos de maíz, trigo y sorgo y ganadería ovina y caprina. Cuenta con yacimientos de diamantes en Letseng-la-Terai y de otras piedras preciosas. El país está subdesarrollado y depende en lo económico de la República Sudafricana, en cuyas minas trabaja gran parte de su población activa.
Hist. La antigua Basutolandia se formó entre los s. XVI y XVII con la instalación de las tribus basuto o sotho en el curso alto del río Orange. En 1818 el jefe Moshoeshoe unificó las diversas tribus y en 1843 el gobierno británico de Sudáfrica le reconoció la soberanía sobre el territorio comprendido entre los ríos Caledon y Orange, con el fin de establecer un estado tampón entre los dominios británicos y de los bóers. En 1849 estallaron las hostilidades entre británicos y basutos; la victoria obtenida en 1854 por Moshoeshoe le permitió pactar una paz favorable, pero en 1868 fue derrotado por los bóers y tuvo que aceptar la soberanía bóer y el protectorado británico. En 1871 Basutolandia se convirtió en colonia dependiente de Ciudad del Cabo. A mediados del s. XX comenzaron los movimientos independentistas. El Reino Unido le concedió la autonomía en 1965 y al año siguiente la plena independencia con el nombre de Lesotho, bajo la monarquía de Moshoeshoe II. Las primeras elecciones libres dieron el poder a Leabua Jonathan, de tendencia probritánica, pero en 1986 fue expulsado por un golpe de Estado que disolvió el parlamento y entregó el poder a un consejo militar presidido por el general Justin Lekhanya.

Lesseps, Ferdinand Marie (Versalles 1805 - La Chênaie, Indre 1894) Diplomático y administrador francés. Fue cónsul en Egipto, donde hizo amistad con el heredero al trono Said, hijo de Mehmet Alí. Abandonó la diplomacia en 1849 y en 1856 fundó la compañía que construyó el canal de Suez. En 1881 creó una nueva compañía para construir el canal de Panamá, pero fracasó debido a las dificultades del proyecto y la mala administración.

Lessing, Doris (Kirmansah, Irán 1919) Novelista británica. Vivió en Rhodesia hasta 1949. En su obra narrativa cabe señalar la reflexión autobiográfica, la descripción de la vida en las colonias británicas, sobre todo en Sudáfrica, un moderado feminismo y el planteamiento de problemas de la sociedad actual, como la vejez y el terrorismo. Sobresalen sus títulos *Canta la hierba* (1950), *Hijos de la violencia* (1952-69), *El cuaderno dorado* (1962) y *Diario de una buena vecina* (1983).

Lessing, Gotthold Ephraim (Kamenz, Sajonia 1729 - Brunswick 1781) Escritor alemán. Educado humanísticamente en Leipzig, se trasladó a Berlín (1748). Durante la guerra de los Siete Años fue secretario del general Tauentzien, en Breslau (1760-65), y en 1767 pasó a ocuparse de la dirección literaria del Teatro Nacional de Hamburgo, para terminar como director de la biblioteca de Wolfenbüttel (1775). Centró su labor en el teatro, tomando la obra de Shakespeare como modelo y rechazando la teoría francesa de las tres unidades. Entre sus obras dramáticas destacan *Miss Sara Sampson* (1755), *Minna von Barnhelm* (1767), *Emilia Galotti* (1772) y *Nathan el sabio* (1779). En el ámbito del pensamiento se interesó principalmente por la filosofía del arte y de la religión. Su obra *Laoconte* (1766-68), estudio comparativo de las distintas artes, especialmente de la pintura y la escultura por contraposición a la poesía, constituye uno de los elementos fundamentales que abrieron camino al Romanticismo. Otros textos claves donde expone sus teorías filosóficas son *La dramaturgia hamburguesa* (1767-68), críticas teatrales, y *La educación del género humano* (1780), donde refleja su ideal humanístico.

letal *adj.* Que causa o puede causar la muerte.

letanía *s. f.* **1.** Oración que se reza a Dios, a la Virgen o a los santos y que consiste en una serie de invocaciones seguidas de sus correspondientes contestaciones. **2.** Serie de alabanzas que se dicen a la Virgen al final del rosario. **3.** Enumeración larga y monótona.

letárgico, ca *adj.* Perteneciente o relativo al letargo.

letargo *s. m.* **1.** Disminución de la actividad del metabolismo que experimentan algunos animales durante la hibernación, en la estación fría, o durante la estivación, en la estación seca. **2.** Sueño profundo o pesado. **3.** Inactividad.

Leticia C. de Colombia, cap. de la comisaría de Amazonas. 18.200 h. en 1981.

Leticia, conflicto de Disputa que estalló entre Perú y Colombia en 1932, cuando tropas peruanas intentaron recuperar la ciudad, perdida ante los colombianos en la guerra de 1922-23. La mediación internacional resolvió el incidente y confirmó en 1934 la soberanía colombiana sobre la ciudad.

letón, na *adj.* **1.** De Letonia. También *s.* **2.** Se dice de un pueblo de raza lituana que habita en Curlandia, región de Letonia. **3.** De este pueblo. También *s.* ‖ *s. m.* **4.** Lengua báltica hablada en Letonia. **5.** Lengua que se habla en Curlandia, dialecto del lituano.

Letonia, República de (en letón *Latvijas*, en ruso *Latvisnaia*) Estado de la Europa báltica, antigua república de la URSS.

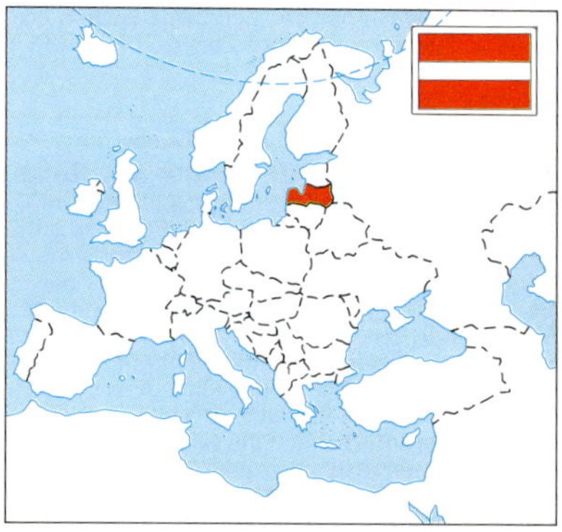

Extensión: 64.500 km^2.
Límites: al N, con el golfo de Riga y Estonia; al E, con la Federación Rusa; al S, con Lituania y Bielorrusia, y al O, con el mar Báltico.
Población: 2.711.700 h. en 1990.
Densidad: 42 h./km^2.
Capital: Riga.
Ciudades principales: Liepaja, Daugavpils.
Gentilicio: letón.
Forma de Estado: república.
Idioma: letón, ruso.
Religión: protestantismo, catolicismo.
Moneda: rublo.
Renta per cápita: 10.310 dólares en 1988.

Geog. Su territorio llano, que rodea el golfo de Riga, está recorrido por el río Dvina. El clima es húmedo y la vegetación de bosque de coníferas ocupa buena parte del territorio. Su economía, que cuenta con cultivos de centeno, cebada, remolacha azucarera, forrajes y patatas, así como pesquerías y yacimientos de turba, se basa fundamentalmente en la ganadería bovina y porcina, el aprovechamiento forestal y las industrias conserveras, textiles, siderometalúrgicas, químicas y papeleras, muchas de las cuales se concentran en la capital, Riga.
Hist. En la antigüedad Letonia estuvo poblada por tribus bálticas y ugrofinesas, que se fundieron con pueblos germánicos procedentes del Báltico. En el s. XII se difundió el cristianismo romano y ortodoxo en su territorio. Fue sometida por la Orden Teutónica y dividida en dos sectores, Livonia y Curlandia, dominados respectivamente por Polonia y Suecia en el s. XVI. A fines del s. XVIII pasó a poder de la Rusia zarista. En 1918, tras la Revolución Rusa, el consejo nacional proclamó la independencia, que en 1920 fue reconocida por el estado soviético. Fue gobernada autoritariamente por Ulmanis. En 1940 fue anexionada por la URSS, conquistada por Hitler en 1941 y definitivamente incorporada a la URSS al término de la Segunda Guerra Mundial y convertida en república socialista. El sentimiento nacional letón se mantuvo vivo durante el periodo soviético y, a fines de la década de los ochenta, con las reformas de Gorbachov, alcanzó particular intensidad. En 1990 siguió el camino abierto por Lituania hacia la secesión y, bajo la presidencia de Anatoli Gorbunov, proclamó su independencia, que fue admitida por el líder ruso Boris Yeltsin y reconocida por la comunidad internacional al año siguiente.

letra *s. f.* **1.** Cada uno de los signos que representan los sonidos utilizados para hablar. **2.** Caligrafía. **3.** Sentido exacto y riguroso de un texto, una ley, etc. **4.** Sentido primero y más inmediato de un texto, escrito, opinión, etc., por oposición a las interpretaciones más profundas. **5.** Texto de una pieza musical para ser cantado. ‖ *pl.* **6.** Ciencia, conocimientos, en especial los de carácter humanístico, como la filosofía, las lenguas, la literatura, la historia, etc. **7.** Actividad de escritor. **8.** Carta. ‖ **9. letra de cambio** Documento por el cual el librador extiende una orden de pago a cargo del librado, en una fecha y lugar determinados. Esta orden lleva implícita una provisión de fondos o contraprestación previa por parte del librador, realizada a favor del librado; el pago se efectúa al propio librador o al tenedor, persona o entidad, generalmente un banco, que tiene en su poder la letra de cambio. **10. letra de imprenta** La mayúscula cuando se emplea en una palabra o texto completo. **11. letra muerta** Escrito, ley, etc., que expresa algo que no tiene efecto o que ya no se cumple. **12. letra pequeña** Partes de un documento que pueden pasar inadvertidas, pero que son importantes. **13. primeras letras** La primera educación que reciben los niños, destinada principalmente a enseñarles a leer y escribir. ‖ **Loc. al pie de la letra** *adv.* Exactamente igual al modelo. Con verbos como *interpretar* o *tomar*, en el sentido más literal de lo que se dice, sin fijarse en su intención. También, con verbos como *cumplir* o *ejecutar*, siguiendo fielmente las instrucciones.

letrado, da *adj.* **1.** Culto, instruido. ‖ *s. m.* y *f.* **2.** Abogado o juez.

Letrán, acuerdos de Los firmados entre la Iglesia católica y el estado italiano, en época de Mussolini (1929), que pusieron fin al conflicto creado desde la toma de Roma por el ejército italiano en 1870 y por los que se reconocía la soberanía del papa sobre el estado del Vaticano.

Letrán, concilios de Denominación de los cinco concilios ecuménicos de la Iglesia católica celebrados en el palacio de la basílica de Letrán. Los más importantes fueron el tercero (1179), en el que se estableció el sistema de elección del papa por el colegio de cardenales, y el cuarto (1215), en el que se convocó la cuarta cruzada, se condenó a los albigenses y se adoptó la expresión *transustanciación* para indicar la conversión, que tiene lugar en la consagración eucarística, del pan y del vino en el cuerpo y la sangre de Jesucristo. El cuarto concilio de Letrán marca el apogeo de la autoridad política y religiosa del papado medieval. También se denominan *lateranenses*.

letraset *s. m.* Sistema para hacer rótulos que consiste en una lámina transparente con letras adhesivas que se trasladan a una superficie presionando sobre ellas; también, la lámina y el conjunto de letras, y rótulo realizado mediante este sistema.

letrero *s. m.* Palabra o conjunto de palabras que se colocan en un sitio para indicar algo.

letrilla *s. f.* **1.** Composición poética de versos cortos a la que se suele poner música. **2.** Composición poética, de tema amoroso, humorístico o satírico, con un estribillo que se repite detrás de cada estrofa.

letrina *s. f.* **1.** Dispositivo a ras de suelo o lugar acondicionado para evacuar. **2.** Lugar o cosa sucia y repugnante.

leu *s. m.* Unidad monetaria de Rumania. ■ Su plural es *lei*.

leucemia *s. f.* Enfermedad grave de la sangre, caracterizada por la proliferación maligna de glóbulos blancos o leucocitos en la médula ósea, en los ganglios linfáticos, etc. Sus síntomas más frecuentes son la anemia, las hemorragias y la postración progresiva. Es posible curar algunas de sus formas mediante quimioterapia o trasplantes de médula ósea.

leucina *s. f.* Aminoácido monoamino monocarboxílico presente en la mayoría de las proteínas, en ciertas albúminas y en la fracción proteica de la hemoglobina de los seres vivos. Constituye un elemento esencial en la nutrición del hombre y los animales superiores.

Leucipo (? h. 460 - Abdera 370 a. C.) Filósofo griego. Fue discípulo de Zenón de Elea y maestro de Demócrito, con quien fundó la escuela atomista y el materialismo mecanicista. Sostenía que el universo es un espacio infinito constituido por átomos y vacío.

leucita *s. f.* $AlKSi_2O_6$. Mineral silicato de aluminio y potasio. Pertenece al grupo de los feldespatos, tiene color blanco y brillo vítreo, y cristaliza en el sistema rómbico. Aparece en rocas volcánicas eruptivas, como las fonolitas y los basaltos, y constituye una mena de la potasa.

leucocito *s. m.* Cada una de las células de la sangre y la linfa, con núcleo y estructura celular completa. Se mueven en el torrente sanguíneo o mediante seudópodos y su función es defensiva frente a las infecciones, mediante la fagocitosis de cuerpos extraños o mediante procesos inmunológicos. Miden entre 6 y 20 micras y en la especie humana hay unos 7.500 por mm^3 de sangre. Su núcleo puede ser esférico, alargado o lobulado. Se dividen en dos grandes grupos según presenten o no granulaciones: granulocitos y agranulocitos. El primero comprende los neutrófilos, de gran capacidad fagocitaria y que abandonan los vasos sanguíneos para acudir a los tejidos infectados; los eosinófilos, que actúan sobre los complejos antígeno-anticuerpo; y los basófilos, que sintetizan un anticoagulante y un vasodilatador para facilitar la fluidez de la sangre. El grupo de los agranulocitos comprende los linfocitos, que son de dos tipos, fagocíticos o células plasmáticas, y los monocitos, de gran tamaño y capaces de englobar y destruir cien bacterias cada uno. Los leucocitos también se llaman *glóbulos blancos*.

leucocituria *s. f.* Aumento de leucocitos de la sangre en la orina.

leucoma *s. m.* Pérdida localizada de la transparencia de la córnea, provocada generalmente por un golpe o por un proceso inflamatorio.

leucoplasia *s. f.* Lesión de la mucosa que consiste en la aparición de una serie de placas blanquecinas. La más frecuente se da en la mucosa bucal de los fumadores y en la mucosa genital de los sifilíticos.

leucorrea *s. f.* Aumento de la secreción vaginal.

Leutze, Emanuel (Schwäbisch-Gmünd 1816 - Washington 1868) Pintor estadounidense de origen alemán. Estudió en Düsseldorf y se trasladó a EE UU en 1859. Especialista en cuadros de historia, destacan entre ellos el mural *Expansión de América hacia el Oeste*, en el Capitolio, y *Washington cruzando el Delaware*.

lev *s. m.* Unidad monetaria oficial de Bulgaria.

leva *s. f.* **1.** Reclutamiento de gente para un servicio general, especialmente la que antiguamente se hacía para servir en el ejército. **2.** Acción de levar anclas o partir una embarcación del puerto. **3.** En mecánica, pieza giratoria con un perfil especial en el que se apoya y desliza el extremo de una varilla, de manera que el movimiento continuo de rotación de la leva proporcione un movimiento de vaivén a la varilla. **4.** En mecánica, palanca. ‖ **5. árbol de levas** En los motores, eje metálico provisto de levas que, al girar, accionan las válvulas.

levadizo, za *adj.* Que se levanta o puede levantarse mediante algún dispositivo.

levadura *s. f.* **1.** Nombre genérico de ciertos hongos unicelulares de la clase ascomicetos, que producen enzimas que pueden hacer fermentar diversos cuerpos orgánicos, sobre todo los azúcares. Son células de organización eucariota cuyo tamaño no excede las 30 micras, que tienen forma ovoidea y se reproducen asexualmente, por gemación, o sexualmente, por fusión de los núcleos. Son importantes en la producción de fermentaciones útiles para el desarrollo de la vida y para el hombre, como la fermentación alcohólica del vino, debida a *Saccharomyces ellipsoideus*, y la de la cerveza, debida a *Saccharomyces cerevisiae*. **2.** Sustancia constituida por estos hongos y que hace fermentar el cuerpo con que se mezcla; se emplea en panadería, pastelería, en la elaboración de la cerveza, etc. **3.** Porción de masa fermentada que se utiliza para hacer fermentar otra masa. **4.** Parte que sobra de serrar un madero para dejarlo del tamaño deseado.

levantamiento *s. m.* **1.** Acción y efecto de levantar. **2.** Rebelión, alzamiento. ‖ **3. levantamiento de cadáver** Actuación legal en la que un juez, acompañado de un médico, reconoce el cadáver y da orden de trasladarlo al lugar donde se efectuará la autopsia. **4. levantamiento de pesos** Halterofilia*.

levantar *v. tr.* **1.** Llevar o mover algo de abajo arriba o ponerlo en un lugar más alto. También *v. prnl.* **2.** Poner derecho o en posición vertical. También *v. prnl.* **3.** Dirigir algo hacia arriba. También *v. prnl.* **4.** Retirar una cosa que está sobre otra, adherida a ella o cubriéndola. También *v. prnl.* **5.** Edificar, construir. **6.** Fundar, crear. También *v. prnl.* **7.** Referido a voz u otro sonido, hacer que suene más fuerte. **8.** Desmontar algo instalado sobre una superficie. **9.** Dicho de un asedio, retirarlo. **10.** Rebelar, sublevar. También *v. prnl.* **11.** Reclutar gente para la guerra. **12.** Con palabras como *ánimo* o *moral*, afianzarlos, fortalecerlos. **13.** Hacer que algo marche mejor. **14.** Con palabras que significan dificultad, rechazo, etc., ponerlos en contra de alguien o algo. También *v. prnl.* **15.** Referido a calumnias y murmuraciones, difundirlas. **16.** Provocar, suscitar; se dice sobre todo de escándalos, protestas, controversias, etc. También *v. prnl.* **17.** Aplicado a castigos o prohibiciones, suprimirlos. **18.** Referido a un plano o mapa, realizarlos. **19.** Recolectar lo sembrado. **20.** Hacer que la caza abandone su escondite. **21.** En los juegos de naipes, cortar. **22.** Dar la vuelta, p. ej. a un naipe que está boca abajo. **23.** *fam.* Robar, quitar. **24.** Refiriéndose a ciertos bultos o protuberancias, producirlos. ‖ *v. prnl.* **25.** Ponerse en pie. **26.** Dejar la cama después de haber dormido o de haber permanecido enfermo en ella. **27.** Sobresalir algo por encima de lo que lo rodea. **28.** Agitarse el viento o el mar. **29.** Producirse un dolor. ‖ **30. levantar el estómago** Revolverlo, dar náuseas.

levante[1] (del lat. *levans, -antis*) *s. m.* **1.** Este, punto cardinal. **2.** Viento húmedo y cálido que sopla desde esta dirección. **3.** Conjunto de las comarcas de la costa mediterránea de España, especialmente la Comunidad Valenciana y la región de Murcia. ▪ En esta acepción se escribe con mayúscula. **4.** Nombre que recibía antiguamente el conjunto de tierras situadas en el E del Mediterráneo.

levante[2] *s. m.* **1.** *fam. Amér. C., P. Rico.* Calumnia. **2.** *Col.* Arrogancia, altanería. **3.** *P. Rico.* Motín. **4.** *Ven.* Punta de ganado. ‖ **Loc. armar un levante** *Amér. C., P. Rico.* Levantar una calumnia. **dar** (o **pegar**) **un levante** *Arg.* Reprender con dureza. **hacer un levante** *amer.* Conquistar, seducir.

Las levas están situadas sobre el eje; al girar éste, cada par de levas abre o cierra las válvulas de un cilindro a él conectadas, regulando las operaciones del ciclo.

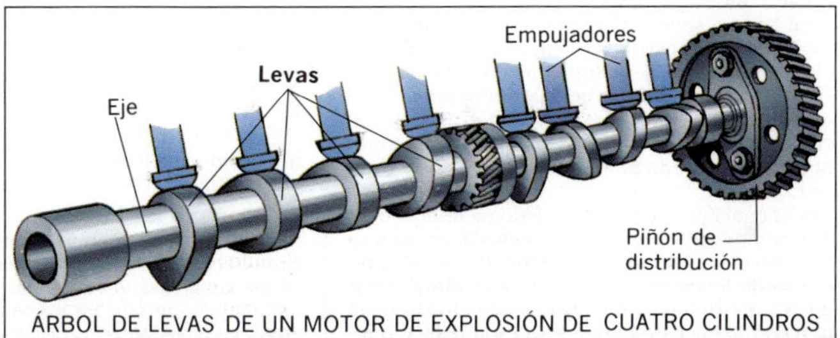

ÁRBOL DE LEVAS DE UN MOTOR DE EXPLOSIÓN DE CUATRO CILINDROS

levantino, na *adj.* Del Levante español. También *s.*

levantisco, ca *adj.* Que tiende a rebelarse.

levar *v. tr.* **1.** Recoger el ancla. ‖ *v. intr.* **2.** Partir un barco del puerto o del fondeadero.

leve *adj.* **1.** De poco peso. **2.** Muy fino, de poca consistencia. **3.** Suave, poco fuerte o intenso. **4.** De poca importancia o gravedad. **5.** Llevadero, soportable. **Fam.** Levedad.

leveler (voz ingl. que significa 'nivelador') *adj.* Se dice del movimiento político inglés de carácter republicano y democrático, surgido entre 1645 y 1649, durante la revolución inglesa, e integrado principalmente por pequeños propietarios rurales y por clases medias urbanas. Estaba dirigido por los miembros más radicales del parlamento, como John Lilburne, y era partidario de medidas igualitarias en el terreno económico, político y militar. Fue duramente reprimido por Cromwell. También *s. m.*

levemente *adv. m.* De forma leve, ligeramente.

Leverkusen C. de Alemania, situada en el Land de Renania del Norte-Westfalia, a orillas del Rhin, junto a Colonia. 157.400 h. en 1989. Es un centro de industrias químicas, farmacéuticas (como la empresa Bayer), siderúrgicas, de construcciones mecánicas, textiles y cerveceras.

Levi, Carlo (Turín 1902 - Roma 1975) Escritor italiano. Su novela más conocida es *Cristo se detuvo en Éboli* (1945), un retrato de la vida campesina en la región meridional italiana de Lucania, en la que el autor fue confinado por el régimen fascista. Otros libros suyos son *Miedo a la libertad* (1946) y *El reloj* (1950).

Leví Según el Antiguo Testamento, tercer hijo de Jacob y antepasado de la tribu de Israel que lleva su nombre.

Leví, Yehuda ha- (Tudela, Navarra h. 1075 - Egipto h. 1141) Escritor sefardí. Ejerció la medicina en Toledo y en 1140 abandonó España para establecerse en Palestina, a la que no pudo llegar. Su obra poética comprende composiciones de tema profano, sobre el amor, la amistad o las penas de ausencia, y composiciones de tema religioso, como *Himno de la creación* y *Siónidas*. En prosa escribió una apología del judaísmo, *Libro de la prueba y la demostración en defensa de la religión menospreciada* o *El Cuzarí*.

leviatán *s. m.* **1.** Monstruo marino descrito en el *Libro de Job*, que se toma como representación del demonio. **2.** Monstruo marino fantástico. **3.** Nombre dado por el filósofo Hobbes a la representación del Estado absoluto, único medio según él de garantizar la convivencia social.

levigar *v. tr.* Separar los distintos componentes de una sustancia en polvo disolviendo ésta en un líquido, de modo que las partes más pesadas se queden en el fondo y las más ligeras arriba. ▪ Se conjuga como *pagar*. **Fam.** Levigación.

Levinas, Emmanuel (Kaunas, Lituania 1905) Filósofo francés de origen lituano. Bajo la influencia de Husserl y Heidegger, su filosofía se mueve en una línea existencial y toma como punto de partida la experiencia ética del otro. Algunos de sus más importantes textos publicados son *El tiempo del otro* (1948), *El humanismo del otro hombre* (1972) y *Ética e infinito* (1982).

Lévi-Provençal, Évariste (Argel 1894 - París 1956) Arabista francés. Especializado en temas de al-Ándalus, descubrió en el N de África una serie de manuscritos fundamentales para el conocimiento de la civilización hispanomusulmana. Fue autor entre otras obras de *Historia de la España musulmana* (1944-53).

Lévi-Strauss, Claude (Bruselas 1908) Antropólogo francés. Fue el fundador de la antropología estructural. Influido por las teorías de Roman Jakobson, aplicó el método estructural de la lingüística al estudio de mitos, sistemas de parentescos, usos sociales, etc., a fin de establecer las pautas elementales del comportamiento y las estructuras generales de tales formaciones culturales. Entre sus obras destacan *Las estructuras elementales del parentesco* (1949), *Tristes trópicos* (1955), *Antropología estructural* (1958), *El pensamiento salvaje* (1962), *Mitológicas* (1964-86) y *La huella de las máscaras* (1975).

levita[1] (del lat. *levita*, y éste del hebr. *lewi*) *adj.* Se dice de los israelitas de la tribu de Leví, dedicados al servicio del templo. También *s.*

levita[2] (del fr. *lévite*) *s. f.* Prenda de hombre, hoy en desuso, que consiste en una especie de chaqueta larga, ajustada al talle, y de faldones rectos que se cruzan por delante. || **Loc. tirar** a uno **de la levita** *fam.* Adularle, alabarle para obtener algún beneficio de él.

levitar *v. intr.* Elevarse en el aire una persona o un objeto, sin apoyo alguno y sin que intervenga ninguna causa física. **Fam.** Levitación.

levítico, ca *adj.* **1.** Perteneciente o relativo a los levitas. **2.** *desp.* Muy influido por el clero o la Iglesia. || *s. m.* **3.** Tercer libro del *Pentateuco*, que constituye el manual de ceremonias y oficios de los sacerdotes, pertenecientes éstos a la tribu de los levitas. ▪ En esta acepción se escribe con mayúscula.

levógiro, ra *adj.* **1.** Se aplica al compuesto orgánico que, en disolución, desvía a la izquierda el plano de vibración de la luz polarizada cuando ésta atraviesa la disolución. **2.** Se dice del cristal óptico que desvía hacia la izquierda la luz polarizada.

levulosa *s. f.* Nombre común de la fructosa.

Lévy-Bruhl, Lucien (París 1857 - íd. 1939) Sociólogo francés. Sostuvo que toda moral es un hecho concreto en una situación histórica y en una agrupación social determinadas. Estudió las sociedades primitivas, en contraste con las civilizadas, y afirmó que la diferencia entre ambas radica en que la mentalidad del hombre primitivo es prelógica, basada en la imagen y en la representación mítica, mientras que la del hombre civilizado es lógica. Entre sus obras sobresalen *La moral y la ciencia de las costumbres* (1903) y *La mentalidad primitiva* (1922).

Lewin, Kurt (Mogilno 1890 - Newtonville, Massachusetts 1947) Psicólogo estadounidense de origen alemán. Desarrolló una psicología funcional (teoría del campo) en la que desempeña un papel fundamental la noción de ambiente psicológico. Estudió los ambientes autoritarios y democráticos, el liderazgo, la situación de los miembros en un grupo, y fue el iniciador de la dinámica de grupos y de la psicología social experimental. Algunas de sus obras más importantes son *Una teoría dinámica de la personalidad* (1935) y *La representación conceptual y la medición de las fuerzas psicológicas* (1938).

Lewis, Carl (Birmingham, Alabama 1958) Atleta estadounidense de raza negra. En los Juegos Olímpicos de Los Ángeles (1984) ganó cuatro medallas de oro: 100 y 200 m lisos, salto de logitud y relevos de 4x100. Y en los de Seúl (1988), dos medallas de oro, 100 m lisos y salto de longitud, y una de plata en 200 m lisos.

Lewis, Gilbert Newton (Weymouth 1875 - Berkeley 1946) Químico estadounidense. Desarrolló el modelo de enlace covalente, según el cual los átomos se unen compartiendo pares de electrones para alcanzar la configuración electrónica estable de gas noble. Amplió el concepto de ácido y base, estableciendo que ácido es toda sustancia capaz de aceptar un par de electrones, mientras que base es toda sustancia capaz de cederlos.

Lewis, Jerry (Newark, New Jersey 1926) Actor y director de cine estadounidense. Trabajó en el music-hall, la televisión y el cine, donde adquirió gran celebridad como actor cómico. Formó una popular pareja con Dean Martin. Se recuerdan entre otras sus películas *Tú, Kimi y yo* (1958), *Cinderella* (1960), *El profesor chiflado* (1963) y *¿Dónde está el frente?* (1970).

Lewis, Matthew Gregory (Londres 1775 - en alta mar 1818) Escritor británico. Diplomático, murió al volver de las Indias Occidentales, donde contrajo la fiebre amarilla. Su obra *El monje* (1796) es prototipo de novela gótica y muestra una combinación de horror, violencia y erotismo. Publicó también *Cuentos de terror* (1799) y *Cuentos maravillosos* (1801), y obras teatrales, como *El espectro del castillo* (1796).

Lewis, Oscar (Nueva York 1914 - íd. 1970) Antropólogo y escritor estadounidense. Es autor de estudios sobre la pobreza y la marginación en el continente americano, de gran fuerza expresiva y literaria, entre los que merecen citarse *Los hijos de Sánchez* (1961) y *Pedro Martínez, un campesino mexicano* (1962).

Lewis, Sinclair (Sauk Center, Minnesota 1885 - Roma 1951) Escritor estadounidense. En su obra novelística retrata con realismo e ironía la forma de vida de su país. Fue el primer escritor estadounidense que recibió el premio Nobel (1930). Entre sus novelas más representativas se cuentan *Calle Mayor* (1920), *Babbitt* (1922), *El doctor Arrowsmith* (1925) y *Sangre de rey* (1947).

Lewisham C. del Reino Unido, perteneciente al condado inglés del Gran Londres. 232.400 h. en 1985. Es una zona residencial.

lexema *s. m.* Parte de una palabra que aporta su significado básico, por oposición al morfema, que expresa exclusivamente significados gramaticales (género, número, tiempo, etc.); p. ej., en *perro*, *perr-* es el lexema y *-o*, el morfema.

lexía *s. f.* Unidad léxica de la lengua. Puede estar constituida por una o más palabras.

lexicalizar *v. tr.* Transformar una expresión cualquiera de la lengua en una unidad léxica indivisible que funciona como una sola palabra, p. ej. la locución *a pies juntillas*. También *v. prnl.* ▪ Se conjuga como *cazar*. **Fam.** Lexicalización.

léxico, ca *adj.* **1.** Perteneciente o relativo a los lexemas o el vocabulario. || *s. m.* **2.** Conjunto de las palabras y giros de una lengua en general o los usados normalmente por una persona, un grupo, etc. **3.** Diccionario o repertorio de las voces y giros de una lengua, de una disciplina determinada, etc.

lexicografía *s. f.* Elaboración de diccionarios y conjunto de conocimientos lingüísticos relacionados con ello. **Fam.** Lexicográfico.

lexicógrafo, fa *s. m.* y *f.* Persona que se dedica a la lexicografía.

lexicología *s. f.* Disciplina lingüística que se ocupa del estudio del léxico o vocabulario. **Fam.** Lexicológico.

lexicólogo, ga *s. m.* y *f.* Especialista en lexicología.

lexicón *s. m.* Vocabulario, diccionario, especialmente de las lenguas clásicas.

ley *s. f.* **1.** Relación constante y necesaria que existe entre ciertos fenómenos y regla que se deduce de la misma. **2.** Precepto establecido por una autoridad, que prohíbe, ordena o regula alguna cosa, particularmente las relaciones entre personas. **3.** Código de conducta, forma correcta de actuar en un ámbito determinado. **4.** Autoridad, poder. **5.** Religión. **6.** Justicia. **7.** *fam.* Cariño, apego, lealtad. **8.** Proporción de metal noble que entra en una aleación. **9.** Calidad, peso o medida que, según las normas legales, deben tener los géneros. || **10. ley antigua** (o **mosaica**) Conjunto de preceptos y ceremonias que Dios dio a los israelitas por mediación de Moisés. **11. ley de bases** La que contiene una serie de normas generales de una materia, que posteriormente deben desarrollarse. **12. ley del embudo** Norma que se aplica con desigualdad, con más rigor a unos que a otros. **13. ley del más fuerte** (**de la selva** o **de la jungla**) Conducta o forma de vida en la que los más fuertes, implacables, capaces, etc., se imponen al resto. **14. ley del talión** La que castiga condenando a sufrir un daño igual al cometido en el delito; se resume en la frase *Ojo por ojo, diente por diente.* **15. ley fundamental** La que, como la Constitución, sirve de base al resto de las leyes de un Estado. **16. ley marcial** La excepcional que rige en estado de guerra. **17. ley natural** La dictada por la razón. **18. ley orgánica** La que se deriva de la Constitución o ley fundamental de un Estado y la desarrolla en todos sus aspectos. **19. ley positiva** La dictada por un legislador, aplicada a cada circunstancia concreta. **20. ley sálica** La basada en la costumbre de los francos salios, que no permitía a las mujeres acceder al trono; rigió en Francia y, durante un tiempo, en la España de los Borbones. **21. ley seca** La que se estableció en EE UU desde 1920 a 1933 y prohibía la fabricación, comercialización y consumo de bebidas alcohólicas. || **Loc. con todas las de la ley** *adv.* Cumpliendo todo lo que ésta exige. También, con toda justicia y claridad, reuniendo o cumpliendo las condiciones que se requieren. **de buena ley** *adj. fam.* Honrado, cabal.

Fil. El concepto de ley ha sufrido profundas modificaciones a lo largo de la historia del pensamiento, e incluso en la actualidad las diversas clases de leyes son valoradas de distinta forma en las diferentes corrientes filosóficas. Se pueden distinguir tres clases: **leyes naturales**, o regularidades universalmente válidas y necesarias que se dan en la naturaleza y que posibilitan la existencia de leyes científicas, es decir, de enunciados universales y contrastados que afirman una relación constante, simple o estadística, entre propiedades; **leyes morales**, o normas de comportamiento de los hombres; algunos pensadores basan las leyes morales en la voluntad de Dios, otros en la ley moral natural, o conjunto de normas que dicta la razón del hombre, otros en el consenso entre los hombres, mientras que para otros no reflejan sino los intereses que una clase social pretende implantar sobre las demás; **leyes lógicas**, enunciados verdaderos según los principios o reglas de la lógica, pero que pueden no tener aplicación en la realidad o no corresponder a hechos reales.

leyenda *s. f.* **1.** Narración de hechos fantásticos o imaginarios que se transmiten de generación en generación. **2.** P. ext., narración que deforma sucesos históricos o verdaderos. **3.** Texto escrito sobre monedas, escudos, estandartes, cuadros, etc. **4.** En los mapas, planos, etc., cuadro donde se recogen los símbolos usados y su interpretación.

leyenda negra Conjunto de creencias negativas sobre la realidad de España y los españoles, difundidas entre los europeos durante la época de hegemonía de la casa de Austria. Fue debida principalmente a las luchas de religión sostenidas por Carlos V y Felipe II, a la dominación en Flandes, al tribunal de la Inquisición, al monopolio del comercio americano y a la expulsión de los judíos.

Lezama Lima, José (Campamento de Columbia, La Habana 1910 - La Habana 1976) Escritor cubano. Fue autor de una obra novelística y poética de estilo muy imaginativo y complejo. Fundó las revistas *Verbum*, *Espuela de plata*, *Nadie parecía* y *Orígenes*. En verso publicó *Muerte de Narciso* (1937), *Aventuras sigilosas* (1945), *La fijeza* (1949) y *Dador* (1960), pero debe su celebridad a la vasta novela *Paradiso* (1966), mezcla de alegoría y relato realista sobre la burguesía criolla de La Habana. Póstumamente fue publicada otra novela, *Oppiano Licario* (1977). Entre sus ensayos destacan *Analecta del reloj* (1953) y *Tratados en La Habana* (1958).

lezna *s. f.* **1.** Instrumento acabado en punta muy fina que utilizan los zapateros para agujerear el cuero. **2.** Punzón para hacer agujeros en la madera con el fin de introducir clavos, tornillos, etc.

Lezo, Blas de (Pasajes, Guipúzcoa 1689 - Cartagena de Indias 1741) Marino español. Participó en la guerra de Sucesión y mandó escuadras que combatieron a los piratas en la costa americana del Pacífico y a los corsarios berberiscos en el Mediterráneo. En 1737 fue nombrado jefe de la comandancia de Cartagena de Indias, que defendió con éxito en 1741 ante el ataque del almirante inglés Vernon.

Lhasa C. de China, cap. de la región autónoma de Tíbet, situada en el S de la meseta del mismo nombre. 343.000 h. en 1984. Es un importante centro religioso del budismo, con el palacio de Potala, residencia del dalai-lama, aunque el actual está en el exilio, y sede de numerosos monasterios. Constituye además el principal núcleo comercial de la región.

Lhote, André (Burdeos 1885 - París 1962) Pintor y crítico de arte francés. En 1909 se dio a conocer en el Salón de los Independientes. Seguidor del cubismo, algunos de sus cuadros más importantes son *La siega*, *Rugby* y *Vista de Aviñón*. Entre sus escritos destacan *Tratado del paisaje* (1939) y *Tratado de la figura* (1950).

Lhotse Pico del Himalaya central, situado entre Nepal y Tíbet. 8.545 m de altura. Cumbre secundaria del Everest, es el cuarto del mundo en altitud.

Li Símbolo químico del litio.

Li Peng (Sichuan 1929) Político e ingeniero chino. Ministro de Energía eléctrica (1981), fue nombrado viceprimer ministro (1983), miembro del politburó (1985) y primer ministro (1987).

Li Po o **Li T'ai-Po'** (? 701 - ? 762) Poeta chino. Fue favorito de la corte imperial de 742 a 744. Trató temas de la poesía china tradicional, como la alabanza del vino, el paso del tiempo y la amistad. Es uno de los poetas chinos más conocidos en Occidente.

lía *s. f.* Poso de un líquido. Se usa más en *pl.*

liana *s. f.* **1.** Bejuco, nombre común de diversas especies de plantas trepadoras tropicales. **2.** P. ext., cualquier planta trepadora.

Liaoning Prov. de China, situada en el NE del país. 151.000 km^2. 39.460.000 h. en 1990. La capital es Shenyang, con 4.440.000 h. en 1989. Es una rica región minera cuyos yacimientos de carbón, hierro, petróleo, cobre y magnesita han favorecido el desarrollo de una industria siderúrgica, de maquinaria, productos químicos, textil y astilleros; asimismo posee cultivos de kaoliang, mijo, soja, trigo, arroz y algodón en su llanura central regada por el río Liao He.

liar *v. tr.* **1.** Envolver y atar paquetes o cosas similares. **2.** Envolver o enrollar alguna cosa. **3.** *fam.* Complicar, enredar. También *v. prnl.* **4.** *fam.* Confundir a alguien, hacer que no se aclare. También *v. prnl.* **5.** *fam.* Convencer mediante engaño, insistencia o persuasión a alguien para que haga algo. ‖ *v. prnl.* **6.** *fam.* Meterse en un lío, problema o jaleo. **7.** *fam.* Con la preposición *a*, ponerse a hacer algo, particularmente si se realiza con intensidad o durante mucho tiempo. **8.** *fam.* Entretenerse haciendo algo. **9.** *fam.* Enrollarse, extenderse en exceso. **10.** *fam.* Tener una persona relaciones amorosas con otra, especialmente cuando no es su cónyuge o su pareja habitual. ‖ ■ En cuanto al acento, se conjuga como *ansiar: lío.* LOC. **liarla** *fam.* Provocar un alboroto o una discusión. También, echar a perder algo.

libación *s. f.* **1.** Acción y efecto de libar. **2.** Ceremonia religiosa de los antiguos paganos que consistía en llenar un vaso de un licor y derramarlo tras haberlo probado.

libanés, sa *adj.* Del Líbano. También *s.*

Líbano (*al-Lubnann*) Estado del Oriente Medio asiático.

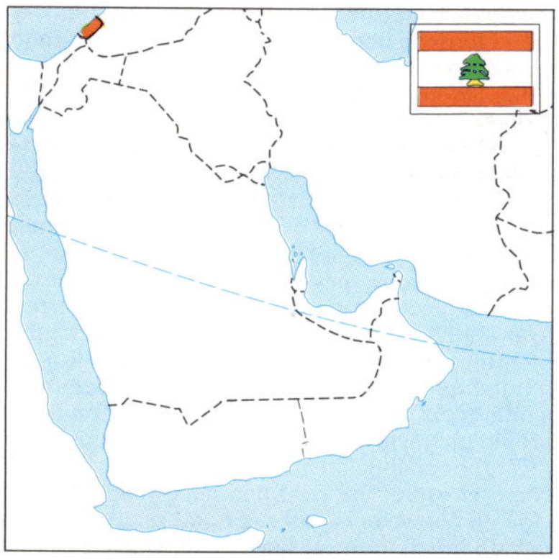

Extensión: 10.230 km^2.
Límites: al N y E, con Siria; al S, con Israel, y al O, con el mar Mediterráneo.
Población: 2.965.000 h. en 1990.
Densidad: 289,8 h./km^2.
Capital: Beirut.
División administrativa: 5 gobernaciones.
Ciudades principales: Trípoli, Zahlah, Sayda.
Gentilicio: libanés.
Forma de Estado: república presidencialista.
Idioma: árabe.
Religión: islamismo chiita, 32 %; cristianismo maronita, 24,5 %; islamismo sunnita, 21 %; drusismo, 7 %; cristianismo ortodoxo, 6,5 %; catolicismo griego, 4 %; cristianismo armenio, 4 %.
Moneda: libra libanesa.
Tasa de natalidad: 28 ‰ en 1990.
Tasa de mortalidad: 7 ‰ en 1990.
Renta per cápita: 690 dólares en 1985.

Geog. física El relieve del Líbano es montañoso. El país está recorrido de N a S por la cordillera del Líbano, paralela a la costa y cuya máxima altura la alcanza el Qurnat as-Sawda, con 3.083 m; en la frontera con Siria, al E, se alzan la cordillera del Antilíbano, con el monte Hermon (2.814 m). Entre ambos sistemas se halla la depresión de la Bekaa, regada por los ríos Litani y Orontes. Al O de la cordillera del Líbano, una estrecha llanura costera desciende hasta el Mediterráneo; en ella se encuentran las principales ciudades del país. Éste tiene un clima mediterráneo al O, de altura en los sistemas montañosos y semidesértico en la depresión

Líbano: vista de Beirut, asolada por la guerra.

de la Bekaa, y una vegetación mediterránea en la llanura litoral y de bosques de cedro, pino y abeto en las regiones montañosas del interior. ***Geog. humana*** y ***económica*** El Líbano había sido a mediados del s. XX el país más urbanizado (80 %) y densamente poblado del Próximo Oriente, pero en la actualidad, a causa de la larga y cruenta guerra civil, se han producido enormes destrucciones e importantes migraciones de población. Los recursos económicos son fundamentalmente agrícolas, con cultivos de cereales, vid, agrios, olivo, remolacha azucarera y tabaco; posee también ganadería ovina y caprina, pesca, yacimientos de hierro y sal e industrias textiles, tabaqueras, cerveceras y cementeras, así como una larga tradición comercial y financiera. ***Hist.*** El Líbano es heredero de la civilización fenicia y desde la antigüedad fue dominado por el imperio macedónico, el reino seléucida, el imperio romano y el imperio bizantino. Cuando en el año 634 se produjo la conquista árabe, los cristianos maronitas se refugiaron en las montañas. Los cruzados se apoderaron de la región entre 1098 y 1291, pero fue recuperada por los mamelucos y en 1521 integrada en el imperio otomano. En 1860 comenzó la intervención francesa, que logró acuerdos internacionales para garantizar la autonomía de Monte Líbano en 1864. Durante la Primera Guerra Mundial el territorio fue conquistado por Francia, que estableció un mandato.

En la Segunda Guerra Mundial fue ocupado por tropas francobritánicas y en 1943 obtuvo la independencia, adoptando el régimen de república presidencialista e ingresando en la Liga Árabe en 1945. El Estado así constituido englobaba distintos grupos étnicos y confesionales cuyos planteamientos políticos eran necesariamente divergentes; la estabilidad se logró mediante una fórmula de poder compartido, en la que la presidencia era desempeñada por un cristiano y la jefatura de gobierno por un musulmán de rito sunnita. Durante su presidencia Camille Chamoun (1952-58) realizó una política proccidental en alianza con EE UU, pero su sucesor, el general Chehab, tendió al panarabismo. En 1965 ocupó la presidencia Charles Helou; en su mandato se produjo la tercera guerra árabe-israelí (1967) y al término de la misma se instalaron en el país un importante número de refugiados palestinos. Desde sus bases del Líbano, los palestinos iniciaron una actividad guerrillera contra Israel, que provocó el enfrentamiento de los distintos grupos políticos libaneses. En 1970 el país estaba al borde de la guerra civil; el nuevo presidente, Suleiman Frangié, se enfrentó a palestinos e izquierdistas, mientras Israel establecía una zona abierta al S del país para combatir las actividades guerrilleras. La creciente tensión estalló en 1975, cuando comenzó la guerra civil entre los distintos grupos, acrecentada por las acciones de los refugiados palestinos y la intervención de los ejércitos sirio e israelí.

Los principales grupos en lucha son los musulmanes, con las milicias chiitas de Amal, dirigidas por Nabih Berri; los sunnitas y los drusos, agrupados en el Partido Socialista Progresista, dirigidos por Kamal Jumblat y a la muerte de éste por su hijo Walid; y los cristianos, con los maronitas de Suleiman Frangié y la falange libanesa, liderada por Pierre Gemayel y sus hijos Bechir y Amin. En 1981 las tropas sirias penetraron en el N del país y en 1982 las israelíes en la zona S en la operación «paz en Galilea», que las llevó hasta Beirut, de donde expulsaron a los combatientes de la OLP, y que les supuso la desaprobación internacional por permitir la matanza de palestinos de Chabra y Chatila a manos de las milicias cristianas. En 1982 fue designado presidente Bechir Gemayel, sucedido tras su asesinato por su hermano Amin. En 1983 se estableció en el país una fuerza pacificadora occidental, compuesta fundamentalmente por tropas de EE UU, Francia e Italia, que sufrió continuos ataques terroristas hasta su partida en 1984. Amin Gemayel formó un gobierno de concentración en el que dio cabida a representantes de todos los grupos, pero que no logró el fin de las hostilidades. En noviembre de 1989 fue elegido presidente por el parlamento René Muawad, asesinado a los pocos días y sustituido por el cristiano maronita Elias Haraoui. Ese mismo año el general Michel Aoun, que había sido nombrado primer ministro por Amin Gemayel, pero cuya autoridad era rechazada por drusos y musulmanes, ocupó el palacio presidencial y desató una guerra contra los sirios instalados en el país. En 1992 una incursión israelí contra la guerrilla palestina de Hezbolá causó la muerte de su líder Abbas Musawi, lo que provocó un nuevo estallido del conflicto armado en el S del Líbano.

Líbano, montes del Sistema montañoso del Líbano, que se extiende del NE al SO del país, desde la Bekaa hasta el mar Mediterráneo. Su altura máxima la alcanza en el Qurnat as-Sawda, con 3.083 m. Tiene vegetación de cedros, encinas, pinos y hayas y sus laderas se encuentran densamente pobladas.

libar *v. tr.* **1.** Chupar los insectos el néctar de las flores. **2.** Absorber suavemente el jugo de algo. **3.** Probar pequeños sorbos de una bebida, especialmente un licor. **4.** En los sacrificios religiosos paganos, hacer libaciones. **5.** P. ext., realizar un sacrificio a una divinidad.

Libby, Willard Frank (Grand Valley 1908 - Los Ángeles 1980) Químico estadounidense. Descubrió la técnica del carbono radiactivo para calcular la antigüedad de los restos de materia orgánica, conocida como método del carbono 14. Recibió el premio Nobel de química en 1960.

libelista *s. m.* y *f.* Autor de libelos.

libelo *s. m.* Escrito en el que se calumnia u ofende.

Libélula macho de la especie Sympetrum sanguineum.

libélula *s. f.* Nombre común de numerosos insectos odonatos de los subórdenes zigópteros, con las familias ágridos, cenágridos, platicnemídidos y léstidos, y anisópteros, con las familias ésnidos, cordulegastéridos, gónfidos, cordúlidos y libelúlidos. Su cuerpo alargado mide entre 30 y 80 mm de longitud, posee ojos muy grandes, adaptados a localizar sus presas en pleno vuelo, y dos pares de grandes alas iguales. Son insectos potentes y buenos voladores, que se alimentan de moscas y mosquitos. Tienen un desarrollo complejo; su larva, llamada *náyade*, es acuática y también carnívora. Habitan en zonas de aguas estancadas o remansadas de Asia, Europa y América. Las especies más comunes son la libélula deprimida *(Libellula depressa)*, cuyas hembras son de color amarillento y los machos azulados, la libélula de cuatro puntos *(Libellula quadrimaculata)* y la *Sympetrum sanguineum*, también de la familia libelúlidos.

Liber Iudiciorum Véase **Fuero Juzgo**.

líber *s. m.* Floema*.

liberado, da **1.** *p. p.* de **liberar**. También *adj.* ‖ *adj.* **2.** Se dice de la persona que no se somete a normas sociales o morales **3.** Se aplica al miembro de un partido o sindicato que se dedica exclusivamente al mismo, recibiendo un sueldo por ello. También *s.*

liberal *adj.* **1.** Perteneciente o relativo al liberalismo o partidario de él. También *s.* **2.** En las guerras civiles españolas del s. XIX, partidario de la monarquía constitucional y no de la absoluta. También *s.* **3.** En EE UU, de izquierdas. **4.** Abierto, tolerante. **5.** De costumbres muy libres, particularmente en el terreno sexual. **6.** Se aplica a las profesiones de carácter intelectual o creativo que se ejercen de forma independiente, sin un contrato laboral con el Estado o con una empresa privada; p. ej., la medicina o la abogacía ejercidas por cuenta propia. Se dice también de los profesionales que las ejercen. **7.** Desprendido, generoso. También *s.*

Liberal, Partido Partido político británico, heredero del partido *whig*. Tomó su nombre actual en 1839 y se turnó en el poder con el Partido Conservador hasta las elecciones de 1922, en las que fue desplazado por los laboristas y se convirtió en un pequeño partido bisagra. En 1981 creó una alianza con el Partido Socialdemócrata y recuperó algo de su influencia. Entre sus miembros históricos más destacados cabe citar a Gladstone y a Lloyd George.

Liberal, Partido Partido político español creado en 1880 por Sagasta y que alternó en el poder con los conservadores de Cánovas durante la Restauración. Fue el introductor del sufragio universal en España. Formado por diversos sectores, sólo unidos por la personalidad de su máximo dirigente, salió malparado de la crisis colonial de 1898. Tras la muerte de Sagasta en 1903, pareció que la figura de Canalejas iba a conseguir devolverle la fuerza y la unidad, pero el asesinato de este político a manos de un anarquista precipitó su crisis y su fraccionamiento.

liberalidad *s. f.* Cualidad de liberal, generosidad.

liberalismo *s. m.* **1.** Corriente política y social surgida de la Ilustración y ligada a la burguesía industrial, que defiende la libertad individual dentro de un modelo de Estado, parlamentario y laico, que garantice y administre los derechos y deberes de los ciudadanos sin interferir en la vida económica y social. **2.** Doctrina económica que defiende la máxima libertad en la actividad económica, basada en el mercado libre o libre concurrencia, principio por el cual no se limitan el número de concurrentes, las cantidades y los precios. **3.** Cualidad o actitud de liberal o tolerante.

liberalizar *v. tr.* Hacer más libre algo, especialmente un sistema político o la economía, eliminando intervenciones o controles. También *v. prnl.* ■ Se conjuga como *cazar*. **FAM.** Liberalización, liberalizador.

liberalmente *adv. m.* Con liberalidad o generosidad.

liberar *v. tr.* **1.** Dar libertad al que está privado de ella. **2.** Hacer que un país, una ciudad, un pueblo, etc., deje de estar sometido a una dominación exterior. **3.** Dejar a uno libre de un compromiso, una obligación, una preocupación, etc. También *v. prnl.* **4.** Soltar, desprender. También *v. prnl.* ‖ *v. prnl.* **5.** Superar alguien imperativos sociales o morales que impiden desarrollar libremente su personalidad. **FAM.** Liberación, liberador.

liberatorio, ria *adj.* Que sirve para liberar, eximir o redimir.

Liberec (en al. *Reichemberg*) C. de Checoslovaquia, situada en Bohemia septentrional, al pie de los montes Krkonose. 104.000 h. en 1989. Tiene industrias textiles de construcciones mecánicas, alimentarias y cristaleras.

Liberia Estado de África occidental.

Geog. física Liberia tiene un relieve fundamentalmente llano, que se eleva poco a poco desde la costa hasta el interior, donde se alzan los montes Wologosi, Bong y Niete, de escasa altura; en la frontera con Guinea y Costa de Marfil se hallan los montes Nimba (1.752 m), máxima altura del país. Los ríos Saint John, Saint Paul, Cess y Cavally discurren desde el interior hasta la costa. El clima es ecuatorial y la vegetación de manglar en la costa, ecuatorial en el interior y de sabana arbolada en las tierras altas.

Extensión: 99.067 km^2.
Límites: al N, con Guinea; al E, con Costa de Marfil; al S, con el océano Atlántico, y al O, con Sierra Leona.
Población: 2.595.000 h. en 1990.
Densidad: 26,2 h./km^2.
Capital: Monrovia.
División administrativa: 11 condados y 2 territorios.
Ciudades principales: Buchanan, Harper, Greenville, Harbel.
Gentilicio: liberiano.
Forma de Estado: república presidencialista.
Idioma: inglés.
Religión: cristianismo, 67,7 %; islamismo, 13,8 %; creencias tradicionales, 18,5 %.
Moneda: dólar liberiano.

Geog. humana* y *económica La población, esencialmente rural y concentrada en la región costera, está formada por individuos de raza negra autóctona y colonos de origen estadounidense. La economía se basa en la agricultura y la minería. Se cultiva arroz y mandioca y, sobre todo, hevea para la producción de caucho. El país cuenta con importantes yacimientos de hierro, así como de oro, diamantes y bauxita e industria cauchera, siderúrgica, alimentaria y cementera. Posee la principal marina mercante del mundo, especialmente de petroleros.

Hist. A principios del s. XIX, la *American Colonization Society* (Sociedad Americana de Colonización) propuso la devolución a África de los negros americanos liberados por el congreso de Virginia. En 1821 la Sociedad compró una franja de la costa africana del golfo de Guinea, donde fueron instalados los negros que así lo desearon. El país se hizo independiente con el nombre de Liberia en 1847 y promulgó una Constitución similar a la estadounidense. Al comenzar el s. XX, los descendientes de estos colonos, que desde la creación del estado representaban una minoría frente a la población autóctona, habían constituido una aristocracia que explotaba a los primitivos habitantes del territorio, mientras la economía permanecía estancada. Para salvar la situación, en 1926 se otorgó una amplia concesión de tierras caucheras a compañías multinacionales estadounidenses, como Firestone, que desde entonces dominaron la vida económica del país. En 1930 la Sociedad de Naciones acusó al gobierno de Liberia de practicar el tráfico de esclavos, lo que provocó la caída del presidente King. En 1943 fue elegido presidente William Tubman, relacionado con el escándalo de 1930, que concedió derechos de ciudadanía a la población autóctona, pero mantuvo la dependencia de EE UU y la hegemonía de los colonos estadounidenses. A su muerte en 1971 fue sucedido por William Tolbert, bajo cuyo gobierno la situación económica se agravó. En 1980 se produjo un golpe militar que llevó al poder al sargento Samuel Doe, que mandó fusilar a Tolbert e intentó legitimar su situación mediante unas elecciones en 1985, duramente criticadas por la oposición y en las que resultó vencedor. En mayo de 1990 estalló una guerra civil entre la guerrilla del Frente Nacional Patriótico de Liberia, dirigido por Charles Taylor, y las fuerzas leales a Doe, que fue capturado y ejecutado. En 1991 fue designado presidente provisional Amos Sawyer, quien llevó a cabo una reforma monetaria.

liberiano, na[1] *adj.* De Liberia. También *s.*

liberiano, na[2] *adj.* En bot., perteneciente o relativo al líber.

líbero *s. m.* En fútbol, jugador que no tiene encomendado un marcaje o una posición fija, sino que juega libre, reforzando la defensa y organizando el contraataque.

libérrimo, ma *adj. sup.* irreg. de **libre**.

libertad *s. f.* **1.** Capacidad del hombre de hacer o no una cosa y de hacerla de una manera u otra. **2.** Condición o estado de no sometido, coartado, preso, entorpecido, etc. **3.** Situación política de los estados en los que está reconocida la soberanía popular y existen instituciones democráticas. ‖ *pl.* **4.** Confianzas, excesiva familiaridad. ‖ **5. libertad condicional** La que se concede a un preso por buena conducta, antes de concluir su condena. **6. libertad de comercio** No intervención del Estado en las actividades comerciales. **7. libertad de enseñanza** La que permite organizar centros de estudio y dar o recibir el tipo de enseñanza que libremente se escoja, sin la intervención del Estado. **8. libertad de expresión** Derecho de cualquier ciudadano a hacer pública su opinión sin que por ello sufra persecución o castigo. **9. libertad de navegación** Derecho a circular libremente por aguas internacionales. **10. libertad de prensa** Derecho a escribir y publicar cualquier opinión, sin censura previa por parte de la administración y sin otra responsabilidad que la establecida por las leyes. **11. libertad provisional** La que se concede a un procesado hasta que se dicte sentencia, bajo ciertas condiciones, como p. ej. mediante el pago de una fianza. **12. libertad religiosa** (**de conciencia** o **de culto**) Derecho de los ciudadanos a practicar y difundir libremente cualquier creencia o culto religioso. **13. libertad vigilada** La de los condenados que quedan sometidos a la vigilancia de la autoridad correspondiente.

Fil. El término libertad ha sido entendido y usado de muy diversos modos en la historia de la filosofía. Un gran número de pensadores han definido la libertad como ausencia de determinación: el hombre obra libremente cuando no existe ninguna necesidad, ya sea interior o exterior, por la que su comportamiento tenga que ser de un modo u otro. Algunos autores, aun admitiendo la existencia de alguna clase de determinismo, físico, psíquico o social, han definido la libertad como la posibilidad que tiene el hombre de realizar aquellas acciones con las que se encuentra identificado vitalmente, es decir, como la posibilidad de optar por un modo de conducta, que a diferencia de otros permita la realización de su propio proyecto vital. Desde otra perspectiva, los filósofos existencialistas entendieron la libertad como el estado de continua necesidad de elección en que se encuentra el hombre.
Las doctrinas que niegan la existencia de la libertad reciben el nombre de *deterministas* y son de diversos tipos, dependiendo de cuál sea la realidad en la que sitúen el elemento que fuerza al ser humano a obrar como lo hace: la naturaleza, la sociedad, el psiquismo, etc.

Libertad, La Departamento de Perú, situado en el sector septentrional del país, junto al océano Pacífico. 23.241 km^2. 1.244.000 h. en 1987. La capital es Trujillo, con 189.800 h. en 1989. Sus recursos económicos son agropecuarios y mineros, con cultivos de caña de azúcar, patatas, maíz y trigo, ganadería ovina y porcina y yacimientos de oro, plata y cobre.

libertador, ra *adj.* **1.** Que liberta o da la libertad. También *s.* ‖ *s. m.* **2.** Sobrenombre que se dio a Simón Bolívar. ■ En esta acepción se escribe con mayúscula y se usa con el artículo determinado.

Libertador General Bernardo O'Higgins Región de Chile, situada en el sector central del país. 15.950 km^2. 621.700 h. en 1986. La capital es Rancagua, con 172.500 h. en 1987. Posee agricultura de cereal y frutales, ganadería vacuna y ovina, yacimientos de cobre e industria alimentaria y mecánica.

libertar *v. tr.* **1.** Dar la libertad. También *v. prnl.* **2.** Poner en libertad.

libertario, ria *adj.* Partidario de una total libertad política y social, sin gobiernos ni leyes.

libertinaje *s. m.* **1.** Abuso de la propia libertad, sin respetar la ley, la moral o la libertad de los demás. **2.** Conducta viciosa o inmoral, especialmente en el terreno sexual.

libertino, na *adj.* Se aplica a la persona que sigue una conducta de libertinaje, y a sus actos, costumbres, diversiones, etc. También *s.*

liberto, ta *s. m.* y *f.* En la antigua Roma, esclavo al que se había concedido la libertad y que generalmente seguía conservando algún tipo de vínculo con su antiguo amo.

Liberty, estilo Nombre que dieron los ingleses al modernismo.

Libia (*al-Libya*) Estado del N de África.

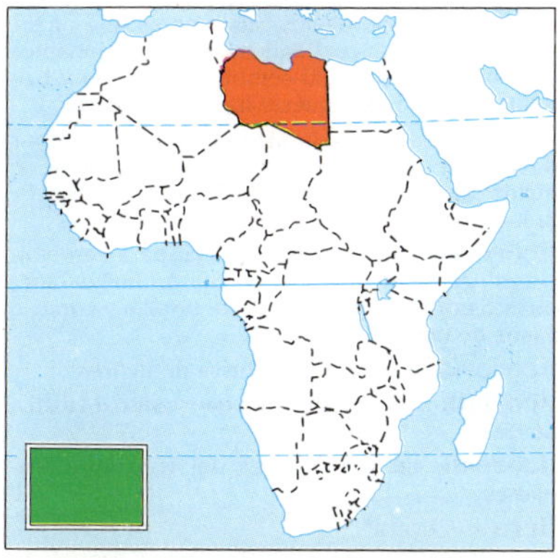

Extensión: 1.757.000 km^2.
Límites: al N, con el mar Mediterráneo; al E, con Egipto y Sudán; al S, con Chad y Níger, y al O, con Argelia y Tunicia.
Población: 4.206.000 h. en 1990.
Densidad: 2,4 h./km^2.
Capital: Trípoli.
División administrativa: 13 balayidatos.
Ciudades principales: Bengasi, Misrata, Tubruq.
Gentilicio: libio.
Forma de Estado: república popular.
Idioma: árabe.
Religión: islamismo sunni, 97 %.
Moneda: dinar libio.

Geog. física Por la mayor parte del territorio se extiende el desierto Líbico; al N se alzan las mesetas calcáreas de Yabal al Adjar (Cirenaica) y Yabal Nafusa (Tripolitania), que separan el desierto de las llanuras costeras de los golfos de Gabés y Sirte. El clima es desértico, excepto en el N, donde es mediterráneo; la vegetación es asimismo mediterránea con bosque de cipreses al N, y matorral progresivamente degradado hacia el S, hasta convertirse en estepa desértica.
Geog. humana y ***económica*** El país está poco poblado y sus habitantes se concentran fundamentalmente en el sector mediterráneo. La agricultura se ha desarrollado en las llanuras costeras con grandes obras de regadío; los principales cultivos son arroz, trigo, tomate, cacahuete, dátiles y, en la Tripolitania, olivo y vid. Tiene también ganadería ovina y caprina y pesca. La mayor parte de sus recursos proceden del petróleo, del que se produjeron 57.800.000 toneladas en 1989, y del gas natural. Cuenta con industria cementera, peletera, tabaquera y cervecera.

Libia: vista parcial de Trípoli, la capital.

Hist. Los colonizadores griegos dieron el nombre de Libia a un extenso territorio del N de África, en el que se encontraba la región Cirenaica y cuyos límites no estaban enteramente definidos. Esta región perteneció al imperio romano y en el s. V al reino vándalo, para ser luego recuperada por Justiniano para Bizancio y conquistada más tarde por el Islam en el año 643. Tras la decadencia del califato abasida de Bagdad pasó al emirato aglabí y al califato fatimí sucesivamente y, a fines de la Edad Media, fue incorporada al imperio otomano. En 1912 fue conquistada por Italia y en 1934 plenamente integrada en territorio italiano. En 1947, tras la Segunda Guerra Mundial, Italia renunció a la soberanía y dos años después la ONU le otorgó la independencia. En 1950 se instituyó la monarquía con el rey Idris. En 1953 se unió a la Liga Árabe, pero el rey mantuvo una política proccidental que suscitó el desacuerdo de gran número de sus súbditos. A principios de los años sesenta fueron descubiertas grandes reservas petrolíferas que se explotaron mediante concesiones a compañías occidentales; el petróleo transformó la economía y la base social del país. En 1967 Idris tan sólo apoyó económicamente la causa musulmana en la guerra árabe-israelí, lo que provocó la agitación del ejército; el rey buscó la conciliación desmantelando las bases franco-británicas del territorio, pero la medida resultó insuficiente y, en 1968, fue depuesto por un golpe de Estado dirigido por el coronel Mohammar al-Gaddafi, que proclamó la república.
Libia adoptó una línea política de radicalismo izquierdista popular: fueron nacionalizados el petróleo, la banca y los seguros y en 1977 se reformó la Constitución, creándose la República Árabe Líbica Socialista Popular. Gaddafi ha desarrollado una política caracterizada por los intentos de unificación con Siria y Egipto (1971), Egipto (1972), Tunicia (1974), Siria (1980) y Marruecos (1984), que ha conseguido el acuerdo de 1989 para la creación de la Unión del Magreb Árabe, junto a Argel, Tunicia, Mauritania y Marruecos. Ha sostenido enfrentamientos bélicos en el Chad (1980-84) y con EE UU en el golfo de Sirte (1986) y ha sido acusado por la comunidad internacional de apoyar el terrorismo.

líbico, ca *adj.* Perteneciente o relativo a Libia, región o país de África.

Líbico, desierto Desierto de África septentrional, que constituye el sector oriental del desierto del Sáhara. Se extiende entre las montañas del Tibesti y el valle del Nilo y contiene extensiones pedregosas, llanuras arenosas, volcanes como el Haruy y diversos oasis, entre los que destacan Yalu, Kufra, Yarabub y Siwa.

libídine *s. f.* Lujuria*.

libidinoso, sa *adj.* Que muestra o produce un deseo sexual exagerado o que va más allá de las normas generalmente admitidas de la moral. **FAM.** Libidinosamente, libidinosidad.

libido *s. f.* **1.** En psicol., término que designa el deseo sexual y, en general, la tendencia al placer que se encuentra en la base del comportamiento humano y sus manifestaciones. **2.** En lenguaje corriente, libídine, lujuria.

libio, bia *adj.* De Libia. También *s.*

libra *s. f.* **1.** Unidad monetaria oficial del Reino Unido y de muchas de sus antiguas colonias. Su nombre completo es *libra esterlina.* **2.** Antigua unidad de peso, actualmente poco usada, que equivalía en Castilla a dieciséis onzas o 460 g. **3.** Unidad de capacidad que equivale aproximadamente a lo que ocuparía la anterior en líquido. **4.** Unidad de peso anglosajona que equivale a unos 453,5 g. **5.** *fam.* Cien pesetas.

Libra **1.** Constelación zodiacal del hemisferio austral, situada entre Escorpio y Virgo, constituida por 82 estrellas visibles y tres astros. **2.** Séptimo signo del zodiaco, que el Sol recorre aparentemente del 22 de septiembre al 23 de octubre. || *s. m.* y *f.* **3.** Persona nacida bajo este signo. ▪ Con este significado se escribe con minúscula.

libraco *s. m. desp.* de **libro**. Libro malo o excesivamente grande.

librado, da **1.** *p. p.* de **librar**. También *adj.* || *s. m.* y *f.* **2.** Persona contra la que se libra una letra de cambio, quien debe pagarla. || **LOC. salir bien** (o **mal**) **librado** Quedar beneficiado o, por el contrario, perjudicado respecto a otros en un asunto.

librador, ra *adj.* **1.** Que libra o libera. También *s.* || *s. m.* y *f.* **2.** Persona que libra una letra de cambio.

libramiento *s. m.* Escrito que expresa la orden de que se pague cierta cantidad de dinero.

libranza *s. f.* Orden de pago escrita que se da a una persona para que entregue a otra cierta cantidad de los fondos de los que dispone la primera y sin que ésta necesite aceptarla.

librar *v. tr.* **1.** Quitar a alguien un peso, evitarle un peligro, una obligación, una molestia, etc. También *v. prnl.* **2.** Con palabras que significan lucha, sostenerla. **3.** Dar o comunicar por escrito documentos, órdenes, sentencias, etc. **4.** Poner por escrito y dirigir a la persona o entidad que en cada caso corresponde letras de cambio, órdenes de pago u otros documentos bancarios o mercantiles. || *v. intr.* **5.** Disfrutar un empleado del día o el tiempo libre que le corresponde a la semana. **6.** Parir, dar a luz.

libre *adj.* **1.** Que tiene libertad o está en situación de libertad. **2.** Se aplica a los alumnos que deben examinarse en un determinado centro de enseñanza pero que estudian por su cuenta, sin recibir clases en él. **3.** Que carece de lo que se expresa a continuación. **4.** Se dice del lugar, asiento o plaza no ocupados. **5.** Sin obstáculos. **6.** Se aplica a la pieza de un engranaje que puede moverse independientemente del mismo. **7.** Se dice del tiempo en que alguien no tiene que trabajar o realizar cualquier tarea. **8.** Se aplica a la traducción o versión que no se ajusta rigurosamente al original. **9.** Se aplica a la prueba de natación en la que el participante elige el estilo, generalmente el crawl por ser el más rápido. || **10. libre albedrío** Libertad. En la teología católica, capacidad que tiene el hombre de obrar por propia voluntad, eligiendo entre el bien, para alcanzar su propia salvación, o el mal, lo que implicaría su condena. **11. libre cambio** Librecambio*. **12. verso libre** Véase **verso**. || **LOC. por libre** *adv.* Independientemente, por cuenta propia.

librea *s. f.* **1.** Uniforme con levita, generalmente de gala, que usan porteros, ujieres y conserjes de algunos organismos. **2.** Uniforme parecido que usaban los criados y pajes de las casas señoriales. **3.** Pelaje o plumaje de ciertos animales.

librecambio *s. m.* Sistema económico basado en el principio de libre circulación de mercancías y la ausencia de trabas o limitaciones al comercio internacional, especialmente la supresión de aduanas y aranceles. Es uno de los rasgos más característicos de la doctrina económica liberal.

librecambismo *s. m.* Doctrina que defiende el librecambio. **FAM.** Librecambista.

librepensador, ra *adj.* Se dice de la persona que sostiene una postura basada en la tolerancia y la razón, opuesta a cualquier imposición de ideas, especialmente religiosas; se aplica, sobre todo, a ciertos pensadores franceses e ingleses de los s. XVII y XVIII, entre los que destacan Voltaire, Hobbes y Locke. También *s.*

librepensamiento *s. m.* Actitud y práctica de los librepensadores.

librería *s. f.* **1.** Tienda donde se venden libros. **2.** Mueble con estanterías donde se colocan los libros. **3.** Colección de libros. **4.** Oficio o negocio de librero.

librero, ra *s. m.* y *f.* **1.** Persona que vende libros. || *s. m.* **2.** *Méx., Pan., Perú.* Librería, mueble.

libresco, ca *adj.* **1.** *desp.* Que se basa o inspira en los libros y no en la realidad. **2.** *desp.* Perteneciente o relativo a los libros.

libreta *s. f.* **1.** Cuaderno para hacer anotaciones, cuentas, escribir direcciones, etc., generalmente de pequeño tamaño. || **2. libreta de ahorros** Cartilla o documento bancario en que se anotan las cantidades de dinero que ingresa en un banco o caja de ahorros la persona que quiere ahorrar de este modo.

libretista *s. m.* y *f.* Autor de libretos.

libreto *s. m.* Texto de una obra de teatro musical, como el de las óperas o las zarzuelas.

Libreville C. de Gabón, cap. del país, situada en el NO del mismo, en la costa del océano Atlántico. 352.000 h. en 1987. Es un centro administrativo, comercial y portuario, que cuenta con industrias textiles, madereras y alimentarias.

librillo *s. m.* **1.** *dim.* de **libro**. **2.** Cuadernillo de hojas de papel de fumar. **3.** Bisagra pequeña para cajitas. **4.** Libro, tercera cavidad del estómago de los rumiantes.

libro *s. m.* **1.** Conjunto de hojas escritas o impresas, unidas por un lado, y que suele tener cubiertas de cartón, piel, etc. Según la ley, es cualquier impreso de más de 48 páginas que no se publique periódicamente. **2.** Cada una de las partes en que se dividen ciertas obras literarias, científicas, etc., de cierta extensión. **3.** Cada uno de los textos que, con su nombre particular, componen el Antiguo Testamento. ▪ En esta acepción se escribe con mayúscula: *el Libro de Job.* **4.** Texto publicado por el gobierno o por un organismo oficial para informar sobre un tema; suele ir acompañado por un adjetivo de color. **5.** Libro de contabilidad. Se usa más en *pl.* **6.** Conjunto de impresos u hojas en blanco, encuadernados o unidos por otro sistema, destinado a diversos usos. **7.** Tercera cavidad del estómago de los rumiantes, formada por numerosos repliegues. ‖ **8. libro de caja** En un comercio, empresa, etc., aquel en que se anotan las entradas y salidas de dinero. **9. libro de coro** El que contiene los cantos que se entonan en el coro de las iglesias, generalmente de gran tamaño y con hojas de pergamino. **10. libro de escolaridad** Libreta en que se registran las calificaciones anuales obtenidas por los alumnos de enseñanza primaria y secundaria y que constituye el documento acreditativo de las mismas. **11. libro de familia** Documento oficial en que se registran los datos principales de los que contraen matrimonio y de sus hijos. **12. libro de horas** El que contiene los rezos de las horas canónicas. **13. libro de oro** El que tienen algunos ayuntamientos, entidades, organismos, etc., para recoger las firmas de las personalidades que los visitan. **14. libro de texto** El que utilizan los alumnos como base para estudiar una asignatura. **15. libro rojo** Recopilación de los pensamientos de Mao Zedong (Mao Tse-Tung) y que sirvió de base doctrinal para la revolución cultural china. **16. libros contables** (**de contabilidad** o **de cuentas**) Aquellos en los que se anotan las operaciones económicas de una empresa. **17. libros sagrados** La *Sagrada Escritura* o *Biblia.* ‖ **Loc. colgar los libros** *fam.* Abandonar los estudios. **hablar** (o **explicarse**) **como un libro** (**abierto**) *fam.* Hacerlo con sabiduría o con mucha claridad.

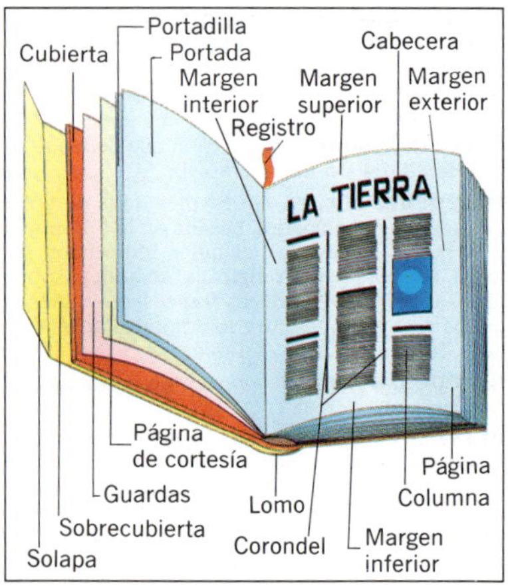

Libro con sus distintas partes.

licantropía *s. f.* **1.** Enfermedad mental en que el enfermo se imagina que es un lobo e imita su comportamiento. **2.** Enfermedad mental por la que el enfermo cree que se ha convertido en animal. **3.** En algunas supersticiones populares, fenómeno de la conversión de un hombre en lobo.

licántropo, pa *s. m.* y *f.* **1.** Enfermo que padece licantropía. **2.** En algunas supersticiones populares, hombre convertido en lobo.

licaón *s. m.* Mamífero carnívoro de la familia cánidos, especie *Lycaon pictus.* Alcanza hasta 150 cm de longitud, tiene las patas largas, las orejas grandes y el pelo corto con manchas de varios colores. Es una especie de perro salvaje que habita en las sabanas africanas al S del Sáhara, formando jaurías.

liceísta *s. m.* y *f.* Miembro de algún liceo.

licencia *s. f.* **1.** Permiso. **2.** Permiso legal para hacer o utilizar algo, y documento en el que consta. **3.** *amer.* Permiso de conducir. **4.** Libertad excesiva, especialmente en el terreno sexual. ‖ *pl.* **5.** Permiso indefinido que reciben los eclesiásticos de sus superiores para ejercer las funciones que les son propias: celebrar misa, administrar sacramentos, etc. **6.** Abuso de confianza. ‖ **7. licencia absoluta** La que libra del servicio militar, tanto activo como en la reserva, y documento que lo acredita. **8. licencia eclesiástica** Declaración que aparece en algunos libros, indicando que éste se publica con aprobación de las autoridades eclesiásticas. **9. licencia poética** Alteración en el lenguaje, estilo o métrica que en ciertos casos se tolera en poesía, por necesidades expresivas o por permitirlo la tradición poética.

licenciado, da **1.** *p. p.* de **licenciar**. ‖ *adj.* **2.** Declarado libre de algún servicio u obligación; se aplica particularmente al soldado o reservista que ha recibido la licencia absoluta. También *s.* **3.** Se dice de la persona que ha obtenido el título o grado universitario que la capacita para ejercer una actividad profesional. También *s.* ‖ *s. m.* y *f.* **4.** *amer.* Tratamiento que se da a los abogados.

licenciar *v. tr.* **1.** Dar a los soldados la licencia absoluta. **2.** Conceder la licenciatura universitaria. ‖ *v. prnl.* **3.** Terminar el servicio militar. **4.** Obtener la licenciatura universitaria. **Fam.** Licenciamiento.

licenciatura *s. f.* **1.** Grado o título de licenciado que se obtiene al acabar los estudios universitarios de segundo ciclo; es el inferior al de doctorado. **2.** Acto de recibir dicho título. **3.** Estudios que se cursan para obtenerlo.

licencioso, sa *adj.* Inmoral, especialmente en el terreno sexual. **Fam.** Licenciosamente.

liceo *s. m.* **1.** Nombre que reciben algunas instituciones culturales o de actividades recreativas. **2.** En ciertos países, como Italia, Francia y algunos países hispanoamericanos, centro de enseñanza media. **3.** Nombre de uno de los tres gimnasios de Atenas en el que enseñaba Aristóteles. **4.** P. ext., escuela o doctrina filosófica aristotélica.

Lichtenstein, Roy (Nueva York 1923) Pintor estadounidense. Constituye uno de los representantes más característicos del *pop-art.* Trasladó a su pintura las técnicas y estilo de los cómics y la publicidad. Entre sus obras más significativas se pueden citar *Whaam!* (1963), *Oh, Jeff... I love you too... but...* (1964) y *Sunset* (1965).

Licia Antigua región de Asia Menor, que formaba una confederación de 23 ciudades. Se convirtió en provincia romana en el año 43 durante la época del emperador Claudio. La lengua hablada por los licios era de origen indoeuropeo y está documentada por 150 epigramas que datan de los s. V y IV a. C.

Licinio, Flavio Valerio (Iliria h. 250 - Tesalónica 325) Emperador romano (317-324). Fue proclamado augusto de Oriente por Galerio el año 307. Ordenó una persecución contra los cristianos, a causa de la cual el augusto de Occidente Constantino le combatió y venció en la batalla de Crisópolis (324), reunificando el imperio.

licitador, ra o **licitante** *s. m.* y *f.* Persona que licita. También *adj.*

licitar *tr.* Ofrecer precio por algo en una subasta. **Fam.** Licitación.

lícito, ta *adj.* Justo y correcto de acuerdo con la ley, la moral o la razón. **Fam.** Lícitamente.

licitud *s. f.* Cualidad de lícito.

licopodio *s. m.* Nombre común de diversos helechos de la familia licopodiáceas, género *Lycopodium.* La especie *Lycopodium clavatum* mide unos 40 cm de altura, tiene hojas asimiladoras normales dispuestas en espiral y hojitas especiales agrupadas en estróbilos, donde se encuentran los esporangios. Sus esporas se usan en farmacia por sus cualidades descongestionantes y en pirotecnia por su combustión rápida y brillante. Crece en bosques y lugares sombríos.

licor *s. m.* **1.** Bebida alcohólica obtenida por destilación de diversos alcoholes, a la que se añade alguna sustancia aromática; p. ej., el anís. **2.** Líquido.

licorera *s. f.* **1.** Botella especial para servir licores, generalmente decorada. **2.** Juego compuesto por un soporte con esta botella y copas o vasos de licor.

licorería *s. f.* Tienda o fábrica de licores.

licorista *s. m.* y *f.* Persona que vende o fabrica licores.

licoroso, sa *adj.* Se dice del vino muy aromático.

licra *s. f.* Lycra*.

licuadora *s. f.* Máquina eléctrica que licua alimentos con mucho jugo, como las frutas y las hortalizas.

licuar *v. tr.* **1.** Convertir un cuerpo sólido o gaseoso en líquido. También *v. prnl.* **2.** Fundir un metal, sin que se fundan los materiales con los que está mezclado, para separar aquél de éstos. ▪ En cuanto al acento se conjuga como *averiguar*: *licua,* aunque es frecuente el uso acentuado: *licúa.* **Fam.** Licuable, licuación, licuante.

licuefacción *s. m.* Proceso por el que la materia pasa del estado físico sólido al líquido por aumento de la temperatura, o del estado gaseoso al líquido, en condiciones de alta presión y baja temperatura y con desprendimiento de calor. Cada gas tiene una temperatura, llamada crítica, por encima de la cual es imposible su licuefacción por mucho que aumente la presión a que se le somete. Por debajo de la temperatura crítica el gas empieza a licuarse al ser sometido a una cierta presión, que se hace cada vez más pequeña según disminuye la temperatura.

licuefacer *v. tr.* Licuar*. También *v. prnl.* ▪ Es v. irreg. Se conjuga como *hacer.*

licuefactible *adj.* Licuable.

licuefactivo, va *adj.* Que tiene la propiedad de licuar.

Licurgo (s. IX a. C.) Legislador griego, posiblemente legendario, al que se atribuyen las leyes de la ciudad de Esparta, que fueron sistematizadas por el éforo Quilón en el s. VI a. C.

Licurgo (? h. 396 - 323 a. C.) Orador y político ateniense. Alumno de Platón y aliado político de Demóstenes, dirigió las finanzas de Atenas, aumentando su flota. De él sólo se conserva el discurso *Contra Leócrates.*

lid *s. f.* **1.** Lucha, combate. **2.** Discusión, controversia, competición. ‖ *pl.* **3.** En construcciones con palabras como *experiencia, experto, ducho,* etc.,

Roy Lichtenstein: Whaam! *(Tate Gallery, Londres).*

actividades, situaciones. || Loc. **en buena lid** *adv.* Legítimamente, por medios correctos.

Lida, Raimundo (Buenos Aires 1908 - EE UU 1979) Hispanista argentino. Fue profesor en la universidad de La Plata, en el Colegio de México y en la universidad de Harvard y dirigió la *Nueva Revista de Filología Hispánica.* Entre sus obras destacan *Letras hispánicas* (1958) y *Prosas de Quevedo* (póstuma, 1981).

Lida de Malkiel, Rosa María (Buenos Aires 1910 - Oakland, California 1962) Filóloga e hispanista argentina. Hermana del anterior, contrajo matrimonio con el lingüista Yakov Malkiel. Especialista en literatura española de la Edad Media y del Renacimiento, entre sus libros merecen mención *Juan de Mena, poeta del prerrenacimiento español* (1950), *La idea de la fama en la Edad Media castellana* (1952) y *La originalidad artística de La Celestina* (1962).

líder *s. m.* **1.** Jefe o dirigente de un grupo, partido, movimiento, etc. **2.** En una competición deportiva, deportista o equipo que va el primero en la clasificación. También *adj.* **3.** Persona o entidad que domina en determinado campo. También *adj.*

liderar *v. tr.* Ser líder en un partido, competición, actividad, etc.

liderato o **liderazgo** *s. m.* Condición o actividad de líder y tiempo durante el cual alguien es líder.

lidia *s. f.* **1.** Acción y efecto de lidiar un toro. **2.** Conjunto de las faenas o suertes que se realizan con el toro desde su aparición en el ruedo hasta su muerte y que consisten en los tercios de varas, banderillas y suerte de matar. **3.** Lucha, esfuerzo por conseguir algo.

Lidia Antigua región de Asia menor, situada entre Misia, Frigia y Caria. Su capital era Sardi y contaba con importantes ciudades como Magnesia, Trales y Apolonia. Constituyó un reino célebre por su riqueza en el s. VII a. C., que fue destruido un siglo más tarde por Ciro y sometido al dominio aqueménida. La lengua de los lidios es de origen indoeuropeo y en ella se encuentran escritos numerosos textos que datan del s. VI a. C.

lidiador, ra *adj.* Se dice de la persona que lidia o torea. También *s.*

lidiar *v. intr.* **1.** Luchar, combatir. **2.** Manejar a personas con paciencia o habilidad. || *v. tr.* **3.** Incitar a un toro a embestir y esquivarlo con la ayuda de un capote o una muleta.

lido *s. m.* Cordón litoral de arena que forma lagunas litorales y albuferas en las costas bajas y arenosas. El más famoso es el de Venecia, que separa la laguna del mar Adriático. A veces une islas entre sí o al continente.

Lie, Trygve Halvdan (Grogud, Oslo 1896 - Geilo 1968) Político y diplomático noruego. Miembro del Partido Socialdemócrata, fue ministro de Justicia (1935-39) y de Comercio (1939) y, en el gobierno en el exilio de Londres, ministro de Asuntos Exteriores (1940-45). Delegado en la ONU, fue su primer secretario general (1946-1952), pero tuvo que dimitir por el rechazo soviético a sus planteamientos sobre las cuestiones de Palestina y de Corea. Nuevamente en Noruega, fue ministro de Justicia (1963-64) y de Comercio (1964-65).

Liebermann, Max (Berlín 1847 - íd. 1935) Pintor alemán. Estudió en Berlín y en Weimar y vivió en París (1873-78), donde recibió la influencia de Millet y Courbet. De nuevo en su país, fue el más importante pintor impresionista de Alemania. En Berlín fundó y presidió la Secesión berlinesa (1899). Entre sus cuadros más característicos figuran *Mujeres desplumando ocas, El guardián de loros* y *Cervecería rural en Baviera.*

Liebig, Justus von (Darmstadt 1803 - Munich 1873) Químico alemán. Organizó en la universidad de Giessen el primer laboratorio-escuela de Europa. En 1852 fue nombrado profesor de la universidad de Munich. Desarrolló el método del análisis clínico. Impulsó la química orgánica y planteó los ciclos del carbono y del hidrógeno en la naturaleza. Aisló el titanio (1831) y descubrió el cloroformo (1831) y el cloral (1832) e ideó un método para fabricar superfosfatos y otro de revestimiento del vidrio con una capa de plata para convertirlo en espejo. También inventó procedimientos para obtener levadura en polvo y extractos de carne.

Liebknecht, Karl (Leipzig 1871 - Berlín 1919) Político alemán. Fue miembro del Partido Socialdemócrata alemán, al que representó en el Reichstag (1912) y del que fue expulsado por sus planteamientos radicales. Al comienzo de la Primera Guerra Mundial denunció el militarismo alemán y el imperialismo de los aliados e incitó a los obreros de los distintos países a la desobediencia de sus gobiernos. Junto a Rosa Luxemburg fundó en 1917 la Liga Espartaquista y dirigió la revolución en 1919. Tras el fracaso de la misma fue apresado y asesinado.

liebre *s. f.* Nombre común de diversos mamíferos lagomorfos de la familia lepóridos, género *Lepus.* Pueden alcanzar hasta 60 cm de longitud, su pelaje varía de color, siendo más claro cuanto más fría es la región que habita. Tienen el labio partido, grandes dientes incisivos y largas orejas puntiagudas cuyo extremo es oscuro. Viven en campos abiertos, en camas debajo de arbustos. Son una apreciada pieza de caza. La liebre europea *(Lepus europaeus)* habita en Europa central y meridional; la liebre ártica *(Lepus arcticus)* es de color blanco y habita en regiones septentrionales americanas. || Loc. **levantar la liebre** *fam.* Mostrar, dar a conocer alguna cosa negativa que permanecía oculta. **saltar la liebre** *fam.* Producirse un suceso de forma imprevisible o que sorprende por inesperado.

Liebre (Lepus europaeus).

Liechtenstein Estado de Europa central.

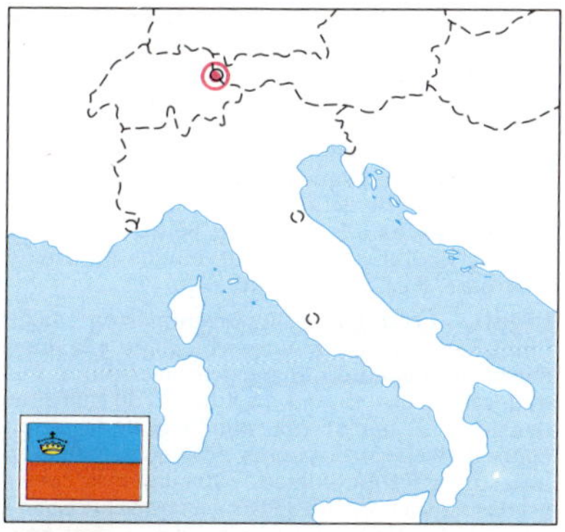

Extensión: 160 km².
Límites: al N, con Suiza y Austria; al E, con Austria; al S, con Suiza, y al O, con Suiza.
Población: 28.700 h. en 1990.
Densidad: 179,4 h./km².
Capital: Vaduz.
División administrativa: 11 municipios.
Ciudades principales: Schaan.
Forma de Estado: monarquía constitucional.
Idioma: alemán.
Religión: catolicismo, 87,1 %; protestantismo, 8,6 %.
Moneda: franco suizo.
Tasa de natalidad: 13 ‰ en 1990.
Tasa de mortalidad: 6 ‰ en 1990.
Renta per cápita: 21.000 dólares en 1987.

Geog. El sector occidental del país se halla en el valle del Rhin; el sector oriental, de relieve montañoso, comprende las estribaciones de los Alpes Réticos, cuyas máximas alturas son los picos Augstenberg (2.359 m) y Plassteikoft (2.356 m) situados al S. Sus recursos económicos proceden del turismo y las finanzas, pues muchas empresas internacionales se han instalado en el país a causa de las favorables condiciones fiscales. Cuenta con cultivos de patatas, ganadería bovina e industria textil.

Liechtenstein: paisaje montañoso.

Hist. El estado se creó con la adquisición de los señoríos de Vaduz y Schellenberg por los condes de Liechtenstein en 1699. Fue convertido en principado por el emperador Carlos VI en 1719. Formó parte de la Confederación del Rhin entre 1806 y 1814 y de la Confederación Germánica entre 1815 y 1866. Económicamente fue dependiente de Austria hasta 1918. En 1921 fue proclamada la constitución que otorgó el poder legislativo a una Dieta de 15 miembros. En la actualidad está vinculado económica y diplomáticamente a Suiza. Su jefe de Estado, el príncipe Francisco José II, en el trono desde 1938, murió en 1989; le sucedió su hijo primogénito Hans Adam.

lied (voz al.) *s. m.* Tipo de canción breve y generalmente de carácter lírico, que surgió en Alemania en la Edad Media y alcanzó su forma definitiva con los compositores románticos: Schubert, Beethoven, Schumann, Brahms, etc. Cultivaron también este género con gran brillantez músicos posteriores, como Strauss y Mahler. ■ Su plural es *lieder.*

Lieja (en fr. *Liège,* en flamenco *Luik*) **1.** Prov. de Bélgica, en el E del país, en la frontera con la República Federal de Alemania. 3.862 km². 998.200 h. en 1990. Comprende la región agrícola de Hesbaye, en la que se cultivan cereales y remolacha y en la que existen numerosos prados, y la región ganadera de Herve, en la que predomina el bovino y cuya principal producción es la leche y sus derivados. La industria se concentra en el valle del Mosa, una cuenca hullera, en el que destacan los sectores siderúrgico, metalúrgico y químico.
2. C. de Bélgica, cap. de la prov. homónima, a orillas del río Mosa. 196.800 h. en 1990. Es un centro administrativo, cultural y de comunicaciones, que posee industria de construcciones mecánicas, química y cementera. Fue fundada en época merovingia y alcanzó gran prosperidad en la Baja Edad Media por el crecimiento de su burguesía e industria y por su situación entre Flandes y las ciudades hanseáticas; perteneció al estado borgoñón y al imperio germánico sucesivamente. En el s. XVIII era la más poderosa ciudad industrial de los Países Bajos. Sufrió graves destrucciones en la Segunda Guerra Mundial. Entre sus principales monumentos sobresalen la catedral gótica (s. XI-XIV), el palacio de los príncipes-obispos (h. 1000, reconstruido en el s. XVI), la casa Curtius (s. XVII) y el ayuntamiento (s. XVIII).

liendre *s. f.* Huevo del piojo, que suele encontrarse adherido a los pelos del animal del que éste es parásito.

lienzo *s. m.* **1.** Tela hecha normalmente de lino, cáñamo o algodón. **2.** Tela preparada para pintar sobre ella. **3.** Cuadro pintado sobre esta tela. **4.** Trozo continuo y recto de una pared, muralla, etc.

Lifar, Serge (Kiev 1905 - Lausana 1986) Bailarín y coreógrafo ruso. Perteneció a la compañía de los Ballets Rusos de Diaghilev (1923-29) y en 1929 pasó a ser primer bailarín y coreógrafo de la Ópera de París. También actuó en el Nuevo Ballet de Montecarlo (1945-47). En 1956 se despidió de la escena en París. Montó numerosas coreografías y participó en algunos filmes, como *La muerte del cisne* (1937) y *Sinfonía en blanco*

(1942). Escribió libros entre los que destacan *La danza* (1938), *Historia del ballet ruso* (1950) y *Tratado de coreografía* (1952).

lifting (voz ingl.) *s. m.* Operación de cirugía estética que consiste en estirar la piel, especialmente la de la cara, para hacer desaparecer las arrugas.

liga *s. f.* **1.** Cinta o tira elástica con que se sujetan a la pierna las medias y, antiguamente, los calcetines, manteniéndolos tirantes. **2.** Unión de ciudadanos, grupos, estados, etc., con un interés común. **3.** Competición deportiva en la que cada participante se enfrenta sucesivamente a todos los demás. **4.** Unión, mezcla, aleación. **5.** Cantidad de cobre u otro metal que se mezcla con el oro o la plata de las monedas y joyas para darle consistencia o para rebajar su ley. **6.** Sustancia pegajosa producida por ciertos vegetales, p. ej. el muérdago, usada para cazar pájaros, al quedarse pegados al lugar que ha sido impregnado con ella.

Liga Árabe Véase **Árabe, Liga**.

Liga Regionalista Partido político catalán fundado en 1901 como organización nacionalista que representaba los intereses de la alta burguesía conservadora de Cataluña. Desempeñó un importante papel en las dos primeras décadas del s. XX y fue la principal fuerza en la Mancomunidad, pero la radicalización del movimiento obrero y el aumento de la agitación social la aproximaron al gobierno central. Apoyó el golpe de Primo de Rivera, aunque luego se mantuvo distante de la dictadura. Durante la Segunda República, en la que desde 1933 adoptó el nombre de *Liga Regionalista,* se convirtió en un grupo minoritario, desplazado por opciones catalanistas más radicales, como Esquerra de Cataluña. Sus principales dirigentes fueron Francesc Cambó y Enric Prat de la Riba.

Liga Santa Nombre de cuatro coaliciones de estados creadas en los s. XV y XVI. La **primera** la formaron en 1495 Fernando el Católico, el papa Alejandro VI, Milán, Venecia y Maximiliano I, para combatir a Carlos VIII de Francia, a quien expulsaron de Nápoles y de los Estados Pontificios en 1496. La **segunda** la constituyeron en 1511 los Estados Pontificios, Venecia y España, contra Luis XII de Francia; tras la victoria de éste en Ravena (1512), Suiza, Inglaterra y Florencia se adhirieron a la Liga, pero Venecia se separó. En la tregua de Orleans de 1514 España obtuvo la anexión de Navarra. La **tercera** la integraron el papado, Venecia y España, para combatir a los turcos otomanos, a los que vencieron en Lepanto (1571). La **cuarta**, también llamada *Santa Unión*, fue organizada en 1576 bajo la dirección de Enrique de Guisa. Estaba formada por parte del pueblo y nobleza franceses y por España, que se enfrentaron contra los protestantes de la Unión Calvinista francesa. Tras la muerte de Enrique III de Francia (1589) y de Enrique de Guisa (1588), el nuevo rey Enrique IV abjuró del protestantismo en 1594 y puso fin al conflicto.

ligado, da **1.** *p. p.* de **ligar**. También *adj.* ‖ *s. m.* **2.** Enlace de las letras al escribir. **3.** Serie de notas musicales que se ejecutan sin interrumpir el sonido entre unas y otras.

ligadura *s. f.* **1.** Acción y efecto de ligar. **2.** Cuerda, correa o cualquier cosa que sirve para atar o sujetar. ▪ Se usa más en *pl.* **3.** Parte en que se unen dos cosas o lo que sirve para unirlas o sujetarlas. **4.** Ataduras que impiden actuar libremente. **5.** Venda que se utiliza para comprimir un miembro, p. ej. para contener una hemorragia. **6.** En notación musical, línea curva que abarca dos o más notas e indica que éstas deben ejecutarse con un sonido continuo.

ligamen *s. m.* En der., impedimento que para contraer nuevo matrimonio constituye el anterior no disuelto y que lo anula si se contrae.

ligamento *s. m.* **1.** Acción y efecto de ligar. **2.** Cada uno de los cordones de tejido fibroso que unen dos o más huesos entre sí en la zona próxima a su articulación. **3.** Pliegue o membrana que sostiene en su sitio un órgano del cuerpo. **4.** Cada tipo de trama o combinación de los hilos de un tejido.

ligamentoso, sa *adj.* En anat., que tiene ligamentos.

ligando *s. m.* **1.** Átomo, agrupación de átomos o ion con los que se une el ion central de un compuesto de coordinación o complejo. **2.** Cada uno de los átomos o grupos de átomos que se unen a un átomo de carbono determinado en los compuestos orgánicos.

ligar *v. tr.* **1.** Atar o sujetar con un hilo, cuerda o cosa semejante. **2.** Unir, relacionar, vincular. **3.** Comprometer, obligar. También *v. prnl.* **4.** Enlazar las letras al escribir. **5.** Enlazar una serie de notas musicales al ejecutarlas. **6.** Mezclar otro metal con el oro y la plata para darles consistencia o rebajar su ley en la fabricación de monedas y alhajas. **7.** Hacer que ciertas sustancias o mezclas, p. ej. la mayonesa, formen una masa homogénea. También *v. intr.* **8.** *fam.* Conseguir, comprar alguna cosa. **9.** *fam.* Robar, hurtar. **10.** *fam.* Detener, arrestar. **11.** En los juegos de naipes, reunir cartas que forman una buena jugada. **12.** *Arg., Chile, Urug.* Recibir un castigo o una paliza. **13.** *Cuba, Méx.* Curiosear, fisgar. ‖ *v. intr.* **14.** Establecer con alguien una relación amorosa, normalmente pasajera. También *v. tr.* y *v. prnl.* **15.** Armonizar, ser acorde. ‖ *v. prnl.* **16.** Unirse o asociarse a alguien o algo. ▪ Se conjuga como *pagar.* ‖ **LOC. ligarla** o **ligársela** En ciertos juegos de chicos, como el escondite, tocarle a uno perseguir o buscar a los demás. **FAM.** Ligación, ligamiento.

ligazón *s. f.* Estrecha unión o relación entre una cosa y otra.

ligereza *s. f.* **1.** Cualidad de ligero o de poco peso. **2.** Rapidez, agilidad. **3.** Cualidad de irresponsable o irreflexivo. **4.** Error o imprudencia que se comete por falta de cuidado o reflexión.

ligero, ra *adj.* **1.** Rápido, ágil. **2.** De poco peso, de poca consistencia. **3.** De poca fuerza, intensidad o dificultad. **4.** Se aplica de manera imprecisa a un género musical en el que se supone que la complejidad de su elaboración es menor que en la llamada «música seria». Es un tipo de música con gran proyección comercial. **5.** Se dice del sueño poco profundo, que se interrumpe con facilidad. **6.** Fácil de digerir. **7.** De poca importancia o gravedad. **8.** De poca seriedad o profundidad. **9.** Inconstante en sus relaciones sentimentales. **10.** Seguido de la preposición *de*, con poco o nada de lo que se expresa. ‖ **11. peso ligero** En boxeo, judo y lucha libre, categoría en la que se distinguen los deportistas según su peso y que en boxeo comprende a los púgiles profesionales que pesan entre 58,967 kg y 61,235 kg y a los aficionados que pesan entre 57 kg y los 60 kg. También designa al propio deportista. ▪ En esta acepción puede decirse simplemente *ligero.* ‖ **LOC. a la ligera** *adv.* Rápida y descuidadamente, sin reflexionar, o de manera frívola o superficial. **ligera de cascos** *adj. fam. desp.* Se dice de la mujer muy liberal o inconstante en sus relaciones amorosas. **FAM.** Ligeramente.

Ligeti, György (Dicsöszentmárton 1923) Compositor húngaro. Autor vinculado a la enseñanza, ha cultivado la música electrónica y el dodecafonismo. En sus partituras, de una gran densidad, se muestra la influencia de la última época de Webern. Sus obras están enmarcadas en un estilo micropolifónico. Entre las más consagradas figuran *Metamorfosis nocturnas* (1953-54), *Atmósferas* (1961), *Réquiem* (1966) y *San Francisco polyphony* (1974).

ligni- *pref.* Significa 'madera': *lignificar.*

lignícola *adj.* **1.** Que vive en la madera o en los árboles. **2.** Lignívoro*.

lignificar *v. tr.* **1.** Dar la lignina consistencia de madera a un vegetal. ‖ *v. prnl.* **2.** Tomar consistencia de madera. ▪ Se conjuga como *sacar.* **FAM.** Lignificación.

lignina *s. f.* Sustancia que acompaña a la celulosa y mantiene unidas sus fibras. Aparece en los tejidos leñosos de los vegetales, en los que constituye el 25 % de la madera.

lignito *s. m.* Carbón mineral, menos bituminoso que la hulla, con un contenido en carbono de un 70 % aproximadamente y con menor poder calorífico. Es de color negro o pardo y se emplea como combustible en centrales térmicas y como materia prima en la fabricación de briquetas asfálticas. Abunda en Europa central, Federación Rusa y EE UU; en España, en Teruel, Galicia y Asturias.

lignívoro, ra *adj.* Se dice de los animales que se alimentan de madera, como las carcomas y las termitas.

ligón, na *adj. fam.* Se dice de la persona que liga mucho, que consigue con facilidad relaciones amorosas pasajeras. También *s.*

ligue *s. m.* **1.** Acción de ligar, establecer una relación amorosa pasajera. **2.** *fam.* Relación amorosa que dura poco tiempo. **3.** *fam.* Persona con la que se mantiene este tipo de relación.

liguero, ra *adj.* **1.** Perteneciente o relativo a la liga deportiva. ‖ *s. m.* **2.** Especie de faja estrecha de la que cuelgan dos o más cintas con hebillas para sujetar las medias de las mujeres.

liguilla *s. f.* Liga deportiva en que intervienen pocos equipos.

ligur *adj.* **1.** Se dice de un pueblo que en la antigüedad habitaba en la región septentrional de Italia en torno al golfo de Génova, a la que dio su nombre. Fue anexionado por Roma en las guerras ligures, entre 238 y 235 a. C. y a principios del s. II a. C. **2.** De este pueblo. También *s.* **3.** De la región italiana de Liguria. También *s.* ‖ *s. m.* **4.** Dialecto del italiano hablado en la región de Liguria, que procede de la lengua de los antiguos ligures latinizada.

Liguria Región de Italia, situada en el NO del país, en torno al golfo de Génova. 5.416 km^2. 1.727.200 h. en 1990. La capital es Génova, con 706.800 h. en 1990. Comprende las provincias de Génova, Imperia, La Spezia y Savona. En su relieve destacan las estribaciones de los Alpes al O y los Apeninos Ligures en el centro y el E, que descienden en terrazas y pequeñas llanuras costeras hasta el golfo de Génova. La zona de la costa es la más densamente poblada y donde se concentra la actividad económica, turística e industrial, con producción siderúrgica, metalúrgica, petroquímica, mecánica, de astilleros y alimentaria. Asimismo se cultivan hortalizas, frutales y flores.

Liguria, mar de Mar interior del Mediterráneo occidental, situado entre las costas de Marsella y el golfo de Génova.

Lihn, Enrique (Santiago 1929 - íd. 1988) Escritor chileno. Sus primeros libros de poesía tienen un estilo solemne, que luego desaparece en busca de un tono más familiar. Entre sus obras poéticas destacan *Poemas de este tiempo y de otro* (1955), *La pieza oscura* (1963), *Poesía de paso* (1966), *Escrito en Cuba* (1968) y *Por fuerza mayor* (1975). También escribió novelas, como *Batman en Chile* (1973), y cuentos.

lija *s. f.* **1.** Pintarroja*. **2.** Piel de la pintarroja o de otro pez, que se utiliza para frotar con ella las cosas que se quieren pulir. **3.** Hoja fuerte de papel o tela que tiene pegados en una de sus caras granitos de polvo de esmeril, vidrio molido, arena de cuarzo, etc., y que se usa para pulir y alisar maderas, metales y otras materias. Se denomina también *papel de lija.*

lijado, da **1.** *p. p.* de **lijar**. También *adj.* ‖ *s. m.* **2.** Acción y efecto de lijar.

lijadora *s. f.* Máquina para lijar o pulir.

lijar *v. tr.* Pulir o suavizar una cosa con lija o una lijadora.

lila[1] (del fr. *Lilas*, del ant. *lilac*, y éste del persa *lilak* o *milac*, azulado) *s. f.* **1.** Nombre común de diversas plantas arbustivas de la familia oleáceas, género *Syringa.* Tienen hojas opuestas y ovaladas o acorazonadas e inflorescencias de flores pequeñas y aromáticas de diversos colores. La lila común *(Syringa vulgaris)* alcanza entre 2 y 4 m de altura y tiene flores de color violeta pálido o blanco. La lila de Persia *(Syringa persica)* tiene flores púrpura que forman inflorescencias laterales muy anchas. Su uso es ornamental. Se llama también *lilo.* **2.** Flor de este arbusto. ‖ *s. m.* **3.** Color violeta pálido como el de estas flores.

lila[2] (de or. onomat.) *s. m. fam.* Tonto, primo.

liliáceas *s. f. pl.* Familia de plantas monocotiledóneas del orden liliales, generalmente herbáceas, a la que pertenecen unas 3.500 especies comprendidas en unos 250 géneros, entre los que destacan *Lilium, Tulipa, Asparagus* y *Allium.* Se caracterizan por tener bulbos o rizomas enterrados. Sus flores se agrupan en racimos o en cimas. Crecen en todo el mundo y muchas de sus especies se cultivan para uso ornamental, como la azucena, el tulipán o el jacinto, o para alimentación, como el espárrago, el ajo y la cebolla. También *adj.* y *s. f.*

Lilienthal, Otto (Anklam 1848 - Berlín 1896) Ingeniero alemán. Fue un pionero de la aeronáutica. Construyó diversos planeadores y murió accidentalmente en un vuelo de prueba.

liliputiense (de *Liliput*, el imaginario país de los enanos de la novela de Jonathan Swift *Los viajes de Gulliver*) *adj.* Enano o muy bajo. También *s.*

Lille C. de Francia, cap. de la región Nord-Pas de Calais en el N del país, cerca de la frontera con Bélgica. 167.800 h. en 1982, 1.088.000 h. en su área urbana. Es un importante centro textil del algodón y comercial, que cuenta con industrias mecánicas, eléctricas, automovilísticas, aeronáuticas, químicas y alimentarias.

Lillo, Baldomero (Lota 1867 - Santiago 1923) Escritor chileno. Influido por Zola, fue un maestro del relato breve. En sus narraciones denuncia las injusticias cometidas con las clases humildes. Sus cuentos fueron recogidos en las colecciones *Sub Terra* (1904), *Sub Sole* (1907) y las póstumas *Relatos populares* (1942) y *El hallazgo y otros cuentos del mar* (1956).

lilo *s. m.* Lila, planta.

Lilongwe C. de Malawi, cap. del país, situada en el sector central del mismo, al O del lago Malawi. 220.300 h. en 1987. Es una ciudad administrativa y mercado agrícola, que posee industria textil y artesanía.

lima[1] (del lat. *lima*) *s. f.* **1.** Herramienta de acero que consiste en una barra con estrías, granos o puntas en su superficie, que se utiliza para alisar o desbastar metales, madera u otros materiales. **2.** Acción y efecto de limar. **3.** Acción y efecto de limar o perfeccionar una obra artística o literaria. **4.** *fam.* Persona que come mucho.

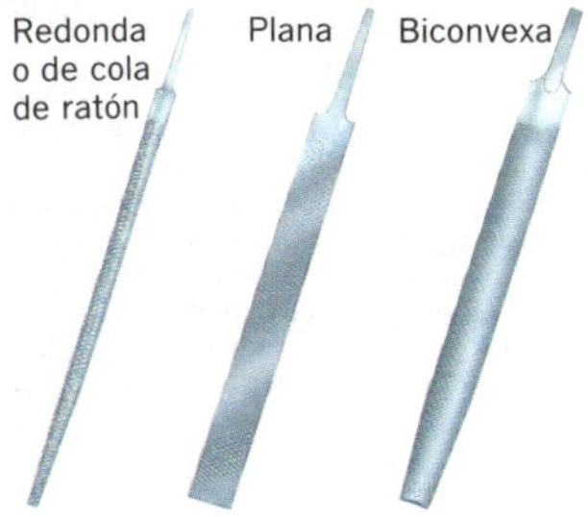

Algunos tipos de limas.

lima[2] (del ár. *lima*) *s. f.* **1.** Fruto del limero. Es un cítrico de forma esferoidal y color amarillo, pulpa jugosa y sabor agridulce; de su corteza se extrae una esencia que se usa para hacer una bebida, la lima, utilizada contra el escorbuto por su alto contenido en vitamina C. **2.** Esta bebida. **3.** Limero, árbol de la lima.

lima[3] (del lat. *limus*, inclinado) *s. f.* **1.** Ángulo que forman las dos vertientes de un tejado. **2.** Madero que se coloca en este ángulo.

Lima 1. Departamento de Perú, situado al O del sector central del país, a orillas del océano Pacífico. 33.821 km². 6.707.000 h. en 1987. Su relieve es de sierra, con las estribaciones occidentales de la cadena del Oeste de los Andes y una estrecha llanura litoral. Posee cultivos de algodón, caña de azúcar, cereales y patatas, ganadería, pesca y minería. La industria se concentra en la capital.
2. C. de Perú, cap. del país y de este departamento, situada en el O del mismo, en la costa del océano Pacífico. 6.404.500 h. en 1990. Constituye el centro de la vida económica del país; a su condición de ciudad administrativa y comercial ha unido en las últimas décadas una importante industrialización, con producción textil, alimentaria, química, automovilística y mecánica, así como una alta tasa de inmigración. Forma conurbación con la ciudad portuaria de El Callao. Lima posee el más importante conjunto monumental del Barroco americano, en el que sobresalen el convento de la Merced, dotado de una espléndida fachada, el convento de San Agustín y la catedral, iniciada en 1540. Tras el terremoto de 1746 se construyeron diversos claustros con fachadas churriguerescas. Su primitivo nombre fue *Ciudad de los Reyes*.

Lila común (Syringa vulgaris); *detalle de la flor y de la inflorescencia.*

Lima: vista de la plaza Grau, una de las más populares de la capital.

Hist. La ciudad de Lima fue fundada en 1535 por Francisco Pizarro. Fue capital del virreinato del Perú. Carlos I creó en 1535 la Casa de la Moneda, en 1543 se constituyó la Audiencia y en 1551 se fundó la universidad de San Marcos. Durante el reinado de Felipe III se fundaron el Tribunal de Cuentas y el obispado, y en 1583 se instaló la primera imprenta. Durante los s. XVI y XVII cobró una considerable importancia económica y su puerto de El Callao llegó a ser el principal centro distribuidor de mercancías para Hispanoamérica. Fue una de las últimas ciudades del continente en obtener la independencia; cuando ésta se produjo en 1821, se convirtió en capital de la república de Perú.

Lima, Jorge de (União dos Palmares, Alagoas 1895 - Rio de Janeiro 1953) Poeta brasileño. Tras un principio neoparnasiano evolucionó hacia el modernismo. Entre sus libros de poesía merecen citarse *XIV alejandrinos* (1920), *Poemas* (1927), *La negra Fuló* (1928), *Poemas negros* (1947) y *Las islas* (1952). También escribió novelas, como *La mujer oscura* (1939), y libros de tema religioso.

Lima Barreto, Alfonso Henríques de (Rio de Janeiro 1881 - íd. 1922) Escritor brasileño. Sus novelas son una denuncia contra la injusticia social y una protesta por la discriminación racial. Entre sus libros destacan *Memorias del escribano Isaías Caminha* (1909) y *Triste fin de Policarpo Cuaresma* (1915).

limaco *s. m.* Babosa*, molusco gasterópodo.

limado, da 1. *p. p.* de **limar**. También *adj.* || *s. m.* **2.** Acción y efecto de limar.

limador, ra *adj.* **1.** Se dice del operario encargado de limar. También *s.* || *s. f.* **2.** Máquina que sirve para pulir superficies metálicas.

limadura *s. f.* **1.** Acción y efecto de limar. **2.** Pequeño trozo que se desprende al limar un metal. Se usa más en *pl.*

limar *v. tr.* **1.** Alisar o rebajar una cosa pasándole la lima. **2.** Pulir, acabar de perfeccionar algo. **3.** Debilitar, disminuir, suavizar. || **LOC. limar asperezas** Suavizar un desacuerdo o enfrentamiento entre dos o más personas.

Limassol (en gr. *Lemessos*) C. de Chipre, situada en la costa meridional de la isla. 120.000 h. en 1989. Tiene industrias alimentarias y de perfumería. Cuenta con un importante puerto comercial, exportador de agrios. Conserva un castillo medieval (s. XII).

limatón[1] (de *lima*[1]) *s. m.* Lima gruesa y redondeada.

limatón[2] (de *lima*[3]) *s. m. amer.* Lima de un tejado.

limaza *s. f.* Limaco, babosa*.

límbico, sistema En neurología, conjunto de estructuras cerebrales que se encuentran implicadas en la regulación de las expresiones emocionales y de conducta de los animales y del hombre. Comprende, fundamentalmente, el núcleo talámico anterior, la región del séptum, el hipocampo y el cuerpo amigdalar.

limbo *s. m.* **1.** Según algunos teólogos cristianos, lugar o estado en el que se encuentran las almas de los niños sin bautizar que mueren antes de tener uso de razón. La Iglesia nunca ha declarado de manera oficial esta doctrina, prácticamente abandonada por la teología actual. **2.** Lugar donde los patriarcas y santos del Antiguo Testamento esperaban después de su muerte la redención de Cristo. **3.** En bot., parte plana de las hojas, pétalos y sépalos de los vegetales. **4.** En astron., cerco o contorno aparente de un astro. **5.** Escala en forma de corona o círculo graduado que tienen ciertos instrumentos topográficos y astronómicos para medir ángulos. **6.** Borde de una cosa, especialmente orla o ribete de un vestido. || **LOC. estar** uno **en el limbo** *fam.* Estar distraído, no enterarse de lo que pasa alrededor.

Limbourg, Pol, Hennequin y Hermann (s. XV) Hermanos miniaturistas franceses. Trabajaron en la corte del duque de Borgoña y en París y se sabe que en 1411 estaban al servicio de Jean, duque de Berry, para el que decoraron el libro *Las muy ricas horas del duque de Berry*, obra maestra del estilo gótico internacional.

limen *s. m.* **1.** Umbral de una puerta. **2.** Entrada, inicio.

limeño, ña *adj.* De Lima. También *s.*

limero, ra *s. m.* y *f.* **1.** Vendedor de limas, frutas. || *s. m.* **2.** Árbol de la familia rutáceas, especie *Citrus aurantifolia.* Puede alcanzar hasta 5 m de altura, tiene tronco liso, hojas alternas, flores blancas y fruto de corteza amarilla y pulpa agridulce. Es originario de Persia y se cultiva en los países de clima cálido por su fruta, llamada *lima*, que se consume como postre y para elaborar bebidas. El árbol también se denomina *lima*.

Limero (Citrus aurantifolia); *árbol y detalle de la flor y del fruto con hojas.*

limes *s. m.* Frontera fortificada que defendía al imperio romano de las invasiones bárbaras y que bordeaba sus confines.

limeta *s. f.* Botella de cuerpo ancho y corto y cuello bastante largo.

liminal *adj.* **1.** En psicol., se aplica a lo que está en el límite o dentro de los límites de lo que se percibe por los sentidos. **2.** Liminar*.

liminar *adj.* Preliminar*.

limitación *s. f.* **1.** Acción y efecto de limitar. **2.** Circunstancia, condición, factor, etc., que limita o impide.

limitado, da 1. *p. p.* de **limitar**. También *adj.* || *adj.* **2.** Poco, reducido, pequeño. **3.** Poco inteligente. **FAM.** Limitadamente.

limitador, ra *adj.* **1.** Que limita o sirve para limitar. || *s. m.* **2.** Nombre que se da a diversos dispositivos que sirven para limitar la acción de un fenómeno físico, los movimientos de un mecanismo, etc. || **3. limitador de corriente** Dispositivo que impide que el consumo de electricidad sobrepase un valor determinado. **4. limitador de sobretensión** Dispositivo de seguridad que se coloca en una instalación eléctrica para evitar que las sobretensiones alcancen valores peligrosos.

limitar *v. tr.* **1.** Indicar los límites de algo. **2.** Contener o reducir la acción, movimiento, influencia, desarrollo, etc., de algo. || *v. intr.* **3.** Tener un territorio, país o terreno límites comunes con otros. || *v. prnl.* **4.** Hacer alguien únicamente aquello que se expresa o reducirse una cosa a algo determinado. **FAM.** Limitable.

limitativo, va *adj.* Que limita o reduce.

límite *s. m.* **1.** Aquello que señala la separación entre dos cosas. **2.** En particular, se dice de la línea real o imaginaria que separa o rodea una superficie, un país, una propiedad, etc. **3.** Final, grado máximo de algo, punto que no se puede o no se debe sobrepasar. || **4. límite de una función** En mat., se llama límite de L función $f(x)$, cuando x tiende a x_0 $\left(\lim_{x \to x_0} f(x)\right)$, al valor al que se aproxima infinitamente $f(x)$ cuando x se aproxima infinitamente a x_0. **5. límite de una sucesión** En mat., valor al cual se aproximan, sin llegar a coincidir con él, los términos de una sucesión al crecer el orden de los mismos. P. ej., la sucesión $\frac{1}{n}$ tiene como límite 0, porque sus términos $1, \frac{1}{2}, \frac{1}{3}, \frac{1}{4}...$ se aproximan cada vez más a 0. **6. situación límite** Situación o estado de máximo peligro o gravedad.

limítrofe *adj.* Se dice del territorio, país, etc., que tiene límites con otro.

limnología *s. f.* Parte de la geografía que estudia las condiciones físicas, químicas y biológicas de las aguas dulces: lagos, ríos, lagunas, etc.

limo *s. m.* **1.** Lodo, barro. **2.** Material de grano fino formado por arcillas y arenas de cuarzo y depositado por los ríos, el mar, los lagos o el viento. Tiene un gran interés para la agricultura, pues fertiliza las tierras que cubre.

Limoges C. de Francia, cap. de la región de Lemosín, a orillas del río Vienne. 133.000 h. en 1990. Es célebre por su porcelana, que se fabrica desde el s. XVIII. Tiene también industrias del calzado, marroquinerías, textiles y alimentarias. Entre sus monumentos destaca la catedral románico-gótica.

limón *s. m.* **1.** Fruto del limonero, de color amarillo, forma ovalada y alto contenido de vitamina C; por su sabor ácido y agradable y su olor fragante es muy apreciado en alimentación y perfumería. **2.** P. ext., limonada o refresco hecho con este fruto. **3.** Limonero, árbol que da dicho fruto. **4.** En aposición, del color amarillo brillante, como el del fruto mencionado.

limonada *s. f.* **1.** Bebida a base de zumo de limón, agua y azúcar. **2.** P. ext., refresco de limón. **3.** Sangría*.

limonar *s. m.* Terreno plantado con limoneros.

limonero, ra *s. m.* y *f.* **1.** Persona que vende limones. || *s. m.* **2.** Árbol de la familia rutáceas, especie *Citrus limon*. Puede alcanzar hasta 5 m de altura, tiene espinas en las ramas, hojas dípticas dentadas, flores blancas y fruto en hesperidio de color amarillo y muy apreciado en alimentación. Es originario de la India y se cultiva en los países cálidos. Se llama también *limón*. || *s. f.* **3.** Cada una de las dos lanzas o varas de un carruaje.

limonita *s. f.* $Fe_2O_3 \cdot nH_2O$. Mineral óxido de hierro hidratado. Es amorfo, de color pardo amarillento y brillo vítreo o mate, muy frecuente en la naturaleza porque resulta de la alteración de otros minerales de hierro. Se extrae en yacimientos de la isla de Elba, Lorena, Luxemburgo y Cerdeña; en España, en Vizcaya, Cartagena, Riotinto y Ojos Negros (Teruel). Se utiliza principalmente como pigmento y también para la obtención de hierro.

limosidad *s. f.* **1.** Cualidad de limoso. **2.** Sarro de los dientes.

limosna *s. f.* **1.** Cantidad de dinero u otra cosa que se da a los pobres para ayudarlos. **2.** P. ext., cantidad demasiado pequeña o insuficiente de algo, generalmente dinero, que se da como pago o recompensa.

limosnero, ra *adj.* **1.** Se dice de la persona que da limosna a menudo. También *s.* || *s. m.* y *f.* **2.** Persona encargada de recoger y repartir las limosnas. || *s. f.* **3.** Bolsita de tela que llevan a veces las niñas de primera comunión, para meter el dinero que les regalan.

limoso, sa *adj.* Lleno o cubierto de limo.

Limousin Véase **Lemosín**.

limpia *s. f.* **1.** Acción y efecto de limpiar. || *s. m.* y *f.* **2.** *fam.* Limpiabotas*.

limpiabarros *s. m.* Felpudo, especie de esterilla.

limpiabotas *s. m.* y *f.* Persona que se gana la vida limpiando y sacando brillo al calzado de otras, generalmente por las calles.

limpiaparabrisas *s. m.* **1.** Dispositivo compuesto por una o dos varillas articuladas que sostienen un perfil de plástico y que se desplaza por el cristal del parabrisas de los vehículos limpiándolo del agua, la nieve, etc. **2.** Cada una de estas varillas.

limpiar *v. tr.* **1.** Eliminar la suciedad. También *v. prnl.* **2.** Quitar a algo lo que le estorba o perjudica. **3.** Referido a delincuentes, maleantes, etc., librar un lugar de su presencia o actividad. **4.** *fam.* Robar, hurtar. **5.** *fam.* En el juego, ganarle mucho a otros en las apuestas. **6.** *Arg.*, *Par.*, *Urug.* Matar.

limpiaúñas *s. m.* Utensilio, generalmente en forma de cepillo, para limpiar las uñas.

límpido, da *adj.* Limpio, transparente, claro. **FAM.** Limpidez.

limpieza *s. f.* **1.** Cualidad de limpio. **2.** Acción y efecto de limpiar. || **3. limpieza de sangre** Antiguamente, estado o circunstancia de no tener antepasados de razas que se consideraban deshonrosas, como judíos o moros, y que era condición indispensable para poder ejercer numerosos cargos y oficios o ingresar en muchas instituciones.

limpio, pia *adj.* **1.** Que no tiene manchas ni suciedad. **2.** Se dice del que es aseado y cuidadoso con su higiene, con su aspecto y sus cosas. **3.** Que no tiene nada que lo altere, cubra u oscurezca. **4.** Libre de desperdicios, sobras o cosas inútiles. **5.** Que no tiene mezcla ni impurezas. **6.** En ciertas sociedades, se aplica a la persona, familia, etc., que no tiene mezcla de otras pertenecientes a razas o castas consideradas indignas. **7.** Noble, bueno, honrado. **8.** Decente, casto. **9.** Libre de culpa. **10.** Que no hace trampas o se hace sin trampas, cumpliendo las reglas. También *adv.* **11.** *fam.* Que no tiene dinero o lo ha perdido todo. **12.** Se dice del ingreso o la cantidad de dinero que resulta después de descontar gastos, impuestos, etc. **13.** *fam.* Que carece de conocimientos sobre cierta materia. **14.** *fam.* Con palabras que significan golpes, disparos, gritos, etc., se usa para reforzar dichas palabras. || **LOC. en limpio** *adv.* Una vez separados los gastos y los descuentos, o lo que sobra. **poner en limpio** o **pasar a limpio** Redactar un escrito en su forma definitiva, sin tachaduras ni correcciones. **sacar en limpio** Obtener una idea clara o precisa de un problema, una explicación, una discusión, etc. También, obtener algo de provecho.

Limonero (Citrus limon); *árbol y detalle del fruto con hojas.*

limpión *s. m.* **1.** Limpieza rápida y por encima. **2.** *Col.* Reprimenda. **3.** *C. Rica*, *Ven.* Trapo de limpiar los platos. **4.** *Perú.* Bola de tabaco que la gente del pueblo masca para limpiar los dientes.

Limpopo Río del África meridional. Nace en Witwatersrand y desemboca en el océano Índico, tras un recorrido de 1.700 km aproximadamente. Constituye la frontera entre la República Sudafricana, Botswana y Zimbabwe; finalmente, atraviesa Mozambique. Su principal afluente es el Olifants.

limusina *s. f.* **1.** Antiguo carruaje o automóvil con carrocería cerrada únicamente para los asientos traseros, quedando al descubierto los del conductor. **2.** Automóvil de lujo de gran tamaño, generalmente con una mampara o separación entre los asientos delanteros y traseros.

Lin Biao (Huangkang, Hubei 1908 - ? 1971) Militar y político chino. En 1926 ingresó en el Partido Comunista y se convirtió en uno de los mandos del ejército rojo. Participó en la Larga Marcha. Ocupó diversos cargos en el gobierno hasta ser nombrado ministro de la Guerra en 1959. Apoyó a Mao Zedong (Mao Tse-Tung) en la revolución cultural entre 1965 y 1969, en la que destacó por sus ataques a los sectores reformistas y moderados. Considerado internacionalmente como el futuro sucesor de Mao, desapareció sin embargo en circunstancias confusas. Según la versión oficial, murió al estrellarse el avión en que huía tras un fallido golpe de Estado.

Lin Piao o **Ling Pia-Ho** Véase **Lin Biao**.

Lin Yutang (Lun-chi, Fukien 1895 - Hong Kong 1976) Escritor chino. Es autor de novelas, narraciones, ensayos y obras teatrales tanto en chino como en inglés. En 1936 emigró a EE UU y divulgó en Occidente el taoísmo y los temas orientales. Algunas de sus obras más características son *Mi patria y mi pueblo* (1936), *La importancia de vivir* (1937), *Una hoja en la tormenta* (1941), *La sabiduría de Lao-tse* (1948), *Los placeres de un disconforme* (1963) y *Teoría china del arte* (1967).

linaje *s. m.* **1.** Conjunto de los antepasados y descendientes de una familia, especialmente de las que tienen título de nobleza. **2.** Cualquier clase, especie, etc., de personas, animales o cosas. || **3. el linaje humano** La humanidad.

linajudo, da *adj.* Que pertenece a un linaje muy noble o importante o que presume de ello. También *s.*

Linares C. de España, en la prov. de Jaén, situada entre el río Guadalquivir y Sierra Morena. 59.150 h. en 1990. Es el núcleo de una región de minería de plomo y área comercial. Asimismo posee industria de maquinaria, de vehículos todoterreno, electroquímica, metálica y alimentaria. Es sede de un importante torneo internacional de ajedrez.

Linares, José María (Potosí 1810 - Valparaíso 1861) Político boliviano. Fue diputado en el congreso constituyente de 1839. Ministro del Interior y de Relaciones Exteriores (1840-41), tuvo que exiliarse. De nuevo en el país, derrocó al presidente Córdoba y se convirtió en el primer presidente civil de Bolivia (1857). Se proclamó dictador e intentó reorganizar la economía, pero fue derrocado por sus antiguos partidarios.

Linares Alcántara, Francisco (Turmero, Aragua 1818 - La Guaira 1878) Político y militar venezolano. Bajo la presidencia de Guzmán Blanco, fue jefe civil y militar del estado de Aragua (1873-77) y durante las ausencias del presidente de la república desempeñó este cargo.

En 1877 fue elegido presidente de la república, pero murió antes de completar su mandato.

linaza *s. f.* Semilla del lino, con la que se elabora una harina de aplicaciones medicinales y de la que se extrae un aceite usado en la fabricación de barnices y pinturas.

lince *s. m.* **1.** Nombre común de diversos mamíferos carnívoros de la familia félidos, género *Lynx.* Pueden medir hasta 130 cm de longitud, tienen las orejas rematadas en un pincel de pelos negros y las patillas largas, su color es gris rojizo, con círculos blancos alrededor de los ojos y listas y manchas negras. Es el felino más grande de Europa y habita en solitario en los bosques de coníferas. Existen cuatro especies: el lince común *(Lynx lynx)*, el lince ibérico *(Lynx pardina)*, que vive en la península Ibérica, el lince rojo *(Lynx rufus)* y el lince ártico *(Lynx canadiensis)*, que vive en el N de América y tiene color plateado. **2.** *fam.* Muy astuto e inteligente.

Lince pardo o ibérico (Lynx pardina).

linchar *v. tr.* Ejecutar una multitud a alguien sin juicio previo. **FAM.** Linchamiento.

Lincoln, Abraham (Hodgenville, Kentucky 1809 - Washington 1865) Político estadounidense. Miembro del Partido Republicano y abolicionista moderado, fue elegido presidente de EE UU en 1860. Su nombramiento provocó la rebelión de los estados del Sur y la guerra de Secesión. En 1863 proclamó la emancipación de los esclavos. Reelegido en 1864, murió poco después asesinado por el sudista John Wilkes Booth.

Abraham Lincoln.

lindamente *adv. m.* **1.** Primorosamente, con buen gusto y perfección. **2.** Fácilmente y sin llamar la atención.

lindante *adj.* Que linda con otra cosa.

lindar *v. intr.* **1.** Estar un territorio, terreno, finca, edificio, etc., al lado de otro. **2.** Llegar a ser casi lo que se indica.

Lindbergh, Charles (Detroit 1902 - Kipahulu, Maui, Hawai 1974) Aviador estadounidense. Fue el primero en cruzar el Atlántico en un vuelo sin escalas, pilotando el avión *Espíritu de San Luis*, en 1927. Recorrió 5.800 km, desde Nueva York a París, en 33 horas y 30 minutos.

linde *s. amb.* Límite, separación; particularmente, línea que separa propiedades o territorios administrativos de poca extensión, como municipios o comarcas. Se usa más como *s. f.*

Linde, Carl von (Berndorf, Baviera 1842 - Munich 1934) Inventor e industrial alemán. Fue catedrático en el Politécnico de Munich. Ideó el primer aparato refrigerador por compresión (1873-76) y empleó amoniaco como refrigerante. En 1895 consiguió la licuefacción del aire.

Linder, Max (Saint-Loubès 1883 - París 1925) Actor cinematográfico francés. Encarnó en el cine mudo a un elegante y simpático dandi, convirtiéndose en la primera gran figura del cine cómico. Él dirigió la mayoría de sus propias películas. Trabajó en EE UU (1916-17 y 1921-24). Enfermo y neurasténico, se suicidó. Algunos de sus títulos más logrados son *Max y su suegra* (1910), *Max y la inauguración de la estatua* (1913), *Siete años de mala suerte* (1921), *Peor que una suegra* (1921) y *Los tres mosqueteros* (1922).

lindero, ra *adj.* **1.** Que linda con otra cosa. ‖ *s. m.* **2.** Linde*. Se usa más en *pl.*

lindeza *s. f.* **1.** Cualidad de lindo. **2.** Dicho o detalle galante o agradable. ‖ *pl.* **3.** En sentido irónico, insultos, groserías.

Lindner, Richard (Hamburgo 1901 - Nueva York 1978) Pintor estadounidense de origen alemán. En 1941 pasó a EE UU, donde trabajó como ilustrador. Es considerado como un precursor del *pop-art.* Su pintura, influida por el cubismo, tiene un contenido erótico que se refleja en sus retratos femeninos. Entre sus cuadros pueden citarse *La reunión* (1953) y *Hielo* (1966).

lindo, da *adj.* **1.** Bonito y agradable, sin llegar a serlo excepcionalmente. ‖ *adv. m.* **2.** *amer.* Lindamente, muy bien.

Lindo, Juan (? 1790 - ? 1857) Político hondureño. De ideas conservadoras, fue presidente de El Salvador (1841) y de Honduras (1847-52). Promulgó la Constitución de 1848, que establecía el bicameralismo y fijaba el mandato presidencial en cuatro años.

Lindsay, Nicholas Vachel (Springfield, Illinois 1879 - íd. 1931) Poeta estadounidense. Influido por Whitman, sus poemas se inspiran en los himnos y cantos espirituales de los negros estadounidenses. Entre sus libros destacan *Rimas a cambio de pan* (1912), *El general William Booth entra en el cielo* (1913), *El Congo y otros poemas* (1914) y *Cada alma es un circo* (1929).

lindura *s. f.* Cualidad de lindo.

línea *s. f.* **1.** En geom., sucesión continua de puntos en el espacio. **2.** Sucesión de personas, animales o cosas colocados en una misma dirección. **3.** En un escrito, cada una de las series de palabras que van de un margen a otro. En plural, carta, escrito. **4.** En el juego del bingo, cada una de las series horizontales de números de las que se compone el cartón del jugador y que deben coincidir con los números extraídos de un bombo para ganar un premio. **5.** En general, trazo o extensión continua que se considera o se percibe principalmente en su longitud. **6.** Contorno, silueta, forma. **7.** Rasgo del cuerpo. **8.** Raya real o imaginaria que señala el límite de algo. **9.** Servicio o ruta regular de transporte. **10.** Sistema de cables, hilos, dispositivos, etc., destinados a conducir la corriente eléctrica de un lugar a otro o a transmitir los impulsos eléctricos que hacen posible la comunicación telefónica y telegráfica. **11.** P. ext., comunicación telefónica. **12.** Serie de generaciones de una misma familia. **13.** Tendencia o dirección que se sigue en la conducta, las ideas, etc. **14.** Estilo, diseño, moda. **15.** Categoría, clase, tipo. **16.** Colección de cosas que ofrece una gran variedad dentro de unas características comunes. **17.** En dep., conjunto de jugadores de un equipo que desempeñan un mismo cometido, que según sea de ataque, contención y dirección del juego o defensa se llama *línea delantera, línea media* o *línea defensiva.* ‖ *pl.* **18.** En lenguaje militar, despliegue de fuerzas, posiciones, trincheras, etc., dispuestas frente al enemigo, así como la zona que ocupan. ‖ **19. línea clara** Uno de los estilos de dibujo del cómic, caracterizado fundamentalmente por la nitidez y sencillez de sus trazos y el empleo de colores planos. Su principal representante es Hergé, el creador de *Tintin.* **20. línea curva** La que cambia de dirección de modo constante y sin formar ángulos. **21. línea de circunvalación** Servicio urbano de transporte cuyo recorrido forma un circuito cerrado. **22. línea de comunicación** Cualquier servicio o ruta de transporte. **23. línea de doble curvatura** La que no puede ser representada en un plano, p. ej. la hélice. **24. línea de fuego** La constituida por las posiciones más avanzadas de un frente de combate. **25. línea de los ápsides** Eje mayor de la órbita de un planeta. **26. línea de los nodos** La formada por la intersección del plano de la eclíptica con el plano de la órbita de un planeta. **27. línea dura** Actitud de fuerza e intolerancia por parte de un gobierno, un partido, etc.; también, persona, grupo o sector partidario de esta postura. **28. línea equinoccial** (o **ecuatorial**) Ecuador*. **29. línea meridiana** Intersección del plano meridiano con otro horizontal y que señala la orientación de norte a sur. **30. línea mixta** La formada por segmentos o partes curvas y rectas. **31. línea quebrada** La formada por segmentos rectos que hacen ángulos. **32. línea recta** En geom., la que sigue constantemente una misma dirección, siendo, por tanto, la distancia más corta entre dos puntos; en genealogía, línea de parentesco directo de padres a hijos. **33. líneas aéreas** Compañía de transporte por avión; también, conjunto de compañías aéreas de un país. **34. líneas convergentes** Las no paralelas que se van aproximando hacia un mismo punto. **35. líneas de fuerza** En fís., líneas imaginarias que coinciden con las posibles trayectorias que puede seguir una partícula en el interior de un campo de fuerzas; p. ej., en el campo gravitatorio, una línea de fuerza sería la trayectoria que describe un cuerpo cuando cae a causa de su peso. **36. líneas divergentes** Las no paralelas que se van alejando una de otra. **37. líneas paralelas** Las que siempre mantienen una distancia constante entre sí, sin llegar a cortarse nunca. **38. líneas perpendiculares** Las que se cortan formando un ángulo de 90°. **39. línea transversal** (o **colateral**) Línea de parentesco que no va de padres a hijos. **40. primera línea** Frente de guerra y, más concretamente, línea de fuego. También, categoría o grupo de los primeros o los mejores. ‖ **LOC. en línea** *adv.* En la misma línea o dirección. **en línea recta** *adv.* Directamente, derechamente. **en líneas generales** *adv.* Sin entrar en detalles. **en toda la línea** *adv.* Con verbos como *ganar, derrotar*, etc., completamente, del todo. **entre líneas** *adv.* Con verbos como *leer, decir, captar*, etc., entendiendo o dando a entender algo que no se expresa de forma clara. **guardar** (o **conservar**, **mantener**, etc.) **la línea** Mantenerse esbelto.

Línea de la Concepción, La C. de España, en la prov. de Cádiz, situada en el Campo de Gibraltar. 61.600 h. en 1990. Cuenta con industria electrónica, textil y alimentaria derivada de la pesca. Buena parte de su población activa trabaja en el dominio británico de Gibraltar.

lineal *adj.* **1.** Perteneciente o relativo a la línea. **2.** Que forma una línea, fila, serie, etc. **3.** Se aplica a lo que sigue un desarrollo o un progreso constante, sin saltos, retrocesos o grandes variaciones. **4.** En bot. y zool., se dice del órgano de forma alargada y estrecha. ‖ **5. dibujo lineal** Dibujo geométrico que utiliza únicamente líneas, p. ej. el del trazado de planos. **FAM.** Linealmente.

linealidad *s. f.* Cualidad de lineal.

lineamiento *s. m.* Conjunto de líneas que forman un dibujo o el contorno de algo.

linf- *pref.* Significa 'perteneciente o relativo a la linfa': *linfocito.*

linfa *s. f.* Líquido incoloro, débilmente alcalino, compuesto por agua, proteínas, lípidos, urea y células llamadas *linfocitos*, que circula por el sistema linfático. Su composición es muy parecida a la del plasma sanguíneo, del que sólo se diferencia por tener una menor concentración de proteínas.

linfadenitis *s. f.* Inflamación de los ganglios linfáticos.

linfático, ca *adj.* **1.** Perteneciente o relativo a la linfa. **2.** Se dice del que padece un exceso de linfa. También *s.* **3.** Se aplica al individuo de poca fuerza de voluntad o energía y a su carácter. También *s.* ‖ **4. sistema linfático** Parte del aparato circulatorio que interviene en la formación y circulación de la linfa. (Véase **circulación linfática.**)

Anat. y ***Fisiol.*** El sistema linfático tiene por función recoger el plasma intersticial extravasado de los capilares sanguíneos, absorber las grasas del quilo intestinal que no pueden atravesar las paredes de los capilares sanguíneos y producir linfocitos en los ganglios linfáticos. Está formado por capilares linfáticos, que son vasos muy finos repartidos por todo el cuerpo; vasos linfáticos, de estructura similar a las venas; ganglios linfáticos, consistentes en abultamientos intercalados en los vasos linfáticos, donde se forman linfocitos; y colectores terminales, que son los vasos linfáticos más gruesos y, al estar conectados con el aparato circulatorio sanguíneo, devuelven la linfa a la circulación sanguínea.

linfo- *pref.* Véase **linf-**.

linfoblasto *s. m.* Célula a partir de la que se origina el linfocito.

linfocito *s. m.* Leucocito de pequeño tamaño (6 a 8 micras) que se encuentra en la sangre, la linfa, el tejido conjuntivo y muchos órganos del cuerpo. Constituye aproximadamente la cuarta parte de todos los leucocitos del hombre y es producido por los ganglios linfáticos. Forma anticuerpos, por lo que su función está relacionada con el sistema inmunológico del organismo.

linfocitosis *s. f.* Aumento de linfocitos en la sangre.

linfografía *s. f.* Exploración radiológica de los ganglios y vasos linfáticos, tras inyectar en el órgano un contraste radioopaco.

linfoma *s. m.* Tumor generalmente cancerígeno que afecta a los ganglios linfáticos o al bazo. Se trata mediante quimioterapia y radioterapia.

Ling, Per Henrik (Ljunga 1776 - Estocolmo 1839) Médico sueco. Profesor de esgrima y creador de la llamada *gimnasia sueca*, abrió en Estocolmo, por encargo del gobierno, una escuela de gimnasia donde aplicó su método. Es autor de *Los fundamentos generales de la gimnasia* (1840).

lingotazo *s. m. fam.* Trago de alguna bebida alcohólica.

lingote *s. m.* Pieza, bloque o barra de metal bruto fundido.

lingual *adj.* **1.** Perteneciente o relativo a la lengua, órgano. **2.** Se dice del sonido consonántico pronunciado con intervención del ápice o punta de la lengua, y de la letra que lo representa; p. ej., la *t*.

lingüística *s. f.* **1.** Estudio científico del lenguaje y las lenguas. ‖ **2. lingüística aplicada** Rama de la lingüística que se ocupa de aspectos prácticos del lenguaje, como el aprendizaje o enseñanza de idiomas, la traducción automática, etc. **3. lingüística comparada** La que estudia las semejanzas y diferencias entre las lenguas a fin de establecer familias y orígenes comunes; en este sentido ha actuado como auxiliar de la lingüística histórica. **4. lingüística descriptiva** Rama de la lingüística que investiga las manifestaciones concretas del lenguaje. **5. lingüística diacrónica** (o **histórica**) La que se ocupa del estudio de la evolución de las lenguas y del lenguaje en general. **6. lingüística estructuralista** Teoría lingüística iniciada a partir de los trabajos de Ferdinand de Saussure, que aplica el estructuralismo como método de estudio del lenguaje. **7. lingüística general** La que estudia aspectos generales del lenguaje y en especial las características comunes a todas las lenguas. **8. lingüística generativa** (y **transformacional**) Gramática generativa* (y transformacional). **9. lingüística sincrónica** Estudio de la lengua en un determinado estado de la misma, con independencia de su evolución a lo largo del tiempo.

Ling. Aunque desde antiguo ha existido una preocupación por el lenguaje, la lingüística como tal tiene sus orígenes en el seno de la filología comparada del s. XIX. No obstante, fue el *Curso de lingüística general* (1916) de Ferdinand de Saussure el punto de partida de la lingüística moderna, con su concepción de la lengua como sistema organizado en el que cada elemento se define por su relación con los demás, ideas desarrolladas más tarde por las diversas escuelas estructuralistas. Posteriormente, tras la publicación de *Estructuras sintácticas* (1957), de Noam Chomsky, se inicia la andadura de la lingüística generativa, en la que se postula la existencia de una estructura profunda a partir de la cual pueden generarse todas las oraciones posibles mediante determinados mecanismos. Más recientemente han surgido nuevas líneas de investigación, en las que se intenta dar cuenta de las relaciones del hablante con el mensaje y la repercusión de la situación de comunicación en la interpretación de éste.

lingüístico, ca *adj.* Perteneciente o relativo a la lengua o a la lingüística.

linier (voz ingl.) *s. m.* Juez* de línea.

Liniers, Santiago Antonio María de (Niort, Francia 1753 - Córdoba, Argentina 1810) Marino español de origen francés. Ingresó en la marina española en 1775. Destinado al Río de la Plata, libró del dominio inglés Montevideo en 1806 y Buenos Aires en 1807. Nombrado virrey de esta provincia en 1807, en 1810 fue capturado por los revolucionarios de la Junta de Buenos Aires y fusilado.

linimento *s. m.* Medicamento compuesto por aceites o materias grasas y alguna sustancia balsámica que se aplica en fricciones sobre la piel.

Linköping C. de Suecia, cap. de la prov. de Östergötland, al O del lago Vättern. 120.550 h. en 1990. Cuenta con industria mecánica, aeronáutica, de material ferroviario, textil y azucarera. Posee una larga tradición religiosa y cultural. Sus principales monumentos son la catedral y el castillo (s. XIII-XV).

Linneo, Carolus Linnaeus o **Karl von Linné** (Råshult 1707 - Uppsala 1778) Biólogo sueco. Especializado en historia natural, creó un método de clasificación de las plantas basado en la disposición y estructura de sus órganos reproductores. Se le considera el padre de la taxonomía biológica debido a la clasificación que realizó de los animales y plantas utilizando la nomenclatura binaria, que nombra a cada especie con dos palabras latinas o latinizadas, la primera para representar el nombre genérico y la segunda el específico. Sus obras más destacadas son *Systema naturae* (1735 y 1758), *Genera plantarum* (1737) y *Species plantarum* (1753).

lino *s. m.* **1.** Nombre común de diversas plantas herbáceas de la familia lináceas, género *Linum*. El *Linum usitatissimum* alcanza hasta 1 m de altura, tiene las hojas muy finas, casi aciculares, y en disposición alterna, flores de diversos colores, grandes y muy vistosas, y fruto en cápsula de forma ovoidea. Se cultiva en países templados o cálidos, se utiliza en la industria textil y de su semilla se extrae el aceite de linaza, muy usado en la fabricación de barnices y pinturas. **2.** Fibra textil obtenida de dicha planta y tejido de esta fibra.

Lino (Linum usitatissimum); *detalle de la flor, el fruto y la semilla.*

linografía *s. f.* Impresión de textos o grabados sobre tela.

linoleico, ca *adj.* **1.** Perteneciente o relativo al ácido linoleico. ‖ **2. ácido linoleico** $C_{18}H_{32}O_2$. Ácido graso insaturado y cuyos ésteres se hallan en el aceite de linaza y otros aceites. Es un líquido incoloro, soluble en disolventes orgánicos, que se usa en la fabricación de pinturas por su propiedad de endurecerse tras el enfriamiento.

linóleo o **linóleum** *s. m.* **1.** Material que consiste en un tejido de yute cubierto en uno de sus lados por una capa prensada compuesta de aceite de linaza, corcho molido y una resina; se emplea para pavimentar suelos y otros usos. **2.** Técnica de grabado realizada sobre este material.

linotipia *s. f.* **1.** En artes gráficas, máquina para componer textos que tiene un teclado parecido al de las máquinas de escribir y forma líneas con matrices de latón; una vez que la línea está compuesta se funde en metal derretido y sale en un solo bloque o línea. **2.** Técnica de componer con esta máquina.

linotipista *s. m.* y *f.* Persona que trabaja manejando una linotipia.

Lins do Rego, José (Corregedor, Paraiba 1901 - Río de Janeiro 1957) Novelista brasileño. Nacido en una familia de terratenientes, denuncia en sus novelas las injusticias del NE brasileño. Algunos de sus títulos más característicos son *El chico del ingenio azucarero* (1932), *Piedra Bonita* (1938), *Fuego muerto* (1943) y *Cangaceiros* (1953).

linterna *s. f.* **1.** Utensilio portátil, provisto de pilas eléctricas y de una bombilla, que sirve para proyectar luz. **2.** Especie de farol manual con un cristal sólo en una de sus caras, de modo que la luz se concentre en una dirección. **3.** En arq., elemento prismático o cilíndrico en forma de pequeña torre que remata una cúpula y tiene ventanas laterales para iluminar el interior. **4.** Pieza de engranaje formada por dos discos paralelos unidos con varillas, entre las cuales penetran los dientes de una rueda dentada. ‖ **5. linterna de Aristóteles** Aparato masticador de los erizos de mar. **6. linterna mágica** Aparato rudimentario para proyectar imágenes fijas, precursor de los actuales proyectores.

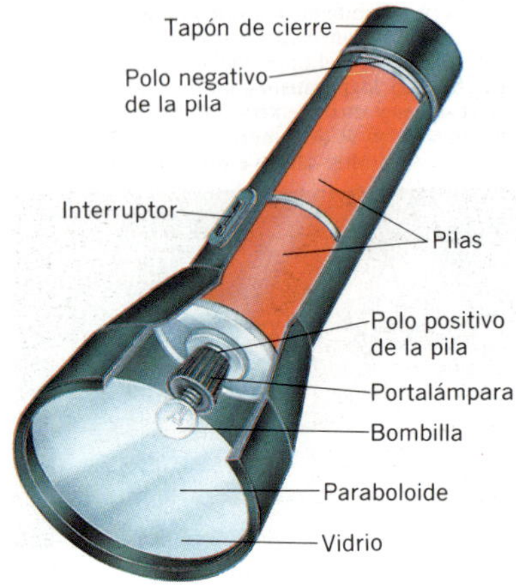

Linterna portátil.

linternón *s. m.* Farol de popa de los barcos.

linyera *s. m.* **1.** *Arg.*, *Par.*, *Urug.* Pordiosero, vagabundo. ‖ *s. f.* **2.** *Arg.*, *Par.*, *Urug.* Hatillo de ropa, equipaje de pobre.

Linz C. de Austria, cap. del estado de Alta Austria, situada en el N del país, a orillas del Danubio. 204.800 h. en 1986. Es un centro de la industria siderometalúrgica, textil, química, tabaquera, eléctrica y alimentaria. Entre sus monumentos sobresalen el castillo del s. VIII, la catedral neogótica del s. XIX y la iglesia barroca de los Capuchinos.

Liñán y Cisneros, Melchor (Torrelaguna, Madrid 1629 - Lima 1708) Eclesiástico y administrador colonial español. Obispo de Santa Marta (1664) y de Popayán (1666), fue presidente gobernador de Nueva Granada (1671-74). Más tarde, fue nombrado arzobispo de Lima (1678) y virrey interino del Perú (1678-81).

lío *s. m.* **1.** Situación, asunto, etc., difícil de entender o de resolver. **2.** Jaleo, desorden. **3.** Conjunto de cosas envueltas o atadas. **4.** Chisme, habladuría. **5.** Relación amorosa fuera del matrimonio o con alguien que no es la pareja habitual.

liofilizar *v. tr.* Separar el agua de un alimento u otra sustancia para su conservación sometiéndolo a una rápida congelación que convierte el agua en hielo, el cual se elimina posteriormente mediante un ligero calentamiento al vacío que lo transforma en vapor (sublimación). ■ Se conjuga como *cazar.* **Fam.** Liofilización.

liófilo, la *adj.* Se dice de las sustancias que pierden alguna de sus propiedades al ser desecadas en determinadas condiciones y que vuelven a recuperarla con sólo añadir el volumen de agua suprimido. Se aplica a los coloides.

liófobo, ba *adj.* Se dice de las sustancias que no son liófilas.

lioso, sa *adj.* **1.** Confuso, difícil de entender o resolver. **2.** Se dice de la persona que gusta de chismes e intrigas. También *s.*

lip- *pref.* Significa 'grasa': *liposoluble*, *lipoma*.

liparita *s. f.* Roca ígnea volcánica variante de la riolita.

lipasa *s. f.* Enzima del grupo de las hidrolasas que cataliza la separación por hidrólisis de las grasas en ácidos grasos y glicerina. En el hombre y los animales superiores se presenta en tres formas: *lipasa pancreática*, *lipoproteína lipasa* y *lipasa hormonosensible*. Se encuentra en el jugo pancreático, pulmones y placenta, en hongos y en ciertas semillas como el ricino.

PRINCIPALES LÍPIDOS

Tipo	Composición	Ejemplo
Grasas	Ésteres de glicerina y ácidos grasos.	Aceites
Ceras	Ésteres de un alcohol de cadena larga.	Lanolina
Esteroides	Derivados de la molécula del ciclopentanoperhidrofenantreno.	Vitamina D
Terpenos	Derivados del isopreno.	Carotenos
Esfingolípidos y glucolípidos	Estructuras complejas bipolares relacionadas con los fosfoglicéridos.	Cerebrósidos
Fosfolípidos	Ésteres de glicerina y ácidos grasos. Uno de los alcoholes de la glicerina se esterifica con ácido fosfórico.	Lecitina

Lipchitz, Jacques (Druskininkai, Lituania 1891 - Capri 1973) Escultor francés de origen lituano. Se formó en París bajo la influencia de Rodin y posteriormente de los cubistas. Tras unas primeras obras de carácter realista evolucionó hacia el geometrismo y la abstracción. Entre sus esculturas destacan *Encuentro* (1913), *Bailarina* (1913), *Cabeza* (1915), *Tocador de guitarra* (1922), *Pierrot escapa* (1927) y *Prometeo derribando al buitre* (1937).

lipectomía *s. f.* Intervención quirúrgica que elimina tejido adiposo. Suele realizarse para reducir la obesidad.

lipemia *s. f.* Presencia de grasas en la sangre. La tasa normal es de 400 a 700 mg/100 ml de sangre, que aumenta después de las comidas y en casos de enfermedad del hígado, diabetes, alcoholismo, etc.

Lipetsk C. de la Federación Rusa, situada al S de Moscú, a orillas del río Voronez y próxima a las minas de hierro de Kursk. 450.000 h. en 1989. Posee industria siderúrgica, de automóviles, de maquinaria, de motores y del cemento.

lípido *s. m.* Sustancia orgánica que se caracteriza por ser insoluble en agua y soluble en disolventes orgánicos como el cloroformo o el benceno. Los lípidos o *grasas* son uno de los tres tipos en que se dividen los principios inmediatos orgánicos; están formados básicamente por carbono, hidrógeno y oxígeno y sirven como reserva de energía. Se clasifican en **lípidos complejos** o saponificables, que tienen ácidos grasos en su molécula, y en **lípidos sencillos** o no saponificables, carentes de ácidos grasos.

Lipmann, Fritz Albert (Königsberg 1899 - Poughkeepsie, Nueva York 1986) Bioquímico estadounidense de origen alemán. Por motivos políticos abandonó Alemania y se estableció en EE UU, donde fue profesor en las encuelas de medicina de Harvard y Boston. En 1953 obtuvo el Premio Nobel de medicina, compartido con Hans Adolf Krebs, por su descubrimiento de la coenzima A.

lipo- *pref.* Véase **lip-**.

lipoideo, a *adj.* Se aplica a lo que tiene apariencia de grasa.

lipoma *s. m.* Tumor benigno formado por acumulación de grasa.

liposoluble *adj.* Que es soluble en las grasas o los aceites.

liposoma *s. m.* Acumulación de lípidos que existe en el citoplasma de las células eucariotas y que constituye una reserva alimenticia.

lipotimia *s. f.* Desmayo pasajero provocado por una repentina falta de riego cerebral.

Lippi, Filippino (Prato h. 1457 - Florencia 1504) Pintor italiano. Hijo de Fra Filippo Lippi, fue discípulo de Botticelli. Su estilo, característico de la pintura florentina de finales del s. XV, anuncia ya la sensibilidad del manierismo academicista. Algunas de sus obras más importantes son *Anunciación* (1483-84), *Visión de San Bernardo* (1484-86) y los frescos de la capilla Strozzi, de Santa Maria Novella, en Florencia (1487-1502), y los de la capilla Caraffa, en Santa Maria sopra Minerva, en Roma (1488-93).

Lippi, Fra Filippo (Florencia h. 1406 - Spoleto 1469) Pintor italiano. Influido por Masaccio y luego por Fra Angélico, su obra representa una transición entre el gótico internacional y el primer Renacimiento. Destacan en ella los frescos de la catedral de Prato (1452-64) y los del coro de la catedral de Spoleto (1466-69), con temas como la Anunciación y la Natividad.

Lippmann, Gabriel (Hallerich, Luxemburgo 1845 - en alta mar 1921) Físico francés. Estudió la relación entre los fenómenos eléctricos y capilares e inventó el electrómetro capilar. En 1908 fue galardonado con el premio Nobel de física por el descubrimiento de un procedimiento para obtener fotografías en color, basado en fenómenos de interferencia.

Lipscomb, William Nunn (Cleveland 1919) Químico estadounidense. Fue profesor en las universidades de Minnesota y Harvard. Obtuvo el premio Nobel de química en 1976 por sus investigaciones sobre la estructura de los boranos (compuestos de boro e hidrógeno), que supuso un avance en la fabricación de plásticos.

Lipsio, Justo (Overijse, Brabante 1547 - Lovaina 1606) Humanista y erudito flamenco. Fue secretario del cardenal Granvela en Roma y profesor en las universidades de Jena, Leiden y Lovaina. Tras un periodo de simpatías por la Reforma volvió de nuevo al catolicismo. Defendió el estoicismo en su *Guía de la filosofía estoica* (1604). Preparó ediciones críticas de Tácito y Séneca y escribió, entre otros libros, *Varias lecciones* (1569), obra de filología, y *Los seis libros de política* (1589).

liquen *s. m.* Protista formado por la asociación de un alga con un hongo filamentoso generalmente ascomiceto, que viven en simbiosis. Es de color generalmente pardo y crece en el suelo, tronco de los árboles y muros de regiones húmedas. El alga y el hongo se reproducen independientemente, pero a veces al mismo tiempo, con lo que los descendientes de ambos forman nuevos líquenes. Los líquenes desempeñan un importante papel en la formación de los suelos y en la implantación de los vegetales. Ejemplos de líquenes son *Peltigera* y *Usnea*.

liquidable *adj.* Se dice de lo que se puede liquidar.

liquidación *s. f.* **1.** Acción y efecto de liquidar. **2.** Venta a muy bajo precio de los artículos de un establecimiento por reforma, traslado, cesión del negocio, quiebra, fin de temporada, etc.

Fra Filippo Lippi: Virgen con Niño *(colección Cambó, Barcelona).*

liquidar *v. tr.* **1.** Pagar completamente una deuda, un recibo, una cuenta, etc. **2.** Hacer cuentas y pagar a uno lo que le corresponde, p. ej. al finalizar un negocio, servicio, empleo, etc. **3.** Poner fin a algo o resolverlo del todo. **4.** Gastar o consumir algo completamente. **5.** *fam.* Matar a alguien. **6.** Hacer liquidación de las existencias o mercancías de un establecimiento. También *v. intr.* **7.** Vender un negocio o bienes inmuebles. **8.** Transformar en líquido un cuerpo sólido o un gas. También *v. prnl.* **FAM.** Liquidador.

liquidez *s. f.* **1.** Cualidad de líquido. **2.** Capacidad de un bien de ser transformado de forma inmediata en dinero. **3.** En econ., capacidad que tiene una persona o entidad para hacer frente a sus obligaciones financieras.

líquido, da *adj.* **1.** Se aplica al estado de la materia cuyas moléculas tienen mayor cohesión o atracción recíproca que la de los gases y menor que la de los sólidos; se aplica asimismo a los cuerpos que presentan dicho estado. También *s. m.* **2.** En contabilidad, se dice del saldo o cantidad que resulta de comparar el debe con el haber. También *s. m.* **3.** Se aplica a la cantidad que queda después de descontar gastos, deudas, impuestos, etc. También *s. m.* **4.** Se dice del capital, en moneda o en bienes transformables en dinero, de que se dispone. También *s. m.* **5.** En ling., se dice de los sonidos que tienen a la vez carácter vocálico y consonántico, como *l* y *r* en español, los cuales pueden formar una misma sílaba con una consonante y una vocal, p. ej. *clave, pre-cio.* **6.** Se aplica también al sonido *s* cuando inicia la palabra y va seguido de consonante, como en algunos términos extranjeros y latinos, p. ej. *snob, spes.* ‖ **7. líquido elemento** El agua. **8. líquido ideal** (o **perfecto**) El que no tiene rozamiento interno (viscosidad); no existe en la naturaleza, aunque algunos líquidos se aproximan a esta característica y se utilizan en estudios teóricos.

Fís.* y *Quím. Los líquidos, a temperatura y presión ambiental, no tienen forma propia y adoptan la del recipiente que los contiene. Son difícilmente compresibles y presentan distintos grados de fluidez y viscosidad. En su superficie libre, en contacto con el aire, se verifica el fenómeno de la tensión superficial, debido a la atracción que las moléculas del interior ejercen sobre las de superficie. Según la teoría cineticomolecular, las propiedades de un líquido se explican porque las fuerzas de cohesión entre sus moléculas les permiten gran movilidad y se equilibran con las fuerzas de dispersión que tienden a mantenerlas separadas.

liquilique *s. m. Col., Ven.* Camisa de algodón que se abrocha hasta el cuello.

lira[1] (del lat. *lyra*, y éste del gr. *lura*) *s. f.* **1.** Antiguo instrumento de música compuesto por varias cuerdas tensadas en un marco formado por una caja de resonancia de la que parten dos brazos que se unen mediante un travesaño. **2.** En lenguaje literario, inspiración o genio creador de un poeta. **3.** Estrofa de origen italiano introducida en España por Garcilaso de la Vega, que consta de cinco versos: el primero, el tercero y el cuarto son heptasílabos, y el segundo y el quinto endecasílabos, con rima consonante *aBabB.* ‖ *pl.* **4.** Constelación boreal situada entre Hércules y el Cisne, cuya estrella más importante es Vega. ▪ En esta acepción se escribe con mayúscula.

lira[2] (del ital. *lira*, y éste del lat. *libra*) *s. f.* Unidad monetaria oficial de Italia y de Turquía.

lírico, ca *adj.* **1.** Se dice del género de poesía en el que dominan los sentimientos y las emociones del autor y su visión subjetiva de las cosas. También *s. f.* **2.** Perteneciente o relativo a este género o a la poesía en general. **3.** Se dice del autor que cultiva la poesía lírica. También *s.* **4.** Se aplica a las obras teatrales cantadas, en parte o en su totalidad, como la ópera o la zarzuela, y a lo relacionado con ellas. También se dice de las compañías que representan este tipo de obras y de los cantantes que las componen. **5.** Que conmueve, lleno de sentimiento. ‖ *s. f.* **6.** Conjunto de obras de poesía lírica de una época, un país, etc. **7.** P. ext., la poesía.

lirio *s. m.* **1.** Nombre común de diversas plantas herbáceas de la familia iridáceas, género *Iris.* El lirio común *(Iris germanica)* alcanza hasta 70 cm de altura, tiene hojas lanceoladas, flores

Lirio azul (Iris latifolia).

vistosas de color violeta, fruto en cápsula y bulbo en la raíz. Crece espontáneamente en las regiones cálidas del S de Europa. Se utiliza en perfumería y como planta ornamental, de la que se han obtenido multitud de especies variantes, como el lirio amarillo *(Iris pseudacorus)*, el lirio azul *(Iris latifolia)*, el lirio azul pálido *(Iris spuria)* y el lirio de Siberia *(Iris sibirica)*. **2.** Pez perciforme de la familia carángidos, especie *Campogramma glaycos.* Es un tipo de palometa que mide unos 65 cm de longitud y tiene el dorso de color gris verdoso y el vientre gris plateado. Vive en el Atlántico, aunque en ocasiones penetra en el mar Mediterráneo. ‖ **3. lirio blanco** Azucena*.

lirismo *s. m.* **1.** Cualidad de lírico, sensibilidad, emotividad. **2.** *amer.* Fantasía, sueño, utopía.

lirón *s. m.* **1.** Nombre común de diversas especies de mamíferos roedores de la familia glíridos, géneros *Glis*, *Muscardinus*, *Eliomys* y otros. El lirón común o lirón careto *(Eliomys quercinus)* mide entre 18 y 26 cm de longitud incluida la cola, tiene grandes orejas, pelaje sedoso de color ocre en el dorso y blanco en el vientre, una careta facial de color oscuro y un penacho de pelos en la punta de su larga cola. Habita en los bosques de Europa y N de África y es frecuente en los montes del N de la península Ibérica, donde hiberna comiendo alimentos que ha almacenado. El lirón gris *(Glis glis)* es de mayor tamaño, tiene color grisáceo y habita en Europa y Asia Menor. El lirón muscardino *(Muscardinus avellanarius)* es de color pardo anaranjado en el dorso y blanco amarillento en el vientre, habita en Asia Menor, Europa central y meridional y es frecuente en el S de Inglaterra y Suecia. **2.** *fam.* Persona que duerme demasiado.

lis *s. f.* **1.** Lirio*. **2.** En heráldica, flor* de lis.

lisa *s. f.* Mujol*, pez perciforme.

lisamente *adv. m.* Sencilla y directamente, sin rodeos ni vacilaciones. Se usa sobre todo en la expresión *lisa(mente) y llanamente.*

Lisandro (? - ? 395 a. C.) General espartano. En 405 a. C. derrotó al ejército ateniense en la batalla de Egospótamos, junto al Helesponto. Un año más tarde, dirigió el asedio de Atenas y obtuvo la capitulación de la ciudad, poniendo fin a la guerra del Peloponeso. Murió combatiendo a los tebanos.

Lisboa C. de Portugal, cap. del país, situada en la costa atlántica, junto al estuario del Tajo (Mar de la Paja). 829.600 h. en 1986. Es un importante centro portuario y comercial, así como ciudad administrativa. Cuenta con industria de construcción naval, siderúrgica, de maquinaria, química, papelera, textil y alimentaria. Sus principales monumentos son el castillo, la catedral (s. XVIII), la torre de Belém y el monasterio de los Jerónimos, ambos del s. XVI y estilo manuelino. Destacan también el conjunto urbano del s. XVIII y el puente sobre el río Tajo.
Hist. Fundada por los fenicios con el nombre de Ulissipo, Lisboa fue municipio romano y, desde el año 357, sede arzobispal. En el año 711 fue conquistada por el Islam y en 1147 reconquistada para la cristiandad por Alfonso I Enríquez. Durante el reinado de Alfonso III se sentaron las bases de la futura expansión ultramarina de Portugal. Junto a Sevilla fue un importante centro comercial en la Edad Moderna. Fue también el principal núcleo del mercado de esclavos de Europa. La anexión del reino de Portugal a España por Felipe II en 1580 le hizo perder parte de su hegemonía, que recuperó tras la separación de ambos reinos en 1640. En 1755 la ciudad fue destruida por un terremoto seguido de un incendio y reconstruida en 1760 por el marqués de Pombal. En 1807 fue ocupada por los ejércitos napoleónicos y reconquistada al año siguiente por lord Wellington. En 1910 fue proclamada en Lisboa la república de Portugal y en 1974 fue el principal escenario de la «revolución de los claveles», que instauró en Portugal la democracia. En 1988 un gran incendio destruyó el barrio histórico del Chiado.

lisboeta *adj.* De Lisboa. También *s.*

lisérgico, ca *adj.* **1.** Perteneciente o relativo al psiquiatría y como droga. Forma parte de la Ácido derivado de los alcaloides, que se encuentra en el cornezuelo del centeno. Tiene un gran poder alucinógeno, por lo que se ha empleado en psiquiatría y como droga. Forma parte de la composición del LSD.

lisiado, da **1.** *p. p.* de **lisiar**. ‖ *adj.* **2.** Se dice de la persona o parte del cuerpo a la que una lesión permanente impide o dificulta realizar sus funciones. También *s.*

lisiar *v. tr.* Dejar lisiado.

Lisímaco (Pella h. 355 - Curupedio, Asia Menor 281 a. C.) General macedonio. Fue uno de los diadocos, generales de Alejandro Magno que se repartieron el imperio macedonio tras la muerte de éste en 323 a. C. En el primer reparto le correspondió Tracia y en 306 a. C. adoptó el título de rey. Un año más tarde se alió con Seleuco para eliminar a Antígono e incrementó sus dominios en Asia Menor, pero en 281 a. C. el propio Seleuco le derrotó y dio muerte en la batalla de Curupedio, apoderándose de su reino.

lisímetro *s. m.* Aparato que sirve para medir la cantidad de lluvia que se filtra en un suelo.

lisina *s. f.* **1.** Aminoácido diaminomonocarboxílico presente en la constitución de las proteínas. Es esencial en la dieta de los animales superiores, en los que desempeña una importante función en su metabolismo. Es levógiro, muy soluble en agua y se encuentra, sobre todo, en la seroalbúmina. **2.** Anticuerpo capaz de destruir bacterias u otras células. Se encuentra en los líquidos orgánicos.

Lisipo (Sicione h. 390 - ? h. 310 a. C.) Escultor griego. Su obra refleja la transición del arte clásico al helenístico. Introdujo un nuevo canon de belleza en la escultura, con proporciones más alargadas, mayor naturalismo y un nuevo sentido de las dimensiones, abandonando el punto único de vista frontal. Fue retratista de Alejandro Magno. Entre sus esculturas más representativas figuran *Apoxiomeno*, *El carro del Sol*, *Heracles*, *Epitrapezios* y *Hermes sentado.*

liso, sa *adj.* **1.** Se aplica a lo que no tiene arrugas, desigualdades o salientes en su superficie, y también a la superficie misma. **2.** Se dice del cabello no rizado. **3.** De un solo color, sin adornos, dibujos, estampados, etc. **4.** Libre de obstáculos o dificultades. **5.** *fam.* Se dice de las mujeres con poco pecho. También *s. f.* ‖ **Loc. liso y llano** *adj.* Puro, simple, sin rodeos.

lisonja *s. f.* Alabanza hipócrita e interesada.

lisonjear *v. tr.* **1.** Dedicar lisonjas a alguien. **2.** Causar a alguien orgullo o satisfacción. ‖ *v. prnl.* **3.** Enorgullecerse, felicitarse. **Fam.** Lisonjeador.

lisonjero, ra *adj.* **1.** Que lisonjea. También *s.* **2.** Satisfactorio, favorable. **Fam.** Lisonjeramente.

lisosoma *s. m.* Orgánulo celular presente en el citoplasma de las células eucariotas, provisto de una membrana y que contiene fermentos como fosfatasa y otras enzimas hidrolíticas. Actúa como aparato digestivo de las células, y también en la fecundación del huevo y el envejecimiento celular. Cuando la célula es invadida por bacterias, se rompe y sus fermentos ayudan a luchar contra la invasión.

Lissitzky, Eliezer Marcovich, llamado **El** (Smoliensk 1890 - Moscú 1941) Pintor ruso. Fue discípulo de Malevich y uno de los iniciadores del constructivismo. En 1919 inició su serie *Proun*, «proyectos de afirmación de lo nuevo en arte». Publicó, con Theo van Doesburg, *Historia de dos cuadrados* y, con Hans van Richter, *Ismos del arte* (1925).

List, Friedrich (Reutlingen 1789 - Kufstein 1846) Economista alemán. Representante de la corriente proteccionista, criticó a la escuela clásica de David Ricardo y Adam Smith por sus teorías favorables al librecambio. Su obra más conocida es *Sistema nacional de economía política* (1840).

lista *s. f.* **1.** Conjunto de palabras, números, nombres, etc., escritos uno a continuación del otro. **2.** Tira de cualquier material. **3.** Franja, raya. ‖ **4. lista de correos** Oficina de correos a la que se envían las cartas y paquetes que deben ir a recoger los propios destinatarios. **5. lista de espera** Aquella en la que se anotan las personas o asuntos que no se pueden atender en el momento y deben esperar turno. **6. lista negra** Relación de personas o entidades contra las que

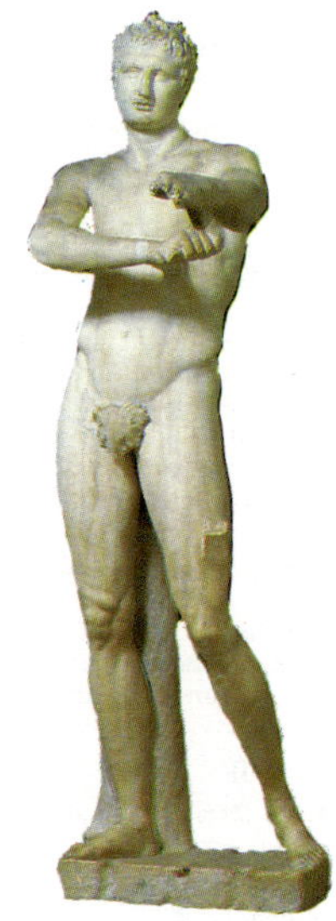

Lisipo: Apoxiomeno, *copia de mármol (Museo Pío Clementino, Vaticano).*

Lisboa: vista del barrio de Belém, con el monumento a los Descubrimientos y el monasterio de los Jerónimos.

otras ejercen algún tipo de rechazo, control o persecución. || **Loc. pasar lista** Leer en voz alta los nombres de las personas incluidas en una relación para saber si están presentes o no.

Lista, Alberto (Sevilla 1775 - íd. 1848) Escritor español. Liberal y afrancesado, fue profesor universitario en Sevilla y en Madrid, donde tuvo como alumnos a Espronceda, Ventura de la Vega y Escosura. Es el poeta más importante de la escuela sevillana, de transición entre el neoclasicismo y el Romanticismo, con un estilo sonoro y brillante y perfecta estructura clásica. Fue autor de poesía religiosa, como *Oda a la muerte de Jesús*; filosófica, como *La amistad* y *La bondad natural del hombre*, en la que expresó sus ideas ilustradas; amorosa, como *El vergel de amor*, y autobiográfica, como *El emigrado de 1823*. También escribió crítica literaria y ensayos.

listado, da *adj.* **1.** Con listas, rayas o franjas. || *s. m.* **2.** Lista, relación.

Lister, Joseph (Upton, Essex 1827 - Walmer, Kent 1912) Médico británico. Fue el primer cirujano que evitó la invasión de bacterias en las operaciones de amputación, al desinfectar el instrumental y las heridas con fenol. Fundó así la cirugía antiséptica, que redujo notablemente el número de muertes por infección de los pacientes en el quirófano.

Líster, Enrique (Ameneiro, La Coruña 1907) Militar y político español. Miembro del Partido Comunista, intervino activamente en la guerra civil de 1936-39, donde se convirtió en uno de los jefes más populares del ejército republicano. Se exilió a la URSS, donde alcanzó el grado de general del Ejército Rojo, con el que combatió durante la Segunda Guerra Mundial. En 1970 fundó el Partido Comunista Obrero Español, de carácter prosoviético. Retornó a España en 1977, donde volvió a ingresar en el PCE.

listeza *s. f.* Cualidad de listo, inteligencia.

listillo, lla *adj.* **1.** *fam.* Se dice del que presume de listo. También *s.* **2.** *fam.* Astuto, cuco. También *s.*

listín *s. m.* **1.** Agenda para apuntar nombres con sus respectivos teléfonos y direcciones. **2.** Guía de teléfonos.

listo, ta *adj.* **1.** Inteligente. **2.** Astuto. También *s.* **3.** Preparado. **4.** Rápido, atento. || *interj.* **5.** Expresa que alguien o algo está preparado o que se ha acabado de hacer cierta cosa. **6.** Presto, deprisa. || **Loc. estar (o ir)** alguien **listo** *fam.* Frase que expresa la certeza de que no se cumplirán las esperanzas o los propósitos de una persona. **pasarse de listo** *fam.* Excederse o equivocarse alguien por confiar demasiado en su astucia, habilidad, inteligencia, etc.

listón *s. m.* **1.** Pieza larga, delgada y estrecha de madera o de otro material. **2.** En particular, la colocada horizontalmente a determinada altura, y que hay que sobrepasar en las pruebas deportivas de salto. **3.** P. ext., altura, puntuación, calidad, nivel, etc., que se establece en algo. || *adj.* **4.** Se dice del toro que tiene a lo largo del espinazo una lista o franja de distinto color que el resto de la piel.

listonar *v. tr.* Hacer una estructura de listones o tablas. ■ Se dice también *enlistonar*.

lisura *s. f.* **1.** Cualidad de liso. **2.** Claridad, sinceridad. **3.** *amer.* Dicho o acción desvergonzados.

Franz Liszt en 1847. Cuadro de Miklos Barabas (Pinacoteca Histórica, Budapest).

Liszt, Franz (Doborjan, Sopron 1811 - Bayreuth 1886) Compositor y pianista húngaro. Se formó en Viena con Czerny y perteneció al círculo de Chopin. Presidente de la Academia Húngara de la Música (1875) y excelente instrumentista del piano, cuya técnica interpretativa hizo evolucionar, introdujo el poema sinfónico en Alemania, composición que tuvo gran auge durante el Romanticismo, y fue el creador de las rapsodias húngaras. Entre el elevado número de obras que compuso sobresalen *Los preludios* (1848), dos conciertos (1849) y *Fantasía húngara* (1852) para piano y orquesta, *Sinfonía Dante* (1856) para coro de mujeres y orquesta, *Hamlet* (1859), poema sinfónico, así como diversos *Estudios* para piano, cuya ejecución requiere un gran virtuosismo.

litera *s. f.* **1.** Mueble compuesto por dos camas, una encima de la otra. También, cada una de estas camas. **2.** Cada una de las camas fijas de los camarotes de los barcos o de los compartimientos de los trenes. **3.** Vehículo antiguo que consistía en una cabina con varas delante y detrás para ser llevada por hombres o por caballerías.

literal *adj.* **1.** Que repite exactamente, sin omitir, cambiar o añadir nada, lo que dice un texto, una persona, etc. **2.** Se aplica a las traducciones que siguen al máximo el original. **3.** Que respeta el significado propio y exacto de las palabras. **4.** Se dice de lo que está expresado con letras.

literalidad *s. f.* Cualidad de literal.

literalmente *adv. m.* **1.** De manera literal. **2.** Se usa también para intensificar lo que expresa la frase o el adjetivo a que se refiere.

literario, ria *adj.* **1.** Perteneciente o relativo a la literatura. **2.** Propio o característico de la literatura. **Fam.** Literariamente.

literato, ta *s. m.* y *f.* Escritor, autor literario.

literatura *s. f.* **1.** Arte cuyo medio de expresión es la palabra hablada o escrita. **2.** Conjunto de los conocimientos y teorías acerca de este arte y sus autores, obras, estilos, etc. **3.** Conjunto de las obras literarias de una época, un país, un estilo, etc. **4.** Conjunto de libros, estudios, artículos, etc., acerca de una materia.

Lit. El concepto de literatura es enormemente amplio y difícil de delimitar. Algunas obras son reconocidas universalmente, mientras que el valor literario de otras es mucho más relativo y puede estar en función del momento histórico, las modas o la opinión de los críticos y los lectores. Asimismo, los géneros literarios, a los que tradicionalmente se ha concedido gran importancia, experimentan transformaciones a través del tiempo (nuevos géneros, obras difícilmente clasificables, híbridos, etc.), y la propia finalidad de la literatura es siempre discutible.

Pese a este relativismo, se acepta comúnmente que algunos textos constituyen manifestaciones literarias y otros no. En la obra literaria tiene un valor esencial la intención estética, es decir, la literatura centra su interés en el propio mensaje, que se concibe como el resultado de la relación indisociable entre un contenido y una forma; la manera en que el autor selecciona y dispone sus materiales (métrica, vocabulario, figuras retóricas, etc.) tiene la finalidad de expresar o sugerir algo, lo que consigue valiéndose de ciertos recursos estilísticos que normalmente no se utilizan en otro tipo de lenguaje.

litiasis *s. f.* Formación de cálculos en una cavidad o conducto de algún órgano, especialmente en las vías biliares y urinarias.

lítico, ca *adj.* **1.** Perteneciente o relativo a la piedra. ■ A veces se utiliza como forma sufija: *neolítico, paleolítico.* **2.** Perteneciente o relativo a la litiasis.

litigar *v. tr.* **1.** Disputar algo en un litigio o pleito. También *v. intr.* || *v. intr.* **2.** Reñir, discutir. ■ Se conjuga como *pagar*. **Fam.** Litigación, litigante.

litigio *s. m.* **1.** Disputa que se resuelve en los tribunales. **2.** P. ext., cualquier disputa o enfrentamiento. || **Loc. en litigio** *adj.* y *adv.* Se aplica a lo que se disputa o está por decidir.

litigioso, sa *adj.* **1.** Que está en litigio. **2.** P. ext., se dice de lo que se pone en duda y, por tanto, puede ser sometido a litigio. **3.** Inclinado a causar pleitos y disputas.

litio *s. m.* Li. Elemento químico perteneciente al grupo I A del sistema periódico. Su número atómico es 3 y su masa atómica 6,939. Forma parte del grupo de los metales alcalinos y fue descubierto por Johan August Arfvedson en 1817. Es el metal más ligero, la mitad de denso que el agua, de color blanco, blando y con bajo punto de fusión. En la naturaleza no se presenta en estado libre; combinado aparece en ciertas rocas ígneas y en aguas de manantial. Sus menas principales son la lepidolita, la espodumena y la petalita. Se obtiene por electrólisis del cloruro de litio ($LiCl$) en etanol o acetona y se emplea industrialmente en diversas aleaciones, como desgasificador de metales, en la fabricación de cristales y cerámicas y en síntesis orgánicas.

litisconsorcio *s. m.* Situación en la que un conjunto de personas litiga en un mismo proceso por tener unos intereses comunes.

lito- o **-lito** *pref.* o *suf.* Significa 'piedra': *litografía, monolito.*

litófago, ga *adj.* Se dice de los invertebrados marinos que perforan las rocas para alojarse en ellas. También *s. m.*

litogénesis *s. f.* Proceso geológico de formación de las rocas. En las rocas sedimentarias consta de sedimentación y diagénesis; en las rocas eruptivas, de diferenciación magmática y consolidación; y en las metamórficas, de metamorfización.

litografía *s. f.* **1.** Procedimiento para reproducir, mediante impresión, textos o imágenes previamente grabados o dibujados sobre una piedra caliza porosa; el dibujo se realiza con una sustancia grasa que repele el agua, de forma que, humedecida la piedra con agua, la tinta sólo se

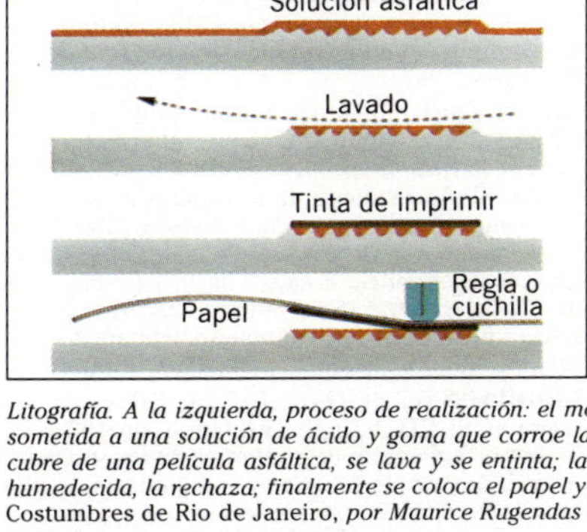

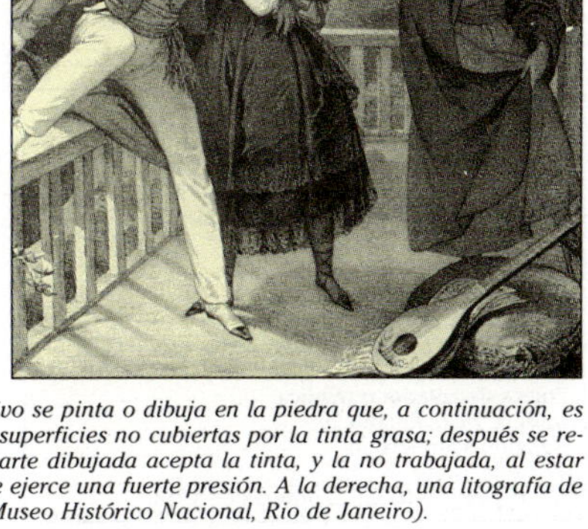

Litografía. A la izquierda, proceso de realización: el motivo se pinta o dibuja en la piedra que, a continuación, es sometida a una solución de ácido y goma que corroe las superficies no cubiertas por la tinta grasa; después se recubre de una película asfáltica, se lava y se entinta; la parte dibujada acepta la tinta, y la no trabajada, al estar humedecida, la rechaza; finalmente se coloca el papel y se ejerce una fuerte presión. A la derecha, una litografía de Costumbres de Rio de Janeiro, *por Maurice Rugendas (Museo Histórico Nacional, Rio de Janeiro).*

adhiere a las partes dibujadas. **2.** Estampa o reproducción obtenida por este método. **3.** Taller donde se emplea este sistema de impresión. **Fam.** Litográfico.

litografiar *v. tr.* Reproducir textos o imágenes por medio de la litografía. ▪ En cuanto al acento, se conjuga como *ansiar*: *litografío*.

litología *s. f.* Parte de la geología dedicada al estudio de las rocas, a su formación, distribución y clasificación.

litoral *adj.* **1.** Perteneciente o relativo a la costa del mar. ‖ *s. m.* **2.** Costa u orilla del mar.

litosfera *s. f.* Capa exterior sólida de la Tierra, compuesta fundamentalmente por silicatos e integrada por la corteza y parte del manto. Está separada de éste por la discontinuidad de Mohorovicic y su profundidad oscila entre los 10 y los 50 km.

lítote *s. f.* Figura retórica con que se modera una opinión o afirmación, negando precisamente lo contrario de lo que se desea afirmar.

litotomía *s. f.* En cirugía, extracción de un cálculo, generalmente urinario, mediante un corte en la vejiga o en la uretra.

litráceas *s. f. pl.* Familia de plantas herbáceas o leñosas del orden mirtales a la que pertenecen unas 450 especies comprendidas en 22 géneros, entre los que destacan *Cuphea*, *Lagerstroemia*, *Lawsonia* y *Lythrum*. Tienen hojas opuestas, flores generalmente bisexuales agrupadas en racimos, cimas o panículas y fruto en cápsula seca dehiscente o indehiscente. Crecen en todo el mundo, especialmente en las regiones tropicales y templadas. Se usan como colorantes, por su madera y como plantas ornamentales. Litráceas son la salicaria, el árbol de Júpiter y la alheña. También *adj.* y *s. f.*

litre *s. m.* Árbol de la familia anacardiáceas, especie *Lithraea caustica*. Tiene hojas enteras, flores amarillas en racimo y madera dura. Su contacto produce irritación en la piel.

litro *s. m.* Unidad de capacidad para líquidos y áridos que equivale prácticamente a 1 dm^3 o al volumen que ocupa 1 kg de agua destilada a la temperatura de 4 °C y a la presión de 76 cm de mercurio. Su símbolo es *l*.

Littin, Miguel (Palmilla 1942) Director de cine chileno. Es autor de películas de contenido social y político, entre las que sobresalen *El chacal de Nahueltoro* (1969), *Compañero presidente* (1970), *Actas de Marusia* (1976) y *Alsino y el cóndor* (1982).

Lituania, República de (en ruso *Litovskaia*, en lituano *Lietuvo*) Estado de la Europa báltica, antigua república de la URSS.

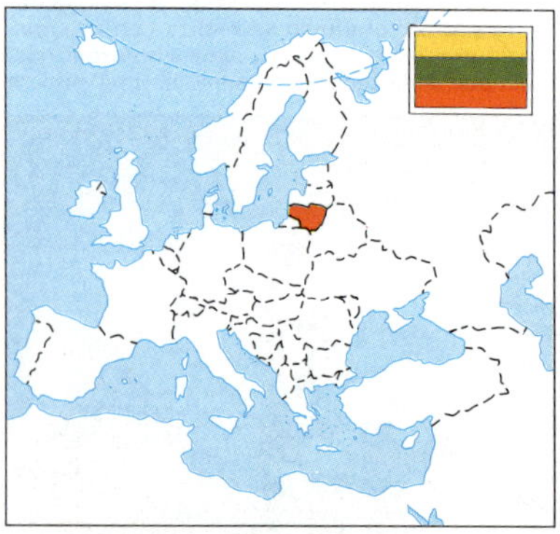

Extensión: 65.200 km^2.
Límites: al N, con Letonia; al E, con Letonia y Bielorrusia; al S, con Bielorrusia, Polonia y la región de Kaliningrado de la Federación Rusa, y al O, con la región de Kaliningrado de la Federación Rusa y el mar Báltico.
Población: 3.733.600 h. en 1990.
Densidad: 57,2 h./km^2.
Capital: Vilnius.
Ciudades principales: Kaunas, Klaipeda y Slauliai.
Gentilicio: lituano.
Forma de Estado: república.
Idioma: ruso, lituano.
Religión: catolicismo
Moneda: rublo.
Renta per cápita: 9.526 dólares en 1988.

Geog. El relieve de Lituania es esencialmente llano y su territorio está salpicado de numerosos lagos de origen glaciar y surcado por el río Niemen. Tiene un clima de transición entre el atlántico y el continental, y vegetación de bosque. Los recursos económicos proceden de la agricultura de cereales, avena, lino, remolacha, patatas, hortalizas y legumbres; la ganadería bovina y porcina; la pesca marítima y de agua dulce; la turba; el comercio del ambar; y la industria de maquinaria, naval, mecánica de precisión, textil, tabaquera, química y metalúrgica. Cuenta con un importante puerto fluvial en Kaunas y un puerto comercial y pesquero en Klaipeda, a orillas del mar Báltico.

Hist. La región del valle del Niemen fue ocupada por lituanos, eslavos del Báltico, en torno al s. V. Los distintos grupos fueron unificados por el rey Mindaugas en el s. XIII para resistir al avance de los caballeros teutónicos y los portaespadas. En el s. XIV el rey Guedimin fundó Vilnius y engrandeció el estado lituano. Su nieto Jagellón contrajo matrimonio con Eduvigis, heredera al trono de Polonia, produciéndose la unión entre ambos estados en 1386. Lituania permaneció unida a Polonia durante cuatro siglos, en el curso de los cuales se produjo su evangelización y se inició una expansión hacia el S, detenida al tomar contacto con los turcos otomanos. Lituania se separó de Polonia en 1492, pero en 1569 fue nuevamente absorbida y dominada por la Dieta de Varsovia, que la convirtió en Gran Ducado. En el s. XVIII pasó a depender de Rusia. El zar Nicolás I intentó implantar la cultura y la política rusas, confiscando las posesiones de la aristocracia polaca tras las revueltas de 1830 y 1863; pese a ello, el país experimentó un resurgir lingüístico y nacionalista. En 1915, en el curso de la Primera Guerra Mundial, fue conquistado por Alemania, pero al término de la misma, se estableció como república independiente. Fue nuevamente conquistado por Alemania en la Segunda Guerra Mundial y reconquistado por la URSS en 1940, constituyéndose en república soviética. El nacionalismo siguió vivo a lo largo de los años y en 1989 comenzó el proceso de secesión de la URSS, independizando su Partido Comunista del PCUS. A principios de 1990, el parlamento lituano eligió presidente de la república a Brazauskas; poco después proclamó unilateralmente su independencia y eligió nuevo presidente a Vitautas Landsbergis. Gorbachov declaró ilegal el proceso e hizo ocupar la república por tropas soviéticas. La resistencia lituana obligó al presidente de Rusia, Boris Yeltsin, a reconocer en 1991 la soberanía de Lituania y las restantes repúblicas bálticas, reconocimiento que fue ratificado por la comunidad internacional poco después.

lituano, na *adj.* **1.** De Lituania. También *s.* ‖ *s. m.* **2.** Lengua eslava hablada en Lituania.

liturgia *s. f.* **1.** En la Iglesia católica, conjunto de prácticas y reglas del culto a Dios. **2.** P. ext., culto público de cualquier religión. **3.** Estudio del culto a Dios.

litúrgico, ca *adj.* **1.** Perteneciente o relativo a la liturgia. ‖ *s. f.* **2.** Liturgia, ciencia del culto divino.

Litvak, Anatol (Kiev 1902 - Neuilly-sur-Seine, Francia 1974) Director de cine estadounidense de origen ucraniano. Con buen oficio ha realizado toda clase de filmes comerciales (comedia, melodrama, cine negro, cine bélico, etc.), entre los que merecen recordarse *Sueños de príncipe* (*Mayerling*, 1936), *Ciudad de conquista* (1940), *El cielo y tú* (*All this and heaven too*, 1940), *Nido de víboras* (1949), *Anastasia* (1956) y *La noche de los generales* (1967).

Liu Shaoqi (Yiu-shan, Honan 1898 - Kaifeng 1969) Político chino. Ingresó en el comité central del Partido Comunista en 1927 y en 1949 fue elegido vicepresidente de la república. En 1959 fue designado sucesor de Mao Zedong (Mao Tse-Tung) como jefe de Estado. Propugnó la liberalización económica, a causa de lo cual cayó en desgracia durante la revolución cultural. Destituido a fines de 1968 y expulsado del partido, fue rehabilitada su memoria oficialmente en 1979.

Liubliana (en al. *Laybach*) C. de Eslovenia, situada en el NO del país. 304.000 h. en 1983. Es un importante nudo de comunicaciones y centro de la industria de la madera, maquinaria, textil, química, eléctrica y alimentaria.

Liuva Nombre de dos reyes visigodos de España.

Liuva I (? - 573) Rey visigodo (567-573). Fue elegido rey después de un interregno de 5 meses producido tras la muerte de Atanagildo. Asoció al trono a su hermano Leovigildo, a quien encomendó el gobierno de Hispania, mientras él se reservó la provincia Narbonense, del S de Francia.

Liuva II (581 - 603) Rey visigodo (601-603). Sucedió a su padre natural Recaredo. Fue depuesto y asesinado por Witerico, que años antes, en el reinado de Recaredo, ya había participado en una sublevación arriana.

Liverpool C. del Reino Unido, situada en el O de Inglaterra, a orillas del mar de Irlanda, en el estuario del río Mersey. 469.600 h. en 1988. Es un importante puerto y uno de los principales núcleos industriales del país. Cuenta con refinerías de petróleo, industrias químicas, de construcciones navales, alimentaria, automovilística y metalúrgica. Constituye el centro de una gran conurbación de casi 1.000.000 de h. en torno al estuario del Mersey, que tiene comunicadas ambas márgenes por medio de túneles.

Livia Familia romana de origen plebeyo que entroncó con la familia imperial cuando Augusto adoptó a uno de sus miembros, el futuro emperador Tiberio.

liviandad *s. f.* Cualidad de liviano o acción liviana.

liviano, na *adj.* **1.** De poco peso. **2.** De poca consistencia. **3.** De poca importancia o seriedad. **4.** Que supone poco esfuerzo, dificultad o molestia. **5.** Inconstante o poco fiel, especialmente en las relaciones amorosas. **6.** Deshonesto. ‖ *s. m.* **7.** Asno que hace de guía en una recua. **8.** Pulmón de las reses. Se usa más en *pl.* ‖ *s. f.* **9.** Cierto canto popular andaluz. **Fam.** Livianamente.

lividecer *v. intr.* Ponerse lívido. ▪ Es v. irreg. Se conjuga como *agradecer*.

lividez *s. f.* Cualidad de lívido.

lívido, da *adj.* **1.** Amoratado, especialmente referido a la cara u otras partes del cuerpo, por el frío, golpes, heridas, etc. **2.** Pálido. **3.** P. ext., estupefacto, aturdido.

living (voz ingl., de *living-room*) *s. m.* Cuarto de estar.

Livingstone, David (Blantyre, Lanarkshire 1813 - Chitambo, Zambia 1873) Explorador británico. Ingresó en la Sociedad de Misiones de Londres y en 1840 partió hacia África. En 1845 se trasladó a la región del Kalahari y comenzó sus viajes, en los que descubrió el lago Ngami, remontó el Zambeze y en 1855 llegó a las cataratas Victoria. En 1859 descubrió el lago Nyassa (Malawi). En 1868, buscando las fuentes del Nilo, descubrió los lagos Banguedo (Banwelu) y Moero (Mweru). Fue dado por muerto, lo que motivó una expedición en su busca, dirigida por el periodista Henry Stanley, que lo encontró en 1871. Exploró luego el S de Tanganica. A su muerte fue trasladado al Reino Unido.

Livio, Tito Véase **Tito Livio**.

Livorno C. de Italia, situada en la región de Toscana, a orillas del mar Tirreno. 171.350 h. en 1990. Es un centro portuario unido a Pisa mediante un canal. Posee refinerías de petróleo e industria cristalera, cerámica, textil y electrónica.

lixiviación *s. f.* **1.** Método empleado para extraer los componentes metálicos de los minerales agitando una mezcla de mineral con disoluciones ácidas o básicas, que absorben así los metales en forma de iones; dichos metales se separan de las disoluciones por precipitación, extracción o mediante resinas. **2.** Tratamiento de una sustancia con el disolvente adecuado para separar su parte soluble.

liza *s. f.* **1.** Campo dispuesto para los combates y torneos de los caballeros antiguos. **2.** P. ext., lucha, disputa o competición entre personas, ideas, intereses, etc.

ll *s. f.* Grafía que representa el sonido palatal lateral fricativo sonoro: *llamar*, *allí*; cada vez es más frecuente su pronunciación como *y*, fenómeno fonético que se conoce con el nombre de *yeísmo*. Actualmente se alfabetiza dentro de la letra *l*.

llaga *s. f.* **1.** Herida abierta en cualquier parte del cuerpo, especialmente la que se produce espontáneamente. **2.** Sufrimiento, dolor. **3.** Enemistad, disgusto.

llagar *v. tr.* Producir una llaga o llagas en alguna parte del cuerpo. También *v. prnl.* ■ Se conjuga como *pagar.*

llalli (voz mapuche) *s. m. Chile.* Maíz tostado o palomita de maíz.

llama[1] (del lat. *flamma*) *s. f.* **1.** Masa gaseosa en forma de lengua, desprendida de un cuerpo en combustión, que produce luz y calor. **2.** Sentimiento que se mantiene, que no se ha apagado. ‖ *pl.* **3.** Fuego, hoguera.

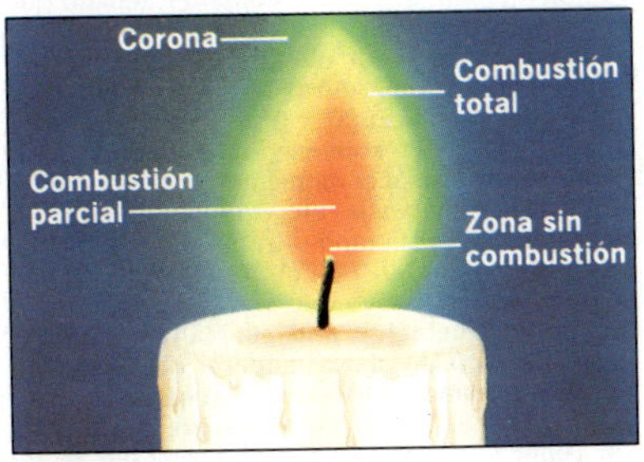

La llama con indicación de sus zonas.

llama[2] (voz quechua) *s. f.* Mamífero artiodáctilo de la familia camélidos, especie *Lama glama.* Mide aproximadamente 1 m de longitud y 120 cm de altura en la cruz. Su pelaje es de color marrón claro y en ocasiones presenta manchas. Tiene las orejas largas y erguidas. Habita en América del Sur, en la región andina, en alturas superiores a 3.000 m, y generalmente está domesticado. Se usa como bestia de carga.

Llama (Lama glama).

llamada *s. f.* **1.** Acción y efecto de llamar. **2.** Voz, palabra, señal, etc., con que se llama. **3.** Cualquier señal con que se avisa, advierte, etc., a alguien. **4.** Signo, número, etc., que se pone en un escrito para remitir a otro lugar donde se amplía, explica o corrige su contenido. **5.** Fuerte atracción que ejerce sobre alguien una persona o cosa. **6.** Invitación para entrar en un país, dirigida al futuro emigrante y acompañada, generalmente, de un contrato de trabajo y del billete para el viaje. **7.** En lenguaje militar, toque para que la tropa tome las armas o se ponga en formación. **8.** *Méx.* Cobardía.

llamado *s. m. amer.* Acción y efecto de llamar.

llamador *s. m.* Dispositivo con que se llama a las puertas, como p. ej. una aldaba o un timbre.

llamamiento *s. m.* **1.** Acción y efecto de llamar. **2.** Acción de pedir algo a alguien, especialmente cuando se hace con cierta solemnidad, entusiasmo o emoción. **3.** En el ejército, acto de llamar a los jóvenes de una quinta para que cumplan el servicio militar. **4.** En der., acción de designar legalmente a personas o familias para que reciban una herencia o un cargo, p. ej. el de tutor o patrono. Se llama también *llamamiento hereditario.*

llamar *v. tr.* **1.** Hacer que atienda o venga una persona o animal, diciendo su nombre, gritándole, haciendo gestos o por cualquier otro medio. **2.** Telefonear. **3.** Pedir ayuda. **4.** Pedir a alguien de modo solemne o con especial entusiasmo o intensidad que haga cierta cosa. **5.** Dar un nombre o un apodo a alguien o algo. **6.** Titular una obra. También *v. prnl.* **7.** Dirigir o aplicar a alguien un calificativo, insulto, etc. **8.** Atraer algo a alguien. **9.** En der., hacer un llamamiento hereditario. ‖ *v. intr.* **10.** Golpear una puerta, tocar un timbre, etc., para que alguien acuda a abrir o para pedir permiso. **11.** Gustar, apetecer. ■ Se usa sobre todo en frases negativas. ‖ *v. prnl.* **12.** Tener alguien o algo un determinado nombre.

llamarada *s. f.* **1.** Llama grande que aparece bruscamente y luego desaparece. **2.** Enrojecimiento momentáneo de la cara, generalmente de vergüenza. **3.** Manifestación brusca de un sentimiento o estado de ánimo.

llamativo, va *adj.* Que llama mucho la atención.

llamazar *s. m.* Terreno pantanoso.

llambria *s. f.* Parte de un peñasco que forma un plano muy inclinado, por lo que es de difícil acceso.

llameante *adj.* Que llamea.

llamear *v. intr.* Despedir llamas.

llamón, na *adj. Méx.* Cobarde.

llampuga *s. f.* Nombre común de diversos peces perciformes de la familia corifénidos, género *Coryphaena.* La *Coryphaena hippurus* puede alcanzar hasta 2 m de longitud y 50 kg de peso, es de color azul turquesa, con manchas amarillas y bandas verticales más o menos visibles, y tiene una aleta dorsal muy larga, que se extiende desde la cabeza a la cola. La *Coryphaena equiselis* es de menor tamaño (hasta 1 m) y tiene las manchas más plateadas que amarillas. Son peces de alta mar que viven en la zona templada de los océanos y cuya carne es muy apreciada.

llana *s. f.* Herramienta que consiste en una pieza plana de metal provista de un asa, que se utiliza para extender el yeso o la argamasa en una superficie.

llanada *s. f.* Llanura*.

llanamente *adv. m.* Con llaneza.

llaneador, ra *adj.* **1.** Que llanea. También *s.* **2.** Se dice de los ciclistas especializados en pruebas de recorrido llano. También *s.*

llanear *v. intr.* **1.** Ir por lo llano, evitando las pendientes y las irregularidades del terreno. **2.** En dep., y especialmente en ciclismo, correr en terreno llano.

llanero, ra *s. m.* y *f.* **1.** Habitante de las llanuras. ‖ *adj.* **2.** De la región de Los Llanos. También *s.*

llaneza *s. f.* **1.** Sencillez, naturalidad en las personas. **2.** Sinceridad.

llano, na *adj.* **1.** Que no tiene desniveles o diferencias de altura. **2.** Que trata a los demás con sencillez y naturalidad. **3.** Aplicado a la forma de expresarse, a las palabras utilizadas, etc., comprensible, poco complicado. **4.** Referido a personas o a su clase social, no pertenecientes a la nobleza, sin privilegios. **5.** En ling., se aplica a las palabras que tienen su acento tónico en la penúltima sílaba. ‖ *s. m.* **6.** Extensión de terreno sin desnivel o desigualdades. ‖ **7. canto llano** Canto gregoriano*.

Llanos, Hernando o **Fernando de** (primera mitad del s. XVI) Pintor español. Formado en Italia con Leonardo da Vinci, introdujo el estilo renacentista en Valencia. Junto a Hernando Yáñez pintó el retablo de la catedral de Valencia (1507-09) y, en solitario, el de la catedral de Murcia (1520).

Llanos, Los Región de América del Sur, que se extiende a lo largo de casi 300.000 km^2 por Venezuela central y el NE de Colombia. Limitada por los macizos de las Guayanas y los Andes, comprende las cuencas media y alta del río Orinoco. Es una llanura con clima tropical, vegetación de sabana y escasamente poblada. Sus recursos económicos proceden de la agricultura de algodón, tabaco, maíz y café, la ganadería extensiva, la explotación forestal y los yacimientos petrolíferos.

llanta *s. f.* **1.** Aro exterior de metal sobre el que se montan los neumáticos de los coches y otros vehículos. **2.** Aro de goma o metal que se pone alrededor de las ruedas en carros, carretillas, etc. **3.** Pieza de metal más ancha que larga.

llantén *s. m.* Nombre común de diversas plantas herbáceas de la familia plantagináceas, géneros *Plantago, Littorella* y *Bougueria.* Tienen hojas alternas dispuestas en roseta, flores pequeñas en espiga y fruto en cápsula con dehiscencia transversal. Las especies del género *Bougueria* son acuáticas. El llantén mayor *(Plantago major)* tiene las flores grisáceas y hojas ovales; crece en Europa y se utiliza para hacer infusiones. El llantén menor *(Plantago lanceolata)* tiene las hojas lanceoladas y espiga terminal. Crecen en todo el mundo y algunas especies del género *Plantago* constituyen malas hierbas.

llantera o **llantina** *s. f. fam.* Llanto fuerte y continuado.

llanto *s. m.* Acción de derramar lágrimas, que se produce generalmente por un sentimiento, emoción o dolor y suele ir acompañada de lamentos y sollozos.

llanura *s. f.* Extensión de terreno que no presenta fuertes diferencias de altura.

llapa *s. f. amer.* Yapa.

llar *s. f.* Cadena suspendida en el hogar de una chimenea, que sirve para colgar de ella la caldera. Es típica del N de España. Se usa mucho en *pl.*

llave *s. f.* **1.** Instrumento, generalmente metálico, que introduciéndolo en una cerradura sirve para abrirla o cerrarla. **2.** Utensilio que sirve para dar cuerda a un reloj o a cualquier otro mecanismo que funcione mediante este sistema. **3.** Dispositivo colocado en una cañería, tubo, etc., que sirve para abrir, cerrar o regular el paso de un líquido o gas. **4.** Herramienta para apretar o aflojar tuercas. **5.** Interruptor de corriente eléctrica. **6.** En ciertos instrumentos musicales, pieza que al ser presionada abre o cierra el paso del aire produciendo diferentes sonidos. **7.** Aquello que permite conseguir algo. **8.** Clave, lo que sirve para comprender, aclarar o descubrir alguna cosa. **9.** Signo gráfico que se coloca al principio ({) y al final (}) de un grupo de palabras u otros ele-

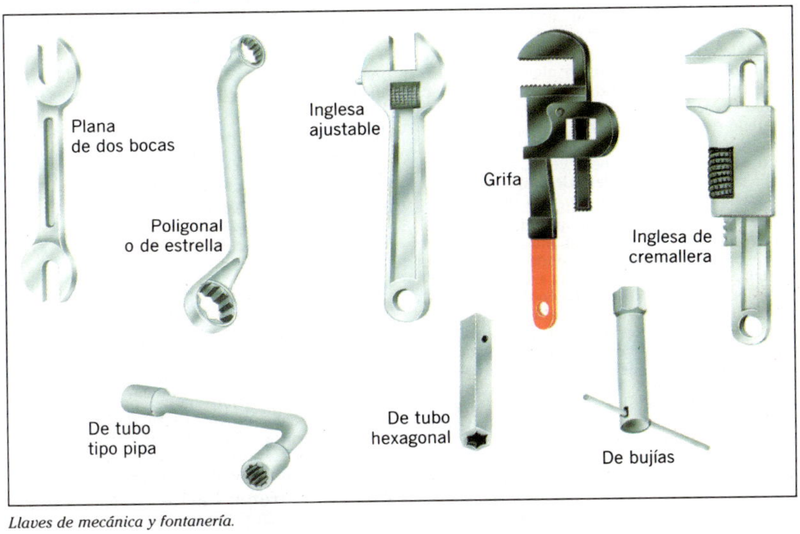

Llaves de mecánica y fontanería.

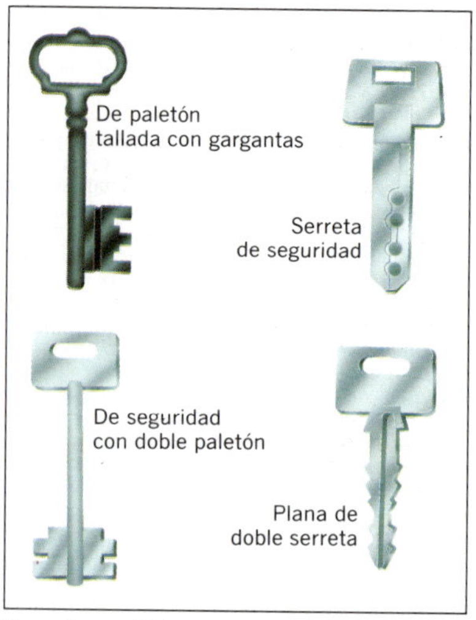

Llaves de cerrajería.

mentos de un escrito o esquema para indicar que forman un conjunto que está incluido de alguna manera en algo. **10.** En dep., como lucha libre, judo, etc., movimiento o conjunto de movimientos para derribar al contrario o inmovilizarlo. **11.** Dispositivo con que se disparan las armas de fuego. ‖ **12. llave de contacto** La que se emplea para poner en marcha el motor de un vehículo. **13. llave** (o **llaves**) **de oro** La que entrega la máxima autoridad de una ciudad como honor a un personaje importante. **14. llave de paso** La que regula el paso de un líquido o un gas por una tubería. **15. llave falsa** Duplicado o copia de una llave que alguien tiene sin que le corresponda tenerlo o sin que lo sepan los demás. **16. llave grifa** La utilizada especialmente en trabajos de fontanería, que tiene forma de F y boca graduable. **17. llave inglesa** La que tiene la boca graduable para que pueda adaptarse a los distintos tamaños de las tuercas. **18. llave maestra** La que permite abrir todas las cerraduras de un mismo grupo, p. ej. las de todas las habitaciones de un hotel. ‖ **Loc. bajo llave** *adj.* y *adv.* Guardado o cerrado con llave. **bajo siete llaves** *fam.* Muy guardado o asegurado.

llavero *s. m.* Objeto de diferentes formas y materiales que se utiliza para guardar o mantener juntas las llaves.

llavín *s. m.* Llave pequeña.

llegada *s. f.* **1.** Acción y efecto de llegar a algún lugar. **2.** Acción y efecto de producirse algo. **3.** En las carreras deportivas, línea de meta.

llegar *v. intr.* **1.** Pasar a un sitio desde otro, alcanzar el final de un camino, recorrido, etc. **2.** Tener lugar, producirse. **3.** Avanzar hasta un determinado punto en una acción, estudio, trabajo, etc. **4.** Durar. **5.** Conseguir. **6.** Lograr alguien una buena posición. **7.** Alcanzar alguien cierto estado, sensación, etc. **8.** Ser algo suficiente. **9.** Alcanzar la suficiente altura longitud, extensión, cantidad, etc. **10.** Causar en alguien una profunda impresión. **11.** Con la preposición *a* y un infinitivo, poder, conseguir o realizar efectivamente lo que se expresa. ‖ *v. tr.* **12.** Acercar una persona o cosa a otra. También *v. prnl.* ‖ *v. prnl.* **13.** Ir a algún sitio que queda cerca. ■ Se conjuga como *pagar.* ‖ **Loc. no llegarle** a alguien o algo **a la suela del zapato** *fam.* Ser muy inferior.

Lleida 1. Prov. de España, perteneciente a la comunidad autónoma de Cataluña, situada en el sector NO de la misma, haciendo frontera con Francia. 12.028 km². 351.800 h. en 1991. Su relieve consta de dos sectores bien diferenciados, separados por la sierra del Montsec: el sector N es montañoso, con los Pirineos y la sierra del Cadí; el sector S es una llanura que desciende suavemente hacia la depresión del Ebro. Está regada por el río Segre, que fluye de N a S, y sus afluentes Noguera Pallaresa y Noguera Ribagorzana. La zona pirenaica abunda en lagos de origen glaciar. En su extremo SO se sitúan los ríos Cinca y Ebro. Tiene un clima de montaña en el N y de interior en el S; la vegetación es de pino negro, hayas, robles, abetos y prados en el N y de arbustos, matorral y pinos en el S. Los recursos económicos de las comarcas del N proceden fundamentalmente del bosque y de la ganadería bovina; también se cultiva en ellas patata y maíz. En las comarcas de la región de llanura se practica la agricultura de secano y regadío, con cultivos de cereales, trigo y maíz, frutales, hortalizas y al S olivo y vid. La industria se localiza sobre todo en la capital y en las comarcas de La Noguera, el Segriá y el Urgellet, y en ella sobresalen los sectores textil, metalúrgico, papelero y alimentario. Se produce energía hidroeléctrica en los embalses pirenaicos y tiene importancia el turismo de invierno en el valle de Arán y en Bohi/Tahull.
2. C. de España, cap. de la prov. homónima, situada en el S de la misma, a orillas del Segre. 111.900 h. en 1991. Importante nudo de comunicaciones y centro comercial y agrícola, cuenta con industria de transformación y de fertilizantes. Entre sus monumentos destacan la catedral vieja (s. XIII) y el palacio de Paería (s. XV). Es la antigua Ilerda, capital de los ilergetes, que experimentó gran desarrollo en época musulmana. En la Edad Media progresó gracias a la industria textil, pero su crecimiento se detuvo por los sitios sufridos en el s. XVII y en la guerra de Sucesión (1707). También se llama *Lérida.*

Lleida: claustro de la Seo Vella.

llena *s. f.* Desbordamiento del caudal de agua de un río o arroyo.

llenado, da 1. *p. p.* de **llenar**. También *adj.* ‖ *s. m.* **2.** Acción y efecto de llenar.

llenador, ra *adj. Amér. del S.* Se dice del alimento pesado, que harta pronto.

llenar *v. tr.* **1.** Ocupar totalmente o casi por completo. También *v. prnl.* **2.** Poner en un sitio gran cantidad de cosas o cubrirlo de ellas. También *v. prnl.* **3.** Rellenar un impreso. **4.** Dar o dirigir en abundancia aquello que se expresa. También *v. prnl.* **5.** Satisfacer las ambiciones, esperanzas, etc. **6.** *fam.* Agradar, complacer. **7.** Atraer mucho público un artista, político, etc. También *v. intr.* **8.** Con palabras como *escena, pantalla,* etc., hacer muy bien su actuación el artista. ‖ *v. prnl.* **9.** Hartarse alguien de comer o beber. **Fam.** Llene.

lleno, na *adj.* **1.** Ocupado por completo. **2.** Con mucho de lo que se expresa. **3.** Harto de comer. **4.** Un poco gordo o de forma abultada y redondeada. **5.** Se dice de la Luna en plenilunio. ‖ *s. m.* **6.** Presencia de muchas personas en un recinto, en un local, un espectáculo, etc. ‖ **Loc. de lleno** *adv.* Totalmente, directamente. También, exactamente, justo.

Lleras Camargo, Alberto (Bogotá 1906 - íd. 1990) Político y diplomático colombiano. Presidente interino de la nación en 1945-46 y secretario de la OEA entre 1948 y 1954, fue nombrado en 1956 jefe del Partido Liberal. Participó en el derrocamiento del dictador Rojas Pinilla en 1957 y ese mismo año firmó con los conservadores un pacto para asegurar la gobernabilidad del país. Presidente entre 1958 y 1962, promovió una nueva constitución de carácter reformista e impulsó medidas de austeridad económica.

Lleras Restrepo, Carlos (Bogotá 1908) Político colombiano. Primo del anterior; presidente del Partido Liberal en 1941, 1948-50 y 1961, fue nombrado presidente de la nación en 1966, cargo desde el que impulsó una política reformista que chocó con la oposición del Congreso. Cesó en 1970.

lleulle *adj. Chile.* Inútil, torpe.

llevadero, ra *adj.* Se aplica a lo que es fácil o cómodo de llevar o soportar.

llevar *v. tr.* **1.** Hacer que una persona o cosa pase de un lugar a otro o llegue a un determinado destino. **2.** Conducir una cosa a alguien o algo hacia cierto lugar, estado o circunstancia. También *v. intr.* **3.** Traer o contener aquello que se expresa. **4.** Vestir, lucir. **5.** En construcción pasiva refleja, estar de moda. **6.** Conducir un vehículo o una cabalgadura. **7.** Dirigir o administrar un asunto, encargarse de algo. **8.** Tratar a alguien. **9.** Manejar, convencer. **10.** Soportar. **11.** Haber pasado hasta el momento cierto tiempo en el lugar, circunstancia, etc., que se expresa. **12.** Necesitar algo el tiempo o trabajo que se indica. **13.** Consumir, gastar. **14.** Cobrar una cantidad por un servicio o por algo que se vende. **15.** Amputar, cortar. También *v. prnl.* **16.** Mantener o estar haciendo algo de cierta manera. **17.** Haber alcanzado el estado que se expresa en algo que se está haciendo. **18.** Estar provisto de cierta cosa. **19.** Tener o mostrar algo en la forma que se indica. **20.** Con palabras como *idea, intención,* tenerlas. **21.** Con palabras como *dirección, camino,* etc., seguirlos. **22.** Con complementos directos que expresan tiempo, edad, distancia, puntuación, etc., expresa la diferencia entre dos personas o cosas. También *v. prnl.* **23.** En las operaciones aritméticas, reservar la cifra correspondiente a las decenas de una operación parcial para añadírsela a la siguiente. **24.** Con palabras como *nombre, apodo,* etc., o con nombres propios, tenerlos. ‖ *v. prnl.* **25.** Con adverbios como *bien, mal* y semejantes, mantener alguien buenas o, por el contrario, malas relaciones con otra persona. **26.** Quitar, robar, quedarse. **27.** Lograr, obtener. **28.** Sufrir, recibir. **29.** Poner uno algo, como las manos, los dedos u otra cosa, en parte de sí mismo o de su atuendo. ‖ **Loc. llevar** alguien **las de ganar** (o **las de perder**) Tener uno, según el caso, clara ventaja o desventaja frente a sus oponentes o competidores. **llevarse por delante** a alguien o algo Atropellar, arrollar. También, matar, destruir.

Llimona, Joan (Barcelona 1860 - íd. 1926) Pintor español. Formado con Martí y Alsina en Barcelona, su obra permanece fiel al naturalismo de su maestro y se caracteriza por la luminosidad de sus colores y su gran expresividad. Sus temas preferidos fueron las escenas de género, como *Haciendo puntilla,* y los de carácter religioso, como *Camarín de la Virgen en el monasterio de Montserrat.*

Llimona, Josep (Barcelona 1864 - íd. 1934) Escultor español. Hermano del anterior; inició su obra dentro del modernismo catalán, revalorizando los temas religiosos, como en *Primera comunión* (1897). En los primeros años del s. XX recibió la influencia de Rodin y de Meunier, que se aprecia en *Desconsuelo* (1907), obra de gran lirismo, y en el monumento al doctor Robert (1910), de intensa fuerza expresiva.

Llobregat Río de España, en Cataluña. 170 km de longitud. Nace en el Pirineo oriental, pasa por Martorell, San Feliú, San Bor y El Prat y desemboca en el mar Mediterráneo junto a Barcelona, formando un delta. Sus principales afluentes son el río Cardoner y el Noya. Sus aguas se utilizan para el regadío y en la industria textil.

Llodio C. de España, situada en la prov. de Álava, junto al río Nervión. 20.900 h. en 1990. Posee industria metalúrgica, del vidrio y cerámica.

Lloque (o **Lloqui**) **Yupanqui** (s. XIII) Tercer soberano inca. Hijo y sucesor de Sinchi Roca y nieto de Manco Cápac, con él se quebró la ley de sucesión en favor del primogénito. Extendió su territorio hasta el lago Titicaca.

llora *s. f. Ven.* Velatorio.

llorar *v. intr.* **1.** Derramar lágrimas por algún sentimiento o dolor o por simple irritación del ojo. También *v. tr.* **2.** Quejarse, especialmente para despertar la compasión de alguien. **3.** Soltar líquido gota a gota, como hacen las vides al comienzo de la primavera. ‖ *v. tr.* **4.** Sentir profundamente alguna cosa, particularmente una desgracia. También *v. intr.*

Llorens Artigas, José (Barcelona 1892 - Gallifa, Barcelona 1980) Ceramista español. Colaborador de Dufy, Miró y Braque, sus obras más características son vasijas de gres de gran pureza de líneas y austera decoración. Realizó murales para la UNESCO, el aeropuerto de Barcelona y la universidad de Harvard.

Llorente, Juan Antonio (Rincón del Soto, La Rioja 1756 - Madrid 1823) Eclesiástico e historiador español. Secretario general de la Inquisición española (1789-1801), fue consejero de Estado y director general de Bienes Nacionales con José Bonaparte. Se le encomendaron los archivos de la desaparecida Inquisición. En 1813 se trasladó a Francia, donde publicó su documentada *Historia crítica de la Inquisición de España* (1817-18).

llorera *s. f.* Llanto fuerte o continuado.

Lloret de Mar C. de España, en la prov. de Girona. 16.900 h. en 1990. Constituye uno de los principales centros turísticos de la Costa Brava.

llorica *s. m.* y *f. fam.* Persona que llora o se queja a menudo y por cualquier cosa.

lloriquear *v. intr.* Llorar de forma débil y monótona, normalmente sin un motivo serio. **FAM.** Lloriqueo.

lloro *s. m.* Llanto, acción y efecto de llorar.

llorón, na *adj.* **1.** Que llora a menudo o con facilidad. También *s.* **2.** Se aplica a la persona que se queja o se lamenta mucho. También *s.* **3.** Triste o propio del llanto. ‖ *s. f.* **4.** *fam.* Borrachera triste.

lloroso, sa *adj.* **1.** Que llora o tiene aspecto de haber llorado o de empezar a llorar. **2.** Que produce tristeza o hace llorar. **FAM.** Llorosamente.

llovedizo, za *adj.* **1.** Se dice de los techos, tejados y cubiertas defectuosos que dejan pasar el agua de lluvia. **2.** Se aplica al agua de lluvia.

llover *v. impers.* **1.** Caer a la tierra agua de las nubes en forma de gotas. ‖ *v. intr.* **2.** Caer, venir o producirse algo en abundancia. ‖ **LOC. como quien oye llover** *adv. fam.* Sin hacer el menor caso. **llover sobre mojado** *fam.* Ocurrir una cosa desagradable o molesta después de otras de este mismo carácter. ▪ Es v. irreg. Se conjuga como *mover.*

llovizna *s. f.* Lluvia muy fina que cae suavemente.

lloviznar *v. impers.* Caer llovizna.

Harold Lloyd.

Lloyd, Harold (Burchard, Nebraska 1893 - Beverly Hills 1971) Actor estadounidense. En el cine cómico creó un personaje de joven pulido y educado, con gafas de carey y sombrero de paja, que representa con ironía al americano medio. Entre sus principales películas se cuentan *Marino de agua dulce* (*A sailor-made man,* 1921), *El hombre mosca* (*Safety last,* 1923) y *Cinemanía* (1932).

Lloyd George, David (Manchester 1863 - Carnarvonshire 1945) Político británico. Representante del liberalismo radical, fue nombrado ministro de Finanzas en 1908; elaboró diversos proyectos sociales que financió aumentando la presión fiscal sobre los grandes propietarios, lo que le llevó a un grave enfrentamiento con la Cámara de los Lores, del que salió victorioso. Elegido primer ministro en 1916, en plena Primera Guerra Mundial, presidió un gabinete de guerra en coalición con los conservadores y al término de la misma firmó la paz de Versalles (1919). En la crisis irlandesa de 1920 otorgó la independencia al Eire y la administración autónoma al Ulster, lo que provocó que los conservadores le retiraran su apoyo y tuviera que dimitir en 1922.

llueca *adj.* Clueca*.

Ramón Llull. Miniatura del Breviculum *(Universidad de Karlsruhe, Alemania).*

Llull, Ramón o **Lulio, Raimundo** (Palma de Mallorca h. 1235 - Túnez h. 1315) Pensador y escritor español. Abandonó la vida mundana para dedicarse a la evangelización, especialmente de los árabes, cuya lengua y ciencias estudió durante años. El objetivo de su obra es convertir al infiel y para ello trata de demostrar las verdades de la fe a partir de unos principios supremos ciertos que están en la base de todas las ciencias. Junto a este elemento racional existe también en su pensamiento un componente místico, que se manifiesta sobre todo en la doctrina del ascenso del alma hacia Dios por medio de la contemplación. Su obra se inspira tanto en el pensamiento de Aristóteles como en el de Platón y San Agustín. Escribió en latín, en árabe y también en catalán, lengua en la que forjó una prosa de gran calidad. Su obra filosófica más importante es *Arte mayor* o *Arte general* (1273), pero publicó también obras de carácter enciclopédico, como el *Libro de la contemplación* (1272) y el *Árbol de la ciencia* (1296); la novela utópica *Blanquerna* (1283-86), donde incluye el místico *Libro de amigo y de amado*, y el *Libro de la orden de caballería* (1275).

Llullaillaco Volcán de América del Sur, situado en la región de la Puna, en la frontera entre Argentina y Chile. 6.723 m de altura.

lluvia *s. f.* **1.** Fenómeno atmosférico en forma de gotas de agua que caen de las nubes. **2.** Caída o llegada abundante de algo. ‖ **3. lluvia ácida** Lluvia que contiene en suspensión ácido sulfúrico, procedente de los vertidos de dióxido y trióxido de azufre de centrales térmicas y fábricas de productos químicos, que reacciona con el agua de la lluvia. Es muy perjudicial para la vegetación natural y los cultivos. **4. lluvia de estrellas** Acumulación de estrellas fugaces en determinado sector de la atmósfera. **5. lluvia meona** Llovizna, cala bobos

Geog. Las gotas de lluvia tienen más de 0,5 mm de diámetro; cuando su tamaño es mucho mayor se habla de *chubasco* o *aguacero,* y cuando es menor, de *llovizna.* Existen diversos tipos de lluvia: **lluvia de convección**, provocada por un proceso de ascenso; cuando el aire húmedo se calienta por contacto con la superficie terrestre caliente, se expande, disminuye su densidad y se eleva por convección; durante el ascenso se enfría y forma nubes que producen lluvias intensas; **lluvia de frente** o **lluvia ciclonal**, producida a lo largo de las zonas frontales durante el paso de una depresión; cuando es un frente cálido (zona delantera del frente), se produce lluvia fina y prolongada, y cuando es un frente frío (zona posterior), se producen lluvias cortas e intensas, y **lluvia orográfica**, que resulta del ascenso de una corriente de aire provocado por la oposición de una barrera orográfica, como una montaña, a lo que se añaden fenómenos frontales o convectivos.

lluvioso, sa *adj.* Se dice del tiempo, lugar, etc., en que llueve mucho.

lo *art. det. n.* **1.** Se usa precediendo a adjetivos a los que sustantiva para expresar una cualidad en sí misma o todo aquello a lo que ésta puede aplicarse. **2.** Sirve también para sustantivar oraciones de relativo y sintagmas preposicionales. **3.** Aplicado a adverbios y adjetivos seguidos de *que,* tiene un valor expresivo. ‖ *pron. pers. m.* y *n.* **4.** Pronombre de tercera persona que funciona como complemento directo y como predicado nominal.

loa *s. f.* **1.** Alabanza, elogio. **2.** Composición poética en que se alaba a una persona o se ensalza un acontecimiento. **3.** En el teatro antiguo, especie de introducción o dedicatoria que se recitaba antes de la obra teatral, pidiendo benevolencia al público o elogiando a algún protector o personaje ilustre. **4.** Breve composición dramática que solía representarse antes de la obra principal, a la que servía de introducción. **5.** *Amér. C., Méx. fam.* Reprimenda, regañina.

loable *adj.* Digno de ser alabado. **FAM.** Loablemente.

loar *v. tr.* Alabar.

lob (voz ingl.) *s. m.* En tenis, bola bombeada que pasa por encima del adversario.

Lobachevski, Nikolai Ivanovich (Nizhni Novgorod 1793 - Kazán 1856) Matemático ruso. Fue el primero en enunciar una geometría no euclidiana, negando el quinto axioma de Euclides, que señala que por un punto exterior a una recta sólo se puede trazar una línea paralela a dicha recta. La geometría resultante es hiperbólica y en ella el espacio tiene una curvatura negativa.

lobanillo *s. m.* **1.** Tumor, generalmente de tejido adiposo, que se forma debajo de la piel y que no duele. **2.** Bulto leñoso, cubierto de corteza, que se forma en los troncos y ramas de los árboles.

lobato *s. m.* Lobezno*.

lobby (voz ingl.) *s. m.* Grupo de presión.

lobero, ra *adj.* **1.** Perteneciente o relativo al lobo. ‖ *s. m.* y *f.* **2.** Persona que se dedica a cazar lobos por dinero. ‖ *s. f.* **3.** Madriguera del lobo. **4.** Monte frondoso donde los lobos suelen tener su guarida.

lobezno *s. m.* Cachorro o cría del lobo. ▪ Se dice también *lobato.*

lobisón *s. m.* Nombre que se da en algunas zonas rurales de la península Ibérica y de América a la persona que, según una tradición, tiene la facultad de transformarse en animal, generalmente en lobo, propiedad que se atribuía a los séptimos hijos varones.

Josep Llimona: Desconsuelo *(Parque de la Ciudadela, Barcelona).*

Lobo (Canis lupus).

lobo, ba *s. m.* y *f.* **1.** Nombre común de diversos mamíferos carnívoros de la familia cánidos, género *Canis.* El lobo común *(Canis lupus)* alcanza hasta 85 cm de altura y 165 de longitud. Tiene orejas erguidas, hocico puntiagudo y mandíbula poderosa. Su pelaje varía en longitud y en color, desde los tonos pardos claros hasta los negros. Son grandes corredores, suelen vivir en grupos familiares y en épocas de clima desfavorable se reúnen en manadas para cazar. Habitan en Europa, Asia y América del Norte. **2.** Nombre común de diversos mamíferos carnívoros de la familia hiénidos, género *Proteles.* El lobo de tierra *(Proteles cristatus)* es un animal parecido a la hiena. Habita en África. || *s. f.* **3.** Mujer provocativa y atrevida con los hombres. || **4. lobo de mar** Marino veterano. **5. lobo marino** Foca*. || **Loc. ¡menos lobos (Caperucita)!** *excl. fam.* Frase irónica con la que se indica a alguien que está exagerando.

lobotomía *s. f.* **1.** En cirugía, sección de un lóbulo. **2.** Intervención quirúrgica que se practicaba en ciertos casos de enfermedad mental y que consiste en separar el lóbulo frontal del resto del cerebro. Actualmente está en desuso por las repercusiones negativas que tiene sobre la capacidad intelectual y la personalidad.

lóbrego, ga *adj.* **1.** Oscuro, sombrío. **2.** Triste, melancólico. **Fam.** Lobreguez.

lobulado, da *adj.* **1.** Que tiene lóbulos o está dividido en lóbulos. **2.** En bot. y zool., se dice de las partes y órganos que tienen forma de lóbulo o están formados por lóbulos.

lobular *adj.* **1.** Perteneciente o relativo al lóbulo. **2.** En bot. y zool., lobulado.

lóbulo *s. m.* **1.** Extremo inferior, blando y redondeado, de la oreja. **2.** Cada una de las partes o formas redondeadas del borde ondulado de algo, como p. ej. las que se aprecian en el intradós de los arcos árabes. **3.** Cada una de las partes redondeadas de órganos como el pulmón, el hígado o el cerebro, separadas entre sí por un pliegue o hendidura. || **4. lóbulo frontal** Parte anterior del cerebro, responsable de las respuestas emocionales.

lobuno, na *adj.* **1.** Perteneciente o relativo al lobo. **2.** Que es propio del lobo o que se parece a él en alguna de sus características.

local *adj.* **1.** Se aplica a lo que está, actúa o se produce sólo en una parte de un todo. **2.** Perteneciente o relativo a un lugar determinado, particularmente un municipio, una provincia, un país, etc. || *s. m.* **3.** Sitio cubierto y cerrado en el que se tiene o se puede instalar un negocio, una industria, etc. || **4. local público** El destinado a ser utilizado por la gente, sobre todo como lugar de diversión o de reunión, p. ej. cines, restaurantes, etc.

localidad *s. f.* **1.** Lugar poblado, como un pueblo o una ciudad. **2.** En los locales de espectáculos, sitio o asiento destinado para cada espectador. **3.** Entrada o billete que da derecho a ocupar uno de estos sitios.

localismo *s. m.* **1.** Palabra o expresión que se usa sólo en determinada localidad o región. **2.** Cualidad de local. **3.** Interés único y exagerado por las cosas del propio país, región, ciudad, etc., o aprecio excesivo de las mismas. **Fam.** Localista.

localización *s. f.* Acción y efecto de localizar y lugar donde se halla alguien o algo.

localizar *v. tr.* **1.** Averiguar o señalar el lugar exacto donde ha sucedido un hecho, se encuentra alguien o algo, etc. **2.** Reducir algo a unos límites o a un punto o extensión determinados. || *v. prnl.* **3.** Hallarse, estar. ▪ Se conjuga como *cazar.*

locamente *adv. m.* Con locura, mucho, apasionadamente.

locatario, ria *s. m.* y *f.* Persona o entidad que recibe en arrendamiento alguna cosa.

locatis *adj. fam.* Chiflado, loco. También *s.*

locativo, va *adj.* **1.** Perteneciente o relativo al arriendo o al contrato de arrendamiento. **2.** En algunas lenguas indoeuropeas que poseen declinación, se aplica al caso que expresa lugar. También *s. m.*

loch (voz escocesa) *s. m.* Lago de origen glaciar, de forma alargada, característico de Escocia, p. ej. el loch Ness.

loción *s. f.* **1.** Masaje que se da en alguna parte del cuerpo con alguna sustancia medicinal o de higiene. **2.** Líquido o sustancia para darlo.

Locke, John (Wrington, Somersetshire 1632 - Oates, Essex 1704) Filósofo inglés. Militó en el Partido Liberal y su oposición al absolutismo de los Estuardo le obligó a exiliarse en Francia y en los Países Bajos. Regresó a Inglaterra en 1689 al producirse el triunfo de Guillermo de Orange. Preocupado por determinar un criterio que garantizara la validez del conocimiento, tomó como modelo el método empleado en las ciencias experimentales y construyó una teoría del conocimiento basada en la experiencia. En su pensamiento ético también mantuvo una posición empirista: rechazó la existencia innata de los principios morales y afirmó que éstos tienen su origen en la reflexión sobre los datos captados por la sensibilidad. Construyó una moral caracterizada por su tolerancia y desarrolló unas ideas políticas en cuyo centro se encuentra el individuo, otorgando al Estado únicamente la función de servirle y velar por su bienestar. Su pensamiento político sentó las bases del liberalismo moderno. Entre sus obras más relevantes se hallan *Cartas sobre la tolerancia* (1689), *Ensayo sobre el entendimiento humano* (1690), *Tratados sobre el gobierno civil* (1690) y *Pensamientos sobre la educación* (1693).

lock-out (voz ingl.) *s. m.* Cierre por un tiempo de una o varias empresas, realizado unilateralmente por la patronal y dirigido generalmente a presionar a los trabajadores para que acepten las medidas que aquélla trata de imponer o para responder a una huelga.

loco, ca *adj.* **1.** Se dice de la persona que tiene trastornadas sus facultades mentales. También *s.* **2.** Imprudente, insensato. También *s.* **3.** *fam.* Se aplica a las máquinas que no funcionan bien. **4.** Seguido de la preposición *de* y sustantivos que expresan sentimientos, estados de ánimo o sensaciones, se dice de quien los experimenta con gran intensidad. **5.** Muy entusiasmado o encariñado con alguien o algo o muy enamorado de alguien. **6.** Aturdido. **7.** Seguido de la preposición *por* y de un verbo en infinitivo, ansioso por hacer o por que ocurra lo que el verbo expresa. **8.** Ajetreado, movido. **9.** Aplicado a ciertos sustantivos, los intensifica. || *s. f.* **10.** Homosexual muy afeminado que no oculta su condición. || **11. loco de atar (de remate** o **perdido)** *fam.* Totalmente loco. || **Loc. a lo loco** *adv. fam.* Sin reflexionar. **cada loco con su tema** *fam.* Comentario que hace referencia al hecho de que cada persona está en sus cosas, sin atender a lo que dicen o hacen los demás. **hacerse el loco** *fam.* Fingir uno que está distraído o que no se da cuenta de algo.

loco citato *loc. lat.* Significa 'en el lugar citado'; se usa en los textos para indicar notas y citas. ▪ Su abreviatura es *loc. cit.*

locomoción *s. f.* Acción de mover o moverse de un lugar a otro.

locomotor, ra *adj.* **1.** Que sirve para mover. ▪ En femenino se dice también *locomotriz.* || *s. f.* **2.** Máquina montada sobre ruedas y movida por vapor, motor eléctrico o diesel, que sirve para arrastrar los vagones de un tren. || **3. aparato locomotor** Conjunto de órganos de un ser vivo especializados en la locomoción y el movimiento, compuesto por una parte activa, el sistema muscular, y una pasiva, el óseo o esqueleto. ***Tecnol.*** La primera locomotora fue inventada por Richard Trevithick en 1804, aunque el primer modelo que tuvo uso práctico fue el creado por George Stephenson en 1814. Las primeras locomotoras funcionaban por medio de máquinas de vapor. Desde finales del siglo pasado se utilizaron motores eléctricos que obtienen la energía de una red de cables elevados que sigue todo el trazado de la vía. A partir de 1950 empezaron a utilizarse también motores diesel.

locomóvil *adj.* Que puede ser trasladado de un lugar a otro; se aplica especialmente a ciertos motores o máquinas de vapor montados sobre ruedas que pueden ser transportados al lugar donde realizan su función, como p. ej. los que se usan para accionar ciertas máquinas agrícolas desprovistas de motor. También *s. f.*

locuaz *adj.* **1.** Que habla mucho, a veces en exceso. **2.** Se dice de la persona que tiene facilidad de palabra. **Fam.** Locuacidad.

locución *s. f.* **1.** Combinación estable de dos o más palabras, con un sentido que generalmente no es resultado de la suma de los significados de sus miembros; suelen constituir expresiones peculiares de una lengua o de un modo particular de hablar de una persona, grupo, etc. **2.** Grupo de palabras que funcionan como una sola. Pueden equivaler a un adverbio (locución adverbial), preposición (preposicional), conjunción (conjuntiva), etc.

locuelo, la *adj. fam. dim.* de **loco**. Se dice afectuosamente de la persona atolondrada e irreflexiva, generalmente joven. También *s.*

locura *s. f.* **1.** Nombre popularmente aplicado a todos los trastornos de la mente y en especial a la pérdida del uso de la razón. **2.** Acción imprudente o insensata. **3.** Afecto, entusiasmo o interés muy grande. **4.** Cosa o situación exagerada, desproporcionada, fuera de lo normal. || **Loc. de locura** *adj.* y *adv.* Exagerado. También, extraordinario, muy bueno.

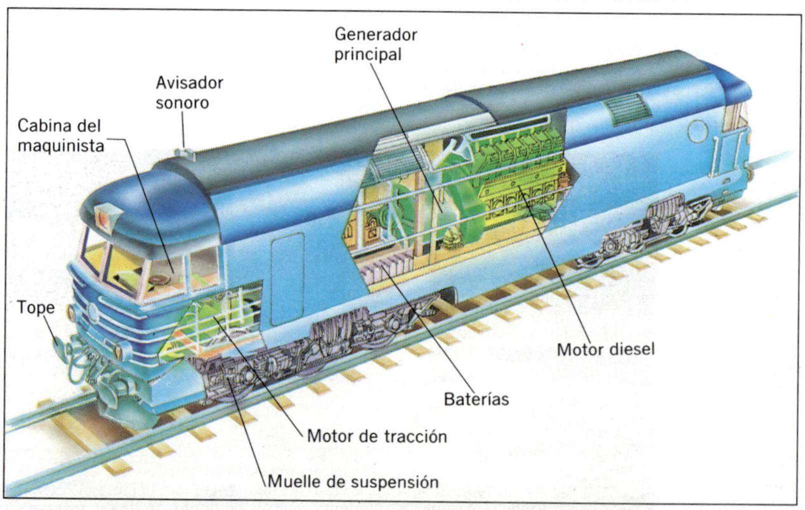

Locomotora de motor diesel.

locutor, ra *s. m.* y *f.* Persona cuya profesión consiste en hablar habitualmente por radio o televisión dando avisos, noticias, presentando programas, etc.

locutorio *s. m.* **1.** En ciertos establecimientos, como cárceles y conventos, habitación donde se reciben las visitas, generalmente dividida en dos partes para separar a los que hablan. **2.** Habitación o cabina individual en la que hay un teléfono público. **3.** En las emisoras de radio, estudio para realizar las audiciones.

lodazal *s. m.* Terreno lleno de lodo o barro.

loden (voz al.) *s. m.* **1.** Tejido grueso de lana que impide el paso del agua. **2.** Prenda, especialmente de abrigo, confeccionada con dicha tela.

lodo *s. m.* **1.** Barro, fango. **2.** Deshonra, mala reputación.

Lodoli, Carlo (Venecia 1690 - Padua 1761) Teórico de la arquitectura italiano. Representante de la arquitectura racional, trata de acomodar ésta a la función del edificio y a la naturaleza de los materiales empleados. Sus ideas fueron expuestas por Andrea Memmo en *Elementos de la arquitectura lodoliana* (1786).

lodoso, sa *adj.* Cubierto de lodo.

Lodz C. de Polonia, situada en el sector central del país, al SO de Varsovia. 851.500 h. en 1989. Es un importante nudo de comunicaciones y el primer centro de la industria textil del país. Cuenta asimismo con fabricación de maquinaria textil e industria cinematográfica.

loes o **loess** *s. m.* Material sedimentario de origen detrítico, procedente de los lodos subglaciares que se depositan en la morrena terminal, formado por una tierra amarillenta, de grano fino y sin estratificar, transportada por el viento y depositada en los periodos interglaciares en amplias regiones de Europa, Asia y América del Norte. Constituye una excelente tierra de labor agrícola.

Loewi, Otto (Frankfurt del Main 1873 - Nueva York 1961) Fisiólogo alemán. Catedrático de farmacología en la universidad de Graz (1909-38), por razones políticas emigró a Gran Bretaña y en 1940 a EE UU. En 1936 obtuvo el premio Nobel de medicina, compartido con Henry Hallet Dale, por sus investigaciones sobre la transmisión química de los impulsos nerviosos.

Lofoten Archipiélago del mar de Noruega, separado del litoral por el fiordo Vestfjord. Su extensión es de 1.423 km^2. Esta constituido por numerosas islas, eminentemente montañosas, cuyo principal recurso económico es la pesca de bacalao, merluza y arenque, así como las industrias de elaboración del pescado.

Logan Monte de Canadá, situado en la Cordillera Costera, perteneciente a las Montañas Rocosas, cerca de la frontera con Alaska. Es el pico más elevado del país, con 6.050 m de altitud.

Logan, Joshua (Texarcana, Texas 1908 - Nueva York 1988) Director de cine estadounidense. Hombre de teatro, obtuvo éxitos en Broadway como actor, dramaturgo y productor. Rodó principalmente películas de trama amorosa y comedias musicales. Entre sus títulos destacan *Picnic* (1955), *Bus stop* (1956), *Sayonara* (1957), *South Pacific* (1958), *Camelot* (1967) y *La leyenda de la ciudad sin nombre* (*Paint your wagon*, 1969).

logaritmo *s. m.* Exponente al que hay que elevar un número o base positiva para obtener un número dado. Se denomina logaritmo en base *a* de un número *n* al exponente al que hay que elevar la base *a* para obtener el número *n*:

$$\log_a n = x \Leftrightarrow a^x = n$$

Los logaritmos están formados por una parte entera, llamada *característica*, y una decimal, llamada *mantisa*. Suelen clasificarse en varios tipos, dependiendo de la base: cuando ésta es igual a 10, los logaritmos se denominan *comunes* o *decimales*; si la base es el número *e* (2,71828), se denominan *naturales* o *neperianos*. Las propiedades de los logaritmos son:

$$\log_b (M \cdot N) = \log_b M + \log_b N$$
$$\log_b (M : N) = \log_b M - \log_b N$$
$$\log_b (B^x) = x \cdot \log_b B$$

Fam. Logarítmico.

logia *s. f.* **1.** Lugar o local donde se reúne una agrupación de masones. **2.** Esta misma agrupación.

-logía *suf.* Significa 'ciencia, doctrina, tratado': *filología, biología, antropología.*

lógica *s. f.* **1.** Ciencia que estudia la estructura y validez de los argumentos. **2.** Orden, método de disponer las ideas o las cosas de forma que no haya contradicciones entre ellas. **3.** Sentido común, razonamiento. **4.** Cualidad de lógico o razonable.

Fil. Existen dos tipos fundamentales de lógicas: la lógica material, llamada también *clásica* o *tradicional*, y la lógica formal, llamada también *simbólica, moderna* o *matemática.*

La **lógica material** se caracteriza por utilizar símbolos interpretados o palabras, es decir, el lenguaje cotidiano. Aristóteles, en una serie de escritos que en su conjunto reciben el nombre de *Organon* (instrumento), expuso la teoría del silogismo en la que establece sistemáticamente sus principios fundamentales, así como los procedimientos lógicos más importantes. Los estoicos y luego los filósofos medievales contribuyeron a completar algunos aspectos de la lógica aristotélica. En la Edad Moderna se comenzó a señalar las deficiencias de una lógica que utiliza el lenguaje natural y se planteó la necesidad de sustituirla, al menos en el campo de la ciencia, por una lógica más precisa. Ramón Llull y Leibniz apuntaron tal necesidad.

La **lógica formal** se caracteriza por la utilización de símbolos no interpretados, que no se corresponden con las palabras del lenguaje ordinario. Surgió en el s. XIX con George Boole y Gottlob Frege, aunque la obra decisiva, los *Principia mathematica*, fue escrita entre 1910 y 1913 por Bertrand Russell y Alfred Whitehead. En ella se sostiene que, cualquiera que sea el contenido dado a los símbolos no interpretados, si se respetan las leyes o reglas por las que se combinan las proposiciones, la argumentación es válida, pues la validez de un argumento depende del tipo de conexión que se realice en el mismo y no de su contenido.

logical *s. m.* Término utilizado para referirse al conjunto de programas que hacen funcionar un ordenador, equivalente al inglés *software.* En español, es más recomendable emplear los términos *soporte lógico* o *programas.*

lógicamente *adv. m.* De forma lógica y racional.

lógico, ca *adj.* **1.** Perteneciente o relativo a la lógica. **2.** Razonable. **3.** Normal, tal como corresponde que sea o suceda. **4.** Se aplica a la persona experta en lógica. También *s.* **Fam.** Lógicamente.

logística *s. f.* **1.** Parte de la ciencia militar que se ocupa de la disposición, traslado, aprovisionamiento, etc., de las tropas en el campo de batalla. **2.** Lógica formal o matemática. **3.** Modo en que se organiza o estructura algo. **Fam.** Logístico.

-logo, ga *suf.* Significa 'especializado, entendido': *sociólogo, geólogo, enólogo.*

logogrifo *s. m.* Juego que consiste en adivinar una palabra partiendo de otras palabras con las que tiene sílabas o letras en común. **Fam.** Logogrífico.

logomaquia *s. f.* Discusión puramente verbal, en la que no se atiende a lo esencial de la cuestión.

logopatía *s. f.* Nombre genérico de las alteraciones del lenguaje que dificultan las posibilidades de expresión interpersonal e implica una deficiencia permanente o no de la habilidad lingüística.

logopeda *adj.* Especialista en logopedia. También *s.*

logopedia *s. f.* Reeducación y tratamiento de los trastornos del lenguaje, especialmente oral.

logos (voz gr.) *s. m.* **1.** Término con el que los antiguos griegos designaban diversas cosas relacionadas con la razón, el principio, la inteligencia y la palabra. En filosofía, se ha entendido por logos el discurso inteligible, al mismo tiempo que la razón universal de esa inteligibilidad. **2.** Según la teología cristiana, segunda persona de la Santísima Trinidad.

logotipo *s. m.* **1.** Símbolo o emblema formado por letras, abreviaturas, imágenes, etc., que representa a una sociedad, empresa, acontecimiento, etc. **2.** Conjunto de dos o más letras fundidas en una misma matriz tipográfica.

logrado, da **1.** *p. p.* de **lograr**. También *adj.* || *adj.* **2.** Bien hecho.

lograr *v. tr.* **1.** Conseguir. || *v. prnl.* **2.** Desarrollarse plenamente.

logrero, ra *s. m.* y *f.* **1.** Usurero. **2.** Persona que explota a las demás en su propio beneficio.

logro *s. m.* **1.** Acción y efecto de lograr. **2.** Éxito. **3.** Lucro, ganancia.

logroñés, sa *adj.* De Logroño. También *s.*

Logroño **1.** Antiguo nombre de la prov. española de La Rioja.
2. C. de España, cap. de la prov. y comunidad autónoma de La Rioja, situada en el N de la misma, en la confluencia de los ríos Iregua y Ebro. 121.100 h. en 1991. Enclavada en una rica zona agrícola y vinícola, es un importante centro comercial y administrativo, que posee industria alimentaria.

Logroño: vista de la catedral.

Loira (*Loire*) Río de Francia. 1.020 km de longitud. Nace en el monte Gerbier de Jonc y recorre el Macizo Central, la cuenca parisiense y el Macizo Armoricano, hasta desembocar en el Atlántico formando un gran estuario. Su cuenca, de 115.000 km^2, representa casi una quinta parte del territorio francés. Sus principales afluentes son el Allier, Cher, Indre, Vienne y Sarthe. Pasa por Orleans, Tours y Nantes, desde donde es navegable, y desemboca en Saint Nazaire. En sus orillas existen numerosos castillos de los s. XV y XVI, que constituyen una importante atracción turística.

Loira, País del (*Pays-de-la-Loire*) Región de Francia, situada en torno al curso bajo del río Loira, a orillas del Atlántico. 32.082 km^2. 3.058.000 h. en 1990. Comprende los departamentos de Loire-Atlantique, Maine-et-Loire, Mayenne, Sarthe y Vendée. La capital es Nantes, con 245.000 h. en 1990, 558.800 en su área metropolitana en 1982. De relieve llano, es una fértil región agrícola, con cultivos de cereales, legumbres, frutas y hortalizas: cuenta también con ganadería bovina y aviar, pesca e industria naval, siderúrgica, automovilística, aeronáutica y electrónica.

loísmo *s. m.* Uso de los pronombres masculinos de complemento directo *lo, los,* como complemento indirecto, cuando deberían utilizarse *le, les*; p. ej., en la oración *lo pegó un puñetazo.* **Fam.** Loísta.

Loisy, Alfred (Ambrières, Marne 1857 - Ceffonds, Haute-Marne 1940) Sacerdote, orientalista y exégeta francés. Constituye una de las figuras principales del movimiento modernista. Fue profesor del Instituto Católico de París y de la Sorbona. Interpretó con un sentido racionalista e historicista los dogmas cristianos. Fue excomulgado en 1908. Su obra más divulgada fue *El Evangelio y la Iglesia* (1902).

Loja C. de España, situada en la prov. de Granada. 21.300 h. en 1990. Bañada por el río Genil, se encuentra enclavada en una vega muy fértil. Tiene una rica agricultura e industrias alimentarias.

Loja **1.** Prov. de Ecuador, situada en el S del país, en la frontera con Perú. 11.472 km^2. 421.000 h. en 1989. Es una provincia montañosa, enclavada

en los Andes. Tiene una economía agropecuaria, con cultivos de caña de azúcar, café y frutos tropicales y ganadería bovina. Cuenta también con yacimientos de cobre y oro.
2. C. del Ecuador, cap. de la prov. homónima. 103.200 h. en 1989. Es el principal centro mercantil de la región y posee industria textil.

Lollobrigida, Gina (Subiaco 1927) Actriz cinematográfica italiana. Consolidó su prestigio como actriz con los filmes *Fanfán el invencible* (*Fanfan la Tulipe*, 1952) y *Mujeres soñadas* (*Les belles de nuit*, 1952). Entre sus películas destacan *Pan, amor y fantasía* (1954), *La romana* (1954), *Trapecio* (1956), *Desnuda frente al mundo* (1960) y *Buona sera, señora Campbell* (1968). En los años sesenta se dedicó con éxito a realizar reportajes fotográficos.

loma *s. f.* Pequeña elevación del terreno en forma alargada.

Lomas de Zamora C. de Argentina, situada al S de Buenos Aires. 508.600 h. en 1980. Posee industria eléctrica, química y de cemento.

Lombard, Carole (Fort Wayne, Indiana 1909 - Las Vegas, Nevada 1942) Actriz cinematográfica estadounidense. Excelente intérprete de comedias, también triunfó en el melodrama. Entre sus filmes merecen citarse *Casada por azar* (*No man of her own*, 1932), *La comedia de la vida* (*Twentieth Century*, 1934), *Comenzó en el Trópico* (*Swing high, swing low*, 1937), *Dos mujeres y un amor* (*In name only*, 1939), *Matrimonio original* (*Mr. and Mrs. Smith*, 1941) y *Ser o no ser* (1942).

Lombardía Región de Italia, situada en el N del país. 23.856 km^2. 8.912.000 h. en 1990. La capital es Milán, primer centro financiero del país, con 1.449.400 h. en 1990. Comprende las provincias de Bérgamo, Brescia, Como, Cremona, Mantua, Milán, Pavía, Sondrio y Varese. Es una región montañosa al N, donde se alzan los Alpes, en cuyas estribaciones se hallan los grandes lagos Mayor, Lugano, Como, Iseo y Garda; en su sector meridional se extiende una fértil llanura, regada por el río Po y sus afluentes Mincio, Ticino, Adda y Oglio. Cuenta con una rica agricultura, que produce trigo, maíz, arroz, patatas, frutas, remolacha y forraje, y con ganadería bovina. Pero la mayor importancia económica corresponde a la industria, que está muy diversificada: material ferroviario, automóviles, motores, aparatos eléctricos, siderurgia, productos químicos, electrodomésticos, textil y alimentaria, electrónica, editorial, moda y diseño.

lombardo, da *adj.* **1.** De Lombardía. También *s.* **2.** Se aplica a un pueblo de origen germánico que, en la Alta Edad Media, constituyó un reino en el N de Italia. El pueblo lombardo penetró a principios del s. VI en el alto Danubio, donde combatió a los gépidos en alianza con Bizancio. A fines de siglo, dirigido por su rey Alboíno y ante la presión del pueblo de los ávaros, pasó al N de Italia, donde constituyó un reino con capital en Pavía. A principios del s. VIII, su rey Liutprando intentó la conquista de las posesiones de la Iglesia romana; los papas llamaron en su auxilio a los carolingios, Pipino el Breve en el 754 y 756 y posteriormente a Carlomagno en el 774, que destruyeron el reino, del que únicamente pervivieron los ducados de Spoletó y Benevento. **3.** De este pueblo. También *s.* **4.** Se aplica al toro o vaca de color castaño, con el lomo más claro que el resto del cuerpo. ‖ *s. f.* **5.** Variedad de col, de color morado. **6.** Bombarda*, máquina de guerra.

Lombardo, Pedro (Novara h. 1100 - París 1160) Teólogo y filósofo lombardo. Fue maestro de teología en la universidad de París, donde fue nombrado obispo un año antes de su muerte. Su obra filosófica y teológica es de escasa originalidad, pero sus *Cuatro libros de sentencias*, llamados también *Suma de sentencias*, recopilan gran cantidad de textos de los Santos Padres de la Iglesia y ejercieron una enorme influencia en el pensamiento medieval.

Lombardo Toledano, Vicente (Tezintlan, Puebla 1894 - México 1969) Político y dirigente sindical mexicano. Fue el principal promotor de la Confederación Obrera y Campesina de México en 1933 y de la Confederación de Trabajadores de México (CTM), organización que presidió hasta 1946. En 1948 fundó el Partido Popular Socialista, por el que fue diputado.

lombriz *s. f.* **1.** Nombre común de diversos anélidos oligoquetos de la familia lumbrícidos,

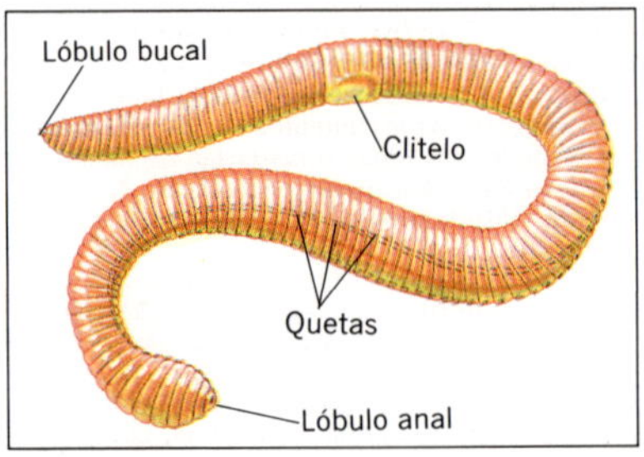

Lombriz de tierra (Lumbricus terrestris), *donde se observan las quetas y el clitelo; este último segrega la sustancia mucilaginosa que forma el capullo.*

cuyos principales géneros son *Lumbricus*, *Octalasium*, *Allolobophora* y *Eisenia*. Son gusanos segmentados de simetría bilateral, su cuerpo está cubierto de una cutícula elástica, su respiración es cutánea, son hermafroditas y tienen desarrollo simple. Viven en suelos húmedos, alimentándose de los principios orgánicos presentes en la tierra y son beneficiosos para la agricultura. La especie más común es la lombriz de tierra *(Lumbricus terrestris)*. ‖ **2. lombriz blanca** (o **de los niños**) Gusano nematodo de la familia oxiúridos, especie *Enterobius vermicularis*. Puede alcanzar hasta 1 cm de longitud y es parásito del intestino humano. **3. lombriz intestinal** Gusano nematodo de la familia ascáridos, especie *Ascaris lumbricoides*. Es parásito del aparato digestivo del hombre y los vertebrados, instalándose en el intestino delgado, donde alcanza hasta 15 cm de longitud y se reproduce en grandes cantidades.

Lombroso, Cesare (Verona 1835 - Turín 1909) Psiquiatra y penalista italiano. Fue profesor en las universidades de Pavía y de Turín y dirigió el hospital psiquiátrico de Pesaro. Considerado como uno de los más destacados especialistas en antropología criminal, afirmó que el criminal es un enfermo, fruto de una degeneración biológica, y que su delito no es un acto consciente y libre. Sus teorías han levantado fuertes polémicas y en muchos casos han sido rechazadas. Algunas de sus obras más importantes son *El genio y la locura* (1864), *El hombre delincuente* (1876) y *El crimen, causas y remedios* (1900).

Lomé C. de Togo, cap. del país, situada en el golfo de Guinea, junto a la frontera con Ghana. 366.500 h. en 1983. Es un centro portuario, administrativo y comercial, que cuenta con industria cervecera, textil y cementera.

lomera *s. f.* **1.** Caballete de un tejado. **2.** Trozo de cuero, tela u otro material que se pone en el lomo de los libros al encuadernarlos. **3.** Correa que se pone en el lomo de las caballerías para mantener sujetos o tirantes los arreos.

lomo *s. m.* **1.** Parte superior del cuerpo de los animales, especialmente de los cuadrúpedos, que comprende desde el cuello a las ancas. **2.** *fam.* Parte inferior y central de la espalda del hombre. Se usa mucho en *pl.* **3.** Carne despiezada y preparada para el consumo correspondiente a dicha parte del animal; si no se especifica, se entiende de cerdo. **4.** Esta carne metida en tripa de cerdo. **5.** Parte del libro opuesta al corte de las hojas, por donde se cosen o pegan los pliegos. **6.** Doblez de un pliego de papel, de una pieza de tela o de cualquier otra cosa semejante. **7.** Parte que sobresale entre dos vertientes de cualquier cosa. **8.** Tierra que queda levantada entre los dos surcos que forma el arado al pasar. **9.** Parte opuesta al filo en los instrumentos cortantes. ‖ **10. cinta de lomo** Pieza de carne de cerdo, larga y redondeada, que se obtiene del espinazo de este animal y generalmente se adoba. **11. lomo embuchado** El que está embutido o metido en una tripa de cerdo y se consume como fiambre.

Lomonosov, Mijail Vasilievich (Michaninskaya 1711 - San Petersburgo 1765) Científico ruso. Poco conocido en Occidente, es considerado, sin embargo, como el padre de la ciencia rusa. Sus trabajos e investigaciones abarcan campos muy variados: en química anticipó conceptos como el principio de conservación de la materia; consideró el calor como una forma de movimiento y expuso una teoría ondulatoria de la luz; fue autor de la gramática rusa que reformó la lengua y de la primera historia de Rusia, y en 1755 participó en la creación de la universidad de Moscú. Desde 1948 su ciudad natal se llama *Lomonosov*.

Lon Nol (Kompong Leau 1913) Político y militar camboyano. Primer ministro en 1966-67 y en 1969, dirigió el golpe de Estado que derrocó al príncipe Norodom Sihanuk. Derrotado por la guerrilla comunista de los khmers rojos en 1975, se exilió a EE UU.

lona *s. f.* **1.** Tela gruesa y resistente de algodón u otro tejido con que se confeccionan toldos, velas, etc. **2.** P. ext., cubierta confeccionada con esta tela. **3.** En boxeo, lucha libre, etc., piso del cuadrilátero y, p. ext., cuadrilátero. ‖ **LOC. besar la lona** Caer un boxeador sin sentido al suelo.

loncha *s. f.* Trozo largo, ancho y de poco grosor que se separa o corta de alguna cosa, especialmente del jamón, embutido, etc.

lonche *s. m.* **1.** *amer.* Almuerzo ligero que se toma a mediodía. **2.** *amer.* Refrigerio, piscolabis.

lonchería *s. f. amer.* Restaurante, especialmente el que sirve lonches.

londinense *adj.* De Londres. También *s.*

London C. de Canadá, situada en la prov. de Ontario, a orillas del río Thames. 342.300 h. en 1986. Es un centro industrial con producción de maquinaria, material ferroviario, equipo eléctrico, muebles y productos alimentarios.

London, Jack (San Francisco 1876 - Glen Ellen, California 1916) Escritor estadounidense. Narrador de estilo ágil y directo, de carácter realista, exaltó en sus novelas y cuentos la fuerza y la bondad del estado natural del hombre, deteriorado por la civilización. Escribió relatos de aventuras inspirados en recuerdos personales, entre los que sobresalen *La llamada de la selva* (1903), *El lobo de mar* (1904), *Colmillo blanco* (1907) y *Martin Eden* (1909).

Londonderry (en gaélico *Dhoire*) C. del Reino Unido, en Irlanda del Norte, en el estuario del Foyle. 51.200 h. en 1981. Importante centro portuario, cuenta con industrias textiles y alimentarias. La ciudad ha sido y es aún en la actualidad escenario de violentos atentados y enfrentamientos entre católicos y protestantes, fundamentalmente por las acciones terroristas del IRA. En 1972 se produjo el «domingo sangriento», en que las tropas británicas dispararon contra una manifestación independentista causando numerosas víctimas.

Londres (*London*) C. del Reino Unido, cap. del país, situada en el SE de Inglaterra, junto al estuario del Támesis. 6.735.400 h. en 1988. Conoció su periodo de máximo florecimiento durante el s. XIX, cuando era la capital del imperio británico. Hoy día constituye una gran metrópoli, centro financiero, comercial y cultural, en la que el sector servicios tiene una importancia decisiva y ocupa a dos tercios de su población activa. Londres es también un núcleo industrial de gran peso en el conjunto de la actividad económica británica. La ciudad alcanza tales dimensiones que ha obligado a adoptar una política urbanística encaminada a descongestionarla, mediante la creación de ciudades nuevas (*new towns*) en su entorno, con la función de absorber parte de su crecimiento demográfico y económico. En 1963 se creó el condado urbano del Gran Londres, constituido por 32 barrios o ciudades. Posee un importante puerto fluvial y una industria muy diversificada: eléctrica, cementera, óptica, electrónica, automovilística, de maquinaria, textil, alimentaria, etc. Sus monumentos más característicos son la Torre de Londres (1078), la abadía de Westminster (s. XI, con ampliaciones de los s. XIII y XVIII), la catedral de San Pablo (s. XVII), el Parlamento (1840-50) y el Chrystal Palace (1851). Destacan los museos National Gallery, British Museum, Victoria and Albert Museum y Tate Gallery.
Hist. La ciudad fue fundada en el 43 a. C. por los romanos en una importante encrucijada de caminos. Dominada en el s. V por los invasores anglosajones, se convirtió en capital del reino de Essex y en sede episcopal en el s. VII. En el s. IX sufrió las segundas invasiones del pueblo normando y recibió una notable migración de colonos daneses que la convirtió en el primer centro urbano del país. La proximidad de la abadía de Westminster hizo que Londres se convirtiera en capital del reino de Inglaterra. En 1381 padeció las agitaciones sociales derivadas de la revuelta

de Wat Tyler y John Ball. En la guerra de los Cien Años, tras la derrota naval de La Rochelle, sufrió el asedio de la flota castellana. A mediados del s. XVII, en el curso de la guerra civil, se convirtió en cabeza del Partido Parlamentario de Oliver Cromwell y, después de la victoria de éste, en capital de la Commonwealth. En 1666, un incendio destruyó cuatro quintas partes de la ciudad; en su reconstrucción, realizada por Wren, se aplicaron medidas racionales para satisfacer las nuevas necesidades urbanísticas. El incremento del tráfico marítimo obligó a la ampliación de sus instalaciones portuarias. En 1888 se creó el condado de Londres. Durante la batalla de Inglaterra, en la Segunda Guerra Mundial, fue bombardeada por la aviación alemana. En la actualidad se ha preservado la integridad de la *city*, o núcleo histórico.

Londrina C. de Brasil, situada en el estado de Paraná, cerca del río Tibagi. 377.300 h. en 1989. Cuenta con industrias alimentarias, textiles y destilerías.

loneta *s. f.* Tejido similar a la lona pero menos grueso que ésta.

long play (expr. ingl.) *s. m.* Disco musical de larga duración grabado normalmente a 33 revoluciones por minuto.

Long Island Isla de EE UU, situada en la costa atlántica, que forma parte de la conurbación de Nueva York. Su sector SO constituye un área residencial, donde se hallan los barrios de Brooklyn y Queens.

longanimidad *s. f.* Ánimo y serenidad para soportar desgracias y dificultades.

longánimo, ma *adj.* Que tiene o muestra longanimidad.

longaniza *s. f.* Nombre dado a diferentes embutidos de carne de cerdo picada y adobada, de forma larga y delgada.

Long-Beach C. de EE UU, situada en el estado de California, junto al océano Pacífico, en el área metropolitana de Los Ángeles. 396.300 h. en 1986. Es un centro industrial aeronáutico, automovilístico y de derivados del petróleo y un importante puerto marítimo. Sus playas constituyen una gran atracción para el turismo.

longevidad *s. f.* Cualidad de longevo.

longevo, va *adj.* **1.** Que vive mucho tiempo. **2.** De avanzada edad.

Longfellow, Henry Wadsworth (Portland, Maine 1807 - Cambridge, Maryland 1882) Poeta estadounidense. Fue uno de los autores más laureados de su época. Su obra poética, de tono lírico y sosegado, comprende entre otros títulos *Las voces de la noche* (1839), *Baladas y otros poemas* (1841), *Hiawatha* (1855), donde recopila antiguas leyendas indias, *La petición de mano de Miles Standish* (1858) y *En el puerto* (1882). También escribió *Cuentos de una hostería* (1863), que recuerda a los *Cuentos de Canterbury*, de Chaucer. Tradujo al inglés la *Divina comedia* y las *Coplas* de Jorge Manrique.

Longhena, Baldassare (Venecia 1598 - íd. 1682) Arquitecto italiano. Principal representante del barroco veneciano, su obra se caracteriza por la riqueza decorativa y la armonía de volúmenes. Destacan en ella la iglesia de *Santa Maria della Salute* (1631) y los palacios *Rezzonico* (1650) y *Pesaro* (1660).

Longhi, Pietro Falca, llamado **Pietro** (Venecia 1702 - íd. 1785) Pintor italiano. Discípulo de Giuseppe Maria Crespi en Bolonia, fue el pintor costumbrista de Venecia. Plasmó en pequeños cuadros la vida cotidiana de la ciudad. Algunos de los más conocidos son *Lección de baile*, *El embajador negro*, *Máscaras venecianas*, *La exhibición del rinoceronte* y *El concierto*.

longitud *s. f.* **1.** La mayor de las dimensiones en una superficie o en cualquier cuerpo plano. **2.** Distancia angular que existe desde un punto cualquiera de la superficie terrestre hasta el meridiano de Greenwich, que representa el valor 0°. La longitud forma junto con la latitud el sistema de coordenadas geográficas y se mide en grados, minutos y segundos. Existe longitud E a oriente del meridiano 0° y longitud O a occidente del mismo y sus valores van de 0° a 180° E u O. Cada 15° de la esfera terrestre se encuentra un meridiano, que constituye a su vez un huso horario. ‖ **3. longitud de onda** En el movimiento ondulatorio periódico, mínima distancia que separa dos puntos que se encuentran en el mismo estado de vibración. **4. longitud de un arco de circunferencia** En mat., magnitud que, representada por *l*, corresponde a la fórmula $l=\frac{\pi \cdot r \cdot a}{180}$, en la que π es igual a 3,14159, *a* es el ángulo central de apertura del arco y *r* el radio de la circunferencia. **5. longitud de un segmento** En mat., distancia que media entre los extremos del segmento. **6. longitud de una circunferencia** En mat., magnitud que, representada por *l*, se calcula mediante la fórmula $l=2\cdot\pi\cdot r$, en la que π y *r* representan los mismos valores que en el caso anterior.

longitudinal *adj.* **1.** Perteneciente o relativo a la longitud. **2.** En esta dirección, a lo largo de algo. **FAM.** Longitudinalmente.

Longo (¿Lesbos? s. II o III) Escritor griego. Nada se sabe de su vida, aunque se le supone natural de Lesbos, donde se desarrolla su novela pastoril *Dafnis y Cloe*.

longobardo, da *adj.* Lombardo, pueblo germánico.

longui (o **longuis**), **hacerse el** *loc. fam.* Hacerse el distraído, disimular.

lonja[1] (del fr. *longe*, correa) *s. f.* **1.** Loncha, especialmente de un alimento, embutido, etc. **2.** *Arg., Chile, Urug.* Correa del látigo y, p. ext., látigo.

lonja[2] (del cat. dial. *llonja*) *s. f.* **1.** Edificio público donde se realizan operaciones comerciales, especialmente de venta de mercancías al por mayor. **2.** Atrio, generalmente levantado del suelo, a que suelen dar las puertas de algunos edificios, en especial los religiosos.

lonjazo *s. m. Arg., Chile, Urug.* Latigazo.

lonjear *v. tr.* **1.** *Amér. del S.* Cortar en lonjas. **2.** *Arg., Chile, Urug.* Azotar con lonja.

lontananza *s. f.* **1.** Lejanía*. **2.** Fondo de un cuadro, sección más alejada del plano principal. ‖ **LOC. en lontananza** *adv.* A lo lejos.

look (voz ingl.) *s. m.* **1.** Aspecto exterior de una persona o cosa. ‖ **2. new look** Nueva imagen de alguien o algo.

looping (voz ingl. que significa 'rizando') *s. m.* **1.** Acrobacia aérea que consiste en dar una vuelta completa en vertical. **2.** P. ext., cualquier otro ejercicio acrobático semejante ejecutado con un vehículo.

loor *s. m.* Alabanza*.

Loos, Adolf (Brünn 1870 - Kalksburg, Viena 1933) Arquitecto austriaco. Fue partidario de una arquitectura funcional, de volúmenes geométricos y despojada del recargo ornamental propio del modernismo. Ha ejercido gran influencia en los arquitectos del s. XX. Entre sus construcciones más significativas cabe citar el café *Museum* (1906) y las casas *Steiner* y *Michaelerplatz* (1910), todas ellas en Viena.

Lope de Rueda Véase **Rueda, Lope de.**

Lope de Vega, Félix Véase **Vega, Félix Lope de.**

Lopes, Francisco Higino Craveiro (Lisboa 1894 - íd. 1964) Político y militar portugués. General de división, fue gobernador de la India portuguesa y presidente de la república (1951-58).

lopesco, ca *adj.* Propio y característico del escritor Lope de Vega o que tiene semejanza con sus cualidades como autor.

López, Carlos Antonio (Asunción 1792 - íd. 1862) Político paraguayo. Cónsul junto con Mariano Roque (1841-44), fue nombrado en 1844 presidente de la república, cargo en el que permaneció hasta su muerte. Promulgó una nueva Constitución e implantó un régimen autoritario. Consiguió que Argentina, EE UU, Reino Unido y Francia reconocieran la independencia del Paraguay. Nombró sucesor a su hijo Francisco Solano López.

López, Francisco Solano (Asunción 1827 - Cerro Corá 1870) Militar y político paraguayo. Hijo del dictador Carlos Antonio López, sucedió a su padre en 1862 como presidente de la república. Su política de expansión le creó frecuentes problemas con los países vecinos, hasta que en 1865 Brasil, Argentina y Uruguay formaron la Triple Alianza y declararon la guerra a Paraguay. En 1869 Asunción cayó en poder de los aliados y poco después López fue vencido y muerto por el ejército brasileño.

López, José Hilario (Popayán 1798 - Neiva 1869) Militar y político colombiano. Después de luchar en la guerra de independencia, se alzó contra Bolívar en 1828, en defensa de la Constitución de 1821. Llegó a la presidencia en 1849 como representante del Partido Liberal. Durante su gobierno se expulsó de Colombia a los jesuitas, se abolió la pena de muerte por delitos políticos y la esclavitud y se implantó el sufragio universal y la enseñanza obligatoria gratuita.

López, Vicente (Valencia 1772 - Madrid 1850) Pintor español. Artista de estilo neoclásico, fue discípulo de Maella y recibió la influencia de Mengs. Fernando VII le nombró pintor de Corte, en la que realizó diversos retratos de la familia real. Sus obras más conocidas son el retrato de *Francisco de Goya* (1826) y la bóveda del salón de Carlos III, en el Palacio Real de Madrid (1828).

López Arellano, Osvaldo (Danli 1921) Militar y político hondureño. Tras el golpe de Estado que derribó a Villeda Morales (1963), fue jefe de la junta militar que gobernó Honduras (1963-1965). Ejerció una sangrienta represión y la Asamblea Nacional le nombró presidente de la república (1965-71).

López Cobos, Jesús (Toro, Zamora 1940) Director de orquesta español. Entre 1972 y 1983 fue director estable del Teatro de la Ópera de Berlín y director asociado de la Filarmónica de Londres y de la Filarmónica de Los Ángeles. Director titular de la Orquesta Nacional de España (1984-86), en 1986 fue nombrado director artístico de la Orquesta Filarmónica de Cincinnati (EE UU).

López Contreras, Eleazar (Queniquea, Táchira 1883 - Caracas 1973) Militar y político venezolano. Ministro de la Guerra durante la presidencia de Juan Vicente Gómez, a la muerte de éste fue designado presidente provisional (1935) y al año siguiente fue ratificado en su cargo, en el que promulgó la Constitución de 1936. Se mantuvo en la presidencia hasta 1941. La sublevación de 1945 le obligó a exiliarse a EE UU.

López de Ayala, Adelardo (Guadalcanal, Sevilla 1828 - Madrid 1879) Dramaturgo y político español. Fue ministro de Ultramar en cuatro ocasiones (1868, 1871, 1872 y 1875) y presidente del congreso (1878-79). Redactó el manifiesto li-

Londres: vista del Tower Bridge sobre el Támesis.

beral de la revolución de 1868, que derribó a Isabel II. En su actividad literaria, tras un periodo en que escribió dramas históricos, como *Un hombre de Estado* (1851), siguió otro en que creó la llamada *alta comedia*, centrada en la burguesía y de tendencia moralizadora, en la que sobresalen los títulos *El tejado de vidrio* (1856), *El tanto por ciento* (1861), *El nuevo don Juan* (1863) y *Consuelo* (1878).

López de Ayala, Pedro (Vitoria 1332 - Calahorra, La Rioja 1407) Escritor y político español, conocido como el canciller Ayala. Participó en la guerra civil castellana, primero a favor del rey Pedro I y posteriormente de Enrique II de Trastámara. Fue canciller y consejero del rey Juan II. Escribió el *Rimado de Palacio*, obra didáctico-moral, última manifestación del mester de clerecía, pero sobre todo es célebre por las *Crónicas* de los reinados de Pedro I, Enrique II, Juan I y Enrique III, documento histórico fundamental para el estudio del s. XIV en Castilla, escrito en estilo vigoroso y elegante.

López de Gómara, Francisco (Gómara, Soria 1511 - íd. h. 1566) Historiador de Indias español. Fue capellán de Hernán Cortés, aunque nunca lo acompañó en sus viajes al Nuevo Mundo. Escribió, entre otros libros, una *Historia general de las Indias y conquista de México* (1552), basada en los datos facilitados por Cortés y donde se hace un elogio desmedido del conquistador extremeño.

López de Mendoza, Íñigo Véase **Santillana, marqués de**.

López de Romaña, Eduardo (Arequipa 1847 - ? 1912) Político peruano. Ingeniero y líder del Partido Civilista, a la caída del dictador Piérola fue elegido presidente de la república (1899-1903). Medió en la pugna entre demócratas y civilistas, promulgó el código de comercio (1902) e hizo frente a conflictos con Bolivia y Chile.

López de Santa Anna, Antonio Véase **Santa Anna, Antonio López de**.

López de Úbeda, Francisco (Toledo s. XVI-XVII) Escritor español. Licenciado en medicina por la universidad de Alcalá de Henares, alcanzó fama con su *Libro de entretenimiento de la pícara Justina* (1605), en que por vez primera una mujer protagoniza una novela picaresca.

López de Zúñiga y Velasco, conde de Nieva, Diego (? - Lima 1564) Administrador colonial español. Nombrado virrey de Perú (1561), reorganizó las encomiendas y fundó Arnedo e Ica. Apareció muerto en una calle de Lima y las autoridades no investigaron el caso.

López García, Antonio (Tomelloso, Ciudad Real 1936) Pintor español. Es el principal representante del hiperrealismo español. Entre sus obras destacan *Figuras de una casa* (1967), *Gran alacena* (1983) y numerosos paisajes urbanos.

Antonio López García: La Gran Vía madrileña.

López Gutiérrez, Rafael (? 1854 - ? 1924) Político y militar hondureño. En 1919 llegó a la presidencia a la caída de Bertrand. Al terminar su mandato se proclamó dictador (1924), pero fue derrocado.

López Ibor, Juan José (Sollana, Valencia 1908 - Madrid 1991) Médico psiquiatra español. Fue catedrático de psiquiatría, psicología y medicina legal en la universidad de Madrid. Realizó una revisión del psicoanálisis desde una perspectiva católica, abierta a un humanismo integral. Entre sus ensayos sobresalen *La agonía del psicoanálisis* (1951), *Lecciones de psicología médica* (1955-57), *El libro de la vida sexual* (1966) y *Neurosis* (1977).

López Mateos, Adolfo (Atizapán de Zaragoza 1910 - Ciudad de México 1969) Político mexicano. Fue secretario del Partido Revolucionario Institucional y secretario de Trabajo y Previsión Social (1952-57) durante la presidencia de Ruiz Cortines. Alcanzó en 1958 la presidencia de la república, cargo desde el que promovió una política económica de corte liberal y firmó un acuerdo de límites con EE UU.

López Michelsen, Alfonso (Bogotá 1913) Político colombiano. Hijo del presidente Alfonso López Pumarejo; en 1958, tras un periodo de exilio en México, fundó el Movimiento Revolucionario Liberal. Como presidente de la nación (1974-78), intentó controlar la crisis económica mediante medidas financieras y fiscales que produjeron un clima de malestar social.

López Portillo, José (México 1920) Político mexicano. Después de ocupar varios puestos en la administración, fue nombrado ministro de Hacienda (1973-75) durante el mandato de Echevarría. Presidente de la república (1976-82), inició la gran expansión de la actividad petrolera mexicana, lo que permitió un fuerte despegue industrial del país, pero en sus últimos años de mandato se produjeron aumentos de la inflación y del desempleo, así como un grave crecimiento de la deuda externa, que deterioraron la situación económica del país. En 1982 nacionalizó la banca.

López Pumarejo, Alfonso (Honda 1886 - Londres 1959) Político colombiano. Fundó en 1918 el Banco Mercantil Americano de Colombia y la Compañía Mercantil de Ultramar. Elegido presidente de la nación (1934-38), en 1936 promulgó una nueva Constitución, de carácter liberal. En 1942, a pesar de una fuerte oposición en el congreso, resultó elegido nuevamente presidente. En 1945 dimitió, tras sufrir un intento de golpe de Estado.

López Vázquez, José Luis (Madrid 1922) Actor español. Ha protagonizado películas como *El jardín de las delicias* (1970), *Mi querida señorita* (1972), *La prima Angélica* (1973), *Habla mudita* (1973), *La escopeta nacional* (1979) y *La colmena* (1982).

López Velarde, Ramón (Jerez, Zacatecas 1888 - Ciudad de México 1921) Poeta mexicano. Es considerado el gran escritor de la Revolución. Su lírica, de estilo personal, presenta rasgos modernistas y en ocasiones una gran complejidad. Merecen citarse sus obras *La sangre devota* (1916), *Zozobra* (1919) y *El minutero* (1923).

loquear *v. intr.* **1.** Cometer locuras. **2.** Divertirse de forma desordenada y armando mucho jaleo.

loquero, ra *s. m.* y *f.* **1.** Persona que cuida de los locos. ‖ *s. m.* **2.** *fam.* Manicomio. ‖ *s. f.* **3.** *amer.* Locura, trastorno mental.

lora *s. f. Amér. del S.* Hembra del loro.

Lora del Río C. de España, en la prov. de Sevilla. 19.500 h. en 1990. Centro de una rica comarca agrícola, cuenta con industria alimentaria.

loran o **lorán** *s. m.* Sistema de navegación para barcos y aviones, basado en la emisión por radio de impulsos sincronizados que se transmiten a la vez por estaciones muy alejadas entre sí. Se caracteriza por su largo alcance y permite al piloto situar la nave en su carta de navegación en sólo un instante.

Lorca C. de España, en la prov. de Murcia, al SO de la capital, a orillas del río Guadalentín o Sangonera. 67.300 h. en 1990. Es un importante mercado agrícola, que posee además industria del cuero, cementera y alimentaria. Fundada en época romana, fue un activo municipio durante el reinado visigodo, la dominación árabe y tras la Reconquista. Alcanzó gran prosperidad a fines del s. XIX.

lord (voz ingl.) *s. m.* **1.** En el Reino Unido, título dado a los miembros de la nobleza. También reciben este tratamiento los arzobispos y algunos altos cargos. **2.** Miembro de la Cámara de los Lores. ‖ **3. lord Canciller** Presidente de la Cámara de los Lores. **4. lord Mayor** Alcalde de Londres.

lordosis *s. f.* Alteración de la curvatura normal de la columna vertebral.

Loredan Noble familia veneciana, conocida desde el s. XI y que alcanzó su máximo esplendor en los s. XV y XVI. Entre sus miembros más sobresalientes figuran **Pietro** (? - Venecia 1439), almirante vencedor de los turcos (1415) y posteriormente jefe supremo de las fuerzas venecianas; **Paolo** (s. XV), que obligó a abdicar a su enemigo el dux Francesco Foscari (1457); **Leonardo** (Venecia 1438 - íd. 1521), dux de Venecia (1501-21), que se enfrentó a la liga de Cambrai y fue derrotado en Agnadel (1509), pero terminó aliándose con Francia (1513); **Pietro** (Venecia 1481 - íd. 1570), dux de Venecia (1567-70), y **Francesco** (? - ? 1762), dux de Venecia (1752-62).

Loren, Sofia (Roma 1934) Actriz italiana. Debutó en el cine en 1949 y llegó a convertirse en una de las actrices más características de la cinematografía italiana. Demostró su talento, tanto cómico como dramático, en películas como *Pan, amor y...* (1955), *Dos mujeres* (*La ciociara*, 1960), *El pistolero de Cheyenne* (*Heller in Pink Tights*, 1960), *Los girasoles* (1970) y *Una jornada particular* (1977).

Lorena (*Lorraine*) Región de Francia, situada en el NE del país. 23.547 km². 2.303.700 h. en 1990. La capital es Nancy, con 307.000 h. en 1982 en su área metropolitana. Comprende los departamentos de Meurthe-et-Moselle, Meuse, Moselle y Vosges. La región está bordeada por el macizo renano y el de los Vosgos y recorrida por los ríos Mosa y Mosela. Posee cultivos de cebada, trigo, alfalfa, huerta y frutales y cuenta con ganadería bovina, pero sus principales recursos económicos son minerales, con yacimientos de hierro, hulla y sosa, así como industriales, con producción automovilística, mecánica, cauchera, petroquímica, química y textil. Perteneció a Alemania entre 1871 y 1919.

Lorena, Claude Gellèe, llamado **Claudio de** (Chamagne 1600 - Roma 1682) Pintor francés. Su obra paisajística, dentro del clasicismo francés, se caracteriza por el tratamiento de la luz y los planos superpuestos de arquitecturas clásicas, que transmiten una imagen serena y reposada de la naturaleza y de los paisajes urbanos y marinos. En ella sobresalen *Embarque de Santa Úrsula* (1648), *Acis y Galatea* (1657) y *Vista del campo Vaccino* (h. 1660).

Lorentz, Hendrik Antoon (Arnhem 1853 - Haarlem 1928) Físico neerlandés. Profesor de física teórica en la universidad de Leiden (1875-1928), investigó la influencia del magnetismo en los fenómenos ligados a la radiación. Obtuvo el premio Nobel de física en 1902, compartido con su compatriota Pieter Zeeman.

Lorenz, Konrad (Viena 1903 - Altemberg, cerca de Viena 1989) Zoólogo austriaco. Dedicó sus esfuerzos al estudio de la conducta de los animales, creando así la especialidad de la etología. Recibió el premio Nobel de fisiología y medicina en 1973.

Lorenzetti, Ambrogio (Siena h. 1285 - íd. h. 1348) Pintor italiano. Representa la síntesis entre la pintura clasicista florentina y el goticismo sienés. Se supone que murió víctima de una epidemia de peste. Su obra maestra son los frescos alegóricos de *El buen y el mal gobierno* del Palacio Comunal de Siena (1338-39), donde representa el paisaje urbano y rural de su época.

Lorenzetti, Pietro (Siena h. 1280 - íd. 1348) Pintor italiano. Hermano del anterior, se sabe que trabajó en Siena, Arezzo, Florencia y Asís. Probablemente murió, junto con su hermano, en una epidemia de peste. En su pintura, de estilo realista y dramático, se advierte la influencia de Duccio y el Giotto. Entre sus obras más notables figuran *Virgen y ángeles* (tabla), los frescos de la capilla del cardenal Orsini, en la basílica de Asís, y el de la *Anunciación*, en Castiglione del Bosco.

Lorenzo, San (Hispania h. 210 - Roma 258) Mártir de la Iglesia. Siendo diácono de la Iglesia de Roma, el prefecto de la ciudad le exigió la entrega de las riquezas de ésta, pero él las distribuyó entre los pobres, por lo que padeció martirio quemado en una parrilla.

Loreto Departamento de Perú, en el NE del país, en la cuenca del alto Amazonas. 379.025 km^2. 654.000 h. en 1990. La capital es Iquitos, con 269.500 h. en 1990. Se trata de una región poco poblada y cubierta por selvas, cuyo principal aprovechamiento económico es el forestal y cauchero; en las márgenes fluviales se cultiva arroz y se explota la pesca de los ríos. En la zona de Iquitos se extrae petróleo.

loriga *s. f.* **1.** Armadura hecha de láminas de acero dispuestas a modo de escamas. **2.** Armadura que se le ponía al caballo para protegerlo en las batallas. **3.** Pieza circular metálica con que se refuerzan los bujes de las ruedas de los carruajes.

loris *s. m. pl.* Nombre común de dos especies de mamíferos primates prosimios de la familia lorídidos, géneros *Loris* y *Nycticebus*. Son animales de pequeño tamaño, de hasta 30 cm de longitud, tienen pelaje grisáceo, cola rudimentaria, orejas muy desarrolladas, hocico puntiagudo y ojos grandes adaptados a la visión nocturna. Habitan en Ceilán y S de la India. También *adj.* y *s. m.*

loro *s. m.* **1.** Papagayo*. **2.** *fam.* Persona muy habladora. **3.** *fam.* Mujer fea, sobre todo cuando no es joven y va excesivamente arreglada. **4.** En argot, transistor o radiocasete. ‖ **Loc. al loro** *adv.* Al tanto de lo que ocurre, alerta. **como un loro** *adv.* De memoria, sin entender lo que se dice.

Loro gris o papagayo común (Psittacus erithacus).

lorquiano, na *adj.* Propio o característico del escritor Federico García Lorca o que tiene semejanza con sus cualidades como autor.

Lorre, Peter (Rosenberg, Checoslovaquia 1904 - Hollywood 1964) Actor alemán de origen húngaro. Debutó en el cine en 1928. En 1933 se instaló en EE UU. Sus interpretaciones más destacadas las realizó en las películas *M., el vampiro de Düsseldorf* (1931), *El hombre que sabía demasiado* (1934), *El halcón maltés* (1941), *Casablanca* (1943) y *Arsénico por compasión* (1944).

Lorris, Guillaume de (Lorris-en-Gâtinais h. 1200 - ? h. 1240) Poeta y clérigo francés. Fue el autor de la primera parte de *Roman de la rose*.

lorza *s. f.* Pliegue o doblez que se hace en una prenda con una costura, como adorno o para acortarla y poder alargarla si es necesario.

Los Ángeles Véase **Ángeles, Los**.

losa *s. f.* **1.** Piedra lisa y de poco grosor, como p. ej. las usadas para pavimentar o para cubrir una tumba; p. ext., la misma tumba. **2.** Aquello que supone una gran carga o esfuerzo.

Losada, Diego de (Rionegro del Puente, Zamora h. 1513 - El Tocuyo 1568) Conquistador español. Participó, bajo Juan de Villegas, en la fundación de Barquisimeto (1552) y fundó la ciudad de Caracas (1567).

losado, da **1.** *p. p.* de **losar**. También *adj.* ‖ *s. m.* **2.** Suelo cubierto con losas.

losar *v. tr.* Cubrir el suelo con losas o baldosas.

loseta *s. f.* Baldosa delgada y pequeña utilizada para cubrir suelos y paredes, generalmente en los interiores.

Losey, Joseph (La Crosse, Wisconsin 1909 - Londres 1984) Director de cine y teatro estadounidense. Exiliado de su país por razones políticas, en 1954 se instaló en el Reino Unido. De su obra, de tono progresista y polémico, merecen recordarse *El sirviente* (1963), *Rey y patria* (1964), *Accidente* (1967), *El mensajero* (1971), *El asesinato de Trotski* (1972) y *Las rutas del Sur* (1978).

Lot Personaje bíblico, sobrino de Abraham. Según el *Génesis*, fue salvado por intervención divina de la destrucción de Sodoma. Su mujer se convirtió en estatua de sal por no reprimir su curiosidad y volverse a ver la caída del fuego divino sobre la ciudad.

Lotario (Laon 941 - Compiègne 986) Rey de Francia (954-986). Hijo y sucesor de Luis IV, durante su minoría de edad estuvo tutelado por Hugo el Grande y luego por su tío Bruno, duque de Lorena, que lo hizo vasallo del emperador germánico (956-965). Una vez conseguida la independencia, luchó contra Otón II y Otón III por la posesión de Lorena. Murió en combate.

Lotario I (? 795 - Prüm 855) Emperador carolingio (840-855). Heredó el título imperial de su padre Luis el Piadoso en el 817. A la muerte de éste (840), procedió al reparto de Verdún, en el que las posesiones imperiales fueron distribuidas entre él y sus hermanos Luis el Germánico y Carlos el Calvo, dando así comienzo la decadencia de la dinastía de Carlomagno.

Lotario II de Supplinburg (? h. 1060 - Breitenwang 1137) Emperador germánico (1125-1137). Hijo de Gebhard, conde de Supplinburg, recibió el ducado de Sajonia del emperador Enrique V, a quien sucedió con el apoyo de la Iglesia. Con la ayuda del Papa y de Enrique el Soberbio, duque de Baviera, sometió al pretendiente Conrado de Hohenstaufen. En 1133 fue coronado emperador por el papa Inocencio II.

lote *s. m.* **1.** Cada una de las partes en que se divide un conjunto para poder repartirlo entre varias personas. **2.** Conjunto de cosas semejantes o relacionadas entre sí, que se agrupan con un fin determinado, para venderlas, subastarlas, etc. **3.** Porción que le toca a cada ganador en un sorteo, premio, etc. **4.** Cada una de las parcelas edificables en que se divide un terreno. **5.** *Amér. del S.* Parcela de tierra. ‖ **Loc. darse** (o **pegarse**) **el lote** *fam.* Besarse y tocarse una pareja.

lotear *v. tr.* Dividir un conjunto de cosas en lotes.

lotería *s. f.* **1.** Cualquier juego, rifa, etc., basado en el sistema de sacar números al azar. **2.** Particularmente, juego de azar que administra el Estado, vendiendo una gran cantidad de billetes numerados, de los cuales se premiarán aquellos cuyos números coincidan con los sacados a la suerte en cada sorteo. Se llama también *lotería nacional*. **3.** Aquello que depende sólo de la suerte. ‖ **4. lotería primitiva** En España, juego de azar administrado por el Estado, en que se sacan a la suerte seis números entre cuarenta y nueve y se dan premios de diferente cuantía a los jugadores que tengan en sus billetes algunos de estos números o sus combinaciones. Recibe este nombre por estar tomado de un antiguo juego público que utilizaba el mismo sistema. ‖ **Loc. caerle** (o **tocarle**) a alguien **la lotería** Obtener un premio en este juego; también, tener mucha suerte con alguna cosa, conseguir algo muy bueno o beneficioso.

lotero, ra *s. m.* y *f.* Persona que vende lotería.

Loti, Julien Viaud, llamado **Pierre** (Rochefort 1850 - Hendaya 1923) Escritor francés. Como oficial de la marina francesa recorrió Extremo Oriente y Oceanía. Una vez retirado escribió numerosas novelas y cuentos narrando sus experiencias. Entre las primeras sobresalen *Las bodas de Loti* (1882), *Mi hermano Ives* (1883), *Madame Chrisantème* (1887) y *Ramuntcho* (1897).

loto¹ (del lat. *lotos*, y éste del gr. *lotos*) *s. m.* Nombre común de diversas plantas acuáticas de la familia ninfáceas, géneros *Nymphaea* y *Nelumbo*. Tienen las hojas grandes y brillantes, flores grandes, generalmente amarillas, rosas o blanco-azuladas reunidas en inflorescencias, y fruto globoso. Originarias de África y América, se cultivan en lagos y estanques por su uso ornamental.

loto² (de *lote*) *s. f.* Lotería* primitiva.

Lotto, Lorenzo (Venecia h. 1480 - Loreto 1556) Pintor italiano. Se sabe que trabajó en Treviso, Bérgamo, Venecia, Ancona, Roma y Loreto. Formado probablemente con Giovanni Bellini, recibió la influencia de numerosos pintores, entre ellos Durero, Giorgione y Rafael. Algunas de sus obras más características son el retablo de *Santa Cristina* (1505-06), en Treviso, *Micer Marsilio y su esposa* (1523), *Andrea Odini* (1527), *Limosna de San Antonio* (1529) y *Madonna del Rosario* (1539).

Lotze, Rudolf Hermann (Bautzen 1817 - Berlín 1881) Filósofo y fisiólogo alemán. Partidario del mecanicismo científico, afirmó que las distintas ciencias no debían concebirse como fragmentos, sino integradas en la estructura global del mundo, que, según su criterio, respondía a una finalidad última de todas las cosas. Entre sus principales ensayos cabe citar *Metafísica* (1841), *Historia de la estética en Alemania* (1868) y *Sistema de filosofía* (1874-79).

loudness (voz ingl.) *s. m.* Filtro que en los equipos de alta fidelidad impide que los sonidos agudos o graves amortigüen los sonidos intermedios.

Louisiana Véase **Luisiana**.

Lourdes C. de Francia, situada en el departamento de Hautes-Pyrénées, al SO de Tarbes. 18.000 h. en 1975. Es un importante centro de culto a la Virgen María. En 1858, según la Iglesia católica, la Inmaculada Concepción se apareció a la niña Bernadette Soubirous en una gruta cercana. Gran número de enfermos peregrinan anualmente a este lugar para bañarse en las aguas de la gruta, confiando en una curación milagrosa.

Lourenço Marques Véase **Maputo**.

Louvois, François Michel Le Tellier, marqués de (París 1641 - Versalles 1691) Estadista francés. Ministro de Estado (1672), también fue superintendente de Construcciones. Inspiró la política imperialista de Luis XIV. Sometió a la nobleza y administró las provincias de Flandes, Alsacia y Franco Condado. En 1689 perdió el favor real.

Louvre, Museo del Museo de París. Se creó durante la Revolución Francesa con la instalación de las colecciones de arte reales para su

Museo del Louvre, con la nueva pirámide de acceso.

pública exhibición (1793) en el palacio del Louvre, que había sido la residencia de los reyes de Francia en París. Posee uno de los fondos más ricos del mundo, con más de 350.000 piezas, de las que sólo se exponen al público 23.000. Entre ellas figuran algunas de las obras de arte más ilustres de toda la historia de la humanidad: antigüedades egipcias, como *El escriba sentado*; orientales, como el *Código de Hammurabi*; clásicas, como *La Venus de Milo* o la *Victoria de Samotracia*; pinturas del Renacimiento italiano, como *La Gioconda* de Leonardo da Vinci; esculturas y diversos objetos de enorme valor artístico. Tras la reforma de 1986, se ha ampliado con el salón Flore, habilitado para exposiciones temporales, un auditorio, una biblioteca y un moderno acceso que contrasta con el conjunto: una pirámide de acero y cristal construida por el arquitecto chinoestadounidense Ieoh Ming Peï.

Louÿs, Pierre (Gante 1870 - París 1925) Escritor francés. Admirador de la poesía griega, se formó en la escuela parnasiana. En sus libros, de un refinamiento exquisito, se respira un ambiente sensual. Entre sus obras merecen citarse *Las canciones de Bilitis* (1894), presentada como traducción en prosa de una supuesta poetisa griega contemporánea de Safo, y las novelas *Afrodita* (1896) y *La mujer y el pelele* (1898).

Lovaina (en valón *Louvain*, en flamenco *Leuven*) C. de Bélgica, en el Brabante, al NE de Bruselas. 84.200 h. en 1987. Es un importante centro de la industria alimentaria, cervecera, del cuero, maquinaria y química. Su universidad goza de prestigio internacional.

Lovecraft, Howard Phillips (Providence 1890 - íd. 1937) Escritor estadounidense. Cultivó una narrativa de carácter fantástico, influida por la novela gótica y el cuento de terror inglés, en la que creó una cosmogonía completa de dioses antiguos y malignos, que se conoce como mitos de *Cthulhu*. Su obra ha ejercido una gran influencia en el género. Entre sus principales novelas se cuentan *El horror de Dunwich* (1928), *El caso de Charles Dexter Ward* (1928) y *En las montañas de la locura* (1931).

Lovejoy, Arthur Oncken (Berlín 1873 - Baltimore 1962) Filósofo estadounidense de origen alemán. Pionero de la historia de las ideas, fue uno de los principales exponentes del neorealismo estadounidense. Su posición filosófica es marcadamente pluralista y temporalista. Entre sus obras más destacadas se hallan *La gran cadena del ser* (1930) y *La historia de las ideas* (1948).

Löwith, Karl (Munich 1897 - Heidelberg 1973) Filósofo alemán. Su principal aportación a la filosofía se da en el terreno de la antropología filosófica, especialmente en lo que respecta a los problemas de la individualidad y de la historia. Algunos de sus textos más relevantes son *El individuo en su carácter de prójimo* (1928), *De Hegel a Nietzsche* (1949) y *El sentido de la historia* (1956).

Lowlands (voz ingl. que significa 'tierras bajas') Depresión del centro de Escocia. Su riqueza en yacimientos de hulla convirtió la zona en el núcleo económico más importante de la región. En ella se concentra más del 75 % de la población escocesa.

Lowry, Malcolm (Birkenhead 1909 - Ripe, Sussex 1957) Escritor británico. Viajó durante largos años a diversos países de América y sufrió una progresiva alcoholización, que le causó la muerte. Su obra maestra es *Bajo el volcán* (1947), novela ambientada en México, con numerosos rasgos autobiográficos, en la que el autor retrata la profunda crisis personal de un cónsul británico. Otras obras suyas dignas de mención son *Ultramarina* (1933), *Oscuro como la tumba donde yace mi amigo* (póstuma, 1968) y *Ferry de octubre en Gabriola* (póstuma, 1970).

loxodromia *s. f.* Línea trazada en la superficie de la esfera terrestre y que corta con un mismo ángulo todos los meridianos. Sirve para navegar manteniendo un rumbo constante.

Loy, Myrna (Radersburg, Montana 1905) Actriz cinematográfica estadounidense. Formó pareja con el actor William Powell en la serie de filmes de *El hombre delgado* (1934-47). Otras interpretaciones destacadas suyas fueron las de los filmes *Los mejores años de nuestra vida* (1946) y *Un grito en la niebla* (*Midnight lace*, 1960).

Luanda: vista de la zona central de la ciudad.

loza *s. f.* **1.** Barro fino, cocido y barnizado, con que se hacen diferentes objetos, especialmente de uso doméstico, como platos, tazas, etc. **2.** Conjunto de objetos hechos con este material.

lozanía *s. f.* Cualidad de lozano.

lozano, na *adj.* De aspecto joven, sano y fuerte. **FAM.** Lozanamente.

LP Siglas de long play.

Lr Símbolo químico del laurencio.

LSD (siglas de *LySergic acid Diethylamide*) Dietilamida del ácido lisérgico. Es una droga de efectos alucinógenos que se sintetiza a partir de los alcaloides del cornezuelo del centeno. Su comercialización y consumo están penados por las leyes.

Lu Símbolo químico del lutecio.

Luanda C. de Angola, cap. del país, situada en el NO del mismo, a orillas del océano Atlántico. 1.544.400 h. en 1990. Es un importante puerto exportador de café, que cuenta con industria alimentaria y refinerías de petróleo.

Lübeck C. de Alemania, situada en el Land de Schleswig-Holstein, a orillas del mar del Norte. 210.700 h. en 1990. Posee construcciones navales e industria electromecánica, siderúrgica y química. Fue una de las más poderosas ciudades de la Hansa alemana y conserva diversas iglesias, monasterios y edificios civiles del s. XIII, su época de mayor esplendor.

lubina *s. f.* Pez perciforme de la familia serránidos, especie *Dicentrarchus labrax*. Es un pez parecido a la perca, pero de mayor tamaño, cuerpo estilizado, de hasta 1 m de longitud, de color metálico y con una línea lateral negruzca y aletas espinosas. Habita en las costas del mar Mediterráneo y en las atlánticas de Europa y África. Es muy apreciada como alimento.

Lubina (Dicentrarchus labrax).

Lubitsch, Ernst (Berlín 1892 - Hollywood 1947) Director de cine alemán. Tras iniciarse en el teatro y dirigir luego en su país películas de género histórico, se trasladó a EE UU. Allí se especializó en comedias, caracterizadas por la sutil agudeza de los guiones y su magnífico sentido del ritmo narrativo, entre las que sobresalen *El desfile del amor* (1930), *La viuda alegre* (1934), *Ángel* (1937), *La octava mujer de Barba Azul* (1938), *Ninotchka* (1939), *Ser o no ser* (1942) y *El diablo dijo no* (*Heaven can wait*, 1943).

Lübke, Heinrich (Enkhausen 1894 - Bonn 1972) Político alemán. Del Partido Cristianodemócrata, fue ministro de Agricultura (1953-59) y presidente de la República Federal (1959-69). Dimitió al verse acusado de colaboración en la construcción de campos de concentración nazis.

Lublin C. de Polonia, cap. del voivodato del mismo nombre, situada en el E del país. 339.500 h. en 1989. Posee industria textil, química y alimentaria.

lubricante *adj.* Que lubrica o sirve para lubricar. También *s. m.* ▪ Se dice también *lubrificante*.

lubricar *v. tr.* Aplicar sobre las superficies que rozan entre sí, p. ej. en un motor, mecanismo, etc., una sustancia que disminuya este roce y, por tanto, el desgaste y el calor, facilitando así su funcionamiento. ▪ Se dice también *lubrificar*. Se conjuga como *sacar*. **FAM.** Lubricación.

lubricidad *s. f.* Cualidad de lúbrico.

lúbrico, ca *adj.* **1.** Que se desliza con facilidad. **2.** Que tiene o muestra lujuria. **FAM.** Lúbricamente.

lubrificante *adj.* Lubricante*.

lubrificar *v. tr.* Lubricar*. **FAM.** Lubrificación.

lubrigante *s. m.* Bogavante*.

Lubumbashi C. de Zaire, cap. de la región de Shaba. 683.000 h. en 1990. Situada en el SE del país, posee minería de cobre, plata y manganeso e industria alimentaria, oleícola, metalúrgica, de construcción y de confección. Es la antigua *Elisabethville*.

lucánidos *s. m. pl.* Familia de insectos coleópteros a la que pertenecen unas 700 especies comprendidas en los géneros *Lucanus*, *Dorcus* y otros. Miden entre 8 y 10 cm de longitud, tienen el cuerpo de color negro o pardo oscuro, generalmente grandes mandíbulas, antenas más o menos acodadas y los últimos artejos ensanchados en forma de láminas aplanadas. La especie más característica es el ciervo volante. Habitan en todo el mundo. También *adj.* y *s. m.*

Lucano, Marco Anneo (Córdoba 39 - Roma 65) Poeta latino de origen hispánico. Era sobrino de Séneca y fue educado en Atenas y Roma. Gozó de la protección de Nerón, pero al descubrirse la conspiración de Pisón, en la que tomó parte, el emperador le ordenó que se diera muerte. De su variada obra tan sólo se conserva la *Guerra civil*, conocida como *La Farsalia*, poema en diez libros de carácter épico-histórico, donde narra las luchas de César y Pompeyo.

Lucas, George (Modesto, California 1945) Director de cine estadounidense. Tras obtener un gran éxito de crítica y público con su segunda película, *American Graffiti* (1973), en la que recreaba la vida de los adolescentes norteamericanos en los años sesenta, dirigió *La guerra de las galaxias* (1977), un filme de ciencia-ficción con el que se consagró como uno de los más populares cineastas del mundo. Desde entonces se ha dedicado principalmente a las tareas de producción.

Lucas, San (? - ? h. 70) Evangelista. Fue discípulo de San Pablo y autor del tercer *Evangelio* canónico, en el que se aprecia la influencia de la predicación del apóstol. Asimismo escribió los *Hechos de los apóstoles*.

Lucas García, Fernando Romeo (Guatemala 1925) Militar y político guatemalteco. Ministro de Defensa (1975), fue elegido por la asamblea legislativa presidente de la república (1978-82), como representante del derechista Partido Institucional Democrático. Pese a incrementar la violencia, no pudo suprimir la guerrilla. En 1982 convocó elecciones y su resultado fue impugnado. Resultó derrocado por un golpe militar dirigido por Ríos Montt.

Lucas Padilla, Eugenio (Alcalá de Henares, Madrid 1824 - Madrid 1870) Pintor español. Formado en la Academia de San Fernando con Madrazo, recibió una gran influencia de Goya. Pintó retratos, bodegones y escenas de costumbres populares, que se caracterizan por el uso excelente del color y revelan cierta intención satírica. Entre sus obras resaltan *El palco de los toros, Escena de la Inquisición, El cazador, Apoteosis de la revolución* y *La República conduciendo a España por el camino del progreso.*

Lucena C. de España, en la prov. de Córdoba, situada en las estribaciones de la sierra homónima. 33.100 h. en 1990. Es un importante centro del comercio y la industria del aceite, que además cuenta con fábricas de cerámica, jabón y calderos de metal.

Lucena, Juan de (Soria ? - ? 1506) Escritor español de origen judío. Fue consejero de Alfonso V de Aragón y de los Reyes Católicos. Sus escritos tienen gran interés para el conocimiento del s. XV español. Es autor, entre otras obras, de *Tratado de la vida beata* (1483) y *Epístola exhortatoria a las letras.*

lucense *adj.* De Lugo. También *s.*

lucerna *s. f.* **1.** Claraboya*. **2.** Lámpara con varios brazos y luces.

Lucerna (en al. *Luzern*, en fr. *Lucerne*) C. de Suiza, situada en el sector central del país, al O del lago de los Cuatro Cantones. 59.400 h. en 1988, 160.000 h. en su área urbana en 1986. Es un centro turístico, que cuenta con industria textil, siderúrgica y metalúrgica.

lucernario *s. m.* Claraboya*.

lucero *s. m.* **1.** Cualquier astro del firmamento que brilla intensamente y, especialmente, el planeta Venus. **2.** Mancha o lunar blanco que tienen algunos cuadrúpedos en la frente. **3.** *fam.* Apelativo cariñoso que se dirige a las personas, especialmente a los niños. || **4. lucero del alba** (**de la mañana**, **matutino** o **de la tarde**, **miguero**, **vespertino**) Planeta Venus. || **LOC. al lucero del alba** *fam.* A cualquiera.

lucha *s. f.* **1.** Acción y efecto de luchar. **2.** Deporte que consiste en el combate cuerpo a cuerpo entre dos personas desarmadas y del que existen numerosas modalidades. La lucha es uno de los deportes más antiguos que se conocen, pues ya en los Juegos Olímpicos griegos se practicaba una modalidad llamada *pancracio.* En la actualidad, además de las dos modalidades olímpicas, la lucha grecorromana y la lucha libre, existen numerosas variedades nacionales, como la **lucha india**, la **lucha suiza** o la **lucha turca**; o regionales, como la **lucha leonesa**, en la que los contendientes se agarran por el cinturón, y la **lucha canaria**, en la que se agarran a la pernera derecha del pantalón del rival. **3.** Sensación de duda, confrontación de ideas, sentimientos, etc. **4.** En ecol., competencia que existe entre las diversas especies o entre individuos de una misma especie para ocupar un territorio y sobrevivir en él. || **5. lucha biológica** Método de lucha contra las plagas agrícolas basado en la utilización de otras especies de seres vivos (animales, vegetales, bacterias o virus) que, a su vez, atacan a los organismos causantes de la plaga; o basada en la manipulación genética de la plaga; o en la modificación de su entorno sexual (p. ej., mediante la introducción de machos estériles). **6. lucha de clases** Oposición o enfrentamiento que existe entre las distintas clases sociales debido a la diferencia de intereses económicos de cada una de ellas. Para el marxismo, este conflicto, que se produce entre la burguesía y el proletariado, actúa como motor del desarrollo histórico. **7. lucha grecorromana** Modalidad de lucha, con categoría olímpica, en la que se obtiene la victoria derribando al contrario con presas exclusivamente de cintura para arriba y manteniendo su espalda apoyada en el suelo durante unos segundos. **8. lucha libre** Modalidad de lucha, con categoría olímpica, en la que están permitidos ciertos golpes y las presas por debajo de la cintura y en la que se obtiene la victoria derribando al contrario de espaldas e inmovilizándole. **9. lucha libre americana** Modalidad de lucha en la que se emplean llaves, golpes con pies y manos, etc., y que actualmente tiene más carácter de espectáculo que de deporte.

luchador, ra *adj.* **1.** Que lucha. También *s.* || *s. m.* y *f.* **2.** Persona que se dedica profesionalmente a algún deporte de lucha.

luchar *v. intr.* **1.** Enfrentarse dos o más personas o animales utilizando la fuerza, las armas o cualquier otro recurso para vencer al contrario. **2.** Trabajar, esforzarse por algo. **3.** *fam.* Tratar o manejar a personas o cosas con las que se necesita mucha paciencia, trabajo, etc. **4.** Estar dos personas, ideas, fuerzas, etc., en oposición.

Lucía, Santa (Siracusa h. 283 - íd. 304) Mártir cristiana. Bajo la persecución del emperador Diocleciano sufrió suplicio, en el que le arrancaron los ojos. Su culto data del s. V y se la representa llevando sus ojos en la mano o en una bandeja, plato o copa.

Luciano de Samosata (Samosata, Siria h. 125 - ? 180) Filósofo griego. Partiendo de la defensa del sentido común frente a cualquier actitud especulativa, sometió a la sátira a todos los filósofos y doctrinas filosóficas, especialmente a los platónicos y estoicos. Gracias a las referencias que hizo en sus diálogos nos son conocidos diversos aspectos de la filosofía antigua. Escribió numerosas obras, entre las que merecen mención *Elogio de la mosca, Diálogos de los muertos, La necromancia* y *Dioniso.*

lucidez *s. f.* Cualidad o estado de lúcido.

lucido, da **1.** *p. p.* de **lucir**. También *adj.* || *adj.* **2.** Muy bonito, brillante o acertado. **3.** Que permite lucirse. **4.** *fam.* Sano y robusto. **FAM.** Lucidamente.

lúcido, da *adj.* **1.** Se dice de las personas que comprenden o captan las cosas clara y rápidamente, así como de su inteligencia, ideas, etc., o de los momentos o periodos en que están así. **2.** Que está en condiciones de pensar con normalidad. **3.** En lenguaje culto y literario, que luce o brilla. **FAM.** Lúcidamente.

luciente *adj.* Que luce.

luciérnaga *s. f.* Insecto coleóptero de la familia lampíridos, especie *Lampyris noctiluca.* Mide entre 11 y 18 mm y el cuerpo alargado de la hembra es parecido al de un gusano. Presenta una acusada diferencia entre los sexos, ya que la hembra es más grande que el macho y carece de élitros. Tanto las larvas como los adultos emiten en la oscuridad una luz verde azulada en la punta del abdomen gracias a un pigmento llamado *luciferina.* Su larva se alimenta de pequeños caracoles y otras larvas. También se llama *gusano de luz* y *noctiluca.*

Luciérnaga (Lampyris noctiluca).

Lucifer Nombre que se da al príncipe de los demonios. **FAM.** Luciferino.

lucífero, ra *adj.* Que da luz.

lucífugo, ga *adj.* Que huye de la luz.

Lucilio, Cayo (Sessa, Campania h. 180 - Nápoles 102 a. C.) Poeta latino. Iniciador del género satírico, utilizó el hexámetro en sus composiciones. Sus *Sátiras* (30 libros) constituyen una sugestiva visión de la sociedad de su tiempo, donde caricaturiza con ingenio a sus contemporáneos y saca de sus defectos una lección moralizante.

Lucio (Esox lucius).

lucio[1] (del lat. *lucius*) *s. m.* Pez salmoniforme de la familia esócidos, especie *Esox lucius.* Mide unos 40 cm de longitud, aunque se han llegado a capturar ejemplares de más de 1 m, tiene el cuerpo cilíndrico de color amarillento verdoso, boca grande con centenares de dientes y hocico puntiagudo parecido al pico de un pato. Habita en las aguas dulces del hemisferio norte y es un gran depredador que ataca incluso a aves y mamíferos acuáticos. Constituye una presa muy apreciada por los pescadores y su carne se utiliza como alimento.

lucio[2] (del lat. *lucidus*, brillante) *s. m.* Cada uno de los charcos que quedan en las marismas al retirarse las aguas.

Lucio Nombre de tres papas.

Lucio II (Bolonia ? - Roma 1145) Papa italiano. De nombre Gerardo Caccianemici, su pontificado abarca de 1144 a 1145. Al ser elegido era cardenal-canciller de la Iglesia. Tuvo que enfrentarse a la comuna de Roma, que pretendía limitar el poder del Papa. Murió en una revuelta.

Lucio III (Lucca ? - Verona 1185) Papa italiano. De nombre Ubaldo Allucingoli, su pontificado abarca de 1181 a 1185. Monje cisterciense, fue obispo de Ostia. Se mostró incapaz de someter a los cabecillas romanos. Reunió el concilio de Verona (1184), que condenó el neomaniqueísmo. Se negó a coronar emperador a Federico Barbarroja.

Lucio Vero (Roma 130 - Altino 169) Emperador romano (161-169). Fue asociado al poder por Marco Aurelio, que lo nombró augusto (161). Luchó contra los partos (161-166), a los que venció, y acompañó a Marco Aurelio en su campaña contra los cuados y los marcomanos.

lución *s. m.* Reptil saurio de la familia ánguidos, especie *Anguis fragilis.* Mide unos 50 cm de longitud, su cuerpo es cilíndrico y alargado, tiene el dorso oscuro, con una o dos líneas negras longitudinales, y carece de patas. Sus movimientos son mucho más lentos que los de las serpientes y, al igual que las lagartijas, puede perder la cola, que vuelve a regenerarse. Habita en lugares húmedos de Asia y Europa, escondido bajo las piedras, y se alimenta de insectos y moluscos.

lucir *v. intr.* **1.** Dar luz o despedir brillo. **2.** Destacar algo por resultar muy bonito, elegante, etc. **3.** Dar algo prestigio, importancia, etc. **4.** Producir algo un resultado perceptible y en correspondencia con el trabajo o esfuerzo que se ha dedicado. ■ Se usa mucho en frases negativas. **5.** *amer.* Tener alguien o algo un aspecto muy agradable. || *v. tr.* **6.** Mostrar alguien sus cualidades, habilidades, etc. También *v. prnl.* **7.** Llevar puesta alguien una cosa, especialmente si es valiosa o elegante. **8.** Enlucir paredes, techos, etc. ■ Es v. irreg. **FAM.** Lucimiento.

LUCIR	
INDICATIVO	SUBJUNTIVO
Presente	**Presente**
luzco	*luzca*
luces	*luzcas*
luce	*luzca*
lucimos	*luzcamos*
lucís	*luzcáis*
lucen	*luzcan*

Lucknow C. de la India, cap. del estado de Uttar Pradesh, situada en la llanura del Ganges. 895.750 h. en 1981. Es un importante mercado agrícola, que cuenta con industria alimentaria, papelera, de elementos ferroviarios y artesanía.

lucrarse *v. prnl.* Obtener ganancias, especialmente si son grandes.

lucrativo, va *adj.* Que proporciona lucro o ganancia.

Lucrecia (s. VI a. C.) Dama romana. Estaba casada con Tarquino Colatino, emparentado con Tarquino el Soberbio, rey de Roma. Según la leyenda, violada por Sexto, hijo del rey, se suicidó con un puñal en presencia de su padre y su marido. Al mostrar al pueblo su cadáver se produjo una sublevación que puso fin a la monarquía.

Lucrecio, Tito (Roma h. 98 - ? 55 a. C.) Poeta latino. Pertenecía a la clase de los caballeros, pero permaneció alejado de la política y a los 43 años de edad se suicidó. Escribió un largo poema, *Sobre la naturaleza de las cosas*, de carácter filosófico, en el que exponía las doctrinas epicúreas y atomistas.

lucro *s. m.* **1.** Beneficio o ganancia que se obtiene de algo, especialmente de un negocio. || **2. lucro cesante** Ganancia que se ha dejado de obtener.

luctuoso, sa *adj.* Que causa gran tristeza. **FAM.** Luctuosamente.

lucubrar *v. tr.* Elucubrar*. **FAM.** Lucubración.

Lüda C. de China, situada en el NO del país, en la prov. de Liaoning. 2.330.000 h. en 1989. Fue creada en 1958 mediante la unión de las ciudades de Talien (antes Dairen), importante centro comercial, y Lushun (antes Port Arthur), base naval. Es puerto exportador de cereales y carbón, y un gran núcleo industrial, en el que destacan la siderurgia, las construcciones navales, mecánicas y ferroviarias, la producción textil y la fabricación de cemento.

Ludendorff, Erich (Kruszewnia, Posnania 1865 - Munich 1937) Militar y político alemán. Participó en la Primera Guerra Mundial, donde tras obtener victorias en Lieja y Rusia fue vencido por Foch en 1918. En 1923 tomó parte en el golpe de Hitler en Munich e ingresó en el partido nazi, del que fue candidato presidencial en 1925. Es autor de *La guerra total* (1935).

Ludhiana C. de la India, situada en el NO del país, en la región del Punjab. 607.000 h. en 1981. Es un centro comercial agrícola y ganadero, y posee fábricas de algodón, lana y maquinaria (bicicletas, máquinas de coser).

ludibrio *s. m.* Burla que se hace a alguien como insulto o humillación.

lúdico, ca *adj.* Perteneciente o relativo al juego o a la diversión.

lúdicro, cra *adj.* Lúdico*.

ludismo *s. m.* Movimiento obrero surgido en Inglaterra durante el primer cuarto del s. XIX, que se organizó para destruir las máquinas, a las que se consideraba culpables del aumento del paro y del descenso de los salarios.

ludita *adj.* **1.** Perteneciente o relativo al ludismo. **2.** Partidario o miembro de este movimiento. También *s.*

ludópata *adj.* Que padece ludopatía. También *s.*

ludopatía *s. f.* Trastorno psíquico que produce la dependencia del juego.

ludoteca *s. f.* **1.** Colección de juegos o juguetes. **2.** Local donde los niños, en sus horas libres y acompañados de varios animadores, pueden jugar en grupo.

Ludovico Pío Véase **Luis I el Piadoso**.

Ludovico Sforza Véase **Sforza, Ludovico**.

Ludwig, Emil (Breslau 1881 - Moscia, Ascona, Tesino 1948) Escritor alemán nacionalizado suizo. Alcanzó popularidad con sus biografías noveladas, entre las que destacan *Napoleón* (1925), *Bismarck, historia de un luchador* (1926), *Mussolini* (1932), *Stalin* (1941) y *El desmitificado Freud* (1946).

Ludwigshafen am Rhein C. de Alemania, situada en el Land de Renania-Palatinado, a orillas del Rhin. 158.500 h. en 1989. Es un centro de la industria química, textil y cervecera.

lúe *s. f.* Nombre genérico de las enfermedades infecciosas, sobre todo de la sífilis.

luego *adv. t.* **1.** Después, más tarde. **2.** *Col., Méx., Perú, P. Rico.* Algunas veces, de cuando en cuando. **3.** *Chile, Ven. fam.* Pronto. ‖ *adv. l.* **4.** Más allá, más adelante. ‖ *conj.* **5.** Indica que el significado de la segunda oración es consecuencia o deducción de lo que se dice en la primera. ‖ **LOC. desde luego** *adv.* Indudablemente. También se utiliza para afirmar de forma rotunda o con cortesía. Se usa igualmente para indicar enfado, disgusto o sorpresa ante algo. **luego luego** *adv. Méx. fam.* En seguida. **luego que** *conj.* Una vez que, tan pronto como.

lueguito *adv. t. amer.* En seguida.

luengo, ga *adj.* **1.** Largo. **2.** Lejano.

Luftwaffe Nombre de la aviación de guerra alemana reorganizada por el mariscal Goering en 1935 y que desempeñó un papel importante durante la Segunda Guerra Mundial.

Lugansk Véase **Voroshilovgrad**.

lugar *s. m.* **1.** Porción determinada de espacio. **2.** Población, en especial la pequeña. **3.** Posición que ocupa alguien o algo en una enumeración, orden, jerarquía, etc. **4.** Puesto, empleo. **5.** Ocasión oportuna o tiempo disponible para algo. **6.** Motivo, razón. ‖ **7. lugar común** Tema, expresión, elemento, etc., muy repetido y, por tanto, nada original. **8. lugar geométrico** En mat., conjunto de los puntos que en el plano o el espacio cumplen una propiedad común. **9. Santos Lugares** Aquellos en que vivió y murió Jesucristo. ‖ **LOC. dar lugar a** Provocar, causar. **en lugar de** *adv.* En vez de. **en tu (su, vuestro,** etc.**) lugar** *adv.* Si se estuviera en la misma situación, circunstancia, etc., que la persona a la que se refiere. **estar en su lugar** Comportarse o actuar una persona tal como corresponde a su posición, educación, etc. **fuera de lugar** *adj.* y *adv.* Inoportuno, inconveniente. **hacerse (un) lugar** Conseguir una buena posición. También, ser aceptado en un grupo, resultar agradable o querido ante los demás. **no dejar lugar a dudas** Ser algo muy evidente, indudable. **sin lugar a dudas** *adv.* Indudablemente. **tener lugar** Ocurrir, suceder; también, celebrarse.

lugareño, ña *adj.* De una población pequeña. También *s.*

lugarteniente *s. m.* Persona con facultad y poder para sustituir a otra en su cargo o empleo.

Lugo 1. Prov. de España, perteneciente a la comunidad autónoma de Galicia, situada en el sector NE de la misma, a orillas del mar Cantábrico. 9.803 km^2. 381.900 h. en 1991. Su relieve consta de tres unidades: una meseta interior; una serie de grupos montañosos que la bordean, como la sierra del Gistral, al N, con el pico Gistral (1.036 m), las sierras de Meira, Ancares (Peña Rubia, 1.826 m) y Caurel al E, y las sierras del Faro (Faro, 1.177 m), Coba da Serpe, de la Loba y de la Faladoira, al O, separando la Galicia costera de la interior, y una zona litoral, la Mariña lucense, con las rías de Vivero, Foz y Ribadeo. Está recorrida de N a S por el río Miño, en el S por el Sil y en el NE por el Eo. En la zona interior existen diversas comarcas: Terra Cha, Terra de Chantada y Terra de Lemos. Tiene clima oceánico, excepto una pequeña zona del S en que es de interior. La vegetación es de tipo oceánico, y en ella predominan el bosque y el matorral sobre la pradera. Las principales especies arbóreas son el roble o carballo, el castaño, el abedul y el avellano; y los brezos, tojos, jaras y helechos abundan en el monte bajo. Han cobrado, además, gran importancia las plantaciones de pinos y eucaliptos. Es la provincia gallega menos poblada. Se cultivan maíz, patatas, hortalizas, frutales, y viñedo al S, en el valle del Sil. Cuenta con ganado vacuno y porcino, importantes puertos pesqueros en Vivero y Burela, explotación forestal, yacimientos de caolín al N, pizarra al S y plomo y cinc al E. La industria no está muy desarrollada y es fundamentalmente alimentaria, con una pequeña producción textil, de la madera, cementera y química.
2. C. de España, cap. de la prov. del mismo nombre, situada a orillas del río Miño. 82.650 h. en 1991. Es el centro de una región agrícola y ganadera, que posee industrias lácteas, textiles, cárnicas y de la madera. Fue fundada por los romanos y conserva murallas de aquella época; otros monumentos importantes son la catedral neoclásica y las iglesias de Santo Domingo (s. XIV) y San Francisco (s. XV).

Leopoldo Lugones. Retrato de Daniel Vázquez Díaz (colección particular, Madrid).

Lugones, Leopoldo (Villa María del Río Seco, Córdoba 1874 - Buenos Aires 1938) Poeta y escritor argentino. Desarrolló la primera parte de su obra dentro del modernismo, para evolucionar luego hacia un estilo personal en el que se funden el clasicismo y la vanguardia, siempre preocupado por la expresividad del idioma. También cultivó el ensayo y actuó en el campo político, dentro de ideologías tan dispares como el anarquismo de sus años juveniles y cierta actitud fascista en la madurez, todo ello teñido de un escepticismo que le llevó al suicidio. Entre sus libros de poemas destacan *Las montañas de oro* (1897), *Los crepúsculos del jardín* (1905), *Lunario sentimental* (1909), *Odas seculares* (1910), *El libro de los paisajes* (1917) y *Romancero* (1924). De sus obras en prosa hay que recordar los ensayos políticos *El imperio jesuítico* (1904), *La guerra gaucha* (1905) y *La grande Argentina* (1930); los ensayos literarios *El ejército de la Ilíada* (1915) y *Estudios helénicos* (1924), y la novela *El ángel de la sombra* (1926).

lúgubre *adj.* **1.** Muy triste o sombrío. **2.** Relativo a la idea de la muerte y a todo lo que tiene que ver con ella, como cementerios, espíritus, etc. **3.** *fam.* Pesimista. **FAM.** Lúgubremente.

luis *s. m.* Moneda francesa de oro o plata que se empezó a acuñar durante el reinado de Luis XIII.

Luis Nombre de tres emperadores carolingios.
Luis I el Piadoso o **Ludovico Pío** (Chasseneuil 778 - cerca de Ingelheim 840) Emperador carolingio (814-840). Rey de Aquitania (781-814), sucedió como emperador a su padre Carlomagno. En un primer momento asoció al trono a su hijo mayor Lotario, pero el nacimiento de un nuevo hijo, Carlos el Calvo, le obligó a hacer un nuevo reparto, lo que provocó continuas guerras con Lotario, que llegó a destronarle en el 833, aunque fue repuesto en el trono por el resto de sus hijos dos años después. Tras su muerte estalló otra vez la guerra, que concluyó con el reparto de Verdún en el 843.
Luis II (? 825 - cerca de Brescia 875) Emperador (855-875). Era hijo de Lotario I, que le nombró rey de Italia (844) y lo asoció al trono (849). Derrotó a los musulmanes en Bari (871).
Luis III el Ciego (Autun 880 - Arles 928) Rey de Provenza (887-928), de Italia (900-905) y emperador (901-905). Apoyado por la nobleza, consi-

Lugo: vista aérea donde se aprecia la muralla romana que circunda la ciudad.

guió la corona imperial, pero fue cegado y expulsado de Italia por Berengario I (905).

Luis Nombre de varios reyes de Baviera.

Luis I de Wittelsbach (Estrasburgo 1786 - Niza 1868) Rey de Baviera (1825-48). Hijo y sucesor de Maximiliano I, llevó a cabo una política liberal hasta 1830, en que evolucionó hacia otra de carácter autoritario, lo que unido a sus relaciones con Lola Montes aumentó el descontento entre sus súbditos. Tuvo que abdicar en favor de su hijo Maximiliano II (1848).

Luis II de Wittelsbach (Nymphenburg 1845 - Starnberg 1886) Rey de Baviera (1864-86). Hijo y sucesor de Maximiliano II, dejó los asuntos políticos de lado y se dedicó a proteger artistas, como Wagner, y a promover construcciones grandiosas, como el castillo de Neuschwanstein. Víctima de graves trastornos mentales, fue encerrado en el castillo de Berg y la regencia entregada a su tío Leopoldo. Murió ahogado en el lago Starnberg.

Luis III de Wittelsbach (Munich 1845 - castillo de Sarvar, Hungría 1921) Rey de Baviera (1913-1918). En 1912 sucedió a su padre, Leopoldo, en la regencia de Baviera y, al ser depuesto el rey Otón, ocupó el trono. Tras la revolución de 1918 fue obligado a abdicar.

Luis Nombre de varios reyes de Francia.

Luis I Véase **Luis I el Piadoso**.

Luis II el Tartamudo (? 846 - Compiègne 879) Rey de Francia (877-879). Hijo segundo de Carlos el Calvo, se sublevó contra él varias veces. Tuvo que enfrentarse a los nobles rebeldes.

Luis III (? h. 863 - Saint-Denis 882) Rey de Francia (879-882). Hijo de Luis II, a la muerte de su padre compartió el trono con su hermano Carlomán. Venció a los normandos en Saucourt (881).

Luis IV de Ultramar (? 921 - Reims 954) Rey de Francia (936-954). Hijo de Carlos III el Simple, accedió al trono con la ayuda del poderoso señor feudal Hugo el Grande, que intentaba así controlar el poder, pero Luis le derrotó en el 948 con ayuda de los obispos y de Otón I.

Luis V el Holgazán (? h. 967 - Compiègne 987) Rey de Francia (986-987). Hijo de Lotario, a los doce años fue asociado al trono por su padre. Fue el último rey de la dinastía carolingia, pues murió sin descendencia. Le sucedió Hugo Capeto.

Luis VI el Gordo (París 1081 - íd. 1137) Rey de Francia (1108-37). Hijo y sucesor de Felipe I, reforzó el poder monárquico en torno a sus dominios, concedió privilegios a las ciudades y entabló numerosas luchas contra Enrique I de Inglaterra, duque de Normandía.

Luis VII el Joven (? h. 1120 - París 1180) Rey de Francia (1137-80). Hijo y sucesor de Luis VI, participó en la segunda cruzada, pero la expedición fracasó y hubo de retornar a su país. Mantuvo excelentes relaciones con el papado y fomentó el desarrollo de las comunidades rurales. Repudió a su esposa Leonor de Aquitania, que se casó en segundas nupcias con Enrique II Plantagenet, rey de Inglaterra, quien adquirió así la posesión del ducado de Aquitania.

Luis VIII el León (París 1187 - Auvernia 1226) Rey de Francia (1223-26). Hijo y sucesor de Felipe II Augusto, se casó con Blanca de Castilla. Aún en vida de su padre luchó contra los ingleses en Francia. Asimismo organizó y dirigió una cruzada contra los albigenses, ocupando muchas zonas del Languedoc.

Luis IX o **San Luis** (Poissy 1214 - Túnez 1270) Rey de Francia (1226-70). Hijo y sucesor de Luis VIII, durante su minoría actuó como regente su madre, Blanca de Castilla. Cuando se hizo cargo del gobierno tuvo que aplacar una rebelión de los nobles de Aquitania que estaban apoyados por Inglaterra. Derrotó a Enrique III de Inglaterra en Saintes y más tarde firmó el tratado de paz de París en 1259. El año anterior había firmado con Jaime I de Aragón el tratado de Corbeil, por el que renunciaba a los condados catalanes a cambio de que Aragón desistiera de sus derechos sobre Languedoc y Provenza. Fortaleció el poder de la monarquía centralizando las funciones judiciales, administrativas y financieras. Organizó dos cruzadas, una a Egipto (1249-50) y la otra a Túnez (1270), donde murió víctima de una epidemia de peste.

Luis X el Obstinado (París 1289 - Vincennes 1316) Rey de Francia y de Navarra (1314-16). Hijo y sucesor de Felipe IV, durante su breve reinado intentó proseguir, sin éxito, la política centralizadora de su predecesor y hubo de ceder ciertos privilegios ante la presión de la nobleza y el clero.

Luis XI (Bourges 1423 - Plessis-lez-Tours 1483) Rey de Francia (1461-83). Hijo de Carlos VII, continuó la política de consolidación de la monarquía llevada a cabo por su padre, lo que provocó en 1465 la formación de una liga de nobles, llamada *Liga del Bien Público*, inspirada por su gran enemigo Carlos el Temerario. Con éste mantuvo una larga guerra, que concluyó con la muerte de Carlos en Nancy en 1477. Ocupó los feudos de Borgoña, Picardía y Artois y recuperó los de Anjou y Provenza. Impulsó un favorable desarrollo económico y reorganizó el ejército.

Luis XII (Blois 1462 - París 1515) Rey de Francia (1498-1515). Hijo de Carlos de Orleans y María de Cléveris, sucedió a Carlos VIII. En 1499 invadió Italia y ocupó Génova, el Milanesado y el reino de Nápoles, que tuvo que ceder luego a la Corona española. Formó parte de la fracasada liga de Cambrai contra Venecia y fue después combatido por la Santa Liga del papa Julio II, que le arrebató sus posesiones en el N de Italia.

Luis XIII el Justo (Fontainebleau 1601 - Saint-Germain 1643) Rey de Francia (1610-43). Hijo y sucesor de Enrique IV, durante su minoría de edad desempeñó la regencia su madre María de Médicis, que hizo frente al descontento de la nobleza. Durante su reinado encargó la dirección de los asuntos políticos a Luynes y luego a Richelieu. Fortaleció el poder real y la grandeza del Estado y convirtió a Francia en una potencia, en constante lucha contra los Habsburgo de España y Austria. En el interior, sin embargo, la situación social y económica empeoró gravemente.

***Arte* estilo Luis XIII** Estilo artístico y decorativo que se desarrolló durante el reinado de Luis XIII y que se caracterizó por la mezcla de influencias italianas y flamencas. Se distingue por la acumulación de elementos ornamentales como frutas, flores, amorcillos y cuernos de la abundancia, realizados con gran realismo. Representativos de este periodo son Simon Vouet y los artistas que trabajaron en su taller.

Luis XIV el Grande. Cuadro de Hyacinthe Rigaud (Museo del Prado, Madrid).

Luis XIV el Grande o **el Rey Sol** (Saint-Germain-en-Laye 1638 - Versalles 1715) Rey de Francia (1643-1715). Hijo y sucesor de Luis XIII, durante su minoría de edad ocupó la regencia su madre Ana de Austria, mientras que el cardenal Mazarino se ocupó de los asuntos de Estado. Una vez en el trono, se convirtió en rey absoluto, reduciendo el poder de la nobleza y la autonomía de las distintas instituciones, al tiempo que reorganizó y centralizó la administración con ayuda de una serie de hábiles ministros, entre los que destacó Colbert. Sus principales esfuerzos se encaminaron a convertir a Francia en la gran potencia europea, por lo que se sostuvieron costosas y prolongadas guerras con Holanda, el imperio germánico y España. Quiso además instaurar a su nieto Felipe en el trono español, lo que consiguió al precio de la larga guerra de Sucesión española (1702-13), que acentuó la grave crisis social y económica que Francia padecía por culpa de su política exterior.

***Arte* estilo Luis XIV** Estilo artístico y decorativo que se desarrolló durante el reinado de Luis XIV. Su principal característica es el clasicismo, regulado por una serie de normas dictadas por las distintas academias. Sus ejemplos más acabados se encuentran en el palacio de Versalles y está representado por artistas como Le Brun y Hardouin-Mansart.

Luis XV (Versalles 1710 - íd. 1774) Rey de Francia (1715-74). Biznieto de Luis XIV, al que sucedió, subió al poder a los cinco años bajo la regencia de Felipe de Orleans. Tras la muerte de éste, y después de un corto periodo de gobierno del duque de Borbón, tomó la dirección del Estado el cardenal Fleury, bajo la cual el país experimentó una recuperación económica. Francia intervino sin éxito en las guerras de Sucesión de Polonia (1733-35) y de Austria (1740-48) y en la de los Siete Años (1756-63), en la que perdió Canadá y la India. En la última época de reinado las intrigas palaciegas, la vida privada del monarca y los reveses en política exterior dañaron gravemente el prestigio de la Corona.

***Arte* estilo Luis XV** Estilo artístico y decorativo que se desarrolló durante el reinado de Luis XV. Se le considera una variante del rococó y se caracteriza por el uso de temas y motivos de tradición oriental (chinos, turcos, rusos), la aparición de nuevos muebles (cómodas, mesitas de noche, *chiffonières*, canapés, camas turcas) y el desarrollo de la orfebrería. El pintor más representativo de esta época es Antoine Watteau.

Luis XVI. Cuadro de Antoine François Callet (Museo del Prado, Madrid).

Luis XVI (Versalles 1754 - París 1793) Rey de Francia (1774-92). Nieto y sucesor de Luis XV, se casó con María Antonieta de Austria, que tuvo más influencia política que el monarca. Al acceder al trono, se rodeó de un grupo de competentes ministros, entre los que sobresalieron Malesherbes y Turgot. En política exterior Francia intervino con éxito en la guerra de Independencia norteamericana (1778-83), mientras que en el interior se impulsaron reformas económicas de tipo liberal. La crisis económica de finales del s. XVIII y la negativa de las clases privilegiadas al pago igualitario de impuestos provocó una grave agitación social, la convocatoria de los Estados Generales (1788), la Revolución (1789) y el fin del régimen señorial. El rey no quiso convertirse en monarca constitucional, buscó la ayuda de las potencias extranjeras e intentó huir de París. Capturado en Varennes (1791), se vio obligado a jurar la nueva Constitución (1791), y fue repuesto en el trono con poderes muy reducidos. Confió en el triunfo militar de austriacos y prusianos y agudizó la caótica situación conspirando contra los girondinos, revolucionarios moderados, con la esperanza de que la anarquía hundiera el nuevo régimen. Provocó con ello la ira de los más radicales, que le detuvieron en 1792 y consiguieron luego, por escaso margen de votos, su condena a muerte.

***Arte* estilo Luis XVI** Estilo artístico y decorativo que se desarrolló durante el reinado de Luis XVI. Se caracteriza por una gran influencia del arte griego y romano, tras descubrirse en 1755 las ruinas de Herculano y Pompeya.

Luis XVIII (Versalles 1775 - París 1824) Rey de Francia (1814-15 y 1815-24). Nieto de Luis XV e hijo del delfín Luis y de María Josefa de Sajonia, fue proclamado rey a la caída del imperio napoleónico. Al regresar en 1815 el emperador de su primer destierro, huyó a Gante. Tras la derrota de Napoleón en Waterloo, fue restablecido de nuevo en el trono, desde el que intentó una política de conciliación entre la herencia de la Revolución y el imperio y la del Antiguo Régimen. A partir de 1820, los sectores realistas más reaccionarios fueron desplazándole del poder efectivo en favor de su hermano, el futuro Carlos X.

Luis I (Madrid 1707 - íd. 1724) Rey de España en 1724. Hijo de Felipe V y María Luisa de Saboya, sucedió a su padre al renunciar éste al trono en 1724, pero murió seis meses después. A su muerte, volvió a ocupar el trono Felipe V.

Luis I Bonaparte (Ajaccio 1778 - Liorna 1846) Rey de los Países Bajos (1806-10). Elevado al trono por su hermano Napoleón, intentó hacer una política nacional. Se opuso al bloqueo de Gran Bretaña, ya que el comercio con las islas era fundamental para su país. Fue depuesto y los Países Bajos fueron incorporados al Imperio.

Luis IV de Baviera (? 1287 - Fürstenfeld 1347) Emperador germánico (1328-47). Federico, duque de Austria, le disputó el trono alemán, pero fue derrotado en Mühldorf. Depuso al papa Juan XXII, por intentar impugnar su elección, invadió Italia y nombró al antipapa Nicolás V. Fue depuesto en 1347 y en su lugar fue elegido Carlos IV de Luxemburgo.

Luis I de Braganza (Lisboa 1838 - Cascais 1889) Rey de Portugal (1861-89). Hijo de María II y de Fernando de Sajonia-Coburgo, sucedió a su hermano Pedro V. Monarca ilustrado, abolió la esclavitud y desamortizó los bienes de la Iglesia, lo que provocó la sublevación del duque de Saldanha (1870). A partir de entonces apoyó al Partido Regeneracionista.

Luis I (o **II**) **el Germánico** (? 804 - Frankfurt del Main 876) Rey de los francos orientales (817-843) y de Germania (843-876). Hijo del emperador Luis el Piadoso, no satisfecho con el reparto que del imperio hizo su padre, se enfrentó, en unión de Carlos II el Calvo, a su hermano Lotario, al que derrotó (841). Por el tratado de Verdún (843) le correspondió Germania. Muerto Lotario, Carlos el Calvo y Luis se repartieron Lotaringia, y a este último correspondió parte de Frisia, la Alsacia y la Lorena.

Luis I el Grande (Visegrad 1326 - Nagyszombat 1382) Rey de Hungría (1342-82) y de Polonia (1370-82). Hijo de Carlos Roberto de Anjou, para vengar la muerte de su hermano Andrés se apoderó del reino de Sicilia (1347), pero tuvo que abandonarlo. Favoreció a la nobleza y ayudó a su tío Casimiro III de Polonia en su lucha con los lituanos. Venció a los serbios y a los venecianos. Sucedió a su tío como rey de Polonia.

Luis Felipe I (París 1773 - Claremont, Gran Bretaña 1850) Rey de Francia (1830-48). Hijo de Luis Felipe de Orleans y Luisa de Borbón, fue alzado al trono por la alta burguesía, que fue la beneficiaria de su reinado. Tuvo que reprimir movimientos legitimistas, bonapartistas y republicanos. Su absolutismo al modificar el régimen electoral provocó la revolución liberal de 1848, que derribó la monarquía y estableció la república. Luis Felipe se refugió en Gran Bretaña. ***Arte*** **estilo Luis Felipe** Estilo artístico y decorativo que se desarrolló durante el reinado de Luis Felipe. Tiene muchas similitudes con el estilo isabelino español y se caracteriza por una influencia inicial neogótica y renacentista, que en un segundo periodo es desplazada por la tradición barroca y rococó.

Luisa de Guzmán (Sanlúcar de Barrameda h. 1613 - Xabregas, Lisboa 1666) Reina de Portugal (1640-62), por su matrimonio con Juan IV de Braganza. A la muerte de éste, fue regente (1656-62) en nombre de su hijo Alfonso VI.

Luisa de Saboya (Pont-d'Ain 1476 - Grez-sur-Loing 1531) Regente de Francia. Hija de Felipe I, duque de Saboya, de su matrimonio con Carlos de Valois, conde de Angulema, tuvo dos hijos: Margarita, que fue reina de Navarra, y Francisco I, rey de Francia, al que sustituyó en el gobierno durante sus ausencias. En 1529 participó en la paz de Cambrai.

Luisiana (*Louisiana*) Estado de EE UU, situado en el S del sector central del país, a orillas del golfo de México. 123.677 km^2. 4.238.200 h. en 1990. La capital es Baton Rouge, con 234.000 h. en 1989. Su territorio está formado por una gran llanura aluvial en torno al río Mississippi y a su afluente Red River; la costa es baja y pantanosa y en ella se encuentra el delta del Mississippi. Sus recursos económicos proceden de la agricultura de arroz, caña de azúcar, naranjas y algodón, la ganadería caballar, la producción de petróleo, gas natural y azufre y la industria azucarera, conservera, maderera, papelera, petroquímica, metalúrgica (aluminio), alcoholera y peletera. El principal centro urbano es Nueva Orleans, con 528.600 h. en 1989. Las costas de Luisiana fueron exploradas por Alonso Álvarez de Pineda en 1519 y el curso del río Mississippi remontado por Hernández de Soto en 1541. La región no fue colonizada permanentemente por los españoles, lo que permitió a Cavelier de La Salle, en la primera mitad del s. XVII, tomar posesión en nombre del rey francés Luis XIV, en cuyo honor recibió su nombre. La colonización francesa se llevó a cabo por medio de monopolios comerciales concedidos por la Corona. En 1721 España ocupó la Luisiana occidental y en 1762 la Luisiana oriental fue cedida al Reino Unido. El tratado de San Ildefonso de 1800 y el acta de Aranjuez de 1801 devolvieron Luisiana a Francia. En 1803 Napoleón la vendió a EE UU por el valor de 80 millones de francos.

lujar *v. tr. amer.* **1.** Alisar, pulir, especialmente la suela del calzado. **2.** *Amér. C., Ec.* Lustrar los zapatos, darles brillo.

lujo *s. m.* **1.** Gran riqueza y comodidad. **2.** Aquello que resulta muy caro y que no es de primera necesidad. **3.** Abundancia de cosas que enriquecen, adornan, etc., algo. ‖ **4. impuesto de lujo** El que recae sobre artículos o propiedades que no se consideran imprescindibles. **5. lujo asiático** El máximo o excesivo.

lujoso, sa *adj.* Con lujo. **FAM.** Lujosamente.

lujuria *s. f.* **1.** Deseo o actividad sexual exagerada. **2.** Abundancia o exceso de algo, especialmente de vegetación.

lujuriante *adj.* Se aplica a la vegetación cuando es muy abundante.

lujurioso, sa *adj.* **1.** Inclinado a la lujuria. También *s.* **2.** Que muestra o provoca lujuria. **FAM.** Lujuriosamente.

Lukács, György (Budapest 1885 - íd. 1971) Filósofo húngaro. Miembro del Partido Comunista de su país desde 1918, ocupó el cargo de ministro de Educación en los gobiernos de Bela Kun (1919) e Imre Nagy (1956). La invasión soviética en 1958 provocó su deportación a Rumania; regresó a Budapest, donde se reintegró a la docencia y fue rehabilitado en 1970. Interesado por la estética desde su juventud, la estudió desde un enfoque marxista y sustituyó el idealismo estético, vigente en la época, por un concepto dialéctico del arte, ligado a las contradicciones de la sociedad. Muy influido por Hegel, interpretó a Marx en un sentido humanista. Entre sus obras más importantes se hallan *Teoría de la novela* (1916), *Historia y conciencia de clase* (1923), *El asalto a la razón* (1954) y *Estética* (1965).

Lukasiewicz, Jan (Lvov 1878 - Dublín 1956) Filósofo polaco. Miembro del Círculo de Varsovia, su formulación de la lógica trivalente abrió camino a la lógica polivalente. Realizó investigaciones en metalógica y en historia de la lógica, en la que destaca por haber emprendido el primer estudio global sobre silogística aristotélica. Muchos de sus trabajos están recogidos en *Estudios de lógica y filosofía* (1961). Es asimismo autor de *La silogística de Aristóteles* (1951).

lulismo *s. m.* Doctrina de Ramón Llull, especialmente en lo que respecta a su sistema lógico para el descubrimiento de la verdad. Durante la Edad Media se extendió por Occidente. Dichas teorías, de carácter marcadamente neoplatónico, fueron rebatidas por el maestro de la universidad de París, Juan Gerson, e influyeron posteriormente en la obra de autores como Nicolás de Cusa y Leibniz.

Lully, Jean-Baptiste (Florencia 1632 - París 1687) Compositor francés de origen italiano. Nombrado compositor del rey Luis XIV, fue creador del clasicismo francés y su influencia llegó hasta el punto de imponer los criterios del gusto musical en la Francia del s. XVII y parte del XVIII. Especialmente hábil en la instrumentación y orquestación, fue el creador del arte dramático lírico francés y de la forma musical conocida como *obertura francesa*, que consiste en un movimiento rápido precedido y continuado por otros dos movimientos lentos. Escribió música para ballet-comedias en colaboración con Molière y Corneille y obtuvo del rey el derecho exclusivo para la realización de representaciones líricas en París. Su *Cadmo y Hermione* (1673) es considerada la primera ópera francesa; a ella siguieron otras como *Alceste* (1674) y *Acis y Galatea* (1686). Entre sus colaboraciones con Molière destacan *Matrimonio a la fuerza* (1664) y *El burgués gentilhombre* (1670). De sus composiciones religiosas merecen especial mención *Miserere* (1664) y *Te Deum* (1677).

lulú *s. m.* Perro de pelo largo y abundante, cabeza triangular, hocico afilado y orejas rectas, de tamaño y constitución diversos según los tipos.

luma *s. f. Chile.* Árbol de la familia mirtáceas, especie *Myrtus luma.* Su madera es dura y produce un fruto que se emplea para dar sabor a la chicha.

lumaquela *s. f.* Roca sedimentaria calcárea, formada por la acumulación de conchas fósiles, generalmente de moluscos, gasterópodos y lamelibranquios. Tras experimentar metamorfismo, puede dar lugar a mármoles y también almacenar petróleo o gas natural. Su color dependerá de los óxidos que contenga. Se usa como piedra decorativa.

lumbago *s. m.* Dolor en la parte baja de la espalda. De difícil tratamiento, puede deberse a muchas causas, como artritis, reuma, hernia de disco, etc. Es recomendable reposo y calor local.

lumbar *adj.* **1.** Se aplica a la zona del cuerpo comprendida entre las últimas costillas y la cresta iliaca, así como a los vasos sanguíneos, nervios, etc., propios de esta zona. ‖ **2. punción lumbar** Punción del conducto raquídeo entre la tercera y cuarta vértebra lumbar para extraer líquido cefalorraquídeo, con fines terapéuticos o de análisis. **3. vértebra lumbar** Cada una de las cinco situadas entre la duodécima vértebra dorsal y el sacro.

lumbre *s. f.* **1.** Fuego hecho con carbón, leña, etc., con algún fin. **2.** Lugar donde se hace fuego en las cocinas. **3.** Cualquier cosa con que se enciende o prende otra. **4.** Luz o brillo de algo, especialmente referido al de los ojos.

lumbrera *s. f.* **1.** Cualquier cuerpo o materia que produce luz. **2.** *fam.* Persona muy inteligente y culta. **3.** Abertura o escotilla acristalada para proporcionar iluminación.

lumen *s. m.* Unidad de flujo luminoso en el Sistema Internacional. Equivale al emitido por una fuente luminosa de una candela de intensidad dentro de un ángulo sólido de un estereorradián. Su símbolo es *lm.*

Lumet, Sidney (Filadelfia 1924) Director cinematográfico estadounidense. Empezó como actor de teatro, de radio y de televisión. En 1957 dirigió *Doce hombres sin piedad* (*Twelve angry men*), su primer filme. En sus películas aborda el tema de la lucha del hombre con un mundo hostil. Destacan entre ellas *Piel de serpiente* (*The fugitive kind*, 1960), *Punto límte* (*Fail safe*, 1964), *Sérpico* (1973) y *Veredicto final* (1982).

Lumière, Auguste (Besançon 1862 - Lyon 1954) y su hermano **Louis** (Besançon 1864 - Bandol 1948) Químicos e industriales franceses. Son los inventores de uno de los primeros sistemas de fotografía en movimiento, que llamaron *cinematógrafo.* Su obra *La salida de los obreros de la fábrica Lumière* (1895) fue la primera película comercial de la historia del cine.

Auguste y Louis Lumière: fotograma de la película La salida de los obreros de la fábrica Lumière.

luminaria *s. f.* **1.** Luz o conjunto de luces que se ponen en las calles, balcones, etc., durante las fiestas. Se usa mucho en *pl.* **2.** En las iglesias, luz que alumbra permanentemente el sagrario.

lumínico, ca *adj.* Perteneciente o relativo a la luz.

luminiscencia *s. f.* Fenómeno por el cual un cuerpo emite luz tras absorber energía de otra radiación. Sus formas más características son la fluorescencia y fosforescencia. A diferencia de la incandescencia, el cuerpo que emite la luz no tiene una temperatura elevada. Los cuerpos que verifican este fenómeno contienen iluminadores ópticos, es decir, sustancias que emiten luz azul o de otros colores, cuando se exponen a radiaciones como la ultravioleta. También algunos animales, como la luciérnaga y ciertas especies de peces abisales marinos, producen sustancias capaces de emitir una luz amarillo-verdosa.

luminiscente *adj.* **1.** Perteneciente o relativo a la luminiscencia. **2.** Que posee luminiscencia.

luminista *adj.* Se aplica al pintor que da a su obra una gran luminosidad, así como a esta obra y a la técnica utilizada.

luminosidad *s. f.* Cualidad de luminoso.

luminoso, sa *adj.* **1.** Perteneciente o relativo a la luz o que la despide. **2.** Se aplica al cartel o letrero cuyas letras, símbolos, etc., emiten luz. También *s. m.* **3.** Que tiene mucha luz natural. **4.** Se aplica a los colores claros y brillantes, que dan sensación de luz, así como a las cosas que los tienen. **5.** Alegre, vivo. **6.** Aplicado a ideas, explicaciones, etc., muy claras y acertadas. **FAM.** Luminosamente.

luminotecnia *s. f.* Técnica de la iluminación con luz artificial y de la aplicación de sus efectos con fines industriales y artísticos. **FAM.** Luminotécnico.

lumpen *s. m.* **1.** *apoc.* de **lumpenproletariado**. **2.** Grupo social formado por los individuos más marginados dentro de una sociedad urbana, como mendigos, delincuentes, prostitutas, etc. ‖ *adj.* **3.** Perteneciente o relativo a este grupo social.

lumpenproletariado *s. m.* Término creado por Karl Marx para definir a los estratos sociales más bajos, marginados del proceso de producción y carentes de conciencia obrera.

Lumumba, Patrice Émery (Katako-Kombé, Kasai 1925 - Elisabethville, Katanga 1961) Político congoleño. En 1958 participó en la fundación del Movimiento Nacional Congoleño, del que fue elegido presidente al año siguiente. En 1960 fue detenido, pero obtuvo la libertad para asistir a la conferencia de Bruselas, donde se decidió la independencia del Congo, del que fue elegido primer ministro ese mismo año. Partidario de un Estado unitario que superara las diferencias tribales, se enfrentó a Kasavubu, que defendía el federalismo. Ante la secesión de la provincia de Katanga, dirigida por Tshombé, pidió ayuda a la ONU. Fue detenido tras el golpe de Estado del coronel Mobutu y entregado a Tshombé, que ordenó su ejecución.

luna *s. f.* **1.** Único satélite natural de la Tierra, que gira alrededor de ésta y que refleja la luz del Sol. ▪ Con este significado se escribe con mayúscula y va precedido del artículo *la.* **2.** Luz nocturna que refleja este satélite. **3.** Satélite natural de cualquier planeta. **4.** Lunación*. **5.** Lámina de cristal, especialmente la de escaparates. **6.** Espejo, sobre todo el de un armario. **7.** Manía pasajera, cambio brusco de humor. ‖ **8. luna de miel** Primeros meses del matrimonio; viaje que suelen hacer los novios después de su boda. **9. media luna** Figura de luna creciente o menguante y, p. ext., cualquier objeto, imagen, etc., que tiene esta figura. Es el símbolo del Islam. ‖ **LOC. a la luna de Valencia** *adv. fam.* Sin dinero u otra cosa material; también, sin enterarse de nada. **estar en la luna** *fam.* Estar distraído, sin darse cuenta de lo que pasa. **pedir la luna** *fam.* Pedir una cosa imposible o irrealizable.

Astron. La Luna dista de la Tierra aproximadamente 384.400 km. Su diámetro es de 3.476 km, la cuarta parte del de la Tierra, aunque su tamaño, en proporción a nuestro planeta, es grande si lo comparamos con el de otros satélites respecto a sus planetas en el Sistema Solar. Carece de una atmósfera gaseosa y de agua, lo que unido a sus bruscos cambios de temperatura (de 100 °C al mediodía a 150 °C bajo cero por la noche) impide la existencia de organismos vivos. Su periodo de rotación es de 27 días, 7 horas, 43 minutos y 11 segundos, exactamente el mismo tiempo que invierte en completar un giro en torno a la Tierra, por lo que siempre presenta la misma cara. Por su posición relativa respecto al Sol, cuya luz refleja, recorre cuatro fases a lo largo del mes lunar: **luna nueva**, en que está iluminada la cara oculta y aparece oscura a nuestros ojos; **cuarto creciente**, en que se va iluminando su parte derecha; **luna llena**, cuando está plenamente iluminada, y **cuarto menguante**, en que la luz solar va decreciendo en su parte izquierda, hasta volver a luna nueva. Al periodo de rotación de la Luna en torno a la Tierra se le llama *mes sideral*, y al periodo que media entre una luna nueva y la siguiente se le llama *mes lunar* o *sinódico.*
La superficie lunar presenta diversos accidentes: los mares, que percibimos como manchas oscuras y que son grandes llanuras de lava solidificada; los cráteres, grandes circos producidos por el impacto de meteoritos, que aparecen en gran número debido a la ausencia de una atmósfera que disminuya su efecto y a la falta de erosión, y las cadenas montañosas, de gran aspereza al no haber sido erosionadas por el agua y el viento. La interposición directa de la Luna entre el Sol y la Tierra produce un eclipse solar; cuando es la Tierra la que se interpone entre el Sol y la Luna se produce un eclipse lunar.

Luna, Álvaro de (Cañete, Cuenca h. 1390 - Valladolid 1453) Condestable de Castilla. Fue el valido del rey Juan II y quien rigió los destinos de Castilla durante todo su reinado. Sufrió la hostilidad permanente de los infantes de Aragón, que provocaron su destierro desde 1427 hasta 1430. Combatió a los musulmanes, a los que venció en Higueruela (1431). Fue desterrado nuevamente a Escalona en 1439, pero derrotó a los nobles hostiles en Olmedo (1445) y recuperó el gobierno de Castilla. Acumuló grandes beneficios, lo que acentuó el odio de sus enemigos que, finalmente, lograron del rey la firma de su pena de muerte. Fue degollado públicamente en Valladolid.

Luna, Pablo de (Alhama de Aragón 1880 - Madrid 1942) Compositor español. Es autor de numerosas zarzuelas, entre las que sobresalen *Molinos de viento* (1911), *Los cadetes de la reina* (1913), *El asombro de Damasco* (1916), *El niño judío* (1918) y *La pícara molinera* (1928).

Luna, Pedro de Véase **Benedicto XIII**.

Luna Pizarro, Javier de (Arequipa 1780 - ? 1855) Eclesiástico y político peruano. Partidario de la independencia, presidió el primer Congreso Constituyente (1822-23). En 1827 fue nuevamente presidente del Congreso Constituyente y apoyó la elección del liberal La Mar (1928). En 1845 fue nombrado arzobispo de Lima.

lunación *s. f.* Tiempo que existe entre una conjunción de la Luna con el Sol y la siguiente. Su duración es de 29 días, 12 horas, 44 minutos y 2,8 segundos.

lunar *adj.* **1.** Perteneciente o relativo a la Luna. ‖ *s. m.* **2.** Pequeña mancha oscura y redondeada que aparece en la piel por acumulación de células de melanina. **3.** Pequeña mancha que presentan algunos animales en la piel, formada por pelos de distinto color que el resto. **4.** En las telas, dibujo en forma de círculo de color distinto al del tejido. **5.** Defecto o falta poco importante.

lunario, ria *adj.* **1.** Perteneciente o relativo a las lunaciones. ‖ *s. m.* **2.** Calendario de las fases de la Luna.

lunático, ca *adj.* Loco, maniático, extravagante. También *s.*

lunch (voz ingl.) *s. m.* Comida ligera, especialmente la que se hace como almuerzo al mediodía; en España se usa más para referirse a la comida que se ofrece a los invitados a una fiesta, celebración, etc.

Lundkvist, Artur (Oderljunga, Escania 1906) Poeta sueco. Divulgador de las vanguardias literarias en su país, resalta en su poesía un retorno a la naturaleza y a lo primitivo. Algunas de sus obras más características son *Brasas* (1928), *Costa negra* (1933), *Vía crucis* (1942), *Poemas entre el animal y Dios* (1944) y *Textos sobre la nieve* (1964).

lundú *s. m.* Canción y danza brasileña, de origen africano. En sus orígenes fue un baile que se celebraba después de la cosecha.

lunes *s. m.* Primer día de la semana.

luneta *s. f.* **1.** Cristal trasero de los automóviles. **2.** Cada uno de los cristales de las gafas. **3.** En los antiguos teatros, fila de butacas más cercana al escenario. **4.** Luneto*. **5.** En los teatros, patio de butacas. ‖ **6. luneta térmica** En algunos automóviles, la que está provista de un dispositivo que, mediante el calor, elimina el vaho del cristal.

luneto *s. m.* Pequeña bóveda semiesférica abierta en otra más grande para iluminar el interior.

lunfa *s. m. Arg.* Ladrón.

lunfardo, da *adj.* **1.** *Arg.* Perteneciente o relativo al mundo de los ladrones. ‖ *s. m.* **2.** Jerga hablada por los delincuentes en los barrios bajos de Buenos Aires; algunas de sus palabras han pasado al lenguaje común de la zona rioplatense. **3.** *Arg., Perú, Urug.* Lunfa, ladrón.

lúnula *s. f.* **1.** Parte de la raíz de la uña, de color blanquecino, que forma una media luna. **2.** Figura de media luna que forman dos arcos al cortarse.

lupa *s. f.* Lente de aumento, generalmente sujeta a un soporte o mango. La lupa es una lente biconvexa que produce una imagen virtual, derecha y ampliada de los objetos. La ampliación o aumento del tamaño de la imagen respecto al objeto es tanto mayor cuanto más se aproxima el objeto al foco de la lente. ‖ **LOC. con lupa** *adv.* Con verbos como *mirar, examinar*, etc., hacerlo con mucha atención, fijándose en todos los detalles.

La Luna. Las regiones oscuras son llanuras de lava solidificada y reciben impropiamente el nombre de mare, que significa 'mar' en latín.

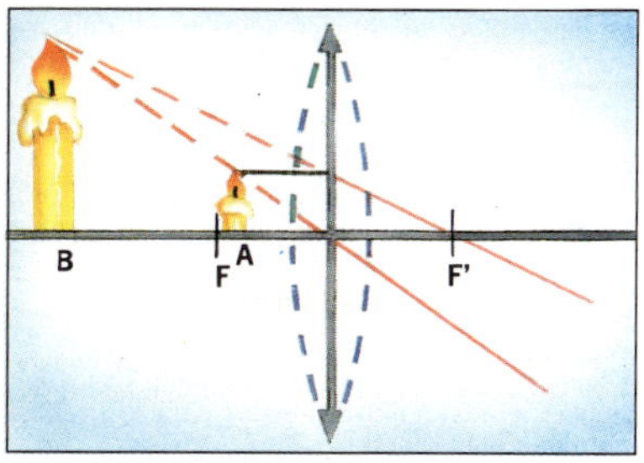

Esquema de la formación de la imagen en una lupa: F y F' son los focos, A el objeto y B la imagen.

lupanar *s. m.* Prostíbulo, burdel.

lupino, na *adj.* Perteneciente o relativo al lobo.

Lupino, Ida (Londres 1918) Actriz cinematográfica estadounidense de origen británico. Consiguió su primer éxito en el filme *En tinieblas* (*The light that failed*, 1939). Otras interpretaciones que merecen recordarse son las de las películas *El último refugio* (*High sierra*, 1941), *El lobo de mar*

(1941), *Predilección* (1946), *La casa de las sombras* (*On dangerous ground*, 1952) y *Mientras Nueva York duerme* (*While the city sleeps*, 1956). También produjo y dirigió algunos filmes, como *El bígamo* (1953).

lúpulo *s. m.* Planta herbácea trepadora de la familia cannabáceas, especie *Humulus lupulus*. Alcanza de 2 a 5 m de altura, tiene hojas perennes, lobuladas y con disposición opuesta, flores con sexos separados y fruto en forma de estróbilo. Se cultiva en el hemisferio norte y contiene una sustancia resinosa de color amarillento, el lupulino, que se usa para dar aroma a la cerveza.

Lúpulo (Humulus lupulus) *y detalle de la flor macho, arriba, y de la flor hembra, abajo.*

Luque, Hernando de (Olvera, Cádiz ? - Panamá 1532) Eclasiástico español. Pasó a Panamá con la expedición de Pedrarias Dávila (1514). Amigo de Francisco Pizarro, se asoció con él y con Diego de Almagro en la empresa de la exploración del Perú (1526) y posteriormente medió en las disputas entre ambos. En las capitulaciones de Toledo (1529) fue nombrado obispo de Túmbez y protector de los indios.

Luria, Alexander (Kazán 1902 - Moscú 1977) Neurólogo y psicólogo soviético. Estudió la influencia de las lesiones cerebrales en los trastornos del lenguaje. Es autor de *Cerebro y lenguaje* (1947), *Neuropsicología de la memoria* (1973) y *Problemas fundamentales de neurolingüística* (1975), entre otras obras.

Luria, Salvatore Edward (Turín 1912 - Lexington, Kentucky 1991) Bioquímico estadounidense de origen italiano. En 1940, debido a la Segunda Guerra Mundial, se trasladó a EE UU. Pionero de la ingeniería genética, investigó el código genético y descubrió las enzimas de restricción, que pueden desplazar una molécula de ADN. En 1969 obtuvo el premio Nobel de medicina, compartido con Max Delbrück y Alfred Day Hershey.

Lusaka C. de Zambia, cap. del país, situada en el SE de su territorio. 870.000 h. en 1988. Es un centro administrativo y comercial y nudo de transportes, que cuenta con industria alimentaria, textil, de construcciones mecánicas y cementera.

Lusiadas, Os Epopeya del poeta portugués Luis de Camoens, publicada en 1572. Está dividida en diez cantos, que narran las hazañas y descubrimientos de los navegantes portugueses en las Indias orientales, entremezclando elementos históricos, mitológicos y legendarios. Constituye la epopeya nacional portuguesa.

Lusinchi, Jaime (Clarines 1924) Político venezolano. Fue miembro fundador del Partido Acción Democrática, cuya secretaría general ocupó en 1981. En 1983 ganó las elecciones presidenciales con una gran mayoría. Durante su mandato (1984-89) llevó a cabo una política económica austera, buscando el saneamiento de la economía y la renegociación de la deuda externa, y con otros dirigentes americanos impulsó medidas internacionales para la pacificación de Centroamérica.

Lusitania Antigua provincia romana de Hispania, que comprendía todo el Portugal actual al S del Duero y Extremadura. Fue conquistada por Roma tras largas luchas contra caudillos como Viriato. Su capital estuvo en Ulissipo (Lisboa), hasta que Augusto la trasladó a Emerita (Mérida) el 25 a. C. Después de la caída del imperio romano de Occidente, continuó siendo una división administrativa del reino visigodo.

lusitano, na *adj.* **1.** De Lusitania. También *s.* **2.** Portugués.

luso, sa *adj.* Portugués.

lustrabotas o **lustrador** *s. m. amer.* Limpiabotas.

lustrar *v. tr.* **1.** Dar brillo a una cosa frotándola con insistencia. **2.** *amer.* Limpiar los zapatos.

lustre *s. m.* **1.** Brillo, especialmente el que es resultado de limpiar o abrillantar. **2.** Prestigio, distinción.

lustrín *s. m. Chile.* Limpiabotas.

lustro *s. m.* Periodo de tiempo de cinco años.

lustroso, sa *adj.* **1.** Que tiene lustre o brillo. **2.** De aspecto sano. **FAM.** Lustrosamente.

lutecio *s. m.* Lu. Elemento químico perteneciente al grupo de los lantánidos del sistema periódico. Su número atómico es 71 y su masa atómica 174,97. Fue descubierto por Georges Urbain en 1907. Es un metal que forma diversas sales insolubles, como fluoruros, carbonatos y fosfatos. Se encuentra, junto a otros elementos de su grupo, en minerales como la gadolinita y la monacita en yacimientos de Australia, EE UU, Brasil, India y República Sudafricana. Se usa en la industria metalúrgica como captador de impurezas.

luteranismo *s. m.* Doctrina religiosa enunciada y desarrollada por Martin Lutero. Se trata de un movimiento reformista iniciado por Martin Lutero a consecuencia de los abusos de poder y del estado general de corrupción en el que había caído la Iglesia de Roma a finales de la Edad Media, lo que le llevó a sostener un enfrentamiento con el papado que concluyó con una ruptura definitiva. Sus principios están contenidos en la *Confesión de Augsburgo* (1530), redactada por Melanchthon y aprobada por el propio Lutero. Surgió en Alemania en 1526 y pronto se extendió a los países escandinavos. Fue protegida por los príncipes alemanes, que la adoptaron en su lucha contra los Austrias. Sus principales elementos doctrinales son: la confianza en el magisterio de las *Sagradas Escrituras*, que se interpretan mediante el libre examen; el valor de la fe como elemento de salvación, por lo que se hace innecesaria la mediación de los oficios sacerdotales entre Dios y el individuo; el rechazo del sometimiento a la jerarquía eclesiástica; la reducción de los sacramentos al bautismo, la eucaristía y la penitencia subjetiva; la negación de la existencia del purgatorio, así como de la validez de las indulgencias. En la actualidad, el luteranismo es una de las más importantes confesiones protestantes y es practicado por millones de fieles en todo el mundo.

luterano, na *adj.* **1.** Perteneciente o relativo a Martin Lutero. **2.** Que profesa el luteranismo. También *s.*

Martin Lutero. Cuadro de Lucas Cranach (Galería de los Uffizi, Florencia).

Lutero, Martin (Eisleben, Turingia 1483 - íd. 1546) Reformador religioso alemán. Ingresó en el convento de los agustinos de Erfurt en 1505, se ordenó sacerdote en 1507 y se doctoró en teología en 1511. Después de un viaje a Roma y una vez establecido en Wittenberg, atacó la venta de indulgencias y muchos otros puntos de la doctrina católica en 95 tesis, que fijó en las puertas de la iglesia del castillo de Wittenberg en 1517; rechazó la autoridad del papa y la jerarquía, el celibato eclesiástico, el culto a los santos y la misa. Fue excomulgado en 1520 por la bula papal *Exsurge Domine*, que quemó en la plaza pública de Wittenberg, y en la dieta de Worms (1521) se negó a retractarse de sus ideas. Recibió la hospitalidad del elector Federico de Sajonia y se refugió en el castillo de Wartburg, donde tradujo los *Evangelios* al alemán; posteriormente tradujo la *Biblia* (1534), dando a la lengua literaria alemana su primera gran obra. Junto con Melanchthon inició la Reforma protestante en Alemania. En Augsburgo, Melanchthon redactó una profesión de fe que, aprobada por Lutero, se convirtió en la doctrina oficial del protestantismo (1530). Pasó los últimos años de su vida luchando contra los adversarios de su doctrina. Entre sus escritos destacan el *Manifiesto a la nobleza cristiana de Alemania*, *La cautividad de Babilonia* y *De la libertad del cristiano*, publicados en 1520, que junto al *Catecismo* (1529) y la ya citada *Confesión de Augsburgo* (1530) componen la base doctrinal de la Iglesia protestante.

luto *s. m.* **1.** Situación en la que se manifiesta el dolor por la muerte de una persona o por otra desgracia a través de una determinada forma de vestir, o de ciertas formas sociales, como p. ej. el no celebrar festejos, colocar la bandera a media asta, etc. **2.** Ropa de color negro en Europa, o cualquier signo exterior que indica que se está en esa situación. **3.** Periodo de tiempo durante el que se lleva esta ropa o se conservan estos signos. **4.** Tristeza, pesar. ‖ *pl.* **5.** Cintas, colgaduras, etc., que se ponen como señal de dolor en las ceremonias de los funerales, entierros, etc. ‖ **6. medio luto** El que no es riguroso y se manifiesta en la ropa al utilizar colores más claros, como el gris, el malva o negro con blanco.

Luton C. del Reino Unido, en Inglaterra, situada en el condado de Bedfordshire, al N de Londres. 164.750 h. en 1981. Es un importante centro de la industria automovilística, aeronáutica, eléctrica, electrónica y textil.

Lutoslawski, Witold (Varsovia 1913) Compositor polaco. Su música se caracteriza por la experimentación con distintos estilos y técnicas: ha realizado obras politonales y cultivado el neoclasicismo, el atonalismo serial y la música aleatoria. Se convirtió en la fuerza impulsora de la generación de nuevos compositores polacos desde 1956. Es autor de *Variaciones sinfónicas* (1938), *Variaciones sobre un tema de Paganini* (1941) y *Tres poemas de Henri Michaux* (1963).

lux *s. m.* Unidad de intensidad de iluminación en el Sistema Internacional. Equivale a la iluminación que recibe una superficie de un m^2 cuando sobre ella incide uniformemente un flujo luminoso de un lumen. Su múltiplo es el *fot*, que equivale a 10.000 lux.

luxación *s. f.* Dislocación de un hueso.

luxar *v. tr.* Dislocar un hueso. Se usa más como *v. prnl.*

Luxemburg, Rosa (Zamosc, Polonia 1870 - Berlín 1919) Revolucionaria alemana de origen polaco. Hija de una familia judía, se afilió muy joven al Partido Revolucionario Socialista. Mediada la década de los noventa ingresó en el Partido Socialdemócrata alemán, donde desarrolló una amplia labor teórica dentro de su ala izquierda. En 1913 apareció su principal obra, *La acumulación del capital*, en la que realiza un análisis del capitalismo en su fase imperialista. A raíz del voto a los créditos de guerra por la socialdemocracia alemana, abandonó la organización y fundó con Karl Liebknecht en 1915 la Liga Espartaquista, opuesta a la guerra y partidaria de la revolución proletaria. En 1918 fundó el Partido Comunista alemán, que protagonizó en 1919 una insurrección armada en Berlín; Rosa Luxemburg la apoyó pese a considerarla prematura y aventurada, y en ella fue arrestada, y muerta junto a Liebknecht mientras eran conducidos a prisión. El eje de su pensamiento político es la defensa de la capacidad espontánea de la clase obrera para la acción revolucionaria y la crítica a las tesis de Lenin sobre la necesidad de un partido cerrado y disciplinado que dirija el proceso.

Luxemburgo (en fr. *Luxembourg*) C. del Gran Ducado de Luxemburgo, cap. del país, situada en el centro del sector S de su territorio. 74.400 h. en 1990. Es una ciudad administrativa, comercial y financiera que cuenta con industrias metalúrgicas, químicas, textiles y alimentarias. Fue fundada en el s. X en torno a un castillo erigido por el conde Sigfrido.

Luxemburgo, Gran Ducado de (en fr. *Luxembourg*, en al. *Luxemburg*) Estado de Europa occidental.

Geog. física El territorio luxemburgués comprende dos unidades bien diferenciadas: en el N se encuentra el altiplano de Osling, perte-

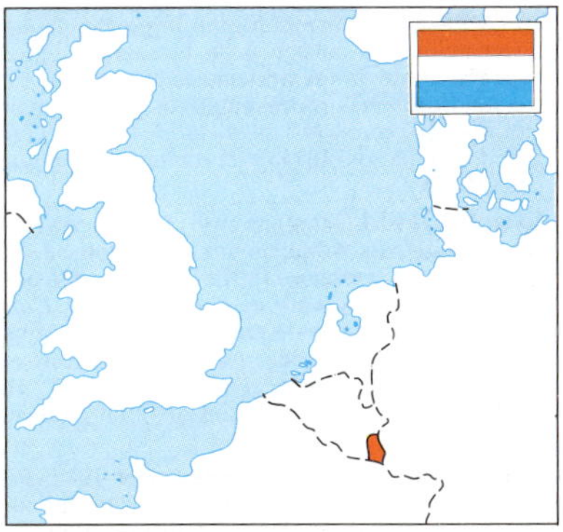

Extensión: 2.586 km^2.
Límites: al N, con Bélgica; al E, con Alemania; al S, con Francia, y al O, con Bélgica.
Población: 379.000 h. en 1990.
Densidad: 146,6 h./km^2.
Capital: Luxemburgo.
División administrativa: 3 distritos.
Ciudades principales: Esch-sur-Alzette, Dudelange, Differdange.
Gentilicio: luxemburgués.
Forma de Estado: monarquía constitucional.
Idioma: francés y alemán.
Religión: catolicismo, 93 %; protestantismo, 1,3 %.
Moneda: franco luxemburgués.
Tasa de natalidad: 12 ‰ en 1990.
Tasa de mortalidad: 11 ‰ en 1990.
Renta per cápita: 24.860 dólares en 1989.

ciente a la meseta de las Ardenas, recorrido por el río Sauer, con vegetación de bosque de coníferas y prados; en el S se halla el Gutland, que se extiende por el borde de la cuenca de Lorena y que es una región de relieves en cuesta y amplios valles, con suelos fértiles. Tiene un clima oceánico de transición hacia el continental. El río más importante es el Mosela.

Geog. humana y ***económica*** La población, urbana en un 78 %, tiene una mínima tasa de crecimiento y los emigrantes italianos, portugueses, franceses, belgas y alemanes representan casi un tercio del total. Los principales recursos agrícolas del país son la avena, trigo, arroz, centeno, patata, viña, frutales y flores; cuenta además con explotación forestal, ganadería bovina y yacimientos de hierro. La mayor importancia económica corresponde a la industria siderúrgica, aunque últimamente se ha buscado una mayor diversificación y es de destacar la fabricación de fibras, productos químicos y plásticos.

Hist. El condado de Luxemburgo fue creado en el 963 tras la desmembración de la Lotaringia y perteneció sucesivamente a los linajes Namur (1136) y Limburgo (1247). El conde Enrique VII fue elegido emperador germánico en 1308 y su nieto, el emperador Carlos IV, convirtió el condado en ducado y lo entregó a su hermano Wenceslao en 1354. En 1441 pasó a manos de Felipe el Bueno, duque de Borgoña, y fue incorporado al estado borgoñón.

Recibido en herencia por el emperador Carlos V y transmitido a su hijo Felipe II en 1555, permaneció en manos de España hasta 1714 en que, por el tratado de Rastatt, fue cedido a Austria. En 1795 fue conquistado por Francia, pero tras la derrota napoleónica quedó bajo administración del rey de los Países Bajos, que lo erigió en Gran Ducado, pasando a integrarse en la Confederación Germánica. En 1831 fue dividido en dos partes, bajo soberanía de Bélgica y los Países Bajos respectivamente. El tratado de Londres de 1867 lo declaró estado neutral, gobernado desde 1890 por los descendientes de Adolfo de Nassau.

Fue invadido por Alemania en la Primera Guerra Mundial y terminada ésta, un referéndum en 1919 apoyó la monarquía de los Nassau. En 1940 fue ocupado por los ejércitos de Hitler; tras la Segunda Guerra Mundial, Luxemburgo concertó un pacto con Bélgica y Holanda, con los que formó el Benelux (1947). En 1949 se adhirió a la OTAN y en 1950 a la CEE. Los principales partidos son el Cristiano-social, que ha gobernado casi ininterrumpidamente desde el final de la Segunda Guerra Mundial, y el Socialista, que ocupó el poder entre 1974 y 1979. Desde 1964 el jefe del Estado es el gran duque Juan de Borbón Parma; tras las elecciones de 1989 fue designado presidente de gobierno Jacques Santer, del Partido Cristiano-social, en coalición con los socialistas.

Luxemburgo: vista parcial de la capital, levantada a orillas del río Alzette.

luxemburgués, sa *adj.* De Luxemburgo. También *s.*

Luxor: templo de Amón Ra y mezquita de Yusuf al-Hay-yay.

Luxor Templo egipcio, construido en Tebas (alto Egipto) h. 1380 a. C. por el faraón Amenofis III, de la XVIII dinastía, ampliado y embellecido por Ramsés II, de la XIX dinastía. Consta de un santuario, precedido por cuatro salas, en las que había estatuas de colosos. Estaba unido al de Karnak por una avenida de esfinges.

Luynes, Charles d'Albert, duque de (Pont-Saint-Esprit 1578 - Longueville 1621) Político francés. Se ganó la confianza de Luis XIII y, después del asesinato de Concini, instigado por él, y del exilio de la reina madre, María de Médicis, se convirtió en el verdadero gobernante de Francia (1617), aunque tras los tratados de Angulema (1619) y de Angers (1620) tuvo que aceptar la vuelta de la reina a la corte. Incorporó Bearn al reino (1620) y fracasó en su intento de implantar por la fuerza el catolicismo.

luz *s. f.* **1.** Forma de energía, emitida naturalmente por el Sol, algunos astros, etc., o producida artificialmente por diferentes medios, que ilumina las cosas y las hace visibles. **2.** Punto o dispositivo de donde parte. **3.** Corriente eléctrica. **4.** Reflejo que despiden algunos cuerpos, como cristales, piedras preciosas, etc. Se usa más en *pl.* **5.** Cualquier abertura hecha en un edificio para iluminarlo. **6.** Anchura interior de una puerta o ventana. **7.** Distancia que existe entre las jambas de un arco o entre dos soportes. **8.** Diámetro de un tubo o de cualquier otro cuerpo hueco y de forma más o menos cilíndrica. **9.** Persona o cosa que sirve de ejemplo y guía. **10.** Aclaración, ayuda. ‖ *pl.* **11.** *fam.* Inteligencia, sabiduría. ‖ **12. luz coherente** La luz monocromática producida por un foco luminoso puntual. **13. luz corta** (o **de cruce**) Aquella que lleva un vehículo y debe iluminar como mínimo una zona de 40 m por delante de éste. **14. luz de posición** La de un vehículo que permite conocer su posición en lugares poco iluminados. **15. luz infrarroja** Aquella cuya longitud de onda es superior a 0,0007 mm y, por tanto, no puede ser percibida por el ojo humano por medios naturales. **16. luz larga** (o **de carretera**) La que lleva un vehículo y debe iluminar al menos una zona de 100 m por delante de éste. **17. luz monocromática** La que tiene un único color, debido a su extremadamente estrecha gama de longitudes de onda. **18. luz negra** La producida por una radiación ultravioleta, p. ej. en una lámpara de mercurio provista de filtro opaco. **19. luz polarizada** Aquella cuya onda vibra en un solo plano. **20. luz selectiva** Luz amarillenta que carece de radiación azul o violeta. Se usa en los faros antiniebla. **21. luz ultravioleta** Aquella cuya longitud de onda es inferior a 0,0004 mm y, por tanto, no puede ser percibida por el ojo humano por medios naturales. **22. Siglo de las Luces** Nombre dado al s. XVIII por haberse desarrollado en él la Ilustración. ‖ **Loc. a la luz** Con verbos como *dar* o *salir*, dar a conocer o conocerse algo que permanecía oculto; también, publicar o publicarse una obra. **a la luz de** *adv.* Juzgando a partir de aquello que se expresa. **a todas luces** *adv.* Se mire como se mire, sin duda. **dar a luz** Parir una mujer. **entre dos luces** *adv.* Al amanecer o al anochecer; también, medio borracho.

Fís. La luz es una forma de energía, puesto que es capaz de cambiar las propiedades de los cuerpos y transformarse a su vez en otros tipos de energía. Los cuerpos que la emiten se denominan *fuentes luminosas*, y pueden ser naturales, como las estrellas, el fuego o ciertos animales, y artificiales, como las bombillas. Se propaga en línea recta, en todas direcciones y a una enorme velocidad, que alcanza los 300.000 km/s en el aire y en el vacío y los 225.000 km/s en el agua. Su naturaleza interesó al hombre desde la antigüedad. En el s. XVII Newton propuso la primera teoría científica sobre ella, conocida como *teoría corpuscular*, y la consideró como un flujo de pequeños corpúsculos o partículas emitidos por los cuerpos luminosos. Su hipótesis explicaba satisfactoriamente fenómenos como la propagación rectilínea y la reflexión, pero no conseguía en cambio aclarar otros, como el de la refracción. El holandés Huygens, contemporáneo de Newton, creó la *teoría* o *modelo ondulatorio de la luz*, que la describía como un fenómeno producido por ondas emitidas por los cuerpos luminosos. Como todo fenómeno ondulatorio tiene la propiedad de la refracción, se abandonó la teoría de Newton y se aceptó la de Huygens, que además fue corroborada por varios experimentos realizados en el s. XIX. La principal laguna de la teoría ondulatoria radicaba en que, si era cierta la hipótesis de que toda onda necesita para trasladarse un medio natural, quedaba entonces sin explicación convincente el hecho cierto de que la luz se propaga también en el vacío.

El descubrimiento en 1878 de las ondas electromagnéticas, que no necesitan ningún medio material para su propagación, solucionó el problema y desde entonces se consideró que la luz era un tipo de onda electromagnética. Pero el descubrimiento a fines del s. XIX del efecto fotoeléctrico cuestionó duramente la teoría ondulatoria: se comprobó que al incidir la luz sobre ciertas sustancias producía una descarga inmediata de electrones, cuando según la teoría de Huygens la sustancia sólo podía irradiar electrones después de un cierto tiempo.

A principios del s. XX, Max Planck propuso la *teoría cuántica*, según la cual la energía no pasa de un cuerpo a otro de forma continua, sino en pequeñas cantidades indivisibles, llamadas *cuantos*. Basándose en ella, Einstein elaboró un modelo para la luz aceptado hoy por la comunidad científica: la luz es una corriente de pequeñísimos cuantos de energía, llamados *fotones*, que al propagarse se comporta como una onda, ya que los fotones van tan juntos que se reparten de una forma continua.

VELOCIDAD DE PROPAGACIÓN DE LA LUZ EN DISTINTOS MEDIOS (en km/s)

Vacío	300.000
Aire	300.000
Agua	225.000
Alcohol	220.000
Fluorita	209.000
Cloruro de potasio	201.000
Sal común	200.000
Vidrio	198.000 a 182.000
Cuarzo	194.000
Diamante	125.000

Luzán, Ignacio (Zaragoza 1702 - Madrid 1754) Escritor español. Formado en el neoclasicismo, escribió una *Poética o reglas de la poesía en general y de sus principales especies* (1737). Aunque se basa en la poética de Aristóteles, su fuente más cercana es Boileau, así como otros tratadistas italianos y franceses. Proclama la necesidad de que la obra teatral cumpla con las tres unidades: de acción, de lugar y de tiempo, y reprocha a los autores dramáticos del Siglo de Oro español que se hayan olvidado de estas normas.

Luzbel Lucifer, príncipe de los ángeles rebeldes o demonios.

Luzón Isla de Filipinas, la más extensa, poblada y septentrional del archipiélago, situada entre el mar de la China Meridional y el océano Pacífico y separada de Formosa por el canal Bashi. 104.687 km^2. 29.357.000 h. en 1990. Es montañosa en su sector N, donde se alza el Sistema Central, y en el O, donde se eleva la Sierra Madre; en su sector central se halla la laguna de Bay, en cuya orilla se encuentra Manila, capital del país. Tiene un clima tropical húmedo, sometido a la acción de los monzones y de violentos tifones (baguíos). Está habitada por malayos (tagalos), mestizos y chinos. Sus principales recursos económicos proceden de la agricultura de arroz, nuez, coco y copra, caña de azúcar y tabaco. Cuenta también con yacimientos de hierro, cobre, manganeso y oro.

Lvov (en al. *Lemberg*, en polaco *Lwów*) C. de Ucrania, situada cerca de la frontera polaca. 790.000 h. en 1989. Posee industrias automovilísticas, de maquinaria agrícola, bicicletas, electrónica y alimentaria. Fue fundada en 1250.

Lwoff, André (Ainay-le-Château 1902) Biólogo francés. Fue profesor de microbiología en la Sorbona. En el Instituto Pasteur de París, juntamente con Jacques Monod y François Jacob, demostró que algunos genes tienen acción reguladora sobre otros genes. En 1965 estos tres científicos fueron distinguidos con el premio Nobel de medicina y fisiología.

Lyautey, Louis Hubert Gonzalve (Nancy 1854 - Thorey 1934) Militar francés. Combatió en Indochina, Madagascar y Argelia. Comisario residente general de Francia en Marruecos (1912-1916 y 1917-25) y ministro de la Guerra (1916-17), fue nombrado mariscal de Francia (1921).

lycra *s. f.* Tejido sintético, brillante y elástico con el que se confeccionan diversas prendas ajustadas, p. ej. medias, bañadores, etc. ■ Se escribe también *licra.*

Lyly, John (Canterbury h. 1554 - Londres 1606) Escritor inglés. Educado en Oxford, publicó en 1578 su célebre novela *Euphues o la anatomía del ingenio*, que dio nombre a un estilo preciosista y retórico, el eufuismo, cuyas características son el ingenio y la elegancia formal, y que influyó poderosamente en la prosa inglesa del primer tercio del s. XVII. En 1580 publicó una segunda parte, *Euphues y su Inglaterra*, donde exalta la figura de la reina Isabel. También escribió, para entretenimiento de la corte, algunos dramas, como *Endimión* (1591) y *La metamorfosis del amor* (1601).

Lynch, Benito (La Plata 1885 - íd. 1951) Escritor argentino. Sus novelas están ambientadas en La Pampa y conceden gran importancia a la descripción del paisaje y de los sentimientos, especialmente de los personajes femeninos. Entre sus libros más representativos pueden mencionarse *Los caranchos de la Florida* (1916), *El inglés de los güesos* (1924) y *El romance de un gaucho* (1933).

Lynch, David (Montana 1946) Director de cine estadounidense. Adquirió prestigio con su película *Cabeza borradora* (1972-76), lo que le permitió filmar *El hombre elefante* (1980) y *Dune* (1983), dos películas de gran impacto comercial. En *Terciopelo azul* (1985) puso de manifiesto su personal universo opresivo y angustioso. Ha realizado además *Corazón salvaje* (1990) y la serie televisiva *Twin Peaks*.

Lynch, John, llamado **Jack** (Cork 1917) Político irlandés. Miembro del Fianna Fail, fue ministro en varias ocasiones y primer ministro (1966-73). Firmó el tratado de adhesión de su país a la CEE (1972). El estallido de los disturbios en el Ulster dividió a su partido y le hizo perder las elecciones de 1973. Elegido nuevamente primer ministro (1977), dimitió en 1979.

Lynch, Marta (Buenos Aires 1925 - íd. 1985) Escritora argentina. En sus narraciones, notables por el estudio psicológico de sus personajes, está presente el ambiente de inseguridad y violencia vivido en su país. Algunos de sus títulos más característicos son *La alfombra roja* (1962), *Al vencedor* (1965), *La señora Ordóñez* (1968), *El cruce del río* (1972), *Un árbol lleno de manzanas* (1973) y *No te duermas, no me dejes* (1985).

Lynen, Feodor (Munich 1911) Bioquímico alemán. Investigador en el Instituto Max Planck de Munich, estudió los procesos metabólicos y consiguió aislar la acetilcoenzima A. En 1964 obtuvo el premio Nobel de medicina y fisiología, compartido con Konrad Emil Bloch, por sus descubrimientos sobre el metabolismo del colesterol y de los ácidos grasos.

Lyon C. de Francia, cap. de la región Rhône-Alpes, situada en la confluencia del Ródano y el Saona. 415.000 h. en 1990, 1.533.300 h. en el conjunto de su área metropolitana. Constituye un importante nudo de transportes, centro comercial e industrial, con producción fundamentalmente textil, así como química, metalúrgica, mecánica, eléctrica, plástica, papelera y cementera. Es una fundación romana que se remonta al 43 a. C. Conserva monumentos de tanto valor como el teatro romano y la catedral de San Juan (s. XII-XIV).

Lysenko, Trofim Denisovich (Karlovka 1898 - Kiev 1976) Biólogo ruso. Apoyado por el régimen de Stalin, se opuso a la ciencia genética y trató de resucitar la herencia de los caracteres adquiridos de Lamarck. Su doctrina, aceptada por el poder, paralizó la biología soviética durante un cuarto de siglo y tuvo resultados muy negativos en la agricultura y la ganadería.

M

m[1] *s. f.* **1.** Decimotercera letra del abecedario español y décima de sus consonantes. Su nombre es *eme.* **2.** Eufemismo por mierda.

m[2] **1.** Símbolo del metro, unidad de medida de longitud en el Sistema Internacional. **2.** Símbolo de minuto. **3.** Símbolo de masa.

M Letra que en la numeración romana equivale a mil.

M **1.** Símbolo del prefijo *mega* que, usado en unidades de medida, equivale a un millón de veces. **2.** Símbolo del maxwell, unidad de flujo magnético.

mA Símbolo del miliamperio.

maar (voz al.) *s. m.* Pequeño cráter o caldera de un volcán extinguido, generalmente ocupado por un lago.

Maas Véase **Mosa**.

Maastricht C. de los Países Bajos, cap. de la prov. de Limburgo, situada junto al río Mosa. 116.400 h. en 1989. Es una ciudad industrial, con una excelente vía de transporte como es el canal del Mosa. Cuenta con explotación hullera, industria del vidrio, química, cauchera, cerámica, metalúrgica, textil y papelera.

Maastricht, cumbre de Reunión cumbre de presidentes de los estados miembros de la Comunidad Europea, celebrada en la ciudad neerlandesa de este nombre en diciembre de 1991. En ella se establecieron los elementos fundacionales de la *Unión Europea*, la reforma más importante desde el nacimiento de la CEE. Se acordó la unidad política y monetaria, es decir, política exterior común, ejército y defensa común para 1999, moneda única (el ECU) para 1999 y un acuerdo respecto a cohesión social, o solidaridad entre los países miembros más poderosos económicamente y los más débiles, a la que el Reino Unido no se vinculó.

Mabillon, Jean (Saint-Pierremont, Ardenas 1632 - París 1707) Erudito francés. Monje benedictino, se le considera fundador de la diplomática, disciplina historiográfica que estudia los diplomas y documentos. Es autor, entre otros títulos, de *De re diplomatica* (1681).

Mabuse, Jan Gossaert, llamado (Maubeuge, Hainault h. 1478 - Middelburg 1532) Pintor flamenco. Formado en Amberes, viajó a Italia (1508-09) en el séquito de Felipe de Borgoña. Fue uno de los introductores en Flandes del estilo renacentista italiano. Junto a la influencia italiana se advierten en su obra las de Durero y Lucas van Leyden. Entre sus pinturas sobresalen *La adoración de los Magos*, el *Tríptico Malvagna* (1510), *Neptuno y Anfitrite* (1516), *Jean Carondelet* (1517), *Retrato de los hijos de Cristián II de Dinamarca* (1526-27) y *Danae* (1527).

Mac o **Mc** (voz celta) Significa ‘hijo de’ y se utiliza para la formación de numerosos apellidos escoceses e irlandeses.

Mac Arthur, Douglas (Fort Little Rock, Arkansas 1880 - Washington 1964) Militar estadounidense. Fue ayudante de campo del presidente Roosevelt (1906-08) y participó en la Primera Guerra Mundial. En la Segunda Guerra Mundial hubo de abandonar Filipinas en 1942 ante la invasión japonesa. En 1943 mandó las tropas estadounidenses en el Pacífico SE y en 1945 recibió el mando del ejército aliado que derrotó definitivamente a Japón. Gobernó este país entre 1945 y 1950. Posteriormente fue nombrado jefe de las tropas de la ONU que combatían en Corea, cargo del que fue destituido.

Mac Bride, Sean (Pietermaritzburg, República Sudafricana 1904 - Dublín 1988) Político irlandés. Es el fundador del Partido Republicano irlandés. Siendo ministro de Exteriores del gabinete Costello (1947-51) negoció la completa independencia de Eire frente al Reino Unido. Posteriormente fue uno de los creadores de Amnistía Internacional, que presidió entre 1961 y 1974, año en que fue galardonado con el premio Nobel de la paz.

Mac Orlan, Pierre Dumarchais, llamado **Pierre** (Péronne 1882 - Saint-Cyr-sur-Morin 1970) Novelista francés. Empezó publicando relatos humorísticos para luego escribir novelas de aventuras, entre las que merecen citarse *El canto de la tripulación* (1918), *A bordo del «Estrella matutina»* (1920), *Muelle de brumas* (1927) y *La bandera* (1931).

maca *s. f.* **1.** Señal que presenta la fruta por algún golpe o daño que ha recibido. **2.** Pequeño daño o defecto de algunas cosas, como telas o porcelanas.

Macabeo, Judas (? h. 200 - Elasa 160 a. C.) Caudillo judío. Hijo del sacerdote Matatías, se rebeló junto a sus hermanos Simón y Jonatás contra la autoridad del rey seléucida Antíoco IV y sublevó a los judíos. Llegó a tomar Jerusalén (164 a. C.) y, aunque fue vencido por el general Lisias, obtuvo la libertad de culto para los hebreos (162 a. C.). Continuó la lucha por la independencia hasta ser derrotado y muerto por el general Báquides.

Macabeos, Libro de los Libro del Antiguo Testamento que narra las luchas de los judíos dirigidos por Judas Macabeo y sus hermanos contra la dominación seléucida, en época de Antíoco IV Epífanes, quien puso en peligro la religión y cultura hebreas.

macabro, bra *adj.* Que está relacionado con lo desagradable o terrorífico de la muerte.

macaco, ca *s. m.* y *f.* **1.** Nombre común de diversos mamíferos primates de la familia cercopitécidos, géneros *Macaca* y *Cynopithecus.* Miden entre 40 y 80 cm de longitud, tienen pelaje pardo grisáceo, complexión robusta y cola colgante de longitud variable. Viven en regiones cálidas de Asia y África. El *Macaca mulatta* o *Macaca rhesus* se distingue por tener en su sangre el mismo factor Rh que el hombre. El *Macaca sylvanus* o mona de Gibraltar es la única especie que habita en Europa. **2.** Apelativo cariñoso que se da a los niños. ‖ *adj.* **3.** *desp.* Se aplica a la persona insignificante, tanto física como moralmente. También *s.* **4.** *amer. desp.* Se dice de la persona muy fea. También *s.*

Macaco: mona de Gibraltar (Macaca sylvanus).

macadam o **macadán** *s. m.* Pavimento formado por piedra machacada y arena, prensado con rodillo. Fue inventado por el ingeniero escocés John Loudon McAdam.

macagua *s. f.* **1.** Ave falconiforme de la familia falcónidos, especie *Herpetotheres cachinnans.* Es de mediano tamaño, tiene el plumaje oscuro y el pico ganchudo y dentado. Habita en los bosques de Sudamérica y se alimenta de pequeños reptiles y otras aves. **2.** Árbol de la familia moráceas, especies *Pseudolmedia spuria* y *Exostemma caribaeum,* que crece en la isla de Cuba y cuyo fruto, parecido a la bellota, se utiliza para alimentar al ganado porcino. ‖ **3. macagua terciopelo** Reptil escamoso del suborden serpientes. Puede alcanzar hasta dos metros de longitud y es de color negro. Habita en regiones montañosas de Venezuela.

macana *s. f.* **1.** Arma con forma de machete o porra, usada por los indios americanos. **2.** *amer.* Mentira, trola. **3.** *amer.* Broma, burla.

Macanaz, Melchor Rafael de (Hellín, Albacete 1670 - íd. 1760) Político español. Fue secretario de Felipe V y desarrolló una política regalista y centralizadora, esforzándose por acomodar los estados de la corona de Aragón a la administración castellana. Preparó un informe al monarca sobre las disputas entre la corona y el papado que le valió la condena de la Inquisición por hereje. Residió entonces en Francia, desde donde envió diversos escritos sobre política y economía a los monarcas españoles. Volvió en 1748, pero fue apresado y confinado hasta 1760, en que fue perdonado por Carlos III. Entre sus escritos destacan *Defensa crítica de la Inquisición* y *Regalías de los señores reyes de Aragón.*

macanear *v. intr. amer.* Decir o hacer macanas. **Fam.** Macaneador.

macanudo, da *adj. fam.* Estupendo, extraordinario.

Macao (en port. *Macau*) Enclave portugués en la costa meridional de China, al O de Hong Kong. 16,9 km^2. 461.000 h. en 1990. Comprende la península de Macao y las islas de Taipa y Coloane. Su capital es Santo Nome de Deus de Macau, con 416.200 h. en 1986. Sus principales recursos económicos proceden de la pesca, la salazón de pescado y el turismo. Cuenta con industria textil, cerámica, de fuegos artificiales y tabaquera. En la actualidad depende de Portugal, aunque goza de soberanía interna y, según el acuerdo de Pekín de 1987, pasará a soberanía china en 1999, pero manteniendo una amplia autonomía.

Macapá C. de Brasil, cap. del estado de Amapá, situada en el delta del río Amazonas. 155.300 h. en 1989. Su economía se basa en la minería del manganeso y la industria siderúrgica.

macareo *s. m.* En la desembocadura de algunos ríos, oleada producida por la marea alta que choca contra la corriente fluvial.

macarra *s. m.* **1.** Hombre que vive de las ganancias de las prostitutas. ‖ *adj.* **2.** Se aplica a la persona achulada y agresiva, y a su forma de ser y hablar, a su vestimenta, etc. También *s.*

macarrón *s. m.* **1.** Pasta alimenticia de harina de trigo en forma de canuto. Se usa sobre todo en *pl.* **2.** Tubo delgado de plástico o de otro material flexible y resistente. **3.** Cada uno de los extremos de las cuadernas que sobresalen de las bordas de una embarcación. Se usa sobre todo en *pl.* ‖ *pl.* **4.** En la prehistoria, grabado rupestre hecho con los dedos o con un instrumento en forma de peine sobre arcilla húmeda.

macarrónico, ca *adj.* Se aplica al lenguaje defectuoso o incorrecto y, particularmente, al del que usa una lengua extranjera mezclando elementos de la propia. **Fam.** Macarrónicamente.

macarse *v. prnl.* Empezar a pudrirse la fruta por los golpes recibidos. ■ Se conjuga como *sacar.*

macartismo *s. m.* Nombre con que se designa el conjunto de medidas policiacas tomadas en EE UU en el periodo de la guerra fría (1947-54) para descubrir y procesar a los comunistas o simpatizantes de la política de izquierdas. Debe su nombre al senador Joseph McCarthy, presidente del Comité de actividades antinorteamericanas del Senado, que desató la «caza de brujas», persecución de profesionales de prestigio de ideología progresista, artistas, literatos, científicos y, sobre todo, personajes del mundo del cine.

macasar *s. m.* Cubierta o pieza de tela, punto o encaje, que se coloca en los respaldos y brazos de sofás y sillones para protegerlos del roce.

Macasar, estrecho de Brazo de mar que separa las islas Célebes de la de Borneo, uniendo el mar de las Flores con el de Célebes.

Macaulay, Thomas Babington (Rothley Temple, Leicestershire 1800 - Londres 1859) Historiador y político británico. En 1834 fue elegido miembro del Consejo Supremo de la India y encargado de redactar un nuevo código de leyes. Como historiador publicó *Leyes de la antigua Roma* (1842) e *Historia de Inglaterra* (1848-1861), de escaso valor científico, pero extraordinaria calidad literaria.

Macbeth (? - Lumphanan 1057) Rey de Escocia (1040-57). Obtuvo la corona tras asesinar a

Duncan I y se mantuvo con habilidad en el poder hasta su derrota y muerte en la batalla de Lumphanan.

Macbeth Tragedia de William Shakespeare escrita en torno a 1605 y basada en el rey Macbeth. Tres brujas profetizan a Macbeth y a Banquo, nobles escoceses, que el primero será rey y que los hijos del segundo serán reyes. Instigado por su esposa, Macbeth da muerte a Duncan, rey de Escocia, que es huésped en su castillo, y a Banquo. Acosado por los remordimientos, recibe la visita del fantasma de este último, mientras lady Macbeth enloquece. Malcolm, hijo de Banquo, ataca el castillo y da muerte a Macbeth. El personaje simboliza la ambición y la fuerza de los remordimientos.

MacDonald, James Ramsay (Lossiemouth 1866 - en el mar 1937) Político británico. Tras participar en 1900 en la creación del Partido Laborista, alcanzó su dirección en 1911. Durante la Primera Guerra Mundial se opuso a intervenir en el conflicto y, posteriormente, al uso de la violencia revolucionaria. En 1924 formó el primer gobierno laborista de la historia del país, que cayó a los pocos meses. Volvió al poder en 1929 y entre 1931 y 1935 presidió un gobierno de unión nacional para hacer frente a la grave crisis económica.

MacDonald, Kenneth Millar, llamado **Ross** (Los Gatos, California 1915 - Santa Bárbara, California 1983) Escritor estadounidense. Se especializó en narrativa policiaca de serie negra. Entre sus novelas más significativas figuran *La mirada del adiós* (1969), *La bella durmiente* (1973) y *El martillo azul* (1976).

Macedonia (en gr. *Makedonia*, en serbocroata *Makedonija*) **1.** Región histórica de la península de los Balcanes que comprendía sectores de las actuales Grecia y Bulgaria y de la desaparecida Yugoslavia.

2. Región de Grecia, situada en el N del país. 33.841 km^2. 2.121.953 h. en 1981. Su ciudad más importante es Salónica, con 706.000 h. en 1981. Tiene un relieve montañoso en el E, con la vertiente meridional de los Rodope, y en el O, con el sector septentrional del Pindo; en la parte central se hallan los valles del Axios (Vardar) y del Struma, así como la península Calcídica. Es una región agrícola, con cultivos de tabaco, vid, olivo, frutales y cereales; posee también ganadería ovina y explotación forestal. Destacan la industria química, petroquímica y metalúrgica, así como la alimentaria, tabaquera y textil.

3. República balcánica, integrada en Yugoslavia hasta la desaparición de este estado en 1992, situada entre Serbia, Bulgaria, Grecia y Albania. 25.713 km^2. 2.126.000 h. en 1990. La capital es Skopje, con 408.150 h. en 1981. En su relieve se distinguen las sierras de Sar Planina, Pelister y Osogovo y las cuencas de hundimiento de Poloj, Pelagonija y Strumica. Recorre su territorio el río Vardar. Cuenta con un elevado porcentaje de población urbana. Tiene cultivos de tabaco, vid, lino, algodón, arroz y cereales; yacimientos de hierro, plomo, cromo, cinc, cobre, talco, asbesto, cuarcita, feldespato y magnesita, e industrias siderúrgicas, metalúrgicas, químicas, textiles, mecánicas, alimentarias y tabaqueras.

Hist. El país se formó con las invasiones dorias de los s. XII y XI a. C. y fue unificado en el s. VII a. C. por Perdicas I, que instauró la dinastía de los argéadas. Durante las primeras guerras médicas fue sometido por Darío I de Persia y hasta el 498 a. C. no recuperó la independencia. El rey Filipo II impuso su hegemonía a toda Grecia en el 338 a. C. y su hijo Alejandro Magno conquistó el imperio helenístico. A su muerte se constituyó un reino bajo la dinastía antígona. La conquista romana se inició durante el reinado de Filipo V y, tras la fracasada sublevación de Andrisco en el 148 a. C., Macedonia fue convertida en provincia romana.

Al caer el imperio romano de Occidente, quedó incluida en Bizancio, pero fue invadida por eslavos en el s. IX. Bizancio la recuperó en 1014. Tras la caída de Constantinopla a manos de los caballeros latinos, se convirtió en el imperio griego de Tesalónica. La región septentrional fue conquistada por los búlgaros en 1230 y posteriormente por los serbios. Los turcos ocuparon la región interior en 1371. Durante la Edad Moderna perteneció al exarcado de Bulgaria, que en 1878 se apoderó de los últimos territorios que todavía conservaba el imperio turco otomano, pero el dominio de los turcos se restableció ese mismo año por el tratado de Berlín.

A principios del s. XX Macedonia fue disputada por Grecia, Serbia, Bulgaria y Turquía, lo que desató la primera y segunda guerras balcánicas, que se prolongaron en la Primera Guerra Mundial. Al término de la misma fue repartida entre Grecia y Yugoslavia. Durante la Segunda Guerra Mundial, en 1941, se produjo una nueva anexión por parte de Bulgaria, pero en 1947 los acuerdos de paz que siguieron a la guerra restauraron la situación anterior: la región serbia pasó a ser una república yugoslava, excepto un pequeño sector oriental, que conservó Bulgaria, y toda el área meridional quedó integrada en Grecia. En 1992, tras la desaparición de Yugoslavia como estado unitario, la ex-república yugoslava proclamó su independencia, pero ésta no fue reconocida a causa del veto de Grecia, que exigía el cambio de nombre del nuevo estado.

macedónica, dinastía Dinastía imperial bizantina creada por Basilio I el Macedonio en el 876, que gobernó el imperio hasta 1057, en que Miguel VI Estratónico fue desplazado por Isaac I Comneno. A ella pertenecen ocho emperadores y dos emperatrices, entre los que tuvieron particular relieve León VI el Filósofo, Constantino VII Porfirogéneta, Basilio II Bulgaróctonos, Nicéforo II Focas, Juan I Tzimisces y la emperatriz Zoe. Con ellos el imperio bizantino llegó a la cima de su esplendor, tanto cultural como militar, conquistándose grandes territorios a búlgaros y musulmanes.

macedónicas, guerras Conjunto de las tres guerras libradas entre Roma y Macedonia desde finales del s. III a. C. hasta mediados del s. II a. C., cuya consecuencia fue la creación en Macedonia de una provincia romana (146 a. C.).

macedónico, ca *adj.* Perteneciente o relativo a Macedonia.

macedonio, nia *adj.* **1.** De Macedonia. También *s.* ‖ *s. f.* **2.** Postre preparado con zumo y trozos de frutas diversas. **3.** Guiso preparado con legumbres variadas y partidas en trozos pequeños.

macegual *s. m.* Nombre que los aztecas daban a los indios libres, situados entre el estrato de los caciques, o principales, y el de los mayeques, de condición casi servil.

Maceió C. de Brasil, cap. del estado de Alagoas, situada en la costa atlántica. 527.200 h. en 1989. Es un importante centro portuario, que cuenta con industrias químicas, metalúrgicas, textiles, alimentarias y tabaqueras.

Maceo, Antonio (Santiago de Cuba 1845 - Punta Brava 1896) Patriota cubano. Participó activamente en las guerras de independencia de Cuba. Combatió a los españoles en Loma Gallega (1871) y Las Villas (1874). Disconforme con la firma de la paz de Zanjón (1878), abandonó el país, al que regresó en 1895 con las tropas de José Martí. Recibió el mando de las fuerzas de Santiago de Cuba, con las que entró en La Habana obligando al gobernador Martínez Campos a retirarse. Murió en combate.

macerar *v. tr.* **1.** Ablandar una cosa apretándola, golpeándola o poniéndola en remojo. **2.** Sumergir una sustancia en un líquido, sin calentarlo, para disolver sus elementos solubles. **3.** Castigar físicamente el cuerpo como penitencia. También *v. prnl.* **Fam.** Maceración, maceramiento.

macero *s. m.* Empleado de ciertas corporaciones, como ayuntamientos, diputaciones, etc., vestido con dalmática y portador de una maza, que asiste a algunos actos solemnes o va delante de determinados personajes.

maceta[1] *s. f.* **1.** Maza pequeña. **2.** Mango de algunas herramientas.

maceta[2] (del ital. *mazzetto*, mazo de flores) *s. f.* **1.** Tiesto, generalmente de barro cocido y más ancho por la boca que por el fondo, donde se cultivan plantas o flores de adorno. **2.** *Chile.* Ramo de flores. **3.** *Méx. fam.* Cabeza.

macetero *s. m.* Soporte en el que se colocan macetas.

macfarlán o **macferlán** *s. m.* Abrigo sin mangas, con aberturas para los brazos y una larga esclavina.

mach *s. m.* En aeronáutica, unidad de velocidad equivalente a la del sonido (1.368 km/h).

Mach, Ernst (Turas, Moravia 1838 - Haar, Munich 1916) Físico y filósofo austriaco. Mediante sus estudios de óptica y acústica demostró la importancia de la velocidad del sonido en aerodinámica. Realizó un análisis crítico de los principios de la mecánica de Newton que abrió camino a los primeros estudios de Einstein. Su filosofía, muy influida por Hume, es eminentemente sensacionista. Sus descubrimientos y doctrina están contenidos en *La mecánica, historia crítica de su desarrollo* (1883), *Contribuciones al análisis de las sensaciones* (1886) y *El conocimiento y el error* (1905).

macha *s. f.* Molusco lamelibranquio de la familia mesodesmátidos, especie *Mesodesma donacia.* Es un bivalvo comestible, abundante en las costas sudamericanas del océano Pacífico.

machaca *s. m.* **1.** Machacante, soldado. **2.** Soldado que se presta o a quien se obliga a hacer ciertas faenas para los soldados más veteranos y, en general, cualquier persona encargada de trabajos de poca importancia, normalmente serviles o penosos. **3.** *fam.* Machacón. ‖ *s. f.* **4.** Machacadera.

machacadera *s. f.* Instrumento para machacar.

machacador, ra *adj.* **1.** Que machaca. ‖ *s. f.* **2.** En la construcción, máquina trituradora de materiales duros, empleada especialmente para fragmentar piedra o grava.

machacante *s. m. fam.* **1.** Duro, moneda de cinco pesetas. **2.** Soldado que está al servicio de un suboficial.

machacar *v. tr.* **1.** Golpear para hacer pedazos, aplastar o cambiar de forma alguna cosa. **2.** Estudiar con esfuerzo y constancia. También *v. intr.* **3.** Vencer plenamente. **4.** *fam.* Cansar, agotar. También *v. intr.* **5.** *fam.* Hacer mucho daño. ‖ *v. intr.* **6.** Insistir hasta hacerse pesado. ▪ Se conjuga como *sacar.* **Fam.** Machacadura.

machacón, na *adj.* Que insiste, que se repite. **Fam.** Machaconamente.

machaconería *s. f.* Cualidad o actitud de machacón.

machada *s. f.* **1.** Acción propia del machote o valiente. A veces se usa en sentido irónico. **2.** Conjunto de machos cabríos.

Antonio Machado.

Machado, Antonio (Sevilla 1875 - Collioure 1939) Poeta español. Vivió en Madrid y en Soria, ejerciendo de catedrático de francés. Murió exiliado en el S de Francia, adonde se trasladó poco antes de terminar la guerra civil española. Perteneció a la generación del 98 y creó una obra que abrió caminos a la poesía española del s. XX. En un primer periodo adoptó el estilo modernista, influido por los simbolistas franceses; a él corresponden *Soledades* (1903) y *Soledades, galerías y otros poemas* (1907). En un periodo posterior escribió *Campos de Castilla* (1912), de gran sobriedad expresiva, donde manifiesta su interés por el paisaje castellano y su preocupación por el destino de España. Su etapa final fue de reflexión filosófica, con poemas breves muy intelectualizados. En esta época realizó también su obra en prosa, en la que destaca *Juan de Mairena* (1936). Su estilo persigue la claridad de expresión, en un deseo de hacerse entender y comunicar al lector sus pensamientos y emociones, y contiene abundantes símbolos para representar realidades como el curso del tiempo, la vida, etc. Para el teatro escribió, en colaboración con su hermano Manuel, *Juan de Mañara* (1927) y *La Lola se va a los puertos* (1930), entre otras obras. Utilizó en ocasiones los seudónimos Juan de Mairena y Abel Martín.

Machado, Manuel (Sevilla 1874 - Madrid 1947) Poeta español. Hermano del anterior, con el que colaboró en algunas obras teatrales, su estilo se inspira en el modernismo y los poetas del Parnaso francés, así como en el folclore y el lirismo andaluz. Entre sus obras más representativas se pueden citar *Alma, museo* y *cantares* (1907), *Cante hondo* (1912), *Sevilla y otros poemas* (1920), *Ars moriendi* (1921) y *Horas de oro* (1938).

Manuel Machado. Retrato de Martín Santos (Ateneo de Madrid).

Machado de Assis, Joaquim Maria (Río de Janeiro 1839 - íd. 1908) Escritor brasileño. Se inició en el estilo romántico para evolucionar luego hacia el realismo, con novelas como *Memorias póstumas de Bras Cubas* (1881), *Quincas Borba* (1891) y *Memorial de Aires* (1908).

Machado y Morales, Gerardo (Santa Clara 1871 - Miami 1939) Político cubano. Combatió en la guerra de la independencia de Cuba y fue elegido presidente de la república en 1925. Su gobierno fue dictatorial y se desarrolló en medio de una grave crisis económica. En 1931 fue derrocado por un movimiento revolucionario y hubo de abandonar el poder y exiliarse a Miami.

Machalá C. de Ecuador, cap. de la prov. de El Oro, situada en el S del país junto al golfo de Guayaquil. 158.800 h. en 1989. Es un importante centro de comercio agrícola y cuenta además con industria de cueros.

machamartillo, a *loc. adv.* Firmemente, de forma intensa.

machaquear *v. tr. amer.* Machacar, moler. También *v. intr.* **Fam.** Machaqueo.

Machaut o **Machault, Guillaume de** (Machaut, cerca de Reims h. 1300 - Reims 1377) Músico y poeta francés. Ordenado sacerdote, vivió en las cortes de Juan de Luxemburgo y de Carlos V de Navarra y fue posteriormente canónigo de la catedral de Reims. Está considerado como la principal figura musical de su época. Su obra más conocida es la *Misa de Notre-Dame*, que por su unidad de estilo se convirtió en obra maestra y en un modelo de la música vocal polifónica.

Machel, Samora (Lourenço Marques 1933 - frontera entre República Sudafricana y Mozambique 1986) Político mozambiqueño. Dirigente del FRELIMO, fue nombrado presidente de la república en 1975. De ideología marxista, impulsó medidas económicas colectivistas y un régimen de partido único. Apoyó los movimientos de liberación de Namibia y Zimbabwe y mantuvo un constante enfrentamiento con la República Sudafricana hasta 1984, en que firmó un acuerdo de paz. Murió en accidente de aviación.

macheta *s. f.* Cuchilla fuerte y ancha usada para picar carne.

machetazo *s. m.* Golpe de machete.

machete *s. m.* Cuchillo grande, usado como arma o para otros fines, p. ej. para abrirse paso en la espesura.

machetear *v. tr.* **1.** Golpear con el machete. **2.** En tauromaquia, obligar el torero al toro a cornear repetidamente la muleta con uno y otro cuerno para disminuir sus fuerzas y dominarlo. **3.** *Chile.* En la jerga policial, dejar libre a un delincuente para ahorrarse trámites burocráticos. **4.** *Col.* Vender a bajo precio. **5.** *Col., Méx.* Insistir, porfiar. **6.** *Méx.* Estudiar voluntariosamente un alumno poco inteligente. **7.** *Méx.* Hacer algo de forma descuidada, sin poner atención.

machetero *s. m.* Persona que tiene el oficio de abrir paso con el machete entre la maleza o cortar caña de azúcar en una plantación.

machi o **machí** *s. m.* y *f. Chile.* Brujo, curandero.

machica o **máchica** *s. f. Ec., Perú.* Mezcla a base de harina de maíz tostado o de cebada, azúcar y canela.

Machichaco Cabo de España, situado en la costa cantábrica entre la ría de Guernica y la ensenada de Baquio, en la provincia de Vizcaya. Es una prolongación del monte Sollube.

machihembrar o **machimbrar** *v. tr.* **1.** Ensamblar o unir dos piezas de madera por medio de ranura en una pieza y lengüeta que encaja en la otra, o bien con espiga en una y caja en la otra. **2.** Unir una cosa con otra.

machina *s. f.* **1.** Especie de cabria sencilla, formada por dos palos en forma de A, con una polea en su vértice para levantar pesos. **2.** Grúa metálica muy potente, en forma de trípode, con un brazo en su vértice. **3.** Martinete, máquina para clavar pilotes o estacas.

machismo *s. m.* Actitud y comportamiento de las personas que consideran que el hombre es superior a la mujer y, por tanto, debe tener una actitud dominante sobre ella. **Fam.** Machista.

macho[1] (del lat. *masculus*) *s. m.* **1.** Individuo del sexo masculino de cada especie. **2.** Hombre que presenta cualidades, comportamientos, etc., tradicionalmente considerados como masculinos por excelencia, como la fuerza o la valentía. **3.** *fam.* En lenguaje coloquial, tratamiento amistoso. **4.** En los corchetes, broches y otros objetos, pieza que entra dentro de otra. **5.** En arq., machón, pilar que sirve para dar solidez a la construcción. **6.** Cada una de las borlas que cuelgan del traje de torear y especialmente las que rematan los cordones que sujetan la taleguilla a las corvas. **7.** En bot., especie que, comparada con otra del mismo nombre, es más fuerte. **8.** Herramienta para hacer roscas interiores. **9.** Maslo* de los cuadrúpedos. **10.** En el cante flamenco, estrofa que se canta detrás de ciertas coplas. **11.** *Col., Cuba, Guat.* Grano de arroz con cáscara. ‖ **Loc. atarse** (o **apretarse**) **los machos** *fam.* Aguantar, resistir firmemente.

macho[2] (del port. *macho*, de *muacho*, y éste del lat. *mulus*) *s. m.* Mulo*.

macho[3] (del lat. *marculus*, de *marcus*, martillo) *s. m.* **1.** Mazo grande para forjar el hierro. **2.** Banco en el que los herreros tienen el yunque. **3.** Yunque cuadrado.

Macho, Victorio (Palencia 1887 - Toledo 1966) Escultor español. Su estilo se caracteriza por un realismo vigoroso y esquemático, de gran monumentalidad y serena expresividad. Entre sus obras más representativas figuran los retratos, como los de Unamuno, Valle-Inclán y León Felipe, y las estatuas de monumentos, como los de Ramón y Cajal y Pérez Galdós.

machón *s. m.* Pilar adosado en una pared o incrustado en ella para reforzarla.

machona *s. f. Arg., Par., Urug.* Marimacho, mujer hombruna.

machota *s. f.* Mujer hombruna.

machote *adj.* Que es muy hombre, que tiene las cualidades que se consideran más propias de éste, especialmente la valentía. También *s. m.*

Machu Picchu Antigua ciudad-fortaleza incaica, situada en el Perú, en las proximidades de Cuzco, en el valle del río Urubamba, a 2.400 m de altitud. En la actualidad constituye un conjunto arqueológico bien conservado y de gran atractivo turístico. Fue descubierta en 1911 por Hiram Bingham, arqueólogo estadounidense.

Machuca, Pedro (Toledo h. 1490 - Granada 1550) Arquitecto y pintor español. Se formó en Italia y es uno de los mejores representantes del Renacimiento español. Construyó el palacio de Carlos V en la Alhambra de Granada. Su estilo pictórico se encuadra en el manierismo y entre sus obras más notables en este campo cabe citar las tablas de *El descendimiento* y *La Virgen y las ánimas del purgatorio.*

machucar *v. tr.* **1.** Producir daño o herida con golpes. **2.** Machacar*. ■ Se conjuga como *sacar.* **Fam.** Machucador, machucadura, machucamiento.

machucho, cha *adj.* De edad avanzada.

machucón *s. m. amer.* Acción y efecto de machucar.

Macià i Llussà, Francesc (Vilanova i la Geltrú, Barcelona 1859 - Barcelona 1933) Político español. Fue un firme defensor del derecho de Cataluña a constituir un Estado independiente de España. Elegido parlamentario en 1907 y 1917, fundó en 1922 el partido nacionalista radical Estat Català, que se integró en 1931 en Esquerra Republicana de Catalunya, de la que fue elegido presidente. Estuvo en el exilio de 1923 a 1931. Tras su triunfo en las elecciones de 1931, proclamó la República Catalana, aunque presionado por el gobierno de Madrid aceptó reducir sus pretensiones y asumir el gobierno de la Generalitat de Cataluña. Falleció antes de cumplir su primer mandato.

Macías el Enamorado (segunda mitad del s. XIV) Poeta español. Su biografía es un enigma en el que a la falta de datos fidedignos se une la leyenda de su muerte a manos del marido de su amada. En los cancioneros se conservan veinte de sus poemas líricos de tema amoroso, escritos en gallego, castellano o una mezcla de ambas lenguas, con un tono culto y apasionado.

Macías Nguema, Francisco (Nsegayong 1924 - Malabo 1979) Político guineano. Fue funcionario de la administración colonial española y vicepresidente de su gobierno autónomo en 1964. Cuando Guinea Ecuatorial fue declarada independiente en 1968, fue elegido presidente. En 1972 se proclamó presidente vitalicio e instauró una dictadura. Fue derrocado por el golpe del coronel Obiang, juzgado y ejecutado.

macilento, ta *adj.* Flaco, descolorido, triste.

macillo *s. m.* **1.** *dim.* de **mazo. 2.** Pieza del piano, en forma de mazo con mango y cabeza forrada de fieltro por uno de sus lados, que está unida a la tecla; al pulsar ésta, golpea la cuerda correspondiente y la hace vibrar. **3.** Palillo para tocar un instrumento de percusión.

Macintosh Ordenador caracterizado por poseer ventanas y por una gran capacidad para representar imágenes. Es muy utilizado en trabajos de diseño, autoedición, etc.

macizar *v. tr.* Rellenar un hueco con cualquier material para darle solidez. ■ Se conjuga como *cazar.*

macizo, za *adj.* **1.** Que está formado por una masa sólida, sin huecos en su interior. **2.** Bien argumentado, basado en sólidas razones. **3.** Que tiene carnes consistentes, duras. **4.** *fam.* Física-

Ruinas de la ciudad de Machu Picchu.

mente atractivo, que tiene un cuerpo bien formado. También *s.* ‖ *s. m.* **5.** Conjunto de montañas de características muy uniformes y con límites bien definidos. **6.** Masa sólida de algo. **7.** En un parque o jardín, trozo separado para cultivar plantas o arbustos. **8.** Conjunto de construcciones agrupadas. **9.** Parte de una pared entre dos vanos o huecos. **FAM.** Macicez.

Macizo Central Región situada en el S del sector central de Francia. Tiene unos 90.000 km^2 de superficie y una altura media de algo más de 700 m, aunque su máxima altitud alcanza los 1.886 m en el Puy de Sancy. Está constituida por un macizo herciniano muy erosionado y surcado por ríos que han excavado profundas gargantas. Tiene también abundantes volcanes extinguidos, llamados *puys.* Está poco poblada y sus principales ciudades son Saint-Étienne, Le Creusot, Clermont-Ferrand y Limoges.

Macke, August (Meschede 1887 - Perthes, Champagne 1914) Pintor alemán. Su obra, influida originalmente por el impresionismo y el cubismo, evolucionó hacia el expresionismo y se caracterizó por el color puro y la luminosidad en contrastes violentos. Formó parte del grupo *Der Blaue Reiter.* Entre sus pinturas podemos destacar *Escaparate iluminado* (1912) y *La muchacha del acuario* (1914).

Mackenzie Río de Canadá, en el sector NO del país. 4.240 km de longitud y 1,7 millones de km^2 de cuenca. Nace en las Montañas Rocosas, atraviesa el lago de Athabasca y el Gran Lago de los Esclavos, del que es emisario y desde donde toma su nombre, y desemboca en el mar de Beaufort del océano Glacial Ártico, formando un gran delta. Su principal afluente es el Peace. Su régimen es nival. Se hiela en invierno y constituye una importante vía de comunicación.

Mackenzie, Compton (West Hartlepool, Durham 1883 - Edimburgo 1972) Escritor británico. Es autor de cerca de un centenar de novelas, en un estilo que muestra la influencia de Balzac. Algunos de sus títulos más destacados son *Callejón sin salida* (1913-14), *Las gradas del altar* (1922), *Fuego vestal* (1927), *Los cuatro vientos del amor* (1937-45), *Whisky en abundancia* (1947) y *Paraíso en venta* (1963).

Mackenzie King, William Lyon (Kitchener, Ontario 1874 - Kingsmere, Ottawa 1950) Político canadiense. Líder del Partido Liberal, fue primer ministro (1921-30 y 1935-48). Consiguió de Gran Bretaña la total emancipación de Canadá, decidió la entrada del país en la Segunda Guerra Mundial (1939) y el reconocimiento de la ciudadanía canadiense (1947).

Mackintosh, Charles Rennie (Glasgow 1868 - Londres 1928) Arquitecto y diseñador británico. Destacado representante del modernismo en el Reino Unido, sus obras se caracterizan por la estructura y líneas geométricas y por su finalidad funcional. Su obra maestra es la escuela de arte de Glasgow (1898-1909). Sobresalió asimismo en el diseño de mobiliario.

Mackmurdo, Arthur Heygate (Londres 1851 - Wickham Bishop 1942) Arquitecto y diseñador británico. Se formó en Oxford y fijó su residencia en Londres (1874). En 1882 fundó la *Century Guild,* asociación de diseñadores y artesanos para la revalorización del objeto de uso. Realizó objetos y decoraciones de estilo prerrafaelista. En su labor como arquitecto destacan una serie de casas particulares en Enfield y en West Kensington y el Hotel Savoy en Londres.

macla *s. f.* Cuerpo cristalino formado por la asociación regular de dos o más cristales de un mismo mineral, de modo que compartan al menos un elemento de simetría. Las principales son las de contacto, en las que los cristales se unen a lo largo de un plano, y las de penetración, en las que un cristal ha crecido a través de otro.

maclado, da *adj.* Se dice de los minerales que se presentan en maclas, como el aragonito o la pirita.

MacLaine, Shirley (Richmond, Virginia 1934) Actriz estadounidense. Inició su carrera como bailarina para, posteriormente, pasar al cine e interpretar papeles en géneros tan variados como el musical, el drama y la comedia. Entre sus películas destacan *Pero ¿quién mató a Harry?* (*The trouble with Harry,* 1955), *El apartamento* (1960), *Irma la dulce* (1963), *La fuerza del cariño* (*Terms of endearment,* 1983) y *Madame Sousatzka* (1988).

Maclaurin, Colin (Kilmodan 1698 - Edimburgo 1746) Matemático escocés. Discípulo de Newton, investigó en los campos de la geometría pura, el álgebra y el cálculo infinitesimal. Sus obras más importantes son *Geometría orgánica* (1719), donde expuso un método de generación de las cónicas, y *Tratado de las fluxiones* (1742).

Macleod, John James Rickard (cerca de Dunkeld 1876 - Aberdeen 1935) Médico británico. Realizó estudios sobre el metabolismo de los hidratos de carbono y colaboró en el descubrimiento de la insulina. Obtuvo el premio Nobel de medicina en 1923, compartido con Frederick Grant Banting.

Mac-Mahon, Edme Patrice Maurice (Sully, Saône-et-Loire 1808 - La Forêt, Loiret 1893) Militar y político francés. Por sus acciones de guerra en Argelia, Crimea e Italia recibió el bastón de mariscal y fue nombrado gobernador general de Argelia (1864-70). Participó en la guerra francoprusiana, siendo derrotado en la batalla de Sedán. En 1873, tras reprimir la Comuna de París, sustituyó a Thiers como presidente de la república; dimitió en 1879.

MacMillan, Harold (Londres 1894 - Birch Grove, Sussex 1986) Político británico. Miembro del Partido Conservador, sucedió a Anthony Eden como primer ministro en 1957. Favoreció la distensión con la URSS y promovió el ingreso del Reino Unido en el Mercado Común. Dimitió en 1963 a causa del escándalo Profumo.

maco *s. m.* En argot, cárcel.

macón, na *adj. Col.* Grandullón.

Macpherson, James (Ruthven, Inverness 1736 - Belville, Inverness 1796) Escritor escocés. Alcanzó la popularidad con la publicación en 1765 de *Poemas de Ossian,* reelaboración de cantos de un supuesto vate gaélico del s. III, recogidos en los Highlands de Escocia. El libro influyó poderosamente en los poetas románticos. Sobre la autenticidad de Ossian y sus cantos se levantó una fuerte polémica y nunca llegó a saberse la verdad.

macramé *s. m.* **1.** Tejido en forma de red hecho a mano con hilos o cordones trenzados y anudados. **2.** Hilo o cordón con que se hace este tejido.

Macrino, Marco Opelio (Cesarea 164 - Calcedonia 218) Emperador romano (217-218). Fue prefecto del pretorio de Caracalla (212), al que asesinó para sucederle. Desprestigiado por la guerra con los partos, las legiones proclamaron emperador a Heliogábalo y Macrino fue derrocado y asesinado.

macro- *pref.* Significa 'grande': *macrocosmos, macroeconómico.*

macrobiótico, ca *adj.* **1.** Se aplica a un régimen alimenticio, originario de Oriente, compuesto fundamentalmente por cereales, legumbres, hortalizas y algas marinas; se dice también de estos mismos alimentos. **2.** Se aplica a las personas que siguen esta dieta. También *s.* ‖ *s. f.* **3.** Modo de prolongar la vida por medio de reglas higiénicas y una sana alimentación.

macrocefalia *s. f.* **1.** Cualidad de macrocéfalo. **2.** En geog., crecimiento vertiginoso de ciertas ciudades, en las que se concentra la mayor parte de la población y de los recursos económicos.

macrocéfalo, la *adj.* **1.** Que tiene la cabeza desproporcionadamente grande con relación al cuerpo o la especie a que pertenece. También *s.* **2.** Se aplica a sociedades, grupos, entidades, etc., en los que la cabeza o parte dirigente es demasiado numerosa.

macrocosmo o **macrocosmos** *s. m.* Nombre que recibe el universo, concebido como un gran organismo y por oposición al hombre o microcosmos. La correspondencia entre macrocosmos y microcosmos ha constituido uno de los temas recurrentes en filosofía, sobre todo en el mundo griego y en los pensadores del Renacimiento.

macroeconomía *s. f.* Estudio de la economía en términos de cantidades totales de bienes y servicios producidos, del total de beneficios obtenidos, del nivel de empleo de las fuerzas productivas y del comportamiento general de los precios. Todo ello en contraposición a los análisis individuales y parciales característicos de la microeconomía. **FAM.** Macroeconómico.

macroelemento *s. m.* Elemento que interviene en el metabolismo, crecimiento y desarrollo de los seres vivos en cantidades relativamente grandes y que resulta para ellos imprescindible.

macroestructura *s. f.* **1.** Estructura de grandes proporciones. **2.** Estructura general de minerales y rocas que se ve a simple vista, sin necesidad de microscopio.

macroevolución *s. f.* Conjunto de procesos evolutivos que han provocado la diferenciación de las grandes categorías taxonómicas de los seres vivos (tipo, división, clase, etc.). Tuvo lugar en tiempos remotos y, por ello, la ciencia sólo puede estudiarla a través de los fósiles.

macrófago, ga *adj.* **1.** Se dice de la célula del tejido conectivo capaz de fagocitar grandes partículas. También *s. m.* **2.** Se dice de los animales que se alimentan de presas de mucho mayor tamaño que ellos. También *s. m.*

macrofotografía *s. f.* **1.** Sistema fotográfico que permite obtener grandes ampliaciones de objetos de pequeño tamaño. **2.** Fotografía obtenida mediante esta técnica. ▪ Es más correcto el término *fotomacrografía.*

macroinstrucción *s. f.* En inform., instrucción que origina en el ordenador la ejecución de una secuencia o serie de operaciones.

macromelia *s. f.* En biol., desarrollo o tamaño excesivo de uno o varios miembros.

macromolécula *s. f.* Nombre genérico dado a cualquier molécula formada por un elevadísimo número de átomos. Unas son inorgánicas, como los macrocristales del diamante; otras, orgánicas naturales, como la celulosa y las proteínas, y otras, sintetizadas artificialmente, como los llamados *altos polímeros,* a los que pertenecen los plásticos.

macropódidos *s. m. pl.* Familia de mamíferos marsupiales a la que pertenecen unas 50 especies incluidas en los géneros *Petrogale, Megaleia* y otros. Miden hasta 2,5 m de longitud, comprendida la larga cola, tienen cabeza pequeña, grandes orejas y los cuartos traseros mayores que los delanteros y muy fuertes, adaptados para el salto. Marchan erguidos, utilizando la cola como puntal o contrapeso. Son herbívoros y poseen la bolsa o marsupio en la zona ventral. Habitan en Australia, Tasmania y Nueva Guinea. Macropódidos son los canguros. También *adj.* y *s. m.*

macroscópico, ca *adj.* Se dice de aquello que puede verse a simple vista, sin la ayuda de un microscopio.

macrospora *s. f.* Espora de tamaño mayor que las microsporas, producida por la célula madre en las flores femeninas de las plantas gimnospermas y que da lugar al gametofito femenino o saco embrionario, en donde se forma el gameto femenino.

macsura *s. f.* En una mezquita, lugar reservado para el califa o el imán o para el sepulcro de un santón.

macuco, ca *adj.* **1.** *Amér. del S.* Cuco, astuto. ‖ *s. m.* **2.** *Arg., Bol., Col.* Macón, muchacho grandullón.

mácula *s. f.* **1.** Mancha. **2.** Cada una de las manchas o zonas oscuras que se observan en el Sol. ‖ **3. mácula lútea** Zona central, ligeramente hundida, de la retina en la que la visión es más clara.

maculatura *s. f.* **1.** Grupo de máculas. **2.** En imprenta, pliego que se desecha por estar manchado o mal impreso. **3.** Papel de embalar muy basto y resistente.

macutazo *s. m.* Bulo.

macuto *s. m.* Mochila.

Madagascar (*Malagasy*) Estado insular del SE de África.

Geog. física En el interior de la isla de Madagascar se alza una gran meseta central, con forma de gran lomo montañoso, de alturas superiores a los 2.500 m, que culminan en el macizo de Tsaratanana (2.886 m), y que divide la isla en dos vertientes de gran desnivel y estrechas franjas costeras. Los ríos son cortos y caudalosos, como el Onilahy, el Mangoky y el Betsiboka. Tiene un clima subecuatorial o tropical muy húmedo, por efecto de los alisios, el monzón, los ciclones tropicales y el efecto orográfico. Su vegetación es

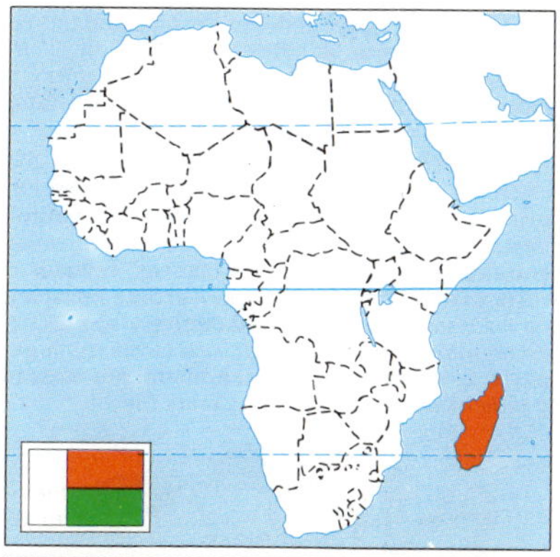

Extensión: 587.041 km^2.
Situación: en el océano Índico, al E del canal de Mozambique.
Población: 11.980.000 h. en 1990.
Densidad: 20,4 h./km^2.
Capital: Antananarivo (antigua Tananarive).
División administrativa: 6 provincias.
Ciudades principales: Toamasina, Fianarantsoa, Mahajanga, Antsirabé.
Gentilicio: malgache.
Forma de Estado: república popular.
Idioma: malgache, francés.
Religión: creencias tradicionales, 47 %; catolicismo, 26 %; protestantismo, 22,8 %; islamismo, 1,7 %.
Moneda: franco malgache.
Tasa de natalidad: 46 ‰ en 1990.
Tasa de mortalidad: 14 ‰ en 1990.
Renta per cápita: 230 dólares en 1989.

ecuatorial o de bosque tropical, muy alterada por la aplicación del sistema agrícola de rozas.
Geog. humana y ***económica*** Debido a las sucesivas migraciones la población pertenece a razas diversas: malgache, melano-hindú, malaya, africana y árabe, y tiene un hábitat con predominio rural (78%). Sus recursos económicos son fundamentalmente agrícolas: en las llanuras se cultiva arroz, mandioca, patata, batata, maíz y especias como la vainilla y el clavo, y en la meseta existen plantaciones de café, caña de azúcar, algodón, tabaco y sisal. Cuenta con ganadería bovina, yacimientos de grafito, cromo, uranio, mica y oro e industria azucarera, cervecera, textil, tabaquera y cementera.
Hist. Madagascar fue poblada desde el s. VII por pueblos de origen malayo-polinésico y melanésico, sobre los que impuso su hegemonía el grupo hova, de mongoloides blancos. La isla fue visitada por comerciantes árabes desde el s. IX y descubierta en 1500 por el portugués Diogo Dias. La penetración francesa comenzó en 1643 con la creación de Fort Dauphin, pero su colonización se abandonó en 1674 a causa de las condiciones adversas. Durante el s. XVIII franceses e ingleses se disputaron la exclusiva del comercio con la isla; mientras tanto el rey Adrianampoinimerina impuso su poder y fundó una dinastía a fines del s. XVIII; su hijo Radama I, gracias a las armas proporcionadas por los ingleses, consiguió proclamarse rey de Madagascar.
El tratado de París de 1814 entregó la isla a la colonización francesa y en 1818 la London Missionary Society comenzó la evangelización. La reina Ranavalona I expulsó a los ingleses y franceses y prohibió el cristianismo, pero su hijo Radama II en 1861 abrió nuevamente el país a la influencia extranjera. En 1868 el protestantismo se convierte en religión oficial. Francia hizo efectivo su dominio mediante la conquista en 1896, lo que supuso la abolición de la esclavitud. En 1916, con ocasión de la Primera Guerra Mundial, los malgaches se sublevaron contra el dominio colonial, pero fueron sometidos. En 1947 se fundó el partido independentista MDRM (Movimiento Democrático de Renovación Malgache), que ganó las primeras elecciones convocadas, pero el nacionalismo fue reprimido por las autoridades coloniales.
En 1958 la isla obtuvo la independencia y se convirtió en la República Malgache, dependiente en lo económico de Francia. Su primer presidente fue Tsiranana, obligado a dimitir en 1972 por el golpe de carácter nacionalista del general Ramanantsoa, que derogó la Constitución, rompió con Francia y estableció negociaciones con la URSS. Ramanantsoa cedió en 1974 el poder a Ratsimandrava, su ministro del Interior, que en 1975 fue asesinado y sustituido por un directorio militar que nombró presidente a Didier Ratsiraka. Se creó entonces la República Democrática de Madagascar, de orientación socialista, y se nacionalizaron la banca, los seguros y gran parte del comercio. En las elecciones de 1989 la Vanguardia de la Revolución Malgache (AREMA) subió al poder. En julio de 1991 el presidente Didier Ratsiraka decretó el estado de emergencia y fue presionado para que dimitiera tras dieciséis años en el poder. En noviembre de 1991 se instauró el nuevo gobierno de Guy Razanamasy y en diciembre se formó otro de coalición con miembros pertenecientes a la oposición del *Comité de Forces Vives.*

madam o **madama** *s. f.* Dueña o encargada de un prostíbulo.

Madariaga, Salvador de (La Coruña 1886 - Locarno, Suiza 1978) Escritor y diplomático español. Catedrático de literatura española en Oxford, embajador de la república en Washington y París y ministro de Instrucción Pública y Justicia con Lerroux, se exilió al comenzar la guerra civil. Regresó a España en 1976. Su obra abarca la poesía; la novela, con títulos como *El enemigo de Dios* (1936) y *La camarada Ana* (1956); el ensayo, con *Guía del lector del Quijote* (1926) y *España, ensayo de historia contemporánea* (1931), entre otros, y la biografía, género en el que destacan los libros *Colón* (1940), *Hernán Cortés* (1941) y *Bolívar* (1951).

Salvador de Madariaga.

made in *loc. ingl.* Significa 'hecho, fabricado en'.

madeira *s. m.* Vino producido en la isla de Madeira, con variedades de blanco, rojo, malvasía o moscatel.

Madeira Región autónoma de Portugal, situada en el archipiélago del mismo nombre, en el océano Atlántico, al SO de la península Ibérica. 794 km^2. 273.200 h. en 1989. Comprende las islas de Madeira, Porto Santo, Isla Salvaje y las Desiertas. Su capital es Funchal, con 48.650 h. en 1981. En ella se elabora el célebre vino que lleva su nombre. Sus recursos económicos proceden del cultivo de la vid, caña de azúcar y bananas, de la pesca y el turismo.

madeja *s. f.* **1.** Hilo de cualquier material enrollado, sin soporte, en vueltas iguales. **2.** Mata de pelo de una persona. **3.** *fam.* Persona débil, sin fuerzas. || **Loc. enredar** (o **enredarse**) **la madeja** Complicar o complicarse un asunto.

Madeleine, La Yacimiento prehistórico francés, situado en la Dordoña. Es una cueva donde se han encontrado relieves de arte rupestre que representan animales y figuras humanas. Da nombre al periodo magdaleniense.

Madelón, La Canción que se hizo muy popular entre los soldados franceses y en diversos países de Europa durante la Primera Guerra Mundial.

madera *s. f.* **1.** Parte fibrosa y dura de los árboles y arbustos que se encuentra debajo de la corteza. Sirve de sostén a la planta y de conductor para la circulación de la savia. A medida que envejece se impregna de lignina, sustancia que la endurece y le da carácter leñoso. Su composición química es variable, pero generalmente contiene sustancias orgánicas como ceras y taninos. Cada especie de planta tiene una madera de características propias, según las cuales se puede utilizar como material de construcción, para la fabricación de muebles, de papel y todo tipo de objetos o como combustible. **2.** Talento, capacidad. **3.** Palo de golf con cabeza de madera

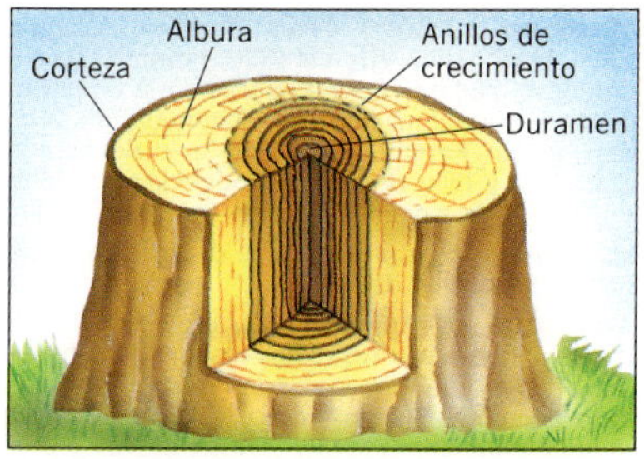

Corte y sección triangular de un tronco, en el que se aprecia su crecimiento.

que se usa para dar golpes potentes. **4.** Materia de que se compone el casco de las caballerías. **5.** Nombre genérico de los instrumentos musicales de viento de una orquesta en los que se sopla directamente (flauta) o mediante una o dos lengüetas (oboe, clarinete, fagot y saxofón) y que se contraponen al metal, aunque no sean necesariamente de madera. **6.** *fam.* En España, cuerpo de policía. || **7. madera en rollo** La que está sin labrar ni descortezar. || **Loc. tocar madera** *fam.* Se dice, junto con el gesto de hacerlo, para que no ocurra algo malo.

maderable *adj.* Se dice del árbol o del bosque del que se puede obtener madera útil.

maderada *s. f.* Conjunto de troncos que se transportan por la corriente de un río.

maderaje o **maderamen** *s. m.* Conjunto de maderas que se utilizan en la construcción de una obra determinada.

maderero, ra *adj.* **1.** Perteneciente o relativo a la madera. || *s. m.* y *f.* **2.** Persona que comercia con la madera. **3.** Persona que conduce la maderada por el río.

Maderna, Bruno (Venecia 1920 - Darmstadt 1973) Músico italiano. Combinó la composición y la dirección de orquesta con la enseñanza de la música. Cultivó la técnica serial y utilizó medios electroacústicos; puso música a diversas piezas literarias concebidas para convertirse en representaciones teatrales, como el *Hyperion* de Hölderlin (1965). Es además autor de *Quadrivium* (1948), *Composición en 3 tiempos* (1954) y *Nocturno* (1956).

Maderno, Carlo (Capolago, Como 1556 - Roma 1629) Arquitecto italiano. Es uno de los artistas más importantes de la transición entre el periodo manierista y el Barroco, cuyos elementos característicos –riqueza decorativa y acentuación de los contrastes luminosos– incorporó a la fachada de la iglesia de Santa Susana de Roma (1597-1603). Otras obras suyas representativas son la fachada de la basílica de San Pedro del Vaticano (1607-16) y el palacio Aldobrandini de Roma.

madero *s. m.* **1.** Pieza larga de madera cortada de modo que sus caras queden planas. **2.** Árbol cortado y limpio de ramas. **3.** *fam.* Persona torpe e insensible. **4.** *fam.* En España, miembro de la policía armada.

Madero, Francisco Ignacio (Parras, Coahuila 1873 - Ciudad de México 1913) Político mexicano. Fundador del Partido Nacional Antirreeleccionista, dirigió la oposición contra el dictador Porfirio Díaz. Tras el triunfo de la revolución en 1911 fue nombrado presidente del país. Sus esfuerzos por frenar la corrupción e implantar un régimen democrático no pudieron detener el grave malestar social existente entre el campesinado, insatisfecho con las reformas, y hubo de hacer frente a las sublevaciones de Zapata y Orozco. Fue derrocado y muerto por Victoriano Huerta, el jefe militar al que había encargado la represión del movimiento.

Madhya Pradesh Estado de la India, en el N del Decán. 443.446 km^2. 52.178.850 h. en 1981. La capital es Bhopal, con 672.300 h. en 1981. Es una región montañosa, en la que se alzan los montes Mahadeo, Vindhya, Maikal, Satjura y Kaimur, recorrida por los ríos Narmada y Mahanadi, y cuyo clima está sometido a la acción de los monzones. Cuenta con cultivos de arroz, trigo, mijo y algodón; con yacimientos de hierro, carbón, manganeso y bauxita, y con industria siderúrgica, mecánica, eléctrica, química, papelera, textil y alimentaria.

Madison, James (Port Conway, Virginia 1751 - Montpelier, Virginia 1836) Político estadounidense. Fue uno de los padres de la Constitución y el fundador, junto con Thomas Jefferson, del Partido Republicano. Secretario de Estado entre 1801 y 1809, ocupó la presidencia entre 1809 y 1817. En 1812 declaró la guerra al Reino Unido.

madona *s. f.* Nombre que se da en el arte italiano a la imagen de la Virgen.

Madonna (Detroit 1958) Cantante estadounidense. Famosa por sus éxitos discográficos y sus actuaciones de tono provocativo. Ha interpretado diversas películas como *Buscando a Susan desesperadamente* (1985), *¿Quién es esa chica?* (1987) y *Dick Tracy* (1990).

Madoz, Pascual (Pamplona 1806 - Génova 1870) Político español. De ideario progresista, ocupó entre otros cargos el de ministro de Hacienda en 1855. Es uno de los pioneros de la estadística en España y autor del famoso *Diccionario geográfico-estadístico-histórico de España y sus posesiones de ultramar* (1845-50), de 16 volúmenes.

Madrás C. de la India, cap. del estado de Tamil Nadu, situada en el SE del país. 5.582.000 h. en 1989 en la aglomeración urbana. Es un centro portuario y comercial, que posee industrias mecánicas, metalúrgicas, químicas, textiles, cementeras y de material ferroviario, así como refinería de petróleo.

madrastra *s. f.* **1.** Mujer del padre respecto de los hijos de éste tenidos en matrimonio anterior. **2.** Madre que trata mal o descuida a sus hijos.

madraza *s. f.* Madre muy cariñosa y condescendiente con sus hijos.

Madrazo, Federico de (Roma 1815 - Madrid 1894) Pintor español. Formado en Roma y París, se estableció en Madrid en 1842, donde ocupó diversos cargos oficiales, como director del Museo del Prado, director de la Academia de San Fernando y pintor de corte de Isabel II. Cultivó la pintura histórica y religiosa y sobresalió como retratista. Entre sus cuadros más representativos figuran *La condesa de Vilches* (1853) y el retrato de *Isabel II*.

Madrazo, José de (Santander 1781 - Madrid 1859) Pintor español. Padre del anterior, fue un artista neoclásico, formado en Roma, que desempeñó la dirección del Museo del Prado y fue profesor de la Academia de San Fernando. Entre sus obras destacan sobre todo las pinturas de tema histórico, como *La muerte de Viriato,* y los retratos de cámara, como los de *Carlos IV* e *Isabel II*.

madre *s. f.* **1.** Mujer que ha tenido uno o más hijos, con respecto a éstos. **2.** Hembra de un animal, con respecto a sus crías. **3.** Origen o fundamento de algo. **4.** Título que se da a las monjas. **5.** Matriz, útero. **6.** Cauce de un río. **7.** Acequia principal de donde parten o donde desaguan otras. **8.** En urbanismo, alcantarilla o cloaca maestra. **9.** Heces o materia más espesa del mosto, vino o vinagre que se deposita en el fondo del recipiente que los contiene. **10.** Madero o pieza principal de ciertos armazones, máquinas, etc. ‖ *interj.* **11.** Se emplea en diversas expresiones indicando sorpresa, admiración, etc.: *¡Mi madre, cómo llueve!* ‖ **12. madre de leche** Nodriza, mujer que ha amamantado a un hijo que no es suyo. **13. madre del cordero** El quid o la dificultad de algo. ‖ **LOC. sacar de madre** a alguien Irritarle, enfurecerle. **salirse de madre** Desbordarse una corriente de agua; también, salirse o pasarse una persona o una cosa de los límites a que nos tiene acostumbrados.

Madre, Sierra Sistema montañoso de México, que se extiende de NO a SE a lo largo del sector occidental del país. Consta de tres cadenas bien definidas: la **Sierra Madre Occidental**, que se extiende siguiendo la línea costera del océano Pacífico, desde la frontera estadounidense, al N, hasta la cuenca del río Balsas, al S, y que alcanza su máxima altura en el Nevado de Colima (4.338 m); la **Sierra Madre Oriental**, que está situada paralelamente al E de la anterior y alcanza su máxima altura en el volcán Citlaltépetl (5.700 m), y la **Sierra Madre del Sur**, situada al S de las anteriores, en la línea costera del Pacífico, con una longitud de 1.200 km, y que se extiende entre la cuenca del río Balsas y el istmo de Tehuantepec, alcanzando su máxima altura en el pico Teotepec (3.703 m).

Madre Centroamericana, Sierra Cordillera de América Central, situada entre el S de México y el NO de Colombia y que recorre el subcontinente siguiendo la línea costera del Pacífico. Se extiende entre el istmo de Tehuantepec en México y la barranca de Atrato, en Colombia. Su máxima altura la constituye el volcán Tajumulco (4.220 m) y consta de diversas formaciones montañosas.

Madre de Dios **1.** Archipiélago de Chile, situado en el S del país, en la región de Magallanes. Sus principales islas son Madre de Dios y Duque de York. Está deshabitado y en él se practica la explotación forestal.
2. Río de Perú y Bolivia. 1.100 km. Pertenece a la cuenca amazónica. Nace en la sierra Carabaya (Perú), pasa por Puerto Maldonado y desemboca en el río Beni.
3. Departamento de Perú, situado en el SE del país. 78.403 km^2. 49.000 h. en 1990. La capital es Puerto Maldonado, con 13.000 h. en 1981. El principal recurso económico es la explotación cauchera; asimismo cuenta con agricultura tropical y ganadería. La creación de un gran parque natural trata de preservar la flora y la fauna de la zona, amenazadas por el reciente descubrimiento de oro.

madreperla *s. f.* Nombre común de diversos moluscos lamelibranquios de la familia pteríidos, especies *Pteria margaritifera, Pinctada matzatanica* y *Pinctada maxima.* Su concha es casi circular, de unos 10 cm de diámetro, y tiene color pardo y textura rugosa. Cuando un cuerpo extraño penetra en su interior lo recubre de capas de nácar hasta formar una perla. Habitan en los fondos marinos de los océanos Índico y Pacífico y existen especies cultivadas.

madrépora *s. f.* Nombre común de diversas especies de madreporarios. **FAM.** Madrepórico.

Diversas especies de madreporarios.

madreporarios *s. m. pl.* Orden de celentéreos de la clase antozoos, al que pertenecen unas 2.500 especies, sin contar las fósiles. Son pólipos provistos de un esqueleto exterior calcáreo, secretado por la base del pie. Viven en aguas superficiales formando colonias que constituyen las barreras de coral o atolones. Habitan en los mares tropicales, sobre todo en los océanos Índico y Pacífico entre las latitudes 30°N y 30°S, en aguas limpias, bien oxigenadas, de salinidad normal, hasta los 50 m de profundidad. Se llaman también *escleractinias.* También *adj.* y *s. m.*

madreselva *s. f.* Nombre común de unas 200 especies de plantas arbustivas de la familia caprifoliáceas, género *Lonicera.* Pueden alcanzar hasta 3 m de altura, tienen tallo trepador, hojas enfrentadas, inflorescencias blancas, rosadas o rojas y fruto en baya. Crecen en el S de Europa y en las regiones andinas de América y se utilizan como plantas ornamentales. Las bayas de la especie *Lonicera xylosteum* son altamente tóxicas y la *Lonicera japonica* es una mala hierba.

Flor y baya de la madreselva (Lonicera periclymenum).

Madrid C. de España, cap. del país y de la comunidad autónoma del mismo nombre, situada en el centro de la Península. 2.909.800 h. en 1991. Junto a Barcelona constituye el principal centro en lo referente a administración, transporte, comercio, industria, servicios, cultura, sanidad, enseñanza y ocio. Cuenta con más de 7.000 industrias, entre las que sobresalen las químicas, metalúrgicas, electrónicas, aeronáuticas, de vehículos, mecánicas, de maquinaria eléctrica, de transformados metálicos, de productos farmacéuticos, de cosméticos, alimentarias, de materiales de construcción y editorial.
Hist. No existe un dato preciso acerca de la fundación de Madrid, que en época musulmana y con el nombre de *Magerit* fue una de las numerosas fortalezas que protegían el valle del Tajo. El rey leonés Ramiro II la conquistó en el 939 y fue definitivamente incorporada a la corona de Castilla por Alfonso VI en 1083. La ciudad fue residencia habitual de Juan II, que reunió en ella Cortes en 1419, y de Enrique IV. En 1520 participó en la guerra de las Comunidades. Se convirtió en capital del reino al trasladar allí la corte Felipe II en 1561 y desde entonces no dejó de crecer física y políticamente. Durante la guerra de Sucesión fue partidaria de Felipe V y a partir de este reinado se constituyó en la capital del Estado centralista de los Borbones. En 1808 sus habitantes protagonizaron el levantamiento del Dos de mayo contra Napoleón. Su industrialización comenzó tras la Primera Guerra Mundial y pronto contó con un importante movimiento obrero. En la guerra civil española resistió con heroísmo el ataque del ejército franquista y después de la misma, en los años cincuenta, experimentó un rápido crecimiento demográfico y económico, absorbiendo a los pueblos de su entorno.
Arte Se han descubierto importantes restos del paleolítico inferior en las orillas del Manzana-

Madrid: Puerta de Alcalá, erigida por Francisco Sabatini en época de Carlos III.

res. De la Edad Media conserva la torre mudéjar de la iglesia de San Pedro (s. XIV) y la torre de los Lujanes (s. XV). Del reinado de los Reyes Católicos es San Jerónimo el Real (1503-05), con claustro del s. XVII. También del s. XVI son la casa de Cisneros y la de las Siete Chimeneas. En el s. XVII se construyeron los conventos de las Descalzas Reales y la Encarnación (1611-16), las iglesias de San Andrés, con la anexa capilla de San Isidro (1657-59), San Ginés, San Antonio de los Alemanes (1624) y la catedral de San Isidro (1657-59). Gómez de Mora trazó la Plaza Mayor (1617-19) y erigió el ayuntamiento (1640) y la cárcel de corte, actual palacio de Santa Cruz. En el s. XVIII, Pedro de Ribera dotó a la ciudad con obras como el Hospicio (1729), hoy Museo Municipal, y el puente de Toledo (1735). Se construyó el palacio de Oriente e iglesias como San Miguel (1745), San Francisco el Grande (1761) y el oratorio de Caballero de Gracia (1786), de Juan de Villanueva, así como la ermita de San Antonio de la Florida. Carlos III embelleció la villa con puertas, como la de Alcalá, fuentes, como la de Cibeles y Neptuno y edificios, como el de la Aduana (1769) y el Museo del Prado (1785). En el s. XIX se abrió la plaza de Oriente y se construyeron, entre otros, el teatro Real, los palacios de las Cortes y del Senado, la Biblioteca Nacional, el Banco de España, la Real Academia Española. En la primera mitad del s. XX se edificó el palacio de Comunicaciones y el Círculo de Bellas Artes, de Antonio Palacios, y se proyectó la Ciudad Universitaria.

Madrid, Comunidad de Comunidad autónoma de España, en el centro del país.

Extensión: 7.995 km^2.
Límites: al N y O, con la comunidad de Castilla y León; al E y S, con la comunidad de Castilla-La Mancha.
Población: 4.845.850 h. en 1991.
Densidad: 606,1 h./km^2.
Capital: Madrid.
Provincias: Madrid.

Geog. física Su relieve es montañoso en los sectores N y O, llano en el centro y con vegas fluviales en el E y S. La zona de montaña pertenece al Sistema Central y presenta una sola alineación entre el río Alberche y el puerto de Navacerrada, que culmina en Siete Picos (2.138 m), y posteriormente dos ejes montañosos, con las sierras de Peñalara (2.430 m) y Somosierra al N y Cuerda Larga (Cabeza de Hierro, 2.383 m) y la sierra de la Cabrera al S, separados por la fosa del Lozoya. Sus ríos corresponden a la cuenca del Tajo y los principales son el Jarama –con sus afluentes Tajuña, Henares, Manzanares y Lozoya–, Alberche y Guadarrama. Tiene clima de interior, aunque en las sierras existe el clima de montaña. La vegetación en la zona serrana es de bosque de pino, roble, fresno y haya; de encina, enebro, árboles de ribera, matorral de jara, piorno, enebro enano y prado en el centro; y de esparto, tomillo y retama en el S.
Geog. humana y ***económica*** Cuenta con zonas de regadío en las vegas de los principales ríos y de secano en el resto. Se cultiva trigo, cebada, vid, olivo y hortalizas. Tiene ganadería esencialmente bovina, ovina y avícola. El sector terciario ocupa a dos tercios de la población activa, con especial significación en los aspectos culturales y educativos (posee cinco universidades públicas, así como la sede central de la UNED), financieros, administrativos, etc., derivados de su posición central y del peso de la ciudad de Madrid como capital del país. Es la segunda región industrial española, centrándose su actividad en la capital y en su área metropolitana, donde se fabrican automóviles, motores, material eléctrico, electrónica, electrodomésticos, productos químicos y farmacéuticos, textiles, papel y muebles. Tienen también gran importancia la construcción, la industria alimentaria, los medios de comunicación y la de artes gráficas.

Comunidad de Madrid: la Plaza Mayor de Navalcarnero y la iglesia de la Inmaculada Concepción.

Hist. El territorio de Madrid estuvo poblado desde la prehistoria por comunidades de cazadores, agricultores y pastores que han dejado numerosos restos de útiles y cerámica en el valle del Manzanares y el S de la provincia. En la edad de los metales se construyeron poblados fortificados en Titulcia y Torrelaguna. El N de la provincia constituye la vía natural de penetración entre las submesetas N y S, y a causa de ello los romanos trazaron grandes calzadas que cruzaban las sierras de Guadarrama y Somosierra, cuyos restos se conservaron en la Fuenfría y el puente romano de Talamanca del Jarama. Asimismo, el valle de Henares fue una importante vía de comunicación, donde los romanos construyeron la ciudad de Complutum (Alcalá de Henares) y numerosas villas. Complutum adquirió rango episcopal en el bajo imperio y conservó su importancia en época visigoda. En época musulmana Madrid adquirió gran relevancia militar por el control de los pasos de la sierra, fundamentalmente para la defensa del valle del Tajo. Los árabes construyeron torres defensivas en Torrelodones, Torrejón de Ardoz y Patones. Fue reconquistada por el rey castellano Alfonso VI a principios del s. XI, y comenzó un desarrollo urbano con la fundación de nuevos municipios: Colmenar Viejo, Manzanares el Real, Miraflores de la Sierra, etc. A lo largo de la Edad Media fueron frecuentes las disputas territoriales con Segovia. El desarrollo provincial se aceleró cuando Felipe II trasladó la corte desde Valladolid a Madrid y ordenó la construcción del monasterio de San Lorenzo de El Escorial. La provincia adquirió gran protagonismo político a principios del s. XIX con el motín de Aranjuez contra Godoy y la declaración de guerra del alcalde de Móstoles a Napoleón. En 1833 se creó la división provincial de España, y Madrid adquirió su actual configuración, englobando el real sitio de Aranjuez. Durante la guerra civil se estableció en Madrid un frente que amenazaba la capital, en manos republicanas, y se libró una dura batalla en el término de Brunete. Tras la guerra, el entorno de la capital fue progresivamente urbanizado, hasta constituir un área metropolitana altamente industrializada.

Comunidad de Madrid: castillo de Villaviciosa de Odón.

Arte La Comunidad cuenta con un rico inventario artístico. En Talamanca del Jarama puede verse un puente romano. A la Edad Media pertenecen las murallas de Buitrago del Lozoya (s. XI-XIV), el monasterio de El Paular (s. XIV) en Rascafría, los castillos de Manzanares el Real y el de Chinchón (s. XV). El cardenal Cisneros fundó la universidad de Alcalá de Henares, obra capital del plateresco, cuya fachada construyó Rodrigo Gil de Hontañón (1541-53); más tarde surgieron otros edificios en torno a la universidad: el renacentista colegio de San Jerónimo, el paraninfo, obra de Pedro Gumiel, el colegio Málaga y el patio de Santo Tomás de Villanueva. Existen dos sitios reales, El Escorial, edificado entre 1563 y 1584, y Aranjuez, iniciado también en el s. XVI. Es interesante el ejemplo de urbanización barroca de Nuevo Baztán (1709-13), pueblo trazado por José Benito Churriguera. También del s. XVIII es el palacio del infante don Luis de Borbón, en Boadilla del Monte, construido por Ventura Rodríguez. Dentro de la arquitectura popular merece mencionarse la Plaza Mayor de Chinchón. Del s. XX, destaca la iglesia de los Misioneros Dominicos, de Alcobendas (1955), obra de Miguel Fisac.

Madrid Hurtado, Miguel de la (Colima 1934) Político mexicano. Profesor de derecho constitucional y miembro del PRI desde 1963, fue subsecretario del Tesoro en 1975 y secretario de presupuestos y programación en 1979. Ocupó la presidencia del país entre 1982 y 1988. Hizo frente a la crisis económica con una política de gran austeridad. En el campo internacional destacaron sus esfuerzos en favor de la pacificación de Centroamérica.

madrigal *s. m.* **1.** Composición poética breve y ligera, de carácter amoroso, en endecasílabos y heptasílabos, dispuestos y rimados a gusto del poeta. Son célebres los madrigales de Gutierre de Cetina. **2.** Composición musical para varias voces, generalmente sin acompañamiento instrumental, que se realiza sobre un texto profano, en lengua vernácula, de carácter amoroso, satírico o alegórico, a excepción de los madrigales espirituales. Nació en Italia a finales del s. XIV y constituyó una de las formas musicales más características de la polifonía renacentista.

Madrigal, Alonso de, llamado **el Tostado** (Madrigal de la Sierra, Ávila 1400 - ? 1455) Escritor español. Fue uno de los grandes eruditos eclesiásticos de su época, en cuya extensa obra teológica y filosófica destacan los *Comentarios a los libros históricos de la Biblia,* así como los tratados *De la política óptima, Cuestiones sobre la filosofía moral y natural* y *Confesional.*

madrigalesco, ca *adj.* **1.** Perteneciente o relativo al madrigal. **2.** Que expresa con elegancia y delicadeza sus afectos.

madrigalista *s. m.* y *f.* Persona que compone o canta madrigales.

madriguera *s. f.* **1.** Cueva pequeña y alargada en la que habitan ciertos animales, especialmente los conejos. **2.** Escondrijo de malhechores. **3.** *fam.* Lugar o rincón donde se recoge y aísla una persona.

madrileñismo *s. m.* **1.** Carácter de lo madrileño. **2.** Expresión o giro característico del habla de los madrileños. **FAM.** Madrileñista.

madrileño, ña *adj.* De Madrid. También *s.*

madrina *s. f.* **1.** Mujer que presenta y asiste a alguien que recibe ciertos sacramentos; en el bautismo adquiere un parentesco espiritual y determinadas obligaciones con el apadrinado. **2.** Mujer que presenta y acompaña a otra persona que recibe algún honor, grado, etc. **3.** Mujer que favorece y ayuda a alguien en sus aspiraciones.

4. Mujer que patrocina o preside ciertos actos, como la entrega de una bandera, una fiesta, inauguración, etc. **5.** Mujer que en la botadura de un barco rompe una botella de champaña o vino contra el casco. **6.** Mujer que es nombrada por un curso de estudiantes, una asociación, etc., como su protectora o representante honorífica. **7.** Yegua que guía a una manada de caballos.

madrinazgo *s. m.* **1.** Función de madrina. **2.** Acto de asistir como madrina.

madrona *s. f.* **1.** Madre, cloaca maestra. **2.** *fam.* Madraza*.

madroñal *s. m.* Lugar poblado de madroños.

madroñera *s. f.* **1.** Madroñal*. **2.** Madroño, planta.

madroño *s. m.* **1.** Planta arbórea o arbustiva de la familia ericáceas, especie *Arbutus unedo.* Mide entre 3 y 4 m de altura, tiene hojas perennes en disposición alterna, flores blancas y frutos en baya, de aspecto granuloso, color naranja y sabor dulzón. Su corteza es carnosa y de color pardo rojizo. Crece en Europa y las hojas y corteza se utilizan para encurtidos, los frutos para fabricar licor y las hojas en medicina como astringente. **2.** Fruto de este arbusto. **3.** Pequeña borla de forma semejante a este fruto, que se utiliza como adorno en la mantilla española, en algunos trajes goyescos, etc.

madrugada *s. f.* **1.** Momento del día en que amanece, primeros momentos de la mañana. **2.** Horas que van desde la medianoche hasta el amanecer. **3.** Madrugón.

madrugador, ra *adj.* Que madruga o le gusta madrugar. También *s.*

madrugar *v. intr.* **1.** Levantarse temprano. **2.** Tomar la delantera, anticiparse a otro en la ejecución de algo. ▪ Se conjuga como *pagar.*

madrugón, na *adj.* **1.** Que madruga. ‖ *s. m.* **2.** Acción de levantarse muy temprano.

Madura Isla de Indonesia, situada al NO de Java. 5.300 km^2. 2.330.000 h. en 1985. Tiene escasos rendimientos agrícolas y está superpoblada.

maduradero *s. m.* Lugar a propósito para dejar madurar la fruta recogida antes de tiempo.

Madurai C. de la India, en el estado de Tamil Nadu, en el SE del Decán. 820.900 h. en 1981. Situada a orillas del río Vaigai, cuenta con industria textil, de colorantes, de maquinaria agrícola y tabaco. Destaca su famoso templo brahmánico de los s. XVI y XVII.

madurar *v. tr.* **1.** Hacer que un fruto, proyecto idea, etc., esté maduro. ‖ *v. intr.* **2.** Ponerse la fruta madura. También *v. prnl.* **3.** Crecer en edad y sensatez. **4.** Supurar*. También *v. prnl.* **FAM.** Maduración, madurador.

madurativo, va *adj.* **1.** Que madura o sirve para madurar. **2.** Se aplica al medicamento que sirve para hacer supurar un grano o tumor. También *s.*

madurez *s. f.* **1.** Cualidad de maduro. **2.** Etapa de la vida de la persona adulta comprendida entre la juventud y la vejez.

maduro, ra *adj.* **1.** Se dice del fruto que está en el momento adecuado de poder ser recolectado o comido. **2.** Se dice de un proyecto, asunto, idea, etc., suficientemente desarrollado. **3.** Prudente, sensato. **4.** Se dice de la persona adulta, en plenitud vital, que está entre la juventud y la vejez. **5.** Se aplica al grano o tumor a punto de abrirse o listo para ser abierto. **FAM.** Maduramente.

Maella, Mariano Salvador (Valencia 1739 - Madrid 1819) Pintor español. De estilo academicista, siempre se movió en ambientes oficiales. Fue director general de la Academia de San Fernando (1795) y primer pintor de cámara (1799). Pintó frescos en los palacios reales de Madrid, El Pardo, Aranjuez y La Granja.

Maes, Nicolaas (Dordrecht h. 1634 - Amsterdam 1693) Pintor neerlandés. Discípulo de Rembrandt, se dedicó en su primera etapa a pintar escenas intimistas, como *El ama de casa neerlandesa, La hiladora* y *La sirvienta perezosa.* Más tarde, establecido ya en Amsterdam, trabajó en el campo del retrato, en el que sobresalen *Retrato de Jacobs Trip* y *Retrato de mujer joven.*

maese *s. m.* Tratamiento de respeto que se anteponía al nombre.

maestà (voz ital.) *s. f.* En arte, nombre con que se designa a la representación majestuosa de la Virgen en un trono, generalmente con el Niño en el regazo.

maestoso (voz ital.) *adj.* En mús., se dice del tiempo lento, de aire solemne y majestuoso. También *s. m.*

maestrante *s. m.* Cada uno de los caballeros que componen la maestranza.

maestranza *s. f.* **1.** Conjunto de talleres y oficinas para la construcción y reparación de armamento y material de guerra. **2.** Conjunto de operarios que trabajan en ellos. **3.** Asociación de caballeros para el adiestramiento en la equitación y el uso de las armas a caballo. Estas asociaciones tuvieron su origen en España en el s. XVI, y en el XIX se convirtieron en hermandades de carácter nobiliario.

maestrazgo *s. m.* **1.** Dignidad del maestre en cualquiera de las órdenes militares. **2.** Dominio territorial del maestre de una orden militar.

Maestrazgo Comarca de España, en la prov. de Castellón. Comprende una parte interior montañosa, denominada **Alto Maestrazgo**, poco habitada, con capital en Morella, y en la que existen importantes conjuntos de arte rupestre levantino, y otra más llana y costera, denominada **Bajo Maestrazgo**, mucho más poblada, con núcleos urbanos como Vinaroz, Benicarló y Peñíscola.

maestre *s. m.* **1.** Superior de una orden militar. **2.** Antiguamente, doctor o maestro.

maestresala *s. m.* **1.** Criado principal que servía la mesa de un señor. **2.** Maître de un hotel o restaurante.

maestrescuela *s. m.* Antigua dignidad de algunas iglesias catedrales, que se encargaba de la enseñanza de materias eclesiásticas.

maestría *s. f.* **1.** Habilidad, destreza. **2.** Oficio y título de maestro de cualquier clase. **3.** *Méx.* Máster*, grado académico.

maestro, tra *adj.* **1.** Se dice de la obra o del trabajo hecho con gran perfección, que destaca entre los de su clase. **2.** Se aplica a determinados objetos para señalar su importancia dentro de su clase. ‖ *s. m.* y *f.* **3.** Profesor, particularmente el de primera enseñanza. **4.** Profesor u otra persona de quien alguien ha recibido muy valiosas enseñanzas. **5.** Persona que destaca mucho en alguna materia. **6.** Aquello que enseña o alecciona. **7.** Título que se da al dueño o jefe de un taller. ‖ *s. m.* **8.** Persona que ha alcanzado el más alto grado en su oficio. **9.** Compositor de música o director de orquesta. **10.** Matador de toros. **11.** En bellas artes, nombre utilizado para designar a los artistas anónimos. **12.** Título de la masonería. **13.** *fam.* Tratamiento popular respetuoso. ‖ *s. f.* **14.** Listón que utilizan los albañiles como guía para construir una pared. ‖ **15. maestro de armas** El que enseña esgrima. **16. maestro de capilla** El que compone y dirige la música que se canta en una iglesia. **17. maestro de ceremonias** El encargado de dirigir el protocolo o ceremonial que debe observarse en un acto. **18. maestro de obras** Persona entendida en construcción que dirige a los albañiles y peones en una edificación, bajo las órdenes de un arquitecto.

Maeterlinck, Maurice (Gante 1862 - Niza 1949) Escritor belga en lengua francesa. Fue uno de los miembros destacados del movimiento simbolista de París. Sus primeras obras son poéticas, como *Los invernaderos* (1889), pero se le recuerda sobre todo por sus dramas alegóricos *La princesa Malena* (1889), *La intrusa* (1890), *Peleas y Melisenda* (1892) y *El pájaro azul* (1908). Escribió asimismo algunos interesantes ensayos de biología, como *La vida de las abejas* (1901) y *La vida de las termitas* (1926). Recibió el premio Nobel de literatura en 1911.

Maeztu, Ramiro de (Vitoria 1874 - Madrid 1936) Escritor, periodista y filósofo español. Representante de la generación del 98, su pensamiento evolucionó desde el liberalismo hasta una profunda religiosidad, conservadurismo y apego a la tradición. Murió fusilado. Entre sus obras destacan los ensayos *Hacia otra España* (1899), *La crisis del humanismo* (1919), *Don Quijote, don Juan y la Celestina* (1926) y *Defensa de la hispanidad* (1934).

mafia *s. f.* **1.** Organización secreta de carácter criminal que impone su ley por la violencia y el chantaje. Tuvo sus orígenes en Sicilia en el s. XIX y se extendió a toda Italia y a otros países, especialmente EE UU, donde controla el tráfico de drogas, la prostitución y el mundo del juego. ▪ En esta acepción suele escribirse con mayúscula. **2.** *desp.* Organización o grupo que emplea métodos prohibidos o poco limpios, o no deja participar a otros en alguna actividad. **3.** *P. Rico.* Trampa. **FAM.** Mafioso.

Magallanes Estrecho de América del Sur, que separa el continente de la isla de Tierra del Fuego y comunica los océanos Atlántico y Pacífico. Tiene 600 km de longitud y una anchura media de 30 km. Fue descubierto en 1520 por Fernando de Magallanes. La dificultad de su tránsito y la apertura del canal de Panamá han hecho que caiga en desuso como vía de navegación.

Magallanes, Fernando de (Ponte de Barca, Miño 1480 - Mactán, Filipinas 1521) Navegante portugués al servicio de la corona española. Dirigió la expedición armada por Carlos V que debía llegar a las islas de las especias por la ruta occidental y que partió de Sevilla en 1519 con cinco naves, de las cuales tan sólo una terminó el viaje; invernó en la Patagonia y, después de sofocar una revuelta de sus oficiales, descubrió y atravesó el estrecho que lleva su nombre; en 1521 recorrió Oceanía, hizo escala en las islas Marianas y arribó a las Filipinas, donde murió en un ataque de los indígenas. Concluyó la vuelta al mundo su piloto Juan Sebastián Elcano.

Fernando de Magallanes (Museo Naval, Madrid).

Magallanes, Nubes de Formaciones galácticas, visibles en el hemisferio austral. Distan de la Tierra 150.000 años luz aproximadamente y se dividen en Grande y Pequeña Nube de Magallanes.

Magallanes y Antártica Chilena Región de Chile, en el extremo S del país. 132.034 km^2. 155.300 h. en 1989. La capital es Punta Arenas, con 119.700 h. en 1989. Es una región fría, de tundra, y poco habitada, cuyos recursos económicos proceden de la ganadería ovina y la extracción de petróleo. Posee yacimientos de hulla, poco explotados.

magancear *v. intr. amer.* Holgazanear, hacer el vago.

magancia *s. f. Chile.* Astucia, malicia, perfidia.

maganza *s. f. Col., Ec.* Holgazanería.

magazine (voz ingl.) *s. m.* **1.** Revista ilustrada. **2.** Programa de televisión o radio en el que se ofrecen reportajes, entrevistas, actuaciones musicales, humor, etc.

magdalena *s. f.* **1.** Bollo hecho con harina, aceite, leche y huevo, cocido al horno en moldes metálicos o de papel. **2.** Mujer arrepentida de la vida de prostitución o de excesos que ha llevado. ▪ En esta segunda acepción se escribe con mayúscula. ‖ **LOC. estar hecha una Magdalena** *fam.* Estar desconsolada y llorosa. **llorar como una Magdalena** Llorar mucho.

Magdalena **1.** Río de Colombia, el principal del país, perteneciente a la vertiente del Caribe. 1.538 km. Nace en los Andes, discurre de S a N y desemboca junto a Barranquilla, donde forma un gran delta. Su principal afluente es el Cauca. Es una de las más importantes vías de comunicación.
2. Departamento de Colombia, en el N del país. 23.188 km^2. 899.000 h. en 1986. Su capital es Santa Marta, con 216.000 h. en 1986. Constituye la principal región ganadera y produce bananas, yuca, maíz, tabaco, algodón y cacao; cuenta con industrias alimentarias y textiles y tiene importantes yacimientos petrolíferos.

magdaleniense *adj.* **1.** Se dice del último periodo del paleolítico superior, que se extendió desde el año 14.000 hasta el 9.000 a. C. aproximadamente, coincidiendo con la última fase de la glaciación Würm. En él se elaboraron útiles y armas de piedra y hueso, decorados con incisiones, y se desarrolló el arte rupestre, con manifestaciones como Altamira y Lascaux. También *s. m.* **2.** Perteneciente o relativo a este periodo prehistórico.

Magdaleno, Mauricio (Villa del Refugio, Zacatecas 1906 - Ciudad de México 1986) Escritor mexicano. Aunque se inició en el teatro con obras como *Pánuco 137*, *Emiliano Zapata* y *Trópico*, alcanzó la popularidad con sus novelas de temática social, entre las que sobresalen *Campo Celis* (1935), *El resplandor* (1937), de carácter indigenista, y *Tierra Grande* (1949). También escribió guiones cinematográficos, como el de *María Candelaria*, famosa película del Indio Fernández.

Magdeburgo C. de Alemania, en el Land de Alta Sajonia, a orillas del río Elba. 290.600 h. en 1989. Es un importante puerto fluvial comunicado con el Rhin y el Oder mediante canales, que desarrolla una intensa actividad comercial. Cuenta con industria metalúrgica, de maquinaria pesada y alimentaria.

magenta (voz ital.) *s. m.* Color que surge de la mezcla de rojo y azul. En artes gráficas es, junto con el azul, el amarillo y el negro, uno de los colores básicos en las técnicas de fotomecánica e impresión.

magia *s. f.* **1.** Sistema de prácticas y creencias fundamentado sobre la idea de que existen poderes ocultos en la naturaleza, de cuya correcta manipulación se puede obtener un acontecimiento previamente deseado. **2.** Ilusionismo*. **3.** Atractivo, encanto de algo que parece irreal o hace olvidar la realidad. || **4. magia blanca** (o **natural**) Aquella que tiene como fin el alejamiento de los malos espíritus y la consecución de hechos positivos. **5. magia negra** Aquella que, valiéndose de los espíritus malignos, tiene por finalidad la consecución de un mal.

magiar *adj.* **1.** Húngaro. **2.** Se dice de un grupo de pueblos cuyo nombre es el de la principal de sus tribus. Procedentes de la estepa euroasiática, penetraron en Europa a fines del s. IX y se instalaron en la cuenca del Danubio, desde donde organizaron continuas expediciones de saqueo contra los estados cristianos de Occidente, durante las segundas invasiones. Tras ser vencidos por el emperador Otón I en el año 955, se instalaron en la región del Danubio medio y constituyeron un reino que pronto fue evangelizado y feudalizado. **3.** De estos pueblos. También *s.* || *s. m.* **4.** Lengua del grupo ugrofinés hablada por dichos pueblos.

mágico, ca *adj.* **1.** Perteneciente o relativo a la magia. **2.** Que sorprende y maravilla. || *s. m.* **3.** Mago.

magín *s. m.* Imaginación, inteligencia.

Maginot, Línea Sistema de fortificaciones de 200 km de longitud y 15 de ancho, construido por Francia a lo largo de la frontera NE de Alsacia y Lorena entre 1927 y 1936, a fin de prevenir una invasión alemana, y que lleva el nombre del diputado y ministro André Maginot, impulsor del proyecto. A comienzos de la Segunda Guerra Mundial mostró su absoluta ineficacia para contener el avance del ejército de Hitler, que ocupó el país en 1940.

magisterio *s. m.* **1.** Profesión o actividad de maestro o profesor. **2.** Conjunto de los maestros de una nación, provincia, etc. **3.** Enseñanza e influencia intelectual y moral que alguien ejerce sobre sus discípulos, lectores, etc.

magistrado *s. m.* **1.** Persona que tiene el cargo de juez. **2.** Miembro de una sala de audiencia territorial o provincial o del Tribunal Supremo de Justicia. || **3. primer magistrado** Jefe de Estado, en especial el presidente de una república y, menos frecuentemente, el rey de una nación.

magistral *adj.* **1.** Realizado con maestría o perfección. **2.** Perteneciente o relativo al maestro o profesor en el ejercicio de sus funciones docentes. **3.** Se dice de los instrumentos de precisión empleados para comprobar otros de su misma clase. **4.** Se dice del canónigo cuyo cargo en el cabildo es predicar. También *s. m.* **FAM.** Magistralmente.

magistratura *s. f.* **1.** Profesión y dignidad del magistrado. **2.** Tiempo que dura su ejercicio. **3.** Conjunto de magistrados de una nación. **4.** Magistratura del trabajo. || **5. magistratura del trabajo** En España, antiguo nombre del órgano o tribunal de la administración de justicia que se ocupa de resolver los pleitos laborales. Actualmente se denomina *juzgado de lo social.*

Magius (s. X) Pintor español. Fue un miniaturista mozárabe, probablemente un monje, que ilustró el *Explanatio in Apocalipsim*, conocido como *Beato* de San Miguel de Escalada (926), y el *Beato* de Távara (968), con gran fuerza expresiva, colores encendidos y composiciones de extraordinaria viveza.

magma *s. m.* **1.** Masa formada por las rocas fundidas de las zonas más profundas de la corteza terrestre, a causa de la presión y temperatura. Está compuesta fundamentalmente por silicatos, se acumula en cámaras magmáticas y es expulsada a la superficie en forma de lava a través de fisuras y volcanes. Una vez en el exterior y solidificada por enfriamiento da lugar a rocas magmáticas, que pueden ser plutónicas, filonianas o volcánicas, según sus zonas de cristalización, y que adoptan formas características, como batolitos, domos y lacolitos. **2.** Masa viscosa o pastosa.

magmático, ca *adj.* **1.** Perteneciente o relativo al magma. **2.** Se aplica a las rocas formadas por solidificación del magma.

Magna Grecia En la antigüedad, región de la actual Italia que comprendía Sicilia y el S de la península Itálica y que fue colonizada por los griegos a lo largo de los s. VIII, VII y VI a. C. Tuvo polis tan importantes como Gela, Acragas, Catania, Leontini, Siracusa, Reggio, Cumas, Síbaris, Crotona y Tarento. A consecuencia de la guerra de Tarento (h. 272 a. C.) las polis peninsulares se federaron con Roma; las sicilianas, que habían sido aliadas de Cartago en la primera guerra púnica, fueron asimiladas por Roma al término de la misma (241 a. C.).

Magnani, Anna (Alejandría, Egipto 1908 - Roma 1973) Actriz italiana. Fue una de las intérpretes preferidas por los directores del neorrealismo a causa de su temperamento trágico y su facilidad para interpretar papeles patéticos. Expresó su talento en películas como *Roma, ciudad abierta* (1945), *Bellísima* (1951), *La carroza de oro* (1952) y *Mamma Roma* (1962).

magnánimo, ma *adj.* **1.** Que tiene grandeza de espíritu, especialmente para perdonar. **2.** Generoso. **FAM.** Magnánimamente, magnanimidad.

Magnasco, Alessandro (Génova h. 1667 - íd. 1748) Pintor italiano. De estilo posbarroco, pintó paisajes melodramáticos y tenebrosos, con árboles caídos, monjes penitentes, ermitaños gitanos o esqueletos. Entre sus cuadros destacan *Don Quijote*, *Cuervo amaestrado* y *Jesús servido por los ángeles.*

magnate *s. m.* y *f.* **1.** Persona que ocupa una posición destacada en las finanzas, en la industria o en el mundo de los negocios. **2.** Denominación que en la Edad Media se daba a los más altos dignatarios o nobles.

Magnencio, Flavio Magno (Amiens h. 303 - Lyon 353) Emperador romano (350-353). Proclamado emperador en Autun, asesinó al emperador Constante. Avanzó sobre Panonia y fue derrotado por Constancio II, emperador de Oriente (351). Se refugió en la Galia y poco después se suicidó.

magnesia *s. f.* **1.** Nombre vulgar del óxido de magnesio, MgO; es muy resistente al calor y se emplea para fabricar recubrimientos refractarios en los hornos. || **2. magnesia blanca** Carbonato de magnesio. **3. magnesia efervescente** Mezcla de magnesia blanca, bicarbonato de sosa y ácido tartárico, que se usa como laxante.

magnesiano, na *adj.* Que contiene magnesia.

magnesio *s. m.* Mg. Elemento químico perteneciente al grupo II A del sistema periódico. Su número atómico es 12 y su masa atómica 24,312. Es un metal con un fuerte poder reductor, atacable por los ácidos, pero resistente a las bases. Fue descubierto por Humphry Davy en 1808. Se obtiene mediante la reducción de su óxido o por electrólisis de su cloruro. Se encuentra en minerales como la magnesita y la dolomita y en líquidos como la sangre, la leche o el agua de mar. Se utiliza en síntesis orgánicas para la obtención de compuestos organometálicos; en pirotecnia, como desgasificador de metales y en numerosas aleaciones, especialmente acompañando al aluminio y al cinc. **FAM.** Magnésico.

magnesita *s. f.* $MgCO_3$. Mineral carbonato de magnesio. Se presenta en cristales prismáticos o romboédricos, de color blanco y forma grumosa. Puede ser fácilmente tallado y se usa para fabricar pipas de fumador y ladrillos refractarios para hornos. Abunda en yacimientos de Austria, Italia y EE UU. También se llama *espuma de mar.*

magnético, ca *adj.* **1.** Perteneciente o relativo al magnetismo o que tiene magnetismo. **2.** Perteneciente o relativo al magnetismo animal o hipnosis. **3.** Que atrae con fuerza irresistible.

magnetismo *s. m.* **1.** Conjunto de los fenómenos relativos a los imanes y al campo magnético creado por éstos, así como el comportamiento de los diferentes materiales sometidos a la acción de dicho campo. También se llama *magnetostática.* **2.** Fuerza de atracción de un imán. **3.** Atractivo o influencia de una persona. || **4. magnetismo animal** Hipnosis*. **5. magnetismo terrestre** Conjunto de fenómenos físicos producidos por las propiedades magnéticas de la Tierra, cuyo campo de atracción se desarrolla desde los polos magnéticos, situados a poca distancia de los polos geográficos. A partir de dichos polos magnéticos se establece la declinación, mediante la cual se fija la situación del ecuador, los trópicos, los círculos polares y todos los paralelos. La atracción magnética de la Tierra es el principio del funcionamiento de las brújulas.

magnetita *s. f.* Fe_3O_4 Mineral óxido de hierro. Cristaliza en el sistema cúbico, tiene color negro, es pesado y muy magnético. Se presenta en formas hojosas o dendríticas, aparece generalmente en forma masiva y se halla presente en la mayor parte de las rocas magmáticas. Los principales yacimientos se encuentran en Suecia, EE UU y los Urales; y en España en Galicia, Asturias y Almería. Es una importante mena del hierro. También se llama *piedra imán* o *hierro magnético.*

magnetizar *v. tr.* **1.** Comunicar a un cuerpo propiedades semejantes a las de los imanes. **2.** Producir intencionadamente en alguien hipnosis. **3.** Atraer, entusiasmar. ■ Se conjuga como *cazar.* **FAM.** Magnetizable, magnetización, magnetizador.

magneto *s. f.* Generador de corriente eléctrica formado por un imán permanente giratorio que induce la corriente en una bobina. Se utilizaba antiguamente para el encendido de los motores de explosión, función en la que ha sido sustituido por la dinamo y la batería. En la actualidad se emplea en algunas motocicletas y coches de carreras. Se usa a veces como *s. m.*

magnetófono o **magnetofón** *s. m.* Aparato capaz de grabar sonidos en una cinta magnética y reproducirlos. Capta las ondas sonoras por medio de un micrófono, que las transforma en impulsos eléctricos, los cuales se graban mediante la cabeza grabadora en una cinta de plástico cubierta por una capa de partículas de hierro u otros metales. Cuando la cinta vuelve a pasarse, la cabeza reproductora capta los impulsos grabados y los envía a un amplificador que, a través de los altavoces, los convierte de nuevo en ondas sonoras. Los sonidos grabados se eliminan al pasar la cinta por la cabeza borradora. La cinta puede estar empaquetada en una casete o enrollada a una bobina. **FAM.** Magnetofónico.

magnetohidrodinámica *s. f.* Rama de la mecánica que se ocupa del estudio de las interacciones entre los campos magnéticos y los movimientos de un fluido conductor de electricidad.

magnetómetro *s. m.* Aparato que mide la intensidad de un campo magnético y los distintos elementos del magnetismo terrestre y sus variaciones.

magnetón *s. m.* Unidad de medida del momento magnético y que corresponde al de un electrón aislado que gira sobre su órbita más próxima al núcleo.

magnetoscopio *s. m.* Aparato capaz de grabar y reproducir sonido e imagen de vídeo sobre una cinta magnética.

magnetosfera *s. f.* Zona exterior de la atmósfera donde la actividad solar origina fenómenos magnéticos.

magnetostática *s. f.* Rama del magnetismo que se ocupa del estudio de los campos magnéticos estacionarios, es decir, de aquellos que no varían con el tiempo.

magnetostricción *s. f.* Deformación del volumen o de la longitud de una sustancia ferromagnética debido a la acción de un campo magnético.

magnetrón *s. m.* En telecomunicaciones, tubo electrónico que produce o amplifica corrientes de frecuencia ultraelevada y en el cual un campo eléctrico y un campo magnético regulan el flujo de electrones. Se usa en el radar.

magnicida *s. m.* y *f.* Persona que comete un magnicidio.

magnicidio *s. m.* Muerte violenta que se da a una persona muy importante por su cargo o su poder.

magnificar *v. tr.* **1.** Ensalzar, alabar a alguien. También *v. prnl.* **2.** Exagerar, desorbitar. ■ Se conjuga como *sacar*. **FAM.** Magnificador.

magníficat *s. m.* Himno a Dios que pronunció la Virgen María en su visita a su prima Santa Isabel y que se reza o canta al final de las vísperas.

magnificencia *s. f.* **1.** Esplendor, grandiosidad. **2.** Generosidad. **FAM.** Magnificiente.

magnífico, ca *adj.* **1.** Que causa admiración por su grandiosidad. **2.** Muy bueno, extraordinario. **3.** Tratamiento honorífico que se da a los rectores de las universidades. **FAM.** Magníficamente.

Magnitogorsk C. de la Federación Rusa, situada a orillas del río Ural. 440.000 h. en 1989. Enclavada en una región rica en yacimientos de hierro, es un gran centro de la industria siderometalúrgica, de maquinaria pesada, mecánica y química.

magnitud *s. f.* **1.** Propiedad física que puede ser medida, como la longitud, el peso, la masa, la temperatura y el tiempo. **2.** Tamaño de un cuerpo. **3.** Importancia, trascendencia de algo. **4.** Brillo o intensidad luminosa de un astro. **5.** En mat., cantidad. **6.** Intensidad de un movimiento sísmico expresada en grados de la escala de Richter. ‖ **7. magnitud absoluta** En astron., intensidad luminosa aparente de un astro tal como se percibe desde la Tierra. **8. magnitud escalar** En mat., aquella que queda definida sólo por su valor numérico; p. ej., la temperatura y el tiempo. **9. magnitud relativa** En astron., intensidad luminosa de un astro considerado como si estuviera situado a una distancia de la Tierra de 10 parsecs (32,6 años luz). **10. magnitud vectorial** En mat., aquella que queda definida por un valor numérico y una orientación; p. ej., la fuerza y la velocidad. **11. magnitudes directamente proporcionales** En mat., aquellas en las que, al multiplicar o dividir una por un número, la otra resulta multiplicada o dividida por dicho número. **12. magnitudes inversamente proporcionales** En mat., aquellas en las que, al multiplicar una de ellas por un número, la otra resulta dividida por el mismo número y, al dividir una de ellas por un número, la otra resulta multiplicada por dicho número.

magno, na *adj.* **1.** Grande, importante. **2.** Se aplica como apelativo a algunos personajes históricos.

magnolia *s. f.* **1.** Nombre común de diversos árboles de la familia magnoliáceas, género *Magnolia*. La magnolia común *(Magnolia grandiflora)* puede alcanzar hasta 30 m de altura, tiene hojas alternas y enteras, flores grandes de color blanco y frutos de semillas rojas y corteza coriácea. Es originaria de las regiones tropicales de América y Asia y en la actualidad se cultiva en Europa. Su uso es ornamental. **2.** Flor de este árbol.

magnolio *s. m.* Magnolia, árbol.

Magnus Nombre de varios reyes escandinavos.

Magnus I el Bueno (? 1024 - ? 1047) Rey de Noruega (1035-47) y de Dinamarca (1042-47). Hijo natural de Olav el Santo, fue elegido rey de Dinamarca a la muerte de Hardiknut. Luchó contra los vendos.

Magnus III Barfot (? 1073 - en el Ulster 1103) Rey de Noruega (1093-1103). Hijo y sucesor de Olaf III, conquistó las islas Orcadas, Hébridas y Man. Luchó contra los noruegos y encontró la muerte en una expedición al Ulster.

Magnus VI Lagabote (? 1238 - Bergen 1280) Rey de Noruega (1263-80). Hijo y sucesor de Haakon IV, cedió a Escocia las islas Hébridas y la de Man (1266). Promulgó un código y estableció el carácter hereditario de la corona.

Magnus VII Eriksson (? 1316 - ? 1374) Rey de Noruega (1319-43) y de Suecia (1319-62). Era hijo de Erik de Suecia y nieto de Haakon V de Noruega. Durante su minoría de edad el gobierno estuvo en manos de su madre y de la nobleza. En 1332 se hizo cargo del poder y estableció la corte en Suecia. Cedió Noruega a su hijo Haakon VI (1343) y buena parte de Suecia a su hijo Erik, sublevado contra él. Acosado por Valdemar de Dinamarca, abdicó en favor de Haakon VI.

mago, ga[1] (del lat. *magus*, y éste del gr. *magos*) *s. m.* y *f.* **1.** Persona que practica la magia. ‖ *s. m.* **2.** Astrólogo y sacerdote de la religión de Zoroastro. ‖ *adj.* **3.** Se aplica a los tres reyes de Oriente que adoraron a Jesús en Belén. También *s. m.* ■ En esta acepción se escribe con mayúscula.

mago, ga[2] *adj.* En Canarias, campesino. También *s.*

Magón (? - en el mar 203 a. C.) General cartaginés. Hijo de Amílcar Barca y hermano de Aníbal, luchó al lado de éste en la campaña de Italia. Guerreó en la península Ibérica contra los Escipiones y se refugió en Cádiz y luego en Cartagena y en la isla de Menorca, donde dio su nombre, según la tradición, a la ciudad de Mahón. Vencido y herido en Liguria, murió de regreso a Cartago.

magrear *v. tr. vulg.* Sobar, manosear una persona a otra con intención sexual. También *v. prnl.* **FAM.** Magreo.

Magreb Región del N de África, que comprende los territorios de Marruecos, Argelia y Tunicia. Se dice también *Mogreb*.

magrebí *adj.* Del Magreb. También *s.*

Magritte, René (Lessines 1898 - Bruselas 1967) Pintor belga. Su obra, de estilo surrealista, reproduce objetos cotidianos y personajes en situaciones inverosímiles, absurdas o insólitas, y crea una atmósfera propia del mundo de los sueños o del inconsciente. Entre sus pinturas cabe resaltar *El jugador secreto* (1927), *La memoria* (1938), *El maestro de escuela* (1954) y *Mundo maravilloso* (1962).

magro, gra *adj.* **1.** Se dice de la persona delgada, sin grasa. **2.** Se dice de la carne sin gordo o grasa. ‖ *s. m.* **3.** Carne de cerdo junto al lomo. ‖ *s. f.* **4.** Loncha de jamón. **FAM.** Magrez, magrura.

maguey *s. m.* Pita, planta.

magulladura *s. f.* Daño o alteración producida por un golpe o accidente en un tejido orgánico sin romper la piel, aunque suele ir acompañada por rotura de vasos sanguíneos y derrame interno de sangre.

magullar *v. tr.* Producir magulladuras. También *v. prnl.* **FAM.** Magullamiento.

magullón *s. m. amer.* Magulladura, contusión.

Maguncia *(Mainz)* C. de Alemania, cap. del Land de Renania-Palatinado, situada en la confluencia de los ríos Rhin y Main. 174.800 h. en 1989. Es un centro administrativo y comercial, que cuenta con industrias cementeras, de construcciones mecánicas, químicas, textiles, vidrieras y electrónicas. Conserva una catedral de estilo románico (s. XI-XIII).

Magnolia (Magnolia grandiflora), *su flor y su fruto.*

maguntino, na *adj.* De Maguncia. También *s.*

Mahabharata Epopeya hindú escrita en sánscrito, cuyo texto fue fijado en el s. VI después de numerosas refundiciones. A lo largo de sus 18 cantos narra el enfrentamiento entre los Kauravas y los Pandava, en el que se intercalan diversas historias amorosas y dos tratados moralizantes. Junto con el *Ramayana* constituye la fuente más importante para el conocimiento del hinduismo.

Mahalla el Kubra C. de Egipto, situada en el delta del Nilo. 385.300 h. en 1986. Es el principal centro de la industria textil del país.

maharajá *s. m.* Título del soberano de ciertos estados indios que conservaron su poder y sus prerrogativas hasta su integración en la Unión India entre los años 1947 y 1950. ■ Se dice también *marajá*.

maharaní *s. f.* Esposa del maharajá.

Maharashtra Estado de la India, en el sector occidental de la península del Indostán, en la costa del mar Arábigo. 307.690 km^2. 62.784.200 h. en 1981. La capital es Bombay, con 8.243.400 h. en 1981, 11.428.000 en su área metropolitana en 1989. Tiene una rica agricultura, en la que destacan los cultivos de algodón, cereales, caña de azúcar, tabaco, mijo y arroz; cuenta con yacimientos de carbón y bauxita e industria textil, mecánica, química, vidriera, papelera, cinematográfica y alimentaria, que se concentra en la capital y en las ciudades de Poona y Nagpur.

mahatma *s. m.* Título dado en la India a personalidades de gran autoridad espiritual, como Gandhi.

mahayana *s. m.* Forma de la religión budista nacida a comienzos de nuestra era y gradualmente extendida por el Tíbet, Mongolia, China, Corea y Japón. Surgió a partir de una interpretación liberal e innovadora de las enseñanzas de Buda y aportó al budismo primitivo algunos elementos de gran importancia, entre ellos concebir la santidad como una forma de amor y servicio al prójimo.

mahdi *s. m.* **1.** En el Islam, profeta o mesías que vendrá al final de los tiempos para restablecer la fe y la justicia en la tierra. **2.** Título de diversos soberanos musulmanes.

mahdismo *s. m.* Nombre de diversos movimientos político-religiosos islámicos que a lo largo de la historia han creído en la venida de un *mahdi* que someterá todo el universo al Islam y restablecerá la ortodoxia. Los más famosos son los del mahdi Ibn Tumart, creador en el s. XII del imperio almohade, y el del mahdi Muhammad Ahmad Abd Allah, que en 1883 tomó Jartum a los británicos y llegó a dominar Sudán.

Mahendra Bir Birkran Sha (Katmandú 1920 - Bharatpur 1972) Rey de Nepal (1955-72). Estableció buenas relaciones con la India y con China. En 1960, para combatir la oposición, disolvió el Parlamento y suspendió la Constitución; en 1962 promulgó una nueva Constitución y al año siguiente un código civil, para tratar de modernizar el país.

Mahfuz, Naguib (El Cairo 1912) Escritor egipcio. En sus relatos y novelas refleja con un estilo realista y sugerente los cambios sociales de su país. Sobresalen entre sus títulos *Hijos de nuestro barrio* (1963), *El mendigo* (1965), *El callejón de los milagros* (1966) y *El corazón de la noche* (1974). En 1988 le fue concedido el premio Nobel de literatura.

Mahler, Gustav (Kalischt, Bohemia 1860 - Viena 1911) Compositor austriaco. Fue director de la ópera imperial de Viena (1897) y de la orquesta filarmónica de Viena. Desde 1907 residió en EE UU dirigiendo varias orquestas. Su obra, de un estilo peculiarmente cromático, comprende principalmente diez sinfonías (1888-1910) y diversos lieder, como los *Lieder aus des Knaben Wunderhorn* (1888-99), *Kindertotenlieder* (1901-04) y *Das Lied von der Erde (La canción de la Tierra*, 1907-09), para dos solistas y orquesta, considerada por muchos su obra maestra. En sus composiciones plasma el sentimiento poético y pesimista propio de la sociedad decadente de finales de siglo, aportando grandes innovaciones en la instrumentación.

Mahmud Nombre de dos sultanes otomanos. **Mahmud I** (? 1696 - Constantinopla 1754) Sultán otomano (1730-54). Sucedió a su tío Ahmet III, con la ayuda de los jenízaros. Luchó contra Persia y Rusia y, por la paz de Belgrado (1739), recuperó Belgrado y Serbia. Embelleció Constantinopla, donde fundó cuatro bibliotecas. **Mahmud II** (? 1784 - Constantinopla 1839) Sultán otomano (1808-39). En sus guerras con Rusia perdió la Besarabia, Moldavia y Valaquia, aunque consiguió frenar la expansión rusa en el Danubio. Sublevada Grecia (1820), tuvo que reconocer su independencia (1830).

Mahoma (La Meca h. 570 - Medina 632) Profeta fundador del Islam. Era un comerciante que, tras una crisis espiritual, tuvo una revelación divina. Comenzó a predicar su religión ante la hostilidad del clan quraysí, que veía en ella un peligro para sus privilegios, por lo que se vio obligado a huir a Medina en el año 622; esta huida, llamada *hégira*, dio comienzo a la era musulmana. En Medina su poder y prestigio crecieron y en el 630 pudo regresar a La Meca. Desde entonces las conversiones se multiplicaron hasta que toda Arabia se integró en el Islam. A su muerte dejó una comunidad organizada, regida por los principios del *Corán*, que posteriormente fueron puestos por escrito, y dispuesta a acometer una expansión que en apenas un siglo llevó al Islam a dominar desde Hispania en Occidente hasta el valle del Indo en Oriente.

mahometano, na *adj.* **1.** Musulmán, seguidor de la religión de Mahoma. También *s.* **2.** Perteneciente o relativo a Mahoma o a su religión.

mahomético, ca *adj.* Mahometano, perteneciente o relativo a Mahoma y a su religión.

mahometismo *s. m.* Religión de Mahoma.

mahón *s. m.* Tela de algodón muy resistente, que se emplea sobre todo para ropa de trabajo.

Mahón C. de España, en la isla de Menorca, situada en su costa oriental. 24.400 h. en 1990. Es un centro comercial y el puerto más importante de la isla. Posee industria del calzado, de bisutería, orfebrería, plástica, del aguardiente, alimentaria y de la construcción, y cuenta además con una base naval. En los últimos tiempos su turismo ha experimentado un gran desarrollo.

mahonés, sa *adj.* **1.** De Mahón. También *s.* ‖ *s. f.* **2.** Mayonesa.

Maiakovski, Vladimir Vladimirovich (Bagdadi, Kutaisi 1893 - Moscú 1930) Poeta ruso. En su juventud se unió a los bolcheviques y participó en la revolución de octubre. Sus primeras obras, como *La nube con pantalón* (1912), se encuadran dentro del estilo futurista; posteriormente exaltó el movimiento revolucionario en *150.000.000* (1920), *Lenin* (1923-24), *Octubre* (1927) y *¡Bien!* (1928), lo que no le impidió escribir sátiras teatrales extremadamente críticas contra la burocracia soviética, como *La chinche* (1920) o *El baño* (1929). Lo más destacado de su poesía son las composiciones amorosas de carácter intimista y verso rítmico y asonante, entre las que sobresalen *Amo* (1923), *De esto* (1923) y *Hablando a gritos* (1930). Se suicidó.

maicena *s. f.* Harina fina de maíz.

maicero, ra *adj.* **1.** *amer.* Perteneciente o relativo al maíz. ‖ *s. m.* **2.** Persona que comercia con maíz.

Mailer, Norman (Long Branch 1923) Escritor estadounidense. En sus novelas se manifiesta como un autor crítico y combativo contra los defectos del sistema de vida americano. Es autor también de una importante obra periodística y de varias películas. Sus novelas más recordadas son *Los desnudos y los muertos* (1948), *Los ejércitos de la noche* (1968) y *La canción del verdugo* (1979) y *Los hombres duros no bailan* (1984).

Gustav Mahler.

Maillol, Aristide (Banyuls-sur-Mer 1861 - íd. 1944) Escultor francés. Se inició en la pintura de estilo nabi, pero posteriormente se dedicó de forma exclusiva a la escultura de estilo figurativo, cuyo tema fue la figura femenina, de aspecto robusto e intención simbólica. Entre sus obras cabe citar *La noche* (1902), *La acción encadenada* (1906) y *Las tres ninfas* (1936-38).

maillot (voz fr.) *s. m.* **1.** Camiseta o jersey deportivo, especialmente de ciclistas, cuyo color indica en algunos casos que quien lo lleva va el primero en la clasificación general, de la montaña, etc. **2.** Prenda elástica, ajustada al cuerpo, con o sin mangas y sin perneras, parecida a un bañador, que se usa en ballet, gimnasia, etc. **3.** Bañador de una sola pieza.

Maimónides, Moses ibn Maimón, llamado (Córdoba 1135 - Fustat, Egipto 1204) Filósofo y médico judío español. Abandonó al-Ándalus a consecuencia de la invasión almohade y el periodo de intolerancia que la siguió, y vivió en Marruecos y Palestina hasta instalarse definitivamente en Egipto. Fue un gran conocedor de la cultura árabe y, a través de ella, de la filosofía griega, especialmente de la aristotélica. Su obra filosófica *Guía de perplejos* (1190) ejerció una inmensa influencia en los escolásticos cristianos. Dejó también tratados médicos y los escritos talmúdicos *El libro de la elucidación* (1168) y *Repetición de la ley* (1180).

Main Río de Alemania, que fluye por los Länder de Baviera y Hesse. 524 km. Nace en los montes Fichtelgebirge, cerca de Bayreuth, y discurre en dirección O hasta desembocar en el Rhin a la altura de Maguncia. Es navegable y está unido al Danubio por un canal.

Maine Estado de EE UU, en el NE del país, en la costa atlántica. 86.158 km^2. 1.233.200 h. en 1990. La capital es Augusta, con 21.800 h. en 1980. Es una región boscosa de clima continental, atravesada por numerosos ríos, como el Saint John y Penobscot, y con abundantes lagos. Sus recursos económicos proceden fundamentalmente de la agricultura de patatas, la ganadería bovina, la cría de langostas y la industria maderera y papelera. También posee pesquerías en Portland y cuenta con un importante turismo.

mainel *s. m.* En arq., parteluz.

Maino, Juan Bautista (Pastrana, Guadalajara 1578 - Madrid 1649) Pintor español. Entre sus obras, de estilo barroco e influencia italiana, sobresalen *Adoración de los pastores* (1615) y *Recuperación de Bahía de Brasil* (1634).

Maintenon, Françoise d'Aubigné, marquesa de (Niort 1635 - Saint-Cyr 1719) Cortesana francesa. Mantuvo un célebre salón literario en París. Perteneció a la corte de Luis XIV, con quien contrajo matrimonio morganático (1684) al quedar el rey viudo, y ejerció una inmensa influencia en la política de Francia en el s. XVII. Es autora de unas famosas *Cartas*.

Mainz Véase **Maguncia**.

Maipú, batalla de Combate librado en los llanos de Maipú, al S de Santiago de Chile, por las tropas del realista general Osorio y los patriotas del general San Martín en 1818. El triunfo de estos últimos aseguró la independencia de Chile.

Mairena, Antonio Cruz García, llamado **Antonio** (Mairena del Alcor, Sevilla 1912 - Sevilla 1983) Cantaor español de flamenco. Recuperó y revitalizó estilos olvidados, a los que dotó de un sello personal. Grabó, entre otros discos, una antología flamenca titulada *Gran historia del cante gitano*. Colaboró con Ricardo Molina en el libro *Mundo y formas del cante flamenco* (1963).

Mairena del Aljarafe C. de España, en la prov. de Sevilla, situada al S de la capital, a cuya área metropolitana pertenece. 22.000 h. en 1990. Centro urbano tradicionalmente agrícola, con cultivos de cereal, olivar y huerta, se ha desarrollado como área residencial sevillana.

Maistre, Joseph de (Chambéry, Lyon 1753 - Turín 1821) Filósofo francés. Miembro del Senado de Saboya (1774) y embajador del rey de Cerdeña en Rusia (1803), fue un declarado adversario de la Ilustración y destacado representante del tradicionalismo, así como del pensamiento ultramontano. Su teoría política defiende una sociedad autoritaria regida por el papa. Entre sus obras más importantes pueden mencionarse *Consideraciones sobre la historia de Francia* (1797), *Sobre el papa* (1819) y *Veladas de San Petersburgo* (1821).

maitines *s. m. pl.* Primera hora del oficio divino, que se reza al amanecer.

maître (voz fr.) *s. m.* Jefe de comedor de un restaurante o de un hotel.

maíz *s. m.* **1.** Planta herbácea de la familia gramíneas, especie *Zea mays*. De altura muy variable (entre 60 cm y 3 m), tiene hojas grandes, alternas y lineares, tallos rectos y flores agrupadas en panículas las masculinas y en espigas las femeninas. Su fruto en mazorca es muy apreciado en alimentación, tanto la semilla como los aceites extraídos de ella. Originaria del continente americano, se cultiva en todo el mundo con múltiples variedades. **2.** Grano de esta planta.

Maíz: planta y fruto en mazorca, con un detalle de la semilla.

maizal *s. m.* Campo o plantación de maíz.

maja[1] (de *majar*) *s. f.* Mano o pequeño mazo del mortero.

maja[2] (voz antillana) *s. f.* Reptil escamoso del suborden serpentes, familia boidos, especie *Epicrates angulifer*. Mide unos 2,5 m de longitud, tiene el cuerpo de color pardo y la cabeza alargada. Habita en regiones de selva en la isla de Cuba.

majada *s. f.* **1.** Lugar donde se recoge al ganado por la noche y se refugian los pastores. **2.** *Amér. del S.* Rebaño de ganado lanar. **3.** Estiércol de los animales. **4.** Excremento humano.

Majadahonda C. de España, en la prov. de Madrid, al NO de la capital. 33.900 h. en 1990. Su cercanía a Madrid y su desarrollo urbano han hecho de ella una ciudad residencial.

majaderear *v. tr. amer.* Molestar, incordiar.

majadería *s. f.* **1.** Cualidad de majadero. **2.** Acción o dicho estúpido, molesto o inoportuno.

majadero, ra *adj.* Tonto, molesto, inoportuno. También *s.*

majado, da **1.** *p. p.* de **majar**. También *adj.* ‖ *s. m.* **2.** Lo que se ha triturado en un almirez.

majano *s. m.* **1.** Montón de piedras y cantos sueltos que se forma con los que se quitan en las tierras de labor. **2.** Montón de piedras que sirve para señalar una encrucijada, un término, una división de fincas, etc.

majar *v. tr.* Golpear una cosa para hacerla pedazos o aplastarla, particularmente en el mortero. **FAM.** Majador, majadura.

majara o **majareta** *adj. fam.* Que está un poco loco. También *s.*

Majencio, Marco Aurelio Valerio (? h. 280 - Roma 312) Emperador romano (306-312). Al no obtener el título de césar a la muerte de Diocleciano (306), se autoproclamó príncipe y posteriormente augusto (307). Fue vencido y muerto por Constantino en la batalla de Puente Milvio.

majestad *s. f.* **1.** Condición o aspecto de una persona que impone respeto y admiración. **2.** Título que se da a Dios y también a emperadores y reyes. ■ En esta acepción suele escribirse con mayúscula. ‖ **3. Su Divina Majestad** Dios, particularmente en la eucaristía. ‖ **LOC. en majestad** En arte, representación de Jesús o la Virgen en un trono, típica del arte medieval. También se da el nombre de *Cristo en majestad* al que está en la cruz con una túnica y, a veces, coronado.

majestuosidad *s. f.* Cualidad de majestuoso.

majestuoso, sa *adj.* Grandioso, imponente, de solemne elegancia.

majeza *s. f.* **1.** *fam.* Cualidad de majo. **2.** *fam.* Chulada.

majo, ja *adj.* **1.** *fam.* Se dice de la persona que agrada a los demás por su simpatía, bondad, aspecto, etc. También *s.* **2.** *fam.* Bueno y bonito sin ser lujoso o caro. || *s. m.* y *f.* **3.** En Madrid, a fines del s. XVIII y principios del XIX, individuo de ciertos barrios que se distinguía por su traje vistoso, su arrogancia y su manera de hablar graciosa y desenfadada.

Major, John (Londres 1943) Político británico. Miembro del Partido Conservador, fue ministro de Asuntos Exteriores y de Hacienda en el gabinete de Margareth Thatcher (1989), a la que sustituyó como primer ministro (1990). Fue confirmado en el puesto en las elecciones de 1992.

majorero, ra *adj.* De la isla de Fuerteventura. También *s.*

majorette (voz fr.) *s. f.* Muchacha con uniforme muy vistoso, generalmente con falda corta, que desfila en los festejos.

majuela *s. f.* Fruto del majuelo.

majuelo[1] (del lat. *myxa,* ciruelo silvestre) *s. m.* Planta arbustiva de la familia rosáceas, especie *Crataegus monogyna.* Llamado también *espino albar,* tiene tallo espinoso, hojas cuneiformes, divididas generalmente en tres o cinco lóbulos, y pequeñas flores blancas agrupadas en ramilletes; su fruto tiene forma de pequeña bola roja, dulce y con un hueso redondeado. Está muy difundido en Europa, especialmente en las regiones montañosas.

majuelo[2] (del lat. *malleolus,* martillo, y también tipo de injerto) *s. m.* Viña nueva.

Makalu Pico del Himalaya central, situado en la frontera entre Nepal y Tíbet. Con sus 8.515 m de altura es la cuarta cima más elevada de la Tierra.

Makarenko, Anton Semionovich (Bielopolie, Ucrania 1888 - Moscú 1939) Pedagogo soviético. Especializado en la educación y readaptación de adolescentes, dirigió varias colonias juveniles regidas por el principio de la vida y el trabajo comunitarios. Relató sus experiencias en dos obras noveladas: *Poema pedagógico* (1933) y *Las banderas sobre las torres* (1937).

Makarios III, Mijail Khristodulos Muskos (Ano Panayia 1913 - Nicosia 1977) Arzobispo y político chipriota. Defensor de la unión de la isla a Grecia (enosis), fue nombrado tras la independencia presidente del país (1959), cargo en el que fue reelegido en 1968 y 1973. Tras la guerra civil entre las comunidades griega y turca en 1963-64, abandonó la enosis y defendió la estricta independencia de la isla. Fue depuesto en 1974 por un golpe de Estado progriego, lo que provocó la invasión turca y la división del país en dos sectores. Retornó poco después al poder, desde el que intentó infructuosamente la reunificación.

Makasar Véase **Ujung Pandang**.

Makeievka C. de Ucrania, situada al N del mar de Azov. 430.000 h. en 1989. Es un importante centro de la producción hullera y de yacimientos minerales, lo que ha favorecido el desarrollo de industrias siderometalúrgicas. Forma parte de la región industrial del Donets.

maketo, ta *adj.* En el País Vasco, se aplica peyorativamente a los inmigrantes procedentes del resto de España que se asientan en aquella comunidad. También *s.*

mal[1] *adj.* **1.** *apóc.* de **malo**. ▪ Se usa delante de sustantivo masculino e infinitivo. || *s. m.* **2.** Lo contrario del bien, lo malo. **3.** Enfermedad, dolencia. **4.** *amer.* Ataque de epilepsia. || **5. mal de las alturas** (o **de montaña**) Malestar que se siente en las grandes alturas por disminución de la presión atmosférica y que se manifiesta con vértigo, vómitos, dolor de cabeza, ahogos y trastornos circulatorios. **6. mal de ojo** Daño o perjuicio que se atribuye supersticiosamente a una mirada lanzada a propósito por una persona. **7. mal de piedra** Litiasis, formación de cálculos en las vías urinarias. **8. mal francés** Sífilis*. || **LOC. llevar** uno **a mal** una cosa Soportarla mal, quejarse de ella. **ponerse a mal** con alguien Enemistarse, romper las relaciones. **tomar** uno **a mal** una cosa Ofenderse por ella.

mal[2] (del lat. *male*) *adv. m.* **1.** De forma contraria a lo justo, correcto o agradable. **2.** Difícilmente. || **LOC. mal que** *conj.* Aunque. ▪ Se construye exclusivamente con el verbo *pesar.* **mal que bien** *adv.* No sin dificultades, aunque no demasiado bien: *Mal que bien aprendió a leer.*

Mal Lara, Juan de (Sevilla 1524 - íd. 1571) Humanista español. Fundó en Sevilla una Escuela de humanidades y gramática (h. 1548). La mayoría de sus obras se han perdido. Entre las que se conservan destacan *Filosofía vulgar* (1568), donde glosa mil refranes y proverbios castellanos, y el poema *La hermosa Psique,* fábula de los amores de Cupido y Psique.

malabar *adj.* **1.** De Malabar, región del SO de la India. También *s.* || **2. juegos malabares** Véase **juego**.

Malabar, costa de Región litoral de la India, situada en el sector O de la península del Decán, entre Goa y el cabo Comorín, bañada por el mar Arábigo. Comprende los estados de Karnataka y Kerala.

malabarismo *s. m.* **1.** Actividad o profesión del que hace juegos malabares. || *s. m. pl.* **2.** Juegos malabares. **3.** Acciones complicadas para poder realizar algo difícil. **4.** Habilidades, recursos que implican gran dominio en algún asunto.

malabarista *s. m.* y *f.* Persona que hace malabarismos.

Malabo C. de Guinea Ecuatorial, cap. del país, situada en el N de la isla de Bioko. 37.500 h. en 1983. Es un centro administrativo y comercial cuyo puerto exporta cacao, café y maderas. Antiguamente se llamaba *Santa Isabel.*

Malaca **1.** Península del SE asiático, perteneciente a Malaisia, situada entre el mar de Andamán, el estrecho de Malaca y el mar de la China Meridional.
2. Estrecho del SE asiático, que separa la península de Malaca de la isla de Sumatra y une el mar de Andamán, del océano Índico, con el de la China Meridional, del océano Pacífico. Tiene 780 km de longitud y 55 km de anchura media. Constituye la vía natural de comunicación de Europa y la India con el SE asiático y Australia.

malacitano, na *adj.* Malagueño*.

malacología *s. f.* Parte de la zoología que tiene por objeto el estudio de los moluscos. **FAM.** Malacológico.

malacólogo, ga *s. m.* y *f.* Zoólogo especializado en el estudio de los moluscos.

malaconsejado, da *adj.* Se dice de la persona que obra imprudente o equivocadamente. También *s.*

malacopterigios *s. m. pl.* Grupo de peces teleósteos que comprende las especies del orden clupeiformes, caracterizadas por tener los radios de las aletas blandos y articulados, lo que les diferencia de los acantopterigios. También *adj.* y *s. m.*

malacostráceos *s. m. pl.* Subclase de crustáceos a la que pertenecen unas 21.000 especies comprendidas en los órdenes isópodos, anfípodos, estomatópodos, decápodos, etc. Se caracterizan por tener el cuerpo segmentado, la cabeza con cinco segmentos, el tórax –generalmente cubierto por un caparazón– ocho, y el abdomen, seis (siete en algunas especies). Ocupan muy diversos hábitats, su tamaño oscila entre menos de un milímetro y más de 3 m, y su aspecto es muy variable. Malacostráceos son las cochinillas de humedad, las gambas, langostas, camarones, bogavantes, centollos, etc. También *adj.* y *s. m.*

malacostumbrar *v. tr.* **1.** Acostumbrar mal a alguien mimándole y permitiéndole demasiado. **2.** Hacer que alguien adquiera malos hábitos y costumbres. **FAM.** Malacostumbrado.

malacrianza *s. f. amer.* Descortesía, mala educación.

Maladeta Macizo montañoso español, perteneciente a los Pirineos centrales y situado en la frontera de Aragón y Cataluña. Se extiende desde el valle de Benasque hasta el valle de Arán. En él se halla el pico Aneto (3.404 m), máxima altura de los Pirineos.

málaga *s. m.* Vino dulce, de color oscuro y alta graduación, elaborado con la uva de la región de Málaga.

Málaga **1.** Prov. de España, perteneciente a la comunidad autónoma de Andalucía, situada en el S del sector central de la misma, en la costa mediterránea. 7.288 km^2. 1.140.700 h. en 1991. Tiene un relieve montañoso; está recorrida de E a O por la cordillera Penibética, con las sierras de Tejeda y Almijara y los montes de Málaga en el E, la sierra de Tolox en el centro y la sierra Bermeja y serranía de Ronda en el O, que rodean las depresiones de la Axarquía en el E, la de Antequera en el N y la de Málaga en el centro. Su costa, baja y con numerosas playas, pertenece a la Costa del Sol y en ella se halla la bahía de Málaga. Sus principales ríos son el Guadiaro, que desemboca en la provincia de Cádiz, y el Guadalhorce. El clima es mediterráneo en la costa, con vegetación de pino, encinas, palmito, pita, chumbera y esparto, y de interior en las comarcas de la depresión Penibética, con vegetación de alcornoque, carrasco, pino, pinsapo, roble y matorral. Sus recursos económicos proceden de la agricultura de cereales, vid, olivo, hortalizas, frutas, girasol y cultivos de primicias y subtropicales (caña de azúcar, chirimoya, aguacate, etc.); de la ganadería porcina, ovina, bovina y caballar; de la pesca, centralizada en el puerto de Málaga; de la industria alimentaria en Ronda, Antequera y Vélez-Málaga, y alimentaria, textil, cementera, química, metalúrgica y plástica en Málaga. El turismo representa su más importante fuente de ingresos y se desarrolla fundamentalmente en las localidades playeras de la Costa del Sol.
2. C. de España, cap. de la prov. del mismo nombre, en el S de la misma, en la costa mediterránea. 512.150 h. en 1991. Es el primer puerto pesquero del Mediterráneo oriental español. Posee industria alimentaria, de la construcción, química y textil; es centro comercial y administrativo y posee importante infraestructura turística. De origen fenicio, dependió luego de Cartago hasta ser conquistada por Roma en el s. III a. C. Ocupada luego por visigodos y árabes, perteneció al reino nazarí de Granada hasta 1487, en que cayó en poder de los Reyes Católicos. Entre sus monumentos destacan la basílica visigoda de San Pedro de Alcántara (s. VI), la alcazaba (s. XI) y la catedral (s. XVI).

Málaga: trascoro y torre de la catedral.

malagana *s. f. fam.* Desgana.

malagueño, ña *adj.* **1.** De Málaga. También *s.* || *s. f.* **2.** Cante y baile popular andaluz, una de las modalidades del fandango, que se canta acompañado de guitarra y consta de coplas de cuatro versos octosílabos.

Malaisia Estado del SE asiático.
Geog. física El territorio de Malaisia se extiende por la península de Malaca y el sector septentrional de la isla de Borneo. El sector peninsular está recorrido de N a S por varias alineaciones montañosas, cuya máxima altura es el pico Tahan (2.190 m); el sector insular consta de dos territorios: Sarawak, una llanura aluvial, y Sabah, región montañosa que culmina en el pico Kinabalu (4.101 m). El clima es ecuatorial y la vegetación de selva.
Geog. humana y ***económica*** Está poblada por malayos y chinos en Malaca y por aborígenes dayak en Borneo. Los sectores más activos de su economía son el agrícola y el minero; se cultiva

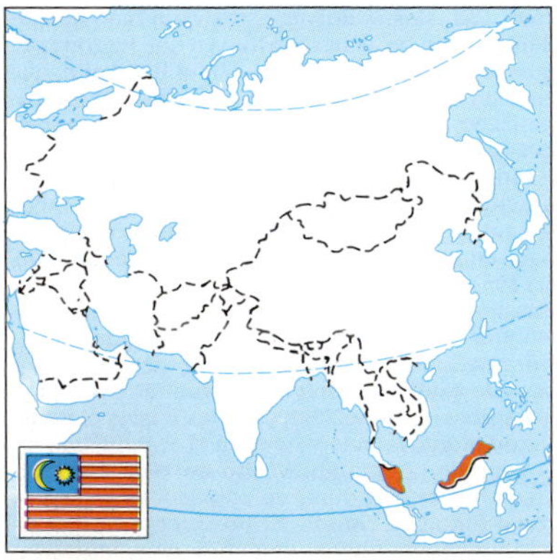

Extensión: 330.442 km^2.
Límites: al N, con Tailandia, Brunei y el mar de la China Meridional; al E y al S, con Indonesia y Singapur, y al O, con Indonesia y el estrecho de Malaca.
Población: 17.886.000 h. en 1990.
Densidad: 54,2 h./km^2.
Capital: Kuala Lumpur.
División administrativa: regiones de Malaisia Oriental, que comprende 2 estados, y Malaisia Occidental, dividida en 11 estados, y el territorio federal de Kuala Lumpur.
Ciudades principales: Ipoh, Pinang, Johor Baharu, Kota Baharu y Klang.
Gentilicio: malayo.
Forma de Estado: monarquía federal.
Idioma: malayo.
Religión: islamismo, 51,9 %; budismo, 17,3 %; creencias populares chinas, 11,6 %; hinduismo, 7 %; cristianismo, 6,4 %.
Moneda: ringgit.
Tasa de natalidad: 30 ‰ en 1990.
Tasa de mortalidad: 5 ‰ en 1990.
Renta per cápita: 2.130 dólares en 1989.

sobre todo hevea, de la que se extrae caucho (primer productor mundial), palma para la elaboración de aceite (primero), mandioca, piña americana, tabaco, cacao (cuarto), arroz y maíz; cuenta con yacimientos de bauxita, cobre, antimonio, hierro y estaño, del que el país es uno de los primeros productores del mundo, así como de petróleo y con explotaciones madereras. La industria más importante es la fundición de estaño (primer productor mundial); le siguen la del cemento, cigarrillos, azúcar, automóviles y neumáticos.
Hist. La península de Malaca fue en la antigüedad una encrucijada comercial de gran importancia entre el golfo de Bengala, Siam y el mar de China. Predominando en ella una cultura de influencia hindú, estuvo sometida a diversos imperios asiáticos, hasta el s. XIV en que penetró el Islam a través de comerciantes árabes y fueron creados diversos sultanatos. En el s. XV el príncipe Padameswara de Sumatra construyó el puerto de Malaca y constituyó un imperio que se extendió hacia el N de la península, Singapur y las costas de Sumatra. En 1511 fue ocupada por los portugueses, que trasladaron la capital a Johore. Durante los s. XVI y XVII sufrió ataques de piratas chinos y bugis. En 1641 la ciudad de Malaca pasó a manos de colonizadores holandeses. La Compañía Británica de las Indias Orientales compró a los sultanes el derecho a instalarse en diversos puntos de la península e islas adyacentes, como Penang en 1786, Wellesley en 1798 y Singapur en 1819, que pasaron a depender de la administración británica de la India. Desde 1874 el Reino Unido intervino crecientemente en la península. Los distintos sultanatos admitieron consejeros británicos, lo que llevó a una administración compartida en 1909. En 1945 se constituyó la Unión Malaisia bajo protectorado británico, que en 1948 se transformó en Federación Malaisia, cuyos componentes, Malasia, Sarawak y Sabah, recibieron la consideración de estados. La Federación obtuvo la independencia en el seno de la Commonwealth en 1957 y en 1963 se constituyó la Federación de la Gran Malaisia con la oposición de Indonesia, lo que provocó incidentes armados entre 1964 y 1966. Singapur abandonó la Federación en 1965. Los distintos soberanos y jefes de los trece estados que componen la Federación (dotados cada uno de sus propios órganos legislativos y ejecutivos) eligen al jefe supremo de Malaisia, que permanece en el cargo durante cinco años. En 1984 fue elegido para el puesto el sultán de Johor, Mahmood Iskandar Ibni Al-Mharum. El principal partido del país es la Organización Nacional Malaya Unida, coalición moderada que ganó las elecciones de 1990. Le sigue en importancia el Partido de Acción Democrática, primera fuerza de la izquierda.

malaje *adj. fam.* Malvado, malintencionado. También *s.*

malambo *s. m. Amér. del S.* Danza popular del s. XIX en la que intervienen sólo hombres que compiten en zapateado de contrapunto; la música es vivaz, sobre un compás de seis por ocho.

Malamud, Bernard (Nueva York 1914) Escritor estadounidense. Es autor de relatos ambientados en la comunidad judía. Entre sus obras más significativas cabe citar las novelas *Una nueva vida* (1961), *El hombre de Kiev* (1966), *Los inquilinos* (1971) y *La gracia de Dios* (1981) y los libros de cuentos *El sombrero de Rembrandt* (1974) e *Idiotas primero* (1963).

malandante *adj.* Desgraciado, infeliz.

malandanza *s. f.* Desgracia, adversidad.

malandrín, na *adj.* Malvado, perverso. También *s.* ■ Se suele emplear en tono jocoso.

Malang C. de Indonesia, situada en el SE de la isla de Java. 511.800 h. en 1980. Es un importante centro comercial y mercado agrícola, que posee además industria metalúrgica, textil, maderera y tabaquera.

Malaparte, Kurt Suckert, llamado **Curzio** (Prato, Florencia 1898 - Roma 1957) Escritor italiano. Militante del Partido Fascista en 1921, posteriormente fue expulsado del mismo y abandonó Italia para residir en Francia e Inglaterra. Publicó en París dos libros prohibidos en Italia por el régimen de Mussolini, *Técnica del golpe de Estado* (1931) y *El buen Lenin* (1931). Corresponsal en varios frentes durante la Segunda Guerra Mundial, colaboró con la resistencia italiana. Sus novelas se caracterizan por la agilidad del estilo y la crudeza de su realismo. Entre ellas destacan *Kaputt* (1944), *La piel* (1949) y *Esos malditos toscanos* (1956).

Malaquías (s. V-IV a. C.) Profeta de Israel. Es el último de los profetas menores del Antiguo Testamento, a quien se ha atribuido erróneamente el libro de la *Biblia* que lleva su nombre.

Malaquías, San (Armagh h. 1094 - Claraval 1148) Religioso irlandés. Obispo primado de Irlanda, realizó una reforma en la organización de la Iglesia irlandesa. Le ha sido atribuida erróneamente la *Profecía sobre los papas*, obra apócrifa redactada a fines del s. XVI.

malaquita *s. f.* **1.** $Cu_2CO_3(OH)_2$. Mineral carbonato básico de cobre. Cristaliza en el sistema monoclínico, presenta color verde, brillo diamantino, vítreo y sedoso y fácil exfoliación. Se usa como piedra ornamental y en joyería. Aparece asociado a la calcopirita, a la azurita y a la bornita en yacimientos de Australia, Francia y EE UU. ‖ **2. malaquita azul** Azurita*. **3. malaquita verde** Malaquita.

Malaquita.

malar *adj.* **1.** Perteneciente a la mejilla. ‖ *s. m.* **2.** Pómulo.

Malar Lago de Suecia. 1.150 km^2, 60 m de profundidad. La ciudad de Estocolmo se encuentra en sus márgenes.

malaria *s. f.* Enfermedad causada por el protozoo *Plasmodium*, que se transmite a través de la picadura del mosquito anofeles. Se caracteriza por ataques de fiebre muy intensa que ocurren intermitentemente cada 48 horas (terciana), 72 horas (cuartana) o a intervalos irregulares (fiebre tropical); los intervalos entre los ataques de fiebre corresponden al ciclo vital de las distintas especies de *Plasmodium.* Se trata con medicamentos como la quinina y se previene evitando los lugares pantanosos donde se reproducen los mosquitos. Se llama también *paludismo.*

Malasia Estado creado en la península de Malaca en 1957 y que se integró en 1963 en el nuevo estado de Malaisia.

Malaspina, Alejandro (Palermo 1754 - Pontremoli 1809) Marino italiano al servicio de España. Tras intervenir en diversas acciones de guerra contra los británicos, participó en expediciones de carácter científico, algunas de ellas alrededor del mundo. Tras la más importante, iniciada en 1789 y concluida en 1794, redactó una memoria, publicada póstumamente con el título de *Viaje político-científico alrededor del mundo* (1885), en la que reclamaba profundas reformas en las colonias americanas, y que le llevó a la cárcel en 1796. Fue liberado en 1803 gracias a Napoleón.

Malatesta Familia noble italiana originaria de Pennabelli, establecida en Rímini en el s. XII. Del partido güelfo, dominó en casi toda Ancona y la Romaña hasta el s.XVI. Fundada por **Malatesta II**, su máximo representante fue **Sigismondo Pandolfo** (Rímini 1417 - íd. 1468), señor de Rímini, condotiero al servicio del papa y posteriormente de Venecia y de la liga de ciudades italianas (Venecia, Florencia, Ferrara y Génova) contra Felipe María Visconti, duque de Milán (1439); nuevamente al servicio de Venecia, luchó contra los turcos en Morea (1464). Fortificó Rímini con la Roca Malatestiana (1438-48) y edificó la iglesia de San Francisco (1747-68).

Malatesta, Enrico (Santa Maria Capua Vetere, Caserta 1853 - Roma 1932) Anarquista italiano. Miembro de la Primera Internacional, encabezó las revueltas de Bolonia (1874) y Benevento (1877), lo que le acarreó la cárcel y el exilio. Viajó por Argentina, Francia, Reino Unido y España, donde prosiguió sus actividades, y regresó definitivamente a Italia en 1919, encabezando hasta su muerte el movimiento anarquista.

malaventura *s. f.* Desventura, desgracia.

malaventurado, da *adj.* Desafortunado, desgraciado. También *s.*

malaventuranza *s. f.* Malaventura*.

Malawi Estado de África ecuatorial.

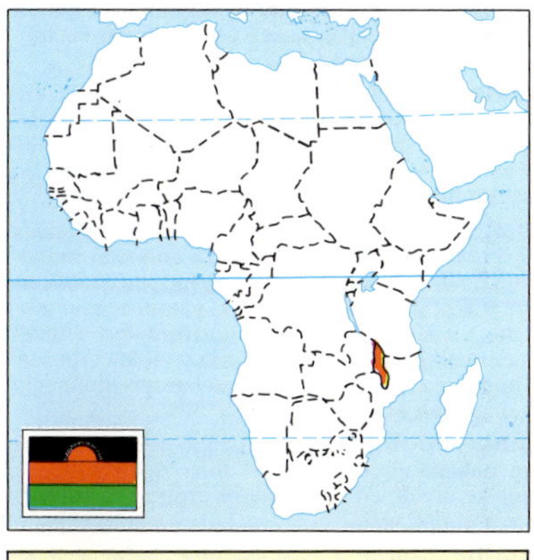

Extensión: 118.484 km^2.
Límites: al N, con Tanzania; al E, con Tanzania y Mozambique; al S, con Mozambique, y al O, con Zambia.
Población: 8.831.000 h. en 1990.
Densidad: 74,5 h./km^2.
Capital: Lilongwe.
División administrativa: 24 estados agrupados en las regiones Central, Septentrional y Meridional.
Ciudades principales: Blantyre y Mzuzu.
Gentilicio: malawi.
Forma de Estado: república presidencialista.
Idioma: chichewa e inglés.
Religión: protestantismo, 33,7 %; catolicismo, 27,6 %; creencias tradicionales, 19 %; islamismo, 16,2 %.
Moneda: kwacha malawi.
Tasa de natalidad: 52 ‰ en 1990.
Tasa de mortalidad: 18 ‰ en 1990.
Renta per cápita: 180 dólares en 1989.

Geog. física El territorio de Malawi se extiende al O y S del lago homónimo, el cual, junto a los lagos Malombe y Chilwa, constituye el extremo meridional de la fosa del Rift Valley. Al O de ésta el terreno fallado se alza en vertical casi 2.000 m. En el sector S del país se hallan el río Shire, afluente del Zambeze y emisario del lago Malawi, y los montes Zomba y Mlanje. El clima es tropical sudanés y la vegetación de sabana y bosque.
Geog. humana y ***económica*** La población, de raza bantú y eminentemente rural (86 % en 1990), tiene una alta tasa de crecimiento (3,4 % anual). Su economía se basa en el cultivo de tabaco, algodón, té y maíz; cuenta además con ganadería bovina, ovina y caprina, aprovechamiento forestal, pesca en el lago Malawi y una industria poco desarrollada de tabaco, productos químicos, cemento y elaboración de azúcar.
Hist. Malawi está enclavado en una región que fue lugar de paso de los negreros musulmanes procedentes del océano Índico, por lo que no tuvo una población estable hasta el asentamiento de los zulúes ngoni en 1820. El territorio fue visitado por los portugueses a principios del s. XVII y redescubierto por Livingstone en 1859. Colonizado por el Reino Unido en 1878, su posesión fue regulada mediante acuerdos con Alemania y Portugal en 1890 y 1891. En el año 1907 quedó incluido en el protectorado británico de Nyasalandia y sirvió de base de operaciones al ejército aliado durante la Primera Guerra Mundial. Al término de la misma surgieron movimientos nacionalistas, que fueron duramente reprimidos. Malawi fue unido a la Federación de Rhodesia y Nyasalandia en 1953. Las primeras elecciones libres se celebraron en 1961 y en las mismas resultó victorioso el Partido del Congreso de Malawi, de Hastings K. Banda. El Reino Unido concedió a Malawi la autonomía en 1963 y la independencia en el seno de la Commonwealth en 1964, con Banda como primer ministro. En 1966 fue aprobada la Constitución, que dotó al país de un régimen republicano de partido único presidido por Banda. La política conservadora que éste adoptó le aisló diplomáticamente de sus vecinos africanos y le obligó a un acercamiento a Portugal y Rhodesia y al establecimiento de acuerdos comerciales con la República de Sudáfrica. En 1970 Hastings K. Banda se hizo nombrar presidente vitalicio. La oposición interna se ha organizado en el MAFREMO (Movimiento de Liberación de Malawi), cuyas acciones mantienen en la inestabilidad al gobierno de Banda. Este, en 1986, disolvió el gabinete y asumió todas las funciones del gobierno.

Malawi, lago Lago de África, situado entre Malawi, Tanzania y Mozambique. 30.800 km^2 y 750 m de profundidad. Es de origen tectónico y su río emisario es el Shire, que desemboca en el Zambeze. Antiguamente se llamó *Nyassa.*

malayo, ya *adj.* **1.** De la península de Malaca o de Malaisia. También *s.* **2.** Se aplica al individuo de una etnia que habita en Indonesia, Malaisia y Filipinas; es de pequeña estatura, piel morena, cabellos lisos, ojos horizontales o levemente oblicuos, nariz achatada y labios gruesos. También *s.* ‖ *s. m.* **3.** Lengua del grupo indonesio hablada en Malaisia.

malayopolinesio *s. m.* Grupo de lenguas que se hablan en una amplia zona del Pacífico y que se divide en dos grandes grupos: el indonesio y el polinesio.

malbaratar *v. tr.* **1.** Malvender*. **2.** Malgastar*. **FAM.** Malbaratador, malbaratamiento.

malcarado, da *adj.* Malencarado*.

malcasado, da 1. *p. p.* de **malcasar**. También *adj.* y *s.* ‖ *adj.* **2.** Separado o divorciado de su cónyuge. También *s.* **3.** Infiel en su matrimonio. También *s.*

malcasar *v. tr.* Casar a una persona sin que se den las circunstancias necesarias para que ésta sea feliz. También *v. intr.* y *v. prnl.*

Malcolm Nombre de varios reyes de Escocia. **Malcolm III Canmore** (? h. 1031 - Alnwick, Northumberlandshire 1093) Rey de Escocia (1057-93). Hijo de Duncan I, se apoderó del trono, después de derrotar a Macbeth. Luchó contra Inglaterra y fue vencido por los reyes Guillermo I el Conquistador y Guillermo II el Rojo.

Malcolm X, Malcolm Little, llamado (Omaha 1925 - Nueva York 1965) Político estadounidense. Encarcelado por robo, entró en 1952 en el Movimiento de los Musulmanes Negros (Black Muslims), pero en 1964 se separó del líder Elijah Muhammad y fundó la Organización de la Unidad Afroamericana. A la vuelta de una peregrinación a La Meca, fue asesinado.

malcomer *v. tr.* Comer poco y a disgusto. También *v. intr.*

malcontado *s. m. Chile.* Cantidad de dinero de que disponen los cajeros y contables para compensar las diferencias que resultan de los errores en las cuentas.

malcriar *v. tr.* Educar mal a los hijos permitiéndoles hacer lo que quieran, dándoles todos los gustos y caprichos. ■ En cuanto al acento, se conjuga como *ansiar*: *malcrío.* **FAM.** Malcriado.

maldad *s. f.* Cualidad propia de las personas o cosas malas.

maldecir *v. tr.* Referirse a una persona o cosa mostrando odio, hablando mal de ella, insultándola, etc. También *v. intr.* ■ Es v. irreg. Se conjuga como *bendecir.*

maldiciente *adj.* Que habitualmente maldice. También *s.*

maldición *s. f.* **1.** Acción y efecto de maldecir. **2.** Expresión con que se maldice. **3.** Castigo que se cree provocado u ordenado por una fuerza o ser sobrenatural. ‖ *interj.* **4.** Expresa enfado o contrariedad repentina.

maldispuesto, ta *adj.* **1.** Que no tiene la disposición de ánimo necesaria para hacer una cosa. **2.** Indispuesto, algo enfermo.

maldito, ta *adj.* **1.** Se emplea en algunas expresiones y junto a sustantivos como forma de maldición: *¡Maldita sea! ¡Apaga la maldita radio!* ‖ *adj.* **2.** Malvado. También *s.* **3.** Se aplica al que ha recibido una maldición. También *s.* **4.** En la religión cristiana, condenado al infierno. También *s.* **5.** Se dice del artista que por introducir elementos subversivos en sus obras se enfrenta a la cultura de su tiempo y es rechazado por ello. Tal es el caso del Marqués de Sade o de Baudelaire. También *s.* ‖ *s. m.* **6.** Figurante. **7.** El Diablo. ■ En esta acepción se escribe con mayúscula.

Maldivas (*Divehi*) Estado de Asia meridional.

Extensión: 298 km^2.
Situación: en el océano Índico, al SO de la India.
Población: 214.000 h. en 1990.
Densidad: 718,1 h./km^2.
Capital: Male.
División administrativa: 19 distritos administrativos en cada uno de los mayores atolones del archipiélago.
Ciudades principales: Gan.
Gentilicio: maldivo.
Forma de Estado: república presidencialista.
Idioma: divehi (dialecto del cingalés).
Religión: islamismo, casi el 100 %.
Moneda: rupia maldiva.
Tasa de natalidad: 46 ‰ en 1990.
Tasa de mortalidad: 9 ‰ en 1990.
Renta per cápita: 420 dólares en 1989.

Geog. El archipiélago de las Maldivas está constituido por 1.087 islas, islotes y arrecifes coralinos, de los que solamente 220 están habitados. Su clima es ecuatorial y en su vegetación predominan las palmeras. La población está compuesta por hindúes, cingaleses y árabes. Sus recursos económicos proceden de la pesca, el turismo y la explotación del coco y la copra.
Hist. Las islas Maldivas estuvieron bajo dependencia de la India hasta 1153, en que fueron conquistadas por el musulmán Abdul Barakatul, que creó un sultanato sometido a Ceilán. Fueron colonizadas por portugueses (s. XVI) y por holandeses (s. XVIII) y en 1887 convertidas en protectorado británico. En 1933 fue otorgada la Constitución que instituyó un sultanato electivo. Por su importancia estratégica fueron utilizadas como base militar durante la Segunda Guerra Mundial. En 1957 una revuelta popular llevó al gobierno a Ibrahim Nasir, nacionalista moderado, que inició una campaña en pro de la independencia. Durante los primeros años de la década de los sesenta estallaron diversas revueltas contra los británicos, a consecuencia de las cuales el Reino Unido otorgó la independencia al archipiélago en el seno de la Commonwealth en 1965. En 1968, mediante referéndum, se impuso la república como forma de Estado. El presidente Nasir asumió los plenos poderes en 1975, pero fue posteriormente derrotado en las elecciones por el presidente Maumoon Abdul Gayoon; reelegido en 1983 y 1988.

Maldonado Departamento de Uruguay, situado en el S del país, junto a la costa atlántica. 4.793 km^2. 93.000 h. en 1985. La capital es Maldonado, con 33.650 h. en 1985. Es una región eminentemente agropecuaria, que cuenta con industria alimentaria y textil; recibe considerables ingresos del turismo, sobre todo en la ciudad playera de Punta del Este.

Maldonado, Francisco (Salamanca ? - Villalar, Valladolid 1521) Noble castellano. Junto a Juan Bravo y Juan de Padilla dirigió la sublevación de las Comunidades contra Carlos V. Participó en la toma de Torrelobatón. Los comuneros fueron vencidos en Villalar y Maldonado decapitado con sus dos compañeros.

Male C. de Maldivas, cap. del país, situada en la isla de su mismo nombre. 56.000 h. en 1986. Es un puerto pesquero y comercial.

maleabilidad *s. f.* Cualidad de maleable.

maleable *adj.* **1.** Se dice del metal que puede extenderse en láminas o planchas muy finas, como el cobre o el aluminio. **2.** P. ext., que se puede modelar o trabajar fácilmente. **3.** Dócil, fácil de educar.

maleante *adj.* Delincuente. También *s.*

malear *v. tr.* **1.** Pervertir o corromper a alguien. También *v. prnl.* **2.** Dañar o estropear una cosa. También *v. prnl.* **FAM.** Maleador.

Malebranche, Nicolas de (París 1638 - íd. 1715) Filósofo francés. Fue sacerdote y miembro de la congregación de San Agustín. El estudio de la obra de Descartes le estimuló a reformular el espiritualismo agustiniano. Elaboró así una filosofía racionalista cuyos aspectos más sobresalientes son el ocasionalismo y la visión de todas las cosas en Dios. Sustituyó la teoría aristotélica de las cuatro causas por la de las causas ocasionales, en la que se reconoce a Dios como la única causa eficiente. Lo esencial de su doctrina se halla contenido en *De la investigación de la verdad* (1674-75), *Conversaciones metafísicas y cristianas* (1677) y *Tratado de moral* (1683).

malecón *s. m.* Muro o terraplén que se construye en los puertos para defenderse de las aguas y que puede servir para que en él atraquen barcos.

maledicencia *s. f.* Murmuración, calumnia.

maleducado, da 1. *p. p.* de **maleducar**. ‖ *adj.* **2.** Grosero, irrespetuoso. También *s.*

maleducar *v. tr.* Malcriar*. ■ Se conjuga como *sacar.*

maleficio *s. m.* Daño supuestamente causado por artes de hechicería; también, hechizo que pretende causarlo.

maléfico, ca *adj.* **1.** Que causa o puede causar daño. **2.** Que pretende hacer daño con hechizos.

malemplear *v. tr.* Emplear mal, desaprovechar, desperdiciar.

malencarado, da *adj.* **1.** Se dice de la persona cuya cara produce desconfianza, temor o repugnancia. También *s.* **2.** Que tiene cara de enfado o mal humor. También *s.* **3.** Maleducado, insolente. También *s.*

Malenkov, Georgi (Orenburg 1902 - Moscú 1988) Político soviético. Miembro del PCUS desde 1920, fue secretario personal de Stalin en 1932.

A la muerte de éste ocupó la presidencia del gobierno (1953-55). Nombrado vicepresidente, fue destituido en 1957 por Kruschev.

malentender *v. tr.* Interpretar o entender equivocadamente una cosa. ■ Es v. irreg. Se conjuga como *tender.*

malentendido *s. m.* Mala interpretación o mal entendimiento de una cosa.

maléolo *s. m.* Tobillo*. **FAM.** Maleolar.

Malesherbes, Chrétien Guillaume de Lamoignon de (París 1721 - íd. 1794) Político francés. Nombrado en 1751 director de la Librería, organismo estatal que regulaba la publicación de libros, impulsó una política tolerante y liberal y permitió, entre otras, la edición de *La Enciclopedia.* Secretario de la Casa del rey (1775) y ministro de Estado (1788), emigró tras estallar la Revolución. Volvió a París y en 1792 defendió con brillantez a Luis XVI en el juicio que le condenó a muerte. Murió guillotinado.

Malespín, Francisco (? - San Fernando, El Salvador 1846) Militar y político salvadoreño. Comandante general del ejército (1840), fue elegido presidente en 1844. Con el apoyo de Honduras luchó contra Nicaragua, donde conquistó León. Derrocado por la Asamblea salvadoreña (1845), se refugió en Honduras e intentó recuperar el poder, pero fue vencido y muerto.

malestar *s. m.* Sensación de encontrarse mal o molesto.

maleta *s. f.* **1.** Caja de piel, plástico, lona, etc., con asa para poder transportarla a mano, usada especialmente para llevar cosas en los viajes. **2.** *amer.* Atado o lío de ropa. **3.** *Chile, Guat.* Alforja. ‖ *s. m.* y *f.* **4.** *fam.* Persona que practica sin acierto el oficio o actividad. También *adj.*

maletero, ra *s. m.* y *f.* **1.** En las estaciones de ferrocarriles, empleado que transporta los equipajes. **2.** Persona que fabrica o vende maletas. ‖ *s. m.* **3.** En los automóviles, espacio destinado al equipaje. **4.** En las viviendas, armario, generalmente empotrado entre las paredes y el techo, o parte de un armario, donde se guardan las maletas y otros objetos, especialmente los que no son de uso frecuente. ‖ *s. f.* **5.** *Chile, Perú.* Maletero de un automóvil.

maletilla *s. m.* Joven que aspira a abrirse camino como torero.

maletín *s. m.* Maleta pequeña de diversas formas y usos, particularmente la rectangular y aplanada para llevar papeles, documentos, etc.

malevaje *s. m. Arg., Par., Urug.* Gente maleva.

Malevich, Kazimir (Kiev 1878 - Leningrado 1935) Pintor ruso. Fue el creador y principal teórico del suprematismo y colaborador de la Bauhaus. En su obra predominan las formas geométricas simples, como el cuadrado, el rectángulo, el triángulo y el círculo, realizadas en colores planos sobre fondo blanco. En ella resaltan *El afilador de cuchillos* (1912) y *Cuadrado blanco sobre fondo blanco* (1914).

malevo, va *adj. Arg., Par., Urug.* Malvado, matón, malhechor. También *s.*

malevolencia *s. f.* Cualidad de malévolo.

malévolo, la *adj.* Malvado, que tiene mala intención. También *s.*

maleza *s. f.* **1.** Conjunto de las malas hierbas que crecen en los sembrados. **2.** Vegetación apretada de arbustos, zarzales, etc. **3.** *Nic., Rep. Dom.* Enfermedad, achaque.

malformación *s. f.* Alteración o deformidad de nacimiento en alguna parte del cuerpo.

malgache *adj.* **1.** De la isla de Madagascar. También *s.* ‖ *s. m.* **2.** Lengua hablada por los nativos de Madagascar.

Malgache, República Véase **Madagascar**.

malgastar *v. tr.* Usar o gastar inadecuadamente una cosa, no sacar provecho de ella.

malhablado, da *adj.* Se dice del que acostumbra a hablar empleando expresiones vulgares o groseras o que faltan al respeto. También *s.* ■ Se escribe también *mal hablado.*

malhadado, da *adj.* Desgraciado, desdichado, desafortunado.

¡malhaya! *interj. Méx.* Se emplea para maldecir: *¡malhaya sea!*

malhechor, ra *s. m.* y *f.* Persona que comete delitos habitualmente.

Malherbe, François de (Caen 1555 - París 1628) Poeta francés. Protegido por Enrique IV y por Luis XIII, llegó a ser el poeta oficial de la corte y gozó de una gran influencia. Formalista, fue tenido en su época por el renovador de la lírica e iniciador de la era clásica en Francia. En su obra, poco extensa, destacan *Las lágrimas de San Pedro* (1587), *Consolación al señor Du Périer sobre la muerte de su hija* (1600) y la oda *Para el rey que va a aplastar la rebelión de La Rochelle* (1628).

malherir *v. tr.* Herir gravemente. ■ Es v. irreg. Se conjuga como *sentir.*

malhumor *s. m.* Mal humor.

malhumorado, da **1.** *p. p.* de **malhumorar**. ‖ *adj.* **2.** Que tiene mal humor. ■ Se escribe también *mal humorado.*

malhumorar *v. tr.* Poner a una persona de mal humor. También *v. prnl.*

malí *adj.* De Malí. También *s.*

Malí Estado de África occidental.

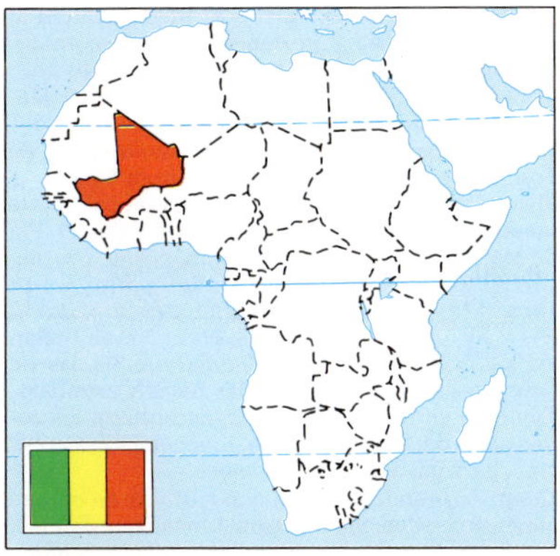

Extensión: 1.240.192 km^2.
Límites: al N, con Argelia; al E, con Níger; al S, con Burkina Faso, Costa de Marfil y Guinea, y al O, con Senegal y Mauritania.
Población: 8.151.000 h. en 1990.
Densidad: 6,5 h./km^2.
Capital: Bamako.
División administrativa: 7 regiones y el distrito de Bamako.
Ciudades principales: Ségou, Mopti, Si-kasso, Kayes.
Gentilicio: malí.
Forma de Estado: república.
Idioma: francés.
Religión: islamismo, 90 %; creencias tradicionales, 9 %; cristianismo, 1 %.
Moneda: franco.
Tasa de natalidad: 52 ‰ en 1990.
Tasa de mortalidad: 22 ‰ en 1990.
Renta per cápita: 260 dólares en 1989.

Geog. física El relieve de Malí consta de tres regiones bien diferenciadas: la septentrional o sahariana, de carácter desértico, la central o Sahel, con paisaje semidesértico, y la meridional o sudanesa, recorrida por la gran curva del río Níger y por el río Senegal al O. En el S del país se encuentran las únicas alturas, las mesetas mandingas, prolongación de la cadena Futa Yallon, cuya máxima altura se alcanza en el monte Hombori (1.159 m). El clima y la vegetación son desérticos en el N; en el centro del Sahel aparece una estepa que se va transformando en sabana herbácea; en la región meridional hay sabana arbolada y selva clara en el S, gracias al régimen tropical sudanés de seis meses de lluvias.
Geog. humana y ***económica*** La población, de raza bambara y fulbé, entre otras, se concentra en la región meridional y tiene un fuerte crecimiento vegetativo (3,3 % anual). La economía está poco desarrollada; se cultiva algodón, mijo, cacahuetes, cereales, arroz, batatas y mandioca; existen recursos forestales, con explotación de goma arábiga, ganadería bovina, ovina y caprina, pesca en aguas interiores, yacimientos de sal, e industria azucarera, cementera y cervecera. Los yacimientos de manganeso, hierro, fosfatos y bauxita están iniciando su explotación.
Hist. Malí perteneció al imperio de Ghana desde el s. III hasta el XIII, en que se independizó y constituyó el imperio de Malí. Este imperio subsistió amenazado en sus fronteras por los yatanga, songay, tuareg y tucoror, hasta el s. XVII, en que fue destruido por los bambara. A principios del s. XIX los tucoror conquistaron la capital Kaarta y dominaron el reino.
El país fue colonizado por Francia entre 1880 y 1895 e incluido en el Sudán francés. En 1945, tras la Segunda Guerra Mundial, surgió un movimiento nacionalista dirigido por Modibo Keita, que fundó el partido Unión Sudanesa. En 1957 fue otorgada la autonomía a la región y se constituyó la República Sudanesa (1958), que al año siguiente formó juntamente con Senegal la Federación de Malí.
En 1960, por iniciativa de la Unión Sudanesa, Malí se separó de la Federación, alcanzó la independencia y se convirtió en República de Malí. Bajo la presidencia de Keita se creó un régimen de carácter socialista, que fue derrocado en 1968 por un golpe militar. Se instaló entonces en el poder el Comité Militar de Liberación Nacional, que nombró presidente del gobierno y primer ministro al militar Moussa Traoré. El nuevo régimen varió la anterior tendencia prosocialista y se acercó a las potencias occidentales. En 1974 se aprobó una nueva Constitución, modificada en 1979, que convirtió a Malí en un régimen de partido único, la Unión Democrática del Pueblo de Malí, dirigido por el propio Traoré. En 1991 un golpe de Estado dirigido por el coronel Amadou Toumany Traoré derrocó a Moussa Traoré e impuso un Consejo de reconciliación nacional.

Malibrán, María García, llamada **la** (París 1808 - Manchester 1836) Mezzosoprano francesa de origen español. Estudió en Italia y con 16 años debutó en Roma con *El barbero de Sevilla.* Se casó con el banquero Malibrán (1826), del que pronto se separó, pero adoptó su nombre para el teatro. Máxima diva de su tiempo, recorrió en triunfo los escenarios de Europa y América.

malicia *s. f.* **1.** Picardía. **2.** Tendencia a ver mala intención en los demás. **3.** Maldad, mala intención. **4.** Interpretación malintencionada de algo. ‖ *pl.* **5.** Recelos, sospechas.

maliciar *v. tr.* **1.** Hacer malo a alguien. También *v. prnl.* ‖ *v. prnl.* **2.** Sospechar algo con malicia. **FAM.** Maliciable.

malicioso, sa *adj.* Que tiene malicia o que obra con ella. También *s.* **FAM.** Maliciosamente.

málico, ca *adj.* **1.** Perteneciente o relativo al ácido málico. ‖ **2. ácido málico** COOH–CHOH–CH_2–COOH. Nombre común del ácido hidroxibutanoico. Se halla presente en diversas frutas, como la manzana, de cuyo nombre latino toma la denominación. Es sólido, cristaliza en prismas incoloros y resulta muy soluble en agua y alcohol. Posee tres isómeros ópticos y se emplea en la elaboración de preparados contra las infecciones de garganta y en la industria alimentaria por su aroma agradable.

malignidad *s. f.* Cualidad de maligno.

maligno, na *adj.* **1.** Se dice de la persona inclinada a causar mal y también de aquello que es propio de estas personas. **2.** Perjudicial, dañino. **3.** Aplicado a enfermedades, grave, peligroso; se dice particularmente de los tumores cancerosos. ‖ *s. m.* **4.** El Demonio. ■ En esta acepción se escribe con mayúscula.

Malinas (en fr. *Malines*; en flamenco *Mechelen*) C. de Bélgica, en la prov. de Amberes, situada a orillas del río Dyle. 76.000 h. en 1987. Es centro del cultivo del espárrago y posee industrias de muebles, tapices, talleres ferroviarios y montaje de automóviles. Conocida ya en el s. VI, se convirtió en el centro de la fabricación de los paños de Flandes y en residencia de Margarita de Austria, gobernadora de los Países Bajos. Entre sus monumentos destacan la torre de la catedral (s. XII-XV), con un famoso carillón de 46 campanas, los palacios de Margarita de Austria y de los príncipes de Orange-Nassau y la Plaza Mayor.

Malinche (s. XVI) Indígena de habla náhuatl, que ayudó a Hernán Cortés en la conquista de México. Probablemente hija de un cacique azteca, fue regalada a Cortés en 1519 junto con otras 20 esclavas y bautizada con el nombre de Marina. Se convirtió en amante de Cortés, con quien tuvo un hijo, Martín. Prestó importantes servicios como intérprete de náhuatl y maya.

malinchista *adj. Méx.* Favorable a la influencia y a los intereses extranjeros. También *s.* **FAM.** Malinchismo.

Malinovski, Rodion (Odessa 1898 - Moscú 1967) Militar soviético. Voluntario en 1915 en el ejército zarista, se alistó en la Legión Francesa al disolverse las unidades rusas en la Primera Guerra Mundial. Volvió a la URSS en 1919, recibió instrucción militar y participó como asesor de los republicanos en la guerra civil española. En la Segunda Guerra Mundial se distinguió al romper en 1942 la contraofensiva alemana en Stalingrado y conquistar luego Odessa, Bucarest y Viena. En 1957 fue nombrado ministro de Defensa.

Malinowski, Bronislaw (Cracovia 1884 - New Haven, Connecticut 1942) Antropólogo británico de origen polaco. Realizó numerosos viajes de estudio a las islas del Pacífico, África y México y desarrolló un nuevo enfoque en el análisis de las sociedades primitivas. Fue el creador de la antropología social y perteneció a la escuela funcionalista, según la cual todas las creencias, costumbres o normas desempeñan una función vital para la sociedad. Destacan entre sus obras *Argonautas del Pacífico occidental* (1922), *Sexo y represión en la sociedad salvaje* (1926), *Dinámica del cambio de la cultura* (1945) y *Magia, ciencia y religión* (1948).

malintencionado, da *adj.* Que tiene mala intención. También *s.*

malinterpretar *v. tr.* Interpretar de manera errónea.

malla *s. f.* **1.** Cada uno de los cuadrados, anillas o eslabones que forman una red, una tela metálica, un tejido de punto, etc. **2.** Tejido o red de hilo, cuerda, alambre, etc., entrelazado formando cuadrados, anillas o eslabones. **3.** Traje ajustado, de tejido elástico y fino, que se usa, p. ej., en ballet o gimnasia. Se usa sobre todo en *pl.* **4.** *amer.* Traje de baño femenino de una sola pieza. **5.** Leotardo.

Mallada, Lucas (Huesca 1841 - Madrid 1921) Geólogo español. Ingeniero de minas, introdujo la paleontología en España. Es autor, entre otras obras, de *Sinopsis de las especies fósiles que se han encontrado en España* (1875-92) y *Explicación del mapa geológico de España* (1895-1911). Destacado polemista, en su obra *Los males de la Patria y revolución española* (1890) trata de encontrar soluciones a los problemas de España.

Mallarino, Manuel María (Cali 1802 - Bogotá 1872) Político colombiano. Del Partido Conservador, fue secretario de Estado (1848), vicepresidente (1854) y presidente de la república (1855-57), en sustitución del derrocado Obando. Introdujo reformas constitucionales.

Mallarmé, Stéphane (París 1842 - Valvins, Seine-et-Marne 1898) Poeta francés. Fue el principal representante de la corriente simbolista. Su obra, en la que se aprecia la influencia de Baudelaire, tendió al uso de un lenguaje poético puro, en ocasiones de difícil comprensión, pero de gran belleza. Sus primeros libros fueron *Siesta de un fauno* (1874), que sirvió de inspiración al músico Debussy, y *La tumba de Edgar Allan Poe* (1876), a los que siguieron *Álbum de verso y prosa* (1888) y un poema en prosa que constituye un fragmento de la obra absoluta que pretendía el autor: *Una tirada de dados nunca abolirá el azar* (1897). El influjo de Mallarmé ha sido muy notable en la poesía contemporánea.

Malle, Louis (Thumeries, Nord 1932) Director de cine francés. Fue uno de los más destacados miembros de la *nouvelle vague*, con filmes como *Ascensor para el cadalso* (1958), *Los amantes* (1958), *Zazie en el metro* (1960) y *Un soplo en el corazón* (1970). En 1978 se instaló en EE UU, donde obtuvo un enorme éxito con *La pequeña* (1978) y con *Atlantic City* (1980). Otras películas suyas son *Crackers* (1983) y *Adiós, muchachos* (1988).

Mallea, Eduardo (Bahía Blanca 1903 - Buenos Aires 1982) Novelista argentino. Fue director del suplemento literario del periódico *La Nación* y uno de los integrantes del grupo de escritores de la revista *Sur*. En sus novelas impera la introspección. Algunos de sus títulos más característicos son *La ciudad junto al río inmóvil* (1936), *Fiesta en noviembre* (1938), *Todo verdor perecerá* (1941), *Las águilas* (1943), *Rodeada está de sueño* (1944), *Los enemigos del alma* (1950), *Simbad* (1957) y *Las travesías* (1961). También escribió para el teatro y ensayos, como *Historia de una pasión argentina* (1937).

Mallorca: costa noroccidental entre Estellencs y Banyalbufar.

Mallorca Isla de España, en el archipiélago de las Baleares, situada en el mar Mediterráneo al E de la Península y perteneciente a la comunidad autónoma de las Islas Baleares. 3.640 km². 613.800 h. en 1990. La capital es Palma de Mallorca, con 296.750 h. en 1991.

Geog. física En su relieve destacan la sierra de Tramontana al NO, cuya máxima altura es el Puig Major (1.445 m), y la sierra de Levante, al SE, de menor elevación; entre ambas se halla el Pla de Mallorca, esencialmente llano, por el que discurren los torrentes de Muro, San Carlos y San Jordi. Presenta unas costas altas y escarpadas al NO y SE, con diversas calas; en el NE se hallan las bahías de Pollensa y Alcudia y al SO, las de Palma y La Rápita, todas ellas bajas y arenosas. Tiene un clima mediterráneo, excepto en las zonas altas de la Tramontana, y vegetación de encina, garriga, acebuche y pinos.

Geog. económica Cuenta con cultivos de cereal, almendro, olivo, vid, higuera, hortalizas, patatas, frutales y forraje; con ganadería ovina y bovina; pesca en los puertos de Palma de Mallorca, Andraitx y Alcudia; e industria constructora, alimentaria, metálica, del calzado, del mueble, bisutería y vidrio. El turismo constituye la principal fuente de ingresos y ha propiciado un gran desarrollo de la industria de la construcción y de servicios relacionados con ésta.

Hist. En la prehistoria se desarrolló una importante cultura megalítica, de la que se conservan talayots y navetas. Fue conquistada en el año 123 a. C. por Roma, que fundó las colonias de Palma y Pollentia. Tras la caída del imperio romano de Occidente, fue ocupada por el rey vándalo Genserico y posteriormente por Bizancio en época de Justiniano (s. VI). Conquistada por los musulmanes (s. IX), dependió del califato de Córdoba y posteriormente del reino taifa de Denia (1013). El rey catalano-aragonés Jaime I la conquistó en 1229 y constituyó el reino de Mallorca, que se incorporó a la corona de Aragón en 1343 bajo Pedro el Ceremonioso. En la guerra de Sucesión, Mallorca tomó partido por el archiduque Carlos. Durante la guerra de Independencia la isla se mantuvo fiel a Fernando VII y fue gobernada por una Junta. En el s. XIX comenzó el proceso de industrialización y crecimiento económico. Durante la guerra civil estuvo desde el principio en posesión del bando nacional. En la segunda mitad del s. XX, gracias a la bondad de su clima y la belleza de sus paisajes, se convirtió en un centro turístico internacional.

Mallorca, reino de Reino cristiano medieval que se desarrolló entre 1276 y 1343. Estaba formado por las Baleares, Rosellón, Cerdaña, Montpellier, Vallespir, Conflent y Colliure, territorios cedidos por Jaime I el Conquistador a Jaime, su segundo hijo, que quedó como vasallo de su hermano Pedro III, heredero del trono de Aragón. Durante el reinado de Jaime, el de su hijo Sancho I y el del sobrino de éste, Jaime II, el reino subsistió frente a la hostilidad aragonesa. El rey aragonés Pedro el Ceremonioso, en la batalla de Lluchmayor (1349), lo incorporó definitivamente a la corona de Aragón.

mallorquín, na *adj.* **1.** De Mallorca. También *s.* ‖ *s. m.* **2.** Variedad del catalán hablada en esta isla.

Mallory, George Herbert Leigh (Mobberley, Cheshire 1886 - en el Everest 1924) Alpinista británico. Participó en tres expediciones al Everest, en la segunda de las cuales superó los 8.000 m sin ayuda de oxígeno, batiendo un récord. Desapareció en su tercera subida a este monte.

malmandado, da *adj.* Desobediente. También *s.*

malmeter *v. tr.* **1.** Enemistar, encizañar. **2.** Inducir a alguien a hacer algo malo.

Malmö C. de Suecia, situada en el S del país, en la costa del estrecho de Sund. 232.900 h. en 1990. Dista 25 km de la capital danesa, Copenhague, con la que se comunica a través del estrecho mediante un servicio de transbordadores. Es el principal centro urbano de Suecia meridional y tiene un importante puerto e industrias de astilleros, mecánicas, aeronáuticas, ferroviarias, electroquímicas y textiles.

malnacido, da *adj.* Se dice de la persona mala, miserable. También *s.*

malo, la *adj.* **1.** Que no es o está bueno. **2.** Enfermo. Aplicado a mujeres y con el verbo *estar*, puede indicar que se tiene la menstruación. **3.** Con el verbo *ser*, expresa la confianza de que algo positivo va a ocurrir: *Malo será si no hay algún regalillo para nosotros.* **4.** En construcciones negativas refuerza la ausencia de algo: *Hoy no he vendido ni un mal libro.* ■ En todas las acepciones, cuando precede a un sustantivo masculino se usa la forma apocopada *mal.* ‖ *s. m.* y *f.* **5.** Personaje que en una película, novela u otra obra de ficción comete delitos, hace daño a los demás, muestra sentimientos o intenciones perversas, etc. ‖ *interj.* **6.** Expresa desaprobación o desconfianza ante algo. ‖ **7. el Malo** El Demonio. ‖ **Loc. a mal** o **a las malas** *adv.* En situación de enfrentamiento o enemistad. **de malas** *adv.* De mal humor. **por las malas** *adv.* Por la fuerza. **Fam.** Malamente.

malogrado, da **1.** *p. p.* de **malograr**. También *adj.* ‖ *adj.* **2.** Se dice de la persona que muere joven, particularmente si gozaba de prestigio o prometía en algún campo o actividad.

malograr *v. tr.* Echar a perder o desaprovechar alguna cosa, hacer que algo no logre su fin. También *v. prnl.* **Fam.** Malogramiento.

malogro *s. m.* Acción y efecto de malograr o malograrse.

maloliente *adj.* Que despide mal olor.

malón *s. m.* **1.** *Amér. del S.* Ataque por sorpresa de los indios. **2.** *Arg.* Grupo de gamberros.

Malón de Chaide, fray Pedro (Cascante h. 1530 - Barcelona 1589) Escritor español. Agustino, fue discípulo de fray Luis de León. Su obra *Libro de la conversión de la Magdalena* (1588), en prosa clara y amena, es un modelo de elocuencia sagrada.

malónico, ca *adj.* **1.** Perteneciente o relativo al ácido malónico. ‖ **2. ácido malónico** $HOOC-CH_2-COOH$. Ácido propanodioico. Presente en pequeña proporción en la remolacha, es un sólido soluble en agua y alcohol, que cristaliza en el sistema triclínico. Su éster se utiliza en la preparación de barbitúricos.

Malory, Thomas (Newbold Revwel, Warwickshire h. 1408 - Londres 1471) Escritor inglés. Luchó en favor de los Lancaster en la guerra de las Dos Rosas. Acusado de varios delitos, pasó buena parte de su vida en la cárcel, donde tradujo y refundió leyendas francesas del ciclo artúrico en un libro titulado *La muerte del rey Arturo.* Publicada la obra en 1485, constituyó el primer libro en prosa poética escrito en inglés y fue fuente de inspiración para varios escritores, entre ellos Spencer y Tennyson.

malparado, da *adj.* Muy perjudicado o dañado.

malparido, da *adj. fam.* Malnacido*.

malpensado, da *adj.* Que acostumbra a pensar mal de alguien o algo. También *s.*

Malpighi, Marcello (Crevalcore, Bolonia 1628 - Roma 1694) Biólogo italiano. Profesor de las universidades de Mesina, Pisa y Bolonia, fue el fundador de la anatomía microscópica. Mediante el análisis microscópico de los riñones descubrió los corpúsculos renales que llevan su nombre. Estudió el sistema respiratorio de los vertebrados y descubrió los vasos sanguíneos más pequeños, que se llamaron *capilares*, la estructura interna de los gusanos de seda y el aparato respiratorio de insectos y plantas.

malqueda *s. m.* y *f. fam.* Persona que no cumple sus compromisos.

malquerencia *s. f.* Antipatía, odio.

malquistar *v. tr.* Enemistar a alguien contra otro u otros. También *v. prnl.*

malquisto, ta *adj.* Se dice de la persona que está mal considerada o por la que se siente antipatía.

Malraux, André (París 1901 - Créteil 1976) Escritor y político francés. Simpatizante comunista en sus inicios, fue testigo de la revolución china, combatió en defensa de la república española y participó en la resistencia francesa durante la Segunda Guerra Mundial. Posteriormente fue varias veces ministro en gobiernos del general De Gaulle. Su obra novelística refleja con realismo sus experiencias políticas y personales, y en ella destacan *Los conquistadores* (1928), *La condición humana* (1933), *La esperanza* (1937) y *Los nogales de Altenburg* (1943). Tras la Segunda Guerra Mundial abandonó la literatura y abordó el ensayo sobre arte, en el que su obra más importante es *Las voces del silencio* (1951). Conviene citar también su autobiografía, titulada *Antimemorias* (1967 y 1974).

malsano, na *adj.* Insano*.

malsonante *adj.* Que suena mal; especialmente se aplica a las palabras y expresiones incorrectas o groseras.

malta *s. f.* Cereal, generalmente cebada, germinado artificialmente y tostado, que se emplea, molido, como sucedáneo del café.

Malta Estado insular de la Europa mediterránea.

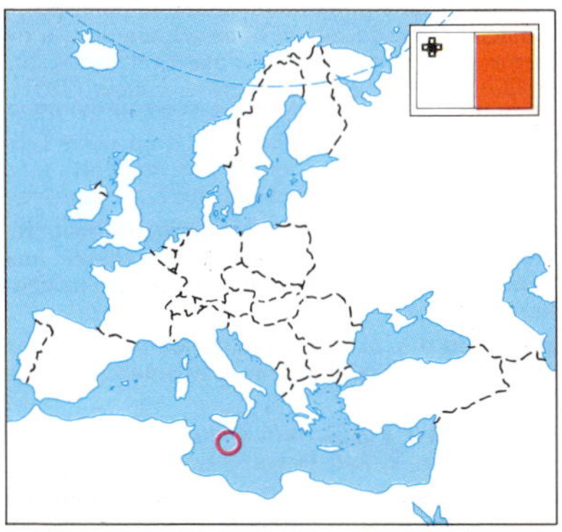

Extensión: 316 km^2.
Situación: en el mar Mediterráneo, al S de Sicilia.
Población: 353.000 h. en 1990.
Densidad: 1.117 h./km^2.
Capital: La Valletta.
División administrativa: 6 regiones.
Ciudades principales: Sliema, Birkirkara, Qormi, Hamrun.
Gentilicio: maltés.
Forma de Estado: república.
Idioma: maltés e inglés.
Religión: catolicismo, 97,3 %; anglicanismo, 1,2 %.
Moneda: libra maltesa.
Tasa de natalidad: 16 ‰ en 1990.
Tasa de mortalidad: 8 ‰ en 1990.
Renta per cápita: 5.820 dólares en 1989.

Geog. El archipiélago consta de tres islas, Malta (245,7 km^2), Gozo (67,1 km^2) y Comino (2,8 km^2), y diversos islotes. La isla de Malta está constituida por terrenos calcáreos poco elevados, cuya máxima altura es el Nadur Tower (258 m), situado en el centro. El clima y la vegetación son mediterráneos. Está muy densamente poblada y los habitantes se concentran en la agrupación de pequeñas ciudades de la costa E de Malta. Posee recursos agrícolas de trigo, hortalizas, patatas y tomates, ganadería bovina y porcina, pesca e industrias tabaqueras, textiles y cerveceras. El turismo ha experimentado un gran desarrollo.
Hist. Malta fue en la antigüedad lugar de paso obligado para todos los pueblos y estados mediterráneos. Fue factoría fenicia entre los s. XVIII y IX a. C., colonia griega, cartaginesa y, por último, romana en el 218 a. C. Tras la caída del imperio romano de Occidente fue ocupada por vándalos en el año 454, ostrogodos en el 494 y por Bizancio en el 533. Conquistada por el emir de Qairuan, fue islamizada en el 870.
La recuperó para la cristiandad Roger de Sicilia en 1090; el emperador Federico II completó la expulsión de los musulmanes en 1250 y la isla quedó incluida en el reino de Sicilia. Unida al destino de éste, pasó sucesivamente a poder de los angevinos de Nápoles y de los catalanoaragoneses. El emperador Carlos V la cedió en 1530 a los caballeros hospitalarios de Rodas, que constituyeron la orden de Malta. Desde entonces resistió con éxito los ataques turcos y en el s. XVIII se convirtió en centro del comercio mediterráneo.
En 1798 fue conquistada por Napoleón y, después de la derrota de éste, pasó en 1800 a manos del Reino Unido, que estableció una importante base naval. En el s. XX aparecieron los primeros movimientos independentistas; en 1921 recibió la autonomía en el seno del imperio británico. Desempeñó un papel militar de gran importancia en la Segunda Guerra Mundial. Las elecciones de 1947 dieron el poder al laborista Dom Mintoff, que dimitió al año siguiente a causa de la presión del Partido Nacionalista de Borg Olivier. El Reino Unido suprimió en 1958 el gobierno autónomo y no lo restableció hasta 1962. En 1964, Olivier consiguió, por medio de un referéndum, que Malta fuera declarada estado independiente en el seno de la Commonwealth. Los laboristas de Dom Mintoff retornaron al poder en 1971, y en 1974 la nación se convirtió en república, cuyo primer presidente fue Anthony Mamo, antiguo gobernador británico. En las elecciones presidenciales de 1985 resultó vencedor el candidato del Partido Nacionalista, Eddie Fenech Adami. Los nacionalistas también triunfaron en las legislativas de 1987 y situaron como primer ministro a Paul Xuereb. En 1989 fue elegido presidente de la república Vincent Tabone. En las elecciones de febrero de 1992 volvieron a vencer los nacionalistas.

Malta, fiebre de Véase **brucelosis**.

Malta, orden de Orden militar creada en 1530 por la cesión de Malta, Gozzo y Trípoli, otorgada por el emperador Carlos V a la orden de San Juan de Jerusalén, que había sido expulsada de Rodas por el sultán otomano Solimán el Magnífico. Estas posesiones eran feudos del reino de Jerusalén y la orden se obligó cada año al pago simbólico de un halcón a su virrey como muestra de vasallaje. Desde entonces Malta se convirtió en una fortaleza mediterránea contra el peligro turco. La orden permaneció en la isla hasta 1798, año en que se trasladó a Italia. En la actualidad depende del Vaticano y mantiene actividades políticas de menor importancia y tendencia conservadora.

maltear *v. tr.* Convertir la cebada en malta.

maltés, sa *adj.* **1.** De Malta. También *s.* ‖ *s. m.* **2.** Lengua semítica hablada en el archipiélago maltés.

Malthus, Thomas Robert (Rookery, Surrey 1766 - Haileybury, Hertford 1834) Economista británico. Está considerado, junto a Adam Smith y David Ricardo, uno de los fundadores de la escuela clásica de economía. La tesis central de sus estudios demográficos sostiene que el crecimiento de la población se verifica en progresión geométrica, mientras que el de la producción de alimentos lo hace en progresión aritmética, por lo que es necesario un control de la natalidad para que sea posible un reparto de los recursos.

Thomas Robert Malthus.

Sostuvo también que el desarrollo del sistema capitalista es cíclico y que a un periodo de prosperidad siguen uno de crisis, otro de depresión y otro de recuperación. Sus obras más importantes son *Ensayo sobre el principio de la población* (1798), *Investigaciones sobre la naturaleza y el progreso de la renta* (1815) y *Definiciones de economía política* (1827).

maltosa *s. f.* $C_{12}H_{22}O_{11}$. Disacárido formado por dos moléculas de glucosa. Se encuentra en el almidón y el glucógeno y forma cristales con una molécula de agua. Es muy soluble en agua, pero no en alcohol y éter, y fuertemente dextrógira. También se llama *azúcar de malta.*

maltraer *v. tr.* Se utiliza exclusivamente en infinitivo con verbos como *llevar, tener* o *traer* en expresiones que significan 'molestar, maltratar o hacer sufrir de manera continuada': *Este niño me tiene a maltraer.*

maltratar *v. tr.* Tratar a alguien o algo de forma que le causa algún tipo de daño o desperfecto. También *v. prnl.*

maltrato *s. m.* Acción y efecto de maltratar.

maltrecho, cha *adj.* Que está en mal estado a consecuencia del daño o desgaste sufrido.

maltusianismo *s. m.* Doctrina política y económica basada en las teorías de Thomas Robert Malthus.

malucho, cha *adj.* **1.** No muy bueno, tirando a malo. **2.** Pachucho, un poco enfermo.

malva *s. f.* **1.** Nombre común de diversas especies de plantas herbáceas de la familia malváceas, género *Malva.* Miden hasta 1 m de altura, tienen hojas dentadas de color verde intenso y flores violáceas generalmente. Son originarias de Asia, pero se cultivan en todos los continentes como planta ornamental, sobre todo la malva común *(Malva sylvestris)*, cuyas flores son de color violeta claro. Son muy comunes en tierras no cultivadas, pastos, riberas y cunetas. ‖ *s. m.* **2.** Color violeta pálido, como las flores de esta planta. ‖ **LOC. estar criando malvas** *fam.* Estar muerto y enterrado.

Malva común (Malva sylvestris).

malváceas *s. f. pl.* Familia de plantas herbáceas, arbustivas y arbóreas del orden malvales, a la que pertenecen más de 1.000 especies comprendidas en unos 80 géneros, de los que los principales son *Malva, Hibiscus, Althaea* y *Gossypium.* Tienen hojas alternas, flores vistosas, generalmente hermafroditas, aisladas o reunidas en capítulos, con cinco sépalos y cinco pétalos. Crecen en todo el mundo, especialmente en América del Sur. Malváceas son la malva, el algodón y el malvavisco. También *adj.* y *s. f.*

malvado, da *adj.* Se dice de la persona capaz de hacer mal y de las cosas propias de estas personas. También *s.* **FAM.** Malvadamente.

malvasía *s. f.* **1.** Tipo de uva dulce y olorosa, de granos grandes, cultivada en los países mediterráneos. **2.** Vino elaborado con esta variedad de uva, caracterizado por un sabor dulce, perfume intenso y alta graduación. **3.** Nombre común de diversas aves anseriformes de la familia anátidas, género *Oxyura*. La malvasía común *(Oxyura leucocephala)* mide 45 cm de lontigud, tiene la cabeza blanca, el cuello negro y el cuerpo pardo, con el pico de color azul. Habita en charcos y lagunas de Europa meridional, N de África y el S de Asia.

malvavisco *s. m.* Planta herbácea de la familia malváceas, especie *Althaea officinalis*. Alcanza entre 60 y 150 cm de altura, tiene el tallo y las hojas aterciopelados y flores de color rosáceo, provistas de un doble cáliz. Crece junto a acequias y en las riberas marinas de la península Ibérica.

malvender *v. tr.* Vender una cosa a muy bajo precio, obteniendo muy poca o ninguna ganancia.

malversación *s. f.* Acción y efecto de malversar.

malversar *v. tr.* **1.** Invertir o gastar indebidamente una persona el dinero que administra por cuenta ajena, en especial si son fondos públicos. **2.** Substraer caudales públicos. **FAM.** Malversador.

Malvinas Archipiélago del Atlántico sur, situado frente a las costas de Patagonia. 12.173 km^2. 1.900 h. en 1989. La capital es Puerto Argentino (Puerto Stanley) con 1.250 h. en 1989. Comprende dos islas mayores, Soledad y Gran Malvina, separadas por el estrecho de San Carlos, y cerca de 100 islotes. Su clima es muy frío, con abundantes lluvias que favorecen la aparición de pastos. Sus recursos económicos proceden de la ganadería ovina, bovina y caballar y de la pesca, pues cuenta con uno de los principales bancos pesqueros del mundo. Posee, además, yacimientos de carbón y petróleo, aún sin explotar. Ocupado por los británicos desde 1833, Argentina reclama desde entonces su soberanía. En 1982, el presidente argentino general Galtieri ordenó la invasión del archipiélago, lo que dio origen a la guerra de las Malvinas, en que la armada británica derrotó al ejército argentino. También se denomina *Falkland*.

malvis *s. f.* Ave paseriforme de la familia túrdidos, especie *Turdus musicus*. Tiene plumaje de color verdoso, con pico y patas negros. Habita en el N de Europa.

malvivir *v. intr.* Vivir mal, con pobreza o penalidades.

mama *s. f.* **1.** Órgano glandular de los mamíferos que en las hembras segrega la leche con que alimentan a sus crías. En el ser humano es un órgano par, situado en la parte superior de la región ventral del tórax. Está formado por una envoltura cutánea –en cuya parte central se encuentran el pezón y una zona más oscura llamada *aureola*–, la glándula mamaria y una envoltura celuloadiposa. Al llegar a la pubertad, las mamas de la mujer experimentan un gran desarrollo, que se intensifica durante el embarazo; luego, a los pocos días del parto, producen leche estimuladas por la hormona lactógena. **2.** *fam.* Mamá.

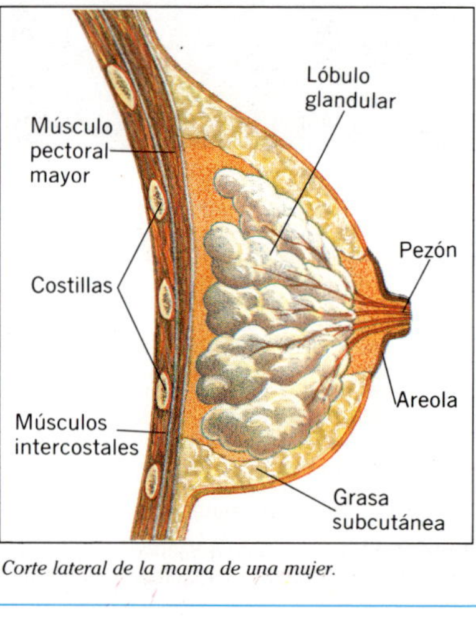

Corte lateral de la mama de una mujer.

mamá *s. f. fam.* **1.** Madre. ‖ **2. mamá grande** *Col.* Abuela.

mamacona *s. f.* **1.** En la civilización inca, mujer anciana dedicada al servicio de los templos y a cuyo cuidado estaban las vírgenes consagradas al Sol. **2.** *Arg., Chile.* Mamancona.

mamada *s. f.* **1.** *fam.* Acción y efecto de mamar. **2.** *Arg., Par., Urug.* Borrachera. **3.** *amer.* Ventaja o beneficio conseguido con poco esfuerzo.

mamadera *s. f. amer.* Biberón y tetilla del mismo.

mamado, da 1. *p. p.* de **mamar**. ‖ *adj.* **2.** *fam.* Borracho. También *s.*

mamancona *s. f. Chile.* Mujer vieja y gorda.

mamandurria *s. f.* Sinecura; empleo, cargo, etc., en el que se cobra y no se trabaja o se trabaja poco.

mamar *v. tr.* **1.** Chupar la leche de los pechos de la madre. Se usa más como *v. intr.* **2.** Aprender o adquirir algo desde niño. ‖ *v. prnl.* **3.** *fam.* Emborracharse.

mamario, ria *adj.* **1.** Perteneciente o relativo a las mamas. ‖ **2. glándulas mamarias** Glándulas que segregan leche en las hembras de los mamíferos. En el ser humano constituyen un conjunto de 12 a 22 glándulas menores, dispuestas en el contorno de la zona aureolar y comunicadas mediante canales galactóforos con el ápice del pezón.

mamarrachada *s. f.* **1.** Acción ridícula o extravagante. **2.** Cosa ridícula, fea o mal hecha.

mamarracho *s. m.* **1.** Persona ridícula en su aspecto o en sus acciones. **2.** Figura o cosa ridícula, fea o mal hecha. **3.** Imbécil, persona que no merece respeto.

mamba *s. f.* Nombre común de diversos reptiles escamosos del suborden serpientes, familia elápidos, género *Dendroaspis*. Pueden alcanzar hasta 4 m de longitud, tienen grandes mandíbulas dotadas de garfios con los que inyectan un poderoso veneno a sus víctimas. Su color varía entre el verde y el negro. Las principales especies son la mamba de cabeza estrecha *(Dendroaspis angusticeps)* y la mamba verde o negra *(Dendroaspis polylepis)*. Viven en el centro y S de África.

mambí o **mambís** *adj.* Se aplica a los cubanos que lucharon contra los españoles por la independencia. También *s.*

mambla *s. f.* Pequeño monte aislado y de forma redondeada.

mambo *s. m.* Melodía y baile de origen cubano y ritmo sincopado, muy popular en la década de los cincuenta.

mamella *s. f.* Apéndice largo que cuelga del cuello de algunos animales, p. ej. la cabra.

mameluco, ca *adj.* **1.** Se aplica a los miembros de una milicia egipcia que constituyeron una dinastía en Egipto entre los s. XIII y XVI. También *s.* **2.** Perteneciente o relativo a esta dinastía. **3.** *fam.* Se dice de la persona tonta, torpe. También *s.*

Hist. El sultán egipcio Malik, de la dinastía ayubí, formó una guardia personal compuesta por esclavos turcos, griegos, etc., que recibían una intensa formación. Esta milicia mameluca adquirió un gran poder y en 1250 asesinó al hijo de Malik y nombró sultán a uno de sus jefes, Baibars. La nueva dinastía se mantuvo en el poder más de dos siglos y medio; fue sometida por el sultán otomano Selim I, que en 1516 venció a los mamelucos Kansu y Tumán y se apoderó de Egipto.

mamerto, ta *adj.* Bobalicón, lelo.

mamey *s. m.* Árbol de la familia gotíferas, especie *Mammea americana*. Mide unos 15 m de altura, tiene hojas elípticas, flores blancas y fruto de pulpa amarilla. Crece en América.

mamíferos *s. m. pl.* Clase de animales vertebrados a la que pertenecen unas 4.000 especies comprendidas en dos subclases: prototerios, como el ornitorrinco y el equidna; y terios, que se divide a su vez en dos infraclases: metaterios, como los canguros; y euterios, que engloba al resto de los mamíferos. Se caracterizan por amamantar a sus crías, tener el cuerpo recubierto de pelo, ser en su mayoría vivíparos y tener sangre caliente. Incluye las especies más evolucionadas, entre ellas al hombre. Su cuerpo, que está recubierto de pelo para conseguir el aislamiento térmico, está dividido en cuatro partes: la cabeza, donde se encuentran los órganos de los sentidos y la boca; el tronco, en el que las hembras tienen las glándulas mamarias que producen leche para alimentar a las crías; las extremidades, que son siempre cuatro –dos anteriores y dos posteriores– y están adaptadas a cada tipo de locomoción (aérea, como el murciélago; terrestre, como el conejo; acuática, como la ballena); y la cola. Poseen esqueleto interno, y en él destacan una cavidad craneal muy desarrollada, una mandíbula formada por un solo hueso y la presencia de diferentes tipos de dientes, adaptados a los distintos regímenes alimentarios (insectívoro, como el topo; herbívoro, como el ciervo; carnívoro, como el lince, etc.). Su aparato respiratorio está formado por orificios y fosas nasales, faringe, laringe, tráquea, dos bronquios y dos pulmones. La circulación es doble y completa, y el aparato excretor está formado por un par de riñones, dos uréteres, una vejiga y una uretra. El sistema nervioso, compuesto por cerebro (con varios lóbulos, como el óptico y el olfativo), cerebelo, bulbo raquídeo y médula espinal, está más desarrollado que en ninguna otra clase de animales. La fecundación es interna, y el desarrollo del embrión, que se inicia a partir del óvulo fecundado, puede producirse en el huevo (como en el ornitorrinco), en el útero y en la bolsa marsupial (como en el canguro) o, más frecuentemente, sólo en el útero (como en la mayoría de los mamíferos). Están extendidos por toda la Tierra. También *adj.* y *s. m.*

mamografía *s. f.* Radiografía de las glándulas mamarias. Se emplea fundamentalmente para detectar tumores.

mamón, na *adj.* **1.** Que todavía esta en edad de mamar. También *s.* **2.** Que mama mucho. También *s.* **3.** *fam.* Se dice de la persona despreciable o malintencionada. También *s.* ■ Se usa a menudo como insulto, aunque también se emplea con intención afectuosa y desenfadada. ‖ *s. m.* **4.** Brote de una planta que se desarrolla demasiado e impide el crecimiento del fruto.

Mamoré Río de Bolivia, subafluente del Amazonas. 1.900 km. Nace en el macizo de Cochabamba y, tras recibir al Guaporé por la derecha, se une al Beni para formar el río Madeira. Es una importante vía de comunicación.

mamotreto *s. m.* **1.** *desp.* Libro o legajo muy grueso. **2.** *desp.* Objeto grande, pesado y poco útil.

Mamoulian, Rouben (Tbilisi, Georgia 1898 - Los Ángeles 1987) Director cinematográfico estadounidense de origen georgiano. Formado en el teatro en Rusia, Inglaterra y EE UU, llegó a Hollywood al comienzo del cine sonoro (1929). Cultivó todos los géneros, desde la comedia al musical, pasando por el filme de aventura o de terror. Algunos de sus títulos más destacados son *Aplauso* (1929), *Las calles de la ciudad* (1931), *El hombre y el monstruo* (*Dr. Jekyll and Mr. Hyde*, 1932), *Ámame esta noche* (1932), *La reina Cristina de Suecia* (1933), *Sangre y arena* (1941) y *La bella de Moscú* (*Silk stockings*, 1957).

mampara *s. f.* Plancha o tabique de madera, cristal, plástico, etc., que sirve para dividir una habitación, aislar una parte de la misma, una bañera, etc.

mamparo *s. m.* Cada uno de los tabiques que dividen en compartimientos el interior de un barco.

mamporro *s. m.* **1.** *fam.* Golpe dado a alguien con la mano. **2.** *fam.* Porrazo, trastazo.

mampostería *s. f.* **1.** Obra de albañilería que se hace con piedras sin labrar y desiguales unidas con argamasa, generalmente sin que formen filas o sigan un orden determinado. **2.** Oficio de mampostero.

mampostero, ra *s. m.* y *f.* Persona que trabaja haciendo obras de mampostería.

mampuesto, ta *adj.* **1.** Se aplica a los materiales empleados en mampostería. ‖ *s. m.* **2.** Cualquiera de las piedras sin tallar, o toscamente talladas, que se usan en las construcciones de mampostería. **3.** *amer.* Cualquier objeto en que se apoya un arma de fuego para asegurar la puntería. ‖ *s. f.* **4.** Hilera de mampuestos.

mamúa *s. f. Arg., Urug.* Borrachera.

mamut *s. m.* Mamífero proboscídeo fósil de la familia elefántidos, especie *Elephas primigenius*.

La clasificación de los mamíferos comprende dos grandes subclases y 19 órdenes.

Vivió en el cuaternario, era de mayor tamaño que el elefante actual, tenía los colmillos muy desarrollados y el cuerpo cubierto de pelo, adaptado al frío de los periodos glaciares. Habitó en el hemisferio norte y se conservan esqueletos y cuerpos congelados hallados en Siberia.

Man, isla de Isla dependiente del Reino Unido, situada en el mar de Irlanda. 588 km^2. 66.000 h. en 1989. La capital es Douglas, con 20.400 h. en 1986. Las principales actividades económicas son la agricultura del trigo, avena y patatas, la pesca, la ganadería ovina y el turismo.

Man Ray (Filadelfia 1890 - París 1976) Pintor y fotógrafo estadounidense. En 1920 se instaló en Francia, donde influido por Francis Picabia y Marcel Duchamp desarrolló una pintura de estilo dadaísta y surrealista. Realizó una fotografía de vanguardia, de la que es buena muestra *Rayograph* (1922).

mana *s. f.* **1.** *amer.* Maná. **2.** *Amér. C., Col.* Manantial.

maná *s. m.* **1.** Alimento milagroso que, según el Antiguo Testamento, Dios envió desde el cielo, en forma de escarcha, para socorrer al pueblo hebreo en su peregrinación por el desierto. **2.** Sustancia azucarada que brota de algunas plantas, como el fresno o el eucalipto, y que se endurece inmediatamente al contacto con el aire. En algunos casos se emplea en farmacia. **3.** Provecho o beneficio que se espera obtener sin esfuerzo alguno.

Manabí Prov. de Ecuador, situada en el O del país, en la costa del océano Pacífico. 18.105 km^2. 979.200 h. en 1989. La capital es Portoviejo, con 156.250 h. en 1989. Sus recursos económicos proceden de la agricultura, con cultivos de cacao, café y algodón, de la pesca y la industria conservera.

manaca *s. f. Amér. C.* Especie de palma.

Manacor C. de España, en el E de la isla de Mallorca. 28.800 h. en 1990. Posee una floreciente industria del mueble y de bisutería de perlas de imitación. Es un gran centro turístico, y uno de sus alicientes son las cuevas del Drach, con el lago subterráneo más extenso de Europa.

manada *s. f.* **1.** Grupo de animales de la misma especie. **2.** *fam.* Grupo grande y desordenado de gente.

management (voz ingl.) *s. m.* Gerencia de una empresa.

manager (voz ingl.) *s. m.* y *f.* **1.** Persona que dirige una empresa o sociedad mercantil. **2.** Persona que se ocupa de los intereses de ciertos profesionales, como artistas o deportistas, o de una entidad deportiva.

Managua 1. Lago de Nicaragua, situado en el O del país, al N del lago Nicaragua. 1.042 km^2. Comunica con el lago Nicaragua a través del río Tipitapa y en su sector N se halla la isla Momotombito, ocupada enteramente por el volcán del mismo nombre.
2. C. de Nicaragua, cap. del país, situada en el sector O del mismo, a orillas del lago homónimo. 682.100 h. en 1989. Es un centro administrativo, comercial y nudo de transportes, que cuenta con industrias metalúrgicas, cementeras y alimentarias. Situada en una zona sísmica, la ciudad fue destruida por un terremoto en 1931, por un incendio en 1936 y por un nuevo terremoto en 1972.

Managua: la catedral, de estilo neoclásico.

Manama C. de Bahrein, cap. del país, en la isla de Bahrein, en el golfo Pérsico. 147.500 h. en 1988. Importante puerto y centro comercial de la pesca de perlas del golfo Pérsico, cuenta también con refinerías de petróleo.

manantial *adj.* **1.** Se dice del agua que mana o brota. ‖ *s. m.* **2.** Corriente de agua que brota de la tierra o la roca de forma natural. Constituye el punto donde desagua un manto acuífero en el lugar en que éste corta la superficie terrestre. Cuando se trata de un curso de agua subterránea que brota de la base de un macizo de calizas en un paisaje cárstico, se llama *surgencia*; cuando se trata de la salida a la superficie de una corriente de agua sumergida, al pasar de un fondo de rocas impermeables a otro de rocas calcáreas, se llama *resurgencia.* **3.** Origen, causa o fundamento de algo.

Manaos Véase **Manaus**.

manar *v. intr.* **1.** Salir un líquido de alguna parte. También *v. tr.* **2.** Brotar otras cosas, p. ej. ideas o palabras, fácil y abundantemente. **FAM.** Manante.

Manasés (? h. 699 - ? h. 642 a. C.) Rey de Judá (687-642 a. C.). Hijo de Ezequías, se convirtió en idólatra, llegando a sacrificar a Moloc a su propio hijo. Deportado a Asiria, volvió al culto de Yahvé.

Manaslu Monte del Himalaya central, en Nepal. Tiene 8.156 m de altura.

Manatí común (Trichechus manatus).

manatí *s. m.* Nombre común de diversos mamíferos sirenios de la familia triquéquidos, género *Trichechus.* Son animales acuáticos que miden de 3 a 4 m de longitud, tienen el cuerpo en forma de huso, con las extremidades anteriores transformadas en aletas torácicas y las posteriores ausentes, cola en forma de pala, y en la boca un labio superior muy desarrollado. Habitan en los estuarios y desembocaduras de los grandes ríos del océano Atlántico, en América y África. Se conocen tres especies: el manatí común *(Trichechus manatus)*, el manatí del Amazonas *(Trichechus inunguis)* y el manatí africano *(Trichechus senegalensis)*.

Manaus C. de Brasil, cap. del estado de Amazonas, en la confluencia de los ríos Negro y Amazonas. 1.090.000 h. en 1989. Es un importante puerto fluvial, que creció en la primera mitad del s. XX gracias a la explotación del caucho, así como centro comercial y del refinado de petróleo.

manaza *s. f.* **1.** *aum. desp.* de **mano**. || **manazas** *s. m.* y *f.* **2.** Persona torpe con las manos. También *adj.*

mancar *v. tr.* Dejar manca o inutilizada una mano u otro miembro. También *v. prnl.* ■ Se conjuga como *sacar.*

mancarrón *s. m.* **1.** *Arg., Urug.* Caballo viejo o inútil. **2.** *Chile, Perú.* Empalizada para contener o encauzar el curso de un río.

mancebía *s. f.* Casa de prostitución.

mancebo, ba *s. m.* y *f.* **1.** Muchacho, joven. **2.** Aprendiz o dependiente, especialmente en las farmacias. || *s. f.* **3.** Querida, amante.

mancera *s. f.* Esteva*.

mancha *s. f.* **1.** Marca o sombra que deja la suciedad u otra cosa en una superficie. **2.** Parte de una superficie de distinto color, aspecto, composición, etc., que el resto. **3.** Deshonra, vergüenza. **4.** Cada una de las sombras o zonas oscuras que se aprecian en la superficie de la Luna o del Sol. **5.** Sombreado de un dibujo. **6.** Boceto de un cuadro que se hace para estudiar el efecto de las luces y las sombras. **7.** Parte de una página impresa ocupada por el texto.

Mancha, La Canal de Europa, situado al O del continente, que separa la isla de Gran Bretaña de Francia y une el mar del Norte con el océano Atlántico. En él se hallan las islas Anglonormandas (islas del Canal) y la isla de Wight. Su profundidad supera en muy pocas zonas los 100 m. Los principales puertos situados en sus orillas son los ingleses de Portsmouth, Southampton, Plymouth y Dover y los franceses de Le Havre, Boulogne, Cherburgo y Calais. Se ha construido un túnel submarino para enlazar el Reino Unido y el continente.

Mancha, La Región natural de España, situada en las provincias de Toledo, Cuenca, Ciudad Real y Albacete. Comprende el sector SE de la Meseta, con una altitud media que oscila entre 600 y 700 m, y está recorrida por los ríos Cigüela, Záncara, Guadiana y Júcar. Se suele dividir en La Mancha alta, al N, que limita con la Alcarria y la Mesa de Ocaña, y La Mancha baja, al SE, que se extiende por la provincia de Albacete y E de Ciudad Real. Tiene clima de interior y vegetación de encinar y matorral. Es una región eminentemente agrícola, con cultivos de cereales, olivo, vid, ajo, azafrán, etc., y cuenta con ganadería ovina y caprina, e industria alimentaria del queso, vino y aceite.

manchado, da **1.** *p. p.* de **manchar**. || *adj.* **2.** Que tiene manchas, partes de otro color.

manchar *v. tr.* **1.** Ensuciar una cosa con manchas. También *v. prnl.* **2.** Perjudicar el honor o la buena fama. **3.** En pintura, distribuir las manchas de luces y sombras.

manchego, ga *adj.* **1.** De La Mancha. También *s.* **2.** Se dice de una variedad de queso, originario de esta región, que está sin cocer y tiene sabor salado. También *s. m.*

Manchester C. del Reino Unido, situada en el sector central de Inglaterra, a orillas del río Mersey. 445.900 h. en 1988. Unida a Liverpool por un canal terminado en 1988, forma con ésta una gran conurbación y centro industrial de primera magnitud. Fue uno de los primeros centros del país donde se inició la revolución industrial, a consecuencia del enorme impulso que los yacimientos de carbón de la región supusieron para el desarrollo de la industria textil. A lo largo del s. XX se ha producido una importante diversificación industrial en sectores como construcciones mecánicas y eléctricas, fibras artificiales, química, caucho, plástico, papel, automóviles, maquinaria, construcciones aeronáuticas, electrónica, alimentación y artes gráficas.

manchón *s. m.* **1.** *aum.* de **mancha**. **2.** En los sembrados, lugar en que nacen las plantas muy tupidas y espesas. **3.** Parte de la tierra de labor que por un año se deja como pasto del ganado. **4.** En geol., espacio de terreno en el que aparece un tipo de materiales distintos a los de las áreas circundantes.

manchú *adj.* **1.** De Manchuria. También *s.* **2.** Se aplica a un pueblo mongólico del NE de China, que habita en la región de Manchuria. **3.** De este pueblo. También *s.* || *s. m.* **4.** Lengua perteneciente al grupo meridional de las lenguas tunguses, hablada por algunos miles de habitantes de Manchuria.

Manchukuo Nombre dado a Manchuria durante la ocupación japonesa (1932-45). Convertida en un estado independiente, sólo fue reconocida por la Alemania nazi y sus aliados. El príncipe Pu-yi, ex emperador de China, fue proclamado su soberano en 1934.

Manchuria Región histórica de China, situada en el sector NE del país, y que ocupaba los actuales territorios de las provincias de Heilongjiang, Jilin y Liaoning. Fue asociada a China a principios del s. XVII, cuando el jefe tungús Nurhachi unió a las diversas tribus de la zona y creó un estado manchú que, a mediados de siglo, conquistó Pekín e instauró a la dinastía Qing, que gobernó China hasta 1912. Su frontera con Rusia fue fijada en 1689 por el tratado de Nierchinsk, que establecía el río Amur como límite natural, aunque la penetración rusa continuó en el s. XIX con la conquista de Port Arthur. Tras la guerra ruso-japonesa (1905), Japón se convirtió en la potencia más influyente de la región. En 1931 su ejército conquistó Manchuria y estableció a continuación el estado títere de Manchukuo. Tras la Segunda Guerra Mundial, la URSS ocupó el territorio, que posteriormente cedió a la República Popular China.

-mancia o **-mancía** *suf.* Significa 'adivinación': *cartomancia, necromancia.*

mancilla *s. f.* Mancha o daño en el honor, la buena fama o la pureza de alguien.

mancillar *v. tr.* Dañar el honor o la buena fama de alguien o algo.

manco, ca *adj.* **1.** Se dice del que ha perdido un brazo o una mano, o los dos, o los tiene inutilizados. **2.** Muy incompleto. **3.** *Chile.* Se aplica al caballo flaco o malo. || **LOC. no ser** alguien **manco** *fam.* Ser hábil o útil para algo; se dice en relación con otra actividad u otra persona.

Manco Cápac Nombre de dos incas del Perú.
Manco Cápac I (fines del s. XII) Legendario soberano del imperio Inca, descendiente del Sol. Su genealogía divina es una leyenda creada por sus sucesores, uno de los cuales, Sinchi Roca, fue el auténtico fundador del imperio.
Manco Cápac II (? h. 1500 - ? 1544) Hijo de Huayna Cápac y hermano de Huáscar y Atahualpa. Fue reconocido emperador por Pizarro y coronado en 1533. Tres años después se sublevó contra los españoles y llegó a sitiar Lima y Cuzco, aunque finalmente fue derrotado. Participó luego en la conjura que concluyó en el asesinato de Pizarro. Fue muerto por los españoles.

mancomún, de *loc. adv.* De común acuerdo entre dos o más personas.

mancomunadamente *adv. m.* De mancomún, de común acuerdo.

mancomunar *v. tr.* **1.** Unir personas, esfuerzos, intereses, dinero, etc., para un mismo fin. También *v. prnl.* **2.** En der., obligar a dos o más personas a pagar o ejecutar de mancomún cierta cosa.

mancomunidad *s. f.* **1.** Acción y efecto de mancomunar o mancomunarse. **2.** Asociación de personas o entidades con intereses, obligaciones o fines comunes; en particular, asociación de provincias o de municipios.

Mancomunidad de Cataluña Organismo político de Cataluña, formado por la comunidad de las cuatro diputaciones provinciales, creado por el gobierno de Eduardo Dato en 1913. Su primer presidente fue Prat de la Riba (1914-17), al que siguieron Puig y Cadafalch (1917-23) y Sala (1923-25). Las atribuciones del organismo fueron administrativas y no políticas. Realizó una importante labor en el campo de la cultura catalana y las obras públicas. Fue suprimida por el gobierno de Primo de Rivera en 1925 al promulgarse la ley de estatutos provinciales.

mancuerna o **mancorna** *s. f. amer.* Cada uno de los gemelos de los puños de la camisa. Se usa sobre todo en *pl.*

manda *s. f.* Legado*.

mandadero, ra *s. m.* y *f.* Persona que hace los mandados o recados.

mandado, da **1.** *p. p.* de **mandar**. También *adj.* || *s. m.* y *f.* **2.** Persona que se limita a cumplir las órdenes que ha recibido. || *s. m.* **3.** Recado, encargo. **4.** Mandato, orden. **5.** *fam.* Puñetazo, bofetón.

mandala *s. m.* Imagen simbólica circular de carácter estético-religioso, propia del budismo y el tantrismo hindú, que representa el universo así como diversos aspectos de sus creencias.

Mandalay C. de Birmania, situada en el interior del país, a orillas del río Irawadi. 532.900 h. en 1983. Importante centro religioso del budismo, fue la antigua capital del país. Su economía se basa en la artesanía de la seda, madera y piedras y metales preciosos.

mandamás *s. m.* y *f. fam.* Persona que está al mando en algún lugar o actividad.

mandamiento *s. m.* **1.** Orden o regla de un superior o de una autoridad. **2.** Cada uno de los diez preceptos de la ley de Dios y los cinco de la Iglesia, que todo católico debe cumplir. **3.** En der., orden por escrito de un juez mandando que se ejecute cierta cosa.
Rel. Los mandamientos de la ley de Dios proceden del decálogo del judaísmo, del que fueron adaptados con ciertas variaciones. Según el libro del *Éxodo* del Antiguo Testamento fueron entregados por Dios a Moisés en la cima del monte Sinaí, inscritos sobre dos tablas de piedra, llamadas *Tablas de la Ley.* Los diez mandamientos son: el primero, amarás a Dios sobre todas las cosas; el segundo, no tomarás el nombre de Dios en vano; el tercero, santificarás las fiestas; el cuarto, honrarás a tu padre y a tu madre; el quinto, no matarás; el sexto, no cometerás actos impuros; el séptimo, no robarás; el octavo, no dirás falso testimonio ni mentirás; el noveno, no consentirás pensamientos ni deseos impuros, y el décimo, no codiciarás los bienes ajenos. Estos mandamientos fueron resumidos por Jesucristo en dos: amarás a Dios sobre todas las cosas y al prójimo como a ti mismo.
Los cinco mandamientos de la Iglesia son: oír misa los domingos y fiestas de guardar; confesar los pecados mortales al menos una vez al año, en peligro de muerte o si se ha de comulgar; comulgar por Pascua de Resurrección; ayunar y abstenerse de comer carne cuando lo manda la Iglesia, y ayudar a la Iglesia en sus necesidades.

mandanga *s. f.* **1.** Lentitud, calma excesiva. **2.** En el argot de la droga, marihuana. || *pl.* **3.** Cuentos, historias, tonterías.

mandante *adj.* **1.** Que manda. || *s. m.* **2.** Persona que, mediante un mandato, delega en otra denominada *mandatario* la realización de una gestión en representación suya.

mandar *v. tr.* **1.** Disponer o decir lo que se tiene que hacer. **2.** Dirigir, gobernar. También *v. intr.* **3.** Enviar. **4.** Dar aviso a alguien para que haga cierta cosa. || *v. intr.* **5.** Dominar el jinete al caballo o el torero al toro. || **LOC. a mandar** *interj.* Expresión con que uno se ofrece a hacer lo que se le pide.

mandarín *s. m.* **1.** Alto funcionario, civil o militar, de la China imperial. **2.** *desp.* Persona que tiene una gran influencia y poder en un determinado ámbito. **3.** Dialecto chino, hablado en el N del país. || **4. pato mandarín** Véase **pato**.

mandarina *s. f.* Fruto del mandarino, parecido a la naranja, aunque más pequeño y dulce, cuya piel se separa con facilidad.

mandarino *s. m.* Árbol de la familia rutáceas, especie *Citrus deliciosa.* Alcanza hasta 4 m de altura, tiene hojas perennes, lanceoladas y lustrosas, flores blancas y perfumadas y fruto anaranjado de sabor dulce, muy apreciado como alimento. Originario de Asia oriental, se cultiva en las regiones templadas.

mandatario *s. m.* **1.** Persona a la que, por medio de un mandato, se le encarga una gestión en representación de otra, llamada *mandante.* **2.** Gobernante. ‖ **3. primer mandatario** Presidente, primer ministro, jefe de Estado.

mandato *s. m.* **1.** Orden o disposición de un jefe o de una autoridad. **2.** Desempeño y duración del cargo de alguna autoridad. **3.** Encargo o representación que a través de elecciones recibe un diputado, concejal, etc. **4.** En der., contrato por el que una persona, el mandatario, se compromete a realizar una gestión en representación de otra, el mandante. **5.** Soberanía transitoria de un territorio confiada por la Sociedad de Naciones a un país. Los mandatos fueron creados tras la Primera Guerra Mundial mediante los acuerdos de paz de 1919 y el pacto de la Sociedad de Naciones. Afectaron a territorios dependientes de las potencias derrotadas (Alemania, imperio otomano), que se entregaron a la tutela de las potencias vencedoras, bajo la supervisión de la Sociedad de Naciones. Entre ellos estaban Siria, Líbano y Togo, adjudicados a Francia, y Transjordania, Palestina y Tanganica, adjudicados al Reino Unido. **6.** Territorio sometido a este régimen de dependencia política. **7.** Ceremonia litúrgica que se celebra el Jueves Santo, en la que el sacerdote lava los pies a doce personas, como lo hizo Jesús con los apóstoles. ▪ Se llama también *lavatorio.* **8.** Sermón que se predica en esa ceremonia.

¡mande! *interj. fam.* Se usa para hacer repetir algo que no se ha oído bien.

Mandela, Nelson (cerca de Umtata, Transkei 1918) Político sudafricano. Dirigente del Congreso Nacional Africano, emprendió una lucha de resistencia pasiva contra la política de *apartheid* del régimen racista de Sudáfrica. Fue arrestado y condenado a prisión en diversas ocasiones, la última de ellas (1964) a cadena perpetua. Fue liberado en 1990, bajo el mandato del presidente Frederik de Klerk, pasando a desempeñar un activo papel en la política sudafricana.

Nelson Mandela.

Mandelstam, Osip (Varsovia 1891 - Vladivostok 1938) Poeta ruso. De familia judía, estudió en San Petersburgo y viajó por Francia y Alemania. Fue uno de los máximos representantes del acmeísmo, movimiento literario ruso que proponía la sencillez de estilo contra la estética simbolista. Su no adhesión a la Revolución de 1917 dificultó su labor literaria. Acusado de actividades antisoviéticas, fue recluido en un campo de concentración, donde murió. Entre sus libros destacan, en poesía, *Piedra* (1913), *Tristia* (1922) y *Los cuadernos de Voronez* (1935-37), y, en prosa, *El fragor del tiempo* (1925) y *El sello egipcio* (1928).

mandíbula *s. f.* **1.** Cada una de las piezas de tejido óseo o cartilaginoso que forman la boca de los vertebrados y en las que están implantados los dientes y molares con los que cortan y trituran los alimentos. **2.** Parte del rostro en la que están situadas estas piezas. **3.** Cada una de las dos piezas córneas que forman el pico de las aves. **4.** Cada una de las piezas duras que otros animales, como algunos insectos, tienen junto a la boca y les sirven para triturar los alimentos. **5.** Pieza del cepo que se cierra contra otra igual y que sirve para apresar al animal que ha caído en él. ‖ **Loc. reír a mandíbula batiente** Reírse con ganas, a carcajadas. **Fam.** Mandibular.

mandil *s. m.* **1.** Prenda que cubre por delante desde el pecho o la cintura hasta las rodillas, con el fin de proteger la ropa en determinados trabajos. **2.** Prenda semejante que usan los masones con sus signos y emblemas.

mandinga o **mandingo** *adj.* **1.** Se aplica a un grupo étnico africano que habita en la región del golfo de Guinea. **2.** De este grupo étnico. También *s.* ‖ *s. m.* **3.** Lengua nigero-senegalesa hablada por este grupo.

mandioca *s. f.* Planta herbácea, arbustiva o arbórea de la familia euforbiáceas, especie *Manihot esculenta.* Sus raíces son tuberosas y de gran tamaño, entre 30 y 60 cm de longitud, y contienen una fécula, la tapioca, utilizada para la alimentación. Crece en las regiones tropicales y subtropicales del continente americano.

Mandioca (Manihot esculenta), *su hoja y sus raíces.*

mando *s. m.* **1.** Autoridad para ordenar y disponer que tiene un superior sobre sus subordinados. **2.** Desempeño y duración de esa autoridad. **3.** Persona, conjunto de personas u organismo que tiene dicha autoridad. **4.** Dispositivo o instrumento con que se hace funcionar o se maneja un mecanismo o aparato. ‖ **5. alto mando** Conjunto de oficiales que dirige un ejército o parte de él. **6. mando a distancia** Dispositivo con que se acciona o se dirige desde otro lugar el funcionamiento de un aparato. **7. puesto de mando** Lugar en que se encuentran los que mandan o dirigen.

mandoble *s. m.* **1.** Cuchillada o golpe que se da manejando un arma con las dos manos. **2.** Espada grande. **3.** *fam.* Golpe, bofetada.

mandolina *s. f.* Instrumento musical de cuerda, similar al laúd, pero de menor tamaño. Tiene caja de resonancia abombada y cuatro cuerdas dobles que se pulsan con púa.

Mandolina.

mandón, na *adj.* **1.** Se dice de la persona a la que le gusta mandar. También *s.* **2.** *amer.* Capataz de una mina.

Mandonio (? - ? 205 a. C.) Caudillo del pueblo hispánico prerromano de los ausetanos. En unión de Indíbil se alzó contra la dominación romana en la península Ibérica. Derrotado por Escipión, fue apresado y muerto.

mandorla *s. f.* Marco en forma de almendra en el que se representaba la figura del Pantocrátor en el arte románico.

mandrágora *s. f.* Nombre común de varias especies de plantas herbáceas de la familia solanáceas, género *Mandragora.* Carecen de tallo, tienen grandes hojas ovales, flor única y raíz carnosa. A causa de las formas caprichosas que a veces adopta la raíz, fueron objeto antiguamente de numerosas supersticiones y se utilizaron para elaborar filtros y pócimas a los que se atribuían cualidades mágicas. Existen cuatro especies, la más común de las cuales es la *Mandragora officinarum.* Crecen en las regiones mediterráneas y Asia meridional, hasta el Himalaya.

mandria *adj.* **1.** De poco ánimo, cobarde. También *s.* **2.** Tonto, bobo. También *s.*

mandril[1] (del ingl. *mandrill*) *s. m.* Mamífero catarrino de la familia cercopitécidos, especie *Papio sphinx.* Alcanza hasta 150 cm de altura, tiene la cabeza grande, con los arcos superciliares muy desarrollados y el hocico alargado, pelaje pardo oliváceo, nariz roja rodeada de pliegues azul claro brillante, y grandes callosidades rojas en las nalgas. Habita en las selvas africanas, en manadas organizadas jerárquicamente, y posee gran ferocidad e inteligencia.

Mandril (Papio sphinx).

mandril[2] (del fr. *mandrin*) *s. m.* **1.** Tubo de cartón u otro material que sirve como soporte para formar rollos o bobinas de papel. **2.** En los tornos, dispositivo con que se sujeta fuertemente la pieza que se va a trabajar. **3.** En ciertas máquinas y herramientas, como las taladradoras portátiles, pieza en la que se ajusta la broca o algún otro útil, a los cuales transmite el movimiento giratorio.

manduca *s. f. fam.* Alimento, comida.

manducar *v. tr. fam.* Comer. También *v. intr.* ▪ Se conjuga como *sacar.*

maneador *s. m. Amér. del S., Méx.* Maniota, tira de cuero para atar las patas a los animales.

manecilla *s. f.* **1.** Aguja o flechita que señala las divisiones de algunos instrumentos de medición. **2.** Antiguo signo tipográfico que representa una mano con el índice extendido, que se usa para advertir sobre una nota, una corrección, etc. **3.** Broche de ciertos objetos, como el que sirve para mantener cerrados algunos libros.

manejable *adj.* Que se puede manejar con facilidad.

manejar *v. tr.* **1.** Usar o mover una cosa con las manos. **2.** En general, utilizar, servirse de algo. **3.** Dirigir, gobernar o administrar algo. **4.** Dominar a una persona. **5.** Guiar caballerías o carruajes. **6.** *amer.* Conducir un vehículo. También *v. intr.* ‖ *v. prnl.* **7.** Saber actuar, valerse por sí mismo.

manejo *s. m.* **1.** Acción y efecto de manejar o manejarse. **2.** Maniobra, chanchullo. **3.** Facilidad o práctica para manejar algo.

manera *s. f.* **1.** Modo, carácter o conjunto de caracteres que hacen que algo sea distinto. **2.** Procedimiento, medio. **3.** Estilo de un artista. ‖ *pl.* **4.** Modales, educación. ‖ **Loc. a la manera de** *adv.* De la misma forma que. **a manera de** *adv.* Como, haciendo las veces de. **de cualquier manera** *adv.* Torpemente o de mala gana; también, mal, violentamente, con una desgracia, con enfrentamiento, etc. **de manera que** *conj.* Expresa consecuencia: *Aquí no hay nada que hacer, de manera que vámonos.* **de ninguna manera** *adv.* Expresa una negación tajante. **de todas maneras** (o **de cualquier manera**) *adv.* y *conj.* De todas formas, en cualquier caso. **en gran manera** (o **sobre manera**) *adv.* Mucho, muy, en exceso.

manes *s. m. pl.* En la mitología romana, espíritus de los muertos, a los que se rendía culto.

Manes Véase **Mani.**

Manet, Édouard (París 1832 - íd. 1883) Pintor francés. Rompió con el academicismo oficial introduciendo innovaciones en la composición, la perspectiva y la gradación de luz y color. Algunas de sus obras, como *El almuerzo en la hierba* (1863) y *Olimpia* (1865), produjeron escándalo por la presentación de los desnudos femeninos.

Édouard Manet: Argenteuil *(Museo de Bellas Artes, Tournai).*

Es considerado el iniciador de la pintura moderna. Influyó en los impresionistas y fue influido por ellos. Otras obras que merecen ser resaltadas son *Lola de Valencia* (1862), *El tocador de pífano* (1866), *La ejecución de Maximiliano* (1867), *Retrato de Émile Zola* (1868), *El balcón* (1868) y *El bar del Folies-Bergère* (1882).

Manetón (? - ? 280 a. C.) Sacerdote e historiador egipcio de Heliópolis. En el reinado de Tolomeo II compuso en griego una historia de Egipto, *Aigyptiaka*, en la que se clasificaba a los faraones en treinta y una dinastías, con el origen de cada uno e indicación de la duración de sus reinados. De su obra sólo se conserva un compendio. Su clasificación fue adoptada por los historiadores modernos.

Manfredo (? 1232 - Benevento 1266) Rey de Sicilia (1258-66). Era hijo natural de Federico II Staufen, emperador germánico. Regente de Sicilia, de la que desposeyó a su sobrino Conradino, fue coronado rey en Palermo. Se convirtió en el jefe de los gibelinos de Italia. El papa Urbano IV ofreció el trono de Sicilia a Carlos de Anjou, quien derrotó y dio muerte a Manfredo en la batalla de Benevento.

manga *s. f.* **1.** Parte de una prenda de vestir que cubre el brazo, parcialmente o hasta la muñeca. **2.** Manguera*. **3.** En algunos juegos y deportes, cada una de las series o partes en que se divide una competición. **4.** Embudo de tela empleado para colar líquidos. **5.** En repostería, aparato semejante, terminado en una boquilla, con que se aplica nata, crema, masa, etc., dándole una determinada forma. **6.** Red de forma cónica abierta por un aro que hace de boca. **7.** Tromba, tifón. **8.** Anchura máxima de un barco. **9.** *amer.* Pasillo entre dos estacadas por el que se conduce al ganado a un corral o un embarcadero. ‖ **10. manga ancha** Excesiva tolerancia. **11. manga de viento** Tubo o embudo de tela u otro material que, colocado en lo alto de un mástil, sirve para observar la dirección y velocidad del viento. **12. manga japonesa** La que está unida al cuerpo y sólo tiene la costura inferior. ‖ **Loc. corte de mangas** Véase **corte**. **en mangas de camisa** *adv.* Sin llevar chaqueta sobre la camisa. **hacer mangas y capirotes** *fam.* Resolver o tratar un asunto de forma caprichosa y apresurada. **manga por hombro** *adv. fam.* En desorden. **sacarse** algo **de la manga** *fam.* Presentar algo que no es cierto o no tiene fundamento. **tener** (**llevar** o **guardar**) algo (o **un as**) **en la manga** *fam.* Tener preparado un recurso o artimaña para usarlo llegado el momento.

mangajo, ja *s. m.* y *f. Ec., Perú.* Persona sin voluntad que se deja manejar por los demás.

mangancia *s. f.* Actividad o conducta propia de un mangante.

manganeso *s. m.* Mn. Elemento químico perteneciente al grupo VII B del sistema periódico. Su número atómico es 25 y su masa atómica 54,938. Fue descubierto por Karl Wilhelm Scheele y aislado por Johann Gottlieb Gahn en 1774. Es un metal muy abundante en la naturaleza, especialmente en forma de óxido, silicato y carbonato, y en el mundo animal. Se encuentra en minerales como la manganita, la rodocrosita y la pirolusita, en yacimientos de Georgia, Brasil, República Sudafricana, Ucrania e India. Es un metal brillante, de color gris claro, duro y quebradizo, que a temperatura normal reacciona con el flúor y el cloro. Existe en cuatro formas alotrópicas. Se obtiene mediante la reducción de su óxido (Mn_2O_3) con sodio, magnesio o aluminio. Se emplea para despolarizar pilas, en aleaciones como desoxidante y aditivo para obtener aceros del tipo cromo-níquel, como colorante en la industria del vidrio y como desinfectante en medicina (permanganato).

manganeta *s. f. amer.* Engaño o maniobra para lograr lo que se pretende.

mangangá *adj.* **1.** *Amér. del S.* Se dice de la persona que resulta molesta por su insistencia. También *s.* ‖ *s. m.* **2.** *Amér. del S.* Abejorro.

manganita *s. f.* MnO(OH). Mineral hidróxido de manganeso. De origen hidrotermal, cristaliza en el sistema monoclínico; es de color gris oscuro y se utiliza para la obtención de manganeso. Los principales yacimientos se encuentran en Alemania, Georgia, Ucrania y República Sudafricana.

Mangano, Silvana (Roma 1930 - Madrid 1989) Actriz cinematográfica italiana. Alcanzó la popularidad con *Arroz amargo* (1949), producida por Dino De Laurentiis, con quien se casó. Otro gran éxito fue *Ana* (1953). Otros filmes suyos que merecen recordarse son *Ulises* (1954), *El proceso de Verona* (1963), *Edipo rey* (1967), *Muerte en Venecia* (1971), *Luis II de Baviera* (*Ludwig*, 1973) y *Confidencias* (*Gruppo di famiglia in un interno*, 1974).

mangante *adj.* **1.** Que manga o roba. También *s.* **2.** Que vive aprovechándose de los demás. También *s.*

manganzón, na *adj. amer.* Holgazán, cachazudo. También *s.*

mangar *v. tr.* Hurtar, robar. ■ Se conjuga como *pagar.*

manglar *s. m.* Formación vegetal propia de albuferas y zonas pantanosas de las costas tropicales, en la que crece un bosque denso de plantas halofitas, especialmente adaptadas al medio salino. Por su forma de extenderse se le denomina *bosque pionero.*

mangle *s. m.* Árbol de la familia de las rizoforáceas y especie *Rhizophora mangle.* Mide unos 4 m de altura, tiene largas ramas que llegan al suelo, flores amarillas y numerosas raíces aéreas. Abunda en las zonas costeras de las regiones tropicales y es uno de los principales componentes de la formación vegetal del manglar. Es halofita.

mango[1] (del lat. *manicus*) *s. m.* **1.** Parte de una herramienta o utensilio o pieza más o menos alargada que se acopla a éstos, por la que se agarra. **2.** *Arg., Par., Urug. fam.* Moneda de un peso y, p. ext., dinero.

mango[2] *s. m.* **1.** Árbol de la familia anacardiáceas, especie *Mangifera indica.* Alcanza hasta 15 m de altura, tiene hojas alternas, inflorescencias grandes y fruto carnoso en drupa. Originario de la India, se cultiva actualmente en África y América; se utiliza en alimentación y para extracción de resina. **2.** Fruto de esta planta.

mangonear *v. intr.* **1.** Intervenir una persona en asuntos ajenos, disponiéndolo todo e imponiendo su criterio. **2.** *amer.* Explotar un asunto, un cargo, una situación, etc., en provecho propio. **3.** *Cuba, Méx.* Ejercer una persona su cargo o sus atribuciones de forma arbitraria y abusiva. ‖ *v. tr.* **4.** Manejar a alguien o algo. **Fam.** Mangoneador, mangoneo, mangonero.

mangosta *s. f.* Nombre común de diversos mamíferos carnívoros de la familia vivérridos, géneros *Herpestes, Helogale, Mungos, Cynictis* y otros. Alcanzan hasta 50 cm de longitud y 40 cm de cola; tienen la cabeza alargada, ojos pequeños y patas cortas con uñas no retráctiles. Son animales ágiles, que atacan a las serpientes, de las que se alimentan, pese a no estar inmunizados contra su veneno. La mangosta común *(Herpestes ichneumon)* tiene el pelaje rojizo y habita en la mayor parte de África y Asia Menor; una de sus variedades habita en los bosques de Andalucía, donde se llama *meloncillo.* La mangosta asiática *(Herpestes edwardsi)*, tiene el pelaje grisáceo y se domestica para combatir a las serpientes venenosas.

manguear[1] (de *manga*) *v. tr. amer.* **1.** Acosar y guiar al ganado para que entre en la manga. ‖ *v. intr.* **2.** *Col., P. Rico, Ven.* Fingir que se trabaja.

manguear[2] (de *mango*[1]) *v. intr. Arg., Par., Urug.* Pedir prestado dinero en poca cantidad, que luego nunca se devuelve.

manguera *s. f.* Tubo largo de goma u otro material flexible e impermeable, empleado para conducir líquidos.

mangui *s. m.* y *f.* **1.** *fam.* Ladronzuelo. ‖ *s. m.* **2.** Actividad de éste.

manguito *s. m.* **1.** Prenda de abrigo femenina, en forma de tubo, que se usa para meter las manos en ella y mantenerlas calientes. **2.** Media manga de punto que cubre desde el codo hasta la muñeca. **3.** Prenda semejante usada en algunos trabajos para proteger las mangas de la ropa. **4.** Cilindro hueco que sirve para empalmar dos piezas cilíndricas del mismo diámetro.

Manhattan Isla de EE UU, situada en el océano Atlántico y ocupada por parte de la ciudad de Nueva York. Está rodeada por los ríos Hudson, Harlem y East River. En ella se halla enclavada la *city* de Nueva York, con su característico paisaje urbano de rascacielos.

Mani o **Manes** (Babilonia, Persia 216 - Belapat h. 277) Fundador del maniqueísmo. Se le atribuyen prolongados viajes misionales y numerosos escritos, de los que sólo se conservan escasos fragmentos. Fue perseguido por el mazdeísmo y murió crucificado.

maní (voz caribe) *s. m.* Cacahuete*.

manía *s. f.* **1.** Trastorno mental caracterizado por una fuerte excitación psíquica, agitación motora y, particularmente, por una euforia y alegría desproporcionadas. **2.** Costumbre o comportamiento poco corriente. **3.** Afición o deseo exagerado por algo. **4.** Odio, antipatía. ‖ **5. manía persecutoria** Preocupación anormal de la persona que cree ser constantemente objeto de persecución o mal trato.

-manía *suf.* Significa 'costumbre, afición o vicio': *videomanía, cleptomanía.*

maniaco o **maníaco, ca** *adj.* Que sufre algún tipo de manía o trastorno mental. También *s.*

maniatar *v. tr.* Atar las manos.

maniático, ca *adj.* Que tiene manías. También *s.*

manicomio *s. m.* Antiguo nombre de las residencias y hospitales dedicados al cuidado y tratamiento de los enfermos mentales. Hoy se llaman *hospitales* o *clínicas psiquiátricas.*

manicuro, ra *s. m.* y *f.* **1.** Persona especializada en el cuidado y embellecimiento de las manos, particularmente de las uñas. ‖ *s. f.* **2.** Profesión de estas personas.

Mango (Mangifera indica), *con detalle de su fruto, su flor y sus semillas.*

manido, da *adj.* **1.** Se dice del tema, asunto, etc., demasiado común, sin originalidad. **2.** Estropeado por el uso, manoseado.

manierismo *s. m.* Movimiento y estilo artístico surgido en Italia a comienzos del s. XVI. Nació como reacción al clasicismo del Renacimiento y se caracteriza por el rechazo de las normas rígidas y por el uso libre de las formas. Tuvo su principal antecesor en Miguel Ángel y sus representantes más característicos son: en Florencia, Bronzino, Cellini, Ammannati y Giambologna; en Parma, Correggio y Parmigianino, y en Venecia, Tiziano, Tintoretto y Veronés. El movimiento se extendió a toda Europa; en España sobresalieron El Greco, Juan de Balmaseda, Alonso Berruguete, Juan de Juni, Pedro Machuca y Diego de Siloé. **FAM.** Manierista.

manifestación *s. f.* **1.** Acción y efecto de manifestar o manifestarse. **2.** Reunión de gran número de personas, generalmente en forma de marcha por las calles, para expresar con más fuerza una protesta, una opinión o una reivindicación.

manifestante *s. m.* y *f.* Persona que toma parte en una manifestación pública.

manifestar *v. tr.* **1.** Expresar, dar a conocer, mostrar. También *v. prnl.* ‖ *v. prnl.* **2.** Tomar parte en una manifestación. ■ Es v. irreg. Se conjuga como *pensar.*

manifiesto, ta *adj.* **1.** Claro, evidente. **2.** Se aplica al Santísimo Sacramento cuando está expuesto al culto de los fieles. También *s. m.* ‖ *s. m.* **3.** Escrito, generalmente de carácter político o estético, en el que una persona o grupo hace pública una doctrina, una teoría, un programa, etc. ‖ **LOC. poner** algo **de manifiesto** Manifestarlo, descubrirlo. **FAM.** Manifiestamente.

Manifiesto Comunista Escrito de Karl Marx y Friedrich Engels, publicado en 1848, que expone el programa y la ideología del comunismo marxista. Fue redactado a petición de la Liga de los Comunistas tras el Congreso Internacional celebrado en Londres en 1847.

Manifiesto de los persas Documento firmado por un grupo de diputados de las Cortes españolas, representantes de la aristocracia y la Iglesia, encabezados por Bernardo Mozo de Rosales y dirigido al rey Fernando VII en 1814. En él se ataca el parlamentarismo y fue utilizado por el rey como justificación para imponer el absolutismo. Debe su nombre a una referencia retórica que en el comienzo del texto se hace a los antiguos persas.

manigero *s. m.* **1.** Capataz de una cuadrilla de trabajadores del campo. **2.** En Andalucía, persona encargada de contratar jornaleros para ciertas faenas agrícolas. ■ Se escribe también *manijero.*

manigua *s. f. Ant.* Terreno húmedo y cubierto de maleza.

manija *s. f.* Empuñadura o manivela de algunas herramientas e instrumentos.

Manila C. de Filipinas, cap. del país, situada en el SO de la isla de Luzón, en la costa de la bahía de su mismo nombre. 1.876.200 h. en 1990, 7.211.800 en 1986 en su área metropolitana. Centro administrativo y comercial, su puerto es uno de los más activos del SE asiático. Cuenta con industria automovilística, alimentaria, de la madera, siderúrgica y metalúrgica. Desde su conquista por Miguel de Legazpi en 1571, fue capital de la colonia española de Filipinas. Fue ocupada por tropas estadounidenses en 1898. Durante la Segunda Guerra Mundial fue conquistada por Japón en 1942 y recuperada por EE UU en 1945, sufriendo importantes destrucciones en ambas ocasiones. De sus monumentos destacan la catedral de la Inmaculada Concepción (s. XVI) y la Universidad (1611).

manilla *s. f.* **1.** Agarradera para abrir puertas y ventanas. **2.** Manecilla del reloj. **3.** Grillete o anilla para apresar las muñecas.

manillar *s. m.* Pieza de la bicicleta y de la motocicleta, encorvada en sus extremos para formar un doble mango donde apoyar las manos, con que se dirige la máquina.

manilo, la *adj.* **1.** *Ant., Méx.* Se dice del gallo o gallina muy grande, especialmente de dicho gallo si no sirve para pelear. **2.** *Ant., Méx.* Cobarde, asustadizo. **3.** *Ant., Méx. fam.* Homosexual.

maniobra *s. f.* **1.** Cualquier clase de operación o manipulación material. **2.** Operación u operaciones que se ejecutan al manejar una máquina o instrumento, especialmente tratándose de un vehículo. **3.** Acción o serie de acciones que, con habilidad, astucia o trampas, se llevan a cabo para lograr un fin. **4.** Técnica de manejar una embarcación. **5.** En un barco, conjunto de aparejos y cada una de las operaciones que se hacen con ellos. ‖ *pl.* **6.** Conjunto de movimientos y operaciones militares que como ejercicio realiza un ejército, una unidad, etc. ‖ **7. maniobra de diversión** En la guerra, ataque u operación en un punto para distraer la atención del enemigo y luego lanzar el ataque principal en otro lugar; también, cualquier acción con la que alguien pretende distraer a otro para que no advierta la verdadera intención del que la realiza.

maniobrar *v. intr.* Realizar maniobras, especialmente con un vehículo.

maniobrero, ra *adj.* **1.** Que maniobra; se aplica especialmente a la tropa que maniobra con soltura y al jefe que la manda. También *s. m.* **2.** Se dice de la persona que actúa con astucia o emplea medios poco limpios para lograr algo. También *s.*

maniota *s. f.* Cuerda o cadena con que se atan las patas de un animal para evitar que huya.

manipulador, ra *adj.* **1.** Que manipula. También *s.* ‖ *s. m.* **2.** En el telégrafo, aparato con que se establece e interrumpe la corriente eléctrica para transmitir las señales.

manipular *v. tr.* **1.** Realizar alguna operación con las manos o mediante instrumentos. También *v. intr.* **2.** Manejar aparatos electrónicos o mecánicos. **3.** Influir en alguien o algo, o modificar una situación, proceso, etc., por medios hábiles y a veces ilícitos, para sacar algún provecho. **FAM.** Manipulación.

manípulo *s. m.* **1.** Cada una de las 30 secciones en que se dividía una legión del ejército romano. **2.** Enseña de los soldados romanos consistente en un manojo de hierba atado en un palo y sustituido después por un estandarte. **3.** Banda o tira de tela que en la celebración de la misa llevaba el sacerdote colgando del antebrazo izquierdo.

Manipur Estado de la India, situado en el E del país, entre Bangladesh y Birmania. 22.327 km^2. 1.420.950 h. en 1981. La capital es Imphal, con 156.600 h. en 1981. Es una región montañosa en cuyo centro se encuentra el lago Logtak. Sus recursos económicos proceden de la explotación forestal de maderas preciosas, taladas en sus grandes bosques, y de la agricultura de arroz, caña de azúcar y tabaco.

maniqueísmo *s. m.* **1.** Religión fundada por Mani en Persia a mediados del s. III. Afirmaba la existencia de dos principios creadores contrarios: el bien y el mal. El mal no puede ser subordinado al bien, ni tampoco identificado con el no-ser; ambos principios constituyen la realidad y son irreductibles. Estas concepciones se extendieron por Asia, N de África y S de Europa, y algunos de sus aspectos permanecieron en ciertas herejías cristianas, como la albigense y la valdense. **2.** P. ext., actitud o visión de la realidad que lleva a calificar las cosas de buenas o malas, sin términos medios o matices.

maniqueo, a *adj.* **1.** Perteneciente o relativo al maniqueísmo. **2.** Seguidor de esta religión. También *s.* **3.** Se dice de la persona, juicio, criterio, etc., que reduce la realidad a una oposición entre lo bueno y lo malo, sin término medio o matices. También *s.*

maniquí *s. m.* **1.** Muñeco con la forma de una persona que sirve para exhibir vestidos o como modelo para pintores y escultores. **2.** Armazón con forma de cuerpo humano sin extremidades, que se usa para probar la ropa mientras se hace o se arregla. ‖ *s. m.* y *f.* **3.** Persona que se dedica profesionalmente a exhibir ropa sobre su cuerpo, en especial prendas de nueva creación.

manirroto, ta *adj.* Se dice de quien gasta o da en exceso. También *s.*

manisero, ra *s. m.* y *f. amer.* Persona que vende maní o cacahuetes.

Manises C. de España, en la prov. de Valencia, situada junto a la capital de la misma. 25.800 h. en 1990. Su principal actividad económica es la industria cerámica, de gran tradición, que se remonta a época árabe y tuvo un gran desarrollo en los s. XV y XVI, produciendo piezas con decoración de estilo morisco en colores azul y dorado. Cuenta además con metalurgia y frabricación de muebles y motores. En ella se encuentran el aeropuerto de Valencia y una base aérea.

manismo *s. m.* Conjunto de creencias basadas en el culto a los antepasados y en su influencia sobre los vivos.

manita *s. f.* **1.** *dim.* de **mano**. ‖ **manitas** *s. m.* y *f.* **2.** *fam.* Persona habilidosa en los trabajos manuales. También *adj.* ‖ **LOC. hacer manitas** *fam.* Acariciarse las manos una pareja.

manito *s. m. Méx. afér.* de **hermanito**. Compadre, amigo. ■ Suele emplearse como fórmula de tratamiento popular.

Manitoba Prov. de Canadá, situada en el sector central del país, entre la frontera con EE UU y la bahía de Hudson. 649.950 km^2. 1.090.700 h. en 1990. La capital es Winnipeg, con 625.300 h. en 1986. Ocupa una región llana que en su parte meridional tiene grandes lagos, como el Winnipeg y el Manitoba, y fértiles tierras, en las que se cultiva trigo, remolacha, avena, soja, cebada y lino. Cuenta con yacimientos de níquel, cinc, cobre, plomo, petróleo y gas natural e industria de maquinaria, textil, maderera y alimentaria.

Manitú Nombre que algunos grupos indios norteamericanos daban a una fuerza sobrenatural que podía encarnarse en objetos o personas desconocidas y ajenas a su cultura.

manivela *s. f.* Palanca o pieza doblada en ángulo recto que, unida a un eje, sirve para hacerlo girar, y accionar así un mecanismo.

Manizales C. de Colombia, cap. del departamento de Caldas, entre las cordilleras Occidental y Central de los Andes, en el valle de Cauca. 275.050 h. en 1985. Es un centro comercial e industrial con producción textil, química, alimentaria y de curtidos.

manjar *s. m.* Alimento, particularmente si es exquisito.

Manjón, Andrés (Sargentes, Burgos 1846 - Granada 1923) Pedagogo español. Ordenado sacerdote en 1886, abandonó su cátedra de derecho canónico y se consagró a la educación de niños pobres. Fundó las escuelas del Ave María (1889), con las que introdujo métodos de pedagogía activa, como juegos, escenificaciones históricas, etc.

Manila: vista parcial de la ciudad.

Mankiewicz, Joseph L. (Wilkes Barre, Pennsylvania 1909) Director de cine estadounidense. Sus películas se caracterizan por el rigor narrativo y los penetrantes estudios psicológicos de sus personajes. Entre ellas merecen ser citadas *Carta a tres esposas* (1948), *Eva al desnudo* (*All about Eve*, 1950), *La condesa descalza* (1954), *Cleopatra* (1963) y *La huella* (*Sleuth*, 1972).

Mann, Anthony (San Diego, California 1906 - Berlín 1967) Director cinematográfico estadounidense. Aunque realizó películas de diversos géneros, brilló especialmente en el *western*. En su producción destacan los títulos *La brigada suicida* (*T-Men*, 1948), *Horizontes lejanos* (*Bend on the river*, 1952), *Colorado Jim* (*The naked spur*, 1953), *Música y lágrimas* (*The Glenn Miller story*, 1954), *El hombre de Laramie* (1955), *Cazador de forajidos* (*The tin star*, 1957), *El hombre del Oeste* (1958), *El Cid* (1961) y *La caída del imperio romano* (1964).

Mann, Heinrich (Lübeck 1871 - Santa Mónica, California 1950) Escritor alemán. Abiertamente opuesto al nacionalismo y al totalitarismo, hubo de exiliarse a Francia y a EE UU tras la llegada de Hitler al poder. Sus novelas más importantes critican con dureza la Alemania de Guillermo II y las tendencias antidemocráticas de la sociedad germana de entreguerras. Entre ellas destacan la trilogía *El imperio* (1914-25), *Siete años* (1929) y *El gran asunto* (1931). A un periodo más temprano pertenece *El profesor Unrat* (1905), llevada al cine en 1930 por Von Stenberg, y protagonizada por Marlene Dietrich, con el título de *El ángel azul*.

Mann, Thomas (Lübeck 1875 - Zurich 1955) Escritor alemán, nacionalizado estadounidense. Hermano del anterior, adoptó durante la Primera Guerra Mundial una actitud de apoyo a la política de guerra del Káiser, pero luego rectificó hasta convertirse en adversario del totalitarismo y optar por el exilio al producirse la subida de Hitler al poder. Tras la primera novela, *Los Buddenbrooks* (1901), en la que retrataba a una familia burguesa alemana, se interesó por el tema de la relación entre el arte y la vida, al que dedicó obras como *Alteza real* (1909) y *La muerte en Venecia* (1913). La publicación de *La montaña mágica* (1924) representa un cambio en su obra, que a partir de esa época afronta la crisis del mundo contemporáneo mediante la recreación de grandes mitos universales. Las principales novelas de esta época, caracterizadas por una gran complejidad intelectual, son la tetralogía *José y sus hermanos* (1933-43), *Carlota en Weimar* (1939) y *El Doctor Fausto* (1947). En 1929 fue galardonado con el premio Nobel de literatura.

Thomas Mann.

Mannerheim, Carl Gustaf Emil (Vilnäs, Turku 1867 - Lausana 1951) Militar y político finlandés. Sirvió en el ejército de la Rusia zarista, donde alcanzó el grado de general. Tras la revolución bolchevique de 1917 regresó a Finlandia, donde se hizo cargo de la regencia y obtuvo de las potencias occidentales el reconocimiento de la independencia del país en 1918. Combatió a la URSS en las dos guerras ruso-finlandesas (1939-40 y 1941-44); tras la derrota fue elegido presidente de la república y hubo de firmar el armisticio. Renunció a su cargo en 1946 por motivos de salud.

Mannheim C. de Alemania, situada en el Land de Baden-Württemberg, en la confluencia de los ríos Neckar y Rhin. 300.500 h. en 1989. Es uno de los principales puertos fluviales del país e importante centro industrial de productos químicos, plásticos, energía eléctrica, maquinaria, automóviles, cuero, celulosa, vidrio y textiles.

Mannheim, Karl (Budapest 1893 - Londres 1947) Sociólogo alemán de origen húngaro. Su sociología del conocimiento se basa en la determinación social de las ideologías, o representaciones del mundo, de los diversos grupos sociales. Las únicas concepciones de la realidad ajenas a esa determinación serían las de la *inteligentsia*, grupo social formado por intelectuales, al que debería ser asignado el gobierno de las sociedades. Es autor de *Ideología y utopía* (1936), *Ensayos sobre sociología y psicología social* (1953) y *Ensayos sobre sociología de la cultura* (1956).

mano[1] (del lat. *manus*) *s. f.* **1.** Parte del cuerpo humano situada en el extremo del antebrazo a partir de la muñeca y que tiene cinco apéndices articulados o dedos, uno de los cuales, el pulgar o dedo gordo, se opone a los otros, permitiendo agarrar y manejar cosas. **2.** Parte semejante de las extremidades anteriores de algunos animales, p. ej. los simios. **3.** P. ext., extremidad de ciertos animales que sirve para agarrar, como las garras de las rapaces o la trompa del elefante. **4.** Cada una de las dos patas delanteras de los cuadrúpedos. **5.** En carnicería, cada una de las cuatro patas de una res, cortadas por debajo de la rodilla. **6.** Mazo del mortero. **7.** Cada pasada u operación en una tarea que suele requerir varias. **8.** Partida de los juegos de azar. **9.** Con verbos como *pedir*, *conceder*, etc., se emplea para referirse a la mujer que se solicita o se otorga en matrimonio. **10.** Intervención. **11.** Habilidad, facilidad, tacto. **12.** Poder, influencia, facultad para hacer una cosa. **13.** *fam.* Con palabras como *tortas*, *palos*, etc., serie de ellos. **14.** Vigésima parte de una resma, que consta de cinco cuadernillos o veinticinco hojas. **15.** *amer.* Racimo de bananas. **16.** *amer.* Conjunto de cuatro, cinco o seis objetos de la misma clase. **17.** *amer.* Aventura o percance desfavorable o inesperado. ‖ *pl.* **18.** Dominio, autoridad o posesión a la que se somete alguien o algo. ‖ *s. m.* y *f.* **19.** El que comienza la partida en un juego de azar. ‖ **20. mano de obra** Conjunto de obreros y fuerza de trabajo que representan. **21. mano de santo** Aquello que resulta muy eficaz para algo, como un remedio o una medicina. **22. mano derecha** Persona muy útil a otra como colaborador o ayudante. **23. mano dura** Severidad con las personas o en la dirección de un asunto. **24. mano izquierda** Habilidad, tacto. **25. manos limpias** Inocencia, ausencia de culpa. ‖ **Loc. a dos manos** *adv. fam.* Con mucha ansia. **a mano** *adv.* Manualmente, sin máquinas. Cerca, a disposición de uno. También, oportunamente. **a mano alzada** *adj.* y *adv.* Se dice del dibujo, trazo, etc., que se hace sin ayuda de cartabón, escuadra u otro instrumento; también se aplica a la votación que se realiza levantando el brazo y contando las manos en alto. **a mano derecha** (o **izquierda**) Al lado derecho (o izquierdo). **abrir la mano** *fam.* Moderar el rigor o dureza. También, disminuir alguna limitación. Asimismo, dar o gastar sin medida. **bajo mano** *adv.* Ocultamente, en secreto. **cargar la mano** *fam.* Actuar con exceso o demasiada dureza. También, cobrar un precio exagerado. **con las manos en la masa** *adv. fam.* In* fraganti. **dar la mano** a alguien Coger la mano de otra persona en señal de saludo, amistad, etc., o para ayudarla. ▪ En el primer sentido se emplea también el verbo *estrechar*. **de la mano** *adv.* Con la mano cogida por la de otro. También, guiado, dirigido o influido por otro. **de primera mano** *adj.* Nuevo, sin estrenar; también, referido a informaciones, noticias, etc., de fuente directa. **de segunda mano** *adj.* Usado. **dejado de la mano de Dios** *adj. fam.* Desafortunado, sin suerte. También, apartado, olvidado. **en mano** *adv.* Referido a la entrega de algo, personalmente. **ganar** a alguien **por la mano** *fam.* Anticiparse a otro en hacer o conseguir algo. **írsele** (o **escapársele**) a uno **la mano** Hacer con ella una acción involuntaria. También, hacer involuntariamente un uso o aplicación excesivos de una cosa. **lavarse las manos** *fam.* Desentenderse de un asunto, no querer tener responsabilidad en él. **levantar la mano** Hacer gesto de golpear a alguien o hacerlo así; también, abrir la mano. **llegar** (o **venir**) **a las manos** *fam.* En una disputa, llegar a pegarse. **llevarse las manos a la cabeza** *fam.* Escandalizarse. **mano a mano** *adv. fam.* Conjuntamente entre dos o más personas, en colaboración o en competencia. ▪ Se usa también como sustantivo designando la acción así realizada. **mano sobre mano** *adv. fam.* Sin trabajar, sin hacer nada. **meter mano** a alguien o a algo *fam.* Referido a personas, sobar, tocar con intención sexual. En cuanto a cosas, intervenir en ello o abordarlo. **poner** a alguien **la mano encima** *fam.* Golpear a uno. **tener la mano muy larga** *fam.* Tener costumbre de pegar a otros. También, tener hábito de robar. **traer(se) entre manos** *fam.* Estar tramando algo o estar ocupado en ello.

Anat.* y *Fisiol. El esqueleto de la mano se divide en tres partes: el carpo, parte de la muñeca, formado por ocho huesos pequeños; el metacarpo, parte central de la mano, formado por cinco huesos alargados; y los dedos, en número de cinco, cada uno de los cuales está formado por tres falanges, excepto el pulgar, que sólo tiene dos. Los músculos de la mano están recorridos por gran cantidad de terminaciones nerviosas, dotándola de notable sensibilidad, por lo que constituye la principal extremidad para el sentido del tacto.

mano[2] *s. m. Méx. afér.* de **hermano**. Compadre, amigo. ▪ Suele usarse como fórmula de tratamiento popular.

Mano Negra Supuesta organización secreta anarquista, desarticulada en Andalucía en 1883, a la que se acusó de diversos atentados y asesinatos. Sirvió de pretexto para que el gobierno de Sagasta reprimiera el creciente movimiento anarquista agrario andaluz, y concluyó con un proceso en el que fueron condenados a muerte siete sindicalistas y enviados a Filipinas varios centenares más.

manojo *s. m.* **1.** Conjunto de cosas que se puede abarcar con una mano. **2.** P. ext., conjunto de cosas agrupadas. ‖ **Loc. ser** (o **estar hecho**) **un manojo de nervios** *fam.* Ser, o estar, muy nervioso.

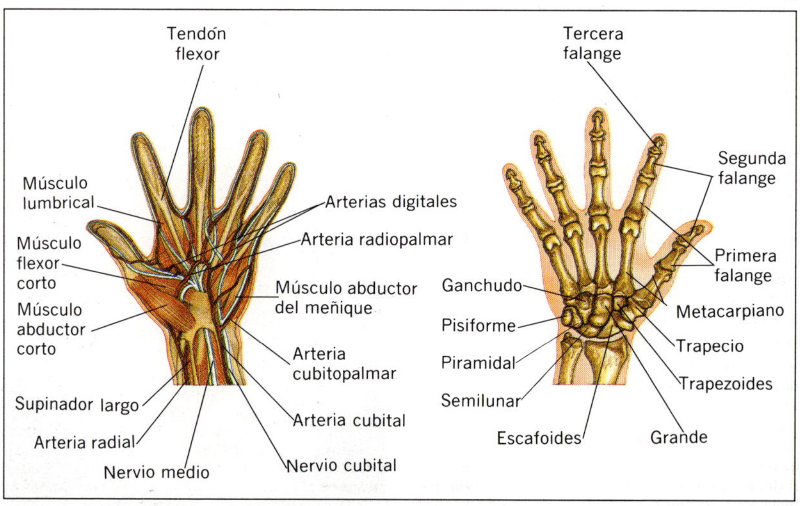

Anatomía de la mano: a la izquierda, sistema muscular, circulatorio y nervioso; a la derecha, sistema esquelético.

Manolete, Manuel Rodríguez Sánchez, llamado (Córdoba 1917 - Linares 1947) Matador de toros español. Recibió la alternativa en 1939, en Sevilla, de manos de Manuel Jiménez *Chicuelo*. Gran muletero y excepcional estoqueador, fue el torero más representativo de los años cuarenta. Cogido de muerte por el toro *Islero*, de Miura, el 28 de agosto en Linares, falleció en la madrugada siguiente.

manoletina *s. f.* **1.** En tauromaquia, pase en el que el torero se sitúa de frente y sujeta la muleta por detrás de la espalda. **2.** Cierto tipo de calzado plano que recuerda a la zapatilla de los toreros. Se usa sobre todo en *pl.*

manolo, la *s. m.* y *f.* Nombre que se daba a los hombres y mujeres de algunos barrios populares de Madrid, caracterizados por su forma de vestir y desparpajo.

manómetro *s. m.* Instrumento de medida de la presión en líquidos y gases. El manómetro más simple es un tubo en forma de U, uno de cuyos extremos se encuentra abierto y el otro en comunicación con el fluido cuya presión se desea medir. El extremo abierto soporta únicamente la presión atmosférica y, según la ecuación fundamental de la hidrostática, la diferencia entre ambas presiones resulta ser:

$$P - P_a = \rho\, g\, h$$

siendo P_a la presión atmosférica, P la presión del líquido o gas que se quiere medir, ρ la densidad del líquido que llena el tubo, g la aceleración de la gravedad (9,8 m/s^2), y h la diferencia de altura entre ambos niveles.

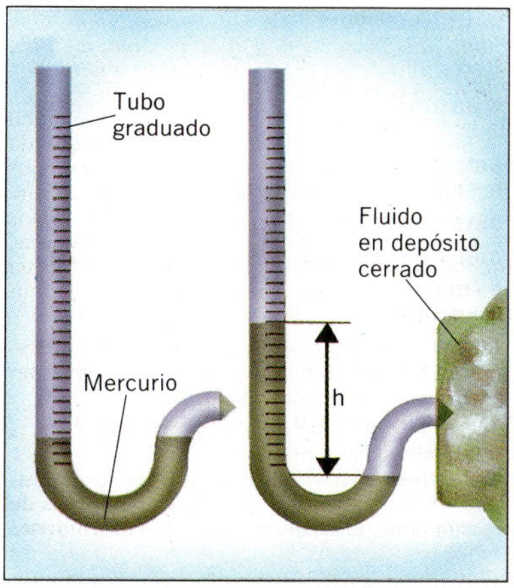

Manómetro de mercurio: la presión del fluido hace ascender el mercurio por el tubo graduado.

manopla *s. f.* **1.** Especie de guante sin separaciones para los dedos, excepto para el pulgar, hecho de diversos materiales y con distintas aplicaciones, p. ej. para que no se enfríen las manos, para protegérselas al manipular cosas calientes, como guante para lavarse, etc. **2.** Pieza de la antigua armadura destinada a proteger la mano.

manoseado, da **1.** *p. p.* de **manosear**. También *adj.* ‖ *adj.* **2.** Se dice de algo de lo que se ha hablado o tratado mucho y que ya no tiene actualidad ni novedad.

manosear *v. tr.* **1.** Tocar o usar mucho una cosa con las manos, llegando incluso a ensuciarla o estropearla. **2.** Toquetear, sobar a alguien. **FAM.** Manoseador, manoseo.

manotazo o **manotada** *s. m.* o *s. f.* Golpe dado con la mano abierta.

manotear *v. tr.* **1.** Dar manotazos. **2.** *Arg., Méx.* Robar, hurtar. ‖ *v. intr.* **3.** Mover mucho las manos. **FAM.** Manoteo.

manotón *s. m.* Manotazo*.

manquedad o **manquera** *s. f.* **1.** Falta o impedimento de la mano o el brazo. **2.** Falta o defecto.

Manresa C. de España, en la prov. de Barcelona, situada a orillas del río Cardoner. 65.800 h. en 1990. Su economía se basa en la industria textil del algodón y la seda; también cuenta con industria del calzado, cauchera, alimentaria, metalúrgica, química y vidriera.

Manrique, Gómez (Amusco, Palencia 1412 - Toledo 1490) Escritor español. Fue sobrino del marqués de Santillana e intervino en las luchas políticas de Castilla, guerreando primero contra Juan II y Álvaro de Luna y, posteriormente, a favor de los Reyes Católicos. Como poeta escribió diversas composiciones recogidas en un Cancionero, unas de carácter amoroso y cortesano, influidas por la lírica galaico-provenzal, y otras de tono alegórico y moral. Como dramaturgo compuso dos piezas religiosas breves: *Representación del nacimiento de nuestro Señor* y *Lamentaciones hechas para la Semana Santa*, dentro de la tradición del teatro medieval.

Jorge Manrique. Retrato anónimo, detalle (Casa de la Cultura, Toledo, España).

Manrique, Jorge (Paredes de Nava, Palencia 1440 - castillo de Garci-Muñoz, Cuenca 1479) Poeta español. Fue el prototipo del caballero castellano, cuyo oficio era la milicia y las letras. Perteneció al bando de Isabel la Católica en la lucha sucesoria que siguió a la muerte de Enrique IV y halló la muerte combatiendo por esta causa. Fue autor de poesía amorosa de tradición provenzal y también compuso poemas burlescos, pero su obra principal son las *Coplas a la muerte del maestre don Rodrigo* o *Coplas a la muerte de su padre*, caracterizadas por el sobrio sentimiento y la originalidad personal con que se tratan temas tan frecuentes como la brevedad de la vida, la fugacidad del placer y la añoranza del pasado.

Manrique de Lara, César (Arrecife, Lanzarote 1920) Pintor español. Formado en la Escuela de Bellas Artes de Madrid, evolucionó del arte figurativo al abstracto, inspirándose en el colorido y la calidad de las tierras volcánicas de las islas Canarias. Se interesó por la arquitectura popular de su isla natal. Otra labor creadora suya ha sido la de acoplar la escultura y el diseño arquitectónico en lugares naturales, como en los Jameos del Agua de Lanzarote. Ha sido director artístico en la construcción del centro comercial de La Vaguada, en Madrid.

manriqueño, ña *adj.* **1.** Propio o característico del poeta Jorge Manrique o que tiene semejanza con sus cualidades como autor. ‖ **2. estrofa manriqueña** Copla de pie* quebrado.

mansalva, a *loc. adv.* **1.** En gran número o cantidad. **2.** Sin peligro, sobre seguro.

mansarda *s. f.* Buhardilla*.

Mansart, François (París 1598 - íd. 1666) Arquitecto francés. Principal representante del clasicismo del s. XVII, construyó, entre otros edificios, el convento de la Visitación (1632), la residencia Tubeuf y el castillo de Berny.

Mansart, Jules Hardouin (París 1646 - Marly 1708) Arquitecto francés. Sobrino y discípulo del anterior, fue uno de los arquitectos más prestigiosos durante el reinado de Luis XIV. Trabajó en el palacio de Versalles (1678-84), ampliando la fachada y construyendo la célebre galería de los espejos. Asimismo edificó diversos palacios y residencias particulares en París y dio fin a otros ya iniciados, como el hospital de los Inválidos (1680). También proyectó las plazas Vendôme y de las Victorias, en París.

mansedumbre *s. f.* Cualidad o condición de manso.

Mansfield, Katherine (Wellington, Nueva Zelanda 1888 - Fontainebleau 1923) Escritora británica. Sus cuentos se distinguen por la gran capacidad de evocación y por la descripción de ambientes y personajes. Los principales se hallan recogidos en los volúmenes *Felicidad* (1920), *Fiesta en el jardín* (1922) y *El nido de las palomas* (1923). Es, además, autora de un *Diario* (1914-22), publicado en 1927.

mansión *s. f.* **1.** Casa grande y señorial. **2.** Estancia o detención en un lugar: *hacer mansión*.

manso, sa *adj.* **1.** Se aplica al animal que no es bravo y también al que, aun siéndolo, no se porta como tal. **2.** Tranquilo, pacífico, sumiso. También *s.* **3.** Se aplica a cosas que se mueven lenta y suavemente. ‖ *s. m.* **4.** Animal macho que hace de guía en un rebaño de ganado, especialmente el buey que conduce a los toros bravos. **FAM.** Mansamente, mansedad.

mansurrón, na *adj.* Que es muy manso. También *s.*

manta *s. f.* **1.** Pieza grande de tejido grueso que sirve para abrigarse, especialmente en la cama. **2.** Pieza semejante que se pone como abrigo a las caballerías. **3.** Prenda que abriga mucho. **4.** *fam.* Paliza, zurra. **5.** *fam.* Pereza. **6.** *fam.* Persona dormilona. ‖ *s. m.* y *f.* **7.** *fam.* Persona torpe o inútil para algo. **8.** Nombre común de diversos peces rayiformes de la familia mobúlidos, género *Mobula*. Parecidos a las rayas, tienen grandes aletas pectorales de forma triangular, ojos en posición lateral y cuerpo terminado en un largo y delgado apéndice. Algunas especies, como la manta del Pacífico *(Mobula mobular)*, pueden alcanzar una envergadura de 8 m y pesar 3.000 kg. ‖ **LOC. a manta** *adv.* Abundantemente. **liarse** uno **la manta a la cabeza** *fam.* Lanzarse a hacer algo sin medir las consecuencias. **tirar de la manta** *fam.* Descubrir algo que se mantenía oculto.

Manta C. de Ecuador, situada en la prov. de Manabí, a orillas de la bahía del mismo nombre. 149.000 h. en 1989. Tiene cultivos de cacao, bananas y frutales, así como un importante puerto pesquero.

mantear *v. tr.* **1.** Lanzar a una persona repetidas veces hacia arriba impulsándola con una manta que está sostenida por varias personas, como castigo o como broma. **2.** *Arg., Méx., P. Rico.* Dar a alguien una paliza entre varios. **FAM.** Manteador, manteamiento.

manteca *s. f.* **1.** Grasa de los animales, especialmente la del cerdo, y producto elaborado a partir de ella. **2.** Sustancia grasa de la leche. **3.** Sustancia grasa vegetal, como la obtenida de ciertos frutos. **4.** *fam.* Dinero. ‖ *pl.* **5.** Exceso de grasa en las personas gruesas.

mantecada *s. f.* Especie de bollo pequeño que se hace con harina, huevos, azúcar y mantequilla, cocido dentro de una cajita de papel que hace de molde.

mantecado *s. m.* **1.** Bollo amasado con manteca de cerdo. **2.** Helado dulce que se prepara con leche, azúcar y huevos.

mantecoso, sa *adj.* **1.** Que tiene mucha manteca. **2.** Parecido a la manteca o que tiene sus propiedades.

Mantegna, Andrea (Isola di Carturo, Padua 1431 - Mantua 1506) Pintor italiano. Destacado representante del Renacimiento italiano, se formó en Padua y se trasladó posteriormente a Mantua, donde fue pintor de corte de los Gonzaga. Su obra se caracteriza por un nuevo desarrollo de la perspectiva, y especialmente del escorzo, por la atención prestada a los modelos de la arquitectura clásica a través de la representación de ruinas y monumentos, y por un tratamiento realista de los temas, con una clara influencia de Donatello y la escuela veneciana. Sus principales pinturas son los frescos de la *Cámara de los esposos*, en el palacio ducal de Mantua, *El Cristo muerto*, *Muerte de la Virgen* y la *Crucifixión*.

mantel *s. m.* **1.** Pieza de tela, hule, plástico, etc., con que se cubre la mesa durante la comida. **2.** En las iglesias, pieza de tela que cubre el altar.

mantelería *s. f.* Conjunto de mantel y servilletas a juego.

manteleta *s. f.* Prenda femenina que consiste en una pequeña capa con largas puntas por delante que, como adorno o abrigo, se usa sobre los hombros.

mantenedor, ra *adj.* **1.** Que mantiene. ‖ *s. m.* y *f.* **2.** Persona que dirige o preside un torneo, un certamen, un concurso, etc. **3.** Cada uno de los miembros del jurado de un certamen literario.

mantener *v. tr.* **1.** Sostener una cosa de modo que no se mueva. También *v. prnl.* **2.** Conservar a alguien o algo en el mismo estado, situación, condición, etc., que se expresa. También *v. prnl.* **3.** Realizar o tener algo de forma continuada.

4. Afirmar insistentemente una cosa o defender ciertas ideas o convicciones. También *v. prnl.* **5.** Pagar la manutención o los gastos de alguien o algo. También *v. prnl.* **6.** Alimentar a un ser vivo. También *v. prnl.* **7.** Sostener la vida, el ánimo o las fuerzas de una persona. También *v. prnl.* **8.** Ser fiel a una promesa o a la palabra dada. **9.** Hacer obedecer la ley, la autoridad, etc. ■ Es v. irreg. Se conjuga como *tener.*

mantenido, da **1.** *p. p.* de **mantener**. También *adj.* || *s. f.* **2.** Amante a la que se mantiene económicamente.

mantenimiento *s. m.* **1.** Acción y efecto de mantener o mantenerse. **2.** Conservación y cuidado de algo.

manteo[1] *s. m.* Acción y efecto de mantear.

manteo[2] (del fr. *manteau,* y éste del lat. *mantellum,* manto) *s. m.* **1.** Especie de capa larga que llevan los religiosos sobre la sotana. **2.** Especie de manto que antiguamente usaban los estudiantes.

mantequería *s. f.* Establecimiento comercial en el que se vende mantequilla y otros productos lácteos, embutidos y otros géneros.

mantequero, ra *adj.* **1.** Perteneciente o relativo a la manteca. || *s. m.* y *f.* **2.** Persona que hace o vende manteca. || *s. f.* **3.** Recipiente en el que se elabora, se guarda o se sirve la manteca.

mantequilla *s. f.* **1.** Grasa comestible que se obtiene de la nata de la leche de vaca. **2.** Manteca de vaca batida con azúcar. || **LOC. de mantequilla** *adj. fam.* Débil, flojo, blando.

mántica *s. f.* Conjunto de artes adivinatorias.

mantilla *s. f.* **1.** Prenda femenina de encaje, seda, tul, etc., que se pone sobre la cabeza y cae sobre los hombros. **2.** Prenda con la que se envuelve a los bebés por encima de los pañales para abrigarlos. Se usa mucho en *pl.* **3.** Paño, más o menos adornado, con que se cubre el lomo de las cabalgaduras. **4.** En imprenta, trozo de tela con que se cubre el tímpano de las prensas manuales o el cilindro de las máquinas impresoras para hacerlos menos duros y mejorar la impresión. || **5. mantilla española** La de encaje, ricamente decorada y generalmente más larga que las otras, que se usa en las procesiones, corridas de toros y otras celebraciones. || **LOC. estar en mantillas** *fam.* Estar algo en sus comienzos o poco adelantado; también, referido a personas, saber poco o nada de algo.

mantillo *s. m.* **1.** Capa superior del suelo formada en su mayor parte por la descomposición de materias orgánicas. **2.** Abono que se forma por la descomposición y putrefacción del estiércol.

mantillón, na *adj. Méx.* Sinvergüenza, aprovechado. También *s.*

mantis *s. f.* Nombre común de unas 2.000 especies de insectos dictiópteros del suborden mantoideos, familia mántidos, géneros *Mantis, Iris,* etc. Son insectos carnívoros, de cuerpo alargado, estrecho y muy móvil. Tienen color amarillento o verdoso, lo que les permite confundirse con la vegetación para cazar otros insectos. La hembra es de mayor tamaño que el macho, al que suele devorar tras la cópula. La especie común, *Mantis religiosa* o santateresa, mide unos 6 cm de longitud y mantiene las dos patas anteriores plegadas, lo que le da aspecto de rezar. Habita en las regiones tropicales, cálidas y templadas de África, Asia y Europa.

Mantis (Mantis religiosa).

mantisa *s. f.* En mat., parte decimal, siempre positiva, del logaritmo de un número.

manto *s. m.* **1.** Vestidura amplia que cubre, a modo de capa, desde la cabeza o los hombros hasta los pies, como los ricamente adornados que se ponen a las imágenes de la Virgen. **2.** Velo negro que en algunos lugares llevan las mujeres en señal de luto. **3.** Manteo* de los religiosos. **4.** Capa de ceremonia, como la de los monarcas o la de los caballeros de las órdenes militares. **5.** En geol., capa intermedia de la Tierra, comprendida entre la corteza y el núcleo. **6.** Repliegue de la piel de los moluscos y algunos crustáceos que segrega la concha o el caparazón. **7.** Lo que cubre, protege u oculta algo. **8.** Capa poco profunda de mineral que se extiende por la superficie terrestre. **9.** Capa de grasa que envuelve a un niño al nacer. || **10. manto de corrimiento** En geol., gran extensión de terreno de la corteza terrestre que, como consecuencia de un fuerte empuje en una dirección, se ha desplazado por encima de otros terrenos de formación más reciente a lo largo de kilómetros o decenas de kilómetros. Es característico de la región de los Alpes y del relieve alpino o alóctono.
Geol. El manto se halla comprendido entre la línea de discontinuidad de Mohorovicic, línea irregular en torno a los 50 km de profundidad que lo separa de la corteza, y la línea de Gutenberg, próxima a los 2.900 km que lo separa de los materiales fluidos del núcleo. Ocupa alrededor del 82 % del volumen de la Tierra y se divide en superior e inferior, por encima y debajo de los 1.000 km de profundidad respectivamente. El superior está compuesto por basaltos, peridotitas y ofiolitas, y el inferior, por sulfuros óxidos y metales.

mantón *s. m.* **1.** Prenda femenina de abrigo o adorno, formada por un rectángulo o cuadrado de tela doblada por la mitad o en diagonal y que se echa sobre los hombros. || **2. mantón de manila** El de seda con bordados de colores brillantes.

Mantua (*Mantova*) C. de Italia, situada en la región de Lombardía, entre el lago de Garda y el río Po. 54.800 h. en 1990. Su economía se basa en el turismo y la industria textil, química y mecánica. En su importante conjunto monumental destacan el palacio ducal de los Gonzaga, el palacio Bonacolsi y la catedral del s. XIV.

manu militari *loc. lat.* Significa 'con mano militar' y se aplica a lo que se hace por la fuerza de las armas.

Manu En la mitología hindú, primer hombre, progenitor de la humanidad.

manual *adj.* **1.** Que se realiza o maneja con las manos. **2.** Se aplica a la persona que trabaja con las manos. || *s. m.* **3.** Libro en el que se recoge lo principal de una materia. **FAM.** Manualmente.

manualidad *s. f.* Trabajo realizado con las manos, especialmente los que se hacen en la escuela. Se usa sobre todo en *pl.*

manubrio *s. m.* **1.** Mango de un utensilio o de un instrumento. **2.** Manivela que acciona algunos mecanismos. **3.** *Chile.* Volante del automóvil. **4.** Zona del cuerpo de las medusas en la que se encuentra la boca.

Manuel Linaje castellano de la Baja Edad Media, de gran influencia política, sobre todo en el s. XIV, y emparentado con la familia real. Uno de sus miembros fue el infante don Juan Manuel.

Manuel Nombre de dos emperadores de Bizancio.
Manuel I Comneno (? h. 1122 - ? 1180) Emperador bizantino (1143-80). Hijo y sucesor de Juan II, desarrolló una política exterior expansiva, combatiendo en el S de Italia (1155), en Hungría (1164), Dalmacia (1168) y Serbia (1172), que arruinó el tesoro del Estado por su elevado gasto. Fue derrotado por los turcos en 1176.
Manuel II Paleólogo (? 1348 - ? 1425) Emperador bizantino (1391-1425). Hijo y sucesor de Juan V, ante la amenaza del sultán turco Bayaceto llamó en su auxilio a los cruzados, que fueron vencidos en Nicópolis (1396). Se vio obligado a prestar vasallaje al sultán en 1424 y a pagar tributo.

Manuel I el Afortunado (Alcochete 1469 - Lisboa 1521) Rey de Portugal (1495-1521). Gobernó como monarca absoluto y expulsó a judíos y musulmanes de su reino. Mediante su política matrimonial intentó infructuosamente unificar la península Ibérica. En su época Portugal sentó las bases de su futuro imperio colonial. Reflejo de esa prosperidad son los numerosos edificios y monumentos construidos en la época, en el estilo conocido como *manuelino.*

Manuel Filiberto (Chambéry 1528 - Turín 1580) Duque de Saboya (1535-80). Combatió al servicio del emperador Carlos V. En 1553 sustituyó al duque de Alba en Flandes. Venció a los franceses en las batallas de San Quintín (1557) y Gravelinas (1558). En la paz de Cateau-Cambrésis (1559) recuperó el ducado de Saboya.

manuelino, na *adj.* **1.** Se dice del estilo artístico portugués, principalmente arquitectónico, que tuvo su máximo desarrollo durante el reinado de Manuel el Afortunado (1495-1521). Pertenece al gótico flamígero y presenta una serie de características propias, sobre todo en lo decorativo, donde destacan los motivos marineros, y en la fastuosa monumentalidad de los conjuntos. Sus ejemplos más sobresalientes son el monasterio de Batalha y el monasterio de los Jerónimos y la torre de Belém en Lisboa. También *s. m.* **2.** Perteneciente o relativo a este estilo.

manufactura *s. f.* **1.** Cosa hecha a mano o con la ayuda de máquinas. **2.** Fábrica, taller. **3.** La que gozaba de privilegios reales o era financiada por el propio monarca. Tuvo su auge en los s. XVII y XVIII y se dedicó sobre todo a la fabricación de armas o de objetos de lujo (muebles, porcelanas, tapices, etc.).

manufacturado, da **1.** *p. p.* de **manufacturar**. || *adj.* **2.** Se aplica a aquello que es resultado de un proceso de fabricación industrial o artesanal en serie. || *s. m.* **3.** Acción y efecto de manufacturar.

manufacturar *v. tr.* Fabricar un producto industrial o artesanalmente.

manufacturero, ra *adj.* Perteneciente o relativo a la manufactura o al proceso de fabricación.

manumisión *s. f.* Acción y efecto de manumitir.

manumiso, sa *adj.* Se dice del esclavo al que se ha concedido la libertad. También *s.*

manumisor *s. m.* El que manumite.

manumitido, da **1.** *p. p.* de **manumitir**. || *adj.* **2.** Manumiso*.

manumitir *v. tr.* Dar la libertad a un esclavo.

manuscrito, ta *adj.* **1.** Se dice de lo que está escrito a mano. || *s. m.* **2.** Documento o libro escrito a mano, especialmente el que tiene valor por su antigüedad o por ser obra de escritor o persona célebre.

manutención *s. f.* **1.** Acción y efecto de mantener. **2.** Conjunto de elementos materiales, como el alimento, la vivienda, etc., necesarios para subsistir.

Manuzio, Aldo (Basiano di Velletri 1447 - Venecia 1515) Impresor y humanista italiano. Establecido en Venecia en 1489, creó la letra impresa itálica o aldina (cursiva) y el libro en formato octavo. Entre los muchos libros impresos en su taller figura el *Hypnerotomachia Poliphili* (*El sueño de Polifilo,* 1499), auténtica obra maestra de la tipografía.

manzana *s. f.* **1.** Fruto del manzano de forma redonda, algo aplastada por su parte superior e inferior, piel fina, verde, amarilla o encarnada, carne blanca comestible, de sabor dulce o ligeramente ácido, y semillas pequeñas de color caoba. **2.** Conjunto de casas contiguas limitado por calles. **3.** Pieza de forma redondeada que remata y adorna diversas cosas, como escaleras, balcones, muebles, espadas, etc. **4.** *amer.* Nuez de la garganta, prominencia que forma el tiroides. || **5. manzana de la discordia** Lo que produce discusiones y enfrentamientos.

manzanal o **manzanar** *s. m.* Terreno poblado de manzanos.

manzanilla *s. f.* **1.** Nombre común de diversas plantas herbáceas de la familia compuestas, géneros *Matricaria, Anthemis, Cotula, Anacyclus, Santolina, Cota, Artemisia* y otros. De 10 a 50 cm de altura, tienen el tallo ramificado, hojas divididas en segmentos lineales y flores blancas con el centro amarillo. La esencia de sus flores contiene un principio activo, el camazuleno, que se utiliza en farmacia como antialérgico y antiinflamatorio. Crecen en Europa. **2.** Flor de esta planta e infusión digestiva que se prepara con ella. **3.** Variedad de vino blanco, seco y aromático, que se elabora en algunos lugares de Andalucía. **4.** Cierta variedad de aceituna pequeña.

manzanillo *s. m.* Variedad de olivo que da una aceituna pequeña. También *adj.*

Manzanillo C. de Cuba, perteneciente a la prov. de Granma, situada en el golfo de Guacanayabo. 104.874 h. en 1986. Cuenta con cultivos de caña de azúcar, café, tabaco, arroz y árboles frutales, así como con industrias madereras y alimentarias. Su puerto desarrolla una importante actividad exportadora.

manzano *s. m.* Árbol de la familia rosáceas, género *Malus.* Alcanza hasta 10 m de altura, tiene el tronco agrietado, hojas sencillas, flores en umbela blancas o rosadas y fruto en pomo, la manzana, muy apreciado en alimentación. Existe una especie silvestre *(Malus sylvestris)* y otra cultivada *(Malus domestica)*, de la que existen numerosas variedades. Originario de Europa oriental, crece en Asia, Europa y América.

Manzano silvestre (Malus sylvestris), *su flor y su fruto, la manzana.*

Manzoni, Alessandro (Milán 1785 - íd. 1873) Escritor italiano. Sus primeras obras fueron de estilo neoclásico, pero pronto se adhirió al Romanticismo. En su obra poética sobresalen *Himnos sacros* (1812-22), en los que exalta la religión católica; *El cinco de mayo* (1812), meditación sobre la muerte de Napoleón, y la oda *Marzo 1821* (1848), en la que defiende las ideas liberales. Sus dramas *El conde de Carmagnola* (1816-19) y *Adelchi* (1820-22) ya son plenamente románticos. Su obra maestra es *Los novios* (1825-27), novela de tono realista con muchos caracteres románticos, que constituye una de las cumbres de la narrativa italiana.

Manzù, Giacomo Manzoni, llamado **Giacomo** (Bérgamo 1908) Escultor italiano. En su obra se advierte la influencia de Donatello y de los modernos Medardo Rosso y Maillol. En sus tallas religiosas destacan la serie de *Cardenales* (1938-39), figuras hieráticas de bronce, la serie de ocho relieves en bronce de *Cristo* (1939-42), las monumentales *Puertas de la muerte* (1949-53), en San Pedro de Roma, y la *Puerta de la paz y de la guerra* (1965-69), de la iglesia de San Lorenzo, en Rotterdam. También ha realizado retratos y monumentos.

maña *s. f.* **1.** Habilidad, destreza. **2.** Astucia, picardía. ‖ *s. f. pl.* **3.** Malas costumbres. ‖ **LOC. darse maña** para algo Manejarse bien haciendo cierta cosa.

Manzanilla común (Matricaria chamomilla) *y detalle de su flor.*

mañana *adv. t.* **1.** En el día que sigue inmediatamente al de hoy. **2.** En un tiempo futuro. ‖ *s. f.* **3.** Espacio de tiempo desde el amanecer hasta el mediodía. **4.** Madrugada, espacio de tiempo desde la medianoche hasta el amanecer del día siguiente. ‖ *s. m.* **5.** Tiempo futuro no muy lejano. ‖ **LOC. de buena mañana** *adv.* Muy temprano. **mañana será otro día** *fam.* Frase con la que se deja un asunto, trabajo, preocupación, etc., para el día siguiente. **pasado mañana** El día después de mañana.

mañanero, ra *adj.* **1.** Madrugador. **2.** Perteneciente o relativo a la mañana.

mañanita *s. f.* **1.** *dim.* de **mañana**. **2.** Prenda de vestir, de punto o de tela, que cubre desde los hombros hasta la cintura y que usan las mujeres al levantarse o para estar sentadas en la cama. ‖ *pl.* **3.** Canción popular mexicana que se dedica a alguien el día de su cumpleaños o su santo o que conmemora otra cosa; generalmente se canta al alba.

maño, ña *adj.* Aragonés*.

mañoso, sa *adj.* **1.** Hábil con las manos. **2.** Se aplica a lo que se hace con astucia o picardía. **3.** Que tiene mañas o malas costumbres. **FAM.** Mañosamente.

Mao Zedong.

Mao Zedong o **Mao Tse-Tung** (Shao Shan, Hunan 1893 - Pekín 1976) Político y escritor chino. Participó en la formación del Partido Comunista Chino en 1921 y dos años más tarde ingresó en su Comité Central. En 1927 dirigió el levantamiento de Hunan y, tras su fracaso, se refugió en Jiangxi, donde creó la primera república soviética china, puso en marcha una reforma agraria y organizó un ejército revolucionario. En 1934, ante las derrotas causadas a los comunistas por Chiang Kai-chek, organizó la Larga Marcha, que condujo al ejército rojo hasta Yan'an. Fue elegido presidente del Comité Central del partido en 1935; en 1949, tras la victoria final en la guerra civil, designado presidente del Consejo de Gobierno y, en 1954, al promulgarse la nueva Constitución, fue nombrado presidente de la República. Renunció al cargo en 1958, aunque conservó la dirección del partido. Impulsó una política llamada el «gran salto adelante», que pretendía acelerar el proceso de implantación del pleno socialismo comunista en China y que resultó un fracaso. El presidente Liu Shaoqi instauró una política pragmática de gobierno. Mao, partidario de la ruptura con la URSS y de la necesidad de intensificar la lucha de clases durante la construcción del socialismo, inició en 1964 una campaña de críticas contra el sector moderado. En 1965 se trasladó a Shanghai donde, con el apoyo de sectores del ejército controlados por Lin Biao, activó la revolución cultural, hasta que recuperó el pleno poder en 1969. En 1971 provocó la caída de Lin Biao; Chu En-lai se convirtió en su principal colaborador y, a la muerte de éste, promovió a la presidencia a Hua Guofeng, mientras el partido se escindió en dos tendencias: la encabezada por su esposa Jiang Quing y el grupo de Shanghai, de carácter radical, y la dirigida por Deng Xiaoping, que defendía modelos políticos y económicos basados en la eficacia. A la muerte de Mao se impuso el sector de Deng Xiaoping. Expuso su pensamiento en obras como *Acerca de la práctica* (1937), *Sobre la contradicción* (1937), *Nueva democracia* (1940) y *Citas del presidente Mao Zedong*, más conocido como *Libro rojo* (1966). Fue también un apreciable poeta.

maoísmo *s. m.* Teoría política de Mao Zedong, que constituye una adaptación de las doctrinas marxistas leninistas a la realidad política y social china. Está contenida y sintetizada en el *Libro rojo* de Mao, cuya influencia no se limitó a la China comunista, sino que alcanzó a numerosos partidos políticos de Occidente. Según esta doctrina, en los países poco desarrollados industrialmente la clase social llamada a hacer la revolución no es la obrera, sino la campesina. Por otra parte, la revolución cultural ha de ser permanente con la finalidad de combatir las tendencias burocratizantes del sistema. En política internacional su rasgo más característico era la ruptura con la URSS, a la que consideraba una potencia imperialista. **FAM.** Maoísta.

maorí *adj.* **1.** Se aplica a un pueblo polinésico de Nueva Zelanda, que antiguamente habitaba en todo el país y en la actualidad solamente en el extremo septentrional de la isla Norte. Originalmente procedían de las islas Sociedad. Su base social es patriarcal y su unidad política la tribu, acaudillada por un miembro de la nobleza local. Era un pueblo belicoso que a mediados del s. XIX opuso una firme resistencia al dominio británico, pero que hoy tiende a integrarse en el género de vida occidental. **2.** De este pueblo. También *s.* ‖ *s. m.* **3.** Lengua de la familia malayo-polinesia hablada por este pueblo.

mapa *s. m.* **1.** Representación gráfica, a escala y sobre un plano, de la superficie terrestre o una zona de ella. ‖ **2. mapa celeste** El que representa alguna parte del firmamento. **3. mapa físico** El que únicamente refleja los accidentes geográficos, como ríos, cordilleras, mares, etc. **4. mapa mudo** Aquel en el que no aparecen los nombres de los países, ciudades, accidentes geográficos, etc. **5. mapa político** El que muestra la organización y distribución política de los continentes, países, regiones, etc. **6. mapa temático** El que sólo representa un hecho o fenómeno monográfico (económico, lingüístico, botánico...). **7. mapa topográfico** El que representa con mayor precisión, normalmente a escala entre 1/10.000 y 1/1.000.000, los distintos accidentes de la superficie terrestre y los objetos que están situados permanentemente sobre ella. ‖ **LOC. borrar del mapa** *fam.* Eliminar algo por completo; también, matar a alguien.

mapache *s. m.* Nombre común de diversas especies de mamíferos carnívoros de la familia prociónidos, género *Procyon.* El mapache común *(Procyon lotor)* alcanza hasta 90 cm de longitud, de la cual una tercera parte corresponde a la cola. Tiene color gris, cola peluda, en la que alternan anillos blancos y oscuros, y la cara blanca con un reborde negro en torno a los ojos, a manera de antifaz. Se alimentan de pequeños animales, insectos y frutas y habitan en América, en zonas de bosque con cursos de agua.

mapamundi *s. m.* Mapa que representa la superficie completa de la Tierra.

Maples Arce, Manuel (Jalapa 1898 - Ciudad de México 1981) Poeta mexicano. Influido por las vanguardias dadaísta y futurista, creó el *estridentismo*, movimiento poético que difundió en las revistas *Horizonte* e *Irradiador.* A estas tendencias responden sus libros *Andamios interiores* (1922), *Urbe* (1924) y *Poemas interdictos* (1927). Posteriormente evolucionó hacia una poesía intimista, como en *Memorial de la sangre* (1947). En su obra ensayística destacan *El paisaje en la literatura mexicana* (1944), *Peregrinación por el arte de México* (1952) y *Ensayos japoneses* (1959).

mapuche *adj.* Araucano*.

Maputo C. de Mozambique, cap. del país, situada en el S del mismo, a orillas del océano Índico. 1.069.700 h. en 1989. Es un importante puerto exportador, por el que se comercializan los productos de Transvaal, centro administrativo y núcleo de industrias cementeras, alimentarias, químicas y del refino de petróleo. Antiguamente era llamada *Lourenço Marques.*

maqueta *s. f.* **1.** Reproducción o modelo en miniatura de un edificio, un vehículo, etc., en plástico, madera u otros materiales. **2.** En artes gráficas, modelo hecho con papel en blanco para apreciar el tamaño, formato y encuadernación de un libro. **3.** En artes gráficas, boceto de una obra en que se señala el tamaño real de la página, los márgenes y las medidas de los textos y las ilustraciones. ‖ **4. maqueta de taller** En artes gráficas, modelo de una obra que incluye los textos compuestos y ajustados y las ilustraciones reproducidas y colocadas en su lugar, para que sirva de guía al montaje e impresión.

maquetista *s. m.* y *f.* **1.** Persona que construye maquetas. **2.** En artes gráficas, persona que confecciona las maquetas de los libros, revistas y otros impresos.

maqueto, ta *adj.* Maketo*.

maqui *s. m.* y *f.* Maquis*, guerrillero.

maquiavélico, ca *adj.* Perteneciente o relativo al maquiavelismo, partidario de él o que lo practica. También *s.* **FAM.** Maquiavélicamente.

maquiavelismo *s. m.* **1.** Doctrina política de Maquiavelo, que antepone la razón de Estado a cualquier otra razón de carácter ético o moral. **2.** Actitud o forma de actuar de las personas que emplean cualquier medio, aunque sea ilícito, para conseguir un fin. **FAM.** Maquiavelista.

Maquiavelo, Nicolás (Florencia 1469 - íd. 1527) Escritor y político italiano. Fue secretario de la república de Florencia entre 1498 y 1512 y desempeñó diversas misiones diplomáticas en distintas cortes italianas y europeas. En 1512 fue encarcelado por los Médicis. Considerado como uno de los creadores de la ciencia política, elaboró una doctrina, contenida fundamentalmente en *El príncipe* (1513) y *Discursos sobre la primera década de Tito Livio* (1513-19), en la que analiza la esencia del poder político y sostiene que la sociedad no puede existir sin orden, función ésta que el príncipe debe garantizar mediante su acción política. El dirigente debe regirse por la «razón de Estado», anteponer la eficacia a la moral y someter a su voluntad a los restantes poderes de la sociedad, incluida la Iglesia.

Nicolás Maquiavelo. Retrato de Santi di Tito (Palazzo Vecchio, Florencia).

maquillador, ra *s. m.* y *f.* Persona que tiene por profesión maquillar.

maquillaje *s. m.* **1.** Acción y efecto de maquillar o maquillarse. **2.** Producto que se utiliza para maquillar el rostro.

maquillar *v. tr.* **1.** Aplicar productos cosméticos a la cara de una persona para embellecerla, disimular imperfecciones, para caracterizarla en el cine, en el teatro y en otros espectáculos y con otros fines. También *v. prnl.* **2.** Alterar el aspecto o la realidad de algo para que ofrezca otra apariencia.

máquina *s. f.* **1.** Conjunto de piezas que se mueven en coordinación para posibilitar o facilitar la realización de un trabajo. **2.** Locomotora de los trenes. **3.** Motocicleta, bicicleta o automóvil de carreras. **4.** Tramoya* del teatro. **5.** Aparato eléctrico o electrónico que se acciona con monedas y permite al usuario jugar u obtener premios. **6.** Conjunto de elementos relacionados entre sí con una actividad determinada. **7.** Intervención de lo sobrenatural o maravilloso en una obra literaria. ‖ **8. máquina de coser** Máquina provista de una aguja que se mueve verticalmente, accionada por un pedal o un motor eléctrico, que permite coser telas rápidamente y realizar labores de sastrería. La primera fue patentada por Elias Howe en 1846. **9. máquina de escribir** La que permite imprimir directamente sobre un papel al pulsar un teclado que acciona tipos móviles independiente y sucesivamente. La primera máquina de escribir práctica fue construida en 1867 por el estadounidense Christopher Latham Sholes. **10. máquina de vapor** Máquina térmica que utiliza la energía calorífica desprendida en la combustión de carbón, petróleo, etc., para obtener vapor de agua, el cual penetra en un cilindro hueco, donde empuja un émbolo en una u otra dirección sucesivamente. El vapor pasa después a un condensador, donde se convierte de nuevo en agua líquida que llega a la caldera para ser utilizada nuevamente. El movimiento oscilante del émbolo se convierte en

rotatorio por medio de un cigüeñal. La primera máquina de vapor práctica fue inventada por el inglés James Watt en 1763. **11. máquina herramienta** Herramienta accionada mecánicamente en vez de por la mano de un operario. **12. máquina neumática** Aquella que crea un vacío en su interior mediante extracción de gases y que se emplea en experimentos físicos y otras aplicaciones. ‖ **LOC. a toda máquina** *adv.* Al máximo de velocidad o de rendimiento.

Tecnol. Las máquinas pueden ser simples, térmicas, químicas y eléctricas. Las **máquinas simples** fundamentales son tres: la polea, la palanca y el plano inclinado. Las **máquinas térmicas** transforman energía calorífica en energía mecánica; la más importante es la máquina de vapor. Las **máquinas químicas** transforman energía química en movimiento, como hacen los motores de explosión. Las **máquinas eléctricas** o motores eléctricos transforman la electricidad en energía mecánica.

maquinal *adj.* Se aplica a los actos o movimientos involuntarios o automáticos. **FAM.** Maquinalmente.

maquinar *v. tr.* Preparar algo de forma encubierta, generalmente en perjuicio de otros. **FAM.** Maquinación, maquinador.

maquinaria *s. f.* **1.** Conjunto o clase de máquinas. **2.** Mecanismo que hace funcionar un artefacto o aparato. **3.** Arte de construir máquinas. ‖ **4. maquinaria agrícola** Conjunto de mecanismos que facilitan las labores agrarias, automatizando muchas de las actividades que tradicionalmente se habían realizado a mano o con ayuda de animales domésticos. Las roturadoras, montadas sobre tractores, realizan rápidamente el arado del campo; las segadoras permiten cortar hierba y forrajes; las cosechadoras siegan los cereales y separan el grano de la paja (trillado).

maquinilla *s. f.* **1.** *dim.* de **máquina**. **2.** Maquinilla de afeitar. ‖ **3. maquinilla de afeitar** Utensilio que consiste en un mango en cuyo extremo se encuentra una pieza que sostiene la cuchilla con que se afeita. **4. maquinilla de afeitar eléctrica** La que afeita mediante la vibración o rotación de varias cuchillas movidas por un motor eléctrico.

maquinismo *s. m.* Predominio o empleo generalizado de las máquinas en la industria, en sustitución del trabajo del hombre.

maquinista *s. m.* y *f.* **1.** Persona que maneja una máquina, particularmente el encargado de conducir una locomotora. **2.** Persona que inventa o construye máquinas. **3.** En el cine, ayudante del operador de cámara.

maquis *s. m.* **1.** Nombre dado en Francia al movimiento guerrillero contra la ocupación alemana durante la Segunda Guerra Mundial. **2.** En España, guerrilla republicana que, tras la victoria del bando nacional en 1939, continuó la lucha armada contra el franquismo. **3.** Zona de matorral que deriva de la degradación del primitivo bosque mediterráneo. Es propio de suelos silíceos y abunda en jaras, brezos, lentiscos y retamas. ‖ *s. m.* y *f.* **4.** Miembro de alguna de las guerrillas mencionadas. ■ Referido al guerrillero, también se dice *maqui.*

mar *s. amb.* **1.** Gran masa de agua salada que cubre la mayor parte de la superficie terrestre. **2.** Gran cantidad, número o extensión de algo. ‖ *s. m.* **3.** Cada una de las zonas en que se considera dividida la mencionada masa de agua, de menor extensión que los océanos y más o menos delimitada por las tierras continentales. **4.** Denominación que reciben algunos grandes lagos. **5.** Notable diferencia o separación entre dos personas, cosas, cualidades, etc. ‖ *s. f.* **6.** Marejada, fuerte oleaje. ‖ **7. alta mar** Zona del mar situada a gran distancia de la costa. **8. mar arbolada** Estado de fuerte agitación de la mar, con olas de hasta 10 y 15 m de altura. **9. mar de fondo** Oleaje que proviene de alta mar, impulsado por vientos lejanos; también, descontento o agitación en una colectividad, país, etc., que de momento no se hace pública. **10. mar gruesa** Estado de la mar con olas entre 2,5 y 4 m. **11. mar interior** Mar o gran lago totalmente limitado por tierras continentales. **12. mar lunar** Gran llanura en la superficie de la Luna. ‖ **LOC. a mares** *adv. fam.* Con verbos como *llover, sudar* o *llorar,* mucho, en abundancia. **hacerse a la mar** Zarpar, partir o salir un barco.

Mar, José de La (Cuenca, Ecuador 1777 - Cartago 1830) Militar y político peruano. Brigadier del ejército español, se unió a los patriotas en 1821 y San Martín lo ascendió a general. Estuvo al mando de la división peruana en Ayacucho (1824). Miembro de la Junta gubernativa del Perú (1823), fue designado presidente de la república (1827). Durante la guerra peruano-colombiana fue vencido por Sucre en Portete de Tarqui (1829), hecho que aprovecharon La Fuente y Gamarra para derrocarle (1829) y desterrarle a Costa Rica.

Mar del Plata C. de Argentina, situada al S de Buenos Aires, a orillas del océano Atlántico. 415.000 h. en 1982. Es un importante centro turístico, puerto pesquero y base naval. Posee industria textil.

Mar Menor Albufera de España, situada en la costa murciana y separada del mar Mediterráneo por un brazo de arena de 22 km de longitud y 20 a 100 m de anchura. Tiene 185 km^2 de extensión. Es un importante enclave turístico.

marabú *s. m.* **1.** Nombre común de diversas aves ciconiformes de la familia cicónidos, género *Leptostilos.* El marabú común *(Leptostilos crumeniferus)*, alcanza hasta 150 cm de longitud, tiene las patas altas y fuertes, alas grandes, cola corta y pico que mide hasta 35 cm de longitud. Su plumaje es gris oscuro en los hombros y blanco en la parte inferior. Construye nidos en los árboles y habita en África tropical, en comarcas con agua abundante. Otras especies notables son el marabú de Sonda *(Leptostilos javanicus)* y el marabú mayor *(Leptostilos dubius)*, que habitan en el SE de Asia, desde la India hasta Borneo. **2.** Pluma blanca de esta ave con la que se fabrican adornos. **3.** Adornos hechos con estas plumas y con las de otras especies en forma de estola.

marabunta *s. f.* **1.** Enorme cantidad de hormigas que se desplazan devorando todo lo que encuentran a su paso. **2.** *fam.* Desorden y destrucción.

maraca *s. f.* Instrumento musical de percusión fabricado con una pequeña calabaza seca, a la que se acopla un mango y en cuyo interior hay granos o semillas. Es originario de las Antillas, donde se utiliza fundamentalmente para interpretar la rumba. Hoy se fabrica también en madera dura u otros materiales.

Maracaibo **1.** Lago de Venezuela, situado en el NO del país. 13.500 km^2. Está unido al mar Caribe a través del golfo de Venezuela. En él desaguan numerosos ríos, el más importante de los cuales es el Catatumbo. Posee importantes yacimientos petrolíferos en sus costas y bajo sus aguas.
2. C. de Venezuela, situada en el NO del país, a orillas del lago del mismo nombre. 1.206.700 h. en 1990. Su desarrollo comenzó cuando se inició la extracción de petróleo del lago Maracaibo. Es un núcleo comercial, que cuenta con industrias cementeras, químicas, alimentarias, textiles, metálicas y farmacéuticas.

Maracay C. de Venezuela, cap. del estado de Aragua, situada en el N del país, en la cuenca del lago Valencia. 538.600 h. en 1990. Es un importante centro de la industria alimentaria, textil, papelera, del mueble y de maquinaria.

Maradona, Diego Armando (Buenos Aires 1961) Futbolista argentino. Jugador de los equipos Argentinos Juniors, Boca Juniors, Barcelona y Nápoles, ha sido considerado como el mejor futbolista de los años ochenta. En 1986 ganó en México, al frente de su selección, el campeonato mundial.

Maragall, Joan (Barcelona 1860 - íd. 1911) Poeta español en lengua catalana. De estilo modernista, fue considerado el principal lírico catalán en el periodo de transición del s. XIX al XX. En su obra coexisten los poemas de inspiración tradicional con los de carácter religioso, patriótico e intimista. Sus libros más sobresalientes son *Poesías* (1895), *Visiones y cantos* (1900), *Allá* (1906) y *Secuencias* (1911). Fue además autor teatral y articulista.

Maragatería Comarca de España, situada en el SO de la prov. de León. Es una región de transición entre los montes de León y la Meseta, con un clima interior extremado, agricultura poco desarrollada y una baja densidad de población. Su principal núcleo de población es Astorga.

maragato, ta *adj.* De la Maragatería. También *s.*

marajá *s. m.* Maharajá*.

Marajó Principal isla del archipiélago del mismo nombre, en la desembocadura del Amazonas, en el estado brasileño de Pará. 48.000 km^2. Su actividad económica más importante es la ganadería de bovinos y búfalos.

Maranhão **1.** Isla de Brasil, situada en la costa del estado del mismo nombre, en la bahía de San Marcos, en la que está situada la capital, São Luís. **2.** Estado de Brasil, situado en el NE del país, a orillas del Atlántico. 329.556 km^2. 5.181.800 h. en 1990. La capital es São Luís, con 624.300 h. en 1989. Tiene una baja densidad de población y sus principales recursos económicos son agrícolas, con cultivos de arroz y palmeras, ganaderos y mineros, con yacimientos de bauxita.

maraña *s. f.* **1.** Conjunto de cabellos, hilos o cosas semejantes revueltas. **2.** Cosa o asunto muy complicado y de difícil solución. **3.** Lugar muy poblado de arbustos.

marañón *s. m.* Árbol de la familia anacardiáceas, especie *Anacardium occidentale.* Alcanza hasta 5 m de altura, tiene el tronco irregular, hojas ovaladas, flores en racimo y fruto –el anacardo– de semilla comestible en forma de nuez, que exuda una resina venenosa que produce irritación en la piel. Crece en las Antillas y América Central.

Marañón Río de Perú que, junto al Ucayali, constituye el curso alto del Amazonas. 1.800 km de longitud. Nace en el lago Lauricocha, junto al nudo de Pasco, y discurre en dirección N encajonado entre las cordilleras Central y Occidental de los Andes peruanos, hasta llegar a la cuenca amazónica, donde toma rumbo E y, al juntar sus aguas con las del Ucayali, forma el Amazonas. Es navegable en este último sector. Sus principales afluentes son el Santiago, Morona, Pastaza y Tigre al N y el Huallaga al S.

Marañón, Gregorio (Madrid 1887 - íd. 1960) Médico y escritor español. Fue autor de numerosas obras médicas y de ensayos literarios e históricos, en los que destaca el estudio psicológico de personajes. De su extensa obra merecen citarse los títulos *Ensayo biológico sobre Enrique IV de Castilla y su tiempo* (1930), *Amiel. Un estudio sobre la timidez* (1932), *El conde-duque de Olivares o la pasión de mandar* (1936), *Don Juan. Ensayo sobre el origen de una leyenda* (1940) y *El Greco y Toledo* (1956).

marañones *s. m. pl.* Nombre dado a los soldados de la expedición de Lope de Aguirre (1561), tras la muerte de Pedro de Urzúa, en la conquista española de América.

marasmo *s. m.* **1.** Paralización de toda actividad, tanto física como mental. **2.** Estado de extrema debilidad o agotamiento debido a una enfermedad. **3.** Gran confusión.

Marat, Jean Paul (Boudry, Neuchâtel 1743 - París 1793) Político y revolucionario francés. Médico de profesión, al comienzo de la Revolución Francesa publicó el periódico *El Amigo del Pueblo*, portavoz de los *sansculottes.* Miembro del club de los cordeleros y diputado por París a la Convención, se mostró como uno de los líderes revolucionarios más radicales e intransigentes. Fue uno de los instigadores de las matanzas de septiembre de 1792 y el diputado que consiguió la votación que llevó a Luis XVI a la guillotina. Rival de los girondinos, intervino decisivamente en su derrota en 1793. Murió apuñalado por la girondina Charlotte Corday.

maratón *s. amb.* **1.** Carrera de fondo instituida en los juegos olímpicos de Atenas (1896) en honor al soldado griego Filípides, que corrió la distancia entre Maratón y Atenas para anunciar la victoria sobre los persas. En la actualidad la distancia es de 42,195 km y la prueba constituye especialidad olímpica. **2.** P. ext., cualquier competición de resistencia. **3.** *fam.* Actividad o sesión muy larga y agotadora.

maratoniano, na *adj.* **1.** Perteneciente o relativo al maratón. **2.** Intenso, agotador. || *s. m.* y *f.* **3.** Corredor de maratón.

maravedí *s. m.* Antigua moneda española que tuvo distintos valores. Fue introducida en España por los almorávides hacia 1086 y adoptada como propia por los reinos cristianos. Se mantuvo hasta 1848. || **Loc. (no) importar** algo **un maravedí** Importar muy poco o nada.

maravilla *s. f.* **1.** Suceso, persona o cosa extraordinaria que produce admiración. **2.** Acción y efecto de maravillar o maravillarse. **3.** Caléndula*. **4.** Planta herbácea de la familia convolvuláceas, especie *Pharbitis hederacea.* Trepadora, parecida a la hiedra, tiene flores azules y rojas. Es originaria de América y en la actualidad se cultiva en todos los continentes para uso ornamental. || **5. la octava maravilla (del mundo)** Cosa que se considera asombrosa, fuera de lo común, por alusión a las siete maravillas del mundo. **6. las siete maravillas del mundo** Las siete obras artísticas que en la antigüedad se consideraban como tales: las pirámides de Egipto, los jardines colgantes de Semíramis en Babilonia, la estatua de Zeus en Olimpia, el templo de Diana en Éfeso, el mausoleo de Halicarnaso, el coloso de Rodas y el faro de Alejandría. || **Loc. a las mil maravillas** o **de maravilla** *adv.* Muy bien, perfectamente. **contar** (o **hablar**) **maravillas de** alguien o algo Alabarlo, hablar bien de él o ello. **hacer maravillas** Hacer muchas cosas o hacerlas muy bien, especialmente con medios escasos.

maravillar *v. tr.* Admirar, asombrar. También *v. prnl.*

maravilloso, sa *adj.* **1.** De gran belleza o cualidades muy buenas y agradables. **2.** Que no se explica mediante las leyes naturales. **Fam.** Maravillosamente.

Marbella C. de España, en la prov. de Málaga, situada en la Costa del Sol. 81.900 h. en 1990. Es un importante centro del turismo nacional e internacional, cuya economía está orientada eminentemente al sector de servicios. También cuenta con un puerto pesquero, industria alimentaria y constructora y canteras de mármol.

marbellí *adj.* De Marbella. También *s.*

marbete *s. m.* **1.** Rótulo o letrero que se pega a una mercancía y en el que se indica la marca de fábrica, el contenido, precio, etc. **2.** Etiqueta que se pega a los equipajes señalando el destino y el número de registro. **3.** Borde, perfil.

Marburgo (*Marburg an der Lahn*) C. de Alemania, en el Land de Hessen, situada a orillas del río Lahn. 76.500 h. en 1980. Cuenta con industria química, farmacéutica y electrónica. Su universidad, creada en 1527, fue la primera protestante de Europa.

Marburgo, escuela de Movimiento filosófico neokantiano surgido en Alemania a principios del s. XX. Partiendo de una concepción naturalista, cientificista y racionalista del pensamiento de Kant, centra sus investigaciones en una crítica del conocimiento y del lenguaje. Sus principales representantes son Hermann Cohen, Paul Natorp y Ernst Cassirer.

Marc, Franz (Munich 1880 - Verdún 1916) Pintor alemán. Cultivó un expresionismo dramático con figuras muy esquemáticas de colorido simbólico, en el que destaca la serie *Los grandes caballos azules* (1911). Participó en el grupo *Der Blaue Reiter* con Kandinsky y Macke y publicó el almanaque que dio nombre al movimiento. Posteriormente derivó hacia la pintura abstracta, de la que es clara muestra la obra *Formas luchando* (1914).

marca *s. f.* **1.** Señal que se hace para indicar algo. **2.** Señal que deja un golpe, un corte, una presión, etc. **3.** Instrumento con que se pone una señal al ganado para poderlo reconocer. **4.** Acción y efecto de marcar, particularmente el dinero. **5.** Resultado obtenido por un deportista en tiempo, distancia, longitud, altura, etc., en ciertas pruebas deportivas. **6.** En la Edad Media, circunscripción administrativa del imperio carolingio, situada generalmente en territorio fronterizo, frente a un enemigo, como la *Marca Hispánica* frente al Islam o la *Marca Sajona* frente a los sajones, gobernada por un marqués o margrave, cuyas atribuciones y categoría social eran superiores a las del conde. **7.** Sello o estilo característico que alguien imprime a sus obras o actividad. || **8. marca de fábrica** (o **registrada**) Distintivo, reconocido legalmente, que un fabricante pone a sus productos y cuyo uso le pertenece exclusivamente. || **Loc. de marca** *adj.* Se aplica a los productos de marca con prestigio; también, muy destacado, que se sale de lo común. ■ En este sentido, se dice también *de marca mayor.*

Marca Hispánica Provincia fronteriza del imperio carolingio frente al Islam, situada al S del sector oriental de los Pirineos. En ella surgieron los condados de Urgel, Cerdaña, Besalú, Girona, Barcelona, Ausona, Rosellón y Ampurias (s. IX-XII), cuya dependencia respecto al emperador carolingio fue puramente nominal. En el 827 el conde de Barcelona y Girona, Bernardo de Septimania, rechazó una invasión musulmana y recibió la titularidad de otros diversos condados; como su hermano Gancelmo era conde de Rosellón y Ampurias, la dinastía condal barcelonesa adquirió una hegemonía sobre el conjunto de la Marca, que dio origen al nacimiento de Cataluña.

marcado, da **1.** *p. p.* de **marcar**. También *adj.* || *adj.* **2.** Que se nota o destaca claramente. **Fam.** Marcadamente.

marcador, ra *adj.* **1.** Que marca. También *s.* || *s. m.* **2.** En dep., tablero en que se anotan los tantos conseguidos por un equipo o un jugador. **3.** Operario que coloca los pliegos de papel en las máquinas de imprimir.

marcaje *s. m.* Acción y efecto de marcar o controlar a un jugador del equipo contrario.

marcapasos *s. m.* **1.** Aparato electrónico que, mediante señales eléctricas, estimula el músculo cardiaco y mantiene el ritmo del corazón cuando se ha producido un bloqueo completo. **2.** Masa de tejido muscular cardiaco modificado, situada en la aurícula derecha del corazón, y cuya función es producir el latido cardiaco. También se denomina *nódulo senoauricular.*

marcar *v. tr.* **1.** Poner una marca o señal en algo. **2.** Dejar señal un golpe, un corte o algún tipo de contacto o presión. **3.** Destacar, resaltar, señalar. También *v. prnl.* **4.** Señalar la aguja o el indicador de ciertos aparatos las divisiones, variantes o grados de aquello que está midiendo.

5. Formar con el disco o las teclas del teléfono el número al que se quiere llamar. **6.** Indicar el precio de una cosa. **7.** En algunos deportes, conseguir un tanto. **8.** En deportes como el fútbol y similares, presionar a un jugador contrario para dificultar su juego. **9.** Señalar, indicar. **10.** Ejercer una gran influencia o impresión. **11.** Señalar a una persona por una determinada cualidad, consideración, condición, etc., generalmente negativa. **12.** Hacer que se noten los movimientos del paso o el compás al desfilar, en la danza, etc. **13.** Peinar y dar forma al cabello. Se usa mucho como *v. intr.* ‖ *v. prnl.* **14.** *fam.* Hacer, realizar. **15.** *fam.* Contar, soltar cuentos, historias, etc. ■ Se conjuga como *sacar.*

Marcas, Las (*Marche*) Región de Italia, situada en el E del sector central de la península Itálica, a orillas del mar Adriático. 9.694 km^2. 1.430.700 h. en 1990. La capital es Ancona, con 103.500 h. en 1990. Comprende las provincias de Ancona, Ascoli Piceno, Macerata y Pesaro-Urbino. Es una región montañosa, que alcanza su máxima altura en el Monte Vettore (2.478 m) de los Apeninos. Su economía se basa en la agricultura, con cultivos de trigo, maíz, olivo, vid y plantas forrajeras, y en la ganadería porcina, ovina y bovina. En Ancona existe industria de construcciones navales y refinería de petróleo. También tiene importancia la producción de seda natural.

marcasita *s. f.* FeS_2. Mineral sulfuro de hierro que pertenece al grupo de las piritas. Cristaliza en el sistema rómbico, tiene color amarillo broncíneo y brillo metálico. Aparece en filones metalíferos o entre rocas sedimentarias en yacimientos de Bolivia y Centroeuropa. Se emplea en la producción de ácido sulfúrico.

marcear *v. intr.* **1.** Hacer en marzo el tiempo que le es propio. ‖ *v. tr.* **2.** Esquilar a los animales, normalmente en el mes de marzo.

Marceau, Marcel (Estrasburgo 1923) Mimo francés. Renovó el arte del mimo y la pantomima. Su principal creación es *Bip*, un moderno Pierrot convertido ya en un clásico del género.

Marcel, Gabriel (París 1889 - íd. 1973) Filósofo, dramaturgo y crítico literario francés. Su filosofía partió de posiciones idealistas, pero se orientó luego hacia el existencialismo, de cuya vertiente cristiana sería el principal representante. Entiende la existencia como algo concreto y personal; considera que su análisis conduce a una actitud de disponibilidad ante el otro, ante el ser y ante Dios. Sus obras filosóficas más importantes son *Diario metafísico* (1912-13), *Ser y tener* (1935) y, sobre todo, *El misterio del ser* (1950). Como dramaturgo escribió *El corazón de los otros* (1921), *El iconoclasta* (1923), *Teatro cómico* (1947) y *Los corazones ávidos* (1953).

marceo *s. m.* Operación anual de limpiar las colmenas hacia el comienzo de la primavera.

marcescente *adj.* Se aplica a las flores y hojas que aún no han caído después de marchitarse.

March, Ausias (¿Gandía? h. 1397 - Valencia 1459) Escritor y poeta español. En su juventud participó en las campañas de Alfonso el Magnánimo y Federico de Luna en el Mediterráneo y representó a la clase de los caballeros en las Cortes de Valencia. Su obra poética, en la que se advierte la influencia del *dolce stil nuovo* italiano, aborda la temática amorosa, religiosa y filosófica. En ella destacan los *Cants de mort* y el *Cant espiritual.*

March, Fredric (Racine, Wisconsin 1897 - Los Ángeles 1975) Actor teatral y cinematográfico estadounidense. En el cine, a su fase de galán de los años treinta siguió una brillante etapa de actor maduro con gran clase, aunque con recursos teatrales. Entre sus fimes destacan *El hombre y el monstruo* (*Dr. Jekyll and Mr. Hyde*, 1932), *La llama eterna* (*Smilin' through*, 1932), *Ana Karenina* (1935), *Los miserables* (1935), *Ha nacido una estrella* (1937), *Los mejores años de nuestra vida* (1946) y *Muerte de un viajante* (1951).

March, Juan (Santa Margarita 1884 - Madrid 1962) Financiero español. De origen humilde, creó su fortuna durante la dictadura de Primo de Rivera, en la que obtuvo el monopolio de la venta de tabaco en Marruecos. Diputado en la Segunda República en 1931 y 1936, fue encarcelado en 1933 por prácticas monopolistas, aunque huyó de la prisión. Ayudó económicamente al alzamiento de Franco. A partir de 1939 se convirtió en una de las grandes fortunas de España. En 1952 creó la Fundación March, dedicada a actividades culturales.

marcha *s. f.* **1.** Acción y efecto de marchar o marcharse. **2.** Grado de velocidad de una máquina, vehículo, etc. **3.** En un vehículo, cada una de las posiciones de cambio de velocidades. **4.** Desplazamiento a pie de un grupo de personas, p. ej. la de un ejército o la de un colectivo como forma de reivindicación. **5.** Pieza musical, de ritmo binario, que sirve para acompañar desfiles o cortejos en ciertas solemnidades. **6.** Modalidad de carrera deportiva derivada de la forma de andar ordinaria, en la que el atleta debe tener siempre un pie en contacto con el suelo. Las pruebas de 20 km y 50 km tienen categoría olímpica. **7.** *fam.* Animación, diversión. **8.** Gasto o desarrollo rápido de algo. ‖ **9. marcha real** Himno nacional español. ‖ **Loc. a marchas forzadas** *adv.* Haciendo trayectos o etapas más largas que las regulares; también, con gran prisa y esfuerzo. **a toda marcha** *adv.* Con mucha rapidez. **irle la marcha** a alguien *fam.* Gustarle la juerga y la diversión en general. **sobre la marcha** *adv.* Improvisando, tal como va sucediendo; también, inmediatamente, en el acto. **tener mucha marcha** *fam.* Ser incansable en la diversión o la juerga.

Marcha sobre Roma Nombre que recibe el golpe de Estado que llevó a Mussolini al poder el 29 de octubre de 1922. Se inició el día anterior con la amenaza de una marcha de las organizaciones fascistas sobre Roma y con el control de varias ciudades y de los transportes del centro de Italia. El rey Víctor Manuel III se negó a tomar medidas para reprimir el movimiento y nombró a Mussolini jefe de gobierno.

Marcha verde Marcha organizada por el rey Hassan II de Marruecos en 1975 con la intención de ocupar pacíficamente el Sáhara, entonces posesión española. La marcha se detuvo en la línea fronteriza del N y no penetró en el territorio, pero consiguió un gran impacto en la opinión pública internacional. Ese mismo año se firmaron los acuerdos de Madrid, por los que el Sáhara pasó a poder de Marruecos y Mauritania.

Marchais, Georges (La Hoguette, Calvados 1920) Político francés. Obrero metalúrgico, ingresó en 1947 en el Partido Comunista de Francia, del que fue nombrado en 1972 secretario general. En 1972 elaboró con François Mitterrand el Programa Común de la izquierda, con el que socialistas y comunistas acudieron sin éxito a las elecciones de 1974 y 1978. Partidario inicial del eurocomunismo, derivó muy pronto hacia posturas más ortodoxas y prosoviéticas. Tras el triunfo socialista en 1981, apoyó la presencia de comunistas en el gobierno, aunque la alianza se rompió en 1984.

marchamo *s. m.* **1.** Marca o distintivo que se pone a un producto. **2.** Estilo, carácter. **3.** Señal que ponen los aduaneros en los bultos o maletas como prueba de haber sido revisados.

marchante, ta *s. m.* y *f.* **1.** Persona que comercia, especialmente con obras de arte. **2.** *amer.* Cliente, persona que habitualmente compra en una misma tienda.

marchapié *s. m.* En marina, cabo que pende de las vergas, sujeto de trecho en trecho por estribos, para sostener a la marinería que trabaja en ellas.

marchar *v. intr.* **1.** Andar, caminar. **2.** Ir a un lugar o irse de un lugar. También *v. prnl.* **3.** Seguir su desarrollo un asunto o actividad. **4.** Desenvolverse una persona. **5.** Funcionar un mecanismo. **6.** Caminar la tropa en formación y a compás. **7.** En dep., caminar a paso de marcha.

Marchena y Ruiz de Cueto, José, llamado **el abate Marchena** (Utrera, Sevilla 1768 - Madrid 1821) Escritor y político español. Se exilió a Francia en 1792 a causa de sus ideas republicanas. En Bayona escribió *Aviso al pueblo español* o *A la nación española* (1792), en donde incitaba a los españoles a unirse a la Revolución Francesa. Regresó a España en 1808 como secretario de Murat y fue nombrado director de *La Gaceta de Madrid.* También fue autor de obra poética y teatral.

marchitar *v. tr.* **1.** Quitar la frescura y lozanía a una planta. También *v. prnl.* **2.** Hacer que alguien o algo pierda fuerza, vitalidad, hermosura, color, etc. También *v. prnl.* **Fam.** Marchitable, marchitamiento, marchitez.

marchito, ta *adj.* Que no tiene lozanía y vigor.

marchoso, sa *adj.* **1.** Que tiene gracia y soltura, especialmente en el andar. **2.** *fam.* Animado, juerguista. También *s.* **3.** *fam.* Aplicado especialmente a la música, alegre, de mucho ritmo.

marcial *adj.* **1.** Perteneciente o relativo a la guerra. **2.** Propio o característico del ejército y de los militares. ‖ **3. artes marciales** Deportes de combate de origen oriental, tales como el judo y el karate japoneses, el taekwondo o karate coreano, el kung fu, etc. **Fam.** Marcialidad.

Marcial, Marco Valerio (Bílbilis, hoy Calatayud, h. 40 - íd. h. 104) Poeta latino de origen hispánico. Vivió la mayor parte de su vida en Roma, donde gozó de la protección del emperador Domiciano. Su obra principal son los *Epigramas*, breves poemas de carácter satírico en los que refleja con espíritu agudo y gran ingenio los defectos, debilidades y bajezas de sus contemporáneos.

marciano, na *adj.* Del planeta Marte. También *s.*

Marciano (Tracia h. 391 - ? 457) Emperador de Oriente (450-457). Llegó al poder al casarse con Pulqueria, hermana de Teodosio II, a la que éste nombró heredera. Se negó a pagar tributo a Atila. Convocó el concilio de Calcedonia (415), que condenó el monofisismo.

Marciano, Rocky (Brockton, Massachusetts 1924 - cerca de Newton, Iowa 1969) Boxeador estadounidense. Obtuvo el título mundial de los pesos pesados en 1952 y lo retuvo hasta 1956, en que se retiró imbatido.

marco *s. m.* **1.** Moneda de curso legal en Alemania y Finlandia. **2.** Moldura que rodea o en la que se encaja una cosa. **3.** Particularmente, estructura o armazón en la que encajan las puertas y las ventanas. **4.** Entorno, ambiente, circunstancias.

Marco Antonio (? 83 - Alejandría 30 a. C.) Militar y político romano. Era sobrino de Julio César y en el 43 a. C. formó parte del segundo triunvirato, junto a Lépido y Octaviano. En el 40 a. C. recibió el gobierno de Oriente y se unió a Cleopatra VII de Egipto, a la que cedió territorios del imperio. Fue vencido por Agripa en Actium en el año 31 a. C. y se suicidó al año siguiente junto a Cleopatra cuando las tropas romanas entraban en Alejandría.

Marco Aurelio (Roma 121 - Vindobona 180) Emperador romano (161-180). Era hijo de hispanos y en su juventud recibió una formación filosófica estoica. Fue adoptado por Antonino Pío, con cuya hija se casó, y al que sucedió en el imperio en el 161. Guerreó contra los partos, a los que arrebató Mesopotamia en el 165, y rechazó las invasiones germánicas de marcomanos, sármatas y vándalos entre 167 y 175. Desde el 177 asoció al trono a su hijo Cómodo. Su obra filosófica *Meditaciones*, escrita en griego, es un conjunto de máximas y reflexiones estoicas redactadas durante sus largas estancias en campamentos militares.

Marco Polo Véase **Polo, Marco**.

marcomano, na *adj.* **1.** Se dice de un pueblo germánico originario de Suecia que, a principios de nuestra era, estaba asentado entre los ríos Oder y Elba, de donde fue expulsado por el emperador Druso (9 a. C.) y pasó a Bohemia. A mediados del s. II rebasó la frontera romana y se instaló en la orilla izquierda del Danubio; rechazado por Marco Aurelio, consiguió sin embargo pactar ventajosamente con Cómodo. En el s. VI, algunos marcomanos emigraron a Baviera y fueron llamados *bávaros* desde entonces. **2.** De este pueblo. También *s.*

Marconi, Guglielmo (Bolonia 1874 - Roma 1937) Físico italiano. Basándose en las ondas electromagnéticas descubiertas por Hertz, desarrolló un sistema de transmisión de señales telegráficas sin conducción por cable. Consiguió establecer por este medio una comunicación entre Inglaterra y Terranova en 1901, fecha en que suele situarse la invención de la radio. En 1909 recibió el premio Nobel de física, compartido con Karl Ferdinand Braum.

Marcos, Ferdinand (Sarrat, Ilocos Norte 1917 - Honolulú 1989) Político filipino. Combatió contra los japoneses en la Segunda Guerra Mundial. Fue elegido presidente del país como can-

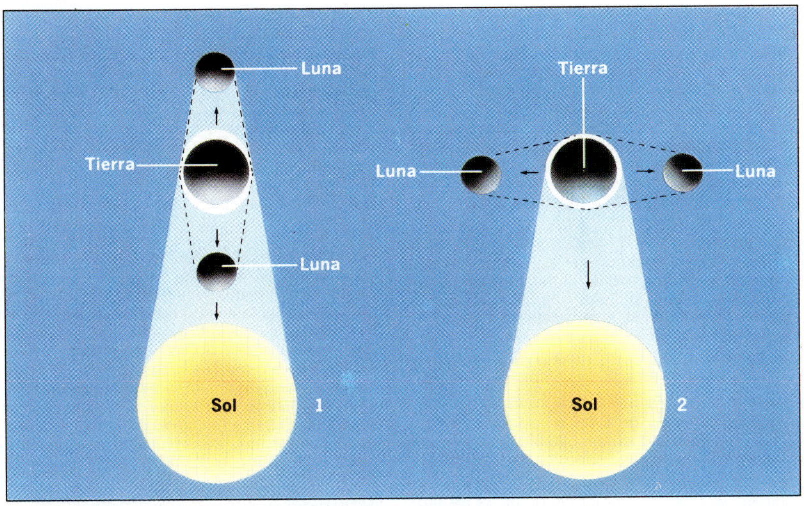

1. Las mareas vivas se producen cuando el Sol y la Luna forman con la Tierra una línea recta, pues en este caso se suman las atracciones que el Sol y la Luna ejercen sobre la masa de agua. 2. Las mareas muertas ocurren cuando el Sol y la Luna forman con la Tierra un ángulo recto y sus atracciones se contrarrestan.

didato del Partido Nacionalista en 1965 y estrechó las relaciones con EE UU. En 1972 proclamó la ley marcial y al año siguiente una nueva Constitución, que le otorgaba plenos poderes. Durante su gobierno dictatorial hubo de combatir a la oposición interior, a la guerrilla comunista y a los independentistas musulmanes. Presuntamente implicado en el asesinato de Benigno Aquino, líder de la oposición, convocó en 1986 unas elecciones, de las que se declaró vencedor fraudulentamente, pero fue obligado a abandonar el poder y exiliarse debido a la presión popular, al pronunciamiento del Ejército y a la pérdida del apoyo estadounidense.

Marcos, San (Jerusalén ? - Egipto 67) Uno de los cuatro evangelistas. Fue autor del segundo *Evangelio* canónico, en el que se destaca la figura de San Pedro. Predicó junto a San Pablo en Chipre y junto a San Pedro en Roma, fundó la Iglesia de Alejandría y sufrió martirio.

Marcuse, Herbert (Berlín 1898 - Starnberg, Baviera 1979) Filósofo alemán. Fue profesor en diversas universidades de EE UU y uno de los ideólogos del movimiento parisino de mayo de 1968. Discípulo de Heidegger y miembro de la escuela de Frankfurt, su obra es un intento de conciliar las teorías de Hegel y Marx con el psicoanálisis freudiano. Sometió a crítica el marxismo soviético, así como las sociedades industriales avanzadas y los estados de alienación que producen en los individuos. Entre sus libros merecen mencionarse *Razón y revolución* (1941), *Eros y civilización* (1955), *El hombre unidimensional* (1964) y *El final de la utopía* (1968).

Mardonio (? - Platea 479 a. C.) Militar persa. Era yerno del rey Darío I y dirigió al ejército persa en la primera guerra médica contra los griegos. Fue lugarteniente de Jerjes I en la segunda guerra médica, en la que halló la muerte en la batalla de Platea.

Mardoqueo Personaje bíblico. Tutor de Ester, esposa del rey Asuero, ayudó a ésta en la liberación de los judíos durante el dominio babilónico.

Mare Nostrum *loc. lat.* Significa 'mar nuestro', nombre que los romanos dieron al Mediterráneo.

Guglielmo Marconi en 1896.

marea *s. f.* **1.** Movimiento periódico y alternativo de ascenso y descenso de las aguas del mar, que invaden y abandonan sucesivamente la orilla, originado por las atracciones combinadas del Sol y la Luna. El periodo de la marea dura 24 horas y 50 minutos, y durante él se producen dos pleamares y dos bajamares. **2.** Multitud, cantidad muy considerable e incontenible de personas o cosas. **3.** Periodo continuado de pesca de duración variable. **4.** Cantidad de pesca obtenida por una embarcación en una salida. ‖ **5. marea negra** Capa de petróleo vertida en el mar, generalmente a causa de un accidente en un buque o plataforma, y que origina graves daños ecológicos; también, expansión de un fenómeno perjudicial o vergonzoso, difícil de contener. **6. marea viva** La que tiene una mayor amplitud que las mareas normales, con pronunciada bajamar y elevada pleamar. Se origina dos veces cada mes en torno a la luna nueva y a la luna llena. ‖ **Loc. contra viento y marea** *adv.* Véase **viento**.

mareaje *s. m.* **1.** Arte de navegar. **2.** Rumbo de un barco.

mareante *adj.* **1.** Que causa mareo. También *s.* **2.** Navegante. También *s.*

marear *v. tr.* **1.** Producir mareo. **2.** Causar a alguien molestias, confusión, cansancio, etc. También *v. intr.* **3.** Gobernar, conducir una embarcación. ‖ *v. prnl.* **4.** Sentir mareo. **5.** Estar a punto de desmayarse. **6.** Encontrarse algo bebido. **7.** Pensar insistentemente sobre algo. **8.** Corromperse o estropearse las mercancías en el mar.

Marechal, Leopoldo (Buenos Aires 1900 - íd. 1970) Escritor argentino. Influido en sus inicios por el ultraísmo y el simbolismo, evolucionó luego hacia una poesía más íntima y religiosa, acorde con su aproximación a los autores españoles del Siglo de Oro. En su obra lírica, caracterizada por el gran uso de imágenes y metáforas, destacan *Los aguiluchos* (1922), *Laberinto de amor* (1937), *Sonetos a Sophia y otros poemas* (1940) y *Heptamerón* (1966). Como novelista publicó, entre otras, *Adán Buenosayres* (1948) y *El banquete de Severo Arcángelo* (1965).

marejada *s. f.* **1.** Gran agitación de las aguas del mar, con olas que alcanzan alturas de 0,50 a 1,25 m. **2.** Situación de tensión que precede a un alboroto. ‖ **3. fuerte marejada** Marejada en la cual aumenta la longitud de las olas, que alcanzan alturas entre 1,25 y 2,50 m.

marejadilla *s. f.* Marejada con olas que varían entre 0,10 y 0,50 m de altura.

maremagno o **maremágnum** *s. m.* **1.** *fam.* Multitud desordenada de personas o cosas. **2.** *fam.* Abundancia de cosas. ■ Se escribe también *mare mágnum*.

maremoto *s. m.* Agitación violenta de las aguas del mar producida por un movimiento sísmico. Puede generar una gran ola, de hasta 30 m de altura, que provoca al llegar a las costas efectos catastróficos. Son frecuentes en las regiones de gran actividad volcánica, como Japón, donde se les llama *tsunami*, Filipinas y las costas americanas del Pacífico.

marengo *adj.* Se aplica al color gris muy oscuro y a las cosas que lo tienen. También *s. m.*

mareo *s. m.* **1.** Trastorno o malestar que se manifiesta con náuseas y vómitos, pérdida del equilibrio, sudor, etc. **2.** Confusión, aturdimiento.

mareógrafo o **mareómetro** *s. m.* Aparato para medir las variaciones producidas en el nivel del mar por las mareas.

Maresme, El Comarca de España, situada en la prov. de Barcelona, en la costa del mar Mediterráneo. Es una franja de relieve llano y materiales sedimentarios recientes, de origen fluvial y marino, entre la Cordillera Litoral Catalana y el mar. Constituye una región urbana e industrial de primera magnitud, entre los ríos Besós y Llobregat, en la que existen cultivos hortícolas, de arroz y de flores. Cuenta con industrias textiles, metalúrgicas y químicas, y una importante actividad turística.

marfil *s. m.* **1.** Sustancia dura y blanca, recubierta de esmalte, de la que están formados los colmillos de los elefantes, morsas e hipopótamos y los dientes de los vertebrados. El marfil animal ha sido empleado desde la prehistoria por las más diferentes culturas para la realización de esculturas y objetos decorativos. **2.** Pieza realizada en marfil. **3.** Color de esta sustancia. ‖ **4. marfil vegetal** Tagua*, planta palmácea; también, semillas de esta palma, de albumen duro, que se utilizan para fabricar botones.

marfileño, ña *adj.* **1.** De marfil o semejante a él. **2.** Perteneciente o relativo al marfil.

marfilina *s. f.* Pasta que imita al marfil en el color y se emplea para modelar imágenes, en la fabricación de bolas de billar, etc.

marga[1] (del lat. *marga*) *s. f.* Roca sedimentaria compuesta de arcilla y carbonato cálcico. Tiene color claro, es blanda, de carácter terroso y se desmenuza fácilmente dando lugar a suelos fértiles. Según su composición, puede ser yesífera, dolomítica o arenosa. En ocasiones se utiliza para abonar terrenos con escasez de cal o arcilla.

marga[2] (del ár. *mirfaqa*, cojín) *s. f.* Tela basta para talegos, sacas, jergones, etc.

margal *s. m.* Terreno en que abunda la marga.

margar *v. tr.* Abonar con marga los campos. ■ Se conjuga como *pagar*.

margarina *s. f.* Sustancia fabricada con grasas vegetales y animales, mezcladas con productos lácteos y que se utiliza en sustitución de la mantequilla. Suelen añadírsele vitaminas A y D.

Margaritas (Leucanthemum vulgare).

margarita *s. f.* **1.** Nombre común de diversas especies de plantas herbáceas de la familia compuestas, géneros *Bellis* y *Leucanthemum*. Las más comunes son la margarita mayor *(Leucanthemum vulgare)*, que alcanza hasta 60 cm de altura, tiene tallo fuerte, hojas basales y caulinares, e inflorescencias en capítulo, de color blanco con disco central amarillo; es originaria de Eurasia y se cultiva en jardinería para uso ornamental; y la margarita menor *(Bellis perennis)*, espontánea en los países mediterráneos y con muchas variedades cultivadas en jardinería. **2.** Flor de esta planta. **3.** Nombre común de diversas especies de moluscos gasterópodos de la familia buccínidos, género *Nassa*. Alcanzan hasta 3 cm de largo, tienen una concha ovalada y un largo sifón. Habitan en los fondos marinos arenosos. Las principales especies son *Nassa variabilis* y *Nassa reticulata*. **4.** Perla de los moluscos. **5.** Disco bordeado de signos para imprimir de una máquina de escribir, una impresora, etc. **6.** Cóctel preparado a base de tequila, limón y sal. ‖ Loc. **deshojar la margarita** Meditar sobre los pros y los contras de una decisión antes de tomarla. **echar margaritas a los cerdos** Dar, ofrecer o decir algo delicado a una persona que no sabe apreciarlo o no puede disfrutarlo.

Margarita Isla de Venezuela, situada en la costa del mar Caribe. 920 km^2. Forma con las islas de Coche y Cubagua el estado de Nueva Esparta. Sus principales actividades son la pesca, el cultivo de perlas y el turismo.

Margarita Nombre de dos reinas de Dinamarca.

Margarita I (Søborg 1353 - Flensburg 1412) Reina de Dinamarca, Noruega y Suecia. Hija de Valdemar IV de Dinamarca, se casó con Haakon VI de Noruega (1363), de quien tuvo un hijo, Olaf V, que sucedió a su abuelo en Dinamarca (1375) y a su padre en Noruega (1380). A la muerte de su hijo (1387), Margarita quedó como soberana de Dinamarca y Noruega. La nobleza sueca la designó también reina de Suecia (1388). En 1396 proclamó soberano de los tres reinos a su sobrino Erik de Pomerania, tras establecer la Unión de Kalmar.

Margarita II (Copenhague 1940) Reina de Dinamarca desde 1972. Hija y sucesora de Federico IX, se casó con el conde Henri de Montpezat (1967) y al año siguiente nació el príncipe heredero Federico.

Margarita de Angulema (Angulema 1492 - Odos, Bigorre 1549) Reina de Navarra en 1527. Hija de Carlos de Orleans y Luisa de Saboya, se casó con el duque de Alençon en 1509. Desempeñó un papel relevante en la corte de su hermano Francisco I, rey de Francia. Al enviudar contrajo nuevas nupcias con Enrique de Albret, rey de Navarra. Autora de varias colecciones de poemas y algunas comedias, su obra más destacada es el *Heptameron* (póstuma, 1559), colección de relatos. Mantuvo contactos con los humanistas y fue difusora del evangelismo y el platonismo.

Margarita de Austria (Bruselas 1480 - Malinas 1530) Duquesa de Austria y de Saboya. Hija de Maximiliano de Austria y María de Borgoña, en 1497 contrajo matrimonio con el hijo de los Reyes Católicos, Juan, que murió poco después. Casada con Filiberto II de Saboya, enviudó en 1504. Fue tutora de Carlos V y gobernadora de los Países Bajos (1507-15 y 1518-30). Destacó por su habilidad en la diplomacia.

Margarita de Austria (Gratz 1584 - El Escorial, Madrid 1611) Reina de España por su matrimonio con Felipe III (1598-1611). Era hija del archiduque Carlos de Estiria y de María de Baviera. Enfrentada con el duque de Lerma, valido del rey, en el año 1606 consiguió que algunos de sus hombres fueran procesados por corrupción. Murió en su octavo parto.

Margarita de Parma (Oudenaarde 1522 - Ortona 1586) Hija natural de Carlos V y de Margarita van der Gheyst. Contrajo matrimonio con el duque Alejandro de Médicis y, al enviudar, con Octavio Farnesio (1537). Felipe II le confió el gobierno de los Países Bajos (1559). Sus intentos pacifistas fueron inútiles, por lo que fue sustituida por el duque de Alba y se retiró a Italia (1567). Hijo suyo fue Alejandro Farnesio.

Margarita de Saboya (? 1589 - ? 1655) Duquesa de Mantua (1608-12), por su matrimonio con Fernando IV de Gonzaga. Hija de Carlos Manuel de Saboya y de Catalina (hija de Felipe II), el conde-duque de Olivares le confió en 1634 el gobierno de Portugal; su gestión provocó un empeoramiento de las relaciones hispanolusitanas. En 1640, tras el asesinato de su colaborador Vasconcelos, fue obligada a retirarse a España.

Margarita Tudor (Westminster 1489 - Methven 1541) Reina de Escocia (1503-13) por su matrimonio con Jacobo IV. Era hija de Enrique VII de Inglaterra. A la muerte de su marido (1513), fue regente durante la minoría de edad de su hijo, el futuro Jacobo V.

margen *s. amb.* **1.** Franja de terreno que queda a uno u otro lado de un río, camino, etc. ‖ *s. m.* **2.** Espacio que queda en blanco alrededor de una página manuscrita o impresa, especialmente el de la derecha e izquierda. **3.** Nota o comentario que se escribe en ese espacio. **4.** Beneficio que se obtiene en una cosa que se vende, diferencia entre el precio de coste y el de venta de la misma. **5.** Corta diferencia, que se tolera o se prevé, entre la cifra dada en el cálculo de algo y la real. **6.** Motivo o pretexto para un acto o suceso. ‖ **7. margen de error** En estadística, grado de indeterminación de una magnitud calculada mediante muestreo estadístico. ‖ Loc. **a margen perdido** En imprenta, refiriéndose a una ilustración impresa, situarla de forma que ocupe todo el margen de la página. **al margen** *adv.* Indica que una persona o cosa está apartada, sin intervenir, en un asunto o negocio.

marginación *s. f.* **1.** Acción y efecto de marginar. **2.** Situación de las personas o grupos cuyo grado de participación en la vida social es escaso y que padecen rechazo y discriminación por parte de la sociedad a causa de su raza, conducta, pobreza, etc.

marginado, da **1.** *p. p.* de **marginar**. También *adj.* y *s.* ‖ *adj.* **2.** En bot., que presenta reborde.

marginador, ra *adj.* **1.** Que sirve para marginar. También *s.* ‖ *s. m.* **2.** En las máquinas de escribir, tope automático o ajustable a mano para que el carro se detenga en los puntos deseados.

marginal *adj.* **1.** Perteneciente o relativo al margen. **2.** Que está al margen de algún asunto. **3.** Secundario, poco importante. **4.** Se aplica a la personas que viven en situación de inferioridad con respecto al resto de los grupos sociales. **5.** Perteneciente o relativo a estas personas. **Fam.** Marginalidad.

marginalismo *s. m.* Corriente de pensamiento económico surgida en el último tercio del s. XIX y que toma como eje de sus análisis las motivaciones subjetivas de los individuos, medidas en función de la utilidad que les reporta la última unidad disponible de un bien. Los iniciadores de esta escuela fueron William Stanley Jevons, Carl Menger y Léon Walras, cuyos trabajos constituyen el fundamento de la llamada *economía neoclásica*. **Fam.** Marginalista.

marginar *v. tr.* **1.** Dejar de lado a una persona o cosa, apartarla a un segundo plano. **2.** Dejar márgenes en un escrito. **3.** Anotar en el margen de un escrito.

margoso, sa *adj.* Que contiene marga, roca sedimentaria.

margrave *s. m.* Título que se daba en el imperio germánico a los encargados del mando de las tropas, de la justicia y de la administración de una marca o provincia.

marguera *s. f.* Veta o cantera de marga.

Mari República autónoma de la Federación Rusa situada al NO de Moscú. 23.200 km^2. 750.000 h. en 1989. La capital es Joskar-Ola, con 242.000 h. en 1989. Su economía es básicamente agropecuaria y posee industria mecánica.

Mari Antigua ciudad de Oriente Medio, situada junto al río Eúfrates. Fue capital de un imperio que floreció entre el tercer y segundo milenio a. C.

maría[1] (del nombre propio *María*) *s. f. fam.* **1.** Mujer de la clase trabajadora, de poco nivel cultural. **2.** *fam.* Asignatura fácil de aprobar. **3.** Galleta redonda y plana.

maría[2] *s. f. vulg.* Marihuana*.

María Madre de Jesús de Nazaret, auténtica madre de Dios para la fe cristiana. Según los *Evangelios*, pertenecía a la familia de San Juan Bautista. Recibió la visita del arcángel San Gabriel, que le anunció que concebiría al hijo de Dios por obra y gracia del Espíritu Santo; se casó con San José, de la estirpe de David, y participó en todos los episodios de la niñez y juventud de Jesús: nacimiento, huida a Egipto, la búsqueda en el templo y las bodas de Canaán. Permaneció en el anonimato durante la vida pública de Jesús, para reaparecer en la pasión al pie de la cruz. La Iglesia católica considera dogmas de fe su concepción sin pecado original, su virginidad y su asunción al cielo, al tiempo que ve en ella a la madre de todos los creyentes y ejemplo extraordinario de la fe y confianza en Dios y de la entrega a su voluntad.

María Nombre de varias reinas de Aragón.

María de Castilla (Segovia 1401 - Valencia 1458) Reina de Aragón (1416-58) por su matrimonio con Alfonso V. Era hija de Enrique III de Castilla y gobernó el reino en las largas ausencias de su marido, obligado a permanecer en Nápoles. Realizó una política conciliadora con Castilla.

María Nombre de varias reinas de Castilla.

María de Molina (? h. 1265 - Valladolid 1321) Reina de Castilla (1284-95) por su matrimonio con Sancho IV. Fue regente del reino durante las minorías de edad de su hijo Fernando IV y su nieto Alfonso XI, épocas de gran inestabilidad por las luchas entre los nobles y la amenaza de los reinos vecinos. En ambas ocasiones, con el apoyo del pueblo y los concejos, desarrolló una hábil política que aseguró el gobierno del reino.

María de Portugal (? h. 1313 - Évora 1357) Reina de Castilla y León (1328-50) por su matrimonio con Alfonso XI. Fue postergada por su marido, que mantuvo en la corte a la favorita Leonor de Guzmán. Apoyó al partido francófilo castellano y casó a su hijo Pedro I con Blanca de Borbón. Al rechazar el rey la alianza francesa, la reina pidió a la nobleza que se sublevase contra su hijo. Pedro I venció y llevó a cabo la matanza de Toro (1356). María regresó a Portugal.

María de Aragón (? - Villacastín, Segovia 1445) Reina de Castilla (1420-45) por su matrimonio con Juan II. Era hija de Fernando de Antequera. Ayudó a sus hermanos, los infantes de Aragón, en su lucha con Álvaro de Luna, al que logró desterrar (1441).

María Nombre de varias reinas de España.

María Luisa Gabriela de Saboya (Turín 1688 - Madrid 1714) Reina de España (1701-14) por su matrimonio con Felipe V. Era hija de Víctor Amadeo II, duque de Saboya. Nombrada gobernadora del reino en la ausencia del rey, estuvo manejada por su camarera, la princesa de los Ursinos, y por el cardenal Portocarrero.

María Luisa de Parma (Parma 1751- Roma 1819) Reina de España (1788-1808) por su matrimonio (1765) con el príncipe Carlos, futuro Carlos IV. Fue una mujer intrigante y poco culta, que dominó siempre a su débil esposo, al que impuso como primer ministro a su amante Godoy.

María Cristina de Borbón (Palermo 1806 - Sainte-Adresse, Francia 1878) Reina de España (1829-1833) por su matrimonio con Fernando VII. Fue la cuarta esposa del rey y la que le dio su única heredera, la futura Isabel II, en un momento en el que los sectores absolutistas del país reclamaban la herencia de la corona para Don Carlos María Isidro. Fue regente entre 1833 y 1840, periodo en que hubo de hacer frente a la primera guerra carlista. Sus maniobras en contra de los liberales provocaron el descontento popular y la obligaron a renunciar a su cargo y a trasladarse a Francia en 1840. Desde allí conspiró contra Espartero y promovió el frustrado golpe de Diego de León (1841). Retornó a España en 1843 e intervino activamente en la política, al tiempo que realizaba turbios negocios que redujeron aún más su popularidad. Tras la revolución de 1854 tuvo que volver a Francia.

María Cristina de Habsburgo-Lorena (Gross-Seelowitz, Moravia 1858 - Madrid 1929) Archiduquesa de Austria y reina de España (1879-85) por su matrimonio con Alfonso XII. A los pocos meses de la muerte del rey dio a luz al futuro Alfonso XIII. Entre 1885 y 1902 ocupó la regencia, que desempeñó con prudencia y dentro de los límites de la legalidad constitucional, dejando plena libertad al turno de partidos acordado por Cánovas y Sagasta en el pacto del Pardo.

María Nombre de varias reinas de Francia.

María de Médicis (Florencia 1573 - Colonia 1624) Reina de Francia en 1600 por su matrimonio con Enrique IV. A la muerte de éste asumió la regencia (1610). Desarrolló una política favorable a la alianza con España, lo que provocó la reacción del heredero al trono, Luis XIII, que la hizo encerrar en 1617. Se escapó y se levantó en armas contra el rey en 1620, pero Richelieu consiguió que ambos se reconciliaran y la reina madre volviera a figurar en el Consejo del Reino. Chocó, sin embargo, muy pronto con el cardenal y hubo de exiliarse.

María Teresa de Austria (El Escorial, Madrid 1638 - Versalles 1683) Reina de Francia (1660-83) por su matrimonio con Luis XIV, concertado en la paz de los Pirineos (1659). Hija de Felipe IV de España, Luis XIV aprovechó sus derechos a la herencia española para intervenir en la disputa por la sucesión de Carlos II de España.

María Antonieta (Viena 1755 - París 1793) Reina de Francia (1774-92) por su matrimonio con el futuro Luis XVI. Hija de los emperadores austriacos Francisco I y María Teresa, fue una persona voluble y frívola, que ejerció gran influencia en

María Antonieta. Retrato de Elisabeth Vigée-Lebrun (Palacio de Versalles, Francia).

la vida política de la nación, apoyando siempre a los sectores más conservadores. Murió guillotinada diez meses después que Luis XVI, en el curso de la Revolución Francesa.

María Nombre de varias reinas de Gran Bretaña.

María I Tudor (Greenwich 1516 - Londres 1558) Reina de Inglaterra e Irlanda (1553-58) al heredar el trono de su hermanastro Eduardo VI. Era hija de Enrique VIII y Catalina de Aragón y abrazó el catolicismo de su madre, lo que la enfrentó a la nobleza. Se casó con el futuro rey de España Felipe II (1554), en un intento de afianzar el catolicismo en sus reinos; persiguió a los protestantes, por lo que fue apodada María la Sanguinaria.

María I Tudor. Retrato de Antonio Moro (Museo del Prado, Madrid).

María I Estuardo (Linlithgow 1542 - Fotheringay 1587) Reina de Escocia (1542-67). Sucedió a su padre Jacobo V. Se casó con el rey Francisco II de Francia en 1558 y, a la muerte de éste, en 1560, regresó a Escocia, donde hubo de hacer frente a una grave crisis política y religiosa. Fue una soberana autoritaria y ferviente partidaria del catolicismo, lo que provocó su enfrentamiento con la nobleza presbiteriana. Una sublevación general la expulsó del trono en 1567 y la obligó a abdicar en su hijo y refugiarse en la corte inglesa de Isabel I. Participó en una intriga contra la reina, por lo que fue condenada a muerte y decapitada.

María II Estuardo (Londres 1662 - íd. 1694) Reina de Inglaterra, Escocia e Irlanda al heredar el trono de su padre Jacobo II, obligado a abdicar por el Parlamento en 1689. Su esposo Guillermo de Nassau fue asociado al trono y se convirtió en el auténtico monarca con el nombre de Guillermo II.

María Nombre de varias reinas de Portugal.

María Ana Victoria de Borbón (Madrid 1718 - Lisboa 1781) Reina de Portugal (1750-77), por su matrimonio con el príncipe José, heredero del reino (1729). Era hija de Felipe V de España. Tuvo enfrentamientos con el ministro Pombal. Fue regente por enfermedad del rey (1776) y, tras la muerte de éste (1777), influyó sobre su hija María I para que destituyera al ministro Pombal.

María I de Braganza (Lisboa 1734 - Rio de Janeiro 1816) Reina de Portugal (1777-1816). Hija y sucesora de José I, casó con su tío, Pedro de Portugal, quien compartió el trono con el nombre de Pedro III. Destituyó al ministro Pombal. La muerte en poco tiempo de su esposo y de su hijo mayor la hizo enloquecer. Otro hijo suyo, Juan VI, se hizo cargo de la regencia (1792). Tras la invasión de Portugal por las tropas napoleónicas, huyó a Brasil.

María II de Braganza (Rio de Janeiro 1819 - Lisboa 1853) Reina de Portugal (1825-53). Su padre, Pedro I, emperador de Brasil, le cedió la corona portuguesa. Su tío Miguel le usurpó la corona (1828), pero fue repuesta en el trono por su padre (1833-34). Casó en segundas nupcias con Fernando de Sajonia-Coburgo-Gotha (1836), quien a la muerte de la reina fue regente durante la minoría de edad de Pedro V (1853-57).

María de Austria (Bruselas 1505 - Cigales 1558) Reina de Hungría (1522-26) por su matrimonio con Luis II, rey de Hungría y Bohemia. Hija de Felipe el Hermoso y Juana la Loca, quedó viuda en 1526 y su hermano Carlos V la nombró gobernadora de los Países Bajos (1531-55), donde siguió las directrices marcadas por el emperador.

María de Francia (segunda mitad del s. XII) Nacida en Normandía, sólo se sabe que vivió en la corte de Inglaterra, centro de irradiación de la cultura francesa, gracias a la protección de Leonor de Aquitania. Es autora de *Lais*, poemas narrativos sobre amor cortés con elementos fantásticos, inspirados en leyendas bretonas.

María de Padilla (? 1337 - Sevilla 1361) Aristócrata castellana. Fue la amante de Pedro I el Cruel, que se enamoró profundamente de ella y llegó a abandonar a su esposa Blanca de Francia, con la que se había casado por razones de Estado en 1353. Tras la muerte de María, el monarca declaró en las cortes de Valladolid de 1362 que se había casado en secreto con ella y legitimó a los cuatro hijos que habían tenido.

María Magdalena, Santa Penitente convertida por Jesús de Nazaret. Los *Evangelios* se refieren a tres personas que pueden ser identificadas con este nombre, pero la tradición cristiana las ha unificado en una. Fue testigo de numerosos episodios de la vida de Jesús, en el Calvario y después de su resurrección.

María Teresa (Viena 1717 - íd. 1780) Archiduquesa de Austria, emperatriz de Alemania (1740-80) y reina de Hungría (1741-80) y de Bohemia (1743-80). Heredó la corona de su padre Carlos VI en 1740 y hubo de defender sus Estados de Federico II de Prusia y Carlos Alberto de Baviera, que creyeron poder arrebatárselos fácilmente. Hizo coronar emperador a su marido Francisco I y participó en la guerra de Sucesión de Austria y en la de los Siete Años. Practicó un despotismo ilustrado que le permitió centralizar la administración, incrementar su autoridad y reorganizar el Ejército. A la muerte de su marido en 1765 se mantuvo en el poder junto al nuevo emperador, su hijo José II.

María Trinidad Sánchez Prov. de la República Dominicana. 1.310 km^2. 125.150 h. en 1990. La capital es Nagua con 21.000 h. en 1981. Su economía, fundamentalmente agraria, se basa en los cultivos de cacao, arroz, café, tabaco, coco y cereales. Otros de sus recursos son la ganadería, la explotación forestal y la pesca.

mariachi *s. m.* **1.** Música popular mexicana, muy alegre y bulliciosa, originaria de Jalisco. **2.** Conjunto instrumental que la ejecuta, formado por violines, arpa, dos trompetas, guitarras e instrumentos populares. **3.** Cada uno de los músicos de este conjunto.

Mariana Nombre de dos reinas de España.

Mariana de Austria (Viena 1634 - Madrid 1696) Reina de España (1649-65) por su matrimonio con Felipe IV. Era hija del emperador Fernando III. A la muerte de Felipe IV (1665), fue regente del reino durante la minoría de edad de Carlos II. Delegó el poder en sus validos Nithard y Valenzuela, hasta que se impuso el hijo bastardo de Felipe IV, Juan José de Austria (1675).

Mariana de Neoburgo (Düsseldorf 1667 - Guadalajara 1740) Reina de España (1689-1700) por su matrimonio con Carlos II, del que fue segunda esposa. Intervino en la política española en busca de beneficios personales y, cuando se supo que no tendría descendencia, vendió su influencia a bávaros y austriacos para favorecerles en la sucesión al trono de España. Fue desterrada por Felipe V en 1706.

Mariana, Juan de (Talavera de la Reina, Toledo 1536 - Toledo 1624) Historiador español. Ingresó en la Compañía de Jesús en 1554 y enseñó en la universidad de París. Escribió la *Historia general de España* (1592). En los últimos años de su vida fue nombrado cronista real por Felipe IV.

Marianas, fosa de las Fosa del océano Pacífico que rodea por el S y el E el archipiélago del mismo nombre. Su profundidad, de 11.034 m, es la máxima del planeta.

Marianas, islas Archipiélago del océano Pacífico occidental. 477 km^2. 21.900 h. en 1989. Constituye una comunidad asociada a EE UU desde 1978. Comprende 14 islas, las septentrionales volcánicas y, el resto, atolones; las mayores son Saipán, Tinián y Rota. La isla de Guam pertenece geográficamente al archipiélago, pero está excluida de la comunidad administrativa.

marianista *adj.* **1.** Se dice del miembro de la Compañía de María, congregación dedicada a la enseñanza, fundada en Burdeos por el padre Guillaume-Joseph Chaminade en 1817. También *s. m.* **2.** Perteneciente o relativo a esta congregación.

mariano, na *adj.* Perteneciente o relativo a la Virgen María y, particularmente, a su culto.

Marías, Julián (Valladolid 1914) Filósofo español. Fue discípulo de Ortega y Gasset, con quien fundó el Instituto de Humanidades en 1948. Su pensamiento se apoya en las ideas básicas de Ortega, que desarrolló y sistematizó de forma propia y personal. Entre sus obras más importantes destacan *Historia de la filosofía* (1941), *Introducción a la filosofía* (1947), *La escuela de Madrid* (1959) y *Antropología metafísica* (1970). Ha publicado también numerosos ensayos y artículos.

Mariátegui, José Carlos (Moquegua 1894 - Lima 1930) Político y escritor peruano. Fundador y secretario general del Partido Obrero-Campesino, pasó luego a militar en el APRA, con el que rompió en 1928 por considerar que sus tendencias reformistas no podían transformar la realidad americana. Tras ello participó en la creación del Partido Comunista Peruano. Se le tiene por uno de los primeros ensayistas latinoamericanos que utilizaron el método marxista. Su obra más importante es *Siete ensayos de interpretación de la realidad peruana* (1929).

Maribor C. de Eslovenia, situada a orillas del río Drave. 106.100 h. en 1981. Cuenta con industria mecánica, textil y del cuero, y es un importante núcleo de comunicaciones. Perteneció a Austria hasta 1919. Conserva una catedral gótica de los s. XII-XVI y un castillo de los s. XII-XVIII.

marica *s. m.* **1.** *fam.* Hombre homosexual o afeminado. ‖ *s. f.* **2.** *fam.* Urraca*, pájaro. **FAM.** Maricón.

Maricastaña Personaje proverbial que aparece en la locución **en tiempo** (o **tiempos**) **de Maricastaña**, hace muchos años, en tiempos muy antiguos.

mariconada *s. f.* **1.** *fam.* Acción propia del maricón. **2.** *fam.* Mala faena, jugada sucia. **3.** *fam.* Tontería, cosa sin importancia.

mariconera *s. f.* Bolso de mano masculino.

mariconería *s. f.* **1.** Cualidad de maricón. **2.** Mariconada.

maridaje *s. m.* **1.** Unión o correspondencia armoniosa entre dos o más cosas. **2.** Con sentido peyorativo, unión o alianza censurable.

maridar *v. intr.* **1.** Contraer matrimonio. **2.** Llevar vida matrimonial sin haberse casado. ‖ *v. tr.* **3.** Unir o enlazar cosas. También *v. prnl.*

marido *s. m.* Hombre casado, con respecto a su mujer.

marihuana *s. f.* Droga que se obtiene de las hojas del cáñamo índico *(Cannabis indica)* y que se fuma mezclada con tabaco. Tiene efecto euforizante y se la considera una droga blanda.

Marilia C. de Brasil, en el estado de São Paulo, al O de su capital. 103.900 h. en 1980. Es el centro de una importante región algodonera.

marimacho *s. m.* **1.** *fam.* Mujer que por su aspecto y sus modales parece un hombre. También *adj.* **2.** Lesbiana. También *adj.*

marimandón, na *adj.* Se dice de la persona dominante, a quien le gusta mandar. También *s.*

marimba *s. f.* **1.** Instrumento de percusión de origen africano; es una especie de xilófono, con tubos resonadores afinados bajo unas láminas de madera que son golpeadas con baquetas blandas. **2.** Especie de tambor usado por algunos pueblos africanos. **3.** *Arg., Par., Urug.* Paliza, zurra, castigo corporal.

marimorena *s. f. fam.* Riña, pelea con alboroto.

Marín C. de España, en la prov. de Pontevedra, situada en la ría del mismo nombre. 24.600 h. en

1990. Tiene agricultura, ganadería y actividad pesquera. Es sede de la Academia Naval Militar.

Marín Cañas, José (San José 1904 - íd. 1980) Escritor costarricense. Aunque su narrativa se encuadra en la corriente indigenista, con su denuncia social, por su estilo responde al realismo mágico. Algunas de sus novelas más características son *Infierno verde* (1935), *Pedro Arnáez* (1942) y *Tierra de conejos* (1971). Entre sus libros de cuentos destaca *Los bigardos del ron* (1929).

marina *s. f.* **1.** Conjunto de barcos de una nación. **2.** Conjunto de personas que sirven en ellos y su organización. **3.** Arte y ciencia de navegar. **4.** Zona de tierra junto al mar. **5.** Cuadro de tema marítimo. || **6. marina de guerra** Conjunto de barcos, aviones y personal de un Estado destinados a la guerra en el mar y a la vigilancia y defensa de sus costas. **7. marina mercante** Conjunto de barcos y personal de la marina civil, que realizan el transporte de mercancías y personas y de los que están excluidos los pesqueros y deportivos.

marine (voz ingl.) *s. m.* Soldado de infantería de marina de EE UU o del Reino Unido.

marinear *v. intr.* Trabajar como marinero.

Marineo Sículo, Lucio (Bidino, Sicilia 1460 - en España 1533) Humanista italiano. Nombrado capitán y cronista de la corte de Fernando el Católico, influyó en el renacimiento español. Escribió, entre otras obras, *De rebus Hispaniae memorabilibus* (1930), de carácter histórico.

marinería *s. f.* **1.** Conjunto de marineros de un barco. **2.** Profesión de marinero.

marinero, ra *adj.* **1.** Perteneciente o relativo a la marina y a los hombres que trabajan en ella o en un barco. **2.** Se dice de la embarcación que navega bien o de fácil manejo. || *s. m.* **3.** Hombre que trabaja en las faenas de manejo, limpieza, conservación, etc., de un barco. **4.** Hombre que sirve en el grado inferior de la marina de guerra. **5.** Hombre entendido en navegación. || *s. f.* **6.** Blusa, con cuello cuadrado por detrás, generalmente adornado con trencillas, como la que usan los marineros en su uniforme. ▪ También se llama *blusa marinera*. **7.** *Chile, Ec., Perú.* Baile popular que se acompaña con la guitarra, la caja y las palmadas de los espectadores. || **8. traje marinero** Traje parecido al de los marineros que usan a veces los niños o las mujeres. || **Loc. a la marinera** *adj.* y *adv.* Forma de cocinar algunos alimentos, en especial pescados, con una salsa hecha básicamente con agua, aceite, ajo, cebolla y perejil.

Marinetti, Filippo Tommaso (Alejandría, Egipto 1876 - Bellagio 1944) Escritor italiano. Fue el creador del futurismo, cuyos manifiestos publicó en 1909 y 1912. Escribió en francés e italiano obras teatrales, como *Rey Francachela* (1905) y *Volcanes* (1927); novelas, como *Mafarka el futurista* (1910); y poesía, como *Poemas simultáneos futuristas* (1933). En los últimos años de su vida vinculó el movimiento al fascismo de Mussolini.

Marini, Marino (Pistoia 1901 - Viareggio 1980) Escultor italiano. Su obra, originalmente realista y esquemática, evolucionó hacia un expresionismo dramático, con figuras de formas angulosas y superficie rugosa. Sus principales temas son las bailarinas, los desnudos femeninos y las figuras humanas a caballo. Entre sus esculturas merecen resaltarse *Jinetes* (1946) y *El guerrero* (1959-60). También esculpió excelentes retratos, como *Henry Miller* (1916) y *Henry Moore* (1962).

marinismo *s. m.* Estilo poético iniciado por el poeta italiano Giambattista Marino y que se caracteriza por la abundancia y, a veces, exageración y artificiosidad de las imágenes. Ha sido comparado al gongorismo y al preciosismo.

marinista *adj.* Se aplica al pintor de marinas. También *s.*

marino, na *adj.* **1.** Perteneciente o relativo al mar. || *s. m.* **2.** Persona que tiene un grado militar o profesional en la marina. **3.** Navegante, experto en navegación.

Marino, Giambattista (Nápoles 1569 - íd. 1625) Poeta italiano. Fue uno de los principales representantes del barroco italiano e iniciador del marinismo. Su obra se caracteriza por una gran elaboración de las rimas, los juegos de palabras y las imágenes, de las que en ocasiones recargó sus versos. En ella sobresalen *La lira* (1602-14), *La galería* (1620) y *Adonis* (1623).

Mariño, Santiago (isla Margarita h. 1788 - La Victoria 1854) Militar y político venezolano. Alistado desde 1812 en el ejército republicano, combatió junto a Simón Bolívar como jefe de Estado mayor en la decisiva batalla de Carabobo (1821). En 1834 los militares apoyaron su candidatura a la presidencia, pero no fue elegido. Se levantó en armas en 1835 y derrocó por poco tiempo al presidente Vargas.

Mario, Cayo (Cereatae, Arpino 157-Roma 86 a. C.) Militar y político romano. Miembro de una familia no senatorial, estaba dotado de gran talento para la guerra, como demostró con sus triunfos contra Yugurta (105 a. C.) y los invasores cimbrios y teutones (102 - 101 a. C.). Profesionalizó el Ejército y fue siete veces cónsul, la última de ellas en el año 86 a. C. Rival de Sila, tuvo que huir de Roma y trasladarse a África. A su retorno, y apoyado por el Partido Popular, desató una sangrienta represión contra los partidarios de Sila.

mariología *s. f.* Parte de la teología católica que estudia la figura de la Virgen María.

marioneta *s. f.* **1.** Figurilla o muñeco articulado movido por medio de hilos. **2.** Persona de poco carácter que es manejada por otra. || *pl.* **3.** Representación teatral con estos muñecos.

Mariotte, Edmé (Dijon 1620 - París 1684) Físico francés. Contemporáneo del físico inglés Robert Boyle, descubrió, igual que hiciera éste, la ley de la presión de los gases que lleva el nombre de ambos.

mariposa *s. f.* **1.** Nombre común de la fase adulta o imago de más de 100.000 especies de insectos lepidópteros comprendidos en numerosas familias y géneros. Se caracterizan por presentar dos pares de alas membranosas cubiertas de escamas microscópicas, con todo tipo de colores, muchos de ellos de gran vistosidad. Se alimentan del néctar de las flores, que absorben a través de una larga lengua llamada *espiritrompa*. En estado de larva suelen vivir varios meses, alimentándose de plantas, mientras que en estado adulto su vida es muy breve. Habitan en todos los continentes, aunque las especies de mayor tamaño y belleza viven en las regiones ecuatoriales. **2.** Ave paseriforme de la familia ploceidos, especie *Passerina ciris*. De unos 13 cm de longitud, tiene un plumaje de colores vivos y un agradable canto. Habita en América del Norte y Central. **3.** Lamparilla*, mecha y recipiente. **4.** Tuerca con dos aletas que puede enroscarse con los dedos. **5.** Llave, generalmente de forma elíptica, que cierra una tubería. **6.** Llave o válvula del carburador de un automóvil que, accionada con el pedal del acelerador, regula la entrada de los gases en los cilindros. **7.** En natación, estilo y modalidad en el que los brazos y hombros son proyectados a un mismo tiempo hacia delante, descansando el pecho sobre la superficie del agua y, casi simultánea y simétricamente, los brazos son echados hacia atrás; a su impulso se añade el de las piernas y los pies. También *adj.* || *s. amb.* **8.** *fam.* Homosexual o afeminado.

mariposear *v. intr.* **1.** Cambiar frecuentemente de gustos, propósitos, costumbres, relaciones, etc. **2.** Ir de un lado para otro, sin fijeza. **3.** Andar alrededor de alguien buscando su trato, especialmente por coqueteo o flirteo. **Fam.** Mariposeador, mariposeo.

mariposón *s. m.* **1.** *fam.* Hombre inconstante y frívolo, especialmente en sus amores. **2.** *fam.* Individuo que anda insistentemente alrededor de alguien. **3.** *fam.* Homosexual o afeminado.

mariquita *s. f.* **1.** Nombre común de numerosos insectos coleópteros de la familia coccinélidos, géneros *Coccinella, Subcoccinella, Coccidula, Rhyzobius* y otros. Tienen forma generalmente ovalada, con dos alas y dos élitros de color rojo o amarillo, manchados de puntos negros. Se alimentan de pulgones y de las larvas de éstos. Cuando se las manipula exudan una sangre acre muy olorosa. La especie más común es la *Coccinella septempunctata*, de unos 7 mm de longitud y con siete puntos negros sobre sus élitros rojos. **2.** Perico, loro*. || *s. m.* y *f.* **3.** *fam.* Hombre homosexual o afeminado.

marisabidilla *s. f. fam.* Mujer que presume de lista.

mariscada *s. f.* Comida a base de mariscos variados.

mariscador, ra *adj.* Se dice de la persona que se dedica a mariscar. También *s.*

mariscal *s. m.* **1.** En algunos ejércitos, una de las más altas graduaciones. **2.** Antiguamente, oficial encargado de alojar la caballería. Pasó a ser un título de nobleza hereditario. || **3. mariscal de campo** En algunos países, grado superior del ejército. **4. mariscal de Francia** General en jefe del ejército francés.

mariscalato o **mariscalía** *s. m.* o *s. f.* Dignidad o cargo de mariscal.

mariscar *v. intr.* Recoger marisco. También *v. tr.* ▪ Se conjuga como *sacar*.

marisco *s. m.* Nombre genérico de numerosos animales invertebrados marinos comestibles. Entre ellos destacan crustáceos como la gamba y el langostino y moluscos como la ostra, la almeja y la navaja. Son muy apreciados en gastronomía.

marisma *s. f.* Terreno bajo e inundado por aguas empantanadas. Su vegetación típica es de juncos, eneas y juncias, así como de árboles alisos y sauces. También suele tener una rica fauna. Cuando está inundado por el mar se llama *marisma salada*.

Diversas especies de mariposas.

marismeño, ña *adj.* **1.** Perteneciente o relativo a la marisma o propio de ella. **2.** Que vive en una marisma. También *s.*

marisquero, ra *adj.* **1.** Perteneciente o relativo a los mariscos. || *s. m.* y *f.* **2.** Persona que pesca o vende marisco. || **3. salsa marisquera** La preparada a base de mayonesa, catchup y otros ingredientes y que se sirve con pescados o mariscos.

marista *adj.* **1.** Se dice del miembro del Instituto de los Hermanos Maristas, fundado por el beato Marcellin Champagnat, en 1817, en Francia, para la educación de la juventud. También *s. m.* **2.** Se dice del miembro de la congregación Sociedad de María, fundada por el abate Jean Claude Colin en Lyon, en 1822, dedicada a la enseñanza, a parroquias pobres y a las misiones, y de las Misioneras de la Sociedad de María. También *s.* **3.** Perteneciente o relativo a estas congregaciones.

Maritain, Jacques (París 1882 - Toulouse 1973) Filósofo francés. Fue embajador de Francia en la Santa Sede y docente en diversas universidades francesas y estadounidenses. Discípulo de Bergson, es el principal representante del neoescolasticismo. Su pensamiento parte de la doctrina de Santo Tomás para establecer una metafísica cristiana que demuestre la primacía del ser sobre el pensar, rechazando la filosofía idealista. Entre sus principales ensayos cabe mencionar *Religión y cultura* (1930), *Los grados del saber* (1932), *Humanismo integral* (1936) y *Filosofía moral* (1960).

marital *adj.* Perteneciente o relativo al marido o a la vida matrimonial.

maritatas *s. f. pl. And., Amér. C.* Trastos, cachivaches.

marítimo, ma *adj.* **1.** Perteneciente o relativo al mar. **2.** Que está cercano al mar.

Mariúpol Nombre de la ciudad de **Zhdanov**.

Marivaux, Pierre Carlet de Chamblain de (París 1688 - íd. 1763) Dramaturgo y novelista francés. Brillante frecuentador de los salones literarios, alcanzó fama como comediógrafo. Escribió comedias de costumbres, filosóficas, satíricas, etc., pero las más famosas son las de psicología amorosa, donde aúna ingenio y sensibilidad. De su extensa producción pueden citarse *La sorpresa del amor* (1722), *La isla de los esclavos* (1725), *La colonia* (1729), *El juego del amor y del azar* (1730), *El triunfo del amor* (1732) y *Las falsas confidencias* (1737). También escribió novelas, como *La vida de Marianne* (1731-41) y *El campesino enriquecido* (1736).

marjal[1] (del ár. *mary*, pradera) *s. m.* Terreno bajo y pantanoso.

marjal[2] (del ár. *marya*, medida agraria) *s. m.* Medida agraria equivalente a 5 áreas y 25 centiáreas.

Mark Twain Véase **Twain, Mark**.

marketing (voz ingl.) *s. m.* En econ., conjunto de técnicas, y especialmente estudio del mercado, que tratan de favorecer la comercialización de un producto o servicio. Se llama también *mercadotecnia*.

markka *s. m.* Unidad monetaria de Finlandia.

Marlborough, John Churchill, duque de (Musbury, Devonshire 1650 - Cranbourn Lodge, Windsor 1722) Militar británico. Destacado personaje en la corte de Jacobo II, fue paulatinamente separándose del rey hasta tomar partido por Guillermo de Orange. Durante los primeros años de gobierno de la reina Ana (1702-14), ejerció una gran influencia política y dirigió los ejércitos de tierra en la guerra de Sucesión española, en la que obtuvo resonantes victorias. Posteriormente cayó en desgracia y se exilió al continente. Con la llegada de la dinastía Hannover al trono británico recuperó sus títulos y regresó a Inglaterra, aunque quedó ya marginado de la vida política. En España es conocido popularmente por el nombre de *Mambrú*.

Marley, Robert Nesta, llamado **Bob** (Rhoden Hall 1944 - Miami 1981) Músico jamaicano. Principal representante de la música *reggae*, sus canciones han influido decisivamente en el rock de los años ochenta. Es autor de grabaciones como *Natty dread* (1974), *Survival* (1979) y *Uprising* (1981).

marlo *s. m. amer.* Espiga de maíz desgranada.

Marlowe, Christopher (Canterbury 1564 - Deptford, Londres 1593) Escritor inglés. Fue, junto con Shakespeare, uno de los principales representantes del teatro isabelino. Tuvo una vida breve y agitada, y murió apuñalado en una taberna. Entre sus obras dramáticas sobresalen *Tamerlán el grande* (1587), *La trágica historia del doctor Fausto* (1588), que sirvió de inspiración a Goethe, *Eduardo II* (1592) y *La matanza de París* (1593).

Mármara, mar de Mar del Mediterráneo, situado entre Europa y Asia Menor. 11.000 km^2 de extensión. Se encuentra entre el estrecho de los Dardanelos, que lo une al mar Egeo, y el estrecho del Bósforo, que lo comunica con el mar Negro.

marmita *s. f.* **1.** Olla de metal con la tapadera ajustada. **2.** Recipiente donde comen los soldados en campaña. || **3. marmita de gigante** Cavidad, más o menos circular, abierta en el lecho de un río o torrente por el rápido movimiento de rotación de los cantos rodados. Se denomina también *pilancón*.

marmitako (voz vasc.) *s. m.* Guiso marinero de bonito con patatas.

marmitón *s. m.* Ayudante de cocina.

mármol *s. m.* **1.** Roca metamórfica no orientada, de textura cristalina y compacta, compuesta fundamentalmente por calcita y dolomita. Si procede de calcita pura, tiene un color completamente blanco; cuando contiene impurezas minerales, presenta colores y vetas muy variados. Los principales yacimientos se encuentran en Carrara (Italia), Grecia, EE UU y España (en Macael, Almería). Se emplea en construcción, en ornamentación y como material para escultura. **2.** Obra escultórica de mármol.

Mármol, José (Buenos Aires 1817 - íd. 1871) Poeta y novelista argentino. Su obra más destacada es la novela *Amalia* (1851), una historia de amor ambientada en la época del dictador Rosas, en la que expone sus ideas unitarias, opuestas al federalismo del gobierno. En poesía sobresale *Cantos del peregrino* (1844).

marmoleño, ña *adj.* Marmóreo*.

marmolería *s. f.* **1.** Taller donde se trabaja el mármol. **2.** Conjunto de piezas de mármol de un edificio.

marmolillo *s. m.* **1.** Guardacantón*, poste de piedra. **2.** *fam.* Persona torpe, dura de mollera.

marmolina *s. f. Arg.* Mármol artificial.

marmolista *s. m.* Persona que trabaja el mármol y comercia con él.

marmóreo, a *adj.* **1.** De mármol. **2.** Parecido al mármol en alguna de sus cualidades.

marmota *s. f.* **1.** Nombre común de diversas especies de mamíferos roedores de la familia esciúridos, género *Marmota*. La marmota común *(Marmota marmota)* mide aproximadamente 75 cm de largo, de los que 20 corresponden a la cola, y tiene la cabeza grande, las orejas pequeñas, el pelaje espeso y las uñas curvas y fuertes. Son de costumbres nocturnas e hibernan en los meses fríos. Habitan en las regiones septentrionales de América, Europa y Asia. Su piel es muy apreciada. **2.** *fam.* Persona que duerme mucho. **3.** *fam.* Muchacha de servicio doméstico.

Marmota (Marmota marmota).

marmullar *v. intr.* Refunfuñar, rezongar.

Marne 1. Río de Francia, situado en el NE del país. 525 km de longitud. Nace en la meseta de Langres, discurre hacia el O y desemboca en el Sena, en París. En parte está canalizado y es navegable.
2. Departamento de Francia, situado en el N del país, al E de París. 8.162 km^2. 556.900 h. en 1990. La capital es Châlons-sur-Marne, con 51.150 h. en 1982. Comprende dos comarcas, la meseta del alto Brie, con cultivos de trigo y remolacha, ganadería y bosques; y el valle del Marne, que forma parte del viñedo de Champagne y cuenta con ganado ovino y vacuno e industria maderera, textil, constructora y de elaboración de vinos de champán.

Marne, batallas del Conjunto de batallas libradas por los ejércitos francés y alemán en el río Marne durante la Primera Guerra Mundial. En la primera de ellas (1914), el general francés Joffre frenó la ofensiva alemana, que pretendía derrotar y anular a Francia en los primeros compases del conflicto. En la segunda (1918), conocida también como *batalla de Château-Thierry*, los aliados frenaron el avance alemán, contraatacaron y obligaron al enemigo a cruzar el río, en una acción que resultó de gran importancia para el desarrollo final de la guerra.

marojal *s. m.* Terreno poblado de marojos.

marojo[1] *s. m.* **1.** Hojas inútiles que se quitan de las plantas y sólo se aprovechan para el ganado. **2.** Rebollo*.

marojo[2] (del ár. *muluja*, malva viscosa) *s. m.* Planta parásita del olivo, chopo y espino, muy parecida al muérdago, pero con bayas rojas.

maroma *s. f.* **1.** Cuerda muy gruesa de esparto, cáñamo u otras fibras vegetales o sintéticas. **2.** *amer.* Función o espectáculo de acróbatas. Se usa mucho en *pl.* **3.** *amer.* Cambio de bando o de partido según las conveniencias.

maromo *s. m. fam.* **1.** Individuo, fulano. **2.** *fam.* Novio, esposo o amante.

maronita *adj.* **1.** Se dice de los miembros de las comunidades cristianas orientales de Siria y Líbano, unidas a Roma desde 1736, pero que conservan su liturgia propia. También *s.* **2.** Perteneciente o relativo a estas comunidades.

Maroto, Rafael (Lorca 1783 - en Chile 1847) Militar español. Combatió en la guerra de Independencia española contra los ejércitos napoleónicos y en la guerra de independencia de Chile, donde fue derrotado en Chacabuco (1817). En las guerras carlistas combatió contra los liberales en favor del pretendiente Carlos. En 1838 fue nombrado jefe supremo del ejército. Un año después, y ante la desmoralización de sus tropas y la crisis política del bando carlista, entabló conversaciones de paz, concluidas con el general Espartero en el convenio de Vergara. Tras ello fue incorporado al ejército isabelino con el grado de capitán general.

marqués, quesa *s. m.* y *f.* **1.** Título de nobleza, inferior al de duque y superior al de conde. **2.** Persona que procura vivir con mucha comodidad y refinamiento. || *s. m.* **3.** En la Edad Media, jefe o señor de una marca o territorio fronterizo. || *s. f.* **4.** Esposa de un marqués.

Marqués, René (San Juan 1919 - íd. 1979) Escritor y político puertorriqueño. Defensor de la autonomía para Puerto Rico, vertió su ideología en piezas teatrales alegóricas. Entre sus obras destacan *La carreta* (1952), *Otro día nuestro* (1956), *La muerte no entró en palacio* (1957), *La víspera del hombre* (1959), y *En una ciudad llamada San Juan* (1960).

marquesado *s. m.* **1.** Título de marqués. **2.** Territorio gobernado por un marqués o propiedades pertenecientes a éste.

Marquesas, islas Archipiélago del océano Pacífico meridional, situado en el E de la Polinesia Francesa. 1.274 km^2. 6.500 h. en 1983. Comprende dos grupos de islas, de origen volcánico y muy montañosas: el del NE, en que la principal es Nuku-Hiva, y el del SE, en que la mayor es Hiva-Oa, en la que se halla la capital Atuana. Sus recursos económicos son fundamentalmente agrícolas: árbol del pan, cocoteros, plátanos y tubérculos. Administrativamente pertenecen a la Polinesia francesa. Fueron descubiertas por Álvaro de Mendaña en 1595 y visitadas por Cook en 1774. Marchand tomó posesión de ellas en nombre de Francia en 1791. Desde 1974 poseen un estatuto de autonomía.

marquesina *s. f.* Cubierta colocada sobre una entrada, andén, parada de autobús, terraza, etc., para resguardarlos de la lluvia.

marquetería *s. f.* **1.** Trabajo artístico que consiste en introducir en tablas y planchas de madera otros materiales, como marfil, nácar, metales, etc. **2.** Arte de realizar dibujos y calados en chapa de madera con una sierra especial llamada *segueta.*

Márquez, José Ignacio de (Ramiriquí, Boyacá 1793 - Bogotá 1880) Político y jurista colombiano. Presidente del congreso de Cúcuta (1821), en que se creó la Gran Colombia, y de la convención de Ocaña (1828), fue vicepresidente de la república con el general Santander (1835) y presidente (1837-41). Promulgó un código penal y tuvo que enfrentarse a la rebelión del general Obando.

Márquez Bustillos, Victoriano (Guanare 1858 - Caracas 1941) Político venezolano. Participó en la revolución que trajo la dictadura de Joaquín Crespo (1892). Fue gobernador de Caracas, ministro de Guerra y Marina y presidente provisional de la república (1915-22), bajo la sombra de Gómez.

Marquina, Eduardo (Barcelona 1879 - Nueva York 1946) Escritor español. Se inició como poeta modernista en *Églogas* (1902) y *Elegías* (1905), aunque más tarde evolucionó hacia un estilo menos formalista, del que es buena muestra *Tierras de España* (1914). Autor también de novelas, debe sin embargo su fama a sus dramas históricos en verso, entre los que destacan *Las hijas del Cid* (1908), *En Flandes se ha puesto el sol* (1910) y *El Gran Capitán* (1916).

marquista[1] *s. m.* y *f.* Propietario de una marca de vino que se dedica a su comercio sin tener una bodega.

marquista[2] *s. m.* y *f.* Persona que tiene el oficio de hacer marcos y molduras.

marra[1] (de *marrar*) *s. f.* Falta o hueco en una sucesión de cosas, aplicada especialmente a los de una hilera de viñas, olivos, etc.

marra[2] (del lat. *marra*) *s. f.* Mazo para romper piedras.

marrajo, ja *adj.* **1.** Se dice de la persona astuta, difícil de engañar y que ordinariamente actúa con mala intención. También *s.* **2.** Se dice del toro traicionero, que embiste con malicia. También *s.* ‖ *s. m.* **3.** Nombre común de diversas especies de peces seláceos, de las familias lámnidos -también llamada *isúridos*-, géneros *Isurus* y *Lamma*, y cetorrínidos, género *Cetorhinus.* Es un tiburón que mide unos 4 m de longitud, aunque el marrajo gigante o peregrino *(Cetorhinus maximus)* llega a alcanzar los 15 m, tiene hocico alargado, cuerpo fusiforme de color gris azulado o gris oscuro y cola en forma de media luna. Vive en el mar Mediterráneo y en las zonas cálidas del océano Atlántico. Algunas especies son peligrosas para el hombre.

Marrakech (*Marrakus*) C. de Marruecos, situada al pie del Tubkal, en el N del sector occidental del Atlas. 439.700 h. en 1982. Es el centro comercial de la población nómada de su región. Posee industria textil, del cuero y alimentaria. Fundada en 1062, fue el foco desde el que los almorávides conquistaron Marruecos. La ciudad, de cuyo nombre los europeos hicieron derivar el del país, conoció un gran esplendor en la época almohade, a la que pertenece la mezquita de Kutubiyya, una de las cumbres de la arquitectura islámica de Occidente.

marranada *s. f.* Guarrería, guarrada.

marranear *v. tr.* Ensuciar.

marranería *s. f.* Marranada*.

marrano, na *s. m.* y *f.* **1.** Cerdo. También *adj.* **2.** Nombre dado al judío convertido al cristianismo que seguía practicando su religión en secreto.

marrar *v. tr.* **1.** Equivocarse, fallar. También *v. intr.* **2.** Desviarse de lo que es recto y justo.

marras, de *loc. adj.* Se aplica a una persona o cosa para expresar que es bien conocida de todos.

marrasquino *s. m.* Bebida alcohólica preparada con cierta variedad de cerezas amargas y mucho azúcar.

marro *s. m.* **1.** Juego en el que, distribuidos los jugadores en dos bandos y dejando suficiente espacio en medio, cada participante trata de atrapar a un jugador contrario que sale al campo. **2.** Juego que consiste en derribar un bolo u otra cosa, lanzando el marrón. **3.** Movimiento rápido del cuerpo que se hace para esquivar algo o para no ser atrapado. **4.** Equivocación, falta.

marrón[1] (de *marrar*) *s. m.* Piedra con que se juega al marro.

marrón[2] (del fr. *marron*) *adj.* **1.** Se aplica al color parecido al de la cáscara de la castaña y a las cosas que lo tienen. También *s. m.* ‖ *s. m.* **2.** *fam.* Cosa desagradable o molesta. ‖ **3. marrón glacé** Castaña cocida y cubierta de una capa de azúcar. ‖ **Loc. pillar de marrón** a alguien En argot, pillarle in fraganti.

marronazo *s. m.* Acción de marrar alguna suerte del toreo, principalmente la de varas el picador, cuando la pica resbala por el lomo del toro.

marroquí *adj.* **1.** De Marruecos. También *s.* ‖ *s. m.* **2.** Tafilete, piel de cabra curtida muy fina y flexible.

Marroquín, José Manuel (Bogotá 1827 - íd. 1908) Político y escritor colombiano. Vicepresidente del país en 1898, asumió ese mismo año la presidencia de forma provisional, desde la que practicó una política de conciliación. En 1900, en medio de un duro enfrentamiento civil, depuso al presidente Sanclemente y ocupó la primera magistratura hasta 1904. Durante su mandato rompió relaciones con Venezuela, se enfrentó a la hostilidad de EE UU y no pudo evitar la desmembración del país, al independizarse Panamá en 1903. Como escritor, publicó novela (*Blas Gil, Entre primos*), poesía, ensayos lingüísticos (*Diccionario ortográfico, Retórica y poética*) e históricos.

marroquinería *s. f.* **1.** Industria de los artículos de piel o de imitación de ésta. **2.** Conjunto de estos artículos. **3.** Taller donde se fabrican o tienda donde se venden.

marroquinero, ra *s. m.* y *f.* Persona que trabaja en marroquinería.

marrubial *s. m.* Terreno poblado de marrubios.

marrubio *s. m.* Planta herbácea de la familia labiadas, especie *Marrubium vulgare.* Alcanza entre 25 y 60 cm de altura, tiene hojas redondeadas, flores blancas en espiga, con un fuerte olor a almizcle, y fruto seco con semillas menudas. Crece en toda Europa y se utiliza en farmacia por sus propiedades expectorantes y beneficiosas para el estómago.

Marruecos (*al-Magrib*) Estado del NO de África.

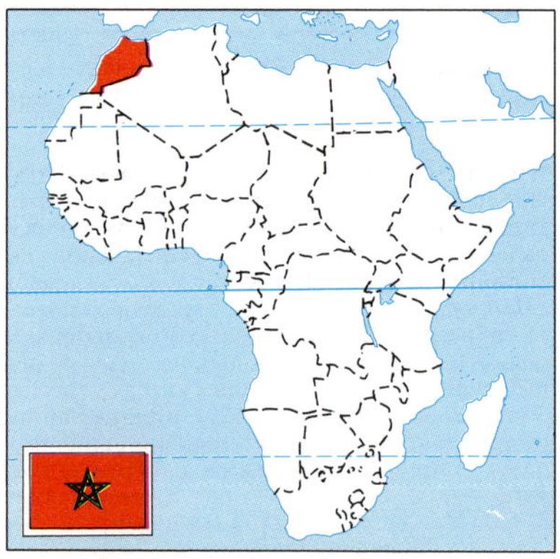

Extensión: 458.730 km^2.
Límites: al N, con el mar Mediterráneo; al E, con Argelia; al S, con Argelia y Mauritania, y al O, con el océano Atlántico.
Población: 25.113.000 h. en 1990.
Densidad: 54,7 h./km^2.
Capital: Rabat.
División administrativa: 36 provincias y 6 prefecturas.
Ciudades principales: Casablanca, Fez, Marrakech, Salé, Meknés, Tánger, Oujda.
Gentilicio: marroquí.
Forma de Estado: monarquía.
Idioma: árabe.
Religión: islamismo, 98,7 %; cristianismo, 1,1 %.
Moneda: dirham marroquí.
Tasa de natalidad: 35 ‰ en 1990.
Tasa de mortalidad: 10 ‰ en 1990.
Renta per cápita: 900 dólares en 1989.

Geog. física Marruecos tiene un relieve montañoso, cuyo principal elemento es el macizo del Atlas, que recorre el país de SO a NE y consta de tres cordilleras, que son, de N a S, el Atlas Medio, el Alto Atlas, donde se hallan las mayores alturas -el Tubkal (4.165 m) y el M'Goun (4.071 m)-, y el Antiatlas. Al N de este macizo, sobre la costa mediterránea, se alza la cadena del Rif o Atlas Mediterráneo, al O la meseta marroquí y al S el desierto presahariano. Los ríos nacen en la región del Atlas y desembocan en las llanuras litorales del Atlántico, como el Draa, Sous, Tensift, Oum-er-Rebia y Sebu; y del Mediterráneo, como el Muluya. El clima es mediterráneo o semidesértico y la cadena del Atlas hace de escudo entre las regiones húmedas del N y las desérticas del S. La vegetación va degradándose de N a S y pasa del bosque de encina y pino al matorral y la estepa xerófila, aunque en las cumbres del Atlas se llega al piso alpino y subalpino.

Geog. humana y ***económica*** La población se concentra en las regiones costeras, donde están las grandes ciudades, y está formada por beréberes, árabes, moros, judíos y negros. La economía es fundamentalmente agrícola, pesquera y minera. Se cultiva cebada, trigo, maíz, frutas y hortalizas, tabaco, agrios, vid y olivo (séptimo productor mundial). La pesca se practica principalmente en el Atlántico; en 1988 se desembarcaron 551.400 toneladas. La minería extrae hierro, manganeso, cobalto, antimonio, plomo, cinc, estaño, cobre y, en la región del Sáhara, fosfatos, de los que Marruecos es el tercer productor mundial y el primer exportador. El país cuenta asimismo con ganadería ovina, caprina y bovina, con industria del azúcar, cemento y cigarrillos, textil, metalúrgica, química, de neumáticos y cerveza, y con un sector turístico en crecimiento.

Hist. **la antigüedad** La región noroccidental de África fue poblada en torno al s. III a. C. por pueblos de los que proceden los actuales beréberes. En la antigüedad recibió asentamientos fenicios y posteriormente fue dominada por el imperio cartaginés. Después de las guerras púnicas fue anexionada por Roma en el año 42 a. C. y constituyó la provincia Mauritania Tingitana. Tras la caída del imperio romano de Occidente la región fue asolada por los vándalos en su paso hacia la Cartaginense.

el Islam En el año 702 Musa ibn Nusayr la conquistó para el Islam. Movimientos jariyíes la independizaron del califato de Bagdad y en el año 788 fue dominada por la dinastía idrisí, que instaló su capital en Fez. En el 829 el país fue dividido en principados beréberes hasta el año 1050 en que, conquistado por Yusuf, fue incluido en el estado almorávide. En 1130 fue nuevamente unificado por los almohades de Abd al-Muhmín. El país recibió en esta época la influencia cultural de al-Ándalus. En 1420, tras una nueva época de disgregación, Marruecos quedó bajo la tutela de los sultanes watasíes.

la colonización europea En el s. XV comenzó la intervención de Portugal (conquista de Ceuta en 1415 y de Tánger en 1417) y de España (conquista de Melilla en 1497). En 1578 al-Mansur reunificó el país. En 1672 se instalaron los alawíes o alauitas, bajo el mando de Mulay Ismail. A finales del s. XIX las principales potencias europeas empezaron a demostrar su interés por controlar Marruecos. La conferencia de Algeciras (1906) convirtió el país en una zona internacional, aunque finalmente fueron España y Francia los que se repartieron la zona. Los españoles establecieron sus bases en las regiones costeras, mientras que los franceses, pese a la oposición alemana, penetraron hacia el interior. Los límites del reparto quedaron definitivamente establecidos en 1912, y España obtuvo el protectorado de la región norteña del Rif y de las meridionales de Ifni y Tarfaya. La ocupación franco-española hubo de hacer frente a la rebelión de Abd-el-Krim en el Rif, que no fue sofocada hasta 1926.

la independencia Los movimientos independentistas se intensificaron en la década de los treinta. En 1943 se creó el Istiqlal (Partido de la Independencia) y en 1946 el Partido Democrático de la Independencia. En 1947 el nuevo sultán, Muhammad V, exigió la independencia del país, al tiempo que estallaban manifestaciones y protestas. Francia endureció su política y obligó al sultán a abdicar, pero la situación no hizo sino agravarse y Muhammad V pudo retornar en 1955. Al año siguiente, franceses y españoles concedieron la independencia al país, que en 1957 adoptó la monarquía como fórmula de Estado.

Marruecos: vista de la ciudad de Marrakech.

España conservó en su poder Ifni, el Sáhara occidental, Ceuta y Melilla.

reinado de Hassan II A la muerte de Muhammad V en 1961 subió al trono su hijo Hassan II. Las buenas relaciones entre el nuevo monarca y el Istiqlal concluyeron en 1962. El triunfo en las elecciones de 1963 del nuevo partido gubernamental FDIC (Frente para la Defensa de las Instituciones Constitucionales) fue considerado fraudulento por la oposición, y especialmente por la UNFP (Unión Nacional de Fuerzas Populares) de Ben Barka, lo que se tradujo en un clima de agitación social que el monarca intentó cortar con la proclamación entre 1965 y 1970 del estado de excepción. En 1965 Ben Barka fue asesinado en París. La crisis alcanzó su punto más grave con el intento de golpe militar en 1971 y el atentado contra el monarca en 1972, dirigido por el ministro del Interior Ufkir. Hassan buscó y, en parte, halló la solución al malestar interior a través de una política exterior centrada en la reivindicación del Sáhara español, en la que fue apoyado por todos los partidos. En 1975, tras la espectacular marcha verde, España entregó sus posesiones saharianas a Marruecos y Mauritania. Dos años más tarde, la oposición entraba de nuevo a formar parte del gobierno y consolidaba de esta forma la figura del monarca. En 1979, Mauritania entregó a Marruecos su parte del Sáhara español. La principal consecuencia exterior de la política sahariana de Hassan fue la guerra con el Frente Polisario, que recibió el apoyo de Argelia. En 1981, Marruecos aceptó la propuesta de la ONU de celebrar un referéndum en la región, pero la medida tardó en aplicarse. En 1984 comenzó una mejoría de las relaciones argelino-marroquíes, que trajo consigo una aproximación entre las tesis de Hassan y las del Polisario, aunque no el cese de las hostilidades. Marruecos, principal aliado de las potencias occidentales en el N de África, reclamó también la soberanía de Ceuta y Melilla. Cuando en este mismo año la República Árabe Saharaui Demócrata ingresó en la OUA (Organización para la Unión Africana), Marruecos se retiró de este organismo. En 1992 se convocó un referéndum para decidir sobre la independencia del Sáhara.

Arte Las primeras manifestaciones artísticas se remontan a la época de la colonización romana, que dejó su huella en ciudades como Tamuda, Lixus y Volubilis, esta última enriquecida con templos, termas, acueducto y mansiones decoradas con mosaicos y esculturas. Su arquitectura, en general, siguió las pautas del arte andalusí cordobés. Dos son las ciudades más representativas artísticamente, Fez y Marrakech. En la primera merecen destacarse la mezquita de Qarawiytin (s. VIII), varias madrasas (de los s. XIV a XVI) y el recinto amurallado. En Marrakech la dinastía almohade propició el desarrollo de la creatividad indígena, que se manifestó en la construcción de la Alhambra, de la cual se conservan sólo los muros. También en esta ciudad se construyó la mezquita de Kutubiyya y el palacio alBadi. En Rabat quedan algunos restos de este arte musulmán, entre los cuales sobresalen la mezquita de Hasan (s. XII), palacetes, quioscos y una muralla. En cuanto a las artes menores, merecen especial mención el tapiz con decoración geométrica, propio de las tribus beréberes, y el tapiz de temas florales confeccionado en Rabat. Muy importante también fue la cerámica, y prueba de ello es la presencia de azulejería en todas las mezquitas. Sin embargo, la artesanía tradicional que ha pervivido hasta nuestros días es el trabajo del cobre.

Marruecos, guerra de Conjunto de campañas militares realizadas por el ejército español para pacificar el protectorado de Marruecos entre 1909 y 1927. La zona atribuida a España por el desfavorable tratado hispano-francés de 1912 fue ocupada trabajosa pero sistemáticamente, hasta que las fuerzas marroquíes se unieron bajo la jefatura de Abd-el-Krim, que llegó a proclamar una república del Rif independiente tras aniquilar al ejército español en Annual en 1921. En 1925 se produjo el desembarco de Alhucemas, seguido de un rápido avance que culminó con la toma de Axdir. Abd-el-Krim capituló en 1926.

marrullería *s. f.* Artimañas, trucos sucios.

marrullero, ra *adj.* Que emplea marrullerías. También *s.*

marsala *s. m.* Vino dulce producido en Sicilia.

Marsé, Juan (Barcelona 1933) Escritor español. De estilo realista, vigoroso y con gran fuerza descriptiva, ha abordado sobre todo el tema de la Barcelona proletaria y marginal de los años de la posguerra y el desarrollo. Entre sus novelas destacan *Encerrados con un solo juguete* (1960), *Últimas tardes con Teresa* (1965), *La oscura historia de la prima Montse* (1970), *Si te dicen que caí* (1973), *Un día volveré* (1982) y *Ronda del Guinardó* (1984).

Marsella (*Marseille*) C. de Francia, situada en el SE del país, a orillas del mar Mediterráneo. 801.000 h. en 1990, 1.227.900 h. en su área metropolitana. Es el principal puerto francés del Mediterráneo e importante centro comercial, que tiene industria química, petroquímica y cementera, metalurgia del aluminio, astilleros y refinerías de petróleo. Fue fundada en el s. VI a. C. por jonios provenientes de Focea.

marsellés, sa *adj.* **1.** De Marsella. También *s.* ‖ *s. f.* **2.** Himno nacional francés. Compuesto por Joseph Claude Rouget de Lisle en 1792 como *Canto de guerra para el ejército del Rhin*, fue adoptado por el batallón de marselleses y, con el nombre de *La marsellesa*, convertido en himno nacional tres años después.

Marshall, Alfred (Londres 1842 - Cambridge 1924) Economista británico. Destacado representante de la escuela neoclásica, se le deben estudios sobre los precios y sus mecanismos, demostraciones matemáticas de las teorías de David Ricardo y la introducción de conceptos e instrumentos de análisis económico, muy utilizados luego por el resto de las escuelas neoclásicas y marginalistas, como elasticidad de la demanda, excedente del consumidor, etc. Entre sus obras principales figuran *Principios de economía* (1890) y *Dinero, crédito y comercio* (1923).

Marshall, George Catlett (Uniontown, Pennsylvania 1880 - Washington 1959) Militar y político estadounidense. Fue jefe del Estado mayor del ejército durante la Segunda Guerra Mundial. Después de la misma se encargó de poner en práctica el plan de ayudas económicas a los países europeos que lleva su nombre. Recibió el premio Nobel de la paz en 1953.

Marshall, islas Estado del océano Pacífico, situado en el E de la Micronesia. 181 km^2. 42.200 h. en 1989. La capital es Uliga, en el atolón de Majuro. Comprende dos grupos de atolones: los 16 de Ratak o islas del Sol Naciente al E y los 18 de Ralik o islas del Sol Poniente al O; los principales atolones son Saluit, Kwajalein, Eniwetok y Bikini. Desde la Segunda Guerra Mundial hasta 1991 fue administrado por EE UU.

Marsilio de Padua (Padua 1275 - Munich 1343) Filósofo italiano. Rector de la universidad de París, destacó por sus aportaciones al pensamiento político. Sostuvo la supremacía del Estado sobre cualquier otra institución, incluida la Iglesia. En su tratado póstumo *Defensor pacis* (1522) expone las líneas básicas de su doctrina.

marsopa o **marsopla** *s. f.* Nombre común de diversas especies de mamíferos cetáceos de la familia focénidos, género *Phocaena.* La marsopa común *(Phocaena phocaena)* mide unos 150 cm de longitud, es de color negro en el dorso y rosa pálido en el vientre, tiene la cabeza redondeada, hocico corto y aleta dorsal triangular. Habita en el océano Atlántico y todos los mares de Europa, raramente en el Mediterráneo.

marsupiales *s. m. pl.* Orden de mamíferos metaterios al que pertenecen unas 250 especies comprendidas en las familias didélfidos, dasiúridos, mirmecóbidos, notoríctidos, peramélidos, cenoléstidos, falangéridos, vombátidos y macropódidos. Se caracterizan por carecer de placenta o tenerla muy reducida y poseer una bolsa ventral, en cuyo interior están las mamas, donde permanecen las crías los primeros meses después de su nacimiento. Tienen patas adaptadas para el salto y un cerebro pequeño. Habitan fundamentalmente en Australia. Marsupiales son los canguros, las zarigüeyas, los oposum, los falangeros y bandicuts. También *adj.* y *s. m.*

Marsupiales: zarigüella dando a luz; las crías pasan del útero al interior del marsupio.

marsupio *s. m.* Bolsa exterior delantera del cuerpo de las hembras de los mamíferos marsupiales, dentro de la cual las crías completan su desarrollo.

Marta común (Martes martes).

marta *s. f.* Nombre común de diversos mamíferos carnívoros de la familia mustélidos, género *Martes.* La marta común *(Martes martes)* mide entre 65 y 75 cm de longitud, de los cuales entre 25 y 30 corresponden a la cola, tiene la cabeza pequeña, cuerpo esbelto, cola larga y pelaje de color marrón vivo con una mancha amarillenta en la garganta, suave y espeso. La marta cebellina o cibelina *(Martes zibellina)* es de menor tamaño (entre 32 y 46 cm de longitud) y presenta pelaje pardo oscuro, blanco en la garganta. Habitan en bosques de coníferas de Norteamérica, Europa y Asia y su piel es muy apreciada en la industria peletera.

martajar *v. tr. amer.* Moler el maíz u otro cereal.

Marte 1. Dios romano de la guerra, equivalente al Ares de los griegos.
2. Cuarto planeta del Sistema Solar, el primero de los llamados externos. Su distancia media al Sol es de 227,84 millones de km y su órbita solar dura 687 días. Su diámetro ecuatorial es de 6.787 km, casi la mitad que el de la Tierra. Presenta un característico color rojizo y su superficie, en la que se registra una temperatura media de –56 °C y una máxima ecuatorial de 27 °C, tiene cráteres, regiones blancas en los polos, formadas probablemente por hielo, y unas grandes líneas rectas, de naturaleza desconocida, que se han denominado canales. Su atmósfera es unas 200 veces más enrarecida que la de la Tierra y está compuesta fundamentalmente de gas carbónico y helio, con pequeñas cantidades de oxígeno, vapor de agua y ozono. El suelo contiene sobre todo silicatos. Posee dos satélites, Fobos y Deimos, que fueron descubiertos por Asaph Hall en 1877, y tienen forma irregular y un diámetro de aproximadamente 20 km.

Martel, Carlos Véase **Carlos Martel**.

martellina *s. f.* Martillo de dos bocas con dientes de forma prismática, utilizado por canteros y marmolistas para picar la piedra o el mármol.

martes *s. m.* Segundo día de la semana.

Martí, Farabundo (? 1893 - San Salvador 1932) Político salvadoreño. Fundador en Guatemala del Partido Socialista Centroamericano (1925), fue secretario del general Sandino en Nicaragua. Volvió a El Salvador en 1930, donde dirigió el levantamiento campesino de 1932. Detenido, fue juzgado por un tribunal militar, condenado y fusilado.

Martí, José (La Habana 1853 - Dos Ríos 1895) Escritor y político cubano. Permaneció gran parte de su vida exiliado en España –donde se licenció en derecho y filosofía y letras–, México, Guatemala, Venezuela y EE UU, donde ejerció el periodismo. En este último país fundó el Partido Revolucionario Cubano (1892) para organizar la lucha por la independencia de su país. En 1895 redactó en Santo Domingo el *Manifiesto de Monte Christi*, programa ideológico de la revolución por la independencia cubana, que firmó junto con el general Máximo Gómez. De ideario democrático y americanista, murió en combate con las tropas españolas poco después de desembarcar en Cuba junto con Máximo Gómez. Su obra poética está escrita en un estilo deliberadamente popular y sencillo y reunida en *Ismaelillo* (1882), *Versos sencillos* (1891) y *Versos libres* (1896).

José Martí.

Martí Alsina, Ramón (Barcelona 1826 - íd. 1894) Pintor español. Con su pintura de temas y paisajes del natural comenzó una auténtica escuela realista en Cataluña. Llegó a tener hasta siete talleres con buen número de alumnos. En su extensa producción, unos 4.000 cuadros y cerca de 14.000 dibujos, destacan las figuras humanas, los paisajes y las marinas.

martillado, da 1. *p. p.* de **martillar**. También *adj.* ‖ *s. m.* **2.** Operación que consiste en martillear metales, en frío o en caliente y a mano o mecánicamente. ‖ *s. f.* **3.** Golpe dado con el martillo.

martillar *v. tr.* Martillear*.

martillazo *s. m.* Golpe fuerte que se da con un martillo.

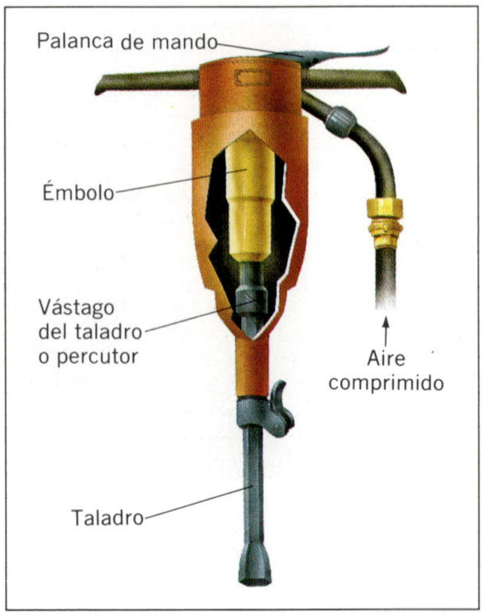

A la izquierda, diversos tipos de martillo. 1. De carpintero. 2. De fragua. 3. De orejas. 4. De soldador. 5. De ebanista. A la derecha, martillo neumático: el aire comprimido hace ascender y descender el émbolo, el cual golpea el vástago de la herramienta de percusión.

martillear *v. tr.* **1.** Dar golpes con un martillo. También *v. intr.* **2.** Dar golpes algo de forma repetida e insistente. También *v. intr.* **3.** Atormentar, oprimir. También *v. intr.* **FAM.** Martilleo.

martillero, ra *s. m.* y *f. Amér. del S.* Rematador, persona que dirige la venta en una subasta.

martillo *s. m.* **1.** Herramienta que consiste en una cabeza metálica con un mango encajado en su centro formando una T y que sirve para golpear. **2.** Ala de un edificio que está en ángulo recto con el cuerpo central, o el saliente formado por una casa que sobresale de la línea de edificación de la calle. **3.** Huesecillo del oído medio, articulado con el yunque, al que transmite las vibraciones del tímpano. **4.** Llave o utensilio para tensar y aflojar las cuerdas de ciertos instrumentos musicales. **5.** En un piano, parte del mecanismo que, al pulsar cada tecla, golpea la cuerda correspondiente y la pone en vibración. **6.** Pieza del mecanismo de ciertas armas de fuego que golpea la cápsula o el percutor para producir la inflamación de la carga. **7.** Establecimiento en que se venden objetos en pública subasta y en el que ordinariamente se finaliza la operación con un golpe de martillo. **8.** Esfera metálica unida a un cable de acero con empuñadura, que el deportista lanza en las pruebas de atletismo; el peso total es de 7,257 kg como mínimo y su longitud no sobrepasa los 122 cm. Su lanzamiento es un deporte olímpico y consiste en que el atleta hace girar repetidas veces el martillo sobre su cabeza para luego lanzarlo cuando considera que ha adquirido la suficiente fuerza centrífuga. **9.** Persona que persigue a alguien o algo para acabar con él o ello. ‖ **10. martillo neumático** Aparato de percusión que funciona por medio de aire comprimido. **11. martillo perforador** El de aire comprimido, de uso manual, con un peso entre 9 y 25 kg. **12. martillo pilón** Máquina utilizada para la forja de piezas grandes. Consiste en un bloque pesado de acero, que se eleva por medios mecánicos a una altura conveniente y se deja caer sobre la pieza situada en el yunque.

Martin, Archer John (Londres 1910) Bioquímico británico. En colaboración con Richard Millington Synge, en el Trinity College de Cambridge, descubrió la cromatografía sobre papel (1944), técnica de análisis que permite reconocer las estructuras de las macromoléculas. En 1952 ambos científicos fueron distinguidos con el premio Nobel de química.

Martin, Dean (Steubenville, Ohio 1917) Cantante y actor cinematográfico estadounidense. En 1946 formó pareja cómica con Jerry Lewis y pasaron al cine en 1946, en filmes como *Loco por Anita* (*Hollywood or bust*, 1956). Algunas de sus películas más sobresalientes son *Como un torrente* (*Some came running*, 1959), *Río Bravo* (1959), *La cuadrilla de los once* (*Ocean's eleven*, 1960), *Cuatro tíos de Texas* (1963) y *Bésame, tonto* (1964).

Martin, Frank (Ginebra 1890 - íd. 1974) Compositor y pianista suizo. Siguiendo las líneas del dodecafonismo, consiguió imprimir en sus trabajos una gran riqueza de matices, así como una fuerte naturalidad expresiva. Es autor de óperas, ballets, sinfonías, conciertos, música vocal y música de cámara. Especial mención merecen su oratorio *In terra pax* (1944) y la ópera *La tempestad* (1956).

Martin du Gard, Roger (Neuilly-sur-Seine 1881 - Bellême 1958) Escritor francés. Su obra más importante es *Los Thibault*, serie de ocho novelas, publicadas entre 1922 y 1940, en las que describe la vida y el ambiente franceses de comienzos del s. XX a través de la historia de dos hermanos de personalidad muy diferente. Otros libros reseñables suyos son la novela *Jean Barois* (1913), sobre el caso Dreyfus, y el drama *Un taciturno* (1931). Recibió el premio Nobel de literatura en 1937.

martín pescador *s. m.* Nombre común de unas 90 especies de aves coraciformes de la familia alcedínidos. La especie común es *Alcedo atthis*, que mide unos 16 cm de longitud, tiene un plumaje brillante de color verde o azul turquesa en el dorso y castaño en el vientre, con manchas blancas en cuello y garganta. Sus patas son cortas y el pico largo y puntiagudo. Habita en las orillas de las lagunas de Europa, N de África y Asia, alimentándose de pequeños animales acuáticos.

Martín pescador (Alcedo atthis).

Martín Nombre de varios papas.
Martín I, San (Todi, Toscana h. 590 - Quersoneso 655) Papa italiano. Su pontificado abarca de 649 a 655. Por el concilio de Letrán (649) condenó a los monotelitas, que estaban protegidos por el emperador Constantino II, quien lo llevó preso a Constantinopla, donde fue condenado por delito de lesa majestad. Condonada la pena, murió en el exilio.
Martín IV (Turena h. 1210 - Perugia 1285) Papa francés. De nombre Simon de Brion, su pontificado abarca de 1281 a 1285. Fue canónigo de Tours y canciller de Luis IX de Francia. Alcanzó el solio pontificio con la ayuda de Carlos de Anjou, al que luego apoyó en Sicilia frente al emperador Miguel Paleólogo y a Pedro III de Aragón.

Martín V (Genazzano 1368 - Roma 1431) Papa italiano. De nombre Oddone Colonna, su pontificado abarca de 1417 a 1431. Fue elegido papa en el concilio de Constanza de 1417, que puso fin al cisma de Occidente. Durante su pontificado siguió viva la disputa respecto a la superioridad del papa sobre el concilio.

Martín Artajo, Alberto (Madrid 1905 - íd. 1979) Político español. Fue ministro de Asuntos Exteriores entre 1945 y 1957, periodo en el que consiguió que España firmara el Concordato con el Vaticano (1953) y los acuerdos militares con EE UU (1953) e ingresara en la ONU (1955).

Martín Codax (¿Vigo? s. XIII) Trovador español. De él se han conservado siete cantigas de amigo que constituyen el único ejemplar europeo de canciones cantadas por la enamorada.

Martín de Porres, San, llamado **Fray Escoba** (Lima 1579 - íd. 1639) Religioso peruano. Era mulato, hijo natural de un caballero burgalés, y fue entregado a un convento dominico, donde se le encomendaron las tareas más humildes. Consagró su vida a la oración. Fue canonizado en 1962.

Martín de Tours, San (Sabaria, Panonia h. 316 - Candes, Turena 397) Obispo de Tours y patrono de Francia. Gracias a su labor pastoral se afianzó el cristianismo en el reino franco.

Martín I el Humano (Gerona 1356 - Barcelona 1410) Rey de Aragón (1396-1410). Era hijo de Pedro IV el Ceremonioso y heredó el trono a la muerte de su hermano Juan I. Trató de terminar con las luchas nobiliarias y proteger a los payeses de la remensa. Dirigió expediciones navales contra los piratas musulmanes norteafricanos y en 1398 destruyó Tremecén. Intervino en el cisma de Occidente a favor de los papas de Aviñón, defendiendo a Benedicto XIII, el papa Luna, y acogiéndole en Aragón. Cuando murió sin descendencia, se designó sucesor suyo a Fernando de Antequera en el compromiso de Caspe.

Martín el Joven (? 1376 - Caller, Cerdeña 1409) Rey de Sicilia (1396-1409). Hijo de Martín el Humano, luchó toda su vida para consolidar la estabilidad de su reino. Fue heredero de la corona de Aragón, que no llegó a ocupar, pues murió antes que su padre, combatiendo para sofocar una rebelión en Cerdeña.

Martín Gaite, Carmen (Salamanca 1925) Escritora española. Sus novelas tienen un carácter intimista y reflexivo, utilizando frecuentemente la técnica del monólogo interior. Entre ellas sobresalen *El balneario* (1954), *Entre visillos* (1958) y *Ritmo lento* (1963). Asimismo es autora de los ensayos históricos *El proceso de Macanaz* (1969), *Usos amorosos del dieciocho en España* (1972) y *Usos amorosos de la posguerra española* (1987).

Martín Santos, Luis (Larache 1924 - Vitoria 1964) Escritor español. Fue médico psiquiatra y en sus novelas reflejó la experiencia de su práctica profesional. Con *Tiempo de silencio* (1961) cambió el rumbo de la narrativa española de posguerra, estancada en el realismo social; introdujo innovaciones, como el cambio de puntos de vista y el monólogo interior del protagonista. Dejó inacabada *Tiempo de destrucción* (1975).

Martín y Soler, Vicente (Valencia 1754 - San Petersburgo 1806) Compositor español. Viajó por Italia, obteniendo grandes éxitos en el estreno de sus óperas. En Austria conoció a Mozart y fue alabado por él y en Rusia dirigió la ópera italiana de San Petersburgo. Entre las doce óperas que escribió descuellan *La reina de Golconda* (1782) y *Una cosa rara* (1786).

martinete[1] (de *martillo*) *s. m.* **1.** Macillo que golpea la cuerda del piano. **2.** Mazo pesado para golpear metales, paños, etc., y darles el grosor que se quiere. **3.** Martillo o mazo movido mecánicamente, menos potente que el martillo pilón. **4.** Máquina utilizada para clavar pilotes o estacas. **5.** Modalidad de cante flamenco que no necesita acompañamiento de guitarra; es de origen gitano y proviene del cante de caldereros, forjadores, etc., que se acompañaban golpeando el yunque con el martillo.

martinete[2] (de *martín*) *s. m.* **1.** Ave zancuda de la familia ardeidos, especie *Nycticorax nycticorax*. Es un tipo de garza, de unos 60 cm de longitud, cuerpo robusto con plumaje negro en el dorso, patas cortas y un penacho de plumas blancas en la cabeza. Tiene costumbres nocturnas y crepusculares y habita en aguas poco profundas de marismas y lagunas de la Europa mediterránea, Asia meridional, África y América. **2.** Penacho de plumas de esta ave.

Martínez, Tomás (León 1812 - ? 1873) Militar y político nicaragüense. Líder del Partido Conservador, tras vencer al aventurero estadounidense William Walker (1856-57) formó un gobierno de coalición con el liberal Máximo Jerez (1857-59) y promulgó una nueva Constitución (1858). En 1859 fue elegido presidente único y reelegido para el mandato 1863-67.

Martínez Anido, Severiano (El Ferrol, La Coruña 1862 - Valladolid 1938) Militar español. Luchó en Filipinas y Melilla, fue secretario de Alfonso XIII y director de la Academia de Infantería. En 1919 el gobierno de Eduardo Dato le nombró gobernador civil de Barcelona, cargo desde el que reprimió con gran dureza al anarcosindicalismo. Destituido en 1922, fue ministro de Gobernación en la dictadura de Primo de Rivera (1925-30) y hubo de exiliarse ante la proclamación de la república en 1931. Regresó a España en 1936 para unirse al ejército sublevado. En 1938 ocupó la cartera de Orden Público en el primer gobierno de Franco.

Martínez Barrio, Diego (Sevilla 1883 - París 1962) Político español. Miembro destacado del Partido Radical, fue uno de los firmantes del pacto de San Sebastián (1930), ministro en el gobierno provisional republicano de 1931 y, posteriormente, ministro de Gobernación del gobierno Lerroux en 1933. Descontento del conservadurismo de los radicales, fundó la Unión Republicana, que participó en el Frente Popular de 1936. Al estallar la guerra civil intentó formar un gobierno de conciliación, en el que el general Mola ocuparía una cartera, pero fracasó. Fue consejero de Azaña durante la guerra y, al término de la misma, salió del país. En 1945 fue nombrado presidente de la república española en el exilio.

Martínez Campos, Arsenio (Segovia 1831 - Zarauz, Guipúzcoa 1900) Militar español. Combatió con Prim en África y México y durante la primera república fue gobernador militar de Girona y Barcelona. En 1874 protagonizó en Sagunto un pronunciamiento militar en favor de Alfonso XII, lo que provocó la restauración monárquica. Enviado a Cuba, combinó con habilidad la eficacia militar y la tolerancia política, lo que le permitió obtener el fin de la guerra y la firma de la paz de Zanjón (1878). Tras presidir en 1879 un gobierno conservador, rompió con Cánovas y se unió al liberal Sagasta, con el que fue ministro de la Guerra de 1881 a 1883, época en la que creó la Academia General Militar.

Martínez de Cala, Antonio Véase **Nebrija, Elio Antonio de**.

Martínez de Irala, Domingo (Vergara, Guipúzcoa h. 1512 - La Asunción 1558) Conquistador español. Participó en la expedición de Pedro de Mendoza al Río de la Plata en 1535 y estuvo presente en la primera fundación de Buenos Aires (1536), ciudad de la que llegó a ser gobernador. Realizó diversas expediciones por los ríos Paraná y Paraguay; en 1541 ordenó abandonar la ciudad y trasladó la colonia a La Asunción, en Paraguay. En 1542 fue sustituido en el gobierno por Álvar Núñez Cabeza de Vaca; al año siguiente remontó el Paraná y fundó el Puerto de los Reyes. Logró la expulsión de Cabeza de Vaca y se convirtió en gobernador efectivo de Río de la Plata, cargo en el que fue confirmado en 1552 y en el que contribuyó a la colonización de Paraguay.

Martínez de la Rosa, Francisco (Granada 1787 - Madrid 1862) Político y escritor español. Comisario de la Junta de Granada durante la guerra de la Independencia, abandonó la ciudad ante la llegada de las tropas napoleónicas y se trasladó a Cádiz, donde participó en las Cortes que elaboraron la Constitución de 1812. Tras el restablecimiento del absolutismo por Fernando VII en 1814, fue encarcelado. Miembro del sector liberal moderado, ocupó el ministerio de Estado en el Trienio liberal. Exiliado en 1823, retornó a España en 1831. Durante la regencia de María Cristina, ocupó la presidencia del gobierno en 1834, desde la que impulsó un programa moderado en el que intentó conciliar las instituciones tradicionales del absolutismo con reformas de carácter liberal. Exiliado nuevamente durante la regencia de Espartero, volvió a ocupar diversos cargos a partir de 1843. Como literato, su obra más importante es *La conjuración de Venecia*, drama histórico considerado como uno de los primeros ejemplos del romanticismo español.

Martínez de Perón, María Estela, llamada **Isabel** (La Rioja 1931) Política argentina. Era una artista de variedades cuando en 1961 se casó con Juan Domingo Perón, con quien marchó al exilio en Madrid. En las elecciones de 1973 fue proclamada vicepresidenta en la candidatura que presidía su marido. A la muerte de éste en 1974 asumió la presidencia. Su gobierno fue interrumpido en 1976 por el golpe militar del general Videla.

Martínez de Toledo, Alfonso Véase **Arcipreste de Talavera**.

Martínez Estrada, Ezequiel (San José de la Esquina, Santa Fe 1895 - Bahía Blanca, Buenos Aires 1964) Escritor argentino. En su obra poética, de estilo posmodernista, sobresalen los títulos *Oro y piedra* (1918), *Argentina* (1927) y *Humoresca* (1929). Se ocupó de temas latinoamericanos en ensayos como *Diferencias y semejanzas entre los países de la América Latina* (1962) y *Mi experiencia cubana* (1965). También escribió narraciones y dramas, que reflejan su visión trágica de la realidad de su país.

Martínez Montañés, Juan Véase **Montañés, Juan Martínez**.

Martínez Ruiz, José Véase **Azorín**.

Martínez Sierra, Gregorio (Madrid 1881 - íd. 1947) Escritor español. Poeta modernista en libros como *Flores de escarcha* (1900) y *Horas de sol* (1901), alcanzó fama con sus comedias al modo de Benavente, pero con toques sensibleros, entre las que destacan *Canción de cuna* (1911), *Madame Pepita* (1913) y *Don Juan de España* (1921). También escribió novelas y el libreto de *El amor brujo* para Manuel de Falla.

Martínez Silíceo, Juan (Villagarcía, Badajoz 1485 - Toledo 1557) Humanista y eclesiástico español. Fue profesor en la universidad de Salamanca y preceptor del príncipe Felipe, futuro Felipe II. En 1545 fue nombrado arzobispo de Toledo. Promulgó el primer estatuto de limpieza de sangre, que discriminaba a los judíos conversos.

Martínez Trueba, Andrés (Florida 1884 - Montevideo 1949) Político uruguayo. Miembro del Partido Colorado y seguidor de José Batlle y Ordóñez, fue presidente del Banco Hipotecario y del Banco de la República y presidente de la nación (1950). De acuerdo con el Partido Blanco propuso una nueva Constitución, en la que se suprimía la presidencia de la república, reemplazada por un Consejo ejecutivo federal, compuesto por nueve miembros. Aprobada por referéndum, fue el primer presidente del nuevo Consejo.

Martínez Villergas, Juan (Gomeznarro, Valladolid 1816 - Zamora 1894) Escritor español. En su obra destacan los escritos satíricos, que le valieron vivir largos años exiliado en París y en Cuba, y las comedias. Los más representativos de los primeros son *Poesías jocosas y satíricas* (1842) y *Paralelo entre Espartero y Narváez* (1851). Fue muy celebrada su comedia *Ir por lana y volver trasquilado* (1848). Como novelista fue autor de *Los Misterios de Madrid* (1844).

martingala *s. f.* **1.** Engaño, argucia. **2.** Asunto pesado o incómodo. **3.** Cada una de las calzas que llevaban los guerreros debajo de las piezas de la armadura que cubrían los muslos. Se usa más en *pl.*

martini seco o **dry martini** *s. m.* Combinado de ginebra con unas gotas de vermut seco, aromatizado con cáscara de limón.

Martini, Giovanni Battista, llamado **Padre** (Bolonia 1706 - íd. 1784) Compositor, historiador y teórico de la música italiano. Su *Historia de la música* constituye uno de los documentos de máxima importancia, tanto para conocer los propios desarrollos musicales, como para indagar en las teorías estéticas del mundo moderno. Fue precursor del nuevo gusto musical y maestro de Mozart, Johann Christian Bach y André Modeste Grétry, entre otros. Compuso numerosas piezas vocales e instrumentales: oratorios, sonatas y conciertos.

Martini, Simone (Siena h. 1284 - Aviñón 1344) Pintor italiano. Fue uno de los principales representantes de la escuela gótica sienesa. Trabajó en la corte de Nápoles (1317) y en la corte papal de Aviñón (1339). Entre sus obras, que se caracterizan por la elegancia del dibujo y los suaves colores, merecen citarse la *Maestà* (1314), el *Políptico de Pisa* (1319), la serie *Vida de San Francisco de Asís* (1333), *La Anunciación* (1333) y el *Políptico de la Pasión* (1339).

Martinica (en fr. *Martinique*) Isla de las Pequeñas Antillas, situada en las islas de Barlovento, entre Dominica y Santa Lucía. 1.091 km². 361.000 h. en 1990. Su capital es Fort-de-France, con 101.540 h. en 1990, y 141.400 en el área metropolitana. Constituye un departamento francés de ultramar, administrado por un prefecto. De relieve montañoso, en su territorio se alza el volcán Monte Pelado (Mont Pelée), cuya erupción en 1902 destruyó la ciudad de Saint-Pierre. Su clima es tropical húmedo y la vegetación de selva. La economía se basa en la agricultura, con cultivos de caña de azúcar, banana, batata, mandioca y ananás, y en la ganadería bovina, porcina y ovina. Cuenta también con recursos forestales e industria azucarera y un incipiente turismo. Fue descubierta por Cristóbal Colón en 1502 y colonizada por Francia en el s. XVII.

Martinson, Harry (Jämshög 1904 - Estocolmo 1978) Escritor sueco. Tras una infancia pobre se enroló como marinero durante seis años. Estas experiencias se reflejan en relatos y novelas, como *Viajes sin rumbo* (1932), *Las ortigas florecen* (1935) y *La partida* (1936), y en poemas, como *Nómada* (1921). Otros libros de poemas son *Vientos alisios* (1943), *Cikada* (1953) y *Aniara* (1956), y de prosa *El camino de Klockrike* (1948).

mártir *s. m.* y *f.* **1.** Persona que ha muerto por mantener su fe cristiana. **2.** P. ext., persona que ha sufrido o ha muerto en defensa de creencias, doctrinas o ideales. **3.** Persona que soporta muchas penalidades.

martirio *s. m.* **1.** Muerte o padecimiento sufridos en defensa de la fe cristiana. **2.** P. ext., muerte o torturas sufridas por defender una creencia, un ideal, etc. **3.** Cualquier trabajo penoso o sufrimiento grande.

martirizar *v. tr.* **1.** Dar martirio a alguien. **2.** Causar pena, molestia, etc. También *v. prnl.* ■ Se conjuga como *cazar.* **FAM.** Martirizador, martirizante.

martirologio *s. m.* **1.** Lista o catálogo de los mártires del cristianismo y, p. ext., de todos los santos. **2.** Lista de víctimas de una causa.

Martorell, Bernat (San Celoni, Barcelona fines del s. XIV - Barcelona 1452) Pintor español. Fue el principal autor de la escuela catalana de principios del s. XV, dentro del estilo gótico internacional. Entre sus obras, caracterizadas por el gran sentido narrativo, el dramatismo y el buen uso del color, destacan los retablos de *San Juan Bautista* (h. 1420), de *San Jorge* y de *San Miguel* y *La transfiguración* (h. 1450).

Martorell, Joanot (Valencia h. 1410 - ? 1468) Escritor español. Personaje de vida aventurera, es autor de una extensa novela de caballerías, *Tirant lo Blanch* (*Tirante el Blanco*), considerada como uno de los modelos del género.

Martos C. de España, en la prov. de Jaén, en el SO de la misma. 22.850 h. en 1990. Enclavada en el centro de una comarca olivarera, posee industrias aceiteras, de elaboración de orujo y jaboneras.

Martos, Cristino (Granada 1830 - Madrid 1893) Político español. Fue republicano en su juventud y hubo de abandonar el país a causa de su participación en la revuelta de 1866. A su regreso a España, tras la revolución de 1868, fue ministro de Estado en el gobierno de Prim de 1869, cargo que desempeñó nuevamente durante el reinado de Amadeo de Saboya. Participó en varias conspiraciones militares contra la primera república. Posteriormente ocupó la cartera de Gracia y Justicia en el gobierno que se creó tras el golpe militar del general Pavía. Durante la Restauración se integró en el Partido Liberal Fusionista de Sagasta, a quien intentó desplazar.

Martov, Juli Tsederbaum, llamado (Constantinopla 1873 - Schömberg, Alemania 1923) Político ruso. Fue uno de los fundadores del Partido Socialdemócrata y, más tarde, miembro destacado de los mencheviques. Se mostró contrario a la participación rusa en la Primera Guerra Mundial y se exilió a Alemania tras el triunfo de los bolcheviques.

Marvin, Lee (Nueva York 1924 - Tucson, Arizona 1987) Actor de cine estadounidense. Tras destacar en los años cincuenta en papeles de villano, alcanzó el estrellato en la década siguiente, en la que demostró además su versatilidad. Entre sus principales películas cabe citar *Salvaje* (1954), *El hombre que mató a Liberty Valance* (1962), *La taberna del irlandés* (*Donovan's reef*, 1963), *La ingenua explosiva* (*Cat Ballou*, 1965), *Doce del patíbulo* (*The dirty dozen*, 1967) y *El emperador del Norte* (1973).

Marx, hermanos Familia de actores estadounidenses, formada por **Leonard**, llamado **Chico** (Nueva York 1886 - Hollywood 1961); **Arthur**, llamado **Harpo** (Nueva York 1888 - Hollywood 1964); y **Julius**, llamado **Groucho** (Nueva York 1890 - Los Ángeles 1977); a los que en ocasiones se unieron **Milton**, llamado **Gummo**, y **Herbert**, llamado **Zeppo**. Trabajaron en el vodevil en su juventud y desde 1929 en el cine de género cómico, en el que desarrollaron un estilo personalísimo de comicidad extravagante y absurda. Entre sus películas principales figuran *Sopa de ganso* (1933), *Una noche en la ópera* (1935), *Un día en las carreras* (1937) y *Una noche en Casablanca* (1946).

Marx, Karl (Tréveris, Renania-Palatinado 1818 - Londres 1883) Filósofo y político alemán. Partidario en su juventud de la izquierda hegeliana, fue redactor de la *Gaceta renana*, diario de la oposición hasta que fue prohibido. Vivió en París (1843) y en Bruselas (1845), donde entró en contacto con el movimiento obrero. En París conoció a Engels, con quien mantuvo una estrecha colaboración el resto de su vida. Expulsado de Alemania por su participación en la revolución de 1848, fijó definitivamente su residencia en Londres. Allí se dedicó, con bastantes estrecheces económicas, al estudio, el periodismo y la política. En 1864 participó en la fundación de la Asociación Internacional de Trabajadores, o Primera Internacional, cuyos estatutos redactó. Su obra contiene elementos de filosofía, historia, economía, derecho y política. En ella se sostiene que la historia de la humanidad es la historia de la lucha de clases, surgidas con la aparición de la propiedad privada. A lo largo de la historia se suceden una serie de modos de producción hasta llegar al capitalismo, caracterizado por el trabajo asalariado de la clase obrera y la obtención de plusvalía por parte del empresario o dueño de los medios de producción. Según las tesis de Marx, el desarrollo del capitalismo conducirá necesariamente a una nueva etapa histórica, el socialismo, caracterizada por la abolición de la propiedad privada y por la paulatina desaparición de las clases sociales, y cuya culminación será el comunismo. La obra más importante de Marx es *El capital* (cuyo primer libro se publicó en 1867). En ella realiza un minucioso análisis de los orígenes, evolución y características del capitalismo del s. XIX. Otras de sus publicaciones más relevantes son *Manuscritos económico-filosóficos* (1844), muy influidos por Hegel, *La ideología alemana* (1846), el *Manifiesto comunista* (1848), escritas en colaboración con Engels, y *Contribución a la crítica de la economía política* (1859).

Karl Marx.

marxismo *s. m.* **1.** Conjunto de teorías económicas, políticas y filosóficas de Karl Marx. **2.** Conjunto de teorías y movimientos políticos que desde finales del s. XIX se desarrollaron a partir de la obra de Marx y que aceptan los puntos esenciales de su doctrina. **FAM.** Marxista.

Pol. Las tres fuentes principales del marxismo son la filosofía de Hegel, de la que Marx tomó el método dialéctico, el socialismo utópico francés y la escuela clásica de economistas británicos, especialmente Adam Smith y David Ricardo. Esta mezcla de diversas corrientes de pensamiento, unida a una voluntad de transformación de la realidad, convirtió el pensamiento de Marx, así como el de sus seguidores, en una compleja doctrina, en la que se unen lo económico, lo histórico, lo filosófico y lo político, y que muy pronto se fraccionó en diferentes escuelas y partidos.
Como filosofía, el marxismo es una doctrina realista, pues considera que existe una realidad objetiva fuera de la mente; naturalista, ya que explica el desarrollo del hombre y de la sociedad mediante las leyes de la naturaleza; historicista, pues pretende establecer leyes universales del desarrollo histórico; y cientificista, ya que considera que el único conocimiento válido es el que proviene de las ciencias positivas.
Como doctrina sociopolítica se caracteriza por ser una crítica del capitalismo; por defender como método de análisis de las sociedades el materialismo histórico; por ofrecer una teoría de la historia centrada en la lucha de clases (patricios y plebeyos, señores y siervos, burgueses y proletarios); por aportar una teoría para la práctica de la revolución, en la que se explica la necesidad y las formas de sustituir el capitalismo por el socialismo; y por diseñar una futura sociedad ideal, el comunismo, en la que habrán desaparecido las clases sociales y el Estado.

marxismo-leninismo *s. m.* Doctrina comunista inspirada en los principios de Marx, Engels y Lenin.

Maryland Estado de EE UU, situado en el E del país, a orillas del océano Atlántico, al S de Nueva York. 27.091 km². 4.798.600 h. en 1990. La capital es Annapolis, con 31.750 h. en 1980. En la región interior, enclavada en terreno de los montes Apalaches, existe agricultura cerealista, ganadería bovina y minería hullera. La región atlántica aprovecha la vía de comunicación que representa la profunda bahía de Chesapeake y los ríos Potomac y Susquehanna, al tiempo que ha desarrollado una notable industria siderúrgica, metalúrgica, de astilleros, química y petrolera, sobre todo en el importante puerto de Baltimore. Creada como una colonia de religión católica en 1632, formó parte de las Trece Colonias.

marzo *s. m.* Tercer mes del año, que tiene treinta y un días. **FAM.** Marzal.

mas *conj. advers.* Pero.

más *adv. c.* **1.** Indica mayor cantidad o intensidad. También *adj.* y *pron.* ■ Se emplea en construcciones comparativas y en el superlativo relativo en correlación con *que* y *de*: *Ahora tengo más tiempo que antes. Es el más cariñoso de la familia.* **2.** En frases ponderativas equivale a *tan*: *¡Es más bueno!* **3.** A veces equivale a *además de* y se usa como conjunción: *Con este pantalón, más el que te regalaron, tienes para todo el verano.* ‖ *adv. m.* **4.** Especialmente, sobre todo. ‖ *adv. t.* **5.** En frases negativas puede equivaler a *ya*: *Si le prestas el libro no volverás más a verlo más.* ‖ *s. m.* **6.** Signo aritmético de la suma (+). También se usa como conjunción: *Tres más tres son seis.* Si se pone delante de un número aislado, indica que éste tiene valor positivo. ‖ *conj.* **7.** Indica suma de dos o más elementos. ‖ *adj.* **8.** En frases negativas, delante de un nombre, equivale a *otro.* ‖ **LOC. a lo más** o **cuando más** o **lo más** *adv.* Como mucho. **a más...** Cuanto más. **cuanto** (o **cuantos**) **más** Frase con que se establece la correspondencia entre dos series de valores: *Cuantos más medios tienen, peor trabajan.* **de lo más** *adv.* Muy. **de más** *adv.* En exceso, de sobra; también, sin trabajo, sin colocación. **el que más y el que menos** Cualquiera, todo el mundo. **es más** Expresión con que se refuerza el valor de una afirmación hecha anteriormente: *El negocio no mejora, es más, lo veo peor cada día.* **más aún** *adv.* Es más. **más bien** *adv.* y *conj.* En la contraposición de dos términos acompaña al que se considera más adecuado, sin serlo del todo: *No es torpe, sino más bien flojo.* **más o menos** *adv.* Aproximadamente. **más que** *conj.* Equivale a *sino* y expresa idea de excepción: *Nadie lo puede arreglar más que Antonio.* **más tarde o más temprano** *adv.* Irremediablemente. **ni más ni menos** *adv.* Exactamente, sin sobrar ni faltar. **poco más o menos** *adv.* Aproximadamente. **por más que**

conj. Expresa que un intento o esfuerzo no logra el resultado que se desea: *No lo consigue por más que lo intenta.* **sin más** o (**ni más**) *adv. fam.* Injustificadamente, sin motivos, precipitadamente. **sus más y sus menos** *fam.* Dificultades, problemas, discusiones.

masa *s. f.* **1.** Mezcla espesa y blanda que resulta de añadir un líquido a una sustancia sólida o en polvo. **2.** Mezcla de harina, levadura y agua con la que se hace el pan. **3.** En la construcción, cualquier material utilizado para unir o pegar. **4.** Conjunto numeroso de personas. **5.** *desp.* Conjunto de personas que actúa colectivamente de modo irreflexivo. **6.** Conjunto o agrupación de ciertas cosas. **7.** Porción de cierta materia. **8.** En una instalación eléctrica, conjunto de piezas metálicas que se hallan en comunicación con el suelo. **9.** En fís., cantidad de materia que posee un cuerpo. Es una de las magnitudes fundamentales en el Sistema Internacional y se mide en kilogramos (kg). ‖ **10. masa atómica** En fís., masa atómica de un elemento es la masa de un átomo de dicho elemento. Se expresa en unidades de masa atómica (*uma*) o bien en kilogramos, en función del uso al que se destine el cálculo. La unidad de masa atómica es igual a la doceava parte de la masa del átomo de carbono –12 y equivale a $1{,}66 \cdot 10^{-27}$ kg. **11. masa crítica** En fís., masa mínima que debe tener un material nuclear para que, una vez iniciada, pueda mantener una reacción de fisión en cadena. **12. masa gravitatoria** En fís., constante que relaciona el peso de un cuerpo en un punto de un campo gravitatorio con el valor de la aceleración de la gravedad en dicho punto. Su fórmula es:

$$m_g = \frac{P}{g}$$

donde P es el peso y g la aceleración de la gravedad. **13. masa inercial** En fís., constante que relaciona la fuerza ejercida sobre un cuerpo y la aceleración que éste adquiere en la misma dirección y sentido de la fuerza ejercida. Aunque conceptualmente son diferentes, el valor numérico de la masa inercial coincide siempre con el de masa gravitatoria. Su fórmula es:

$$m_i = \frac{F}{a}$$

donde F es la fuerza y a la aceleración. Cuanto mayor sea la masa de un cuerpo, mayor resistencia presenta al movimiento. La masa inercial no es constante, sino que varía en función de la velocidad según la ecuación:

$$m = \frac{m_0}{\sqrt{1 - \frac{v^2}{c^2}}}$$

donde m_0 es la masa en reposo, v la velocidad y c la velocidad de la luz. **14. masa molecular** En fís., la masa molecular de una sustancia pura es la masa de una molécula de dicha sustancia. Constituye el resultado de la suma de las masas de los átomos que componen dicha molécula. **15. masa monetaria** Conjunto total de dinero que hay en una economía en un momento determinado. **16. masa nuclear** En fís., masa que posee el núcleo de un átomo. Prácticamente coincide con la masa atómica, ya que la masa de los electrones es muy pequeña en comparación con la masa de protones y neutrones. **17. masa salarial** Conjunto de los salarios brutos que las empresas pagan a los trabajadores, más todas las cantidades percibidas por éstos y que no entran en dichos salarios. **18. movimiento de masas** Acción que un conjunto importante de personas realiza en oposición o defensa de alguna cosa. ‖ **Loc. en masa** *adv.* Todo o todos a la vez, en conjunto, en bloque. **la gran masa** La mayoría, la parte más importante.

Masaccio, Tommaso di ser Giovanni Cassai, llamado (San Giovanni Valdarno 1401 - Roma 1428) Pintor italiano. Fue uno de los grandes maestros del Renacimiento florentino. Su obra continúa la tradición de Giotto y supone una evolución sobre los procedimientos del gótico, al concebir las figuras con un carácter de monumentalidad, representar el espacio con recursos específicamente pictóricos, estudiar los efectos de la luz y dar un tratamiento psicológico a los personajes. Fue autor de la decoración al fresco de la capilla Brancacci de Florencia (1424) y de los frescos de la *Trinidad* en Santa Maria Novella (1425-27).

masacrar *v. tr.* Matar o asesinar en masa.

masacre *s. f.* Matanza colectiva, por lo general de personas indefensas.

Masada Fortaleza judía situada en un peñasco a orillas del mar Muerto, en la que en tiempos de la primera rebelión judía se encastilló un grupo de zelotes, que eligieron su propia muerte antes que rendirse al imperio romano (año 73).

masai *adj.* **1.** Se dice de un pueblo de raza nilótica que habita en Kenia y Tanzania, en el área del Great Rift Valley. Son pastores nómadas organizados en clanes patriarcales, gobernados por un jefe religioso llamado *laibón.* Antiguamente fue un pueblo belicoso que educaba a sus jóvenes para la guerra. En la actualidad comprende más de 300.000 individuos. **2.** De este pueblo. También *s.*

masaje *s. m.* **1.** Acción de frotar, apretar o dar ligeros golpes en ciertas partes del cuerpo con fines curativos, deportivos, estéticos, etc. **2.** Producto que suele emplearse para esta operación.

masajear *v. tr.* Dar masaje.

masajista *s. m.* y *f.* Persona que se dedica profesionalmente a dar masajes.

Masan C. de Corea del Sur, cap. de la prov. de Kyongsang Meridional, al S del país. 449.250 h. en 1985. Situada en el estrecho de Corea, es un puerto pesquero y comercial, que cuenta con industria metalúrgica y textil del algodón.

Masaniello, Tommaso Aniello, llamado (Nápoles 1620 - íd. 1647) Revolucionario napolitano. En 1647 organizó la sublevación del pueblo napolitano contra los nuevos impuestos establecidos por el virrey Rodrigo Ponce de León, duque de Arcos. Llegó a ser dueño de la ciudad y el virrey tuvo que negociar con él, pero finalmente Masaniello fue asesinado por algunos de sus antiguos partidarios.

Masaryk, Tomás Garrigue (Hodonín 1850 - castillo de Lány, Praga 1937) Político checoslovaco. Fue elegido presidente del gobierno provisional checo en 1917 y primer presidente de la república en 1918. Principal promotor de la Constitución de 1920, que otorgaba amplios poderes al gobierno, resultó elegido nuevamente en 1927 y 1934. Se opuso a la unión de los Sudetes a Alemania y negó la autonomía a los eslovacos.

mascada *s. f.* **1.** Acción y efecto de mascar. **2.** *amer.* Trozo de tabaco que se masca en la boca.

mascado, da *p. p.* de **mascar**. También *adj.* ‖ **Loc. dar** a alguien algo **mascado** *fam.* Dárselo o enseñárselo de modo que le sea fácil hacerlo o comprenderlo.

Mascagni, Pietro (Livorno 1863 - Roma 1945) Compositor italiano. Es uno de los principales representantes del verismo. Combinó la composición con la dirección de orquesta y, aunque escribió diversas piezas para coros, su éxito definitivo lo alcanzó con la ópera *Cavalleria Rusticana* (1890). Otras obras suyas relevantes son *Réquiem* (1900), *Parisina* (1913) y *Nerón* (1935).

mascar *v. tr.* **1.** Masticar*. **2.** *fam.* Mascullar las palabras. **3.** *fam.* En construcción impersonal o pasiva refleja, verse venir, considerarse que algo va a suceder en seguida. ▪ Se conjuga como *sacar.* **Fam.** Mascador.

máscara *s. f.* **1.** Cualquier cosa a propósito para que alguien se cubra la cara o parte de ella con el fin de no ser reconocido, protegerse el rostro, defenderse contra los gases tóxicos, etc. **2.** Disfraz. **3.** Lo que sirve para encubrir o disimular algo.

mascarada *s. f.* **1.** Fiesta de personas disfrazadas. **2.** Farsa, engaño con que se intenta aparentar, encubrir, etc., algo.

mascarilla *s. f.* **1.** Máscara que sólo cubre parte del rostro, p. ej. la que tapa la boca y nariz del cirujano en las operaciones para evitar la transmisión de gérmenes. **2.** En med., aparato que se coloca sobre el rostro del paciente para facilitarle la inhalación de ciertos gases. **3.** Molde de yeso del rostro de una persona y escultura hecha con ese molde. **4.** Capa de productos cosméticos que se aplica sobre la cara o el cabello para su cuidado.

mascarón *s. m.* **1.** En arq., adorno en forma de cara fantástica o deforme. ‖ **2. mascarón de proa** Figura que se coloca como adorno o símbolo en la proa de un barco.

Mascate (*Masqat*) C. de Omán, cap. del país, situada en el NE del mismo, a orillas del golfo de Omán. 85.000 h. en 1982. Es un centro comercial y puerto de primer orden en el tráfico petrolífero internacional.

mascletá (voz valenciana) *s. f.* Serie de explosiones de petardos que se hacen en Valencia durante las fallas y otras fiestas populares.

mascota *s. f.* **1.** Animal de compañía. **2.** Persona, animal o cosa que sirve para atraer la buena suerte sobre su poseedor. **3.** Figura que simboliza un grupo, acontecimiento, etc.

masculinidad *s. f.* Cualidad del sexo masculino o lo que es propio de él.

masculinizar *v. tr.* **1.** Dar a algo caracteres masculinos. **2.** Hacer que la mujer adquiera caracteres secundarios del varón. ‖ *v. prnl.* **3.** Adquirir caracteres masculinos. ▪ Se conjuga como *cazar.* **Fam.** Masculinización.

masculino, na *adj.* **1.** Se dice de la persona, animal o planta dotado de órganos para fecundar, y de todo lo perteneciente o relativo a ellos. **2.** Que tiene las características propias del hombre, en oposición a las de la mujer. **3.** Se dice del género gramatical al que pertenecen los sustantivos que representan personas y animales del sexo masculino, así como numerosas cosas a las que por su terminación o por uso se les ha dado este género. También *s. m.* **4.** Perteneciente o relativo a este género.

mascullar *v. tr.* **1.** Hablar entre dientes, pronunciar mal las palabras. **2.** *fam.* Masticar mal o con dificultad.

máser (de las siglas de la expresión inglesa *Microwave Amplification by Stimulated Emission of Radiation,* amplificación de microondas por emisión de radiación estimulada) *s. m.* Generador o amplificador de microondas. Funciona mediante la estimulación energética de la mayor parte de los átomos de la sustancia emisora de microondas. Cuando esto sucede, los electrones de dicha sustancia cambian su órbita de giro respecto al núcleo (el hecho de que esto ocurra simultáneamente en muchos átomos se conoce como inversión de la población); cuando vuelven a sus órbitas iniciales, tras cesar la estimulación, desencadenan un proceso de emisión de microondas. Los máseres pueden ser gaseosos, si utilizan gas, generalmente amoniaco, o de estado sólido, si el emisor es un sólido cristalino. Se emplean para amplificar señales muy débiles, en los radiotelescopios y en las antenas.

masera *s. f.* **1.** Artesa grande que se usa para amasar. **2.** Paño con que se envuelve la masa para su fermentación.

Maseru C. de Lesotho, cap. del país, situada en el NO del mismo, junto a la frontera de la República Sudafricana. 109.400 h. en 1986. Es un centro comercial y de la industria alimentaria, de material eléctrico, textil y del tallado de diamantes.

masetero *adj.* Se dice del par de músculos masticadores que mueven la mandíbula y que están unidos a ésta y al hueso temporal. También *s. m.*

Mashad Véase **Meshed**.

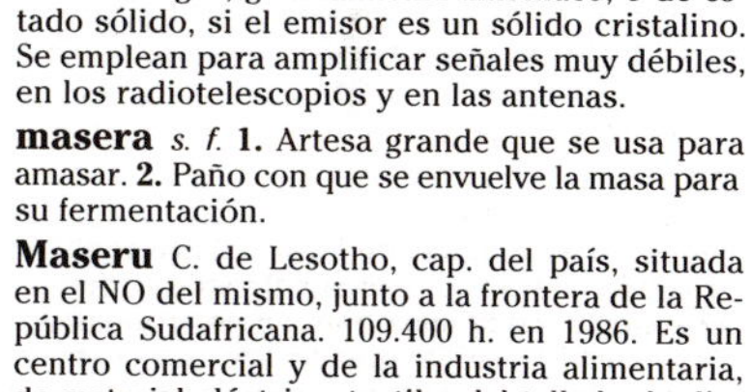

Máscara antigás.

masía *s. f.* Casa de campo, con tierras de labor y establos para recoger el ganado, característica de Cataluña y de la Comunidad Valenciana.

másico *s. m.* Vino famoso de la antigua Roma, llamado así por proceder de las colinas del Massico, entre la Campania y el Lacio. Fue elogiado por Virgilio, Horacio y Marcial.

másico, ca *adj.* Perteneciente o relativo a la masa o cantidad de materia que contiene un cuerpo

masicote *s. m.* Pb O. Óxido de plomo, de color ocre, utilizado como pintura, que se obtiene haciendo pasar una corriente de aire sobre el metal fundido.

masilla *s. f.* **1.** *dim.* de **masa**. **2.** Mezcla pastosa, hecha con diversas sustancias, como tiza y aceite de linaza, que se usa para sujetar los cristales a los marcos, tapar juntas, igualar superficies, rellenar grietas, unir tubos, pegar, etc.

Masina, Giulietta (San Giorgio de Piano 1920) Actriz italiana. Intérprete de gran sensibilidad, poseedora de recursos cómicos y dramáticos, protagonizó algunas de las mejores películas de su esposo, Federico Fellini, como *La strada* (1954), *Las noches de Cabiria* (1957), *Giulietta de los espíritus* (1965) y *Ginger y Fred* (1986).

Masinisa (? h. 238 - ? 148 a. C.) Rey de Numidia. Habiendo sido despojado del reino de su padre por Sífax, se unió a los romanos en la segunda guerra púnica para combatir al usurpador, aliado de los cartagineses. Tras la batalla de Zama (202), recuperó el trono y mantuvo desde entonces su condición de aliado de Roma.

Masip, Vicente (Valencia h. 1480 - íd. h. 1545) Pintor español. Padre y maestro de Juan de Juanes, su pintura, de estilo renacentista e influida fundamentalmente por Rafael, se caracteriza por la monumentalidad de las figuras. En ella sobresale el retablo de la catedral de Segorbe (Castellón), de 1530.

Masip, Vicente Juan Véase **Juan de Juanes**.

masita *s. f.* **1.** En la milicia, cantidad de dinero que de las pagas de los soldados y cabos retiene el capitán para suministrarles zapatos, prendas de vestir, etc., o que se les entrega para que los adquieran. **2.** *amer.* Pasta o dulce de confitería.

masivo, va *adj.* **1.** En gran cantidad. **2.** Se dice de la dosis de un medicamento cuando se acerca al límite máximo que tolera el organismo. **FAM.** Masivamente.

maslo *s. m.* **1.** Tronco de la cola de los cuadrúpedos. **2.** Tallo de una planta.

Maso di Banco (primera mitad del s. XIV) Pintor italiano. Fue el más importante seguidor de Giotto. Su obra maestra son los frescos de *San Silvestre y el emperador Constantino*, en la capilla Bardi de la iglesia de Santa Croce, Florencia.

masoca *s. m.* y *f. fam.* Masoquista*.

Masolino da Panicale, Tommaso di Cristoforo Fini, llamado (Panicale 1383 - íd. h. 1447) Pintor italiano. Influido por Gentile da Fabriano, fue alumno de Masaccio, pese a la diferencia de edad. Su pintura es un nexo entre el gótico internacional y el primer Renacimiento. Entre sus obras más características figuran *Madonna* (1423), *Santa Ana*, frescos en la iglesia de San Clemente de Roma y el fresco de *San Fortunato*, en Todi.

Mason, James (Huddersfield, Yorkshire 1909 - Lausana, Suiza 1984) Actor británico. Debutó en el teatro en 1930 y alcanzó la popularidad con la película *Perfidia* (*The man in grey*, 1943). Desde 1948 trabajó en los estudios de Hollywood. Algunas de sus interpretaciones más destacadas son las de los filmes *Larga es la noche* (*Odd man out*, 1947), *Almas desnudas* (*The reckless moment*, 1949), *Operación Cicerón* (*Five fingers*, 1952), *Las ratas del desierto* (1953), *Ha nacido una estrella* (1954) y *Lolita* (1962).

masón, na *adj.* **1.** Se aplica a la persona que pertenece a la masonería. También *s.* **2.** Perteneciente o relativo a esta sociedad. **FAM.** Masónico.

masonería *s. f.* Sociedad secreta de carácter internacional, cuyos miembros, a los que une un ideal de fraternidad y ayuda mutua, se organizan y reúnen en grupos llamados *logias*. Su origen se remonta al parecer a las corporaciones medievales de constructores y arquitectos, que guardaban en secreto sus conocimientos técnicos y sólo los transmitían a ciertas personas en reuniones que mantenían en lugares cerrados, o logias. Esta masonería, llamada *operativa*, existió sobre todo en Francia e Inglaterra, y en algunos lugares sobrevivió con este carácter técnico hasta el s. XVIII. La masonería, tal y como hoy la conocemos, surgió a finales del s. XVII, cuando las logias empezaron a admitir a personas no relacionadas con la construcción y poco a poco se transformaron en agrupaciones de carácter político y filosófico, muy influidas por las doctrinas de la Ilustración. Con el tiempo, la única relación con la masonería original fue la conservación de símbolos, como el compás, la escuadra y el mandil de cuero. La primera gran logia se creó en Inglaterra en 1717 y desde allí la organización se extendió a Francia, donde alcanzó gran desarrollo, España (1727), Italia, etc. Los masones desempeñaron un importante papel en la Revolución Francesa, en la guerra de Independencia española y en la independencia de las colonias americanas, y ejercieron gran influencia política en Europa en el s. XIX y principios del XX. Fueron combatidos por el absolutismo y condenados por la Iglesia católica.

masoquismo *s. m.* Disfrute con el propio sufrimiento o con cosas desagradables. **FAM.** Masoquista.

masora *s. f.* Doctrina de los rabinos para conservar la pureza del texto hebreo de la *Biblia* y su correcta interpretación.

masoreta *s. m.* Cada uno de los gramáticos hebreos que se ocuparon de estudiar y fijar el texto hebreo de la *Biblia* entre los s. VI y X.

masorético, ca *adj.* Perteneciente o relativo a la masora o a los masoretas y a sus trabajos.

masovero *s. m.* **1.** Persona que vive en una masada o masía. **2.** En Cataluña, persona que vive en una masía y cultiva sus tierras sin ser el propietario.

mass media (expr. ingl.) *s. m. pl.* Medios de comunicación de masas: prensa, radio, televisión, cine, etc., que gracias a las modernas técnicas constituyen en el s. XX la principal forma de difusión de la información y la cultura, así como una manera de distracción, por lo que ejercen una enorme influencia social.

Massachusetts Estado de EE UU, situado en el NE del país, a orillas del océano Atlántico. 21.455 km^2. 6.029.000 h. en 1990. La capital es Boston, con 580.000 h. en 1989, 2.824.000 h. en 1987 en su área metropolitana. Su territorio, que comprende parte del valle del río Connecticut, entre las estribaciones de los Apalaches y la región atlántica, está dedicado preferentemente a pastos para ganado bovino. En la costa se explota intensamente la pesca. Cuenta con industria textil, de calzado, maquinaria, herramientas y electrónica. Colonizado por los peregrinos del Mayflower en 1620, fue uno de los seis estados de Nueva Inglaterra y cuna del movimiento por la independencia. Posee instituciones universitarias tan célebres como Harvard y el Instituto Tecnológico de Massachusetts.

Masséna, André (Niza 1759 - París 1817) Militar francés. Era duque de Rívoli y príncipe de Essling. En las campañas napoleónicas obtuvo resonantes victorias frente a los austriacos y fue nombrado mariscal. En 1809 se distinguió en la batalla de Wagram pero, enviado al año siguiente a la península Ibérica, fracasó ante el ejército británico de Wellington.

Massenet, Jules (Montaud, Saint-Étienne 1842 - París 1912) Compositor francés. Fue el heredero de Gounod en la tradición de la ópera francesa y un gran maestro de la orquestación. Entre sus obras, realizadas en un estilo melodioso que supo conquistar el gusto del gran público, destacan *Manon* (1884), *El Cid* (1885), *Werther* (1892) y *Don Quijote* (1910).

Massine, Leonid (Moscú 1896 - Borken, Renania del Norte-Westfalia 1979) Bailarín y coreógrafo estadounidense de origen ruso. Trabajó en la compañía de Diaghilev, en la Scala de Milán, dirigió el Ballet del Roxy Theatre de Nueva York y fue coreógrafo de los Ballets de Montecarlo y del coronel de Basil, hasta que fundó su propia compañía *Highlights* durante la Segunda Guerra Mundial. Entre las numerosas coreografías que realizó sobresalen *El sombrero de tres picos* (1920), *Los presagios* (1933) y *Capricho español* (1939).

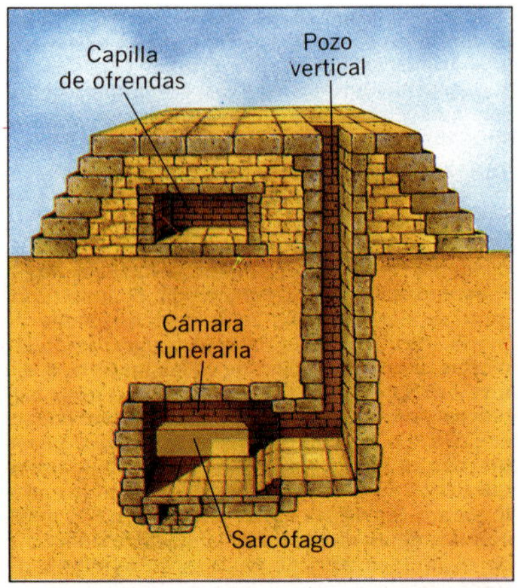

Corte vertical de una mastaba.

mastaba *s. f.* Tumba del antiguo Egipto faraónico, con forma de pirámide truncada de base rectangular, en la que se solía enterrar a ministros y funcionarios.

mastectomía *s. f.* Operación quirúrgica en la que se extirpa o quita una mama o pecho.

mastelerillo *s. m.* En un barco, cada uno de los palos menores que prolongan los masteleros.

mastelero *s. m.* Palo menor que se pone en los buques como prolongación de cada uno de los palos mayores y que, a su vez, puede ser prolongado por el mastelerillo.

master (voz ingl.) *s. m.* **1.** Curso de especialización para licenciados. **2.** Patrón u original del que posteriormente se sacarán copias.

masters (voz ingl.) *s. m.* **1.** Torneo de golf en el que solamente participan jugadores de la más alta categoría. **2.** Torneo anual de tenis entre los ocho primeros clasificados de la Asociación de Tenistas Profesionales (ATP).

masticador, ra *adj.* **1.** Que mastica. **2.** Se dice del aparato bucal de ciertos insectos, como saltamontes y escarabajos, preparado para triturar el alimento. **3.** Se dice de los insectos que tienen este aparato bucal. ‖ *s. m.* **4.** Instrumento para triturar la comida destinada a personas que tienen dificultad para masticarla. **5.** Mastigador*.

masticar *v. tr.* Partir y deshacer con los dientes. ▪ Se conjuga como *sacar.* **FAM.** Masticación.

masticatorio, ria *adj.* **1.** Que sirve para ser masticado. Se refiere especialmente a lo que se mastica con un fin medicinal. También *s.* **2.** Que sirve para masticar.

mastigador *s. m.* Aparato sujeto al freno del caballo, formado por tres anillas sueltas, que sirve para excitarle la salivación y el apetito.

mástil *s. m.* **1.** Cualquiera de los palos verticales de un barco que sirven para sostener las velas. **2.** Mastelero*. **3.** Palo o poste que se coloca verticalmente para sostener algo. **4.** En algunas máquinas grandes, torre, pieza o estructura vertical de gran altura en comparación con su base. **5.** Pieza estrecha y larga de los instrumentos de cuerda sobre la que se pisan éstas para que den los diferentes tonos. **6.** Astil o eje de la pluma de las aves. **7.** Tallo o tronco de las plantas cuando se hacen gruesos y crecen rectos.

mastín *s. m.* Perro guardián de gran tamaño y fortaleza, cabeza voluminosa, pecho ancho, cuello grueso, patas robustas, orejas pegadas por arriba, que caen lacias sobre las mejillas, y pelo corto. Son famosas las variedades del mastín de los Pirineos, caracterizado por su pelo blanco, y el mastín español.

mástique *s. m.* **1.** Resina de cierto lentisco. **2.** Masilla*.

mastitis *s. f.* Inflamación de la mama.

mastodonte *s. m.* **1.** Nombre común de diversos mamíferos proboscídeos fósiles, del grupo mastodontoides. Alcanzaban hasta 3 m de altura y poseían grandes colmillos en la mandíbula superior. Habitaron la Tierra desde fines del terciario hasta el cuaternario. Se han hallado esqueletos en Europa y América. **2.** Persona o cosa de enorme tamaño.

mastodóntico, ca *adj.* Que tiene enormes dimensiones.

mastoideo, a *adj.* Perteneciente o relativo a la apófisis mastoides.

mastoides *adj.* Se dice de la apófisis o parte saliente de los huesos temporales del cráneo, situada detrás del oído. También *s. f.*

mastranto o **mastranzo** *s. m.* Planta herbácea de la familia labiadas, especie *Mentha rotundifolia.* Mide entre 60 y 90 cm de altura, tiene tallo con vello blanco, hojas ovales rugosas, flores en espiga de color blanco y un fuerte olor aromático. Crece en la península Ibérica.

Mastroianni, Marcello (Fontana Liri 1924) Actor italiano. Su físico de galán y su gran capacidad interpretativa, tanto en papeles cómicos como dramáticos, le han mantenido en primera línea del cine internacional. En su dilatada producción sobresalen los filmes *Noches blancas* (1957), *La dolce vita* (1960), *La noche* (1961), *Crónica familiar* (1962), *Ocho y medio* (1963), *El extranjero* (1967), *Los girasoles* (1969), *Una jornada particular* (1977), *Ginger y Fred* (1985), *Macarroni* (1985) y *Ojos negros* (1987).

Mastronardi, Carlos (Gualeguay, Entre Ríos 1901 - Buenos Aires 1976) Escritor argentino. Vinculado al círculo vanguardista Martín Fierro, destacó por sus libros de poemas *Tierra amanecida* (1926), *Conocimiento de la noche* (1937) y *Siete poemas* (1963), y por sus ensayos, como *Valéry o la infinitud del método* (1955) y *Formas de la realidad nacional* (1961). También escribió *Memorias de un provinciano* (1967).

mastuerzo *s. m.* **1.** Berro*. **2.** Persona torpe o necia.

masturbar *v. tr.* Proporcionar placer sexual manipulando o tocando los órganos sexuales, especialmente uno a sí mismo en solitario. Se usa más como *v. prnl.* **FAM.** Masturbación, masturbador.

mata *s. f.* **1.** Planta herbácea o arbusto de poca altura. **2.** Rama o trozo de una planta herbácea. **3.** Terreno poblado de una misma clase de árboles. **4.** *Méx., Ven.* Bosque pequeño en una llanura. ‖ **5. mata de pelo** Cabellera larga y abundante.

Mata, Pedro (Madrid 1875 - íd. 1946) Novelista español. Cultivó el género erótico y entre sus títulos destacan *Cuesta abajo* (1908), *Corazones sin rumbo* (1917), *Un grito en la noche* (1918) y *El hombre que se reía del amor* (1924).

matacaballo, a *loc. adv.* A toda prisa.

matacán *s. m.* **1.** Construcción que sobresale en lo alto de una torre, muralla o puerta, con aberturas largas y estrechas en el suelo, para observar y atacar al enemigo. **2.** Piedra que se puede coger con la mano. **3.** Veneno para perros.

matacandil *s. m.* Planta herbácea de la familia crucíferas, especie *Sisymbrium irio.* Mide entre 15 y 60 cm de altura, tiene hojas lobuladas y flores de color amarillo. Crece en lugares húmedos de la península Ibérica y del resto de Europa.

matachín *s. m.* **1.** Matarife*. **2.** *fam.* Hombre que busca pelea.

matadero *s. m.* Sitio donde se matan animales para el consumo.

matador, ra *adj.* **1.** Que mata. También *s.* **2.** Penoso, cansado. **3.** *fam.* Extravagante, de mal gusto. ‖ *s. m.* **4.** Torero que mata al toro en las corridas.

matadura *s. f.* **1.** Golpe o herida de poca importancia. **2.** Llaga o herida producida a una caballería por el roce del aparejo.

Mata-Hari, Margaretha Zelle, llamada (Leeuwarden 1876 - Vincennes 1917) Bailarina y espía holandesa. Famosa por sus interpretaciones de danzas orientales en París, fue detenida durante la Primera Guerra Mundial por realizar tareas de espionaje en favor de Alemania. Murió fusilada.

matalahúga o **matalahúva** *s. f.* Anís*, planta y semilla.

matalón, na *adj.* Se dice de la caballería flaca, débil y, generalmente, con mataduras. También *s.*

matalotaje *s. m.* **1.** Conjunto de provisiones que se llevan en un barco. **2.** *fam.* Conjunto de muchas cosas desordenadas.

matambre *s. m.* **1.** *Amér. del S.* Tira de carne de la res que cubre las costillas y la barriga. **2.** *Amér. del S.* Plato que se prepara con esta carne, guisada o en fiambre.

Matamoros C. de México, situada en el estado de Tamaulipas, junto a la frontera de EE UU, cerca de la costa del golfo de México, en la desembocadura del río Grande. 240.000 h. en 1982. Es un importante centro comercial y de intercambio fronterizo, que posee industria química, electrónica, textil y destilera.

Matamoros, Mariano (México 1770 - Valladolid, actual Morelia 1814) Militar mexicano. Era sacerdote cuando se unió al levantamiento nacionalista de 1811. Participó en el ejército de Morelos, distinguiéndose en la toma de Oaxaca y en las batallas de Tonalá y El Palmar. Fue vencido en Puruarán y fusilado.

matamoscas *s. m.* **1.** Cualquier sustancia química para matar moscas. **2.** Especie de paleta de rejilla, de mango largo, usada para este mismo fin.

matante *adj. fam.* Matador*.

matanza *s. f.* **1.** Acción y efecto de matar. **2.** Acción de matar a muchas personas en una batalla, asalto, atraco, etc. **3.** Operación de matar los cerdos y preparar su carne, hacer embutidos, etc., en las casas de los pueblos. **4.** Temporada en la que suele hacerse y conjunto de productos que se obtienen.

Matanza, La C. de Argentina, en la prov. de Buenos Aires, situada en el NO de la Plata. 950.000 h. en 1980. Es el principal de los partidos que forman el Gran Buenos Aires.

Matanzas 1. Prov. de Cuba, situada en el sector occidental de la isla, entre el océano Atlántico y el mar Caribe. 11.978 km^2. 603.000 h. en 1989. En su relieve predomina la llanura, con algunas sierras en el NO y pantanos en el S. Es una región eminentemente agrícola, donde se cultiva caña, tabaco, café y cereales. Se dedica asimismo a la pesca y posee, además, industria de construcciones mecánicas, astilleros, fertilizantes, textil, refinerías de azúcar y destilerías y minería de cobre, asfalto, hierro y sal.
2. C. de Cuba, cap. de la prov. del mismo nombre, situada en su costa N. 112.100 h. en 1989. Es un mercado agrícola y puerto pesquero, que cuenta con industria del calzado, textil, refinerías de azúcar, fundiciones y construcciones mecánicas.

Matapán (*Tainaron*) Cabo situado en el extremo S del Peloponeso, en Grecia, entre los golfos de Mesenia y Laconia. Es el punto más meridional del continente europeo en su sector oriental.

matar *v. tr.* **1.** Quitar la vida. También *v. prnl.* **2.** Molestar, hacer sufrir o quitar la salud. **3.** Eliminar, destruir, quitar. **4.** Pasar el tiempo. **5.** *fam.* Asombrar con algo a alguien. **6.** Limar o redondear esquinas, vértices, aristas, puntas, etc. **7.** Apagar, echar agua a la cal viva o al yeso. **8.** Disminuir la intensidad de un color o el brillo de algo. **9.** En juegos de cartas, echar una superior a la jugada por el contrario y llevarse la baza. **10.** En correos, inutilizar los sellos de una carta, un paquete, etc. **11.** Hacer llaga o herir a una caballería el roce del aparejo. También *v. prnl.* ‖ *v. prnl.* **12.** Perder alguien la vida. **13.** Trabajar duramente, esforzarse mucho. ‖ **LOC. estar** (o **llevarse**) **a matar** con alguien Estar muy enemistado, llevarse muy mal. **mátalas callando** *fam.* Persona hipócrita, que aparenta bondad y comete malas acciones. **matarlas callando** *fam.* Actuar con astucia, y cometer malas acciones, pero con la apariencia de ser incapaz de ello, sin que se note. **que me maten (si...)** *fam.* Se utiliza para reforzar la certeza de algo que se afirma: *Que me maten si entiendo algo de lo que pasa.*

matarife *s. m.* Persona que tiene por oficio matar y descuartizar las reses.

Mataró C. de España, en la prov. de Barcelona, situada en la costa, al N de la capital. Es la capital de la comarca de El Maresme. 101.900 h. en 1990. Importante centro de industria textil, cuenta asimismo con industria metalúrgica, química, cerámica, del vidrio, papelera, de artes gráficas y curtidos. Conserva monumentos romanos y medievales. El ferrocarril Barcelona-Mataró fue el primero construido en España.

matarratas *s. m.* **1.** Raticida*. **2.** *fam.* Bebida muy fuerte y de mala calidad.

matasanos *s. m.* y *f. desp.* y *fam.* Médico.

matasellos *s. m.* **1.** Estampilla o instrumento que se usa en las oficinas de correos para inutilizar los sellos de las cartas, paquetes, etc. **2.** Marca o dibujo que se imprime con esta estampilla.

matasiete *s. m. fam.* Hombre que presume de valiente y le gusta buscar pelea.

matasuegras *s. m.* Tubo de papel enroscado, con un extremo cerrado y una boquilla en el otro, por donde se sopla para desenrollarlo bruscamente, al tiempo que se emite un pitido.

match (voz ingl.) *s. m.* En dep., enfrentamiento entre dos personas o dos equipos.

match-ball (voz ingl.) *s. m.* En tenis y otros deportes, tanto que da la victoria al jugador o equipo que se lo anota.

mate[1] (del ár. *mat*, desconcertado, asombrado, aplicado al rey del ajedrez) *s. m.* **1.** Jugada definitiva del ajedrez en la que el rey de uno de los dos jugadores recibe un jaque y no puede salvarse de las piezas que lo amenazan. **2.** En baloncesto, canasta obtenida sin lanzamiento a distancia, introduciendo la pelota en la cesta empujándola de arriba abajo con una o dos manos.

mate[2] (del fr. *mat*, marchito, y éste del lat. vulg. *mattus*, embrutecido) *adj.* **1.** Sin brillo. **2.** Que no tiene color o viveza.

mate[3] (del quechua *mati*, vaso o recipiente para beber) *s. m.* **1.** Árbol de la familia aquifoliáceas, especie *Ilex paraguensis.* Alcanza hasta 6 m de altura, tiene hojas alternas, flores blanquecinas y fruto en drupa de color rojo. Crece en Asia y América. En América del Sur se cultiva para aprovechar sus hojas, que contienen un alcaloide parecido a la cafeína y se consumen en infusión. **2.** *amer.* Hojas secas de esta planta. **3.** *amer.* Infusión que se prepara con ellas. **4.** *amer.* Calabaza pequeña, seca y vaciada, o vasija para preparar y servir esta infusión, que se sorbe por medio de la bombilla.

mateada *s. f. amer.* Acción de matear, tomar mate.

matear *v. intr. amer.* Tomar mate.

matemáticas *s. f. pl.* Ciencia que, mediante el método deductivo, estudia entes abstractos, tales como números y figuras geométricas, así como las relaciones que se establecen entre ellos. El origen de las matemáticas se halla en las civilizaciones egipcia y babilónica, en las que fue un instrumento de agrimensura, del cálculo astronómico y del calendario. En la Grecia clásica adquirió carácter de ciencia, al pasar de simple materia práctica a objeto de reflexión especulativa. Los pitagóricos desarrollaron la teoría de los números, y Euclides, la geometría, en la que profundizaron Apolonio y Arquímedes, que calculó el número *pi* y formuló el principio de la hidrostática. Los árabes fueron los herederos y transmisores de la matemática griega; al-Jwarizmi inició el estudio del álgebra y Abul-Mafa desarrolló la trigonometría. En el ámbito cristiano las matemáticas sufrieron un estancamiento hasta el Renacimiento, en el que Tartaglia retomó el estudio del álgebra. El cálculo algebraico llegó a su madurez en Francia gracias a la obra de Descartes y Fermat. El análisis matemático fue fundado en el s. XVII por Newton y Leibniz, que crearon el cálculo infinitesimal, mientras Pascal comenzó a usar las integrales. El cálculo diferencial fue obra de Leibniz y Newton, quien asimismo desarrolló la mecánica. En el s. XVIII Leonhard Euler proporcionó un avance gigantesco al análisis matemático, línea en la que profundizaron Gauss y Taylor. En el s. XIX se desarrolló fundamentalmente la geometría no euclidiana, gracias sobre todo a los trabajos de Lobachevski y Riemann, la geometría n-dimensional, con la obra de Gilbert, y la teoría de conjuntos, con las aportaciones de Abel, Cantor y Boole, disciplina continuada ya en el s. XX por Schwartz. Durante el s. XX la ciencia matemática ha avanzado fundamentalmente en el código binario, aplicado a la teoría informática, así como en el campo de la cibernética, en que sobresalen los trabajos de Wiener.

matemático, ca *adj.* **1.** Perteneciente o relativo a las matemáticas. **2.** Exacto, que siempre se cumple. ‖ *s. m.* y *f.* **3.** Especialista en matemáticas. ‖ *s. f.* **4.** Matematicas, ciencia. **FAM.** Matemáticamente.

Mateo, maestro (s. XII-XIII) Escultor de origen incierto. Perteneciente a la escuela románica francesa, trabajó en Galicia. Es autor de las esculturas del pórtico de la Gloria en la catedral de Santiago de Compostela (1168-88), en el que introdujo las grandes estatuas adosadas a las columnas y la integración de arquivoltas y tímpano, al estilo de las catedrales de Chartres y Reims. Su obra se caracteriza por un gran naturalismo.

Mateo, San (s. I) Apóstol y evangelista hebreo. Era recaudador de impuestos (publicano) antes de convertirse en uno de los doce apóstoles de Cristo. Escribió en arameo el primer *Evangelio*.

materia *s. f.* **1.** Nombre genérico de todo cuanto existe en el universo, constituido por partículas elementales agrupadas en átomos y moléculas. **2.** Sustancia de que está hecha una cosa. **3.** Lo material, frente a lo espiritual. **4.** Tema, asunto. **5.** Asignatura. **6.** Pus*. ‖ **7. materia gris** Sustancia* gris. **8. materia interestelar** La que existe en el espacio, diseminada entre las estrellas. El espacio situado entre los astros de nuestra galaxia está ocupado por una materia dispersa, cuya masa total equivale a la de todos los astros (200.000 millones de veces la del Sol). Su principal componente es el hidrógeno, que también lo es de todo el Universo; existe, además, oxígeno y, ya en cantidades muy inferiores, calcio, potasio, sodio y carbono. **9. materia orgánica** Conjunto de organismos vivos que han sido parcial o totalmente descompuestos por la acción de microorganismos. **10. materia prima** Sustancia natural o muy poco transformada, básica en una industria para obtener los productos que elabora, como, p. ej. la leche para hacer queso.

Fil. Según la filosofía aristotélico-escolástica, toda realidad está compuesta de materia y forma. La materia es aquello de lo que algo está hecho y la forma aquello por lo cual algo es lo que es. La materia es pasiva, ininteligible e indeterminada, aunque determinada en cada ser concreto por su forma. La materia es asimismo principio de los caracteres individuales de lo real. En la filosofía moderna, el concepto de materia se utiliza en un sentido científico o físico y se entiende como el constitutivo de la realidad material o natural. Su característica más importante, para la mayoría de los pensadores, es la de poseer masa y ocupar espacio.

Fís. La materia está formada por una serie de partículas elementales (protón, electrón, neutrón), que generalmente suelen estar agrupadas y constituyen átomos. Estos últimos pueden, a su vez, unirse y dar lugar a moléculas. En función de la mayor o menor proximidad de los átomos y moléculas que la forman y de su movimiento, la materia puede hallarse en tres estados: sólido, líquido y gaseoso. La cantidad de materia de un cuerpo constituye su masa, mientras que el peso es la fuerza con la que es atraída esa masa hacia el centro del astro en el que se encuentra.

La ciencia del s. XX ha demostrado que la materia, al desintegrarse, se convierte en energía y que ésta, a su vez, puede materializarse de nuevo, lo que viene a significar que materia y energía son dos aspectos de una misma realidad física.

material *adj.* **1.** Perteneciente o relativo a la materia. **2.** Físico, opuesto a espiritual. **3.** Se aplica a la acción realizada directa y personalmente por alguien, y a quien la ejecuta. ‖ *s. m.* **4.** Materia, sustancia. **5.** Conjunto de instrumentos, máquinas, herramientas u objetos de cualquier clase, necesario para realizar algo. **6.** Cuero. **7.** En inform., hardware*. ‖ **8. material móvil** En el ferrocarril, conjunto de locomotoras, coches, vagones, etc., que se desplazan sobre las vías. **9. material nuclear** El que tiene cantidades importantes de nucleidos fisionables. **FAM.** Materialmente.

materialidad *s. f.* **1.** Cualidad de material. **2.** Apariencia o forma exterior de las cosas. **3.** Sonido de las palabras, por oposición a su significado.

materialismo *s. m.* **1.** Denominación que reciben las escuelas y sistemas filosóficos que reducen la realidad a la materia y consideran que la conciencia o el espíritu no es sino una consecuencia de la misma. **2.** Cualidad o actitud del que da excesiva importancia a los intereses o bienes materiales.

Fil. La primera doctrina filosófica de carácter materialista que surgió en la historia del pensamiento occidental fue el atomismo griego de Leucipo y Demócrito, que sostenía, frente al idealismo platónico, que la realidad está compuesta de átomos, partículas indivisibles, de diferentes formas, de cuya combinación en el vacío surge la naturaleza material. Esta doctrina conoció un nuevo auge durante el Renacimiento italiano, pero la base del materialismo moderno se encuentra en la obra de Descartes y en su división de la realidad en dos grandes categorías: la realidad pensante (*res-cogitans*) y la realidad no pensante (*res-extensa*). A partir de esta clasificación, todas las corrientes de pensamiento que afirmaban la sola existencia del primero de los principios se denominaron *idealistas*, mientras que las que afirmaban la sola existencia del segundo (al que Descartes atribuyó las características de espacialidad, movimiento, divisibilidad y figura) se denominaron *materialistas*.

En el s. XIX la principal corriente materialista fue el marxismo, que sustituyó el mecanicismo imperante en la época por una concepción evolutiva de la realidad, tomada de la dialéctica hegeliana, con una doble formulación: el **materialismo histórico**, o método de análisis de los fenómenos sociales e históricos, basado en la tesis de que el carácter general de los procesos de la vida social, política y espiritual está determinado por el modo de producción de la vida material, y el **materialismo dialéctico**, que concibe todos los fenómenos naturales como procesos que se desarrollan dialécticamente, según tres leyes o principios: el paso de la cantidad a la cualidad, la unidad y oposición de contrarios y la negación de la negación.

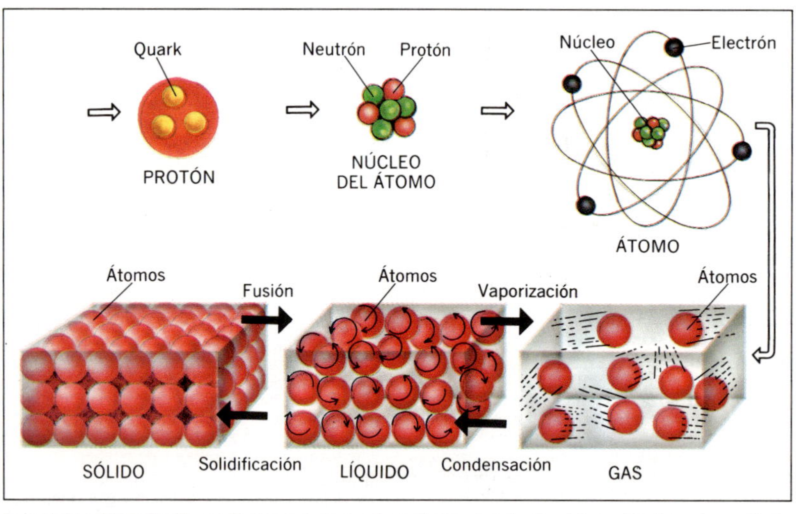

La materia está constituida por átomos que constan de partículas sin estructura interna (electrones) y partículas complejas (protones y neutrones, a su vez formados por quarks). Según el grado de cohesión de los átomos, la materia puede ser sólida, líquida o gaseosa.

materialista *adj.* **1.** Que atiende en exceso o exclusivamente a los intereses materiales y a los bienes terrenales. También *s.* **2.** Partidario o defensor del materialismo. También *s.* **3.** Perteneciente o relativo al materialismo. ‖ *s. m.* **4.** *Méx.* Transportista. **5.** *Méx.* Camión.

materialización *s. f.* **1.** Acción y efecto de materializar. **2.** Transformación de la energía en materia.

materializar *v. tr.* **1.** Llevar a la práctica un proyecto, idea, promesa, etc. También *v. prnl.* **2.** Presentar o considerar algo espiritual de manera material para que pueda ser percibido por los sentidos. ■ Se conjuga como *cazar*.

materialmente *adv. m.* **1.** De manera material. **2.** Realmente, de hecho.

maternal *adj.* Materno, propio de madre. **FAM.** Maternalmente.

maternidad *s. f.* **1.** Estado o circunstancia de madre. **2.** Centro clínico para la asistencia de mujeres que van a dar a luz.

maternizar *v. tr.* Dotar a la leche de vaca de las propiedades que tiene la de mujer. ■ Se conjuga como *cazar*.

materno, na *adj.* Perteneciente o relativo a la madre.

matete *s. m.* **1.** *Arg.*, *Urug.* Mezcla espesa de diversas sustancias. **2.** *Arg.*, *Urug.* Pelea, reyerta.

Mathieu, Georges (Boulogne-sur-Mer 1921) Pintor francés. Estudió filosofía, derecho y matemáticas. Representante del impresionismo abstracto, su pintura está vinculada a la *action painting*. Entre sus obras sobresalen *Reino blanco* (1949), *La coronación de Carlomagno* (1956) y *Homenaje a los hermanos Boisserée* (1967).

Matías (Viena 1557 - íd. 1619) Archiduque de Austria, rey de Hungría (1608-18) y de Bohemia (1611-17) y emperador alemán (1612-19). Hijo de Maximiliano II, sucedió a su hermano Rodolfo II. Fue gobernador de los Países Bajos (1578-81) y de Austria (1593-1606). Reconoció como heredero del imperio a su primo Fernando de Habsburgo, lo que dio motivo a que los calvinistas checos se sublevaran en la llamada *defenestración de Praga* (1618).

Matías, San (? - ? h. 61) Discípulo de Jesús, sucesor de Judas. Según la tradición, evangelizó Judea y Macedonia.

Matías I Corvino (Koloszvar 1440 - Viena 1490) Rey de Hungría (1458-90). Fue elegido por la nobleza. Centralizó el sistema fiscal, lo que le permitió mantener un ejército permanente. Venció a los turcos, aumentó su territorio con el norte de Bosnia, Lusacia, Silesia, Moravia y la Baja Austria, convirtiéndose en el rey más importante de la Europa central. Fundó la universidad de Bratislava y la biblioteca Corvina.

Matilde, Santa (Westfalia h. 890 - Quedlinburg, Sajonia 968) Reina de Germania por su matrimonio con Enrique el Pajarero (909), coronado en 919. Fue madre del emperador Otón I. Se retiró al monasterio de Quedlinburg, por ella fundado.

Matilde de Canosa (Canosa 1046 - Bondeno di Roncore 1115) Condesa de Toscana. En la guerra de las Investiduras, apoyó la causa pontificia y en su palacio de Canosa tuvo lugar el encuentro entre el emperador Enrique IV y el papa Gregorio VII. Legó todos sus estados al papado, dando origen a la lucha entre el imperio y la Iglesia.

matinal *adj.* **1.** Perteneciente o relativo a la mañana. **2.** Se dice de las sesiones de algunos espectáculos que se celebran por la mañana. También *s. f.*

matiné *s. f.* Sesión de un espectáculo que se celebra en las primeras horas de la tarde.

Matisse, Henri (Le Cateau-Cambrésis 1869 - Niza 1954) Pintor francés. Es una de las figuras de la vanguardia pictórica del s. XX y destacado representante del fauvismo. Su obra se caracteriza por el empleo de grandes masas de colores puros de tono vivo y luminoso, por la sencillez de las formas y el acentuado carácter decorativo. Sus temas favoritos son las escenas de interior, como la de *El pintor y su modelo* (1916), y los desnudos femeninos, como el de *Desnudo rosa*

Henri Matisse: Joven sentada con vestido gris, fondo rojo *(colección Renand, París).*

(1935). Otros cuadros que merecen ser citados son *El marinero de la gorra* (1907), *La danza y la música* (1912), *La blusa rumana* (1940) y *Gran interior rojo* (1941).

matiz *s. m.* **1.** Grado o tono que puede tener un color. **2.** Rasgo o detalle que da a una cosa un carácter especial.

matizar *v. tr.* **1.** Combinar armoniosamente los colores. **2.** Dar un determinado tono a un color. **3.** Hacer ver los distintos aspectos de algo, expresar aspectos más precisos o sutiles. **4.** Teñir, comunicar cierto carácter a una cosa. ▪ Se conjuga como *cazar.* **FAM.** Matización.

Mato Grosso Región de Brasil, situada en el O del país, al E de Bolivia. Comprende los estados de **Mato Grosso**, 901.421 km^2, 1.727.100 h. en 1990, cuya capital es Cuiabá, con 332.000 h. en 1989, y **Mato Grosso do Sul**, 357.472 km^2, 1.797.000 h. en 1990, cuya capital es Campo Grande, con 435.500 h. en 1989. Antiguamente constituían un único estado. En el N se halla la región amazónica, regada por los ríos Juruena, Xingú y Araguaia, que nacen en la meseta de Mato Grosso. Su vegetación es de bosque ecuatorial y tropical. La zona meridional queda limitada al E por el río Paraná y al O por el Paraguay, que constituye un área pantanosa. Está habitada por tribus indias, bolivianos y paraguayos. Sus recursos económicos proceden de la explotación del caucho, de la minería, de plantaciones de yerba mate y de la ganadería extensiva.

matojo *s. m.* **1.** Mata, planta herbácea o arbusto de poca altura. **2.** *Ant., Col., Méx.* Matorral. **3.** *Cuba, P. Rico.* Retoño de un árbol podado.

matón *s. m.* **1.** Hombre que presume de valiente y busca pelea. **2.** Guardaespaldas. **3.** Gángster. **FAM.** Matonería, matonismo.

matorral *s. m.* **1.** Conjunto de matas. **2.** Formación arbustiva baja y más o menos densa.

matraca *s. f.* **1.** Rueda de tablas fijas en forma de aspa, entre las que cuelgan mazos o badajos que, al girar la rueda, producen un ruido grande y desagradable. Se usa en Semana Santa en lugar de las campanas. **2.** Carraca*. **3.** *fam.* Tabarra, tostón: *dar la matraca.*

matracas *s. f. pl. fam.* Matemáticas.

matraquear *v. intr.* **1.** Hacer sonar la matraca. **2.** *fam.* Fastidiar o molestar a una persona al insistir con pesadez en algo. **FAM.** Matraqueo.

matraz *s. m.* **1.** Recipiente de cristal, generalmente de forma esférica, con un cuello recto y estrecho; se utiliza en los laboratorios químicos. ‖ **2. matraz aforado** El que tiene una marca que señala hasta dónde debe llenarse para tener un volumen determinado.

matrería *s. f.* **1.** Astucia. **2.** Desconfianza.

matrero, ra *adj.* **1.** Astuto, experimentado. **2.** Desconfiado. **3.** *Amér. del S.* Se aplica al malhechor fugitivo. También *s.*

matriarcado *s. m.* **1.** Organización social en que las mujeres tienen el poder y el hombre permanece en una posición subordinada. Se trata de un modelo teórico cuya existencia nunca ha sido demostrada. Sí existen, en cambio, pueblos en los que la mujer ha llegado a tener un importante papel en el gobierno de la tribu, o en los que el parentesco se establece por línea materna. **2.** P. ext., predominio o mayor autoridad de la mujer dentro de una sociedad o grupo social.

matriarcal *adj.* Perteneciente o relativo al matriarcado.

matricial *adj.* Perteneciente o relativo a las matrices.

matricida *s. m.* y *f.* Persona que mata a su madre. También *adj.*

matricidio *s. m.* Acción de matar una persona a su madre.

matrícula *s. f.* **1.** Registro o lista oficial. **2.** Acción y efecto de matricular. **3.** Conjunto de personas o cosas matriculadas en estos registros. **4.** Placa en la que figura el número de registro de un vehículo y que se coloca en las partes delantera y trasera del mismo. ‖ **5. matrícula de honor** Máxima calificación, superior al sobresaliente, concedida en un examen y que da derecho a una matrícula gratuita en el siguiente curso.

matricular *v. tr.* **1.** Inscribir. También *v. prnl.* **2.** Particularmente, efectuar la inscripción de un vehículo y colocarle la placa identificativa correspondiente. **FAM.** Matriculación.

matrilineal *adj.* En antropología, se dice de la sucesión por línea materna.

matrilinealismo *s. m.* En antropología, sistema social de parentesco en el que la sucesión se establece por línea materna y los hijos reciben el nombre familiar de la madre y no el del padre.

matrimonial *adj.* Perteneciente o relativo al matrimonio. **FAM.** Matrimonialmente.

matrimoniar *v. intr.* Casarse. ▪ En Chile y México, también *v. prnl.*

matrimonio *s. m.* **1.** Unión de un hombre y una mujer que, mediante unos ritos religiosos o unas formalidades legales, se comprometen a formar una familia. En la religión católica constituye un sacramento. **2.** Ceremonia religiosa con la que se celebra este sacramento. **3.** Pareja que forman el marido y la mujer. ‖ **4. matrimonio canónico** (o **religioso**) El celebrado de acuerdo con los cánones y ceremonias de la Iglesia católica. **5. matrimonio civil** El que se celebra según la ley civil, sin intervención de la Iglesia. **6. matrimonio consumado** Aquel en el que los casados se han unido ya carnalmente. **7. matrimonio morganático** Véase **morganático**. **8. matrimonio rato** El celebrado legítimamente, pero aún sin consumar.

matrioska (voz rusa) *s. f.* Juego de muñecas iguales, pero de diferente tamaño, que van unas metidas dentro de otras.

matritense *adj.* Madrileño*.

matriz *s. f.* **1.** Órgano de las hembras de los mamíferos en el que se desarrolla el feto. Es una cavidad de gruesas paredes musculares (miometrio), tapizada en su interior por una mucosa (endometrio) muy irrigada y que en el exterior presenta una túnica de tejido conjuntivo. En la matriz se distinguen dos partes: el cuerpo, parte ensanchada en la que desembocan los oviductos, y el cuello o cervix, parte más estrecha que se abre a la vagina. También se llama *útero.* **2.** Patrón que se obtiene del original para reproducir copias exactas del mismo. **3.** Molde en que se funden objetos de metal idénticos. **4.** Molde en que se funden los tipos o letras de imprimir. **5.** P. ext., cada una de las letras, espacios en blanco u otros signos de un texto impreso. **6.** Original del que se sacan copias, p. ej. de discos gramofónicos. **7.** Parte que permanece unida al talonario al arrancar los talones. **8.** En mat., cuadro de números distribuidos en filas y columnas. Es una tabla formada por *m* líneas y *n* columnas; cuando *m* y *n* son iguales, se denomina **matriz cuadrada**. ‖ *adj.* **9.** Se aplica a lo que es origen o fundamento de otra cosa. ‖ **10. matriz de puntos** En una impresora de ordenador, conjunto de agujas capaces de imprimir los diferentes caracteres por medio de puntos, al golpear sobre una cinta entintada.

matrona *s. f.* **1.** En la antigua Roma, madre de familia de cierta posición y respetabilidad. **2.** Comadrona*. **3.** Mujer madura y corpulenta. **4.** Funcionaria de aduanas o de centros penitenciarios que registra a las mujeres.

Matsudo C. de Japón, situada en la isla de Honshu e integrada en la aglomeración urbana de Tokio. 453.200 h. en 1989. Cuenta con un importante mercado agrícola y ganadero y con industria alimentaria.

Matsuyama C. de Japón, situada en la isla de Shikoku. 441.500 h. en 1989. Antigua ciudad feudal e importante puerto, cuenta en la actualidad con industria petroquímica, textil, papelera y de transformación de productos alimenticios. En sus proximidades se encuentran los famosos manantiales de aguas termales de Dogo.

Matta, Roberto (Santiago de Chile 1911) Pintor chileno. Tras estudiar arquitectura, se trasladó a París en 1933 para trabajar con Le Corbusier; allí entró en contacto con los grupos surrealistas y decidió dedicarse exclusivamente a la pintura. Posteriormente viajó a EE UU y su obra recibió allí la influencia del expresionismo abstracto. Destacan entre sus cuadros *El vértigo de Eros, La vida acribillada* y *La cuestión de Djamila.* En 1992 realizó un mural para la exposición universal de Sevilla.

Matteotti, Giacomo (Fratta Polesine 1885 - Roma 1924) Político italiano. Diputado socialista en 1919 y secretario general del Partido Socialista Unitario en 1922, se convirtió en el principal opositor de Mussolini. Fue secuestrado y asesinado por un grupo de camisas negras, y su muerte provocó el abandono del Parlamento por los partidos no fascistas y un fuerte movimiento de protesta en el país, lo que llevó a Mussolini a suprimir las libertades constitucionales y convertir su régimen en una dictadura.

Maturin, Charles Robert (Dublín 1782 - íd. 1824) Escritor irlandés. En 1816 logró un gran éxito con la tragedia *Bertram.* Es autor de novelas góticas, como *Melmoth el vagabundo* (1820).

Maturín C. de Venezuela, cap. del estado de Monagas, situada en el NE del país. 228.500 h. en 1990. Es un centro de comercio y de industria alcoholera, alimentaria y maderera. Su desarrollo estuvo vinculado a la explotación de los ricos yacimientos petrolíferos de la región.

maturrango, ga *adj.* **1.** *Amér. del S.* Mal jinete. **2.** *Chile.* Se aplica a la persona pesada y de movimientos torpes. ‖ *s. f.* **3.** Trampa, engaño habilidoso. Se usa más en *pl.*

Matusalén Patriarca hebreo que, según la *Biblia,* vivió 969 años. Aparece en la loc. **ser más viejo que Matusalén**, ser muy viejo.

matute *s. m.* Contrabando*. ‖ **LOC. de matute** *adv.* De contrabando; también, a escondidas, ocultamente.

Matute, Ana María (Barcelona 1926) Escritora española. Su obra novelística se inició en el realismo social de posguerra y se caracteriza por un particular tono poético. A los 22 años publicó *Los Abel* (1948), a la que siguieron, entre otras novelas, *Primera memoria* (1959), *Los soldados lloran de noche* (1964), *La trampa* (1969) y *La torre vigía* (1971). También es autora de cuentos infantiles, entre los que destacan *Los niños tontos* (1956) y *Caballito loco* (1962).

matutino, na *adj.* **1.** Perteneciente o relativo a las primeras horas de la mañana o a lo que ocurre o se hace en las mismas. **2.** Se dice de los diarios que salen a la venta por la mañana. También *s. m.*

Maugham, William Somerset (París 1874 - Saint-Jean-Cap-Ferrat, Niza 1965) Escritor británico. Hijo de diplomático, realizó a lo largo de su vida repetidos viajes por Europa, Asia y Extremo Oriente. Sus novelas se caracterizan por una extraordinaria capacidad de descripción de lugares y ambientes. De ellas merecen resaltarse *Servidumbre humana* (1915), *La luna y seis peniques* (1919), *El velo pintado* (1925) y *El filo de la navaja* (1944). También escribió dramas, como *La tierra prometida* (1913), *El círculo* (1921) y *La esposa fiel* (1927).

maula[1] (voz ár.) *s. m.* En el Islam medieval, esclavo liberado que entraba a formar parte de la clientela de su antiguo señor. Constituía una de las categorías fundamentales de la sociedad musulmana.

maula[2] (de or. onomat.) *s. f.* **1.** Cosa inútil o vieja. **2.** Engaño, trampa. ‖ *s. m.* y *f.* **3.** *fam.* Persona holgazana e inútil. También *adj.* **4.** *fam.* Persona estafadora, tramposa. También *adj.* **5.** *Arg., Urug.* Cobarde. También *adj.*

Maule 1. Río de Chile, situado en la región homónima. 282 km de longitud. Nace en la laguna del mismo nombre y discurre en dirección SE hasta desembocar en el Pacífico. Sus aguas se aprovechan para regadíos y obtención de energía hidroeléctrica.
2. Región de Chile, situada en el sector central del país. 30.302 km^2. 827.400 h. en 1989. La capital es Talca, con 174.000 h. en 1989. Sus recursos económicos proceden principalmente de la agricultura, con cultivos de vid, remolacha, arroz y trigo, y de la ganadería bovina; cuenta asimismo con industria alimentaria y del cuero.

maullar *v. intr.* Dar maullidos el gato. ▪ En cuanto al acento, se conjuga como *aunar. maúllo.* Se dice también *mayar.* **Fam.** Maullador.

maullido *s. m.* Sonido que emite el gato. ▪ Se dice también *mayido.*

Mau-Mau Sociedad secreta anticolonialista de Kenia, creada en 1948, que en 1952, como respuesta a la política represiva británica, desencadenó una ola de violencia contra blancos y asiáticos, que obligó a las autoridades a proclamar el estado de excepción. La guerrilla Mau-Mau, apoyada sobre todo por la etnia kikuyu, permaneció activa hasta 1959.

Mauna Kea Volcán de la isla Hawai. Tiene 4.205 m de altura, la máxima del archipiélago. En la actualidad está inactivo y su cima se halla cubierta de nieve.

Mauna Loa Volcán de la isla Hawai. Tiene 4.169 m de altura. Posee cinco cráteres activos, entre los que destaca el gran Kilauea.

Maupassant, Guy de (Miromesnil, Tourville-sur-Arques 1850 - París 1893) Escritor francés. Fue un excelente novelista naturalista y un maestro del relato, de estilo sobrio y cuidado. Una enfermedad epiléptica, unida a su vida desordenada, le llevaron a la enajenación mental y la muerte. Sus narraciones cortas están reunidas en los volúmenes *La casa Tellier* (1881), *Mademoiselle Fifí* (1882) y *El Horla* (1887). De sus novelas merecen resaltarse *Bola de sebo* (1880), *Bel Ami* (1885), *Mont-Oriol* (1887) y *Fuerte como la muerte* (1889).

Maupertius, Pierre Louis Moreau de (Saint-Malo 1698 - Basilea 1759) Astrónomo y matemático francés. Destacado científico de la Ilustración, fue uno de los mayores defensores de las teorías newtonianas sobre física y astronomía. Participó en numerosos trabajos emprendidos por las sociedades científicas más prestigiosas de la época. A él se debe la formulación del principio de la mínima acción para explicar el movimiento de los cuerpos. Es autor, entre otras obras, de *La figura de la tierra* (1738), *La Venus física* (1745) y *Carta sobre el progreso de las ciencias* (1752).

Maura, Miguel (Madrid 1887 - Barcelona 1971) Político español. Hijo de Antonio Maura, se inició en la vida política dentro de los sectores monárquicos conservadores, pero en 1930 se declaró partidario de la república y fue uno de los firmantes del pacto de San Sebastián. Nombrado ministro de Gobernación en el gobierno provisional republicano, dimitió muy pronto por disconformidad con el tratamiento que la nueva Constitución daba a la cuestión religiosa.

Maura y Montaner, Antonio (Palma de Mallorca 1853 - Torrelodones, Madrid 1925) Político español. Realizó su aprendizaje político en las filas del Partido Liberal de Sagasta, en dos de cuyos gobiernos ocupó carteras ministeriales. Como responsable de Ultramar, elaboró en 1892 un proyecto de autonomía para Cuba y Puerto Rico, con el que pretendía frenar el creciente independentismo, pero no fue apoyado ni por los conservadores ni por buena parte de los liberales. Tras el desastre de 1898, criticó con dureza el funcionamiento político de la Restauración y abanderó un programa de profundas reformas, con el que pretendía renovar la política nacional y evitar el riesgo de una revolución social. En 1902 ingresó con sus seguidores en el Partido Conservador y se convirtió muy pronto en una de las figuras más destacadas del país. Encargado de formar gobierno en 1903, dimitió en 1904 por desavenencias con Alfonso XIII. Volvió a recibir el encargo en 1907, y durante esta etapa dirigió una gran reforma legislativa, pero su autoritarismo, que culminó con la violenta represión de la Semana Trágica de Barcelona, le obligó a dimitir en 1909 y acabar prácticamente con su carrera, pese a formar nuevamente gobierno en los años 1918, 1919 y 1921.

Mauregato (? - ? 788) Rey astur (783-788). Hijo bastardo de Alfonso I, expulsó del reino al heredero Alfonso II, hijo de Fruela. Durante su reinado se inició la polémica religiosa del adopcionismo, herejía que sostenía que Cristo, en cuanto hombre, era sólo hijo adoptivo de Dios.

Mauriac, François (Burdeos 1885 - París 1970) Escritor francés. Creyente católico, expresó en su obra sus inquietudes espirituales, especialmente el conflicto entre la fe y la pasión, ambientadas en una sociedad burguesa y provinciana. Después de publicar el libro de poesía *Las manos juntas* (1909), abordó la novela con obras como *El beso al leproso* (1922), *Teresa Desqueyroux* (1927), *Nudo de víboras* (1932), *Los ángeles negros* (1936) y *La farisea* (1944). También cultivó el teatro, en el que destacan los títulos *Asmodeo* (1938) y *El fuego en la Tierra* (1950), y el ensayo. Fue galardonado con el premio Nobel de literatura en 1952.

Mauricio (*Mauritius*) Estado insular del SE de África.

Extensión: 2.040 km^2.
Situación: en el océano Índico, al E de Madagascar.
Población: 1.080.000 h. en 1990.
Densidad: 529,4 h./km^2.
Capital: Port Louis.
División administrativa: 4 islas, la mayor de ellas, Mauricio, en 9 distritos.
Ciudades principales: Beau Bassin-Rose Hill, Quatre Bornes, Vacoas-Phoenix, Curepipe.
Gentilicio: mauriciano.
Forma de Estado: monarquía constitucional.
Idioma: inglés.
Religión: hinduismo, 52,5 %; catolicismo, 25,7 %; islamismo, 12,9 %; protestantismo, 4,4 %; budismo, 0,4 %.
Moneda: rupia mauriciana.
Tasa de natalidad: 19 ‰ en 1990.
Tasa de mortalidad: 7 ‰ en 1990.
Renta per cápita: 2.068 dólares en 1989.

Geog. El relieve de la isla Mauricio consta de tres macizos volcánicos, cuyas alturas no sobrepasan los 1.000 m, que delimitan diversas llanuras interiores y costeras, más amplias en el N. La costa está rodeada por una barrera de arrecifes coralinos. El clima y la vegetación son subecuatoriales. La densidad de su población se cuenta entre las más elevadas del mundo, a causa fundamentalmente de la inmigración de hindúes, que constituyen una mayoría respecto a los mauricianos. Su economía, poco desarrollada, está centrada en el monocultivo de la caña de azúcar (más del 50 % de la superficie del país) y en la palma de coco, copra, vainilla y tabaco; cuenta asimismo con ganadería bovina, pesca de litoral, industria azucarera, tabaquera y cervecera y refinerías de petróleo, así como turismo.
Hist. La isla Mauricio era probablemente conocida y visitada por navegantes árabes desde el s. X de nuestra era. En 1505 fue descubierta por el portugués Pedro de Mascarenhas y en 1598 Van der Neck tomó posesión de ella en nombre de Holanda. Desde 1638 fue colonizada por holandeses, que la llamaron Mauricio en honor de Mauricio de Nassau, y fundaron la ciudad de Mahé. La abandonaron en 1710 y, dos años más tarde, fue ocupada por la compañía francesa de las Islas Orientales. En 1767 fue puesta bajo control de la corona francesa, pero en el curso de las guerras napoleónicas, en 1810, se apoderó de ella el Reino Unido. Desde 1845, en que fue abolida la esclavitud, se produjo una intensa inmigración de trabajadores hindúes. En 1957 obtuvo del Reino Unido la autonomía. Tras la victoria en 1963 del Partido Laborista, formado mayoritariamente por hindúes, creció el movimiento favorable a la independencia, que finalmente se concedió a la isla en 1968. El primer gobierno estuvo formado por una coalición de laboristas y socialdemócratas, bajo la presidencia del laborista Seewoosasur Rangoolam, y hubo de afrontar una grave agitación social y la presión del recién formado Movimiento Militante Mauricio (MMM), de carácter revolucionario. Este último resultó vencedor en las elecciones de 1976, tras las cuales siguió sin embargo en el poder la coalición presidida por Rangoolam, que acentuó su tendencia de izquierda. Nuevamente vencedor en 1982, el Movimiento Militante Mauricio accedió al gobierno, pero las disensiones en la organización y la agitación social, causada por su política de austeridad económica, forzaron unas nuevas elecciones en 1983, en las que resultó vencedora una coalición formada por el Movimiento Socialista de Mauricio (escisión del MMM) y los laboristas. Aneerood Jugnauth fue elegido primer ministro en estas elecciones y confirmó su cargo en las de 1987, asumiendo la presidencia de la nueva coalición formada entre el Movimiento Socialista de Mauricio, el partido laborista y el partido socialdemócrata.

Mauricio, Flavio Tiberio (Arabissos 539 - ? 602) Emperador bizantino (582-602). Yerno y sucesor de Tiberio II, reorganizó la administración del imperio y creó los exarcados de Ravena y Cartago. Luchó contra los persas y Cosroes II le cedió parte de Armenia. También combatió contra los normandos en Italia, los beréberes en África y los ávaros y eslavos en los Balcanes. Fue depuesto y asesinado por el ejército.

Mauricio de Nassau (Dillenburg 1567 - La Haya 1625) Estatúder de Holanda y Zelanda (1584-1625). Era hijo de Guillermo de Orange y dirigió la lucha contra la dominación española. Obtuvo las victorias de Breda (1590), Nimega, Zütphen y Deventer (1591). Derrotó a Alejandro Farnesio en Groninga (1594), al archiduque Alberto de Austria en Las Dunas (1600) y se opuso a la firma de la tregua de los Doce Años (1609). En 1618 heredó de su hermano el título de príncipe de Orange.

Mauricio de Sajonia (Freiberg 1521 - Sievershausen 1553) Duque (1541-47) y elector (1547- 53) de Sajonia. A pesar de su fe protestante, combatió a favor del emperador Carlos V, que le había prometido el electorado de Sajonia, y participó en la batalla de Mühlberg. Poco a poco fue distanciándose del emperador, hasta ingresar en la liga de Königsberg. En 1552 ocupó Augsburgo y poco después Innsbruck, con lo cual obligó a Carlos V a firmar la paz de Passau.

Maurier, Daphne du (Londres 1907 - Por Cornualles 1989) Escritora británica. Sus numerosas novelas han tenido una gran divulgación a causa de su facilidad narrativa, su penetración psicológica y lo fascinante de sus argumentos. Entre las más representativas cabe citar *La posada de Jamaica* (1936), *Rebeca* (1938), ambas llevadas al cine por Alfred Hitchcock, *El chivo expiatorio* (1957) y *Dios salve a Inglaterra* (1972).

Maurín, Joaquín (Bonanza, Huesca 1896 - Nueva York 1973) Político español. Miembro de la CNT, abandonó la organización tras la decisión de los anarcosindicalistas de separarse de la Tercera Internacional. Militó en el Partido Comunista entre 1924 y 1930. Ese último año participó en la fundación del Bloque Obrero y Campesino que, al unirse luego con la Izquierda Comunista de Andrés Nin, dio origen al POUM (Partido Obrero de Unificación Marxista), del que fue nombrado secretario general. Elegido diputado en 1936, fue detenido al comienzo de la guerra civil y condenado a treinta años de cárcel. Liberado en 1947, marchó al exilio. Es autor, entre otras obras, de *Revolución y contrarrevolución en España* (1966).

Mauritania (*Mawritanyya*) Estado del NO de África.
Geog. El desierto del Sáhara ocupa dos terceras partes del país. La única elevación del territorio,

Extensión: 1.030.700 km^2.
Límites: al N, con Marruecos y Argelia; al E, con Malí; al S, con Malí y Senegal, y al O, con el océano Atlántico y Marruecos.
Población: 1.844.000 h. en 1987.
Densidad: 1,8 h./km^2.
Capital: Nouakchott.
División administrativa: 12 regiones y 1 distrito.
Ciudades principales: Nuadhibou, Kaédi, Zuérate.
Gentilicio: mauritano.
Forma de Estado: república presidencialista.
Idioma: árabe, francés.
Religión: islamismo, 99,4 %; cristianismo, 0,4 %.
Moneda: ouguiya.
Tasa de natalidad: 46 ‰ en 1990.
Tasa de mortalidad: 19 ‰ en 1990.
Renta per cápita: 490 dólares en 1989.

el macizo de Adrar, se encuentra en el centro del mismo y no sobrepasa los 830 m de altura. En el S del país se hallan las mesetas de Tagant y de Assaba, que bordean el valle del Senegal, donde se encuentran los únicos ríos, de curso irregular. La costa, baja y poco accidentada, presenta cordones arenosos que dificultan la navegación. El clima es sahariano y la vegetación desértica, excepto en el S, donde es tropical senegalés. La población pertenece en su mayoría a la raza mora, de origen árabe y beréber, e incluye grupos de negros sudaneses en el S. El país está económicamente subdesarrollado y sus principales recursos son agrícolas: mijo, maíz, dátiles, batatas, arroz; y ganaderos: camellos, ovejas y cabras. Otras fuentes de ingresos las constituyen la pesca, la goma arábiga, el mineral de cobre y, especialmente, el hierro, del que posee grandes yacimientos y exporta cantidades importantes.

Hist. La región en que está situada la actual Mauritania estuvo habitada hasta el s. IV por grupos de pastores trashumantes, beréberes y negros. En el s. XI el país fue incorporado al imperio almorávide. En el s. XII sufrió una invasión de árabes. La colonización europea comenzó en 1442 cuando Portugal edificó el fuerte Arguin; posteriormente llegaron franceses, ingleses y holandeses. Francia consolidó su dominio a finales del s. XVIII. En el año 1900 se concertó un tratado con España para fijar las fronteras con el Sáhara occidental. La colonia francesa fue gobernada desde Senegal a partir de 1920. En 1946 se constituyó la Asamblea Territorial y en 1958 Francia concedió a la colonia la autonomía interna. Marruecos reclamó la soberanía sobre el territorio y protagonizó un fracasado intento de invasión.

En 1960 Mauritania obtuvo la independencia y un año más tarde, Moktar Ould Daddah, del Partido del Pueblo Mauritano, fue elegido presidente de la república. Ould Daddah agrupó en 1961 los distintos partidos políticos en una única organización, el Partido del Pueblo Mauritano, del que fue elegido secretario general, pasando a la ilegalidad toda la oposición. Las tensas relaciones con Marruecos provocaron conflictos internos y, desde 1967, los choques raciales entre negros y musulmanes han creado graves problemas. En 1968 se produjeron huelgas y disturbios entre los mineros. En una etapa en que disminuyó la tensión con Marruecos, el gobierno creó la empresa estatal minera SNIM y en 1973 tuvo lugar la incorporación de Mauritania a la liga árabe.

En 1975 los acuerdos de Madrid concedieron a Mauritania el S del Sáhara español, lo que significó la alianza con Marruecos en la guerra contra el Frente Polisario y un gran aumento de los gastos militares. Un golpe de Estado derrocó en 1978 a Ould Daddah, disolvió el Partido del Pueblo Mauritano y concedió todo el poder a las fuerzas armadas, que desde 1979 lo ejercieron a través de un Comité Militar de Salvación Nacional, a cuyo frente estaba Manya Ould Ahmed Taya. En 1979 Mauritania firmó en Argel un acuerdo de paz con el Frente Polisario y cedió a Marruecos su zona del Sáhara español.

En enero de 1992 tuvieron lugar las primeras elecciones presidenciales con un sistema multipartidista. El vencedor fue el presidente Ould Ahmed Taya, pero la oposición impugnó las elecciones, lo que dio lugar a un toque de queda.

mauritano, na *adj.* De Mauritania. También *s.*

Maurois, Émile Herzog, llamado **André** (Elbeuf, Normandía 1885 - París 1967) Escritor francés. Sus novelas, llenas de fino humorismo, se caracterizan por el tono amable y un cierto escepticismo. Entre ellas sobresalen *Los silencios del coronel Bramble* (1918), *Las paradojas del doctor O'Grady* (1921) y *Climas* (1928). Fue autor asimismo de libros de divulgación histórica, ensayos y biografías noveladas, como *Ariel o la vida de Shelley* (1932), *Vida de Disraeli* (1927), *Un arte de vivir* (1939) y *En busca de Marcel Proust* (1949).

Maurras, Charles (Martigues 1868 - Saint-Symphorien, cerca de Tours 1952) Escritor y político francés. Monárquico y antidemócrata, fue el ideólogo y principal dirigente del movimiento de extrema derecha Acción Francesa. Durante la Segunda Guerra Mundial apoyó al gobierno de Vichy, por lo que en 1944 fue detenido y encarcelado. Escribió, entre otras obras, *El porvenir de la inteligencia* (1905), *Mis ideas políticas* (1937) y *El orden y el desorden* (1948).

máuser *s. m.* Fusil de repetición construido por el armero alemán Wilhelm Mauser (1834-82) y adoptado por numerosos ejércitos, entre ellos el de España, hasta los años cincuenta.

mausoleo *s. m.* Sepulcro monumental.

Mausolo (? - ? 353 a. C.) Sátrapa de Caria (377-353 a. C.). Actuó como un rey y trasladó la capital a Halicarnaso. Le sucedió Artemisa II, su madre y esposa, la cual hizo levantar en su honor un monumento funerario en Halicarnaso, conocido como *Mausoleo*, que figuraba entre las siete maravillas del mundo.

Mauss, Marcel (Épinal 1872 - París 1950) Sociólogo y antropólogo francés. Discípulo de Durkheim, sentó las bases de la etnología francesa y fue uno de los principales precursores de la escuela estructuralista. Entre sus principales escritos se encuentran *Introducción a la etnografía* (1947) y *Sociología y antropología* (1950).

Mauthausen C. de Austria, en el estado de Alta Austria, junto al río Danubio. 4.400 h. en 1981. En sus inmediaciones existió un campo de concentración durante la Segunda Guerra Mundial, en el que encontraron la muerte unos 120.000 deportados, muchos de ellos republicanos españoles exiliados.

maxilar *adj.* **1.** Se dice de tres huesos de la cara, dos de los cuales, los maxilares superiores, forman la mandíbula superior, y el tercero, o maxilar inferior, la mandíbula inferior. Cada maxilar superior presenta una apófisis ascendente que se une con el hueso frontal y constituye el tabique externo de la nariz. Su cara inferior forma parte del paladar y en el borde presenta los alvéolos, donde se insertan los dientes. El maxilar inferior es móvil y se articula con los huesos temporales. Tiene forma de herradura y también posee alvéolos dentarios. También *s. m.* **2.** Perteneciente o relativo a la mandíbula.

maxilofacial *adj.* Perteneciente o relativo al maxilar y a la cara.

máxima *s. f.* **1.** Frase que expresa brevemente un pensamiento moral, un consejo, una enseñanza, etc. **2.** Principio fundamental de una ideología, doctrina o ciencia. **3.** Regla de conducta.

maximalista *adj.* **1.** Se aplica a las posiciones extremas, que no admiten términos medios, especialmente en política, y a quienes las defienden. También *s.* **2.** En la revolución soviética, partidario de la aplicación inmediata de las reformas más radicales. También *s.* FAM. Maximalismo.

máxime *adv. m.* Sobre todo, con mayor motivo o más aún.

Maximiano, Aurelio Valerio (Panonia h. 250 - Marsella 310) Emperador romano. Diocleciano le asoció al imperio para poner en práctica su reforma política. Le nombró césar en el 285 y, al año siguiente, le elevó al rango de augusto o emperador, con igual categoría que la suya propia. Le correspondió entonces el gobierno de Italia y África. Cuando Diocleciano abdicó voluntariamente en el 305, obligó a Maximiano a abdicar con él, pero éste se negó y se autoproclamó augusto. Sitiado en Marsella por Constantino, se quitó la vida.

Maximiliano Nombre de dos emperadores germánicos.

Maximiliano I (Wiener, Neustadt 1459 - Wels 1519) Emperador germánico (1493-1519). Hijo y sucesor de Federico III, contrajo matrimonio con María de Borgoña en 1477. Luchó contra Luis XI por la posesión de los Países Bajos. Sostuvo guerras con Francia e Italia y entró en la Santa Liga en 1512. Casó a su hijo Felipe el Hermoso con Juana, hija de los Reyes Católicos. Consiguió unificar Austria, Estiria, Carintia, Carniola y el Tirol como estados hereditarios. No creó un gobierno central, permaneciendo independientes nobleza y ciudades. Con su política matrimonial creó las bases de la casa de Austria.

Maximiliano II (Viena 1527 - Ratisbona 1576) Emperador germánico (1564-76). Bisnieto de Maximiliano I e hijo de Fernando I, se casó con María, hija de Carlos V, su tío. Mantuvo una actitud tolerante en materia religiosa y luchó contra los turcos hasta 1569, año en que se resignó a pagarles tributo.

Maximiliano I de Habsburgo (Viena 1832 - Querétaro 1867) Emperador de México (1864-1867). Hermano de Francisco José, emperador de Austria, firmó con Napoleón III en abril de 1864 el tratado de Miramar, por el que aceptaba el trono de México a cambio del auxilio de las tropas francesas estacionadas en aquel país desde 1863. Contó al principio con el apoyo de la Iglesia y los conservadores mexicanos, pero EE UU se opuso a su reinado y apoyó al presidente Juárez, lo que forzó a Francia a retirar su ejército de México en 1867. Abandonado por casi todos, fue sitiado en Querétaro, detenido y fusilado.

Maximino, Cayo Julio (? 173 -? 238) Emperador romano (235-238). En el 235 se puso al frente de las legiones que se amotinaron en Maguncia y asesinaron al emperador Alejandro Severo. Fue aclamado emperador por la tropa y con su imperio comenzó el periodo de la anarquía militar romana. Murió a manos de sus soldados.

maximizar *v. tr.* **1.** En mat., buscar el máximo de una función. **2.** Procurar obtener el máximo rendimiento o provecho de una actividad, de un bien, etc.

máximo, ma *adj.* **1.** *sup.* de **grande**. Se aplica a lo mayor, más importante, intenso, etc., en su género. ‖ *s. m.* **2.** Límite o grado superior al que alguien o algo puede llegar. **3.** En mat., el mayor valor que puede tomar una función o alcanzar una magnitud. ‖ *s. f.* **4.** Temperatura más alta registrada en la atmósfera o en un cuerpo durante un periodo determinado. ‖ **5. máximo absoluto de una función** En mat., mayor ordenada de una

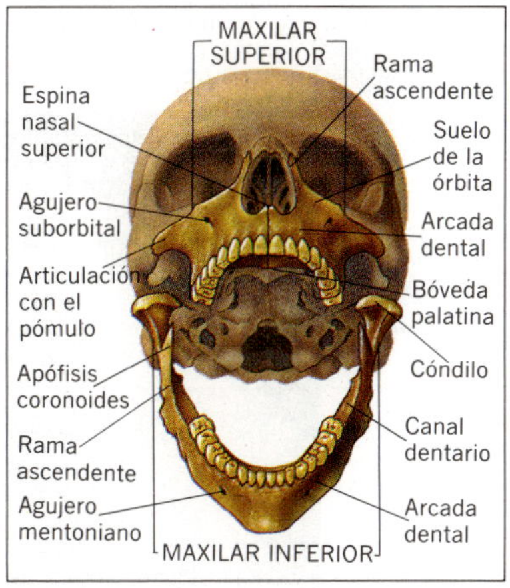

Maxilares del hombre.

función en todo su dominio. **6. máximo común divisor de números** En mat., mayor divisor que tienen en común varios números. **7. máximo común divisor de polinomios** En mat., polinomio de mayor grado divisor que tienen en común varios polinomios. **8. máximo relativo de una función** En mat., mayor de las ordenadas de una función, entre todas las que hay en algún entorno de la abscisa que le corresponde.

Máximo, Magno Clemente (? - Aquileya 388) Emperador romano de Occidente (383-388). General de Graciano, se rebeló contra éste en el 383; tras vencerle y matarle, usurpó el imperio con el apoyo del ejército. Obtuvo el reconocimiento de la Galia y de Hispania, e incluso momentáneamente el de Teodosio, emperador de Oriente, que en el 388 se enfrentó con él a petición de Valentiniano II, hermano de Graciano, y le derrotó en Aquileya.

máximum *s. m.* Límite o grado superior al que puede llegar alguien o algo.

maxwell *s. m.* Unidad de flujo magnético en el Sistema Internacional (SI). Equivale a 10^{-8} weber.

Maxwell, James Clerk (Edimburgo 1831 - Cambridge 1879) Matemático y físico británico. Enunció la teoría del campo electromagnético mediante las cuatro ecuaciones que llevan su nombre, con lo que estableció la naturaleza de la luz y la relación entre ésta y otros fenómenos aparentemente dispares, como el calor o los rayos X. Asimismo realizó importantes aportaciones a la teoría cinética de los gases con el enunciado de la ley de distribución de velocidades que lleva su nombre.

May, Karl (Hohenstein-Ernstthal, Sajonia 1842 - Radebeul, Sajonia 1912) Novelista alemán. Alcanzó popularidad con sus novelas de aventuras, muchas de ellas ambientadas en América, entre las que cabe citar *La venganza de Winnetou* (1893), *El tesoro del lago de plata* (1894) y *El legado de los incas* (1895).

maya[1] (de *mayo*) *s. m.* Canción popular que se entona en los meses de mayo.

maya[2] *adj.* **1.** Se dice de un pueblo amerindio que habitaba en la península de Yucatán y las áreas vecinas del S de México, Honduras y Guatemala. **2.** De este pueblo. También *s.* || *s. m.* **3.** Familia de lenguas habladas por el mismo.
Hist. La civilización maya nació en el Petén. Durante el periodo clásico de su historia, entre los s. IV y IX, a partir de sus grandes metrópolis Tikal y Copán, se extendió al valle del Usumacinta, las mesetas de Guatemala y Honduras y a la península de Yucatán, donde se fundaron los nuevos centros urbanos de Toniná, Piedras Negras, Yaxchilán, Bonampak, Palenque, Calakmul, Naachtún, Tulum, Cobá, Quiriguá y Etzná. En el s. IX, por razones poco conocidas, su civilización comenzó a declinar. Las ciudades fueron abandonadas e invadidas por la selva y la población se replegó al N de Yucatán donde, en torno a Chichén Itzá, durante los s. X y XI, vivió un último periodo de florecimiento en federación con los cocomes y los tutul xiú, que habitaban las ciudades de Mayapán y Uxmal respectivamente. En el s. XV, a causa de catástrofes naturales y de guerras entre las ciudades por la hegemonía, cayó en plena decadencia y, cuando en el s. XVI los españoles llegaron al Yucatán, la civilización maya había dejado prácticamente de existir.

Mayagüez C. de Puerto Rico, situada en la costa occidental de la isla. 100.700 h. en 1984. Es un importante puerto pesquero y centro comercial, que cuenta con industria alimentaria, textil, tabaquera y de metalurgia ligera.

Mayans y Siscar, Gregorio (Valencia 1699 - Oliva 1781) Erudito español. Publicó obras sobre materias jurídicas, literarias y lingüísticas, entre las que descuellan *Pensamientos literarios* (1724), *Orígenes de la lengua española* (1737) y *Vida de Miguel de Cervantes* (1738).

mayar *v. intr.* Maullar*.

mayear *v. intr.* Hacer en mayo el tiempo que le es propio.

mayestático, ca *adj.* **1.** Propio o característico de la majestad. || **2. plural mayestático** Uso del plural en los pronombres personales y posesivos, en lugar del singular, por soberanos y otras personas de muy alta jerarquía.

mayéutica *s. f.* Método filosófico, utilizado por Sócrates, que consiste en conducir a un interlocutor al descubrimiento de la verdad, mediante una serie de preguntas encaminadas a situarle en la dirección adecuada.

Mayflower Nombre de la embarcación que trasladó a América a los primeros colonizadores ingleses que, en número de 102, habían salido de Southampton en el año 1620. Llegaron a las costas de la actual Massachusetts y fundaron la ciudad de Plymouth. Entre ellos había numerosos puritanos, conocidos hoy como «los padres peregrinos», que huían de la persecución de que eran objeto en Inglaterra y Holanda.

mayido *s. m.* Maullido*.

mayo *s. m.* **1.** Quinto mes del año, que tiene treinta y un días. **2.** Árbol, cruz o poste adornado con flores, cintas, guirnaldas, etc., plantado en un lugar público en algunos pueblos, alrededor del cual bailan los jóvenes durante dicho mes. || **3. primero de mayo** Fecha de la fiesta internacional del trabajo. Conmemora la detención, juicio y muerte de cuatro dirigentes sindicales estadounidenses que, el 1 de mayo de 1889, encabezaron una manifestación en Chicago en demanda de la jornada laboral de ocho horas. La fiesta fue instituida por el congreso de la Segunda Internacional reunido en París.

Mayo, revolución de Levantamiento de patriotas argentinos en Buenos Aires en mayo de 1810, que condujo a la convocatoria de un cabildo abierto, en el que fue destituido el virrey español Baltasar Hidalgo de Cisneros y nombrada una junta de gobierno formada por intelectuales y militares criollos y presidida por Cornelio Saavedra. Se iniciaba de este modo la independencia del Río de la Plata.

Mayo de 1808 Véase **Dos de mayo**.

Mayo francés o **Mayo del 68** Nombre con que se conoce el movimiento estudiantil y sindical que tuvo lugar en Nanterre y París en los meses de mayo y junio de 1968 en contra de las estructuras educativas, políticas y económicas de Francia. El movimiento se tradujo en huelgas, en las que participaron diez millones de trabajadores, con levantamiento de barricadas, guerrilla urbana y ocupación de locales y talleres. La crisis estuvo a punto de derribar el gobierno del general De Gaulle que, sin embargo, salió de la misma fortalecido ante la desunión entre la izquierda tradicional (socialistas y comunistas) y las nuevas corrientes que dominaban en el movimiento estudiantil (maoísmo, trotskismo, anarquismo, situacionismo). Los efectos del movimiento fueron, no obstante, muy importantes en el terreno de la cultura y la vida cotidiana.

Arquitectura maya: templo de las inscripciones, pirámide de carácter funerario en Palenque (Chiapas, México).

mayólica *s. f.* **1.** Cerámica común con esmalte metálico. **2.** Pieza de este material.

mayonesa *s. f.* Salsa que se prepara batiendo huevo al tiempo que se añade aceite crudo, un poco de sal y unas gotas de limón o vinagre. ▪ Se dice también *mahonesa*.

mayor *adj.* **1.** *comp.* de **grande**. Se dice de lo que tiene más altura, tamaño, extensión o cantidad que otra cosa. **2.** Se aplica a la persona que es de más edad que otra. **3.** De edad considerable. También *s.* **4.** De edad madura. También *s.* **5.** De edad avanzada. También *s.* **6.** Precedido del artículo determinado o del pronombre posesivo, se hace superlativo relativo: *Quiere el mayor pastel de todos.* También *s.* **7.** Principal, de más importancia. **8.** En mús., se dice de un modo musical, un intervalo y un acorde. || *s. m.* **9.** En algunos ejércitos, grado equivalente a comandante. **10.** Libro de contabilidad en que se anotan las partidas importantes o globales. || *s. f.* **11.** En un silogismo, primera de las premisas. || *s. m. pl.* **12.** Antepasados. || **13. acorde mayor** En mús., el compuesto por dos terceras superpuestas, de las cuales la más grave forma un intervalo mayor. **14. intervalo mayor** En mús., aquel que comprende dos tonos (tercera mayor) o cuatro tonos y un semitono (sexta mayor). **15. mayor de edad** Véase **edad**. **16. mayor o igual que** Signo matemático ($\geqslant$) que, colocado entre dos cantidades, indica que la primera es mayor o igual que la segunda. **17. mayor que** Signo matemático ($>$) que colocado entre dos cantidades indica que la primera es mayor que la segunda. **18. modo mayor** En mús., aquel que en el sistema diatónico ordena los sonidos de la escala ascendente con intervalos de un tono, excepto entre la tercera y la cuarta nota y entre la séptima y la octava, que distan entre sí medio tono. || **Loc. al por mayor** *adj.* y *adv.* En gran cantidad. **ir** (o **pasar**) **a mayores** Adquirir una cosa más seriedad, gravedad, intensidad, etc.; hacerse más violenta una discusión, llegando al insulto personal o a las manos.

Mayor (*Maggiore* o *Verbano*) Lago de Italia, situado en el N del país, al pie de los Alpes Lepontinos. 212 km². Su origen es glaciar y está atravesado por el río Ticino. Contiene las islas Borromeas y es un importante centro turístico. Una pequeña parte pertenece a Suiza.

mayoral *s. m.* **1.** Pastor principal de un ganado, especialmente de una ganadería brava. **2.** Capataz o jefe de una cuadrilla de trabajadores del campo. **3.** Cochero de una diligencia o carroza. **4.** Antiguo recaudador de rentas y tributos.

mayorazgo, ga *s. m.* y *f.* **1.** Hijo mayor, heredero de los bienes familiares. **2.** P. ext., hijo mayor. || *s. m.* **3.** Institución que permite transmitir por herencia los bienes familiares al primogénito o hijo mayor. **4.** Conjunto de estos bienes. **5.** Primogenitura*.

mayordomía *s. f.* Cargo de mayordomo o administrador y oficina donde ejerce sus funciones.

mayordomo, ma *s. m.* y *f.* **1.** Servidor principal de una casa o máximo responsable del servicio y administración de una hacienda. || *s. m.* **2.** En una cofradía, administrador.

mayoría *s. f.* **1.** La mayor parte. **2.** En una votación, el mayor número de votos iguales. || **3. mayoría absoluta** La formada por más de la mitad de los votos en una votación. **4. mayoría de edad** Edad fijada por la ley para que una persona pueda ejercer todos sus derechos civiles; actualmente suele ser los dieciocho años. **5. mayoría relativa** (o **simple**) La formada por el mayor número de votos, no con relación al total, sino a los que obtiene cada una de las personas o cuestiones que se votan a la vez. **6. mayoría silenciosa** Conjunto de grandes sectores de población que no manifiestan públicamente su opinión en importantes cuestiones sociales o políticas.

mayorista *s. m.* y *f.* **1.** Persona que compra y vende al por mayor. También *adj.* || *adj.* **2.** Se dice del comercio en que se vende y compra al por mayor.

mayoritario, ria *adj.* **1.** Perteneciente o relativo a la mayoría o que se apoya en ella. **2.** Se aplica al sistema electoral que se basa en el triunfo de la mayoría, sin tener en cuenta los votos conseguidos por las minorías. **3.** Se dice del partidario de este sistema. También *s.*

mayormente *adv. m.* Principalmente, especialmente.

Mayotte Isla del archipiélago de las Comores en el océano Indico. 374 km^2. 82.300 h. en 1990. Tiene un estatuto asimilado a un departamento francés de ultramar. Sus recursos económicos proceden fundamentalmente de la agricultura, la ganadería y la pesca.

mayúsculo, la *adj.* **1.** Se dice de las letras de mayor tamaño y de distinta figura que las demás (minúsculas). También *s. f.* **2.** Extraordinario, muy grande.
Ling. Se escribe siempre con mayúscula la letra inicial al comienzo de un texto y después de punto, y en los nombres propios de cualquier tipo –de persona (*Mario*), geográficos (*Barcelona*), de planetas (*Plutón*) o estrellas (*el Sol*), etc. Suelen escribirse con mayúscula los nombres de periodos o acontecimientos históricos (*Renacimiento, Segunda Guerra Mundial*), instituciones o cargos muy relevantes (*Iglesia, Estado, Rey,* salvo cuando va seguido de nombre propio–. Aparte de algunas generalizaciones como las mencionadas, resulta difícil enunciar reglas precisas y la norma se establece, con mayor o menor obligatoriedad, en cada caso particular: *Constitución, Inmaculada Concepción.* Otras veces el uso de la mayúscula responde a una preferencia personal, dirigida comúnmente a dar mayor relevancia a una determinada persona o cosa.

maza *s. f.* **1.** Especie de martillo de cabeza muy pesada que se usa para golpear, machacar, apisonar, etc. **2.** Pieza que en el martinete sirve para golpear sobre las cabezas de los pilotes. **3.** Arma antigua, especie de porra de hierro o de madera recubierta de hierro. **4.** Emblema o insignia que llevan los maceros en las ceremonias. **5.** Pelota forrada de cuero y con mango que sirve para tocar el bombo. **6.** Extremo más grueso de un taco de billar. **7.** *fam.* Persona pesada, insistente y molesta.

mazacote *s. m.* **1.** *fam.* Cosa dura y apretada cuando debería estar suelta o esponjosa. **2.** Obra de arte, especialmente en arquitectura y escultura, pesada y sin ninguna gracia o elegancia. **3.** *amer.* Dulce.

mazamorra *s. f. amer.* Dulce de maíz.

mazapán *s. m.* Dulce que se hace con almendras molidas y azúcar pulverizado. Normalmente se presenta en forma de figuritas tostadas ligeramente al horno.

Jules Mazarino. Retrato de Pierre Mignard (Museo Condé, Chantilly, Francia).

Mazarino, Jules (Pescina, Abruzos 1602 - Vincennes 1661) Político francés de origen italiano. Mediante diversos servicios en la diplomacia italiana se ganó el favor de Luis XIII de Francia y su primer ministro Richelieu, quien le llevó a la corte francesa y le hizo nombrar cardenal (1641) y ministro de Estado (1642). Dirigió la política del país durante la regencia de Ana de Austria. Puso fin a la guerra de los Treinta Años con el tratado de Westfalia (1648), que convirtió a Francia en la primera potencia europea. Combatió los levantamientos de nobles de la Fronda y, aunque durante el segundo de ellos hubo de exiliarse (1651-53), consiguió recuperar el poder. Tras la batalla de las Dunas firmó con España el tratado de los Pirineos (1659), muy ventajoso para Francia. Combatió el jansenismo.

Mazatlán C. de México, situada en el estado de Sinaloa, a orillas del océano Pacífico. 250.000 h. en 1982. Es un importante centro portuario, comercial e industrial, en el que destaca la producción metalúrgica, textil, cementera, alimentaria y de curtidos. Cuenta con una refinería de petróleo y es uno de los principales centros turísticos del país.

mazazo *s. m.* **1.** Golpe dado con la maza o el mazo. **2.** Cosa que causa fuerte impresión.

mazdeísmo *s. m.* Religión de los antiguos persas, antes de la llegada del Islam, basada en la lucha entre el bien, Ahura Mazda, y el mal, Ahrimán, que será vencido al final de los tiempos. También llamada *zoroastrismo,* por Zoroastro o Zaratustra, su profeta y renovador, tenía el *Avesta* como libro sagrado. **FAM.** Mazdeísta.

mazmorra *s. f.* Cárcel o prisión subterránea.

mazo *s. m.* **1.** Martillo grande de madera. **2.** P. ext., martillo de metal. **3.** Maza pequeña. **4.** Conjunto de cosas, p. ej de naipes, agrupadas en la misma posición.

Mazo, Juan Bautista Martínez del (Beteta, Cuenca h. 1612 - Madrid 1667) Pintor español. Fue discípulo de Velázquez, a quien sucedió como pintor de corte. Realizó diversos retratos de estilo velazqueño, entre los que destacan el de *Mariana de Austria* (1666) y *La familia del pintor* (1664). Fue asimismo un paisajista hábil y minucioso, como se aprecia en el cuadro *Vista de Zaragoza* (1647).

mazorca *s. f.* **1.** Espiga del maíz. **2.** Porción de lino, lana, etc., arrollada en el huso. **3.** Baya o fruto del cacao. **4.** *Chile.* Gobierno despótico o dictatorial. **5.** *Chile.* Grupo de bandidos. **6.** *Arg.* Policía secreta del dictador Juan Manuel de Rosas.

mazorral *adj.* Grosero, basto, torpe.

Mazowiecki, Tadeusz (Plock 1927) Político polaco. De profesión periodista, perteneció a las asociaciones políticas católicas Pax y Znak. Fue director del diario del sindicato Solidaridad y asesor de Lech Walesa. En 1989 fue elegido presidente del gobierno de Polonia, el primero no comunista desde la Segunda Guerra Mundial, cargo en el que cesó en 1991.

mazurca *s. f.* **1.** Baile polaco que se popularizó y extendió por toda Europa en la época romántica. Es una danza galante, de compás ternario, que se ejecuta por parejas, en las que la mujer elige a su acompañante. **2.** Música de este baile. Chopin compuso 55 mazurcas para piano.

Mazzini, Giuseppe (Génova 1805 - Pisa 1872) Político italiano. Miembro del carbonarismo, creó en París en 1831 la Joven Italia, organización secreta con un programa unitario y republicano. Organizó diversos levantamientos, sofocados por los regímenes absolutistas que gobernaban Italia. En 1848 formó parte del triunvirato que dirigió la República Romana y participó luego en la desesperada defensa contra las tropas francesas. Se mostró siempre contrario a la violencia revolucionaria y a las sublevaciones mal preparadas, y frente a la estrategia de Cavour abogó por la convocatoria de una asamblea constitucional que permitiera a las clases trabajadoras participar en la dirección del país.

mb Símbolo del milibar.

Mbabane C. de Swazilandia, cap. del país, en el O del mismo. 40.000 h. en 1986. Es centro administrativo y comercial, y cuenta con industria papelera y maderera.

Mbini Región continental de Guinea Ecuatorial, antiguamente llamada *Río Muni.* 26.017 km^2. 240.800 h. en 1983. La capital es Bata, con 32.700 h. en 1983. Comprende las provincias de Litoral, Centro-Sur, Kie-Ntem y Uele-Nezas.

Mbuji-Mayi C. de Zaire, cap. de la región de Kasai Oriental. 508.500 h. en 1990. Es uno de los principales centros mundiales de extracción de diamantes. Anteriormente se llamó *Bakwanga.*

McAdam, John Loudon (Ayr 1756 - Moffat, Dumfriesshire 1836) Ingeniero británico. Inventó un pavimento para las carreteras a base de piedra machacada, denominado en su honor *macadam.*

McCarey, Leo (Los Ángeles 1898 - Santa Mónica, California 1969) Director cinematográfico estadounidense. En su extensa lista de títulos destacan los filmes cómicos: dirigió a Stan Laurel y Oliver Hardy, a los hermanos Marx y a Harold Lloyd.

McCarthy, Joseph (Grand Chute, Wisconsin 1909 - Bethesda, Maryland 1957) Político estadounidense. El Senado le encargó reprimir las actividades antiamericanas y comunistas, lo que desencadenó la campaña conocida como *maccartismo* o «caza de brujas». El Senado le destituyó en 1954.

McCarthy, Mary (Seattle, Washington 1912 - Nueva York 1989) Escritora estadounidense. Inconformista de izquierdas, en sus narraciones critica los valores de la sociedad estadounidense. Algunas de sus obras más características son *La arboleda de Academo* (1952), *Memorias de una muchacha católica* (1957), *El grupo* (1963) y *Caníbales y misioneros* (1979). También ha escrito ensayos, crítica literaria y reportajes.

McCartney, Paul (Liverpool 1942) Músico británico. Fue uno de los miembros del grupo pop *The Beatles.* Junto a John Lennon y, posteriormente, en solitario, ha compuesto numerosas canciones de gran calidad y popularidad. Entre sus mejores grabaciones se encuentran *McCartney* (1970), *Over America* (1976) y *Pipes of peace* (1983).

McClintock, Barbara (Hartford 1902) Bióloga estadounidense. Profesora en las universidades de Missouri y de Cornell, investigó en el campo de la genética y en 1983 fue premiada con el Nobel de medicina y fisiología por sus investigaciones sobre los genes vegetales móviles.

McCollum, Elmer (Fort Scott, Kansas 1879 - Baltimore, Maryland 1967) Bioquímico estadounidense. En el año 1913 descubrió las vitaminas A y B y posteriormente contribuyó al descubrimiento de la D y la E.

McCullers, Carson (Columbus 1917 - Nyack, Nueva York 1967) Escritora estadounidense. En su narrativa se pone de manifiesto su infancia en el S de EE UU en la soledad de sus personajes marginados sometidos a la presión del ambiente provinciano. Entre sus obras más características figuran las novelas *El corazón es un cazador solitario* (1940), *Reflejos en el ojo dorado* (1941), *Frankie y la boda* (1946) y *Reloj sin manecillas* (1961) y el libro de relatos *La balada del café triste* (1951).

McDonnell-Douglas corporation Sociedad estadounidense de construcciones aeronáuticas y espaciales. Se creó en 1967 por la fusión de las compañías *McDonnell aircraft* y *Douglas aircraft.* Ha realizado importantes producciones para la aviación militar.

McEnroe, John (Wiesbaden 1959) Tenista estadounidense. Jugador zurdo, ganó en cuatro ocasiones el open de EE UU (1979, 1980, 1981 y 1984) y en tres el torneo de Wimbledon (1981, 1983 y 1984). También consiguió la copa Davis con el equipo de EE UU en los años 1978, 1979, 1981 y 1982.

McKinley Pico de EE UU, situado en la cordillera de Alaska. 6.194 m de altitud, la máxima del país.

McKinley, William (Niles, Ohio 1843 - Buffalo 1901) Político estadounidense. Miembro del Partido Republicano, se hizo popular en 1890 tras hacer aprobar en el Congreso una tarifa proteccionista. Nombrado presidente en 1897, continuó su estrategia económica, al tiempo que iniciaba una política exterior agresiva con la anexión de Hawai, la guerra contra España y la ocupación de Cuba. Reelegido en 1900, fue asesinado por un anarquista.

McLuhan, Herbert Marshall (Edmonton 1911 - Toronto 1980) Sociólogo canadiense. Estudió los procesos de comunicación en la sociedad industrial y destacó la importancia de los *mass media* o medios de comunicación de masas. Sus obras principales son *La galaxia Gutenberg* (1962) y *Para comprender los media* (1964).

McMillan, Edwin Mattison (Redondo Beach, California 1907) Físico estadounidense. Participó en la invención de un nuevo acelerador de partículas, el sincrotrón, en el descubrimiento del neptunio y en el aislamiento del plutonio. Obtuvo el premio Nobel de química en 1951, compartido con Glenn Theodore Seaborg.

McNamara, Robert Strange (San Francisco 1916) Político estadounidense. Economista, ocupaba la presidencia de la empresa Ford cuando Kennedy le nombró en 1961 secretario de Defensa. Fue uno de los más firmes partidarios de la intervención norteamericana en Vietnam. Dejó el cargo en 1967 y pasó a ocupar la presidencia del Banco Mundial (1967-81).

McQueen, Steve (Slater 1930 - Juárez 1980) Actor de cine estadounidense. Prototipo del hombre aventurero e individualista, se convirtió en una de las estrellas más populares de los años sesenta y setenta, con películas como *Los siete magníficos* (1960), *La gran evasión* (1963), *El caso de Thomas Crown* (1968), *La huida* (1972) y *Papillon* (1973).

Md Símbolo químico del mendelevio.

me *pron. pers. m. y f. sing. de 1.ª pers.* Forma átona que realiza la función de complemento directo o indirecto: *Me trajo en coche* (complemento directo), *Me gusta esa canción* (complemento indirecto); se utiliza para formar verbos pronominales (*me arrepiento, me lavo*); y a veces tiene un valor enfático o expresivo: *Me tomé un café.*

mea culpa *loc. lat.* Significa 'por mi culpa' y expresa que una persona se reconoce culpable de algo. Se usa esta expresión sustantivada con artículo masculino.

Mead, Margaret (Filadelfia 1901 - Nueva York 1978) Etnóloga estadounidense. Profesora de la universidad de Columbia, aplicó el método psicoanalítico a la investigación antropológica, que llevó a cabo entre los nativos de Oceanía. Expuso los resultados de la misma en sus ensayos *Sexo y temperamento en las sociedades primitivas* (1935), *El hombre y la mujer* (1949), *La antropología, una ciencia humana* (1964) y *Cultura y compromiso* (1978).

meada *s. f. fam.* Orina que se expulsa de una vez, y mancha o señal que deja.

Meade, James Edward (Swanage, Dorset 1907) Economista británico. Se interesó principalmente por la economía internacional, la economía del bienestar y las teorías del desarrollo. Es autor de *Una teoría neoclásica del desarrollo económico* (1961). Obtuvo el premio Nobel de economía en 1977 junto con Bertil Ohlin.

meadero *s. m. fam.* Lugar destinado o usado para orinar.

meado *s. m. fam.* Orina. Se usa mucho en *pl.*

meandro *s. m.* **1.** Cada una de las curvas que va describiendo un río en su recorrido. Los meandros suelen formarse en el curso medio y bajo de los ríos y, en general, se producen a causa de la pérdida de velocidad de la corriente, que busca el camino más fácil. El río excava en la orilla cóncava y acumula sedimentos en la orilla convexa, aumentando la curvatura del meandro, que puede llegar a estrangularse, lo que origina un **meandro abandonado**. Cuando un cauce con meandros sufre una elevación por procesos geológicos internos, se originan **meandros encajados**, muy profundos, como ocurre p. ej. en el río Tajo en el «torno» de Toledo. **2.** P. ext., curva de un camino o carretera. **3.** En arq., adorno formado por líneas ondulantes y repetidas.

meapilas *s. m.* y *f. fam.* Beato, santurrón.

mear *v. intr.* **1.** *fam.* Orinar*. También *v. tr.* y *v. prnl.* ‖ *v. prnl.* **2.** *fam.* Reírse mucho y con ganas. ‖ **LOC. mear fuera del tiesto** *fam.* Decir o hacer algo desacertado o fuera de lugar.

meato *s. m.* **1.** En anat., orificio de un conducto. **2.** En anat., conducto, canal u orificio, como los meatos nasales, formados por los cornetes. **3.** En bot., espacio intercelular del tejido vegetal.

meca *s. f.* Lugar que se convierte en el centro más importante de una actividad determinada.

Meca, La (*Makka*) C. de Arabia Saudí, situada en el O del sector central del país, cerca del mar Rojo. 550.000 h. en 1980. Es el centro religioso del mundo islámico, ya que en ella nació Mahoma, y su santuario de la Kaaba constituye el principal lugar de peregrinación para los musulmanes. Fue una importante ciudad comercial en la antigüedad. Perdió la capitalidad al implantarse el califato omeya en el 661.

¡mecachis! *interj.* Expresa extrañeza, contrariedad o enfado.

mecánica *s. f.* **1.** Parte de la física que estudia el movimiento de los cuerpos (cinemática), las causas que lo producen (dinámica) y las condiciones de equilibrio (estática). Las leyes de la mecánica fueron establecidas por Newton en el s. XVII y en su posterior desarrollo apenas se han producido variaciones respecto a la teoría newtoniana. No obstante, se ha limitado su campo de aplicación: la relatividad, por un lado, afirma que las leyes de la mecánica clásica sólo son válidas cuando se trata de cuerpos que se mueven a velocidades muy inferiores a la de la luz; la teoría cuántica, por otra parte, establece que la física clásica sólo es aplicable a aquellos objetos cuyas dimensiones lineales son mayores de 10^{-8} cm. **2.** Mecanismo*. ‖ **3. mecánica celeste** Parte de la astronomía que estudia el movimiento de los cuerpos celestes bajo los efectos de la atracción mutua. **4. mecánica cuántica** La aplicable a moléculas, átomos y núcleos atómicos, según la cual la energía sólo puede ser emitida o absorbida por los cuantos. **5. mecánica de los fluidos** La que trata del equilibrio y del movimiento de los fluidos y de los cuerpos sumergidos en ellos; comprende la hidrostática, la hidrodinámica y la aerodinámica. **6. mecánica ondulatoria** Formulación de la mecánica cuántica, según la cual las partículas de luz y de materia son al mismo tiempo ondas y corpúsculos.

mecanicismo *s. m.* **1.** Concepción filosófica materialista y determinista que sostiene que los fenómenos naturales sólo pueden ser explicados en términos de materia, movimiento y sus leyes causales. Las teorías mecanicistas afirman la necesidad de eliminar de la ciencia aquellas entidades no observables de las que no puede darse cuenta mediante procedimientos matemáticos; reducen las funciones biológicas a procesos físicos y químicos y eliminan cualquier explicación teleológica y vitalista de la naturaleza. **2.** Doctrina que busca la explicación de los fenómenos biológicos en las leyes de la mecánica. **3.** Tendencia a introducir la máquina en todas las actividades.

mecánico, ca *adj.* **1.** Perteneciente o relativo a las máquinas. **2.** Hecho con máquina. **3.** Que requiere más habilidad o esfuerzo manual que intelectual. **4.** Hecho sin reflexionar, de forma inconsciente. ‖ *s. m.* y *f.* **5.** Persona que se dedica al manejo, reparación o mantenimiento de las máquinas. ‖ **6. mecánico dentista** Protésico* dental. **FAM.** Mecánicamente.

mecanismo *s. m.* **1.** Conjunto de elementos o piezas organizados entre sí para producir o transformar un movimiento. **2.** Manera de producirse una actividad, una función o un suceso. ‖ **3. mecanismos de defensa** Medios psicológicos que emplea la persona, más o menos conscientemente, para reducir tensiones y resolver conflictos.

mecanización *s. f.* **1.** Acción y efecto de mecanizar. **2.** Utilización de máquinas automáticas para la realización parcial de trabajos u operaciones que antes llevaban a cabo los seres humanos. Al contrario de la automatización, donde la operación se realiza sin intervención humana alguna, el término mecanización suele utilizarse cuando el hombre debe colaborar con la máquina en la realización del trabajo que antes ejecutaba él solo.

mecanizado, da **1.** *p. p.* de **mecanizar**. También *adj.* ‖ *s. m.* **2.** Acción y efecto de mecanizar. **3.** Proceso de elaboración mecánica.

mecanizar *v. tr.* **1.** Aplicar el uso de máquinas a una determinada actividad. También *v. prnl.* **2.** Convertir en maquinales o automáticas las acciones humanas. ■ Se conjuga como *cazar.*

mecano *s. m.* Juguete formado por un conjunto de piezas y tornillos con los que pueden componerse construcciones, objetos y hasta mecanismos.

mecanografía *s. f.* **1.** Técnica de escribir a máquina. **2.** Acción y efecto de escribir a máquina. **FAM.** Mecanográfico.

mecanografiado, da **1.** *p. p.* de **mecanografiar**. También *adj.* ‖ *s. m.* **2.** Acción y efecto de escribir a máquina.

mecanografiar *v. tr.* Escribir algo a máquina. ■ En cuanto al acento, se conjuga como *ansiar.* *mecanografío.*

mecanógrafo, fa *s. m.* y *f.* Persona que se dedica a escribir a máquina.

mecanoterapia *s. f.* Empleo de aparatos mecánicos para conseguir movimientos activos o pasivos en el cuerpo humano y con ello curar o aliviar ciertas enfermedades en músculos y articulaciones.

mecapal *s. m. Guat., Hond., Méx.* Tira de cuero, con dos cuerdas en los extremos, utilizada para llevar una carga a cuestas, poniendo la tira en la frente y pasando las cuerdas por debajo de la carga.

mecapalero *s. m. Guat., Hond., Méx.* Cargador que usa el mecapal para llevar la carga.

mecate *s. m. amer.* Cuerda de pita o cordel en general.

mecedor, ra *adj.* **1.** Que mece o sirve para mecer. ‖ *s. m.* **2.** Utensilio que sirve para mover líquidos. **3.** Columpio. ‖ *s. f.* **4.** Silla de brazos cuyos pies se apoyan sobre dos arcos o terminan en forma circular, lo que permite balancearse al que se sienta en ella.

mecenas *s. m.* y *f.* Persona o institución que protege y favorece económicamente actividades artísticas o intelectuales y a quienes las realizan.

Mecenas, Cayo (? h. 69 - ? 8 a. C.) Personaje romano. Consejero de Octavio Augusto, intervino en los tratados de Brindisi y Tarento, y supo mantener el orden en Roma mientras Octavio Augusto luchaba contra Sexto Pompeyo. Protector de las artes y las letras, ha dado su nombre a los que protegen y financian las artes en general.

mecenazgo *s. m.* Protección dada por un mecenas.

mecer *v. tr.* **1.** Mover una cosa rítmicamente de un lado a otro, de manera que vuelva siempre a la posición inicial. También *v. prnl.* **2.** Mover rítmicamente a un niño en la cuna o en los brazos para que se duerma o deje de llorar. **3.** Mover de un lado a otro un líquido para que se mezcle mejor. ■ Se conjuga como *convencer.*

mecha *s. f.* **1.** Conjunto de fibras combustibles, generalmente de algodón, sueltas, retorcidas o tejidas, que se destina a arder en diferentes dispositivos, como velas, candiles, mecheros, etc. **2.** Tubo de algodón relleno de pólvora o cuerda preparada para hacer explosionar minas y barrenos. **3.** Trozo de jamón, tocino u otro ingrediente que se introduce como relleno en una pieza de carne, un pollo, etc. **4.** Trozo de gasa, algodón, etc., que se pone en una herida o fístula para la eliminación de líquidos. **5.** Mechón de cabellos. **6.** Coloración distinta en algunos mechones del pelo, conseguida por medio de tinte. **7.** En argot, procedimiento para robar en las tiendas o puestos que consiste en esconder los objetos robados entre los vestidos, en bolsos o en otros objetos personales, aprovechando la distracción del que vende. **8.** *Arg., Chile, Perú.* Broca de un taladro. **9.** *Col., Ec., Ven.* Broma, burla. ‖ **LOC. a toda mecha** *adv. fam.* A toda velocidad. **aguantar mecha** *fam.* Soportar algo con resignación.

mechar *v. tr.* **1.** Rellenar con tocino, jamón u otro ingrediente una carne, un ave, etc., que se va a guisar. **2.** Herir el torero al toro con el estoque muchas veces y sin acierto.

mechera *adj.* **1.** Se dice de la aguja hueca y grande que se usa para mechar. También *s. f.* ‖ *s. f.* **2.** Ladrona que utiliza el procedimiento de la mecha.

mechero *s. m.* **1.** Encendedor de bolsillo, normalmente de gas o gasolina. **2.** Instrumento para dar lumbre, que contiene una mecha y una pequeña rueda dentada que, al girar, roza sobre una piedrecilla que produce chispas. **3.** Quemador de gas, alcohol, petróleo, etc. **4.** Tubo o hueco de un candelero donde se coloca la vela. **5.** *Ven.* Bromista, chistoso. ‖ **6. mechero de Bunsen** Mechero de gas compuesto por un tubo hueco y un mecanismo que permite controlar la llama regulando las cantidades de aire y combustible mediante sendas llaves; se utiliza en los laboratorios químicos.

mechinal *s. m.* **1.** Agujero que se deja en las paredes para apoyar los tablones que sostienen un andamio. **2.** *fam.* Cuarto o vivienda muy pequeña.

Mechnikov, Ilya (Ivanovka, Jarkov 1845 - París 1916) Biólogo ruso. Completó estudios en Alemania y fue profesor en la universidad de Odessa. En 1887 fue invitado por Pasteur a trabajar en su Instituto de París. Obtuvo el premio Nobel de medicina de 1908, compartido con Paul Ehrlich, por su investigación sobre el proceso de la fagocitosis, decisivo en el campo de la inmunología.

mechón *s. m.* Haz o porción de pelo, fibra, lana, etc.

mechudo, da *adj. amer.* Greñudo, con los cabellos llenos de greñas o mechones.

meco, ca *adj.* **1.** *Amér. C., Méx.* Grosero, salvaje, ignorante. **2.** *Méx.* Se dice del indio salvaje y rebelde. También *s.*

meconio *s. m.* Primer excremento del niño recién nacido; es negruzco y está formado por bilis, moco y restos epiteliales.

medalla *s. f.* **1.** Placa, generalmente redonda u ovalada y de metal, en la que hay grabada una imagen devota. **2.** Placa circular grabada en honor de un personaje o como recuerdo de un acontecimiento. **3.** Galardón o premio que se concede en un concurso, competición o exposición. Suelen distinguirse tres clases o categorías; medalla de oro, plata y bronce, que corresponden, respectivamente, al primer, segundo y tercer ganador. A veces designa a la persona que lo gana. **4.** Condecoración, distinción. **5.** Medallón, bajorrelieve. **6.** En numismática, moneda antigua, sin curso legal.

medallón *s. m.* **1.** Medalla grande. **2.** Bajorrelieve de forma redonda o elíptica, que figura como elemento decorativo en paredes y fachadas de algunos edificios. **3.** Joya en forma de cajita aplastada, en cuyo interior se puede guardar un retrato o un recuerdo querido. **4.** Rodaja de cualquier alimento, especialmente de pescado.

Medán C. de Indonesia, situada en el N de la isla de Sumatra, en el estrecho de Malaca. 2.110.000 h. en 1985. Es un importante mercado agrícola y centro comercial de una región de plantaciones tropicales. Cuenta con industria textil y alimentaria.

médano *s. m.* **1.** Duna costera móvil. **2.** En el mar, banco de arena, generalmente casi a ras de agua.

Medawar, Peter Brian (Rio de Janeiro 1915 - Londres 1987) Médico británico. Estudió durante la Segunda Guerra Mundial los problemas creados por los trasplantes de tejidos y, especialmente, los relacionados con el rechazo. Investigó también en los campos de la genética y el crecimiento. Recibió el premio Nobel de medicina en 1960, compartido con Frank Macfarlane Burnet.

Medea Según la mitología griega, hechicera, nieta de Circe e hija del rey de Cólquida. Se enamoró de Jasón, jefe de los argonautas, y le entregó el vellocino de oro a cambio de que se casara con ella. Utilizó diversas hechicerías para favorecer a Jasón pero, cuando descubrió que éste le era infiel, mató a su amante y a sus propios hijos para destruir su descendencia.

Medellín C. de Colombia, cap. del departamento de Antioquia, situada al NO de Bogotá, en el valle medio del Cauca. 1.638.600 h. en 1990. Es una urbe industrial con producción textil, química, cementera, metalúrgica, alimentaria, farmacéutica y tabaquera. A finales de la década de 1980 pasó a un primer plano de la actualidad mundial como el principal escenario de la lucha de las autoridades colombianas contra el tráfico de cocaína.

Mechero de Bunsen.

media *s. f.* **1.** Prenda de vestir usada por las mujeres que cubre desde el pie hasta la mitad del muslo. **2.** Prenda usada por hombres y mujeres que cubre desde el pie hasta la rodilla. **3.** Cierto tipo de punto de tejer. ‖ *s. f. pl.* **4.** Leotardos. ‖ *s. f.* **5.** Valor intermedio. **6.** En el fútbol y otros deportes, línea entre la defensa y la delantera. ‖ **7. media aritmética** En mat., cociente que resulta de dividir la suma de varias cantidades entre el número de ellas. La media aritmética de X_1, X_2, X_3 ... X_n es

$$\overline{X} = \frac{X_1 + X_2 + X_3 + ... + X_n}{n}$$

8. media armónica En mat., cociente que resulta de dividir un cierto número de cantidades entre la suma de las inversas de las mismas. La media armónica de X_1, X_2, X_3 ... X_n es

$$\overline{X}_a = \frac{n}{\frac{1}{X_1} + \frac{1}{X_2} + \frac{1}{X_3} + ... + \frac{1}{X_n}}$$

9. media cuadrática En mat., cociente que resulta al dividir la raíz cuadrada de la suma de los cuadrados de ciertas cantidades entre el número de ellas. La media cuadrática de X_1, X_2, X_3 ... X_n es

$$\sqrt{\frac{X_1^2 + X_2^2 + X_3^2 + ... + X_n^2}{n}}$$

10. media geométrica En mat., raíz enésima del producto de n cantidades. La media geométrica X_1, X_2, X_3 ... X_n es

$$\sqrt[n]{X_1 \cdot X_2 \cdot X_3 \cdot \ ... \cdot X_n}$$

11. media ponderada En mat., media aritmética en la que a cada cantidad se le asigna un valor relativo en función de su importancia. La media ponderada de X_1, X_2, X_3 ... X_r es

$$\overline{X} = \frac{X_1 \cdot n_1 + X_2 \cdot n_2 + X_3 \cdot n_3 + ... + X_r \cdot n_r}{n_1 + n_2 + n_3 + ... + n_r}$$

Media Región histórica del NO de Persia, habitada por los medos.

mediacaña *s. f.* **1.** Forma de media caña cortada a lo largo. **2.** Moldura cóncava, cortada a lo largo en forma de caña. **3.** Listón con esta misma forma. **4.** Formón de boca arqueada. **5.** Lima semicilíndrica maciza, terminada en punta.

mediación *s. f.* **1.** Acción y efecto de mediar. **2.** Intervenir en una discusión, etc., o hablar a alguien en favor de otro. **3.** Aquello que hace posible un razonamiento o proceso discursivo al hacer de enlace entre el punto de partida y la conclusión. **4.** Conocimiento conceptual por oposición a conocimiento intuitivo.

mediado, da **1.** *p. p.* de **mediar**. También *adj.* ‖ *adj.* **2.** Que sólo contiene la mitad de su cabida. **3.** Medio gastado. **4.** Hecho sólo hasta la mitad. ‖ **Loc. a** (o **hacia**) **mediados de semana** (o **de mes, de año**, etc.) *adv.* Hacia la mitad de ese tiempo.

mediador, ra *adj.* Que media o interviene en una disputa, problema, etc., o en favor de alguien.

medial *adj.* Se aplica a la consonante que se halla en el interior de una palabra.

mediana *s. f.* **1.** En geom., segmento de recta que une cada vértice de un triángulo con el punto medio del lado opuesto. Las tres medianas de un triángulo se cortan en un punto llamado *baricentro.* **2.** Taco de billar algo más largo que el corriente y que sirve para jugar las bolas alejadas de las bandas. **3.** En estadística, número o dato que ocupa el lugar central de una serie cuando estos datos se ordenan en sentido creciente o decreciente, o número que es la media aritmética de los dos que ocupan los lugares centrales. P. ej., la mediana de 1, 4, 8, 12, 15 es 8; y de 1, 5, 6, 7, 9 y 14, $M = \frac{6 + 7}{2} = 6,5$.

medianamente *adv. m.* Regularmente, no muy bien.

medianería *s. f.* **1.** Muro, pared, cerca o seto común a dos o más propiedades. **2.** *amer.* Aparcería*.

medianero, ra *adj.* **1.** Que está en medio de dos cosas. **2.** Se dice del muro o pared que separa dos casas o dos propiedades. **3.** *Arg.* Contiguo, colindante. **4.** Mediador*. También *s.* ‖ *s. m.* y *f.* **5.** Dueño de una casa o finca que tiene medianería con otra.

medianía *s. f.* **1.** Término medio entre dos cosas, como entre la riqueza y la pobreza. **2.** Persona que no destaca especialmente en sus cualidades o actividad.

mediano, na *adj.* **1.** Intermedio, ni grande ni pequeño. **2.** De calidad intermedia, ni bueno ni malo. **3.** Que no es bueno, más bien malo. ‖ *s. f.* **4.** Taza de café de tamaño intermedio entre la de desayuno o merienda y la más pequeña.

medianoche *s. f.* **1.** Las doce de la noche, momento en que termina un día y comienza otro. **2.** Horas centrales de la noche. **3.** Bollo pequeño que suele utilizarse para hacer bocadillos.

mediante *adj.* **1.** Que media o intercede. ‖ *prep.* **2.** Por medio de. ‖ *s. f.* **3.** En mús., nota que ocupa el tercer lugar de la escala diatónica. ‖ **Loc. Dios mediante** Si Dios quiere, si no pasa nada que lo impida.

mediar *v. intr.* **1.** Llegar algo aproximadamente a la mitad. **2.** Intervenir una persona en una discusión, problema, trato, etc., entre otros, tratando de encontrar una solución. **3.** Intervenir en favor de alguien. **4.** Ocurrir un hecho o existir determinada circunstancia que influye o debe tenerse en cuenta en aquello de que se trata. **5.** Transcurrir un espacio de tiempo entre dos hechos. **6.** Existir una distancia o una diferencia entre dos cosas o personas. **7.** Enlazar dos términos por medio de un tercero.

mediastino *s. m.* En anat., espacio comprendido entre las dos pleuras que divide el pecho en dos partes laterales.

mediatizar *v. tr.* **1.** Influir de forma decisiva en el poder, autoridad, función o asunto de otro. **2.** Limitar la libertad. **3.** Perder el gobierno de un estado la autoridad suprema, que pasa a otro estado, pero conservando aquél la soberanía nominal o teórica. ■ Se conjuga como *cazar.* **Fam.** Mediatización.

mediato, ta *adj.* **1.** Se aplica a cualquier tipo de relación entre personas o cosas cuando se interpone una tercera. **2.** Conceptual. **Fam.** Mediatamente.

mediatriz *s. f.* **1.** Recta perpendicular a un segmento rectilíneo trazada por su punto medio. ‖ **2. mediatriz de un triángulo** Cada una de las mediatrices de sus lados. Las tres mediatrices de un triángulo se cortan en un punto llamado *circuncentro,* que es el centro de la circunferencia circunscrita al triángulo.

medicable *adj.* Que puede curarse o ser tratado con medicinas.

medicación *s. f.* **1.** Acción y efecto de medicar. **2.** Conjunto de medicamentos y medios curativos aplicables a cierta enfermedad.

medicamentar *v. tr.* Medicar*.

medicamento *s. m.* Sustancia utilizada para prevenir, curar o aliviar una enfermedad. Algunos medicamentos son sustancias de origen biológico que el cuerpo precisa para su funcionamiento normal, pero que no es capaz de producir y cuya administración artificial se hace necesaria, como la insulina para los diabéticos. Otros son sustancias químicas inocuas para el hombre, pero dañinas para ciertos microorganismos patógenos, como los antibióticos. Algunos se emplean para combatir ciertos síntomas, como los analgésicos, que eliminan o disminuyen la sensación de dolor. Otros producen efectos psicológicos, como los tranquilizantes. Pueden tener origen biológico o ser totalmente sintéticos. Los medicamentos pueden administrarse por vía oral (por la boca), anal (en forma de supositorios o lavativas), tópica (líquidos, pomadas, aerosoles) o mediante inyecciones, que pueden ser subcutáneas (bajo la piel), intramusculares (en un músculo) o intravenosas (en la sangre). Los medicamentos producen a veces efectos secundarios en algunos pacientes, como náuseas, alergias o daños a ciertos órganos.

medicamentoso, sa *adj.* **1.** Que es útil como medicamento, que tiene propiedades curativas. **2.** Perteneciente o relativo a los medicamentos, o que los utiliza.

medicar *v. tr.* Recetar o administrar medicinas a un enfermo. También *v. prnl.* ■ Se conjuga como *sacar.*

médicas, guerras Nombre que reciben las dos guerras que enfrentaron a griegos y persas en el s. V a. C. Ambas fueron consecuencia de intentos de invasión de Grecia por parte del ejército persa. La primera se desencadenó en el 494 a. C. a causa del apoyo de Atenas a una revuelta de las ciudades jonias que formaban parte del imperio persa de Darío I. En el 490 a. C., el ejército ateniense logró la victoria en la decisiva batalla de Maratón, provocando la retirada de la flota persa a Asia Menor. En el 480 a. C., Jerjes I dio comienzo a la segunda guerra médica. Tras superar la resistencia ofrecida por el espartano Leónidas en el desfiladero de las Termópilas, llegó a saquear y ocupar Atenas, pero sus tropas fueron derrotadas por una liga militar griega, dirigida por Temístocles, en Salamina (480 a. C.) y en Platea (479 a. C.).

medicastro, tra *s. m.* y *f. desp.* de **médico.**

medicina *s. f.* **1.** Ciencia que trata de las enfermedades y de la prevención y curación de las mismas. **2.** Profesión de médico. **3.** Medicamento, sustancia que tiene propiedades curativas. || **4. medicina deportiva** La especializada en todo lo correspondiente al esfuerzo físico realizado en el deporte y a sus lesiones. **5. medicina espacial** La que estudia los efectos que la falta de gravedad y la permanencia en el espacio pueden producir en el hombre. **6. medicina general** La que comprende todas las enfermedades, sin especialización. **7. medicina legal** (o **forense**) La que estudia todos los aspectos que relacionan la medicina o la biología con la administración del derecho. **8. medicina nuclear** La que emplea para el diagnóstico y la curación isótopos radiactivos. **9. medicina tropical** La que estudia las enfermedades que suelen presentarse casi exclusivamente en países tropicales.
Hist. La medicina comenzó a desarrollarse en las primeras civilizaciones, especialmente en Egipto, cuyos médicos eran famosos en la antigüedad. Durante el primer milenio a. C., empezó a adquirir carácter científico en Grecia, China e India. La medicina occidental tiene su fundador en el griego Hipócrates, a quien se debe el llamado *juramento hipocrático*, que aún hoy constituye la base de una recta actuación médica. Galeno escribió una enciclopedia de los conocimientos médicos, cuya influencia duró toda la Edad Media. En el s. XVI nació la medicina moderna con las investigaciones de Harvey, Vesalio y otros, pero los avances más notables de esta ciencia se realizaron a partir del s. XVIII y han transformado la existencia del hombre, prolongando en los países desarrollados la duración media de la vida humana por encima de los setenta años. Estos avances pueden clasificarse en tres grupos: las vacunas, que desde el s. XVIII permitieron controlar o eliminar las grandes plagas o epidemias que había sufrido la humanidad; la asepsia, o limpieza durante las operaciones quirúrgicas, que fue consecuencia del descubrimiento hecho por Pasteur de que las enfermedades infecciosas son causadas por microbios y que revolucionó la cirugía desde el s. XIX, reduciendo una de las causas principales de muerte de la antigüedad; y finalmente, en el s. XX, los antibióticos y la quimioterapia, que hacen posible combatir los gérmenes patógenos una vez que la enfermedad ha hecho su aparición. Hoy día existen en muchos países sistemas de seguridad social para garantizar los cuidados médicos necesarios a toda la población.

medicinal *adj.* **1.** Perteneciente o relativo a la medicina. **2.** Se aplica a todo aquello que tiene efectos curativos. **FAM.** Medicinalmente.

medicinar *v. tr.* Medicar*. También *v. prnl.*

medición *s. f.* Acción y efecto de medir.

Médicis Familia florentina, perteneciente al partido güelfo, dedicada a los negocios de banca, que dominó la vida económica y política de la señoría de Florencia en el s. XV, antes de gobernar con el título ducal desde 1532 hasta 1737. Entre sus miembros destacan: **Cosme de Médicis,** llamado **el Viejo** (Florencia 1389 - Careggi 1464), que en 1434, con el apoyo popular, se convirtió en jefe indiscutible de la ciudad; desarrolló el comercio y protegió las letras; fundó la Academia Platónica e inició la biblioteca Medicea (1444); y **Lorenzo de Médicis,** llamado **el Magnífico** (Florencia 1449 - Careggi 1492), nieto del anterior; jefe de la república de Florencia, fue el árbitro político de Italia; tuvo que luchar contra el papa Sixto IV y dejó las finanzas en manos de sus familiares para dedicarse a la política; protegió las artes y las letras e hizo levantar grandes construcciones; fundó bibliotecas, museos y la universidad de Pisa; la biblioteca Medicea se llamó *Laurenciana* en su honor; fue padre del papa León X.

médico, ca[1] (del lat. *medicus*) *adj.* **1.** Perteneciente o relativo a la medicina. || *s. m.* y *f.* **2.** Persona que tiene como profesión el ejercicio de la medicina. || *s. f.* **3.** Mujer del médico. || **4. médico de cabecera** El de medicina general que pasa consulta en un ambulatorio.

médico, ca[2] (del gr. *medikos*) *adj.* Medo*.

medida *s. f.* **1.** Acción y efecto de medir. **2.** Cualquiera de las dimensiones o magnitudes de un cuerpo o espacio que se pueden medir. **3.** Instrumento u objeto con determinadas dimensiones o magnitudes que se toma como unidad y sirve para medir. **4.** Disposición o acción dirigida a conseguir algo. Se usa más en *pl.* **5.** Aquello en relación con lo cual se determina el valor de algo. **6.** Prudencia, moderación. **7.** Intensidad o grado de algo. **8.** Número y distribución de las sílabas en un verso. **9.** En mat., número de veces que una magnitud contiene a otra, o a una fracción de ésta, que se toma como unidad. Hay medidas de longitud, volumen, masa, superficie, etc. || **LOC. a (la) medida** *adj.* Proporcionado, adaptado, adecuado a alguien o algo; también, hecho con las medidas de la persona o de la cosa a la que se destina, p. ej. un traje. **a medida que** *conj.* Según, conforme. **colmar** (o **colmarse**) **la medida** Superar alguien o algo el límite de lo tolerable. **en cierta medida** *adv.* Hasta cierto punto. **tomar las medidas** a alguien Medir y apuntar las dimensiones de alguien o algo; también, calcular la valía de una persona, tener una clara idea de sus aptitudes.

medidor, ra *adj.* **1.** Que mide o sirve para medir. También *s.* || *s. m.* **2.** Aparato que sirve para medir. **3.** *amer.* Contador de agua, gas o luz.

mediero, ra *s. m.* y *f.* Persona que va a medias con otra en un negocio, empresa o cultivo de tierras.

medieval *adj.* Perteneciente o relativo a la Edad Media. **FAM.** Medievalidad.

medievalismo *s. m.* **1.** Cualidad o carácter de medieval. **2.** Estudio de la historia, civilización, costumbres, etc., de la Edad Media.

medievalista *s. m.* y *f.* Estudioso especialista en la Edad Media.

medievo *s. m.* Medioevo*.

medina *s. f.* En países árabes, parte antigua de una ciudad, por oposición a la ciudad nueva, de reciente urbanización.

Medina (*al-Madinah*) C. de Arabia Saudí, situada en el O del sector central del país, al N de La Meca. 290.000 h. en 1980. Es una ciudad sagrada del Islam y centro religioso musulmán. Era llamada *Yatrib* hasta que en el año 622 huyó a ella Mahoma; constituyó la primera comunidad islámica y fue residencia de los tres primeros califas.

Medina, Isaías (San Cristóbal, Táchira 1879 - Caracas 1953) Militar y político venezolano. En 1941 ganó las elecciones presidenciales con el apoyo de López Contreras y de los comunistas. Su política personalista y su resistencia a restablecer las libertades políticas le hicieron impopular y, a pesar de que intentó hacer concesiones a última hora, en 1945 fue derrocado por un golpe militar. Se exilió a EE UU.

Medina, José María (? - ? 1878) Militar y político hondureño. Nombrado presidente de la república en 1864, gobernó dictatorialmente hasta 1872 y fue encarcelado al perder el poder. Liberado en 1874, derrocó al presidente Leyva y gobernó nuevamente, hasta que en 1876 fue obligado a dimitir. En 1878 fue acusado de una nueva conspiración y fusilado.

Medina, José Toribio (Santiago de Chile 1852 - íd. 1930) Historiador chileno. Realizó importantes estudios sobre la historia de Chile, tanto de la época precolombina como de la colonial. Entre sus obras sobresalen *Historia de la literatura colonial de Chile* (1878), *Los aborígenes de Chile* y *Colección de documentos para la historia de Chile* (1892-1902).

Medina Azahara (*Madinat al-Zahra*) Antigua ciudad de al-Ándalus, fundada por el califa Abderramán III en las afueras de Córdoba. Su construcción se inició en el 936 y se prolongó hasta el 976, en época de Alhakem II. Fue el centro cortesano y administrativo del califato cordobés, estaba fortificada con murallas y contenía un palacio, una mezquita y jardines de extraordinaria belleza. Fue destruida en las revueltas del año 1010 y sus restos utilizados como material de construcción, por lo que sólo han quedado algunos vestigios.

Medina del Campo C. de España, en la prov. de Valladolid situada a orillas del río Zapardiel. 20.000 h. en 1990. Es un nudo de comunicaciones y centro comercial de su comarca cerealista y de ganadería ovina. Posee industria alimentaria, del mueble, metalúrgica y textil. De origen prerromano, fue una importante urbe medieval, donde se celebraba una gran feria. Sus monumentos más significativos son el castillo de la Mota (s. XV), donde murió Isabel la Católica, y el palacio renacentista de las Dueñas.

Medina-Sidonia, duques de Título de una familia de la nobleza castellana, que descendía de Guzmán el Bueno y poseía un extenso y rico señorío en torno a Sanlúcar de Barrameda. Entre sus miembros destacan: **Alonso Pérez de Guzmán** (Sanlúcar de Barrameda, Cádiz h. 1550 - íd. 1619), militar español nombrado por Felipe II capitán general de la costa de Andalucía y designado para suceder a Álvaro de Bazán al frente de la Armada Invencible en 1588; en 1595 fue nombrado capitán general del mar Océano y defendió Cádiz de los ingleses; y **Gaspar Alonso Pérez de Guzmán** (? - Toro 1664), cabecilla de la intentona separatista de los nobles latifundistas andaluces contra el centralismo del conde-duque de Olivares. Salvó la vida por su parentesco con el valido, tras solicitar el perdón real.

medio, dia *adj.* **1.** Que es la mitad de algo. **2.** Que está entre dos extremos o en el centro de algo. **3.** Que representa las características generales de un grupo social, pueblo, etc. **4.** Gran parte de lo que se expresa. **5.** Se dice del tercer dedo de la mano. También *s. m.* || *s. m.* **6.** Término o punto central de algo. **7.** La mitad de algo entero, de un todo. **8.** Manera o elemento necesario para conseguir alguna cosa. **9.** Aquello que sirve para un fin determinado. **10.** Elemento o ambiente en el que vive y se desarrolla una persona, animal o planta. **11.** Elemento o sustancia en el que se produce un fenómeno determinado. **12.** Ambiente familiar, social, cultural, etc. **13.** Médium*. **14.** En fútbol y otros deportes, jugador que enlaza las jugadas entre los defensas y los delanteros. || *s. m. pl.* **15.** Dinero, propiedades. **16.** En las plazas de toros, terreno del centro del ruedo. || *adv. m.* **17.** Algo, no enteramente. || **18. medio de cultivo** En biol., sustancia en la que se desarrollan determinados microorganismos. **19. medio geográfico** Conjunto de factores ecológicos de una determinada región, estudiados desde el punto de vista de su habitabilidad por el hombre o del desarrollo de animales y plantas. **20. medios de información** (o **comunicación**) Sistemas de transmisión de informaciones visuales o auditivas a un público numeroso y diverso, mediante la prensa, televisión, radio, cine, etc.; p. ext., instituciones que los organizan. || **LOC. a medias** *adv.* La mitad cada uno; también, de manera incompleta. **a medio** Con verbos en infinitivo, de manera incompleta o imperfecta. **de medio a medio** *adv.* Con verbos como *equivocarse, errar,* etc., totalmente. **de por medio (de)** *adv.* Por medio. **en medio** *adv.* y *prep.* En la mitad; también, en lugar en que estorba; entre dos o más personas o cosas. **en medio de** A pesar de. **meterse por medio** Intervenir en algo. **ni medio** *adv.* Nada, de ninguna manera. **por (en) medio** Por la mitad o por el interior de algo; también, en desorden; fuera de su lugar correspondiente; constituyendo un obstáculo o algo que hay que tener en cuenta. **por medio de** *prep.* Mediante, a través de. **quitar** (o **quitarse**) **de en medio** a uno *fam.* Apartar a alguien de algo o apartarse uno mismo; también, matar o suicidarse.

mediocre (del lat. *mediocris*) *adj.* De mediana calidad, más bien malo. También *s.* **FAM.** Mediocremente.

mediocridad *s. f.* Cualidad de mediocre.

mediodía *s. m.* **1.** Momento del día en que el Sol está en el punto más alto de su elevación sobre el horizonte y corresponde a las doce del día, hora solar. **2.** Tiempo de extensión imprecisa alrededor de las doce de la mañana. **3.** Sur, punto cardinal y región situada en este punto.

medioevo *s. m.* Edad Media.

mediofondista *s. m.* y *f.* En dep., participante en las pruebas de medio fondo, especialmente en atletismo.

mediometraje *s. m.* Filme que no llega a los 1.500 m de longitud y cuya proyección no sobrepasa una hora.

mediopensionista *adj.* Se dice del alumno que está en un centro de estudio en régimen de media pensión, es decir, que come en él al mediodía. También *s.*

medir *v. tr.* **1.** Comparar una magnitud o cantidad con su unidad para averiguar cuántas veces contiene a ésta. **2.** Enfrentar o comparar cualidades, habilidades, etc. También *v. prnl.* **3.** Contar las sílabas que tiene un verso. **4.** En mús., ajustar la melodía al compás. **5.** Examinar, sopesar. **6.** Contener, moderar las palabras o los actos. También *v. prnl.* ‖ *v. intr.* **7.** Tener determinada altura, longitud, volumen, intensidad, etc. ■ Es v. irreg. Se conjuga como *pedir.*

meditabundo, da *adj.* Pensativo*. También *s.*

meditación *s. f.* **1.** Acción y efecto de meditar. **2.** Oración mental basada en la reflexión.

meditar *v. tr.* Pensar con mucha atención sobre una cosa, aislándose de lo demás. También *v. intr.* **FAM.** Meditador, meditante.

meditativo, va *adj.* Propio de la meditación o referente a ella.

mediterráneo, a *adj.* **1.** Perteneciente o relativo al mar Mediterráneo y a los países o regiones costeros del mismo. ‖ **2. clima mediterráneo** Tipo de clima propio de las regiones costeras del mar Mediterráneo y de los bordes occidentales de los continentes de las zonas templadas del mundo. Se caracteriza por tener veranos soleados, secos y cálidos e inviernos suaves y húmedos. La temperatura media anual está entre 10 y 20°C y sus precipitaciones se sitúan entre 300 y 800 mm. Durante el verano el clima está dominado por los anticiclones subtropicales y en el invierno por las depresiones. ‖ **LOC. descubrir el Mediterráneo** *fam.* Dar como novedad algo que todos ya conocen.

Mediterráneo Mar situado entre el S de Europa, N de África y E de Asia. 2.966.000 km^2 de extensión. Su máxima profundidad es de 5.120 m en el S de Grecia, y su profundidad media es de 2.000 m. Comunica con el océano Atlántico por el estrecho de Gibraltar y con el mar Rojo y el océano Índico a través del canal de Suez. Está dividido en dos sectores, occidental y oriental, por la isla de Sicilia. En él se encuentran una serie de mares menores, como los de Alborán, Baleares, Liguria, Tirreno, Adriático, Jónico, Egeo, de Mármara, Negro y Azov. Sus principales accidentes geográficos son las islas Baleares, Córcega, Cerdeña, Sicilia, Malta, Jónicas, Creta, Chipre, Dodecaneso, Cícladas y Espóradas; los estrechos de Gibraltar, Bonifacio, Messina, canal de Otranto, Dardanelos, Bósforo y Kerch; y los golfos de Valencia, León, Génova, Tarento, Venecia, Corinto, Antalya, Iskenderun y Gran Sirte. Es un mar cálido y con un alto grado de salinidad. El papel desempeñado por el Mediterráneo a lo largo de la historia como vía de comunicación y vehículo de difusión de las culturas y civilizaciones ha sido muy importante.

médium *s. m.* y *f.* En parapsicología, persona dotada de capacidades especiales que le permiten actuar de mediadora con los espíritus o las fuerzas ocultas.

medo, da *adj.* **1.** Se dice de un pueblo de origen indoeuropeo que penetró en el actual Irán h. el 1500 a. C., junto con otro pueblo indoeuropeo, el persa. Los medos se asentaron en el NO de Irán y llegaron a constituir un gran poder militar en el s. VII a. C., durante el reinado de Ciaxares (h. 625 a. C.). El sucesor de éste, Astiages, fue derrotado en el año 550 a. C. por Darío II el Grande, rey de los persas, que a partir de entonces se llamó a sí mismo soberano de medos y persas, propiciando la fusión de ambos pueblos. **2.** De este pueblo. También *s.* ‖ *s. m.* **3.** Lengua indoeuropea, del grupo iranio, hablada por este pueblo.

medrar *v. intr.* **1.** Mejorar una persona de posición social, laboral o económica. **2.** Desarrollarse bien los animales o las plantas. **FAM.** Medro.

medroso, sa *adj.* **1.** Miedoso*. **2.** Que causa temor. **FAM.** Medrosamente.

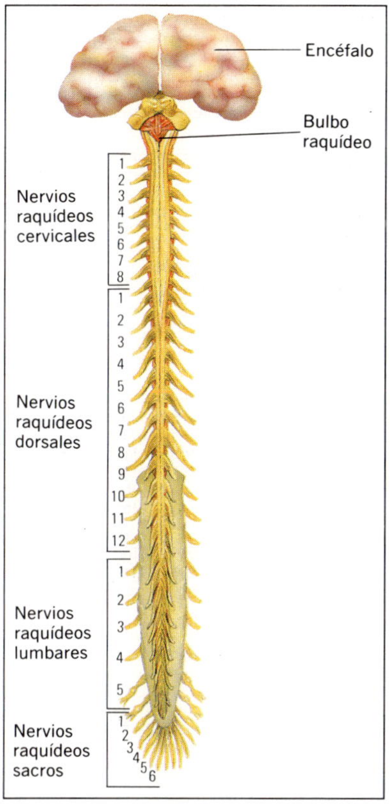

Esquema de la médula espinal del ser humano (vista posterior), con los 31 pares de nervios raquídeos que parten de ella.

médula *s. f.* **1.** Sustancia grasa y blanda que rellena las cavidades de los huesos. La **médula amarilla,** que se encuentra en los huesos largos, es adiposa y se llama también *tuétano.* La **médula roja,** que rellena el interior de otros huesos, tiene muchos vasos sanguíneos y en ella se producen los glóbulos rojos o hematíes. **2.** Parte central del tallo y raíz de una planta. **3.** Lo más importante de un hecho, asunto, cuestión, etc. ‖ **4. médula espinal** Largo cordón de tejido nervioso que recorre el cuerpo de los vertebrados por el interior de la columna vertebral.

Anat. y ***Fisiol.*** La médula espinal forma junto con el encéfalo el sistema nervioso central, así llamado por su posición a lo largo del eje central del esqueleto y por la función unificadora de recepción, integración y control que desempeña en el conjunto de la actividad nerviosa. La médula espinal tiene dos surcos o fisuras, la anterior y la posterior, y está formada por los siguientes elementos: la *sustancia blanca,* o zona periférica, compuesta por axones de neuronas que van de un lado a otro de la médula o de la médula al encéfalo; la *sustancia gris,* situada en el centro y compuesta por cuerpos de neuronas, y el *epéndimo,* o conducto central de la médula, lleno de líquido cefalorraquídeo, y continuación de las cavidades encefálicas. De sus paredes laterales parten los *nervios espinales* o *raquídeos,* que se dirigen a la piel (nervios sensitivos) o a los músculos (nervios motores), y están divididos en dos haces de fibras, llamados *raíces,* que luego se unen: la raíz dorsal sirve de entrada a los estímulos sensitivos que llegan a la médula, mientras que la raíz ventral constituye la salida de estímulos motores de la médula espinal.

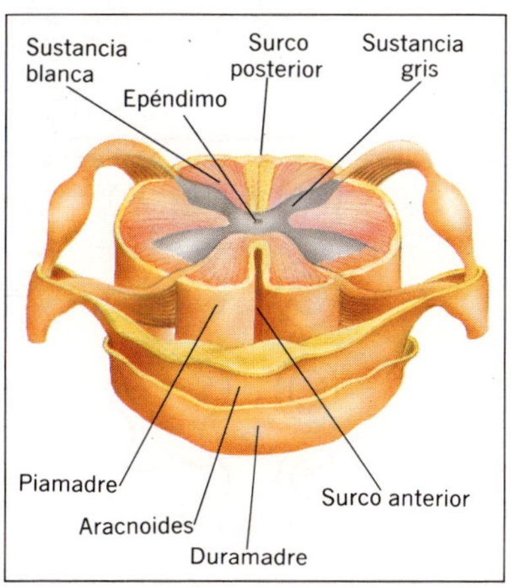

Corte transversal de la médula espinal.

medular *adj.* **1.** Perteneciente o relativo a la médula. **2.** Se dice de lo más importante de una cosa.

medusa *s. f.* Nombre de una de las dos formas vitales de los celentéreos, que se caracterizan por tener reproducción con alternancia de generaciones. La medusa se reproduce sexualmente. Hay medusas machos y medusas hembras, que producen espermatozoides y óvulos respectivamente. El óvulo fecundado origina una larva, llamada *plánula,* que se fija en el fondo marino y forma un pólipo, que da lugar a una colonia mediante reproducción asexual por gemación y escisión. De ciertos pólipos especializados o gonozoides se van desprendiendo individuos, las medusas, que comienzan nuevamente el ciclo. La medusa posee vida libre y capacidad de movimiento; tiene el cuerpo en forma de sombrilla, denominado *umbrela,* de cuyo reborde cuelgan una serie de tentáculos; su boca está en la parte interior, rodeada de otro grupo de tentáculos llamado *manubrio.* Posee unas células especiales, los cnidoblastos, que segregan una sustancia urticante y cuya función es defensiva. Habita en todos los mares y en algunos lagos de África, adaptada al agua dulce. Entre sus especies destacan la medusa aurelia *(Aurelia aurita)* y la carabela portuguesa *(Physalia physalis).*

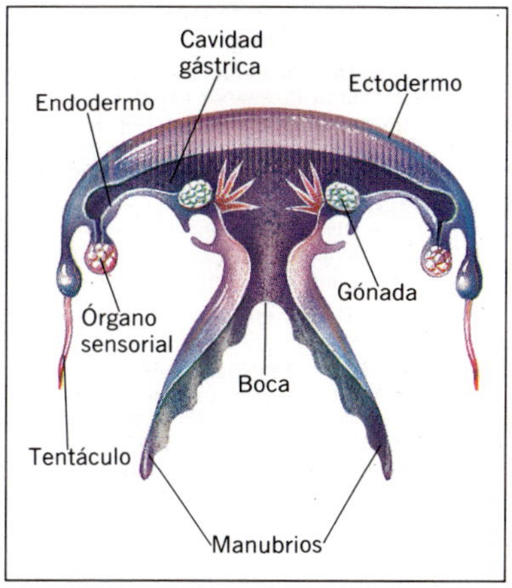

Corte esquemático longitudinal de una medusa.

Medusa Según la mitología griega, una de las tres Gorgonas. Su cabellera estaba formada por serpientes y su mirada petrificaba a los humanos. Habitaba más allá del río Océano y fue degollada por Perseo.

Mefistófeles Personaje de la leyenda de Fausto, cuyo carácter quedó fijado en la obra de Goethe. Constituye el demonio intelectual, que tienta al ser humano al ofrecerle el conocimiento para dominar el mundo y satisfacer sus pasiones.

mefistofélico, ca *adj.* **1.** Perteneciente o relativo a Mefistófeles. **2.** Diabólico, malvado, astuto.

mefítico, ca *adj.* Se dice de todo aquello que causa daño a quien lo respira, especialmente cuando huele mal.

mega *s. m. apoc.* de **megabyte**, unidad de capacidad de memoria informática equivalente a un millón de bytes.

mega- *pref.* **1.** Significa 'grande': *megáfono, megalito.* **2.** Forma unidades de medida, con el significado de un millón (10^6): *megaciclo, megatonelada, megabyte.*

megacero *s. m.* Nombre común de dos especies de mamíferos artiodáctilos fósiles de la familia cérvidos, género *Megaceros.* Eran animales parecidos al gamo, pero de gran tamaño; su cornamenta podía alcanzar hasta 3 m de envergadura. Vivieron en el cuaternario medio y desaparecieron en el pleistoceno.

megaciclo *s. m.* Unidad de frecuencia que equivale a un millón de ciclos o periodos. En la actualidad se usa más megahertzio.

megaelectronvoltio *s. m.* Unidad de energía, equivalente a un millón de electronvoltios. Su símbolo es *MeV.*

megaflops *s. m.* Unidad de medida en informática que indica la potencia de cálculo de un ordenador; equivale a un millón de operaciones de punto flotante por segundo.

megafonía *s. f.* **1.** Técnica que se ocupa de los aparatos e instalaciones necesarios para aumentar el volumen del sonido. **2.** Conjunto de aparatos utilizados para aumentar el sonido en un lugar determinado.

megáfono *s. m.* **1.** Instrumento formado por una bocina cónica hueca que amplifica el sonido de la voz y se utiliza para hablar a distancia. **2.** Aparato portátil formado por un micrófono, un amplificador y un altavoz de bocina, que se utiliza para amplificar el sonido de la voz.

megahertzio *s. m.* Unidad de frecuencia que equivale a un millón de hertzios. Su símbolo es *MHz.* ■ Se escribe también *megahercio.*

megalítico, ca *adj.* Perteneciente o relativo al megalito.

megalito *s. m.* Monumento prehistórico compuesto por uno o varios bloques de grandes piedras. Eran construcciones de carácter funerario o conmemorativo, que podían adoptar diversas formas: menhir, dolmen, crómlech, taula, etc. Tuvo su origen en el neolítico y alcanzó su máximo desarrollo en la edad de los metales, en la que se extendió por toda Europa.

megalo- *pref.* Véase **mega-**.

megaloblasto *s. m.* Célula de gran tamaño de la médula ósea, a la que se considera un elemento intermedio en la maduración de los hematíes. Suele aparecer con carácter patológico en la sangre periférica en cierto tipo de anemias.

megalomanía *s. f.* Actitud de las personas que sobrevaloran sus propias capacidades y que hablan o actúan como si tuvieran unas cualidades o una posición muy superiores a las reales.

megalómano, na *adj.* Que tiene megalomanía. También *s.*

megalópolis *s. f.* En geog., unión de sucesivas áreas metropolitanas que, sin solución de continuidad, crean un gran conjunto territorial de carácter urbano que se extiende a lo largo de cientos de kilómetros. El prototipo de megalópolis es la que se extiende a lo largo de 600 km desde Boston a Washington (DC), en EE UU, conocida con el nombre de *Boswash.* Su extensión ocupa sólo el 2 % de la del país, pero en ella vive el 20 % de los estadounidenses (unos 45 millones de personas), con una densidad de 250 h./km^2. Otras megalópolis importantes son la de *Chipitts,* desde Chicago a Pittsburgh; la de Londres, que incluye ciudades como Leicester, Birmingham, Nottingham, Liverpool, Manchester y Leeds; la del Rhin, que se extiende a lo largo del curso del río desde Stuttgart hasta Amsterdam; y la de Tokio, que se extiende a lo largo de Yokohama, Nagoya, Osaka y Kobe.

megaohmio *s. m.* En electricidad, unidad de resistencia, equivalente a un millón de ohmios. Su símbolo es *MΩ.*

Megara C. de Grecia, situada en el Ática, junto al golfo de Egina. 21.000 h. en 1982. Conserva algunos restos de la antigua ciudad, que floreció especialmente en el s. VII a. C. Fue conquistada por Roma en el 146 y destruida por los visigodos en el 395.

Megara, escuela de Escuela filosófica de influencia socrática, fundada en torno al s. IV a. C. por Euclides de Megara. Desarrolló una importante actividad en el campo de la lógica. Sus miembros más conocidos fueron Diodoro Crono y Eubulides de Mileto.

megaron *s. m.* Habitación principal de la casa en la arquitectura griega.

megaterio *s. m.* Mamífero fósil de la familia megatéridos, género *Megatherium.* Medía unos 6 m de longitud y su cuerpo estaba adaptado a la postura erguida. Poseía una dentición de fuertes molares y garras con grandes uñas. Era herbívoro y habitaba en América del Sur, en la región de La Pampa.

megatón *s. m.* Unidad de medida del poder detonante de explosivos potentes. Equivale al poder explosivo de un millón de toneladas de trinitrotolueno (TNT). Su enorme magnitud la hace adecuada para calcular el poder explosivo de las bombas nucleares; para potencias más pequeñas se utiliza el kilotón.

megatonelada *s. f.* Unidad de masa que equivale a un milón de toneladas. Su símbolo es *Mt.*

megavatio *s. m.* En electricidad, unidad de potencia que equivale a un millón de vatios. Su símbolo es *Mw.*

Meghalaya Estado de la India, situado en el NE del país. 22.498 km^2 y 1.335.820 h. en 1981. La capital es Shillong, con 109.200 h. en 1981. Creado en 1970 mediante la unión de las provincias de Garo Hills y United Khasi-Jaintia, está ocupado en buena parte por la meseta de Shillong, y su población se dedica a la agricultura.

mehari (voz ár.) *s. m.* Raza de dromedarios domésticos. Su tamaño es superior al normal, son resistentes a la fatiga y aptos para la carrera, por lo que han sido utilizados como caballería militar en diversos ejércitos árabes.

Mehmet Nombre de varios sultanes otomanos. Se dice también *Muhammad.*

Mehmet I (? 1379 o 1389 - Adrianópolis 1421) Sultán otomano (1403-21). Hijo de Bayaceto I, logró restaurar la unidad del imperio en 1413, tras derrotar a sus hermanos Isa y Solimán.

Mehmet II el Conquistador (? 1429 - Tekfur Cayiri 1481) Sultán otomano (1444-46 y 1451-81). Hijo de Murat II, destruyó el imperio bizantino al conquistar en 1453 Constantinopla, a la que dio el nombre de *Estambul* y convirtió en capital otomana. Realizó una importante expansión en Europa y ocupó el Peloponeso, Bosnia y Albania, además de expulsar a los genoveses y venecianos de las islas del mar Egeo. Fue un destacado protector de la cultura y un notable lingüista.

Mehmet IV (Estambul 1642 - Adrianópolis 1693) Sultán otomano (1648-87). Durante su minoría manejaron el reino su madre y su abuela Kösen. Dejó el gobierno en manos de sus visires Mehmet Köprülü y del hijo de éste, Ahmer Köprülü. Este último venció a los venecianos, que solicitaron la paz. Tras la derrota de Mohács, los jenízaros se sublevaron y derrocaron al sultán, entronizando a su hermano Solimán II (1687).

Mehmet V (Constantinopla 1844 - íd. 1918) Sultán otomano (1909-18). Su gobierno coincide con la crisis final del imperio. Durante su mandato perdió Tripolitania, Cirenaica y el Dodecaneso en favor de Italia (1911-12) y Macedonia, Tracia, Salónica y Creta tras la primera guerra balcánica (1912-13). Se alió con los imperios centrales en la Primera Guerra Mundial.

Mehmet VI (Constantinopla 1861 - San Remo 1926) Sultán otomano (1918-22). Hermano del anterior, fue el último sultán del imperio. Firmó la rendición ante los aliados, que en 1922 suprimieron el sultanato.

Mehmet Alí (Cavalla 1769 - Alejandría 1849) Político turco de origen albanés. Venció a las tropas napoleónicas en Egipto, de donde fue nombrado virrey en 1804 por el sultán otomano Selim III. Tras acabar con los jefes mamelucos, extendió su poder a Arabia y a Sudán, donde fundó Jartum (1823); combatió a favor de los turcos contra los nacionalistas griegos en Navarino (1827). Posteriormente se enfrentó al sultán otomano, que desconfiaba de su creciente poder; ocupó Siria y venció a los turcos en 1833, pero la intervención del Reino Unido le obligó a retirarse a Egipto en 1840 a cambio de ser reconocido como virrey hereditario de Egipto y Sudán. Reformó la administración de estos territorios y, con ayuda de técnicos europeos, modernizó su agricultura y comercio, y potenció la industria y el ejército, por lo que se le considera el creador del Egipto moderno.

meiga (voz gall.) *s. f.* Bruja*.

Meiji Tenno, llamado en Occidente **Mutsu-Hito** (Kioto 1852 - Tokio 1912) Emperador de Japón (1867-1912). Ocupó el trono al suceder a su padre Komei Tenno e inauguró así la época Meiji. Suprimió el régimen feudal y, por la reforma constitucional de 1889, convirtió a Japón en una monarquía de tipo occidental, aunque se mantenía el origen divino de la autoridad imperial y se atribuía al soberano todo el poder. Combatió a China (1894), a Rusia (1904) y se anexionó Corea (1910), haciendo de Japón una potencia mundial.

meiosis o **meyosis** *s. f.* Proceso de división celular por el cual, a partir de una célula madre, se originan cuatro células hijas, denominadas *gametos,* que sólo contienen la mitad de cromosomas que la célula inicial. Se produce únicamente en los órganos reproductores, concretamente en las células que generan las células sexuales o gametos. Se distinguen dos procesos: *meiosis I* y *meiosis II.* Al final de la meiosis I se forman dos células con la mitad de cromosomas. Al final de la meiosis II se forman cuatro células, también con la mitad de cromosomas. Esto permite que al unirse dos gametos durante la reproducción sexual, se establezca el número normal de cromosomas de la especie. Las células normales se denominan *diploides* y las que tienen la mitad de cromosomas, *haploides.*

Meir, Golda (Kiev 1898 - Jerusalén 1978) Política israelí de origen ruso. Militante desde su juventud del movimiento sionista, en 1921 se estableció en Palestina. Tras la creación del estado de Israel, ocupó el ministerio de Trabajo y Seguridad Social (1949-56) y el de Asuntos Exteriores (1956-66). En 1968 fue nombrada secretaria general del Partido Laborista y en 1969 primera ministra, cargo en el que se mantuvo hasta 1974, año en el que dimitió tras la crisis provocada por la cuarta guerra árabe-israelí.

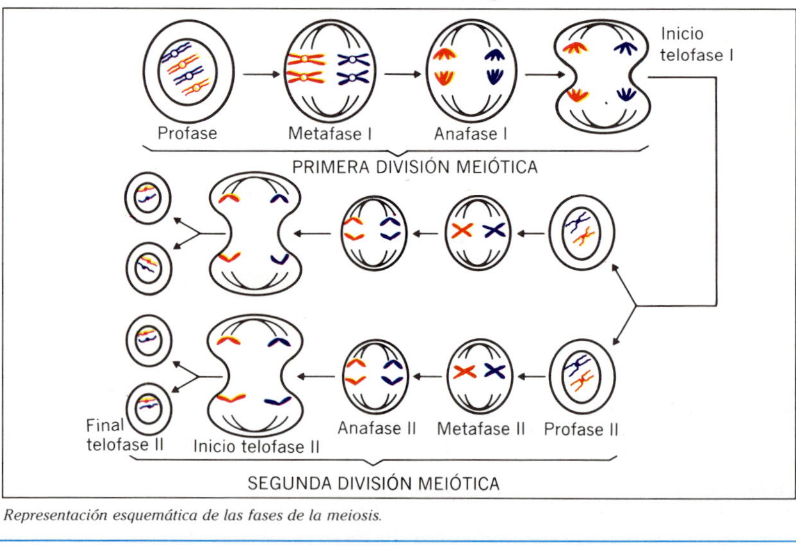

Representación esquemática de las fases de la meiosis.

Meissonier, Jean-Louis Ernest (Lyon 1815 - París 1891) Pintor francés. Es conocido por sus cuadros sobre las hazañas de Napoleón I, tratados con corrección histórica, como *Campaña de Francia, 1814*, y por sus escenas de género a imitación de los maestros flamencos.

Meistersinger (voz al. que significa 'maestros cantores') *s. m. pl.* Nombre que designaba a los componentes de asociaciones encaminadas a la difusión de la música y la poesía germánica, que se extendieron por Alemania durante los s. XIV y XVI. Estaban organizados en grupos similares a los de los gremios artesanos. El Meistersinger más conocido fue Hans Sachs. La ópera de Wagner *Los maestros cantores de Nürenberg* constituye un testimonio para el conocimiento de este tipo de organizaciones.

mejana *s. f.* Islote en un río.

mejer *v. tr.* Mecer un líquido, moverlo para que se mezcle.

Mejía Sánchez, Ernesto (Masaya 1923 - Mérida, México 1985) Escritor nicaragüense. Fue profesor de la universidad autónoma de México. Hizo una selección de su poesía bajo el título de *Recolección a mediodía* (1980). Se especializó en el estudio de la vida y obra de Rubén Darío y publicó, entre otros, los libros *Los primeros cuentos de Rubén Darío* (1951) o *Estudios sobre Rubén Darío* (1968).

mejicanismo *s. m.* Mexicanismo*.

mejicano, na *adj.* Mexicano*.

Méjico Véase **México.**

mejilla *s. f.* Cada una de las dos partes carnosas de la cara humana, debajo de los ojos.

mejillón *s. m.* Nombre común de diversas especies de moluscos bivalvos de la familia mitílidos, género *Mytilus.* Su concha se compone de dos valvas articuladas entre sí mediante unos dientes, llamados *charnela*, y un músculo, llamado *ligamento.* Como bivalvos (o lamelibranquios), poseen branquias laminales, pie excavador y una glándula que segrega el biso, con el que se adhieren a las rocas marinas. Se alimentan filtrando el agua de mar. El mejillón común *(Mytilus edulis)* habita en el Atlántico, y el mejillón mediterráneo *(Mytilus galloprovincialis)* en el mar de este nombre. Son muy apreciados en la alimentación y se cultivan artificialmente.

mejillonero, ra *adj.* **1.** Perteneciente o relativo a la cría de mejillones. **2.** Se dice de la persona dedicada a la cría de mejillones. También *s.* ‖ *s. f.* **3.** Instalación para la cría de este molusco.

mejor *adj.* **1.** *comp.* de **bueno**. Superior a otra persona o cosa: *Su coche es mejor que el mío.* **2.** Precedido del artículo determinado, superlativo relativo de *bueno*: *Es el mejor profesor del colegio. Pidió el mejor vino.* **3.** Preferible: *Es mejor que no venga.* ‖ *adv. m.* **4.** *comp.* de **bien**. Más bien o menos mal: *Con estas gafas veo mejor.* ‖ **Loc. a lo mejor** *adv. fam.* Expresa posibilidad. **mejor que mejor** o **tanto mejor** Indica una mayor satisfacción o aprobación.

mejora *s. f.* **1.** Acción y efecto de mejorar. **2.** Obra que se realiza en una finca o casa para mejorarla. **3.** Aumento de la última oferta en una subasta o venta. **4.** En una herencia, porción de los bienes que deja el testador a favor de alguno de sus herederos, además de los que le corresponden por la ley. **5.** Gastos por los cambios que se hacen en una finca o casa arrendada o usufructuada y por los que puede pedirse indemnización al propietario de la misma.

mejorana *s. f.* Planta herbácea de la familia labiadas, especie *Origanum majorana.* Forma matas de unos 40 cm de altura. Tiene hojas redondeadas y opuestas y flores pequeñas y rosadas en espiga; toda la planta está cubierta de pelillos. Es originaria de Persia, Arabia y Oriente Medio y actualmente se cultiva en Europa. Se utiliza como estomacal y sedante.

mejorar *v. tr.* **1.** Hacer que algo sea mejor de lo que era. **2.** Devolver la salud a un enfermo. También *v. intr.* y *v. prnl.* **3.** Superar. **4.** Aumentar la última cantidad ofrecida en una subasta o venta. **5.** Dejar en el testamento una mejora a uno o a varios de los herederos. ‖ *v. intr.* **6.** Volverse el tiempo más agradable. También *v. prnl.* **7.** Conseguir una mejor posición social o económica. También *v. prnl.* **Fam.** Mejorable, mejoramiento.

mejoría *s. f.* **1.** Mejora. **2.** Acción y efecto de mejorar un enfermo. **3.** Superioridad, ventaja.

mejunje o **menjunje** *s. m.* Líquido o sustancia pastosa, formado por la mezcla de diversos ingredientes y de aspecto desagradable.

Meknés Véase **Mequinez**.

Mekong Río del SE asiático, situado en la península de Indochina. 4.500 km de longitud y 810.000 km^2 de cuenca. Nace en el sector E de la meseta del Tíbet y fluye en dirección S, con un trazado paralelo a los ríos Yangtsé-kiang y Salween, recorriendo la provincia china de Yunnan. Hace frontera entre Birmania y Laos, por cuyo sector N discurre hasta constituir la frontera con Tailandia, atraviesa Camboya y desemboca en Vietnam, en el mar de la China Meridional, formando un gran delta de 70.000 km^2. Constituye una vía de comunicación para barcos de pequeño tonelaje. En sus márgenes se encuentran las ciudades de Luang Prabang, Vientiane y Phnom Penh.

Mela, Pomponio (s. I) Geógrafo latino de origen hispánico. Su *Corografía* es el primer tratado geográfico que ha llegado hasta nosotros. Las descripciones que hizo de Europa, Asia y África son más el resultado de una serie de lecturas que de un estudio empírico.

melado, da *adj.* **1.** Que tiene color o aspecto de miel. ‖ *s. m.* **2.** *amer.* En la fabricación del azúcar de caña, jarabe que se obtiene de la caña antes de la cristalización.

Melanchthon, Philipp Schwarzerd, llamado (Bretten 1497 - Wittenberg 1560) Reformador y filósofo alemán. Fue profesor de griego en Wittenberg y fiel seguidor de Lutero, bajo cuya influencia se inició en los estudios teológicos. Tras la muerte de Lutero (1546) se convirtió en el principal representante de sus ideas. Intentó dar un fundamento filosófico a la teología luterana y utilizó para ello el pensamiento aristotélico. Sus obras más importantes son *Apología pro Lutero* (1521), *Loci communes* (1521) y la *Confesión de Augsburgo* (1530).

melancolía *s. f.* **1.** Tendencia a la tristeza y la tristeza misma. **2.** En psiquiatría, estado propio de la psicosis maniacodepresiva, caracterizado por la tristeza, el pesimismo y abatimiento del sujeto y la falta de estímulos afectivos.

melancólico, ca *adj.* Que tiene melancolía o la produce. También *s.* **Fam.** Melancólicamente.

Melanesia Conjunto de los grupos de islas del océano Pacífico que, junto a Micronesia y Polinesia, constituyen Oceanía, situado al NE de Australia, entre el ecuador y el trópico de Capricornio. Comprende los archipiélagos e islas de Nueva Guinea, Bismarck, Salomón, La Louisiada, Nuevas Hébridas, Santa Cruz, Nueva Caledonia, Lealtad y Fidji, con una extensión total aproximada de 950.000 km^2 y 6.500.000 h. aproximadamente. Son islas de origen coralino o volcánico, con clima y vegetación ecuatorial o tropical, habitadas por la raza melanésica. La principal actividad es la agricultura, limitada a las áreas costeras, con cultivos de palma de coco, copra, cacao, plátanos, y los recursos forestales. Existen también yacimientos de oro, manganeso, cobalto y níquel.

melanésico, ca o **melanesio, sia** *adj.* **1.** Se aplica a los individuos que habitan la Melanesia y la Micronesia, que se caracterizan por el tono negro o muy oscuro de su piel. Pertenecen a este grupo los papúas de Nueva Guinea, los canacos de Nueva Caledonia, etc. También *s.* **2.** Perteneciente o relativo a la Melanesia. **3.** Se dice de un grupo de lenguas orientales habladas en gran parte de Micronesia y Melanesia. También *s. m.*

melanina *s. f.* Pigmento negro o pardo negruzco derivado del aminoácido tirosina, al que deben su coloración la piel, el cabello, la coroides, etc.

melanita *s. f.* Mineral de color negro brillante o pardusco, variante del granate, formado por silicato de calcio, hierro y titanio y considerado piedra semipreciosa. Los principales yacimientos se encuentran en EE UU, Canadá y Finlandia.

melanohindú *adj.* **1.** Se dice de una raza humana caracterizada por el color muy oscuro o negro de la piel, cabellos largos y ondulados, rostro ovalado y nariz recta y fina, que habita en el S de la India y en Ceilán. **2.** De esta raza. También *s.*

melanoma *s. m.* Nombre genérico de tumores, generalmente malignos, formados a partir de células que contienen melanina.

melanosis *s. f.* Coloración oscura de los tejidos orgánicos por acumulación de melanina.

melanuria *s. f.* Coloración negruzca o muy oscura de la orina.

melar[1] *v. intr.* **1.** Melificar*. **2.** En la elaboración del azúcar, cocer por segunda vez el zumo de la caña, hasta que toma la consistencia de la miel.

melar[2] *adj.* Se dice de algunas variedades de frutos de sabor más dulce que otros de la misma especie.

melaza *s. f.* Jarabe líquido y dulce que queda como residuo de la fabricación del azúcar. Se obtiene de las plantas ricas en azúcar, como la remolacha y la caña. Se utiliza como alimento y para la obtención de ron.

Melbourne C. de Australia, cap. del estado de Victoria, situada en el SE del país, en la bahía de Port Phillip. 3.039.100 h. en 1989. Es un importante centro portuario y un gran mercado de lana, que posee además industrias químicas, aeronáuticas, eléctricas, papeleras, alimentarias y textiles. Fundada en 1835, fue la capital del país entre 1901 y 1927.

Melchor Según la tradición cristiana, nombre de uno de los tres Reyes Magos de Oriente que adoraron al niño Jesús en el pesebre.

melcocha *s. f.* Miel muy concentrada y caliente, que se echa en agua fría y después se soba, quedando muy correosa.

melé *s. f.* **1.** En rugby, jugada en la que los delanteros de ambos equipos forman dos grupos compactos y se empujan mutuamente, intentando que el balón que se ha introducido entre ellos sea recogido por otro de sus jugadores, que está fuera del grupo. **2.** P. ext., lío o apelotonamiento de personas.

melena[1] *s. f.* **1.** Cabellera larga y suelta. **2.** Crín de león. ‖ *pl.* **3.** Cabello largo y despeinado.

melena[2] (del gr. *melaina*, negra) *s. f.* Pérdida por el ano de sangre ennegrecida, sola o mezclada con excrementos, debida a hemorragias en el aparato digestivo.

Meléndez, Carlos (San Salvador 1861 - íd. 1919) Político salvadoreño. Nombrado por el Congreso presidente provisional tras el asesinato de Araujo (1913), fue elegido presidente constitucional (1915-19).

Meléndez, Jorge (San Salvador 1871 - íd. 1953) Político salvadoreño. Ocupó la presidencia de la república inmediatamente después que su hermano Carlos (1919-23).

Meléndez, Luis Egidio (Nápoles 1716 - Madrid 1780) Pintor español. En su obra, de estilo barroco, destaca la serie de bodegones de pequeño formato destinados a decorar el palacio real de Aranjuez. Se trata de cuadros de estilo naturalista en los que es de admirar el excelente tratamiento de la luz.

Meléndez Valdés, Juan Antonio (Ribera del Fresno, Badajoz 1754 - Montpellier 1817) Escritor español. Siguió la carrera judicial y fue compañero y colaborador de Cadalso y Jovellanos. De ideas ilustradas y afrancesado, sufrió por esta causa persecución y destierro desde 1813. Entre sus escritos jurídicos y políticos destacan *Sobre el fanatismo* (1795) y *Discursos forenses* (1821). Su obra lírica, de estilo neoclásico en *Poesías* (1781) y *La creación* (1802-08), evolucionó posteriormente hacia el prerromanticismo, como se advierte en *Poemas* (obra póstuma, 1820).

melenera *s. f.* **1.** Parte superior del testuz de los bueyes, donde se asienta el yugo. **2.** Almohadilla o trozo de piel que se pone como protección a los bueyes en la frente, para que no les roce la cuerda o correa con que se les sujeta el yugo.

melenudo, da *adj.* Que tiene cabellera larga y abundante. También *s.*

melera *s. f.* Daño que sufren los melones a causa de las lluvias abundantes o del granizo. Consiste en la aparición de una serie de manchas negras en la corteza y en un gusto amargo que toma la carne.

melero, ra *s. m.* y *f.* **1.** Persona que vende miel. ‖ *s. f.* **2.** Lugar donde se guarda la miel.

Melgar, Mariano (Arequipa 1790 - Huamachiri 1815) Poeta peruano. De estilo neoclásico, en sus poemas se advierte un interés por lo popular y por la revaloración de la tradición india. Sus *yaravíes*, canciones indias escritas en verso octosílabo, fueron muy populares. Murió fusilado por los realistas.

Melgar Castro, Juan Alberto (Marcala 1931) Militar hondureño. Ministro de Justicia y de Gobernación, depuso al presidente López Arellano y ocupó la presidencia (1975). Acusado de corrupción por los sectores más conservadores del ejército, fue derrocado (1978) y sustituido por una junta militar.

Melgarejo, Mariano (Cochabamba 1818 - Lima 1871) Militar y político boliviano. En diciembre de 1864 dio un golpe de Estado y ejerció el poder sin más apoyo que el del ejército. Su administración fue nefasta para Bolivia. Cedió arbitrariamente territorios a Chile y Brasil, arruinó el tesoro público, expropió las tierras de las comunidades indígenas y abolió la constitución de 1861. Derrocado en 1871, huyó a Perú, donde murió asesinado.

mélico, ca *adj.* **1.** Perteneciente o relativo al canto. **2.** Perteneciente o relativo a la poesía lírica, especialmente la griega.

Meliès, Georges (París 1861 - Orly 1938) Director de cine francés. Creador del género fantástico, dio un gran desarrollo al cine como espectáculo, superando los límites científicos y documentales que había tenido hasta entonces. En sus películas utilizó decorados, transparencias, trucajes y todo tipo de efectos especiales. Entre las más recordadas citemos *Viaje a la Luna* (1902) y *La conquista del Polo* (1912).

melífero, ra *adj.* Que tiene miel.

melificar *v. tr.* Elaborar las abejas la miel. También *v. intr.* ■ Se conjuga como *sacar*. Se dice también *melar*.

melifluo, flua *adj.* Que es excesiva o falsamente amable y suave. **FAM.** Melifluamente, melifluidad.

Melilla C. de España, situada en el N de África, en la costa NE de Marruecos. 62.600 h. en 1990. Está separada de Marruecos por una franja de unos 500 m de anchura de tierra de nadie. Constituye un emplazamiento militar y puerto franco, cuya actividad económica está limitada a las necesidades internas. Fue una fundación fenicia, posteriormente colonia cartaginesa y romana, conquistada por el Islam en el s. VIII y ocupada por el duque de Medina-Sidonia para Castilla en el año 1497.

Melilla, guerra de Conjunto de operaciones bélicas en las que el ejército español se enfrentó a las cabilas rifeñas de la comarca de Melilla, entre 1893 y 1894, y en 1909. En el segundo de estos conflictos, los rifeños alcanzaron una espectacular victoria en el barranco del Lobo, pero la llegada de refuerzos de la península permitió reconquistar la región de Melilla y obligó a las cabilas a pactar. La guerra tuvo unas repercusiones muy negativas en España y fue la causa del estallido de la Semana Trágica de Barcelona.

melillense *adj.* De Melilla. También *s.*

melindre *s. m.* **1.** Remilgo*. **2.** Golosina de masa frita con miel. **3.** Nombre común de distintas golosinas.

melindrear *v. intr.* Hacer melindres.

melindroso, sa *adj.* Se dice de la persona que hace o es inclinada a hacer melindres. También *s.* **FAM.** Melindrosamente.

melinita *s. f.* Explosivo elaborado a base de ácido pícrico.

melisa *s. f.* Planta herbácea de la familia labiadas, especie *Melissa officinalis*. Es perenne y tiene hojas ovales y arrugadas, con el borde crenado, flores blancas y fruto capsular. Crece en Europa, Asia occidental y África septentrional, es aromática y se usa en medicina.

melisma *s. m.* En mús., sucesión de varias notas que se cantan sobre una misma sílaba con una finalidad ornamental. **FAM.** Melismático.

mella *s. f.* **1.** Rotura en el borde o filo de una cosa. **2.** Hueco o vacío que deja una cosa en el lugar que ocupaba. **3.** Daño o disminución que sufre algo. ‖ **LOC. hacer mella** Impresionar, afectar; también, producir daño o pérdida. ■ Se dice también *melladura*.

mellado, da **1.** *p. p.* de **mellar**. También *adj.* ‖ *adj.* **2.** Que le falta uno o más dientes. También *s.*

melladura *s. f.* Mella*.

mellar *v. tr.* **1.** Hacer mellas en algo. También *v. prnl.* **2.** Dañar algo material o no material.

mellizo, za *adj.* **1.** Se dice de cada uno de los hermanos nacidos en un mismo parto. También *s.* **2.** En bot., se aplica a los órganos vegetales exactamente iguales.

Melo, Francisco Manuel de (Lisboa 1611 - íd. 1667) Militar y escritor portugués. Fue nombrado por el conde-duque de Olivares capitán de los tercios portugueses en Flandes y maestre de campo en la campaña contra la sublevación catalana, pero ante el levantamiento de Portugal fue injustamente acusado de traición. Al ser liberado por falta de pruebas, marchó a Portugal, donde participó activamente en la causa de su independencia. En su poesía, de estilo conceptista, escrita en portugués y castellano, sobresale *Las tres musas* (1649). Merece también ser destacada su obra en prosa *Historia de los movimientos, separación y guerra de Cataluña* (1641).

melocotón *s. m.* **1.** Fruto del melocotonero, en forma de drupa esférica, muy dulce y jugoso, de piel vellosa y semilla de superficie surcada. **2.** Melocotonero, árbol que produce estos frutos.

melocotonero *s. m.* Árbol de la familia rosáceas, especie *Prunus persica*. Mide entre 3 y 5 m de altura, tiene hojas lanceoladas, flores rosadas y fruto en drupa. Es originario de China, pero se cultiva en todos los países templados por su fruto, apreciado en alimentación. Se llama también *melocotón*.

melodía *s. f.* **1.** Sucesión de notas que tienen distinto tono y duración, y que constituyen una forma organizada dotada de un sentido musical. **2.** Cualidad de lo que agrada al oído.

melódico, ca *adj.* Perteneciente o relativo a la melodía.

melodioso, sa *adj.* Dulce y agradable al oído. **FAM.** Melodiosamente.

melodrama *s. m.* **1.** Ópera*. **2.** Parte de una obra teatral o una ópera en la que el texto es recitado con el acompañamiento de un fondo musical. **3.** Obra de teatro, cine o televisión que pretende conmover al público, destacando la tensión y el sentimentalismo de las situaciones, y género en que se clasifica. **4.** Situación, suceso o relato en donde hay una tensión y emoción exagerada o falsa.

melodramático, ca *adj.* **1.** Perteneciente o relativo al melodrama. **2.** Que tiene tensión y emoción exagerada o falsa. **FAM.** Melodramáticamente.

melografía *s. f.* Arte de escribir música.

melojo *s. m.* Árbol de la familia fagáceas, especie *Quercus pyrenaica*. Mide hasta 25 m de altura, presenta hojas lobuladas de gran tamaño y su fruto es una pequeña bellota con cúpula semiesférica. Crece en el SO de Europa y Asia occidental.

melomanía *s. f.* Pasión o afición exagerada por la música.

melómano, na *s. m.* y *f.* Persona que tiene melomanía.

melón *s. m.* **1.** Planta herbácea de la familia cucurbitáceas, especie *Cucumis melo*. Es anual y tiene tallos rastreros o trepadores, hojas grandes y con los bordes dentados, flores de distinto sexo sobre el mismo pie, amarillas, y fruto de gran tamaño y pulpa muy jugosa, de color amarillo o verde aun en la madurez. Hay múltiples variedades obtenidas por mejora genética. Es originario de Oriente y actualmente se cultiva en todo el mundo para alimentación. **2.** Fruto de esta planta. **3.** *fam.* Bobo. **4.** *fam.* Cabeza.

melonar *s. m.* Campo sembrado de melones.

meloncillo *s. m.* Mangosta*.

melonero, ra *s. m.* y *f.* Persona que siembra o vende melones.

melopea *s. f.* **1.** Entonación musical con la que se recita algo. **2.** Canto monótono. **3.** *fam.* Borrachera.

meloso, sa *adj.* **1.** Parecido a la miel. **2.** Referido a personas, demasiado dulce, empalagoso. **FAM.** Melosidad.

Melozzo da Forlì (Forlì 1438 - íd. 1494) Pintor italiano. Representante del primer Renacimiento, fue seguidor de Piero della Francesca. Su fresco más importante es *Platina nombrado bibliotecario del Vaticano* (1477), en el museo Vaticano.

Melocotonero: árbol, rama con flores y fruto.

Melquisedec Personaje bíblico. Contemporáneo de Abraham, fue rey y sacerdote de Salem (Jerusalén). La *Epístola de los hebreos* hace de su sacerdocio una prefiguración del de Cristo.

melva *s. f.* Pez de la familia escómbridos, especie *Auxis rochei*. Es muy parecido al bonito, del que se distingue por tener las dos aletas dorsales muy separadas una de otra. Habita en el Atlántico y el Mediterráneo.

Melville, Herman (Nueva York 1819 - íd. 1891) Escritor estadounidense. En su juventud se alistó como grumete en un velero y, posteriormente, viajó por los mares del Sur a bordo de un ballenero. Estas experiencias le sirvieron como base argumental para buena parte de su obra, en la que la acción y la aventura están unidas a una constante reflexión sobre el ser humano, sus sentimientos y sus límites. Considerado hoy como uno de los mejores escritores del s. XIX, sus libros pasaron casi inadvertidos en su tiempo. Entre ellos sobresalen las novelas *Typee* (1846),

Melilla: vista parcial de la ciudad y del puerto.

Moby Dick o la ballena blanca (1851), que es su obra maestra, *Benito Cereno* (1856), *Billy Budd* (1924) y el relato *Bartleby el escribiente.* Fue también autor de poesía, con obras como *Poesías de batalla* (1866), *Clarel* (1876) y *John Marr y otros marinos* (1888).

membrana *s. f.* **1.** Capa delgada de tejido animal o vegetal, generalmente elástica y resistente, que envuelve algún órgano o separa dos cavidades. **2.** Lámina tensa de pergamino, piel, plástico u otro material que se hace vibrar golpeándola, frotándola o de otra forma, como en la pandereta, el bombo, la zambomba, etc. **3.** Chapa delgada que en micrófonos y auriculares telefónicos transforma las vibraciones en modulaciones sonoras, o viceversa. **4.** Lámina que, colocada entre dos fluidos, permite a través de sus poros el intercambio entre tales fluidos. ‖ **5. membrana celular** (o **citoplasmática**) Lámina delgada y deformable que envuelve a las células eucarióticas, formada normalmente por dos capas de lípidos en las cuales se hallan inmersas diversos tipos de proteínas. Su función es separar del exterior el medio interno celular y regular el paso de sustancias a través de ella. **6. membrana diftérica** Falsa membrana que aparece en las infecciones diftéricas, especialmente en las vías respiratorias altas: faringe y amígdalas. **7. membrana fetal** La que reviste el feto en el vientre de la madre. **8. membrana interdigital** La que existe entre los dedos de las patas de aves nadadoras. **9. membrana mucosa** La que recubre las cavidades y conductos del cuerpo en contacto con el exterior y segrega una mucosidad a través de las glándulas que contiene. **10. membrana nictitante** La de tejido conjuntivo, transparente, que cubre el ojo a modo de tercer párpado, situado debajo de los otros dos, en las aves y algunos reptiles. **11. membrana permeable** La que deja pasar a través de ella el disolvente y los productos que éste lleva en disolución. **12. membrana semipermeable** La que deja pasar a través de ella el disolvente, pero no las sustancias que éste lleva en disolución. **13. membrana serosa** La que recubre las cavidades internas del cuerpo que están incomunicadas con el exterior, como la pleura o el peritoneo. **14. membrana vitelina** La que rodea el óvulo de los animales y del hombre.

membranáceo, a *adj.* En biol., membranoso.

membranoso, sa *adj.* **1.** Que está compuesto de membranas. **2.** Parecido a la membrana.

membrete *s. m.* Nombre, título y dirección de una persona o entidad que se imprimen en la parte superior del papel de escribir, en los sobres, facturas, tarjetas, etc.

membrillero *s. m.* Membrillo, árbol rosáceo.

membrillo *s. m.* **1.** Árbol de la familia rosáceas, especie *Cydonia oblonga.* De 1,5 a 7,5 m de altura, tiene hojas simples, caducas y ovaladas, flores solitarias blancas o rosadas y fruto en forma de pera irregular de color amarillo. Es originario del SO y centro de Asia y crece en la Europa mediterránea. **2.** Fruto de este árbol. Se utiliza en alimentación y en medicina como astringente. **3.** Dulce en forma de jalea que se elabora con dicho fruto, y que es llamado también *carne de membrillo.*

Membrillo: árbol, rama con flores y fruto.

Membrives, Lola (Buenos Aires 1888 - íd. 1969) Actriz argentina. Recorrió triunfalmente España e Hispanoamérica interpretando obras de Benavente, los Quintero, los Machado, etc.

membrudo, da *adj.* Musculoso.

memento (voz lat. que significa 'acuérdate') *s. m.* **1.** Cada una de las dos oraciones de la misa en las que se pide por los fieles (**memento de vivos**) y por los difuntos (**memento de difuntos**). ‖ **2. memento mori** Calavera que representa la transitoriedad de la vida y la inexorabilidad de la muerte.

memez *s. f.* Tontería, necedad.

Memling, Hans (Seligenstadt, cerca de Aschaffenburg h. 1433 - Brujas 1494) Pintor flamenco de origen alemán. Su obra, que se inscribe dentro del estilo gótico internacional y tiene temática religiosa, se caracteriza por la capacidad para el retrato y la creación de atmósferas de serena religiosidad. En ella resaltan el tríptico de *Guillaume Moreel* (1484) y el díptico de *Martin Nicuwenhove* (1487).

memo, ma *adj. desp.* Tonto, necio. También *s.*

memorable *adj.* Que merece recordarse o que deja un recuerdo imborrable.

memorando, da *adj.* **1.** Memorable*. ‖ *s. m.* **2.** Memorándum*.

memorándum o **memorando** *s. m.* **1.** Resumen por escrito de las cuestiones o puntos más importantes de un asunto, una reunión, etc. **2.** Nota diplomática, enviada por un gobierno a otro, menos solemne que la memoria o la nota, en la que se expone algún asunto. **3.** Nota de oficina utilizada para comunicar algo. **4.** Agenda. **5.** *Chile.* Resguardo bancario, certificado de depósito de dinero.

memorar *v. tr.* Recordar*.

memoria *s. f.* **1.** Capacidad de recordar cosas pasadas. **2.** Recuerdo. **3.** Capacidad de retener y evocar lo que antes se ha aprendido. **4.** En inform., conjunto de circuitos electrónicos o materiales magnéticos que permiten almacenar y recuperar datos en un ordenador. La memoria de un ordenador puede ser principal, normalmente electrónica, de acceso más rápido, pero donde los datos se pierden al cortar la corriente. También puede ser secundaria o auxiliar, normalmente magnética (discos, disquetes y memorias de burbujas), de acceso más lento, que mantiene permanentemente la información grabada. **5.** Informe escrito en el que se exponen hechos, datos o motivos referentes a un asunto o a una institución. **6.** Resumen de las principales actividades de una sociedad o empresa para conocer con exactitud su situación económica. **7.** Estudio escrito sobre alguna materia. **8.** Inventario, catálogo. ‖ *pl.* **9.** Autobiografía. ‖ **10. memoria auxiliar** En inform., la que mediante discos o cintas magnéticas complementa la memoria central y permite almacenar gran cantidad de información. **11. memoria de burbujas** En inform., aquella en que los bits están representados por pequeñas áreas magnetizadas o burbujas, sobre una cinta de ortoferrita. **12. memoria de elefante** Gran capacidad de recordar. **13. memoria fotográfica** La que recuerda exactamente los rostros o aspectos externos y detalles de algo. **14. memoria intermedia** En inform., módulo de memoria que almacena temporalmente una información, cuando ésta se traslada de la memoria central a un periférico o viceversa. **15. memoria RAM** En inform., memoria de lectura y escritura cuyas posiciones son todas directamente accesibles con gran facilidad y escasa demora. **16. memoria ROM** En inform., memoria de lectura únicamente, en la que no se puede escribir, por lo que su contenido permanece fijo e inalterable. ‖ **Loc. de memoria** *adv.* Con la información que se tiene en la memoria, sin poder comprobar o consultar; también, pudiendo repetir algo con exactitud. **flaco de memoria** *adj.* Olvidadizo.

memorial *s. m.* **1.** Escrito en que se hace una propuesta, una petición, o se defiende a alguien o algo. **2.** Homenaje, acto que se hace para honrar la memoria de un personaje. **3.** Boletín o publicación oficial de algunas asociaciones. **Fam.** Memorialesco.

memorialista *s. m.* y *f.* Persona que por oficio se ocupa de escribir memoriales u otros documentos por encargo.

memorión *s. m. fam. aum.* de **memoria**. Gran memoria o persona que la posee.

memorioso, sa *adj.* Que tiene muy buena memoria. También *s.*

memorismo *s. m.* Sistema de enseñanza basado casi exclusivamente en el ejercicio de la memoria. **Fam.** Memorista.

memorístico, ca *adj.* Aprendido de memoria, sin razonamiento.

memorizar *v. tr.* Fijar en la memoria. ▪ Se conjuga como *cazar.* **Fam.** Memorización.

Memphis C. de EE UU, que pertenece al estado de Tennessee, situada en el SO del mismo, a orillas del río Mississippi. 651.100 h. en 1989. Es un importante puerto fluvial y centro comercial de madera y productos agrícolas, especialmente algodón. Cuenta con industrias transformadoras, químicas, alimentarias, mecánicas y automovilísticas.

mena *s. f.* Parte del filón o yacimiento que contiene minerales útiles en mayor proporción que rocas sin valor económico. La proporción inversa recibe el nombre de *ganga.*

Mena, Juan de (Córdoba 1411 - Torrelaguna, Madrid 1456) Poeta español. Es uno de los principales representantes de la poesía alegórica que en España siguió los modelos creados por Dante y Petrarca. Su obra principal es *El laberinto de Fortuna* o *Las trescientas,* compuesta por 297 coplas de arte mayor al modo italiano, con un estilo elevado y solemne de carácter doctrinal e intención didáctico-moral.

Mena, Juan Pascual de (Villaseca de la Sagra, Toledo 1707 - Madrid 1784) Escultor español. Su obra más representativa, la *Fuente de Neptuno* en Madrid, es de estilo neoclásico, aunque también cultivó la imaginería religiosa de tradición barroca, en la que merece citarse el *Cristo de la Buena Muerte,* de la iglesia de San Jerónimo de Madrid.

Mena, Pedro de (Granada 1628 - Málaga 1688) Escultor español. Fue discípulo de Alonso Cano y alcanzó gran virtuosismo en la talla de la madera. Su obra, de estilo barroco, se caracteriza por los cuidadosos estudios anatómicos, el dramatismo y la honda religiosidad de sus personajes. En ella destacan la *Magdalena penitente* de las Descalzas Reales de Madrid, el *San Francisco de Asís* de la catedral de Toledo y la sillería de la catedral de Málaga.

ménade *s. f.* **1.** Sacerdotisa de Baco. **2.** Mujer furiosa y descompuesta.

Ménades Según la mitología griega, ninfas de los bosques que criaron a Dionisos cuando era niño y después se convirtieron en sus compañeras. Representaban las fuerzas desenfrenadas de la naturaleza al entrar en un éxtasis sagrado mediante danzas y cantos.

menaje *s. m.* Conjunto de muebles, utensilios y ropas de una casa.

Menandro (Atenas h. 342 - íd. h. 292 a. C.) Comediógrafo griego. Fue autor de más de cien obras, de las que sólo se conservan fragmentos. Su estilo, que influyó luego en Plauto y Terencio, se caracteriza por la habilidad de las tramas y el realismo con que son tratados los personajes. Entre sus comedias destacan *El misántropo, El labrador* y *La mujer esquilada.*

menarquía *s. f.* Aparición de la primera menstruación.

menchevique *s. m.* Nombre que se dio al sector moderado del Partido Obrero Socialdemócrata ruso y a sus miembros, quienes quedaron en minoría frente a los partidarios de Lenin en el Congreso de 1903 celebrado en Londres. Defendían, frente a los bolcheviques, una organización más abierta y menos disciplinada del partido, y la necesidad para Rusia de una etapa de democracia liberal previa a la revolución proletaria. Contrarios a la sublevación de octubre de 1917, se disolvieron en 1922. Sus principales dirigentes fueron Plejanov, Martov y Axelrod.

Mencio (Tsu, Shandong h. 372 - ? 289 a. C.) Filósofo chino. Es el principal representante de la escuela de Confucio, cuya doctrina desarrolló en el terreno moral y jurídico.

mención *s. f.* **1.** Acción y efecto de mencionar. ‖ **2. mención honorífica** En un concurso, distinción inferior al premio y al accésit.

mencionar *v. tr.* Nombrar o citar a alguien o algo.

menda (voz caló) *pron. pers.* **1.** *fam.* La persona que habla. ▪ Se construye con el verbo en 3.ª persona y frecuentemente precedido del posesivo *mi*: *Con (mi) menda no contéis.* ‖ *s. m.* y *f.* **2.** Una persona cualquiera.

mendacidad *s. f.* **1.** Cualidad de mendaz. **2.** Mentira descarada.

mendaz *adj.* Mentiroso, embustero. También *s.*

Mendel, Gregor (Heinzendorf 1822 - Brünn, actual Brno 1884) Científico austriaco. Tras ingresar en 1843 en los agustinos y ordenarse sacerdote, fue nombrado profesor de la escuela moderna de Brünn, donde pasó buena parte de su vida y realizó sus experimentos sobre la transmisión de los caracteres hereditarios, considerados hoy como fundamentales para el desarrollo de la genética. En 1866 publicó los resultados en un pequeño boletín de su ciudad, con el título de *Ensayos sobre los híbridos vegetales*, pero su aportación pasó por completo inadvertida hasta que en 1900 el botánico holandés De Vries, que había llegado a sus mismas conclusiones, descubrió el artículo y decidió denominar los mecanismos de la herencia *leyes de Mendel*.

Mendel, leyes de Las leyes de Mendel explican y predicen cómo van a ser las características de los descendientes partiendo de las características de los progenitores. En sus investigaciones, Mendel trabajó con guisantes, utilizando como carácter el color de los cotiledones. La primera de las leyes, o *ley de uniformidad*, establece que, si se cruzan dos razas puras para un determinado carácter, los descendientes de la primera generación son todos iguales entre sí e iguales a uno de los progenitores. La segunda ley, o *ley de la disyunción*, establece que los caracteres recesivos, que al cruzar dos razas puras quedan ocultos en la primera generación, reaparecen en la segunda en proporción de uno a tres respecto a los caracteres dominantes. La tercera, o *ley de la segregación independiente*, establece que los caracteres son independientes y se combinan al azar. Estas tres leyes se fueron modificando o ampliando a la luz de los nuevos descubrimientos en el campo de la genética.

Mendele Mojer Sefarim, Salom Yaaqob Abramovitz, llamado (Minsk h. 1837 - Odessa 1917) Escritor hebreo de origen ruso. Está considerado como un clásico de la literatura yiddish. Escribió relatos ambientados en los guetos de los países orientales, en los que describe con humor y tristeza la tremenda pobreza de los judíos. Algunas de sus obras más importantes son *El hombrecito* (1865), *Fichke el Cojo* (1865), *El jamelgo* (1873) y *Los viajes de Benjamín III* (1878).

Mendeleiev, Dimitri Ivanovich (Tobolsk 1834 - San Petersburgo 1907) Químico ruso. Clasificó los elementos ordenándolos por el valor creciente de sus masas atómicas y agrupándolos en filas y columnas, de tal forma que todos los elementos de una misma columna presentaran un comportamiento químico semejante. Su clasificación constituye el antecedente del moderno sistema periódico de los elementos. Mendeleiev predijo la existencia de elementos desconocidos y describió sus propiedades. El descubrimiento posterior de dichos elementos confirmó el valor de su sistema de clasificación.

Dimitri Ivanovich Mendeleiev.

mendelevio *s. m.* Md. Elemento químico que pertenece al grupo de los actínidos del sistema periódico. Su número atómico es 101 y su masa atómica 256. Se obtuvo artificialmente en 1955 en la universidad de California al bombardear einstenio-253 con partículas alfa de alta energía. Su isótopo Md-257 es el que tiene mayor vida media, aproximadamente de tres horas.

mendeliano, na *adj.* Perteneciente o relativo a Mendel o al mendelismo.

mendelismo *s. m.* Teoría basada en las leyes de Mendel sobre la transmisión hereditaria de los caracteres.

Mendelsohn, Erich (Allenstein, Prusia Oriental 1887 - San Francisco 1953) Arquitecto alemán. Utilizó los nuevos materiales, como el hormigón, el acero y el vidrio, en unas construcciones de formas curvas y dinámicas, influidas hasta comienzos de los años treinta por el expresionismo y posteriormente de carácter funcionalista. Entre ellas destacan el observatorio Einstein en Potsdam (1920), los almacenes Schocken en Stuttgart (1927), el centro médico de la Hadassah en Jerusalén (1937-39) y la sinagoga de Cleveland (1946-52).

Mendelssohn, Moses (Dessau 1729 - Berlín 1786) Filósofo alemán. Representante de la Ilustración alemana, elaboró sus teorías filosóficas bajo la influencia de las doctrinas de Leibniz y de Spinoza. Entre sus obras cabe mencionar *Diálogos filosóficos* (1755), *Cartas sobre las sensaciones* (1755) y *Jerusalén o sobre el poder religioso y el judaísmo* (1783).

Mendelssohn Bartholdy, Felix (Hamburgo 1809 - Leipzig 1847) Compositor alemán. Destacado representante del Romanticismo musical, fue un músico precoz, de gran virtuosismo como instrumentista y director de orquesta. Desempeñó un importante papel en la difusión de la obra de Johann Sebastian Bach. Sus composiciones comprenden obras de pequeño formato, suites, conciertos, sinfonías, oberturas y oratorios. Entre ellas destacan *El sueño de una noche de verano* (1826), *Ruy Blas* (1839), la sinfonía *Escocesa* (1842) y el *Concerto en Mi menor* para violín y orquesta (1844).

Menderes, Adnan (Aydin 1899 - isla de Imrali 1961) Político turco. Fundador del Partido Demócrata (1946), fue jefe de gobierno (1950-60). Cambió el sistema político turco y tuvo que enfrentarse a serias dificultades económicas. Derrocado por un golpe de Estado dirigido por el general Gürsel, fue juzgado, condenado y ahorcado.

Méndez, Aparicio (Rivera 1904) Político uruguayo. Miembro del ala conservadora del Partido Blanco, fue ministro de Salud Pública (1961-64) y, tras la disolución del parlamento, vicepresidente del consejo de Estado (1974-76) y presidente de la república (1976-81).

Méndez Montenegro, Julio César (Ciudad de Guatemala 1915) Político guatemalteco. Participó en el derrocamiento del dictador Jorge Ubico (1944). Candidato por el Partido Revolucionario, fue presidente de la república (1966-70). Incapaz de contener las actividades de la guerrilla y de las organizaciones de extrema derecha, declaró el estado de sitio (1968).

Méndez Núñez, Casto (Vigo, Pontevedra 1824 - íd. 1869) Marino español. En 1865 estaba al mando de la fragata Numancia, destacada en el Pacífico, cuando hubo de ponerse al frente de la flota española por el suicidio del almirante Pareja. Al estallar la guerra con Chile y Perú, bombardeó la ciudad de Valparaíso y atacó el puerto fortificado de El Callao (1866), acciones en las que adquirió gran prestigio militar.

mendicante o **mendigante** *adj.* **1.** Que mendiga o pide limosna. También *s.* **2.** Se aplica a ciertas órdenes religiosas y a sus miembros que viven de la limosna y del trabajo, como los franciscanos y los carmelitas. Surgieron en el s. XIII, en una época de esplendor del monacato, con la finalidad de recuperar el ideal evangélico de sencillez, y en sus reglas incluyeron el voto de pobreza. Las primeras fueron las de los carmelitas, dominicos, franciscanos y agustinos; posteriormente se fundaron los mercedarios, los jerónimos y los hermanos de San Juan de Dios. También *s.*

mendicidad *s. f.* **1.** Condición del mendigo. **2.** Actividad de mendigar.

mendigar *v. tr.* **1.** Pedir limosna. También *v. intr.* **2.** Suplicar algo con humillación. ▪ Se conjuga como *pagar*.

mendigo, ga *s. m.* y *f.* Persona que habitualmente pide limosna.

Mendizábal, Juan Álvarez Méndez (Cádiz 1790 - Madrid 1853) Político español. Apoyó la sublevación de Riego en 1820 y al ser reimplantado el absolutismo en 1823 emigró a Inglaterra, donde hizo rápidamente una gran fortuna. Retornó a España en 1835, donde fue nombrado ministro de Hacienda y poco después jefe de gobierno (1835-36). Suprimió las órdenes religiosas masculinas que no ejercieran funciones sociales y decretó la desamortización de sus bienes, con el fin de sanear la hacienda pública, financiar la guerra contra los carlistas y abolir las instituciones del antiguo régimen. Fue nuevamente ministro de Hacienda (1836-37 y 1843).

Mendoza 1. Prov. de Argentina, en el O del sector central del país, en la cordillera de los Andes y su piedemonte. 148.827 km². 1.388.000 h. en 1989. Es una región árida cuya agricultura se ve favorecida por el caudal de los ríos andinos. Se cultiva sobre todo viñedo, lo que la convierte en la primera región vinícola del país, hortalizas, frutales y algodón. Cuenta con ganadería bovina y ovina; yacimientos de petróleo, uranio, plomo y hierro, e industrias conserveras y petroquímicas.
2. C. de Argentina, cap. de la prov. homónima, situada en el N de la misma. 118.450 h. en 1980. 606.000 h. en la aglomeración urbana. Es el centro de mercado agrícola de la región y tiene industrias alimentarias y textiles.

Mendoza Familia de la nobleza castellana cuyo origen se remonta al s. XI. En los s. XII y XIII inter-

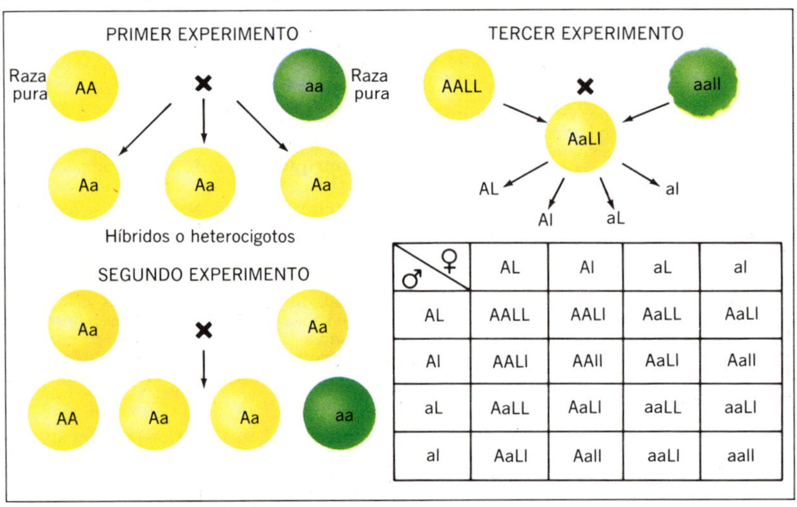

♂ \ ♀	AL	Al	aL	al
AL	AALL	AALl	AaLL	AaLl
Al	AALl	AAll	AaLl	Aall
aL	AaLL	AaLl	aaLL	aaLl
al	AaLl	Aall	aaLl	aall

Representación esquemática de los experimentos de Mendel con guisantes. En letras mayúsculas, los caracteres dominantes: A, amarillo; L, liso; en minúsculas, los recesivos: a, verde; l, rugoso. En el cuadro de la derecha aparecen todas las combinaciones posibles de cruzar los guisantes amarillos y lisos obtenidos en el tercer experimento.

vino activamente en la política castellana y, en el s. XV, extinguida la rama principal, las colaterales incrementaron su poderío gracias a su fidelidad a los Trastámara. En el reinado de los Reyes Católicos obtuvieron el título de duques del Infantado. Aunque el núcleo de su patrimonio estaba originariamente en Álava, abarcó sobre todo la región de Guadalajara y penetró en Andalucía. Fueron protectores de las artes y las letras. De esta familia surgieron otras nobiliarias en los s. XIV y XV, como las de los condes de Altamira, los duques de Priego y los marqueses de Santillana.

Mendoza, Cristóbal (Trujillo, Colombia 1772 - Caracas 1829) Político colombiano. Abogado de profesión, se unió al movimiento independentista. Tras ser nombrado secretario de la junta de la ciudad de Barinas, fue luego diputado en el congreso constituyente, miembro del triunvirato de la primera república y, finalmente, primer presidente del país (1811).

Mendoza, Eduardo (Barcelona 1943) Escritor español. Sus novelas se caracterizan por la ironía, la recreación de géneros como el policiaco y de formas narrativas tradicionales y por la riqueza de los recursos estilísticos. Destacan entre ellas *La verdad sobre el caso Savolta* (1975), *La ciudad de los prodigios* (1986) y *La isla inaudita* (1989).

Mendoza, Pedro de (Guadix, Granada h. 1487 - en el Atlántico 1537) Militar y conquistador español. Fue gobernador de la región de Río de la Plata y en 1534 fundó la ciudad de Buenos Aires. Promovió expediciones a los ríos Paraná y Luján con el fin de abrir una vía de comunicación con Perú. Más tarde se trasladó a esta región, donde fundó Nuestra Señora de la Esperanza. Murió en un naufragio cuando regresaba a España.

Mendoza y Luna, marqués de Montesclaros, Juan de (Guadalajara 1571 - Madrid 1628) Administrador colonial español. Virrey de Nueva España (1603-07), desecó las lagunas de la ciudad y del valle de México y construyó diques y calzadas. Nombrado virrey de Perú, fomentó las obras públicas y organizó el Tribunal Mayor de Cuentas.

mendrugo *s. m.* **1.** Pedazo de pan duro. ‖ *adj.* **2.** Zoquete, duro de mollera. También *s. m.*

menear *v. tr.* **1.** Mover o agitar algo de una parte a otra. También *v. prnl.* **2.** Activar un asunto. También *v. prnl.* ‖ *v. prnl.* **3.** Darse prisa. ‖ **LOC. de no te menees** *adj. fam.* Impresionante, importante, tremendo.

Menelao Legendario rey de Esparta, considerado fundador de Lacedemonia. Cuando su esposa Helena fue raptada por Paris, hijo de Príamo, rey de Troya, puso en pie de guerra con su hermano Agamenón a los reyes aqueos e inició la lucha contra los troyanos.

Menelik II (Ankober 1844 - Addis-Abeba 1913) Emperador de Etiopía (1889-1907). Rechazó la invasión italiana en Adua (1896) y consolidó la independencia de Etiopía. Conquistó Arussi, Kaffa, Ogadén y la Somalia interior. Modernizó su imperio, abolió la esclavitud e introdujo el ferrocarril y la enseñanza obligatoria.

Menem, Carlos Saúl (Anillaco, La Rioja 1935) Político argentino. Miembro del Partido Justicialista y gobernador de la provincia de La Rioja, fue elegido presidente de la República Argentina tras vencer en las elecciones de 1989.

Menéndez, Francisco (Ahuachapán 1830 - ? 1890) Militar y político salvadoreño. Formó parte del grupo de exiliados que al mando de Justo Rufino Barrios invadió El Salvador desde Guatemala (1885). Tras la dimisión del presidente Zaldívar, fue elegido presidente de la república (1887). Murió en la sublevación del general Ezeta.

Menéndez de Avilés, Pedro (Avilés, Asturias 1519 - Santander 1574) Marino y militar español. En 1556 fue nombrado por Felipe II capitán general de la flota de Indias. Adelantado y gobernador de la Florida en 1565, expulsó de la península a los franceses y destruyó la colonia de Fort Caroline.

Menéndez Pelayo, Marcelino (Santander 1856 - íd. 1912) Erudito español. Profundamente conservador y religioso, fue un hombre de gran capacidad para el trabajo y memoria portentosa, que se distinguió desde muy joven por la brillantez de su pensamiento. Viajó por Italia, Francia y

Marcelino Menéndez Pelayo. Retrato de Juan Antonio Benlliure.

Portugal y a su regreso, en 1878, ganó la cátedra de historia de la literatura en la universidad Central. Fue director de la Biblioteca Nacional. Maestro de la erudición española moderna, con sus libros contribuyó a la difusión de la cultura hispánica. Sus estudios abarcan la filosofía, la literatura, la historia y la crítica. Entre ellos sobresalen *Historia de los heterodoxos españoles* (1880-82), *Calderón y su teatro* (1881), *Historia de las ideas estéticas en España* (1883-91), *Estudios y discursos de crítica histórica y literaria* (1884-92), *Orígenes de la novela* (1905-10) y *Antología de poetas líricos castellanos* (1890-06).

Menéndez Pidal, Ramón (La Coruña 1869 - Madrid 1968) Filólogo e historiador español. Discípulo de Menéndez Pelayo, desempeñó la cátedra de filología románica en la universidad de Madrid y creó un equipo de investigadores especializados en la Edad Media española. Fundó el Instituto de Estudios Históricos y la *Revista de Filología Española.* Fue director de la Real Academia Española desde 1925 hasta su muerte (excepto entre 1939 y 1947, en que fue apartado por razones políticas); en 1912 ingresó en la Academia de la Historia. Fue uno de los más destacados especialistas en crítica literaria y filológica española. Aplicó en sus investigaciones un método de análisis en el que se unían el criterio lingüístico, el literario y el histórico social. En su amplia obra merecen resaltarse los libros *Estudio sobre el Poema del Cid* (1893), *Leyenda de los infantes de Lara* (1896), *Poesía juglaresca y juglares* (1924), *Orígenes del español* (1926), *La España del Cid* (1929), *La epopeya castellana a través de la literatura española* (1945) y *La Chanson de Roland y el neotradicionalismo* (1959).

Ramón Menéndez Pidal (Ateneo de Madrid).

meneo *s. m.* **1.** Acción y efecto de menear o menearse. **2.** *fam.* Golpe, zarandeo, sacudida.

Menes (s. XXIX a. C.) Faraón egipcio. Tradicionalmente se le considera el primer faraón que gobernó sobre el alto y el bajo Egipto, unificando ambos reinos. Fundó su capital en Menfis. También es llamado *Narmer.*

Meneses, Guillermo (Caracas 1911 - íd. 1978) Escritor venezolano. Sufrió condena en su juventud por actividades revolucionarias. Renovador de la narrativa venezolana, entre sus novelas merecen citarse *La balandra Isabel llegó esta tarde* (1934), *El mestizo José Vargas* (1942) y *La misa de Arlequín* (1962).

menester *s. m.* **1.** Necesidad. ▪ En esta acepción sólo se usa con el verbo *ser: Es menester que vengas.* **2.** Ocupación, asunto, trabajo. Se usa más en *pl.* ‖ *pl.* **3.** *fam.* Herramientas, utensilios.

menesteroso, sa *adj.* Pobre, indigente. También *s.*

menestra *s. f.* Guiso de verduras variadas al que se suele añadir unos trozos de carne o de jamón.

menestral, la *s. m.* y *f.* Persona que tiene un oficio manual.

Menfis C. del antiguo Egipto, próxima a la actual El Cairo. Fue la primera capital del Egipto faraónico y un importante centro comercial, religioso y militar, que decayó tras la fundación de Alejandría en el 332 a. C.

mengano, na *s. m.* y *f.* Voz con la que se designa a una persona cualquiera, al igual que *fulano, zutano* o *perengano.*

Menger, Carl (Nowy Sacz, Galitzia 1840 - Viena 1921) Economista austriaco. Fue uno de los principales representantes de la escuela marginalista. Entre sus obras destacan *Fundamentos de economía política* (1871) e *Investigaciones sobre el método de las ciencias sociales y de la economía política en particular* (1883).

Mengistu Mariam Hailé (Harar 1937) Político y militar etíope. Miembro del grupo de oficiales que derrocó a Haile Selassie en 1974, fue nombrado en 1976 jefe de gobierno. Estrechó las relaciones con la URSS y Cuba y convirtió el país en una república socialista. Acosado por las guerrillas, en 1991 tuvo que abandonar el país ante el avance de las fuerzas del Frente Democrático Popular Revolucionario.

Mengs, Anton Raphael (Aussig 1728 - Roma 1779) Pintor alemán. Fue un importante teórico y defensor de la antigüedad clásica. Residió en Dresde, Roma y Madrid. Realizó grandes composiciones mitológicas y religiosas, como la bóveda de San Eusebio en Roma (1757-58), *El Parnaso* en la villa Albani de Roma (1761) y los frescos del Palacio Real de Madrid. Fue un destacado retratista, como lo demuestran sus retratos de Carlos III y la marquesa del Llano.

mengua *s. f.* **1.** Acción y efecto de menguar. **2.** Falta, escasez. **3.** Descrédito, deshonor.

menguado, da **1.** *p. p.* de **menguar**. También *adj.* ‖ *adj.* **2.** Tímido, de poco ánimo. También *s.* **3.** Tonto, de poco juicio. También *s.* **4.** Tacaño, miserable. También *s.* ‖ *s. m.* **5.** Cada uno de los puntos que se disminuyen para dar una forma determinada a una labor de punto o ganchillo. **FAM.** Menguadamente.

menguante *adj.* **1.** Que mengua. **2.** Aplicado a las fases de la Luna, la intermedia entre la luna llena y la luna nueva. ‖ *s. f.* **3.** Disminución del caudal de una corriente de agua. **4.** Descenso del nivel del mar por efecto de la marea. **5.** Decadencia o disminución de algo.

menguar *v. intr.* **1.** Disminuir. También *v. tr.* **2.** Disminuir la parte iluminada de la Luna, visible desde la Tierra. **3.** En labores de punto, reducir el número de los mismos por hilera. ▪ Se conjuga como *averiguar.* **FAM.** Menguamiento.

mengue (voz gitana) *s. m. fam.* Diablo, duende.

menhir *s. m.* Monumento megalítico prehistórico que consiste en una piedra de gran tamaño y forma alargada, plantada verticalmente en el suelo, y que es característico de Europa occidental. Las agrupaciones de menhires adoptan dos tipos característicos: el crómlech, cuando están dispuestos en círculo, y el alineamiento, cuando forman líneas paralelas. Son célebres los de Stonehenge (Inglaterra) y Carnac (Francia). Su carácter era religioso y funerario.

Menhires de la edad del bronce (2500 a. C.) en Pomona, la principal de las islas Orcadas.

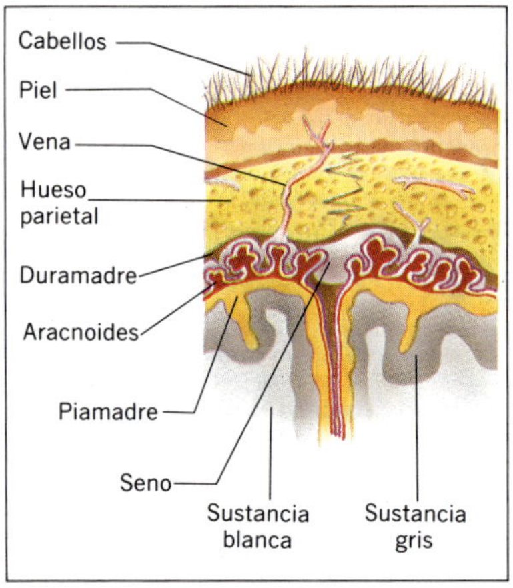

Meninges encefálicas: corte esquemático en que se muestra su localización.

meninge *s. f.* Cada una de las membranas que envuelven y protegen el encéfalo y la médula espinal. La más interna es la piamadre o piamáter, provista de numerosos vasos sanguíneos; la externa y más resistente es la duramadre o duramáter; la intermedia, llamada *aracnoides*, está separada de la duramadre por una leve endidura y de la piamadre por un espacio lleno de líquido cefalorraquídeo.

meníngeo, a *adj.* Perteneciente o relativo a las meninges.

meningítico, ca *adj.* **1.** Perteneciente o relativo a la meningitis. ‖ *s. m.* y *f.* **2.** Persona que padece meningitis.

meningitis *s. f.* Inflamación de las meninges, producida normalmente por una infección de diversas bacterias, meningococos, neumococos, etc., o de virus. Se caracteriza por la aparición de fiebre, dolores de cabeza, vómitos y rigidez en el cuello; puede producir efectos secundarios graves e incluso la muerte. Se trata con antibióticos.

meningocele *s. m.* Tumor que se forma en las meninges y que suele presentarse en ciertos casos de espina bífida.

meningococo *s. m.* Microorganismo aerobio gramnegativo *(Neisseria meningitidis)* causante de diversas enfermedades, principalmente de la meningitis cerebroespinal epidémica. Tiene forma redondeada y aparece dispuesto siempre en parejas. Fue descubierto en 1886 por Anton Weichselbaum.

menino, na (voz port.) *s. m.* y *f.* En la corte española, miembro de la nobleza que desde niño entraba a servir en palacio a la familia real.

menisco *s. m.* **1.** Cartílago en forma de media luna que existe en algunas articulaciones, como la rodilla, en las que los huesos no se adaptan exactamente y que tiene por finalidad facilitar su juego. **2.** Curvatura que aparece en la superficie de un líquido en las proximidades de las paredes del recipiente que lo contiene. Se produce a causa de las fuerzas de cohesión del líquido y de adhesión del recipiente, y puede ser cóncava, como ocurre con el agua, o convexa, como ocurre con el mercurio. **3.** En ópt., lente que es convexa por un lado y cóncava por el otro.

mennonita *adj.* **1.** Se dice de una secta anabaptista fundada por el reformador holandés Menno Simonsz (1496-1561) y de sus miembros, como los *amish* de EE UU. **2.** De esta secta. También *s.*

menopausia *s. f.* Fin de la menstruación y, por tanto, de la capacidad reproductora de la mujer y época en que ocurre. Sobreviene entre los 45 y los 50 años.

menor *adj.* **1.** *comp.* de **pequeño**. Que tiene menos altura, tamaño, extensión, edad, etc., que otra persona o cosa con la que se compara: *Ese barco es menor que aquél. Mi prima es menor que yo.* **2.** Precedido del artículo determinado, se hace superlativo: *No tiene la menor idea.* También *s.*: *Es el menor de mis primos.* **3.** Se dice de la persona menor de edad. También *s.* **4.** En mús., se aplica a un modo, un intervalo y un acorde musicales. ‖ *s. m.* **5.** Fraile franciscano. **6.** En un silogismo, la segunda proposición. ‖ **7. acorde menor** En mús., el compuesto por dos terceras superpuestas, de las cuales la más grave forma un intervalo menor. **8. aguas menores** Orines. **9. intervalo menor** En mús., aquel que comprende un tono y medio (tercera menor), cuatro tonos (sexta menor), medio tono (segunda menor) o cinco tonos (séptima menor). **10. menor de edad** Que no tiene la edad legal para ejercer todos los derechos civiles. **11. menor o igual que** Signo matemático ($\leq$) que colocado entre dos cantidades indica que la primera es menor o igual que la segunda. **12. menor que** Signo matemático ($<$) que colocado entre dos cantidades indica que la primera es menor que la segunda. **13. modo menor** En mús., aquel que en el sistema diatónico ordena los sonidos de la escala ascendente con intervalos de un tono, excepto entre la segunda y la tercera notas y entre la quinta y la sexta, que distan entre sí medio tono. ‖ **LOC. al por menor** *adj.* y *adv.* Se aplica a la venta de mercancías en pequeñas cantidades.

menorah (voz hebr.) *s. f.* Candelabro ritual judío de siete brazos.

Menorca Isla de España, que pertenece al archipiélago y comunidad autónoma de las Baleares, situada en el extremo NE del mismo. 702 km^2. 68.350 h. en 1990. De relieve casi llano, las únicas elevaciones se hallan en el centro de la isla, con la máxima altura del Monte Toro (357 m); en su sector S, los torrentes han excavado diversos barrancos, como el d'Algendar. En sus costas hay acantilados y calas, las más profundas al N de la isla. Tiene clima mediterráneo, con temperaturas suaves y lluvias poco abundantes, y vegetación de encinar, garriga y pinar. Sus recursos económicos proceden de la ganadería bovina, mientras que la agricultura está mayoritariamente dirigida a cultivos forrajeros para alimento del ganado. La pesca se practica en los puertos de Ciudadela y Mahón, donde existe una base naval. Posee industria alimentaria de quesos, del calzado en Ciudadela y de bisutería en Mahón, así como de materiales de construcción, del mueble y de productos metálicos. El desarrollo turístico de Menorca se ha producido después del de Mallorca, pero cuenta ya con núcleos de la importancia de las playas del Mitjorn, la zona de San Luis, Mahón y Ciudadela.

menorquín, na *adj.* **1.** De Menorca, isla del Mediterráneo. También *s.* ‖ *s. m.* **2.** Variedad dialectal del mallorquín hablada en esta isla.

menorragia *s. f.* Trastorno en la menstruación, que la hace más duradera y con excesiva pérdida de sangre.

menos *adv. comp.* **1.** Indica menor cantidad o cualidad: *Miguel es menos estudioso que tú. Se ha ido hace menos de una hora.* ▪ Con el artículo determinado señala el grado superlativo de inferioridad: *Luis es el menos tacaño de su familia.* ‖ *prep.* **2.** Excepto: *Me gusta la fruta menos el melón.* ▪ Con función de conjunción introduce oraciones: *Hace de todo menos mandar.* ‖ *s. m.* **3.** Signo de restar, que se representa con una rayita horizontal (–). ‖ **LOC. a menos que** *conj.* A no ser que. **al** (o **por lo**) **menos**. *conj.* Introduce una excepción o corrección. **de menos** *adv.* Indica falta de número, peso o medida. **en menos de** *adv.* En menor valor o cantidad. **hacer de menos** a alguien Menospreciarle. **lo de menos** Introduce una dificultad secundaria. **lo menos** Expresa un límite mínimo. **menos mal** Indica alivio. **nada menos** Resalta a alguien o algo. **ni mucho menos** Niega rotundamente algo. **no ser para menos** Destaca la importancia de algo.

menoscabar *v. tr.* **1.** Disminuir la perfección, el valor, la importancia o el prestigio de algo. También *v. prnl.* **2.** Disminuir algo, quitándole una parte. También *v. prnl.* **FAM.** Menoscabador.

menoscabo *s. m.* Acción y efecto de menoscabar o menoscabarse.

menospreciar *v. tr.* **1.** Considerar a alguien o algo menos importante o valioso de lo que es. **2.** Despreciar. **FAM.** Menospreciable, menospreciablemente, menospreciador, menospreciativo.

menosprecio *s. m.* **1.** Poco aprecio o consideración. **2.** Desprecio.

Menotti, Gian Carlo (Cadegliano 1911) Compositor estadounidense de origen italiano. En su obra sobresalen las óperas de estilo neorrealista *El teléfono* (1947), *El cónsul* (1950) y *La santa de Bleecker Street* (1954). También ha compuesto ballets y música sinfónica.

mensaje *s. m.* **1.** Comunicación de palabra, por escrito o por otro medio. **2.** Conjunto de señales, signos y símbolos que forman una comunicación, y contenido de la misma. **3.** Idea que se pretende transmitir en una obra literaria o artística. **4.** En inform., señal que se incluye en un programa para que el ordenador manifieste el estado de un trabajo o asegure que no existe ningún error. ‖ **5. mensaje genético** En biol., información ordenada que el ARN, o ácido ribonucleico, transmite a partir del ADN, o ácido desoxirribonucleico, para la formación de proteínas de las que depende la totalidad de los caracteres de un ser vivo.

mensajería *s. f.* **1.** Servicio de reparto de avisos, paquetes, etc. **2.** Empresa que se dedica a este servicio.

mensajero, ra *adj.* **1.** Que lleva un mensaje, paquete, etc. También *s.* **2.** Que anuncia la llegada de algo. También *s.*

Menshikov, Alexander Danilovich (Moscú 1673 - Berezovo, Siberia 1729) Estadista ruso. Amigo desde la infancia y colaborador de Pedro el Grande, destacó en la batalla de Poltava (1709) y fue nombrado mariscal de campo. Dirigió la construcción de San Petersburgo y de Kronstadt. Muerto Pedro el Grande, propició la proclamación de Catalina I (1725) y formó parte de su consejo privado (1726). Por su ambición y abuso de poder, Pedro II le privó de sus bienes y le deportó a Siberia.

menstruación o **menstruo** *s. f.* o *m.* **1.** Pérdida de sangre y material celular procedente de la matriz cuando no se ha producido la fecundación de algún óvulo y que experimentan periódicamente la mujer y la hembra de los simios, las cuales no tienen una época de reproducción determinada (celo), sino ininterrumpida. En la mujer aparece en la época de la pubertad y desaparece con la menopausia (hacia los 45 o 50 años). **2.** Dicha sangre y material celular.

menstrual *adj.* Perteneciente o relativo a la menstruación.

menstruante *adj.* Que menstrúa. También *s.*

menstruar *v. intr.* Realizar o tener la menstruación. ▪ En cuanto al acento, se conjuga como *actuar*: *menstrúo*.

Menorca: vista de Mahón, el puerto más importante de la isla.

mensual *adj.* **1.** Que ocurre, se realiza o aparece cada mes. **2.** Que dura un mes. **FAM.** Mensualmente.

mensualidad *s. f.* **1.** Salario de un mes. **2.** Cantidad que se paga mensualmente.

ménsula *s. f.* **1.** Repisa. **2.** Elemento arquitectónico que sobresale de un plano vertical y sirve para sustentar balcones, marquesinas, vigas, etc.

mensurable *adj.* Que se puede medir. **FAM.** Mensurabilidad.

mensurar *v. tr.* Medir*. **FAM.** Mensuración, mensurativo.

menta *s. f.* **1.** Nombre común de diversas especies de plantas herbáceas de la familia labiadas, género *Mentha.* La menta común *(Mentha piperita)* alcanza hasta unos 50 cm de altura, tiene hojas opuestas de color verde o púrpura, flores de color lila que forman racimos y tallo de sección cuadrada y color violáceo o rojizo. Es originaria de África y actualmente se cultiva en Europa. Se utiliza como antiespasmódico, tónico, estimulante, estomacal y carminativo. Otra especie muy conocida es la hierbabuena *(Mentha sativa).* **2.** Esencia extraída de esta planta. **3.** Licor e infusión preparados con esta planta.

Menta (Mentha piperita).

mentado, da **1.** *p. p.* de **mentar**. También *adj.* ‖ *adj.* **2.** Muy conocido o célebre.

mental *adj.* Perteneciente o relativo a la mente.

mentalidad *s. f.* Modo de pensar.

mentalismo *s. m.* **1.** En psicol., término que se utiliza para referirse a las corrientes que se basan en el estudio de la conciencia y que utilizan el método introspectivo. **2.** Escuela lingüística, representada por Noam Chomsky, que defiende la existencia de un mecanismo cerebral como soporte de la capacidad de comunicación. Ese mecanismo puede conocerse mediante la introspección y la intuición.

mentalizar *v. tr.* Convencer a una persona o grupo para que adopte una determinada idea o comportamiento. También *v. prnl.* ■ Se conjuga como *cazar.*

mentalmente *adv. m.* **1.** Sólo con el pensamiento. **2.** Atendiendo a la mente.

mentar *v. tr.* **1.** Decir el nombre de una persona o cosa cuando se habla con otras. **2.** *vulg.* Seguido de ciertos complementos se emplea como insulto: *mentar a la madre.* ■ Es v. irreg. Se conjuga como *pensar.*

mente *s. f.* **1.** Conjunto de capacidades intelectuales humanas. **2.** Pensamiento. **3.** Mentalidad*. ‖ **LOC. tener en mente** Tener la intención.

-mente *suf.* Forma adverbios, especialmente de modo, añadiéndolo a los adjetivos en su forma femenina, si la tiene: *buenamente, locamente, hábilmente.* ■ Estos adverbios sólo se acentúan cuando lleva acento el adjetivo a partir del cual se forman: *fácilmente.*

mentecatez *s. f.* **1.** Cualidad de mentecato. **2.** Dicho o hecho propio del mentecato.

mentecato, ta *adj.* **1.** Tonto, necio. También *s.* **2.** Insensato, majadero. También *s.*

mentidero *s. m. fam.* Sitio donde se reúne la gente para conversar y hacer tertulia.

mentido, da **1.** *p. p.* de **mentir**. ‖ *adj.* **2.** Engañoso, falso.

mentir *v. intr.* **1.** Decir o manifestar alguien algo distinto de lo que sabe, cree o piensa. **2.** Llevar a error. ■ Es v. irreg. Se conjuga como *sentir.*

mentira *s. f.* **1.** Aquello distinto de lo que uno sabe, cree o piensa y que se dice o manifiesta con voluntad de engañar. **2.** Cosa falsa o equivocada. **3.** *fam.* Manchita blanca que aparece a veces en las uñas. ‖ **LOC. parece mentira** Expresa asombro, sorpresa o extrañeza por algo.

mentirijillas, de *loc. adv.* De broma, por juego.

mentiroso, sa *adj.* **1.** Que miente. También *s.* **2.** Falso, engañoso. **FAM.** Mentirosamente.

mentís *s. m.* Hecho o declaración con que se desmiente una afirmación.

mentol *s. m.* Alcohol terpénico que se obtiene de la esencia de menta, en forma de pequeños cristales prismáticos; se utiliza como antiséptico y también en perfumes y licores.

mentolado, da *adj.* Que contiene mentol.

mentón *s. m.* Extremo saliente de la mandíbula inferior.

mentor *s. m.* **1.** Persona que aconseja, guía, orienta, etc. **2.** Preceptor, tutor.

menú *s. m.* **1.** Conjunto de platos que se sirven en una comida. **2.** Lista en que se relacionan las comidas y bebidas de un restaurante. **3.** En inform., presentación de las distintas posibilidades de un programa y el modo de acceder a cada una de ellas. ‖ **4. menú del día** Comida completa que se ofrece cada día por un precio único.

menudamente *adv. m.* Detalladamente, con minuciosidad.

menudear *v. tr.* **1.** Hacer algo repetidas veces. **2.** *Col.* Vender al por menor. ‖ *v. intr.* **3.** Suceder una cosa con frecuencia. **4.** *Arg., Méx., Par., Urug.* Aumentar el número de una cosa.

menudencia *s. f.* Cosa de poco valor o importancia.

menudeo *s. m.* **1.** Acción y efecto de menudear. **2.** Venta al por menor.

menudillos *s. m. pl.* Vísceras de las aves, como molleja, hígado, etc.

menudo, da *adj.* **1.** De tamaño muy pequeño. **2.** Se dice de la persona muy delgada y baja. **3.** Que tiene poca importancia. **4.** Exacto, minucioso. **5.** Se usa para destacar o ponderar a alguien o algo. ‖ *s. m. pl.* **6.** Vientre, manos y sangre de las reses que se matan. **7.** Menudillos*. ‖ **LOC. a menudo** *adv.* Frecuentemente, muchas veces.

Menuhin, Yehudi (Nueva York 1916) Violinista y director de orquesta estadounidense. Hizo su debut profesional a los siete años y desde entonces su carrera artística ha sido una ininterrumpida serie de éxitos, que le confirman como uno de los grandes intérpretes musicales contemporáneos.

meñique *adj.* Se dice del dedo más pequeño de la mano. También *s. m.*

meollo *s. m.* **1.** Contenido o parte esencial de algo. **2.** Juicio, entendimiento. **3.** Sesos. **4.** Médula de los huesos. **FAM.** Meolludo.

meón, na *adj.* Que mea mucho o con frecuencia. También *s.*

mequetrefe *s. m.* y *f.* Persona de poco juicio, inútil y despreciable.

Mequínez (*Miknas*) C. de Marruecos, cap. de la prov. homónima, situada al E de la capital del país, Rabat. 319.800 h. en 1982. Es un centro agrícola, que cuenta con industria textil y cementera. Fundada por los almohades, fue residencia de los sultanes marroquíes en los s. XVII y XVIII. Entre sus monumentos destaca la mezquita de Mulay Ismail.

Mera, Cipriano (Madrid 1896 - Saint-Cloud, Hauts-de-Seine 1975) Dirigente obrero y militar español. Albañil de profesión, fue un destacado dirigente de la CNT. Durante la guerra civil española alcanzó el grado de teniente coronel y el mando del IV Cuerpo del ejército republicano. En 1939 apoyó al Consejo Nacional de Defensa del coronel Casado, partidario de finalizar la guerra, frente a la tesis de resistencia de Negrín y los comunistas. Condenado a muerte en 1940, pasó varios años en la cárcel. Puesto en libertad, marchó a Francia.

meramente *adv. m.* Simplemente, solamente.

mercachifle *s. m.* **1.** *desp.* Comerciante de poca importancia. **2.** Vendedor ambulante. **3.** *desp.* Persona que da demasiada importancia a la ganancia en su profesión.

mercadear *v. intr.* Comerciar*.

mercadeo *s. m.* **1.** Comercio. **2.** Marketing*.

mercader, ra *s. m.* y *f.* Comerciante. **FAM.** Mercaderil.

Mercader, Ramón (Barcelona 1914 - La Habana 1978) Agente soviético español. Exiliado en la URSS tras la guerra civil española, pasó a pertenecer a la policía secreta estalinista (NKVD). Asesinó a Trotski en la Ciudad de México (1940) y tras cumplir condena en México residió en varios países socialistas.

mercadería *s. f.* Mercancía*.

mercado *s. m.* **1.** Actividad de comprar y vender. **2.** Lugar o edificio destinado permanentemente o en días señalados a esa actividad. **3.** Conjunto de los consumidores y productores de un producto o línea de productos. **4.** Lugar o país importante o significativo en un orden comercial cualquiera. **5.** Área social, geográfica, etc., a la que una industria o país destina su producción. ‖ **6. mercado común** Forma de asociación económica de dos o más países que supone la unión aduanera y la libre circulación de trabajadores y capitales entre ellos. Con esta misma denominación se ha conocido la Comunidad Europea. **7. mercado de abastos** El municipal, donde se centralizan las operaciones de compra y venta al por mayor de productos alimentarios. **8. mercado de cambios** (o **de divisas**) El de intercambio de monedas extranjeras, que diariamente fija el cambio de las mismas de acuerdo con la oferta y la demanda. **9. mercado de capital** El de toda clase de títulos financieros a medio o largo plazo. **10. mercado de trabajo** El que comprende la oferta y la demanda de trabajo como factor productivo. **11. mercado de valores** Bolsa². **12. mercado negro** Compra y venta de artículos que no pueden adquirirse en el mercado legal, y también tráfico ilegal de divisas.

Mercado, Tomás de (Sevilla ? - Veracruz, México 1575) Escritor español. Estudió en Salamanca e ingresó en la orden de los predicadores. Su obra más conocida, *Suma de tratos y contratos de mercaderes* (1569), en la que analiza las relaciones entre el dinero y la renta, ilustra perfectamente la preocupación de ciertos autores españoles del s. XVI por los problemas económicos que planteó en la Península la afluencia de los metales preciosos de América.

mercadotecnia *s. f.* Marketing*. **FAM.** Mercadotécnico.

mercancía *s. f.* **1.** Cualquier cosa que se puede comprar y vender. ‖ **mercancías** *s. m.* **2.** Tren que transporta solamente géneros o productos.

mercante *adj.* **1.** Perteneciente o relativo al comercio marítimo. **2.** Se dice del barco que transporta mercancías. También *s. m.*

mercantil *adj.* Perteneciente o relativo al comercio.

mercantilismo *s. m.* **1.** Teoría económica según la cual la riqueza de un país reside en la acumulación de metales preciosos y que se basa en la intervención del Estado. Surgió en el s. XVI y se desarrolló hasta el XVIII, ante la necesidad de tomar medidas prácticas frente a las consecuencias económicas provocadas por los cambios políticos, sociales y culturales acaecidos en el mundo moderno. Los gobiernos actuaban en este sentido prohibiendo la salida del país del oro y la plata y favoreciendo su entrada mediante un comercio importante, con más exportaciones que importaciones. Los principales teóricos del mercantilismo fueron, en España, Martín de Azpilcueta y Tomás de Mercado; en Inglaterra, Thomas Mun y William Temple; y en Francia, Jean Bodin y Jean-Baptiste Colbert. **2.** Excesivo interés por la ganancia en actitudes o acciones que no deberían ser objeto de comercio.

mercantilista *adj.* **1.** Partidario del mercantilismo. También *s.* **2.** Experto en derecho mercantil. También *s.*

mercantilizar *v. tr.* Hacer que predomine el interés por la ganancia en actitudes y acciones que no deberían ser comerciales. ■ Se conjuga como *cazar.*

mercantilmente *adv. m.* Según las normas del comercio.

mercaptán *s. m.* Tiol*.

mercar *v. tr.* Comprar. También *v. prnl.* ■ Se conjuga como *sacar.*

Mercator, Gerhard Kremer, llamado **Gerard** (Rupelmonde 1512 - Duisburg 1594) Matemático y geógrafo flamenco. Tras elaborar en 1537 un mapa de Tierra Santa y realizar en 1541 por encargo de Carlos V un globo terráqueo y otro celeste, se estableció en Duisburg, donde ideó la proyección que lleva su nombre. Con ella publicó en 1569 el primer mapa del mundo para navegantes.

Mercator, proyección de Representación plana de la Tierra, cuya superficie de proyección es un cilindro tangente al ecuador. Se emplea aún en la navegación aérea y marítima para latitudes no superiores a 60°.

merced *s. f.* **1.** Honor, favor, perdón, etc., concedido por un soberano. **2.** Favor, recompensa, concesión, etc., que hace una persona a otra. **3.** Con *su, vuestra* o *vuesa,* antiguo tratamiento que equivale a *usted.* **4.** Orden religiosa y militar, fundada en Barcelona por San Pedro Nolasco, en 1218, para la liberación y rescate de prisioneros hechos por los musulmanes. Actualmente se dedica a la enseñanza, las misiones y la asistencia a los presos. ■ En esta acepción se escribe con mayúscula. ‖ **Loc. a merced de** *adv.* Bajo el dominio o poder de alguien o algo. **merced a** *adv.* Gracias a.

mercedario, ria *adj.* De la orden de la Merced. También *s.*

mercenario, ria *adj.* **1.** Se dice del soldado que combate por dinero. También *s.* **2.** Se dice de la persona que realiza cualquier clase de trabajo por dinero. También *s.*

mercería *s. f.* **1.** Tienda en que se venden toda clase de artículos para la costura. **2.** Conjunto de estos artículos y comercio que se hace con ellos. **3.** *Chile.* Establecimiento de ferretería. **4.** *Méx., Perú, P. Rico.* Tienda de tejidos.

mercero, ra *s. m.* y *f.* Persona que comercia en mercería.

merchandising (voz ingl.) *s. m.* Técnica comercial de promoción y comercialización de un producto.

merchante *s. m.* y *f.* Vendedor ambulante.

Mercier, Désiré Joseph (Braine-l'Alleud 1851 - Bruselas 1926) Cardenal y filósofo belga. Profesor de filosofía tomista en la universidad de Lovaina, contribuyó a la renovación del tomismo propiciada por León XIII. Fundó el Instituto Superior de Filosofía (1889). Arzobispo de Malinas (1906), primado de Bélgica y cardenal (1907), mantuvo una actitud firme frente a la ocupación alemana durante la Primera Guerra Mundial. Realizó un intento de acercamiento a la iglesia anglicana por medio de las Conversaciones de Malinas (1921-23).

Merckx, Eddy (Meensel-Kiezegem, Brabante 1945) Ciclista belga. Dotado de unas extraordinarias condiciones físicas, dominó durante casi una década el ciclismo mundial, hasta el punto de ser considerado el corredor más completo de todos los tiempos. Entre sus triunfos destacan los obtenidos en el Tour de Francia (1969 a 1972, 1974), en el Giro de Italia (1968, 1970 y 1972 a 1974) y en el campeonato del mundo de fondo en carretera (1967, 1971 y 1974).

Mercouri, Melina (Atenas 1923) Actriz y política griega. Luchó contra la dictadura de los Coroneles y tuvo que exiliarse (1967-75). Fue nombrada ministra de cultura con Papandreu (1981). Formada en el teatro, triunfó en el cine en filmes de Jules Dessin, con el que se casó en 1966. Entre sus películas destacan *Stella* (1955), *El que debe morir* (1956), *Nunca en domingo* (1960), *Topkapi* (1964) y *Gritos de pasión* (*A dream of passion,* 1978).

mercurial *adj.* **1.** Perteneciente o relativo al mercurio. **2.** Perteneciente o relativo al dios Mercurio o al planeta Mercurio. ‖ *s. f.* **3.** Planta herbácea de la familia euforbiáceas, especie *Mercurialis annua.* De 30 a 50 cm de altura, tiene hojas de color verde amarillento y forma lanceolada y flores verdosas. Común en España, fue utilizada en medicina por sus propiedades purgantes.

mercurio *s. m.* Hg. Elemento químico perteneciente al grupo II B del sistema periódico. Su número atómico es 80 y su masa atómica 200,5. Es un metal líquido, incluso a temperaturas inferiores a 0 grados, muy denso, de color plateado brillante, que reacciona con los ácidos y es capaz de disolver el oro y la plata. Su símbolo procede de la palabra *hidrargirum,* que es su nombre latino. Se obtiene del cinabrio, extraído fundamentalmente en los yacimientos de Almadén en España y Monte Amiata en Italia. En estado elemental se usa para la formación de amalgamas, en la preparación electrolítica del cloro y de la sosa cáustica y como material para termómetros y barómetros. En forma combinada se usa como bactericida, en papelería, en farmacia y en la síntesis de compuestos metálicos. Los vapores emanados en su manipulación son altamente tóxicos. **Fam.** Mercúrico.

Mérida (España): vista del núcleo urbano, con el anfiteatro y el circo romanos.

Mercurio 1. En la mitología romana, dios del comercio y mensajero de los dioses. Era el patrón de los mercaderes y de los ladrones. Se le representa llevando el caduceo, vara delgada rodeada de dos culebras, y calzado con sandalias aladas. Equivale al Hermes griego.
2. Primer planeta del Sistema Solar, el más próximo al Sol. Su periodo de revolución en torno al Sol es de 88 días y el de rotación de 58,6 días. Carece de atmósfera, pues su poca masa le impide retener los gases. Su temperatura varía de 400 °C al mediodía a 170 °C bajo cero por la noche. Su diámetro es de 4.920 km y su superficie está salpicada de cráteres.

merecer *v. tr.* **1.** Ser alguien digno de cierta cosa. ‖ *v. intr.* **2.** Realizar acciones para conseguir algo. ‖ **Loc. merecer la pena** algo Compensar. ■ Es v. irreg. Se conjuga como *agradecer.* **Fam.** Merecedor.

merecido, da 1. *p. p.* de **merecer**. También *adj.* ‖ *s. m.* **2.** Castigo que en justicia recibe alguien. **Fam.** Merecidamente.

merecimiento *s. m.* **1.** Acción y efecto de merecer. **2.** Mérito*.

Meredith, George (Portsmouth 1828 - Box Hill, Surrey 1909) Escritor británico. Cultivó el periodismo y fue amigo del grupo de pintores prerrafaelistas. Aunque escribió poesía, como *El amor moderno* (1862) y *Baladas y poemas de la vida trágica* (1887), tienen mayor importancia sus novelas, caracterizadas por el análisis psicológico y el fuerte lirismo. Entre sus títulos más destacados figuran *La prueba de Richard Feverel* (1859), *Rhoda Fleming* (1865), *Las aventuras de Harry Richmond* (1871), *El egoísta* (1879) y *Los comediantes trágicos* (1880).

merendar *v. intr.* **1.** Tomar algo de comer por la tarde, entre el almuerzo y la cena. También *v. intr.* ‖ *v. prnl.* **2.** *fam.* Terminar algo rápidamente. **3.** *fam.* Saltarse alguna cosa. **4.** *fam.* Vencer con amplitud a otros en una competición o una disputa. ■ Es v. irreg. Se conjuga como *pensar.*

merendero *s. m.* Establecimiento público, situado generalmente en el campo o en la playa, donde se va a merendar o a comer.

merendola o **merendona** *s. f.* Merienda celebrada como una fiesta entre muchas personas.

merengar *v. tr. fam.* Molestar, estropear. ■ Se conjuga como *pagar.*

merengue *s. m.* **1.** Dulce hecho con claras de huevo batidas y azúcar en polvo, cocido al horno. **2.** Persona débil y delicada. **3.** Danza popular de varios países del Caribe, especialmente de la República Dominicana. **4.** *Arg., Par., Urug. fam.* Desorden, trifulca, pelea.

meretriz *s. f.* Prostituta. ■ Se emplea en lenguaje culto o literario.

Merezhkovski, Dimitri (San Petersburgo 1866 - París 1941) Escritor ruso. Representante del simbolismo en Rusia, escribió *Sobre las causas de la decadencia y de las nuevas corrientes de la literatura rusa contemporánea* (1893). Enemigo del régimen bolchevique, se estableció en París en 1919. Triunfó con su trilogía *Cristo y Anticristo,* integrada por *Juliano el Apóstata* (1894), *Leonardo da Vinci* (1901) y *Pedro el Grande y su hijo Alexis* (1902), novelas históricas en las que trata de conciliar cristianismo y paganismo.

Mérida C. de España, cap. de la Comunidad Autónoma de Extremadura, en la prov. de Badajoz, en el N de la misma, a orillas del Guadiana. 53.750 h. en 1990. Es un importante mercado agrícola y ganadero, que cuenta con industrias textiles, alimentarias y metalúrgicas. Fundada por los romanos en el 25 a. C., se convirtió en capital de la provincia Lusitania y conservó su importancia urbana durante el reinado visigodo. Fue ocupada por el árabe Musa ibn Nusayr en el 713, reconquistada por Alfonso IX en 1228 y entregada a la orden de Santiago. Tras la Edad Media decayó. Conserva monumentos tan señalados como el anfiteatro y teatro romanos, los templos de Diana y Marte, el arco de Trajano, una basílica del s. IV y el acueducto de los Milagros.

Mérida 1. Sistema montañoso de Venezuela, situado en el O del país, en la prov. homónima. Sus máximas alturas están en la Sierra Nevada, como el pico Bolívar (5.007 m).
2. Estado de Venezuela, situado en el O del país. 11.300 km². 622.400 h. en 1990. Su territorio ocupa el sistema montañoso del mismo nombre y una llanura que llega hasta el lago Maracaibo. Su economía se basa en los cultivos de cereales, café, cacao y frutas tropicales, en el petróleo y las industrias alimentarias, peleteras y de materiales de construcción.
3. C. de Venezuela, cap. del estado anterior. 203.300 h. en 1990. Es un centro comercial que posee industria alimentaria, textil y tabaquera.
4. C. de México, cap. del estado de Yucatán, situada cerca de la costa del golfo de México, en el N de la península de Yucatán. 557.300 h. en 1990. Es un importante nudo de comunicaciones, centro de la industria del henequén y el yute, que cuenta con manufacturas tabaqueras e industria cementera. Existen en ella yacimientos arqueológicos mayas.

meridiano, na *adj.* **1.** Perteneciente o relativo a la hora del mediodía. **2.** Clarísimo, evidente. ‖ *s. m.* **3.** En geog., cualquier círculo máximo de la esfera terrestre que pasa por los polos, cortando el ecuador perpendicularmente; y también, cualquier mitad de uno de ellos que va de polo a polo. Se considera **meridiano 0°** o meridiano de origen al que pasa por el observatorio de Greenwich, cerca de Londres (Reino Unido). Los meridianos se utilizan para medir la longitud de un lugar o la distancia en grados que hay desde dicho lugar al meridiano 0°. **4.** En astron., cualquier círculo máximo de la esfera celeste, que pasa por los polos, y también cualquier mitad de uno de ellos. **5.** En geom., línea de intersección de una esfera u otra superficie de revolución con un plano que pasa por su eje.

meridional *adj.* Del sur o mediodía. También *s.*

merienda *s. f.* **1.** Comida ligera que se hace por la tarde, entre la del mediodía y la cena. ‖ **2. merienda de negros** *fam.* Arreglo o reparto hecho caprichosa o injustamente, imponiendo la ley del más fuerte; también, jaleo, tumulto.

meriendacena *s. f.* Merienda abundante para que sirva también de cena.

Mérimée, Prosper (París 1803 - Cannes 1870) Escritor francés. Ejerció diversos cargos oficiales durante la Segunda República y el imperio, fue senador y hombre influyente en la corte de Napoleón III y viajó por diversos países, sobre todo España, en la que halló fuente de inspiración para sus relatos. Escribió novelas históricas y libros de viajes, pero destacó sobre todo en las narraciones cortas, de las cuales merecen citarse *Mateo Falcone* (1829), *El jarrón etrusco* (1830), *La Venus de Ille* (1837), *Colomba* (1840) y *Carmen* (1845).

merindad *s. f.* **1.** Territorio gobernado en la Edad Media por un merino o juez. La merindad fue una institución de Castilla, León, Galicia y Navarra que a fines del s. XI sustituyó a los condados. **2.** Oficio del merino.

merino, na *adj.* **1.** Se dice de una raza de carneros y ovejas, procedente del N de África, que tienen el hocico grueso y ancho, la nariz arrugada con surcos transversales y el cuerpo cubierto de lana fina, rizada y suave. También *s.* **2.** Se dice de esta lana. ‖ *s. m.* **3.** Juez que en la Baja Edad Media era delegado del rey en un territorio de los reinos de Castilla, León, Galicia y Navarra, en donde tenía amplia autoridad: administración económica, recaudación de tributos, poder judicial, etc. **4.** Autoridad encargada de todo lo relacionado con el ganado y sus pastos. **5.** Tela de cordoncillo fino, hecha con lana escogida.

Merino, Jerónimo, llamado **el cura Merino** (Villoviado, Burgos 1769 - Alençon, Francia 1844) Eclesiástico y guerrillero español. Era el párroco de su pueblo cuando se produjo la invasión napoleónica. Colgó los hábitos y se lanzó al monte a combatir a los franceses, formando una guerrilla que nunca fue derrotada. En 1820 luchó de nuevo como guerrillero absolutista. Desde 1833 hasta 1836 combatió a favor de los carlistas. En 1840 marchó con el pretendiente Carlos a Francia, donde murió.

meristema o **meristemo** *s. m.* En bot., tejido joven, generalmente sin diferenciar, que se halla en los lugares de crecimiento de la planta y está formado por células muy apretadas, que se dividen continuamente y originan otros tejidos.

meritísimo, ma *adj.* **1.** Muy digno o merecedor. **2.** Ilustre, renombrado.

mérito *s. m.* **1.** Acción por la que alguien se merece alguna cosa. **2.** Valor de algo por el trabajo o habilidad que se ha puesto en ello. ‖ **LOC. de mérito** *adj.* Sobresaliente, de gran calidad; también, en algunas asociaciones o entidades se aplica al socio, miembro, etc., distinguido. **hacer méritos** Realizar ciertas acciones para merecer o conseguir algo.

meritorio, ria *adj.* **1.** Digno de premio o alabanza. ‖ *s. m.* y *f.* **2.** Persona que hace las tareas más sencillas para formarse en un oficio. **FAM.** Meritoriamente.

Merleau-Ponty, Maurice (Rochefort 1908 - París 1961) Filósofo francés. Destacado representante del existencialismo, fundó junto con Sartre la revista *Tiempos modernos.* Rechazó los sistemas filosóficos que dan lugar a dualismos irreconciliables y trató de superarlos mediante una síntesis dialéctica. Defendió la tesis de que el individuo no es reductible a sus determinaciones sociales, aunque sí cabe hablar de una supuesta interioridad dependiente de lo social. Entre sus obras más importantes cabe citar *Estructura del comportamiento* (1942), *Fenomenología de la percepción* (1945) y *Las aventuras de la dialéctica* (1955).

Merlín el Mago Personaje de las leyendas del ciclo artúrico o de los caballeros de la Tabla Redonda, consejero del rey Arturo.

merlón *s. m.* En una fortificación, trozo de parapeto entre dos troneras.

merluza *s. f.* **1.** Pez gadiforme de la familia gádidos, especie *Merluccius merluccius.* Tiene entre 30 y 80 cm de longitud, cuerpo fusiforme y alargado, barbilla muy corta, dientes finos y dos aletas dorsales y una anal. Habita en aguas costeras de Europa y África y es muy apreciado en alimentación. **2.** *fam.* Borrachera.

merluzo, za *adj.* Tonto, bobo. También *s.*

merma *s. f.* **1.** Acción y efecto de mermar. **2.** Porción o parte que merma.

mermar *v. intr.* **1.** Bajar, consumirse o disminuir una parte de algo. También *v. prnl.* ‖ *v. tr.* **2.** Quitar una parte de algo.

mermelada *s. f.* Dulce elaborado con fruta cocida y azúcar o miel.

mero *s. m.* Pez perciforme de la familia serránidos, especie *Epinephelus guaza.* Alcanza hasta un metro de longitud, tiene el cuerpo comprimido, aletas pélvicas, pectorales, anales y dorsales, ojos grandes y boca sobresaliente. Presenta tres aguijones detrás del opérculo. Habita en el mar Mediterráneo y en el océano Atlántico y su carne es muy apreciada en alimentación.

Mero (Epinephelus guaza).

mero, ra *adj.* **1.** Puro, simple, sin nada más. **2.** *Amér. C., Méx.* Mismo, verdadero; exacto, preciso. ‖ *adv.* **3.** *Méx.* Casi. **4.** *Méx.* En punto.

merodear *v. intr.* Andar por un sitio para observar, curiosear o con malas intenciones. **FAM.** Merodeador, merodeo.

merostomas *s. m. pl.* Clase de artrópodos marinos a la que actualmente pertenecen sólo tres géneros: *Limulus, Carcinocorpius* y *Tachypleus*, puesto que los restantes son fósiles. Su cuerpo está recubierto por una coraza quitinosa y dividido en cefalotórax y abdomen, este último rematado en una larga espina presenta dos quelíceros, cinco pares de patas, apéndices abdominales con branquias y ojos compuestos. La cacerola de mar *(Limulus polyphemus)* se encuentra en la costa NO del Atlántico y en el golfo de México. También *adj.* y *s. m.*

Meroveo (? - ? h. 457) Rey legendario de los francos (448 - h. 457). Se le considera el fundador de la dinastía merovingia, primera de los reyes de Francia. Parece que ayudó a Aecio, general de Valentiniano III, en la batalla de los Campos Mauríacos (451).

merovingio, gia *adj.* **1.** Se dice de la dinastía de los francos que reinó en la Galia desde el final del s. V hasta mediados del s. VIII. El nombre proviene de Meroveo, antepasado legendario de sus reyes. **2.** De esta dinastía. También *s.*
Hist. El reino merovingio fue fundado por Clodoveo, que dominó a los francos salios y ripuarios y se convirtió al catolicismo. Con sus sucesores el reino se dividió en tres: Borgoña, Neustria y Austrasia; los mayordomos de este último fueron acrecentando su poder desde mediados del s. VII y acabaron por suplantar a los merovingios y fundar la dinastía carolingia.

Merrifield, Robert Bruce (Texas 1921) Bioquímico estadounidense. Fue profesor de la universidad de California y del Instituto Rockefeller. En 1984 obtuvo el premio Nobel de química por su descubrimiento de un método sencillo para obtener péptidos y proteínas.

Mersenne, Marin (La Soulletière, Maine 1588 - París 1648) Físico y filósofo francés. Contribuyó a la difusión de las ideas de Descartes y también al conocimiento de Galileo y de Hobbes. Dio un gran impulso a las teorías mecanicistas en las que, según su criterio, se fundamentaba la verdadera religión. En física descubrió las leyes de los tubos sonoros y las cuerdas vibrantes, determinando las relaciones de frecuencia entre las notas de la escala. Entre sus obras más importantes figuran *La verdad de las ciencias contra los escépticos y el pirronismo* (1625) y *Armonía universal* (1636).

Mersin C. de Turquía, situada en Cilicia, en el S del país y a orillas del mar Mediterráneo. 314.100 h. en 1985. Es un centro comercial e industrial, con producción textil, que cuenta también con refinerías de petróleo.

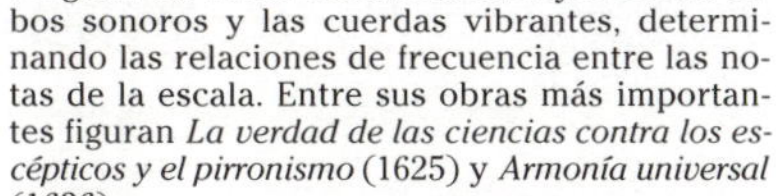

Merluza (Merluccius merluccius).

Merton C. del Reino Unido, situada al SO de Londres, en cuya área metropolitana está integrada. 164.800 h. en 1986. Es un núcleo residencial de la capital del país.

Merton, Robert King (Filadelfia 1910) Sociólogo estadounidense. En una línea funcionalista, ha estudiado aspectos característicos de la sociedad moderna e introducido nociones como función latente o disfunción. Ha investigado principalmente sociología de la ciencia. Entre sus obras destacan *Sobre hombros de gigantes* (1965), *Teoría social y análisis funcional* (1969) y *La sociología de la ciencia* (1973).

mes *s. m.* **1.** Cada una de las doce partes en las que se divide el año. **2.** Periodo de tiempo comprendido entre una fecha cualquiera y la misma del mes siguiente. **3.** Mensualidad*. **4.** Menstruación*. ‖ **5. mes lunar periódico** Tiempo que tarda la Luna en dar una vuelta completa alrededor de la Tierra. **6. mes lunar sinódico** Tiempo que invierte la Luna desde una conjunción con el Sol hasta la conjunción siguiente.

mesa *s. f.* **1.** Mueble que consiste en una tabla horizontal sostenida por una o varias patas. **2.** Dicho mueble con lo necesario para comer. **3.** Comida. **4.** Conjunto de personas sentadas alrededor de este mueble. **5.** Presidencia de una asamblea, asociación, etc. **6.** Plano principal del labrado de una piedra preciosa, que es el más visible cuando está engastada. **7.** En geog., terreno elevado y aislado, más ancho que alto, de superficie plana y bordes abruptos, generalmente originados por el encajonamiento de los ríos; también puede tener origen volcánico. **8.** Cima llana de una montaña. ‖ **9. mesa de billar** La recubierta de fieltro verde y rodeada de una barandilla, que se emplea para este juego. **10. mesa de noche** Mesilla*. **11. mesa redonda** Reunión de personas para tratar un tema, exponiendo cada cual sus ideas y puntos de vista. ‖ **LOC. a mesa puesta** *adv.* Sin tener que trabajar ni preocuparse de nada: *Vive a mesa puesta en casa de Luis.* **poner la mesa** Prepararla con todo lo necesario para comer. **quitar** (**alzar** o **levantar**) **la mesa** Retirar todo lo que se ha puesto sobre ella para comer. **sentarse a la mesa** Ocupar cada persona su asiento para empezar a comer.

Mesa, Cristóbal de (Zafra, Badajoz 1562 - Madrid 1633) Poeta español. Residió largo tiempo en Italia, donde se relacionó con Torquato Tasso. Cultivó la poesía épica y entre sus obras merecen recordarse *Las Navas de Tolosa* (1594), *La restauración de España* (1607) y *El patrón de España* (1612).

Mesa, Juan de (Córdoba 1583 - ? 1627) Escultor español. Fue discípulo de Martínez Montañés y, como él, autor de imágenes religiosas de gran realismo y fuerza patética, entre las que destacan *San José con el Niño de la mano* (1616), en Fuentes de Andalucía, *Jesús del Gran Poder* (1620) y *Cristo de la Buena Muerte* (1622), ambos en Sevilla, y la *Virgen de las Angustias* (1627), en Córdoba.

mesada *s. f.* Mensualidad, paga.

mesalina *s. f.* Mujer de costumbres viciosas, por alusión a Mesalina, esposa del emperador romano Claudio,

Mesalina (? h. 25 - ? 48) Emperatriz romana. Esposa del emperador Claudio, ejerció sobre él gran influencia, interviniendo con intrigas en los asuntos de Estado. Ha pasado a la historia como mujer cruel y de vida deshonesta. Murió ejecutada por el liberto Narciso.

mesana *s. f.* **1.** Mástil más cercano a la popa en una embarcación de tres palos. **2.** Vela atravesada que se coloca en ese palo.

mesar *v. tr.* Tirar de los cabellos o de la barba en señal de dolor o furia. Se usa más como *v. prnl.* **FAM.** Mesadura.

mescal *s. m. Méx.* Mezcal.

mescalero, ra *adj.* **1.** Se dice de una tribu americana, perteneciente al grupo de los apaches, que habitaba en el SE de Nuevo México y que en la actualidad se encuentra extinguida. **2.** De esta tribu. También *s.*

mescalina *s. f.* Alcaloide que se obtiene del peyote; tiene un alto poder alucinógeno y fue usado por los indios de México en prácticas ceremoniales religiosas.

mescolanza (voz ital.) *s. f. fam.* Mezcolanza*.

mesencéfalo *s. m.* Parte del encéfalo situada entre la protuberancia y el cerebro, y constituida por una cavidad muy estrecha, llamada acueducto de Silvio, a la que limitan por arriba los tubérculos cuadrigéminos y por abajo los pedúnculos cerebrales.

Mesenia Región de la antigua Grecia, situada en el Peloponeso. Fue conquistada por Esparta en la segunda mitad del s. VIII a. C., lo que provocó en los siguientes siglos numerosos levantamientos armados (guerras mesenias). En el 146 a. C. fue incorporada a Roma.

mesénquima *s. m.* Tejido conjuntivo embrionario, compuesto por células poco diferenciadas, que interviene en la formación de tejidos de sostén, como el reticular, el óseo, el cartilaginoso, etc.

mesenterio *s. m.* Repliegue membranoso del peritoneo que une el intestino con la pared posterior del abdomen. **Fam.** Mesentérico.

mesero, ra *s. m.* y *f. Amér. C., Col., Méx.* Camarero.

meseta *s. f.* **1.** Llanura de gran extensión, situada a más de 500 m de altitud sobre el nivel del mar, y que puede estar limitada por cordilleras, fallas, etc. **2.** Rellano, descansillo.

Meseta, la Región geográfica de España, formada por una elevada llanura, y que constituye la principal unidad estructural de la Península. Su extensión es de unos 200.000 km^2 y su altitud media sobre el nivel del mar, de 600 m. Está dividida en dos sectores por el Sistema Central: la Meseta Norte, rodeada de montañas y atravesada por el río Duero y sus afluentes, y la Meseta Sur, en la que se hallan las cuencas de los ríos Tajo y Guadiana y los montes de Toledo.

Meshed o **Mashad** C. de Irán, cap. del Khorasan, en el extremo NE del país. 1.463.500 h. en 1986. Situada en un oasis rico en árboles frutales, constituye un importante núcleo comercial y cuenta con industria textil, de alfombras y tapices y alimentaria. Su mezquita es un frecuentado centro de peregrinación chiita.

mesiánico, ca *adj.* Perteneciente o relativo al mesías o al mesianismo.

mesianismo *s. m.* **1.** En el pueblo judío, creencia en un enviado de Dios o Mesías que liberará a Israel. Según la fe cristiana, ese Mesías es Jesucristo. **2.** Confianza en un futuro mejor y en la solución de problemas por la intervención de un líder.

mesías *s. m.* **1.** Enviado de Dios, prometido por los profetas al pueblo de Israel; los cristianos le identifican con Jesús, el Hijo de Dios. ▪ En esta acepción se escribe con mayúscula. **2.** Personaje de cuya intervención se espera el remedio de todos los males.

mesilla *s. f. dim.* de **mesa**. Mueble pequeño, generalmente con uno o más cajones, que se coloca junto a la cabecera de la cama. ▪ Se dice también *mesilla de noche.*

Mesina (*Messina*) **1.** Estrecho del mar Mediterráneo que separa la península Itálica de la isla de Sicilia y comunica los mares Tirreno y Jónico. Tiene una longitud de 33 km y una anchura mínima de 3 km y máxima de 16 km.
2. C. de Italia, situada en el extremo NE de la isla de Sicilia. 273.600 h. en 1990. Es un importante centro portuario, comunicado por ferry con Reggio Calabria, en la península. Cuenta con industria metalúrgica, química y alimentaria. Fue destruida por un terremoto en 1908 y reconstruida con criterios urbanísticos modernos.

Meslier, Jean, llamado **el abate Meslier** (Rethel 1664 - Étrépigny, Champagne 1729) Pensador francés. En su opinión todas las religiones, especialmente la cristiana, no son sino un conjunto de falsedades con las que se explota al pueblo. No existe más que materia que se mueve de acuerdo con leyes mecánicas y no divinas. Paradójicamente, fue sacerdote y ejerció la labor pastoral hasta el fin de su vida. Su pensamiento tuvo gran influencia en la corriente librepensadora y materialista francesa del s. XVIII. Su obra, titulada *Testamento*, no se publicó íntegramente hasta 1864, aunque en 1762 Voltaire editó un extracto de la misma.

Mesmer, Franz Anton (Iznang, Suabia 1734 - Meersburg 1815) Médico austriaco. Fue el descubridor de las técnicas hipnóticas, llamadas en su honor mesmerismo, y su utilización terapéutica en la medicina. Sin embargo, fue siempre rechazado por la comunidad académica y murió prácticamente en el olvido.

mesmerismo *s. m.* Método curativo basado en la utilización del hipnotismo, descubierto por el médico austriaco Franz Anton Mesmer.

mesnada *s. f.* **1.** En la Edad Media, conjunto de gente armada al servicio del rey o de un señor feudal. Sus componentes, a cambio de mantener el vínculo de vasallaje, obtenían de sus señores una serie de beneficios, como tierras o soldadas en metálico. ‖ *pl.* **2.** Conjunto de los seguidores de una persona.

meso- *pref.* Significa 'medio', 'intermedio': *mesocarpio, mesozoico.*

Mesoamérica Nombre que los americanistas dan al conjunto de México, América Central y las Antillas, cuna de culturas como la teotihuacana, la olmeca, la huasteca, la totonaca y la maya. **Fam.** Mesoamericano.

mesoblasto *s. m.* Mesodermo*.

mesocarpio *s. m.* Parte intermedia del pericarpio de los frutos carnosos, situada entre el epicarpio o piel y el endocarpio o cubierta de las semillas.

mesocéfalo, la *adj.* Se dice de la persona cuyo cráneo es de proporciones intermedias entre el braquicéfalo y el dolicocéfalo y cuyo índice cefálico varía entre 77 y 82; también se aplica al cráneo de esta forma. **Fam.** Mesocefalia.

mesocracia *s. f.* **1.** Forma de gobierno en la que predomina la clase media. **2.** Burguesía o clase media. **Fam.** Mesocrático.

mesodermo *s. m.* Hoja o capa intermedia de las tres en las que se disponen las células del blastodermo en el embrión después de la segmentación del óvulo fecundado. **Fam.** Mesodérmico.

mesolítico, ca *adj.* Se dice del periodo prehistórico intermedio que marca la transición entre el paleolítico, cuya economía se basa en la caza y la recolección, y el neolítico, caracterizado por la aparición de la agricultura. En el periodo mesolítico se produce una intensificación de la recolección que propiciará la aparición de la agricultura. Asimismo, se desarrolla una industria lítica de pequeñas proporciones en la que los utensilios adquieren cada vez funciones más específicas. Comenzó hace unos 10.000 años en Mesopotamia, Egipto y la Europa mediterránea, y hace unos 8.000 años en la Europa del N. También *s. m.*

mesomería *s. f.* En quím., situación en la que no es posible asignar una única fórmula estructural a una molécula, sino que se precisan al menos dos fórmulas estructurales para describir la localización de los electrones de valencia que participan en los enlaces de dicha molécula. La utilización de varias fórmulas es una interpretación teórica y no significa que existan varias estructuras diferentes para el mismo compuesto; la estructura real del compuesto es intermedia entre todas las que se proponen. También se llama *resonancia.*

mesomorfismo *s. m.* Propiedad de algunos cuerpos cuya materia se encuentra en un estado intermedio entre el amorfo y el cristalino.

mesón[1] (del lat. *mansio, -onis*) *s. m.* **1.** Establecimiento decorado de manera tradicional y rústica donde se sirven comidas y bebidas. **2.** Posada para viajeros.

mesón[2] (del gr. *mesos*, medio, y la terminación *-on*, de *electrón*) *s. m.* Partícula inestable producida en ciertas reacciones nucleares, con masa intermedia entre la del electrón y la del protón. Puede tener carga positiva o negativa o, incluso, neutra.

mesonero, ra *adj.* **1.** Perteneciente o relativo al mesón, taberna o posada. ‖ *s. m.* y *f.* **2.** Dueño o encargado de un mesón.

Mesonero Romanos, Ramón (Madrid 1803 - íd. 1882) Escritor español. Fue concejal, diputado y cronista de Madrid. Autor de dramas y libros de viajes, lo más significativo de su obra son, sin embargo, los artículos costumbristas sobre Madrid, firmados con el seudónimo de El Curioso Parlante y recogidos en los volúmenes *Panorama matritense* (1835), *Escenas matritenses* (1842) y *Tipos y caracteres* (1862).

mesopausa *s. f.* Zona de la atmósfera en la que termina la mesosfera y empieza la termosfera. Está situada a una altura de unos 80 km sobre la superficie terrestre.

Mesopotamia Región de Asia comprendida entre los ríos Tigris y Eúfrates, predominantemente llana, con áreas de regadío muy fértiles, en la que florecieron importantes culturas en la antigüedad.
Hist. Hacia el año 3000 a. C., los sumerios, pueblo no semita de origen impreciso, se asentaron en el S del territorio de Mesopotamia y allí fundaron ciudades-Estado autónomas como Ur, Uruk y Lagash, que rivalizaron entre sí por imponerse a las demás. Hacia 2350 a. C. Sargón I, rey de los acadios, un pueblo semita que había penetrado progresivamente en la región, fundó el reino de Akad, que extendió su dominio a toda Mesopotamia. Pero hacia 2150 a. C., los guti, procedentes de Irán, invadieron el país, destruyeron Akad y fundaron su propio reino. Un siglo más tarde fueron expulsados por un rey de Uruk, que restableció el poder sumerio. Entre 2050 y 1800 a. C., los soberanos de la III dinastía de Ur consiguieron la unificación de sumerios y acadios y el restablecimiento de las antiguas tradiciones sumerias. Hacia 1728 a. C., Hammurabi, de origen acadio, rey de Babilonia, creó un gran imperio que abarcaba toda Mesopotamia. Sus sucesores continuaron dominando el S, pero en el N, hacia 1375 a. C., los asirios, pueblo racialmente híbrido y muy belicoso, iniciaron una expansión que culminó hacia 883 a. C., durante el reinado de Asurnasirpal II, con la creación de un gran imperio. El imperio asirio llegó a sobrepasar las fronteras de Mesopotamia y a conquistar Egipto en época de Asurbanipal (h. 668-626 a. C.), pero cayó h. 615 a. C., cuando Nabopolasar de Babilonia con la ayuda de Ciaxares, rey de los medos, arrasó sus principales ciudades. Nabopolasar fundó el imperio neobabilónico, que dominó Mesopotamia hasta que Alejandro Magno, en 331 a. C., se apoderó de la región.

Mesopotamia Región de Argentina comprendida entre los ríos Paraná y Uruguay, que incluye las provincias de Misiones, Corrientes y Entre Ríos.

mesopotámico, ca *adj.* De Mesopotamia, región de Asia. También *s.*

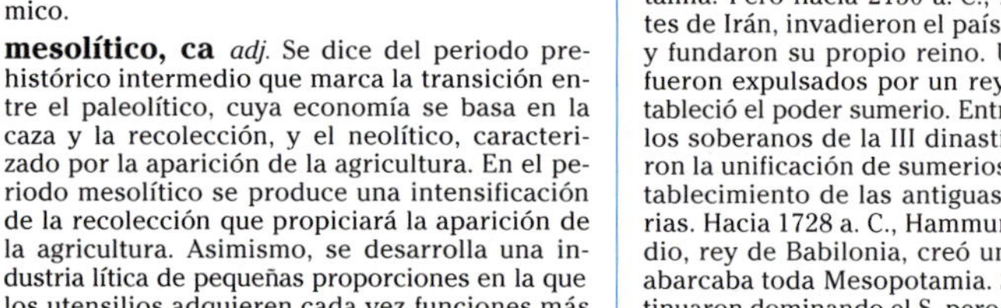

Mesopotamia: zigurat de Dur-Untas en el país de Elam, actual Tsoga Zanbil (Irán).

Reconstrucción de los principales ejemplares de la flora y fauna de la era mesozoica: pleuromeia (1), calamites (2) y cycadeoidea (3), plantas fanerógamas gimnospermas; bosque de voltizias (4), coníferas; tiranosaurio (5) y triceratops (6), reptiles terrestres; braquiosaurio (7) y alosaurio (8), reptiles acuáticos; archeopteryx (9), primera ave con plumas; y ramphorrinco (10), reptil volador.

mesosfera *s. f.* Capa de la atmósfera terrestre situada entre la estratosfera, de la cual la separa la estratopausa, y la termosfera, de la cual está separada por la mesopausa. Se encuentra entre 50 y 80 km sobre la superficie terrestre y presenta temperaturas que varían desde 0 °C en la estratopausa a –80 °C en la mesopausa.

mesotórax *s. m.* **1.** En anat., parte media del pecho. **2.** Segmento medio del tórax de los insectos.

mesozoico, ca *adj.* **1.** Se dice de la era geológica comprendida entre la paleozoica o primaria y la cenozoica o terciaria, que se extendió entre los 225 y los 65 millones de años. Abarca tres periodos geológicos, el triásico, jurásico y cretácico, y se caracteriza por la escasez de actividad orogénica, con predominio de la sedimentación, la aparición de los primeros mamíferos y el gran desarrollo de los reptiles gigantes (dinosaurios, pterosaurios y cocodrilos) y las plantas gimnospermas. Asimismo se denomina *era secundaria.* También *s. m.* **2.** Perteneciente o relativo a esta era.

mesozoos *s. m. pl.* Tipo de animales pluricelulares ciliados que no poseen tejidos diferenciados y son de difícil sistematización. Comprende dos clases, los ortonéctidos y los rombozoos. Su tamaño no sobrepasa los 7 mm, tienen una capa externa de células que envuelve una masa central de células germinadoras y el cuerpo segmentado y dotado de cilios. Son parásitos de invertebrados marinos. También *adj.* y *s. m.*

Messiaen, Olivier (Aviñón 1908 - París 1992) Compositor francés. Fue miembro de *La Jeune France* y uno de los más destacados representantes del serialismo integral. Estudioso del canto de los pájaros y de la música hindú, sus composiciones se caracterizan por la importancia que concede a los modos y ritmos, en los que a menudo se aprecia una clara inspiración oriental. Entre sus obras descuellan *Cuarteto para el fin del tiempo* (1941), *Sinfonía de Turangalila* (1948), *Cuatro estudios sobre ritmo* (1949) y *La transfiguración* (1969).

Mesta, Honrado Concejo de la Agrupación de los ganaderos ovinos de Castilla, reconocida mediante privilegio por el rey Alfonso X en 1273. Las mestas eran asambleas de pastores que en la alta Edad Media se reunían para resolver las cuestiones propias de su oficio. En el curso del tiempo la ganadería trashumante fue creciendo en importancia, sobre todo cuando, tras la batalla de las Navas de Tolosa (1212), los rebaños castellanos tuvieron acceso a los pastizales de la Meseta Sur. El ganado trashumante comenzaba su viaje de las sierras a los pastos de invierno en septiembre y para ello utilizaba las cañadas, vías señaladas entre los cultivos. En su momento de mayor auge, la Mesta llegó a contar con tres millones y medio de cabezas de ganado. Después del s. XVI la institución entró en decadencia, aunque pervivió hasta 1836, año en el que fue sustituida por la Asociación General de Ganaderos del Reino.

mesteño, ña *adj.* **1.** Perteneciente o relativo a la Mesta. **2.** Se dice del animal mostrenco, que no tiene dueño conocido.

mester *s. m.* **1.** Antiguamente, arte, oficio. ‖ **2. mester de clerecía** En la Edad Media española, tipo de poesía erudita compuesta por clérigos o personas cultas. Surgió en el s. XIII. Utiliza la cuaderna vía, estrofa de cuartetos monorrimos de catorce sílabas (alejandrinos), y trata de asuntos religiosos, ascéticos, didácticos, amorosos y legendarios. Su finalidad era didáctica, tomaba como base una obra antigua, preferentemente la *Biblia* o libros de autores latinos, y utilizaba un lenguaje claro y asequible, aunque en él se introducían palabras nuevas y cultismos. Las principales manifestaciones del mester de clerecía fueron las obras de Gonzalo de Berceo, el *Libro de Apolonio*, el *Libro de Alexandre*, el *Libro de buen amor* del Arcipreste de Hita y el *Rimado de Palacio,* del canciller López de Ayala, estos dos últimos ya en el s. XIV. **3. mester de juglaría** Poesía propia de los juglares o poetas populares españoles de la Edad Media. Apareció en el s. XII y a él se deben los primeros poemas épicos en lengua castellana. Las obras tienen carácter anónimo y están sujetas a cambios o variaciones a voluntad del juglar que las recita; la métrica es irregular, con tendencia al verso que oscila entre 13 y 16 sílabas; tratan asuntos heroicos basados en hechos históricos; las obras están destinadas a ser recitadas en público y su lenguaje contiene fórmulas características de la expresión oral. La manifestación más importante del mester de juglaría fue el cantar de gesta.

mestizaje *s. m.* **1.** Mezcla de razas diferentes. **2.** En bot., hibridación*.

mestizar *v. tr.* Mezclar razas mediante el cruce de individuos de razas distintas o variedades diferentes de una misma especie. ■ Se conjuga como *cazar.*

mestizo, za *adj.* **1.** Nacido de padre y madre de diferente raza, especialmente la blanca y la india. También *s.* **2.** Se aplica al animal o vegetal producto del cruce de distintas razas o variedades de una misma especie.

Mestres, Apel·les (Barcelona 1854 - íd. 1936) Dibujante y escritor español. Fue un importante ilustrador y caricaturista, así como poeta y compositor de canciones populares. Se inició en el estilo del Romanticismo y posteriormente se advierten en su obra rasgos modernistas.

mesura *s. f.* **1.** Corrección y serenidad en actitudes, gestos y palabras. **2.** Moderación, prudencia.

mesurado, da **1.** *p. p.* de **mesurar**. ‖ *adj.* **2.** Que actúa o habla con mesura. **3.** Hecho o dicho con mesura. **FAM.** Mesuradamente.

mesurar *v. tr.* Infundir mesura, moderar, contener. También *v. prnl.*

meta *s. f.* **1.** Línea en la que termina una carrera. **2.** Fin que se pretende alcanzar. **3.** En algunos deportes, portería. **4.** En los circos romanos, cada uno de los pilares que señalaban los extremos de la espina. ‖ *s. m.* **5.** En algunos deportes, portero.

meta- *pref.* **1.** Significa 'más allá', 'después', 'junto', 'cambio': *metalenguaje, metamorfosis.* **2.** Se utiliza en la nomenclatura química para indicar particularidades de ciertos compuestos. En los compuestos inorgánicos se utiliza para nombrar a los oxácidos que resultan de la reacción entre un óxido no metálico y una sola molécula de agua, p. ej. el ácido metafosfórico. En los compuestos orgánicos se emplea para indicar la situación en la que dos radicales de un anillo bencénico se encuentran en átomos de carbono alternos; en este caso no se escribe el prefijo completo, sino solamente la letra *m* seguida de guión, p. ej. el m-nitrotolueno.

Meta **1.** Río de Colombia, afluente del Orinoco. 1.060 km de longitud. Nace en la cordillera oriental de los Andes, atraviesa la región de Los Llanos, forma frontera con Venezuela y desemboca en el Orinoco a la altura de Puerto Carreño. **2.** Departamento de Colombia, situado en el sector central del país, en la cordillera oriental de los Andes y Los Llanos. 85.635 km^2. 474.000 h. en 1986. La capital es Villavicencio, con 218.600 h. en 1985. Sus recursos económicos proceden de los cultivos de maíz, arroz, yuca, caña de azúcar y tabaco, de la explotación forestal y de las minas de oro.

metábasis *s. f.* Fenómeno que se produce cuando una palabra que pertenece a una determinada categoría gramatical pasa a desempeñar una función propia de otra categoría. Así el adjetivo *azul,* en la expresión *el azul del mar,* funciona como sustantivo.

metabolismo *s. m.* Conjunto de reacciones químicas que se dan en las células vivas. Comprende dos grandes grupos de reacciones: las de síntesis, que forman sustancias más complicadas a partir de otras más sencillas (anabolismo), y las de análisis, que destruyen las sustancias complejas descomponiéndolas en otras más simples (catabolismo). Las primeras requieren el aporte de energía, mientras que las segundas normalmente la liberan. **FAM.** Metabólico.

metacarpiano, na *adj.* **1.** Se dice de cada uno de los cinco huesos del metacarpo; se numeran empezando por el correspondiente al pulgar. También *s. m.* **2.** Perteneciente al metacarpo.

metacarpo *s. m.* Esqueleto de la palma de la mano, que está formado por cinco huesos alargados. Se encuentra entre el carpo y las falanges de los dedos.

metacentro *s. m.* Punto de intersección de una línea vertical imaginaria que pasa por el centro de flotación de un cuerpo que no está en equilibrio y la recta que une el centro de flotación con el de gravedad cuando el cuerpo está en equilibrio. El equilibrio del cuerpo es estable si el metacentro está por encima de su centro de gravedad. **FAM.** Metacéntrico.

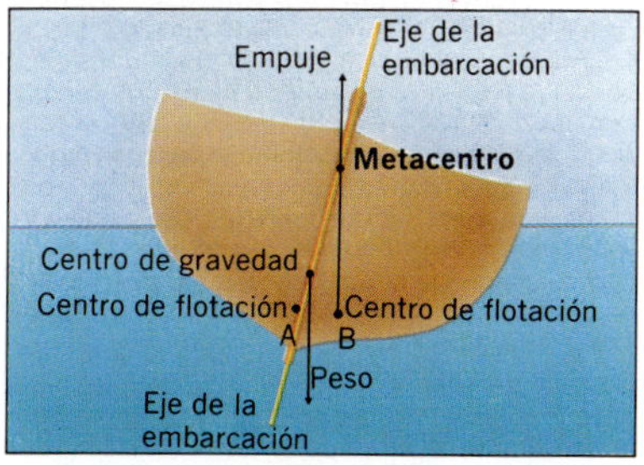

Metacentro: cuando el barco no está en equilibrio, el centro de flotación A se traslada a B.

metacrilato *s. m.* Nombre genérico de los ésteres del ácido metacrílico, usados en la industria del plástico.

metacrílico, ca *adj.* **1.** Perteneciente o relativo al ácido metacrílico. ‖ **2. ácido metacrílico** Compuesto ácido ($CH_2{=}C[CH_3]{-}CO_2H$), que se obtiene por acción del ácido sulfúrico sobre el nitrilo. Es un sólido cristalino, soluble en agua caliente y cuyos ésteres, los metacrilatos, se usan en la fabricación de plásticos y vidrios.

metadona *s. f.* Producto farmacéutico de efectos semejantes a los de la morfina y la heroína, que se utiliza para desintoxicar a los drogadictos; su uso produce dependencia.

metafase *s. f.* Fase intermedia de la mitosis celular.

metafísica *s. f.* Parte de la filosofía cuyo objeto es el estudio del ser en cuanto ser, esto es, de los primeros principios y causas de todo lo real. Su propósito es determinar la naturaleza verdadera de todas las cosas, el significado, la estructura y el fundamento de todo lo que existe. El primer tratado de metafísica pertenece a Aristóteles, quien denominó a esta disciplina *filosofía primera*, por oposición a la filosofía segunda o ciencias particulares. Kant sostuvo la imposibilidad de concebir la metafísica como una ciencia, pero mostró su necesidad en el ámbito de la moral, al constituir un postulado de la razón práctica.

metafísico, ca *adj.* **1.** Perteneciente o relativo a la metafísica. **2.** Se dice de la persona que estudia metafísica. También *s.* **3.** Abstracto y difícil de comprender. ‖ **4. pintura metafísica** Movimiento pictórico creado por Giorgio de Chirico en torno a la primera década del s. XX, que supuso una reacción contra el futurismo y constituye un claro antecedente del surrealismo. Otros cultivadores de este tipo de pintura fueron Carlo Carrà, Filippo de Pisis y Giorgio Morandi. Recibió el calificativo de metafísica por el carácter enigmático e inquietante de sus paisajes y bodegones. **5. poesía metafísica** Corriente poética inglesa de principios del s. XVII, en la que destacan autores como John Donne, George Herbert, Richard Crashaw, entre otros, y cuya obra se caracteriza por la complejidad formal, el contenido filosófico y religioso y el frecuente uso de metáforas. **FAM.** Metafísicamente.

metafita *s. f.* **1.** Vegetal pluricelular caracterizado por poseer tejidos que forman órganos, sistemas y aparatos. ‖ *pl.* **2.** Reino vegetal. (Véase **planta**.)

metáfora *s. f.* Figura literaria que consiste en usar palabras en un sentido distinto del que tienen propiamente, pero guardando con éste cierta relación de semejanza. Así, cuando García Lorca dice «cinco toros de *azabache*», traslada a los toros el color negro del azabache.

metafórico, ca *adj.* **1.** Relativo a la metáfora o que contiene metáfora. **2.** Figurado.

metagénesis *s. f.* En biol., alternancia* generacional.

metagoge *s. f.* Variedad de la metáfora que consiste en aplicar a seres inanimados palabras que significan acciones o sentimientos propios de seres animados, como p. ej. en *llora la Luna*.

metal *s. m.* **1.** Elemento químico sólido a la temperatura ambiente (excepto el mercurio), de brillo característico, buen conductor del calor y de la electricidad, y cuyos átomos poseen como máximo tres electrones en su capa más externa. Su carácter metálico viene determinado por la tendencia a ceder dichos electrones, esto es, a convertirse en un ion positivo. Un elemento es tanto más metálico cuanto más abajo y más a la izquierda esté situado en el sistema periódico. **2.** Latón*. **3.** Timbre de voz o de sonido. **4.** Conjunto de instrumentos de viento de una orquesta o banda, hechos generalmente de latón. ‖ **5. metal blanco** Aleación que imita la plata y que consiste en estaño mezclado con plomo, bismuto, cobre, antimonio u otros metales. **6. metal noble** (o **precioso**) La plata, el oro o el platino. **7. vil metal** El dinero.

metalenguaje *s. m.* Lenguaje empleado para definir y estudiar las propiedades del propio lenguaje o de otro.

metálico, ca *adj.* **1.** De metal o relativo a él. **2.** De sonoridad parecida a las de los instrumentos de metal. ‖ *s. m.* **3.** Dinero en monedas y, p. ext., dinero en efectivo, sean monedas o billetes. ‖ **4. enlace metálico** En quím., enlace característico de los metales, mediante el cual sus átomos ceden electrones con facilidad, transformándose en iones positivos, al tiempo que los electrones forman una nube electrónica que es atraída por igual por todos los cationes.

Metálicos, montes Sistema montañoso del centro de Europa que se extiende entre Alemania y Checoslovaquia, separando el Land de Sajonia de Bohemia. Su pico más alto es el Klinovec, con 1.250 m.

metalífero, ra *adj.* Que contiene metal.

metalingüístico, ca *adj.* **1.** Perteneciente o relativo al metalenguaje o a la metalingüística. ‖ *s. f.* **2.** Estudio de las relaciones e influencias mutuas entre la lengua y los factores culturales y sociales de un pueblo.

metalismo *s. m.* En econ., teoría que sostiene que el valor nominal de las monedas debe ser exactamente el del propio valor del metal que contienen. Se practicó en gran parte de la Edad Media y durante el mercantilismo.

metalista *adj.* **1.** Perteneciente o relativo al metalismo. ‖ *s. m.* y *f.* **2.** Persona que trabaja con metales.

metalizar *v. tr.* **1.** Hacer que un cuerpo adquiera propiedades metálicas. **2.** Cubrir algo con una ligera capa de metal. **3.** Dar reflejos metálicos a un color. ‖ *v. prnl.* **4.** Convertirse una cosa en metal o adquirir sus propiedades. ■ Se conjuga como *cazar*.

metalografía *s. f.* **1.** Parte de la metalurgia que estudia la estructura, composición y propiedades de los metales y de sus aleaciones. **2.** En artes gráficas, procedimiento de impresión mediante una plancha de cinc o de aluminio.

metaloide *s. m.* En quím., denominación, ya en desuso, que se otorga a los elementos que, teniendo más de cuatro electrones en su nivel de valencia, presentan ciertas características metálicas, como el arsénico y el antimonio. Hoy en día tan sólo se habla de metales y no metales.

metalurgia *s. f.* **1.** Técnica de extraer los metales de los minerales que los contienen, de tratarlos y elaborarlos. **2.** Conjunto de estudios sobre la obtención, tratamiento y uso de los metales.

metalúrgico, ca *adj.* **1.** Perteneciente o relativo a la metalurgia. **2.** Se dice de la persona que trabaja en metalurgia. También *s.*

metamería *s. f.* En biol., repetición de partes de un animal a lo largo del eje longitudinal del cuerpo. Es característica de anélidos, artrópodos y ciertos moluscos. Se llama también *segmentación*.

metámero *s. m.* En biol., cada uno de los segmentos en que se dividen los cuerpos de los anélidos y artrópodos.

metamórfico, ca *adj.* Se dice de los minerales y rocas que han sufrido metamorfismo. Los minerales metamórficos pueden estar asociados con rocas ígneas, con rocas sedimentarias o ser metamórficos peculiares, es decir, formados exclusivamente por acciones metamórficas. Entre estos últimos se encuentran los del grupo de la andalucita, los granates, la clorita, la serpentina, el talco y el grafito. Las rocas metamórficas se llaman también *estratocristalinas*, porque suelen conservar la disposición estratigráfica de la roca sedimentaria y sus componentes minerales suelen estar cristalizados. Las más comunes son los mármoles, las cuarcitas, las pizarras, las micacitas, los esquistos y los gneis. También *s.*

metamorfismo *s. m.* Conjunto de transformaciones de las rocas en el interior de la corteza terrestre a causa de las elevadas temperaturas, las presiones y diversos factores químicos. Las transformaciones metamórficas no sólo provocan cambios de forma de los materiales, sino también estructurales, químicos y mineralógicos, y convierten una roca en otra distinta. Los factores del metamorfismo son la temperatura, la presión y el metasomatismo. La temperatura actúa al ir aumentando la profundidad o por contacto de los materiales con el magma, y da lugar al llamado **metamorfismo térmico** o **de contacto**. La presión puede manifestarse de tres modos: como presión de carga, o peso de la columna de materiales que hay sobre una zona rocosa, y da lugar al **metamorfismo estático**; como presión lateral, provocada por fuerzas procedentes de los lados de la zona afectada, y da lugar al **metamorfismo dinámico**, y como presión hidrostática, que es igual en todas las direcciones, y da lugar al **metamorfismo hidrostático**. El metasomatismo comprende todo tipo de acciones y reacciones químicas debidas al intercam-

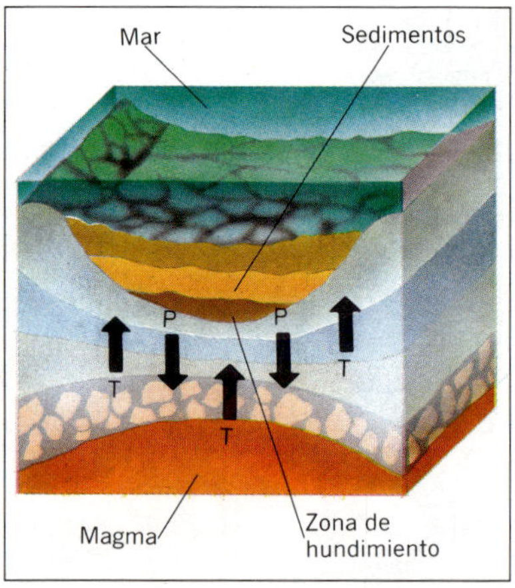

En los procesos de metamorfismo regional actúan dos factores contrapuestos: la temperatura del magma (T) y la presión descendente provocada por el peso de los depósitos sedimentarios acumulados (P).

bio de sustancias entre los conjuntos rocosos. Cuando el metamorfismo afecta a extensiones de cientos o miles de kilómetros, se denomina **metamorfismo regional** o **general**, pues en él actúan todos los factores de metamorfismo. **FAM.** Metamorfizar.

metamorfosear *v. tr.* Producir una metamorfosis. También *v. prnl.*

metamorfosis o **metamórfosis** *s. f.* **1.** Cambio profundo en alguien o algo. **2.** Proceso de transformaciones morfológicas y fisiológicas por el que ciertos animales alcanzan el estado adulto a partir de la eclosión de un huevo. Durante la metamorfosis tiene lugar destrucción de tejidos (histólisis) y creación de otros nuevos (histogénesis), y aparecen nuevos órganos para reemplazar a los larvarios; p. ej., el renacuajo de la rana pierde su órgano respiratorio branquial y desarrolla la respiración pulmonar. **3.** Transformación de una divinidad o de algún ser humano o semihumano por intervención de los dioses.

metanal *s. m.* Formaldehído*.

metanero *s. m.* Buque cisterna que se utiliza para el transporte del metano licuado.

metano *s. m.* CH_4. Hidrocarburo alifático, primero y más simple de la serie de los alcanos. Es un gas que se forma durante la descomposición anaerobia de la materia orgánica (gas de los pantanos) y el principal componente del gas natural. Es incoloro e inodoro y tiene gran capacidad de inflamarse, por lo que se usa como combustible y como materia prima para la elaboración de numerosos productos químicos. Combinado con el oxígeno del aire produce el grisú, una peligrosa mezcla explosiva.

metanoico, ácido Ácido fórmico*.

metanol *s. m.* CH_3OH. Alcohol metílico, el más sencillo de los alcoholes. Es un líquido incoloro muy tóxico; su ingestión produce trastornos digestivos, daños a la visión y, en dosis elevadas, la muerte. Se obtiene de la destilación seca de la madera o mediante la reacción entre el monóxido de carbono y el hidrógeno, a presión y temperatura elevadas, en presencia de cobre y óxidos metálicos que actúan como catalizadores. Se emplea como aditivo de combustibles líquidos. También es llamado *alcohol de madera*.

metapsíquica *s. f.* Parapsicología*.

metasomatismo *s. m.* En geol., cambio de composición química debido al intercambio de sustancias entre conjuntos rocosos.

Metastasio, Pietro (Roma 1698 - Viena 1782) Poeta y libretista italiano. Poeta de corte en Viena desde 1730, alcanzó la fama como escritor de libretos para óperas, llegando a ser utilizados algunos de ellos hasta 70 veces. Entre los numerosos compositores que pusieron música a sus textos se encuentran Vivaldi, Haendel, Gluck, Meyerbeer, Mozart, Jommelli, Paisiello y Piccinni. Algunas de sus obras más populares son los libretos *Dido abandonada* (1724), *Alejandro en la India* (1727), *La clemencia de Tito* (1734) y *Olimpiada* (1733); y su oratorio *La pasión de Jesucristo* (1730).

metástasis *s. f.* Reproducción de una enfermedad o tumor en otros puntos distintos del organismo.

metatarsiano, na *adj.* **1.** Se dice de cada uno de los huesos del metatarso. También *s. m.* **2.** Perteneciente o relativo al metatarso.

metatarso *s. m.* Esqueleto de la parte intermedia del pie, formado por cinco huesos alargados (huesos metatarsianos). Se encuentra entre el tarso y las falanges de los dedos.

metate *s. m. Amér. C., Méx.* Piedra de moler grano.

metaterios *s. m. pl.* Infraclase de mamíferos terios que comprende el orden único marsupiales. También *adj.* y *s. m.*

metátesis *s. f.* Cambio de lugar de uno o varios fonemas en el interior de una palabra, como *prejudicar* por *perjudicar*.

metatórax *s. m.* Segmento posterior del tórax de los insectos, que se encuentra entre el mesotórax y el abdomen.

Metaxas, Ioannis (Ítaca 1871 - Atenas 1941) Militar y político griego. Partidario del rey Constantino, lo siguió al exilio (1917). De nuevo en Grecia, fundó el Partido Monárquico Liberal (1920) y tuvo otra vez que exiliarse con el advenimiento de la república (1923-35). Tras la restauración de Jorge II, fue primer ministro. Abolió la Constitución y estableció un régimen dictatorial (1936). En 1940 se alió con Gran Bretaña y rechazó el ultimátum italiano.

metazoos *s. m. pl.* Reino animal formado por seres pluricelulares de nutrición heterótrofa, es decir, que necesitan materia orgánica y oxígeno para vivir, y cuyas células son eucarióticas y se van organizando, a medida que se asciende en la escala evolutiva, en tejidos, órganos, sistemas y aparatos para la realización de las tres funciones vitales de todo ser vivo: nutrición, relación y reproducción. Se clasifican en tres grandes ramas: los mesozoos; los parazoos, que comprende los tipos poríferos, y placozoos; y los eumetazoos, que comprende los tipos celentéreos, platelmintos, nematodos, anélidos, moluscos, artrópodos, equinodermos y cordados. También *adj.* y *s. m.*

meteco, ca *adj.* En la antigua Grecia, se aplicaba al extranjero que se establecía en una ciudad; disfrutaba de derechos civiles, pero no de derechos políticos. También *s.*

metedura *s. f.* **1.** Acción y efecto de meter. ‖ **2. metedura de pata** *fam.* Equivocación muy llamativa o inoportuna.

Metelo, Quinto Cecilio (segunda mitad del s. II a. C.) General y político romano. Alcanzó el consulado en el 123 a. C. Conquistó las islas Baleares (123-121 a. C.) y estableció una colonia en Palma de Mallorca.

metempsicosis o **metempsícosis** *s. f.* Reencarnación, paso del alma de un cuerpo a otro, humano o animal, después de la muerte; también, doctrina que lo sostiene. Forma parte de las creencias de algunas religiones como el hinduismo y el budismo, de sectas antiguas como las de los pitagóricos, gnósticos y maniqueos, y del pensamiento de filósofos como Platón.

meteórico, ca *adj.* **1.** Perteneciente o relativo a los meteoros. **2.** Que se realiza o sucede con enorme rapidez.

meteorismo *s. m.* Acumulación de gases en el intestino.

meteorito *s. m.* Cuerpo sólido, rocoso o metálico, de pequeño tamaño, que gravita en el espacio interplanetario girando en órbitas elípticas alrededor del Sol. Algunos de estos cuerpos, por efecto de la atracción gravitatoria de la Tierra, penetran en la atmósfera terrestre y entran en incandescencia a causa del rozamiento con el aire, por lo que son visibles en la noche (estrella fugaz). Algunos fragmentos llegan a la superficie de la Tierra. En planetas o satélites que carecen de atmósfera, como la Luna, producen cráteres al chocar con la superficie. El principal elemento de su composición es el hierro.

meteorización *s. f.* Acción de los agentes erosivos externos, como el agua, el viento, los cambios de temperatura o el hielo y deshielo, sobre las rocas y minerales de la corteza terrestre. Puede ser **mecánica**, si sólo causa modificación de la forma externa, como consecuencia principalmente del agua y de los cambios de temperatura (p. ej., al helarse el agua que se ha introducido por las pequeñas grietas de una roca aumenta de volumen y puede romper la roca); o **química**, cuando se produce una alteración de la estructura química de los materiales, debida a constituyentes de la atmósfera como el dióxido de carbono, el vapor de agua, el oxígeno y el agua de lluvia.

meteorizar *v. tr.* **1.** Causar meteorización. **2.** Causar meteorismo. ‖ *v. prnl.* **3.** Sufrir la tierra la influencia de los agentes atmosféricos. ▪ Se conjuga como *cazar*.

meteoro o **metéoro** *s. m.* Cualquiera de los fenómenos naturales que se originan en la atmósfera, como la lluvia, la nieve, el granizo (acuosos), el viento (eólicos), el arco iris (luminosos) o el rayo (eléctricos).

meteorógrafo *s. m.* Instrumento que sirve para registrar diversos fenómenos atmosféricos. Lleva incorporados termómetros y barómetros conectados a un aparato registrador o a un emisor de radio.

meteorología *s. f.* Parte de la geofísica que estudia y describe los fenómenos naturales que suceden en la atmósfera y que dan lugar al tiempo atmosférico. Mediante el registro de los datos de variables atmosféricas, tales como la humedad, presión, temperatura, nubosidad, irradiación solar, etc., el análisis de su evolución y las relaciones entre ellas, la meteorología intenta predecir el tiempo que hará en días venideros. Hasta el s. XX se mantuvo en un estadio de simple observación; desde entonces conoció un rápido desarrollo, que se aceleró durante las dos guerras mundiales y que ha tenido como máximo avance el uso de satélites artificiales.

meteorológico, ca *adj.* Perteneciente o relativo a la meteorología o a los meteoros.

meteorólogo, ga *s. m.* y *f.* Persona que se dedica a la meteorología.

metepatas *s. m.* y *f.* Persona inoportuna, que mete la pata.

meter *v. tr.* **1.** Poner una cosa dentro de otra, entre otras o en el interior de algún sitio. También *v. prnl.* **2.** Poner una persona a otra en algún sitio, colocación, etc., utilizando su influencia, poder o autoridad. **3.** Hacer soportar a una persona algo pesado o desagradable. **4.** Poner a una persona en situación comprometida o desagradable. También *v. prnl.* **5.** Con voces como *miedo*, *prisa*, *ruido*, etc., ocasionarlo o causarlo. **6.** Con *cuento*, *trola* y semejantes, hacérselos creer a alguien, engañar. **7.** Ingresar dinero en el banco, una cuenta, etc., o invertirlo. **8.** *fam.* Con palabras como *puñetazo*, *bofetada*, *paliza*, etc., darlo. **9.** Acortar o estrechar una prenda, cortina, etc., o parte de ella. También *v. prnl.* **10.** Aplicar con decisión un instrumento o herramienta. **11.** Accionar las marchas de un coche. **12.** *fam.* Con palabras como *pata*, *gamba* o *cazo*, equivocarse o decir algo inoportuno. **13.** Inculcar algo en alguien. ‖ *v. prnl.* **14.** Entrar, introducirse: *Le vieron meterse en el bar.* **15.** Implicarse, intervenir, comprometerse. **16.** Seguir un estado, vocación, profesión, oficio, etc. **17.** Ponerse a hacer algo. **18.** Con la prep. *con*, provocar, molestar, insultar, atacar, etc. **19.** En frases interrogativas, estar. **20.** Con palabras como *cabeza*, *mollera*, *coco*, etc., empeñarse, obstinarse en algo. ▪ En esta acepción, sólo se usa en 3.ª persona del singular. **21.** *Arg.* Referido a ropa, ponérsela. ‖ **LOC. a todo meter** *adv.* Con gran rapidez o intensidad. **meterse** alguien algo (**en** o **por**) **donde le quepa** *vulg.* Expresa el enfado con que se rechaza una cosa. **meterse por medio** Intervenir en una disputa o trato; también, obstaculizar o impedir que algo se realice o desarrolle. **FAM.** Metimiento.

meterete *adj. fam. Arg.* Entrometido. También *s.*

metete *adj. fam. Amér. C., Chile, Perú.* Entrometido. También *s.*

Metge, Bernat (Barcelona h. 1350 - ? h. 1410) Escritor español en lengua catalana. Estuvo al servicio del rey de Aragón Juan I. Recibió la influencia literaria de Petrarca. Se conservan, entre otras, sus obras *El sueño*, en prosa, y el *Libro de Fortuna y Prudencia*, en verso.

metiche *adj. Chile, Méx. fam.* Entrometido. También *s.*

meticón, na *adj. fam.* Entrometido, que se mete en lo que no le importa. También *s.* ▪ Se dice también *metijón*.

meticulosidad *s. f.* Cualidad de meticuloso.

meticuloso, sa *adj.* Se dice de la persona que hace las cosas con mucho cuidado, exactitud y detalle, y de las cosas así hechas. **FAM.** Meticulosamente.

metido, da **1.** *p. p.* de **meter**. También *adj.* ‖ *adj.* **2.** Concentrado, ocupado, comprometido. **3.** *amer.* Entrometido. También *s.* ‖ *s. m.* y *f.* **4.** Empuje, impulso, avance. ‖ *s. m.* **5.** *fam.* Puñetazo, golpe. **6.** Aquello que se mete, particularmente tela en las costuras.

metijón, na *adj. fam.* Meticón*.

metilbutadieno *s. m.* Isopreno*.

metílico, ca *adj.* **1.** Que contiene metilo. **2.** Se dice de algunos derivados del metano.

metilo *s. m.* $-CH_3$. Radical monovalente, derivado del metano por la eliminación de un átomo de hidrógeno. Es componente del alcohol metílico y de otros cuerpos.

metisaca *s. m.* En tauromaquia, estocada sin soltar la espada, en la que el torero, después de herir al toro, se lleva el estoque en la mano.

metódico, ca *adj.* **1.** Que se hace con método y detalle. **2.** Que actúa o trabaja con método y orden.

metodismo *s. m.* Movimiento religioso cristiano que surgió en Inglaterra en el s. XVIII por la predicación de John Wesley en un intento de renovar la Iglesia anglicana, de la que se separó en 1739, y que se caracteriza por el rigor en la práctica religiosa, la oración, las obras de caridad y la importancia que da a la experiencia de conversión espiritual sentida personalmente. En la actualidad se halla extendido por todo el mundo anglosajón, especialmente en EE UU; cuenta con unos 43 millones de fieles y está dividido en gran número de Iglesias. **FAM.** Metodista.

metodizar *v. tr.* Poner método y orden en algo. ▪ Se conjuga como *cazar*.

SÍMBOLOS CONVENCIONALES DE LOS FENÓMENOS METEOROLÓGICOS

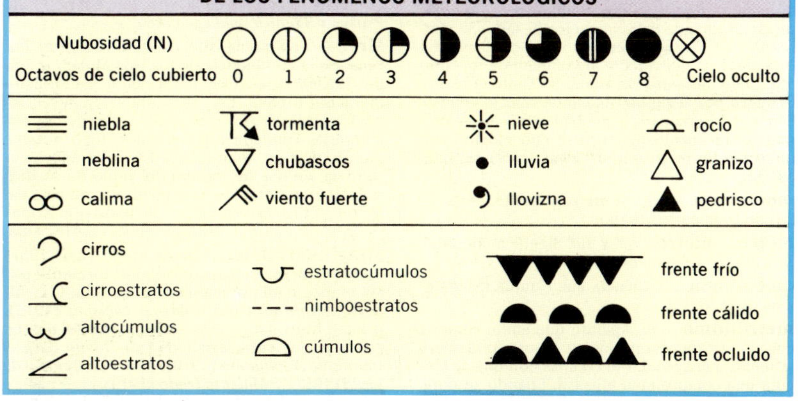

método *s. m.* **1.** Conjunto ordenado de operaciones orientadas a la obtención de un resultado. **2.** Procedimiento o modo de obrar de cada persona. **3.** Conjunto de reglas y ejercicios para enseñar una técnica, arte, disciplina, etc. ‖ **4. método experimental** Método científico que se basa en la observación directa del fenómeno que se quiere estudiar y tiene las siguientes fases: planteamiento de la incógnita que se desea resolver; diseño del experimento, que incluye la definición de las variables que hay que considerar y la selección de los instrumentos de medida; realización del experimento y recogida de datos; análisis de los datos; obtención de conclusiones. Alcanza su máxima expresión en el trabajo de laboratorio.

metodología *s. f.* **1.** Parte de la teoría de la ciencia que estudia la forma de proceder del conocimiento científico. **2.** Aplicación de un método.

metomentodo *s. m.* y *f.* Entrometido*.

metonimia *s. f.* Figura retórica que consiste en designar una cosa con el nombre de otra, tomando el efecto por la causa, el instrumento por el agente, el signo por la cosa que significa, etc., como p. ej. *las canas* por *la vejez*; representaron *un Shakespeare*, por *una obra de Shakespeare*; beber *un jerez*, por *una copa de jerez*. **Fam.** Metonímico.

metopa o **métopa** *s. f.* Elemento arquitectónico decorativo situado entre dos triglifos en los frisos dóricos.

metoposcopia *s. f.* Adivinación del porvenir por las líneas del rostro.

metraje *s. m.* Longitud o extensión en metros de una película cinematográfica. Según esta extensión, las películas se dividen en cortometrajes, mediometrajes y largometrajes.

metralla *s. f.* **1.** Trozos pequeños de metal, clavos, tornillos, etc., con los que se rellenan determinados tipos de bomba o artefacto explosivo y esta misma munición hecha pedazos tras la explosión. **2.** Fragmentos pequeños de hierro o de cobre que se recuperan para fundirlos de nuevo. **3.** *fam.* Conjunto de monedas de poco valor.

metrallazo *s. m.* Disparo hecho con metralla por una pieza de artillería y daño que produce.

metralleta *s. f.* Denominación incorrecta, aunque generalizada, que se aplica a diversas armas de fuego automáticas portátiles, capaces de disparar repetidamente, como el subfusil.

-metría *suf.* Significa 'medida': *cronometría*, *audiometría*.

métrica *s. f.* Arte que trata de la composición y medida de los versos y de sus combinaciones.

métrico, ca *adj.* **1.** Perteneciente o relativo al metro, unidad física. **2.** Perteneciente o relativo al metro o medida del verso. **Fam.** Métricamente.

metrificar *v. intr.* Versificar*. **Fam.** Metrificación, metrificador.

metritis *s. f.* Inflamación de la matriz.

metro[1] (del gr. *metron*, medida) *s. m.* **1.** Unidad fundamental de longitud en el Sistema Internacional, que se define como la distancia que recorre la luz en 1/299.792 milésimas de segundo. Su símbolo es *m*. **2.** Utensilio de medida que tiene marcada la longitud de esta unidad y sus divisores, como centímetros y milímetros. **3.** Medida de los versos. ‖ **4. metro cuadrado** Unidad de medida de superficie, equivalente al área de un cuadrado que tiene un metro de lado. Su símbolo es m^2. **5. metro cúbico** Unidad de medida de volumen, equivalente al volumen de un cubo que tiene un metro de arista. Su símbolo es m^3. **6. metro por segundo** Unidad de velocidad en el Sistema Internacional, equivalente a la velocidad de un móvil que recorre con movimiento uniforme un metro en un segundo. Su símbolo es *m/s*.

metro[2] *s. m. apóc.* de **metropolitano**. Ferrocarril de transporte urbano.

metro-, -metro *pref.* y *suf.* Significa' medida': *metrología*, *termómetro*.

metrología *s. f.* Ciencia que estudia los sistemas de medidas.

metrónomo *s. m.* Aparato que emite sonidos con una frecuencia periódica. Se usa fundamentalmente para regular el compás con que se ejecuta una composición musical. Cuando se pone en movimiento, el sonido del péndulo que oscila señala el grado de rapidez o lentitud con que debe ejecutarse la obra.

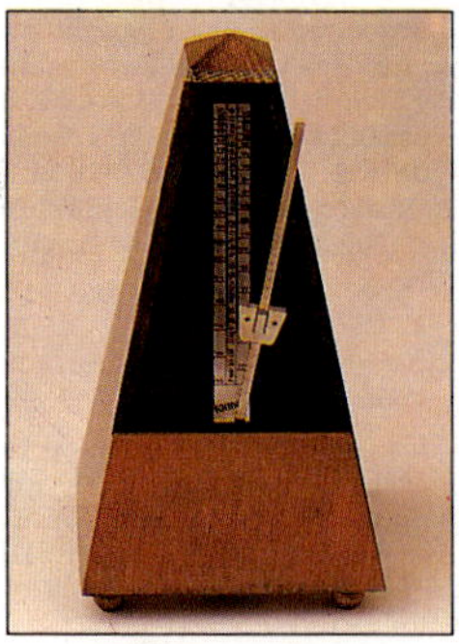

Metrónomo.

metrópoli o **metrópolis** *s. f.* **1.** Ciudad principal o muy importante de una provincia, región o estado. **2.** Estado o ciudad respecto de sus colonias o territorios exteriores. **3.** Sede arzobispal de la que dependen otras diócesis.

metropolitano, na *adj.* **1.** Perteneciente o relativo a la metrópoli. **2.** Se dice de la iglesia o diócesis que comprende varias diócesis. **3.** Aplicado a *obispo*, arzobispo que gobierna esta diócesis. También *s. m.* ‖ *s. m.* **4.** Ferrocarril eléctrico, subterráneo o elevado, utilizado como medio de transporte en las grandes ciudades.

metrorragia *s. f.* Hemorragia anormal del útero, fuera de la menstruación.

Metsu, Gabriel (Leiden 1629 - Amsterdam 1667) Pintor neerlandés. Se supone que fue discípulo de Dou. Vivió en Amsterdam desde 1657 y pintó cuadros de género e interiores. Entre sus obras destacan *Joven escribiendo una carta*, *El niño enfermo*, *El desayuno* y *La vendedora de aves*.

Metsys o **Massys, Quentin** (Lovaina h. 1466 - Amberes 1530) Pintor flamenco. En su obra, de estilo renacentista, aúna la tradición flamenca con las innovaciones de la pintura italiana. Está considerado como el fundador de la escuela de Amberes. Entre sus principales cuadros figuran los trípticos *Linaje de Santa Ana* (1510) y *Entierro de Cristo* (1509-1511), el retrato de Erasmo y *El prestamista y su mujer*.

Metternich-Winneburg, Klemens, príncipe de (Coblenza 1773 - Viena 1859) Político austriaco. Ministro de Asuntos Exteriores desde 1809, contó con la plena confianza del emperador Francisco I e inspiró la política de la Restauración, estrategia global europea que se plasmó, tras la derrota de Napoleón, en el Congreso de Viena (1814-15). Restableció la hegemonía austriaca en Italia y Alemania, defendió el restablecimiento de las monarquías absolutas derribadas por los primeros movimientos revolucionarios y el derecho de intervención de los aliados en los países donde se produjeran movimientos liberales o nacionalistas, como p. ej. sucedió en España en 1823. En 1848 dimitió tras el levantamiento liberal de Viena.

Mettrie, Julien Offroy de La (Saint-Malo 1709 - Berlín 1751) Filósofo y médico francés. Es uno de los principales representantes del materialismo del s. XVIII, con obras como *Historia natural del alma* (1745), que le obligó a huir de Francia y refugiarse en la corte de Federico II de Prusia, y *Política médica* (1746).

Metz C. de Francia, situada en la región de Lorena, en la confluencia de los ríos Mosela y Seille. 120.000 h. en 1990 y 186.500 h. en su aglomeración urbana. Es puerto fluvial y posee industria metalúrgica, mecánica, eléctrica y alimentaria. Fundada por los galos, tuvo notable importancia en la antigüedad y en la época carolingia, en que fue capital del reino de Austrasia. Alberga notables monumentos, como la catedral gótica (s. XIII-XIV) y la plaza de Armas (s. XVIII). De 1870 a 1919 perteneció a Alemania.

Metzinger, Jean (Nantes 1883 - París 1957) Pintor francés. Cubista, pasó anteriormente por las etapas neoimpresionista y fauvista. Con Albert Gleizes escribió *Sobre el cubismo* (1912), primer libro sobre este estilo. Algunos de sus cuadros más característicos son *Dibujo para el retrato de Apollinaire* (1910), *Mujer de frente y de perfil* (1917) y *Mujer tejiendo* (1919).

MeV Símbolo del megaelectronvoltio.

Mexía, Pedro (Sevilla h. 1500 - íd. 1551) Escritor español. Estudió en Sevilla y Salamanca y fue caballero veinticuatro de Sevilla. En su afán divulgador escribió la *Silva de varia lección* (1542), libro misceláneo de lecturas y curiosidades. También es autor de seis *Coloquios*, así como de una *Historia imperial y cesárea* (1548) y de una *Historia de Carlos V*, que le valieron el nombramiento de cronista del emperador.

mexica *adj.* Azteca*.

Mexicali C. de México, cap. del estado de Baja California, situada en el N del mismo, junto a la frontera de EE UU. 361.000 h. en 1982. Es el centro urbano de una rica región agrícola y posee industria alimentaria, química, siderúrgica y textil.

mexicanismo *s. m.* Palabra o giro característico del español de México. ▪ Se escribe también *mejicanismo*, que es como se pronuncia.

mexicano, na *adj.* De México. También *s.* ▪ Se escribe también *mejicano*, que es como se pronuncia.

México Estado de América del Norte.

Extensión: 1.958.201 km^2.
Límites: al N, con EE UU; al E, con el océano Atlántico; al S, con Guatemala, Belice y el océano Pacífico, y al O, con el océano Pacífico.
Población: 81.883.000 h. en 1990.
Densidad: 41,8 h./km^2.
Capital: Ciudad de México D.F.
División administrativa: estados de Aguascalientes, Baja California, Baja California Sur, Campeche, Coahuila, Colima, Chiapas, Chihuahua, Durango, Guanajuato, Guerrero, Hidalgo, Jalisco, México, Michoacán, Morelos, Nayarit, Nuevo León, Oaxaca, Puebla, Querétaro, Quintana Roo, San Luis Potosí, Sinaloa, Sonora, Tabasco, Tamaulipas, Tlaxcala, Veracruz, Yucatán y Zacatecas y un distrito federal.
Ciudades principales: Guadalajara, Ciudad Netzahualcóyotl, Monterrey, Puebla, León, Ciudad Juárez, Tijuana, Mérida, Chihuahua.
Gentilicio: mexicano.
Forma de Estado: república federal.
Idioma: español.
Religión: catolicismo, 92,6 %; protestantismo, 3,3 %.
Moneda: peso.
Tasa de natalidad: 30 ‰ en 1990.
Tasa de mortalidad: 6 ‰ en 1990.
Renta per cápita: 1.990 dólares en 1989.

Geog. física El relieve de México se dispone en torno a una altiplanicie, la Mesa Central, que supera los 2.000 m de altitud, rodeada por varias cadenas montañosas: al O la Sierra Madre Occidental, al E la Sierra Madre Oriental y al S la Cordillera Neovolcánica. Al S de esta última se encuentran la depresión del río Balsas, la Sierra Madre del Sur, la Sierra Madre de Oaxaca, la Sierra Atravesada y la Sierra Madre de Chiapas. A oriente y occidente, en las costas del golfo de México y del océano Pacífico, se extienden sendas planicies costeras. El territorio mexicano se completa con dos grandes penínsulas: la de California en el NO, donde se alza la Cordillera

México: la Sierra Madre Occidental, en la región de Nácori Chico, estado de Sonora.

Surcaliforniana, y la de Yucatán en el SE, con relieve llano. La red hidrográfica consta de dos vertientes: la atlántica, de ríos caudalosos, como el Grande o Bravo del Norte (el más largo del país, con 2.800 km), Pánuco, Usumacinta, Grijalva y Hondo, y la pacífica, con los ríos Colorado, Sonora, Yaqui, Fuerte, Grande de Santiago y Balsas. En la región de la Cordillera Neovolcánica existen diversos lagos, como el de Chapala (1.685 km^2). La longitud de sus costas es de unos 9.000 km, de los que 6.000 km pertenecen al Pacífico; las del golfo de México son bajas y arenosas, mientras que las del océano Pacífico son altas y escarpadas. A grandes rasgos, existen dos zonas climáticas, separadas por el trópico de Cáncer: al N del mismo el clima es seco, estepario o desértico, excepto en las cordilleras, y al S es tropical lluvioso.

Geog. humana y ***económica*** La población, urbana en un 66,5 %, está compuesta principalmente por mestizos, a los que siguen amerindios (30 %) y descendientes de europeos (15 %), y experimenta un significativo crecimiento anual (2,6 %), que alcanza en ciertas zonas tasas de natalidad superiores al 5 % y provoca emigración a EE UU y migración interior a las grandes ciudades.

México posee grandes recursos naturales y ha realizado en las últimas décadas un gran esfuerzo de modernización, aunque su economía está aún poco desarrollada y en muchos casos controlada por capital estadounidense. En agricultura produce maíz (sexto productor mundial), bananas (séptimo), soja, agrios (sexto), sésamo, fríjoles, trigo, cebada, sorgo (cuarto), cacao, tomate, patata, arroz y cultivos industriales, algodón, caña de azúcar (cuarto) y café (cuarto). Cuenta con importantes cabañas de ganado bovino, porcino, caprino y caballar (tercer productor mundial). En minería, se extrae plata, de la que es el primer productor mundial, así como plomo, carbón, manganeso, cinc, oro, cobre, hierro, antimonio, mercurio (quinto), molibdeno (quinto), bismuto, tungsteno, estaño y uranio, de los que también es uno de los principales productores mundiales. Tiene grandes yacimientos de petróleo (quinto productor mundial) y gas natural en el golfo de México, que constituyen un elemento fundamental de su economía. La industria, que se concentra en la aglomeración de Ciudad de México y en el triángulo formado por Monterrey, Saltillo y Monclova, ha sido potenciada durante las últimas décadas; las más importantes son la metalúrgica, textil, química, vidriera, papelera, tabaquera y automovilística. El turismo desempeña también un importante papel en la actividad económica.

Morelos en el congreso de Apatzingán. Mural de Juan O'Gorman (Museo Nacional de Historia, México).

***Hist.* época precolombina** Los restos humanos más antiguos encontrados se remontan al 20.000 a. C., como el cráneo de Tlapacoya. Estos primitivos cazadores se transformaron en agricultores hacia el 3500 a. C. y se hicieron definitivamente sedentarios entre 1500 y 900 a. C. En la costa del golfo de México se desarrolló entre los s. XIII a. C. y II d. C. la importante cultura olmeca, base de las civilizaciones posteriores, entre las que destacan la tolteca –establecida en el valle de México y que asimiló la de Teotihuacán–, la zapoteca, la mixteca y la maya. El pueblo mexica o azteca llegó al valle de México a principios del s. XIII y en un islote del lago fundó, hacia 1325, la ciudad de México Tenochtitlan, centro comercial y cultural de un conjunto de ciudades confederadas. Extendieron su dominio por toda la parte central del país e instauraron un sistema administrativo, jurídico y militar bien organizado.

colonización Después de las exploraciones costeras de Hernández de Córdova (1517) y de Juan de Grijalva (1518), Hernán Cortés emprendió el descubrimiento y conquista de México (1519), partiendo de Cuba con una expedición de 11 navíos y 600 hombres. Desembarcó en las costas de Yucatán, luchó contra los mayas y fundó Veracruz. Acometió la dominación del imperio azteca, valiéndose de alianzas con algunos pueblos, como los tlaxcaltecas, descontentos del trato recibido de los aztecas, y explotando la creencia indígena de que los españoles eran enviados del dios Quetzalcóatl. Logró llegar a Tenochtitlan e hizo prisionero al emperador Moctezuma. Entretanto, Diego Velázquez, gobernador de Cuba, celoso de los triunfos de Cortés, envió una expedición para destituirle al mando de Pánfilo de Narváez, a quien derrotó Cortés en Cempoala. Regresó Cortés a Tenochtitlan, donde Pedro de Alvarado, al frente de la guarnición, había desencadenado una matanza, y los españoles se vieron obligados a abandonar la ciudad y sufrieron una grave derrota, conocida como la Noche Triste (julio de 1520). Muerto Moctezuma, le sustituyó Cuitláhuac y a éste, Cuauhtémoc. Cortés consiguió una victoria en la batalla de Otumba, se apoderó definitivamente de la capital (agosto de 1521) y acabó con el imperio azteca.

México: vista de Acapulco, centro turístico en la costa del Pacífico.

Nombrado gobernador y capitán general de la Nueva España (1522), Cortés introdujo el sistema de la encomienda de indios, fomentó la evangelización de éstos, envió expediciones a América Central y tuvo que hacer frente a la sublevación de Olid, en Honduras. A fines de 1527 se creó la Audiencia de Nueva España, órgano supremo de gobierno. En este mismo año Francisco Montejo inició la conquista de Yucatán. En 1535 se implantó el virreinato de Nueva España, cuyo primer virrey fue Antonio de Mendoza, que defendió los derechos de los indígenas frente a los encomenderos. La economía estaba basada en la explotación minera. El segundo virrey, Luis de Velasco, acabó de organizar el país. La dureza del trabajo y las enfermedades mermaron la población amerindia en los s. XVI y XVII. El puerto de Acapulco monopolizó el comercio con Filipinas y el de Veracruz el tráfico con España. En el s. XVIII, junto a las figuras de algunos notables virreyes, como Linares o Bucareli, debe consignarse la del visitador José de Gálvez, que implantó las reformas de Carlos III. El virreinato de Nueva España, que abarcaba desde California y Florida, en el N, hasta Panamá, en el S, dependía del Consejo de Indias y el virrey representaba directamente al soberano español con plena autoridad civil y militar.

independencia En 1808, la invasión napoleónica de España favoreció el comienzo de la lucha independentista en Nueva España, alentada por los criollos, descontentos del monopolio que sobre el comercio exterior y los altos puestos de la administración gozaban los peninsulares. El cura Miguel Hidalgo, párroco de Dolores, inició en 1810 una revuelta, que fue aplastada. Continuaron la lucha el cura José María Morelos e Ignacio López Rayón. Se reunió un congreso insurgente en Apatzingán y se redactó una Constitución (1814), que no llegó a ponerse en práctica porque las tropas de Morelos fueron vencidas por Agustín de Iturbide (1815). El virrey, Juan Ruiz de Apodaca, consiguió apaciguar los ánimos revolucionarios con una política conciliadora. Sólo quedaron algunas partidas rebeldes, como la de Vicente Guerrero, en las montañas del S. Después de la instauración de un régimen liberal en España (1820), la aristocracia criolla patrocinó el plan de Iguala que, tras ser aceptado por el virrey Juan O'Donojú, otorgaba la independencia a México (1821). El 18 de mayo de 1822 fue proclamado emperador Agustín de Iturbide, con el nombre de Agustín I.

la república El imperio duró muy poco, pues el general Antonio López de Santa Anna obligó a abdicar a Iturbide y proclamó la república el 2 de diciembre de 1823. Al año siguiente se promulgaba la primera Constitución, de carácter federalista. El poder osciló entre dos bandos: los conservadores, partidarios del centralismo y apoyados por las clases más poderosas y el alto clero, y los liberales, federalistas y apoyados por una clase media mayoritariamente anticlerical. El general Santa Anna fue varias veces presidente de la república. Sus tendencias centralistas provocaron que el estado de Texas se independizara de México en 1836 y fuera anexionado en 1845 por EE UU, lo que ocasionó una guerra entre los dos países, a la que puso fin el tratado de Guadalupe Hidalgo (1848), por el que México cedió parte de California, Nuevo México, Nevada, Utah, parte de Arizona y Colorado a EE UU. Santa Anna recuperó varias veces el poder y ayudado por los conservadores se convirtió en dictador (1853), hasta que los liberales proclamaron el plan de Ayutla (1854) y le expulsaron de la presidencia. El triunfo liberal, apoyado en hombres como el general Juan Álvarez, Ignacio Comonfort y Benito Juárez, impuso un programa de profundas reformas sociales que los conservadores no aceptaron y combatieron (1858-60), lo que provocó la intervención extranjera (España, Francia y Reino Unido). El ejército francés, después de derrotar a los liberales, impuso al emperador Maximiliano (1864-67), el cual fue derrocado por Benito Juárez y fusilado en Querétaro. Juárez, elegido presidente, trató de reconstruir la maltrecha economía.

el porfiriato y la revolución A Juárez le sucedió Sebastián Lerdo de Tejada, que fue depuesto en 1876 por Porfirio Díaz, quien gobernó dictatorialmente durante 33 años, etapa en la que el país conoció un desarrollo de la industria, las comunicaciones y la educación, si bien la falta de libertades, la penetración de capital extranjero y la injusta estructura de la propiedad de la tierra fueron incrementando el malestar social. Díaz cayó en 1911 abatido por la revolución que encabezaba Francisco Madero.

Entre 1910 y 1920 la revolución fue sostenida militarmente por sus líderes campesinos Emiliano Zapata y Francisco «Pancho» Villa. En 1915 llegó a la presidencia Venustiano Carranza, quien convocó un congreso constituyente en Querétaro, el cual promulgó una nueva Constitución (1917). Carranza fue derrocado por Álvaro Obregón (1920); este presidente favoreció la reforma agraria. Le sustituyó Plutarco Elías Calles (1924), quien llevó a cabo una dura política contra el poder eclesiástico y tuvo que hacer frente a la revolución cristera.

consolidación política Lázaro Cárdenas (1934-40) dio impulso a las reformas agraria y laboral, nacionalizó las grandes compañías petrolíferas estadounidenses y británicas y acogió a buen número de republicanos españoles que huían de su país después de terminada la guerra civil. Su sucesor, Manuel Ávila Camacho (1940-46), practicó una política de consolidación de las conquistas revolucionarias; en 1946 el Partido Nacional de la Revolución pasó a llamarse Partido Revolucionario Institucional (PRI). En la línea de Ávila Camacho continuaron sus sucesores, Miguel Alemán (1946-52), Adolfo Ruiz Cortines (1952-58) y Adolfo López Mateos (1958-64). Gustavo Díaz Ordaz (1964-70) tuvo que reprimir una serie de agitaciones sociales, especialmente los sucesos estudiantiles de la plaza de las Tres Culturas. Luis Echeverría (1970-76) nacionalizó el sector minero. Durante el mandato de José López Portillo (1976-82) se vivió un clima optimista por el descubrimiento de nuevos yacimientos petrolíferos y de gas natural en el país. Miguel de La Madrid (1982-88) desarrolló un programa para frenar la inflación y hacer frente a los pagos de la deuda externa. En 1988 fue elegido presidente Carlos Salinas de Gortari, que impulsó la economía mediante acuerdos con EE UU y otros países.

Arte El arte precolombino es de una extraordinaria riqueza y variedad: azteca, tolteca, olmeca, mixteca, zapoteca y maya (grandes cabezas olmecas, atlantes de Tula, frescos de El Tajín y Bonampak). La arquitectura colonial conoció en el s. XVI una proliferación de conventos, en que aparecieron las interesantes capillas abiertas o capillas de indios; en el último tercio de la centuria se construyeron las grandes catedrales de México, Puebla y Mérida. Importantes muestras de la arquitectura civil de este periodo son el palacio de Cortés, en Cuernavaca, o la casa de Montejo, en Mérida. En el s. XVII se impuso el estilo herreriano, del que es buena muestra el convento de Santo Domingo, de Oaxaca. El barroco y el churrigueresco llenaron el s. XVIII, en el que el arquitecto más representativo fue Pedro de Arrieta, autor de la colegiata de Guadalupe y de la iglesia de la Profesa, en la capital. El neoclasicismo triunfó en el s. XIX, especialmente con la figura de Manuel Tolsá, que terminó la catedral de México, diseñó el palacio de la Escuela de

Arte mexicano: fachada de la iglesia de Santo Domingo en Oaxaca, muestra del estilo barroco colonial.

Minería y fue autor de la estatua ecuestre de Carlos IV, conocida popularmente como «el caballito». En el s. XX destacaron José Villagrán, Mario Pani, Luis Barragán, Matías Goeritz, Pedro Ramírez Vázquez y el español Félix Candela.

En pintura merecen especial mención los frescos del s. XVI, que decoran conventos e iglesias de la misma época, así como la pintura al óleo del flamenco Simón Pereyns, autor del retablo de Huejotzingo, y del español Baltasar de Echave Orio, manierista. De este estilo es la obra de Baltasar Echave Ibia, Luis Juárez y Alonso López de Herrera, en pleno s. XVII; la influencia de Zurbarán se notó en artistas como Sebastián de Arteaga y José Juárez, y la de Valdés Leal y Murillo en Cristóbal de Villalpando. Miguel Cabrera fue el pintor más representativo del s. XVIII. En el siglo siguiente, la tendencia academicista se centró en Juan Cordero y el español Pelegrín Clavé, pero mayor relieve alcanzaron en la segunda mitad del s. XIX José María Velasco, paisajista del Anáhuac o valle de México, y José Guadalupe Posada, grabador popular, con temas a la vez realistas y fantásticos. En el s. XX descuellan los grandes muralistas: David Alfaro Siqueiros, José Clemente Orozco, Diego Rivera, Rufino Tamayo y Juan O'Gorman. Nombres significativos de la pintura abstracta son Manuel Felguérez, Gunther Gerzso y Vicente Rojo y, de la figurativa, el doctor Atl, Alberto Gironella, José Luis Cuevas y Roger von Guten.

Lit. En el s. XVI resaltó en la lírica el poeta Francisco de Terrazas, seguidor de la escuela petrarquista, introducida en México por el español Gutierre de Cetina, y en el teatro destacaron los nombres de Fernán González de Eslava y Juan Pérez Ramírez. El s. XVII se inició con el poema épico *Grandeza mexicana* (1604), obra fundamental de Bernardo de Balbuena, nacido en España, y culminó con las figuras del barroco: la poetisa Sor Juana Inés de la Cruz, el dramaturgo Juan Ruiz de Alarcón y el erudito Carlos de Sigüenza y Góngora. La cultura jesuítica dominó todo el s. XVIII y la centuria siguiente comienzó bajo el signo del neoclasicismo, como en el caso del poeta franciscano José Manuel Martínez de Navarrete, del novelista José Joaquín Fernández de Lizardi y del dramaturgo Manuel Eduardo de Gorostiza; el dominico fray Servando Teresa de Mier refleja en sus *Memorias* los sucesos de esta época, en la que se produce la independencia del país. En el s. XIX, el romanticismo fue cultivado por los poetas Manuel María Flores, Guillermo Prieto, Manuel Acuña y Juan de Dios Peza, y el teatro por Ignacio Rodríguez Galván y Fernando Calderón. En historiogrfía sobresalió el erudito Joaquín García Icazbalceta, fundador de la Academia Mexicana. La novela costumbrista, con rasgos folletinescos, alcanzó un notable desarrollo en la segunda mitad del s. XIX con Manuel Payno, Justo Sierra O'Reilly y Luis Gonzaga Inclán. Ignacio Manuel Altamirano, con su novela indigenista *El Zarco* (1901), intentó crear una novela nacional. El modernismo tiene sus representantes en los poetas Manuel Gutiérrez Nájera, Salvador Díaz Mirón, Manuel José Othón y, más tarde, en Amado Nervo. La revolución de 1910 sacudió al país e hizo pronunciarse a los intelectuales; en poesía destacó Ramón López Velarde, con un estilo intimista y personalísimo. Alfonso Reyes es la máxima figura de la crítica y el ensayo; en la narrativa descolló Mariano Azuela, Federico Gamboa y Martín Luis Guzmán, y como historiador y pensador, José Vasconcelos. Dos poetas importantes fueron José Juan Tablada, que asimiló nuevas formas en su poesía, y Manuel Maples y Arce. El grupo de la revista *Contemporáneos* (1928-32) fue el iniciador de la vanguardia poética en su país con Carlos Pellicer, José Gorostiza, Xavier Villaurrutia y Salvador Novo. Estos dos últimos, junto a Celestino Gorostiza y Rodolfo Usigli, escribieron también para el teatro. El grupo Taller poético (1936-1940) agrupó, entre otros, a Octavio Paz, también destacadísimo ensayista, Alí Chumacero, Efraín Huerta, Tomás Segovia y Rosario Castellanos. En la narrativa contemporánea hay que citar a Juan Rulfo, con su *Pedro Páramo*, Juan José Arreola, Carlos Fuentes, Agustín Yáñez, Salvador Elizondo, Vicente Leñero y José Revueltas. Otros autores dignos de mención en la novela fueron Sergio Pitol, Fernando del Paso, Emilio Carballido, Jorge Ibergüengoitia y Arturo Azuela, y en la poesía, Jaime Sabines, Efraín Huerta, Rubén Bonifaz Nuño, Marco Antonio Montes de Oca, Homero Aridjis, Coral Bracho y Gabriel Zaid.

Mús. La música alcanzó con los aztecas un brillante desarrollo. La música europea fue introducida por la escuela de Texaco, fundada por Pedro de Gante en 1523. Manuel de Zumaya y José Manuel Aldana fueron los más notables compositores del s. XVIII. En el s. XIX destacaron Aniceto Ortega, con su ópera *Cuatemotzín*, que incorpora elementos del folclore, y Melesio Morales. En 1877 se fundó el Conservatorio Nacional. Sobresale a principios del s. XX una nueva generación de músicos, como Gustavo E. Campa, Miramontes y, especialmente, Julián Carrillo. Tras la revolución descuellan tres grandes compositores: Manuel M. Ponce, Silvestre Revueltas y, sobre todo, Carlos Chávez, máximo exponente de la música mexicana. También es importante el llamado Grupo de los Cuatro, integrado por Ayala, Contreras, Galindo y Moncayo. En la música ligera merece mención el compositor Agustín Lara, y en la folclórica, las vistosas danzas y los corridos, tan ligados éstos a la revolución.

Cine El cine mexicano nació en 1897 con imágenes tomadas por la cámara del ingeniero Salvador Toscano Barragán. En el cine mudo destacó un solo realizador, Contreras Torres. Dos importantes películas no comerciales descubrieron la plasticidad de los motivos mexicanos: *¡Que viva México!* (1929-31), de Sergei M. Eisenstein, y *Redes* (1934-36), de Fred Zinnemann y E. Gómez Muriel. Supuso un gran triunfo el filme musical *Allá en el Rancho Grande* (1936), de Fernando de Fuentes. En 1939, al terminar la guerra civil en España, se incorporaron a la cinematografía mexicana Luis Buñuel, Carlos Velo y Luis Alcoriza. Emilio Fernández, en colaboración con el director de fotografía Gabriel Figueroa, creó un cine de gran calidad plástica en películas como *Flor silvestre* (1943), *María Candelaria* (1943) y *La perla* (1946). El gran desarrollo de la industria culmina con un grupo de grandes actores, como Mario Moreno «Cantinflas», Dolores del Río, Pedro Armendáriz, María Félix y Jorge Negrete. Directores como Julio Bracho, Paul Leduc, Felipe Cazals, Jaime Humberto Hermosillo, Jorge Fons, Alejandro Pelayo, Arturo Ripstein y Miguel Littin (chileno) han realizado filmes de interés.

México 1. Golfo del Atlántico occidental, situado en las costas de EE UU y México, entre las penínsulas de Florida y de Yucatán. 1.813.000 km^2. 4.380 m de profundidad máxima. En él nace la

México D. F.: fachada de la catedral y el Sagrario.

corriente marina cálida del golfo, que atraviesa el océano Atlántico Norte. Cuenta con importantes yacimientos petrolíferos y de gas natural. **2.** Estado de México, en el S del sector central del país, junto al Distrito Federal. 21.355 km^2. 9.815.900 h. en 1990. La capital es Toluca, con 357.000 h. en 1982. Tiene una economía fundamentalmente agropecuaria. Cuenta con importantes yacimientos de oro, plata y hierro, y con industria siderúrgica, textil, alimentaria, química, cementera y plástica.

México, Ciudad de C. de México, cap. del país y del Distrito Federal, en el S del sector central del país. 8.237.000 h. en 1990. 18.748.800 h. en 1988 en su área metropolitana, que sobrepasa los límites del Distrito Federal. Es una megalópolis de rápido crecimiento que, con 25 millones de habitantes, en el año 2000 puede convertirse en la mayor ciudad del mundo. Centro administrativo y de servicios, cuenta con industria siderúrgica, alimentaria, textil, petroquímica, de maquinaria y papelera. Fundada por Hernán Cortés en 1521 sobre las ruinas de la capital del imperio azteca, Tenochtitlan, fue capital del virreinato de Nueva España y de la república desde su independencia en 1821. Sus monumentos más característicos son la catedral (s. XVI-XIX), el Palacio Nacional (s. XVII), la ciudad universitaria (1950-53) y el conjunto Nonoalco-Tlatelolco.

meyba *s. m.* Tipo de pantalón corto de baño.

Meyer, Julius Lothar (Varel, Oldenburg 1830 - Tubinga 1895) Químico alemán. En 1870, casi al mismo tiempo que Mendeleiev, estableció un principio de clasificación de los elementos químicos según sus pesos atómicos.

Meyer, Viktor (Berlín 1848 - Heidelberg 1897) Químico alemán. Fue profesor en Zurich, Gotinga y Heidelberg. Ideó un método para determinar la densidad del vapor, utilizado mundialmente (1878). Descubrió buen número de compuestos orgánicos, entre ellos el tiofeno.

Meyerbeer, Jacob Liebmann Beer, llamado **Giacomo** (Berlín 1791 - París 1864) Compositor alemán. Fue autor de óperas, en su primera época al estilo italiano y, desde 1824, año en el que se instaló en París, al estilo romántico francés. Entre las principales podemos citar *Roberto el diablo* (1831), *Los hugonotes* (1836) y *La africana* (1865).

Meyerhold, Vsevolod Emilievich (Penza 1874 - Moscú 1940) Director teatral ruso de origen alemán. Formado en la escuela de Stanislavski, fue director del Teatro Imperial ruso y, tras la revolución de 1917, del Teatro Revolucionario. La imposición del realismo socialista en época de Stalin provocó su caída en desgracia, arresto y fusilamiento. Su concepción constructivista de la escena, en la que los aspectos visuales predominan sobre el texto y la palabra, ejerció gran influencia en el teatro europeo de vanguardia.

Meyerson, Emile (Lublin 1859 - París 1933) Filósofo francés de origen polaco. Su actividad filosófica se centró en el terreno de la filosofía de la ciencia. Realizó una dura crítica de la epistemología positivista. Es autor de *Identidad y realidad* (1908), *La explicación en las ciencias* (1921), *La deducción relativista* (1925) y *Ensayos* (1936).

meyosis *s. f.* Meiosis*.

Meyrink, Gustav (Viena 1868 - Starnberg 1932) Escritor austriaco. Influido por Hoffmann y Poe, y conocedor de las leyendas de Praga, escribió historias fantásticas, como *El Golem* (1915), *La noche de Walpurgis* (1917), *El dominico blanco* (1921) y *En el umbral del más allá* (1923).

mezanine o **mezzanine** (voz ital.) *s. m. Col., Méx.* Entreplanta.

mezcal *s. m.* **1.** Cierta variedad de maguey o pita. **2.** Aguardiente que se elabora con esta planta.

mezcla *s. f.* **1.** Acción y efecto de mezclar o mezclarse. **2.** Sustancia que resulta de la combinación de varias. **3.** Argamasa*. **4.** Tela en que hay fibras de diferentes materiales o colores. **5.** En quím., agrupación de varias sustancias sin que exista combinación de las mismas y que pueden separarse por procedimientos físicos. **6.** En los estudios de cine, televisión, grabación, etc., operación de combinar simultáneamente la música, las palabras, los sonidos especiales, etc., procedentes de micrófonos, magnetófonos y tocadiscos. ‖ **7. mezcla crómica** En quím., la compuesta por ácido sulfúrico concentrado y dicromato potásico. La unión de la acción corrosiva del ácido con el poder oxidante del dicromato hacen que esta mezcla sea particularmente apta para el ataque de sustancias orgánicas y la limpieza de material de vidrio en el laboratorio. **8. mezcla detonante** (o **explosiva**) La de sustancias que pueden producir explosión; también, agrupación de personas o cosas dispares que causa un efecto negativo, inestable o peligroso. **9. mezcla heterogénea** Mezcla formada por varias sustancias homogéneas en la que existen superficies donde varían bruscamente las propiedades. P. ej., el granito, formado por cuarzo, mica y feldespato. **10. mezcla homogénea** Mezcla formada por varias sustancias homogéneas en la que la composición y las propiedades no varían en toda la mezcla. P. ej., azúcar disuelto en agua. Se llama también *disolución*.

mezclador, ra *adj.* **1.** Que mezcla o sirve para mezclar. ‖ *s. m.* **2.** En metalurgia, depósito en el cual se conserva la fundición líquida para alimentar con ella los hornos Martin o los convertidores. ‖ *s. m.* y *f.* **3.** En los estudios de cine, radio, televisión y grabación, aparato o mesa con conmutadores para efectuar la mezcla de sonidos, palabras, ruidos, etc.

mezclar *v. tr.* **1.** Juntar varias cosas de manera que sus partes queden unas entre otras. También *v. prnl.* **2.** Juntar o confundir personas o cosas diferentes. También *v. prnl.* **3.** Desordenar lo que estaba ordenado. **4.** Meter a alguien en algún asunto que no le importa o que puede traerle malas consecuencias. También *v. prnl.* ‖ *v. prnl.* **5.** Relacionarse con determinada clase de gente. **6.** Confundirse entre la gente. **7.** Referido a familias o linajes, enlazarse unos con otros. **FAM.** Mezclable, mezcladamente.

mezclilla *s. f.* Tejido de mezcla, pero de poco cuerpo.

mezcolanza *s. f. fam.* y *desp.* Mezcla extraña y confusa de personas o cosas distintas. ▪ Se dice también *mescolanza.*

mezquindad *s. f.* **1.** Cualidad de mezquino. **2.** Acción o cosa mezquina.

mezquino, na *adj.* **1.** Ruin, despreciable. También *s.* **2.** Tacaño, avaro. También *s.* **3.** Insignificante, excesivamente pequeño o escaso. **FAM.** Mezquinamente.

mezquita *s. f.* Edificio destinado a la oración y culto de los musulmanes. Generalmente es de planta cuadrada o rectangular. Consta de una sala de oración colectiva (sala hipóstila), el mihrab (nicho orientado a La Meca), uno o varios alminares (para llamar a la oración) y varios iwanes (salas abovedadas). También tiene frecuentemente un patio rodeado de pórticos, que puede ser lugar de oración. El modelo arquitectónico se fue modificando y enriqueciendo según la época y el lugar, pero la planta, en general, siguió fiel al modelo primitivo del s. VII.

mezquite *s. m.* Árbol leguminoso, de la familia mimosáceas, especie *Prosopsis juliflora.* Es semejante a la acacia, espinoso con flores amarillo-verdosas y fruto en legumbre que se utiliza como alimento para el ganado. Produce una goma parecida a la arábiga. Crece en México.

Mezzogiorno (voz ital. que significa 'mediodía') *s. m.* Sector meridional de Italia, que comprende las regiones de Abruzos, Molise, Campania, Apulia, Basilicata, Calabria, Sicilia y Cerdeña. 113.000 km^2 y 21.086.000 h. en 1990. Se caracteriza por el subdesarrollo, la fuerte emigración y unas altas tasas de natalidad.

mezzosoprano (voz ital.) *s. f.* **1.** Voz femenina que está entre soprano y contralto. Son célebres algunos papeles de ópera escritos para este tipo de voz, como el personaje de Rosina en el *Barbero de Sevilla* y el de Carmen en *Carmen.* **2.** Mujer que tiene esta voz.

mg Símbolo del miligramo.

Mg Símbolo químico del magnesio.

MHz Símbolo del megahertzio.

mi[1] (sílaba de la primera estrofa del himno a San Juan Bautista) *s. m.* Tercera nota de la escala musical.

mi[2] *adj. pos.* Forma apocopada de *mío, mía,* usada cuando se antepone al nombre: *mi perro, mis carpetas.*

mí *pron. pers. m.* y *f. sing. de 1.ª pers.* Se usa siempre con preposición y funciona como complemento: *Nos han invitado a Federico y a mí.* ‖ **LOC. a mí qué** Expresión empleada para manifestar indiferencia o desprecio por algo. **para mí** Equivale a según yo creo, en mi opinión, a mi parecer.

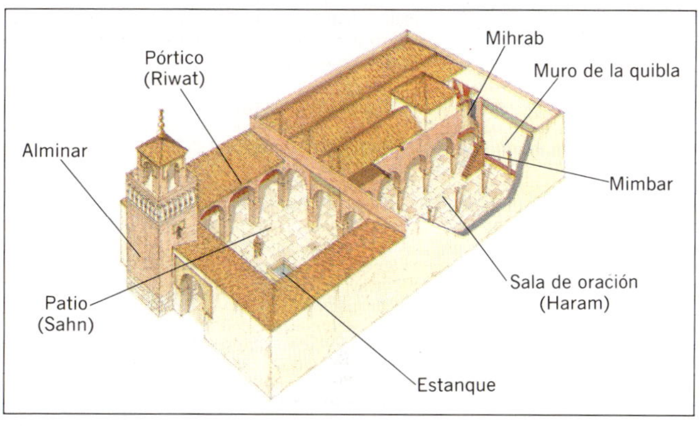

Mezquita con sus principales elementos.

miaja *s. f. fam.* Migaja*.

Miaja Menant, José (Oviedo, Asturias 1878 - México 1958) Militar español. Alcanzó el grado de general en 1932. Durante la guerra civil permaneció leal a la república y, al trasladarse en noviembre de 1936 el gobierno a Valencia, fue nombrado presidente de la Junta de Defensa de Madrid, al frente de la cual resistió los ataques del ejército de Franco. En 1938 se hizo cargo del ejército del Centro. Apoyó a Casado en el golpe de Estado de marzo de 1939 y, finalizada la guerra, se exilió a México.

mialgia *s. f.* Dolor muscular.

Miami C. de EE UU, perteneciente al estado de Florida, situada en el SE de la península del mismo nombre. 381.200 h. en 1989. 2.799.000 h. en 1984 en su área metropolitana. Es el mayor centro urbano del estado y la ciudad de EE UU con mayor predominio hispano. Su principal actividad económica reside en el turismo. Posee también industria electrónica, de maquinaria, plásticos, química, textil, cementera y de materiales para la construcción.

miasma *s. m.* Mal olor, sustancia o gas maloliente que se desprende de cuerpos enfermos, de materias en descomposición o de aguas estancadas. Los miasmas fueron considerados causa de enfermedades infecciosas, especialmente las epidémicas, antes del descubrimiento de los microbios. Se usa más en *pl.* **Fam.** Miasmático.

mica *s. f.* Mineral del grupo de los silicatos con diversas variedades que tienen distinta composición química y color. La moscovita es de color blanco y fórmula $KAl_2(AlSi_3)\,O_{10}(OH)_2$; la flogopita, $KMg_3(AlSi_3)O_{10}\,(OH)_2$, es de color verde; la lepidolita, $KLi_2Al(Si_3O_{10})(OH)_2$, es de color lila o rosa; y la biotita, de color negro y fórmula $K(Mg,Fe)_3(AlSi_3)O_{10}(OH)_2$. Raramente cristaliza y se presenta con estructura hojosa, escamosa y forma masiva; es transparente y exfolia perfectamente en hojas muy delgadas y flexibles. Abunda en toda clase de rocas. La moscovita se usa como material óptico y en la fabricación de aislantes termoeléctricos. La lepidolita es una mena del litio.

micáceo, a *adj.* **1.** Que contiene mica. **2.** Hojoso, parecido a la mica.

micacita *s. f.* Roca metamórfica compuesta de cuarzo, mica y algunos otros minerales pesados, que tiene estructura pizarrosa y colores verdosos.

micado *s. m.* Mikado*.

micción *s. f.* Acción y efecto de orinar.

micelio *s. m.* Conjunto de células, reunidas formando filamentos, que constituyen el talo vegetativo de un hongo.

Micenas Antigua ciudad griega, situada en la región de Argólida, en el Peloponeso. Fue el centro de la civilización micénica, de 1700 a 1100 a. C., y alcanzó su máximo esplendor en el s. XIII a. C., cuando extendió su hegemonía a toda Grecia. La brillante cultura micénica influyó decisivamente en la cultura griega clásica. La ciudad fue destruida e incendiada hacia 1100 a. C. por los invasores dorios.

micénica, civilización Civilización que se desarrolló en la Grecia continental como consecuencia de sus contactos con la cultura minoica cretense y cuyo centro fue la ciudad de Micenas. Se inició entre 1700 y 1400 a. C. y alcanzó su apogeo de 1400 a 1100 a. C. Con este segundo periodo se relaciona la guerra de Troya, narrada en la *Ilíada.* Esta cultura se significó por su carácter sólido y austero, propio de un pueblo guerrero. Las ciudades, situadas en terrenos altos, estaban rodeadas de murallas hechas con enormes bloques de piedra superpuestos, cuyas entradas eran puertas monumentales, como la de los Leones en Micenas (h. 1250 a. C.). Los palacios se concebían como grandes fortalezas de sólidos muros que rodeaban el conjunto de habitaciones de las que el megaron constituía la estancia principal. La arquitectura funeraria alcanzó gran desarrollo, y en ella destacan los llamados tolos o tesoros: cámara circular de piedra cubierta por una falsa bóveda y precedida por un corredor (tesoro de Atreo en Micenas, mediados del s. XIV a. C.). La escultura tuvo escasa importancia, a excepción de algún trabajo en marfil y alguna estela funeraria; un ejemplo de escultura monumental es el relieve que decora la puerta de

Arte micénico: la puerta de los Leones, que daba acceso a la ciudad de Micenas.

los Leones. La pintura al fresco, esquemática y bastante expresiva, representa sobre todo escenas de guerreros y cacerías. La cerámica y, en general, la orfebrería fueron extraordinarias, como lo demuestra la máscara de Agamenón o Atreo, que permite además deducir la existencia de un importante culto a los antepasados.

micénico, ca *adj.* De Micenas. También *s.*

micer *s. m.* En el antiguo reino de Aragón, tratamiento equivalente a señor.

Micerinos o **Mikerinos** (? - fines del s. XXVI a. C.) Quinto faraón de la IV dinastía de Egipto (Imperio Antiguo). Construyó la más pequeña de las tres pirámides de Gizeh.

micetología *s. f.* Micología*.

Michaux, Henri (Namur 1899 - París 1984) Poeta y pintor francés de origen belga. Miembro del grupo surrealista, su poesía evolucionó más tarde hacia un universo personal y profundamente desgarrado, en el que se hacen patentes sus experiencias con drogas alucinógenas y la influencia de autores como Lautremont y Rimbaud. Entre sus obras destacan *Mis propiedades* (1929), *Pluma* (1938) y *El infinito turbulento* (1957).

Michelet, Jules (París 1798 - Hyères 1874) Escritor e historiador francés. Partidario de la revolución de 1830 y defensor de las ideas liberales, perdió su cátedra en la facultad de letras de París y su cargo en los Archivos Nacionales por esa actitud. Entre sus obras destacan *Introducción a la historia universal* (1831), *Historia de Francia* (1833-67), *Historia de la Revolución Francesa* (1847-53), *Francia ante Europa* (1871) e *Historia del siglo XIX* (1872-75), de la que sólo publicó tres tomos.

michelín *s. m. fam.* Acumulación de grasa que en forma de rollo rodea la cintura. Se usa más en *pl.*

Michelozzi, Michelozzo (Florencia 1396 - íd. 1472) Arquitecto y escultor italiano. Fue sobre todo un gran decorador, autor de pequeñas obras muy ornamentadas, como capillas y tumbas, en las que supo combinar elementos góticos y renacentistas. Entre sus obras más sobresalientes figuran el palacio Medici-Riccardi (1444), la puerta del noviciado de Santa Croce y la capilla del crucifijo de San Miniato, en Florencia, y la capilla de los Portinari, en San Eustorgio (1462), Milán.

Michelson, Albert Abraham (Strelno, Prusia, actualmente Strzelno, Polonia 1852 - Pasadena, California 1931) Físico estadounidense. Fue profesor de física de la universidad de Chicago (1893). Determinó con bastante precisión el valor de la velocidad de la luz. En 1881, construyó el interferómetro, dispositivo para medir distancias por ondas de luz. En 1887, en Cleveland y con la colaboración de Edward Morley, realizó un experimento para demostrar el desplazamiento de la Tierra respecto al éter, pues se creía que éste no se movía, comparando la velocidad de dos rayos de luz en diferentes direcciones. La experiencia fue negativa, pero este fracaso fue el punto de partida de la teoría de la relatividad de Einstein. En 1907 le fue concedido el premio Nobel de física por sus estudios sobre óptica.

Michigan **1.** Lago de EE UU, en el NE del país, en la región de los Grandes Lagos. 58.016 km^2 de extensión y 280 m de profundidad máxima. Está comunicado con el lago Hurón y sus costas abarcan los estados de Michigan, Indiana, Illinois y Wisconsin. En su costa NO se halla la bahía de Green Bay y en el N, la isla de Beaver. Sus aguas se hielan durante el invierno, pero el resto del año reciben una navegación intensa. Su zona sur constituye un importante enclave urbano e industrial, con ciudades como Chicago y Milwaukee.
2. Estado de EE UU, en el sector NE del país, en la región de los Grandes Lagos. 251.493 km^2. 9.328.800 h. en 1990. La capital es Lansing, con 129.000 h. en 1986. De relieve llano, tiene costas en los lagos Superior, Michigan, Hurón y Erie. En su territorio existen cultivos cerealistas y de árboles frutales, ganadería bovina, pesca en los lagos, minería de hierro y una poderosa industria en sus grandes centros urbanos, sobre todo Detroit, núcleo de la industria del automóvil; asimismo cuenta con metalurgia, química y construcciones mecánicas.

michino, na *s. m.* y *f. fam.* Gato, animal.

Michoacán Estado de México, situado en el sector central del país, a orillas del océano Pacífico. 59.928 km^2. 3.534.000 h. en 1990. La capital es Morelia, con 353.000 h. en 1982. Es una región volcánica, donde se hallan los volcanes Paricutín (2.775 m), Patambán (3.750 m) y Quinceo (3.324 m). Tiene una rica agricultura cerealística, de huerta y cafetales, yacimientos de plata, oro, plomo, cinc y hierro e industria textil y maderera.

Mickiewicz, Adam (Zaosie, hoy Novogrudok, Bielorrusia 1798 - Constantinopla 1855) Poeta polaco. Considerado como el gran poeta nacional y el máximo representante del Romanticismo en su país, es autor entre otras obras de *Baladas y romances* (1822), *Los antepasados* (1823-1833), *Konrad Wallenrod* (1828), *A la madre polaca* (1830) y *Pan Tadeusz* (1834).

mico, ca *s. m.* y *f.* **1.** Mono de cola larga. **2.** *fam.* Persona muy fea. || **Loc. volverse mico** para hacer algo *fam.* Resultarle muy difícil y complicado a una persona conseguir o realizar algo.

micobacteria *s. f.* Nombre común de diversas especies de bacterias aerobias de la familia micobacteriáceas, género *Mycobacterium.* Se caracterizan por ser resistentes a los ácidos y constituyen un importante agente de enfermedades como la tuberculosis *(Mycobacterium tuberculosis)*, la lepra *(Mycobacterium leprae)* y distintas enfermedades del ganado.

micología *s. f.* Parte de la botánica que se ocupa del estudio de los hongos.

micólogo, ga *s. m.* y *f.* Experto en micología.

micoplasma *s. m.* Microorganismo con organización semejante a las bacterias, pero que carece de pared celular, lo que le permite cambiar de forma y atravesar poros de diámetro menor que la célula. Algunos son parásitos y producen enfermedades tanto en animales como en vegetales, p. ej. el *Mycoplasma pneumoniae*, que produce neumonía, y el *Spiroplasma citri*, que causa enanismo en los cítricos.

micorriza *s. f.* Asociación simbiótica entre un hongo y una raíz o estructura semejante, mediante la cual la planta asimila más fósforo, nitrógeno y otras sustancias, y el hongo obtiene los productos orgánicos producidos por la planta en la fotosíntesis.

micosis *s. f.* Infección producida por hongos en alguna parte del organismo.

micra *s. f.* Medida de longitud que equivale a una millonésima parte del metro. Se usa en observaciones microscópicas. Su símbolo es μ. Se denomina también *micrón* y *micrómetro.*

micro *s. m.* **1.** *fam. apóc.* de **micrófono**. **2.** *apóc.* de **microbús**. **3.** *apóc.* de **microprocesador**.

micro- *pref.* **1.** Significa 'pequeño': *microbús, microfilme.* **2.** En unidades de medida, significa la millonésima parte de la unidad básica: *microamperio, microhmio.*

microamperio *s. m.* Unidad de intensidad eléctrica que equivale a una millonésima parte del amperio. Su símbolo es μA.

microbiano, na *adj.* Perteneciente o relativo a los microbios.

microbicida *adj.* Que mata los microbios. También *s. m.*

microbio *s. m.* Microorganismo*.

microbiología *s. f.* Parte de la biología que estudia los microorganismos. Comprende la virología o estudio de los virus, la bacteriología o estudio de las bacterias y la micromicología o estudio de los hongos microscópicos. La microbiología tiene importancia fundamental para la industria alimentaria y para la medicina. **FAM.** Microbiológico.

microbiólogo, ga *s. m.* y *f.* Especialista en microbiología.

microbús *s. m.* Autobús pequeño, para un reducido grupo de viajeros.

microcéfalo, la *adj.* Que tiene la cabeza más pequeña de lo normal en su especie o es de cabeza pequeña en proporción con su cuerpo. También *s.* **FAM.** Microcefalia.

microclima *s. m.* Conjunto de condiciones atmosféricas de un espacio reducido, aislado del medio general.

micrococo *s. m.* Bacteria de forma esférica o elíptica.

microcopia *s. f.* Reproducción fotográfica de tamaño muy reducido de los documentos que se han de archivar. Se leen o examinan por medio de un aparato que amplía debidamente la imagen.

microcosmo o **microcosmos** *s. m.* En fil., término con que se designa al hombre, considerado como un mundo en pequeño, reflejo y resumen del universo o macrocosmos.

microeconomía *s. f.* Parte de la teoría económica cuyo objeto de estudio es la lógica que subyace a las unidades económicas, ya sean de producción (empresas) o de consumo, así como las nociones que se derivan de su comportamiento.

microelectrónica *s. f.* Parte de la electrónica que diseña y produce circuitos integrados y otros componentes electrónicos en miniatura.

microevolución *s. f.* En biol., conjunto de procesos responsables de la evolución en el ámbito del género y la especie. Los principales mecanismos son la mutación, la selección natural y la mezcla de poblaciones, especialmente cuando además intervienen condiciones de aislamiento geográfico.

micrófago, ga *adj.* Se dice de los organismos que se alimentan de pequeñas partículas en proporción a su tamaño. También *s.*

microfaradio *s. m.* Unidad de capacidad eléctrica que equivale a una millonésima parte del faradio. Su símbolo es μF.

microficha *s. f.* Ficha que contiene en tamaño reducido cierto número de microcopias de páginas de un libro o revista, de hojas o documentos de un expediente, etc.

microfilmadora *s. f.* Máquina fotográfica para microfilmar.

microfilmar *v. tr.* Reproducir en microfilme. **FAM.** Microfilmación.

microfilme o **microfilm** *s. m.* Película de tamaño muy reducido, para reproducir en ella libros, documentos, dibujos, impresos, etc., de modo que permita ampliarlos después en proyección o fotografía.

microfísica *s. f.* Parte de la física que trata de las partículas elementales.

micrófono *s. m.* Aparato que transforma las ondas sonoras en vibraciones de corriente eléctrica, para transmitirlas o registrarlas. Se utiliza en el teléfono y en numerosos instrumentos de grabación sonora. Fue inventado por el estadounidense David Hughes a mediados del s. XIX, quien se basó en la variación de resistencia que se produce al entrar en contacto sustancias que no son buenas conductoras. Entre los numerosos modelos existentes, los más usados son el de *carbón*, que consiste en una serie de granos de carbón situados entre dos electrodos; el *electrodinámico*, en el que una bobina movida por las ondas sonoras vibra en un campo magnético; el de *condensador*, en el que un diafragma flexible hace variar, por efecto de las ondas sonoras, el espacio entre placas de un condensador, y el *piezoeléctrico*, basado en la deformación que ciertas sustancias, como el cuarzo, experimentan ante las ondas sonoras. **FAM.** Microfónico.

microfotografía *s. f.* Imagen fotográfica de tamaño muy pequeño. **FAM.** Microfotográfico.

micrografía *s. f.* **1.** Técnica que se ocupa de la preparación de los objetos para ser vistos a través del microscopio, así como de su interpretación y descripción después del examen. **2.** Estudio microscópico de los metales y sus aleaciones. **3.** Foto de la estructura detallada de un metal. **FAM.** Micrográfico.

microhmio *s. m.* Unidad de medida eléctrica que equivale a la millonésima parte del ohmio. Su símbolo es $\mu\Omega$.

microingeniería *s. f.* Rama de la tecnología que se dedica al diseño y construcción de micromáquinas.

microlentilla *s. f.* Lente de contacto, lentilla.

micromáquina *s. f.* Máquina cuyas partes o elementos son microscópicos. Son de dos tipos: microsensores y microactuadores.

micromelia *s. f.* Deformidad congénita caracterizada por un desarrollo de las extremidades inferior al normal.

micrómetro *s. m.* **1.** Instrumento para efectuar medidas de gran precisión, de hasta centésimas de milímetro, formado por un tornillo de rosca muy fina que gira en una pieza fija o bastidor hasta sujetar con éste el objeto que se quiere medir. **2.** Dispositivo acoplado a ciertos instrumentos ópticos para medir dimensiones en las imágenes visibles en el ocular. **3.** Nombre que recibe la micra en el Sistema Internacional. Su símbolo es μm.

micrón (del gr. *mikron*) *s. m.* Micra*.

Micronesia Conjunto insular de Oceanía, situado en el océano Pacífico, al N de Nueva Guinea y al O del meridiano 180°. Comprende la llamada Micronesia estadounidense (archipiélagos de las Marianas y Guam), asociada a EE UU desde 1980, y los estados de Kiribati, Tuvalu, Islas Marshall, Estados federados de Micronesia y Belau. Son islas pequeñas, en su mayor parte coralinas. Tienen un clima tropical húmedo y están pobladas por polinesios.

Micronesia, Estados Federados de Estado de Oceanía. 702 km^2. 108.000 h. en 1991. Su capital es Kolonia, con 9.200 h. en 1991. Es independiente desde 1991.

micronesio, sia *adj.* De Micronesia. También *s.*

micronúcleo *s. m.* Parte del núcleo celular de ciertos protozoos, especialmente de la clase ciliados. Su función es regular la reproducción.

microonda *s. f.* **1.** Radiación electromagnética cuya longitud de onda está comprendida entre 1 mm y 1 m y su banda del espectro electromagnético tiene frecuencias entre 300 y 300.000 MHz. Se usan en comunicaciones por radar, en algunos electrodomésticos y en ciertas aplicaciones en medicina. ‖ **microondas** *s. m.* **2.** Horno que funciona con dichas radiaciones electromagnéticas y se utiliza para cocinar o calentar los alimentos rápidamente.

microordenador *s. m.* Pequeño ordenador constituido por un conjunto de circuitos integrados, de los cuales el más esencial es un microprocesador, que actúa como unidad central de tratamiento.

microorganismo *s. m.* Organismo vivo que no puede ser visto sin ayuda del microscopio. Se dividen en dos grandes grupos: los virus y las células vivas. Los virus son seres incompletos, incapaces de reproducirse por sí mismos, que necesitan invadir una célula y utilizar su mecanismo reproductor. Las células vivas se dividen a su vez en dos grupos: las procariotas, que carecen de núcleo, tienen el material genético (cromosomas) disperso por el protoplasma y comprenden las bacterias y las cianofíceas; y las eucariotas, que poseen núcleo, pueden vivir libres (protozoos, algas y hongos microscópicos) o unirse a otras para constituir organismos superiores animales o vegetales (metazoos y metafitas).

microprocesador *s. m.* Circuito integrado que hace las funciones de la unidad central de un microordenador.

microscopia *s. f.* **1.** Construcción y empleo del microscopio. **2.** Conjunto de técnicas para la investigación por medio del microscopio.

microscópico, ca *adj.* **1.** Perteneciente o relativo al microscopio. **2.** Que sólo se puede hacer u observar con ayuda de un microscopio. **3.** P. ext., muy pequeño.

microscopio *s. m.* Instrumento óptico que permite obtener imágenes ampliadas de objetos diminutos. El **microscopio óptico** fue inventado a finales del s. XVI por el holandés Zacharias Janssen y consiste en dos lentes convergentes, llamadas *objetivo* y *ocular*. El objetivo está situado en la parte inferior del tubo del microscopio, muy cerca del objeto que se encuentra sobre la platina, y da una imagen real del objeto. El ocular está situado en la parte superior del tubo y forma una imagen aumentada de la imagen real. En la práctica objetivo y ocular se sustituyen por un conjunto de lentes que permiten obtener una mayor nitidez en la imagen. Los microscopios disponen de varios objetivos y oculares, con cuya combinación se obtienen diferentes aumentos. Con un microscopio óptico se pueden conseguir

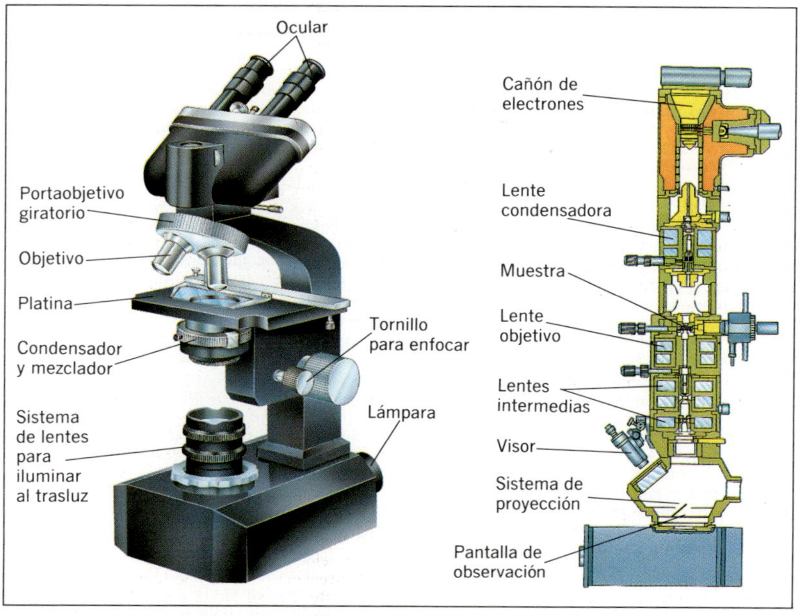

A la izquierda, microscopio óptico. A la derecha, microscopio electrónico.

hasta 2.000 aumentos. El **microscopio de luz ultravioleta** (ultramicroscopio) realiza fotografías en película sensible a dicha luz, donde es posible distinguir puntos separados por sólo 100 nm (una milésima de micra). El **microscopio electrónico** hace uso de las ondas electrónicas para obtener imágenes aún más ampliadas sobre un tubo de rayos catódicos (una pantalla como la del televisor) y alcanza entre 50.000 y 400.000 aumentos. Recientemente se ha inventado el **microscopio de efecto túnel**, que permite ver los átomos.

microsporofilo *s. f.* **1.** Hoja de ciertos helechos, que forma microsporas o esporas masculinas. **2.** P. ext., estambre de las fanerógamas.

microsurco *adj.* Se dice del disco fonográfico cuyos surcos o estrías son muy finos, de anchura inferior a 0,1 mm, y están muy próximos entre sí, y que gira a una velocidad de treinta y tres vueltas por minuto, lo que permite grabar en un disco del mismo diámetro que los antiguos una cantidad mayor de sonido. También *s. m.*

micrótomo *s. m.* Instrumento que sirve para cortar objetos en partes de espesor reducidísimo, hasta de un micrómetro, destinadas a ser observadas con el microscopio.

Midas (h. 715 - h. 676 a. C.) Rey de Frigia. Según la leyenda, Dionisos le concedió su mayor deseo, el convertir en oro todo lo que tocase, por lo que personifica el excesivo afán de riquezas. En realidad fue un monarca poderoso, cuyas grandes riquezas provenían de las minas de oro, cobre y hierro que poseía.

Middlesbrough C. del Reino Unido, cap. del condado inglés de Cleveland, situada a orillas del estuario del río Tees. 159.421 h. en 1981. Es un puerto fluvial, que cuenta con astilleros e industria de construcciones mecánicas y metalurgia.

Middleton, Thomas (Londres 1580 - Newington Butts 1627) Dramaturgo inglés. Estudió en Oxford y fue cronista de Londres (1620). Escribió dramas y comedias realistas (muchas de ellas en colaboración con Ben Jonson, Dekker, Rowley y Munday), que son capitales para conocer la vida londinense de su tiempo. Entre sus títulos destacan *Un mundo loco, señores míos* (1608), *La muchacha vociferante* (1617), *El niño sustituido por otro* (1623), *Una partida de ajedrez* (1624), sátira antiespañola, y *Las mujeres recelan de las mujeres*.

Midi-Pyrénées Región de Francia, situada en el S del país. 45.349 km^2. 2.427.400 h. en 1990. La capital es Toulouse, con 359.000 h. en 1990 y 648.300 h. en su aglomeración urbana. Comprende los departamentos de Ariège, Aveyron, Gers, Haute-Garonne, Hautes-Pyrénées, Lot, Tarn y Tarn-et-Garonne. La región abarca un sector montañoso pirenaico y la cuenca alta del río Garona. Cuenta con cultivos de cereales, frutales, hortalizas y forrajes, ganadería bovina, minería de carbón e industria de maquinaria eléctrica, aeronáutica, textil, alimentaria y de curtidos.

Midlands Región natural del Reino Unido, situada entre el S de la cordillera de los Peninos, el País de Gales y la cuenca del Támesis. Es una amplia llanura regada por los ríos Severn y Trent. Fue la principal región minera de carbón del país, con centro en Birmingham, lo cual permitió su intensa industrialización.

midras (voz hebr.) *s. m.* En la literatura rabínica, comentario que interpreta la *Biblia*. La mayoría fueron escritos entre los s. II y XI.

midriasis *s. f.* Dilatación anormal y persistente de la pupila del ojo.

miedica *adj. fam.* Miedoso. También *s.*

mieditis *s. f. fam.* Miedo.

miedo *s. m.* **1.** Sentimiento desagradable que se suele experimentar ante un peligro, un dolor, una molestia, etc., y que provoca reacciones de defensa o de huida. **2.** Temor o recelo de que ocurra algo contrario a lo deseado. || **3. miedo insuperable** Circunstancia que libra de la responsabilidad criminal; consiste en un estado emocional de temor que se impone a la voluntad del individuo y le obliga, por instinto de conservación, a ejecutar un delito para no sufrir un mal igual o mayor. || **Loc. de miedo** *adj.* y *adv.* Excelente, bueno, estupendo.

miedoso, sa *adj. fam.* Que tiene miedo o es inclinado a sentirlo. También *s.*

miel *s. f.* **1.** Sustancia de color ámbar, densa y muy dulce, elaborada por las abejas, al transformar los jugos que liban de las flores y depositan en las celdillas de los panales, o en huecos naturales si las abejas son silvestres. Tiene un 70 % de azúcares, 20 % de agua y otros compuestos orgánicos. La miel sirve de alimento a la colmena y sus variedades corresponden a las distintas flores de las que toman el néctar las abejas: miel de romero, miel de tomillo, etc. **2.** En la fabricación de azúcar, zumo de caña tras la segunda cocción. **3.** Dulzura, suavidad. || *pl.* **4.** Satisfacción o beneficio que se obtiene del éxito o la victoria. || **Loc. dejar** a alguien **con la miel en los labios** *fam.* Quitarle a alguien algo bueno que esperaba o empezaba a disfrutar. **miel sobre hojuelas** *fam.* Expresión empleada cuando una cosa viene a mejorar algo que ya era bueno.

mielga[1] (del lat. vulg. *melica*, del lat. *medica herba*, por proceder de Media) *s. f.* Nombre común de diversas plantas herbáceas o arbustivas leguminosas, de la familia papilionáceas, género *Medicago*. La mielga real *(Medicago arborea)* mide entre 150 y 250 cm de altura, tiene hojas trifoliadas, flores azules en racimo y fruto en vaina espiral con simientes amarillas; abunda en los sembrados y se usa como forraje. La mielga marina *(Medicago marina)* está cubierta de borra blanquecina y crece en regiones de litoral. Son originarias del área mediterránea.

mielga[2] (del lat. *merga*, horca) *s. f.* Horca para levantar las mieses.

mielga[3] (de *merga*[2]) *s. f.* Pez selacio, de la familia escuálidos, especie *Squalus acanthias*. No suele sobrepasar el metro de longitud, tiene la piel gruesa, su carne es comestible, aunque dura y fibrosa, y sus aletas dorsales están armadas con un aguijón muy duro. Vive en mares templados y abunda en el litoral español.

mielina *s. f.* Sustancia de naturaleza grasa que recubre el axón de algunas células nerviosas. Su función es aumentar la velocidad de transmisión del impulso nervioso.

mielinización *s. f.* Fenómeno por el cual algunas fibras nerviosas adquieren durante su desarrollo mielina. En el embrión humano comienza en torno a la decimocuarta semana tras la fecundación.

mielítico, ca *adj.* **1.** Perteneciente o relativo a la mielitis. **2.** Que padece mielitis. También *s.*

mielitis *s. f.* Inflamación de la médula espinal. Puede darse en la sustancia gris (poliomielitis), en la blanca (leucomielitis) o en ambas (mielitis transversa).

miembro *s. m.* **1.** Cualquiera de las extremidades del cuerpo humano y animal, que están articuladas con el tronco. **2.** Órgano sexual masculino. **3.** Persona, grupo, comisión, etc., que forma parte de una sociedad, corporación, comunidad, congreso, asamblea o reunión semejante. **4.** Parte de un todo o conjunto, unida o separada de él. **5.** Cada una de las partes principales de un edificio o de un orden arquitectónico. **6.** En mat., cada una de las dos expresiones algebraicas separadas por los signos = (igual), > (mayor que) o < (menor que). || **7. miembro viril** Pene*.

miente *s. f.* Pensamiento, entendimiento. Se usa más en *pl.* || **Loc. caer en (las) mientes** Imaginarse una cosa o acordarse de pronto de algo. **ni por mientes** Expresión con la que se niega rotundamente algo afirmado por otro. **parar** (o **poner**) **mientes** en algo Considerarlo, meditarlo, fijarse en ello. **venir** (o **venírsele**) a uno una cosa **a las mientes** Ocurrírsele.

mientras *adv. t.* **1.** Entretanto: *Tú vete a verle; mientras, yo le llamo por teléfono.* || *conj.* **2.** Une oraciones indicando que las acciones que expresan ocurren al mismo tiempo: *El profesor pasea mientras explica la lección.* || **Loc. mientras más** (o **menos**) *adv.* Cuanto más (o menos). **mientras que** *conj.* Indica contraste entre dos acciones, situaciones, etc; también, equivale a *mientras*. **mientras tanto** *adv.* Durante el mismo tiempo.

Mier, fray Servando Teresa de (Monterrey 1765 - Ciudad de México 1827) Escritor y político mexicano. Luchó en España en la guerra de la Independencia (1808) y, más tarde, por la independencia de su país, apoyando los intentos de Mina e Hidalgo. Se opuso al régimen de Iturbide y en 1823 fue diputado por Nuevo León en el segundo congreso constituyente. Entre sus escritos destacan *Apología* (1818), *Cartas de un americano a un español* (1811-12), *Historia de la revolución de Nueva España* (1813), *Manifiesto apologético* (1820) y sus *Memorias*.

Mier y Terán, Manuel (Ciudad de México 1789 - Padilla 1832) Militar mexicano. Combatió contra España desde el primer movimiento de independencia. Después del plan de Iguala, se unió al ejército del general Bravo. Fue ministro de la Guerra (1824) durante la presidencia de Guadalupe Victoria. Al fracasar en 1832 su intento de reprimir a los sublevados de Tamaulipas, se suicidó.

miércoles *s. m.* **1.** Tercer día de la semana, que sigue al martes y precede al jueves. || **2. miércoles de ceniza** Primer día de la Cuaresma; se llama así por la ceremonia en que el sacerdote pone ceniza en la frente de los fieles como símbolo de penitencia.

mierda *s. f.* **1.** Excremento humano y de algunos animales. **2.** *fam.* Cualquier tipo de basura o suciedad. **3.** *fam.* Cosa mal hecha, de poca calidad o de poco valor. **4.** En argot, borrachera. || *s. m.* y *f.* **5.** Persona despreciable. También *adj.* || *interj.* **6.** *fam.* Expresa enfado, contrariedad, fastidio o rechazo. || **Loc. ¡a la mierda!** *fam.* Expresión de menosprecio, indignación o rechazo. **hecho una mierda** *fam.* Destrozado o en malas condiciones. **irse** algo **a la mierda** *fam.* Estropearse, no lograrse. **mandar** (o **enviar**) a alguien **a la mierda** *fam.* Rechazarle de malos modos. **¡una mierda!** o **¡y una mierda!** *fam.* Se utiliza para expresar negación, rechazo. **¡vete a la mierda!** *fam.* Expresión de desprecio o rechazo.

Mieres C. de España, en la prov. de Asturias, al SE de Oviedo. 57.600 h. en 1990. Centro de una importante cuenca minera, fue la primera localidad de España donde se instaló una planta siderúrgica. En la actualidad posee minería de carbón, construcciones mecánicas, de material ferroviario e industria química.

mies *s. f.* **1.** Cereal maduro. Se usa también en *pl.* **2.** Tiempo de la siega y recolección de cereales. || *pl.* **3.** Campos sembrados.

Mies van der Rohe, Ludwig (Aquisgrán 1886 - Chicago 1969) Arquitecto alemán nacionalizado estadounidense. Comenzó a trabajar en Berlín, siguiendo las corrientes arquitectónicas expresionistas. Fue director de la Bauhaus entre 1930 y 1933. En 1937 se trasladó a EE UU, donde dirigió el departamento de arquitectura del Instituto Tecnológico de Illinois, en Chicago. Su obra se caracteriza por la sencillez geométrica, el uso de estructuras de acero y el recubrimiento de las fachadas con grandes paneles de cristal. Entre sus trabajos más significativos se cuentan el pabellón alemán de la Exposición Internacional de Barcelona (1929), el Instituto Tecnológico de Chicago (1942-43), los rascacielos gemelos de Lake Shore Drive, en Chicago (1951-57), y el edificio Seagram, en Nueva York (1954-58).

Mieszko I (? h. 922 - ? 992) Fundador del estado polaco y primer duque de la dinastía Piast (h. 960). Se convirtió al cristianismo en 966 y creó el primer arzobispado en Poznan. Ocupó Silesia y una parte de Pomerania.

miga *s. f.* **1.** Parte blanda del pan, cubierta por la corteza. **2.** Trocito muy pequeño de pan. Se usa más en *pl.* **3.** P. ext., trocito muy pequeño de cualquier otra cosa. Se usa más en *pl.* **4.** *fam.* Sustancia o contenido de algo. **5.** *fam.* Intención oculta de alguna acción, escrito, asunto, etc. || *pl.* **6.** Guiso hecho con pan duro, picado muy fino, humedecido con agua y rehogado luego en aceite muy frito, con algo de ajo y pimentón. || **Loc. hacer buenas** (o **malas**) **migas** *fam.* Entenderse bien, o mal, dos personas en su trato. **hacer migas** *fam.* Hacer polvo, destrozar.

migaja *s. f.* **1.** Fragmento muy pequeño de pan, que suele saltar o desmenuzarse al partirlo. Se usa más en *pl.* **2.** Trocito muy pequeño de cualquier cosa. Se usa más en *pl.* **3.** Nada o casi nada. || *pl.* **4.** Restos o sobras de alguien o algo, que son utilizados por otro. ■ Se dice también *miaja*.

migajón *s. m.* Pedazo de miga de pan.

migala o **migale** *s. f.* Nombre común de diversas especies de arácnidos araneidos de la familia aviculáridos, género *Mygale*. Alcanzan gran

Migala.

tamaño (hasta 10 cm de longitud), tienen patas fuertes y peludas, carecen de tráqueas y estan dotadas de dos pulmones. De costumbres nocturnas, viven en las regiones tropicales, especialmente de América del Sur, y su picadura puede resultar mortal para el hombre.

migar *v. tr.* **1.** Desmenuzar o partir el pan u otra cosa en pedazos muy pequeños. **2.** Echar pedazos pequeños de pan dentro de un líquido. ■ Se conjuga como *pagar.*

migmatita *s. f.* Roca mixta formada por la acción de un proceso magmático en una roca sedimentaria, por lo que supone un estado intermedio entre las rocas metamórficas y las eruptivas. Las partes metamórficas contienen numerosos minerales ferromagnesianos y conservan la estructura esquistosa, por lo que suelen ser más oscuras. Las zonas formadas por la consolidación de la parte fundida son más claras, ya que están compuestas de cuarzo y feldespatos.

Migne, Jacques Paul (Saint-Flour 1800 - París 1875) Sacerdote y publicista francés. En su *Biblioteca universal del clero* publicó *Scripturae Sacrae cursus completus* (1838-40), *Theologiae cursus completus* (1840-45), *Patrologia latina* (1844-1855) y *Patrologia graeca* (1856-67). Este portentoso conjunto de documentos ha constituido una inapreciable fuente de información para las ciencias religiosas e históricas.

migración *s. f.* **1.** Movimiento de población humana de un lugar a otro. **2.** Viaje periódico de las aves, peces y otros animales migratorios. Las causas son tanto climáticas, p. ej. los viajes hacia el S de las cigüeñas en busca de climas benignos, como conductas innatas de carácter sexual, para el apareamiento, reproducción, como los salmones que remontan los ríos para desovar, y cría de los polluelos. **3.** En quím., desplazamiento de un radical en una molécula. **4.** Movimiento de partículas de un punto a otro en el seno de la materia, como la migración de neutrones en un reactor nuclear. **5.** Movimiento del petróleo o de un hidrocarburo gaseoso a través de los terrenos sedimentarios, desde su punto de origen o roca-madre hasta donde se forma un yacimiento. ‖ **6. migración exterior** La que se produce entre distintos países. **7. migración interior** La que se produce entre distintas regiones o comarcas de un mismo país.

migraña *s. f.* Jaqueca*.

migrar *v. intr.* Hacer migraciones.

migratorio, ria *adj.* **1.** Perteneciente o relativo a la migración. **2.** Que migra.

Miguel Nombre de varios emperadores de Bizancio.

Miguel VII Ducas Parapinakés (? s. XI) Emperador bizantino (1071-78). En su reinado se produjeron una serie de invasiones sin que pudiera defender Anatolia y los Balcanes, razón por la que tuvo que abdicar.

Miguel VIII Paleólogo (? 1224 - Pacomio 1282) Emperador bizantino de Nicea (1258-61) y de Constantinopla (1261-82) y primero de la dinastía de los Paleólogos. Restableció el poder bizantino en el área de los Balcanes y reconquistó Constantinopla. Constantemente amenazado por Carlos de Anjou, pidió ayuda a Occidente en el concilio de Lyon (1274), para intentar llevar a cabo la unión de las Iglesias latina y griega.

Miguel IX Paleólogo (? 1277 - Tesalónica 1320) Emperador bizantino (1294-1320), asociado a su padre Andrónico II. Fue derrotado por los turcos (1302) y su padre solicitó la ayuda de los almogávares catalanes. Miguel se mostró enemigo de éstos e intervino en el asesinato de su jefe, Roger de Flor, hecho que desencadenó una terrible acción represiva de los almogávares, conocida como venganza catalana.

Miguel I (Queluz 1802 - Brombach, Alemania 1866) Rey de Portugal (1828-34). Fue el tercero de los hijos de Juan VI. Su hermano Pedro, al ocupar el trono de Brasil, dejó la corona portuguesa a su hija María de la Gloria, menor de edad, y nombró regente a Miguel (1827). Éste disolvió la cámara de diputados y se hizo proclamar rey con el apoyo de los absolutistas y clericales, hecho que originó una larga guerra civil (1832-34) con victoria final del bando liberal. Miguel abdicó tras el tratado de Évora-Monte.

Miguel I (Sinaia 1921) Rey de Rumania (1927-1930 y 1940-47). En 1926 fue nombrado heredero y sucedió a su abuelo, pero en 1930 fue destronado por su padre. Volvió al trono en 1940 y hasta 1944 estuvo bajo el dominio de las potencias del Eje, año en que formó un gobierno de concentración nacional. En 1947 se le obligó a abdicar para proclamar la república popular.

Miguel III (? 1596 - Moscú 1645) Zar de Rusia (1613-45). Elevado al trono por un *zemski-sobor* o asamblea nacional, fue el fundador de la dinastía de los Romanov. Gobernó dirigido por su padre, el patriarca Filaret, y luego por los favoritos. Durante su reinado terminó con la agitación existente en el país, fortaleció el sistema feudal con la adscripción del siervo a la tierra e intensificó la colonización de Siberia. Los suecos devolvieron Novgorod a Rusia, que renunció a las ciudades que mantenía en el golfo de Finlandia y cedió Smolensko a Polonia.

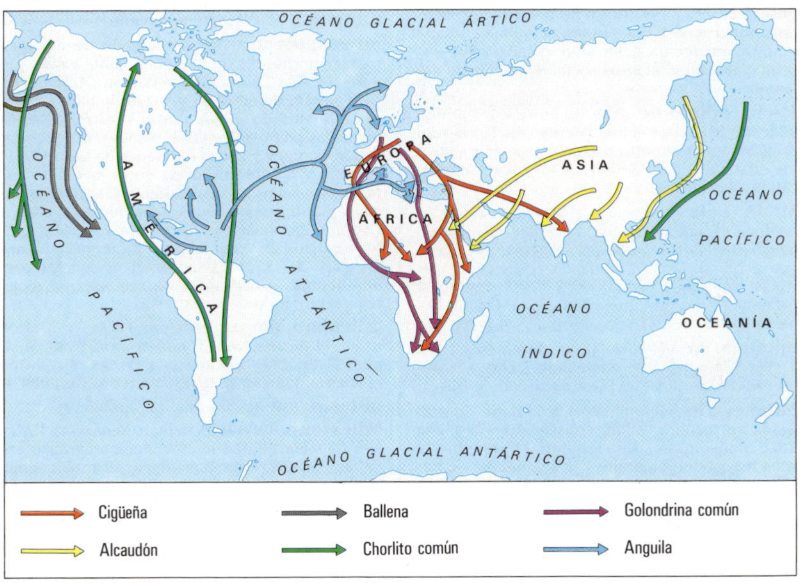

Rutas que siguen en sus migraciones algunos animales.

Miguel, San Uno de los tres arcángeles mencionados en la *Biblia* junto con Gabriel y Rafael. Su nombre en hebreo, *Michael,* significa '¿quién como Dios?'. Protector del pueblo de Israel y, luego, de la Iglesia, en el *Apocalipsis* aparece capitaneando a los ángeles que combaten al dragón.

Miguel Ángel: Moisés *(Iglesia de San Pietro in Vincoli, Roma).*

Miguel Ángel Buonarroti (Caprese 1475 - Roma 1564) Escultor, pintor y arquitecto italiano. Formado en Florencia, en el taller de los Ghirlandaio y, especialmente, en el palacio de Lorenzo el Magnífico, fue ante todo escultor y se le considera la máxima figura del Renacimiento. Para él la pintura es tanto mejor cuanto más se acerca al relieve. Miguel Ángel alcanza la perfección cuando se expresa a través de la figura humana, que suele presentar poderosamente musculada y en los más inverosímiles escorzos. En 1496, Miguel Ángel fue por vez primera a Roma, donde realizó su famosa escultura de la *Piedad* para la basílica de San Pedro. Otra vez en Florencia (1501-06), esculpió el *David* y pintó el *Tondo Doni,* que representa a la Sagrada Familia (h.1503). En 1505, el papa Julio II le encargó su monumento funerario, pero el proyecto original fue muy recortado y sólo se terminó cuarenta años después en la iglesia de San Pietro in Vincoli, en Roma; la obra se centra en el *Moisés,* una de sus esculturas más grandiosas.
De 1508 a 1512 pintó el techo de la capilla Sixtina en el Vaticano y, veintinueve años después, por encargo del papa Pablo III, completó la capilla con el *Juicio Final,* monumental fresco en la pared del altar. Su última estancia en Florencia, entre 1520 y 1534, estuvo consagrada a la capilla funeraria de los Médicis, en la nueva sacristía de San Lorenzo, que contiene siete figuras: la Virgen, las estatuas de Giuliano y Lorenzo de Médicis y las alegorías del día, la noche, la aurora y el crepúsculo. Sus últimas obras escultóricas son tres piedades: la existente en la catedral de Florencia, y que estaba destinada a su propia tumba, la de Palestrina y la *Piedad Rondanini* (1555-64) de Roma, sin terminar, en la que la Virgen y el Hijo se funden en una masa gigantesca. Con Miguel Ángel la arquitectura del cinquecento alcanza su punto culminante; realizó obras eminentemente plásticas con elementos clásicos, como la biblioteca Laurenciana (1524), la remodelación de la plaza del Capitolio en Roma (1547) o la terminación de la basílica de San Pedro en el Vaticano (1547-64). También fue un estimable poeta; se conservan de él unos doscientos poemas, entre los que destacan los sonetos dedicados a la poetisa Vittoria Colonna.

miguelete *s. m.* **1.** Guerrillero de la montaña de Cataluña que actuó contra las tropas francesas, durante los s. XVII, XVIII y principios del XIX. **2.** Individuo de la milicia foral de Guipúzcoa.

Mihailovic, Draza (Ivanjica 1893 - Belgrado 1946) Militar yugoslavo. Durante la Segunda

Guerra Mundial fue nombrado por el gobierno yugoslavo en Londres jefe de la resistencia en su país y, más tarde, ministro de la Guerra. Enfrentado a los comunistas, luchó contra la guerrilla de Tito, pero fue vencido. Desautorizado por los propios aliados, acabó colaborando con los alemanes. Terminada la guerra, fue juzgado por un tribunal militar y fusilado.

mihrab (voz ár. que significa 'nicho de oratorio') *s. m.* En las mezquitas, nicho de oración orientado hacia La Meca.

Mihura, Miguel (Madrid 1905 - íd. 1977) Escritor español. Cultivó en su teatro un humor personalísimo, en el que se unen la ternura con situaciones disparatadas y absurdas. Su comedia *Tres sombreros de copa*, escrita en 1932 y estrenada en 1952, es una obra esencial del teatro contemporáneo, pues adelanta muchas de las innovaciones que luego aportó el teatro del absurdo. Otras obras suyas dignas de mención son *Ni pobre ni rico, sino todo lo contrario* (1942), en colaboración con Tono, *A media luz los tres* (1953), *Sublime decisión* (1955), *Maribel y la extraña familia* (1959) y *Ninette y un señor de Murcia* (1964). Se dedicó también al periodismo y fue uno de los fundadores de las revistas humorísticas *La ametralladora* y *La Codorniz*.

Mijas C. de España, en la prov. de Málaga, situada en la sierra del mismo nombre, frente a la ensenada de Fuengirola, en la Costa del Sol. 31.000 h. en 1990. Cuenta con cultivos de frutales y huerta, y artesanía, pero sus principales recursos proceden del turismo.

mijo *s. m.* **1.** Planta herbácea de la familia gramíneas, especie *Panicum miliaceum*. Alcanza hasta 1 m de altura aproximadamente. Su tallo es fuerte, las hojas planas y alargadas, y tiene flores en panoja y frutos ovoides de color rojizo. Es originaria del continente asiático, pero actualmente se cultiva en Europa y África y se utiliza en alimentación, tanto humana como animal. **2.** Semilla de esta planta.

mikado o **micado** *s. m.* (voz japonesa, de *mi*, sublime, y *cado*, puerta) *s. m.* Nombre dado al emperador y a la institución imperial del Japón.

Mikoyan, Anastas Ivanovich (Sanain, Armenia 1895 - Moscú 1978) Político soviético. Afiliado al sector bolchevique desde 1915, fue nombrado miembro del Comité Central del Partido Comunista en 1923 y del Politburó en 1935. Desempeñó varios cargos como especialista en asuntos económicos. Tras la muerte de Stalin, se convirtió en uno de los más firmes aliados de Kruschev y en el XX Congreso del Partido lanzó un virulento ataque contra el culto a la personalidad de Stalin. Ocupó la presidencia del Presidium del Soviet Supremo de 1964 a 1965.

mil *adj. num. card.* **1.** Diez veces cien. También *pron.* y *s. m.* **2.** Con ciertos sustantivos, indica cantidad grande, sin determinar. ‖ *adj. num. ord.* **3.** Milésimo. También *pron.* ‖ *s. m.* **4.** Signo que representa este número. **5.** Millar, conjunto de diez veces cien unidades. Se usa más en *pl.* ‖ **Loc. las mil y quinientas** *fam.* Hora muy tardía. **las mil y una** Larga serie de dificultades, penalidades, disgustos, etc.

mil y una noches, Las Colección de relatos en lengua árabe. La estructura de la obra es sencilla: el rey persa Shahriyac, después de mandar estrangular a su infiel esposa, toma cada noche una nueva mujer, para mandarla asesinar al alba; una de éstas es Scherezade, quien logra despertar el interés del rey con el relato de un cuento, ingeniosamente interrumpido al llegar al amanecer, lo que hace que el monarca aplace la ejecución y así sucede noche tras noche, hasta llegar a las mil y una, momento en que el rey perdona la vida a Scherezade. El texto no se fijó hasta el s. XV y muestra en su estilo indicios de egipcio coloquial.

Milá y Fontanals, Manuel (Vilafranca del Penedés, Barcelona 1818 -íd. 1884) Poeta y erudito catalán. Destacado romanista, fue maestro de Menéndez Pidal y Rubió y Lluch. Entre sus obras más notables hay que citar *Observaciones sobre la poesía popular* (1853), *De los trovadores en España* (1861), *De la poesía heroico-popular castellana* (1874) y *Romancerillo catalán* (1882).

milady (voz ingl., de *my*, mi, y *lady*, señora) *s. f.* En el Reino Unido, tratamiento dado a la mujer de un lord.

milagrear *v. intr.* Hacer milagros.

milagrería *s. f.* **1.** Relato de sucesos a los que se quiere presentar como milagros. **2.** Tendencia a admitir como milagros hechos naturales.

milagrero, ra *adj.* **1.** Se dice de la persona que tiene por milagros los hechos que suceden naturalmente. También *s.* **2.** Se dice de la persona que finge milagros. También *s.* **3.** *fam.* Milagroso, que hace milagros.

milagro *s. m.* **1.** Hecho que no se puede explicar por las leyes conocidas de la naturaleza y que se considera realizado por intervención sobrenatural o de origen divino. **2.** Cualquier cosa o suceso sorprendente y extraordinario. ‖ *interj.* **3.** Se usa para indicar la extrañeza que causa algo. ‖ **Loc. de milagro** *adv.* Por casualidad, por poco, de modo poco frecuente. **hacer** uno **milagros** *fam.* Hacer más de lo que parece posible teniendo pocos medios.

milagroso, sa *adj.* **1.** Que hace o produce milagros. **2.** Que sobrepasa las fuerzas de la naturaleza. **3.** Extraordinario, sorprendente, portentoso. **Fam.** Milagrosamente.

Milán (*Milano*) C. de Italia, cap. de la región de Lombardía, situada en el N del país. 1.449.400 h. en 1990. Es el centro urbano más importante de la Italia septentrional y la primera ciudad industrial del país, así como urbe comercial, financiera y cultural. Posee industria metalúrgica, farmacéutica, papelera, cauchera, química, textil, eléctrica y mecánica. Es uno de los principales centros mundiales del diseño. Entre sus monumentos destacan el Duomo, catedral de estilo gótico flamígero (s. XIV), Santa Maria delle Grazie (s. XV), donde se conserva el fresco *La Última Cena* de Leonardo da Vinci, el castillo Sforza (s. XV) y el teatro de la Scala, de estilo neoclásico.

Hist. Fundada en el año 400 a. C. por los galos, fue conquistada por Roma en el 196 a. C. y llamada Mediolanum. Durante el imperio romano adquirió una gran importancia estratégica, sobre todo ante la amenaza de las invasiones germánicas en el s. III. Fue, junto a Ravena, la principal de las ciudades del reino lombardo. A partir del s. IX la ciudad llegó a ser un importante núcleo comercial. Federico I Barbarroja, de la dinastía imperial Staufen, impuso su soberanía en 1162, en los comienzos de la lucha güelfo-gibelina. En la Edad Media los sistemas de irrigación del valle del Po proporcionaron a la ciudad un desarrollo económico considerable y se convirtió en un gran centro de producción de lana, seda, armas y de la banca internacional. Durante el s. XV la ciudad fue gobernada por la familia Visconti, a la que sucedió la familia Sforza. Conquistada por el rey francés Luis XII en 1499, pasó a poder de los españoles en 1535. En 1706 fue ocupada por Austria. Capital de la República Cisalpina en 1797, de la República Italiana en 1802 y del efímero Reino Itálico hasta 1814, volvió a poder austriaco tras la derrota de Napoleón, convirtiéndose entonces en el centro de la lucha por la independencia de Italia. Capital económica tras la unificación del país, ha sido escenario de los principales movimientos sociales y políticos italianos.

Milán, edicto de Acuerdo entre Constantino y Licinio (313) por el que se concedía la libertad religiosa en el imperio romano, especialmente a los cristianos, y se devolvían los bienes confiscados a las iglesias.

Milán, Luis (Valencia h. 1500 - íd. h. 1561) Vihuelista español. Fue autor del *Libro de música de vihuela de mano intitulado «El maestro»* (1536), que contiene tientos, fantasías, villancicos, pavanas, sonetos y romances, y abrió camino al brillante grupo de vihuelistas españoles del Renacimiento.

milanés, sa *adj.* **1.** De Milán. También *s.* ‖ *s. f.* **2.** *Arg.* Filete de carne empanado. ‖ **Loc. a la milanesa** *adj.* Se dice del filete empanado y frito.

Milanesado Región histórica de Italia. Centralizada en torno a Milán, constituía en la plena Edad Media un dominio territorial libre entre la zona feudal del Piamonte y la semifeudal de Verona. La región, regada por el río Po, experimentó una transformación agrícola de suma importancia, gracias a la canalización de las aguas, y una expansión durante el señorío de los Torriani en el s. XIII y los Visconti en el XIV. Muerto el último Visconti, Francia y el imperio español entablaron una serie de guerras por la posesión del Milanesado. Francisco I lo recuperó para Francia (1515-21).

El Milanesado adquirió una importancia estratégica capital para el dominio de los Austria en Europa. La victoria española de Pavía supuso el fin del dominio francés en 1525 y permitió el regreso de los Sforza en 1526. En años sucesivos la soberanía del territorio fue disputada por Francia, los Sforza y el Imperio. Carlos V lo cedió en 1540 a su hijo Felipe II y permaneció en poder de España hasta el tratado de Utrecht (1713), por el cual pasó a Austria. Napoleón lo conquistó en 1796, pero en 1815 volvió a depender de Austria, hasta que en 1859, tras la segunda guerra de independencia, fue ocupado por el reino de Piamonte.

milano *s. m.* **1.** Nombre común de diversas especies de aves falconiformes de la familia accipítridos, género *Milvus*. Tienen una longitud aproximada de 50 a 65 cm, plumaje castaño con tonos rojizos y cola en forma de horquilla. Son rapaces diurnas que se alimentan de carroña y habitan en Eurasia, África y Australia. En la península Ibérica se hallan el milano real *(Milvus milvus)* y el milano negro *(Milvus migrans)*. **2.** Vilano*.

Milcíades el Joven (? 540 - Atenas h. 489 a. C.) Político y militar ateniense. Vasallo de Darío I, participó en la revuelta de Jonia y, de acuerdo con Atenas, conquistó Lemnos e Imbros (499-498 a. C.). Venció a los persas en Maratón.

mildiu o **mildeu** *s. m.* Nombre común de diversas enfermedades de las plantas causadas por hongos. El micelio del hongo se desarrolla en el interior del vegetal, infiltrándose en sus células, de las que se alimenta. El síntoma característico de la enfermedad es la aparición de un vello fino de color blanco sobre las hojas y órganos. El más extendido es el mildiu de la vid, causado por el hongo *Plasmopara viticola*, originario de América e importado a Europa a fines del s. XIX; constituye la principal plaga de las vides.

milenario, ria *adj.* **1.** Relativo al milenio; que dura, tiene o sobrepasa un milenio. **2.** Perteneciente o relativo al milenarismo o partidario de él. También *s.* ‖ *s. m.* **3.** Milenio*. **4.** Milésimo aniversario de un acontecimiento y fiestas con que se celebra.

milenarismo *s. m.* **1.** Doctrina religiosa de origen hebreo, ligada a la creencia de la resurrección de los cuerpos y a la idea del fin del mundo, según la cual se afirma la venida de un reino temporal de Jesucristo en la tierra, durante mil años, antes del juicio final. Nunca ha formado parte de la doctrina de la Iglesia, aunque sí de algunos grupos protestantes. **2.** Antigua creencia de los que sostenían que el fin del mundo y el juicio final iban a tener lugar en el año mil. **3.** Por ext., cualquier creencia que señala una fecha para el acontecimiento del fin del mundo. **Fam.** Milenarista.

milenio *s. m.* Periodo de mil años.

milenrama *s. f.* Nombre común de diversas plantas herbáceas de la familia compuestas, género *Achillea*. La milenrama común *(Achillea millefolium)* mide entre 15 y 50 cm de altura, tiene el tallo estriado, hojas largas y estrechas segmentadas y flores blancas o rosadas. Crece cerca de los caminos y zonas habitadas de Europa meridional y ha sido utilizada en la medicina popular por sus propiedades tónicas, antihemorrágicas y antiespasmódicas. La milenrama blanca *(Achillea clavenae)* es algo menor y presenta pelos viscosos de color blanco. La milenrama negra *(Achillea atrata)* tiene brácteas con los bordes negros. Son propias de regiones de montaña, sobre todo de los Alpes.

milésimo, ma *adj. num. ord.* **1.** Que ocupa por orden el número mil. También *pron.* ‖ *adj. num. part.* **2.** Se dice de cada una de las mil partes iguales en las que se divide un todo. También *s.*

milesio, sia *adj.* De Mileto. También *s.*

Milestone, Lewis (Chsinau, Besarabia 1895 - Los Ángeles 1980) Director cinematográfico estadounidense de origen moldavo. Alcanzó un gran éxito con la película *Sin novedad en el frente* (*All quiet on the western front*, 1930). Otros filmes suyos destacados son *Hermanos de armas* (*Two arabian knigths*, 1928), *La fuerza bruta* (*Of mice and men*, 1940), *Arco de triunfo* (1948), *Un paseo bajo el sol* (1946) y *Rebelión a bordo* (*Mutiny on the Bounty*, 1962).

Mileto Antigua ciudad griega, situada en una península de la costa occidental de Asia Menor, junto a la desembocadura del río Meandro. Fundada por los cretenses y colonizada por los jonios, fue un importante centro marítimo, comercial y cultural. En el s. VI a. C. se creó en ella la más antigua escuela filosófica griega, en la que sobresalieron Tales de Mileto, Anaximandro y Anaxímenes. Destruida por los persas en la primera guerra médica, fue reedificada por los griegos en el 479 a. C., sobre planos que se atribuyen a Hipodamo. Miembro de la liga de Delos entre el 478 y 412 a. C., fue conquistada por Alejandro Magno en el 334 a. C. y, posteriormente, por los seléucidas y los romanos. Decayó considerablemente en época imperial.

Milhaud, Darius (Aix-en-Provence 1892 - Ginebra 1974) Compositor francés. Miembro del grupo de los Seis, su música se caracteriza por el uso de la politonalidad, técnica en la que realizó notables desarrollos. En su extensa producción sobresalen las óperas *El pobre marino* (1926), *Cristóbal Colón* (1928) y *Bolívar* (1943), los ballets *El buey en el tejado* (1919) y *La creación del mundo* (1923); *12 sinfonías* (1939-61), el oratorio *Pacem in terris* (1963), piezas para piano y melodías sobre poemas de Claudel, Gide y Cocteau, entre otros.

milhojas *s. m.* **1.** Pastel de hojaldre relleno de merengue, crema o nata. ‖ *s. f.* **2.** Milenrama*.

mili *s. f. fam. apóc.* de **milicia**. Servicio militar.

mili- *pref.* Colocado delante del nombre de una unidad la convierte en otra mil veces menor: *miligramo, mililitro, milímetro.*

miliamperio *s. m.* Medida de intensidad de una corriente eléctrica equivalente a la milésima parte de un amperio. Su símbolo es *mA.*

miliar *adj.* Se aplica a la columna, poste, piedra, etc., que marcaba las millas, o mil pasos, en las vías romanas. ■ Se dice también *miliario.*

miliario, ria *adj.* **1.** Perteneciente o relativo a la milla. **2.** Miliar*.

milibar *s. m.* Unidad de medida de la presión atmosférica, equivalente a la milésima parte del bar. La presión atmosférica normal es de 1.013 milibares. Su símbolo es *mb.*

milicia *s. f.* **1.** Profesión cuyo objeto es la actividad militar y preparar a los soldados para ella. **2.** Servicio militar. **3.** Ejército, conjunto de militares y soldados de un país. **4.** Conjunto de gente armada, diferenciado del ejército permanente, formado por ciudadanos adiestrados en el ejercicio de las armas. **5.** Agrupación de personas que defienden un ideal.

miliciano, na *adj.* **1.** Perteneciente o relativo a la milicia. ‖ *s. m.* y *f.* **2.** Miembro de una milicia. **3.** En la guerra civil española (1936-39), miembro de algún cuerpo de voluntarios formado en la zona republicana y no encuadrado en el ejército regular.

milico *s. m. Amér. del S. desp.* Militar, policía.

miligramo *s. m.* Unidad de medida de masa, equivalente a la milésima parte de un gramo. Su símbolo es *mg.*

mililitro *s. m.* Unidad de medida de capacidad, equivalente a la milésima parte de un litro. Su símbolo es *ml.*

milimetrado, da *adj.* Graduado o dividido en milímetros.

milimétrico, ca *adj.* **1.** Perteneciente o relativo al milímetro. **2.** Milimetrado*. **3.** Muy exacto o preciso.

milímetro *s. m.* Unidad de medida de longitud, equivalente a la milésima parte de un metro. Su símbolo es *mm.* ‖ **Loc. al milímetro** *adv.* Con mucha exactitud y precisión.

militante *adj.* Que milita o es miembro de una agrupación, partido, etc. También *s.*

militar[1] (del lat. *militare*) *v. intr.* **1.** Servir en el ejército o en una milicia. **2.** Pertenecer a un partido político, grupo artístico, etc.

militar[2] (del lat. *militaris*) *adj.* **1.** Perteneciente o relativo a la milicia o a la guerra. ‖ *s. m.* y *f.* **2.** Miembro del ejército. **FAM.** Militarmente.

militarada *s. f.* Pronunciamiento o golpe de Estado dado por los militares.

militarismo *s. m.* **1.** Excesiva importancia o influencia del ejército o de lo militar en una nación. Se caracteriza por la presencia de militares en las instituciones del Estado y por concebir la guerra y su preparación como los instrumentos principales de la política exterior. **2.** Actitud y modo de pensar de quien defiende esa importancia. **FAM.** Militarista.

militarizar *v. tr.* **1.** Someter a la autoridad y régimen militar un cuerpo o servicio civil. **2.** Infundir la disciplina y el espíritu militar. ■ Se conjuga como *cazar.*

mílite *s. m.* En lenguaje culto, soldado*.

militronche o **militroncho** *s. m. fam.* Militar, soldado.

milivatio *s. m.* Unidad de medida de potencia de las corrientes eléctricas, equivalente a la milésima parte del vatio. Su símbolo es *mW.*

milivoltio *s. m.* Unidad de medida de fuerza electromotriz y de diferencia de potencial, equivalente a la milésima parte del voltio. Su símbolo es *mV.*

Mill, James (Northwater Bridge, Escocia 1773 - Kensington 1836) Historiador, economista y filósofo británico. Influido por Jeremy Bentham y David Ricardo, desarrolló el utilitarismo, que continuó su hijo, John Stuart Mill. Su filosofía, que enlaza con la tradición empirista, tiene como aspecto más destacado la formulación de la «psicología de los fenómenos mentales», basada en las leyes de la asociación. En economía sostuvo la teoría del valor trabajo y la del fondo de salarios, según la cual el nivel de salarios está en función del número de trabajadores y el volumen de capital. Entre sus obras más importantes cabe mencionar *Historia de la India británica* (1818), *Principios de economía política* (1822), *Gobierno* (1824) y *Análisis de los fenómenos del espíritu humano* (1829).

Mill, John Stuart (Londres 1806 - Aviñón 1873) Economista y filósofo británico. Hijo del anterior, del que recibío una rígida educación, mostró desde su infancia una inteligencia extraordinaria. Estudió la obra de Jeremy Bentham y siguió los cursos de economía de David Ricardo. Es uno de los máximos exponentes del utilitarismo y se encuentra entre los grandes pensadores liberales del s. XIX. Desde una posición antimetafísica prosiguió la tarea de fundamentación de las ciencias, ya emprendida por sus antecesores. Reivindicó la psicología asociacionista como ciencia independiente y subrayó la importancia de la inducción como único método científico adecuado. Su influencia en el pensamiento filosófico posterior es enorme. Dejó, entre otras obras, *Sistema de lógica inductiva y deductiva* (1843), *Principios de política económica* (1848), *Sobre la libertad* (1859), *Utilitarismo* (1863) y una *Autobiografía* (1873).

milla *s. f.* **1.** Medida de longitud equivalente a 1.609,3426 m en el Reino Unido y países de la Commonwealth, y a 1.609,3472 m en EE UU. **2.** Medida internacional de navegación marítima o aérea equivalente a 1.852 m, y a 1.853,1824 m para Reino Unido y países de la Commonwealth. La milla por hora se denomina *nudo.* **3.** Medida empleada en las vías romanas, que valía mil pasos, equivalente a 1.481 m. **4.** En atletismo, carrera de medio fondo, no olímpica, con un recorrido de una milla o 1.609,40 m.

Millais, John Everett (Southampton 1829 - Londres 1896) Pintor británico. Perteneció al grupo de los prerrafaelistas. Con una técnica minuciosa, realizó cuadros simbolistas o alegóricos en los que acentuó el carácter sensible y literario, como en *Ofelia muerta* (1852). Fue también un importante retratista.

millar *s. m.* Conjunto de mil unidades.

millarada *s. f.* Un millar aproximadamente.

Millares, cultura de Los Cultura desarrollada en la península Ibérica durante la edad del bronce (h. 2000 a. C.). Recibe su nombre del yacimiento descubierto en Los Millares, Gador (provincia española de Almería), que incluye un poblado y una necrópolis de colonizadores de origen oriental. Se han encontrado numerosos monumentos megalíticos, objetos de cobre y cerámica.

Millares, Manuel (Las Palmas de Gran Canaria 1926 - Madrid 1972) Pintor español. Fue miembro fundador del grupo El Paso (1957). De estilo abstracto, supo combinar con excelentes resultados en sus collages los materiales pobres, especialmente arpilleras recosidas, atadas y abultadas, con las manchas de color en las que predominan el blanco, el negro y el rojo.

Mille, Cecil Blount de (Ashfield, Massachusetts 1881 - Hollywood 1959) Director de cine estadounidense. Pionero de la industria cinematográfica de su país, realizó películas espectaculares con argumentos históricos o bíblicos. Entre sus grandes éxitos sobresalen *Los diez mandamientos* (versiones de 1923 y 1956), *Rey de reyes* (1927), *El signo de la cruz* (1932), *Cleopatra* (1934), *Las Cruzadas* (1935), *Sansón y Dalila* (1949) y *El mayor espectáculo del mundo* (1952).

Miller, Arthur (Nueva York 1915) Dramaturgo estadounidense. En sus obras retrata la vida de las clases medias estadounidenses, en especial la de las grandes ciudades, donde el individuo se enfrenta con fuerzas que le sobrepasan, como ocurre en *Muerte de un viajante* (1949). Estuvo casado tres años con Marilyn Monroe, periodo de su vida que refleja en *Después de la caída* (1963). Otros dramas destacados suyos son *Las brujas de Salem* (1953), *Panorama desde el puente* (1955) e *Incidente en Vichy* (1964).

Miller, Glenn (Clarinda, Iowa 1904 - en accidente de aviación entre Londres y París 1944) Músico de jazz estadounidense. Excelente clarinetista y trombonista, fundó su primera orquesta en 1937. Alcanzó gran popularidad.

Miller, Henry (Nueva York 1891 - Los Ángeles 1980) Escritor estadounidense. Residió largas temporadas en París. En 1931 viajó por Grecia y reflejó sus impresiones en *El Coloso de Marusi* (1941). Sus novelas tienen carácter autobiográfico, y en ellas destacan la brillantez del estilo y un sutil humorismo con acentuados elementos eróticos. Entre las más significativas se encuentran *Trópico de Cáncer* (1934), *Primavera negra* (1936), *Trópico de Capricornio* (1939) y *La crucifixión rosada*, trilogía formada por *Sexus* (1949), *Plexus* (1952) y *Nexus* (1960).

Millerand, Alexandre (París 1859 - Versalles 1943) Político francés. Colaborador de Clemenceau, evolucionó hacia el socialismo y en 1899 fue el primer político de su ideología que formó parte de un gobierno burgués. Más tarde adoptó una postura de derechas y fundó el Bloque Nacional, de carácter moderado. Jefe de gobierno en 1920, fue presidente de la república (1920-24), cargo del que dimitió por las presiones del bloque radical-socialista.

Millet, Jean-François (Gruchy, Manche 1814 - Barbizon 1875) Pintor francés. Miembro de la escuela de Barbizon, reflejó en estilo realista escenas de la vida rural, con el paisaje y el campesino como protagonistas, a las que dio cierto sentido místico y moralizante. Su obra influyó posteriormente en los divisionistas y en el joven Vincent van Gogh. Entre sus cuadros más representativos figuran *El sembrador* (1850), *Las espigadoras* (1857), *El ángelus* (1859), *Primavera* (1873) y *La iglesia de Gréville* (1874).

Jean-François Millet: El ángelus *(Museo del Louvre, París).*

Millikan, Robert Andrews (Morrison, Illinois 1868 - San Marino, California 1953) Físico estadounidense de origen escocés. En 1923 obtuvo el premio Nobel de física por su famoso experimento en el que, suspendiendo gotas de aceite (que transportaban uno o más electrones) entre dos placas cargadas eléctricamente, estableció la carga elemental del electrón. También estudió la integridad de los rayos cósmicos en la alta atmósfera y a cierta profundidad bajo el agua.

millón *s. m.* Mil veces mil unidades.

millonada *s. f.* Cantidad muy grande, especialmente de dinero.

millonario, ria *adj.* Que tiene muchos millones de dinero, muy rico. También *s.*

millonésimo, ma *adj. num. ord.* **1.** Que ocupa por orden el número un millón. También *pron.* ‖ *adj. num. part.* **2.** Se dice de cada una del millón de partes iguales en las que se divide un todo o conjunto. También *s.*

milmillonésimo, ma *adj. num. ord.* **1.** Que ocupa por orden el último lugar en una serie de mil millones. También *pron.* ‖ *adj. num. part.* **2.** Se dice de cada una de las mil millones de partes iguales en que se divide un todo. También *s.*

Milo Isla de Grecia en el mar Egeo, al S de Atenas. 161 km^2. 4.500 h. en 1985. Es famosa por haberse encontrado en ella la escultura griega de Venus, conocida como *Venus de Milo.*

milonga *s. f.* **1.** Canción bailable popular de Río de la Plata, de ritmo lento, que se acompaña con guitarra; muchas de sus características fueron incorporadas al tango. **2.** Copla andaluza nacida de este baile.

milonguear *v. intr. Arg., Par., Urug.* Cantar o bailar una milonga; p. ext., bailar. **FAM.** Milonguero.

milonita *s. f.* Roca metamórfica que resulta de una rotura y fragmentación de la corteza terrestre bajo fuertes presiones. Se erosiona fácilmente por la acción de los ríos, formando cataratas como las Victoria en el Zambeze.

milord (voz ingl.; de *my,* mi, y *lord,* señor) *s. m.* Tratamiento que se da a los señores de la nobleza inglesa.

Milos Obrenovic (Srednia Dobrna 1780 - Topcider, Belgrado 1860) Príncipe de Serbia (1815-39 y 1858-60). Se levantó contra los turcos y fue reconocido como príncipe supremo por el sultán (1815). Obligado a abdicar en 1839, se exilió. Volvió a reinar de 1858 hasta su muerte y estableció la monarquía hereditaria en los miembros de su familia.

Milosz, Czeslaw (Szetejnie, Lituania 1911) Escritor polaco nacionalizado estadounidense. Su obra trata temas muy variados, entre los que cabe señalar acontecimientos históricos, la reflexión sobre el tiempo y la experiencia, y problemas morales y religiosos, y comprende libros de poemas, como *La ciudad sin nombre* (1969) y *Donde surge y donde se pone el sol* (1974), ensayos, como *La otra Europa* (1960) y *El jardín de las ciencias* (1979), novelas, como *El valle del Issa* (1955), y escritos autobiográficos, como *Visiones del golfo de San Francisco* (1969). Obtuvo el premio Nobel de literatura en 1980.

milpa *s. f. Amér. C., Méx.* Maíz o plantación de maíz.

milpear *v. tr.* **1.** *Amér. C., Méx.* Plantar, cultivar, especialmente el maíz. ‖ *v. intr.* **2.** *Méx.* Comenzar a brotar el maíz.

milpiés *s. m.* Cochinilla*, crustáceo.

milrayas *s. m.* **1.** Tejido con rayas de color muy finas y apretadas. **2.** Prenda confeccionada con un tejido de esta clase, especialmente un traje o un pantalón.

Milstein, César (Bahía Blanca 1927) Biólogo argentino nacionalizado británico. Investigador en laboratorios universitarios de Argentina y del Reino Unido, descubrió en colaboración con Georg J. Köhler un método para la producción de anticuerpos monoclonales. Por este trabajo, ambos científicos recibieron, en unión de Niels K. Jerne, el premio Nobel de medicina y fisiología en 1984.

miltomate (voz náhuatl) *s. m. Guat., Méx.* Planta herbácea de fruto parecido al tomate, pero más pequeño y de color blanquecino; también, dicho fruto.

Milton, John (Londres 1608 - íd. 1674) Poeta inglés. Miembro de una familia burguesa y puritana, participó en las luchas políticas y religiosas que dividían el país, en las que apoyó la causa

John Milton (National Portrait Gallery, Londres).

de Cromwell y escribió libelos en defensa de los puritanos, como *Pro populo anglicano defensio* (1651), en latín. En 1649 fue nombrado secretario de cartas latinas del Consejo de Estado, cargo que abandonó al quedarse ciego en 1652. Tras el retorno de la monarquía de los Estuardo, fue apartado de todo cargo público y perseguido, aunque finalmente se benefició de la amnistía. En 1667 publicó su obra capital, *El Paraíso perdido,* poema épico donde se narra, con una finalidad moral y lenguaje culto y solemne, la tentación y caída de Adán y Eva. Otras obras suyas posteriores dignas de mención son *El Paraíso recobrado* (1671) y *Sansón agonista,* poema dramático de inspiración clásica.

Milton Keynes C. del Reino Unido, situada en el condado inglés de Buckinghamshire. 106.980 h. en 1981. Fue creada en 1967 como ciudad residencial.

Milwaukee C. de EE UU, situada en el estado de Wisconsin, junto al lago Michigan. 601.000 h. en 1989, 1.552.000 h. en 1987 en su área metropolitana. Es un importante puerto y centro comercial, que posee industria de maquinaria, alimentaria, automovilística y textil.

mimado, da **1.** *p. p.* de **mimar**. ‖ *adj.* **2.** Malcriado por exceso de mimos; se dice especialmente de los niños. También *s.*

mimar *v. tr.* **1.** Tratar a alguien o algo con mimo, cariño. **2.** Tratar a alguien con excesivo mimo, consintiéndole demasiado, particularmente a los hijos.

mimbral *s. m.* Mimbreral*.

mimbre *s. amb.* **1.** Vara fina, larga y flexible de la mimbrera, que se utiliza en cestería. **2.** Rama joven y flexible de algunas especies de sauces. **3.** P. ext., sauce con ramas flexibles. ■ Se dice también *vimbre.*

mimbrear *v. intr.* Cimbrear, vibrar como una vara de mimbre. También *v. prnl.*

mimbrera *s. f.* **1.** Planta arbustiva de la familia salicáceas, especie *Salix viminalis.* El tronco, de dos a tres metros de altura, echa desde su base ramas con hojas lanceoladas. Las ramas se utilizan en cestería. **2.** P. ext., nombre común de diversas especies de sauces. **3.** Mimbreral*.

mimbreral *s. m.* Sitio poblado de mimbreras. ■ Se dice también *mimbral* y *mimbrera.*

mimeógrafo *s. m. Perú.* Multicopista. **FAM.** Mimeografiar.

mímesis o **mimesis** *s. f.* **1.** Principio teórico básico de la creación artística que designa la imitación de la naturaleza en un sentido representativo y no como mera copia. La mímesis fue duramente criticada por Platón y analizada positivamente por Aristóteles en su *Poética.* Durante siglos ha constituido la principal concepción del arte. **2.** Imitación de los gestos, manera de hablar, movimientos, etc., de una persona, generalmente para burlarse de ella.

mimético, ca *adj.* Perteneciente o relativo al mimetismo.

mimetismo *s. m.* **1.** Propiedad que poseen algunos animales y plantas de adoptar el color y la forma de objetos del medio en que viven, con lo cual pasan inadvertidos a sus enemigos, o de adoptar colores idénticos a los de una especie peligrosa para un depredador común. Ejemplos del primer tipo de mimetismo, denominado *cripsis,* son los insectos palo y la liebre nival; ejemplos del segundo, o mimetismo propiamente dicho, son los numerosos insectos que adoptan la coloración de las peligrosas avispas. **2.** Imitación de los gestos, opiniones, actitudes, etc., de otra persona o grupo.

mimetizar *v. intr.* Adquirir el aspecto de los seres o cosas del entorno. Se usa más como *v. prnl.* ■ Se conjuga como *cazar.*

mímica *s. f.* Expresión por gestos, movimientos y posiciones corporales.

mímico, ca *adj.* **1.** Perteneciente o relativo a la mímica. **2.** Perteneciente o relativo al mimo y a su representación.

mimo *s. m.* **1.** Demostración expresiva de cariño o de ternura. **2.** Excesiva consideración o tolerancia con que se trata a alguien, especialmente a los niños. **3.** Cuidado con que se hace o trata algo. **4.** Género y técnica teatral basados en la exclusiva utilización de gestos y de movimientos corporales para expresarse ante el público. **5.** Actor de esta especialidad. **6.** En las literaturas griega y latina, representación teatral breve de carácter satírico y bufo que imitaba la vida y las costumbres; también, actor que representaba estas comedias.

mimodrama *s. m.* Representación de mimo, género teatral.

mimosa *s. f.* **1.** Nombre común de diversas plantas arbóreas o arbustivas leguminosas de la familia mimosáceas, géneros *Mimosa* y *Acacia.* La acacia mimosa *(Acacia dealbata)* es un árbol que alcanza hasta 30 m de altura, tiene la corteza gris y verdosa, las ramas jóvenes, brotes y follaje de color que varía entre blanco plateado hasta amarillo cremoso, flores en inflorescencias terminales y axilares amarillas y fruto en legumbre. Nativa del SE de Asia y Tasmania, se cultiva en regiones cálidas de todo el mundo como planta ornamental y por su madera. **2.** Flor de esta planta.

mimosáceas *s. f. pl.* Familia de plantas, también considerada subfamilia de las leguminosas, a la que pertenecen numerosas especies comprendidas en unos 56 géneros, entre los que destacan *Acacia* y *Mimosa.* Suelen ser arbóreas, arbustivas o trepadoras, con hojas compuestas y generalmente bipinnadas, flores en forma de esfera y fruto en legumbre. Crecen en regiones cálidas y tropicales y tienen diversos usos económicos. También *adj.* y *s. f.*

mimoso, sa *adj.* Se aplica a la persona o animal que gusta de hacer mimos o que se los hagan, y también a sus gestos, actitudes, etc. **FAM.** Mimosamente.

mina[1] *s. f.* **1.** Yacimiento de mineral explotable e instalaciones para la extracción y tratamiento de dicho mineral. **2.** Galería subterránea artificial, abierta para conducir aguas, establecer una comunicación, etc. **3.** Paso subterráneo junto con el explosivo colocado en él para provocar una voladura. **4.** Artefacto explosivo, activado por una espoleta, colocado bajo tierra o bajo la superficie del agua y destinado a producir su explosión al paso del enemigo. **5.** Barrita cilíndrica de grafito o de diversas sustancias de colores que llevan en su interior los lápices, portaminas, etc. **6.** Persona o cosa de gran utilidad y de la que se puede sacar mucho provecho. ‖ **7. mina de superficie** Yacimiento mineral que se explota a cielo abierto, ahondando en el terreno mediante el corte en bancos horizontales formando gradas. **8. mina subterránea** Yacimiento mineral que se explota mediante pozos y galerías horizontales a distintos niveles.

mina[2] (voz ital.) *s. f. fam.* **1.** *Amér. del S.* Prostituta o concubina. **2.** *Arg.* Muchacha, especialmente la que es guapa.

Mina, Francisco Javier, llamado **Mina el Mozo** (Idocín, Navarra 1789 - cerca de Pénjamo, México 1817) Guerrillero español. Organizó con

Mimetismo: el gusano Colotois pennaria *adopta la forma de una rama.*

éxito la guerrilla en Navarra durante la ocupación napoleónica y se enfrentó a la restauración absolutista, por lo que tuvo que huir a Francia y después a Inglaterra. Allí se embarcó hacia México, donde continuó la lucha contra el absolutismo de Fernando VII, hasta que fue apresado por los realistas y fusilado.

minado, da 1. *p. p.* de **minar**. También *adj.* ‖ *s. m.* 2. Acción y efecto de minar.

minador, ra *adj.* 1. Que mina. 2. Se dice del barco especialmente preparado para colocar minas submarinas. También *s. m.* 3. Se aplica al que abre minas o está especializado en la colocación de minas explosivas. También *s. m.*

minar *v. tr.* 1. Colocar minas explosivas. 2. Debilitar o destruir algo poco a poco. 3. Abrir caminos y galerías subterráneas en un terreno.

minarete *s. m.* Torre de las mezquitas desde la que el almuecín convoca a los fieles a la oración. Se llama también *alminar.*

Minas Gerais Estado de Brasil, situado en el SE del país, entre las metrópolis de Rio de Janeiro y Brasilia. 586.624 km^2. 15.831.000 h. en 1990. La capital es Belo Horizonte, con 2.122.100 h. en 1985, 3.059.700 h. en 1985 en su área metropolitana. Explorado por los portugueses en el s. XVI, fue colonizado en el s. XVIII tras el descubrimiento de ricas minas de oro y diamantes, hoy en día casi agotadas. Tiene una economía agropecuaria, con cultivos de café, caña de azúcar y algodón y cabaña bovina; y minería de grandes yacimientos de hierro, manganeso, cromo, circonio, bauxita, mica, mármol, cristal de roca y níquel. Posee, asimismo, industria metalúrgica y siderúrgica.

Minatitlán C. de México, situada en el estado de Veracruz, a orillas del río Coatzacoalcos. 105.760 h. en 1980. Cuenta con refinerías de petróleo.

Mindanao Isla de Filipinas, la más meridional de las grandes islas del archipiélago, situada entre los mares de Bohol, Sulu, Célebes y el océano Pacífico. 94.630 km^2. 14.087.000 h. en 1989. Su principal ciudad es Davao, con 862.000 h. en 1990. Presenta un relieve montañoso y volcánico, y en ella se encuentra la máxima altura del país, el monte Apo (2.953 m). Sus recursos económicos proceden de los cultivos de arroz, coco, piña y frutas tropicales, de la explotación forestal y de la pesca.

mindel *s. m.* Segunda de las grandes glaciaciones del cuaternario, estudiada por Penck y Eduard Brückner en el valle del río Mindel, al N de los Alpes.

Mindoro Isla de Filipinas, situada en el océano Pacífico, al S de Luzón. 10.245 km^2. 669.369 h. en 1980. Tiene un relieve elevado y muy accidentado. Posee cultivos de arroz, caña de azúcar, plátanos y cocos, y minería de hierro.

mineraje *s. m.* Trabajo que se realiza en las minas.

mineral *adj.* 1. Se dice del conjunto de sustancias naturales inorgánicas que forman la corteza terrestre o una parte de ella. ‖ *s. m.* 2. Compuesto natural inorgánico formado por uno o más elementos químicos, que generalmente tiene una misma estructura cristalina y posee diversas características: exfoliación, dureza, magnetismo, color, etc. 3. Parte aprovechable de un yacimiento minero. ‖ 4. **agua mineral** Véase **agua**. 5. **sales minerales** Principios inmediatos inorgánicos presentes en los seres vivos, tanto precipitados como disueltos. Cuando están precipitados, constituyen cuerpos sólidos de función estructural, como las conchas de los moluscos o los huesos de los vertebrados. Cuando aparecen disueltos en agua, están siempre ionizados y tienen funciones de regulación del pH, de la presión osmótica y de las reacciones bioquímicas. ***Quím.*** Los minerales pueden presentarse en dos situaciones, *amorfa* y *cristalina*, dependiendo de la ordenación interna de los átomos o de las moléculas que los forman. El **mineral amorfo** no tiene ningún tipo de ordenación entre sus partículas (p. ej., el ópalo, formado por oxígeno, silicio y agua), mientras que en el **mineral cristalino** están ordenadas según las tres direcciones del espacio (p. ej., la sal común, formada por iones de cloro y de sodio). Según las características de su cristalización, los minerales se agrupan en siete sistemas cristalinos distintos. Atendiendo a su composición química, los minerales más corrientes en la naturaleza son: elementos nativos, sulfuros, óxidos, halogenuros, carbonatos, sulfatos, fosfatos y silicatos; estos últimos constituyen el grupo más abundante.

mineralizar *v. tr.* 1. Transformar una sustancia en mineral, generalmente por la intervención de agentes externos. También *v. prnl.* ‖ *v. prnl.* 2. Cargarse las aguas de sustancias minerales durante su curso subterráneo. ■ Se conjuga como *cazar.* **Fam.** Mineralización.

mineralogía *s. f.* Rama de la geología que estudia los minerales. **Fam.** Mineralógico.

mineralogista *s. m.* y *f.* Persona que se dedica al estudio de los minerales.

minería *s. f.* 1. Explotación de las minas y conjunto de personas e instalaciones dedicadas a ello. 2. Conjunto de las minas y explotaciones mineras de una región, un país, etc.

minero, ra *adj.* 1. Perteneciente o relativo a la mina. ‖ *s. m.* y *f.* 2. Persona que trabaja en una mina.

mineromedicinal *adj.* Se dice del agua mineral que se usa para la curación de alguna dolencia.

minerva *s. f.* Máquina de imprimir de presión plana, generalmente de pequeño tamaño, en la cual el molde se fija en un marco metálico que se coloca en posición vertical; el papel es presionado contra el molde por un soporte plano (tímpano) que se mueve como la hoja de un libro sobre una bisagra horizontal situada en la parte inferior de la máquina. Se utiliza aún para pequeños impresos, como tarjetas de visita, prospectos, facturas, etc.

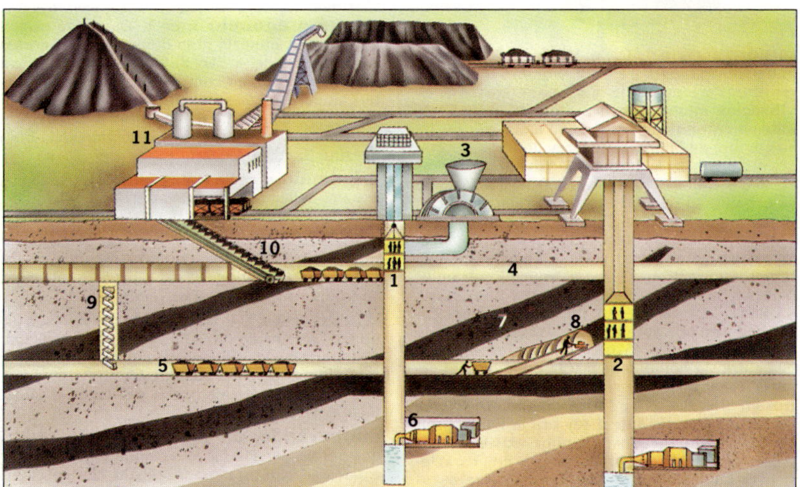

Esquema de una mina subterránea: 1. Ascensor. 2. Montacargas. 3. Ventilador. 4. Galería. 5. Tren de recogida (vagonetas). 6. Bomba de drenaje de agua. 7. Veta de carbón. 8. Extracción de carbón. 9. Pozo para llevar el carbón de una galería superior a otra inferior. 10. Cinta transportadora hacia la superficie. 11. Planta de coque.

Minerva Diosa romana identificada con la Atenea griega. Incluida, junto a Júpiter y Juno, en la tríada capitolina, fue diosa de los artesanos y es símbolo de la inteligencia y la sabiduría. Suele representarse acompañada de una lechuza.

minestrone (voz ital.) *s. f.* Sopa de pasta y verduras y, a veces, otros ingredientes.

Ming Dinastía china que sustituyó a la dinastía mongol de los Yuan. Reinó de 1368 a 1644 y tuvo dieciséis emperadores. Estableció la capital en Pekín desde 1409. Sus emperadores ejercieron una autocracia y realizaron numerosas obras de ingeniería y agricultura. Durante su reinado se desarrolló una intensa actividad marítima y los navegantes chinos recorrieron las costas de Oriente Medio y África oriental. Fueron destronados por los manchúes y el último pretendiente Ming fue condenado a muerte (1661).

minga[1] *s. f. vulg.* Pene*.

minga[2] (del quechua *minkay*, ayudar en el trabajo) *s. f.* 1. *amer.* En zonas rurales, reunión de amigos o vecinos para realizar una tarea común para otro y que culmina en un festín que ofrece dicha persona para pagar el servicio. 2. *Arg.* P. ext., ayuda o servicio que se hace a otro.

mingaco *s. m. Chile, Perú.* Minga, reunión de amigos o de vecinos.

mingitorio, ria *adj.* 1. Perteneciente o relativo a la micción. ‖ *s. m.* 2. Urinario*.

mingo *s. m.* Bola del juego de billar que, al comenzar cada partida, se coloca en la cabecera de la mesa.

Mingus, Charlie (Nogales, Arizona 1922 - Cuernavaca 1979) Músico de jazz estadounidense. Contrabajo de gran técnica, fue a partir de los años cincuenta uno de los principales representantes de la corriente de vanguardia del *free jazz.* Destaca entre sus discos *Pithecantropus erectus.*

mini *s. f. apóc.* de **minifalda**.

mini- *pref.* Significa 'pequeño, breve, corto': *minifalda.*

miniar *v. tr.* Pintar miniaturas.

miniatura *s. f.* 1. Reproducción a tamaño muy pequeño de una cosa. 2. Obra muy pequeña o breve en su clase. 3. *fam.* Persona o cosa muy pequeña. 4. Arte y técnica de realizar pinturas de pequeñas dimensiones y con mucho detalle, en particular las que se hacían para ilustrar los manuscritos y libros. Tuvo mucha importancia en el Próximo Oriente, especialmente en las escuelas bizantinas, como lo demuestra el *Evangeliario de Rábula* (s. VI); en la escuela irlandesa (s. VI y VII), como puede apreciarse en el *Evangeliario de Lindisfarne*; en la corte de Carlomagno, a finales del s. VIII (el *Salterio de Utrecht*); en la época románica, de la que son muestra representativa los *beatos*, como el famoso *Beato de Liébana*, y en la gótica y renacentista, hasta la implantación de la imprenta. 5. Obra realizada según este arte.

miniaturista *s. m.* y *f.* 1. Pintor de miniaturas. 2. Persona que realiza pequeños objetos artísticos, trabajados con mucho detalle.

miniaturizar *v. tr.* En tecnol., reducir el tamaño de un elemento o de un conjunto hasta el máximo posible. ■ Se conjuga como *cazar.* **Fam.** Miniaturización.

minibasket *s. m.* Baloncesto infantil.

minifalda *s. f.* Falda muy corta, por encima de la rodilla, creada por Mary Quant en la década de los sesenta.

minifundio *s. m.* Finca rústica que, por sus reducidas dimensiones, no resulta por sí misma económicamente rentable. La extensión a partir de la cual una finca puede considerarse minifundio va de 1 a 5 hectáreas, según el tipo de cultivo que se practique en ella.

minifundismo *s. m.* Sistema de distribución de la tierra en un país o una región en que predominan los minifundios.

minifundista *adj.* 1. Perteneciente o relativo al minifundio. ‖ *s. m.* y *f.* 2. Propietario de un minifundio.

minigolf *s. m.* Juego parecido al golf, que se practica en un campo de pequeñas dimensiones o en una pequeña pista.

minimal art (expr. ingl.) Minimalismo*.

minimalismo *s. m.* Tendencia artística surgida en EE UU, en los años setenta, que trata de representar lo máximo con los mínimos elementos: formas geométricas simples, grandes manchas de colores puros, ausencia de decoración, etc. Entre sus más destacados miembros figuran los estadounidenses Sol Lewit y Robert Morris, y los ingleses Anthony Caro y Richard Smith.

minimizar *v. tr.* Quitar importancia o valor a una cosa. ▪ Se conjuga como *cazar.*

mínimo, ma *adj.* **1.** *sup.* de **pequeño**. Se aplica a las cosas que, en cantidad o en grado, son lo más pequeñas posible o las más pequeñas dentro de su especie. ▪ Para número o tamaño, se usa la palabra *menor.* **2.** Se dice del religioso o religiosa de la orden fundada por San Francisco de Paula en 1435. También *s.* ‖ *s. m.* **3.** Límite inferior a que puede reducirse algo. ‖ *s. f.* **4.** Temperatura más baja registrada en la atmósfera o en un cuerpo durante un periodo determinado. ‖ **5. mínimo absoluto de una función** En mat., menor ordenada de una función en todo su dominio. **6. mínimo relativo de una función** En mat., menor de las ordenadas de una función entre todas las que hay en algún entorno de la abscisa que le corresponde ‖ **LOC. como mínimo** *adv.* Por lo menos. **lo más mínimo** *fam.* Expresión con que se refuerza una frase negativa.

mínimum (voz lat.) *s. m.* Mínimo, el valor más pequeño.

minino, na *s. m.* y *f. fam.* Gato, animal.

minio *s. m.* Pb_3O_4. Nombre vulgar del óxido plumboso plúmbico. Es un polvo de color rojo muy usado en pintura; disuelto en aceite de linaza, se emplea como primera mano de pintura sobre el hierro y otros metales para protegerlos contra la oxidación.

ministerial *adj.* **1.** Perteneciente o relativo al ministerio, al gobierno del Estado o a alguno de sus ministros. **2.** Partidario del gobierno en las cámaras, en la prensa, etc. También *s.* **FAM.** Ministerialismo.

ministerio *s. m.* **1.** Cada uno de los departamentos en los que se divide el gobierno de una nación, encargados de determinado género de asuntos, y edificio donde están instaladas sus oficinas. **2.** Cargo o empleo de ministro. **3.** Tiempo que dura este cargo. **4.** Conjunto de los ministros que forman un gobierno. **5.** Función, empleo o cargo de alguien, particularmente cuando es elevado. ‖ **6. ministerio de Asuntos Exteriores** El que se ocupa de las relaciones con otros países. **7. ministerio de Fomento** En España, el que tuvo a su cargo promover el desarrollo de la agricultura, la industria, el comercio y las obras públicas; hasta 1900 también se ocupó de la instrucción pública. Se suprimió en 1931. **8. ministerio del Interior** El que se ocupa del mantenimiento del orden público. **9. ministerio fiscal** (o **público**) Representación de la ley y defensa del bien público, misión encomendada al fiscal ante los tribunales de justicia; también, el propio fiscal en el ejercicio de su cargo.

ministrable *adj.* Se dice del que tiene posibilidades de ser nombrado ministro. También *s.*

ministro, tra *s. m.* y *f.* **1.** Persona que está al frente de alguno de los ministerios en los que se divide la administración del Estado. **2.** Persona que ejerce una función o ministerio especial. **3.** Ministro plenipotenciario. **4.** En algunas órdenes religiosas, superior de un convento, y en los jesuitas, el encargado de la administración de un convento o colegio. ‖ **5. ministro de Dios** (**de la Iglesia** o **del Señor**) Sacerdote. **6. ministro plenipotenciario** Representante diplomático que sigue en categoría al embajador. **7. ministro residente** Agente diplomático que sigue en categoría al plenipotenciario. **8. ministro sin cartera** Véase **cartera**. **9. primer ministro** Jefe de gobierno, presidente del consejo de ministros.

Minkowski, Hermann (Aleksotas, cerca de Kaunas 1864 - Gotinga 1909) Matemático alemán, de origen lituano. Profesor de la universidad de Gotinga, realizó una importante contribución a la teoría de los números y creó el modelo de un espacio de cuatro dimensiones que hizo posible la interpretación geométrica de la teoría de la relatividad restringida.

Minneapolis C. de EE UU, situada en el estado de Minnesota, en la confluencia de los ríos Minnesota y Mississippi. 348.400 h. en 1989 y 2.295.000 h. en 1987 en su área metropolitana. Es un importante nudo de transportes, centro comercial y financiero. Posee industrias alimentarias, de construcciones mecánicas y material eléctrico.

Minnelli, Liza (Los Ángeles 1945) Actriz y cantante estadounidense. Hija de Vincente Minnelli y Judy Garland, destacan, entre otros, sus filmes *Dime que me amas, Junie Moon* (1970), *Cabaret* (1972) y *New York, New York* (1977).

Minnelli, Vincente (Chicago, Illinois 1913 - Beverly Hills, Los Ángeles 1986) Director de cine estadounidense. Debutó en el cine en 1942 y se especializó en comedias musicales, como *Un americano en París* (1951) o *Gigi* (1958). También rodó filmes dramáticos, entre los que destacan *Cautivos del mal* (*The bad and the beautifull,* 1952) y *El loco del pelo rojo* (*Lust for life,* 1956).

minnesinger (voz al., de *minne,* amor, y *singer,* cantor) *s. m.* En la literatura alemana, poeta cortesano de la Edad Media que cantaba el amor cortés, a semejanza de los trovadores provenzales; el más famoso fue Walter von Vögelweide, del s. XIII.

Minnesota 1. Río de EE UU, afluente del Mississippi, en el estado del mismo nombre. 510 km. Sus aguas se aprovechan para el riego agrícola. **2.** Estado de EE UU, en el N del país, al O de los Grandes Lagos. 224.329 km^2. 4.387.000 h. en 1990. La capital es Saint Paul, con 262.000 h. en 1989. El territorio tiene un relieve llano y está regado por los ríos Mississippi y Minnesota. Cuenta con cultivos de trigo y plantas forrajeras, que se utilizan para alimentar su gran cabaña de ganadería bovina. Posee una importantísima minería de hierro e industria electrónica, mecánica y de artes gráficas.

Arte minoico: Diosa con serpientes de Cnosos, *de h. 1500 a. C. (Museo de Heraklion, Creta).*

minoico, ca *adj.* **1.** De Minos o de la Creta antigua. También *s.* ‖ *s. m.* **2.** Nombre dado a las escrituras y lenguas de la Creta antigua. ‖ **3. civilización minoica** La desarrollada en la Creta antigua entre el 3000 y el 1050 a. C., que recibe su nombre de Minos, mítico rey de Cnosos, principal ciudad de la isla. Suele dividirse en tres etapas: el **minoico antiguo** (3000-2000 a. C.), que se caracterizó por sus estrechas relaciones con la cultura de las islas Cícladas, y en el que son típicas las tumbas colectivas con falsa cúpula; el **minoico medio** (2000-1570 a. C.), en el que surge la civilización urbana, se construyen los grandes palacios de Festos, Cnosos, Khanià y Kato Zakro, y Creta se convierte en un importante centro comercial y en una potencia naval (talasocracia); y el **minoico tardío** (1570-1050 a. C.), en el que la isla sufrió la competencia y la conquista micénicas, y que concluye con la invasión de los dorios en el s. XI a. C. Su forma de gobierno fue la monárquica, en la que el rey era la figura principal del culto religioso, aunque existían otros dioses derivados de la naturaleza y con características humanas. La arquitectura minoica se caracteriza por la utilización del dintel y la columna, cuyo diámetro crece con la altura. Nos han llegado restos de sus grandes palacios de piedra de Cnosos y Festos. La pintura, realizada al fresco, tiene colores vivos, rojos y azules, y denota influencia egipcia, sobre todo en el gusto por presentar los rostros de perfil. Se han descubierto figurillas de diosas y sacerdotisas en marfil, oro, barro cocido, etc. La cerámica logró una técnica muy depurada y abundan los objetos de oro, como joyas, aderezos y vasos rituales.

minorar *v. tr.* Aminorar*. **FAM.** Minoración, minorativo.

minoría *s. f.* **1.** En una colectividad o grupo, parte menor o más reducida que el resto. **2.** Conjunto de votos o votantes contrarios a lo que vota la mayoría. **3.** Minoría de edad. ‖ **4. minoría de edad** Estado jurídico del menor de edad y tiempo que dura.

minoridad *s. f.* Minoría de edad.

minorista *adj.* **1.** Se dice del comercio al por menor. ‖ *s. m.* y *f.* **2.** Comerciante al por menor.

minorita *s. m.* Religioso franciscano.

minoritario, ria *adj.* Perteneciente o relativo a la minoría.

Minos Legendario rey de Cnosos, en Creta. Era hijo de Europa y de Zeus y estaba casado con Pasifae, hija del Sol. Según la leyenda, él fue quien encargó a Dédalo la construcción del laberinto para encerrar al Minotauro. Las excavaciones de Cnosos han revelado que Minos era el título dinástico de los reyes de Creta.

Minot, George Richard (Boston 1885 - íd. 1950) Médico estadounidense. Fue profesor de la universidad de Harvard (1928-48). Recibió el premio Nobel de medicina y fisiología de 1934, juntamente con su colaborador William Parry Murphy y con George Hoyt Whipple, por su descubrimiento de la dieta basada en hígado fresco en el tratamiento de la anemia perniciosa.

Minotauro Personaje mítico de cuerpo humano y cabeza de toro, hijo de Pasifae, esposa de Minos, y de un toro sagrado enviado por Poseidón. Fue encerrado en un laberinto, construido por Dédalo, y anualmente los atenienses le entregaban en sacrificio a siete muchachos y siete doncellas, hasta que Teseo logró matarlo.

Minsk C. de Bielorrusia, cap. de la república, situada cerca de la frontera con Polonia. 1.589.000 h. en 1989. Es un importante centro administrativo y cultural, que cuenta con industria metalúrgica, de maquinaria agrícola, electrodomésticos, productos textiles y calzado.

Mintoff, Dominic, llamado **Dom** (Cospicua 1916) Político maltés. Líder del Partido Laborista, ocupó el cargo de primer ministro de 1955 a 1958 y de 1971 a 1984. Partidario de la neutralidad para su país, consiguió en 1979 la retirada de las tropas británicas.

minucia *s. f.* **1.** Cosa de muy poco valor o importancia, o muy pequeña. **2.** Detalle, pormenor.

minucioso, sa *adj.* Meticuloso, que se detiene en las cosas más pequeñas, que atiende a los menores detalles. **FAM.** Minuciosamente, minuciosidad.

minué o **minueto** *s. m.* **1.** Danza de origen francés que adquirió gran difusión en las cortes de mediados del s. XVII. **2.** Composición musical para esta danza, en compás ternario y de carácter moderado, que constituye el tercer movimiento de una sonata o una sinfonía clásica. Son famosos los minuetos de Lully, Haendel, Boccherini, Haydn y Mozart.

minuendo *s. m.* En mat., cantidad de la que se resta otra, llamada *sustraendo,* en la operación de la resta o sustracción.

minúsculo, la *adj.* **1.** Que es de pequeño tamaño o de poca importancia. **2.** Se dice de las letras que se distinguen de las mayúsculas por su forma y menor tamaño. También *s. f.*

minusvalía *s. f.* **1.** Disminución del valor de un objeto. **2.** Pérdida de valor, según la cotización, de determinados títulos entre el momento de su compra y el de su venta. **3.** Defecto físico o psíquico de una persona que la coloca en desventaja respecto a otras.

minusválido, da *adj.* Se dice de la persona que por un defecto físico o psíquico tiene menor capacidad que otras para realizar ciertos movimientos, funciones, trabajos, etc. También *s.* **FAM.** Minusvalidez.

minusvalorar *v. tr.* Infravalorar, estimar a una persona o cosa en menos de lo debido.

minuta *s. f.* **1.** Cuenta que por su trabajo presenta una persona de carrera, especialmente los abogados y notarios. **2.** Menú, carta. **3.** Resumen o borrador que se hace de un documento, contrato, etc., antes de escribirlo definitivamente. **4.** Primer dibujo, a modo de boceto, que luego servirá para trazar un mapa. **5.** Anotación que se hace de una cosa para tenerla presente. **6.** *Arg., Par., Urug.* Comida que se prepara en poco tiempo y justo antes de comerla.

minutar[1] *v. tr.* **1.** Hacer el resumen o borrador de un escrito, documento, etc. **2.** Pasar una minuta o factura de cobro.

minutar[2] *v. tr.* **1.** Medir en minutos la duración de algo, como una composición musical, un filme, etc. **2.** Distribuir los tiempos de los distintos programas y emisiones en radio y televisión.

minutero *s. m.* Aguja o manecilla del reloj que señala los minutos.

minuto *s. m.* **1.** Unidad de tiempo que equivale a la sexagésima parte de una hora y que a su vez se divide en sesenta segundos. **2.** Sexagésima parte de un grado de circunferencia o círculo.

Miño (en port. *Minho*) Río de España y Portugal. 340 km, una cuenca de 22.500 km^2 y un caudal absoluto de 330 m^3/s. Nace en la sierra de Meira, en la provincia de Lugo, pasa por las ciudades de Lugo, Orense y Tuy y hace frontera con Portugal en la provincia de Pontevedra, hasta desembocar en el océano Atlántico, en La Guardia, formando un estuario. Su régimen es pluvionival y su principal afluente es el Sil.

miñón *s. m.* **1.** Soldado de tropa ligera destinado a perseguir a los ladrones y contrabandistas o a guardar los bosques reales. **2.** Miembro de la milicia foral de Álava y de Vizcaya.

mío, a *adj. pos. de 1.ª pers.* **1.** Detrás de un sustantivo, indica que éste pertenece a la persona que habla o guarda relación con ella: *un amigo mío, las cartas mías.* ■ Delante de sustantivo se usa la forma apocopada *mi.* También *pron.* ‖ *pron. pos.* **2.** Con *lo*, expresa lo característico o más apropiado de la persona que habla: *Lo mío es el deporte.* ‖ *s. m. pl.* **3.** Precedido del artículo determinado, designa a los familiares, compatriotas, correligionarios o allegados del que habla: *Hago este esfuerzo por los míos.* ‖ *s. f.* **4.** *fam.* Precedido del artículo *la*, indica, para la persona que habla, la ocasión o circunstancia favorable para algo: *Ésta es la mía; ahora le diré lo que pienso.*

mioblasto *s. m.* Célula embrionaria que da origen a la fibra muscular.

miocardio *s. m.* Capa de fibras musculares del corazón, que está recubierta por dos capas epiteliales, una interna, el endocardio, y otra externa, el pericardio.

miocarditis *s. f.* Proceso inflamatorio del miocardio.

mioceno, na *adj.* **1.** Se aplica a la cuarta de las cinco épocas en que se divide el periodo terciario de la era cenozoica. Comenzó hace unos 23 millones de años y terminó hace 6 millones. En la primera etapa se registró una gran actividad orogénica, con los últimos momentos de la fase sávica de la orogenia alpina, mientras que en la segunda mitad, con un clima cálido y húmedo, dominó la erosión hasta dar lugar a la penillanura finiportiense, a finales del periodo. Cobraron gran importancia las plantas angiospermas, las formaciones de pradera, las aves y los mamíferos. En ella vivió el australopitecus. También *s. m.* **2.** Perteneciente o relativo a esta época.

miodinia *s. f.* Mialgia*.

miofibrilla *s. f.* Agrupación de pequeñas fibras de proteínas que constituye el soporte mecánico de contracción muscular.

mioglobina *s. f.* Sustancia de naturaleza proteínica que está presente en el tejido muscular y es responsable de su color rojo; su función es el transporte y almacenamiento de oxígeno.

miografía *s. f.* Descripción de los músculos.

miología *s. f.* Parte de la anatomía que estudia los músculos.

mioma *s. m.* Tumor formado por elementos musculares.

miopatía *s. f.* Término genérico de las enfermedades musculares.

miope *adj.* **1.** Que padece miopía. También *s.* **2.** Se aplica a la persona que no se da cuenta de las cosas que no son muy claras o del todo evidentes. También *s.*

miopía *s. f.* Defecto de la vista causado por la incapacidad del cristalino de enfocar correctamente los objetos lejanos, cuya imagen se forma delante de la retina, en lugar de sobre ella. Puede corregirse con lentes divergentes apropiadas.

miosina *s. f.* Proteína característica del tejido muscular. Está constituida por una larga molécula formada por varias cadenas polipeptídicas, de elevada masa molecular y actividad enzimática, que desempeña un importante papel en la contracción muscular.

miosis *s. f.* Contracción anormal de la pupila del ojo, que se produce normalmente como reacción ante un estímulo luminoso.

miosotis *s. m.* Nomeolvides*.

Miqueas (Morasti h. 740 - ? h. 687 a. C.) Profeta menor del Antiguo Testamento. Contemporáneo de Isaías, denunció la corrupción moral del pueblo de Israel y profetizó su cautiverio.

miquelete *s. m.* Miguelete*.

mir[1] (de las siglas *M.I.R.*) *s. m.* **1.** Médico interno residente. **2.** Estudios u oposición para obtener este puesto. ■ En esta acepción se escribe con mayúsculas.

mir[2] (voz rusa) *s. m.* Comunidad campesina rusa que se caracterizaba por la propiedad colectiva del suelo y la distribución periódica, generalmente cada tres años, de la tierra para labrarla. Durante los s. XVI y XVII reforzó el régimen feudal y, más tarde, fue dominada por la nobleza y burguesía rural. Se mantuvo después de ser abolida la servidumbre (1861) y desapareció tras la revolución de 1917.

Mir, Joaquín (Barcelona 1873 - íd. 1940) Pintor español. Destacado representante del impresionismo, desarrolló un sentido muy personal del color y la luz. Se dedicó casi exclusivamente al paisaje, en el que sobresalen los cuadros *Aguas de Moguda* (1917) y *Fantasías del Ebro* (1930).

mira *s. f.* **1.** Pieza o dispositivo que en las armas de fuego y en algunos instrumentos sirve para dirigir la vista a un punto determinado. **2.** Intención o propósito que se tiene al hacer una cosa. Se usa más en *pl.* **3.** Regla graduada que se coloca verticalmente para medidas topográficas. **4.** En la construcción, cada uno de los renglones fijados verticalmente para tender entre ellos la cuerda que sirve de guía en la colocación de las hileras horizontales de ladrillos o piedras. ‖ **5. mira telescópica** La que está provista de un teleobjetivo, que permite distinguir el blanco a mayor escala.

Mira de Amescua, Antonio (Guadix, Granada 1574 - íd. 1644) Dramaturgo español. Estudió en Granada y se ordenó sacerdote. Su teatro puede situarse entre los de Lope de Vega y Calderón. Escribió comedias religiosas, históricas y costumbristas, así como autos sacramentales. Su obra más conocida es *El esclavo del demonio.* Otras obras suyas dignas de mención son *La mesonera del cielo, La desdichada Raquel* y *No hay burlas con las mujeres.*

Mirabeau, Honoré Gabriel Riqueti, conde de (Le Bignon, Gâtinais 1749 - París 1791) Político francés. Tras una juventud agitada, representó a Provenza en los Estados Generales. Famoso por su elocuencia en la Asamblea Constituyente, intentó conciliar la institución monárquica y la autoridad real con el triunfo de la revolución.

mirabel *s. m.* Planta herbácea de la familia quenopodiáceas, especie *Kochia scoparia.* Tiene hojas alternas y flores pequeñas de color verdoso, crece en la península Ibérica y se usa como planta ornamental.

mirada *s. f.* **1.** Acción y efecto de mirar. **2.** Vistazo, ojeada. **3.** Modo de mirar.

miradero *s. m.* Mirador.

mirado, da **1.** *p. p.* de **mirar**. ‖ *adj.* **2.** Prudente, cauto, delicado. **3.** Con los adverbios *bien, mal, mejor* o *peor*, merecedor o digno de ser juzgado de la manera que se expresa. ‖ **LOC. bien mirado** *adv.* Si bien se mira, si se considera con detenimiento.

mirador, ra *adj.* **1.** Que mira. ‖ *s. m.* **2.** Sitio especialmente situado desde el que se puede contemplar una vista o paisaje. **3.** Balcón cubierto y cerrado con cristales.

miraguano (voz taina) *s. m.* **1.** Nombre común de dos árboles de la familia palmáceas, especies *Thrinax parviflora* y *Thrinax radiata.* Son palmeras de poca altura que crecen en algunas regiones cálidas de América y Oceanía y cuyo fruto es una baya seca llena de una materia muy parecida al algodón, suave, elástica y ligera. **2.** Esta materia, que se emplea para rellenar almohadas, cojines, edredones, etc.

miramiento *s. m.* **1.** Actitud de la persona que procura no causar molestias o no abusar de otras. **2.** Amabilidad o atenciones con que se trata a alguien por respeto o por temor. Se usa más en *pl.* **3.** Cuidado y prudencia al hacer o decir algo.

Miramón, Miguel (Ciudad de México 1831 - Querétaro 1867) Militar y político mexicano. Luchó contra los liberales desde la proclamación del plan de Ayutla (1854). Jefe del ejército conservador, en 1859 se hizo cargo del gobierno. Tras el triunfo de los liberales en 1861, tuvo que exiliarse. Regresó en 1863 para apoyar a Maximiliano. Tras la caída de Querétaro en 1867, fue detenido y fusilado.

miranda *s. f.* Lugar alto desde el que se contempla una gran extensión. ‖ **LOC. de miranda** *adv. fam.* Sin hacer nada, sin pegar golpe.

Miranda Estado de Venezuela, situado al E y S del Distrito Federal. 7.950 km^2. 2.031.300 h. en 1990. La capital es Los Teques, con 164.800 h. en 1990. Es una región eminentemente agrícola, con cultivos de caña de azúcar, cacao, maíz y café, que cuenta con industria maderera, textil y alimentaria.

Miranda, Francisco de (Caracas 1750 - San Fernando, Cádiz 1816) Patriota y militar venezolano. Tomó parte en la guerra de independencia de EE UU y en la Revolución Francesa, donde llegó a ser mariscal de campo. Buscó apoyo en el extranjero para conseguir la independencia de las colonias españolas en América. Miembro de la masonería, fundó en Londres la Logia Americana (1797) e hizo amistad con Bernardo O'Higgins. Tras un intento fallido de invadir Venezuela, conoció en 1808 a Bolívar en Londres. Tras la revolución de 1810 regresó a Caracas, donde alentó la proclamación de la independencia (1811) y fue nombrado generalísimo y dictador (1812). Después de algunas derrotas, capituló en La Victoria (25 julio 1812) sin consultar con el resto del ejército, por lo que los propios independentistas, contrarios a la medida, lo acusaron de traición y lo entregaron a los realistas. Fue trasladado a España y encarcelado en el arsenal de La Carraca, donde murió.

Francisco de Miranda. Cuadro de Martín Tovar y Tovar (Congreso, Caracas).

Miranda de Ebro C. de España, situada en la prov. de Burgos, a orillas del río Ebro, junto a Álava. 36.500 h. en 1990. Es un importante centro comercial, nudo ferroviario y mercado agrícola, que cuenta con industria metalúrgica, química, textil, alimentaria y de materiales de construcción.

mirar *v. tr.* **1.** Fijar la vista en alguien o algo para verlo. También *v. prnl.* **2.** Registrar, revisar. También *v. intr.* y *v. prnl.* **3.** Pasar la vista por algo distraídamente. **4.** Reflexionar antes de hacer o decir algo. También *v. prnl.* **5.** Considerar, tener muy en cuenta algo. **6.** Tener una finalidad. **7.** Cuidar, proteger o apreciar a una persona o cosa. **8.** En imperativo, se emplea en la conversación para llamar la atención del interlocutor o para dar mayor expresividad o fuerza a lo que se dice. ‖ *v. intr.* **9.** Estar una cosa frente a algo u orientada en cierta dirección. ‖ **LOC. de mírame y no me toques** *fam.* Débil, poco resistente. **mira** (o **mire**) **tú** (o **usted**) **por donde** *fam.* Introduce un hecho inesperado. **mirándolo bien** (o **si bien se mira**) *adv.* Si se piensa detenidamente. **mirar bien** (o **mal**) a uno Tenerle afecto, aprecio o, por el contrario, aversión o antipatía. **mirar por** una persona o cosa Protegerla, cuidar de ella. **mirarse en** una persona o cosa Tenerle admiración, estar orgulloso de ella.

mirasol *s. m.* Girasol*.

Mirbeau, Octave (Trévières 1848 - París 1917) Escritor francés. Seguidor del naturalismo, escribió novelas, entre las que destacan *El jardín de los suplicios* (1898) y *Diario de una camarera* (1900), y obras teatrales, como *Los negocios son los negocios* (1903).

miria- *pref.* Significa 'diez mil': *miriámetro.*

miríada *s. f.* Cantidad o número muy grande, incalculable.

miriagramo *s. m.* Unidad de masa equivalente a diez mil gramos.

mirialitro *s. m.* Unidad de capacidad equivalente a diez mil litros.

miriámetro *s. m.* Unidad de longitud equivalente a diez mil metros. Su símbolo es *mam.*

miriápodos o **miriópodos** *s. m. pl.* Grupo de artrópodos al que pertenecen unas 13.000 especies comprendidas en las clases quilópodos, diplópodos, paurópodos y sínfilos. Son invertebrados terrestres que tienen cabeza diferenciada, cuerpo segmentado vermiforme, antenas, mandíbulas, tráqueas tubulares y gran número de patas articuladas. Los diplópodos tienen cuerpo de sección cilíndrica, se alimentan de plantas y son capaces de enrollarse en espiral o en forma de bola cuando se les molesta, como el cardador. Los quilópodos poseen unas uñas con glándula venenosa llamadas *forcípulas,* y son depredadores, como el ciempiés y la escolopendra. También *adj.* y *s. m.*

mirífico, ca *adj.* En lenguaje literario, admirable, maravilloso.

mirilla *s. f.* **1.** Pequeña abertura hecha en una pared, puerta, etc., que permite ver por ella lo que pasa al otro lado. **2.** Pequeña ventanilla que tienen algunos instrumentos topográficos para dirigir visuales.

miriñaque *s. m.* Prenda de tela rígida o almidonada, a veces con aros, que en determinadas épocas llevaron las mujeres bajo la falda para darle vuelo.

mirlitón *s. m.* Pequeño instrumento musical de juguete formado por un cilindro, una membrana en uno de sus extremos y una embocadura lateral, que deforma el sonido producido por el ejecutante.

mirlo *s. m.* **1.** Nombre común de diversas aves paseriformes de la familia muscicápidos, género *Turdus.* El mirlo común *(Turdus merula)* mide unos 25 cm de longitud, el macho tiene plumaje negro con el pico y un anillo ocular amarillos, y la hembra color pardo, más pálido en el vientre. El mirlo capiblanco *(Turdus torquatus)* es algo menor y el macho presenta una mancha blanca en el pecho. Habitan en bosques, setos y parques de Europa, Asia y N de África y emiten un melodioso canto. ‖ **2. mirlo acuático** Nombre común de diversas aves paseriformes de la familia cínclidos, género *Cinclus.* El mirlo acuático común *(Cinclus cinclus)* mide unos 18 cm de longitud, tiene el cuerpo rechoncho, con plumaje pardo y la garganta y pecho blancos. Habita cerca de cursos de agua en Europa, Asia y África.

Mirlo común (Turdus merula).

Miró, Gabriel (Alicante 1879 - Madrid 1930) Escritor español. Adscrito a la corriente del novecentismo, sus novelas y cuentos se caracterizan por la perfección del estilo y por la habilidad y minuciosidad con que capta las sensaciones visuales y el paisaje, a veces en detrimento del desarrollo de la acción. Entre sus mejores novelas figuran *Las cerezas del cementerio* (1910), *Nuestro padre San Daniel* (1921) y *El obispo leproso* (1926). Sus libros de narraciones cortas son obras maestras: *Del vivir* (1904), *El humo dormido* (1919) y *El ángel, el molino y el caracol del faro* (1921). Sigüenza, trasunto del autor, es el protagonista de *El libro de Sigüenza* (1917) y *Años y leguas* (1928).

Gabriel Miró.

Miró, Joan (Barcelona 1893 - Palma de Mallorca 1983) Pintor y escultor español. En su primera época acusó una cierta influencia cubista, pero en 1924 se orientó hacia el surrealismo y posteriormente depuró sus signos y metáforas plásticas, acentuando su lirismo e ingenuidad y evocando elementos naturales con colores vivos y formas de llamativa sencillez. Dotado de gran inventiva, además de cuadros, como *La masía* (1920), *El carnaval de arlequín* (1924-25) y *Constelaciones,* realizó decorados para ballets, dibujos, grabados, collages, esculturas y también, desde 1945, en colaboración con Llorens Artigas, grandes murales de cerámica, como el de la Unesco, en París (1958), o el de la universidad de Harvard (1960).

Miró Quesada, Aurelio (Lima 1907 - íd. 1950) Escritor peruano. Fue director del diario *El comercio* y profesor de literatura española en la universidad de San Marcos de Lima. Entre sus libros merecen citarse *América en el teatro de Lope de Vega* (1935), *Artes y oficios del Perú* (1940), *Lima* (1946), *Notas de tierra y mar* (1942) y *Pueblo en crisis* (1946).

mirón, na *adj.* **1.** Se dice de quien mira con curiosidad e insistencia. También *s.* **2.** Se aplica al que se queda mirando cómo otros trabajan o juegan, sin participar en ello. También *s.* ‖ *s. m.* **3.** Persona que disfruta observando o espiando escenas eróticamente excitantes para ella.

Mirón (Ática, principios del s. V a. C.) Escultor griego. Fue el primer gran escultor clásico del arte griego, que utilizó formas ideales basadas en la ley de las proporciones numéricas y representó con maestría el movimiento de la figura humana, como puede apreciarse en el *Discóbolo,* conocido a través de copias.

mirra *s. f.* Sustancia resinosa obtenida de diversos árboles de la familia burseráceas, especialmente de las especies *Commiphora abyssinica* y *Commiphora molmol,* que se cultivan en la península arábiga y Etiopía. Está compuesta de aceites esenciales, resina y goma; es muy viscosa, aromática y de color rojo. Se emplea en perfumería y para obtener incienso y tiene propiedades estimulantes y antiespasmódicas.

mirtáceas *s. f. pl.* Familia de plantas arbóreas y arbustivas del orden mirtales, a la que pertenecen unas 3.000 especies comprendidas en los géneros *Myrtus, Eucalyptus, Syzygium, Pimenta* y otros. Tienen hojas generalmente opuestas de textura coriácea, flores regulares hermafroditas en inflorescencias cimosas o racimosas y fruto en baya, a veces en drupa o cápsula; contienen un aceite esencial utilizado en farmacia y perfumería. Originarias de Australia y Sudamérica, crecen asimismo en México, Asia meridional y el área mediterránea. Mirtáceas son el eucalipto, el mirto y el clavero. También *adj.* y *s. f.*

mirto *s. m.* Planta arbustiva de la familia mirtáceas, especie *Myrtus communis.* Mide de 2 a 3 m de altura y tiene ramas flexibles, hojas de color verde vivo, duras y persistentes, flores olorosas pequeñas y blancas y fruto en bayas de color negro azulado, del que se extrae el aceite y ungüento de arrayán. Crece en el área mediterránea. Se llama también *arrayán.*

misa *s. f.* **1.** Celebración principal de la Iglesia católica en la que se recuerda y hace presente el sacrificio de Jesús, su muerte y resurrección. El origen de la misa reside en la última cena que, según los *Evangelios,* Jesús celebró con sus discípulos la víspera de su pasión y en la que les dio a comer su cuerpo y su sangre en forma de pan y de vino, ordenándoles que hicieran lo mismo en memoria suya. **2.** Composición musical escrita sobre las cinco partes tradicionales de la misma: Kyrie, Gloria, Credo, Sanctus y Agnus Dei. ‖ **3. misa concelebrada** La que celebran varios sacerdotes a la vez. **4. misa del gallo** La celebrada en Nochebuena. **5. misa negra** Parodia o burla obscena de la misa católica, celebrada en homenaje al diablo. **6. misas gregorianas** Las que se dicen por un difunto durante treinta días seguidos, generalmente desde el siguiente al del entierro. ‖ **LOC. cantar misa** Celebrar su primera misa un nuevo sacerdote. **como si dicen** (o **que digan**) **misa** *fam.* Expresa que a uno le importa poco lo que digan u opinen los demás. **ir a misa** una cosa Indica que algo es verdad, o que se hará o se cumplirá tal y como se expresa. **no saber uno de la misa la media** (o **la mitad**) *fam.* No estar enterado de cierta cosa que debería saber o no entender lo que está diciendo.

misacantano *s. m.* Sacerdote que celebra su primera misa.

misal *s. m.* **1.** Libro litúrgico que contiene el texto de las misas de todos los días del año y que el sacerdote lee durante la celebración de éstas. **2.** Libro más pequeño para que los fieles puedan seguir la misa.

misantropía *s. f.* Cualidad o actitud de misántropo.

Joan Miró: Hirondelle-amour *(Museo de Arte Moderno, Nueva York).*

misántropo, pa *s. m.* y *f.* Persona que odia y evita el trato con otras. **FAM.** Misantrópico.

misceláneo, a *adj.* **1.** Compuesto de cosas distintas. ‖ *s. f.* **2.** Mezcla de cosas diversas. **3.** Libro, escrito o sección de un periódico en que se tratan asuntos sin relación entre sí o en que se incluyen cosas muy variadas: anécdotas, chistes, pasatiempos, etc.

miscible *adj.* Que se puede mezclar.

mise en scène *loc. fr.* Significa 'puesta en escena'.

miserable *adj.* **1.** Muy pobre. **2.** Que se encuentra en malas condiciones físicas o morales. **3.** Desgraciado. **4.** Demasiado escaso. **5.** Tacaño. También *s.* **6.** Malvado. También *s.* ■ Se utiliza como insulto. **FAM.** Miserablemente.

miserere (voz lat. que significa 'ten compasión') *s. m.* **1.** Salmo que comienza con esta palabra, compuesto por el rey David para pedir perdón a Dios por sus pecados. **2.** Canto solemne compuesto sobre dicho salmo y ceremonia en que se canta. ‖ **3. cólico miserere** Antigua denominación de la obstrucción del intestino.

miseria *s. f.* **1.** Pobreza grande. **2.** Sufrimiento, desgracia. Se usa más en *pl.* **3.** Tacañería. **4.** *fam.* Pequeña cantidad de algo o cosa de poco valor. **5.** Plaga de parásitos, especialmente piojos.

misericordia *s. f.* **1.** Sentimiento de compasión que mueve a ayudar o perdonar. **2.** Atributo de Dios por el que perdona los pecados y debilidades de los hombres. **3.** Pieza en forma de repisa, situada en la parte inferior de los asientos abatibles del coro de las iglesias, para descansar disimuladamente cuando corresponde estar de pie. ‖ **4. obras de misericordia** Las obras buenas que tienen como finalidad ayudar al prójimo; se han clasificado en corporales y espirituales.

misericordioso, sa *adj.* Que tiene o demuestra misericordia. También *s.* **FAM.** Misericordiosamente.

mísero, ra *adj.* **1.** Miserable, pobre, desgraciado. **2.** Escaso. **FAM.** Míseramente.

misérrimo, ma *adj. sup.* de **mísero**.

Mishima, Hiraoka Kimitake, llamado **Yukio** (Tokio 1925 - íd. 1970) Escritor japonés. Nació en el seno de una noble familia samurai y fue un escritor precoz, que publicó su primer relato a los 13 años. Dejó un gran número de obras de teatro y novelas, de las que merecen resaltarse *Confesiones de una máscara* (1949), *El pabellón de oro* (1956), *El mar de la fertilidad* (1964) y *El templo de la aurora* (1970). Fue un hombre apasionado por las tradiciones japonesas y en su novela *Caballos desbocados* (1968) llegó a describir su propio suicidio ritual, que llevaría a cabo dos años después.

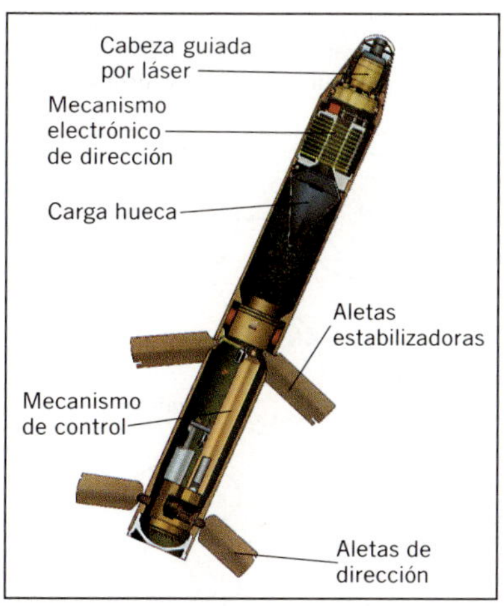

Misil: esquema del Copperhead, *utilizado por la artillería de EE UU.*

misil *s. m.* Proyectil guiado automáticamente y provisto de una carga explosiva, utilizado con fines bélicos. Normalmente se propulsan por medio de cohetes, por lo que pueden abandonar la atmósfera y alcanzar distancias intercontinentales. Los primeros misiles automáticos prácticos fueron los cohetes alemanes V-1 y V-2, utilizados durante la Segunda Guerra Mundial para bombardear Londres. Un misil balístico se dirige y propulsa sólo durante la primera fase de su vuelo y después sigue el rumbo por efecto de su propia inercia. Los misiles guiados son capaces de alcanzar objetivos pequeños o móviles con gran exactitud. Para guiarse pueden utilizar rayos láser, cámaras de televisión o detectores de fuentes de calor.

misión *s. f.* **1.** Encargo que se da a una persona para realizar algo, especialmente el confiado por un gobierno a un diplomático o un agente especial. **2.** Labor u obra que una persona o colectividad tiene que hacer o se siente llamada a realizar. **3.** Representación diplomática de un país en otro, personas que la desempeñan y edificio en el que residen. **4.** Trabajo de evangelización realizado generalmente en países lejanos que no conocen la religión cristiana o de mayoría no cristiana. Se usa más en *pl.* **5.** Cualquier otra labor de carácter benéfico o de ayuda que realiza una persona o un grupo en un país lejano, atrasado, que ha sufrido una catástrofe, etc. **6.** Expedición que realiza dicha labor y grupo de personas que la forman. **7.** Expedición científica para la exploración o estudio de lugares, hechos, etc., y grupo de personas que la forman. **8.** Lugar, iglesia, casa, etc., donde viven y trabajan los misioneros. **9.** Campaña o serie de predicaciones y prácticas religiosas, organizadas por la Iglesia para la enseñanza de los fieles y renovación de su vida cristiana.

misional *adj.* Perteneciente o relativo a las misiones evangelizadoras o a los misioneros.

misionero, ra *adj.* **1.** Perteneciente o relativo a la misión evangélica. ‖ *s. m.* y *f.* **2.** Persona que enseña y predica la religión cristiana en tierra de no creyentes o en países atrasados. **3.** Eclesiástico que predica una misión en país cristiano.

Misiones **1.** Prov. de Argentina, situada en el NE del país, junto a la frontera con Brasil y Paraguay. 29.801 km^2. 724.000 h. en 1989. La capital es Posadas, con 143.900 h. en 1980. Está regada por los ríos Iguazú, Paraná y Uruguay, lo que favorece una rica agricultura de mate, té, tabaco, arroz, cereales y plantas forrajeras. Cuenta con industria alimentaria y textil.
2. Departamento de Paraguay, situado en el SE del país. 9.556 km^2. 97.500 h. en 1990. La capital es San Juan Bautista, con 6.900 h. en 1982. Posee recursos agrícolas, con cultivos de mate, algodón, caña de azúcar y maíz, ganadería ovina y bovina y minas de cobre.

misivo, va *adj.* **1.** Se dice de lo que constituye un mensaje. ‖ *s. f.* **2.** Carta que se envía a alguien.

Miskolc C. de Hungría, cap. del condado de Borsod-Abaúj-Zemplen, situada en el NE del país. 207.800 h. en 1989. Es un importante centro industrial de la siderurgia, metalurgia, construcciones metálicas y productos alimentarios.

Mislata C. de España, en la prov. de Valencia. 38.100 h. en 1990. Situada en la Huerta, pero integrada ya en el área metropolitana de la capital, cuenta con industria textil, alimentaria, de la madera y de la construcción.

mismamente *adv. m. fam.* Precisamente.

mismidad *s. f.* **1.** Condición de ser uno mismo. **2.** Característica por la cual se es uno mismo. **3.** Identidad personal.

mismísimo, ma *adj. fam. sup.* de **mismo**.

mismo, ma *adj.* **1.** Se dice de la persona, animal o cosa que es una sola en distintas ocasiones o en distintos lugares: *Tenemos los mismos profesores que el año pasado.* **2.** Igual, semejante: *Los dos tenéis los ojos del mismo color.* ■ En estas dos acepciones, se usa también como pronombre, precedido de artículo determinado: *Hablaron los mismos de siempre.* **3.** Subraya con énfasis un nombre o un pronombre y le da mayor fuerza: *Tú mismo me lo has dicho.* ‖ *pron.* **4.** Con artículo determinado, significa que la persona, animal o cosa a que se refiere no ha sufrido cambio: *Sigue siendo el mismo de siempre.* ‖ *adv.* **5.** Detrás de un adverbio o locución adverbial, da fuerza a éste: *Hoy mismo termino el trabajo.* **6.** Detrás de un nombre o de otro adverbio, le da un matiz de indiferencia o duda: *No sé cuándo iré, mañana mismo, a lo mejor.* **7.** Equivale a *incluso*: *Yo mismo me sorprendí con la noticia.* **8.** Equivale a *por ejemplo*: *¿Quién me acompañará? Antonio mismo.* ‖ **LOC. dar** (o **ser**) **lo mismo** No importar. **por lo mismo** *conj.* Por esa razón, a causa de ello.

Misná Parte más antigua del Talmud, que comprende una recopilación de leyes judías tradicionales.

misoginia *s. f.* Cualidad de misógino.

misógino, na *adj.* Que huye del trato con las mujeres o siente o muestra aversión hacia ellas. También *s. m.*

misoneísmo *s. m.* Odio o antipatía a cualquier novedad. **FAM.** Misoneísta.

misquito o **mísquito, ta** *adj.* **1.** Se dice de un pueblo amerindio de la familia lingüística misumalpa, que habita en la llamada *costa de los Mosquitos* o *Mosquitia*, entre Nicaragua y Honduras. Se supone que provienen del centro de Nicaragua, del que fueron desplazados hacia la costa, donde se mezclaron con esclavos negros. De religión mayoritariamente protestante, tuvieron conflictos con el gobierno de Somoza en los años setenta, sin que la situación mejorara tras el triunfo de la revolución sandinista. Han sufrido las consecuencias de la guerra civil y de los choques entre Nicaragua y Honduras, y muchos de ellos han emigrado a este último país. **2.** De este pueblo. También *s.*

miss (voz ingl.) *s. f.* **1.** Tratamiento que en los países anglosajones equivale a señorita. **2.** Título que se da a la ganadora de un concurso de belleza.

Mississippi **1.** Río de EE UU, que recorre el sector central del país de N a S. 3.778 km. 3 millones de km^2 de cuenca con sus afluentes, y alcanza en su tramo final un caudal de 19.000 m^3/s. Nace en Minnesota, en el lago Itasca, y tras recibir a sus principales afluentes, Ohio y Missouri, recorre las grandes llanuras centrales del país, hasta desembocar en el golfo de México, donde forma un inmenso delta. Otros afluentes son el Minnesota, Wisconsin, Des Moines, Illinois, Arkansas y Red. Es el más largo de América del Norte y una gran vía de comunicación que ha dado origen a puertos fluviales como Minneapolis, Saint Paul, Saint Louis, Memphis, Baton Rouge y Nueva Orleans.
2. Estado de EE UU, en el S del país, entre el río Mississippi y el golfo de México. 123.514 km^2. 2.586.400 h. en 1990. La capital es Jackson, con 208.450 h. en 1981. Comprende una región de llanura litoral, regada por el río homónimo, que constituye su frontera occidental. Su agricultura está dedicada al cultivo del algodón y maíz. Cuenta con industria de construcciones mecánicas, papelera y alimentaria. Colonizado por Francia a partir de 1682, pasó al Reino Unido en 1763 y a España en 1783; fue integrado en EE UU en 1795, aunque no obtuvo la categoría de estado hasta 1817.

Missouri **1.** Río de EE UU. 3.728 km. Nace en las Montañas Rocosas, en el estado de Montana, y discurre en dirección SE hasta desembocar en el Mississippi a 24 km de Saint Louis. Sus principales afluentes son Yellowstone, Platte y Kansas. Forma una gran cuenca de llanuras.
2. Estado de EE UU, situado en el sector central del país, en el curso bajo del río del mismo nombre. 180.514 km^2. 5.137.800 h. en 1990. La capital es Jefferson City, con 33.600 h. en 1980. Regado por el Mississippi y el Missouri, ocupa una región de praderas y cultivos forrajeros, destinados a sus grandes cabañas ganaderas, bovina y porcina. Tiene minas de hierro, cobre, carbón y plomo, recursos forestales e industria de materiales de transporte, aluminio, siderúrgica, aeronáutica, automóviles, petroquímica y alimentaria en sus grandes urbes Saint Louis y Kansas City. Fue explorado por los españoles y, posteriormente, por los franceses en 1673 y colonizado en 1735; formó parte de Luisiana, y con ella pasó a EE UU en 1803, aunque no fue admitido como estado hasta 1821.

mistagogo *s. m.* En la antigüedad, en Grecia y Roma, sacerdote que iniciaba en los misterios de su religión. **FAM.** Mistagógico.

mistela o **mixtela** *s. f.* **1.** Vino que se hace añadiendo alcohol al mosto de uva, sin que se produzca fermentación. **2.** Bebida hecha con aguardiente, agua, azúcar y canela.

míster (voz ingl.) *s. m.* **1.** Tratamiento de los países de habla inglesa, equivalente a señor. **2.** Ganador de un concurso de belleza masculina. **3.** Entrenador de un equipo deportivo, especialmente de fútbol.

mistérico, ca *adj.* **1.** Perteneciente o relativo al misterio. **2.** Se dice especialmente del conjunto y de cada una de las antiguas religiones de origen griego u oriental que tuvieron gran arraigo en el mundo mediterráneo del s. I a. C. al IV d. C. y que tenían como base los misterios o ritos secretos para iniciados, como el culto a Mitra, a Osiris o a Orfeo.

misterio *s. m.* **1.** Hecho o cosa cuya explicación lógica se desconoce o que resulta incomprensible. **2.** Circunstancia que se da cuando se hace algo y no se quiere decir a los demás. **3.** Doctrina o rito secreto de ciertas religiones. Se usa mucho en *pl.* **4.** En la religión cristiana, verdad revelada por Dios y que se cree por la fe, aunque la razón pueda no entenderla. **5.** Cada uno de los pasajes de la vida, pasión, muerte y resurrección de Jesucristo y su misma persona, así como otros pasajes de la Sagrada Escritura. **6.** Cualquiera de estos pasajes representados con imágenes. **7.** Cada parte del rosario que recuerda un pasaje de la vida de Cristo y de la Virgen y en la que se reza un padrenuestro, diez avemarías y un gloria. **8.** Representación dramática, propia del teatro de la Edad Media, de escenas de la vida de Cristo, la Virgen, etc. Se conserva, p. ej., en el misterio de Elche (*Misteri d'Elx*), sobre la Asunción de la Virgen, que se representa en esta fiesta en la basílica de Santa María de dicha población valenciana. **9.** Género literario y cinematográfico en que los argumentos y ambientes pretenden intrigar y sobrecoger al lector o espectador.

misterioso, sa *adj.* **1.** Que encierra misterio o está rodeado de misterio. **2.** Que actúa de forma enigmática u oculta. **FAM.** Misteriosamente.

mística *s. f.* **1.** Experiencia íntima que algunas personas tienen de Dios o la divinidad. **2.** Doctrina relativa a esta experiencia. **3.** Literatura o conjunto de obras literarias que tratan de dicha experiencia. Se inició en el s. V con los escritos del Pseudo-Dionisio Areopagita, se desarrolla en la Edad Media, con autores como Ramón Llull y Johann Eckhart, y alcanza su culminación en España, en el s. XVI, con fray Luis de Granada, San Juan de la Cruz y Santa Teresa de Jesús. **4.** Entusiasmo que se pone en ciertas actividades o idealización y carácter absoluto que se da a una ideología, doctrina, actuación, etc.

misticetos *s. m. pl.* Suborden de mamíferos cetáceos al que pertenecen 10 especies comprendidas en las familias escríctidos, balenoptéridos y balénidos. Son animales marinos de gran tamaño, cuya principal característica es la falta de dientes, sustituidos por formaciones laminares largas, llamadas *barbas* o *ballenas*, dispuestas en serie en la mandíbula, que realizan funciones filtradoras reteniendo el plancton presente en el agua marina. Tienen cara simétrica con dos orificios nasales distintos y extremidades transformadas en aletas. Misticetos son las ballenas y los rorcuales. También *adj.* y *s. m.*

misticismo *s. m.* **1.** Estado de unión íntima y amorosa de la persona con la divinidad. **2.** Doctrina que trata de esta unión. **3.** Estado de la persona que se dedica mucho a Dios o a las cosas espirituales.

místico, ca *adj.* **1.** Perteneciente o relativo a la mística o experiencia íntima de Dios. **2.** Se dice de la persona que se entrega a la contemplación de Dios y las cosas divinas. También *s.* **3.** Se aplica al autor de obras que tratan de esa experiencia o contemplación. También *s.* **4.** *fam.* Que muestra devoción exagerada. También *s.*

mistificar *v. tr.* Falsear, falsificar. ■ Se dice también *mixtificar.* Se conjuga como *sacar.* **FAM.** Mistificación, mistificador.

Mistinguett, Jeanne-Marie Bourgeois, llamada (Enghien-les-Bains 1875 - Bougival 1956) Actriz francesa del music-hall. Formó pareja con Maurice Chevalier y popularizó canciones como *Mon homme* o *En douce.* Intervino en algunos filmes: *Los miserables* (1913), *La doppia ferita* (1915) y *La Glu* (1926).

mistral o **maestral** *s. m.* **1.** Viento frío del NO que sopla en el delta del Ródano. También *adj.* **2.** Viento que en el Mediterráneo viene de la parte intermedia entre el poniente y la tramontana. También *adj.*

Mistral, Frédéric (Maillane, Bouches-du-Rhône 1830 - íd. 1914) Escritor francés en lengua occitana. Fue uno de los fundadores del felibrismo (1854), movimiento para depurar la lengua y tradiciones de la región occitana. Entre sus obras poéticas destacan *Mireya* (1859), *Las islas de oro* (1875) y *El poema del Ródano* (1897); es también autor de un monumental diccionario provenzal y de unas *Memorias* (1906). En 1904 le fue concedido el premio Nobel de literatura, compartido con Echegaray.

Mistral, Lucila Godoy, llamada **Gabriela** (Vicuña, Coquimbo 1889 - Hampstead, Nueva York 1957) Escritora chilena. Fue maestra rural (1904-22) y cónsul de su país en Nápoles, Lisboa y Rio de Janeiro, entre otras ciudades. En 1938 apoyó la campaña del Frente Popular que llevó a la presidencia de Chile a su amigo Aguirre Cerda. Su poesía, caracterizada por la ausencia de retórica, el lenguaje sencillo y coloquial y un profundo lirismo, se inició dentro de la corriente modernista, con influencias de Frédéric Mistral, de quien tomó el seudónimo, Rubén Darío y la *Biblia.* Sus temas favoritos son la infancia, la maternidad, el paisaje americano y la obsesión por la muerte como destino. Entre sus obras más importantes cabe citar *Desolación* (1922), *Ternura* (1924), *Tala* (1938) y *Lagar* (1954). En 1945 recibió el premio Nobel de literatura.

Gabriela Mistral. Dibujo de Daniel Vázquez Díaz (Museo Español de Arte Contemporáneo, Madrid).

mita *s. f.* **1.** En la América colonial, prestaciones forzosas de los indios para todos los trabajos públicos, y especialmente la minería. Se inició en torno a 1570 en las minas de Plata de Potosí. **2.** En el imperio incaico, servicio personal que los súbditos habían de realizar en las tierras del Inca y de los sacerdotes, para satisfacer los impuestos, y también en servicios públicos, como minas y construcciones.

mitad *s. f.* **1.** Cada una de las dos partes iguales, o aproximadamente iguales, en que se divide algo. **2.** Punto o lugar que se encuentra a la misma distancia de los dos extremos u orillas. ‖ **LOC. en mitad de** *adv.* Durante el desarrollo de alguna cosa. **mitad y mitad** *adv.* Por partes iguales o a medias.

Mitanni Reino situado al NE del río Eúfrates, formado por la unión de los pequeños principados hurritas, con capital en Washukani. Sus límites coincidían con los de la actual Armenia. Floreció de 1500 a 1365 a. C. y fue absorbido por Asiria.

mitayo *s. m.* **1.** En la América colonial, indio obligado a trabajar por la mita. **2.** Indio que llevaba lo recaudado por el impuesto de la mita.

Mitchell, Margaret (Atlanta, Georgia 1900 - íd. 1949) Novelista estadounidense. Alcanzó el éxito con su única novela, *Lo que el viento se llevó* (1936), historia romántica enmarcada en la guerra de Secesión de EE UU, llevada al cine por Victor Fleming.

Mitchell, Peter Dennis (Mitcham 1920) Bioquímico británico. En 1978 obtuvo el premio Nobel de química por su estudio de los procesos biológicos de transferencia de energía a través de las membranas celulares.

Mitchum, Robert (Bridgeport, Connecticut 1917) Actor de cine estadounidense. Especializado en personajes duros, a los que sin embargo supo dotar de cierto humor y cinismo, entre sus muchas películas merecen mencionarse *Retorno al pasado* (1946), *Río sin retorno* (1954), *La noche del cazador* (1955), *El Dorado* (1967), *La hija de Ryan* (1970) y *Adiós, muñeca* (1975).

mítico, ca *adj.* Perteneciente o relativo al mito.

miticultura *s. f.* Mitilicultura*. **FAM.** Miticultor.

mitificar *v. tr.* Convertir en mito a alguien o algo. ■ Se conjuga como *sacar.* **FAM.** Mitificación.

mitigar *v. tr.* Moderar, disminuir o suavizar algo, hacerlo más soportable. ■ Se conjuga como *pagar.* **FAM.** Mitigación, mitigadamente, mitigado, mitigador, mitigante, mitigativo, mitigatorio.

mitilicultura o **miticultura** *s. f.* Cultivo de mejillones, también llamados *mitilos* o *mítulos.* Suele realizarse mediante empalizadas, en estanques o en balsas flotantes. **FAM.** Mitilicultor.

mitin *s. m.* **1.** Reunión pública donde uno o varios oradores pronuncian discursos de carácter político o social. **2.** Reunión en que se celebran diversas pruebas de atletismo. ‖ **LOC. dar el** (o **un**) **mitin** *fam.* Llamar muchísimo la atención, armar un escándalo.

mitinesco, ca *adj.* Propio del mitin.

Mitla Yacimiento arqueológico mexicano de las culturas zapoteca y mixteca, situado en San Pablo Villa de Mitla, Oaxaca. Destacan dos grupos, el de las Columnas y el de la Iglesia. Los edificios muestran dos tipos de decoración, de mosaicos o esculpida en relieve. También hay pinturas al fresco de estilo mixteca.

mito *s. m.* **1.** Explicación de los fenómenos de la naturaleza en la que no interviene la lógica del discurso racional. **2.** Persona, acto, cosa, etc., que por su trascendencia o importancia entra a formar parte de la historia o adquiere un valor de prototipo o modelo. **3.** Cosa inventada por alguien para que circule como verdad o cosa que existe únicamente en la imaginación de alguien.

mitocondria *s. f.* Pequeño orgánulo presente en el citoplasma de las células eucariotas, tanto animales como vegetales. De forma esférica o alargada, está constituido por una doble membrana, la externa lisa y la interna plegada (crestas mitocondriales), y un medio interno acuoso, conocido como *matriz mitocondrial.* En la mitocondria se desarrolla el proceso denominado *respiración celular,* que consiste en la transformación, mediante oxidación, de moléculas orgánicas en inorgánicas con el fin de producir energía.

mitografía *s. f.* Mitología, estudio o tratado de los mitos. **FAM.** Mitógrafo.

mitología *s. f.* **1.** Conjunto de mitos, leyendas y relatos fabulosos de una determinada cultura. Las mitologías griega y latina han ejercido una gran influencia en el arte occidental. **2.** Estudio o tratado de los mitos. **FAM.** Mitológico.

mitologista *s. m.* y *f.* Mitólogo*.

mitólogo *s. m.* y *f.* Persona que se dedica al estudio de la mitología. ■ Se dice también *mitologista* y *mitógrafo.*

mitomanía *s. f.* **1.** En psiquiatría, tendencia a la narración imaginaria, la simulación y la mentira, en la que el individuo refiere hechos fabulosos y a veces llega a identificarse con grandes personajes y creerse uno de ellos. **2.** P. ext., tendencia a mitificar. **FAM.** Mitómano.

mitón *s. m.* Guante que deja los dedos al descubierto.

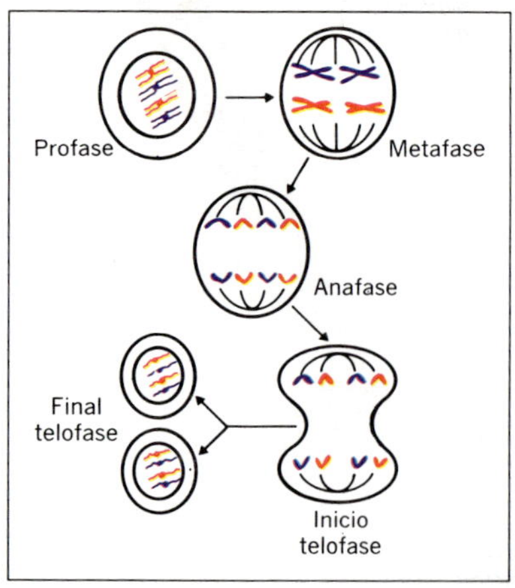

Representación esquemática de las fases de la mitosis.

mitosis *s. f.* Proceso de reproducción celular en el que mediante la división de la célula madre se originan dos células hijas con el mismo número de cromosomas e igual información genética que ésta. La mitosis es fundamental para los seres pluricelulares, pues permite que todas las células de un individuo, que proceden de una sola célula, tengan la misma información para iguales caracteres. Se inicia con una duplicación del material genético (ADN) y concluye con la división de la célula a lo largo de varias fases: *profase*, en la que los cromosomas, divididos ya en dos cromátidas, se van situando en la periferia del núcleo, los nucleolos desaparecen y la membrana nuclear se desintegra; *metafase*, en la que los cromosomas se unen a ciertas fibras del huso cromático, formado previamente en el citoplasma, y se orientan radialmente en el plano ecuatorial; la *anafase*, en la que las cromátidas se desdoblan y se sitúan en los dos polos de la célula; y la *telofase*, en la que concluye la migración de las cromátidas a los polos celulares y se forman dos nuevas membranas nucleares. El proceso de división celular finaliza cuando la célula se separa en dos entidades a través de la citocinesis o división del citoplasma.

mitote *s. m.* **1.** Danza antigua de los aztecas, en la que giraban al son del tamboril, formando un gran corro, mientras bebían hasta embriagarse. **2.** *amer.* Bulla, jaleo. **3.** *amer.* Fiesta casera. **4.** *amer.* Remilgo. **FAM.** Mitotero.

mitótico, ca *adj.* Perteneciente o relativo a la mitosis.

mitra *s. f.* **1.** Especie de gorro, formado por dos piezas, una delante y otra detrás, terminadas en punta por su parte superior, que llevan en las ceremonias los arzobispos, obispos y otras dignidades eclesiásticas. **2.** Título de arzobispo u obispo y territorio bajo sus órdenes. **3.** Conjunto de rentas y propiedades de una diócesis. **4.** Gorro alto y puntiagudo que usaban los antiguos persas, de quienes pasó a otros pueblos. **5.** Rabadilla de las aves.

Mitra Divinidad india y persa de la luz. En el hinduismo representaba al Sol o la luz celeste y en la mitología persa al dios guerrero que lucha contra las tinieblas. Su culto se convirtió en una religión mistérica y se extendió por el imperio romano, difundido especialmente por el ejército.

mitrado, da *adj.* **1.** Se dice del eclesiástico que puede usar mitra. ‖ *s. m.* **2.** Arzobispo u obispo.

mitraísmo *s. m.* Culto al dios Mitra.

mitral *adj.* **1.** Que tiene forma de mitra. ‖ **2. válvula mitral** La existente en el corazón entre la aurícula y el ventrículo izquierdos, permitiendo el cierre del orificio que los comunica para que la sangre no refluya hacia la aurícula y las venas pulmonares.

Bartolomé Mitre. Cuadro de Egidio Querciola (Museo Histórico Nacional, Buenos Aires).

Mitre, Bartolomé (Buenos Aires 1821 - íd. 1906) Militar y político argentino. En 1852 apoyó a Urquiza contra Rosas. Diputado por Buenos Aires, defendió la autonomía de esta provincia. Desde distintos cargos defendió la autonomía de Buenos Aires, que aseguró al derrotar a Urquiza en Pavón (1861), aunque se aceptó la Constitución federal de 1853. Más tarde se convirtió en el primer presidente de la República Argentina (1862-68), cargo desde el que impulsó una política de reformas en los campos del comercio, las comunicaciones y la enseñanza, estrechó lazos con Europa y EE UU y participó junto a Brasil y Uruguay en la Triple Alianza contra Paraguay. Destacó también como periodista, historiador y literato, dentro de la corriente romántica.

Mitrídates VI Eupator o **el Grande** (? h. 132 - Panticapea 63 a. C.) Rey del Ponto (111-63 a. C.), en Asia Menor. Sostuvo tres guerras contra Roma. En la primera (89-85 a. C.) conquistó Grecia y toda Asia Menor, pero fue vencido por Sila. La segunda comenzó en el 83 a. C., al negarse a aceptar las condiciones de paz impuestas por Roma. En la tercera guerra fue vencido por Lúculo y Pompeyo, que arrasaron el reino del Ponto y lo anexionaron al imperio romano en el 66 a. C.

mitridatismo *s. m.* Resistencia a los efectos de un veneno, adquirida mediante el consumo prolongado y progresivo del mismo, empezando por dosis inofensivas que gradualmente se van incrementando.

Mitscherlich, Eilhardt (Neuende, Oldemburg 1794 - Schönberg, Berlín 1863) Químico alemán. En 1819 descubrió el isomorfismo. Realizó una importante labor en química orgánica. Dio nombre al benceno y sintetizó el nitrobenceno (1832).

Mitterrand, François (Jarnac 1916) Político francés. Ministro en varias ocasiones (1947-57), en 1970 ingresó en el Partido Socialista y se convirtió poco después (1971) en su secretario general. Candidato único de la izquierda frente a De Gaulle en 1965 y candidato socialista frente a Giscard d'Estaing en 1974, fue derrotado en ambas ocasiones. Alcanzó finalmente la presidencia de la república en 1981, cargo que siguió desempeñando durante el gobierno de derechas de Chirac (1986-88). En 1988 fue reelegido para la presidencia de la nación.

François Mitterrand.

miura *s. m.* **1.** Toro de la ganadería de Miura, que se caracteriza por su bravura y fuerza a la hora de embestir, y también por la dificultad que presenta su lidia. **2.** P. ext., toro bravo, fuerte y de difícil lidia.

mixomatosis *s. f.* Enfermedad infecciosa, de origen vírico, que ataca a los conejos y les produce edemas e hinchazones; generalmente es mortal.

mixomicetes *s. m. pl.* Clase de talofitos a la que pertenecen numerosas especies comprendidas en las subclases ceratiomixomicétidos, mixogastromicétidos y stemonitomicétidos. De aspecto gelatinoso, están constituidos por células envueltas en masas proteínicas fluidas o mucosas. Dichas masas forman esporangios que producen esporas. De ellas nacen individuos flagelados que se mueven por el agua de lluvia o por el rocío. Posteriormente se unen a otra célula para dar lugar a un nuevo individuo, un plasmodio, por divisiones celulares sucesivas. El plasmodio se inmoviliza y desarrolla unos aparatos reproductores o esporangios, con los que inicia de nuevo el ciclo. Viven en lugares húmedos y sombríos, sobre materia orgánica, como la *Lamproderma arcyrionema*, que forma grandes colonias en troncos podridos y descortezados. También *adj.* y *s. m.*

mixteco, ca *adj.* **1.** Se dice del pueblo amerindio que en época precolombina habitó en el actual estado de Oaxaca, México, cerca del territorio de los zapotecas. Creadores de una interesante cultura, fueron excelentes artesanos de objetos de oro, tallas en madera, mosaicos y cerámica pintada. En sus ciudades, especialmente Mitla, hay muestras abundantes de su arquitectura y gusto decorativo. Fueron expertos en la escritura jeroglífica y en astronomía, geografía y medicina. Dominados por los aztecas, muchas de las obras artísticas de éstos fueron realizadas por mixtecas. En la actualidad habitan en los estados de Oaxaca, Puebla y Guerrero. **2.** De este pueblo. También *s.*

mixtela *s. f.* Mistela*.

mixtificar *v. tr.* Mistificar*. **FAM.** Mixtificación.

mixtilíneo, a *adj.* En geom., se dice de la figura cuyos lados son rectos unos y curvos otros.

mixtión *s. f.* **1.** Mezcla, mixtura. **2.** En heráldica, color púrpura.

mixto, ta *adj.* **1.** Que contiene elementos de diferente naturaleza. **2.** Mestizo, híbrido. **3.** Se dice del tren compuesto de coches para viajeros y vagones de mercancías. También *s. m.* **4.** Se dice del sandwich de jamón y queso. También *s. m.* **5.** Se dice de la unidad militar formada por elementos no homogéneos o que pertenecen a armas diferentes. **6.** En tenis, se dice del equipo de dobles que está formado por un hombre y una mujer, del partido en que juegan estos equipos y de la categoría en la que participan. ‖ *s. m.* **7.** Cerilla. ‖ **8. línea mixta** Véase **línea**. **9. número mixto** Véase **número**.

mixtura *s. f.* **1.** Mezcla o incorporación de varias cosas. **2.** Mezcla en una masa líquida de dos o más medicamentos.

Miyazawa, Kiichi (Hiroshima 1919) Político japonés. Miembro del Partido Liberal Democrático, fue ministro de Finanzas (1986-88) y primer ministro (1991).

mízcalo *s. m.* Níscalo*.

Mizoguchi, Kenji (Tokio 1898 - Kioto 1956) Director de cine japonés. Estudió bellas artes y desde 1920 se dedicó al cine. Destacó por su armonía plástica y refinamiento y el lirismo con que trata los temas más realistas. Entre su centenar de títulos sobresalen *Vida de O-Haru, mujer galante* (1952), *Cuentos de la luna pálida de agosto* (1953), *Los amantes crucificados* (1954) y *La calle de la vergüenza* (1956).

MKS Sistema internacional de medida, que debe su nombre a las iniciales de las unidades de medida metro, kilogramo y segundo y que dio origen al actual Sistema Internacional (SI).

ml Símbolo del mililitro.

mm Símbolo del milímetro.

Mn Símbolo químico del manganeso.

mnemónica *s. f.* Mnemotecnia*. ■ Se escribe también *nemónica*. **FAM.** Mnemónico.

Mnemosine Deidad griega, hija de Urano y de Gea. Simboliza la memoria. Fue madre de las nueve Musas.

mnemotecnia o **mnemotécnica** *s. f.* Método que permite y favorece el proceso de memorización, por medio de la utilización de diversos recursos y técnicas. ■ Se escribe también *nemotecnia* o *nemotécnica*.

mnemotécnico, ca *adj.* **1.** Perteneciente o relativo a la mnemotécnica. **2.** Que sirve para desarrollar la memoria. ■ Se escribe también *nemotécnico*.

Mnesicles (s. V a. C.) Arquitecto griego. Fue autor de los Propileos, puerta de acceso a la Acrópolis ateniense, donde combinó los órdenes dórico y jónico.

Mo Símbolo químico del molibdeno.

moa *s. f.* Ave fósil de la familia dinornítidos, especie *Dinornis maxima*. Medía unos 4 m de longitud. Tenía la forma del avestruz, con patas gruesas y fuertes, tres dedos normales y el pulgar rudimentario, alas atrofiadas y cabeza pequeña. Vivía en Nueva Zelanda y se extinguió por la caza a la que fue sometida por los maoríes.

Moab Antiguo reino de Oriente Medio, situado en una meseta al E del mar Muerto y que se extendía desde el S de este mar hasta Arnon. Su capital era Rabbat-Moab, hoy el-Misna. Citado varias veces en la *Biblia*, fue sucesivamente dominado por Persia, Egipto, Siria y Alejandría y, finalmente, absorbido por los nabateos.

moabita *adj.* **1.** Del país de Moab. También *s.* ‖ *s. m.* **2.** Lengua semítica de la rama cananea, hablada por el pueblo que habitaba este país.

moaré *s. m.* Tela fuerte que forma aguas o reflejos ondulados. ■ Se dice también *muaré*.

moaxaja *s. f.* Composición o estrofa poética en árabe o en hebreo clásico, con una jarcha o estrofilla final escrita en dialecto mozárabe.

mobiliario, ria *adj.* **1.** Se aplica a los efectos o valores públicos negociables en bolsa. **2.** Perteneciente o relativo al mueble. ‖ *s. m.* **3.** Conjunto de muebles de una casa, habitación, etc.

Möbius, August Ferdinand (Schulpforte, Sajonia 1790 - Leipzig 1868) Matemático y astrónomo alemán. En 1844 fue nombrado director del observatorio de Leipzig. Sus trabajos fueron esenciales para el avance de la geometría proyectiva. Fue pionero de la topología. Es conocido por la **cinta** o **banda de Möbius**, figura paradójica formada por una tira flexible, sometida a una media torsión y unida después por sus extremos; de esta forma, la figura no tiene derecho ni revés y sólo tiene una cara o superficie.

moblaje *s. m.* Mueblaje*.

Mobutu Sese Seko Lago de África ecuatorial, situado entre Zaire y Uganda. Tiene una extensión de 4.500 km^2, recibe las aguas de los lagos Victoria y Eduardo y forma parte de la cuenca del Nilo. Hasta 1973 se llamó *lago Alberto*.

Mobutu Sese Seko, Joseph-Desiré (Lisala 1930) Militar y político zaireño. En 1959 se unió al Movimiento Nacional congoleño de Lumumba, a quien destituyó en 1960. En 1965, siendo jefe del Ejército, derrocó al presidente Kasavubu y ocupó su puesto. Al año siguiente se proclamó también primer ministro, cargo que ostentó hasta 1979, e instauró un régimen autoritario. Mantuvo dos guerras, en 1977 y 1978, con Shaba (antigua Katanga), en las que recibió apoyo de Marruecos y de Francia. Fue reelegido en 1970, 1977 y 1984. A finales de 1991 la oposición a su régimen personalista provocó estallidos de violencia en Kinshasa.

moca *s. m.* **1.** Variedad de café muy estimada. **2.** En pastelería, crema de café, mantequilla, vainilla y azúcar con que se hacen pasteles y tartas.

mocarbe o **mocárabe** *s. m.* Adorno propio de la arquitectura árabe, formado por la combinación geométrica de prismas acoplados y cortados en su parte inferior por superficies cóncavas. Se usa en bóvedas, cornisas, etc., p. ej. en la Alhambra de Granada.

mocarro *s. m. fam.* Moco que cuelga de la nariz.

mocasín[1] (del ingl. *moccasin*) *s. m.* **1.** Calzado de piel sin curtir, usado por los indios norteamericanos. **2.** Calzado parecido al anterior, plano, ligero, flexible y sin cordones.

mocasín[2] *s. m.* Nombre común de diversos reptiles ofidios escamosos de la familia vipéridos, género *Ancistrodon*. El mocasín común o cabeza de cobre *(Ancistrodon contrortrix)* mide aproximadamente 1 m de longitud, es vivíparo, tiene color cobrizo con anillos oscuros y habita en América del Norte. El mocasín acuático *(Ancistrodon piscivorus)* es de mayor tamaño y vive en ríos y lagunas de América del Norte. Existen especies de tamaño menor a 1 m que habitan en Asia.

mocear *v. intr.* Comportarse como gente joven.

mocedad *s. f.* Periodo de la vida humana entre la pubertad y la madurez.

moceril *adj.* Propio de mozos o gente joven.

mocerío *s. m.* Conjunto de mozos y mozas, gente joven.

mocetón, na *s. m.* y *f.* Joven alto y fuerte.

mochales *adj.* **1.** *fam.* Loco, chiflado. **2.** *fam.* Muy enamorado.

mocheta *s. f.* **1.** Parte gruesa y sin punta, opuesta al filo o corte de algunas herramientas, como las hachas, los azadones, etc. **2.** Rebajo que se hace en los marcos de puertas y ventanas, donde encaja el renvalso o rebajo semejante de las hojas. **3.** En arq., ángulo entrante que resulta del encuentro de dos muros o del encuentro del plano superior de un elemento arquitectónico con una pared vertical.

mochica o **moche** *adj.* **1.** Se dice de una antigua cultura precolombina que se desarrolló en los valles costeros de Perú, especialmente en los de Moche y Chicama, entre los s. II y XI, y del pueblo que la creó. Los mochicas establecieron grandes sistemas de riego centralizado y construyeron enormes templos piramidales con adobes, como las pirámides gemelas de Moche. Fue importante su cerámica, de pasta muy fina y muy bien cocida; muchos de sus vasos eran retratos, lo cual permite hacerse una idea del aspecto físico de los mochicas. Esta cultura, precedente de la cultura chimú, también se conoce como *protochimú* o *chimú antiguo*. **2.** De este pueblo. También *s.*

mochila *s. f.* **1.** Especie de saco o bolsa con tirantes o correas para llevarla en la espalda colgada de los hombros. **2.** Saco de cazadores y soldados.

mocho, cha *adj.* **1.** Se aplica a la cosa que debería acabar en punta y, sin embargo, por cualquier circunstancia carece de ella. **2.** Se dice del animal que, debiendo tener cuernos, no los tiene. || *s. m.* **3.** Remate grueso y sin punta de un instrumento, de un arma de fuego, etc.

mochuelo *s. m.* **1.** Nombre común de dos especies de aves rapaces nocturnas de la familia estrígidos, el mochuelo común *(Athene noctua)* y el mochuelo chico *(Glaucidium passerinum)*. El mochuelo común mide unos 23 cm de longitud, presenta aspecto rechoncho, cabeza achatada y ojos amarillos; la parte superior de su plumaje tiene color pardo oscuro moteado y listado en blanco, mientras que la inferior es blancuzca, con listas longitudinales pardas. Se alimenta de insectos y pequeños roedores y habita en terrenos de labor de Europa y Asia y en el N de África. El mochuelo chico es algo más pequeño, de unos 18 cm de longitud, tiene cola normalmente levantada y listada de pardo y blanco. Sus costumbres no son totalmente nocturnas y caza aves en vuelo. Habita en bosques de coníferas. **2.** Tarea o encargo molesto o difícil. **3.** En imprenta, falta, por distracción, de una palabra, frase o parte de un texto.

Mochuelo común (Athene noctua).

moción *s. f.* **1.** Propuesta o petición que se hace en una asamblea, congreso, junta, etc. **2.** Acción y efecto de mover, moverse o ser movido. || **3. moción de censura** La que presenta la oposición contra un órgano de poder (gobierno central, comunidad autónoma, ayuntamiento, etc.) y que, si resulta aprobada, conlleva la destitución de aquél y el nombramiento de otro nuevo.

mocionar *v. tr. amer.* Presentar una moción.

moco *s. m.* **1.** Líquido viscoso, formado por agua, sales minerales, mucina, leucocitos y células epiteliales, segregado por las membranas mucosas, y especialmente el que fluye por la nariz. Se usa mucho en *pl.* **2.** Sustancia fluida, pegajosa y resbaladiza. **3.** Cera derretida de una vela, que corre y se endurece a lo largo de ella. **4.** Punta de un pabilo o de una mecha que se tuerce por ser ya demasiado larga. || **5. moco de pavo** Apéndice carnoso, especie de cresta, que este animal tiene sobre el pico. También, planta de la familia amarantáceas, especie *Celosia cristata*. Tiene tallo grueso y flores, generalmente purpúreas, dispuestas en espigas colgantes alrededor de otra central más larga. Se usa como planta ornamental. || **LOC. llorar a moco tendido** *fam.* Llorar mucho y desconsoladamente. **no ser** una cosa **moco de pavo** *fam.* No ser despreciable, valer mucho. **tirarse el moco** *fam.* Fanfarronear, presumir.

mocoso, sa *adj.* **1.** Que tiene mocos en la nariz. || *s. m.* y *f.* **2.** Niño, crío.

mocosuena, a *loc. adv. m. fam.* Atendiendo más al sonido o a otra circunstancia que al verdadero significado de las palabras.

Moctezuma Nombre de dos emperadores aztecas.

Moctezuma I (? 1390 - ? 1469) Emperador azteca (1440-69). Hijo de Huitzilihuitl, no le sucedió a su muerte (1417), pero sí ocupó la jefatura del ejército. Sus acciones militares consolidaron la confederación azteca, fundada en 1423. Sucedió en el trono a su tío Itzcóatl. Fue un monarca absoluto, que acentuó los rasgos teocráticos del poder y amplió el imperio con nuevas conquistas.

Moctezuma II (? 1466 - ? 1520) Emperador azteca (1502-20). Hijo de Axayácatl, era sumo sacerdote cuando sucedió en el trono a su tío Ahuítzotl. Quiso extender la hegemonía azteca y alzarse con la de la confederación, que se desintegró, tras varias intrigas, en 1516. El imperio carecía de solidez interna, ya que estaba compuesto por pueblos sometidos militarmente por los aztecas, lo que facilitó la conquista española. Intentó pactar con Hernán Cortés, creyéndole enviado del dios Quetzalcóatl, pero Cortés le hizo prisionero. Existen dos versiones de su muerte: una la atribuye a las heridas recibidas de sus propios súbditos, que se sintieron traicionados, y otra supone que fue muerto por los españoles en el desastre de la Noche Triste.

moda *s. f.* **1.** Conjunto de gustos, costumbres y tendencias propios de una época determinada. **2.** Prendas de vestir, adornos, objetos, etc., que se usan en una época o en una temporada. **3.** En estadística, magnitud del elemento que más se repite en una serie de datos. Así, entre los datos 2, 4, 6, 3, 4, 5, 3, 4, 5 y 4, el número 4 es la moda. || **LOC. a la moda** o **de moda** *adv.* De acuerdo con el gusto del momento.

modal *adj.* **1.** Perteneciente o relativo al modo, especialmente al gramatical. || *s. m. pl.* **2.** Gestos, comportamientos, expresiones, etc., habituales de una persona, considerados desde el punto de vista de su corrección o elegancia.

modalidad *s. f.* Modo distinto o variante que presenta una misma cosa.

modelado, da **1.** *p. p.* de **modelar**. También *adj.* || *s. m.* **2.** Acción o arte de modelar. **3.** En geol., conjunto de formas de relieve originadas por la erosión. **4.** Manera de estar formado algo.

Geog. El modelado se produce a causa de la acción de determinados agentes externos sobre los materiales de la corteza terrestre. En función del agente que interviene se distinguen diversos tipos: en el **modelado glaciar** el agente es el hielo acumulado en el circo de los glaciares, que erosiona el terreno y transporta los materiales en la lengua del glaciar, los cuales se sedimentan en depósitos llamados *till*; el **modelado periglaciar** se produce por el mecanismo hielo-deshielo; así, el agua se filtra por los poros y grietas de las rocas y al helarse se dilata y las fractura; este proceso se llama *gelifracción* o *crioclastismo*; el **modelado eólico** es producido por el viento y sus formas más características son el *reg*, o desierto de piedras, el *erg*, o desierto de arena, las dunas, las rizaduras, o acumulaciones de arena encadenadas entre sí, y el *loess*, o arena en polvo acumulada en grandes círculos y procedente de los aportes glaciares.

modelar *v. tr.* **1.** Dar forma artística al barro, a la cera o a otra materia blanda. También *v. intr.* **2.** En pintura, dar volumen y relieve. **3.** Formar a una persona, hacer que adquiera o desarrolle determinadas cualidades morales. También *v. prnl.* **FAM.** Modelador.

modelismo *s. m.* Técnica de construcción de modelos o maquetas.

modelista *s. m.* y *f.* **1.** Trabajador encargado de los moldes para el vaciado o reproducción de las piezas de metal, cemento, etc. **2.** Especialista en hacer modelos o maquetas.

modelo *s. m.* **1.** Aquello en que alguien se fija para imitarlo o reproducirlo. **2.** Persona o cosa que, por sus cualidades, sirve de ejemplo para imitar. También *adj.* **3.** Figura hecha en cera, barro, madera, etc., que después se reproduce en la escultura definitiva. **4.** Reproducción a escala reducida de un edificio, barco, avión, máquina, etc. **5.** En fundición, elemento de cera, yeso, etc., con que se hace el molde que luego servirá para reproducir un objeto por vaciado del metal fundido. **6.** Cada una de las modalidades, tipos o categorías que existen de algo. **7.** Prenda de vestir, zapato, bolso, joya, etc., exclusiva y original. **8.** En cienc., recurso metodológico que sirve para conocer, interpretar o explicar la realidad mediante la selección de los elementos que se consideran más importantes y de sus relaciones, y su posterior traducción en representaciones ideales más fáciles de comprender e investigar. **9.** En econ., pol. y otras ciencias sociales, construcción teórica que describe el funcionamiento de un sistema político, económico, cultural, etc. **10.** En mat., expresión de una realidad compleja en lenguaje matemático para facilitar su reproducción o su comprensión. **11.** En estadística, función de densidad de probabilidad, expresada gráficamente en su curva, y que proporciona la probabilidad de cada uno de los sucesos que constituyen un universo dado, en unas condiciones preestablecidas. **12.** En cibernética, sistema artificial que presenta analogías con un sistema estudiado y que se utiliza para comprender mejor el funcionamiento de este último y comprobar si otras teorías son capaces de explicarlo. || *s. m.* y *f.* **13.** Persona que posa para pintores, escultores, etc., o para la publicidad de algo en carteles, películas, etc. **14.** Persona que exhibe, llevándolas puestas, las últimas novedades de la moda: trajes, pieles, sombreros, zapatos, joyas, etc.

modem (voz ingl., contracción de *modulator demodulator*) *s. m.* En inform., dispositivo que convierte señales digitales en analógicas y viceversa, para poder ser transmitidas por un canal de comunicación, generalmente telefónico.

Módena C. de Italia, cap. de la prov. homónima, situada en la región de Emilia-Romaña, en el sector meridional de la depresión del Po. 176.900 h. en 1986. Es un importante nudo de comunicaciones y centro de la industria automovilística, ferroviaria y del calzado.

moderación *s. f.* **1.** Acción y efecto de moderar o de moderarse. **2.** Cualidad del que habla u obra con orden y tranquilidad, sin excesos. ▪ Se dice también *moderamiento.*

moderado, da **1.** *p. p.* de **moderar**. También *adj.* || *adj.* **2.** Que no es excesivo, que está en medio de los extremos. **3.** En pol., se aplica a los partidos conservadores y a sus miembros. También *s.* **4.** En pol., se aplica al sector menos extremista dentro de un partido o formación y a los partidarios de esta línea. También *s.*

Moderado, Partido Nombre que recibió en España el sector más conservador del Partido Liberal, especialmente entre 1836 y 1868. Formado por los partidarios del Estatuto Real de Martínez de la Rosa, opuestos luego a la revolución de 1836 y a la Constitución de 1837, no adoptó formalmente este nombre nunca, ni tampoco funcionó como un partido consolidado, sino como un conjunto de pequeños grupos dirigidos por sus respectivos líderes. Encabezado por Narváez, dominó la vida política española entre 1844 y 1854 (década moderada), para alternarse luego en el poder entre 1856 y 1868 con los unionistas de O'Donnell. Se disolvieron en 1868 y su espacio político fue ocupado por el Partido Conservador de Cánovas del Castillo.

moderador, ra *adj.* **1.** Que modera. También *s.* ▪ Se dice también *moderatorio.* || *s. m.* y *f.* **2.** Persona que preside o dirige una asamblea, reunión, mesa redonda, etc. || *s. m.* **3.** Sustancia utilizada en los reactores nucleares para frenar los neutrones que son emitidos al desintegrarse los núcleos atómicos y así aumentar el rendimiento de la fisión.

moderantismo *s. m.* Ideología moderada.

moderar *v. tr.* **1.** Quitar o disminuir la violencia o exageración de algo. También *v. prnl.* **2.** Dirigir o presidir como moderador una asamblea, reunión, mesa redonda, etc. **FAM.** Moderabilidad, moderable, moderamiento, moderativo, moderatorio.

moderato (voz ital.) *adj.* En mús., término que se utiliza para indicar la reducción de la velocidad con la que ha de ejecutarse una partitura. También *s. m.*

modern style (expr. ingl. que significa 'estilo moderno') Nombre que recibió en Inglaterra el modernismo.

modernamente *adv. m.* **1.** Recientemente, de poco tiempo a esta parte; en la actualidad. **2.** De manera moderna.

modernidad *s. f.* **1.** Cualidad de moderno. **2.** Edad Moderna.

modernismo *s. m.* **1.** Modernidad, cualidad de moderno o afición por lo moderno. **2.** Movimiento literario, desarrollado en Hispanoamérica y en España entre 1880 y 1910, caracterizado por una voluntad de independencia artística, un mundo ideal de refinamientos, una sensibilidad abierta a diversas culturas, especialmente la francesa, y sobre todo, una reelaboración del lenguaje poético. **3.** Estilo artístico, desarrollado a fines del s. XIX y principios del s. XX, que surge como reacción al racionalismo y al maquinismo, valorando lo artesanal, y caracterizado por la introducción de la línea curva sinuosa, inspirada en la naturaleza; fue, sobre todo, un estilo decorativo, que se manifestó especialmente en el campo de las artes menores. **4.** Conjunto de concepciones teológicas, surgidas en torno a 1900, que pretende poner de acuerdo los dogmas religiosos y las afirmaciones filosóficas y científicas de la época, particularmente en la historia y la exégesis bíblicas. Así, sostenía que la revelación es la manifestación consciente de una necesidad religiosa inmanente y también que los dogmas responden a una circunstancia histórica concreta y tienen que variar con la historia. Fue condenado por el papa Pío X en la encíclica *Pascendi* (1907). **FAM.** Modernista.

Arte El modernismo como movimiento artístico se desarrolló en Europa y en América y recibió diversos nombres: *art nouveau*, en Francia; *modern style*, en Reino Unido; *floreale*, en Italia, *Jugendstil*, en Alemania, y *secesión*, en Austria. En arquitectura eran característicos los grandes ventanales ovalados, las rejas decoradas y la cerámica en las fachadas. Entre los arquitectos modernistas más significativos figuran Antonio Gaudí en España, Victor Horta en Bélgica, Hector Guimard en Francia, Henri van de Velde en Alemania y Charles R. Mackintosh en el Reino Unido. En escultura destaca el español José Llimona. La pintura modernista contiene una importante carga simbólica y acentúa los aspectos expresivos y decorativos; entre sus principales cultivadores hay que citar al suizo Ferdinand Hodler, al cartelista y decorador checo Alfons Mucha, al dibujante inglés Aubrey Beardsley, al austriaco Gustav Klimt y a los españoles Ramón Casas, Santiago Rusiñol e Isidro Nonell. Pero donde el modernismo tuvo una mayor importancia fue en las artes menores y aplicadas: cerámica, vidrio, mobiliario, joyería, en las que se empleaba todo tipo de materiales.

Lit. El modernismo fue una respuesta a la literatura realista y naturalista que se había impuesto en Europa a mediados del s. XIX. Influido por los parnasianos y los simbolistas franceses, defendió la exaltación de la belleza como principal fin de la literatura, lo que se tradujo en una completa renovación del lenguaje y en la búsqueda de todas las posibilidades rítmicas y sensoriales de la palabra. Su rechazo de los valores dominantes condujo a buscar ambientes y épocas alejadas de la realidad de su tiempo. El modernismo tuvo consecuencias positivas para la literatura española, y en especial para la poesía, que conoció en las primeras décadas del s. XX un periodo de esplendor. Al nicaragüense Rubén Darío se le considera el iniciador del movimiento, con la publicación en 1888 de *Azul.* Otros importantes autores modernistas fueron el boliviano Ricardo Jaimes Freyre, los mexicanos Amado Nervo y Enrique González Martínez, el colombiano Guillermo Valencia, el peruano José Santos Chocano, el argentino Leopoldo Lugones, el uruguayo Julio Herrera y Reissig, y los españoles Manuel y Antonio Machado, Juan Ramón Jiménez, Ramón María del Valle-Inclán y Jacinto Benavente.

modernizar *v. tr.* Dar aspecto o carácter actual. ▪ Se conjuga como *cazar.* **FAM.** Modernización.

moderno, na *adj.* **1.** De la época presente. También *s.* **2.** De la Edad Moderna de la historia de Occidente (s. XV al XVIII). También *s.* **3.** Muy avanzado, de acuerdo con los conocimientos, gustos y procedimientos más actuales. **4.** Nuevo, reciente. También *s.*

modestia *s. f.* **1.** Actitud de la persona que no da importancia a sus cualidades o méritos y no presume de ellos. **2.** Sencillez, falta de lujo. **3.** Estrechez, escasez de medios. **4.** Recato, decencia.

modesto, ta *adj.* **1.** Que tiene modestia. **2.** Discreto, ordinario. **FAM.** Modestamente.

Modesto Guilloto, Juan (El Puerto de Santa María, Cádiz 1899 - Praga 1969) Militar español. Miembro del Partido Comunista, fue uno de sus jefes militares más prestigiosos durante la guerra civil, en la que mandó las tropas republicanas en la batalla del Ebro y alcanzó el grado de general.

Modi Dios de la mitología escandinava, hijo de Thor y Sif. Simboliza el valor y la ira.

modicidad *s. f.* Cualidad de módico.

módico, ca *adj.* Moderado o escaso. **FAM.** Módicamente.

modificación *s. f.* **1.** Acción y efecto de modificar o modificarse. **2.** En genética, cualquier cambio secundario que por influencia del medio se produce en los caracteres anatómicos o fisiológicos de un ser vivo y que no es transmisible por herencia.

modificar *v. tr.* **1.** Hacer que alguien o algo sea o aparezca distinto de como era. También *v. prnl.* **2.** Determinar una palabra el sentido de otra, como p. ej. el adjetivo respecto al sustantivo en la oración. || *v. prnl.* **3.** Efectuarse una modificación genética. ▪ Se conjuga como *sacar.* **FAM.** Modificable, modificador, modificante, modificativo, modificatorio.

Modigliani, Amedeo (Livorno 1884 - París 1920) Pintor y escultor italiano. Se instaló en París en 1906, donde vivió miserablemente y donde murió víctima del alcohol y de la droga. Su estilo acusó las influencias vanguardistas, especialmente la cubista. Pintó desnudos femeninos y retratos de una refinada estilización, con un predominio de la línea sobre el color y dentro de una atmósfera lírica y sentimental. Entre sus pinturas sobresalen *Desnudo acostado* (1917) y los retratos de *Soutine* (1917), *Manuel Humbert* (1918) y *Jeanne Hébuterne* (1918), y entre sus esculturas *Cabezas, conjunto decorativo* (1912) y *Cabeza de mujer* (1919).

Amedeo Modigliani: Mujer con corbata negra, *óleo pintado en 1917 (colección Renand, París).*

modillón *s. m.* Pieza de arquitectura o decoración que sobresale y sostiene, o parece que lo hace, una cornisa o los extremos de un dintel.

modismo *s. m.* Frase o expresión de una lengua que tiene una estructura fija y cuyo significado no viene dado por el de las palabras que la componen, sino que deriva de una interpretación de la misma en un sentido figurado, como p. ej. *a manos llenas, sin ton ni son.*

modistilla *s. f.* **1.** *fam.* Aprendiza u oficiala de modista. **2.** *fam.* Modista de poca habilidad.

modisto, ta *s. m.* y *f.* **1.** Persona que crea y diseña prendas de vestir. **2.** Persona que confecciona prendas de vestir, especialmente de mujer.

modo *s. m.* **1.** Forma de ser o realizarse una cosa. **2.** Cuidado o moderación en las acciones o palabras. **3.** Accidente gramatical del verbo que expresa el punto de vista de la persona que habla con relación a la acción del verbo; los modos son el indicativo, el subjuntivo y el imperativo. **4.** Locución equivalente a una parte de la oración, p. ej.: *modo adverbial*, que hace las veces de adverbio, como *de improviso, por las malas, hasta los topes*, etc. **5.** En mús., disposición de los tonos y semitonos de una escala musical. **6.** En lóg. aristotélica, cada una de las formas válidas de las cuatro figuras del silogismo, que se constituyen en función de la cantidad y la cualidad de las premisas. **7.** En lóg., cada una de las formas de expresar la relación existente entre el predicado y el sujeto en una proposición. Los modos son: posibilidad, imposibilidad, necesidad y contingencia. || *pl.* **8.** Modales, forma de comportarse una persona. || **9. modo mayor** Véase **mayor**. **10. modo menor** Véase **menor**. || **LOC. al** (o **a**) **modo** *adv.* Como o semejantemente. **de modo que** *conj.* Indica consecuencia y resultado y equivale a *por* *tanto.* **de ningún modo** *adv.* Se usa para negar algo enérgicamente. **de todos modos** *adv.* A pesar de todo, sea como sea. **en modo alguno** *adv.* De ningún modo.

modorra *s. f.* **1.** Pesadez y torpeza causadas por el sueño o ganas de dormir. **2.** Sueño muy pesado. **3.** Enfermedad parasitaria del ganado lanar causada por la presencia de larvas de cierto gusano helminto *(Multiceps multiceps)* en el cerebro de las reses.

modorro, rra *adj.* **1.** Que tiene o padece modorra. **2.** Se dice de la fruta que se ablanda como si empezara a pudrirse. **3.** Torpe, ignorante. También *s.*

modoso, sa *adj.* Se dice de la persona comedida y recatada, y de sus actitudes, gestos o manera de hablar. **FAM.** Modosidad.

modulación *s. f.* **1.** Acción y efecto de modular. **2.** En fonética, entonación. **3.** En fís. y radiotecnia, operación que consiste en hacer variar, según una ley determinada, alguna característica de una onda (onda portadora), como puede ser la amplitud, la fase o la frecuencia, en función de otra magnitud de onda (onda moduladora) cuya transmisión se quiere mejorar. **4.** En mús., cambio de tonalidad dentro de una composición. ‖ **5. modulación de frecuencia** Operación que consiste en mantener constante la amplitud de las ondas portadoras y variar su frecuencia, es decir, el tiempo o la distancia entre ellas. Se usa en emisiones radiofónicas que exigen alta calidad de sonido.

modulador, ra *adj.* **1.** Que modula. También *s.* **2.** En telecomunicaciones, se aplica al dispositivo empleado para modular las corrientes eléctricas. ‖ *s. m.* **3.** En radiotecnia, cualquier aparato o dispositivo para producir modulación.

modular[1] (del lat. *modulari*) *v. intr.* **1.** Pasar de una tonalidad a otra en un mismo fragmento musical. **2.** Variar armoniosamente el tono de voz al hablar. **3.** En radiotecnia, hacer variar la amplitud, la fase o la frecuencia de la onda portadora según una ley determinada. **FAM.** Modulante.

modular[2] *adj.* Perteneciente o relativo al módulo.

módulo *s. m.* **1.** Proporción considerada perfecta o artística entre las medidas del cuerpo humano, las de los elementos arquitectónicos o las dimensiones de otra cosa cualquiera. **2.** Unidad que se toma para establecer esta proporción. **3.** Modelo, patrón de una serie. **4.** Cada una de las piezas de un mismo estilo y función de un mobiliario que pueden utilizarse de forma individual o formando un conjunto. **5.** En un edificio, cada pabellón en relación con el conjunto. **6.** Caudal medio anual de un río. **7.** Dispositivo que regula la cantidad de agua que entra en una cañería, acequia, canal, etc. **8.** En una nave espacial, parte que puede separarse del cuerpo principal y funcionar independientemente. **9.** Diámetro de una medalla o moneda. **10.** En mat., razón constante entre los logaritmos de bases diferentes de un mismo número. ‖ **11. módulo de un número complejo** En mat., número positivo que se obtiene a partir de un número complejo mediante la operación $\sqrt{a^2 + b^2}$, en la que *a* y *b* son las partes real e imaginaria respectivamente de dicho número complejo. ‖ **12. módulo de un vector** En mat., número positivo que se obtiene a partir de un vector mediante la operación $\sqrt{a^2 + b^2}$, en la que *a* y *b* son los componentes de dicho vector.

modus operandi *loc. lat.* Significa 'modo de actuar'.

modus vivendi *loc. lat.* **1.** Significa 'modo de vivir' e indica un acuerdo o solución temporal entre dos partes hasta llegar a otro definitivo. **2.** Manera de ganarse la vida.

Moebius, Jean Giraud, llamado **Gir** o (Fontenay-sous-Bois 1938) Dibujante de cómics francés. Alcanzó gran fama con la serie de aventuras del *Teniente Blueberry*, ambientada en el Oeste americano y firmada con el seudónimo de Gir. Posteriormente se pasó al campo de la ciencia-ficción, y firmó sus trabajos con el seudónimo de Moebius. Creador de la revista *Metal Hurlant*, está considerado como uno de los mejores dibujantes de la década de los ochenta.

Moers C. de Alemania, en el Land de Renania del Norte-Westfalia, situada en la orilla izquierda del Rhin. 101.800 h. en 1989. Posee minas de hulla e industria siderúrgica y química.

mofa *s. f.* Burla que se hace con desprecio.

mofarse *v. prnl.* Hacer mofa o burla de alguien o algo. **FAM.** Mofador.

mofeta *s. f.* **1.** Nombre común de diversos mamíferos carnívoros de la familia mustélidos, géneros *Mephitis* y *Spilogale.* Su tamaño es aproximadamente de 40 cm, más 20 cm de la cola. Son de color blanco y negro, tienen hocico corto, ojos pequeños y patas con cinco dedos y garras. Se caracterizan por poseer unas glándulas próximas al ano que segregan un líquido de olor repugnante, el cual pulverizan para defenderse. Tienen costumbres nocturnas y viven en los bosques de América. Son apreciadas por su piel. **2.** *fam.* Persona que despide mal olor. **3.** Cualquiera de los gases perjudiciales que se desprenden de las minas y otros lugares subterráneos.

moflete *s. m. fam.* Carrillo grueso y carnoso. **FAM.** Mofletudo.

Mogadiscio (*Mogadishu*) C. de Somalia, cap. del país, situada en el sector meridional de su territorio, a orillas del océano Índico. 600.000 h. en 1983. Es un centro administrativo y comercial, que cuenta con industrias alimentarias, del cuero y del jabón.

mogol, la *adj.* **1.** Mongol*. ‖ **2. gran mogol** Título de los soberanos de una dinastía mahometana que reinó en la India.

mogólico, ca *adj.* **1.** Mongólico, de Mongolia. **2.** Perteneciente o relativo al gran mogol.

mogollón *s. m.* **1.** *fam.* Multitud, gran cantidad. **2.** *fam.* Alboroto, lío de gente.

mogón, na *adj.* Se aplica al animal vacuno al que le falta un cuerno o tiene uno o los dos sin punta.

mogote *s. m.* **1.** Montículo aislado en forma de cono sin punta. **2.** Mojón, montón de piedras. **3.** Pila de gavillas en forma de pirámide. **4.** Cada una de las dos cuernas de los venados, mientras no alcanza un palmo de larga.

Mogreb Véase **Magreb**.

mogrebí *adj.* Magrebí*.

Mohács C. de Hungría, junto al río Danubio. 21.100 h. en 1980. Es famosa por las dos batallas que tuvieron lugar en sus cercanías. En la primera (1526) el imperio otomano afianzó su poder en la cuenca del Danubio, y en la segunda (1687), fue vencido su ejército, lo que marcó el final de la expansión de los otomanos en Europa continental.

mohair (voz ingl.) *adj.* **1.** Se dice del pelo de la cabra de Angora. También *s. m.* **2.** Se dice de la lana o el tejido hecho con él. También *s. m.*

Mohave o **Mojave, desierto de** Región desértica situada en el S de California, separada de las fértiles zonas litorales por la cordillera Costera, lo que explica su clima desértico.

Mohenjo-Daro Yacimiento arqueológico situado en la región de Sind, en Pakistán. Las excavaciones han puesto al descubierto una ciudad y una importante civilización, cuyo florecimiento se fija entre los años 2500 y 1500 a. C.

mohicano, na *adj.* **1.** Se dice de los miembros de una tribu amerindia, hoy extinguida, de la familia lingüística algonquina. Vivieron en el valle central del río Hudson y en el actual estado de Vermont, EE UU, y se dedicaron a la caza y a la agricultura. **2.** De esta tribu. También *s.*

mohín *s. m.* Gesto, especialmente de los labios, sobre todo cuando expresa enfado o disgusto.

mohíno, na *adj.* **1.** Que está triste o enfadado y lo manifiesta con el gesto. ‖ *s. f.* **2.** Enfado, disgusto.

moho *s. m.* **1.** Nombre genérico de los hongos pluricelulares que se desarrollan sobre materia orgánica y ayudan a su descomposición, como ocurre en el pan y el queso. Están formados por multitud de filamentos, llamados *micelios*, sobre los que se forman unas estructuras esféricas conocidas como *esporangios*, con los que realizan su reproducción. Requieren condiciones ambientales adecuadas en cuanto a luz, humedad y temperatura para que las esporas germinen. El moho común *(Mucor mucedo)* origina la podredumbre de las frutas. El hombre utiliza algunas especies, como las del género *Penicillium*, para la obtención de antibióticos. Otras especies son parásitas de los cultivos, como el mildiu de la vid y el cornezuelo del centeno. **2.** Capa de óxido que se forma en la superficie de algunos metales por la acción de la humedad, como la herrumbre o el cardenillo.

Moholy-Nagy, Laszlo (Bacsborsod 1895 - Chicago 1946) Pintor, escultor y dibujante húngaro. Participó desde muy joven en movimientos vanguardistas, experimentando materiales y técnicas y desarrollando nuevas concepciones artísticas a base de luz y color. Trabajó en la Bauhaus de Weimar (1923), donde fue el principal investigador. Con la creación de sus esculturas pintadas, denominadas *space modulators*, sentó las bases del arte cinético. En 1937 se estableció en Chicago, donde fundó y dirigió la Nueva Bauhaus. Realizó también experiencias en los campos de la fotografía, el cine y la escenografía teatral. Llevó a cabo una importante actividad pedagógica y dejó escritos y libros teóricos, como *La nueva visión* (1939) y *Visión en movimiento.*

Mohorovicic, Andrija (Volosko, cerca de Opatija 1857 - Zagreb 1936) Geógrafo yugoslavo. Realizó estudios sobre las ondas sísmicas y la localización de los epicentros. Descubrió en 1909 la discontinuidad que lleva su nombre.

Mohorovicic, discontinuidad de Capa de la estructura terrestre que marca la separación brusca entre la corteza y el manto. Su espesor oscila entre 7 y 12 km debajo de los océanos y entre 40 y 70 km bajo las cordilleras.

mohoso, sa *adj.* Cubierto de moho.

Mohr, balanza de Instrumento utilizado para medir la densidad de un líquido mediante el cálculo del empuje que experimenta un objeto conocido en el seno de dicho líquido.

Mohr, Friedrich (Coblenza 1806 - Bonn 1879) Químico alemán. Inventó diversos aparatos para el análisis químico y llevó a cabo una importante labor divulgadora en el campo del análisis volumétrico.

Mohs, Friedrich (Gernrode, Harz 1773 - Agordo, Tirol 1839) Geólogo alemán. Es autor de un método práctico para calcular la dureza de los minerales, conocida como *escala de Mohs.* (Véase **dureza.**)

Moiras En la mitología griega, nombre que reciben Átropos, Cloto y Láquesis, las tres hermanas dueñas del destino de los hombres. Son las *Parcas* de los romanos.

moisés *s. m.* Cestillo ligero con asas que sirve de cuna portátil para niños muy pequeños.

Moisés Caudillo y legislador judío. Su vida se narra en el *Éxodo*, segundo libro de la *Biblia.* Abandonado en un cesto en el río Nilo, fue recogido por la hija del faraón y educado en la corte egipcia. Guió al pueblo de Israel en su éxodo de Egipto y en su peregrinación por el desierto, para llevarlo a la Tierra Prometida, Canaán, en la que el propio Moisés no llegó a entrar, pues murió antes de alcanzarla. Recibió de Yahvé en el Sinaí las tablas de piedra en las que se contenían los diez mandamientos. Aunque la tradición judía le atribuye la redacción del *Pentateuco*, hoy se estima que éste es el resultado de una larga evolución y elaboración, si bien pudo haber un núcleo inicial obra de Moisés.

Moissac C. de Francia, en el departamento de Tarn-et-Garonne, a orillas del río Tarn. 10.600 h. en 1980. En ella se halla la iglesia de San Pedro, antigua abadía cluniacense e importante monumento del arte románico, por su pórtico meridional (h. 1130) y por su claustro (1085-1115).

Moissan, Henri (París 1852 - íd. 1907) Químico y farmacéutico francés. Profesor en la Escuela de farmacia de París y en la Sorbona, logró aislar el elemento químico flúor a partir de la fluorita (1886). Inventó un horno eléctrico capaz de alcanzar altas temperaturas, con el que consiguió fabricar diamantes artificiales y carburos metálicos. En 1906 fue premiado con el Nobel de química.

Moix, Terenci (Barcelona 1943) Escritor español en lenguas catalana y castellana. En su narrativa impera el rasgo autobiográfico. Algunos de sus títulos más característicos son *La torre de los vicios capitales* (1967), *El día que murió Marilyn* (1970), *Nuestra Virgen de los Mártires* (1976), *No digas que fue un sueño* (1986) y *El sueño de Alejandría* (1988).

mojado, da 1. *p. p.* de **mojar**. También *adj.* ‖ *adj.* **2.** En ling., se dice del sonido pronunciado aplicando más o menos el dorso de la lengua contra el paladar; p. ej., la *ch.* ‖ *s. m.* **3.** Mojadura*.

mojador *s. m.* Utensilio para mojarse los dedos, p. ej. al pasar las hojas, o para humedecer la parte engomada de sellos, etiquetas, etc.

mojadura *s. f.* Acción y efecto de mojar o mojarse.

mojama *s. f.* Tira de carne de atún salada y seca.

mojamé *s. m. fam.* Moro*.

mojar *v. tr.* **1.** Hacer que el agua u otro líquido toque la superficie de un cuerpo o penetre en él. También *v. intr.* y *v. prnl.* **2.** Meter el pan u otro comestible en una salsa, en la leche, etc. **3.** *fam.* Celebrar algo convidando a beber a los amigos. ‖ *v. prnl.* **4.** Comprometerse, implicarse.

mojarra *s. f.* **1.** Pez teleósteo acantopterigio de la familia espáridos, especie *Diplodus vulgaris.* De unos 30 cm de longitud, tiene el cuerpo comprimido, con grandes escamas y fuertes dientes. Habita en el Mediterráneo y el Atlántico y es estimado como alimento. **2.** *vulg.* Lengua.

moje *s. m.* Salsa o caldo de un guiso. ▪ Se dice también *mojo* y *mojete.*

mojicón *s. m.* **1.** *fam.* Golpe que se da en la cara con la mano. **2.** Pequeño bizcocho en forma de tronco de cono, que suele tomarse mojado en chocolate, café o leche.

mojiganga *s. f.* **1.** Fiesta pública que se hacía con disfraces grotescos. **2.** Representación muy breve, con figuras extravagantes para hacer reír. **3.** Diversión, jaleo. **4.** Cosa ridícula con la cual parece que se hace burla a alguien.

mojigatería *s. f.* **1.** Cualidad de mojigato. **2.** Acción propia de un mojigato.

mojigato, ta *adj.* **1.** Que tiene o muestra una moralidad o virtud exagerada, que se escandaliza fácilmente. También *s.* **2.** Que aparenta sumisión o timidez, en espera de que llegue el momento oportuno para lograr lo que pretende. También *s.*

mojinete *s. m.* Caballete de un tejado o de un muro.

mojo *s. m.* **1.** Moje*. **2.** Remojo*.

mojón *s. m.* **1.** Piedra o señal que se pone en el terreno para señalar los límites de una propiedad o un territorio. **2.** Señal que se coloca como guía en un lugar despoblado. **3.** Montón. ‖ **4. mojón geodésico** Poste, de piedra u hormigón, que señala la posición de un punto de triangulación geodésica. **5. mojón kilométrico** Piedra o bloque de hormigón que indica en la carretera la distancia en kilómetros.

moka *s. m.* Moca*.

mol *s. m.* En quím., cantidad de sustancia de un sistema que contiene tantas entidades elementales (átomos, moléculas, iones, etc.) como átomos de carbono existen en 12 gramos de carbono-12. Coincide numéricamente con la masa molecular de la sustancia, expresada en gramos, pero la masa del mol es $6{,}02 \cdot 10^{23}$ veces mayor que la masa de la molécula.

mola *s. f.* **1.** Montaña de formas redondeadas y macizas. **2.** Masa carnosa que a veces se desarrolla en la matriz.

Mola, Emilio (Placetas, Cuba 1887 - Castil de Peones, Burgos 1937) Militar español. Destinado en Marruecos entre los años 1909 y 1930, alcanzó allí el grado de general. Director General de Seguridad entre 1930 y 1931, fue expulsado del ejército al caer la monarquía y readmitido en la amnistía de 1934. Preparó con Franco y Sanjurjo el levantamiento militar de 1936. Creada la Junta de Defensa Nacional en Burgos y elevado Franco a la jefatura del Estado, se encargó del ejército del Norte. Se estrelló en un avión.

molalidad *s. f.* En quím., concentración de una disolución, expresada como el número de moles de soluto que hay disueltos por cada kilogramo de disolvente. P. ej., si en 2 kilos de agua se disuelven 0,5 moles de un soluto, la molalidad de la disolución resultante será 0,5/2 = 0,25 y se expresará diciendo que la disolución es 0,25 molal. Su símbolo es *m.*

molar[1] *v. intr.* **1.** *fam.* Gustar, agradar. **2.** *fam.* Lucir, presumir, fardar. ‖ **Loc. no molar** algo *fam.* No ir bien, no marchar.

molar[2] (del lat. *molaris*) *adj.* **1.** Se dice de los dientes situados en los extremos de la dentadura, tanto en la parte superior como en la inferior, especialmente adaptados para aplastar y moler los alimentos. El hombre tiene doce, pero a veces se incluyen los premolares bajo el nombre genérico de *molares,* con lo que su número total asciende a veinte. También *s. m.* **2.** Perteneciente o relativo a las muelas de la boca. **3.** Capaz para moler o triturar.

molar[3] *adj.* **1.** En quím., relativo a la molécula-gramo o mol. ‖ **2. volumen molar** Volumen ocupado por un mol de cualquier gas, medido en condiciones normales (1 atm de presión y 0 °C de temperatura), y que equivale a 22,4 litros.

molaridad *s. f.* En quím., concentración de una disolución expresada como el número de moles de soluto presentes en cada litro de disolución. P. ej., si en 0,5 litros de disolución hay disueltos 0,2 moles de un soluto, la molaridad de la misma será 0,2/0,5 = 0,4 y se expresará diciendo que la disolución es 0,4 molar. Su símbolo es *M.*

molasa *s. f.* Roca sedimentaria detrítica, perteneciente a las areniscas, que a veces tiene intercalados arcillas y conglomerados. Es de color verdoso, grano grueso y fácilmente erosionable. Abunda en los bordes de las cordilleras alpinas.

Molay, Jacques de (Molay h. 1243 - París 1314) Último gran maestre de los templarios. Se distinguió en la defensa de los Santos Lugares contra los musulmanes. El rey francés Felipe IV el Hermoso, temeroso del poder que la orden había adquirido en Francia, ordenó su detención, confiscó todos los bienes de los templarios, lo sometió a tortura (1309) y finalmente lo condenó a la hoguera.

Moldava Río de Checoslovaquia, en la región de Bohemia. 430 km. Nace en el macizo de Sumava, cerca de Austria, discurre hacia el N y atraviesa Praga, donde se hace navegable hasta su desembocadura en el río Elba. Sus aguas se aprovechan para producir energía eléctrica y como vía de transporte. También se le conoce como *Moldau* y *Ultava.*

Moldavia Región histórica del E de Europa, entre los Cárpatos orientales y el río Dniéster, repartida en la actualidad entre la república ex-soviética de Moldavia y una región de Rumania.
Hist. La antigua región de la Dacia romana fue dominada por los godos (274-375) y, sucesivamente, por los hunos, los eslavos, los ávaros y los búlgaros entre los s. VI y X. De los s. X al XIII fue invadida por magiares y tártaros y a partir de entonces colonizada por los sajones. El principado de Moldavia fue creado por el voivoda Bogdan en 1359 como estado feudal. Se mantuvo independiente durante la época de Esteban III el Grande, entre 1457 y 1504, pero tras la batalla de Mohacs cayó bajo dominio del imperio otomano. El principado conservó cierto grado de autonomía hasta el s. XVIII, en que fue sometido por los hospodares griegos fanariotas, con apoyo de los otomanos. La región de Besarabia se separó de Moldavia y fue incorporada a Rusia por el tratado de Bucarest de 1812. El resto de Moldavia se liberó del dominio fanariota en 1821, en la insurrección nacionalista de Ypsilanti, que devolvió el trono a un príncipe moldavo, Mijail Sturdza. Austria, que ya dominaba la Bucovina desde 1775, ocupó Moldavia tras la guerra de Crimea, entre 1854 y 1856. El congreso de París de 1856 devolvió la soberanía al principado. En 1859 fue proclamado príncipe el coronel moldavo Alejandro Cuza y Moldavia se unió con Valaquia para formar los Principados Unidos, que se denominaron Rumania en 1862. Besarabia fue disputada por rumanos y rusos hasta que en 1944 fue incorporada a la URSS.

Moldavia (en ruso *Moldavija*) Estado de la Europa oriental, antigua república de la URSS, que comprende la Besarabia y la franja del Transdniéster.
Geog. Su territorio, regado por los ríos Dniéster y Prut, es llano, con suaves colinas y llanuras aluviales. Tiene un clima continental atenuado por la proximidad del mar Negro, y una vegetación de hayas, alisos y pinos. Su rica agricultura, que ocupa al 78% de la población activa, cuenta con cultivos de cereales, remolacha azucarera, huerta, vid, frutales y tabaco. Posee ganadería bovina, porcina y ovina, e industria de transformación alimentaria.

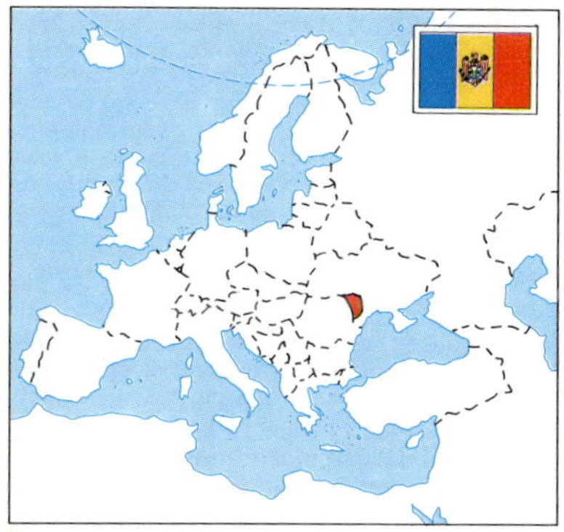

Extensión: 33.700 km^2.
Límites: al N, E y S, con Ucrania, y al O, con Rumania.
Población: 4.389.000 h. en 1990.
Densidad: 130,2 h./km^2.
Capital: Kishinev.
Ciudades principales: Benderi, Tiraspol, Beltsi.
Gentilicio: moldavo.
Forma de Estado: república.
Idioma: moldavo, ruso.
Religión: cristianismo.
Moneda: rublo.
Renta per cápita: 7.047 dólares en 1988.

Hist. Besarabia, dominada por Rusia desde el tratado de Bucarest de 1812, volvió a poder de Rumania de 1918 a 1940 y de 1941 a 1944. En 1944 se constituyó como república soviética. En 1989, con las transformaciones liberalizadoras de la URSS, reclamó su soberanía. En 1991 el Parlamento moldavo proclamó la independencia y su presidente Mircea Snegur declaró su intención de integrar la república en Rumania. Las minorías rusa y ucraniana reaccionaron exigiendo la independencia de la República Moldava del Dniéster. Moldavia suscribió el tratado de adhesión a la CEI. En 1992 surgieron enfrentamientos armados entre rusohablantes del Transdniéster y de Kishinev y moldavos.

Moldavia (*Moldava*) Región de Rumania, en el E del país, entre los Cárpatos y el río Prut. 37.410 km^2. La capital es Iasi, con 313.000 h. en 1986. El territorio presenta un relieve montañoso en el O, con los Cárpatos orientales, y de llanura y meseta en el E, por donde discurren los ríos Siret y Prut. Tiene una economía agrícola, con cultivos de cereales, viñedos y huerta, forestal y ganadera. Posee yacimientos petrolíferos y de lignito, e industria siderúrgica, petroquímica, mecánica, textil, maderera y alimentaria.

moldavo, va *adj.* De Moldavia. También *s.*

molde *s. m.* **1.** Pieza o conjunto de piezas acopladas con que se hace en hueco la forma de algo de modo que, al rellenarlo con materia fundida, fluida o blanda, ésta tome dicha forma. **2.** Cualquier instrumento que sirve para estampar o dar forma o cuerpo a una cosa, como las agujas de hacer punto, las letras de imprenta, etc. **3.** En imprenta, conjunto de letras, grabados, etc., dispuesto para imprimirse. **4.** Huella dejada en hueco. **5.** Huella o espacio que dejan los fósiles en la roca que los contenía. **6.** Esquema, norma. ‖ **Loc. de molde** *adj.* o *adv.* Se dice de lo impreso, para distinguirlo de lo escrito a mano; también, muy adecuado, oportunamente.

moldeado, da 1. *p. p.* de **moldear**. También *adj.* ‖ *s. m.* **2.** Acción y efecto de moldear. **3.** Operación de ondular o rizar el cabello y peinado que resulta.

moldeador, ra *adj.* **1.** Que moldea o sirve para moldear. También *s.* ‖ *s. m.* **2.** Aparato para ondular o rizar el pelo. ‖ *s. f.* **3.** Máquina para fabricar objetos de metal o material plástico, vaciados o inyectados en moldes.

moldear *v. tr.* **1.** Obtener una figura poniendo en un molde la materia blanda o derretida con la que se hace. **2.** Sacar un molde de un objeto. **3.** Dar una forma determinada a algo. **4.** Ondular o rizar el cabello, dándole una determinada forma. **5.** Formar el carácter, los modales, ideas, etc., de alguien. **6.** Moldurar*. **Fam.** Moldeable, moldeamiento, moldeo.

Moldova Véase **Moldavia.**

moldura *s. f.* **1.** Adorno arquitectónico que consiste en una banda saliente, con diversos perfiles, que se coloca a lo largo de una fachada, en la unión de las paredes con el techo de una habitación, en remates de puertas y ventanas, etc. **2.** Listón de madera, con frente curvo o más o menos tallado, que se emplea en carpintería como adorno o para tapar juntas. **3.** Marco de un cuadro.

moldurar *v. tr.* Hacer molduras en una cosa.

mole[1] (del lat. *mollis*) *adj.* Mullido, suave.

mole[2] (del lat. *moles*) *s. f.* **1.** Cosa muy voluminosa y pesada, de formas macizas. **2.** Corpulencia o gran volumen de una persona o animal; también, persona o animal muy grande.

mole[3] (del náhuatl *mulli*) *s. m. Méx.* Guiso de carne, especialmente guajolote (pavo), cuya salsa se hace con chile colorado, ajonjolí y otros ingredientes.

molécula *s. f.* Parte más pequeña de una sustancia pura que conserva íntegramente las propiedades de dicha sustancia. Las moléculas se distinguen por el número y el tipo de átomos que las forman, así como por el modo en que estos átomos están organizados. Pueden ser monoatómicas, si están formadas por un solo átomo, como las de los gases nobles; diatómicas, formadas por dos átomos, como las de los halógenos; y, en general, poliatómicas, de más de dos átomos, como las del azufre.

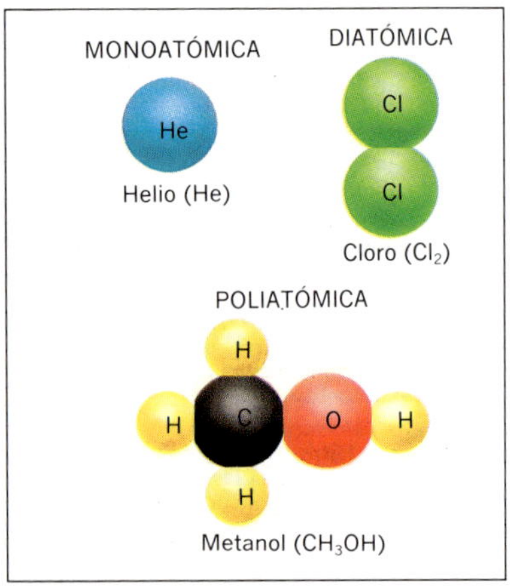

Representación gráfica de moléculas monoatómicas, diatómicas y poliatómicas.

molécula-gramo *s. f.* Término, actualmente en desuso, con que se designaba el mol de un compuesto químico.

molecular *adj.* Perteneciente o relativo a las moléculas.

moler *v. tr.* **1.** Golpear o frotar una cosa hasta dejarla hecha trocitos o polvo. **2.** Cansar mucho. También *v. intr.* **3.** Hacer daño. **4.** Aburrir o molestar a alguien. ▪ Es v. irreg. Se conjuga como *mover.* **FAM.** Moledor, moledura, molimiento.

molestar *v. tr.* **1.** Producir molestia. **2.** Ofender o disgustar a alguien levemente. También *v. prnl.* ‖ *v. prnl.* **3.** Tomarse alguien la molestia o trabajo de algo.

molestia *s. f.* **1.** Aquello que impide o disminuye el bienestar, comodidad o tranquilidad de alguien, produciéndole desagrado, obligándole a hacer cosas que no desea, etc. **2.** Dolor poco intenso o malestar físico leve.

molesto, ta *adj.* **1.** Que causa o siente molestia. **2.** Ofendido, disgustado. **FAM.** Molestamente.

molibdenita *s. f.* MoS_2. Mineral sulfuro de molibdeno. Cristaliza en el sistema hexagonal, en láminas de color gris, tiene brillo metálico y exfoliación perfecta. Es la principal mena del molibdeno. Su yacimiento más importante se halla en Climax (Colorado, EE UU), del que se obtiene más del 50 % de la producción mundial.

molibdeno *s. m.* Mo. Elemento químico perteneciente al grupo VI B del sistema periódico. Su número atómico es 42 y su masa atómica 95,94. Es un metal duro, de elevado punto de fusión y gran resistencia a la corrosión y al ataque de los ácidos no oxidantes. Fue detectado por Karl Wilhelm Scheele en 1778 y obtenido por Peter Jacob Hjelm en 1782 mediante la reducción de su óxido. Se encuentra en la molibdenita y los principales productores mundiales son EE UU, Chile, Rusia y Canadá. Se emplea en la fabricación de aceros especiales para herramientas y proyectiles, así como en la construcción de reactores nucleares.

molicie *s. f.* **1.** Cualidad de blando. **2.** Excesiva comodidad en la forma de vida.

molido, da **1.** *p. p.* de **moler**. También *adj.* ‖ *adj.* **2.** *fam.* Muy cansado. **3.** *fam.* Dañado, dolorido. ‖ *s. f.* **4.** *Arg., Par., Urug.* Paliza, golpiza.

molienda *s. f.* **1.** Acción y efecto de moler granos o cualquier otra cosa. **2.** Cantidad que se muele de una vez. **3.** Temporada durante la cual se muele el trigo, la aceituna o la caña de azúcar.

Molière, Jean-Baptiste Poquelin, llamado (París 1622 - íd. 1673) Dramaturgo y actor francés. Se formó en el colegio de los jesuitas de Clermont y a continuación inició los estudios de Derecho, que interrumpió en 1643 para formar una compañía teatral con los hermanos Béjart, llamada el *Ilustre Teatro.* El proyecto fracasó por falta de medios económicos, lo que le obligó en 1645 a ingresar en una compañía ambulante, con la que recorrió Francia. Su progresivo éxito le permitió volver a París en 1658 y conseguir allí la protección de importantes aristócratas y del propio rey Luis XIV. Enfermo de tuberculosis desde 1665, murió mientras representaba *El enfermo imaginario.* Considerado como uno de los grandes dramaturgos de todos los tiempos, es el creador de la comedia moderna, en la que funde los elementos cómicos de la farsa tradicional francesa e italiana, con descripciones de las costumbres, vicios y virtudes de su tiempo y con un penetrante análisis de la psicología de los personajes, todo ello ensamblado con una extraordinaria habilidad teatral. Entre sus obras destacan *Las preciosas ridículas* (1659), su primer gran éxito, *La escuela de las mujeres* (1662), *El Tartufo* (1664), *Don Juan* (1665), *El misántropo* (1666) y *El burgués gentilhombre* (1670).

Molière. Cuadro de Pierre Mignard (Teatro de la Comédie Française, París).

molificar *v. tr.* Ablandar, suavizar. ▪ Se conjuga como *sacar.* **FAM.** Molificación.

Molina, Arturo Armando (San Salvador 1927) Militar y político salvadoreño. Secretario del presidente Fidel Sánchez, le sucedió en la presidencia (1972-77). Fue atacado por la guerrilla y por la Iglesia.

Molina, Luis de (Cuenca 1535 - Madrid 1601) Filósofo y teólogo español. Sacerdote jesuita y profesor de filosofía y teología en Portugal y España, trató de conciliar la omnipotencia divina con la libertad humana. Sus tesis, seguidas por los jesuitas, dieron origen a grandes controversias, sobre todo en el s. XVII, por la oposición que contra ellas mantuvieron los dominicos. Su obra más importante lleva el título de *Concordia liberi arbitrii cum gratiae donis* (1588).

Molina de Segura C. de España, situada en la prov. de Murcia, en el valle del río Segura. 38.300 h. en 1990. Es el centro comercial y de mercado de su rica comarca agrícola. Cuenta con industria alimentaria y de materiales de construcción.

Moliner, María (Paniza, Zaragoza 1900 - Madrid 1981) Lexicógrafa española. Ejerció la profesión de bibliotecaria. Es autora del *Diccionario de uso del español* (1966), uno de los más importantes en su género.

molinero, ra *adj.* **1.** Perteneciente o relativo a los molinos. ‖ *s. m.* y *f.* **2.** Persona que tiene un molino a su cargo o trabaja en él.

molinete *s. m.* **1.** Pequeña rueda de aspas, que se pone en un cristal, puerta, etc., para renovar el aire del interior. **2.** Dispositivo giratorio formado por un eje con una serie de brazos o aspas que, colocado en una puerta, entrada, etc., permite pasar a las personas de una en una. **3.** Molinillo, juguete. **4.** Máquina empleada en los barcos para soltar o recoger cadenas y cabos y levar las anclas. **5.** Figura de baile compuesta por una serie de personas en corro que giran en distintas direcciones. **6.** Ejercicio de gimnasia que consiste en dar una vuelta alrededor de una barra fija, trapecio, etc. **7.** En tauromaquia, pase de adorno en que el torero gira en dirección contraria a la del toro, barriéndole los costillares con la muleta. **8.** En esgrima, movimiento circular hecho con el arma por encima de la cabeza, para defenderse de los golpes del contrario.

molinillo *s. m.* **1.** Utensilio doméstico, manual o eléctrico, empleado para moler, especialmente café. **2.** Especie de macillo de madera con muescas en los laterales de su cabeza que sirve para remover el chocolate cuando se está cociendo u otras cosas. **3.** Juguete que consiste en un palo o caña larga con una ruedecilla de aspas en su extremo que gira impulsada por el aire.

molinismo *s. m.* Sistema teológico propuesto por el jesuita Luis de Molina.

molino *s. m.* **1.** Máquina o instalación utilizada para moler cereales y otras materias, originalmente mediante una piedra de moler o muela que giraba movida por una fuente externa de energía, como la eólica en el **molino de viento**, provisto de aspas acopladas a un eje y movidas por el viento, o la hidráulica en el **molino de agua**, en que el agua de un río o canal movía una rueda de paletas que hacía girar la muela. Actualmente en lugar de muela se emplean una serie de cilindros múltiples y la fuente externa de energía se sustituye por un motor. **2.** Cualquier aparato o utensilio con que se muele, tritura, aplasta o convierte en láminas alguna cosa.

Molinos, Miguel de (Muniesa, Teruel 1628 - Roma 1696) Teólogo español. Estudió en Valencia y en 1663 se trasladó a Roma. Su doctrina, conocida como *quietismo,* defiende que el alma debe estar quieta, vacía de todo contenido, para de esta manera encontrarse siempre a disposición de Dios, y considera inútiles la acción y las prácticas exteriores. Obligado a retractarse, murió en prisión. Su obra más importante, *Guía espiritual* (1675), es un libro clave en la historia de la mística española.

Molise Región de Italia, situada en el S del país. 4.438 km^2. 335.350 h. en 1990. La capital es Campobasso, con 51.200 h. en 1990. Comprende las provincias de Campobasso e Isernia. Cruzan su parte O los montes Apeninos, mientras que en el E una llanura bordea el Adriático. Tiene cultivos de trigo, aceite y vid e industria automovilística en la ciudad de Térmoli.

molla *s. f.* **1.** Parte carnosa o blanda de un cuerpo orgánico. **2.** Porción más aprovechable y limpia de desperdicio o grasa, especialmente de una pieza de carne. **3.** *fam.* Acumulación de carne o grasa en alguna parte del cuerpo. Se usa sobre todo en *pl.*

mollar *adj.* **1.** Blando, fácil de partir; se aplica especialmente a algunas variedades de frutos. **2.** *fam.* Aplicado a mujeres, con muy buen tipo.

mollate *s. m. fam.* Vino corriente.

molleja *s. f.* **1.** Estómago muscular de las aves, cuya función es triturar el alimento. **2.** Apéndice carnoso de las reses jóvenes, producido generalmente por infarto de una glándula y que constituye un plato muy apreciado. Se usa más en *pl.*

mollera *s. f.* **1.** Parte más alta del cráneo. **2.** Espacio situado en la parte superior de la frente en el que aún no se ha formado hueso. **3.** *fam.* Inteligencia, entendimiento. ‖ **LOC. cerrado de mollera** *fam.* Poco inteligente. **duro de mollera** *fam.* Tonto; también, obcecado, cabezota, poco flexible.

Mollet del Vallés C. de España, en la prov. de Barcelona, situada al N de la capital, a cuya área de influencia pertenece. 40.000 h. en 1990. Posee industria textil, alimentaria y metalúrgica, así como agricultura de cereal, legumbres, flores y huerta junto al río Besós.

Molnar, Ferenc (Budapest 1878 - Nueva York 1952) Escritor húngaro. Fue corresponsal de guerra durante la Primera Guerra Mundial. En el teatro logró un gran éxito con *El diablo* (1907). Otras obras teatrales suyas son *Liliom* (1909), *El lobo* (1912), *El cisne* (1920) y *El molino rojo* (1932). También escribió novelas, como *Los muchachos de la calle Pal* (1907), y relatos.

Moloc o **Moloch** Divinidad semítica adorada por los ammonitas y otros pueblos de Canaán, cuyo culto se extendió a los hebreos. Simboliza las fuerzas del mal y recibía sacrificios humanos. En la *Biblia* se condena su culto en numerosas ocasiones.

molón, na *adj. fam.* **1.** Bonito, vistoso. **2.** *fam.* Que mola o gusta.

Molotov, cóctel Véase **cóctel**.

Molotov, Viacheslav Mijailovich Skriabin, llamado (Kukarka, actual Sovietsk 1890 - Moscú 1986) Político soviético. En 1906 se unió a los bolcheviques, que le apodaron Molotov (martillo). Durante la revolución de 1917, participó en el comité militar revolucionario. En 1921 fue elegido secretario del Comité Central del Partido Comunista y en 1926 miembro del Politburó. En 1939, cuando era ministro de Asuntos Exteriores, firmó con Ribbentrop el pacto de no agresión germano-soviético. Colaborador de Stalin, que le nombró ministro de Asuntos Exteriores, participó en las reuniones de Yalta y Potsdam (1945).

Moltke, Helmuth, conde von (Parchim, Mecklenburg 1800 - Berlín 1891) Mariscal alemán. Jefe del Estado Mayor prusiano entre 1857 y 1888, fue el creador del moderno ejército alemán y el artífice de las victorias sobre Austria (1866) y Francia (1870-71). Discípulo de Clausewitz, dotó a sus tropas de una excelente administración y de un cuerpo de oficiales muy preparado, al tiempo que incorporó a la estrategia militar los principales avances técnicos (telégrafos, ferrocarril, etc.).

moltura *s. f.* Molienda*.

molturar *v. tr.* Moler, especialmente granos o frutos. **Fam.** Molturación, molturador.

Molucas (*Maluku*) **1.** Archipiélago de Indonesia, situado en los mares de Molucas, Banda y Arafura, entre las islas Célebes y de Sonda al O y Nueva Guinea al E. Consta de tres grupos de islas, el de Morotai, Halmahera, Tenggara y Obi en el N, el de Buru y Ceram en el centro y el de Wetar, Tanimbar y Aru en el S, así como de multitud de islas menores. De origen volcánico y clima ecuatorial, están sometidas al régimen de los monzones.
2. Prov. de Indonesia, formada por dicho archipiélago. 85.728 km^2. 1.786.200 h. en 1989. La capital es Amboina, con 208.900 h. en 1980. La economía se basa en la agricultura de coco, arroz, copra, nuez moscada y clavo y la extracción de estaño y petróleo. Fue colonizada por musulmanes en el s. XV, repartida entre España y Portugal por el tratado de Tordesillas en 1494 y dominada por Holanda a partir de 1641. Fue incorporada a Indonesia en 1949.

moluqueño, ña *adj.* De Molucas. También *s.*

moluscos *s. m. pl.* Tipo de metazoos invertebrados al que pertenecen unas 50.000 especies comprendidas en las clases poliplacóforos, monoplacóforos, caudofoveados, solenogástridos, escafópodos, gasterópodos, cefalópodos y bivalvos. Tienen el cuerpo blando, generalmente de simetría bilateral, no segmentado y dividido en cabeza, pie y masa visceral rodeada por el manto, cuyas células pueden segregar la concha de conquiolina y calcita que les es característica. En la cabeza suelen tener tentáculos, ojos y órganos del equilibrio y en la masa visceral se hallan la mayoría de sus órganos. Su aparato digestivo posee una rádula o lengua dentada, tienen circulación sanguínea abierta, respiración branquial o pulmonar, según sean marinos o terrestres, excreción mediante nefridios y reproducción sexual. Moluscos son los mejillones, ostras, calamares, pulpos, caracoles, babosas, etc. También *adj.* y *s. m.*

Mombasa C. de Kenia, cap. de la prov. de la Costa, situada en el S del país, a orillas del océano Índico. 425.600 h. en 1984. Es un importante puerto exportador de café, té y algodón, que posee refinerías de petróleo. Perteneció sucesivamente a los árabes, portugueses, al sultanato de Zanzíbar y al Reino Unido.

momentáneo, a *adj.* **1.** Que dura o permanece muy poco tiempo. **2.** Provisional. **3.** Que ocurre, actúa, etc., al momento. **Fam.** Momentáneamente.

momento *s. m.* **1.** Espacio breve de tiempo. **2.** Punto determinado en el tiempo. **3.** Tiempo cuya duración no se especifica. Se usa mucho en *pl.* **4.** Situación o periodo concreto en la existencia de alguien o algo. **5.** Tiempo presente. **6.** Ocasión propicia u oportuna para algo. ‖ **7. momento angular** Momento cinético. **8. momento cinético** En fís., momento del vector cantidad de movimiento de una partícula. Se define mediante la expresión: $\vec{L} = \vec{r} \times m\vec{v}$, donde $\vec{L}$ es el momento cinético, $\vec{r}$ es la distancia del punto que gira al eje, m la masa de dicho punto y $\vec{v}$ su velocidad lineal. Si se trata de un sistema de partículas, el momento cinético total resulta ser: $\vec{L} = I\vec{\omega}$, donde I es el momento de inercia del sistema y $\vec{\omega}$ es el vector velocidad angular con que gira el cuerpo.
La unidad del momento cinético es $\frac{kg \cdot m^2}{s}$. **9. momento de inercia** En fís., se denomina momento de inercia de un sistema de partículas respecto de un eje a la suma de productos $m \cdot r^2$ y se define por la expresión: $I = \Sigma\, m \cdot r^2$, donde m es la masa de cada una de las partículas y r su distancia respectiva al eje. El momento de inercia, cuya unidad es $(kg \cdot m^2)$, desempeña en el movimiento de rotación una función análoga al de la masa en el movimiento de traslación. **10. momento M de una fuerza F respecto a un punto** En fís., vector que aplicado a un cuerpo produce en éste un movimiento de rotación. Matemáticamente se define como: $\vec{M} = \vec{r} \times \vec{F}$, donde $\vec{r}$ es el vector que une el punto O con el punto origen o punto de aplicación del vector $\vec{F}$. Como en todo producto vectorial, el vector $\vec{M}$ es perpendicular al plano determinado por los vectores $\vec{r}$ y $\vec{F}$. Su sentido de avance es el mismo que el de un tornillo que girara en el mismo sentido que el vector $\vec{r}$ sobre el vector $\vec{F}$ y su módulo viene dado por la expresión: $M = r \cdot F$ sen α, donde α es el ángulo que forman los vectores $\vec{r}$ y $\vec{F}$. La unidad del momento es $(N \cdot m)$. ‖ **Loc. al momento** *adv.* En seguida, inmediatamente. (**a**) **cada momento** *adv.* Frecuente o continuamente. **de momento** *adv.* Por el momento; también, provisionalmente. **de un momento a otro** *adv.* Pronto, sin tardar. **desde el momento en que** *conj.* Introduce una oración de la que se deduce otra cosa; también, tan pronto como. **por el momento** *adv.* Por ahora, aunque no sea así más adelante. **por momentos** *adv.* Rápida y progresivamente.

momia *s. f.* **1.** Cadáver que se conserva sin descomponerse, de forma natural o por medios artificiales. **2.** *fam.* Persona muy delgada y desmejorada. **3.** *fam.* Persona a la que le falta animación o vida.

momificación *s. f.* Acción y efecto de momificar o momificarse. Fue practicada en la antigüedad por pueblos como los egipcios, los habitantes del Perú precolombino o los guanches canarios. Se basaba en la creencia religiosa de que el cuerpo del difunto volvería a reencontrarse con el alma en otro periodo de la vida.

momificar *v. tr.* Convertir un cadáver en momia. También *v. prnl.* ▪ Se conjuga como *sacar.*

momio *s. m.* Aquello que resulta muy provechoso y se obtiene sin ningún trabajo o esfuerzo.

Mommsen, Theodor (Garding, Schleswig 1817 - Charlottenburg 1903) Historiador alemán. Profesor de derecho romano en Leipzig y Zurich y de historia de Roma y de filosofía en Breslau, fue elegido diputado liberal en la Cámara prusiana (1863) y nacional liberal en el Reichstag (1881-84). Destacó como historiador de Roma, especialmente con sus obras *Historia de Roma* (1854-56) y *Manual de antigüedades.* Asimismo, fue el director de la colección *Corpus inscriptionum* y de los *Monumenta Germaniae historica.* Recibió en 1902 el premio Nobel de literatura.

momo *s. m.* Gesto exagerado o ridículo, que se hace p. ej. para divertir.

Mompó, Manuel Hernández (Valencia 1927 - Madrid 1992) Pintor español. Dentro del movimiento de la abstracción, sus obras suelen estar compuestas por pequeñas figuras en tonos luminosos sobre fondo blanco. Realizó también esculturas en plástico transparente, con características similares a las de su pintura.

Mompou, Frederic (Barcelona 1893 - íd. 1987) Compositor español. Creó una música muy personal, de carácter marcadamente intimista. La mayor parte de su obra está compuesta para piano. Entre sus obras destacan *Canciones y danzas* (1923-66), para piano, *Cantar del alma* (1948), sobre un texto de San Juan de la Cruz, y *Cinco canciones sobre textos de Paul Valéry* (1973).

Mon, Alejandro (Oviedo 1801 - íd. 1882) Político español. Fue cuatro veces ministro de Hacienda desde 1837 hasta 1849. En su segundo ministerio (1844-46), durante el gobierno de Narváez, implantó la reforma fiscal que lleva su nombre. Ésta permitió poner fin al déficit arrastrado desde el final de la primera guerra carlista y se mantuvo en vigor durante más de un siglo.

mona[1] *s. f.* **1.** Hembra del mono. **2.** *fam.* Persona que imita en todo a otra u otras. **3.** *fam.* Borrachera. ▪ Se usa mucho en la expresión **dormir la mona.** **4.** Juego de naipes en el que todas las cartas menos una están emparejadas; los jugadores deben pasárselas una a una y a ciegas. Perderá el que no consiga descartarse de la que no tiene pareja, llamada *mona.* **5.** En los toros, protección de metal que se ponen los picadores en la pierna derecha. ‖ **Loc. corrido como una mona** *fam.* Burlado y avergonzado.

mona[2] (del ár. *muna*, provisiones) *s. f.* Rosca o bollo típico de pascua, adornado con huevos que se cuecen en el horno al mismo tiempo que la masa. ‖ **Loc. a freír monas** *fam.* Se emplea con el verbo *mandar* o los imperativos de *irse*, para despedir o echar a alguien de malos modos.

monacal *adj.* Perteneciente o relativo a los monjes o a su modo de vida.

monacato *s. m.* **1.** Estado del monje. **2.** Conjunto de instituciones propias de los monjes y que incluyen formas de vida solitaria, como las de eremitas y anacoretas, y formas de vida comunitaria, como los cenobios.
Hist. El monacato surgió en Egipto en el s. IV cuando algunos cristianos se retiraron al desierto a vivir en soledad (eremitas) una existencia ascética y de meditación, siguiendo el ejemplo de San Antonio, considerado el creador del monacato. San Pacomio reunió a un grupo de eremitas en un cenobio y les dio una regla o conjunto de normas. El monacato se extendió por Egipto y Siria y cobró gran auge por la acción de San Basilio, quien añadió al ascetismo y la oración la caridad y el voto de obediencia. A fines del s. IV el monacato fue introducido en Occidente por San Juan Casiano. Su momento de mayor esplendor llegó a finales del s. V con San Benito de Nursia, quien fundó Montecassino y creó la regla benedictina, en la que se unen la oración y el trabajo en su célebre máxima *«ora et labora».* El monacato contribuyó en gran manera a conservar y transmitir la cultura.

monacita *s. f.* $CePO_4$. Mineral fosfato de cerio. Cristaliza en el sistema monoclínico, tiene color amarillo o marrón y contiene gran cantidad de elementos químicos de las tierras raras, como lantano y torio, por lo que puede ser radiactivo. Es la principal mena del cerio y se utiliza en los mecheros de incandescencia. Se extrae en Brasil, Sri Lanka, India, Australia y EE UU.

Mónaco Estado de la Europa meridional.

Extensión: 1,95 km^2.
Situación: en el SE de Francia, a orillas del mar Mediterráneo, cerca de la frontera con Italia.
Población: 29.300 h. en 1990.
Densidad: 14.689 h./km^2.
Capital: Mónaco.
División administrativa: ciudades de Mónaco, Montecarlo y La Condamine.
Ciudades principales: Montecarlo y La Condamine.
Gentilicio: monegasco.
Forma de Estado: monarquía constitucional.
Idioma: francés.
Religión: catolicismo, 92,5 %.
Moneda: franco francés.
Tasa de natalidad: 23 ‰ en 1990.
Tasa de mortalidad: 18 ‰ en 1990.
Renta per cápita: 11.350 dólares en 1982.

Geog. Mónaco comprende una franja costera de 3 km de longitud y de 200 a 300 m de anchura, que está plenamente urbanizada y consta de tres ciudades: Mónaco, La Condamine y Montecarlo. El clima y vegetación son mediterráneos. Cuenta con industria química, mecánica, alimentaria y textil, pero su principal fuente de ingresos la constituyen el turismo y el juego. A causa de sus benévolas leyes fiscales se ha convertido en residencia de importantes personalidades del deporte y el espectáculo.

Hist. Mónaco fue fundado como colonia fenicia e integrado en el imperio romano. Recibió el cristianismo en el s. I de nuestra era. El emperador germánico Otón I otorgó su señorío a los Grimaldi, familia güelfa de Génova, quienes lo hicieron independiente en 1297. Tras la derrota de la familia imperial Staufen, Mónaco quedó en poder de Luis II de Anjou y el señorío no volvió a manos de los Grimaldi hasta 1419. Dominado por catalano-aragoneses, la corona española le concedió la autonomía en el tratado de Tordesillas de 1524. En 1641 fueron expulsados los españoles y Francia ejerció su protección e influencia en el señorío, que se anexionó en 1793. Las derrotas napoleónicas y el tratado de París de 1814 restablecieron a los Grimaldi bajo la protección de Cerdeña, pero en 1865 el territorio fue nuevamente puesto bajo dominio francés. En 1869 se declaró la exención de impuestos y surgió el auge del juego. Obtenida la autonomía, Alberto I proclamó la primera Constitución en 1911. En 1949, tras la muerte de Luis II, la herencia recayó en Rainiero, quien suspendió la Constitución en 1959 y proclamó una nueva en 1962, en virtud de la cual Mónaco se convirtió en monarquía constitucional. En 1963 se firmaron nuevos acuerdos aduaneros y fiscales con Francia. La auténtica independencia económica se obtuvo en 1967, por la compra al armador griego Aristóteles Onassis de la mayoría de las acciones de la Sociedad de Baños de Mar, que controlaba los casinos. En Mónaco no existen partidos políticos y, desde 1968, se han sucedido como ministros de Estado Auguste Médecin, Jean Erli y Jean Ausseil, elegido en 1985.

monada *s. f.* **1.** Gesto o acción propia de los monos. **2.** Gesto o acción graciosa de los niños pequeños. **3.** Gesto o acción boba y ridícula. **4.** Carantoña, mimo. **5.** Persona, animal o cosa bonita y graciosa.

mónada *s. f.* En la filosofía de Leibniz, entidad infinitesimal de naturaleza psico-física que comprende la realidad última de todas las cosas. Cada

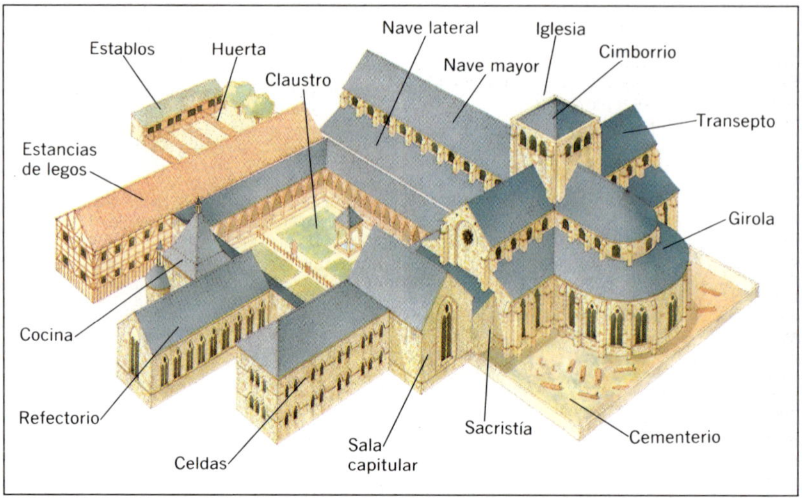

Monasterio cisterciense.

mónada es una sustancia única, indivisible y dinámica, que contiene en sí misma el principio del cambio y que se diferencia de las demás mónadas por su grado de conciencia. Según la doctrina de la armonía preestablecida, las mónadas se encuentran en una sincronización perfecta desde el momento en que Dios creó el universo.

Monagas Estado de Venezuela, situado en el NE del país. 28.900 km^2. 511.000 h. en 1990. La capital es Maturín, con 228.500 h. en 1990. Posee cultivos de cítricos, maíz, algodón, yuca y café; ganadería y ricos yacimientos petrolíferos. Cuenta también con industria maderera y del refinado de petróleo.

Monagas, José Gregorio (Maturín 1795 - Maracaibo 1858) Militar y político venezolano. Luchó junto a Bolívar en la guerra de independencia y posteriormente contra Páez (1831 y 1835). Sucedió a su hermano José Tadeo en la presidencia (1851-55). Se opuso a la oligarquía conservadora y abolió la esclavitud (1854).

Monagas, José Tadeo (Maturín 1784 - El Valle 1868) Militar y político venezolano. Hermano de José Gregorio, participó en las guerras de independencia, en las que obtuvo el grado de general. Presidente de 1847 a 1850, sofocó la revolución liberal, pero su pésima administración agravó la crisis económica. Favoreció mucho a su familia, que se convirtió en la más poderosa de Venezuela. Reelegido en 1855, gobernó de forma dictatorial hasta 1858, en que fue derrocado por Julián Castro, apoyado por conservadores y liberales. En 1868 se alzó nuevamente con el poder, pero murió poco después.

monago *s. m. fam.* Monaguillo*.

monaguillo *s. m.* Niño que ayuda al sacerdote en la celebración de la misa.

monaquismo *s. m.* Monacato*.

monarca *s. m.* y *f.* Soberano de una monarquía.

monarquía *s. f.* **1.** Sistema de gobierno en que la jefatura del Estado corresponde, con carácter vitalicio, a un rey o príncipe que ha sido designado generalmente según orden hereditario y, en algunos casos, por elección. **2.** Tiempo que dura este sistema de gobierno. **3.** Estado gobernado por este sistema.

Pol. Tradicionalmente suelen distinguirse tres tipos de monarquía: la monarquía absoluta, la monarquía constitucional y la monarquía parlamentaria. En la **monarquía absoluta**, institución característica del Antiguo Régimen, el poder del soberano no tenía límites y se sustentaba en la teoría del origen divino del poder real. Las revoluciones burguesas del s. XIX en Europa limitaron muchas de las prerrogativas reales y dieron lugar a las **monarquías constitucionales**, en las que el monarca ejerce el poder legislativo en colaboración con el Parlamento y se reserva el poder ejecutivo. La evolución de este tipo de regímenes ha dado lugar a las **monarquías parlamentarias** (Reino Unido, España, Suecia, etc.), en las que la soberanía reside en el pueblo, el gobierno es sólo responsable ante el Parlamento y el monarca ejerce funciones de árbitro moderador.

monárquico, ca *adj.* **1.** Perteneciente o relativo al monarca o a la monarquía. **2.** Partidario de la monarquía. También *s.* **FAM.** Monárquicamente.

monarquismo *s. m.* Defensa de la monarquía y fidelidad a ella.

monasterio *s. m.* **1.** Edificio donde vive una comunidad de monjes. **2.** P. ext., cualquier casa de religiosos o religiosas. **FAM.** Monasterial.

monástico, ca *adj.* Perteneciente o relativo al estado de los monjes o al monasterio. **FAM.** Monásticamente.

Moncada, Francisco de (Valencia 1586 - Flandes 1635) Político y escritor español. Marqués de Aytona y conde de Osona, desempeñó importantes cargos, como el de gobernador de Milán y gobernador y general de los ejércitos de Flandes, donde llevó a cabo una política de signo tolerante que contrastó con el autoritarismo del conde-duque de Olivares. Como escritor, hay que destacar su obra histórica *Expedición de catalanes y aragoneses contra turcos y griegos* (1623).

Moncada, Hugo (? 1476 - ? 1528) Militar español. Fue virrey de Sicilia (1509-16). Combatió bajo el mando del Gran Capitán y como almirante en las expediciones de Argel (1518) y de los Gelves (1520). También luchó en Tournai y con el condestable de Borbón entró en Roma (1527). Desempeñó el cargo de virrey de Nápoles (1527-28).

Moncada, José María (San Rafael del Sur 1871 - ? 1945) Militar y político nicaragüense. Se integró en el bando liberal y, tras el pacto de Tipitapa (1927), fue elegido presidente (1929-32). Combatió a la guerrilla de Sandino.

Moncada, Sancho de (primera mitad del s. XVII) Economista español. Destacado representante del mercantilismo, expuso su doctrina en ocho *Discursos* (1619), que ejercieron gran influencia en la época. Analizó la problemática

Mónaco: un aspecto de Montecarlo, con los edificios del casino, con dos torres, y del Museo Nacional de Bellas Artes.

de la economía española y señaló el proteccionismo estatal como medida básica para superar la crisis.

Moncada y Rexach (*Montcada i Reixac*) C. de España, en la prov. de Barcelona, situada en la confluencia de los ríos Ripoll y Besós. 27.100 h. en 1990. Es un centro industrial, con actividad cementera, química y textil.

Moncayo Sierra de España, perteneciente al Sistema Ibérico, situada entre las provincias de Soria y Zaragoza. Su máxima altura es el pico Moncayo (2.313 m).

Mönchengladbach C. de Alemania, situada en el Land de Renania del Norte-Westfalia, al O de Düsseldorf. 252.900 h. en 1989. Es un importante nudo de comunicaciones y centro de industria textil, siderometalúrgica y mecánica.

Monclova C. de México, situada en el estado de Coahuila, en el N del país. 115.790 h. en 1980. Es uno de los principales centros siderúrgicos del país y cuenta, además, con una planta petroquímica de fertilizantes.

monda *s. f.* **1.** Acción y efecto de mondar. **2.** Piel que se quita de las frutas, hortalizas, etc. Se usa mucho en *pl.* **3.** Temporada durante la cual suelen podarse los árboles. ‖ **Loc. ser** alguien o algo **la monda** *fam.* Ser muy divertido; también, ser el colmo, ser extraordinario o indignante.

mondadientes *s. m.* Varilla delgada y acabada en punta que sirve para sacar los restos de comida que quedan entre los dientes.

mondar *v. tr.* **1.** Quitar la piel, cáscara, etc., de las frutas y hortalizas. **2.** Podar los árboles. **3.** Quitar el cieno o la suciedad del cauce de un río, de un pozo, etc. ‖ *v. prnl.* **4.** *fam.* Reírse mucho.

mondo, da *adj.* **1.** Pelado, rapado. **2.** Sin dinero. **3.** Limpio, sin añadiduras ni complementos o cosas superfluas. ■ En todos los casos suele reforzarse con la expresión *y lirondo* (*lironda*).

Mondolfo, Rodolfo (Senigallia 1877 - Buenos Aires 1976) Filósofo italiano. Estudioso de la filosofía griega y del marxismo, se distinguió por su interpretación humanística y antimaterialista del pensamiento de Marx. En su vasta producción sobresalen las obras *El problema del conocimiento desde los presocráticos hasta Aristóteles* (1940), *El materialismo histórico* (1940) y *Marx y marxismo* (1960).

mondongo *s. m.* **1.** Intestinos de los animales, y especialmente del cerdo. **2.** *fam.* Intestinos del hombre. **3.** Conjunto de embutidos producto de la matanza.

Mondragón (*Arrasate*) C. de España, en la prov. de Guipúzcoa. 25.850 h. en 1990. Cuenta con una importante industria mecánica y metalúrgica (maquinaria, herramientas, electrodomésticos). Destaca por su desarrollo cooperativista.

Mondrian, Piet (Amersfoort 1872 - Nueva York 1944) Pintor holandés. Miembro fundador de la revista y el movimiento *De Stijl*, su pintura evolucionó desde la representación naturalista de paisajes hasta llegar progresivamente a la abstracción (serie de *Árboles*, 1912) a través del cubismo. Sus investigaciones le llevaron a composiciones geométricas de líneas horizontales y verticales y al empleo casi exclusivo de colores primarios, como en *Composición en rojo, amarillo y azul* (1921). Más tarde las líneas negras fueron reemplazadas por líneas de colores y éstas por pequeños rectángulos alineados y coloreados, así en *New York City* (1942) y *Broadway boogie-woogie* (1942-43).

moneda *s. f.* **1.** Pieza metálica, generalmente en forma de disco, que por su valor real, o por el que se le da, representa cierta medida común de cambio de las cosas. **2.** Cualquier unidad, pieza metálica semejante o papel impreso (billete), que se acepta en una comunidad como medio de pago, medida del valor o instrumento de ahorro y que fabrica y emite una autoridad, generalmente el Estado. **3.** Unidad monetaria de un país. ‖ **4. moneda convertible** Aquella que tiene establecida su equivalencia con las de otros países, lo que permite cambiarla y emplearla en las operaciones de comercio internacional. **5. moneda corriente** La legal en el momento de que se trate; también, aquello que ocurre a menudo, por lo que no tiene nada de extraordinario. **6. moneda de cuenta** La que no tiene una existencia real en monedas o billetes, pero que sirve para realizar cualquier tipo de operaciones comerciales. **7. moneda fiduciaria** Aquella a la que se le asigna un valor superior al que tiene por sí misma como pieza de metal. **8. moneda fraccionaria** (o **divisionaria**) La que equivale a una fracción exacta de la unidad monetaria legal. **9. moneda fuerte** La que mantiene una gran estabilidad en comparación con otras monedas. **10. papel moneda** Billetes de banco. ‖ **Loc. pagar con** (o **en**) **la misma moneda** Portarse alguien con una persona de la misma forma que ésta lo hizo con él.

monedero, ra *s. m.* y *f.* **1.** Persona que fabrica moneda. ‖ *s. m.* **2.** Bolsa, cartera u otro objeto que sirve para llevar o guardar el dinero, y especialmente las monedas.

monegasco, ca *adj.* De Mónaco. También *s.*

Monegros, Los Comarca de España, situada en las provincias de Zaragoza y Huesca, entre los ríos Ebro y Cinca. Es un territorio árido, de clima semidesértico, accidentado en su parte central por la sierra de Alcubierre. Las escasas lluvias dan lugar a una exigua vegetación. El principal cultivo es el cereal.

monema *s. m.* En ling., unidad mínima con significado. Son monemas tanto los lexemas como los morfemas.

móneras *s. f. pl.* Reino de seres vivos constituido por células procariotas, al que pertenecen las bacterias y las cianobacterias. Son microorganismos unicelulares y habitan en todos los medios, tanto terrestres como acuáticos, incluso en el interior de organismos vivos o muertos (caso de las bacterias). Son los primeros seres vivos que aparecieron sobre la Tierra. También *adj.* y *s. f.*

monería *s. f.* Monada*.

Monet, Claude (París 1840 - Giverny 1926) Pintor francés. Está considerado como el más representativo de los pintores impresionistas. Se interesó desde muy pronto por la pintura al aire libre y cultivó el paisaje tanto urbano como rural. Intentó captar las variaciones del color a través de sus series sobre un mismo tema, a distintas horas o durante estaciones diferentes, como en *La estación de Saint Lazare* (1877). Paulatinamente fue acentuando los efectos luminosos hasta llegar en ocasiones a difuminar las formas o incluso a fundirlas entre sí, lo que puede apreciarse en *La catedral de Rouen* (1894). En los últimos años de su vida evolucionó hacia formas muy próximas a la abstracción cuando, casi ciego, se entregó al estudio de los nenúfares de su jardín, en la serie que lleva por título *Las ninfeas.*

Claude Monet: Puente japonés *(Casa Monet en Giverny, Eure, Alta Normandía).*

monetario, ria *adj.* **1.** Perteneciente o relativo a la moneda y, p. ext., al dinero. ‖ *s. m.* **2.** Colección ordenada de monedas o medallas. ‖ **3. política monetaria** Conjunto de medidas tendentes al control de la economía mediante la manipulación de las variables monetarias (oferta de dinero, velocidad de circulación, tipos de cambio, etc.). **4. sistema monetario internacional** Sistema creado en la conferencia de Bretton Woods (1944) por los países aliados en la Segunda Guerra Mundial, para regular el flujo del dinero entre los distintos países, mediante el patrón oro, la convertibilidad del dólar y la libra esterlina y la creación de diversas instituciones, como el Fondo Monetario Internacional y el Banco Internacional para el Desarrollo.

monetarismo *s. m.* Doctrina y práctica económica, propia de las sociedades capitalistas, que concede particular importancia al dinero y a la cantidad total de moneda y medios de pago existentes como elementos para regular la economía. Antepone la política monetaria a la política fiscal y a cualquier otra rama de la política económica. Comúnmente aceptada por los economistas hasta la depresión de 1929, fue desplazada por las teorías de Keynes. Resurgió, sin embargo, a partir de 1960 con Milton Friedman y la escuela de Chicago.

monetizar *v. tr.* **1.** Dar curso como moneda legal a billetes de banco y otros instrumentos de pago. **2.** Hacer moneda. ■ Se conjuga como *cazar.* **Fam.** Monetización.

Monforte de Lemos C. de España, en la prov. de Lugo, situada en el S de la misma, junto al río Cabe, afluente del Sil. 20.400 h. en 1990. Es el núcleo urbano de una comarca agrícola y ganadera; posee industria agroalimentaria y química.

Monge, Gaspard (Beaune 1746 - París 1818) Matemático francés. Fundó la Escuela Politécnica (1749). Creador de la geometría descriptiva, también enunció los principales teoremas de la geometría analítica de tres dimensiones.

Monge, Luis Alberto (Palmares 1925) Político costarricense. Sindicalista, en 1951 participó en la fundación del Partido de Liberación Nacional (socialista). Fue presidente del congreso (1970-74) y presidente de la república (1982-86).

mongol *adj.* **1.** Se aplica a un conjunto de pueblos originarios de las estepas asiáticas que, unificados por Gengis Kan, formaron un poderoso imperio que dominó una considerable extensión de Eurasia. **2.** De estos pueblos. También *s.* ■ Se dice también *mogol.*

mongol, imperio Estado formado por Gengis Kan en el s. XIII, que se extendió por gran parte de Asia y de Europa oriental. En la inmensa región esteparia que se extiende desde los Cárpatos en Europa hasta el río Amur en Asia habitaron desde la antigüedad numerosos pueblos nómadas que, en el curso de la historia, formaron diversos imperios, como los hunos, ávaros, búlgaros, pechenegos, cumanos y magiares. En el s. XIII, Gengis Kan, príncipe mongol, sometió a las diversas tribus, venció y dominó a los turcos naimanes, merquitas, kirguises, keraítas, etc., e inició una expansión que le llevó a conquistar gran parte de Asia central. Posteriormente organizó su estado, creó una administración, un sistema de correos y un ejército regular. Fue sucedido por su hijo Ogodai Kan, que prosiguió la expansión a costa del Islam y en el Oriente europeo; su sobrino Mongka Kan inició la conquista de China y el hermano de éste, Kubilai Kan, que le sucedió en 1259, fundó la dinastía Yuan en China, que se mantuvo hasta ser expulsada por los Ming en 1368. Durante más de un siglo el imperio mongol constituyó una potencia hegemónica en un ámbito geográfico que abarcó desde Rusia en Occidente hasta China en el Oriente.

Mongolia Estado del centro oriental de Asia.

Geog. física Mongolia es un país de altas mesetas y cadenas montañosas; casi todo su territorio está situado por encima de los 1.000 m de altitud. Las máximas alturas se hallan en el centro,

Extensión: 1.565.000 km^2.
Límites: al N, con la Federación Rusa; al E y al S, con China, y al O, con China y la Federación Rusa.
Población: 2.116.000 h. en 1990.
Densidad: 1,4 h./km^2.
Capital: Ulan Bator.
División administrativa: 18 provincias y 3 municipios autónomos.
Ciudades principales: Darhan, Erdenet.
Gentilicio: mongol.
Forma de Estado: república popular.
Idioma: Khalkha mongol.
Religión: lamaísmo, budismo.
Moneda: tughrik.
Tasa de natalidad: 36 ‰ en 1990.
Tasa de mortalidad: 8 ‰ en 1990.
Renta per cápita: 600 dólares en 1988.

en la cordillera de Hangayn, y en el O, en los montes Altai (4.362 m). En el E el terreno desciende hasta el valle del río Kerulen; otros ríos importantes son el Orhon y Selenga. En el O y en el N se encuentran diversos lagos. El clima es continental, con grandes oscilaciones térmicas, y la vegetación de estepa, excepto en el N, donde es de taiga.
Geog. humana y ***económica*** Su población pertenece mayoritariamente a la raza mongol; nómada en su origen, en la actualidad más de un 50 % reside en ciudades. La economía está basada en la ganadería, con grandes cabañas ovinas, caprinas, bovinas, caballar (séptima mundial) y de camellos; en la agricultura destacan los cultivos de trigo, patatas, avena y cebada. Cuenta con importantes recursos mineros de carbón y lignito y también existe oro, tungsteno, fluorita, alabastro, manganeso, cinc y sal. En la industria destaca la producción textil, metalúrgica, cementera y cervecera.
Hist. Mongolia ha sido en el curso de la historia una región dominada por China. Mongolia Interior permanece integrada en dicha nación, pero Mongolia Exterior alcanzó la autonomía a lo largo del s. XX y, con el apoyo de la URSS, el estatuto de estado independiente. Los mongoles khalkha, todavía bajo soberanía china, eligieron en 1911 a Koutoukton jefe nacional, mientras el país se hallaba dividido entre las influencias de la Rusia zarista y de China. En 1915 fueron fijadas las fronteras entre Mongolia Interior y Exterior. El líder comunista Suke Bator instaló la capital en la ciudad de Urga el año 1921. A su muerte le sucedió Choibalsán, quien, en honor a su antecesor, rebautizó la capital con el nombre de *Ulan Bator*.
La independencia de Mongolia Exterior en el año 1924 se logró por acuerdo entre la URSS y China. Desde 1936 se concertó un pacto de ayuda mutua con la URSS. En 1950, gracias a un acuerdo chino-soviético, quedó garantizada la soberanía plena del país, que se constituyó en República Popular de Mongolia. En 1960 se aprobó la Constitución, que convertía al Partido Popular Revolucionario, comunista, en partido único y eje de la vida política del país. En 1962 Mongolia se integró en el COMECON, con una economía eminentemente agrícola. En los años setenta se produjo una situación de inestabilidad provocada por movimientos nacionalistas anticomunistas. En 1972 se entablaron relaciones diplomáticas con China y Japón. En la jefatura de Estado se han sucedido Jumzhagin Tsedenbal (1974), Jambyn Batmunk (1984) y Punsalmaagyn Otshirbat (1990), del Partido Popular Revolucionario (comunista).

Mongolia Interior (*Nei Monggol*) Región autónoma de China, en el N del país, en la frontera con la República de Mongolia. 1.177.500 km^2. 21.456.800 h. en 1990. La capital es Hohhot, con 626.100 h. en 1989. Es una región de estepas, recorrida en parte por el río Huang-ho, cuyo principal rendimiento económico proviene de la ganadería ovina, caprina, caballar y camellera. Entre sus cultivos destacan avena, maíz, trigo y remolacha; cuenta además con minería de carbón, explotación forestal e industria siderúrgica.

mongólico, ca *adj.* **1.** Mongol, relativo a Mongolia. ▪ Se dice también *mogólico*. **2.** Que padece mongolismo. También *s.* **3.** Perteneciente o relativo a esta enfermedad.

mongolismo *s. m.* Enfermedad de origen genético que provoca retraso mental y del crecimiento. Se llama también *síndrome de Down*. Normalmente se debe a que, por un defecto en el proceso de la reproducción humana, las células de un individuo tienen tres copias del cromosoma número 21, en lugar de dos. Sus causas más frecuentes son desequilibrios endocrinos, sífilis de los progenitores y enfermedades infecciosas como la rubeola. Entre las características físicas de los mongólicos destacan el cráneo pequeño, pelo lacio, rostro redondo, ojos oblicuos, estrabismo, nariz achatada y manos pequeñas. A menudo padecen trastornos orgánicos y funcionales.

mongoloide *adj.* Se aplica en general a la raza amarilla, que se caracteriza, entre otros rasgos, por el color amarillento de la piel, pelo oscuro, liso y ojos igualmente oscuros y oblicuos. También *s.*

monicaco, ca *s. m.* y *f.* **1.** *desp.* Persona sin importancia o de poco carácter. **2.** *fam.* Niño pequeño. ▪ Se usa como apelativo cariñoso.

monición *s. f.* Texto breve que se lee como introducción, explicación, etc., en ciertos momentos de la misa o de otras celebraciones litúrgicas.

monigote *s. m.* **1.** Muñeco o figura ridícula y grotesca. **2.** Pintura mal hecha, caricatura. **3.** *fam.* Persona insignificante o que se deja manejar por otras.

monipodio *s. m.* Reunión de personas para tratar de negocios y actividades poco legales.

monis *s. m. fam.* Dinero. Se usa sobre todo en *pl.*: *monises*.

monismo *s. m.* Doctrina filosófica que reduce la realidad a una sola sustancia. **FAM.** Monista.

monitor, ra *s. m.* y *f.* **1.** Persona que orienta o dirige a otras en ciertas actividades culturales, deportivas, recreativas, etc. ‖ *s. m.* **2.** Dispositivo o conjunto de dispositivos visuales o sonoros que permiten vigilar el funcionamiento de un aparato o sistema y avisar cuando ocurre algo anormal o para informar sobre alguna cosa. **3.** En inform., pantalla.

monja *s. f.* Mujer perteneciente a una orden religiosa.

monje *s. m.* **1.** Individuo de una orden religiosa que vive sujeto a una regla común, en especial la de San Benito, en un monasterio, como los benedictinos, cistercienses, trapenses, camaldulenses y cartujos. **2.** Anacoreta*.

monjil *adj.* **1.** Propio de las monjas o relativo a ellas. **2.** Excesivamente modesto o que aparenta serlo.

Monk (o **Monck**), **George** (Potheridge, cerca de Torrington, Devonshire 1608 - Hall, Essex 1670) General inglés. Tras luchar en el ejército real, se alió con los parlamentarios y posteriormente con Cromwell, con el que colaboró en la guerra contra Escocia. A la muerte del dictador, reconoció la autoridad del Parlamento pero, tras hacerse con el control de Londres y restablecer el «Parlamento largo», negoció con Carlos II y favoreció el retorno de la monarquía.

Monk, Thelonius (Nueva York 1920 - Englewood, New Jersey 1982) Músico de jazz estadounidense. Pianista de gran originalidad, está considerado como uno de los creadores en los años cuarenta del estilo *be-bop*. Posteriormente evolucionó hacia una música singular, caracterizada por la economía de acordes y el ritmo.

Monnet, Jean (Cognac 1888 - Bazoches, Yvelines 1979) Economista y político francés. Fue ministro de Comercio en el gobierno provisional (1945) y elaboró el plan Monnet para relanzar la producción afectada por la guerra. Promotor de la unidad europea, fue creador y presidente de la CECA (1952-55) y presidente del Comité para los Estados Unidos de Europa (1955-75).

mono, na *adj.* **1.** *fam.* Bonito, gracioso, atractivo. ▪ Se utiliza también como apelativo cariñoso dirigido a personas, a veces con sentido irónico. ‖ *s. m.* **2.** Nombre común dado a los animales pertenecientes al orden primates. **3.** Traje de una sola pieza compuesto de pantalones y cuerpo, que se utiliza en algunos oficios para no mancharse; p. ext., prenda semejante de vestir. **4.** Monigote, dibujo o muñeco humorístico o mal hecho. **5.** En los juegos de cartas, comodín. **6.** Síndrome de abstinencia que padecen los adictos a la heroína; a veces se usa para expresar la fuerte dependencia hacia algo. ‖ **7. el último mono** *fam.* La persona menos importante de un sitio. **8. mono araña** Nombre común de diversos mamíferos primates de la familia cébidos, género *Ateles*. Miden unos 50 cm de altura, se caracterizan por su larga cola (entre 50 cm y 90 cm) y extremidades. Tienen costumbres arborícolas y habitan en América, desde México hasta la zona septentrional de América del Sur. **9. mono aullador** Véase **aullador**. **10. mono de Gibraltar** Mamífero antropoide de la familia cercopitécidos, especie *Macaca sylvanus*. Alcanza hasta 60 cm de altura, tiene pelaje amarillo grisáceo y una cola rudimentaria. Habita en Marruecos y en el peñón de Gibraltar. **11. mono de imitación** *fam.* Persona que imita en todo a otra. ‖ **Loc. tener monos en la cara** *fam.* Se emplea para protestar de las miradas impertinentes. Se usa sobre todo en frases interrogativas o negativas.

mono- *pref.* Significa 'uno, único': *monosílabo, monocultivo*.

monoácido, da *adj.* Se dice de los compuestos químicos que poseen una única función ácida, como p. ej. el ácido acético. También *s.*

monoatómico, ca *adj.* Se dice del elemento químico cuya molécula contiene un solo átomo, p. ej. el hierro.

monoaural *adj.* Se dice de la grabación fonográfica o aparato reproductor de la misma cuyo sonido está grabado o es reproducido por un solo canal de amplificación, al contrario del estereofónico.

monobásico, ca *adj.* Se dice de los compuestos químicos que poseen una única función básica. También *s.*

monobloc o **monobloque** *adj.* Se dice de los aparatos hechos de una sola pieza. También *s. m.*

monocameral *adj.* Se aplica al sistema parlamentario integrado por una sola cámara.

monocameralismo *s. m.* Sistema de representación política a través de una sola cámara, p. ej. el existente en Francia. Se opone a bicameralismo.

monocarril *adj.* Monorraíl*.

monocasco *s. m.* Estructura interna de ciertos vehículos fabricada de una sola pieza, como el chasis de los automóviles de Fórmula 1.

monociclo *s. m.* Velocípedo de una sola rueda, que se usa sobre todo en números circenses de equilibrio.

monocito *s. m.* Tipo de leucocito. Es el de mayor tamaño (20 micras), tiene un gran núcleo y una finísima granulación citoplasmática y constituye aproximadamente el 5 % del total de leucocitos. Los monocitos desarrollan una actividad fagocítica capaz de englobar y destruir hasta 100 bacterias cada uno.

monoclinal *adj.* Se dice del tipo de plegamiento de los estratos de la corteza terrestre en el que todas las capas tienen la misma dirección y el mismo buzamiento. También *s. m.*

monoclínico, ca *adj.* Se dice de uno de los siete sistemas de cristalización mineral, caracterizado por tener en cada vértice dos ángulos iguales y los tres lados desiguales. En este sistema cristalizan, p. ej., el yeso y la ortoclasa. También *s. m.*

monocolor *adj.* **1.** De un solo color. **2.** Se aplica al gobierno compuesto por miembros de un solo partido político.

monocorde *adj.* **1.** Se dice de los instrumentos musicales que sólo tienen una cuerda. **2.** Se aplica a una serie de sonidos que repiten una misma nota. **3.** Monótono, sin variaciones.

monocotiledóneas *s. f. pl.* Uno de las dos clases en que se dividen las plantas angiospermas, que se caracteriza por que sus semillas tienen un solo cotiledón u hoja inicial en el embrión. Las raíces son fasciculadas y tanto las raíces como los tallos carecen de meristemo secundario. Los vasos conductores se agrupan en haces liberoleñosos que se hallan dispersos por el cilindro central. Las hojas, laminares, largas y estrechas, carecen de peciolo y en las flores las piezas se disponen en verticilos trímeros. Pertenecen a este grupo familias como las gramíneas, liliáceas y palmáceas. También *adj.* y *s. f.*

monocromático, ca *adj.* Monocromo*.

monocromo, ma *adj.* De un solo color.

monóculo *s. m.* Lente para un solo ojo.

monocultivo *s. m.* Sistema de producción agrícola en el que las tierras de labor de una comarca o región se dedican a un único cultivo, como los olivares de Jaén.

Monod, Jacques (París 1910 - Cannes 1976) Médico y biólogo francés. Fue director del servicio de bioquímica celular del Instituto Pasteur de París e investigó los procesos de la herencia genética, demostrando la existencia del ARN mensajero. Expuso su teoría de la causalidad biológica en *El azar y la necesidad* (1970). Recibió el premio Nobel de medicina en 1965, conjuntamente con sus compatriotas François Jacob y André Lwoff.

monodia *s. f.* Composición hecha para una sola voz, que tuvo gran desarrollo durante los s. XVI y XVII. Surgió como nueva tendencia opuesta al estilo polifónico vigente. **Fam.** Monódico.

monodrama *s. m.* Obra teatral representada por un solo actor, con fondo musical. Tuvo su desarrollo en Francia y Alemania durante el s. XVIII. **Fam.** Monodramático.

monofásico, ca *adj.* **1.** Se aplica a las corrientes eléctricas alternas que sólo constan de una fase. **2.** Se dice de los generadores que producen estas corrientes y de las máquinas que funcionan con ellas.

monofisismo *s. m.* Herejía de la religión cristiana, surgida en la Iglesia oriental del s. V durante las disputas sobre la naturaleza de Cristo. Fue enunciada por Eutiques, dignatario de la Iglesia de Alejandría, quien afirmó que en el momento de la concepción de Cristo se impuso su naturaleza divina sobre la humana. La condenación de esta herejía por el concilio de Calcedonia (451) no impidió que se propagara por Egipto, Siria e incluso Constantinopla y constituyera una grave escisión en la comunidad cristiana de Bizancio.

monofonía *s. f.* Música constituida por una simple línea melódica en la que no aparece ningún tipo de armonías o contrapunto. Es la forma de composición más antigua, característica de la Grecia clásica y del canto gregoriano, así como de la música de los Minnesinger y de los Meistersinger.

monogamia *s. f.* Cualidad o situación de monógamo.

monógamo, ma *adj.* **1.** Casado con una sola mujer. También *s.* **2.** Que sólo se ha casado una vez. También *s.* **3.** Se dice de las especies animales en las que el macho se aparea con una sola hembra. **Fam.** Monogámico.

monografía *s. f.* Estudio o tratado que se ocupa de un solo tema.

monográfico, ca *adj.* Perteneciente o relativo a la monografía.

monograma *s. m.* Dibujo o figura formada a partir de dos o más letras del nombre o apellido de una persona, empresa, etc.

monoico, ca *adj.* Se dice de las plantas que poseen flores masculinas y femeninas diferenciadas, pero ambas sobre el mismo pie de la planta.

monolingüe *adj.* **1.** Que habla una sola lengua. También *s.* **2.** Escrito en un solo idioma.

monolítico, ca *adj.* **1.** Perteneciente o relativo al monolito. **2.** Hecho con una sola piedra. **3.** Muy unido o compacto.

monolito *s. m.* Monumento de piedra formado por un solo bloque.

monologar *v. intr.* **1.** Hablar una persona consigo misma. **2.** Recitar monólogos. ■ Se conjuga como *pagar.*

monólogo *s. m.* **1.** Acción de hablar una persona consigo misma, como si estuviera pensando en voz alta. **2.** Acción de ser una persona entre varias la única que habla. **3.** Obra literaria o parte de ella en la que solamente habla un personaje. ‖ **4. monólogo interior** Técnica narrativa en primera persona mediante la cual se reflejan directamente los pensamientos y estado de ánimo de un personaje.

monomanía *s. f.* Preocupación o afición exagerada y continua que alguien tiene por algo.

monomaniaco o **monomaníaco, ca** *adj.* Que tiene monomanía. También *s.*

monomaniático, ca *adj.* Monomaniaco*.

monómero *s. m.* Unidad básica de un polímero que consiste en una molécula de bajo peso molecular capaz de unirse con otras iguales o distintas a ella, formando largas cadenas lineales o ramificadas. P. ej., mediante la polimerización del etileno se obtiene el polietileno.

monometalismo *s. m.* Sistema monetario en que el patrón lo constituye un único metal, generalmente el oro. Se opone a bimetalismo. **Fam.** Monometalista.

monomio *s. m.* Expresión algebraica en que los términos que intervienen están relacionados por la operación producto, p. ej. $5x^4$. Los monomios semejantes son aquellos que tienen el mismo grado; p. ej., en la expresión algebraica $3x - 2x + 8$, $3x$, $2x$ y 8 son monomios, y de ellos, $3x$ y $2x$ son monomios semejantes.

mononuclear *adj.* Que tiene un solo núcleo. Se dice especialmente de cierto tipo de leucocitos, como los linfocitos y los monocitos.

mononucleosis *s. f.* Enfermedad que consiste en un aumento relativo de los leucocitos mononucleares.

monopartidismo *s. m.* Sistema político en que hay o predomina un único partido. **Fam.** Monopartidista.

monopatín *s. m.* **1.** Plancha de madera u otro material provista de ruedas que se utiliza para desplazarse sobre ella, generalmente de pie. **2.** Juego o deporte practicado sobre esta plancha.

monopétalo, la *adj.* Se dice de las flores, así como de sus corolas, que tienen un solo pétalo.

monoplano, na *adj.* Se dice del avión que tiene un par de alas que forman un mismo plano. También *s. m.*

monoplaza *adj.* Se aplica al vehículo que sólo tiene una plaza o asiento, como los coches de Fórmula 1. También *s. m.*

monopolio *s. m.* **1.** Forma de mercado en la que una sola entidad posee en exclusiva la fabricación o comercialización de algo (**monopolio de oferta**), o el consumo de un determinado producto (**monopolio de demanda**) y, al carecer de competencia, puede fijar los precios según le convenga. **2.** Acuerdo establecido por varios comerciantes para regular o fijar los precios. **3.** Ejercicio de una actividad o dominio y disfrute de algo excluyendo a otros. ‖ **4. monopolio fiscal** Forma de obtención de impuestos sobre el gasto o el consumo en la que el Estado se reserva la producción, distribución, importación o venta de determinados productos, además del impuesto en el precio de venta. **Fam.** Monopolista, monopolístico.

monopolizar *v. tr.* **1.** Tener el monopolio sobre algo. **2.** Atraer una persona la atención de los demás. ■ Se conjuga como *cazar.* **Fam.** Monopolización, monopolizador.

monopolo *s. m.* Partícula atómica elemental aún no descubierta, pero cuya existencia ha sido predicha por algunas teorías físicas. Su masa sería seis billones de veces mayor que la del protón. Es el único cuerpo que poseería una carga magnética norte o sur sin tener su contraria.

monopterigio, gia *adj.* Se aplica a los peces que sólo tienen una aleta.

monoptongar *v. tr.* Fundir en una sola vocal los elementos que forman un diptongo. También *v. intr.* y *v. prnl.* ■ Se conjuga como *pagar.* **Fam.** Monoptongación.

monorraíl *adj.* Se aplica al ferrocarril que se mueve sobre un solo raíl, el cual encaja en una ranura en el centro del vehículo, ya sea en su parte superior o en la inferior. También *s. m.* ■ Se dice también *monocarril.*

monorrimo, ma *adj.* Se dice de los versos o la composición de una misma rima.

monorrítmico, ca *adj.* De un solo ritmo.

monosabio *s. m.* Mozo que realiza diversas labores en las plazas de toros, principalmente la de ayudar al picador en la lidia. ■ Se escribe también *mono sabio.*

monosacárido *s. m.* Glúcido que no se hidroliza en otro glúcido más sencillo. Está formado por una función aldehídica (aldosas) o por una función cetónica (cetosas). Su fórmula empírica es $(CH_2O)_n$, en la que n (número de átomos) es siempre igual o mayor que 3. Según el número de átomos de carbono de su molécula se clasifican en triosas (dihidroxiacetona) con tres átomos, tetrosas (treosa, eritrosa) con cuatro, pentosas (arabinosa, ribosa, xilosa) con cinco, hexosas (glucosa, galactosa, manosa, fructosa) con seis, etc. Son sólidos, cristalinos, de color blanco, de sabor generalmente dulce y solubles en agua. Su función en los seres vivos es energética, aunque algunos, como la ribosa, cumplen funciones estructurales y forman parte de los nucleótidos. Son monómeros, unidades estructurales a partir de las cuales se construyen los polisacáridos, como el almidón, el glucógeno o la celulosa. También se llaman *azúcares sencillos.*

monosépalo, la *adj.* Se dice de las flores, así como de sus cálices, que tienen un solo sépalo.

monosilábico, ca *adj.* Que consta de una sílaba o está compuesto de monosílabos.

monosílabo, ba *adj.* Se aplica a las palabras formadas por una sola sílaba, como p. ej. *pan, luz* o *sí.* También *s. m.*

monoteísmo *s. m.* Doctrina religiosa que sostiene la existencia de un solo Dios. Las más importantes religiones monoteístas son el judaísmo, el cristianismo y el islamismo. **Fam.** Monoteísta.

monotipia *s. f.* **1.** En artes gráficas, máquina de componer que funde los tipos de uno en uno. ■ En esta acepción se llama también *monotipo.* **2.** Técnica de composición tipográfica mediante esta máquina.

monotipo *s. m.* Monotipia, máquina de composición tipográfica.

monotonía *s. f.* **1.** Cualidad o situación de monótono. **2.** En mat., propiedad referida a desigualdades, según la cual sumando miembro a miembro dos desigualdades resulta otra desigualdad.

monótono, na *adj.* **1.** Se dice de la voz, sonido, etc., que no cambia de tono. **2.** Se aplica a lo que es siempre igual o tiene poca variación y, especialmente, a lo que aburre o cansa por esta misma razón. **Fam.** Monótonamente.

monotremas *s. m. pl.* Orden de mamíferos, único de la subclase prototerios, al que pertenecen seis especies comprendidas en las familias taquiglósidos y ornitorríncidos. Son los más primitivos de los mamíferos y constituyen una transición entre éstos y los reptiles. Son ovíparos y las hembras carecen de útero; las crías se alimentan mamando de multitud de tetillas sin pezón distribuidas por el vientre de la madre. Tienen una cloaca en la que desembocan los conductos digestivos y los urogenitales. Presentan una mandíbula en forma de pico o un hocico largo y tubular, carecen de dientes y los machos poseen un espolón en las patas, que pueden ser palmeadas. Habitan en Australia, Tasmania y Nueva Guinea. Monotremas son el ornitorrinco y el equidna. También *adj.* y *s. m.*

monovalente *adj.* En quím., se dice del elemento que tiene una sola valencia.

Monroe, James (Westmoreland, Virginia 1758 - Nueva York 1831) Político estadounidense. Miembro del Partido Republicano, fue presidente de la república (1817-25). Durante su mandato, Indiana e Illinois entraron en la Unión y se obtuvo la cesión de Florida por parte de España. En 1823 enunció la «doctrina Monroe», opuesta a cualquier intervención europea en el continente americano, y que se resumía en la frase «América para los americanos».

Marilyn Monroe.

Monroe, Marilyn (Los Ángeles 1926 - Hollywood 1962) Actriz de cine estadounidense. Inició su carrera en el cine en 1947 y creó un prototipo de rubia ingenua y sensual que la convirtió en la estrella más popular de los años cincuenta. Contrajo matrimonio con la figura del béisbol Joe Di Maggio y más tarde con el autor teatral Arthur Miller. Se suicidó en plena fama. Entre sus mejores películas pueden citarse *Niágara* (1953), *La tentación vive arriba* (*The seven year itch*, 1955), *El príncipe y la corista* (1957), *Con faldas y a lo loco* (*Some like it hot*, 1959) y *Vidas rebeldes* (*The misfits*, 1961).

Monrovia C. de Liberia, cap. del país, situada en el O del mismo, a orillas del océano Atlántico. 465.000 h. en 1986. Es un centro administrativo, portuario y comercial, que posee industria cementera, tabaquera y refinerías de petróleo.

Mons (en flamenco *Bergen*) C. de Bélgica, cap. de la prov. de Hainaut, en el O del sector central del país. 89.500 h. en 1988. Es un centro administrativo e industrial y posee yacimientos de hulla, que han dejado de explotarse. En 1914 en sus inmediaciones tuvo lugar la primera batalla entre británicos y alemanes.

monseñor *s. m.* Tratamiento que reciben los prelados eclesiásticos, como obispos, cardenales, nuncios, etc., y en determinados países otros personajes notables y aristócratas. También *adj.*

monserga *s. f. fam.* Palabrería, petición, explicación, etc., fastidiosa o poco convincente. Se usa más en *pl.*

monstruo *s. m.* **1.** Ser vivo anormal, diferente a los de su especie. **2.** Persona, animal o cosa muy fea, deforme o desproporcionada. **3.** Personaje fantástico y extraño, generalmente espantoso, que aparece en la literatura, el cine, la imaginación, etc. **4.** Cosa enorme, exagerada. **5.** Persona malvada, perversa. **6.** Persona dotada de un talento extraordinario. ‖ *adj.* **7.** Colosal, magnífico.

monstruosidad *s. f.* **1.** Anormalidad, deformidad. **2.** Fealdad muy acusada o cosa muy fea. **3.** Cosa grande o cantidad exagerada de algo. **4.** Crueldad o maldad enorme. **5.** Estropicio, disparate.

monstruoso, sa *adj.* **1.** Anormal, deforme. **2.** Feo, horroroso. **3.** Muy grande, exagerado. **4.** Cruel, malvado, aborrecible. **FAM.** Monstruosamente.

Mont Blanc Macizo de los Alpes Peninos, situado en la frontera entre Francia e Italia. En él se encuentra el pico del mismo nombre, que con sus 4.810 m es el más alto de Europa, excluido el Cáucaso.

monta *s. f.* **1.** Acción y efecto de montar una cabalgadura. **2.** Arte de montar a caballo. **3.** Lugar y época en que los caballos cubren a las yeguas. **4.** Importancia o valor de algo. ▪ En esta acepción se usa mucho en la expresión **de poca monta**. **5.** Monto*.

montacargas *s. m.* Ascensor para subir y bajar cosas pesadas.

montadero *s. m.* Poyo u otra cosa que sirve para ayudarse a subir al caballo. ▪ Se llama también *montador.*

montado, da **1.** *p. p.* de **montar**. También *adj.* ‖ *adj.* **2.** Que va a caballo. **3.** Se dice de la cabalgadura ensillada y lista para montar en ella. **4.** Se dice de la nata o la clara de huevo batidas hasta ponerlas esponjosas. ‖ *s. m.* **5.** Bocadillo pequeño. ‖ **LOC. estar montado (en el dólar)** *fam.* Estar en buena situación económica.

montador, ra *s. m.* y *f.* **1.** Operario especializado en montar las piezas o partes de algo. **2.** Técnico encargado del montaje de una película, un documental, etc. **3.** En artes gráficas, operario encargado de ajustar las páginas o planas. ▪ En esta acepción, se llama también *ajustador* o *cajista compaginador.* ‖ *s. m.* **4.** Montadero*.

Montaigne, Michel Eyquem de (castillo de Montaigne, Périgord 1533 - íd. 1592) Filósofo francés. Ocupó cargos en el Parlamento y en la alcaldía de Burdeos. Retirado de la vida pública, se dedicó a la meditación y el estudio. De sólida formación humanística, se le considera el iniciador del género ensayístico. Su pensamiento parte del escepticismo para preconizar una vida conforme a la naturaleza. En su principal obra, *Ensayos* (1580), refleja el valor que otorga a lo relativo y a la virtud de la duda.

montaje *s. m.* **1.** Acción y efecto de montar las distintas piezas o partes de algo. **2.** Técnica cinematográfica consistente en seleccionar y unir los distintos planos y secuencias que formarán la película. **3.** Organización de los elementos que intervienen en la puesta en escena de un espectáculo o una obra teatral. **4.** Lo que se prepara o amaña para que parezca algo que no es en realidad. ‖ **5. montaje fotográfico** Fotografía compuesta por otras fotografías, o trozos de las mismas u otros elementos, para producir cierto efecto decorativo o publicitario.

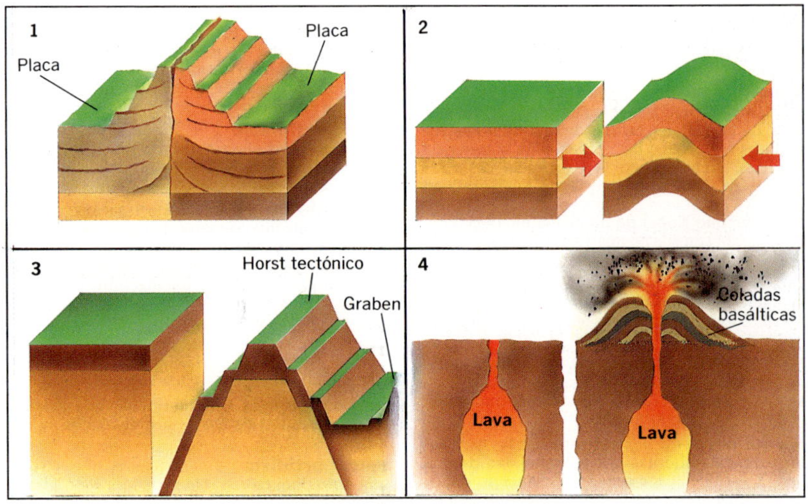

Distintos orígenes de las montañas: 1. Por choque de dos placas tectónicas. 2. Por plegamientos de materiales sedimentarios. 3. Por fracturas y fallas. 4. Por acumulación de materiales volcánicos.

Montale, Eugenio (Génova 1896 - Milán 1981) Poeta italiano. Fue un hombre de vasta cultura, erudito y esteta. Ejerció el periodismo como crítico literario y musical a partir de 1947, y en 1967 fue nombrado senador. Su obra poética, cuyo tema es la angustia y la soledad del hombre, tiene un estilo descarnado, de lenguaje vivo y expresivo. Fue el principal representante de la escuela hermética. Entre sus libros poéticos destacan *Huesos de jibia* (1925), *La casa de los aduaneros* (1932), *Las ocasiones* (1939), *Finisterre* (1943) y *La tempestad y otros* (1956). En prosa escribió colecciones de artículos y ensayos, como *Ataque y defensa* y *Fuera de casa* (1969), que contienen sus crónicas sobre la España de los años cincuenta, *La mariposa del café de la plaza* (1956) y *Auto de fe* (1966); su *Diario del 71 al 72* (1973) y *Cuaderno de cuatro años* (1977). Fue galardonado con el premio Nobel en 1975.

Montalvo, Juan (Ambato 1833 - París 1889) Escritor ecuatoriano. Polemista político, fundó los periódicos *El cosmopolita* y *El regenerador*, desde los que combatió las dictaduras de García Moreno y de Ignacio Veintemilla. Es autor de los ensayos *Siete tratados* (1882), *Capítulos que se le olvidaron a Cervantes* (1885) y *Geometría moral* (1902).

Montana Estado de EE UU, situado en el NO del país, en la frontera con Canadá. 380.847 km^2. 803.700 h. en 1990. La capital es Helena, con 23.950 h. en 1980. En su parte O se encuentran las Montañas Rocosas, mientras que el E es una llanura por la que discurren los ríos Missouri y Yellowstone. Tiene cultivos de trigo, centeno, maíz, cebada, avena, patatas y remolacha, ganadería extensiva, recursos forestales, minería de manganeso, cinc, lignito, antimonio, torio, fosfatos, oro, plata, cobre y petróleo e industria alimentaria, maderera y metalúrgica.

Montaigne. Copia de un retrato del siglo XVII (colección particular).

Montand, Yves (Monsumano Alto 1921 - cerca de París 1991) Cantante y actor de cine francés de origen italiano. Ayudado por Edith Piaf debutó como cantante en París (1944) y con ella rodó la película *Estrella sin luz* (1945). En el cine se consagró con el papel de duro en *El salario del miedo* (1953). Algunos de sus filmes más destacados son *Los héroes están cansados* (1955), *El multimillonario* (*Lest make love*, 1960), *La confesión* (1970) y *Estado de sitio* (1973).

montanear *v. intr.* Pastar los cerdos en el monte bellotas o hayucos.

montanero, ra *s. m.* y *f.* **1.** Guarda de un monte o una dehesa. ‖ *s. f.* **2.** Acción de montanear el ganado porcino y época en que lo hace. **3.** Pasto de bellotas y hayucos que los cerdos comen en el monte.

montano, na *adj.* Perteneciente o relativo al monte.

montante *s. m.* **1.** Valor, importe o suma. **2.** Poste o elemento vertical que sirve de soporte o refuerzo en una estructura, bastidor o armazón. **3.** Cada uno de los listones verticales del marco de una puerta o una ventana. **4.** Listón o columna pequeña que divide el vano de una ventana. **5.** Ventana o bastidor, fijo o abatible, que hay sobre algunas puertas.

montaña *s. f.* **1.** Elevación natural de terreno que destaca claramente de su entorno. **2.** Región o territorio en el que abundan estas elevaciones. **3.** Gran número o cantidad de algo. **4.** Obstáculo o dificultad aparentemente insalvable. ‖ **5. alta montaña** La que alcanza o sobrepasa los 3.000 m. **6. baja montaña** La de los pequeños macizos montañosos. **7. mal de montaña** Véase **mal**. **8. media montaña** La de los macizos intermedios entre la alta y baja montaña. **9. montaña rusa** En ferias y parques de atracciones, diversión consistente en vagonetas que circulan a gran velocidad por una vía con pendientes muy pronunciadas, ondulaciones y vueltas cerradas.

Geog. y ***Geol.*** Una elevación de terreno recibe el nombre de *montaña* cuando supera una cierta altitud, convencionalmente establecida en 600 m; si es inferior a esta cota, se llama *colina.* La diferencia entre montaña y meseta no está basada en la altitud sino en la forma: a diferencia de la meseta, la parte superior de la montaña tiene un volumen muy inferior al de la base. Los sistemas montañosos tienen distintos orígenes: el plegamiento de los materiales sedimentarios acumulados en un geosinclinal o cuenca marina debido a las fuerzas internas del planeta; la fractura de bloques y su elevación (*horst*) o hundimiento en fosas tectónicas (*graben*), provocado asimismo por fuerzas o presiones laterales; la formación de domos a causa de fuerzas internas ascensionales; y la acumulación de material magmático emitido del interior de la tierra por un fenómeno de vulcanismo (conos volcánicos). En la mayoría de los casos las montañas se originan por el efecto combinado de dos o más de los procesos descritos.

Montaña, La Comarca de Cantabria que incluye el sector montañoso interior de la provincia. P. ext., suele aplicarse el término al conjunto de la comunidad autónoma.

Montaña, Partido de la Nombre que recibió el ala más radical de la Convención, durante la Revolución Francesa. En 1793 agrupaba unos 300 diputados, que se llamaron así por ocupar los escaños más altos de la sala; eran miembros del club de los cordeleros y enemigos políticos de los girondinos. Sus representantes más destacados fueron Danton, Marat, Robespierre, Desmoulins y Saint-Just. El fracaso de Robespierre y su muerte en la guillotina (1794) significó la decadencia del partido, que en 1795 prácticamente había desaparecido.

Montaña Blanca Colina próxima a Praga, donde tuvo lugar en 1620 una importante batalla de la guerra de los Treinta Años, en la que la liga de los príncipes católicos derrotó a Federico V de Bohemia.

montañero, ra *adj.* **1.** Perteneciente o relativo a la montaña. ‖ *s. m.* y *f.* **2.** Persona que practica el montañismo.

montañés, sa *adj.* **1.** De una región montañosa. También *s.* **2.** De la comarca santanderina de La Montaña. P. ext., se dice de los naturales de Cantabria. También *s.*

Montañés, Juan Martínez (Alcalá la Real, Jaén 1568 - Sevilla 1649) Escultor español. Es el más representativo de los imagineros de la escuela sevillana. Su arte parte de la tradición clásica y se caracteriza por el realismo. Posee un gran conocimiento de la anatomía y dominio de la técnica y un gusto por las actitudes reposadas y serenas. Entre sus mejores trabajos se encuentran el retablo del monasterio de los Jerónimos de Santiponce, en Sevilla (1609-13), y las figuras de bulto redondo de la *Inmaculada* en la catedral de Sevilla y el *Cristo crucificado de la Clemencia* (1603).

montañismo *s. m.* **1.** Alpinismo*. **2.** Deporte que consiste en realizar marchas a través de la montaña.

montañoso, sa *adj.* **1.** Con muchas montañas. **2.** Perteneciente o relativo a la montaña.

montaplatos *s. m.* Pequeño montacargas con que se sube la comida desde la cocina al comedor.

montar *v. tr.* **1.** Colocar una pieza en su lugar o unir las piezas o partes que componen un objeto. **2.** Instalar o situar alguna cosa. **3.** Colocar una piedra preciosa, una perla, etc., en la montura de una joya. **4.** Hacer el montaje de las escenas y planos de una película o de las escenas de una obra teatral o un espectáculo. **5.** Con negocios, industrias, etc., establecerlos, ponerlos. **6.** Organizar, hacer. **7.** Referido a la clara del huevo o a la nata de la leche, batirlas hasta que se pongan esponjosas. **8.** Cubrir o fecundar el macho a la hembra. **9.** Sumar o valer algo cierta cantidad. También *v. intr.* **10.** Con respecto a las armas de fuego, dejar su mecanismo listo para disparar. ‖ *v. intr.* **11.** Subirse una persona encima de un animal o ir sobre él. También *v. prnl.* **12.** Subir a un vehículo. También *v. prnl.* **13.** Subir sobre algo. También *v. prnl.* ‖ **LOC. montárselo** *fam.* Darse maña, desenvolverse, organizarse. **tanto monta** (**monta tanto**) *fam.* Es igual, tiene el mismo valor.

montaraz *adj.* **1.** Se aplica a los animales que viven salvajes en el monte, y también a las personas que se han criado en el monte o se han adaptado a vivir en él. **2.** Rudo, tosco, insociable, de modales bruscos.

montazgo *s. m.* Impuesto que en la Edad Media española se pagaba por el uso y explotación de montes y bosques al rey, señor, o al municipio que poseyera el derecho por concesión real o señorial.

monte *s. m.* **1.** Elevación natural del terreno de altura considerable. **2.** Terreno sin cultivar poblado de árboles, arbustos o matas. **3.** En el juego de naipes, conjunto de cartas que no se reparten a los jugadores; también, banca. **4.** Juego de naipes donde se apuesta a cuatro cartas, dos que se sacan de encima del montón y otras dos que se extraen de debajo, ganando el jugador que ha apostado a la carta que coincide en valor con la que se extrae del montón. ‖ **5. monte alto** El terreno poblado de árboles grandes. **6. monte bajo** El poblado por matorrales y arbustos o especies como la encina. **7. monte de piedad** Establecimiento benéfico en que se hacen préstamos por empeños a bajo interés. **8. monte de Venus** Pubis* femenino; también, pequeña carnosidad situada debajo del dedo índice. **9. monte pío** Montepío*. ‖ **LOC. creer que todo el monte es orégano** (o **no todo el monte es orégano**) *fam.* Frases que aluden a aquel que piensa que en un asunto todo van a ser facilidades y ventajas. **echarse** (o **tirarse**) **al monte** Huir de los sitios poblados escapando de la justicia o para hacer guerra de guerrillas.

Monte Albán Yacimiento arqueológico de México, junto a Oaxaca de Juárez, en el que se encuentran restos de la cultura mesoamericana zapoteca.

montea *s. f.* Acción y efecto de montear.

Montealegre, José María (San José 1815 - San Francisco, EE UU 1887) Político costarricense. Lideró la sublevación que derrocó al presidente Mora (1859) y ocupó la presidencia hasta 1963. Durante su mandato promulgó una Constitución liberal.

montear *v. tr.* Ojear la caza en los montes. **FAM.** Monteador.

Montecarlo C. del Principado de Mónaco, situada al SE de Francia, a orillas del mar Mediterráneo. 13.200 h. en 1990. Forma parte de la conurbación de Mónaco. Es un importante centro turístico, donde se halla un célebre casino.

Montecassino Monasterio benedictino situado en la colina del mismo nombre, en la región italiana del Lacio. Fue fundado por San Benito de Nursia en el 529 y destruido en dos ocasiones: por los lombardos, en el 584, y por el ejército aliado, en la Segunda Guerra Mundial. En la actualidad se encuentra reestructurado y cuenta con una excelente colección de incunables y códices miniados.

Montejo, Francisco de (Salamanca h. 1479 - Sevilla h. 1548) Conquistador español. En 1519 participó en la expedición a México de Hernán Cortés. Fue alcalde de Veracruz y en 1526 se le confió la colonización de Yucatán y Cozumel, tarea que concluyó su hijo Francisco de Montejo el Mozo entre 1535 y 1543.

Montejurra, batallas de Nombre de dos batallas que se produjeron en la montaña de Montejurra, cerca de Estella (Navarra), durante la primera y tercera guerras carlistas. En la primera (1835), el carlista Eguía recuperó Estella; en la segunda (1873), el general carlista Elío rechazó el ataque del general Moriones sobre Estella. Montejurra se convirtió desde entonces en escenario de las celebraciones de exaltación carlista.

Montemayor, Jorge de (Montemor-o-Velho, Coimbra h. 1520 - Piamonte h. 1562) Escritor portugués en lengua castellana. Residió en la corte portuguesa, en la española y en Venecia. Escribió libros religiosos y poesía amorosa, pero su obra más significativa es la novela pastoril *Los siete libros de Diana* (1559).

Montenegro (en serbocroata *Crna Gora*) República balcánica, perteneciente a la antigua Yugoslavia, situada en el S del país, a orillas del mar Mediterráneo. 13.812 km^2. 643.600 h. en 1990. La capital es Titogrado, con 95.800 h. en 1981. Ocupa una región montañosa cuya máxima altura se alcanza en el monte Durmitor (2.522 m). Cuenta con cultivos de olivo, vid, frutales, cereales y tabaco; minas de bauxita, industria siderúrgica y un sector turístico en expansión.

Hist. El territorio de Montenegro fue el primitivo estado serbio de Dioclea y entre los s. XI y XIV constituyó el estado de Zeta, que adquirió su independencia bajo la dinastía de los Bálsidas. En 1421 pasó a manos de los Crnojevic, vasallos de Venecia. Ocupado por los otomanos en 1496, recuperó su independencia en el s. XVIII bajo la dirección de los Petrovic, que en 1852 se proclamaron príncipes de Montenegro. Reconocido como estado por el Congreso de Berlín (1878), participó al lado de la Entente en la Primera Guerra Mundial. Ocupado por las tropas italianas durante la Segunda Guerra Mundial, en 1945 se convirtió en una de las siete repúblicas federales que formaron Yugoslavia. Montenegro aprobó en referéndum (1992) la permanencia junto a Serbia en una federación yugoslava integrada por ambas repúblicas.

Montenegro, Roberto (Guadalajara 1886 - Morelia 1968) Pintor mexicano. Fue autor de murales surrealistas y llevó a cabo una eficaz labor de revalorización del arte popular autóctono. En 1934 organizó en la ciudad de México el Museo de Arte Popular.

montepío *s. m.* **1.** Depósito de dinero, creado mediante descuentos en los sueldos de los individuos de un cuerpo u oficio, destinado al socorro de éstos y de sus familiares. **2.** Establecimiento público o particular que tiene esta misma función. **3.** Pensión que se cobra de dicho establecimiento. ▪ Se escribe también *monte pío.*

montera *s. f.* **1.** Gorro o gorra. **2.** Particularmente, gorro de terciopelo y seda que usan los toreros.

Monterde, Francisco (Ciudad de México 1894 - íd. 1985) Escritor mexicano. Ocupó diversos cargos en el ministerio de Educación y fue presidente de la Academia Mexicana de la Lengua. Su meritoria labor como investigador y ensayista se tradujo en los libros *Los virreyes de Nueva Eapaña* (1922), *Cultura mexicana* (1946) y *Teatro mexicano del siglo XX* (1956). Fue uno de los creadores de la narrativa colonialista en obras como *El madrigal de Cetina y el secreto de la escala* (1918) y *Hernán Cortés y otras narraciones de la Nueva España* (1943). Para el teatro escribió *Oro negro* (1927), *Proteo* (1931) y *Presente involuntario* (1957).

montería *s. f.* **1.** Cacería de caza mayor con perros. **2.** Arte de la caza.

Montería C. de Colombia, cap. del departamento de Córdoba, situada al NO de la capital del país. 258.000 h. en 1986. Es un importante puerto fluvial del río Sinú y centro comercial y ganadero. Cuenta con minas de oro, plata y yacimientos de petróleo.

montero, ra *s. m.* y *f.* **1.** Persona que ojea la caza en el monte. ‖ **2. montero mayor** Jefe de los monteros que dirige la batida.

Montero Ríos, Eugenio (Santiago de Compostela 1832 - Madrid 1914) Político español. Catedrático de universidad y miembro fundador de la Institución Libre de Enseñanza, ocupó diversos ministerios con Prim, Amadeo I y, ya durante la Restauración, en gobiernos de Sagasta. Tras la muerte de éste, disputó con Moret la jefatura del Partido Liberal. En 1905 fue nombrado jefe de gobierno, cargo del que fue destituido a los pocos meses por mostrarse partidario del castigo a los militares que habían asaltado la redacción de la revista satírica catalana *Cu-Cut.*

Monterrey C. de México, cap. del estado de Nuevo León, situada al pie del sector N de la Sierra Madre Oriental. 1.064.200 h. en 1990. Es uno de los primeros centros industriales del país, con una importante siderurgia y metalurgia, así como industrias cementeras, papeleras y textiles. Tiene también refinerías de petróleo.

Montes, Dolores Eliza Gilbert, llamada **Lola** (Limerick 1818 - Nueva York 1861) Aventurera irlandesa. Fue bailarina y amante de Luis I de Baviera, reino en cuya política intervino activamente y del que fue expulsada tras la abdicación del monarca.

Montes, Ismael (La Paz 1861 - íd. 1933) Político y militar boliviano. Miembro del Partido Liberal, fue elegido presidente en 1904. Firmó tratados fronterizos con Brasil y Chile y permitió las inversiones extranjeras en el país, lo que originó la creación de una red ferroviaria nacional. Impulsó una serie de reformas legislativas con el fin de crear un Estado laico, que provocaron la ruptura de relaciones con la Santa Sede. Dejó la presidencia en 1909, pero fue reelegido nuevamente (1913-17). En su segundo mandato fundó el Banco Nacional.

montés, sa *adj.* Se aplica a algunos animales y plantas que habitan o crecen en el monte. ▪ La forma *montesa* apenas se usa: *cabra montés.*

Montesa, orden de Orden militar española. Fue fundada por el papa Juan XXII en 1317, a petición de Jaime II de Aragón, para sustituir a la orden de los templarios, que había sido suprimida por el papa Clemente V en 1308. Dueña de las rentas y propiedades de los templarios, no llegó a combatir contra los musulmanes, pues la reconquista aragonesa ya había concluido.

Montesco Nombre que Shakespeare dio en su obra *Romeo y Julieta* a una famosa familia de mercaderes de Verona del s. XV, llamados realmente *Montecchi* o *Montecoli*, famosos por sus enfrentamientos con la familia de los Capuleto.

Montesino, Ambrosio (Huete, Cuenca h. 1448 - ? h. 1512) Escritor español. Franciscano, fue obispo de Cerdeña. Su libro principal, *Cancionero de diversas obras* (1508), reúne largos poemas y canciones breves para ser cantadas, como *Tratado del Santísimo Sacramento* y *Coplas al destierro de Nuestro Señor para Egipto*. Otras obras suyas son *Breviario de la Inmaculada Concepción* y *Meditaciones de San Agustín*.

Montesino o **Montesinos, Antonio de** (? - ? h. 1526) Dominico español. Pronunció en 1511 una serie de sermones en la isla de La Española, en los que criticó con dureza el trato que los conquistadores daban a los indios, y abrió así la polémica que luego continuaría el padre Las Casas. En 1512 participó en la redacción de las leyes de Burgos, que pretendían solucionar las relaciones entre españoles e indígenas.

Montesino, Pablo (Fuente del Carnero, Zamora 1791 - Madrid 1849) Pedagogo español. Diputado liberal en 1822, hubo de exiliarse durante el periodo absolutista (1823-33). A su vuelta ocupó los cargos de director de Enseñanza Primaria y de la Escuela Normal Central de Maestros. Impulsó la reforma de la enseñanza primaria, fomentó el desarrollo de la preparación del magisterio y defendió una política en favor de los jardines de infancia y de la mejora de la educación femenina. Escribió, entre otras obras, el *Manual del maestro de párvulos* (1840).

Montesquieu, Charles-Louis de Secondat, barón de (La Brède, Burdeos 1689 - París 1755) Filósofo francés. Estudió derecho, fue canciller y, posteriormente, presidente del Parlamento de Burdeos. En 1726 abandonó los cargos públicos y se dedicó a recorrer Europa, principalmente Italia, los Países Bajos e Inglaterra, interesándose por el estudio de sus instituciones políticas, costumbres y tradiciones. Influido por el modelo político inglés, analizó profundamente la sociedad de su época y criticó con dureza el absolutismo, así como las actitudes dogmáticas de la Iglesia. Sentó las bases del liberalismo político y fue un destacado precursor de los análisis sociológicos propios de los s. XIX y XX. Su doctrina sobre la separación de los tres poderes (legislativo, ejecutivo y judicial) ha llegado hasta nuestros días con plena vigencia. Es autor de *Cartas persas* (1721), *Consideraciones sobre las causas de la grandeza y de la decadencia de los romanos* (1734) y *El espíritu de las leyes* (1748).

Montesquieu. Retrato de Garnerey, grabado de P. M. Alix (Biblioteca Nacional, Madrid).

Montessori, Maria (Chiaravalle, cerca de Ancona 1870 - Noordwijk, Países Bajos 1952) Pedagoga italiana. Doctora en medicina, trabajó en una clínica psiquiátrica con niños deficientes, donde utilizó para su recuperación los métodos del pedagogo francés Seguin. Como consecuencia del éxito, aplicó el sistema con niños normales. Su método de enseñanza se basa en el respeto a la espontaneidad y libertad del niño, y en el fomento de su creatividad y desarrollo individual mediante un ambiente adecuado. Entre sus obras destaca *El método de la pedagogía científica* (1928).

Monteverdi, Claudio (Cremona 1567 - Venecia 1643) Compositor italiano. Residió en la corte de los Gonzaga, en Mantua, y posteriormente en Venecia. Es el músico más importante de los que protagonizaron la revolución musical acontecida a finales del s. XVI en Italia. Sus obras se caracterizan por su fertilidad, genio melódico y recursos armónicos. Transformó los géneros en los que trabajó y mostró un gran interés en reforzar la vinculación entre la música y el texto. Escribió ocho libros de *Madrigales*, dos libros de *Divertimentos musicales* y varias composiciones religiosas como las *Vísperas* (1610) y las *Misas* para cuatro voces (1650). Es considerado el primer compositor de óperas, en un sentido moderno. Entre las que han llegado hasta nosotros destacan *Orfeo* (1607), *El retorno de Ulises* (1641) y *La coronación de Popea* (1642).

montevideano, na *adj.* De Montevideo. También *s.*

Montevideo 1. Departamento de Uruguay, situado en el S del país. 530 km^2. 1.309.100 h. en 1985. Es un departamento muy urbanizado, que depende en todo de la capital homónima.
2. C. de Uruguay, cap. del país y del departamento del mismo nombre, situada a orillas del estuario del Río de la Plata. 1.246.500 h. en 1985. Es el principal núcleo administrativo, comercial e industrial del país, e importante centro portuario. Cuenta con industrias alimentarias, textiles y papeleras, astilleros y refinerías de petróleo. ***Hist.*** La ciudad de Montevideo fue fundada en 1724. El primer Cabildo se instauró en 1730 y fueron construidos San Felipe y Santiago, que dieron carácter de plaza fuerte a la urbe. La aduana fundada en 1778 permitió la expansión comercial. En 1807 fue ocupada por una expedición británica, que la retuvo en su poder hasta el año 1817, en que fue conquistada por portugueses; la provincia pasó a la corona portuguesa en 1821. En 1830 se proclamó la República de Uruguay, de la que Montevideo fue elegida capital. La ciudad sufrió importantes devastaciones con ocasión de la Guerra Grande.

Montfort, Simón de (? h. 1150 - Toulouse 1218) Noble y militar francés. Dirigió la cruzada contra los albigenses de Languedoc, ordenada por el papa Inocencio III en 1209. Debido a la misma, el Languedoc quedó sometido al dominio de la monarquía francesa y decayó la influencia catalano-aragonesa.

Montfort, Simón de, conde de Leicester (? h. 1208 - Evesham 1265) Noble inglés de origen francés. Hijo del anterior, fue uno de los promotores de las Provisiones de Oxford (1256), que limitaban la autoridad real de Enrique III, y encabezó una revolución contra su sucesor Eduardo III. Se convirtió en Lord Protector del Reino, lo que prácticamente equivalía a una dictadura (1264), pero, abandonado por la nobleza, fue vencido y muerto en la batalla de Evesham.

Montgolfier, Joseph-Michel (Annonay 1740 - Balaruc-les-Bains 1810) y **Jacques Étienne** (Annonay 1745 - Serrières 1799) Hermanos inventores franceses. Construyeron el primer globo aerostático impulsado por aire caliente y tripulado.

Montgomery, Bernard Law (Londres 1887 - Alton, Hampshire 1976) Militar británico. En los primeros años de la Segunda Guerra Mundial fue comandante de división en Francia y combatió en Bélgica, donde consiguió reembarcar a sus hombres en Dunkerke. En 1942 obtuvo el mando del VIII ejército en Egipto, venció a Rommel en El Alamein y ocupó Trípoli y Túnez (1943). Participó luego en la campaña de Italia y en 1944 dirigió las fuerzas terrestres en el desembarco de Normandía, con las que liberó el N de Francia y Bélgica. En 1945 ocupó el N de Alemania. Entre 1951 y 1958 fue comandante adjunto de la OTAN.

Montherlant, Henri Millon de (París 1896 - íd. 1972) Escritor francés. Destacó especialmente como novelista y dramaturgo, de estilo muy elaborado y con preferencia por los temas heroicos e históricos religiosos. Apasionado por el mundo de las corridas de toros, reflejó su afición en la novela *Los bestiarios* (1926). A sus primeras novelas, llenas de acción y violencia, como *El relevo de la mañana* (1920) o *Los olímpicos* (1924), sucedieron otras en que estudia al hombre y sus debilidades, como *Los solteros* (1934), y la tetralogía *Las jóvenes* (1936-39), donde muestra su desprecio por las mujeres. De su producción teatral sobresalen *La reina muerta* (1942), *El maestre de Santiago* (1947), *Port Royal* (1954) y *El cardenal de España* (1960).

Monti, Vincenzo (Alfonsine 1754 - Milán 1828) Escritor italiano. Sus ideas políticas se acomodaron a las circunstancias: de una postura decididamente antirrevolucionaria pasó a ser un ferviente defensor de Napoleón, hasta la caída de éste, en que se mostró partidario de los vencedores. Representante del neoclasicismo, en su obra aparecen rasgos característicos del Romanticismo. Algunos de sus títulos más característicos son, en poesía *La belleza del universo* (1781), *Oda al señor de Montgolfier* (1784), *La Bassvilliana* (1793), *El fanatismo* (1797), *Místico homenaje* (1815) y *El regreso de Astrea* (1816), y en teatro *Galeotto Manfredi* (1788), *Cayo Graco* (1802), *Teseo* (1804) y *Los pitagóricos* (1808).

montículo *s. m.* Monte pequeño natural o hecho por el hombre o los animales.

Montiel, Sara (Campo de Criptana 1925) Cantante y actriz cinematográfica española. Alcanzó popularidad con las películas *El último cuplé* (1957) y *La violetera* (1958). Otros filmes destacados suyos son *Veracruz* (1954), *Dos pasiones y un amor* (1956), *Yuma* (1957), *Carmen la de Ronda* (1959), *Mi último tango* (1960) y *Varietés* (1970).

Montijo y Guzmán, Eugenia de Véase **Eugenia de Montijo y Guzmán**.

montilla *s. m.* Vino fino de alta calidad que se cría y elabora en Montilla, Córdoba.

Montilla C. de España, en la prov. de Córdoba, al S de la capital. 22.700 h. en 1990. Es un mercado agrícola y centro productor de vino fino de gran calidad. Cuenta además con industria alimentaria, embotelladora y de curtidos.

Montjuïc Colina de España, situada al SE de la ciudad de Barcelona. Es una zona verde, no urbanizada, en la que se encuentran diversos museos, el teatro griego, un parque de atracciones, el castillo y los terrenos donde se ha construido el anillo olímpico para los Juegos de Barcelona de 1992.

Montmartre Colina situada en el N de París, que da nombre a un barrio famoso como centro de atracción de bohemios y artistas, sobre todo a principios del s. XX, y por sus numerosos cabarets y salas de espectáculos. En lo alto de esta colina se alza la basílica del Sacré-Coeur, construida en 1876.

monto *s. m.* Suma final de varias partidas o cantidades de una cuenta. ▪ Se dice también *monta*.

montón *s. m.* **1.** Conjunto de cosas acumuladas unas sobre otras. **2.** Mazo de naipes del que roban o toman los jugadores. **3.** *fam.* Gran número o cantidad de algo. ‖ **Loc. a montón** *adv. fam.* Sin

Montevideo: plaza de la Independencia.

separar ni distinguir. **a montones** *adv. fam.* En gran cantidad. **del montón** *adj. fam.* Vulgar, corriente.

montonera *s. f.* **1.** Montón, cantidad grande de cosas. **2.** *Amér. del S.* Partida de tiradores a caballo durante el periodo de las guerras civiles.

montonero, ra *adj.* **1.** Se aplica a un movimiento guerrillero argentino, de ideología peronista, surgido en 1969. Adoptó la táctica de la guerrilla urbana y realizó acciones como el secuestro y asesinato del presidente Aramburu, hostigando a los regímenes militares que se sucedieron en el poder. Legalizado al acceder Perón a la presidencia, rompió con el peronismo en 1974 y en 1975 pasó de nuevo a la clandestinidad. Duramente perseguida durante la dictadura militar, la organización se disolvió al restablecerse la democracia en Argentina en 1983. Su principal dirigente fue Mario Firmenich. **2.** De este grupo. También *s.*

Montparnasse Barrio situado en el S de París, que a finales del s. XIX y principios del s. XX atrajo la atención de artistas e intelectuales.

Montpellier C. de Francia, cap. de la región de Languedoc-Rousillon y del departamento de Hérault, situada en el S del país. 208.000 h. en 1990 y 221.300 h. en su área metropolitana. Es un centro cultural e industrial, con producción textil, alimentaria, mecánica y electrónica.

Montpensier, Antonio María de Orleans, duque de (Neuilly 1824 - Sanlúcar de Barrameda, Cádiz 1890) Noble francés. Hijo de Luis Felipe de Orleans, se casó en 1846 con María Luisa Fernanda de Borbón, hermana de Isabel II. Tras la revolución de 1848, vino a vivir a España, donde fue nombrado infante. En 1868 colaboró en el derrocamiento de la reina y presentó su candidatura al trono de España con el apoyo de los unionistas (Unión Liberal). Rechazado, contribuyó sin embargo a la coronación de Alfonso XII, que en 1878 contrajo matrimonio con su hija Mercedes.

Montreal C. de Canadá, situada en la prov. de Quebec, entre los ríos San Lorenzo y Prairies. 1.015.400 h. en 1986. 2.921.350 h. en 1986 en su área metropolitana. Es el principal centro urbano de Canadá de lengua francesa. Su importante puerto fluvial lo comunica con los Grandes Lagos a través del río San Lorenzo. Núcleo comercial y financiero, cuenta con industria metalúrgica, de maquinaria eléctrica, de material ferroviario, textil, alimentaria y tabaquera, y con astilleros. Fue fundada por los franceses en 1642 con el nombre de Ville-Marie y conquistada por los ingleses en 1760; en el s. XIX experimentó un gran desarrollo como centro portuario y comercial. Entre sus principales monumentos cabe citar la iglesia de Notre-Dame-de-Bonsecours (s. XVII), el castillo de Ramezay (1705) y la catedral de San Jaime (s. XVIII).

Montreuil, Pierre de (Montreuil h. 1200 - París 1266) Arquitecto francés. De estilo gótico, es la máxima figura del reinado de San Luis. Levantó la nave principal de la iglesia de Saint-Denis, así como la fachada del crucero de Notre-Dame y la capilla de la Virgen en Saint-Germain-des-Champs, en París.

Mont-Saint-Michel Islote de Francia, en el departamento de Manche, situado en la bahía homónima y unido a tierra por medio de un dique de 2 km de longitud. Centro turístico, se constituyó en torno a una antigua abadía dedicada a San Miguel. Es uno de los mejores ejemplos de la arquitectura militar y monástica de Francia.

Montsalvatge, Xavier (Girona 1912) Compositor español. Crítico musical y catedrático en el Conservatorio de Barcelona, ha evolucionado desde las influencias antillanas de *Cinco canciones negras* (1941) hasta posiciones más vanguardistas con *Concierto breve*, *Sonata concertante* y *Metamorfosis en forma de concierto* (1981).

Montseny Macizo montañoso de España, perteneciente a la cordillera Litoral Catalana, situado entre las provincias de Barcelona y Girona. Destacan por su altura el Turó de l'Home (1.712 m) y el Matagalls (1.694 m).

Montseny, Federica (Madrid 1905) Política española. Hija de dos destacados teóricos anarquistas, en 1936 ingresó en el comité regional de Cataluña de la Confederación Nacional del Trabajo (CNT) y en el comité peninsular de la Federación Anarquista Ibérica (FAI). Fue ministra de Sanidad y Asistencia Social en el gobierno de Largo Caballero (1936-37) y tras la derrota republicana se exilió a Francia, desde donde continuó dirigiendo el movimiento anarquista español. En 1977 regresó a España y colaboró en la reconstrucción de la CNT.

Montserrat Macizo montañoso de España, perteneciente a la cordillera Prelitoral Catalana, situado en la prov. de Barcelona. 1.236 m de altura. En su vertiente meridional se halla el monasterio benedictino del mismo nombre, centro religioso, cultural e ideológico de Cataluña, donde se venera a la Virgen de Montserrat, llamada popularmente *La Moreneta*, talla románica del s. XII.

Montt, Jorge (Casablanca 1845 - Santiago de Chile 1922) Marino y político chileno. Era hijo de Manuel Montt. Se alzó en 1891 contra el presidente Balmaceda y, al mando de una escuadra, se apoderó de los principales puertos del N de Chile. Fue elegido presidente de gobierno en 1891 y, poco después, presidente de la república. Durante su mandato, hasta 1896, la oligarquía controló plenamente el poder.

Montt, Manuel (Petorca 1809 - Santiago de Chile 1880) Político chileno. En 1843, siendo ministro, contribuyó a la fundación de la universidad de Chile y reformó la enseñanza secundaria. Elegido presidente en 1851, asumió poderes extraordinarios e inició una serie de reformas que aceleraron el desarrollo económico y cultural del país. Fue reelegido para un segundo mandato (1857-61).

Montt, Pedro (Santiago de Chile 1846 - Bremen 1910) Político chileno. Hijo de Manuel Montt, participó en el movimiento revolucionario de 1891. En 1906 fue nombrado presidente de la república, cargo que ocupó hasta 1910.

montubio, bia *adj.* **1.** *amer.* Se dice de la persona grosera, ruda. **2.** *Col., Ec., Perú.* Campesino mestizo, especialmente el de la costa.

montuno, na *adj.* **1.** Perteneciente o relativo al monte. **2.** *amer.* Rústico, rudo.

montura *s. f.* **1.** Animal sobre el que se puede cabalgar, como un caballo, un camello, etc. **2.** Conjunto de arreos de una cabalgadura, especialmente la silla de montar. **3.** Soporte o armazón en el que se monta alguna cosa.

Monturiol y Estarriol, Narciso (Figueras, Girona 1819 - Barcelona 1885) Inventor y político español. De ideología revolucionaria, fue uno de los principales propagandistas del comunismo utópico en Cataluña. Abandonó en 1857 la política activa, se estableció en Girona y allí se dedicó a la invención de diversos aparatos. Construyó dos modelos de barco submarino (*Ictíneo I y II*), movido mecánicamente por el hombre el primero y por una máquina de vapor el segundo. Sus esfuerzos no hallaron éxito por falta de apoyo oficial.

monumental *adj.* **1.** Perteneciente o relativo al monumento o que es un monumento en sí mismo. **2.** Muy grande y espectacular. **3.** *fam.* Excelente, magnífico. **FAM.** Monumentalidad.

monumentalismo *s. m.* Tendencia a lo monumental.

monumento *s. m.* **1.** Obra de arquitectura, escultura, grabado, etc., que se levanta para conmemorar a una persona, un suceso, etc. **2.** Construcción que se distingue por su valor histórico, arqueológico o artístico. **3.** P. ext., obra literaria, artística o científica de gran importancia. **4.** Documento de gran valor histórico. **5.** *fam.* Persona de gran belleza. **6.** Especie de altar adornado en el que se expone el Santísimo Sacramento el día del Jueves Santo. ‖ **7. monumento nacional** El declarado patrimonio del Estado.

Monza C. de Italia, situada en la prov. de Milán, al N de la capital. 122.700 h. en 1990. Forma parte del cinturón industrial milanés y cuenta con producción textil, de maquinaria, muebles, vidrio, plásticos y pinturas. Conserva su catedral gótica del s. XIII. Tiene un célebre circuito automovilístico.

monzón *s. m.* Cada uno de los vientos que soplan en el SE asiático en direcciones opuestas según la estación; el monzón de verano, húmedo y cálido, procede del océano Índico y trae lluvias torrenciales, mientras que el de invierno sopla en dirección contraria y es seco y frío.

Monzón, Carlos (Santa Fe 1942) Boxeador argentino. Púgil de gran pegada, conquistó el título mundial del peso medio en 1970, conservándolo hasta su retirada en 1977. En 1989 fue acusado y condenado a prisión por la muerte de su esposa.

Monzón, Telesforo (Vergara, Guipúzcoa 1904 - Bayona, Francia 1981) Político y escritor español en lengua vasca. Presidente del Partido Nacionalista Vasco en 1933 y miembro del gobierno vasco en el exilio, rompió con el sector nacionalista moderado en los años cincuenta. En 1969 creó la organización Anai Artea (Entre Hermanos), para la ayuda a los refugiados políticos. Tras la restauración de la democracia, fue elegido diputado por la coalición Herri Batasuna.

monzónico, ca *adj.* **1.** Perteneciente o relativo al monzón. **2.** Se dice de un tipo de clima tropical que se produce en Asia meridional, con gran oscilación térmica y fuertes lluvias en verano.

monzonita *s. f.* Roca intrusiva intermedia, caracterizada por contener cantidades aproximadamente iguales de feldespato potásico y plagioclasa, con pequeñas porciones de cuarzo. Es poco abundante y se suele presentar asociada a minerales de augita, hornblenda, apatito, circón y cuarzo. Se utiliza en construcción.

moña[1] (de *moño*) *s. f.* **1.** Lazo o adorno femenino hecho con cintas, como el que se pone en el cabello. **2.** Adorno que a veces se pone en lo alto de las divisas de los toros. **3.** Lazo de cintas negras que sujeta la coleta de los toreros. **4.** Moño o rodete de cabello que se hacen las mujeres a los lados de la cabeza.

moña[2] *s. f. fam.* Borrachera*.

moña[3] (del ant. *moñeca*, muñeca) *s. f.* Muñeca, figurilla de mujer.

moño *s. m.* **1.** Recogido de pelo que se hace enrollándolo y sujetándolo normalmente con horquillas o algo similar. **2.** Lazo de cintas. **3.** Penacho de plumas que algunas aves presentan en la cabeza. ‖ **LOC. estar hasta el moño** *fam.* Estar harto, no aguantar más. **ponérsele** a uno algo **en el moño** *fam.* Empeñarse en ello o antojársele.

Moon, Sun Myung (Corea del Sur 1920) Líder religioso estadounidense de origen surcoreano. De ideología cristiana ultraconservadora, creó en 1954 la Asociación para la Unificación del Cristianismo Mundial (AUCM), conocida como *secta Moon*, que cuenta en la actualidad con varios millones de seguidores en todo el mundo.

Moore, Archie (Benoit, Missouri 1913 o 1916) Boxeador estadounidense. Fue campeón mundial de los semipesados desde 1952 hasta 1962, en que perdió el título ante Cassius Clay. Se retiró en 1965.

Moore, George (Ballyglass, condado de Mayo 1852 - Londres 1933) Escritor irlandés. Trató de unir elementos naturalistas con la estética simbolista. Entre sus novelas destacan *Un drama de muselina* (1885), *Esther Waters* (1894) y *Hermana Teresa* (1901). También escribió la trilogía autobiográfica *Salutación y adiós* (1911-14).

Moore, George (Upper Norwood 1873 - Cambridge 1958) Filósofo inglés. Relevante precursor de la filosofía analítica, su obra es una defensa del sentido común. Los análisis éticos, que constituyen una de las partes más destacadas de su pensamiento, están desarrollados en su obra *Principia Ethica* (1903).

Moore, Henry (Castleford 1898 - Hertfordshire, Londres 1986) Escultor británico. Su obra, influida por el arte primitivo, se caracteriza por las formas monumentales integradas en el paisaje, trabajadas a gran escala en piedra y madera. Su tema principal fue la representación deforme de la figura humana con grandes volúmenes y líneas curvas, en los que concede igual importancia a la masa y al hueco. Entre sus esculturas más significativas se cuentan *Figura reclinada* (1945-46), *Guerrero caído* (1956-57) y *Madre recostada con niño* (1960).

Moore, Stanford (Chicago 1913 - Nueva York 1982) Bioquímico estadounidense. Profesor del Instituto Rockefeller de Nueva York, obtuvo en 1972 el premio Nobel de química, conjuntamente con Christian Boehmer Anfinsen y William Howard Stein, por sus estudios sobre la formación y el efecto biológico de la enzima ribonucleasa.

Moore, Thomas (Dublín 1779 - Sloperton, Wiltshire 1852) Poeta irlandés. Su obra principal, *Melodías irlandesas* (1808-34), se basa en las leyendas y tradiciones de Irlanda. También escribió *Lalla-Rookh* (1817), poema oriental, *La familia Fudge en París* (1818), sátira en verso, y el poema *Los amores de los ángeles* (1822).

moquear *v. intr.* Echar mocos. **FAM.** Moqueo.

Moquegua 1. Departamento de Perú, situado en el S del país, a orillas del océano Pacífico. 15.709 km^2. 134.000 h. en 1990. Tiene cultivos de algodón, vid, olivo y frutales, ganadería ovina, pesca de atún, pez espada y moluscos, e industria alimentaria, pero sus principales recursos proceden de la minería del cobre.
2. C. de Perú, cap. del departamento homónimo. 22.200 h. en 1981. Es un centro agrícola, que cuenta con industria alimentaria, algodonera, alcoholera y jabonera.

moquero *s. m.* Pañuelo que se utiliza para limpiarse uno los mocos.

moqueta *s. f.* Tipo de alfombra fuerte que se utiliza como pavimento o como revestimiento de pared, pegada o fijada al suelo o a las paredes de una habitación.

moquillo *s. m.* Enfermedad catarral producida por virus que padecen algunos animales, particularmente los perros.

mor *s. m. afér.* de **amor**. Se emplea exclusivamente en la loc. adv. **por mor de**, que significa a causa de o en consideración a: *Servía a su rey por mor de la lealtad que le debía.*

mora[1] (del lat. vulg. *mora*) *s. f.* **1.** Fruto de la morera y del moral. Son infrutescencias comestibles de forma ovalada, compuestas por numerosos globulillos. La de la morera es blanca o rosada y enteramente dulce, mientras que la del moral, de mayor tamaño (hasta 2 cm) y más apreciada, es de color violeta oscuro y sabor agridulce. Se utilizan para fabricar bebidas refrescantes y mermeladas. **2.** Fruto de la zarzamora, comestible, redondo, también formado por muchos granos pequeños, de color negro cuando está maduro.

mora[2] (del lat. *mora*) *s. f.* Demora en el cumplimiento de una obligación.

Mora, Francisco de (Cuenca h. 1553 - Madrid 1610) Arquitecto español. Participó en la construcción del monasterio de El Escorial junto a Juan de Herrera. Nombrado arquitecto real por Felipe II (1591), fue confirmado en el cargo por Felipe III. En su obra, de estilo de transición al Barroco, destacan el conjunto monumental de Lerma (Burgos) y el convento de San José de Ávila.

Mora Porras, Juan Rafael (San José 1814 - Puntarenas 1860) Político costarricense. Secretario de Estado con el presidente Castro, fue presidente de la república (1849-59). Declaró el catolicismo religión oficial y luchó contra el filibustero Walker (1856-57). Derrocado por una soblevación conservadora, intentó recuperar el poder con un desembarco en Puntarenas, pero fue derrotado y fusilado.

morabito o **morabuto** *s. m.* **1.** Ermitaño musulmán. **2.** Ermita en la que vive.

moráceas *s. f. pl.* Familia de plantas arbóreas o arbustivas del orden urticales a la que pertenecen unas 3.000 especies, de los géneros *Ficus, Morus, Artocarpus* y otros. Tienen hojas alternas, flores unisexuales, monoicas o dioicas, y frutos en drupa o aquenio, generalmente rodeados por el periantio u otras estructuras que se vuelven carnosas y dan lugar a fructificaciones complejas. Muchas de sus especies se usan en alimentación, por su fibra o para elaborar sustancias narcóticas. Crecen en regiones tropicales, subtropicales y templadas de todo el mundo. Moráceas son la higuera, el moral, la morera, etc. También *adj.* y *s. f.*

morada *s. f.* Lugar donde vive una persona o animal.

morado, da *adj.* Se aplica al color mezcla de azul y rojo, y a las cosas que tienen dicho color. También *s. m.* ‖ **LOC. pasarlas moradas** *fam.* Pasarlo muy mal, verse en apuros. **ponerse** uno **morado** *fam.* Hartarse, saciarse.

morador, ra *adj.* Que mora o habita en un determinado lugar. También *s.*

moradura *s. f.* Cardenal, moratón.

Moraes, Vinicius de (Rio de Janeiro 1909 - íd. 1980) Escritor, músico y cantante brasileño. Autor de poesía comprometida, como *Cinco elegías* (1943) y *El arca de Noé* (1978), y de obras teatrales, como *Orfeo de Concepción* (1956), llevada luego al cine con el título de *Orfeo negro*, alcanzó fama mundial con la canción *La chica de Ipanema*, que popularizó la bossa nova.

Morais, Prudente José de (Itú 1841 - Piracicaba 1902) Político brasileño. Miembro del Partido Republicano, fue presidente del senado (1891-94) y primer presidente civil de la república (1894-98). Pacificó el estado de Rio Grande do Sul (1895) y puso fin a la guerra de Canudos (1896-97).

moral[1] (del lat. *moralis*) *adj.* **1.** Perteneciente o relativo a la moral. **2.** Se aplica a lo que se considera bueno o correcto según la moral. **3.** Se dice de lo que se refiere a la mente, por oposición a lo material o corporal. ‖ *s. f.* **4.** Conjunto de principios que dirigen y juzgan el comportamiento de una persona o una colectividad. **5.** En fil. y teología, disciplina que se ocupa de las acciones humanas, estableciendo las leyes o normas que deben regir los comportamientos. **6.** Cualidad de lo que se considera bueno o recto. **7.** Estado de ánimo bueno o malo con que se emprende o se afronta algo.

moral[2] (de *mora*[1]) *s. m.* Árbol de la familia moráceas, especie *Morus nigra.* Alcanza hasta 12 m de altura, tiene tronco corto, cubierto de nudos y abultamientos, densa copa de ramas retorcidas, hojas ásperas dentadas, flores unisexuales en espiga y frutos pequeños en nuez agrupados en una infrutescencia, llamada *mora*, de color rojo oscuro a púrpura intenso y sabor agridulce. Originario de Asia Menor, en la actualidad crece en todos los climas templados.

moraleda *s. f.* **1.** Lugar plantado de morales. **2.** Moreral*.

moraleja *s. f.* Enseñanza que se saca de un cuento, una fábula, una experiencia, etc.

Morales, Cristóbal de (Sevilla h. 1500 - Málaga 1553) Músico español. Destacado compositor del Renacimiento, sintetiza en su música los elementos típicos de la escuela italiana y la flamenca. Su obra le sitúa en las más altas cimas de la polifonía renacentista. Es autor de madrigales, motetes y de obras como *Magnificat* (1542 y 1545) y *Misarum, liber I et II* (1544).

Morales, Luis de, llamado **el Divino** (Badajoz 1510 - íd. 1586) Pintor español. Es un notable representante del manierismo español, que une la tradición del clasicismo italiano y la pintura flamenca, utilizando los contrastes de luz y sombra para destacar las figuras humanas sobre fondos oscuros. Supo dar forma a una religiosidad popular, expresiva y dramática, sobre todo en los cuadros *Ecce Homo, La Piedad* y *La Virgen de la leche.* En colaboración con sus discípulos pintó retablos, como el de Arroyo de la Luz (Cáceres).

Morales, Rafael (Talavera de la Reina, Toledo 1919) Poeta español. Se reveló al público con el libro de sonetos *Poemas del toro* (1943). Su obra se caracteriza por una búsqueda de la belleza a través de lo sencillo, lo cotidiano y lo humilde. Otros títulos suyos son *El corazón y la tierra* (1946), *Los desterrados* (1947), *Canción sobre el asfalto* (1954), *La máscara y los dientes* (1962) y *La rueda y el viento* (1971).

Morales Bermúdez, Francisco (Lima 1921) Político y militar peruano. Era nieto de Remigio Morales Bermúdez. Ministro de Finanzas en los gobiernos de Belaúnde Terry (1968) y de Velasco Alvarado (1969-74), ocupó luego la jefatura del Estado Mayor y en 1975 fue nombrado primer ministro, ministro de la Guerra y jefe del Ejército. Dio a los pocos meses un golpe de Estado y se proclamó presidente para frenar las tendencias radicales y populistas del régimen militar de Velasco Alvarado. En 1978 abandonó el Ejército, aunque no la presidencia del país, y preparó el retorno de los civiles al gobierno, que se produjo en 1980 con el triunfo electoral de Belaúnde Terry.

Morales Bermúdez, Remigio (? 1836 - ? 1894) Militar y político peruano. Luchó en la guerra del Pacífico y ocupó la presidencia de la república entre 1890 y 1894. Reprimió con dureza el motín de Lima (1890) y mantuvo disputas fronterizas con Ecuador, Colombia y Chile.

moralidad *s. f.* Conformidad de una acción, conducta o actitud con los principios de la moral.

moralina *s. f.* **1.** Moralidad superficial o falsa. **2.** Moraleja simplista.

moralismo *s. m.* Actitud que concede a la moral una gran importancia.

moralista *adj.* **1.** Que tiene un sentido o una intención moral o moralizante. **2.** Se dice del que pretende moralizar con sus consejos, opiniones, etc. También *s.* ‖ *s. m.* y *f.* **3.** Persona que enseña o estudia moral o ética. **4.** Persona que escribe obras o tratados de moral.

moralizar *v. tr.* **1.** Hacer moral el comportamiento, las costumbres, etc., de las personas. ‖ *v. intr.* **2.** Hacer reflexiones morales. ■ Se conjuga como *cazar.* **FAM.** Moralización, moralizador, moralizante.

moralmente *adv. m.* **1.** De acuerdo con la moral personal o colectiva. **2.** En espíritu, con la intención. **3.** En cuanto al espíritu, en contraposición a lo físico o corporal.

Morand, Paul (París 1889 - íd. 1976) Escritor francés. Diplomático, su obra se nutre de los recuerdos y vivencias de sus viajes. Algunos de sus títulos más relevantes son *Abierto por la noche* (1922), *Cerrado por la noche* (1923), *Europa galante* (1925), *Campeones del mundo* (1930), *Crónicas del hombre delgado* (1941) y *El flagelante de Sevilla* (1959).

Morandi, Giorgio (Bolonia 1890 - íd. 1964) Pintor italiano. Seguidor en sus inicios de la pintura metafísica, se dedicó luego casi exclusivamente a la creación de bodegones, en los que logró una gran idealización de los objetos por medio del tratamiento de la luz. Entre sus obras destaca *Naturaleza muerta* (1929).

Morante, Elsa (Roma 1912 - íd. 1985) Escritora italiana. Sus novelas se caracterizan por el estudio analítico de los personajes y su capacidad de recrear un mundo entre el sueño y la realidad, con un estilo a la vez intimista y barroco. Sobresalen entre ellas *El juego secreto* (1941), *Mentira y sortilegio* (1948), *La isla de Arturo* (1957), *El chal andaluz* (1963), *La historia* (1974) y *Araceli* (1982).

morapio *s. m. fam.* Vino corriente, especialmente tinto.

morar *v. intr.* Vivir habitualmente en un determinado lugar.

Moratín, Leandro Fernández de (Madrid 1760 - París 1828) Escritor español. Hijo de Nicolás, inició su carrera como poeta, pero debe su fama a las obras teatrales, de estilo neoclásico, notables por su amenidad, elegancia y por la observación psicológica de los personajes. Gran viajero, apoyó al gobierno de José Bonaparte, que le nombró bibliotecario mayor. Con la retirada de las tropas francesas abandonó Madrid y en 1818 se exilió a Francia, al igual que otros muchos afrancesados. Entre sus obras dramáticas destacan, sobre todo, *La comedia nueva o El café* (1792) y *El sí de las niñas* (1806). Realizó, además, varias traducciones de obras de Molière y la primera que se hizo en España de la obra de Shakespeare, *Hamlet.*

Moratín, Nicolás Fernández de (Madrid 1737 - íd. 1780) Escritor español. Padre del anterior, cultivó dentro del neoclasicismo la poesía, el teatro y la crítica literaria. Con sus opiniones contribuyó a la prohibición de los autos sacramentales. Son famosas sus quintillas de sabor popular *Fiesta de toros en Madrid* y la tragedia *Guzmán el Bueno* (1777).

moratón *s. m.* Cardenal, mancha producida en la piel por un golpe. ■ Se dice también *moretón.*

moratoria *s. f.* Ampliación del plazo concedido para la realización de algo o el cumplimiento de una obligación, especialmente el pago de una deuda.

Moravia (*Morava*) Región histórica de Checoslovaquia, situada en el sector central del país. Está dividida en dos regiones administrativas: Moravia Septentrional (Severomoravsky), 11.067 km^2, 1.972.200 h. en 1990, cuya capital es Ostrava, con 330.600 h. en 1989; y Moravia Meridional (Jihomoravsky), 15.028 km^2, 2.058.200 h. en 1990, cuya capital es Brno, con 390.000 h. en 1989. Está regada por los ríos Morava, Jihlava y Oder, y en ella se cultivan cereales, patatas, re-

molacha, lúpulo y frutales. Tiene minas de carbón, hierro, plata, plomo y cinc, industria siderúrgica, metalúrgica, textil, maderera, de maquinaria y alimentaria.
Hist. La región situada al N de la Panonia romana, más allá del río Danubio, estuvo habitada por celtas y cuados. Tras las primeras invasiones fue ocupada por los ávaros en el año 567. En el s. VII se instalaron los moravos, pueblo de raza eslava. En el 799 la región fue conquistada por los carolingios, que convirtieron a los moravos en tributarios de su imperio. En el año 830 Mojmir fundó el estado independiente de Moravia, pero fue depuesto por el emperador Luis el Germánico; su sucesor Ratislav restauró el estado. En las segundas invasiones sufrió la conquista magiar en el 908. Desde 1029 Moravia fue dominada por los duques de Bohemia. Durante los s. XV y XVI fue el centro de la revolución husita, pero después de la guerra de los Treinta Años la región hubo de aceptar el catolicismo. En 1919, tras la Primera Guerra Mundial, se integró en Checoslovaquia.

Moravia, Alberto Pincherle, llamado **Alberto** (Roma 1907 - íd. 1990) Escritor italiano. Es autor de una extensa obra narrativa en la que describe, con una visión crítica y pesimista, la sociedad italiana burguesa y los sentimientos, conductas y motivaciones del hombre contemporáneo. Entre sus novelas sobresalen *Los indiferentes* (1929), *Agostino* (1944), *La romana* (1947), *El conformista* (1951), *El desprecio* (1954), *La ciociara* (1957) y *La vida interior* (1978). Escribió también magníficos relatos cortos, como *Cuentos romanos*, ensayos y obras de teatro.

moravo, va *adj.* De Moravia. También *s.*

Morazán, Francisco (Tegucigalpa 1792 - San José de Costa Rica 1842) Político hondureño. Nombrado presidente de Honduras al estallar en 1827 la guerra civil centroamericana, ocupó en 1829 Guatemala, al frente de un ejército liberal. Entre 1830 y 1839 presidió la Confederación de las Provincias Unidas de Centroamérica, sin poder evitar las tendencias separatistas que llevaron a la independencia de Guatemala (1837), Nicaragua, Honduras y Costa Rica (1838). Limitado su poder a El Salvador, hubo de huir a Panamá en 1840. En 1842 tomó el poder en Costa Rica, pero al poco tiempo fue derrotado por el caudillo guatemalteco Carrera y ejecutado.

morbidez *s. f.* Cualidad de lo que es mórbido, blando o delicado.

morbididad *s. f.* Morbilidad*.

mórbido, da *adj.* **1.** Blando o delicado, especialmente aplicado a las formas del cuerpo femenino. **2.** Que produce o padece enfermedad.

morbilidad *s. f.* Estudio estadístico de las personas que enferman en un lugar y periodo determinados. ▪ Se dice también *morbididad.*

morbo *s. m.* **1.** Atractivo que despierta lo desagradable, lo cruel, lo prohibido, etc. **2.** Enfermedad. ‖ **3. morbo gálico** Sífilis*.

morbosidad *s. f.* **1.** Cualidad de morboso. **2.** Estado sanitario de una localidad o país, que se determina por el número de enfermos y los tipos de enfermedades existentes.

morboso, sa *adj.* **1.** Que muestra morbo, gusto por lo desagradable, cruel o prohibido. **2.** Perteneciente o relativo a la enfermedad. **3.** Que causa enfermedad o es propicio a ella.

morcilla *s. f.* **1.** Embutido de sangre de cerdo cocida, mezclada con cebolla y especias y, a veces, con otros ingredientes, como arroz, piñones, etc. **2.** *fam.* Añadido de palabras de su invención que un actor intercala en su papel. ‖ **LOC. que te (le, os, etc.) den morcilla** *fam.* Indica desprecio o desinterés hacia alguien o algo.

morcillo *s. m.* En la carne de los bovinos, parte alta de las patas.

morcillo, lla *adj.* Se aplica al caballo de color negro con reflejo rojizo.

morcón *s. m.* **1.** Tripa gruesa de algunos animales que se utiliza para hacer embutidos. **2.** Embutido grueso hecho con dicha tripa.

mordacidad *s. f.* Cualidad de mordaz.

mordaz *adj.* Se aplica a la persona que critica con ironía aguda o mala intención, así como a su ingenio o a lo que dice. **FAM.** Mordazmente.

mordaza *s. f.* **1.** Pañuelo, esparadrapo o cualquier cosa que se pone en la boca de alguien para impedirle hablar. **2.** Lo que impide que una persona, entidad, etc., pueda expresarse con entera libertad. **3.** Dispositivo de dos piezas que, actuando a modo de tenaza, sujetan entre ellas un objeto, como en el tornillo del banco de carpintero.

mordedura *s. f.* **1.** Acción y efecto de morder. **2.** Herida o marca dejada al morder.

mordente *s. m.* **1.** Mordiente químico. **2.** En mús., adorno del canto que consiste en una nota breve intercalada entre otras dos y que se ejecuta con gran rapidez.

morder *v. tr.* **1.** Apretar una cosa con los dientes, clavándolos en ella. También *v. prnl.* **2.** Realizar un acción semejante un utensilio o máquina. **3.** Desgastar, limar o arrancar trozos pequeños de alguna cosa. **4.** Someter a la acción de los ácidos, o corroer éstos, alguna cosa o material, p. ej. en artes gráficas la plancha que se va a grabar. **5.** En artes gráficas, sobreponerse o pisar una impresión a otra. ‖ *v. intr.* **6.** Estar furioso o de muy mal humor. ▪ Es v. irreg. Se conjuga como *mover.* **FAM.** Mordedor.

mordido, da *1. p. p.* de **morder**. También *adj.* ‖ *s. m.* **2.** Acción y efecto de morder un ácido o con un ácido. **3.** En fotografía, tratamiento de las imágenes con ciertas sustancias para fijar los colorantes básicos que se utilizan en los procedimientos de virajes. ‖ *s. f.* **4.** *amer.* Soborno a un empleado o funcionario, o beneficio que éste obtiene de un particular, abusando de las atribuciones de su cargo.

mordiente *s. m.* **1.** Sustancia química que fija los tintes a las telas, provocando su precipitación sobre las fibras y la aparición de enlaces químicos entre ellos; los principales mordientes son las sales de cromo. **2.** Agua fuerte con que se muerde o corroe una lámina o plancha para grabarla.

mordiscar *v. tr.* Mordisquear*. ▪ Se conjuga como *sacar.*

mordisco *s. m.* **1.** Acción y efecto de hincar los dientes en algo. **2.** Trozo que se arranca al morder. **3.** Acción semejante a la de morder, aunque no se haga con los dientes. **4.** Beneficio que se obtiene de un sorteo, lotería, negocio, etc.

mordisquear *v. tr.* Morder algo repetidamente con poca fuerza o arrancando trozos pequeños. ▪ Se dice también *mordiscar.*

Moréas, Joannis Papadiamantopulos, llamado **Jean** (Atenas 1856 - París 1910) Poeta francés de origen griego. Establecido en París en 1882, fue autor del manifiesto simbolista (1886), pero en 1891 abandonó el movimiento y fundó la escuela romántica, para continuar la tradición grecolatina. Al periodo simbolista corresponden sus libros *Las sirtes* (1884), *Las cantilenas* (1886), *El peregrino apasionado* (1890) y al de orientación clasica, *Silvas* (1893), *Las estancias* (1899-1920) y la tragedia *Ifigenia* (1903).

Moreau, Gustave (París 1826 - íd. 1898) Pintor francés. Viajó por Italia, donde recibió el influjo de los grandes pintores renacentistas. Ajeno a las corrientes pictóricas de la época, el realismo y el impresionismo, dio mayor importancia al mundo de los sentimientos, que interpretó de una forma simbólica y con derroche de fantasía y colorido, por lo que suele ser considerado precursor de algunos de los movimientos de la vanguardia pictórica del s. XX, como el surrealismo. Entre sus obras principales cabe citar *Edipo y la esfinge*, *El rapto de Europa* (1868) y *Hesíodo y la musa.*

Moreau, Jeanne (París 1928) Actriz francesa de teatro y cine. Estrella de la *nouvelle vague*, destacó por su sensualidad y dramatismo. Entre sus películas merecen mención *Ascensor para el cadalso* (1958), *La noche* (1961), *Jules et Jim* (1962), *Diario de una camarera* (1964), *Campanadas a medianoche* (1966), *Una historia inmortal* (1968) y *El último magnate* (1976).

Morelia C. de México, cap. del estado de Michoacán, situada al O de la capital del país. 353.000 h. en 1982. Es un mercado agrícola y centro comercial, que cuenta con industrias químicas, textiles y alimentarias.

Morelos Estado de México, situado al S de la capital del país. 4.950 km^2. 1.195.400 h. en 1990. La capital es Cuernavaca, con 233.000 h. en 1982. Es una región agrícola densamente poblada, que tiene cultivos de caña de azúcar, maíz, arroz, trigo, hortalizas y café; posee ganadería e industria textil y cementera.

Morelos y Pavón, José María (Valladolid, actual Morelia 1765 - San Cristóbal Ecatepec 1815) Patriota mexicano. Cura de Carácuaro, se unió en 1810 a la insurrección de Hidalgo, que le encargó la conquista del S de México. Convertido en comandante de todas las fuerzas rebeldes tras la toma de Acapulco en 1813, convocó ese mismo año el congreso de Chilpancingo, que proclamó la independencia de México, redactó una Constitución provisional y le confirmó en el poder. Sin embargo, las derrotas de Lomas de Santa María (1813) y Puruarán (1814), unidas a las desavenencias en el movimiento independentista, debilitaron su posición, hasta que en 1815 fue apresado por los realistas, juzgado y fusilado.

José María Morelos. Retrato realizado por un indio mixteca en 1812 (Museo Nacional de Historia, México).

morena[1] (del lat. *muraena*) *s. f.* Pez osteictio de la familia murénidos, especie *Muraena helena.* De unos 130 cm de longitud, tiene el cuerpo alargado y de color pardo oscuro con vetas amarillas, carece de aletas y posee fuertes dientes. Habita en el Atlántico y Mediterráneo cerca de las costas y es un gran depredador de otros peces. Es apreciado como alimento.

Morena (Muraena helena).

morena[2] *s. f.* **1.** Montón de mieses, según se va segando. **2.** Morrena*.

Morena, Sierra Cordillera española, situada en el borde meridional de la Meseta, separando las cuencas de los ríos Guadiana y Guadalquivir. Se originó a partir del mismo zócalo de la Meseta, que al fracturarse y elevarse dio lugar a pequeñas alturas en torno a los 1.000 m, que culminan en el pico Bañuela (1.323 m). Frontera natural entre el S de la Meseta y la Campiña del Guadalquivir, es cruzada por los pasos de Despeñaperros y Aracena.

Moreneta, La En Cataluña, nombre popular de la Virgen de Montserrat.

morenez *s. f.* Cualidad de moreno.

moreno, na *adj.* **1.** Se aplica a la persona de raza blanca con el pelo negro u oscuro. También *s.* **2.** Se aplica a la persona de tez oscura, así como a su piel, rostro, etc. También *s.* **3.** Bronceado, tostado por el sol. **4.** *fam.* Se dice de la persona negra o mulata. También *s.* **5.** Se dice de ciertas cosas de una variedad de color más oscuro que el corriente en su especie. ‖ *s. m.* **6.** Color más oscuro que toma la piel expuesta al sol.

Moreno, Jacob Levy (Bucarest 1892 - Beacon, Nueva York 1974) Psicólogo estadounidense de origen rumano. Creó el teatro de la improvisación, que posteriormente aplicó a la técnica terapéutica conocida como *psicodrama.* Desarrolló las técnicas de terapia de grupo.

Moreno, Mario Véase **Cantinflas**.

Moreno Torroba, Federico (Madrid 1891 - íd. 1982) Músico español. Al comienzo de su carrera compuso obras sinfónicas, pero pronto se consagró a la ópera y la zarzuela. De su producción puede citarse la ópera *La Virgen de mayo* (1925) y las zarzuelas *La chulapona* (1934) y *La boda del señor Bringas* (1953).

Moreno Villa, José (Málaga 1887 - Ciudad de México 1955) Escritor y pintor español. Su obra literaria abarca poesía, teatro, cuento y ensayo. Como poeta se inició en la tradición modernista y evolucionó hacia un estilo en el que se reconoce la influencia surrealista y que destaca por la utilización del verso libre, la sencillez casi prosaica, los rasgos autobiográficos y el sentido del humor. Entre sus mejores obras en este género figuran *Jacinta la Pelirroja* (1929), *Carambas* (1931), *Salón sin muros* (1936) y *Puerta severa* (1941). Exiliado a México durante la guerra civil española, publicó allí, entre otros libros, su autobiografía *Vida en claro* (1944).

morera *s. f.* Árbol de la familia moráceas, especie *Morus alba*. Alcanza hasta 15 m de altura, tiene tronco ancho, hojas caducas de forma ovalada y borde dentado e infrutescencias pedunculadas, blancas o rosadas, de sabor dulce, llamadas *moras*. Se cultiva, pues sus hojas sirven de alimento a los gusanos de seda. Es originario de China y fue introducido en Europa en el s. XV. También se usa como árbol ornamental.

Morera (Morus alba)*; detalle del fruto, hojas e inflorescencias.*

moreral *s. m.* Plantación de moreras. ■ Se llama también *moraleda*.

morería *s. f.* **1.** En España, barrio donde vivían apartados los mudéjares primero y luego los moriscos. **2.** Territorio o país habitado por moros.

Moret y Prendergast, Segismundo (Cádiz 1838 - Madrid 1913) Político español. Entre 1886 y 1902 fue seis veces ministro en gobiernos de Sagasta. Cuando éste murió en 1903, intentó sucederle al frente del Partido Liberal, sin conseguirlo. En 1905 obtuvo la jefatura del gobierno, pero hubo de dimitir tras el atentado de Mateo Morral contra Alfonso XIII. Otras dos veces ocupó efímeramente la jefatura del gobierno.

Moreto, Agustín (Madrid 1618 - Toledo 1669) Escritor español. Estudió en Alcalá de Henares y pronto se convirtió en uno de los principales autores dramáticos de la corte de Felipe IV. Su fecundísima obra está basada en los preceptos de Lope de Vega, aunque toma también elementos del teatro de Calderón. Escribió muchas comedias de tema religioso, histórico o costumbrista. Entre sus obras destacan *El lindo don Diego* (1654) y *El desdén con el desdén* (1662).

moretón *s. m.* Moratón*.

morfema *s. m.* Unidad mínima del lenguaje con significado no léxico, que da forma a las palabras y las completa. Pueden ser derivativos o afijos, relacionales (preposiciones y conjunciones) y gramaticales, como p. ej. los morfemas de género, número o persona y tiempo y modo en los verbos. **FAM.** Morfemático.

Morfeo En la mitología griega y romana, dios del sueño, hijo de la Noche y el Sueño, que adoptaba formas humanas para mostrarse a los hombres mientras duermen.

morfina *s. f.* $C_{17}H_{19}NO_3.H_2O$. Uno de los alcaloides del opio. Fue aislado en 1806 por el farmacéutico alemán Friedrich Wilhelm Sertürner. Es un polvo blanco, soluble en medio básico y ácido, que se comercializa en forma de sal y constituye un potente narcótico que actúa sobre el sistema nervioso central. Se utiliza en medicina como analgésico. Su consumo incontrolado produce adicción y graves trastornos fisiológicos y psíquicos.

morfinismo *s. m.* Intoxicación crónica producida por el abuso de la morfina.

morfinomanía *s. f.* Toxicomanía producida por el consumo de morfina.

morfinómano, na *adj.* Que sufre morfinomanía. También *s.*

morfo- o **-morfo** *pref.* o *suf.* Significa 'forma': *morfología, antropomorfo.*

morfogénesis *s. f.* En embriología, evolución y desarrollo de las formas y de las estructuras de los organismos. **FAM.** Morfogenético.

morfología *s. f.* **1.** Parte de la biología que estudia la forma de los seres orgánicos y su evolución. **2.** Parte de la lingüística que estudia la forma de las palabras y su estructura interna. **3.** Geomorfología. **FAM.** Morfológico.

morfosintaxis *s. f.* Parte de la lingüística que combina el estudio de la morfología y la sintaxis. **FAM.** Morfosintáctico.

Morgan, Henry John (Llanrhymney, Gales h. 1635 - Port Royal, Jamaica 1688) Corsario inglés. Lugarteniente de Edward Mansfield, participó en la conquista de la isla Providence, actual Santa Catalina (1666), y a la muerte de aquél fue elegido jefe por los bucaneros. Con el apoyo de las autoridades de Jamaica, saqueó la ciudad de Panamá (1671), violando el reciente tratado entre España e Inglaterra. Por esta acción fue enviado preso a la metrópoli, pero Carlos II lo colmó de honores, lo armó caballero y lo nombró lugarteniente general de Jamaica.

Morgan, John Pierpont (Hartford, Connecticut 1837 - Roma 1913) Financiero estadounidense. Fundó en 1871 la banca Morgan y controló las compañías ferroviarias y buena parte de la industria del acero de su país, lo que originó una de las dinastías empresariales más poderosas del mundo.

Morgan, Lewis Henry (Aurora, Nueva York 1818 - Rochester 1881) Antropólogo estadounidense. Está considerado como uno de los fundadores de la moderna antropología en su corriente evolucionista. Desarrolló los métodos de observación y análisis de las sociedades primitivas y elaboró un esquema de la evolución de las sociedades que influyó en Marx y Engels. Escribió *La liga de los iroqueses* (1851), *Los sistemas de consanguinidad y afinidad de la familia humana* (1871) y *La sociedad primitiva* (1877).

Morgan, Michèle (Neuilly-sur-Seine 1920) Actriz de cine francesa. Formó pareja con Jean Gabin. Entre sus interpretaciones destacan las de los filmes *El muelle de las brumas* (1938), *Ángeles del arroyo* (*Les musiciens du ciel*, 1939), *Remordimiento* (1941), *Los orgullosos* (1953), *Falsa obsesión* (1954), *María Antonieta* (1956) y *Las maniobras del amor* (*Les grandes manoeuvres*, 1955).

Morgan, Thomas Hunt (Lexington, Kentucky 1866 - Pasadena, California 1945) Biólogo estadounidense. Fue autor de la teoría cromosómica de la herencia, que relacionaba genes y cromosomas y que expuso en sus obras *Mecanismo de la herencia mendeliana* (1915), *Bases físicas de la herencia* (1919) y *La teoría del gen* (1926). Es famoso por sus numerosos experimentos con la mosca de las frutas *Drosophila*. Recibió el premio Nobel de medicina y fisiología en 1933.

morganático, ca *adj.* **1.** Se dice del matrimonio de un rey, una reina, un príncipe o una princesa con alguien que no tiene estirpe real, conservando cada uno su condición después de celebrado; p. ext., se aplica al que contraen personas de muy distinta clase social. **2.** Se dice de quien contrae este matrimonio.

morgue (voz fr.) *s. f.* Depósito de cadáveres.

moribundo, da *adj.* **1.** Que se está muriendo. También *s.* **2.** Que está extinguiéndose.

morigerar *v. tr.* Moderar los ánimos, sentimientos, deseos, acciones, etc. También *v. prnl.*

Mörike, Edouard (Ludwigsburg 1804 - Stuttgart 1875) Escritor alemán. Pastor protestante, fue profesor de literatura en Stuttgart. En sus obras une la perfección clasicista con los motivos románticos. Fue uno de los poetas líricos más estimados de su época y a algunas de sus composiciones pusieron música maestros como Brahms o Schumann. Algunos de sus obras más destacadas son, en poesía *Poemas* (1838) e *Idilio en el lago de Constanza* (1846), y en novelas *El pintor Nolten* (1832) y *Mozart camino de Praga* (1856).

moriles *s. m.* Vino de fina calidad, transparente y no de mucha graduación alcohólica, que se cría y elabora en la provincia de Córdoba (España); este vino y el de montilla se distinguen con la denominación de origen Moriles-Montilla.

morillo *s. m.* Cada uno de los dos caballetes de hierro que se colocan en el hogar o en la chimenea para apoyar la leña.

Morillo, Pablo (Fuentesecas, Zamora 1775 - Barèges, Francia 1837) Militar español. Tras una brillante actuación en la guerra de la Independencia, Fernando VII le envió en 1814 a América al frente de 10.000 soldados para combatir a los independentistas. Derrotado por Bolívar en Boyacá (1819), firmó en 1820 el armisticio de Trujillo. Volvió a España y apoyó al régimen liberal, que le nombró capitán general de Castilla la Nueva, pero en 1823, al restablecerse el absolutismo, se inclinó por éste. Ante la desconfianza del rey, se exilió a Francia, de donde retornó a España en 1832. Durante la primera guerra carlista dio su apoyo a los isabelinos.

Morin, Edgar (París 1921) Sociólogo francés. Ha realizado investigaciones en los ámbitos de la cultura de masas, los medios de comunicación y la ecología, con las que ha ampliado el campo de los estudios sociológicos y renovado su metodología. Entre sus obras destacan *El espíritu de la época* (1962), *Diario de California* (1971) y *El método*, título general de una serie iniciada en 1977.

morir *v. intr.* **1.** Llegar a su fin un organismo que tiene vida. También *v. prnl.* **2.** Terminar, extinguirse, cesar. También *v. prnl.* **3.** Ir a parar o acabar en un punto una línea, tubería, camino, etc. **4.** Experimentar intensamente un deseo, sentimiento, necesidad, etc. También *v. prnl.* ■ Es v. irreg. Se conjuga como *dormir*, excepto en el p. p., que es *muerto*.

morisco, ca *adj.* **1.** Se dice de los musulmanes que quedaron en España después de terminada la Reconquista y de sus descendientes. También *s.* **2.** Perteneciente o relativo a ellos. **3.** Moruno*. ***Hist.*** Los moriscos vivían distribuidos irregularmente por toda la península Ibérica, aunque las mayores concentraciones se daban en Valencia, Aragón, Castilla, Murcia y Andalucía. En general residían en sus lugares de origen y se dedicaban a las faenas agrícolas en tierras señoriales. Formaban una comunidad cerrada, que hablaba el árabe, practicaba clandestinamente el islamismo y conservaba muchas de sus costumbres tradicionales. Nunca llegaron a integrarse con la población cristiana. Un levantamiento morisco en las Alpujarras fue sofocado por don Juan de Austria después de tres años de luchas. En 1609 Felipe III decretó su expulsión, como medida de seguridad para la monarquía, ante el temor de que una nueva sublevación morisca recibiera el apoyo de turcos y berberiscos. La operación se dio por concluida en 1614 y afectó a unas 150.000 personas.

morisma *s. f.* **1.** Los moros o musulmanes considerados en conjunto. **2.** Multitud de moros.

Morisot, Berthe (Bourges 1841 - París 1895) Pintora francesa. Formada por Corot, se unió al grupo impresionista desde sus orígenes. En sus obras se advierten las influencias de Manet, Monet y Renoir. Su personal estilo se distingue por la pincelada libre y por el tratamiento de la luz y el color. Pintó temas de carácter intimista y paisajes. Entre sus lienzos cabe mencionar *La cuna* (1873), *Muchacha cosiendo en un jardín* (1881) y *Marina inglesa.*

morisqueta *s. f.* Mueca, gesto de la cara.

morlaco *s. m.* Toro de lidia de gran tamaño.

Morley, Thomas (? 1557 - ? 1602) Músico inglés. Fue alumno de William Byrd y uno de los más destacados representantes de la escuela madrigalista inglesa. Compuso piezas para laúd y realizó algunas composiciones religiosas. Es autor de *Canzonets* (1593, 1595 y 1597), *Madrigales* (1594) y *Ballets* (1593).

mormón, na *adj.* **1.** Se aplica a la secta religiosa de la Iglesia de Jesucristo y de los Santos del Último Día, fundada en el estado de Nueva York (EE UU) por Joseph Smith, en 1830, quien instaló su Iglesia en Ohio y Missouri. Más tarde, su sucesor, Brigham Young, la trasladó a Utah (1846-47) y construyó Salt Lake City. El nombre de la secta proviene de un supuesto profeta, llamado Mormón, que habría escrito la historia del pueblo americano desde la época de la torre de Babel. Además de constituir una singular mezcla de judaísmo y cristianismo, la secta se hizo famosa por su aceptación de la poligamia, siguiendo el ejemplo de los patriarcas bíblicos, si bien desde 1890 aceptó la legislación americana al respecto. **2.** De esta secta. También *s.*

mormonismo *s. m.* **1.** Secta religiosa de los mormones. **2.** Conjunto de doctrinas y ritos de esta secta. **FAM.** Mormónico.

moro, ra *adj.* **1.** Del norte de África. También *s.* **2.** Se aplica al individuo de la población musulmana de al-Ándalus. También *s.* **3.** Perteneciente o relativo a esta población. **4.** *fam.* P. ext., musulmán. También *s.* **5.** Se dice de la población musulmana en Filipinas. También *s.* **6.** *fam.* Se dice del hombre muy celoso y machista. También *s. m.* **7.** *fam.* No bautizado. También *s.* **8.** Se aplica a la caballería de pelo negro con una estrella o mancha blanca en la frente y con una o dos extremidades de distinto color que el resto del cuerpo. || *s. m.* **9.** En argot, Marruecos. || **10. moros y cristianos** Fiesta popular de diversas localidades españolas, en la que se simula una lucha con gran derroche de pólvora entre personas disfrazadas de moros y cristianos, con la victoria final de estos últimos. || **LOC. haber moros en la costa** *fam.* Haber alguien en cuya presencia resulta peligroso o improcedente decir o hacer algo.

Moro, Aldo (Maglie, Lecce 1916 - Roma 1978) Político italiano. Secretario general de la Democracia Cristiana (1959-65) y presidente del partido en 1976, varias veces ministro y jefe de gobierno entre 1963 y 1968, fue el principal impulsor de la política de centro izquierda y del acercamiento del Partido Comunista a las tareas de gobierno. Nuevamente jefe de gobierno (1974-76), en 1978 fue secuestrado y posteriormente asesinado por el grupo terrorista de extrema izquierda Brigadas Rojas.

Moro, Anthonis Mor van Dashorst, llamado **Antonio** (Utrecht h. 1519 - Amberes 1576) Pintor holandés. Retratista formado en el estudio de Van Scorel, fue pintor de cámara de Carlos V y como tal trabajó en España, Inglaterra, Flandes y Holanda, realizando retratos de los reyes, personajes de la corte, bufones, magnates y eclesiásticos. Inició un tipo de retrato de un extraordinario realismo, síntesis personal entre la tradición holandesa y el nuevo retrato veneciano, que constituyó la base de la técnica retratista española que culminó en Velázquez. Entre sus mejores obras figuran *El cardenal Granvela* (1549), *María Tudor* y *Felipe II* (1550).

Santo Tomás Moro. Cuadro de Holbein (Posada de Lincoln, Londres).

Moro, Santo Tomás (Londres 1478 - íd. 1535) Humanista y político inglés. Estudió en Oxford y Londres y ejerció como jurisconsulto, hasta llegar a ser uno de los principales representantes de la cultura de su país. Enemistado con el rey Enrique VII, tuvo que abandonar la vida pública hasta la subida al poder de Enrique VIII (1509), bajo cuyo reinado obtuvo una gran fortuna e importantes cargos políticos y diplomáticos. A pesar de ello, se opuso firmemente a la Reforma anglicana y no aprobó el divorcio del rey. Considerado enemigo de la patria, fue encarcelado y ejecutado. La Iglesia católica le canonizó en 1935. Es autor de *Utopía* (1516), obra en que describe la organización ideal de un Estado.

morocho, cha *adj.* **1.** *amer.* Se aplica a la persona morena. También *s.* || *s. m. pl.* **2.** *Ven.* Mellizos o gemelos.

Morón de la Frontera C. de España, situada en el S de la prov. de Sevilla. 29.200 h. en 1990. Es un centro agrícola y comercial y de la industria de la construcción, destilera, alimentaria y jabonera.

Morona-Santiago Prov. de Ecuador, situada en el E del país, junto a la frontera con Perú. 26.418 km^2. 95.750 h. en 1989. La capital es Macas, con 2.800 h. en 1982. Sus recursos económicos proceden de la agricultura de cacao, vainilla, yuca y plátano, la explotación forestal y cauchera y las arenas auríferas.

morondo, da *adj.* Pelado, que no tiene pelo, hojas, etc.

Moroni C. de Comores, cap. del país, en la isla Gran Comore. 22.000 h. en 1988. Es centro comercial y administrativo y lugar de peregrinación islámica.

moroso, sa *adj.* **1.** Se aplica a la persona que tarda en pagar lo que debe. También *s.* **2.** Lento, pausado. **FAM.** Morosamente, morosidad.

morrada *s. f. fam.* Golpe, especialmente el dado en la cara.

morral *s. m.* **1.** Especie de bolsa o mochila que llevan los pastores, cazadores, soldados, etc. **2.** Bolsa que contiene pienso y se cuelga de la cabeza de las caballerías para que coman.

morralla *s. f.* **1.** Conjunto de cosas inútiles o de poco valor. **2.** Conjunto de personas de baja condición. **3.** Dinero suelto, calderilla. **4.** Pescado menudo y de diferentes clases.

morrear *v. intr. vulg.* Besarse en la boca con insistencia. También *v. tr.* y *v. prnl.* **FAM.** Morreo.

morrena *s. f.* Depósito de materiales geológicos diversos, como rocas, cantos, gravilla, arcilla, etc., erosionados, transportados y depositados por un glaciar. Según su situación respecto a la lengua del glaciar, puede ser de fondo, lateral, final, mediana, terminal, etc. La morrena terminal, o arco morrénico, señala el límite máximo de la capa de hielo glaciar. Se llama también *morena.*

Morricone, Ennio (Roma 1928) Compositor italiano. Especialista en música para películas, ha compuesto entre otras las de los filmes *Antes de la revolución* (1964), en colaboración con el cantante Gino Paoli, *Por un puñado de dólares* (1964), *El bueno, el feo y el malo* (1966), *La batalla de Argel* (1966), *Teorema* (1968) y *Exorcista II: el hereje* (1977).

morrillo *s. m.* **1.** Parte carnosa y abultada que tienen las reses en la parte superior del cuello. **2.** *fam.* Cogote abultado.

morriña *s. f.* Nostalgia que siente alguien al estar lejos de su tierra natal o de los suyos. **FAM.** Morriñoso.

morrión *s. m.* **1.** Casco de la armadura antigua con los bordes levantados. **2.** Antiguo gorro militar alto y provisto de visera.

Morris, William (Elm House, Walthamstow 1834 - Hammersmith, Londres 1896) Pintor y poeta inglés. Miembro del grupo prerrafaelista, fue uno de los impulsores de la renovación de las artes decorativas en su país. Fundó en 1863 una fábrica de papel pintado, para la que realizó numerosos dibujos, y organizó desde 1882 las exposiciones *Arts and Crafts.* Como teórico fue uno de los primeros en interesarse por las relaciones entre arte e industria. Entre sus obras poéticas destacan *El paraíso terrenal* (1868-70) y *La historia de Sigurd el volsungo* (1876).

morro *s. m.* **1.** Hocico de los animales. **2.** *fam.* Labios de las personas, especialmente cuando son gruesos. **3.** Parte delantera de alguna cosa que sobresale como si se tratara de un hocico. **4.** Roca o monte pequeño y redondeado. **5.** Peñasco en la costa que sirve de referencia a los navegantes. **6.** *fam.* Cara dura, descaro. || **LOC. de morros** *adj. fam.* Enfadado. **por el morro** *fam.* Gratis, sin pagar o tener que esforzarse para conseguir algo; también, con mucho atrevimiento o descaro. **FAM.** Morrudo.

morrocotudo, da *adj. fam.* Tremendo, de gran importancia, dificultad o intensidad.

morrón *adj.* **1.** Se aplica a una variedad de pimiento rojo, muy grueso y carnoso. || *s. m.* **2.** *fam.* Golpe, caída.

morsa *s. f.* Mamíferos pinnípedo de la familia odobénidos, especie *Odobenus rosmarus.* Alcanzan unos 3,5 m de longitud, tienen las extremidades incluidas en el tronco hasta más abajo del codo y la rodilla y acabadas en forma de aleta, piel gruesa y cabeza pequeña con bigotes de grandes cerdas. El macho presenta un par de colmillos rectos y puntiagudos. Las morsas nadan frente a las costas alimentándose de pequeños invertebrados. Existen dos variantes, una de las cuales habita en el Ártico y Atlántico y la otra en el Pacífico. Son cazadas por su grasa, su piel y sus colmillos.

Morsa (Odobenus rosmarus).

morse *s. m.* Código ideado por el estadounidense Samuel Morse que representa las letras del alfabeto por combinaciones de puntos y rayas. Fue adoptado internacionalmente para los mensajes y comunicaciones por telégrafo.

Morse, Samuel (Charlestown 1791 - Nueva York 1872) Inventor estadounidense. Construyó uno de los primeros telégrafos eléctricos e ideó el código de transmisión que lleva su nombre.

mortadela *s. f.* Embutido grueso hecho con carne picada de cerdo o vaca y con otros ingredientes.

mortaja[1] (del lat. *mortualia,* de *mortuus,* muerto) *s. f.* **1.** Vestidura en que se envuelve un cadáver para enterrarlo. **2.** *amer.* Hoja de papel de fumar.

mortaja[2] (del fr. *mortaise*) *s. f.* Hueco hecho en una cosa para poder encajar algo.

mortal *adj.* **1.** Que ha de morir. **2.** Que produce o puede producir la muerte. **3.** Propio de un muerto o semejante a él. **4.** Aplicado a las peleas, enfrentamientos, etc., a muerte. **5.** Se dice de las pasiones, relaciones, etc., en que se llega a desear la muerte de otro u otros. **6.** Muy fatigoso, angustioso o pesado. **7.** Muy fuerte o intenso. || *s. m.* **8.** El hombre. **FAM.** Mortalmente.

mortalidad *s. f.* **1.** Cualidad de mortal. **2.** En demografía, relación entre el número de muertes y la población total en un lugar y tiempo determinados; se expresa en tantos por ciento o por mil. Se llama también *tasa de mortalidad.*

mortandad *s. f.* Gran cantidad de muertes causadas por una catástrofe, como p. ej. una guerra, epidemia, etc.

mortecino, na *adj.* Que no tiene fuerza, energía o viveza.

mortero *s. m.* **1.** Utensilio formado por un recipiente y un mazo para machacar en él semillas, especias, etc. **2.** Mezcla de cemento, arena y agua que se utiliza como material de construcción para unir entre sí piedras o ladrillos y, a veces, para cubrir superficies. **3.** Arma de artillería de gran calibre y corto alcance. **4.** Máquina semejante para lanzar cohetes y otros artificios pirotécnicos.

morteruelo *s. m.* Guiso hecho con hígado de cerdo, liebre, perdiz, etc., triturados y agregando pan rallado y especias.

mortífero, ra *adj.* Que ocasiona o puede ocasionar la muerte.

mortificar *v. tr.* **1.** Castigar físicamente el cuerpo como penitencia o sacrificio. Se usa más como *v. prnl.* **2.** Producir dolor, inquietud, remordimiento, etc. También *v. prnl.* **3.** Causar molestia o fastidio. ■ Se conjuga como *sacar.* **FAM.** Mortificación, mortificante.

mortuorio, ria *adj.* Perteneciente o relativo al muerto o a las honras funerarias que por él se hacen.

morucho *s. m.* **1.** Novillo al que se le han colocado bolas en las puntas de los cuernos para que lo toreen aficionados. **2.** P. ext., toro de lidia con poca casta o energía.

morueco *s. m.* Carnero padre o que se ha utilizado para la fecundación de las ovejas.

mórula *s. f.* Estadio del desarrollo del embrión en que éste está formado por una masa esférica de células.

moruno, na *adj.* **1.** Perteneciente o relativo a los moros o a los árabes en general. **2.** De estilo o características semejantes a lo árabe.

Mosa (en fr. *Meuse,* en neerlandés *Maas*) Río de Europa. 950 km de longitud. Nace en el NE de Francia, en la meseta de Langres, recorre las Ardenas, penetra en Bélgica en dirección N, pasa por Namur, Lieja y Maastricht, y en las cercanías de Nimega toma rumbo O; desemboca en el mar del Norte, formando un delta común con el Rhin. Su principal afluente es el Sambre. Navegable a partir de Sedán, constituye una importante vía de comunicación.

mosaicismo *s. m.* Alteración genética que se caracteriza por un reparto desigual de los cromosomas en las células de un mismo organismo.

mosaico *s. m.* **1.** Técnica artística que consiste en encajar sobre una superficie pequeñas piezas de materiales diversos como piedra, vidrio, cerámica, etc., y generalmente de distinto color, cuyo conjunto forma un dibujo. **2.** Obra obtenida mediante esta técnica. **3.** Cualquier cosa formada por elementos diversos. **4.** Enfermedad infecciosa que ataca a vegetales como el tabaco, la patata y el guisante, cuyas hojas se cubren de manchas oscuras.

mosaico, ca *adj.* Perteneciente o relativo a Moisés o al mosaísmo.

mosaísmo *s. m.* Conjunto de preceptos y enseñanzas que Dios dio al pueblo de Israel a través de Moisés.

mosca *s. f.* **1.** Nombre común de gran número de insectos dípteros de varias familias, con numerosos géneros y unas 100.000 especies. La mosca común *(Musca domestica)* pertenece a la familia múscidos, mide entre 6 y 8 mm de longitud, tiene un ciclo evolutivo de 10 a 14 días y una descendencia de 2.000 huevos. Posee aparato bucal picador-chupador, un par de alas y seis patas con capacidad adherente. Habita en todo el planeta y puede transmitir fácilmente infecciones y enfermedades. **2.** Cebo artificial y de colores vistosos utilizado para pescar. **3.** Pequeña barba formada por el vello que crece entre el labio inferior y la barbilla. **4.** *fam.* Persona pesada y molesta. **5.** En boxeo, categoría en la que se incluyen los púgiles cuyo peso no sobrepasa los 50,802 kg (boxeo profesional) o los 51 kg (boxeo aficionado). || *adj.* **6.** *fam.* Mosqueado, escamado. **7.** *fam.* Enfadado. || **8. mosca de la carne** Moscarda*. **9. mosca de la fruta** Drosofila*. **10. mosca tse-tse** Nombre común de diversos insectos dípteros de la familia glosínidos, género *Glossinia.* Tienen apariencia de mosca común, con boca chupadora dotada de aparato perforador. Habitan en África tropical y con su picadura

Moscú: vista parcial de la ciudad. A la izquierda, la catedral de San Basilio el Bienaventurado, en un extremo de la plaza Roja, y la torre del Salvador, una de las entradas al Kremlin.

transmiten la tripanosomiasis o enfermedad del sueño. || **LOC. aflojar** (o **soltar**) **la mosca** *fam.* Pagar. **picarle** a uno **la mosca** *fam.* Inquietarse de pronto por algo. También enfadarse alguien de repente. ■ Con este significado se usa sobre todo en la frase interrogativa: *¿Qué mosca te (le, os...) ha picado?* **por si las moscas** (**pican**) *fam.* Por si acaso. **tener o** (**estar con**) **la mosca detrás de la oreja** *fam.* Tener alguna sospecha o recelo.

Mosca, Gaetano (Palermo 1858 - Roma 1941) Jurista italiano. Elaboró una teoría social basada en la noción de «clase política», grupo minoritario encargado de asumir las tareas de gobierno. Es autor de obras como *Teoría de los gobiernos y gobierno parlamentario* (1884) y *Elementos de ciencia política* (1895).

moscarda *s. f.* Nombre común de diversos insectos dípteros de la familia califóridos, géneros *Calliphora, Lucilia, Sarcophaga, Pollenia* y otros. Se clasifican en moscardas verdes y moscardas azules, además de otras menos importantes. Su tamaño es de 1 cm aproximadamente. Tienen piezas bucales chupadoras y se alimentan de líquidos superficiales los adultos y de carne muerta las larvas. La más común de las azules es la *Calliphora vomitoria.* Entre las verdes, las más comunes son las del género *Lucilia,* que atacan al ganado ovino. Entre las moscardas de la carne destaca la denominada *Sarcophaga carnaria.*

moscardón *s. m.* **1.** Nombre común de diversos insectos dípteros de la familia gasterofílidos, género *Gasterophilus.* Miden entre 12 y 15 mm de longitud, tienen color pardo oscuro y son muy vellosos. El rezno del caballo *(Gasterophilus intestinalis)* pone sus huevos entre los pelos de los caballos y vive su ciclo larvario en el intestino de éstos. **2.** Moscarda*. **3.** *fam.* Moscón, persona pesada e impertinente, especialmente el hombre que lo es con las mujeres.

moscatel *adj.* **1.** Se dice de una variedad de uva muy dulce y olorosa. También *s. m.* **2.** Se aplica al viñedo que la produce y al vino que se obtiene de ella. También *s. m.*

mosco *s. m. fam.* Mosquito*.

moscón *s. m.* **1.** Insecto díptero parecido a la mosca, pero de mayor tamaño. **2.** *fam.* Persona molesta y pesada.

mosconear *v. intr.* Andar curioseando y estorbando en alguna parte. **FAM.** Mosconeo.

Moscova Río de la Federación Rusa. En su curso, de 508 km, atraviesa la ciudad de Moscú. Es afluente del Oka y se encuentra unido al Volga mediante un canal.

moscovita *adj.* **1.** De Moscú. También *s.* || *s. f.* **2.** $KAl_2(AlSi_3)O_{10}(OH)_2$. Mineral de mica. Es un silicato que cristaliza en el sistema monoclínico, de color blanco, estructura hojosa y exfoliación perfecta, que se presenta en todo tipo de rocas. Se utiliza en la fabricación de aislantes para planchas, mantas eléctricas y como material óptico.

Moscú (*Moskva*) C. de la Federación Rusa, cap. de esta república, situada en el sector central de su territorio europeo, a orillas del río Moscova. 8.769.000 h. en 1989. Puerto fluvial comunicado con los mares Báltico, Blanco, Negro y Caspio a través de canales y del eje fluvial del Volga, es un importante nudo de comunicaciones y centro administrativo. Se da en ella una gran concentración de industria química, farmacéutica, alimentaria, ferroviaria, aeronáutica, electrónica, metalúrgica, automovilística y textil. Está rodeada por una serie de ciudades satélite y cuenta con un famoso ferrocarril suburbano y cuatro aeropuertos. Entre sus monumentos merecen mención el Kremlin, la catedral de San Basilio (s. XVI), el mausoleo de Lenin y las iglesias de la Ascensión y de San Juan Bautista. Es asimismo una gran urbe cultural, donde se hallan la Academia de las Ciencias, el teatro Bolshoi, la Biblioteca y la galería Tretiakov.

Hist. Moscú, apenas un poblado hasta el s. XII, se desarrolló de manera notable con la llegada de los príncipes de Susdal. Tributaria de los mongoles de la Horda de Oro, se convirtió en cabeza de los principados rusos en el s. XIII. En ese mismo siglo, con el traslado de la sede metropolitana desde Vladimir, Moscú impuso su hegemonía política y espiritual en Rusia. Con la decadencia mongólica, en la ciudad se produjo un florecimiento comercial. En 1571 fue conquistada y saqueada por los tártaros. La época de agitación de principios del s. XVII facilitó una nueva conquista de la ciudad, esta vez a manos de los polacos, de los que la ciudad se liberó en 1612, eligiendo al primer zar de la familia Romanov. Durante los reinados de Pedro el Grande y Catalina II conoció un gran desarrollo urbano, pero durante las guerras napoleónicas fue ocupada por las tropas francesas en 1812 e incendiada. En el s. XIX Moscú era el principal centro comercial ruso, con una vida cultural muy activa bajo la dinastía de los Romanov. Fue el centro de las revoluciones de 1905 y 1917. En 1918 fue designada capital de la Rusia soviética y en 1922 de la URSS. Fue nuevamente sitiada en 1941, en el curso de la Segunda Guerra Mundial, esta vez por tropas alemanas. En 1971 experimentó una importante transformación gracias a una moderna planificación urbana.

Moscú, batalla de La que durante la Segunda Guerra Mundial sostuvieron los ejércitos soviético y alemán por el control de la ciudad. Se inició en octubre de 1941 y concluyó a comienzos de 1942, sin que las tropas alemanas consiguieran ocupar la capital.

Moscú, procesos de Los celebrados en esta ciudad entre 1936 y 1938 y que concluyeron con la condena a muerte de señalados dirigentes bolcheviques, como Zinoviev, Kamanev y Bujarin, enfrentados a Stalin.

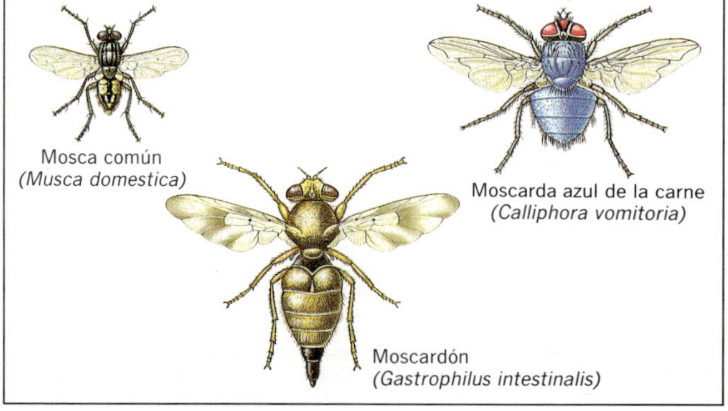

Mosca, moscarda y moscardón.

Mosela (en fr. *Moselle*, en al. *Mosel*) Río de Europa, afluente del Rhin. 550 km de longitud. Nace en los Vosgos, pasa por Nancy y Metz, desde donde se hace navegable, forma frontera entre Alemania y Luxemburgo y desemboca en el Rhin a la altura de Coblenza. Sus principales afluentes son el Sarre y el Meurthe. Constituye una importante vía de comunicación.

Moseley, Henry Gwyn-Jeffreys (Weymouth 1887 - Gallipoli 1915) Físico británico. Posibilitó el perfeccionamiento del sistema periódico de los elementos propuesto por Mendeleiev, al desarrollar el concepto de número atómico y ordenar los elementos en el orden creciente de sus números atómicos respectivos. Estableció la relación existente entre la frecuencia de la radiación X emitida por un elemento y el número atómico de dicho elemento, mediante la expresión $\sqrt{v} = az - b$, donde v es la frecuencia de radiación, z el número atómico y a y b dos constantes. Murió a la edad de 27 años en la campaña de los Dardanelos, durante la Primera Guerra Mundial.

mosén *s. m.* En la antigua corona de Aragón, tratamiento dado a los clérigos y a los nobles de segunda clase.

Möser, Justus (Osnabrück, Hannover 1720 - íd. 1794) Pensador alemán. En sus ensayos y poesías se opuso al racionalismo ilustrado y fue precursor del movimiento *Sturm und Drang*. Escribió obras como *Fantasías patrióticas* (1774-76) y *Sobre la lengua y la literatura alemanas* (1781).

Moses, Edwin (Dayton, Ohio 1955) Atleta estadounidense. Considerado como el mejor corredor mundial en los 400 m vallas, entre 1977 y 1987 consiguió el récord de 122 victorias consecutivas. Fue campeón del mundo (1983), medalla de oro en la Copa del Mundo en los años 1977, 1979 y 1981 y también medalla de oro en los Juegos Olímpicos de Montreal (1976) y de Los Ángeles (1984) y de bronce en Seúl (1988).

mosqueado, da **1.** *p. p.* de **mosquear**. También *adj.* ‖ *adj.* **2.** Lleno de motas o pintas.

mosquear *v. tr.* **1.** *fam.* Hacer que alguien sospeche. También *v. prnl.* **2.** *fam.* Hacer que alguien se moleste o se enfade. También *v. prnl.* **FAM.** Mosqueo.

Mosquera, Tomás Cipriano (Popayán 1798 - íd. 1878) Militar y político colombiano. Fue elegido presidente de la república (1845-49) como candidato conservador. En 1848 optó por los liberales y en 1860 apoyó la revolución contra el conservador Ospina y asumió el poder. Expulsó a los jesuitas, disolvió las órdenes religiosas y desamortizó sus bienes. Nombrado presidente constitucional en 1863, fue reelegido en 1866, tras lo que se enfrentó a los liberales y se erigió en dictador. Fue derrocado por la revolución del 23 de mayo de ese mismo año.

mosquete *s. m.* Antigua arma de fuego semejante al fusil, pero más larga y de mayor calibre, que se disparaba apoyada sobre una horquilla.

mosquetear *v. intr. Amér. del S.* Curiosear, fisgonear.

mosquetero *s. m.* **1.** Soldado armado de mosquete. **2.** En los antiguos corrales de comedias o teatros al aire libre, espectador que asistía de pie en la parte posterior del patio.

mosquetón *s. m.* **1.** Carabina corta que usaban algunos cuerpos militares. **2.** Anilla que se abre o se cierra mediante un muelle o resorte.

mosquita *s. f.* **1.** *dim.* de **mosca**. ‖ **2. mosquita muerta** *fam.* Persona que bajo apariencia apocada e inocente se comporta de forma muy distinta.

mosquitera o **mosquitero** *s. f.* o *s. m.* **1.** Especie de cortina de gasa o tejido semejante que, colocada alrededor de la cama, impide que pasen mosquitos. **2.** Tela metálica o de otro material que se pone en puertas y ventanas para que no entren insectos. **3.** Matamoscas, paleta que se utiliza para espantar o matar insectos.

mosquito *s. m.* Nombre común de diversos insectos dípteros de la familia culícidos, géneros *Aëdes*, *Anopheles*, *Culex* y otros. Tienen el cuerpo esbelto, de 3 a 4 mm de longitud, patas largas y dos alas transparentes. El macho presenta las antenas plumosas y la hembra un órgano bucal perforador, prolongado por delante de la cabeza, con el que chupa la sangre de mamíferos que, en la mayoría de los casos, es necesaria para que su puesta sea de huevos fértiles. Los machos se alimentan de néctar y jugos vegetales. Las larvas son acuáticas. Determinadas especies transmiten enfermedades, como p. ej. el *Anopheles*, que inocula la malaria. El mosquito común es el *Culex pipiens*, cuya picadura resulta molesta, pero generalmente inofensiva.

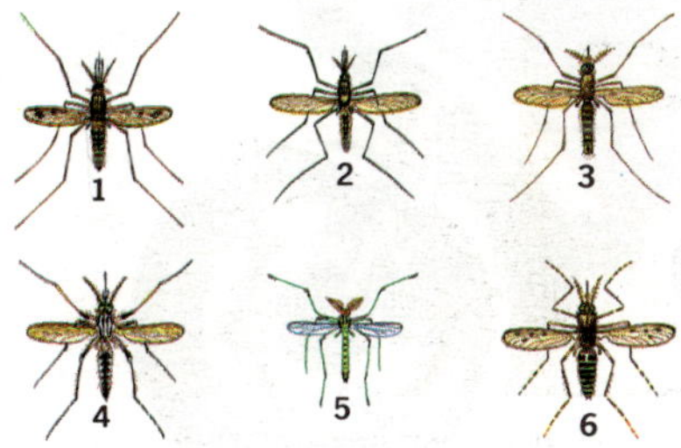

Mosquitos: 1. Del paludismo (Anopheles maculipennis). *2.* Anopheles plumbeus. *3. Común* (Culex pipiens). *4.* Aëdes geniculatus. *5.* Chironomus tendens. *6.* Theobaldia annulata.

Mosquitos, costa de los Región de América Central, en la costa del mar Caribe. Debe el nombre a sus pobladores, los indios misquitos. Descubierta por Colón en 1502, no fue incorporada al imperio español. En 1655 fue ocupada por los ingleses, que la convirtieron en 1830 en un protectorado, con el nombre de reino de Mosquitia. Tras una serie de conflictos, se integró definitivamente en Nicaragua en 1894.

Mössbauer, Rudolf (Munich 1929) Físico alemán. Trabajó en el Instituto de Tecnología de California. Obtuvo en 1961 el premio Nobel de física, compartido con Robert Hofstadter, por el descubrimiento que lleva su nombre, relacionado con la absorción de rayos gamma por parte del núcleo atómico, lo que hizo posible la comprobación de la teoría de la relatividad general en el laboratorio.

mostacera o **mostacero** *s. f.* o *s. m.* Recipiente para servir la mostaza en la mesa.

mostacho *s. m.* **1.** Bigote, especialmente cuando es muy espeso. **2.** En marina, nombre que se da a los cabos gruesos con que se fija el bauprés.

mostaza *s. f.* **1.** Nombre común de diversas plantas herbáceas de la familia crucíferas, géneros *Brassica* y *Sinapis*. Alcanzan entre 50 cm y 1 m de altura. Tienen las hojas grandes, alternas y dentadas, flores amarillas en racimo y frutos en silicua. Se encuentran ampliamente distribuidas y se utilizan en alimentación, tanto sus hojas como el aceite de sus semillas, y en medicina. **2.** Semilla de estas plantas. **3.** Salsa de sabor fuerte y color amarillo ocre hecha con esta semilla.

Mostaza salvaje (Sinapis arvensis); *detalle de las hojas.*

mosto *s. m.* **1.** Zumo de la uva u otros frutos antes de fermentar. **2.** *fam.* Vino.

Móstoles C. de España, en la prov. de Madrid, muy próxima a la capital, a cuya área metropolitana pertenece. 189.700 h. en 1990. Es fundamentalmente una ciudad dormitorio de la capital. Posee industria ligera. En 1808, sus dos alcaldes, Andrés Torrejón y Simón Hernández, firmaron el famoso bando que incitaba al pueblo a alzarse en armas contra el invasor francés.

mostrador *s. m.* **1.** Mesa o tablero en que se muestran y despachan las mercancías a los compradores en los establecimientos públicos. **2.** En bares, cafeterías, etc., mueble semejante, cerrado por delante, sobre el que se sirven las consumiciones.

mostrar *v. tr.* **1.** Poner algo a la vista o dejarlo ver de forma involuntaria. **2.** Dar alguien a conocer una determinada cualidad o estado de ánimo. **3.** Dar explicaciones sobre cierta cosa. ‖ *v. prnl.* **4.** Comportarse de determinada manera. ■ Es v. irreg. Se conjuga como *contar*. **FAM.** Mostrable.

mostrenco, ca *adj.* **1.** Se aplica a aquellos bienes muebles, y especialmente cabezas de ganado, que por no tener dueño conocido pasan a ser del Estado. **2.** *fam.* Se dice de la persona poco inteligente. También *s.* **3.** *fam.* Se aplica a la persona gorda y pesada. También *s.* **4.** *fam.* Se dice de la prosa que no está bien escrita, por lo que resulta aburrida y farragosa.

Mosul (*al-Mawsil*) C. de Irak, cap. de la prov. de Niniveh, situada a orillas del Tigris, en el N del país. 571.000 h. en 1985. Situada cerca de importantes yacimientos de petróleo, cuenta con el principal conjunto arquitectónico islámico del país (s. XII-XIII).

mota *s. f.* **1.** Porción muy pequeña de alguna cosa. **2.** Defecto insignificante de algo. **3.** Pequeña elevación en el terreno, en forma de colina, muy característica de la Meseta española.

mote[1] (del fr. *mot*, palabra) *s. m.* **1.** Sobrenombre, apodo. **2.** Antiguamente, frase que adoptaban los caballeros como distintivo en los torneos, batallas, etc., y que aparecía como leyenda en sus escudos. **3.** *Arg.*, *Chile*, *Perú.* Error en un escrito o equivocación al hablar.

mote[2] (del quechua *mutti*) *s. m. amer.* Maíz cocido con sal.

moteado, da **1.** *p. p.* de **motear**. También *adj.* ‖ *s. m.* **2.** Acción y efecto de motear.

motear *v. tr.* Poner motas en alguna cosa.

motejar *v. tr.* Aplicar calificativos despectivos. **FAM.** Motejador.

motejo *s. m.* **1.** Acción y efecto de motejar. **2.** Calificativo o denominación con que se moteja.

motel *s. m.* Hotel situado al lado de una carretera destinado a alojar viajeros de paso.

motete *s. m.* Composición coral generalmente religiosa cantada a varias voces y originaria del s. XIII. Ha experimentado grandes transformaciones a lo largo de la historia de la música.

Motherwell, Robert (Aberdeen, Washington 1915) Pintor estadounidense. Iniciado en las corrientes surrealistas, evolucionó hasta llegar a ser uno de los principales representantes del expresionismo abstracto. Su obra, realizada en forma de series, se caracteriza por una economía en el colorido, que finalmente se limita al uso del blanco y el negro o de un solo color.

motilidad *s. f.* Capacidad que tienen los seres vivos de moverse como respuesta a determinados estímulos.

motilón, na *adj.* **1.** Que tiene poco pelo. También *s.* **2.** Se aplica a una tribu amerindia que habita a ambos lados de la cordillera de Perijá, en Colombia, y se extiende hasta el lago Maracaibo, en Venezuela. **3.** De esta tribu. También *s.* ‖ *s. m.* **4.** Lego de un convento.

motín *s. m.* Levantamiento contra la autoridad establecida.

motivación *s. f.* **1.** Acción y efecto de motivar. **2.** Motivo o causa de alguna cosa. **3.** Aquello que anima a alguien a alguna cosa o hace que se interese por ella.

motivar *v. tr.* **1.** Dar motivo o razón para alguna cosa. **2.** Animar a alguna cosa, hacer que alguien se interese por ella. También *v. prnl.* **FAM.** Motivador.

motivo *s. m.* **1.** Aquello que hace que alguien actúe de cierta forma o que algo ocurra o sea de una determinada manera. **2.** Pequeña unidad temática que se repite en una obra o en un conjunto de ellas. **3.** En mús., melodía principal de una composición. **4.** Dibujo o figura que se repite en una decoración.

moto *s. m.* **1.** *apóc.* de **motocicleta**. ‖ **2. moto de agua** Vehículo de forma semejante a una motocicleta, preparado para deslizarse sobre el agua a gran velocidad, impulsado por un motor. ‖ **LOC. estar como una moto** *fam.* Estar muy nervioso o inquieto, generalmente por tener muchas cosas que hacer; también, estar loco.

Motocicleta.

moto- *pref.* Significa 'movido por motor': *motocicleta, motonave.*

moto, ta *adj. Amér. C.* Huérfano. También *s.*

motocarro *s. m.* Vehículo de tres ruedas y motor con la parte trasera destinada a transportar mercancía poco pesada.

motocicleta *s. f.* Vehículo de dos ruedas movido por un motor de explosión, de dos o cuatro tiempos, uno o varios cilindros y refrigerado generalmente por aire. El cambio suele tener de tres a seis velocidades, conectadas con el motor y con la rueda trasera mediante cadenas o engranajes. Los principales fabricantes de motocicletas del mundo son Japón, Italia y Alemania.

motociclismo *s. m.* Deporte que se practica con motocicletas en diversas modalidades y competiciones. Surgió en Francia e Inglaterra a fines del s. XIX y tuvo gran auge a lo largo del s. XX. Sus modalidades se dividen en campo y en pista. Las competiciones de campo son trial y motocross y las de pista, velocidad y resistencia. La participación de motos en grandes rallies, como el París-Dakar, combina ambas modalidades. La principal competición es el campeonato mundial de velocidad para pilotos y constructores, que se disputa oficialmente desde 1849 y en el que las motocicletas corren agrupadas en las cilindradas de 80 (suprimida en 1989), 125, 250, 500 centímetros cúbicos y sidecars, sumando los puntos obtenidos en un número ya establecido de carreras, conocidas como *Gran Premio*, que se disputan cada una en un país diferente. Se denomina también *motorismo.*

motociclista *adj.* **1.** Perteneciente o relativo a la motocicleta o al motociclismo. ‖ *s. m.* y *f.* **2.** Persona que conduce una motocicleta.

motociclo *s. m.* Nombre genérico dado a cualquier tipo de vehículo de dos ruedas con motor.

motocross *s. m.* Modalidad del motociclismo de campo que consiste en correr en circuito cerrado, pero trazado en terrenos muy irregulares y accidentados.

motocultivador o **motocultor** *s. m.* Arado de pequeño tamaño provisto de motor y utilizado para labores agrícolas simples.

motonáutica *s. f.* Deporte que consiste en competiciones de carreras con embarcaciones de motor. **FAM.** Motonáutico.

motonave *s. f.* Embarcación impulsada por motor.

motor, ra *adj.* **1.** Que produce movimiento. También *s. m.* **2.** Se dice de aquello que hace que algo funcione o se desarrolle. También *s. m.* ▪ El adjetivo femenino puede ser también *motriz*: *fuerzas motrices.* ‖ *s. m.* **3.** Máquina o dispositivo capaz de producir energía mecánica a partir de otro tipo de energía (química, eléctrica, hidráulica, etc.). ‖ *s. f.* **4.** Pequeña embarcación provista de esta máquina. ‖ **5. motor de arranque** Pequeño motor eléctrico que, en los vehículos automóviles, se pone en marcha girando la llave de contacto y comunica el encendido al motor principal. **6. motor de combustión externa** El de explosión en el que la combustión o generación de energía se produce en el exterior del cilindro. **7. motor de combustión interna** El de explosión en el que la combustión o generación de energía se produce en el interior del cilindro. **8. motor de explosión** (o **químico**) El que produce energía mecánica mediante la explosión de un combustible químico (gasolina, gas-oil, alcohol, etc.) dentro de un cilindro provisto de un émbolo. Puede ser de dos tiempos o de cuatro, según las etapas de su ciclo de funcionamiento. **9. motor de reacción** Aquel que funciona mediante la expulsión de un chorro de gases a presión y a gran velocidad. **10. motor eléctrico** El que consta de un electroimán y una bobina que gira en el campo magnético del electroimán cuando se le aplica energía eléctrica; a su parte móvil se le llama *rotor* y a la inmóvil *estátor.* **11. motor térmico** Aquel que somete un fluido a un ciclo termodinámico, en una de cuyas fases produce trabajo.

motorismo *s. m.* Motociclismo*.

motorista *s. m.* y *f.* **1.** Persona que conduce una motocicleta. **2.** Persona que practica el motorismo. **3.** Agente de tráfico en motocicleta.

motorizar *v. tr.* **1.** Dotar de motor a una máquina, vehículo, sistema, servicio, etc. También *v. prnl.* **2.** Equipar a un cuerpo militar o civil, como la policía, con vehículos movidos por motor. También *v. prnl.* ‖ *v. prnl.* **3.** Adquirir una persona un automóvil, moto, etc. ▪ Se conjuga como *cazar.* **FAM.** Motorización, motorizado.

motoso, sa *adj. Arg., Ec., Urug.* Motudo*.

motovelero *s. m.* Embarcación de vela provista de motor.

motricidad *s. f.* **1.** Capacidad para moverse o producir movimiento. **2.** Propiedad de ciertos centros nerviosos para producir una contracción en un músculo o grupo de músculos. **3.** Capacidad de los músculos para excitarse o contraerse ante determinados estímulos.

Motril C. de España, en la prov. de Granada, a orillas del mar Mediterráneo. 47.300 h. en 1990. Tiene agricultura de productos subtropicales, como la caña de azúcar o el plátano, y es un importante centro comercial y turístico.

motriz *adj.* Que produce movimiento. ▪ Es el femenino de *motor.* Se dice también *motora.*

motu proprio *loc. lat. adv.* **1.** Voluntariamente. ‖ *s. m.* **2.** Documento o acto legislativo que el papa promulga o realiza por propia iniciativa.

motudo, da *adj. Amér. del S.* Que tiene el pelo muy crespo. También *s.*

Mounier, Emmanuel (Grenoble 1905 - Châtenay-Malabry 1950) Filósofo francés. Después de

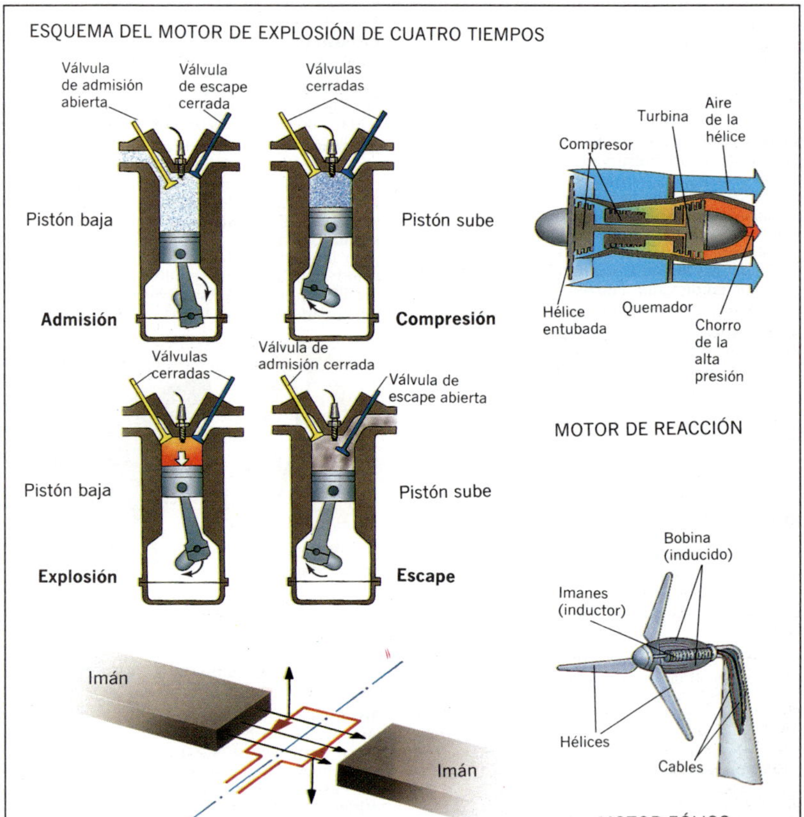

Motores: esquema de los motores de explosión, de reacción, eléctrico y eólico. En el motor eléctrico, el campo magnético producido por los imanes ejerce una fuerza sobre la espira (en rojo), por la que circula la corriente eléctrica. Esta fuerza hace que dicha espira gire alrededor del eje (en azul), en el sentido de las flechas verticales.

una breve etapa dedicado a la enseñanza, se entregó a la acción política a través de la creación de la revista *Esprit* (1932). Es el principal representante del personalismo. Sus obras más importantes son *Revolución personalista y comunitaria* (1934), *De la propiedad capitalista a la propiedad humana* (1936), *Manifiesto al servicio del personalismo* (1936) y *El personalismo* (1949).

Mountbatten, Louis, primer conde de (Windsor 1900 - en el mar, frente a Sligo, Irlanda 1979) Militar británico. Considerado como uno de los mejores marinos ingleses que participaron en la Segunda Guerra Mundial, mandó las fuerzas aliadas que consiguieron expulsar a los japoneses del océano Índico. Último virrey británico de la India, murió en 1979, víctima de un atentado terrorista reivindicado por el Ejército Republicano Irlandés (IRA).

movedizo, za *adj.* **1.** Fácil de mover. **2.** Poco firme o estable. **3.** Que se mueve o se agita constantemente.

mover *v. tr.* **1.** Hacer que un cuerpo o parte de él cambie de lugar o posición. También *v. prnl.* **2.** En juegos como el ajedrez, el parchís, etc., cambiar de posición los jugadores las fichas o figuras. También *v. intr.* **3.** Hacer que algo marche o funcione. **4.** Hacer que algo vaya más rápido, o sea más eficaz. **5.** Dar motivos para alguna cosa o impulsar a ella. **6.** Provocar, desencadenar. **7.** Comunicar a alguien entusiasmo o interés. ‖ *v. prnl.* **8.** Preocuparse por hacer lo necesario para conseguir o resolver alguna cosa. **9.** Desenvolverse en un determinado ambiente, actividad, etc. **10.** Frecuentar un lugar, ambiente, etc. ▪ Es v. irreg.

MOVER		
INDICATIVO	**SUBJUNTIVO**	**IMPERATIVO**
Presente	**Presente**	
muevo	*mueva*	
mueves	*muevas*	*mueve*
mueve	*mueva*	
movemos	*movamos*	
movéis	*mováis*	*moved*
mueven	*muevan*	

movible *adj.* **1.** Que puede moverse o ser movido. **2.** Que se puede cambiar.

movido, da **1.** *p. p.* de **mover**. También *adj.* ‖ *adj.* **2.** Activo, ajetreado. **3.** Se aplica a las fotografías que salen borrosas por no haber mantenido inmóvil la máquina en el momento de dispararla. ‖ *s. f.* **4.** *fam.* Acción o situación en que hay mucho desorden o animación. **5.** Movimiento cultural de vanguardia con reflejo en distintas manifestaciones de la cultura, arte, música, moda, etc.

móvil *adj.* **1.** Que puede moverse o ser movido. **2.** Que tiene poca estabilidad. **3.** En imprenta, se dice de los caracteres que están sueltos y en la composición se reúnen a mano uno por uno. También *s. m.* ‖ *s. m.* **4.** Motivo o razón de alguna cosa. **5.** Objeto compuesto por diferentes elementos o figuras que se mueven por la acción del viento o mediante algún dispositivo. ‖ **6. unidad móvil** Equipo de radio o televisión preparado para desplazarse al lugar donde ocurren los hechos y poder así informar directamente.

movilidad *s. f.* **1.** Cualidad de movible. **2.** Facilidad para moverse. ‖ **3. movilidad social** Dentro de una estructura social estratificada, cambio de un individuo o grupo que supone un ascenso o descenso en la escala social; también, cualidad de una sociedad que permite dicho cambio.

movilizar *v. tr.* **1.** Poner en movimiento o actividad a un grupo numeroso de personas. También *v. prnl.* **2.** Incorporar a alguien a las filas del ejército. **3.** Poner en marcha un recurso. **4.** Colocar un capital de forma que produzca beneficios. ▪ Se conjuga como *cazar*.

movimiento *s. m.* **1.** Acción y efecto de mover o moverse. **2.** Cambio de posición o de lugar en el espacio respecto al observador u otro punto o sistema de referencia. **3.** Trayectoria o curso que sigue un cuerpo que se desplaza. **4.** Recorrido, giro, etc., de un mecanismo en funcionamiento. **5.** Circulación de personas, animales o cosas. **6.** Conjunto de operaciones que se realizan en ciertas actividades humanas. **7.** Variación u operación que tiene lugar en relaciones numéricas como estadísticas, cuentas bancarias, balances, etc. **8.** Conjunto de manifestaciones artísticas, culturales, sociales o políticas que comparten ideas, fines y características comunes y que, generalmente, surgen en oposición a otras posturas y tendencias. **9.** Rebelión, revolución, alzamiento. **10.** En mús., velocidad del tiempo. **11.** Parte de una obra musical. **12.** Animación y variedad en el estilo, en una composición literaria, etc.

Fís. Si en un movimiento el sistema de referencia está en reposo, el movimiento se llama **absoluto**. Si el sistema de referencia está a su vez en movimiento, el movimiento del cuerpo respecto al mismo se llama **relativo**. En realidad, no existen sistemas en reposo absoluto, puesto que la Tierra e incluso la mayoría de las estrellas se mueven. A pesar de ello, en estos sistemas de referencia se cumplen las leyes de Newton, por lo cual se les considera válidos y se les denomina *sistemas inerciales*.

Desde el punto de vista de la velocidad, el movimiento puede clasificarse en **uniforme** (la velocidad se mantiene constante) o **acelerado** (existen variaciones en la velocidad del cuerpo). Si las variaciones de velocidad son constantes, el movimiento será **uniformemente acelerado**. Atendiendo a la trayectoria, el movimiento puede ser **rectilíneo** (en línea recta) o **curvilíneo** (en línea curva). Si la curva, en particular, es una circunferencia, se produce un **movimiento circular**. Existe un tipo de movimiento en el cual el cuerpo ocupa las mismas posiciones a intervalos de tiempo iguales; dicho movimiento se denomina **periódico**. Cuando el cuerpo ocupa distintas posiciones en torno a una posición de equilibrio, el movimiento se llama **oscilatorio** o **vibratorio**. Si además este movimiento es periódico, se le conoce como movimiento **oscilatorio armónico** o movimiento **armónico simple**. Otro movimiento importante es el **ondulatorio**, que es aquel con que se propaga la perturbación producida en un punto a todo el medio que lo rodea.

Movimiento Nacional Término que designó el levantamiento del 18 de julio de 1936 contra la Segunda República española, así como el conjunto de las fuerzas que participaron en él. Más tarde pasó a designar a todos los organismos de Falange Española Tradicionalista y de las JONS, a la Secretaría General y el Consejo Nacional del Movimiento, que durante la época franquista controlaron la política española.

moviola *s. f.* Máquina empleada en los estudios cinematográficos y de televisión para proyectar las imágenes, regulando el movimiento de acuerdo con las necesidades del montador o del locutor.

Moyano, Claudio (Bóveda de Toro o Fuentelapeña, Zamora 1809 - Madrid 1890) Político español. Catedrático de derecho y economía política, evolucionó desde el centrismo a la moderación. Varias veces ministro, ocupó la cartera de Fomento en el gobierno de Narváez de 1856, desde la que hizo aprobar la ley de Instrucción Pública, que declaraba obligatoria la enseñanza primaria.

moyuelo *s. m.* Salvado muy fino, el último que se separa de la harina.

mozalbete *s. m. dim.* de **mozo**. Joven de pocos años.

Mozambique Estado del SE de África.

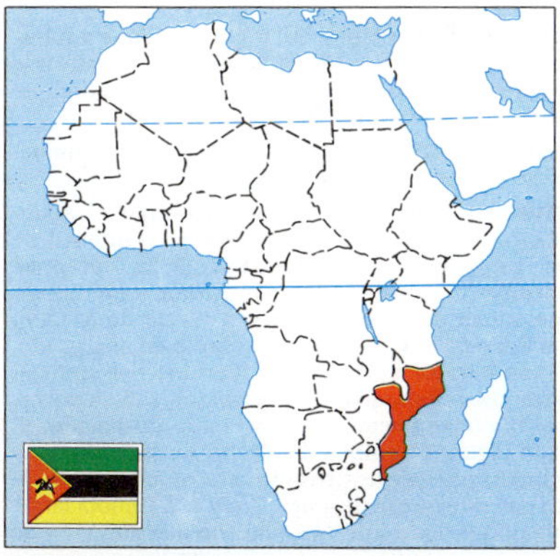

Extensión: 812.379 km^2.
Límites: al N, con Zambia, Malawi y Tanzania; al E, con el océano Índico; al S, con el océano Índico y la República Sudafricana, y al O, con Swazilandia, República Sudafricana y Zimbabwe.
Población: 15.696.000 h. en 1990.
Densidad: 19,6 h./km^2.
Capital: Maputo.
División administrativa: 10 provincias y el distrito urbano de Maputo.
Ciudades principales: Beira, Nampula, Quelimane.
Gentilicio: mozambiqueño.
Forma de Estado: república popular.
Idioma: portugués.
Religión: creencias tradicionales, 47,8 %; catolicismo, 31,4 %; islamismo, 13 %; protestantismo, 7,5 %.
Moneda: metical.
Tasa de natalidad: 45 ‰ en 1990.
Tasa de mortalidad: 19 ‰ en 1990.
Renta per cápita: 80 dólares en 1988.

Geog. física El relieve de Mozambique en sus sectores N y NO forma parte de la región de altiplanos de África austral, con una altura media de 600 m, y de la fosa de hundimiento del Rift Valley, donde se halla el lago Malawi. En el E y S del país se extiende una llanura costera regada por los ríos Zambeze, Save y Limpopo. El clima es tropical húmedo (chino), con temperaturas moderadamente altas y un régimen de lluvias monzónico. En la vegetación predomina la sabana herbácea en las llanuras y el bosque xerófilo, de acacias y euforbiáceas, en el altiplano.

Geog. humana y ***económica*** El territorio está poblado por etnias bantúes y los habitantes se concentran en el S y la zona costera del NE. La economía se encuentra subdesarrollada, a causa fundamentalmente de las largas guerras coloniales, la sangría de la esclavitud y la emigración de población activa a las vecinas Zimbabwe y República Sudafricana. Mozambique es uno de los países más pobres del mundo. Cuenta con cultivos de caña de azúcar, algodón, trigo, mijo, sorgo, bananas y coco, con ganadería bovina y caprina y recursos minerales de oro, carbón, bauxita, cobre, sal, corindón, berilo, uranio y amianto. Posee refinerías de petróleo e industria tabaquera, textil, cementera, azucarera y química.

Hist. **colonización** En torno al s. IV a. C. navegantes fenicios y egipcios visitaron las costas del actual Mozambique. Durante la antigüedad y la Edad Media, este territorio fue frecuentado a través del océano Índico por mercaderes árabes y persas. Su descubrimiento se debe al portugués Covilha en 1489 y en 1498 sus costas fueron exploradas por Vasco de Gama. Los portugueses se instalaron en Sofala en 1505, en Mozambique en 1506 y en Tate en 1632 y colonizaron el país. Mozambique fue disputado a los portugueses, sin éxito, por holandeses en 1608 y por árabes en 1692. Desde 1752, los gobernadores portugueses adquirieron autonomía respecto a la metrópoli. En 1875 se anexionaron la bahía de Delagoa. Entre los años 1877 y 1879 Portugal intentó profundizar en el continente para unir Mozambique con Angola, en la costa atlántica, y crear un poderoso dominio colonial en el África meridional, pero fueron rechazados por los británicos. En 1898 el Reino Unido y Alemania acordaron un pacto secreto para apoderarse del imperio colonial portugués, proyecto que jamás sería llevado a cabo al estallar la guerra bóer; por el contrario, en 1929, aprovechando la postración alemana tras la Primera Guerra Mundial, Portugal arrebató a Alemania la región de Kionga.

independencia El movimiento nacionalista de Mozambique surgió con la aparición del Frente de Liberación de Mozambique (FRELIMO), que desató una guerra de independencia en 1962. En 1969 fue asesinado su líder Eduardo Mondlane. El movimiento se reorganizó bajo un nuevo líder, Samora Machel, que llevó al FRELIMO a posiciones marxistas. El cambio de régimen en Portugal, producido por la revolución de 1974, facilitó la liberación del país. Se creó un gobierno de transición presidido por Joaquim Alberto Chissano, que reorganizó la economía promoviendo la agricultura. En 1975 se obtuvo la independencia, constituyéndose la República Popular de Mozambique, presidida por Machel y con el FRELIMO como partido único. El estado popular fue recibido con desconfianza por los estados conservadores sudafricanos y, en 1977,

Rhodesia bombardeó ciudades fronterizas mozambiqueñas, lo que estuvo a punto de provocar la guerra. Apoyado por la República Sudafricana apareció el Movimiento de Resistencia Nacional, que realizó diversos atentados terroristas. La tensión con la República Sudafricana provocó incidentes fronterizos. En 1986 el presidente Samora Machel, que había conseguido mejorar las relaciones con el régimen de Pretoria, perdió la vida en un accidente de aviación y le sucedió Joaquim Alberto Chissano, del ala radical. En noviembre de 1991 el RENAMO, Resistencia Nacional de Mozambique, grupo guerrillero liderado por Alfonso Dhlakama, que encabeza la lucha contra el FRELIMO, controlaba amplias zonas rurales del país, tras 14 años de guerra civil.

mozárabe *adj.* **1.** Se aplica a los cristianos que vivían en los territorios musulmanes de la península Ibérica. También *s.* **2.** Perteneciente o relativo a estas gentes. **3.** Particularmente, se dice del rito y la misa practicados por ellos y que aún se celebran en ocasiones en las catedrales de Toledo y Salamanca. ▪ También se llama *visigótico.* || *s. m.* **4.** Lengua romance hablada por los mozárabes.

Hist. Los mozárabes que habitaron en la España musulmana entre los s. VIII y IX gozaron del privilegio de conservar su religión, sus propiedades y de ser gobernados por sus propios magistrados, llamados defensor, protector o conde, quienes aplicaban las leyes del Fuero Juzgo. La situación varió a mediados del s. IX, cuando en Córdoba se produjo la rebelión del obispo Eulogio y sus seguidores, que buscaron el martirio injuriando públicamente a Alá y Mahoma. A partir del s. X, ante el endurecimiento de su situación por la llegada de los intolerantes almorávides, los mozárabes comenzaron a emigrar al N para repoblar los reinos cristianos. Esta tendencia se acentuó en los s. XII y XIII. Los mozárabes, al instalarse en estados cristianos, hubieron de adaptarse a una nueva religiosidad basada en la liturgia gregoriana; no obstante, en algunas comunidades importantes, como la toledana, conservaron sus propios ritos y tradiciones.

Arte El arte mozárabe se desarrolló a partir del s. IX en dos zonas diferenciadas de la península Ibérica; una en territorio islámico, donde destacan la iglesia rupestre de Bobastro en Málaga y Santa María de Melque en Toledo (entre 898 y 917); y otra en los reinos cristianos de León, donde sobresalen las iglesias de San Miguel de Escalada y Santiago de Peñalba; Castilla, donde merecen citarse San Cebrián de Mazote, San Millán de la Cogolla (s. X) y San Baudelio de Berlanga (s. XI); y Cataluña, donde son representativos San Quirce de Pedret y Santa María del Marquet. En arquitectura se construyeron pequeñas iglesias en ladrillo y mampostería, cuyos elementos principales son el arco de herradura, ábsides y hornacinas en los altares, basados en los mihrabs de las mezquitas, y, desde fines del s. X, bóveda ibérica con nervaduras. La miniatura mozárabe, de origen visigodo e influencia árabe, tuvo una gran importancia, sobre todo en los *Comentarios del Apocalipsis* de Magius y de su discípulo Emeterio. También se hizo sentir la influencia musulmana en los trabajos en marfil y en la orfebrería.

Mozart, Wolfgang Amadeus (Salzburgo 1756 - Viena 1791) Compositor austriaco. Constituye el caso más representativo de precocidad, genialidad y fecundidad en la historia de la música. Recibió la primera educación musical de su padre, Leopoldo, violinista de la corte del arzobispo de Salzburgo. Dotado de una gran capacidad en la ejecución del clave, comenzó a componer minuetos a los cinco años. En 1763 inició su primera gira europea; en París descubrió la ópera francesa y en Londres frecuentó a Johann Christian Bach, de quien asimiló el perfecto equilibrio entre las escuelas italiana y alemana, como se aprecia en sus dos óperas *La finta semplice* y *Bastián y Bastiana* (1768). En 1769 realizó una extensa gira por Italia y conoció en Bolonia al Padre Martini, de quien aprendió la técnica del contrapunto y de la fuga. En 1779 entró al servicio del arzobispo de Salzburgo, componiendo fundamentalmente música religiosa, como la *Misa de la coronación,* y otras importantes obras, como *Concierto para piano en mi bemol, Sinfonía concertante* y la ópera *Idomeneo* (1781). En 1781 tuvo lugar su ruptura con el arzobispo, lo cual produjo una sensible transformación en sus com-

Wolfgang Amadeus Mozart. Copia de un original de la escuela italiana (Liceo Musical de Bolonia, Italia).

posiciones, que se hacen más personales, con melodías y efectos orquestales innovadores. Se estableció definitivamente en Viena, donde compuso las óperas *El rapto del serrallo* (1782), *Las bodas de Fígaro* (1786), *Don Giovanni* (1787), *Così fan tutte* (1790) y *La flauta mágica* (1791); las sinfonías *Haffner* (1782), *Linz* (1783), *Praga* (1786) y *Júpiter* (1788); la *Pequeña serenata nocturna* (1787) y el *Concierto para clarinete* (1791). Pese a ello su situación económica se hizo precaria y acabó su vida prácticamente en la miseria. Su última obra, el *Réquiem* (1791), fue concluida después de su muerte por sus discípulos. Realizó notables contribuciones a casi todos los géneros musicales y desempeñó un importante papel en el establecimiento del estilo clásico de composición, particularmente en sus conciertos para piano, en sus sinfonías y en sus óperas.

mozo, za *adj.* **1.** Se dice de la persona joven, especialmente si permanece soltera. También *s.* || *s. m.* y *f.* **2.** Persona que trabaja en tareas modestas, como faenas domésticas, recados, etc., que no necesitan conocimientos especiales. **3.** *fam.* Precedido de adjetivos como *buen, real* o *guapo*, designa a una persona de buena presencia. || *s. m.* **4.** Camarero. **5.** Joven llamado al servicio militar, desde que se sortea su destino hasta que es inscrito en la caja de reclutamiento. || **6. mozo de cordel** (o **de cuerda**) Persona que se contrata para cargar cosas pesadas de un lugar a otro, normalmente equipajes. **7. mozo de cuadra** Hombre que cuida de las cuadras y atiende los caballos. **8. mozo de escuadra** Miembro de la policía autónoma de la Generalitat de Cataluña. **9. mozo de estoques** El que está al servicio de un torero y cuida de sus espadas.

mu Onomatopeya que representa la voz del toro o la vaca. || **Loc. no decir** alguien **ni mu** *fam.* Callar, especialmente cuando se debería hablar.

muaré *s. m.* Moaré.

Mubarak, Muhammad Hosni (Kafr el-Moseilha, Minuffya 1928) Político egipcio. Hombre de confianza y vicepresidente de Annuar el-Sadat, asumió la presidencia de Egipto en 1981, tras la muerte de aquél. Ha mantenido la postura conciliadora de Sadat respecto a los conflictos entre Israel y el mundo árabe, respetando los tratados de Camp David (1979). En la crisis y guerra del Golfo (1990-91) se alió con los países que combatieron a Irak.

mucamo, ma *s. m.* y *f. amer.* Criado, sirviente.

muceta *s. f.* Especie de esclavina o capa corta, abotonada por delante, usada por los clérigos y por los doctores universitarios.

muchachada o **muchachería** *s. f.* **1.** Acción propia de muchachos. **2.** Conjunto de muchachos.

muchacho, cha *s. m.* y *f.* **1.** Joven o adolescente. **2.** *fam.* Se emplea también para referirse a personas de cualquier edad, especialmente como vocativo. || *s. f.* **3.** Criada doméstica.

muchedumbre *s. f.* Grupo o conjunto numeroso, especialmente de personas.

mucho, cha *adj.* **1.** Se dice de lo que es abundante, numeroso, o más numeroso o intenso de lo considerado como normal. ▪ Se antepone siempre al sustantivo. || *pron.* **2.** Gran cantidad de personas, animales o cosas, o mayor de lo habitual. || *adv. c.* **3.** En gran cantidad o en alto grado. **4.** Se emplea delante de adverbios que indican idea de comparación, reforzándolos. **5.** A veces, en la conversación, se usa como afirmación. **6.** Con algunos tiempos del verbo *ser* seguido de la conjunción *que*, expresa lo raro o infrecuente de lo que se expresa después. || *adv. t.* **7.** Denota largo tiempo o duración: *Hace mucho que llegó. Tarda mucho.* || **Loc. como mucho** *adv.* A lo sumo, como máximo. **muy mucho** *adv.* Muchísimo. **ni con mucho** *adv.* Sirve para indicar la gran diferencia que existe entre dos personas o cosas. **ni mucho menos** *adv.* Expresión que niega rotundamente algo que otro afirma o da por supuesto.

mucílago o **mucilago** *s. m.* **1.** Sustancia viscosa que se halla en algunos vegetales. **2.** Sustancia viscosa producto de la disolución de goma en agua. **Fam.** Mucilaginoso.

mucina *s. f.* Sustancia compuesta por una proteína y un disacárido y que es el principal componente del moco. Se encuentra también en la saliva, en la bilis, en la sinovia, en ciertos tumores, etc.

mucíneo, a *adj.* En bot., perteneciente o relativo al musgo.

mucosidad *s. f.* Secreción viscosa, de la misma naturaleza del moco, que es elaborada por las glándulas de alguna mucosa.

mucoso, sa *adj.* **1.** Parecido al moco. **2.** Que tiene o segrega mucosidad. **3.** Se aplica a la capa o membrana de tejido epitelial, que recubre por dentro los conductos y cavidades del cuerpo que comunican de alguna forma con el exterior, y que segrega mucosidad. Las mucosas tapizan el aparato digestivo y respiratorio, algunas glándulas y los órganos genitales. Tienen función protectora, ya sea de forma mecánica o por absorción, y eliminan sustancias extrañas, como el polvo que penetra en las vías respiratorias. También *s. f.*

muda *s. f.* **1.** Acción y efecto de mudar o cambiar. **2.** Conjunto de ropa interior que se utiliza y se cambia de una vez. **3.** Proceso y época en que los animales renuevan total o parcialmente el tejido que los recubre (piel, pluma, segmentos, etc.).

mudable *adj.* Se aplica a lo que muda o es mudado con facilidad.

mudanza *s. f.* **1.** Acción y efecto de mudar o mudarse, particularmente cambiar de domicilio y trasladar los enseres. **2.** Cambio de ideas, actitud, sentimientos, etc. **3.** En los bailes y danzas, conjunto de movimientos que se hacen a compás.

mudar *v. tr.* **1.** Cambiar el aspecto, estado, naturaleza, etc. También *v. intr.* **2.** Renovar los animales la piel, el pelo, la pluma, etc. También *v. intr.* **3.** Trasladar de lugar. **4.** Variar o modificar algo, especialmente un criterio, una actitud o un sentimiento. También *v. intr.* || *v. prnl.* **5.** Cambiarse de ropa, generalmente por otra limpia. **6.** Cambiarse de vivienda, habitación, etc.

Mudarra, Alonso (a principios del s. XVI - Sevilla 1580) Compositor español. Fue canónigo de la catedral de Sevilla y músico en Guadalajara, al servicio de los duques de Mendoza. Es autor de *Tres libros de música en cifras para vihuela.*

mudéjar *adj.* **1.** Se dice de los musulmanes que vivían en los reinos cristianos de la península Ibérica entre los s. XI y XV. También *s.* **2.** Perteneciente o relativo a estas personas. **3.** Se dice de un estilo arquitectónico, con influencias árabes, que floreció en la península Ibérica entre los s. XIII y XV.

Arte El rasgo más característico de la arquitectura mudéjar es el empleo del ladrillo como elemento constructivo, con el que se dio una versión original a los estilos occidentales románico y gótico, sin crear formas ni estructuras nuevas. Se desarrolló primeramente en Toledo, donde se adaptaron las técnicas y motivos musulmanes al culto cristiano, según puede advertirse en la ermita del Cristo de la Vega, y en la región de Tierra de Campos, donde se erigieron iglesias de estilo mudéjar románico, como San Lorenzo y San Tirso de Sahagún. A partir del s. XIII, el mudéjar en ladrillo siguió el estilo gótico, en iglesias como Santiago del Arrabal en Toledo y en el convento de San Pablo en Peñafiel (Valladolid). Su mayor desarrollo se produjo en Aragón, donde son notables las catedrales de Tarazona y Teruel, y en Andalucía en época más tardía, donde hay que citar la iglesia de San Pablo en Córdoba, Santa María en Lebrija y el convento de Santa Paula en Sevilla. También se construyeron en estilo mudéjar diversos edificios civiles, especialmente durante los s. XIV y XV, siendo el más representativo el alcázar de Sevilla, así como los castillos de Coca (Segovia) y de La Mota, en Medina del Campo (Valladolid).

mudez *s. f.* Incapacidad para hablar, que puede ser de nacimiento o adquirida por lesiones cerebrales, trastornos emocionales o psíquicos, etc.

mudo, da *adj.* **1.** Se dice del que, por algún tipo de incapacidad o lesión, no puede hablar. También *s.* **2.** Silencioso, callado. **3.** Que no tiene diálogo o sonido; se aplica especialmente al cine que sólo tiene imagen. **4.** En ling., se dice de la letra o signo que no se pronuncia, p. ej. en español la *h.* **5.** Se dice de lo que no tiene nada escrito, p. ej. algunos mapas.

mueblaje *s. m.* Mobiliario*. ■ Se dice también *moblaje.*

mueble *adj.* **1.** Se aplica a aquellos bienes que se pueden trasladar. También *s. m.* ‖ *s. m.* **2.** Cada uno de los objetos movibles que equipan y adornan una casa, como sillas, mesas, etc.

mueca *s. f.* Gesto del rostro que expresa algún tipo de sentimiento o sensación. ■ Si no aparece matizado, se supone de burla.

muecín *s. m.* Almuecín*.

muela *s. f.* **1.** Molar, cada uno de los dientes cuya función es triturar el alimento. **2.** En los molinos, rueda de piedra que gira sobre otra que está fija para triturar lo que se pone entre ellas. **3.** Disco de piedra de asperón que se hace girar para afilar armas y herramientas. **4.** En geog., pequeña llanura elevada y aislada. Es una forma de relieve horizontal, de menor extensión que la meseta y, a diferencia de ésta, el desnivel es superior a la anchura en la cumbre. ‖ **5. muela del juicio** (o **cordal**) La situada al final de la dentadura y que sale en edad adulta.

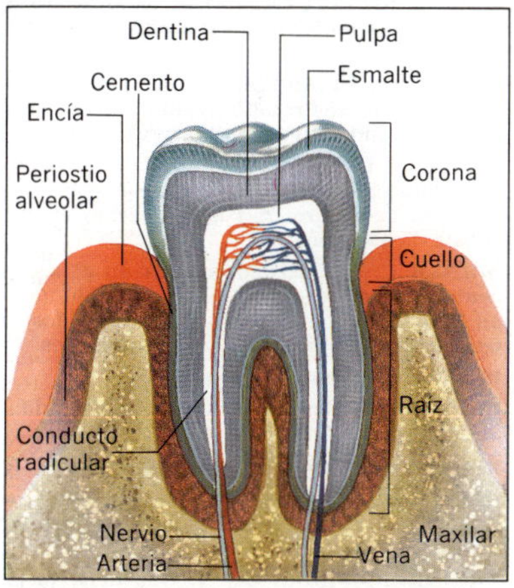

Corte vertical de una muela.

muelle[1] (del lat. *moles*) *s. m.* **1.** En los puertos de mar y de río, construcción a orillas del agua en la que se realizan las operaciones de carga y descarga. **2.** En las estaciones de ferrocarril, plataforma alta, situada a la misma altura que el suelo de los vagones, para facilitar la carga y descarga de los trenes.

muelle[2] (del lat. *mollis*) *adj.* **1.** Blando, cómodo, fácil, agradable. ‖ *s. m.* **2.** Dispositivo elástico, generalmente de metal y de forma helicoidal o espiral, que soporta importantes deformaciones y tiende a recuperar su forma inicial, desarrollando una fuerza considerable. Se utiliza, p. ej., para almacenar energía mecánica en los relojes y mecanismos similares, como amortiguadores, etc. **FAM.** Muellemente.

muérdago *s. m.* Planta arbustiva de la familia lorantáceas, especie *Viscum album.* Mide unos 50 cm de longitud, tiene un tallo verde amarillento de sección circular, hojas coriáceas, flores que brotan en grupos de tres y frutos en forma de baya de color blanco amarillento. Es una planta epifita, es decir, germina sobre la corteza de otra planta, generalmente un árbol, de la que obtiene el agua y las sales minerales. Hay plantas masculinas y femeninas y sólo estas últimas dan fruto. Crece en Europa, Asia y África y se utiliza en medicina por sus propiedades para bajar la tensión y como tónico cardiaco.

muerdo *s. m. fam.* Mordisco, bocado.

muermo *s. m.* **1.** Cierta enfermedad contagiosa de las caballerías **2.** *fam.* Referido a personas, cosas o situaciones, lo que produce aburrimiento, depresión o decaimiento. **3.** *fam.* Estado de somnolencia o malestar, como el que producen algunas drogas.

muerte *s. f.* **1.** Final de la vida. **2.** Acto de matar a alguien. **3.** Figura que personifica la muerte, generalmente representada por un esqueleto con una guadaña. **4.** Destrucción, fin, desaparición. ‖ **5. muerte súbita** En tenis, juego excepcional que se disputa cuando existe un empate a seis juegos, con el fin de decidir en el mismo el set y evitar que éste se prolongue excesivamente. ‖ **LOC. a muerte** *adj.* y *adv.* Se aplica al enfrentamiento que sólo cesa cuando muere uno de los contendientes; también, se dice del odio o antipatía muy intensos. **dar muerte** Matar. **de mala muerte** *adj. fam.* Malo, pobre o de mal aspecto. **de muerte** *adj. fam.* Con palabras como *susto, disgusto,* etc., muy grande; también, estupendo, magnífico; como loc. adv., muy bien.

muerto, ta **1.** *p. p.* irreg. de **morir**. ‖ *adj.* **2.** Que no tiene vida. **3.** Se dice de lo que no tiene actividad, animación, vistosidad, energía o pasión. **4.** Nulo, sin validez. **5.** *fam.* Cansado, agotado. **6.** Seguido de ciertas expresiones, como *de risa, de miedo,* etc., se aplica al que experimenta intensamente lo que éstas indican. ‖ *s. m.* y *f.* **7.** Persona que ha dejado de vivir. ‖ *s. m.* **8.** *fam.* Encargo, tarea, etc., ingrata, molesta o comprometida. ‖ *pl.* **9.** Precedido de adjetivo posesivo, significa los familiares ya fallecidos de una persona. ‖ **10. muerto de hambre** *desp.* Persona pobre. ‖ **LOC. cargarle** a uno **el muerto** *fam.* Echarle a alguien la culpa de algo. **hacer el muerto** Dejarse uno flotar boca arriba en el agua. **no tener donde caerse muerto** *fam.* Ser muy pobre.

Muerto, mar (en ár. *Bahr Lut* o *alMayyit,* en hebreo *Yam ha-Melah*) Lago salado de Oriente Medio, situado entre Israel y Jordania. 1.015 km². Su superficie se encuentra a unos 395 m por debajo del nivel del mar. Su principal río tributario es el Jordán. Sus aguas tienen una salinidad del 26 %, lo que impide el desarrollo de cualquier forma de vida.

muesca *s. f.* **1.** Hueco o raja que se hace en una cosa para encajar otra. **2.** Corte hecho en algo como señal.

muestra *s. f.* **1.** Parte que se separa de un conjunto y que se considera representativa del mismo. **2.** Pequeña cantidad de un producto o una mercancía que se ofrece gratuitamente para mostrar su calidad o sus propiedades. **3.** Parte de algo que se extrae para analizarla, someterla a pruebas, etc. **4.** En estadística, selección de sujetos, elementos o datos, considerados representativos del conjunto al que pertenecen. **5.** Modelo que se debe copiar o imitar. **6.** Exposición o feria. **7.** Señal, prueba, demostración. **8.** Rótulo u objeto que se pone en el exterior de los comercios para indicar el producto que venden y que suele tener la forma del mismo o consistir en un símbolo que lo representa. **9.** En la caza, parada que hace el perro indicando que ha encontrado la pieza, antes de levantarla.

muestrario *s. m.* **1.** Colección o relación de muestras de un producto comercial. **2.** Conjunto variado dentro de un mismo tipo de personas o cosas.

muestreo *s. m.* **1.** Selección de muestras representativas de un conjunto para observar las características del mismo. **2.** Técnica empleada en dicha selección.

muflón *s. m.* Mamífero artiodáctilo de la familia bóvidos, especie *Ovis musimon.* Mide entre 65 y 75 cm de altura en la cruz aproximadamente. El macho tiene una gran cornamenta de sección triangular, mientras que en la hembra falta o apenas está desarrollada. Está cubierto de pelo corto y fino de color pardo rojizo con una mancha clara en los flancos. Originario de Córcega y Cerdeña, ha sido introducido en muchas regiones montañosas de Europa por su interés cinegético.

muga (voz vasc.) *s. f.* Mojón, límite, frontera.

Mugabe, Robert (Kutama, Rhodesia 1924) Político de Zimbabwe. Presidente de ZANU (Unión Nacional Africana de Zimbabwe), formó con Joshua Nkomo el Frente Patriótico, que dirigió la guerrilla desde Mozambique. Elegido primer ministro en 1980, estableció un gobierno de ideología marxista. Tras la unión en 1987 del ZANU y el ZAPU (Unión Popular Africana de Zimbabwe) para formar el ZANU-PF (Unión Nacional de Zimbabwe-Frente Patriótico), pasó a ocupar los cargos de presidente de la república y jefe de gobierno.

mugido *s. m.* Voz del toro, la vaca y de los bovinos en general.

mugir *v. intr.* **1.** Producir mugidos el toro o la vaca. **2.** Producir un sonido parecido otros animales, el viento, el mar, etc. **3.** Dar fuertes gritos de dolor o de ira una persona. ■ Se conjuga como *surgir.*

mugre *s. f.* Suciedad, generalmente grasienta.

mugriento, ta *adj.* Lleno de mugre.

mugroso, sa *adj. amer.* Mugriento.

muguete *s. m.* Planta herbácea de la familia liliáceas, especie *Convallaria majalis.* Tiene flores pequeñas, blancas, muy olorosas, y el fruto es una baya roja. Se usa como ornamento y en farmacia por sus propiedades como tónico cardiaco y diurético.

Muhammad Nombre de varios gobernantes de la Córdoba musulmana.

Muhammad I (? 823 - ? 886) Emir omeya de Córdoba (852-86). Hizo frente a la sublevación de Toledo, a la que puso fin en el 858 al derrotar a los toledanos y sus aliados asturianos a orillas del Guadalete. También terminó con la revuelta de los mozárabes, dando muerte a San Eulogio (859).

Muhammad II al-Mahdi (? 980 - ? 1010) Califa omeya de Córdoba (1009-10). Obligó a Hisam II a abdicar en su favor y se enfrentó y venció a Abd al-Rahman Sanchuelo, hijo de Almanzor. Fue derrocado por los beréberes de su ejército, pero con ayuda de tropas catalanas recuperó el trono. Murió asesinado.

Muhammad Nombre de varios soberanos de la dinastía nazarí de Granada.

Muhammad I (Arjona, Jaén 1203 - Granada 1273) Rey de Granada (1238-73). Fue el fundador de la dinastía nazarí. En 1232 se proclamó emir de al-Ándalus y en 1238 entró en Granada. Se declaró vasallo de Fernando III de Castilla (1246). Empezó la construcción de la Alhambra.

Muhammad II (Granada 1235 - íd. 1302) Rey de Granada (1273-1302). Organizó la administración del Estado. Conquistó Málaga (1279).

Muhammad V (? 1338 - ? 1391) Rey de Granada (1354-90). Subió al trono a la muerte de su padre Yusuf I y fue destronado por una sublevación en 1359. Recuperó el poder con la ayuda de Pedro I el Cruel (1362) y gobernó con dureza. Su reinado coincide con el máximo esplendor cultural del reino.

Muhammad XI Véase **Boabdil.**

Muhammad XII, llamado **el Zagal** Rey de Granada (1485-86). Gobernó con su sobrino Boabdil. Tras la pérdida de Málaga (1487), Almería y Baza (1488) se alió con Fernando el Católico para tomar Granada en 1492.

Muhammad Nombre de varios soberanos de Marruecos.

Muhammad I (? h. 1500 - ? 1557) Sultán (1549-1557). Fue el fundador de la dinastía Saidí. Se apoderó de Marrakech (1525) y de Fez (1554).

Muhammad II al-Mutawakkil (? - ? 1578) Sultán (1574-76). Destronado por su tío Abd-al-Malik, pidió ayuda al rey Sebastián de Portugal y ambos fueron derrotados y muertos en la batalla de Alcazarquivir.

Muhammad V ibn Yúsuf (Fez 1909 - Rabat 1961) Sultán (1927-53) y rey (1957-61). Desde 1944 apoyó al partido nacionalista Istiqlal. Se declaró partidario de la independencia (1952) y fue depuesto por los franceses. Reconocida la independencia de Marruecos, fue proclamado rey.

Muflones (Ovis musimon).

Muhammad, Elijah Poole, llamado **Elijah** (Sandersville, Georgia 1897 - Chicago 1975) Líder negro estadounidense. Establecido en Detroit, en 1933 asumió el liderazgo de la secta Templo del Islam, que luego se convertiría en el movimiento de los Musulmanes Negros, interpretación heterodoxa del islamismo. Partidario de un separatismo negro, se unió a Malcolm X, pero tras el asesinato del presidente Kennedy se separaron.

Muhammad Ali Véase **Mehmet Ali**.

Muhammad Alí Véase **Clay, Cassius**.

Muhammad al-Nasir (Sevilla 1179 - Marruecos 1213) Califa almohade (1199-1213). Durante su mandato se llegó al apogeo y se inició el declive del imperio almohade. Después de pacificar sus dominios africanos, pasó a la península Ibérica y tomó Salvatierra. Derrotado en la batalla de las Navas de Tolosa (1212), buscó refugio en Marruecos.

Muhawiyya (La Meca h. 603 - Damasco 680) Primer califa omeya (658-80). Cuñado de Mahoma, se negó a reconocer a Alí como califa y se nombró a sí mismo, comprando los derechos sucesorios a Hasan, hijo de Alí. Intentó en dos ocasiones conquistar Constantinopla (669 y 673-77), pero acabó pagando tributo al emperador.

Mühlberg C. de Alemania, situada en el Land de Turingia. 4.500 h. en 1980. Fue escenario en 1547 de una importante batalla entre el emperador Carlos V de Alemania y el ejército protestante, que concluyó con la victoria imperial.

mujer *s. f.* **1.** Persona de sexo femenino. **2.** Persona de este sexo cuando alcanza la edad adulta. **3.** Esposa. ‖ **4. mujer de bandera** La que es muy atractiva. **5. mujer de rompe y rasga** La de carácter fuerte y enérgico. **6. mujer de su casa** La dedicada al cuidado del hogar. **7. mujer fatal** Véase **fatal**. **8. mujer objeto** Aquella que por su aspecto o comportamiento representa un modelo de mujer bella, frívola y superficial, instrumento de satisfacción de los deseos masculinos. **9. mujer pública** (**de vida alegre**, **de la vida**, **de mala vida**) Prostituta.

mujeriego, ga *adj.* Se aplica al hombre muy aficionado a las mujeres, así como a lo relacionado con él. También *s. m.* ‖ **Loc. a la mujeriega** (**o a mujeriegas**) *adv.* Forma de montar a caballo como solían hacerlo las mujeres, con ambas piernas a un mismo lado.

mujeril *adj.* Femenino o afeminado.

mujerío *s. m. fam.* Conjunto o grupo de mujeres.

mujeruca *s. f. desp.* Mujer vulgar o de mal aspecto.

mujerzuela *s. f. desp.* Prostituta.

Mujica Láinez, Manuel (Buenos Aires 1910 - Córdoba, Argentina 1984) Escritor argentino. Se formó en Francia y al regresar a su país se dedicó al periodismo. Posteriormente publicó algunas biografías de personajes reales y literarios, para finalmente consagrarse a la narrativa. En un constante proceso de valoración del pasado, inspirado en el deseo de recuperar el tiempo perdido, reflejó la decadencia del mundo aristocrático, tanto argentino como extranjero. Entre sus novelas merecen citarse *Los ídolos* (1953), *Los viajeros* (1955), *Invitados en El Paraíso* (1957), *Bomarzo* (1962), novela histórica situada en la Italia del Renacimiento, *El unicornio* (1965), *El laberinto* (1974) y *El escarabajo* (1982).

mujik (voz rusa) *s. m.* En la Rusia zarista, campesino pobre.

mujol *s. m.* Pez perciforme de la familia mugílidos, especie *Mugil cephalus.* Mide unos 120 cm de longitud, tiene el cuerpo alargado, cabeza aplastada por encima, labios muy gruesos, un opérculo a cada lado de la cabeza, aletas pélvicas y dos aletas dorsales, la anterior con cuatro radios. Es marino, aunque puede penetrar en albuferas. Su carne y huevas son muy apreciadas en alimentación.

mula *s. f.* **1.** Hembra del mulo. **2.** *fam.* Persona muy bruta o muy terca. **3.** *Amér. C.* Borrachera. **4.** *Arg., Par., Urug.* Mentira. **5.** *amer.* Maula, mercancía invendible. ‖ **Loc. estar hecho una mula** Véase **mulo**.

mulada *s. f.* **1.** Rebaño de mulos. **2.** *Arg., Par., Urug.* Mula, mentira.

muladar *s. m.* **1.** Sitio donde se tira el estiércol o la basura. **2.** Lugar muy sucio. **3.** Lugar en el que existe gran corrupción moral.

muladí *adj.* Durante la dominación musulmana en España, se aplicaba al cristiano que se convertía al islamismo. También *s.*

mular *adj.* Perteneciente o relativo al mulo o la mula.

mulato, ta *adj.* **1.** Hijo de negro y blanca o viceversa. También *s.* ‖ *s. m.* **2.** Mineral de plata oscuro o verde cobrizo.

mulegal *s. m.* **1.** *amer.* Niño negro esclavo. **2.** *amer.* P. ext., niño negro.

mulero *s. m.* Hombre al cuidado de las mulas.

muleta *s. f.* **1.** Especie de bastón para ayudarse a andar apoyándolo en la axila o el antebrazo. **2.** Lo que sirve de ayuda o apoyo a alguien o algo. **3.** En tauromaquia, paño rojo sujeto a un palo que se utiliza para torear al toro con una sola mano en el último tercio de la lidia.

muletilla *s. f.* **1.** Antigua muleta de toreo, más pequeña que la actual. **2.** Palito o botón alargado que, atado al extremo de un cordón, se pasa por una presilla para abrochar algo. **3.** Palabra o frase innecesaria que se repite a menudo en la conversación por costumbre o como apoyo al hablar.

muleto, ta *s. m.* y *f.* Mulo o mula joven y sin domar.

muletón *s. m.* Tela gruesa de lana o algodón que se utiliza en algunas prendas de vestir y de abrigo, y especialmente como protección de la mesa debajo del mantel, de la cuna debajo de la sábana, o para planchar sobre ella.

Mulhacén Pico de España, el más elevado de la península Ibérica (3.481 m), situado en Sierra Nevada, en la cordillera Penibética, al S de Granada.

Mülheim an der Ruhr C. de Alemania, situada en el Land de Renania del Norte-Westfalia, en la cuenca del Ruhr. 175.500 h. en 1989. Es el centro de una rica región carbonífera, lo que le permitió desarrollar una importante industria siderometalúrgica.

Mulhouse C. de Francia, situada en la región de Alsacia, próxima a la frontera con Alemania. 108.000 h. en 1990. Es un centro de la industria textil, metalúrgica y automovilística.

mulillas *s. f. pl.* Tiro de mulas, generalmente engalanadas, que arrastran a los toros y caballos muertos en una corrida de toros.

Müller, Hermann Joseph (Nueva York 1890 - Indianápolis 1967) Biólogo estadounidense. Especializado en genética, en 1946 obtuvo el premio Nobel de medicina por su descubrimiento de la posibilidad de obtener mutaciones utilizando rayos X. Los estudios los realizó en la mosca *Drosophila.*

Müller, Paul Hermann (Olten 1899 - Basilea 1965) Bioquímico suizo. Investigó sobre colorantes y, especialmente, sobre desinfectantes e insecticidas. En 1949 fue premiado con el Nobel de medicina por el descubrimiento de las propiedades del DDT.

Müller, Wilhelm (Dessau 1794 - íd. 1827) Poeta romántico alemán. Adquirió fama por sus ciclos de lieder *El viaje de invierno* (1823) y *La bella molinera* (1824), a los que puso música Schubert.

mullido, da **1.** *p. p.* de **mullir**. ‖ *adj.* **2.** Se aplica a lo que está blando y esponjoso. ‖ *s. m.* **3.** Material blando y esponjoso utilizado como relleno de cojines, colchones, etc. **4.** Acción y efecto de mullir.

Mulligan, Gerry (Nueva York 1927) Músico y compositor de jazz estadounidense. Instrumentista de saxo, comenzó a componer desde su juventud. En 1952 presentó en Los Ángeles un cuarteto de jazz en el que prescindió del piano, confiando los solos y la melodía al saxo y a la trompeta.

Mulliken, Robert Sanderson (Newburyport, Massachusetts 1896 - Arlington 1986) Físico y químico estadounidense. Profesor de las universidades de Nueva York y de Chicago, profundizó en el estudio de la estructura electrónica de las moléculas, gracias al empleo del método de los orbitales. Por esta investigación recibió el premio Nobel de química en 1966.

mullir *v. tr.* **1.** Ahuecar una cosa para que quede más blanda y esponjosa. **2.** Cavar la tierra alrededor de las vides para ablandarla y ahuecarla. ▪ Es v. irreg.

MULLIR	
GERUNDIO	
mullendo	
INDICATIVO	
Pretérito perfecto simple	
mullí *mulliste* *mulló* *mullimos* *mullisteis* *mulleron*	
SUBJUNTIVO	
Pretérito imperfecto	**Futuro imperfecto**
mullera, -ese	*mullere*
mulleras, eses	*mulleres*
mullera, -ese	*mullere*
mulléramos, -ésemos	*mulléremos*
mullerais, -eseis	*mullereis*
mulleran, -esen	*mulleren*

mulo *s. m.* Mamífero híbrido resultante del cruce de caballo y asno. Es un animal generalmente estéril, de mayor tamaño que el asno, cabeza amplia y orejas y cuello largos. Tiene mucha resistencia y fuerza, por lo que se utiliza como bestia de arrastre y carga. ‖ **Loc. estar hecho un mulo** (**o una mula**) *fam.* Estar muy fuerte y robusto.

Mulroney, Brian (Quebec 1939) Político canadiense. En 1984 resultó elegido primer ministro como candidato de los conservadores.

multa *s. f.* **1.** Castigo que se pone por un delito, falta, infracción, etc., y que consiste en pagar una cantidad de dinero. **2.** Papel o recibo en que consta dicho castigo.

Multan C. de Pakistán, situada en el sector central del país, cerca del río Chenab. 730.100 h. en 1981. Es un centro agrícola y de la industria textil, vidriera, alimentaria y de fertilizantes.

multar *v. tr.* Poner una multa.

multi- *pref.* Significa 'mucho': *multifamiliar, multicopista.*

multicolor *adj.* Que tiene muchos colores.

multicopista *adj.* Se dice de la máquina capaz de reproducir una o más copias de un texto, un dibujo, etc. También *s. f.*

multidimensional *adj.* **1.** Que tiene varias dimensiones. **2.** Que presenta distintas dimensiones o aspectos de un asunto.

multifamiliar *adj.* Se aplica al edificio destinado a vivienda de varias familias.

multiforme *adj.* Que tiene varias formas o aspectos.

multigrado *adj.* Se aplica al aceite lubricante de motores que no sufre alteración de sus propiedades con los cambios de temperatura.

multígrafo *s. m. Méx., Ven.* Multicopista.

multilateral *adj.* Que consta de más de un lado, parte o aspecto.

multimedia *adj.* Se aplica a los sistemas de comunicación social que simultanean diversos medios: televisión, radio, prensa, vídeo, etc. También *s. m. pl.*

multimedios *adj.* Se aplica a los programas de ordenador que combinan la presentación de varios tipos de información: texto, gráficos, imágenes, grabaciones de vídeo, etc. Si además es posible «navegar» por dicha información de forma asociativa, se llaman *hipermedios.*

multimillonario, ria *adj.* Que posee una fortuna de muchos millones. También *s.*

multinacional *adj.* **1.** Perteneciente o relativo a varias naciones. **2.** Se aplica a la empresa o grupo de empresas cuyos intereses y actividades se extienden a varios países. También *s. f.*

multíparo, ra *adj.* **1.** Se aplica a la hembra que tiene varios hijos en un solo parto. **2.** Se dice de la mujer que ha parido más de una vez. **3.** Se dice de los tallos que tienen varios ejes.

multipartidaria *s. f. Amér. del S.* Organización que agrupa a distintos partidos políticos.

múltiple *adj.* **1.** Que está compuesto de distintas unidades, partes, acciones, etc. **2.** Acompañando a sustantivos en plural, varios o numerosos.

multiplex *adj.* Se dice de la transmisión simultánea de sonidos o imágenes provenientes de puntos distantes entre sí, y también de los aparatos que la realizan. También *s. m.*

multiplicación *s. f.* **1.** Acción y efecto de multiplicar o multiplicarse. **2.** Operación aritmética que consiste en sumar de forma directa y abreviada un número, llamado *multiplicando*, tantas veces como indica otro número, llamado *multiplicador*, y cuyo resultado se denomina *producto*. || **3. multiplicación vegetativa** Forma de reproducción asexual de las plantas que consiste en la producción de nuevos individuos a partir de la zona somática del predecesor. Existen dos modalidades de reproducción vegetativa: natural, como es el caso del estolón, tallo subterráneo que echa nuevas raíces y origina un nuevo pie de planta; o artificial, como es el caso del acodo, tallo de la planta que el cultivador dobla o acoda hasta alcanzar el suelo, donde enraíza y produce un nuevo individuo genéticamente igual al progenitor.

multiplicador, ra *adj.* **1.** Que multiplica. También *s.* **2.** Se aplica a uno de los dos números o expresiones algebraicas que intervienen en la operación producto, el cual indica las veces que se ha de sumar el otro factor (multiplicando) para obtener el producto o resultado. También *s. m.* || *s. m.* **3.** En los proyectiles de las armas de fuego, sustancia detonante que, activada por el cebo, prende la carga explosiva de la munición. || **4. multiplicador de electrones** En fís., tubo de vacío, provisto de electrodos, que sirve para aumentar la intensidad de un haz de electrones. El proceso se inicia al incidir la luz en un fotocátodo, que emite un pequeño número de electrones que, a su vez, inciden en un electrodo auxiliar, y así sucesivamente. **5. multiplicador de frecuencia** En fís., amplificador electrónico en que la frecuencia de salida es un múltiplo entero de la de entrada. Suele utilizarse en los emisores de alta frecuencia.

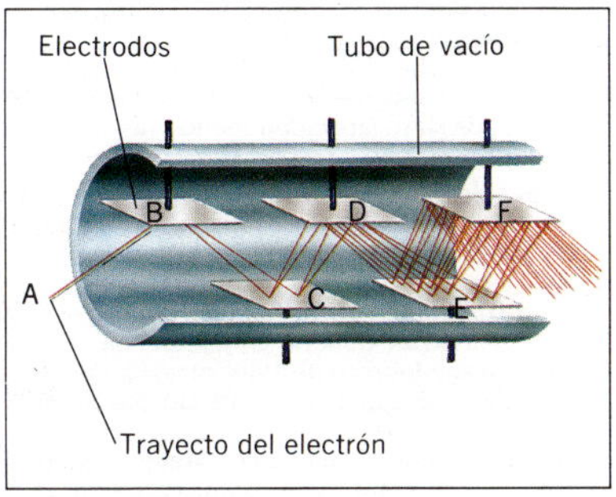

Multiplicador de electrones: el electrón (A), al chocar con el primer electrodo (B), arranca nuevos electrones que se dirigen al electrodo (C) y de éste a los sucesivos (D, E, F...) produciendo una multiplicación electrónica.

multiplicando *adj.* Se dice de uno de los dos números o expresiones algebraicas que intervienen en la operación producto, el cual debe sumarse tantas veces como indica el otro factor (multiplicador). También *s. m.*

multiplicar *v. tr.* **1.** Aumentar varias veces el número o la cantidad de algo. También *v. prnl.* **2.** En mat., someter dos números o expresiones algebraicas a la operación producto, consistente en sumar uno de ellos tantas veces como indica el otro. || *v. prnl.* **3.** Reproducirse los seres vivos. **4.** Atender muchas ocupaciones o tareas a la vez. ▪ Se conjuga como *sacar.* **FAM.** Multiplicable.

multiplicidad *s. f.* **1.** Cualidad de múltiple. **2.** Gran número o cantidad de individuos, cosas, acciones, etc.

múltiplo, pla *adj.* **1.** En mat., se dice del número o cantidad que contiene a otro dos o más veces exactamente; así, 15 es múltiplo de 3 y de 5, pues 3 × 5 = 15. También *s. m.* || **2. mínimo común múltiplo** El menor de los múltiplos de dos o más números; p. ej., 20 es el mínimo común múltiplo de 2, 4, 5 y 10.

multitud *s. f.* **1.** Número o cantidad muy elevada de personas o cosas. **2.** Particularmente, conjunto de personas reunidas en un lugar. **3.** La gente en general. Se usa mucho en *pl.*

multitudinario, ria *adj.* Que reúne o forma una multitud.

Munch, Edvard (Loten 1863 - Ekely 1944) Pintor noruego. Es uno de los más destacados representantes del expresionismo nórdico. Su estilo, influido por los impresionistas y los postimpresionistas, se caracteriza por gruesos trazos sinuosos en las xerigrafías y aguafuertes y por la simplificación de las formas en óleos simbólicos en los que plasma sus obsesiones vitales, el amor, la angustia, la soledad y la muerte. Sobresale la serie de cuadros *El friso de la vida* (1889-1918). Su óleo *El grito* (1893) se ha convertido en el símbolo del dolor y la angustia.

Edvard Munch: El grito *(Galería Nacional, Oslo).*

Münchhausen, Karl Hieronymus, barón de (Gut Bodenwerder, Hannover 1720 - íd. 1797) Militar alemán. Combatió al servicio de Rusia contra los turcos (1740-41). Célebre por sus falsas aventuras y sus fanfarronadas, se le atribuyen 17 cuentos que aparecieron en *Vademécum de los alegres compañeros* (1781-83), recogidos y ampliados en la obra inglesa de Rudolf Erich Raspe (1785), en la que se basó el alemán Gottfried August Bürger para sus *Divertidas aventuras del barón de Münchhausen* (1786).

Munda C. histórica del imperio romano, perteneciente a la provincia Bética. Fue célebre por la batalla en la que Cesar obtuvo la victoria definitiva sobre los hijos de Pompeyo.

mundanal *adj.* Mundano*.

mundano, na *adj.* **1.** Perteneciente o relativo al mundo como sociedad humana. **2.** Perteneciente o relativo al ambiente de la alta sociedad, a su lujo, sus diversiones, etc. **3.** Se dice de las personas que frecuentan ese ambiente y de lo relacionado con ellas. **FAM.** Mundanamente.

mundial *adj.* **1.** Perteneciente o relativo a todo el mundo. || *s. m.* **2.** Competición deportiva en la que participan representantes de países de todo el mundo.

mundillo *s. m.* **1.** Círculo formado por determinada clase social, profesión, etc., en el que se desenvuelve normalmente un grupo limitado de personas. **2.** Especie de almohadilla cilíndrica que se emplea para hacer encaje de bolillos.

mundo *s. m.* **1.** Conjunto de todo cuanto existe. **2.** La Tierra y, p. ext., otros planetas y sistemas planetarios. **3.** Cada una de las partes, reales o imaginarias, en que puede dividirse todo cuanto existe. **4.** La humanidad entera o parte de la misma, caracterizada por un momento histórico determinado o por otra circunstancia o cualidad. **5.** La sociedad humana, especialmente en cuanto hace referencia a la vida, la actividad y las relaciones de sus miembros. **6.** Vida seglar por oposición a la religiosa. **7.** Experiencia de la vida, desenvoltura en el trato con los demás. || **8. el fin del mundo** Lugar muy lejano; también se emplea para referirse a situaciones muy difíciles, sin solución aparente. **9. el gran mundo** La alta sociedad. **10. el Mundo Antiguo** o **el Viejo Mundo** El conocido antes del descubrimiento de América, es decir, Europa, Asia y África. **11. el Nuevo Mundo** América. **12. el otro mundo** Lo que se supone que hay tras la muerte. **13. el Tercer Mundo** Conjunto de los países menos desarrollados de la Tierra. **14. medio mundo** Mucha gente. **15. todo el mundo** La mayoría de la gente. || **Loc. caérsele** (o **venírsele**) a uno **el mundo encima** *fam.* Desmoralizarse ante las dificultades. **correr mundo** Viajar mucho. **desde que el mundo es mundo** *adv.* Desde siempre. **no ser** algo **nada del otro mundo** *fam.* Ser vulgar y corriente. **ponerse el mundo por montera** *fam.* Actuar sin preocuparse de los comentarios y críticas de los demás. **por esos mundos (de Dios)** *adv.* Por diversos lugares sin especificar. **por nada del mundo** *adv.* De ninguna manera. **venir al mundo** Nacer. **ver mundo** Correr mucho, viajar por muchas partes.

mundología *s. f.* En sentido irónico o humorístico, experiencia del mundo y en el trato con personas.

mundovisión *s. f.* Red de televisión que conecta vía satélite a numerosos países, haciendo posible la transmisión simultánea de un acontecimiento.

Muni Véase **Mbini**.

Munibe e Idiáquez, Xavier, conde de Peñaflorida (Azcoitia, Guipúzcoa 1723 - Vergara, Guipúzcoa 1785) Escritor y pensador español. Estudió en Toulouse con los jesuitas y, a su regreso a España, fundó la Real Sociedad Bascongada de Amigos del País (1763). Su pensamiento, reflejado tanto en su actividad ilustrada como en sus escritos, está influido por la ilustración francesa. Fue autor de *Los aldeanos críticos* (1758) y *Ensayo de la Real Sociedad Bascongada de Amigos del País* (1766).

Munich (*München*) C. de Alemania, cap. del Land de Baviera, situada a orillas del río Isar. 1.211.600 h. en 1989. Es un importante centro comercial, financiero, cultural e industrial, con producción química, metalúrgica, mecánica, eléctrica y electrónica. Sus monumentos más significativos son la catedral (s. XV), la iglesia de

Munich: vista de la Marienplatz, con el edificio del nuevo ayuntamiento.

San Pedro (s. XI), la Marienplatz y la moderna ciudad olímpica. Fundada por el duque de Baviera Enrique de León en 1158, fue capital del reino de Baviera en 1806 y sede importante del nazismo desde 1923.

Munich, pacto de Acuerdo firmado en esta ciudad el 30 de septiembre de 1938 entre el Reino Unido, Francia, Alemania e Italia para resolver la crisis provocada por la reivindicación alemana de la región checa de los Sudetes. La actitud conciliadora de franceses e ingleses llevó a Hitler a ocupar la región en marzo de 1939.

munición *s. f.* **1.** Cartuchos, proyectiles, etc., de las armas de fuego. **2.** Conjunto de provisiones y material de guerra para uso de un ejército, una plaza fuerte, etc. Se usa mucho en *pl.* ‖ **3. munición** (o **municiones**) **de boca** Víveres para el sustento del ejército. **4. munición** (o **municiones**) **de guerra** Toda clase de armas de guerra y su carga correspondiente. ‖ **LOC. de munición** *adj.* Se dice de todo el material que el Estado proporciona a la tropa, frente a lo que el soldado aporta de su bolsillo.

municionar *v. tr.* Abastecer de municiones a la tropa o a una plaza militar. **FAM.** Municionamiento.

municipal *adj.* **1.** Perteneciente o relativo al municipio o que depende del mismo. **2.** Se aplica al cuerpo de policía dependiente de un ayuntamiento, así como a sus miembros. También *s.*

municipalidad *s. f.* El municipio como organismo administrativo.

municipalizar *v. tr.* Hacer que un servicio público que estaba en manos privadas pase a depender del municipio o ayuntamiento. ■ Se conjuga como *cazar.* **FAM.** Municipalización.

municipio *s. m.* **1.** División administrativa menor del Estado regida por un solo organismo; es propia de España y algunos países hispanoamericanos. **2.** Término o territorio que comprende. **3.** Conjunto de vecinos de este término. **4.** Organismo que administra dicho término y la corporación que lo dirige, compuesta por un alcalde y varios concejales. **5.** En la antigua Roma, ciudad libre gobernada por sus propias leyes y cuyos vecinos gozaban de los derechos de la ciudadanía romana.

munificencia *s. f.* Gran generosidad, como la que puede permitirse un personaje importante.

munífico, ca o **munificiente** *adj.* Que da con munificencia.

Münster C. de Alemania, situada en el Land de Renania del Norte-Westfalia. 248.900 h. en 1989. De gran importancia en la Edad Media, es actualmente un destacado centro de la industria metalúrgica, siderúrgica y textil. Conserva su catedral gótica de los s. XII-XIII.

Muntaner, Ramón (Perelada, Girona 1265 - Ibiza 1336) Cronista y militar catalán. Personaje de activa vida política y militar, estuvo al servicio de varios reyes, participó en la expedición de los almogávares a Oriente y terminó sus días como gobernador de Ibiza. Es autor de una famosa *Crónica* (1325-32) sobre el periodo comprendido entre el nacimiento de Jaime I (comienzos del s. XIII) y la coronación de Alfonso el Benigno (1328).

Munthe, Axel (Oskarshamn 1857 - Estocolmo 1949) Médico y escritor sueco. Alcanzó popularidad con su obra de carácter autobiográfico *La historia de San Michele* (1929).

Münzer, Thomas (Stolberg 1491 - Mühlhausen 1525) Reformador alemán. Seguidor de Lutero, fue consagrado pastor luterano en 1519. Ejerció su labor evangélica en Zwickau, donde reunió un grupo de adeptos que, influidos por la mística medieval y los escritos de Joachim da Fiore, formaron la confesión anabaptista, de ideología radical. Predicó su doctrina en Bohemia y Sajonia, donde halló gran aceptación en las capas populares. En Mühlhausen se unió a la sublevación de los campesinos, pero fue apresado por los nobles, torturado y muerto.

muñeco, ca *s. m.* y *f.* **1.** Figura en forma de persona o animal empleada principalmente como juguete o adorno. ‖ *s. m.* **2.** *fam.* Hombre que se deja manejar por los demás. ‖ *s. f.* **3.** Parte del brazo humano donde la mano se articula con el antebrazo. **4.** *fam.* Mujer frívola o superficial, generalmente joven y atractiva. A veces se emplea como forma achulada de llamar a las mujeres. **5.** *fam.* Chica o niña de aspecto dulce y delicado. **6.** *Arg., Par., Urug.* Habilidad o relaciones influyentes.

muñeira *s. f.* **1.** Cierto baile popular gallego que se acompaña con la gaita y el tamboril. **2.** Música y canto de esta danza.

muñequear *v. intr.* **1.** En esgrima, hacer juego de muñeca. **2.** *Arg., Par., Urug.* Mover influencias para lograr algo.

muñequera *s. f.* Tira de cuero, venda, banda elástica, etc., con que se aprieta la muñeca, p. ej. para evitar torceduras o para curarlas.

muñir *v. tr.* **1.** Amañar un asunto. **2.** En una cofradía, convocar a sus miembros. ■ Es v. irreg. Se conjuga como *mullir.* **FAM.** Muñidor.

muñón *s. m.* **1.** Trozo que queda de un miembro o un órgano cuando ha sido amputada o cortada una parte del mismo. **2.** Cada una de las dos piezas cilíndricas que tiene el cañón a los lados, sobre las cuales se asienta en la cureña y le permiten girar verticalmente.

Muñoz, Agustín Fernando (Tarancón, Cuenca 1809 - Mondesir, Francia 1873) Militar y político español. Guardia de corps, perteneció a la escolta de la reina María Cristina, con la que contrajo matrimonio morganático y secreto poco después de la muerte de Fernando VII.

Muñoz, Juan Bautista (Museros, Valencia 1745 - ? 1799) Historiador español. Fue profesor de la universidad de Valencia, cosmógrafo mayor de Indias (1770) y cronista de Indias (1775). Carlos III le encargó una *Historia del Nuevo Mundo*, de la que sólo se publicó un volumen. A él se debe la idea del Archivo de Indias.

Muñoz, Lucio (Madrid 1929) Pintor español. Estudió en Madrid y amplió su formación en París. Informalista, pinta con colores oscuros sobre tablas, en las que previamente ha creado con la gubia relieves negativos que se incorporan al cuadro.

Muñoz, Rafael Felipe (Chihuahua 1899 - México 1972) Escritor mexicano. Fue periodista de las campañas bélicas de la revolución mexicana y esa misma temática es la que reflejó en la mayor parte de sus obras narrativas. Entre ellas podemos citar *¡Vámonos con Pancho Villa!* (1931), *Se llevaron el cañón para Bachimba* (1934) y *Obras incompletas, desechadas y olvidadas.*

Muñoz Degrain, Antonio (Valencia 1841 - Málaga 1924) Pintor español. Destacó como pintor de temas históricos y sobre todo de paisajes, todos ellos de espectacular colorido. Entre sus cuadros cabe mencionar *Otelo y Desdémona* y *Chubasco en Granada.*

Muñoz Grandes, Agustín (Madrid 1896 - íd. 1970) Militar español. Participó en las campañas de Marruecos y durante la Segunda República organizó el cuerpo de guardias de asalto. Durante la guerra civil española combatió del lado nacionalista, en el que llegó a general. Jefe de la División Azul (1941-42), ocupó durante el régimen de Franco el ministerio del Ejército (1951-1957) y la vicepresidencia del gobierno.

Muñoz Marín, Luis (San Juan 1898 - íd. 1980) Político puertorriqueño. Miembro del Partido Liberal, fue partidario de la independencia, hasta 1938, año en que fundó el Partido Popular Democrático, defensor del autogobierno de Puerto Rico bajo la protección de EE UU. Fue gobernador de la isla (1948-64). Bajo su mando se aprobó la ley que convirtió a Puerto Rico en estado libre asociado (1952).

Muñoz Molina, Antonio (Úbeda, Jaén 1956) Escritor español. Ha destacado como novelista en sus obras *El invierno en Lisboa* (1987), *Beltenebros* (1989) y *El jinete polaco* (1991). Asimismo es autor de ensayos como *Diario del Nautilus* (1986) y *Córdoba de los Omeyas* (1989).

Muñoz Seca, Pedro (El Puerto de Santa María, Cádiz 1881 - Paracuellos del Jarama, Madrid 1936) Comediógrafo español. Fue autor de numerosas obras cómicas de carácter grotesco y disparatado, algunas tan populares como *La venganza de don Mendo* (1919), en verso, y *Los extremeños se tocan* (1926). Murió fusilado en la zona republicana durante la guerra civil.

muón *s. m.* Partícula elemental de la familia de los leptones, con carga negativa. Es muy parecida al electrón, pero mucho más pesada.

Muqaddam ibn Muafa al-Qabri, llamado **el Vidente** (Cabra, Córdoba s. IX-X) Poeta arabigoandaluz. Vivió durante el emirato de Abd Allah. Se le atribuye la invención de la moaxaja

mural *adj.* **1.** Perteneciente o relativo al muro. **2.** Se aplica a las cosas que se extienden sobre un muro y cubren gran parte del mismo. **3.** Se aplica al arte, especialmente la pintura, que se realiza o fija sobre muros o paredes. ‖ *s. m.* **4.** Obra pictórica, decorativa, informativa, etc., generalmente de gran tamaño, que se hace sobre una pared o lo parece. **5.** Mueble fijo a una pared, generalmente formado por módulos sujetos a una plancha de madera que cubre el muro.

muralismo *s. m.* Arte o técnica de realizar murales.

muralista *s. m.* y *f.* Artista que crea murales.

muralla *s. f.* Muro muy grueso que solía construirse alrededor de una ciudad, una fortaleza, etc., para protegerla de los ataques enemigos.

murallón *s. m.* Muro muy grueso.

Murano C. de Italia, perteneciente al municipio de Venecia. Es célebre por su producción de vidrio, actividad a la que se ha dedicado desde el s. XIII.

murar *v. tr.* Rodear una ciudad, un recinto, etc., con murallas.

Murat Nombre de cinco sultanes otomanes.
Murat I (? h. 1326 - batalla de Kosovo 1389) Sultán otomano (1360-89). Conquistó la Tracia y estableció la capital en Adrianópolis (1366). Ocupó Sofía y sometió a vasallaje al emperador bizantino Juan V Paleólogo. Venció a los serbios en Kosovo, pero murió en la batalla.
Murat II (? 1403 - Adrianópolis 1451) Sultán otomano (1421-51). Continuó la conquista turca en los Balcanes y en Asia Menor. Convirtió a Serbia en provincia turca (1439). Fue derrotado por Juan Hunyadi, que le arrebató Sofía. Venció a Ladislao de Hungría (1444) y conquistó Corinto.
Murat III (? 1546 - ? 1595) Sultán otomano (1574-1595). Hijo de Selim II, impuso en el trono de Polonia a Segismundo (1587). Guerreó con Persia y conquistó Tabriz (1585).
Murat IV (? h.1612 - Constantinopla 1640) Sultán otomano (1623-40). Hasta 1624 estuvo sometido a los jenízaros. Le fue arrebatada Bagdad, pero la reconquistó (1638). Mantuvo buenas relaciones con Austria y con Venecia.
Murat V (? 1840 - ? 1904) Sultán otomano (1876). Elevado al trono tras el derrocamiento de Abdulaziz, por su incapacidad mental fue depuesto a los pocos meses.

Murat, Joachim (Labastide-Fortunière 1767 - Pizzo, Calabria 1815) Militar francés y rey de Nápoles (1808-14). En 1792 se unió a Napoleón, con cuya hermana Carolina contrajo matrimonio en 1800. Se distinguió en las batallas de Austerlitz y Jena, entre otras. General en jefe del ejército de España desde febrero de 1808, atrajo a Bayona a la familia real española, reprimió los levantamientos de mayo en Madrid y se convirtió en lugarteniente general del reino. Aunque aspiraba al trono español, tuvo que conformarse con el de Nápoles, que ocupó en agosto de 1808 adoptando el nombre de Joaquín I. Napoleón le llamó en 1812 y le puso al frente del ejército de Rusia. Tras la derrota definitiva de Napoleón, trató de negociar con Austria e Inglaterra, pero el congreso de Viena no le confirmó en su trono.

Murcia C. de España, cap. de la prov. homónima y de la comunidad autónoma de la Región de Murcia. 318.850 h. en 1991. Situada a orillas del río Segura, es un núcleo administrativo, comercial y cultural, centro de una riquísima región agrícola, la Huerta de Murcia, que posee industria vinícola, agroalimentaria, química, textil, del mueble, calzado y artes gráficas. Sus principales monumentos son la catedral gótica (s. XIV-XV) con portada barroca, el palacio episcopal, las iglesias de San Lorenzo, Jesús y San Nicolás y los conventos de Santa Ana y Santa Clara.
Hist. Fundada por los musulmanes andalusíes entre los años 825 y 831, llegó a ser capital de la cora (división administrativa) de Tudmir. Su importancia fue creciendo durante el emirato y califato de Córdoba. Tras la caída del califato fue capital del reino taifa de Murcia. En 1244 fue conquistada por los cristianos e incorporada a Castilla. En 1291 se convirtió en sede episcopal, al trasladarse ésta desde Cartagena. En la Baja Edad Media experimentó un auge económico ba-

Murcia: portada de la catedral.

sado en sus industrias textiles de paños y sedas y en la orfebrería. En época de Carlos V la ciudad se sumó al movimiento comunero. En la guerra de Sucesión tomó partido por Felipe V. Murcia fue ocupada en 1812 por las tropas napoleónicas. En el curso de la guerra civil permaneció adicta al gobierno de la república y fue tomada por las tropas franquistas en 1939.

Murcia, Región de Comunidad autónoma de España, situada en el SE del país.

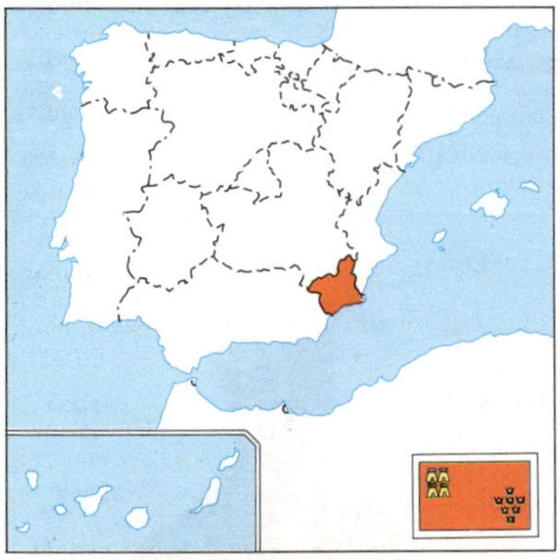

Extensión: 11.317 km^2.
Límites: al N, con Albacete; al S, con el mar Mediterráneo; al E, con Alicante, y al O, con Granada y Almería.
Población: 1.032.300 h. en 1991.
Densidad: 91,2 h./km^2.
Capital: Murcia.
Provincias: Murcia.

Geog. física La región presenta un relieve montañoso en el O y el NO, donde están las sierras Penibéticas y Subbéticas; al SE de ambos sistemas se extienden la depresión prelitoral y, cerca del mar, las llanuras costeras. La máxima altura se alza en el O, el pico Revolcadores (2.000 m), de la sierra del Taibilla. La costa es baja y arenosa en el E, donde se halla el Mar Menor, extensión de agua salada separada del mar por La Manga, y alta y accidentada en el S, desde el cabo de Palos hasta Águilas. El territorio está regado por el río Segura y sus afluentes, Benamor, Argos, Quipa, Mula y Guadalentín o Sangonera. Su clima es mediterráneo, así como la vegetación, con bosque de encina, carrasca y pino y matorral de plantas espinosas y aromáticas.

Geog. económica Se practica agricultura de regadío en las cuencas de los ríos produciéndose agrios, frutas, verduras y hortalizas. En secano se cultiva vid, trigo, cebada y almendro. La principal zona agrícola es la Huerta del Segura, en la que predominan arroz y frutales. La ganadería porcina tiene importancia en la región de Lorca y la pesca en Águilas, Mazarrón, Cartagena y San Pedro del Pinatar. Hay yacimientos de plomo, cinc y plata en las minas de La Unión; industria alimentaria, conservera, metalúrgica, química, cerámica, vidriera y constructora; refinerías de petróleo en Escombreras y astilleros e industria armamentística en Cartagena. La comarca del Mar Menor es una importante zona turística, así como la zona de Mazarrón y Águilas.

Hist. La región fue dominada por los cartagineses, que fundaron Cartago Nova (Cartagena). En época romana estuvo integrada en la provincia Carthaginense. Tras la conquista visigoda, fue recuperada por Bizancio en época de Justiniano. Formó parte del emirato y califato andalusí y, tras la decadencia de este último, se constituyó en el reino taifa de Murcia. Fue reconquistada e incorporada a la corona de Castilla en el s. XIII. El reino pasó a la corona de Aragón en época de Jaime II, entre 1296 y 1304. Durante la Baja Edad Media se caracterizó por su fragmentación en señoríos jurisdiccionales. Su importancia económica dependía fundamentalmente de la ganadería trashumante castellana y aragonesa. Los Reyes Católicos lograron el sometimiento señorial a la corona. Fue campo de batalla en la guerra de Sucesión, que terminó con la victoria de Felipe V. En 1809 se organizó la región como departamento del río Segura, siendo la ciudad de Murcia su capital. En 1817 se dividió en ocho partidos judiciales y en 1822 en dos provincias, Murcia y Chinchilla. En 1833 sufrió una nueva división, esta vez entre Albacete y Murcia. En virtud de la Constitución de 1978 quedó integrada en el sistema de autonomías, tomando el nombre de Región de Murcia. En este mismo año obtuvo el régimen preautonómico y en 1982 entró en vigor el Estatuto de Autonomía.

murcianismo *s. m.* **1.** Voz o expresión propia del español hablado en la Región de Murcia. **2.** Amor a esta región y a lo relacionado con ella.

murciano, na *adj.* De Murcia. También *s.*

murciélago *s. m.* Nombre común de diversos mamíferos quirópteros de las familias rinolófidos, vespertiliónidos, molósidos, etc., con numerosos géneros. Están adaptados al vuelo y tienen un ala o patagio que une los últimos cuatro dedos de las extremidades anteriores, el cuerpo, la base de las patas posteriores y la cola. Son de costumbres nocturnas y guían su vuelo en la oscuridad mediante la emisión de ondas y su recepción cuando rebotan en las cosas, a la manera de un radar. Habitan en los países cálidos de todo el mundo y permanecen en letargo durante el invierno. El murciélago común pertenece a la familia vespertiliónidos, especie *Pipistrellus pipistrellus*, mide unos 7 cm de longitud, alas negras y cuerpo castaño y habita en Europa y N de África.

Murciélago común (Pipistrellus pipistrellus).

Murcia: vista del mar Menor y La Manga, a orillas del Mediterráneo.

Murdoch, Jean O. Bayley, llamada **Iris** (Dublín 1919) Escritora irlandesa. Es autora de novelas en las que, con un enfoque alegórico y en ocasiones irónico, analiza el comportamiento y las relaciones humanas. Entre los títulos más importantes pueden citarse *Bajo la red* (1954), *Amigos y amantes* (1968), *Una derrota bastante honrosa* (1970) y *El mar, el mar* (1978).

Murena, Héctor A. (Buenos Aires 1923) Escritor argentino. Es famoso por su obra *El pecado original de América* (1954), psicoanálisis de la realidad argentina. Escribió tambien poesía, como *La vida nueva* (1951), y novelas, como *La fatalidad de los cuerpos* (1955), *Las leyes de la noche* (1958) y *Los herederos de la promesa* (1965).

murga *s. f.* **1.** Banda de músicos callejeros que toca desafinadamente. **2.** *fam.* P. ext., lata, molestia: *dar la murga.*

Murger, Henri (París 1822 - íd. 1861) Escritor francés. Le dieron fama sus *Escenas de la vida bohemia* (1847-49), que en 1849 llevó al teatro con el título de *La vida bohemia.* Sobre esta obra escribieron sus óperas Puccini y Leoncavallo.

murgón *s. m.* Cría de salmón.

Bartolomé Esteban Murillo: Inmaculada de Soult *(Museo del Prado, Madrid).*

Murillo, Bartolomé Esteban (Sevilla 1617 - íd. 1682) Pintor español. Se formó en la escuela sevillana, de gran tradición realista, aunque recibió influencias flamencas e italianas. Evolucionó desde el tenebrismo, con tonalidades ocres y terrosas, hasta una mayor luminosidad y el empleo de colores vivos. Sobresalió como autor de temas religiosos, de emotiva espiritualidad, con un estilo colorista y dinámico propio del pleno Barroco. En su obra descuellan las series para el convento de los Capuchinos (1665-70), las distintas versiones de la *Inmaculada Concepción* y las figuras infantiles *Niños comiendo fruta* (1655), *El buen pastor* (1665) y *San Juan Bautista niño* (1665).

Muris, Jean de (Normandía 1290 - París 1351) Filósofo y matemático francés. Escribió dos tratados, *Ars nova musicae* (1319) y *Speculum Musices*. Fue uno de los principales teóricos del *Ars nova*.

Murmansk C. de la Federación Rusa, situada en la costa N de la península de Kola. 468.000 h. en 1989. Es un importante centro portuario del mar de Barents y posee un Instituto de Estudios Oceanográficos. Cuenta con astilleros e industrias conserveras de pescado. Es el único puerto ruso del Ártico libre de hielos, por influencia de la deriva nordatlántica.

murmullo *s. m.* Ruido continuo, suave y confuso.

murmuración *s. f.* Comentario perjudicial o negativo, y a menudo falso, sobre algo o alguien que no está presente.

murmurar *v. intr.* **1.** Hablar mal de algo o de alguien que no está presente. **2.** Hablar alguien en voz baja y apenas sin vocalizar, generalmente quejándose de algo. También *v. tr.* **3.** Producir murmullo. **FAM.** Murmurador.

murmureo *s. m.* Murmullo prolongado.

murmurón, na *adj. amer.* Murmurador, chismoso. También *s.*

Murnau, Friedrich Wilhelm (Bielefeld 1889 - Santa Bárbara, California 1931) Director de cine alemán. Fue uno de los grandes representantes del expresionismo alemán de entreguerras. Sus filmes más destacados de esta época son *Nosferatu* (1922) y *El último* (*Der letze Mann*, 1924). Una vez instalado en EE UU rodó dos obras maestras: *Amanecer* (1927) y *Tabú* (1931).

muro *s. m.* **1.** Pared gruesa. **2.** Muralla. Se usa mucho en *pl.* ‖ **3. muro de contención** Construcción que impide que las aguas de un río, una presa, etc., se desborden o inunden terrenos cercanos. **4. muro de las lamentaciones** El que se halla en el templo de Jerusalén, frente al cual los judíos oran y se lamentan por la ruina de su pueblo. **5. muro del sonido** (**sónico** o **transónico**) Barrera* del sonido.

Murphy, William Parry (Stoughton, Wisconsin 1892) Médico estadounidense. Profesor en la universidad de Harvard, obtuvo el premio Nobel de medicina en 1934, con su colaborador George R. Minot y con George Hoyt Whipple, por el descubrimiento del tratamiento de la anemia perniciosa mediante una dieta a base de hígado.

Murray Río de Australia, el de mayor longitud del país, 3.490 km (con el Darling) y 910.000 km^2 de cuenca. Nace en el monte Kosciusko, de los Alpes Australianos, y discurre en dirección O, hasta desembocar en Victor Harbour, cerca de Adelaida. Sus principales afluentes son el Murrumbidgee y el Darling.

murrio, rria *adj.* **1.** Melancólico, disgustado. ‖ *s. f.* **2.** Tristeza, melancolía. **3.** Mal humor.

mus *s. m.* **1.** Juego de naipes de origen vasco que se practica con baraja española entre dos parejas. Es un juego de envite que consta de diversas suertes y en el que resulta esencial la compenetración de la pareja, que se comunica las jugadas respectivas mediante señas y gestos. **2.** Palabra con la que, en este juego, un jugador señala que desea descartarse.

musa *s. f.* **1.** En la mitología grecolatina, cada una de las diosas, hijas de Júpiter y Mnemosine, que protegían y representaban las ciencias y las artes. Su número era variable, pero generalmente se recuerdan nueve: Clío, la musa de la historia; Euterpe, de la música; Terpsícore, de la danza; Talía, de la comedia; Erato, de la poesía lírica; Calíope, de la épica; Polimnia, de los himnos; Melpómene, de la tragedia; y Urania, de la astronomía. **2.** Inspiración de un escritor. **3.** P. ext., la poesía lírica. ‖ *pl.* **4.** Las artes y las ciencias humanísticas.

Musa ibn Nusayr (La Meca h. 640 - íd. 718) Militar árabe. Siendo gobernador de Ifriquiya (Mogreb) emprendió la conquista del reino visigodo de España, comenzada por su lugarteniente Tarik en el 711 y completada por él mismo en años sucesivos. En el 715 fue reclamado a la capital musulmana, Damasco, donde se le castigó por los abusos que había cometido en el ejercicio de su cargo.

musaraña *s. f.* Nombre común de diversas especies de mamíferos insectívoros de la familia sorícidos, géneros *Sorex*, *Neomys*, *Cryptotis*, *Blarina*, *Crocidura*, *Pachiura*, *Nectogale*, etc. Miden entre 5 y 10 cm de longitud, tienen el hocico afilado, orejas ocultas, pelaje de tonalidad rojiza y patas anteriores más pequeñas que las posteriores y con garras. Son carnívoros y de gran voracidad. De costumbres nocturnas, diurnas y crepusculares, habitan en América, Europa, África y Asia. La musaraña común *(Crocidura russula)* es beneficiosa para la agricultura, ya que extermina animales dañinos para los cultivos. ‖ **LOC. pensar** uno **en las musarañas** *fam.* Estar distraído o despistado.

muscarina *s. f.* Alcaloide presente en la *Amanita muscaria*, un hongo basidiomiceto de la familia agaricáceas muy venenoso, que crece en la península Ibérica.

múscidos *s. m. pl.* Familia de insectos dípteros a la que pertenecen unas 500 especies comprendidas en los géneros *Musca*, *Fannia*, *Stomoxys*, *Scatophaga* y otros. Son moscas de muy variado aspecto y tamaño, dentro de los caracteres formales de los dípteros. Están distribuidas por todo el mundo. Múscidos son la mosca doméstica, la mosca amarilla del estiércol y la mosca de los establos. También *adj.* y *s. m.*

muscular *adj.* Perteneciente o relativo a los músculos.

musculatura *s. f.* **1.** Conjunto de los músculos del cuerpo y estructura que forman. **2.** Grado de desarrollo o de fuerza de los músculos.

músculo *s. m.* Cada uno de los órganos formados por tejido elástico capaz de contraerse, que constituyen, junto con los huesos, uno de los componentes fundamentales del aparato locomotor del hombre y los animales. Existen dos tipos de músculos, los de fibra lisa, que forman las paredes de las vísceras y cuya contracción, excepto en el caso de la vejiga de la orina, es involuntaria, y los de fibra estriada, que forman las masas musculares propiamente dichas y cuya contracción, excepto en el caso del corazón, es voluntaria. Muchos músculos están unidos a una o dos piezas del esqueleto por medio de tendones y su contracción sirve para mover los huesos alrededor de las articulaciones. En ciertos casos, dos juegos de músculos realizan acciones contrarias entre sí, como los flexores y extensores de los dedos, el bíceps y el tríceps del brazo y el bíceps y el cuadríceps del fémur. Otros, los esfínteres, tienen forma de anillo y al contraerse cierran un orificio. Los glúteos son tres músculos grandes y fuertes, situados en las nalgas, cuya acción permite al hombre mantener la postura erguida.

musculoso, sa *adj.* **1.** Formado por tejido muscular. **2.** Que tiene los músculos muy desarrollados o marcados.

muselina *s. f.* Tela muy fina y transparente, de algodón, seda u otros tejidos.

museo *s. m.* **1.** Lugar o edificio donde se recogen y ordenan colecciones de objetos científicos, artísticos, o de algún interés para su estudio y exposición al público. Entre los principales museos del mundo se cuentan el British Museum, fundado en 1753; el Louvre, en 1793; el Museo de Berlín, en 1797; el Prado, en 1819; la National Gallery de Londres, en 1824; L'Ermitage de San Petersburgo, en 1840; el Museo de La Haya, 1880; la Tate Gallery londinense, en 1897; la National Gallery de Nueva York, en 1937, y la galería Guggenheim, de la misma ciudad, en 1942. **2.** P. ext., lugar en el que hay numerosas obras de arte y de otro tipo.

museología *s. f.* Ciencia que trata de los museos, especialmente en lo referente a su organización y funcionamiento. **FAM.** Museológico.

museólogo, ga *s. m.* y *f.* Experto en museología.

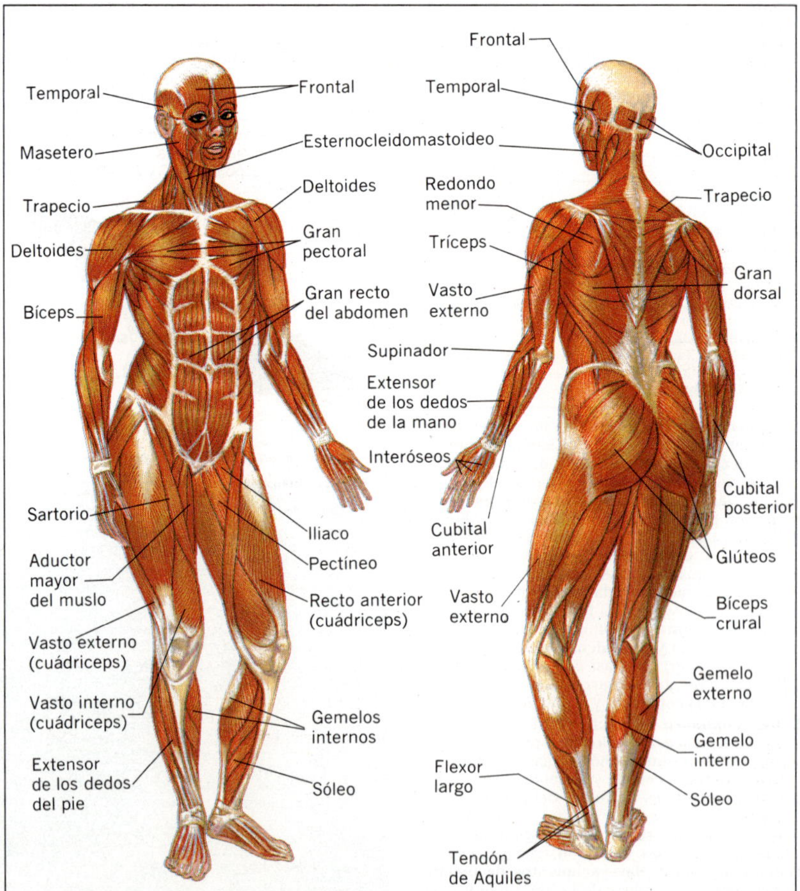

Anatomía del sistema muscular humano.

muserola *s. f.* Correa de la brida que rodea el morro del caballo y sirve para sujetar el bocado.

musgos *s. m. pl.* **1.** Clase de plantas briofitas a la que pertenecen unas 20.000 especies comprendidas en los órdenes andreales, esfagnales y briales. Se caracterizan por tener células especializadas para el transporte de sustancias, aunque no llegan a formar tejidos conductores. Poseen rizoides, o pequeñas raíces, tallo y hojas sencillas. Las hojas se disponen alrededor del tallo. Su reproducción se verifica por alternancia de generaciones, con una fase de gametofito haploide y otra de esporofito diploide. Son colonizadoras de zonas sin vegetación. Crecen sobre los árboles, las rocas y los edificios formando una especie de alfombra. Se hallan distribuidas por todo el mundo. ‖ *s. m.* **2.** Conjunto de estas plantas que cubren una superficie.

musgoso, sa *adj.* **1.** Perteneciente o relativo al musgo. **2.** Cubierto de musgo.

música *s. f.* **1.** Arte de combinar los sonidos en el que se persigue un efecto estético y expresivo siguiendo una serie de leyes que constituyen un código normativo, determinado por el estilo y los gustos de cada época. **2.** Obra realizada según este arte. **3.** Conjunto de compositores y obras musicales de una época, estilo, país, etc. ‖ **4. música aleatoria** Véase **aleatorio**. **5. música celestial** *fam.* Palabras vacías, sin sustancia. **6. música clásica** Expresión que se utiliza para designar dos conceptos distintos: por una parte, las composiciones musicales realizadas a finales del s. XVIII entre el Barroco y el Romanticismo y cuyos más destacados representantes son Haydn y Mozart; por otra, la música tradicionalmente culta, caracterizada por la gran complejidad y riqueza de su forma, en oposición a la música ligera o popular. **7. música de cámara** Véase **cámara**. **8. música de fondo** La que se utiliza, p. ej. en el cine, acompañando escenas o diálogos y que contribuye a describir situaciones y estados de ánimo. **9. música electrónica** La compuesta por sonidos producidos con medios electrónicos. **10. música instrumental** La que se compone sólo para instrumentos. **11. música profana** La que se escribe sobre un texto no religioso. **12. música vocal** La destinada a ser interpretada por la voz, sola o con acompañamiento instrumental. ‖ **Loc. con la música a otra parte** *adv. fam.* Con verbos como *marchar, irse,* a molestar o importunar a otro sitio o a otra persona.

Hist. La música occidental tiene sus orígenes en Grecia. De la música griega nos han llegado escasos documentos como himnos, algún fragmento de coro teatral y poco más, pero su base teórica sirvió de marco a los primeros tratados medievales. En el primer milenio de la era cristiana, la música fue cultivada en exclusividad por la Iglesia, incorporando las características musicales de cada país o región. Con el papa Gregorio Magno, se adoptó oficialmente el gregoriano como canto unificado para la liturgia católica. Durante el periodo comprendido entre los s. XI y XIV tuvo lugar el nacimiento de la música polifónica, que alcanzó su apogeo en la Escuela de Nuestra Señora de París, uno de los más importantes centros del *Ars antiqua.* En esta época nació el motete, composición vocal polifónica religiosa que combinó diferentes melodías, y floreció la música profana: la lírica de los trovadores provenzales, que posteriormente se extendió por España, Portugal e Italia, de los troveros y de los minnesinger. En el s. XIV nació en Francia y se extendió a Italia el *Ars nova,* que cultivó en la música profana géneros como el rondó, la balada, el virelai y el madrigal, y cuyos músicos más representativos fueron Philippe de Vitry, Guillaume de Machaut y Francesco Landino. A la siguiente centuria corresponde el desarrollo de la polifonía por la escuela franco-flamenca, a la que pertenecieron Guillaume Dufay, Gilles Binchois y, su máximo representante, Josquin des Prés. El Renacimiento se inició como una prolongación de la etapa anterior y en él surgieron los repertorios instrumentales: para órgano, como el del español Antonio de Cabezón y el del italiano Giovanni Gabrieli; para vihuela, como las piezas de los españoles Luis de Narváez y Luis Milán; para laúd, como las piezas escritas por Thomas Morley, etc. Los maestros de la polifonía vocal renacentista son el italiano Pierluigi Palestrina, los españoles Tomás Luis de Victoria y Cristóbal de Morales y el flamenco Orlando di Lassus.

La música se enriqueció en el Barroco con la ópera, la cantata y el oratorio, y fueron tres los centros principales: Italia, Francia y Alemania. Grandes compositores de este periodo fueron, entre otros, Claudio Monteverdi, Antonio Vivaldi, Johann Sebastian Bach, Georg Friedrich Haendel y Philippe Rameau. En la segunda mitad del s. XVIII se desarrolla el llamado clasicismo musical, caracterizado por la consolidación de la forma sonata, la sinfonía y el concierto clásico, que tiene su más alta expresión en las obras de Joseph Haydn y Wolfgang Amadeus Mozart. En el s. XIX, el romanticismo musical significó una mayor libertad compositiva y se desarrollaron los grandes géneros sinfónicos. A él pertenecen figuras de la talla de Ludwig van Beethoven, Franz Schubert, Robert Schumann, Frédéric Chopin y Franz Liszt. El romanticismo tardío, caracterizado por un sentimiento nacionalista, está representado, entre otros, por el alemán Johannes Brahms, el checo Anton Dvorak, el ruso Piotr Ilich Tchaikovski y el noruego Edvard Grieg. La ópera fue uno de los géneros de mayor aceptación y desarrollo a lo largo del s. XIX: la alemana, con las figuras de Wagner y Richard Strauss; la francesa, con Gounod, Bizet y Massenet; y la italiana, con Rossini, Bellini, Donizetti, Verdi y Puccini. En el último cuarto del siglo, los compositores Claude Debussy, francés, y Gustav Mahler, austriaco, representaron la ruptura con el Romanticismo y la incorporación de innovaciones.

En el s. XX el austriaco Arnold Schönberg introdujo el atonalismo y, tras él, se impusieron las vanguardias estéticas: impresionismo, expresionismo, etc., con compositores de la talla del ruso Igor Stravinski, el húngaro Béla Bartók, el suizo Arthur Honegger, el francés Darius Milhaud, el ruso Sergei Prokofiev o el español Manuel de Falla. Otras corrientes son la música serial (1923), representada por Schoenberg y Alban Berg; la música concreta (1948); la música electrónica (1956), producida con estos medios por el alemán Karlheinz Stockhausen; el postserialismo, encabezado por el francés Pierre Boulez, o la música aleatoria, practicada por el estadounidense John Cage.

musicable *adj.* Se dice de aquello a lo que puede ponerse música.

musical *adj.* **1.** Perteneciente o relativo a la música. **2.** Que tiene o produce música. **3.** Particularmente, se dice de la obra teatral o cinematográfica con música, canciones y, a veces, números de baile. También *s. m.* **4.** Se dice del sonido agradable al oído. **Fam.** Musicalmente.

musicalidad *s. f.* Cualidad de musical o agradable al oído.

musicastro, tra *s. m.* y *f. desp.* Músico.

music-hall (voz ingl.) *s. m.* Espectáculo de variedades que mezcla números musicales y de otro tipo: cómicos, ilusionismo, ballet, acróbatas, etc.

músico, ca *adj.* **1.** Perteneciente o relativo a la música. ‖ *s. m.* **2.** Persona que toca un instrumento musical. **3.** Persona que compone música.

musicógrafo, fa *s. m.* y *f.* Persona que escribe sobre temas musicales.

musicología *s. f.* Estudio científico de la teoría y la historia de la música.

musicólogo, ga *s. m.* y *f.* Experto en musicología.

Musil, Robert von (Klagenfurt 1880 - Ginebra 1942) Escritor austriaco. Como militar de carrera participó en la Primera Guerra Mundial y, en 1935, con la subida al poder de Hitler, fue expulsado de Alemania. Sus obras más importantes son *Las tribulaciones del estudiante Törless* (1906) y, sobre todo, *El hombre sin atributos* (tres partes, 1930, 1937 y 1943), original novela en la que rompe con los elementos tradicionales del género, ridiculiza a la sociedad austrohúngara de su tiempo y analiza las causas que llevaron al enfrentamiento mundial de 1914.

musiquero *s. m.* Mueble especial para guardar partituras o libros de música.

musiquilla *s. f.* **1.** Música facilona. **2.** Tonillo de la voz.

musitar *v. intr.* Hablar muy bajo, casi sin voz. También *v. tr.*

muslamen *s. m. fam.* Los muslos de la mujer, especialmente los gruesos o bien formados.

muslera *s. f.* Protección de material elástico para el muslo.

muslo *s. m.* **1.** Parte de la pierna comprendida entre la cadera y la rodilla. Contiene el hueso más largo del cuerpo humano, el fémur; el músculo sartorio, que flexiona la rodilla, el cuadríceps femoral, que extiende la pierna, y el bíceps femoral, que la flexiona; por el muslo discurren la arteria femoral y la vena safena interna. **2.** Parte correspondiente en las patas de los animales.

Musset, Alfred de (París 1810 - íd. 1857) Escritor francés. Autor de artículos periodísticos y de narraciones, destacó principalmente como dramaturgo, con obras destinadas a la lectura, y poeta de estilo romántico y elegancia clásica. Su relación y posterior ruptura con George Sand fueron importantes fuentes de inspiración de su obra, en especial de la novela autobiográfica *La confesión de un hijo del siglo* (1836). La edición definitiva de sus poesías comprende dos colecciones, *Primeras poesías* (1829-35) y *Nuevas poesías* (1835-52), ambas publicadas en 1852. Su teatro está recogido bajo el título general de *Comedias y proverbios* (1853).

Mussolini, Benito (Dovia di Predappio, Forlí 1883 - Giulino di Mezzegra, Como 1945) Estadista italiano. Socialista en su juventud, pronto destacó por sus posturas extremistas. Expulsado del Partido Socialista en 1914, fundó en 1919 los Fascios Italianos de Combate, elaborando un programa basado en la utilización política de la violencia y en un nacionalismo desmedido y consiguiendo el apoyo del gran capital italiano. Elegido diputado derechista (1921), en 1922 organizó la Marcha sobre Roma, que culminó con su ascensión al poder ante la pasividad de las autoridades. Ganó las elecciones de 1924, adoptó el título de *duce* y en 1925 suprimió las libertades políticas, prohibió los partidos políticos y los sindicatos y se convirtió en dictador. En 1935 invadió Etiopía, como un primer paso en su sueño de crear un imperio. En 1936 se alió con Hitler, con el que estableció el eje Roma-Berlín. En 1940 declaró la guerra a los aliados. En 1943 los propios fascistas le conminaron a abandonar el poder, pero el ejército alemán volvió a instalarle en él, reducido ya a la República de Saló. En 1945, cuando intentaba abandonar el país, fue detenido por una partida de partisanos, que le ejecutaron.

Benito Mussolini.

Mussorgski, Modest Petrovich (Karevo 1839 - San Petersburgo 1881) Compositor ruso. Discípulo de Balakirev, formó parte del grupo de los Cinco, creadores de una escuela nacionalista de música rusa. Desarrolló un estilo original e innovador, fuertemente influido por la historia y la música popular rusas. Sus óperas no gozaron de aceptación, lo que le llevó a una crisis de alcoholismo y a la muerte prematura. Lo mejor de su obra son las óperas *Boris Godunov* (1872), *Kovantchina* (1880) y *La feria de Sorotchinsky* (1881), el poema sinfónico *Una noche en el monte Pelado* (1867) y la obra pianística *Cuadros de una exposición* (1874).

Mustafá Nombre de cuatro sultanes otomanos.

Mustafá II (Constantinopla 1664 - íd. 1703) Sultán otomano (1695-1703). Sucesor de Ahmed II, cuando subió al trono el imperio estaba enfrentado a Austria, Venecia, Rusia y Polonia. Logró vencer a los venecianos en Quíos y obligó a Pedro el Grande a levantar el cerco de Azov (1696), pero finalmente firmó la paz de Karlowitz (1699), con Austria, Venecia y Polonia, y otra por separado con Rusia (1700). Los jenízaros lo obligaron a abdicar en favor de su hermano Ahmed III.

Mustafá III (Constantinopla 1729 - íd. 1773) Sultán otomano (1757-73). Declaró la guerra a Rusia (1768) y perdió Valaquia, Moldavia y Crimea.

mustang (voz ingl.) *s. m.* Caballo salvaje que vive en praderas de Norteamérica.

mustango *s. m. Méx.* Mustang.

mustélidos *s. m. pl.* Familia de mamíferos carnívoros a la que pertenecen numerosas especies comprendidas en los géneros *Meles, Mustela, Vormela, Lutra, Martes, Gulo* y otros. Su tamaño no supera 1 m de longitud, tienen patas cortas provistas de cinco dedos, cola de longitud diversa y dentadura con tan sólo dos molares en la mandíbula superior y un número total de dientes entre 28 y 38 según las especies. Son feroces depredadores, generalmente de costumbres terrestres, aunque algunas especies son acuáticas y arborícolas. Viven en todos los continentes excepto Australia. Mustélidos son la nutria, mofeta, tejón, comadreja, ratel, visón, turón, marta, garduña, glotón, etc. También *adj.* y *s. m.*

musteriense *adj.* **1.** Se aplica a una cultura prehistórica desarrollada durante el paleolítico medio, en el último periodo interglaciar. A ella pertenece una industria de útiles de piedra labrados o tallados por percusión con retoque de bordes, como puntas de azagaya y raspadores. Esta cultura está relacionada con el hombre de Neanderthal. Existen restos de la misma en España, en el valle del río Manzanares. **2.** Perteneciente o relativo a esta cultura. También *s.*

mustiarse *v. prnl.* Ponerse mustio.

mustio, tia *adj.* **1.** Marchito. **2.** P. ext., se dice de las cosas que han perdido rigidez o dureza. **3.** Triste, melancólico. **4.** *Méx.* Hipócrita, falso. **FAM.** Mustiamente.

musulmán, na *adj.* **1.** Seguidor de la religión de Mahoma. También *s.* **2.** Perteneciente o relativo a esta religión.

musulmanes negros (en ingl. *Black muslims*) Movimiento nacionalista negro estadounidense contrario a la integración social de la población negra. Fue fundado por Wallace D. Fard, llamado Gran Mahdi, en 1930. Constituye un grupo diferenciado del resto de los musulmanes del país; son en su mayoría de origen cristiano y desconocedores de la lengua árabe.

mutable *adj.* Que puede mutar o cambiar. **FAM.** Mutabilidad.

mutación *s. f.* **1.** Acción y efecto de mutar o cambiar. **2.** Alteración genética repentina e irreversible, producida en los cromosomas de un ser vivo, que da lugar a un carácter nuevo, y que si tiene lugar en las células reproductoras o sus precursores se transmite a los descendientes según las leyes normales de la herencia. **3.** Cambio provocado por dicha alteración genética. **4.** Cada uno de los cambios de decoración que se ejecutan en la representación de una obra teatral. **5.** Variación notable de temperatura o del estado del tiempo.

mutágeno *s. m.* Nombre genérico de los agentes capaces de provocar mutaciones en los seres vivos, como las radiaciones de alta frecuencia (luz ultravioleta, rayos X, rayos gamma, rayos cósmicos), los neutrones o ciertas sustancias químicas.

Mutamid, Muhammad ibn Abbad al- (Beja 1040 - Agmat 1095) Rey taifa de Sevilla (1069-95). Extendió sus dominios y, para hacer frente a Alfonso VI, llamó en su ayuda a los almorávides. Fue depuesto por éstos y enviado prisionero a Agmat. Excelente poeta, protegió a científicos y literatos árabes, convirtiendo Sevilla en una corte cultural.

Mutanabbi, Abu-l-Tayyib Ahmad ibn Husayn, llamado **al-** (Kufa 915 - Bagdad 965) Poeta árabe. En su juventud lideró un levantamiento religioso, haciéndose pasar por profeta. Perfeccionó sus conocimientos del árabe entre los beduinos. Residió en Siria, Egipto, Bagdad y Persia. Fue asesinado por unos ladrones. Dentro de la poesía árabe está considerado como un maestro de la corriente neoclásica.

mutante *adj.* **1.** Que muda. **2.** Cromosoma que ha surgido por mutación de otro preexistente.

mutar *v. tr.* Mudar, transformar, cambiar. También *v. prnl.*

mutatis mutandis *loc. lat.* Significa 'cambiando lo que haya que cambiar', una vez hechas las transformaciones oportunas.

mutilar *v. tr.* **1.** Cortar, arrancar o quitar una parte del cuerpo a un ser vivo. También *v. prnl.* **2.** Cortar o suprimir a algo una o varias partes importantes. **FAM.** Mutilación.

mutis *s. m.* **1.** En teatro, acción de salir de la escena un actor. **2.** P. ext., acción de marcharse o retirarse alguien de cualquier otro lugar. || **LOC. hacer mutis** Callarse. **hacer mutis por el foro** Marcharse o retirarse discretamente, sin llamar la atención.

Mutis, Álvaro (Bogotá 1923) Escritor colombiano. Su narrativa puede encuadrarse dentro del realismo mágico y en ella sobresalen *Diario de Lecumberri* (1960), *Los emisarios* (1984) y *La nieve del almirante* (1986). Como poeta destacan sus libros *Los elementos del desastre* (1965) y *Summa de Magroll el gaviero* (1973).

Mutis, José Celestino (Cádiz 1732 - Santafé de Bogotá 1808) Botánico, médico y matemático español. En 1760 pasó a América como médico del marqués de la Vega, virrey de Nueva Granada. Allí recorrió el territorio y reunió material para su *Flora de la real expedición botánica del Nuevo Reino de Granada.* Escribió *El arcano de la quina*, obra publicada después de su muerte.

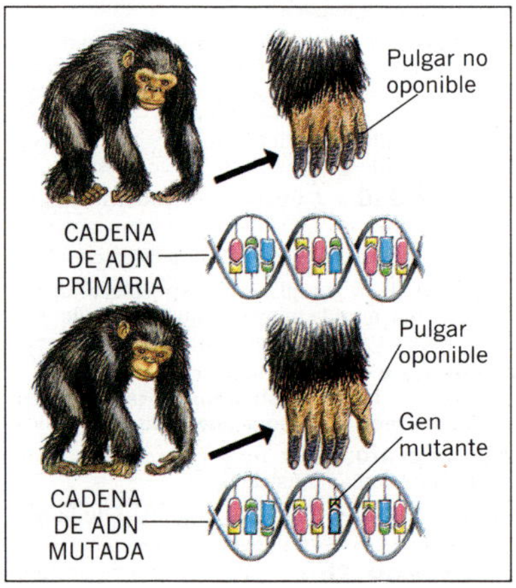

Mutación genética: la alteración de genes en el chimpancé pudo provocar la aparición del pulgar oponible.

mutismo *s. m.* **1.** Actitud de permanecer callado, o de no decir o manifestar algo. **2.** Mudez.

mutual *s. f. Chile, Perú.* Mutualidad, tipo de asociación.

mutualidad *s. f.* **1.** Cualidad de mutuo. **2.** Tipo de asociación en la que sus miembros aportan una cantidad de dinero con la que se atienden determinadas necesidades de cualquiera de ellos.

mutualismo *s. m.* **1.** Forma de asociación de dos seres vivos de especies distintas, de la que ambos obtienen beneficio. Un ejemplo de esta asociación lo constituyen la garcilla boyera y el ganado vacuno: el ave libra de parásitos a la res al tiempo que se alimenta de ellos. **2.** Doctrina económica y social propuesta por Pierre Joseph Proudhon y basada en un equilibrio entre los servicios prestados y los beneficios recibidos por sus miembros.

mutualista *adj.* **1.** Perteneciente o relativo a una mutualidad. || *s. m.* y *f.* **2.** Accionista o socio de una mutualidad.

mutuo, tua *adj.* **1.** Se dice de todo aquello que una persona, animal o cosa hace, da, dirige, etc., a otro y que, a su vez, recibe de éste. || *s. f.* **2.** Mutualidad, tipo de asociación. **FAM.** Mutuamente.

muwassaha (voz ár.) *s. f.* Moaxaja*.

muy *adv. c.* Se emplea ante adjetivos, participios, adverbios y locuciones adverbiales para expresar un grado mayor de lo expresado por ellos.

Muybridge, Eadweard (Kingston-on-Thames, Inglaterra 1830 - íd. 1904) Fotógrafo británico. Fue el primero que fotografió animales en movimiento. En 1881 inventó el *zoopraxiscopio*, un proyector de imágenes animadas.

Muza Véase **Musa ibn Nusayr**.

mV Símbolo del milivoltio.

mW Símbolo del milivatio.

Mweru o **Moero** Lago de África ecuatorial, situado en la frontera entre Zambia y Zaire. 4.920 km^2. Es de poca profundidad y en sus orillas se explota un yacimiento de oro. Recibe las aguas del río Luapula, uno de los ramales madre del río Zaire (Congo) y desagua a través del Luvua.

my *s. f.* Nombre de la duodécima letra del alfabeto griego, que corresponde a nuestra *eme*.

Myrdal, Alva (Uppsala 1902 - Estocolmo 1986) Política sueca. Esposa del economista Karl Gunnar Myrdal, fue ministra en varias ocasiones y una destacada pacifista, que luchó para conseguir el desarme colectivo. En 1982 le fue otorgado el premio Nobel de la paz, compartido con Alfonso García Robles.

Myrdal, Karl Gunnar (Gustaf, Dalecarlia 1898 - Estocolmo 1987) Sociólogo y economista sueco. De ideario socialdemócrata, fue ministro de Comercio e Industria en su país (1945-47) y secretario ejecutivo de la Comisión Económica para Europa de la ONU (1947-57). Seguidor de Keynes, estudió a fondo el problema del desarrollo en los países del Tercer Mundo, especialmente en su obra *El drama asiático: una investigación sobre la pobreza de las naciones* (1968). Otras obras importantes suyas son *Un dilema americano: el problema negro y la democracia moderna* (1944) y *Teoría económica y regiones subdesarrolladas* (1957). En 1974 obtuvo el premio Nobel de economía, compartido con Hayek.

Mysore Véase **Karnataka**.

N

n[1] *s. f.* Decimocuarta letra del abecedario español y undécima de sus consonantes. Su nombre es *ene.*

n[2] En mat., signo que representa un número indeterminado.

N 1. Símbolo del punto cardinal norte. **2.** Símbolo del nitrógeno. **3.** Símbolo del newton. **4.** Símbolo con que se nombra el conjunto de los números naturales: $N = \{0, 1, 2, 3 \ldots\}$

Na Símbolo químico del sodio.

naba *s. f.* **1.** Planta herbácea de la familia crucíferas, especie *Brassica campestris.* Mide unos 50 cm de altura, tiene hojas gruesas y ásperas, flores pequeñas amarillas y fruto en silicua. Su raíz carnosa, amarilla o rojiza, se utiliza en alimentación. Se cultiva en huerta. **2.** Raíz de esta planta.

nabab *s. m.* **1.** En la India mahometana, gobernador de una provincia. **2.** Persona muy rica.

nabal o **nabar** *s. m.* Campo sembrado de nabos.

nabateo, a *adj.* **1.** Se dice de un antiguo pueblo semítico asentado en Transjordania y Arabia occidental. En el s. V a. C. fundaron un reino con capital en Petra. Fueron sometidos en el año 106 por Trajano, que hizo de su territorio la provincia romana de Arabia. **2.** De este pueblo. También *s.* ‖ *s. m.* **3.** Lengua semítica, variante del arameo.

nabi (voz fr., del ár. *nabi,* profeta) *adj.* **1.** Se dice de una escuela pictórica francesa de finales del s. XIX, cuyas obras se caracterizan por la simplificación de la línea, la supresión del modelado y la tendencia al arabesco. Sus principales representantes fueron Maurice Denis, Édouard Vuillard, Pierre Bonnard y Paul Sérusier. **2.** De esta escuela. También *s. m.*, sobre todo en *pl.*

nabiza *s. f.* Hoja tierna del nabo.

nabo *s. m.* **1.** Planta herbácea de la familia crucíferas, especie *Brassica napus.* Alcanza unos 50 cm de altura. Tiene hojas grandes y lobuladas, raíz carnosa, generalmente blanca, y flores amarillas. Es originaria de China y se cultiva en todo el mundo para su consumo como alimento. **2.** Raíz comestible de esta planta. **3.** P. ext., raíz carnosa y abultada de cualquier planta.

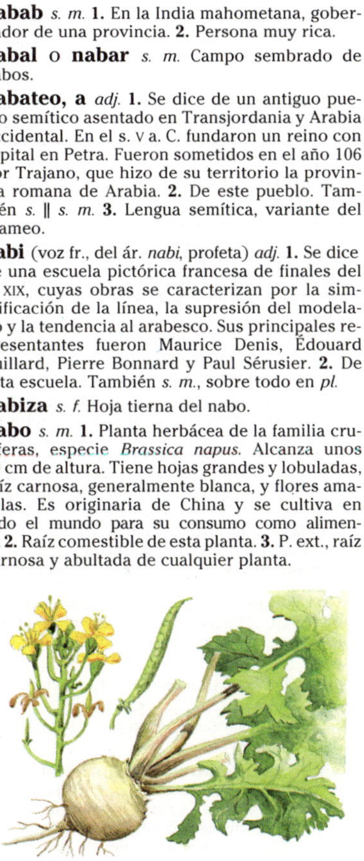

Nabo (Brassica napus).

Nabokov, Vladimir (San Petersburgo 1899 - Montreux, Suiza 1977) Escritor estadounidense de origen ruso. Abandonó su país en 1918 y, tras estudiar y residir en varios países de Europa, se trasladó en 1940 a EE UU, donde se nacionalizó. Autor de poesías, relatos cortos, novelas y ensayos, su obra se caracteriza por la ironía, el análisis psicológico de los personajes y la gran riqueza formal de su estilo. Entre sus novelas sobresalen *Rey, dama, valet* (1928) y *El ojo* (1930), escritas en ruso, y *Lolita* (1955), *Pnin* (1957), *Invitado a una decapitación* (1959) y *Ada o el ardor* (1969), escritas en inglés.

Nabopolasar (? - ? h. 605 a. C.) Rey de Babilonia (626-605 a. C.). Fue el fundador del imperio neobabilónico. En el 627 a. C., siendo gobernador de las provincias del mar, encabezó una revuelta contra el imperio asirio. Logró la independencia de Babilonia y fue nombrado rey en el 626 a. C. En el 614 a. C. se alió con Ciaxares, rey de los medos, para asestar a los asirios el golpe definitivo, conquistando Nínive en el 612 a. C. Posteriormente se anexionó Elam, Siria y Palestina, haciendo de Babilonia una gran potencia.

naborí *s. m.* y *f.* Indígena sometido a naboría.

naboría *s. f.* **1.** En los primeros tiempos de la conquista de América, sistema por el que se adjudicaba a los conquistadores un determinado número de indígenas como criados para su servicio personal. ‖ *s. m.* y *f.* **2.** Naborí*.

Nabuco de Araújo, Joaquim Aurélio Barreto, llamado (Recife 1849 - Washington 1910) Escritor y político brasileño. Fue uno de los diputados que consiguieron la abolición de la esclavitud en 1888. Es autor de *Abolicionismo* (1883) y *Mi formación* (1900).

Nabucodonosor II (? - ? h. 562 a. C.) Rey de Babilonia (605-562 a. C.). Sucedió a su padre Nabopolasar y consolidó las conquistas de éste, iniciando el periodo más próspero de la historia de Babilonia. Reconstruyó su capital y la embelleció con magníficas obras públicas. En el 605 a. C. derrotó a los egipcios en Karkemish, expulsándolos definitivamente de Siria. En el 587 a. C. conquistó Jerusalén tras un largo asedio, la destruyó y expulsó a los judíos.

nácar *s. m.* Sustancia dura y blanca con irisaciones, presente en la parte interna de la concha de los moluscos. Es segregada por el epitelio del manto, formando capas paralelas que se superponen. Se utiliza para hacer objetos de adorno. **FAM.** Nacarino.

nacarado, da *adj.* **1.** De aspecto de nácar. **2.** Adornado con nácar.

nacatamal *s. m. Amér. C., Méx.* Tamal relleno de carne de cerdo.

nacer *v. intr.* **1.** Salir un ser del vientre de la madre si es vivíparo, de un huevo si es ovíparo o de una semilla si se trata de un vegetal. **2.** Salir al exterior algo formado en el interior de otra cosa, como p. ej. las hojas, los frutos, el pelo. **3.** Brotar una fuente, río, etc. **4.** Descender de cierta familia o linaje. **5.** Comenzar alguien su vida dentro de una determinada clase social, ambiente, etc. **6.** Surgir, empezar a desarrollarse algo en cierto lugar, momento, situación, etc. **7.** Derivarse una cosa de otra. **8.** Partir algo de un determinado punto o lugar. **9.** Aparecer un astro en el horizonte. **10.** *fam.* Salir alguien de un peligro sin daño alguno. Se usa sobre todo en la locución **volver a nacer**. **11.** Con la preposición *a,* iniciarse en una experiencia, actividad, etc. **12.** Seguido de la preposición *para,* tener una gran capacidad para cierta cosa o estar predestinado a ella. ▪ Es v. irreg. Se conjuga como *agradecer.* ‖ **LOC. haber nacido ayer** *fam.* Ser muy ingenuo. Se usa sobre todo en frases negativas.

nacido, da 1. *p. p.* de **nacer**. También *adj.* y *s.* ‖ **2. bien nacido** Persona buena, que actúa honrada y noblemente. **3. mal nacido** Persona mala y despreciable. **4. recién nacido** Se dice del niño que acaba de nacer.

naciente *adj.* **1.** Que nace o comienza a existir o manifestarse. **2.** Se aplica al Sol en el momento en que sale. ‖ *s. m.* **3.** Este, punto cardinal.

nacimiento *s. m.* **1.** Acción y efecto de nacer. **2.** Lugar o punto del que nace o parte alguna cosa. **3.** Belén, representación de la natividad de Jesucristo.

nación *s. f.* **1.** Conjunto de personas que viven en un mismo territorio, comparten una serie de elementos comunes como la raza, la cultura, las costumbres, etc., y están dentro de una misma estructura política. **2.** Territorio ocupado por esta comunidad. **3.** P. ext., estado, país.

nacional *adj.* **1.** De una nación; particularmente, referido al propio país. **2.** Se aplica al bando franquista durante la guerra civil española (1936-39) y a sus partidarios. También *s.*

nacionalcatolicismo *s. m.* Doctrina y práctica política de la Iglesia española en la época franquista, en la que apoyó la política de Franco con la aprobación explícita del Vaticano. El catolicismo fue declarado religión oficial del Estado y obtuvo importantes privilegios, p. ej. en el terreno educativo.

nacionalidad *s. f.* **1.** Condición y estado civil de la persona que es ciudadana de una determinada nación, por lo que posee los derechos y obligaciones correspondientes a ésta. **2.** Cualidad de nacional.

nacionalismo *s. m.* **1.** Exaltación de lo característico de una nación. **2.** Tendencia que manifiesta un pueblo hacia la autonomía o la independencia. **3.** Movimiento político que defiende la creación de un Estado nacional. **4.** Movimiento musical surgido en Europa en la segunda mitad del s. XIX, vinculado, en muchos casos, al nacionalismo político. Se caracteriza por recuperar para la música las raíces culturales de cada pueblo, mediante la incorporación de las formas musicales folclóricas, las tradiciones y las leyendas nacionales. Sus principales manifestaciones se dieron en Rusia, con músicos como Rimski-Korsakov, Mussorgski, Tchaikovski y Rachmaninov; en Checoslovaquia, con Dvorak; en Hungría, con Béla Bartók y Zoltan Kodaly; en Alemania con Wagner; en Italia con Verdi; y en España, con Albéniz, Granados y Falla. **FAM.** Nacionalista.

Nacionalista Vasco, Partido (PNV) Partido fundado por Sabino Arana en 1894 con el objetivo de preservar las tradiciones nacionales y crear un estado vasco independiente (Euskadi). Su programa se caracterizó por su conservadurismo y su confesionalidad católica, rasgos heredados del carlismo, en cuyas filas militó el propio Arana. Durante la guerra civil el PNV permaneció fiel a la República y en la época franquista pasó a la clandestinidad. Desde 1977 se convirtió en una de las fuerzas políticas principales del País Vasco.

nacionalizar *v. tr.* **1.** Conceder la nacionalidad a alguien. **2.** Hacer que determinados bienes, servicios o industrias, pertenecientes a la empresa privada o dirigidos por extranjeros, pasen a manos del Estado de una nación. **3.** Adoptar como propio o nacional algo que no lo era. ‖ *v. prnl.* **4.** Adquirir la nacionalidad de un país que no es el propio. ▪ Se conjuga como *cazar.* **FAM.** Nacionalización.

nacionalmente *adv. m.* A escala nacional.

nacionalsindicalismo *s. m.* Doctrina política, social y económica de la Falange Española que fue adoptada por la dictadura franquista. Inspirada principalmente en las ideas de José Antonio Primo de Rivera, se basa en la concepción totalitaria del Estado, la afirmación de los valores hispánicos, la superación de la lucha de clases mediante unos sindicatos que integraban a empresarios y trabajadores, a lo que se ha denominado *sindicalismo vertical,* y la llamada *democracia orgánica,* cuyos teóricos cauces de representación eran la familia, el municipio y el sindicato. **FAM.** Nacionalsindicalista.

nacionalsocialismo *s. m.* Doctrina del Partido Nacionalsocialista alemán. Su ideología, elaborada por Hitler en su obra *Mein Kampf* (*Mi lucha*) y por otros autores, como Alfred Rosenberg, era esencialmente pangermanista y racista; proclamaba la superioridad de Alemania y su derecho a la expansión, discriminaba y perseguía a otros pueblos, especialmente al judío, y rechazaba el socialismo internacionalista en favor del nacionalismo. En el terreno económico se oponía tanto al liberalismo como al marxismo en nombre del corporativismo y de una política de estrecho control estatal de la actividad económica. Su rápido crecimiento se debió en gran parte a la humillación nacional sufrida por Alemania en el tratado de Versalles al término de la Primera Guerra Mundial y a la crisis económica alemana de los años veinte, causada por la guerra y las restricciones y sanciones que impusieron al país los estados aliados. Sus exigencias territoriales, basadas en la necesidad de un espacio vital para el pueblo alemán, provocaron en 1939 la Segunda Guerra Mundial. Se llama también *nazismo.* **FAM.** Nacionalsocialista.

Hitler, fundador del Partido Nacionalsocialista y Führer del Tercer Reich, es recibido en Saarbrücken el 1 de marzo de 1935.

Nacionalsocialista, Partido Partido político alemán fundado por Hitler en 1920 al cambiar el nombre y el carácter del Partido Obrero alemán de Drexler. Hitler asumió el control total del partido a partir de 1926 y se rodeó de una guardia personal, las SS. El partido fue adquiriendo progresiva importancia. Desde la llegada de Hitler al poder en las elecciones de 1933, la afiliación aumentó vertiginosamente y pasó de 1.300.000 miembros en 1932 a 8 millones en 1939. En 1934 el Partido Nacionalsocialista se convirtió en partido único, con lo que adquirió un poder ilimitado. Desapareció al término de la Segunda Guerra Mundial y sus principales dirigentes fueron condenados como criminales de guerra en el juicio de Nuremberg. También se llama partido *nazi*.

Naciones Unidas Véase **Organización de las Naciones Unidas**.

naco *s. m.* **1.** *amer.* Trozo de tabaco para mascar. **2.** *Col.* Puré de patatas. **3.** *Amér. C., Méx.* Hombre cobarde. También *adj.* **4.** *Méx.* Hombre tonto, ignorante. También *adj.*

nada *s. f.* **1.** La ausencia total de cualquier ser o cosa. || *pron. indef.* **2.** Equivale a ninguna o muy poca cosa. **3.** En frases interrogativas, puede equivaler a algo: *¿Habías visto nada igual?* || *adv. c.* **4.** En absoluto, de ninguna manera. **5.** Muy poco de cualquier cosa. || *interj.* **6.** Expresa decisión: *¡Nada!, se lo decimos y ya está.* También se utiliza para rechazar algo o desentenderse de ello: *¡Nada, nada!, a mí no me metáis en líos.* || **Loc. a cada nada** *adv. amer.* Cada momento, con mucha frecuencia. **ahí es nada** *fam.* Expresa la cantidad o la importancia de algo. **antes de nada** Lo primero, antes que ninguna otra cosa. **como si nada** *adv.* Sin ningún esfuerzo; también, sin dar a algo la mayor importancia; sin mostrar ninguna emoción o interés. También, sin conseguir ningún resultado. **de nada** *adj.* De poca importancia, tamaño o valor; también, fórmula de cortesía para responder a alguien que da las gracias. **¡nada de eso!** (o **¡de eso nada!**) *excl.* Niega o rechaza algo rotundamente. **nada menos** Destaca la importancia de lo que se dice a continuación. ▪ Suele reforzarse con *nada más.* **¡ni nada!** *excl. fam.* Sirve para dar énfasis a lo que se dice: *¡No es rico ni nada!* **no ser nada** No tener importancia. **para nada** *adv.* Inútilmente, en vano; también se usa como negación en lenguaje familiar.

nadador, ra *adj.* **1.** Que nada. También *s.* || *s. m.* y *f.* **2.** Persona que se dedica profesionalmente a la natación.

nadar *v. intr.* **1.** Mantenerse a flote y avanzar en el agua haciendo con el cuerpo los movimientos necesarios para ello. **2.** Flotar en un líquido. **3.** Tener algo en abundancia. **4.** *fam.* Tener alguien o algo demasiada amplitud dentro de una cosa en la que debería estar más ajustado; se usa especialmente referido a la ropa y el calzado. || **Loc. nadar contra corriente** Oponerse a lo establecido por la costumbre. **nadar y guardar la ropa** Actuar con astucia para obtener provecho, al tiempo que se han tomado precauciones para no salir perjudicado.

Nadar, Gaspard-Félix Tournachon, llamado (París 1820 - íd. 1910) Fotógrafo francés. Escribió relatos y destacó como caricaturista. En 1849 fundó la *Revue Comique.* Retratista prestigioso, realizó la primera fotografía aérea, desde un globo (1863). En su taller parisino se celebró la primera exposición de los pintores impresionistas (1874).

nadería *s. f.* Insignificancia, cosa de poco valor o importancia.

nadie *pron. indef.* **1.** Ninguna persona. || **2. don nadie** Véase **don.** || **Loc. no ser nadie** No ser una persona importante; también, ser un fracasado.

nadir *s. m.* **1.** Punto de la esfera celeste que se opone diametralmente al cenit. || **2. nadir del Sol** Punto de la esfera celeste diametralmente opuesto al que ocupa en ella el centro del astro.

Nadir Sha (Kubtan 1688 - Fathabad 1747) Rey de Persia (1736-47). De origen turcomano, fue general de la dinastía safawí. Depuso al sha Tahmasp e instauró en el trono a Abbas III, ejerciendo él la regencia. A la muerte de Abbas se proclamó rey. Luchó contra los turcos e invadió la India, llegando a tomar Delhi (1739). Murió asesinado en una revuelta.

Nadir Sha (Dehra Dun 1880 - Kabul 1933) Rey de Afganistán (1929-33). Fue ministro de la Guerra (1919-23). Participó en la revuelta de Habib Allah contra el rey Aman Allah y, tras ajusticiar a Habib Allah, se apoderó del trono. En 1931 promulgó una Constitución. Murió asesinado.

nadita *adv. Méx. fam.* Nada, en absoluto. || **Loc. en nadita estuvo** *Méx. fam.* Construido con un verbo, casi, estar a punto.

nado, a *loc. adv.* Nadando.

nafta *s. f.* **1.** Nombre genérico de una serie de hidrocarburos líquidos que proceden de la destilación fraccionada del petróleo o la hulla y se utilizan como disolventes industriales. **2.** *amer.* Gasolina.

naftaleno *s. m.* $C_{10}H_8$. Hidrocarburo aromático que contiene dos anillos bencénicos condensados, en los que dos átomos de carbono son comunes a los dos anillos. Cristaliza en láminas brillantes que funden a 80 °C. Se obtiene del alquitrán de hulla y se usa en la preparación de colorantes, como germicida e insecticida y en la preparación de numerosos derivados.

naftalina *s. f.* Nombre comercial del naftaleno, empleado como producto contra la polilla.

Nagaland Estado de la India, en el NE del país, junto a la frontera con Birmania. 16.579 km^2. 774.930 h. en 1981. La capital es Kohima, con 34.300 h. en 1981. Ocupa una región montañosa regada por afluentes del Brahmaputra y el Irawadi. Tiene una economía esencialmente agrícola, con cultivos de arroz, trigo y algodón e importantes recursos forestales.

Nagasaki C. de Japón, situada en la isla de Kyushu. 445.900 h. en 1989. Es una urbe portuaria y comercial, que cuenta con industrias del acero, pesquera, de herramientas y aparatos electrónicos y con astilleros. El 9 de agosto de 1945, en el curso de la Segunda Guerra Mundial, la aviación estadounidense lanzó sobre esta ciudad la segunda bomba atómica de la historia.

Nagel, Ernest (Nove Mesto, Bohemia 1901 - Nueva York 1985) Filósofo estadounidense de origen checoslovaco. Fue profesor de la universidad de Columbia. Su trabajo se centra en la filosofía de la ciencia, en la que mantuvo una posición naturalista con ciertas tendencias instrumentalistas. Entre sus obras más importantes pueden citarse *Introducción a la lógica y al método científico* (1934), en colaboración con M. R. Cohen, y *La estructura de la ciencia* (1961).

Nagorni-Karabaj República autónoma de Azerbaiyán, situada en el sector S, en el macizo armenio. 4.400 km^2. 188.000 h. en 1989. La capital es Stepanakert, con 30.300 h. en 1989. Su economía se basa fundamentalmente en el pastoreo, tiene recursos forestales y una industria poco desarrollada. Constituye un enclave armenio en Azerbaiyán, lo que originó un conflicto armado entre armenios y azeríes en 1992.

Nagoya C. de Japón, situada en la costa S de la isla de Honshu, al O de Tokio. 2.149.500 h. en 1989. Puerto y nudo ferroviario, tiene industria siderúrgica, naval, automovilística, química, textil, aeronáutica y mecánica.

Nagpur C. de la India, situada en el estado de Maharashtra, en el centro del país. 1.219.500 h. en 1981. Es un importante nudo de comunicaciones y cuenta con numerosas industrias de metalurgia del hierro y el manganeso, material ferroviario, textiles y de productos alimenticios.

nagua *s. f. Col., Guat.* Combinación de mujer. Se usa también en *pl.* con el mismo significado.

nagual *s. m.* **1.** *Amér. C., Méx.* Brujo, hechicero. **2.** *Guat., Hond., Nic.* Animal doméstico que es compañero inseparable de una persona. || *s. f.* **3.** *Méx.* Mentira. || *adj.* **4.** *Méx.* Bárbaro, bruto.

naguatlato, ta *adj.* Nahuatlato*.

Naguib, Muhammad (Jartum 1901 - El Cairo 1984) Militar y político egipcio. Héroe de la primera guerra árabe-israelí, dirigió en 1952 el Comité de oficiales libres que derrocó al rey Faruk. En 1953 fue nombrado presidente de la república, cargo del que fue desplazado por Nasser al año siguiente.

Nagy, Imre (Kaposvár 1896 - Budapest 1958) Político húngaro. Dirigente comunista, fue nombrado en 1953 primer ministro, cargo desde el que propició una apertura del régimen que chocó muy pronto con los sectores más ortodoxos y prosoviéticos. Relevado en 1955 y expulsado del partido en 1956, retornó ese mismo año al poder debido a la presión popular. Fue detenido y fusilado después de la intervención de las tropas soviéticas en el país. Su memoria fue rehabilitada en 1989.

náhuatl o **nahua** *adj.* **1.** Se dice de un grupo de pueblos amerindios que habitó en la meseta de Anáhuac antes de la llegada de los españoles y cuyos representantes más importantes fueron los aztecas. **2.** De este pueblo. También *s.* || *s. m.* **3.** Lengua hablada por los indios de este pueblo, usada en la actualidad por más de un millón de personas en varios estados mexicanos. El castellano ha adoptado algunas palabras originarias de esta lengua, como *cacao, chocolate, petaca, tomate,* etc.

nahuatlato, ta *adj.* Se dice del indio mexicano que hablaba náhuatl y servía de intérprete para la comunicación entre españoles e indígenas. También *s.*

Nahuel Huapi Lago de Argentina, situado en la Patagonia, entre las provincias de Neuquén y Río Negro. 550 km^2 y 438 m de profundidad máxima. Es de origen glaciar y forma irregular. Da nombre al parque nacional que lo rodea y constituye una de las principales áreas de turismo de montaña, en torno a la estación de San Carlos de Bariloche.

Nahum (s. VII a. C.) Personaje bíblico. Fue uno de los doce profetas menores del Antiguo Testamento. Anunció la caída de Nínive.

naïf (voz fr. que significa 'ingenuo') *adj.* **1.** Se dice del estilo pictórico surgido a principios del s. XX y caracterizado por una sencillez que recuerda a la de la pintura infantil y primitiva, la viveza de colores y la ausencia de academicismo técnico. Se desarrolló en Francia y sus principales promotores fueron el escritor Guillaume Apollinaire y el crítico alemán Wilhelm Uhde. Henri Rousseau, llamado el Aduanero, es su más destacado representante. Otros pintores que cultivaron este estilo son Camille Bombois, Louis Vivien, André Bauchant y Séraphine de Senlis; y en EE UU, Horace Pippin y Grandma Moses. También *s. m.* **2.** De esta escuela o estilo. También *s.*

naife *s. m.* Diamante de calidad superior.

nailon *s. m.* Material sintético utilizado para fabricar género de punto y diversos tejidos. ▪ Se escribe también *nylon.*

Naipaul, Vidiadhar Surajprasad (Trinidad 1932) Escritor de origen indio, natural de Trinidad y Tobago. Es autor de novelas y ensayos en lengua inglesa en los que describe y analiza con ironía la situación de los países subdesarrollados. Sobresalen entre sus libros las novelas *El curandero místico* (1957), *Una casa para Mr. Biswas* (1961) y *Una curva en el río* (1979), y el ensayo *El regreso de Eva Perón* (1980).

naipe *s. m.* Cada una de las cartulinas, generalmente rectangulares, que componen una baraja y llevan representados en una de las caras una serie de objetos o figuras con un valor determinado.

Nairobi: vista parcial del centro de la ciudad.

Nairobi C. de Kenia, cap. del país, situada en el SO del mismo. 1.429.000 h. en 1989. Fundada en 1900, es un importante centro administrativo y comercial, que posee industria metalúrgica del aluminio, cervecera, textil y tabaquera.

naja, salir de *loc. fam.* Irse precipitadamente, huir.

Najaf C. de Irak, cap. de la gobernación homónima. 242.600 h. en 1985. Alberga la mezquita en la que está enterrado Alí, yerno de Mahoma, lo que la convierte en un importante centro de peregrinación chiita. Próxima al río Eúfrates, al S de Bagdad, constituye el núcleo principal de una zona agraria.

najarse *v. prnl. fam.* Salir de naja, largarse.

Najicheván República autónoma de Azerbaiyán, situada entre Armenia y la frontera con Irán. 5.500 km². 295.000 h. en 1989. La capital es Najicheván, con 32.300 h. en 1989. Cuenta con cultivos de cereales, algodón y tabaco, ganadería lanar, recursos mineros e industria textil y alimentaria.

Nakasone, Yasuhiro (Takasaki 1918) Político japonés. Miembro del Partido Liberal Democrático, fue ministro de Transportes en 1967 y de Comercio e Industria en 1972. Sucedió a Zenko Suzuki en 1982 como jefe del partido y como presidente del gobierno. Promovió la cooperación económica con China. En 1987 fue sustituido por Noburu Takeshita.

Nalchik C. de la Federación Rusa, cap. de la república autónoma de Kabardino-Balkaria, situada en el N del Gran Cáucaso, al pie del monte Elbruz. 231.000 h. en 1986. Posee industria alimentaria y del cuero. Constituye un importante centro turístico.

Nalé Roxlo, Conrado (Buenos Aires 1898 - íd. 1971) Escritor argentino. Formó parte del grupo de la revista *Martín Fierro*. Su estilo refleja la transición del modernismo a las vanguardias. Escribió obras de poesía, entre las que destacan *El grillo* (1923), *Claro desvelo* (1938), *De otro cielo* (1952) y *Antología apócrifa* (1969). Renovó el teatro de su país con un lenguaje poético y elementos fantásticos, en dramas como *La cola de la sirena* (1941), *El pacto de Cristina* (1945) y *Judith y las rosas* (1956). En su narrativa sobresalen los cuentos *Las puertas del purgatorio* (1968) y la novela *Extraño accidente* (1960).

nalga *s. f.* **1.** Cada una de las dos partes carnosas y más o menos redondeadas situadas debajo de la espalda del hombre. **2.** Cada una de las dos mitades en que se divide la parte posterior de algunos animales.

nalgudo, da *adj.* De nalgas gruesas.

Nalón Río de España, en Asturias. 129 km de longitud. Nace en el puerto de Tarna, al O de los Picos de Europa, y desemboca en el mar Cantábrico, formando la ría de Pravia. Es el río más caudaloso de la vertiente cantábrica, con 150 m³/s en su desembocadura. Sus afluentes más importantes son Caudal, Trubia, Nora y Narcea. Recorre la cuenca carbonífera de su nombre y pasa por las localidades de Pola de Laviana, Sama de Langreo, La Felguera y Pravia.

Namangan C. de Uzbekistán, situada al N de la meseta de Pamir, en el fértil valle de Fergana, que riega el Sir Daria. 308.000 h. en 1989. Posee industria de seda y algodón. En 1927 sufrió un gran terremoto.

Namibia (en afrikaans *Namibië*) Estado del SO de África.

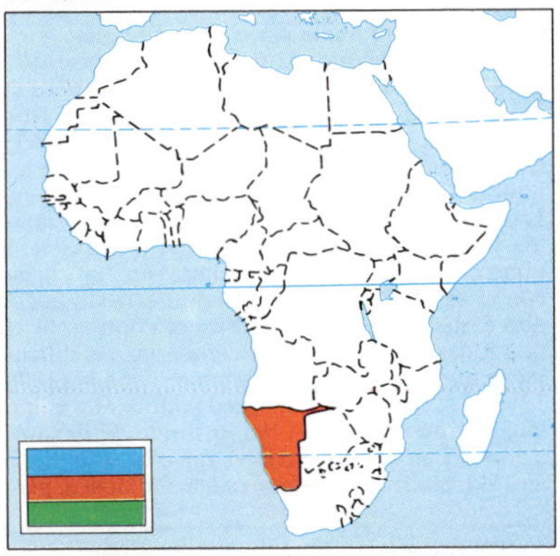

Extensión: 823.144 km².
Límites: al N, con Angola y Zambia; al E, con Botswana y la República Sudafricana; al S con la República Sudafricana, y al O, con el océano Atlántico.
Población: 1.302.000 h. en 1990.
Densidad: 1,6 h./km².
Capital: Windhoek.
División administrativa: 26 distritos.
Ciudades principales: Rundu, Rehoboth, Swakopmund, Keetmanshoop.
Gentilicio: namibiano.
Forma de Estado: república presidencialista.
Idioma: afrikaans, inglés.
Religión: protestantismo, 52,2 %; catolicismo, 19,8 %; reformismo alemán, 6,1 %; anglicanismo, 5 %.
Moneda: ran sudafricano.
Tasa de natalidad: 44 ‰ en 1990.
Tasa de mortalidad: 12 ‰ en 1990.
Renta per cápita: 1.300 dólares en 1988.

Geog. El relieve del país consta de una gran meseta que se extiende de N a S, separada del mar por el desierto costero de Namib, y de un relieve central montañoso (Brandberg, 2.606 m). Su clima es desértico, salvo en el N y S del país, en que es tropical seco. Sus principales ríos, Cunene y Okavango al N y Orange al S, trazan las fronteras con Angola y la República Sudafricana respectivamente. La mayoría de la población pertenece a la etnia negra bantú. La principal riqueza del país reside en los recursos mineros (uranio, diamantes, cinc, cobre, plata, tungsteno, vanadio y plomo). La agricultura está muy atrasada, cultivándose maíz, mijo y sorgo. Existe una apreciable actividad pesquera, ya que cuenta con uno de los bancos de pesca más importantes del mundo.

Hist. En 1486 el portugués Bartolomé Dias descubrió sus costas, pero el territorio no fue ocupado por los europeos hasta 1884, en que se convirtió en protectorado alemán. Durante la Primera Guerra Mundial pasó a poder de Sudáfrica, que recibió de la Sociedad de Naciones en 1919 el mandato sobre el territorio. Después de la Segunda Guerra Mundial la ONU estableció un régimen de fideicomiso, pero la presencia sudafricana, motivada por la riqueza minera del subsuelo, permaneció inalterada pese a los acuerdos contrarios de la ONU. El nombre de Namibia fue adoptado por resolución de esta organización en 1968. La principal fuerza política del país es el SWAPO (Organización del Pueblo de África del Suroeste), integrado por miembros de la tribu ovango, que desde la década de los sesenta combatió con las armas al régimen sudafricano. El segundo partido en importancia es el DTA (Alianza Democrática de Turnhalle), representante de la tribu kavango. En 1989, tras una serie de acuerdos avalados por la ONU, se celebraron las primeras elecciones legislativas, en las que resultó vencedor el SWAPO, cuyo líder Sam Nujoma fue designado presidente del país. En 1990 se proclamó oficialmente la independencia y se constituyó la cámara legislativa electa.

Namora, Fernando (Condeixa, Coimbra 1919 - 1989) Escritor portugués. Su narrativa es de estilo tradicional, basada en la observación directa de la realidad y en el análisis psicológico. En su obra novelística destacan *Almas sin rumbo* (1935), *Fuego en la noche oscura* (1943), *La noche y la madrugada* (1950) y *Los clandestinos* (1972); y en la poética, *Mar de Sargazos* (1940) y *Las frías madrugadas* (1959).

Namur C. de Bélgica, cap. de la prov. homónima, situada en la confluencia de los ríos Mosa y Sambre. 103.400 h. en 1990. La provincia cuenta con minas de hierro y hulla, y la ciudad con fábricas de porcelana y vidrio.

nana[1] (de or. onomat.) *s. f.* **1.** Canción con que se duerme a los niños. **2.** Especie de saco pequeño, cerrado generalmente con una cremallera, donde se mete a los bebés para abrigarlos. **3.** *fam.* Abuela. **4.** *Amér. C., Méx., Ven.* Niñera, nodriza.

nana[2] (del quechua *nanay*, dolor) *s. f. Arg., Chile, Par., Urug.* En lenguaje infantil, daño, dolor.

nanay *adv. neg. fam.* Se utiliza para negar algo rotundamente.

Nanchang C. de China, cap. de la prov. de Jiangxi, situada en el SE del país. 1.030.400 h. en 1989. Es un centro de la industria siderúrgica, textil, química, alimentaria, farmacéutica y me-

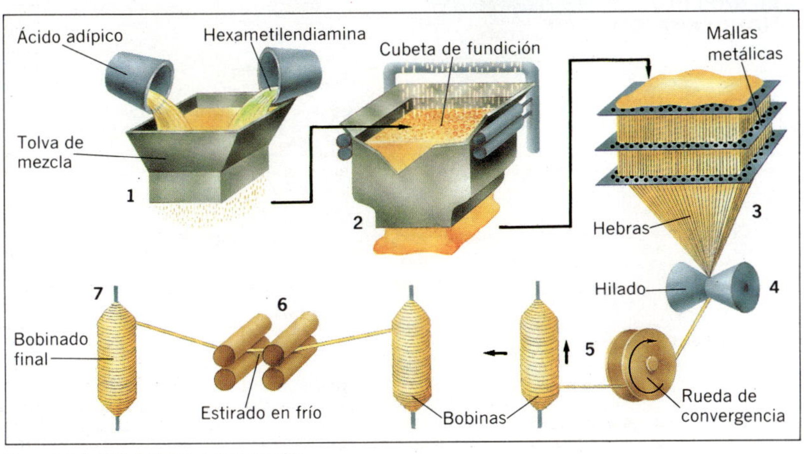

Proceso industrial de fabricación del nailon.

cánica. Se comunica, a través del lago Poyang, con el río Yangtsé-kiang.

Nancy C. de Francia, cap. de la región de Lorena y del departamento de Meurthe-et-Moselle, situada a orillas del río Meurthe. 96.300 h. en 1982 y 307.000 h. en su aglomeración urbana. Cuenta con industria química, de material ferroviario, textil y alimentaria.

Nanda Devi Pico de la India, situado en la cordillera del Himalaya, cerca de la frontera occidental de Nepal y del Tíbet (7.816 m). Lo escalaron por vez primera los británicos Odell y Tillman en 1936.

Nanga Parbat Pico de Cachemira, en el sector O de la cordillera del Himalaya (8.126 m). Fue escalado por vez primera por H. Buhl en 1953.

nanjea *s. f.* Árbol de la familia moráceas, especie *Artocarpus maxima.* Alcanza unos 6 m de altura, su fruto es oval y su madera, de color amarillo, se emplea mucho en ebanistería. Crece en Filipinas.

Nanjing o **Nanking** C. de China, cap. de la prov. de Jiangsu, situada al O de Shanghai, a orillas del río Yangtsé-kiang. 2.430.000 h. en 1989. Es un importante nudo de comunicaciones, que posee industria siderúrgica, mecánica, química y textil. Fue capital de China durante la dinastía Ming, así como entre 1928 y 1949.

nano- *pref.* Entra en la formación de palabras de medida, para indicar la milmillonésima parte (10^{-9}) de la unidad a la que precede: *nanómetro.* Su símbolo es *n.*

nanómetro *s. m.* Milmillonésima parte de un metro, equivalente a la milésima parte de una micra. Su símbolo es *nm.*

nansa *s. f.* **1.** Nasa para pescar. **2.** Estanque pequeño en que se tienen peces.

Nansen, Fridtjof (Store-Frøn 1861 - Lysaker 1930) Naturalista, explorador y político noruego. Entre 1888 y 1900 llevó a cabo diversas expediciones científicas por Groenlandia y el océano Ártico. Entre 1900 y 1912 realizó importantes observaciones oceanográficas en la misma zona. Primer ministro de la Noruega independiente y alto comisionado de la Liga de las Naciones, recibió el premio Nobel de la paz en 1922.

Nanterre C. de Francia, cap. del departamento de Hauts-de-Seine, situada en la aglomeración urbana de París, al O de la capital, junto al río Sena. 95.000 h. en 1984. Tiene industria automovilística, eléctrica, electrónica, textil y química. Es un importante centro universitario.

Nantes C. de Francia, cap. de la región del País del Loira y del departamento de Loire-Atlantique, situada en el estuario del río Loira. 245.000 h. en 1990 y 559.000 h. en su área metropolitana. Su puerto fluvial ha favorecido el desarrollo de una importante industria aeronáutica, mecánica, química y de astilleros. Es una interesante ciudad monumental y cultural.

nao *s. f.* **1.** Nave, barco. **2.** Particularmente, nave de gran tonelaje, destinada al comercio, que se utilizó en Occidente entre los s. XII y XVII.

Nao, La Cabo de España, situado en la prov. de Alicante, en la costa mediterránea. Separa los golfos de Valencia y Alicante.

naos *s. f.* Santuario o parte principal del templo clásico griego, en la que se guardaba la imagen del dios.

napa *s. f.* Piel curtida empleada especialmente para la confección de prendas de vestir y algunos complementos.

napalm (voz ingl., abreviatura de *naphtenic and palmitic acids*) *s. m.* Gel formado por una mezcla de gasolina y la sal alumínica de varios ácidos carboxílicos. Muy inflamable, se emplea en lanzallamas y bombas incendiarias. Fue muy usado por EE UU en la guerra de Vietnam.

napia *s. f. fam.* Nariz, especialmente si es grande. Se usa más en *pl.*

Napier, John Véase **Neper, John.**

Napo 1. Río de América del Sur, en Ecuador y Perú. 855 km de longitud. Nace en la cordillera Oriental de los Andes y desemboca en el Amazonas, aguas abajo de Iquitos. Es navegable en gran parte de su curso.
2. Prov. de Ecuador, en el E del país, frontera con Colombia y Perú. 52.318 km^2. 181.150 h. en 1989. La capital es Tena, con 3.000 h. en 1980. Su territorio comprende dos áreas bien diferenciadas: una que ocupa las estribaciones de los Andes y otra que corresponde a la llanura amazónica. Cubierta en su mayor parte por la selva, cuenta con yacimientos petrolíferos.

napoleón *s. m.* **1.** Moneda francesa de oro o plata acuñada por Napoleón I, que circuló en España durante algún tiempo. **2.** *Chile.* Alicates.

Napoleón Bonaparte. Retrato de François Gérard (Palacio de Fontainebleau, Francia).

Napoleón I Bonaparte (Ajaccio 1769 - Santa Elena 1821) Militar, político y emperador de Francia (1804-15). Joven oficial de artillería, se destacó en el asedio de Tolón (1793), lo que le valió un rápido ascenso a general de brigada. En 1796 recibió el mando del ejército de Italia, con el que derrotó a austriacos y piamonteses en las batallas de Lodi, Arcole y Rivoli, y forzó la firma del tratado de Campoformio (1797), que aseguró a los franceses el control de Italia septentrional. Se trasladó luego a Egipto con el fin de cortar a los británicos la ruta de la India, pero tras la pérdida de la flota en Abukir (1798) volvió a Francia, donde el Directorio se encontraba en una difícil situación. Allí protagonizó el golpe de Estado del 18 brumario e instituyó el consulado. Retornó luego a Italia, donde derrotó a los austriacos en Marengo (1800) y obtuvo, así, para Francia la orilla izquierda del Rhin. Proclamado cónsul vitalicio en 1802, inició una profunda reorganización de la administración y legislación francesas, que culminó con la publicación en 1804 del nuevo Código Civil. Ese mismo año se coronó emperador, y a partir de entonces hubo de hacer frente a una serie de coaliciones europeas impulsadas por el Reino Unido. Derrotó a austriacos y rusos en Austerlitz (1805), pero su intención de invadir las islas Británicas se frustró tras la derrota naval de Trafalgar (1805). Dueño de Europa central, la reorganizó según los intereses de Francia, al tiempo que situaba a sus familiares en los diversos tronos: José en Nápoles y luego en España; Luis en Holanda; Jerónimo en Westfalia; Elisa en Lucca. En 1807 firmó con el zar Alejandro I el tratado de Tilsit, por el que ambas potencias dividían el continente en dos zonas de influencia. Sin embargo, las dificultades que encontró para dominar España (1808-1812) y el fracaso del bloqueo continental con el que intentó arruinar al Reino Unido, le llevaron a romper su acuerdo con el zar e invadir Rusia en 1812. Sus tropas llegaron a ocupar Moscú, pero el resultado final de la expedición fue un fracaso, lo que aprovecharon las potencias europeas para formar una nueva coalición y derrotarle en Leipzig (1813). Obligado a abdicar en 1814, fue confinado en la isla de Elba, de la que escapó en 1815. Retornó triunfalmente a París, pero una nueva coalición le derrotó definitivamente en Waterloo. Abdicó en su hijo Napoleón II y se entregó a los británicos, que le desterraron a la isla de Santa Elena, donde murió.

Napoleón III (París 1808 - Chislehurst, Kent 1873) Político y emperador de Francia (1852-70). Era sobrino de Napoleón I. En 1836 y en 1840 promovió en Francia dos insurrecciones que fracasaron. Tras la revolución de 1848 fue elegido presidente de la república por un periodo de cuatro años, pero poco antes de concluir su mandato se proclamó, mediante un golpe de Estado, presidente por otros diez años más y, poco después, emperador. Casado con la española Eugenia de Montijo, Francia conoció durante su reinado un florecimiento económico. Desarrolló una política exterior muy activa. Participó junto al Reino Unido y frente a Rusia en la guerra de Crimea (1854-56); apoyó a Piamonte frente a Austria en Italia (1859), lo que le permitió la anexión de Niza y Saboya, y llevó a cabo la conquista de Cochinchina y un fracasado intento de situar a Maximiliano de Augsburgo en el trono de México. Tras la derrota de Sedan (1870) en la guerra franco-prusiana, fue destituido. Murió en el exilio en Inglaterra.

napoleónico, ca *adj.* **1.** Perteneciente o relativo a cualquiera de los emperadores franceses que llevaron el nombre de Napoleón, y especialmente Napoleón I. **2.** Partidario de estos emperadores o de su dinastía.

Nápoles (*Napoli*) C. de Italia, cap. de la prov. homónima y de la región de Campania, situada a orillas del Mediterráneo, en el golfo de Nápoles. 1.204.150 h. en 1990. Es el principal centro urbano de la Italia meridional. Ciudad comercial y portuaria, cuenta con industria metalúrgica, de maquinaria, química, textil, alimentaria y refinerías de petróleo. En sus cercanías se hallan el volcán Vesubio y las célebres ruinas de Pompeya y Herculano. Sus principales monumentos son la cartuja de San Martino (s. XIV-XVII), la catedral gótica, el Castel Nuovo (s. XIII-XIV), la Porta Capuana (s. XV), el palacio de Capodimonte, el Museo Arqueológico Nacional y el teatro de la Ópera de San Carlos. Fue colonia griega y alcanzó gran esplendor en el Renacimiento, como corte del rey aragonés Alfonso V.

Nápoles, reino de Antiguo reino del S de Italia, creado en el s. XII por el normando Roger I y que en algunos momentos de su historia formó con Sicilia el reino de las Dos Sicilias. Perteneció a los Hohenstaufen desde 1186 hasta 1266, en que quedó bajo el gobierno de la dinastía Anjou. Alfonso V de Aragón luchó con Renato de Anjou y, en 1442, conquistó este reino, que dejó a su hijo bastardo Fernando I. Carlos VIII y Luis II de Francia intentaron ocuparlo, pero fracasaron en su intento frente a Fernando el Católico, que lo anexionó a la Corona de Aragón. Durante el rei-

nado de Felipe IV se produjo un alzamiento dirigido por Masaniello (1647) debido al descontento popular. Después de la guerra de Sucesión española pasó a los dominios de Austria bajo Carlos VI (1711). En 1734 fue nombrado rey Carlos VII (futuro Carlos III de España), hijo de Felipe V de España, instalándose en el reino la dinastía de los Borbones, que reinaron también sobre Sicilia hasta que Napoleón puso al frente del reino al general Murat. Con la caída de Napoleón volvieron los Borbones. En 1860 Garibaldi ocupó Sicilia y más tarde el reino de Nápoles, integrándolos en el reino de Italia.

napolitano, na *adj.* **1.** De Nápoles. También *s.* ‖ *s. f.* **2.** Cierto bollo generalmente relleno de crema.

Naqsh-i Rustam Ciudad funeraria de la dinastía persa aqueménida, cerca de Persépolis, en el actual Irán. En una gran pared rocosa se hallan excavadas las tumbas de Darío I, Darío II, Jerjes, Artajerjes y sus sucesores, decoradas con bajorrelieves de estilo sasánida.

Nara C. de Japón, situada en la isla de Honshu, al S del lago Biwa. 349.000 h. en 1989. Es un centro artesanal, que cuenta con industria textil. Durante el s. VIII fue capital del Japón. Conserva los santuarios de Yakushiji, Shin Yakushiji y Todaiji, y numerosas estatuas de Buda en bronce, madera y laca.

Naram-Sin (s. XXIII a. C.) Rey de Acad (2280-2244 a. C.). Nieto de Sargón, extendió los dominios acadios por toda el Asia occidental. En el museo del Louvre se conserva una célebre estela esculpida en relieve que le muestra triunfante sobre sus enemigos.

naranja *s. f.* **1.** Fruto del naranjo. Es un hesperidio carnoso de forma esférica, cubierto por una corteza rugosa y cuya pulpa está dividida en gajos. Existen distintas variedades, dependiendo de su sabor o de la textura y color de su corteza, como la naranja agria, que no es comestible y se utiliza en jardinería; la naranja china, de piel más fina y clara; la naranja sanguina, de color rojizo tanto en la cáscara como en la pulpa; la naranja zajarí o cajel, procedente del injerto del naranjo dulce sobre el naranjo borde y de piel muy resistente, etc. ‖ *adj.* **2.** Se aplica al color semejante al de este fruto y a las cosas que tienen ese color. También *s. m.* ‖ **3. media naranja** *fam.* Una persona con respecto a su cónyuge o pareja; también, la persona con la que uno se complementa. ‖ **Loc. ¡naranjas (de la China)!** *interj. fam.* Se utiliza para rechazar o negar algo rotundamente.

naranjada *s. f.* Bebida hecha con zumo de naranja, agua y azúcar; p. ext., cualquier refresco con sabor a naranja.

naranjal *s. m.* Terreno plantado de naranjos.

Naranjas, guerra de las Contienda entre España y Portugal que tuvo lugar en 1801 al negarse este último país a participar en el bloqueo continental contra el Reino Unido. Esta guerra supuso la ocupación del Alentejo portugués por soldados españoles al mando de Godoy. Finalmente se llegó al tratado de Madrid, por el que Portugal aceptaba el bloqueo, cedía la Guayana a Francia y le otorgaba importantes concesiones comerciales.

naranjero, ra *adj.* **1.** De la naranja o del naranjo. ‖ *s. m.* y *f.* **2.** Persona que cultiva o vende naranjas. ‖ *s. m.* **3.** Cierta clase de metralleta.

naranjo *s. m.* Árbol de la familia rutáceas, especie *Citrus aurantium.* Mide de 4 a 6 m de altura, tiene tronco liso, hojas de color verde intenso y flores blancas, llamadas de *azahar.* Su fruto, de forma esférica, es la naranja, que se cultiva sobre todo en los países mediterráneos y se utiliza en alimentación por su alto contenido en vitamina C. Las dos subespecies fundamentales son el naranjo agrio *(Citrus aurantium vulgaris)* y el naranjo dulce *(Citrus aurantium sinensis).*

Naranjo de Bulnes Pico montañoso de España, en la cordillera Cantábrica, situado en el O de Asturias, en el sector central de los Picos de Europa (2.519 m). Es apreciado por los alpinistas por la belleza y dificultades de su escalada.

Narbada o **Narmada** Río de la India, entre el Indostán y la península del Decán. 1.230 km de longitud. Nace en los montes Maikala y desemboca en el mar Arábigo. Es un río sagrado para los hindúes.

Narbona (*Narbonne*) C. de Francia, situada en el departamento de Aude, en la región de Languedoc-Roussillon. 42.700 h. en 1986. Fue una urbe muy importante desde la época romana. Tiene astilleros, fundiciones y un puerto con gran actividad comercial. Cuenta con un amplio mercado vinícola y es célebre por su producción de ostras.

Narbonense Antigua provincia romana de la Galia, creada por Augusto en el 27 a. C. A la caída del imperio formó parte del reino visigodo de Tolosa y, tras la derrota de Alarico II en los Campos Vogladenses (507), fue incorporada al reino franco, con excepción del sector meridional en torno a la ciudad de Arles.

narcisismo *s. m.* Actitud de la persona que siente una admiración exagerada por sí misma. **Fam.** Narcisista.

narciso[1] (del lat. *narcissus,* y éste del gr. *narkissos*) *s. m.* **1.** Nombre común de diversas plantas herbáceas de la familia amarilidáceas, géneros *Narcissus* y *Haemantus.* Son plantas bulbosas de hojas lineares que nacen en la base del tallo y flor única de color blanco o amarillo. Se usan en ornamentación. **2.** Flor de esta planta.

Narciso (Narcissus tazzeta).

narciso[2] (de *Narciso,* personaje mitológico) *s. m.* Persona que siente una exagerada admiración por sus propias cualidades, especialmente las que se refieren a su aspecto físico.

Narciso En la mitología griega, hermoso joven que se enamoró de sí mismo al ver reflejada su imagen en una fuente y, ante la imposibilidad de su amor, se convirtió en la flor que recibe su nombre.

narco- *pref.* Significa 'sueño, letargo' y 'droga': *narcoanálisis, narcoterapia, narcotráfico.*

narcoanálisis *s. m.* Técnica de exploración de los fenómenos psíquicos efectuada en una persona que se encuentra bajo los efectos de un narcótico.

narcosis *s. f.* Estado de sueño y pérdida de la conciencia producido por la administración de narcóticos.

narcoterapia *s. f.* Método utilizado para la curación de algunas enfermedades mentales que consiste en mantener al paciente durante cierto tiempo en estado de somnolencia o sueño profundo, mediante la administración de narcóticos.

Naranjo dulce (Citrus aurantium sinensis).

narcótico, ca *adj.* **1.** Se aplica a las sustancias que producen sueño, relajación muscular y cierta pérdida de la sensibilidad, por lo que son utilizadas para aliviar el dolor, como es el caso de la morfina, derivado del opio. P. ext., se aplica a ciertas drogas, aunque no produzcan esos efectos. También *s. m.* **2.** Perteneciente o relativo a la narcosis.

narcotismo *s. m.* **1.** Estado de sueño más o menos profundo provocado por el consumo de narcóticos. **2.** Dependencia que tiene una persona respecto de los narcóticos.

narcotizar *v. tr.* **1.** Administrar narcóticos. También *v. prnl.* **2.** Producir narcotismo. ■ Se conjuga como *cazar.* **Fam.** Narcotización, narcotizante.

narcotraficante *s. m.* y *f.* Traficante de narcóticos o drogas.

narcotráfico *s. m.* Tráfico de narcóticos o drogas.

Nardo (Polianthes tuberosa).

nardo *s. m.* **1.** Planta herbácea de la familia amarilidáceas, especie *Polianthes tuberosa.* Tiene hojas radicales y flores blancas olorosas dispuestas en espiga. Se cultiva en países intertropicales. Se utiliza fundamentalmente en jardinería. **2.** Flor de esta planta.

narguile *s. m.* Pipa usada por los orientales que consiste en un tubo largo y flexible y un recipiente con agua perfumada por el que pasa el humo antes de llegar a la boca.

narigón, na *adj.* **1.** *fam.* Narigudo*. También *s.* ‖ *s. m.* **2.** *fam.* Nariz muy grande.

narigudo, da *adj. fam.* Se aplica a la persona que tiene la nariz muy grande. También *s.*

narina *s. f.* Cada uno de los dos orificios de la nariz.

Nariño Departamento de Colombia, situado en el SO del país. 33.268 km^2. 1.085.200 h. en 1986. La capital es Pasto, con 197.400 h. en 1985. Su territorio consta de dos regiones, la llanura aluvial del Pacífico y la zona andina. Su economía se basa en el cultivo de cereales, plátanos y café. Posee yacimientos de oro, plata y platino.

Nariño, Antonio (Santafé de Bogotá 1765 - Leiva 1823) Político colombiano. En 1793 tradujo y publicó la *Declaración de los derechos del hombre y del ciudadano,* por lo que fue deportado a Cádiz. Intervino en la independencia de Nueva Granada (1811) y se manifestó partidario de la política centralista. Prisionero en España de 1814 a 1820, a su regreso a América fue designado vicepresidente de la Gran Colombia por Bolívar (1821), pero, enemistado con él, dimitió ese mismo año.

nariz *s. f.* **1.** Parte saliente del rostro humano situada entre los ojos y la boca, en la que reside el sentido del olfato y que está comunicada con el aparato respiratorio. Presenta en su extremo inferior dos aberturas nasales, llamadas *narinas,* que comunican con las fosas nasales, órgano del olfato, recubiertas por una membrana llamada *pituitaria* o *mucosa nasal.* El aire inspirado por la nariz se calienta en las fosas nasales antes de pasar a la cavidad bucal, con la que está comunicada. ■ Se usa con el mismo significado en *sing.* o *pl.* **2.** Parte de la cabeza de algunos animales que tiene una situación y una función semejantes al apéndice arriba descrito. **3.** Nombre dado a algunos objetos o salientes que recuerdan la forma de este órgano humano, y especialmente al gancho en que encaja el pestillo en puertas y ventanas. **4.** Sentido del olfato. ‖ *pl.* **5.** *fam.* Valor, ánimo. **6.** *fam.* Se utiliza para negar rotundamente y equivale a no, nada, en absoluto, etc.

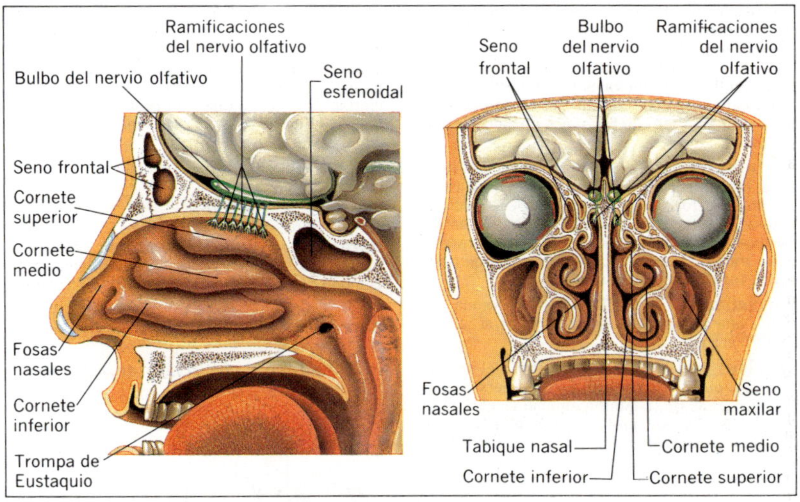

Anatomía interna de la nariz: a la izquierda, corte sagital; a la derecha, corte frontal.

También *interj.* ‖ **7. nariz aguileña** La que es afilada y tiene un perfil curvo. **8. nariz griega** La que sigue una recta como continuación de la frente. **9. nariz respingona** La que tiene la punta hacia arriba. ‖ **Loc. asomar** alguien **las narices** *fam.* Presentarse en algún sitio para enterarse de algo o para curiosear. **con un palmo de narices** *adv. fam.* Totalmente sorprendido o chasqueado. **dar** a alguien **con la puerta en las narices** *fam.* No dejar entrar a alguien que ha llamado a una puerta o echarle muy bruscamente; también, rechazar a alguien o desentenderse de él. **darle** algo a alguien **en la nariz** *fam.* Sospecharlo. **darle** a alguien **en las narices** *fam.* Fastidiar o molestar a una persona. **darse de narices** *fam.* Caerse o tropezar con algo golpeándose en la cara. También, encontrarse de frente con otra persona. **de** (**tres pares de**) **narices** *adj. fam.* De consideración, muy grande. **en mis** (**tus**, **sus**, etc.) **narices** *fam.* En presencia de la persona de que se trata. **hasta las narices** *adv. fam.* Totalmente aburrido o harto de alguien o algo. **hinchar las narices** a alguien *fam.* Enfadar o cansar a una persona. **meter las narices** en algo *fam.* Entrometerse, curiosear. **no haber** (o **tener**) **más narices** *fam.* No haber otro remedio. **pasar** (o **restregar**) una cosa a alguien **por las narices** *fam.* Mostrársela o repetírsela a alguien insistentemente para molestarle, producirle envidia, etc. **por narices** *adv. fam.* Obligatoriamente; también, por habérselo propuesto la persona de que se trate. **salirle** a alguien una cosa **de las narices** *fam.* Darle la gana de algo. **tener narices** alguien o algo *fam.* Ser el colmo, ser sorprendente o indignante. **tocar las narices** a alguien *fam.* Hincharle las narices. **tocarse** alguien **las narices** *fam.* Hacer el vago.

narizón, na *adj. fam.* Narigón*.

narizota *s. f.* **1.** *fam.* Nariz muy grande. ‖ **narizotas** *s. m.* y *f.* **2.** *fam.* Persona que tiene la nariz muy grande. También *adj.*

narizudo, da *adj. fam. amer.* Narigudo.

Narón C. de España, en la prov. de La Coruña, en el fondo de la ría de El Ferrol. 31.350 h. en 1990. Posee ganado vacuno, cultivos de maíz y patatas, e industria metalúrgica.

narración *s. f.* Acción y efecto de narrar, y palabras o escrito con que se hace.

narrador, ra *adj.* **1.** Que narra. También *s.* ‖ *s. m.* **2.** En lit., persona que va contando la historia y que puede ser el autor, real o inventado, o uno de los personajes. ‖ **3. narrador omnisciente** En lit., el que presenta los elementos de la historia mostrando que es conocedor de todos ellos.

narrar *v. tr.* **1.** Contar un acontecimiento, un suceso, etc. **2.** En lit., contar el narrador una historia. **Fam.** Narrable.

narrativo, va *adj.* **1.** Se aplica a la obra literaria de ficción en prosa. **2.** Perteneciente o relativo a estas obras. ‖ *s. f.* **3.** Género literario constituido por estas obras, formado fundamentalmente por la novela y el cuento. **4.** Facilidad para narrar.

Narsés (? - ? 302) Rey de Persia (293-302). Destronó a Bahram III, al que sucedió. Derrotó a Galerio (296) y expulsó de Armenia al rey Tirídates, pero tuvo que pactar con Roma y perdió Armenia y Mesopotamia septentrional

Narsés (? h. 478 - Roma 568) Militar bizantino. General del ejército de Justiniano, llevó a cabo la guerra contra los godos en Italia (552). Nombrado patricio, reorganizó la administración de la península Itálica.

nártex *s. m.* Pórtico construido a la entrada de las basílicas paleocristianas y bizantinas.

Narváez, Luis de (Granada s. XVI) Vihuelista y compositor español. Fur autor de *Los seis libros del Delphin de música de cifra para tañer vihuela* (1538), que contiene danzas, fantasías y diferencias (o variaciones) sobre temas populares, como *Guárdame las vacas* y el romance del *Conde Claros.*

Narváez, Pánfilo de (Valladolid o Cuéllar h. 1470 - golfo de México 1528) Conquistador español. Fue lugarteniente de Diego Velázquez, gobernador de Cuba, con quien participó en la conquista de la isla (1512). Enviado a México para detener el avance de Hernán Cortés, sus hombres le abandonaron en Cempoala, donde fue vencido en 1520. Volvió a España y en 1526 organizó una expedición a Florida que fracasó. Murió en un naufragio.

Narváez, Ramón María de (Loja, Granada 1800 - Madrid 1868) Militar y político español. A la muerte de Fernando VII tomó partido por Isabel II y combatió con brillantez en la primera guerra carlista. Enemigo político de Espartero, hubo de exiliarse a Francia entre 1838 y 1843. Derrocado ese año el regente por una alianza de progresistas y moderados, Narváez pasó en 1844 a ocupar la jefatura del gobierno, en la que se mantuvo casi ininterrumpidamente hasta 1851. Jefe indiscutible del sector moderado, basó su política en el mantenimiento del orden público, al tiempo que conseguía atraerse a sectores del carlismo y la Iglesia y convertía el Congreso y el Senado en organismos inoperantes. Retornó al poder (1856-57) tras el golpe de O'Donnell, sin que variara su estrategia política, que se mostró incapaz, igual que sucedió en los gobiernos que formó en 1864-65 y 1866-68, de frenar el creciente malestar antimonárquico.

Ramón María de Narváez. Retrato de Vicente López (Museo de Bellas Artes, Valencia).

narval *s. m.* Mamífero cetáceo de la familia monodóntidos, especie *Monodon monoceros.* Mide unos 6 m de longitud, es de color gris y en su gran cabeza aparecen dos dientes, uno de los cuales está muy desarrollado en el macho y sobresale de su cabeza a manera de espolón. Vive en manada en los mares árticos. Es muy apreciado por el aprovechamiento de su grasa y el marfil de su diente mayor.

nasa *s. f.* **1.** Instrumento para pescar que consiste en una especie de cesta cilíndrica provista de un embudo dirigido hacia dentro en una de sus bases, por el que entran los peces, quedando atrapados, y de una tapadera en la otra para vaciarla después de la pesca. **2.** Técnica de pesca semejante a la anterior que consiste en una red sostenida por aros de madera o alambre. **3.** Cesta de boca estrecha donde echan los peces los pescadores.

NASA (Siglas de *National Aeronautics and Space Administration*) Organismo estadounidense que fue creado en 1958 y dirige las investigaciones aeronáuticas y espaciales con fines civiles. Entre sus programas espaciales destacan los denominados *Mercurio, Géminis, Apolo* y *Skylab* y los más recientes de los transbordadores *Columbia, Challenger, Discovery* y *Atlantis.*

nasal *adj.* **1.** Perteneciente o relativo a la nariz. **2.** Se aplica al sonido en cuya articulación el aire sale total o parcialmente por la nariz, como el de las consonantes *m, n, ñ.* **3.** Se dice de la letra que representa este sonido. También *s. f.* **4.** Se aplica a la voz, tono, etc., de sonido semejante. **Fam.** Nasalidad.

nasalizar *v. tr.* Convertir en nasal un sonido que no lo es. También *v. prnl.* ■ Se conjuga como *cazar.* **Fam.** Nasalización.

Nascimento, Francisco Manuel do (Lisboa 1734 - París 1819) Poeta portugués. Huyendo de las persecuciones de la Inquisición, fijó su residencia en Francia y en los Países Bajos, donde escribió bajo el seudónimo de Filinto Elísio. Fue un auténtico maestro de la lengua portuguesa, purista del idioma y perfecto conocedor de las literaturas extranjeras. Entre sus obras se distinguen *Odas* y *Epístolas,* publicadas en París entre 1817 y 1819.

Nash, John (Cardigan o Londres 1752 - East-Cowes, isla de Wight 1835) Arquitecto británico. Destaca como precursor de la utilización de estructuras de hierro en la construcción de puentes y edificios. Construyó el teatro de Haymarket y la iglesia de Langhan Place y concluyó el Pabellón Real de Brighton. Hizo los planos para la urbanización de Regent's Park y Regent Street.

Nashe, Thomas (Lowestoft h. 1567 - Londres h. 1601) Escritor inglés. La sátira y la crítica social aparecen en muchas de sus obras. Entre sus libros sobresalen *La anatomía de lo absurdo* (1588) y *El viajero infortunado o la vida de Jack Wilton* (1594).

Nashville C. de EE UU, cap. del estado de Tennessee, situada al O de la cadena de los Apalaches. 501.400 h. en 1989. Puerto fluvial en el río Cumberland, cuenta con industria aeronáutica, alimentaria y discográfica. Es la capital de la música country estadounidense.

Nasir al-Din sha (Teherán 1831 - íd. 1896) Rey de Persia (1848-96). Hijo y sucesor de Muhammad sha, intentó la modernización del país, que fracasó por falta de capital. Durante su reinado Persia estuvo bajo la influencia británica y, especialmente, rusa. Murió asesinado.

nasofaringe *s. f.* Porción de la faringe que se encuentra encima del velo del paladar. **Fam.** Nasofaríngeo.

Nassau Familia condal alemana descendiente de los condes de Laurenburg. Desde 1255 se dividió en dos ramas, la de Walram y la de Otón, originadas por los hijos de Enrique II el Rico. A la segunda perteneció Enrique III, gobernador de los Países Bajos, que mediante su matrimonio con Claudia de Chalon, heredera de Orange, obtuvo la posesión de este principado, del que procede la línea Orange-Nassau, cuyos principales representantes fueron Guillermo I el Taciturno, príncipe de Orange, que encabezó la lucha de los Países Bajos contra la dominación española; Guillermo II, estatúder de las Provincias Unidas; y Guillermo III, rey de Inglaterra, con quien se extinguió la dinastía.

Nassau C. de Bahamas, cap. del país, situada en la isla de New Providence. 168.800 h. en 1990. Concentra casi la mitad de la población del país y es un centro administrativo y turístico, que tiene un activo puerto comercial y pesquero.

Nasser, Gamal Abdel (Beni Mor 1918 - El Cairo 1970) Político egipcio. Miembro del grupo de oficiales que en 1952 destronó al rey Faruk y proclamó la república, en 1954 desplazó del poder al general Naguib y se convirtió en primer ministro. Dos años después ocupó la presidencia, en la que se mantuvo hasta su muerte. En política interior destacan la nacionalización del canal de Suez y la construcción de la presa de Asuán. Internacionalmente asumió el liderazgo del mundo árabe, favoreció diversas uniones con otros países, como la RAU (República Árabe Unida) con Siria (1958), que fracasaron, y estrechó los lazos con la URSS. Fue reelegido presidente en 1965, cargo del que dimitió dos años después, tras la derrota frente a Israel en la guerra de los Seis Días, aunque la presión popular le obligó a retornar al poder.

Gamal Abdel Nasser.

nastia *s. f.* Respuesta de determinadas zonas del vegetal frente a un estímulo externo de carácter difuso, basada en procesos de crecimiento o en el cambio de turgencia de grupos de células que varían su volumen mediante el control de la entrada y salida de agua; el movimiento resultante no está influenciado por la dirección del estímulo. Pueden ser de varios tipos: *fotonastias*, o respuestas a la luz, como la apertura de ciertas flores al amanecer o al anochecer; *sismonastias*, producidas cuando el estímulo es el contacto o la sacudida del vegetal, como el movimiento de las plantas carnívoras, que se cierran sobre la presa al menor contacto; *termonastias*, o respuestas a las variaciones de temperatura, como el cierre de la flor del tulipán; *hidronastias*, o respuestas a la humedad del ambiente, como la apertura de los esporangios en los helechos.

nata *s. f.* **1.** Capa cremosa que se produce en la superficie de la leche. **2.** P. ext., capa semejante formada en la superficie de otros líquidos. **3.** Crema de repostería que se consigue al batir con azúcar la capa formada en la superficie de la leche. **4.** Lo mejor y más escogido de algo. Se usa sobre todo en la expresión **la flor y nata**.

natación *s. f.* **1.** Acción y efecto de nadar. **2.** Deporte que consiste en nadar.
Dep. La natación se practica fundamentalmente en cuatro modalidades: el crol o estilo libre, la braza, la espalda y la mariposa, que se diferencian por la postura del cuerpo y los movimientos de brazos y piernas. La competición puede ser individual o por relevos y se organiza por distancias, 100 m, 200 m, 1.500 m, etc. Generalmente se lleva a cabo en piscina olímpica, que mide 50 m de largo y está dividida en ocho calles. Otras disciplinas son la natación sincronizada o artística por equipos y el water-polo. Es deporte olímpico. Además de estas competiciones existen otras no olímpicas, como las travesías en lagos o en mar abierto y los largos recorridos, practicados por los llamados *tragamillas*.

natal *adj.* Se aplica al lugar en que ha nacido alguien.

Natal 1. Prov. de la República Sudafricana, situada en el E del país, a orillas del océano Índico. 55.289 km^2. 2.145.000 h. en 1985. La capital es Pietermaritzburg, con 180.000 h. en 1986. Sus principales actividades económicas son la agricultura de productos tropicales, caña de azúcar, cítricos, fruta y maíz; la ganadería; la minería del carbón, manganeso y estaño; y la industria automovilística, metalúrgica y de refino de petróleo en Durban. **2.** C. de Brasil, cap. del estado de Rio Grande do Norte, situada a orillas del océano Atlántico. 578.500 h. en 1989. Es una ciudad portuaria, que cuenta con industria textil, del cuero, alimentaria y química. Tiene base naval y aérea.

natalicio, cia *adj.* **1.** Perteneciente o relativo al día del nacimiento. ‖ *s. m.* **2.** Día del nacimiento de alguien o fiestas con que se celebra. **3.** Cumpleaños de alguien.

natalidad *s. f.* **1.** Número de nacimientos que se producen en un lugar y en un periodo de tiempo determinados. ‖ **2. control de natalidad** Conjunto de medidas y métodos que impiden la concepción o el desarrollo del embarazo y que están encaminados a limitar el número de nacimientos. **3. tasa de natalidad** En geog. humana, tasa expresada en tantos por mil que indica el número de nacimientos que se registran por cada mil personas del grupo humano considerado.

Natán Profeta judío. Aparece en el libro de *Samuel* del Antiguo Testamento. Reprochó a David que mandara a la muerte a Urías para casarse con su mujer Betsabé y le aconsejó que designase a Salomón como su sucesor.

Natanael Discípulo de Jesucristo. Habitualmente se le identifica con el apóstol Bartolomé.

natatorio, ria *adj.* **1.** Perteneciente o relativo a la natación. **2.** Que sirve para nadar.

Nathans, Daniel (Wilmington 1928) Médico estadounidense. Realizó investigaciones sobre el sistema enzimático de restricción-modificación y sobre técnicas de manipulación genética. En 1978 compartió el premio Nobel de fisiología y medicina con Hamilton Smith y Werner Arber.

natillas *s. f. pl.* Dulce hecho con leche, huevos y azúcar, o alguna sustancia sucedánea, que se cuece a fuego lento sin dejar de mover la mezcla hasta que adquiere cierta consistencia.

natividad *s. f.* **1.** Nacimiento de Jesucristo, la Virgen o San Juan. **2.** Celebración del nacimiento de Jesucristo. ■ En estas dos acepciones se escribe con mayúscula. **3.** Obra de arte que representa dicho nacimiento.

nativismo *s. m.* Innatismo*.

nativo, va *adj.* **1.** Se aplica al lugar donde ha nacido alguien, y a lo perteneciente a dicho lugar. **2.** Nacido en el lugar de que se trata. También *s.* **3.** Se aplica a las sustancias, especialmente metales, que se encuentran en la naturaleza en estado puro.

nato, ta *adj.* **1.** Se aplica a las cualidades, defectos, etc., que tiene una persona desde que nace o por naturaleza; también se dice de la persona que se distingue por alguna de estas cualidades o defectos. **2.** Se dice de los cargos, títulos honoríficos, etc., que van unidos a otro empleo, por lo que corresponden únicamente a la persona que lo desempeña.

NATO Véase **OTAN**.

Natorp, Paul Gerhard (Düsseldorf 1854 - Marburgo 1924) Filósofo alemán. Fundador de la escuela de Marburgo, su pensamiento se caracteriza por concebir la conciencia como un conjunto de normas que sirven de fundamento tanto a las ciencias teóricas como a las prácticas. Entre sus obras más importantes se cuentan *Introducción a la psicología según el método crítico* (1888), *Religión y humanidad* (1894) y *Pedagogía social* (1915).

natri *s. m.* Planta leñosa de la familia solanáceas, especie *Solanum crispum*. Mide entre 2 y 3 m de altura, sus flores son blancas y su fruto rojo. Es originaria de Chile. Se emplea con fines medicinales.

natrolita *s. f.* $Na_2(Al_2Si_3O_{10}) \cdot 2H_2O$. Mineral silicato sodicoalumínico hidratado. Cristaliza en el sistema rómbico, tiene color blanco, amarillo rojizo o incoloro, es duro y exfoliable.

natrón *s. m.* $Na_2CO_2(H_2O)_{10}$. Carbonato sódico hidratado. Es de color blanco, translúcido y brillante. Aparece en evaporitas y otras rocas de lagos salinos de intensa evaporación. Se utiliza en la industria para la fabricación de jabones, vidrio y tintes.

Natrón Lago salino de Tanzania, en el N del país, en Great Valley Rift. Alberga una de las mayores colonias de flamencos rosas del mundo.

Natta, Giulio (Imperia 1903 - Bérgamo 1979) Químico italiano. Aplicó sus investigaciones sobre los polímeros a la industria. En 1963 compartió el premio Nobel de química con Karl Ziegler.

Nattier, Jean-Marc (París 1685 - íd. 1766) Pintor francés. Fue miembro de la Academia de pintura y pintor de cámara de Luis XV. Destacó sobre todo como retratista. Entre sus obras merecen especial mención los retratos de la duquesa de Chartres, mademoiselle de Clermont y la familia real.

natura *s. f.* Naturaleza*.

natural *adj.* **1.** Perteneciente o relativo a la naturaleza. **2.** Producido por la naturaleza o elaborado con sus productos. **3.** Que no presenta excesiva elaboración. **4.** Que no es disimulado o forzado. **5.** Que actúa o se comporta sin apuro o nerviosismo. **6.** Lógico, normal. **7.** Propio de una persona o cosa por su naturaleza, carácter, etc. **8.** Nacido en el pueblo, ciudad, etc., de que se trate. También *s.* **9.** En mús., se aplica a la nota que no tiene alteraciones. **10.** En tauromaquia, se dice del pase de muleta realizado con la izquierda y sin el estoque. También *s. m.* ‖ *s. m.* **11.** Forma de ser de una persona. **12.** En arte, objeto, paisaje, etc., del que copia directamente el artista.

naturaleza *s. f.* **1.** Conjunto de todos los seres y cosas que forman el universo y en los cuales no ha intervenido el hombre. **2.** Principio y fundamento de todo lo que tiene vida. **3.** El campo, en oposición a las poblaciones, ciudades, etc. **4.** Funcionamiento normal de los organismos vivos, sin que se intervenga en él para cambiarlo, acelerarlo, etc. **5.** Conjunto de propiedades esenciales de algo. **6.** Tipo, clase. **7.** Constitución física de una persona o animal. **8.** Carácter de una persona. **9.** Circunstancia de haber nacido en un lugar determinado o de pertenecer legalmente a él. ‖ **10. naturaleza muerta** En pintura, representación de objetos, animales muertos, flores, frutas, etc.

naturalidad *s. f.* **1.** Cualidad de natural. **2.** Sencillez y espontaneidad en la forma de actuar. **3.** Falta de timidez o apuro al hablar o tratar con los demás. **4.** Origen de una persona.

naturalismo *s. m.* **1.** Corriente literaria surgida en Francia a finales del s. XIX, que se caracteriza por representar la realidad con toda su crudeza, teniendo muy presentes las consecuencias de las circunstancias políticas, sociales y económicas sobre la condición humana. En este enfoque influyeron las teorías científicas de la época, especialmente las leyes de la herencia biológica enunciadas por Darwin. El máximo representante de la escuela es Émile Zola, autor del ciclo novelístico *Los Rougon-Macquart, historia social y natural de una familia bajo el Segundo Imperio*. **2.** Teoría filosófica que mantiene que todos los seres y eventos del universo son naturales. Considera que cualquier conocimiento cae en el ámbito de la investigación científica, por lo que atribuye el método científico a la filosofía. Afirma que la naturaleza es susceptible de ser conocida, puesto que en ella existe una unidad y una regularidad que implican una serie de leyes objetivas.

naturalismo francés Movimiento cinematográfico desarrollado en Francia durante los años anteriores a la Segunda Guerra Mundial, caracterizado por mostrar los aspectos más sórdidos y marginales de la sociedad, la delincuencia, la prostitución, etc., con un enfoque realista no exento de intención poética, siguiendo el camino abierto por Jean Renoir en los años precedentes. Sus principales representantes son Julien Duvivier, Marcel Carné y Jacques Feyder.

naturalista *adj.* **1.** Perteneciente o relativo al naturalismo. **2.** Partidario del naturalismo como doctrina filosófica. También *s.* **3.** Se aplica al artista o escritor que realiza su obra conforme al naturalismo, así como a esta misma obra y a su estilo. También *s.* ‖ *s. m.* y *f.* **4.** Especialista en ciencias naturales.

naturalizar *v. tr.* **1.** Hacer a una persona ciudadana de un determinado país. También *v. prnl.* **2.** Adoptar como propios usos y costumbres de otro país. También *v. prnl.* **3.** Acostumbrar a una especie animal o vegetal a un determinado medio, clima, etc., que no es el suyo. También *v. prnl.* ■ Se conjuga como *cazar*. FAM. Naturalización.

naturalmente *adv. m.* **1.** De forma natural. **2.** Como es lógico o natural. **3.** Por supuesto.

naturismo *s. m.* Doctrina que pretende la utilización de los medios naturales como forma de vida, ayuda para la conservación de la salud y método para tratar las enfermedades. **FAM.** Naturista.

Naucalpan de Juárez C. de México, situada al NO de la capital, de cuya área metropolitana forma parte. 730.200 h. en 1980. Destaca por sus cultivos agrícolas y la industria del calzado, además de ser un centro urbano importante gracias a su proximidad con la Ciudad de México.

Naucratis Colonia griega del antiguo Egipto. Fue fundada en el s. VIII a. C. por los milesios y se hizo famosa por su cerámica.

naufragar *v. intr.* **1.** Hundirse una embarcación. Se dice también de las personas que van en ella. **2.** Fracasar. ■ Se conjuga como *pagar.*

naufragio *s. m.* **1.** Hundimiento de una embarcación. **2.** Fracaso.

náufrago, ga *adj.* Que ha sufrido un naufragio. También *s.*

naumaquia *s. f.* **1.** En la antigua Roma, combate naval que se hacía como espectáculo. **2.** Lugar en el que se representaba este espectáculo.

Nauplia (*Nauplion* o *Napalí*) C. de Grecia, cap. de la Argólida, en la región del Peloponeso. 10.600 h. en 1981. Fue la capital provisional de Grecia desde 1822 hasta 1834.

Nauru Estado insular de Oceanía, en la Micronesia.

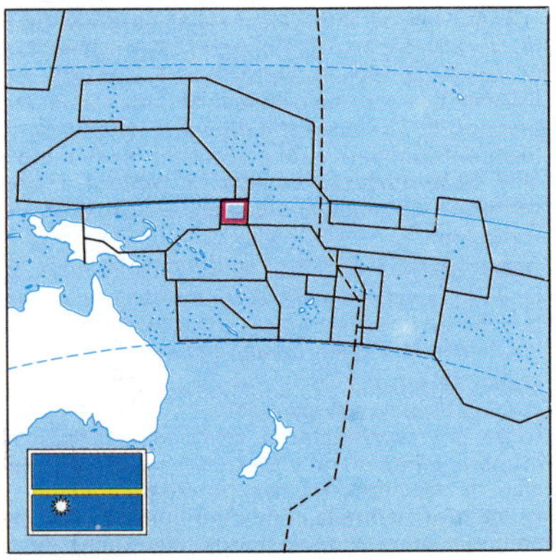

Extensión: 21,2 km^2.
Situación: en el océano Pacífico, al S del ecuador y al E de Nueva Guinea.
Población: 9.300 h. en 1990.
Densidad: 438,7 h./km^2.
Capital: Yaren.
División administrativa: 14 distritos.
Gentilicio: nauruano.
Forma de Estado: república.
Idioma: nauruano.
Religión: protestantismo, 54,5 %; catolicismo, 24 %; religiones tradicionales chinas, 8,4 %; anglicanismo, 3,1 %; budismo, 1,7 %; bahaísmo, 1,7 %.
Moneda: dólar australiano.
Tasa de natalidad: 21 ‰ en 1990.
Tasa de mortalidad: 5 ‰ en 1990.
Renta per cápita: 17.200 dólares en 1988.

Geog. El país está formado por un atolón rodeado de arrecifes, de clima ecuatorial y habitado por polinesios. La franja costera es extraordinariamente fértil y en ella se concentra la población. Sus recursos económicos proceden de grandes yacimientos de fosfatos, cuya exportación proporciona a los nauruanos una de las más altas rentas per cápita del mundo; pero, dado el ritmo de explotación, las minas llevan camino de extinguirse a finales del s. XX.

Hist. Descubierto por el Reino Unido en 1798 y colonizado por Alemania, el país fue convertido en fideicomiso de la Sociedad de Naciones al término de la Primera Guerra Mundial y entregado a la administración de Australia. Durante la Segunda Guerra Mundial fue ocupado por Japón (1942-45). Adquirió la plena independencia en 1968, fecha en que accedió a la presidencia de la república Hammer de Roburt. El país es miembro especial de la Commonwealth. En 1989 fue nombrado jefe del Estado Bernard Dowiyogo.

náusea *s. f.* **1.** Sensación desagradable, acompañada de arcadas, que se produce en el estómago cuando se quiere vomitar. Se usa más en *pl.* **2.** Repugnancia, asco. Se usa más en *pl.* **FAM.** Nauseabundo.

nauta *s. m.* Navegante*.

náutico, ca *adj.* **1.** Perteneciente o relativo a la navegación. ‖ *s. f.* **2.** Arte de la navegación.

nautilo *s. m.* Nombre común de diversos moluscos cefalópodos de la familia nautílidos, género *Nautilus.* Tienen cuatro branquias y numerosos tentáculos sin ventosas. Su concha espiral está dividida en muchas cámaras, en la última de las cuales vive el animal. Habitan en aguas profundas del océano Pacífico. Aunque la familia existe desde el jurásico, actualmente sólo pervive este género, con muy pocas especies, entre las que destaca *Nautilus pompilius.* Su concha nacarada se utiliza en joyería.

Nautilo (Nautilus pompilius).

nava *s. f.* Terreno bajo, llano, rodeado de montañas.

Navagero, Andrea (Venecia 1483 - Blois 1529) Escritor y diplomático italiano. Fue embajador de Venecia ante Carlos V y posteriormente ante Francisco I de Francia, y recogió sus experiencias en *Viaje por España y Francia* (1563). Autor de poemas latinos de tema bucólico y amoroso, influyó en Juan Boscán para que adoptara los metros italianos, como el endecasílabo.

navaja *s. f.* **1.** Instrumento cortante parecido al cuchillo, pero cuya hoja puede doblarse de forma que el filo quede dentro del mango. **2.** Nombre común de diversas especies de moluscos lamelibranquios de la familia solénidos, géneros *Ensis* y *Solen.* Su cuerpo es alargado y está encerrado entre dos largas valvas simétricas. Su carne es muy apreciada. **3.** Colmillo del jabalí y de otros animales semejante al de éste. **4.** Aguijón de algunos insectos. **5.** *amer.* Cortaplumas. ‖ **6. navaja cabritera** La usada para despellejar reses.

navajazo *s. m.* Corte, herida, etc., de navaja.

navajero, ra *s. m.* y *f.* **1.** Delincuente armado con navaja. ‖ *s. m.* **2.** Estuche donde se guarda la navaja de afeitar. **3.** Taza con el borde de caucho en la que se limpia la navaja de afeitar o el paño utilizado para este fin.

navajo, ja *adj.* **1.** Se dice del pueblo amerindio del grupo apache que estaba asentado en el sector meridional de las Montañas Rocosas y que actualmente habita en reservas de Nuevo México y Arizona. Sus miembros viven en chozas de barro y piedra y se dedican a la elaboración artesana de alfombras y telas de gran colorido y originalidad. **2.** De este pueblo. También *s.*

navajudo, da *adj. Méx.* Se aplica a la persona astuta que se gana a los demás con halagos.

naval *adj.* Perteneciente o relativo a las naves o a la navegación.

navarca *s. m.* **1.** Jefe de una escuadra griega. **2.** Jefe de un buque romano. ■ Se dice también *nearca.*

Navarino Isla de Chile, situada en el extremo S del país, al N de la bahía de Nassau. 3.200 km^2. 1.300 h. en 1982. Su economía se basa en la ganadería lanar.

Navarra, Comunidad Foral de Comunidad autónoma de España, situada en el N del país.

Extensión: 10.421 km^2.
Límites: al N, con Francia; al S, con La Rioja y Zaragoza; al E, con Guipúzcoa y Álava, y al O, con Huesca y Zaragoza.
Población: 516.330 h. en 1991.
Densidad: 49,5 h./km^2.
Capital: Pamplona.
Provincias: Navarra.

Geog. física Navarra se extiende entre los Pirineos occidentales, al N, y el río Ebro, al S. La región pirenaica es un área montañosa, que culmina en la Mesa de los Tres Reyes (2.438 m) y Peña Ezcaurri (2.047 m), junto a Huesca, y en el Orhi (2.021 m), en la frontera hispanofrancesa. Una serie de valles transversales al eje pirenaico (Roncal, Irati, Salazar, Roncesvalles, Aézcoa y Baztán) unen este eje con la depresión intrapirenaica, de la que forman parte la cuenca de Pamplona y el curso medio del río Aragón. La línea de sierras prepirenaicas, como las de Andía, Alaiz, Izco, Montejurra y Leyre, separa la cadena pirenaica del valle del Ebro, con la comarca de las Bardenas al SE, y el curso bajo del Ega, Arga, Cidacos y Aragón. Al O, los montes vascos, con las sierras de Urbasa y Aralar, separan Navarra del País Vasco. El clima es atlántico al N, con bosques de robles, hayas, castaños, abetos y pinos; y de interior en el S, con bosque de encina y pino carrasco y matorral mediterráneo.

Navarra: valle de Baztán, en el norte de la comunidad.

Geog. económica La agricultura se concentra en la zona meridional, especialmente, en la Ribera, con cultivos de cebada, trigo, maíz, vid, patata, remolacha, espárragos, alcachofas y pimientos, mientras que en el N tiene gran importancia la explotación forestal. En ganadería son de destacar las cabañas ovina y porcina. El sector secundario ha conocido una fuerte expansión y cuenta con industrias de conservas vegetales, papelera, química, metalúrgica, de maquinaria y automovilística.

Hist. En la antigüedad Navarra estuvo poblada por vascones y sólo fue romanizada su parte meridional. Los vascones, aislados durante la época visigoda y la conquista islámica del s. VIII, aplastaron en la batalla de Roncesvalles la retaguardia de un ejército carolingio que había penetrado en España para combatir al Islam. En el núcleo de la antigua Iruña nació el reino de Pamplona, cuyo primer rey fue Íñigo Arista, muerto en el año 852. Con Sancho III el Mayor (1000-35) el reino experimentó una gran expansión y empezó a denominarse *Reino de Navarra.* Durante los s. XI-XV se produjo una alternancia entre la hegemonía francesa y el dominio aragonés, hasta la incorporación definitiva de Navarra al reino de Castilla por Fernando el Cató-

Navarra: fachada románica de la iglesia de Santa María la Real, en Sangüesa.

lico. A mediados del s. XIX, tras las guerras carlistas, en las que Navarra apoyó masivamente al absolutismo, fue convertida en provincia, aunque conservando su régimen foral. En 1936 fue una de las principales bases del levantamiento militar. En 1982 Navarra obtuvo el estatuto de comunidad foral autónoma.

Navarra, reino de Antiguo reino medieval español. Fue fundado en los primeros tiempos de la Reconquista y estuvo sometido alternativamente a los árabes y a los francos, hasta que consiguió su independencia a fines del s. IX. La división del reino entre los hijos de Sancho III el Mayor (1000-35), el rey más poderoso de su época, cortó el camino de expansión hacia el S, cerrado por Castilla y Aragón. Entre 1076 y 1134 estuvo gobernado por reyes de Aragón. Sancho VII participó en la batalla de las Navas de Tolosa (1212), donde rompió las cadenas que defendían la tienda del caudillo musulmán. En este hecho se funda la incorporación de unas cadenas al escudo de Navarra. Entre 1284 y 1328 permaneció unida a Francia por el matrimonio entre la reina Juana y Felipe IV de Francia. A la muerte de Juan II se instauró en Navarra la casa de Foix y poco después la de Albret (1484). En 1512 fue ocupado en su totalidad por las tropas del duque de Alba y en 1515 fue aprobada la anexión por las Cortes castellanas, aunque respetando los fueros y organización navarros.

Navarrete, fray Manuel Martínez de (Zamora, Michoacán 1768 - Tlalpujahua 1809) Poeta mexicano. Escribió poesías anacreónticas, morales y sagradas. Su obra está recogida en *Entretenimientos poéticos* (1823).

Navarrete, Juan Fernández de, llamado **el Mudo** (Logroño h. 1526 - Toledo 1579) Pintor español. Fue discípulo de Tiziano y su pintura muestra la influencia veneciana en el color y la composición. En 1568 Felipe II le nombró pintor de cámara y le encargó la decoración de El Escorial. Entre sus obras sobresalen *Decapitación de Santiago el Mayor* (1571), *Sagrada Familia* (1575) y *Adoración de los pastores* (1578).

navarro, rra *adj.* De Navarra. También *s.*

Navarro Tomás, Tomás (La Roda, Albacete 1884 - Cambridge, Massachusetts 1979) Filólogo español. Fue director del laboratorio de fonética en el Centro de Estudios Históricos de Madrid. Entre sus obras destacan *Manual de pronunciación española* (1918) y *Métrica española* (1956).

Navarro Villoslada, Francisco (Viana, Navarra 1818 - íd. 1895) Novelista español. Carlista, llegó a ser secretario del pretendiente don Carlos. Escribió novelas históricas, como *Doña Blanca de Navarra* (1847) y *Amaya o los vascos en el siglo VIII* (1877).

navarroaragonés, sa *adj.* **1.** Perteneciente o relativo a Navarra y Aragón. **2.** Se dice del antiguo dialecto romance nacido en esta zona. También *s. m.* ▪ Se escribe también *navarro-aragonés.*

Navas de Tolosa, batalla de las Batalla librada en 1212 entre un ejército reunido por los reinos cristianos hispánicos y los musulmanes almohades mandados por al-Nasir. Alfonso VIII de Castilla, con el auxilio de Sancho VII de Navarra y Pedro de Aragón, obtuvo una decisiva victoria que significó el principio de la decadencia islámica en la península Ibérica.

nave *s. f.* **1.** Cualquier embarcación. **2.** P. ext., vehículo espacial. **3.** En algunos edificios, especialmente templos, cada uno de los espacios que quedan limitados por muros, filas de arcos, etc. **4.** Construcción grande sin divisiones y de un solo piso utilizada como fábrica, almacén, etc. ‖ **5. nave de San Pedro** Iglesia católica. ‖ **LOC. quemar las naves** Tomar firmemente una decisión de la que uno no puede volverse atrás.

navegable *adj.* Se dice del río, lago, etc., o parte de él por donde se puede navegar.

navegación *s. f.* **1.** Acción y efecto de navegar. **2.** Arte de navegar. ‖ **3. actas de navegación** En der., conjunto de disposiciones dictadas para regular el comercio marítimo por medio de las cuales se otorga la exclusiva de éste a los buques nacionales y favorece el tráfico marítimo nacional con respecto al extranjero. Las más conocidas son las promulgadas por Cromwell en 1654, la decretada por la Convención francesa en 1793 y las del Congreso estadounidense de 1792 y 1793.

navegante *s. m.* Experto en las artes de la navegación. También *s.*

navegar *v. intr.* **1.** Viajar o trasladarse en una nave. **2.** Manejar la nave. ▪ Se conjuga como *pagar.*

naveta *s. f.* **1.** Cajón de mesa o escritorio. **2.** Monumento megalítico en forma de nave invertida, típico de la cultura de las Baleares en la edad del bronce y al que se le supone carácter funerario. **3.** Caja en forma de barquilla que contiene el incienso en las iglesias.

Naveta d'es Tudons, en el llano de Ciudadela (Menorca).

Navia Río de España, en la prov. de Asturias. 159 km de longitud. Nace en el puerto de Piedrafita, en Lugo, y desemboca en el mar Cantábrico, por la ría del mismo nombre.

navicular *adj.* Que tiene forma de nave pequeña o barquilla.

navidad *s. f.* **1.** Día en que se celebra el nacimiento de Jesucristo. **2.** Periodo de tiempo que va de nochebuena (24 de diciembre) a Reyes (6 de enero). Se usa mucho en *pl.* ▪ Suele escribirse con mayúscula.

Navidad, Fuerte Nombre del primer establecimiento español fundado por Colón el 25 de diciembre de 1492 en la isla La Española.

navideño, ña *adj.* Perteneciente o relativo a las Navidades.

naviero, ra *adj.* **1.** Perteneciente o relativo a las naves o a la navegación. **2.** Propietario de barcos. También *s.* ‖ *s. f.* **3.** Empresa propietaria de barcos.

navío *s. m.* Barco de grandes dimensiones, ya sea de guerra o mercante.

Navratilova, Martina (Praga 1956) Tenista estadounidense de origen checoslovaco. Vencedora en los principales torneos, quedó campeona en Wimbledon en ocho ocasiones: 1978, 1979 y de 1982 a 1987.

náyade *s. f.* En la mitología clásica, cualquiera de las ninfas que vivían en ríos y fuentes.

Nayarit Estado de México, situado en el O del sector central del país, a orillas del océano Pacífico. 26.979 km^2. 816.100 h. en 1990. La capital es Tepic, con 177.000 h. en 1985. En su parte central se alzan las sierras de Nayarit y Barberías, pertenecientes a la Sierra Madre Occidental. Al O se extiende una llanura costera, recorrida por los ríos Acaponeta, San Pedro y Grande de Santiago. Su clima es tropical, cálido y húmedo. La economía se basa en el cultivo del maíz, tabaco, café y cereales. También tiene importancia la ganadería. La industria está poco desarrollada. Cuenta con minas de plata, oro y plomo.

nazareno, na *adj.* **1.** De Nazaret. También *s.* ‖ *s. m.* **2.** Representación de Jesucristo con túnica, generalmente morada. **3.** Con el artículo *el* y con mayúscula, Jesucristo. **4.** Persona que participa como penitente en las procesiones de Semana Santa vestido con una túnica y un capirote. **5.** Árbol de la familia cesalpiniáceas, especie *Hymenaea floribunda.* Es de gran tamaño y crece en América. Se utiliza en ebanistería. ‖ **6. escuela nazarena** Escuela pictórica alemana, surgida en los primeros años del s. XIX, y que se caracterizó por la importancia concedida a los temas religiosos cristianos y a la pureza de la línea frente al color. Sus principales representantes fueron Overbeck, Pforr y Cornelius. Influyó especialmente en los prerrafaelistas.

Nazaret C. de Israel, cap. del distrito septentrional, situada en la región de Galilea. 48.100 h. en 1986. En esta ciudad permaneció Cristo durante su infancia y juventud, lo que la ha convertido en centro de peregrinaciones.

nazarí *adj.* **1.** Se dice de la dinastía musulmana que reinó en Granada desde el s. XIII al XV y de sus miembros y súbditos. Se fundó en 1231 y recibe su nombre de Yusuf ben Nazar. Su primer soberano, Muhammad I, conquistó varios reinos y se instaló en Granada. Sus sucesores, Muhammad II y Muhammad III, sostuvieron diversas luchas contra los reinos cristianos. Durante los siguientes años las fuerzas cristianas fueron reconquistando los territorios nazaríes hasta que en 1492 Boabdil entregó Granada a los Reyes Católicos. Los mejores ejemplos de su cultura los constituyen los palacios granadinos de la Alhambra y el Generalife. **2.** De esta dinastía. También *s.*

Nazca C. de Perú, situada en el departamento de Ica, al S de Lima. 22.750 h. en 1981. Constituyó el centro de una cultura precolombina que se desarrolló entre los s. III y X y que es famosa por su cerámica policromada sobre fondo liso.

nazi (voz al.) *adj.* **1.** Nacionalsocialista*. **2.** *fam.* De extrema derecha. También *s.*

nazismo *s. m.* Nacionalsocialismo*.

Nb Símbolo químico del niobio.

Nd Símbolo químico del neodimio.

N'Djamena (ant. *Fort-Lamy*) C. de Chad, cap. del país, situada en el SO de su territorio, cerca de la frontera con Camerún. 500.000 h. en 1988. Es un centro administrativo, agrícola y comercial, que cuenta con industria textil y alimentaria. Tiene un puerto fluvial en la confluencia del río Chari con su afluente el Logone, tributarios del lago Chad. Fue parcialmente destruida durante la guerra civil de 1980.

Ndola C. de Zambia, cap. de la prov. de Copperbelt, situada junto a la frontera con Zaire. 442.700 h. en 1988. Cuenta con industrias mecánicas, automovilísticas, alimentarias, químicas y de refino de petróleo, además de minas de cobre y cobalto.

Ne Símbolo químico del neón.

Ne Win, Maung Shu Maung, llamado **Bo** (Paungdale, Prome 1911) Militar y político birmano. Participó en la guerra contra la invasión japonesa y, al independizarse Birmania del Reino Unido (1947), formó parte de sucesivos gobiernos. Un golpe militar le llevó en 1962 al poder, desde el que impulsó una política de carácter nacionalista y autoritaria, con rasgos socialistas en el terreno económico. En 1981 abandonó el poder, pero siguió siendo presidente del Partido del Programa Socialista Birmano, único legal en el país, hasta que la grave crisis de 1988 le obligó a dimitir.

NE Abreviatura de nordeste o noreste.

Neanderthal o **Neandertal** Nombre que se aplica a uno de los más antiguos homínidos pertenecientes a la especie *Homo sapiens*, cuyos primeros restos fósiles fueron descubiertos en el valle alemán de Neanderthal en el año 1856. El hombre de Neanderthal vivió durante el periodo interglaciar Riss-Würm, hace aproximadamente

100.000 años. Era de baja estatura, complexión robusta, con mandíbulas muy desarrolladas, arcos superciliares sobresalientes y escasa frente. Vivían en cuevas, eran cazadores, poseían rudimentarias facultades intelectuales y desarrollaron la cultura musteriense. Fueron los primeros humanos que enterraron a sus muertos.

neanderthalense o **neandertalense** *adj.* Del hombre de Neanderthal.

nearca *s. m.* Navarca*.

nébeda *s. f.* Planta herbácea de la familia labiadas, especie *Nepeta cataria.* Alcanza unos 50 cm de altura, tiene hojas pecioladas, ovaladas y con el borde aserrado, y flores blancas en racimos colgantes. Se usa en jardinería y ornamentación.

nebladura *s. f.* **1.** Daño que causa la niebla en las plantas, especialmente en los sembrados. **2.** Modorra, enfermedad del ganado lanar.

neblí *s. m.* Ave de rapiña semejante al halcón común, muy apreciada en cetrería.

neblina *s. f.* **1.** Niebla ligera. **2.** Atmósfera turbia, cargada de gases, humos, etc. **3.** Aquello que impide ver o comprender algo claramente. **FAM.** Neblinoso.

Nebraska Estado de EE UU, situado en el centro del país, al O del río Missouri. 200.349 km^2. 1.584.600 h. en 1990. La capital es Lincoln, con 185.250 h. en 1988. Está enclavado en una llanura que constituye la transición entre las Montañas Rocosas y la cuenca del Mississippi-Missouri. Tiene un clima continental seco, que favorece una vegetación esteparia. Posee agricultura de monocultivo de trigo y maíz y ganadería extensiva, bovina y ovina. Cuenta con yacimientos petrolíferos e industria conservera, química y siderometalúrgica. Su principal centro urbano es Omaha, importante mercado ganadero.

Nebraska, glaciación de Primera de las grandes glaciaciones cuaternarias de América del Norte. Se corresponde con la del Günz, en la Europa alpina, y con la de Elster, en Europa oriental.

Nebrija, Antonio Martínez de Cala, llamado **Elio Antonio de** (Lebrija, Sevilla 1441 - Alcalá de Henares, Madrid 1522) Humanista y gramático español. Formado en Salamanca e Italia, se dedicó al estudio de las lenguas clásicas, teología, derecho, retórica e historia. Escribió en latín varias obras, pero se le recuerda por su *Gramática de la lengua castellana* (1492), que influyó en la fijación del actual idioma castellano. También destacan sus *Vocabularios* (1492) latino-español y español-latino, las *Reglas de la ortografía castellana* (1517) y su colaboración en la *Biblia políglota complutense.*

Elio Antonio de Nebrija. Portada del Dictionarium Nebrissensis *(Biblioteca Nacional, Madrid).*

nebular *adj.* Perteneciente o relativo a las nebulosas.

nebulosa *s. f.* Enorme masa celeste formada por materia cósmica, fundamentalmente gases y partículas de polvo, que aparece como una nube a veces oscura y otras luminosa, debido a la luz de las estrellas más cercanas. Existen dos tipos de nebulosas, las *galácticas,* situadas en la Vía Láctea, y las *extragalácticas,* fuera de nuestra galaxia. Están constituidas por hidrógeno, helio, grupos OH, moléculas de agua y, en pequeña proporción, nitrógeno, oxígeno y carbono. Su formación se debe a la condensación de gases y polvo cósmico o a la explosión de una nova. Las nebulosas más conocidas son la de Orión, las Nubes de Magallanes y la del Cangrejo.

nebuloso, sa *adj.* **1.** Que tiene niebla o está cubierto por ella. **2.** Confuso, poco claro. **3.** Borroso, poco definido o sin transparencia. **FAM.** Nebulosamente, nebulosidad.

Necao Nombre de dos faraones egipcios de la XXVI dinastía.

Necao II (s. VII-VI a. C.) Faraón egipcio (609-594 a. C.) Intentó extenderse por Siria y Palestina, pero fue frenado por Nabucodonosor (605 a. C.). Según Herodoto, intentó sin éxito unir por un canal el Mar Rojo con el río Nilo y patrocinó la circunnavegación de África por naves fenicias.

necedad *s. f.* **1.** Cualidad de necio. **2.** Acción o dicho necio.

necesariedad *s. f.* Cualidad de necesario.

necesario, ria *adj.* **1.** Se dice de lo que es imposible que no ocurra o no sea. **2.** Indispensable, aquello sin lo cual algo no puede existir, llevarse a cabo, etc. **FAM.** Necesariamente.

neceser *s. m.* Caja, estuche o bolsa donde se guardan objetos del aseo personal, particularmente los utilizados para viaje.

necesidad *s. f.* **1.** Todo aquello que es necesario para alguien o algo. **2.** Hecho de ser necesaria alguna cosa. **3.** Falta, escasez. **4.** Pobreza, estrechez, hambre. Se usa mucho en *pl.* **5.** Apuro, situación difícil. **6.** En lóg., carácter del enunciado que se sigue inevitablemente de ciertas premisas. **7.** En psicol., estado de carencia física o psíquica de un organismo, que desencadena el impulso dirigido a satisfacerla. ‖ **LOC. de primera necesidad** *adj.* Se aplica a las cosas de las que no se puede prescindir. **hacer** alguien **sus necesidades** Evacuar sus excrementos u orina.

necesitado, da **1.** *p. p.* de **necesitar**. ‖ *adj.* **2.** Que carece de alguna cosa. **3.** Indigente, pobre. También *s.*

necesitar *v. tr.* **1.** Hacerle falta a alguien o algo aquello que se expresa. También *v. intr.* **2.** Emplear o gastar cierta cantidad de material, de tiempo, etc., en alguna cosa. **3.** *fam.* En construcciones impersonales con *se,* intensifica lo que se dice a continuación: *¡Se necesita ser tonto para haberse equivocado de esa manera!*

necio, cia *adj.* **1.** Tonto, estúpido. También *s.* **2.** Ignorante. También *s.* **3.** *Arg., P. Rico.* Quisquilloso, susceptible. **FAM.** Neciamente.

neck *s. m.* Relieve volcánico formado por una chimenea rellena de materiales consolidados, generalmente basalto, en la que ha desaparecido por erosión el cono circundante. P. ej. el monte Kenia, en África.

Necker, Jacques (Ginebra 1732 - Coppet, Suiza 1804) Financiero y político suizo al servicio de Francia. Sustituyó a Turgot como director general de Finanzas en 1777. Contrario a la fisiocracia, trató de solucionar el problema económico del país mediante el préstamo y creó las primeras asambleas provinciales. Tuvo que dimitir en 1781, debido a la presión de la aristocracia, pero en 1788, ante la crisis económica del país, fue nombrado ministro de Estado. Contribuyó a la reunión de los Estados Generales, por lo que fue nuevamente destituido. Después de la toma de la Bastilla retornó al poder hasta 1790, año en que dimitió.

nécora *s. f.* Crustáceo decápodo de la familia portúnidos, especie *Portunus puber.* Es un cangrejo de mar, de cuerpo liso y 10 cm de ancho aproximadamente. Habita en las aguas costeras del Atlántico y Mediterráneo y es muy apreciado en alimentación.

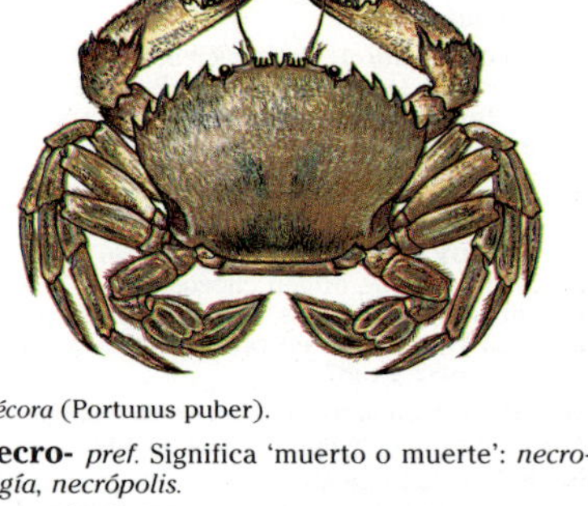

Nécora (Portunus puber).

necro- *pref.* Significa 'muerto o muerte': *necrología, necrópolis.*

necrofagia *s. f.* Hecho de alimentarse de cadáveres o carroña.

necrófago, ga *adj.* Que practica la necrofagia.

necrofilia *s. f.* **1.** Atracción hacia los cadáveres que lleva a establecer algún tipo de contacto sexual con ellos. **2.** Atracción hacia la muerte y lo relacionado con ella. **FAM.** Necrófilo.

necrofobia *s. f.* Miedo exagerado a los muertos o a la muerte.

necróforo, ra *adj.* Se dice de los insectos coleópteros que entierran los cadáveres de otros animales para depositar en ellos sus huevos. También *s. m.*

necrolatría *s. f.* Adoración tributada a los muertos.

necrología *s. f.* **1.** Noticia o biografía breve sobre una persona que ha muerto recientemente. **2.** En estadísticas, periódicos, etc., lista de personas muertas.

necrológico, ca *adj.* **1.** Perteneciente o relativo a la necrología. ‖ *s. f.* **2.** Noticia aparecida en la prensa que informa de la muerte de una persona.

necromancia o **necromancía** *s. f.* Nigromancia*.

necrópolis *s. f.* Lugar de gran extensión donde se entierra a los muertos, especialmente el anterior a la era cristiana.

necropsia o **necroscopia** *s. f.* Autopsia*.

necrosis *s. f.* Muerte de células o tejidos del organismo.

Nectanebo o **Nectanibis** Nombre de dos faraones de la XXX dinastía egipcia.

Nectanebo I (? - ? 360 a. C.) Faraón egipcio (378-360 a. C). Fue el fundador de la XXX dinastía. Venció al ejército persa de Artajerjes II, que pretendía la conquista de Egipto.

Nectanebo II (s. IV a. C.) Faraón egipcio (359-341 a. C). Fue derrotado por Artajerjes III, quedando Egipto bajo el dominio persa.

néctar *s. m.* **1.** Jugo azucarado que se encuentra en las flores y que chupan algunos insectos. Está compuesto por azúcares y sustancias aromáticas y es segregado por unos órganos de la flor, los nectarios. Su función consiste en atraer a los insectos para que se realice la polinización. Constituye la base de la miel. **2.** En la mitología griega, licor que bebían los dioses. **3.** P. ext., cualquier licor dulce, suave y agradable.

nectáreo *adj.* **1.** Que produce néctar. **2.** De sabor parecido al néctar.

nectarino, na *adj.* **1.** Nectáreo*. ‖ *s. f.* **2.** Híbrido de melocotón y ciruela.

nectario *s. m.* Órgano de la flor que segrega néctar.

necton *s. m.* Conjunto de los animales que se desplazan por el medio acuático mediante órganos propios, en busca del ambiente apropiado. Existe necton en los mares y en los lagos. Normalmente se refiere a moluscos cefalópodos, peces y cetáceos.

Neddermeyer, Seth Henry (Richmond, Michigan 1907) Físico estadounidense. Se dedicó a la investigación de la física de las partículas. En 1938 descubrió, junto con Anderson, la existencia de unas partículas, los muones, en los rayos cósmicos.

Nederland Nombre neerlandés de los Países Bajos.

Needham, John Turbeville (Londres 1713 - Bruselas 1781) Físico y naturalista británico. Se dedicó al estudio de los organismos microscópicos. Defendió la teoría de la generación espontánea y del vitalismo. Entre sus obras sobresalen *Observaciones sobre la historia natural de las hormigas* y *Principios de electricidad* (1781).

Néel, Louis Eugène Félix (Lyon 1904) Físico francés. Centró sus investigaciones en el magnetismo. En 1970 compartió con Hannes Alfvén el premio Nobel de física.

neerlandés, sa *adj.* **1.** Holandés, de los Países Bajos. También *s.* ‖ *s. m.* **2.** Lengua germánica hablada en los Países Bajos.

nefando, da *adj.* Que merece un total desprecio o condena. **FAM.** Nefandamente.

nefas Véase **fas**.

nefasto, ta *adj.* **1.** Que causa desgracia o va acompañado de ella. **2.** De muy mala calidad.

nefelina *s. f.* $Na_3KAl_4Si_4O_{16}$. Mineral silicato alumínico de potasio y sodio. Cristaliza en prismas hexagonales y presenta color blanco o gris. Está muy extendido en la naturaleza, pues forma parte de sienitas y basaltos.

nefelio *s. m.* Pequeña opacidad blanca en la córnea del ojo.

nefelismo *s. m.* Conjunto de caracteres con los que se presentan las nubes, como forma, clase, altura, color, dirección y velocidad.

nefelometría *s. f.* Procedimiento óptico de análisis químico para evaluar la concentración de materia dispersa en un fluido.

nefelómetro *s. m.* Instrumento utilizado en la nefelometría.

Nefertiti (? - mediados del s. XIV a. C.) Reina de Egipto. Esposa de Amenofis IV, fue una fervorosa defensora del culto a Atón. En el museo de Berlín se conserva un espléndido busto de dicha reina, obra maestra de la escultura de Tell el-Amarna.

Nefertiti. Busto polícromo hallado en Tell el-Amarna (Museo Estatal de Berlín).

nefómetro *s. m.* Instrumento para medir la nubosidad de la atmósfera.

nefoscopio *s. m.* Aparato que sirve para observar y determinar la velocidad y dirección de las nubes.

nefr- *pref.* Significa 'riñón': *nefrectomía, nefritis.* ▪ Presenta también la variante *nefro-*: *nefrología.*

nefralgia *s. f.* Dolor de riñones.

nefrectomía *s. f.* Extirpación del riñón.

nefridio *s. m.* Órgano excretor de la mayor parte de los animales invertebrados. Consta de multitud de células filtrantes que recogen los productos del catabolismo y los vierten en un tubo colector.

nefrítico, ca *adj.* **1.** Renal, de los riñones. **2.** Que padece nefritis. También *s.*

nefritis *s. f.* Inflamación de los riñones.

nefro- *pref.* Véase **nefr-**.

nefrología *s. f.* Rama de la medicina que se ocupa del estudio del riñón y de sus enfermedades. **FAM.** Nefrológico.

nefrólogo, ga *s. m.* y *f.* Especialista en nefrología.

nefrón o **nefrona** *s. m.* o *s. f.* Unidad funcional del riñón formada por el glomérulo renal.

Neftalí Personaje de la *Biblia.* Fue el sexto hijo de Jacob y fundador de la tribu de su nombre, que se estableció entre el Antilíbano y el lago Tiberíades.

negación *s. f.* **1.** Acción y efecto de negar. **2.** Palabra o expresión utilizada para negar, como p. ej. *no, jamás, nunca, tampoco,* etc. **3.** Ausencia total de alguna cosa. **4.** Torpeza, incapacidad. **5.** *fam.* Lo contrario de aquello que se expresa. **6.** En lóg., operación equivalente a la expresión «no es verdad que». Es una función de verdad que al aplicarse a un enunciado lo convierte en otro cuyo valor de verdad es opuesto al del anterior.

negado, da **1.** *p. p.* de **negar**. También *adj.* ‖ *adj.* **2.** Torpe, incapaz. También *s.*

negar *v. tr.* **1.** Decir que algo no existe, no es verdad o no es correcto. **2.** No conceder algo que se ha pedido. **3.** Prohibir. **4.** No dar o no hacer una persona aquello que se espera de ella o que debería hacer siguiendo ciertas normas de educación, cortesía, etc. **5.** No reconocer alguien la relación, amistad, etc., que le une con alguien o algo. ‖ *v. prnl.* **6.** No querer hacer alguna cosa, rechazarla. ▪ Es v. irreg. Se conjuga como *regar.* **FAM.** Negable, negador.

negativa *s. f.* Acción de negar o negarse.

negativo, va *adj.* **1.** Que contiene o expresa negación. **2.** Se aplica a las oraciones o proposiciones que indican negación. También *s. f.* **3.** Perjudicial, desfavorable. **4.** Pesimista. **5.** Se aplica a las pruebas, comprobaciones, experimentos, etc., cuyo resultado muestra que no hay rastro de aquello que se busca o se espera. **6.** Se dice de la película, placa, imagen fotográfica, etc., en la que aparecen invertidos los tonos claros y oscuros o los colores. También *s. m.* **7.** En mat., se aplica a los números reales menores de cero, precedidos por el signo menos (-), así como a las expresiones matemáticas que tienen este signo. **8.** En fís., se dice de la carga eléctrica que posee el electrón. ‖ **9. polo negativo** Cátodo. **FAM.** Negativamente.

negatoscopio *s. m.* Pantalla luminosa utilizada para observar radiografías u otros clichés.

negatrón *s. m.* En fís., nombre del electrón común, de carga negativa, en oposición al positrón, que constituye su antipartícula positiva.

Negev Véase **Neguev**.

negligé (voz fr.) *adj.* **1.** Que presenta cierto descuido, generalmente estudiado. ‖ *s. m.* **2.** Especie de bata o de salto de cama elegante y algo atrevido.

negligencia *s. f.* Actitud del negligente.

negligente *adj.* Descuidado, que no pone atención o interés, especialmente en sus obligaciones o deberes. También *s.* **FAM.** Negligentemente.

negociado, da **1.** *p. p.* de **negociar**. También *adj.* ‖ *s. m.* **2.** En una organización administrativa, cada una de las dependencias encargadas de un determinado tipo de asuntos. **3.** *amer.* Negocio o asunto ilegal, especialmente cuando intervienen en él funcionarios del Estado, la administración, etc.

negociante *adj.* **1.** Que negocia. También *s.* **2.** Que tiene facilidad para los negocios. También *s.* **3.** Excesivamente interesado por los beneficios que pueda obtener en cualquier trato, actividad, etc. También *s.*

negociar *v. intr.* **1.** Hacer negocios, operaciones mercantiles. ‖ *v. tr.* **2.** Hacer operaciones con valores de bolsa o letras de cambio. **3.** Discutir un asunto para llegar a un acuerdo. **4.** Gestionar o tramitar un asunto. **FAM.** Negociable, negociación, negociador.

negocio *s. m.* **1.** Cualquier operación o actividad, como la compraventa, con que se espera obtener un beneficio. **2.** Beneficio o provecho obtenido. **3.** Local comercial. **4.** Asunto.

negrear *v. intr.* **1.** Ennegrecerse, oscurecerse. **2.** Mostrar algo el color negro que posee o toma.

negrero, ra *adj.* **1.** Dedicado al comercio de esclavos negros. También *s.* **2.** Se aplica a la persona que trata a sus subordinados con dureza y les hace trabajar de forma abusiva. También *s.*

negreta *s. f.* Negrón*.

Negrete, Jorge (Guanajuato 1911 - Los Ángeles 1953) Actor y cantante mexicano. Alcanzó gran popularidad en películas como *¡Ay Jalisco, no te rajes!* (1941), *Gran Casino* (1947) y *Si Adelita se fuera con otro* (1948), en las que interpretaba diversos números musicales, especialmente del folclore y la música popular mexicanos.

Negri, Ada (Lodi 1870 - Milán 1945) Escritora italiana. Cultivó una poesía de crítica social, de tono desgarrado que suavizó en el curso del tiempo, abordando el tema de la mujer y la soledad. Algunas de sus obras poéticas más significativas son *Fatalidad* (1893), *Maternidad* (1904), *El libro de Mara* (1919) y *Los cantos de la isla* (1924). Es también autora de la novela *Las solitarias* (1917).

Negri, Pola (Janowa h. 1894 - San Antonio, Texas 1987) Actriz alemana de origen polaco. Fue famosa por sus interpretaciones en el cine mudo, primero en Europa bajo la dirección de Ernst Lubitsch y luego en Hollywood. Entre sus trabajos destacan *Carmen* (1918), *Hotel Imperial* (1927) y *Madame Bovary* (1937).

negrillo, lla *adj.* **1.** Aplicado a letra, negrita. También *s. f.* ‖ *s. m.* **2.** Olmo. ‖ *s. f.* **3.** Especie de congrio de lomo negro. **4.** Hongo parásito que ataca a naranjos, limoneros y olivos.

Negrín López, Juan (Las Palmas 1892 - París 1956) Político y médico español. En 1922 ganó la cátedra de fisiología de la universidad de Madrid, donde creó una escuela de fama internacional. Miembro del PSOE, fue ministro de Hacienda en 1936 con Largo Caballero, a quien sustituyó en la presidencia del gobierno en 1937. En 1938 asumió también la cartera de Defensa. Tras intentar, sin éxito, un acuerdo de paz, lanzó una gran ofensiva republicana en el Ebro. En los últimos meses de la guerra civil defendió la resistencia a ultranza, pero la sublevación de Casado le obligó a exiliarse a Francia, donde siguió presidiendo el gobierno republicano hasta 1945.

negrito, ta *adj.* **1.** Se dice de un tipo de letra de trazo más grueso. También *s. f.* **2.** Se dice de un grupo étnico negro, de pequeña estatura, semejante a los pigmeos, que vive en las selvas de Filipinas, Nueva Guinea y Malasia. **3.** Se aplica a los individuos de este grupo étnico. También *s.* ‖ *s. m.* **4.** Ave paseriforme de la familia tiránidos, especie *Lessonia rufa.* Es de color negro y muy parecido al canario. Oriundo de Cuba, habita en América del Sur.

negritud *s. f.* Conjunto de los valores históricos y culturales del mundo negro. El término fue acuñado hacia 1937 por el político y escritor senegalés Léopold Sédar Senghor y el poeta martiniqués Aimé Césaire.

negro, gra *adj.* **1.** Se dice del color totalmente oscuro, semejante al del carbón, que es, en realidad, la ausencia de todo color. También *s. m.* **2.** Se aplica a las cosas que tienen este color. **3.** De color oscuro; se emplea sobre todo en construcciones comparativas. **4.** *fam.* Sucio. **5.** Se dice de un tipo de raza humana que se caracteriza por el color oscuro de la piel, así como de los individuos de esta raza. También *s.* **6.** Perteneciente o relativo a los individuos de dicha raza. **7.** *fam.* Poco favorable, negativo. **8.** *fam.* Con verbos como *estar* o *poner,* irritado, molesto. **9.** Se dice de un tipo de tabaco de sabor y olor fuertes. También *s. m.* **10.** Se aplica a un género policiaco caracterizado por el realismo y la crudeza en el tratamiento de los temas. **11.** Se dice de los ritos, actividades, etc., relacionados con el diablo o con las fuerzas ocultas del mal. **12.** En fís., se dice del cuerpo ideal capaz de absorber todas las radiaciones, sea cual fuere la frecuencia de las mismas. En la naturaleza, lo más aproximado a este cuerpo ideal es el negro de humo, que refleja tan sólo el 1 % de la radiación que recibe. ‖ *s. m.* **13.** Persona que escribe por encargo y cuyas obras están firmadas por otro. ‖ *s. f.* **14.** En mús., nota cuya duración es la mitad de una blanca; está representada por un círculo negro con una barra pequeña al lado derecho y hacia arriba (♩) o en el lado izquierdo y hacia abajo (𝅘𝅥). ‖ *s. m.* y *f.* **15.** *amer.* Tratamiento afectuoso utilizado entre personas de mucha confianza. ‖ **16. África negra** Conjunto de países africanos de raza negra. ‖ **LOC. en negro** *adj.* y *adv.* Referido a fotografías, grabados, etc., en blanco y negro. **pasarlas negras** *fam.* Pasarlo muy mal. **tener la negra** *fam.* Tener muy mala suerte. **trabajar como un negro** *fam.* Trabajar mucho y duramente. **verse** alguien **negro** (o **vérselas negras**) *fam.* Encontrar muchas dificultades para hacer alguna cosa.

Geog. La raza negra se halla distribuida por África, India meridional, Oceanía, América del Norte, Brasil, América Central y la parte septentrional de América del Sur. Su piel está cargada de melanina, lo que le da un color oscuro que va desde el cobre al negro ébano. Los caracteres raciales llamados *negroides* existen sobre todo entre los pueblos africanos, y son: nariz aplastada, labios gruesos, pelo rizado, ausencia de vello, dolicocefalia, pómulos salientes y frente abombada. Sus principales subrazas son la guineana, congolesa, nilótica, sudanesa y bantú. Las diferencias más significativas se dan en la talla, que oscila desde los 1,50 m de media en pigmeos y bosquimanos, hasta los casi 2 m de los massai. Las razas negras que habitan en América fueron trasladadas allí desde África, sobre todo en los s. XVII y XVIII.

Negro Río de América del Sur. 2.050 km de longitud. Es el principal afluente de la orilla izquierda del Amazonas. Nace en Colombia, forma frontera entre este país y Venezuela y discurre por Brasil hasta desembocar en el Amazonas, cerca de Manaus. Es navegable y sus principales afluentes son el Branco y el Vaupés. Su nombre se debe a la gran cantidad de sedimentos de color oscuro que transporta.

Negro, mar Mar interior del Mediterráneo, situado entre Europa oriental y Asia. 448.000 km^2. Tiene 1.225 m de profundidad media y 2.243 m de profundidad máxima. Baña las costas de Ucrania, la Federación Rusa, Georgia, Turquía, Bulgaria y Rumania. Está unido al mar de Mármara por el estrecho del Bósforo y contiene al mar de Azov, al que está unido por el estrecho de Kerc. Sus costas son generalmente altas y rocosas. En él desembocan los ríos Don, Dniéster, Dniéper y Danubio. Recibe una intensa navegación y sus principales puertos son Odessa, Sebastopol, Novorossijsk, Batumi, Constanza, Varna, Samsun y Trebisonda.

Negro, príncipe Véase **Eduardo, príncipe de Gales**.

negroafricano, na *adj.* **1.** Se dice de los pueblos que se extienden por la mayor parte de África, al S del Sáhara. También *s.* **2.** De estos pueblos. También *s.* **3.** Se aplica a las lenguas habladas por estos pueblos.

negroamericano, na *adj.* **1.** Se aplica a los negros africanos que a partir del s. XVI fueron llevados a América como esclavos, así como a sus descendientes, que en la actualidad están integrados en buena medida en las sociedades de los países que habitan. También *s.* **2.** Perteneciente o relativo a estos individuos.

negroide *adj.* Se dice de los rasgos físicos característicos de la raza negra, así como de los individuos que los presentan.

negrón *s. m.* Nombre común de diversas aves anseriformes de la familia anátidos, género *Melanitta*. El negrón común *(Melanitta nigra)* mide unos 50 cm de longitud y tiene el plumaje negro o pardo oscuro. Habita en el N de Eurasia y en invierno emigra al S. El negrón especulado *(Melanitta fusca)* es de mayor tamaño y tiene una mancha junto al ojo y una franja alar blancas.

Negroponto Nombre medieval de la isla griega de Eubea.

negror *s. m.* Negrura*.

Negros Isla de Filipinas, situada en el archipiélago de las Visayas. 13.671 km^2. 2.750.000 h. en 1980. Comprende las provincias Negros Oriental y Negros Occidental. En su economía predominan el cultivo del arroz y la caña de azúcar, la minería de carbón y la pesca.

negrura *s. f.* Cualidad de negro.

negruzco, ca *adj.* Se aplica al color negro o con mezcla de negro, y a las cosas que lo tienen.

Neguev Desierto de Asia, situado en el S de Israel, entre Egipto, Jordania y el mar Muerto. 12.200 km^2. A partir de 1948 se construyó una red de acueductos, canales y túneles para abastecer de agua a las numerosas colonias agrícolas establecidas en la región. Cuenta con una importante industria química basada en la explotación de las aguas salobres del mar Muerto. Se escribe también *Negev*.

neguilla *s. f.* **1.** Nombre común de dos especies de plantas herbáceas de la familia ranunculáceas, género *Nigella*. Miden unos 80 cm de altura y sus flores son azuladas. Las dos especies son la *Nigella arvensis* y *Nigella sativa*. Crecen en las zonas donde hay cultivos de cereales y son muy tóxicas. Se llaman también *neguillón*. **2.** Semilla de esta planta. **3.** Mancha negra en la cavidad de los dientes de las caballerías, que sirve para conocer la edad del animal.

neguillón *s. m.* Neguilla*.

negundo *s. m.* Árbol de la familia aceráceas, especie *Acer negundo*. Mide entre 6 y 20 m de altura, tiene hojas imparipinnadas con 3 a 7 hojuelas, flores dioicas en racimos y sin pétalos y frutos en sámara con dos alas formando ángulo agudo. Su madera es muy apreciada en marquetería. Es originario de América del Norte, pero se cultiva en jardines de todo el mundo.

negus (voz etíope) *s. m.* Título de los emperadores o soberanos de Etiopía.

Nehemías (s. V a. C.) Personaje bíblico. Llegó a ser gobernador de Judá (445-433 a. C.). Durante su mandato reconstruyó las murallas de Jerusalén y reformó la vida religiosa y política de su pueblo. El *Libro de Nehemías*, escrito hacia el s. IV, relata su actividad.

Neher, Erwin (Landsberg 1944) Biólogo alemán. Ha desarrollado su actividad en el departamento de biofísica del Instituto Max Planck de Gotinga. En 1991 obtuvo el premio Nobel de medicina, compartido con Bert Sakmann, por sus investigaciones sobre la función de los canales iónicos en las células.

Nehru, Sri Pandit Jawaharlal (Allahabad 1889 - Nueva Delhi 1964) Político hindú. Se educó en Inglaterra y en 1920 se adhirió al movimiento nacionalista de Gandhi. Fue nombrado presidente del Partido del Congreso Nacional Indio en 1929 y encarcelado por los británicos por sus llamadas a la desobediencia civil. Elegido primer ministro del primer gobierno independiente de la India en 1947, se mantuvo en el poder hasta su muerte.

Pandit Nehru.

Neill, Alexander (Forfar, Aberdeen 1883 - Aldeburgh, Suffolk 1973) Pedagogo británico. Fundó la escuela de Summerhill (1924), en la que aplicó unos principios pedagógicos opuestos al autoritarismo y la disciplina imperantes en los colegios del Reino Unido. Sus teorías están contenidas en *Los niños libres de Summerhill* (1962).

neis *s. m.* Gneis*.

Neisse de Lausitz Río de Europa central. 256 km. Nace en los Sudetes (Checoslovaquia), a lo largo de casi 200 km sirve de frontera entre Polonia y Alemania y desemboca en el Óder.

Neiva C. de Colombia, cap. del departamento de Huila, situada en el S del país. 193.000 h. en 1985. Es el centro de una región agrícola en la que se cultiva arroz, cacao, maíz y plátanos. Cuenta con un importante mercado de ganado vacuno y con industrias de curtidos, farmacéuticas, de materiales para la construcción y destilerías.

neja *s. f. Méx.* Tortilla de maíz que tiene un color ceniciento debido al exceso de cal con que se cuece la masa.

Nekrasov, Nicolai Alexeievich (Yuzvin, Ucrania 1821 - San Petersburgo 1877) Poeta ucraniano. Fue director de las dos revistas liberales más influyentes de la época. En sus composiciones poéticas, de inspiración popular, refleja su preocupación por los sufrimientos de su país. Entre ellas destacan *Los ambulantes* (1861) y *¿Quién es feliz en Rusia?* (1866-77).

Nelken, Margarita (Madrid 1898 - Ciudad de México 1968) Política y escritora española. Después de dedicarse a la pintura y la crítica de arte, se consagró de lleno a la política, especialmente a la reivindicación de los derechos de la mujer. Diputada por el Partido Socialista, militó después en el Partido Comunista. Entre sus obras más significativas se encuentran *La condición social de la mujer en España* (1919), *Tres tipos de virgen* (1929) y *El expresionismo mexicano* (1965).

Nelson, Horatio Nelson, vizconde de (Burnham Thorpe, Norfolk 1758 - Trafalgar 1805) Almirante británico. Luchó en la guerra de independencia de EE UU y posteriormente en el Mediterráneo. Logró la victoria del cabo San Vicente (1797) y destruyó la flota francesa en la bahía egipcia de Abukir (1798). Conquistó Malta en 1800, por lo que fue considerado héroe nacional. En 1803 recibió el mando de la flota del Mediterráneo y consiguió frente a la flota francoespañola la victoria de Trafalgar (1805), en la que perdió la vida.

nemat- *pref.* Significa 'hilo, filamento': *nematelmintos*. ■ También presenta la variante *nemato-*: *nematodos*.

nematelmintos *s. m. pl.* Antiguo grupo taxonómico de gusanos fusiformes o cilíndricos no segmentados, que incluía los tipos nematodos y nematomorfos. También *adj.* y *s. m.*

nematóceros *s. m. pl.* Suborden de insectos dípteros, de cuerpo esbelto, que se caracterizan por sus largas alas y antenas y sus patas delgadas. También *adj.* y *s. m.*

nematodos *s. m. pl.* Tipo de asquelmintos a la que pertenecen unas 12.000 especies comprendidas en las clases adenóforos y secernentos. Son gusanos cilíndricos cuyo tamaño varía desde varias micras hasta casi 1 m, no segmentados, que poseen aparato digestivo y carecen de órganos circulatorios o respiratorios. Abundan en el suelo, en las aguas dulces y en el mar. Muchas de sus especies son parásitas y producen enfermedades. Nematodos son la *Trichinella spiralis*, que causa la triquinosis, el *Ascaris lumbricoides*, parásito del hombre, o las filarias, que originan la elefantiasis. También *adj.* y *s. m.*

nematomorfos *s. m. pl.* Tipo de asquelmintos a la que pertenecen unas 225 especies comprendidas en las clases nectonematoideos y gordioidos. Son largos y finos gusanos cilíndricos, filamentados y semejantes a los nematodos. Carecen de aparatos excretor, circulatorio y respiratorio. Cuando son jóvenes parasitan insectos y crustáceos, al llegar al estado adulto viven libres en suelos húmedos o en aguas dulces y saladas. Nematomorfo es, p. ej., el *Gordius aquaticus*, que habita en aguas dulces. También *adj.* y *s. m.*

Nemea Valle del Peloponeso, en la región de la Argólida, donde Hércules mató a un temible león.

nemertinos *s. m. pl.* Tipo de gusanos de cuerpo no segmentado, al que pertenecen unas 750 especies. Su cuerpo es alargado y aplanado y en su extremo anterior presenta la boca, que tiene una cavidad, llamada *rincocele*, donde se guarda la trompa para proyectarla al exterior en el momento oportuno. Poseen un tubo digestivo completo y un sencillo sistema de reproducción. La mayoría son unisexuales y suelen vivir en el fango marino o entre algas. Nemertinos son el *Tubulanus anulatus*, que habita aguas someras de las costas europeas, y el *Lineus longissimus*, que puede medir varios metros de longitud. Se llaman también *rincocelos*. También *adj.* y *s. m.*

Némesis En la mitología griega, personificación del sentimiento de la venganza divina ante lo injusto.

Nemeth, Laszlo (Nagybanya, actualmente Baia Mare 1901 - Budapest 1975) Escritor húngaro. Profundo conocedor de la historia, une en sus obras la preocupación política con la estética. Entre sus títulos destacan las novelas *Duelo* (1935), *El pecado* (1936) y *El otro dueño* (1941); los ensayos *Los húngaros y Europa* (1935) y *La rebelión del talento* (1941) y las obras teatrales *Gregorio VII* (1939) y *La muerte de Gandhi* (1963).

Nemirovich-Danchenko, Vladimir Ivanovich (Ozurgety, Georgia 1858 - Moscú 1943) Dramaturgo y director de escena georgiano. Fundó, junto con Stanislavski, el Teatro de Arte de Moscú (1898) y contribuyó a la renovación del arte escénico en Rusia.

nemónica *s. f.* Mnemónica*. **FAM.** Nemónico.

nemoroso, sa *adj.* **1.** Del bosque. **2.** Cubierto de bosques.

nemotecnia o **nemotécnica** *s. f.* Mnemotecnia*. **FAM.** Nemotécnico.

nene, na *s. m.* y *f. fam.* Niño pequeño. Se usa a veces como apelativo cariñoso o irónico.

Nenni, Pietro (Faenza 1891 - Roma 1980) Político italiano. Dirigente socialista, se exilió de Italia en 1926 tras el triunfo del fascismo. Participó con las Brigadas Internacionales en la guerra civil española. Posteriormente fue encarcelado en Francia por el régimen de Vichy durante la Segunda Guerra Mundial. Secretario general del Partido Socialista italiano (1944), fue vicepresidente del consejo de ministros (1945-46) y ministro de Asuntos Exteriores (1946-47). Partidario de la alianza con la Democracia Cristiana, fue nuevamente viceprimer ministro del gobierno con Aldo Moro (1963-68) y ministro de Asuntos Exteriores (1968-69). En 1970 recibió el nombramiento de senador vitalicio.

Nenúfar (Nymphaea sp.), *especie híbrida.*

nenúfar *s. m.* Nombre común de diversas plantas acuáticas de la familia ninfeáceas, géneros *Nymphaea* y *Nuphar.* Tienen un rizoma largo que arraiga en el fondo de los estanques y del que sale un pedúnculo rematado en grandes hojas verdes que flotan en la superficie del agua. El nenúfar blanco o ninfea *(Nymphaea alba)* tiene hojas circulares y flores blancas, solitarias y olorosas. Se cultiva en todos los continentes para uso ornamental en jardinería. El nenúfar amarillo *(Nuphar lutea)* tiene hojas ovales y flores amarillas. Crece espontáneamente en lagunas de España.

neo- *pref.* Significa 'reciente, nuevo': *neoclásico, neologismo.*

neobarroco *s. m.* Movimiento artístico de carácter historicista surgido a mediados del s. XIX, que rechazó las formas románticas y clásicas a favor de una recuperación del arte barroco.

neocapitalismo *s. m.* Denominación dada al sistema económico capitalista posterior a la Segunda Guerra Mundial que se caracteriza por un rápido desarrollo tecnológico, la consolidación de las empresas monopolísticas, la intervención estatal en la economía y el aumento del consumo público y privado. **FAM.** Neocapitalista.

neocelandés, sa *adj.* Neozelandés*.

neoclasicismo *s. m.* **1.** Corriente artística y literaria, surgida en Roma a mediados del s. XVIII, que propugnaba una vuelta a los modelos clásicos grecolatinos. **2.** Escuela de pensamiento económico, iniciada en el último tercio del s. XIX, que introdujo la consideración de la microeconomía. **FAM.** Neoclásico.

Arte Las características más destacadas del arte neoclásico son el racionalismo constructivo, la aceptación del modelo clásico, aprendido en los restos arqueológicos de Herculano y Pompeya, descubiertos en 1719 y 1748 respectivamente, y el espíritu crítico ilustrado. En arquitectura destacan Carlo Lodoli, John Nash y Joseph Peyre; en pintura, Joshua Reynolds, Giovan Battista Piranesi, Anton Mengs y Jacques Louis David; y en escultura, Bertel Thorvaldsen, Antonio Canova y Jean-Antoine Houdon. Igualmente importante fue la labor de críticos e historiadores del arte, como es el caso de Johann Joachim Winckelmann. En España el origen del neoclasicismo se vincula a la fundación en el año 1744 de la Real Academia de Bellas Artes de San Fernando y, sobre todo, a la política ilustrada de Carlos III, quien trajo a la corte a pintores y decoradores como Francesco Sabatini, Giambattista Tiepolo y Anton Mengs. Los principales arquitectos neoclásicos españoles fueron Ventura Rodríguez, Diego de Villanueva y Juan de Villanueva. En pintura destacaron Luis Meléndez, Luis Paret y José de Madrazo, y en escultura Francisco Gutiérrez, Pedro Michel y José Álvarez Cubero. Pero sobre todos ellos se alza la figura genial de Francisco de Goya, por más que su obra trascendió muy pronto los límites del movimiento neoclásico.

Lit. En el terreno literario el neoclasicismo supone una prolongación del clasicismo francés del s. XVII. La literatura adquiere una dimensión esencialmente didáctica, lo que se muestra en el gran desarrollo alcanzado por el ensayo, las formas epistolares y los estudios. Los rasgos principales presentes en todas las manifestaciones literarias son el orden, la corrección, la armonía, el buen gusto y el dominio de la emoción.

Econ. El neoclasicismo económico desplazó a las teorías de la escuela clásica, postuladas por David Ricardo y Adam Smith. Se inició con el marginalismo, y entre sus rasgos más relevantes destacan el interés por los comportamientos individuales, en oposición al análisis macroeconómico de los clásicos, y su preferencia por el estudio de la demanda frente a la producción y la oferta. Entre los principales autores neoclásicos sobresalen Alfred Marshall, Leon Walras, Arthur Cecil Pigou y Vilfredo Pareto.

neocolonialismo *s. m.* Conjunto de las modernas formas de dominio practicadas por las grandes potencias sobre los países subdesarrollados, que se caracterizan por diversas actuaciones de tipo económico, social y cultural, tales como creación de empresas pertenecientes a la potencia dominadora, préstamos, monopolios comerciales, formación de minorías dirigentes en centros de la potencia, etc., y que permiten a aquélla ejercer una influencia decisiva en la evolución política de dichos países. **FAM.** Neocolonialista.

neoconductismo *s. m.* Tendencia de la psicología conductista, desarrollada entre 1930 y 1950, representada por E. R. Guthrie, C. L. Hull, B. F. Skinner y E. Ch. Tolman, autores que hacen del fenómeno del aprendizaje su principal objeto de investigación.

neocórtex *s. m.* Parte más externa o más tardíamente desarrollada de la corteza cerebral, o córtex, del hombre.

neocriticismo *s. m.* Neokantismo*.

neodarwinismo o **neodarvinismo** *s. m.* Teoría de la evolución de las especies que sintetiza la teoría de la selección natural de Darwin con los descubrimientos en genética de Mendel y Morgan. Elaborada en torno a los años treinta del s. XX, propone como causas de la variabilidad de los descendientes las mutaciones, o cambios del material hereditario, y la recombinación genética, o intercambio de genes entre los cromosomas homólogos, que tiene lugar durante la formación de los gametos y que impide que éstos sean idénticos. **FAM.** Neodarwinista o neodarvinista.

Neoclasicismo: iglesia de La Madeleine, en París, construida por Vignon.

neodimio *s. m.* Nd. Elemento químico perteneciente al grupo de los lantánidos del sistema periódico. Su número atómico es 60 y su masa atómica 144,24. Fue descubierto por Karl Auer von Welsbach en 1885. Es un metal brillante que se oscurece al aire libre debido a la oxidación; tiene propiedades paramagnéticas y es atacado por los ácidos. Se halla asociado a la monacita en yacimientos de Brasil, India, EE UU, Australia y Sudáfrica. Se emplea en diversas aleaciones y para la fabricación de vidrios coloreados.

neoescolástica *s. f.* Movimiento filosófico-teológico iniciado a comienzos del s. XIX que aspiraba a restaurar los modelos de pensamiento medieval, por oposición a la filosofía moderna. Entre sus principales autores sobresalieron los cardenales Mercier y Billot y los pensadores Jacques Maritain y Etienne Gilson. **FAM.** Neoescolástico.

neoescolasticismo *s. m.* Neoescolástica*.

neofascismo *s. m.* Nombre genérico que reciben los movimientos y organizaciones políticas que, tras la Segunda Guerra Mundial, pretenden instaurar un régimen de características similares al fascismo. **FAM.** Neofascista.

neófito, ta *s. m.* y *f.* **1.** Persona recién convertida a una religión. **2.** Persona recién incorporada a una agrupación, colectivo, partido, etc.

neogeno, na *adj.* **1.** Se aplica al último periodo de la era cenozoica o terciaria, que comprende los subperiodos mioceno y plioceno. Comenzó hace 23 millones de años y concluyó hace 2 millones. Corresponde a una etapa de distensión tras la orogenia alpina, con fractura continental e inicio de la separación de bloques. El clima se suavizó y continuó la evolución de los seres vivos hasta aparecer prácticamente todos los grupos conocidos en la actualidad. También *s. m.* **2.** Perteneciente o relativo a dicho periodo.

neogótico, ca *adj.* **1.** Se dice del estilo arquitectónico desarrollado en la primera mitad del s. XIX bajo la influencia del Romanticismo y cuya principal característica es el rechazo del clasicismo y la recuperación del arte gótico medieval. Tuvo su mayor expansión en el Reino Unido, en Francia y los países germánicos, y sus principales representantes fueron Pugin, Barry y Viollet-le-Duc y el teórico Ruskin. Entre las obras más representativas sobresalen el parlamento de Westminster, en Londres, el ayuntamiento de Viena, la iglesia de Santa Clotilde, en París, y la catedral de San Patricio, en Nueva York. Influyó posteriormente en autores como Antonio Gaudí, quien bajo su inspiración concibió el templo de la Sagrada Familia de Barcelona. También *s. m.* **2.** Perteneciente o relativo a dicho estilo. **3.** Que practica ese estilo o es partidario del mismo. También *s.*

neoimpresionismo *s. m.* Puntillismo*. **FAM.** Neoimpresionista.

neokantismo *s. m.* Movimiento filosófico desarrollado en Alemania en el último cuarto del s. XIX y primero del XX que, partiendo de la filosofía crítica de Kant, pretende superar el positivismo, el materialismo y el constructivismo romántico mediante una consideración crítica de las ciencias y una fundamentación gnoseológica del saber. Las escuelas neokantianas más importantes son la de Marburgo, fundada por Hermann Cohen y Paul Natorp, y la de Baden, creada por Wilhelm Windelband y que cuenta como principal representante a Heinrich Rickert. Los planteamientos neokantianos desarrollados fuera de Alemania suelen conocerse con el nombre de *neocriticismo*, aunque la mayoría de las veces ambos términos son equivalentes. **FAM.** Neokantiano.

neolatino, na *adj.* Que procede de los latinos o del latín.

neolector, ra *s. m.* y *f.* Persona que está aprendiendo a leer o ha aprendido recientemente.

neoliberalismo *s. m.* Corriente de pensamiento económico que se presenta como continuadora de la tradición liberal clásica y defiende, por tanto, la no injerencia del Estado en los asuntos de la economía y la máxima libertad para los agentes económicos. En oposición a Keynes y a su escuela, el neoliberalismo considera que el retorno a un mercado más libre permitiría superar muchos de los problemas de la economía contemporánea. Entre sus principales representantes se cuentan Friedrich August von Hayek y Milton Friedman.

neolítico, ca *adj.* **1.** Se aplica al periodo de la prehistoria que sigue al mesolítico y precede a la edad de los metales. También *s. m.* **2.** Perteneciente o relativo a dicho periodo.
Hist. El neolítico comenzó en torno al sexto milenio a. C. en el Próximo Oriente y llegó a Europa entre los milenios VI y III a. C. Se caracteriza por la adopción de técnicas para la producción de alimentos, para pulimentar los útiles de piedra, para la fabricación de cerámica y para la elaboración de telas. Su economía se basaba en la agricultura de trigo y cebada y la domesticación de ganado ovino, caprino, porcino y posiblemente bovino. Se crearon los primeros poblados agrícolas y en ellos surgieron las primeras culturas urbanas de carácter histórico. Mientras que el desarrollo del neolítico en Europa fue más lento y la actividad económica siguió largo tiempo vinculada a la caza y a la pesca, en Extremo Oriente dio lugar a las técnicas de trasplante y al cultivo del arroz, y en los valles centroamericanos de Oaxaca y Tehuacán conoció el desarrollo del cultivo del maíz, base de las culturas precolombinas.
Arte En el periodo neolítico surgió la arquitectura megalítica, cuyo carácter era esencialmente funerario, siendo sus principales construcciones el menhir, el dolmen y la tumba de corredor. En cerámica, moldeada sin torno y decorada con gran variedad de formas geométricas y abstractas, destaca la de tipo cardial de la península Ibérica.

Neolítico: vasija cerámica de Zuheros (Museo Arqueológico de Córdoba).

neologismo *s. m.* Palabra, expresión o sentido tomado por éstas, recién creados en una lengua.

neomicina *s. f.* Antibiótico oligosacárido obtenido a partir del *Streptomyces fradiae.* Descubierto en 1949 por Selman Waksman y Hubert A. Lechevalier, se emplea para combatir las infecciones gastrointestinales.

neón *s. m.* Ne. Elemento químico perteneciente al grupo VIII A, o de los gases nobles, del sistema periódico. Su número atómico es 10 y su masa atómica 20,179. Es un gas químicamente inerte que se licúa a los –256 °C, posee una conductividad eléctrica relativamente grande (75 veces mayor que la del aire) y emite una luz brillante rojo-anaranjada, por lo que se emplea en tubos fluorescentes, mezclado con argón y vapor de mercurio. Fue descubierto por William Ramsay y Morris Travers en 1898. Se encuentra presente en la atmósfera en cantidades muy pequeñas y se obtiene mediante la destilación fraccionada del aire líquido. Se emplea en iluminación, como agente productor de frío en lugar del hidrógeno líquido, como gas de relleno de los detectores Geiger y, junto con el helio, en el láser.

neonato, ta *adj.* Se dice del recién nacido. También *s.* **FAM.** Neonatal.

neonazismo *s. m.* Movimiento político e ideológico que intenta actualizar los principios del nacionalsocialismo y lucha por la implantación práctica de dicho sistema. **FAM.** Neonazi.

Neopatria, ducado de Ducado creado por los almogávares en 1319 en torno a la zona de Siderocastron y la parte S de Tesalia, en Grecia. Unido al ducado de Atenas, fue regido por la dinastía catalano-aragonesa reinante en Sicilia hasta 1377. Más tarde se incorporó a la corona de Aragón hasta que fue conquistado en 1390 por el florentino Nerio Acciaiuoli.

neopitagorismo *s. m.* Corriente filosófica grecorromana que floreció entre los s. I y III d. C. y se consideró auténtica continuadora de las enseñanzas de Pitágoras. En realidad se basaba en obras apócrifas del matemático griego y unía elementos de distintas escuelas filosóficas clásicas con tradiciones religiosas orientales y egipcias. Entre sus autores destacan Apolonio de Tiana (s. I), Numenio de Apamea (s. II) y Filostrato Flavio (s. III). También se adscriben a esta corriente los escritos de Hermes Trimegisto.

neoplasia *s. f.* Formación de tejido nuevo que constituye un tumor.

neoplasma *s. m.* Neoplasia*.

neoplasticismo *s. m.* Movimiento pictórico surgido en los Países Bajos en torno a la revista *De Stijl* (1917). Defendió la utilización de las figuras geométricas y los colores primarios, además del blanco y el negro, excluyendo cualquier elemento u objeto de la realidad. Los principales teóricos de este movimiento, que influyó mucho en la arquitectura y las artes decorativas, fueron Piet Mondrian y Van Doesburg.

neoplatonismo *s. m.* En sentido amplio, conjunto de las diversas renovaciones del pensamiento de Platón producidas en diferentes épocas de la historia de la filosofía. En sentido estricto, designa la corriente filosófica que nace con Plotino en el s. III d. C. y que, partiendo de la idea de lo Uno como máxima perfección y realidad, realiza una síntesis entre las tradiciones judías y orientales y muchos de los elementos de la filosofía griega. **FAM.** Neoplatónico.

neopositivismo *s. m.* Corriente de pensamiento desarrollada por los filósofos del llamado *Círculo de Viena* en las décadas de los años veinte y treinta del s. XX. Sus miembros, partidarios de un empirismo cientificista, investigaron principalmente en el ámbito de la filosofía del lenguaje, rechazaron todo tipo de saber metafísico y utilizaron el análisis lógico como instrumento para conocer la realidad. Dicho movimiento, que recibe también los nombres de *positivismo lógico* y *empirismo lógico,* surgió a partir de las teorías de Ludwig Wittgenstein y Bertrand Russell. Algunos de sus más destacados representantes fueron Moritz Schlick, Rudolph Carnap y Otto Neurath. **FAM.** Neopositivista.

neopreno *s. m.* Caucho sintético obtenido mediante polimerización del cloropreno. Sus principales características son la incombustibilidad y la resistencia a los aceites y al frío.

neorama *s. m.* Especie de panorama que consiste en un cilindro hueco donde se coloca el espectador para ver alrededor suyo, pintado o proyectado, un paisaje, el interior de un edificio, etc.

Neorrealismo: fotograma de Ladrón de bicicletas *(1948), película de Vittorio de Sica.*

neorrealismo *s. m.* Movimiento cinematográfico italiano desarrollado después de la Segunda Guerra Mundial y cuyas principales características son la preferencia por los escenarios naturales, la utilización de actores no profesionales y técnicas propias del documental, así como la intención de reflejar la realidad social y económica del país en sus aspectos más dramáticos. El gran teórico del movimiento fue Cesare Zavattini, quien escribió el guión de la película más representativa del mismo, *Ladrón de bicicletas* (1948). Entre los directores más significativos figuran Vittorio de Sica, que dirigió la mencionada película; Roberto Rossellini, autor de *Roma, ciudad abierta* (1945); Luchino Visconti, que rodó *La terra trema* (1948); Giuseppe de Santis, Luigi Zampa, Alberto Lattuada y Pietro Germi. En los años cincuenta el género decayó. **FAM.** Neorrealista.

neostomía *s. f.* Abertura de una nueva boca o conducto en un órgano por medio de la cirugía.

neotenia *s. f.* Fenómeno por el cual algunos animales alcanzan la madurez sexual antes de haber completado su desarrollo somático, es decir, son adultos en lo que respecta a la reproducción, pero presentan aspectos larvarios. Se produce de manera espontánea, aunque el hombre puede provocarlo mediante el tratamiento con hormonas sexuales.

neotomismo *s. m.* Doctrina filosófica basada en la obra de Tomás de Aquino y que alcanzó gran desarrollo en la segunda mitad del s. XIX, gracias al impulso que recibió del papa León XIII. Este término se ha identificado en muchas ocasiones con el de neoescolástica. **FAM.** Neotomista.

Neovolcánica, Cordillera Cadena montañosa de México, de carácter volcánico, en la que se encuentran los dos picos más altos del país, el Orizaba o Citlaltépetl (5.747 m) y el Popocatépetl (5.452 m). Tiene una longitud de 880 km y una anchura media de 130 km, y atraviesa México desde el océano Pacífico hasta el golfo de México a lo largo del paralelo 19.

neoyorquino, na *adj.* De Nueva York. También *s.*

neozelandés, sa *adj.* De Nueva Zelanda. También *s.*

Neozelandeses, Alpes Cordillera de Nueva Zelanda, en la isla Sur. Su pico más elevado es el Cook (3.760 m).

neozoico, ca *adj.* En geol., cuaternario. También *s. m.*

NEP (siglas de las palabras rusas *Novaia Ekonomicheskaia Politika,* que significan 'nueva política económica') *s. f.* Conjunto de medidas adoptadas en la URSS entre 1921 y 1929, con el fin de recuperar la economía, casi paralizada por la guerra civil, y acercar el campesinado al nuevo régimen. Impulsada principalmente por Bujarin, sustituyó la incautación de excedentes campesinos por un impuesto, volvió a permitir el comercio interior, devolvió las pequeñas empresas a la iniciativa privada y autorizó concesiones a empresas extranjeras.

Nepal (*Sri Nepala Sarkar*) Estado de Asia central.

Geog. física Nepal se extiende por la vertiente meridional de la cordillera del Himalaya. Es un país muy montañoso en el que numerosos picos superan los ocho mil metros de altura, como el Annapurna (8.078 m), Dhaulagiri (8.171 m), Makalu (8.472 m), Kanchenjunga (8.603 m) y Everest (8.578 m), el más alto del mundo. Al S de la región de alta montaña se abren una serie de valles fluviales por los que discurren los ríos Kar-

Extensión: 147.181 km^2.
Límites: al N, con China; al E, S y O, con India.
Población: 18.910.000 h. en 1990.
Densidad: 128,5 h./km^2.
Capital: Katmandú.
División administrativa: 5 regiones.
Ciudades principales: Patan, Bhagdaon, Biratnagar, Pokhara.
Gentilicio: nepalés.
Forma de Estado: monarquía constitucional.
Idioma: nepalés.
Religión: hinduismo, 89,5 %; budismo, 5,3 %; islamismo, 2,7 %.
Moneda: rupia nepalesa.
Tasa de natalidad: 42 ‰ en 1990.
Tasa de mortalidad: 17 ‰ en 1990.
Renta per cápita: 170 dólares en 1988.

nali, Bheri, Kali Gandaki, Sun Kosi y Bagmati. La región del Terai, en el S, es llana y desciende hacia el valle del Ganges. Tiene un clima muy variable: subtropical sometido al régimen de los monzones en el Terai, templado en los valles y pequeñas alturas, y de alta montaña y polar en las mayores elevaciones. Asimismo la vegetación se escalona en altura, desde cañaverales, selva tropical y bosque de bambúes a bosque templado, praderas y bosques de coníferas.
Geog. humana y ***económica*** Los habitantes de Nepal pertenecen a las etnias gurka y newar y se distribuyen fundamentalmente por los valles de clima benigno. Sus recursos económicos son sobre todo agropecuarios, con cultivos de arroz, maíz, cebada, trigo, mijo, caña de azúcar, tabaco, patata y yute, y ganadería bovina, ovina y caprina. Cuenta asimismo con una pequeña industria textil, cerámica, tabaquera, cementera y cervecera. Es de señalar la importancia que ha adquirido el turismo, hasta el punto de convertirse en la principal fuente de ingresos del país.

Nepal: stupa de Swayambhunath, al oeste de Katmandú.

Hist. La historia primitiva de Nepal sólo nos es conocida a través de la crónica de los *Vamsavali*, de carácter esencialmente legendario. Su periodo histórico comienza a fines del s. IX, en que los newares procedentes de la India implantaron su hegemonía. En 1488 el rey Jayasthiti Malla dividió el país entre sus hijos, creando los principados de Katmandú, Bhadgaon, Patan y Banapa, que subsistieron hasta la reunificación impuesta por los gurka a mediados del s. XVIII. Los gurka continuaron su expansión por Sikkim y Tíbet, pero la invasión de este último provocó una intervención de China en 1790, que impuso su dominio en Nepal. Los gurkas, en busca de alianzas contra China, concluyeron un tratado con los británicos de la India, pero lo rompieron una vez pasado el peligro chino. El expansionismo gurka en época del gobernante Bim Sen Tapa provocó diversos choques fronterizos que, en 1814, llevaron a una violenta guerra con los británicos. La guerra concluyó en 1816 con pérdidas territoriales para Nepal, que no obstante conservó su plena independencia. En 1837 tomó el poder Jung Bahadur, que adoptó el título de Rana, redujo al rey a un papel meramente ceremonial e impuso una dinastía hereditaria que gobernó hasta 1950. El Reino Unido reconoció la independencia de Nepal en 1923 y defendió la política de neutralidad de este país en el Asia central. Con Rana Chandra Shamshere comenzó la modernización del país, y en 1925 se construyó el ferrocarril de Katmandú. En 1951, con el apoyo indio, fue restaurada la monarquía en el rey Tribhuvan. Su hijo Mahendra Bir Bikram promulgó una Constitución en 1959, pero tras la victoria electoral del Partido del Congreso Nepalés, de carácter reformista, propició un golpe de Estado, suprimió los partidos políticos y encarceló al líder de la oposición, B. P. Koirala, durante casi diez años. En 1962 hizo aprobar una Constitución de carácter antidemocrático. Le sucedió en 1972 su hijo Birendra Bir Bikram, quien, presionado por la agitación popular, inició en torno a 1980 una serie de reformas democráticas (amnistía para los presos políticos, referéndum sobre el sistema político) que, sin embargo, no incluyeron la legalización de los partidos políticos. La base del sistema electoral son los *panchayat*, o consejos locales, que eligen a su vez representantes para el *panchayat* nacional. El poder es ejercido por el rey, auxiliado por un primer ministro, cargo que en 1986 ocupó Marich Man Singh y en abril de 1990, Krishna Prasad Bhattarai. En mayo de 1991 se instauró el primer gobierno democrático después de 32 años de régimen de partido único.

nepalés, sa *adj.* **1.** De Nepal. También *s.* ‖ *s. m.* **2.** Lengua del grupo indoario que se habla en Nepal.

nepentáceas *s. f. pl.* Familia de plantas herbáceas o leñosas del orden nepentales, a la que pertenecen unas 70 especies comprendidas en un único género, *Nepenthes*. Son hierbas, matas o lianas, generalmente carnívoras. Poseen hojas alternas, con la parte apical estrechada en forma de zarcillos, en cuyo extremo se halla un ascidio, especie de recipiente tapado por un ensanchamiento del limbo, que tiene en su boca glándulas melíferas y las paredes resbaladizas; con estos ascidios, que pueden llegar a medir hasta 30 cm de longitud, atrapan insectos cuyos productos de descomposición absorbe la planta. Crecen en las regiones tropicales del SO asiático, Madagascar y Australia. Nepentáceas son los nepentes, también llamados *hojas de ánfora* y *jarras*. También *adj.* y *s. f.*

nepente *s. m.* Planta arbustiva de la familia nepentáceas, especie *Nepenthes distillatoria*. Tiene hojas alternas, flores unisexuales y poco vistosas y parte del limbo transformado en ascidio. Crece en Sri Lanka, pero se cultiva en invernaderos como curiosidad vegetal.

Neper o **Napier, John** (Edimburgo 1550 - íd. 1617) Matemático escocés. Desarrolló un método para facilitar los cálculos aritméticos mediante cifras exponenciales a las que llamó *logaritmos*. La publicación de sus tablas de logaritmos produjo un efecto extraordinario en las ciencias. Sus trabajos están contenidos en las obras *Mirifici Logarithmorum Canonis Descriptio* (1614) y *Mirifici Logarithmorum Canonis Constructio* (1619).

néper *s. m.* Unidad de medida de la intensidad de una oscilación, usada especialmente en acústica. Un néper equivale a 8,686 decibelios.

neperiano, na *adj.* Perteneciente o relativo al método de logaritmos desarrollado por John Neper; también se aplica a esos logaritmos, que se caracterizan por tener como base el número *e*.

nepote *s. m.* Pariente del papa al que éste favorece.

Nepote, Cornelio (Pavía 99 - ? 24 a. C.) Historiador romano. Escribió *De historicis latinis* y *De excellentibus ducibus*, así como diversas biografías, entre ellas las de Catón y Ático, en un estilo sencillo y pedagógico.

Nepote, Flavio Julio (Dalmacia ? - Salona 480) Emperador romano (474-475). Fue nombrado emperador de Occidente por su colega de Constantinopla, León I, en el 474, en una época en que el poder imperial en Roma prácticamente no existía. Pocos meses después fue depuesto por el general Orestes y sustituido por el hijo de éste, Rómulo Augústulo, quien a su vez fue derrocado al año siguiente por el rey germánico Odoacro, lo que significó el fin del imperio romano de Occidente.

nepotismo *s. m.* Tendencia a proporcionar cargos, puestos o premios a los familiares y, p. ext., a los conocidos, sin tener en cuenta otras consideraciones.

neptunio *s. m.* Np. Elemento químico perteneciente al grupo de los actínidos del sistema periódico. Su número atómico es 93 y su masa atómica 237. Es un metal de brillo plateado, que se vuelve mate en contacto con el aire, tiene un considerable poder reductor y reacciona con los ácidos y los halógenos. Fue descubierto por Edwin M. McMillan en 1940 al bombardear uranio con neutrones, proceso que genera neptunio -239 (Np^{239}), entre otros isótopos. Su isótopo más estable es el Np^{237}, cuya vida media supera los dos millones de años.

Neptuno 1. En la mitología romana, dios del mar y las aguas. Hijo de Saturno y hermano de Júpiter, se le representa con un tridente y seguido de un cortejo de tritones. Corresponde al Poseidón griego.
2. Octavo planeta del Sistema Solar. Fue descubierto en 1846 por el alemán J. G. Galle, gracias a los cálculos de Urbain Leverrier. Su distancia media del Sol es de 4.496,6 millones de kilómetros, su periodo de revolución de 164,8 años y el de rotación de 16 horas. Tiene un diámetro de aproximadamente 50.000 km, un volumen 57 veces superior al de la Tierra y una atmósfera de hidrógeno, helio y metano. Posee, al menos, ocho satélites, entre los que destacan Tritón y Nereida.

nereida *s. f.* Cualquiera de las cincuenta ninfas marinas, hijas de Nereo, que suelen representarse montadas sobre caballos marinos o bien con cola de pez. Las más conocidas son Galatea y Calipso.

Nereida Segundo satélite del planeta Neptuno, descubierto por el astrónomo estadounidense de origen holandés Gerard Kuiper en 1949.

nereidos *s. m. pl.* Familia de anélidos poliquetos a la que pertenecen numerosas especies de diversos géneros, entre los que destaca *Nereis*. Poseen cuerpo vermiforme segmentado, dotado de parápodos en cada segmento. Tienen dos pares de ojos, un par de antenas y cuatro pares de apéndices tentaculares. Son unisexuales y se alimentan de algas y de pequeños animales. Habitan en las aguas marinas del litoral, reptando por el fondo o sobre rocas. A menudo se emplean en la pesca como cebo. También *adj.* y *s. m.*

Nereo En la mitología griega, dios marino, padre de las nereidas. También era conocido como *el Viejo del Mar.*

nerita *s. f.* Nombre común de diversos moluscos gasterópodos de la familia nerítidos, género *Nerita*. Su concha es gruesa y posee una abertura semicircular. Habitan sobre las rocas del litoral en los mares cálidos y son comestibles.

Nernst, Walther Hermann (Briesen 1864 - Ober-Zibelle 1941) Físico y químico alemán. Se dedicó preferentemente al estudio e investigación de los equilibrios químicos. Enunció un principio para calcular la variación de la constante del equilibrio de una reacción en función de la temperatura. Obtuvo el premio Nobel de química en 1920.

Nerón, Claudio César (Antium 37 - Roma 68) Emperador romano (54-68). Gracias a las intrigas de su madre Agripina, mujer del emperador Claudio, ocupó el trono a la muerte de éste. En los primeros años de su gobierno fue asesorado por el prefecto Burro y el filósofo hispánico Séneca, pero pronto comenzó a cometer actos despóticos y excéntricos: destituyó al general Corbulón, que había vencido a los partos, y le sustituyó por el incompetente Petón, con lo que se malogró la conquista de Armenia; hizo asesinar a su hermanastro Británico y a su madre Agripina, y repudió a su mujer Octavia para casarse con Popea, esposa de su amigo Otón. El año 64 se produjo en Roma un pavoroso incendio, probablemente provocado por el emperador, aunque éste acusó del hecho a los cristianos. En el 65 se tramó una conspiración para deponerle, pero fue descubierta y duramente reprimida. Entre las víctimas de la represión hay que contar al filósofo Séneca y al poeta Petronio. Por fin, el año 68 los guardias pretorianos se rebelaron y eligieron emperador a Galba, que fue reconocido por el Senado. Nerón huyó de Roma y se hizo quitar la vida a manos de un liberto.

Neruda, Jan (Praga 1834 - íd. 1891) Escritor checo. Con su obra narrativa impulsó el desarrollo del realismo en su país. Fue un destacado ensayista y poeta de exaltado nacionalismo. Entre sus obras sobresalen *Libros de versos* (1867), *Los ferroviarios* (1888) y *Cantos del Viernes Santo* (1896).

Neruda, Ricardo Neftalí Reyes, llamado **Pablo** (El Parral 1904 - Santiago 1973) Poeta chileno. El tono romántico de sus primeros libros, como *Veinte poemas de amor y una canción desesperada* (1924), que tiene a la mujer como motivo esencial, dio paso a técnicas vanguardistas en *Tentativa del hombre infinito* (1926). Sus obras posteriores, como *Residencia en la tierra* (1933), *Segunda residencia* (1935) y *Tercera residencia* (1947), reflejan una visión desesperada del mundo y una angustia de la vida. En *Canto general* (1950) el poeta confiesa su compromiso político y social, que no abandonó nunca. Su lenguaje se caracteriza por el uso preferente de la metáfora y por la expresión del sentimiento, tanto en sus emociones humanas como en la apreciación del paisaje y el entorno. Su fervor americanista se aprecia en toda su obra. Otros libros importantes son *Odas elementales* (1954), *Nuevas odas elementales* (1956), *Estravagario* (1958), *Fin del mundo* (1969) y su autobiografía *Confieso que he vivido* (1974). Obtuvo el premio Nobel de literatura en 1971.

Pablo Neruda.

Nerva, Marco Coceyo (Narni 26 - Roma 98) Emperador romano (96-98). Fue elegido por el Senado en el año 96, a edad avanzada. Su corto imperio fue un periodo de tranquilidad, en el que se instauró la dinastía de los Antoninos. Asoció al poder a su sucesor Trajano.

nervadura *s. f.* **1.** Línea saliente en cualquier superficie que recuerda la forma de los nervios en el cuerpo humano o de los tendones cuando se marcan bajo la piel. **2.** En arq., nervio de una bóveda, especialmente en el estilo gótico. **3.** Conjunto de los nervios de una bóveda. **4.** En bot., conjunto de los nervios de una hoja y modo en que están dispuestos.

Nerval, Gérard Labrunie, llamado **Gérard de** (París 1808 - íd. 1855) Escritor francés. Fue influido por los románticos alemanes, especialmente por Goethe. Llevó una vida bohemia y agitada y padeció ataques de locura, en uno de los cuales se ahorcó en un farol de la calle. Entre sus obras destacan *Viaje a Oriente* (1851), el ensayo *Los iluminados* (1852), la colección de novelas cortas *Las hijas del fuego* (1854), la novela fantástica *Aurelia* (1855) y el libro de poesía *Las quimeras.* Su interés por lo onírico le configura como un precedente del surrealismo.

Nervi, Pier Luigi (Sondrio 1891 - Roma 1979) Ingeniero y arquitecto italiano. En sus diseños empleó profusamente el metal y el hormigón armado. Se dedicó a la arquitectura de grandes dimensiones, con cubiertas que en muchos casos permiten la iluminación natural. Algunas de sus obras más representativas son el estadio municipal de Florencia (1931), el Palacio de Exposiciones de Turín (1949), la sede de la UNESCO en París (1953-57) y la sala de audiencias del Vaticano (1970).

nerviación *s. f.* **1.** Conjunto de líneas salientes que recorren las alas membranosas de los insectos. **2.** Nervadura de una hoja.

nervio *s. m.* **1.** Cada uno de los haces de fibras de color blanquecino, llamadas *axones,* cuyo grosor varía entre 2 y 20 micras, que conectan los centros nerviosos con las células receptoras y con los órganos efectores, conduciendo los impulsos nerviosos, y constituyen el llamado *sistema nervioso periférico.* **2.** *fam.* P. ext., tendón o cualquier otro tejido duro y blanquecino, especialmente los que se encuentran en la carne destinada para el consumo. **3.** Conjunto de fibras que,

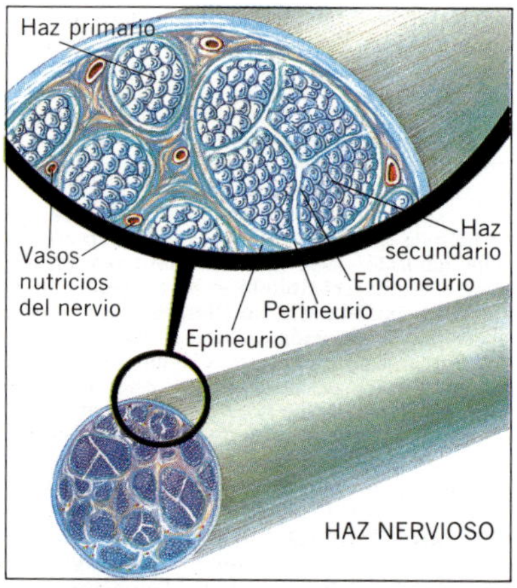

Anatomía del nervio, con un detalle ampliado de su estructura interna.

en forma de cordoncillo, recorren las hojas de las plantas y sobresalen en el envés. **4.** Cada uno de los pequeños tubos provistos de quitina que forman el esqueleto de las alas membranosas de los insectos. **5.** Cordón que une los diversos cuadernillos de un libro. **6.** En arq., moldura redonda que sobresale en el intradós de una bóveda o un techo plano. **7.** Energía, carácter, decisión. **8.** Aquello por lo que una cosa comunica entusiasmo o emoción. ‖ *s. m. pl.* **9.** Nerviosismo*. ‖ **10. nervio acústico** Nervio encargado de transmitir al cerebro señales auditivas. **11. nervio ciático** Nervio sensitivo-motor que actúa sobre la pelvis, nalga y cara posterior del muslo. **12. nervio óptico** Nervio encargado de transmitir al cerebro las impresiones luminosas. **13. nervio vago** Nervio par que nace del bulbo de la médula espinal, desciende por las partes laterales del cuello, penetra en las cavidades del pecho y vientre y termina en el estómago y plexo solar. Forma numerosas ramas que se distribuyen por la faringe, esófago, laringe, tráquea, bronquios, corazón, estómago e hígado. Se llama también *neumogástrico.* **14. nervio vasomotor** Nervio encargado de modificar el diámetro de los vasos sanguíneos, para facilitar el discurrir de la sangre a través de los mismos. ‖ **Loc. los nervios de punta** *fam.* Con verbos como *tener* o *poner,* gran excitación, alteración o inquietud.

Anat.* y *Fisiol. Cada uno de los axones de los nervios está rodeado por una finísima membrana conjuntiva llamada *endoneurio.* El haz de axones está a su vez rodeado por otra membrana llamada *perineurio* y cohesionado por un tejido conjuntivo de fibras elásticas llamado *epineurio,* por el que también circulan vasos sanguíneos. En función del sentido del impulso nervioso que conducen, los nervios pueden ser: **sensitivos**, cuando conducen impulsos desde los órganos receptores hasta los centros nerviosos; **motores**, cuando lo hacen desde los centros nerviosos a los centros efectores; y **mixtos**, cuando tienen fibras de tipo sensitivo y fibras de tipo motor. En función de su origen, pueden ser **craneales**, cuando parten de los centros encefálicos, y **raquídeos** o **espinales**, cuando parten de la médula espinal.

Nervión Río de España, en la prov. de Vizcaya. 72 km. Nace en la Peña de Orduña, en Álava, y desemboca en Bilbao, donde forma una gran ría. Su régimen es pluvial y en su curso bajo constituye una importante vía de transporte de una rica región industrial.

nerviosismo o **nerviosidad** *s. m.* o *s. f.* Estado de excitación nerviosa, inquietud o intranquilidad.

nervioso, sa *adj.* **1.** Perteneciente o relativo a los nervios. **2.** Que siente o muestra nerviosismo. ‖ **3. sistema nervioso** Conjunto de órganos y tejidos que coordinan las actividades de los animales, reciben y procesan las señales y estímulos externos que se introducen a través de los

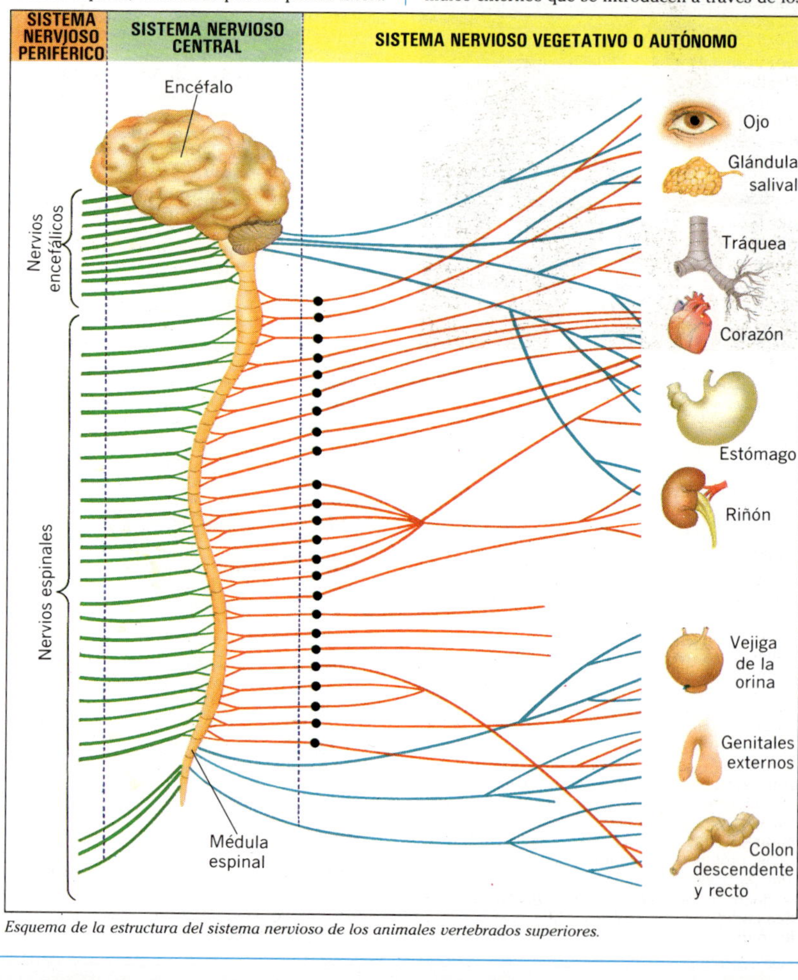

Esquema de la estructura del sistema nervioso de los animales vertebrados superiores.

órganos de los sentidos y provocan las respuestas adecuadas a dichos estímulos. **FAM.** Nerviosamente.

Anat. y ***Fisiol.*** La captación de los estímulos del medio ambiente la realizan células sensoriales receptoras distribuidas por la piel del animal, que traducen el estímulo en impulso nervioso. Este impulso se transmite hasta un centro nervioso a través de neuronas. Una vez que el centro nervioso ha integrado el impulso sensitivo, emite otro impulso nervioso que, también a través de neuronas, llega al órgano efector, que se encarga de dar una respuesta. Ésta puede ser motora, si consiste en un movimiento realizado por el tejido muscular, o secretora, si es la secreción de una determinada sustancia por una glándula. El sistema nervioso se clasifica en nervioso central y nervioso vegetativo. El conjunto de centros nerviosos forman el **sistema nervioso central**, que en los vertebrados consta del encéfalo y la médula espinal. Los nervios que conectan los centros nerviosos con las células receptoras y los órganos efectores forman en su conjunto el **sistema nervioso periférico**. A su vez, el **sistema nervioso vegetativo**, o sistema nervioso autónomo, se ocupa de las funciones involuntarias y del control de los órganos internos. Este último se divide en otros dos sistemas: el **simpático**, responsable de las actividades positivas –dilatación de la pupila, aceleración del ritmo cardiaco, etc.– usualmente relacionadas con situaciones de tensión, como la lucha y la huida; y el **parasimpático**, responsable de las actividades negativas, antagónicas de las anteriores, como pueden ser la contracción de la pupila y el frenado del ritmo cardiaco.

Nervo, Amado (Tepic 1870 - Montevideo 1919) Poeta mexicano. Se inició en el Romanticismo, aunque luego evolucionó hacia el modernismo, influido por las corrientes francesas y especialmente por Verlaine. A partir de 1905 inició una etapa poética de tono místico y amoroso. Algunas de sus obras más significativas son *Poemas* (1901), *Los jardines interiores* (1905), *Serenidad* (1914), *Plenitud* (1918) y *La amada inmóvil* (1919).

nervosidad *s. f.* **1.** Actividad de los nervios. **2.** Flexibilidad, propiedad de algunos metales fibrosos, por la que pueden doblarse sin que se rompan o se agrieten.

nervudo, da *adj.* **1.** Se aplica a la persona que tiene mucha fuerza, especialmente cuando no es muy corpulenta. **2.** De venas y tendones muy marcados.

nervura *s. f.* Conjunto de los nervios que aparecen en el lomo de un libro encuadernado.

nesga *s. f.* Pieza de tela triangular que se añade a la ropa para ensancharla, y especialmente a las faldas para darles vuelo.

nesgar *v. tr.* **1.** Añadir nesgas a una prenda de vestir. **2.** Cortar una tela en dirección oblicua a la de sus hilos. ▪ Se conjuga como *pagar.*

nesosilicato *s. m.* Nombre común del mineral de silicato formado por tetraedros de sílice aislados, como el olivino, el granate o el topacio.

Ness Lago del Reino Unido, situado en el N de Escocia, en la depresión de Glen More. Forma parte del canal de Caledonia, que une lagos y ríos y atraviesa de NE a SO las tierras altas de Escocia. Según la leyenda, en él habita un monstruo anfibio.

nestorianismo *s. m.* Herejía del cristianismo oriental, surgida en la Iglesia bizantina del s. V con ocasión de las disputas en torno a la naturaleza de Cristo. Fue enunciada por Nestorio, obispo de Constantinopla, y afirmaba la clara distinción entre las dos naturalezas de Cristo, divina y humana, por lo que María sólo podía ser considerada madre del Cristo humano, pero no madre de Dios. Fue combatida por Cirilo, patriarca de Alejandría, y condenada en los concilios de Éfeso (431) y Calcedonia (451).

nestoriano, na *adj.* **1.** Perteneciente o relativo al nestorianismo. **2.** Seguidor de esta herejía. También *s.*

Nestorio (Germanicia, Siria h. 380 - Alto Egipto h. 451) Obispo de Constantinopla. Cuando fue elevado a la sede constantinopolitana, enunció la doctrina del nestorianismo, declarada herética por el concilio de Éfeso (431), que asimismo le condenó al exilio.

netamente *adv. m.* De forma clara y definida, sin duda.

neto, ta *adj.* **1.** Se aplica al valor de una cosa, a una cantidad, etc., una vez descontados gastos, impuestos, añadidos o complementos. También *s. m.* **2.** Se dice del peso de un objeto sin contar el del envase, embalaje, etc. También *s. m.* **3.** Bien definido o delimitado. **4.** Claro, sin confusión.

Neto, Agostinho (Chachicane, cerca de Luanda 1922 - Moscú 1979) Político y escritor angoleño. En 1957 fundó el MPLA (Movimiento Popular de Liberación de Angola). Cuando Angola obtuvo la independencia, fue nombrado primer presidente del país (1975), con la oposición de las otras dos organizaciones que combatían a los portugueses, el FNLA (Frente Nacional de Liberación de Angola) y UNITA. Tras una guerra civil en la que recibió el apoyo de la URSS y Cuba, confirmó su presidencia y se mantuvo en el poder hasta su muerte.

Netzahualcóyotl C. de México, en el estado de México, al N de la capital y próxima al lago Texcoco. 1.259.500 h. en 1990. Forma parte de la aglomeración urbana de Ciudad de México.

Neubrandenburgo C. de Alemania, en el N del país, en el Land de Mecklemburgo-Antepomerania. 89.700 h. en 1988. Su economía se basa en la industria maderera, alimentaria y de maquinaria.

Neuchâtel C. de Suiza, cap. del cantón del mismo nombre, situada en el O del país, próxima a la frontera francesa. 32.400 h. en 1988. Es un centro turístico, administrativo y cultural, que cuenta con industria relojera y mecánica.

neuma o **pneuma** *s. m.* **1.** Aliento. **2.** En fil., especialmente en el estoicismo, principio cósmico vital. Posteriormente la noción de neuma fue desarrollada por las escuelas médicas en el sentido de principio vital de los seres vivos. **3.** En mús., signo empleado en la escritura del canto gregoriano y que se superponía al texto escrito. **4.** En mús., conjunto de notas de adorno con que finalizaba normalmente el canto gregoriano y que estaban vocalizadas con la última letra de dicho canto.

Neumann, Franz Ernst (Joachimstahl 1798 - Königsberg 1895) Físico y matemático alemán. Realizó importantes estudios sobre la reflexión y refracción de la luz, el calor específico de los cuerpos y la electrocinética.

Neumann, Johann Balthasar (Eger 1687 - Wurzburgo 1753) Arquitecto alemán. Construyó las iglesias de Vierzehnheiligen (1743) y de Neresheim (1745), de estilo barroco tardío, estructurando el espacio interior a base de combinaciones de elementos circulares y elípticos. Su obra maestra es el palacio de Wurzburgo (h. 1733), de influjo francoitaliano y gran monumentalidad.

Neumann, Johann von (Budapest 1903 - Washington 1957) Matemático estadounidense de origen húngaro. Creó la teoría de juegos, aplicada a la economía, e hizo notables aportaciones matemáticas a la física cuántica y a la informática. Trabajó en el desarrollo de la bomba H.

neumático, ca *adj.* **1.** Se dice de los aparatos o instrumentos que funcionan con aire u otros gases. **2.** Que se hincha con aire u otros gases, como un colchón o lancha inflables. **3.** Se aplica al sistema de escritura musical que utilizaba neumas. ‖ *s. m.* **4.** Parte de la rueda de ciertos vehículos que contiene aire a presión y rodea a la llanta, constituyendo la superficie de contacto de los mismos.

neumatolisis o **neumatólisis** *s. f.* Proceso que se verifica en las rocas o minerales por la acción de gases y vapor, en condiciones de temperatura y presión elevadísimas, y que da lugar a la aparición de nuevos minerales, como el caolín, turmalina, topacio, etc. **FAM.** Neumatolítico.

neumatosis *s. f.* Estado patológico de acumulación de aire u otro gas en órganos que generalmente no lo contienen, o en los que sólo existe en cantidades mínimas.

neumectomía *s. f.* Extirpación total o parcial del pulmón.

neumo- *pref.* Significa 'pulmón': *neumología, neumopatía.*

neumococo *s. m.* Microorganismo que causa ciertos tipos de neumonía.

neumoconiosis *s. f.* Alteración crónica del aparato respiratorio, por inhalación repetida de polvo o de partículas sólidas minerales u orgánicas, como sílice, carbón, etc.

neumogástrico *s. m.* Nervio* vago.

neumología *s. f.* Estudio de las enfermedades de los pulmones y de las vías respiratorias en general. **FAM.** Neumológico, neumólogo.

neumonía *s. f.* Inflamación de los pulmones, causada generalmente por infección bacteriana o por la presencia de sustancias extrañas a los mismos. Sus síntomas son fiebre, tos y falta de aliento. Se combate con antibióticos.

neumopatía *s. f.* Cualquiera de las enfermedades de los pulmones.

neumotórax *s. m.* Presencia de aire o gas en la cavidad pleural. Sus síntomas son disnea, tos y a veces fiebre.

Neuquén **1.** Río de Argentina, en la prov. del mismo nombre. 400 km. Nace en los Andes y, al unirse al Limay, forma el Negro. Por su régimen torrencial experimenta grandes crecidas.
2. Prov. de Argentina, situada en el O del sector central del país. 94.078 km^2. 326.000 h. en 1989. Su territorio forma parte de la vertiente E de los Andes y de la Patagonia. Es una región fría y poco poblada, que tiene cultivos de cereales, hortalizas y cultivos forrajeros, ganadería bovina, explotación forestal y yacimientos de petróleo y gas. Cuenta también con industria alimentaria.
3. C. de Argentina, cap. de la prov. homónima, situada a orillas del río Negro. 90.100 h. en 1980. Es un centro agrícola, industrial y administrativo.

neur- *pref.* Significa 'nervio': *neuritis.* ▪ También presenta la variante *neuro-*: *neurología.*

neura *s. f.* **1.** *fam.* Nerviosismo*. **2.** *fam.* Manía muy fuerte por alguna cosa. ‖ *adj.* **3.** *fam.* Se aplica a la persona muy nerviosa, que se excita con facilidad. También *s.*

neuralgia *s. f.* Dolor agudo a lo largo de un nervio o en la zona sobre la que actúa. Las más frecuentes son las que afectan al nervio facial.

neurálgico, ca *adj.* **1.** Perteneciente o relativo a la neuralgia. **2.** Muy importante, decisivo.

neurastenia *s. f.* **1.** Forma de neurosis debida al agotamiento de energía nerviosa y caracterizada por síntomas psíquicos, como tristeza, abatimiento, temor, pérdida de memoria, y sobre todo físicos, como cansancio, insomnio, irritabilidad, dolores de cabeza, etc. **2.** *fam.* Excitación, nerviosismo.

neurasténico, ca *adj.* **1.** Perteneciente o relativo a la neurastenia. **2.** Que sufre este trastorno. También *s.* **3.** *fam.* Muy nervioso. También *s.* **4.** *fam.* Que tiene muchas manías. También *s.*

Neurath, Konstantin von (Kleinglattbach, Württemberg 1873 - Enzweihingen, Württemberg 1956) Político y diplomático alemán. Perteneció al Partido Nacionalsocialista. Ministro de Asuntos Exteriores con Von Papen, y más tarde con Hitler, ocupó luego el cargo de protector de Bohemia-Moravia (1939-41). Al término de la Segunda Guerra Mundial fue condenado por el tribunal de Nuremberg a quince años de prisión.

Neurath, Otto (Viena 1881 - Oxford 1945) Filósofo austriaco. Estudió economía y sociología en Viena, Heidelberg y Berlín. Perteneció al Círculo de Viena y fue uno de los impulsores del neopositivismo. Algunas de sus obras más importantes son *Ciencia unificada y psicología* (1933) y *Fundamentos de las ciencias sociales* (1944), así como los artículos *Los enunciados protocolarios* (1932-33), *Fisicalismo radical* (1933-34) y *El mundo real* (1933-34).

neurinoma *s. m.* Tumor propio de los nervios, especialmente de los periféricos.

neurita *s. f.* Prolongación en forma de hilo que arranca del cuerpo de la neurona o célula nerviosa y termina en una ramificación que se pone en contacto con células musculares, glandulares, etc., o con otras células nerviosas; por la neurita salen de la neurona los impulsos nerviosos. Se llama también *cilindroeje, neuroeje* o *axón.*

neuritis *s. f.* Proceso inflamatorio o degenerativo de un nervio o nervios, debido principalmente a causas infecciosas (virus), tóxicas, metabólicas o traumáticas.

neuroblasto *s. m.* Célula embrionaria de una neurona.

neurocirugía *s. f.* Parte de la cirugía que se ocupa del tratamiento de las enfermedades del sistema nervioso por medio de operaciones quirúrgicas.

neuroeje *s. m.* **1.** Conjunto de las estructuras que constituyen el sistema nervioso central: encéfalo y médula espinal. **2.** Cilindroeje, neurita.

neurofibroma *s. f.* Neurinoma*.

neurofibromatosis *s. f.* Enfermedad de los nervios que se caracteriza por la aparición de fibromas.

neuroglia *s. f.* Tejido de sostén de los centros nerviosos.

neuroléptico *adj.* Se aplica a un amplio grupo de fármacos que se emplean en el tratamiento de trastornos psíquicos severos. También *s. m.*

neurología *s. f.* Rama de la medicina que estudia la morfología, fisiología y patología del sistema nervioso. **FAM.** Neurólogo.

neuroma *s. m.* Abultamiento o tumor que aparece en el extremo de los nervios seccionados o cortados.

neuromodulador *adj.* Se aplica a diversas sustancias químicas sintetizadas en las neuronas que, vertidas al sistema circulatorio, modulan la secreción de la glándula hipófisis. También *s. m.*

neurona *s. f.* Célula que produce y transmite el impulso fundamental del sistema nervioso. Tiene un núcleo celular relativamente pequeño y una serie de prolongaciones de dos tipos: dendritas, muy ramificadas y cortas, que sirven de elementos de entrada de los impulsos nerviosos; y una neurita, cilindroeje o axón, prolongación extraordinariamente larga, a menudo recubierta de una vaina blanca de mielina, que actúa como elemento de salida de los impulsos nerviosos. La neurona es capaz de captar y liberar impulsos eléctricos o información química, que recibe a través de las dendritas y emite a través del axón a los músculos o a otras neuronas.

neurópata *s. m.* y *f.* Persona que sufre alguna enfermedad nerviosa.

neuropatía *s. f.* Cualquiera de las enfermedades del sistema nervioso.

neuropsiquiatría *s. f.* Rama de la medicina que estudia los problemas metodológicos, de diagnóstico y de tratamiento de las enfermedades mentales.

neurópteros *s. m. pl.* Orden de insectos endopterigotos al que pertenecen unas 4.500 especies, comprendidas en los subórdenes megalópteros, con las familias siálidos, coriálidos y rafídidos, y planipennes, con las familias hemeróbidos, mirmeleóntidos, coniopterígidos, etc. Tienen el cuerpo blando, generalmente de color pardo o verde, antenas grandes, dos pares de alas transparentes y reticuladas y boca masticadora o chupadora. Sus larvas son depredadoras y generalmente acuáticas. Neurópteros son las hormigas león, siálidas, crisopas y afines. También *adj.* y *s. m.*

neurosis *s. f.* Conjunto de trastornos psíquicos cuya causa fisiológica es desconocida, pues carecen de lesión anatómica aparente. Se caracterizan por la existencia de conflictos inconscientes, obsesiones, angustia o ansiedad, que alteran principalmente el estado emocional del paciente. En las neurosis intervienen numerosos factores individuales, familiares y sociales. Los tipos más frecuentes son la *neurosis de angustia*, la *fóbico-obsesiva* y la *histérica*, a las que habría que añadir, entre otras, la de transferencia, la traumática, la de guerra y la de abandono. El principal investigador de las neurosis fue Sigmund Freud, que creó el psicoanálisis como tratamiento terapéutico.

neurótico, ca *adj.* **1.** Perteneciente o relativo a la neurosis. **2.** Que padece neurosis. También *s.* **3.** *fam.* Que tiene o muestra una fuerte obsesión o manía por alguna cosa. También *s. m.* **4.** *fam.* Muy nervioso o excitado.

neurotransmisor *s. m.* Sustancia sintetizada por las neuronas del sistema nervioso, la cual actúa como transmisor químico de la información nerviosa en las sinapsis, p. ej. la dopamina, la adrenalina y la noradrenalina.

neurovegetativo, va *adj.* **1.** Se dice del sistema nervioso vegetativo. **2.** Perteneciente o relativo a dicho sistema.

Neuss C. de Alemania, en el Land de Renania del Norte-Westfalia, situada en la orilla izquierda del Rhin. 144.000 h. en 1989. Es un importante puerto fluvial, que cuenta con industria textil, química y metalúrgica. Entre sus monumentos destaca la catedral de San Quirino.

Neustria Antiguo reino merovingio, creado por Clodoveo en el 511 al dividir el reino franco entre sus hijos. Comprendía los territorios situados entre los ríos Somme, Mosa y Loira. Fue incorporado al reino de Austrasia en el 687 por Pipino de Heristal, antecesor de la dinastía carolingia.

Neutra, Richard Joseph (Viena 1892 - Wuppertal 1970) Arquitecto estadounidense de origen austriaco. Trabajó con Loos en Viena y con Mendelsohn en Berlín. Se trasladó luego a EE UU, donde introdujo las corrientes racionalistas. Construyó, entre otros edificios, la casa Lovell (1927-29) en Los Ángeles y la casa Kaufmann (1946-47) en el desierto del Colorado.

neutral *adj.* **1.** En un enfrentamiento entre dos partes, que no se inclina por ninguna de ellas. También *s.* **2.** Particularmente, se aplica al territorio, bando, etc., que no interviene en un conflicto armado. También *s.*

neutralidad *s. f.* **1.** Cualidad o estado de neutral. **2.** En derecho internacional, estatuto que adquiere un país que, ante un conflicto armado entre otras naciones, decide mantenerse al margen. Su territorio resulta, entonces, inviolable para los beligerantes, que no pueden ser apoyados ni directa ni indirectamente por el país neutral en asuntos que afecten a la guerra. ‖ **3. neutralidad activa** La que, sin dejar de serlo, participa en las cuestiones entre naciones, opinando acerca de los bandos y proponiendo soluciones para acabar con el conflicto.

neutralismo *s. m.* Postura política de no participación o no intervención en enfrentamientos entre naciones. El neutralismo surgió tras la Segunda Guerra Mundial entre una serie de países que no deseaban intervenir en la guerra de bloques entre EE UU y la URSS. Sus primeros impulsores fueron el yugoslavo Tito, el egipcio Nasser y el indio Nehru, que lo promovieron en la conferencia de Bandung. **FAM.** Neutralista.

neutralización *s. f.* **1.** Acción y efecto de neutralizar o neutralizarse. **2.** Proceso químico mediante el cual un ácido reacciona con una base para formar una sal y agua. En el curso del mismo, el ácido y la base contrarrestan mutuamente sus propiedades, con excepción de la conductividad eléctrica, originando una disolución neutra con un pH 7. Para detectar el momento en que se ha completado la neutralización se emplea un indicador. Ejemplo de neutralización es la reacción entre el ácido sulfúrico y el hidróxido de sodio, que forma sulfato de sodio y agua:

$$H_2SO_4 + 2\ NaOH \rightarrow Na_2SO_4 + 2\ H_2O$$

neutralizar *v. tr.* **1.** Disminuir o anular el efecto de una acción, influencia, etc., con otra, generalmente contraria. También *v. prnl.* **2.** Hacer neutral o neutro. También *v. prnl.* **3.** En dep., especialmente en ciclismo, no contar un tiempo o un tramo determinado en el resultado final. **4.** En quím., efectuar un proceso de neutralización. También *v. prnl.* ■ Se conjuga como *cazar*. **FAM.** Neutralizable, neutralizador, neutralizante.

neutrino *s. m.* (ν) Partícula elemental eléctricamente neutra y cuya masa en reposo es nula. Esto significa que ha de ser observada siempre en movimiento, con velocidades próximas a las de la luz. Su existencia, predicha teóricamente y comprobada después experimentalmente, hace explicable que algunos núcleos radiactivos emitan radiación β (electrones). Se conocen tres tipos de neutrinos: el neutrino electrónico (ν_e), que aparece siempre asociado a un electrón; el neutrino muónico (ν_μ), que va asociado a un muón, y el neutrino tauónico (ν_τ), que aparece siempre asociado a un leptón τ.

neutro, tra *adj.* **1.** Se aplica a aquello que no presenta ni una ni otra de dos características normalmente opuestas. **2.** Que no está definido o determinado. **3.** Que no muestra o comunica ninguna emoción o intención. **4.** Neutral, imparcial. **5.** Se aplica al compuesto químico que no es ni ácido ni básico. **6.** En mat., nombre con el que se designa al elemento *e* de algunos conjuntos y que verifica que para todo elemento *x* de dicho conjunto $x * e = e * x = x$, siendo * la operación definida en el conjunto. Entre los números reales, el neutro en la suma es el 0, y en el producto el 1. **7.** En geol., se dice de la roca endógena que está compuesta en un 55-65 % de sílice, es decir, cuyo estado es intermedio entre las rocas ácidas y las básicas. **8.** En zool., se aplica a los animales que no tienen sexo. **9.** En fís., especie que tiene igual cantidad de carga positiva que de carga negativa. **10.** Se dice del género gramatical que no es masculino ni femenino y de las palabras que lo poseen. En español este género sólo se encuentra en el artículo *lo*, en el pronombre personal *ello*, en los demostrativos *esto*, *eso* y *aquello* y en algunos pronombres como *algo*, *nada*, *todo*, etc. También *s. m.*

neutrón *s. m.* Partícula elemental de masa ligeramente superior a la del protón y sin carga eléctrica, rasgo del que deriva su nombre. Está presente, en mayor o menor número, en el núcleo de todos los átomos, salvo en el isótopo del hidrógeno llamado protio, ^1_1H. La ausencia de carga retrasó su descubrimiento, que efectuó James Chadwick en 1932, muchos años después de conocerse la existencia del electrón y el protón. Los neutrones se mantienen estables cuando forman parte de un núcleo, pero se desintegran espontáneamente cuando se encuentran libres, dando un protón, un electrón y un antineutrino electrónico. Se utilizan como proyectiles en reacciones nucleares –ya que, al no tener carga eléctrica, no son rechazados por el núcleo– y, en concreto, como desencadenantes de las reacciones de fisión nuclear. **FAM.** Neutrónico.

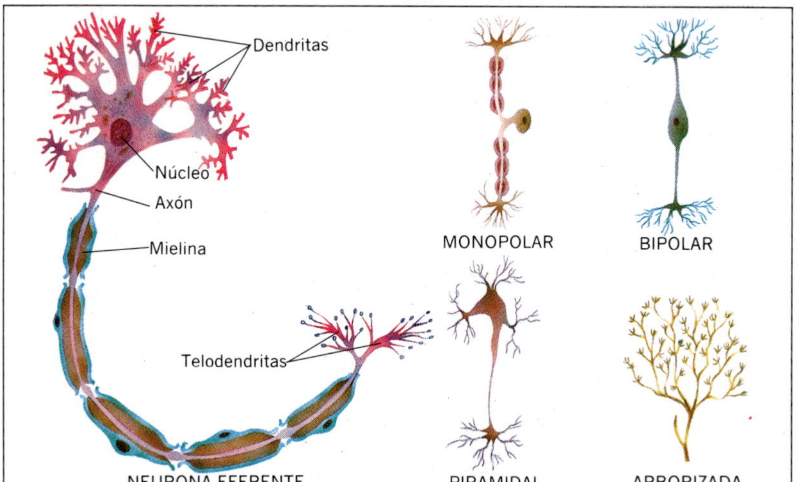

Neurona: a la izquierda, estructura anatómica de una neurona eferente; a la derecha, diversos tipos morfológicos de neuronas.

Neva Río de la Federación Rusa, en el NO de su sector europeo. 74 km de longitud y una cuenca de 282.300 km^2. Es un emisario del lago Ladoga y desemboca en el golfo de Finlandia, en el mar Báltico, formando un amplio delta junto a San Petersburgo. En sus orillas Alejandro Nevski, creador del principado de Moscú, origen del reino de Rusia, venció a los suecos en 1240 y aseguró la independencia de las ciudades rusas del N.

nevada *s. f.* **1.** Acción y efecto de nevar. **2.** Cantidad de nieve caída de una vez y acumulada sobre la tierra.

Nevada Estado de EE UU, situado en el O del país, al E de California. 286.352 km^2. 1.206.150 h. en 1990. La capital es Carson City, con 32.000 h. en 1980. En su relieve predominan las mesetas desérticas, atravesadas por montañas en dirección generalmente N-S, como Trinity, Stillwater, Shoshone, Creek, Diamond, Ruby y Shell Creek. En su sector O se hallan los lagos Pyramid, Tahoe y Walker, y la ciudad de Reno, y en el SE la ciudad de Las Vegas y el río Colorado, que hace frontera con Arizona. Cuenta con agricultura cerealista, ganadería bovina y minería de cobre, oro, cinc, plata y mercurio, pero sus principales recursos económicos proceden del turismo, atraído a Reno por su liberal legislación matrimonial y a Las Vegas por los juegos de azar.

Nevada, Sierra Macizo montañoso de España, perteneciente a la cordillera Penibética, situado en las provincias de Granada y Almería. En él se halla la máxima altura de la península Ibérica, el pico Mulhacén (3.481 m), así como el Veleta (3.392 m) y la Alcazaba (3.366 m). Es el núcleo hidrográfico del que nacen los ríos Genil, Guadalfeo, Adra y Andarax. Cuenta con una importante estación de deportes de invierno.

Nevada de Santa Marta, Sierra Sierra de Colombia, situada en el N del país. Entre sus elevaciones destaca el pico Colón (5.775 m), el más alto de la nación.

nevadilla *s. f.* Planta herbácea de la familia cariofiláceas, especie *Paronychia argentea*. Tiene tallos tumbados y florecillas con hojas plateadas. Es oriunda de la región mediterránea.

nevado, da **1.** *p. p.* de **nevar**. ‖ *adj.* **2.** Cubierto de nieve. **3.** *amer.* Se dice de las montañas cubiertas de nieves perpetuas. También *s. m.*

nevar *v. impers.* **1.** Caer nieve. ‖ *v. tr.* **2.** Poner blanca una cosa esparciendo sobre ella algo de este color. ■ Es v. irreg. Se conjuga como *pensar*.

nevasca *s. f.* **1.** Tormenta de nieve acompañada normalmente por fuerte viento. **2.** Nevada*.

nevazo *s. m.* Nevada, especialmente cuando es muy intensa.

nevazón *s. f. amer.* Nevazo.

nevera *s. f.* **1.** Frigorífico. **2.** Especie de caja portátil o bolsa utilizada para conservar fríos alimentos y bebidas. **3.** *fam.* Lugar muy frío.

nevero *s. m.* **1.** Lugar de alta montaña donde se acumula nieve perpetua; también, esta misma nieve. **2.** Pequeña extensión de nieve que permanece sin fundir.

Neville, Edgar (Madrid 1899 - íd. 1967) Escritor, dramaturgo y cineasta español. Colaboró en revistas de humor y en 1929 marchó a Hollywood, donde trabajó como guionista. Autor de novelas y cuentos, alcanzó gran popularidad con sus obras teatrales. Merecen mención entre las novelas *Eva y Adán* (1926), *Don Clorato de Potasa* (1929) y *La familia Mínguez* (1946), y entre las comedias *Margarita y los hombres* (1934) y *El baile* (1952). Dirigió también varias películas, como *La vida en un hilo* (1945), *El último caballo* (1950), *Duende y misterio del flamenco* (1952) y *Mi calle* (1960).

Nevio, Cneo (Campania h. 270 - Útica h. 201 a. C.) Poeta latino. Fue el iniciador de la poesía latina y el introductor del tema romano en la tragedia. Cultivó todos los géneros: poesía épica, lírica, tragedia y comedia. En su obra, de la cual sólo se conservan fragmentos, destacan la epopeya *Bellum poenicum* y las tragedias *Danae* y *El caballo de Troya*.

nevisca *s. f.* Nevada de poca duración y copos pequeños.

neviscar *v. impers.* Nevar en poca cantidad y durante poco tiempo. ■ Se conjuga como *sacar*.

neviza *s. f.* Acumulación de nieve endurecida, de forma granulosa, formada por las precipitaciones anuales y las alternancias estacionales de fusión (deshielo) y compactación (hielo). Marca el límite con las nieves permanentes.

nevoso, sa *adj.* **1.** Que suele estar nevado. **2.** Que anuncia nieve.

Nevski, Alejandro (? 1220 - ? 1263) Príncipe de Novgorod y de Vladimir. Rechazó la invasión de suecos y alemanes, venciendo a los primeros en el río Neva (1240) y a los caballeros de la orden teutónica en el lago Peipus (1242). Su política de sumisión y prudencia frente a los mongoles de la Horda de Oro le permitió consolidar su posición y alcanzar la hegemonía sobre los distintos principados rusos.

nevus *s. m.* En med., malformación de la piel en forma de pequeñas manchas o verrugas.

new criticism (expr. ingl. que significa 'nueva crítica') Escuela de crítica literaria surgida en EE UU en los años treinta del s. XX, que pretende estudiar la obra literaria aislándola de su contexto social y cultural y atendiendo exclusivamente a sus aspectos formales y semánticos. Muy influida por la obra de Thomas Stearns Eliot y Ezra Pound, sus principales representantes fueron John Crowe Ramson, Allen Tate y Richard Palmer Blackmur.

new deal (expr. ingl. que significa 'nuevo acuerdo') Política económica aplicada en EE UU por el presidente Roosevelt entre 1933 y 1939 para superar la crisis provocada por el derrumbamiento de la bolsa en 1929. Tuvo como principales características la intervención estatal en la economía, la elevación del poder adquisitivo mediante la estabilización de la moneda, el sostenimiento de los precios agrícolas, los créditos baratos y la creación de empleo gracias a la realización de grandes obras públicas.

new wave (expr. ingl. que significa 'nueva ola') Movimiento cultural desarrollado en el Reino Unido a finales de la década de los setenta, cuya principal manifestación se dio en la música pop y rock, caracterizada por una recuperación del gusto por el *rhythm and blues* y el *soul*, la incorporación de ritmos antillanos como el *reggae* y una frescura en el tratamiento y ejecución de las canciones que se había perdido desde finales de los años sesenta. En España, sobre todo en Madrid, tuvo su reflejo, conocido como «nueva ola».

New Hampshire Estado de EE UU, situado en el NE del país, en la costa atlántica. 24.032 km^2. 1.114.000 h. en 1990. La capital es Concord, con 30.400 h. en 1980. Su relieve presenta una meseta que se eleva al O en las White Mountains y está atravesada por el río Connecticut. Sus suelos son pobres para la agricultura y se aprovechan para pastos, que alimentan una importante ganadería bovina. Cuenta con industria textil, del calzado, de construcciones mecánicas, eléctrica y papelera. Explorado en 1603, forma parte de la Unión desde 1679.

New Haven C. de EE UU, situada en el estrecho de Long Island, en Connecticut. 125.900 h. en 1988. La base de su economía es la fabricación de armas de fuego, municiones, equipos navales, papel y mobiliario. En esta ciudad está emplazada la prestigiosa universidad de Yale, fundada en el año 1701.

New Jersey Estado de EE UU, situado en el NE del país, en la costa atlántica, entre los ríos Hudson y Delaware. 20.168 km^2. 7.748.600 h. en 1990. La capital es Trenton, con 92.100 h. en 1980. Comprende una llanura costera, dedicada a la agricultura intensiva hortofrutícola, pero la principal actividad es la industrial. Cuenta con grandes puertos comerciales y con industrias químicas, siderúrgicas, metalúrgicas de cobre y mecánicas, y con refinerías de petróleo y astilleros. Las ciudades de Newark, Jersey City, Paterson y Elizabeth forman parte del área metropolitana de Nueva York. Fue una de las primitivas Trece Colonias, origen de EE UU.

Newark C. de EE UU, situada en el estado de New Jersey, al O de Nueva York, de cuya área metropolitana forma parte. 313.800 h. en 1989, y 1.882.000 h. en su área metropolitana en 1987. Es una ciudad fuertemente industrializada, con producción siderúrgica, construcciones mecánicas, refinerías de petróleo, industria química y de transformación.

Newcastle C. de Australia, perteneciente al estado de Nueva Gales del Sur, situada al N de Sidney. 425.600 h. en 1989. Enclavada en una rica cuenca hullera, ha desarrollado una importante industria metalúrgica. Es asimismo centro comercial muy activo.

Newcastle-Upon-Tyne C. del Reino Unido, cap. del condado inglés de Tyne and Wear, situada en la orilla izquierda del estuario del Tyne. 203.600 h. en 1981 y 1.140.000 h. en su área metropolitana en 1985. Desde la Edad Media (s. XIII) es un importante puerto de exportación de carbón a Londres. Cuenta además con industria química y de construcciones navales y mecánicas.

Newlands, John Alexander (Southwark, Londres 1838 - Londres 1898) Químico británico. Trabajó como analista en una refinería de azúcar y se interesó por los elementos químicos, que él mismo sistematizó en una tabla llamada *octavas de Newlands*. Su mérito no fue reconocido hasta que años después Mendeleiev publicó su propia tabla periódica.

Newlands, octavas de Tabla periódica de los elementos químicos propuesta por el químico inglés John Alexander Newlands entre 1864 y 1868. En ella los elementos se ordenaban por orden creciente de sus masas atómicas y se disponían en periodos de ocho, que por similitud con la escala musical se denominaron *octavas*, de tal manera que los elementos semejantes tendían a coincidir en columnas verticales. Sin embargo, en las tres primeras octavas propuestas por Newlands algunos elementos no encajaban en el esquema, que fallaba completamente al llegar a la cuarta octava, debido a la presencia de los elementos de transición.

Newman, Barnett (Nueva York 1905 - íd. 1970) Pintor y escultor estadounidense. Impulsor del arte abstracto, sus cuadros presentan grandes masas de color, rotas por líneas verticales o formas circulares, según un patrón geométrico. Entre ellos destacan *La palabra* (1954) y *Duodécima estación* (1956). Realizó asimismo esculturas, como *El obelisco roto* (1963-66), en memoria de Martin Luther King.

Newman, John Henry (Londres 1801 - Edgbaston, Birmingham 1890) Teólogo y filósofo británico. Ordenado en 1824 como ministro de la Iglesia anglicana, se convirtió en uno de los teólogos más importantes de su país. Encabezó el movimiento tractariano, o movimiento de Oxford. Finalmente, en 1845, publicó su *Ensayo del desarrollo de la doctrina cristiana*, en el que reconocía a la Iglesia católica como auténtica heredera de Cristo. Fue ordenado sacerdote en Roma en 1847 y elevado al cardenalato en 1879. Entre sus obras filosóficas destaca su *Gramática del asentimiento* (1870).

Newman, Paul (Shaker Heights, Ohio 1925) Actor y director de cine estadounidense. Alumno del Actor's Studio, debutó en el cine en 1954. Entre sus películas destacan *El zurdo* (*The left handed gun*, 1958), *El buscavidas* (1961), *Cortina rasgada* (1966), *El juez de la horca* (*The lefe and times of judge Roy Bean*, 1972), *El golpe* (*The sting*, 1974) y *El color del dinero* (1986). Como director merecen recordarse *Rachel, Rachel* (1968), *La influencia de los rayos gamma sobre las margaritas* (1972) y *Harry e hijo* (1983).

Newport (en galés *Monmouth*) C. del Reino Unido, cap. del condado de Gwent, en el S del País de Gales. 116.650 h. en 1981. Tradicional puerto exportador de hulla, cuenta con industria metalúrgica, siderúrgica y química.

newton *s. m.* Unidad de fuerza en el Sistema Internacional. Es la fuerza que aplicada a un cuerpo que tiene una masa de un kilogramo le comunica una aceleración de un metro por segundo cada segundo. Equivale a 10^5 dinas. Su símbolo es *N*.

Newton, binomio de Método que permite el desarrollo de cualquier potencia de un binomio. Su expresión matemática es:

$$(x+a)^n = \binom{n}{0}x^n + \binom{n}{1}x^{n-1}\cdot a + \binom{n}{2}x^{n-2}\cdot a^2 + \binom{n}{3}x^{n-3}\cdot a^3 + \dots + \binom{n}{n-2}x^2\cdot a^{n-2} + \binom{n}{n-1}x\cdot a^{n-1} + \binom{n}{n}a^n$$

Newton, Isaac (Woolsthorpe, Lincolnshire 1642 - Londres 1727) Físico, matemático y astrónomo británico. Realizó sus primeros estudios en

Isaac Newton. Cuadro de J. van der Bank (National Portrait Gallery, Londres).

el Trinity College de Cambridge y se doctoró en la universidad de esta misma ciudad en 1665. Su gran aportación en el campo de las matemáticas fue el esbozo de la teoría del cálculo infinitesimal, que él denominó *cálculo de fluxiones*, y en el que coincidió con Leibniz. En el campo de la mecánica recopiló en su obra *Principios matemáticos de filosofía natural* (1687) los hallazgos de Galileo y enunció sus tres famosas leyes del movimiento (véase **leyes de Newton**). De ellas pudo deducir la fuerza gravitatoria entre la Tierra y la Luna y demostrar que era directamente proporcional al producto de las masas e inversamente proporcional al cuadrado de la distancia, multiplicando este cociente por una constante llamada *constante de gravitación universal.* Tuvo además la gran intuición de generalizar esta ley a todos los cuerpos del universo, con lo que esta ecuación se convertía en la ley de gravitación universal. Realizó, también, importantes descubrimientos en óptica, donde consiguió demostrar que la luz blanca estaba formada por una banda de colores (rojo, naranja, amarillo, verde, azul y violeta), haciendo pasar la luz a través de un prisma. Estos experimentos le llevaron a formular su teoría general sobre la luz que, según él, está formada por corpúsculos y se propaga en línea recta y no por medio de ondas. Posteriormente trabajó en el perfeccionamiento del telescopio.

Newton, leyes de Conjunto de tres leyes de la dinámica enunciadas por Isaac Newton. 1.ª **principio de inercia** Todo cuerpo permanece en reposo o en movimiento rectilíneo uniforme si no se ejerce ninguna fuerza sobre él. 2.ª **principio fundamental de la dinámica** Las fuerzas son proporcionales a las aceleraciones que producen en los cuerpos. 3.ª **principio de acción y reacción** Si sobre un cuerpo se ejerce una fuerza (acción), éste reacciona produciendo una fuerza igual y de sentido contrario a la anterior (reacción).

nexo *s. m.* **1.** Unión, enlace. **2.** Elemento gramatical que une términos o estructuras sintácticas; p. ej., las conjunciones son nexos. **3.** En paleografía, letras unidas entre sí por algún trazo común.

Ney, Michel (Sarrelouis 1769 - París 1815) Militar francés. Accedió al cargo de mariscal de Francia en 1804. Destacó en las batallas de Jena (1806) y Friedland (1807). Posteriormente fue enviado por Napoleón a la península Ibérica en 1808, donde combatió en Galicia, Asturias y Portugal. También participó en la campaña de Rusia (1812). En 1814, Luis XVIII le concedió el título de par, pero en 1815 apoyó nuevamente a Napoleón y combatió en Waterloo, al frente de la caballería. Tras esta batalla fue condenado a muerte y ejecutado.

Neyagawa C. de Japón, situada en el S de la isla de Honshu. 258.300 h. en 1989. Es un importante centro comercial de productos agrícolas.

Nezval, Vitezslav (Biskupovice 1900 - Praga 1958) Poeta checoslovaco. Aunque se inscribe preferentemente en el surrealismo, también cultivó la poesía pura, con una temática de inspiración patriótica. Son importantes sus obras *Los poemas de la noche* (1930), *La mujer en plural* (1936) y *A cinco minutos de la ciudad* (1940).

Ngo Dinh Diem (Quang Binh 1901 - Saigón 1963) Político vietnamita. Tras sustituir en 1954 al príncipe Buu-Loc, fue nombrado jefe de gobierno al alcanzar Vietnam del Sur la independencia. En 1955 el emperador Bao-Dai fue derrocado por un referéndum y Diem ocupó la presidencia de la nueva república. Tras conseguir la marcha de las tropas francesas en 1956, instauró un gobierno de corte dictatorial. EE UU, que le había apoyado por su anticomunismo, le retiró su ayuda. En 1963 fue derrocado por un golpe militar, en el que murió asesinado.

Nguyen Nombre de una dinastía vietnamita que reinó desde 1802 hasta 1945.

Ngwane Véase **Swazilandia**.

Nha Trang C. de Vietnam, situada en el SE del país. 213.700 h. en 1989. Es el centro económico de una región agrícola, con cultivos de arroz y algodón, y ganadería vacuna y porcina. Cuenta con refinerías de petróleo y salinas.

ni *conj. cop.* **1.** Une palabras o frases indicando negación. ‖ *adv. neg.* **2.** Refuerza la idea de negación: *No quiero ni pensarlo.*

Ni Símbolo químico del níquel.

niacina *s. f.* Ácido nicotínico*.

Niágara Río de América del Norte que sirve de frontera entre Canadá y EE UU y que une los lagos Erie y Ontario. 56 km de longitud. Supera el desnivel entre los dos lagos con sus famosas cataratas (50 m de altura media), que constituyen una importante atracción turística.

niala *s. m.* Mamífero artiodáctilo de la familia bóvidos, especie *Tragelaphus angasi.* Tiene una altura aproximada en la cruz de 1 m, cuernos que describen una o dos espiras, y pelaje largo de color pardo grisáceo con franjas blancas verticales; la hembra tiene un color más rojizo y carece de cuernos. Habita en regiones boscosas del África austral.

Niamey C. de Níger, cap. del país, situada en el extremo SO del mismo, a orillas del río Níger. 398.300 h. en 1988. Es un centro administrativo y comercial, que cuenta con pequeñas industrias alimentarias y artesanales.

nibelungo, ga *adj.* **1.** En la mitología germánica, se dice de una raza de enanos que había acumulado un fabuloso tesoro, el cual les fue arrebatado por el héroe Sigfrido. Su leyenda está relatada en el *Cantar de los nibelungos* (h. el 1200). **2.** De esa raza mítica. También *s.*

nicandra *s. f.* Planta herbácea de la familia solanáceas, especie *Nicandra physaloides.* Tiene hojas alternas y flores solitarias y grandes, de color azul. Constituye la única especie del género *Nicandra*, originaria de América del Sur, pero cultivada en todo el mundo con fines ornamentales.

Nicaragua Lago del país homónimo, en el S del mismo, junto a la costa del Pacífico. 8.264 km². Es el más extenso de América Central. Recibe al río Tipitapa, que lo une con el lago Managua. Pese a estar muy próximo al océano Pacífico, desagua en el océano Atlántico a través del río San Juan. Tiene varias islas, entre las que destacan Ometepe, la Zapatera y el archipiélago de Solentiname. Sus puertos más importantes son Granada, San Carlos y San Jorge.

Nicaragua Estado de América Central.

Geog. física El relieve de Nicaragua consta de tres regiones morfológicas diferenciadas: el eje volcánico del Pacífico, en el O del país, que comprende la cordillera volcánica de Marrabios y una gran fosa tectónica donde se encuentran los grandes lagos Managua y Nicaragua; el escudo central, amplia meseta situada en el interior, en la que se alzan las cordilleras de Yolaina, Huapí, Darién e Isabella, cuyo pico más alto es el Mogotón (2.107 m); y la llanura aluvial del Caribe, que se extiende por el E del país e incluye la costa de los Mosquitos, baja y pantanosa. La principal red hidrográfica es la del Caribe, con los ríos Coco, Prinzapolca, Grande de Matagalpa, Escondido y San Juan. Tiene un clima tropical, húmedo en la costa caribeña y regiones centrales y seco en la del Pacífico. La vegetación, asimismo, varía desde la costa E, donde predomina la selva húmeda tropical, hasta el interior, con bosques de coníferas en las alturas, y la costa O, de sabana xerófila.

Extensión: 130.700 km².
Límites: al N, con Honduras; al E, con el mar Caribe; al S, con Costa Rica, y al O, con el océano Pacífico.
Población: 3.871.000 h. en 1990.
Densidad: 29,6 h./km².
Capital: Managua.
División administrativa: seis regiones y tres distritos.
Ciudades principales: León, Granada, Masaya, Chinandega.
Gentilicio: nicaragüense.
Forma de Estado: república.
Idioma: español.
Religión: catolicismo, 86,9 %.
Moneda: córdoba.
Tasa de natalidad: 42 ‰ en 1990.
Tasa de mortalidad: 9 ‰ en 1990.
Renta per cápita: 830 dólares en 1988.

Nicaragua: Managua, capital del país.

Geog. humana y ***económica*** Nicaragua está habitada por una mayoría de mestizos (77 %), a los que se añaden blancos, negros y amerindios. La población, urbana en un 57 %, habita fundamentalmente en la región occidental del país, donde se hallan las principales ciudades. La economía está poco desarrollada. El sector agrícola aporta los rendimientos más importantes, con cultivos de café, algodón, cacao, caña de azúcar, bananas, maíz, arroz, patatas, mandioca, sésamo, sorgo, tabaco y ananás. Son considerables las cabañas ganaderas bovina y porcina. Cuenta con recursos mineros de oro, plata, cobre y sal; e industria azucarera, cementera, cervecera y tabaquera. La inestabilidad política y la guerra han influido negativamente en la economía nacional. ***Hist.*** **época colonial** En el periodo precolombino el territorio de la actual Nicaragua estuvo poblado por diversos pueblos amerindios, como nicaraos, chorotegas, matagalpas, pipiles y misquitos. Fue descubierta por Colón en 1502 y explorada por Gil González Dávila y Antonio Niño en 1522. Pedrarias Dávila, gobernador de Panamá, encomendó su conquista a Hernández de Córdoba, que en 1523 fundó Granada y posteriormente León. Fue gobernada por Pedrarias Dávila hasta 1531, en que fue incorporada a la Audiencia de los Confines, y desde 1568 se integró en el virreinato de Nueva España. En el s. XVII comenzó la penetración de británicos en la costa de los Mosquitos, donde practicaron la piratería y el contrabando.

descolonización e independencia Los movimientos independentistas comenzaron a principios del s. XVIII, a consecuencia de los abusos coloniales en las prestaciones exigidas a indios y criollos. El territorio se proclamó independiente en 1821 y se unió en 1823 a las Provincias Unidas de Centroamérica como estado federado, cuyo primer presidente fue Manuel Antonio de la Cerda. Contra éste se alzó Juan Argüello, estallando la guerra civil, que fue detenida por el gobierno federal centroamericano con el nombramiento de Dionisio Herrera como presidente en 1830. En 1838 el país se separó de la federación, declarándose estado absolutamente independiente, y ese mismo año se promulgó la primera Constitución. Continuó la intervención extranjera y la inestabilidad política. En 1843 se produjo una invasión por tropas de El Salvador y Honduras. El Reino Unido intervino en la región protegiendo a los misquitos del Caribe y favoreciendo su independencia, pero fracasó en su intento imperialista. Las tensiones entre las ciudades de Granada y León, que ya se habían puesto de manifiesto en la guerra civil, fueron aprovechadas por el aventurero estadounidense William Walker, que se alzó con la presidencia en 1856, pero fue derrocado por una alianza de países centroamericanos.

la república En 1858 una nueva Constitución proclamó la república y se abrió entonces un periodo de unos treinta años caracterizado por la estabilidad política y el conservadurismo. En 1893 José Santos Zelaya promovió un levantamiento liberal que le convirtió en dictador; durante su mandato se constituyó la República Mayor de Centroamérica, que estaba integrada por El Salvador, Honduras y Nicaragua, pero fue derrocado por una revuelta conservadora apoyada por EE UU en 1909. Desde entonces la intervención de EE UU en Centroamérica fue constante; en 1926 tropas estadounidenses combatieron a la guerrilla de Augusto César Sandino, en lucha contra el presidente Díaz. Sandino fue asesinado en 1934 por instigación del jefe de la Guardia Nacional, Anastasio Somoza.

la dictadura de los Somoza En 1937 Somoza se alzó con el poder e instauró una dictadura hasta 1979, tiempo en el que él y su familia dominaron la vida política nicaragüense, bien directamente, bien situando hombres de su confianza en la presidencia. Somoza ocupó la presidencia entre 1937 y 1947 y entre 1950 y 1956, hasta convertirse en uno de los grandes terratenientes del país. Fue muerto en atentado en 1956 y le sucedió en 1957 su hijo Luis. En 1963 ocupó la presidencia René Schick, de tendencia somocista, que murió en 1966. Tras un periodo de interinidad cubierto por Lorenzo Guerrero, Anastasio Tachito Somoza, hermano de Luis, fue nombrado presidente en 1967, en medio de una grave crisis política y de acusaciones de fraude electoral. El último Somoza hubo de hacer frente a las actividades guerrilleras del Frente de Liberación Nacional, una organización con fuerte implantación entre el campesinado, que poco después cambió su nombre por el de Frente Sandinista. La corrupción del gobierno, patente durante el terremoto que destruyó Managua en 1972, provocó la progresiva ruptura entre el régimen y amplios sectores de la alta y media burguesía. El asesinato del periodista liberal Pedro Joaquín Chamorro en 1978 convirtió en definitivo este alejamiento y favoreció la alianza de la oposición moderada con el Frente Sandinista. Aislado internacionalmente y a la defensiva frente a la guerrilla, Somoza abandonó el país en 1979.

el sandinismo Una Junta de gobierno de reconstrucción nacional ocupó el poder; presidida por el sandinista Daniel Ortega e integrada por todos los partidos antisomocistas, adoptó medidas como la abolición de la pena de muerte, la expropiación de los bienes del dictador, la nacionalización de la banca y la reforma agraria. Sin embargo, surgieron pronto disensiones entre el sector más radical, los sandinistas, y el moderado, y en 1980 Violeta Barrios de Chamorro y Alfonso Robelo abandonaron el gobierno, al tiempo que el comandante guerrillero Edén Pastora iniciaba la lucha militar contra sus antiguos compañeros. La crisis se agravó con la llegada de Reagan a la presidencia de EE UU y la creación del Frente Democrático Nacional (movimiento de oposición al régimen), y degeneró en una guerra civil. En 1982 el Frente Sandinista proclamó el estado de sitio, y las libertades políticas quedaron casi anuladas. En 1984 se celebraron elecciones, tras las que Ortega fue nombrado presidente, si bien a ellas no concurrió buena parte de la oposición. Los esfuerzos pacificadores de algunos países vecinos (reuniones de Contadora y Esquipulas), unidos al agotamiento provocado por la guerra civil, llevaron a una solución negociada del conflicto, que terminó con la victoria en las elecciones presidenciales de 1990 de Violeta Barrios de Chamorro, líder de la Unión Nacional Opositora.

Cult. Las culturas precolombinas chorotega y nicarao produjeron un arte vinculado al de las civilizaciones centroamericanas, cuya principal manifestación es la cerámica. Sus costumbres funerarias incluían la construcción de túmulos de mediano tamaño, sobre los cuales se erigían columnas esculpidas, generalmente figuras humanas con un aligátor en la cabeza. No se conservan construcciones arquitectónicas anteriores a la conquista española.

Durante la época colonial se construyeron los grandes templos barrocos, de pequeña altura y gruesos muros a causa de los terremotos, y con abundante decoración. Los más representativos son los de la ciudad de León: la catedral, las iglesias de la Merced y de la Recolección, y la Universidad; destaca también la catedral de Granada. Construcciones modernas y de interés se alzan en Managua, como el Palacio Nacional, el Banco Nacional y la catedral, de mediados del s. XX.

La literatura tiene sus primeras manifestaciones en el s. XIX, con el enciclopedista Miguel de Larreynaga y el poeta Francisco Quiñones Sunsín. La gran figura nacional es el poeta modernista Rubén Darío, de finales del s. XIX y principios del s. XX, cuya obra fue continuada por Santiago Argüello. La siguiente generación inició una etapa de renovación, con temas más acordes con la realidad política y social del país. De ella sobresalen Salomón de la Selva, José Coronel Urtecho y Pablo Antonio Cuadra. Entre los poetas más recientes destacan Ernesto Cardenal, Joaquín Pasos y Ernesto Mejía Sánchez. La moderna narrativa está representada por Fernando Silva, Juan Aburto, Lizandro Chávez, Rosario Aguilar y Sergio Ramírez.

nicaragüense *adj.* De Nicaragua. También *s.*

nicarao *adj.* **1.** Se dice de un pueblo amerindio de la familia lingüística náhuatl, que habitó desde fines del s. XI en la región del lago Nicaragua, en América Central. **2.** De este pueblo. También *s.*

Nicarao (s. XVI) Cacique centroamericano. Dominaba el territorio entre el lago Nicaragua (Mar Dulce) y el Pacífico. En un principio ayudó al conquistador Gil González Dávila en sus campañas, pero luego le atacó. Dio nombre a Nicaragua.

Nicea Antigua ciudad de Bitinia, en Asia Menor, cerca del Bósforo, que desde 1204 fue capital del imperio bizantino de Nicea.

Nicea, concilios de El primero de ellos, convocado por el papa Silvestre I y por el emperador Constantino para combatir el arrianismo, se celebró en el año 325. El segundo, tuvo lugar en el 787 y fue convocado por la emperatriz Irene para luchar contra la iconoclastia y restablecer el culto a las imágenes.

Nicea, imperio de Estado constituido por los bizantinos en 1204 tras la toma de Constantinopla por los latinos en la cuarta cruzada. Fue fundado por Teodoro I Láscaris en Asia Menor y conservó las tradiciones imperiales y culturales de Bizancio durante los más de 50 años en que los bizantinos permanecieron expulsados de Constantinopla. Los emperadores de Nicea combatieron con éxito a turcos, búlgaros y a los déspotas del Epiro. En 1261, Miguel Paleólogo, con apoyo de los genoveses, conquistó Constantinopla y restauró el imperio bizantino.

Nicéforo Nombre de varios emperadores bizantinos.

Nicéforo I Logoteta (? - ? 811) Emperador bizantino (802-811). Alcanzó el poder en una revolución palaciega. Durante su mandato el imperio perdió definitivamente el dominio de Venecia y sufrió una importante derrota frente a Harum al-Raschid, califa de Bagdad. Reformó la administración fiscal y territorial.

Nicéforo II Focas (? h. 913 - Constantinopla 969) Emperador bizantino (963-969). Fue un general victorioso, que se distinguió por la toma de Creta. Conquistó Cilicia, Chipre y parte de Siria. Combatió a búlgaros y rusos y consolidó el dominio bizantino en el S de Italia. Murió asesinado en una conjura palaciega.

Nicéforo, San (Constantinopla h. 758 - ? 829) Patriarca de Constantinopla (806-815). Fue enemigo de los iconoclastas, lo que provocó su expulsión y exilio por orden del emperador León V. A él se debe la obra histórica *Breviarium Nicephori*, crónica del imperio bizantino en los s. VII y VIII.

niceno, na *adj.* De Nicea. También *s.*

nicho *s. m.* **1.** En los cementerios, cada uno de los huecos hechos en un muro para colocar dentro los cadáveres o sus cenizas. **2.** Hornacina. || **3. nicho ecológico** Función que una especie desempeña en un ecosistema, generalmente definida por sus relaciones con otras especies y por su forma de alimentación. Dos especies que vivan en el mismo espacio geográfico no pueden ocupar el mismo nicho ecológico, pues compiten por el mismo alimento y una acaba siempre por desplazar a la otra.

Nicholson, Ben (Denham, Buckinghamshire 1894 - Londres 1982) Pintor y escultor británico. Iniciado en el cubismo, evolucionó luego por influencia de Mondrian hacia un estilo rigurosamente abstracto. A partir de los años sesenta su obra recuperó luz y colorido, con especial predilección por los temas del bodegón y el paisaje.

Nicholson, Jack (Neptune, New Jersey 1937) Actor de cine estadounidense. Formado en numerosas películas de serie B, a partir de los años setenta tuvo la oportunidad de demostrar su talento dramático en filmes como *Chinatown* (1974), *Alguien voló sobre el nido del cuco* (1975), *El resplandor* (1980), *El cartero siempre llama dos veces* (1981) y *El honor de los Prizzi* (1985).

Nicholson, William (Londres 1753 - íd. 1815) Químico británico. Experimentando con la pila de Volta, descubrió el fenómeno de la electrólisis (1800).

Nicias (s. IV a. C.) Pintor ateniense. Aunque no se conservan los originales, conocemos su obra por las réplicas de los frescos de Pompeya y de Roma y por testimonios escritos. Sus temas favoritos fueron la mujer y las batallas. Trabajó por el procedimiento de la encáustica y se distinguió por los contrastes entre luces y sombras y el volumen de sus figuras.

Nicias (? h. 470 - Siracusa 413 a. C.) Político y militar ateniense. Fue jefe del partido aristocrático y enemigo político del demócrata Cleón. Negoció la paz entre Atenas y Esparta (*paz de Nicias*) en la guerra del Peloponeso. Al reanudarse ésta, participó en la expedición a Sicilia, en la que perdió la vida.

Nicklaus, Jack (Columbus 1940) Golfista estadounidense. Venció, entre otros torneos, en el open británico (1966, 1970 y 1978), en el open de EE UU (1962, 1967, 1972 y 1980) y en el Masters (1963, 1965, 1966, 1972, 1975 y 1986).

Nicol, William (? h. 1768 - Edimburgo 1851) Físico británico. Profesor de física en la universidad de Edimburgo, inventó en 1828 el prisma de espato de Islandia que lleva su nombre, empleado como polarizador de la luz.

Nicolai, Otto (Königsberg 1810 - Berlín 1849) Compositor alemán. Fue director de la orquesta de Viena y de la Ópera Real en Berlín. Entre sus obras destaca la ópera *Las alegres comadres de Windsor* (1849).

Nicolaier, Arthur (Cosel, Alta Silesia 1862 - Berlín 1945) Médico alemán. En 1884 identificó el bacilo del tétanos, *Clostridium tetani*, que desde entonces también recibe el nombre de *bacilo de Nicolaier*.

nicolaísmo *s. m.* Doctrina herética del cristianismo surgida en Asia Menor en el s. I, que rechazaba el celibato de los sacerdotes. El nombre se hizo extensivo a lo largo de la Edad Media a la conducta de aquellos religiosos que convivían con mujeres.

Nicolás Nombre de seis papas.

Nicolás I, San (Roma h. 800 - íd. 867) Papa romano. Su pontificado abarca de 858 a 867. Se opuso al divorcio de Lotario II y de Teuberga y a la elección de Focio como patriarca de Constantinopla, lo que provocó la ruptura entre Roma y Bizancio.

Nicolás II (Chevron, Saboya h. 980 - Florencia 1061) Papa borgoñón. De nombre Gérard de Bourgogne, su pontificado abarca de 1059 a 1061. Fue elegido en Siena por los cardenales huidos de Roma, aconsejados por Hildebrando. Convocó el II concilio de Letrán, que dictó normas para la elección del papa. Condenó a Berengario de Tours.

Nicolás IV (Lisciano, Ascoli h. 1230 - Roma 1292) Papa italiano. De nombre Girolamo Masci, su pontificado abarca de 1288 a 1292. Era general de los franciscanos. Coronó a Carlos de Anjou como rey de Sicilia y trató de buscar un equilibrio entre las familias Colonna y Orsini. Combatió a los espirituales franciscanos.

Nicolás V (Sarzana 1397 - Roma 1455) Papa italiano. De nombre Tommaso Parentucelli, su pontificado abarca de 1447 a 1455. Humanista, protegió a los artistas y fundó la biblioteca vaticana. Consiguió poner fin al cisma de Félix V (1449). Envió a Nicolás de Cusa (1450) a Alemania y coronó a Federico III (1452). Luchó contra el nepotismo.

Nicolás Nombre de dos zares de Rusia.

Nicolás I (Tsarkoie Selo, San Petersburgo 1796 - San Petersburgo 1855) Zar de Rusia (1825-55). Miembro de la familia Romanov, sucedió en el trono a su hermano Alejandro I. Al poco de ser coronado hubo de hacer frente a un intento revolucionario. Tras reprimirlo, gobernó con total absolutismo, negándose a cualquier reforma. En el exterior sofocó la revuelta polaca de 1830 y ayudó a Austria a dominar la revolución húngara de 1848. Su política expansionista en los Balcanes provocó la guerra de Crimea (1853-56), en la que se enfrentó a Turquía, Francia, Reino Unido y Piamonte. Cuando murió, la derrota rusa era ya inevitable.

Nicolás I.

Nicolás II (Tsarkoie Selo, San Petersburgo 1868 - Yekaterinburgo 1918) Zar de Rusia (1894-1917). Continuó la política absolutista de su padre, Alejandro III. Débil e incapaz, se dejó guiar por su mujer, Alexandra, influida a su vez por Rasputín. En 1904 llevó al país a una desastrosa guerra contra Japón, que debilitó su posición y aumentó el malestar interior, que estalló en 1905, tras la sangrienta represión de una manifestación obrera. En 1914 se unió al Reino Unido y Francia contra Alemania en la Primera Guerra Mundial. El conflicto castigó duramente a la economía rusa, y el zar perdió rápidamente el apoyo de casi todos los sectores sociales del país. Tras la revolución de febrero de 1917 fue detenido y obligado a abdicar. Instalado en Yekaterinburgo, fue fusilado poco después junto con toda su familia por decisión del Soviet del Ural.

Nicolás II.

Nicolás de Autrecourt (Autrecourt, Verdun 1300 - Metz, Lorena, después de 1350) Filósofo y teólogo francés. Seguidor de la doctrina nominalista de Ockam, sostuvo que no existía ninguna prueba racional para demostrar la existencia de Dios. Fue llamado el «Hume medieval» por su crítica al principio de causalidad y por sostener que la única certeza intelectual se hallaba en la evidencia de los sentidos. Mantuvo frente a la escolástica una concepción atomista de la naturaleza. La Iglesia lo condenó. Su obra más importante fue *Exigit ordo executionis.*

Nicolás de Bari, San (s. IV) Obispo de Mira, en Licia. La tradición de muchos países europeos lo identifica con Santa Claus, protector de los niños y adolescentes, a los cuales hace regalos en la vigilia de su fiesta.

Nicolás de Cusa Véase **Cusa, Nicolás de**.

Nicolás I Petrovic (Njegos 1841 - Antibes 1921) Príncipe (1860-1910) y rey de Montenegro (1910-18). Sucedió a su tío Danilo I. Luchó contra los turcos y con el apoyo de Rusia consiguió en el congreso de Viena (1878) la independencia de Montenegro, del que se proclamó rey (1910) y cuya modernización impulsó. Aliado con Serbia en la Primera Guerra Mundial, su país fue invadido por las fuerzas austrohúngaras (1916) y tuvo que exiliarse. En 1918 fue derrocado y Montenegro entró a formar parte de Yugoslavia.

Nicolau, Antoni (Barcelona 1858 - íd. 1933) Compositor y director de orquesta español. Fue una de las principales figuras del renacimiento musical catalán de finales del s. XIX. Entre sus composiciones más notables se cuentan *El triunfo de Venus* (1882), *Corazón de fuego* (1895) y *Canço de la Moreneta.*

Nicolau, Pere (Valencia s. XIV-XV) Pintor español. Fue un destacado representante del estilo gótico internacional con influencia germánica. Creó un modelo de madona en el que se funden el ideal cortesano con el sentimiento religioso, logrado mediante el equilibrio de las formas, la expresividad y la riqueza de color. Su obra maestra es la *Virgen de la Aurora* del retablo de la iglesia de Sarrión (Teruel).

Nicolle, Charles (Ruán 1866 - Túnez 1936) Biólogo francés. Descubrió la transmisión del tifus exantemático a través del piojo. En 1928 recibió el premio Nobel de fisiología y medicina.

Nicómaco de Gerasa (finales del s. I) Matemático griego. Fue el primero en concebir la aritmética como una disciplina autónoma. A él se deben obras como *Introducción aritmética* y *Manual de armónica.*

Nicosia (en gr. *Leukosia*; en turco *Lefkosía*) C. de Chipre, cap. del país, situada en la llanura central. 166.900 h. en 1989. Es un centro comercial y administrativo, y posee industria textil, química y mecánica. Desde la crisis de 1974 se encuentra dividida en un sector grecochipriota y otro turcochipriota. Conserva las murallas construidas por los venecianos (1567), la catedral de Santa Sofía (1209-1330) y la iglesia de Santa Catalina (s. XIV).

Nicosia: vista del centro de la ciudad.

nicotina *s. f.* $C_{10}H_{14}N_2$. Alcaloide presente en las hojas del tabaco. Es un líquido aceitoso, tóxico, de olor fuerte y sabor picante, que excita el sistema nervioso. Se utiliza como aditivo en varios productos letales, como los insecticidas, y también en medicina y como curtiente.

nicotínico, ácido *s. m.* Una de las vitaminas del complejo B, cuya deficiencia origina la pelagra. Se obtiene por oxidación de la nicotina. Se llama también *niacina.*

nicotinismo o **nicotismo** *s. m.* **1.** Tabaquismo*. **2.** Intoxicación producida por efecto de la nicotina.

Nicoya **1.** Península de Costa Rica situada entre el océano Pacífico y el golfo del mismo nombre.
2. Golfo situado entre la península del mismo nombre y las costas de las provincias de Guanacaste y Puntarenas, en Costa Rica.
3. C. de Costa Rica, en la prov. de Guanacaste. 35.000 h. en 1981. Centro de una región agrícola y ganadera.

nicromo (marca registrada) *s. m.* Aleación de níquel y cromo, muy utilizada para la fabricación de aparatos y elementos de calefacción.

nictalopía *s. f.* Defecto de la vista que consiste en una mejor visión cuando la luz es escasa. **FAM.** Nictálope.

nictitante *adj.* Se aplica a las membranas o terceros párpados que poseen muchos animales vertebrados, como los reptiles y las aves, que pueden moverse horizontalmente sobre el ojo. En el hombre está atrofiada y se reduce a un abultamiento de la piel situado en el vértice interior del ojo.

nictofobia *s. f.* Miedo exagerado a la noche y, en general, a la oscuridad.

Nicuesa, Diego de (Baeza, Jaén ? - ? 1511) Explorador español. Fernando el Católico le concedió la exploración y conquista de la región de Darién, en el actual Panamá. En 1510 fundó en el istmo de Panamá la ciudad de Nombre de Dios; poco más tarde fue llamado para hacerse cargo del mando del territorio de Darién, pero fue expulsado por los colonos allí instalados. Desapareció en un naufragio o a manos de los indios.

nidación *s. f.* En biol., anidación, hecho de anidar las aves.

nidada *s. f.* Conjunto de los huevos o de las crías que se encuentran en un nido.

nidal *s. m.* Lugar al que acude un ave doméstica para poner sus huevos.

nidícola *adj.* Se aplica a las aves cuyos pollos salen del huevo antes de haber completado el desarrollo; aún no tienen plumas y están ciegos, por lo que deben permanecer durante cierto tiempo en el nido.

nidificar *v. intr.* Hacer sus nidos las aves. ■ Se conjuga como *sacar.* **FAM.** Nidificación.

nidífugo, ga *adj.* Se aplica a las aves cuyos pollos abandonan el nido al poco tiempo de salir del huevo, ya que nacen provistos de plumón.

nido *s. m.* **1.** Especie de cama o refugio que construyen las aves para poner huevos y criar más tarde a los pollos; p. ext., cualquier lugar que utilizan con este fin. **2.** Lugar donde viven y se reproducen otros animales. **3.** Nidal*. **4.** Casa, hogar. **5.** *desp.* Lugar donde se reúnen ladrones, maleantes y gente similar o donde se reúnen o acumulan personas o cosas a las que se da un sentido negativo. **6.** Lugar, situación o circunstancia que es origen de algo, generalmente negativo. **7.** En los hospitales, lugar donde están los recién nacidos. ‖ **8. cama nido** Véase **cama**. **9. nido de ametralladora(s)** Trinchera circular en la que se instalan una o varias ametralladoras. ‖ **LOC. caerse** alguien **de un nido** *fam.* Ser muy ingenuo. **patearle el nido** a alguien *fam. Arg., Par., Urug.* Desbaratarle los planes a alguien.

niebla *s. f.* **1.** Nube de color blanquecino o grisáceo que está formada por gotitas de agua muy pequeñas sobre partículas de polvo, humo, polen, etc., y que se encuentra en contacto con el suelo. **2.** Aquello que impide o dificulta el conocimiento o comprensión de algo. ‖ **3. niebla meona** Aquella de la que se desprenden gotas pequeñas sin llegar a ser llovizna.

niel *s. m.* Trabajo realizado en hueco sobre metales preciosos que se rellena con un esmalte negro. **FAM.** Nielado, nielar.

Niemen (*Nemunas*) Río de la Europa báltica. 937 km. Nace en Bielorrusia, al SE de Minsk, y discurre en dirección NO, recorriendo Lituania hasta desembocar en el Báltico. Su régimen es pluvionival.

Niemeyer Soares, Oscar (Rio de Janeiro 1907) Arquitecto brasileño. Su estilo, funcionalista, pero imaginativo, muestra una gran riqueza de formas en las que predomina la línea curva. Realizó numerosas obras en todo Brasil y fue designado para construir los edificios administrativos de la nueva ciudad de Brasilia. Abandonó Brasil por motivos políticos y trabajó en Francia, donde construyó la sede del Partido Comunista en París; en Argelia, la universidad de Constantina; en Israel, la universidad de Haifa; y en Italia, el edificio Fata en Turín.

Niepce, Nicéphore (Chalon-sur-Saône 1765 - Saint-Loup-de-Varennes 1833) Físico francés. Inventó un motor de explosión que utilizaba el petróleo como combustible, pero hubo de suspender el proyecto por falta de dinero. Descubrió luego el uso del cloruro de plata para obtener negativos de grabados. En colaboración con Daguerre, fijó sobre placas de cobre bañadas en plata las imágenes obtenidas en la cámara oscura, convirtiéndose así en pionero de la fotografía.

Nieremberg, Juan Eusebio (Madrid 1595 - íd. 1658) Escritor español. Hijo de padres alemanes, ingresó en la Compañía de Jesús y se dedicó a la enseñanza y al estudio. Destacado escritor ascético, entre sus títulos más característicos figuran *Vida divina y camino real* (1633), *De la diferencia entre lo temporal y lo eterno* (1640) y *De la hermosura de Dios y su amabilidad* (1641). Sus *Epístolas* (1949) constituyen una importante fuente informativa. Realizó una versión castellana de la *Imitación de Cristo*, de Kempis.

nietastro, tra *s. m.* y *f.* Respecto a una persona, hijo o hija de su hijastro o hijastra.

nieto, ta *s. m.* y *f.* Cualquier persona respecto a sus abuelos.

Nieto, Ángel (Zamora 1947) Motociclista español. Considerado uno de los mejores corredores en pequeñas cilindradas (80 cc y 125 cc), obtuvo en trece ocasiones el título de campeón del mundo entre 1969 y 1984.

Friedrich Nietzsche.

Nietzsche, Friedrich Wilhelm (Röcken, Lützen 1844 - Weimar 1900) Filósofo alemán. Se formó como filólogo clásico en Bonn. Llegó a la filosofía a través de la lectura de Schopenhauer, lo que junto a su admiración por Wagner y a la pasión que sentía por el mundo griego determinó en buena medida sus primeros escritos. Su filosofía constiye un ensalzamiento de todos los valores vitales, a la vez que una crítica de la cultura, especialmente de la filosofía y del cristianismo, que según él han llevado al hombre a un lugar de sumisión y han impedido que se desarrollara como un «espíritu libre». Centró su doctrina en cuatro puntos fundamentales: la voluntad de poder, el superhombre, la autosuperación de la moral y el eterno retorno. La obra de Nietzsche supuso un punto de inflexión en la historia de la filosofía, por cuanto dio pie al desarrollo de una corriente de pensamiento irracionalista que tuvo una enorme importancia en el s. XX. Algunas de sus obras más decisivas son *El origen de la tragedia* (1872), *La gaya ciencia* (1882 y 1887), *Así habló Zaratustra* (1883-91), *Más allá del bien y del mal* (1886) y *Genealogía de la moral* (1887).

Nieva, Francisco (Valdepeñas, Ciudad Real 1929) Dramaturgo y escenógrafo español. Ligado en sus inicios al postismo, su teatro une rasgos de la tradición picaresca y barroca española con otros provenientes de la vanguardia europea del s. XX, como Alfred Jarry, los surrealistas o Artaud. Entre sus obras destacan *La carroza de plomo candente* (1973), *Coronada y el toro* (1975) y *El baile de los ardientes* (1985).

nieve *s. f.* **1.** Agua helada que se desprende de las nubes y llega a la tierra en forma de copos blancos. Se produce cuando la atmósfera se encuentra a una temperatura inferior al punto de congelación, lo que provoca que el vapor de agua se cristalice y se agrupe en copos, los cuales, al alcanzar cierto tamaño, no pueden permanecer más tiempo en suspensión y caen sobre la tierra como precipitación sólida. **2.** Nevada*. Se usa mucho en *pl.* **3.** Blancura. **4.** Manchas o puntos que se observan en la pantalla de un televisor, monitor, etc., producidos por interferencias o debilidad de la señal. **5.** En argot, cocaína. **6.** *Cuba, Méx., P. Rico.* Sorbete helado. ‖ **7. nieve carbónica** Hielo seco.

nife *s. m.* Masa de níquel (10 %) y hierro (90 %), con una elevada densidad y temperatura. Se cree que estos elementos, junto a pequeñas cantidades de otros metales, son los componentes básicos del núcleo terrestre.

Níger Río de África occidental, el tercero del continente por su longitud. 4.160 km. Tiene 2.000.000 de km^2 de cuenca y 10.000 m^3/s de caudal absoluto. Nace en los montes Loma, atraviesa Guinea y Malí en dirección SO-NE, luego gira bruscamente en dirección NO-SE, pasando por Níger y Nigeria, hasta desembocar en el golfo de Guinea a través de un gran delta. Sus principales afluentes son el Bani y el Benué. Tiene un régimen tropical sudanés o senegalés, y ecuatorial en su curso bajo.

Níger Estado del África sahariana.

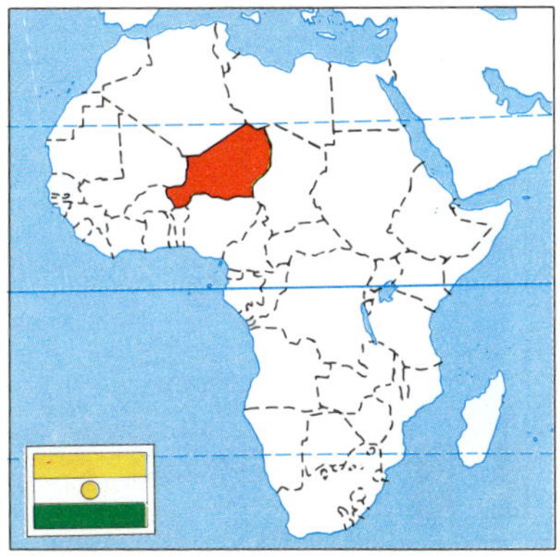

Extensión: 1.186.408 km^2.
Límites: al N, con Argelia y Libia; al E, con Chad; al S, con Nigeria y Benin, y al O, con Burkina Faso y Malí.
Población: 7.779.000 h. en 1990.
Densidad: 6,6 h./km^2.
Capital: Niamey.
División administrativa: 7 departamentos y un distrito central.
Ciudades principales: Zinder, Maradi, Tahoua.
Gentilicio: nigeriano.
Forma de Estado: república presidencialista.
Idioma: francés.
Religión: islamismo sunní, 97,5 %.
Moneda: franco CFA.
Tasa de natalidad: 51 ‰ en 1990.
Tasa de mortalidad: 21 ‰ en 1990.
Renta per cápita: 290 dólares en 1989.

Geog. física Gran parte del territorio de Níger está situado en el desierto del Sáhara, sólo la franja meridional queda comprendida en el ámbito de influencia del río Níger y el lago Chad. En el centro se alza el Aïr, macizo volcánico coronado por el Bagnaze, máxima altura del país (2.022 m). En torno al Aïr se extiende la llanura del Teneré, de tipo erg. El sector SO del país está recorrido por el curso medio del río Níger y en el SE se extiende una región pantanosa correspondiente al lago Chad. Tanto el clima como la vegetación son desérticos y áridos; el sector meridional recibe lluvias estacionales, con un clima tropical senegalés en el SO.
Geog. humana y ***económica*** La población pertenece a las etnias hausa, djerma y fulbé, que se concentran en el valle del Níger, mientras que nómadas tuareg recorren el desierto. Sus recursos económicos son esencialmente agropecuarios, con cultivos de cacahuete, maíz, trigo, arroz, mijo (quinto productor mundial), sorgo, mandioca y cebolla, junto a ganado bovino, ovino y caprino. Se practica la pesca en el lago Chad y el río Níger. Cuenta con yacimientos de sal, estaño, hierro y uranio (séptimo productor mundial) y una industria muy reducida en la que destacan los sectores cementero, cervecero y azucarero.
Hist. Habitado desde muy antiguo, el territorio del actual Níger fue dominado a partir del s. X por la etnia hausa, que sufrió presiones por parte de los tuareg, de los kanuri y del imperio de Malí. Fue visitado por viajeros europeos a fines del s. XIX, y en 1900 ocupado militarmente por Francia, que lo convirtió en 1922 en la colonia de Níger, tras duros enfrentamientos con los tuareg. Después de la Segunda Guerra Mundial pasó a ser territorio de ultramar, hasta lograr su independencia en 1960 y convertirse en república. El primer presidente fue el pro-francés Hamani Diori, líder de la Unión Democrática Africana, que estableció un régimen autoritario. La mala administración, unida a los graves efectos de la sequía, provocó en 1974 un golpe militar dirigido por el teniente coronel Seyni Kountché, jefe del estado mayor. Kountché mantuvo la tradicional alianza de Níger con las potencias occidentales e inició reformas administrativas y económicas, al tiempo que liberalizaba paulatinamente el régimen, en un proceso que culminó con la aprobación en 1987 de una nueva Constitución. Kountché murió ese mismo año y fue sustituido por el coronel Ali Seibou como presidente de la República; en 1990 se convirtió en primer ministro Ailou Mahamidou. En 1992 tuvo lugar un golpe de Estado militar fracasado.

Nigeria Estado de África ecuatorial.

Geog. física Nigeria presenta dos sectores morfológicamente diferenciados, una llanura costera aluvial y un interior meseteño, dividido en tres zonas por los cursos de los ríos Níger y Benué.

Diferentes tipos de nidos construidos por aves.

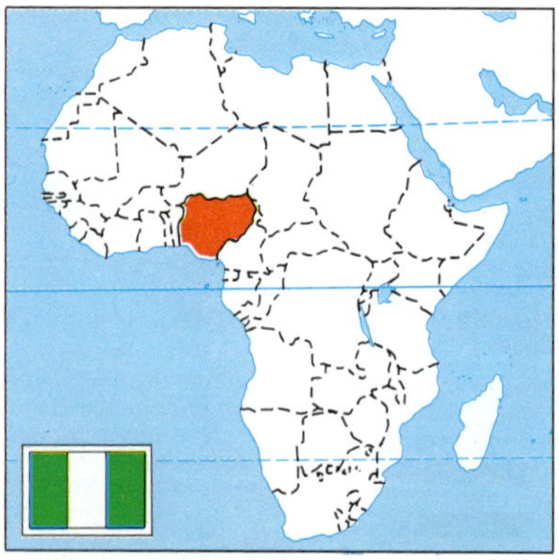

Extensión: 923.768 km^2.
Límites: al N, con Níger; al E, con Chad y Camerún; al S, con el golfo de Guinea, y al O, con Benin.
Población: 119.812.000 h. en 1990.
Densidad: 129,7 $h./km^2$.
Capital: Abuja.
División administrativa: 19 estados y un territorio federal.
Ciudades principales: Lagos, Ibadán, Ogbomosho, Kano, Oshogbo, Ilorin, Abeokuta, Port Harcourt, Onitsha.
Gentilicio: nigeriano.
Forma de Estado: república federal.
Idioma: inglés.
Religión: islamismo, 45 %; protestantismo, 26,3 %; catolicismo, 12,1 %; indigenismo africano, 10,6 %; creencias tradicionales, 5,6 %.
Moneda: naira.
Tasa de natalidad: 46 ‰ en 1990.
Tasa de mortalidad: 17 ‰ en 1990.
Renta per cápita: 290 dólares en 1988.

En el centro del país se halla el altiplano de Bauchi, con macizos cuya mayor altura es el pico de Shere Hill (1.780 m). En el E del país se alzan los montes Shebshi (2.042 m) y Gotel (2.418 m). En la llanura costera el río Níger forma un gran delta, ocupado por manglares. El clima es ecuatorial, cálido y húmedo al S y tropical sudanés y senegalés al N; la vegetación es de sabana de gramíneas en el interior, sabana arbolada más al S y selva ecuatorial en la franja costera.

Geog. humana y ***económica*** La población, urbana en un 31 %, pertenece a las etnias hausa, ibo, yoruba y karuni y se concentra en el S y el O. Nigeria es el país con mayor población de África y el octavo del mundo. El país cuenta con cultivos de sorgo, mijo (tercero), batata (tercer productor mundial), arroz, maíz, mandioca (segundo), ñames, palma oleífera (tercero), cacao (quinto productor mundial), cacahuetes (quinto), sésamo (sexto), algodón y bananas; sus cabañas caprina (cuarta del mundo), ovina y bovina se encuentran entre las principales de África. Produce también caucho, y madera de ébano, mogano y obeche. Posee importantes recursos minerales, con extracciones de carbón y estaño, grandes yacimientos de petróleo (primer productor de África) y gas natural, y una industria desarrollada en los sectores textil, metalúrgico, mecánico, del tabaco y la alimentación.

Hist. Habitado y dominado por la etnia hausa, que alcanzó su máximo poder en los s. XVII y XVIII, el territorio de la actual Nigeria empezó a ser explorado por los portugueses en el s. XV, y un siglo más tarde por los británicos, que se dedicaron a la trata de esclavos. La posesión fue reconocida al Reino Unido que, tras acordar con Francia en 1898 la frontera, creó en 1906 el protectorado de Nigeria del Sur. Los primeros movimientos nacionalistas comenzaron a partir de 1945, impulsados especialmente por los ibos. El Reino Unido le concedió la independencia en 1960, y en 1963 Nigeria se convirtió en una república federal, presidida por el doctor Azikiwe, con Tafawa Balewa como primer ministro. Sin embargo, las grandes esperanzas que la riqueza económica y demográfica habían hecho albergar se frustraron por culpa del permanente enfrentamiento tribal y la crónica injerencia militar en los asuntos políticos. En 1966 el general ibo Ironsi depuso a Azikiwe e intentó imponer un régimen centralista. Fue asesinado en ese mismo año y sustituido por el general Gowon que, tras aplastar el intento ibo de independizar Biafra (lo que provocó más de un millón y medio de muertos entre 1967 y 1970), pretendió reconciliar a las distintas regiones del país, pero fue derrocado por otro general, Murtala Muhammad. Éste fue asesinado en 1976 y sustituido por el general Olusegun Obasajango, que promulgó en 1979 una Constitución que devolvió el poder a los civiles. Se celebraron elecciones ese año y fue elegido presidente Shehu Shagari, que volvió a triunfar en las de 1983. Pero ese año un nuevo golpe militar anuló las libertades políticas y situó en la presidencia al general Muhammad Buhari, depuesto a su vez en 1985 por el general Ibrahim Babangida. En abril de 1990 otro golpe de Estado fue sofocado por tropas leales al presidente.

nigeriano, na *adj.* De Nigeria o de Níger. También *s.*

night-club (voz ingl.) *s. m.* Sala de fiestas nocturna.

Nightingale, Florence (Florencia 1820 - Londres 1910) Enfermera británica. Durante la guerra de Crimea organizó los servicios de enfermería del ejército británico, reformando profundamente la sanidad militar de campaña. Más tarde se dedicó a la formación del personal sanitario.

nigromancia o **nigromancía** *s. f.* **1.** Práctica que pretende conocer el futuro invocando a los muertos. **2.** *fam.* Magia negra, hechicería.

nigromante *s. m.* y *f.* Persona que practica la nigromancia.

nigromántico, ca *adj.* **1.** Perteneciente o relativo a la nigromancia. ‖ *s. m.* y *f.* **2.** Nigromante*.

nigua (voz caribe) *s. f.* Insecto sifonáptero de la familia túngidos, especie *Tunga penetrans.* Es muy parecido a la pulga común, pero mucho más pequeño y con la trompa más larga. Vive en América, aunque se ha extendido a África.

nihil obstat *loc. lat.* Significa 'nada se opone' y se utiliza para indicar que una autoridad eclesiástica da su conformidad sobre la publicación de una obra, la asignación de una cátedra de teología, o el nombramiento para determinados cargos, al no haber encontrado en la obra o en la persona alguna postura o actitud contrarias a la fe o la moral cristianas.

nihilismo *s. m.* **1.** Tendencia revolucionaria de parte de la intelectualidad rusa de mediados del s. XIX, que reflejaba la desilusión de las nuevas generaciones ante la situación política del país. Se pretendía romper con la tradición y elaborar una nueva mentalidad que, apoyada en la ciencia, asegurara la felicidad de las masas. Debe su nombre al novelista Turgueniev, que lo empleó en su novela *Padres e hijos* (1862). **2.** Actitud filosófica que rechaza los valores tradicionales en lo que respecta a la moralidad, el orden y la autoridad, y sostiene que no existe ninguna base realmente sólida sobre la que levantar un nuevo orden de cosas. El nihilismo en filosofía denota un escepticismo extremo acerca de la existencia de un fundamento objetivo de la verdad y de la obligación. Está presente en autores como Georges Bataille y Cioran. **FAM.** Nihilista.

Niigata C. de Japón, cap. de la prefectura homónima, situada en la costa occidental de la isla de Honshu, junto al mar del Japón. 485.100 h. en 1989. Tiene yacimientos y refinería de petróleo, así como industrias del aluminio, química y textil, y un importante puerto pesquero.

Nijinski, Vaslav Fomich (Kiev 1890 - Londres 1950) Bailarín y coreógrafo ruso. Fue la gran figura de los ballets rusos de Sergei Diaghilev. Unía una depurada técnica y condición física con una gran fuerza expresiva. Entre sus coreografías más importantes figuran *La siesta de un fauno* (1912), con música de Debussy, y *La consagración de la primavera,* con música de Stravinski.

Nike En la mitología griega, diosa que personifica la victoria. Se aplica también como epíteto a otras diosas, especialmente a Atenea.

Nikolaiev C. de Ucrania, cap. de la prov. homónima, a orillas del mar Negro. 503.000 h. en 1989. Su economía depende principalmente de la industria metalúrgica pesada y de las destilerías. Cuenta también con una intensa actividad portuaria.

Nikon, Nikita Minin, llamado (Nizhni Novgorod 1605 - Yaroslavl 1681) Eclesiástico ruso. Arzobispo de Novgorod (1648) y patriarca de Moscú (1652). Era partidario del retorno de la ortodoxia rusa a sus orígenes griegos y de la separación de los poderes estatal y religioso. Su labor reformista suscitó el nacimiento de un movimiento cismático, el raskol. En 1666 un concilio le apartó definitivamente de la Iglesia.

nilad (voz tagala) *s. m.* Planta arbustiva de la familia rubiáceas. Tiene tallos ramosos, hojas ovales y flores blancas. Es originaria de Filipinas. De ella proviene el nombre de *Manila.*

Nilo (en ár. *Bahr el-Nil* o *el-Bahr*) Río del NO de África. 6.671 km de longitud si se incluye su tramo inicial, el río Kagera, que desagua en el lago Victoria, lo que lo convierte en el más largo del mundo, con una cuenca de 2.867.000 km^2 y 2.000 m^3/s de caudal absoluto. Al salir del lago Victoria, a través de las cataratas de Rippon, recibe el nombre de *Nilo Victoria*; discurre hacia el NO, penetra en el lago Kioga y, más tarde, en el Alberto (Mobutu Sese Seko); atraviesa luego una zona montañosa, en la que recibe el nombre de *Bahr-el-Jebel* (Nilo Blanco), y llega hasta Sudán, donde su caudal es tan escaso (15 m^3/s.) que, de no recibir al Sobat y luego, a la altura de Jartum, al Nilo Azul, su principal afluente, probablemente no alcanzaría el mar. Tras atravesar el desierto de Nubia y recibir al Atbara, entra en Egipto, donde forma seis cataratas y se embalsa en la presa de Asuán; pasa luego por El Cairo y, finalmente, forma un gran delta con dos ramas principales, Rashid (Rosetta), al O, y Dumiat (Damietta), al E. Las lluvias estacionales provocan las crecidas que, al arrastrar limo de origen volcánico de la meseta etíope, fertilizan las tierras de sus márgenes.

nilón *s. m.* Nylon*.

nilótico, ca *adj.* **1.** Perteneciente o relativo al río Nilo. **2.** Se dice de un grupo étnico africano que habita en la cuenca del Nilo y en la región de los Grandes Lagos. **3.** De este grupo. También *s.* **4.** Se aplica a una familia de lenguas africanas habladas en esos lugares. También *s. m.*

nimbar *v. tr.* Rodear con nimbo una figura o imagen.

nimbo *s. m.* **1.** Círculo luminoso que rodea la cabeza de las imágenes religiosas; también es utilizado en algunas representaciones de dioses y emperadores. **2.** Círculo semejante que rodea algunos astros, especialmente al Sol y a la Luna. **3.** Nimboestrato*.

nimboestrato *s. m.* Capa de nubes bajas, de color gris y aspecto uniforme, que da lugar a lluvias, nieves o granizo.

Nimega (*Nijmegen*) C. de los Países Bajos, en el E del país, a orillas del Waal. 145.400 h. en 1989 y 238.000 h. en su aglomeración urbana. Su economía se basa en la industria eléctrica, química y textil. Tiene puerto fluvial y constituye un importante nudo de comunicaciones terrestres.

Nîmes C. de Francia, cap. del departamento de Gard, situada en el S del país, en la región de Languedoc-Roussillon, próxima a la desembocadura del Ródano. 128.000 h. en 1990. Es un relevante mercado vinícola y cuenta con industria textil, alimentaria, química y mecánica. Conserva importantes monumentos de la época romana, como la *Maison carrée* y el anfiteatro.

nimiedad *s. f.* **1.** Cualidad de nimio. **2.** Cosa nimia.

nimio, mia *adj.* **1.** Insignificante, sin importancia. **2.** Minucioso, meticuloso. **FAM.** Nimiamente.

Nin, Anaïs (París 1903 - Los Ángeles 1977) Escritora estadounidense de origen cubano. En su obra estudia la psicología femenina valiéndose de recursos simbólicos y surrealistas. Entre sus libros destacan *La casa del incesto* (1936), *Invierno de artificio* (1939), *En una campana de cristal* (1944), *Escaleras hacia el fuego* (1946), *Diarios* (1931-71) y *Delta de Venus* (1977), colección de narraciones eróticas.

Nin, Andreu (Vendrell, Tarragona 1892 - Madrid 1937) Político español. Miembro de la CNT desde 1919, apoyó la revolución rusa y perteneció al comité ejecutivo de la Internacional Sindical Roja. Abandonó la URSS en 1929, acusado de simpatizar con el trotskismo, y regresó a España, donde formó el grupo Izquierda Comunista, que en 1935 se fusionó con el Bloque Obrero y Campesino y dio lugar al Partido Obrero de Unificación Marxista (POUM). Diputado por el Frente Popular en 1936, fue secuestrado en 1937 por agentes de Stalin y asesinado en Madrid. Es autor de *Las dictaduras de nuestro tiempo* (1930) y *El proletariado español ante la revolución* (1931).

ninfa *s. f.* **1.** Cualquiera de las divinidades menores, con forma de muchacha, que según la mitología griega y romana habitaban en los bosques, fuentes, ríos, etc.; recibían distintos nombres, como dríada, nereida, ondina, sílfide. **2.** Muchacha joven y bonita. **3.** Estadio intermedio entre las fases de larva e imago o adulto en los insectos. En la fase de ninfa el animal experimenta importantes transformaciones. Durante este periodo de tiempo el animal se alimenta de la energía obtenida de la destrucción de sus propios tejidos. Las ninfas pueden presentarse libres o envueltas en una bolsa llamada *capullo.* || *pl.* **4.** Labios menores de la vulva.

ninfálidos *s. m. pl.* Familia de insectos lepidópteros a la que pertenecen numerosas especies comprendidas en los géneros *Argynnis, Clossiana, Aglais, Vanessa, Apatura, Polygonia, Limenitis, Inachis,* etc. Son mariposas diurnas de mediano o gran tamaño, cuyas alas presentan vistosos colores, sus patas anteriores son inútiles para posarse y sus antenas tienen una maza terminal bien definida. Habitan en todos los continentes y son grandes migradoras. Ninfálidos son las mariposas vanessa, tornasolada, ninfa del bosque, pavo real, etc. También *adj.* y *s. m.*

ninfea *s. f.* Nenúfar*.

ninfeáceas *s. f. pl.* Familia de plantas acuáticas o palustres del orden ninfeales a la que pertenecen más de 90 especies comprendidas en los géneros *Cabomba, Nuphar, Nymphaea, Euryale, Victoria,* etc. Tienen grandes hojas flotantes, rizomas de muchos brotes y flores solitarias hermafroditas, generalmente de color verde. Crecen en estanques y lagos de todo el mundo y se cultivan para uso ornamental. Ninfeáceas son el nenúfar blanco, el loto, la ninfea y el lirio de la reina Victoria. También *adj.* y *s. f.*

ninfómana *s. f.* Mujer que tiene ninfomanía.

ninfomanía *s. f.* Deseo sexual exagerado y nunca satisfecho en la mujer. Antiguamente se llamaba también *furor uterino.* **FAM.** Ninfomaniaco o ninfomaníaco.

ningún *adj. indef. apóc.* de **ninguno**. ▪ Se usa delante de un sustantivo masculino singular, aunque entre los dos figure un adjetivo: *ningún otro regalo.*

ninguno, na *adj. indef.* Ni una sola persona o cosa: *No vino ninguna mujer.* También *pron.*: *No compraron ninguno.*

Ningxia Hui Región autónoma de China, en el NO del país, al S de Mongolia. 66.400 km^2. 4.655.500 h. en 1990. La capital es Yinchuan, con 329.600 h. en 1989. Su tercio N está ocupado por una llanura y el resto por una fértil meseta. Su principal río es el Huang-ho. El clima es continental. Su economía se basa en el cultivo de arroz, trigo y mijo y en la ganadería. Cuenta con yacimientos carboníferos. ▪ Se escribe también *Ningsia Hui.*

Nínive Antigua capital del imperio asirio, situada junto al río Tigris, frente a la actual Mosul (Irak). Según la leyenda, fue fundada por Nino, personaje mítico. La ciudad alcanzó su máximo esplendor durante los reinados de Senaquerib (705-681 a. C.) y Asurbanipal (668-626 a. C.). En el año 612 a. C. fue conquistada y destruida por los persas Nabopolasar y Ciaxares.

ninivita *adj.* De Nínive. También *s.*

Nino Personaje mítico babilonio. Fue el fundador de la ciudad de Nínive y del imperio babilónico, y se le consideraba el inventor del arte militar.

ninot (voz cat.) *s. m.* Cada una de las figuras o muñecos de una falla valenciana.

niña *s. f.* Pupila del ojo. || **LOC. como a las niñas de mis (tus, sus,** etc.**) ojos** *adv.* Con mucho amor o cuidado.

niñato *s. m.* Becerro que se halla en el vientre de la vaca cuando la matan estando preñada.

niñato, ta *s. m.* y *f.* **1.** *desp.* Joven presumido y de comportamiento despreocupado. También *adj.* **2.** *desp.* Joven sin experiencia que cree saberlo todo. También *adj.*

niñería *s. f.* Acción o dicho propio de un niño y que resulta absurdo o poco razonable en un adulto.

niñero, ra *adj.* **1.** Que le gustan mucho los niños. También *s.* || *s. f.* **2.** Mujer que cuida niños.

niñez *s. f.* **1.** Periodo de la vida humana que comprende desde el nacimiento hasta la adolescencia. **2.** P. ext., primera etapa de la existencia de algo.

niño, ña *s. m.* y *f.* **1.** Persona que está en el periodo de la niñez. También *adj.* **2.** P. ext., persona muy joven. También *adj.* **3.** *fam.* Hijo, especialmente cuando tiene pocos años. **4.** Persona de espíritu o comportamiento infantil o que demuestra inexperiencia. También *adj.* **5.** *amer.* Tratamiento familiar que los sirvientes y la gente humilde dan a sus amos o a otras personas socialmente superiores. ▪ Se usa mucho delante del nombre propio. || **6. la niña bonita** En la lotería y otros juegos parecidos, el número quince. **7. niño bonito** (o **mimado**) Persona preferida de alguien, por lo que tiene ciertos privilegios. **8. niño burbuja** Aquel que, por padecer una inmunodeficiencia severa, es aislado del mundo exterior mediante una burbuja de plástico, para evitar un contagio que le sería fatal. **9. niño de la bola** El niño Jesús representado con una bola del mundo en la mano o bajo sus pies. **10. niño de pecho** (o **de teta**) El que todavía mama. **11. niño Jesús** Jesucristo en su niñez; también, imagen de Cristo recién nacido. **12. niño probeta** El que ha sido concebido mediante una técnica de laboratorio que consiste en fecundar un óvulo «in vitro» e implantarlo en el útero materno. || **LOC. como (un) niño con zapatos nuevos** *adv. fam.* Muy contento. **ni qué niño muerto** *fam.* Refuerza una negación.

Niño, Pedro Alonso (Moguer, Huelva h. 1468 - ? h. 1505) Navegante español. Acompañó a Colón en sus viajes primero y tercero. En 1499, asociado con Cristóbal Guerra, partió de Palos y llegó al golfo de Paria, a la isla Margarita y a la región de Cumaná.

Niño, Pero (? 1378 - Cigales 1453) Marino y aventurero español. Por sus hazañas contra los piratas berberiscos en el Mediterráneo Juan II le concedió el título de conde de Buelna (1431). Fue inmortalizado por Gutierre Díez de Games en *El victorial* o *Crónica de don Pero Niño.*

Níobe En la mitología griega, hija de Tántalo y esposa de Anfión, rey de Tebas. Orgullosa de sus catorce hijos, se burló de Leto, que sólo tenía dos, Apolo y Artemisa. Éstos, para vengar a su madre, mataron a todos los hijos de Níobe. Zeus se apiadó de ella convirtiéndola en roca.

niobio *s. m.* Nb. Elemento químico perteneciente al grupo V B del sistema periódico. Su número atómico es 41 y su masa atómica 92,9064. Descubierto por el químico inglés Charles Hatchett, en 1801, su existencia fue confirmada por el químico alemán Heinrich Rose en 1844, quien le dio el nombre de niobio en honor de Níobe, hija de Tántalo, ya que el niobio y el tántalo se encuentran en los mismos minerales y presentan reacciones similares. Es un metal que ofrece gran resistencia a los ácidos y una resistencia algo menor a las bases. Se utiliza en aleaciones empleadas en componentes nucleares y en la protección de las cápsulas espaciales. Sus minerales, niobita y tantalita, se extraen en Brasil y en África.

nipa *s. f.* Árbol de la familia nipáceas, especie *Nipa fruticans.* Mide unos 3 m de altura, tiene hojas circulares de gran tamaño, flores verdes en inflorescencia y fruto en drupa. Crece en Oceanía y sus hojas se utilizan para techar las chozas.

nipón, na *adj.* Japonés*.

Nippur Antigua ciudad de Mesopotamia, situada junto al río Eúfrates. Estuvo habitada durante toda la antigüedad y floreció entre la tercera dinastía de Ur (finales del tercer milenio) y la dominación persa (s. IV a. C).

níquel (del al. *Nickel*) *s. m.* **1.** Ni. Elemento químico perteneciente al grupo VIII B del sistema periódico. Su número atómico es 28 y su masa atómica 58,71. Su carácter de elemento fue demostrado por el químico sueco Axel Frederik Cronsted en 1751. Es un metal de brillo plateado, muy maleable, con propiedades ferromagnéticas y muy resistente al ataque químico. Se emplea principalmente en la preparación de aleaciones, cuya dureza y resistencia a las temperaturas elevadas y a la corrosión las hace particularmente adecuadas para el recubrimiento o la elaboración de maquinaria, herramientas e instrumentos. Finamente dividido se utiliza como catalizador. Sus principales yacimientos se encuentran en Canadá, EE UU, Federación Rusa y Nueva Caledonia. **2.** *amer.* Moneda de este metal y, p. ext., moneda de poco valor.

niquelar *v. tr.* Cubrir con un baño de níquel otro metal. **FAM.** Niquelado, niquelador, niqueladura.

niquelina *s. f.* NiAs. Mineral arseniuro de níquel. Cristaliza en el sistema hexagonal y tiene color blanco o rojizo. Suele aparecer asociado a otros minerales, en rocas magmáticas. Constituye una de las principales menas del níquel. Abunda en Canadá, Nueva Caledonia y la Federación Rusa, y se utiliza para aleaciones metálicas anticorrosivas y fabricación de moneda.

niqui *s. m.* Prenda de tejido ligero, normalmente de punto, con cuello y, por lo general, de manga corta.

Nirenberg, Marshall Warren (Nueva York 1927) Biólogo estadounidense. En 1968 obtuvo el premio Nobel de fisiología y medicina, compartido con Robert William Holley y Har Gobind Khorana, por sus estudios sobre la transmisión del código genético.

Niro, Robert de (Nueva York 1943) Actor cinematográfico estadounidense. Alcanzó la popularidad con *El padrino II* (1974). Otras películas importantes en su carrera son *Novecento* (1976), *Taxi driver* (1976), *El cazador* (*The deer hunter,* 1978), *La misión* (1986), *El corazón del ángel* (1986) y *Los intocables* (1987).

nirvana (voz sánscrita) *s. m.* Meta suprema de la meditación en la religión budista. Es un estado de libertad en el que se forma parte de la esencia divina y al que se llega mediante la aniquilación de los deseos y de la conciencia individual.

Niš C. de Serbia, situada en el SE del país, en la confluencia del río Morava con su afluente el Nisava. 161.400 h. en 1981. Es un importante centro comercial y cuenta con industria química y textil.

níscalo *s. m.* Hongo de la familia agaricáceas, especie *Lactarius deliciosus.* Mide de 4 a 10 cm de altura y su sombrerillo es de color anaranjado o rojo con zonas claras y oscuras concéntricas. Desprende un líquido rojizo muy aromático. Crece en los bosques de casi toda la península Ibérica y es muy apreciado como alimento. Se llama también *mízcalo* y *nízcalo.*

Níscalo (Lactarius deliciosus).

Nishinomiya C. de Japón, situada en la isla de Honshu, en la bahía de Osaka. 426.100 h. en 1989. Cuenta con industria siderúrgica, química, metalúrgica y de productos derivados. Posee las más importantes destilerías de sake de todo el país.

níspero *s. m.* **1.** Nombre común de diversas plantas arbustivas de la familia rosáceas, géneros *Mespilus* y *Eriobotrya.* El níspero común *(Mespilus germanica)* alcanza unos 2 m de altura y tiene un tronco ramificado y espinoso, hojas elípticas, grandes flores blancas y fruto en forma de pera, de sabor ácido, que se vuelve dulce tras madurar en un lecho de paja. Crece espontáneamente, aunque también es cultivable. El níspero del Japón *(Eriobotrya japonica)* alcanza unos 2 m de altura y tiene hojas ovales lanceoladas, pequeñas flores blancas agrupadas en panículos y fruto amarillento de forma casi esférica y sabor agradable. Es originario del Japón, pero su cultivo se ha extendido a los países mediterráneos. **2.** Fruto de estos árboles.

nistagmo *s. m.* Movimiento rítmico e involuntario del globo ocular, producido generalmente por una alteración neurológica.

Niterói C. de Brasil, situada en el estado de Rio de Janeiro, en el SE del país. 442.700 h. en 1985. Posee los más importantes astilleros brasileños e industria metalúrgica, textil, química y alimentaria. Forma parte del área metropolitana de Rio de Janeiro.

Nithard, Juan Everardo (Falkenstein 1607 - Roma 1681) Religioso y político alemán. Miembro de la Compañía de Jesús, fue confesor y valido de la reina Mariana de Austria, esposa de Felipe IV de España. Su influencia aumentó a la muerte del rey, pero Juan José de Austria, hijo natural del rey fallecido, logró alejarle del gobierno mandándole a Roma como embajador ante la Santa Sede, donde fue nombrado cardenal.

nitidez *s. f.* Cualidad de nítido.

nítido, da *adj.* **1.** Transparente, limpio. **2.** Que se percibe claramente, de contornos bien definidos. **3.** Preciso, sin confusión. **4.** Se aplica a acciones, conductas, etc., honradas o sinceras. **FAM.** Nítidamente.

nitración *s. f.* Resultado de la adición del grupo nitro $-NO_2$ en moléculas de sustancias orgánicas, mediante la reacción del ácido nítrico en un medio formado por ácido sulfúrico concentrado. Los productos resultantes de la nitración son de carácter explosivo. De particular interés es la obtención, por este procedimiento, del trinitrotolueno (TNT), la nitroglicerina y la nitrocelulosa.

nitrato *s. m.* **1.** Nombre que recibe cualquier sal derivada del ácido nítrico (HNO_3); p. ej., el nitrato de plata ($AgNO_3$) o el nitrato amónico (NH_4NO_3). Este tipo de sales es muy abundante y de uso común en laboratorio. Algunas de ellas se emplean como fertilizantes. ‖ **2. nitrato de Chile** Sustancia blanca compuesta fundamentalmente por nitrato de sodio ($NaNO_3$) en un 94-96 %, nitrato de potasio (KNO_3) en un 1,2-1,8% y cloruro de sodio (NaCl) en un 1%. Se encuentra en grandes cantidades en el desierto de Atacama, en el N de Chile. Proviene de la descomposición de los excrementos de ciertas aves, conocido con el nombre de guano. Antes de la fabricación industrial de fertilizantes nitrogenados, el nitrato de Chile era prácticamente el único abono nitrogenado utilizado en la agricultura.

nítrico, ca *adj.* **1.** Perteneciente o relativo a los compuestos oxigenados del nitrógeno, óxidos y oxiácidos, en los que este elemento actúa con valencia 5. ‖ **2. ácido nítrico** HNO_3. Compuesto oxigenado del nitrógeno, en el que este elemento actúa con valencia 5. Conocido como agua fuerte por los alquimistas, era utilizado para separar el oro de la plata. No existe en estado libre en la naturaleza y se prepara mediante la acción del ácido sulfúrico sobre el nitrato de sodio o bien por oxidación catalítica del amoniaco. Es uno de los ácidos más oxidantes y corrosivos, por lo que produce quemaduras peligrosas; reacciona con la mayoría de los metales, produciendo el correspondiente nitrato; también reacciona con las proteínas, formando ácido xantoproteico, y con los compuestos orgánicos, generando nitrocompuestos. Es ampliamente utilizado en la industria como oxidante y como ácido fuerte.

nitrilo *s. m.* $R-C \equiv N$. Cualquier sustancia orgánica en cuya molécula aparezca el grupo funcional $-C \equiv N$. Se puede considerar como el resultado de reemplazar el átomo de hidrógeno del ácido cianhídrico (H-CN) por un radical orgánico (R). Los nitrilos se pueden preparar mediante la destilación de las sales amónicas de los ácidos orgánicos o por deshidratación de las amidas.

nitrito *s. m.* Nombre que recibe cualquier sal derivada del ácido nitroso (HNO_2), p. ej. el nitrito de potasio (KNO_2) o el nitrito amónico (NH_4NO_2), que se utiliza en laboratorio para la obtención de nitrógeno puro.

nitro *s. m.* Nitrato potásico (KNO_3) que se deposita en forma de agujas o polvo blanquecino en zonas húmedas y saladas. Se encuentra en Cochabamba (Bolivia), Arabia, India e Irán; se utiliza como abono y, especialmente, para la fabricación de pólvora. También es llamado *salitre.*

nitro– *pref.* Aparece en algunos compuestos químicos orgánicos e indica la presencia de algún grupo $-NO_2$.

nitrobenceno *s. m.* $C_6H_5-NO_2$. Producto obtenido mediante la nitración del benceno. Según cuáles sean las condiciones de reacción, se puede obtener el derivado bencénico mono, di o trinitrado, situándose los grupos nitro, en este último caso, unidos a carbonos alternos del anillo bencénico. El nitrobenceno, o derivado mononitrado, es un líquido tóxico, con olor a almendras amargas, cuyo grupo nitro puede reducirse para formar un grupo amino ($-NH_2$), originándose así la anilina, compuesto de extraordinaria importancia en la industria de los colorantes y como producto intermedio en síntesis orgánicas.

nitrocelulosa *s. f.* Derivado de la celulosa obtenido mediante la nitración total de la misma. Si esta nitración se lleva a cabo utilizando algodón, que es celulosa casi pura, se obtiene el llamado *algodón pólvora*, cuyo posterior tratamiento con acetona dará lugar a una sustancia conocida como *pólvora sin humo.*

nitrogenado, da *adj.* Que contiene nitrógeno.

nitrógeno *s. m.* N. Elemento químico perteneciente al grupo V A del sistema periódico. Su número atómico es 7 y su masa atómica 14,0067. Descubierto por el físico británico Daniel Rutherford en 1772, también recibe el nombre de *ázoe* (sin vida), debido a su incapacidad para sostener la vida y la combustión. Constituye el 78 %, en volumen, del aire atmosférico, atenuando la acción oxidante del oxígeno. Combinado, aparece en la naturaleza formando óxidos, nitratos y nitritos, amoniaco y sales amónicas; también forma parte de aminoácidos. Fundamentalmente se obtiene a partir del aire, por eliminación del oxígeno. Es muy poco reactivo, dada la gran estabilidad de su molécula. Se utiliza en la creación de atmósferas inertes y, licuado, en la industria del frío.

nitroglicerina *s. f.* $C_3H_5(O-NO_2)_3$. Compuesto obtenido de la nitración total de la glicerina mediante la esterificación con ácido nítrico, en un medio de ácido sulfúrico concentrado, a bajas temperaturas. Es un líquido aceitoso que puede arder sin explotar. La detonación se produce por choque o percusión, razón por la cual no se transporta ni se usa en forma líquida, sino mezclado con tierra de infusorios, mezcla conocida como *dinamita.*

nitroso, sa *adj.* **1.** Perteneciente o relativo a los compuestos oxigenados del nitrógeno, óxidos y oxiácidos, en los que este elemento actúa con valencia 3. ‖ **2. ácido nitroso** HNO_2. Compuesto oxigenado del nitrógeno, en el que este elemento actúa con valencia 3. Únicamente se obtiene en solución acuosa, pues se descompone antes de ser aislado. Sus sales son los nitritos.

nitrotolueno *s. m.* $CH_3-C_6H_4-NO_2$. Compuesto obtenido mediante la nitración del metilbenceno o tolueno. Cuando la nitración es total se forma el trinitrotolueno, $CH_3-C_6H_2-(NO_2)_3$. Por reducción del grupo o los grupos nitro a grupos amino ($-NH_2$) se obtienen las correspondientes aminas aromáticas (toluidinas).

nitruro *s. m.* Compuesto binario del nitrógeno con otro elemento. Se pueden distinguir tres grandes clases de nitruros: los nitruros iónicos, como el nitruro de litio (Li_3N), los nitruros de metales de transición, de gran dureza, como el nitruro de titanio (TiN) y los nitruros de elementos no metálicos.

nivación *s. f.* Conjunto de fenómenos producidos en el relieve por la acción de la nieve acumulada. Mientras no funde, la nieve obstaculiza la erosión producida por el hielo y el deshielo. Cuando funde, favorece el desplazamiento del suelo superficial de la pendiente.

nival *adj.* Perteneciente o relativo a la nieve.

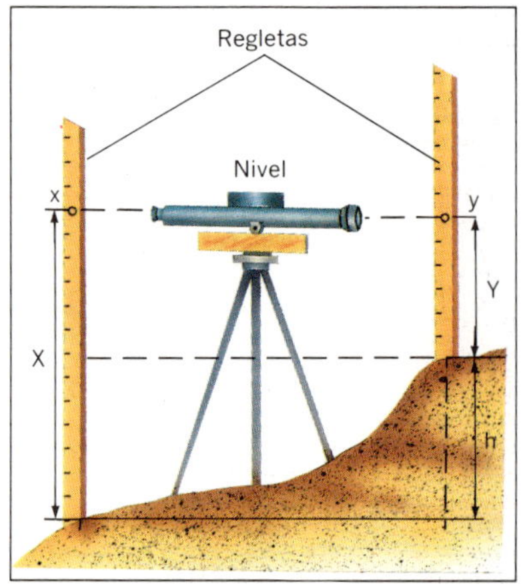

Nivelación directa: para hallar la altura del desnivel (h), *se visan con un nivel de anteojo las marcas* x *e* y *en las regletas. La fórmula es* $h = X - Y$.

nivel *s. m.* **1.** Altura o grado en que está o a que llega una persona o cosa. **2.** Instrumento de diferentes formas y materiales que se utiliza para comprobar la horizontalidad o verticalidad de un plano. **3.** Plano horizontal y, también, superficie superior de una cosa respecto a otras cuya altura se mide con relación a ésta. **4.** Piso o planta de una construcción, de una mina, etc. **5.** Igualdad o equivalencia. **6.** En electrónica, medida de la tensión, intensidad o potencia de una señal eléctrica en relación con otra tensión, intensidad o potencia que se toma como referencia. ‖ **7. nivel de aire** (o **de burbuja**) Tubo de vidrio lleno de un líquido en el que existe una burbuja; cuando la posición del instrumento es perfectamente horizontal, la burbuja se halla en el centro de la graduación. **8. nivel de energía** Valor de la energía interna de una molécula, átomo, núcleo atómico o partícula elemental. **9. nivel de intensidad acústica** Intensidad de un sonido con respecto a otro que sirve de referencia; se expresa en decibelios. **10. nivel de vida** Condiciones socioeconómicas de un individuo o grupo humano.

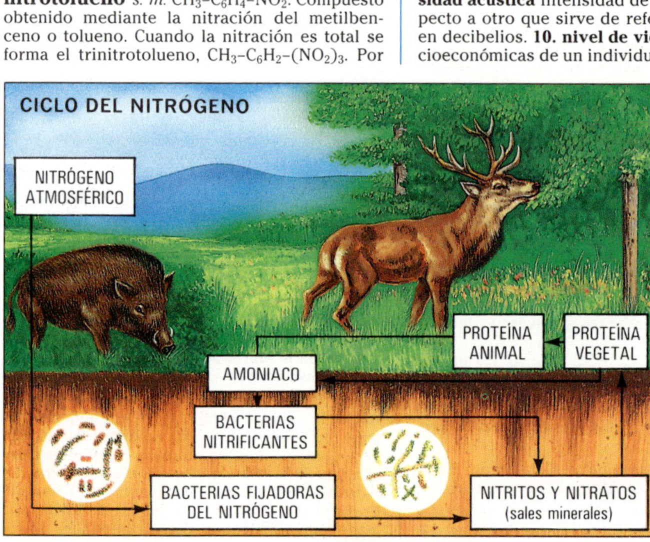

El nitrógeno atmosférico es arrastrado a la tierra por las lluvias y utilizado en las proteínas vegetales; los herbívoros convierten éstas en proteínas animales; los desechos se descomponen y parte del nitrógeno vuelve a la atmósfera.

11. nivel de vuelo Altura del avión respecto al nivel del mar en una atmósfera a la misma presión. **12. nivel del mar** El que por término medio alcanzan las aguas del mar en calma; sirve de referencia para medir las alturas del relieve o las profundidades submarinas. **13. paso a nivel** Véase **paso**. ‖ **Loc. a nivel** *adv.* En un plano horizontal. **al** (o **a**) **nivel de** *adv.* Atendiendo a aquello que se expresa, tomándolo como referencia. ▪ Es un galicismo cuyo uso no está aprobado.

nivelación *s. f.* **1.** Acción y efecto de nivelar. **2.** Cálculo de las altitudes del terreno que toma como referencia el nivel del mar. En España, el punto para llevar a cabo estos cálculos es Alicante, ya que es el lugar donde la variación de altura del agua es menor.

nivelador, ra *adj.* **1.** Que nivela. También *s.* ‖ *s. f.* **2.** Buldozer*.

nivelar *v. tr.* **1.** Hacer que una superficie quede llana u horizontal. También *v. prnl.* **2.** Poner dos o más cosas a la misma altura, grado o categoría. También *v. prnl.* **3.** Determinar con el nivel si existe o no igualdad de altura entre dos o más planos, o comprobar si una superficie es horizontal.

Niven, David (Kirriemuir, Escocia 1909 - Château d'Oex, Suiza 1983) Actor británico. Debutó en el cine en 1935 y a lo largo de su carrera creó un personaje de típica elegancia británica. Destacó en la comedia y el cine de acción. Entre sus películas sobresalen *La octava mujer de Barba Azul* (1938), *Cumbres borrascosas* (1939), *La vuelta al mundo en 80 días* (1956), *Buenos días, tristeza* (1958), *Mesas separadas* (1958), *La pantera rosa* (1964) y *Muerte en el Nilo* (1978). Es, además, autor de dos libros autobiográficos, *La aventura de mi vida* (1971) y *Traigan los caballos vacíos* (1975).

níveo, a *adj.* De nieve o semejante a ella, especialmente en cuanto a su blancura. ▪ Es de uso culto o literario.

nivopluvial *adj.* Se aplica a un tipo de régimen fluvial en que el cauce es alimentado por las nieves en mayor medida que por las lluvias.

Nixon, Richard Milhous (Yorba Linda, California 1913) Político estadounidense. Fue vicepresidente de EE UU en los dos gobiernos de Eisenhower (1953-61). En 1968 ganó las elecciones a la presidencia por el Partido Republicano y fue reelegido por mayoría en 1972. Durante su mandato estableció relaciones con China, mantuvo conversaciones con la URSS sobre la limitación de armamento y se vio obligado a negociar un alto el fuego con Vietnam del Norte. En 1974 dimitió a causa del escándalo Watergate.

Richard Nixon.

Niza (*Nice*) C. de Francia, cap. del departamento de Alpes-Maritimes, situada en el SE del país, a orillas del mar Mediterráneo, en la región de Provenza-Alpes-Costa Azul. 342.000 h. en 1990 y 865.500 h. en la aglomeración urbana. Principal centro urbano de la Costa Azul, su economía se basa en el turismo, ya que tiene un agradable clima durante todo el año. Posee asimismo industria mecánica, textil y de perfumería.

Nizami (Ganya 1135 - íd. 1209) Poeta persa. Protegido por varios príncipes musulmanes se inició en el sufismo. Es autor de cinco poemas *El tesoro de los secretos, Los amores del rey Jusraw y de Sirin, Los amores de Layla y Manun, Las siete efigies* y *La historia de Alejandro.* Dominador de la lengua, está considerado como uno de los más importantes poetas persas.

Nizan, Paul (Tours 1905 - Audruicq, Pas-de-Calais 1940) Escritor francés. Perteneció al Partido Comunista Francés, que abandonó en 1939, y participó activamente en las polémicas filosóficas de su época. Murió en combate en la Segunda Guerra Mundial, durante la retirada de Dunkerque. Son de destacar su ensayo *Los perros guardianes* (1932) y sus novelas *Antoine Bloyé* y *La conspiración* (1938).

nízcalo *s. m.* Níscalo*.

Nizhni Novgorod Nombre de la ciudad de Gorki.

Nizhni Tagil C. de la Federación Rusa, en el sector central de los Urales. 440.000 h. en 1989. Es un importante centro siderúrgico. En sus alrededores se explotan minas de hierro y cobre.

Nkomo, Joshua (Semokwe, Matabeleland 1917) Político de Zimbabwe. Presidente del Congreso Nacional Africano (1957), en 1961 fundó el ZAPU (Unión de los Pueblos Africanos de Zimbabwe). En 1974 se unió a Robert Mugabe y formó el Frente Patriótico de Zimbabwe, que inició el camino de la lucha armada. En las elecciones de 1980 el ZAPU, apoyado por la etnia matabele, fue derrotado por el ZANU de Mugabe. Ministro del Interior en el primer gobierno independiente, rompió con Mugabe y se exilió en el Reino Unido en 1982. Retornó en 1987, integrándose nuevamente en el gobierno.

Nkrumah, Kwame (Nkroful, Axim 1909 - Bucarest 1972) Político ghanés. En 1949 fundó el Partido de la Convención del Pueblo. Nombrado primer ministro en 1952, fue elegido en 1960 primer presidente de la República de Ghana, a la que convirtió en 1964 en un estado de partido único. Defensor de una política panafricana y neutralista, impulsó el desarrollo económico con criterios de planificación socialista. Fue depuesto por un golpe militar en 1966 mientras visitaba China.

nm Símbolo del nanómetro.

no *adv. neg.* **1.** Se emplea para negar, rechazar algo, indicar la falta de realización de una determinada acción, etc.: *¿Quieres más café? No, gracias. No compré nada.* **2.** En forma interrogativa, se utiliza cuando se espera o se supone una respuesta afirmativa y a veces muestra extrañeza o impaciencia: *Pero, ¿no te has preparado?* Se emplea también para pedir el consentimiento o la conformidad de alguien: *Puedo ir, ¿no? Es bonito, ¿no?* O simplemente como muletilla. **3.** Antepuesto a algunos sustantivos y adjetivos, funciona como un prefijo y expresa la carencia de lo que éstos indican: *los no creyentes, nombres no contables.* **4.** Seguido de la preposición *sin*, anula el significado negativo o de privación que tiene ésta: *Se fue, no sin antes despedirse.* ‖ *s. m.* **5.** Negación: *Me dieron un no por respuesta.* ‖ **Loc. ¿cómo no?** o **¡cómo no!** *interr.* o *excl.* Se usa como fórmula de cortesía para contestar afirmativamente. **no bien** *adv.* Tan pronto como, en cuanto. **no más** *adv.* Solamente; se usa mucho en Hispanoamérica; también, basta de.

nō (voz japonesa) *s. m.* Tipo de teatro clásico japonés en el que se entremezclan la poesía, la danza, el mimo y la música. Alcanzó su máximo esplendor en los s. XIV y XV. Se conservan unas doscientas cuarenta obras, muy influidas por el budismo zen. Una representación completa, de unas seis horas de duración, suele constar de cinco obras.

No Símbolo químico del nobelio.

Noailles, Anna Élisabeth Brancovan, condesa de (París 1876 - íd. 1933) Poetisa francesa de origen rumano. Su salón fue uno de los centros de la vida parisina de su época. Algunos de sus libros más representativos son *El corazón innumerable* (1901), *Los vivos y los muertos* (1913), *Las fuerzas eternas* (1921) y *El honor de sufrir* (1927). También escribió novelas, como *El rostro maravillado* (1904).

Nobel *s. m.* **1.** Cada uno de los premios que todos los años concede la fundación creada por Alfred Nobel para recompensar a los químicos, físicos, médicos, literatos y promotores de la paz mundial que más se han distinguido por sus trabajos en estas áreas. Todos ellos son entregados, en sesión solemne, por el rey de Suecia, el 11 de diciembre de cada año. En 1969 se añadió un nuevo galardón, el de economía, otorgado por el Banco Central sueco. **2.** Persona galardonada con dicho premio.

Alfred Nobel.

Nobel, Alfred (Estocolmo 1833 - San Remo 1896) Químico sueco. Mezcló la nitroglicerina con barro de diatomeas de tal manera que la mezcla resultante, a la que llamó *dinamita*, no estallaba sin ayuda de un fulminante. También inventó la gelatina explosiva. A su muerte, dejó una fundación para la institución de cinco premios anuales que llevan su nombre.

nobelio *s. m.* No. Elemento químico perteneciente al grupo de los actínidos del sistema periódico. Su número atómico es 102 y su masa atómica 254. Recibe su nombre en honor a Alfred Nobel. Fue aislado en 1958 por un equipo de físicos de la universidad de Berkeley, bombardeando nucleos de curio-244 (Cm^{244}) y curio-246 (Cm^{246}) con iones de carbono-12 (C^{12}) para producir isótopos de nobelio-254 (No^{254}). Anteriormente físicos del Instituto Nobel de Física de Estocolmo, en colaboración con científicos ingleses y estadounidenses, habían anunciado la obtención de un isótopo de nobelio con una vida media de 10 minutos, que posteriormente se demostró no viable. En 1966 se obtuvo el nobelio-252 (No^{252}) y el nobelio-257 (No^{257}), y posteriormente otros cuatro isótopos, uno de los cuales, el nobelio-255 (No^{255}) alcanza la mayor vida media, con tres minutos.

Nobile, Umberto (Lauro, Avellino 1885 - Roma 1978) Ingeniero y explorador italiano. En 1926 participó, junto a Lincoln Ellsworth y Roald Amundsen, en la primera expedición en dirigible al polo norte. En 1928 dirigió otra expedición, que fracasó, y en cuyo rescate Amundsen perdió la vida.

nobiliario, ria *adj.* **1.** Perteneciente o relativo a la nobleza o a los nobles. **2.** Se aplica al libro que trata sobre la nobleza y su genealogía. También *s. m.*

noble *adj.* **1.** Se aplica a la persona que por su origen o por concesión de una autoridad superior, generalmente el rey, posee un título que la sitúa en una clase o estatus social privilegiado. También *s.* **2.** Perteneciente o relativo a estas personas. **3.** Distinguido, señorial. **4.** Generoso, leal, sincero. **5.** Aplicado a los animales, fieles al hombre, no traicioneros. **6.** De gran calidad, valor, categoría, etc. ‖ **7. gas noble** Véase **gas**. **8. metal noble** Véase **metal**. **Fam.** Noblemente.

nobleza *s. f.* **1.** Cualidad de noble. **2.** Aristocracia, clase social formada por nobles. ‖ **Loc. nobleza obliga** Expresa que la propia estimación mueve a alguien a actuar de una determinada manera.

Noboa y Arteta, Diego (Guayaquil 1789 - ? 1870) Político ecuatoriano. Derrocado Flores (1845), formó parte del gobierno y, tras la revuelta de Urbina, ocupó la presidencia (1850). Llevó a cabo una política moderada y autorizó la vuelta de los jesuitas. Enemistado con el general Urbina, fue depuesto (1851).

noceda o **nocedal** *s. f.* o *s. m.* Nogueral*.

noche *s. f.* **1.** Espacio de tiempo comprendido entre la puesta y la salida del Sol. **2.** Horas destinadas a dormir durante este espacio de tiempo. **3.** Oscuridad, tinieblas. **4.** Tristeza, melancolía. ▪ Las acepciones 3 y 4 tienen sobre todo uso literario. ‖ **5. media noche** Las doce de la noche; también, horas que siguen a las doce. **6. noche toledana** *fam.* La que se pasa sin dormir por una preocupación, dolor, molestia, etc. ‖ **Loc. buenas noches** Fórmula de saludo o despedida utilizada por la noche. **como de la noche al día** *adv.* Completamente distinto. **de la noche a la mañana** *adv.* De forma repentina o inesperada.

Noche de San Bartolomé Nombre con que se conoce la matanza de protestantes llevada a cabo en París, por orden del rey Carlos IX, la noche del 24 de agosto de 1572. El episodio ocurrió durante las guerras de religión francesas y en él perdieron la vida más de 3.000 hugonotes y su caudillo, el almirante Gaspar de Coligny.

Noche triste Nombre con que se conoce la derrota sufrida por Hernán Cortés a manos de los aztecas en Tenochtitlan el 30 de junio de 1520.

nochebuena *s. f.* Noche del 24 al 25 de diciembre, en que se celebra el nacimiento de Cristo. ■ Suele escribirse con mayúscula.

nocherniego, ga *adj.* Se dice de la persona noctámbula. También *s.*

nochero, ra *s. m.* y *f.* **1.** *Col.* Persona que está de guardia durante la noche en hospitales y otros establecimientos semejantes. **2.** *Chile, Urug.* Vigilante nocturno.

nochevieja *s. f.* Última noche del año. ■ Suele escribirse con mayúscula.

noción *s. f.* **1.** Idea o conocimiento que se tiene sobre algo. **2.** Conocimiento básico o elemental sobre alguna materia. Se usa más en *pl.* **FAM.** Nocional.

nocivo, va *adj.* Que causa daño o perjuicio. **FAM.** Nocividad.

noctámbulo, la *adj.* **1.** Se dice de la persona a la que le gusta divertirse y vivir de noche, así como de sus costumbres y modo de vida. También *s.* **2.** Se aplica a los animales que desarrollan su actividad por la noche, así como a sus costumbres. **FAM.** Noctambulismo.

noctiluca *s. f.* **1.** Luciérnaga*. **2.** Protozoo flagelado perteneciente a la familia noctilúcidos, especie *Noctiluca scintillans.* Su tamaño es microscópico, tiene el cuerpo globuloso o lobulado y está provisto de un flagelo y un cirro. Se halla presente en el plancton acumulado sobre la plataforma continental de los mares cálidos y templados y a él se debe frecuentemente la luminosidad que se observa en sus aguas por la noche.

noctívago, ga *adj.* Noctámbulo*.

nocturnidad *s. f.* **1.** Cualidad de nocturno. **2.** En der., circunstancia agravante que consiste en el hecho de aprovechar la noche o para cometer ciertos delitos.

nocturno, na *adj.* **1.** Perteneciente o relativo a la noche o que ocurre en este tiempo. **2.** Se aplica a las especies animales que desarrollan su actividad durante la noche y a las plantas que abren sus flores únicamente por la noche. ‖ *s. m.* **3.** En sus orígenes, tipo de composición musical caracterizada por evocar una atmósfera nocturna; en el periodo romántico, el término adquirió un significado más específico, designando una pieza lírica y poética, generalmente para piano. Cultivadores de este género fueron Chopin, Liszt, Schumann, etc.

nodal *adj.* **1.** Perteneciente o relativo al nodo. **2.** Se dice de cada uno de los dos puntos opuestos en que la órbita de un astro corta la eclíptica.

Nodier, Charles (Besançon 1780 - París 1844) Escritor francés. Sus novelas del género fantástico y relatos de terror, como *Jean Sbogar* (1818), *Smarra o los demonios de la noche* (1821) y *El hada de las migajas* (1832), preludian el Romanticismo. Publicó también un *Diccionario razonado de las onomatopeyas francesas* (1808).

nodo *s. m.* **1.** En el movimiento ondulatorio, punto de amplitud nula, es decir, que no experimenta ninguna perturbación. En la interferencia de dos movimientos ondulatorios de igual amplitud y frecuencia los nodos son aquellos puntos donde coinciden la cresta de uno con el valle del otro. **2.** En astron., cada uno de los dos puntos en que la órbita de un astro corta a la eclíptica.

NO-DO (apóc. de *Noticiario Documental*) *s. m.* Nombre de un noticiario cinematográfico creado en España en el año 1942, realizado semanalmente y que fue de exhibición obligatoria en las salas comerciales de cine, antes de la proyección de las películas, hasta 1976.

nodriza *s. f.* **1.** Ama de cría. ‖ *adj.* **2.** En aposición, se aplica al vehículo preparado para suministrar combustible a otros. ‖ **3. nave nodriza** Nave espacial de la que se desprende otra más pequeña.

nódulo *s. m.* **1.** Pequeña concreción o dureza redondeada de cualquier materia. **2.** Masa globular, que aparece en el interior de algunas rocas, de composición o estructura diferente a éstas. Puede ser de origen químico o biológico, o bien encontrarse en rocas magmáticas, en cuyo caso se denomina *gabarro.* **3.** Masa de células o de fibras en forma de nudo, abultamiento o corpúsculo. ‖ **4. nódulo linfático** Ganglio linfático. **FAM.** Nodular.

Noé Personaje bíblico. Su historia se relata en el libro del *Génesis* (6-9). Cuando Dios decidió castigar al género humano con un diluvio universal, ordenó a Noé que construyera un arca para él, su familia y algunas parejas de animales. Al cesar la lluvia, el arca quedó posada en el monte Ararat, desde donde los animales fueron dispersándose y repoblando nuevamente la Tierra. Noé tuvo tres hijos: Cam, Sem y Jafet.

Noel, Eugenio Muñoz Díaz, llamado **Eugenio** (Madrid 1885 - Barcelona 1936) Escritor español. Perteneció a una generación de intelectuales que deseaba introducir en España los movimientos culturales europeos. Tuvo serios contratiempos en sus campañas contra el cante flamenco, los toros y otros aspectos convencionales de la vida española. Entre sus obras destacan *Lo que vi en la guerra* (1912), *España nervio a nervio* (1924) y *Las siete cucas* (1927).

Noel-Baker, Philip John (Londres 1889 - íd. 1982) Político británico. Miembro del Partido Laborista, aistió a la conferencia de Versalles (1919) y participó en la formación de la Sociedad de Naciones. Ocupó diversos ministerios (1945-51) y en 1959 recibió el premio Nobel de la paz por sus esfuerzos para conseguir el desarme total.

nogal *s. m.* Nombre común de diversas especies de árboles de la familia juglandáceas, género *Juglans.* El nogal común *(Juglans regia)* alcanza hasta 20 m de altura, tiene la corteza lisa y grisácea, hojas caducas, compuestas de folíolos ovales o puntiagudos, de color verde brillante, flores masculinas en amentos alargados y femeninas solitarias o en grupos, y fruto en drupa; llamado *nuez.* Crece en Eurasia y es apreciado en ebanistería por su madera y en alimentación por su fruto.

Nogal (Juglans regia); *detalle del fruto, folíolo, semilla y cáscara.*

nogalina *s. f.* Colorante obtenido de la cáscara de la nuez y usado para oscurecer las maderas.

noguera *s. f.* Nogal*.

Noguera Pallaresa Río de España, en la prov. de Lleida. 146 km de longitud. Nace en el Pla de Beret y discurre hacia el S hasta desembocar en el Segre. Su caudal se utiliza para generar energía eléctrica en los embalses de Tremp, Terradets y Camarasa.

Noguera Ribagorzana Río de España, entre las provincias de Lleida y Huesca. 130 km de longitud. Nace en el macizo de la Maladeta, del Pirineo leridano, y discurre hacia el S hasta desembocar en el Segre, aguas arriba de Lleida, dando lugar a la comarca de La Noguera. Sus aguas se utilizan para producir energía eléctrica en los embalses de Escales, Canelles y Santa Ana.

noguera l *s. m.* Lugar poblado de nogales. Se dice también *noceda* o *nocedal.*

Nogués, Xavier (Barcelona 1873 - íd. 1940) Pintor español. Dibujante, grabador y cartelista, se distinguió por sus obras de temática popular y costumbrista, realizadas en un estilo figurativo de raíz modernista. Destacan entre ellas *La sardana, Tarde de domingo* y *Mercado de Olot.*

Noland, Kenneth (Asheville 1924) Pintor estadounidense. Estudió en París con Zadkine y Ozenfant. Representante de la nueva abstracción estadounidense, construye sus cuadros con grandes formas geométricas, como en la serie *Diamantes* (1964-67).

Nolde, Emil Hansen, llamado **Emil** (Nolde, Schleswig 1867 - Seebüll 1956) Pintor alemán. Después de una etapa impresionista, en 1904 se orientó hacia un estilo de pincelada plana y espontánea y en 1906 se adhirió al grupo *Die Brücke.* Su pintura de madurez se caracteriza por las formas simples y los colores fuertes. Realizó obras de carácter religioso, bodegones y paisajes.

nómada *adj.* Se dice de las personas o animales que van de un lugar a otro, sin establecerse en un lugar fijo, así como de sus costumbres y forma de vida. También *s.* **FAM.** Nomadismo.

nombradía *s. f.* Renombre, fama.

nombrado, da *adj.* **1.** Mencionado. **2.** Elegido. **3.** Célebre, famoso.

nombramiento *s. m.* **1.** Acción y efecto de nombrar. **2.** Documento en el que consta que una persona ha sido nombrada para un cargo.

nombrar *v. tr.* **1.** Decir el nombre de una persona o cosa o hacer referencia a ella. **2.** Designar o elegir a alguien para cierto cargo, título, etc.

nombre *s. m.* **1.** Palabra o palabras que representan a un ser, una cosa o un conjunto y con las que podemos referirnos a ellos, distinguirlos y reconocerlos o con las que se los designa. **2.** Referido a una persona, conjunto formado por estas palabras y sus apellidos. En España, el nombre completo incluye dos apellidos: el primero, del padre y el segundo, de la madre. **3.** Título de una obra. **4.** En ling., sustantivo. **5.** Fama, reputación. ‖ **6. nombre de guerra** El que adopta una persona para realizar una actividad, generalmente artística o clandestina. **7. nombre de pila** El que se le da a una persona cuando es bautizada y, p. ext., el que consta en el registro civil. ‖ **LOC. en nombre de** *adv.* Representando a la persona o personas que se expresan; también se utiliza para apelar a lo que se expresa a continuación. **llamar a las cosas por su nombre** Hablar clara y sinceramente. **no tener nombre** algo *fam.* Ser indignante.

nomenclátor *s. m.* Catálogo o lista de nombres de pueblos, personas, voces técnicas, etc.

nomenclatura *s. f.* **1.** Conjunto de los términos técnicos de una ciencia o especialidad. ‖ **2. nomenclatura química** Este mismo conjunto referido a la química. En ella se emplea un conjunto de normas para asignar de forma correcta e inequívoca un nombre a cada compuesto. El sistema de nomenclatura más utilizado es el aconsejado por la IUPAC (Unión Internacional de Química Pura y Aplicada), aunque todavía se conservan algunos términos de la nomenclatura tradicional. En ambos sistemas se indican, directa o indirectamente, la naturaleza de los átomos que entran a formar parte de la molécula, su número y, en el caso de valencia o capacidad de combinación múltiple, la valencia con la que actúa cada elemento en el compuesto que se nombra. Además, según las reglas de la IUPAC, en el caso de compuestos inorgánicos se escribe en primer lugar el símbolo del elemento menos electronegativo de la molécula; no obstante, al nombrar el compuesto, se citará en primer lugar la parte más electronegativa de la molécula; p. ej., el NaCl se nombrará como cloruro de sodio y el $CaSO_4$, como sulfato de calcio.

nomenklatura (voz rusa) *s. f.* **1.** En la antigua URSS, lista de los altos cargos del Partido Comunista (PCUS) y del Estado ordenada por jerarquías. **2.** P. ext., clase formada por estos dirigentes.

nomeolvides *s. m.* **1.** Nombre común de diversas especies de plantas herbáceas de la familia borragináceas, género *Myosotis.* El nomeolvides común *(Myosotis palustris)* tiene una altura de 15 a 45 cm, hojas lanceoladas y flores en racimo de color blanco azulado; el nomeolvides alpino *(Myosotis alpestris)* es más pequeño, de 2 a 10 cm de altura, tallos muy vellosos y flores azules. Crecen en prados alpinos y zonas forestales de Europa, y se utilizan en jardinería y ornamentación. También se llaman *miosotis*. **2.** Cadena o pulsera de metal con una placa en la que suele grabarse una inscripción.

-nomía *suf.* Significa 'ciencia': *astronomía, agronomía.*

nómico, ca *adj.* Gnómico*.

nómina *s. f.* **1.** Lista de nombres. **2.** Relación de las personas que reciben un sueldo fijo en una empresa, ministerio, etc. **3.** Este sueldo. **4.** Documento en que consta dicho sueldo y en el que se especifican las cantidades brutas, los porcentajes retenidos, etc.

nominal *adj.* **1.** Perteneciente o relativo al nombre. **2.** Aplicado a algunos documentos bancarios, como cheques, nominativos. **3.** Se aplica al valor de una acción, obligación, etc., que se corresponde con una parte proporcional del capital. **4.** Que sólo es o existe de nombre y no de forma real o efectiva.

nominalismo *s. m.* Doctrina filosófica que surgió en la Edad Media como respuesta al problema de los universales. Para el nominalismo los conceptos universales no corresponden a ser u objeto alguno de la realidad, pues sólo designan nombres, no seres reales, que son siempre singulares e individuales. Puesto que la utilización de un nombre abstracto no implica la existencia de lo designado por él, el nominalismo rechaza el conocimiento abstracto en favor del conocimiento intuitivo y empírico, por ser éste el único capaz de captar la realidad individual. Su principal representante fue Guillermo de Ockham. **FAM.** Nominalista.

nominalización *s. f.* **1.** En ling., transformación de una estructura verbal en un nombre o en un sintagma nominal; p. ej., la nominalización de *Juan triunfó* es *El triunfo de Juan.* **2.** En ling., sustantivación, acción y efecto de sustantivar. **FAM.** Nominalizar.

nominalmente *adv. m.* **1.** Por su nombre. **2.** De palabra, no de forma efectiva.

nominar *v. tr.* **1.** Designar o destinar a alguien para un determinado cargo, función, etc. **2.** Proponer para un premio, especialmente cinematográfico. **3.** Dar nombre a alguien o algo. **FAM.** Nominación, nominado, nominador.

nominativo, va *adj.* **1.** Se aplica a ciertos documentos, títulos, etc., que se extienden a favor de alguien y en los que consta el nombre de éste. ‖ *s. m.* **2.** Uno de los casos de la declinación en las lenguas en que ésta existe, al que corresponde la función de sujeto o de atributo.

nomo[1] *s. m.* Gnomo*.

nomo[2] (del gr. *nomos*, división) *s. m.* División administrativa de Grecia.

-nomo, ma *suf.* Significa 'especializado, entendido': *astrónomo, agrónomo.*

nomon *s. m.* Gnomon*.

nomónica *s. f.* Gnomónica*. **FAM.** Nomónico.

nomos *s. m.* En la antigua Grecia, voz que designaba la concepción filosófica de las leyes.

nomotético *adj.* Se aplica al método de trabajo o investigación cuyo objetivo es establecer leyes o normas generales aplicables en mayor o menor medida a todos los individuos. Se opone a *idiográfico.*

non *adj.* **1.** Impar, no divisible por dos. También *s. m.* ‖ **nones** *adv. neg.* **2.** *fam.* Niega rotundamente. ‖ **Loc. de non** *adj.* y *adv.* Desparejado, sin pareja.

non plus ultra *loc. lat.* Significa 'no más allá' e indica, sustantivada con el artículo determinado, el grado máximo de las cualidades de alguien o algo.

non sancta *loc. lat.* Significa 'no santa' y se aplica a personas o cosas mal consideradas dentro de una sociedad, grupo, etc.

nona *s. f.* **1.** Última de las cuatro partes iguales en que los romanos dividían el día y que abarcaba desde el fin de la novena hora hasta el final de la duodécima (de tres a seis de la tarde). **2.** Última de las horas menores del oficio divino que se reza antes de vísperas. ‖ *pl.* **3.** En el calendario romano, el día 7 de marzo, mayo, julio y octubre, y el 5 de los demás meses.

nonada *s. f.* Pequeñez, menudencia.

nonagenario, ria *adj.* Que ya tiene noventa años y no ha cumplido los cien. También *s.*

nonagésimo, ma *adj. num. ord.* **1.** Que ocupa por orden el número noventa. También *pron.* ‖ *adj. num. part.* **2.** Noventavo*. También *s.*

nonato, ta *adj.* **1.** Que ha nacido mediante cesárea. **2.** Que no existe todavía.

Nonell, Isidro (Barcelona 1873 - íd. 1911) Pintor español. Miembro del grupo barcelonés *Azafrán*, su estilo no se integró en las tendencias vanguardistas de la época. Se interesó por los personajes y ambientes marginales, y en sus obras destacan las series inspiradas fundamentalmente en el tema de las gitanas, pintadas con un naturalismo dramático. Entre sus mejores lienzos pueden citarse *Gitana del abanico* (1902), *Juana* (1906) y *Laxitud* (1909).

noningentésimo, ma *adj. num. ord.* **1.** Que ocupa por orden el número novecientos. También *pron.* ‖ *adj. num. part.* **2.** Se dice de cada una de las novecientas partes iguales en que se divide un todo. También *s.*

nonio o **nonius** *s. m.* Dispositivo que, acoplado a una regla graduada, facilita la medición de objetos muy pequeños; su precisión es de 1/20 milímetros.

nono, na *adj. num. ord.* Noveno*.

Nono, Luigi (Venecia 1924 - íd. 1990) Compositor italiano. Fue uno de los principales representantes de la escuela surgida del dodecafonismo de Webern y Schönberg. También compuso música electrónica. De sus obras destacan *Cantos de vida y amor* (1962), *Y entonces comprendió* (1970), dedicada al Che Guevara, y *Bajo el sol cargado de amor* (1975).

nonsense (voz ingl. que significa 'sin sentido') *s. m.* Frase absurda y paradójica, de intención humorística. Uno de sus maestros fue Lewis Carrol.

nopal *s. m.* Nombre común de diversas plantas arbustivas de la familia cactáceas, género *Opuntia.* El nopal común *(Opuntia ficus-indica)* es un cacto pequeño de tallo aplastado y espinoso, flores grandes y fruto verde amarillento comestible, llamado *higo chumbo.* Es originario de América y crece en todos los climas semiáridos. También se denomina *chumbera.*

Nopal (Opuntia ficus-indica); *detalle de la flor y del fruto.*

noquear *v. tr.* En boxeo, dejar fuera de combate al contrario.

Nora, Eugenio García González de Nora, llamado **Eugenio de** (Zacos, León 1923) Poeta español. Perteneció al grupo de la revista *Espadaña.* Su obra poética se recopiló en *Poesía 1939-1964* (1975). Es autor, además, de una rigurosa historia de *La novela española contemporánea* (1958-62).

noray *s. m.* Poste, piedras, etc., al que se amarran las embarcaciones, y cabo con que se realiza esa operación.

norcoreano, na *adj.* De la República Democrática Popular de Corea o Corea de Norte. También *s.*

Nordenskjöld, Adolf Erik (Helsinki 1832 - Dalbjö, Lund 1901) Naturalista y explorador sueco de origen finés. Participó en la quinta expedición al polo norte. Fue el descubridor del paso del nordeste que circunnavega Eurasia por el N y comunica los océanos Atlántico y Pacífico.

nordeste *s. m.* **1.** Punto del horizonte entre el N y el E, a igual distancia de ambos. ▪ Su abreviatura es NE. **2.** Parte de un país, región, territorio, etc., situada en la dirección de este punto. **3.** Viento que sopla desde dicho punto. ▪ Se dice también *noreste.*

nórdico, ca *adj.* **1.** De los países del norte de Europa, especialmente de los escandinavos. También *s.* **2.** Se dice de un grupo de lenguas germánicas habladas en estos países, como el sueco, el islandés, el noruego y el danés. También *s. m.* **3.** Se aplica a una etnia caucasoide repartida por el NO europeo, formada por individuos que se caracterizan por el color claro de sus cabellos y ojos y su gran estatura. **4.** De dicha etnia. También *s.*

nordista *adj.* Se dice del partidario de los estados del norte en la guerra de Secesión de EE UU (1861-65). También *s.*

noreste *s. m.* Nordeste*.

Norfolk 1. Isla del Pacífico, en el S del océano. 37 km^2. 2.200 h. en 1989. Es una dependencia de Australia.
2. Condado del Reino Unido, en el E de Gran Bretaña. 5.368 km^2. 744.400 h. en 1988. La capital es Norwich, con 173.000 h. en 1981. Tiene una economía fundamentalmente agropecuaria y en sus costas se practica el turismo.
3. C. de EE UU, situada en el estado de Virginia. 290.450 h. en 1989. Es un centro comercial de primer orden gracias a su puerto, dedicado sobre todo a la exportación de hulla.

noria *s. f.* **1.** Máquina empleada para sacar agua de un pozo, formada generalmente por dos grandes ruedas, una horizontal, movida por un animal, y otra vertical, engranada en la anterior y provista de una cinta con una serie de cangilones que van recogiendo y subiendo el agua según se produce el giro de ambas ruedas. **2.** En ferias y parques de atracciones, gran rueda que gira verticalmente y que está provista de cabinas para la gente.

Nórico Antigua provincia romana centroeuropea, limitada al N por el Danubio y al S por los Alpes Cárnicos. Habitada por ilirios y celtas, fue conquistada por los romanos en tiempo de Augusto (15 a. C.).

norma *s. f.* **1.** Aquello que debe cumplirse por estar así establecido, ordenado o convenido. **2.** Indicación sobre la manera de hacer una cosa, de comportarse, etc. **3.** Modo en que habitualmente se hace o sucede una cosa. **4.** Modelo, ejemplo. **5.** En ling., conjunto de reglas y caracteres que señalan cuál es el uso correcto de una lengua. **6.** Regla que determina las medidas, composición y demás características que debe tener un producto industrial.

normal *adj.* **1.** De características, cualidades, comportamiento, etc., parecidos a los de la mayoría, por lo que no llama la atención. **2.** Frecuente, habitual. **3.** Lógico, natural. **4.** Propio o característico de la persona o cosa de que se trata. **5.** En geom., perpendicular. **FAM.** Normalmente.

normalidad *s. f.* **1.** Cualidad de normal o circunstancia normal. **2.** Naturalidad. **3.** En quím., expresa la concentración de una disolución indicando el número de equivalentes de soluto que hay disueltos en cada litro de disolución. P. ej., una disolución 1 normal (1 N) de ácido es la que contiene 1 equivalente de ácido por cada litro de disolución.

normalizar *v. tr.* **1.** Hacer que algo se ajuste a una norma o regla. **2.** En particular, establecer normas en la fabricación de productos industriales, con el objeto de que tengan características homogéneas que faciliten su fabricación, comercio, valoración y uso. **3.** Hacer que algo vuelva a ser normal. También *v. prnl.* ▪ Se conjuga como *cazar.* **FAM.** Normalización.

Norman, Jessye (Augusta, Georgia 1945) Soprano estadounidense. Cantante de color con una extraordinaria voz, ha interpretado diversos papeles estelares en los principales teatros del mundo. Es además una reputada cantante de lieder.

Normandía Región histórica de Francia, situada en el NO del país, en la costa del canal de La Mancha. Comprende las actuales regiones de Alta Normandía y Baja Normandía. Es una amplia llanura, regada por el río Sena, y tiene un clima oceánico, suave y húmedo, lo que favorece una rica agricultura de trigo, remolacha, lino y patatas, y grandes praderas donde pasta el ganado vacuno. Cuenta con industria metalúrgica, automovilística, de material eléctrico y electrónico, petroquímica y de construcción naval.
Hist. Habitada en la antigüedad por celtas y belgas, y ocupada por Roma en el s. I a. C., fue integrada en el reino franco por Clodoveo a fines del s. V. La región sufrió los ataques normandos en las segundas invasiones del s. IX y en ella se verificó la única ocupación permanente de estos invasores, también llamados *vikingos.* El rey carolingio Carlos el Simple legalizó esta conquista nombrando duque al jefe normando Rollón (911). El ducado de Normandía permaneció prácticamente independiente y alcanzó su mayor esplendor en época de Guillermo el Conquistador, quien en 1066 desembarcó en Gran Bretaña, venció a los anglosajones en Hastings y se coronó rey de Inglaterra. El ducado fue definitivamente incorporado a Francia a mediados del s. XV.

Normandía, desembarco de Acción bélica desarrollada durante la Segunda Guerra Mundial. Las tropas aliadas, al mando del general Eisenhower, desembarcaron en las playas normandas el 6 de junio de 1944 y, tras establecer una cabeza de puente, rechazaron todas las contraofensivas de las tropas del Tercer Reich. Desde entonces los aliados comenzaron a progresar en el continente y el 24 de agosto entraron en París.

normando, da *adj.* **1.** De Normandía. También *s.* **2.** Se aplica a un conjunto de pueblos escandinavos que participaron en un movimiento de expansión que afectó a gran parte de Europa en los s. IX y X **3.** De estos pueblos. También *s.*

normativo, va *adj.* **1.** Que sirve de norma o la determina. ‖ *s. f.* **2.** Conjunto de normas de una determinada materia o actividad. ‖ **3. gramática normativa** Véase **gramática**.

nornordeste *s. m.* **1.** Punto del horizonte situado entre el N y el NE, a igual distancia de ambos. **2.** Viento que sopla desde dicho punto.

nornoroeste *s. m.* **1.** Punto del horizonte entre el N y el NO, a igual distancia de ambos. **2.** Viento que sopla desde dicho punto.

Norodom I (? 1835 - ? 1904) Rey de Camboya (1859-1904). En 1863 firmó un tratado con Francia por el cual se establecía el protectorado francés sobre Camboya, una medida que le aseguraba el trono.

Norodom Sihanuk (Phnom Penh 1922) Rey de Camboya (1941-55). Nieto de Norodom I, en 1949 obtuvo para su país una relativa independencia y en 1952 asumió poderes extraordinarios para conseguir la retirada de los franceses. El año 1955 abdicó en su padre, Norodom Suramarit, para poder ser nombrado primer ministro. A la muerte de Suramarit (1960), renunció a la dignidad de rey y le fue concedido el título de jefe del Estado. Rompió las relaciones con EE UU y reprimió los intentos de sublevación contra su régimen. En 1970 fue depuesto por un golpe militar de carácter derechista, pero apoyado por China, Vietnam del Norte y la guerrilla comunista de los khmer rojos recuperó el poder en 1975. Dimitió al año siguiente y se exilió en 1978. Pero al producirse la invasión vietnamita (1979), que derrocó al gobierno de Pol Pot, líder de los khmer rojos, formó el Frente Nacional (1981) y en 1982 presidió un gobierno de coalición antivietnamita. En 1987 dimitió de su cargo. Tras la reunión de París para la pacificación de Camboya (1991), fue designado presidente del Consejo Supremo Nacional.

noroeste *s. m.* **1.** Punto del horizonte entre el N y el O, a igual distancia de ambos. ▪ Su abreviatura es NO. **2.** Parte de un país, región, territorio, etc., situada en la dirección de este punto. **3.** Viento que sopla desde dicho punto.

Noroeste, paso del Vía marítima que comunica los océanos Atlántico y Pacífico a través del archipiélago ártico del Canadá.

Noroeste, Territorios del Territorio de Canadá, en el N del país. 3.426.320 km². 54.000 h. en 1990. La capital es Yellowknife, con 11.750 h. en 1986. Su economía se basa en la minería del oro y la plata, en la prospección de petróleo y gas, y en la explotación de pieles.

Norris, Frank (Chicago 1870 - San Francisco 1902) Escritor estadounidense. Narrador naturalista, es famoso por su trilogía sobre los cultivadores de trigo en California, de la que sólo pudo escribir dos novelas, *El pulpo* (1901) y *El pozo* (1903).

Norrish, Ronald George Wreyford (Cambridge 1897 - íd. 1978) Químico británico. Profesor en Cambridge. En 1967 obtuvo el premio Nobel de química, junto con su colaborador George Porter y con el alemán Manfred Eigen, por sus investigaciones sobre reacciones químicas caracterizadas por su gran rapidez, que se producen por la destrucción del equilibrio.

Norrköping C. de Suecia, situada a orillas del mar Báltico, al S de Estocolmo, en el fiordo de Braviken. 119.000 h. en 1988. Es un centro portuario, que posee astilleros e industria textil, química, papelera, del cuero y maderera.

norte *s. m.* **1.** Punto cardinal situado en la dirección del polo ártico y frente a un observador a cuya derecha se encuentra el E. ▪ Su abreviatura es N. También *pref.*: *norteafricano.* **2.** País, territorio, etc., situado en esta dirección. **3.** Viento que sopla desde dicho punto. **4.** Meta, aspiración. ‖ **5. norte magnético** Dirección a la que apunta la aguja imantada de una brújula y que corresponde a la del polo ártico.

Norte Cabo de Europa, situado en Noruega, en la isla de Mageröy. Es la latitud más septentrional del continente europeo.

Norte, canal del Estrecho que une el N del mar de Irlanda con el Atlántico y separa Escocia del NE de Irlanda. Tiene una anchura de 35 km y una profundidad de 272 m.

Norte, mar del Mar del océano Atlántico, en el NO de Europa, entre Gran Bretaña, el continente y la península Escandinava. 575.000 km² de extensión y 237 m de profundidad máxima. Posee gran importancia económica, tanto por su carácter de vía de comunicación entre los países del NO de Europa como por sus yacimientos de petróleo y gas natural.

Norte de Santander Departamento de Colombia, situado en el NE del país, junto a la frontera con Venezuela. 21.658 km². 913.500 h. en 1986. La capital es Cúcuta, con 357.000 h. en 1985. Es una región muy montañosa, cuya economía se basa en la agricultura del café y la caña de azúcar, en la ganadería bovina y en los yacimientos de petróleo.

norteafricano, na *adj.* Del norte de África. También *s.*

Norteamérica Sector septentrional del continente americano que incluye los países de Canadá, EE UU y México. ▪ Se emplea inadecuadamente por EE UU.

norteamericano, na *adj.* **1.** Estadounidense. También *s.* **2.** De América del Norte. También *s.*

norteño, ña *adj.* Del norte. También *s.*

Norte-Pas-de-Calais Región de Francia, en el N del país. 12.414 km². 3.960.000 h. en 1990. La capital es Lille, con 168.450 h. en 1982. Comprende los departamentos del Norte y Pas-de-Calais. Tiene una economía principalmente agropecuaria y cuenta con industria textil, mecánica y metalúrgica.

Northampton C. del Reino Unido, cap. del condado inglés de Northamptonshire, situada al NO de Londres, junto al río Nen. 156.000 h. en 1981. Posee una importante industria del calzado.

Northrop, John Howard (Yonkers, Nueva York 1891 - Wikenberg, Arizona 1987) Bioquímico estadounidense. Trabajó en el Instituto Rockefeller de Investigaciones Médicas y fue profesor de la universidad de California. Logró cristalizar una serie de enzimas: la pepsina, la tripsina y la quimotripsina, demostrando que todas eran proteínas, e investigó sobre los bacteriófagos. En 1946 obtuvo el premio Nobel de química, juntamente con James Summer y Wendell Meredith Stanley.

Northumberland, John Dudley, duque de (? h. 1502 - Londres 1553) Militar y político inglés. Nombrado por Enrique VIII miembro del Consejo de Regencia, se hizo con el poder en 1547 con el apoyo de los protestantes. Firmó la paz con Francia y Escocia. Tras la muerte de Eduardo VI, logró proclamar reina a Juana Grey, su hija política, pero a los pocos días fue destronada y el duque, capturado y ejecutado.

Northumbria Reino anglosajón de Gran Bretaña. Fue constituido por anglos llegados a la isla durante las primeras invasiones (s. V). Su época de mayor esplendor fue el s. VII.

Noruega (*Norge*) Estado de la Europa escandinava.

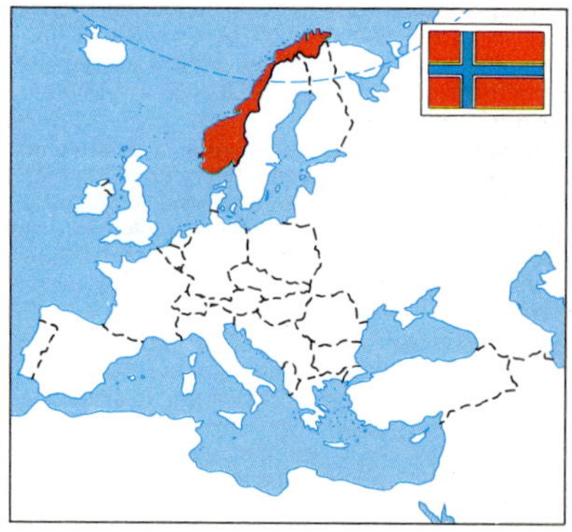

Extensión: 323.878 km².
Límites: al N, con el océano Glacial Ártico; al E, con la Federación Rusa, Finlandia y Suecia; al S, con el mar del Norte, y al O, con el océano Atlántico.
Población: 4.246.000 h. en 1987.
Densidad: 13,1 h./km².
Capital: Oslo.
División administrativa: 19 condados.
Ciudades principales: Bergen, Trondheim, Stavanger, Baerum, Kristiansand, Drammen.
Gentilicio: noruego.
Forma de Estado: monarquía constitucional.
Idioma: noruego.
Religión: luteranismo, 87,9 %.
Moneda: corona noruega.
Tasa de natalidad: 14 ‰ en 1990.
Tasa de mortalidad: 11 ‰ en 1990.
Renta per cápita: 21.850 dólares en 1989.

Geog. física El relieve de Noruega ocupa el borde del escudo escandinavo, entre los Alpes escandinavos y el mar, y está dividido en dos grandes unidades. La septentrional consta de una región de altiplanos y mesetas, el Finnmark, y del sector N de la cordillera Escandinava, donde se halla el Helgeland. La meridional comprende el sector S de la cordillera, que comienza en el fiordo de Trondheim; tiene un relieve alpino y presenta una serie de macizos surcados por diversos valles; aquí se encuentran las máximas alturas del país, el Snohetta (2.286 m), Galdhopiggen (2.469 m) y Skagastols (2.405 m), y uno de los mayores glaciares de Europa, el Jostedalsbreen. En el extremo meridional del país se distinguen el Ostland, una depresión donde discurren los principales ríos, que desembocan en el estrecho de Skagerrak, y el Vest-land, región

Noruega: fiordo de Geiranger.

de mesetas cortada por fiordos. El escudo escandinavo se hunde progresivamente por el O, lo que configura su costa atlántica como una de las más recortadas del mundo, con numerosos fiordos e islas, entre las que destacan las Lofoten en el N. Tiene un clima oceánico, suavizado por la influencia de la deriva noratlántica, que determina que en las regiones costeras las temperaturas sean benignas. La vegetación es de tundra en el N, y boreal de coníferas en el S, con bosques de abedules y sauces.
Geog. humana y ***económica*** La población noruega, urbana en un 71 %, es escasa y se concentra en las regiones costeras del S. Noruega se cuenta entre los países más desarrollados del mundo, con un alto nivel de vida. En el sector agrario, al que se dedica menos del 3 % de la superficie, destacan los cultivos de avena, trigo, cebada, patatas, frutales y colza. Posee, además, cabañas ovina, bovina y porcina, y grandes recursos forestales y pesqueros (ballena, arenque), que surten a una importante industria conservera. Tiene yacimientos de petróleo, gas natural, carbón, cobre, vanadio, molibdeno, níquel, titanio, plomo, cinc, hierro y piritas. El país está intensamente industrializado y sobresale en producción electrometalúrgica, naval, química, plástica, de fertilizantes, textil, cervecera, tabaquera y cementera.
Hist. **entre la unidad y la disgregación** Noruega estaba poblada en la antigüedad por lapones en el N y finlandeses en el S. Desde principios del s. VIII comenzaron a surgir unidades políticas tribales. A fines de este siglo iniciaron una expansión ultramarina que les llevó hasta Islandia (h. 790), islas Hébridas, Man, Feroe, Orcadas, Shetland, Irlanda (h. 823) y Groenlandia (981). La unificación del país tuvo lugar en el 872 bajo la soberanía de Harald Haarfager, quien depuso a los jefes locales. Su sucesor Haakon el Bueno intentó infructuosamente introducir el cristianismo. Durante el reinado de Olaf Tryggvesson (995-1000) la nobleza local deshizo la unidad del país, que fue restablecida por Olaf II a principios del s. XI. Harald Haardraade intentó conquistar Inglaterra, pero fue vencido en Stamfordbridge (1066). Tras otro periodo de disgregación, Sverre volvió a unificar el país a fines del s. XII. En el s. XIII, durante el reinado de Erik Magnusson, Noruega disputó a la Hansa alemana el dominio del mar Báltico.
Unión de Kalmar y dominios danés y sueco A principios del s. XIV el poder real decayó con Haakon V, el feudalismo fue introducido desde Dinamarca, y los comerciantes hanseáticos penetraron en el país. El matrimonio de Haakon VI con Margarita de Dinamarca vinculó a Noruega con este país y en 1387 el reino quedó integrado en la Unión de Kalmar, junto a Dinamarca y Suecia. La Unión se rompió en 1523 por la separación de Suecia con Gustavo Vasa, pero Noruega continuó sometida a Dinamarca. La administración y la lengua oficial eran danesas y algunos reyes beneficiaron al país, como Cristián IV (1577-1648), que desarrolló su economía, potenció el luteranismo y reconstruyó Cristianía (Oslo). El sentimiento nacionalista noruego estuvo representado por el escritor Ludvig Holberg (primera mitad del s. XVIII). Dinamarca había sido aliada de Napoleón Bonaparte, por lo que los tratados de Viena (1815) la obligaron a ceder Noruega a Suecia y así comenzó su Edad Contemporánea. Esta nueva dominación fue combatida por los nacionalistas dirigidos por Henrik Wergeland.
monarquía independiente En 1905 se celebró un referéndum en el que resultaron vencedores los partidarios de la independencia y Noruega se convirtió en una monarquía independiente, cuyo primer rey fue Haakon VII, hijo de Cristián IX de Dinamarca. Tras una etapa de gobiernos liberales, el Partido Laborista alcanzó el poder en 1927. Noruega comenzó una expansión por las islas árticas e intentó infructuosamente penetrar en Groenlandia. Durante la Segunda Guerra Mundial fue ocupada por el Tercer Reich y al término de la misma se adhirió a la OTAN. Los laboristas continuaron en el poder hasta 1965, año en que lo cedieron a una coalición de liberales, centristas y conservadores. Lo recuperaron en 1971, pero en 1972 el presidente del gobierno Trygve Bratteli dimitió al ser derrotado en referéndum su intento de adhesión a la CEE. A Bratteli le sucedió el democristiano Lars Korvald, pero Bratteli recuperó el poder en 1973. Tras su renuncia fue elegido su correligionario Odvar Nordli. En 1975 Noruega amplió el límite de sus aguas jurisdiccionales a 200 millas, para acceder a los recursos petrolíferos del mar del Norte. Asimismo se debatieron con la URSS los límites de las áreas de pesca en el océano Glacial Ártico. En las elecciones de 1979, en las que no hubo claro vencedor, fue nombrado primer ministro el conservador Kaare Willoch, pero las dificultades económicas de su gobierno provocaron la elección de la laborista Gro Harlem Brundtland en 1986. Al rey Olaf V (1957-91), hijo de Haakon VII, le sucedió Harald V en 1991.
Arte Los testimonios más antiguos de la arquitectura, ya de época cristiana, son construcciones en madera. El arte medieval está representado por la iglesia románica de Nuestra Señora de Bergen y por las catedrales góticas de Trondheim, Hamar y Stavanger. La iglesia de Kongsberg data del s. XVIII. La moderna arquitectura ha asumido las tendencias internacionales, inspirándose en el gusto lineal de las antiguas construcciones de madera. La pintura es de aparición muy tardía; en el s. XIX destacó Johan Christian Dahl y posteriormente surgieron diversos pintores encuadrados en tendencias internacionales, entre los que merecen citarse A. Tideman, M. Gude, E. Peterssen, Per Kroghg, E. Diriks y, sobre todos ellos, Edvard Munch. Los escultores más sobresalientes son el neoclásico Bertel Thorvaldsen y posteriormente S. Sinding y Gustav Vigeland. En las artes decorativas destacan la orfebrería y los tapices, que florecieron entre los s. XV y XVIII. El músico noruego más importante fue Edvard Grieg, encuadrado en la corriente nacionalista.
Lit. La primitiva literatura noruega se halla vinculada a la de Islandia. Las principales manifestaciones literarias medievales son poemas mitológicos y heroicos. En el s. XIV comenzó un sometimiento político a Dinamarca que, en sus aspectos culturales, se prolongó hasta el s. XIX; aunque en esta época Noruega dio figuras como Absalon Padersson Beyer (s. XVI) y Peter Dass (1647-1708), la mayor parte de los literatos desarrollaron su actividad en Dinamarca. El renacimiento literario se produjo con el movimiento nacionalista del s. XIX, encabezado por el gramático Ivar Aasen, que ordenó la normativa lingüística noruega, desvinculada del danés, y seguido por el poeta Henrik Wergeland y los novelistas Camilla Collett, Johan Sebastian Welhaven, Peter Christen Asbjörnsen y Jörgen Moe. Culmina esta época de esplendor con los dramaturgos Björnstjerne Björnson y, sobre todo, Henrik Ibsen, creador de un teatro psicológico y de grandes caracteres femeninos. A finales del s. XIX también destacaron el poeta Nils Collet Vogt, los novelistas Jonas Lie, Alexander Kielland, Arne Garborg y Amalie Skram y el dramaturgo Gunnar Heiberg. En el s. XX sobresalen los novelistas Knut Hamsun, premio Nobel en 1920, Thomas y Vilhelm Krag, Sigrid Undset, Hans Kinck y Kristofer Uppdal. De las modernas generaciones merecen ser recordados los poetas Arnulf Overland y Olav Aukrust y los narradores Johan Falkberget, Nordhal Grieg, Olav Duun, Helge Krog, Sigurd Hoel y Tarjei Vesaas.

Noruega, mar de Parte septentrional del océano Atlántico, situado entre Noruega, Islandia y Groenlandia. 1.500.000 km^2 de extensión, aproximadamente, y una profundidad máxima de 3.970 m. Posee gran riqueza pesquera.

noruego, ga *adj.* **1.** De Noruega. También *s.* || *s. m.* **2.** Idioma nórdico hablado en Noruega.

Norwich C. del Reino Unido, cap. del condado inglés de Norfolk, al NE de Londres. 173.000 h. en 1981. Cuenta con un importante mercado de ganado, industria del calzado y electrónica.

nos *pron. pers. m. y f. pl. de 1.ª pers.* **1.** Forma átona que realiza la función de complemento directo (*Carlos nos vio*) e indirecto (*Nos han regalado un coche*); se utiliza para formar verbos pronominales (*Nos lavamos*); y a veces tiene un valor enfático o expresivo (*Nos tomamos un té*). **2.** En el llamado plural mayestático, es utilizado por jerarquías elevadas como pronombre tónico con función de sujeto, haciéndolo concertar con el verbo en plural: *Nos, el obispo.*

noseología *s. f.* Gnoseología*. **FAM.** Noseológico.

nosis *s. f.* Gnosis*.

noso- *pref.* Significa 'enfermedad': *nosografía, nosología.*

nosofobia *s. f.* Miedo exagerado a las enfermedades.

nosogenia *s. f.* Patogenia*.

nosografía *s. f.* Descripción y clasificación de las enfermedades.

nosología *s. f.* Patología*. **FAM.** Nosológico.

nosotros, tras *pron. pers. m. y f. pl. de 1.ª pers.* Funciona como sujeto: *Nosotros iremos mañana*; o complemento cuando es término de una preposición: *a nosotros, con nosotros, por nosotros.* ▪ En escritos y exposiciones, se usa a veces como plural de modestia en lugar de *yo.*

nostalgia *s. f.* Añoranza, tristeza que siente alguien al estar lejos de su hogar, de los suyos, o al recordar algo querido. **FAM.** Nostálgico.

nosticismo *s. m.* Gnosticismo*. **FAM.** Nóstico.

Nostradamus, Michel de Nôtre-Dame, llamado (Saint-Rémy-de-Provence 1503 - Salon 1566) Médico y astrólogo francés. Fue médico del rey Carlos IX. Publicó una serie de profecías en su libro *Centurias astrológicas* (1555) y alcanzó gran renombre a causa del supuesto cumplimiento de algunas de ellas.

nota *s. f.* **1.** Escrito breve en que se recuerda algo o se avisa sobre alguna cosa. **2.** Advertencia, comentario o precisión que se hace sobre una palabra, fragmento, etc., de un texto. **3.** Escrito que resume los puntos más importantes de una lección, conferencia, etc. Se usa sobre todo en *pl.* **4.** Factura, cuenta. **5.** Calificación de un examen, ejercicio, etc. **6.** Cada uno de los siete sonidos de la escala musical (*do, re, mi, fa, sol, la, si*), en función de la altura de su armónico predominante. **7.** Detalle o aspecto que aporta determinado carácter. || *pl.* **8.** Impreso, cuaderno, etc., que contiene las calificaciones de un alumno. || **LOC. dar la nota** *fam.* Llamar mucho la atención, especialmente por algo negativo. **de mala nota** *adj.* De mala reputación. **ir para** (o **por**) **nota** *fam.* Esforzarse por conseguir muy buenas calificaciones o resultados.

notabilidad *s. f.* **1.** Cualidad de notable. **2.** Eminencia, persona notable.

notable *adj.* **1.** Que destaca entre los demás por sus buenas cualidades, méritos, etc. **2.** Grande, considerable. || *s. m.* **3.** Calificación obtenida por un alumno, inferior al sobresaliente y superior al aprobado, que equivale a un siete o un ocho sobre diez. || *pl.* **4.** Personas más importantes de una localidad. **FAM.** Notablemente.

notación *s. f.* **1.** Conjunto de signos usados en una ciencia o disciplina. **2.** Particularmente, escritura musical.

notar *v. tr.* **1.** Sentir una sensación. **2.** Darse cuenta de alguna cosa. **3.** Encontrar a alguien en el estado o forma que se expresa. También *v. prnl.* || *v. prnl.* **4.** Ser algo visible o perceptible. || **LOC. hacerse notar** Llamar la atención.

notaría *s. f.* **1.** Notariado, profesión de notario. **2.** Despacho del notario.

notariado *adj.* **1.** Visto y autorizado por el notario. || *s. m.* **2.** Profesión de notario. **3.** Colectividad de notarios.

notarial *adj.* **1.** Perteneciente o relativo al notario. **2.** Autorizado por él.

notario *s. m.* **1.** Funcionario público autorizado para dar fe o garantía de lo contenido en ciertos documentos. **2.** Persona que presencia o vive ciertos acontecimientos y deja constancia de ellos.

noticia *s. f.* **1.** Comunicación de un suceso, generalmente reciente, al público en general o a alguien en particular. **2.** Aquello que se comunica o anuncia. **3.** Conocimiento, noción. || *pl.* **4.** *fam.* Noticiario de radio o televisión.

noticiario *s. m.* Conjunto de noticias de actualidad que se transmiten por varios medios de comunicación, especialmente radio y televisión.

noticiero *s. m.* Noticiario de radio, televisión o prensa.

notición *s. m. fam.* Noticia que causa sensación.

notificación *s. f.* **1.** Acción y efecto de notificar. **2.** Documento o escrito en el que se hace constar alguna cosa.

notificar *v. tr.* Comunicar algo a alguien de forma oficial y, p. ext., hacerlo de cualquier forma. ▪ Se conjuga como *sacar.*

notocordio *s. m.* Cordón de tejido conjuntivo que poseen los animales cordados, al menos en algún estado de su ciclo. Forma el esqueleto del embrión de los vertebrados, siendo posteriormente sustituido en casi todos ellos por la columna vertebral; en los cefalocordados (protocordados) persiste durante toda la vida y se halla situado entre el tubo digestivo y el sistema nervioso. Su función es sostener y proteger la cadena nerviosa; proporciona rigidez al cuerpo, un soporte para la inserción de la musculatura y un eje en torno al cual se forma la columna vertebral.

notoriedad *s. f.* **1.** Cualidad de notorio. **2.** Fama, prestigio.

notorio, ria *adj.* **1.** Evidente, manifiesto. **2.** Conocido por todos. **FAM.** Notoriamente.

Notre-Dame, escuela de Uno de los principales centros del *Ars Antiqua*, que durante los s. XII y XIII reunió a un grupo de compositores y cantantes que elaboraron el primer repertorio de música polifónica. Trabajaron bajo el patronazgo de la catedral de Notre-Dame de París y, a excepción de Leonin y Perontin, todos sus componentes son anónimos.

Nottingham C. del Reino Unido, cap. del condado inglés de Nottinghamshire, situada al S de la cadena de los Peninos, a orillas del río Trent. 277.200 h. en 1981. Posee industrias mecánicas, químicas y textiles.

Nottinghamshire Condado del Reino Unido, situado en los Midlands. 2.164 km^2. 1.007.700 h. en 1988. Está atravesado por el río Trent. Su economía se basa en el cultivo de cereales, en la minería y en las industrias textil, mecánica y farmacéutica.

Nouakchott Véase **Nuakchott**.

noucentisme (voz cat. que significa 'novecentismo') *s. m.* Movimiento político y cultural catalán surgido a principios del s. XX. Sucesor del modernismo, sus principales representantes fueron los escritores Eugenio d'Ors y Josep Carner, el filólogo Pompeu Fabra, el pintor Xavier Nogués y el escultor Josep Clarà, entre otros. **FAM.** Noucentista.

Nouméa C. de Nueva Caledonia, cap. del país, situada en la costa SO de la isla, en el Pacífico sur. 60.100 h. en 1983. Es centro administrativo y comercial y tiene un activo puerto.

noúmeno *s. m.* Término de la filosofía kantiana que se opone al de *fenómeno* y que designa a la cosa en sí, realidad que por encontrarse más allá de toda experiencia posible es incognoscible en cuanto tal, pero cuya existencia está postulada por la razón práctica.

nouveau roman (expr. fr. que significa 'nueva novela') Movimiento literario surgido en Francia a mediados del s. XX, que pretendía superar las formas narrativas tradicionales. Sus principales características fueron la libertad temática frente a la novela social precedente, el rechazo de la interpretación psicológica de los personajes y la disminución de la importancia del narrador. Entre sus representantes más significativos se cuentan Alain Robbe-Grillet, Claude Simon y Marguerite Duras.

nouvelle vague (expr. fr. que significa 'nueva ola') Movimiento cinematográfico surgido en Francia a mediados del s. XX en el núcleo de la redacción de la revista *Cahiers du cinéma*. Se caracterizó por las producciones de coste reducido, la búsqueda de un nuevo lenguaje narrativo basado en el montaje, la admiración por el cine estadounidense y la independencia respecto a los imperativos de la industria. Su ideólogo fue André Bazin y sus principales representantes François Truffaut, Jean-Luc Godard, Claude Chabrol, Alain Resnais y Eric Rohmer.

nova *s. f.* Etapa de la evolución de una estrella en la que desprende una gran cantidad de energía y aumenta la magnitud de su luz hasta 10.000 veces. Este incremento lumínico las hace visibles en lugares del espacio aparentemente vacíos, de ahí su nombre. La aparición de una nova es un fenómeno relativamente frecuente; en lo que va de siglo se han detectado unas 20. Se originan cuando una estrella, tras consumir todo el hidrógeno que contiene, sigue produciendo energía al fusionar núcleos de helio y transformarlos en núcleos de hierro; en esta etapa la estrella puede llegar a consumir todas sus reservas y explotar, convirtiéndose en supernova.

nova cançó (expr. cat. que significa 'nueva canción') Movimiento musical español surgido en los años sesenta en Cataluña. Constituyó una forma de reivindicación política y lingüística. Entre sus representantes destacan Raimon, Joan Manuel Serrat y Lluis Llach.

Nova Iguaçu C. de Brasil, en el estado de Rio de Janeiro, cercana a la ciudad de Rio. 1.498.200 h. en 1989. Es un importante centro industrial.

Novak, Kim (Chicago 1933) Actriz de cine estadounidense. Debutó en 1953 y muy pronto se convirtió en el *sex symbol* de los años cincuenta. Entre sus mejores películas figuran *Picnic* (1956), *Vértigo* (1958), *Un extraño en mi vida* (*Strangers when we meet*, 1960) y *Bésame, tonto* (1964).

noval *adj.* Se aplica a la tierra que se cultiva por primera vez y a las plantas y frutos que crecen en ésta.

Novalis, Friedrich von Hardenberg, llamado (Oberwiederstedt 1772 - Weissenfels 1801) Poeta alemán. Fue uno de los grandes representantes del Romanticismo de su país. Influida por Schiller, Fichte y Schlegel, su obra manifiesta el sentimiento de lo infinito, al que se unen elementos populares, religiosos, filosóficos y políticos. Entre sus obras destacan *Cánticos espirituales* (1799), *Himnos a la noche* (1800) y la novela *Enrique de Ofterdingen* (1798-1801).

novar *v. tr.* En der., sustituir una obligación por otra nueva que modifica o reemplaza a la primera. **FAM.** Novación.

Novara C. de Italia, cap. de la prov. homónima, en la región del Piamonte, a orillas del río Agogna. 103.100 h. en 1990. Su economía se basa en la industria química y textil.

Novarro, Ramón (Durango 1899 - Los Ángeles 1968) Actor cinematográfico estadounidense de origen mexicano. Fue galán al estilo de Rodolfo Valentino. Murió asesinado. Entre sus filmes destacan *El prisionero de Zenda* (1922), *Ben Hur* (1926) y *Mata Hari* (1932).

Novas Calvo, Lino (Granas de Sor, La Coruña 1905) Escritor cubano de origen español. Fue corresponsal durante la guerra civil española y se exilió de Cuba tras el triunfo de Fidel Castro. Su obra denota una concepción literaria realista. Entre sus títulos merecen mención las novelas *El negrero* (1933) y *No sé quién soy* (1945) y el libro de relatos *Cayo Canas* (1946).

novatada *s. f.* **1.** Broma que gastan los veteranos a los recién incorporados a un grupo o colectividad. **2.** Error o torpeza cometido por inexperiencia.

novato, ta *adj.* **1.** Se dice de la persona recién incorporada a un grupo o actividad. También *s.* **2.** Inexperto. También *s.*

novecentismo *s. m.* Nombre de diversos movimientos literarios surgidos en España en el primer tercio del s. XX. Se caracterizaron por el abandono de la estética modernista y el retorno a la clásica, por el orden y la sobriedad. Entre sus representantes se encuentran, además de los del noucentisme catalán, José Ortega y Gasset, Gregorio Marañón, Gabriel Miró y Ramón Pérez de Ayala. **FAM.** Novecentista.

novecientos, tas *adj. num. card.* **1.** Nueve veces ciento. También *pron.* y *s. m.* ‖ *adj. num. ord.* **2.** Que sigue por orden al ochocientos noventa y nueve. También *s.* ‖ *s. m.* **3.** Signos que representan este número.

novedad *s. f.* **1.** Cualidad de nuevo. **2.** Cualquier acontecimiento, noticia, producto, moda, etc., que acaba de producirse o aparecer. **3.** Cambio, transformación.

novel *adj.* **1.** Que acaba de comenzar en una actividad, profesión, etc. **2.** Novato, inexperto.

novela *s. f.* **1.** Obra literaria en prosa en la que se narra una acción, suceso, etc. **2.** Novelística, género formado por estas obras. **3.** Historia o relato poco creíble. ‖ **4. novela bizantina** La desarrollada durante los s. XVI y XVII, que narra las aventuras y peripecias que han de pasar dos enamorados para volver a encontrarse; un ejemplo es *Los trabajos de Persiles y Sigismunda*, de Cervantes. **5. novela de caballerías** Véase **caballería**. **6. novela de tesis** Aquella en que el argumento, los personajes, etc., pasan a un segundo plano y están dirigidos principalmente a expresar una idea, opinión o postura del autor. **7. novela epistolar** Aquella en que el argumento se desarrolla a través de las cartas intercambiadas entre los protagonistas. **8. novela histórica** La que toma como base hechos o personajes históricos, recreándolos. **9. novela negra** La que pertenece al género negro. **10. novela pastoril** La que pertenece al género pastoril. **11. novela picaresca** La perteneciente al género de la picaresca. **12. novela rosa** La de argumento y estructura muy simple, que narra las relaciones amorosas entre dos personas y termina generalmente con un final feliz.

Lit. La novela es un género literario tardío, que con el tiempo abandonó su rigidez inicial y evolucionó hacia una mayor libertad formal y temática. En lo que respecta a su contenido, la novela presenta todo tipo de variantes, especialmente a partir de las innovaciones aplicadas al género en el s. XX, que tuvieron no menor trascendencia en el campo de la forma. No obstante se puede seguir hablando de ciertos elementos estructurales clásicos de la novela como son la trama, los personajes y el punto de vista del narrador. Durante la antigüedad son escasas las manifestaciones de narrativa frente a los géneros dominantes, la poesía y el teatro; sobresale *El Satiricón* de Petronio. En la Edad Media aparecieron las hagiografías, o vidas de santos, y los relatos caballerescos. La novela de caballerías, cuya manifestación clásica es el ciclo artúrico de los caballeros de la Tabla Redonda, tiene su culminación en obras como *Amadís de Gaula*, *Palmerín de Inglaterra* y *Tirante el Blanco*. Características de la Baja Edad Media son las colecciones de relatos, como los *Cuentos de Canterbury* de Chaucer, o el *Decamerón* de Boccaccio, que incorporan ya elementos puramente renacentistas y que bajo una aparente intención moralizante esconden una reflexión sutil y un tanto cínica sobre la naturaleza humana. En el Renacimiento surgió la novela pastoril, en la línea del relato de evasión idealista, cuya más destacada manifestación es la *Arcadia* de Sannazzaro. Rabelais en su *Gargantúa y Pantagruel* supera el concepto de relato de evasión y descubre el poder de la narración como medio de crítica social y difusión de ideas. A comienzos del s. XVII Cervantes escribió *El Quijote*, que compendia y parodia todos los géneros renacentistas y lleva la novela a su madurez. Un género típicamente español fue la novela picaresca, de carácter marcadamente vitalista y desenfadado, que nació con el *Lazarillo de Tormes* a mediados del s. XVI y alcanzó su plenitud a fines de dicho siglo con la *Vida de Guzmán de Alfarache* de Mateo Alemán; estas obras, supuestamente autobiográficas, incorporan la narración en primera persona. Durante el s. XVIII la novela, dirigida a un público burgués, sigue el camino del realismo y analiza los sentimientos humanos a veces con crudeza, como *Las amistades peligrosas*, de Choderlos de Laclos; con penetración psicológica, como *Los novios*, de Manzoni; o en forma romántica, como el *Werther*, de Goethe. El XIX es el gran siglo de la novela, que logra una extraordinaria capacidad de difusión y de impacto en la sociedad; en él nacen los géneros menores de la novela gótica de terror y la folletinesca, adquiere consistencia la novela psicológica, como el *Adolphe*, de Benjamin Constant, y se impone la novela histórica con autores como Walter Scott y Victor Hugo. La novela clásica llega a su cima, evolucionando desde el Romanticismo hasta el realismo y el naturalismo, en la obra de las grandes figuras del género, como Dickens, Stendhal, Flaubert, Balzac, Zola, Tolstoi, Dostoievski, Galdós y Clarín. Durante el s. XX la técnica novelística experimenta su evolución más intensa; el tiempo deja de ser lineal, el espacio puede ser simbólico o arbitrario, el punto de vista del narrador pierde su carácter preponderante y puede ser múltiple, la descripción y el diálogo ya no son imprescindibles. Autores como Marcel Proust, James Joyce, Thomas Mann, Franz Kafka, William Faulkner, enriquecieron enormemente la técnica novelística dotándola de grandes posibilidades para expresar y comunicar ideas y crear obras de arte.

novelar *v. tr.* Dar a una narración, relato, etc., forma y estructura de novela. **FAM.** Novelable.

Novelda C. de España, en la prov. de Alicante, junto al río Vinalopó. 22.300 h. en 1990. Su economía se basa en la agricultura de hortalizas y frutales, y en la industria del calzado.

novelería *s. f.* **1.** Fantasía, producto de la imaginación. **2.** Habladuría, chisme.

novelero, ra *adj.* Fantasioso, aficionado a inventar o contar noveleríás. También *s.*

novelesco, ca *adj.* **1.** Perteneciente o relativo a la novela. **2.** Propio de una novela.

novelista *s. m.* y *f.* Escritor de novelas.

novelística *s. f.* **1.** Género literario constituido por la novela. **2.** Conjunto de novelas de una determinada época, país, asunto, etc. **3.** Tratado o estudio sobre la novela.

novelístico, ca *adj.* Perteneciente o relativo a la novela o a la novelística.

novelón *s. m.* **1.** *desp.* Novela muy extensa, especialmente la de argumento demasiado dramático y complicado. **2.** También, en tono admirativo, novela de gran calidad. **3.** Acumulación de sucesos desgraciados.

noveno, na *adj. num. ord.* **1.** Que ocupa por orden el número nueve. También *pron.* || *adj. num. part.* **2.** Se dice de cada una de las nueve partes iguales en que se divide un todo. También *s.* || *s. f.* **3.** Práctica católica que consiste en oraciones y otras devociones que se hacen durante nueve días. **4.** Libro que contiene dichas oraciones y devociones.

noventa *adj. num. card.* **1.** Nueve veces diez. También *pron.* y *s. m.* || *adj. num. ord.* **2.** Nonagésimo*. También *pron.* || *s. m.* **3.** Signos con que se representa a este número.

noventavo, va *adj. num. part.* Se dice de cada una de las noventa partes iguales en que se divide algo. También *s. m.*

noventayochista *adj.* De la generación del 98. También *s.*

noventón, na *adj.* Que ya ha cumplido los noventa años, pero aún no tiene cien. También *s.*

Novgorod C. de la Federación Rusa, situada al NO de Moscú, junto al lago Ilmen. 229.000 h. en 1989. Es un puerto fluvial sobre el río Volkov, que posee industria electrónica, química, de la madera y alimentaria. Fundada por escandinavos en el s. IV, fue uno de los puntos fundamentales de la ruta de los varegos, que enlazaba comercialmente los mares Báltico y Negro. Conserva importantes monumentos representativos del arte ruso, como la iglesia de Santa Sofía (s. XI), la de San Nicolás y el Kremlin (castillo).

Novi Sad C. de Serbia, cap. de la prov. autónoma de Voivodina, situada a orillas del Danubio. 170.000 h. en 1981. Fundada en el s. XVIII, perteneció a Hungría hasta 1921. Cuenta con industria textil y cerámica.

noviazgo *s. m.* Relación que existe entre dos personas que tienen intención de casarse y tiempo que dura dicha relación.

noviciado *s. m.* **1.** Tiempo durante el cual se prepara a las personas que pretenden ingresar en una orden religiosa. **2.** Casa o lugar donde viven los novicios. **3.** Conjunto de novicios.

novicio, cia *s. m.* y *f.* **1.** Persona que se prepara para ingresar en una orden religiosa. **2.** *fam.* Novato, principiante. También *adj.*

noviembre *s. m.* Undécimo mes del año, que consta de 30 días, sigue a octubre y precede a diciembre.

noviero, ra *adj. fam.* Que en seguida se echa novio o siempre lo está deseando.

novillada *s. f.* **1.** Corrida de novillos. **2.** Conjunto de novillos.

novillero, ra *s. m.* y *f.* **1.** Torero que no ha tomado la alternativa como matador y que sólo puede torear novillos. **2.** Persona que cuida novillos. **3.** *fam.* Estudiante que hace novillos. También *adj.* || *s. m.* **4.** Corral de los novillos.

novillo, lla *s. m.* y *f.* Toro o vaca de dos o tres años. || **LOC. hacer novillos** *fam.* No asistir un estudiante a clase cuando debería hacerlo.

novilunio *s. m.* Fase de luna nueva; momento en que la Luna se sitúa entre el Sol y la Tierra y no se ve desde nuestro planeta, pues es su cara oculta la que queda iluminada, mientras la otra permanece en sombra.

novio, via *s. m.* y *f.* **1.** Persona que mantiene con otra una relación amorosa y tiene intención de casarse con ella. **2.** P. ext., cualquier persona que mantiene con otra cualquier tipo de relación amorosa o sentimental. **3.** Persona que va a casarse o acaba de hacerlo.

novísimo, ma *adj.* **1.** *sup.* de **nuevo.** || *s. m.* **2.** Según la teología católica, cada uno de los cuatro estados o condiciones por los que pasa el alma después de la muerte y que son, junto con esta última, juicio, infierno y gloria. Se usa sobre todo en *pl.*

novísimos, Los Nombre de un grupo poético español compuesto por los escritores Manuel Vázquez Montalbán, Félix de Azúa, Pere Gimferrer, Ana María Moix, Vicente Molina Foix, Leopoldo María Panero, Guillermo Carnero, José María Álvarez y Martínez Sarrión, cuya obra fue reunida por el crítico José María Castellet en una antología titulada *Nueve novísimos poetas españoles* (1970). Aunque no constituyó un grupo homogéneo, sus miembros coincidían en la ruptura con la tradición de la poesía social de los años cincuenta y en la reivindicación del lenguaje poético.

Novo, Salvador (Ciudad de México 1904 - íd. 1974) Escritor mexicano. Fue poeta, novelista, dramaturgo y guionista cinematográfico. Su obra lírica es una de las más representativas del vanguardismo mexicano, con títulos como *XX poemas* (1925), *Nuevo amor* (1933) y *Decimos: «Nuestra tierra»* (1944). Entre sus novelas destaca *Nueva grandeza mexicana* (1946), y entre sus obras de teatro *La culta dama* (1951), *A ocho columnas* (1956) y *Ha vuelto Ulises* (1962).

novocaína *s. f.* $C_{13}-H_{20}N_2O_2 \cdot HCl$. Derivado de la cocaína; se utiliza como anestésico local y para retardar la acción de la penicilina.

Novokuznetsk C. de la Federación Rusa, situada en el S de Siberia, próxima a la frontera con Mongolia. 600.000 h. en 1989. Es un centro de extracción de carbón (cuenca del Kuzbass), en el que se ha desarrollado un importante complejo industrial metalúrgico y mecánico.

Novosibirsk C. de la Federación Rusa, en el S de Siberia, junto al río Obi. 1.436.000 h. en 1989. Enclavada en la ruta del ferrocarril transiberiano, su crecimiento ha sido extraordinariamente rápido, hasta convertirse en la gran ciudad de Siberia occidental. Es un centro administrativo y cultural, que cuenta con industria metalúrgica.

Novotny, Antonin (Letnany, cerca de Praga 1904 - Praga 1975) Político checoslovaco. Miembro del Partido Comunista desde 1921, fue nombrado secretario general en 1953 y presidente de la república en 1957. Fue sustituido en ambos cargos en 1968, durante el movimiento antisoviético que culminó en la primavera de Praga.

Np Símbolo químico del neptunio.

Nu, U (Wakema, Myaungmya 1907) Político birmano. Fue primer ministro del país tras su independencia (1948-56 y 1957-58). Derrocado en 1958 por el general Ne Win, con el triunfo de su partido en las elecciones de 1960 recuperó el poder. Un nuevo golpe de Ne Win en 1962 le llevó a la cárcel y posteriormente al exilio, del que regresó en 1980.

Nuakchott o **Nouakchott** C. de Mauritania, cap. del país, situada en el SO del mismo, a orillas del océano Atlántico. 350.000 h. en 1984. Es centro administrativo y comercial y activo puerto.

nubarrón *s. m.* **1.** Nube grande, densa y oscura. **2.** *fam.* Aquello que anuncia o implica dificultades.

nube *s. f.* **1.** Acumulación de pequeñas gotas de agua que se mantienen suspendidas en la atmósfera, formando una masa de color blanco o grisáceo. **2.** Acumulación de humo, polvo, insectos, etc., de aspecto semejante. **3.** Abundancia de algo, especialmente cuando se considera molesto o negativo. **4.** Mancha blanquecina que se forma en la capa exterior de la córnea y que impide o dificulta la visión. **5.** Mancha o zona turbia en algo transparente o brillante. **6.** Aquello que impide o dificulta la visión o comprensión de algo. || **7. nube ardiente** Masa de gases volcánicos que lleva partículas de lava y ceniza en suspensión y tiene temperaturas próximas a los 1.000 °C. **8. nube de verano** Nube que aparece en esa estación y que provoca un chaparrón de corta duración; también, conflicto o dificultad pasajeros. || **LOC. en las nubes** *fam.* Totalmente distraído, lejos de la realidad. **poner** a alguien o algo **por las nubes** *fam.* Alabarlo mucho. **por las nubes** *adv. fam.* Muy caro.

Geog. Las nubes se forman por condensación del vapor de agua procedente de la evaporación y suspendido en el aire. La condensación se produce por enfriamiento del aire; para que se verifique son necesarias una saturación de vapor de agua y la presencia de núcleos de condensación, como pequeñas partículas de humo, polvo, polen o cristales de sal. Las nubes producen lluvia cuando las gotas de vapor se unen por atracción eléctrica de sus núcleos y adquieren demasiado peso para permanecer suspendidas. Cuando la atmósfera tiene una temperatura cercana a 0 °C, se produce nieve y, cuando las nubes ascienden rápidamente y las gotas de agua se congelan, se produce granizo. Las nubes tienen distintas formas y tamaños en función de su formación y altura en la atmósfera. Las principales son: cirros, de aspecto filamentoso y forma alargada, que se hallan entre los 6.000 y 10.000 m de altura; cúmulos, blancas y densas, de forma plana por abajo y redondeada por arriba, que son propias del buen tiempo; nimbos o nimboestratos, de color gris oscuro y baja altura, que originan lluvia; y estratos, en forma de franjas, con gran extensión y poca altura.

Nubia Región de África, en el NE del continente, que se extiende por el S de Egipto y N de Sudán. Comprende el valle del Nilo, entre la primera y sexta cataratas, y los desiertos que lo rodean. Es una región de clima desértico, cuya economía se basa en la agricultura de regadío que permite la presa de Asuán. Perteneció al Egipto faraónico y constituyó los reinos etíopes de Napata, Meroe y Dongola. Conserva importantes restos arqueológicos, entre los que sobresale el templo de Abu Simbel.

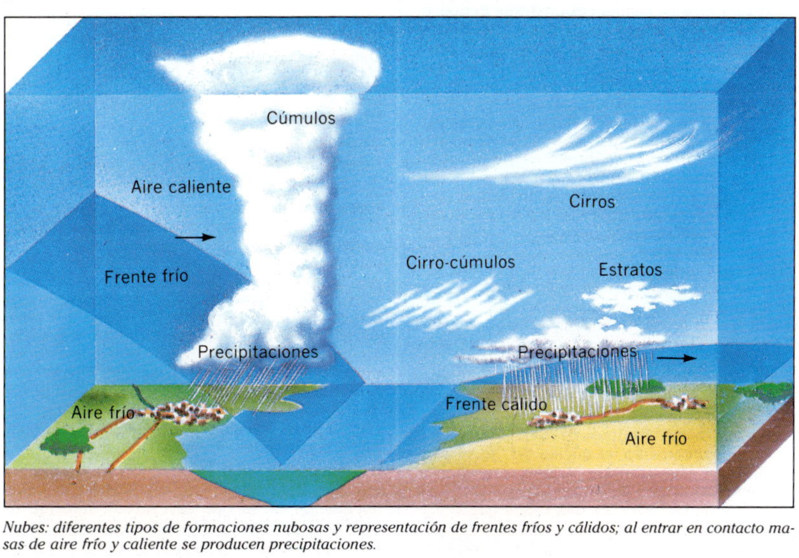

Nubes: diferentes tipos de formaciones nubosas y representación de frentes fríos y cálidos; al entrar en contacto masas de aire frío y caliente se producen precipitaciones.

núbil *adj.* Se aplica a la persona que está preparada físicamente para tener hijos, así como a la edad en que se alcanza esa madurez. **FAM.** Nubilidad.

nubio, bia *adj.* De Nubia. También *s.*

nublado, da 1. *p. p.* de **nublar**. También *adj.* || *adj.* **2.** Cubierto de nubes. || *s. m.* **3.** Acumulación de nubes que cubre el cielo y anuncia tormenta; también, tormenta muy fuerte. **4.** P. ext., situación que anuncia o supone dificultades, conflictos, etc.

nublar *v. tr.* **1.** Ocultar las nubes el cielo o la luz del Sol o la Luna. Se usa más como *v. prnl.* **2.** Enturbiar, oscurecer la vista. Se usa más como *v. prnl.* **3.** Ofuscar, trastornar el entendimiento. También *v. prnl.*

nublazón *s. m. amer.* Nublado.

nubosidad *s. f.* Presencia o abundancia de nubes en la atmósfera.

nuboso, sa *adj.* Cubierto de nubes.

nuca *s. f.* Parte del cuerpo humano donde se une la espina dorsal con la cabeza.

nucleación *s. f.* En termodinámica, formación de núcleos que darán lugar a una nueva estructura física o química en un medio de estructura y composición definidas. Es un fenómeno característico de los cambios de estado de la materia. P. ej., la aparición de cristales de hielo en las nubes o de burbujas de gas en las paredes de un recipiente que contiene agua gaseosa.

nucleado, da *adj.* Que tiene uno o más núcleos.

nuclear *adj.* **1.** Perteneciente o relativo al núcleo, particularmente al del átomo y a las aplicaciones, experimentos, etc., relacionados con él. || *s. f.* **2.** Central nuclear. || **3. central nuclear** Véase **central. 4. energía nuclear** Energía liberada por el núcleo atómico durante una reacción nuclear. **5. guerra nuclear** Véase **guerra. 6. reactor nuclear** Véase **reactor**.

nuclearización *s. f.* Sustitución de las fuentes de energía tradicionales por la energía nuclear. **FAM.** Nuclearizar.

nucleico *adj.* Se aplica a un grupo de sustancias orgánicas (ácidos) extremadamente complejas, que se encuentran en las células de todos los seres vivos y que están formadas por gran número de unidades más pequeñas, llamadas *nucleótidos.* Si el azúcar de estos nucleótidos es la ribosa, el ácido se llama *ribonucleico* (ARN); si lo es la desoxirribosa, se llama *ácido desoxirribonucleico* (ADN). En el primer caso, las bases nitrogenadas de los nucleótidos pueden ser adenina, guanina, citosina o uracilo, y en el segundo, adenina, guanina, citosina o timina. Los ácidos nucleicos intervienen en la síntesis de las proteínas y transmiten la información genética en el proceso de la herencia, controlando el desarrollo y el funcionamiento de cada individuo vivo.

núcleo *s. m.* **1.** Parte central o fundamental de algo. **2.** Lugar o parte de él en que se concentra en mayor medida alguna cosa y desde donde se difunde a otras partes. **3.** Grupo más o menos pequeño de individuos. **4.** En biol., órgano principal de las células eucariotas, de forma generalmente esférica u ovoide, que está separado del citoplasma por una membrana y contiene en su interior el jugo nuclear, en el que se encuentran los cromosomas. **5.** En fís. y quím., parte central del átomo, formada por protones y neutrones, donde se encuentra concentrada la mayor parte de su masa. El diámetro del núcleo es unas diez mil veces más pequeño que el diámetro del átomo y su densidad extraordinariamente elevada. El núcleo tiene carga eléctrica positiva, coincidiendo esta carga con el número de protones que contiene. Las partículas que componen el núcleo se mantienen unidas gracias a la acción de la llamada *fuerza fuerte.* **6.** En ling., palabra o palabras más importantes de un sintagma, las cuales le dan nombre; p. ej., el verbo es el núcleo del sintagma verbal. || **7. núcleo de un homomorfismo** En mat., conjunto de los elementos de otro conjunto que, al serles aplicado un homomorfismo, dan como resultado 0. P. ej., si $f: A \rightarrow B$ es un homomorfismo, el núcleo de f es el conjunto de los elementos $x \in A$, tales que $f(x) = 0$. **8. núcleo terrestre** Tercera y más profunda de las capas de la Tierra. Es una esfera que se extiende desde los 2.900 km de profundidad hasta el centro del globo. Está compuesta fundamentalmente de níquel y hierro y su temperatura supera los 5.000 °C. Se llama también *barisfera* o *siderosfera.*

nucleófilo, la *adj.* Se dice de las partículas químicas que por su configuración electrónica pueden ceder o compartir un par de electrones y, también, de las reacciones, principalmente orgánicas, en las que intervienen dichas partículas. También *s.*

nucleolo o **nucléolo** *s. m.* Diminuto órgano presente en el interior del núcleo de las células, que tiene estructura reticular y está constituido principalmente por proteínas y partículas de ARN, a partir de las cuales se forma el ARN ribosómico.

nucleón *s. m.* Denominación genérica de las partículas que componen el núcleo atómico. Pueden presentar forma de neutrón o forma de protón.

nucleótido *s. m.* Elemento fundamental de los ácidos nucleicos. Consta de una molécula de ácido fosfórico (PO_4H_3), un azúcar del grupo de las pentosas, que puede ser ribosa ($C_5H_{10}O_5$) o desoxirribosa ($C_5H_{10}O_4$), y una base nitrogenada, perteneciente al grupo de las purinas (adenina o guanina) o al de las pirimidinas (citosina, timina y uracilo).

nudillo *s. m.* Parte exterior de cada una de las articulaciones de los dedos de la mano. Se usa sobre todo en *pl.*

nudismo *s. m.* Práctica consistente en ir desnudo para que el cuerpo disfrute del clima o de los agentes de la naturaleza.

nudista *adj.* **1.** Perteneciente o relativo al nudismo. **2.** Que practica el nudismo. También *s.*

nudo *s. m.* **1.** Lazo hecho en una cuerda, cinta, etc., o entre dos de ellas, de forma que cuanto más se tira de los extremos más se aprieta. **2.** Vínculo, fuerte unión o relación. **3.** En árboles y plantas, parte abultada del tronco o tallo de un árbol o planta de donde salen las ramas, hojas, etc. **4.** Abultamiento en cualquier superficie. **5.** Masa de células o fibras con una función especial. **6.** Lugar donde se unen o cruzan varias carreteras, caminos, cordilleras, etc. **7.** En una obra literaria, cinematográfica, etc., momento, entre el planteamiento y el desenlace, en el que se desarrolla el núcleo de la acción. **8.** Principal punto, dificultad, cuestión, etc., de un asunto o materia. **9.** Unidad marítima de velocidad que equivale a una milla marina por hora. **10.** En cristalografía, cada uno de los vértices a partir de los cuales se toman los lados y ángulos que caracterizan a los distintos sistemas cristalinos. || **11. nudo gordiano** Problema o aspecto de un asunto cuya resolución es dificultosa, pero necesaria, y que conviene abordar de forma rápida y enérgica. Alude al legendario nudo que ataba el yugo a la lanza del carro de Gordio, rey de Frigia, y que nadie era capaz de desatar; se cuenta que Alejandro Magno lo deshizo con un golpe de su espada. **12. nudo marinero** El que usan los marinos, muy seguro pero fácil de deshacer. || **LOC. un nudo en la garganta** Imposibilidad o dificultad para hablar o expresarse, debido a la emoción, el desconcierto o la confusión.

nudosidad *s. f.* Hinchazón o endurecimiento en forma de nudo, producido en órganos y tejidos.

nudoso, sa *adj.* Que tiene nudos.

nuera *s. f.* Con respecto a una persona, mujer de su hijo. ■ Se llama también *hija política.*

nuestro, tra *adj. pos. m.* y *f. de 1.ª pers.* **1.** Indica que la persona o cosa a la que acompaña pertenece a varios poseedores, entre los que se incluye el hablante: *nuestro coche, nuestras amigas.* También *pron.*: *Este cuaderno es tuyo, pero ¿dónde está el nuestro?* **2.** Con *lo*, expresa lo más característico o apropiado de varias personas entre las que se cuenta el hablante: *Lo nuestro son las matemáticas.* || *s. m. pl.* **3.** Precedido del artículo determinado, personas del mismo partido, profesión, familia, etc., que varias personas, y entre ellas el hablante. || *s. f.* **4.** *fam.* Precedido de *la*, oportunidad o circunstancia favorable: *Ésta es la nuestra.*

nueva *s. f.* Noticia reciente. || **LOC. de nuevas** *adv. fam.* Por primera vez; también, sin tener conocimiento de lo que se expresa. **hacerse de nuevas** *fam.* Fingir alguien que no estaba al corriente de alguna cosa.

Nueva Andalucía Nombre que recibieron durante la conquista española diversos territorios sudamericanos, y especialmente el formado por los actuales estados y territorios venezolanos de Anzoátegui, Sucre, Delta Amacuro, Monagas, Bolívar y Amazonas, a los que Felipe II convirtió en 1568 en unidad administrativa.

Nueva Asunción Departamento de Paraguay, en el NO del país. 44.961 km². 300 h. en 1990. La capital es General Eugenio A. Garay.

Nueva Brunswick Prov. de Canadá, situada en el E del país, entre el golfo de San Lorenzo y la bahía de Fundy, en el Atlántico. 73.440 km². 724.300 h. en 1990. La capital es Fredericton, con 44.350 h. en 1986. La economía se basa en la agricultura, especialmente patata y cereales, así como en la ganadería bovina, la industria alimentaria y el refino de petróleo.

Nueva Caledonia Isla de Oceanía, situada en la Melanesia, al E de Australia, cerca del trópico de Capricornio, que constituye una dependencia ultramarina de Francia. 18.576 km². 168.000 h. en 1990. La capital es Nouméa, con 65.100 h. en 1989. La isla, de forma alargada, está rodeada de un arrecife de barrera. Tiene un relieve muy montañoso, aunque poco elevado, cuya máxima altura se encuentra en el monte Panié (1.650 m), clima tropical, con estación lluviosa, y vegetación de selva y sabana. Está poblada por melanesios, canacos, europeos y asiáticos. Sus recursos económicos proceden de la agricultura de café, maíz, batata y mandioca; de la ganadería bovina; de la minería del níquel (tercer productor mundial), cobalto y cromo; y de la industria metalúrgica y cementera. Fue descubierta por Cook en 1774 y colonizada por Francia, que tenía previsto otorgar a la isla la independencia en 1987, pero suspendió la decisión para proteger a sus colonos de los actos de violencia de los canacos. En 1988 se aceptó por referéndum un nuevo proceso de autodeterminación que debe concluir en 1998.

Nueva Delhi C. de la India, cap. del país, situada junto a Delhi, a orillas del Yamuna, afluente del Ganges. 273.000 h. en 1981. Es una moderna ciudad fundada como centro administrativo del país.

Nueva Escocia Prov. de Canadá, en el E del país, a orillas del océano Atlántico. 55.490 km². 892.000 h. en 1990. La capital es Halifax, con 296.000 h. en 1986. Está constituida por una península y la isla de Cap Breton. Sus recursos económicos proceden de la agricultura de patatas, cereales y frutales, la ganadería bovina, la pesca, la minería de hulla y la industria alimentaria, constructora, naval y del refino de petróleo.

Nueva España Virreinato español de las Indias Occidentales, creado en 1535, que correspondía a lo que hoy es Centroamérica, México y el S de EE UU. La explotación del territorio por el sistema de encomiendas provocó numerosos levantamientos de los indios. También fueron frecuentes los conflictos entre el clero y la administración civil. La conciencia emancipadora se fue desarrollando y afloró en 1808 con ocasión de la invasión napoleónica de España, cuando el virrey Iturrigaray rechazó la autoridad de la corona. Fue depuesto por el terrateniente Gabriel Yermo, pero poco después, en 1810, el cura Manuel Hidalgo inició la lucha por la independencia.

Nueva Esparta Estado de Venezuela, situado en el NE del país. Tiene carácter insular y comprende las islas Margarita, Cubagua y Coche. 1.150 km². 283.500 h. en 1990. La capital es La Asunción, con 14.100 h. en 1982. Cuenta con agricultura de cereal y caña de azúcar, tabaco y pesca.

Nueva Gales del Sur (*New South Wales*) Estado de Australia, situado en el SE del país, junto a la costa del mar de Tasmania. 801.600 km². 5.771.900 h. en 1989. La capital es Sidney, con 3.623.600 h. en 1989. Comprende una llanura costera y el sector central de la cordillera Australiana, con los Blue Mountains y los Alpes Australianos, así como la cuenca del Darling, en el interior. Tiene cultivos de trigo, ganadería ovina, minería de carbón y una industria muy desarrollada.

Nueva Granada Virreinato español de las Indias Occidentales, que comprendía las actuales

Nueva Delhi: aspecto de una de sus principales vías.

Colombia, Venezuela, Panamá, Ecuador, y el N de Perú y de Brasil. Fue creado en 1717 por Felipe V al separarlo del virreinato de Perú. Alcanzó la independencia mediante la insurrección de Santafé en 1810.

Nueva Granada, República de Nombre que se dio en 1832 a Colombia tras la disolución de la Gran Colombia, creada por Bolívar. Perduró hasta 1858, año en que la nueva Constitución federal denominó al país Confederación Granadina. Esta denominación se cambió en 1863 por Estados Unidos de Colombia y en 1886 por República de Colombia.

Nueva Guinea Isla de Oceanía, situada en la Melanesia, al N de Australia. 785.000 km^2. 4.618.000 h. en 1989. Comprende la provincia de Irian Jaya, perteneciente a Indonesia, que ocupa su sector occidental, y la mayor parte de Papúa Nueva Guinea, que ocupa el oriental. En su relieve destaca una cordillera volcánica que la recorre de E a O y cuya máxima altura es el Puncak Jaya (5.030 m). En el N se alza una cordillera costera y en el S se extiende una llanura aluvial. Sus principales ríos son el Sepik, el Sungai y el Fly. Su clima es ecuatorial. Posee cultivos de boniatos, ñame, bananas, coco, cacao y té, pesca y caza, y minería de oro, cobre y petróleo. Por su extensión es la segunda isla del mundo después de Groenlandia.

Nueva Hampshire Véase **New Hampshire**.

Nueva Holanda Antigua colonia holandesa de América del Norte fundada a principios del s. XVII, que comprendía los actuales estados de Nueva York, New Jersey y Delaware de EE UU. El asentamiento se inició en la isla de Manhattan y su principal actividad fue el comercio de pieles. Entre 1664 y 1667 sufrió ataques armados de los colonos ingleses, hasta que pasó definitivamente a Inglaterra tras el tratado de Westminster (1667). El rey Carlos II cedió a su hermano el duque de York la colonia de Nueva Amsterdam, que fue rebautizada con el nombre de Nueva York y dividida en dos colonias: Nueva York y Nueva Jersey.

Nueva Inglaterra Región histórica de EE UU, que en la época colonial incluía los actuales estados de New Hampshire, Massachusetts, Rhode Island, Connecticut, Vermont y Maine, todos ellos en la costa atlántica. Es la región de ocupación británica más antigua y tradicional del país.

Nueva Jersey Véase **New Jersey**.

Nueva Orleans C. de EE UU, situada en el estado de Louisiana, en la desembocadura del río Mississippi. 528.600 h. en 1986. Es el segundo centro portuario estadounidense, con gran volumen de tráfico mercantil. Cuenta con industria textil, química, aeronáutica y refinerías de petróleo. Fundada por franceses en 1717, fue cedida a España en 1763 y vendida a EE UU en 1803. Conserva un tradicional barrio criollo, el Vieux Carré.

Nueva Planta, decretos de Conjunto de decretos promulgados por el rey español Felipe V entre 1707 y 1716, con los que modificó el régimen político-administrativo en los reinos de Aragón, Valencia, Mallorca y el principado de Cataluña. Con estos decretos quedaron derogadas las instituciones de autogobierno y los fueros. En cada uno de dichos estados fue instituida una real audiencia, una capitanía general y una contribución tributaria única.

Nueva York (*New York*) **1.** Estado de EE UU, situado en el sector NE del país, entre los lagos Erie y Ontario y la costa atlántica. 136.583 km^2. 7.369.450 h. en 1989. 18.054.000 h. en 1987 en su área metropolitana. La capital es Albany, con 101.700 h. en 1980. Su territorio está recorrido por el río Hudson y en el N del mismo se alzan los montes Adirondacks. Intensamente urbanizado, sus principales ciudades son Buffalo, en el O, y Nueva York, en el E. Cuenta con agricultura hortofrutícola y de plantas forrajeras, que se usan para alimentar la cabaña vacuna, productora de leche y sus derivados y de carne. La industria se concentra en las cuencas del Hudson y del lago Ontario, sobresaliendo los sectores alimentario, textil, de maquinaria eléctrica, electrónico, farmacéutico, cementero, de equipos de transporte y artes gráficas.
2. C. de EE UU, situada en la costa atlántica, en la desembocadura del río Hudson, y cuya área metropolitana se extiende a los estados de Nueva Jersey, Nueva York y Connecticut. 7.262.700 h. en 1986. 17.931.000 h. en su área metropolitana en 1985. Dividida en cinco distritos (Manhattan, Bronx, Brooklyn, Queens y Staten Island), es una de las primeras megalópolis del mundo, centro de la vida cultural y artística internacional, ciudad comercial y financiera, y núcleo industrial y portuario de primer orden, con actividades fundamentalmente textiles, de artes gráficas y alimentarias. La principal aglomeración se sitúa en la isla de Manhattan, con sus grandes rascacielos, entre los que destacan el Rockefeller Center, la sede de la ONU, el World Trade Center y el Empire State Building.

Nueva York: rascacielos de la isla de Manhattan.

Hist. La isla de Manhattan fue colonizada por holandeses a principios del s. XVII y en 1621 la Compañía Holandesa de las Indias Orientales comenzó las actividades comerciales. Los británicos la ocuparon en 1664 y comenzaron a extender los límites urbanos. En 1785, durante la guerra de Independencia, se convirtió en capital de la nación y conservó ese estatuto hasta 1790. En la segunda mitad del s. XIX experimentó su gran expansión, debido a la intensa corriente migratoria procedente de Europa, del propio país y, más tarde, de las islas del Caribe.

Nueva Zelanda (*New Zealand*) Estado insular de Oceanía.

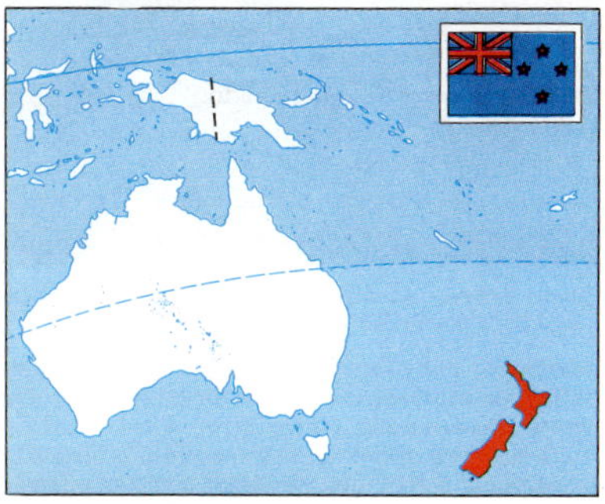

Extensión: 270.534 km^2.
Situación: en el océano Pacífico, al SE de Australia.
Población: 3.389.000 h. en 1990.
Densidad: 12,5 h./km^2.
Capital: Wellington.
División administrativa: 19 consejos regionales, 10 en la isla Norte y 9 en la isla Sur.
Ciudades principales: Manukau, Christchurch, Auckland, Hamilton.
Gentilicio: neozelandés.
Forma de Estado: monarquía constitucional.
Idioma: inglés.
Religión: anglicanismo, 25,7 %; presbiterianismo, 16,5 %; catolicismo, 14,4 %; metodismo, 4,7 %.
Moneda: dólar neozelandés.
Tasa de natalidad: 17 ‰ en 1990.
Tasa de mortalidad: 8 ‰ en 1990.
Renta per cápita: 11.800 dólares en 1989.

Geog. física Comprende dos grandes islas, la Norte y la Sur, separadas por el estrecho de Cook, y diversas islas menores, entre las que destacan la Gran Barrera en el N y Stewart en el S. El relieve de la isla Norte presenta diversas formaciones montañosas: montes Kaimanawa –donde se halla la mayor altura, el Ruhapehu (2.796 m), Huiarau y Ruahine en el centro de la isla, en torno al gran lago Taupo; y montes Raukumara en el E y Tararua en el S. Es una isla volcánica. La isla Sur está recorrida de N a S por una elevada cordillera, los Alpes Neozelandeses, cuyas mayores alturas son los picos Cook (3.764 m) y Aspiring (3.036 m). La actividad glaciar ha formado numerosos lagos de valle, como el Wakatipu y el Te Kapo. Por la isla Norte discurren los ríos Waikato y Wanganui; y por la Sur, el Waitaki, Clutha y Mataura. En el SO de la isla Sur el glaciarismo ha originado una costa escarpada con numerosos fiordos. El clima es benigno oceánico, templado y lluvioso, y la vegetación, de estepa en las llanuras y de sotobosque bajo, coníferas, hayas y helechos.

Geog. humana y ***económica*** La mayoría de los habitantes descienden de los colonizadores europeos, que diezmaron a los maoríes autóctonos. La población, urbana en más de un 80 %, se concentra sobre todo en la isla Norte, donde están las ciudades más importantes. Los principales recursos económicos proceden de la ganadería, con prados y pastos que ocupan el 52 % de la superficie total, y sus industrias derivadas. Se crían grandes rebaños de ovino (cuarto productor mundial) y de bovino, y el país produce importantes cantidades de lana lavada (segundo productor mundial), leche, queso, mantequilla y carne. Cuenta también con cultivos de cereales y hortofrutícolas, carbón, lignito, aluminio y gas natural, e industria de superfosfatos, tabaco, neumáticos, cemento, cerveza, alimentación, vehículos automóviles y metalurgia.

Hist. Nueva Zelanda permaneció despoblada hasta el s. X, en que comenzó la instalación de maoríes procedentes de la Polinesia. Fue descu-

Nueva Zelanda: Auckland, la mayor ciudad del país, enclavada en la isla Norte.

bierta por el holandés Tasman en 1642 y explorada por Cook en 1769. Los británicos, procedentes de Australia, comenzaron la colonización en la primera mitad del s. XIX, enfrentándose a la resistencia maorí, que dio lugar a varias guerras entre 1845 y 1870. La colonia recibió el estatuto de autonomía en 1875. La dependencia de su economía lanera con respecto a los mercados exteriores, sobre todo europeos, provocó una grave crisis económica que radicalizó a la población y provocó la subida al poder del Partido Liberal, que llevó a cabo una avanzada legislación social. Tropas neozelandesas lucharon en la Primera y Segunda Guerra Mundial en el bando aliado. En 1931 consiguió la independencia y quedó integrada en la Commonwealth. Los dos partidos principales son el Nacionalista, que gobernó casi ininterrumpidamente desde el final de la Segunda Guerra Mundial hasta 1972, y el Laborista, que ocupó el poder en los periodos de 1957-60 y 1972-75, y venció, bajo el liderazgo de David Lange, en las elecciones de 1984 y nuevamente en las de 1987. En 1989 Geoffrey Palmer obtuvo el cargo de primer ministro y en febrero de 1990 renovó su gabinete.

Nueva Zembla Archipiélago de la Federación Rusa, situado en el océano Glacial Ártico, entre los mares de Kara y de Barents. 82.600 km^2. Está compuesto por dos grandes islas separadas por el estrecho de Matochkin Shar, permanentemente cubiertas por los hielos y prácticamente despobladas. Fue descubierto a fines del s. XI. Posee recursos mineros, especialmente carbón.

nuevamente *adv. t.* De nuevo, otra vez.

Nuevas Hébridas Véase **Vanuatu**.

nueve *adj. num. card.* **1.** Ocho más uno. También *pron.* y *s. m.* ‖ *adj. num. ord.* **2.** Noveno*. También *pron.* ‖ *s. m.* **3.** Cifra o signo con que se representa este número.

nuevo, va *adj.* **1.** Que acaba de aparecer o de ser hecho. **2.** Que se ve o se oye por primera vez. **3.** Que se acaba de adquirir o sustituye a otra persona o cosa. **4.** Otro, que se repite. **5.** Recién incorporado a un lugar, grupo, actividad, etc. También *s.* **6.** Que está en perfecto estado de conservación. **7.** *fam.* Que está muy bien, descansado, en forma. **8.** Se aplica a la fase de la Luna en que, por estar en conjunción con el Sol, no muestra ninguna cara iluminada y, por lo tanto, no se la ve. ‖ **LOC. de nuevo** *adv. t.* Otra vez.

Nuevo Laredo C. de México, situada en el estado de Tamaulipas, a orillas del río Grande, junto a la frontera con EE UU. 203.300 h. en 1980. Es uno de los principales puntos de intercambio mercantil y turístico entre México y EE UU. Cuenta con industria textil, alimentaria y del calzado.

Nuevo León Estado de México, en el NE del país, junto a la frontera con EE UU. 64.924 km^2. 3.086.500 h. en 1990. La capital es Monterrey, con 1.064.200 h. en 1990. Su territorio consta de una región montañosa, atravesada por la Sierra Madre Oriental, y otra de llanura, Tamaulipeca, regada por los afluentes del río Bravo. Tiene cultivos de maíz, trigo, algodón y frutales, minería de plata, hierro, manganeso y plomo, e industria siderúrgica, papelera, cementera y textil. Fue conquistado por Luis de Carvajal en 1582 y colonizado entre los s. XVI y XVIII. En 1857 se convirtió en estado federal.

Nuevo México (*New Mexico*) Estado de EE UU, situado en el SO del país. 314.924 km^2. 1.521.800 h. en 1990. La capital es Santa Fe, con 48.900 h. en 1980. Es una región desértica, en el N de la cual se hallan las estribaciones meridionales de las Montañas Rocosas. Está recorrida de N a S por los ríos Grande del Norte y Pecos. Su economía depende en buena medida de los grandes yacimientos de uranio, petróleo, plomo, gas natural, carbón, cobre y sales potásicas. Cuenta con industria electrónica en Albuquerque.
Hist. Durante los s. XVI y XVII recibió esta denominación el conjunto de los actuales estados de Nuevo México, Arizona, Utah, Texas y parte de Nevada y de Colorado. La lucha con los indios pueblo fue constante y perduró tras la incorporación de la región a México (1821), la secesión de Texas (1836) y la integración en EE UU (1848). El territorio fue desgajándose con el nacimiento de los estados de Nevada y Colorado (1861) y de Arizona (1863), y adquirió el rango de estado en 1912.

Nuevo Testamento Véase **Testamento**.

nuez *s. f.* **1.** Fruto comestible del nogal, que presenta una cáscara dura y rugosa, de forma ovoide, y que al partirse muestra en su interior dos partes de color beige separadas por una fina membrana. **2.** Fruto seco, indehiscente, que no se abre ni fragmenta, sino que se desprende entero, al llegar a la madurez. **3.** Abultamiento que forma la laringe en la parte anterior del cuello de los varones adultos. ■ Se llama también *bocado de Adán*. **4.** Porción de algo de tamaño parecido al del fruto del nogal. ‖ **5. nuez moscada** Semilla del árbol conocido como moscadero *(Myristica fragans)*, originario del SE de Asia. Su tamaño es de 2 a 3 cm, tiene forma ovoide, color blanquecino y sabor fuerte. Se utiliza como condimento y en medicina como tónico y estomacal. **6. nuez vómica** Semilla del *Strychnos nux vomica*, pequeño árbol de la familia loganiáceas. Es de color gris, de forma redondeada y aplastada, y de sabor acre. Contiene alcaloides venenosos. Crece en el SE asiático y en Australia.

nueza *s. f.* Planta herbácea de la familia cucurbitáceas, especie *Bryonia cretica*. Tiene raíz carnosa, tallo trepador y frutos en baya de color rojo. Es tóxica y se usa en medicina. Crece en Eurasia.

Nukualofa C. de Tonga, cap. del país, situada en una isla del grupo de Tongatapu. 21.400 h. en 1986.

nulidad *s. f.* **1.** Cualidad de nulo. **2.** Persona torpe o incapaz para alguna cosa.

nulípara *adj.* Se dice de la mujer o de la hembra de cualquier mamífero que nunca ha parido. También *s. f.*

nulo, la *adj.* **1.** Que no tiene validez, especialmente por ser contrario a las leyes o por carecer de requisitos de contenido o forma. **2.** Que no consigue ningún efecto. **3.** Torpe, que no tiene capacidad para alguna cosa. También *s.* **4.** En boxeo, se dice del combate sin vencedor. También *s. m.*

Numa Pompilio (¿Cures, Sabina? h. 715 - ? h. 672 a. C.) Rey semilegendario de Roma, sucesor de Rómulo. Se le atribuye la organización religiosa de la ciudad y la elaboración del derecho sagrado. Parece ser que creó también corporaciones de artesanos.

Numancia Antigua ciudad española, situada en la actual Muela de Garray, en la margen izquierda del Duero, al N de Soria. Capital de la tribu celtíbera de los arévacos, se convirtió en el centro de la resistencia nativa frente al poder romano cuando en el 153 a. C. todos los jefes celtíberos se refugiaron en ella. Durante veinte años resistió con éxito varios asedios, pero en el 134 a. C., tras ocho meses de sitio, sus defensores se rindieron por hambre al poderoso ejército de Escipión Emiliano y fue reducida a cenizas. También destacó esta ciudad en el mundo artístico de los pueblos prerromanos de la Meseta por su cerámica.

numantino, na *adj.* **1.** De Numancia. También *s.* **2.** Muy firme y valeroso, por alusión a la valentía con que los habitantes de Numancia defendieron la ciudad del poder romano.

Numeiry, Yaffar al- (Omdurman 1930) Militar y político sudanés. Fue separado del Ejército por ser jefe de la organización de Oficiales Libres, inspirada en Nasser (1957-58), y más tarde readmitido. En 1969 dirigió el golpe de Estado nacionalista y asumió las funciones de jefe de Estado. Inició una política de solidaridad con los países árabes y, tras un primer acercamiento a la URSS y a China, inició una represión del comunismo. Elegido presidente de la república (1972), trató sin éxito de acabar con la rebelión de las provincias del S y se aproximó al fundamentalismo islámico. En 1985 fue derrocado.

numen *s. m.* **1.** En la religión de la antigua Roma, espíritu que guía y dirige tanto los fenómenos naturales como al ser humano. **2.** Cualquiera de los dioses adorados por los paganos. **3.** Inspiración del escritor o artista.

numeración *s. f.* **1.** Acción y efecto de numerar. **2.** En mat., sistema de símbolos y reglas que sirven para expresar o representar los números y las cantidades. ‖ **3. numeración arábiga** La que utiliza los números introducidos por los árabes en Europa: *0, 1, 2, 3, 4, 5, 6, 7, 8, 9.* **4. numeración romana** La utilizada por los romanos, que emplea siete letras del alfabeto latino: *I, V, X, L, C, D* y *M*, que equivalen respectivamente a *1, 5, 10, 50, 100, 500* y *1.000.*

numerador *s. m.* **1.** En mat., parte de la fracción colocada encima de la raya de quebrado o delante del signo /, que representa el número de partes iguales de un todo o unidad que se toman en una partición. En la fracción $\frac{a}{b}$, el numerador es *a*. **2.** Instrumento utilizado para numerar correlativamente.

numeradora *s. f.* En imprenta, máquina que sirve para numerar los pliegos de cada tirada.

numeral *adj.* **1.** Perteneciente o relativo al número. **2.** Se aplica al adjetivo o pronombre que expresa idea de número, ya sea de cantidad: *dos* (cardinal), de orden: *segundo* (ordinal), de partición: *octavo* (partitivo), etc. También *s. m.*

numerar *v. tr.* **1.** Poner un número a cada elemento de un conjunto para que éste quede ordenado. **2.** Contar los elementos de un conjunto siguiendo el orden de los números. También *v. prnl.* **FAM.** Numerable.

numerario, ria *adj.* **1.** Que pertenece con carácter fijo al número de personas que forman una empresa, agrupación, etc. También *s.* ‖ *s. m.* **2.** Moneda acuñada o dinero en efectivo.

numérico, ca *adj.* **1.** Perteneciente o relativo a los números. **2.** Que se hace con números o está compuesto de ellos. **FAM.** Numéricamente.

número *s. m.* **1.** Concepto matemático que expresa cantidad. **2.** Símbolo o expresión que representa dicho concepto y que, además de la idea de cantidad, puede expresar otras, como la idea de orden, o bien responder a una convención. **3.** Cantidad indeterminada de personas, animales o cosas. **4.** Conjunto, grupo con unas determinadas cualidades. **5.** Puesto que ocupa alguien en una serie ordenada, en una fila, cola, etc., y, p. ext., papeleta con una cifra que representa dicho puesto. **6.** Cada tirada de una publicación periódica que va determinada por la fecha de la edición y la serie cronológica. **7.** Billete de lotería o cualquier otra participación de un juego de azar. **8.** Accidente gramatical que poseen los sustantivos, adjetivos, determinantes, pronombres y verbos, y que indica si un elemento se refiere a una o más unidades según sea singular o plural, respectivamente; en algunas lenguas, como el griego clásico, existe también un dual. **9.** Cada una de las partes en que se divide un espectáculo. **10.** *fam.* Situación, acto, etc., en que se llama mucho la atención, generalmente por algo negativo. ■ En esta acepción se emplea también el diminutivo *numerito*. ‖ *pl.* **11.** Cuarto libro del *Pentateuco* de la *Biblia*. ■ En esta acepción se escribe con mayúscula. ‖ **12. número arábigo** Véase **numeración. 13. número romano** Véase **numeración. 14. números rojos** Saldo negativo. ‖ **LOC. de número** *adj.* Numerario. **en números redondos** *adv.* Redondeando, como cifra aproximada. **hacer números** Calcular, hacer cuentas. *adv.* Con saldo negativo.
***Fís.* y *Quím.* número atómico** Número que expresa la cantidad de protones que hay en el núcleo del átomo de un elemento. Se representa mediante la letra *Z* y, cuando el átomo se en-

cuentra en estado neutro, coincide con el número de electrones presentes en dicho átomo. Al formular un núcleo, el número atómico se escribe en la parte baja anterior al símbolo del elemento al que pertenece dicho núcleo; por ejemplo, en el caso del núcleo del isótopo 6 del litio, se escribirá $^{6}_{3}$Li, donde 6 es el número másico de dicho isótopo y 3 el número atómico.
número cuántico Cada uno de los cuatro números que es necesario introducir en la solución general de la ecuación de ondas, que describe el comportamiento del electrón en el átomo, para obtener las distintas soluciones particulares. Estas soluciones nos informan sobre las posibles localizaciones del electrón y sobre la energía asociada a cada una de ellas. Los números cuánticos se representan genéricamente mediante las letras *n, l, m* y *s*, y se designan como número cuántico principal, número cuántico secundario o angular, número cuántico magnético y número cuántico de spin, respectivamente.
número de Avogadro Véase **Avogadro, número de**.
número de coordinación Véase **índice de coordinación**.
número de octanos Véase **octanaje**.
número de onda Número de veces que se encuentra contenida en un ciclo la longitud de onda de un movimiento ondulatorio periódico. Se representa por la letra *K*, se mide en m^{-1} y se relaciona con la longitud de onda λ mediante la ecuación $K = \frac{2\pi}{\lambda}$.
número de oxidación Número entero que se asocia a los elementos en sus compuestos con el fin de indicar cuál es la distribución de sus electrones de valencia. En el caso de los compuestos iónicos, el número de oxidación indica el número de electrones cedidos o adquiridos por el elemento, es decir, indica el número de cargas positivas o negativas que tiene el ion del elemento en cuestión cuando está formando parte de una molécula. En el caso de los compuestos covalentes, el número de oxidación representa las cargas que adquirirían los elementos en el caso imaginario de que los menos electronegativos cedieran totalmente sus electrones a los más electronegativos. El número de oxidación es ampliamente utilizado en la nomenclatura química y para deducir los elementos que se oxidan o se reducen durante una reacción redox.
número másico Número que indica el resultado de la suma del número de protones y el número de neutrones existentes en un núcleo atómico. Se representa por *A*. Al formular un núcleo atómico se escribirá en la parte superior situada a la izquierda del símbolo del elemento al que corresponde el núcleo en cuestión; así, p. ej., el núcleo del isótopo 14 del carbono se escribirá $^{14}_{6}$C, donde 6 es el número atómico de dicho isótopo y 14 el número másico.
Mat. **número algebraico** Aquel que es raíz o solución de una ecuación algebraica.
número áureo Representación de la armonía perfecta entre dos dimensiones; es el resultado de la operación y vale aproximadamente 1,618033989...
número cardinal El número natural cuando se utiliza para contar los elementos de un conjunto.
número combinatorio El número combinatorio *n* sobre *r*, $\binom{n}{r}$ $(n \geqslant r \geqslant 0)$ es el número de combinaciones de *n* elementos tomados de *r* (o de orden *r*);

$$\binom{n}{r} = \frac{n!}{r!\,(n-r)!}$$

($a!$ factorial de $a = a\cdot(a-1)\ldots 2\cdot 1$)
número complejo Expresión de la forma $a+bi$, *donde a* y *b* son números reales e *i* es un símbolo que representa $\sqrt{-1}$.
número compuesto Aquel que tiene más factores comunes además de él mismo y la unidad.
número decimal Número real cuyo número de cifras decimales es finito.
número deficiente Número entero en que la suma de sus divisores, exceptuando a sí mismo, es menor que él mismo. P. ej., el 4 tiene como divisores al 1 y al 2, 1 + 2 = 3 y 3 es menor que 4; por tanto, 4 es un número deficiente.
número e o **número de Euler** Número irracional que se toma como base de los logaritmos naturales o neperianos. El número *e* es aproximadamente igual a 2,718281828. Se define:

$$e = \lim_{n\to\infty}\left(1+\frac{1}{n}\right)^{n}$$

número entero Cada una de las clases de equivalencia caracterizadas por la relación definida en $N \times N$: $(a, b)\ R\ (c, d) \Leftrightarrow a + d = b + c$. Se representa con los mismos símbolos de los números naturales precedidos de un signo + o –, excepto para el número cero (0). El número entero + *a* es la clase de representante canónico (*a*, 0), y el $-a$ es la de (0, *a*).
número fraccionario Número quebrado.
número imaginario Número complejo.
número imaginario puro Número complejo cuya parte real es 0. P. ej., 3·i (es decir, 0 + 3i).
número impar Número entero que no es múltiplo de 2.
número inverso Un número es inverso a otro cuando la multiplicación de ambos da 1.
número irracional Número decimal que tiene infinitas cifras decimales que no se repiten periódicamente.
número mixto El compuesto por un número entero sumado a una fracción. Así, el número $3\frac{2}{5}$ o también $3+\frac{2}{5}$ es un número mixto. Puede expresarse como fracción haciendo la operación siguiente:

$$\frac{3\cdot 5+2}{5} = \frac{17}{5}$$

número natural Abstracción que se utiliza para representar una cantidad. P. ej., el número 3 representa a cualquier conjunto que tenga tres elementos.
número opuesto Un número es opuesto a otro cuando la suma de ambos da 0.
número ordinal El número natural cuando se utiliza para ordenar los elementos de un conjunto.
número par Número entero que es múltiplo de 2.
número periódico Aquel número cuya parte decimal tiene infinitas cifras decimales que se repiten periódicamente. P. ej., 2,7383838... = $2{,}7\overset{\frown}{38}$
número periódico mixto Número decimal periódico cuyo periodo no comienza en la primera cifra decimal. P. ej., –58,37434343... = $-58{,}37\overset{\frown}{43}$.
número periódico puro Número decimal periódico en que el periodo, o cifras decimales que se repiten, comienza con la primera cifra decimal. P. ej., 37,831831... = $37{,}\overset{\frown}{831}$.
número pi (π) Número irracional igual al cociente entre la longitud de cualquier circunferencia y su diámetro. Equivale aproximadamente a 3,141592.
número primo Número entero que sólo admite como divisores a sí mismo, a su opuesto, al 1 y al –1. Si los únicos divisores comunes son 1 y –1, se habla de **números primos entre sí.**
número quebrado Véase **quebrado**.
número racional Cada una de las clases de equivalencia caracterizadas por la relación definida en $Z \times Z^{*}$: $(a, b)\ R\ (c, d) \Leftrightarrow a\cdot d = b\cdot c$. Se representa en forma de fracción. Así, el número a/b es la clase que tiene por representante el par (*a*, *b*). Cuando *b* = 1, se pone *a* en vez de *a*/1.
número real El que es racional o irracional.

numeroso, sa *adj.* **1.** Que incluye gran cantidad de personas, animales o cosas. **2.** Precediendo a un sustantivo en plural equivale a muchos. **FAM.** Numerosamente, numerosidad.

numerus clausus *loc. lat.* Significa 'número cerrado' y expresa que en una institución, escuela, facultad, etc., existe un número limitado de plazas.

númida *adj.* De Numidia. También *s.*

Numidia Antigua región del N de África, cuyos límites se corresponden con los de la Argelia moderna. En la época de la segunda guerra púnica (218-201 a. C.) estaba dividida en dos reinos, el de Sifax, aliado de Cartago, y el de Masinisa, aliado de Roma, que obtuvo toda Numidia en el 202 a. C. En el año 105 a. C., tras la derrota de Yugurta, rey númida rebelde, parte de Numidia pasó a ser provincia romana. El resto fue conquistado por Julio César y pasó a integrar la provincia de África Nova a mediados del siglo I a. C.

numismática *s. f.* **1.** Ciencia que se ocupa de las monedas y medallas, especialmente las antiguas. **2.** Coleccionismo de monedas. **FAM.** Numismático.

nummulites *s. m.* Género de protozoos rizópodos foraminíferos fósiles, de la familia nummulítidos. Su tamaño oscila entre dimensiones microscópicas y 10 cm; tienen forma de lente, caparazón perforado y dibujo en forma de espiral sobre la concha. El interior está constituido por numerosos canales y tabiques. Formaban parte del plancton durante el paleoceno y desaparecieron en el oligoceno. Tienen un gran valor en el estudio geológico de los estratos, puesto que son fósiles característicos del periodo terciario.

nunatak (voz esquimal) *s. m.* Pico rocoso que sobresale por encima de la superficie helada en los inlandsis o casquetes glaciares. Es característico de Groenlandia, pero también abunda en la Antártida.

nunca *adv. t.* En ningún momento, en ninguna ocasión.

nunciatura *s. f.* **1.** Cargo o dignidad de nuncio. **2.** Tiempo que dura este cargo. **3.** Edificio o dependencias donde reside o despacha el nuncio.

nuncio *s. m.* **1.** Representante del papa en un Estado. ■ Se le llama también *nuncio apostólico*. **2.** Mensajero. **3.** Señal, anuncio.

Nunes (o Nuñez), Pedro (Alcacer do Sal h. 1502 - Coimbra 1577) Matemático portugués. Estudió en Lisboa y Salamanca y fue cosmógrafo real. Ideó un dispositivo de medida, llamado en su honor *nonio*.

Núñez, José (primera mital del s. XIX) Político nicaragüense. Jefe de Estado interino (1834), reprimió la revolución del general Flores. De 1835 a 1838 ocupó la vicejefatura y en este último año fue nombrado presidente (1838-41). Proclamó la

N Ú M E R O S

ARÁBIGO	0	1	2	3	4	5	6	7	8	9	10
GRIEGO		α'	β'	γ'	δ'	ε'	ς'	ζ'	η'	θ'	ι'
HEBREO		א	ב	ג	ד	ה	ו	ז	ח	ט	
ÁRABE	٠	١	٢	٣	٤	٥	٦	٧	٨	٩	١٠
MAYA	𝋠	𝋡	𝋢	𝋣	𝋤	𝋥	𝋦	𝋧	𝋨	𝋩	𝋪
CHINO		一	二	三	四	五	六	七	八	九	十
ROMANO		I	II	III	IV	V	VI	VII	VIII	IX	X

independencia de Nicaragua respecto de las Provincias Unidas de Centroamérica y promulgó una nueva Constitución (1838).

Núñez, Rafael (Cartagena de Indias 1825 - íd. 1894) Político colombiano. Miembro del Partido Liberal, fue presidente de la república (1880-82 y 1884-86). Durante su segundo mandato rompió con su partido, fundó el Partido Nacional e inició una política de corte conservador que culminó con la abolición de la Constitución de 1863 y la promulgación de una nueva, de carácter centralista (1886). Habiéndosele prorrogado sus funciones hasta 1892, ese año volvió a ser elegido presidente, pero delegó el poder en el vicepresidente Caro.

Núñez de Arce, Gaspar (Valladolid 1834 - Madrid 1903) Escritor y político español. Como político perteneció a la Unión Liberal y al Partido Liberal de Sagasta y fue diputado y ministro de Ultramar (1883). Junto a Campoamor, es la figura más representativa de la poesía del periodo de la Restauración. Sus obras muestran una constante preocupación por la forma, aunque sus poemas, grandilocuentes y de blando sentimentalismo, no consiguen alcanzar la sublimidad que él les quiso imprimir. Entre sus obras destacan *Gritos de combate* (1875), *La última lamentación de Lord Byron* (1879) y *La visión de Fray Martín* (1880).

Núñez de Balboa, Vasco Véase **Balboa, Vasco Núñez de**.

nupcial *adj.* Perteneciente o relativo a las nupcias o bodas.

nupcialidad *s. f.* En demografía, relación existente entre los matrimonios contraídos en un determinado periodo de tiempo y la población correspondiente a ese mismo periodo. El resultado numérico se expresa en tantos por ciento y constituye el *índice de nupcialidad.*

nupcias *s. f. pl.* Boda, casamiento.

Nureiev, Rudolf (Irkutsk 1938) Bailarín ruso nacionalizado austriaco. Debutó en la compañía Kirov de Leningrado en 1955 y pronto llegó a ser su primer bailarín. Abandonó la URSS en 1961 e ingresó primero en el ballet del marqués de Cuevas y en 1962 en el Royal Ballet de Londres. En 1983 fue nombrado bailarín, coreógrafo y director del ballet de la Ópera de París y del grupo de investigación coreográfica del mismo, cargos de los que dimitió en 1989. Ha realizado magníficas coreografías, como *Tancredo y Clorinda* y *Don Quijote*, y protagonizado la película *Valentino* (1977), de Ken Russell.

Nuremberg (*Nürnberg*) C. de Alemania, situada en el Land de Baviera, cerca del río Regnitz. 480.100 h. en 1989. Es una ciudad tradicionalmente comercial. Tiene industria de juguetes, automóviles y artículos de cuero. Fue el lugar elegido por los nacionalsocialistas para realizar sus demostraciones de masas más espectaculares.

Nuremberg, leyes de Conjunto de leyes antisemitas dictadas en Nuremberg el 15 de septiembre de 1935 durante el congreso del Partido Nacionalsocialista. Entre otras medidas, se privaba a los judíos de la ciudadanía alemana y se les prohibía contraer matrimonio con alemanes.

Nuremberg, proceso de Juicio celebrado en Nuremberg, tras la Segunda Guerra Mundial, en el que un tribunal militar internacional juzgó a 24 miembros del Partido Nacionalsocialista (Nazi) y a ocho organizaciones vinculadas a éste (Gestapo y SS, entre otras), bajo la acusación de crímenes de guerra. El proceso tuvo lugar desde el 20 de noviembre de 1945 hasta el 1 de octubre de 1946. Once de los acusados (Goering, Von Ribbentrop y Rosenberg, entre otros) fueron condenados a muerte, siete (Dönitz, Von Neurath y Hess, entre otros) lo fueron a diversas penas de prisión, y solamente cuatro salieron absueltos. La ONU se basó posteriormente en esta sentencia para definir el delito de genocidio.

Nurmi, Paavo (Turku 1897 - Helsinki 1973) Atleta finlandés. Gran corredor de fondo, dominó en la década de 1920 todas las distancias de 1.500 a 20.000 m. Entre los Juegos Olímpicos de Amberes (1920), París (1924) y Amsterdam (1928) ganó nueve medallas de oro.

nurse (voz ingl.) *s. f.* **1.** Niñera. **2.** *amer.* Enfermera.

nutación *s. f.* Movimiento de oscilación, periódico y de poca amplitud, que sufre el eje de rotación de la Tierra y que se superpone al movimiento de precesión.

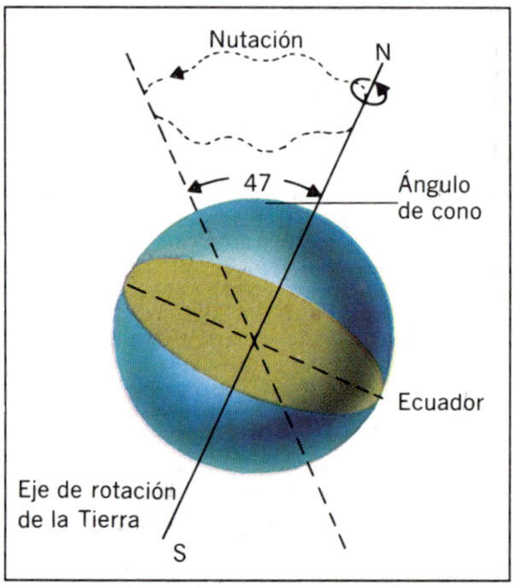

Nutación: este movimiento está producido por la atracción gravitacional de la Luna y el Sol sobre el ecuador terrestre.

nutria *s. f.* Nombre común de diversos mamíferos carnívoros de la familia mustélidos, géneros *Lutra, Pteronura, Aonyx, Enhydra*, etc. La nutria común *(Lutra lutra)* mide unos 120 cm de longitud, de los que 40 corresponden a la cola. Su cuerpo es largo y estilizado, su pelaje denso, de tono rojizo o pardusco, tiene las patas cortas, con cinco dedos y membranas interdigitales. Son grandes nadadoras, tienen costumbres nocturnas y se alimentan de peces, anfibios y aves acuáticas. Construyen sus madrigueras en las márgenes de los ríos, con entrada por debajo del nivel del agua y chimeneas de respiración en la orilla. Están ampliamente distribuidas por Europa, Asia, África y América. Existe una especie marina, la *Enhydra lutris*, de mayor tamaño, con patas posteriores palmeadas y pelaje pardusco; fue protegida oficialmente por hallarse en peligro de extinción. Se las caza por sus pieles.

nutricio, cia *adj.* **1.** Nutritivo. **2.** Que alimenta a otro.

nutrición *s. f.* **1.** Acción y efecto de nutrir o nutrirse. **2.** Conjunto de funciones que permiten al organismo vivo obtener energía y las sustancias necesarias para reponer las pérdidas de sus componentes vitales y para aumentar el tamaño de su cuerpo.
Biol. En las plantas, la nutrición se lleva a cabo a través de las raíces, o incluso en las hojas que, por medio de la función clorofílica, aprovechan directamente la energía solar para producir reacciones químicas complejas (nutrición autótrofa). En los animales, la nutrición se lleva a cabo a través de la ingestión de sustancias orgánicas procedentes de otros seres vivos, que se integran en el cuerpo por medio del aparato digestivo (nutrición heterótrofa). Las sustancias que el organismo no puede elaborar a partir de otras y que deben estar presentes en su dieta se llaman nutrientes esenciales y se dividen en varios grupos: proteínas, lípidos (grasas y lipoides), hidratos de carbono, vitaminas y sustancias minerales (inorgánicas).

nutrido, da **1.** *p. p.* de **nutrir**. También *adj.* ‖ *adj.* **2.** Lleno, repleto. **3.** Numeroso, copioso.

nutriente *adj.* Que nutre. También *s. m.*

nutrir *v. tr.* **1.** Proporcionar a un organismo el alimento que necesita. También *v. prnl.* **2.** Dar nuevas fuerzas a una cosa para que se mantenga y no decaiga. También *v. prnl.* **3.** Abastecer, suministrar. También *v. prnl.* **4.** Llenar. También *v. prnl.* **FAM.** Nutrimento o nutrimiento.

nutritivo, va *adj.* Que nutre o alimenta.

Nuuk Véase **Godthab**.

Nuvolari, Tazio (Castel d'Ario, Milán 1892 - Mantua 1953) Piloto automovilístico italiano. Entre 1930 y 1940 triunfó en más de 50 pruebas internacionales, entre ellas el gran premio de Mónaco (1932), las 24 horas de Le Mans (1933) y la copa Vanderbilt (1936).

ny (del gr. *nu*) *s. f.* Nombre de la decimotercera letra del alfabeto griego, que corresponde a nuestra *n*. ■ La letra mayúscula se escribe *N* y la minúscula *ν*.

Nyassa Antiguo nombre del lago Malawi.

Nyassalandia Antiguo nombre del estado de Malawi.

Nyerere, Julius (Butiama 1921) Político tanzano. En 1954 fundó la Unión Nacional Africana de Tanganica (TANU), principal partido independentista. Fue primer ministro después de la concesión de la autonomía, primer presidente de Tanganica y desde 1964 de Tanzania, estado que surgió de la unión de Tanganica y Zanzíbar. Creó un régimen de partido único (Partido de la Revolución, fruto de la fusión en 1977 del TANU y del Partido Afro-Shirari de Zanzíbar), que estatalizó la economía y fomentó la creación de comunas agrícolas. En 1985 se retiró de la política activa.

Nyíregyháza C. de Hungría, cap. del condado de Szabolcs-Szatmár, situada en el NE del país. 119.300 h. en 1989. Cuenta con industria textil y de construcciones mecánicas y con unos famosos establecimientos termales.

nylon (voz ingl.) *s. m.* Nailon*.

Nutria común (Lutra lutra).

Ñ

ñ *s. f.* Decimoquinta letra del abecedario español y duodécima de sus consonantes. Su nombre es *eñe.*

ñacurutú *s. m.* Ave estrigiforme de la familia estrígidos, especie *Bubo cassirrostris.* Es similar a una lechuza, con el plumaje amarillento y gris. Tiene hábitos nocturnos.

Ñame de China (Dioscorea batatas) *y su rizoma.*

ñame o **ñamera** *s. m.* o *s. f.* **1.** Nombre común de diversas plantas trepadoras de la familia dioscoreáceas, género *Dioscorea.* Su tallo, que puede alcanzar los 4 m de altura, se hincha en un rizoma que en ocasiones llega a pesar hasta 20 kg y que, previamente cocido, es un alimento muy importante en los países tropicales. Son originarias de Asia, pero se cultivan en todas las regiones de clima tropical, fundamentalmente el SE asiático, África central y tropical y América del Sur. Las especies más importantes son el ñame de China *(Dioscorea batatas)*, el *Dioscorea alata* y el *Dioscorea sativa*, conocido en América como ñame criollo. **2.** Rizoma de esta planta.

Ñandú común (Rhea americana).

ñandú *s. m.* Nombre común de diversas aves reiformes de la familia reidos, género *Rhea.* El ñandú común *(Rhea americana)* alcanza entre 1 y 1,5 m de altura, tiene tronco grueso, cuello largo, cabeza pequeña, plumaje pardo en el dorso y blanquecino en el vientre. Se diferencia del avestruz africano por tener tres dedos en cada pie y ser algo más pequeño. Habita en América meridional, en las pampas, formando bandadas con gran número de individuos.

ñandutí *s. m. Arg., Par., Urug.* Encaje muy fino que imita el tejido de la telaraña y se usa como adorno en la ropa blanca y para confeccionar mantillas, pañuelos, etc.

ñanga *s. f* . **1.** *Amér. C.* Terreno pantanoso. **2.** *Ec.* Porción muy pequeña de alguna cosa.

ñaña *s. f.* **1.** *Chile, P. Rico.* Niñera o nodriza. **2.** *Chile.* Tonto, bobo. **3.** *Amér. del S.* Amigo íntimo. También *s.* || *s. m.* **4.** *Arg., Chile, Ec.* Hermano, especialmente el mayor.

ñáñigo, ga *adj.* Se dice del individuo que durante la dominación española de Cuba pertenecía a una secta secreta de carácter religioso e integrada por negros. También *s.*

ñapango *adj. Col.* Mestizo o mulato.

ñato, ta *adj. amer.* Chato, de nariz pequeña y aplastada.

Ñeembucú Departamento de Paraguay, en el SO del país. 12.147 km^2. 83.300 h. en 1990. La capital es Pilar, con 13.150 h. en 1982. Posee ganadería vacuna, equina y ovina, además de industria textil en torno a la capital.

ñeque *adj.* **1.** *amer.* Se aplica a la persona fuerte, robusta. **2.** *Amér. C., Cuba.* Valiente. || *s. m.* **3.** *Chile, Ec., Perú.* Fuerza, energía. **4.** *Amér. C., Méx.* Golpe, guantazo.

ñiquiñaque *s. m. fam.* Persona o cosa poco apreciada, despreciable.

ño, ña (de *señor, señora*) *s. m.* y *f. amer.* Tratamiento popular equivalente a *don, doña.*

ñoclo *s. m.* Pastel elaborado con harina, huevos, azúcar, manteca, vino y anís.

ñoña *s. f. Chile.* Estiércol*.

ñoñería *s. f.* **1.** Cualidad, actitud o acción propia de ñoño. **2.** *amer.* Chochez*.

ñoñez *s. f.* Ñoñería*.

ñoño, ña *adj.* **1.** Cursi, remilgado, escrupuloso. También *s.* **2.** Mojigato. También *s.* **3.** Quejica. También *s.* **4.** *amer.* Viejo chocho.

ñoqui *s. m.* Guiso hecho de pasta y patata acompañado de una salsa de tomate y carne picada.

ñu *s. m.* Nombre común de diversos mamíferos artiodáctilos de la familia bóvidos, género *Connochaetes.* La especie más común es el ñu de cola blanca *(Connochaetes gnou)*, que tiene una altura aproximada de 1,40 m, pelaje pardo excepto en la cola que es blanca, pezuñas hendidas, cabeza grande con cuernos curvos y abundante crin. Habita en las grandes llanuras africanas. La otra especie es el ñu azul *(Connochaetes taurinus)*, que presenta varias subespecies.

Manada de ñus azules (Connochaetes taurinus) *en la sabana africana.*

O

o^{1} *s. f.* Decimosexta letra del abecedario español y cuarta de las vocales. ‖ **Loc. no saber (ni) hacer la o con un canuto** *fam.* Ser muy ignorante o torpe.

o^{2} *conj.* **1.** Relaciona dos o más posibilidades que no pueden ser verdaderas a la vez o realizarse al mismo tiempo: *¿Vienes o te quedas?* ■ Para dar mayor intensidad a la disyunción puede utilizarse delante de cada término. **2.** Une dos o más términos que tienen un significado equivalente o a los que aplica la misma cualidad, acción, etc.: *Esto se llama lata o bote. Pega cartón o papel.* **3.** Se usa para expresar una cantidad aproximada: *Había 25 o 30 personas.* ■ Esta conjunción toma la forma *u* cuando va delante de una palabra que comienza por *o, ho*: *uno u otro, mujer u hombre.* Cuando va escrita entre dos cifras, se suele acentuar para evitar la confusión con el cero.

O 1. Abreviatura de oeste. **2.** Símbolo químico del oxígeno.

O, Genovevo de la (Ahuacatitlán, Morelos 1876 - Santa María, Morelos 1952) Revolucionario mexicano. Considerado como uno de los principales jefes militares, en 1910 se unió a Zapata y en 1913 participó en la Junta Revolucionaria del Centro y el Sur. En 1919, muerto Zapata, apoyó a Obregón y entró con él en la capital. Fue comandante militar de Morelos (1920-24). En 1940 fundó el Frente Unido (zapatista) y en 1945 fue elegido presidente de la Federación de Partidos del Pueblo.

O. Henry, William Sydney Porter, llamado (Greensboro, Carolina del Norte 1862 - Nueva York 1910) Escritor estadounidense. Buscó fortuna en Texas (1882) y sufrió condena en Sing Sing. Fue maestro en la narración corta con un final imprevisto. Entre sus libros más característicos figuran las tres colecciones de narraciones tituladas *Pícaros y reyes* (1904), *Los cuatro millones* (1906) y *Corazón del Oeste* (póstumo, 1912).

Oahu Isla de EE UU, perteneciente al archipiélago de las Hawai, en la Polinesia. 1.549 km^2. 965.000 h. en 1980. La capital es Honolulú, con 365.050 h. en 1980 y 849.000 h. en su aglomeración urbana en 1989. Es una isla volcánica cuyo relieve consta de una llanura central enmarcada por cordilleras costeras. Sus costas están rodeadas por formaciones coralinas. Posee un clima tropical suave y húmedo sometido al régimen de los alisios. Cuenta con cultivos de caña de azúcar y ananás, pero su principal fuente de recursos es el turismo. En ella se halla la base militar naval de Pearl Harbor.

Oakland C. de EE UU, en el estado de California, en la bahía de San Francisco. 366.300 h. en 1989. Forma parte del área metropolitana de la ciudad de San Francisco, con la que está unida mediante el puente Transbay, destruido por un terremoto en 1989. Es un centro comercial y de la industria metalúrgica, química y maderera. Posee astilleros y refinerías de petróleo.

OAS (siglas de *Organisation de l'Armée Secrète*, Organización del Ejército Secreto) Grupo clandestino francés fundado en 1961 y dirigido por los generales Salan y Jouhaud para impedir la independencia de Argelia. Participó en el fracasado golpe militar de Argel (1961) y llevó a cabo una campaña de atentados terroristas en la colonia y en la metrópoli.

oasis *s. m.* **1.** Lugar con agua y vegetación en medio del desierto. El árbol característico es la palmera datilera, a cuya sombra crecen otras especies frutales y hortícolas. Frecuentemente está habitado por población sedentaria que practica una economía agrícola de tipo autosuficiente. **2.** Situación o lugar agradable en oposición a otros que no lo son.

Oaxaca Estado de México, situado en el S del país, junto al océano Pacífico. 93.952 km^2. 3.021.500 h. en 1990. La capital es Oaxaca de Juárez. Su territorio, recorrido por la Sierra Madre de Oaxaca y la Sierra Madre del Sur, que enmarcan dos planicies costeras, está regado por los ríos Mixteco, Verde, Atoyac y Tehuantepec. Su clima tropical favorece los cultivos de tabaco, cereales, cacao, caña de azúcar y algodón. Cuenta con actividad pesquera y minería de petróleo, oro, hierro y antimonio.

Oaxaca de Juárez C. de México, cap. del estado de Oaxaca, situada en el sector central de su territorio. 154.200 h. en 1980. Es un importante centro comercial y de mercado agrario, que posee industrias de transformación alimentaria, textiles y artesanas. Su núcleo monumental, de estilo barroco, comprende la catedral (s. XVIII) y las iglesias de Santo Domingo (s. XVII), la Soledad (s. XVII) y San Felipe Neri (s. XVIII).

Obaldía, José Domingo de (David, Chiriquí 1845 - Panamá 1910) Político panameño. Gobernador de la provincia de Panamá al declararse la independencia (1903), fue embajador de Panamá en EE UU (1904), vicepresidente (1904-1908) y presidente de la república (1908-10).

Obando, José María (Caloto, Cauca 1795 - Cruzverde 1861) Militar y político colombiano. Oficial del ejército realista, pasó al bando independentista en 1822 y con él combatió en diversas acciones. A fines de 1828 encabezó un levantamiento victorioso contra la dictadura de Bolívar y en 1831 otro contra la posterior de Urdaneta, con lo que consiguió devolver el poder a los liberales. En 1836 volvió a levantarse contra el presidente Márquez, pero fue derrotado (1840) y tuvo que exiliarse. Regresó a Colombia en 1850 y fue elegido presidente de la república en 1853. Fue derrocado en 1854 por una coalición liberal-conservadora.

obcecación *s. f.* Actitud o estado de ánimo del que está obcecado.

obcecar *v. tr.* **1.** Obsesionar a alguien con una idea o sentimiento fijo que le impide considerar las demás circunstancias. Se usa más como *v. prnl.* **2.** Provocar a alguien tal confusión que le impide apreciar con exactitud o claridad alguna cosa. ‖ *v. prnl.* **3.** Insistir con firmeza en algo, generalmente sin razón. ■ Se conjuga como *sacar.* **Fam.** Obcecadamente, obcecado.

obedecer *v. tr.* **1.** Hacer lo que manda alguien o lo que establecen las normas, leyes, etc. ‖ *v. intr.* **2.** Reaccionar un animal o una cosa a la acción de alguien o algo. **3.** Ser consecuencia de algo. ■ Es v. irreg. Se conjuga como *agradecer.*

obediencia *s. f.* **1.** Acción y efecto de obedecer. **2.** Cualidad de obediente. ‖ **3. obediencia debida** En der., la que por ley se debe a un superior; es circunstancia eximente o atenuante de responsabilidad criminal. **4. voto de obediencia** Uno de los votos que se hacen al ingresar en una orden religiosa, por el que se adquiere el compromiso de obedecer a los superiores.

obediente *adj.* Que obedece o es inclinado a obedecer. **Fam.** Obedientemente.

obelisco *s. m.* Monumento conmemorativo en forma de pilar o poste alto, de base cuadrada, más estrecho en la parte superior, y que acaba en una punta con forma de pirámide. Es característico del arte del antiguo Egipto y generalmente tiene grabadas sus cuatro caras con textos jeroglíficos y representaciones en relieve del faraón que lo mandó erigir. Los más sobresalientes pertenecen a la XVIII dinastía y se hallaban ante los templos de Heliópolis, Tebas, Luxor y Karnak. Tenían carácter religioso, relacionado con el culto al Sol. Muchos de ellos fueron trasladados y nuevamente erigidos en ciudades de Occidente, como los que se hallan en Roma, el Vaticano, París, Londres y Nueva York.

obenque *s. m.* Cuerda gruesa con que se sujeta el extremo más alto de los palos o mástiles de un barco a los costados o a la cofa del mismo.

Oberhausen C. de Alemania, situada en el Land de Renania del Norte-Westfalia, a orillas del Rhin. 221.000 h. en 1989. Es un centro de la minería de la hulla, que también posee industria siderúrgica, metalúrgica y química.

Obermaier, Hugo (Ratisbona 1877 - Friburgo 1946) Sacerdote y prehistoriador alemán, nacionalizado español. Residió en España desde la Primera Guerra Mundial hasta 1936. Entre sus publicaciones destacan *Los dólmenes españoles* (1920), *El hombre fósil* (1925) y *Problemas de la pintura paleolítica en la España oriental* (1938).

Oberon, Merle (Hobart, Tasmania 1911 - Los Ángeles 1979) Actriz cinematográfica británica de origen australiano. En Inglaterra se hizo popular con dos filmes, *La vida privada de Enrique VIII* (1933) y *La Pimpinela escarlata* (1935), y en Hollywood se consagró como protagonista de melodramas. Otros títulos suyos que merecen citarse son *Cumbres borrascosas* (1939), *Canción inolvidable* (*A song to remember*, 1945), *Tentación* (1946) y *Berlin Express* (1948).

obertura *s. f.* Parte exclusivamente instrumental con que se inicia una obra musical, especialmente la ópera y el oratorio, pero que también puede figurar como parte de la suite o como obra independiente. En el s. XVII, Jean-Baptiste Lully creó la **obertura francesa**, en la que un primer movimiento lento va seguido de otro en forma de fuga, al que se añade un tercero, más o menos breve, que puede ser la reexposición del primero o una danza (minueto o gavota). Alessandro Scarlatti creo la **obertura italiana**, en la que dos movimientos rápidos encuadran otro lento (allegro-adagio-allegro).

obesidad *s. f.* Gordura excesiva en personas. Constituye el síntoma patológico de un trastorno del metabolismo que provoca un aumento anormal del tejido adiposo. Puede deberse a alteraciones endocrinas, pero su causa más común es una inadecuada nutrición y las costumbres sedentarias. La obesidad predispone a la arteriosclerosis y se corrige mediante dietas.

obeso, sa *adj.* Que tiene obesidad. También *s.*

Obi Río del sector asiático de la Federación Rusa, en la Siberia occidental. 5.400 km, con su afluente Irtish. 3 millones de km^2 de cuenca y 12.500 m^3/s de caudal absoluto. Nace al pie de los montes Altai, cerca de la frontera con China, discurre en dirección NO, pasa por Novosibirsk y desemboca en el golfo de Ob, del océano Glacial Ártico, formando un gran delta. Tiene un régimen nival de llanura y buena parte de su curso es navegable. Se denomina también *Ob.*

Obiang Nguema, Teodoro (Mongomo 1946) Militar y político ecuatoguineano. Viceministro de Defensa con Macías, derrocó al dictador en 1979 y, tras la ejecución de éste, fue nombrado presidente de la república, jefe de gobierno y comandante en jefe de las fuerzas armadas. En 1982 la nueva Constitución lo confirmó en la presidencia y le concedió amplios poderes. Sofocó en 1983 y 1986 dos intentos de golpe de Estado y en 1987 fue nombrado dirigente del Partido Democrático, el único legalizado en el país. En 1991 intentó una tímida democratización y pidió a la oposición que regresara del exilio para participar en la vida política.

óbice *s. m.* Inconveniente, obstáculo. ■ Se usa sobre todo en la frase negativa **no es óbice para.**

obispado *s. m.* **1.** Dignidad y cargo de obispo. **2.** Territorio bajo la jurisdicción de un obispo. **3.** Edificio en que ejerce su función.

obispal *adj.* Episcopal*.

obispillo *s. m.* **1.** Parte del cuerpo de las aves situada en la base de la cola. **2.** Muchacho al que en algunas catedrales o abadías visten de obispo la víspera y el día de San Nicolás de Bari y que asiste a los oficios del culto. **3.** Morcilla grande y gruesa.

obispo *s. m.* Clérigo que en la Iglesia cristiana ha recibido el grado más elevado del sacerdocio y está encargado del gobierno de una diócesis. Al obispo le está reservada la administración de determinados sacramentos –como la confirmación y el orden sacerdotal–, usa ciertos atributos exteriores –mitra, báculo, etc.– y ejerce la autoridad religiosa suprema en su diócesis. El propio papa es ante todo obispo de Roma, sucesor de San Pedro.

óbito *s. m.* Muerte de una persona. ■ Se emplea sobre todo en lenguaje judicial y eclesiástico.

obituario *s. m.* **1.** Libro parroquial en que se anotan las muertes y entierros. **2.** Sección de un periódico o publicación en que se informa de los fallecimientos.

objeción *s. f.* **1.** Razón o argumento en contra de otro, de una idea, plan, etc. **2.** Indicación acerca de un fallo o error. ‖ **3. objeción de conciencia** Oposición de alguien a cumplir leyes u ordenanzas que van en contra de sus principios o creencias personales, especialmente la negativa a cumplir el servicio militar. En España está reconocida por la Constitución.

objetar *v. tr.* **1.** Manifestar una objeción o argumento en contra de algo. ‖ *v. intr.* **2.** Hacer objeción de conciencia. **FAM.** Objetable, objetante.

objetivar *v. tr.* Considerar algo de manera objetiva. **FAM.** Objetivación.

objetividad *s. f.* **1.** Cualidad de objetivo. **2.** En fil., se habla de objetividad en el conocimiento cuando éste se funda en el objeto, es decir, cuando existe una adecuación entre el conocimiento y la realidad que se pretende conocer. ‖ **3. nueva objetividad** Corriente artística surgida en Alemania en torno a 1920, cuyos principales representantes fueron Otto Dix y George Grosz. Se caracteriza por una vuelta al realismo, retratando, siempre desde una perspectiva crítica, ambientes y personajes de la República de Weimar.

objetivismo *s. m.* **1.** Objetividad*. **2.** Doctrina filosófica que atribuye al conocimiento capacidad para comprender directamente la realidad exterior al sujeto. Entendida como opuesta al subjetivismo, defiende la primacía del objeto frente al sujeto. **3.** Doctrina ética que da a la moral un valor objetivo e independiente de la conciencia de los individuos.

objetivo, va *adj.* **1.** Se dice de lo que existe como una cosa real e independiente fuera de nosotros mismos. **2.** Se aplica a las personas que juzgan y obran sin dejarse llevar de sentimientos o consideraciones personales, y a sus pensamientos, palabras, hechos, etc. ‖ *s. m.* **3.** Finalidad, propósito, meta. **4.** Punto al que se dirige intencionadamente cualquier cosa. **5.** En los instrumentos ópticos, lente o sistema de lentes que se encuentran más próximos al objeto, de manera que reciben la luz de éste. Detrás del objetivo se forma, por refracción de los rayos luminosos, una imagen del objeto, la cual es a su vez analizada por el ocular para obtener de este modo una segunda imagen más ampliada del mismo, o recogerla en una superficie sensible (fotografía). ‖ **6. objetivo de inmersión** Tipo de objetivo de un microscopio con el que se suprime la capa de aire entre la lente frontal y lo que se quiere observar, al poner entre ambos una gotita de líquido de elevado índice de refracción, evitando la pérdida de los rayos de luz que el aire desviaría fuera del objetivo. **FAM.** Objetivamente.

objeto *s. m.* **1.** Cosa, especialmente la de carácter material. **2.** Aquello a lo que van dirigidos una acción, un pensamiento, un sentimiento, etc. **3.** Finalidad, propósito. **4.** Materia o asunto estudiado por una ciencia, en un escrito, una conferencia, etc. **5.** En fil., aquello que es pensado o percibido, en oposición al sujeto, ser que piensa o percibe. **6.** En ling., complemento directo o indirecto. **7.** En ópt., lo que se observa o fotografía con un aparato óptico. **8.** En astron., cuerpo celeste de naturaleza indeterminada. ‖ **LOC. con (el) objeto de** *prep.* Con el fin, para. ■ Se emplea también **al objeto de**, sobre todo en lenguaje administrativo.

objetor, ra *s. m.* y *f.* **1.** El que hace objeciones. **2.** Persona que hace objeción de conciencia.

objetual *adj.* **1.** Perteneciente o relativo al objeto. ‖ **2. arte objetual** Tendencia del arte actual surgida en los años sesenta y caracterizada por que el artista realiza sus obras con objetos reales que manipula, recrea y saca de contexto.

oblación *s. f.* Ofrenda o sacrificio que se hace a la divinidad.

oblada *s. f.* Pez teleósteo de la familia espáridos, especie *Oblada melanura*. Mide unos 25 cm de longitud y tiene el cuerpo comprimido, de color azulado o pardusco, con los flancos plateados, bandas longitudinales negras y una mancha amarilla en la cabeza y otra negra en la cola. Vive en los fondos de las costas atlánticas, hasta el golfo de Vizcaya, y mediterráneas.

oblast (voz rusa) *s. m.* División administrativa de la antigua URSS y de las actuales repúblicas de la CEI, equivalente a la provincia.

oblato, ta *adj.* **1.** Se dice del miembro de una orden religiosa que no ha hecho los votos y actúa como servidor de la misma. También *s.* ‖ *s. m.* y *f.* **2.** Miembro de algunas congregaciones religiosas que se dan a sí mismas este nombre, como p. ej. las religiosas de la orden del Santísimo Redentor, fundada en España en el s. XVI, o los oblatos de María Inmaculada, congregación fundada por Eugenio Mazenod en 1816. ‖ *s. f.* **3.** Suma de dinero que se entrega al sacristán por los gastos ocasionados en una ceremonia. **4.** La hostia y el vino antes de ser consagrados en la misa.

oblea *s. f.* **1.** Hoja muy fina de pan ázimo. **2.** Hoja muy delgada de masa de harina y agua sobre la que se cuecen ciertos dulces, como p. ej. el turrón. **3.** En farmacia, hoja similar con que se hacen los sellos que envuelven algunos medicamentos. **4.** *amer.* Sello de farmacia. **5.** *Chile.* Sello o estampilla de correos.

oblicuángulo, la *adj.* Se dice de la figura geométrica que no tiene ningún ángulo recto. También *s. m.*

oblicuidad *s. f.* **1.** Cualidad de oblicuo. ‖ **2. oblicuidad de la eclíptica** Ángulo que forma el plano de la eclíptica con el plano del ecuador terrestre, cuyo valor es de 23° 27′.

oblicuo, cua *adj.* **1.** Que está, respecto a algo, en una posición o dirección intermedia entre paralela y perpendicular. **2.** En geom., se aplica al plano o la línea que, al encontrarse con otro plano o línea, no forma ángulo recto. **3.** En anat., se dice de ciertos músculos del hombre y los animales situados en el abdomen, la nuca y el ojo. También *s. m.* **4.** En ling., se aplica a cada uno de los casos de la declinación, excepto el nominativo y el vocativo. **FAM.** Oblicuamente.

obligación *s. f.* **1.** Aquello que hay que hacer o cumplir porque lo impone alguien con autoridad, una ley, una convicción moral, etc. **2.** Circunstancia de estar obligado a algo. **3.** Responsabilidad o tarea que una persona tiene que atender. Se usa más en *pl.* **4.** Documento notarial o privado en el que se reconoce una deuda o se promete su pago. **5.** Título con un interés fijo, expedido por una empresa u entidad para obtener crédito en el mercado de valores, que reconoce una deuda o suma exigible a quien lo emitió.

obligado, da **1.** *p. p.* de **obligar**. También *adj.* ‖ *adj.* **2.** Obligatorio, que se ha de hacer o cumplir. **3.** Agradecido, reconocido. ‖ *s. m.* y *f.* **4.** En der., persona que ha contraído legalmente una obligación con otra. **FAM.** Obligadamente.

Obligado, Rafael (Buenos Aires 1851 - Mendoza 1920) Poeta argentino. Su obra se caracteriza por la presencia constante de elementos propios de la tradición de la Pampa argentina. La mayor parte de su producción está reunida en sus *Poesías* (1885), entre las que destaca *Santos Vega*, prototipo del cantor errante pampeño.

obligar *v. tr.* **1.** Hacer que una persona o animal realice cierta cosa o actúe de determinada forma. **2.** Tener fuerza o autoridad una ley, norma, disposición, etc., para imponer lo que ordena a personas o entidades. **3.** Forzar una cosa para producir el efecto que se desea. ‖ *v. prnl.* **4.** Comprometerse a llevar a cabo cierta cosa. ■ Se conjuga como *pagar*.

obligatoriedad *s. f.* Cualidad de obligatorio.

obligatorio, ria *adj.* Que debe ser hecho o cumplido. **FAM.** Obligatoriamente.

obliterar *v. tr.* En med., obstruir o cerrar una cavidad o conducto del cuerpo. También *v. prnl.* **FAM.** Obliteración.

oblongo, ga *adj.* De forma ovalada.

obnubilación *s. f.* **1.** Torpeza o confusión mental que impide pensar con claridad. **2.** Visión borrosa, como a través de una nube.

obnubilar *v. tr.* **1.** Producir obnubilación. También *v. prnl.* **2.** Embelesar, fascinar. También *v. prnl.*

oboe *s. m.* **1.** Instrumento musical de viento construido en madera, que tiene embocadura cónica y lengüeta doble. El número de orificios y llaves es variable y su extensión mínima, de dos octavas y una cuarta. Se desarrolló en Francia en el s. XVII y puede considerarse como una evolución de la dulzaina. **2.** Persona que toca este instrumento.

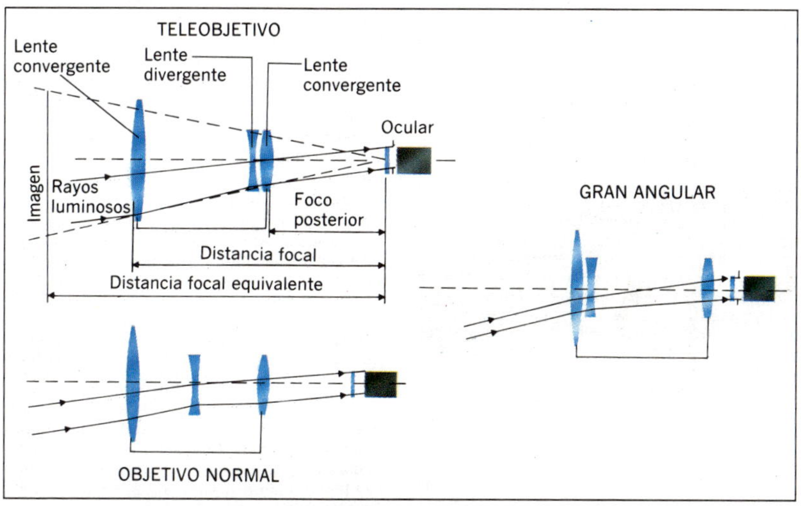

Esquema de un objetivo zoom. Según la colocación de las lentes, el zoom funciona como un teleobjetivo, alargando la distancia focal y acercando el objeto; como gran angular, acortando la distancia focal y alejando el objeto, o como objetivo normal.

Oboe.

óbolo *s. m.* **1.** Pequeño donativo o limosna. **2.** Antigua moneda y unidad de peso griegas.

Obote, Milton (Akokoro 1925) Político ugandés. En 1962 fue nombrado primer ministro tras la victoria electoral de su partido, el Congreso del Pueblo de Uganda, aliado con el Partido Democrático. En 1965 suspendió la Constitución y asumió poderes extraordinarios; en 1966 se proclamó presidente de la república con el apoyo del Ejército. En 1971 fue destituido por un golpe de Estado que encabezó Idi Amin Dada. Tras la caída de éste (1979), volvió a su país y resultó elegido en las elecciones presidenciales de 1980. Fue nuevamente derrocado en 1985.

obra *s. f.* **1.** Cosa producida por alguien o que resulta de una actividad, especialmente de carácter creativo. **2.** Acción, acto. **3.** Resultado de la actividad o la acción de alguien o algo. **4.** Edificio o terreno en construcción. **5.** Conjunto de arreglos o cambios efectuados en edificios, calles, viviendas, etc. **6.** Trabajo de albañilería o construcción. **7.** Trabajo empleado en la realización de una cosa. || **8. obra muerta** Parte del casco de un barco que está por encima de la línea de flotación. **9. obra pública** Construcción para uso público y de interés general, como carreteras, caminos, puentes, etc. ▪ En plural y con mayúscula, ministerio de Obras Públicas y Urbanismo. **10. obra social** Centro o institución de carácter benéfico, cultural, etc., y actividad que desarrolla. **11. obra viva** Parte sumergida del casco de un barco. || **Loc. de obra** *adv.* Material y físicamente, por oposición a *de palabra*. **poner** algo **por obra** Emprenderlo o llevarlo a cabo. **por obra de** *adv.* Debido a la acción de la persona o cosa que se expresa.

obrador *s. m.* Taller destinado a la realización de algunas tareas.

Obradovic, Dositei (Cakovo, Banat 1742 - Belgrado 1811) Escritor serbio. Representante de la Ilustración en su país, está considerado como el creador de la prosa serbia. Algunos de sus libros más característicos son *Vida y aventuras de Dositei Obranovic* (1783-89) y *Consejos de un espíritu sano* (1784).

obraje *s. m.* En la América colonial, prestación de trabajo que los españoles imponían a los indios como tributo.

obrar *v. intr.* **1.** Realizar acciones o comportarse de determinada manera. **2.** Hacer efecto. **3.** Hacer de vientre, expulsar los excrementos. || *v. tr.* **4.** Con palabras como *milagro* o *prodigio*, generalmente en plural, hacerlos, producirlos. || **Loc. obrar en poder de** (o **en manos de**) Estar algo en posesión de alguien.

Obregón, Alejandro (Barcelona, España 1920 - Cartagena de Indias 1992) Pintor colombiano. Su obra, en la que se funden las influencias del expresionismo abstracto y la tradición figurativa, suele tener como tema el paisaje y la historia de Colombia. En ella destacan los murales del Banco de la República en Bogotá (1959).

Obregón, Álvaro (Siquisiva, Sonora 1880 - Ciudad de México 1928) Militar y político mexicano. Tras la llegada de Huerta al poder, reconoció a Carranza como jefe de la revolución y luchó en su favor en el estado de Sinaloa. En 1914, derrotado el ejército huertista, apoyó nuevamente a Carranza en el conflicto con Villa y Zapata, a los que venció, al tiempo que impulsaba mejoras sociales y laborales. En 1920 fue elegido presidente y comenzó a desarrollar una política radical (aplicación de la reforma agraria, consolidación de las organizaciones obreras, impulso a la educación) y marcadamente anticlerical. Reelegido en 1928 gracias a una reforma de la Constitución, fue asesinado al poco tiempo por un católico fanático.

Obrenovic Dinastía serbia fundada por Milos Obrenovic, príncipe de Serbia (1817-39 y 1858-1860). Sus descendientes gobernaron el país hasta 1903, excepto de 1842 a 1858, periodo en el cual gobernó el príncipe Alejandro, miembro de la dinastía rival de los Karagjorgjevic. Esta familia los desplazó finalmente del trono.

obrerismo *s. m.* **1.** Conjunto de doctrinas y movimientos sociales encaminados a mejorar las condiciones de vida de los obreros y a defender sus reivindicaciones y su papel fundamental en la sociedad industrial. **2.** Doctrina política que considera que la clase obrera debe ser la protagonista de su emancipación económica y social. **Fam.** Obrerista.

obrero, ra *adj.* **1.** Que trabaja manualmente, por lo general para otros y a cambio de un sueldo. Se usa más como *s.* **2.** Perteneciente o relativo al trabajador, a sus reivindicaciones y a los movimientos y organizaciones surgidos con este fin. **3.** En los insectos sociales, como las abejas o las hormigas, se dice de los individuos no reproductores encargados del abastecimiento de la colonia. También *s. f.* || **4. movimiento obrero** Conjunto de organizaciones y actividades surgidas desde la revolución industrial con el fin de mejorar o cambiar radicalmente el papel social y las condiciones de vida de los obreros.

O'Brien, Brian O'Nuallain, llamado **Flann** (Strabane, Tyrone 1911 - Dublín 1966) Escritor irlandés. En sus novelas retrata la vida de Dublín y sus personajes característicos con ironía desgarrada y a la vez tierna. Su obra narrativa no obtuvo reconocimiento hasta después de su muerte, causada por el alcoholismo. En ella sobresalen *De nadar, dos pájaros* (1939) y *La vida dura* (1961).

obscenidad *s. f.* **1.** Cualidad de obsceno. **2.** Acción, dicho o cosa obscena.

obsceno, na *adj.* En lo concerniente al terreno sexual, grosero, presentado de manera demasiado explícita o que va contra la moral establecida. También *s.* **Fam.** Obscenamente.

obscurantismo *s. m.* Oscurantismo*. **Fam.** Obscurantista.

obscurecer *v. tr.* Oscurecer*. **Fam.** Obscurecimiento.

obscuridad *s. f.* Oscuridad*.

obscuro, ra *adj.* Oscuro*. **Fam.** Obscuramente.

obsequiar *v. tr.* Dedicar a alguien atenciones o regalos.

obsequio *s. m.* Cosa que se da o se hace a alguien para complacerle.

obsequioso, sa *adj.* Que se esfuerza en agradar a otras personas con atenciones o regalos, a veces en exceso. **Fam.** Obsequiosamente, obsequiosidad.

observable *adj.* Que puede ser observado o percibido.

observación *s. f.* **1.** Acción y efecto de observar. **2.** Comentario, advertencia, indicación. **3.** Anotación que se hace a un texto para comentar alguna cosa. **4.** En metodología, examen atento de los hechos sobre los que se quiere enunciar una teoría. Se considera el primer paso del método experimental.

observador, ra *adj.* **1.** Que observa. También *s.* **2.** Se aplica a personas que tienen tendencia a fijarse en los detalles. || *s. m.* y *f.* **3.** Persona encargada de seguir el desarrollo de algún acontecimiento, sobre todo político.

observancia *s. f.* Cumplimiento de lo dispuesto por la autoridad, la ley o las normas sociales.

observante *adj.* **1.** Que cumple exactamente lo ordenado por la autoridad, la ley o las normas. **2.** Se aplica a algunas órdenes o comunidades religiosas cuya regla no ha sido reformada y a sus miembros y cosas.

observar *v. tr.* **1.** Mirar o examinar atentamente a alguien o algo. **2.** Darse cuenta de algo. **3.** Hacer lo que mandan la autoridad, las leyes o las normas.

observatorio *s. m.* Lugar apropiado para observar algo desde él, y en particular las instalaciones destinadas a observaciones astronómicas o meteorológicas.

Esquema de un observatorio con telescopio de reflexión: 1. Cúpula. 2. Apertura de la cúpula. 3. Telescopio.

obsesión *s. f.* Idea, deseo o preocupación que alguien no puede quitarse del pensamiento.

obsesionar *v. tr.* Causar a alguien una obsesión. También *v. prnl.* **Fam.** Obsesionante.

obsesivo, va *adj.* **1.** Que causa o constituye una obsesión. **2.** Se dice de quien tiene tendencia a obsesionarse. También *s.* **Fam.** Obsesivamente.

obseso, sa *adj.* Dominado por una obsesión, especialmente sexual. También *s.*

obsidiana *s. f.* Roca eruptiva volcánica, formada por enfriamiento rápido de la lava. Es dura y frágil, de estructura vítrea, con más de un 65 % de sílice en su composición. Tiene un color negro brillante y puede ser tallada para producir objetos de adorno. Fue muy utilizada por los indios de América Central y del Sur para fabricar cuchillos, lanzas, flechas, etc. También se denomina *cristal de indios*.

obsolescente *adj.* Que está volviéndose obsoleto. **Fam.** Obsolescencia.

obsoleto, ta *adj.* Anticuado, pasado de moda.

obstaculizar *v. tr.* Poner obstáculos a alguien o algo. ▪ Se conjuga como *cazar*.

obstáculo *s. m.* **1.** Todo aquello que impide o dificulta el paso y, p. ext., el desarrollo de cualquier acción o actividad. **2.** En algunas especialidades deportivas, cada uno de los elementos, generalmente vallas, que hay que salvar en un recorrido.

obstante, no *loc. conj. advers.* y *conces.* **1.** Introduce oraciones que indican una dificultad u obstáculo que no llega a impedir que se cumpla lo que se dice en la principal: *El terremoto fue violento; no obstante, no hubo víctimas.* || *loc. prep.* **2.** A pesar de: *No obstante su oposición, mantendré mi postura.*

obstar *v. tr.* Ser un obstáculo o inconveniente. ▪ Se usa sólo en tercera persona y en construcciones negativas: *Esto no obsta para que nos llevemos bien.*

obstetricia *s. f.* Rama de la medicina que se ocupa del embarazo, el parto y el periodo inmediatamente posterior a éste. **Fam.** Obstétrico.

obstinación *s. f.* Actitud del que se obstina.

obstinado, da **1.** *p. p.* de **obstinarse**. || *adj.* **2.** Que se obstina en cierta cosa o suele obstinarse a menudo. También *s.* **3.** Se dice de lo que se mantiene con obstinación. **Fam.** Obstinadamente.

obstinarse *v. prnl.* Mantener una opinión, actitud o decisión a pesar de cualquier razón en contra, y generalmente sin fundamento.

obstrucción *s. f.* **1.** Acción y efecto de obstruir u obstruirse. **2.** En asambleas políticas, práctica que intenta retrasar o impedir la aprobación de un acuerdo.

obstruccionismo *s. m.* Actitud o comportamiento que trata de impedir o dificultar el desarrollo normal de un proceso, especialmente en una asamblea política para retrasar y obstaculizar la aprobación de una ley mediante largas intervenciones o la aplicación rigurosa del reglamento. **Fam.** Obstruccionista.

obstruir *v. tr.* **1.** Cerrar o impedir algo el paso por un conducto, camino o agujero. También *v. prnl.* **2.** Impedir o dificultar el desarrollo normal de un proceso o acción. ▪ Es v. irreg. Se conjuga como *huir*.

obtención *s. f.* Acción y efecto de obtener.

obtener *v. tr.* **1.** Llegar a tener o disfrutar alguna cosa. **2.** Fabricar o extraer un material o producto a partir de otro. ▪ Es v. irreg. Se conjuga como *tener*. **Fam.** Obtenible.

obturador, ra *adj.* **1.** Que obtura o sirve para obturar. También *s. m.* || *s. m.* **2.** Particularmente, pieza de la máquina fotográfica que regula el tiempo de entrada de luz por el objetivo.

obturar *v. tr.* Colocar algo en un conducto o abertura para taparlo e impedir el paso por él. También *v. prnl.* **Fam.** Obturación.

obtusángulo *adj.* Se dice del triángulo que tiene un ángulo mayor de 90°.

obtuso, sa *adj.* **1.** Que no tiene punta. **2.** Torpe de entendimiento. También *s.* **3.** Se aplica a los ángulos mayores de 90° y menores de 180°.

obús *s. m.* **1.** Pieza de artillería de tiro curvo, con cañón corto, de mayor alcance que un mortero y menor que un cañón de campaña. **2.** Proyectil disparado con esa pieza. **3.** Pieza que cierra la válvula de un neumático.

obvención *s. f.* Extra, ingreso que se cobra además del sueldo normal.

obviar *v. tr.* **1.** Evitar obstáculos o inconvenientes. **2.** No decir o nombrar alguna cosa por considerarla sabida o evidente.

obvio, via *adj.* Claro, evidente. **Fam.** Obviamente.

oc, lengua de Véase **lengua**.

oca[1] (del lat. *auca*) *s. f.* **1.** Ganso*, ave palmípeda. **2.** Juego de mesa para varios participantes que consiste en mover fichas a lo largo de un tablero de 63 casillas, numeradas y con figuras, en las cuales se reciben distintas bonificaciones o penalizaciones. Gana el primero que logra llegar a la última casilla. ‖ **3. paso de la oca** Paso militar de desfile en que la pierna se levanta estirada y al caer golpea el suelo con la planta del pie.

oca[2] (del quechua *okka*) *s. f.* **1.** Planta herbácea de la familia oxalidáceas, especie *Oxalis tuberosa.* Tiene hojas compuestas y flores amarillas con estrías rojas. Su raíz es un tubérculo comestible. Crece en América del Sur. **2.** Raíz de esta planta.

Ocampo, Florián de (Zamora h. 1495 - Córdoba h. 1558) Historiador español. Perteneciente al bando comunero, fue secretario del obispo Acuña y, más tarde, cronista de Carlos I. Escribió la *Crónica general de Alfonso X* (1541) y los cinco primeros libros de la *Crónica general de España* (1543-53), que comprende desde sus orígenes hasta los Escipiones.

Ocampo, Melchor (Pateo, Michoacán 1814 - Tepeji del Río, México 1861) Político mexicano. Gobernador de Michoacán y secretario de Hacienda, fue desterrado por Santa Anna (1853). Conoció en EE UU a Benito Juárez y se unió al plan de Ayutla (1854), regresando al país. Fue presidente del Congreso Constituyente (1856), desempeñó varios ministerios con Juárez e intervino en la redacción de las leyes de Reforma. Firmó el tratado de MacLane-Ocampo (1859), por el cual EE UU adquiría derecho de tránsito por el istmo de Tehuantepec. Murió fusilado durante la guerra civil entre liberales y conservadores.

Ocampo, Silvina (Buenos Aires 1906) Escritora argentina. Es autora de cuentos fantásticos de gran belleza formal (*La furia,* 1959), poesía (*Amarillo celeste,* 1972) y la novela policiaca *Los que aman odian* (1946), en colaboración con su marido, el escritor Adolfo Bioy Casares, juntamente con el cual y con Borges ha publicado varias antologías de literatura fantástica.

Ocampo, Victoria (Buenos Aires 1890 - íd. 1979) Escritora argentina. Hermana de la anterior, fundó la revista *Sur* (1931) y la editorial del mismo nombre. Fue una de las principales introductoras de las corrientes culturales europeas en su país. Escribió sobre todo ensayos, biografías y crítica literaria. Entre sus obras destacan *La mujer y su expresión* (1936), *Virginia Woolf en su diario* (1954) y *Diálogo con Mallea* (1970).

Ocaña, Luis (Priego, Cuenca 1945) Ciclista español. Desarrolló su carrera deportiva en Francia. Fue ganador de la Vuelta a España (1970), del premio de las Naciones (1971) y también del Tour de Francia (1973).

ocapi *s. m.* Véase **okapi**.

ocarina *s. f.* Instrumento musical de viento de pequeño tamaño y timbre muy dulce, de barro o metal y forma ovoide con boquilla saliente y ocho agujeros. Pertenece a la familia de las flautas. Fue inventada por Giuseppe Donati hacia 1860.

O'Casey, Sean (Dublín 1880 - Torquay, Devonshire 1964) Dramaturgo irlandés. Intervino en las luchas proletarias de su país y reflejó en sus obras los problemas sociales con un estilo fuertemente expresionista, en el que hace resaltar con intención crítica los aspectos más grotescos de la realidad irlandesa. Entre sus principales obras dramáticas pueden citarse *Juno y el pavo real* (1925), *Rosas rojas para mí* (1943) y *La hoguera del obispo* (1955).

ocasión *s. f.* **1.** Momento y circunstancias en que se sitúa un hecho. **2.** Momento o circunstancia oportuna para algo. ‖ **Loc. con ocasión de** *adv.* Con motivo de, en la circunstancia que se expresa. **dar (la) ocasión** Dar un motivo o una oportunidad para hacer algo. **de ocasión** *adj.* Que se vende muy barato. **en (algunas) ocasiones** *adv.* Algunas veces, a veces.

ocasional *adj.* **1.** Que no es regular o habitual. **2.** Que ocurre por casualidad. **3.** Hecho o preparado para una ocasión determinada. **Fam.** Ocasionalmente.

ocasionalismo *s. m.* Doctrina filosófica del s. XVII que mantiene que el individuo no es actor, sino mero espectador de su propia vida, puesto que la causa de sus ideas y de los movimientos que se corresponden con éstas en el cuerpo no se encuentra en él, sino en Dios. Surgió como consecuencia del dualismo cartesiano entre materia y espíritu y sus principales representantes fueron los discípulos de Descartes: Arnold Geulinex, Louis de la Forge, Johannes Clauberg y, sobre todo, Nicolas Malebranche, al que se considera su creador. **Fam.** Ocasionalista.

ocasionar *v. tr.* Ser causa, motivo u origen de algo.

ocaso *s. m.* **1.** Puesta del Sol u otro astro y momento en que sucede. **2.** Decadencia, declive.

Occam, Guillermo de Véase **Ockham, Guillermo de**.

occamismo *s. m.* Sistema doctrinal de Guillermo de Ockham y de sus seguidores (Buridán, Nicolas d'Autrecourt, Holkot, Pedro de Ailly), que tuvo gran difusión en los s. XIV y XV, imponiéndose en las universidades de Oxford y de París, a pesar de las condenas de la Iglesia y de las autoridades académicas. Esta corriente de pensamiento defendía la separación entre la razón y la fe, entre la ciencia y la teología y, en el campo político, entre el poder laico y el poder eclesiástico.

occidental *adj.* **1.** Situado en el occidente o relativo al mismo. **2.** De las naciones de Occidente. También *s.*

occidente *s. m.* **1.** Oeste, punto cardinal. **2.** Lugar o territorio que está más próximo a dicho punto con respecto a otro u otros con los que se compara. **3.** Conjunto de los países europeos o de raíces e influencia europea, especialmente en cuanto a su lengua y su cultura. **4.** Bloque de países, formado principalmente por los de la parte O de Europa y EE UU, que poseen economía capitalista y sistema político democrático. ■ En las dos últimas acepciones suele escribirse con mayúscula.

Occidente, imperio romano de Su origen está en la división del imperio romano realizada por Teodosio, quien a su muerte (395) lo repartió entre sus hijos Arcadio, que quedó al frente del imperio de Oriente, y Honorio, que recibió el de Occidente. El imperio romano de Occidente comprendía la península Itálica, Hispania, Galias, África Menor, Gran Bretaña y la mitad de Iliria, y comenzó a desmembrarse ya en tiempos de Honorio. El general Estilicón no pudo evitar el saqueo de Roma en el año 410 por el visigodo Alarico y, a su muerte, el imperio perdió el dominio sobre las provincias, excepto Italia. El poder fue realmente ejercido por los generales en jefe del ejército (Constancio, posteriormente Avito y, tras éste, Ricimero, de raza germana, que nombró y depuso a su antojo a diversos emperadores). En el año 455 el vándalo Genserico saqueó nuevamente Roma. El último emperador fue Rómulo Augústulo, depuesto en el 476 por Odoacro, príncipe bárbaro. Pese a ello, la idea imperial sobrevivió y Carlomagno fue consagrado emperador de Occidente por el papa León III (800).

occiduo, dua *adj.* Perteneciente o relativo al ocaso.

occipital *adj.* **1.** Perteneciente o relativo al occipucio. **2.** Se dice del hueso situado en la parte posterior del cráneo, cerca de la nuca. Tiene un agujero, llamado también occipital, a través del cual la médula espinal se inserta en el encéfalo. También *s. m.*

occipucio *s. m.* Parte posterior e inferior de la cabeza, por donde ésta se une a las vértebras del cuello.

occiso, sa *adj.* En términos jurídicos, muerto por asesinato u homicidio. También *s.*

Occitania Conjunto de regiones francesas situadas en el sector meridional del país, en las cuales se hablaba la lengua de oc. También se denomina *Languedoc.*

occitano, na u **occitánico, ca** *adj.* **1.** De Occitania. También *s.* ‖ *s. m.* **2.** Lengua* de oc.

OCDE Siglas de la Organización* de Cooperación y Desarrollo Económico.

Oceanía Continente que comprende Australia, Nueva Zelanda, Nueva Guinea y gran número de archipiélagos que se extienden por el océano Pacífico y se distribuyen en tres grandes grupos: Micronesia, Melanesia y Polinesia.

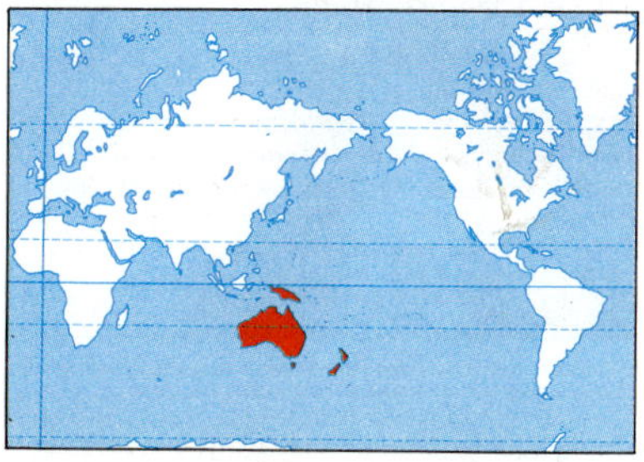

Extensión: 8.945.724 km^2.
Situación: en el océano Pacífico, aproximadamente entre los 30° de latitud N, 100° de longitud E, 55° de latitud S y 115° de longitud O.
Población: 27.880.000 h. en 1990.
Densidad: 3,1 h./km^2.
Religiones: protestantismo, catolicismo, hinduismo, islamismo, creencias tradicionales, popular china, bahaísmo, wesleyanismo libre.
Países: Australia, Fiji, Kiribati, Nauru, Nueva Zelanda, Papúa Nueva Guinea, Salomón, Samoa, Tonga, Tuvalu y Vanuatu.
Territorios dependientes: dependencias británicas (Pitcairn), dependencias francesas (Nueva Caledonia, Wallis y Futuna, Polinesia Francesa, Clipperton), dependencias estadounidenses (Guam, Hawai, Midway, Samoa Americana, Marianas Septentrionales, Carolinas, Palau, Marshall, Wake), dependencias chilenas (isla de Pascua).
Islas: Nueva Guinea; Nueva Zelanda; Tasmania; Melanesia: Bismarck, Fiji, Nueva Caledonia, Nuevas Hébridas, Salomón; Micronesia: Marianas, Marshall, Palaos, Carolinas, Gilbert, Tuvalu; Polinesia: Cook, Hawai, Marquesas, Phoenix, Line, Samoa, Sociedad, Tahití, Tonga, Tuamotu, Tubuai.
Ríos: Murray, Darling, Murrumbidgee, Cooper, Creek, Mitchell, Flinders, Diamantina, Victoria, Fitzroy, Fortescue, Ashburton, Gascoyne, Murchison, en Australia; Sepik y Fly, en Nueva Guinea; Waikato, en Nueva Zelanda.
Lagos: Eyre, Torrens, Gairdner, en Australia, y Taigo en Nueva Zelanda.
Montes: Alpes Australianos, Blue Mountain, New England, McDonnell, Musgrave, Flinders, en Australia; Alpes Neozelandeses, en Nueva Zelanda; Maoke, Owen Stanley y Bismarck, en Nueva Guinea.
Cabos: York, Howe, Wilson, Catastrophe, Leeuwin, Noroeste, Levêque, London-derry y Arnhem, en Australia; Norte, Este y Suroeste, en Nueva Zelanda.
Golfos: Carpentaria, Spencer, Gran Bahía Australiana, José Bonaparte y Van Diemen, en Australia; Papúa, en Nueva Guinea; Hauraki, en Nueva Zelanda.
Estrechos: Torres, Bass, Cook.

Geog. física Oceanía está formada por un gran zócalo fundamental, Australia, que en sí misma constituye un continente, y por un numeroso conjunto de islas, de formación mucho más reciente, dispersas en el océano Pacífico: los ar-

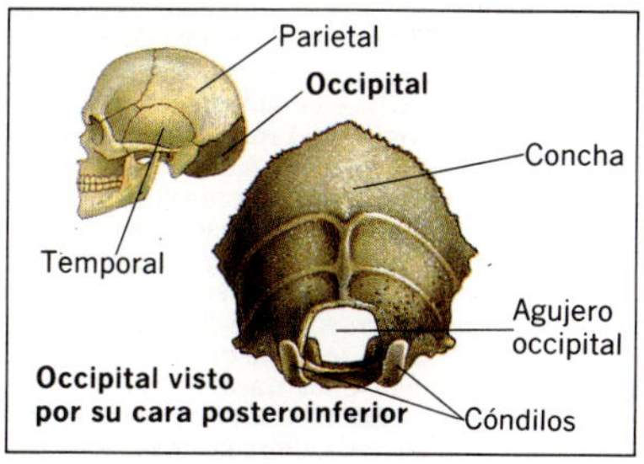

Hueso occipital: situación y detalle.

Oceanía: Surfer's Paradise, en la costa de Queensland (Australia).

chipiélagos de Nueva Guinea y Nueva Zelanda y los grupos insulares de Melanesia, Micronesia y Polinesia. La mayoría de estas islas y atolones son de origen coralino o volcánico. Las mayores alturas las constituyen el Puncak Jaya (5.030 m), en Nueva Guinea, el Mauna Kea (4.205 m), en Hawai, y el Cook (3.764 m), en Nueva Zelanda. El principal pico de Australia es el Kosciusko (2.237 m). El clima es tropical en casi todo el continente. Sólo en Nueva Zelanda, Tasmania y el S y SO de Australia se da un clima templado de tipo oceánico o mediterráneo. Las lluvias son muy frecuentes, propiciadas por los vientos alisios. La flora y la fauna autóctonas presentan una gran originalidad debido al aislamiento, que produce asimismo diferencias entre unos archipiélagos y otros. En Australia destacan la vegetación de eucaliptos y la fauna de mamíferos monotremas y marsupiales.

Geog. humana y ***económica*** La población es escasa, con bajas densidades y claro predominio de la urbana. Entre las principales ciudades figuran Sidney, Melbourne, Brisbane, Adelaida, Perth y Canberra en Australia, y Auckland y Wellington en Nueva Zelanda. La agricultura de subsistencia y la pesca fueron las actividades tradicionales hasta la colonización europea, que introdujo cultivos de plantación, como la caña de azúcar y los cítricos. En las islas menores destaca la producción de palma de coco. Australia y Nueva Zelanda cuentan con una rica ganadería, extensiva el primero e intensiva el segundo, con cabañas bovina y ovina. Oceanía posee una gran riqueza minera, insuficientemente explotada aún; sobresalen los yacimientos de oro, plata, carbón, hierro, plomo, cinc y uranio en Australia, y de carbón, hierro y cinc en Nueva Zelanda. El desarrollo industrial es muy desigual: intenso en Australia y Nueva Zelanda y escaso en el resto del continente; hay que resaltar la metalurgia, la industria textil y la química.

***Hist.* primeros asentamientos y expediciones europeas** Se cree que el poblamiento de Oceanía se produjo por una serie de migraciones procedentes de Asia, pero sólo existen hipótesis sobre el origen de los indígenas y las posibles rutas que siguieron. Entre los pobladores indígenas destacan los melanesios, polinesios, australianos, malayos y pigmeos. Las primeras expediciones europeas, portuguesas y españolas, se efectuaron en el s. XVI; merecen citarse los viajes del portugués Pedro de Abreu; de Magallanes, al servicio de Carlos I; de Álvaro Saavedra, que arribó a las Molucas y a Nueva Guinea; de Álvaro de Mendaña y su acompañante Pedro Fernández de Quirós; y de Luis Váez de Torres, portugués al servicio de España, quien descubrió el estrecho que separa Australia de Nueva Guinea y que hoy se llama *estrecho de Torres*. En el siglo XVII los neerlandeses descubrieron Australia, Tasmania, Nueva Zelanda y Java. Neerlandeses, franceses y británicos siguieron explorando las nuevas tierras: en el s. XVIII el conde de La Pérouse reconoció las islas de Pascua, Hawai y Sandwich, y James Cook trazó el primer mapa exacto de Oceanía. En 1786 los británicos instalaron una penitenciaría, Port-Jackson, en Australia, donde luego surgiría Sidney.

colonización y descolonización En el s. XIX, británicos, franceses y alemanes se repartieron los territorios; en 1899 EE UU se apoderó de Hawai y Wake y compró a España la isla de Guam. La Primera Guerra Mundial desplazó a los alemanes de Oceanía y dio entrada a los japoneses, que obtuvieron las Marianas, Marshall, Carolinas y Palau. Los primeros países independientes fueron Australia (1900) y Nueva Zelanda (1931). El proceso de descolonización se acentuó a partir de la independencia de Samoa Occidental (1962), dando origen a minúsculos estados, los cuales están bajo la influencia de las antiguas potencias coloniales, especialmente de Francia y de EE UU.

Arte El arte tradicional de Oceanía tiene un sentido mágico-simbólico, originado por la preocupación religiosa y manifestado en ídolos, máscaras, armas, tatuajes y adornos. Los polinesios hacen llamativos tatuajes corporales; es más evolucionado el arte de los maoríes de Nueva Zelanda, con su arquitectura en madera, de una decoración muy rica, y grandes máscaras labradas; también llaman la atención sus figurillas de jade (*tikis*). En la isla de Pascua son famosas las gigantescas estatuas de medio cuerpo, de piedra volcánica, alguna de hasta 15 m de altura. Los melanesios decoran con figuras humanas y de animales las proas de sus piraguas y realizan máscaras de danza; en Nueva Guinea destacan las macabras estatuas de antepasados y la talla y adorno de cráneos de difuntos. En el arte de los micronesios resalta la elaboración de esteras.

oceánico, ca *adj.* **1.** Perteneciente o relativo al océano. ‖ **2. clima oceánico** Variedad de clima templado que se caracteriza por la influencia marítima, que suaviza los inviernos, refresca los veranos y atenúa las amplitudes térmicas anuales. Predominan en él las situaciones atmosféricas inestables y, desde el punto de vista pluviométrico, carece de estación seca y alcanza sus máximas lluvias en otoño e invierno. Su temperatura media anual se sitúa entre 5 y 15 °C y sus precipitaciones superan los 800 mm.

océano *s. m.* **1.** Masa de agua salada que cubre aproximadamente las tres cuartas partes de la superficie terrestre. **2.** Cada una de las cinco partes en que se divide esta masa: océano Atlántico, océano Pacífico, océano Índico, océano Boreal (o Glacial Ártico) y océano Austral (o Antártico). **3.** Gran cantidad de algo, generalmente no material.

oceanografía *s. f.* Ciencia que estudia los océanos y mares y sus fenómenos, fauna y flora. **FAM.** Oceanográfico.

ocelado, da *adj.* Que tiene ocelos.

ocelo *s. m.* **1.** Ojo simple de los artrópodos, formado por una o, a lo sumo, varias células fotosensibles, que les permite percibir la luz, pero no captar la imagen de los objetos. **2.** Dibujo redondeado y de dos colores que se observa en las alas de algunos insectos, en las plumas de ciertas aves y en el pelo o piel de otros animales.

ocelote *s. m.* Mamífero carnívoro de la familia félidos, especie *Felis pardalis.* Mide entre 130 y 150 cm de longitud, incluida la cola de unos 40 cm, y tiene pelaje de color ocre claro con manchas oscuras. Es un depredador nocturno que se alimenta de aves y pequeños mamíferos. Habita en las regiones selváticas de América Central y América del Sur y puede ser domesticado. Constituye una especie protegida.

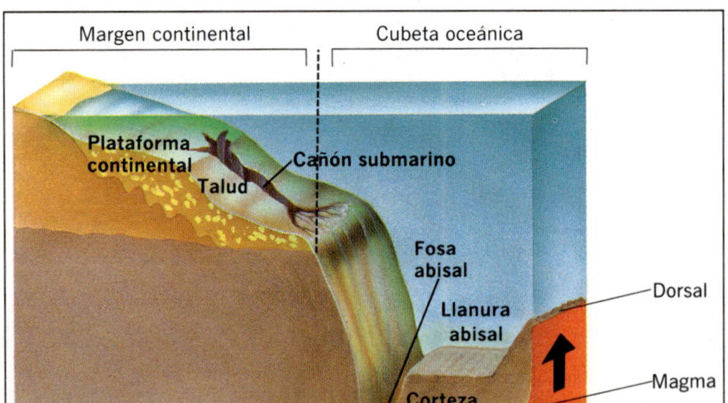

Océano: formas principales del relieve submarino.

ochava *s. f.* **1.** Chaflán de un edificio. **2.** Octava parte de un todo.

ochavo *s. m.* **1.** Antigua moneda de cobre cuyo valor era de dos maravedíes y cuyo peso era la octava parte de una onza. **2.** *fam.* En frases negativas, dinero: *No me queda un ochavo.*

ochavón, na *adj. amer.* Se aplica a la persona que es mezcla de cuarterón y blanca o viceversa. También *s.*

ochenta *adj. num. card.* **1.** Ocho veces diez. También *pron.* y *s. m.* ‖ *adj. num. ord.* **2.** Octogésimo. También *pron.* ‖ *s. m.* **3.** Signos que representan este número.

ochentavo, va *adj. num. part.* Se dice de cada una de las ochenta partes iguales en que se divide un todo. También *s.*

ochentón, na *adj. fam.* Octogenario*. También *s.*

ocho *adj. num. card.* **1.** Siete más uno. También *pron.* y *s. m.* ‖ *adj. num. ord.* **2.** Octavo, que sigue en orden al séptimo. También *pron.* ‖ *s. m.* **3.** Signos que representan este número.

Severo Ochoa.

Ochoa, Severo (Luarca, Asturias 1905) Biólogo español. Estudió en Madrid y continuó su carrera en Alemania. En 1941 emigró a EE UU y en 1956 adquirió la ciudadanía estadounidense. En 1985 regresó a España. Ha destacado por sus investigaciones sobre el metabolismo y la estructura bioquímica de la función clorofílica, pero su hallazgo más sobresaliente fue la síntesis del ácido ribonucleico (ARN). Obtuvo el premio Nobel de medicina y fisiología en 1959, que compartió con Arthur Kornberg.

ochocientos, tas *adj. num. card.* **1.** Ocho veces cien. También *pron.* y *s. m.* ‖ *adj. num. ord.* **2.** Octingentésimo. También *pron.* ‖ *s. m.* **3.** Signos que representan este número.

Ocelote (Felis pardalis).

ocio *s. m.* **1.** Tiempo libre que tiene una persona. **2.** Descanso o situación de inactividad.

ociosidad *s. f.* **1.** Situación de quien está inactivo. **2.** Gandulería, holgazanería.

ocioso, sa *adj.* **1.** Se dice de la persona o cosa que está inactiva permanente o temporalmente. **2.** Perezoso, holgazán. También *s.* **3.** Innecesario, inútil. **FAM.** Ociosamente.

Ockeghem, Johannes (Flandes h. 1425 - Tours h. 1495) Músico flamenco. Maestro de Josquin des Prés, fue una de las figuras más relevantes de la escuela franco-flamenca. Destacó por su dominio del contrapunto, en el que alcanzó los más altos niveles de complejidad. Escribió un *Deo gratias* a 36 voces, además de 17 misas, canciones y motetes.

Ockham, Guillermo de (Ockham, Surrey h.1285 - Munich 1349) Filósofo y teólogo inglés. Perteneció a la orden franciscana y estudió en Oxford. El papa Juan XXII condenó su doctrina, motivo por el que huyó a Munich (1330), donde bajo la protección de Luis IV de Baviera desarrolló una intensa actividad polémica en materia política y religiosa. Fue el creador del nominalismo, como respuesta al problema de los universales, tan controvertido en la Edad Media. Sostuvo que la fe y la razón son irreconciliables y que cualquier intento de fundamentar racionalmente el dogma religioso acabaría por destruirlo. El pensamiento de Ockham contiene una valoración de lo individual y del conocimiento empírico de los hechos que contribuyó de forma decisiva al desarrollo de las ciencias experimentales. Entre sus obras destacan un comentario de las *Sentencias* de Pedro Lombardo y una *Suma* en la que comenta la lógica aristotélica.

ocluir *v. tr.* Cerrar un conducto del cuerpo de modo que no se pueda abrir por medios naturales. También *v. prnl.* ▪ Es v. irreg. Se conjuga como *huir*.

oclusión *s. f.* **1.** Acción y efecto de ocluir u ocluirse. **2.** Articulación o pronunciación de los sonidos oclusivos. **3.** Fenómeno atmosférico en el que un frente frío alcanza a un frente cálido y lo desplaza hacia las alturas.

oclusivo, va *adj.* **1.** Que produce oclusión de un conducto del cuerpo. **2.** En ling., se aplica a los sonidos consonantes, y a su articulación, que se pronuncian cerrando totalmente el paso al aire en la boca y dejándolo salir de golpe inmediatamente después. En español son oclusivas las consonantes *p, t, q, k* y *c* (ante *a, o, u*) y la *b, d* y *g* según la posición que ocupan.

ocnáceas *s. f. pl.* Familia de plantas del orden teales a la que pertenecen unas 600 especies comprendidas en los géneros *Ochna, Ouratea, Lophira*, etc. Son plantas leñosas o arbustivas y tienen hojas alternas con estípulas, flores dispuestas en panículos, racimos o falsas umbelas y fruto en racimo de drupas o en baya. Crecen en las regiones tropicales de América del Sur, África y S de Asia. Ocnáceas son el caunce, el roble africano y el ochna. También *adj.* y *s. f.*

O'Connell, Daniel (Kerry 1775 - Génova 1847) Político irlandés. Fue uno de los principales impulsores de la independencia de su país y de la lucha contra la discriminación de los católicos. Fue elegido diputado en 1828 y alcalde de Dublín en 1841. A causa de su actitud moderada, su prestigio decayó y su grupo le abandonó para formar el movimiento Joven Irlanda (1845), de carácter más revolucionario.

O'Connor, Flannery (Savannah 1925 - Milledgeville 1964) Novelista estadounidense. Fue autora de relatos ambientados en el S de Estados Unidos, en los que refleja los conflictos vitales de sus habitantes. Entre sus obras destacan la novela *Sangre sabia* (1952) y los cuentos *Todo lo que se levanta debe reunirse* (1965).

ocote *s. m. Amér. C., Méx.* Árbol de la familia pináceas, especie *Pinus teocote*. Es un tipo de pino muy resinoso, cuyas ramas se utilizan como teas. Crece en regiones tropicales de América.

ocozoal *s. m.* Nombre común de diversos reptiles escamosos ofidios de la familia vipéridos, género *Crotalus*. Son víboras de color amarillo, pardo o grisáceo con manchas negras y cascabel, cuya mordedura es venenosa. Habitan en México y América Central.

ocre *adj.* **1.** Se dice del color que resulta de la mezcla de amarillo y pardo y de las cosas que lo tienen. También *s. m.* **2.** Mineral óxido de hierro hidratado, de aspecto terroso y color amarillo oscuro que aparece frecuentemente mezclado con arcilla. Se usa principalmente para la fabricación de pinturas. ‖ **3. ocre rojo** Óxido rojo de hierro natural, que suele usarse en la elaboración de pinturas.

octa- *pref.* Véase **octo-**.

octacordio *s. m.* **1.** Antiguo instrumento musical griego de ocho cuerdas. **2.** Sistema de escritura musical basado en ocho sonidos.

octaédrico, ca *adj.* Que tiene forma de octaedro.

octaedro *s. m.* Cuerpo geométrico de ocho caras triangulares.

octagonal u **octogonal** *adj.* Que tiene forma de octágono.

octágono u **octógono, na** *adj.* Se aplica al polígono de ocho ángulos y ocho lados. También *s. m.*

octal *adj.* Relativo al sistema de numeración en base 8. Se usa en informática para operaciones que exigen rapidez.

octanaje *s. m.* Porcentaje de octano presente en la gasolina. Representa la potencia y el poder antidetonante de la gasolina. Se denomina también *índice de octano*.

octano *s. m.* **1.** CH_3–$(CH_2)_6$–CH_3. Hidrocarburo alifático saturado cuya molécula consta de ocho átomos de carbono y dieciocho de hidrógeno. Es un líquido combustible más ligero que el agua, con una temperatura de ebullición de 125,8 °C. Se obtiene por destilación del petróleo. **2.** Nombre que se aplica al hidrocarburo 2,2,4 trimetilpentano, también llamado *isoctano*, cuya fórmula cuantitativa C_8H_{18} coincide con la del anterior octano, pero cuya disposición molecular es diferente. Constituye el tipo de gasolina más adecuado para los motores de explosión. ‖ **3. índice de octano** Octanaje*.

octanol *s. m.* CH_3–$(CH_2)_6$–CH_2OH. Alcohol derivado del octano. Es un líquido oleoso, incoloro, de olor aromático, soluble en alcohol y éter. Se usa en perfumería y para fabricar artículos de limpieza.

octante *s. m.* **1.** Parte del círculo o de la esfera comprendida respectivamente entre dos radios o planos que forman en el origen un ángulo de 45°. **2.** Instrumento astronómico cuyo sector comprende sólo la octava parte del círculo.

Octante Constelación austral situada en el polo antártico.

octava *s. f.* **1.** Composición poética de ocho versos. **2.** En mús., intervalo de ocho notas: los siete sonidos de una escala y la repetición del primero de ellos. **3.** Periodo de ocho días en los que la Iglesia celebra una fiesta solemne y también el último día de este periodo. ‖ **4. octava italiana** (o **aguda**) Estrofa de ocho versos de once o de siete sílabas cada uno, que riman 2.° y 3.°; 4.° y 8.°; 6.° y 7.°, quedando el 1.° y 5.° libres. **5. octava real** (u **octava rima**) Estrofa de ocho versos de once sílabas cada uno, que riman 1.°, 3.° y 5.°; 2.°, 4.° y 6.°; y 7.° y 8.°.

Octavia (? 69 - ? 11 a. C.) Dama romana. Hermana de Augusto, casó con Cayo Claudio Marcelo (54 a. C.) y al enviudar contrajo matrimonio con Marco Antonio (40 a. C.), quien la abandonó por Cleopatra y la repudió (35 a. C.).

Octavia (? h. 42 - ? 62) Emperatriz romana. Hija del emperador Claudio y de Mesalina, contrajo matrimonio con Nerón (53), quien la repudió para casarse con Popea (62). Fue desterrada y obligada a suicidarse.

Octaviano Nombre que tomó el emperador romano Augusto cuando fue adoptado por César. Iba unido a los nombres de éste e indicaba su pertenencia a la gens o familia Octavia.

octavilla *s. f.* **1.** Hoja de papel cuyo tamaño es la octava parte de un pliego. **2.** Impreso de propaganda de pequeño tamaño y destinado al reparto público. **3.** Combinación de ocho versos de ocho o menos sílabas cada uno, que riman de diversas maneras según las épocas y los autores.

Octavio Véase **Augusto, Cayo Julio César Octavio**.

octavo, va *adj. num. ord.* **1.** Que ocupa por orden el número ocho. También *pron.* ‖ *adj. num. part.* **2.** Se dice de cada una de las ocho partes iguales en que se divide un todo. También *s.* ‖ **3. octavos de final** Fase eliminatoria de un campeonato deportivo en la que se enfrentan dieciséis participantes. Los ocho ganadores pasan a jugar los cuartos de final.

octeto *s. m.* **1.** Composición musical escrita para ocho instrumentos o voces. **2.** Conjunto musical formado por ocho instrumentistas o vocalistas. **3.** Nombre dado a la órbita exterior de ocho electrones de un átomo. **4.** En inform., byte*.

octingentésimo, ma *adj. num. ord.* **1.** Que sigue en orden al setecientos noventa y nueve. También *pron.* ‖ *adj. num. part.* **2.** Se dice de cada una de las ochocientas partes iguales en que se divide un todo. También *s.*

octo- *pref.* Significa 'ocho': *octógono, octosílabo.* ▪ También existe la forma *octa-*: *octágono.*

octogenario, ria *adj.* Se dice de las personas cuya edad está comprendida entre los ochenta y los noventa años. También *s.*

octogésimo, ma *adj. num. ord.* **1.** Que ocupa por orden el número ochenta. También *pron.* ‖ *adj. num. part.* **2.** Se dice de cada una de las ochenta partes iguales en que se divide un todo. También *s.*

octogonal *adj.* Octagonal*.

octógono *s. m.* Octágono*.

octópodos *s. m. pl.* Orden de moluscos cefalópodos. Sus dimensiones varían desde los 30 cm hasta los 3 m; tienen cabeza diferenciada, manto y ocho brazos con ventosas. Son depredadores y habitan en las aguas del litoral marino, aunque algunas especies viven en profundidad. Octópodos son los pulpos y los argonautas. También *adj.* y *s. m.*

octosílabo, ba *adj.* Se dice del verso que tiene ocho sílabas. También *s.*

octubre *s. m.* **1.** Décimo mes del año, entre septiembre y noviembre. Tiene treinta y un días. ‖ **2. Revolución de Octubre** Véase **Revolución Rusa**.

óctuple u **óctuplo, pla** *adj. num.* Que contiene ocho veces una cantidad. También *s. m.*

ocular *adj.* **1.** Perteneciente o relativo a los ojos. **2.** Realizado por medio de la vista. ‖ *s. m.* **3.** Lente o sistema de lentes de algunos aparatos ópticos, como el telescopio, el microscopio o los prismáticos, donde el observador aplica el ojo. ‖ **4. ocular celeste** Lente que invierte las imágenes. **5. ocular terrestre** Sistema de lentes que por sucesivas inversiones refleja las imágenes en su sentido real. **FAM.** Ocularmente.

oculista *s. m.* y *f.* Oftalmólogo, médico especialista en enfermedades de los ojos.

ocultar *v. tr.* **1.** Impedir que una persona o cosa se vea, se note o se encuentre tapándola, guardándola o escondiéndola. Se usa también como *v. prnl.* **2.** Callar algo de forma voluntaria e intencionada. **FAM.** Ocultación, ocultador.

ocultismo *s. m.* **1.** Conjunto de teorías que defienden y estudian la existencia de fenómenos que carecen de explicación racional y no pueden ser comprobados o demostrados científicamente. La palabra designa genéricamente a la astrología, quiromancia, parapsicología, espiritismo, etc. **2.** Conjunto de creencias y prácticas relacionadas con estos fenómenos. Se denomina también *ciencias ocultas*. **FAM.** Ocultista.

oculto, ta *adj.* Que no se ve, no se nota o no se muestra claramente por estar tapado, escondido, encubierto, etc. **FAM.** Ocultamente.

ocume *s. m.* Árbol de la familia burseráceas, especie *Aucoumea klaineana*. Es una planta resinosa, originaria de Guinea Ecuatorial y Gabón, cuya madera se usa en ebanistería.

ocupación *s. f.* **1.** Acción y efecto de ocupar. **2.** Actividad en la que uno emplea su tiempo. Se usa más en *pl.* **3.** Empleo, cargo. **4.** En der., modo de adquirir determinados bienes que el propietario ha abandonado voluntariamente o que no son propiedad de nadie. **5.** En econ., conjunto de teorías sobre la utilización de los factores productivos, especialmente el trabajo y las leyes que lo regulan.

ocupacional *adj.* Perteneciente o relativo a alguna ocupación o actividad, en especial la que se realiza normalmente.

ocupado, da **1.** *p. p.* de **ocupar**. También *adj.* ‖ *adj.* **2.** Atareado, que tiene trabajo que hacer.

ocupante *adj.* Que ocupa un lugar, y especialmente, que está instalado en él. También *s.*

ocupar *v. tr.* **1.** Estar en un espacio o lugar o utilizar alguna cosa de manera que nadie más pueda hacerlo. **2.** Apoderarse de un lugar o instalarse en él. **3.** Tener algo una extensión o unas dimensiones espaciales o temporales determinadas. **4.** Desempeñar un empleo, un cargo, etc., o tomar posesión de él. **5.** Dedicar cierto tiempo a una actividad. **6.** Proporcionar empleo o trabajo. **7.** Tomar posesión la autoridad competente de cierta cosa que pertenece a alguien o está en su poder. ‖ *v. prnl.* **8.** Encargarse de algo o dedicarle atención. **9.** Tratar de cierto asunto.

ocurrencia *s. f.* **1.** Idea repentina o inesperada. **2.** Pensamiento o dicho original y gracioso. Se usa mucho en *pl.*

ocurrente *adj.* Ingenioso, agudo y original.

ocurrir *v. intr.* **1.** Producirse un suceso. ‖ *v. prnl.* **2.** Venir una idea al pensamiento. ▪ Se usa sólo en tercera persona y precedido por un pronombre personal complemento.

oda *s. f.* Composición poética del género lírico, dividida generalmente en estrofas y de muy variados tonos y formas. Su contenido suele ser de carácter amoroso, histórico o patriótico. Entre los clásicos sobresalen las odas griegas de Anacreonte y Píndaro y las latinas de Horacio. En España destacan las de Fray Luis de León, Fernando de Herrera y, más tarde, las de Juan Meléndez Valdés, Manuel José Quintana y José de Espronceda.

odalisca *s. f.* **1.** Concubina o esclava del harén. **2.** Mujer de gran sensualidad.

ODECA Siglas de la Organización* de Estados Centroamericanos.

Odense C. de Dinamarca, situada en la isla de Fionia. 137.100 h. en 1988, 174.000 en su área metropolitana. Es uno de los principales centros urbanos del país, importante puerto y núcleo industrial, con producción alimentaria, mecánica y textil, y astilleros.

odeón *s. m.* **1.** Edificio o lugar destinado en la antigua Grecia a las representaciones musicales. Solían ser, según el modelo de Pericles en Atenas (445 a. C.), de planta rectangular, con doble contorno de columnas y cubierto el conjunto con cúpula. Destacan el de Herodes Ático y los dos construidos en Roma por Trajano y Domiciano; estos dos últimos siguen la planta del teatro romano, pero a diferencia de éste están cubiertos. **2.** P. ext., nombre de algunos teatros modernos destinados principalmente a la representación de óperas.

Oder Río de Europa central. 912 km de longitud. Nace en Moravia septentrional y, tras recorrer el SO de Polonia y pasar por Wroclaw, hace frontera entre Polonia y Alemania y desemboca en el golfo de Szczecin, del mar Báltico. Su principal afluente es el Warta.

Oder-Neisse, Línea Frontera entre Polonia y Alemania, que se estableció tras la Segunda Guerra Mundial (1945) y que fue reconocida por la República Federal de Alemania en el Tratado de Varsovia (1970).

Odessa C. de Ucrania, situada a orillas del mar Negro, cerca de la desembocadura del río Dniéster. 1.115.000 h. en 1989. Es el principal puerto del mar Negro y posee astilleros e industria aeronáutica, química, textil, alimentaria, metalúrgica, fotográfica y de refinado de petróleo. De origen muy antiguo, perteneció al gran ducado de Lituania, pasó luego a poder de los turcos y fue conquistada por los rusos a finales del s. XVIII. En 1905 fue escenario de un levantamiento obrero apoyado por el acorazado Potemkin.

Odets, Clifford (Filadelfia 1906 - Hollywood 1963) Actor, dramaturgo y director de cine estadounidense. Influido por el expresionismo alemán, sus obras reflejan una honda preocupación social. Entre sus películas destacan *El muchacho de oro* (1937) y entre sus obras teatrales *El paraíso perdido* (1935), *El gran cuchillo* (1949) y *Melocotón floreciente* (1952).

odiar *v. tr.* Sentir odio hacia alguien o algo.

Odiel Río de España, situado en la prov. de Huelva. 149 km de longitud. Nace en la sierra de Aracena y, tras pasar por Huelva, se une al Tinto y desemboca en el golfo de Cádiz, formando un estuario navegable.

Odín Personaje mitológico escandinavo, dios supremo de los pueblos del N de Europa y también dios de los muertos, de la agricultura y de la guerra. Se le representa como padre, rey, poeta y vidente. Habitaba en Asgard –el cielo escandinavo– o en el Walhalla, rodeado de los guerreros caídos. Los germanos le llamaban también *Wotan.*

odio *s. m.* Sentimiento muy vivo de aversión y rechazo hacia alguien o algo.

odioso, sa *adj.* **1.** Que merece o provoca odio. **2.** Tremendamente antipático o desagradable. **Fam.** Odiosamente.

odisea *s. f.* **1.** Por alusión a la *Odisea* de Homero, viaje lleno de aventuras y dificultades. **2.** P. ext., dificultades o trabajos que alguien pasa antes de lograr su propósito.

Odisea Poema épico griego atribuido a Homero, escrito en torno al s. IX a. C. En sus 24 cantos relata las aventuras de Odiseo o Ulises desde la toma de Troya hasta su llegada a Ítaca. En los primeros cantos describe los viajes de Telémaco, hijo de Ulises, a Pilos y a Lacedemonia para solicitar noticias sobre su padre, a quien se cree desaparecido. A continuación se enumeran las peripecias del retorno de Ulises, entre islas pobladas de seres fabulosos. Al fin, llega a su palacio disfrazado de pordiosero, no sin antes advertir a Telémaco de su regreso. Aparte de éste, sólo su viejo perro, Argos, y una esclava le reconocen. Vence en un concurso de arco a todos los pretendientes de su mujer, Penélope, y es reconocido por ésta y por Laertes, padre del viajero.

Odiseo Nombre griego de Ulises, héroe protagonista de la *Odisea* de Homero.

Odoacro (? h. 434 - Ravena 493) Caudillo de los hérulos y rey germano de Italia. Sirvió como oficial en Roma y encabezó una sublevación contra el emperador de Occidente, Rómulo Augústulo, al que depuso en 476. Después de un periodo de conquistas y poder indiscutible, fue vencido por los ostrogodos, enviados por el emperador de Oriente, Zenón, y asesinado tras el sitio de Ravena.

odómetro *s. m.* **1.** Aparato con el que se mide la distancia que recorre un vehículo. **2.** Podómetro*.

odonatos *s. m. pl.* Orden de insectos al que pertenecen más de 3.000 especies, comprendidas en los subórdenes anisópteros y zigópteros. Tienen el cuerpo estrecho y alargado, dos pares de alas grandes y aparato bucal masticador. Sus ninfas son acuáticas. Odonatos son la libélula y el caballito del diablo. También *adj.* y *s. m.*

O'Donnell, Leopoldo, duque de Tetuán (Santa Cruz de Tenerife 1809 - Biarritz 1867) Militar y político español. Participó en la primera guerra carlista (1833-40) en el bando isabelino. Durante la regencia de Espartero conspiró en favor de María Cristina pero, fracasado su intento, tuvo que exiliarse a París, donde, junto con Narváez, preparó la caída de Espartero. Alejado del poder por Narváez, se sublevó contra él en la célebre Vicalvarada (1854) que, aunque no fue un éxito militar, dio lugar al bienio progresista (1854-56). Impulsor de la Unión Liberal, partido de corte centrista, recibió en 1856 el apoyo de Isabel II y del ejército y se hizo con el poder, pero al no aceptar las presiones de la reina en favor de la Iglesia fue sustituido por Narváez. Volvió a la presidencia del gobierno (1858-63), mas la ausencia de reformas desprestigió a la Unión Liberal y provocó su caída. Volvió una vez más al gobierno en 1865, con la intención de atraerse a los liberales, pero tras los pronunciamientos de Prim, en Villarejo, y de los sargentos de San Gil, la reina le sustituyó en 1866 por Narváez.

O'Donojú, Juan (Sevilla 1762 - México 1821) Militar y administrador colonial español. Fue ministro de la Guerra (1814), capitán general de Andalucía (1820) y último virrey de México (1821). Firmó con Iturbide en 1821 el tratado de Córdoba, en el que se aceptaba con pocas modificaciones el plan de Iguala, sin tener poderes para ello. Tras proclamarse ese mismo año la independencia del país, formó parte del consejo de regencia presidido por Iturbide.

odont- *pref.* Significa 'diente': *odontalgia.* ▪ Existe también la variante *odonto-*: *odontología.*

odontalgia *s. f.* Dolor de dientes o de muelas.

odontoblasto *s. m.* Célula de la capa externa de la pulpa dentaria, cuya función es la de producir el marfil.

odontocetos *s. m. pl.* Suborden de mamíferos cetáceos al que pertenecen numerosas especies comprendidas en las familias delfínidos, fisetéridos, focénidos, monodóntidos, platanístidos y zífidos. Se caracterizan por carecer de barbas y por tener dientes en la mandíbula. Odontocetos son los delfines, cachalotes y narvales. También *adj.* y *s. m.*

odontología *s. f.* Rama de la medicina que se ocupa de las enfermedades y trastornos de los dientes, así como de su curación, reparación, extracción y sustitución por prótesis. Sus orígenes se remontan a los egipcios. Durante muchos siglos la especialidad se limitó a la extracción de piezas dentarias. En el s. XVIII nace la odontología moderna con el francés Pierre Fauchard, autor de *El cirujano dentista* o *Tratado de los dientes* (1738). En nuestro tiempo ha alcanzado un considerable grado de desarrollo y han surgido algunas subespecialidades, entre las que destacan la ortodoncia o la cirugía maxilofacial. **Fam.** Odontológico.

odontólogo, ga *s. m.* y *f.* Médico especializado en odontología.

odorífero, ra u **odorífico, ca** *adj.* Que produce olor, especialmente si es agradable.

odre *s. m.* Recipiente hecho con la piel de una cabra u otro animal, que sirve para contener líquidos, sobre todo vino o aceite.

Odría, Manuel Arturo (Tarma 1897 - Lima 1974) Militar y político peruano. Fue ministro del Interior con el presidente Bustamante, al que

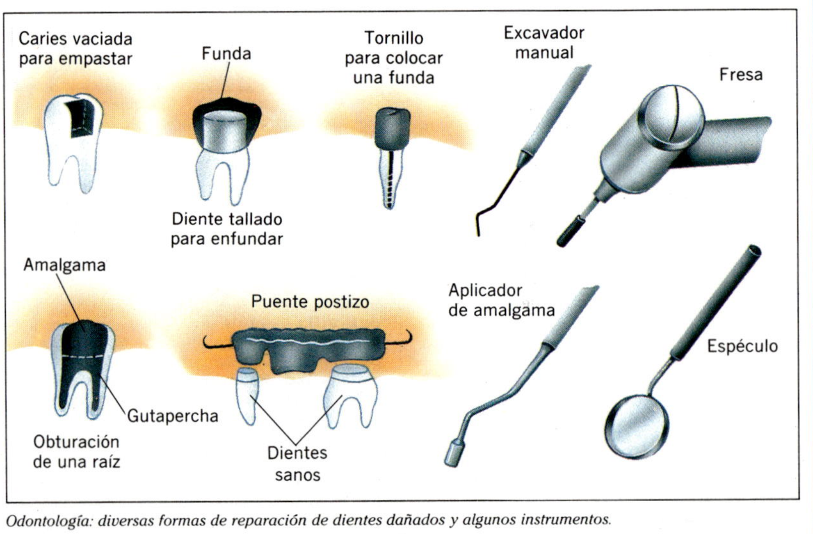

Odontología: diversas formas de reparación de dientes dañados y algunos instrumentos.

derribó en 1948 mediante un golpe de Estado. Se hizo elegir presidente en 1950 y se mantuvo en el poder hasta 1956. En 1961 fundó la Unión Nacional Odriísta, al frente de la cual fue candidato presidencial en 1962 y 1963.

Oduber Quirós, Daniel (San José 1921) Político costarricense. Miembro del Partido de Liberación Nacional, fue ministro de Asuntos Exteriores (1962-64), presidente de la asamblea legislativa (1970-74) y presidente de la república (1974-78). Durante su mandato legalizó a los partidos de izquierda.

OEA Siglas de la Organización* de Estados Americanos.

Oehlenschläger, Adam Gottlob (Copenhague 1779 - íd. 1850) Escritor danés. Principal representante del Romanticismo en los países escandinavos, entre sus obras destacan *Poesías* (1803), donde figura su célebre balada *Los cuernos de oro*, *Escritos poéticos* (1805), y *Poesías nórdicas* (1807); los dramas *Baldur el Bueno* (1808), *Axel y Valborg* (1810) y *Olaf el Santo* (1838), y *La saga de Hroar* (1817).

oersted *s. m.* Unidad de medida de intensidad del campo magnético en el sistema cegesimal. Su símbolo es *Oe*.

Oersted, Hans Christian (Rudkobing 1777 - Copenhague 1851) Físico y químico danés. Fue catedrático de física de la universidad de Copenhague y director de la escuela politécnica de esa ciudad. En 1820 descubrió el electromagnetismo mediante un experimento en el que produjo la desviación de una aguja por efecto de una corriente eléctrica. Estudió también la compresibilidad de los líquidos y sólidos y aisló por primera vez el aluminio en forma pulverizada.

Oerter, Alfred (Astoria, Nueva York 1936) Atleta estadounidense. Consiguió el triunfo en el lanzamiento de disco en cuatro Juegos Olímpicos consecutivos: Melbourne (1956), Roma (1960), Tokio (1964) y México (1968), hazaña sin precedentes.

oesnoroeste u **oesnorueste** *s. m.* **1.** Punto del horizonte entre el oeste y el noroeste, a igual distancia de ambos. **2.** Viento que sopla de esta parte.

oeste *s. m.* **1.** Punto cardinal que está hacia donde se pone el Sol. ▪ Su abreviatura es *O.* **2.** País, territorio, etc., situado en esta dirección. **3.** Viento que viene de dicha dirección. **4.** Nombre dado en el s. XVIII al territorio de los actuales EE UU situado entre los montes Apalaches y el océano Pacífico, cuya colonización en el s. XIX se convirtió en tema de un popular género literario y posteriormente cinematográfico. ▪ En esta acepción se escribe con mayúscula.

oesudoeste *s. m.* Oesuroeste*.

oesuroeste u **oesurueste** *s. m.* **1.** Punto del horizonte entre el oeste y el suroeste, a igual distancia de ambos. **2.** Viento que sopla de esta parte. ▪ Se dice también *suesudoeste*.

Ofalia, Narciso de Heredia, marqués de Heredia y conde de (Gines, Sevilla 1775 - Madrid 1847) Político español. Ocupó diversos ministerios con Fernando VII y en 1837 fue nombrado jefe de gobierno por la regente María Cristina. Durante su mandato, que duró menos de un año, trató de mantener el orden mediante medidas de fuerza e intentó infructuosamente poner a flote la hacienda pública.

ofender *v. tr.* **1.** Hacer o decir algo que molesta mucho a alguien o significa desprecio o injuria hacia una persona, institución, símbolo, etc. **2.** Causar una impresión desagradable a los sentidos. ‖ *v. prnl.* **3.** Enfadarse por algo que hace o dice otra persona. **FAM.** Ofendido, ofensor.

ofensa *s. f.* **1.** Acción y efecto de ofender. **2.** Pecado.

ofensivo, va *adj.* **1.** Que ofende o puede ofender. **2.** Que sirve para atacar. ‖ *s. f.* **3.** Ataque, acción y efecto de atacar. **FAM.** Ofensivamente.

oferente *adj.* Que ofrece algo. También *s.*

oferta *s. f.* **1.** Ofrecimiento o propuesta de hacer, cumplir o dar cierta cosa. **2.** Acción de presentar o anunciar algo en venta, particularmente un producto rebajado de precio, y también, este mismo producto. **3.** En econ., cantidad de bienes, mercancías o servicios que son presentados en el mercado, en un momento determinado y a un precio dado; constituye, junto con la demanda, uno de los factores que sirven para fijar el precio. **4.** Cantidad de dinero que se ofrece para adquirir algo que se vende o se subasta. ‖ **5. ley de la oferta y la demanda** Teoría que sostiene que, en una economía de mercado, la relación entre la oferta y la demanda determina los precios, los niveles de producción y las compras o ventas de cualquier bien; si la demanda de un producto es mayor que la oferta del mismo, su precio subirá y, por el contrario, bajará si se da el caso inverso. ‖ **LOC. de** (o **en**) **oferta** *adj.* y *adv.* Muy rebajado de precio.

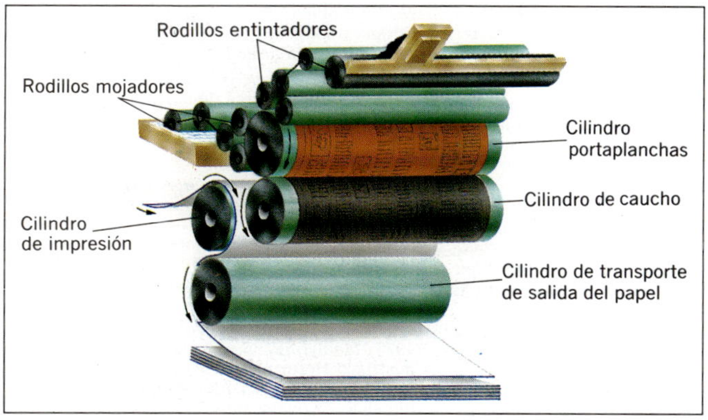

Offset: esquema de impresión por este sistema.

ofertar *v. tr.* **1.** Poner a la venta un producto, particularmente el que está rebajado. **2.** Hacer una oferta. **3.** *amer.* Ofrecer. **FAM.** Ofertante.

ofertorio *s. m.* Parte de la misa en que el sacerdote ofrece a Dios el pan y el vino antes de consagrarlos, y breve oración que reza antes de este momento.

off (voz ingl. que significa 'fuera de', 'lejos de') *s. m.* Palabra que designa diversos mandos o dispositivos que desconectan un aparato. ‖ **LOC. en off** *adj.* En cine y en teatro, se aplica al sonido, principalmente a una voz, que no procede de los personajes que aparecen en escena o en la pantalla. **off the record** *adj.* y *adv.* Expresión inglesa que se refiere a lo que se dice de modo confidencial y extraoficial y no debe ser divulgado por el periodista.

Offenbach, Jacques (Colonia 1819 - París 1880) Compositor francés de origen alemán. Destacó sobre todo como compositor de óperas cómicas y operetas. Entre ellas sobresalen *Orfeo en los infiernos* (1858), *La bella Elena* (1864), *La gran duquesa de Gérolstein* (1867) y *Los cuentos de Hoffmann* (1881), la más famosa, que fue acabada por Ernest Guiraud.

Offenbach am Main C. de Alemania, situada en el Land de Hesse, a orillas del río Main. 112.450 h. en 1989. Es un puerto fluvial y cuenta con industria metalúrgica, química, electrónica y del cuero.

office (voz fr.) *s. m.* Cuarto situado al lado de la cocina y que se utiliza como dependencia auxiliar de ésta.

offset (voz ingl.) *s. m.* **1.** Procedimiento de impresión en el cual el molde o plancha imprime sobre un rodillo de caucho y éste sobre el papel. ‖ *s. f.* **2.** Máquina de imprimir que emplea este procedimiento.

offside (voz ingl.) *s. m.* Orsay, fuera de juego.

oficial *adj.* **1.** Que procede o depende de la autoridad legalmente constituida. **2.** Reconocido, aceptado y autorizado por quien tiene derecho y capacidad para ello. ‖ *s. m.* **3.** En el ejército, cualquiera de los grados de la clase oficiales –alférez, teniente y capitán– y militar que lo ostenta. **4.** En los oficios, grado intermedio entre aprendiz y maestro y persona que lo tiene. ‖ *s. m.* y *f.* **5.** En los cuerpos administrativos del Estado, categoría intermedia entre la de auxiliar y jefe, y persona que la ocupa. **FAM.** Oficialmente.

oficiala *s. f.* Trabajadora manual que ha aprendido un oficio, pero que todavía no ha alcanzado el grado de maestra.

oficialía *s. f.* Categoría, cargo o grado de oficial del ejército o de los cuerpos administrativos del Estado.

oficialidad *s. f.* **1.** Cualidad de oficial. **2.** Conjunto de oficiales del ejército o de parte de él.

oficialismo *s. m.* Conjunto de personas que forman el gobierno de un país y, también, tendencias o fuerzas políticas que lo apoyan. **FAM.** Oficialista.

oficializar *v. tr.* Dar reconocimiento o validez oficial a algo. ▪ Se conjuga como *cazar*. **FAM.** Oficialización.

oficiante *adj.* Se aplica al sacerdote que celebra las ceremonias de un servicio religioso. También *s. m.*

oficiar *v. tr.* **1.** Celebrar o dirigir las ceremonias de un servicio religioso. ‖ *v. intr.* **2.** Actuar haciendo el papel que se expresa.

oficina *s. f.* **1.** Lugar donde se llevan a cabo tareas administrativas, burocráticas, de gestión, etc. ‖ **2. oficina de empleo** Cada una de las dependencias gubernamentales encargadas de llevar el registro de personas sin trabajo y recoger las ofertas de trabajo para ellas. **3. oficina de farmacia** Laboratorio de farmacia. **4. oficina postal** (o **de correos**) Establecimiento abierto al público en el que se realizan envíos de cartas y paquetes, giros postales, etc.

oficinesco, ca *adj. desp.* Propio de una oficina o de los oficinistas.

oficinista *s. m.* y *f.* Empleado de una oficina.

oficio *s. m.* **1.** Trabajo en que se desarrolla una actividad física o una habilidad manual y para el cual no hacen falta estudios teóricos superiores. **2.** P. ext., cualquier profesión. **3.** Función que tiene una cosa. **4.** Comunicación oficial escrita dirigida a transmitir órdenes, notificar resoluciones, tramitar asuntos, etc., ajustándose a unas fórmulas establecidas. **5.** Servicio religioso. Se usa más en *pl.* ‖ **6. buenos oficios** Intervención de una persona en favor de otra. **7. oficio de difuntos** Ceremonia religiosa en que se ruega por un muerto. **8. oficio divino** Conjunto de rezos a que están obligados los religiosos diariamente. **9. Santo Oficio** Tribunal de la Inquisición. ‖ **LOC. de oficio** *adv.* En der., se dice de las diligencias judiciales que pueden ser iniciadas sin que lo solicite ninguna de las partes interesadas. **ser del oficio** *fam.* Dedicarse a la prostitución.

oficioso, sa *adj.* **1.** Se dice de lo que, a pesar de proceder de una fuente autorizada, no tiene carácter o confirmación oficial. **2.** Se aplica a la intervención de un país o un organismo para resolver un problema entre otras naciones. **3.** Excesivamente servicial o solícito. **FAM.** Oficiosamente, oficiosidad.

ofidios *s. m. pl.* Suborden de reptiles escamosos al que pertenecen unas 2.400 especies comprendidas en 11 familias, entre las que destacan vipéridos, colúbridos, boidos, elápidos y tiflópidos. Tienen el cuerpo cilíndrico y alargado, cubierto de escamas, y carecen de extremidades. Su boca, estómago y tronco son dilatables, lo que les permite engullir grandes presas. Sus ojos están cubiertos por un párpado inferior transparente y su lengua es fina y terminada en dos puntas. Tienen el vientre cubierto de escudos o anillos y su color, generalmente pardo verdoso o negro, puede formar franjas de colores vistosos. Son carnívoros, ovíparos u ovovivíparos y mudan su piel; algunas especies poseen junto a los colmillos, largos y curvos, una glándula que segrega un veneno que inoculan a sus presas en la mordedura. Ofidios son las culebras, víboras, cobras, boas y pitones. También se llaman *serpientes*. También *adj.* y *s. m.*

ofimática *s. f.* Conjunto de técnicas y sistemas informáticos especialmente diseñados para ser aplicados en oficinas.

ofiolatría *s. f.* Culto a las serpientes.

ofiolita *s. f.* Roca magmática básica o ultrabásica, perteneciente a la familia de las peridotitas, compuesta fundamentalmente por silicatos de magnesio y de hierro. Su color es verdoso o rojizo. Ejemplo de ofiolita es la serpentina.

ofita *s. f.* Roca eruptiva plutónica, compuesta de grandes cristales de piroxeno y microcristales de plagioclasa, con nódulos de sílice o cal. Tiene color verde con manchas blancas. Se utiliza como piedra de adorno y abunda en terrenos triásicos de la cordillera Cantábrica y los Pirineos.

ofiuroideos *s. m. pl.* Clase de equinodermos a la que pertenecen unas 2.000 especies comprendidas en los órdenes ofiúridos, oegofiúridos y frinofiúridos. Son animales invertebrados marinos, que tienen cuerpo plano en forma de estrella y cinco largos brazos, más finos que el disco central. Habitan en los fondos marinos y se alimentan de plancton. También *adj.* y *s. m.*

ofiuros *s. m. pl.* Nombre común de numerosos equinodermos del orden ofiúridos, caracterizados por poseer extremidades sin ramificaciones y el disco central cubierto por placas dispuestas en forma regular. También *adj.* y *s. m.*

O'Flaherty, Liam (isla de Aran 1897 - Dublín 1984) Escritor irlandés. Es autor de novelas de corte realista, ambientadas en la problemática irlandesa, en las que los personajes muestran influencias de Dostoievski. Entre sus títulos más relevantes cabe citar *El delator* (1925), *El puritano* (1932) e *Insurrección* (1950).

ofrecer *v. tr.* **1.** Presentar voluntariamente algo a alguien para que éste lo tome o lo use si quiere. **2.** Prometer dar o hacer algo. **3.** Dar, entregar, dedicar. **4.** Dedicar a una divinidad o a un santo un sacrificio, una buena obra, etc. **5.** Dar una fiesta, banquete, homenaje, etc., en honor de alguien. **6.** Decir la cantidad que se está dispuesto a pagar por algo. **7.** Acercar o poner ante alguien algo que se indica. **8.** Mostrar determinado aspecto, situación, perspectivas, etc. También *v. prnl.* **9.** Con palabras como *ocasión* u *oportunidad*, proporcionarlas. ‖ *v. prnl.* **10.** Mostrarse alguien dispuesto a hacer algo que se indica. **11.** En ciertas expresiones corteses, querer o necesitar: *¿Qué se le ofrece?* **12.** Suceder, ocurrir. **13.** Ocurrírsele a alguien cierto pensamiento. ▪ Es v. irreg. Se conjuga como *agradecer*. **FAM.** Ofrecimiento.

ofrenda *s. f.* Cosa que se ofrece con amor y devoción, especialmente a la divinidad o a los santos.

ofrendar *v. tr.* Sacrificar, dar algo por amor o devoción a lo que se expresa.

oftalm- *pref.* Significa 'ojo': *oftalmia.* ▪ Existe también la variante *oftalmo-*: *oftalmología.*

oftalmia *s. f.* Inflamación del ojo.

oftálmico, ca *adj.* Perteneciente o relativo a los ojos o a la oftalmia.

oftalmología *s. f.* Rama de la medicina que se ocupa de la ceguera, las enfermedades de los ojos y defectos de la visión, como miopía, hipermetropía, presbicia y astigmatismo. **FAM.** Oftalmológico.

oftalmólogo, ga *s. m.* y *f.* Médico especialista en oftalmología.

oftalmómetro *s. m.* Instrumento oftalmológico que sirve para medir las diferencias de curvatura de la córnea; se utiliza en el estudio del astigmatismo.

ofuscación *s. f.* Acción y efecto de ofuscar o de ofuscarse.

ofuscamiento *s. m.* Ofuscación*.

ofuscar *v. tr.* **1.** Impedir a alguien pensar con claridad, p. ej. la pasión o un estado de nerviosismo o confusión. También *v. prnl.* **2.** Impedir la visión un exceso de luz o de brillo. También *v. prnl.* ‖ *v. prnl.* **3.** Obsesionarse, obcecarse. ▪ Se conjuga como *sacar.*

Ogadén Región de Etiopía, situada en el SE del país, en la frontera con Somalia. Es una meseta semidesértica, con vegetación de plantas espinosas y formaciones herbáceas, cuyo núcleo principal lo constituye la ciudad de Dagabur. Sus pobladores se dedican principalmente al pastoreo. Fue objeto de litigio a partir de 1960 entre Etiopía y Somalia, que sostuvieron choques fronterizos hasta la firma de un acuerdo en 1980.

Ogbomosho C. de Nigeria, en el estado de Oyo, en el S del país, cerca de la frontera con Benin. 628.000 h. en 1990. Es un importante centro de la industria y comercio del algodón.

Ogé, Vincent (? 1750 - ? 1791) Político haitiano. Fue diputado de la Asamblea Constituyente francesa (1789) y allí consiguió un decreto que declaraba la igualdad de derechos para los hombres de color. Al negarse el gobernador de la colonia francesa de Haití a poner en práctica esa disposición, encabezó una sublevación que fracasó. Fue apresado y ajusticiado.

Ogino, Kiusaku (Togohashi 1882 - Niigata 1975) Médico japonés. Junto con el ginecólogo austriaco Hermann Knaus describió un método fisiológico anticonceptivo basado en el estudio del ciclo de ovulación y el promedio de vida de las células sexuales. El método permite determinar aproximadamente los días fecundos y estériles de la mujer. Es aceptado por la Iglesia católica, que lo considera un método natural.

Ogino-Knaus, ley de Método formulado por los médicos Kiusaku Ogino y Hermann Knaus, que establece que la fertilidad de la mujer se reduce a cinco días del ciclo menstrual, en la mitad del mismo, inmediatamente después de la ovulación.

Ogodai (? h. 1185 - ? 1241) Emperador mongol (1229-41). Hijo de Gengis Kan, estableció la corte en Karakorum y se cuidó de la organización administrativa del imperio. Sometió Armenia, Georgia y Corea, devastó Rusia y llegó hasta Viena.

O'Gorman, Juan (Coyoacán 1905 - Ciudad de México 1982) Arquitecto, pintor y escultor mexicano. Se inició en las corrientes del funcionalismo, de las que derivó hacia el nuevo barroco mexicano. Colaboró en proyectos gubernamentales, entre los que sobresale la biblioteca de la universidad de México. Como pintor destaca por sus grandes murales, como *La conquista del aire por el hombre* (1936-37), en el aeropuerto de México, y la *Alegoría de las comunicaciones* (1953).

Ogoué Río de África centrooccidental. 970 km. Nace en la región de Abama, en la república del Congo, recorre Gabón y desemboca en el océano Atlántico formando un gran delta. Es de régimen ecuatorial y, en su curso bajo, navegable.

ogro *s. m.* **1.** Ser fantástico de los cuentos y leyendas populares del N de Europa, de aspecto humano y tamaño gigantesco, que se alimenta de carne humana. ▪ Su femenino es irregular: *ogresa.* **2.** Persona muy fea, de mal carácter o cruel.

¡oh! *interj.* Exclamación de sorpresa, admiración, interés, decepción, pena, etc.

O'Hara, Maureen (Millwall 1920) Actriz cinematográfica estadounidense de origen irlandés. Fue una de las estrellas preferidas por John Ford. Entre sus interpretaciones destacan las de los filmes *¡Qué verde era mi valle!* (1941), *Río Grande* (1950), *El hombre tranquilo* (1952), *Cuna de héroes* (*The long gray line*, 1955) y *Escrito bajo el sol* (*The wings of eagles*, 1957).

Bernardo O'Higgins. Retrato de J. Cabral (Museo Histórico Nacional, Santiago de Chile).

O'Higgins, Bernardo (Chillán 1778 - Lima 1842) Político y militar chileno. Hijo del irlandés Ambrosio O'Higgins, capitán general de Chile y virrey de Perú, estudió en Inglaterra, donde fue ganado para la causa independentista por Francisco Miranda. Alcalde de Chillán (1804), colaboró en la revolución independentista de Chile (1810) y en 1811 fue elegido diputado. Tras la victoria de Linares (1813), la Junta desplazó de su presidencia a José Miguel Carrera y nombró a O'Higgins general en jefe del ejército pero, derrotado por los realistas en Rancagua, hubo de exiliarse a Argentina, donde se unió al ejército de San Martín. En 1817 inició la reconquista de Chile, que culminó con la victoria de Chacabuco, y fue nombrado director supremo del país. Una nueva derrota ante los realistas, esta vez en Cancharrayada (1818), hizo peligrar la independencia hasta la definitiva victoria de Maipú (1818). Su gobierno dictatorial y los fusilamientos del guerrillero independentista Rodríguez Erdoiza y de los hermanos Carrera minaron su popularidad. Pese a su política de fomento de las obras públicas y la educación, de la creación de una poderosa escuadra y de la promulgación de la Constitución de 1822, la sublevación del general Ramón Freire en 1823 le obligó a dimitir.

O'Higgins, Tierra de Denominación oficial chilena de la península Antártica.

Ohio **1.** Río de EE UU, en el sector NO del país. 1.550 km de longitud. Nace de la confluencia de los ríos Allegheny y Monongahela en Pittsburgh, Pennsylvania, y discurre en dirección SO trazando la frontera entre Ohio, Virginia occidental, Kentucky, Indiana e Illinois, hasta desembocar en el Mississippi, del que constituye el principal afluente por la orilla izquierda. Pasa por Pittsburgh, Cincinnati y Louisville, y sus principales afluentes son el Kentucky, Tennessee, Cumberland y Wabash. Es navegable y una importante vía de comunicación.
2. Estado de EE UU, situado en el NE del país, en la región de los Grandes Lagos. 115.998 km^2. 10.887.300 h. en 1990. La capital es Columbus, con 572.350 h. en 1989. Está enclavado en la meseta apalachiana; en el N se encuentra el lago Erie y en el S, haciendo frontera con Kentucky y Virginia occidental, el río Ohio. Sus principales centros urbanos son Cleveland, Cincinnati, Akron y Toledo. Posee una agricultura altamente mecanizada, con cultivos de cereales, hortalizas, tabaco, etc., ganadería ovina, bovina, porcina y avícola, grandes recursos mineros (carbón, hierro y petróleo) y una poderosa industria siderúrgica, automovilística, química, electrónica, mecánica y alimentaria.

Ohlin, Bertil (Klippan 1899 - Valadalen 1979) Economista sueco. Líder del Partido Laborista, fue ministro de Comercio (1944-45). Elaboró con Heschker un teorema, conocido como de Heschker-Ohlin, sobre comercio internacional. En 1977 obtuvo el premio Nobel de economía, compartido con James Meade. Entre sus libros destaca *Comercio interregional e internacional* (1933).

ohm *s. m.* Denominación del ohmio en la nomenclatura internacional.

Ohm, Georg Simon (Erlangen, Baviera 1789 - Munich 1854) Físico alemán. Fue catedrático de la universidad de Munich. Se dedicó casi exclusivamente al estudio de la corriente eléctrica, aunque también investigó las interferencias luminosas en láminas delgadas. A él se debe la formulación de la ley que lleva su nombre.

Ohm, ley de Ley de conductividad eléctrica que establece que la intensidad de corriente a través de un conductor es directamente proporcional a la diferencia de potencial entre los extremos del mismo e inversamente proporcional a su resistencia.

ohmio *s. m.* Unidad de resistencia eléctrica en el Sistema Internacional. Es la resistencia de un conductor cuando, al aplicarle la diferencia de potencial de 1 voltio, la corriente circula con la intensidad de 1 amperio. Equivale a la resistencia de una columna de mercurio de 1 mm^2 de sección, a 0 °C, cuya masa es 14,4521 g y su longitud 106,3 cm. Su símbolo es Ω.

oída *s. f.* Acción y efecto de oír. ▪ Prácticamente sólo se emplea en la locución adverbial **de oídas**, que se refiere a lo que únicamente se conoce por habérselo escuchado a otros.

-oide *suf.* Significa 'semejante, parecido': *elipsoide.* ▪ Existen también las variantes *-oidea*, *-oideo*, *-oides*: *corticoides.* A veces tiene un matiz despectivo: *sentimentaloide.*

oídio *s. m.* **1.** Nombre común de diversos hongos parásitos de la familia erisifáceas, con diversos géneros. Entre ellos sobresale el *Uncinula necator*, que produce el oídio de la vid. **2.** Enfermedad de las plantas producida por estos hongos.

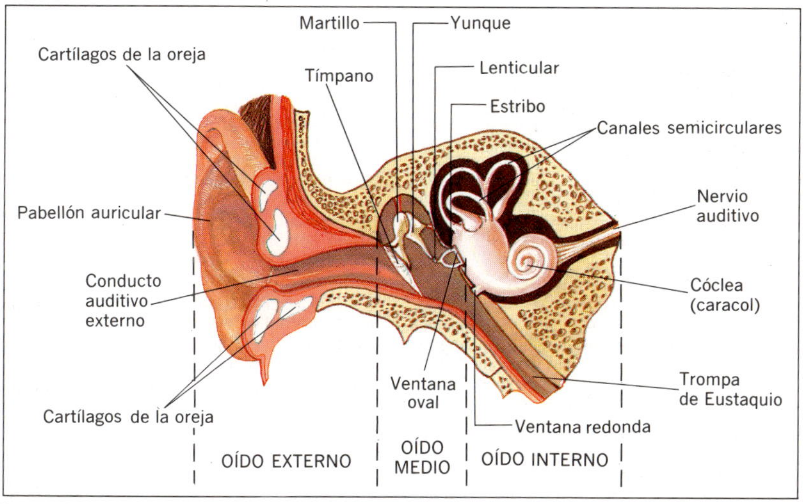

Partes principales del oído en el ser humano.

oído *s. m.* **1.** Sentido corporal con el que se perciben los sonidos. **2.** Órgano que permite percibir los sonidos y también regula el equilibrio corporal. **3.** Aptitud para percibir y reproducir fielmente los sonidos musicales. ‖ **Loc. al oído** *adv.* Confidencialmente, en voz baja. **dar** (o **prestar**) **oído(s)** Hacer caso, creer lo que se dice. **de oído** *adv.* Se dice de lo que se aprende por uno mismo, escuchando, sin ningún otro estudio o conocimiento. **entrar** algo **por un oído y salir por el otro** No importarle a uno algo que le dicen. **llegar** algo **a oídos** de alguien Enterarse de algo. **regalar** a alguien **el oído** (o **los oídos**) Alabarle, decirle cosas agradables. **ser todo oídos** Escuchar atentamente.

Anat. y ***Fisiol.*** El sentido del oído en el hombre está alojado en el hueso temporal del cráneo y se divide en tres partes: oído externo, medio e interno. El **oído externo** consta del pabellón auditivo externo u oreja y del conducto auditivo externo, que termina en una membrana llamada *tímpano.* El **oído medio** es un espacio hueco, lleno de aire, limitado de un lado por el tímpano y de otro por la ventana oval y la ventana redonda, que lo comunican con el oído interno. Un tubo largo, la trompa de Eustaquio, se dirige a la faringe. Una cadena de huesecillos (martillo, yunque, lenticular y estribo) pone en contacto el tímpano con la ventana oval. El **oído interno** o laberinto está lleno de líquido y tiene tres cavidades: el vestíbulo, dividido en dos partes, utrículo y sáculo; los canales semicirculares, órgano del sentido del equilibrio; y el caracol o cóclea, largo tubo arrollado en espiral donde se encuentran las células receptoras de los sonidos, provistas de cilios, cada una de las cuales está adaptada para la recepción de sonidos de un tono determinado. Las fibras nerviosas que salen del caracol y de los canales semicirculares se reúnen para formar el nervio acústico, que sale del sáculo por un tubo que atraviesa el hueso temporal hasta la cavidad craneana.

En la audición, los sonidos recogidos por la oreja hacen vibrar el tímpano. La vibración se transmite a través de la cadena de huesecillos hasta la ventana oval, donde pone en movimiento oscilante el líquido linfático que llena el caracol. Las células adaptadas para esa frecuencia sonora entran en resonancia y producen impulsos nerviosos que se transmiten por el nervio acústico hasta el cerebro.

oidor *s. m.* Antiguamente, juez que sentenciaba causas y pleitos en las audiencias del reino.

OIEA Siglas del Organismo* Internacional de Energía Atómica.

oil, lengua de Véase **lengua**.

oír *v. tr.* **1.** Percibir sonidos. **2.** Atender a lo que alguien dice. **3.** *fam.* Se utiliza en imperativo para llamar la atención de alguien o reforzar lo que se dice. **4.** En der., atender el juez lo que exponen las partes antes de resolver en un caso. ■ Es v. irreg. ‖ **Loc. como quien oye llover** *fam.* Sin prestar atención ni hacer ningún caso. **oír campanas y no saber dónde** *fam.* Haberse enterado alguien mal de algo y confundir la información. **Fam.** Oíble.

O Í R

INFINITIVO	GERUNDIO	PARTICIPIO
oír	*oyendo*	*oído*

INDICATIVO

Presente	Pretér. perfecto simple
oigo	*oí*
oyes	*oíste*
oye	*oyó*
oímos	*oímos*
oís	*oísteis*
oyen	*oyeron*

SUBJUNTIVO

Presente	Pretérito imperfecto
oiga	*oyera, -ese*
oigas	*oyeras, -eses*
oiga	*oyera, -ese*
oigamos	*oyéramos, -ésemos*
oigáis	*oyerais, -eseis*
oigan	*oyeran, -esen*

Futuro imperfecto

oyere	*oyéremos*
oyeres	*oyereis*
oyere	*oyeren*

IMPERATIVO

oye	*oíd*

Oise Río de Europa occidental. 300 km de longitud. Nace en Bélgica y discurre por Francia hasta desembocar en el río Sena, cerca de París. Es navegable en gran parte.

Oistrakh, David (Odessa 1908 - Amsterdam 1974) Violinista ruso. Estudió en el conservatorio de Moscú y fue un extraordinario intérprete de la música rusa, que dio a conocer en sus numerosos conciertos por Europa y América.

OIT Siglas de la Organización* Internacional del Trabajo.

Oita C. de Japón, cap. de la prefectura homónima, en la isla de Kyushu. 407.000 h. en 1989. Posee industrias textiles y papeleras.

ojal *s. m.* **1.** Corte o raja, reforzada con hilo en sus bordes, que se hace en la tela para pasar por ella un botón y abrocharlo. **2.** Agujero que atraviesa algunas cosas.

¡ojalá! *interj.* Expresa el deseo de que ocurra lo que se dice.

ojaladura *s. f.* Ojales de una prenda de vestir.

ojeada *s. f.* Mirada rápida y superficial.

ojeador *s. m.* El que ojea la caza.

ojear[1] (de *ojo*) *v. tr.* Dirigir la mirada hacia un sitio o pasarla rápida y superficialmente.

ojear[2] (del esp. ant. *oxear*) *v. tr.* Espantar a los animales haciendo ruido para que se dirijan al sitio donde están los cazadores o las trampas.

Ojeda, Alonso de (Cuenca h. 1468 - Santo Domingo h. 1515) Navegante y conquistador español. Fue compañero de Colón en su segundo viaje (1493). En 1499, junto a Américo Vespucio y Juan de la Cosa, exploró las islas de Trinidad y Margarita, descubrió la de Curaçao y entró en el golfo de Maracaibo, al que dio el nombre de *Venezuela,* porque los poblados indígenas sobre el agua le recordaron la ciudad de Venecia. En 1508 fue nombrado gobernador de Nueva Andalucía, que comprendía parte de Venezuela y las Guayanas, y después de algunas expediciones decidió quedarse en Santo Domingo, donde acabó sus días.

ojén *s. m.* Aguardiente preparado con anís y azúcar.

ojeo *s. m.* Acción y efecto de ojear la caza.

ojera *s. f.* Mancha oscura que aparece bajo el párpado inferior, por constitución natural, cansancio, enfermedad, etc. Se usa más en *pl.*

ojeriza *s. f.* Antipatía hacia alguien.

ojeroso, sa *adj.* Que tiene ojeras.

ojete *s. m.* **1.** Pequeño agujero redondo reforzado en su borde que se hace en un tejido para pasar por él un cordón, una cinta, etc., o como adorno en un bordado. **2.** *vulg.* Ano.

ojibwa *adj.* **1.** Se dice de una tribu amerindia de la familia algonquina que habitaba en las orillas del lago Superior en Canadá y en el estado de Dakota, en EE UU. Vive actualmente en reservas del Canadá y de EE UU en número algo superior a los 30.000 individuos. **2.** De esta tribu. También *s.*

ojiva *s. f.* **1.** Figura formada por dos arcos que se cortan formando un ángulo. **2.** Arco formado de esta manera. **3.** Punta de un proyectil.

ojival *adj.* **1.** Que tiene forma de ojiva o que tiene ojivas. **2.** Se aplica al estilo arquitectónico caracterizado por el empleo de arcos en forma de ojiva, y especialmente al estilo gótico.

ojo *s. m.* **1.** Órgano de la vista del hombre y de los animales. **2.** Parte de este órgano que resulta visible en la cara, y concretamente el iris cuando se refiere al color. **3.** Mirada, ojeada. **4.** Apertura o agujero de algunas cosas. **5.** Mancha circular de colores que tienen algunos animales, especialmente el pavo real en las plumas de la cola. **6.** Corriente de agua que asoma en un llano. **7.** Gota de grasa que flota en un líquido. **8.** Habilidad o talento especial para apreciar rápidamente las cualidades de las personas y cosas, las circunstancias, etc. **9.** Atención, cuidado. Se usa también como *interj.* **10.** Parte en relieve de los tipos de imprenta que, impregnada de tinta, produce la impresión. ‖ **11. cuatro ojos** *fam.* Persona que usa gafas. **12. ojo catódico** Válvula termoiónica que se emplea en los receptores como indicador visual de sintonía. **13. ojo clínico** Aptitud para diagnosticar rápidamente y con precisión las enfermedades; también, intuición o talento para apreciar y valorar a las personas o las cosas. **14. ojo compuesto** Órgano de la vista de muchos ar-

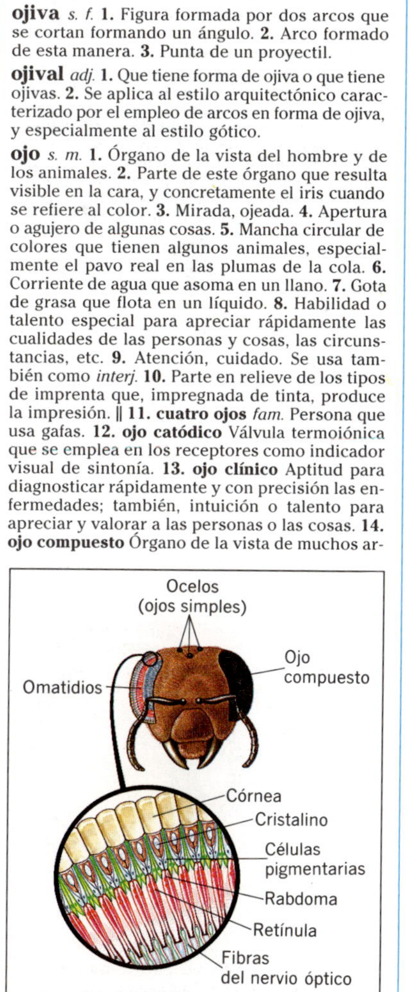

Ojo compuesto de la abeja común con detalle de su sección.

trópodos, especialmente insectos y crustáceos, formado por multitud de ojos simples unidos entre sí por una membrana interpuesta. **15. ojo de buey** Ventana circular, particularmente la de los barcos. **16. ojo de gallo** (o **de pollo**) Callo redondo y algo cóncavo hacia el centro, que sale en los pies. **17. ojo de gato** Variedad de cuarzo de color blanco amarillento que contiene láminas de asbesto y amianto. Se utiliza como piedra semipreciosa. **18. ojo de perdiz** Bordado formado por un rombo con otro más pequeño y más oscuro en uno de sus vértices. **19. ojo de tigre** Mineral que contiene láminas finas de asbesto. Procede de la presencia de sílice en la crocidolita y presenta reflejos tornasolados. Se emplea como piedra semipreciosa, del grupo de las ágatas. Existen yacimientos en Sudáfrica. **20. ojo del culo** Ano. **21. ojo del huracán** (o **de la tempestad**) Núcleo o centro de un ciclón, en el que no hay nubes y no sopla el viento; p. ext., momento o situación de calma tensa o aparente en medio de la agitación. **22. ojo** (u **ojito**) **derecho** *fam.* Persona que es la preferida de alguien. ‖ **Loc. a ojo** (**de buen cubero**) *adv.* Sin precisión ni exactitud, aproximadamente. **a ojos cerrados** *adv.* Sin reflexionar, de forma precipitada; también, sin ninguna duda, con entera confianza. **a ojos vistas** *adv.* De manera notoria y perceptible. **abrir los ojos** (o **el ojo**) *fam.* Estar o ponerse en actitud vigilante; también, darse cuenta de algo a lo que antes no se había prestado atención o no se quería reconocer. **abrirle** a alguien **los ojos** Hacer que se dé cuenta de que algo no es como cree. **cerrar los ojos** Morirse; también, seguido de la preposición *a* y un complemento, no querer reconocer la existencia o la razón de alguna cosa. **clavar los ojos en** alguien o algo Mirar de manera fija y penetrante. **comer con los ojos** Pensar alguien, ante la vista de los alimentos, que va a ser capaz de comer más de lo que realmente puede. Con el verbo pronominal, mirar a alguien o algo con gran deseo. **con los ojos cerrados** *adv.* A ojos cerrados; también, con gran facilidad. **de ojito** *adv. amer.* Gratis, de balde. **echar** (o **poner**) **el ojo a** (o **en**) alguien o algo *fam.* Fijarse en alguien o algo con la intención o el deseo de conseguirlo. **en un abrir** (**y cerrar**) **de ojos** *adv.* Con mucha rapidez. **entrar** (o **meterse**) algo **por los ojos** Gustar mucho. **írsele** a uno **los ojos detrás de** (o **tras**) alguien o algo Mirarlo con deseo. **mirar con buenos** (o **malos**) **ojos** Sentir simpatía o antipatía por alguien o algo. **mirar con ojos de** Mostrar hacia alguien o algo la actitud que se expresa a continuación. **no quitar ojo** *fam.* Mirar a alguien o algo con gran atención e insistencia. **no tener** alguien **adonde** (o **a quien**) **volver los ojos** *fam.* Estar totalmente desamparado o desvalido. **no tener ojos más que para** alguien o algo Dedicarle toda la atención. **ojo alerta** (o **avizor**) *adv. fam.* En actitud prevenida y vigilante. **pegar** (**el**) **ojo** (o **los ojos**) *fam.* Dormir. ▪ Se usa más en oraciones negativas. **un ojo de la cara** *fam.* Con verbos como *costar*, *valer*, etc., mucho dinero o esfuerzo. **volver los ojos hacia** (o **a**) alguien Atender o interesarse por él.

Anat. y ***Fisiol.*** El ojo consta de una lente o sistema de lentes y de un sistema receptor que convierte la energía luminosa en señales eléctricas que se dirigen al sistema nervioso. En los insectos, el ojo posee numerosas lentes y se llama *ojo compuesto*. En los vertebrados y los cefalópodos es aproximadamente esférico y posee una sola lente. El ojo humano está recubierto por varias capas: la esclerótica, dura y opaca excepto en su parte anterior; la córnea, que es transparente; la coroides, que en la parte anterior forma el iris, conjunto de músculos de color variable que rodean un orificio llamado *pupila*, por donde pasa la luz al interior del ojo; y la retina, última capa formada por células sensibles a la luz y que no recubre la parte anterior. Inmediatamente detrás de la pupila se encuentra el cristalino, una lente biconvexa transparente cuya curvatura se modifica por medio de ciertos músculos para enfocar las imágenes situadas a diversas distancias. El ojo está lleno de líquidos transparentes: el situado delante del cristalino se llama *humor acuoso*; el que se encuentra detrás, mucho más abundante y de consistencia gelatinosa, se denomina *humor vítreo*. La retina está formada por varias capas de células nerviosas. La primera contiene dos clases de células sensibles, los conos, encargados de percibir los colores, y los bastones, sensibles al blanco y negro. Las fibras nerviosas de la tercera capa se reúnen para formar el nervio óptico, que atraviesa la parte posterior del ojo y se dirige al cerebro.

Ojos del Guadiana Comarca de España, situada en la parte N de la provincia de Ciudad Real, cercana a Daimiel, donde aparecen en superficie aguas subterráneas del río Guadiana y se unifica su curso.

Ojos del Salado Pico de los Andes, situado en la frontera de Argentina y Chile. 6.860 m de altitud.

ojoso, sa *adj.* Esponjoso, que tiene muchos ojos o agujeros, como el pan.

ojota *s. f. amer.* Especie de sandalia rústica hecha de cuero o cáñamo.

Ojotsk Mar del océano Pacífico, en el NO del mismo, situado entre la costa NE de la Federación Rusa, la península de Kamchatka y las islas Kuriles. 1.528.000 km^2 de extensión y 3.372 m de profundidad máxima. En él se encuentra la isla de Sajalín y su principal puerto es Magadán. Es un mar rico en pesca.

OK (expr. ingl. de EE UU) Significa 'acuerdo, conformidad'.

Oka Río de la Federación Rusa, situado en su sector europeo. 1.495 km de longitud. Nace al S de Moscú, cerca de Orel, discurre hacia el N y desemboca en el Volga, cerca de Gorki. Su principal afluente es el Moscova. Gran parte de su curso es navegable.

okapi *s. m.* Mamífero rumiante de la familia jiráfidos, especie *Okapia johnstoni*. Puede alcanzar unos 2 m de longitud y 1,50 m de altura en la cruz. Tiene grandes orejas y un pelaje de color marrón oscuro en el cuerpo, con franjas blancas y negras en cuartos traseros y muslos, y blanquecino en la cabeza y patas. El macho puede tener hasta cinco cuernos pequeños en la frente cubiertos por la piel. Su lengua extensible le permite alcanzar los brotes y hojas de los árboles para alimentarse. Habita en áreas forestales de África central, aislado o por parejas. Es una especie protegida, ya que se encuentra en peligro de extinción.

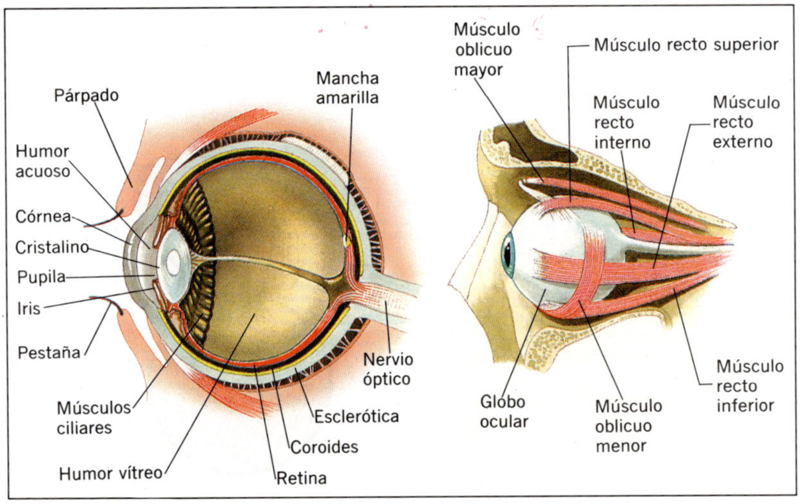

Ojo humano: a la izquierda, corte en que se muestran sus partes principales; a la derecha, músculos que mueven el globo ocular.

Okayama C. de Japón, cap. de la prefectura del mismo nombre, situada en la isla de Honshu. 599.300 h. en 1989. Cuenta con siderurgia, industria textil (lana), química y de porcelana.

O'Kelly, Sean (Dublín 1882 - íd. 1966) Político irlandés. Fue uno de los principales representantes del nacionalismo irlandés frente al Reino Unido. Cofundador del partido Sinn Fein (1905), participó en la revuelta de Pascua de 1916. Fue diputado republicano (1918), presidente de Eire (1945) y también de la República de Irlanda (1949-59).

Okinawa Isla de Japón, al SO de la isla de Kyushu. 1.176 km^2. 1.202.000 h. en 1987. De origen volcánico, tiene un clima cálido, bajo la influencia monzónica, y vegetación tropical. La ciudad principal es Naha, con 303.700 h. en 1985, capital a su vez de la prefectura de Okinawa. Estuvo bajo control estadounidense (1945-72).

Oklahoma Estado de EE UU, en el sector central del país. 181.185 km^2. 3.157.600 h. en 1990. La capital es Oklahoma City, con 432.000 h. en 1989. Ocupa una región de meseta en el O y llanura en el E, regada por los ríos Arkansas, Cimarrón, Canadian y Rojo, que constituye su frontera con Texas. Sus principales montañas son las Ozark en el E y Ouachita en el S. La economía se basa en la extracción de petróleo y gas natural. Tiene también cultivos de trigo, maíz y algodón, ganadería bovina, refinerías de petróleo e industria textil, química y mecánica.

Oklahoma City C. de EE UU, cap. del estado de Oklahoma, situada en el centro del mismo. 432.000 h. en 1989. Está enclavada en una rica región petrolera, lo que ha favorecido su gran desarrollo a lo largo del s. XX. Posee industrias textiles, aeronáuticas y mecánicas, refinerías de petróleo y es un importante mercado agrícola (algodón) y ganadero.

okupa *s. m.* y *f. fam.* Nombre que se da en España a los *squatters* o *krakers*.

-ol *suf.* Significa 'alcohol': *etanol*, *fenol*.

ola *s. f.* **1.** Movimiento de ascenso y descenso del agua producido por el viento o las corrientes en mares, lagos, etc. Su parte superior se llama *cresta* y la inferior *seno*. **2.** Fenómeno atmosférico que produce un cambio repentino en la temperatura de un lugar. P. ej., *ola de calor*, *ola de frío*, *ola polar*. **3.** Oleada, avalancha. ‖ **Loc. en la cresta de la ola** En el mejor momento de alguien o algo.

Olaf Nombre de varios reyes de Noruega.

Olaf I Tryggvesson (? 969 - Svolder 1000) Rey de Noruega (995-1000). Destronó a Haakon el Grande. Implantó el cristianismo en su país y sus hazañas guerreras fueron cantadas en las sagas.

Olaf II Haraldsson, San (? h. 995 -Stiklestad 1030) Rey de Noruega (1016-30). Difundió el cristianismo entre sus súbditos. Luchó contra Canuto I el Grande de Dinamarca, quien le arrebató el trono, por lo que tuvo que refugiarse en Rusia. Se le considera el héroe nacional.

Olaf III Kyrro (? - ? 1093) Rey de Noruega (1066-1093). Reinó conjuntamente con su hermano Magnus hasta 1069. Acompañó a su padre, Harold III, en la expedición contra Inglaterra, que costó la vida a aquél (1066). Organizó la Iglesia noruega y su reinado fue uno de los más beneficiosos para el país.

Olaf V (Appleton House, Reino Unido 1903 - Oslo 1991) Rey de Noruega (1957-91). Estuvo al frente de las tropas noruegas durante la Segunda Guerra Mundial. Fue nombrado regente del reino (1955) y sucedió a su padre Haakon VII.

olambre u **olambrilla** *s. f.* Pequeño azulejo decorativo, de figuras esquemáticas o geométricas, que se utiliza en frisos o cenefas.

Olavide, Pablo de (Lima 1725 - Baeza, Jaén 1803) Político y escritor español de origen peruano. Llegó a España en 1750 y residió en Italia y Francia, donde entró en contacto con los ilustrados. Nombrado intendente de Andalucía, dirigió la repoblación de Sierra Morena y fundó La Carolina. Durante su estancia en Sevilla llevó a cabo una importante labor reformadora en educación, cultura y urbanismo, que le valió la enemistad de los sectores conservadores. Acusado de herejía por la Inquisición, fue condenado en 1778 a ocho años de reclusión, pero en 1780 logró huir a Francia. Se mostró partidario de la Revolución Francesa, pero estuvo en contra de su radicalismo. En 1798 volvió a España. Entre sus obras pueden destacarse *Plan de estudios universitarios* (1767), *Informe sobre la ley agraria* (1768), en el que defiende la pequeña propiedad, los arrendamientos a largo plazo y las mejoras técnicas y *Poemas cristianos* (1799).

Olaya Herrera, Enrique (Guateque, Boyacá 1880 - Roma 1937) Político colombiano. Candidato liberal, fue elegido presidente de la república (1930-34). Para hacer frente a la crisis económica de 1930, redujo el gasto del Estado, aumentó los impuestos y liberalizó las inversiones, especialmente en el sector del petróleo. Resolvió el problema fronterizo con Perú, provocado por el incidente de Leticia, mediante el arbitraje internacional (tratado de Rio de Janeiro, 1934).

Olbrich, Josef Maria (Troppau 1867 - Düsseldorf 1908) Arquitecto y diseñador austriaco. De estilo modernista, fue uno de los impulsores de la Secesión de Viena. Entre sus obras destacan el palacio de la Secesión (1898) y la colonia para artistas de Darmstadt (1899-1904).

Oldenbarnevelt, Johan van (Amersfoort 1547 - La Haya 1619) Político neerlandés. Representante de la alta burguesía mercantil, fue consejero de Rotterdam (1577), donde promovió la Unión de Utrecht (1579), y como consejero de los Países Bajos (1587) prestó su apoyo a Mauricio de Nassau. En 1602 fundó la Compañía de las Indias Orientales y en 1609 concertó con Felipe III la tregua de los Doce Años, por la que se reconocía la independencia de las Provincias Unidas. Enfrentado al belicista Mauricio de Nassau, fue detenido y posteriormente decapitado.

Oldenburg C. de Alemania, en el Land de Baja Sajonia, a orillas del río Hunte. 140.800 h. en 1989. Tiene puerto fluvial e industrias mecánicas, textiles y alimentarias.

Oldenburg, Claes (Estocolmo 1929) Pintor y escultor estadounidense de origen sueco. Tras iniciarse dentro de la estética del expresionismo abstracto, impulsó junto con un grupo de artistas neoyorquinos un nuevo tipo de arte, llamado *happening*, en el que los espectadores también participan. A partir de 1960 realizó esculturas sobre objetos de la vida cotidiana, como helados, hamburguesas, repisas o lavabos, en yeso o vinilo coloreado, ampliándolos y metamorfoseándolos, hasta imponerse como uno de los maestros del *pop-art*. Entre sus obras pueden citarse *Máquina de escribir blanda* (1963-64), *Monumento al lápiz de labios* (1969), *Bate-columna* (1977) y *Cuchillo-barco* (1985).

Oldham C. del Reino Unido, en el condado inglés de Lancashire. 107.800 h. en 1982. Incluida en la conurbación de Manchester, es un importante centro de la industria textil.

¡olé! u **¡ole!** *interj.* Se utiliza para animar y mostrar aprobación o entusiasmo.

oleáceas *s. f. pl.* Familia de plantas arbóreas o arbustivas del orden escrofulariales a la que pertenecen unas 600 especies comprendidas en 29 géneros, entre los que destacan *Olea*, *Fraxinus*, *Jasminum* y *Ligustrum*. Son plantas dicotiledóneas, que tienen hojas simples o compuestas, generalmente opuestas, flores bisexuales dispuestas en cima, generalmente modificadas en forma de racimo, panícula o fascículo, y fruto en drupa, baya, cápsula o sámara. Crecen en climas templados y cálidos de todo el mundo, sobre todo en el SE asiático y Australasia. Se usan en alimentación, por su madera o como plantas ornamentales. A esta familia pertenecen el olivo, el fresno, el jazmín y el aligustre. También *adj.* y *s. f.*

oleada *s. f.* **1.** Movimiento o golpe de una ola. **2.** Aparición repentina de gran cantidad de personas o cosas.

oleaginoso, sa *adj.* Que tiene aceite o es semejante a él. **Fam.** Oleaginosidad.

oleaje *s. m.* Movimiento de las olas que se suceden continuamente una tras otra.

O'Leary, Daniel Florencio (Cork 1801 - Bogotá 1854) Militar y diplomático irlandés. En 1818 llegó a Venezuela como voluntario y se puso a las órdenes de Bolívar, con quien combatió como edecán hasta 1830. Después desempeñó diversos cargos diplomáticos al servicio de Venezuela, Reino Unido, España e Italia. Desde 1844 fue encargado de los asuntos británicos en Bogotá.

olécranon *s. m.* Apófisis gruesa, curva, del extremo superior del hueso cúbito, que forma el codo.

olefina *s. f.* Nombre genérico dado a cualquier hidrocarburo en cuya molécula hay uno o más dobles enlaces. Cuando sólo existe un doble enlace, las olefinas responden a la fórmula general C_nH_{2n}. Presentan reacciones de adición mediante las cuales desaparecen los dobles enlaces; así, p. ej., si se adiciona una molécula de hidrógeno (H_2), la olefina (R–CH=CH–R') se transforma en parafina ($R–CH_2–CH_2–R'$). En ciertas condiciones, las olefinas se polimerizan originando polímeros como el caucho sintético.

oleico, ca *adj.* **1.** Perteneciente o relativo al ácido octodecenoico. ‖ **2. ácido oleico** $CH_3–(CH_2)_7–CH=CH–(CH_2)_7–COOH$. Ácido 9-octodecenoico, monocarboxílico alifático insaturado. Es un líquido incoloro de consistencia aceitosa que, esterificado con la glicerina, forma parte de numerosas grasas y aceites vegetales, especialmente el de oliva, a partir de los cuales se puede obtener por saponificación y posterior tratamiento con un ácido inorgánico.

oleícola *adj.* Perteneciente o relativo a la oleicultura.

oleicultura *s. f.* Conjunto de técnicas para el cultivo de plantas productoras de aceite y para la obtención de éste. **Fam.** Oleicultor.

oleífero, ra *adj.* Que contiene o produce aceite.

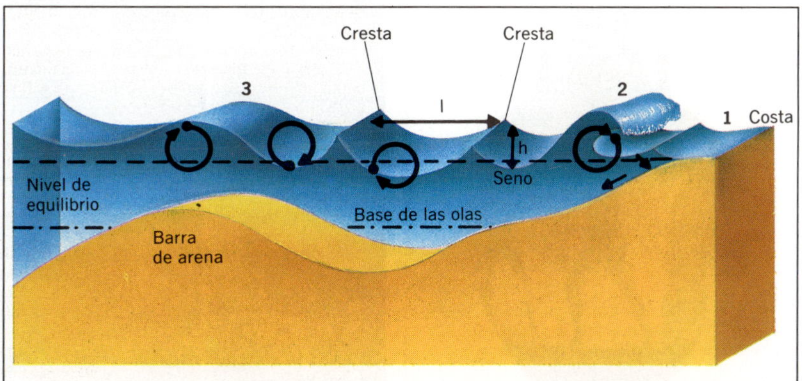

Esquema de olas: l *es la longitud de onda o distancia entre cresta y cresta;* h *es la altura de la ola o distancia entre cresta y seno. El nivel de equilibrio es aquel en que quedaría el agua si cesara la acción de las olas. Esta acción se extiende hasta la base de las olas. 1. Ola de traslación hacia la costa. 2. Ola que rompe precipitándose hacia la costa. 3. Ola de oscilación.*

Olëniok Río de la Federación Rusa, en Siberia oriental. 2.161 km de longitud. Nace en la meseta de Siberia central, recorre la república de Yakutia en dirección NE y desemboca en el océano Glacial Ártico, en el mar de Laptiev. Parte de su curso es navegable.

oleo-, -óleo *pref.* y *suf.* Significa 'aceite': *oleoducto, petróleo.*

óleo *s. m.* **1.** Pintura que se hace disolviendo colorantes en aceites vegetales o animales que actúan como aglutinantes. **2.** Técnica pictórica que utiliza dichas pinturas y obra obtenida. **3.** Aceite consagrado que usa la Iglesia en los sacramentos y otras ceremonias religiosas. ‖ **4. santo óleo** o **santos óleos** Aceite consagrado con que se unge a los enfermos en el sacramento de la extremaunción.

oleoducto *s. m.* Tubería que transporta petróleo a lo largo de grandes distancias.

oleografía *s. f.* Procedimiento de impresión que imita la pintura al óleo.

oleómetro *s. m.* Instrumento que mide la densidad de los aceites.

oleoso, sa *adj.* Que tiene aceite o es semejante a él. **Fam.** Oleosidad.

oler *v. tr.* **1.** Percibir olores o aplicar el olfato para percibirlos. También *v. intr.* **2.** *fam.* Sospechar o deducir algo. También *v. prnl.* **3.** *fam.* Curiosear, tratar de enterarse de algo. También *v. intr.* ‖ *v. intr.* **4.** Producir o despedir un olor. **5.** *fam.* Tener alguien o algo el aspecto o el carácter de lo que se expresa. ■ Es v. irreg. ‖ **Loc. oler** algo **mal** (**a chamusquina** o **a podrido**) Dar algo la sensación de ser falso, engañoso o de poder causar un daño. **Fam.** Oledor.

OLER		
INDICATIVO	SUBJUNTIVO	IMPERATIVO
Presente	**Presente**	
huelo	*huela*	
hueles	*huelas*	*huele*
huele	*huela*	
olemos	*olamos*	
oléis	*oláis*	*oled*
huelen	*huelan*	

óleum *s. m.* Ácido sulfúrico puro, sin agua, en el que hay disuelto trióxido de azufre (SO_3) cuyos vapores humean, razón por la cual todavía se le llama *ácido sulfúrico fumante.*

olfa *adj. Arg., Par., Urug.* Servil y adulador.

olfatear *v. tr.* **1.** Aplicar el olfato haciendo inspiraciones de aire breves y ruidosas repetida e insistentemente. También *v. prnl.* **2.** Seguir el rastro de un olor, como hacen los perros. También *v. intr.* **3.** *fam.* Curiosear, fisgar. También *v. intr.*

olfativo, va *adj.* Perteneciente o relativo al sentido del olfato.

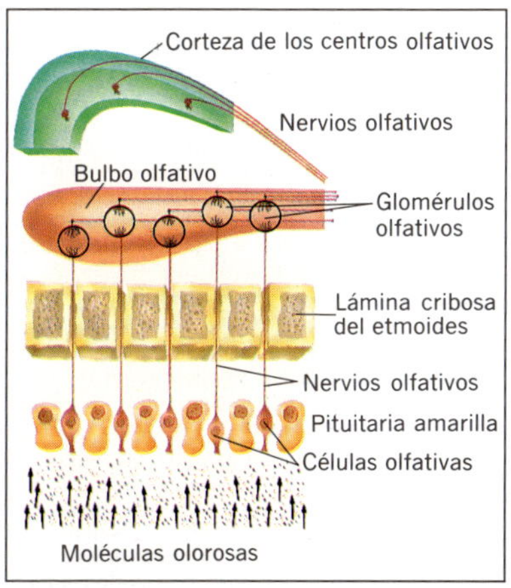

Olfato: esquema de la percepción de los olores desde la pituitaria amarilla, situada en la parte más alta de las fosas nasales, hasta el bulbo olfativo y de éste a los centros del olfato en la corteza cerebral.

olfato *s. m.* **1.** Sentido corporal con el que se perciben los olores. **2.** *fam.* Habilidad o aptitud para apreciar rápidamente y sin equivocarse las circunstancias y las cualidades de las personas o cosas.

Anat. y ***Fisiol.*** El olfato permite a muchos animales reconocer ciertas sustancias químicas a distancia; es especialmente útil para localizar el alimento o para favorecer el encuentro de machos y hembras. En los mamíferos y el hombre se encuentra en la nariz. El aire respirado entra en contacto con las células sensibles de la pituitaria amarilla, que detectan las moléculas de sustancias volátiles que contiene el aire y envían señales nerviosas a los bulbos olfativos, de los que parten los nervios olfativos al cerebro. La sensibilidad olfativa del hombre es inferior a la de muchos animales. **FAM.** Olfatorio.

Oliba (? h. 971 - monasterio de Cuixá 1046) Abad benedictino catalán. Conde de Besalú y Cerdaña, en 1002 ingresó como monje en Ripoll y fue abad de los monasterios de Ripoll y Cuixá (1008) y obispo de Vich (1018). Fundó el monasterio de Montserrat (1023). Medió en las luchas y disputas entre los nobles feudales e implantó la tregua de Dios en su diócesis.

Olid, Cristóbal de (Linares, Jaén 1488 - Naco, Honduras 1524) Conquistador español. Enviado a Yucatán en 1518, participó en la conquista de México (1519). Marchó luego a Honduras, tras haber acordado con Velázquez, enemigo de Cortés, el reparto de las ganancias de esta conquista. Al enterarse Cortés de la traición, salió de México con el fin de castigarle. Herido por varios hombres de Cortés, a los que había hecho prisioneros, fue procesado y decapitado.

olifante *s. m.* Cuerno de marfil que usaban los caballeros medievales para comunicarse entre sí en las guerras o cacerías. Es famoso el de Roldán.

oligarca *s. m.* y *f.* Miembro de una oligarquía.

oligarquía *s. f.* **1.** Forma de gobierno en la que el poder es ejercido por un grupo reducido de personas, generalmente de una misma familia, estamento o clase social. **2.** Estado que tiene esta forma de gobierno y minoría que la ejerce. **3.** P. ext., cualquier organización, colectividad, etc., controlada por un reducido número de personas y también este grupo de personas. **FAM.** Oligárquico.

oligisto *s. m.* Fe_2O_3. Mineral óxido férrico. Cristaliza en el sistema romboédrico, tiene color gris negruzco o rojizo opaco, forma granulada y es muy duro y pesado. Constituye una de las principales menas del hierro. Existen yacimientos importantes en Alemania, EE UU, Canadá, Sudáfrica, Federación Rusa, Ucrania y Brasil. También se denomina *hematites.*

oligo- *pref.* Significa 'poco': *oligoelemento, oligoceno.*

oligoceno, na *adj.* **1.** Se dice de la tercera de las cinco épocas geológicas del periodo terciario, entre el eoceno y el mioceno, con una duración de 11 millones de años, que comenzó hace 34 millones de años y terminó hace 23 millones, aproximadamente. Junto con el paleoceno y eoceno constituye el paleógeno o primera mitad del terciario. En dicha época se formaron mares interiores, depositándose sales. Es también la etapa en la cual se levantaron las cordilleras alpinas con la fase pirenaica. Abundan las formaciones herbáceas y aparecieron los paquidermos, como el elefante, los primates, los antepasados de los caballos, etc. También *s. m.* **2.** Perteneciente o relativo a esta época.

oligoclasa *s. f.* $(Na, Ca)AlSi_3O_8$. Mineral variedad de feldespato de calcio y sodio. Cristaliza en el sistema triclínico, es incoloro o blanco y tiene exfoliación perfecta. Se encuentra en rocas ígneas y sedimentarias, especialmente detríticas, y se usa en la fabricación de cerámica.

oligoelemento *s. m.* Cualquier elemento químico que se encuentra en muy pequeña proporción en las células de los seres vivos, pero es de capital importancia para el normal desarrollo del metabolismo. Su carencia produce graves trastornos fisiológicos. Los principales oligoelementos son boro, cadmio, cinc, cloro, cobre, hierro, manganeso, cobalto, selenio, yodo, molibdeno y sodio.

oligofrenia *s. f.* Deficiencia mental grave, debida a causas congénitas o a lesiones o infecciones producidas durante la primera infancia.

oligofrénico, ca *adj.* **1.** Perteneciente o relativo a la oligofrenia. **2.** Que padece oligofrenia. También *s.*

oligopolio *s. m.* Tipo de mercado caracterizado por la existencia de un número muy reducido de vendedores que acaparan el mercado.

oligoquetos *s. m. pl.* Clase de gusanos anélidos a la que pertenecen numerosas especies comprendidas en los órdenes lumbricúlidos, moniligástridos y haplotáxidos. Tienen forma cilíndrica, simetría bilateral y el cuerpo cubierto por una cutícula y sin cabeza diferenciada externamente, con el ano en el extremo terminal. Su sistema nervioso es ganglionar, el circulatorio cerrado y el excretor de nefridios. Su epidermis tiene pocas quetas. Son hermafroditas y viven en medios húmedos. Oligoquetos son las lombrices de tierra, beneficiosas para la agricultura porque esponjan y airean los suelos. También *adj.* y *s. m.*

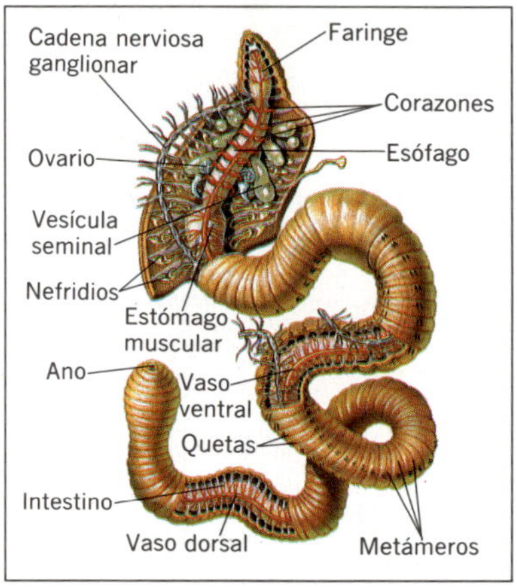

Oligoquetos: anatomía externa e interna de la lombriz de tierra.

oligotrófico, ca *adj.* Se dice del biotopo acuático o terrestre muy pobre en alimentos asimilables por los organismos que viven en él.

oliguria *s. f.* Disminución del volumen de orina que se expulsa.

Olimpia Centro religioso griego situado en la llanura de la Élide, junto al río Alfeo, en el Peloponeso, que contaba con un santuario dedicado a Zeus olímpico y otros dos consagrados a Hera y a Deméter. Es célebre por los juegos que se celebraban en su estadio cada cuatro años y que dieron origen a los modernos Juegos Olímpicos.

olimpiada u **olimpíada** *s. f.* **1.** Periodo de cuatro años comprendido entre dos celebraciones consecutivas de los Juegos Olímpicos; los antiguos griegos lo usaban como unidad de medida para contar el tiempo, fijándose la primera olimpiada en el año 776 a. C. **2.** Fiesta que los antiguos griegos celebraban cada cuatro años en la ciudad de Olimpia y que, con carácter en parte religioso, incluía competiciones deportivas y literarias. **3.** Impropiamente, Juegos Olímpicos. ■ En esta última acepción se usa mucho en *pl.*

olímpicamente *adv. m.* **1.** Con altivez y desprecio. **2.** Sin el más mínimo reparo.

olímpico, ca *adj.* **1.** Perteneciente o relativo a la olimpiada. **2.** Perteneciente o relativo al Olimpo o morada de los dioses. **3.** Perteneciente o relativo a Olimpia. **4.** Altanero, soberbio.

Olimpo *s. m.* **1.** Residencia de los dioses de los antiguos griegos, situada, según la mitología, en la cumbre del monte Olimpo. **2.** Conjunto de los dioses de la mitología griega.

Olimpo Macizo montañoso de Grecia, en el N del país, forma frontera entre Macedonia y Tesalia, donde se halla la máxima altura del país (2.918 m).

Olinda C. de Brasil, en el estado de Pernambuco, a escasa distancia de Recife. 375.000 h. en 1989. Es un centro de producción agrícola e industria textil.

Oliphant, Marcus Laurence Elwin (Adelaida 1901) Físico australiano. En 1934 descubrió el tritio, un isótopo del hidrógeno débilmente radiactivo. Durante la Segunda Guerra Mundial se trasladó a Berkeley (EE UU), para trabajar con Lawrence, y en 1943 diseñó el sincrociclotrón, poderoso acelerador, de capital importancia para la física nuclear.

oliscar *v. tr.* Olisquear*. ■ Se conjuga como *sacar.*

olisquear *v. tr.* **1.** Oler algo con inspiraciones cortas y rápidas. **2.** Curiosear, fisgar. También *v. intr.* ■ Se dice también *oliscar.*

oliva *s. f.* **1.** Aceituna*. **2.** Olivo*.

Oliva C. de España, en la prov. de Valencia, situada en el S de la misma, en la costa mediterránea. 20.700 h. en 1990. Es un centro agrícola y de la industria alimentaria. Pertenece a la comarca de La Safor y tiene un incipiente turismo.

oliváceo, a *adj.* Aceitunado, de color verde parecido al de la aceituna.

olivar *s. m.* Campo de olivos.

olivarda *s. f.* Planta herbácea de la familia compuestas, especie *Inula viscosa.* Tiene una altura aproximada de 1 m, hojas lanceoladas, flores amarillas en capítulos y consistencia viscosa. Despide un aroma intenso.

olivarero, ra *adj.* **1.** Perteneciente o relativo al cultivo del olivo y a las industrias derivadas de él. || *s. m.* y *f.* **2.** Persona que se dedica al cultivo del olivo.

Olivares, Gaspar de Guzmán y Pimentel, conde-duque de (Roma 1587 - Toro, Zamora 1645) Político español. Favorito de Felipe IV entre 1621 y 1643, gran chambelán y canciller de las Indias, intentó corregir los vicios de las administraciones anteriores, aunque su verdadera vocación fue la política internacional. Se propuso restaurar el prestigio de la monarquía de los Austria, tanto interna como externamente. Debido a su política centralizadora, creó la Unión de Armas e intentó establecer una fiscalidad co-

Olimpiadas: a la izquierda, pugilistas representados en una antigua ánfora griega; a la derecha, la llama olímpica en unos juegos modernos.

mún, lo que provocó la sublevación de Vizcaya (1632), Cataluña (1640) y Portugal (1640). Rota la tregua de los Doce Años con las Provincias Unidas (1621), entró en la guerra de los Treinta Años (1636). En 1643, tras el fracaso de la expedición real a Cataluña, el rey se dejó ganar por las fuertes presiones que recibía de amplios sectores de la nobleza y le ordenó abandonar la corte.

Oliveira Salazar, António de Véase **Salazar, António de Oliveira**.

Oliver, Joan (Sabadell, Barcelona 1899 - Barcelona 1986) Escritor español en lengua catalana. Conocido por el seudónimo de Pere Quart, formó parte en su juventud de grupos vanguardistas. Después de la guerra civil estuvo diez años exiliado en Francia, Argentina y Chile. Su obra se caracteriza por su inconformismo sarcástico y su posición crítica, frente a los valores burgueses dominantes. Destacan sus libros de poesía *Bestiario* (1937) y *Vacaciones pagadas* (1961), las comedias *Bodas de cobre* (1958) y *La gran piedad* (1959) y la narración *Biografía de Sot y otras prosas* (1963).

Oliver, Joe, llamado **King** (Nueva Orleans 1885 - Savannah 1938) Trompetista, compositor y director de orquesta de jazz estadounidense. Formó su propia orquesta, «Magnolia band», en Nueva Orleans (1911) y después en Chicago la famosa «Creole jazz band» (1920), en la que actuó, entre otros músicos, Louis Armstrong. Está considerado como uno de los grandes intérpretes del jazz.

Oliver, Miquel dels Sants (Campanet, Mallorca 1864 - Barcelona 1920) Escritor y periodista español en lenguas catalana y castellana. Se estableció en Barcelona en 1904 y fue director de *El Diario de Barcelona* (1905-06) y de *La Vanguardia* (1916-20). Publicó, entre otros libros, *La cuestión regional* (1899), *El hostal de la Bolla* (1903), *Entre dos Españas* (1906), *Poesías* (1910) y *Vida de Cervantes* (1917).

olivero *s. m.* Lugar donde se guarda la cosecha de la aceituna antes de ser molida.

olivícola *adj.* Perteneciente o relativo a la olivicultura.

olivicultura *s. f.* Conjunto de técnicas para el cultivo y la mejora del olivo. **FAM.** Olivicultor.

Olivier, Laurence (Dorking, Surrey 1907 - Londres 1989) Actor y director británico de cine y teatro. Intérprete de Shakespeare y director del Old Vic Theatre de Londres, debutó en el cine en 1925. Entre sus mejores papeles destacan los de las películas *Cumbres borrascosas* (1939), *Rebeca* (1940), *Lady Hamilton* (*The Hamilton woman*, 1941), *Espartaco* (1960) y *La huella* (*Sleuth*, 1972). Como director realizó adaptaciones de Shakespeare interpretadas por él mismo, como *Enrique V* (1944), *Hamlet* (1948) y *Ricardo III* (1955). En 1962 fue nombrado director del Teatro Nacional de Gran Bretaña.

olivillo *s. m.* Labiérnago*.

olivino *s. m.* (Mg, Fe)$_2$ SiO$_4$. Mineral silicato de magnesio y hierro. Cristaliza en el sistema rómbico, tiene color verde o amarillo y brillo vítreo. Aparece en rocas volcánicas o intrusivas y forma parte de una roca llamada *peridotita*. Sus variantes son la fayalita (Fe_2SiO_4), de color verde, y la forsterita (Mg_2SiO_4), de color amarillo. Constituye una importante mena del magnesio y se extrae en las islas Canarias y Girona. Se llama también *peridoto*. **FAM.** Olivínico.

olivo *s. m.* **1.** Árbol de la familia oleáceas, especie *Olea europaea*. Alcanza de 3 a 4 m de altura, pero su forma silvestre o acebuche llega hasta los 20 m. Tiene la corteza de color pardo grisáceo; hojas simples, persistentes, de forma lanceolada, disposición opuesta y color distinto en el haz, que es verde oscuro, y en el envés, que es claro; sus flores son blancas, pequeñas y agrupadas en racimos, y el fruto en drupa, carnoso, de forma ovalada y conocido con el nombre de *aceituna*, *oliva* o *acebuchina*. Crece en los países mediterráneos y se utiliza en ebanistería, como combustible, en alimentación, para elaborar aceite y en medicina como hipotensor. ‖ **2. olivo acebuchero** El que da un fruto escaso y pequeño por falta de cuidado o por ser de mala calidad. **3. olivo arbequín** Variedad muy cultivada en Cataluña que produce un fruto pequeño, pero de buena calidad, y un aceite muy apreciado. **4. olivo manzanillo** El que da aceituna manzanilla, especie pequeña y muy fina. **5. olivo silvestre** Acebuche, variedad con menos ramas que el cultivado y de hojas más pequeñas. ‖ **LOC. coger** (o **tomar**) **el olivo** *fam.* Huir, escapar.

Olivo con detalle de la flor, hojas y frutos.

Olivos, monte de los Colina de Israel, situada al E de Jerusalén y separada de la ciudad por el valle del Cedrón. Su altura máxima es de 818 m. En su vertiente occidental está el huerto de Getsemaní donde, según los *Evangelios*, fue prendido Jesús mientras oraba, después de la última cena.

olla *s. f.* **1.** Recipiente de sección circular, más ancho que alto y con asas, utilizado para cocinar. **2.** Guiso de carne, tocino, legumbres y hortalizas. ‖ **3. olla a presión** (o **exprés**) Olla metálica cuyo cierre hermético hace que la presión en su interior aumente, de manera que los alimentos se cocinan más rápidamente. **4. olla de grillos** *fam.* Lugar en el que hay mucho desorden, confusión y ruido. **5. olla podrida** Guiso típico español compuesto de carne, tocino, jamón, aves, embutidos, legumbres y hortalizas.

Ollantay Drama anónimo peruano de origen quechua, transmitido oralmente, aunque una parte de la crítica sostiene que es una reelaboración hecha en el periodo colonial de una leyenda amorosa incaica. Tiene tres actos y está escrito en octosílabos. Se editó en 1853.

Oller, Narcís (Valls, Tarragona 1846 - Barcelona 1930) Escritor español en lengua catalana. Es uno de los novelistas más importantes de la Renaixença. Sus primeros escritos tienen un carácter romántico, pero su obra fue evolucionando hacia el realismo, en contacto con la literatura francesa. Sus obras tienen el mérito de la inmediatez, del testimonio directo, y ejercieron gran influencia en los escritores de su tiempo. Entre sus libros pueden destacarse *Croquis del natural* (1879), *La mariposa* (1882), *La fiebre del oro*, 3 volúmenes (1890, 1892, 1893), su obra más ambiciosa; *Teatro de aficionados* (1900), serie de obras cortas, y *A lápiz y a pluma* (1918).

olmeca *adj.* **1.** Se dice de un pueblo precolombino que habitó en el actual territorio de los estados de Veracruz y Tabasco, en México, y dio origen a la primera civilización mesoamericana (de 1500 a. C. a 200 d. C.). **2.** De este pueblo. También *s.* ‖ *s. m.* **3.** Lengua hablada por este pueblo. ‖ **4. olmeca histórico** Pueblo mesoamericano instalado en torno al s. IX en los estados mexicanos de Tlaxcala y Puebla y, luego, en Cholula.

Hist. Se desconoce la procedencia de los olmecas, aunque por los restos arqueológicos se puede afirmar que poseían una avanzada civilización, con una organización compleja y estable, una economía desarrollada, una intensa actividad comercial y una religión centrada en el culto de la divinidad jaguar. Se extendieron por Guatemala y Costa Rica y aproximadamente hacia el año 100 a. C. iniciaron un proceso de decadencia que llevó a la desaparición de su cultura (h. 200).

Arte Los más antiguos yacimientos son los de La Venta (Tabasco) y Tres Zapotes (Veracruz), donde han aparecido ajuares de cerámica y figurillas de barro, desnudas, asexuadas, de forma achaparrada, con cabezas rapadas y labios carnosos de comisuras hacia abajo y sin dientes. Son destacables las monumentales cabezas, de más de 2 m de altura, de piedra o basalto, colocadas sobre un zócalo delante de unas pirámides. También merecen atención las hachas ceremoniales de jade con figuras grabadas y otras piezas de amatista, obsidiana y cristal de roca.

olmedo u **olmeda** *s. m.* o *f.* Terreno plantado de olmos.

Olmedo, Bartolomé de (Olmedo, Valladolid h. 1481 - México 1524) Misionero español. Llegó a América en 1516 y se unió a la expedición de Cortés a México (1519). Inició en Tabasco su labor misional como religioso mercedario. Fue intermediario entre Narváez y Cortés e intervino en la implantación del culto cristiano en Cempoala. Superviviente de la Noche triste, acompañó a Alvarado en la expedición de Tututepec y tomó a su cargo el primer hospital fundado en México.

Olmedo, José Joaquín (Guayaquil 1780 - íd. 1847) Patriota y escritor ecuatoriano. En 1812 participó en las Cortes de Cádiz representando a su provincia. Presidente de la junta de gobierno de Guayaquil (1820-22), se opuso a su incorporación a Colombia. En 1835 presidió la Asamblea Constituyente de Ambato y fue miembro del gobierno provisional de Guayaquil en 1845. Entre sus obras poéticas destacan las que dedicó a la historia de América y a la de su país, como *La victoria de Junín: canto a Bolívar* (1825) y la *Oda al general Flores, vencedor en Miñarica* (1835).

José Joaquín Olmedo. Dibujo de Vilardell.

olmo *s. m.* Nombre común de diversos árboles de la familia ulmáceas, género *Ulmus*. Pueden alcanzar hasta 40 m de altura. Tienen corteza oscura y resquebrajada, hojas simples aserradas, caedizas, de distribución alterna y con forma acorazonada en la base, donde además son asimétricas, flores pequeñas y agrupadas y fruto pardo amarillento y rodeado por una formación membranosa llamada *ala*. Crecen en Europa, África y Asia, y tienen uso fundamentalmente ornamental. Su madera es útil para construcción. Actualmente está en peligro por ataques de diversas plagas, como la galeruca, coleóptero cuya oruga come las hojas, y el hongo *Ceratocistis ulmi*, que provoca la grafiosis, enfermedad que impide el paso de la savia por los vasos conductores. Las especies más comunes son el olmo blanco europeo *(Ulmus laevis)*, el olmo de campo *(Ulmus minor)* y el olmo de montaña *(Ulmus glabra)*.

Olmo, Lauro (Barco de Valdeorras, Orense 1922) Escritor español. Ha cultivado la poesía, el cuento y la novela, pero sobre todo ha destacado como autor de teatro. Sus obras dramáticas, con ciertos matices de sainete, manifiestan una honda preocupación social y existencial. Entre ellas sobresalen *La camisa* (1962), *La pechuga de la sardina* (1963) y *Mare Nostrum* (1982).

ológrafo, fa *adj.* Se aplica al testamento escrito de puño y letra del propio testador. También *s. m.* ■ Se escribe también *hológrafo*.

Olomouc (en al. *Olmütz*) C. de Checoslovaquia, situada en Moravia septentrional, a orillas del río Morava. 107.000 h. en 1989. Es un centro de la industria metalúrgica, textil, alimentaria y química. Conserva un conjunto monumental gótico y barroco. En sus proximidades tuvo lugar la batalla de Austerlitz (1805).

olor *s. m.* Emanación que producen ciertos cuerpos, percibida por el olfato, y sensación que causa en este sentido. ‖ **LOC. al olor de** algo *adv.* Por la atracción de algo. **en olor de multitudes** *adv.* Aclamado por la multitud. **en olor de santidad** *adv.* Con fama de santo; se usa especialmente con el verbo *morir*.

oloroso, sa *adj.* **1.** Que despide olor, especialmente si es agradable. ‖ *s. m.* **2.** Vino de Jerez de color dorado oscuro y fuerte aroma, de 18 a 20 grados y que, cuando envejece, puede llegar hasta los 25.

Olot C. de España, en la prov. de Girona, situada en el sector NO de la misma, cerca del río Fluviá, en el centro de una comarca volcánica y muy húmeda. 27.000 h. en 1990. Es un centro de la industria alimentaria, textil, maderera y metalúrgica. Produce además cerámica y objetos religiosos.

olote *s. m. Amér. C., Méx.* Mazorca de maíz desgranada.

Olózaga, Salustiano de (Oyón, Álava 1805 - Enghien, Francia 1873) Político español. De ideología liberal, hubo de huir a Francia en 1831. Retornó en 1833 e inició una carrera política que le llevó, entre otros cargos, a la gobernación de Madrid y a participar en la redacción de la Constitución de 1837. Fue uno de los jefes del Partido Progresista e influyó para que la regencia única recayera en Espartero. Más tarde se enfrentó a éste y encabezó la oposición parlamentaria contra él en 1843. Presidió el primer gobierno posterior a la regencia y la declaración de mayoría de edad de Isabel II. Ésta le destituyó cuando solamente llevaba nueve días en el poder. Posteriormente volvió a colaborar con Espartero durante el bienio progresista (1854-56) y participó en las conspiraciones que concluyeron con la caída de Isabel II en 1868.

OLP Siglas de la Organización* para la Liberación de Palestina.

Olson, Charles (Worcester, Massachusetts 1910 - Nueva York 1970) Poeta y ensayista estadounidense. Influido por Ezra Pound y por William Carlos Williams, ejerció a su vez una poderosa influencia en los escritores de la generación *beat*, con su *proyective verse*, poesía oral casi sin contenido, en la que convierte la lectura en un acto dinámico. Entre sus obras destacan el ensayo *Llamadme Ismael* (1947) y *Maximus: poemas* (1953-75).

Olsztyn C. de Polonia, situada en el NE del país, al N de Varsovia. 158.800 h. en 1989. Es un centro comercial y de la industria maderera, alimentaria y mecánica.

olvidadizo, za *adj.* Se aplica a la persona que olvida fácilmente las cosas. También *s.*

olvidar *v. tr.* **1.** Dejar de retener algo en la memoria. También *v. prnl.* **2.** No acordarse de coger algo de un sitio. **3.** No hacer por descuido algo que se debería haber hecho. También *v. prnl.* **4.** Dejar de sentir afecto o interés por alguien o algo. También *v. prnl.* **5.** Perdonar una ofensa o daño o dar por terminada una disputa, enfrentamiento, etc. También *v. prnl.* **FAM.** Olvidado.

olvido *s. m.* **1.** Acción y efecto de olvidar. **2.** Circunstancia de no ser recordado un hecho, persona o cualquier otra cosa.

om Sílaba sagrada de la mística hindú. Encabeza y finaliza los textos sagrados. Desde los *Vedas* es el símbolo de Brahma y en el tantrismo hindú o budista es el núcleo de los mantra.

-oma *suf.* Significa 'tumor': *carcinoma, fibroma, hematoma.*

omagua *adj.* **1.** Se dice de una tribu amerindia de la familia tupí, que vive en el N de Perú, a orillas del río Marañón. **2.** De esta tribu. También *s.*

Omaha C. de EE UU, en el estado de Nebraska, a orillas del río Missouri. 355.100 h. en 1989. Es el centro de una importante región agrícola y ganadera; cuenta con industrias metalúrgicas, mecánicas y químicas.

Omán Estado del SO asiático.

Geog. Situado en el extremo SE de la península Arábiga, constituye una región desértica con núcleos montañosos en el N y NE, donde se alza una cordillera cuyo punto culminante es el Yabal Ajdar (3.019 m). El país está aislado del resto de la península por el desierto de al-Rub al-Jalí. Tiene clima y vegetación desérticos, excepto en el N, donde por efecto de las lluvias monzónicas existen estepas y bosques espinosos. La población, que se concentra sobre todo en las zonas costeras, es mayoritariamente árabe, con grupos hindúes e iraníes, y en su tercera parte nómada. Sus recursos económicos proceden de la agricultura de subsistencia (dátiles, sorgo, mijo y cítricos),

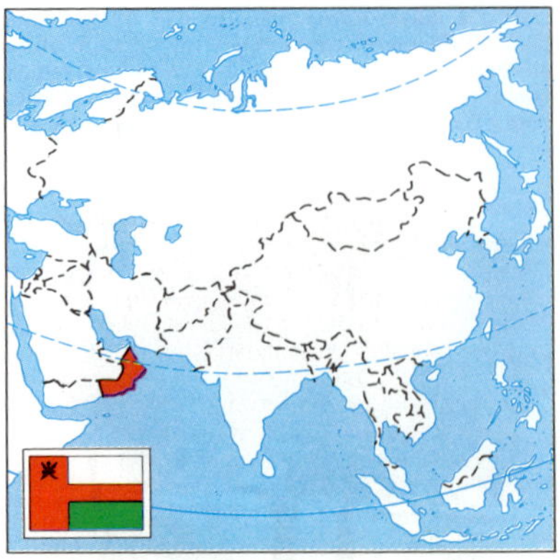

Extensión: 212.457 km^2.
Límites: al N, con el golfo de Omán; al E, con el mar Arábigo; al S, con la República del Yemen, y al O, con los Emiratos Árabes Unidos y Arabia Saudí.
Población: 1.468.000 h. en 1990.
Densidad: 4,9 h./km^2.
Capital: Mascate.
División administrativa: en siete regiones.
Gentilicio: omaní.
Forma de Estado: monarquía.
Idioma: árabe.
Religión: islamismo, 86 %; hinduismo, 13 %.
Moneda: rial omaní.
Tasa de natalidad: 46 ‰ en 1990.
Tasa de mortalidad: 13 ‰ en 1990.
Renta per cápita: 5.220 dólares en 1989.

de una ganadería ovina, caprina y bovina poco desarrollada, de la pesca de ostras y sardinas y, fundamentalmente, de sus ricos yacimientos petrolíferos.

Hist. Los geógrafos griegos ya mencionaron este territorio, que fue islamizado en el s. VII. Desde el s. VIII estuvo regido por imanes independientes, quienes crearon establecimientos en las costas del golfo Pérsico y de África oriental, expansión que fue frenada por la presencia portuguesa, sustituida a mediados del s. XVII por los persas. En 1920 el levantamiento de los ibadíes originó la división del país en un imanato, Omán, y un sultanato, Mascate. El descubrimiento de importantes yacimientos petrolíferos (1951) intensificó la presencia británica, acentuada tras la firma en ese mismo año de un tratado de amistad y cooperación entre el sultán Said ibn Taimur y el Reino Unido. Durante el reinado de este sultán el país estuvo encerrado en sí mismo; la censura afectaba a todas las actividades y los contactos con el exterior estaban prohibidos. En 1970 un golpe de Estado terminó con esta situación y llevó al poder al sultán Qabus ibn Said, hijo del anterior. Qabus hubo de enfrentarse, con la ayuda británica, a la rebelión de las guerrillas izquierdistas que pretendían la liberación de Omán y del golfo arábigo. La situación se agravó tanto que en 1973 las tropas iraníes intervinieron en Zufar. El sultán contaba con el apoyo de Arabia Saudí, la Unión de Emiratos Árabes y Jordania, mientras que la República Democrática del Yemen apoyaba a la guerrilla. En 1975 Qabus ibn Said terminó con la guerrilla y en 1977 se inició la evacuación de las tropas iraníes, que duró dos años. En 1979 surgió un nuevo brote guerrillero, pero fue sofocado sin dificultad. En 1980 se firmó un pacto de defensa con EE UU.

Omán, golfo de Golfo del SO asiático, situado en el extremo NO del mar Arábigo, entre Omán e Irán. Está unido al golfo Pérsico por el estrecho de Ormuz y constituye una importante vía de comunicación del tráfico de petróleo.

Omán, mar de Véase **Arábigo, mar**.

Omar (La Meca h. 581 - Medina 644) Segundo califa musulmán (634-644). Sucedió a Abu Bakr. Sometió definitivamente Mesopotamia, Siria, Palestina y Egipto y fundó la mezquita de Jerusalén, en la que fue asesinado por un esclavo persa.

Omar Khayyam (Nishapur, Khorasan h. 1050 - ? h. 1126) Poeta y científico persa. Es autor de las famosas *Rubaiyat*, composiciones líricas de cuatro versos, de gran elegancia formal. Como matemático realizó una notable contribución en el terreno de la clasificación y solución de las ecuaciones. Fue autor, además, de unas tablas astronómicas y de la reforma del calendario musulmán.

omaso *s. m.* Tercer estómago de los rumiantes.

ombligo *s. m.* Pequeño hoyo redondeado que queda como cicatriz permanente en el vientre de los mamíferos al cortar el cordón umbilical y secarse su resto después del parto. ‖ **LOC. arrugársele** (o **encogérsele**) a uno **el ombligo** *fam.* Asustarse o desanimarse alguien ante algo. **creerse alguien (que es) el ombligo del mundo** *fam.* Darse demasiada importancia a sí mismo, creerse el centro de todo.

ombliguero *s. m.* Venda que se pone alrededor de la cintura de los recién nacidos para que se seque y cicatrice el resto del cordón umbilical y se forme el ombligo.

ombú *s. m.* Árbol de la familia fitolacáceas, especie *Phytolacca dioica.* Mide unos 15 m de altura, tiene tronco grueso, follaje denso, hojas alternas lanceoladas, flores en racimo y fruto en drupa. Crece en América del Sur.

ombudsman (voz sueca) *s. m.* Defensor del pueblo.

Omdurman (*Umm Durmam*) C. de Sudán, en la prov. de Jartum. 526.000 h. en 1983. Forma parte de la aglomeración urbana de Jartum. Cuenta con industrias de la piel, mueble y cerámica. Fue la capital de la revuelta mahdista de 1885 y escenario de la definitiva victoria de las tropas angloegipcias sobre los rebeldes.

omega *s. f.* Última letra del alfabeto griego, equivalente a una *o* larga. ■ La letra mayúscula se escribe Ω y la minúscula *ω*. ‖ **LOC. alfa y omega** Principio y fin, causa y finalidad última.

omeya *adj.* **1.** Se dice de los miembros de la primera dinastía islámica, fundada en 661 por Muhawiyya, descendiente de Umayya, tras derrocar a Alí, yerno de Mahoma. Trasladó la capital de Medina a Damasco. Finalizó en el año 750, cuando Abbas, fundador de la dinastía abasí, exterminó a todos los miembros de la familia omeya excepto a uno, Abderramán, que huyó a España, donde en el 756 fundó el califato omeya de Córdoba, que pervivió hasta 1031. **2.** De esta dinastía. También *s. m.*

ómicron *s. f.* Decimoquinta letra del alfabeto griego, equivalente a una *o* breve. ■ La letra mayúscula se escribe *O* y la minúscula *o*.

ominosa, década Nombre que se da en la historia de España a un periodo absolutista de diez años del reinado de Fernando VII, desde su restablecimiento como rey absoluto por los Cien mil hijos de San Luis (1823) hasta su muerte (1833); se caracterizó por la dura represión que sufrieron los liberales.

ominoso, sa *adj.* **1.** Abominable, que merece desprecio o reprobación. **2.** De mal agüero.

omisible *adj.* Que se puede omitir.

omisión *s. f.* **1.** Acción y efecto de omitir. **2.** Falta o delito que consiste en dejar de hacer, decir, etc., algo que se debía. **3.** Cosa omitida.

omiso *adj.* Se usa sólo en la loc. **hacer caso omiso**, no hacer ningún caso.

omitir *v. tr.* **1.** Dejar de hacer algo que podía o debía haberse hecho. **2.** Particularmente, no haberlo dicho o escrito.

omni- *pref.* Significa 'todo': *omnipotente, omnímodo, omnisciente.*

ómnibus *s. m.* **1.** Vehículo automóvil para el transporte público con capacidad para muchas personas. **2.** Tren que lleva vagones de todas clases y para en todas las estaciones.

omnidireccional *adj.* **1.** Que se puede orientar o utilizar en cualquier dirección o sentido. **2.** Particularmente, se dice de la antena que puede enviar o recibir radiaciones en todas las direcciones.

omnímodo, da *adj.* Completo, total, que abarca todos los aspectos de la cosa que se expresa. **FAM.** Omnímodamente.

omnipotencia *s. f.* Cualidad de omnipotente.

omnipotente *adj.* Que lo puede todo. **FAM.** Omnipotentemente.

omnipresencia *s. f.* Cualidad de omnipresente.

omnipresente *adj.* **1.** Que está en todas partes al mismo tiempo o tiene capacidad para hacerlo. **2.** Se dice de las personas muy activas que dan la impresión de poder estar en varios sitios a la vez o que siempre están presentes en determinada situación o lugar.

omnisapiente *adj.* Omnisciente*.

omnisciencia *s. f.* Cualidad de omnisciente.

omnisciente *adj.* **1.** Que lo sabe todo. ‖ **2. narrador omnisciente** Véase **narrador**.

omniscio, cia *adj.* Omnisciente*.

ómnium *s. m.* **1.** Competición ciclista sobre pista que integran varias pruebas. **2.** En hípica, carrera de caballos de cualquier edad.

omnívoro, ra *adj.* Se dice del animal que se alimenta tanto de vegetales como de animales. También *s. m.*

omoplato u **omóplato** *adj.* Cada uno de los dos huesos anchos que en el hombre forman con las clavículas el cíngulo torácico, donde se articulan las extremidades superiores. Son huesos planos, triangulares, prolongados en una cresta que forma el saliente de los hombros. Otro saliente, la apófisis coracoide, es un hueso independiente en las aves y los reptiles, en los que el resto del omóplato forma la escápula. En una cavidad del omóplato se articula el húmero. También *s. m.*

OMS Siglas de la Organización* Mundial de la Salud.

Omsk C. de la Federación Rusa, en Siberia occidental, a orillas del río Irtish. 1.148.000 h. en 1989. Es un centro industrial con producción de maquinaria, textil, alimentaria y química, enclavado en la ruta del ferrocarril transiberiano.

onagra *s. f.* Planta herbácea de la familia oenoteráceas, especie *Oenothera biennis*. Mide entre 40 y 100 cm y tiene hojas dentadas y flores amarillas y aromáticas. Crece en la península Ibérica y su raíz, comestible, se ha usado en medicina. También es llamada *hierba de asno*.

onagro *s. m.* Mamífero de la familia équidos, especie *Equus hemionus onager*. Es un asno salvaje con aspecto más estilizado y las orejas más cortas que el asno salvaje africano. Mide unos 2 m de longitud y 1,30 m de altura en la cruz. Presenta coloración pardo claro en el dorso y blanca en el vientre. Su pelo es largo en las épocas frías y corto en las calurosas. El dorso tiene una línea más oscura desde la crin hasta el rabo, el cual es lampiño salvo en el extremo, que termina en un mechón. Habita en Asia y forma manadas dirigidas por un macho adulto.

Onán Personaje bíblico, hijo de Judá y la cananea Súa. Obligado por la ley a casarse con Tamar, la viuda de su hermano, y no queriendo tener descendencia, interrumpía el acto sexual y eyaculaba en la tierra.

onanismo *s. m.* **1.** Masturbación. **2.** Interrupción del acto sexual antes de la eyaculación o emisión del semen para evitar la fecundación. **Fam.** Onanista.

Onassis, Aristotelis Sokratis (Izmir, Turquía 1906 - Neuilly-sur-Seine, Francia 1975) Hombre de negocios griego. Emigró a Argentina en 1922, huyendo de la revolución de Ataturk, y allí se hizo armador, al tiempo que creaba una gran fortuna gracias al tráfico de tabaco. Consiguió beneficiarse mucho de la crisis económica de 1929 y de las consecuencias de la Segunda Guerra Mundial y a su muerte poseía la mayor flota privada del mundo, una compañía aérea y otros importantes negocios. En 1968 se casó con Jacqueline Bouvier, viuda del presidente estadounidense John Fitzgerald Kennedy.

once *adj. num. card.* **1.** Diez más uno. También *pron.* y *s. m.* ‖ *adj. num. ord.* **2.** Undécimo. También *pron.* ‖ *s. m.* **3.** Signos que representan este número: *11* en la numeración arábiga y *XI* en la romana. **4.** Alineación de un equipo de fútbol. ‖ *s. f. pl.* **5.** *Chile.* Merienda.

ONCE Siglas de la Organización* Nacional de Ciegos Españoles.

onceavo, va *adj. num. part.* Se aplica a cada una de las once partes iguales en que se divide algo. También *s. m.*

onceno, na *adj. num. ord.* Undécimo*.

oncogén *s. m.* Gen celular de desarrollo muy rápido, cuyo estudio ha permitido establecer relaciones entre la aparición de los tumores y la genética.

oncología *s. f.* Parte de la medicina que se ocupa del estudio y tratamiento de los tumores. **Fam.** Oncológico.

oncólogo, ga *s. m.* y *f.* Especialista en oncología.

onda *s. f.* **1.** Cada uno de los círculos concéntricos que se forman en la superficie de un líquido cuando ésta es perturbada. **2.** Movimiento alternativo de elevación y descenso que se propaga en la superficie de una masa líquida al ser ésta agitada. **3.** Cada una de las curvas, a manera de eses, que se forman natural o artificialmente en un cuerpo sólido y flexible. Se usa más en *pl.* **4.** Cada uno de los semicírculos que adornan el borde de una superficie, una tela, un encaje, etc. **5.** En fís., propagación de una perturbación o vibración a través de un medio o del vacío. **6.** *fam.* Estilo, gusto, moda. ‖ **7. onda electromagnética** En fís., aquella que se produce por transiciones electrónicas entre distintos niveles del átomo o por transiciones de protones y neutrones dentro del núcleo atómico. Transmiten las perturbaciones producidas por un campo electromagnético. Se generan por cargas eléctricas en movimiento o sometidas a aceleración y se propagan a la velocidad de la luz. **8. onda modulada** En fís., onda electromagnética a la que se ha impuesto una modulación de amplitud, frecuencia, etc., determinada. Se emplea en las transmisiones de radio, televisión, etc. **9. onda sísmica** En geol., onda mecánica longitudinal o transversal que se propaga desde un punto del interior de la Tierra, llamado *hipocentro*, con una velocidad que varía de 200 a 6.000 m/s. **10. onda sonora** En fís., onda mecánica longitudinal que el oído humano puede percibir para frecuencias situadas entre 20 y 20.000 Hz. Por encima de esta frecuencia, las ondas sonoras se denominan *ultrasonidos*; por debajo de 20 Hz, se denominan *infrasonidos*. ‖ **Loc. captar la onda** *fam.* Entender algo que se dice de forma más o menos indirecta o insinuada. **coger la onda** *fam.* Captar la onda; también, conocer cómo es alguien o aprender cómo se hace algo. **coger onda** *fam.* Enterarse de algo. **estar en la misma onda** *fam.* Tener gustos, ideas, aficiones, etc., similares. **estar en la onda** *fam.* Conocer y seguir las últimas tendencias de un asunto o materia.

Fís. Las ondas necesitan un medio natural (aire, agua, tierra, etc.) para propagarse, excepto las ondas electromagnéticas (luz, calor, ondas hertzianas, rayos X, infrarrojos, ultravioletas, etc.), que se propagan en el vacío. Si la perturbación o vibración es periódica, las ondas también lo son. Si la vibración se produce en la misma dirección en que se propaga, la onda es **longitudinal**; si, por el contrario, la dirección de vibración es perpendicular a la de propagación, la onda es **transversal**. El conjunto de los puntos que se encuentran en el mismo estado de vibración se denomina **frente de onda**. Según la forma del frente de onda, las ondas pueden clasificarse en **planas** o **esféricas**; sin embargo, a grandes distancias del foco emisor, todas las ondas pueden considerarse planas.

Los principales elementos de una onda son la longitud de onda, o distancia en línea recta entre dos frentes de ondas consecutivos; el periodo, o tiempo que tarda la perturbación en recorrer una distancia igual a la longitud de onda; la frecuencia, o número de longitudes de onda que se propagan en un segundo; y la velocidad de propagación, o espacio que recorre la perturbación en la unidad de tiempo.

ondámetro *s. m.* Ondímetro*.

ondeado, da **1.** *p. p.* de **ondear**. ‖ *adj.* **2.** Ondulado, que forma ondas.

ondeante *adj.* Que ondea.

ondear *v. intr.* **1.** Curvarse un cuerpo flexible o una superficie en forma de ondas que se mueven. ‖ *v. tr.* **2.** Agitar un cuerpo delgado, plano y flexible, como un pañuelo, una bandera, etc., de manera que se formen en él ondas móviles.

ondímetro *s. m.* Instrumento para medir la longitud de las ondas electromagnéticas.

ondina *s. f.* Según algunas mitologías, ninfa de las aguas, ser fantástico o divinidad con forma de mujer que habitaba en los ríos, lagos y fuentes.

ondoscopio *s. m.* En electrónica, osciloscopio para reconocer la presencia y dirección de elevadas diferencias de potencial.

ondulación *s. f.* **1.** Acción y efecto de ondular o de ondularse. **2.** Elevación redondeada de una superficie. **3.** Movimiento en forma de onda que se propaga en un fluido elástico, p. ej. en la superficie de un líquido, sin que sus partículas se desplacen en la dirección en que se propaga dicho movimiento.

ondulado, da **1.** *p. p.* de **ondular**. ‖ *adj.* **2.** Que tiene ondas. **3.** Se dice de las magnitudes que varían periódicamente manteniendo el mismo sentido.

ondulador, ra *adj.* **1.** Que ondula. ‖ *s. m.* **2.** Aparato eléctrico que transforma la corriente continua en corriente alterna de frecuencia determinada.

ondulante *adj.* **1.** Se aplica a lo que se mueve hacia un lado y otro con suavidad y lentitud y también a este movimiento. **2.** Se dice de la línea o superficie que presenta ondas o curvas fijas.

ondular *v. tr.* **1.** Formar en algo ondas o curvas en forma de ese. También *v. prnl.* ‖ *v. intr.* **2.** Moverse una cosa formando estas ondas. También *v. prnl.* ‖ **Loc. ¡(anda y) que te ondulen!** *excl. fam.* Se utiliza para mostrar desprecio, cansancio o rechazo hacia la conducta u opiniones de alguien.

ondulatorio, ria *adj.* **1.** Que se propaga en forma de ondas. ‖ **2. mecánica ondulatoria** Parte de la mecánica que se ocupa del estudio de las ondas asociadas a las partículas elementales en movimiento. **3. movimiento ondulatorio** Véase **movimiento**. **4. teoría ondulatoria de la luz** Véase **luz**.

Onega **1.** Lago de la Federación Rusa, en el S de la república autónoma de Carelia. 9.610 km^2 de extensión, que lo convierten en el segundo de Europa. Su origen es glaciar y cuenta con diversas islas pobladas. Está unido por el río Svir con el cercano lago Ladoga y por una serie de canales con la cuenca del río Volga y el mar Blanco. **2.** Golfo del mar Blanco, en el sector europeo de la Federación Rusa.

3. Península de la Federación Rusa, en su sector europeo, al E del golfo homónimo.

4. Río de la Federación Rusa, en el sector europeo, en el N del país. 416 km de longitud. Nace en el lago Vozhe y desemboca en el mar Blanco, en el golfo de su mismo nombre.

O'Neill, Eugene Gladstone (Nueva York 1888 - Boston 1953) Dramaturgo estadounidense. En sus obras, en un principio realistas, fue adoptando procedimientos propios del expresionismo, como la utilización de máscaras o los monólogos interiores. Otras de sus características son el tono melodramático, el interés por la psicología de los personajes, un lenguaje sugestivo y el escepticismo en lo que se refiere al mundo moderno, a la ciencia y al progreso. Entre sus obras más importantes pueden citarse *Detrás del horizonte* (1920), *El emperador Jones* (1920), *Deseo bajo los olmos* (1924), *A Electra le sienta bien el luto* (1931) y *El largo viaje hacia la noche* (1940). En 1936 recibió el premio Nobel de literatura.

oneroso, sa *adj.* **1.** Que cuesta mucho dinero. **2.** Difícil de soportar. **3.** En der., se aplica a los servicios, cambios de dominio, etc., que se hacen mediante una prestación recíproca, a diferencia de aquello que se adquiere mediante una donación, herencia, etc., esto es, sin dar otra cosa a cambio.

Onetti, Juan Carlos (Montevideo 1909) Escritor uruguayo. Es uno de los representantes de la generación del 39, vinculada al semanario *Marcha* de Montevideo. En su obra predominan la idea de la soledad, el escepticismo, la frustración y el contraste entre la realidad y la ilusión. Entre sus libros más característicos pueden citarse *Tierra de nadie* (1941), *El astillero* (1961), *Juntacadáveres* (1964) y *Dejemos hablar al viento* (1979). En 1980 obtuvo el premio Cervantes.

Onganía, Juan Carlos (Marcos Paz 1914) Militar y político argentino. En 1962 fue nombrado jefe del ejército tras impedir el derrocamiento del presidente Guido. En 1966 dirigió el golpe de Estado que derrocó a Illía y asumió el poder, que ejerció de forma dictatorial hasta 1970, en que fue derrocado a su vez por una junta militar que encabezaba el general Lanusse.

ónice *s. m.* Mineral de cuarzo, variedad de ágata, caracterizado por la presencia de bandas listadas de diversos tonos o colores. Puede ser tallado y pulido fácilmente y se emplea como piedra de adorno o para esculturas. Se dice también *ónix*.

onicofagia *s. f.* Costumbre de morderse y comerse las uñas, que suele ser frecuente en la infancia y síntoma de estados de ansiedad en adultos.

onicóforos *s. m. pl.* Tipo de invertebrados a la que pertenecen unas 70 especies. Son animales vermiformes, miden hasta 15 cm de longitud y tienen el cuerpo anillado, con parápodos provistos de garras y antenas. Su piel está cubierta por una fina capa de quitina y presenta gran variedad de colores. Su alimentación es insectívora y pueden ser vivíparos, ovíparos u ovovivíparos. Habitan en lugares húmedos, como orillas de ríos, hojas muertas y troncos derribados, o en las selvas tropicales. También *adj.* y *s. m.*

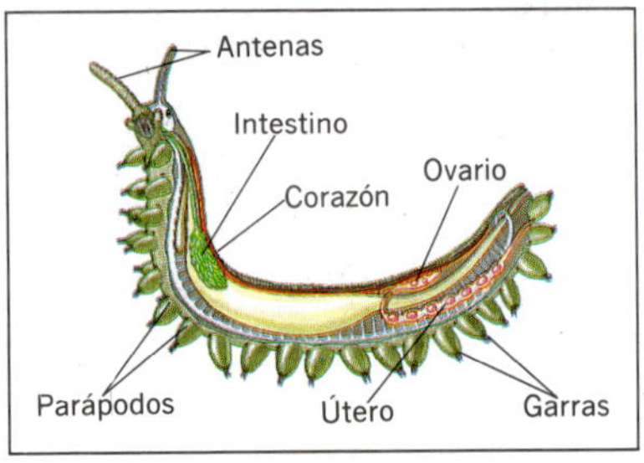

Onicóforos: anatomía del peripato.

onicomancia u **onicomancía** *s. f.* Adivinación del porvenir mediante la interpretación de las rayas que quedan señaladas en las uñas tras ser untadas con aceite y hollín.

-ónimo *suf.* Significa 'nombre': *sinonimia, antónimo.*

onir- *pref.* Significa 'sueño': *onírico, onirismo.* ■ También presenta la variante *oniro-*: *oniromancia.*

onírico, ca *adj.* **1.** Perteneciente o relativo a los sueños. **2.** P. ext., se dice de lo que se parece a los sueños o da la impresión de ser un sueño.

onirismo *s. m.* **1.** Estado de sueño. **2.** Alteración mental caracterizada por la percepción de escenas, figuras, formas, etc., alucinadoras, que se suceden en el campo visual en estado de vigilia y que presentan para la persona un carácter onírico o de sueño. **3.** Tendencia artística que intenta representar las imágenes de los sueños.

oniromancia u **oniromancía** *s. f.* Adivinación del porvenir mediante la interpretación de los sueños.

Onís, Federico de (Salamanca 1885 - San Juan de Puerto Rico 1966) Escritor y crítico literario español. Discípulo de Menéndez Pidal, fue director del departamento de español de la universidad de Columbia, en EE UU (1916-54) y, posteriormente, del de la universidad de Puerto Rico. Es autor, entre otros títulos, de *Contribución al estudio del dialecto leonés* (1909), *Antología de la poesía española e hispanoamericana (1882-1932)* (1934) y *España en América* (1954).

ónix *s. m.* Ónice*.

onoma- *pref.* Significa 'nombre': *onomástico, onomatopeya.*

onomancia u **onomancía** *s. f.* Adivinación del porvenir de una persona a través de su nombre.

onomasiología *s. f.* Rama de la semántica que investiga el proceso por el cual un significado ha llegado a estar representado por uno o más significantes o nombres. **Fam.** Onomasiológico.

onomástico, ca *adj.* **1.** Se aplica a lo que tiene relación con los nombres propios, particularmente con los nombres propios de persona. ‖ *s. f.* **2.** Día en que una persona celebra su santo. **3.** Ciencia que estudia y cataloga los nombres propios. ‖ **4. día onomástico** Onomástica, santo de una persona.

onomatopeya *s. f.* **1.** Fenómeno por el cual una palabra designa a una cosa, animal, etc., imitando el sonido que produce. **2.** Esa misma palabra que nombra una cosa imitando el sonido que produce. **3.** Figura retórica que consiste en el uso de esta clase de palabras. **Fam.** Onomatopéyico.

onoquiles *s. f.* Planta herbácea de la familia borragináceas, especie *Alkanna tinctoria.* Mide unos 30 cm de altura, tiene la raíz gruesa, flores azuladas y fruto en aquenio. Es perenne, crece en la península Ibérica y de su raíz se extrae un tinte de color rojo. También se llama *orcaneta.*

Onsager, Lars (Oslo 1903 - Coral Gables, Florida 1976) Químico estadounidense de origen noruego. Se trasladó a EE UU en 1928 y fue profesor en las universidades de John Hopkins y de Yale. Formuló el método de difusión de gases, que permitió separar el uranio-235 del uranio-238, paso fundamental para la producción de la bomba atómica. En 1968 fue premiado con el Nobel de química.

Ontario **1.** Lago de América del Norte. Es el más oriental y menor de los Grandes Lagos, perteneciente a Canadá y EE UU. 18.941 km^2 de extensión. De origen glaciar, tiene como río emisario al San Lorenzo y como tributario al Niágara. Está unido al lago Erie por el canal de Welland y acoge una intensa navegación. Su principal puerto es Toronto.
2. Prov. de Canadá, situada en el sector central del país, entre la bahía de Hudson y la región de los Grandes Lagos. 1.068.580 km^2. 9.747.600 h. en 1990. La capital es Toronto, con 612.300 h. en 1981 y 3.427.150 h. en 1986 en su área metropolitana. Es un territorio llano que comprende la parte canadiense de los lagos Superior, Hurón, Erie y Ontario, así como los lagos Rainy, de los Bosques y Nipigon. Está regado por los ríos Severn, Winisk, Albany, Attawapiskat y Moose. Cuenta con una agricultura muy mecanizada de cereales, cultivos forrajeros, maíz y frutales, recursos ganaderos y forestales, minería de carbón, hierro, amianto, cobre, plata, cinc y estaño, e industria siderúrgica, mecánica, química y alimentaria. Su territorio fue explorado por franceses en el s. XVII y cedido al Reino Unido en 1763. Su poblamiento se llevó a cabo por realistas emigrados de EE UU tras la independencia de este país. En 1867 se convirtió en provincia del dominio de Canadá.

Onteniente (*Ontinyent*) C. de España, en la prov. de Valencia. 30.300 h. en 1990. Cuenta con industria textil, alimentaria, papelera y de materiales de construcción. Situada en la comarca del valle de Albaida, tiene también agricultura hortofrutícola.

óntico, ca *adj.* Perteneciente o relativo al ser o ente.

onto- *pref.* Significa 'ser, ente': *ontogenia, ontología.*

ontogenia u **ontogénesis** *s. f.* Formación y desarrollo de un ser vivo considerado individualmente, con independencia de la especie. Se utiliza a veces en contraposición al término filogenia, o historia de la evolución de una especie. **Fam.** Ontogénico.

ontología *s. f.* Parte de la metafísica que se corresponde con la 'filosofía primera' de Aristóteles y que consiste en el estudio del ser en cuanto ser, independientemente de sus modos de manifestarse.

ontológico, ca *adj.* **1.** Perteneciente o relativo a la ontología. ‖ **2. argumento ontológico** Aquel que demuestra la existencia de Dios afirmando que, por tratarse de un ser perfecto, cabe atribuirle todos aquellos predicados positivos pensables por la razón y que al mismo tiempo no sean contradictorios entre sí. Entre ellos se encuentra el de la existencia. Formulado por San Anselmo y aceptado en general por todo el racionalismo, fue atacado por Kant, quien demostró que la existencia nunca puede ser un predicado.

ontologismo *s. m.* Sistema filosófico según el cual Dios, como ser infinito, es el objeto primordial de la inteligencia del hombre y sólo a través de esta percepción puede éste conocer los demás objetos finitos. El inspirador del sistema fue Malebranche, aunque el creador del término y su máximo representante fue Vincenzo Gioberti, filósofo italiano de mediados del s. XIX. El ontologismo fue condenado por la Iglesia católica en 1861.

ONU Siglas de la Organización* de las Naciones Unidas.

onubense *adj.* **1.** De Huelva. También *s.* **2.** De la antigua Ónuba, hoy Huelva. También *s.*

onza[1] (del lat. *uncia*) *s. f.* **1.** Antigua unidad de peso (28,70 g) que equivalía a la decimosexta parte de la libra. **2.** Cada una de las partes iguales en que se dividen al fabricarlas las tabletas de chocolate y que se llaman así porque, antiguamente, pesaban una onza. ‖ **3. onza de oro** Moneda de oro que se acuñó desde el tiempo de Felipe III hasta el de Fernando VI y que pesaba aproximadamente una onza.

onza[2] (del lat. *lynx, lyncis*) *s. f.* Guepardo*.

onzavo, va *adj. num. part.* Onceavo*.

Oña, Pedro de (Ciudad de los Infantes de Ángel 1570 - Lima h. 1643) Poeta chileno. Fue un gran versificador de estilo culterano y un profundo observador. En su *Arauco domado* (1596) continúa *La Araucana*, de Ercilla, aunque en tono mucho más lírico que épico. Otras obras suyas son *Temblor de Lima* (1609), *El Vasauro* (1635) e *Ignacio de Cantabria* (1639).

Oñate, Cristóbal (Oñate, Guipúzcoa h. 1504 - ? 1567) Conquistador español. Ayudó como capitán a Nuño de Guzmán en la conquista de Nueva Galicia (1529), de la que fue gobernador interino. Tuvo que hacer frente a una importante rebelión indígena en la que murió Pedro Alvarado. Trasladó la ciudad de Guadalajara a su actual emplazamiento (1542). Reunió una gran fortuna por el descubrimiento de las minas de plata de Zacatecas.

Oñate, Juan de (Zacatecas h. 1550 -? h. 1625) Conquistador criollo. Era hijo de Cristóbal de Oñate. Hacia 1598 se asentó en el pueblo de San Juan hasta conseguir que los caciques indígenas de Nuevo México aceptasen la soberanía española. Emprendió nuevas exploraciones, en una de las cuales alcanzó el río Colorado. Fue el fundador de la ciudad Real de la Santa Fe en 1605.

oo- *pref.* Significa 'óvulo, huevo': *oosfera, oogénesis.*

oogamia *s. f.* Tipo de fecundación en la que un gameto inmóvil, llamado *ovocélula*, se une a un gameto móvil, llamado *espermatozoide*, de tamaño mucho menor.

oogénesis *s. f.* Ovogénesis*.

oogonia u **oogonio** *s. f.* o *m.* Célula femenina que da lugar a los óvulos tras sucesivas particiones.

oolito *s. m.* Cuerpo esférico de pequeño tamaño (hasta 1 mm de diámetro), que se forma por concreción calcárea en torno a un núcleo de materia inorgánica.

oosfera *s. f.* Célula germinal de las plantas fanerógamas, que se forma en el saco embrionario.

opa *adj. amer.* Tonto, idiota. También *s.*

¡opa! *interj. amer.* ¡Hola!

OPA Siglas de Oferta Pública de Adquisición (de acciones), operación de bolsa consistente en que una persona o una entidad hace pública a los accionistas de una sociedad que cotiza en bolsa su disposición a comprar títulos o acciones de dicha sociedad a un precio superior al del mercado, para así lograr el control de la misma. Normalmente se realiza llegando a un acuerdo con los directivos de la sociedad a la que se hace la oferta; se llama **OPA hostil** cuando se lanza sin llegar a un acuerdo previo entre las partes interesadas.

opacar *v. tr. amer.* Hacer opaco algo. ■ Se conjuga como *sacar.*

opacidad *s. f.* Cualidad de opaco.

opaco, ca *adj.* **1.** Se aplica a los objetos que no permiten el paso de la luz a través de ellos. **2.** Sin brillo. **3.** Que no destaca, vulgar, mediocre. **Fam.** Opacamente.

opal *s. m.* Tejido fino de algodón con algo de brillo, parecido a la batista o al percal. Se emplea en la confección de camisas y ropa interior.

opalescencia *s. f.* **1.** Cualidad de opalescente. **2.** Brillo blancuzco o con irisaciones, semejante al del ópalo.

opalescente *adj.* De color y brillo parecidos a los del ópalo.

opalino, na *adj.* **1.** Perteneciente o relativo al ópalo. **2.** Que es similar al ópalo, especialmente por su color y brillo.

ópalo *s. m.* SiO_2H_2O. Mineral óxido de silicio hidratado. Es una variedad amorfa del cuarzo, de color blanco, amarillo, rojizo, verdoso, azulado o incoloro, formado en cavidades de rocas ígneas y sedimentarias. También se encuentra en agregados masivos y estalactitas. Se extrae principalmente en yacimientos de México y Australia. Se utiliza para pulimentar, como abrasivo, en la fabricación de filtros y como piedra preciosa en joyería.

Ópalo noble de fuego.

Oparin, Alexander Ivanovich (¿Moscú? 1894 - ? 1980) Bioquímico soviético. Es autor de importantes estudios sobre la acción de las enzimas en los vegetales y sobre la elaboración de la materia vegetal primitiva. Se le debe también una hipótesis sobre el origen de la vida en la Tierra, que alcanzó gran popularidad.

op-art (abreviatura del ingl. *optical art*, arte óptico) *s. m.* Movimiento artístico que se desarrolló en EE UU a partir de los años sesenta como reacción al *pop-art* y se extendió por toda América, Europa y Japón. Está basado en experimentos ópticos que producen ilusiones perceptivas e impresiones plásticas de movimiento. Continúa la abstracción geométrica y se inspira en experiencias que se hicieron en la Bauhaus y en pintores europeos, como Picabia, Malevich y Mondrian. Sus más destacados representantes son el estadounidense Joseph Albers, el húngaro Victor Vasarely y el británico Bridget Riley. Otros importantes seguidores de este movimiento fueron, en Argentina, Gyula Kosice; en España, Eusebio Sempere, y en Venezuela, Jesús Rafael Soto.

opción *s. f.* **1.** Posibilidad de elegir entre varias cosas. **2.** Cada una de las cosas entre las que se puede elegir. **3.** Posibilidad de conseguir o realizar algo.

opcional *adj.* Se aplica a lo que se puede hacer, elegir, utilizar, etc., sin estar obligado a ello.

-ope *suf.* Significa 'mirada, ojo': *miope, cíclope.*

open (voz ingl.) *s. m.* Competición deportiva, especialmente de tenis y golf, para profesionales y aficionados.

OPEP Siglas de la Organización* de Países Exportadores de Petróleo.

opera prima *loc. lat.* Primera de las obras de un autor.

ópera *s. f.* **1.** Obra musical con acción dramática escrita para ser cantada y representada con acompañamiento de orquesta. Nació en Florencia a finales del s. XVI de la monodia, o 'recitar cantando', por oposición a la polifonía. En el s. XVII, Claudio Monteverdi le dio en Venecia la forma definitiva. Grandes autores de óperas han sido Scarlatti, Lully, creador de la llamada *obertura francesa*, Rameau, que llevó a su esplendor la ópera-ballet, Gluck, Telemann, Mozart, Haendel, Purcell, Rossini, Bellini, Donizetti, Verdi, Bizet y Puccini, entre otros muchos. **2.** Género musical constituido por esta clase de obras. **3.** Teatro destinado a la representación de estas obras musicales. ‖ **4. ópera bufa** Género musical originario de Italia, de carácter cómico y desenfadado, con personajes populares y derivada del *intermezzo* y la ópera seria. Su punto culminante lo constituye *La serva padrona* de Pergolesi. **5. ópera cómica** Género lírico francés en el que diálogos hablados se entremezclan con números musicales. El carácter satírico de sus comienzos evolucionó hacia un tipo de drama serio, que sólo se distinguía de la ópera por sus partes habladas. Se hizo popular en la Francia del s. XVIII. **6. ópera-ballet** Representación teatral en la que se alternan partes cantadas con números de baile. Estuvo en boga en la Francia de los s. XVII y XVIII.

operación *s. f.* **1.** Acción y efecto de operar o realizar una actividad, proceso, etc. **2.** Conjunto de manipulaciones quirúrgicas realizadas para eliminar o reparar órganos o tejidos dañados. **3.** Compra, venta o intercambio comercial en que hay traspaso de bienes o dinero y obtención de beneficios por parte de una de las partes que intervienen. **4.** Cálculo que se realiza con números y expresiones aritméticas o algebraicas conforme a las leyes de las matemáticas. **5.** Acción o conjunto de acciones militares. ‖ **6. operación algebraica** La realizada con polinomios. **7. operación aritmética** La realizada con números. **8. operación externa** Aquella realizada sobre dos elementos de un conjunto, cuyo resultado no pertenece a dicho conjunto. P. ej., en el conjunto de los números enteros, la operación 3:2 es externa, porque 3 y 2 son números enteros, pero su cociente 1,5 no lo es. **9. operación interna** Aquella realizada sobre dos elementos de un conjunto, cuyo resultado pertenece a dicho conjunto. P. ej., en el conjunto de los números enteros, la operación 3+2 es interna, porque 3 y 2 son números enteros y su suma 5 también lo es.

operacional *adj.* **1.** Perteneciente o relativo a la operación. **2.** Que está preparado para operar o actuar; se dice sobre todo de las unidades militares, así como de las armas, vehículos, etc.

operador *adj.* **1.** Se dice de la persona o cosa que opera. También *s.* ‖ *s. m.* y *f.* **2.** Técnico de cine o televisión encargado de manejar la cámara durante el rodaje. **3.** Técnico de cine o televisión que maneja el proyector o el equipo de sonido. **4.** Persona que se ocupa de atender el servicio al público y de establecer las comunicaciones no automáticas en una central telefónica. **5.** Técnico experto en el manejo y mantenimiento de ciertas máquinas o equipos, como un ordenador o un transmisor. **6.** Símbolo matemático que indica la clase de operación que hay que realizar con el número o la expresión matemática situada a su derecha. ‖ **7. operadores equivalentes** En mat., aquellos cuya aplicación verifica el mismo resultado sobre los elementos de un conjunto. P. ej., +4-3 es equivalente a +1. **8. operadores opuestos** En mat., aquellos cuya aplicación anula mutuamente sus efectos. P. ej., +5 es opuesto a –5.

operando *s. m.* Elemento al que se aplica una operación matemática.

operante *adj.* Que produce el resultado que se espera o se pretende.

operar *v. intr.* **1.** Actuar, realizar una persona o cosa su función propia. **2.** Realizar operaciones matemáticas, mercantiles, militares, etc. ‖ *v. tr.* **3.** Producir algo un cierto efecto. También *v. prnl.* **4.** Realizar operaciones quirúrgicas. ‖ *v. prnl.* **5.** Hacerse intervenir quirúrgicamente.

operario, ria *s. m.* y *f.* Trabajador manual.

operativo, va *adj.* **1.** Que opera, que realiza una función. **2.** Se aplica a lo que produce el resultado que se espera o pretende. ‖ *s. m.* **3.** *Arg., Par., Urug.* Acción militar o policial.

operatorio, ria *adj.* Perteneciente o relativo a las operaciones quirúrgicas.

opérculo *s. m.* Pieza en forma de tapa que sirve para cerrar una abertura en algunos seres vivos; p. ej., la que cubre las agallas de los peces.

opereta *s. f.* Espectáculo teatral ligero, frívolo y, a veces, satírico que incluye partes cantadas y habladas. La opereta tiene sus raíces en la ópera bufa. Nace y alcanza su apogeo en el s. XIX en París y en Viena, siendo sus más destacados representantes los franceses Florimond Hervé, Jacques Offenbach y Alexandre Charles Lecocq, y los austriacos Johann Strauss, hijo, y Franz Lehar.

operístico, ca *adj.* Perteneciente o relativo a la ópera.

Ophüls, Maximilian Oppenheimer, llamado **Max** (Saarbrücken 1902 - Hamburgo 1957) Director de cine francés de origen alemán. Sus obras se caracterizan por el romanticismo en los temas y por la brillantez y elegancia de la realización. Entre sus mejores películas pueden citarse *Amoríos* (1932), *Carta de una desconocida* (1948), *La ronda* (1950), *El placer* (1951) y *Lola Montes* (1955).

-opía *suf.* Significa 'ojo, mirada': *miopía, hipermetropía.*

opiáceo, a *adj.* Se aplica a lo que contiene opio o se deriva de él.

opilación *s. f.* **1.** Acción y efecto de opilar u opilarse. **2.** Amenorrea, carencia o disminución del flujo menstrual. **3.** Hidropesía.

opilar *v. tr.* Cerrar, especialmente un conducto o cavidad del cuerpo. También *v. prnl.*

opimo, ma *adj.* Abundante, fértil.

opinable *adj.* Se aplica a aquello sobre lo que se pueden mantener distintas opiniones a favor o en contra.

opinar *v. tr.* Tener y expresar una determinada opinión sobre algo.

opinión *s. f.* **1.** Idea o juicio que uno tiene sobre alguien o algo. **2.** Reputación, fama. ‖ **3. opinión pública** Manera de pensar de la mayoría de las personas sobre asuntos que interesan a todos.

opio *s. m.* Sustancia que se obtiene secando el jugo de las cabezas de la planta adormidera verde *(Papaver somniferum).* El opio se refina y de él se extraen alcaloides narcóticos como la morfina, heroína y codeína, cuyo consumo puede crear hábito, por lo que deben utilizarse con precaución y sólo para usos médicos.

Opio, guerra del La que enfrentó a China con el Reino Unido entre 1839 y 1842, provocada por la prohibición de importar opio de la India que decretó el emperador de China, preocupado por el incremento del consumo. El Reino Unido, que protegía el contrabando de opio, declaró inmediatamente la guerra y tomó Hong Kong (1839); las hostilidades continuaron hasta la firma del tratado de Nanjing, por el que China cedió Hong Kong al Reino Unido y tuvo que comprometerse a abrir cinco de sus puertos al tráfico comercial británico. También se ha llamado *segunda guerra del Opio* a la sostenida por Francia y el Reino Unido contra China entre 1856 y 1860.

opíparo, ra *adj.* Se aplica a las comidas muy buenas y abundantes. **FAM.** Opíparamente.

Opisso, Ricardo (Tarragona 1880 - Barcelona 1966) Dibujante español. Perteneció al grupo de *Els quatre gats.* Realizó multitud de dibujos sobre los personajes y la vida barcelonesa de su época. También dibujó caricaturas para la prensa e historietas para revistas cómicas, como *TBO* y *Pocholo.*

opistódomo u **opistodomo** *s. m.* Parte posterior de un templo griego.

Opitz, Martin (Brunzlau, Silesia 1594 - Danzig 1639) Poeta alemán. Viajó por casi toda Europa y fue secretario de Ladislao IV de Polonia. En su obra *El libro de la poética alemana* (1624), denuncia los barbarismos y vulgarismos, introduce el alejandrino y establece las bases de la métrica alemana, postulando la coincidencia del acento de la palabra con el acento del verso. Es autor, entre otros títulos, de *Poemas alemanes* (1625), *Daphne* (1627), primer libreto de ópera en alemán, y *Pastoral de la ninfa Hercinia* (1630).

oploteca *s. f.* Colección de armas de interés artístico o arqueológico.

Opole C. de Polonia, situada en el S del país, en Silesia, a orillas del río Oder. 125.800 h. en 1989. Es un importante centro de la industria cementera, textil y mecánica.

oponente *adj.* Que se enfrenta otros en una discusión, competición, etc. También *s.*

oponer *v. tr.* **1.** Utilizar algo contra una persona o cosa para impedir o contrarrestar su acción o efecto. ‖ *v. prnl.* **2.** Sentir y manifestar alguien rechazo contra alguien o algo. **3.** Ser una persona o cosa contraria a otra. **4.** Estorbar, impedir. **5.** Estar una cosa situada frente a otra ■ Es v. irreg. Se conjuga como *poner.*

oporto *s. m.* Vino tinto, de color granate oscuro y sabor ligeramente dulce, que se elabora en la ciudad portuguesa de Oporto y en su comarca.

Oporto (*Porto*) **1.** Distrito de Portugal, en el N del país. 2.395 km^2. 1.683.200 h. en 1989. La capital es Oporto.
2. C. de Portugal, cap. del distrito homónimo, situada a orillas del océano Atlántico, próxima a la desembocadura del río Duero. 347.300 h. en 1986. Es el segundo núcleo urbano del país, después de Lisboa, y uno de sus principales centros industriales, con producción textil, del cuero, metalúrgica, cerámica, alimentaria, vinícola y de neumáticos. Fundación romana, mantuvo su importancia como centro mercantil en la Edad Media y Moderna. Durante los s. XIX y XX fue núcleo

del nacionalismo portugués y del liberalismo. Entre sus monumentos destacan la catedral románica, la iglesia de Cedofeita, también románica, la iglesia de los Clérigos, con una bella torre barroca, y el puente de Luis I, obra de Eiffel.

oportunidad *s. f.* **1.** Cualidad de oportuno. **2.** Posibilidad de hacer algo y momento en que se produce esta posibilidad. **3.** En un establecimiento comercial, venta de productos a bajo precio. Se usa sobre todo en *pl.*

oportunista *adj.* Se dice de quien trata de sacar el mayor beneficio posible de las circunstancias sin tener en cuenta principios ni convicciones, así como de su comportamiento, actitud, acciones, etc. También *s.* **FAM.** Oportunismo.

oportuno, na *adj.* **1.** Conveniente, adecuado. **2.** Necesario. **3.** Se aplica a la persona que hace o dice algo en el momento necesario o adecuado. **FAM.** Oportunamente.

oposición *s. f.* **1.** Acción y efecto de oponer u oponerse. **2.** Relación o situación que se da entre personas o cosas que están enfrentadas o son contrarias entre sí. **3.** Procedimiento para elegir las personas más adecuadas para ocupar un puesto de trabajo, que consiste en una serie de ejercicios, pruebas o exámenes que los aspirantes deben superar. Se usa más en *pl.* **4.** Grupo político, partido o conjunto de partidos que no están en el poder y que representan posturas diferentes a las del gobierno. **5.** P. ext., grupo de personas que, en cualquier organización, mantienen opiniones diferentes o contrarias a las de los dirigentes o a las de la mayoría. **6.** En astron., relación que existe entre dos astros cuando la Tierra está situada entre ambos, sobre la recta imaginaria que los une. Un astro está en oposición cuando está situado en la misma recta imaginaria que el Sol, y la Tierra se halla entre ambos. **7.** En ling., relación que existe en el sistema de la lengua entre dos elementos cuando uno de ellos posee un rasgo relevante o diferenciador que no posee el otro, como p. ej. la oposición que se establece entre sonidos vocálicos y no vocálicos, o entre consonantes sonoras y sordas.

opositar *v. intr.* Preparar unas oposiciones y examinarse de ellas para obtener un empleo o cargo.

opositor, ra *s. m.* y *f.* **1.** Persona que se opone a alguien o algo. **2.** Persona que participa en unas oposiciones.

oposum *s. m.* Nombre común de diversos mamíferos marsupiales de las familias didélfidos y falangéridos, géneros *Didelphis* y *Dactylopsila.* El oposum del norte *(Didelphis marsupialis)*, de los didélfidos, mide unos 80 cm de longitud, de los que 30 corresponden a la cola, tiene la cabeza alargada, patas cortas con uñas robustas y cola prensil. Habita en los bosques de América Central y del Sur, tiene costumbres arborícolas y es depredador de aves y pequeños mamíferos. El oposum estriado *(Dactylopsila trivirgata)*, de los falangéridos, habita en Australia, tiene costumbres nocturnas, vive en los árboles y se alimenta de frutas, miel e insectos.

Oppenheimer, Julius Robert (Nueva York 1904 - Princeton 1967) Físico estadounidense. Fue profesor de física de la universidad de California (1929), director del Centro de Investigaciones de Energía Atómica de Los Álamos (1943), donde fue construida la primera bomba de uranio, y presidente de la Comisión Consultiva de Energía Atómica, cargo del que fue relevado al ser acusado de simpatizar con el comunismo y de trabajar al servicio de las potencias enemigas de EE UU. Desde entonces mostró siempre gran preocupación sobre el sentido del desarrollo científico, al que anteponía los valores cívicos.

opresión *s. f.* **1.** Acción y efecto de oprimir. **2.** Limitación o supresión de la libertad o los derechos de una persona, país, pueblo, etc., mediante la violencia o el abuso de autoridad. **3.** Sensación de ahogo y angustia similar a la que produce una presión en el pecho.

opresivo, va *adj.* Que oprime. **FAM.** Opresivamente.

opresor, ra *adj.* Que abusa de su poder o autoridad sobre una persona, país, pueblo, etc., en contra de los derechos, la libertad o los intereses de éstos. También *s.*

oprimir *v. tr.* **1.** Apretar, presionar. **2.** Someter a una persona, pueblo, país, etc., limitándole o quitándole su libertad o sus derechos mediante la fuerza o el abuso de autoridad. **3.** Causar algo una sensación de opresión.

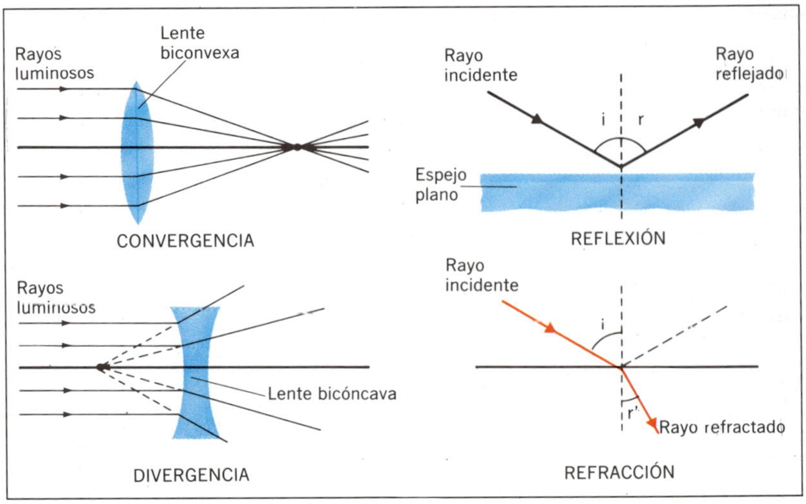

Óptica: algunos de los fenómenos que estudia esta disciplina. i = *ángulo de incidencia.* r = *ángulo de reflexión.* r' = *ángulo de refracción.*

oprobiar *v. tr.* Desacreditar, deshonrar a alguien.

oprobio *s. m.* **1.** Deshonra, vergüenza. **2.** Cosa que las produce.

oprobioso, sa *adj.* Se aplica a lo que deshonra o avergüenza. **FAM.** Oprobiosamente.

optar *v. intr.* **1.** Decidirse por una posibilidad entre varias. **2.** Intentar lograr o alcanzar algo, especialmente un cargo.

optativo, va *adj.* **1.** Opcional*. **2.** Particularmente, se aplica a la asignatura que, en una carrera universitaria y otros estudios, se puede elegir entre varias. También *s. f.* **3.** En ling., se aplica a la oración que expresa deseo. También *s. f.*

óptica *s. f.* **1.** Parte de la física que estudia la naturaleza de la luz y los fenómenos luminosos. Consta de dos grandes disciplinas: **óptica física**, que estudia fenómenos tales como las interferencias y difracción a partir del modelo ondulatorio de Huygens, y **óptica geométrica**, en la que el concepto básico es el rayo, mediante el cual se enuncian las leyes de la reflexión y refracción que permiten la construcción esquemática de imágenes. La óptica se ocupa de los fenómenos de generación, transmisión y detección de la luz, es decir, de las ondas electromagnéticas que forman parte de las radiaciones visibles por el ojo, con longitudes de onda comprendidas entre 400 y 760 nanómetros. Asimismo, también son objeto de la óptica los estudios referidos a las radiaciones infrarrojas y ultravioletas, cuyas longitudes de onda se hallan comprendidas entre 1 mm y 1 nanómetro. **2.** Conjunto de técnicas y conocimientos para construir y fabricar lentes e instrumentos destinados a corregir o mejorar la visión. **3.** Tienda donde se venden lentes, aparatos o productos para corregir o mejorar la visión. **4.** Punto de vista.

óptico, ca *adj.* **1.** Perteneciente o relativo al ojo o a la visión. **2.** Perteneciente o relativo a la óptica. ‖ *s. m.* y *f.* **3.** Persona que fabrica o vende lentes, aparatos e instrumentos de óptica.

optimación *s. f.* **1.** Acción y efecto de optimar. **2.** En ciencias como las matemáticas o la economía, método que permite calcular y conseguir el máximo rendimiento de un proceso.

optimar *v. tr.* Optimizar*.

optimate *s. m.* En la antigua Roma, noble o patricio aristocrático.

optimismo *s. m.* **1.** Actitud de quien ve y juzga a las demás personas o las cosas fijándose en los aspectos más favorables de ellas y espera siempre lo mejor. **2.** En fil., doctrina enunciada por Leibniz que mantiene que el mal que existe en el mundo no se debe juzgar aisladamente, sino en relación con la totalidad de la creación, la cual, en virtud de la bondad infinita de Dios, no puede ser mejor de lo que es. El mundo en el que vivimos es, por tanto, el mejor de los mundos posibles.

optimista *adj.* Se aplica a quien tiene optimismo, y a su actitud, palabras, etc. También *s.*

optimizar *v. tr.* Hacer que algo o los resultados de algo sean los mejores posibles. ■ Se conjuga como *cazar.* **FAM.** Optimización.

óptimo, ma *adj. sup.* de **bueno**. Que es lo mejor posible, que no puede ser mejor. **FAM.** Óptimamente.

optoelectrónica *s. f.* Técnica electrónica que consiste en la sustitución de electrones por fotones en algunos tramos de los circuitos.

optometría *s. f.* Graduación o medición del índice de percepción visual y de los defectos de la vista y cálculo de las lentes adecuadas para la corrección de dichos defectos. Para ello se utilizan cartas de letras, lentes temporales y computadoras ópticas.

optómetro *s. m.* Instrumento óptico para medir el índice de percepción visual.

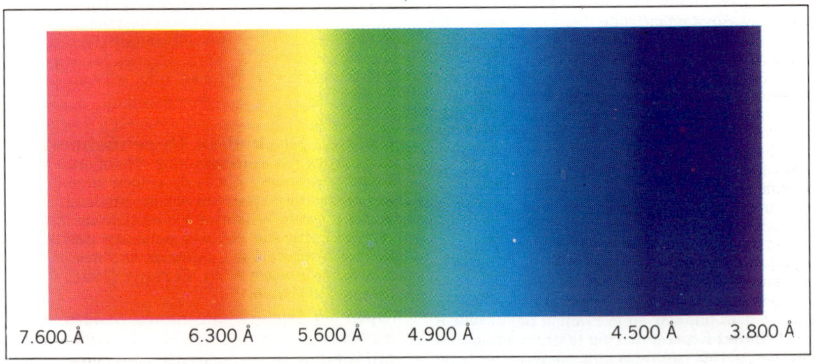

Óptica: espectro de la luz visible, cuya longitud de onda está comprendida entre 3.800 y 7.600 ångström (Å).

optotipo *s. m.* Nombre común de los símbolos, generalmente letras o figuras geométricas, que representados en una pantalla luminosa se usan por los oftalmólogos para graduar la visión de los pacientes.

opuesto, ta 1. *p. p.* de **oponer**. También *adj.* ‖ *adj.* **2.** En bot., se dice de los órganos de un vegetal cuando están colocados a un lado y a otro del tallo y al mismo nivel. **3.** En mat., se aplica a cada uno de los dos elementos que, sumado al otro, da cero. **FAM.** Opuestamente.

opugnar *v. tr.* **1.** Combatir, hacer frente. **2.** Rebatir o rechazar las razones o argumentos de otro. **FAM.** Opugnación, opugnador.

opulencia *s. f.* Excesiva riqueza.

opulento, ta *adj.* **1.** Que tiene mucha riqueza o lujo. **2.** Muy abundante o desarrollado. **FAM.** Opulentamente.

opus (voz lat. que significa 'obra') *s. m.* En mús., indicación con que se designa numeradamente las obras de un compositor. ▪ Suele usarse la forma abreviada *op.*

Opus Dei Asociación de fieles católicos fundada por el sacerdote español Josemaría Escrivá de Balaguer en 1928, aprobada en 1947 como instituto secular y elevada en 1982 a *prelatura nullius* por el papa Juan Pablo II. Sus miembros son sacerdotes seculares y laicos, solteros y casados, que buscan la perfección cristiana en el propio estado, cada cual dentro de su medio, oficio o profesión. Consta de dos secciones, una masculina y otra femenina, y está extendida por todo el mundo.

opúsculo *s. m.* Obra de pocas páginas, generalmente científica o ensayística.

oquedad *s. f.* Espacio vacío en el interior de un cuerpo sólido.

oquedal *s. m.* Monte que no tiene matas ni hierbas, sino sólo árboles altos.

ora *conj. distrib.* Sirve para relacionar oraciones o elementos de la oración que indican posibilidades distintas o que se realizan alternativa o sucesivamente: *Ora reza, ora trabaja. Viajamos ora a pie, ora a caballo.*

oración *s. f.* **1.** Acción de orar. **2.** Palabras que se dirigen a Dios, la Virgen, los santos o a otra divinidad, para alabarlos, pedir o agradecer algo, particularmente las que tienen una forma fija y establecida de antemano por la Iglesia, como el padrenuestro, la salve, etc. **3.** En ling., unidad mínima de comunicación que no depende sintácticamente de ninguna otra unidad. **4.** En ling., proposición*.

Ling. La oración puede ser caracterizada desde el punto de vista semántico (en cuanto a su significado), sintáctico (en cuanto a las reglas que rigen su construcción), fonológico (en cuanto a la entonación en que se pronuncia) y ortográfico. Semánticamente, la oración expresa un pensamiento completo, al que se añade la actitud (afirmación, pregunta, mandato, etc.) que el hablante toma con respecto a lo que ha dicho. Sintácticamente, es una construcción que no depende de ninguna otra y que en la mayor parte de los casos consta al menos de un verbo en forma personal. Fonológicamente, está caracterizada por una bajada del tono de la voz después de la última sílaba acentuada, salvo en el caso de algunas oraciones interrogativas en que la voz sube. Ortográficamente, suele empezar con mayúscula y terminar con un punto.
Las oraciones pueden clasificarse por su modalidad oracional (actitud del hablante), según tengan o no sujeto y predicado, según la naturaleza del predicado y según el número de predicados que contengan. Por su modalidad, las oraciones se dividen en enunciativas, interrogativas, exclamativas, dubitativas, optativas o desiderativas y exhortativas. Según le falte o no a la oración uno de los dos miembros fundamentales (el sujeto o el predicado), será unimembre o bimembre. En cuanto a la naturaleza del predicado, las oraciones pueden ser copulativas, intransitivas, transitivas, reflexivas, recíprocas, pasivas y de pasiva refleja. Si consideramos el número de predicados que pueden aparecer en una oración, éstas se dividen en dos categorías: simples, con un solo predicado, y compuestas, con dos o más. Las oraciones pueden estar compuestas por coordinación, yuxtaposición y subordinación.

oracional *adj.* Perteneciente o relativo a la oración gramatical.

oráculo *s. m.* **1.** En la antigüedad, especialmente entre griegos y romanos, mensaje que los dioses transmitían a los hombres a través de sus sacerdotes y pitonisas, generalmente en respuesta a una consulta. **2.** Imagen que representaba al dios al que se hacía la consulta, o lugar o templo donde ésta se hacía. **3.** P. ext., esta deidad a la que se pedía una respuesta. **4.** Persona de gran autoridad o sabiduría, cuyos juicios se admiten sin discusión.

Oradea C. de Rumania, situada en el NO del país, próxima a la frontera con Hungría. 213.850 h. en 1986. Es un centro de la industria textil, química, metalúrgica y del calzado.

orador, ra *s. m.* y *f.* **1.** Persona que da conferencias, pronuncia discursos o habla en público. ‖ **2. orador sagrado** Predicador, persona que predica la palabra de Dios.

oral *adj.* **1.** Se aplica a lo que se hace, transmite o expresa por medio de palabras habladas. **2.** Perteneciente o relativo a la boca de las personas o animales. **3.** En fon., se aplica al sonido en cuya articulación el aire pasa solamente por la boca, a diferencia de los sonidos nasales. **FAM.** Oralmente.

Orán (*Wahran*) C. de Argelia, situada en el NO del país, a orillas del mar Mediterráneo. 628.500 h. en 1988. Es un importante centro portuario y comercial, que cuenta con industria alimentaria, química y textil. Fue fundada en el 903 por musulmanes españoles llegados de al-Ándalus y llegó a ser un rico mercado de tejidos, especias, vino, oro y esclavos. En el s. XV se convirtió en centro de la piratería mediterránea, por lo que fue conquistada por España, que la retuvo hasta 1790.

Orange Río del S de África. 2.100 km de longitud. Nace en Lesotho, al pie del Mont-aux-Sources, discurre por la República Sudafricana en dirección O, forma frontera entre ésta y Namibia y desemboca en el océano Atlántico. Sus principales afluentes son el Caledon y el Vaal. Sus aguas se aprovechan para regadíos y para la obtención de energía eléctrica.

Orange, Estado Libre de Prov. de la República Sudafricana, situada en el centro del sector oriental del país. 127.338 km^2. 1.776.900 h. en 1985. La capital es Bloemfontein, con 231.000 h. en 1986. Es una región llana, regada por los ríos Vaal y Orange. Sus recursos económicos proceden de la agricultura de cereales, la ganadería ovina, la minería de oro, diamantes y carbón, y la industria petroquímica.

Hist. Colonizado por los bóers, de origen holandés, en oposición al Reino Unido, fue reconocido por éste como estado libre en 1854. El descubrimiento de diamantes en Criqualand (1867) atrajo una multitud de inmigrantes británicos. Se alió con Transvaal para luchar contra el Reino Unido y ambos fueron derrotados en las guerras de los bóers (1899). Orange se convirtió en colonia británica en 1902. En 1907 recibió la autonomía y en 1910 entró a formar parte de la Unión Sudafricana.

Orange-Nassau, dinastía (1544 -1702) Familia noble neerlandesa. Surgió al unirse el principado de Orange con el ducado de Nassau. Su principal representante fue Guillermo el Taciturno (1533-84).

orangismo *s. m.* **1.** Movimiento de los partidarios de Guillermo de Orange, frente a los Estuardos, en la época de la revolución inglesa de 1688. **2.** Partido de los unionistas protestantes de Irlanda del Norte. **FAM.** Orangista.

orangután *s. m.* Mamífero antropoide de la familia póngidos, especie *Pongo pygmaeus.* Es un mono catarrino que mide entre 1,5 y 2 m de altura, con cabeza alargada, tronco robusto y miembros anteriores mucho más largos que los posteriores. Su pelaje es de color marrón o rojizo y el macho tiene en el cuello una característica bolsa laríngea. Vive en los árboles, donde construye grandes nidos, y se alimenta de hojas, brotes de plantas y frutos. Habita en las selvas de Sumatra y Borneo.

orante *adj.* **1.** Se aplica a quien está orando. También *s.* **2.** Se aplica a la persona o figura humana que está en una postura o actitud parecida a la que se adopta para rezar, así como a esta postura o actitud.

orar *v. intr.* Dirigir palabras a Dios, la Virgen, los santos o a otra divinidad, mentalmente o en voz alta, para alabarlos, hacerles una petición, agradecerles un don, etc.

orate *s. m.* y *f.* Loco, chalado.

oratoria *s. f.* **1.** Arte de saber hablar, convenciendo, agradando o emocionando mediante la palabra. **2.** Género literario en que se agrupan las obras creadas para ser pronunciadas en público, como discursos, sermones, etc.

oratorio *s. m.* **1.** Sala o habitación de una casa particular o de un edificio público que está destinada a la oración y donde puede celebrarse misa. **2.** Composición de tema religioso, para coro, solistas y orquesta, que carece de representación escénica. Es, junto con la ópera, uno de los géneros musicales más característicos del periodo barroco. Nació hacia la mitad del s. XVI en el Oratorio de San Felipe Neri de Roma y la primera que se conoce es *La representación del alma y del cuerpo* (1600), de Emilio dei Cavalieri. Algunos de los oratorios más celebres de la historia son *La pasión según san Mateo* de J. S. Bach y *El Mesías* de Haendel. **3.** Congregación de sacerdotes fundada en 1564 en Roma por San Felipe Neri. ▪ En esta última acepción se escribe con mayúscula.

oratorio, ria *adj.* Perteneciente o relativo a la oratoria o al orador.

orbe *s. m.* **1.** Mundo, universo. **2.** Globo o esfera terrestre.

Orbegoso, Luis José de (Chuquisongo, Huamachuco 1795 - Trujillo 1847) Militar y político peruano. Elegido presidente en 1833, promulgó la Constitución de 1834, aunque fue derrocado por Salaverry poco después. Pidió ayuda militar a Santa Cruz, que gobernaba Bolivia, y recuperó el poder en 1836. En 1837 fundó con Santa Cruz la Confederación peruano-boliviana y obtuvo la presidencia del estado norperuano, pero tras ser derrotado por los chilenos en 1838 tuvo que abandonar el país.

orbicular *adj.* **1.** De forma circular o redondeada. **2.** Que describe una órbita. **3.** Se dice de los músculos situados alrededor de una estructura en forma de anillo, como los de los labios y los párpados, y que sirven para cerrar las aberturas que rodean. También *s. m.*

órbita *s. f.* **1.** Trayectoria elíptica o camino que siguen los astros en su movimiento de traslación. **2.** Trayectoria imaginaria descrita por un electrón en su movimiento alrededor del núcleo. Este concepto, utilizado en el modelo atómico de Bohr, ha sido sustituido por el más correcto de orbital. **3.** Cada uno de los dos huecos debajo de la frente en los que están situados los ojos. **4.** Ámbito o área a que se extiende la actividad o la influencia de alguien o algo. ‖ **LOC. estar** (o **quedarse**) alguien **fuera de órbita** Estar alguien desconcertado o despistado por un ambiente o una circunstancia que no conoce bien.

orbital *adj.* **1.** Perteneciente o relativo a la órbita. ‖ *s. m.* **2.** En mecánica ondulatoria, función de onda que describe la región del espacio en la cual existe la máxima probabilidad de encontrarse un electrón. El **orbital atómico** describe la situación del electrón dentro de un átomo, mientras que el **orbital molecular** describe la situación de un electrón cuando forma parte de una molécula.

Orca (Orcinus orca).

orca *s. f.* Mamífero cetáceo odontoceto de la familia delfínidos, especie *Orcinus orca.* Los machos alcanzan unos 9 m de longitud y las hembras 7 m, lo que lo convierte en el mayor de los delfínidos. Tiene el dorso negro, una mancha blanca en el vientre y otras dos detrás de los ojos, y la parte inferior blanca. Está dotado de una poderosa mandíbula con dientes grandes y cónicos. Posee dos aletas pectorales y una gran aleta dorsal. Es un gran depredador marino. Vive en grupos no mayores de 20 individuos y se encuentra ampliamente extendido, tanto en mares fríos como cálidos.

Orcadas (*Orkney*) Archipiélago del Reino Unido, en el océano Atlántico norte, al N de Escocia, de la que está separado por el Pentland Firth. 975 km^2 de extensión. La capital es Kirkwall. Comprende las islas de Mainland, Hoy, South Ronaldsay, Rousay, Westray, Shapinsay, Stronsay y North Ronaldsay y multitud de islotes. Son muy rocosas y poco pobladas. Su economía se basa en la agricultura de cebada y avena, la ganadería lanar y la pesca de arenques, merluza, gambas y bacalao. Fue posesión noruega desde el s. IX hasta 1468, en que fue cedido a Jacobo III de Escocia.

Orcagna, Andrea di Cione, llamado **El** (documentado en Florencia de 1343 a 1368) Pintor, escultor y arquitecto italiano. Su principal obra es el tabernáculo polícromo de Orsanmichele (1359-66), en Florencia, muestra enriquecida del gótico, síntesis de arquitectura, pintura y escultura. Es también notable el políptico de Santa Maria Novella, Florencia.

orco *s. m.* Entre los antiguos romanos, infierno, lugar al que iban a parar los muertos. Se escribe también *horco*.

Orczi, Emmuska, baronesa de (Tarnaörs, Heves 1865 - Londres 1947) Novelista británica de origen húngaro. Alcanzó celebridad con su novela *Pimpinela escarlata* (1905).

órdago *s. m.* Envite del juego del mus por el que se apuesta todo lo que falta para ganar el juego que se está disputando. || **Loc. de órdago** *adj. fam.* Se aplica a cualquier cosa para expresar que tiene una cualidad en muy alto grado.

ordalía *s. f.* Prueba de carácter religioso encaminada a mostrar la culpabilidad o inocencia del acusado. En Europa se practicó hasta finales de la Edad Media. Solía consistir en un duelo, en sostener un hierro ardiente, en resistir una prolongada inmersión en agua, etc. También se llamaba *juicio de Dios* por estar basada en la creencia de que, sólo si el acusado era inocente, la superaría gracias a la ayuda directa de Dios.

Ordás, Diego de (Castroverde de Campos, Zamora h. 1480 - en el mar 1532) Conquistador español. Compañero de Velázquez en Cuba (1511-1519), fue posteriormente colaborador de Cortés en la conquista de México, al que defendió en la Península de los cargos que se le hacían (1521). Exploró las tierras entre el río Marañón y Venezuela y fundó San Miguel de Paria (1531). Murió de regreso a España.

orden *s. m.* **1.** Circunstancia o modo de estar colocados o de sucederse personas, cosas, acontecimientos, etc., en el lugar o momento que les corresponde. **2.** Armonía entre los elementos que forman un todo. **3.** Forma regular y coordinada de funcionar, marchar o desarrollarse algo. **4.** Situación normal o habitual, sin alteraciones ni excesos. **5.** Clase, tipo. **6.** Categoría taxonómica que agrupa seres vivos relativamente emparentados entre sí y pertenecientes a una o varias familias. En ocasiones se subdivide en subórdenes. A su vez, varios órdenes pueden agruparse en una clase o subclase **7.** Cada uno de los estilos de la arquitectura clásica. **8.** Sacramento del sacerdocio por el que reciben su consagración los diáconos, presbíteros y obispos. **9.** En determinadas épocas históricas, grupo o clase social. **10.** En ling., conjunto formado por los fonemas de una lengua que poseen el mismo punto de articulación, p. ej. el orden labial, alveolar, etc. **11.** En geom., calificación que se da a una línea según el grado de la ecuación que la representa. || *s. f.* **12.** Indicación dada por una autoridad de hacer o dejar de hacer algo. **13.** Cada una de las órdenes religiosas. **14.** Cada una de las organizaciones o sociedades civiles o militares creadas para premiar por medio de condecoraciones a ciertas personas o instituciones que lo han merecido. **15.** Condecoración concedida por una de dichas organizaciones. **16.** Cada una de las órdenes militares. **17.** Cada uno de los grados de ministro de la Iglesia que se conceden mediante el sacramento del orden. || **18. orden civil** Asociación honorífica de la que se entra a formar parte por méritos civiles y concesión de los gobernantes, como la orden de Alfonso X el Sabio o la de Carlos III. **19. orden de batalla** Colocación de las tropas y los efectivos militares del modo más favorable para comenzar la batalla. **20. orden de caballería** Orden militar y, también, dignidad que se adquiere al entrar a formar parte de una de ellas; también, sociedad regulada por un código de honor y formada por los caballeros andantes. **21. orden de la banda** Orden de caballería fundada en España por Alfonso XI de Castilla hacia 1330 y cuya divisa era una banda o faja carmesí. **22. orden de la Visitación** Orden religiosa a la que pertenecen las monjas salesas. **23. orden de pago** Documento por el que se indica al depositario de una cantidad de dinero que pague una parte o la totalidad de ésta. **24. orden del día** Conjunto de temas o puntos que deben ser discutidos en una reunión, asamblea, etc. **25. orden del Santo Sepulcro** Véase **Temple, orden del**. **26. orden establecido** Organización o sistema político, social, ideológico, económico, etc., vigente en un lugar o en una colectividad. **27. orden mayor** Cada uno de los tres grados de la dignidad sacerdotal, que son los de diácono, presbítero y obispo. Se usa más en *pl.* **28. orden menor** Cada uno de los cuatro primeros grados que eran necesarios para obtener la dignidad sacerdotal, es decir, los de ostiario, lector, exorcista y acólito; están suprimidos actualmente. **29. orden militar** Cada una de las asociaciones de carácter religioso y militar, sometidas a una regla y constituidas por caballeros, que se crearon para luchar contra los fieles de religiones distintas de las suyas, ya que las había cristianas y musulmanas, y de las que actualmente algunas siguen existiendo como asociaciones honoríficas o de nobleza, p. ej. la del Temple y la de Malta. Las españolas fueron Santiago, Calatrava, Alcántara y Montesa. **30. orden público** Situación de normalidad en la vida pública basada fundamentalmente en el respeto de las leyes por parte de los ciudadanos. **31. orden religiosa** Cada una de las organizaciones o sociedades de religiosos aprobadas por el papa y cuyos miembros viven en comunidad y según las reglas establecidas por su fundador o por sus reformadores. **32. orden sacerdotal** o **sagrada** Sacramento del orden. **33. real orden** En el régimen constitucional monárquico, la firmada por un ministro en nombre del rey. || **Loc. ¡a la orden!** *excl.* Fórmula militar con que alguien responde al mandato de un superior o se dispone a recibirlo. **de orden** *adj.* Se aplica a las personas, ideologías, partidos, etc., de carácter conservador y defensores de las instituciones establecidas. **de orden de** *adv.* Por mandato de quien se expresa. **del orden de** *adv.* Aproximadamente. **en orden a** *prep.* Para, con el fin de; también, respecto a, por lo que se refiere a. **estar a la orden del día** Ser muy frecuente o corriente. **llamar** a uno **al orden** Indicar a alguien de forma autoritaria que haga lo que tiene que hacer o que se comporte de manera adecuada. **sin orden ni concierto** *adv.* Desordenadamente, sin seguir un método, una norma o un criterio determinado.

Arq. Los órdenes arquitectónicos clásicos constan de tres elementos: basa, columna y entablamento. En el arte griego se distinguen el **dórico**, **jónico** y **corintio** (véase su descripción en los respectivos términos); y en el romano, el **compuesto**, una mezcla del jónico y el corintio, con capitel que combina hojas de acanto y volutas, y el **toscano**, variedad del dórico, con columna apoyada en una basa, fuste sin estrías, capitel con molduras sencillas y entablamento liso.

ordenación *s. f.* **1.** Acción y efecto de ordenar. **2.** Manera de estar ordenado un conjunto de cosas. **3.** Ceremonia religiosa en la que se administran las órdenes sagradas. || **4. ordenación del suelo** Conjunto de normas legales que regulan la calificación fiscal y las posibilidades de edificar o instalar servicios públicos en suelo urbanizable. **5. ordenación del territorio** (o **territorial**) Estudio de los recursos naturales y humanos de una zona geográfica para tratar de sacar el máximo rendimiento de ella y disminuir sus deficiencias.

ordenada *s. f.* **1.** Coordenada vertical de un punto en el plano cartesiano. Se representa por la letra *y*. || **2. ordenada de origen** Distancia vertical entre el origen de coordenadas y el punto en que la recta corta el eje de ordenadas.

ordenado, da **1.** *p. p.* de **ordenar**. También *adj.* || *adj.* **2.** Se aplica a la persona que tiene tendencia a actuar con orden, siguiendo un criterio, una norma o un método, y a su modo de vida, actitud, etc. **3.** Con las preposiciones *a* o *hacia*, dirigido a un fin. **Fam.** Ordenadamente.

ordenador, ra *adj.* **1.** Que ordena o sirve para ordenar. También *s.* || *s. m.* **2.** Máquina capaz de almacenar datos, junto con programas de operaciones establecidas de antemano que sirven al usuario para manejar esa información.

Inform. El ordenador consta de cuatro partes principales: una unidad central de proceso, que selecciona las instrucciones y las pone en funcionamiento; una unidad aritmético-lógica, donde se realizan los cálculos aritméticos; una memoria, donde se almacenan los datos y las instrucciones; y un conjunto de dispositivos periféricos, como memorias auxiliares, pantallas, teclados, impresoras, dispositivos de comunicaciones, etc. Los ordenadores pueden programarse en el lenguaje de la máquina, código binario o hexadecimal; en lenguaje simbólico, que representa cada instrucción de la máquina con un nombre especial; o en lenguajes de alto nivel, que permiten representar las instrucciones utilizando símbolos matemáticos. Para poder utilizar un lenguaje distinto del de la máquina es preciso traducir los programas escritos en él al lenguaje de la máquina, utilizando programas especiales llamados *compiladores* o *intérpretes*. El desarrollo histórico de los ordenadores suele dividirse en cuatro periodos o generaciones. La primera generación comenzó en 1944, cuando fue construido el primer computador, que tenía un tamaño gigantesco y un coste elevadísimo. La segunda generación surgió en 1956, cuando se inventó el transistor, que redujo considerablemente el tamaño y coste de los ordenadores. La tercera generación empezó en 1964, cuando se fabricaron los primeros circuitos integrados. La cuarta generación nació con la aparición del ordenador personal, al alcance de cualquier usuario.

ordenamiento *s. m.* **1.** Acción y efecto de ordenar. **2.** Conjunto de normas para regular el funcionamiento de algo.

ordenancista *adj.* Se aplica a la persona que cumple y hace cumplir estrictamente las normas.

ordenando *s. m.* Persona que va a recibir alguno de los grados del orden sacerdotal.

ordenanza *s. f.* **1.** Norma o conjunto de normas dictadas por una autoridad para regular el funcionamiento de un grupo de personas, una comunidad, etc. Se usa más en *pl.* || *s. m.* **2.** Empleado que desempeña funciones como hacer recados, llevar órdenes o mensajes, etc. **3.** Soldado que está a las órdenes de un superior para su servicio personal.

ordenar *v. tr.* **1.** Disponer con orden un conjunto de personas o cosas. **2.** Mandar, indicar a alguien una autoridad lo que debe hacer o dejar de hacer. **3.** Dirigir algo a un fin determinado. **4.** Administrar el sacramento del orden sacerdotal en alguno de sus tres grados: diácono, presbítero y obispo. || *v. prnl.* **5.** Recibir este sacramento.

ordeñador, ra *adj.* **1.** Que ordeña. También *s.* || *s. f.* **2.** Máquina que sirve para ordeñar mecánicamente mediante succión.

ordeñar *v. tr.* **1.** Extraer la leche de un animal hembra exprimiendo sus ubres. **2.** Coger de los árboles aceitunas y otros frutos, pasando la mano por la rama con un gesto parecido al que se hace para extraer la leche de las ubres de los animales. **3.** *fam.* Sacar el máximo provecho de alguien o algo.

ordeño *s. m.* Acción y efecto de ordeñar.

ordinal *adj.* Se aplica al número y al adjetivo numeral que indican la posición o el lugar de un elemento dentro de una serie ordenada numéricamente. También *s. m.*

ordinariez *s. f.* Grosería, vulgaridad.

ordinario, ria *adj.* **1.** Habitual, corriente. **2.** Vulgar, grosero, basto. También *s.* || **Loc. de ordinario** *adv.* Habitualmente. **Fam.** Ordinariamente.

Ordóñez, Antonio (Ronda, Málaga 1932) Matador de toros español. Gran estilista, realizó un toreo natural y alegre, sin violentar las suertes. Tomó la alternativa en Madrid, en 1951, de manos de Julio Aparicio. Se retiró en 1971.

Ordóñez, Bartolomé (Burgos h. 1480 - Barcelona 1520) Escultor español. Fue discípulo de Fancelli y realizó su obra en España e Italia. Introdujo el estilo de Miguel Ángel en la escultura española y sus obras se caracterizan por la expresividad y fuerza vital. Desde 1515 trabajó en el coro de la catedral de Barcelona, en los relieves dedicados a Santa Eulalia. También es autor del sepulcro del cardenal Cisneros en la capilla de la universidad de Alcalá de Henares y el de Felipe el Hermoso y Juana la Loca en la capilla Real de Granada.

Ordoño Nombre de cuatro reyes de Asturias y León.

Ordoño I (? - Oviedo 866) Rey de Asturias (850-866). Hijo y sucesor de Ramiro I, tuvo que hacer frente a las amenazas de los vascones y musulmanes y llevó a cabo la repoblación de León, Astorga, Tuy y Amaya. Sufrió varias derrotas ante el emir cordobés Muhammad I. Durante su reinado se produjeron en al-Ándalus duras persecuciones contra los mozárabes, que emigraron a Asturias llevando consigo el gran legado de la cultura visigoda. Fue sucedido por su hijo Alfonso III.

Ordoño II (? - León 924) Rey de León (914-924). Hijo segundo de Alfonso III, gobernó Galicia en vida de su padre y, al morir prematuramente su hermano García I, rey de León, tuvo que hacerse cargo de este reino, para lo cual trasladó su capital a la ciudad de León. Venció a Abderramán III en San Esteban de Gormaz (917), pero fue derrotado junto con el rey de Navarra en la batalla de Valdejunquera (920). Sin embargo, aliándose con este mismo rey consiguió tomar Nájera (923). Tras esta victoria se afianzó la amistad entre León y Navarra con el matrimonio de Ordoño y Sancha, hija del rey navarro Sancho Garcés.

Ordoño III (? - Zamora 956) Rey de León (951-956) Hijo y sucesor de Ramiro II, tras derrotar a su hermanastro Sancho, que pretendía destronarle, tuvo que enfrentarse a la nobleza, especialmente a la de Galicia, y a las frecuentes incursiones de los musulmanes en sus territorios. Llevó sus tropas hasta Lisboa y con ello logró una tregua con el califa cordobés.

Ordoño IV el Malo o **el Jorobado** (? - Córdoba 960) Rey de León (958-960). Hijo de Alfonso IV el Monje, derrocó a Sancho I el Craso con la ayuda de los nobles leoneses y del conde castellano Fernán González. Sin embargo, la contienda continuó y los partidarios de Sancho pidieron ayuda al califa cordobés, que tomó Zamora. Ordoño perdió también el apoyo de Fernán González y tuvo que huir a tierras musulmanas, donde al poco tiempo murió.

ordovícico, ca u **ordovicense** *adj.* **1.** Se aplica al segundo de los periodos de la era primaria o paleozoica, que tuvo una duración de 70 millones de años y se inició hace unos 500 millones de años. En algunas clasificaciones aparece como una subdivisión del silúrico. Se caracteriza por la actividad de la orogenia caledoniana. Abundan en él trilobites y algas marinas y aparecen los primeros vertebrados. Las rocas principales son pizarras, cuarcitas y areniscas y se forman depósitos de hierro y piritas de hierro. También *s. m.* **2.** Perteneciente o relativo a este periodo.

Orduña, Juan de (Madrid 1900 - íd. 1974) Director cinematográfico español. Actuó como actor en algunas películas como *Nobleza baturra* (1935). Tras la guerra civil emprendió la labor de dirección primero con filmes militares, como *Porque te vi llorar* (1941) y *A mí la legión* (1942), y luego con películas de tema histórico, como *Locura de amor* (1948), *Agustina de Aragón* (1950) y *La leona de Castilla* (1951).

oréade *s. f.* Cualquiera de las ninfas de los bosques y montes.

Oreamuno, Francisco María (Cartago 1801 - ? 1856) Político costarricense. Miembro de la Asamblea Constituyente (1843), fue en 1844 presidente de la república durante un mes. Nuevamente ocupó la presidencia en 1856. Murió luchando contra el filibustero Walker.

orear *v. tr.* **1.** Dejar que el aire entre en un sitio o dé en una cosa para secarla, refrescarla o quitarle un olor. También *v. prnl.* ‖ *v. prnl.* **2.** Airearse, salir para despejarse una persona.

Orebro C. de Suecia, cap. del condado homónimo, situada al O de Estocolmo. 117.400 h. en 1983. Cuenta con industrias madereras, papeleras y químicas.

orégano *s. m.* Nombre común de diversas plantas herbáceas de la familia labiadas, géneros *Origanum* y *Satureja.* El orégano común *(Origanum vulgare)* mide entre 25 y 80 cm de altura, tiene hojas ovaladas y pecioladas y flores agrupadas en panículas con brácteas púrpura. Al igual que el *Origanum majorana,* se emplea en perfumería y como condimento. ‖ **Loc. no todo el monte es orégano** Se usa en ciertas expresiones que indican que no todas las cosas son fáciles o agradables.

Oregón Estado de EE UU, situado en el NO del país, en la costa del océano Pacífico. 251.418 km². 2.853.700 h. en 1990. La capital es Salem, con 89.250 h. en 1980. El territorio presenta un relieve montañoso en el sector central, con la cordillera de las Cascadas, donde se alza el monte Hood (3.427 m), y en el oriental, con las Blue Mountains. Está regado por numerosos ríos, entre los que destacan el Snake en el E, que traza su frontera con Idaho, y el Columbia en el N, que forma la frontera con Washington. En el O se hallan la depresión de Salem y Albany y una llanura costera. El principal núcleo urbano, Portland, se encuentra en el NO. Su economía cuenta con explotación forestal, cultivos forrajeros, de trigo, patatas y productos hortofrutícolas, pesca de arenques y salmones, yacimientos de níquel e industria electromecánica, química, maderera y papelera. Fue explorado en el s. XVI por españoles y se convirtió en 1818 en condominio británico y estadounidense. Fue integrado en EE UU en 1846 y adquirió estatuto de estado en 1859.

oreja *s. f.* **1.** Cada uno de los dos repliegues de la piel, sostenidos por cartílagos, que se encuentran a los lados de la cabeza y sirven para recoger las ondas sonoras y dirigirlas al interior del oído a través del conducto auditivo externo. También se denomina *pabellón auditivo.* **2.** Pieza con forma parecida a la de una oreja que está añadida a ciertos objetos. ‖ *s. m.* y *f.* **3.** *El Salv., Méx.* Soplón, confidente de la autoridad. ‖ **Loc. con las orejas gachas** *fam.* Avergonzado o triste, sin haber conseguido lo que deseaba. **de oreja a oreja** *adj. fam.* Se aplica a bocas o sonrisas muy grandes. **mojar la oreja** a alguien *fam.* Superar o vencer a alguien en algo. **pegar la oreja** Acercar alguien la oreja a un sitio para enterarse de algo que se dice. **planchar la oreja** *fam.* Dormir. **ver** uno **las orejas al lobo** Darse cuenta alguien de un peligro o una dificultad próxima que antes no había advertido o no parecía tan cercano.

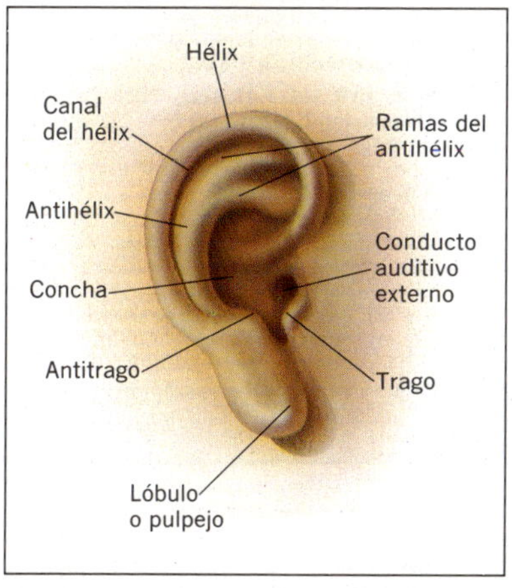

Oreja humana con indicación de sus partes principales.

orejear *v. intr.* Mover las orejas un animal.

orejera *s. f.* **1.** Cada una de las dos piezas de piel o de un material similar que sirven para tapar las orejas y protegerlas del frío. **2.** Cada una de las dos piezas semejantes de algunos gorros, cascos, etc., que cubren las orejas. **3.** Pieza de la cabezada de las caballerías que les protege los ojos.

orejón *s. m.* **1.** *aum.* de **oreja. 2.** Trozo de melocotón o albaricoque que se deja secar para consumirlo así.

orejón, na *adj.* **1.** *Amér. C., Col., Méx.* Tosco, zafio. **2.** *Méx.* Marido consentidor.

orejudo, da *adj.* **1.** Que tiene las orejas grandes o largas. ‖ *s. m.* **2.** Nombre común de algunas especies de murciélagos que se caracterizan por tener las orejas grandes.

orejuela *s. f.* Cada una de las dos asas pequeñas que tienen algunas ollas, bandejas, etc.

Orellana, Francisco de (Trujillo, Cáceres h. 1511 - Amazonia 1546) Explorador español. Acompañó a Pizarro al Perú, exploró el río Coca y llegó hasta la confluencia del río Napo con el Amazonas. De allí se dirigió a Nueva Cádiz (Venezuela), donde embarcó para España. En 1545 partió de Sanlúcar de Barrameda con la intención de hacer el recorrido inverso, pero murió en el territorio de los indios manaos.

Orellana, José María (Jícaro 1872 - Guatemala 1926) Militar y político guatemalteco. Lideró el golpe liberal que derrocó a Carlos Herrera y asumió la presidencia (1921). Elegido presidente constitucional (1922-26), impulsó la enseñanza y fundó el Banco Central.

Oremburg C. de la Federación Rusa, situada a orillas del río Ural. 547.000 h. en 1989. Cuenta con industria mecánica, textil y alimentaria.

orenga *s. f.* Cuaderna de una embarcación.

orensano, na *adj.* De Orense. También *s.*

Orense (*Ourense*) **1.** Prov. de España, perteneciente a la comunidad autónoma de Galicia, situada en el sector SE de la misma. 7.287 km². 350.450 h. en 1991. La capital es Orense. Ocupa un territorio montañoso en el que se alzan, en el O, las sierras de Faro, Suido y montes de Testeiro, al N del río Miño, y, en el E, los macizos de Manzaneda y de Trevinca, al S del río Sil; en esta última, en la frontera con León, se encuentra el pico Peña Trevinca (2.095 m), el más alto de la provincia. Entre estas sierras y macizos se encuentran los valles fluviales del Miño y sus afluentes el Sil, Avia, Arnoya y Bibey, así como el Támega y Limia, que desembocan en Portugal. Tiene clima atlántico y vegetación de bosque de coníferas y carballos y de monte bajo de brezos. Cuenta con cultivos de maíz, patatas, vid y productos hortofrutícolas, ganadería bovina y porcina, yacimientos de granito, pizarra, lignito y estaño e industria alimentaria, del mueble, metalúrgica y textil.
2. C. de España, cap. de la prov. homónima, situada en el N de la misma, a orillas del río Miño. 101.600 h. en 1991. Es centro de una comarca agrícola y núcleo comercial, que posee industria del mueble y del vino. Fue fundada por los romanos, repoblada durante la Edad Media en el 878 y 1071 como ciudad episcopal, y decayó en la Edad Moderna para resurgir en el s. XX. Sus principales monumentos son la catedral románica, el palacio episcopal, el puente Viejo y la fuente termal de las Burgas.

Orense: el puente Viejo sobre el río Miño.

oreo *s. m.* **1.** Acción y efecto de orear u orearse. **2.** Soplo suave del viento.

Oresme, Nicolás de (Oresme, Normandía h. 1325 - Lisieux 1382) Filósofo francés. Obispo católico y seguidor de Aristóteles, sus trabajos constituyen en buena medida el fundamento no sólo de las matemáticas, sino también de la ciencia moderna. Desarrolló una intensa actividad en distintos campos como la física, la astronomía, las matemáticas y la economía. Sentó las bases de la geometría analítica, aunque no llegara propiamente a formularla. Su principal aportación a la ciencia tuvo lugar en el campo de la cinemática al demostrar geométricamente el teorema de Merton. Entre sus principales obras se cuentan *Quaestiones super geometriam Euclides, De velocitate motus alterationis* y *De origine et mutationibus monetarum.*

Orestes Héroe legendario griego, hijo de Agamenón y Clitemnestra y hermano de Ifigenia y Electra. Con la ayuda de esta última vengó la muerte de su padre, asesinando a su madre Clitemnestra y al amante de ésta, el traidor Egisto.

oretano, na *adj.* **1.** Se dice de un pueblo de la España prerromana, de origen ibero, que vivió en las cuencas altas de los ríos Guadalquivir y Segura. **2.** De este pueblo. También *s.*

orfanato *s. m.* Institución y edificio que recoge y da asilo a niños huérfanos o cuyos padres no quieren o no pueden hacerse cargo de ellos.

orfanatorio *s. m. Méx.* Orfanato*.

orfandad *s. f.* **1.** Estado de los niños que han perdido a uno o a ambos padres. **2.** Pensión que reciben los huérfanos. **3.** Situación de falta de afecto o ayuda en que se encuentra una persona.

orfebre *s. m.* **1.** Persona que trabaja en la fabricación de objetos de orfebrería. **2.** *Col.* Artesano que trabaja el cobre.

orfebrería *s. f.* **1.** Arte y oficio de fabricar objetos artísticos con metales nobles, como el platino, el oro, la plata, etc. **2.** Conjunto de estos objetos.

orfelinato *s. m.* Orfanato*.

Orfeo Personaje mítico griego, hijo del rey Eagro de Tracia o, según otra versión, de Apolo y de la musa Calíope. Poeta y músico por excelencia, conquistaba a todos los que le oían. Perfeccionó la lira añadiéndole dos cuerdas. Descendió a los infiernos, el Hades, en busca de su esposa Eurídice, muerta por la mordedura de una serpiente, pero la perdió por volverse a mirarla antes de lo convenido con los dioses. Murió destrozado por las Ménades o, según otra tradición, fulminado por un rayo de Zeus.

orfeón *s. m.* Coro, conjunto de cantantes.

orfeonista *s. m.* y *f.* Persona que forma parte de un orfeón.

Orff, Carl (Munich 1895 - íd. 1982) Compositor alemán. Autor de un método de educación musical infantil, su obra más conocida es la cantata escénica *Carmina Burana* (1937), inspirada en textos de los goliardos. Otras obras suyas relevantes son la ópera *La astuta* (1943) y la cantata *Catulli Carmina* (1943).

órfico, ca *adj.* Perteneciente o relativo a Orfeo o al orfismo.

orfismo *s. m.* **1.** Religión mistérica de la antigua Grecia, difundida a partir del s. VI a. C. y que se atribuía a Orfeo. Ofrecía a sus iniciados algún tipo de revelación referente al más allá y a los secretos supuestamente comunicados por Orfeo al regreso de su viaje al infierno y les prometía la salvación después de la muerte. Se caracterizaba por la creencia en la divinidad del alma y en la metempsicosis, por predicar la abstinencia de comer carne y sangre, así como por la castidad. **2.** Nombre dado por Apollinaire en 1913 a una tendencia del cubismo iniciada por Robert Delaunay y que consistía en una pintura no figurativa basada en la fuerza expresiva del color y del ritmo.

organdí *s. m.* Tela de algodón fina y transparente y algo rígida.

organicismo *s. m.* **1.** Teoría que sostiene que las sociedades son organismos análogos a los de los seres vivos y que sus distintas partes funcionan en relación al todo de modo semejante a las de aquéllos. Esta teoría está expuesta en el *Leviatán*, de Hobbes, y desarrollada en las leyes de la evolución de Herbert Spencer. **2.** Teoría que sostiene que las enfermedades dependen de lesiones orgánicas.

orgánico, ca *adj.* **1.** Se aplica al ser que tiene vida, que es un organismo vivo. **2.** P. ext., se aplica a todo aquello que está formado por órganos o partes separadas y diferenciadas que tienen, cada una de ellas, una función determinada, pero están al mismo tiempo coordinadas entre sí. **3.** Perteneciente o relativo a los órganos o al organismo de los seres vivos. **4.** Se aplica a cualquier sustancia o materia que es o ha sido parte de un ser vivo, o que está formada por restos de seres vivos. ‖ **5. ley orgánica** Véase **ley**. **6. química orgánica** Parte de la química que estudia los compuestos del carbono. FAM. Orgánicamente.

organigrama *s. m.* **1.** Esquema gráfico con que se representa la forma en que está organizada una entidad, estructura, sistema, etc., mostrando los elementos que lo componen y la relación que existe entre ellos. **2.** P. ext., esta misma organización o estructuración.

organillero, ra *s. m.* y *f.* Persona que toca el organillo.

organillo *s. m.* Instrumento para reproducir música, con forma de piano pequeño y portátil, cuyo mecanismo consiste en un cilindro con púas que, al girar sobre su eje impulsado por una manivela, pulsa unas varillas metálicas afinadas para dar las notas musicales.

organismo *s. m.* **1.** Ser vivo. **2.** Conjunto de órganos que forman un ser vivo. **3.** Institución, entidad.

Organismo Internacional de Energía Atómica (OIEA) Organización dependiente de la ONU, aunque no integrada orgánicamente en su estructura, cuyos objetivos son el control y la utilización racional de la energía nuclear. Se llama también Agencia Internacional de Energía Atómica (AIEA).

organista *s. m.* y *f.* Músico que toca el órgano.

organístico, ca *adj.* Perteneciente o relativo al órgano, instrumento musical.

organización *s. f.* **1.** Acción y efecto de organizar u organizarse. **2.** Manera de estar organizado algo. **3.** Asociación de personas, instituciones, entidades, etc., que se unen y coordinan con un determinado fin u objetivo.

Organización de Cooperación y Desarrollo Económico (OCDE) Organismo creado en 1960 y que entró en funcionamiento en 1961, con sede en París, e integrado por Alemania, Austria, Bélgica, Dinamarca, España, Finlandia, Francia, Reino Unido, Grecia, Irlanda, Islandia, Italia, Luxemburgo, Noruega, Países Bajos, Portugal, Suecia, Suiza, EE UU, Canadá, Japón, Australia, Turquía, Nueva Zelanda y, con un régimen especial, Yugoslavia, para procurar la mayor expansión posible de la economía y el empleo, aumentar el nivel de vida, tanto de los países miembros como de aquellos en vías de desarrollo, y contribuir a extender el comercio mundial sobre una base multinacional.

Organización de Estados Americanos (OEA) Organismo fundado en 1948 en la conferencia de Bogotá, y que agrupa a todos los gobiernos de los países americanos, excepto Canadá y Cuba, esta última expulsada en 1962 por el establecimiento de un régimen socialista y las presiones de EE UU. Tiene su sede en Washington. Se creó para la defensa de las democracias representativas y la cooperación económica y social. Su principal órgano es la Asamblea General, que se reúne anualmente. Cuenta con un Consejo Permanente y una Secretaría General.

Organización de Estados Centroamericanos (ODECA) Organismo fundado en 1951, con sede en San Salvador, e integrado por El Salvador, Costa Rica, Guatemala, Honduras y Nicaragua, para la cooperación política, militar y económica entre los países miembros. El órgano supremo es el Consejo de presidentes de los estados miembros.

Organización de las Naciones Unidas (ONU) Organismo internacional fundado en San Francisco en 1945, cuya sede se encuentra en Nueva York. Inspirada en las instituciones de la anterior Sociedad de Naciones, se fijó como objetivos garantizar el mantenimiento de la paz y seguridad internacionales, sobre la base de la igualdad de derechos de todos los pueblos, y estudiar los problemas económicos, sociales, culturales y sanitarios, con el fin de resolverlos mediante la cooperación. Pertenecen a ella la casi totalidad de los estados del mundo. Los organismos fundamentales que componen la organización son: la Asamblea General, órgano deliberativo que reúne a los representantes de todos los países; el Consejo de Seguridad, órgano ejecutivo en asuntos políticos, compuesto por quince miembros, cinco de los cuales (EE UU, Federación Rusa, China, Reino Unido y Francia) son permanentes y con derecho a veto, y los otros diez son elegidos por un periodo de dos años por la Asamblea General; el Consejo Económico y Social, compuesto de treinta y seis miembros, que se reúne dos veces al año y se ocupa de coordinar los demás organismos dependientes de la ONU; el Consejo de Tutela o Administración Fiduciaria, encargado de administrar los territorios sometidos a su tutela; el Tribunal Internacional de Justicia, con sede en La Haya, compuesto por quince jueces, elegidos por nueve años; y la Secretaría General, órgano administrativo. En 1992 la ONU admitió entre sus miembros a las repúblicas de la antigua URSS.

Organización de las Naciones Unidas para la Alimentación y la Agricultura Véase **FAO**.

Organización de las Naciones Unidas para la Educación, la Ciencia y la Cultura Véase **UNESCO**.

Organización de Países Exportadores de Petróleo (OPEP) Organismo económico internacional con sede en Viena, constituido en Bagdad, en 1960, por Arabia Saudí, Argelia, Ecuador, Emiratos Árabes Unidos, Gabón, Indonesia, Irán, Irak, Kuwait, Libia, Nigeria, Qatar y Venezuela, con el fin de hacer un frente común para la defensa de sus intereses y tratar de estabilizar los precios mediante una regulación de la producción. Jugó un importante papel en la situación económica internacional en la década de los años setenta. Su máximo órgano es la Conferencia, que se reúne dos veces al año.

Organización del Ejército Secreto Véase **OAS**.

Organización del Tratado del Atlántico Norte (OTAN) Organismo creado mediante el tratado del Atlántico Norte el 4 de abril de 1949 por los países miembros de la Organización del Tratado de Bruselas (Bélgica, Francia, Luxemburgo, Países Bajos y Reino Unido) y Canadá, Dinamarca, Islandia, Italia, Noruega, Portugal y EE UU; más tarde se incorporaron la República Federal de Alemania, Grecia, Turquía,

ORGANIZACIÓN DE LAS NACIONES UNIDAS (ONU)

Organismos

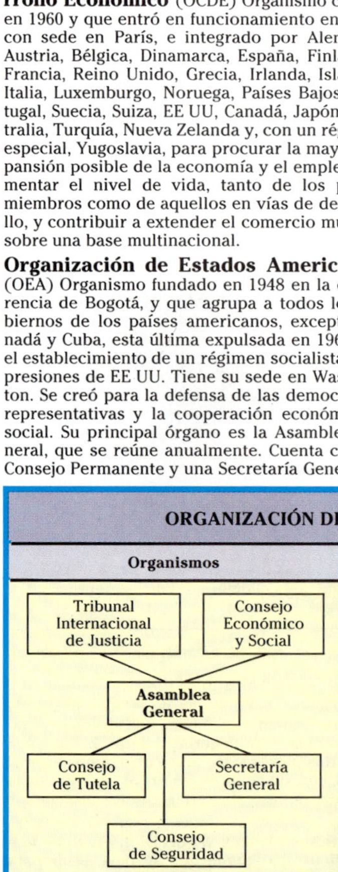

Principales instituciones especializadas

FAO	Organización para la Alimentación y la Agricultura.
UNICEF	Fondo Internacional de las Naciones Unidas para el Socorro a la Infancia.
UNESCO	Organización de las Naciones Unidas para la Educación, Ciencia y Cultura.
OIT	Organización Internacional del Trabajo.
BIRD	Banco Internacional para la Reconstrucción y el Desarrollo.
FMI	Fondo Monetario Internacional.
OMS	Organización Mundial de la Salud.
AIEA	Agencia Internacional de Energía Atómica.
GATT	Acuerdo General sobre las Tarifas Aduaneras y el Comercio.

y Francia retiró su participación militar en 1966. Producto de la guerra fría y del temor de EE UU y de Europa occidental a un posible ataque militar soviético, los países miembros declaran en su artículo V que, si se produce un ataque contra uno de ellos, se considerará como un ataque contra todos y, si éste es armado, cada uno ayudará al país atacado por la «acción que estime necesaria». España se incorporó a la organización en 1982 durante el gobierno de Calvo Sotelo y ratificó su ingreso mediante referéndum en 1986. Desde 1991, tras la desaparición del Pacto de Varsovia, la OTAN se replanteó su estrategia y se autodefinió como una estructura política militar complementaria a la CEE y la UEO.

Organización Internacional del Trabajo (OIT) Organismo internacional, creado en 1919 como institución vinculada a la Sociedad de Naciones, con el fin de mejorar las condiciones de trabajo, aumentar el nivel de vida en los países desarrollados y subdesarrollados, dotarlos de estabilidad económica y social, aconsejar normas sociales internacionales y redactar convenios sobre todos los asuntos relativos al trabajo. Fue reconocido por la ONU en 1946. Sus órganos fundamentales son la Conferencia Internacional del Trabajo, que se reúne anualmente, y se compone por delegaciones de todos los países miembros; el Consejo de Administración y el Buró Internacional del Trabajo, encargado de ayudar a los gobiernos a redactar los textos legislativos y contribuir a la aplicación de los convenios. Su sede se encuentra en Ginebra.

Organización Mundial de la Salud (OMS) Organismo especializado, dependiente de la ONU, creado en 1946, con sede en Ginebra, cuyo fin es colaborar al desarrollo sanitario en el mundo y luchar contra la enfermedad por medio de la creación de las condiciones que hagan posible un estado de bienestar físico, mental y social para todos los seres humanos.

Organización Nacional de Ciegos Españoles (ONCE) Corporación pública española para la promoción e integración social y laboral de invidentes profundos. Fue fundada en 1938 y se autofinancia mediante la venta de un cupón de lotería de sorteo diario. Posee centros educativos y asistenciales y, desde 1988, ha ampliado sus actividades a otros grupos de minusválidos a través de la Fundación ONCE.

Organización para la Liberación de Palestina (OLP) Organismo político fundado en 1964 en Jerusalén, por iniciativa de Ahmed Choukeiry, para agrupar a los grupos de resistencia palestinos en el exilio y en los territorios ocupados por Israel. Está presidido desde 1969 por Yasser Arafat y reconocido desde 1973 por los países árabes como único representante del pueblo palestino. Los cambios estratégicos han provocado duros enfrentamientos entre las distintas facciones, especialmente en el Líbano. En 1988, el Consejo Nacional Palestino, supremo órgano legislativo, proclamó unilateralmente la independencia del estado de Palestina, en los territorios ocupados de Gaza y Cisjordania. El nuevo estado fue reconocido por todos los países árabes y la URSS.

Organización para la Unidad Africana (OUA) Organismo fundado en 1963 en Addis-Abeba, donde tiene su sede, y que agrupa a todos los estados de África, con excepción de la República Sudafricana. En un principio tuvo un gran prestigio, cimentado en algunos líderes africanos y en el comité de descolonización, el cual prestó ayuda a los movimientos independentistas; posteriormente ha decaído su actividad, limitándose a intervenir en numerosos conflictos fronterizos y a luchar contra el racismo en el continente. Anualmente se reúne su conferencia de jefes de gobierno.

organizado, da 1. *p. p.* de **organizar**. También *adj.* ‖ *adj.* **2.** Se aplica a la persona ordenada. **FAM.** Organizadamente.

organizador, ra *adj.* Que organiza o sirve para organizar. También *s.*

organizar *v. tr.* **1.** Disponer una serie de elementos de modo que cada uno de ellos tenga un lugar o una función dentro del conjunto. **2.** Reunir o asociar a un conjunto de personas, países, entidades, etc., estableciendo cómo deben actuar conjuntamente para lograr un objetivo. También *v. prnl.* **3.** Poner algo en orden. **4.** Preparar alguna cosa disponiendo todo lo necesario. **5.** Formar o provocar lo que se expresa. ‖ *v. prnl.* **6.** Imponerse uno mismo orden y cuidado en sus asuntos o actividades para que marchen adecuadamente. **7.** Aparecer o producirse algo. ■ Se conjuga como *cazar.*

órgano *s. m.* **1.** Cada una de las partes diferenciadas del cuerpo de un ser vivo que realizan funciones específicas. **2.** P. ext., parte diferenciada de un conjunto, la cual tiene una función determinada dentro del mismo. **3.** Medio de difusión que expresa las ideas y opiniones de un partido, Estado, organización, etc. **4.** Instrumento musical de viento que consta de un conjunto de tubos, un mecanismo pulsador, los teclados (manuales y de pie) y anexos, y el aparato impulsor del aire (fuelles y conductos). ‖ **5. órgano eléctrico** El que tiene un inyector eléctrico de aire en vez de fuelle. **6. órgano electrónico** El que utiliza circuitos electrónicos para producir sonidos similares a los del órgano de tubos.

organoalumínico, ca *adj.* Se dice de los conjuntos orgánicos que contienen algún enlace carbono-aluminio.

organoaluminio *s. m.* Compuesto orgánico carbonoalumínico. Se usa como catalizador.

organogénesis *s. f.* Proceso de formación y desarrollo de los órganos de un ser vivo a partir de las tres hojas que forman la gástrula. Del ectodermo se origina el sistema nervioso, la piel, los ojos, la cavidad bucal y anal, las fosas nasales, etc. A partir del mesodermo se forman los músculos y los huesos, el aparato circulatorio, el aparato excretor, las gónadas, etc. Del endodermo derivan el tubo digestivo, hígado, páncreas y pulmones.

organogenia *s. f.* Estudio de la formación y desarrollo de los órganos de un ser vivo.

organógeno, na *adj.* Se dice de los depósitos de minerales y rocas formados por sedimentación de restos de seres vivos.

organografía *s. f.* Parte de la biología que estudia los órganos vegetales o animales. **FAM.** Organográfico.

organología *s. f.* **1.** Tratado de los órganos de los animales o los vegetales. **2.** Parte de la musicología que se ocupa de la construcción, modo de ejecución e historia de los instrumentos musicales.

organometálico, ca *adj.* Se dice de los compuestos orgánicos que tienen un átomo metálico en su molécula. También *s. m.*

Organon Nombre que recibe el conjunto de los tratados lógicos de Aristóteles, que comprende *Categorías*, *Sobre la interpretación*, *Primeros analíticos*, *Segundos analíticos*, *Tópicos* y *Refutaciones sofísticas.*

organopatía *s. f.* Lesión que afecta a un órgano del cuerpo.

orgánulo *s. m.* En biol., parte o estructura de una célula que desempeña en ésta la función de un órgano, p. ej. el nucléolo.

organum (voz lat.) *s. m.* Forma primitiva de polifonía medieval, basada en la repetición simultánea del canto llano (línea melódica principal) en un intervalo de cuarta o de quinta descendente. Se cultivó desde la segunda mitad del s. IX hasta mediados del s. XIII. También se llama *diafonía* o *contrapunto.*

orgasmo *s. m.* Momento de mayor excitación de los órganos sexuales, en el que se experimenta una sensación de placer intenso y a partir del cual dicha excitación decae. En el hombre coincide con la eyaculación.

orgía *s. f.* **1.** Fiesta en la que se trata de experimentar los placeres más intensos relacionados con la comida, la bebida y el sexo. **2.** Satisfacción desenfrenada de los deseos y las pasiones.

orgiástico, ca *adj.* Perteneciente o relativo a la orgía.

orgullo *s. m.* **1.** Satisfacción que se siente por uno mismo o algo propio o que se considera como tal. **2.** Sentimiento de superioridad.

orgulloso, sa *adj.* **1.** Que siente orgullo, satisfacción. **2.** Que tiene orgullo, soberbia. También *s.* **FAM.** Orgullosamente.

Oribe, Manuel (Montevideo 1796 - íd. 1857) Patriota y político uruguayo. Se unió a Artigas en su avance hacia Montevideo (1811) y luchó contra la invasión lusobrasileña (1816). Fue uno de los jefes de la expedición de los Treinta y tres orientales, que sitió Montevideo y proclamó la independencia (1825). Nombrado presidente de la república en 1835, tuvo que sostener, con el apoyo de Rosas, una lucha como jefe del Partido Blanco contra los colorados, partidarios de Fructuoso Rivera. Derrotado por éste, renunció a la presidencia (1838) y marchó a Buenos Aires. Nuevamente promovió la guerra contra Rivera y llegó a cercar Montevideo. Terminada la guerra Grande (1843-51) con el triunfo de Urquiza, se exilió a Europa en 1853. Regresó en 1855 y firmó el pacto de Unión con Flores.

oribi *s. m.* Mamífero artiodáctilo de la familia bóvidos, especie *Ourebia ourebi.* Es rumiante semejante al antílope, que mide unos 60 cm de altura en la cruz, tiene cuernos rectos y pelambre rojiza en su región dorsal. Habita en regiones de llanuras herbáceas de África austral, en parejas o formando pequeños rebaños.

orientable *adj.* Que se puede orientar, colocar en determinada dirección.

orientación *s. f.* **1.** Acción y efecto de orientar u orientarse. **2.** Situación de una cosa respecto a un punto del horizonte o dirección hacia la que mira la parte principal de algo, como un edificio, una montaña, etc. **3.** Instrucción, consejo, información, etc., sobre un determinado asunto. **4.** Dirección que lleva la conducta, pensamientos, etc., de una persona o entidad. **5.** Capacidad que permite al hombre y a los animales saber en qué lugar se encuentran y qué dirección deben seguir para llegar a un sitio determinado.

orientador, ra *adj.* **1.** Que orienta o sirve para orientar u orientarse. ‖ *s. m.* y *f.* **2.** Persona especializada en orientar a otras pedagógica o profesionalmente.

oriental *adj.* **1.** Perteneciente o relativo a oriente o situado en él. **2.** Perteneciente o relativo a la raza amarilla. También *s.* **3.** *amer.* Uruguayo. ‖ **4. Iglesias orientales** Comunidades cristianas que mantienen con respecto a la Iglesia católica romana diferencias doctrinales y litúrgicas, procedentes de las de antiguas Iglesias de la parte oriental del imperio romano. Las más conocidas son las de rito bizantino, rito copto, rito armenio y rito sirio.

orientalismo *s. m.* **1.** Conjunto de estudios y conocimientos sobre la civilización y cultura de los pueblos de Asia. **2.** Afición e interés por dicha civilización y cultura. **3.** Rasgo o carácter de lo oriental.

orientalista *adj.* **1.** Perteneciente o relativo al orientalismo. ‖ *s. m.* y *f.* **2.** Persona que conoce y estudia la historia, lenguas, arte, etc., de los pueblos del continente asiático.

orientar *v. tr.* **1.** Colocar una cosa en cierta dirección. **2.** Indicar a alguien el lugar en que se encuentra o la dirección que debe seguir para ir a donde desea. **3.** Informar a alguien, por lo general someramente, sobre algo que ignora y desea saber de determinado asunto o aconsejarle sobre lo que resulta más conveniente para llevarlo a cabo. También *v. prnl.* **4.** Dirigir alguien sus ideas, actitud, conducta, etc., en un sentido o hacia un fin determinado. También *v. prnl.* ‖ *v. prnl.* **5.** Conocer una persona o animal la dirección que debe seguir o el lugar en que se encuentra.

orientativo, va *adj.* Que orienta o sirve para orientar.

oriente *s. m.* **1.** Punto del horizonte por donde sale el Sol. **2.** Lugar que, respecto a otro con el que se compara, está más próximo al sitio por donde sale el Sol. **3.** Región de la Tierra que comprende toda Asia y las zonas de Europa y África más próximas a ella. ■ En esta acepción se escribe con mayúscula. **4.** Brillo de una perla por el que se juzga su calidad. **5.** Nombre que designa a las logias masónicas de las provincias. ‖ **6. Cercano Oriente** Oriente Medio. **7. Extremo Oriente** Conjunto de los países del Asia oriental. **8. Gran Oriente** En masonería, organismo supremo que agrupa a las logias de un país, a cuyo frente se encuentran el gran maestre y el gran consejo de la orden. **9. Lejano Oriente** Extremo Oriente. **10. Oriente Medio** Región del suroeste de Asia y del nordeste de África; agrupa a un conjunto de países, mayoritariamente árabes, comprendidos entre Egipto e Irán. **11. Oriente Próximo** o **Próximo Oriente** Oriente Medio.

orificar *v. tr.* Rellenar de oro el hueco producido por una caries en una muela o diente. ■ Se conjuga como *sacar.* **FAM.** Orificación.

orífice *s. m.* Artesano o artista que trabaja el oro.

orificio *s. m.* Agujero, especialmente el que ha sido hecho intencionadamente o tiene una función o finalidad y no es de gran tamaño.

oriflama *s. f.* **1.** Estandarte de la abadía de San Dionisio, de color rojo y bordado en oro, que antiguamente usaron los reyes de Francia. **2.** P. ext., cualquier estandarte, bandera, banderola, etc., que flota al viento.

origen *s. m.* **1.** Principio de algo o momento en que empieza algo. **2.** Causa, motivo. **3.** Clase social y económica a la que pertenece la familia de una persona. **4.** Lugar o país de procedencia de una persona o sus antepasados o de una cosa. **5.** Punto donde se cortan los ejes de coordenadas. || **LOC. dar origen** a algo Causar, provocar.

Orígenes (Alejandría h. 185 - Tiro h. 253) Teólogo griego. Es uno de los Padres de la Iglesia griega. Dirigió la escuela de catequistas de Alejandría, que en el s. III era el centro más activo del pensamiento cristiano. Intentó incorporar al cristianismo elementos de la tradición filosófica griega, dando una especial importancia al discurso racional. Entre sus principales obras se encuentran *Acerca de los principios, Exhortaciones al martirio* y *Sobre la oración.*

original *adj.* **1.** Perteneciente o relativo al origen de algo. **2.** Se dice de la primera de varias personas, cosas, etc., que se suceden una tras otra. **3.** Se dice de la obra que no copia, imita o repite otras de su clase; se aplica también al autor, artista, creador, etc., que las realiza, así como a su técnica, estilo, etc. **4.** Se aplica a la obra o película que está en el idioma en que se realizó; también se dice de este mismo idioma. **5.** Se dice de la persona, conducta, moda, idea, etc., que se sale de lo habitual. **6.** Se dice de aquello, particularmente un escrito, de lo que se hacen reproducciones o versiones. También *s. m.* || *s. m.* **7.** Escrito o texto de cualquier clase antes de darlo a imprimir. **8.** Persona u objeto cualquiera que se reproduce en pintura, dibujo, fotografía, escultura, etc. **FAM.** Originalmente.

originalidad *s. f.* **1.** Cualidad de original. **2.** Acción, comportamiento o actitud, etc., extraña, ingeniosa o poco corriente.

originar *v. tr.* **1.** Causar, motivar. || *v. prnl.* **2.** Iniciarse, dar comienzo una cosa.

originariamente *adv. t.* Al principio, en los orígenes de algo.

originario, ria *adj.* **1.** Nacido o producido en el lugar que se indica o procedente directa o indirectamente de él. **2.** Primero, inicial. **3.** Que es origen o principio de algo.

Orihuela C. de España, en la prov. de Alicante, situada en el curso bajo del río Segura. 46.500 h. en 1990. Es el núcleo urbano de una rica región de huerta en la que se cultivan hortalizas, agrios, pimentón, cáñamo, almendros y olivos. Cuenta con industria alimentaria y textil. Conserva restos de la muralla árabe y una catedral gótica.

orilla *s. f.* **1.** Extremo o borde de una superficie y parte que está junto a éste. **2.** Límite entre la tierra y el agua de un río, del mar, de un lago, etc., y franja de tierra o de agua próxima a él. || *pl.* **3.** *Arg., Méx.* Arrabales de una población. || **LOC. orilla de** *prep.* Al borde, al lado de.

orillar *v. tr.* **1.** Esquivar o evitar cualquier clase de obstáculo o dificultad. **2.** Dejar a alguien a un lado, no contar con él. **3.** Sobrehilar*. || *v. intr.* **4.** Arrimarse a la orilla. También *v. prnl.*

orillero, ra *adj. Arg., Urug.* Arrabalero. También *s.*

orillo *s. m.* Borde de las piezas de tela según salen de la fábrica, el cual es generalmente más basto o de peor confección que el resto de la pieza.

orín *s. m.* **1.** Óxido de color rojizo anaranjado que se forma en la superficie del hierro por efecto de la humedad. **2.** Orina*. ■ Se usa mucho en *pl.*

orina *s. f.* Líquido de color amarillento que se produce en los riñones de los vertebrados como resultado de filtrar la sangre y de purificarla de las sustancias de desecho y que se expulsa al exterior.
Anat. y ***Fisiol.*** En los vertebrados, la orina es el líquido de excreción mediante el cual se eliminan los productos tóxicos procedentes del catabolismo. Sus componentes son agua (95 %), sales minerales (2 %) y sustancias de desecho (3 %), especialmente urea y ácido úrico. Bajo la influencia de ciertas enfermedades, en la orina humana pueden aparecer además sustancias como glucosa, acetona, glóbulos sanguíneos, etc. La precipitación de sales poco solubles da lugar a la formación de cálculos. En el ser humano, la orina formada en los riñones sale de éstos por los uréteres y se va acumulando en la vejiga hasta que la presión del líquido provoca la necesidad de expulsarlo, lo que se realiza a través de la uretra mediante la micción. La cantidad de orina expulsada normalmente al día por un adulto es de 1.300 a 1.600 cm^3. El análisis de la orina es un elemento importante para el diagnóstico de enfermedades.

orinal *s. m.* Recipiente especial para recoger la orina o los excrementos.

orinar *v. intr.* **1.** Expulsar la orina del cuerpo. || *v. tr.* **2.** Expulsar otro líquido por la uretra. || *v. prnl.* **3.** Orinar involuntariamente, sin poderlo controlar.

Orinoco Río de América del Sur, en Venezuela y Colombia. 2.763 km. 948.000 km^2 de cuenca y 18.000 m^3/s de caudal absoluto. Nace en la sierra de Parima, en Venezuela, y discurre en dirección NO trazando la frontera entre Colombia y Venezuela. A la altura de Puerto Carreño recibe a su principal afluente, el río Meta, y toma dirección NE, hasta desembocar en el mar Caribe, donde forma un gran delta (25.000 km^2) que comienza en Barrancas. Pasa por Puerto Ayacucho y Ciudad Bolívar. Sus principales afluentes, además del Meta, son el Guaviare, el Vichada, el Arauca, el Apure, el Caura y el Caroní. En su curso alto existen abundantes islas, entre las que destaca la isla Ratón. Es navegable.

oriolano, na *adj.* De Orihuela. También *s.*

Orión **1.** En la mitología griega, gigante de gran belleza, hijo de Euríale y de Poseidón. Según la leyenda quiso violar a Artemisa, quien en venganza le envió un escorpión para matarle. Zeus convirtió a Orión en constelación, situada en la bóveda celeste, en la parte opuesta a la de Escorpión.
2. Constelación ecuatorial que consta de más de 40 estrellas, entre las que destacan Betelgeuse, Rigel y Bellatrix.

Orissa (*Udisa*) Estado de la India, situado en el E del sector central del país, junto al golfo de Bengala. 155.707 km^2. 26.370.300 h. en 1981. La capital es Bhubaneswar, con 219.200 h. en 1981. Está accidentado por los montes Ghates Orientales y recorrido por el río Mahanadi. Entre sus actividades económicas destacan el cultivo de arroz, mijo y la caña de azúcar, la extracción de mineral de hierro, manganeso, cromo y bauxita y la industria siderúrgica, del aluminio, cementera, química y textil.

oriundo, da *adj.* Que procede de un lugar determinado. **FAM.** Oriundez.

órix *s. m.* Nombre común de diversos mamíferos artiodáctilos de la familia bóvidos, género *Oryx.* Son animales robustos, que miden entre 100 y 120 cm de altura en la cruz, tienen pelaje castaño o blanco y larga cola con mechón terminal. Poseen largos cuernos levemente curvados hacia atrás. Existen tres especies: *Oryx dammah, Oryx leucoryx* y *Oryx gazella.* Habitan en las estepas áridas africanas.

Órix (Oryx leucoryx).

Orizaba **1.** Pico de México, perteneciente a la Sierra Madre Oriental, situado entre los estados de Veracruz y Puebla, junto a la ciudad de Orizaba. 5.610 m de altura. Es un volcán activo. También se denomina *Citlaltépetl.*
2. C. de México, perteneciente al estado de Veracruz, situada en el SE del mismo. 114.850 h. en 1980. Es el núcleo urbano de una región agrícola que produce café, tabaco y cereales. Cuenta con industria textil y cervecera.

Orjan Gazi (? 1288 - ? h. 1361) Sultán otomano (1326-h. 1361). Hijo de Osmán I, se le considera el fundador del imperio, pues sus dominios comprendían desde Ankara, en Anatolia, hasta Tracia, en Europa. Estableció su capital en Brusa. Creó el cuerpo de los jenízaros. Apoyó a Juan VI Cantacuceno, emperador de Bizancio, frente a la emperatriz Ana y casó con una hija de aquél.

orla *s. f.* **1.** Franja de adorno que se pone al borde de ciertas cosas como telas, vestidos, hojas de papel, cuadros, etc. **2.** Cuadro que se hace como recuerdo con las fotos de los alumnos de una misma promoción académica y sus profesores.

Orlando, Vittorio Emmanuele (Palermo 1860 - Roma 1952) Jurista y político italiano. Fue ministro en varias ocasiones. Primer ministro (1917-19), participó en la conferencia de paz de Versalles (1919), tras la Primera Guerra Mundial, que abandonó por la hostilidad que encontró a las reivindicaciones italianas sobre Fiume y Dalmacia. Aunque al comienzo simpatizó con el fascismo, se opuso a Mussolini y renunció a su cargo de diputado. En 1946 fue diputado de las Cortes constituyentes y senador en 1948. Es el creador de la escuela italiana de derecho público.

orlar *v. tr.* Poner o haber una orla alrededor de algo.

orleanismo *s. m.* Corriente política francesa que apoyó los derechos al trono francés de la casa de Orleans, rama colateral de los Borbones. Con la ayuda de la burguesía consiguió que reinase Luis Felipe de Orleans con el nombre de Luis Felipe I (1830-48). En 1883 este movimiento se fusionó con los legitimistas borbónicos.

Orleans C. de Francia, cap. de la región Centro y del departamento de Loiret, situada a orillas del río Loira. 105.800 h. en 1990. Es un nudo de comunicaciones y centro comercial tradicional, que cuenta con industrias textiles, químicas, de maquinaria y alimentarias. De origen muy antiguo, fue destruida por César en el año 55 a. C., reconstruida por Aureliano en el 273 y convertida en capital por los merovingios. Entre sus monumentos sobresalen la catedral del s. XIII y la casa consistorial del s. XVI.

Orleans, Felipe de Orleans, duque de (Saint-Cloud 1674 - Versalles 1723) Estadista francés. Combatió en la guerra de Sucesión española en Italia y España. A la muerte de Luis XIV fue nombrado regente (1715-23) durante la minoría de edad de Luis XV. Llevó una política contraria al absolutismo, aumentando el poder del Parlamento y permitiendo a la alta nobleza el acceso a los órganos de gobierno. En cuanto a las relaciones exteriores, propició la guerra contra España (1719-20).

Orleans, la doncella de Véase **Juana de Arco**.

Orleans, Luis Felipe de Véase **Luis Felipe I**.

Orleans, Luis Felipe José de Orleans, duque de, llamado **Felipe Igualdad** (Saint-Cloud 1747 - París 1793) Político francés. Fue desterrado por Luis XV debido a su excesiva apertura a las nuevas corrientes culturales de la época. Mostró su apoyo a la Revolución Francesa, fue miembro del club de los jacobinos y diputado de la Convención. Pese a votar a favor de la muerte del rey, fue detenido en 1793 y guillotinado bajo la acusación de haber pretendido el trono de Francia. Uno de sus hijos, Luis Felipe, fue más tarde rey de los franceses.

Orlich, Francisco José (San Ramón 1908 - San José 1969) Militar y político costarricense. Miembro del Partido de Liberación Nacional, fue presidente de la república (1962-66). Llevó a cabo una política anticomunista y fue un aliado incondicional de EE UU.

orlón *s. m.* Fibra textil sintética, similar a la lana.

Orlov Familia rusa de políticos y militares. Entre sus miembros más destacados figuran **Grigori Grigorievich** (? 1734 - Moscú 1783), que preparó junto a la gran duquesa Catalina la detención del zar Pedro III; favorito de Catalina II, ejerció funciones importantes hasta su caída en desgracia; **Alexei Grigorievich** (Liutkino 1737 - Moscú 1807), hermano del anterior, que tomó parte activa en el complot que costó la vida a Pedro III; fue almirante de la flota rusa en la guerra contra los turcos (1770); **Alexei Fiodorovich** (Moscú 1786 - San Petersburgo 1861), embajador en Constantinopla, impuso a los turcos el tratado de Unkiar-Iskelesi (1833) y dirigió la delegación rusa en el tratado de París (1856); fue hecho príncipe por Alejandro II.

ormesí *s. m.* Tela fuerte de seda, muy tupida, que hace aguas.

Ormuz Deidad suprema de las religiones zoroástricas y parsis. Constituye la personificación del bien y la sabiduría. También se le conoce con los nombres de *Ahura Mazda* y *Varuna.*

Ormuz, estrecho de Estrecho del océano Índico, en el SO asiático, que une el golfo Pérsico y el golfo de Omán y separa las costas de Irán y la península Arábiga. Es una importante vía del tráfico petrolífero, que adquirió un gran valor estratégico en la guerra irano-iraquí de la década de los ochenta.

ornamentación *s. f.* **1.** Acción y efecto de ornamentar. **2.** Conjunto y disposición de las cosas que se ponen para adornar.

ornamental *adj.* **1.** Se aplica a aquello que sirve para decorar o adornar un lugar. **2.** Que es inútil, que no tiene una función o fin prácticos.

ornamentar *v. tr.* Poner ornamentos o adornos a algo.

ornamento *s. m.* **1.** Cosa que adorna el lugar en que se encuentra. **2.** Conjunto y disposición de las cosas que se ponen para adornar un lugar. **3.** Cualidad que hace mejor o más estimable a quien la posee. ‖ *pl.* **4.** Ropas del sacerdote y adornos de los altares empleados en la celebración de una ceremonia religiosa.

ornar *v. tr.* Ornamentar, adornar.

ornato *s. m.* **1.** Ornamento, particularmente cuando es muy lujoso. **2.** Cualidad que hace mejor o más estimable a quien la posee. **3.** Elogiosamente, persona que, por su belleza o sus cualidades, hace que algo resulte mejor, más bello o de más calidad gracias a su presencia.

ornito- *pref.* Significa 'pájaro, ave': *ornitología, ornitorrinco.*

ornitología *s. f.* Parte de la zoología que estudia las aves. **FAM.** Ornitológico.

ornitólogo, ga *s. m.* y *f.* Persona que estudia o se dedica a la ornitología.

ornitomancia u **ornitomancía** *s. f.* Adivinación del porvenir a través de la interpretación del vuelo o del canto de las aves.

ornitorrinco *s. m.* Mamífero monotrema de la familia ornitorrínquidos, especie *Ornithorhynchus anatinus.* Mide entre 45 y 60 cm de longitud, su cuerpo es aplanado y está cubierto de un pelaje gris en el dorso y amarillento en el vientre. Tiene una cola grande y plana, hocico córneo en forma de pico de pato y patas cortas con pies palmeados, que en el macho poseen una glándula que segrega veneno durante cierta época del año. Es de costumbres acuáticas y nocturnas, y vive en cursos de agua dulce de Australia y Tasmania alimentándose de pequeños animales. La hembra pone huevos. Fue muy cazado por su piel, pero en la actualidad es especie protegida.

Ornitorrinco (Ornithorhynchus anatinus).

oro *s. m.* **1.** Au. Elemento químico perteneciente al grupo I B del sistema periódico. Su número atómico es 79 y su masa atómica 196,9665. Es un metal conocido y apreciado desde la más remota antigüedad. Gracias a su resistencia a la oxidación y a la corrosión, se encuentra libre en la naturaleza, muchas veces mezclado con plata y cobre, de los que se separa mediante tratamiento con mercurio o por adición de cianuro sódico. Es un sólido amarillo, no muy duro, de elevada densidad, muy dúctil y maleable, por lo que se puede separar en láminas extraordinariamente finas (panes de oro). Se extrae en yacimientos de la República Sudafricana, Federación Rusa, Canadá, Brasil, China, EE UU, y de los cauces de algunos ríos, llamados placeres. **2.** Conjunto de joyas y objetos de este metal. **3.** Riqueza, dinero. **4.** Color semejante al del oro. ‖ *pl.* **5.** Uno de los cuatro palos de la baraja española, en cuyas cartas aparecen dibujadas monedas de oro. ‖ **6. oro bajo** Oro con aleación de otro metal de menor valor. **7. oro batido** Oro en forma de lámina muy fina que sirve para dorar. **8. oro blanco** Aleación de oro con níquel o paladio que le dan un color blanquecino. **9. oro molido** Oro en polvo muy fino utilizado para el arte miniado. **10. oro negro** Petróleo. **11. pan de oro** Cada una de las láminas de oro batido. **12. siglo de oro** Época en la que una cosa determinada alcanza su mayor esplendor. Particularmente, época de mayor esplendor de la literatura española en lengua castellana, que tuvo lugar entre los s. XVI y XVII. ▪ En esta última acepción se escribe con mayúscula. ‖ **LOC. como los chorros del oro** *adv.* Muy limpio. **como oro en paño** *adv.* Con mucho cuidado, atención y cariño. **de oro** *adj.* Muy bueno, inmejorable, de gran valor. **el oro y el moro** *fam.* Se utiliza en expresiones que indican que algo no es tan beneficioso como se cree. **hacerse uno de oro** *fam.* Enriquecerse, ganar mucho dinero. **valer** alguien o algo **su peso en oro** (o **todo el oro del mundo**) Ser muy bueno, muy noble o muy valioso.

Econ. El oro, por su escasez y aceptación general, se utilizó muy pronto para acuñar moneda y para fabricar toda clase de joyas y objetos preciosos. La generalización del papel moneda desde la revolución industrial reservó al oro el papel de patrón para la evaluación de la moneda y de garantía y respaldo de la misma. El continuo crecimiento de la actividad económica, junto a la menor producción de oro, hizo que la emisión de papel moneda dejara de estar respaldada por las reservas de oro. No obstante, este metal sigue conservando un gran valor como componente de las reservas de divisas de los países y también como inversión segura al margen de las fluctuaciones monetarias.

oro- *pref.* Significa 'montaña': *orografía, orogénesis.*

Oro, El Prov. de Ecuador, situada en el SO del país, junto al golfo de Guayaquil. 5.908 km^2. 449.800 h. en 1989. La capital es Machala, con 158.800 h. en 1989. Su principal actividad económica reside en la agricultura, en la que destacan los cultivos de bananas, café, cacao, arroz y frutales. Cuenta también con explotación ganadera y forestal.

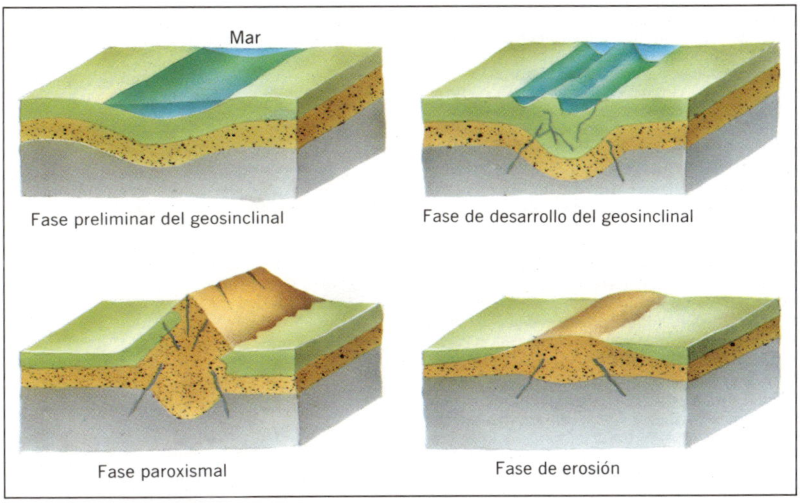

Orogénesis: estadios principales en la formación de una montaña o cordillera.

Oró, Juan (Lleida 1923) Bioquímico español. En 1955 se trasladó a EE UU, donde fue nombrado catedrático de la universidad de Houston. Colaboró con la NASA en proyectos para investigar la posibilidad de vida en el planeta Marte. Ha realizado trabajos sobre el origen de la vida y se le debe la obtención de la adenina y de la adenosina.

orobanca *s. f.* Nombre común de diversas plantas herbáceas de la familia orobancáceas, género *Orobanche.* Son plantas parásitas que carecen de clorofila y tienen flores en racimo de color amarillo *(Orobanche ramosa)*, violeta *(Orobanche arenaria)* o blanco *(Orobanche amethystea).* Crecen sobre otras plantas, silvestres o cultivadas, y constituyen una plaga. Son propias del S y centro de Europa.

orogénesis *s. f.* Conjunto de fenómenos que determinan la formación de las montañas y cordilleras. La orogénesis tiene tres estadios principales: geosinclinal, en que se depositan sedimentos en cuencas marinas; paroxismal, en que se produce el plegamiento y levantamiento de los sedimentos en sucesivas etapas; y erosiva o de peniplanación, en que tiene lugar la destrucción de los relieves formados hasta originarse una penillanura.

orogenia *s. f.* **1.** Parte de la geología que estudia los procesos de formación de las montañas. **2.** Orogénesis*. **3.** Periodo de tiempo durante el que se forma una montaña o cordillera. **FAM.** Orogénico.

Geol. Una cordillera habitualmente debe su formación a la actuación de varias orogenias. En la historia de la Tierra se han producido cuatro grandes orogenias, separadas por periodos de relativa estabilidad: huroniana, en la era arcaica; caledoniana, en la primera mitad de la era primaria; herciniana, en la segunda mitad de la era primaria; y alpina, en la era terciaria.

orografía *s. f.* **1.** Parte de la geografía física que estudia la disposición, descripción y representación del relieve terrestre. **2.** Relieve terrestre de un continente, país, región, etc. **FAM.** Orográfico.

orometría *s. f.* Parte de la geografía física que trata de la medición de montañas.

orondo, da *adj.* **1.** Gordo. **2.** Ufano, satisfecho.

oronimia *s. f.* Parte de la toponimia que estudia el origen y significado de los nombres de montañas, sierras, cordilleras, etc. **FAM.** Oronímico.

orónimo *s. m.* Nombre de una montaña, sierra, cordillera, etc.

oronja *s. f.* Nombre que también recibe la amanita, en especial la especie *Amanita caesarea.*

oropel *s. m.* **1.** Lámina de latón muy fina que imita al oro. **2.** Cosa que parece de gran valor, pero que tiene en realidad muy poco o ninguno. **3.** Ostentación de riqueza, generalmente falsa.

oropéndola *s. f.* Nombre común de diversas aves paseriformes de la familia oriólidos, género *Oriolus.* La oropéndola común *(Oriolus oriolus)* alcanza unos 25 cm de longitud. El macho es de color amarillo con alas y cola negras, mientras que la hembra tiene el dorso verde y es blancuzca con listas pardas por el vientre. Tiene el pico grande y curvado hacia abajo. Su canto es muy característico. Su dieta alimenticia consiste en insectos, orugas y frutos. Hace el nido colgándolo de las ramas de los árboles. Habitan en regiones de clima cálido de Eurasia y África.

Oropesa, Manuel Joaquín Álvarez de Toledo y Portugal, conde de (? - Barcelona 1707) Político español. Fue primer ministro de Carlos II. En 1691 perdió la confianza del rey, pero en 1696 la recobró y fue nombrado presidente del Consejo de Castilla. En 1699 tuvo que enfrentarse a un motín, como consecuencia del cual se vio obligado a retirarse a la Puebla de Montalbán. Durante la guerra de Sucesión (1701-1715) se unió al partido del archiduque Carlos.

oropimente *s. m.* As_2S_3. Mineral sulfuro arsenioso. Cristaliza en el sistema monoclínico, es de color amarillo limón y abunda en yacimientos minerales y rocas eruptivas. Es venenoso y se explota como mena del arsénico y para fabricar pintura. Se extrae en Japón, Federación Rusa y EE UU.

Orosio, Paulo (Braga o Tarragona h. 390 - ? 418) Historiador y teólogo hispanovisigodo. Refugiado en Hipona, fue discípulo de San Agustín. Combatió el priscilianismo y el pelagianismo en sus obras *Commonitorium adversus origenistas* y el *Liber apologeticus.* Su libro *Historia contra los paganos* fue durante la Edad Media fuente autorizada para el conocimiento de la antigüedad.

Orotava, La C. de España, en la prov. de Santa Cruz de Tenerife, en el valle del mismo nombre. 36.600 h. en 1990. Es el núcleo urbano de una rica región agrícola donde se cultivan plátanos, tabaco, viñedos y productos hortícolas.

Orozco, beato Alonso de (Oropesa, Toledo 1500 - Madrid 1591) Escritor y místico español. Religioso agustino, se le considera precursor de la literatura mística española. Fue también predicador de Carlos V y Felipe II. Entre sus muchos libros sobresalen *Vergel de oración y monte de contemplación* (1544), *Desposorio espiritual y regimiento del alma* (1565) y *De nueve nombres de Cristo*, inédito hasta 1888 y señalado como fuente de *Los nombres de Cristo,* de fray Luis de León.

Orozco, José Clemente (Ciudad Guzmán, Jalisco 1883 - México 1949) Pintor mexicano. Durante la revolución mexicana (1910-20) trabajó como caricaturista y propagandista político. Después comenzó a pintar grandes murales de contenido social sobre la revolución y el origen de la cultura latinoamericana. Su estilo es fuertemente expresionista, de dibujo esquemático y colores sobrios. Realizó murales en EE UU, como el de la New School for Social Research de Nueva York (1931), y sobre todo en México: frescos del palacio de Bellas Artes (1934) y de la Escuela Normal (1942-44), en la capital; y los de la universidad y palacio de Gobierno (1936-39), en Guadalajara.

Orozco, Pascual (Chihuahua 1882 - El Paso, Texas 1916) Revolucionario mexicano. Simpatizante de Madero, se rebeló contra Porfirio Díaz en 1910. Nombrado comandante de las fuerzas de Chihuahua, renunció a este cargo en 1912 y se levantó contra Madero. En 1913 fue derrotado por Victoriano Huerta, cuya autoridad reconoció. Tras la caída de Huerta, en 1914, emigró a EE UU, donde murió asesinado.

orozuz *s. m.* Regaliz*.

orquesta *s. f.* **1.** Conjunto instrumental dividido en distintas secciones, según las familias. Pueden tener distinto tamaño y composición si bien la sección más importante es la del grupo de cuerda, que está constituido por violines (primeros y segundos), violas, violonchelos y contrabajos. A esta sección la complementan otras dos, cuya incorporación a la orquesta es posterior: el grupo de viento, con instrumentos que pueden ser de madera o metal, y la percusión. La orquesta moderna tiene su primer precedente en el *Orfeo* de Monteverdi, pero su forma actual, aunque no definitiva, la alcanzó en el s. XVIII. **2.** En el teatro, lugar destinado a los músicos, situado generalmente entre el patio de butacas y el escenario. ‖ **3. orquesta de cámara** Se dice de aquella de tamaño reducido, entre cuyas

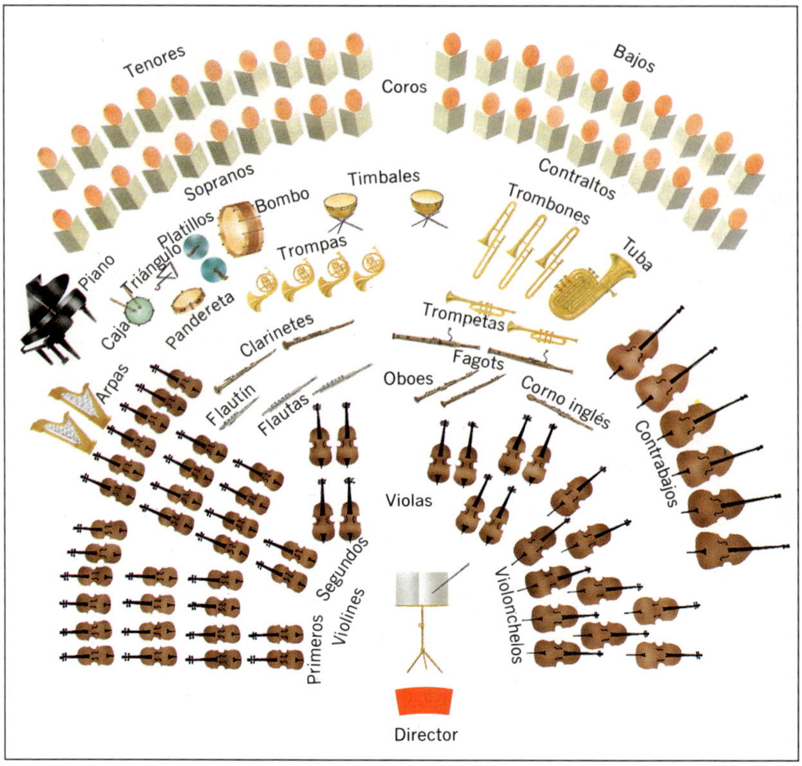

Orquesta: disposición habitual de los instrumentos en la orquesta sinfónica actual. Esta disposición, así como el número de instrumentos de cada familia o grupo, varía en función de las exigencias de la obra interpretada.

posibilidades se encuentra la de interpretar en espacios pequeños y no necesariamente en teatros o salas sinfónicas. Tiene su origen en los grupos instrumentales de las antiguas cortes europeas. **4. orquesta de jazz** Pequeña agrupación musical con dos secciones, una melódica (saxo, trompeta, clarinete) y otra rítmica (piano, bajo, contrabajo, batería, etc.). **5. orquesta sinfónica** Conjunto instrumental que consta aproximadamente de cien instrumentos. Está constituida por cuatro grupos distintos: cuerda, madera, metal y percusión. En algunos casos se incorporan otros instrumentos, como el piano y el órgano. **FAM.** Orquestal.

orquestar *v. tr.* **1.** Preparar o arreglar una pieza de música para que pueda ser tocada por una orquesta. **2.** Preparar o dirigir un plan, una campaña, una actividad, un grupo, etc., coordinando sus distintos elementos. **FAM.** Orquestación.

orquestina *s. f.* Agrupación musical de pocos y variados instrumentos que generalmente toca música bailable.

orquídea *s. f.* **1.** Nombre común de numerosas plantas herbáceas de la familia orquidáceas, géneros *Aerides, Brassia, Cattleya, Coelogyne, Cymbidium, Dendrobium, Epidendrum, Laelia, Miltonia, Odontoglossum, Oncidium, Paphiopedilum, Phalaenopsis, Vanda, Vanilla, Orchis,* etc. Se caracterizan por las formas y colores de sus flores, en las que uno de sus pétalos, el labelo, se desarrolla más que los otros. Se encuentran ampliamente distribuidas en el hemisferio norte, donde arraigan en el suelo y tienen flores pequeñas, y en las selvas tropicales, donde crecen sobre ramas o troncos, es decir, son epifitas, y poseen grandes y vistosas formaciones florales. Se cultivan por su uso ornamental. La especie *Vanilla planifolia* tiene un fruto del que se obtiene la vainilla. **2.** Flor de esta planta.

orquitis *s. f.* Inflamación del testículo.

Orrente, Pedro de (Murcia 1588 - Valencia 1645) Pintor español. En su pintura muestra influencias de Ribalta, Veronés y Bassano. Entre sus cuadros destacan *Martirio de San Sebastián, Imposición de la casulla a San Ildefonso, Pasaje de Éxodo, Adoración de los pastores* y la serie del *Génesis.*

Ors, Eugenio d' (Barcelona 1882 - Villanueva y Geltrú, Barcelona 1954) Escritor español. Fue representante del movimiento novecentista, en el que destacó con el seudónimo de Xenius. Ocupó importantes cargos en instituciones culturales catalanas hasta 1919, en que fue destituido por sus diferencias con las autoridades, y especialmente con Puig i Cadalfach. Desde este momento abandonó el catalán como medio de expresión literaria y comenzó a publicar en periódicos como *El Día Gráfico, Las Noticias* y *ABC,* caracterizado este último por sus campañas anticatalanistas. Durante la guerra civil española apoyó a las fuerzas sublevadas y se afilió a Falange Española. Eugenio d'Ors representa una sensibilidad clásica, abiertamente opuesta a la estética modernista, y exaltadora de la tradición. Entre sus obras pueden destacarse *Glosari,* continuado en castellano (*Nuevo glosario,* 1921-1930 y *Novísimo glosario,* 1934-35), la novela *La bien plantada* (1911), los ensayos sobre arte *Tres horas en el museo del Prado* (1923), *La vida de Goya* (1929) y *Picasso* (1930), y *El secreto de la filosofía* (1947).

orsay *s. m. fam.* En algunos deportes, fuera de juego. ‖ **LOC. estar en orsay** *fam.* Estar distraído, sin enterarse, despistado.

Orsay, Quai d' Nombre que se da al ministerio de Asuntos Exteriores en Francia.

Orsini Familia noble italiana. Perteneció al partido güelfo y fue rival de la familia Colonna, que formaba parte del partido gibelino. Sus principales miembros fueron **Giacinto di Pietro di Bobone**, papa con el nombre de Celestino III (1191-98); **Mateo Rosso** (? - h. 1246), senador de Roma, que dio a la familia una gran relevancia política y económica; **Giovanni Gaetano**, hijo del anterior, que fue papa con el nombre de Nicolás III (1277-80); **Vincenzo Maria**, papa con el nombre de Benedicto XIII (1724-30).

ortega *s. f.* Ave columbiforme de la familia pteróclidas, especie *Pterocles orientalis.* Mide unos 35 cm de longitud; el macho tiene el plumaje grisáceo y anaranjado, con una lista en el pecho y el abdomen negros, y la hembra, amarillento moteado de negro. Sus alas son largas y puntiagudas y su vuelo es muy rápido. Habita en terrenos pedregosos de la península Ibérica.

Ortega, Domingo (Borox, Toledo 1906 - Madrid 1988) Matador de toros español. Destacó por su toreo clásico y su dominio sobre las reses.

Tomó la alternativa en Barcelona en 1931 de manos de Gitanillo de Triana y se retiró en 1954.

Ortega Muñoz, Godofredo (San Vicente de Alcántara, Badajoz 1905 - Madrid 1982) Pintor español. Vivió en Francia e Italia. En sus cuadros, en los que predomina el género paisajístico, tiende a la simplificación y la sencillez; entre ellos cabe mencionar *Dos huertos de olivos, Castaños, Rastrojos* y *Olivos y encinas.*

Ortega Saavedra, Daniel (León 1948) Político nicaragüense. Dirigente del Frente Sandinista de Liberación Nacional, participó en el derrocamiento de Anastasio Somoza en 1979. Desde entonces formó parte de la junta de gobierno de Nicaragua. Presidente de la república (1984-90), colaboró en el proceso de pacificación de Centroamérica y promulgó una nueva Constitución (1987), que garantizó el pluralismo político.

Ortega y Gasset, José (Madrid 1883 - íd. 1955) Filósofo español. Hijo del famoso periodista José Ortega Munilla, estudió en la universidad de Madrid y en 1905 marchó a Marburgo (Alemania) donde, en contacto con la escuela neokantiana, adquirió un profundo conocimento del pensamiento alemán. Al regresar a Madrid se incorporó a la universidad y, desde su cátedra de metafísica y los periódicos y revistas en los que colaboró asiduamente o que él mismo fundó, como la *Revista de Occidente,* intentó liberar el pensamiento español de la esterilidad en que se encontraba sumido y formar un núcleo de intelectuales acorde con los tiempos. Participó activamente en la vida política española y apoyó la proclamación de la Segunda República, pero al estallar en 1936 la guerra civil abandonó España y residió en Francia, Países Bajos, Portugal, Argentina y Alemania. Volvió a España en el mismo año de su muerte. Su filosofía es conocida con el nombre de *raciovitalismo.* Ortega entiende el conocimiento filosófico como una reflexión sobre la propia vida, como un diálogo con el entorno, desde la circunstancia concreta en la que cada hombre se halla inmerso. El instrumento de dicha reflexión es la razón, pero no la razón abstracta que utiliza la ciencia, sino la razón vital o razón histórica. Entre sus obras más importantes figuran *Meditaciones del Quijote* (1914), *El espectador* (ocho volúmenes publicados entre 1916 y 1934), *España invertebrada* (1922), *El tema de nuestro tiempo* (1923), *La rebelión de las masas* (1930) e *Ideas y creencias* (1940).

José Ortega y Gasset. Retrato de Sócrates (Ateneo de Madrid).

orteguiano, na *adj.* Perteneciente o relativo al filósofo y escritor español José Ortega y Gasset o seguidor de sus ideas. También *s.*

ortiga *s. f.* Nombre común de diversas especies de plantas herbáceas de la familia urticáceas, género *Urtica.* Pueden alcanzar tallas próximas a los 80 cm de altura. Sus hojas, de forma aovada y borde dentado, tienen pelos que segregan un líquido que produce irritación y picor al contacto. Sus flores, de color verde o blanco, se encuentran agrupadas en racimos. La especie más común es la *Urtica dioica.* Crece en Europa y se ha utilizado desde la antigüedad en medicina, como diurético y hemostático.

ortigal *s. m.* Terreno donde abundan las ortigas.

Ortiz, Adalberto (Esmeraldas 1914) Escritor ecuatoriano. Su obra, de tendencia realista y gran riqueza formal y léxica, aborda preferentemente el tema de la condición del negro y el mulato. Entre sus novelas más importantes figuran *Juyungo* (1943), *Los contrabandistas* (1945) y *El espejo y la ventana* (1967). Como poeta publicó *Tierra, son y tambor* (1945) y *Camino y puerto de la angustia* (1946).

Ortiz, Roberto María (Buenos Aires 1886 - íd. 1942) Político argentino. Miembro de la Unión Cívica Radical, fue ministro de Obras Públicas (1925-28) y de Hacienda (1935-37) y presidente de la república (1938-42), cargo que tuvo que delegar en el vicepresidente Castillo por motivos de salud (1940). En política exterior se mostró favorable a Gran Bretaña y en el interior procuró restablecer la legalidad institucional.

Ortiz de Domínguez, Josefa (Morelia 1764 - México 1829) Patriota mexicana. Llamada la *Corregidora de Querétaro,* por ser la esposa del corregidor de esta ciudad, sirvió de enlace entre los caudillos de la independencia (1810). Descubierta, fue detenida y recluida en un convento entre 1810 y 1813.

Ortiz Rubio, Pascual (Morelia 1877 - México 1963) Político mexicano. Partidario de Madero, fue gobernador de Michoacán (1917-20), secretario de Estado con De la Huerta (1919-20) y Obregón (1920-23) y presidente de la república en 1930, cargo del que dimitió dos años después.

Ortiz y Fernández, Fernando (La Habana 1881 - íd. 1969) Escritor cubano. Se interesó por el costumbrismo, el folclore, las culturas indígenas primitivas y el mundo afrocubano. Realizó campañas contra la discriminación racial. Entre sus obras destacan *Los negros esclavos* (1916), *Glosario de afronegrismos* (1924), *Contrapunteo cubano del tabaco y el azúcar* (1940), *Martí y las razas* (1953) y *Los instrumentos de la música afrocubana* (1952-55).

orto *s. m.* **1.** Aparición del Sol o de otro astro por el horizonte. **2.** P. ext., este, oriente.

orto- *pref.* **1.** Significa 'recto' o 'correcto': *ortodoxo, ortografía, ortopedia.* **2.** Se emplea en nomenclatura química para indicar alguna particularidad de los compuestos en cuyo nombre aparece. En los oxoácidos y sus respectivas sales, indica que el ácido se ha formado generalmente mediante la adición de tres moléculas de agua al correspondiente óxido, en lugar de una molécula como es lo habitual; éste es el caso del *ácido ortoarsénico.* En la nomenclatura de los compuestos de carbono, indica que dos radicales están localizados en átomos de carbono contiguos en el anillo bencénico; p. ej., el *orto-nitrotolueno* (o -nitrotolueno) es una molécula formada por un anillo bencénico y dos radicales, un radical metilo y un grupo nitro, situados en carbonos contiguos.

ortocentro *s. m.* Punto en el que se cortan las alturas de un triángulo.

ortoclasa *s. f.* Ortosa*.

ortocromático, ca *adj.* **1.** Se dice de la emulsión de la placa o película fotográfica sensible a todos los colores menos al rojo. **2.** Se dice del procedimiento empleado para obtener estas emulsiones, placas o películas.

ortocuarcita *s. f.* Roca sedimentaria detrítica del grupo de las areniscas. Está formada fundamentalmente por cuarzo.

ortodoncia *s. f.* **1.** Rama de la odontología que se ocupa del tratamiento y corrección de los dientes malformados o desplazados. **2.** Tratamiento y corrección de las malformaciones y de los desplazamientos dentarios.

ortodoxia *s. f.* Acuerdo o conformidad con los dogmas de una religión o los principios de una doctrina o una teoría.

ortodoxo, xa *adj.* **1.** Se dice de la persona o cosa que está de acuerdo con los dogmas de una fe o los principios de una doctrina o una teoría que se considera cierta. También *s.* **2.** Particularmente, conforme al dogma católico. **3.** Se aplica a la religión cristiana de ciertos países de Europa oriental, como Rusia, Rumania y Grecia, los cuales se separaron de la Iglesia católica romana y de la obediencia al papa en el año 1054, en el llamado *cisma de Oriente,* y obedecen al patriarca de Constantinopla. **4.** Se aplica a la Iglesia que mantiene esa religión, así como a las personas que la practican. También *s.*

Rel. La separación de las Iglesias romana y ortodoxa se originó en 1054 por la recíproca excomunión entre el papa León IX y Miguel Cerulario, patriarca de Constantinopla. Las Iglesias ortodoxas sólo admiten los siete primeros concilios y ningún otro a partir del 787. Sostienen que el papa no es heredero de los poderes que Jesucristo dio a San Pedro y que la infalibilidad de la Iglesia reside en el conjunto de los obispos. Cuenta en todo el mundo con más de 100 millones de fieles.

ortodromia *s. f.* Línea más corta que une dos lugares de la superficie de la Tierra. Se utiliza en navegación.

ortodrómico, ca *adj.* **1.** Perteneciente o relativo a la ortodromia. ‖ **2. ruta ortodrómica** El camino más corto entre dos puntos de la superficie de la Tierra.

ortoedro *s. m.* Prisma recto de base rectangular.

ortofonía *s. f.* **1.** Pronunciación correcta de los sonidos de una lengua. **2.** Disciplina interrelacionada con la medicina, la psicología, la pedagogía y la lingüística, que se ocupa de la corrección de los defectos en la pronunciación de sonidos de una lengua. **3.** Tratamiento o terapia de corrección de dichos defectos.

ortogénesis *s. f.* Proceso mediante el cual, en una línea evolutiva, se intensifica gradualmente un determinado carácter, originando una serie de cambios evolutivos en una misma dirección, aunque no necesariamente a ritmo constante.

ortogonal *adj.* **1.** Que forma ángulo recto. ‖ **2. proyección ortogonal** Aquella que se traza mediante líneas perpendiculares al plano de proyección.

ortografía *s. f.* **1.** Manera correcta de escribir las palabras de una lengua y de puntuar un texto. **2.** Parte de la gramática de una lengua que da normas para escribir las palabras y puntuar lo escrito. **Fam.** Ortográfico.

ortología *s. f.* Disciplina encargada de dar normas para pronunciar correctamente una lengua. **Fam.** Ortológico.

Orton, Joe (Leicester 1933 - Londres 1967) Dramaturgo británico. Es autor de comedias que renovaron la escena británica en los años sesenta, caracterizadas por su carga crítica contra los valores establecidos y su desenfadado tratamiento del sexo. Entre ellas sobresalen *Entreteniendo a Mr. Sloane* (1964) y *Botín* (1966).

ortopeda *s. m.* y *f.* Especialista en ortopedia.

ortopedia *s. f.* **1.** Rama de la medicina que se ocupa de la prevención, tratamiento y corrección de las deformidades físicas mediante cirugía, fisioterapia o implantación de prótesis o miembros artificiales. **2.** Conjunto de técnicas para el diseño y fabricación de aparatos destinados a corregir y evitar las deformidades físicas.

ortopédico, ca *adj.* **1.** Perteneciente o relativo a la ortopedia. ‖ *s. m.* y *f.* **2.** Ortopedista u ortopeda.

ortopedista *s. m.* y *f.* Ortopeda*.

ortópteros *s. m. pl.* Orden de insectos al que pertenecen unas 20.000 especies comprendidas en las familias grillidos, grillotálpidos, tetigónidos, acrídidos, tetrígidos. Se caracterizan por ser normalmente de gran tamaño, tener el último par de patas adaptado al salto, generalmente dos pares de alas, el primero coriáceo y el segundo membranoso, aparato bucal masticador, en ocasiones órgano estridulante y abdomen con diez segmentos. Se alimentan de hojas y habitan en todas las regiones de clima cálido. Ortópteros son los saltamontes, las langostas y los grillos. También *adj.* y *s. m.*

ortosa *s. f.* $KAlSi_3O_8$. Mineral feldespato potásico en estado puro. Cristaliza en el sistema monoclínico, tiene color grisáceo o rojizo y puede contener sodio. Es un mineral muy abundante que forma maclas o integra los granitos, pórfidos y pegmatitas. Al descomponerse puede dar caolín y se emplea para la fabricación de porcelanas o materiales refractarios. También se llama *ortoclasa.*

oruga *s. f.* **1.** Nombre común de las larvas de los insectos lepidópteros. Tienen forma de gusano, el cuerpo dividido en segmentos y un número variable de apéndices con función locomotora. Su color varía con la especie, aunque normalmente son muy vistosas. Algunas poseen células que producen picor en la piel al contacto, como es el caso de la procesionaria del pino. Se alimentan de hojas, generalmente como parásitos especializados en una determinada especie de planta. Experimentan una metamorfo-

Orugas de mariposas: 1. Papilio machaon. *2.* Colias crocea. *3.* Danais plexippus.

sis que da lugar al insecto adulto, después de pasar por la fase de pupa, en la que se envuelven en un capullo. **2.** Planta herbácea de la familia crucíferas, especie *Eruca vesicaria.* Mide unos 60 cm de altura y tiene hojas lobuladas partidas en varios gajos puntiagudos, flores en racimo de pétalos blancos con venas moradas y fruto en silicua. Crece en praderas silvestres. **3.** Especie de llanta continua y articulada, compuesta generalmente por una serie de placas metálicas estriadas, que permite avanzar sobre ella por terrenos accidentados a ciertos vehículos, como carros de combate, excavadoras, máquinas quitanieves, etc. ‖ *s. m.* **4.** P. ext., vehículo militar provisto de dichas llantas.

orujo *s. m.* **1.** Residuo de pieles y pepitas o huesos que queda después de prensar la aceituna, la uva u otros frutos. **2.** Aguardiente que se fabrica por destilación de este residuo de la uva.

Oruro 1. Departamento de Bolivia, situado en el O del país, junto a la frontera de Chile. 53.588 km^2. 461.000 h. en 1990. Su territorio corresponde al altiplano andino. Su principal fuente de riqueza es la extracción de estaño.
2. C. de Bolivia, cap. del departamento homónimo, al SE de La Paz. 176.700 h. en 1989. Es un centro comercial, que tiene industria metalúrgica del estaño.

orvallar *v. impers.* En algunas regiones de España, lloviznar.

orvallo *s. m.* En algunas regiones, como Asturias, llovizna, lluvia fina y continua.

Orwell, Eric Blair, llamado **George** (Motihari, India 1903 - Londres 1950) Escritor británico. Al acabar sus estudios en Inglaterra marchó a Birmania como oficial de la Policía Imperial, puesto que abandonó para dedicarse a escribir. Vivió en Londres y en París, militó en el Partido Laborista Independiente y luchó con las Brigadas Internacionales en España. Mantuvo una postura crítica y rebelde, especialmente contra todo tipo de dictadura y opresión de la libertad, que reflejó en sus escritos con un gran apasionamiento. Entre sus obras destacan las novelas *Rebelión en la granja* (1945) y *1984* (1949), y el relato autobiográfico *Homenaje a Cataluña* (1938).

orza[1] (del lat. *urceus*) *s. f.* Vasija de barro cocido y vidriado con forma de tinaja pequeña, alta y sin asas, particularmente la que se usa para guardar miel.

orza[2] (del gr. *orzia*, derecha, recta) *s. f.* En balandros de regata, tablas de windsurf, etc., pieza suplementaria, en forma de aleta más o menos triangular, que se coloca en la quilla y sirve para contrarrestar el empuje lateral del viento, limitar la deriva y dar una mayor estabilidad y gobierno a la embarcación.

orzaga *s. f.* Planta arbustiva de la familia quenopodiáceas, especie *Atriplex halymus.* Tiene de 1 a 2 m de altura, hojas elípticas blanquecinas y flores en racimo de color verde. Crece en la península Ibérica.

orzar *v. intr.* Hacer que la proa del barco se incline hacia la parte de donde viene el viento. ▪ Se conjuga como *cazar.*

orzuela *s. f.* **1.** *Méx.* Horquilla para sujetar el cabello. **2.** *Méx.* Enfermedad capilar que consiste en abrirse las puntas de los cabellos.

orzuelo[1] (del lat. *hordeolus*) *s. m.* Pequeño grano o inflamación que aparece al borde de un párpado. Suele deberse a una infección de estafilococos, favorecida por un esfuerzo excesivo realizado con los ojos.

orzuelo[2] (del ant. *uzuelo*, de *uzo*, puerta, y éste del lat. *ostium*) *s. m.* **1.** Trampa oscilante, a modo de ratonera, para capturar perdices. **2.** Cepo para atrapar animales por los pies.

os *pron. pers. m.* y *f. pl. de 2.ª pers.* Forma átona que funciona como complemento directo: *Os veo*; indirecto: *Os lo dije*; como reflexivo con verbos pronominales: *No os arrepentiréis*; y a veces tiene un valor enfático o expresivo: *Os tomasteis un café.*

Os Símbolo químico del osmio.

osa *s. f.* **1.** Hembra del oso. ‖ **2. Osa Mayor** Constelación del hemisferio boreal formada por siete estrellas que componen la figura de un carro y otras que no se distinguen a simple vista. **3. Osa Menor** Constelación del hemisferio boreal cercana a la Osa Mayor y que también está formada por siete estrellas en disposición semejante a la anterior, pero inversa, perfectamente visibles desde la Tierra. La estrella que constituye el extremo de la lanza del carro es la estrella Polar, orientada al N y desde la antigüedad tomada por viajeros y navegantes como referencia en la noche. ‖ **Loc. ¡anda la osa!** *excl.* Expresión que indica sorpresa o asombro.

Osa Menor y Osa Mayor.

-osa *suf.* Sirve para formar nombres de azúcares: *glucosa, sacarosa.*

osadía *s. f.* **1.** Imprudencia, audacia. **2.** Insolencia.

osado, da 1. *p. p.* de **osar.** ‖ *adj.* **2.** Imprudente, atrevido. **3.** Insolente, descarado. **Fam.** Osadamente.

Osaka C. de Japón, prefectura urbana situada en la costa S de la isla de Honshu, próxima a Kioto. 2.635.100 h. en 1989. Forma, junto con Kobe y otras ciudades, una conurbación de unos 8 millones de habitantes en torno a la bahía homónima. Es un centro financiero, comercial e industrial, con producción metalúrgica, mecánica, de electrodomésticos, automóviles, química y textil. Fue la antigua capital de Japón y conserva un gran castillo de la época shogun.

osamenta *s. f.* Esqueleto, conjunto de huesos de una persona o un animal.

osar *v. tr.* **1.** Atreverse a hacer algo con valor o temeridad. **2.** Atreverse a hacer algo que requiere cierto descaro o falta de respeto.

osario *s. m.* **1.** Lugar donde se entierran o se encuentran enterrados huesos. **2.** Fosa o lugar de un cementerio donde se depositan los huesos que se sacan de las sepulturas temporales.

Osasco C. de Brasil, situada en el área metropolitana de São Paulo. 661.200 h. en 1989. Es un centro industrial, productor de fibras sintéticas.

Osborne, John-James (Londres 1929) Dramaturgo británico. Renovó el teatro inglés con *Mirando hacia atrás con ira* (1956), que le dio gran popularidad y le convirtió en cabeza visible de los llamados *angry young men* o «jóvenes airados». Su obra, de temática realista y excelente estructura teatral, fue adaptada en diversas ocasiones al cine. Otros títulos suyos dignos de mención son *El animador* (1957), *Bajo un aspecto corriente* (1962) y *Un lugar llamado Roma* (1973).

Oscar Nombre que recibe cada uno de los premios que desde 1928 concede anualmente la Academia de Artes y Ciencias Cinematográficas de Hollywood. Consiste en una estatuilla de bronce recubierta de oro, de 25,5 cm de altura, diseñada por Cedric Gibbons y realizada por el escultor George Stanley. Premia a la mejor película, dirección, interpretación, tanto masculina como femenina, música, guión, fotografía, dirección artística, efectos especiales, película en lengua no inglesa, etc.

Óscar Nombre de dos reyes de Suecia y Noruega.

Óscar I (París 1799 - Estocolmo 1859) Rey de Suecia y Noruega (1844-59). Era hijo del mariscal Bernadotte (Carlos XIV) y de Désirée Clary. De tendencia liberal, evolucionó hacia una postura conservadora a raíz de la revolución de 1848. Reformó el código penal y protegió la libertad de prensa. Perdió la razón y su hijo Carlos se hizo cargo de la regencia (1857).

Óscar II (Estocolmo 1829 - íd. 1907) Rey de Suecia (1872-1907) y Noruega (1872-1905). Hijo de Óscar I, sucedió a su hermano Carlos XV. Favoreció la unificación alemana y la política panescandinava. Se opuso a la ruptura de la unión sueconoruega, pero tuvo que acceder a la separación de Noruega de la corona (1905). Fue un protector de las ciencias y las artes.

oscense *adj.* **1.** De la antigua ciudad de Osca, en la España Tarraconense, actual Huesca. También *s.* **2.** De Huesca. También *s.*

oscilación *s. f.* **1.** Acción y efecto de oscilar. **2.** Cada uno de los desplazamientos de un cuerpo que oscila.

oscilador *s. m.* **1.** Dispositivo electrónico que convierte la energía eléctrica en ondas de radio. Los osciladores de cristal obtienen frecuencias muy estables mediante la utilización de un cristal de cuarzo piezoeléctrico. **2.** Sistema con movimiento periódico de vibración en torno a una posición de equilibrio. Dicho sistema recibe generalmente el nombre de **oscilador armónico**, ya que posee movimiento armónico simple, es decir, que sus funciones son armónicas (funciones seno o coseno). Un ejemplo de oscilador es el péndulo.

oscilante *adj.* Que oscila.

oscilar *v. intr.* **1.** Moverse sucesivamente a un lado y a otro algo que está colgado o que está sujeto o apoyado en un solo punto. **2.** P. ext., vibrar o moverse continuamente una cosa sin llegar a desplazarse. **3.** Crecer y disminuir alternativamente dentro de unos límites el valor, la intensidad, el tamaño, etc., de una cosa. **4.** Cambiar repetidas veces y en distinto sentido de una idea, opinión, actitud, estado de ánimo, etc., a otro, sin afianzarse en ninguno. **Fam.** Oscilación.

oscilatorio, ria *adj.* **1.** Se aplica al movimiento de un cuerpo que oscila. **2.** Se aplica a las cosas que están dispuestas para oscilar.

oscilógrafo *s. m.* Aparato diseñado para registrar los distintos tipos de movimientos oscilatorios y trazar una gráfica que los represente.

osciloscopio *s. m.* Instrumento que mediante un haz de rayos catódicos, es decir, mediante un haz de electrones, registra señales que varían muy rápidamente. En algunos tipos el registro queda impreso, denominándose entonces el instrumento *oscilógrafo* y el documento gráfico *oscilograma.*

osco, ca *adj.* **1.** Se dice de los antiguos pueblos de Italia central y de los individuos que los integraban. A mediados del s. V a. C. fundaron tres federaciones: Capua, Cumas y Nocera. Se fueron romanizando y perdieron su importancia política (s. II a. C.). **2.** De estos pueblos. También *s.* ‖ *s. m.* **3.** Lengua hablada por estos pueblos.

ósculo *s. m.* **1.** Beso o gesto simbólico que se hace de besar algo en señal de respeto, obediencia, cariño, etc. **2.** Orificio principal de las esponjas para la salida del agua, gametos y productos de desecho.

oscurantismo *s. m.* **1.** Oposición a la difusión de la cultura y la educación entre el pueblo. **2.** Defensa de ideas y posturas irracionales o anticuadas en cualquier campo. ■ Se escribe también *obscurantismo.* **FAM.** Oscurantista.

oscurecer *v. tr.* **1.** Disminuir la cantidad de luz de algo o de un sitio o dejarlo sin luz. **2.** Hacer que algo o alguien parezca de menos valor o importancia. **3.** Hacer algo más difícil de entender. **4.** Dar más sombra a una pintura, fotografía, etc. ‖ *v. impers.* **5.** Anochecer. ‖ *v. prnl.* **6.** Nublarse. ■ Se escribe también *obscurecer.* Es v. irreg. Se conjuga como *agradecer.* **FAM.** Oscurecimiento.

oscurecida *s. f.* Hora de anochecer. ■ Se escribe también *obscurecida.* ‖ **LOC. a la** (o **de**) **oscurecida** *adv. t.* Al anochecer.

oscuridad *s. f.* **1.** Falta o insuficiencia de luz. **2.** P. ext., lugar o circunstancia en los que hay poca o ninguna luz. **3.** Falta de fama o éxito. **4.** Confusión, complicación. **5.** Ignorancia, falta de conocimiento o instrucción. **6.** Falta de noticias o información acerca de algo o estado de lo que no se conoce muy bien. **7.** Estado o situación de la persona o cosa que se oculta a los demás. ■ Se escribe también *obscuridad.*

oscuro, ra *adj.* **1.** Que no tiene luz o no la suficiente. **2.** Se aplica al color que tiende al negro o que está más cerca del negro en comparación con otros; también se dice de las cosas que tienen este tipo de color. **3.** Se aplica al día o al cielo nublado. **4.** Poco conocido, que no llama la atención. **5.** Complicado, difícil de entender. **6.** Que no está explicado o no se conoce con certeza. **7.** Oculto o sospechoso. **8.** Incierto, inseguro. ‖ *s. m.* **9.** En pintura, parte en que se distribuyen las sombras. ■ Se escribe también *obscuro.* ‖ **LOC. a oscuras** *adv.* Sin luz. **FAM.** Oscuramente.

Oseas (s. VIII a. C.) Profeta hebreo. Es el primero de los profetas menores del Antiguo Testamento. Ejerció su actividad en Israel entre 750 y 730 a. C. Autor del libro que lleva su nombre, vaticinó el fin de Israel, haciendo resaltar la misericordia de Dios para con los israelitas.

oseína *s. f.* Sustancia orgánica que forma el tejido celular de los huesos y cartílagos en los animales. Se llama también *osteína.*

óseo, a *adj.* Relativo al hueso o de materia o naturaleza semejante.

osera *s. f.* Cueva o guarida del oso.

osezno *s. m.* Cachorro del oso.

Oshima, Nagisa (Kioto 1932) Director de cine japonés. En su obra critica los valores tradicionales de la sociedad japonesa y reflexiona sobre temas como el sexo y la muerte. Entre sus filmes destacan *La ceremonia* (1971), *El imperio de los sentidos* (1976), *El imperio de la pasión* (1978), *Feliz Navidad, Mr. Lawrence* (1983) y *Max, mi amor* (1986).

Oshogbo C. de Nigeria, en el estado de Oyo, en el SO del país. 344.500 h. en 1983. Tiene industria textil y de transformación de cacao.

osificación *s. f.* Formación de tejido óseo a partir de tejido conjuntivo o cartilaginoso. Este proceso se desarrolla en varias fases: primero, aumenta el aporte de sangre, después las células se transforman en osteoblastos y finalmente se deposita calcio, endureciendo el tejido. La osificación del esqueleto humano se verifica lenta y progresivamente y termina entre los 18 y 20 años, cuando se detiene el crecimiento.

osificarse *v. prnl.* **1.** Convertirse en hueso un tejido del organismo. **2.** Adquirir una materia consistencia o textura de hueso. ■ Se conjuga como *sacar.*

Osijek C. de Croacia, situada a orillas del río Drave. 104.700 h. en 1981. Cuenta con industria textil, de maquinaria agrícola, alimentaria, química y de fabricación de cerillas.

Osio de Córdoba (Córdoba h. 256 - Sirmio, Panonia h. 357) Prelado hispanorromano. Fue obispo de Córdoba y consejero del emperador Constantino. Presidió el concilio de Nicea (325), en el cual triunfó la ortodoxia católica frente al arrianismo. Sus escritos no se han conservado.

Osiris Dios egipcio, hijo de Anubis, considerado rey de la eternidad, soberano de los dioses y de los hombres, dios lunar y de la vegetación. Según el mito, Osiris fue asesinado y troceado por su hermano Set, pero resucitó gracias a los esfuerzos de su hermana y esposa Isis y fue luego vengado por su hijo Horus. Se creía por ello que Osiris moría y resucitaba anualmente, ofreciendo así a los hombres una esperanza de inmortalidad. Reinaba en el otro mundo y aguardaba allí la llegada de los muertos. Fue también símbolo de la fertilidad.

-osis *suf.* Indica proceso o estado, generalmente anormal o patológico.

Oslo C. de Noruega, cap. del país, situada en el S de su territorio, en el fiordo de Oslo. 457.800 h. en 1990. Es el principal centro administrativo y comercial, nudo de transportes y gran núcleo industrial, con producción mecánica, eléctrica, textil, electrónica y de artes gráficas. Cuenta con importantes astilleros. Fundada en el s. XI, fue destruida por un incendio en 1624 y reedificada con el nombre de Cristianía. Adoptó su nombre actual en 1925. Entre sus monumentos sobresalen la fortaleza de Akershus (s. XVI), el palacio real (s. XIX) y el museo Edvard Munch.

Oslo: vista de la ciudad.

Osmán I (Sogut 1259 - íd. 1326) Sultán turco. Fundador de la dinastía otomana, gobernó aproximadamente desde 1290. Jefe del clan Ogrul, extendió sus posesiones en Anatolia y se proclamó independiente con el título de sultán. Puso cerco a Brusa, ciudad que fue tomada por su hijo Orján en 1326.

osmio *s. m.* Os. Elemento químico perteneciente al grupo VIII B del sistema periódico. Su número atómico es 76 y su masa atómica 190,2. Descubierto en 1803 por los químicos ingleses Smithson, Tennant y Williams Hyde Wollaston, debe su nombre al penetrante olor de los vapores de su óxido. Es, junto con el iridio, el elemento de mayor densidad. Se encuentra en minerales, acompañando al platino, cuyos yacimientos se localizan en Sudáfrica, Federación Rusa y América del Sur. Maleable y de gran dureza, se emplea en la elaboración de aleaciones duras y resistentes, en la fabricación de agujas especiales, en los puntos de plumas estilográficas y en cierto tipo de circuitos eléctricos.

ósmosis u **osmosis** *s. f.* **1.** Fenómeno de difusión entre dos soluciones a través de un tabique o membrana semipermeable que los separa, de modo que sólo algunos componentes de dichas soluciones pasan de un lugar a otro. Los procesos de ósmosis tienen gran importancia en la alimentación de plantas y animales, que de este modo seleccionan para su asimilación las moléculas convenientes. **2.** Influencia mutua entre dos personas, colectividades, etc.

osmótico, ca *adj.* Perteneciente o relativo a la ósmosis.

Osnabrück C. de Alemania, situada en el Land de Baja Sajonia, al O de la capital, Hannover. 154.600 h. en 1989. Cuenta con industria textil, mecánica y alimentaria. En su núcleo monumental destaca la catedral gótica (s. XIII).

oso *s. m.* **1.** Nombre común de diversas especies de mamíferos de la familia úrsidos, géneros *Thalarctos, Ursus, Euarctos, Helarctos, Selenarctos, Melursus* y *Tremarctos.* Su altura oscila entre los 1,1 m del oso malayo hasta los 3 m del oso de Alaska. Tienen cuerpo macizo, orejas redondas, hocico puntiagudo y extremidades con fuertes garras. Su pelaje es de color variable, desde el blanco en el oso polar, hasta el pardo negruzco en el oso bezudo, siendo más oscuro cuanto más cerca de las zonas cálidas habita. Son omnívoros, nómadas y viven en todos los continentes, aislados o en parejas. **2.** Se emplea como término de comparación para referirse a personas con ciertas características que recuerdan a las de un oso, como el ser muy velludo o muy fuerte y corpulento. ‖ **3. oso blanco** Oso polar. **4. oso hormiguero** Nombre común de diversas especies de mamíferos desdentados de la familia mirmecofágidos, géneros *Myrmecophaga* y *Cyclopes.* El oso hormiguero gigante *(Myrmecophaga tridactyla)* tiene una longitud aproximada de 1,2 m, sin contar la cola, mientras que el hormiguero sedoso o enano *(Cyclopes didactylus)* alcanza los 18 cm como máximo. Tienen una cola larga, color gris con pelo fuerte y áspero, la cabeza cilíndrica con un largo hocico y larga lengua que utilizan para alimentarse de hormigas, termitas y abejas, que constituyen su dieta habitual. Son de costumbres nocturnas y habitan en las selvas tropicales de América. **5. oso marino** Nombre común de diversas especies de mamíferos pinnípedos de la familia otáridos, géneros *Callorhinus* y *Arctocephalus.* El oso marino del Norte *(Callorhinus ursinus)* mide más de 2 m de longitud, tiene un pelo sedoso de color oscuro, con la parte ventral pardo rojiza, y bigote de gruesas cerdas. Viven en el N del océano Pacífico y en época de reproducción viajan a las costas de Alaska. También son llamados *focas de Alaska.* **6. oso negro** Oso de la especie *Euarctos americanus.* Mide entre 1,5 y 1,8 m de longitud, tiene pelaje oscuro y habita en los bosques de Canadá y EE UU. **7. oso panda** Véase **panda. 8. oso pardo** Oso de la especie *Ursus arctos.* Su

Oso: ejemplos de diversas especies.

talla oscila entre 1,8 y 2,5 m de longitud. Es fundamentalmente vegetariano y habita en Eurasia y Norteamérica. **9. oso polar** Oso de la especie *Thalarctos maritimus.* Mide 2 m de longitud aproximadamente. Tiene las extremidades posteriores más largas que las anteriores y el pelaje de color blanco. Se alimenta principalmente de focas y peces, y vive entre los hielos del océano Glacial Ártico. ‖ **Loc. hacer el oso** *fam.* Hacer o decir tonterías.

Osorio, Miguel Ángel Véase **Barba Jacob, Porfirio.**

Osorno C. de Chile, situada en la región de los Lagos. 130.700 h. en 1989. Es un centro comercial y turístico, que tiene industrias alimentarias y del calzado.

Osos, Gran Lago de los Lago de Canadá, situado en el sector NO del país. 31.792 km^2. De origen glaciar, su río emisario desemboca en el río Mackenzie. También está comunicado con el Gran Lago de los Esclavos.

ososo, sa *adj.* **1.** Perteneciente o relativo al hueso. **2.** Que tiene hueso.

Ospina, Pedro Nel (Bogotá 1858 - Medellín 1927) Militar y político colombiano. En la guerra civil (1899-1903) luchó contra los liberales, por lo que fue nombrado ministro de la Guerra. Elegido presidente de la república por el Partido Conservador (1922-26), favoreció la entrada de capitales estadounidenses en el país y la fundación de los bancos de la República y Agrícola Hipotecario.

Ospina Pérez, Mariano (Medellín 1891 - Bogotá 1976) Político colombiano. Estudió en Bélgica y en EE UU. Miembro del Partido Conservador, fue presidente de la república (1946-1950). La represión ejercida durante su mandato originó la insurrección de Bogotá, conocida popularmente como *bogotazo* (1948).

Ospina Rodríguez, Mariano (Guasca, Cundinamarca 1805 - Medellín 1885) Político colombiano. Federalista y adversario de Bolívar, fue uno de los principales miembros del Partido Conservador. Presidente de la república (1857-1861), sancionó la Constitución de 1858, por la cual la nación quedaba estructurada en ocho estados, agrupados en la Confederación Granadina. Fue derrocado por Tomás Cipriano Mosquera y desterrado.

Ossian (s. III) Héroe y bardo legendario escocés. De sus obras sólo quedan algunos fragmentos de poemas de dudosa autenticidad, dados a conocer por el poeta escocés James Macpherson, en una traducción en prosa inglesa, con el título de *Fragmentos de antiguos poemas de las Highland de Escocia* (1760). Estos poemas tuvieron mucho éxito en Europa y sirvieron de inspiración a los poetas románticos.

Ossietzky, Carl von (Hamburgo 1889 - Berlín 1938) Periodista y pacifista alemán. Durante la Primera Guerra Mundial se opuso al militarismo y en 1922 fundó el movimiento pacifista «Nunca más la Guerra». Condenado por denunciar el rearme alemán (1931), fue amnistiado (1932) y nuevamente detenido al año siguiente por Hitler y enviado a un campo de concentración (1934-36). En 1935 le fue otorgado el premio Nobel de la paz.

ossobuco (voz ital. que significa 'hueso de caña') *s. m.* Plato italiano que consiste en un guiso de tibia de vaca o ternera, con médula y carne, cortada en rodajas.

Ossorio y Gallardo, Ángel (Madrid 1873 - Buenos Aires 1946) Jurista y político español. Miembro del sector maurista del Partido Conservador, fue gobernador civil de Barcelona en el conflictivo periodo de 1907-09 y ministro de Fomento con Maura en 1919. Durante la Segunda República, para la que elaboró un proyecto de Constitución no aprobado, actuó como republicano independiente. Durante la guerra civil (1936-1939) fue embajador del gobierno republicano en la Sociedad de Naciones y en Bruselas, París y Buenos Aires. Terminada la contienda, tuvo que exiliarse. Es autor, entre otros libros, de *Julio de 1909 en Barcelona* (1910), *Derecho y Estado* (1928) y *Mis memorias* (1946).

¡oste! *interj.* Oxte*.

oste- *pref.* Véase **osteo-**.

osteictios *s. m. pl.* Clase de peces a la que pertenecen unas 18.000 especies comprendidas en las subclases crosopterigios, dipnoos y actinopterigios. Se caracterizan por tener el esqueleto parcial o totalmente osificado. La mayor parte de las especies tienen la piel cubierta de escamas de origen mesodérmico. Incluye peces que respiran por branquias y peces pulmonados. Su fecundación es normalmente externa y por lo general son ovíparos, aunque se dan casos de ovoviviparismo y viviparismo. También *adj.* y *s. m.*

osteína *s. f.* Oseína*.

osteítis *s. f.* Inflamación de los huesos, generalmente de origen infeccioso.

Ostende (en flamenco *Oostende*) C. de Bélgica, cap. de la prov. de Flandes Occidental, situada en la costa del mar del Norte. 68.000 h. en 1987. Es un importante centro portuario, que cuenta con industrias químicas y astilleros, y asimismo destacado lugar turístico, con un balneario de aguas termales. Tiene un servicio de transbordadores con Dover (Reino Unido). Hasta 1267 fue un simple pueblo de pescadores y posteriormente cobró importancia como puerto de origen hacia el Mediterráneo oriental. Pertenecía a la herencia del emperador Carlos V y durante las guerras de Flandes sufrió un asedio de los tercios españoles (1601-04). Fue ocupada por los alemanes en las dos guerras mundiales.

ostensible *adj.* Se aplica a lo que puede ser percibido o notado fácilmente. **Fam.** Ostensiblemente.

ostensivo, va *adj.* Se aplica a lo que muestra algo de forma clara y patente.

ostensorio *s. m.* Pieza de orfebrería donde se expone el Santísimo Sacramento a la veneración de los fieles.

ostentación *s. f.* **1.** Acción y efecto de ostentar. **2.** Exhibición presuntuosa que se hace del bien propio, particularmente de las riquezas.

ostentar *v. tr.* **1.** Estar en posesión de algo que da ciertos derechos, cierto poder o ciertos honores. **2.** Mostrar algo propio con orgullo, presunción o complacencia. **3.** Mostrar o llevar algo de manera bien visible, aunque sea involuntariamente. **Fam.** Ostentador.

ostentoso, sa *adj.* **1.** Se aplica a aquello que tiene un lujo exagerado y con lo que se intenta mostrar a los demás la propia riqueza o poder. **2.** Se aplica a lo que se muestra o se hace con intención de que sea notado. **Fam.** Ostentosamente.

osteo- u **-ósteo** *pref.* o *suf.* Significa 'hueso': *osteología, osteomielitis, pez teleósteo.* ■ Existe también la forma *oste-*.

osteoblasto *s. m.* Célula del tejido óseo que produce la oseína.

osteocito *s. m.* Célula del tejido óseo.

osteoclastia *s. f.* En med., fractura intencionada de un hueso para corregir una desviación o deformidad.

osteogénesis *s. f.* Desarrollo de los huesos o tejido óseo.

osteolito *s. m.* Hueso fósil.

osteología *s. f.* Rama de la medicina que estudia la estructura, función y enfermedades de los huesos. **Fam.** Osteológico.

osteólogo, ga *s. m.* y *f.* Persona que se dedica a la osteología.

osteoma *s. m.* Tumor de naturaleza semejante a la del tejido óseo.

osteomalacia *s. f.* Proceso patológico que consiste en el reblandecimiento de los huesos y se debe a la falta de vitamina D.

osteomielitis *s. f.* Proceso inflamatorio del hueso y de la médula ósea.

osteopatía *s. f.* Cualquiera de las enfermedades de los huesos.

osteoporosis *s. f.* Formación de huecos o espacios anormales en los huesos, sin que se produzca descalcificación.

osteosarcoma *s. m.* Sarcoma del hueso o que contiene tejido óseo.

osteosclerosis *s. f.* Esclerosis de los huesos.

osteosíntesis *s. f.* Unión por medios quirúrgicos o mecánicos de los extremos de un hueso fracturado.

osteosis *s. f.* Cualquier enfermedad no inflamatoria de los huesos.

ostiolo *s. m.* **1.** En bot., orificio delimitado por las células oclusivas del estoma. **2.** P. ext., cualquier orificio de un órgano vegetal.

ostra *s. f.* **1.** Nombre común de diversos moluscos lamelibranquios de la familia ostreidos, géneros *Ostrea* y *Crassostrea.* Tienen conchas rugosas y disimétricas, de interior nacarado. Forman bancos en las aguas litorales de todos los océanos. La ostra común *(Ostrea edulis)* es muy apreciada en alimentación. ‖ **2. ostra perlífera** Madreperla*. ‖ **Loc. aburrirse** uno **como una ostra** Aburrirse mucho. **más aburrido que una ostra** *adj.* Muy aburrido. **¡ostras!** *interj. fam.* Exclamación de sorpresa, disgusto, enfado, etc.

ostracismo *s. m.* **1.** En la antigua Atenas y en otras ciudades de Grecia, destierro al que se condenaba a los ciudadanos por razones políticas. **2.** Aislamiento al que una persona es sometida como reprobación o castigo por alguna de sus acciones, actitudes, ideas, etc.

Ostrava C. de Checoslovaquia, cap. de la prov. de Moravia Septentrional, situada en el N del país, próxima a la frontera polaca. 331.300 h. en 1989. Es el centro urbano de una rica cuenca carbonífera y tiene industria siderúrgica y alimentaria.

ostrero, ra *adj.* **1.** Perteneciente o relativo a las ostras. ‖ *s. m.* y *f.* **2.** Persona que recoge ostras o las vende. ‖ *s. m.* **3.** Lugar donde se crían y conservan vivas las ostras. **4.** Criadero de perlas. **5.** Nombre común de diversas aves caradriformes de la familia hematopódidos, género *Haematopus.* El ostrero común *(Haematopus ostralegus)* mide unos 43 cm, tiene el cuerpo rechoncho, con plumaje blanco y negro y las patas rosadas. El pico largo les sirve para abrir los moluscos (ostras, almejas y mejillones) de los que se alimentan. Habitan en las costas de clima templado y tropical de todo el mundo.

ostricultura *s. f.* Conjunto de conocimientos y técnicas para la cría de las ostras.

ostrífero, ra *adj.* Se aplica al lugar en el que se crían o abundan las ostras.

Arte ostrogodo: mausoleo de Teodorico (Ravena, Italia).

ostrogodo, da *adj.* **1.** Se dice de la rama oriental del pueblo germánico de los godos. **2.** De este pueblo. También *s.*

Hist. El pueblo godo, procedente de Escandinavia, protagonizó una lenta emigración que desde principios de nuestra era lo condujo desde el N de Europa hasta la región del mar Negro, donde se hallaba instalado en el s. IV y donde trabó contacto cultural con los escitas. Después de la irrupción en Occidente de la horda de los hunos, los ostrogodos quedaron instalados en el alto Danubio bajo el dominio de aquéllos. Tras el declive de los hunos, los ostrogodos permanecieron en el oriente europeo, hasta que su rey Teodorico, educado en la corte de Constantinopla y con título de patricio, los condujo a Italia incitado por el emperador Zenón. En Ravena vencieron al rey germano Odoacro (493) y establecieron un reino en toda la península, que se caracterizó por su respeto a la tradición romana y su política exterior de alianzas con otros pueblos germánicos. Tras la muerte de Teodorico comenzó su decadencia. En el 535 el emperador Justiniano emprendió la conquista de Italia, que se retrasó hasta el 540 gracias, sobre todo, a la resistencia del rey Totila. Con la caída de Ravena el reino ostrogodo de Italia desapareció de la historia.

Ostrovski, Alexander Nikolaievich (Moscú 1823 - Shlikovo, Kostroma 1886) Dramaturgo ruso. Creador del teatro nacional ruso, en sus obras critica acerbamente las costumbres de las clases medias, funcionarios y comerciantes, y también a la nobleza decadente. Fue nombrado director de los teatros de Moscú (1886). Es autor de una extensa obra, en la que sobresalen *Entre los suyos uno se arregla* (1850), *No te sientes en el trineo ajeno* (1854), *La pobreza no es un vicio* (1854), *La tempestad* (1860) y *El falso Demetrio* (1867).

Ostwald, Friedrich Wilhelm (Riga, Letonia 1853 - Grossbothen, cerca de Leipzig 1932) Químico alemán. Fue profesor en las universidades de Riga (1881) y de Leipzig (1887) y director del Instituto Electroquímico de esta última ciudad. Se le considera uno de los fundadores de la química física, disciplina que aplica métodos físicos a la solución de problemas químicos. Recibió el premio Nobel de química en 1909 por sus trabajos sobre la catálisis.

Osuna, duques de Véase **Téllez Girón**.

Osuna, Francisco de (Osuna, Sevilla 1497 - ? h. 1540) Escritor místico español. Religioso franciscano, su *Abecedario espiritual*, obra en seis partes (1528-54), tuvo una gran influencia en la España de la segunda mitad del s. XVI y muy especialmente en la mística de Santa Teresa.

ot- *pref.* Véase **oto-**.

Otakar Nombre de dos reyes de Bohemia.

Otakar I (? - ? 1230) Duque (1197-98) y rey de Bohemia (1198-1230). Hijo del duque Ladislao II, obtuvo el título de rey de Felipe de Suabia (1198), confirmado por el emperador Federico II (1212). En 1222 anexionó Moldavia.

Otakar II (? 1230 - Dürnkrut 1278) Rey de Bohemia (1253-78). Hijo y sucesor de Wenceslao I, extendió sus dominios hasta el mar Adriático. Convertido en el candidato más poderoso al Sacro Imperio, los electores prefirieron a Rodolfo de Habsburgo (1273). Desposeído de Austria, Carintia y Carniola, fue declarado enemigo del Imperio (1275). Atacado por Rodolfo de Habsburgo, fue derrotado y muerto en Dürnkrut.

otalgia *s. f.* Dolor de oídos.

OTAN Siglas de la Organización* del Tratado del Atlántico Norte.

otáridos *s. m. pl.* Familia de mamíferos pinnípedos marinos a la que pertenecen 15 especies de los géneros *Zalophus*, *Callorhinus*, etc. Se caracterizan por tener las extremidades transformadas en aletas, aunque están adaptados a la marcha terrestre. A diferencia de otros pinnípedos tienen orejas visibles. Son carnívoros y buenos nadadores. Habitan en las aguas del Antártico, excepto tres especies que viven en el Pacífico norte. Otáridos son los leones marinos, lobos marinos y osos marinos. También *adj.* y *s. m.*

otario *s. m.* León* marino.

otario, ria *adj. Arg., Urug. fam.* En el argot lunfardo, incauto, infeliz, fácil de embaucar. También *s.*

otate *s. m.* **1.** *Méx.* Variedad de bambú de tallo grueso. **2.** *Méx.* Bastón hecho con esta caña.

otear *v. tr.* **1.** Mirar hacia lo lejos desde un lugar alto. **2.** Mirar atentamente para descubrir algo. **FAM.** Oteador.

Oteiza, Jorge de (Orio, Guipúzcoa 1908) Escultor español. Comenzó realizando obras figurativas, pero evolucionó hacia un estilo abstracto, representando formas geométricas que encierran volúmenes y espacios. Practica la cerámica y es autor también de ensayos y de proyectos escultóricos relacionados con la arquitectura. Entre sus obras cabe citar *Piedad y los Apóstoles*, en la fachada de la basílica de Nuestra Señora de Aránzazu (1949-71), y *Desocupación de la esfera*. Como ensayista ha publicado *Interpretación estética de la estatuaria megalítica americana* (1960) y *Quosque tandem* (1963), acerca de la identidad vasca.

Otelo Nombre del protagonista de la tragedia de Shakespeare *Otelo, el moro de Venecia*, considerado universalmente como la personificación de los celos; Otelo, engañado por Yago, mata

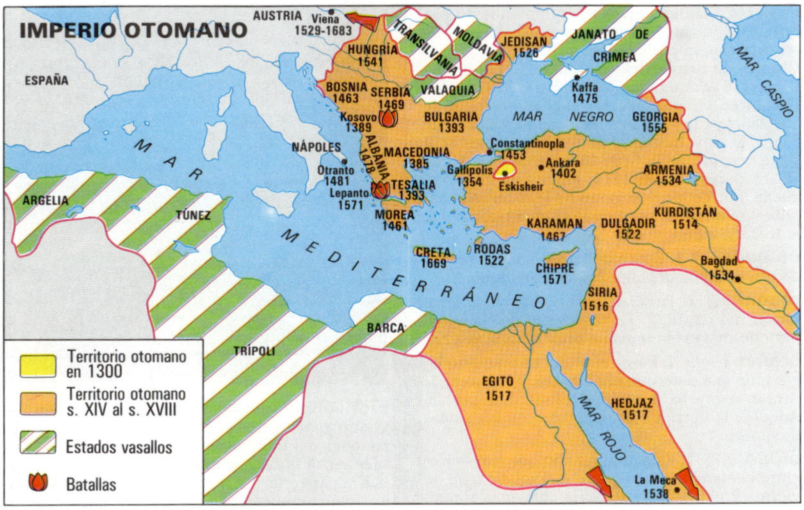

a su esposa Desdémona, a la que creía infiel, y se suicida después al descubrir su inocencia.

otero *s. m.* Monte de poca altura aislado en un terreno llano.

Otero, Blas de (Bilbao 1916 - Madrid 1979) Poeta español. Su obra, caracterizada por una gran maestría en el empleo de la lengua, se inició en la expresión de la angustia vital del hombre, para ir evolucionando hacia contenidos sociales. Entre sus libros más significativos figuran *Ángel fieramente humano* (1950), *Redoble de conciencia* (1951), *Pido la paz y la palabra* (1955) y *Que trata de España* (1964).

Otero Pedrayo, Ramón (Orense 1888 - íd. 1976) Escritor español en lengua gallega. Se especializó en estudios relacionados con Galicia y perteneció al grupo literario que, reunido en torno a la revista *Nos*, impulsó el uso de la lengua gallega en todos los campos de la cultura. Entre sus obras narrativas merecen mención *Los caminos de la vida* (1928) y *La romería de Gelmírez* (1934). Publicó también estudios como *Síntesis geográfica de Galicia* (1926) y *Ensayo histórico sobre la cultura gallega* (1933). Su obra periodística se recoge en *Locutorio* (1973).

Otero Silva, Miguel (Barcelona, Anzoátegui 1908 - Caracas 1985) Escritor venezolano. Es autor de novela, poesía y teatro y pertenece a la corriente de la literatura social venezolana. Participó activamente en las revueltas estudiantiles para derrocar al dictador Juan Vicente Gómez, lo que dejó reflejado en su novela *Fiebre* (1941). Del resto de sus obras sobresalen *Casas muertas* (1955), *Oficina N.º 1* (1960), *Cuando quiero llorar no lloro* (1970) y *Lope de Aguirre, príncipe de la libertad* (1979). *Obra poética* es la recopilación de toda su producción lírica.

Othón, Manuel José (San Luis Potosí 1858 - íd. 1906) Escritor mexicano. Consiguió sus mejores logros en poesía, especialmente en *Poemas rústicos* (1902), donde canta la naturaleza con un depurado clasicismo y que contiene composiciones como *Himno de los bosques* y *Noche rústica de Walpurgis*. También escribió obras de teatro, de las que es buena muestra *El último capítulo* (1905), y narraciones.

otitis *s. f.* Inflamación del oído. Si se limita al oído externo, se llama *otitis externa*. Si afecta al oído medio e interno, se denomina *otitis interna*. Puede ser consecuencia de una infección y entonces se trata con antibióticos.

oto- *pref.* Significa 'oído': *otología*, *otorrinolaringólogo*.

otología *s. f.* Parte de la medicina que se ocupa del estudio y tratamiento de las enfermedades del oído. **FAM.** Otológico.

otólogo *s. m.* Médico especialista en otología.

otomán *s. m.* Tela cuyo tejido forma cordones en sentido horizontal y que se usa para vestidos, tapicería, etc.

otomano, na *adj.* **1.** Turco*. ‖ *s. f.* **2.** Especie de diván o sofá que sirve para sentarse y tumbarse.

otomano, imperio Estado islámico que se creó en el s. XIV en Asia Menor y extendió su dominio al SE de Europa. Dio origen a la actual Turquía. La dinastía otomana surgió de un clan que formaba parte de la federación de turcos occidentales. Territorialmente, su origen fue un feudo que los seléucidas les concedieron al S de Bitinia. A partir de Osmán I, que se proclamó independiente con el título de sultán (h. 1290), se sucedieron las conquistas de territorios, siendo Murat I (1359-89) quien sentó las bases de un Estado con administración centralizada, dirigida por un gran visir, y el control militar de los territorios conquistados. El apogeo de este imperio tuvo lugar entre 1453 y 1566, alcanzando su mayor esplendor con Solimán el Magnífico (1520-1566), momento en que incluso llegó a dominar parte de Europa; este sultán disputó la hegemonía a Carlos V y se alió con Francisco I de Francia. Desde finales del s. XVI y durante el s. XVII, el imperio quedó en manos de sultanes mediocres, aunque todavía pudo mantener sus fronteras, desde Austria hasta el golfo Pérsico. En 1699, el tratado de Karlowitz marcó el primer retroceso de los otomanos con la pérdida de Hungría. La decadencia se acentuó en los s. XVIII y XIX. Las apetencias europeas sobre Oriente, los conflictos internos del imperio, la sucesiva pérdida de territorios, la política ultranacionalista llevada a cabo por los Jóvenes Turcos y la participación en la Primera Guerra Mundial junto a Alemania provocaron en 1924 la abolición del califato.

otomí *adj.* **1.** Se dice de una tribu amerindia que en la actualidad habita en zonas montañosas y aisladas de los estados mexicanos de Querétaro, Guanajuato e Hidalgo. **2.** De esta tribu. También *s.* ‖ *s. m.* **3.** Lengua hablada por la misma.

Otón Nombre de varios emperadores germánicos.

Otón I el Grande (Walhausen 912 - Memleben 973) Emperador del Sacro Imperio Romano Germánico (962-973). Sucedió a su padre Enrique I en el trono de Germania (936), pero tuvo que hacer frente a las insurrecciones de los nobles, encabezados primero por su hermano Enrique, y más tarde por su propio hijo Liudolfo, que favoreció la invasión de las tropas húngaras y eslavas, a las que finalmente logró someter. Venció al rey de Italia Berengario II y se hizo coronar rey de este Estado (951-973). Derrotó a los magiares en Lechfeld (955) y, tras ser coronado emperador (962), continuó su política expansionista hacia el S, pero no logró dominar a los griegos de Italia meridional.

Otón II (? 955 - Roma 983) Rey de Germania (961-973) y emperador germánico (973-983). Hijo y sucesor de Otón I, sofocó la revuelta de Enrique de Baviera, rechazó la invasión danesa e invadió Francia para luchar con éxito contra Lotario. En el S de Italia logró tomar Tarento a los musulmanes, pero fue derrotado en la batalla de cabo Colonna (982).

Otón III (Kessel, Cléveris 980 - Paterno, Viterbo 1002) Rey de Germania (983) y emperador germánico (996-1002). Educado por Gerberto de Aurillac, intentó latinizar a los pueblos eslavos y magiares. Mantuvo un duro enfrentamiento con la Iglesia romana, fracasando en su intento de restaurar un imperio latino.

Otón IV de Brunswick (Normandía 1175 - Harzburg 1218) Emperador germánico (1209-14). Subió al trono tras la muerte del gibelino Felipe de Suabia, cuya herencia reclamó, apoderándose de Sicilia. El papa Inocencio III le excomulgó en 1210 y fue vencido en la Gran Guerrra de Occidente, al ser derrotado en 1214, junto a la coalición güelfa, por Felipe II Augusto de Francia en la batalla de Bouvines, perdiendo el imperio, que fue entregado a Federico II.

otoñada *s. f.* **1.** Época del otoño y clima propio de esa estación del año. **2.** Pasto de otoño.

otoñal *adj.* **1.** Perteneciente o relativo a la estación del otoño. **2.** Perteneciente o relativo al periodo de la vida humana próximo a la vejez.

otoñar *v. intr.* **1.** Pasar el otoño en un cierto lugar o de una determinada manera. ‖ *v. impers.* **2.** Brotar la hierba durante el otoño. ‖ *v. prnl.* **3.** Adquirir la tierra un buen estado con las lluvias de otoño.

otoño *s. m.* **1.** Estación del año que transcurre entre el equinoccio de otoño y el solsticio de invierno. En el hemisferio norte comienza aproximadamente el 21 de septiembre y termina el 22 de diciembre y en el hemisferio sur se inicia el 21 de marzo y acaba el 21 de junio. **2.** Periodo de la vida humana próximo a la vejez. **3.** Etapa final de un periodo.

O'Toole, Peter (Connemara, Irlanda 1932) Actor teatral y cinematográfico británico. Destacado intérprete del teatro de Shakespeare, se consagró como gran figura del cine con su actuación en *Lawrence de Arabia* (1962). Su personalidad y fuerza expresiva se manifiestan cuando encarna personajes singulares o aventureros. Entre sus mejores películas se cuentan *Becket* (1964), *Lord Jim* (1965), *El león en invierno* (1968), *Asalto al poder* (1978), *Calígula* (1979) y *Mi año favorito* (1983).

otorgamiento *s. m.* **1.** Acción de otorgar. **2.** Documento en el que se recoge una acción de otorgar y mediante el cual ésta adquiere validez legal. **3.** Fórmula final con que los notarios aprueban, cierran y dan validez a un documento.

otorgar *v. tr.* **1.** Conceder. También *v. prnl.* **2.** Emitir leyes, reglamentaciones, disposiciones, etc. **3.** En der., disponer, establecer o estipular alguna cosa, especialmente si se hace en un documento ante notario. **4.** Reconocer o aceptar algo. ▪ Se conjuga como *pagar.* **FAM.** Otorgador, otorgante.

otorragia *s. f.* Salida de sangre por el conducto auditivo externo. Puede deberse a lesiones del aparato auditivo o a traumatismos craneales, en los que suele ser indicio de fractura de la base del cráneo.

otorrino *s. m.* y *f.* Forma apocopada de *otorrinolaringólogo.*

otorrinolaringología *s. f.* Parte de la medicina que se ocupa del estudio y tratamiento de las enfermedades de la nariz, la garganta y los oídos.

otorrinolaringólogo, ga *s. m.* y *f.* Médico especialista en otorrinolaringología. Con frecuencia se usa la forma apocopada *otorrino.*

otosclerosis *s. f.* Esclerosis de los tejidos del oído interno y medio.

otoscopia *s. f.* Exploración del interior del oído.

otoscopio *s. m.* Instrumento que se utiliza para examinar los órganos interiores del aparato auditivo.

Otranto Estrecho del mar Mediterráneo que une los mares Jónico y Adriático y separa las costas del SE de Italia y de Albania. Tiene una anchura de 70 km y una profundidad máxima de 1.100 m.

otro, tra *adj. indef.* **1.** Se aplica a la persona, animal o cosa distinta de la que se expresa o sobrentiende, pero del mismo género o clase. También *pron.* **2.** En algunos casos aporta un matiz de suma o añadidura, equivalente a *uno más: Ha tenido otro accidente.* También *pron.* **3.** Precedido de artículo y ante sustantivos de tiempo como *día, semana, tarde,* etc., sitúa éstos en un pasado reciente. **4.** Con estos mismos sustantivos y precedido de la preposición *a* y el artículo, significa *próximo, siguiente.* ‖ *pron. indef.*

Ottawa: vista aérea de la ciudad.

5. Se utiliza como segundo término, o como segundo y siguientes si hay más de dos, en correlaciones del tipo: *por una parte... por otra...* También *adj.* ‖ **LOC. otro que tal baila** *excl. desp.* Se utiliza para referirse a una persona que tiene algo en común con otra ya mencionada o sobrentendida, o que actúa de la misma manera que ésta: *Siempre llegas tarde; y tu hermano, otro que tal baila.*

otrora *adv. t.* En tiempos pasados, en otros tiempos.

otrosí *adv. c.* **1.** *ant.* Además. ▪ Se empleaba en el lenguaje forense, generalmente para iniciar cada uno de los párrafos o apartados de una exposición que siguen al primero. ‖ *s. m.* **2.** Cada uno de estos párrafos o apartados.

Ottawa 1. Río de Canadá, en el sector oriental del país. 1.119 km de longitud. Nace en la provincia de Quebec y discurre en dirección E, pasa por Ottawa y desemboca en el río San Lorenzo a la altura de Montreal. Está comunicado con el lago Ontario a través del canal de Rideau. **2.** C. de Canadá, cap. del país desde 1867, situada en el SE de su territorio, en la prov. de Ontario. 300.800 h. en 1986, 899.300 h. en 1986 en su área metropolitana. Es el centro administrativo del país y tiene industrias de artes gráficas, de maquinaria, química, papelera, textil y electromecánica.

Otto, Nikolaus (Holzhausen 1832 - Colonia 1891) Ingeniero alemán. Construyó un modelo de motor de gas en 1863 y el primer motor de gran velocidad de cuatro tiempos en 1876.

Otumba, batalla de Enfrentamiento entre las tropas de Hernán Cortés y los aztecas, acontecido en julio de 1520. La victoria de los primeros fue decisiva para la conquista de México.

OUA Siglas de la Organización* para la Unidad Africana.

Ouagadougou Véase **Uagadugú**.

Oud, Jacobus Johannes Pieter (Purmerend 1890 - Wassenaar 1963) Arquitecto y urbanista neerlandés. Miembro fundador de *De Stijl* (1917), utilizó la línea recta, la pluralidad de planos, el contraste de volúmenes y los colores primarios. Se interesó por la arquitectura social y por el urbanismo, proyectando casas en serie, como las de Scheveningen (1917) y Spangen (1920). En 1921 se apartó de *De Stijl*, pero se mantuvo dentro de la estética de simplicidad y racionalismo. Edificó las ciudades para obreros de Oud-Mathenesse (1922) y Hoek van Holland (1924-27).

Oudry, Jean-Baptiste (París 1686 - Beauvais 1755) Pintor y grabador francés. Tras su comienzo como retratista alcanzó fama con su pintura de animales, escenas de caza y bodegones. Pintor de la corte de Luis XV, fue director artístico de la fábrica de tapices de Beauvais (1734) e inspector de la de los Gobelinos (1736).

Oughtred, William (Eton, Buckinghamshire 1574 - Albury 1660) Eclesiástico y matemático inglés. En su libro *Claves de la matemática* introdujo los signos de multiplicación y fracción y las abreviaturas *sen* (seno), *cos* (coseno) y *tg* (tangente), que se usan en la actualidad. También ideó una regla de cálculo, con escalas de logaritmos, que aún es utilizada por los técnicos.

Oulu C. de Finlandia, en el O de la parte central del país, cap. de la prov. de Oulun. 98.600 h. en 1987. Está situada en el golfo de Botnia, junto a la desembocadura del río Ulea. Es un importante centro industrial, que cuenta con construcciones mecánicas y fábricas de celulosa y nitrógeno. A través de su puerto se realiza la principal exportación maderera del país.

output (voz ingl. que significa 'salida') *s. m.* **1.** Producción que resulta de un proceso productivo. **2.** En inform., salida de datos de los ordenadores.

outsider (voz ingl. que significa 'forastero', 'extraño') *s. m.* En dep., competidor desconocido y con pocas posibilidades de éxito.

ova *s. f.* Nombre que se da a cualquier clase de alga filamentosa y de color verde.

ovación *s. f.* Aplauso ruidoso y entusiasta que un conjunto de personas dedica a alguien para manifestar satisfacción, agrado o admiración.

ovacionar *v. tr.* Dedicar una ovación a alguien.

ovado, da *adj.* **1.** Se dice del ave hembra que ha sido fecundada por el macho. **2.** Que tiene forma de óvalo o de huevo.

oval *adj.* Que tiene forma de óvalo.

ovalado, da 1. *p. p.* de **ovalar**. ‖ *adj.* **2.** Que tiene forma de óvalo.

ovalar *v. tr.* Dar forma de óvalo a una cosa.

Ovalle, Alonso de (Santiago 1601 - Lima 1651) Historiador chileno. Jesuita, fue nombrado procurador de la Compañía en Roma (1640), donde escribió su *Histórica relación del reino de Chile y de las misiones y ministerios que en él ejercita la Compañía de Jesús* (1646). Está considerado como el primer historiador de su país.

Ovalle, José Tomás (Santiago 1788 - íd. 1831) Político chileno. Opuesto al liberalismo, fue elegido vicepresidente de la república (1830), con el apoyo de Prieto y Portales. Al dimitir Ruiz-Tagle, ocupó provisionalmente la presidencia (1830-31).

óvalo *s. m.* Curva cerrada, de forma parecida a una elipse o a la de la sección más larga del huevo, formada por cuatro arcos de circunferencia tangentes entre sí.

Ovando, Alfredo (Cobija 1918 - La Paz 1982) Militar y político boliviano. Comandante en jefe del Ejército, derrocó, junto al general Barrientos, al presidente Víctor Paz Estenssoro en 1964. Fue nombrado entonces copresidente (1965-66) y en 1966 presidente de la república. Tras la muerte de Barrientos, que le había sustituido en el cargo, dirigió en 1969 un nuevo golpe de Estado, con el que volvió a la presidencia. Impulsó una política nacionalista que le enfrentó a EE UU. Fue a su vez derrocado en 1970 por el general Miranda, de tendencia conservadora.

Ovando, Nicolás de (Brozas, Cáceres h. 1460 - ? 1511) Político español. En 1501 fue nombrado gobernador de las Indias y en 1502 se estableció definitivamente en La Española (Santo Domingo). Allí implantó el sistema económico de la encomienda, impulsó la evangelización y procuró establecer la autoridad de la Corona, debilitada por los conflictos entre la familia Colón y Francisco de Bobadilla y por la oposición de los nativos, muy castigados por la explotación de los colonos. Actuó con eficacia y buena voluntad, aunque también con dureza, lo que le granjeó enemigos. En el año 1509 regresó a España, tras ser sometido a un juicio de residencia en el que no se le probaron cargos.

ovario *s. m.* Órgano de reproducción femenino. En las plantas, es una parte de la flor y en su interior están los óvulos. Después de la fecundación se hincha y se convierte en el fruto, mientras los óvulos se convierten en semillas. En los animales, es el órgano que genera los óvulos. En los vertebrados son dos, situados en la cavidad abdominal, y además de realizar su función primordial actúan también como glándulas de secreción interna que producen hormonas sexuales, como la estrona y la progesterona. **FAM.** Ovárico.

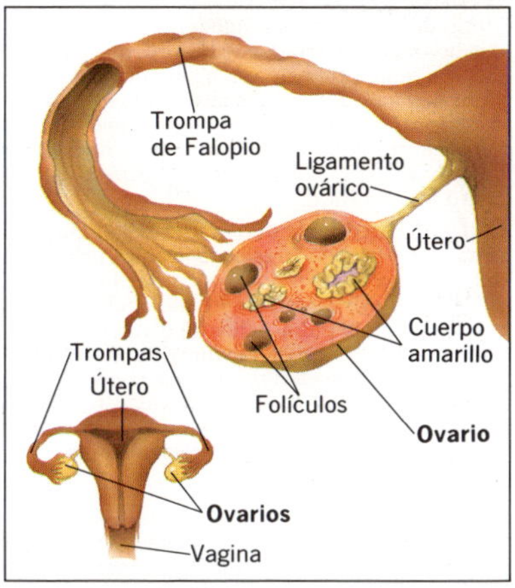

Ovario de mujer: situación y detalle.

ovariotomía *s. f.* Extirpación de uno o ambos ovarios.

ovas *s. f. pl.* En algunos lugares, hueva*.

oveja *s. f.* **1.** Hembra del carnero. ‖ **2. oveja negra** (o **descarriada**) Persona que por su mala conducta se diferencia notablemente del resto de los miembros de la familia o grupo al que pertenece. ‖ **LOC. cada oveja con su pareja** Expresión que aconseja que cada uno debe asociarse o tratarse con los de su misma clase.

ovejería *s. f.* **1.** *Amér. del S.* Ganado ovino y hacienda donde se cría. **2.** *Amér. del S.* Crianza y comercio de este ganado.

ovejero, ra *adj.* **1.** Se dice de la persona que cuida las ovejas. También *s.* **2.** Se dice del perro que guarda el rebaño.

Overbeck, Johann Friedrich (Lübeck 1789 - Roma 1869) Pintor alemán. En 1810 se estableció en Roma, donde fundó el grupo de los nazarenos y llevó una vida casi monacal. Influido por Rafael y por los primitivos, destacó en el retrato y en composiciones de temas religiosos. En un muro de la Porciúncula de Asís pintó el *Milagro de las rosas de San Francisco* (1829). Otras obras suyas características son *Las siete vacas flacas* y *José vendido por sus hermanos* (1816-17), *Autorretrato con la mujer y el hijo del pintor* (1820) y *El triunfo de la religión en las artes* (1840).

overbooking (voz ingl.) *s. m.* Contratación o reserva de plazas de hotel, avión, etc., en número superior al disponible.

overo, ra *adj.* Se aplica a los animales, particularmente a los caballos, que tienen pelos rojizos y blancos mezclados, lo que les da un color parecido al del melocotón. También *s.*

overol *s. m. amer.* Mono, traje de faena.

ovetense *adj.* De Oviedo. También *s.*

ovicultura *s. f.* Técnica para la cría y explotación del ganado ovino, que busca especialmente la mejora y selección de las razas.

Ovidio Nasón, Publio (Sulmona, Abruzos 43 a. C. - Tomis h. 17 d. C.) Poeta latino. Tras una primera etapa con poemas en los que predomina el tema del amor y con los que logró ser el favorito de los círculos aristocráticos, inició a los cuarenta años un periodo con obras de mayor envergadura, como son *Las metamorfosis*, que trata de las transformaciones de personajes mitológicos, los *Fastos* y el *Arte de amar.* A pesar de su éxito, comparable al de Horacio y Virgilio, fue desterrado a Tomis, en el mar Negro, quizá porque sus obras, en las que abundan la sátira, el tono burlesco y un atrevido desenfado en el tratamiento de los asuntos amorosos, chocaban con el afán moralizador de Augusto, o tal vez porque conocía ciertas intrigas políticas en la cúspide del poder de Roma. Nunca pudo regresar de su exilio, en el que compuso las *Tristes* y las *Pónticas.*

óvidos *s. m. pl.* Grupo o subfamilia de mamíferos artiodáctilos bóvidos, de pequeño tamaño, muchos de ellos cubiertos de lana abundante, que incluye a los carneros, ovejas, cabras, etc. También *adj.* y *s. m.*

oviducto *s. m.* Conducto en forma de tubo que conduce los óvulos después de su salida del ovario. En algunos insectos se prolonga al exterior del cuerpo y permite a la hembra introducir el huevo fecundado en el interior de la tierra o de los tejidos de una planta. En la mujer son dos prolongaciones del útero, que se denominan *trompas de Falopio.*

Oviedo C. de España, cap. de la prov. de Asturias y de la comunidad autónoma del Principado de Asturias, situada en el centro de la misma, entre los ríos Nora y Nalón. 195.000 h. en 1991. Es un centro administrativo, comercial y cultural, que posee industria de armamento, química, alimentaria, de maquinaria, metalúrgica y de materiales para la construcción. Constituye un importante nudo de comunicaciones entre el norte industrial (Gijón y Avilés) y el sur minero (Langreo y Mieres). Conserva monumentos entre los que sobresalen las construcciones de arte asturiano del s. IX, como el palacio edificado en el monte Naranco en tiempos de Ramiro I, que hoy se llama Santa María del Naranco, las iglesias de San Julián de los Prados y San Miguel de Lillo y la catedral gótica (s. XV), en la que se halla la capilla románica de San Miguel.

Oviedo: fachada y torre de la catedral.

Hist. Oviedo fue fundada en el reinado de Fruela I, entre los años 757 y 768, por los frailes Máximo y Fromestano junto a un cenobio. Alfonso II el Casto la convirtió en capital del reino de Asturias y levantó sus murallas para defenderla de los ataques musulmanes. En el año 812 pasó a ser sede episcopal y durante los reinados de Ordoño I y Alfonso el Magno, entre los años 850 y 910, se consolidó el poder eclesiástico. En 911 perdió la capitalidad, al trasladarse la corte a León. Las peregrinaciones jacobeas de los s. XII y XIII desarrollaron las actividades mercantiles. Alfonso VI y Alfonso VII estimularon su población y crecimiento. Al sufrir un importante incendio en 1521, Carlos I le concedió la instalación de mercado libre de tributos. En época de Fernando VI se fundó la Maestranza. En la guerra de la Independencia se constituyó en Oviedo la junta suprema del Principado y la ciudad fue tomada y abandonada por los franceses en varias ocasiones. En 1820 participó en el levantamiento constitucional antiabsolutista. A lo largo del s. XIX se desarrolló su industrialización. La nueva clase obrera protagonizó la revolución de 1934, reprimida por el gobierno de la Segunda República. En la guerra civil (1936-39) fue la única ciudad asturiana en la que triunfó la sublevación militar y, al mando del coronel Aranda, resistió el asedio de las tropas republicanas.

oviforme *adj.* Que tiene forma de huevo.

ovillar *v. tr.* **1.** Hacer ovillos. ‖ *v. prnl.* **2.** Acurrucarse, enroscarse.

ovillejo *s. m.* Estrofa que se compone de tres pareados y una redondilla. Los pareados constan generalmente de un verso de ocho sílabas y otro de cuatro o tres y la redondilla, de versos de ocho sílabas. La rima es consonante y sigue el esquema aabbcc-cddc. Fue una estrofa muy popular durante los s. XVI y XVII.

ovillo *s. m.* Bola que se forma enrollando sobre sí mismo un hilo de lana, una cuerda, etc. ‖ **LOC. hacerse** uno **un ovillo** Acurrucarse, encogerse o doblarse uno sobre sí mismo por miedo, dolor, sueño, frío, etc.

ovino, na *adj.* **1.** Se dice del ganado formado por ovejas y animales de la misma familia. ‖ *s. m. pl.* **2.** Óvidos, subfamilia de mamíferos rumiantes. También *adj.* y *s. m.*

ovíparo, ra *adj.* Se dice de los animales que ponen huevos en los que el embrión completa su desarrollo fuera del cuerpo de la madre. Son ovíparos numerosos invertebrados acuáticos, la mayor parte de los insectos, los anfibios, las aves y la mayoría de los peces y reptiles. También *s.*

oviscapto *s. m.* En algunos órdenes de insectos, aparato saliente al final del abdomen de las hembras, empleado para inyectar los huevos en cualquier medio capaz de favorecer su desarrollo.

ovni (siglas de Objeto Volante No Identificado) *s. m.* Nombre que se da a ciertos objetos voladores observados ocasionalmente en el espacio, de origen y naturaleza desconocidos.

Oveja: ejemplares de diversas razas.

ovo- *pref.* Significa 'huevo': *ovogénesis.*

ovoalbúmina *s. f.* Proteína presente en la clara del huevo.

ovocito *s. m.* Célula formada durante el proceso de ovogénesis. Los ovocitos de primer orden son diploides y se forman en la fase de crecimiento. Los ovocitos de segundo orden son haploides y se forman durante la fase de maduración mediante meiosis de los de primer orden. Se llama también *oocito.*

ovogénesis *s. f.* Proceso de formación de óvulos, es decir, células sexuales femeninas, a partir de células germinativas, mediante divisiones sucesivas que tienen lugar en los ovarios. Consta de tres fases: fase de proliferación, en la que las células germinativas se multiplican por mitosis y dan lugar a las ovogonias; fase de crecimiento, que se verifica durante la pubertad del individuo, en la que se forman ovocitos de primer orden; y fase de maduración, en la que, por meiosis, los ovocitos de primer orden (diploides) se convierten en ovocitos de segundo orden y primeros corpúsculos polares (ambos haploides); en la segunda división por meiosis, los ovocitos de segundo orden originan ovótidas y segundos corpúsculos polares (ambos haploides), y los primeros corpúsculos polares dan lugar a dos corpúsculos polares. Las ovótidas así producidas dan lugar a óvulos y los corpúsculos polares degeneran. Se llama también *oogénesis.*

ovogonia *s. f.* Célula formada en la fase de proliferación de la ovogénesis a partir de las células germinativas, mediante un proceso de mitosis. Son células diploides que se hallan alojadas en unas cavidades del ovario rodeadas de células foliculares, formando una estructura llamada *folículo de Graaf.* Se denomina también *oogonia.*

ovoide *adj.* **1.** Se aplica a lo que tiene una forma parecida a la del huevo. También *s. m.* ‖ *s. m.* **2.** Pieza de conglomerado de alguna materia mineral, particularmente carbón, a la que se ha dado forma de huevo.

ovoideo, a *adj.* Que tiene figura de huevo.

óvolo *s. m.* Cierto adorno arquitectónico con forma de huevo.

ovoteste *s. m.* Gónada hermafrodita en la que se forman gametos masculinos y femeninos indistintamente.

ovótida *s. f.* Célula formada en la fase de maduración de la ovogénesis a partir de los ovocitos de segundo orden, mediante un proceso de meiosis. Es una célula haploide que dará lugar al óvulo.

ovovivíparo, ra *adj.* Se aplica a las especies de animales que se reproducen mediante huevos, pero que permanecen dentro del cuerpo de la madre hasta después de romperse la cáscara. Es el caso de los tiburones y las víboras.

ovulación *s. f.* Desprendimiento de un óvulo maduro del ovario.

ovular *v. intr.* Salir el óvulo del ovario.

óvulo *s. m.* **1.** En los animales, célula reproductora o gameto femenino, que se forma mediante un proceso denominado *ovogénesis.* Es una de las células de mayor tamaño del cuerpo humano, pues alcanza los 140 micrómetros, y es muy rica en sustancias nutritivas de reserva. **2.** En los vegetales, estructura en forma de saco, contenida en el ovario, que a su vez contiene las oosferas, o gametos femeninos. Cuando el fruto madura, los óvulos se convierten en semillas. **3.** Medicamento que se administra por vía vaginal, generalmente en forma de pequeño huevo. **FAM.** Ovular.

Owen, Richard (Lancaster 1804 - Londres 1892) Especialista en anatomía y paleontología británico. Realizó trabajos de sistematización de géneros y especies y no aceptó la teoría de la evolución de Darwin. Contribuyó al estudio de los fósiles y fue nombrado superintendente de la sección de historia natural del Museo Británico. Escribió *Lecciones de anatomía comparada* (1843-1846) y *Anatomía y fisiología de los vertebrados* (1866-68).

Owen, Robert (Newtown, Gales 1771 - íd. 1858) Economista y reformador social británico. Se le considera uno de los representantes más destacados del socialismo utópico. De origen humilde, en 1800 llegó a ser propietario y director del complejo textil de New Lanark, en Escocia, donde introdujo una serie de reformas sociales, como la jornada laboral limitada, aumento de salarios, prohibición del trabajo a menores, seguros de enfermedad y jubilación y mejoras en la educación y la vivienda. La nueva experiencia fue un éxito que, sin embargo, fracasó al ser trasladada a EE UU, en la colonia de New Harmony (1827-29). Otra vez en Gran Bretaña, impulsó el cooperativismo y en 1833 fundó la Grand National Consolidated Trades Union, para agrupar a toda la clase obrera en un sindicato. Es autor, entre otras obras, de *Una nueva concepción de la sociedad* (1813-15) y *Libro del nuevo mundo moral* (1836-44).

Owen Glendower (? h. 1359 - Monington 1415) Príncipe galés. Confiscadas sus tierras por Enrique IV, sublevó en 1400 a todo el País de Gales y encontró aliados en parte de la nobleza inglesa, en Escocia, en Irlanda y en Francia. Inicialmente alcanzó algunos éxitos (1405), pero Enrique IV logró reconquistar lo perdido y Owen luchó hasta la muerte.

Owens, James Cleveland, llamado **Jesse** (Danville, Alabama 1914 - Tucson 1980) Atleta estadounidense. En los Juegos Olímpicos de Berlín de 1936 obtuvo cuatro medallas de oro, en las pruebas de salto de longitud, 100 m, 200 m y relevos 4 × 100 m. Considerado como el atleta más completo de su tiempo, obtuvo en 1935 el récord de salto de longitud con 8,13 m, marca no superada hasta 1960.

oxácido *s. m.* Oxoácido*.

oxalato *s. m.* Sal derivada de la reacción entre el ácido oxálico y un hidróxido, como p. ej. el hidróxido de sodio o de potasio. Entre los oxalatos figuran el oxalato potásico (KOOC–COOK), empleado en fotografía, y el oxalato de sodio (NaOOC–COONa) o sal de acederas, a la que se debe el sabor característico de dichas plantas.

oxálico, ca *adj.* **1.** Perteneciente o relativo al ácido etanodioico. ‖ **2. ácido oxálico** HOOC–COOH. Ácido etanodioico. Es un ácido dicarboxílico cuyas sales (oxalatos) se encuentran muy difundidas en los seres vivos. Se emplea en la industria tintorera y como blanqueante de prendas y objetos de tela y paja.

oxalidáceas *s. f. pl.* Familia de plantas generalmente herbáceas del orden geraniales a la que pertenecen unas 900 especies comprendidas en los géneros *Oxalis, Biophytum* y *Eichleria.* Tienen hojas alternas, flores bisexuales solitarias o en inflorescencias cimosas y fruto en cápsula. La mayor parte de ellas crecen en regiones tropicales y subtropicales de África, Asia y América. Oxalidáceas son la acederilla y la flor del sueño. También *adj.* y *s. f.*

Oxenstierna, Axel Gustavsson (Fanö, Uppsala 1583 - Estocolmo 1654) Político sueco. Canciller del rey Gustavo Adolfo en 1612, reformó el reino con la Constitución de 1634. Tras la paz de Westfalia (1648) consiguió nuevos territorios para Suecia.

Oxford C. del Reino Unido, situada en el sector meridional de Inglaterra, al NO de Londres. 119.900 h. en 1981. Es un importante centro cultural, por su famosa universidad, fundada en el s. XII, y la biblioteca Bodleiana, cuyo fondo supera los dos millones de libros y 40.000 manuscritos. Cuenta con industria editorial, metálica, automovilística y eléctrica. En su núcleo monumental destacan la catedral románico-normanda (s. XII) y los centros universitarios University (1249), Merton (1264), Queen's (1340), Corpus Christi (1516) y Christ Church (1525).

Oxford, escuela de Grupo de filósofos franciscanos de esta universidad que floreció en el s. XIII y que continuó el agustinismo teológico con un interés por los temas científicos; utilizaron nuevos materiales, como tratados árabes, traducciones recientes de Aristóteles y obras neoplatónicas no manejadas hasta entonces. Se ha afirmado que esta escuela fue la introductora de Aristóteles en Occidente. Destacaron en el grupo Roberto Grosseteste, Roger Bacon, Duns Scoto, Tomás de York y John Peckham.

Oxford, grupo de Nombre que se da a un grupo de filósofos de tendencias analíticas vinculados a la universidad de Oxford, que a mediados del s. XX propusieron, siguiendo a Wittgenstein, un análisis filosófico de tipo lingüístico, por contraposición a los filósofos analíticos formalistas. Entre ellos figuraban Gilbert Ryle, John Langshaw Austin, Peter Frederick Strawson y Richard Mervin Hare.

Oxford, movimiento de Movimiento doctrinal surgido en la Iglesia anglicana a principios del s. XIX, que se proponía recobrar lo que consideraba el cristianismo auténtico. Sus defensores utilizaron la publicación de diversos folletos (*tracts*), por lo que al movimiento se le denominó también *tractarianismo.* La conversión al catolicismo de John Henry Newman y algunos otros provocó una bifurcación en el movimiento: una rama se dirigió hacia la Iglesia de Roma y otra permaneció anglicana.

oxiácido *s. m.* Oxoácido*.

oxidación *s. f.* **1.** Acción y efecto de oxidar u oxidarse. **2.** En quím., tradicionalmente se denomina oxidación a toda reacción en que se aumenta el contenido en oxígeno de una sustancia; p. ej., la oxidación del óxido de hierro (II) para formar óxido de hierro (III), según la reacción:

$$4\,FeO + O_2 \rightleftarrows 2\,Fe_2O_3$$

Actualmente se denomina oxidación a todo proceso en que aumenta el número de oxidación de un elemento. P. ej., en la reacción anterior el hierro se oxida puesto que su número de oxidación aumenta de +2 a +3. En un sentido más limitado, oxidación es todo proceso en que un elemento cede electrones a otro. P. ej., en el siguiente proceso:

$$Cu^{2+} + Fe \rightleftarrows Fe^{2+} + Cu$$

el hierro cede dos electrones al cobre, oxidándose, mientras que el cobre, al recibir los electrones, se reduce. ‖ **3. número de oxidación** Véase **número**.

oxidante *adj.* **1.** Que oxida o sirve para oxidar. También *s. m.* ‖ *s. m.* **2.** Sustancia química con gran capacidad para oxidar a otras. Dicha capacidad se debe a la tendencia del oxidante a aceptar electrones procedentes de la sustancia a la que oxida. Los oxidantes más utilizados en el laboratorio son los iones permanganato (MnO_4^-) y los iones dicromato ($Cr_2O_7^=$), en los que el manganeso (VII) y el cromo (VI) toman electrones para reducirse a manganeso (II) y cromo (III), respectivamente.

oxidar *v. tr.* **1.** Combinar un elemento con el oxígeno. En lenguaje corriente se utiliza sobre todo referido a la formación de una capa de óxido sobre algunos metales. Se usa mucho como

Oxford: vista de High Street.

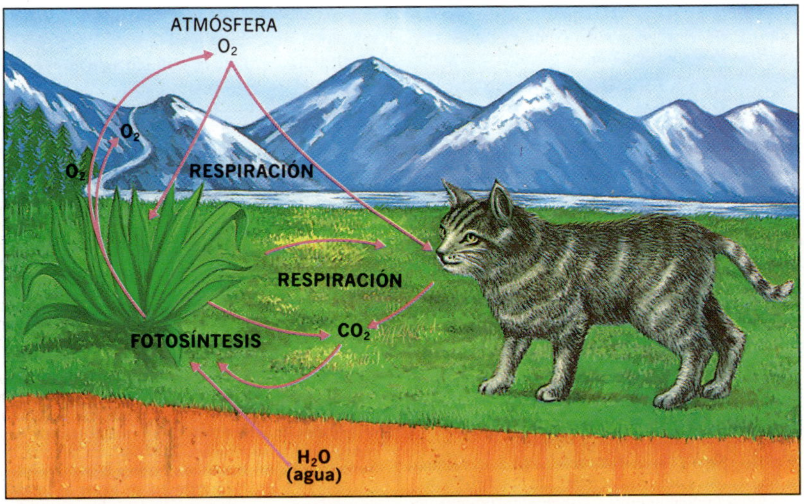

Ciclo del oxígeno: en la fotosíntesis, las plantas verdes absorben dióxido de carbono (CO_2) y agua y desprenden oxígeno; en la respiración, animales y plantas absorben oxígeno y expulsan CO_2.

v. prnl. **2.** Aumentar el número de oxidación de un elemento. **FAM.** Oxidable.

óxido *s. m.* **1.** Según la nomenclatura clásica, compuesto binario que resulta de la combinación de un elemento metálico con el oxígeno; p. ej., el óxido de sodio (Na_2O) o el óxido de calcio (CaO). Cuando los óxidos metálicos reaccionan con el agua, originan los hidróxidos. Según la nomenclatura de la IUPAC, actualmente en vigor, también se consideran óxidos las combinaciones binarias de los no metales con el oxígeno, anteriormente conocidas como anhídridos; p. ej., el dióxido de carbono, antiguamente denominado anhídrido carbónico. Los óxidos no metálicos al combinarse con el agua generan los oxoácidos. **2.** En particular, capa rojiza o pardusca de este compuesto que se forma en la superficie de los metales por la acción del aire y la humedad.

oxigenable *adj.* Que se puede combinar con oxígeno.

oxigenado, da **1.** *p. p.* de **oxigenar**. ‖ *adj.* **2.** Que contiene oxígeno. **3.** P. ext., aireado, lleno de aire puro y limpio. **4.** *fam.* Se aplica a la persona que se ha aclarado el color del pelo enjuagándolo con agua oxigenada o por otro procedimiento similar; también, al pelo cuyo color se ha aclarado de esta manera y al color mismo. ‖ **5. agua oxigenada** Véase **agua**.

oxigenar *v. tr.* **1.** Combinar un cuerpo con oxígeno. También *v. prnl.* **2.** Aclarar el color del pelo enjuagándolo con agua oxigenada. También *v. prnl.* **3.** Hacer que entre aire puro y limpio en un sitio. ‖ *v. prnl.* **4.** Refrescarse, descansar o relajarse al aire libre. **FAM.** Oxigenación.

oxígeno *s. m.* O. Elemento químico perteneciente al grupo VI A, o de los anfígenos, del sistema periódico. Su número atómico es 8 y su masa atómica 15,99994. Su descubrimiento se atribuye a Joseph Priestley (1774), aunque previamente había sido detectado y preparado por otros investigadores como Karl Wilhelm Scheele. Su existencia quedó definitivamente establecida por Lavoisier en 1777, quien determinó que el gas se encuentra libre en el aire, en proporción del 20 %. Combinado, el oxígeno forma parte de un gran número de compuestos, particularmente el agua, siendo el elemento más abundante en la Tierra. En el laboratorio, se obtiene por descomposición térmica de algunos de sus compuestos, como el clorato potásico o el nitrato potásico, o mediante la destilación del aire líquido. El oxígeno puede almacenarse, comprimido, en forma líquida; se licúa a −183 °C, tomando entonces un color azul pálido. Es un poderoso oxidante, indispensable en la combustión y en la respiración. Sus aplicaciones son múltiples: en la industria se emplea para conseguir temperaturas elevadas en los sopletes oxiacetilénicos usados para cortar y soldar metales; también se utiliza en metalurgia para acelerar procesos de combustión. Las mezclas de oxígeno líquido con determinados combustibles se usan en la propulsión de cohetes espaciales; en terapéutica, se suministra oxígeno para remediar las intoxicaciones de gas carbónico, así como en el tratamiento de los enfermos de neumonía o tuberculosis pulmonar.

oxigonio *adj.* Se dice del triángulo que tiene los tres ángulos agudos.

oxitocina *s. f.* Hormona secretada por la hipófisis, responsable de excitar las contracciones del útero de las mujeres durante el parto.

oxítono, na *adj.* Se dice de la palabra que lleva el acento tónico en la última sílaba.

oxiuro *s. m.* Invertebrado asquelminto nematodo de la familia oxiurádeos, especie *Oxyuris vermicularis.* Es un gusano no segmentado cuyo tamaño varía entre 5 mm para los machos y casi 1 cm para las hembras y que tiene color blanco. Es parásito de diversos animales y, especialmente, del hombre. Se le conoce vulgarmente como *lombriz intestinal.*

oxoácido *s. m.* Cualquier sustancia de naturaleza ácida en cuya molécula el oxígeno aparece unido a un elemento no metálico, o que actúe como tal, para formar un ion negativo al que se unen los hidrógenos. Su fórmula general es $H_xE_yO_z$, donde E representa el elemento no metálico. Resulta de la adición de los óxidos no metálicos (antiguamente llamados anhídridos) con el agua. Entre los oxoácidos se encuentran el ácido sulfuroso (H_2SO_3), el ácido sulfúrico (H_2SO_4), el ácido nítrico (HNO_3) y el ácido clórico ($HClO_3$). Se denominan también *oxácidos.*

¡oxte! *interj.* Voz que se emplea para rechazar a personas o animales que molestan. Se utiliza sobre todo, junto a *moxte,* en algunas expresiones que significan 'no decir nada, callarse': *Se marchó sin decir ni oxte ni moxte.*

Oya Shivo u **Oya-shio** Corriente marina fría del océano Pacífico occidental. Fluye desde los mares de Bering y Ojotsk, al E de las islas Kuriles y Japón, hasta la latitud de Tokio, donde encuentra la corriente cálida de Kuro Shivo.

oyente *adj.* **1.** Se aplica a la persona que está oyendo o escuchando algo. También *s.* ‖ *s. m.* y *f.* **2.** Alumno que asiste a un curso académico sin estar matriculado en él.

Ozal, Turgut (Malatya 1927) Político turco. Candidato del Partido de la Madre Patria, fue elegido primer ministro (1983) y designado por la Asamblea presidente de la república en 1989.

Ozenfant, Amédée (Saint-Quentin 1886 - Cannes 1966) Pintor francés. Teórico del arte abstracto, fue con Le Corbusier uno de los iniciadores del purismo, tendencia que, partiendo del cubismo, defendía una pintura exacta, concreta y racional. En 1939 se trasladó a Nueva York. Escribió *Después del cubismo* (1918), en colaboración con Le Corbusier, y *Arte* (1927).

ozono *s. m.* Forma alotrópica del oxígeno cuya molécula está formada por tres átomos de oxígeno (O_3), en lugar de los dos átomos que configuran la molécula de oxígeno en su forma más habitual. Es un gas de color azul pálido que pasa a azul intenso al licuarse, lo que hace a −112 °C. Se forma en la atmósfera entre los 15 y 40 km de altura, debido a la acción de las descargas eléctricas de alto voltaje, p. ej., los rayos de las tormentas; también se forma, en mayor cantidad, en las capas altas de la atmósfera mediante la acción de las radiaciones ultravioleta del Sol sobre el oxígeno. La capa de ozono protege a la Tierra de los efectos de dichas radiaciones y su deterioro puede originar catástrofes biológicas imprevisibles. Es una sustancia muy oxidante que se descompone naturalmente en una molécula y un átomo de oxígeno, según la reacción $O_3 \rightarrow O_2 + O$, razón por la cual se utiliza para esterilizar el agua, como agente blanqueante de la pulpa del papel, en procesos de envejecimiento del vino y la madera y en reacciones de oxidación y ruptura del doble enlace de las olefinas.

ozonosfera *s. f.* Capa de la atmósfera situada entre los 15 y los 40 km de altitud, caracterizada por la presencia de ozono. Comprende parte de la estratosfera y la mesosfera.

ozonoterapia *s. f.* Empleo del ozono con fines terapéuticos.

Ozu, Yasujiro (Tokio 1903 - íd. 1963) Director de cine japonés. Debutó en 1927 y adquirió popularidad por sus comedias satíricas sobre la vida cotidiana de su país. También rodó dramas. Entre sus mejores filmes cabe citar *La espada del arrepentimiento* (1927), *Lo que la señora ha olvidado* (1937), *Viaje a Tokio* (1953), *Primavera temprana* (1956) y *El otoño de la familia* (1961).

P

p *s. f.* Decimoséptima letra del abecedario español y decimotercera de sus consonantes. Su nombre es *pe.*

p. Abreviatura de página. ▪ También se usa la abreviatura *pág.*

p. m. Abreviatura de la expresión latina *post meridiem*, después del mediodía.

P Símbolo químico del fósforo.

P. Abreviatura de padre, tratamiento que se utiliza con los sacerdotes y los religiosos.

Pa Símbolo químico del protactinio.

Paasikivi, Juho Kusti (Tampere 1870 - Helsinki 1956) Político finlandés. Fue presidente del Partido Conservador, varias veces ministro, jefe de gobierno en 1918 y de 1944 a 1946, y presidente de la república entre 1946 y 1956. Negoció en 1940 la paz con los soviéticos, que habían invadido el país, y nuevamente en 1944 firmó con Stalin un tratado de ayuda mutua (1948).

pabellón *s. m.* **1.** Edificio o construcción aislada que constituye una dependencia de otro o que forma parte de un conjunto. **2.** Tienda de campaña en forma de cono, sostenida principalmente por un grueso palo central. **3.** Colgadura de tela que cubre una cama, altar, trono, etc., con forma semejante a la de una tienda de campaña. **4.** Ensanchamiento en forma de cono en que terminan algunos instrumentos de viento. **5.** Bandera, enseña. **6.** Nacionalidad de un buque mercante. **7.** En arq., parte saliente de una fachada cubierta por un frontispicio. **8.** Oreja, parte externa del oído.

pabilo o **pábilo** *s. m.* **1.** Mecha de una vela. **2.** Parte incandescente o carbonizada de esta mecha.

Pablo Nombre de varios papas.

Pablo III (Canino 1468 - Roma 1549) Papa italiano. De nombre Alessandro Farnese, su pontificado abarca de 1534 a 1549. Partidario de la reforma católica, convocó el concilio de Trento (1545), nombró nuevos cardenales defensores de la Contrarreforma y aprobó la creación de la Compañía de Jesús. Encargó a Miguel Ángel la decoración de la capilla Sixtina.

Pablo IV (Sant'Angelo della Scala 1476 - Roma 1559) Papa italiano. De nombre Giovanni Pietro Caraffa, su pontificado abarca de 1555 a 1559. Suspendió el concilio de Trento. Elegido pese al veto del emperador Carlos V, se enfrentó a España y las tropas de Felipe II invadieron los estados de la Iglesia.

Pablo V (Roma 1552 - íd. 1621) Papa italiano. De nombre Camillo Borghese, su pontificado abarca de 1605 a 1621. Se esforzó en hacer cumplir los decretos del concilio de Trento y apoyó la actividad misionera. Mantuvo un largo conflicto con Venecia por defender los derechos de la Iglesia (1605-07).

Pablo VI (Concesio 1897 - Castel Gandolfo 1978) Papa italiano. De nombre Giovanni Battista Montini, su pontificado abarca de 1963 a 1978. Reanudó y concluyó el concilio Vaticano II. Realizó numerosos viajes pastorales y la reforma de la Curia romana (1967) y dio especial importancia a las conferencias episcopales. Entre sus encíclicas destacan *Ecclesiam suam* (1964), *Populorum progressio* (1967) y *Humanae vitae* (1968).

Pablo I (San Petersburgo 1754 - íd. 1801) Zar de Rusia (1796-1801). Era hijo de Catalina II, que no le permitió acceder a ningún cargo político. Al subir al poder se enfrentó a la nobleza y, en política exterior, se mostró contrario al avance de Napoleón, participando en la segunda coalición antifrancesa. Posteriormente se enemistó con Austria y el Reino Unido, lo que le acercó a Francia. Murió asesinado en una conjura de nobles en la que participó su heredero.

Pablo I (Atenas 1901 - íd. 1964) Rey de Grecia (1947-64). Hijo de Constantino I, se exilió al proclamarse la república (1923) y regresó al restaurarse la monarquía (1935). Sucedió a su hermano Jorge II y puso fin a la guerra civil (1949). Durante su reinado se inició la recuperación económica del país, gracias a la ayuda de EE UU y a la reanudación de relaciones con la URSS.

Pablo, Luis de (Bilbao 1930) Compositor español. De formación autodidacta, su música, expresada por medio de técnicas nuevas y soluciones de gran originalidad, goza de prestigio en toda Europa. Entre sus obras más importantes pueden citarse *Módulos I* (1964-65), *Bajo el sol* (1978) y la ópera *Kiu* (1982). Ha escrito también varios libros sobre estética musical.

Pablo, San (Tarso de Cilicia h. 10 d. C. - Roma h. 65) Apóstol del cristianismo. De nombre Saulo, era judío de nacimiento y ciudadano romano. Se educó en el espíritu del fariseísmo y en la cultura griega y empezó combatiendo a los cristianos hasta su súbita conversión en el camino de Damasco. Desde entonces predicó un cristianismo abierto a los no judíos y libre de las trabas de la doctrina judaica. Sus viajes misioneros le llevaron por Asia Menor, Grecia, Mediterráneo oriental, Italia –sobre todo Roma– y España. Estuvo preso en varias ocasiones y fue martirizado en Roma, según la tradición junto al apóstol Pedro, durante las persecuciones de Nerón. Es autor de catorce epístolas dirigidas a diferentes comunidades.

Pabst, Georg Wilhelm (Raudnitz 1885 - Viena 1967) Director cinematográfico alemán. Con el filme *Bajo la máscara del placer* (*Die freudlose Gasse*, 1925) inició una corriente de cine realista y de crítica social. También incorporó al cine el tema del psicoanálisis. En 1932 se marchó de Alemania por razones políticas, pero regresó en 1940 y se incorporó al cine nazi. Otras películas suyas de interés son *La caja de Pandora* (1928), *La ópera de tres peniques* (1931) y *Carbón* (*Kameradschaft*, 1931).

pábulo *s. m.* Cosa o materia que sirve para mantener o ejecutar cierta acción. ‖ **Loc. dar pábulo** a algo Dar motivo para ello, fomentarlo.

paca[1] (del ingl. *pack*, paquete) *s. f.* Fardo de lana, algodón, paja, etc., prensado y atado.

paca[2] (del quechua *p'aqo*, rojizo) *s. m.* Mamífero roedor de la familia dasipróctidos, con dos especies: el gran paca *(Cuniculus paca)* y el paca andino *(Stictomys taczanowskii)*. Mide aproximadamente 60 cm de longitud, algo menos el andino, tiene pelaje pardo rojizo moteado de blanco en los flancos, aspecto rechoncho y patas cortas. Excava galerías para refugiarse y parir. Es de costumbres nocturnas y se alimenta de vegetales. Habita en las selvas sudamericanas y centroamericanas y es muy apreciado por su carne.

pacato, ta *adj.* **1.** Pacífico, apocado. También *s.* **2.** Timorato, que se escandaliza por poco. También *s.*

pacense *adj.* De Badajoz. También *s.*

pacer *v. intr.* **1.** Comer el ganado la hierba del campo. También *v. tr.* ‖ *v. tr.* **2.** Dar pasto al ganado. ▪ Es v. irreg. Se conjuga como *agradecer.*

pachá *s. m.* Bajá*.

pachaco, ca *adj. Amér. C.* Inútil, enclenque, enfermizo. También *s.*

Pachacutec (o **Pachacutí**) **Inca Yupanqui** (? h. 1438 - ? 1471) Soberano inca (1438-71). Reconstruyó el Cuzco, al que dotó de sistemas de riego y comunicación. Extendió su imperio desde el N de Ecuador hasta el centro de Chile y por el E hasta Tucumán.

pachamama *s. f. Arg., Bol., Perú.* En el culto indígena, la tierra considerada como una divinidad.

pachanga *s. f.* Diversión, fiesta, baile.

pachanguero, ra *adj.* **1.** Perteneciente o relativo a la pachanga. **2.** Se dice de la música pegadiza y movida que suele tocarse en fiestas y bailes populares. **3.** P. ext., se aplica a la música ramplona, de mala calidad.

pacharán *s. m.* Licor obtenido de la endrina, característico de Navarra.

Pacheco, Francisco (Sanlúcar de Barrameda, Cádiz 1564 - Sevilla 1644) Pintor español. Perteneció a la escuela sevillana y se caracterizó por ser un buen observador del natural. Debe su fama fundamentalmente al hecho de haber sido el maestro de Velázquez, quien contrajo matrimonio con una hija suya.

Pacheco, Gregorio (Sud Chichas 1823 - La Paz 1899) Político boliviano. Jefe del Partido Demócrata, fue presidente de la república (1884-88). Gobernó en coalición con los conservadores. Concedió una amnistía, procuró controlar el poder de los militares y firmó un tratado de límites con Perú y una tregua con Chile.

Pacheco, Juan (? 1419 - Santa Cruz de la Sierra, Cáceres 1474) Político español. Fue valido del rey Enrique IV, contra el que conspiró al alentar rebeliones entre los nobles y realizar pactos con el rey Juan II de Aragón. Participó en la farsa de Ávila (1465), en la que los nobles destituyeron a Enrique IV y proclamaron en su lugar al infante don Alfonso. A la muerte de éste, fue el promotor del tratado de los Toros de Guisando (1468), por el que se proclamaba a Isabel como heredera del trono.

Pacheco, María (? fines del s. XV - Oporto 1531) Dama de la nobleza castellana. Esposa del jefe comunero Juan de Padilla, a la muerte de éste (1521) dirigió la resistencia de Toledo hasta la rendición de la ciudad.

Pacheco Areco, Jorge (Montevideo 1921) Político uruguayo. Miembro del Partido Colorado, fue vicepresidente de la república (1966) y, a la muerte del general Gestido, ocupó la presidencia (1967-72). Llevó a cabo una política de austeridad económica que provocó el descontento y reprimió con dureza la guerrilla tupamara.

Pachelbel, Johann (Nuremberg 1653 - íd. 1706) Compositor y organista alemán. Fue un consumado contrapuntista y autor de una extensa obra que comprende corales, cantatas, tocatas, chaconas y motetes. Sobresale su *Canon y giga en Re para tres violines y continuo.*

pacho, cha *adj. Amér. C.* Rechoncho, aplanado.

pachocha *s. f. amer. fam.* Pachorra, indolencia, flema.

pachón, na *adj.* **1.** *fam.* Se aplica a la persona tranquila y lenta. También *s.* **2.** *Chile, Hond., Méx., Nic.* Peludo, lanado. ‖ **3. perro pachón** El parecido al perdiguero, de patas más cortas y torcidas.

pachorra *s. f. fam.* Calma y lentitud para hacer las cosas.

Pachuca C. de México, cap. del estado de Hidalgo, situada al NE de la capital del país. 135.000 h. en 1982. Es el núcleo urbano de una importante región minera del plomo, la plata y el oro. Cuenta con industrias metalúrgicas, alimentarias y de curtidos. Fundada en 1534, fue una importante ciudad del virreinato de Nueva España y conserva un convento franciscano de los s. XVI-XVII.

pachucho, cha *adj.* **1.** Aplicado a cosas, plantas, flores, etc., poco tieso o poco fresco. **2.** Aplicado a personas, decaído tanto física como moralmente, un poco enfermo.

pachuco, ca *s. m.* y *f. Méx. fam.* Persona que viste de forma llamativa y vulgar, con mal gusto.

pachulí *s. m.* Planta de la familia labiadas, especie *Pogostemon patchouli.* Muy olorosa, de la destilación de sus tallos y hojas se obtiene un aceite esencial que se usa en perfumería. Es oriunda del SE asiático y de Oceanía.

paciencia *s. f.* **1.** Resignación o tranquilidad en la espera. **2.** Capacidad para aguantar un sufrimiento o algo pesado o molesto. **3.** Tranquilidad para hacer cosas minuciosas o difíciles. **4.** Lentitud para hacer las cosas. **5.** Virtud cristiana que se opone a la ira.

paciente *adj.* **1.** Que tiene paciencia. **2.** Se aplica al sujeto gramatical de una oración cuyo verbo está en voz pasiva. ‖ *s. m.* y *f.* **3.** Enfermo que sigue un tratamiento. **Fam.** Pacientemente.

pacificar *v. tr.* **1.** Poner paz en un lugar o entre personas que estaban en guerra o enfrentadas. También *v. prnl.* **2.** Imponer la paz al acabar de someter un país. ‖ *v. prnl.* **3.** Tranquilizarse, calmarse. ▪ Se conjuga como *sacar.* **FAM.** Pacificación, pacificador.

pacífico, ca *adj.* **1.** Se dice de la persona tranquila, que evita la violencia o la discusión. También *s.* **2.** Que está en paz, sin guerras ni enfrentamientos. **3.** Que no encuentra oposición en una situación o estado. **FAM.** Pacíficamente.

Pacífico Océano comprendido entre las costas orientales de Asia y de Australia y las occidentales de América. 179.000.000 km^2. Tiene una profundidad media de 4.282 m y máxima de 11.034 m en la fosa de las Marianas, la mayor del mundo. Se extiende por los hemisferios boreal y austral, limita al S con el océano Glacial Antártico y está comunicado con el océano Glacial Ártico por el estrecho de Bering, con el océano Atlántico por el canal de Panamá, el estrecho de Magallanes y el paso de Drake, y con el océano Índico por el estrecho de Malaca, los mares de Indonesia y de Tasmania. Contiene los mares costeros de Bering, de Ojotsk, del Japón, Amarillo, de China Oriental, de la China Meridional, de Sulú, de Célebes, de Java, de Banda, de Arafura, del Coral y de Tasmania. En él se encuentran las islas Aleutianas, Kuriles, Sajalin, Japón, Taiwan, Filipinas, Indonesia, Nueva Guinea, Nueva Zelanda, Micronesia, Melanesia y Polinesia. Está surcado por las corrientes cálidas de Kuro Shivo, Norecuatorial, Surecuatorial, Contracorriente ecuatorial y Australiana del Este, y las frías de Oya Shivo, California y Humboldt o del Perú.

Pacífico, campañas del Conjunto de batallas aeronavales que enfrentaron a Japón y EE UU durante la Segunda Guerra Mundial. En la primera fase (1941-42), los japoneses, tras el bombardeo de Pearl Harbor, lanzaron una ofensiva que les permitió conquistar Filipinas, Birmania e Indonesia y controlar el Pacífico. En la segunda fase (1942-43) se produjo la reacción aliada. La flota estadounidense, mandada por el general Mac Arthur, derrotó a la japonesa en las batallas del mar del Coral y de las islas Midway, y frenó así su avance. En verano de 1943 se desencadenó la contraofensiva aliada; tras la decisiva victoria estadounidense de Leyte (1944), las dos bombas atómicas lanzadas en 1945, primero sobre Hiroshima, el 6 de agosto, y tres días después sobre Nagasaki, provocaron la rendición de Japón.

Pacífico, guerra del Conflicto bélico que enfrentó a España con Perú y Chile entre 1864 y 1866 y que se originó al ocupar una escuadra española (1864) las islas Chincha, productoras de guano, como garantía de la deuda peruana no satisfecha a España. Las negociaciones fueron favorables a España, que devolvió las islas, pero la declaración chilena de guerra a España y la firma de una alianza entre Chile y Perú hicieron que la escuadra española, al mando de Méndez Núñez, bombardeara Valparaíso y El Callao (1866) y luego se retirara del Pacífico. La paz se firmó en 1871, por mediación de EE UU.

Pacífico, guerra del Conflicto que enfrentó a Chile con Perú y Bolivia entre 1879 y 1883. Su origen se encuentra en la disputa entre Chile y Bolivia por el control de los territorios salitreros de Antofagasta. Cuando en 1879 el gobierno boliviano alzó el impuesto a la exportación de salitre, violando el tratado de 1874, las compañías chilenas, de capital mayoritariamente británico, protestaron ante su gobierno, que decidió ocupar la costa de Bolivia. Perú, aliado de Bolivia, entró en el conflicto, pero su ejército fue derrotado por el chileno, que ocupó Lima. Se firmó el tratado de Ancón, por el que Chile se anexionó toda la zona salitrera y Bolivia perdió su salida al mar.

pacifismo *s. m.* **1.** Movimiento e ideas en favor de la paz y en contra de la guerra, la violencia y los factores que las hacen posibles. **2.** P. ext., tendencia a evitar todo tipo de violencia o enfrentamiento. **FAM.** Pacifista.

package (voz ingl.) *s. m.* **1.** En inform., conjunto de programas estándar que se ofrecen al usuario de un ordenador. **2.** Acuerdo con concesiones mutuas entre dos partes enfrentadas.

paco [1] (voz onomat.) *s. m.* **1.** Moro de las antiguas posesiones de España en Marruecos que, aislado y escondido, disparaba contra los soldados españoles. **2.** P. ext., francotirador en la guerra civil española y otras contiendas.

paco [2] (del quechua *p'aqo*) *s. m.* **1.** Paca[2]. ‖ *adj.* **2.** *Amér. del S.* Se aplica al color rojizo o bermejo, por el color del citado mamífero, así como a las cosas que lo tienen. También *s. m.*

pacota *s. f.* **1.** *Méx.* Pacotilla. **2.** *Méx.* Don nadie, persona insignificante.

pacotilla *s. f.* Mercancías que pueden cargar por su cuenta los tripulantes de un buque sin pagar por el transporte. ‖ **LOC. de pacotilla** *adj.* Se dice de los objetos de poca calidad o fabricados con poco esmero; p. ext., se aplica a las personas que son de menos calidad o importancia de lo que parecen.

pacotillero, ra *adj.* **1.** Que lleva o vende pacotillas. También *s.* **2.** *amer.* Vendedor ambulante, buhonero.

pactar *v. tr.* Llegar dos o más personas o partes a un acuerdo que se obligan a cumplir.

pactismo *s. m.* Tendencia a resolver las situaciones políticas o sociales mediante pactos.

pacto *s. m.* **1.** Acuerdo entre dos o más personas o partes. **2.** Obligación establecida por dicho acuerdo. **3.** Tratado entre dos o más países. ‖ **4. pacto de no agresión** Convenio temporal entre dos o más países por el que se comprometen a no utilizar las armas en la solución de sus conflictos. **5. pacto de reserva de dominio** En der., aquel por el que, en ventas a plazos, el vendedor sigue conservando la propiedad de la cosa vendida hasta que se pague todo el precio. **6. pacto de retro** (o **de retroventa**) Acuerdo por el que el comprador se compromete a revender al vendedor por el mismo precio la cosa adquirida, si dicho vendedor lo solicita en un plazo determinado. **7. pacto social** Acuerdo entre el gobierno, empresarios y sindicatos para llevar a cabo una determinada política económica.

Pacto Andino Véase **andino**.

Pacto de Varsovia Tratado de asistencia mutua de la Europa del Este, establecido en 1955 como réplica a la creación de la OTAN, con el fin de contribuir a la defensa mutua de los estados asociados, desarrollar una política exterior común y fortalecer los lazos económicos y culturales entre los países miembros. Lo constituyeron Bulgaria, Checoslovaquia, Hungría, República Democrática Alemana, Polonia, Rumania y la URSS. En noviembre de 1990 se firmó la paz entre la OTAN y el Pacto de Varsovia, que acabó desmembrándose poco después.

Océano Pacífico.

Padang C. de Indonesia, cap. de Sumatra occidental, situada en la costa O del sector central de la isla. 480.900 h. en 1980. Es un importante puerto exportador de carbón, café, té, especias, copra y caucho. Fue uno de los primeros asentamientos alemanes en Sumatra (1606), ocupado por holandeses en 1664 y cuyo desarrollo comercial se produjo en el s. XIX.

paddock (voz ingl.) *s. m.* En un hipódromo o canódromo, lugar cercado donde se muestran al público los caballos o galgos antes de una carrera.

padecer *v. tr.* **1.** Sufrir alguien los sentimientos y sensaciones que producen el dolor físico, una necesidad, una pena, etc. También *v. intr.* **2.** Tener una enfermedad. También *v. intr.* **3.** Tener o sentir una necesidad. **4.** Ser objeto de una acción perjudicial o dolorosa. **5.** Aguantar la acción o la presencia de alguien o algo molesto o perjudicial. **6.** Estar en una equivocación o recibir un desengaño. ‖ *v. intr.* **7.** Estar sometida una cosa o una situación a un esfuerzo excesivo que puede estropearla. ▪ Es v. irreg. Se conjuga como *agradecer.*

padecimiento *s. m.* **1.** Acción de padecer. **2.** Pena, desgracia, enfermedad, etc., que hace padecer a alguien.

Paderborn C. de Alemania, en el E del Land de Renania Septentrional-Westfalia. 114.150 h. en 1989. Su economía se basa en la industria cementera, de la construcción, mecánica, electrónica, papelera, impresora y alimentaria. Entre sus monumentos sobresalen la catedral románica (s. XII) y el castillo imperial.

Paderewski, Ignacy Jan (Kurylowka 1860 - Nueva York 1941) Pianista, compositor y político polaco. Considerado el mejor intérprete de piano de principios del s. XX, se recuerda entre sus composiciones un famoso *Minueto.* Fue ministro de Asuntos Exteriores y presidente de su país (1919). Participó en el tratado de Versalles. Dimitió por estar en desacuerdo con la línea Curzon como frontera nacional.

Padilla, José (Riohacha 1778 - ? 1828) Marino y patriota colombiano. Combatió en la batalla de Trafalgar (1805) en la flota española y fue hecho prisionero por los británicos. En 1808 regresó a España. En Nueva Granada luchó por la independencia pero, acusado de conspirar contra Bolívar, fue fusilado.

Padilla, José (Almería 1889 - Madrid 1960) Músico español. Triunfó en el género de la canción popular, con títulos como *El relicario* (1914), *La violetera* (1914), utilizada por Charlot en *Luces de la ciudad*, y *Valencia* (1928).

Padilla, Juan de (Toledo 1484 - Villalar, Valladolid 1521) Caudillo castellano. Nombrado en 1520 por la Junta Santa de Ávila capitán general de las tropas comuneras, venció al ejército de Carlos I en Torrelobatón. En Villalar (1521) fue derrotado, hecho prisionero y ajusticiado con sus compañeros Bravo y Maldonado.

Padilla, María de (? - Sevilla 1361) Dama de la nobleza castellana. Fue amante del rey Pedro I el Cruel. En las cortes de Sevilla (1362), don Pedro juró haber contraído matrimonio con María antes que con Blanca de Borbón, por lo que fue reconocida como reina y sus hijos declarados herederos de Castilla.

padrastro *s. m.* **1.** Marido de la madre respecto de los hijos que ella tiene de otra unión anterior. **2.** Padre que se porta mal con sus hijos. **3.** Trozo de la piel alrededor de las uñas que se levanta y causa dolor.

padrazo *s. m. fam. aum.* de **padre**. Padre muy cariñoso y complaciente con sus hijos.

padre *s. m.* **1.** Hombre o animal macho respecto de sus hijos o crías. **2.** Semental*. **3.** En rel., primera persona de la Santísima Trinidad. ▪ En esta acepción se escribe con mayúscula. **4.** Autor de una cosa o idea. **5.** Cabeza de una descendencia, familia, etc. **6.** Persona que ha influido o adelantado mucho en una ciencia o rama del saber. **7.** Tratamiento que se da a los religiosos y sacerdotes. ‖ *pl.* **8.** El padre y la madre. **9.** Antepasados. || *adj.* **10.** *fam.* Muy grande, muy importante. || **11. padre de familia** Jefe de la familia, tenga o no hijos. **12. padre de la Iglesia** Se da este nombre a algunos doctores de las Iglesias griega y latina cuyas obras han sido muy importantes en la fe cristiana. **13. padre de la patria** Personaje público importante por los servicios prestados a la nación. **14. padre espiritual** Sacerdote confesor que dirige la vida espiritual de una persona. **15. padre santo** (o **santo padre**) Tratamiento o nombre con que se designa al papa. || **LOC. de padre y muy señor mío** *adj. fam.* Muy grande, intenso o importante. **ser cada uno de su padre y de su madre** *fam.* Ser varias personas o cosas muy diferentes entre sí.

padrear *v. intr.* Ejercer el macho las funciones de la generación.

padrenuestro *s. m.* Oración cristiana enseñada por Jesucristo, que empieza con las palabras *Padre nuestro.*

padrinazgo *s. m.* **1.** Acción de apadrinar a alguien. **2.** Protección que se da a una persona.

padrino *s. m.* **1.** Hombre que en determinados sacramentos, ceremonias, actos, etc., presenta, acompaña o protege a quien los recibe o realiza. **2.** Persona que protege a otra y la ayuda en sus aspiraciones. || *pl.* **3.** El padrino y la madrina.

padrón *s. m.* Relación de habitantes de un municipio hecha por orden de la autoridad, en la que se especifican determinadas características de los habitantes, como sus nombres, apellidos, edad o fecha de nacimiento, sexo, estado civil, domicilio, profesión, parentesco con el cabeza de familia y grado de instrucción. Sus finalidades son el recuento y comprobación de los individuos residentes en un territorio, elaboración de las listas electorales, establecimiento de reemplazos militares, distribución de la carga impositiva, etc.

padrote *s. m.* **1.** *amer.* Semental. **2.** *Méx. fam.* Proxeneta, alcahuete.

Padua (*Padova*) C. de Italia, situada en la región del Véneto, al SO de Venecia. 220.350 h. en 1990. Es un importante centro comercial y cultural, que cuenta con industria de maquinaria, textil, química y alimentaria. Su universidad fue fundada en 1222. Entre sus monumentos merecen mencionarse la catedral románica, reconstruida en el s. XVI, la basílica de San Antonio, del s. XIII, en que se conserva la tumba de este santo, y la capilla de los Scrovegni, del s. XIV, decorada con frescos de Giotto.

Padua, escuela de Movimiento científico y filosófico que en torno a los s. XIV, XV y XVI se desarrolló en la universidad de Padua. Sus miembros eran partidarios de un aristotelismo naturalista y, en oposición a los planteamientos teológicos, perseguían el conocimiento de la naturaleza, dando gran importancia al método científico y privilegiando ciertas disciplinas como la medicina. Sus trabajos constituyen un notable precedente de la ciencia moderna.

paella *s. f.* Plato típico de Valencia que consiste en arroz guisado con azafrán, carne, legumbres, pescado, etc.

paellera *s. f.* Recipiente a modo de sartén grande con dos asas, que se utiliza para hacer la paella.

José Antonio Páez.

Páez, José Antonio (cerca de Acarigua 1790 - Nueva York 1873) Militar y político venezolano. Capitaneó las tropas de llaneros en las luchas de independencia, auxiliando a Bolívar en Carabobo (1821) y Puerto Cabello (1823). En 1826 se rebeló contra las autoridades de la Gran Colombia, en cuyo territorio había quedado incluida Venezuela, y tras su éxito fue nombrado comandante general de Venezuela. Fue presidente de la república (1830-35) y durante su mandato pacificó el país y reorganizó la economía. Ocupó nuevamente la presidencia en varias ocasiones (1836, 1839-43 y 1861-63) y finalmente tuvo que exiliarse a EE UU.

paga *s. f.* **1.** Acción de pagar. **2.** Cantidad de dinero que se recibe periódicamente, por lo general como retribución al trabajo. **3.** Correspondencia a algún beneficio.

pagadero, ra *adj.* **1.** Se dice de lo que tiene que pagarse en una fecha o a una persona determinada. **2.** Que se puede pagar. **3.** Asequible, no demasiado caro.

pagado, da **1.** *p. p.* de **pagar**. También *adj.* || *adj.* **2.** No gratuito. **3.** Satisfecho de alguna cosa.

pagador, ra *adj.* **1.** Que paga. También *s.* || *s. m.* y *f.* **2.** Persona o funcionario encargado de pagar sueldos, deudas, pensiones, etc. **3.** Persona que debe pagar una letra de cambio.

pagaduría *s. f.* Despacho u oficina, generalmente pública, donde se realizan pagos.

paganini *s. m. fam.* Pagano, que paga la consumición, los gastos, etc., de todos.

Paganini, Niccolò (Génova 1782 - Niza 1840) Violinista y compositor italiano. Su conocimiento profundo de las posibilidades del violín le convirtió en el más grande violinista del s. XIX. Contribuyó en gran manera a la evolución técnica y expresiva de este instrumento. Entre sus obras destacan sus veinticuatro *Caprichos* para violín solo y gran número de *Variaciones* sobre diversos temas musicales para violín y orquesta.

paganismo *s. m.* **1.** Nombre dado por los cristianos al conjunto de creencias politeístas ajenas a su propia tradición religiosa. La palabra aparece por primera vez en un documento del s. IV y se deriva de *pagus*, aldea, porque eran los rústicos o campesinos los que preferentemente se mantenían en sus antiguas creencias y ritos en contraste con las poblaciones urbanas, las cuales se habían convertido mayoritariamente al cristianismo. El paganismo excluye el hebraísmo y el islamismo, por ser religiones monoteístas. **2.** Cualidad de pagano.

paganizar *v. tr.* Convertir en pagano. También *v. prnl.* ■ Se conjuga como *cazar.*

pagano, na[1] (del lat. *paganus*) *adj.* **1.** Perteneciente o relativo al paganismo. **2.** Se dice de los pueblos o personas que tienen esas creencias. También *s.* **3.** P. ext., se aplica a las ideas o actividades no cristianas.

pagano, na[2] (de *pagar*) *adj.* **1.** *fam.* Que paga el dinero que cuesta algo, generalmente por abuso de otros. También *s.* **2.** Se dice de quien tiene que cargar con las culpas ajenas. También *s.*

pagar *v. tr.* **1.** Dar a alguien una cantidad de dinero porque se le debe o por otra causa. **2.** Corresponder a alguien con una acción o actitud. **3.** Cumplir una pena o castigo por un delito o mala acción. **4.** Sufrir las consecuencias de un error, exceso, etc. || *v. prnl.* **5.** Sentirse orgulloso de algo. || **LOC. pagarla** (**pagarlas** o **pagarlas todas juntas**) *fam.* Sufrir el culpable el castigo o las consecuencias de algo. ■ Se añade una *u* a la *g* de la raíz ante *e, i.* **FAM.** Pagable.

pagaré *s. m.* Documento en el que alguien se compromete a pagar cierta cantidad en un tiempo determinado.

pagel *s. m.* Breca*.

página *s. f.* **1.** Cada lado o cara escrita de una hoja de un libro o cuaderno. **2.** P. ext., cara de cualquier hoja de papel. **3.** Lo escrito en dichas caras. **4.** Suceso o etapa de la historia de alguien o algo. **5.** En inform., cada una de las partes en que se organiza la memoria de un ordenador.

paginación *s. f.* **1.** Acción y efecto de paginar. **2.** Serie de las páginas numeradas de un escrito o impreso. **3.** En inform., división de la memoria del ordenador en unidades llamadas *páginas.*

paginar *v. tr.* Numerar las páginas de un libro, cuaderno, etc.

pago[1] *s. m.* **1.** Acción de pagar. **2.** Aquello con que se paga. || **LOC. de pago** *adj.* Se dice del establecimiento o actividad que no es público o gratuito.

pago[2] (del lat. *pagus*) *s. m.* **1.** Cierto tipo de división de la tierra cultivada, especialmente si está plantada de olivos o viñas. **2.** Aldea. || *pl.* **3.** Lugar en que se ha nacido o se está arraigado. **4.** P. ext., lugar, pueblo o región.

pagoda *s. f.* Construcción religiosa oriental, propia del budismo, con varios pisos superpuestos separados por cornisas y tejadillos.

Pagoda dorada del palacio Chakri Maha Prasad, en Bangkok (Tailandia).

Pahlavi o **Pahlevi** Dinastía reinante en Irán entre 1925 y 1979. Su fundador fue Reza Kan, quien depuso al sha Ahmed y se proclamó sha (1925). En 1941 abdicó en su hijo Muhammad Reza, que se hizo coronar emperador (1967) y, tras un proceso revolucionario, tuvo que abandonar el país (1979).

paidología *s. f.* Ciencia que trata de lo relativo a la infancia y el desarrollo físico e intelectual de los niños. **FAM.** Paidológico, paidólogo.

Paik, Nam Jun-pack, llamado **Nam June** (Seúl 1932) Realizador de vídeo surcoreano. Crea espectáculos en los que combina música e imágenes electrónicas. En 1964 se trasladó a EE UU, donde se convirtió en uno de los más importantes artistas de vídeo de vanguardia. Entre sus principales realizaciones cabe citar *Video-garden* (1974), *Video-fish* (1979) y *Bandera tricolor* (1982).

paila *s. f.* **1.** Vasija grande de metal, poco profunda y de fondo redondeado. **2.** *amer.* Sartén.

pailebote *s. m.* Goleta pequeña, fina y muy baja, sin gavias.

Paine, Thomas (Thetford, Norfolk 1737 - Nueva York 1809) Escritor y político estadounidense de origen británico. De familia cuáquera emigrada a EE UU (1774), su obra *Sentido común*, que vio la luz en 1776, tuvo capital importancia en el movimiento independentista. Volvió a Gran Bretaña (1787), donde publicó *Los derechos del hombre* (1791-92), apología de la Revolución Francesa. Tuvo que refugiarse en Francia y consiguió un escaño en la Convención (1792); encuadrado en el ala moderada de los girondinos, se ganó la enemistad de los jacobinos y en 1802 regresó a EE UU.

paipay *s. m.* Abanico de forma casi circular, generalmente de palma o tela, y con mango.

pairo *s. m.* Estado de la nave quieta, pero con las velas extendidas. || **LOC. al pairo** *adv.* Sin obrar o tomar una resolución. ■ Se utiliza generalmente con los verbos *estar* o *quedarse.*

país *s. m.* **1.** Territorio que constituye una unidad geográfica, cultural, etc., con unos límites determinados. **2.** Estado independiente. **3.** Tela, papel o piel que cubre las varillas de un abanico.

País del Loira Véase **Loira, País del.**

País Valenciano Véase **Valenciana, Comunidad.**

País Vasco Véase **Vasco, País.**

paisaje *s. m.* **1.** Extensión de terreno que se ve desde un punto. **2.** Técnica artística que tiene por objeto la representación de un lugar, ya sea natural o urbano, y que da a la figura un papel secundario o bien prescinde de ella. **3.** Pintura, grabado, fotografía, etc., que lo representa. **4.** País de un abanico.

paisajismo *s. m.* Pintura artística de paisajes.

paisajista *adj.* Se dice del pintor de paisajes. También *s.*

paisajístico, ca *adj.* Perteneciente o relativo al paisaje en su aspecto artístico.

paisanaje *s. m.* **1.** Circunstancia de ser del mismo país, región o localidad y relación entre personas de un mismo lugar. **2.** Conjunto de paisanos, personas no militares.

paisano, na *adj.* **1.** Se dice de las personas que son de un mismo país, región o lugar. También *s.* **2.** Se dice de la tortilla de patata que lleva otros ingredientes como guisantes, pimientos, jamón, chorizo, etc. También *s. f.* || *s. m.* y *f.* **3.** Campesino. || *s. m.* **4.** Civil, persona no militar. || **Loc. de paisano** *adj.* y *adv.* Se dice de la persona que viste uniforme cuando no lo lleva.

Países Bajos (*Nederland*) Estado de Europa occidental.

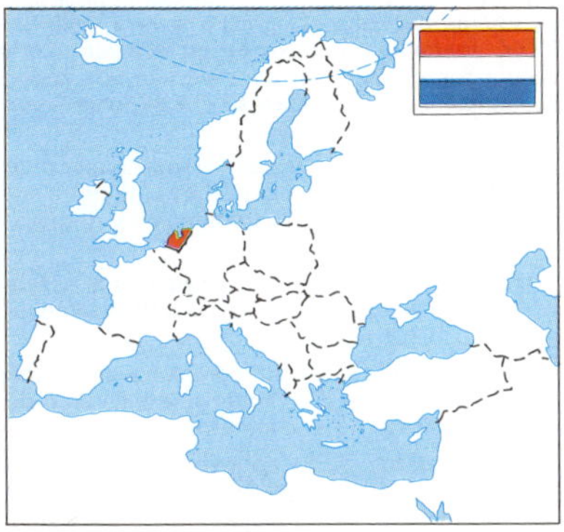

Extensión: 41.785 km².
Límites: al N, con el mar del Norte; al E, con Alemania; al S, con Bélgica, y al O, con el mar del Norte.
Población: 14.934.000 h. en 1990.
Densidad: 440,1 h./km².
Capital: Amsterdam.
División administrativa: 12 provincias.
Ciudades principales: Rotterdam, La Haya, Utrecht, Eindhoven.
Gentilicio: holandés o neerlandés.
Forma de Estado: monarquía constitucional.
Idioma: holandés o neerlandés.
Religión: catolicismo, 36,2 %; cristianismo reformado alemán, 18,1 %; protestantismo, 8,3 %.
Moneda: florín.
Tasa de natalidad: 13 ‰ en 1990.
Tasa de mortalidad: 8 ‰ en 1990.
Renta per cápita: 16.010 dólares en 1989.

Geog. física Los Países Bajos están situados en una extensa llanura cuyas máximas elevaciones son las colinas de Veluwe y Limburgo (100 m), en el SE. El territorio estuvo ocupado, en su mayor parte, por el gran casquete glaciar cuaternario del N de Europa, dejando materiales finos de arenas y limos. Durante la Edad Media comenzó su hundimiento progresivo por el O, siendo ocupadas sus tierras por el mar. Posteriormente estas tierras fueron rescatadas a través del sistema de pólders. En el SO se encuentran las islas de Zelanda, entre las cuales se ha establecido un sistema de canales para defenderlas de los fuertes embates de las aguas del mar del Norte; las principales son: Walcheren, Beveland Norte y Sur, Schouwen, Tholen, Goeree y Overflakkee. El NO lo ocupa una península cuya prolongación está constituida por las islas Frisias Occidentales: Texel, Vlieland, Terschelling, Ameland, Schiermonnikoog y Rottumeroog. Al S de las islas se encuentra el lago de Ijsselmeer, antes golfo de Zuiderzee, cerrado al mar mediante la construcción de un dique. La característica más notable de toda la costa O es la existencia de numerosos pólders habitados y cultivados. El Rhin, principal río que atraviesa el país de O a E, se divide en dos ramas: Neder Rijn y Waal. También destacan los ríos Mosa y Escalda, ambos en el S. En general, las costas son bajas y arenosas. Tiene un clima oceánico, con inviernos suaves y húmedos y veranos frescos; las precipitaciones son frecuentes, al igual que las nieblas. Su vegetación

Países Bajos: cultivos de tulipanes en Lisse, Holanda Meridional.

natural es la pradera oceánica, con matorral; las zonas desecadas por el hombre han sido repobladas con coníferas y diversos cultivos.

Geog. humana y ***económica*** Es el territorio más densamente poblado de Europa y su población, esencialmente urbana (90 %), se concentra sobre todo en el área centrooccidental. Las tasas de natalidad y mortalidad son bajas, y su crecimiento vegetativo va en disminución. La agricultura, de tipo intensivo, tiene un elevado rendimiento, aunque para poder cultivar la tierra ha habido que llevar a cabo una intensa labor de desecación. Entre los principales cultivos figuran el trigo, la cebada, la patata y la remolacha azucarera. La floricultura y horticultura de invernadero representan un gran valor comercial. De la rica ganadería vacuna se obtienen abundantes productos lácteos (noveno productor mundial de mantequilla y sexto de queso); es muy importante el ganado porcino (décimo). En cuanto a la pesca, sólo cabe destacar la del arenque y la ostricultura. Hay yacimientos de petróleo y gas natural (quinto) y la energía procede esencialmente de las centrales térmicas y nucleares. La industria, con una larga tradición histórica, se basa en la reelaboración de materias primas importadas, sobresaliendo los sectores agroalimentario, siderúrgico, químico, eléctrico y electrónico. Se exporta principalmente productos alimenticios, maquinaria, manufacturas básicas, gasolina, carburantes y gas natural; y se importa materias primas, entre las cuales se encuentra el petróleo. Un relevante enclave comercial es el puerto de Rotterdam, primero del mundo en volumen de mercancías.

Hist. **Edad Antigua y Media** El territorio fue habitado por menapios, nervios, eburones y celtas y conquistado en el 15 a. C. por Roma. La retirada romana a la frontera del Rhin en el s. III dejó la región en manos de los germanos. Fue evangelizado tardíamente por monjes irlandeses y aquitanos. En el s. VIII fue conquistado por Carlomagno e incorporado al imperio carolingio. En el tratado de Verdún del 843 su territorio fue dividido y surgieron diversos estados feudales. Durante las segundas invasiones (s. X) sufrió constantes ataques normandos. En el s. XI fue constituido el condado de Flandes, que en la plena Edad Media experimentó una gran expansión económica, basada fundamentalmente en el comercio y la industria textil; así surgió una importante burguesía urbana. La nobleza mantuvo la fidelidad a la monarquía francesa, mientras la burguesía textil buscó la alianza con Inglaterra, de cuyo suministro lanero dependía. En la Baja Edad Media el condado fue otorgado a Felipe el Bueno, duque de Borgoña, que lo incorporó a sus dominios.

Edad Moderna Mediante el matrimonio de Maximiliano de Austria y María de Borgoña y el de Felipe el Hermoso, hijo de los anteriores, con Juana la Loca, hija de los Reyes Católicos, el territorio fue anexionado a la casa de Austria, bajo el reinado de Carlos V. Los Países Bajos gozaron de cierta autonomía dentro del imperio; Amberes se convirtió en un importantísimo centro económico. Durante el reinado de Felipe II, hijo de Carlos V y rey de España, comenzaron las guerras de religión; el gobierno del duque de Alba (1567-73), supuso una política represiva. Los estados generales flamencos eligieron estatúder a Guillermo de Orange, que inició la guerra contra España. El nuevo gobernador, Juan de Austria, promulgó el Edicto Perpetuo (1577) para pacificar el país, pero murió en 1578 y fue sucedido por Alejandro Farnesio, que logró retener las provincias católicas del S mientras las protestantes del N formaron la Unión de Utrecht, que bajo la dirección de Mauricio de Nassau logró la tregua de los Doce Años (1609-21) y posteriormente la independencia en la paz de Münster de 1648, con el nombre de Provincias Unidas. En el s. XVII la república experimentó una gran prosperidad, vinculada a su progreso naval y a la creación de un imperio colonial, desarrollando importantes actividades comerciales ultramarinas, que a mediados del siglo provocaron las guerras comerciales anglo-neerlandesas. Su adhesión a la Triple Alianza en 1668 provocó la ocupación de Holanda en 1672 por parte de Francia. Tras la guerra de Sucesión española, mediante los tratados de Utrecht en 1713 y de Rastadt en 1714, los Países Bajos pasaron a ser posesión austriaca. En este nuevo periodo hubo una gran expansión comercial y fueron escenario de la guerra de Sucesión de Austria.

Edad Contemporánea El país fue invadido por Napoleón en 1806 y, tras la derrota de Leipzig en 1813, se impuso la soberanía de Guillermo de Orange. El congreso de Viena llevó a cabo la unificación de la parte septentrional y meridional, dándole el nombre de Países Bajos, pero, aunque Guillermo I hizo aprobar la Constitución, persistieron las rivalidades entre norte y sur por motivos religiosos y lingüísticos. El eje económico Amberes-Amsterdam incrementó su hegemonía comercial. En 1830 estalló un motín en Bruselas que provocó la secesión de la provincia del sur; desde entonces el territorio se dividió en los estados independientes de Bélgica y Países Bajos (Holanda). Durante la Primera Guerra Mundial Países Bajos se mantuvo neutral, aunque durante la Segunda fue ocupado por los alemanes. En 1944 se creó el Benelux, organismo de cooperación económica entre Bélgica, Países Bajos y Luxemburgo, que en 1957 se integró en la Comunidad Económica Europea. En 1948 la reina Guillermina abdicó en su hija Juliana, bajo cuyo reinado se concedió la independencia a Indonesia (1949), Antillas Holandesas y Surinam (1975). La vida política del país durante la segunda mitad del s. XX ha estado dominada por los partidos socialista y demócrata cristiano. Los socialistas, vencedores en las elecciones de 1971, 1972 y 1977, fueron desplazados del poder por una coalición de democristianos y liberales, que se mantuvo al frente del país tras los comicios de 1983 y 1986. En 1980 la reina Juliana abdicó en su hija Beatriz.

Arte En el s. XV empezó a cultivarse un estilo pictórico nacional, aunque todavía influido por Flandes; a finales de este siglo pertenece la personalísima obra de El Bosco. Durante el s. XVI se desarrollaron principalmente dos escuelas: la de Leyden, cuyos máximos representantes fueron Cornelis Engelbrechtsz y Lucas de Leyden; y en Amsterdam, Cornelis Cornelisz y sus discípulos, que practicaron el manierismo, dentro del cual nació el retrato colectivo. En el s. XVII aumentó la demanda de cuadros de pequeño tamaño y variados temas, como el retrato, el paisaje y el bodegón. El retrato llegó a su máximo esplendor con Frans Hals y Rembrandt, la figura cumbre de la pintura neerlandesa. La pintura de escenas cotidianas y de interiores sobresalió con Jan Vermeer; el paisaje es tratado con especial acierto

por Esaias van de Velde, su discípulo Jan van Goyen, Meindert Hobbema y Salomon van Ruysdael. La naturaleza muerta tuvo su principal cultivador en Pieter Claesz. En la pintura de animales destacó Paulus Potter. En el s. XIX alcanzó importancia la escuela de La Haya, encabezada por Jozef Israëls; Johann Barthold Jongkind, paisajista, y Vincent van Gogh, que influyó en los fauvistas y expresionistas franceses. En el s. XX, Piet Mondrian, pintor abstracto, formó en 1917 en Leiden *De Stijl*, grupo de artistas, pintores, escritores y arquitectos que dio vida al neoplasticismo. Su contemporáneo Kees van Dongen fue uno de los más brillantes exponentes del fauvismo francés. Posteriormente surgieron nuevas tendencias, así en el informalismo figura Karel Appel, en el arte pobre, Jan Dibbets, y en el arte cinético, Struycken.
En cuanto a la arquitectura, queda del estilo románico la catedral de Maastricht (s. XI y XII). Edificios representativos del gótico son la catedral de Utrecht y la iglesia de San Bavón de Haarlem. Mientras el Renacimiento no contó con grandes arquitectos, el Barroco tuvo una gran implantación, con autores como Lieven de Key, Hendrick de Keyser y Jacob van Campen. A fines del s. XVII, D. Marot introdujo el clasicismo francés. El siguiente siglo estuvo dominado por el neoclasicismo. En el s. XIX triunfó el estilo romántico, representado por Petrus Josephus Hubertus Cuypers. La moderna arquitectura se inició a finales del siglo con Hendrick Petrus Berlage, pionero del racionalismo, para continuar en el s. XX con el grupo *De Stijl* y el neoplasticismo; Willem Marinus Dudok y su arquitectura funcional; Johannes Hendrik van den Broek y Jakob Bakema y sus postulados del *Team X*, para el restablecimiento de una identidad urbana y una estética funcional; Aldo van Eyck y Theo Bosch. Como consecuencia de la querella iconoclasta, toda la escultura anterior al s. XV desapareció, aunque sabemos que existió una gran tradición escultórica. Durante el s. XIV la figura más relevante fue Claus Sluter, que trabajó especialmente en Borgoña. En el s. XV destaca un solo nombre, A. van Wesel. En el Renacimiento surgieron dos grandes artistas que triunfaron en el extranjero, Nikolaus Gerhaerth, de Leiden, y Adrian de Vries. En el s. XVII podemos mencionar a Hendrick de Keyser, también arquitecto, y Rombout Verhulst, autor de excelentes mausoleos, y a finales del s. XIX, a J. A. Radecker. En el s. XX sobresale H. Visch.
Lit. Hasta la Edad Media la literatura holandesa se confunde con la de Flandes, escrita en la misma lengua. A este periodo corresponden las obras de la monja Hadewijch en el s. XIII, algunas poesías, leyendas y cuentos de autores anónimos y, sobre todo, la obra del poeta Jacob van Maerlant en el s. XIII y del místico Jan van Ruysbroeck en el s. XIV. En el s. XVI dos corrientes irrumpieron con gran fuerza: el Renacimiento, cuyos representantes más significativos fueron Jan van Hout y C. van Mander; y la Reforma, cuyas doctrinas fueron difundidas por Marnix de Sainte-Aldegonde. La época dorada de la literatura de los Países Bajos fue el s. XVII, en el cual convivieron múltiples tendencias, encarnadas por cuatro grandes escritores: Pieter Hooft, poeta e historiador; Gerbrand Brederoo, poeta y dramaturgo; Joost van den Vondel, adscrito al clasicismo; y Constantine Huygens, poeta lírico y moralista. La decadencia de la literatura se produciría en el s. XVIII, aunque cabe destacar a Pieter Langendijk, Justus van Effen y Hubert Kornelisz Poot. La recuperación empezó a mediados del siglo, con los poetas Van Alphen, Jacobus Bellamy y Pieter Nieuwland, las novelistas Elizabeth Wolff-Bekker y Aagje Deken. El Romanticismo del s. XIX tuvo dos representantes de calidad, Jacob van Lennep y Nikolaus Beets. En 1860, Eduard Douwes Dekker publica su novela *Max Havelaar*. A partir de 1880 comenzó el resurgimiento de la literatura con obras de carácter social, con la contribución de los poetas Herman Gorter, Willem Kloos y Albert Verwey y los novelistas Marcelus Emants, Simon Vestdijk, Arthur van Schendel y Louis Couperus. Las pequeñas revistas realizaron un papel decisivo. Si para la revolución literaria de 1880 fue fundamental *De Nieuwe Gids*, a partir de 1910 lo fueron *De Vrije Bladen* y *Forum*. En esta época triunfaron los poetas Hendrik Marsman y Edgar Du Perron, así como el crítico Menno Ter Braak. Tras la Segunda Guerra Mundial algunos de los poetas más interesantes son G. Kouwenaar, H. Vleck, P. Berger, M. de Groot y H. Vap. Entre los modernos narradores han destacado Leon de Winter, Jan Wolkers y Willem Frederik Hermans, y en el teatro, L. de Boer.

Paisiello, Giovanni (Tarento 1740 - Nápoles 1816) Compositor italiano. Fue maestro de capilla en la corte de San Petersburgo (1776-84) y en Nápoles (1784-99) y ejerció de director de la capilla musical de Napoleón en París (1802) y de la de José Bonaparte (1806). Muy influido por Mozart, escribió más de cien óperas, entre ellas *El barbero de Sevilla* (1782) y *La molinera* (1788), música de cámara y, al final de su vida, grandes obras sacras, como el *Te Deum* y *Miserere*.

Paiva, Félix (Caazapa 1877 - Asunción 1965) Jurisconsulto y político paraguayo. Ministro en varias ocasiones, fue presidente del Tribunal Supremo, vicepresidente (1920-21) y, tras el derrocamiento de Rafael Franco por un levantamiento liberal, presidente de la república (1937-39). Firmó la definitiva paz con Bolivia (1938).

paja *s. f.* **1.** Tallo delgado de un cereal, como el trigo o la cebada, cuando está seco y separado del resto. **2.** Conjunto de dichos tallos que se utiliza normalmente como pienso, para hacer sombreros, etc. **3.** Trozo seco o brizna de una hierba o vegetal. **4.** Canuto delgado, generalmente de material plástico, que se utiliza para sorber líquido. **5.** Cosa poco importante, inútil o de relleno. **6.** Masturbación. ‖ **Loc. echar pajas** Sortear algo por medio de unas pajas de diferentes tamaños que se esconden en la mano sin que asome más que la punta; pierde el que elige la más corta. **por un quítame allá esas pajas** *fam.* Con verbos como *reñir*, *enfadarse*, etc., por un motivo sin importancia.

pajar *s. m.* Lugar en que se guarda la paja.

pajarería *s. f.* Tienda en que se venden pájaros y a veces otros animales caseros.

pajarero, ra *adj.* **1.** Perteneciente o relativo a los pájaros. **2.** Se dice de la persona que cría o vende pájaros. También *s.* **3.** *fam.* Se dice de la persona divertida y bromista. **4.** *fam.* Se dice de los vestidos, adornos, etc., muy vistosos. ‖ *s. f.* **5.** Jaula grande o sitio en el que se guardan o crían pájaros.

pajarita *s. f.* **1.** Figura que resulta al doblar repetidamente una hoja de papel; generalmente tiene forma de pájaro. **2.** Lazo en forma de dos triángulos unidos por el vértice, que se pone al cuello sobre la camisa.

Pájaro bobo gentoo (Pygoscelis papua).

pájaro, ra *s. m.* y *f.* **1.** Nombre que se da vulgarmente a las aves, sobre todo a las pequeñas, y propiamente a las aves paseriformes. **2.** Persona astuta, aprovechada o de malas intenciones, dispuesta a utilizar cualquier medio, aunque sea ilícito, para conseguir lo que se propone. También *adj.* ‖ *s. f.* **3.** Desfallecimiento que sufren los ciclistas en una carrera o prueba, después de un esfuerzo grande. ‖ **4. pájaro bobo** Nombre común de diversas aves esfenisciformes de la familia esfeníscidos, géneros *Aptenodytes*, *Pygoscelis*, *Megadyptes*, *Eudyptula* y *Spheniscus*. Su talla oscila entre los 40 cm y los 150 cm. Se caracterizan por adoptar la posición erguida, tener el plumaje muy espeso y las extremidades anteriores en forma de aletas. Bien adaptadas al medio acuático, habitan en las costas de la Antártida y el extremo S de América, África y Oceanía. **5. pájaro carpintero** Nombre común de diversas especies de aves piciformes de la familia pícidos, géneros *Dryocopus*, *Dendrocopus*, *Picus*, etc. Su longitud varía entre los 15

Pájaro carpintero «pico picapinos» (Dendrocopus major).

y 45 cm. Tienen plumaje de color variado, generalmente negro o verde con manchas blancas y rojas, y un pico fuerte con el que pican los troncos de los árboles. Por lo común se alimentan de insectos y anidan en orificios de los árboles. Habitan en bosques de todo el mundo. **6. pájaro de cuenta** Persona en quien no se puede confiar por su comportamiento. **7. pájaro mosca** Colibrí*. ‖ **Loc. matar dos pájaros de un tiro** *fam.* Conseguir dos cosas u objetivos de una vez. **tener la cabeza llena de pájaros** (o **a pájaros**) *fam.* Tenerla llena de fantasías.

pajarraco, ca *s. m.* y *f.* **1.** Persona astuta o de mala intención, que actúa de forma ilícita o indeseable. ‖ *s. m.* **2.** Pájaro grande, feo y desagradable.

paje *s. m.* Muchacho que antiguamente servía como criado en tareas de la casa o directamente a su amo.

pajillero, ra *s. m.* y *f.* **1.** Persona que masturba o se masturba. ‖ *s. f.* **2.** Mujer que a cambio de dinero masturba a sus clientes.

pajizo, za *adj.* **1.** Se aplica al color beige o amarillo claro parecido al de la paja y a las cosas que tienen dicho color. **2.** Semejante a la paja. **3.** Hecho o cubierto de paja.

pajolero, ra *adj.* **1.** Se dice de la persona o cosa molesta o que provoca enfado. También *s.* **2.** Se usa para reforzar en sentido despectivo, irónico, afectivo, etc., el sustantivo al que acompaña, generalmente en frases negativas: *no tener ni pajolera idea de algo.*

pajón *s. m.* Paja alta y gruesa que queda después de la siega.

pajonal *s. m.* Terreno cubierto de pajón.

pajuerano, na *adj. Arg., Bol., Urug.* Se dice del aldeano que viene del campo a la ciudad. También *s.*

pajuno, na *adj.* Se dice del toro de lidia de poca casta, sin nervio ni codicia.

Pakistán Estado de Asia meridional.

Extensión: 796.095 km².
Límites: al N, con Afganistán y China; al E, con India; al S, con el mar Arábigo, y al O, con Irán y Afganistán.
Población: 122.666.000 h. en 1990.
Densidad: 139,4 h./km².
Capital: Islamabad.
División administrativa: 4 provincias y un distrito federal.
Ciudades principales: Karachi, Lahore, Faisalabad, Rawalpindi, Hyderabad.
Gentilicio: pakistaní.
Forma de Estado: república federal.
Idioma: urdú e inglés.
Religión: islamismo, 96,7 %; cristianismo, 1,6 %; hinduismo, 1,5 %.
Moneda: rupia pakistaní.
Tasa de natalidad: 44 ‰ en 1990.
Tasa de mortalidad: 13 ‰ en 1990.
Renta per cápita: 370 dólares en 1989.

Geog. física Se pueden distinguir las siguientes áreas: el N, incluida la región de Cachemira, montañoso y abrupto, ya que forma parte de la cordillera del Himalaya, cuyas cumbres más elevadas son el Nanga Parbat (8.126 m) y el K-2 (8.611 m); la llanura del Punjab, atravesada por el río Indo y algunos de sus afluentes; el O del país, ocupado por el macizo afgano y la meseta de Beluchistán, cuya altura aproximada es de unos 500 m; hacia el S el relieve se vuelve menos accidentado, hasta acabar en la llanura aluvial del Sind; en el SE se extiende el desierto de Thar. El principal río, el Indo, fluye en dirección N-SO,

atravesando todo el país y desemboca en el mar Arábigo, al SE de Karachi; sus principales afluentes son el Sutlej, Chenab y Jhelum, por la izquierda, y el Kabul por la derecha. El clima es esencialmente continental, aunque existen diferencias de temperatura entre la montaña y la llanura; en la primera el frío predomina durante todo el año, mientras que en la llanura a la estación fresca le sigue una muy cálida. Las precipitaciones, salvo en el N, son muy escasas, por lo que predomina el paisaje estepario, modificado en las cuencas fluviales por el regadío.

Geog. humana y ***económica*** La población está desigualmente distribuida; se concentra en la región central y el curso bajo del Indo. El 72 % de los habitantes residen en el ámbito rural. Tiene un alto crecimiento vegetativo (3,1 % anual) motivado por las elevadas tasas de natalidad.

La principal actividad económica es la agricultura, en la cual destacan los cultivos de cereales (trigo, mijo, sorgo, maíz), sésamo, caña de azúcar (noveno productor mundial), arroz, productos textiles, como el algodón (quinto), cáñamo (séptimo) y el lino, y productos hortofrutícolas. Se cría ganadería caprina (tercero), ovina y vacuna abundante, pero de poca calidad, y búfalos (tercero). Entre los recursos minerales, poco importantes, sobresalen el carbón, el petróleo, el gas natural y la sal gema. La escasa industria se encuentra situada en las zonas del Punjab y Karachi y predomina la textil, aunque también existe la siderúrgica, mecánica, de cemento y química. La balanza comercial pakistaní está claramente desequilibrada, ya que sus importaciones son mayores que sus exportaciones; se importa combustibles, maquinaria, vehículos, metales y minerales, y se exporta arroz, algodón y algunos productos manufacturados.

Hist. **invasiones e islamización** La cultura que se desarrolló en el valle del Indo durante el paleolítico fue destruida por las invasiones arias hacia el decimoquinto milenio a. C. El país fue dominado sucesivamente por Darío I de Persia, Alejandro Magno de Macedonia y el imperio maurya. En los primeros siglos de nuestra era, el territorio pakistaní estaba dividido en varias regiones: en la septentrional gobernaba la dinastía indoescita de Kushana, en el oriente el reino maurya de los Asoka, y en el occidente los hunos heftalíes. A partir del s. VIII el Islam penetró en la región del Sind, mediante la dinastía Pratihara en Lahore y los gaznavíes turcos de Mahmud en el Punjab. Hasta el s. XIV se sucedieron nuevas invasiones y conquistas: los pala en Bengala oriental, a finales del s. XII los guríes y en el s. XIV los khalji, desde el Punjab y Peshawar hasta Bengala. A finales del s. XV el país comprendía una amalgama de estados en los que convivían elementos antagónicos hindúes y musulmanes, que fueron unificados más adelante por el imperio mongol.

Pakistán: vista de Rawalpindi, antigua capital del país.

colonización La penetración británica comenzó en la región de Bengala en 1765 y alcanzó el Punjab en 1849 y el Sind en 1843. La reacción nacionalista antibritánica surgió en Dacca, con la creación en 1906 de la Liga Musulmana y del Partido del Congreso por influencia de Gandhi. Mediante el pacto de Lucknow en 1916 se intentó un acercamiento entre hindúes y musulmanes, que fracasó debido al afán independentista de los musulmanes, que pretendían crear un estado en la cuenca del Indo. Ante la amenaza de una guerra civil, el Reino Unido acordó la división del país en dos estados, la Unión India y Pakistán. En 1948 el gobierno británico concedió la autonomía a Pakistán, aunque todavía bajo su dominio.

independencia En 1956 se alcanzó la independencia y se creó la República Islámica de Pakistán, que comprendía dos sectores: uno occidental, que corresponde al Pakistán actual, y otro oriental, que en 1971 se escindió, convirtiéndose en el estado independiente de Bangladesh. En 1958 se derogó la Constitución y se impuso un régimen militar presidido por el general Ayub Kan. En 1969, tras la dimisión de éste, subió al poder Yahya Kan. En 1970 se celebraron elecciones, que dieron el triunfo a los autonomistas de la Liga Awadi de Mujibur Rahman en la parte oriental y al Partido del Pueblo Pakistaní de Zulfikar Ali Bhutto en la parte occidental. La negativa a conceder la autonomía al Pakistán oriental provocó en 1971 una guerra de secesión que concluyó con la creación del estado de Bangladesh. La derrota militar acarreó la dimisión de Yahya Kan y la llegada al poder de Bhutto, que reconoció en 1974 a Bangladesh. Los graves enfrentamientos que estallaron tras las elecciones de 1977 entre los partidarios de Bhutto, vencedor oficial, y los de la opositora Alianza Nacional, dieron pie a un nuevo golpe militar y a la llegada al poder del general Muhammed Zia Ul-Haq. Bhutto fue ejecutado, pero su hija Benazir Bhutto ocupó su puesto al frente del Partido del Pueblo, que encabezó la oposición democrática contra la dictadura militar. En 1988 murió Zia Ul-Haq en accidente aéreo aún no aclarado. Ese mismo año fueron convocadas elecciones y en ellas Benazir obtuvo la victoria; fue nombrada primera ministra del país, pero en 1990 fue destituida por el presidente de la república Ishaq Kan, que asumió todos los poderes.

pakistaní *adj.* De Pakistán. También *s.*

PAL (siglas de la expr. ingl. *Phase Alternation Line*, línea de alternancia de fase) Sistema de televisión en color, ideado por el alemán Walter Bruch y adoptado por muchos países europeos.

pala *s. f.* **1.** Herramienta compuesta por una plancha de hierro rectangular o redondeada, con un mango generalmente de madera y que se usa sobre todo para cavar o para trasladar algo de un lugar a otro. **2.** Utensilio de esa forma, generalmente de tamaño menor, utilizado para cualquier otro fin; p. ej., la pala para servir la tarta. **3.** Cantidad de material que se puede trasladar o coger con esa herramienta de una vez. **4.** Tabla de madera redonda o en forma elíptica, con mango, que sirve para golpear una pelota en algunos juegos. **5.** Parte más ancha de algunos objetos, p. ej. del remo o de la hélice. **6.** Especie de cuchillo menos afilado que se utiliza para partir el pescado. **7.** Diente incisivo superior. **8.** Parte superior del calzado que cubre el pie por delante. **9.** Parte delantera del esquí. **10.** Rehundido en el que se introducen o acoplan las piedras en las joyas. || **11. pala mecánica** Máquina formada por un tractor o camión con una pieza móvil que sirve para excavar.

palabra *s. f.* **1.** Sonido o conjunto de sonidos, o su representación por medio de letras, que forman una unidad de significado. **2.** Capacidad de una persona de expresar su pensamiento con esas unidades. **3.** Conjunto de características propias del modo de expresarse de una persona utilizando las mismas unidades. **4.** Derecho o turno para hablar en alguna reunión. **5.** Compromiso o promesa que una persona hace para cumplir algo. **6.** Afirmación o exposición de un asunto que hace una persona. **7.** En la religión cristiana, Jesucristo. ▪ En esta acepción se escribe con mayúscula. **8.** En inform., conjunto ordenado de caracteres que constituyen una unidad que puede ser tratada y almacenada por un ordenador. || *pl.* **9.** Lo dicho por alguna persona en una exposición oral o escrita. **10.** Palabrería*. **11.** *fam.* Expresiones duras u ofensivas que una persona dice a otra. || **12. palabra compuesta** Aquella que está formada por dos o más elementos, que pueden a su vez ser palabras independientes (*sacapuntas, rascacielos*), una o más raíces y una palabra (*piscifactoría, anglo-normando*), etc. **13. palabra de honor** Expresión con la que se asegura la verdad de lo expuesto o prometido. **14. palabra simple** Aquella que consta de una sola raíz o lexema. **15. palabras mayores** Aquellas que constituyen insultos u ofensas; también, asunto o cosa de importancia o que necesita mucha atención. || **Loc. a medias palabras** *adv.* Manera de decir algo con poca claridad o incompletamente. **buenas palabras** Promesas o esperanzas. **coger** (o **tomar**) **la palabra** a alguien Tomar en cuenta lo que alguien ha dicho o prometido para que no se vuelva atrás. **de palabra** *adv.* De modo oral; también, sin que se haya llevado a efecto realmente; como *adj.*, se dice de la persona que cumple lo que dice o promete. **dejar** a alguien **con la palabra en la boca** No permitir a alguien que termine lo que pensaba decir. **dirigir la palabra** a alguien Hablarle. ▪ Se usa más con negaciones, en el sentido de no hablar con alguien por enfado. **en una palabra** *adv.* Expresión con que se resume o pone fin a lo dicho; a veces se utiliza para señalar que lo que se va a decir es consecuencia de lo expuesto anteriormente. **faltar** a alguien **palabras** No poder expresar un pensamiento o sentimiento. **medir** alguien **sus palabras** Hablar con cuidado para decir exactamente lo que quiere expresar. **quitar la palabra de la boca** Expresar alguien lo que otra persona iba a decir, anticipándose a ella. **última palabra** Exposición o decisión final de un tema o asunto.

palabrear *v. intr. amer.* Apalabrar, hacer un trato de palabra.

palabreja *s. f.* Palabra rara o que tiene alguna particularidad que llama la atención.

palabreo *s. m.* Palabrería*, parloteo.

palabrería *s. f.* Abundancia de palabras sin mucho contenido ni utilidad.

palabrero, ra *adj.* Hablador, charlatán.

palabro *s. m.* **1.** Palabra rara o mal dicha. **2.** Palabrota.

palabrota *s. f.* Palabra grosera, indecente u ofensiva.

palacete *s. m.* **1.** Palacio pequeño. **2.** Casa semejante a un palacio, pero más pequeña, utilizada generalmente en los periodos de vacaciones.

palaciego, ga *adj.* **1.** Perteneciente o relativo al palacio. **2.** Se dice de la persona que sirve en palacio y conoce las costumbres que allí existen. También *s.* **3.** Cortesano. También *s.*

palacio *s. m.* **1.** Casa grande y muy lujosa que suele servir como residencia a los reyes, príncipes o nobles. ▪ Cuando se usa sin artículo, designa específicamente la residencia del rey. **2.** Edificio público de grandes dimensiones y que a veces tiene carácter de monumento artístico.

Palacio Valdés, Armando (Entralgo, Asturias 1853 - Madrid 1938) Novelista español. Gozó de gran popularidad entre un público poco exigente. Cultivó un estilo realista, aunque condenó el naturalismo de Zola. Atacó, sin perder su amable cordialidad, el fanatismo religioso de ciertas gentes y la dominación ejercida por la Iglesia sobre la sociedad. Pueden destacarse entre sus obras *Marta y María* (1883), *La hermana San Sulpicio* (1889), *La fe* (1892), y *La novela de un novelista* (1921), que son sus memorias.

Palacios y Villafranca, Los C. de España, en la prov. de Sevilla, situada en el S de la misma, junto a las marismas del Guadalquivir. 29.700 h.

en 1990. Cuenta con agricultura de arroz, productos de huerta, algodón, etc., y tiene industria alimentaria.

palada *s. f.* **1.** Cantidad de algo que se puede coger con una pala de una vez. **2.** Movimiento que se hace al usar la pala. **3.** Cada movimiento o golpe de la pala del remo en el agua.

paladar *s. m.* **1.** Parte interior y superior de la boca, con forma de bóveda, que separa la cavidad bucal de la nasal. Su parte anterior está formada por dos apófisis, prolongaciones de los huesos maxilares superiores, y la parte posterior, por los huesos palatinos. **2.** Sensibilidad o gusto con que se aprecia el sabor de los alimentos. **3.** Capacidad para valorar obras artísticas, literarias, musicales, etc.

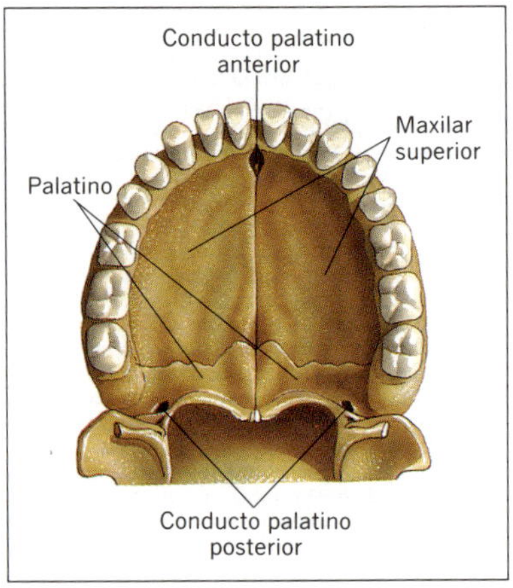

Paladar: morfología de la bóveda palatina.

Palade, George Emil (Iasi 1912) Médico y biólogo estadounidense de origen rumano. Fue profesor en las universidades de Bucarest, Rockefeller y Yale. Investigó sobre la organización funcional y estructural de las células y descubrió los ribosomas. En 1974 obtuvo el premio Nobel de medicina y fisiología, compartido con Albert Claude y Christian de Duve.

paladear *v. tr.* **1.** Ir tomando poco a poco una cosa que se tiene en la boca para apreciar su sabor o para recrearse en él. **2.** Disfrutar con algo. **FAM.** Paladeo.

paladial *adj.* Palatal*.

paladín *s. m.* **1.** Caballero que luchaba en la guerra y sobresalía por sus hazañas. **2.** Defensor de una causa, idea, etc.

paladino, na *adj.* Claro, público, sin reservas. **FAM.** Paladinamente.

paladio *s. m.* Pd. Elemento químico perteneciente al grupo VIII B del sistema periódico. Su número atómico es 46 y su masa atómica 106,4. Fue descubierto por los químicos ingleses Smithson Tennant y William Hyde Wollaston, en 1803, en el curso de los trabajos realizados para la extracción y purificación del platino procedente de América del Sur. Es un metal parecido a la plata por su aspecto y por su solubilidad en ácido nítrico, siendo el único elemento del grupo que es atacado por este ácido. Se emplea, generalmente aleado con el cobre y la plata, en la fabricación de circuitos eléctricos; también en joyería y decoración y, en forma finamente dividida y porosa, como catalizador. Se extrae de yacimientos de América del Sur, Federación Rusa, Canadá y República Sudafricana.

palafito *s. m.* Casa que se construye en un lago, pantano, etc., sobre pilotes o estacas.

Palafox, José Rebolledo de (Zaragoza 1776 - Madrid 1847) Militar español. Como capitán general de Aragón dirigió la resistencia contra las tropas napoleónicas y destacó en la defensa de Zaragoza durante el asedio que acabó con la rendición ante los franceses.

Palafox y Mendoza, Juan (Fitero, Navarra 1600 - Burgo de Osma, Soria 1659) Religioso y político español. Estudió leyes en Salamanca. Designado obispo de Puebla (Nueva España) en 1639 y virrey de Nueva España (1642), se caracterizó por la dureza con que trató a los indios. Tuvo conflictos con los misioneros, especialmente con los jesuitas.

palafrén *s. m.* **1.** Caballo manso en que montaban las damas. **2.** Caballo adornado en que montaban los reyes o príncipes en alguna solemnidad. **3.** Caballo en que montaba el criado cuando acompañaba a su señor.

palafrenero *s. m.* **1.** Criado que lleva del freno el caballo de su amo. **2.** Mozo que cuida los caballos. **3.** Criado que montaba el palafrén junto a su señor.

Palamás, Kostis (Patrás 1859 - Atenas 1943) Escritor griego. En la disputa lingüística de su país fue uno de los defensores del demótico, forma coloquial del griego moderno. Excepto en *La tumba* (1898), elegía a su hijo muerto, su poesía es más intelectual que lírica, cercana a los parnasianos. Otros títulos de obras suyas destacadas son *Himno a Atenea* (1889), *Vida inmutable* (1904), *Dodecálogo del cíngaro* (1907), *La flauta del rey* (1910) y *Altares* (1915). También escribió ensayos y dramas.

Palamedes Héroe mitológico griego. Primo y amigo de Menelao, es el prototipo del hombre justo y sabio. Se ganó la enemistad de Ulises al descubrir que su locura, con la cual pretendía librarse de acudir a la guerra de Troya, era fingida. Más tarde, acusado injustamente por Ulises de traición, murió lapidado.

palanca *s. f.* **1.** Máquina simple formada por una barra que se apoya en un punto y sirve para transmitir la fuerza aplicada sobre uno de sus extremos, con el fin de levantar o mover un cuerpo situado en el otro extremo. **2.** Barra utilizada para transportar entre dos personas una carga. **3.** Mando, generalmente en forma de barra fácilmente asible, empleada para accionar determinados órganos de una máquina, como, p. ej., la palanca de cambios de un automóvil o el *joy stick* de un ordenador. **4.** En dep., plataforma desde la que se realizan saltos al agua. **5.** Influencia o recurso con que una persona puede lograr algo.
Fís. La palanca tiene tres puntos: el de aplicación de la fuerza o potencia, el que recibe la resistencia y el punto de apoyo o fulcro. Las distancias de los dos primeros al fulcro se llaman *brazos*. Según la disposición de estos elementos, existen tres tipos de palanca. Las **palancas de primer género** son aquellas en las que la resistencia está situada en un extremo, el fulcro en el centro y la potencia en el otro extremo; tal es el caso de las tijeras. Las **palancas de segundo género** son aquellas en las que el fulcro está situado en un extremo, la resistencia en el centro y la potencia en el otro extremo; como en el cascanueces. Las **palancas de tercer género** son aquellas en las que el fulcro está situado en un extremo, la potencia en el centro y la resistencia en el otro extremo; p. ej., en las pinzas. Comúnmente la ley de la palanca se enuncia así: la potencia por su brazo es igual a la resistencia por el suyo; de ahí que cuanto mayor sea el brazo de la potencia, menor será la fuerza necesaria para equilibrar el sistema.

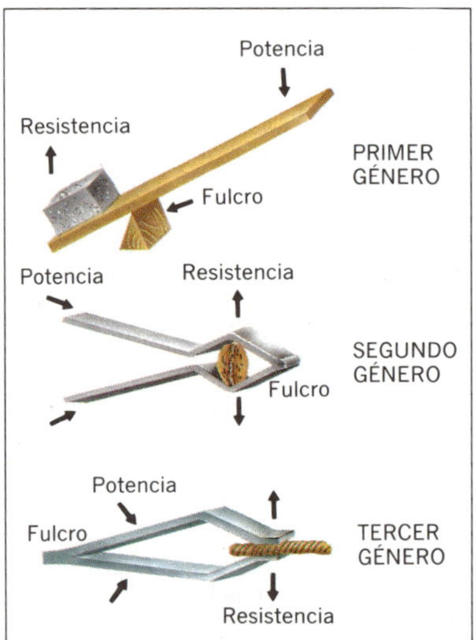

Los tres géneros de palanca, en función del lugar donde se hallan situados sus elementos, potencia, fulcro y resistencia.

palangana *s. f.* **1.** Recipiente con el fondo circular y más pequeño que el borde, que se utiliza para lavarse o para lavar algunas cosas. **2.** *amer.* Persona charlatana, fanfarrona o pedante.

palanganear *v. intr. amer.* Fanfarronear, presumir.

palanganero *s. m.* Mueble o soporte en que se coloca la palangana para lavarse.

palangre *s. m.* Aparejo de pesca formado por un cordel largo y grueso del que cuelgan otros ramales que poseen anzuelos en sus extremos.

palangrero *s. m.* **1.** Barco que pesca con palangre. También *adj.* **2.** Pescador que usa el palangre. También *adj.*

palanqueta *s. f.* **1.** *dim.* de **palanca**. **2.** Barra de hierro que se utiliza para forzar las cerraduras de puertas, ventanas, etc.

palanquín[1] (del port. *palanquim*, y éste del indostánico *palaki*) *s. m.* Especie de silla o litera usada en Oriente para transportar a las personas a hombros.

palanquín[2] (de *palanca*) *s. m.* **1.** Mozo que lleva cargas de un lugar a otro. **2.** Cada uno de los cabos que unen las velas mayores a la cruz de sus vergas respectivas.

Palas Nombre que se daba a la diosa Atenea.

palastro *s. m.* Chapa sobre la que se coloca el pestillo de una cerradura.

palatal *adj.* **1.** Perteneciente o relativo al paladar. **2.** En ling., se aplica al sonido que se articula con la lengua contra el paladar, como el de la *ñ* y la *i*.

palatalización *s. f.* En ling., modificación en la realización del sonido de una letra al trasladarse el punto de articulación hacia la zona del paladar duro. Algunos autores denominan *mojadas* a las consonantes palatalizadas. **FAM.** Palatalizar.

Palatinado (*Pfalz*) Región histórica de Alemania, actualmente comprendida en el territorio del Land de Renania-Palatinado y en un distrito del Land de Baviera. Fue, originalmente, un dominio de los emperadores germánicos, traspasado a los condes palatinos en el s. XII por Federico Barbarroja. A la muerte del conde elector Roberto III (1352-1410) fue dividido en cuatro ramas: Palatinado electoral, extinguida en 1559; Alto Palatinado, extinguida en 1448; Simmer-Zweibrücken, con muchas ramas secundarias; y Mosbach, extinguida en 1499.

palatino, na[1] (del lat. *palatum*, paladar) *adj.* Perteneciente o relativo al paladar.

palatino, na[2] (del lat. *palatinus*, de *palatium*, palacio) *adj.* **1.** Perteneciente o relativo al palacio. **2.** En Alemania, Francia y Polonia, se aplicaba a algunos mandatarios de elevada categoría. También *s. m.* ‖ **3. escuela palatina** Grupo de sabios reunidos por Carlomagno y encabezados por Alcuino de York, protagonistas del llamado *renacimiento carolingio*.

Palatino Monte de Italia, una de las siete colinas de Roma, donde según la leyenda Rómulo fundó la ciudad.

Palau, islas Véase **Belau**.

Palau, Manuel (Alfara del Patriarca, Valencia 1893 - Valencia 1967) Músico español. Estudió en París con Charles Koechlin y Maurice Ravel. Entre sus principales composiciones figuran *Gongoriana* (1927), *Homenaje a Debussy* (1929), *Concierto levantino* (1947), para guitarra y orquesta, y *Líricas lucentinas* (1952).

Palau i Fabre, Josep (Barcelona 1917) Escritor español en lengua catalana. Exiliado entre 1945 y 1961, su poesía muestra anticonformismo y angustia, como en *Baladas amargas* (1943), *Cáncer* (1946) y *Poemas del alquimista* (1952). También ha escrito varios ensayos sobre Picasso, como *El «Guernica» de Picasso* (1979) y *Picasso vivo, 1881-1907* (1980).

Palawan Isla de Filipinas, al NE de Borneo, entre los mares de la China Meridional y de Sulú. 11.785 km². La capital es Puerto Princesa. Su economía se basa en la pesca y los cultivos de arroz y coco.

Palazuelo, Pablo (Madrid 1916) Pintor español. Estudió arquitectura en Oxford y pintura en Londres. Su pintura, del más puro constructivismo, estuvo influida al principio por Paul Klee. Desde 1975 también realiza esculturas metálicas de formas geométricas.

palco *s. m.* **1.** En teatros, plazas de toros, etc., departamento independiente en forma de balcón, con varios asientos. **2.** Entarimado en que se coloca la gente para ver un espectáculo. ‖ **3. palco de platea** En el teatro, el que está a la altura del patio de butacas. **4. palco escénico** Escenario*.

paleal *adj.* Perteneciente o relativo al manto de los moluscos.

Palembang C. de Indonesia, situada en el sector meridional de la isla de Sumatra. 787.200 h. en 1980. Es un centro comercial e industrial, con producción metalúrgica, textil, astilleros y refinerías de petróleo.

Palencia **1.** Prov. de España, perteneciente a la comunidad autónoma de Castilla y León, situada en el N del sector central de la misma. 8.028 km^2. 185.000 h. en 1991. Su territorio forma parte de la Meseta norte. Presenta un relieve montañoso en el N, donde se halla la cordillera Cantábrica, cuya máxima altura en la provincia es el pico de Curavacas (2.520 m). El centro y S constituyen una región de llanura, por donde discurren los ríos Carrión, Arlanzón y Pisuerga y el canal de Castilla, y donde se encuentran las comarcas de Tierra de Campos y Valle del Cerrato. Su clima es de interior, excepto en el N, donde es de montaña. En la vegetación se distinguen áreas de matorral y monte bajo y áreas de encina, chopos y álamos. La economía se basa en las actividades agropecuarias, con cultivos de trigo, avena, cebada, centeno, forraje, patatas, remolacha azucarera, alfalfa y hortalizas, y en la ganadería bovina. Cuenta con minería del carbón e industria medianamente desarrollada que se concentra en la capital, Venta de Baños y Aguilar de Campoo. **2.** C. de España, cap. de la prov. homónima, situada a orillas del río Carrión. 77.800 h. en 1991. Es un centro comercial y administrativo, con industria de maquinaria, constructora, textil, alimentaria y automovilística. Fue una importante ciudad de los vacceos, que mantuvo su significación en época romana. Destruida por los musulmanes, fue repoblada en época de Ordoño II (s. X) y constituida en sede episcopal por Sancho el Mayor de Navarra. Decayó a partir del s. XVI a causa de la crisis de la Mesta. A finales del s. XVIII experimentó un cierto auge económico con la creación de industrias harineras. Sus principales monumentos son la catedral gótica (s. XIV-XVI) y la iglesia de San Miguel (s. XII-XIII) y el Cristo del Otero, obra de Victorio Macho.

Palencia: Plaza Mayor con el palacio consistorial y la estatua de Alonso Berruguete, obra de Victorio Macho.

Palencia, Alonso Fernández de (Osma, Soria 1423 - ? 1492) Escritor y cronista español. Fue secretario de cartas latinas y cronista de Enrique IV. Participó activamente en las luchas políticas de su tiempo, primero en el bando del infante Alfonso y, muerto éste, en el de Isabel. Compuso el primer diccionario castellano con el título de *Universal vocabulario en latín y en romance* (1490). Su obra más importante, escrita en latín, fue la *Crónica de Enrique IV*, publicada en 1904-08.

Palencia, Benjamín (Barrax, Albacete 1900 - Madrid 1980) Pintor español. En 1916 entró en contacto con la vanguardia artística en Madrid y creó, junto con el escultor Alberto Sánchez y el pintor uruguayo Barradas, la Escuela de Vallecas, importante foco artístico en el que se inspiró la Escuela de Madrid. En 1933 formó parte del Grupo de Arte Constructivo fundado en Madrid por Torres García. Comenzó pintando bodegones surrealistas, a continuación se dedicó a los paisajes, en un estilo muy personal, y posteriormente trabajó en una pintura de tipo esquemático.

palenque *s. m.* **1.** Valla de madera para la defensa de un terreno o para otros fines. **2.** Terreno vallado de ese modo. **3.** *Arg., Urug.* Poste clavado en la tierra al que se atan los animales.

Palenque C. de México, en el estado de Chiapas. Conserva los restos de la más importante ciudad maya del imperio antiguo. Entre sus edificios sobresalen el Palacio, conjunto de construcciones, con una torre de tres pisos, una de las pocas que se conocen de la arquitectura prehispánica en América, que era utilizada como observatorio astronómico, y los templos de las Inscripciones, del Sol, de la Cruz, de la Cruz Foliada y del León. Los numerosos bajorrelieves sobre estuco de sus edificios la distinguen de las restantes ciudades mayas de la región del Usumacinta.

palenquear *v. tr.* **1.** *Arg., Urug.* Sujetar animales al palenque. **2.** *Arg., Urug.* Domar animales, atándolos al palenque.

palentino, na *adj.* De Palencia. También *s.*

paleo- *pref.* Significa 'antiguo' o 'primitivo': *paleoceno, paleolítico, paleocristiano.*

paleoantropología *s. f.* Rama de la antropología que estudia al hombre prehistórico y su cultura mediante los restos humanos fosilizados.

paleoceno, na *adj.* **1.** Se dice de la primera de las cinco épocas en que se divide el periodo terciario de la era cenozoica. Comenzó hace unos 65 millones de años y tuvo una duración de 13 millones. En ella se produjo la primera fase importante de la orogenia alpina, que dio lugar a las Montañas Rocosas, y comenzó la expansión de los mamíferos, que pasaron a ocupar todos los nichos ecológicos que dejó libres la extinción de los dinosaurios. También *s. m.* **2.** Perteneciente o relativo a esta época.

paleoclima *s. m.* Clima propio de periodos pasados de la historia geológica de la Tierra.

paleoclimatología *s. f.* Estudio de los paleoclimas.

paleocristiano, na *adj.* **1.** Perteneciente o relativo a las primeras comunidades cristianas. **2.** Se dice del arte realizado por los primitivos cristianos, inspirado en las estéticas pagana y profana, y que abarca el periodo comprendido entre la aparición del cristianismo y las invasiones bárbaras; en Occidente hasta el s. V y en Oriente hasta mediados del s. VI.

Arte La arquitectura del primer periodo se redujo prácticamente a las catacumbas decoradas con pinturas simbólicas. A partir del edicto de Milán (313), que otorgó a los cristianos la libertad de culto, se produjo un rápido desarrollo del arte paleocristiano, cuyo edificio fundamental fue la basílica. La escultura se centró en la representación de Cristo y en el relieve de los sarcófagos. La pintura, muy rudimentaria, aparece principalmente en códices y en los frescos de catacumbas e iglesias. Dentro de las artes decorativas destacó el mosaico, cuya técnica se tomó de los romanos, utilizado como elemento ornamental. El arte paleocristiano contribuyó a la formación del arte bizantino.

paleógeno, na *adj.* **1.** Se dice de la primera mitad del periodo terciario, que engloba las épocas paleoceno, eoceno y oligoceno. También es conocida como *nummulítica*, debido a la abundancia de nummulites, foraminíferos fósiles. Comenzó hace unos 65 millones de años y duró unos 42 millones. En ella se produjeron las primeras fases de la orogenia alpina. También *s. m.* **2.** Perteneciente o relativo a esta etapa geológica.

paleogeografía *s. f.* Parte de la geología que estudia la distribución de los océanos y los continentes en un pasado remoto. Constituye un elemento importante en el estudio de la tectónica de placas.

paleografía *s. f.* Ciencia auxiliar de la historia, dedicada a la interpretación de la escritura y los signos contenidos en documentos antiguos. **FAM.** Paleográfico.

paleógrafo, fa *s. m.* y *f.* Persona que se dedica a la paleografía.

paleolítico, ca *adj.* **1.** Se aplica al primer periodo de la edad de la piedra. También *s. m.* **2.** Perteneciente o relativo a dicho periodo prehistórico.

Hist. El paleolítico comienza con las más primitivas culturas de cantos trabajados, aún sin labrar, hace aproximadamente 2 millones de años. Se divide en tres periodos: el paleolítico inferior, caracterizado por la presencia del *Homo habilis* y del *Homo erectus*; el medio, en el que aparece el *Homo sapiens*, cuya familia más característica es la de Neanderthal, que vivió hace unos 100.000 años, y en el que junto a los utensilios de piedra aparecen otros de hueso y cuerno; y el superior, en el que hace su aparición el *Homo sapiens sapiens* y que finalizó hace unos 10.000 años.

Arte La creación artística se remonta al paleolítico superior, en el que aparecen las primeras manifestaciones de carácter mágico-religioso: pequeñas estatuillas, como las Venus de Willendorf y Lespugue, y grabados de animales, realizados en marfil, hueso o piedra. Asimismo aparece la pintura rupestre, generalmente localizada en la parte más profunda de las cavernas y realizada a base de colores obtenidos de sustancias naturales mezcladas con grasa. Los mejores ejemplos se encuentran en la zona francocantábrica, como las cuevas de Altamira y Lascaux.

Arte paleolítico: a la izquierda, distribución geográfica de sus principales manifestaciones; a la derecha, cabeza de caballo de la cueva de Tito Bustillo (Ribadesella, España).

paleología *s. f.* Estudio y conocimiento de las lenguas antiguas.

paleólogo, ga *s. m.* y *f.* Persona que conoce las lenguas antiguas.

Paleólogo Última dinastía de emperadores bizantinos que estuvo en el poder desde 1261 a 1453. Su primer monarca fue Miguel VIII Paleólogo. Sus descendientes reinaron hasta la caída del imperio bajo el dominio otomano.

paleontografía *s. f.* Descripción de los animales y vegetales de los que sólo existen restos fósiles.

paleontología *s. f.* Ciencia que estudia los seres vivos de épocas pasadas mediante sus restos fosilizados. El objeto es reconstruir la evolución de los seres vivos, la caracterización biológica de cada periodo y las condiciones ambientales en que se desarrollaron. Puede dividirse en paleozoología, que estudia los animales fósiles, y paleobotánica, que estudia los vegetales fósiles. Relacionadas con esta ciencia están la paleogeografía, que estudia la distribución de los continentes en otras épocas, y el paleoclima. La paleontología proporciona pruebas importantes en favor de las teorías de la evolución y de la deriva de los continentes. **FAM.** Paleontológico.

paleontólogo, ga *s. m.* y *f.* Especialista en paleontología.

paleozoico, ca *adj.* **1.** Se dice de la era primaria que, junto con las eras mesozoica y cenozoica, forman el eón fanerozoico. Comenzó hace unos 570 millones de años y terminó hace aproximadamente 255 millones. Se divide en seis periodos: cámbrico, ordovícico, silúrico, devónico, carbonífero y pérmico. Durante esta era se produjeron las orogenias caledoniana y herciniana y aparecieron los primeros animales provistos de partes duras, capaces de fosilizarse. Tuvo lugar también la invasión de la tierra firme por los animales y las plantas y la aparición de los primeros vertebrados: peces, anfibios y reptiles. Tiene enorme importancia económica por ser la era de formación del carbón, petróleo, gas, mármol, plomo, cobre, etc. También *s. m.* **2.** Perteneciente o relativo a esta era geológica.

Palermo C. de Italia, cap. de la región de Sicilia, situada en la costa N de dicha isla. 731.400 h. en 1990. Es un centro comercial y portuario, que tiene industrias derivadas de la agricultura, metalúrgicas, químicas y textiles, e importante actividad turística y cultural. Sus principales monumentos son la capilla palatina, de estilo románico, la iglesia bizantina de Martorana y la oriental de San Juan de los Cartujos.

Palés Matos, Luis (Guayama 1898 - San Juan 1959) Poeta puertorriqueño. Cultivó la poesía de raíz antillana con gran colorido lingüístico y expresiones próximas a las vanguardias que sucedieron al modernismo. Entre sus obras destacan los poemarios *Azaleas* (1915), *Tuntún de pasa y grifería* (1937), *Poesía (1915-1956)* (1957) y la novela *Litoral (reseña de una vida inútil)* (1951-52).

Palestina País histórico de Oriente Medio que abarca el territorio comprendido entre el Líbano, el mar Rojo, el mar Mediterráneo y el desierto de Siria y Jordania. Hoy día este país configura básicamente el estado de Israel y es reclamado por el pueblo palestino.

Hist. Con el nombre de Palestina se conoce a las antiguas regiones de Galilea, Judea y Samaria, puestas bajo mandato británico tras la Primera Guerra Mundial. El país, atribuido al Reino Unido por el acuerdo secreto francobritánico de Sykes-Picot en 1916, fue arrebatado al imperio otomano en 1918. En 1923 la Sociedad de Naciones ratificó su encomienda a los británicos bajo el régimen de mandato. Desde 1945 fue objeto de demandas por parte de la comunidad judía, deseosa de constituir un estado nacional que acogiera a los judíos de la diáspora. En 1947 el Reino Unido renunció a su mandato; la ONU decidió entregar el país a los judíos, que crearon el estado de Israel. El rechazo del pueblo palestino a esta resolución inició las hostilidades árabe-israelíes. En 1949 la ONU dividió el territorio en tres sectores: Gaza, ocupado por Egipto; Jordania, repartido entre palestinos e israelíes; y el resto del país hasta la costa, otorgado a Israel. Se produjo la negativa de los países árabes a reconocer el estado de Israel, mientras multitudes palestinas iniciaron el éxodo. Las luchas desatadas entre árabes e israelíes, en 1956 y 1967, llevaron al exilio a millón y medio más de palestinos, debido a la ocupación militar israelí de la orilla occidental del río Jordán, la franja de Gaza y la región septentrional del Sinaí. A consecuencia de ello surgió la Organización para la Liberación de Palestina (OLP), dirigida por Yasser Arafat, que inició su lucha terrorista. Tal estado de cosas ha provocado una situación de perpetua inestabilidad en la región, que afecta a Jordania, Egipto, Siria y Líbano, puesto que el ejército israelí actúa contra la OLP dondequiera que se hallen sus campos. En los últimos años de la década de los ochenta los palestinos desarrollaron la *intifada*, lucha civil y popular contra las fuerzas israelíes. A finales de 1991 se reunió en Madrid y posteriormente, ya en 1992, en Washington, una conferencia internacional de paz, promovida por EE UU y la antigua URSS, en la que participaron Israel y los países árabes, incluida una delegación palestina.

palestino, na *adj.* De Palestina. También *s.*

palestra *s. f.* **1.** Lugar en que antiguamente se celebraban torneos y combates. **2.** En lenguaje poético, la misma lucha. **3.** Lugar en que se compite o discute sobre algún asunto. ‖ **LOC. saltar** (o **salir**) **a la palestra** Darse a conocer ante el público una persona o cosa.

Palestrina, Giovanni Pierluigi da (Palestrina 1525 - Roma 1594) Compositor italiano. Maestro de capilla del papa Julio III y luego director de la capilla Sixtina en Roma, es uno de los principales músicos de la Contrarreforma. En sus obras, particularmente profundas, sobrias y transparentes, consiguió hallar el perfecto equilibrio entre la música y el texto, dio a la polifonía una forma de expresión original y llevó a la plenitud los recursos heredados de la tradición polifónica de Lassus y Byrd. Su obra es extensísima: escribió más de cien misas, entre las que destaca la *Misa del papa Marcelo*, treinta y cinco *Magnificat*, así como cientos de motetes y madrigales.

paleta *s. f.* **1.** *dim.* de **pala**. Cualquier utensilio en forma de pala pequeña para usos muy diversos. **2.** Herramienta de albañil formada por una plancha metálica triangular y un mango perpendicular a ella y doblado luego, que se usa para manejar y extender el mortero o argamasa. **3.** Tabla pequeña, con un agujero por el que se mete el dedo pulgar al agarrarla, en la que tiene el pintor los colores que va a utilizar. **4.** P. ext., colorido. **5.** Tabla de madera redondeada y con mango, utilizada para golpear la pelota en algunos juegos. **6.** Cada uno de los dos dientes centrales superiores en el hombre. **7.** Cada una de las piezas aplanadas que giran en un ventilador, rueda hidráulica, hélice, etc. **8.** *Amér. C., Méx.* Dulce o caramelo con un palito; también, polo helado.

paletada *s. f.* **1.** Cantidad de algo que se puede coger de una vez con una paleta o pala. **2.** Golpe dado con una paleta. **3.** Movimiento o trabajo hecho con una paleta de una vez, especialmente en el trabajo del albañil. **4.** Paletería*.

paletería *s. f.* Acción o actitud propia de una persona paleta.

paletilla *s. f.* **1.** *dim.* de **paleta**. **2.** Cada uno de los dos huesos casi planos y de forma triangular situados en el hombre en la parte superior de la espalda y en algunos animales en la zona superior de las patas delanteras. **3.** P. ext., músculos y carne de la zona cercana a esos huesos. **4.** Ternilla situada al final del esternón, en la zona llamada *boca del estómago*.

paleto, ta *adj.* **1.** Se dice del campesino tosco e ignorante. También *s.* **2.** Se dice de la persona de poca cultura o que no sabe comportarse en algunos ambientes sociales. También *s.* **3.** Poco elegante o refinado. ‖ *s. m.* **4.** Gamo*.

paletón *s. m.* Parte de la llave que tiene los dientes.

pali *s. m.* Lengua indoaria, hermana del sánscrito; se usó en la India y en ella predicó Buda su doctrina. Se conserva como lengua sagrada en Sri Lanka, Tailandia y otros países.

palia *s. f.* Pieza de tela que se utiliza para cubrir el cáliz durante la misa.

paliar *v. tr.* **1.** Hacer menor un dolor físico, una pena o los efectos perjudiciales de algo. **2.** Disminuir la importancia o gravedad de alguna cosa. ▪ En cuanto al acento se conjuga como *ansiar*: *palío*. **FAM.** Paliación, paliatorio.

paliativo, va *adj.* Que palía. También *s. m.*

palidecer *v. intr.* **1.** Ponerse pálido. **2.** Aparecer algo con menor brillantez, importancia, etc., de la que tiene o perderla. ▪ Es v. irreg. Se conjuga como *agradecer*.

pálido, da *adj.* **1.** Se dice de la persona que no tiene el color rosado de la cara. **2.** Que ha perdido su color natural. **3.** Se aplica a cualquier color poco intenso, con mucha proporción de blanco. **4.** Apagado, con poca fuerza o intensidad. **FAM.** Palidez.

paliducho, cha *adj. desp.* Algo pálido.

palier *s. m.* En algunos vehículos automóviles, cada una de las dos mitades en que se divide el eje que transmite el movimiento a las ruedas motrices.

palillero *s. m.* **1.** Recipiente u otro objeto en que se colocan palillos de dientes. **2.** Portaplumas*.

palillo *s. m.* **1.** *dim.* de **palo**. **2.** Mondadientes*. **3.** Cada una de las varitas, generalmente de madera, redondeadas en la punta, con las que se toca el tambor. **4.** Bolillo*. **5.** Palo de madera dura, generalmente de boj, usado por los escultores para modelar la arcilla. **6.** Persona muy delgada. ‖ *pl.* **7.** Par de varitas, generalmente de madera, usadas para tomar los alimentos en algunos países orientales. **8.** Castañuelas*. ‖ **LOC. tocar** (o **mover**) **todos los palillos** *fam.* Agotar todos los recursos para conseguir algo.

palimpsesto *s. m.* **1.** Manuscrito antiguo que conserva huellas de una escritura anterior borrada. **2.** Tablilla utilizada antiguamente en la que se podía borrar lo escrito para escribir de nuevo.

palin- *pref.* Significa ‘otra vez’, ‘de nuevo’: *palingenesia*.

palíndromo, ma *adj.* Se dice de la palabra o grupo de palabras que se lee igual de izquierda a derecha que de derecha a izquierda; p. ej., *anilina* o *dábale arroz a la zorra el abad*. También *s. m.*

palingenesia *s. f.* **1.** Vuelta a la vida de un ser después de su muerte real o aparente. **2.** Doctrina filosófica que sostiene que los acontecimientos siguen un ciclo eterno de vida, muerte y renacimiento.

palinodia *s. f.* Rectificación en público de algo que se había dicho anteriormente. ‖ **LOC. cantar la palinodia** Rectificar públicamente.

palinología *s. f.* Rama de la botánica que estudia el polen y las esporas.

palinúridos *s. m. pl.* Familia de crustáceos decápodos a la que pertenecen numerosas especies comprendidas en los géneros *Palinurus* y otros. Son animales marinos que tienen el caparazón muy duro y con espinas. Poseen dos grandes pinzas y dos pares de antenas, el primero de ellos muy largo y dirigido hacia atrás. Palinúridos son la langosta y la cigarra de mar. También *adj.* y *s. m.*

palio *s. m.* **1.** Manto de forma cuadrada o rectangular, que se utilizaba en Grecia, normalmente sobre la túnica, sujetándolo en el pecho con un broche. **2.** Dosel colocado sobre cuatro o más varas largas, que se utiliza para cubrir con él al sacerdote que lleva la eucaristía, a una imagen, a una personalidad, etc. **3.** Paño de seda u otra tela que se daba como premio a los vencedores en algunas competiciones olímpicas. **4.** Fajín blanco de lana con cruces negras que cuelga de los hombros y cae sobre el pecho, usado por los arzobispos y el papa. ‖ **LOC. recibir bajo palio** (o **con palio**) Recibir a alguien con los máximos honores.

palique *s. m. fam.* Conversación, charla.

palisandro *s. m.* Madera de color rojizo oscuro con vetas casi negras, procedente de árboles tropicales, como el guayabo, y muy apreciada en la ebanistería.

Palissy, Bernard (Agen h. 1510 - París 1590) Ceramista francés. Realizó piezas decoradas en relieve con flores, frutas, animales y figuras humanas, típicamente manieristas. Murió en la Bastilla, donde fue encarcelado por negarse a abjurar del protestantismo. Escribió *Discurso admirable del arte del barro, de su utilidad, de los esmaltes y del fuego* (1580).

palitroque *s. m.* **1.** Palo pequeño y tosco. **2.** Banderilla de toreo.

paliza *s. f.* **1.** Conjunto de golpes dados a una persona o animal. **2.** Trabajo o esfuerzo agotador. **3.** Derrota importante en una competición o disputa. ‖ *s. m.* y *f.* **4.** *fam.* Persona pesada o molesta. También *adj.*

palizada *s. f.* Empalizada y lugar que está vallado con ella.

Palladio, Andrea di Pietro, llamado (Padua 1508 - Vicenza 1580) Arquitecto italiano. Su obra se caracteriza por la armonía y simetría en las formas y la utilización de elementos grecolatinos, como los frontones, las columnas gigantescas y el mármol. Las construcciones más importantes de Palladio se encuentran en Vicenza y Venecia. En la primera de estas ciudades realizó la basílica, el palacio Chiericati y el teatro Olímpico (comenzado en 1580 y terminado por V. Scamozzi); en Venecia, la iglesia de San Francesco della Vigna (1562) y la iglesia del Redentor (1577-80). Además, fue el gran creador de las villas, edificaciones para la aristocracia de la época, como la villa Rotonda (1550) y la villa de la Malcontenta (1580). Escribió los *Cuatro libros de la arquitectura* (1570).

pallador *s. m. Amér. del S.* Payador*.

Pallais, Azarias H. (León 1884 - íd. 1954) Poeta y sacerdote nicaragüense. Su poesía rompe con el modernismo para hacerse más intimista. Entre sus libros pueden señalarse *A la sombra del agua* (1917), *Caminos* (1921), *Hesperia* (1936) y *Glosas* (1940).

Pallars Antiguo condado catalán surgido a principios del s. IX, tras la conquista musulmana del valle del Noguera Pallaresa. En algunos momentos fue independiente, mientras que en otros estuvo vinculado a los condados de Ribagorza, Urgell y Tolosa. Posteriormente se dividió en Pallars Jussá, que quedó incorporado a la corona de Aragón en 1192, y Pallars Sobirá.

pallet *s. m.* Plataforma hueca de madera para transportar materiales en la que pueden introducirse los brazos de una máquina elevadora.

pallidum (voz lat.) *s. m.* Parte integrante del núcleo lenticular, de sustancia gris, de la base del cerebro. Tiene color pálido y desempeña un papel importante en la realización de los movimientos automáticos.

palloza *s. f.* Choza típica de las montañas orientales de Galicia y NO de León. Es circular, de piedra, con cubierta de paja y alberga conjuntamente a personas y animales.

palma *s. f.* **1.** Parte de la mano hacia la que se doblan los dedos. **2.** Parte inferior del casco de las caballerías. **3.** Nombre común de diversas plantas de la familia palmáceas, como la palmera o el cocotero. **4.** Hoja de la palmera que se usa en la celebración religiosa del Domingo de Ramos como símbolo de alabanza a Jesucristo y, después de bendecida, se coloca a veces en los balcones de las casas. **5.** Hoja de palmera amarillenta que se utiliza para hacer cestos, escobas, etc. **6.** Triunfo o victoria. ‖ *pl.* **7.** Aplausos. ‖ **LOC. batir** (o **dar**) **palmas** Aplaudir. **como la palma de la mano** Muy llano; también, muy fácil. **llevar** (o **traer**) **en palmas** a alguien Tratarle muy bien, satisfacer sus caprichos. **llevarse la palma** Ser el mejor o el más alabado de un asunto.

Palma, La Isla de España, en el archipiélago de las Canarias, perteneciente a la prov. de Santa Cruz de Tenerife. 637 km^2. 82.130 h. en 1990. La capital es Santa Cruz de la Palma, con 18.200 h. en 1990. De origen volcánico, presenta un relieve muy montañoso, cuya máxima altura es el roque de los Muchachos (2.426 m), en el que se ha instalado un importantísimo observatorio astronómico. También destacan el volcán de Teneguía, la caldera de Taburiente y el barranco de las Angustias. Sus costas son altas y rocosas. Tiene clima subtropical y vegetación xerófila y de bosque de laurisilva y pino. La agricultura está condicionada por la escasez de agua; se cultivan plátanos, patatas y vid. Cuenta con ganadería caprina, pesca e industria tabaquera, conservera y textil.

Palma, Ricardo (Lima 1833 - Miraflores 1919) Escritor peruano. De ideología liberal, intervino activamente en las luchas políticas de su país. Desde el punto de vista literario se formó en la escuela romántica y su verdadera vocación fue la novela histórica. También se interesó por los problemas filológicos y fue director de la Biblioteca Nacional. Entre sus obras podemos destacar los relatos *Tradiciones peruanas* (1872-1918) y un *Diccionario de peruanismos* (1883-84).

Palma de Mallorca: vista de la bahía y, al fondo, la catedral.

Palma de Mallorca C. de España, cap. de la prov. de Baleares, situada en la costa O de la isla de Mallorca. 297.000 h. en 1991. Es una ciudad portuaria, administrativa, comercial y cultural. Su principal actividad económica reside en el turismo, lo que le ha hecho experimentar un gran desarrollo urbano; cuenta además con industria del calzado, del mueble, textil, metálica, alimentaria, constructora y de joyería y bisutería. Tiene un activo puerto deportivo y su aeropuerto, Son San Juan, es uno de los más importantes de Europa. Fundada por los romanos en el s. II a. C., fue conquistada por los musulmanes y reconquistada por Jaime I de Aragón en 1229. En ella se desarrolló una rica burguesía comerciante que entró en conflicto con el entorno rural y campesino. En 1521 se produjo el levantamiento de su germanía. En los decretos de nueva planta de Felipe V perdió sus privilegios y se convirtió en municipio. Durante el s. XVIII el comercio con América dio prosperidad a la ciudad. Entre sus monumentos destacan la Almudaina y los baños, de época musulmana, la catedral, la lonja y el castillo de Bellver, de época medieval, y el Consulado de Mar, del s. XVI.

palmáceas *s. f. pl.* Familia de plantas arbóreas a la que pertenecen unas 2.780 especies comprendidas en 212 géneros, entre los que destacan *Cocos, Elaeis, Raphia, Phoenix, Calamus,* etc. Tienen el tronco leñoso y erguido coronado con una roseta de hojas palmeadas grandes y largas, flores unisexuales o hermafroditas en inflorescencia axial y fruto en drupa o baya con semilla oleaginosa. Son plantas tropicales y su uso es generalmente ornamental, aunque se aprovechan sus frutos para alimentación y en la producción de copra. También *adj.* y *s. f.*

palmada *s. f.* **1.** Golpe dado con la palma de la mano. **2.** Golpe dado con las palmas de las dos manos al chocar entre sí y que produce un ruido semejante a un chasquido; se realiza para aplaudir, llamar la atención, etc. Se usa más en *pl.*

palmado, da *adj.* Palmeado*.

palmar[1] *v. intr. fam.* Morir. ■ Se dice también *palmarla.*

palmar[2] (del lat. *palmaris*) *adj.* **1.** Hecho de palmas. **2.** Perteneciente o relativo a la palma de la mano o a la parte inferior del casco de las caballerías. ‖ *s. m.* **3.** Palmeral*.

palmarés *s. m.* **1.** Historial o currículum de una persona. **2.** Lista de vencedores en una competición.

palmario, ria *adj.* Claro, evidente, patente. **FAM.** Palmariamente.

Palmas, Las Prov. de España, perteneciente a la comunidad autónoma de Canarias, y que comprende las islas más orientales del archipiélago de las Canarias: Gran Canaria, Fuerteventura, Lanzarote, La Graciosa, Alegranza y Lobos, en el océano Atlántico. 4.099 km^2. 749.500 h. en 1991. La capital es Las Palmas de Gran Canaria, con 342.000 h. en 1991. De origen volcánico, en el relieve de las islas se pueden distinguir barrancos, malpaíses y macizos volcánicos. Gran Canaria es la más montañosa y en ella se alza la máxima altura, el pico de las Nieves (1.949 m). Las costas tienen acantilados y extensas playas. Todas estas islas gozan de un clima subtropical, fundamentalmente seco, y con vegetación xerófila y de bosque de laurisilva y pinar. Se cultivan en ellas plátanos, tabaco, tomates, patatas, vid y trigo. Cuentan con ganadería caprina y pesca. La industria –tabaquera, química, alimentaria, papelera, cementera, vidriera y del mueble– se concentra sobre todo en Gran Canaria. La principal actividad económica es el turismo.

Palmas de Gran Canaria, Las C. de España, cap. de la prov. de Las Palmas, situada en la costa NE de la isla de Gran Canaria, en el archipiélago de las Canarias. 342.000 h. en 1991. Es un centro administrativo y comercial con un intenso tráfico marítimo en el puerto de la Luz y una destacada actividad turística. Cuenta con industria tabaquera, alimentaria, papelera, del mueble, química y de la construcción y con astilleros. Entre sus monumentos sobresalen el castillo de la Luz, del s. XVI, y la catedral, del mismo siglo, reconstruida a finales del s. XVIII y principios del XIX.

palmatoria *s. f.* Soporte en el que se coloca una vela, generalmente en forma de platillo con un asa.

Palme, Olof (Estocolmo 1927 - íd. 1986) Político sueco. Presidente del Partido Socialdemócrata sueco en 1969 y primer ministro de su país entre 1969 y 1976, fue nuevamente elegido para este último cargo en 1982. Murió asesinado a ti-

Las Palmas de Gran Canaria: vista parcial de la ciudad y del puerto de la Luz.

ros en el centro de Estocolmo. Firme defensor de los derechos humanos y líder de los países no alineados, proporcionó a Suecia un periodo de progreso y estabilidad.

palmeado, da 1. *p. p.* de **palmear**. || *adj.* **2.** Que tiene forma de hoja de palma. **3.** De forma semejante a la de la palma de la mano. **4.** Se dice de los dedos de los animales cuando los tienen unidos por una membrana, como p. ej. los patos.

palmear *v. intr.* **1.** Dar palmadas. || *v. tr.* **2.** En baloncesto, impulsar hacia la cesta con la palma de la mano el balón lanzado por otro jugador. También *v. intr.* **3.** Mover una embarcación por el agua tirando con las manos de un cable que está fijo en algún punto exterior. También *v. prnl.*

palmeo *s. m.* **1.** Medición hecha con palmos. **2.** En baloncesto, acción de palmear el balón hacia la cesta.

pálmer *s. m.* Instrumento, usado generalmente en metalurgia, para medir diámetros y espesores muy pequeños. El término procede del nombre de su inventor, el francés Jean-Louis Palmer.

palmera *s. f.* **1.** Nombre común de diversos árboles de la familia palmáceas, géneros *Phoenix*, *Phytelephas*, etc. Alcanzan hasta 30 m de altura, tienen un tallo esbelto, sin ramificar, cubierto desde la base por hojas muertas y rematado por un penacho de hojas vivas. Estas hojas son persistentes, rígidas, paralelinervias y de gran tamaño (hasta 40 cm). Son plantas dioicas, con flores blancas, grandes y olorosas, y los frutos lisos, comestibles, con el mesocarpo carnoso en la palmera de dátiles *(Phoenix dactylifera)*, o con el endospermo córneo, utilizado para fabricar botones, como el de la palmera intertropical americana *(Phytelephas macrocarpa)*. Crecen en regiones intertropicales y subtropicales de todo el mundo. **2.** Cierta pieza de repostería de pasta de hojaldre.

Palmera datilera (Phoenix dactylifera).

palmeral *s. m.* Lugar poblado de palmeras. ▪ Se llama también *palmar.*

Palmerines Famosa serie de libros de caballerías que debe su nombre al de los personajes que los protagonizan. Consta de tres libros principales, que datan todos de la primera mitad del s. XVI: *El libro del famoso y muy esforzado caballero Palmerín de Oliva* (1511) y *Primaleón* (1512), atribuidos al desconocido escritor Francisco Vázquez, y *Palmerín de Inglaterra* (1567), obra del portugués Francisco de Moraes Cabral.

palmero, ra[1] *s. m.* y *f.* **1.** Persona que cuida de un palmeral o que vende palmas. **2.** Persona que acompaña tocando palmas un cante o baile flamencos.

palmero, ra[2] *adj.* De La Palma. También *s.*

Palmerston, Henry Temple, vizconde de (Broadlands 1784 - Brocket Hall, Hertfordshire 1865) Político británico. Inició su carrera como conservador, pero pronto buscó la aproximación a los liberales. Fue ministro de Asuntos Exteriores, del Interior y primer ministro (1855-58 y 1859-65). Desde sus cargos de gobierno intentó fortalecer la posición del Reino Unido frente a Francia, Prusia y Rusia, pero no pudo evitar que Napoleón III se convirtiera en el árbitro de Europa. Apoyó el gobierno de Isabel II en España e intervino en Nicaragua para establecer el dominio británico sobre el territorio. Sus últimos éxitos fueron la victoria sobre Rusia en la guerra de Crimea (1853-56) y el triunfo en la segunda guerra de China (1856-60).

palmesano, na *adj.* De Palma de Mallorca. También *s.*

palmeta *s. f.* Listón o regla, generalmente de madera, que usaban los maestros para golpear a los alumnos en las palmas de la mano como castigo.

palmetazo *s. m.* **1.** Golpe dado con una palmeta. **2.** Corrección hecha a alguien de modo desagradable o grosero.

palmiche *s. m.* **1.** Fruto de algunas variedades de la palmera. **2.** Palma propia de zonas altas de América, de tronco delgado y unos 6 m de altura. **3.** En algunas regiones de España, fruto del palmito.

palmilla *s. f.* Plantilla para el calzado.

palmípedas *s. f. pl.* Antiguo orden de aves caracterizadas por poseer membrana entre los dedos de las patas, que tienen forma palmeada, adaptada a la vida acuática. En la actualidad estas aves se sistematizan en el orden *anseriformes*. También *adj.* y *s. f.*

Palmira Antigua ciudad situada en el oasis de Tadmor, al NE de Damasco (Siria). Fue núcleo importante de las rutas de caravanas con el Oriente. Incorporada al imperio romano (s. I a. C.), a partir del s. III se convirtió en capital de un estado separado de la soberanía romana y gobernado por la dinastía local de los Septimios. En el año 273, el emperador Aureliano saqueó la ciudad, que ya no recobró su antiguo esplendor. Fue definitivamente destruida por los árabes en el año 634. En la actualidad se conservan numerosos restos de los s. I al III.

Palmira C. de Colombia, situada en el departamento de Valle del Cauca. 175.200 h. en 1985. Es un centro agrícola y comercial, que cuenta con industrias derivadas de la agricultura.

palmita *s. f. dim.* de **palma**. Se usa en la locución **llevar** (o **tener**) a alguien **en palmitas**, tratarle muy bien o con mucha consideración.

palmítico, ácido *s. m.* $CH_3-(CH_2)_{14}-COOH$. Ácido graso saturado, presente en la mayoría de las grasas animales y vegetales en estado de glicérido. Es un sólido blanco, inodoro, insípido y de tacto untuoso.

palmito[1] (de *palma*) *s. m.* **1.** Árbol de la familia palmáceas, especie *Chamaerops humilis.* Es una palmera de tronco subterráneo o muy corto, que tiene las hojas en forma de abanico, con las que se hacen cestos, esteras, escobas, etc. La especie cultivada mide unos 3 m. Crece en regiones mediterráneas. **2.** Cogollo comestible de esa planta.

palmito[2] (de *palmo*) *s. m.* Figura esbelta o cara agraciada de mujer y, p. ext., atractivo.

palmo *s. m.* **1.** Medida de longitud que equivale aproximadamente a la distancia entre el extremo del dedo meñique y el del pulgar, con la mano abierta (unos 25 cm). || **2. palmo menor** Medida de longitud que equivale aproximadamente a la de los dedos de la mano, excepto el pulgar, juntos. || **LOC. quedarse** (o **dejar** a) alguien **con un palmo de narices** *fam.* Llevarse un chasco o hacer que alguien se lo lleve.

palmotear *v. intr.* **1.** Dar palmadas de forma repetida, generalmente como muestra de alegría. || *v. tr.* **2.** Dar palmadas a alguien o algo. **FAM.** Palmoteo.

palo *s. m.* **1.** Trozo de madera alargado, generalmente cilíndrico. **2.** Golpe dado con dicho trozo de madera. **3.** Mástil, madero vertical que sirve para sostener las velas en los barcos. **4.** Madera. **5.** *fam.* Daño, perjuicio o pena que se le causa a alguien. **6.** Trazo recto y generalmente perpendicular, como el de algunas letras. **7.** En fútbol y otros deportes, poste y travesaño de la portería. **8.** Cada uno de los cuatro grupos de cartas en que se divide la baraja española. **9.** Género o estilo de cante flamenco. **10.** *amer.* Árbol o arbusto. || **11. palo brasil** (o **de Brasil**) Árbol de la familia leguminosas, especie *Caesalpinia echinata*; tiene una madera dura y compacta de color rojizo, que se puede pulir y que recibe el mismo nombre. **12. palo de ciego** Intento, acción, etc., que se realiza sin pensar, sin saber lo que se pretende, o que no obtiene resultados prácticos. Se usa más en *pl.* **13. palo dulce** Paloduz*. **14. palo mayor** El más alto de un barco, que sostiene la vela principal. **15. palo santo** Palosanto*. || **LOC. a palo seco** *adv.* Sin ningún complemento, sin nada que ayude o favorezca. **no dar un palo al agua** *fam.* No trabajar.

paloduz *s. m.* Raíz de regaliz que se chupa o mastica como golosina. ▪ Se denomina también *palo dulce.*

paloma *s. f.* **1.** Nombre común de diversas aves de la familia colúmbidos, género *Columba.* La paloma doméstica *(Columba livia domestica)* mide unos 33 cm desde el pico hasta el extremo de la cola y su plumaje es de color variado; la paloma bravía *(Columba livia)*, de igual tamaño, tiene dos bandas de color negro sobre las alas y habita en zonas de acantilado. La paloma torcaz *(Columba palumbus)* es algo mayor y presenta una mancha blanca a los lados del cuello y una banda blanca en la cola. La paloma zurita *(Columba oenas)*, también de unos 33 cm, tiene manchas de color verde metálico a ambos lados de la cabeza. **2.** Nombre dado a otras aves del mismo género que la anterior, como la tórtola. **3.** Persona inocente y bondadosa. **4.** En pol., se aplica a los partidarios del diálogo y de posturas menos duras ante conflictos, adversarios, etc. Se contrapone a *halcón.* **5.** Palomita, bebida. || **6. paloma de la paz** Aquella que se representa con una ramita de olivo en el pico como símbolo de la paz, en recuerdo

Varias especies de paloma: arriba, paloma bravía (Columba livia), *en vuelo y posada; abajo, a la izquierda, paloma torcaz* (Columba palumbus); *a la derecha, paloma zurita* (Columba oenas).

de la que dice la *Biblia* que anunció a Noé el final del diluvio. **7. paloma mensajera** La que se distingue por su instinto para volver al palomar desde largas distancias y se utiliza para enviar mensajes.

palomar *s. m.* Lugar en que se refugian y crían las palomas.

Palomar, Monte Montaña de EE UU, en el estado de California, al NE de San Diego. 1.867 m de altitud. En él se encuentra instalado un observatorio astronómico dotado de un telescopio reflector con espejo de 6 m de diámetro.

palomera *s. f.* **1.** Palomar pequeño. **2.** Terreno estéril de poca extensión.

palometa *s. f.* **1.** Nombre común de diversos peces perciformes de la familia carángidos, géneros *Trachynotus*, *Lichia*, *Campogramma*, etc. La palometa común *(Trachynotus ovatus)* mide unos 50 cm de longitud, es de color gris azulado, con los lóbulos de las aletas dorsal, anal y caudal negruzcos. Habita en el Atlántico, hasta el golfo de Vizcaya, y en el Mediterráneo y es apreciada en alimentación. Se llama también *japuta*. **2.** Palomilla, tuerca.

palomilla *s. f.* **1.** Tuerca con dos aletas laterales para facilitar su enroscamiento a mano. **2.** Soporte en forma de escuadra o triángulo que sirve para sostener algo apoyándolo en un lado, con el otro apoyado en la pared. **3.** Parte delantera de la grupa de una caballería. **4.** Insecto lepidóptero de la familia geléquidos, especie *Sitotroga cerealella*. Es semejante a una mariposa de color gris, anida en los graneros y es muy dañino para los cereales. **5.** Insecto parecido a una mariposa, de pequeño tamaño. **6.** Ninfa, fase de la metamorfosis de un insecto.

palomina *s. f.* **1.** Excremento de las palomas. **2.** Variedad de uva de color oscuro.

palomino *s. m.* **1.** Cría de la paloma silvestre. **2.** Mancha de excremento de ave. **3.** Mancha de excremento en la ropa interior. **4.** Persona sosa o atontada. También *adj.*

Palomino, Antonio (Bujalance, Córdoba 1655 - Madrid 1726) Pintor y tratadista de arte español. Fue nombrado pintor del rey Carlos II (1688). De la escuela barroca, está considerado como uno de los mejores fresquistas españoles. Decoró las bóvedas del ayuntamiento de Madrid y de la iglesia de Nuestra Señora de los Desamparados en Valencia. Es autor del libro *Museo pictórico y escala óptica*, sobre la técnica de la pintura, en el cual incluye *El parnaso español pintoresco y laureado* (1715-24), con 226 biografías de artistas españoles de los s. XVI y XVII.

palomita *s. f.* **1.** *dim.* de **paloma**. **2.** Grano de maíz que, cuando se pone al fuego, revienta y se transforma en una masa blanca y esponjosa comestible. **3.** Bebida compuesta de aguardiente anisado y agua. **4.** En fútbol, estirada hacia un lado del portero.

palomo *s. m.* **1.** Macho de la paloma. **2.** Paloma torcaz. **3.** Persona sosa o atontada.

Palos Cabo de España, en la costa mediterránea, en la prov. de Murcia. Está formado por el extremo oriental de la cordillera Penibética, y de su parte N arranca la barra arenosa que cierra el mar Menor.

Palos de la Frontera C. de España, en la prov. de Huelva. 6.700 h. en 1990. Es famosa porque de su antiguo puerto partió Colón en 1492 en su primer viaje hacia América.

palosanto *s. m.* **1.** Nombre común de diversos árboles de la familia zigofiláceas, género *Guaiacum*. Su madera es muy apreciada en ebanistería. Crece en regiones tropicales de América, sobre todo en las Antillas. **2.** Fruto sabroso y dulce de este árbol. ■ En ambas acepciones se escribe también *palo santo* y se llama asimismo *caqui*.

palote *s. m.* **1.** Palo pequeño. **2.** Trazo pequeño que se hace al aprender a escribir.

palpable *adj.* **1.** Que se puede tocar con las manos. **2.** Claro, evidente, manifiesto.

palpablemente *adv. m.* De manera palpable, manifiesta.

palpación *s. f.* **1.** Acción y efecto de palpar. **2.** En med., método de exploración aplicando las manos en zonas superficiales del cuerpo, para tratar de descubrir alguna enfermedad o trastorno.

Pamplona: plaza del Castillo.

palpador *s. m.* Instrumento utilizado en la industria mecánica para calcular con gran exactitud la posición de la superficie de un objeto respecto a un punto fijo de referencia.

palpar *v. tr.* **1.** Tocar algo con las manos o solamente con los dedos, para examinarlo, reconocerlo, para orientarse, etc. **2.** Percibir claramente. **FAM.** Palpamiento.

pálpebra *s. f.* Párpado*.

palpebral *adj.* Perteneciente o relativo a los párpados.

palpitación *s. f.* **1.** Acción y efecto de palpitar. **2.** Percepción molesta de los latidos del corazón, debida generalmente a un cambio del ritmo cardiaco, p. ej., tras realizar un esfuerzo. Se usa más en *pl.*

palpitante *adj.* **1.** Que palpita. **2.** Se dice del asunto, tema, etc., que está de actualidad.

palpitar *v. intr.* **1.** Latir el corazón. **2.** Aumentar o cambiar de ritmo la palpitación natural del corazón. **3.** Moverse de manera involuntaria un órgano o músculo del cuerpo. **4.** Mostrarse algo de una manera clara o perceptible.

pálpito *s. m.* Corazonada, presentimiento.

palpo *s. m.* Cada uno de los apéndices articulados y de pequeño tamaño que tienen en las proximidades de la boca algunos invertebrados, como la araña, y con los que palpan los alimentos y los sujetan.

palta *s. f. amer.* Aguacate*, fruto.

palto *s. m. amer.* Aguacate*, árbol.

palúdico, ca *adj.* **1.** Palustre, relativo a lagunas o terrenos pantanosos. **2.** Relativo al paludismo o que padece esta enfermedad. También *s.*

paludismo *s. m.* Malaria*.

palurdo, da *adj.* Se dice de las personas toscas e ignorantes, especialmente de los campesinos, y de sus acciones, actitudes, etc.

palustre[1] (de *pala*) *s. m.* Paleta de albañil.

palustre[2] (del lat. *paluster*) *adj.* Perteneciente o relativo a las lagunas o pantanos.

pamela *s. f.* Sombrero de mujer, de copa baja y ala ancha y flexible.

pamema *s. f.* **1.** Tontería, simpleza. **2.** Atención o alabanza no sincera. **3.** Demostración exagerada de asco o escándalo.

Pamir Región montañosa de Asia, situada en Tayikistán, entre las cordilleras Hindu Kush, Karakorum y Tien-shan. Constituye un conjunto de altas mesetas, por encima de los 5.000 m de altura, en cuyos bordes se alzan el pico Lenin (7.134 m) y el pico Comunismo (7.495 m).

pampa (voz quechua) *s. f.* Llanura extensa sin vegetación arbórea, propia de algunas zonas de América del Sur.

Pampa, La **1.** Región natural de Argentina, situada en el sector central del país. Es una gran llanura que ocupa casi 700.000 km^2, de clima estepario continental y vegetación de gramíneas y pasto. Está dedicada principalmente a la ganadería bovina y cuenta también con explotaciones agrícolas de maíz, lino, alfalfa y cereales. **2.** Prov. de Argentina, en el centro del país. 143.440 km^2. 237.000 h. en 1989. La capital es Santa Rosa, con 51.700 h. en 1986. La provincia ocupa una gran pradera herbácea, casi deshabitada, recorrida por los ríos Salado y Colorado, donde domina la actividad ganadera. Cuenta también con salinas.

pámpana *s. f.* Hoja de la vid. ■ Se llama también *pámpano*.

pampaneo *s. m. fam.* Juerga, jolgorio.

pámpano *s. m.* **1.** Brote tierno, verde y delgado de la vid. **2.** Pámpana*. **FAM.** Pampanoso.

pampeano, na *adj.* De las pampas de América del Sur. También *s.* ■ Se dice también *pampero*.

pampear *v. intr. Amér. del S.* Recorrer la pampa.

pampero, ra *adj.* **1.** Pampeano*. **2.** Se dice del viento frío e impetuoso que sopla en esas zonas. También *s. m.*

pámpido, da *adj.* Se dice de los pueblos que habitan en la pampa. También *s.*

pampirolada *s. f.* **1.** Salsa de pan y ajos machacados con agua. **2.** *fam.* Bobada, tontería.

pamplina *s. f.* **1.** Nombre común de diversas plantas herbáceas de la familia cariofiláceas, género *Stellaria*. Tienen hojas opuestas, simples y enteras, flores en inflorescencia cimosa y fruto en cápsula de dehiscencia apical. Crecen en la región mediterránea, invadiendo en primavera los sembrados. **2.** Pamema*. **FAM.** Pamplinero, pamplinoso.

Pamplona (*Iruña*) C. de España, cap. de la prov. y de la comunidad foral de Navarra, situada en la cuenca de su nombre, a orillas del río Arga. 179.250 h. en 1991. Es el centro administrativo, comercial y de servicios de la comunidad navarra y cuenta con industrias metalúrgicas, automovilísticas, químicas, madereras, textiles, de artes gráficas y alimentarias. Sus principales monumentos son las murallas medievales, las iglesias de San Saturnino y San Nicolás (s. XIII), la catedral gótica (s. XIV-XV) y el ayuntamiento (s. XIX). Tiene una importante universidad.
Hist. Fundada por Pompeyo (74 a. C.), con el nombre de Pompaelo, fue ocupada por los visigodos (468-469) y por los musulmanes (716-719). Sus murallas fueron destruidas por Carlomagno (778). Una vez creado el reino de Navarra y expulsados los musulmanes, la ciudad se repobló (s. X) y empezó a llamarse *Navarrería* o *Iruña*. Llegó a ser un lugar importante del camino de Santiago. Durante la Baja Edad Media se desencadenaron frecuentes luchas entre los distintos barrios autónomos surgidos en torno a la ciudad, hasta que Carlos III el Noble, en 1423, puso fin a ello con el Privilegio de la Unión. En 1515 fue incorporada a la corona de Castilla. Tomada por las tropas napoleónicas en 1808, no la abandonaron hasta 1813. En 1814 Espoz y Mina organizó en Pamplona el primer pronunciamiento liberal contra el absolutismo y en 1841 fracasó otro pronunciamiento, esta vez promovido por O'Donnell y de signo conservador. Durante la primera mitad del s. XIX fue un reducto liberal en una Navarra carlista, pero posteriormente se convirtió en un importante centro del carlismo. Apoyó el alzamiento de 1936 contra el gobierno de la república. Terminada la guerra civil (1936-1939), la ciudad experimentó un notable desarrollo industrial.

pamplonica o **pamplonés, sa** *adj.* De Pamplona. También *s.*

pamporcino *s. m.* Ciclamen*.

pampringada *s. f.* Rebanada de pan untada con alguna sustancia grasa.

pampsiquismo *s. m.* Conjunto de doctrinas que atribuyen una naturaleza psíquica a toda la realidad física.

pamue *adj.* **1.** Se dice del pueblo indígena perteneciente a la etnia fang, que habita en Guinea Ecuatorial, en el S de Camerún y N de Gabón, así como de sus individuos. **2.** De este pueblo. || *s. m.* **3.** Lengua hablada por el mismo.

pan *s. m.* **1.** Alimento elaborado con harina, generalmente de trigo, amasada con agua y levadura y cocida al horno después de fermentada. **2.** Pieza de dicho alimento, especialmente la que es de forma redondeada y grande. **3.** Masa de otras sustancias que en su cocción tiene un aspecto esponjoso, semejante al alimento mencionado en primer lugar, como p. ej. el pan de higo. **4.** Trigo. **5.** El sustento diario. **6.** Lámina muy fina de oro o plata que se utiliza para dorar o platear una superficie. || *pl.* **7.** Los cereales, desde que brotan hasta que son cortados. || **8. pan de azúcar** El de forma cónica que tiene azúcar fino. **9. pan de molde** Aquel que tiene forma de prisma cuadrangular, cortado en rebanadas, con corteza fina y uniforme y que se fabrica en un molde metálico. **10. pan de Viena** El elaborado con harina blanca, de miga esponjosa y corteza crujiente; también, el que se hace con harina, leche y azúcar. **11. pan francés** Aquel que es muy suave y esponjoso, hecho siempre con harina de trigo. **12. pan integral** (o **negro**) Véase **integral**. **13. pan y quesillo** Flor de la acacia. También, planta crucífera de pequeñas flores blancas y frutos triangulares. Se llama también *bolsa de pastor.* || LOC. **al pan, pan y al vino, vino** Frase con que se hace referencia a la claridad al decir las cosas. **con su pan se lo coma** Expresa el desinterés por lo que pueda ocurrirle a una persona como consecuencia de sus actos. **el pan nuestro de cada día** Cosa que se repite con frecuencia. **ser** algo **pan comido** Ser muy fácil de hacer. **ser** alguien **un pedazo de pan** Ser una persona muy bondadosa.

pan- *pref.* **1.** Significa 'todo o relativo a todos': *panteísmo.* ■ A veces toma la variante *panto-*: *pantógrafo.* **2.** Con nombres de unidades geográficas o razas indica 'tendencia a la unidad': *panafricanismo.*

Pan Personaje mitológico griego, dios de los pastores y los rebaños. Se le representa como mitad hombre y mitad animal, con cara barbuda, cuernos, abundante vello y patas de macho cabrío. Se ocultaba en los bosques, donde espiaba a las ninfas. Le gustaba la siesta y tocar la flauta. Es probable que las imágenes medievales del diablo se inspiraran en él.

pana *s. f.* Tejido grueso y aterciopelado de algodón que forma una especie de surcos de ancho variable.

panacea *s. f.* **1.** Medicamento al que se atribuye un gran poder curativo. **2.** Solución o remedio para cualquier tipo de problemas o asuntos. || **3. panacea universal** Remedio buscado antiguamente para poder curar todas las enfermedades.

panaché (voz fr.) *s. m.* Plato de verduras variadas, cocidas y rehogadas.

panadería *s. f.* Lugar en el que se vende, y a veces también se fabrica, el pan.

panadero, ra *s. m.* y *f.* Persona que hace o vende pan. También *adj.*

panadizo *s. m.* Inflamación aguda, a veces con pus, del tejido celular de los dedos alrededor de las uñas.

panafricanismo *s. m.* Doctrina política que defiende la unidad de los pueblos africanos frente al colonialismo e imperialismo de otros países. Surgido a fines del s. XIX y desarrollado en la primera mitad del s. XX en diversos congresos, cristalizó en torno al concepto de negritud, acuñado por Leopold Senghor, entre otros. Su principal consecuencia política fue la creación en 1963 de la Organización de la Unidad Africana (OUA). FAM. Panafricanista.

panal *s. m.* **1.** Estructura formada por celdas hexagonales que hacen las abejas y en la que depositan la miel y los huevos para la reproducción. **2.** Estructura de algunas cosas semejante a la que construyen las abejas.

panamá *s. m.* **1.** Sombrero masculino de verano, flexible, hecho de pita. **2.** Tela de algodón con hilos gruesos, que se emplea para bordar, para prendas de vestir, etc.

Panamá Estado de América Central.

Extensión: 77.082 km^2.
Límites: al N, con el mar Caribe; al E, con Colombia; al S, con el océano Pacífico, y al O, con Costa Rica.
Población: 2.418.000 h. en 1990.
Densidad: 31,4 h./km^2.
Capital: Panamá.
División administrativa: 9 provincias y una comarca.
Ciudades principales: San Miguelito, Colón, David, La Chorrera.
Gentilicio: panameño.
Forma de Estado: república presidencialista.
Idioma: español.
Religión: catolicismo, 89 %; protestantismo, 5 %; islamismo, 4,5 %.
Moneda: balboa.
Tasa de natalidad: 27 ‰ en 1990.
Tasa de mortalidad: 5 ‰ en 1990.
Renta per cápita: 1.780 dólares en 1989.

Geog. física Panamá constituye la parte más estrecha del istmo homónimo centroamericano. Su territorio está surcado por dos cordilleras: al O, la prolongación de la cordillera de Talamanca, que alcanza la máxima altura en el volcán de Chiriquí (3.475 m), y al E, las estribaciones montañosas de los Andes sudamericanos. Entre estas cordilleras se extiende una región de llanuras. La parte oriental, menos montañosa, está cubierta por las grandes selvas tropicales. La altura de las cordilleras disminuye a medida que se acercan al centro del istmo, en el cual se encuentra el canal. El país está regado por numerosos ríos cortos, entre los que cabe señalar el Sixaola y el Chagres, que desembocan en el mar Caribe, y el Tuira, Bayano y Chepo, que vierten sus aguas en el océano Pacífico. Las costas son muy recortadas y con multitud de islas, golfos y bahías; las del mar Caribe son estrechas y rocosas y las del Pacífico forman grandes y anchas playas. Pertenecen a Panamá los archipiélagos de las Mulatas y Bocas del Toro en el mar Caribe, el de las Perlas, en el interior del golfo de Panamá, y las islas Coiba y Jicarón en el océano Pacífico. El clima, debido a la cercanía del ecuador, es cálido y húmedo, con una temperatura media anual de 27 °C, aunque desciende a unos 15 °C en las zonas montañosas. A consecuencia de este clima el país está cubierto de selvas, que en las zonas litorales y en la parte oriental alternan con sabanas y extensos manglares.

Geog. humana y ***económica*** La población está formada por una mayoría de mestizos, aunque también hay negros, blancos y amerindios, repartidos por igual en el medio rural y urbano. El crecimiento vegetativo es todavía muy alto (2,2 % anual), a pesar de que la tasa de natalidad se está reduciendo.

Debido al accidentado relieve, la superficie dedicada al cultivo es reducida. Destacan productos como el maíz, arroz, patatas, tomates, caña de azúcar, café, tabaco, cacao y, sobre todo, plátanos. Se cría ganado bovino y porcino. Mención especial merecen las perlas, procedentes casi en su totalidad del archipiélago de Las Perlas. La industria se dedica esencialmente a la elaboración de productos agroalimentarios, sobre todo cerveza y azúcar. También tienen importancia las destilerías de alcohol y las fábricas de cemento. La mayor fuente de ingresos procede de la utilización del canal. Sus grandes facilidades fiscales han convertido a su flota mercante en la segunda del mundo.

Hist. **descubrimiento y colonización** Las costas de Panamá fueron exploradas en 1501 por Rodrigo de Bastidas. En su cuarto viaje (1502), Colón fundó la ciudad de Santa María de Belén. Santa María la Antigua de Darién fue establecida por Núñez de Balboa, que atravesó el país y en 1513 descubrió el océano Pacífico. La colonización fue iniciada por Pedrarias Dávila, que en 1519 fundó la capital, Panamá, en la costa del Pacífico. Entre 1535 y 1542 se crearon las Reales Audiencias de administración y gobierno. Panamá estuvo bajo la dependencia de varias administraciones: hasta 1565 dependió de la capitanía general de Guatemala, hasta 1718 del virreinato del Perú, y hasta 1821 del virreinato de Nueva Granada. A partir de este año se convirtió en el departamento del Istmo, unido a la Gran Colombia.

independencia y época actual En 1903 se independizó de Colombia, constituyéndose en República de Panamá, que no fue reconocida por Colombia hasta 1914. La construcción del canal de Panamá, concluida en 1914, incrementó la dependencia del país respecto de EE UU, reforzada por el tratado de 1926, que otorgó a dicha potencia la defensa de Panamá. En 1946 se proclamó la nueva Constitución y se creó la Guardia Nacional, cuyo comandante, Antonio Remón, asumió el poder de hecho y derrocó sucesivamente a cinco presidentes constitucionales. El general Omar Torrijos, jefe de la Guardia Nacional, mediante un golpe militar en 1968 instauró un régimen autoritario y personalista que impulsó ciertas reformas sociales. Para garantizar sus intereses en la zona, EE UU instaló en el canal un cuerpo permanente del ejército. En 1972 se aprobó una nueva Constitución, Torrijos fue designado jefe de gobierno y Demetrio Lakas presidente de la república. En 1978 fue elegido como presidente Arístides Royo, aunque el poder efectivo continuó en manos de Torrijos, que inició un

Panamá: el río Chagres, en la región central del país.

proceso encaminado al restablecimiento del poder civil.

A la muerte de Torrijos en un accidente de aviación (1981) le sucedió como hombre fuerte del país Rubén Darío Paredes, que dos años más tarde fue sustituido por Manuel Antonio Noriega, jefe de la Guardia Nacional. Ricardo de la Espriella, presidente de la república desde 1982, dimitió de su cargo dos años más tarde, y fue sustituido por Jorge Illueca. En las elecciones de 1984 resultó vencedor Nicolás Ardito, que dimitió al año siguiente. Para sucederle, la Asamblea Nacional designó a Eric del Valle. En las elecciones de 1989 resultó presunto vencedor el candidato de la Alianza Democrática de Oposición Guillermo Endara, pero el general Noriega, verdadero detentador del poder, falseó el resultado electoral e hizo investir presidente a su partidario Francisco Rodríguez. A finales de 1989 el general Noriega se hizo elegir coordinador de la Asamblea Nacional y anunció su nombramiento como jefe de gobierno. EE UU invadió el país a finales de 1989, acusando a Noriega, aliado suyo en otro tiempo, de implicaciones en el tráfico de drogas. Los estadounidenses establecieron en el poder a Guillermo Endara y detuvieron a Noriega en enero de 1990, que fue trasladado a EE UU para ser juzgado.

Arte De época precolombina quedan restos de cuatro grandes culturas: Darién, que muestra una cerámica tosca; Coclé, con objetos de cerámica decorados, puntas de flecha, agujas de hueso y diversas figurillas de oro; la de la región de Veraguas, con hojas de hacha en forma de campana, jarras en forma de globo y figurillas de oro fundido; y la de Chiriquí, que presenta ya una decoración bicroma. Entre las construcciones coloniales destacan las iglesias de San Francisco de la Montaña (Veraguas), de San José (David), de Natá y de Ocú. Los repetidos ataques de los piratas británicos motivaron la creación de sistemas defensivos, de los cuales es buena muestra el fuerte de San Lorenzo, de estilo barroco. En el s. XX se introdujeron las corrientes artísticas estadounidenses, hecho que se manifestó en la planificación urbana y los edificios públicos. ***Lit.*** Merecen destacarse las novelas románticas de Gil Colunge y algunos poetas como Tomás Martín Feuillet y Federico Escolar. El movimiento modernista de fines del s. XIX, favorecido por la visita de Rubén Darío a Panamá en 1892, cuenta con escritores como Darío Herrera y Ponce Aguilera. La primera generación poética panameña tuvo como guía a Ricardo Miró, seguido muy de cerca por Gaspar Octavio Hernández y María Olimpia de Obaldía. El ensayo fue cultivado por Justo Arosemena, Pablo Arosemena y Manuel Gamboa. A mediados de siglo, los conflictos sociales y económicos de los primeros pasos de la república, se reflejan en las obras de Belisario Porras, Samuel Lewis, Octavio Méndez Pereira y Ricardo Alfaro. Tras el modernismo, la vanguardia literaria irrumpió con poetas como Demetrio Korsi, Moisés Castillo y Rogelio Sinán; y narradores de la talla de Ignacio de J. Valdés, Graciela Rojas Sucre, José María Sánchez, José A. Cajar Escala y Joaquín Beleño.

Panamá C. de Panamá, cap. del país, situada en el litoral del océano Pacífico, junto a la desembocadura del canal del mismo nombre. 411.500 h. en 1990. Es un centro industrial, comercial y de servicios. Su situación estratégica la ha convertido en un núcleo financiero internacional. Cuenta con industrias de transformación textil, alimentarias, del cuero, del calzado y mecánicas. Fue fundada en 1519 y en ella se instaló una Audiencia en 1535. Los ataques de corsarios ingleses obligaron a variar su emplazamiento en 1673. Tras la apertura del canal de Panamá comenzó su etapa de mayor desarrollo. Entre sus monumentos destacan la catedral barroca (s. XVIII) y la iglesia de la Merced.

Panamá, canal de Canal de América Central, en el istmo del mismo nombre, que une los océanos Atlántico y Pacífico. 82 km de longitud. Fue abierto al tráfico en 1914 y oficialmente inaugurado en 1920. Salva los distintos desniveles mediante un sistema de esclusas: las de Miraflores, Pedro Miguel y Gatún. El canal es administrado desde su apertura por un organismo gubernamental estadounidense, dirigido por una junta de nueve miembros, de los que cinco son designados por EE UU y cuatro por Panamá. En 1977 se firmó un acuerdo por el que EE UU cederá el canal a Panamá en el año 2000.

Panamá, congreso de Asamblea panamericana convocada por Simón Bolívar y celebrada en la ciudad de Panamá en 1826, en la que participaron representantes de México, Bolivia, Gran Colombia y América Central. Trataba de establecer una confederación entre los países asistentes, pero el proyecto no progresó por las hostilidades entre los estados.

Panamá, golfo de Extenso golfo del océano Pacífico, en el istmo de Panamá. Ocupa gran parte de la costa del país homónimo.

panameño, ña *adj.* De Panamá. También *s.*

panamericanismo *s. m.* Doctrina y movimiento que defiende el fomento de relaciones y cooperación entre los países americanos. **FAM.** Panamericanista.

panamericano, na *adj.* **1.** Perteneciente o relativo al panamericanismo. ‖ **2. carretera panamericana** Red de carreteras que se extiende por el continente americano, desde EE UU a Chile, y que enlaza los distintos estados. Su construcción se inició en 1923 y aún no ha sido concluida. **3. juegos panamericanos** Conjunto de competiciones deportivas en que intervienen los países del continente americano; se iniciaron en 1951, en Buenos Aires, y se celebran cada cuatro años en una ciudad de América.

panarabismo *s. m.* Movimiento surgido a fines del s. XIX que defiende la unificación de los pueblos árabes. **FAM.** Panarabista.

panatenaico, ca *adj.* Perteneciente o relativo a las panateneas.

panateneas *s. f. pl.* Grandes fiestas cívico-religiosas atenienses en honor de Palas Atenea que, a partir del s. VIII a. C., se celebraban cada cuatro años, uno antes de los Juegos Olímpicos. El acto principal era la procesión nocturna que llevaba a la diosa hasta la Acrópolis. Las fiestas incluían competiciones deportivas, literarias, musicales y coreográficas. También *adj.* y *s. f.*

panavisión *s. f.* Técnica cinematográfica de filmación y proyección en la que se emplea una película de 65 mm y lentes especiales. Se utiliza desde 1957.

Panay Isla de Filipinas al NO de la isla de Negros. 11.515 km^2. La ciudad principal es Iloilo. Su economía se basa en los cultivos de arroz, maíz y caña de azúcar, además de tener yacimientos de cromo y cobre.

Vista de la ciudad de Panamá, a orillas del golfo homónimo.

pancarta *s. f.* Cartel grande de tela, papel u otro material, en que se pintan frases, consignas, etc., y se usa en manifestaciones, protestas o reuniones públicas.

panceta *s. f.* Tocino de cerdo con vetas de carne.

Panchatantra Libro hindú, cuyo nombre en sánscrito significa «los cinco libros». Es un conjunto de narraciones, proverbios y fábulas, mezcla de prosa y verso, con un fin didáctico. La versión más antigua data de los s. III y V. Su difusión en Occidente fue fuente de inspiración en la literatura de la Edad Media.

panchito *s. m.* Cacahuete pelado y frito.

pancho[1] *s. m.* Cría del besugo.

pancho[2] *s. m. Arg., Par., Urug.* Perrito caliente.

pancho, cha *adj.* Tranquilo, satisfecho, campante. ■ Se usa normalmente precedido del adverbio *tan.*

pancista *adj.* Se dice de la persona sin ideas propias y que adopta fácilmente las de quienes mandan para favorecerse de ello. También *s.* **FAM.** Pancismo.

panclastita *s. f.* Explosivo muy violento, derivado del ácido pícrico.

pancracio *s. m.* En la Grecia antigua, combate deportivo en el que se combinaban la lucha y el pugilato.

páncreas *s. m.* Glándula asociada al aparato digestivo, situada junto al duodeno y debajo del estómago. Segrega el jugo pancreático, que participa en la digestión intestinal de los alimentos y contiene enzimas, como la tripsina, que digiere las proteínas; la lipasa, que descompone las grasas; y la amilasa, que transforma el almidón en maltosa. Otra parte del páncreas, formada por racimos de células llamados *islotes de Langerhans,* segrega la hormona insulina.

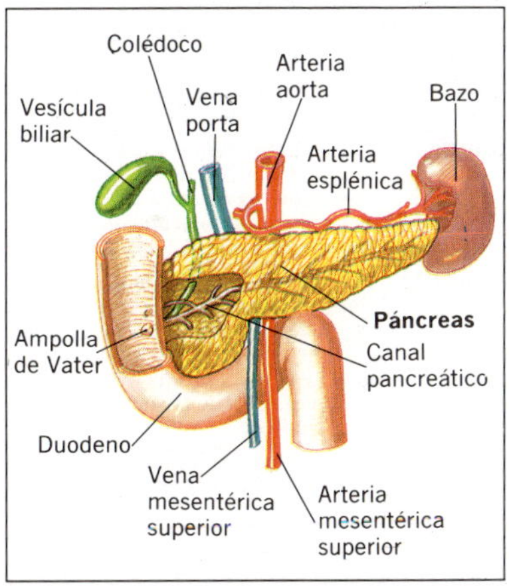

Anatomía del páncreas: el jugo pancreático circula por el canal pancreático y penetra en el duodeno, a través de la ampolla de Vater, junto a la bilis que circula por el colédoco.

pancreático, ca *adj.* Perteneciente o relativo al páncreas.

pancreatina *s. f.* Extracto del jugo pancreático de los animales que contiene las principales enzimas del páncreas y se obtiene por desecación y extracción alcohólica de esta glándula.

pancreatitis *s. f.* Inflamación aguda o crónica del páncreas.

pancromático, ca *adj.* Se dice de las placas o películas de sensibilidad aproximadamente igual para todos los colores.

panda[1] (del ant. *panda,* fullería hecha curvando los naipes, de *pando,* curvado) *s. f.* **1.** *fam.* Pandilla*. **2.** *desp.* Grupo de personas.

panda[2] *s. m.* Mamífero carnívoro de la familia prociónidos, con dos especies, el panda gigante *(Ailuropoda melanoleuca)* y el panda menor *(Ailurus fulgens).* El panda gigante tiene aspecto de oso, con el hocico más corto, mide 140 cm de longitud aproximadamente y tiene el pelaje de color blanco y negro. Habita en las montañas de Tíbet y S de China. El panda menor mide unos 60 cm de longitud, tiene una larga cola y su pelaje es castaño rojizo. Habita en los bosques de bambú al S del Himalaya. Ambas especies son prácticamente vegetarianas.

Panda gigante (Ailuropoda melanoleuca) *y panda menor* (Ailurus fulgens).

pandear *v. intr.* Curvarse una superficie, generalmente por la parte central. Se usa más como *v. prnl.* **FAM.** Pandeo.

pandectas *s. f. pl.* **1.** Recopilación de varias obras, particularmente la que realizó el emperador Justiniano del derecho civil romano. **2.** Código del mismo emperador.

pandemia *s. f.* Epidemia extendida a varias regiones o países o que ataca a casi todas las personas de un país. **FAM.** Pandémico.

pandemónium *s. m.* Griterío, confusión, agitación, etc., o lugar donde lo hay.

pandereta *s. f.* Pandero pequeño con sonajas o cascabeles.

panderete *s. m.* Tabique delgado de ladrillos puestos de canto o de otros materiales.

pandero *s. m.* **1.** Instrumento rústico de percusión que consiste en un aro de madera o plástico con sonajas, cubierto con una piel fina, lisa y estirada, que produce ruido al golpear o hacer resbalar los dedos sobre ella. **2.** *fam.* Culo.

pandilla *s. f.* Grupo habitual de amigos, generalmente adolescentes, en el que surgen vínculos recíprocos y una cierta normativa de comportamiento. En medios urbanos estas tendencias se acentúan, llegando a producir reacciones de hostilidad hacia el resto de la sociedad y problemas de orden público.

pandillaje *s. m.* Influencia y actividad de una pandilla en un lugar determinado.

pandit *s. m.* En la India, título honorífico que se da a los brahmanes eruditos.

pando, da *adj.* **1.** Que pandea o se pandea. **2.** Se dice de lo que se mueve lentamente. **3.** Poco profundo o con poco fondo. ‖ *s. m.* **4.** Terreno casi llano situado entre montañas.

Pando Departamento de Bolivia, situado en el N del país, junto a las fronteras brasileña y peruana. 63.827 km^2. 59.000 h. en 1990. La capital es Cobija, con 5.000 h. en 1986. Ocupa un territorio amazónico, regado por el río Madre de Dios, casi despoblado, en el que se practica la agricultura de nuez de Brasil, yuca, cacahuete, arroz, cacao y bananas.

Pando, José Manuel (La Paz 1848 - íd. 1917) Militar y político boliviano. En 1898 acaudilló con éxito la revuelta federal y fue nombrado presidente (1899-1904) por la Convención Nacional. Durante su mandato se firmó el tratado de Petrópolis, que puso fin a los problemas fronterizos con Brasil. Fundó el Partido Republicano en 1915. Murió asesinado.

Pandora Personaje mitológico griego. Fue la primera mujer creada por los dioses, que le otorgaron toda clase de cualidades. En un arrebato de curiosidad, abrió una misteriosa caja que le había sido entregada por Zeus. De ella salieron todos los bienes, que según el mito, ascendieron al Cielo, y todos los males, entre los que se incluía la muerte, que se esparcieron por la Tierra.

panecillo *s. m. dim.* de **pan**. Pieza pequeña de pan.

Panecio (Rodas h. 180 - Atenas h. 110 a. C.) Filósofo griego. Fue uno de los representantes más significativos del estoicismo. Contribuyó a la difusión de este pensamiento por el imperio romano gracias a sus relaciones con importantes figuras de la aristocracia e intelectualidad de Roma.

panegírico, ca *adj.* **1.** Se dice del discurso, escrito, poema, etc., que se hace en alabanza de una persona. También *s. m.* ‖ *s. m.* **2.** Elogio de una persona.

panegirista *adj.* Se dice de la persona que pronuncia o escribe un panegírico. También *s.*

panel[1] (del lat. *panellus*, paño) *s. m.* **1.** Cada una de las partes lisas, generalmente de forma cuadrada o rectangular, en que se divide una superficie; suele estar bordeada por molduras. **2.** Plancha prefabricada que se utiliza para dividir un espacio. **3.** Tablero en que figura información, propaganda, etc. **4.** Cada una de las tablas movibles que forman el suelo de algunas embarcaciones. **5.** Tablero aislante donde se encuentran los aparatos indicadores o los mandos de un sistema eléctrico, un vehículo, etc. ‖ **6. panel acústico** Tablero usado en salas de grabación o reproducción del sonido para mejorar la calidad de éste. **7. panel de conexiones** Tablero al que se hacen llegar los terminales de diferentes circuitos con el fin de realizar conexiones. **8. panel solar** Dispositivo formado por células fotovoltaicas capaz de absorber y almacenar la energía del sol y convertirla en energía eléctrica para obtener agua caliente, calefacción y otros usos domésticos.

panel[2] (voz ingl.) *s. m.* **1.** Conjunto de personas que intervienen en una discusión o debate público sobre un tema previamente propuesto. **2.** *Cuba, P. Rico.* Conjunto de personas que forman el jurado en un concurso.

panenteísmo *s. m.* Doctrina filosófica que considera que entre Dios y el mundo existe una relación de comunidad y reciprocidad que, aunque sea esencial, no lleva a la identificación de un término con el otro. Se opone tanto al panteísmo como al teísmo.

panero, ra *adj.* **1.** Se dice de la persona que come mucho pan o a la que gusta mucho este alimento. ‖ *s. m.* **2.** Cesto grande en que se va echando el pan que se saca del horno. ‖ *s. f.* **3.** Especie de caja, generalmente con una tapa curvada corrediza, que se utiliza para guardar el pan en las casas. **4.** Cestillo sin asas en que se coloca el pan cortado para ponerlo en la mesa en las comidas. **5.** Cesta grande que se utiliza para transportar pan. **6.** Lugar en que se guarda el pan, la harina o los cereales.

Panero, Leopoldo (Astorga, León 1909 - íd. 1962) Poeta español. Perteneció al llamado *grupo del 35*, de ideología católica tradicional. Su estilo busca la sencillez, que logra gracias a una cuidadísima elaboración. En su poesía refleja el vivir mismo, en el que todo tiene su cabida. Su libro fundamental es *Escrito a cada instante* (1949). También escribió *Canto personal* (1953), réplica de *Canto general*, de Pablo Neruda.

Panero, Leopoldo María (Madrid 1948) Poeta español. Hijo del anterior, ha cultivado una poesía en la que destaca su carácter transgresor y de rechazo a lo establecido. Es autor de *haikus* de gran belleza formal y temática alucinada. Entre sus libros destacan *Así se fundó Carnaby Street* (1970), *Dioscuros* (1982) y *Poemas del manicomio de Mondragón* (1987).

paneslavismo *s. m.* Doctrina política que defiende la unidad de los pueblos eslavos. Surgido en la primera mitad del s. XIX, se sustentó en el sentimiento de herencia histórica y cultural común a todos los pueblos eslavos. Alcanzó su mayor relevancia en el periodo que siguió a la liberación del SE europeo del dominio otomano y decayó a fines del s. XIX, aunque luego experimentó un efímero renacimiento entre 1908 y 1910 en las naciones eslavas sometidas al poder de los imperios centrales. **FAM.** Paneslavista.

paneuropeísmo *s. m.* Doctrina que propugna la unidad económica, política y cultural entre los países de Europa, al tiempo que defiende la creación de una entidad única en la que se integren. **FAM.** Paneuropeísta.

pánfilo, la *adj.* **1.** Torpe, bobo. También *s.* **2.** Lento, calmoso. También *s.*

panfletario, ria *adj.* De estilo semejante al de los panfletos. También *s.*

panfleto *s. m.* **1.** Folleto o papel de propaganda política. **2.** Discurso o escrito de estilo propagandístico y agresivo. **FAM.** Panfletista.

pange lingua *loc. lat.* Significa 'canta, lengua' y es el nombre del himno de la liturgia católica que empieza con estas palabras y se canta en honor y alabanza del Santísimo Sacramento.

Pangea Nombre dado por el geólogo alemán Alfred Wegener a la hipotética masa continental unida, del periodo carbonífero, de cuya fragmentación, tras un proceso de deriva, se habrían formado los actuales continentes.

pangénesis *s. f.* Teoría genética desarrollada por Darwin (1868) según la cual en cada célula del organismo existe una partícula que transmite sus caracteres hereditarios a su descendencia.

pangermanismo *s. m.* Movimiento y doctrina que defienden la unión política, cultural y social de los pueblos germánicos para conseguir su predominio. Surgido como reacción antinapoleónica a principios del s. XIX, el pangermanismo exaltó en escritos filosóficos el destino de Alemania y derivó hacia un programa político que defendía la creación de una Europa central bajo dominio alemán. En la segunda mitad del siglo adoptó un carácter racista, basado en la convicción de la superioridad germana y de su destino universal. Esta tendencia fomentó en el s. XX el militarismo y el expansionismo alemanes y contribuyó al estallido de las dos guerras mundiales. **FAM.** Pangermanista.

pangolín *s. m.* Nombre común de diversos mamíferos folidotos de la familia mánidos, género *Manis.* Su tamaño oscila entre los 75 cm del pangolín arbóreo *(Manis tricuspis)* y los 150 cm del pangolín gigante *(Manis gigantea).* Tienen la parte dorsal y lateral de las patas cubiertas de escamas imbricadas como tejas. El hocico es alargado y en su interior lleva una vaina donde se encierra la lengua, que es larga y retráctil y muy eficaz en la captura de insectos. Sus extremidades tienen uñas fuertes excavadoras. De costumbres nocturnas, algunos viven en los árboles. Habitan en África y Asia.

Pangolín gigante (Manis gigantea).

Panhard, René (París 1841 - La Bourboule 1908) Ingeniero francés. En 1886 fabricó, en unión de Émile Levassor, el primer automóvil con motor delantero de combustión interna, dotado de embrague y transmisión a las ruedas traseras.

panhelenias *s. f. pl.* En la Grecia antigua, fiestas celebradas en honor de Zeus; fueron establecidas en Atenas por el emperador Adriano para fomentar el espíritu nacional griego.

panhelenismo *s. m.* Doctrina política que defiende la unificación de todos los pueblos griegos. **FAM.** Panhelénico.

Pani, Mario (México 1911) Arquitecto mexicano. Es autor, junto con Enrique del Moral y otros, de la Ciudad Universitaria de México. Otras obras suyas destacadas en la capital son el Conservatorio Nacional de Música (1948) y la embajada de EE UU (1955).

paniaguado, da *adj.* Se dice de la persona protegida o favorecida por otra. También *s.*

pánico *s. m.* Miedo muy grande, especialmente el de una colectividad.

panícula *s. f.* Conjunto de ramas, flores o frutos que nacen de un mismo eje y se disponen en forma piramidal. **FAM.** Paniculado.

panículo *s. m.* Capa de tejido adiposo situada dentro de la piel de los vertebrados.

paniego, ga *adj.* **1.** Se dice del terreno sembrado de trigo. **2.** Se dice de la persona que come mucho pan. También *s.*

panificadora *s. f.* Establecimiento industrial en el que se elabora el pan.

panificar *v. tr.* **1.** Elaborar pan. **2.** Preparar un terreno para sembrar en él cereales. ■ Se conjuga como *sacar.* **FAM.** Panificable, panificación.

panislamismo *s. m.* Doctrina y movimiento político y religioso que defiende la unidad de todos los pueblos islámicos. **FAM.** Panislamista.

panizo *s. m.* **1.** Planta herbácea de la familia gramíneas, especie *Setaria italica.* De la raíz salen varios tallos redondos, aproximadamente de un metro de altura, con hojas planas, largas y estrechas, y flores en panojas grandes. Su semilla se utiliza para la alimentación humana y animal. Es originaria de Asia. **2.** Semilla de esta planta.

Pankhurst, Emmeline Goulden (Manchester 1858 - Londres 1928) Política británica. En 1903, junto con sus hijas Christabel y Sylvia, fundó la Unión Femenina Social y Política. Su actividad se centró en la reivindicación del derecho femenino al voto. Fue varias veces detenida tras los atentados feministas de 1913. En 1925 fue candidata conservadora.

Pankow Distrito del antiguo Berlín oriental, donde se encontraba la sede del gobierno de la República Democrática Alemana.

panlogismo *s. m.* Doctrina filosófica según la cual lo real es completamente inteligible al estar penetrado por la razón. Sostiene que todo lo real es racional y todo lo racional es real.

Panmunjon Población de Corea situada al SE de Kaesong, en la frontera entre las dos repúblicas, donde se firmó el armisticio entre las delegaciones de las fuerzas chino-norcoreanas y de la ONU que puso fin a la guerra de Corea (1953), estableciendo el paralelo 38 como frontera. Desde entonces es sede de la comisión de control.

Pannini (o **Panini**), **Giovanni Paolo** (Piacenza h. 1691 - Roma 1765) Pintor italiano. En 1711 se estableció en Roma, donde se especializó en decorar con frescos villas y palacios. Pero debe su fama a la pintura de vistas romanas con ruinas. Entre sus obras destacan *Predicación entre ruinas, Galería de vistas de la Roma antigua* y *Personajes bajo un arco, con el mar al fondo.*

panocha *s. f.* **1.** Conjunto o espiga de granos de maíz, mijo o panizo, muy juntos entre sí, formando una especie de cono. **2.** Panícula*.

panocho, cha *adj.* **1.** De la huerta de Murcia. También *s.* ‖ *s. m.* **2.** Dialecto hablado en la huerta murciana.

Panofsky, Erwin (Hannover 1892 - Princeton 1968) Teórico e historiador del arte alemán. Abandonó Alemania en 1933, tras la llegada de los nazis al poder, y se refugió en EE UU. Abrió nuevas vías a la historiografía del arte con escritos como *Estudios de iconografía* (1939), *Alberto Durero* (1943), *Arquitectura gótica y escolasticismo* (1951) y *Renacimiento y renacimientos en el arte occidental* (1960).

panoja *s. f.* Panocha*.

panoli *adj. fam.* Pánfilo, bobo, de poco carácter o decisión. También *s.*

Panonia Antigua región de Europa, limitada por Dalmacia, el Danubio y el Nórico. Habitada por dacios, ilirios, germanos y celtas, fue conquistada para Roma por Octavio Augusto (h. 34 a. C.) y Tiberio (h. 10 a. C.). Por su situación, tuvo un importante carácter militar. Ocupada por distintos pueblos bárbaros (s. V-VI), Carlomagno la anexionó al imperio (s. IX); formó parte del reino de Moravia y, por último, cayó en poder de los húngaros (s. X).

Panónica Llanura centroeuropea que se extiende entre los Alpes orientales y los Dináricos al O y S, y los Cárpatos al N y E. 180.000 km^2. Se corresponde con el curso medio del río Danubio y es una cuenca de hundimiento.

panoplia *s. f.* **1.** Armadura de guerrero completa. **2.** Colección de armas. **3.** Tabla, generalmente en forma de escudo, en la que se colocan distintas armas. **4.** Parte de la arqueología que se ocupa del estudio de las armas y armaduras antiguas.

panóptico, ca *adj.* Se dice del edificio o construcción cuyo interior puede verse completamente desde un punto. También *s. m.*

panorama *s. m.* **1.** Vista de una amplia zona de terreno. **2.** Aspecto o visión general de un tema, asunto, situación, etc. **3.** Pintura realizada en el interior de una superficie cilíndrica, que puede ser contemplada desde dentro.

panorámico, ca *adj.* **1.** Perteneciente o relativo al panorama. También *s. f.* **2.** Se aplica a la pantalla cinematográfica de forma alargada y curvada hacia atrás. ‖ *s. f.* **3.** En cinematografía, toma realizada con la cámara que gira sobre su eje, manteniendo fija su base, en sentido horizontal, vertical o en vaivén.

panormitano, na *adj.* De Palermo. También *s.*

panqueque *s. m. amer.* Torta delgada de harina, leche y huevo, rellena con ingredientes dulces o salados.

pantagruélico, ca *adj.* Se dice de las comidas muy abundantes, por alusión al gigante Pantagruel, personaje de Rabelais.

pantalán *s. m.* Embarcadero para barcos pequeños que se adentra algo en el mar.

pantalla *s. f.* **1.** Superficie de color claro para proyectar sobre ella películas, diapositivas, etc., o parte de un televisor, ordenador o aparato similar en la que se ve la imagen. **2.** Lámina de distintos tamaños y formas que, colocada generalmente alrededor del foco luminoso, se utiliza para mitigar la luz o para orientarla en una determinada dirección. **3.** Plancha metálica que se pone delante de la lumbre para protegerse del calor directo. **4.** Mampara para filtrar o dirigir diversos tipos de radiaciones u ondas. **5.** Persona o cosa que se pone delante de otra y le hace sombra, la protege, oculta o le impide el paso. **6.** Persona o cosa que atrae sobre ella la atención, desviándola de otra cosa o de algo que está ocurriendo. **7.** *Amér. del S., C. Rica.* Paipay, abanico. ‖ **8. la pequeña pantalla** Televisor o televisión. **9. pantalla acústica** Aquella que sirve para dirigir el sonido o aislar una zona de él. **10. pantalla magnética** En electricidad, aquella capaz de reducir o anular la influencia de un campo magnético.

pantalón *s. m.* **1.** Prenda de vestir que se ajusta a la cintura y cubre cada una de las piernas por separado. ■ Se usa también la forma plural con el significado de singular. ‖ **2. pantalón abotinado** Aquel que se estrecha en la parte inferior de la pierna para poder ser introducido en el calzado. ‖ **LOC. bajarse** alguien **los pantalones** *fam.* Verse obligado a ceder en algo indigno. **llevar** alguien **los pantalones** *fam.* Mandar, generalmente en una familia.

pantalonero, ra *s. m.* y *f.* Persona que confecciona pantalones.

pantanal *s. m.* Lugar pantanoso.

pantano *s. m.* **1.** Terreno cubierto de barro y agua estancada con poca profundidad. **2.** Embalse*.

pantanoso, sa *adj.* **1.** Se dice del lugar en que hay pantanos o charcos y barro. **2.** Se aplica al asunto, situación, etc., difícil, espinoso.

panteísmo *s. m.* Doctrina filosófica según la cual todo cuanto existe se identifica con Dios y Dios es, por tanto, inmanente al mundo. Entre los pensadores modernos eminentemente panteístas destaca Baruch de Spinoza. **FAM.** Panteísta, panteístico.

panteón *s. m.* **1.** Templo romano antiguo dedicado a todos los dioses. **2.** Tumba grande para el enterramiento de varias personas. **3.** *And., amer.* Cementerio.

pantera *s. f.* **1.** Leopardo*. **2.** *amer.* Jaguar*.

Panteras Negras (en ingl. *Black panthers*) Organización política de los negros de EE UU, fundada en Oakland (California) por Huey P. Newton y Bobby Seale (1966). Se opone a la integración y reivindica los derechos de la minoría negra y su autonomía cultural y política, según la doctrina de Malcolm X. Sus miembros utilizaron al principio la violencia como táctica y fueron duramente reprimidos durante el primer mandato de Nixon (1969-73). Entre sus dirigentes han destacado Eldridge Cleaver y Stockely Carmichael.

panti *s. m.* Panty*.

panto- *pref.* Véase **pan-**.

pantocrátor *s. m.* Representación de Cristo, sentado en un trono y en actitud de bendecir, en el centro de la mandorla o almendra mística, rodeado de los símbolos de los cuatro evangelistas. Forma característica del arte bizantino y románico, aparece principalmente en los tímpanos de sus iglesias.

Pantocrátor de San Clemente de Tahull (Museo de Arte de Cataluña, Barcelona).

pantógrafo *s. m.* **1.** Instrumento consistente en cuatro varillas que forman un paralelogramo articulado y que sirve para copiar, ampliar o reducir un dibujo. Uno de sus lados se fija a una mesa, en otro se coloca una aguja para seguir el dibujo original y en un tercer lado se pone un lápiz que realiza la copia en el tamaño deseado, según como se disponga el paralelogramo. **2.** En electricidad, aparato empleado para la toma de corriente en vehículos eléctricos como los tranvías.

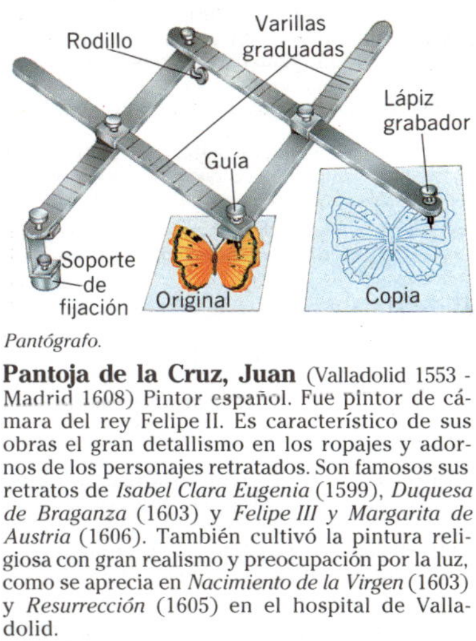

Pantógrafo.

Pantoja de la Cruz, Juan (Valladolid 1553 - Madrid 1608) Pintor español. Fue pintor de cámara del rey Felipe II. Es característico de sus obras el gran detallismo en los ropajes y adornos de los personajes retratados. Son famosos sus retratos de *Isabel Clara Eugenia* (1599), *Duquesa de Braganza* (1603) y *Felipe III y Margarita de Austria* (1606). También cultivó la pintura religiosa con gran realismo y preocupación por la luz, como se aprecia en *Nacimiento de la Virgen* (1603) y *Resurrección* (1605) en el hospital de Valladolid.

pantómetro, tra *s. m.* y *f.* **1.** Especie de compás cuyos brazos están marcados con diferentes escalas y se emplea para la resolución de algunos problemas de matemáticas. **2.** Aparato utilizado en topografía, compuesto de varios cilindros graduados en el borde, que sirve para medir ángulos horizontales.

pantomima *s. f.* **1.** Mimo*, género teatral. **2.** Acción o acciones que intentan simular algo. **FAM.** Pantomímico.

pantoque *s. m.* Parte casi plana del casco de una embarcación, que forma el fondo junto a la quilla.

pantorrilla *s. f.* Parte carnosa de la pierna por debajo de la rodilla.

pantoténico, ácido Una de las vitaminas del grupo B.

pantufla *s. f.* Zapatilla de casa sin talón. Se usa más en *pl.*

panty *s. m.* Media fina de seda o nailon, usada por las mujeres, que cubre las piernas y llega hasta la cintura. Se usa más en *pl.*: *pantis.*

panza *s. f.* **1.** *fam.* Vientre de las personas y animales, especialmente cuando es voluminoso. **2.** Parte abultada de algunas cosas, como vasijas, aviones, etc. **3.** Primera de las cuatro cavidades en que se divide el estómago de los rumiantes; almacena los alimentos ingeridos sin masticar, que después serán devueltos a la boca para rumiarlos.

panzada *s. f.* **1.** Golpe dado con la panza o en ella. **2.** *fam.* Exceso en la realización de alguna actividad. **3.** *fam.* Comilona.

panzudo, da *adj.* Que tiene mucha panza. También *s.*

pañal *s. m.* **1.** Pieza casi cuadrada de tela, gasa o material absorbente que se pone a los niños pequeños a modo de braga. Se usa mucho en *pl.* ‖ *pl.* **2.** Conjunto de las ropas de un niño recién nacido. ‖ **Loc. en pañales** En un estado muy poco avanzado.

pañería *s. f.* **1.** Tienda de tejidos. **2.** Industria dedicada a la fabricación de tejidos. **3.** Conjunto de telas o tejidos, especialmente de lana.

pañero, ra *adj.* **1.** Perteneciente o relativo a los paños. ‖ *s. m.* y *f.* **2.** Persona que vende paños.

pañete *s. m.* Paño delgado y generalmente de inferior calidad que el normal.

pañito *s. m.* **1.** *dim.* de **paño**. **2.** Pieza de tela o tejido que se pone como adorno encima de una mesa, en los brazos de un sillón, etc.

paño *s. m.* **1.** Tejido de lana muy compacto. **2.** Trozo de tejido cuadrado o rectangular, como el empleado para limpiar o secar o el que se pone encima de las mesas, en los brazos de los sillones, etc. **3.** Cada uno de los trozos de tela que se unen para completar el ancho necesario de una prenda. **4.** Trozo continuo de muro o pared. **5.** Plancha de madera que forma parte de la estructura de un mueble, una estantería, etc. **6.** Tapiz o colgadura que se pone en la pared. **7.** Mancha oscura en la piel. **8.** Mancha o suciedad que disminuye la transparencia o brillo de un cristal. **9.** Velas de un barco desplegadas. ‖ *pl.* **10.** Vestidura, ropaje. ‖ **11. paño de lágrimas** Persona que escucha las penas de otra y la consuela y ayuda. **12. paños calientes** *fam.* Palabras o acciones con que se pretende suavizar una situación, noticia, etc. ‖ **Loc. conocer** alguien **el paño** Saber cómo es cierta persona o cosa. **en paños menores** *adv.* Casi desnudo o en ropa interior.

pañol *s. m.* Compartimiento de un barco que sirve para guardar alimentos, herramientas, municiones, etc.

pañoleta *s. f.* **1.** Prenda de tela de forma triangular y generalmente con flecos que se ponen las mujeres sobre los hombros. **2.** Pañuelo de forma triangular que se atan algunas mujeres a la cabeza; se usa sobre todo con algunos trajes regionales. **3.** Corbata estrecha que usan los toreros con el traje de luces.

pañuelo *s. m.* **1.** Pieza de tela fina de forma cuadrangular que se usa para sonarse la nariz, limpiarse las lágrimas, el sudor, etc. **2.** Pieza de tela semejante a la anterior, pero de mayor tamaño, que se utiliza para ponérsela al cuello, atada a la cabeza, etc.

Paolozzi, Eduardo (Leith, Edimburgo 1924) Escultor y grabador británico. Influido por el dadaísmo, contribuyó al desarrollo del *pop-art* británico. Su obra es una reacción contra el academicismo. Compone figuras antropomorfas, semejantes a robots, formadas con ruedas y piezas de viejas máquinas. Algunas de sus obras más destacadas son *Dios japonés de la guerra*, *Su majestad la Rueda* y *Hombre-Mono.*

papa[1] (del lat. *papas*, y éste del gr. *pappas*) *s. m.* Autoridad máxima de la Iglesia católica, obispo de Roma y jefe del Estado de la Ciudad del Vaticano; se le considera sucesor de San Pedro, representante de Jesucristo en la tierra e infalible cuando habla *ex cathedra.* Los papas fueron elegidos durante siglos por el clero y los fieles; después la elección fue realizada por el clero y, a partir del s. XIII, por el cónclave de cardenales. En 1975, Pablo VI excluyó del cónclave a los cardenales mayores de 80 años.

papa[2] (voz quechua) *s. f.* Patata*.

papa[3] (del lat. *pappa*, comida) *s. f.* Papilla de leche y harina, generalmente para niños. Se usa mucho en *pl.* ‖ **Loc. no entender** (o **ver**) **ni papa** *fam.* No comprender o no ver nada.

papá *s. m.* **1.** *fam.* Padre. ▪ A veces se dice también *papa.* ‖ *pl.* **2.** *fam.* El padre y la madre.

Papá Noel Personaje legendario que, según las creencias infantiles, reparte juguetes la noche de Navidad. Se le suele identificar con San Nicolás de Bari y Santa Claus.

papable *adj.* Se dice del cardenal de la Iglesia católica que tiene posibilidades de ser elegido papa.

papachar *v. tr. Méx.* Acariciar.

papacho *s. m. Méx.* Caricia.

papada *s. f.* **1.** Abultamiento que se forma debajo de la barbilla. **2.** Papadilla*.

papadilla *s. f.* Pliegue de piel que sobresale del cuello de algunos animales, como el toro o la vaca.

papado *s. m.* Dignidad de papa, institución que él encabeza y tiempo que dura su mandato.

Papadopoulos, Georgios (Eleochorion, Acaya 1919) Militar y político griego. Fue el dirigente del llamado *golpe de los coroneles*, que se hizo con el poder en 1967. Primer ministro desde entonces, gobernó de forma dictatorial. En 1973 expulsó al rey Constantino e instauró una república, de la que se convirtió en presidente. En 1974 fue depuesto por un nuevo golpe de Estado, que devolvió a Grecia la democracia.

papafigo *s. m.* Oropéndola*.

papagayo *s. m.* **1.** Nombre común de diversas aves psitaciformes de la familia psitácidos, géneros *Psittacus, Amazona* y otros. El papagayo común o loro gris *(Psittacus erithacus)* mide unos 30 cm de longitud y tiene el plumaje gris, excepto la cola, que es roja; habita en África central. El papagayo del Amazonas *(Amazona aestiva)* es algo mayor, tiene el plumaje de colores vistosos, en los que predomina el verde, y habita en la región amazónica. Es popular por su capacidad de imitar el habla humana. **2.** Persona que habla mucho. **3.** Pez perciforme de la familia serránidos, especie *Callanthias ruber.* Mide unos 27 cm de longitud, tiene la boca protráctil y escamas de color amarillento. Habita en los fondos rocosos del Mediterráneo y del Atlántico. **4.** Planta herbácea de la familia amarantáceas, especie *Amaranthus tricolor.* Tiene hojas alargadas de color verde, amarillo y rojo. Es originaria de China, pero se cultiva en todo el mundo para uso ornamental. **5.** Víbora muy venenosa, de color verdoso, que vive en los árboles de las selvas del Ecuador. ‖ **Loc. como un papagayo** Con verbos como *decir, estudiar, aprender*, etc., repitiendo algo de memoria y sin entenderlo.

Papagayo gris (Psittacus erithacus).

Papagos, Alexandros (Atenas 1883 - íd. 1955) Militar y político griego. Como jefe del Estado mayor del ejército, luchó contra la invasión italiana (1940) y dirigió la resistencia contra los alemanes. Terminada la contienda, fue nombrado comandante en jefe de las fuerzas armadas griegas. Fundador del partido de la Unión Griega e impulsor de la restauración monárquica, fue jefe de gobierno (1952-55).

papahígo *s. m.* Papafigo, oropéndola*.

papaína *s. f.* Enzima que se encuentra en el fruto y hojas del papayo. Es un polvo blanco, que se prepara comercialmente a partir del látex del papayo y se usa para facilitar la digestión, desinfectar heridas y, también, para clarificar bebidas y como vermicida.

papal *adj.* Perteneciente o relativo al papa.

papalina *s. f.* **1.** Gorro con dos prolongaciones para cubrir las orejas. **2.** Cofia de tela fina empleada antiguamente por las mujeres para dormir o antes de arreglarse.

papamoscas *s. m.* **1.** Nombre común de diversas aves paseriformes de la familia muscicápidos, géneros *Ficedula* y *Muscicapa.* Miden entre 10 y 15 cm de longitud. Habitan en bosques y parques y se alimentan de insectos, sobre todo dípteros, de donde procede su nombre. La especie más común, el papamoscas gris *(Muscicapa striata)*, mide unos 13 cm, tiene el plumaje gris pardusco con el pecho listado y habita en Eurasia y N de África. **2.** *fam.* Papanatas*.

papanatas *s. m.* y *f. fam.* Persona simple que se lo cree todo o se asombra por cualquier cosa. **Fam.** Papanatismo.

Papandreu, Andreas (Quíos 1919) Político griego. En el exilio después del golpe «de los coroneles» fundó en 1968 el Movimiento Panhelénico de Liberación (PAK), del que en 1974 surgió el Partido Socialista Panhelénico (PASOK). Nombrado primer ministro en 1981 tras la victoria electoral del PASOK, defendió una política neutralista, pero mantuvo a su país en la OTAN y renovó el tratado que permite la existencia de bases estadounidenses sobre su territorio. En las elecciones de 1989 fue derrotado por los conservadores. Envuelto en el escándalo Koskotas, resultó absuelto en el juicio (1992).

Papandreu, Georgios (Kalentai 1888 - Atenas 1968) Político griego. Padre del anterior, fundó el Partido Socialdemócrata (1935). Tomó parte en la resistencia antinazi durante la Segunda Guerra Mundial y fue presidente del gobierno en el exilio (1944-45). Jefe del Partido Liberal (1954), fundó el Partido Liberal Democrático (1959) y la Unión de Centro (1961). Triunfó en las elecciones de 1963 y ocupó el cargo de primer ministro, del que dimitió en 1965 por discrepancias con el rey Constantino. Después del golpe de Estado de los coroneles (1967) fue detenido y confinado en su domicilio hasta su muerte.

Papanicolau, George Nicolaus (Kyma 1883 - ? 1962) Médico e investigador griego, nacionalizado estadounidense. Se dedicó a la endocrinología y estudió la citología cancerosa. La prueba citológica que lleva su nombre se usa en el diagnóstico del cáncer de útero.

papar *v. tr.* **1.** Comer cosas blandas sin masticarlas. **2.** Comer mucho. También *v. prnl.* ‖ **Loc. papar moscas** Véase **mosca**.

paparrucha o **paparruchada** *s. f.* **1.** *fam.* Cosa o dicho sin sentido o sin fundamento. **2.** Cosa mal hecha.

papaveráceas *s. f. pl.* Familia de plantas herbáceas a la que pertenecen unas 250 especies comprendidas en 26 géneros, entre los que destacan *Papaver, Meconopsis, Glaucium, Argemone, Eschscholyzia* y *Bocconia.* Tienen las hojas alternas y esparcidas, flores grandes y conspicuas, solitarias o en inflorescencias racemosas o cimosas y fruto en cápsula. Las más importantes son del género *Papaver*, como la amapola *(Papaver rhoeas)* o la adormidera *(Papaver somniferum)*, de cuyo fruto se sintetiza un poderoso alcaloide, la morfina. También *adj.* y *s. f.*

papaverina *s. f.* $C_{20}H_{21}NO_4$. Alcaloide cristalino contenido en el opio. Se utiliza en medicina para combatir los espasmos musculares y como vasodilatador.

papaya *s. f.* Fruto comestible y dulce del papayo, cuyo interior es carnoso, semejante al del melón, con semillas en el centro.

papayo *s. m.* Árbol de la familia caricáceas, especie *Carica papaya.* Su tronco es recto y mide unos 8 m de altura. De su copa surgen las ramas con hojas grandes y lobuladas y los frutos, llamados *papayas*, que se usan en alimentación. Es un árbol tropical, originario de Colombia.

papear *v. tr. fam.* Comer. También *v. intr.*

papel *s. m.* **1.** Lámina delgada hecha con fibra de madera u otros materiales molidos, que se mezcla con agua y se seca y endurece después; se utiliza para escribir, envolver, dibujar y otros usos. **2.** Trozo u hoja de ese material. **3.** Certificado, instancia, documento. Se usa más en *pl.* **4.** Billete de banco o documento que representa

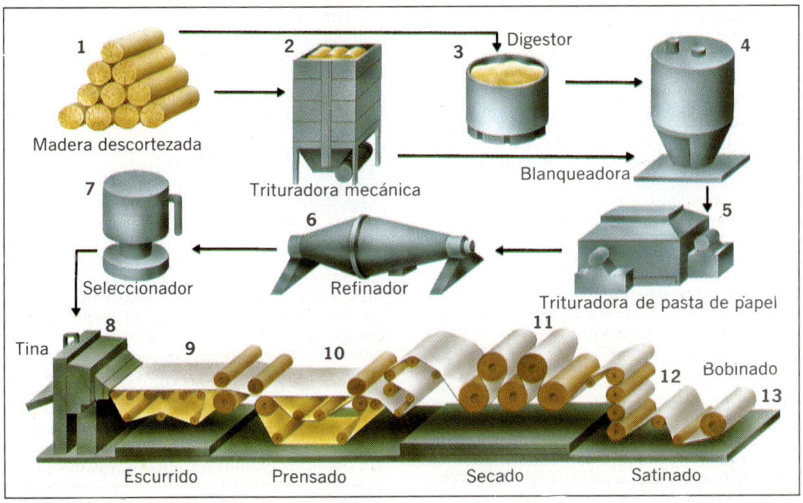

Proceso de fabricación del papel: la madera descortezada (1) es tratada, parte por trituración mecánica (2), parte por métodos químicos en el digestor (3); la pasta resultante es blanqueada (4), triturada (5), refinada (6) y finalmente tamizada en el seleccionador (7); pasa a la tina (8), desde donde se vierte a una cadena de rodillos, donde es escurrida (9), prensada hasta el grosor requerido (10), secada (11), satinada (12) y, finalmente, bobinada (13).

un valor en dinero, como una letra de cambio o pagaré. **5.** Conjunto de valores que se compran y venden en bolsa. **6.** Personaje y texto que corresponde a un actor en una obra teatral, película, etc. **7.** Función que desempeña alguien en un lugar, situación, trabajo, etc. ‖ **8. papel barba** Aquel con los bordes sin cortar, fuerte y satinado. **9. papel biblia** El muy fino, pero resistente, que se emplea en libros de muchas páginas. **10. papel carbón** Papel de calco. **11. papel cebolla** El que es fino y casi transparente, que se emplea para calcar en él un dibujo. **12. papel celo** Véase **celo**. **13. papel celofán** Véase **celofán**. **14. papel charol** El brillante, fino y generalmente de colores. **15. papel couché** (o **cuché**) Véase **cuché**. **16. papel de aluminio** El que está hecho con este metal y se utiliza para fabricar condensadores eléctricos o conservar alimentos. **17. papel de calcar** (o **de calco**) El que está entintado por una cara y se utiliza para calcar algo en otra hoja. **18. papel de estaño** Lámina fina de este material que se emplea para envolver alimentos, en aparatos eléctricos, etc. **19. papel de estraza** Aquel que está sin blanquear, muy basto, de color marrón amarillento o gris. **20. papel de fumar** El que se emplea para liar los cigarrillos; también, cosa excesivamente fina o frágil. **21. papel de lija** Véase **lija**. **22. papel de pagos** El que representa un valor determinado que figura en él y sustituye al dinero en los pagos al Estado. **23. papel de plata** El de aluminio o estaño. **24. papel de seda** Aquel que es muy fino, flexible y casi transparente. **25. papel del Estado** Aquel en que el Estado reconoce haber recibido una cantidad de dinero de quien lo posee. **26. papel guarro** El fuerte y granuloso, generalmente en pliegos, que se utiliza para pintar con acuarela. **27. papel higiénico** Papel de celulosa destinado al uso en el retrete. **28. papel maché** Cartón o papel machacados y humedecidos para realizar figuras o relieves que se dejan secar en un molde. **29. papel manila** Papel de seda. **30. papel milimetrado** Aquel que tiene dibujada una cuadrícula de milímetros y otra de centímetros con una línea más gruesa; se utiliza para el dibujo técnico. **31. papel mojado** Documento o escrito al que no se da ningún valor. **32. papel moneda** Billete de banco. **33. papel pintado** El que se utiliza para revestir las paredes. **34. papel secante** Aquel que no es algo poroso y se utiliza para secar lo escrito o dibujado. **35. papel timbrado** El de cartas que lleva impreso el nombre de la persona o entidad que las escribe o manda. **36. papel vegetal** El transparente y duro, que se utiliza para calcar en él un dibujo. ‖ **Loc. perder los papeles** Perder una persona el control o dominio de sí misma o de una determinada situación.

papela *s. f. fam.* Carné de identidad u otro documento de identificación.

papeleo *s. m.* **1.** Conjunto de trámites y documentos necesarios para resolver un asunto, sobre todo si son excesivos. **2.** Acción de revolver papeles, generalmente en busca de algo.

papelería *s. f.* Tienda de material de escritorio, dibujo y otras cosas.

papelero, ra *adj.* **1.** Perteneciente o relativo al papel. **2.** Que hace o vende papel. También *s.* ‖ *s. f.* **3.** Cubo o recipiente al que se tiran los papeles y otras cosas que no sirven. **4.** Fábrica de papel.

papeleta *s. f.* **1.** Hoja pequeña de papel en la que aparece escrito algún dato de interés, como la calificación de un examen, el número para un sorteo, etc. **2.** Situación o asunto molesto, penoso o difícil de resolver.

papelillo *s. m.* **1.** *dim.* de **papel**. **2.** Sobre pequeño que contiene polvos medicinales.

papelina *s. f.* Cantidad de droga que se vende en un sobre pequeño de papel fino.

papelón *s. m.* Papel ridículo que hace alguien.

papelorio *s. m.* Conjunto de muchos papeles o escritos desordenados.

papelote *s. m.* **1.** *desp.* Papel o escrito que se considera poco importante y, generalmente, demasiado grande o extenso. **2.** Papel usado que se vende para la fabricación de papel nuevo.

papelucho *s. m. desp.* Papel arrugado o sucio.

Papen, Franz von (Werl, Westfalia 1879 - Obersasbach, Kreis Bühl 1969) Político alemán. Fue diputado del Centro Católico en la cámara prusiana (1921-32) y canciller del Reich en 1932. Legalizó las SS y las SA nazis, disolvió el parlamento y destituyó al gobierno socialista de Prusia. En 1933 se entrevistó con Hitler y traspasó la cancillería a los nazis, permaneciendo como vicecanciller hasta 1934. Ocupó luego cargos diplomáticos en Austria y Turquía. Fue juzgado y absuelto por el tribunal de Nuremberg (1946), pero un tribunal alemán le condenó a trabajos forzados, aunque fue puesto en libertad en 1949.

papera *s. f.* **1.** Bocio*. **2.** Tumor que se produce en los caballos jóvenes a la entrada del conducto respiratorio o en los ganglios submaxilares. ‖ *pl.* **3.** Enfermedad infecciosa producida por el virus *Myxovirus parotiditis*, que ataca fundamentalmente a los niños y adolescentes y produce la inflamación de la glándula parótida.

papiamento *s. m.* Lengua hablada en la isla de Curaçao, mezcla de portugués, holandés, español y lenguas africanas.

papila *s. f.* Pequeño abultamiento cónico de la piel y las membranas animales o vegetales, en particular las papilas gustativas de la lengua, que constituyen el órgano del sentido del gusto. En el cuerpo humano existen tres clases de papilas linguales, que difieren por su forma: las filiformes, en forma de hilo, que son sensibles al tacto y al calor; las fungiformes, en forma de seta, y las circunvalladas, rodeadas por una especie de brocal. Las papilas gustativas son capaces de distinguir los cuatro sabores fundamentales: dulce, salado, ácido y amargo. **Fam.** Papilar.

papilionáceas *s. f. pl.* Familia de plantas herbáceas, arbustivas o arbóreas, también considerada por algunos autores como subfamilia de las leguminosas, a la que pertenecen unas 10.000 especies comprendidas en unos 500 géneros. Se caracterizan por tener flores con cinco pétalos: uno grande llamado *estandarte*, dos laterales llamados *alas* y dos anteriores, que forman la quilla. Tienen hojas generalmente pinnadas y fruto tipo legumbre con varias semillas dentro de una vaina. Crecen en regiones templadas tropicales y subtropicales. Papilionáceas son el haba, garbanzo, guisante, judía, algarrobo y alfalfa. También *adj.* y *s. f.*

papiliónidos *s. m. pl.* Familia de insectos lepidópteros a la que pertenecen numerosas especies de los géneros *Papilio, Iphiclides, Zerynthia, Parnassius*, etc. Son mariposas con las alas de brillantes colores. Algunas especies tienen unos característicos cuernos o colas en las alas posteriores. Habitan en la Europa meridional. También *adj.* y *s. m.*

papilla *s. f.* **1.** Comida muy triturada para niños pequeños o personas enfermas. **2.** Sustancia opaca a los rayos X, que tiene que tomar la persona a la que se le realiza una exploración radiológica del aparato digestivo. ‖ **Loc. hacer** (o **estar hecho**) **papilla** *fam.* Destrozar a alguien o estar destrozado física o moralmente.

papiloma *s. m.* **1.** Tumor benigno que se forma en la piel o en las mucosas, como verrugas, callos, pólipos, vegetaciones, etc. **2.** Inflamación de las papilas con formación de tejido conjuntivo de naturaleza tumoral.

Papin, Denis (Chitenay 1647 - Londres h. 1712) Físico e inventor francés. Inventó una olla a vapor a la que añadió una válvula de seguridad (marmita de Papin) y fue un gran impulsor de las investigaciones sobre el vapor.

Papini, Giovanni (Florencia 1881 - íd. 1956) Escritor italiano. Fundó las revistas *Leonardo* (1903-07) y *Lacerba* (1915). Se convirtió al catolicismo después de haber sido ateo y su obra se caracteriza por ser en buena parte autobiográfica; en ella, con un estilo apasionado, predominan una actitud de rebeldía y una visión pesimista del hombre y la realidad. Entre sus libros destacan *Un hombre acabado* (1912), *Historia de Cristo* (1921), *Pan y vino* (1926), *Gog* (1931), *El diablo* (1953) y *El juicio universal* (1957).

papión *s. m.* Nombre común de diversos mamíferos primates de la familia cercopitécidos, género *Papio*. Se conocen cinco especies, de las que destaca el papión cinocéfalo *(Papio cynocephalus)*, que mide unos 150 cm de longitud, de los que 50 corresponden a la cola, y el papión perruno *(Papio anyubis)*. Tienen la mandíbula prominente, pelaje gris o pardo claro y callosidades rojas en las nalgas. Habitan en África y forman grupos jerarquizados. También son llamados *babuinos*.

papiro *s. m.* **1.** Planta herbácea de la familia ciperáceas, especie *Cyperus papyrus*. Mide de 2 a 3 m de altura, es perenne y su tallo es una caña cilíndrica, lisa y desnuda, rematada con un penacho de flores pequeñas y verdosas y largas brácteas encorvadas hacia abajo. Procede de Oriente Medio y crece en las orillas de los ríos y otros cursos de agua. En la antigüedad se empleaba para fabricar papel y actualmente se usa como planta ornamental. **2.** Lámina sacada del tallo de esa planta, empleada antiguamente para escribir o dibujar en ella. **3.** Documento realizado en esas láminas.

pápiro *s. m. fam.* Billete de banco, especialmente el de mucho valor.

papiroflexia *s. f.* Arte de realizar figuras doblando varias veces una hoja de papel.

papirología *s. f.* Disciplina auxiliar de la historia que se dedica al estudio de los papiros. **Fam.** Papirólogo.

papirotazo o **papirotada** *s. m.* o *s. f.* Toba, golpe dado con un dedo que se hace resbalar sobre el pulgar.

papirote *s. m.* **1.** Capirote*. **2.** Tonto, estúpido.

papisa *s. f.* Femenino de papa. Se usa para designar al personaje legendario llamado *la papisa Juana*.

papismo *s. m.* Entre los protestantes, doctrina y organización de la Iglesia católica.

papista *adj.* **1.** Entre los protestantes, se aplica a los católicos. También *s.* **2.** *fam.* Partidario de una rigurosa fidelidad a la doctrina y ordenanzas del papa. También *s.* ‖ **Loc. ser** alguien **más papista que el papa** Defender algo con exageración o hablar de una cosa o asunto como si fuera el más interesado.

papo[1] *s. m.* **1.** Papada*. **2.** En las aves, buche*. **3.** *fam.* Bocio*. **4.** *fam.* Cachaza, pachorra.

papo[2] (del lat. *pappus*, viejo) *s. m.* Flor del cardo.

paprika (voz serbocroata) *s. f.* Variedad de pimentón, muy picante y aromático, usado como condimento.

papú o **papúa** *adj.* **1.** Se dice de un pueblo melanesio que se extiende por Papúa Nueva Guinea y las islas Fiji. **2.** De este pueblo. También *s.* ‖ *s. m.* **3.** Lengua hablada por el mismo.

Papúa Nueva Guinea (*Papua New Guinea*) Estado de Oceanía occidental.

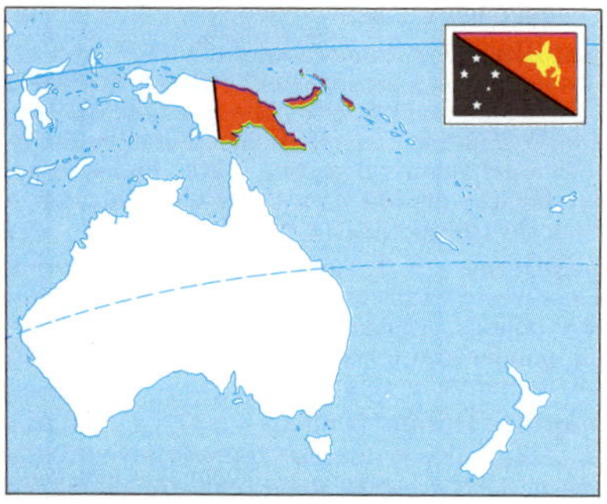

Extensión: 462.840 km^2.
Límites: al N y E, con el océano Pacífico; al S, con el mar del Coral, y al O, con la mitad occidental de la isla de Nueva Guinea, que pertenece a Indonesia.
Población: 3.671.000 h. en 1990.
Densidad: 7,9 h./km^2.
Capital: Port Moresby.
División administrativa: 20 provincias y un distrito central.
Ciudades principales: Lae, Madang, Wewak, Goroka, Rabaul.
Gentilicio: papú.
Forma de Estado: monarquía constitucional.
Idioma: inglés.
Religión: protestantismo, 58,4 %; catolicismo, 32,8 %; anglicanismo, 5,4 %; creencias tradicionales, 2,5 %.
Moneda: kina.
Tasa de natalidad: 39 ‰ en 1990.
Tasa de mortalidad: 12 ‰ en 1990.
Renta per cápita: 900 dólares en 1989.

Geog. física Este estado ocupa la parte oriental de la isla de Nueva Guinea. Comprende además, en el NE, el archipiélago de Bismarck y el sector N de las islas Salomón (Bougainville y Buka); en el SE, las islas de Entrecasteaux y el archipiélago de La Luisiada; y un conjunto de islas e islotes de menor importancia. El territorio de Nueva Guinea está atravesado de NO a SE por una alineación montañosa formada por la cordillera Central, los montes Bismarck, Owen y Stanley. Muchas de sus cimas alcanzan los 4.000 m, siendo la más elevada la del monte Wilhelm (4.693 m). Al N y S de la cordillera se extienden llanuras bajas. Los principales ríos de la vertiente N son el Sepik y el Ramu, y de la parte S el Fly y el Strickland. El clima ecuatorial, cálido y húmedo, propicia el bosque ecuatorial.

Geog. humana y ***económica*** La mayoría de la población, que se concentra en la mitad N del país, incluidas las islas de Bougainville y Buka, son melanesios y papúas. El porcentaje de población urbana es muy bajo, sólo el 13,1 %. El crecimiento vegetativo se cifra en torno al 4,7 %. Los productos agrícolas más importantes recogidos de la escasa superficie cultivada (apenas el 1 %) son la mandioca, cocos, plátanos, café, aceite de palma (octavo productor mundial), té y cereales. Cuenta el país con ganadería esencialmente bovina y porcina, explotación forestal y minería del cobre, que ha significado un fuerte impulso para la economía del país, sobre todo la de las minas de Bougainville, oro (sexto productor mundial) y plata. La industria está muy poco desarrollada y de ella sólo merece mencionarse la dedicada a la elaboración de productos agroalimentarios.

Hist. El territorio antes denominado Papuasia pasó de ser protectorado británico en 1884 a convertirse en colonia australiana en 1906. En 1921 la Sociedad de Naciones le añadió las antiguas colonias alemanas del NE de Nueva Guinea y el archipiélago Bismarck y lo puso bajo protectorado australiano. En 1973 consiguió la autonomía interna y en 1975 obtuvo la independencia, bajo el gobierno de Michael Somare, cabeza del partido Pangu. Dos años más tarde se constituyó un gobierno de coalición entre este partido y los progresistas, que sólo sobrevivió hasta 1978, en que el Pangu se alió con el Partido Unido para formar nuevo gobierno. En 1980 la oposición presentó una moción de censura, a raíz de la cual Julius Chan formó gobierno. Pero la mala gestión económica motivó que en las elecciones de 1982 Chan fuera sustituido en el poder por Michael Somare, quien a su vez fue reemplazado por Paias Wingti. En 1988 fue elegido primer ministro Rabbi Namaliu, del partido Pangu, que hubo de hacer frente a un movimiento secesionista en la isla de Bougainville.

pápula *s. f.* Tumor pequeño sin pus que se forma en la piel.

paquebot o **paquebote** *s. m.* Barco que lleva el correo y pasajeros entre dos puertos.

paquete *s. m.* **1.** Objeto o conjunto de objetos atados, envueltos o metidos en una bolsa o caja, generalmente para facilitar su transporte. **2.** Conjunto de otras cosas. **3.** Persona que va como acompañante del que conduce una motocicleta o bicicleta. **4.** *fam.* Castigo, sanción, arresto. ‖ **5. paquete informático** Conjunto de programas de ordenador que se utilizan para un determinado fin.

paquete, ta *adj. amer.* Se dice de la persona que va muy bien vestida o arreglada. También *s.*

paquetería *s. f.* **1.** Mercancía pequeña que se guarda o vende en paquetes. **2.** *amer.* Cualidad de paquete; también, conjunto de prendas y adornos que una persona se pone para ir bien vestida.

paquidermos *s. m. pl.* Grupo de mamíferos ungulados que agrupaba a los actuales proboscidios y algunos artiodáctilos y perisodáctilos. Se caracterizan por la piel gruesa y las formas pesadas. En la actualidad carece de valor taxonómico. También *adj.* y *s. m.* **Fam.** Paquidérmico.

Paquiro, Francisco Montes, llamado (Chiclana, Cádiz 1805 - íd. 1851) Matador de toros español. Tomó la alternativa en Madrid en 1832. Torero de grandes facultades y profundo conocimiento del toro, dio un impulso fundamental a la fiesta. Contribuyó a la reforma del reglamento taurino.

paquistaní *adj.* Pakistaní*.

par *adj.* **1.** Se dice del número divisible por dos. También *s. m.* **2.** Se dice de la numeración realizada sólo con estos números y a las cosas con esta numeración. **3.** Se dice del órgano que corresponde simétricamente a otro igual. ‖ *s. m.* **4.** Conjunto de dos componentes. **5.** Conjunto pequeño sin precisar el número. **6.** En ciertas expresiones, igual, comparación: *Como mecánico no tiene par; una belleza sin par.* **7.** Madero que forma parte del armazón de un tejado y tiene la inclinación de éste. **8.** En fís., conjunto de dos cuerpos distintos que, en determinadas condiciones, producen una corriente eléctrica. **9.** En la Edad Media, título o dignidad concedida por el rey a algunos vasallos, especialmente en Francia. **10.** En el Reino Unido, miembro de la Cámara de los Lores. **11.** En el golf, número de golpes establecido con que el golfista debe completar el recorrido de un campo, así como cada uno de sus hoyos. ‖ *s. f.* **12.** Coincidencia en un título negociable, p. ej. una acción, entre el valor nominal y el valor de cotización. ‖ **13. par de fuerzas** En fís., conjunto de dos fuerzas paralelas, de igual intensidad pero de sentidos contrarios. **14. par de vectores** En fís., conjunto de dos vectores de igual módulo y dirección, pero de sentido contrario. **15. par ordenado** En mat., conjunto de dos elementos colocados en un orden determinado. **16. par raquídeo** Cada uno de los pares de nervios que nacen de la médula espinal. **17. pares y nones** Juego que consiste en adivinar si el número de elementos que uno esconde en el puño es par o impar. ‖ **Loc. a la par** *adv.* A la vez, al mismo tiempo. **a pares** De dos en dos; también, en mucha cantidad. **de par en par** *adv.* Referido a puertas o ventanas, completamente abiertas. **ir a la par** Repartir beneficios o pérdidas.

para *prep.* **1.** Expresa finalidad, utilidad, aptitud: *Ahorra para casarse. Un jarabe para la tos. El chico vale para estudiar.* **2.** Expresa la opinión de una persona, grupo, entidad, etc.: *Para sus padres era el más listo.* **3.** Con los pronombres personales, puede indicar que la acción se realiza de forma reservada: *Me gusta leer para mí.* **4.** Indica la persona o personas hacia las que se dirige una acción, actitud, etc.: *Es muy generoso para* (*con*) *los suyos.* **5.** Indica duración: *Alquilé un piso para un año.* **6.** Expresa dirección: *Iba para Barcelona cuando tuvo el accidente.* **7.** Indica un momento futuro: *Para la semana que viene llegará el encargo.* **8.** Con el verbo *estar*, expresa proximidad o cercanía de la acción expresada a continuación: *Estoy para irme.* **9.** Expresa inconveniencia o desproporción: *Estoy cansado para estudiar ahora. Es una cama muy grande para un cuarto tan pequeño.* **10.** Indica comparación, oposición, desprecio o rechazo : *Para una vez que lo dices tú, yo lo digo cincuenta. Para esto no valía la pena tanto esfuerzo.* ▪ En esta acepción tiene a veces un valor concesivo: *Nada muy bien para ser tan pequeño.* **11.** *fam.* Indica lo que conviene o debería hacerse con alguien o algo, o lo que una persona o cosa se merecen: *Lo que hizo es para no volver a hablarle.* **12.** Unida a palabras y expresiones como *remate*, *colmo*, *mayor desgracia*, etc., introduce un hecho o situación que se añade a algo que se ha mencionado: *Para colmo se nos pinchó una rueda del coche.* ‖ **Loc. para con** alguien *prep.* En relación con él. **que para qué** *adj. fam.* Destaca el tamaño, importancia o intensidad de algo.

para- o **pará-** *pref.* **1.** Significa 'semejante o próximo' y, también, 'ajeno': *paramilitar, paratifoidea, paráfrasis.* **2.** En quím., se utiliza en la nomenclatura de los compuestos del carbono para expresar que dos radicales presentes en un anillo bencénico se encuentran unidos a átomos de carbono diametralmente opuestos. Al formular estos compuestos, no se escribe el prefijo entero, sino la letra *p* seguida de un guión; p. ej., *p-nitrotolueno*, compuesto en el que los grupos *nitro*, $-NO_2$, y *metilo*, $-CH_3$, se sitúan en los carbonos 1 y 4 del anillo bencénico.

Pará Estado de Brasil, situado en el N del país, en el bajo Amazonas. 1.246.833 km^2. 5.001.800 h. en 1990. La capital es Belém, con 1.190.000 h. en 1989. La selva cubre la mayor parte de su territorio. Cuenta con cultivos de algodón, caña de azúcar, tabaco, café y cacao y, sobre todo, con explotación de productos forestales, como caucho y nuez de Brasil, además de ganadería vacuna.

parabellum *s. f.* Tipo de munición con calibre de 9 mm que se utiliza en muchas armas cortas. Comenzó a usarse en Alemania en 1904.

parabién *s. m.* Felicitación. Se usa más en *pl.*

parabiosis *s. f.* **1.** Unión anatómica y fisiológica de dos organismos, como sucede p. ej. con los hermanos siameses. **2.** Forma de asociación entre dos o más seres vivos que viven juntos y se relacionan muy estrechamente.

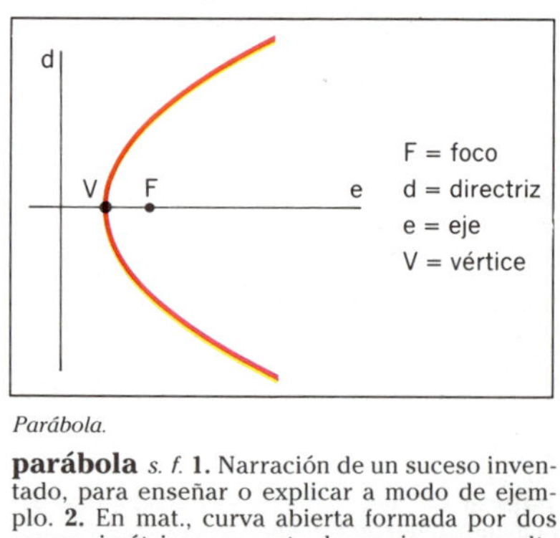

Parábola.

parábola *s. f.* **1.** Narración de un suceso inventado, para enseñar o explicar a modo de ejemplo. **2.** En mat., curva abierta formada por dos ramas simétricas respecto de un eje, que resulta de cortar un cono circular recto por un plano paralelo a una generatriz y que constituye el lugar geométrico de los puntos del plano que equidistan de un punto fijo, llamado *foco*, y de una recta fija, llamada *directriz*; es la representación gráfica de cualquier función polinómica entera de segundo grado.

parabólico, ca *adj.* **1.** Perteneciente o relativo a la parábola. **2.** Con forma de parábola o semejante a ella.

parabolizar *v. tr.* **1.** Expresar o explicar algo utilizando parábolas. También *v. intr.* **2.** Dar forma de parábola a algo, p. ej. a un espejo. ■ Se conjuga como *cazar.*

paraboloide *s. m.* **1.** En geom., figura que, al ser cortada por un plano, puede dar una sección de forma parabólica. **2.** En geom., figura que puede ser realizada por una parábola que gira alrededor de su eje de simetría.

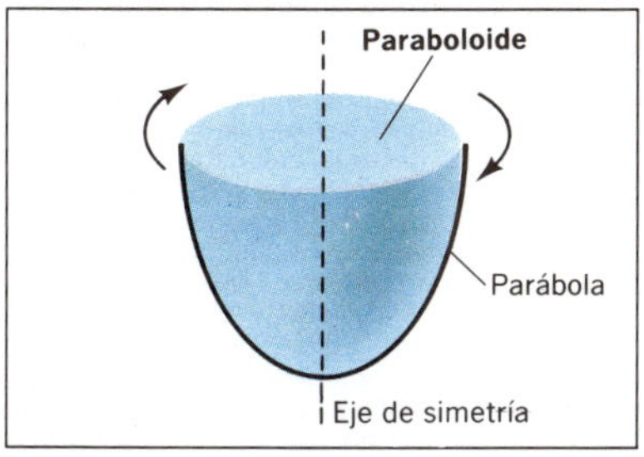

Paraboloide.

parabrisas *s. m.* Cristal de la parte delantera de un vehículo automóvil.

paraca *s. f. amer.* Viento muy fuerte que sopla del océano Pacífico.

paracaídas *s. m.* **1.** Dispositivo que sirve para disminuir la velocidad de caída de un cuerpo por medio de una gran superficie de lona, seda, fibra, etc., que presenta resistencia al aire. Puede plegarse y se abre tirando de una anilla o cordón. Se utiliza para lanzar personas u objetos desde una aeronave o para amortiguar la caída de las cápsulas espaciales. Se usa con fines militares, de salvamento o deportivos. **2.** P. ext., aquello que sirve para evitar o disminuir el golpe en una caída desde un lugar elevado.

paracaidismo *s. m.* Actividad que consiste en la realización de saltos en paracaídas desde gran altura, especialmente desde un avión. Suele tener fines militares o deportivos.

paracaidista *adj.* Relativo al paracaidismo o que lo practica. También *s.*

Paracas Península de Perú, en la costa S, en el departamento de Ica, prov. de Pisco. En ella y en los valles de Nazca e Ica se desarrolló una importante cultura entre los años 1200 a. C. y 100 de nuestra era. Se han descubierto más de 400 enterramientos con momias envueltas en una pieza de tela, generalmente bordada. Por la forma de enterramiento se clasifica en dos fases sucesivas, la de las cavernas y la de las necrópolis. También se han encontrado calabazas grabadas a fuego y piezas de cerámica decoradas.

Paracelso, Theophrastus Bombastus von Hohenheim, llamado (Einsiedeln, cerca de Zurich h. 1493 - Salzburgo 1541) Médico y filósofo suizo. Fue el primero en aplicar la alquimia a la medicina. Concebía la medicina como el fundamento de todas las ciencias por unirse en ella el conocimento de la naturaleza y de los medios de su manipulación. Ejerció un notable influjo en científicos posteriores.

paracentesis *s. f.* Pinchazo que se realiza en una cavidad natural, como el vientre, para extraer el líquido que contiene a causa de alguna enfermedad.

parachoques *s. m.* **1.** Pieza que llevan algunos vehículos en la parte delantera y trasera y que sirve para amortiguar los posibles choques. **2.** Pieza fija situada al final de una vía de tren para detener un vehículo.

Paráclito o **Paracleto** Nombre que se utiliza en el Nuevo Testamento para referirse al Espíritu Santo.

paracronismo *s. m.* Anacronismo que consiste en atribuir a un hecho una fecha posterior a la del tiempo en que realmente sucedió.

parada *s. f.* **1.** Acción de parar o pararse. **2.** Sitio donde se para, especialmente lugar en que se detienen vehículos de transporte público para recoger o dejar viajeros. **3.** Desfile o formación de tropas. **4.** En deportes como el fútbol o balonmano, detención del balón por el portero. **5.** En mús., pausa. **6.** En esgrima, movimiento defensivo con que se evita el ataque del contrario. **7.** *Amér. del S.* Empaque o porte orgulloso y engreído. ‖ **8. parada nupcial** Entre algunos animales, comportamiento del macho durante la época de reproducción dirigido a conseguir la fecundación de la hembra.

paradera *s. f.* Tipo de red de pescar que está fija en un lugar.

paradero *s. m.* **1.** Lugar en el que está, donde vive o al que va a parar una persona o cosa. **2.** Estado, situación o término a que llega una persona o cosa. **3.** *Col.* Parada de autobuses. **4.** *Cuba.* Estación de tren.

paradigma *s. m.* **1.** Modelo o ejemplo de algo. **2.** En ling., conjunto ordenado de las diversas formas de la flexión de una palabra, como p. ej. la conjugación de un verbo. **3.** En ling., conjunto de elementos de una misma clase gramatical que pueden aparecer en un mismo contexto; p. ej., *caballo, rocín, corcel,* etc., pueden aparecer entre las palabras *el* y *relincha.* **4.** Según Thomas Kuhn, marco conceptual que constituye la base o fundamento en que se sustenta una teoría científica, así como las ideas filosóficas y las normas metodológicas implícitas en ella. Para este filósofo la historia de la ciencia no se mueve según un progreso lineal acumulativo, sino a través de las discontinuas revoluciones que supone el tránsito de un paradigma a otro.

paradigmático, ca *adj.* **1.** Perteneciente o relativo al paradigma. **2.** Ejemplar, modélico.

paradisiaco o **paradisíaco, ca** *adj.* **1.** Perteneciente o relativo al paraíso. **2.** Idílico, muy bello o muy agradable.

parado, da **1.** *p. p.* de **parar**. También *adj.* ‖ *adj.* **2.** Tímido, sin iniciativa. También *s.* **3.** Se dice de la persona que no tiene trabajo. También *s.* **4.** *Chile, P. Rico.* Orgulloso, engreído. ‖ **Loc. salir bien** (o **mal**) **parado** Resultar alguien favorecido o perjudicado en algo.

paradoja *s. f.* **1.** Contradicción. **2.** Figura retórica en la que se relacionan dos ideas o conceptos que parecen opuestos o contradictorios pero que en un sentido más profundo no lo son, p. ej. *el que más tiene es el más pobre.* **3.** En fil., aporía, conclusión contradictoria a la que se llega después de un razonamiento lógico. Las paradojas son conocidas desde la antigua Grecia. Una de las más famosas paradojas es la del mentiroso que dice «Yo siempre miento»: si en ese momento está diciendo la verdad, entonces no es cierto que siempre mienta. **4.** En mat., demostración en la que aparece como verdadero algo que es falso en la realidad. ‖ **5. paradoja de Olbers** Teoría formulada por Heinrich W. Olbers. Afirma que, si el universo fuera estable, infinito e isótropo, como se suponía en su tiempo, el cielo nocturno debería ser luminoso, ya que una recta dirigida en cualquier dirección desde un punto de la Tierra debería pasar más pronto o más tarde por la posición de una estrella. La paradoja se resolvió en el s. XX, cuando se descubrió que el universo se encuentra en expansión.

paradójico, ca *adj.* **1.** Contradictorio. **2.** Perteneciente o relativo a la paradoja.

parador, ra *adj.* **1.** Se aplica a la caballería que se para dócilmente y con elegancia. ‖ *s. m.* **2.** Hotel y restaurante situado en lugares turísticos. ‖ **3. parador nacional** (o **de turismo**) Hotel, generalmente de lujo, que depende de organismos oficiales.

paraestatal *adj.* Se dice de la institución, organismo, empresa, etc., que colabora con el Estado y actúa bajo el control de éste, aunque no forma parte de la administración pública.

parafasia *s. f.* Trastorno del lenguaje que consiste en la dificultad para elegir el término o el fonema adecuados. El sujeto que lo padece confunde las palabras o cambia el orden de los sonidos al hablar.

parafernales *adj.* Se dice de los bienes que son sólo propiedad de la mujer y no forman parte de los comunes al matrimonio, o gananciales, ni de la dote.

parafernalia *s. f. fam.* Aparato, ceremonia ostentosa.

parafina *s. f.* Denominación genérica empleada para designar a los hidrocarburos saturados o alcanos; esto es, para nombrar aquellos hidrocarburos que no presentan dobles o triples enlaces en sus moléculas. El término alude a la escasa reactividad química de estas sustancias. Las parafinas se ajustan a la fórmula general C_nH_{2n+2}. Las parafinas de menor masa molecular, del metano hasta el butano, son gases; las siguientes son líquidas y las superiores, que contienen 14 o más átomos de carbono, son sólidas; p. ej., el nonadecano, $C_{19}H_{40}$, que funde a los 32 °C.

parafinado, da *adj.* Se dice de lo que está cubierto con una capa de parafina.

parafiscalidad *s. f.* En econ., situación en la que determinados órganos autónomos de la administración, organismos corporativos y otras instituciones perciben ingresos no autorizados en los presupuestos del Estado y que se destinan a un fin determinado.

parafrasear *v. tr.* Hacer la paráfrasis de algo que se dice o de un escrito. **Fam.** Parafraseador.

paráfrasis *s. f.* **1.** Enunciado equivalente a otro aunque expresado con otras palabras, generalmente más extenso que éste. **2.** Versión libre en verso de un texto.

parafrástico, ca *adj.* **1.** Perteneciente o relativo a la paráfrasis. **2.** Se dice del discurso o escrito que incluye una paráfrasis.

paragénesis *s. f.* Asociación constante de minerales cristalizados en rocas sedimentarias, metamórficas o eruptivas. Es muy característica en los yacimientos metalíferos, especialmente la llamada BPG (blenda, pirita, galena).

paragoge *s. f.* En gramática, adición de una letra o sonido, generalmente vocálico, al final de una palabra, p. ej. *felice* por *feliz.*

paragolpes *s. m. Arg., Par., Urug.* Parachoques.

parágrafo *s. m.* Párrafo*.

paragranizo *s. m.* **1.** Techumbre de tela fuerte o plástico para proteger los sembrados y los árboles frutales del granizo. **2.** Aparato semejante al pararrayos, que neutraliza la carga eléctrica de las nubes y evita que produzcan granizo.

Paraguarí Departamento de Paraguay, en el S del país. 8.705 km^2. 230.700 h. en 1990. La capital es Paraguarí, con 5.700 h. en 1982. Tiene una economía fundamentalmente agropecuaria, con cultivos de arroz, caña de azúcar y tabaco y ganado vacuno.

paraguas *s. m.* Utensilio portátil para protegerse de la lluvia, que consta de un bastón con varillas articuladas a las que se adapta una tela con forma circular que puede plegarse y extenderse.

paraguay *s. m.* Papagayo*.

Paraguay Río de América del Sur. 2.500 km de longitud. 1.150.000 km^2 de cuenca y 4.000 m^3/s de caudal absoluto. Nace en la meseta de Mato Grosso, en Brasil, discurre hacia el S, sirviendo de frontera entre Paraguay y Brasil, pasa por Asunción, traza la frontera entre Argentina y Paraguay y desemboca en el río Paraná. Sus principales afluentes son el Apa, el Pilcomayo y el Bermejo. Constituye una importante vía de comunicación.

Paraguay Estado de América del Sur.

Extensión: 406.752 km^2.
Límites: al N, con Bolivia y Brasil; al E, con Brasil; al S, con Argentina, y al O, con Argentina y Bolivia.
Población: 4.279.000 h. en 1990.
Densidad: 10,5 h./km^2.
Capital: Asunción.
División administrativa: 2 regiones divididas en 20 departamentos.
Ciudades principales: Ciudad del Este, San Lorenzo, Pedro Juan Caballero.
Gentilicio: paraguayo.
Forma de Estado: república.
Idioma: español.
Religión: catolicismo, 96 %; protestantismo, 2,1 %.
Moneda: guaraní.
Tasa de natalidad: 35 ‰ en 1990.
Tasa de mortalidad: 7 ‰ en 1990.
Renta per cápita: 1.180 dólares en 1988.

Geog. física El río Paraguay, que recorre el país de N a S, lo divide en dos zonas claramente diferenciadas por su relieve: la región Occidental o Chaco y la Oriental. El Chaco está constituido por una llanura cuya altura media es de 150 m; el relieve de esta región es tan llano que los ríos se estancan por la falta de pendiente. La parte N del Chaco está cubierta de espesas selvas. La región Oriental, sin embargo, cuenta con algunas alineaciones montañosas de poca elevación; de N a S, se alzan las cordilleras de Amambay y Caaguazú. Los tres ríos más caudalosos del país son el Paraguay, el Paraná, que rodea el territorio paraguayo por la parte S y SE y el Pilcomayo, que lo hace por el O. En el país existen algunos importantes esteros o lagunas, como el Ypoá, Ypacaraí, Verá y Ñeembucú. Al estar el país atravesado por el trópico de Capricornio, queda dentro del dominio de los climas cálidos. Pero debido a la falta de altas montañas, recibe la influencia de los vientos húmedos del Atlántico y los fríos del S. Las lluvias, muy abundantes en el E, descienden hacia el O, y su escasez en el extremo occidental del país provoca condiciones de aridez en la llanura chaqueña. Los veranos son calurosos y en invierno se dejan sentir los vientos fríos de la pampa. En cuanto a la vegetación, el Chaco presenta especies xerófilas: arbustos espinosos, cactáceas, etc., a excepción de la parte N, en la que hay bosques tropicales. La región central está ocupada por grandes sabanas, al E de las cuales predomina el bosque tropical.

Geog. humana y ***económica*** La población, en su gran mayoría mestiza, se concentra en la parte oriental, sobre todo en Asunción, quedando la del Chaco prácticamente despoblada. Su crecimiento anual está en torno al 2,9 %. Poco menos de la mitad de la población reside en las zonas urbanas.

Los principales cultivos son la caña de azúcar, algodón, tabaco, maíz, mandioca, soja (quinto productor mundial), trigo, cacahuete, judías, ricino, batata, cítricos y plátanos. La ganadería, muy desarrollada, es esencialmente bovina y, en menor cantidad, porcina y ovina. Los recursos forestales, como las maderas de petereby, cedro y quebracho (del que se extrae el tanino) y la yerba mate, desempeñan un importante papel en la economía paraguaya. Pese a que los recursos minerales todavía no han sido explotados intensivamente, se realiza extracción de hierro, manganeso, cobre, carbón y mica. La escasa industria se dedica a la transformación de productos agropecuarios y forestales. En cuanto al comercio exterior, Paraguay exporta alimentos y materias primas e importa maquinaria, vehículos y productos manufacturados. Sobresalen las grandes obras hidroeléctricas, como las de la presa de Itaipú, en sociedad con Brasil, y Yacyretá con Argentina.

Paraguay: aspecto de la ciudad Puerto Presidente Stroessner.

***Hist.* descubrimiento y colonización** El país, habitado por tribus indígenas del grupo tupiguaraní, fue descubierto por el español Alejo García en 1524 y diez años más tarde fueron establecidos los primeros asentamientos por Pedro de Mendoza. En 1535 Juan de Salazar y Espinosa fundó Asunción, que no adquirió carácter de ciudad hasta 1541, fecha en que se fundó el cabildo y la sede administrativa de Río de la Plata. Durante el gobierno de Hernandarias de Saavedra la provincia se dividió, quedando la gobernación de Paraguay separada de la de Río de la Plata y reducida a los límites actuales. Desde principios del s. XVII los jesuitas fundaron numerosas reducciones, que se organizaron en un sistema de comunidad en la que no existía la servidumbre y que gozaba de exenciones fiscales. Este sistema suscitó la animadversión de los encomenderos y la administración civil, que logró la expulsión de los jesuitas de la ciudad de Asunción en 1649. En 1717 estalló la revolución de los Comuneros, que defendían una restricción de la autoridad real y que, tras la derrota en 1724 en la batalla de Tubimarey y la victoria de Guayabity en 1733, fueron definitivamente vencidos en Tabapy en 1735. A lo largo del s. XVIII se fijaron por tratado los límites coloniales de España y Portugal y se llevó a cabo la expulsión de los jesuitas de la gobernación (1767), que quedó unida al virreinato de Río de la Plata.

independencia y república A principios del s. XIX fueron rechazadas dos invasiones británicas y poco después, en 1813, el país obtuvo la independencia, proclamándose la república. La nueva Junta Superior Gubernativa nombró presidente a Fulgencio Yegros, asociado a José Gaspar Rodríguez de Francia, pero este último desplazó a su colega, asumió poderes dictatoriales en 1816 y los mantuvo con gran oposición hasta su muerte, ocurrida en 1840; al año siguiente se aprobó la segunda Constitución. Fue designado presidente Carlos Antonio López, que realizó una política de progreso económico. Al morir en 1862, nombró sucesor a su hijo Francisco Solano López, que entró en guerra contra la Triple Alianza Argentina, Brasil y Uruguay (1865-70). Paraguay fue derrotada y sus tierras repartidas entre Brasil y Argentina, excepto una pequeña región sometida al arbitraje de EE UU, que la mantuvo como estado independiente. Las décadas siguientes fueron de inestabilidad política, hasta que en 1904 triunfó la revolución dirigida por el Partido Liberal, que nombró presidente a Eduardo Schaerer. En 1932, bajo la presidencia de José Guggiari, estalló la guerra del Chaco con Bolivia. En 1936 se produjo el golpe militar del coronel Rafael Franco, seguido de otro en 1937 que otorgó el poder al liberal Félix Pavía. En 1940 un nuevo golpe, esta vez del general Moríñigo, impuso la dictadura, derribada en 1947 con ayuda del peronismo argentino.

época actual En 1954 se alzó con la presidencia de la república el general Alfredo Stroessner, quien estableció un gobierno dictatorial que permitió su permanente reelección durante más de treinta años, al frente del oficial Partido Colorado. En 1956 Stroessner legalizó nuevamente los partidos políticos, exceptuando los de izquierdas. El progresivo deterioro de la imagen de Stroessner provocó un golpe militar en 1989, impulsado por el propio Partido Colorado, que derrocó al dictador e impuso a su consuegro, el general Andrés Rodríguez. Ese mismo año se celebraron las primeras elecciones fiables desde 1954, en las que obtuvo la mayoría absoluta el Partido Colorado. En mayo de 1989 tomó posesión del cargo de presidente de la república Andrés Rodríguez.

Arte Durante la época colonial la arquitectura siguió las tendencias artísticas europeas, pero mezclándolas con elementos propios de inspiración indígena. Es poco lo que se conserva de este periodo: las ruinas de las iglesias de reducciones jesuitas de San Cosme, Santa Rosa y San Ignacio Guazú y las iglesias de Yaguarón, Capiata y San Pedro del Paraná. El periodo comprendido entre la independencia y mediados del s. XIX fue de decadencia artística; durante el mismo, sólo merece citarse la construcción de la catedral de Asunción (1850). En los últimos años la arquitectura y el urbanismo de moderna concepción se han revitalizado. Entre los principales representantes de la pintura moderna sobresalen los pintores abstractos S. Carlos, E. Careaga, G. Kettener, y los escultores H. Guggiari y J. Laterza Pardo.

Lit. De la época colonial sólo se tiene noticia de las obras de algunos autores nativos, dedicados a la crónica y la historia, como Ruy Díaz de Guzmán, Pedro Vicente Cañete y Manuel Antonio Talavera. Es a partir de la independencia nacional, en el s. XIX, cuando la literatura empieza a revitalizarse con cronistas como Mariano Antonio Molas, Juan Andrés Gelly, el novelista Eugenio Bogado y el poeta Natalicio Talavera.

Hacia 1870, tras la guerra de la Triple Alianza, surge una generación de escritores entre los que se encuentran los historiadores y periodistas José Segundo Decoud, Juan Silvano Godoi y Cecilio Báez y las novelistas Ercilia López, Teresa Lamas y Concepción Leyes. El romanticismo estuvo representado por Ignacio Alberto Pane, Enrique Parodi y Juan Emilio O'Leary. Dentro del modernismo sobresalieron, en poesía, Eloy Fariña Núñez, Pablo Ynsfrán, Rafael Barret, Marcelino Pérez Martínez y Manuel Ortiz Guerrero. El tema criollista es tratado magistralmente por los narradores Juan Natalicio González y Juan Stefanich. La poesía vanguardista ha dado sus mejores frutos con Josefina Pla, Herib Campos Cervera, Julio Correa y Elvio Romero. Los acontecimientos históricos y políticos del país constituyen el tema central de las obras de Gabriel Casaccia, José Villarejo, José María Rivarola y Augusto Roa Bastos. En teatro han destacado José Arturo Alisa, Luis Ruffinelli y Julio Correa. Junto a esta literatura en castellano, también se cultivó otra en guaraní, cuya manifestación más importante es la poesía popular.

Paraguay, Alto Véase **Alto Paraguay**.

paraguayo, ya *adj.* **1.** De Paraguay. También *s.* ‖ *s. f.* **2.** Fruta de forma aplastada con la carne semejante a la del albaricoque y de sabor muy dulce.

paragüería *s. f.* Tienda en que se venden o arreglan paraguas.

paragüero, ra *s. m.* y *f.* **1.** Persona que fabrica, arregla o vende paraguas. ‖ *s. m.* **2.** Mueble o especie de papelera alargada en que se depositan los paraguas, bastones, etc.

Paraíba Estado de Brasil, situado en el NE del país, a orillas del océano Atlántico. 53.958 km^2. 3.247.600 h. en 1990. La capital es João Pessoa, con 440.300 h. en 1989. Su economía se basa en la agricultura de caña de azúcar, ananás, sisal y algodón, la ganadería y la minería de volframio, estaño y bismuto.

Paraíba do Sul Río del S de Brasil. 1.100 km de longitud. Nace en la Serra do Mar, discurre hacia el NE, atraviesa los estados de São Paulo, Minas Gerais y Rio de Janeiro y desemboca en el océano Atlántico, formando un gran delta, a la altura de São João da Barra.

paraíso *s. m.* **1.** Lugar en que, según el *Génesis,* vivían Adán y Eva antes de cometer el primer pecado. ▪ En esta acepción se suele escribir con mayúscula. Se denomina también *Paraíso terrenal.* **2.** En la religión cristiana, lugar o estado en que los bienaventurados gozan de la presencia de Dios. **3.** Lugar muy bello o muy agradable. **4.** Piso en que se encuentran las localidades más altas y más baratas de los teatros.

paraje *s. m.* Lugar, especialmente si está en el campo y es bonito.

paraláctico, ca *adj.* **1.** Perteneciente a la paralaje. **2.** Se dice del aparato utilizado en astronomía que permite seguir con un solo movimiento el que aparentemente realizan los astros.

paralaje *s. f.* **1.** En astron., diferencia entre las posiciones aparentes de un astro al ser observado desde distintos puntos. **2.** Ángulo formado por las líneas que imaginariamente unen un objeto con los distintos puntos desde los que es observado; sirve para medir la distancia a la que se encuentra el objeto.

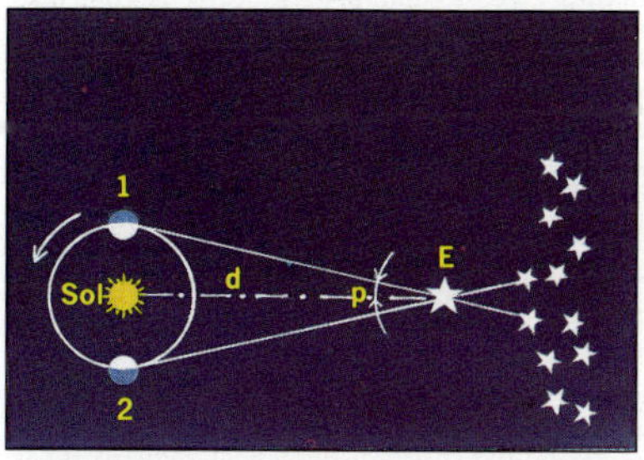

La paralaje (p) de una estrella (E) se calcula tomando las posiciones relativas de ésta respecto a las estrellas lejanas en dos momentos de la órbita terrestre (1 y 2) con seis meses de intervalo, y permite conocer, mediante trigonometría, la distancia (d) de la estrella al Sol.

paralalia *s. f.* Trastorno del lenguaje oral que se caracteriza por la sustitución habitual de un fonema por otro. Aparece tanto en el caso de sílabas aisladas como en el de palabras. No debe confundirse con la afasia.

paralelepípedo *s. m.* Prisma cuyas bases son paralelogramos y que tiene seis caras paralelas dos a dos.

paralelismo *s. m.* **1.** Circunstancia de ser paralelas dos líneas, planos, acontecimientos, etc. **2.** Figura literaria que consiste en la repetición de una misma estructura cambiando algún elemento. **3.** En fil., doctrina que defiende el desarrollo paralelo del espíritu y la materia, y que no basa su correspondencia en una relación de causalidad.

paralelo, la *adj.* **1.** En geom., se dice de las líneas rectas que están en el mismo plano y no tienen ningún punto en común, y de los planos que no pueden cortarse nunca. También *s.* **2.** P. ext., se dice de las cosas casi rectas o planas que están unas respecto de otras más o menos en la misma posición que las líneas o planos mencionados. También *s.* **3.** Se aplica a las acciones, situaciones, cosas, etc., entre las que existe semejanza o correspondencia. **4.** Se dice de las acciones o hechos que tienen lugar al mismo tiempo. ‖ *s. m.* **5.** Comparación que se establece entre personas o cosas. **6.** Cada una de las líneas imaginarias equidistantes entre sí que rodean la Tierra paralelamente al ecuador. Los paralelos disminuyen en longitud a medida que se alejan del ecuador. ‖ *s. f. pl.* **7.** En gimnasia, barras* paralelas. ‖ **8. paralelas asimétricas** En gimnasia, barras* asimétricas. **9. paralelo celeste** El de la esfera celeste cuyo plano es paralelo al del ecuador de dicha esfera. ‖ **LOC. en paralelo** *adj.* En un circuito eléctrico, se dice de la conexión en que los terminales de igual polaridad están unidos entre sí. **FAM.** Paralelamente.

Geog. Los paralelos sirven como referencia para localizar puntos en la superficie terrestre, al igual que los meridianos, a los que cortan formando ángulos rectos excepto en los polos. El paralelo 0 es el del ecuador, que divide la Tierra en dos mitades iguales. Los paralelos sirven para expresar la latitud de un lugar.

paralelo 38 Línea fronteriza entre la República Democrática Popular de Corea (Norte) y la República de Corea (Sur), establecida a la altura del paralelo 38 de latitud N; fue acordada al finalizar la Segunda Guerra Mundial, en la conferencia de Yalta (1945), y ratificada en el armisticio de Panmunjon (1953).

paralelogramo *s. m.* Polígono de cuatro lados paralelos entre sí de dos en dos. Son paralelogramos el cuadrado, el rectángulo, el rombo y el romboide.

paralexia *s. f.* Incapacidad parcial para la lectura, consistente en que la persona sustituye las palabras por otras desprovistas del significado correcto.

Paralipómenos Nombre de dos libros del Antiguo Testamento en los que se narra la historia de Israel desde la muerte del rey Saúl hasta la caída de Jerusalén en el 586 a. C. Fueron escritos en hebreo entre los años 300 y 200 a. C. Se conocen también como *Libros de las Crónicas.*

paralís *s. m. fam.* Parálisis*.

parálisis *s. f.* **1.** Pérdida total o parcial de la capacidad de movimiento de un miembro o parte del cuerpo, debida a una alteración del sistema nervioso o, más raramente, a una lesión muscular. ‖ **2. parálisis agitante** Enfermedad de Parkinson*. **3. parálisis cerebral** Incapacidad motriz, total o parcial, provocada por una enfermedad o lesión del cerebro en las primeras etapas del desarrollo. **4. parálisis general progresiva** Lesión del tejido cerebral provocada por una infección sifilítica; además de la parálisis progresiva, acompañada de temblores, aparecen otros síntomas psíquicos, como amnesia, delirios, alteración del lenguaje, etc. **5. parálisis infantil** Poliomielitis*.

paralítico, ca *adj.* Se dice de la persona que sufre parálisis. También *s.*

paraliturgia *s. f.* Acto o ceremonia religiosa no litúrgica, que no tiene una forma fija o determinada de celebrarse y se suele realizar como introducción a otra más importante.

paralizar *v. tr.* **1.** Causar parálisis de una parte del cuerpo o de un órgano. También *v. prnl.* **2.** Dejar a alguien inmóvil o sin capacidad para moverse a causa de una impresión, temor, frío, etc. **3.** Detener algo que estaba en acción o movimiento. También *v. prnl.* ■ Se conjuga como *cazar.* **FAM.** Paralización, paralizador, paralizante.

paralogismo *s. m.* Razonamiento incorrecto o falso, que se distingue del sofismo por no incurrir en error de forma voluntaria. Aristóteles denominaba paralogismo al silogismo falso en que el término medio era utilizado de forma inadecuada. Kant distinguía entre paralogismos formales, cuya falsedad radica en la forma del razonamiento, y paralogismos trascendentales o de la razón pura, aquellos que se derivan necesariamente de la naturaleza humana.

paralogizar *v. tr.* Intentar convencer a alguien con razonamientos falsos o incorrectos. ■ Se conjuga como *cazar.*

paramagnetismo *s. m.* Propiedad que poseen algunos materiales, como el hierro, el níquel, el aluminio, etc., de magnetizarse al ser sometidos a la acción de un campo magnético. **FAM.** Paramagnético.

Paramaribo C. de Surinam, cap. del país, situada en el N de su territorio, en la costa atlántica. 67.600 h. en 1986, 246.000 h. en su área metropolitana en 1988. Es un centro administrativo y comercial y exporta bauxita y madera.

paramecio *s. m.* Nombre común de diversos protozoos ciliados de la familia paramécidos, género *Paramecium.* Miden unas 25 micras de longitud, tienen forma ovalada, están recubiertos de cilios, con los que se desplazan, y provistos de una boca o peristoma, con la que filtran el agua para recoger alimentos. Poseen dos núcleos, uno mayor o macronúcleo y otro menor o micronúcleo, y dos vacuolas pulsátiles. Se reproducen por bipartición y también sexualmente por un proceso conocido como *conjugación.* Viven en medio acuático.

paramento *s. m.* **1.** Cada una de las seis caras de un sillar. **2.** Prenda con la que se cubre y adorna una cosa. **3.** Tela con la que se cubre el lomo de un caballo.

paramera *s. f.* Región o zona en la que hay páramos.

paramero, ra *adj.* De los páramos de los Andes. También *s.*

parametrio *s. m.* Conjunto de tejidos que rodean el útero.

parámetro *s. m.* **1.** En mat., constante de ciertas ecuaciones cuyo valor se fija a voluntad. **2.** En estadística, valor numérico que resume alguna característica de una población, obtenido generalmente a partir del estudio de una muestra representativa. **3.** Dato o variable que se tiene en cuenta en el planteamiento o análisis de una cuestión. **4.** En mús., cada una de las propiedades del sonido, como intensidad, timbre, duración, frecuencia, etc. **FAM.** Paramétrico.

paramilitar *adj.* **1.** Se dice de las asociaciones u organizaciones civiles que imitan la organización y distintivos de los cuerpos militares. **2.** Perteneciente o relativo a estas asociaciones u organizaciones.

paramnesia *s. f.* Alteración mental que consiste en recordar como conocidas o vividas situaciones, personas, etc., que en realidad son nuevas para el sujeto.

páramo *s. m.* **1.** Terreno elevado y llano, improductivo, sin vegetación alta y de suelo pedregoso. **2.** Lugar frío y desprotegido. **3.** *Ec.* Llovizna.

Paraná **1.** Río de América del Sur. 4.600 km de longitud, 3.140.000 km^2 de cuenca y 35.000 m^3/s de caudal absoluto. Nace en Brasil, en el estado de Minas Gerais, sirve de frontera entre Argentina y Paraguay y confluye finalmente con el río Uruguay formando un estuario conocido como *Río de la Plata.* Sus principales afluentes son el Paranaiba, Grande, Tieté, Paranapanema, Ivaí e Iguazú por la izquierda, y Verde, Ivinheima, Paraguay, Guaycurú, Salado y Carcarañá por la derecha. En su tramo inferior corre dividido en varios brazos: Baradero, Paraná Guazú o río Grande, Paraná Bravo, Paraná de las Palmas y Paraná Miní. En su recorrido presenta las cataratas de Guairá y Agripe. Es navegable.
2. Estado de Brasil, situado en el S del país, entre Paraguay y el océano Atlántico. 199.324 km^2. 9.137.700 h. en 1990. La capital es Curitiba, con 1.391.000 h. en 1990. Tiene cultivos de café, trigo, caña de azúcar, agrios, ricino, algodón, arroz y yerba mate y explotación forestal. Cuenta, además, con yacimientos de plomo y carbón.
3. C. de Argentina, cap. de la prov. de Entre Ríos, situada a orillas del río Paraná. 159.600 h. en 1986. Es un importante puerto fluvial y mercado agrícola, que posee industrias derivadas de la agricultura.

Paraná, Alto Véase **Alto Paraná**.

Paranaíba Río de Brasil. 800 km de longitud. Nace en la sierra Mata da Corda, en el estado de Minas Gerais, y confluye con el río Grande en la frontera con el estado de São Paulo. Desemboca en el Paraná.

parangón *s. m.* Comparación o semejanza entre dos cosas.

parangona *adj.* **1.** En joyería, se dice de la piedra preciosa que no presenta ningún defecto. ‖ *s. f.* **2.** Tipo de letra grande.

parangonar *v. tr.* **1.** Establecer el parangón entre dos cosas. **2.** En imprenta, ajustar en una línea las letras de diferentes tamaños.

paraninfo *s. m.* Salón en que se celebran conferencias y actos importantes en las universidades y otros centros de enseñanza.

paranoia *s. f.* Conjunto de desórdenes psicóticos que originan un estado de delirio sistemático. Ha sido caracterizada por algunos psiquiatras como una variedad de la esquizofrenia. De las sucesivas crisis se deriva un complejo sistema lógico, donde no aparecen alucinaciones pero que impulsa al individuo a sentirse víctima de ciertas persecuciones o bien a sobrevalorar excesivamente sus propias capacidades.

paranoico, ca *adj.* **1.** Perteneciente o relativo a la paranoia. **2.** Persona que padece paranoia. También *s.*

paranomasia *s. f.* Paronomasia*.

paranormal *adj.* Se dice del fenómeno que no puede ser explicado por principios científicos, p. ej. la telepatía.

paranza *s. f.* Choza o puesto en el que se oculta el cazador de montería para esperar a las presas.

parao *s. m.* Embarcación grande filipina, que lleva a popa una cámara muy alta y sirve para transportar pasajeros y carga.

paraparo *s. m. Par., Ven.* Jaboncillo*, árbol.

parapetar *v. tr.* **1.** Proteger con parapetos. Se usa más como *v. prnl.* ‖ *v. prnl.* **2.** Protegerse, refugiarse.

parapeto *s. m.* **1.** Zanja o defensa formada por sacos de arena, piedras, etc., para proteger a los soldados de los ataques enemigos. **2.** Muro bajo o barandilla a los lados de un puente, escalera, etc.

paraplejia o **paraplejía** *s. f.* Parálisis de los dos miembros inferiores del cuerpo, normalmente debida a lesiones en la médula espinal.

parapléjico, ca *adj.* **1.** Perteneciente o relativo a la paraplejia. **2.** Que padece paraplejia. También *s.*

parapoco *adj. fam.* Se dice de la persona débil, poco inteligente o poco decidida. También *s.*

parapsicología *s. f.* Estudio de los fenómenos y comportamientos psíquicos que no tienen explicación a partir de principios científicos, como son p. ej. la telepatía o la telequinesia. **FAM.** Parapsicológico.

parapsicólogo, ga *s. m.* y *f.* Persona experta en parapsicología.

parar *v. intr.* **1.** Dejar de producirse un movimiento o actividad. También *v. prnl.* **2.** Llegar alguien o algo a un estado determinado después de varios sucesos o de pasar por diferentes etapas. **3.** Habitar o alojarse alguien en algún lugar. **4.** Frecuentar, ir habitualmente a un lugar. ‖ *v. tr.* **5.** Hacer que deje de producirse el movimiento o actividad de alguien o algo. **6.** En algunos deportes, detener o despejar el balón para evitar que entre en la portería. **7.** Interceptar el golpe en una lucha o combate. **8.** Mostrar o descubrir el perro la caza. ‖ *v. prnl.* **9.** Con la preposición *a* seguida del infinitivo de verbos que expresan una acción del entendimiento, realizar esa acción con calma y atención. **10.** *amer.* Ponerse de pie. ‖ **LOC. ¡dónde va a parar!** *excl.* Indica que una cosa es mucho mejor que otra, que no tiene comparación con ella. **ir** (o **venir**) **a parar** Detenerse en un lugar después de un recorrido; también, alcanzar una situación o estado determinado; pasar a pertenecer algo a alguien. **no parar** No estarse quieto, no permanecer mucho tiempo en un lugar.

pararrayos *s. m.* **1.** Dispositivo de protección contra los rayos o descargas eléctricas que pueden producirse en la atmósfera. Fue inventado por Benjamin Franklin y está formado por una barra metálica terminada en punta de platino o cobre, que se coloca verticalmente sobre una construcción y se conecta por la parte inferior con la tierra húmeda o con agua. **2.** Dispositivo protector que se instala en las líneas eléctricas contra las sobretensiones y las descargas de la atmósfera.

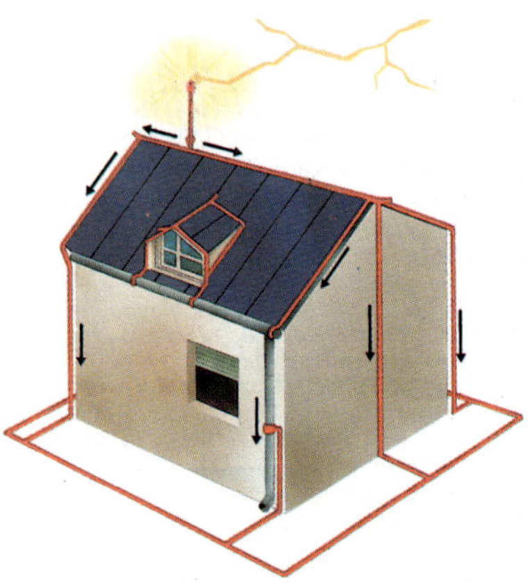

Pararrayos: distribución de la descarga eléctrica a través de la toma de tierra.

parasceve *s. f.* Entre los judíos, víspera del sábado, en que preparaban los alimentos para el día siguiente; especialmente, Viernes Santo, día en que murió Cristo y que era la parasceve para la Pascua.

paraselene *s. f.* Círculo luminoso que se observa alrededor de la Luna, debido a la refracción de la luz por los minúsculos cristales de hielo suspendidos en ciertas nubes.

parasimpático, ca *adj.* Se aplica al componente del sistema nervioso vegetativo con funciones antagónicas al simpático, como p. ej. la contracción de la pupila o la disminución del ritmo cardiaco. El sistema parasimpático se divide en dos regiones: central, que consta de neuronas cuyos núcleos están situados en el tronco cerebral y en la médula de la región sacra, y periférica, constituida por axones de las neuronas parasimpáticas centrales, que enlazan con las neuronas posganglionares.También *s. m.*

parasíntesis *s. f.* En ling., formación de palabras en las que intervienen a la vez la composición y la derivación, p. ej. en *picapedrero.*

parasintético, ca *adj.* Se dice de la palabra formada por parasíntesis.

parasitario, ria *adj.* **1.** Perteneciente o relativo a los parásitos. **2.** Producido por parásitos.

parasiticida *adj.* Se dice de la sustancia que sirve para matar o hacer desaparecer los parásitos. También *s. m.*

parasitismo *s. m.* **1.** Forma de vida o asociación de organismos en la que uno de ellos se alimenta del otro. **2.** Comportamiento de la persona que vive a costa de otra.

parásito, ta *adj.* **1.** Se dice del organismo, animal o vegetal, que se alimenta de otro de diferente especie, al que causa perjuicio. También *s.* **2.** Se dice de la persona que vive a costa de otra. También *s.* **3.** Se dice de los ruidos e interferencias que tienen lugar en las transmisiones de radio o televisión. También *s. m.*, sobre todo en *pl.* ***Biol.*** Los **parásitos animales** se clasifican en dos grandes grupos: endoparásitos y ectoparásitos. Los *endoparásitos* habitan en el interior de sus huéspedes y se clasifican, a su vez, en comensales, como la tenia, que no atacan directamente el organismo del huésped, viven en su intestino y se alimentan del quilo intestinal, y patógenos, que ejercen una acción perjudicial directa, como el plasmodio del paludismo, cuyo ciclo vital de 72 horas provoca en el huésped la aparición de fiebres recurrentes. Los *ectoparásitos* son depredadores específicos que se alimentan de la sangre del huésped y cuyo peligro estriba en que son portadores de enfermedades infecciosas, como el tripanosoma. Los **parásitos vegetales** se clasifican en: *epifitos*, que viven sobre otros vegetales sin perjudicarlos; *hemiparásitos*, o plantas clorofílicas que carecen de raíces y habitan sobre otros vegetales, a los que absorben su agua y sales minerales, como el muérdago, y *holoparásitos*, o plantas no clorofílicas que habitan sobre otras absorbiendo su savia.

parasitología *s. f.* Parte de la biología que estudia los seres vivos parásitos.

parasitosis *s. f.* Enfermedad causada por parásitos.

parasol *s. m.* **1.** Sombrilla*. **2.** Cada una de las dos piezas planas de forma más o menos rectangular, colocadas en el interior del automóvil, en la parte superior del parabrisas, para evitar que los rayos del sol den en los ojos. **3.** En fotografía, dispositivo que se adapta al objetivo de una cámara para evitar la entrada de rayos luminosos que no proceden del objeto que se fotografía.

parata *s. f.* Bancal estrecho y pequeño.

paratáctico, ca *adj.* Perteneciente o relativo a la parataxis.

parataxis *s. f.* En ling., coordinación*.

paratífico, ca *adj.* Perteneciente o relativo a la paratifoidea. También *s. f.*, sobre todo en *pl.*

paratifoidea *s. f.* Enfermedad infecciosa semejante al tifus, producida por bacilos del género *Salmonella*, cuyos principales síntomas son fiebre alta, escalofríos, herpes labial y diarrea. Suele adquirirse a través de aguas y alimentos contaminados y se combate con antibióticos. También *adj.*

paratiroideo, a *adj.* Perteneciente o relativo a las paratiroides.

paratiroides *adj.* Se dice de cada una de las glándulas endocrinas situadas en la parte posterior del tiroides. Tienen forma de lenteja y son de color amarillo rojizo. Se presentan generalmente en número de cuatro, aunque a veces se han encontrado hasta doce. Segregan la hormona paratiroidea, que regula el metabolismo del calcio y del fósforo. También *s. f.*

Paravicino, fray Hortensio Félix de (Madrid 1580 - íd. 1633) Orador sagrado y escritor español. Trinitario, fue predicador real (1617) y mereció los elogios de Lope de Vega, Quevedo y Gracián, entre otros. Sus sermones fueron publicados póstumamente con el título de *Oraciones evangélicas y discursos panegíricos y morales* (1638-39).

paraxial *adj.* **1.** Cercano a un eje. **2.** Se dice de los rayos luminosos que tienen poca inclinación respecto al eje óptico de un sistema centrado.

parazoos *s. m. pl.* Poríferos*.

Parc, Julio Le (Mendoza 1928) Artista argentino. Se estableció en París (1958) y fundó el Grupo de Investigación del Arte Visual (1960). Recibió la influencia de Vasarely. Se ha dedicado al arte cinético, creando obras de sorprendentes efectos luminosos. Obtuvo el gran premio en la Bienal de Venecia (1966). En 1970 publicó *Color 1959*, obra teórica sobre el color.

Parcas En la mitología romana, tres diosas infernales, Nona, Decima y Morta, de las cuales la primera hilaba, la segunda devanaba y la tercera cortaba el hilo de la vida del hombre. Se las identificaba con las Moiras griegas.

parcela *s. f.* **1.** Porción pequeña de terreno. **2.** En el registro de la propiedad, cada una de las tierras de distinto dueño que forman un término legal. **3.** Parte de una cosa.

parcelar *v. tr.* **1.** Dividir un terreno en parcelas. **2.** Medir y determinar las parcelas y sus propietarios para inscribirlas en el registro de la propiedad. **3.** Dividir algo en partes. **FAM.** Parcelable.

parcelario, ria *adj.* **1.** Perteneciente o relativo a las parcelas de terreno. ‖ **2. concentración parcelaria** Véase **concentración**.

parchazo *s. m.* Golpe que da una vela contra su palo.

parche *s. m.* **1.** Trozo de tela, papel, piel, etc., que se pega, cose o sujeta a una cosa, generalmente para tapar un agujero o desperfecto. **2.** Trozo de tela u otro material con algún medicamento en una de sus caras, que se aplica sobre alguna parte del cuerpo dolorida, herida, etc. **3.** Piel de un tambor, pandereta, etc., sobre la que se golpea. **4.** P. ext., tambor. **5.** Añadido que desentona o estropea algo. **6.** *fam.* Remedio temporal de algo.

parchear *v. tr.* Poner parches a una cosa.

parchís *s. m.* Juego que consiste en mover unas fichas sobre un tablero tantos puestos o casillas como indique el dado que se lanza. Gana el jugador que consigue colocarlas primero en la casilla final tras superar todos los obstáculos.

parcial *adj.* **1.** Relativo a la parte de un todo. **2.** Que favorece injustamente a una persona o cosa o se inclina por ella sin tener razones objetivas. ‖ *s. m.* **3.** En la enseñanza, examen de parte de una asignatura. **FAM.** Parcialmente.

parcialidad *s. f.* Cualidad o actitud de parcial, inclinación injusta y poco objetiva hacia alguien o algo.

parco, ca *adj.* **1.** Moderado, sin excesos. **2.** Escaso. **FAM.** Parcamente.

pardal *adj.* **1.** Se dice de la gente de pueblo, que solía vestir de marrón. También *s.* ‖ *s. m.* **2.** Gorrión*. **3.** Pardillo*, ave. **4.** Acónito*.

pardear *v. intr.* Ir tomando una cosa color pardo o aparecer con ese color.

¡pardiez! *interj.* Expresa sorpresa o asombro.

pardillo, lla *adj.* **1.** Se aplica a los campesinos o personas rústicas que viven en los pueblos. También *s.* **2.** Se dice de la persona a la que se engaña fácilmente. También *s.* ‖ *s. m.* **3.** Nombre común de diversas aves de la familia fringílidos, género *Carduelis*. Miden unos 13 cm de longitud, tienen el plumaje pardo, generalmente con la frente y el pecho rojizos. Habitan en Eurasia y América, en jardines y granjas. El pardillo común *(Carduelis cannabina)* forma grandes bandadas.

pardo, da *adj.* **1.** Se aplica al color marrón oscuro que tira a gris y a las cosas que tienen este color. **2.** Oscuro. **3.** *amer. desp.* Mulato.

Pardo, El Antiguo municipio de España, situado en las cercanías de Madrid, donde se hallan el monte y el palacio del mismo nombre. Éste fue residencia de invierno de los reyes y residencia oficial de Franco desde 1939 hasta su muerte. En 1951 el municipio fue incorporado a Madrid.

Pardo, Manuel (Lima 1834 - íd. 1878) Político peruano. Fundó el partido que llamó *Civil*, en el que se concretaban los deseos antimilitaristas de las clases urbanas. Llegó a la presidencia

(1872-76) y durante su gobierno creó la guardia nacional, reformó el ejército y la administración territorial y firmó un pacto secreto de defensa con Bolivia (1873). Murió asesinado.

Pardo Bazán, Emilia (La Coruña 1851 - Madrid 1921) Escritora española. Se estableció en Madrid en 1869. Comenzó su actividad literaria con cierta influencia del naturalismo de Zola, para luego evolucionar hacia el simbolismo y el idealismo. Destacó por sus obras de ambiente rural gallego, tanto novelas como cuentos. Entre sus principales libros pueden citarse las novelas *Los pazos de Ulloa* (1886), *La madre naturaleza* (1887), *Insolación* (1889) y *La sirena negra* (1908), y el ensayo *La cuestión palpitante* (1883), que trata sobre Zola y la narrativa naturalista.

Pardo y Aliaga, Felipe (Lima 1806 - íd. 1868) Escritor peruano. Se educó en España con Alberto Lista. De ideas conservadoras, fue ministro de Relaciones Exteriores de su país. Satirizó las costumbres de su tiempo, en comedias como *Frutos de la educación* (1828) y *Una huérfana en Chorrillos* (1833).

Pardo y Barreda, José (Lima 1864 - íd. 1947) Político peruano. Era hijo de Manuel Pardo. Dirigente del Partido Civil, fue presidente de la república (1904-08). Llevó a cabo una política liberal. Elegido nuevamente para la presidencia en 1915, fue derrocado por el golpe de Estado dirigido por Leguía (1919) y se exilió a EE UU.

pardusco, ca *adj.* Que es de color parecido al pardo.

Paré, Ambroise (Bourg-Hersent 1510 - París 1590) Cirujano francés. Alistado en el ejército, tomó parte en numerosas campañas. Fue uno de los primeros en practicar autopsias, eliminó el empleo del fuego en el tratamiento de las heridas e ideó métodos para el ligamiento de las arterias. Es considerado como uno de los grandes renovadores de la cirugía.

pareado, da **1.** *p. p.* de **parear**. || *adj.* **2.** Se dice de los dos versos contiguos que riman entre sí. || *s. m.* **3.** Estrofa formada por dos versos, generalmente de igual medida, que riman entre sí.

parear *v. tr.* **1.** Emparejar, unir por pares. **2.** Comparar dos cosas. **3.** En tauromaquia, poner banderillas a los toros. **FAM.** Pareo.

parecer[1] *v. copul.* **1.** Tener una cosa un aspecto determinado o producir cierta impresión. || *v. impers.* **2.** Haber indicios o señales de lo que se expresa. || *v. intr.* **3.** Con un complemento indirecto de persona, creer o pensar lo que se indica. || *v. prnl.* **4.** Ser semejante a alguien o algo. ■ Es v. irreg. Se conjuga como *agradecer.* || **LOC. a lo que parece** (o **al parecer**) Según las apariencias. **parecer bien** (o **mal**) Ser acertada o no una cosa para alguien.

parecer[2] *s. m.* **1.** Opinión. **2.** Aspecto físico, generalmente agradable, de una persona.

parecido, da **1.** *p. p.* de **parecer**. || *adj.* **2.** Que se parece a otra persona o cosa. **3.** Precedido de *bien* o *mal*, que tiene buen o mal aspecto. || *s. m.* **4.** Similitud, semejanza.

pared *s. f.* **1.** Construcción vertical de albañilería que se utiliza para cerrar o separar un espacio. **2.** Placa o superficie lateral de cualquier materia con la que se divide o cierra un espacio. **3.** Cara o superficie lateral de algo. **4.** Corte vertical de una montaña. || **5. pared abdominal** Conjunto de músculos, tejidos y piel que limitan por delante el abdomen. **6. pared celular** Cubierta de la célula vegetal, formada principalmente por celulosa. **7. pared maestra** Cualquiera de las principales y más gruesas que soportan la mayor carga de una construcción. **8. pared mediana** (o **medianera**) La que es común a dos casas o construcciones. || **LOC. entre cuatro paredes** *adv.* Estar encerrado dentro de una casa o habitación, apartado del trato con la gente. **subirse** uno **por las paredes** Expresa un estado de mal humor.

paredaño, ña *adj.* Que está separado sólo por una pared de aquello que se cita.

Paredes, Mariano (? 1800 - Granada, Nicaragua 1856) Militar y político guatemalteco. Tras sofocar la rebelión independentista de Quezaltenango (1848), fue nombrado presidente de la república con el apoyo de los conservadores (1849). Propició la vuelta de Carreras al poder y renunció a la presidencia (1851).

Paredes y Arrillaga, Mariano (Ciudad de México 1797 - íd. 1849) Militar y político mexicano. Se rebeló contra Bustamante (1840) y apoyó a Santa Anna (1841). Se sublevó contra José Joaquín Herrera y fue presidente interino durante la invasión estadounidense (1846). Al poco tiempo fue derrocado por un movimiento popular y desterrado.

paredón *s. m.* **1.** Pared que queda en pie en un edificio en ruinas. **2.** Pared gruesa o muro de contención. **3.** Muro contra el que se pone a quien se va a fusilar. || **LOC. llevar a alguien al paredón** Fusilarle.

pareja *s. f.* **1.** Conjunto de dos personas, animales o cosas que tienen entre sí alguna relación o semejanza. **2.** Conjunto de dos personas o animales formado por un macho y una hembra, y especialmente por un hombre y una mujer que viven juntos. **3.** Cada una de las personas, animales o cosas que forman parte de esos conjuntos. **4.** Grupo formado por dos miembros de la guardia civil, de la policía, etc. **5.** Compañero o compañera en los bailes. || *pl.* **6.** En los juegos de naipes, conjunto de dos cartas del mismo número o figura. **7.** En el juego de dados, los dos puntos o números iguales que salen de una tirada.

Pareja Díez-Canseco, Alfredo (Guayaquil 1908) Escritor ecuatoriano. Perteneció al llamado *grupo de Guayaquil* y sus obras, de ambiente urbano, tienen un tono realista y de denuncia social y muestran una gran penetración psicológica, especialmente en los personajes femeninos. Son de destacar sus novelas *Hombres sin tiempo* (1941), *Las tres ratas* (1944) y *Las pequeñas estaturas* (1970).

parejero, ra *adj.* **1.** *amer.* Se dice del caballo de carreras y, en general, del caballo veloz. También *s.* **2.** *Ven.* Se dice de la persona amable con todo el mundo y que tiene buenos amigos.

parejo, ja *adj.* **1.** Igual o semejante. **2.** Liso, llano, sin desniveles.

parel *adj.* Se dice del remo que se mueve al mismo tiempo que el opuesto del mismo banco de una embarcación.

paremia *s. f.* Refrán o frase popular corta de la que se desprende alguna enseñanza.

paremiología *s. f.* Estudio de los refranes. **FAM.** Paremiológico.

paremiólogo, ga *s. m.* y *f.* Experto en paremiología.

parénquima *s. m.* **1.** Tejido vegetal constituido por células de forma variable, con grandes vacuolas y fuerte pared celular que las impide dividirse. Realiza funciones de fotosíntesis y de almacenamiento de almidón, azúcar, grasa, agua, etc. **2.** En los animales, tejido de las glándulas.

parenquimático, ca o **parenquimatoso, sa** *adj.* **1.** Perteneciente o relativo al parénquima. **2.** Formado por este tejido.

parentela *s. f.* Conjunto de los parientes próximos o lejanos de una persona.

parenteral *adj.* Se dice del modo de alimentación o administración de medicamentos que no se realiza por la vía digestiva normal o intestinal; p. ej., la subcutánea, intramuscular o intravenosa.

parentesco *s. m.* **1.** Relación que existe entre varios individuos por ser de la misma familia. **2.** Relación entre dos o más cosas. **3.** En ling., relación que existe entre dos lenguas por tener un mismo origen o por presentar características comunes.

paréntesis *s. m.* **1.** Par de signos ortográficos formado por dos líneas verticales curvadas, una hacia la izquierda y otra hacia la derecha, **( )**, con que se suele indicar el comienzo y el final de algo que se intercala en un texto; también, la palabra o expresión intercalada. **2.** Frase, reflexión, comentario, etc., que se introduce al margen, pero sin romper el hilo del discurso. **3.** Pausa, interrupción. **4.** En mat., signo como el mencionado anteriormente que se utiliza para separar distintas operaciones y para indicar que éstas tienen que realizarse en primer lugar; p. ej., $3 + (8 - 3) = 3 + 5 = 8$; también, lo encerrado entre esos signos.

parentético, ca *adj.* Perteneciente o relativo al paréntesis, intercalación, interrupción.

pareo *s. m.* Prenda de mujer, originaria de Oceanía, que consiste en un pañuelo grande que se enrolla al cuerpo a modo de vestido o falda.

paresia *s. f.* Parálisis leve o disminución de la capacidad de movimiento de un músculo o grupo de músculos.

parestesia *s. f.* Sensación anormal de cosquilleo, picor, frío, etc.

Paret y Alcázar, Luis (Madrid 1746 - íd. 1799) Pintor español. Realizó, dentro del arte rococó, una pintura de influencia francesa en la que abordó diversos géneros, como las escenas de costumbres, paisajes, bodegones y retratos, con una técnica detallista de pincelada diminuta y rico colorido. Entre sus obras más representativas pueden citarse *El baile de máscaras* (1766), *Las parejas reales* (1771), *La comida de Carlos III* y *La puerta del Sol* (1773).

Pareto, Vilfredo Frederigo Samaso, marqués de (París 1848 - Céligny, Suiza 1923) Economista y sociólogo italiano de origen francés. Es conocido principalmente por su teoría de las ideologías, así como por aplicar las matemáticas a los análisis económicos. Según Pareto, la comprensión de las sociedades humanas requiere en primer lugar investigar cuáles son los motivos, supuestamente ilógicos e irracionales, que mueven a los individuos a tener un determinado comportamiento. Su tesis de la desigualdad social, al tiempo que su concepción del estado y del papel de las élites, influyeron decisivamente en la constitución del fascismo. Entre sus obras sobresalen *Manual de economía política* (1906) y *Tratado de sociología general* (1917).

parhelio *s. m.* Fenómeno luminoso poco frecuente que consiste en la aparición a la vez de varias imágenes del Sol, reflejadas en las nubes y dispuestas simétricamente sobre un halo.

paria *s. m.* y *f.* **1.** Entre los hindúes, intocable, persona que no pertenece a ninguna casta. **2.** Persona considerada despreciable o inferior y a la que se discrimina.

Paria, golfo de Golfo del océano Atlántico, en América del Sur, entre Venezuela y las islas de Trinidad y Tobago. Posee recursos petrolíferos.

parias *s. f. pl.* **1.** Placenta* del útero. **2.** En la Edad Media, tributo anual impuesto por los cristianos de la península Ibérica a los soberanos de la España musulmana.

parición *s. f.* Tiempo de parir el ganado.

paridad *s. f.* **1.** Igualdad o semejanza entre dos cosas. **2.** En econ., relación de valor entre monedas de distintos países, generalmente expresada con relación al dólar de EE UU. En el sistema de patrón oro, la paridad está determinada por la cantidad de oro por la que se puede cambiar la moneda de referencia.

paridera *adj.* **1.** Se dice de la hembra fecunda de cualquier especie. || *s. f.* **2.** Sitio en el que pare el ganado, especialmente el lanar. **3.** Época en la que pare el ganado.

parido, da **1.** *p. p.* de **parir.** || *adj.* **2.** Se dice de la hembra que ha parido hace poco tiempo. También *s. f.* || *s. f.* **3.** *fam.* Tontería, chorrada.

pariente, ta *adj.* **1.** Se dice de la persona de la misma familia que otra. También *s.* **2.** Semejante, parecido. || *s. f.* **3.** *fam.* La mujer respecto de su marido.

parietal *adj.* **1.** Se aplica a cada uno de los dos huesos situados en la parte media lateral de la cabeza, que contribuyen a formar la bóveda del cráneo, articulándose por delante con el frontal, lateralmente con el temporal correspondiente, por detrás con el occipital y en la línea media el uno con el otro. También *s. m.* || **2. lóbulo parietal** Parte superior del cerebro que contiene numerosos centros sensoriales de la piel.

parihuela *s. f.* **1.** Instrumento formado por dos barras paralelas entre las que se colocan varios maderos atravesados, que se utiliza para transportar cosas entre dos personas. **2.** Camilla*. ■ En las dos acepciones se usa más en *pl.*

paripé *s. m.* Simulación, fingimiento, particularmente para halagar a alguien.

paripinnado, da *adj.* En bot., se dice de la hoja compuesta sin foliolo terminal y, por tanto, constituida por un número par de foliolos.

parir *v. intr.* **1.** Expulsar el feto la hembra de los mamíferos. También *v. tr.* || *v. tr.* **2.** Crear, realizar. || **Loc. poner** a alguien **a parir** *fam.* Criticarle, descalificarle.

Paris En la mitología griega, héroe troyano, hijo de Príamo y Hécuba. Fue abandonado en el monte Ida y criado por un pastor. Con motivo de las bodas de Tetis y Peleo emitió su famoso juicio, por el que declaraba a Afrodita reina de la belleza. Afrodita, en recompensa, le otorgó el amor de Helena. Paris la rapto, lo que provocó que su marido, Menelao, apoyado por los aqueos, acudiera a rescatarla, dando lugar a la llamada guerra de Troya.

París C. de Francia, cap. del país, situada en el sector N de su territorio, a orillas del río Sena. 2.152.000 h. en 1990, 10.210.050 h. en 1982 en el conjunto de su área metropolitana. Es una de las metrópolis de mayor importancia en el mundo, centro administrativo, financiero y comercial, nudo básico en la red de transportes francesa y foco cultural y artístico. Su economía se basa fundamentalmente en el sector terciario, con una gran oferta turística y cultural, pero también posee una industria extraordinariamente diversificada, con producción joyera, orfebrería, mobiliario, perfumería, material de precisión, editorial, moda, automovilística, química, constructora y mecánica. El centro monumental contiene edificios tan famosos como la catedral de Notre Dame (s. XII) o la torre Eiffel (s. XIX). París conserva de la época merovingia la basílica de Saint-Vincent (hoy Saint-Germain-des-Prés), algunos monasterios medievales, como Saint-Martin-des-Champs o Bénédictus de Montmartre y las iglesias góticas de Saint-Denis, Sainte-Chapelle y Saint-Severin. De la época renacentista datan el palacio del Louvre y la iglesia de Saint-Germain-l'Auxerrois. Al arte clásico francés pertenecen la plaza des Vosgues (s. XVI-XVII), el palacio de Luxemburgo y la Sorbona. En el reinado de Luis XIV se construyeron los Inválidos y las plazas de la Victoire y Vendôme, y en la época de Luis XV, la plaza de la Concorde y el Panthéon. Bajo el imperio se levantaron la iglesia de la Magdalena y el Arco del Triunfo de l'Étoile. Del s. XIX son la iglesia del Sacré-Coeur y el teatro de la Ópera, y del XX, la ciudad universitaria, el edificio de la UNESCO, el conjunto arquitectónico y monumental de La Defense y el centro Georges Pompidou.
Hist. Desde el s. XI París experimentó una creciente prosperidad por su desarrollo artesanal y comercial y, especialmente, a partir de la fundación de la universidad (1257), que llegó a tener 10.000 estudiantes al finalizar el s. XIII. Fue escenario de la matanza de la noche de San Bartolomé (1572) y Enrique IV abjuró del protestantismo para que los ciudadanos le recibieran como rey (1594). El rey Luis XIV la enriqueció con numerosos monumentos. La Revolución Francesa comenzó con la toma de la fortaleza de La Bastilla en 1789. En época de Napoleón III, el prefecto Hausmann diseñó su modernización, a la que debe en gran parte su configuración actual. En 1871 se proclamó la Comuna de París, que fue reprimida con dureza. Las exposiciones universales de 1878, 1889 y 1900 sirvieron para aumentar su fama internacional. París sufrió la ocupación alemana en 1940, que se prolongó hasta su liberación en 1944.

París, conferencia de Nombre que reciben varias reuniones en que se trataron importantes asuntos políticos, celebradas en esta ciudad entre representantes de diversos países.
En 1919-20, la convocada por los representantes de los aliados y las potencias asociadas al final de la Primera Guerra Mundial, para determinar los caracteres de la paz lograda en los tratados de Versalles, Saint-Germain-en-Laye, Neuilly, Trianon y Sèvres.
Las tres reuniones celebradas por los vencedores de la Segunda Guerra Mundial: en 1945, para decidir las reparaciones de guerra que se iban a imponer a Alemania; en 1946, para establecer las nuevas fronteras de las naciones europeas implicadas en el conflicto; y en 1946, para discutir sobre los tratados de paz con Italia, Rumania, Hungría, Bulgaria y Finlandia, aliados de Alemania. Otras dos reuniones siguieron en 1947 para tratar del plan Marshall.
Por último, la serie de reuniones celebradas entre 1969 y 1973 para encontrar una salida pacífica al conflicto de Vietnam.

París, congreso de Reunión de los representantes del Reino Unido, Turquía, Cerdeña, Rusia, Austria y Prusia, bajo la presidencia de Francia, celebrada en 1856 y que terminó con la firma del tratado de París, en el mismo año, el cual puso fin a la guerra de Crimea.

París, escuela de Grupo de pensadores que desarrollaron sus investigaciones en el París del s. XIV, entre los que figuran Jean Buridan y Nicolás de Oresme. Influidos por la corriente nominalista, realizaron importantes estudios en el campo de la física. Constituyen un antecedente de la física moderna, especialmente en la formulación del principio de inercia.

París, tratado de Nombre que reciben diversos acuerdos políticos firmados en esta ciudad. Algunos de los más importantes son:
En 1763, el firmado entre Francia, Reino Unido, Portugal y España, que puso fin a la guerra de los Siete Años; consagró al Reino Unido como potencia naval y colonial, y Francia perdió casi todas sus posesiones americanas.
En 1814, el firmado, tras la caída de Napoleón, entre Francia y los aliados (Reino Unido, Prusia, Austria y Rusia), por el cual las fronteras francesas volvieron a los límites de 1792, salvo algunos territorios.
El de 1815, tras la batalla de Waterloo, entre Francia y los aliados, por el cual Francia perdió varios territorios y tuvo que pagar una fuerte indemnización de guerra.
En 1856, el resultante del congreso de París, que puso fin a la guerra de Crimea, reconoció la integridad del imperio turco, declaró neutral el mar Negro y libre la circulación por el Danubio.
En 1898, el acuerdo que terminó con la guerra entre España y EE UU y por el cual España reconoció la independencia de Cuba y cedió a EE UU, en concepto de indemnización, Puerto Rico, Guam, las Marianas y las Filipinas.

París: vista de la torre Eiffel.

parisién o **parisiense** *adj.* Parisino*.

parisílabo, ba *adj.* **1.** Se dice de las palabras o versos que tienen un número par de sílabas. También *s. m.* **2.** Se aplica a cada una de las palabras y versos que tienen el mismo número de sílabas. También *s. m.*

parisino, na *adj.* De París. También *s.*

paritario, ria *adj.* Se dice del organismo encargado de la discusión o resolución de conflictos en el que cada uno de los grupos interesados tienen igual número de representantes.

Park, Mungo (Fowlshiels, Selkirk 1771 - Busa, Nigeria 1806) Explorador británico. Enviado por la Sociedad Africana de Londres exploró el África occidental (1793-97), internándose por las cuencas de los ríos Níger y Gambia. En un segundo viaje de exploración por el Níger pereció ahogado.

Park, Robert Ezra (Harveyville, Pennsylvania 1864 - Nashville 1944) Sociólogo estadounidense. Estudió en EE UU y en Europa. Fue iniciador de la llamada ecología humana. Es autor de *Introducción a la ciencia sociológica* (1921), en colaboración con otros sociólogos, y de *Raza y cultura*, obra publicada en 1950, tras su muerte.

Park Chung Hee (Sonsan-gun 1917 - Seúl 1979) Militar y político surcoreano. En 1961 participó en el golpe de Estado que derrocó a Chang Myun y fue nombrado jefe del Congreso Supremo para la Reconstrucción Nacional. Elegido presidente de la república en 1963, mantuvo este cargo hasta su muerte. Su política estuvo siempre encaminada a favorecer los intereses estadounidenses en Extremo Oriente. Murió asesinado.

parka *s. f.* Especie de chaquetón o prenda de abrigo acolchada o forrada con piel, provista de capucha.

Parker, Charlie, conocido como **Bird** o **Yardbird** (Kansas City 1920 - Nueva York 1955) Saxofonista de jazz estadounidense. Empezó a destacar como uno de los iniciadores del movimiento be-pop. Más tarde formó su propio grupo, un quinteto en el que figuraban como instrumentistas Miles Davis, Duke Jordan, Max Roach y Tommy Potter. Sus magníficas improvisaciones en temas como *Cherokee* o *Bloomdido* le consagraron como uno de los más importantes músicos de este estilo.

parking (voz ingl.) *s. m.* Aparcamiento, garaje.

Parkinson, enfermedad de Deficiencia en el funcionamiento de los ganglios basales del cerebro, que causa lentitud de movimientos y dificultades y temblores en los miembros. Suele afectar a personas mayores de 55 años.

Parkinson, James (Hoxton, Middlesex 1755 - Londres 1824) Cirujano y paleontólogo británico. Fue un adelantado en el estudio de la apendicitis y el primero en describir la enfermedad que lleva su nombre.

parla *s. f.* **1.** Acción y efecto de parlar. **2.** Labia, facilidad de palabra.

Parla C. de España, en la prov. de Madrid. 69.000 h. en 1990. Cuenta con una pequeña industria metalúrgica, cementera y de muebles, pero su principal función es la de ciudad dormitorio del entorno de Madrid.

parlamentar *v. intr.* Dialogar para alcanzar un acuerdo o la solución a algún asunto.

parlamentario, ria *adj.* **1.** Perteneciente o relativo al parlamento. **2.** Se dice de la persona que es miembro de un parlamento. También *s.* **3.** Se dice de la forma de gobierno en la que existe un parlamento. **Fam.** Parlamentariamente.

parlamentarismo *s. m.* Doctrina y sistema político en que el parlamento ejerce el poder legislativo y el control de la actuación del gobierno. El parlamentarismo nació con la consolidación del poder burgués en la Inglaterra del s. XVII y se desarrolló en la centuria siguiente. Los reyes ingleses fueron perdiendo poder en beneficio de los ministros. El régimen parlamentario se extendió y fue aceptado por distintas monarquías y repúblicas europeas a lo largo del s. XIX. De 1919 a 1939 sufrió una crisis frente a los regímenes totalitarios, pero a partir del final de la

Segunda Guerra Mundial se convirtió en el sistema político de los países más desarrollados.

parlamento *s. m.* **1.** Institución u órgano político encargado principalmente de elaborar las leyes y formado por una o dos cámaras, cuyos miembros son elegidos, en los países democráticos, por los ciudadanos con derecho a voto. Además de elaborar y aprobar las leyes, el parlamento realiza un cierto control del gobierno, a cuyo presidente elige, investiga algunos asuntos de interés público, aprueba los tratados internacionales, etc. **2.** Edificio o lugar en que tiene su sede esta institución u órgano. **3.** Acción de parlamentar. **4.** En el teatro, monólogo extenso de un actor.

Parlamento Europeo Asamblea parlamentaria de la CEE, fundada en 1958 y elegida por sufragio universal desde 1978; tiene su sede en Estrasburgo.

parlanchín, na *adj.* **1.** *fam.* Se dice de la persona que habla mucho. También *s.* **2.** *fam.* Indiscreto, que dice lo que debería callar. También *s.*

parlante *adj.* Se aplica al animal o cosa que es capaz de hablar, en la realidad o en la ficción, p. ej. en un cuento.

parlar *v. intr.* **1.** Hablar, especialmente con facilidad o desenvoltura. También *v. tr.* **2.** Hablar mucho o sin decir nada importante. **3.** Emitir algunas aves sonidos semejantes a la voz humana.

parlero, ra *adj.* **1.** Parlanchín*. También *s.* **2.** Se dice del ave cantora.

parleta *s. f. fam.* Charla sin importancia.

parlotear *v. intr. fam.* Hablar mucho, generalmente sobre temas sin importancia y por pasar el rato. **FAM.** Parloteo.

Parma C. de Italia, situada en la región de Emilia-Romaña, al SE de Milán. 174.350 h. en 1990. Es el centro comercial de una rica región agrícola, que posee industrias alimentarias, mecánicas, químicas y relojeras. Fundación etrusca (s. VI a. C.), conservó su importancia en época romana y la acrecentó en la Edad Media, como base del poder gibelino en el N de Italia. En 1513 se convirtió en ducado de Parma, cuyos titulares fueron la familia Farnesio y, desde 1732, los Borbones. Fue anexionado por Napoleón en 1801 y tras 1860 incorporado al Piamonte, con el que se integró en Italia. Sus principales monumentos son la catedral románica (s. XII) y las iglesias de San Juan Evangelista (s. XVI-XVII) y Santa Maria della Steccata (s. XVI).

Parménides (Elea, Magna Grecia h. 504 - ? h. 450 a. C.) Filósofo griego. Fundador de la escuela eleática, su pensamiento ha sido reconstruido a partir de los pocos fragmentos que han llegado hasta nosotros. Solo se conservan 160 versos de su obra *Sobre la naturaleza.* Sostenía que la multiplicidad de las cosas, así como los continuos cambios a los que se hallan sometidas, no son sino apariencias de una realidad única y eterna: el Ser, que es uno y que comprende la totalidad de lo existente. La filosofía de Parménides y de su escuela instaura una línea de pensamiento que se opondrá tradicionalmente a la sostenida por Heráclito.

parmesano, na *adj.* **1.** De Parma. También *s.* **2.** Se dice de un queso de leche de vaca, de pasta dura y granulosa, sabor fuerte y color amarillento, que se fabrica en la llanura de Lombardía.

Parmigianino, Francesco Mazzola, llamado **el** (Parma 1503 - Casalmaggiore 1540) Pintor italiano. Se trasladó a Roma en 1524, donde conoció la obra de Miguel Ángel y Rafael y entabló contacto con los manieristas. Su estilo es elegante y refinado y destacó como magnífico retratista. Entre sus obras merecen mencionarse la *Sagrada Familia* (1524), *Visión de San Jerónimo* (1526-1527), *Virgen con el Niño y San Zacarías* (h. 1530), *La Madona del cuello largo* (1535) y *Retrato de un joven.*

parnasianismo *s. m.* Movimiento poético desarrollado en Francia en la década de 1866-76, que defendía la búsqueda de la perfección formal en la poesía, sin incluir en ella los sentimientos o las ideas del poeta, por oposición al sentimentalismo romántico. Tenía como lema «el arte por el arte». Tomó su nombre de la obra *El Parnaso contemporáneo* (1866), recopilación de versos de sus principales poetas. Entre sus miembros más representativos figuraron Théophile Gautier, Charles Baudelaire, Charles Marie Leconte de Lisle y José María Heredia.

parnasiano, na *adj.* **1.** Perteneciente o relativo al parnasianismo. **2.** Seguidor o partidario de este movimiento. También *s.*

parnaso *s. m.* **1.** Conjunto de todos los poetas o de los que pertenecen a un lugar o época determinada. **2.** Colección de poesías de varios autores de un lugar o época determinada.

Parnaso Monte de Grecia, de 2.457 m, en las estribaciones sudorientales de la cadena del Pindo. Estaba consagrado a Apolo y a las musas y era lugar sagrado de los poetas. En sus laderas brotaba la fuente Castalia.

parné *s. m. fam.* Dinero*.

paro *s. m.* **1.** Acción y efecto de parar, pararse o cesar el movimiento o actividad de algo. **2.** Situación de las personas que no tienen trabajo. **3.** Interrupción temporal del trabajo. ‖ **4. paro coyuntural** (o **cíclico**) El originado por crisis económicas o recesiones. **5. paro encubierto** El que no se refleja en las estadísticas. **6. paro estacional** El de aquellos trabajadores que regularmente pierden su empleo durante ciertos periodos del año, debido a la interrupción de la actividad del sector en que trabajan, como ocurre, p. ej., en la agricultura o en la hostelería. **7. paro laboral** Huelga. **8. paro tecnológico** El debido a la transformación tecnológica que origina la supresión de ciertos puestos de trabajo o también la desaparición de algunos oficios.

parodia *s. f.* Imitación burlesca que pretende ridiculizar. **FAM.** Parodiador.

parodiar *v. tr.* Hacer una parodia de alguien o algo.

paródico, ca *adj.* Perteneciente o relativo a la parodia o que la contiene.

paronimia *s. f.* Relación que existe entre las palabras parónimas.

parónimo, ma *adj.* Se dice de cada una de las palabras semejantes entre sí por su forma gráfica o por su sonido. También *s. m.*

paronomasia *s. f.* Paronimia*, particularmente la empleada como figura retórica. **FAM.** Paronomástico.

parótida *s. f.* Cada una de las dos glándulas salivales mayores, situadas en la zona más lateral y posterior de la boca, entre la rama ascendente de la mandíbula y el conducto auditivo externo. Segregan la saliva serosa, fluida y rica en albúmina.

parotiditis *s. f.* Inflamación de la parótida, llamada familiarmente *paperas.* Es causada por un virus y produce fiebre y dolor de cabeza. Puede complicarse con inflamación del páncreas, los ovarios o los testículos y, en este último caso, puede llegar a causar esterilidad.

paroxismo *s. m.* **1.** Ataque o fase más grave de una enfermedad, en muchas ocasiones con pérdida del conocimiento. **2.** Intensificación extrema de las pasiones o sentimientos. **3.** Periodo de mayor actividad o intensidad en un terremoto o movimiento orogénico. **FAM.** Paroxismal, paroxístico.

paroxítono, na *adj.* Se dice de la palabra que lleva su acento tónico en la penúltima sílaba.

parpadear *v. intr.* **1.** Abrir y cerrar los párpados repetidamente y con rapidez. **2.** Apagarse y encenderse una luz, o perder y ganar intensidad, de manera intermitente y rápida. **FAM.** Parpadeante, parpadeo.

párpado *s. m.* Cada uno de los repliegues de piel, superior e inferior, que protegen los ojos. Los párpados poseen músculos que permiten abrirlos y cerrarlos y una hilera de pelos gruesos, las pestañas. Su cara interna está tapizada por la conjuntiva, membrana mucosa recorrida por numerosos vasos sanguíneos; su inflamación se llama *conjuntivitis.* Esta membrana se mantiene siempre húmeda gracias a las lágrimas, segregadas por las glándulas lacrimales, cuyo conducto lacrimal desemboca en un ángulo de los párpados. Los peces, salvo algunos condrictios, casi nunca tienen párpados. Los anfibios tienen móvil el párpado inferior y los ofidios los tienen soldados y transparentes. En los reptiles y las aves existe un tercer párpado transparente, la membrana nictitante.

parpar *v. intr.* Emitir el pato el sonido que le es propio.

parque *s. m.* **1.** Terreno con árboles, plantas, césped, etc., que sirve generalmente como lugar de recreo. **2.** Conjunto de instrumentos, materiales, etc., destinados a un determinado servicio público. **3.** Armazón en que se coloca a los niños pequeños para que jueguen. **4.** Lugar en que se almacenan las municiones, víveres, etc., para un servicio militar. ‖ **5. parque automovilístico** Conjunto de los automóviles de un país o área. **6. parque de atracciones** Lugar cercado, generalmente fuera de una población, en que hay espectáculos, juegos y aparatos mecánicos para divertirse, como caballitos, norias, etc. **7. parque móvil** Conjunto de vehículos que pertenecen al Estado, destinados al servicio de algún ministerio, organismo, etc. **8. parque nacional** Terreno natural acotado por el Estado para proteger su vegetación y los animales que viven en él. **9. parque natural** Terreno declarado valioso por el gobierno debido a su belleza natural. **10. parque zoológico** Zoológico*.

parqué *s. m.* **1.** Pavimento para el suelo, hecho con tablas pequeñas y finas de madera que se colocan formando figuras geométricas. **2.** En la bolsa de valores, espacio destinado a realizar las operaciones, compra y venta de títulos, etc. ■ Se denomina también *parquet.*

parquear *v. tr. amer.* Aparcar.

parquedad *s. f.* Cualidad de parco.

parquet (voz fr.) *s. m.* Parqué*.

parra *s. f.* **1.** Variedad de la vid cuyos tronco y ramas leñosos se desarrollan en altura, generalmente sobre un armazón llamado emparrado. ‖ **2. parra virgen** Nombre común de diversas plantas trepadoras de la familia vitáceas, género *Parthenocissus* y *Ampelopsis.* Tienen hojas compuestas, divididas en cinco foliolos alargados y dentados. Se utilizan para cubrir paredes, pérgolas, etc. Son originarias de Asia y América del Norte. ‖ **LOC. subirse a la parra** *fam.* Darse mucha importancia; también, aumentar algo en exceso, especialmente los precios.

Parra, Aquileo (Barichara, Santander 1825 - Pacho, Cundinamarca 1900) Político colombiano. Miembro del Partido Liberal, fue presidente de la república (1876-78) y tuvo que enfrentarse a una guerra civil provocada por los conservadores. En 1878 otorgó la concesión de la construcción del canal de Panamá a la compañía francesa de Lesseps.

Parra, Nicanor (Chillán 1914) Poeta chileno. Con rasgos pintorescos, un lenguaje coloquial y desinterés por la perfección de la forma, trata de expresar lo trágico e insustancial de la vida en una sociedad mecanizada y capitalista. Entre sus obras pueden destacarse *Cancionero sin nombre* (1937), *Poemas y antipoemas* (1954), *Sermones y prédicas del Cristo de Elqui* (1977).

Parra, Teresa de la (París 1890 - Madrid 1936) Novelista venezolana. Formada en Europa, fue precursora en su país de la novela de tema social moderno y trató los problemas de la mujer criolla. Entre sus obras sobresalen *Ifigenia* (1924) y *Memorias de Mamá Blanca* (1929).

Parra, Violeta (San Carlos, Ñuble 1917 - Santiago 1966) Poeta y compositora chilena. Hermana de Nicanor Parra, fue una profunda conocedora del folclore chileno. Su obra, de claro contenido social, fue una de las bases de la canción protesta hispanoamericana, que se dio a conocer por todo el mundo desde mediados de los años cincuenta.

parrafada *s. f.* **1.** Discurso o parte de él muy largos. **2.** *fam.* Conversación.

párrafo *s. m.* **1.** Cada una de las partes de un escrito o discurso, separadas del resto por un punto y aparte o por una pausa bastante larga. **2.** Signo ortográfico (§) con el que en ocasiones se señala cada una de esas partes en un escrito, especialmente si se numeran.

parral *s. m.* **1.** Lugar en que hay parras. **2.** Parra o conjunto de parras sostenidas por un armazón o de alguna otra forma. **3.** Viña que no se ha podado y tiene los tallos demasiado largos.

parranda *s. f. fam.* Juerga, diversión.

parrandear *v. intr.* Ir o andar de parranda. **FAM.** Parrandeo.

parrandero, ra *adj.* Se dice de la persona a quien le gusta irse de parranda.

parricida *s. m.* y *f.* Persona que comete un parricidio. También *adj.*

parricidio *s. m.* Delito que consiste en matar a un ascendiente, descendiente o cónyuge.

parrilla *s. f.* **1.** Instrumento de hierro con forma de rejilla, a veces con mango y patas, que se utiliza para poner al fuego lo que se quiere asar o tostar. **2.** Restaurante en que se sirve carne asada, que generalmente se prepara a la vista de los clientes. || **3. parrilla de salida** Zona de un circuito en la que se sitúan los vehículos en un orden determinado para comenzar una carrera.

parrillada *s. f.* **1.** Plato de pescados o mariscos o carne asados a la parrilla. **2.** Restaurante en que se hace y se sirve este plato.

parriza *s. f.* Vid silvestre.

párroco *s. m.* Sacerdote que tiene a su cargo una parroquia. También *adj.*

parrón *s. m.* **1.** Parriza*. **2.** *Chile.* Parra o conjunto de parras sostenidas por un armazón o de alguna otra forma.

parroquia *s. f.* **1.** Iglesia principal de una determinada zona con ciertas atribuciones especiales. **2.** División territorial que depende de una determinada iglesia. **3.** Conjunto de personas que residen en esa zona y asisten a su iglesia correspondiente. **4.** Conjunto de clientes de un comercio, de una consulta médica, etc. **5.** En Galicia, división territorial administrativa dentro de un municipio. **FAM.** Parroquial.

parroquiano, na *adj.* **1.** Perteneciente a una parroquia. También *s.* **2.** Se dice de quien suele comprar en una tienda o usar determinados servicios. También *s.*

Parry, William Edward (Bath 1790 - Greenwich 1855) Marino y explorador británico. Realizó varias expediciones al Ártico. En 1818 formó parte de la del capitán Ross al mar de Baffin, en busca de un paso hacia el O. En 1819 exploró el estrecho de Lancaster y el archipiélago que lleva su nombre y descubrió la isla Melville. En 1827 intentó llegar al polo norte. Escribió *Cuatro viajes al polo norte* (1833).

parsec *s. m.* Unidad de longitud con la que se calculan las distancias en astronomía estelar; equivale a $3{,}08 \times 10^{13}$ km, es decir 3,2558 años luz.

parsi (voz persa) *adj.* **1.** Se dice de un pueblo descendiente de los antiguos persas mazdeístas que, huyendo de la invasión musulmana, llegó a la India en el s. VII. Vive sobre todo en Bombay. **2.** De este pueblo. También *s.*

parsimonia *s. f.* **1.** Lentitud, calma. **2.** Moderación, especialmente en el gasto de dinero.

parsimonioso, sa *adj.* Se dice de la persona que actúa con parsimonia.

parsismo *s. m.* Mazdeísmo*, religión de los antiguos persas.

Parsons, Charles Algernon (Londres 1854 - en alta mar 1931) Ingeniero británico. Inventó la turbina de vapor que lleva su nombre (1884), que luego adaptó a la navegación (1897).

Parsons, Talcott (Colorado Spring 1902 - Munich 1979) Sociólogo estadounidense. Profesor en la universidad de Harvard, fue teórico del funcionalismo. Considera la acción humana como un sistema en el que intervienen cuatro subsistemas analíticamente diferenciables: el organismo biológico, la personalidad, el sistema cultural y el sistema social. Elaboró un modelo basado en niveles de interdependencia, que excluye el cambio y la división social. Entre sus obras destacan *La estructura de la acción social* (1937), *El sistema social* (1951) y *Escritos operativos en la teoría de la acción* (1953).

parte *s. f.* **1.** Persona o cosa o conjunto de ellas que contribuyen a formar un todo y pueden considerarse por separado. **2.** Cantidad de una cosa que tiene que dar o recibir alguien, generalmente en un reparto **3.** Cada una de las personas o grupos de personas que tienen un mismo interés en un contrato u obligación. **4.** Cada una de las personas o grupos de personas que hablan o están enfrentadas con otras en una discusión, competición, pleito, etc. **5.** Lugar, sitio. **6.** Lado o aspecto por el que puede verse o considerarse una persona o cosa. || *pl.* **7.** *fam.* Órganos sexuales. || *s. m.* **8.** Comunicación oficial de cualquier tipo. **9.** *fam.* Noticiario de radio o televisión. || **10. parte de la oración** Cada una de las clases de palabras o categorías gramaticales que existen en una lengua; p. ej., el adjetivo, el sustantivo, el adverbio, etc. **11. partes de un conjunto E** En mat., conjunto cuyos elementos son todos los subconjuntos de E. || **LOC. dar parte** Avisar o comunicar, generalmente a una autoridad o a un superior, algún suceso; también, admitir que alguien participe en un asunto. **de parte** de alguien *adv.* Procedente de alguien, en nombre de alguien; también, con verbos como *estar, ponerse*, etc., a favor de alguien. **en parte** *adv.* De manera parcial o incompleta. **formar parte** de algo Estar incluido en ello. **ir a la parte** Tener participación en un negocio. **la parte del león** La mayor o mejor que se lleva alguien en un reparto, generalmente con injusticia o abuso. **llevar** uno **la mejor** (o **la peor**) **parte** Llevar ventaja o desventaja. **no ir** una cosa **a ninguna parte** No merecer que se le dé importancia. **no llevar** algo **a ninguna parte** No ser de ninguna utilidad, sobre todo para lo que interesa. **poner** alguien **de su parte** Hacer lo que pueda en algo. **por parte de** alguien *adv.* Con relación a alguien. **tener** (o **tomar**) **parte** en algo Participar en ello.

parteluz *s. m.* En arq., columna delgada que divide en dos el hueco de una ventana.

partenaire (voz fr.) *s. m.* y *f.* Con respecto a una persona, la que forma pareja con ella en el teatro, en el baile o en otras circunstancias.

partenogamia *s. f.* Unión de dos células o núcleos durante la fecundación.

partenogénesis *s. f.* **1.** Forma de reproducción de algunos animales en la que nace un nuevo individuo de un óvulo no fecundado, es decir, sin intervención de un macho. Puede provocarse artificialmente, incluso en especies tan evolucionadas como los anfibios. Algunos reptiles no presentan más que esta forma de reproducción y, por tanto, no existen machos entre ellos. Entre los insectos, hay especies que presentan alternancia de generaciones: una partenogenética y otra sexual. **2.** También se denomina así la reproducción asexual o multiplicación vegetativa de ciertas plantas.

partenogenético, ca *adj.* **1.** Perteneciente o relativo a la partenogénesis. **2.** Se aplica al animal o a la planta que tienen esta forma de reproducción.

Partenón Templo dórico griego dedicado a la diosa Atenea Parthenos, construido en la Acrópolis de Atenas por orden de Pericles entre los años 447 y 432 a. C. Intervinieron en su edificación los arquitectos Ictino y Calícrates, bajo la dirección de Fidias. Obra culminante de la arquitectura griega, realizada en mármol blanco, comprendía dos salas principales, la naos y el opistódomos, rodeadas de un pórtico. Poseía una importante decoración esculpida con escenas de la diosa Atenea y episodios de la guerra de Troya. Fue transformado sucesivamente en iglesia católica y en mezquita. En 1687, cuando el veneciano Morosini puso cerco a Atenas, una bomba provocó su destrucción parcial. En 1802, casi todas sus esculturas fueron llevadas por lord Elgin al Reino Unido.

Partenopea, República Estado creado en Nápoles, en 1799, por el Directorio francés, con ayuda de los liberales napolitanos, para sustituir el régimen borbónico por otro favorable a los intereses de la Francia revolucionaria. Se mantuvo apenas seis meses hasta la toma de la ciudad por las tropas del cardenal Ruffo, ayudadas por la escuadra del almirante Nelson.

partero, ra *s. m.* y *f.* Persona que se dedica a asistir a las mujeres en los partos.

parterre (voz fr.) *s. m.* Parte acotada de un jardín, generalmente rectangular, con flores y césped.

partesana *s. f.* Arma formada por una hoja de hierro ancha, cortante por los dos lados y con la parte inferior en forma de media luna, que se encaja en un mango de madera fuerte.

partición *s. f.* **1.** Acción y efecto de partir. **2.** Acción y efecto de repartir. **3.** En inform., cada una de las zonas en que se divide la memoria de un ordenador, a las que se asigna la ejecución de diferentes programas.

participación *s. f.* **1.** Acción y efecto de participar. **2.** Parte o papel que corresponde al que interviene en una cosa, acción o suceso. **3.** Aviso o noticia que se comunica a alguien. **4.** Escrito, nota, tarjeta, etc., en que se expresa ese aviso. **5.** Cantidad que se juega de un décimo de lotería. **6.** Cantidad de acciones de una empresa que son propiedad de una persona física o jurídica y por las que le corresponden algunos derechos, como recibir beneficios, participar en la gestión, etc. **7.** En fil., concepto elaborado por Platón para expresar la relación entre las cosas y las ideas.

participacionismo *s. m.* Movimiento y doctrina que defiende la participación de los obreros en los beneficios de la empresa.

participar *v. intr.* **1.** Hacer algo o intervenir en un asunto junto a otros. **2.** Invertir dinero en una empresa o negocio. **3.** Seguido de la preposición *de,* tener las mismas ideas, ventajas, características, etc., que otra persona o cosa. || *v. tr.* **4.** Comunicar algo a alguien. **FAM.** Participante.

partícipe *adj.* Que participa en algo. También *s.* || **LOC. hacer partícipe** a alguien de algo Comunicarle algo; también, compartir algo con una persona.

participial *adj.* Perteneciente o relativo al participio.

participio *s. m.* Forma no personal del verbo que puede ser pasado o pasivo y de presente o activo. El participio pasado regular se forma añadiendo a la raíz verbal las terminaciones *-ado* (*amado*), para la primera conjugación, o *-ido* (*temido, partido*), para la segunda y la tercera; se emplea en la formación de los tiempos compuestos de los verbos (*he cantado*), en la voz pasiva (*fue escrito*), como adjetivo (*es muy educado*) y aparece sustantivado con frecuencia (*la amada*). El participio de presente indica una acción que se está realizando; aparece en ciertas construcciones con valor de simultaneidad: *El pueblo de Aranjuez, reinante Carlos IV, se amotinó contra Godoy*; y ha dado lugar a numerosos sustantivos (*cantante, creyente*).

partícula *s. f.* **1.** Parte muy pequeña de algo o cuerpo muy pequeño. **2.** En gramática se denomina así, en algunas ocasiones, a las palabras invariables, como adverbios, conjunciones, etc. También se usa a veces este término para designar a los afijos. || **3. partícula alfa** Véase **alfa.** **4. partícula beta** Véase **beta.** **5. partícula elemental** Elemento constituyente de la materia que hasta ahora no ha podido fraccionarse en otros más pequeños.

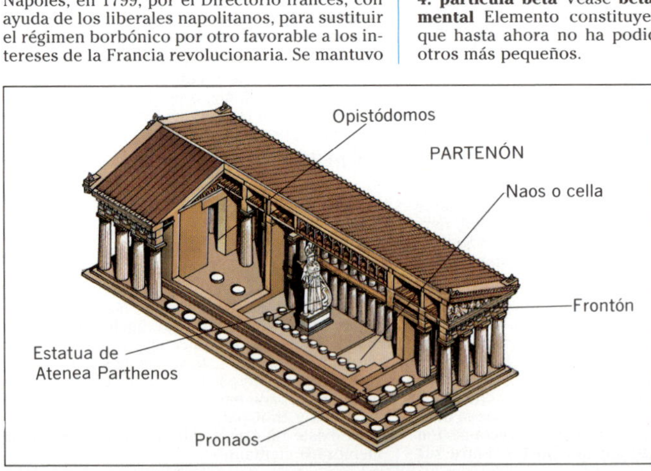

Partenón: templo dórico de planta rectangular, períptero, con 17 columnas en cada lado y 8 en los frentes; todo el templo estaba policromado, así como las esculturas.

Fís. Las partículas elementales que constituyen los átomos materiales son protón, neutrón y electrón. La masa de las dos primeras es muy superior (unas 1.000 veces mayor) que la del electrón, por lo que éste se considera de masa despreciable. El protón y el electrón son partículas con carga eléctrica positiva y negativa, respectivamente, del mismo valor absoluto (carga elemental). Existen otras muchas partículas cuyo papel no es el de elemento constituyente de la materia, sino que intervienen en ciertos tipos de interacciones, como los neutrinos (ν), los muones (μ), o los piones (π), los kaones (k), etc. Todas las partículas tienen sus correspondientes antipartículas, que serían los elementos constituyentes de la antimateria. Algunas teorías predicen la existencia de otras partículas más pequeñas que forman parte de las elementales y a las que se ha denominado *quarks*.

particular *adj.* **1.** Se dice de lo que es característico o propio de una persona o cosa. **2.** Se dice de lo que pertenece sólo a una persona o grupo reducido o es usado solamente por ellos; también, no público o del Estado. **3.** Se dice de la persona que realiza una acción o servicio de manera exclusiva o especial para otra o para varias en un grupo pequeño. **4.** Raro, poco corriente. **5.** Determinado, especial. **6.** Se dice de lo que se tiene o realiza de manera no oficial, independientemente del cargo o trabajo. **7.** Se dice de la persona cuyo cargo o empleo no es oficial. También *s.* **8.** En lóg., se dice de la proposición en que el predicado se refiere solamente a algunos individuos de la clase del sujeto, como p. ej.: *Algunos hombres son morenos.* Se distingue tanto de la universal como de la singular. || *s. m.* **9.** Tema, asunto. || **Loc. sin otro particular** *adv.* Sin más que decir; también, con una sola finalidad. **Fam.** Particularmente.

particularidad *s. f.* **1.** Cualidad de particular o característico, especial. **2.** Hecho poco importante o demasiado concreto.

particularismo *s. m.* **1.** Tendencia de un grupo social, comunidad o país a conservar usos particulares respecto a la colectividad de la que forman parte. **2.** Hecho de prestar mayor atención a lo particular o individual frente a lo colectivo. **Fam.** Particularista.

particularizar *v. tr.* **1.** Referirse a una persona, cosa o circunstancia concreta. Se usa más como *v. intr.* **2.** Hacer especial, diferenciar a una persona o cosa de otras de su misma clase. **3.** Hablar de algo o hacer referencia a ello señalando sus detalles particulares. ■ Se conjuga como *cazar.* **Fam.** Particularización.

partida *s. f.* **1.** Acción de partir o marcharse de un lugar. **2.** Cantidad de una mercancía que se entrega, envía o recibe de una vez. **3.** Cada uno de los apartados o cantidades anotadas por separado en una cuenta o presupuesto. **4.** En un juego, serie de jugadas que concluye cuando alguien resulta ganador. **5.** Anotación en los libros del registro civil, de una parroquia, etc., de algunos hechos o circunstancias relacionados con una persona, como el matrimonio o el bautismo. **6.** Documento aparte en que se hace constar el contenido de alguna de esas anotaciones: *partida de nacimiento, de matrimonio.* **7.** Grupo, banda. **8.** *amer.* Raya que se hace separando hacia dos lados el pelo de la cabeza. || **9. mala partida** (o **partida serrana**) Acción injusta o que perjudica a alguien. **10. partida de campo** Excursión en grupo al campo. **11. partida de caza** Cacería*. **12. partida doble** Método de contabilidad por el que se anotan en dos cuentas distintas lo que se tiene o se gana y lo que se debe.

partidario, ria *adj.* Se dice del que apoya o defiende a una persona, idea, movimiento, etc. También *s.*

Partidas o **siete Partidas, Las** Código medieval castellano redactado en el s. XIII bajo la dirección de Alfonso X el Sabio; está basado en el derecho romano. Su denominación procede de las siete partes (partidas) en que se encuentra dividido el texto. Su influencia ha sido enorme en la historia del derecho español.

partidismo *s. m.* Tendencia a favorecer a una persona, idea, grupo, etc., sin objetividad y, particularmente, a una opción política frente a las demás. **Fam.** Partidista.

partido, da **1.** *p. p.* de **partir**. También *adj.* || *s. m.* **2.** Grupo político organizado de ideología común cuyo principal objetivo es llegar a gobernar en un estado. **3.** *fam.* Persona soltera, generalmente varón, que se considera muy adecuada para casarse con alguien. **4.** Territorio en que debe prestar sus servicios un médico rural. || **5. partido bisagra** Partido político con representación parlamentaria pequeña que ideológicamente se encuentra entre otros dos y que puede decidir el resultado de las votaciones según se incline por uno u otro. **6. partido judicial** División territorial que comprende varios pueblos y sobre la que tiene competencia un juzgado de primera instancia e instrucción. || **Loc. sacar partido** Obtener beneficio. **tomar partido** Decidirse a elegir una determinada opción entre varias que se ofrecen.

Hist. y ***Pol.*** Las primeras manifestaciones de partidos políticos están en los grupos *whig* y *tory* de la Inglaterra del s. XVII y en los clubs de la Francia revolucionaria. La aparición del partido, en el sentido actual, está ligada a los grupos parlamentarios y, especialmente, a la presencia de las masas en la política, hasta convertirse en la base de las democracias parlamentarias. La máxima autoridad de un partido radica en el congreso, que se reúne para elegir sus cargos directivos y sus comités permanentes. En las elecciones, el partido ofrece un programa de gobierno, para que los ciudadanos conozcan el modelo de política que ha de seguir en el caso de llegar al poder.

partidor, ra *adj.* **1.** Que parte o sirve para partir. También *s.* **2.** En der., se dice de la persona que reparte la herencia por encargo del testador. También *s.*

partiquino, na *s. m.* y *f.* **1.** Cantante que ejecuta en las óperas un papel breve o poco importante. **2.** P. ext., actor que representa un papel poco importante en cualquier obra.

partir *v. tr.* **1.** Hacer de una cosa varias partes o trozos. **2.** Cortar y separar una parte de algo. **3.** Romper, rajar. También *v. prnl.* **4.** Repartir, distribuir. **5.** *fam.* Causar a alguien un perjuicio, molestia o contrariedad. || *v. intr.* **6.** Marcharse o salir de un lugar. **7.** Tener origen en alguna persona o cosa. **8.** Dar por supuesto o tomar como base algo al empezar una explicación, narración, etc. || *v. prnl.* **9.** *fam.* Reírse mucho. || **Loc. a partir de** *prep.* Desde; también, tomando como base algo. **que le parta un rayo** a alguien *fam.* Se usa para expresar desinterés por lo que pueda pasarle a alguien. **Fam.** Partible.

partisano, na *s. m.* y *f.* Miembro de un grupo de gente armada y organizada para combatir contra un ejército, especialmente de ocupación, la autoridad de un país, etc. Fue un término muy utilizado durante la Segunda Guerra Mundial.

partita (voz ital.) *s. f.* En mús., serie de piezas instrumentales encadenadas en forma similar a la suite.

partitivo, va *adj.* **1.** En ling., se dice del sustantivo y del adjetivo numeral que expresan una parte determinada de un todo, como *mitad, medio, cuarto,* etc. También *s. m.* **2.** Se dice de lo que se puede partir o dividir.

partitura *s. f.* Texto escrito de una obra musical que contiene el conjunto de todas las partes de los distintos instrumentos y voces.

parto *s. m.* **1.** Acción de parir o expulsar la hembra de los mamíferos el feto, una vez que éste puede vivir separado de la madre, generalmente llegado el término natural del embarazo. || **2. el parto de los montes** Producción de una cosa de poco interés, después de haberse esperado o anunciado algo más importante; cosa producida de esa manera; también, aquello que ha costado mucho esfuerzo.

Anat. y ***Fisiol.*** El parto se inicia con una serie de contracciones involuntarias y periódicas del útero, denominadas corrientemente «dolores de parto», que llevan al feto hacia el cuello del útero, el cual se dilata progresivamente. El amnios se rompe, saliendo el líquido al exterior, lo que vulgarmente se llama «romper aguas». Después, el feto sale al exterior pasando por el cuello del útero y la vagina. Luego se expulsa al exterior la placenta con alguna pérdida de sangre. Una vez nacido el niño, se corta el cordón umbilical, que dejará en el centro del vientre una cicatriz llamada *ombligo.*

parto, ta *adj.* **1.** Se dice de un antiguo pueblo uralo-altaico asentado en Persia septentrional y de sus individuos. También *s.* **2.** De este pueblo. || *s. m.* **3.** Lengua de la familia irania, originaria del NO de Irán, que fue sustituida por el persa medio.

Hist. Hacia 250 a. C., el caudillo de los partos Arsaces fundó un reino al S del mar Caspio. Entre 171 y 138 a. C., Mitrídates I levantó un gran imperio que abarcaba toda la meseta iraní y gran parte de Mesopotamia. En 53 a. C., los partos derrotaron a Craso en Carres, comenzando una etapa de continuas hostilidades con los romanos, a los que impidieron traspasar el curso del Éufrates. Finalmente, en 224 d. C., su imperio se deshizo ante el empuje de los sasánidas.

parturienta *adj.* Se dice de la mujer que está pariendo o acaba de hacerlo. También *s. f.*

party (voz ingl.) *s. m.* Reunión o fiesta, generalmente celebrada en casa de una persona.

párulis *s. m.* Flemón de las encías.

parusía *s. f.* En la religión cristiana, regreso glorioso de Jesucristo cuando llegue el final de los tiempos.

parva *s. f.* **1.** Mies extendida en la era para trillarla o, después de trillada, antes de separar el grano. **2.** Cantidad grande de una cosa.

parvo, va *adj.* Escaso, pequeño. **Fam.** Parvedad.

parvulario *s. m.* Centro educativo para párvulos.

parvulista *s. m.* y *f.* Persona que se dedica a enseñar a los párvulos.

párvulo, la *adj.* **1.** Se dice del niño que asiste a algún centro de educación preescolar, pues aún no tiene edad para comenzar la enseñanza primaria o básica. También *s.* **2.** Se dice del niño de pocos años. También *s.* **3.** Se dice de la persona inocente, que sabe poco o es fácil de engañar.

pas de deux (expr. fr.) *s. m.* **1.** Grupo de dos bailarines. **2.** Danza ejecutada por dos bailarines.

pasa *s. f.* **1.** Uva que se ha secado natural o artificialmente para consumirla así. También *adj.* || **2. pasa de Corinto** La de pequeño tamaño y sin pepitas, usada en pastelería. **3. pasa gorrona** La de tamaño grande.

pasable *adj.* Que puede pasar, no muy mal. **Fam.** Pasablemente.

pasabola *s. f.* Jugada de billar en que la bola impulsada por el jugador toca lateralmente a otra, da en la banda opuesta y vuelve para tocar a la tercera bola.

pasacalle *s. m.* **1.** Música con ritmo de marcha, tocada generalmente por una banda popular callejera. **2.** Danza cortesana, de ritmo ternario y tiempo moderado, de origen popular hispánico o italiano. Apenas distinguible de la chacona, ha sido cultivada por grandes maestros como Johann Sebastian Bach, Pachelbel y Brahms.

pasada *s. f.* **1.** Acción y efecto de pasar de una parte a otra. **2.** Acción y efecto de realizar cierta operación, en particular si se hace ligeramente. **3.** En las labores de punto, fila de éstos, hechos seguidos y desde el mismo lado. **4.** *fam.* Cosa o acción exagerada o muy buena. || **5. mala pasada** Mala acción o hecho que perjudica a alguien. || **Loc. de pasada** *adv.* Sin detenerse mucho.

pasadera *s. f.* Cualquier cosa que se coloca para poder caminar sobre ella y atravesar una corriente de agua, un charco, etc.

pasadero, ra *adj.* **1.** Pasable*. **2.** Se dice de la piedra que atraviesa una pared y sobresale al exterior. También *s. f.* **Fam.** Pasaderamente.

pasadizo *s. m.* Paso estrecho entre casas, paredes, etc.

pasado, da **1.** *p. p.* de **pasar**. || *adj.* **2.** Anterior, de otro tiempo. **3.** Gastado, estropeado. **4.** Se dice de los alimentos en mal estado por no ser recientes. || *s. m.* **5.** Tiempo anterior al actual. **6.** En ling., pretérito*. || **Loc. pasado de moda** *adj.* Anticuado, que no se corresponde con los gustos actuales.

pasador *s. m.* **1.** Broche, alfiler, horquilla, etc. **2.** Gemelo de camisa. **3.** Cerrojo de puertas y ventanas. **4.** Varilla de metal que se coloca pasándola de un lado a otro de una cosa y sirve para sujetar ésta a algo, permitiendo que pueda moverse. **5.** Utensilio agujereado y generalmente con forma de cono o de media esfera, que sirve para colar algo. **6.** Instrumento que sirve para pasar hilos u otras materias a través de los agujeros en los que hay que colocarlos.

pasaje *s. m.* **1.** Billete para viajar en barco o avión y precio que se paga por él. **2.** Conjunto de personas que viajan en un barco o avión. **3.** Calle estrecha y corta, o paso de una calle a otra por debajo de una casa. **4.** Fragmento de una obra literaria o musical.

pasajero, ra *adj.* **1.** Que pasa pronto o dura poco. **2.** Se dice de las aves que no viven durante todo el año en el mismo lugar. También *s.* ‖ *s. m.* y *f.* **3.** Persona que viaja en un vehículo sin conducirlo ella misma. **FAM.** Pasajeramente.

Pasajes (*Pasaia*) C. de España, situada en la prov. de Guipúzcoa, al E de la capital, San Sebastián. 19.150 h. en 1990. Es un centro industrial y pesquero de primer orden.

pasamanería *s. f.* **1.** Tira de tejido bordado o de hilos o cordones trenzados, que sirve para adornar ropas y otras cosas. **2.** Conjunto de estos adornos. **3.** Taller o tienda en que se fabrican estos adornos. **4.** Oficio de la persona que los realiza.

pasamano *s. m.* **1.** Pasamanería*. **2.** Pasamanos*. **3.** Cordón grueso que hace la misma función que la barra de una barandilla. **4.** *Arg., Par., Urug.* En los transportes públicos, correa que cuelga del techo para que se agarren de ella los viajeros que van de pie.

pasamanos *s. m.* Barra o parte superior de una barandilla.

pasamontañas *s. m.* Gorro, generalmente de lana, que cubre toda la cabeza hasta el cuello, excepto los ojos y la nariz, y se usa para protegerse del frío.

pasamuros *s. m.* En electricidad, elemento aislante que permite el paso de un conductor eléctrico a través de una pared metálica no aislada de tierra.

pasante *s. m.* y *f.* Persona que trabaja como auxiliar de un abogado.

pasantía *s. f.* Trabajo o empleo de pasante y tiempo que dura este trabajo.

pasaportar *v. tr.* Dar el pasaporte*.

pasaporte *s. m.* **1.** Documento que identifica a una persona necesario para viajar por determinados países. **2.** Documento en que se da permiso a alguien para circular por un determinado territorio. ‖ **3. pasaporte diplomático** El proporcionado por el Estado a las personas pertenecientes al cuerpo diplomático o consular o que desempeñan alguna misión oficial. ‖ **LOC. dar (el) pasaporte** a alguien Echarle de un lugar o terminar la relación con él; también, matarle.

pasapurés *s. m.* Especie de colador que sirve para triturar los alimentos.

pasar *v. tr.* **1.** Hacer que algo vaya de un lugar a otro, al interior o a través de algo. **2.** Mover ciertas cosas que sólo pueden hacerlo en una dirección, p. ej. las hojas de un libro. **3.** Ir más allá de un límite o de un determinado punto. También *v. prnl.* **4.** Superar con éxito una prueba, examen, etc. **5.** Adelantar, aventajar. **6.** Llevar una cosa por encima de otra, tocándola. **7.** Padecer una enfermedad, molestia, pena, etc. **8.** Tragar una cosa. **9.** Tolerar, permitir. **10.** Estar durante un tiempo en un lugar, estado o realizando una acción determinada. También *v. prnl.* **11.** En los dep. y juegos con balón, entregar éste un jugador a otro. **12.** Llevar determinadas mercancías de un país a otro. **13.** Hacer que le llegue a alguien una noticia, comunicación, etc. **14.** Proyectar una película cinematográfica, unas diapositivas, etc. ‖ *v. intr.* **15.** Ir de un lugar a otro, al interior o a través de él. **16.** Con la preposición *por*, ir a algún sitio sin quedarse en él mucho tiempo. También *v. prnl.* **17.** Con la preposición *por*, experimentar, sufrir. **18.** Con la preposición *por*, ser tenido o considerado como lo que se expresa. **19.** Cambiar de una situación o estado. **20.** Cambiar algo de un poseedor o de alguien que disfruta o sufre algo a otro u otros. También *v. tr.* **21.** Suceder, ocurrir. **22.** Con la preposición *a*, dejar un asunto, tema o acción para empezar otro. **23.** Conformarse. **24.** Admitirse, ser aceptado. **25.** Terminar una situación o un periodo de tiempo. También *v. prnl.* **26.** En algunos juegos, no intervenir alguien en una jugada. **27.** *fam.* No actuar, no intervenir, no interesarse. ‖ *v. prnl.* **28.** Cambiar de unas ideas, grupo, etc., a otro. **29.** Pudrirse o estropearse los alimentos. **30.** Olvidarse o no darse cuenta de algo. **31.** Con palabras como *mente, imaginación*, etc., ocurrírsele algo a alguien. ‖ **LOC. pasarlo** Con adverbios como *bien* o *mal*, divertirse o no. **tener un buen pasar** Tener comodidades o un relativo bienestar.

pasarela *s. f.* **1.** Puente pequeño, hecho de materiales ligeros. **2.** Puente sobre una autopista, carretera, vía de tren, etc., para que los peatones puedan cruzar de un lado a otro. **3.** Pasillo estrecho y algo elevado por el que pasan los modelos en un desfile de modas. **4.** Soporte de los proyectores en los estudios cinematográficos.

pasarrato *s. m. Guat., Méx., P. Rico.* Pasatiempo.

pasatiempo *s. m.* Juego o entretenimiento con el que se pasa el rato.

pasavolante *s. m.* Acción hecha con brevedad y sin mucho cuidado.

pascal *s. m.* **1.** Unidad de presión en el Sistema Internacional; equivale a la fuerza de un newton sobre un metro cuadrado. Su símbolo es *Pa.* **2.** Lenguaje de ordenador de alto nivel, diseñado por el suizo Niklaus Wirth.

Pascal, Blaise (Clermont-Ferrand 1623 - París 1662) Matemático, físico y filósofo francés. A los dieciséis años escribió un ensayo sobre las secciones cónicas y tres años más tarde construyó una máquina calculadora. Destacan en física sus experiencias sobre el vacío y en matemáticas su correspondencia con Fermat, que constituye una de las bases del cálculo de probabilidades. Estudió el comportamiento de los fluidos, cuyos resultados plasmó en el principio que lleva su nombre y se interesó por la presión atmosférica, cuyas leyes estableció definitivamente tomando como punto de partida los experimentos de Torricelli. Dentro de su pensamiento filosófico sobresale su concepción del hombre, al que considera un ser situado entre dos infinitos, ocupando una posición intermedia entre lo más elevado y lo más miserable. El conocimiento no es puramente razón, ni sentimiento, sino una lógica del corazón, camino que lleva al reconocimiento de la existencia de Dios. Sus principales escritos son *Relaciones del gran experimento* (1648), *Las provinciales* (1657) y, sobre todo, su obra póstuma *Pensamientos* (1669).

Blaise Pascal. Retrato de autor anónimo francés del siglo XVII (Palacio de Versalles).

Pascal, principio de Toda presión ejercida sobre un fluido se transmite instantáneamente y con la misma intensidad a todos los puntos de dicho fluido. Este principio es el que rige el funcionamiento de la prensa hidráulica, el molino hidráulico, etc.

Pascal, triángulo de Agrupación de números de forma triangular en la que los números de cada fila constituyen la suma de los dos inmediatamente superiores. Con él se construyen los coeficientes del desarrollo de $(a + b)^n$, con n entero:

$(a + b)^0 = 1$
$(a + b)^1 = 1 \cdot a + 1 \cdot b$
$(a + b)^2 = 1 \cdot a^2 + 2 \cdot a \cdot b + 1 \cdot b^2$
$(a + b)^3 = 1 \cdot a^3 + 3 \cdot a^2 \cdot b + 3 \cdot a \cdot b^2 + 1 \cdot b^3$

hasta construir el triángulo:

1
1 1
1 2 1
1 3 3 1
1 4 6 4 1

y así sucesivamente. También es llamado *triángulo de Tartaglia.*

pascana *s. f.* **1.** *Amér. del S.* Etapa de un viaje que se hace en un día. **2.** *Amér. del S.* Posada en un camino.

Pasco Departamento de Perú, situado en el sector central del país, en territorio andino. 24.233 km². 264.800 h. en 1987. La capital es Cerro de Pasco, con 81.500 h. en 1981. En su economía ocupan un papel preponderante la minería del cobre, plomo, cinc y plata y la explotación forestal.

Pascoli, Giovanni (San Mauro di Romagna, Forlí 1855 - Bolonia 1912) Poeta italiano. Sucedió a Carducci en la cátedra de literatura italiana en la universidad de Bolonia (1906). Fue el máximo representante, junto con D'Annunzio, del decadentismo. Su principal libro es *Myricae* (1891). Otras obras suyas destacadas son *Pequeños poemas* (1897), *Poemas itálicos* (1911) y *Poemas del Risorgimento* (póstuma, 1913).

pascua *s. f.* **1.** Fiesta que celebran los hebreos para conmemorar su liberación del cautiverio en Egipto. **2.** En la religión católica, fiesta en la que se conmemora la resurrección de Jesucristo; se celebra el domingo siguiente al plenilunio posterior al 20 de marzo. ▪ Se denomina también *Pascua de Resurrección.* **3.** En la religión católica, se denomina así a las fiestas de Navidad, Epifanía y Pentecostés. ‖ *pl.* **4.** Tiempo comprendido entre las fiestas de Navidad y Epifanía. ▪ En todas las acepciones suele escribirse con mayúscula. ‖ **5. Pascua del Espíritu Santo** Pentecostés*. **6. Pascua florida** (o de **flores**) Pascua de Resurrección. ‖ **LOC. como unas pascuas** *fam.* Muy contento o animado. **de Pascuas a Ramos** *adv.* y *fam.* De tarde en tarde. **hacer la pascua** a alguien *fam.* Molestarle o perjudicarle. **¡santas pascuas!** *fam.* Expresión con que se termina una discusión o se indica que hay que conformarse con lo dicho o hecho.

Pascua (en polinesio *Rapa Nui*) Isla de Chile, en el océano Pacífico, al S del trópico de Capricornio, a 3.760 km de la costa de Chile. 162,5 km². 1.936 h. en 1982. La capital es Hanga Roa. De origen volcánico, está habitada por polinesios. Cuenta con cultivos de maíz, hortalizas y fruta, ganadería ovina y porcina y pesca. Fue descubierta en la Pascua de 1722. Son famosas las gigantescas estatuas, llamadas *moais*, que miden entre 2 y 15 m de altura, realizadas en roca volcánica y distribuidas de modo irregular por toda la isla. Están hincadas en el suelo y sólo presentan parte del torso y la cabeza. Se desconoce su origen y la época en que fueron talladas y se las supone relacionadas con el culto a los muertos.

pascual *adj.* **1.** Perteneciente o relativo a la Pascua. **2.** Se aplica al cordero de más de dos meses.

Pascual Nombre de dos papas.
Pascual I, San (Roma ? - íd. 824) Papa romano. Su pontificado abarca de 817 a 824. Obtuvo de Ludovico Pío el reconocimiento de los derechos del papado sobre los Estados de la Iglesia. Coronó a Lotario I (823).
Pascual II (Ravena h. 1050 - Roma 1118) Papa italiano. De nombre Raniero, su pontificado abarca de 1099 a 1118. Era monje benedictino. Se opuso a cuatro antipapas. Elegido en plena lucha de las Investiduras, excomulgó al emperador Enrique IV (1102) y apoyó a su hijo. Coronó a éste como Enrique V y le reconoció el derecho de investidura (1111), pero luego el papa se retractó (1112) y tuvo que huir de Roma.

pase *s. m.* **1.** Acción y efecto de pasar de un lugar o estado a otro. **2.** En lenguaje taurino, cada una de las veces que el torero deja pasar al toro, después de haberlo citado con la muleta por delante. **3.** Proyección de una película, generalmente en una sala de cine. **4.** Desfile de modelos de costura. **5.** Documento en que se concede a alguien un privilegio o permiso, particularmente para entrar o salir de un sitio. **6.** Acción y efecto de pasar el balón un jugador a otro en ciertos deportes o juegos. **7.** Movimiento de manos de un mago al realizar un truco o de un hipnotizador. ‖ **LOC. dar el pase** a alguien Echar a alguien o hacerle cesar en un trabajo u otra actividad. **tener** algo **un pase** *fam.* Ser tolerable, de mediana calidad.

paseante *adj.* **1.** Se dice de la persona que pasea por un lugar. También *s.* **2.** *fam.* Desocupado o que no tiene nada que hacer. También *s.* ▪ Se le llama igualmente *paseante en corte.*

pasear *v. intr.* **1.** Andar despacio para distraerse, para hacer ejercicio, etc., sin intención de ir a ningún sitio en especial. También *v. tr.* y *v. prnl.* **2.** Ir a caballo, en coche, bicicleta, etc., del mismo modo. También *v. prnl.* **3.** Ir el caballo a paso lento. || *v. tr.* **4.** Llevar de paseo a una persona o animal. || *v. prnl.* **5.** Andar rondando a alguien ideas, proyectos, etc.

paseíllo *s. m.* Desfile de los toreros y sus cuadrillas atravesando la plaza, antes de comenzar la corrida de toros.

paseo *s. m.* **1.** Acción y efecto de pasear o pasearse. **2.** Lugar adecuado para pasear por él, p. ej. una calle o camino con árboles. **3.** Distancia corta que puede recorrerse en poco tiempo andando despacio. **4.** Cosa fácil de hacer. || **LOC. a paseo** *fam.* Con verbos como *ir, mandar,* etc., se usa para despedir a alguien o rechazar algo con enfado. **dar el paseo** a alguien *fam.* En la guerra civil española, llevar a alguien a las afueras de una población y matarle.

paseriforme *adj.* **1.** Que tiene forma de pájaro. || *s. m. pl.* **2.** Orden de aves al que pertenecen cerca de 5.000 especies comprendidas en 70 familias. Se caracterizan por tener en sus patas tres dedos dirigidos hacia adelante y otro, el pulgar, hacia atrás, lo que les permite asirse a las ramas. Son generalmente de talla pequeña y tienen caracteres muy diversos. Están distribuidas por toda la Tierra. Paseriformes son las alondras, golondrinas, cuervos, mirlos, gorriones, etc. También *adj.* y *s. m.*

pashtu *s. m.* Lengua de origen indoeuropeo que, junto con el persa, es idioma oficial de Afganistán. Se escribe con alfabeto árabe, al que se han añadido algunos signos.

Pasic, Nikola (Zajecar 1845 - Belgrado 1926) Político serbio. Organizó el Partido Radical (1882), nacionalista y democrático. Después de la abdicación de Milan Obrenovic (1889), elaboró una Constitución democrática y fue elegido jefe del gobierno (1891-92). Fue nombrado de nuevo para este puesto (1905 y 1910-18) tras la muerte de Alejandro I. Aspiraba a la creación de un fuerte estado eslavo en los Balcanes con predominio serbio. Hizo entrar a Serbia en las guerras balcánicas (1912-13) y en la Primera Guerra Mundial. Pactó con croatas y eslovenos la creación de Yugoslavia y fue su primer jefe de Estado (1921-26).

pasiego, ga *adj.* Del valle del Pas, en Cantabria. También *s.*

Pasifae En la mitología griega, hija de Helio, esposa del rey Minos y madre del Minotauro, a quien concibió de la unión con un toro blanco del que se había enamorado.

pasil *s. m.* **1.** Piedra colocada para atravesar una corriente de agua sin mojarse. **2.** Parte por donde se puede cruzar a pie una corriente de agua. **3.** Paso o camino estrecho.

pasillo *s. m.* **1.** Parte larga y estrecha del interior de una casa o edificio, que comunica unas habitaciones con otras y sirve sólo de paso. **2.** En costura, puntada larga utilizada para hacer ojales y para algunos bordados. **3.** Pieza teatral breve. **4.** *Col.* Baile y música popular de carácter alegre.

pasión *s. f.* **1.** Sentimiento muy intenso que domina a una persona. **2.** Inclinación o preferencia muy grande o exagerada. **3.** Conjunto de padecimientos que sufrió Jesucristo desde su entrada en Jerusalén hasta su muerte en la cruz. **4.** Composición musical, cuyo texto se basa en la Pasión de Jesús descrita en los *Evangelios.* Alcanzó un gran desarrollo en Alemania, sobre todo en la obra de Johann Sebastian Bach. ■ En las dos últimas acepciones suele escribirse con mayúscula. || **5. pasión de ánimo** Tristeza, decaimiento.

pasional *adj.* **1.** Perteneciente o relativo a la pasión, especialmente a la amorosa. **2.** Que tiene o muestra mucha pasión.

pasionaria *s. f.* **1.** Nombre común de diversas plantas herbáceas o trepadoras de la familia pasifloráceas, género *Passiflora.* Tienen las hojas recortadas en 5 foliolos, flores solitarias de color blanco-verdoso y fruto en baya de color naranja. Son originarias de regiones cálidas de América del Sur, con especies en África, Australasia y Madagascar; actualmente están muy extendidas. Se usan en ornamentación, cultivadas

Flor de pasionaria (Passiflora caerulea).

en macetas y para cubrir muros; y en alimentación, por sus frutos. Con los frutos de la pasionaria amarilla *(Passiflora edulis flaviocarpa)* se elabora un zumo muy apreciado. **2.** Flor de estas plantas.

Pasionaria Véase **Ibárruri, Dolores**.

pasionista *adj.* **1.** Se dice de la congregación de religiosos descalzos de la Cruz y Pasión de Cristo, fundada en 1720 por el misionero italiano San Pablo de la Cruz. **2.** De esta congregación. También *s.* || *s. m.* y *f.* **3.** Persona que canta la pasión en las celebraciones religiosas de la Semana Santa.

pasito *s. m.* **1.** *dim.* de **paso**. || *adv. m.* **2.** Con cuidado. **3.** En voz baja, sin hacer ruido.

pasitrote *s. m.* Trote con pasos cortos y rápidos propio de los asnos y algunas otras caballerías no amaestradas.

pasivación *s. f.* Recubrimiento de la superficie de ciertos metales con capas o películas protectoras que impiden que continúe el proceso de oxidación en su interior. Esta película se forma algunas veces espontáneamente, como ocurre con el cinc y el aluminio; en estos casos, el propio óxido formado actúa como capa protectora.

pasividad *s. f.* Cualidad de pasivo.

pasivo, va *adj.* **1.** Se aplica a la persona que deja actuar a otros sin hacer nada, y a su actitud, comportamiento, etc. **2.** Se aplica a la persona o cosa que soporta los efectos de una acción que ella no ha realizado. **3.** Se dice de la percepción económica, y del derecho de una persona a su obtención, por los trabajos o servicios que anteriormente ha prestado ella misma o algún familiar del que dependía. **4.** En electricidad, se dice del circuito o elemento del mismo que no contiene un generador de energía eléctrica y cuya función consiste generalmente en transformar esa energía en calorífica. **5.** En gramática, se aplica a la voz del verbo que expresa que la acción la realiza un sujeto distinto del gramatical y éste recibe los efectos de dicha acción; se aplica también a las oraciones que se forman con este tipo de verbos. También *s. f.* || *s. m.* **6.** En econ., conjunto de las deudas y obligaciones de una persona, empresa, etc. || **7. pasiva refleja** Construcción verbal de significado pasivo que se forma con *se* y un verbo en voz activa: *Se venden casas.* **FAM.** Pasivamente.

pasma *s. f. fam.* Cuerpo de policía.

pasmado, da **1.** *p. p.* de **pasmar**. || *adj.* **2.** Asombrado, atontado. También *s.*

pasmar *v. tr.* **1.** Asombrar a alguien dejándole atontado. También *v. prnl.* **2.** Dejar a alguien helado de frío. También *v. prnl.* || *v. prnl.* **3.** Sentir mucho frío.

pasmarote *s. m.* y *f. fam.* Persona atontada o ensimismada.

pasmazón *s. m. Amér. C.* Pasmo.

pasmo *s. m.* **1.** *fam.* Enfriamiento muy intenso en una persona. **2.** Admiración o asombro excesivos, que dejan a una persona sin poder pensar o hablar. **3.** Cosa que produce esa admiración o asombro.

Pasmore, Edwin John, llamado **Victor** (Chelsham, Surrey 1908) Pintor británico. Fue miembro del grupo *Euston Road.* Del neoimpresionismo evolucionó hacia la abstracción y a partir de 1950 realizó collages y construcciones, empleando madera, metal, plástico y otros materiales.

pasmoso, sa *adj.* Que produce pasmo o gran asombro en una persona. **FAM.** Pasmosamente.

paso *s. m.* **1.** Acción y efecto de pasar. **2.** Movimiento que se realiza al andar adelantando una pierna y poniendo el pie en el suelo; también, espacio que se recorre al realizar este movimiento. **3.** Manera de andar. **4.** Manera de andar un animal de cuatro patas, especialmente una caballería, cuando lo hace lentamente. **5.** Pisada o huella que deja alguien al andar. Se usa más en *pl.* **6.** Cada una de las variaciones en una danza o baile. **7.** Movimiento de los pies que realiza un bailarín. **8.** Cada uno de los avances, generalmente representados por números sucesivos, de un aparato contador. **9.** Lugar por el que se pasa o se puede pasar para ir de un sitio a otro. **10.** Gestión, trámite o actuación que hay que realizar para conseguir algo. Se usa más en *pl.* **11.** Progreso, avance. **12.** Cada uno de los hechos más importantes de la Pasión de Jesucristo. **13.** Grupo de esculturas que representa esos hechos. **14.** Decisión o acción importante en la vida de alguien. **15.** Pieza de teatro corta, generalmente con episodios cómicos, cuya creación se atribuye a Lope de Rueda en el s. XVI. De ambiente popular, sus personajes eran tipos humildes: el bobo, el pastor, el vizcaíno, la negra, el labrador, el gitano, los valentones, etc. Se representaba al principio de las comedias, en los entreactos, o bien intercalado en la acción principal. Fue el precedente de los entremeses. || *pl.* **16.** En baloncesto y balonmano, falta que hace el jugador que da tres pasos o más con la pelota en la mano sin botarla. || *adv. m.* **17.** En voz baja. || *interj.* **18.** Se dice para abrirse camino entre la gente. || **19. buen paso** Paso rápido. **20. mal paso** Error, falta. **21. paso a nivel** Cruce de una vía de tren con un camino o carretera al mismo nivel. **22. paso de peatones** (o **paso de cebra**) Lugar señalado en una calzada para que las personas crucen a pie de un lado a otro. || **LOC. a cada paso** *adv.* Con bastante frecuencia, repetidamente. **a ese** (o **este**) **paso** *adv.* Con esa velocidad o de esa manera. **a paso de tortuga** *adv.* Con lentitud. **a paso largo** (**tirado** o **ligero**) *adv.* De prisa. **abrir** (o **abrirse**) **paso** Quitar los obstáculos que impiden pasar. **al paso** *adv.* Sin detenerse al pasar por algún lugar; también, andando sin prisa. **al paso que** *conj.* Al mismo tiempo que algo. **ceder el paso** Dejar una persona que pase otra antes que ella. **dar paso** Permitir el paso por algún lugar. **dar paso a** algo Crear las condiciones adecuadas para que algo ocurra. **de paso** *adv.* Aprovechando que se hace otra cosa; también, sin detenerse en un lugar. **llevar el paso** Mover los pies con el ritmo adecuado al bailar, desfilar, etc. **marcar el paso** Llevarlo, pero sin avanzar ni retroceder. **paso a paso** *adv.* Poco a poco; también, con lentitud. **salir al paso** Salir al encuentro de alguien; detener a alguien antes de que haga o diga algo; también, negar algo que ha dicho otra persona. **salir del paso** *fam.* Librarse de una dificultad o superarla. **seguir los pasos a** alguien Observarle, espiarle. **seguir los pasos de** alguien Imitarle.

paso, sa *adj.* Se dice de la fruta desecada por cualquier procedimiento para consumirla así.

Paso, Alfonso (Madrid 1926 - íd. 1978) Escritor español. Fue el autor teatral más prolífico de la posguerra. Entre sus títulos más significativos cabe citar *Juicio contra un sinvergüenza* (1952), *Los pobrecitos* (1957), *La boda de la chica* (1960) y *La corbata* (1963).

Paso, el Grupo de pintores abstractos españoles de tendencia informalista, formado en Madrid en 1957 y disuelto en 1960. Sus principales integrantes fueron Antonio Saura, Manuel Millares, Rafael Canogar, Manuel Rivera, Manuel Viola y Luis Feito.

Paso, El C. de EE UU, situada en el estado de Texas, a orillas del río Grande, junto a la frontera mexicana. 515.600 h. en 1989. Es un importante mercado ganadero y centro industrial, con fundiciones de plomo y cobre, refinerías de petróleo y producción electrónica y textil.

Paso, Fernando del (México 1935) Novelista mexicano. Su narrativa se caracteriza por el vanguardismo formal y estilístico, y por una temática en la que aborda la historia contemporánea de su país. Entre sus novelas merecen destacarse *José Trigo* (1966), *Palinuro de México* (1977) y *Noticias del imperio* (1987).

pasodoble *s. m.* Música, canción y baile españoles de ritmo vivo; en ocasiones se toca en marchas militares para que la tropa desfile a ese compás. ■ Se escribe también *paso doble*.

Pasolini, Pier Paolo (Bolonia 1922 - Roma 1975) Escritor y director cinematográfico italiano. Luchó por la revalorización de la poesía popular como modo de expresar la realidad, aunque no pudo evitar proyectar sobre ella su mirada de intelectual. En sus filmes se combinan el realismo más descarnado con notas de gran lirismo. Murió asesinado. Entre sus obras literarias destacan sus libros poéticos *La religión de mi tiempo* (1961) y *Poesía en forma de rosa* (1961) y la novela *Mujeres de Roma* (1960). Algunas de sus principales películas son *Mamma Roma* (1962), *El evangelio según San Mateo* (1964), *Teorema* (1968), *Saló* (1975) y la *Trilogía de la vida: El decamerón* (1971), *Los cuentos de Canterbury* (1972) y *Las mil y una noches* (1974).

pasota *adj.* **1.** Se dice de la persona que pasa de todo, especialmente de la política. También *s.* **2.** Perteneciente o relativo a estas personas.

pasotismo *s. m.* Actitud y forma de vida de los pasotas.

paspartú *s. m.* Recuadro de cartón, tela u otro material que se coloca entre un dibujo, pintura, etc., y su marco.

paspié *s. m.* Danza de compás ternario y tiempo alegre, que tiene algunos pasos del minué.

pasquín *s. m.* **1.** Escrito anónimo colocado en lugares públicos, que contiene una crítica contra el gobierno, una institución, una persona, etc. **2.** Escrito panfletario.

passim (voz. lat.) *adv.* En diversos lugares. ■ Se usa después de citar un libro u obra para indicar que pueden consultarse diversos lugares a lo largo de dichas obras.

Passy, Frédéric (París 1822 - íd 1912) Economista y pacifista francés. Fundador de la Liga Internacional para la Paz Permanente (1867), recibió en 1901 el premio Nobel de la paz, compartido con Henri Dunant.

pasta *s. f.* **1.** Mezcla muy espesa de un liquido y de una sustancia sólida. **2.** Masa de harina de trigo y agua que se deja secar y de la que se hacen los macarrones, fideos, etc. **3.** Conjunto de los alimentos hechos con esa masa de harina de trigo. **4.** Pieza pequeña de repostería, más bien dura y plana, a veces recubierta de chocolate, almendras, etc. **5.** Cubierta de los libros hecha de cartón, generalmente forrado de piel, tela o material plástico. **6.** *fam.* Dinero o cantidad grande de él. **7.** *fam.* Modo de ser de una persona. **8.** *fam.* Cachaza, pachorra. ‖ **9. pasta española** Encuadernación de los libros que se hace forrando los cartones que los recubren con piel de cordero, teñida de color castaño y decorada imitando el jaspe.

pastaflora *s. f.* Pasta muy fina, hecha con azúcar, harina y huevos.

pastar *v. intr.* **1.** Comer el ganado hierba en el campo. ‖ *v. tr.* **2.** Llevar el ganado al campo para que coma hierba.

Pastaza Prov. de Ecuador, situada en el E del país, en territorio amazónico. 30.269 km^2. 36.500 h. en 1989. La capital es El Puyo, con 6.700 h. en 1979. Está regada por los ríos Puyo y Napo, en cuyas orillas viven los indios aucas. Su economía se basa en la pesca y en la explotación forestal de maderas preciosas y caucho.

pastel *s. m.* **1.** Pieza hecha con masa de harina, huevo, manteca y otros ingredientes, cocida al horno, dulce y esponjosa, que a veces se rellena con crema, nata, chocolate, etc. **2.** Masa fina semejante a la anterior y rellena de carne o pescado picados. **3.** Tipo de pintura hecha con polvo, agua y otras sustancias; también, técnica de pintura que la emplea. **4.** *fam.* Trampa, engaño, apaño o cosa que se quería mantener oculta. **5.** *fam.* Chapuza, cosa mal hecha.

pastelear *v. intr.* **1.** Ceder en algún asunto para obtener un beneficio. **2.** *fam.* Preparar algo a escondidas, hacer chanchullos. **FAM.** Pasteleo.

pastelería *s. f.* **1.** Establecimiento en que se hacen o venden pasteles y otras piezas de repostería. **2.** Técnica de hacer pasteles, pastas, tartas, etc. y conjunto de ellos.

pastelero, ra *adj.* **1.** Perteneciente o relativo a los pasteles. ‖ *s. m* y *f.* **2.** Persona que fabrica o vende pasteles.

pastelón *s. m. Chile.* Losa grande de cemento que se usa para pavimentar.

pastenco, ca *adj.* Se dice de la res que es separada de su madre y pasta sola por primera vez. También *s.*

pasterizar *v. tr.* Pasteurizar*. **FAM.** Pasterización, pasterizador.

Pasternak, Boris Leonidovich (Moscú 1890 - Peredielkino, Moscú 1960) Poeta y novelista ruso. Sus primeros libros de poesía muestran una inspiración futurista. En 1935, su desacuerdo con la literatura oficial hizo que dejara de publicar obras de creación para dedicarse a la traducción. Su poesía se caracteriza por la precisión del lenguaje y la musicalidad de los versos. Entre sus obras poéticas sobresalen *Mi hermana la vida* (1922) y *El segundo nacimiento* (1931); de su obra en prosa merecen citarse *El salvoconducto* (1931) y *El doctor Zivago* (1957). En 1958 obtuvo el premio Nobel de literatura.

Pasteur, Louis (Dole 1822 - Villeneuve-l'Étang, Marnes-la-Coquette 1895) Químico y biólogo francés. Investigó los diferentes tipos de fermentaciones (láctica, alcohólica, etc.) y demostró que cada una de ellas era debida a un fermento específico. Descubrió las bacterias anaerobias y, frente a la opinión general, demostró la falsedad de la teoría de la generación espontánea. Esto le valió la enemistad de algunas autoridades científicas, pero sus rotundos éxitos en la lucha contra ciertas enfermedades infecciosas acabaron por darle la razón. Consiguió atajar algunas enfermedades que atacaban a los gusanos de seda, a los corderos y a los cerdos y finalmente culminó sus hallazgos con la preparación de la vacuna antirrábica en 1885. También realizó una importante contribución a la industria con su procedimiento de desinfección de alimentos denominado *pasteurización*.

Louis Pasteur. Cuadro pintado en 1885 por el artista finlandés Albert Edelfelt (Palacio de Versalles).

pasteurización o **pasterización** *s. f.* Proceso para la esterilización de la leche y otros alimentos sin alterar su sabor y composición, sometiéndolos a una temperatura de unos 80 °C .

pasteurizador o **pasterizador** *s. m.* Aparato que se utiliza para pasteurizar algunos alimentos, generalmente líquidos.

pasteurizar o **pasterizar** *v. tr.* Realizar la pasteurización de un alimento. ■ Se conjuga como *cazar*.

pastiche (voz fr.) *s. m.* **1.** Obra artística o literaria hecha a imitación o con préstamos de otras. **2.** P. ext., mezcla de cosas diferentes sin ningún orden.

pastilla *s. f.* **1.** Pieza de pasta endurecida de diferentes materias, p. ej. goma, jabón, chocolate, etc. **2.** Pieza de pasta de sustancia medicinal, pequeña y de forma redondeada para que se pueda tragar con facilidad. **3.** Saliente en la rueda de un vehículo o en la suela de algunos zapatos, que sirve para fijarse mejor al terreno y no resbalar. ‖ **Loc. a toda pastilla** *adv. fam.* Muy deprisa o a gran velocidad.

pastizal *s. m.* Terreno en el que hay mucho pasto.

pasto *s. m.* **1.** Acción y efecto de pastar. **2.** Hierba que come el ganado en el campo. Son plantas de pastos las gramíneas (grama, avena, centeno, cebada), leguminosas (alfalfa, trébol, algarroba), compuestas y rosáceas. **3.** Cualquier alimento para el ganado. **4.** Lugar en el que pasta el ganado. Se usa más en *pl.* **5.** *Arg., Chile, Urug.* Césped. **6.** Materia o cosa que es consumida en una actividad o proceso o los fomenta. ‖ **Loc. a todo pasto** *adv.* En mucha cantidad.

Pasto C. de Colombia, cap. del departamento de Nariño, al pie del volcán Galeras. 245.000 h. en 1985. Es un importante centro comercial, que cuenta con refinerías de azúcar e industria textil y alimentaria.

pastor, ra *s. m.* y *f.* **1.** Persona que cuida el ganado y lo lleva a pastar al campo. ‖ *s. m.* **2.** Sacerdote de una Iglesia, especialmente de la protestante. **3.** Perro adiestrado para auxiliar a los pastores en la custodia y manejo del ganado, sobre todo el lanar. También se da este nombre a diversas razas de perros que originariamente tenían esta función. ‖ **4. el Buen Pastor** Denominación que, según el *Evangelio* de San Juan, se dio Jesucristo a sí mismo. **5. el pastor universal** El papa de la Iglesia católica. **6. pastor alemán** (o **alsaciano**) Raza de perros de talla grande y pelaje pardo claro, más oscuro en la parte superior, que destacan por su inteligencia y son utilizados en labores de vigilancia y como lazarillos. **7. pastor belga** Raza de perros de tamaño grande, abundante pelo en la cola, hocico afilado y orejas altas y triangulares. La variedad más conocida es de color completamente negro.

pastoral *adj.* **1.** Perteneciente o relativo a los pastores de ganado. **2.** Perteneciente o relativo a los pastores de una Iglesia. **3.** Se dice de la carta o escrito que dirige un obispo a sus feligreses. También *s. f.* ‖ *s. f.* **4.** Composición literaria o musical que tiene como tema la vida y el ambiente de los pastores. **5.** Obra dialogada cuyos personajes son pastores.

pastorear *v. tr.* **1.** Cuidar el ganado y llevarlo a pastar. **2.** *Amér. C., Arg., Méx., Urug.* Acechar, vigilar, fisgonear. **3.** *Arg., Par., Urug.* Cortejar a una mujer.

pastorela *s. f.* **1.** Composición poética que describe el encuentro y consiguiente enamoramiento de un caballero y una pastora. Es de origen provenzal (s. XII) y de ésta deriva la pastorela galaicoportuguesa. Se considera el antecedente de la serranilla. **2.** Música y canto de carácter sencillo y alegre, semejante al de los pastores.

pastoreo *s. m.* Acción y efecto de pastorear el ganado.

pastoría *s. f.* **1.** Oficio de pastor. **2.** Pastoreo. **3.** Conjunto de pastores.

pastoril *adj.* **1.** Perteneciente o relativo a los pastores de ganado. **2.** Se dice del género literario y de las obras de ese género que tienen como tema las relaciones amorosas entre pastores y pastoras ambientadas en el campo. Este género fue muy cultivado en el Renacimiento.

pastoso, sa[1] (de *pasta*) *adj.* **1.** Que tiene la consistencia de la pasta. **2.** Se dice de la voz con una gran riqueza en el timbre. **FAM.** Pastosidad.

pastoso, sa[2] (de *pasto*) *adj. amer.* Se dice del terreno que tiene buenos pastos.

Pastrana Borrero, Misael (Neiva 1924) Político colombiano. En 1970 ganó las elecciones presidenciales por un estrecho margen como candidato conservador frente a Rojas Pinilla. Este resultado no fue aceptado por su oponente y provocó una grave crisis. Pastrana, con el apoyo del Ejército, consiguió restablecer el orden y cumplir su mandato (1970-74), durante el cual tuvo que decretar el estado de sitio en varias ocasiones. En 1983 fue nombrado vicepresidente de la Unión Internacional Democrática.

pastueño *adj.* En el lenguaje taurino, se dice del toro bravo que acude sin dudar a la muleta o a la capa del torero.

pastura *s. f.* **1.** Hierba de la que se alimentan los animales. **2.** Cantidad de comida que se da de una vez a los bueyes.

pasturaje *s. m.* **1.** Terreno comunal para pasto. **2.** Cantidad que se paga por utilizar este terreno.

pasudo, da *adj. Col., Méx., Rep. Dom., Ven.* Se dice del pelo rizado y de la persona que lo tiene.

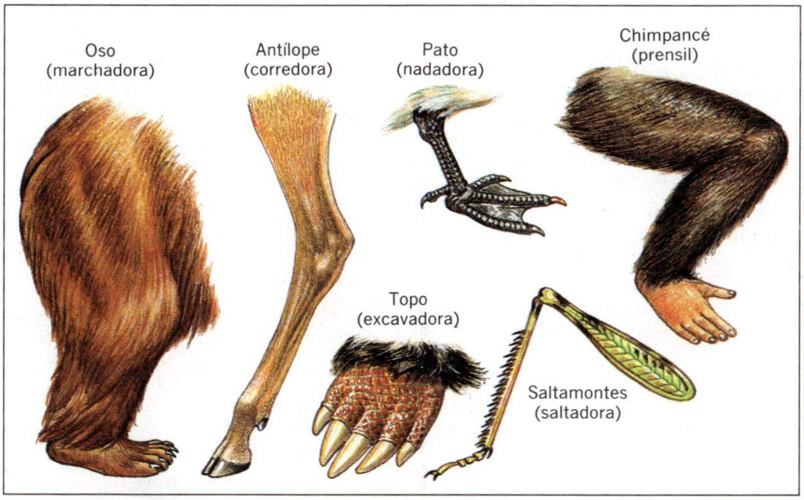

Patas de algunos animales adaptadas para la función que desarrollan.

pata *s. f.* **1.** Cada una de las extremidades de los animales, tanto anteriores como posteriores. **2.** *fam.* Pierna de una persona. **3.** Cada una de las piezas de un mueble sobre las que se sostiene y con las que se apoya en el suelo. **4.** Hembra del pato*. **5.** Pieza de una prenda de vestir que sirve para tapar una abertura. **6.** Con el verbo *tener,* falta de perpendicularidad de los hilos de una tela con respecto a los bordes. **7.** Gancho metálico usado en las carnicerías y mataderos para colgar las reses muertas. ‖ **8. mala pata** *fam.* Mala suerte. **9. pata chula** *fam.* La que está coja. **10. pata de banco** *fam.* Dicho tonto o fuera de lugar. **11. pata de cabra** Instrumento utilizado por los zapateros para alisar los bordes de las suelas. También barra que se apoya en el suelo para mantener en pie una moto o bicicleta. **12. pata de gallo** Dibujo de cuadros o rombos pequeños que se usa generalmente para tejidos. **13. patas de gallo** Arrugas que se forman en la piel de la parte exterior del ojo. ‖ **Loc. a cuatro patas** *adv. fam.* A gatas. **a la pata coja** *adv.* Forma de andar apoyándose en una sola pierna y dando saltos. **a la pata (la) llana** *adv.* Con sencillez. **a pata** *adv. fam.* Andando, a pie. **bailar en una pata** *amer.* Estar muy contento. **echar** (o **tirar**) **las patas por alto** *fam.* Mostrar un enfado sin contenerse, gritando, hablando con malos modos, etc. **estirar la pata** *fam.* Morirse. **meter la pata** *fam.* Equivocarse o ser inoportuno. **patas arriba** *adv.* y *adj. fam.* Al revés, desordenado. **ver las patas a la sota** *fam. Arg.* Descubrir un peligro o darse cuenta de éste.

-pata *suf.* Significa 'enfermo' o 'médico': *psicópata, homeópata.*

patada *s. f.* Golpe dado con el pie o con la pata. ‖ **Loc. dar la patada** a alguien *fam.* Echarle de algún sitio, especialmente de su trabajo. **darle** a uno **cien patadas** una persona o cosa *fam.* Resultarle a alguien muy desagradable o molesta una persona o cosa. **en dos patadas** *adv.* En poco tiempo; también, con facilidad.

patagón, na *adj.* **1.** De Patagonia. También *s.* **2.** Se aplica a los miembros de los pueblos amerindios tehuelche y ona, que habitan en las pampas de esta región y de Tierra del Fuego. También *s.*

Patagonia Región del cono sur americano, que se extiende por el S de Argentina y Chile, desde el estrecho de Magallanes hasta el río Colorado y comprende las provincias argentinas de Río Negro, Neuquén, Chubut y Santa Cruz. Magallanes exploró sus costas (1520), pero los españoles sólo instalaron algunas misiones jesuíticas y factorías pesqueras. Estaba habitada por indios nómadas, que fueron sometidos por la llamada *guerra del Desierto* (1879-83), campaña militar de Roca, ministro de la Guerra argentino. Al finalizar ésta, Chubut fue declarado territorio de la República Argentina. En 1907 se descubrió petróleo en Comodoro Rivadavia y, posteriormente, Río Negro se convirtió en un importante enclave agrícola.

patagónico, ca *adj.* Perteneciente o relativo a la Patagonia o a los patagones.

patalear *v. intr.* **1.** Mover las piernas o las patas con rapidez y con fuerza, generalmente cuando la persona o el animal está sentado o tumbado boca arriba. **2.** Dar golpes en el suelo con los pies o las patas.

pataleo *s. m.* **1.** Acción de patalear. **2.** Ruido hecho al golpear con las patas o los pies en el suelo. ‖ **3. derecho al pataleo** *fam.* Recurso que le queda a una persona para desahogarse y que consiste en protestar con violencia, aunque no sirva para nada.

pataleta *s. f. fam.* Patatús, soponcio, rabieta.

patán *s. m.* Hombre tosco, ignorante o grosero.

patata *s. f.* **1.** Planta herbácea de la familia solanáceas, especie *Solanum tuberosum.* Mide unos 50 cm de altura, tiene hojas compuestas con hojuelas ovaladas, flores blancas y fruto esférico, pequeño y verde. Su raíz presenta tubérculos ricos en vitamina C y almidón, que se utilizan en alimentación. Es originaria de los Andes, aunque hoy su cultivo está extendido por todo el mundo. **2.** Tubérculo comestible de esta planta. **3.** *fam.* Cosa mal hecha o de mala calidad. ‖ **Loc. ni patata** *fam.* Nada.

La patata (Solanum tuberosum), *originaria de América, fue llevada a España a fines del siglo* XVI *y desde allí se extendió por Europa.*

patatal *s. m.* Terreno plantado de patatas.

patatero, ra *adj.* **1.** Perteneciente o relativo a la patata. **2.** Que cultiva o vende patatas. También *s.* **3.** *fam.* Chusquero*.

patatín *fam.* Se utiliza junto a *patatán* en algunas expresiones para hacer referencia a las palabras de alguien: *que si patatín, que si patatán...*

patatús *s. m. fam.* Ataque, impresión muy fuerte.

paté (voz fr.) *s. m.* Pasta hecha de carne o hígado triturado, especialmente de cerdo o aves, y que suele comerse untada en pan.

patear *v. tr.* **1.** *fam.* Golpear algo con los pies, pisotear. También *v. intr.* **2.** Recorrer algún lugar, andar mucho por él. También *v. intr.* **3.** *amer.* Subirse a la cabeza un licor. **Fam.** Pateamiento, pateo.

patena *s. f.* **1.** Platillo de oro, plata u otro metal en el que se pone la hostia en la misa. **2.** Se emplea en ciertas construcciones comparativas para indicar que algo está muy limpio.

patentar *v. tr.* **1.** Obtener una patente. **2.** Conceder una patente o dar el documento que la acredita.

patente *adj.* **1.** Visible, evidente. ‖ *s. f.* **2.** Documento o título emitido por el Estado, a través del registro de la propiedad industrial, por el que se concede a alguien el derecho exclusivo a poner en práctica una determinada invención. ▪ Se denomina también *patente de invención.* **3.** Documento en que se concede la facultad para gozar de un determinado cargo o privilegio. **4.** Documento emitido por la Hacienda pública por el que se autoriza a ejercer una profesión o actividad industrial, después de haber realizado el pago de una cantidad exigida por la ley. **5.** Cualquier documento en que se acredita una cualidad o mérito. ‖ **6. patente de circulación** Documento en que constan los datos relativos a la inscripción de un vehículo y por el que se le autoriza circular. **7. patente de corso** Véase **corso**. **8. patente de introducción** Documento emitido por el Estado en que se reconoce el derecho a fabricar o vender en un país algún producto procedente del extranjero. **9. patente de navegación** Documento en que se acredita la nacionalidad de un buque y se le autoriza a navegar y a llevar una determinada bandera. **Fam.** Patentemente.

patentizar *v. tr.* Hacer patente una cosa. ▪ Se conjuga como *cazar.* **Fam.** Patentización.

páter (voz lat.) *s. m. fam.* Sacerdote de un regimiento militar.

paterfamilias *s. m.* Persona que en la antigua Roma tenía la máxima autoridad sobre los demás miembros de la familia y sobre la totalidad del patrimonio familiar.

Paterna C. de España, en la prov. de Valencia, situada al NO de la capital, a cuya área metropolitana pertenece. 48.500 h. en 1990. Es un centro de la industria cerámica, alimentaria, del mueble y del calzado.

paternal *adj.* Propio de los sentimientos, de la actitud y comportamiento de un padre. **Fam.** Paternalmente.

paternalismo *s. m.* Actitud y forma de actuar de quien ejerce una excesiva protección sobre los demás, sin dejar que tomen sus propias decisiones. **Fam.** Paternalista.

paternidad *s. f.* **1.** Estado o circunstancia de ser padre. **2.** Tratamiento dado a algunas dignidades eclesiásticas.

paterno, na *adj.* Perteneciente o relativo al padre.

paternóster *s. m.* Padrenuestro*.

patero, ra *adj.* **1.** *Chile.* Adulador. También *s.* **2.** *Perú.* Embustero. También *s.*

pateta *s. m.* **1.** *fam.* El diablo. ▪ En esta acepción se escribe con mayúscula. **2.** *fam.* Persona que tiene un defecto en la forma de los pies o de las piernas.

patético, ca *adj.* **1.** Se dice del gesto, actitud, acción, etc., que expresa un dolor, sufrimiento o sentimiento muy intensos. **2.** Se dice de lo que causa un sentimiento de ese tipo. **3.** Muy grotesco. **Fam.** Patéticamente.

patetismo *s. m.* Cualidad de patético.

Pathé, Émile (París 1860 - íd. 1937) y su hermano **Charles** (Chevry-Cossigny, Seine-et-Marne 1863 - Montecarlo 1957) Ingenieros franceses. Pioneros de la técnica fonográfica, crearon el disco de grabación vertical (1906). Charles, adelantado de la industria cinematográfica, fundó en Joinville la primera fábrica de película virgen.

Pathet Lao Nombre adoptado por la rama armada del Frente Patriótico de Laos, de tendencia comunista, fundada en 1950 por el príncipe Sufanuvong para combatir al gobierno colonial francés de Indochina. Apoyó la lucha del Vietminh y ocupó las provincias de Sam Neua y

Phong Saly, en el N, cuya posesión le fue reconocida en 1954 al obtener Laos su independencia. Durante los siguientes veinte años mantuvo una guerra civil contra el gobierno proestadounidense de Suvana Fuma. En 1975 accedió al poder y proclamó la República Democrática Popular de Laos, presidida por Sufanuvong. En 1979 el Pathet Lao tomó el nombre de Frente Laosiano de Reconstrucción Nacional.

-patía *suf.* Significa 'sentimiento, dolor', 'enfermedad' o 'disciplina médica': *cardiopatía, homeopatía.*

patibulario, ria *adj.* **1.** Perteneciente o relativo al patíbulo. **2.** Se dice de la persona que tiene el aspecto desagradable, así como de sus gestos, cara, etc.

patíbulo *s. m.* Lugar, generalmente un tablado elevado, en que se ejecutaba a las personas condenadas a la pena de muerte.

paticalzado, da *adj.* **1.** Se dice del animal, especialmente de los toros, que tiene el extremo de alguna o de todas las patas de diferente color que el resto del cuerpo. **2.** Se dice de aquellas aves que tienen el tarso cubierto de plumas.

paticorto, ta *adj.* **1.** *fam.* Se dice de la persona o animal que tiene cortas las patas. También *s.* **2.** Que es cojo porque tiene una pierna o pata más corta. También *s.*

patidifuso, sa *adj. fam.* Pasmado, estupefacto.

patiestevado, da *adj.* Que tiene las piernas encorvadas, formando un paréntesis. También *s.*

patilla *s. f.* **1.** Porción de pelo que crece por delante de las orejas y que en los hombres puede unirse con la barba. **2.** Cada una de las dos varillas del armazón de unas gafas, que están curvadas por sus extremos y se apoyan en las orejas. **3.** Pieza pequeña y alargada que sobresale en algunas cosas y sirve para sujetarlas o encajarlas en otras.

patilludo, da *adj.* Se dice de la persona que tiene las patillas muy largas o muy pobladas.

patín *s. m.* **1.** Plancha que se adapta a los zapatos o bota, con una especie de cuchilla o dos pares de ruedas, según se utilice para deslizarse sobre el hielo o sobre un pavimento duro y liso. **2.** Patinete*. **3.** Embarcación que se sostiene en el agua con flotadores y que avanza a vela o mediante paletas que se mueven con pedales.

pátina *s. f.* **1.** Capa fina de óxido, dura y de color verdoso, que se forma en el bronce y en otros metales por acción de la humedad. **2.** Debilitamiento del color de algunos objetos, especialmente el de las pinturas al óleo por el paso del tiempo. **3.** Este mismo debilitamiento conseguido artificialmente. **4.** Valor y características que adquieren las cosas con el paso del tiempo.

patinado *s. m.* Tratamiento dado a un objeto para hacer que parezca antiguo.

patinador, ra *s. m.* y *f.* Persona que patina.

patinaje *s. m.* **1.** Actividad del que patina. **2.** Deporte que tiene como base esta actividad. || **3. patinaje sobre hielo** Deporte en que se utilizan patines de cuchilla para deslizarse sobre el hielo. Se divide en dos tipos: patinaje artístico y patinaje de velocidad. **4. patinaje sobre ruedas** Especialidad surgida en el s. XIX como medio de ntrenamiento de los patinadores sobre hielo durante el verano. Sus pruebas son similares a las del patinaje sobre hielo. En el deporte del hockey existen ambas modalidades, sobre hielo y sobre ruedas.

Dep. El **patinaje artístico**, especialidad relacionada con la danza, consiste en la realización de una serie de figuras obligatorias y de otras libres al compás de una música. Las pruebas admitidas oficialmente son individual masculina, individual femenina y parejas mixtas. La clasificación la establece un jurado por puntos, según la perfección con que se hayan efectuado los ejercicios; es un deporte con categoría olímpica. El **patinaje de velocidad**, también con categoría olímpica, comprende cuatro pruebas clásicas para cubrir las distancias de 500, 1.500, 5.000 y 10.000 m.

patinar¹ (de *patín*) *v. intr.* **1.** Deslizarse una persona con patines sobre el hielo o sobre una superficie dura y lisa. **2.** Deslizarse, resbalar. **3.** *fam.* Equivocarse o decir algo que se debía omitir.

patinar² (de *pátina*) *v. tr.* Dar pátina a un objeto de manera artificial.

patinazo *s. m.* **1.** Acción y efecto de patinar o resbalar de manera brusca. **2.** *fam.* Error o equivocación.

patinete *s. m.* Juguete que consiste en una plancha metálica, de madera o material plástico con ruedas y una barra con manillar para conducirlo y que se utiliza poniendo un pie sobre él e impulsándose con el otro, que se apoya a intervalos en el suelo.

Patinir o **Patinier, Joachim** (Bouvignes h. 1480 - Amberes 1524) Pintor flamenco. Fue el creador de un tipo de paisaje panorámico en el que logra una gran profundidad mediante la alternancia de zonas claras y oscuras y donde la figura tiene una importancia mínima; todo ello envuelto en un ambiente de misterio e irrealidad. Entre sus obras sobresalen la *Huida a Egipto, El paso de la laguna Estigia* y *Las tentaciones de San Antonio Abad.*

patinoso, sa *adj.* Que tiene o parece tener pátina.

Patiño Familia boliviana de negociantes. Entre sus miembros destacan **Simón Ituri** (Cochabamba 1860 - Buenos Aires 1947), que reunió una inmensa fortuna con las minas de estaño, primero en Bolivia y luego en Asia y África; fue embajador en España y Francia y financió la guerra del Chaco; **Antenor** (Oruro 1896 - Nueva York 1982), hijo del anterior; diplomático, fue embajador en Madrid y en Londres. Consolidó el negocio del estaño y comerció con otros metales, como el cobre de Quebec y el níquel de Nueva Caledonia.

Patiño, José (Milán 1660 - La Granja, Segovia 1736) Político español. Obtuvo importantes cargos en el gobierno de Alberoni, primer ministro de Felipe V. Alejado de la política activa a la caída de Alberoni, volvió a ella en 1726 con poder aún mayor. Trató de conciliar la recuperación interna del país con el deseo de Isabel de Farnesio de colocar a sus hijos en los tronos de Italia. Consiguió firmar con Inglaterra y Francia la paz de Sevilla (1729) y poco después la de Viena (1731), por la que entraba en alianza con los Países Bajos y Austria y obtenía para el futuro rey Carlos III los ducados de Parma y Piacenza. En 1733 firmó el primer Pacto de familia, logrando el trono de Nápoles para Carlos. En 1734 fue nombrado secretario de Estado y de Guerra.

patio *s. m.* **1.** Espacio al aire libre en el interior de un edificio. **2.** En las casas de campo, espacio delimitado entre el edificio para la vivienda, el pajar y otras construcciones. **3.** En los teatros, planta baja que ocupan las butacas. ■ Se dice también *patio de butacas.* **4.** Se emplea en ciertas expresiones con el signifcado de situación, ambiente: *Voy a ver cómo está el patio.* || **5. patio de armas** Área al descubierto en el interior de un recinto fortificado, destinada a la formación de las tropas y otros menesteres. **6. patio de luces** El descubierto o cubierto con cristales dentro de un edificio y destinado fundamentalmente a la iluminación de habitaciones interiores.

patita *s. f. dim.* de **pata**. || **LOC. poner** a alguien **de patitas en la calle** Echarle de casa, de un trabajo o de un cargo.

patitieso, sa *adj.* **1.** *fam.* Que no puede moverse o no siente alguna parte del cuerpo. **2.** *fam.* Patidifuso, estupefacto. **3.** *fam.* Que camina muy estirado mostrando orgullo o presunción.

patituerto, ta *adj.* Que tiene las piernas o patas torcidas. También *s.*

patizambo, ba *adj.* Que tiene las piernas torcidas hacia afuera juntando las rodillas al andar. También *s.*

Patmore, Coventry Kersey Dighton (Woodford, Essex 1823 - Lymington, Hampshire 1896) Poeta británico. Amigo de Ruskin y de los prerrafaelistas, colaboró en *The germ*, la revista de este grupo. Fue bibliotecario del Museo Británico (1846). Tras la muerte de su primera esposa, se convirtió al catolicismo (1864). Entre sus obras más notables figuran *El ángel de la casa* (1854-62) y la oda *Eros desconocido* (1877).

Patmos Isla griega del Dodecaneso, en las Espóradas del Sur, al S de Samos. Es célebre porque el apóstol San Juan escribió en ella el *Apocalipsis.*

Patna C. de la India, cap. del estado de Bihar. 776.400 h. en 1981 y 916.000 h. en su área metropolitana. Situada en el curso medio del río Ganges, en la confluencia con el Gandak, es el centro de una importante región agraria. También tiene industria textil y alimentaria.

pato, ta *s. m.* y *f.* **1.** Nombre común de diversas aves anseriformes de la familia anátidos, pertenecientes a varios géneros. Son acuáticas, con grandes diferencias entre machos y hembras. Tienen formas y tamaños muy distintos, el pico aplanado y patas pequeñas y palmeadas. En Europa habitan principalmente las del género *Anas*, como el pato real *(Anas platyrhynchos).* El pato mandarín *(Aix galericulata)* es originario de China y Japón y presenta un plumaje de vistosos colores; se ha introducido en Europa como animal de adorno. **2.** Persona sosa y patosa. También *adj.* **3.** *amer.* Especie de orinal que usan las personas que no pueden levantarse de la cama. **4.** *P. Rico, Ven.* Afeminado, homosexual. || **5. pato salvaje** El de cabeza de color oscuro y cola larga. || **LOC. pagar el pato** *fam.* Sufrir uno el castigo o las consecuencias de algo sin merecerlo.

El pato o ánade real y el pato mandarín.

pato- *pref.* Significa 'enfermedad': *patogénico, patológico.*

patochada *s. f.* Disparate, tontería o dicho inoportuno.

patofobia *s. f.* Temor exagerado a padecer una enfermedad.

patogenia *s. f.* **1.** Parte de la patología que estudia el origen y desarrollo de las enfermedades. **2.** Origen y desarrollo de una enfermedad concreta. **FAM.** Patogénico.

patógeno, na *adj.* Se dice de lo que puede producir una enfermedad, especialmente de las bacterias y los virus.

patografía *s. f.* En med., descripción de las enfermedades.

patois (voz fr.) *s. m.* Lengua, dialecto o expresión francesa propia de una provincia o región determinada de Francia.

patojo, ja *adj.* Que tiene las piernas o los pies torcidos y anda moviendo el cuerpo de un lado a otro como lo hacen los patos. También *s.*

patología *s. f.* **1.** Rama de la medicina que estudia las enfermedades, sus características, su diagnóstico y su tratamiento. **2.** Enfermedad. **FAM.** Patológico.

patólogo, ga *s. m.* y *f.* Médico especialista en patología.

patoso, sa *adj.* **1.** Se dice de la persona torpe, poco ágil. También *s.* **2.** Se dice de la persona que quiere hacer gracia, pero no lo consigue y resulta desagradable. También *s.*

patota *s. f. Arg., Par., Urug.* Pandilla de jóvenes que se divierten haciendo gamberradas en lugares públicos.

patraña *s. f.* Cosa o noticia falsa que se presenta como verdadera.

patrañero, ra *adj.* Que cuenta o inventa patrañas con frecuencia. También *s.*

Patrás (*Patrai*) **1.** Golfo del mar Jónico, en el SO de Grecia, entre las penínsulas Balcánica y del

Peloponeso. Se comunica con el golfo de Corinto por el estrecho de Andirrion.
2. C. de Grecia, situada en la costa N de la península del Peloponeso. 142.150 h. en 1981. Es una ciudad portuaria y comercial, que cuenta con industrias textiles y papeleras.

patria *s. f.* **1.** Término que designa el país en que ha nacido o en que está nacionalizada una persona cuando se quiere hacer referencia a los vínculos históricos o afectivos que la unen a él. || **2. patria celestial** El cielo, como lugar en que están los bienaventurados. **3. patria chica** Lugar, pueblo, ciudad o región en que se ha nacido. **4. patria potestad** Conjunto de derechos y deberes que corresponden a los padres respecto de sus hijos, para el cumplimiento de las funciones de asistencia, educación y cuidado. || **LOC. hacer patria** Contribuir alguien con sus acciones y actitudes a que aumente la fama o prestigio de su propio país.

Patria Boba Nombre dado al periodo de lucha por la independencia de Nueva Granada, entre 1810 y 1816, especialmente a la primera república (1811-12), debido a la ingenuidad de los planteamientos independentistas.

Patria Nueva Denominación dada al periodo de la historia de Chile que abarca de 1817 a 1823. Se inicia con la entrada de las tropas de San Martín y supone la consolidación de la independencia.

Patria Vieja Nombre con que se conoce el periodo de la lucha por la independencia chilena comprendido entre 1810 y 1814, en oposición al periodo llamado Patria Nueva; se inicia con la revolución de la independencia y termina con la batalla de Rancagua.

patriada *s. f.* **1.** *Arg.* Movimiento político revolucionario o golpe de Estado realizado con la intención de salvar a la patria de algo que se considera un mal. **2.** *Arg.* Cualquier acción arriesgada realizada en beneficio de los demás.

patriarca *s. m.* **1.** Nombre con que se designa a algunos personajes del Antiguo Testamento que fueron jefes o cabezas de una numerosa descendencia. **2.** Título de dignidad concedido a algunos obispos, especialmente de la Iglesia oriental. **3.** Título de dignidad concedido a algunos superiores de órdenes religiosas. **4.** Persona más respetada o con mayor autoridad en una familia o grupo de personas.

patriarcado *s. m.* **1.** Dignidad de patriarca. **2.** Territorio sobre el que ejerce su autoridad el patriarca. **3.** Tiempo que dura el ejercicio de la autoridad de un patriarca. **4.** Forma de organización social basada en la autoridad ejercida por el varón cabeza de familia y caracterizada por un sistema de descendencia y herencia patrilineal (línea paterna). **5.** Periodo de tiempo en que predomina esta forma de organización social.

patriarcal *adj.* **1.** Perteneciente o relativo al patriarca. **2.** Se dice de la organización social en la que existe el patriarcado y de sus características. **3.** Se dice de la autoridad y gobierno que se ejerce sin alardes y con benevolencia.

patriciado *s. m.* **1.** Dignidad o circunstancia de ser patricio. **2.** Conjunto de los patricios o grupo social formado por ellos.

patricio, cia *adj.* **1.** Se aplica al orden social del imperio romano cuyos miembros pertenecían a las *gens* más antiguas, que ostentaban el poder en los primeros tiempos de la república y, posteriormente, gozaron de importantes privilegios. Constituían el grupo social más elevado. Se usa más como *s.* **2.** Perteneciente o relativo a los miembros de ese grupo social y a sus características.

Patricio, San (NO de Gran Bretaña h. 390 - Glamorganshire h. 461) Apóstol de Irlanda. Fue ordenado sacerdote en Auxerre y consagrado obispo al serle encomendada la evangelización de Irlanda. Estableció su sede en Armagh y fundó la Iglesia irlandesa en los principios del cristianismo latino.

patrilineal *adj.* **1.** Se aplica a aquellas sociedades y culturas en las que los nombres, privilegios, etc., sólo se transmiten por línea paterna. **2.** Se dice de esta transmisión y de lo así transmitido.

patrimonial *adj.* **1.** Perteneciente o relativo al patrimonio. **2.** Perteneciente a alguien por ser de su padre, de sus antepasados o de su país. **3.** En ling., se dice de las palabras y construcciones más antiguas de una lengua y que han seguido las normas generales de evolución de ésta.

patrimonio *s. m.* **1.** Conjunto de bienes que pertenecen a una determinada persona, institución, etc. **2.** Conjunto de bienes que una persona hereda de sus ascendientes. **3.** En el lenguaje jurídico, conjunto de bienes, derechos y obligaciones que pueden ser valorados en dinero y están ligados entre sí por su pertenencia a una persona física o jurídica, o por su destino a un fin determinado. || **4. patrimonio del Estado** Conjunto de bienes pertenecientes a un Estado determinado. **5. patrimonio histórico-artístico** Conjunto de edificios, monumentos, objetos y documentos de interés artístico, histórico, arqueológico, científico, etc., de un país, así como los yacimientos o zonas arqueológicas del mismo. **6. patrimonio neto** Valor económico de los bienes y derechos menos el valor de las deudas y obligaciones de una persona o institución. **7. Patrimonio Real** (o **de la Corona**) Bienes pertenecientes a la Corona, distintos de los personales del monarca.

patrio, tria *adj.* Perteneciente o relativo a la patria.

patriota *s. m.* y *f.* Persona que ama a su patria, quiere serle útil y busca su bien. También *adj.*

patriotero, ra *adj. fam.* **1.** Se dice de la persona que presume excesivamente de patriota, aunque a veces no lo demuestra con su manera de comportarse. También *s.* **2.** Se dice de las actitudes, comportamientos, etc., propios de esas personas. **FAM.** Patrioteria, patrioterismo.

patriótico, ca *adj.* Perteneciente o relativo a la patria o al patriota.

patriotismo *s. m.* Conjunto de sentimientos, actitudes, comportamientos, etc., que se consideran propios de un patriota.

patrística *s. f.* Estudio de la vida, obra y doctrina de los padres de la Iglesia. Algunos de los Santos Padres son San Cipriano, San Gregorio Nacianceno, San Agustín y San Jerónimo. Todos ellos se caracterizan por poseer las siguientes características: ortodoxia, santidad de vida, antigüedad y aprobación por la Iglesia. Se denomina también *patrología.* **FAM.** Patrístico.

patrocinador, ra *adj.* Que patrocina a alguien o algo. También *s.*

patrocinar *v. tr.* **1.** Proteger o ayudar a alguien o promover una idea, llevar a la práctica un proyecto, etc. **2.** Pagar los gastos que origina la realización de una actividad, una competición, un programa de radio o televisión, etc. **FAM.** Patrocinante.

patrocinio *s. m.* Acción y efecto de patrocinar.

patrón, na *s. m.* y *f.* **1.** Defensor, protector de alguien o algo. **2.** Santo del nombre de una persona. **3.** Santo o Virgen a la que se dedica una iglesia. **4.** Santo o Virgen escogidos como protectores por un país, ciudad, congregación religiosa, etc. **5.** Dueño, amo. **6.** Persona que contrata obreros o empleados. || *s. m.* **7.** Jefe de una empresa, fábrica, etc. **8.** Persona que manda y dirige un buque mercante pequeño. **9.** Persona que posee un determinado título que le permite ejercer el mando de una embarcación deportiva o de recreo. **10.** Aquello que sirve de modelo para hacer otra cosa igual o para valorar cosas de las misma clase. **11.** En econ., unidad que se toma como referencia para determinar el valor de la moneda de un país. **12.** Árbol o planta en que se realiza un injerto. || **13. patrón cultural** Conjunto de los elementos que constituyen una cultura o una sociedad y actitudes que observan sus miembros. **14. patrón oro** Sistema monetario basado en la equivalencia establecida por la ley entre una moneda y una cantidad de oro. || **LOC. cortado por el mismo patrón** *adj.* Se dice de la persona o cosa muy semejante a otra.

patronal *adj.* **1.** Perteneciente o relativo al patrono. || *s. f.* **2.** Conjunto o asociación de empresarios o patronos.

patronato *s. m.* **1.** Institución o asociación dedicada generalmente a fines benéficos. **2.** Grupo de personas que realizan funciones de dirección y asesoramiento y vigilancia en una institución, fundación, etc., para que ésta cumpla debidamente sus fines. **3.** Poder o facultad que tiene el patrono. **4.** Patrocinio, protección. || **5. patronato real** Derecho que tenía el rey de proponer a determinadas personas para el nombramiento de cargos eclesiásticos.

patronear *v. tr.* Ejercer el cargo de patrón en una embarcación.

patronímico, ca *adj.* **1.** Entre los antiguos griegos y romanos, se decía del nombre de una persona derivado del de algún antecesor, que expresaba la pertenencia de aquélla a una determinada familia. **2.** Se dice del apellido formado a partir de un nombre propio; p. ej. *Fernández* de *Fernando.* También *s.*

patrono, na *s. m.* y *f.* **1.** Defensor o protector. **2.** Miembro de un patronato. **3.** Santo o Virgen titular de una iglesia. **4.** Santo o Virgen que son elegidos como protectores de un pueblo, ciudad, país o de una cofradía. **5.** Amo o señor. **6.** Dueño de la casa en la que uno vive. **7.** Persona que contrata obreros o empleados para la realización de un trabajo.

patrulla *s. f.* **1.** Grupo de soldados o personas armadas que vigilan un lugar o están encargadas de la realización de una determinada misión. **2.** Grupo de aviones o barcos que vigilan un lugar. **3.** Servicio de vigilancia prestado por estos soldados, personas armadas, aviones, etc.

patrullar *v. intr.* Recorrer un lugar para vigilarlo, mantener el orden o realizar una misión militar un grupo de personas armadas, de aviones o buques. También *v. tr.*

patrullero, ra *adj.* Se dice del soldado, avión o barco destinado a patrullar. También *s.*

Patti, Adelina (Madrid 1843 - Craig-y-Nos Castle, País de Gales 1919) Soprano italiana. Estudió canto en Nueva York. Considerada como una de las mejores cantantes del mundo, triunfó durante más de cincuenta años en los escenarios de Europa y América.

Patton, George Smith (San Gabriel, California 1885 - Heidelberg 1945) Militar estadounidense. Participó en la Primera Guerra Mundial en unidades de carros de combate. En 1943, al mando de una división blindada, destacó en la campaña de Sicilia durante la Segunda Guerra Mundial. Más tarde marchó a Inglaterra para organizar el segundo frente. En 1944 fue nombrado jefe del tercer ejército, con el que participó en la batalla de Normandía. En marzo de 1945 cruzó el Rhin y entró en Checoslovaquia.

patuco *s. m.* **1.** Calzado de punto u otro material, generalmente en forma de bota, usado por los niños que aún no saben andar. **2.** Calzado semejante al anterior, usado generalmente por las personas mayores, para abrigarse los pies en la cama.

patudo, da *adj. fam.* Que tiene largos los pies o las patas.

patulea *s. f. fam.* o *desp.* Grupo de gente.

patuleco, ca *adj. amer.* Se dice de la persona que tiene las piernas o los pies torcidos.

patullar *v. intr.* **1.** Pisar con fuerza y sin prestar atención a lo que se pisa. **2.** *fam.* Dar muchos pasos o realizar muchas gestiones para conseguir algo. **3.** *fam.* Conversar sobre cosas poco importantes, armando mucho ruido.

Pau C. de Francia, cap. del departamento de Pirineos Atlánticos, situada en la región de Aquitania, al pie del sector occidental de los Pirineos. 83.800 h. en 1982. Cuenta con industria metalúrgica, textil y del calzado.

Paul, Wolfgang (Lorenz-Kirch 1913) Físico alemán. En 1989 obtuvo el premio Nobel de física, compartido con Hans G. Dehmelt y Norman F. Ramsey, por sus trabajos en la espectroscopia atómica de precisión.

paúl[1] (del lat. *palus, -udis,* laguna, pantano) *s. m.* Terreno pantanoso y cubierto de hierbas.

paúl[2] *adj.* Se dice del religioso perteneciente a la congregación de misioneros fundada en Francia por San Vicente de Paúl en 1625. También *s. m.*

paular *s. m.* Pantano*.

paulatino, na *adj.* Se aplica a lo que se produce o se realiza con lentitud, poco a poco. **FAM.** Paulatinamente.

Pauli, Wolfgang (Viena 1900 - Zurich 1958) Físico suizo de origen austriaco. Es conocido por su principio de exclusión, relativo a la disposición de los electrones en los átomos. Obtuvo el premio Nobel de física en 1945.

Pauling, Linus Carl (Portland, Oregón 1901) Químico estadounidense. Ha destacado por sus estudios sobre la estructura de las moléculas y los enlaces químicos. También ha sobresalido por su total oposición a la guerra atómica, lo que le ha valido la enemistad de ciertos grupos políticos de su país. Obtuvo los premios Nobel de química (1954) y de la paz (1962).

paulino, na *adj.* Perteneciente o relativo al apóstol San Pablo.

Paulus, Friedrich von (Breitenau, Hesse 1890 - Dresde 1957) Militar alemán. Fue el responsable del plan de ataque contra la URSS en la Segunda Guerra Mundial. En 1942 hizo fracasar la contraofensiva rusa sobre Jarkov. Encargado de la toma de Stalingrado, se rindió al ejército ruso en 1943. Internado en la URSS, en 1944 fundó la Unión de Oficiales Alemanes, cuyo objetivo era promover la rebelión del pueblo alemán contra Hitler.

pauperismo *s. m.* Existencia de gran número de pobres en una zona.

paupérrimo, ma *adj. sup.* de **pobre**.

pausa *s. f.* **1.** Breve interrupción de una acción, un movimiento, etc. **2.** Lentitud al hacer una cosa. **3.** En ling., silencio de duración variable entre dos palabras, oraciones, etc. **4.** En mús., silencio, periodo de tiempo en que la música deja de sonar y signo con que se representa graficamente este tiempo.

pausado, da **1.** *p. p.* de **pausar**. || *adj.* **2.** Lento, tranquilo. También *adv.*

Pausanias (? - Esparta h. 470 a. C.) General espartano. Dirigió el ejército griego en la batalla de Platea (479 a. C.) durante la segunda guerra médica y dos años después, al frente de la flota aliada, conquistó Chipre y Bizancio. Se estableció como soberano de Bizancio, pero los atenienses lograron expulsarle. Volvió a Esparta, donde, sospechoso de mantener relaciones secretas con los persas, fue acusado de traición y emparedado vivo en el templo de Atenea.

pausar *v. intr.* Interrumpir o hacer que se realice más lentamente un movimiento, acción, etc.

pauta *s. f.* **1.** Raya o conjunto de rayas horizontales y equidistantes realizadas en un papel para no torcerse al escribir en él. **2.** Instrumento con que se realizan esas rayas. **3.** En mús., sistema de notación musical que consiste en determinar la altura y tiempo de duración de los sonidos, mediante el uso de claves y de líneas paralelas y equidistantes sobre las que se escriben los signos musicales; la pauta corriente en la actualidad es la de cinco líneas o pentagrama. **4.** Norma, guía, modelo.

pautado, da **1.** *p. p.* de **pautar**. || *adj.* **2.** Se dice del papel rayado, especialmente el que se utiliza para escribir música.

pautar *v. tr.* **1.** Trazar pautas en un papel para no torcerse al escribir, para escribir música, etc. **2.** Dar las normas para la realización de algo.

pava *s. f.* **1.** Fuelle grande que se utiliza especialmente en los hornos metalúrgicos. **2.** *fam.* Colilla del cigarro.

pavada *s. f.* **1.** *fam.* Sosería. **2.** *Arg.* Tontería, desatino.

pavana *s. f.* **1.** Danza cortesana, de compás binario, carácter solemne y movimiento lento, aparecida en la Italia del s. XVI. Son célebres las pavanas de Fauré y Ravel. **2.** Música que acompaña esta danza. **3.** Tipo de estrofa de origen italiano que consta de un cuarteto de versos dodecasílabos, dos versos cortos, tetrasílabos o pentasílabos, que riman entre sí y con un dodecasílabo final.

Pavarotti, Luciano (Módena 1935) Tenor italiano. Desde 1961, su carrera ha sido una serie ininterrumpida de éxitos por todo el mundo. La brillantez de su voz y de su técnica no sólo es patente en sus interpretaciones operísticas, sino en el peculiar estilo que muestra al cantar temas populares italianos.

Pavel, Josef (Novosedly 1908 - Praga 1973) Político y militar checoslovaco. Miembro del Partido Comunista (1931), combatió en la guerra civil española (1936-39). Viceministro del Interior (1949-50), fue víctima del estalinismo y encarcelado en 1951. Ministro del Interior con Dubcek (1968), dimitió a los cuatro meses, tras la invasión soviética de Checoslovaquia, y fue expulsado del partido en 1970.

Pavelic, Ante (Bradina 1889 - Madrid 1959) Político yugoslavo. Dirigente nacionalista croata, creó el grupo fascista Ustachá. Fue el instigador del asesinato del rey Alejandro I en Marsella (1934). Jefe del Estado de Croacia (1941), colaboró con Alemania e Italia e instauró una férrea dictadura. Terminada la Primera Guerra Mundial, se refugió en distintos países.

pavero, ra *s. m.* y *f.* **1.** Persona que cuida o vende pavos. || *s. m.* **2.** Sombrero andaluz de ala ancha y recta y copa con forma de cono truncado.

pavés *s. m.* **1.** Escudo ovalado que protegía casi todo el cuerpo del combatiente. **2.** Pieza de vidrio moldeado, de forma cuadrada o redonda, usada para la construcción de techos o paredes translúcidos.

pavesa *s. f.* Parte pequeña de una materia encendida que salta y acaba por convertirse en ceniza.

Pavese, Cesare (Santo Stefano Belbo, Piamonte 1908 - Turín 1950) Escritor italiano. Su militancia antifascista le obligó a exiliarse durante la época de Mussolini. Se suicidó por razones no esclarecidas. Fue autor de ensayo, poesía y novela. Su poesía tiene un carácter narrativo y busca la sencillez y la llaneza en el lenguaje. En sus narraciones muestra con realismo el mundo rural y expresa sus preocupaciones sobre la sociedad contemporánea. Entre sus obras destacan las novelas *Allá en tu aldea* (1941), *El hermoso verano* (1949) y *La Luna y las fogatas* (1950); y los libros de poemas *Trabajar cansa* (1936) y *Vendrá la muerte y tendrá tus ojos* (1951). Póstumamente se publicó su diario, titulado *El oficio de vivir* (1952).

pavía *s. f.* **1.** Variedad de melocotonero. **2.** Fruto de este árbol, de carne jugosa y piel lisa.

Pavía C. de Italia, situada en la región de Lombardía, a orillas del río Tesino. 80.650 h. en 1990. Es un centro comercial agropecuario, que cuenta con industria mecánica, química, textil y alimentaria. Fundada por galos o celtas, conoció gran prosperidad en la época romana. Junto a esta ciudad, el ejército imperial de Carlos V derrotó en 1525 a los franceses e hizo prisionero a su rey Francisco I. Estuvo en poder de los españoles desde esa fecha hasta 1706. Entre sus monumentos sobresalen las iglesias de San Miguel y San Pedro, ambas del s. XII, y sobre todo la cartuja, una de las muestras más representativas del Renacimiento italiano.

Pavía y Lacy, Manuel (Granada 1814 - Madrid 1896) Militar español. Intervino en la primera guerra carlista, en el bando isabelino, obteniendo el grado de mariscal de campo y el título de marqués de Novaliches. Fue nombrado capitán general de Filipinas, donde venció la sublevación tagala en Cuesta (1854). Cuando se produjo la revolución de 1868 permaneció leal a Isabel II y tomó el mando de sus tropas, pero fue derrotado en Alcolea.

Pavía y Rodríguez de Alburquerque, Manuel (Cádiz 1827 - Madrid 1895) Militar español. Durante la Primera República combatió los movimientos cantonalistas que estallaron bajo la presidencia de Salmerón. Ocupó luego, bajo Castelar, la capitanía general de Castilla la Nueva. Encabezó el golpe militar que acabó con la república y dio paso a la Restauración.

Luciano Pavarotti.

paviano, na *adj.* De Pavía. También *s.*

pávido, da *adj.* Lleno de miedo, asustado.

pavimentador, ra *adj.* **1.** Que pavimenta. También *s.* || *s. f.* **2.** Máquina remolcable utilizada para alisar el pavimento.

pavimentar *v. tr.* Recubrir con algún tipo de pavimento. **FAM.** Pavimentación.

pavimento *s. m.* **1.** Suelo cubierto artificialmente con algún material, como baldosas, asfalto, cemento, etc., para hacerlo más resistente y liso. **2.** Material utilizado para cubrir el suelo de esa manera.

pavipollo *s. m.* **1.** Cría del pavo. **2.** *fam.* Persona atontada y sosa. También *adj.*

pavisoso, sa *adj.* Se dice de la persona atontada, sosa, sin gracia.

Pavlov, Ivan Petrovich (Riazan 1849 - Leningrado 1936) Fisiólogo y médico ruso. Su mayor aportación a la ciencia fue la formulación del concepto de reflejo condicionado, a la que condujeron sus experimentos con perros y otros animales. Por sus descubrimientos Pavlov recibió el premio Nobel de fisiología y medicina en 1904. Posteriormente trabajó en el centro de investigación biológica creado por un decreto de Lenin en 1921. Entre sus obras destacan *Veinte años de experimentos acerca de la actividad nerviosa superior de los animales* (1922) y *Lecciones acerca de la actividad de los hemisferios cerebrales* (1927).

Ivan P. Pavlov.

Pavlova, Anna (San Petersburgo 1882 - La Haya 1931) Bailarina rusa. En 1906 fue nombrada primera bailarina del Teatro Imperial ruso, que abandonó en 1913 para formar una compañía, con la que marchó a EE UU. En 1918 regresó a Europa y comenzó a realizar una serie de giras mundiales que la consagraron como la más grande de las bailarinas de su tiempo. Alcanzó grandes triunfos con *La muerte del cisne*, ballet creado para ella en 1905 por Mijail Fokine, con música de Saint-Saëns.

Pavo macho (Meleagris gallopavo).

pavo, va *s. m.* y *f.* **1.** Ave galliforme de la familia meleágridos, especie *Meleagris gallopavo*. Puede alcanzar más de un metro de altura, tiene la cabeza y cuello desprovistos de plumas, pero con unas carúnculas o carnosidades colgantes de color rojo. De vuelo corto, habita en tierra y hace su nido en el suelo. Es originaria de América del Norte, pero se cría en todo el mundo por su carne, apreciada en alimentación. **2.** *fam.* Persona atontada, sosa, sin gracia. También *adj.* || *s. m.* **3.** *fam.* Moneda de cinco pesetas. || *s. f.* **4.** *Amer. del S.* Recipiente de metal o hierro esmaltado, con asa en la parte superior, tapa y pico, utilizado para calentar el agua. || **5. pavo real** Ave fasianiforme de la familia fasiánidos, especie *Pavo cristatus*. Presenta un acusado dimorfismo sexual;

mide unos 250 cm de longitud, de los que 130 corresponden a la cola, que en el macho tiene vistosos colores y se despliega como reclamo sexual. Procede de la India, pero se cría en todo el mundo como animal ornamental. ‖ **Loc. pelar la pava** *fam.* Tener conversaciones amorosas los novios; también, hablar por pasar el rato. **subírsele** a alguien **el pavo** *fam.* Ponerse colorada una persona por vergüenza, timidez, etc. **tener el pavo** o **estar** alguien **en la edad del pavo** *fam.* Estar en la edad de la adolescencia, en torno a los quince años.

Pavo real macho (Pavo cristatus).

pavón *s. m.* **1.** Pavo real. **2.** Nombre común de dos insectos lepidópteros de la familia satúrnidos, con la especie gran pavón de noche *(Saturnia pyri)*, y papiliónidos, con la especie pavón diurno *(Parnassius apollo)*. El pavón diurno es una mariposa de unos 7 cm de longitud. Sus alas presentan pequeñas manchas circulares de vistosos colores. El pavón nocturno alcanza 16 cm de envergadura alar. **3.** Capa superficial de óxido, de color azulado y brillante, con la que se cubren algunos objetos de hierro o acero para mejorar su aspecto o evitar su corrosión.

Pavón, batalla de Enfrentamiento entre el ejército de Buenos Aires, mandado por Bartolomé Mitre, y las fuerzas confederadas de Urquiza, a orillas del arroyo Pavón, en Santa Fe (1861). La victoria de Mitre logró la unificación argentina bajo la autoridad de Buenos Aires.

pavonada *s. f.* **1.** *fam.* Paseo corto o diversión en la que se emplea poco tiempo. **2.** Presunción, fanfarronería.

pavonado, da **1.** *p. p.* de **pavonar**. También *adj.* ‖ *s. m.* **2.** Acción y efecto de pavonar un metal.

pavonar *v. tr.* Empavonar, dar pavón. **Fam.** Pavonador.

pavonazo *s. m.* Color mineral rojizo oscuro con que se suple el rojo en la pintura al fresco.

pavonear *v. intr.* Presumir, vanagloriarse. Se usa más como *v. prnl.* **Fam.** Pavoneo.

pavor *s. m.* Miedo muy grande.

pavoroso, sa *adj.* Que produce pavor. **Fam.** Pavorosamente.

pavura *amer.* Miedo.

Paxton, sir Joseph (Milton Bryant, Bedfordshire 1801 - Sydenham, Londres 1865) Arquitecto británico. En 1836 construyó un invernadero de hierro y cristal para el duque de Devonshire, en Chatswort, pero su obra cumbre fue el Palacio de Cristal de la exposición internacional de Londres (1851).

paya *s. f. Arg., Chile, Urug.* Composición poética que improvisan dialogando varios payadores, acompañados por algún instrumento musical.

payada *s. f. Arg., Chile, Urug.* Canto improvisado por un payador.

payador *s. m. Amér. del S.* Cantor o poeta popular que va de un lugar a otro improvisando sus composiciones. ■ Se escribe también *pallador.*

payaguá *s. m.* **1.** *Par., Urug.* Se dice de un pueblo amerindio que habitó en el Chaco paraguayo, frente a Asunción, y de sus individuos. También *s.* **2.** De este pueblo. También *s.* ‖ *s. m.* **3.** Dialecto del grupo guaicurú hablado por este pueblo.

payar *v. intr. Arg., Chile, Urug.* Cantar payadas.

payasada *s. f.* **1.** Acción o dicho propios de un payaso. **2.** Acción, hecho o dicho ridículo o inoportunamente gracioso.

payaso, sa *s. m.* **1.** Artista de circo que hace de gracioso con una vestimenta y un maquillaje muy llamativos. ‖ *s. m.* y *f.* **2.** Persona poco seria, bromista o ridícula. También *adj.*

payés, sa *s. m.* y *f.* Campesino de Cataluña o de las islas Baleares.

Payne, Stanley (1934) Historiador estadounidense. Ha trabajado sobre problemas de la historia española contemporánea, especialmente sobre las relaciones entre el Ejército y la política. Entre sus obras hay que destacar *Falange, historia del fascismo español* (1961), *Los militares y la política en la España liberal* (1967) y *El ejército, la república y el estallido de la guerra civil* (1971).

payo, ya *adj.* **1.** Campesino. También *s.* ‖ *s. m.* y *f.* **2.** Entre los gitanos, persona que no es de su raza.

Payró, Roberto Jorge (Mercedes, Buenos Aires 1867 - Lomas de Zamora, Buenos Aires 1928) Escritor y político argentino. Participó en la revolución de 1890 y fue uno de los fundadores del Partido Socialista de su país. Destacó como narrador y dramaturgo. En sus novelas y cuentos son frecuentes los temas de La Pampa y los ambientes de la época colonial, a veces con notas humorísticas. Como autor de teatro se caracteriza por un realismo en el que no se ocultan los aspectos más crudos del vivir. Merecen citarse sus cuentos de *Pago Chico* (1908), la novela histórica *El capitán Vergara* (1925) y el drama *Sobre las ruinas* (1904).

Paysandú Departamento de Uruguay, en el S del país. 13.927 km^2. 105.900 h. en 1988. La capital es Paysandú, con 75.900 h. en 1985. Tiene una economía básicamente agropecuaria y explotación forestal.

paz *s. f.* **1.** Situación en que no hay guerra ni otros enfrentamientos. **2.** Acuerdo por el que las partes enfrentadas en una guerra ponen fin a la misma. **3.** Tranquilidad, calma. **4.** Ceremonia de la misa, antes de la comunión, en la que los sacerdotes y los fieles se dan la mano y se desean la paz como signo de reconciliación. ‖ **5. paz armada** La que existe entre países debido al respeto o temor mutuos por tener un poder militar equiparable. **6. paz octaviana** Tranquilidad pública, como la que existía en tiempo del emperador Octavio Augusto. ‖ **Loc. a la paz de Dios** *fam.* Fórmula de saludo o despedida. **aquí paz y después gloria** Expresión con que se pone fin a una discusión, problema, etc. **dar la paz** Desearla a alguien con un beso, un abrazo, etc. **dejar en paz** a alguien o algo No molestar a alguien o no mover ni tocar algo. **estar en paz** No deberse nada dos personas. **hacer las paces** Reconciliarse dos o más personas, olvidar diferencias, hacerse de nuevo amigos. **ir en paz** (o **con la paz de Dios**) Expresión utilizada para despedir a alguien. **y en paz** Expresión con que se da por terminado un asunto.

Paz, José María (Córdoba, Argentina 1791 - Buenos Aires 1854) Militar y político argentino. Participó en las luchas de la independencia y en la guerra contra Brasil (1825-28). Apoyó a Lavalle frente a Rosas, que le capturó, pero logró escapar a Uruguay. Organizó un ejército que tomó Entre Ríos (1842). Durante la guerra Grande organizó la defensa de Montevideo. Participó en la revolución de 1852 y fue nombrado ministro de la Guerra por Urquiza. En este puesto defendió Buenos Aires del ejército de la Confederación.

Paz, La **1.** C. de Bolivia, cap. del país y del departamento homónimo, situada en la región andina, cerca del lago Titicaca. 1.049.800 h. en 1988. Se encuentra a una altitud de 3.720 m, lo que la convierte en la capital más alta del mundo. Es el centro administrativo, comercial y financiero del país y asimismo el principal núcleo industrial, con producción textil, alimentaria, del calzado y de construcciones metálicas. Fue fundada por Alonso de Mendoza en 1548. En 1650 sufrió la sublevación de los mestizos y en 1781 fue sitiada por indios. En 1809 comenzó en ella el movimiento de independencia, que concluyó en 1824 al entrar en la ciudad el general Sucre. Entre sus monumentos sobresalen el convento de San Francisco y su portada barroca, así como las iglesias de Santo Domingo, San Pedro y Santa Teresa, todos ellos del s. XVIII.
2. Departamento de Bolivia, situado en el O del país. 133.985 km^2. 2.409.000 h. en 1990. Su economía se basa en la minería de estaño, volframio, plomo, cinc y cobre, así como en los cultivos de coca, cacao, caña de azúcar, maíz, vid y frutales.

Octavio Paz.

Paz, Octavio (México 1914) Poeta y ensayista mexicano. Como diplomático tuvo la oportunidad de vivir en Francia, donde entró en contacto con el surrealismo. Viajó además por España, la India y Japón, lo que le permitió conocer la poesía y el pensamiento de estos pueblos. Ha cultivado técnicas poéticas experimentales y ha sostenido una concepción del arte como crítica. Es autor de magníficos ensayos sobre la historia y la realidad mexicanas, y sobre temas políticos, artísticos y literarios. Entre sus obras principales figuran *A la orilla del mundo* (1942), *La estación violenta* (1958) y *Pasado en claro* (1975), libros de poemas, y los ensayos *El laberinto de la soledad* (1951), *El arco y la lira* (1956), *Conjunciones y disyunciones* (1969), *El mono gramático*

La Paz: vista parcial de la ciudad; en el centro, la avenida 16 de Julio.

(1974) y *Sor Juana Inés de la Cruz o las trampas de la fe* (1983). En 1981 recibió el premio Cervantes y en 1990 obtuvo el Nobel de literatura.

Paz Barahona, Miguel (? - ? 1937) Político hondureño. Elegido presidente de la república en 1925, los intentos para derrocarle fueron sofocados por el desembarco de marines de EE UU. En 1927 firmó un tratado de paz con Guatemala y El Salvador.

Paz Estenssoro, Víctor (Tarija 1907) Político boliviano. Creador del partido Movimiento Nacional Revolucionario, desde la revolución nacionalista de 1952 ha sido presidente en varias ocasiones. En 1964 fue derrocado por un golpe militar, provocado por la aguda crisis económica del país. Se exilió hasta 1971 y de nuevo en 1974 a causa de su oposición al régimen del general Banzer. Vuelto a Bolivia, volvió a ocupar la presidencia en 1985. Durante su gobierno, que duró hasta 1989, intentó llevar a cabo una política de saneamiento económico.

Paz Zamora, Jaime (La Paz 1939) Político boliviano. Líder del Movimiento de Izquierda Revolucionaria (MIR), alcanzó la vicepresidencia de la república (1982-84). En las presidenciales de 1989, al no obtener ningún candidato la mayoría absoluta, fue nombrado presidente por el Congreso, tras llegar Paz Zamora a un «acuerdo patriotico» con Hugo Bánzer, de Acción Democrática Nacionalista (ADN).

pazguato, ta *adj.* Se dice de la persona simple, que se admira o se escandaliza por todo. También *s.* **FAM.** Pazguatería.

pazo *s. m.* En Galicia, casa solariega.

pazote *s. m.* Planta herbácea de la familia quenopodiáceas, especie *Chenopodium ambrosioides.* De hasta un metro de altura y aromática, tiene hojas lanceoladas y flores en racimo. Es originaria de América, pero su cultivo se ha extendido a Europa. Sus hojas y flores se consumen en infusión.

Pb Símbolo químico del plomo.

PC (siglas de *Personal Computer*) Ordenador personal.

PCUS Siglas del partido comunista de la URSS. Fundado por Lenin en 1898, recibió su nombre definitivo en 1952. Se mantuvo en el poder desde la Revolución de 1917 hasta su desmembración en 1991.

Pd Símbolo químico del paladio.

pe *s. f.* Nombre de la letra *p.* || **LOC. de pe a pa** *adv. fam.* De principio al fin.

Peace Río de Canadá, en el O y centro del país. 1.521 km. Nace en las Montañas Rocosas, en el E de Columbia Británica, en su curso medio riega una fértil región y desemboca en el río del Esclavo al N del lago Athabasca.

Peacock, Thomas Love (Weymouth, Dorsetshire 1785 - Lower Halliford, Surrey 1866) Escritor británico. Alcanzó popularidad con sus novelas basadas en conversaciones de tono satírico entre los personajes. Algunas de sus obras más destacadas son *El monasterio de pesadilla* (1818), *Crotchet Castle* (1831) y *Gryll Grange* (1861). También publicó poesías.

peaje *s. m.* **1.** Cantidad de dinero que hay que pagar para poder pasar por una determinada carretera, puente, etc. **2.** Lugar donde se paga esa cantidad.

peal *s. m.* **1.** Parte de la media que cubre el pie. **2.** Media sin pie que se sujeta a éste por una trabilla. **3.** *amer.* Cuerda o lazo con que se enlazan las patas de los animales.

peana *s. f.* Base o plataforma sobre la que se coloca una figura, un jarrón, etc.

Peano, Giuseppe (Cuneo 1858 -Turín 1932) Lógico y matemático italiano. Fue uno de los impulsores de la lógica matemática. En su obra *Formulario matemático* está recogida su exposición sobre aritmética, geometría, teoría de conjuntos, cálculo infinitesimal y cálculo vectorial.

Pearl Harbor, batalla de Ataque por sorpresa de la flota y la aviación de Japón a la importante base aeronaval estadounidense de Pearl Harbor, en las islas Hawai, que se produjo el 7 de diciembre de 1941 sin previa declaración de guerra. Esta agresión japonesa decidió a EE UU, que sufrió pérdidas considerables, a entrar en la Segunda Guerra Mundial.

Pearson, Lester Bowles (Toronto 1897 - Ottawa 1972) Político canadiense. Ministro de Asuntos Exteriores (1948-57), fue líder del Partido Liberal (1958) y primer ministro (1963-67). Por su mediación en la crisis de Suez recibió el premio Nobel de la paz de 1957.

Peary, Robert Edwin (Cresson Springs, Pennsylvania 1856 - Washington 1920) Explorador estadounidense. Llevó a cabo varias expediciones a Groenlandia y demostró que este territorio es una isla. Fue el primer hombre en llegar al polo norte (6 de abril de 1909). Publicó, entre otros títulos, *Hacia el norte a través de los hielos* (1898) y *El polo norte* (1910).

peatón, na *s. m.* y *f.* **1.** Persona que va a pie por una vía pública. **2.** Cartero que lleva caminando la correspondencia a pueblos cercanos unos de otros.

peatonal *adj.* **1.** Perteneciente o relativo a los peatones. **2.** Se dice de la vía pública por la que sólo se puede ir a pie.

pebble culture (expr. ingl. que significa 'cultura del guijarro') Denominación que designa una cultura prehistórica muy primitiva, del paleolítico inferior, caracterizada por el uso de guijarros toscamente tallados por percusión directa y empleados como instrumentos.

pebete *s. m.* **1.** Pasta hecha con una sustancia aromática que al ser encendida produce un humo oloroso. **2.** Canutillo lleno de pólvora que sirve para encender fuegos artificiales. **3.** *fam.* Cualquier cosa que tiene mal olor.

pebete, ta *s. m.* y *f. Arg., Urug.* Pibe, niño o niña.

pebetero *s. m.* Recipiente donde se queman perfumes.

pebre *s. amb.* **1.** Salsa de pimienta, ajo, perejil y vinagre. **2.** En algunas partes, pimienta. **3.** *Chile.* Puré de patatas.

peca *s. f.* Mancha pequeña de color pardo que aparece en la piel, especialmente en la cara.

pecado 1. *p. p.* de **pecar**. || *s. m.* **2.** Hecho, palabra, pensamiento, etc., contrario a la ley o voluntad de Dios. **3.** Estado del que ha pecado. **4.** Cualquier acto que se aparta de lo recto y justo. **5.** *fam.* Acto o cosa lamentable, sobre todo cuando se hace un despilfarro. || **6. pecado capital** Pecado mortal. **7. pecado contra natura** Sodomía o bestialismo. **8. pecado mortal** El grave que hace que el hombre se aparte totalmente de Dios. **9. pecado original** El transmitido al hombre en el momento de su nacimiento por la desobediencia de Adán y Eva. **10. pecado venial** El que no aparta al hombre totalmente de Dios.

pecador, ra *adj.* Que peca. También *s.*

pecaminoso, sa *adj.* Relativo al pecado o que constituye pecado.

pecar *v. intr.* **1.** Realizar una acción contraria a la ley o voluntad de Dios. **2.** Cometer cualquier tipo de falta. **3.** Poseer en grado extremo cierta cualidad: *pecar de generoso.* ■ Se conjuga como *sacar.*

pecarí *s. m.* Mamífero artiodáctilo de la familia tayasuidos, género *Tayassu*, con dos especies: el pecarí de collar *(Tayassu tajacu)* y el pecarí de labios blancos *(Tayassu pecari).* Miden entre 80 y 120 cm de longitud, son semejantes a los jabalíes y tienen color pardo, con una banda blanca en el pecarí de collar, uñas afiladas, colmillos fuertes que crecen hacia abajo y una glándula en la zona posterior de la espalda que segrega una sustancia de olor fuerte y duradero. Viven en manadas de muchos individuos. Su régimen alimenticio es omnívoro y habitan en el centro y S del continente americano.

pecblenda *s. f.* Pechblenda*.

peccata minuta *loc. lat.* Significa 'pecados menudos' y se utiliza para expresar la poca importancia o valor de algo.

peceño, ña *adj.* **1.** Que tiene el color de la pez, especialmente aplicado al caballo que tiene el pelo de ese color. **2.** Que tiene el sabor de la pez.

pecera *s. f.* Recipiente de cristal lleno de agua que se utiliza para tener en él peces vivos.

pechada *s. f.* **1.** *amer.* Encontronazo o golpe que se dan dos personas con el pecho o con los hombros. **2.** *amer.* Golpe que el jinete hace que dé con el pecho un caballo para derribar a otro animal. **3.** *fam. Arg., Chile, Urug.* Sablazo, petición de dinero prestado.

pechador, ra *s. m.* y *f. amer.* Estafador, sablista.

pechar[1] (de *pecho*[2]) *v. tr.* **1.** Pagar un tributo. **2.** *amer.* Sablear, pedir a alguien dinero prestado. || *v. intr.* **3.** Con la preposición *con*, asumir la responsabilidad o las consecuencias de algo. **FAM.** Pechador.

pechar[2] *v. tr. amer.* Dar pechadas.

pechblenda *s. f.* Mineral variedad de la uraninita. Se denomina también *pecblenda.*

pechera *s. f.* **1.** Parte de la camisa o de otras prendas de vestir que cubre el pecho. **2.** Chorrera de una camisa. **3.** Trozo de tela o paño que se pone en el pecho para abrigarlo. **4.** Correa ancha forrada y acolchada que se pone a los caballos y mulas en el pecho para que se apoye en ella el tiro. **5.** *fam.* Parte exterior del pecho, especialmente de las mujeres cuando está muy desarrollado.

pechero *s. m.* **1.** Babero*. **2.** Pieza independiente de una prenda de vestir, que se coloca encima de otra, sobre el pecho.

pechero, ra *adj.* Persona que está obligada a pagar un tributo. También *s.*

pechina *s. f.* **1.** Concha vacía de un molusco. **2.** En arq., cada uno de los triángulos curvados que forman una cúpula con los arcos torales sobre los que se apoya.

pecho[1] (del lat. *pectus*) *s. m.* **1.** Parte del cuerpo humano comprendida entre el cuello y el vientre o cintura y en cuya cavidad están el corazón y los pulmones. **2.** Zona exterior y delantera de esa parte del cuerpo. **3.** Aparato respiratorio. **4.** Parte del cuerpo de los cuadrúpedos entre el cuello y las patas delanteras. **5.** Conjunto de las dos mamas de la mujer o cada una de ellas por separado. **6.** Interior de una persona en donde, de forma simbólica, se sitúan sus sentimientos. || **LOC. a pecho descubierto** *adv.* Sin armas; también, con sinceridad y nobleza. **dar el pecho** Dar de mamar a un niño. **entre pecho y espalda** *fam.* En el estómago. Con los verbos *echarse* o *meterse*, expresa que alguien ha comido o bebido mucho. **tomar** algo **a pecho** Tomar una cosa con mucho empeño; también, ofenderse o tomar demasiado en serio algo. **tomar el pecho** Mamar un bebé.

pecho[2] (del lat. *pactum*) *s. m.* Tributo que se pagaba antiguamente al rey o a un señor feudal por el uso de unas tierras o por otro motivo.

Pechstein, Max Hermann (Zwickau 1881 - Berlín 1955) Pintor alemán. En 1906 se unió al grupo *Die Brücke.* De un expresionismo moderado, su estancia en Nueva Guinea aportó a su pintura algo de primitivismo. Algunas de sus obras más sobresalientes son *Muchacha* (1908), *La feria de caballos* (1910) y *El antifaz amarillo* (1910).

pechuga *s. f.* **1.** Pecho de las aves, que está dividido en dos partes. **2.** Cada una de esas partes. **3.** *fam.* Pecho de una persona, especialmente de una mujer.

pechugón, na *adj.* **1.** Se dice de la mujer que tiene el pecho muy abultado. También *s. f.* **2.** *amer.* Sinvergüenza, abusón. || *s. m.* **3.** Golpe fuerte dado con la mano en el pecho de otra persona. **4.** Caída o encontronazo de pechos. **5.** Esfuerzo grande.

pecina *s. f.* Barro negruzco que se forma en el fondo de los charcos u otras masas de agua en que hay materias orgánicas en descomposición.

pecio *s. m.* Fragmento de una nave que ha naufragado o parte de lo que contenía.

peciolado, da *adj.* Se aplica a las hojas de las plantas que tienen pecíolo.

pecíolo o **peciolo** *s. m.* Pedúnculo, rabo pequeño de una hoja por el que se une al tallo.

Peck, Gregory (La Jolla, California 1916) Actor de cine estadounidense. Debutó en 1941 en el teatro y tres años después en el cine, donde impuso un arte interpretativo de gran sobriedad y flexibilidad. Entre sus mejores actuaciones pueden citarse las de los filmes *Recuerda* (*Spellbound*, 1945), *Duelo al sol* (1947), *Moby Dick* (1956), *El hombre del traje gris* (1956), *Matar a un ruiseñor* (*To kill a mockingbird*, 1962) y *Lobos marinos* (1980).

Peckinpah, Sam (Fresno, California 1925 - Los Ángeles 1984) Director cinematográfico estadounidense. Sus películas son una reflexión sobre el comportamiento humano y los valores morales en situaciones de extrema violencia. Renovador del *western*, entre sus filmes sobresalen *Duelo en la alta sierra* (*Ride the high country*, 1961), *Mayor Dundee* (1964), *Grupo salvaje* (1969), *La balada de Cable Hogue* (1969), *La huida* (1972) y *Quiero la cabeza de Alfredo García* (1974).

pécora *s. f.* **1.** Prostituta*. **2.** *fam.* Persona, especialmente mujer, astuta y de malas intenciones. **3.** Res de ganado lanar.

pecoso, sa *adj.* Que tiene pecas. También *s.*

Pécs (en al. *Fünfkirchen*) C. de Hungría, situada en el S del país, junto a la frontera de Croacia. 183.100 h. en 1986. Enclavada en una región rica en carbón y bauxita, cuenta con una importante industria de construcciones mecánicas y eléctricas, de cerámica, alimentaria, curtidora y textil, así como refinerías de petróleo.

pectina *s. f.* Polisacárido de origen vegetal que se utiliza en alimentación para dar consistencia a las mermeladas y gelatinas.

pectíneo, a *adj.* **1.** Se dice del músculo del muslo que hace girar el fémur. También *s. m.* **2.** Perteneciente o relativo a este músculo.

pectiniforme *adj.* Con forma de peine o dentado como éste.

pectoral *adj.* **1.** Perteneciente o relativo al pecho. **2.** Particularmente, se aplica a los músculos situados en esa zona. También *s. m.* **3.** Se dice de los medicamentos para curar la tos. También *s. m.* || *s. m.* **4.** Cruz que llevan sobre el pecho, colgada de una cadena, los obispos y el papa.

pecuario, ria *adj.* Perteneciente o relativo al ganado.

peculado *s. m.* Delito que consiste en el hurto de fondos públicos por la persona encargada de administrarlos.

peculiar *adj.* Propio o característico de una persona o cosa determinada. **Fam.** Peculiarmente.

peculiaridad *s. f.* **1.** Cualidad de peculiar. **2.** Detalle peculiar de alguna cosa.

peculio *s. m.* Dinero o bienes que posee una persona.

pecuniario, ria *adj.* Perteneciente o relativo al dinero en efectivo. **Fam.** Pecuniariamente.

pedagogía *s. f.* **1.** Ciencia que se ocupa de la enseñanza y educación **2.** P. ext., cualquier teoría o práctica educativa.
Educ. La pedagogía, como especialidad científica, surgió de los movimientos teóricos de enseñanza aparecidos a lo largo del s. XIX y se consolidó ya en el s. XX con la creación de la «escuela nueva», que sistematizó las teorías de pedagogos clásicos como Montaigne, Rousseau, Locke, Pestalozzi, Herbart y Fröbel. Los más interesantes y difundidos métodos pedagógicos fueron elaborados por Montessori en Italia, Decroly en Bélgica, Kerschensteiner en Alemania, Claparède en Suiza, Dewey en EE UU y Makarenko y Blonski en la URSS. La pedagogía contemporánea ha asumido aportaciones procedentes de diversas disciplinas, como la psicología, la sociología, la sociometría y el psicoanálisis. Las últimas tendencias importantes son la pedagogía institucional de Francia, el movimiento de educación cooperativa de Italia y de Freinet en Francia, y la pedagogía no directiva del Reino Unido y EE UU.

pedagógico, ca *adj.* **1.** Perteneciente o relativo a la pedagogía. **2.** Que enseña las cosas de manera que pueden entenderse o aprenderse con facilidad. **Fam.** Pedagógicamente.

pedagogo, ga *s. m.* y *f.* **1.** Profesional de la pedagogía. **2.** Persona que se dedica a la enseñanza y educación.

pedal *s. m.* **1.** Palanca que se empuja con los pies y sirve para mover un mecanismo. **2.** Sistema mecánico de ciertos instrumentos musicales que se acciona con el pie para modificar la intensidad o cambiar la entonación, como p. ej. el del piano, el arpa o el órgano. **3.** En mús., nota mantenida a la vez que se suceden diferentes acordes. **4.** *fam.* Borrachera. || **5. pedal de arranque** Aquel con que se pone en marcha el motor de una motocicleta.

pedalada *s. f.* Impulso dado a un pedal con el pie.

pedalear *v. intr.* Mover con los pies un pedal, especialmente en las bicicletas. **Fam.** Pedaleo.

pedante *adj.* Se aplica al individuo que de manera inoportuna presume de erudición y conocimientos, así como a sus palabras, actitud, etc. También *s.*

pedantear *v. intr.* Mostrarse pedante.

pedantería *s. f.* **1.** Cualidad de pedante. **2.** Dicho o hecho pedante.

pedantesco, ca *adj.* Propio de pedante. **Fam.** Pedantescamente.

pedazo *s. m.* Parte de una cosa que se ha separado del resto. || **Loc. caerse a pedazos** *fam.* Estar una cosa muy vieja; también, estar una persona muy cansada o decaída. **estar hecho pedazos** *fam.* Estar muy cansado; también, estar destrozado psicológicamente. **hacerse pedazos** Romperse una cosa; también, poner alguien excesivo empeño en una actividad. **ser** alguien **un pedazo de pan** *fam.* Ser muy bondadoso.

peder *v. intr.* Peer*.

pederasta *s. m.* Que realiza pederastia.

pederastia *s. f.* **1.** Relación sexual de un hombre con un niño. **2.** Homosexualidad masculina.

pedernal *s. m.* **1.** Variedad de cuarzo, translúcida y de color amarillento, que al ser golpeada con un eslabón produce chispas, por lo que fue utilizada para encender fuego. **2.** Cosa muy dura.

Pedersen, Charles J. (Fusan, Corea 1904) Químico estadounidense de origen noruego. Investigó sobre la estabilización de los hidrocarburos y sobre los ésteres en corona. En 1987 fue premiado con el Nobel de química, compartido con Donald J. Cram y Jean-Marie Lehn.

pedestal *s. m.* **1.** Cuerpo que sirve de base para colocar sobre él una estatua, una columna, etc. **2.** Aquello en que se fundamenta una cosa o que sirve para lograrla. || **Loc. en un pedestal** *adv. fam.* Con verbos como *tener*, *estar*, *poner*, etc., en muy buena opinión, bien considerado.

pedestre *adj.* **1.** Que anda a pie. **2.** Se dice de la carrera deportiva que se realiza a pie, andando o corriendo. **3.** Ordinario, vulgar.

pedestrismo *s. m.* Conjunto de deportes pedestres.

pediatra *s. m.* y *f.* Médico especialista en pediatría.

pediatría *s. f.* Rama de la medicina que se ocupa del cuidado y las enfermedades del niño.

pedicelo *s. m.* Pedúnculo*.

pediculado, da *adj.* Que tiene pedículo.

pedículo *s. m.* **1.** Pedúnculo de una hoja, flor o fruto. **2.** Piojo*, insecto.

pediculosis *s. f.* Enfermedad de la piel producida por la acción irritante de los piojos.

pedicuro, ra *s. m.* y *f.* Persona dedicada al cuidado de los pies tratando y extirpando callos, uñeros, etc.

pedido, da **1.** *p. p.* de **pedir**. || *s. m.* **2.** Encargo de género que se hace a un fabricante o vendedor. || *s. f.* **3.** Acción de pedir la mano de una mujer.

pedigrí *s. m.* **1.** Genealogía de un animal de raza. ▪ A veces se usa metafóricamente referido a personas. **2.** Documento en que consta.

pedigüeño, ña *adj.* Que pide con frecuencia e inoportunidad. También *s.* **Fam.** Pedigüeñería.

pediluvio *s. m.* Baño de pies tomado con fines medicinales.

pedimento[1] (de *pedir*) *s. m.* **1.** Petición*. **2.** En der., escrito que se presenta ante un juez y peticiones que en él se formulan.

pedimento[2] (del ingl. *pediment*) *s. m.* Superficie de suave pendiente formada sobre una roca uniformemente dura por una capa de uno o dos metros de aluviones, de los que sobresalen relieves residuales.

pedir *v. tr.* **1.** Rogar a una persona que dé o haga cierta cosa. **2.** Poner alguien precio a lo que vende. **3.** Querer o desear una cosa. **4.** Necesitar, requerir. **5.** Exponer alguien ante el juez su derecho o acción contra otra persona. || *v. intr.* **6.** Mendigar. || **7. pedir la mano** Exponer un hombre a los padres o parientes de una mujer el deseo de que le permitan casarse con ella. ▪ Es v. irreg.

pedo *s. m.* **1.** Expulsión por el ano de gases acumulados en el intestino. **2.** *vulg.* Borrachera. **3.** *fam.* Estado del que se encuentra bajo los efectos de una droga. || **4. pedo de lobo** Hongo licoperdáceo gasteromicetal de la especie *Lycoperdon perlatum*. Tiene el sombrero redondeado, de 3 a 5 cm de diámetro, blanquecino y cubierto de pequeños aguijones blandos. Crece en bosques y pastizales.

pedofilia *s. f.* Atracción sexual de un adulto hacia niños de igual o distinto sexo.

pedogénesis *s. f.* Proceso de formación de un suelo.

pedorrear *v. intr.* **1.** Expulsar varios pedos seguidos. **2.** Hacer pedorretas con la boca. **Fam.** Pedorreo, pedorrero.

pedorreta *s. f.* Sonido que se hace con la boca imitando el de un pedo.

pedorro, rra *adj.* **1.** Que frecuentemente o sin miramientos se tira pedos. También *s.* **2.** *fam.* Se dice como insulto de una persona que resulta molesta o desagradable. También *s.* **3.** *fam.* Cursi, repipi. También *s.*

pedrada *s. f.* **1.** Acción de lanzar una piedra. **2.** Golpe que se da con la piedra lanzada. **3.** Señal que deja. **4.** *fam.* Expresión o acción para molestar a alguien.

Pedrarias Dávila, Pedro Arias Dávila, llamado (Segovia h. 1440 - León, Nicaragua 1531) Conquistador español. Fue nombrado gobernador de Darién (1513) y su gestión se caracterizó por la eliminación de todos sus rivales y la dureza en el trato a los indios. Organizó expediciones que exploraron los actuales territorios de Nicaragua y Costa Rica. En 1526 fue sustituido por Pedro de los Ríos, pero un año después obtuvo la gobernación de Nicaragua.

pedrea *s. f.* **1.** Apedreamiento o lucha a pedradas. **2.** Lluvia de granizo. **3.** *fam.* Conjunto de los premios menores en la lotería nacional.

pedregal *s. m.* Terreno cubierto casi totalmente de piedras.

pedregoso, sa *adj.* Se dice del terreno en que hay muchas piedras.

pedregullo *s. m. Arg.*, *Chile*, *Urug.* Grava.

pedrejón *s. m.* Piedra aislada de gran tamaño.

Pedrell, Felipe (Tortosa, Tarragona 1841 - Barcelona 1922) Compositor y musicólogo español. Teórico del nacionalismo musical español, fue maestro de Granados, Falla y Albéniz. Compuso óperas, operetas, zarzuelas, música religiosa y poemas sinfónicos, pero alcanzó mayor relevancia por sus trabajos teóricos. Escribió un

PEDIR

GERUNDIO
pidiendo

INDICATIVO	
Presente	**Pretérito perfecto simple**
pido	*pedí*
pides	*pediste*
pide	*pidió*
pedimos	*pedimos*
pedís	*pedisteis*
piden	*pidieron*

SUBJUNTIVO	
Presente	**Pretérito imperfecto**
pida	*pidiera, -ese*
pidas	*pidieras, -eses*
pida	*pidiera, -ese*
pidamos	*pidiéramos, -ésemos*
pidáis	*pidierais, -eseis*
pidan	*pidieran, -esen*
Futuro imperfecto	
pidiere	*pidiéremos*
pidieres	*pidiereis*
pidiere	*pidieren*

IMPERATIVO	
pide	*pedid*

Diccionario técnico de la música (1894) y recopiló una antología, titulada *Hispaniae Schola Musica Sacra* (1895), y un *Cancionero popular español* (1919-22).

pedrera *s. f.* Lugar del que se sacan las piedras.

pedrería *s. f.* Conjunto de piedras preciosas.

pedrisco o **pedrisca** *s. m.* o *s. f.* Granizo gordo que cae de las nubes en abundancia.

Pedro 1. Nombre propio masculino; se utiliza en la locución **como Pedro por su casa**, que significa 'con libertad y sin ningún miramiento'. || **2. Pedro Botero** *fam.* El diablo.

Pedro Nombre de cuatro reyes de Aragón.
Pedro I (? h. 1070 - Valle de Arán, Lleida 1104) Rey de Aragón y Navarra (1094-1104). Hijo de Sancho Ramírez, colaboró con su padre en una campaña sobre Zaragoza (1086) y luchó contra los musulmanes en Tortosa, Sagrajas y Monzón. Al morir su padre, reafirmó la alianza que tenía éste con el Cid. Conquistó Huesca y Barbastro.
Pedro II el Católico (? h. 1177 - Muret, Francia 1213) Rey de Aragón y Cataluña (1196-1213). Era el primogénito de Alfonso el Casto y Sancha de Castilla. Durante su reinado se intentó intervenir en los asuntos del S de Francia mediante el matrimonio del rey con María de Montpellier, pero la batalla de Muret (1213) significó el triunfo francés en esta región. Ayudó a Alfonso VIII de Castilla a atacar León y Astorga y a luchar contra Navarra. Se apropió de varias plazas de la región de Valencia y participó en la batalla de las Navas de Tolosa (1212).
Pedro III el Grande (Valencia 1240 - Villafranca del Panadés, Barcelona 1285) Rey de Aragón, Cataluña, Valencia y Sicilia (1276-85). Antes de subir al trono se distinguió en la campaña de Murcia (1265), en la represión de las revueltas nobiliarias y del levantamiento de los musulmanes del S de Valencia. A la muerte de su padre heredó la corona de Aragón, excepto Mallorca, Rosellón, Cerdeña y Montpellier, que fueron para su hermano Jaime. En 1282 fue nombrado rey de Sicilia. Tuvo que luchar contra Felipe III de Francia y su hijo Carlos de Valois, a quien el papa había declarado rey de Aragón. No pudo evitar la pérdida de Girona, pero venció a los franceses en Panissars.
Pedro IV el Ceremonioso (Balaguer, Lleida 1319 - Barcelona 1387) Rey de Aragón, Cataluña, Valencia, Mallorca y Cerdeña (1336-87). Ayudó al rey de Castilla en su lucha contra los benimerines, pero al querer intervenir en los asuntos de Castilla entró en guerra con Pedro I el Cruel (guerra de los dos Pedros). Arrebató a su cuñado Jaime III Mallorca y el Rosellón. Tuvo que enfrentarse a la nobleza aragonesa y valenciana, a la que derrotó en Épila y Mislata. Reprimió las revueltas de Cerdeña promovidas por Génova y entró en guerra contra esta potencia. Las constantes guerras y la propagación de la peste iniciaron la decadencia de Cataluña, a pesar de que se logró la reincorporación de los ducados de Grecia (1380). Fue un rey amante de las letras. Su aportación al afianzamiento de las instituciones fue también decisiva.

Pedro Nombre de dos emperadores de Brasil.
Pedro I (Queluz 1798 - íd. 1834) Emperador de Brasil (1822-31) y rey de Portugal (1826). Hijo de Juan VI de Portugal, durante la invasión francesa pasó en 1807 con su familia a Brasil. Su padre volvió a Europa y quedó como regente (1821). La política centralista de Portugal provocó la independencia brasileña y Pedro fue nombrado emperador (1822). A la muerte de su padre regresó a Portugal, donde fue coronado, pero abdicó en su hija María II (1826) y volvió a Brasil (1828).

Pedro I, emperador de Brasil. Cuadro de Araujo Porto Alegre (Museo Histórico Nacional, Río de Janeiro).

En 1831 tuvo que renunciar a la corona en favor de su hijo Pedro II. En Portugal emprendió una campaña contra su hermano Miguel, que se había apoderado del trono en 1828, y restauró en él a María II (1833).
Pedro II (Río de Janeiro 1825 - París 1891) Emperador de Brasil (1831-89). Accedió al trono al abdicar su padre Pedro I. Trató de actuar como mediador entre liberales y conservadores y fomentó el intervencionismo en los conflictos de la América hispana. Abolió la esclavitud en 1888, lo que le enfrentó a los poderosos terratenientes. Fue derrocado por un pronunciamiento militar en 1889.

Pedro Nombre de varios reyes de Portugal.
Pedro I el Justiciero (Coimbra 1320 - Estremoz 1367) Rey de Portugal (1357-67). Hijo de Alfonso IV y casado con la dama castellana Constanza Manuel cuando aún era infante, tuvo como amante a Doña Inés de Castro, con la que contrajo matrimonio en segundas nupcias y que fue muerta por orden de Alfonso IV. Impuso la reforma legislativa y apoyó las peticiones de la burguesía contra los intereses de la Iglesia y de la nobleza.
Pedro II (Lisboa 1648 - íd. 1706) Rey de Portugal (1683-1706). Hijo de Juan IV, depuso a su hermano Alfonso VI (1667) y asumió el título de regente. Puso fin a la guerra con España por los tratados de Lisboa y Madrid y obtuvo el reconocimiento de la independencia portuguesa (1668). En la guerra de Sucesión española apoyó primero a Felipe V y posteriormente al archiduque Carlos.
Pedro IV Véase **Pedro I de Brasil**.

Pedro Nombre de varios zares de Rusia.
Pedro I el Grande (Moscú 1672 - San Petersburgo 1725) Zar de Rusia (1682-1725). Sucedió a Teodoro III y tuvo que compartir el trono con su hermanastro Iván V. Viajó por Europa, donde contrató gran número de técnicos con los que emprendió la modernización del país: creó una flota, fomentó la enseñanza militar y técnica, y reorganizó el ejército y la industria. Participó en la guerra del Norte (1700-21), aliado con Polonia y Dinamarca, contra Suecia, como consecuencia de la cual consiguió anexionarse varios territorios del Báltico. Reformó las instituciones del Estado y sometió a la Iglesia. En 1721 hizo que el Senado le otorgara el título de emperador de Rusia y a Catalina I el de emperatriz. Toda su obra contribuyó decisivamente a la formación del imperio ruso de los s. XVIII y XIX.

Pedro I el Grande, zar de Rusia. Retrato de Ivan M. Nikitin (Museo Ruso de San Petersburgo).

Pedro III (Kiel 1728 - Petergof 1762) Zar de Rusia (enero-junio 1762). Sucedió a su tía la zarina Isabel. Se alió con Federico II de Prusia, firmando la paz en la guerra de los Siete Años. Su política interior provocó descontento entre el clero y la alta nobleza, y fue obligado a abdicar en favor de su esposa Catalina II. Murió asesinado en el castillo de Ropcha.

Pedro Nombre de dos reyes de Serbia y Yugoslavia.
Pedro I Karagjorgjevich (Belgrado 1844 - íd. 1921) Rey de Serbia (1903-18) y de serbios, croatas y eslovenos (1918-21). Subió al trono tras el asesinato de Alejandro I Obrenovich. Estableció un régimen parlamentario y se alió con Rusia para luchar contra Austria. Venció en las dos guerras balcánicas y sufrió la invasión austriaca en 1914. Dejó a su hijo Alejandro la regencia (1919).
Pedro II Karagjorgjevich (Belgrado 1923 - Los Ángeles 1970) Rey de Yugoslavia (1934-45). Hijo de Alejandro I, subió al trono tras el asesinato de éste (1934), bajo la regencia de su tío, el príncipe Pablo. Asumió el poder como consecuencia de la revolución contra la política germanófila del regente (1941). Invadido el país por los alemanes, se refugió en Londres. Al finalizar la Segunda Guerra Mundial no pudo volver al país, porque fue proclamada la república.

Pedro, San (Betsaida, Galilea ? - Roma h. 65) Apóstol de Jesucristo. Pescador de Galilea, dejó cuanto poseía para seguir a Jesús, quien cambió su nombre de Simón por el de Pedro, porque él sería la primera piedra sobre la que Jesucristo construiría su Iglesia. Después de la resurrección de Jesús, estuvo al frente de los apóstoles y extendió la fe cristiana por Palestina, Siria, Asia Menor y Grecia. Se cree que se trasladó a Roma, donde fue crucificado durante las persecuciones de Nerón. Se le considera el primer papa.

Pedro Claver, San (Verdú, Lleida 1580 - Cartagena de Indias 1654) Jesuita español. Misionero en América, se dedicó en la ciudad de Cartagena de Indias a la evangelización y ayuda de los esclavos negros.

Pedro Damián, San (Ravena 1007 - Faenza 1072) Prelado italiano. Cardenal obispo de Ostia (1057) y consejero de varios papas, combatió la inmoralidad de los clérigos y fue defensor de la alianza entre los papas y el Sacro Imperio Romano Germánico.

Pedro de Alcántara, Pedro Garavito, conocido por **San** (Alcántara, Cáceres 1499 - Las Arenas, Ávila 1562) Reformador español. Franciscano, fue consejero del rey Juan III de Portugal. Reformó su orden, creando la rama de los alcantarinos, a los que dotó de una regla severísima. Escribió un *Tratado de la oración* (1556).

Pedro I el Cruel (Burgos 1334 - Montiel, Ciudad Real 1369) Rey de Castilla (1350-69). Heredó el trono de su padre Alfonso XI. Durante los primeros años de su reinado la política castellana fue dirigida por el valido Juan Alfonso de Alburquerque, que favoreció la alianza con Francia en la guerra de los Cien Años y concertó el matrimonio del rey con la infanta francesa Blanca de Borbón. En 1353 Don Pedro se liberó de la tutela, abandonó a la reina por su favorita María de Padilla y decidió intervenir en las luchas de linajes que desgarraban el reino. Frente a él se levantó un bando nobiliario dirigido por sus hermanos bastardos, los Trastámara, lo que originó una guerra civil en Castilla, en la que intervinieron Inglaterra, a favor de Don Pedro, y Francia, a favor del pretendiente Enrique de Trastámara. En la batalla de Montiel el rey fue atraído con engaño a la tienda del condestable francés Bertrand Duguesclin, donde fue asesinado.

Pedro el Ermitaño, beato (Amiens h. 1050 - Neufmoustier 1115) Monje francés. Destacó como predicador de la primera cruzada, promovida por el papa Urbano II. Fundó el monasterio de Huy.

Pedro el Venerable (Montboissier, Auvernia h. 1092 - Cluny 1156) Monje cluniacense. Fue elegido abad de Cluny en 1122, estableció la disciplina y dio un gran impulso a la orden. Embajador de los papas en varias ocasiones, en 1141 viajó a España. Se conservan buen número de cartas suyas, entre las que destacan las dirigidas al cisterciense San Bernardo.

Pedro Nolasco, San (? h. 1189 - Barcelona 1249) Religioso español. Cofundador, junto con San Raimundo de Peñafort, de la orden de La Merced (1218), fue tutor del rey Jaime I y se entregó a la redención de cautivos.

Pedrolo, Manuel de (Arañó, Lleida 1918) Escritor español en lengua catalana. Cultivador de todos los géneros, ha destacado principalmente como narrador. Entre sus obras merecen mención las novelas *Ceniza para Martina* (1952), *Todas las bestias de carga* (1967) y *Ejemplar de archivo* (1982).

pedrusco *s. m. fam.* Piedra sin labrar.

pedunculado, da *adj.* Se dice de las flores y frutos que tienen pedúnculo.

pedúnculo *s. m.* **1.** Rabo que une una flor, hoja o fruto al tallo. Se llama también *peciolo* y *pedículo*. **2.** Prolongación del cuerpo mediante la que se adhieren a la roca ciertos animales marinos, como los percebes. **3.** Parte alargada que une un órgano terminal al resto del cuerpo.

Peel, Robert (Chamber Hall, Bury 1788 - Londres 1850) Político inglés. Fue secretario para Irlanda (1812-18), donde organizó una fuerza de policía, ministro del Interior (1822-30) y primer ministro (1834-35 y 1841-46). En 1829 aprobó la ley de emancipación de los católicos y en 1846 abolió las antiguas leyes sobre el maíz, ante la amenaza del hambre en Irlanda. Siguió una política económica de libre cambio y, aunque pertenecía al Partido Conservador, adoptó medidas de carácter liberal.

peeling (voz ingl.) *s. m.* Tratamiento cosmético para regenerar la piel desprendiendo las escamas muertas.

peer *v. intr.* Expulsar por el ano los gases del intestino. También *v. prnl.*

pega *s. f.* **1.** Dificultad u obstáculo que se opone a la realización de algo. **2.** *fam.* Pregunta capciosa o difícil de contestar, generalmente a un estudiante. || **LOC. de pega** *adj.* Falso, de mentira o de imitación.

pegadizo, za *adj.* **1.** Que se pega. **2.** Que se queda con facilidad en la memoria.

pegado, da **1.** *p. p.* de **pegar**. || *adj.* **2.** *fam.* Aturdido, asombrado. || *s. m.* **3.** Parche que tiene en una de sus caras una sustancia, generalmente medicinal, que se pega. || **LOC. estar pegado** *fam.* Entre estudiantes, no tener conocimientos de alguna materia.

pegadura *s. f.* Acción y efecto de pegar, unir.

pegajoso, sa *adj.* **1.** Se dice de aquello que se pega de forma natural y sin tener que aplicarle ninguna sustancia. **2.** Que se transmite o se comunica con facilidad. **3.** *fam.* Excesivamente cariñoso y efusivo. **FAM.** Pegajosidad.

pegamento *s. m.* Sustancia que aplicada a un objeto sirve para pegarlo a otro.

pegamoide *s. m.* Sustancia compuesta de celulosa disuelta y que se aplica a una tela o papel para obtener una imitación de cuero resistente.

pegamoscas *s. f.* Planta arbustiva de la familia papilionáceas, especie *Ononis natrix.* Mide entre 20 y 50 cm de altura. Tiene hojas trifoliadas y sencillas y flores amarillas con líneas color púrpura y pelos a los que se quedan pegados los insectos. Crece en la península Ibérica y S de Europa.

pegar *v. tr.* **1.** Unir una cosa a otra o trozos o partes de algo con pegamento u otra sustancia que al secarse impida que se puedan separar. También *v. prnl.* **2.** Unir una cosa con otra atándola, cosiéndola, etc. **3.** Acercar una cosa a otra de modo que entren en contacto. **4.** Contagiar a alguien una enfermedad, costumbre, etc., por el contacto o el trato. También *v. prnl.* **5.** Dar golpes a una persona o animal. **6.** Dar o realizar lo que se expresa. || *v. intr.* **7.** Armonizar una cosa con otra. **8.** Estar una cosa próxima a otra. **9.** Dar o chocar con fuerza o intensidad. **10.** *fam.* Rimar los versos. **11.** *fam.* Hacerse una cosa muy popular, ponerse de moda. || *v. prnl.* **12.** Pelearse, reñir. **13.** Quemarse la comida o quedarse fija y dura en el fondo del recipiente en que se esté cocinando. **14.** *fam.* Unirse alguien a un grupo o a otra persona, sin que se le haya invitado. **15.** *fam.* Quedarse una cosa con facilidad en la memoria. ▪ Se conjuga como *pagar.* || **LOC. hale** (o **dale**) **que te pego** *fam.* Con energía, constancia o insistencia. **pegar fuerte** a algo Dedicarse intensamente a algo. **pegársela** *fam.* Engañar a una persona; también, sufrir una caída o accidente.

Pegaso **1.** En la mitología griega, caballo alado, nacido de la sangre de Medusa, muerta por Perseo, que interviene en varias leyendas. Tras su misterioso nacimiento voló al Olimpo y se puso al servicio de Zeus.
2. Constelación del hemisferio boreal, formada por 116 estrellas; suele identificarse por cuatro estrellas brillantes que forman un cuadrado casi perfecto.

pegatina *s. f.* Lámina de papel, plástico u otro material con un dibujo u otra cosa impresa, que tiene en el dorso una sustancia pegajosa que le permite adherirse a una superficie.

pegmatita *s. f.* Roca magmática, de grano grueso, cristales de gran tamaño y color claro. Aparece en los macizos graníticos; se compone fundamentalmente de cuarzo y feldespato, pero contiene también minerales raros, como el litio, tantalio, uranio, flúor, boro, torio y niobio.

pego *s. m.* Trampa que consiste en juntar disimuladamente dos cartas, de modo que parezcan una sola. || **LOC. dar el pego** Engañar o aparentar lo que no es.

pegón, na *adj. fam.* Se dice de la persona que suele dar muchos golpes o castigar con ellos. También *s.*

pegote *s. m.* **1.** Pasta que se hace con pez u otra sustancia pegajosa. **2.** Añadido o intercalación en una obra literaria o artística, que no guarda armonía con el resto. **3.** *fam.* Guiso u otra cosa espesa que se pega. **4.** *fam.* Persona que no se aparta de otra. **5.** *fam.* Cosa que se pone sobre otra para tapar algún defecto o por otro motivo. **6.** *fam.* Cosa mal hecha. **7.** *fam.* Mentira, generalmente para presumir.

pegotear *v. tr.* Pegar mal una cosa, generalmente ensuciándola. También *v. prnl.* **FAM.** Pegotería.

pegujal *s. m.* **1.** Bienes de una persona. **2.** Pequeña cantidad de bienes, ganado o terreno para sembrar. **3.** Parte pequeña de un terreno que el dueño cede al encargado para que lo cultive por su cuenta como parte de su remuneración anual.

pegujalero *s. m.* **1.** Labrador que tiene poca tierra para cultivar. **2.** Ganadero que tiene poca cantidad de ganado.

pegujón o **pegullón** *s. m.* Especie de pelota formada por lanas o pelos que se aprietan y pegan unos con otros.

Péguy, Charles (Orleans 1873 - batalla del Marne, cerca de Villeroy 1914) Escritor francés. Fundó la revista *Cahiers de la Quinzaine* (1900), en la que publicó numerosos escritos de testimonio y denuncia. Atravesó profundas crisis, pues pasó de la no creencia a una combativa religiosidad y del socialismo a un patriotismo exacerbado, muy próximo al nacionalismo de Barrès. Entre sus obras sobresalen, en poesía *Juana de Arco* (1897), *El misterio de la caridad de Juana de Arco* (1910) y *Eva* (1913); en prosa *Nuestra Patria* (1905) y *Nuestra juventud* (1910).

peinado, da **1.** *p. p.* de **peinar**. También *adj.* || *s. m.* **2.** Cada una de las distintas formas de peinarse o arreglarse el pelo. **3.** Operación de peinar un tejido, después de cardarlo, para colocar bien sus hilos y eliminar los que no alcancen una determinada longitud. **4.** Acción de peinar o rastrear una zona.

peinador, ra *adj.* **1.** Que peina. También *s.* || *s. m.* **2.** Toalla o tela que se ajusta al cuello para cubrir la ropa del que se peina o afeita. **3.** *amer.* Mueble bajo con cajones y con un espejo en la parte superior. || *s. f.* **4.** Máquina que peina las fibras de lana, seda, algodón, etc., al hilar.

peinar *v. tr.* **1.** Desenredar, arreglar o colocar de una forma determinada el cabello. También *v. prnl.* **2.** P. ext., desenredar el pelo de los animales o hacerlo con cualquier tipo de fibra, p. ej. con la lana o el cáñamo. **3.** Rastrear un grupo una zona con mucho cuidado, buscando a una persona o cosa **4.** Cortar o quitar parte de una roca, montaña, etc.

peinazo *s. m.* Listón horizontal en una puerta o ventana que forma los cuarterones o divisiones de éstas.

peine *s. m.* **1.** Utensilio formado por una serie de púas o dientes paralelos, que se utiliza para peinar el pelo. **2.** Cualquier objeto semejante por su forma o función. **3.** Instrumento para cardar lana u otros materiales. **4.** Cargador de algunas armas de fuego, especialmente del fusil, que contiene un número variable de proyectiles. || **LOC. ¡te vas** (o **se va**) **a enterar de lo que vale un peine!** *fam.* Frase con que se advierte o amenaza a otro sobre las dificultades que puede tener en el futuro o sobre las consecuencias de algo.

peinecillo *s. m.* **1.** *dim.* de **peine**. **2.** Peineta pequeña.

peineta *s. f.* Especie de peine curvado que utilizan las mujeres como adorno o para sujetar el peinado.

Peipus (*Chudskoic*) Lago de la Europa oriental, entre la Federación Rusa y Estonia. 2.670 km^2 de extensión. Es de origen glaciar y tiene como río emisario el Narva, que desagua en el golfo de Finlandia, del mar Báltico.

Peirce, Charles Sanders (Cambridge, Massachusetts 1839 - Milford, Pennsylvania 1914) Filósofo y lógico estadounidense. Profesor en Harvard y en la John Hopkins University, realizó importantes trabajos en lógica matemática. Fundador del pragmatismo, intentó reducir la lógica a una ciencia general de los signos o semiótica, de la que estableció sus principios teóricos y metodológicos. Ha influido decisivamente en estudios lingüísticos posteriores.

Peixoto, Floriano (Maceió, Alagoas 1842 - Rio de Janeiro 1895) Militar y político brasileño. En 1889 encabezó junto a Fonseca un golpe de Estado que derribó a Pedro II y proclamó la república, que presidió Fonseca. Fue presidente de Brasil (1891-94), llevando a cabo una política represiva que no logró estabilizar el país.

peje *s. m.* **1.** Pez*, animal. **2.** *fam.* Hombre astuto y hábil o sinvergüenza.

pejerrey *s. m.* Pez ateriniforme de la familia aterínidos, especie *Atherina hepsetus.* Mide entre 10 y 15 cm de longitud, tiene el cuerpo gris plateado, con el dorso oscuro, y los ojos grandes. Habita en las aguas litorales de la península Ibérica y es apreciado en alimentación. También se llama *chirrete.*

pejesapo *s. m.* Rape*, pez.

pejiguero, ra *s. m.* y *f.* **1.** *fam.* Persona molesta, que pone defectos a todo. También *adj.* || *s. f.* **2.** *fam.* Cosa que produce fastidio o molestia.

Pekín (*Beijing*) C. de China, cap. del país, en el NE del mismo. 6.800.000 h. en 1989, 9.579.000 en su área metropolitana en 1986. Es una ciudad administrativa, en la que se hallan los órganos del gobierno chino. En su área industrial se desarrollan actividades siderúrgicas, metalúrgicas y químicas; se fabrica maquinaria, recambios de automóviles, material ferroviario, textiles y zapatos, y se localizan también industrias alimentarias. Posee un importante conjunto monumental, en el que destacan la Ciudad Prohibida, antigua residencia imperial, y los templos del Cielo y de la Agricultura (ambos del s. XV), del Sol y de la Luna (ambos del s. XVI). La ciudad cuenta con una de las principales universidades del país. Situada en una importante encrucijada comercial, fue capital del reino del Norte desde el s. IV a. C. y capital de China desde el s. XII con la dinastía Chin (o Kin). Principal vía para la penetración europea a partir del s. XIX, fue escenario de la revuelta nacionalista de los boxers. Durante la guerra civil entre el Kuomingtang y los comunistas perdió la capitalidad (1928) en favor de Nanjing (Nanking), pero la recuperó tras el triunfo comunista en 1949.

pela *s. f.* **1.** Peladura*. **2.** *fam.* Peseta.

peladilla *s. f.* **1.** Almendra cubierta con un baño de azúcar blanco. **2.** Canto redondeado pequeño.

pelado, da **1.** *p. p.* de **pelar**. También *adj.* || *adj.* **2.** Que carece de las cosas que naturalmente lo cubren, adornan o rodean. **3.** *fam.* Se dice de la persona pobre o sin dinero. También *s.* **4.** Se dice del número no decimal que termina en cero. || *s. m.* **5.** Acción de pelar las pieles. || *s. m.* o *f.* **6.** Acción y efecto de cortar el pelo. || *s. m.* y *f.* **7.** *Méx.* Persona sencilla o de las capas sociales bajas. || *s. f.* **8.** *Arg., Chile, Par., Urug. fam.* Cabeza calva o con el pelo cortado al máximo.

peladura *s. f.* **1.** Acción y efecto de pelar. **2.** Piel o corteza de algo, especialmente de una fruta.

pelafustán, na *s. m.* y *f.* Persona holgazana y poco importante.

pelagatos *s. m.* y *f. fam.* Persona poco importante y con escasos recursos económicos.

pelagianismo *s. m.* Doctrina herética que negaba el pecado original y la necesidad de la gracia para la salvación. Fue sostenida por Pelagio, propagada en África por Celestio y combatida enérgicamente por San Agustín. **FAM.** Pelagiano.

pelágico, ca *adj.* **1.** Perteneciente o relativo al piélago. **2.** Se dice de las aguas marinas por encima de los 800 m de profundidad y de los organismos que habitan en ellas.

Pelagio (? h. 360 - Egipto h. 422) Monje británico. Vivió en Roma y, después de la toma de la ciudad por Alarico (410), se trasladó a Egipto y luego a Palestina. Fue el creador y difusor de la doctrina herética denominada *pelagianismo.*

pelagoscopio *s. m.* Aparato que sirve para estudiar el fondo del mar.

pelagra *s. f.* Enfermedad provocada por deficiencia de la vitamina llamada niacina o ácido nicotínico. Se caracteriza por trastornos digestivos, manchas y erupciones en la piel y alteraciones del sistema nervioso, pudiendo en casos graves llegar a producir demencia.

pelagroso, sa *adj.* Relativo a la pelagra o que padece esa enfermedad. También *s.*

pelaire *s. m.* Persona que carda o prepara la lana que se ha de tejer.

pelaje *s. m.* **1.** Características y calidad del pelo o lana de un animal. **2.** *fam.* Características o aspecto externo de una persona o cosa. **3.** Gran cantidad de pelo.

pelambre *s. amb.* **1.** Pelambrera, abundancia de pelo. **2.** Solución de agua y cal en que se meten las pieles para pelarlas. **3.** Conjunto de pieles que se han pelado.

pelambrera *s. f.* **1.** Cantidad abundante de pelo tupido y largo o revuelto. **2.** Lugar en que se quita el pelo a las pieles metiéndolas en agua y cal.

pelamen *s. m. fam.* Pelambrera, pelo abundante.

pelanas *s. m. fam.* Pelagatos, inútil.

pelandusca *s. f.* Prostituta*.

pelar *v. tr.* **1.** Cortar o arrancar el pelo. También *v. prnl.* **2.** Quitar las plumas a un ave. **3.** Quitar la piel o la corteza de un árbol, una fruta, etc. **4.** Dejar a alguien sin dinero. **5.** Criticar a alguien o algo. ‖ *v. prnl.* **6.** Perder el pelo. **7.** Caerse la piel por haber tomado mucho sol, una quemadura, etc. ‖ **Loc. duro** (o **malo**) **de pelar** *adj. fam.* Difícil de conseguir o de realizar; también se dice de la persona difícil de convencer. **pelárselas** *fam.* Desear mucho una cosa; también, realizar algo con rapidez. **que pela** *adj.* Se dice de lo que produce mucha impresión o sensación, generalmente del frío o calor.

pelargonio *s. m.* Geranio*.

pelasgo, ga *adj.* **1.** Se dice de un pueblo de origen desconocido que se estableció en la antigüedad en Grecia e Italia. Lo cita la *Ilíada,* como procedente de Tesalia. **2.** De este pueblo. También *s.* **3.** De la Grecia antigua o de alguna de sus regiones. También *s.* **Fam.** Pelásgico.

Pelayo (? - ? 737) Primer rey de Asturias. Se refugió en los Picos de Europa después de la batalla del Guadalete (711), en la que los visigodos fueron derrotados por los árabes. Reunió en las montañas a algunos seguidores y venció a los musulmanes en la batalla de Covadonga, que la historiografía tradicional consideró origen del reino de Asturias y principio de la Reconquista.

peldaño *s. m.* Cada una de las partes de una escalera en las que se apoya el pie al subir o bajar por ella.

Pelé, Edson Arantes do Nascimento, llamado (Três Corações, Minas Gerais 1940) Futbolista brasileño. Se formó en las filas del Santos y se reveló como una gran figura en la selección brasileña durante el mundial de Suecia en 1958, en el que dicha selección resultó vencedora. También consiguió con su equipo las copas del mundo en Chile, en 1962, y en México, en 1970. En 1977 se retiró de la práctica activa del fútbol.

pelea *s. f.* **1.** Acción y efecto de pelear o pelearse. **2.** Esfuerzo o trabajo para realizar o conseguir algo.

peleano, na *adj.* Se dice de un tipo de volcán y erupción volcánica caracterizados por una lava muy viscosa, de enfriamiento rápido, en forma de aguja, que posteriormente puede destruirse fácilmente; las erupciones van acompañadas de fuertes explosiones que originan nubes ardientes. Se denomina así por el *Mont Pelée,* volcán de Martinica.

pelear *v. intr.* **1.** Usar las armas o las propias fuerzas para imponerse o vencer a otros. También *v. prnl.* **2.** Discutir dos o más personas. También *v. prnl.* **3.** Luchar, esforzarse para conseguir algo. ‖ *v. prnl.* **4.** Romperse o terminar una situación de amistad entre dos o más personas. **Fam.** Peleador.

pelecaniformes *s. m. pl.* Orden de aves al que pertenecen unas 60 especies comprendidas en las familias faetóntidos, pelecánidos, falacrocorácidos, anínguidos, súlidos y fregátidos. Son aves nadadoras, de gran tamaño, que tienen las patas cortas con cuatro dedos unidos por una membrana, el pico alargado y fuerte y alas muy desarrolladas. Las especies de la familia pelecánidos tienen en la mandíbula un pliegue en forma de saco en el que almacenan alimento. A este orden pertenecen el pelícano, el cormorán, la fragata, el alcatraz, etc. También *adj.* y *s. m.*

pelechar *v. intr.* **1.** Echar los animales pelo o pluma. **2.** Cambiar de pluma las aves. **3.** *fam.* Perder el pelo una piel, tela, paño, etc. **Fam.** Pelecho.

Pelée, Mont Volcán de Martinica, en la costa N de la isla. 1.397 m de altura. Da nombre al tipo de volcán peleano. Su erupción de 1902 destruyó la ciudad de Saint Pierre. También es llamado *Montaña Pelada.*

pelele *s. m.* **1.** Muñeco de trapo o paja con figura de hombre que se utiliza para apalearlo, mantearlo, etc., en algunas fiestas populares. **2.** *fam.* Persona simple y de poco carácter que se deja dirigir por los demás. **3.** Traje de punto de una sola pieza que se les pone a los niños pequeños, especialmente para dormir.

pelendón, na *adj.* **1.** Se dice de una tribu celtíbera que ocupaba una región cercana al Duero, en la actual provincia de Soria, y de sus individuos; entre sus ciudades destacaron Numancia y Soria. **2.** De esta tribu. También *s.*

Peleo Héroe griego, rey legendario de los mirmidones y padre de Aquiles.

peleón, na *adj.* **1.** Que pelea con frecuencia o le gusta hacerlo. También *s.* **2.** Se aplica al vino muy ordinario, malo.

peletería *s. f.* **1.** Tienda en la que se venden prendas de piel. **2.** Técnica y oficio de preparar y coser pieles de animales para hacer con ellas prendas de vestir o adornos. **3.** Comercio de pieles finas. **4.** *Cuba.* Zapatería.

peletero, ra *adj.* **1.** Perteneciente o relativo a la peletería. ‖ *s. m.* y *f.* **2.** Persona que trabaja en peletería.

Peletier, Jacques (Le Mans 1517 - París 1582) Poeta, gramático, filósofo y matemático francés. En su *Arte poética* (1555) defendió el uso de la lengua francesa. Ronsard le incluyó en La Pléiade. Otras obras importantes suyas son *Diálogo de la ortografía* (1550) y *El amor de los amores* (1555).

peliagudo, da *adj. fam.* Difícil de entender o de resolver.

pelícano o **pelicano** *s. m.* Nombre común de diversas aves pelecaniformes de la familia pelecánidos, género *Pelecanus.* El pelícano común *(Pelecanus onocrotalus)* mide entre 148 y 178 cm de longitud y hasta 270 cm de envergadura, tiene plumaje blanco, con la punta de las alas negruzcas, y pico largo y ancho, con una especie de bolsa debajo de la mandíbula inferior donde deposita los peces, de los que se alimenta. Es un ave migratoria que vuela y nada con facilidad. Habita en Europa, Asia y África, en zonas acuáticas.

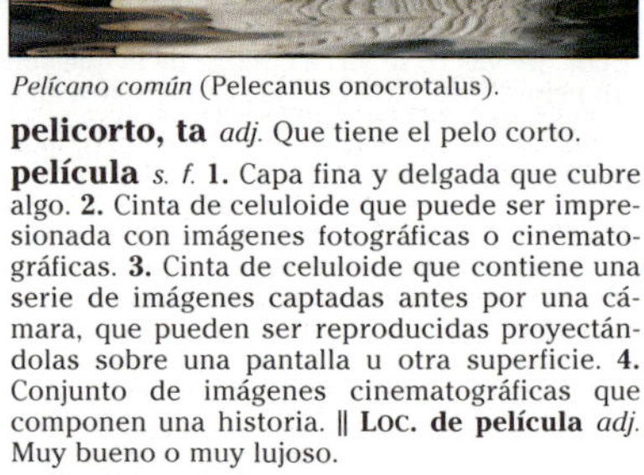

Pelícano común (Pelecanus onocrotalus).

pelicorto, ta *adj.* Que tiene el pelo corto.

película *s. f.* **1.** Capa fina y delgada que cubre algo. **2.** Cinta de celuloide que puede ser impresionada con imágenes fotográficas o cinematográficas. **3.** Cinta de celuloide que contiene una serie de imágenes captadas antes por una cámara, que pueden ser reproducidas proyectándolas sobre una pantalla u otra superficie. **4.** Conjunto de imágenes cinematográficas que componen una historia. ‖ **Loc. de película** *adj.* Muy bueno o muy lujoso.

pelicular *adj.* Perteneciente o relativo a la película o capa fina de algo.

peliculero, ra *adj.* **1.** Perteneciente o relativo a una película de cine o propio de ella. **2.** Se dice de la persona a la que le gusta el cine y va a él con frecuencia. También *s.* **3.** Fantasioso, que suele contar cosas imaginadas o fantásticas. También *s.*

peliculón *s. m. fam.* Película de cine muy buena.

peligrar *v. intr.* Estar en peligro.

peligro *s. m.* **1.** Situación en la que es posible que ocurra algo malo. **2.** Persona o cosa que puede causar esta situación.

peligroso, sa *adj.* **1.** Que tiene peligro o puede causar un daño. **2.** Se dice de la persona que puede causar un daño o cometer un delito. **Fam.** Peligrosidad, peligrosamente.

pelillo *s. m.* **1.** *dim.* de **pelo**. **2.** *fam.* Causa o motivo poco importante de disgusto o preocupación. Se usa más en *pl.* ‖ **Loc.** (**echar**) **pelillos a la mar** *fam.* Reconciliarse dos o más personas olvidando lo que motivó su enfado.

pelirrojo, ja *adj.* Que tiene el pelo rojizo. También *s.*

pelita *s. f.* Roca sedimentaria detrítica formada por la acumulación de partículas muy finas de arcilla.

pelitre *s. m.* Planta herbácea de la familia compuestas, especie *Anacyclus pyrethrum.* Mide entre 30 y 40 cm de altura, tiene hojas partidas, flores amarillas en el centro, con lígulas blancas por el haz y rojas por el envés, y un fuerte sabor amargo. Crece en África y el área mediterránea y se usa como insecticida natural y en medicina como analgésico. Se llama también *piretro.*

pella *s. f.* **1.** Masa que se aprieta y a la que generalmente se da forma redondeada. **2.** Conjunto de los tallos de la coliflor y otras plantas semejantes, antes de florecer, que son la parte más apreciada de ellas. **3.** Manteca de cerdo tal como se saca de él. ‖ **Loc. hacer pellas** *fam.* No asistir un estudiante a clase sin motivo.

pellada *s. f.* Cantidad de yeso o argamasa que puede sostener con la pala un peón de albañil.

Pellegrini, Aldo (Rosario, Santa Fe 1903 - Buenos Aires 1973) Poeta y crítico argentino. Teórico del surrealismo en su país, fundó la revista *Qué* (1928-30). Entre sus libros de poesía destacan *El muro secreto* (1949), *Construcción de la destrucción* (1957) y *Confrontación del vacío* (1967). También publicó *Antología de la poesía surrealista en lengua francesa* (1961) y *Antología de la poesía viva latinoamericana* (1967).

Pellegrini, Carlos (Buenos Aires 1846 - íd. 1906) Político argentino. Ministro de la Guerra (1880-86), fue vicepresidente de la república (1886-90) y presidente (1890-92), tras la dimisión de Juárez Celman. Creó el Banco de la Nación (1891).

pelleja *s. f.* **1.** Pellejo del hombre y de los animales. **2.** Mujer de mal carácter o mal intencionada. **3.** *fam.* Prostituta*.

pellejería *s. f.* **1.** Lugar en el que se curten, preparan o venden pieles de animales. **2.** *Arg., Chile. fam.* Dificultad, apuro.

pellejo *s. m.* **1.** Piel de un animal, y especialmente la que ha sido arrancada del cuerpo. **2.** Piel del hombre. **3.** Cuero cosido y untado de pez que se usa para guardar vino. **4.** Piel de algunas frutas. **5.** *fam.* Borracho. ‖ **Loc. estar** (o **hallarse**) **en el pellejo de otro** *fam.* Encontrarse en sus mismas circunstancias. **jugarse el pellejo** *fam.* Arriesgar la vida. **salvar** uno **el pellejo** *fam.* Salvar la vida.

pellejudo, da *adj.* Que le sobra piel o la tiene floja o arrugada.

pellica *s. f.* **1.** Pelliza, zamarra de pastor hecha con pieles finas. **2.** Piel de animal pequeña y curtida.

Pellicer, Carlos (Villahermosa, Tabasco 1899 - México 1977) Poeta mexicano. Católico y de ideología izquierdista, su poesía vanguardista está llena de humor y de imágenes. Su libro *Material poético, 1918-1961* (1962) contiene la mayor parte de su obra.

Pellicer, José (Zaragoza 1602 - Madrid 1679) Escritor español. Fue cronista de Castilla y León (1624), de Aragón (1640) y posteriormente cronista mayor del reino. Escribió cerca de 200 obras sobre historia, literatura y economía. Entre sus títulos más significativos figuran *El Fénix* (1630), poema, *Lecciones solemnes a las obras de Don Luis de Góngora* (1630) y los *Avisos históricos,* crónica de la vida cortesana entre los años 1639 y 1644, que no fueron editados hasta el s. XVIII.

pellico *s. m.* Zamarra de pastor hecha de piel de animal con su lana.

Pellico, Silvio (Saluzzo 1789 - Turín 1854) Escritor italiano. Formado en un rígido catolicismo, se vio influido por las ideas racionalistas y liberales durante su estancia en Lyon. Fue encarcelado durante quince años por sus contactos con los carbonarios. Escribió tragedias y unas memorias, *Mis prisiones* (1832), que gozaron de gran popularidad entre los patriotas de su país.

pelliza *s. f.* **1.** Prenda de abrigo hecha o forrada de pieles finas. **2.** Chaqueta o prenda de abrigo reforzada con pieles o con otra tela en el cuello y en el filo de las mangas.

pellizcar *v. tr.* **1.** Coger con dos dedos un trozo de carne o de piel, apretándola o retorciéndola. También *v. prnl.* **2.** Pillar o herir levemente a alguien en una parte del cuerpo. También *v. prnl.* **3.** Coger una pequeña cantidad de una cosa. ▪ Se conjuga como *sacar*.

pellizco *s. m.* **1.** Acción y efecto de pellizcar. **2.** Señal que deja en la carne o en la piel esa acción. **3.** Pequeña cantidad que se coge de algo. ‖ **Loc. un buen pellizco** *fam.* Mucha cantidad de dinero.

pellón *s. m. amer.* Piel de animal curtida que se coloca en la montura del caballo.

pelma o **pelmazo, za** *s. m.* y *f.* **1.** *fam.* Persona excesivamente lenta o calmosa. También *adj.* **2.** Persona molesta o inoportuna. También *adj.*

pelo *s. m.* **1.** Filamento de naturaleza córnea que nace y crece entre los poros de la piel de los mamíferos. **2.** Conjunto de estos filamentos en todo el cuerpo o en una parte del mismo, especialmente en la parte superior de la cabeza del hombre. **3.** Vello que tienen algunas frutas en la cáscara y algunas plantas en sus hojas y tallos. **4.** En algunos tejidos, hilos muy finos que sobresalen y cubren su superficie. **5.** Sierra muy fina que se utiliza en los trabajos de marquetería. **6.** Raya de color oscuro que tienen las piedras preciosas y que disminuye su valor. **7.** Grieta de una piedra, cristal o metal, por la que pueden romperse con facilidad. **8.** Enfermedad que padecen las mujeres cuando dan de mamar a un niño y que consiste en la obstrucción de los conductos de la leche. **9.** En algunas expresiones, muy poco o nada: *Aprobó por un pelo* (o *por los pelos*). *No tiene un pelo de tonto.* ‖ **10. pelo de camello** Tejido hecho con el pelo de este animal o con el del macho cabrío imitando aquél. **11. pelo de la dehesa** *fam.* Características que conservan las gentes de los pueblos. ‖ **Loc. a pelo** *adv. fam.* Con la cabeza descubierta o sin ninguna protección; también, manera de montar las caballerías, sin silla, albarda, etc. **al pelo** *adv. fam.* Muy bien, en el momento oportuno. **caérsele** a alguien **el pelo** *fam.* Quedar mal una persona si se descubre que ha hecho algo; también, recibir un castigo o reprimenda. **con pelos y señales** *fam.* Con todos los detalles. **de pelo en pecho** *adj. fam.* Se dice de la persona fuerte y valiente. **no tener** alguien **pelos en la lengua** *fam.* Decir sin ningún reparo lo que piensa. **no ver** (o **no vérsele**) **el pelo** *fam.* Estar una persona ausente de los lugares que suele frecuentar. **ponérsele a uno los pelos de punta** *fam.* Ponérsele tiesos los pelos, generalmente por miedo, asustarse mucho. **tirarse** uno **de los pelos** *fam.* Arrepentirse de algo, especialmente por haber perdido o desaprovechado una cosa buena. **tomar el pelo** a alguien *fam.* Burlarse de alguien. ***Biol.*** La función principal del pelo es el aislamiento térmico del cuerpo para mantener una temperatura constante; también tiene cierta función relacionada con el sentido del tacto. Cada pelo se origina en un folículo piloso o raíz del pelo, que termina en una zona hinchada llamada *bulbo piloso*; esta parte del pelo está viva y es responsable de su crecimiento. El resto está formado por queratina y contiene pigmentos que le proporcionan un color característico, variable según el individuo o la especie.

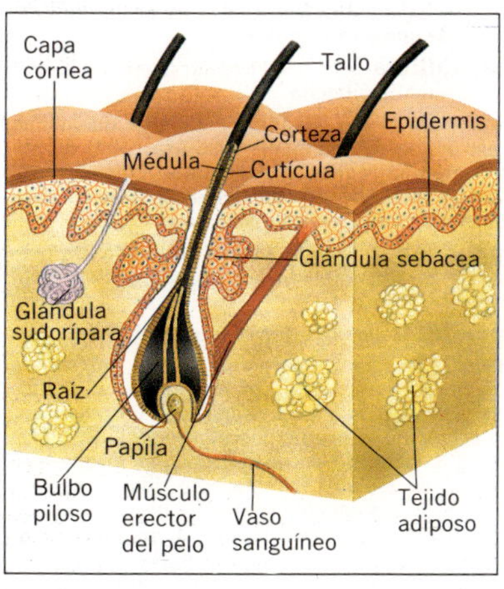

Esquema de un pelo con su raíz y la glándula sebácea que lo engrasa.

pelón, na *adj.* **1.** Sin pelo, con poco pelo o con el pelo cortado al rape. También *s.* **2.** *fam.* De pocos recursos económicos. También *s.*

Pelópidas (? h. 410 - Cinoscéfalos 364 a. C.) General tebano. Al apoderarse Esparta de Tebas, huyó a Atenas (382). Logró expulsar a los espartanos de Tebas y establecer la democracia. Juntamente con Epaminondas propició una época de predominio tebano en Grecia. Participó en la victoria de Leuctra (371) y murió en la batalla de Cinoscéfalos, contra Alejandro de Feres.

peloponesio, sia *adj.* Del Peloponeso. También *s.*

Peloponeso 1. Península de Grecia, en el S de la península Balcánica, a la que está unida por el istmo de Corinto. Es una región montañosa, que tiene las máximas alturas en los montes Pindo y Taigeto. Sus costas forman los golfos de Corinto, Patrás, Arcadia, Mesenia, Laconia, Nauplia y Egina. Se cultivan en ella vid, olivo, cereales, cítricos y tabaco. Cuenta con industria textil, alimentaria y del cemento.
2. Región de Grecia, situada en el S del país. 21.379 km^2. 1.012.500 h. en 1981. La capital es Patrás, con 142.150 h. en 1981. Comprende los nomos de Argólida, Corinto, Arcadia, Acaya Élide, Laconia y Mesenia. Coincide geográficamente con la península homónima.

Peloponeso, guerra del Conflicto que enfrentó a Atenas y Esparta entre 431 y 404 a. C. Su origen fue la alianza de Atenas y Corcira contra Esparta y la imposición ateniense de un bloqueo comercial a Megara. Esparta declaró entonces la guerra. En 421 a. C., sin que se hubiera producido ninguna victoria decisiva, ambas potencias acordaron una paz de 50 años, llamada paz de Nicias. Atenas rompió la tregua en 418 a. C. dando comienzo a una segunda fase, que terminó en 413 a. C. con el total aniquilamiento de su flota y la derrota de su ejército. En 411 a. C. los atenienses reanudaron la guerra, logrando alguna victoria, pero en 405 a. C. fueron derrotados en Egospótamos por Lisandro, que en 404 a. C. obtuvo la capitulación definitiva de Atenas.

Peloponeso, liga del Alianza constituida en el s. VI a. C. por los estados de la antigua Grecia para la defensa común. Comprendía a todos los del Peloponeso, excepto Argos y Acaya, bajo la dirección de Esparta, que tenía a su cargo el mando supremo de las tropas en caso de guerra. En el s. V a. C. se reforzó la liga con la adhesión de beocios, focenses y locrios. En 431 a. C. entabló la guerra contra Atenas y, tras vencerla (404 a. C.), se transformó en imperio espartano. La liga desapareció por agotamiento de Esparta frente al apogeo de Tebas (366 a. C.).

pelota *s. f.* **1.** Bola hecha de algún material blando, especialmente goma elástica, maciza o llena de aire, que sirve para jugar. **2.** Juego que se realiza con esa bola. **3.** Bola que se hace moldeando una materia blanda como barro, nieve, etc. ‖ *s. m.* y *f.* **4.** *fam.* Persona que hace la pelota. También *adj.* ‖ *s. f. pl.* **5.** *vulg.* Testículos. ‖ **6. pelota vasca** Juego que se practica impulsando una pelota con la mano, o con ciertos instrumentos (cesta, pala, etc.), contra un frontón. Fue introducido en el País Vasco en el s. XV y difundido en toda América por los emigrantes vascos. Se practica en un frontón o trinquete, compuesto por dos paredes que forman un ángulo recto. Entre las modalidades más extendidas de este deporte figuran: a mano, en que no se emplea ningún instrumento para impulsar la pelota; pala corta y larga; cesta-punta; remonte y rebote. Los partidos pueden ser individuales o por parejas. ‖ **Loc. dejar** a alguien **en pelotas** *vulg.* Robarle todo lo que posee o lleva encima. **devolver la pelota** a alguien *fam.* Responder a una acción o dicho con otros semejantes. **en pelota(s)** *adv. fam.* Desnudo. **hacer la pelota** *fam.* Tratar de agradar a alguien para conseguir un beneficio.

pelotari (voz vasc.) *s. m.* y *f.* Jugador de pelota vasca.

Pelotas C. de Brasil, situada en el estado de Rio Grande do Sul, junto a la laguna de los Patos. 291.200 h. en 1989. Es una ciudad portuaria, que tiene industrias alimentarias, textiles, del cuero y químicas, así como refinerías de petróleo.

pelotazo *s. m.* **1.** Golpe dado con una pelota. **2.** *fam.* Copa o trago de bebida alcohólica.

pelote *s. m.* Pelo de cabra que se utiliza en tapicería, en la industria textil, etc.

pelotear *v. intr.* **1.** Jugar a la pelota sin hacer partido. **2.** Lanzar una cosa de una parte a otra. **3.** Reñir o discutir dos o más personas entre sí. ‖ *v. tr.* **4.** Repasar y señalar las partidas de una cuenta y compararlas con sus justificantes respectivos para ver si son correctas. ‖ *v. prnl.* **5.** Pasarse un asunto o responsabilidad de una persona, entidad, departamento, etc., a otro.

peloteo *s. m.* **1.** Acción de pelotear. **2.** *fam.* Adulación, coba. **3.** Operación fraudulenta que consiste en girar letras de cambio en las que el librado (deudor) no tiene en realidad ningún compromiso de pago con el librador (acreedor); éste las cobra por adelantado de un banco, menos el correspondiente descuento, y luego tiene que pagarlas a su vencimiento; es una forma de obtener crédito rápido.

pelotera *s. f. fam.* Riña o discusión fuerte.

pelotero, ra *s. m.* y *f.* **1.** *fam.* Pelotillero*. **2.** *amer.* Persona que juega a la pelota, especialmente al fútbol o al béisbol.

pelotilla *s. f.* **1.** *dim.* de **pelota**. **2.** *fam.* Bolita que se forma en algunos tejidos, sobre todo en la lana. Se usa más en *pl.* **3.** *fam.* Moco que se saca de la nariz y con el que se hace una bola. ‖ **Loc. hacer la pelotilla** a alguien *fam.* Hacerle la pelota.

pelotillero, ra *s. m.* y *f.* Que hace la pelota. También *adj.*

pelotón[1] (aum. de *pelota*) *s. m.* **1.** Conjunto de pelos unidos, apretados o enredados. **2.** Conjunto de personas que avanzan de manera desordenada. **3.** En algunos deportes y especialmente en ciclismo, grupo numeroso de corredores que marchan agrupados.

pelotón[2] (del fr. *peloton*) *s. m.* Pequeña unidad militar de infantería que forma parte de una sección y suele estar a las órdenes de un sargento o un cabo.

pelta *s. f.* Escudo poco pesado usado por los griegos y los romanos.

peltre *s. m.* Aleación de cinc, plomo y estaño.

peluca *s. f.* Cabellera postiza.

peluche *s. m.* **1.** Tejido de fibras con pelo largo. **2.** Muñeco realizado con ese tejido.

peluco *s. m.* En argot, reloj.

pelucón, na *adj.* **1.** *Chile.* Se dice popularmente del Partido Conservador y de sus miembros, desde 1823, debido a las pelucas que solían usar algunos de sus personajes en las ceremonias oficiales. También *s.* ‖ *s. f.* **2.** Nombre dado a las onzas de oro españolas del s. XVIII a causa de la peluca del busto del rey que figuraba en el anverso.

peludo, da *adj.* **1.** Que tiene mucho pelo. También *s.* **2.** *Amér. del S. fam.* Difícil, costoso. ‖ *s. m.* **3.** *Arg., Bol., Par., Urug.* Borrachera.

peluquear *v. tr. Col., C. Rica, Urug., Ven.* Cortar el pelo a una persona. También *v. prnl.*

peluquería *s. f.* **1.** Establecimiento en el que se corta y arregla el pelo, se afeita, etc. **2.** Oficio de peluquero.

peluquero, ra *s. m.* y *f.* Persona que tiene como oficio cortar y arreglar el pelo, afeitar, etc.

peluquín *s. m.* Peluca que sólo cubre una parte de la cabeza.

pelusa *s. f.* **1.** Vello fino que cubre algunas frutas, p. ej. el melocotón. **2.** Pelo muy fino y apenas perceptible que cubre la cara y otras zonas del cuerpo de las personas. **3.** Pelo que sueltan algunas telas con el uso. **4.** Polvo y suciedad que se forma en lugares que no se limpian con frecuencia. **5.** *fam.* Celos propios de los niños.

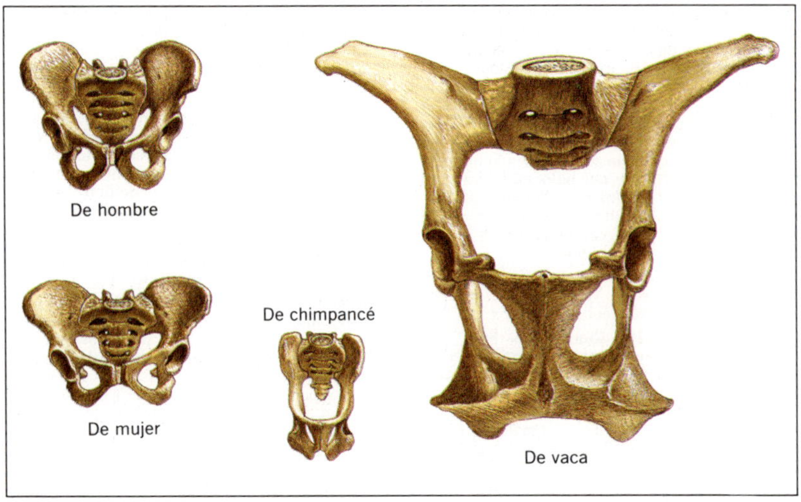

Pelvis de hombre, de mujer, de chimpancé y de vaca.

peluso *s. m.* En argot, recluta, quinto.

pelviano, na *adj.* Perteneciente o relativo a la pelvis.

pelvis *s. f.* **1.** Porción ósea del cuerpo de los mamíferos, situada en la parte inferior del tronco, que está formada por los huesos coxales, sacro y cóccis y contiene la terminación del tubo digestivo, la vejiga urinaria y algunos órganos del aparato genital. ‖ **2. pelvis renal** Cavidad del riñón situada en la región donde nace el uréter.

Pemán, José María (Cádiz 1898 - íd. 1981) Escritor español. Durante la Segunda República fue uno de los principales defensores del ideario tradicionalista y monárquico y al comienzo de la guerra civil presidió la comisión de cultura y enseñanza de la junta nacionalista de Burgos. Cultivó la poesía, la novela y, sobre todo, el teatro. También destacó por sus artículos periodísticos. En su producción sobresalen las obras de teatro *El divino impaciente* (1933), *Cuando las cortes de Cádiz* (1934) y *Cisneros* (1934), la novela *Señor de su ánimo* (1943) y el libro de poesía *Las flores del bien* (1946).

Pemba Isla de Tanzania, situada en el océano Índico, al N de Zanzíbar. 984 km^2. De origen coralino, en ella se cultiva clavo (primer productor mundial), cocoteros, arroz y mandioca. Fue un importante mercado de esclavos.

Pen Club (siglas de las voces ingl. *poets, essayists* y *novelists*, poetas, ensayistas y novelistas) Asociación internacional de escritores fundada en Londres en 1920 para facilitar las relaciones personales entre los autores y la circulación de las obras de creación. Su primer presidente fue el novelista británico John Galsworthy.

pena[1] (del lat. *poena*, y éste del gr. *poine*, multa) *s. f.* **1.** Castigo señalado en una ley e impuesto por una autoridad al que ha cometido un delito o falta. **2.** Tristeza, dolor causado por un hecho o suceso no deseado. **3.** Dificultad o trabajo. **4.** *amer.* Vergüenza, cortedad. ‖ **5. pena capital** (o **de muerte**) La que consiste en ejecutar al condenado. **6. pena grave** En der., aquella con que se castigan los delitos, como prisión, reclusión, arresto mayor, confinamiento, extrañamiento, destierro, etc. **7. pena leve** Las de arresto menor y reprensión privada, con que se castigan las faltas. **8. penas eternas** Las del infierno. ‖ **Loc. a duras penas** *adv.* Con mucha dificultad o esfuerzo. **ahogar las penas** Olvidarlas. **de pena** *adj.* Muy mal o muy malo. **merecer** (o **valer**) **la pena** una cosa Ser bastante importante; también, estar bien empleado el trabajo o esfuerzo que cuesta algo. **sin pena ni gloria** *adv.* Sin destacar o sin sobresalir. **so pena de** algo *adv.* Bajo un castigo; también, a menos que suceda algo o exista determinada situación.

pena[2] (del lat. *pinna*, pluma) *s. f.* **1.** Cada una de las plumas mayores de un ave, situadas en los extremos de las alas o de la cola, que le sirven principalmente para dirigir el vuelo. **2.** Parte más delgada en el extremo del mástil de una embarcación.

Pena, Afonso Augusto Moreira (Santa Barbara, Minas Gerais 1847 - Rio de Janeiro 1909) Político brasileño. De ideología liberal, desempeñó varios ministerios, la vicepresidencia (1902-1906) y la presidencia de la república (1906-09). Dio un gran impulso al país, desarrollando los ferrocarriles y la red telegráfica y creando el Banco de Conversión.

penacho *s. m.* **1.** Conjunto de plumas que tienen algunas aves en la cabeza. **2.** Adorno de plumas que se coloca en cascos, sombreros o en la cabeza de las caballerías. **3.** Aquello que tiene la misma forma que ese adorno.

penado, da **1.** *p. p.* de **penar**. También *adj.* ‖ *adj.* **2.** Penoso, trabajoso. ‖ *s. m.* y *f.* **3.** Persona condenada a cumplir una pena.

Penagos, Rafael de (Madrid 1889 - íd. 1954) Dibujante español. Estudió en la Academia de San Fernando de Madrid y residió en Chile de 1947 a 1953. Destacó como cartelista y como ilustrador en las revistas *La Esfera, Blanco y Negro* y *Mundo Gráfico*.

penal *adj.* **1.** En der., perteneciente o relativo a los delitos o faltas y a las penas con las que éstos se castigan. ‖ *s. m.* **2.** Prisión, lugar donde cumplen las penas de privación de libertad los que han sido condenados.

Penalba, Alicia (San Pedro, Buenos Aires 1918 - Dax, Francia 1982) Escultora argentina. Se trasladó a París en 1948 y fue alumna de Zadkine. Realizó esculturas de estilo abstracto, destinadas fundamentalmente a la decoración exterior de edificios. Desde 1964 se dedicó a la creación de modelos para joyería y, a partir de 1973, también diseñó tapicerías.

penalidad *s. f.* **1.** Trabajo o esfuerzo que causa sufrimiento. Se usa más en *pl.* **2.** Cualidad de aquello que puede recibir pena o ser penado. **3.** Sanción o pena prevista por la ley.

penalista *adj.* Especialista en derecho penal y en lo relacionado con éste. También *s.*

penalizar *v. tr.* Imponer una pena, sanción o castigo. ▪ Se conjuga como *cazar.* **Fam.** Penalización.

penalty (voz ingl.) *s. m.* En algunos deportes, máxima sanción que se aplica a la falta cometida por un jugador en su área, que consiste en un lanzamiento desde corta distancia contra la portería del equipo que cometió la falta. ‖ **Loc. casarse de penalty** *fam.* Casarse de manera precipitada por haberse quedado embarazada la novia.

Penang **1.** Isla de Malaisia, situada en la costa occidental de la península de Malaca. 294 km^2. **2.** C. de Malaisia, situada en la isla del mismo nombre. 248.250 h. en 1980. Es un centro comercial y portuario, que cuenta con industrias alimentarias y metalurgia del estaño.

penar *v. tr.* **1.** Castigar a alguien con el cumplimiento de una pena. **2.** En der., señalar la ley la pena correspondiente a unas determinadas acciones u omisiones. ‖ *v. intr.* **3.** Padecer, sufrir o sentir un dolor o una pena. ‖ **Loc. penar por algo** Desear mucho algo. **Fam.** Penable.

penates *s. m. pl.* Divinidades romanas protectoras del hogar.

penca *s. f.* **1.** Hoja carnosa, o tallo con esta forma, que tienen algunas plantas. **2.** Nervio principal y pecíolo de algunas plantas como la acelga o la lechuga. **3.** Especie de látigo con que se azotaba a los condenados. **4.** Parte carnosa de la cola de algunos animales cuadrúpedos.

pencar *v. intr.* Apencar, apechugar. ▪ Se conjuga como *sacar.*

Penck, Albrecht (Leipzig 1858 - Praga 1945) Geólogo y geógrafo alemán. Fue profesor en las universidades de Viena y Berlín y autor de un importante tratado de geomorfología, *Morfología de la superficie terrestre* (1894). Estudió el glaciarismo alpino y distinguió las cuatro glaciaciones cuaternarias: de Günz, Mindel, Riss y Würm.

penco *s. m.* **1.** Caballo flaco. **2.** *fam.* Persona torpe, holgazana o inútil.

pendejada *s. f. amer.* Tontería, estupidez.

pendejo, ja *s. m.* y *f.* **1.** *fam.* Pendón, persona de vida viciosa o desordenada. **2.** *fam.* Persona cobarde o pusilánime. **3.** *amer. fam.* Persona estúpida, imbécil. ‖ *s. m.* **4.** Pelo que nace en el pubis y en las ingles.

pendencia *s. f.* Pelea, riña, discusión.

pendenciero, ra *adj.* Camorrista, que busca pendencia. También *s.*

pendentif (voz fr.) *s. m.* Joya o adorno que se lleva colgado del cuello.

pender *v. intr.* **1.** Estar colgada, suspendida o inclinada una cosa. **2.** Estar aún por resolverse o terminarse un pleito o asunto. **3.** Existir una amenaza o peligro sobre alguien o algo.

Penderecki, Krzysztof (Debica 1933) Compositor polaco. Discípulo de Malavski, ejerció la docencia en Cracovia. Desarrolló una técnica de escritura musical directa y expresiva, muy influida en su etapa de madurez por el romanticismo. Entre sus obras destacan *Anaklasis* (1960), para cuerda y percusión; *La pasión según San Lucas* (1963-66); *Dies irae* (1967) y la ópera *Los diablos de Loudun* (1968-69).

pendiente *adj.* **1.** Que pende o cuelga. **2.** Muy atento a alguien o algo. **3.** Que aún no se ha resuelto o terminado. ‖ *s. m.* **4.** Adorno que se pone en el lóbulo de la oreja. ‖ *s. f.* **5.** Cuesta o declive de una superficie. **6.** Inclinación que tienen los tejados para facilitar el desagüe. **7.** En geom., aumento o disminución de la ordenada de una curva respecto a la unidad en la abscisa.

péndola[1] (del lat. *pennula*, dim. de *penna*, pluma) *s. f.* Pluma de escribir.

péndola[2] (del lat. *pendula*, pendiente) *s. f.* **1.** Péndulo, varilla con un círculo metálico u otro adorno en la parte inferior, que con sus oscilaciones regula el movimiento de algunos relojes, especialmente de los de pared. **2.** Cada una de las varillas verticales que sostienen un puente colgante u otra estructura.

pendolaje *s. m.* Derecho a apropiarse de todo lo que haya sobre la cubierta de un barco después de apresarlo en el mar.

pendolista *s. m.* y *f.* Persona que escribe con letra muy bien hecha.

pendón *s. m.* **1.** Bandera más larga que ancha que pende verticalmente y se usa como distintivo de una región, grupo militar, cofradía, etc. **2.** *fam.* Mujer de vida licenciosa. **3.** *fam.* Persona vaga o de vida desordenada.

pendonear *v. intr.* Llevar una vida de costumbres irregulares y desordenadas. **Fam.** Pendoneo.

pendular *adj.* Del péndulo o relativo a él.

péndulo *s. m.* **1.** Cuerpo sólido que, colgado de un punto fijo situado por encima de su centro de gravedad, oscila libremente en un plano por la acción de su propio peso. **2.** Péndola de un reloj. ‖ **3. péndulo de compensación** El que está hecho de metales de diferente dilatación para evitar que los agentes atmosféricos alteren la regularidad de su movimiento. **4. péndulo eléctrico** Esfera de una sustancia ligera, colgada de un hilo de seda, que sirve para indicar que un cuerpo está electrizado si al acercarse a ella la desvía de su posición.

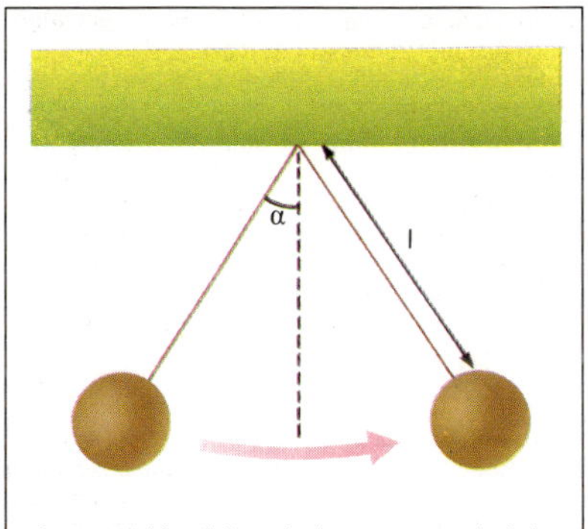

Esquema de un péndulo simple.

Fís. El péndulo oscila con un movimiento aproximado al armónico simple. Cuando se considera que el hilo del que pende es inexistente, de masa despreciable, y que no existe rozamiento alguno en el sistema, se habla de **péndulo simple**, que evidentemente es un sistema ideal. En dicho sistema el periodo de oscilación del péndulo no depende de la masa, sino únicamente de la longitud del hilo y de la aceleración de la gravedad. Dicho periodo puede obtenerse mediante la ecuación

$$T = 2\pi\sqrt{\frac{l}{g}}$$

en la que T es el periodo, l la longitud del hilo y g la aceleración de la gravedad. Si no consideramos tales idealizaciones, el sistema se denomina **péndulo físico**.

pene *s. m.* Órgano masculino de los mamíferos que permite al macho efectuar la cópula e introducir el esperma en la vagina de la hembra y que constituye la última parte del aparato urinario. En el hombre, el pene está constituido por los cuerpos cavernosos, que son dos masas esponjosas de tipo muscular liso y conjuntivo fibroso situadas por encima de la uretra. La uretra, conducto que lleva la orina desde la vejiga al exterior, recorre el interior del pene a lo largo de unos 15 cm y está rodeada por un tercer cuerpo, el cuerpo esponjoso, que en su parte final es más ancho y forma el glande. Éste está cubierto por un repliegue de la piel llamado *prepucio.* Poco antes de la copulación, y durante ella, las arterias inyectan sangre a presión en los cuerpos cavernosos, produciéndose la erección del pene.

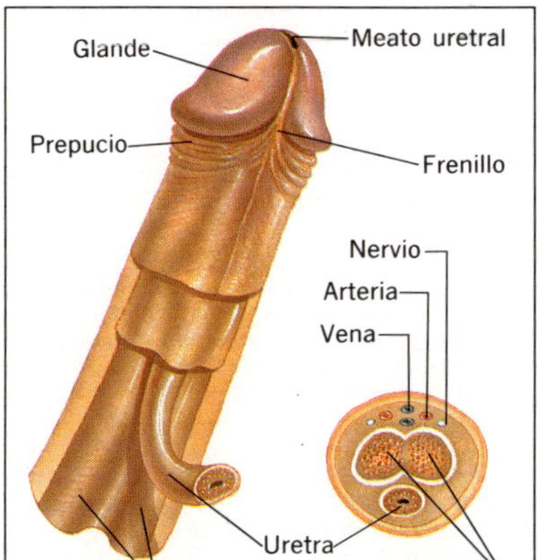

Pene: anatomía y corte transversal del mismo.

Penélope Personaje de la *Odisea* de Homero, esposa de Ulises, ejemplo de fidelidad conyugal. Prometió que accedería a los deseos de sus pretendientes cuando acabara un velo que estaba tejiendo. Sin embargo, pudo esperar hasta el regreso de su marido, porque cada noche deshacía todo lo que había tejido durante el día.

penene *s. m.* y *f.* Se denominaba así a los profesores no numerarios de instituto o universidad, que ejercían su función por un contrato de duración temporal. El nombre procede de las siglas PNN de *profesor no numerario.*

penetrable *adj.* **1.** Que se puede penetrar. **2.** Que se puede entender fácilmente. **Fam.** Penetrabilidad.

penetración *s. f.* **1.** Acción y efecto de penetrar. **2.** Comprensión de una cosa difícil. **3.** Agudeza o ingenio para entender las cosas. **4.** En algunos deportes, avance de un equipo hacia la portería del contrario.

penetrante *adj.* **1.** Que penetra o entra mucho en alguna cosa. **2.** Se dice del sonido, la voz, etc., aguda o alta. **3.** Que comprende rápidamente y con facilidad. **4.** Se dice de la ironía, la crítica, el humor, etc., mordaz e incisivo. **5.** En fís., se dice de la radiación que puede propagarse en la materia sin ser absorbida por ésta.

penetrar *v. tr.* **1.** Introducirse una materia o un cuerpo en otro. También *v. intr.* **2.** Hacerse sentir muy intensamente el frío, un grito, etc. **3.** Introducir el hombre el pene en la vagina de la mujer para realizar el acto sexual. **4.** Conmover intensamente a alguien un dolor, un sentimiento, etc. **5.** Llegar a comprender bien algo. También *v. intr.* ‖ *v. intr.* **6.** Entrar en un espacio, aunque exista dificultad para hacerlo. También *v. tr.* ‖ *v. prnl.* **7.** Comprender algo en todos los detalles o en los aspectos más importantes.

pénfigo *s. m.* Enfermedad de la piel que se caracteriza por la formación de ampollas de diverso tamaño llenas de líquido seroso.

Penibética, cordillera Sistema montañoso de España, situado en Andalucía oriental, cerca de la costa mediterránea. Se extiende paralelo a la costa, desde el estrecho de Gibraltar al cabo de Gata. Comprende la serranía de Ronda, las sierras Gorda, de Loja, de Alhama, de Almijara y del Chaparral, entre Málaga y Granada; Sierra Nevada, donde se encuentra el pico Mulhacén (3.478 m), el más alto de la península Ibérica, y Las Alpujarras en Granada; y las sierras de Gador y de los Filabres en Almería.

penibético, ca *adj.* Perteneciente o relativo a la cordillera Penibética.

penicilina *s. f.* Sustancia segregada por el hongo *Penicillium,* que impide el crecimiento de ciertas bacterias (estafilococos, estreptococos, treponemas, etc.). Fue el primer antibiótico conocido, descubierto por Alexander Fleming en 1928. El método de producción que la hizo utilizable en la práctica fue desarrollado por Howard Florey y Ernst Chain en 1940. Todos ellos recibieron en 1945 el premio Nobel de fisiología y medicina. Hoy día existen numerosos antibióticos sintéticos, derivados de la penicilina, que extienden su campo de aplicación a otras enfermedades.

Penicillium *s. m.* Género de hongos ascomicetes de la familia aspergiláceas. Comprende numerosas especies, de las cuales varias se utilizan para fabricar penicilina y en los procesos de elaboración de los quesos roquefort y camembert.

peniforme *adj.* Que tiene forma de pluma.

penillanura *s. f.* Superficie ondulada de escaso relieve producida por una erosión prolongada de millones de años, en un periodo de poca actividad tectónica.

Peninos, Alpes Cadena montañosa de Europa occidental, que constituye el eslabón central y más elevado de la cordillera de los Alpes. Se extiende desde el Mont Blanc (4.810 m), cumbre del sistema, hasta el San Gotardo, y separa Italia de Suiza. Otros picos son el monte Rosa (4.633 m) y el Cervino o Matterhorn (4.478 m).

Peninos, montes Cadena montañosa del Reino Unido, en el sector N de Inglaterra. Se extiende desde el S de Escocia hasta el río Trent. Son altiplanos muy erosionados coronados por landas y turberas. Su máxima altura es el Cross Fell (893 m).

península *s. f.* Porción de tierra rodeada de agua por todas partes excepto por una, llamada *istmo,* por donde se une al continente.

peninsular *adj.* **1.** De una península. También *s.* **2.** De la península Ibérica, en oposición a las islas o a las tierras españolas de África. También *s.*

peniplanación *s. f.* Proceso de formación de una penillanura.

penique *s. m.* Moneda inglesa, que desde 1971 equivale a la centésima parte de una libra.

penitencia *s. f.* **1.** Sacramento por el que el sacerdote perdona los pecados en nombre de Cristo. ■ Se denomina también *sacramento de la reconciliación.* **2.** Oración o acción que el confesor impone al penitente para expiar sus pecados. **3.** Sacrificio o acción no agradable que una persona se impone a sí misma, generalmente para reparar sus pecados o para dominar sus deseos naturales y vivir las virtudes cristianas. **4.** Arrepentimiento de los pecados cometidos y propósito de no realizarlos más. **5.** Castigo público que imponía el tribunal de la Inquisición a algunos condenados. **6.** Cosa molesta que una persona tiene que soportar.

penitenciado, da *adj.* Castigado por la Inquisición. También *s.*

penitencial *adj.* **1.** Perteneciente o relativo a la penitencia. **2.** Se dice del acto litúrgico o celebración comunitaria del sacramento de la penitencia.

penitenciaría *s. f.* **1.** Cárcel, prisión. **2.** Cargo u oficio de penitenciario.

penitenciario, ria *adj.* **1.** Se dice de los establecimientos en que se cumplen penas de privación de libertad, así como de lo relativo a los mismos. **2.** Se dice del sacerdote que es confesor en una iglesia determinada. También *s. m.*

penitente *s. m.* y *f.* **1.** Persona que hace penitencia. **2.** Persona que acude a recibir el sacramento de la penitencia. **3.** Persona que en las procesiones religiosas desfila, generalmente con una túnica y a veces descalza, en señal de penitencia.

Penn, Arthur (Filadelfia 1922) Director cinematográfico estadounidense. Sus películas, caracterizadas por un estilo directo, analizan con óptica crítica la realidad de su país. Entre las más representativas pueden mencionarse *El zurdo* (*The left-handed gun,* 1958), *El milagro de Ana Sullivan* (*The miracle worker,* 1962), *La jauría humana* (*The chase,* 1965), *Bonnie y Clyde* (1967), *Pequeño gran hombre* (1970) y *Georgia* (*Four friends,* 1981).

Penn, William (Londres 1644 - Ruscombe, Londres, 1718) Político y pensador británico. En 1681, Carlos II le concedió un territorio en América, para llevar a cabo sus proyectos democráticos, que recibió el nombre de *Pennsylvania.* Fundó Filadelfia (1682). Fue defensor de la libertad de conciencia y el organizador del movimiento cuáquero. Escribió *Gran caso de libertad de conciencia* (1671) y *Llamamiento a los protestantes de todas las confesiones* (1679).

Pennsylvania Estado de EE UU, situado en el NE del país. 119.251 km^2. 11.924.700 h. en 1990. La capital es Harrisburg, con 53.250 h. en 1980. Ocupa una región de montes y mesetas poco elevadas y valles fluviales, por los que discurren los ríos Ohio y Susquehanna; tiene una pequeña costa sobre el lago Erie. Sus principales núcleos urbanos son Pittsburgh en el O y Filadelfia en el E. Cuenta con agricultura y ganadería muy desarrolladas, minería de antracita y carbón bituminoso, industria textil, siderúrgica, química, mecánica, alimentaria y de alta tecnología. La región estaba poblada por tribus indias algonquinas dominadas por los iroqueses. Fue explorada por Hudson a principios del s. XVII y colonizada por suecos (1643), posteriormente desplazados por holandeses (1655). En 1664, británicos dirigidos por William Penn ocuparon la región y su jefe adquirió la propiedad en 1681. Penn estableció un gobierno liberal y democrático que atrajo gran número de colonos. Su primera capital, Filadelfia, se convirtió en el principal centro cultural del país. El estado participó activamente en la revolución antibritánica y, en 1779, en Filadelfia, se firmó la declaración de independencia.

penol *s. m.* Extremo de las vergas de un barco.

penología *s. f.* Ciencia que estudia los medios para reprimir y prevenir los delitos; utiliza medios sociológicos y psicológicos para corregir al delincuente.

penoso, sa *adj.* **1.** Que cuesta mucho esfuerzo o trabajo. **2.** Que causa pena. **3.** Muy malo o muy mal hecho. **Fam.** Penosamente.

pensado, da 1. *p. p.* de **pensar**. ‖ *adj.* 2. Precedido de los adverbios *mal* o *bien*, que interpreta de manera negativa o positiva las acciones, intenciones o palabras de otro.

pensador, ra *adj.* 1. Que piensa. También *s.* ‖ *s. m.* y *f.* 2. Persona que se dedica al estudio y a la reflexión, especialmente el filósofo.

pensamiento *s. m.* 1. Capacidad de pensar. 2. Acción y efecto de pensar. 3. Lo que se piensa. 4. Cada una de las ideas más destacadas de un escrito, discurso, etc. 5. Conjunto de ideas propias o manera de pensar de una persona o colectividad. 6. Deseo, intención o proyecto. 7. Planta herbácea de la familia violáceas, especie *Viola tricolor.* Alcanza entre 10 y 45 cm de altura, sus hojas presentan estípulas y tiene flores amarillas, violetas o rosas. Crece en Europa y se usa como planta ornamental. 8. Flor de esta planta. ‖ **Loc. como el pensamiento** *adv.* Con mucha rapidez. **pasarle** a alguien algo **por el pensamiento** Ocurrírsele algo.

Pensamiento (Viola tricolor).

pensar *v. tr.* 1. Formar ideas y conceptos en la mente, relacionándolos unos con otros. También *v. intr.* 2. Examinar con cuidado un asunto, idea, etc. También *v. intr.* 3. Decidir algo después de haber examinado la cuestión. 4. Tener la intención de hacer algo. 5. Inventar u ocurrírsele a alguien un plan, la manera de hacer algo, etc. 6. Manifestar alguien una opinión. ▪ Es v. irreg. ‖ **Loc. cuando menos lo pienses** (o **se piense**) *adv.* En cualquier momento. **dar** una cosa **qué pensar** *fam.* Hacer una cosa que alguien se preocupe o reflexione. **ni pensarlo** *fam.* Rechazar algo tajantemente. **sin pensar** *adv.* De repente; también, de manera involuntaria.

PENSAR		
INDICATIVO	SUBJUNTIVO	IMPERATIVO
Presente	**Presente**	
pienso	*piense*	
piensas	*pienses*	*piensa*
piensa	*piense*	
pensamos	*pensemos*	
pensáis	*penséis*	*pensad*
piensan	*piensen*	

pensativo, va *adj.* Que medita intensamente y está ajeno a todo lo demás.

pensil o **pénsil** *adj.* 1. Que pende de algún sitio. ‖ *s. m.* 2. Jardín muy bonito y agradable.

pensión *s. f.* 1. Cantidad de dinero que recibe periódicamente una persona y que no corresponde a un trabajo realizado en la actualidad, p. ej. la que reciben los jubilados, familiares de fallecidos, etc. 2. Renta que se le asigna a alguien por cualquier razón. 3. Beca para realizar estudios u otras actividades científicas, literarias o artísticas. 4. Casa de huéspedes u hotel de categoría inferior. 5. Precio que se paga por alojarse en esos lugares. 6. *amer.* Pena, angustia, dolor. ‖ 7. **media pensión** Modo de alojamiento en que se tiene derecho a la habitación y a una comida diaria, además del desayuno; también, situación de los que asisten a una escuela o colegio y reciben, además de la enseñanza, la comida del mediodía. 8. **pensión completa** Modo de alojamiento en que se tiene derecho a la habitación y a todas las comidas del día.

pensionado, da *adj.* 1. Pensionista, que cobra o tiene derecho a una pensión. También *s.* ‖ *s. m.* 2. Establecimiento de enseñanza en el que también pueden residir los alumnos.

pensionar *v. tr.* Conceder una pensión a una persona o establecimiento.

pensionista *s. m.* y *f.* 1. Persona que cobra o tiene derecho a recibir una pensión. 2. Persona que paga una cantidad por recibir alojamiento y comida. 3. Alumno que recibe enseñanza, alojamiento y comida en un colegio u otro establecimiento y paga por ello una determinada cantidad.

penta- *pref.* Significa 'cinco': *pentaedro, pentágono.*

pentacíclico, ca *adj.* Se dice de la flor que tiene cinco verticilos.

pentadáctilo, la *adj.* Que tiene cinco dedos. También *s.*

pentadecágono, na *adj.* Se dice del polígono que tiene quince ángulos y quince lados. También *s. m.*

pentaedro *s. m.* Cuerpo sólido que tiene cinco caras.

pentagonal *adj.* 1. Relativo al pentágono o con forma de pentágono. 2. Se dice de los sólidos cuya base es un pentágono.

pentágono, na *adj.* Se dice del polígono que tiene cinco ángulos y cinco lados. También *s. m.*

Pentágono 1. Edificio de forma pentagonal construido entre 1941 y 1943, en Arlington, cerca de Washington, y que es sede del Estado Mayor central del departamento de Defensa de EE UU. 2. P. ext., el mismo Estado Mayor.

Vista aérea del Pentágono, edificio proyectado por George Edwin Bergstrom.

pentagrama o **pentágrama** *s. m.* En mús., conjunto de cinco líneas horizontales, paralelas y equidistantes, sobre las que se realiza la escritura musical.

pentámero, ra *adj.* 1. Se dice de los órganos de las plantas que están formados por cinco piezas. 2. Se dice de los insectos coleópteros que tienen cinco artejos en cada pata. También *s. m.*

pentámetro *adj.* Se dice del verso latino y griego que se compone de cinco pies: un dáctilo o un espondeo, de otro dáctilo u otro espondeo, de una cesura, de dos dáctilos y de otra cesura. También *s. m.*

pentano *s. m.* CH_3-$(CH_2)_3$-CH_3 Compuesto de la serie de los hidrocarburos saturados. Es muy volátil y se usa en la industria como disolvente.

pentápolis *s. f.* Nombre que recibe en la antigüedad la agrupación o unión política de cinco ciudades, como p. ej. la de Palestina, formada por Sodoma, Gomorra, Admá, Seboím y Soar.

pentasílabo, ba *adj.* Se dice del verso que tiene cinco sílabas. También *s. m.*

Pentateuco Nombre dado a los cinco primeros libros de la *Biblia*: *Génesis, Éxodo, Levítico, Números* y *Deuteronomio*, atribuidos tradicionalmente a Moisés.

pentathlon o **pentatlón** *s. m.* 1. En la antigua Grecia, conjunto de cinco pruebas que realizaba un mismo atleta: carrera, salto, lucha, lanzamiento de jabalina y lanzamiento de disco. ‖ 2. **pentathlon moderno** Modalidad deportiva con categoría olímpica que comprende cinco pruebas: equitación, natación, tiro, esgrima y carrera campo a través.

pentatónico, ca *adj.* Se dice de la escala musical de cinco tonos y de la música basada en ella. Es usada en algunas melodías folclóricas y data del segundo milenio a. C.

pentavalente *adj.* En quím., que tiene cinco valencias.

pentecostés *s. m.* 1. Festividad cristiana que se celebra cincuenta días después de Pascua y en la que se conmemora la venida del Espíritu Santo sobre los apóstoles. ▪ Suele escribirse con mayúscula. 2. Fiesta de los judíos en la que se celebraba la entrega de las doce tablas de la ley por Dios a Moisés en el monte Sinaí y tenía lugar cincuenta días después de la Pascua.

Pentesilea En la mitología griega, reina de las amazonas. Acudió con ellas en auxilio de Troya y fue herida mortalmente por Aquiles, que lloró mucho su muerte, pues se había enamorado de ella a causa de su belleza.

pentosa *s. f.* Nombre común de aquellos monosacáridos cuya molécula contiene cinco átomos de carbono; p. ej., la ribosa o la arabinosa. Todas las pentosas se ajustan a la fórmula molecular $C_5H_{10}O_5$. A diferencia de las hexosas, las pentosas no fermentan con la levadura.

pentotal *s. m.* Droga compuesta a base de ácido barbitúrico que se aplica por vía intravenosa y bajo cuya acción el paciente no es consciente de lo que dice; se utiliza generalmente como anestésico. Se denomina también *suero de la verdad*, porque en ocasiones se ha empleado para obtener testimonios y confesiones.

penúltimo, ma *adj.* Que está o sucede inmediatamente antes del último. También *s.*

penumbra *s. f.* 1. Sombra débil entre la luz y la oscuridad. 2. En los eclipses, zona parcialmente iluminada, entre los espacios con luz plena y los que están totalmente oscuros. **Fam.** Penumbroso.

penuria *s. f.* Escasez, especialmente de las cosas más necesarias para vivir.

Penza C. de la Federación Rusa, situada al SE de Moscú, a orillas del río Sura, afluente del Volga. 543.000 h. en 1989. Cuenta con industrias de construcciones mecánicas y eléctricas, papeleras y de alimentación, así como manufacturas de instrumentos musicales.

Penzias, Arno (Munich 1933) Físico alemán, nacionalizado estadounidense. Especialista en radiaciones cósmicas, aportó pruebas en favor de la teoría del big-bang o explosión que dio origen al universo. En 1978 obtuvo el premio Nobel de física, compartido con Robert Woodrow Wilson y Piotr Leonidovich Kapitsa.

peña *s. f.* 1. Piedra grande sin labrar que se encuentra en la naturaleza. 2. Monte de terreno pedregoso. 3. *fam.* Grupo de amigos. 4. Asociación con fines deportivos o recreativos. ‖ 5. **peña viva** Roca compacta que se encuentra adherida al terreno de forma natural.

Peña, Manuel de la (Tacuba 1789 - México 1850) Abogado y político mexicano. Fue presidente de la Corte Suprema de Justicia y ocupó interinamente la presidencia de la república en dos ocasiones, en 1847 y en 1848; durante su segundo mandato se firmó el tratado de Guadalupe Hidalgo.

Peña, Miguel (Valencia, Venezuela 1781 - íd. 1833) Abogado y político venezolano. Fue presidente del congreso de Cúcuta (1821), que redactó la Constitución de la Gran Colombia. También presidió el congreso de Valencia (1830), que ratificó la separación de Venezuela de la Gran Colombia.

Peña de Francia Sierra de España, perteneciente al Sistema Central, situada entre las provincias de Salamanca y Cáceres. Su máxima altura es el pico Peña de Francia (1.723 m).

Peña Labra Sierra de España, perteneciente a la cordillera Cantábrica, entre las provincias de Cantabria y Palencia. Constituye la divisoria de aguas entre el Cantábrico y el Mediterráneo y su máxima altura es el pico Peña Labra (2.018 m).

Peñafiel C. de España, en el extremo E de la prov. de Valladolid. 5.230 h. en 1990. Conserva un imponente castillo del s. XI, reedificado en los s. XIV y XV, y la iglesia de San Pablo (s. XIV).

Peñalara Pico de España, en el Sistema Central, perteneciente a la sierra de Guadarrama, de la que constituye la máxima elevación (2.430 m). En su circo glaciar se halla la laguna del mismo nombre.

Peñaranda Castillo, Enrique (Larecaja, La Paz 1892 - Madrid 1969) Militar y político boliviano. Fue comandante en jefe del ejército de su país durante la guerra del Chaco (1932-35). Elegido presidente de la república (1940) con el apoyo de la oligarquía, reprimió duramente las huelgas y revueltas. Fue derrocado por una junta militar (1943).

peñascal *s. m.* Lugar en que hay muchos peñascos.

peñasco *s. m.* **1.** Peña grande y generalmente elevada. **2.** Parte del hueso temporal de los mamíferos en la que se encuentra el oído interno. **FAM.** Peñascoso.

peñazo *s. m. fam.* Persona o cosa muy pesada o aburrida. También *adj.*

Peñíscola C. de España, en la prov. de Castellón, a orillas del mar Mediterráneo. 3.600 h. en 1990. Es puerto pesquero y centro turístico. En su fortaleza del s. XIII pasó sus últimos días Benedicto XIII, el papa Luna.

peñola *s. f.* Pluma de ave que se usaba para escribir.

peñón *s. m.* **1.** *aum.* de **peña**. **2.** Monte peñascoso.

Peñón, El Véase **Gibraltar**.

peón[1] (del lat. *pedo, -onis,* de *pes, pedis,* pie) *s. m.* **1.** Obrero no especializado, que suele ocupar la categoría profesional más baja. **2.** Soldado de a pie. **3.** Peonza con la punta de metal. **4.** En el ajedrez, una de las ocho piezas negras o blancas de menor valor, que al comenzar a jugar se colocan en la línea delantera. ‖ **5. peón caminero** Obrero que se encarga de la reparación y conservación de los caminos y carreteras públicas. **6. peón de brega** Torero subalterno que ayuda al matador durante la lidia.

peón[2] (del lat. *paeon,* y éste del gr. *paion*) *s. m.* Pie de la poesía latina y griega que se compone de cuatro sílabas, una larga y las demás breves.

peonada *s. f.* **1.** Trabajo que realiza un peón en un día, especialmente en labores agrícolas. **2.** Peonaje*.

peonaje *s. m.* Conjunto de peones que trabajan en una obra.

peonía[1] (del lat. *paeonia,* y éste del gr. *paionia*) *s. f.* **1.** Nombre común de diversas plantas herbáceas de la familia peoniáceas, género *Paeonia.* La peonía común *(Paeonia officinalis)* alcanza entre 30 y 90 cm de altura, tiene hojas dos o tres veces pinnadas y flores rojas o rosadas. Crece en el centro y S de Europa y se usa como planta ornamental. **2.** Flor de esta planta.

Peonía común (Paeonia officinalis).

peonía[2] *s. f.* Peonada, trabajo que realiza un peón en un día.

peonza *s. f.* Juguete de madera, de forma cónica, en el que se enrolla una cuerda para lanzarlo y hacerlo girar.

peor *adj.* **1.** *comp.* de **malo**. De inferior calidad con respecto a lo que se compara: *Eva es peor bailarina que Luisa.* ■ Con los artículos *el, la, los, las,* expresa que una persona o cosa es la de inferior calidad entre las de un grupo. También *s.*: *Es el peor de la clase.* ‖ *adv.* **2.** *comp.* de **mal**. Más mal que aquello con lo que se compara: *Veo peor que antes.* ‖ **LOC. peor que peor** Indica que lo dicho o hecho por alguien empeora aún más la situación. **ponerse en lo peor** Suponer que sucederá lo que se considera más desfavorable o perjudicial. **tanto peor** Mucho peor.

pepa *s. f. amer.* Pepita, semilla de algunos frutos carnosos.

Pepa Nombre popular que se dio a la Constitución española de 1812 por haberse promulgado el 19 de marzo, festividad de San José. ‖ **LOC. ¡viva la Pepa!** Expresión con que se alude a una situación de desbarajuste, despreocupación o regocijo.

pepe *s. m.* **1.** Melón poco maduro. **2.** *Bol., Ven.* Petimetre. ‖ **LOC. ponerse** uno **como un pepe** *fam.* Comer hasta hartarse.

Pepe-Hillo, José Delgado Guerra, llamado (Sevilla 1754 - Madrid 1801) Torero español. Compitió con Pedro Romero y realizó un toreo alegre y lleno de improvisaciones. Fue cogido mortalmente por un toro de Miura en la plaza de Madrid. Escribió una *Tauromaquia* o *Arte de torear* (1796).

pepena *s. f. Amér. C., Méx.* Acción y efecto de pepenar.

pepenar *v. tr. Amér. C., Méx.* Recoger cosas del suelo o rebuscar desperdicios entre la basura. **FAM.** Pepenador.

pepinazo *s. m.* **1.** Estallido de un proyectil. **2.** Disparo de un arma pesada y potente. **3.** En fútbol, disparo muy fuerte.

pepinillo *s. m.* Variedad de pepino pequeño que se conserva en vinagre.

pepino *s. m.* **1.** Planta herbácea de la familia cucurbitáceas, especie *Cucumis sativus.* Tiene tallos rastreros, hojas pecioladas, flores grandes y amarillas y fruto carnoso. Se cultiva en huertas para su consumo alimentario. **2.** Fruto de esta planta, de forma alargada y color verde oscuro, que se come en ensaladas o conservado en vinagre. **3.** Melón poco maduro. También *adj.* ‖ **LOC. importar** una cosa a alguien **un pepino** *fam.* Importarle una cosa muy poco o nada.

Pepino (Cucumis sativus).

pepita[1] *s. f.* **1.** Semilla de algunas frutas como el melón, la pera, etc. **2.** Trozo pequeño y redondeado de oro u otro metal.

pepita[2] (del lat. *pituita*) *s. f.* Enfermedad que tienen a veces las gallinas y los pavos en la lengua, que produce adelgazamiento y trastornos respiratorios y es contagiosa e infecciosa.

pepito *s. m.* **1.** Bocadillo que tiene dentro un filete de carne. **2.** Bollo alargado, generalmente relleno de crema.

pepitoria *s. f.* Guiso que se hace con todas las partes comestibles del ave o sólo con los despojos y al que se echa también huevo, perejil y otros ingredientes.

peplo *s. m.* Manto usado en la antigua Grecia por las mujeres, amplio, sin mangas, que caía desde los hombros a la cintura, formando dos picos por delante.

pepón *s. m.* Sandía, fruto.

pepona *s. f.* **1.** Muñeca grande y generalmente de cartón. **2.** Mujer gorda y con la cara sonrosada.

pepónide o **pepónida** *s. f.* Fruto carnoso unido al cáliz, que tiene una sola celdilla y muchas semillas dispersas en la pulpa o concentradas en una cavidad central, como la calabaza, el pepino y el melón.

pepsina *s. f.* Fermento que forma parte del jugo gástrico y que interviene en la digestión de las proteínas, a las que descompone en polipéptidos llamados *peptonas.*

péptido *s. m.* Compuesto que en su molécula tiene uno o más enlaces peptídicos (-CO-NH-) resultantes de la unión de un grupo carboxilo (-COOH) con un grupo amino ($-NH_2$), acompañada del desprendimiento de una molécula de agua. Los polipéptidos son polímeros que resultan de la condensación de numerosas moléculas de aminoácidos, de tal manera que cada uno de estos aminoácidos establece dos enlaces peptídicos: uno entre su grupo amino y el grupo ácido del siguiente aminoácido y otro entre su grupo ácido y el grupo amino del aminoácido que le precede.

peptona *s. f.* Compuesto complejo de diversos polipéptidos que proceden de la digestión de las proteínas.

Pepys, Samuel (Londres 1633 - Clapham 1703) Escritor inglés. Fue secretario de Almirantazgo y presidente de la Royal Society. Escribió un *Diario* en lenguaje cifrado, que no se publicó hasta 1825. Esta obra es un documento valioso sobre la vida inglesa de la época de la restauración monárquica.

pequeñez *s. f.* **1.** Cualidad de pequeño. **2.** Cosa sin valor o importancia. **3.** Tacañería, bajeza.

pequeño, ña *adj.* **1.** De poco tamaño. **2.** De poca estatura. **3.** De pocos años. **4.** Que tiene poca categoría o poco poder. **5.** De poca duración o importancia. ‖ *s. m.* y *f.* **6.** Niño.

pequeñoburgués, sa *adj.* **1.** Perteneciente o relativo a la pequeña burguesía, clase social intermedia entre la burguesía y el proletariado; se aplica especialmente a su mentalidad y prejuicios. También *s.* **2.** Se dice de la persona acomodaticia y sin ambiciones. También *s.*

pequinés, sa *adj.* **1.** De Pekín. También *s.* **2.** Se dice de una raza de perros de origen chino de pequeño tamaño, de cabeza ancha, hocico corto, ojos prominentes, orejas gachas y pelo largo. También *s.*

per- *pref.* **1.** Refuerza el significado de algunas palabras: *perdurable, perturbar,* etc. **2.** Se utiliza en la nomenclatura química de algunos compuestos para indicar alguna particularidad de su estructura. Así, se emplea para indicar que uno de los elementos de la molécula actúa con la mayor de las valencias o números de oxidación entre varios posibles; p. ej., en el permanganato potásico ($KMnO_4$) el prefijo *per-* indica que el manganeso actúa con un número de oxidación de +7 en comparación con el manganato potásico (K_2MnO_4), compuesto en que el manganeso actúa con un número de oxidación de +6. En otras ocasiones indica la existencia del grupo -O-O- en la molécula, como sucede en los peróxidos, los perboratos y los persulfatos.

per cápita *loc. lat. adv.* Significa 'por cabeza o por persona', 'individualmente'; se usa frecuentemente en estadística.

per saecula saeculorum *loc. lat. adv.* Significa 'por los siglos de los siglos', siempre o para siempre.

per se *loc. lat. adv.* Significa 'por sí mismo'.

pera *s. f.* **1.** Fruto del peral, de piel fina, forma cónica y carne generalmente dulce, áspera y con bastante agua. **2.** Objeto hueco de goma que tiene la forma de este fruto y se utiliza para impulsar aire, líquidos, etc. **3.** Interruptor de luz o timbre con forma semejante a la del mencionado fruto. **4.** Perilla de la barba. ‖ *adj.* **5.** *fam.* Se dice de la persona muy presumida y atildada. También *s.* ‖ **6. pera de agua** La que tiene la carne suave y mucho jugo. **7. pera limonera** La de color verdoso que madura entre agosto y septiembre y es un poco ácida de sabor. ‖ **LOC. el año de la pera** Tiempo muy antiguo. **pedir peras al olmo** *fam.* Pedir o pretender algo imposible. **pera en dulce** Persona o cosa de muy buenas cualidades. **poner** a alguien **las peras a cuarto** *fam.* Pedirle cuentas o reñirle con severidad; también, obligarle a hacer lo que no quería. **ser** alguien o algo **la pera** Ser muy destacado por algo favorable o desfavorable.

perácido *s. m.* R-CO-OOH. Nombre genérico que designa los peroxoácidos orgánicos.

perada *s. f.* **1.** Mermelada hecha con pera. **2.** Bebida alcohólica que se obtiene de la fermentación del zumo de pera.

peral *s. m.* Nombre común de diversos árboles de la familia rosáceas, género *Pyrus.* Son frutales de distintas formas o tamaños. El peral silvestre *(Pyrus communis)* alcanza unos 20 m de altura, tiene ramas espinosas, hojas ovaladas, flores de pétalos blancos y anteras rojas y fruto en pomo llamado *pera*. Crece espontáneamente en Eurasia y se cultiva en todo el mundo por su fruto, apreciado en alimentación, y por su madera.

Peral con detalle de la hoja, flor y fruto.

Peral, Isaac (Cartagena, Murcia 1851 - Berlín 1895) Inventor español. Fue oficial de marina y como tal participó en la campaña de Cuba de 1872, en la segunda guerra carlista y en Filipinas. Inventó una nave submarina propulsada por un motor eléctrico de acumuladores. Fue probada con éxito en 1889 y 1890, pero el ministerio de Marina la rechazó.

peraleda *s. f.* Terreno con muchos perales.

Peralta Azurdia, Enrique (Guatemala 1908) Militar y político guatemalteco. Ministro de Agricultura (1959-60) y de Defensa (1961-63), participó en el golpe de Estado que derrocó a Ydígoras y presidió la Junta revolucionaria militar (1963-66). Suspendió la Constitución y tuvo que hacer frente al naciente movimiento guerrillero.

Peralta Barnuevo, Pedro de (Lima 1663 - íd. 1743) Escritor y humanista peruano. De amplísimos conocimientos, dominó ocho lenguas, entre ellas el quechua. Fue rector de la universidad de San Marcos. Entre sus obras destacan *Triunfo de amor y muerte* (1710) y *Afectos vencen finezas*, ambas escritas para el teatro; una *Historia de España vindicada* (1730) y *Lima fundada o conquista del Perú* (1732), poema épico.

peraltar *v. tr.* Dar peralte a un arco, una carretera, etc. **FAM.** Peraltado.

peralte *s. m.* **1.** Altura que sobrepasa lo que sería un semicírculo en la curva de un arco, bóveda o armadura. **2.** En arq., elevación de una armadura sobre el ángulo recto. **3.** En las carreteras, vías de tren, etc., mayor elevación de la parte exterior de una curva en relación con la parte interior.

peralto *s. m.* Altura de una figura geométrica.

perborato *s. m.* Nombre genérico de diversas sales de boro, producidas por la oxidación del borato, en la que dicho elemento actúa con valencia 5; la más importante es la de sodio, que se emplea en farmacia.

perca *s. f.* **1.** Nombre común de diversos peces teleósteos de la familia pércidos, género *Perca*. La *Perca fluviatilis* vive en agua dulce, mide unos 30 cm de largo y tiene un color amarillento con bandas transversales oscuras y dos aletas dorsales, la primera espinosa. La perca negra, o blackbass, especie del género *Micropterus*, es algo mayor, originaria de América e introducida en Europa por su interés para la pesca deportiva. || **2. perca marina** Pez depredador ovovivíparo, de la familia escorpénidos, especie *Sebastes viviparus*, de unos 50 cm de largo.

percal *s. m.* **1.** Tejido de algodón que se utiliza para realizar prendas baratas. **2.** *fam.* Dinero. || **LOC. conocer** alguien **el percal** *fam.* Conocer bien a una persona, actividad, asunto, etc.

percalina *s. f.* Percal de menor calidad que el normal, usado generalmente para forrar prendas de vestir.

percance *s. m.* Accidente o daño imprevisto.

percatarse *v. prnl.* Darse cuenta de algo o percibirlo. **FAM.** Percatación.

percebe *s. m.* **1.** Crustáceo marino de la familia pollicípidos, especie *Pollicipes cornucopia*. Tiene forma cilíndrica alargada, rematada por un caparazón calcáreo que contiene seis pares de apéndices torácicos con los que remueve el agua para filtrar su alimento, y está provisto de un pedúnculo carnoso con el que se adhiere a las rocas. Es hermafrodita. Habita en las costas atlánticas y es muy apreciado en alimentación. **2.** *fam.* Persona torpe o ignorante. También *adj.*

Percebe (Pollicipes cornucopia).

percentil *s. m.* Cada uno de los 99 valores ponderados que resultan de dividir una distribución en cien partes de igual frecuencia.

percepción *s. f.* **1.** Acción y efecto de percibir. **2.** Acto o proceso por el que una persona elabora y ordena los datos que le proporcionan los sentidos. **3.** Representación de una cosa en la mente. || **4. percepción extrasensorial** La que se realiza sin intervención de los sentidos. ***Psicol.*** Históricamente se han dado diversos modos de entender la percepción. La teoría asociacionista defiende que en la percepción no hay otra cosa que sensaciones unidas por las leyes de la asociación. Sus principales representantes son Gustav Theodor Fechner y Wilhelm Wundt. La teoría gestaltista, sostenida, entre otros, por Christian von Ehrenfels y Wolfgang Köhler, mantiene que en la percepción, junto a las sensaciones, actúa un factor independiente de ellas, que las informa y configura y al que llaman factor o principio de la forma. La percepción no sería el producto de la asociación de distintos elementos, sino la aprehensión global de una realidad.

perceptible *adj.* **1.** Que se puede percibir. **2.** Que se puede comprender. **3.** Que se puede cobrar o recibir. **FAM.** Perceptibilidad, perceptiblemente.

perceptivo, va *adj.* Que puede percibir.

perceptor, ra *adj.* Que percibe. También *s.*

percha[1] (del fr. *perche*, y éste del lat. *pertica*) *s. f.* **1.** Gancho para colgar ropa, sombreros u otros objetos. **2.** Colgador para ropa de forma triangular, con un gancho en su parte superior. **3.** Barra larga sostenida sobre un pie, con ganchos en la parte superior para colgar abrigos, sombreros y otros objetos. **4.** Madero delgado y largo que se atraviesa en otro para sostener alguna cosa. **5.** Palo horizontal destinado a que se posen en él las aves. **6.** En los telesquís, barra a la que se sujeta el esquiador para ser remolcado. **7.** Acción y efecto de perchar el paño. **8.** Lazo que se utiliza para cazar perdices y otras aves. **9.** Especie de bandolera que usan los cazadores para colgar de ella las piezas cobradas.

percha[2] (del fr. *perche*, y éste del lat. *perca*) *s. f.* Perca*.

perchar *v. tr.* Colgar el paño y sacarle el pelo con la carda.

perchel *s. m.* Instrumento de pesca que consiste en uno o varios palos para colgar las redes.

perchero *s. m.* **1.** Mueble con ganchos para colgar prendas de vestir u otros objetos. **2.** Conjunto de perchas o lugar en que las hay.

percherón, na *adj.* Se dice del caballo o la yegua pertenecientes a una raza francesa de notable fuerza y corpulencia, utilizada para tiro. También *s.*

percibir *v. tr.* **1.** Conocer algo por las sensaciones que se reciben del exterior. **2.** Recibir algo. **3.** Comprender algo.

percibo *s. m.* Acción y efecto de percibir, recibir.

Percier, Charles (París 1764 - íd. 1838) Arquitecto francés. Se le considera como uno de los iniciadores del estilo imperio. Siempre trabajó junto con Pierre Fontaine, con quien realizó transformaciones en Versalles, el Louvre y las Tullerías, y el arco de triunfo del Carrusel.

perciformes *s. m. pl.* Orden de peces osteictios, el más numeroso de los actinopterigios, al que pertenecen más de 6.500 especies comprendidas en 19 subórdenes. Se caracterizan por tener espinas en las aletas. La caudal cuenta con 17 radios como máximo. Constituyen el grupo más común de peces. Pertenecen a este orden la perca común, la caballa, la lubina, el mero, la rémora, la palometa, el chicharro, el jurel, el salmonete, la dorada, el besugo, etc. También *adj.* y *s. m.*

perclorato *s. m.* Sal de cloro derivada del ácido perclórico ($HClO_4$). Se obtiene por oxidación anódica de los cloratos.

perclórico, ca *adj.* **1.** Perteneciente o relativo al ácido perclórico. || **2. ácido perclórico** $HClO_4$. Ácido que procede del óxido de cloro (VII), al que se añade agua. En él el cloro actúa con su mayor valencia. Es el más fuerte de todos los ácidos y de él derivan los percloratos, utilizados en la fabricación de explosivos.

percocería *s. f.* Trabajo pequeño de orfebrería que se realiza labrando el metal a martillo. **FAM.** Percocero.

percudir *v. tr.* Penetrar la suciedad en una cosa de modo que ya no sea posible que quede completamente limpia.

percusión *s. f.* **1.** Acción y efecto de percutir. **2.** Técnica de perforación geológica mediante el movimiento vertical alternativo de una barra metálica que golpea el suelo o la roca. **3.** Familia de instrumentos musicales en que el sonido se produce al ser golpeados con mazas, baquetas, etc., o haciendo que choquen entre sí, como el timbal, tambor, platillos, xilofón, etc. **4.** En med., técnica de exploración que aprecia los cambios de sonoridad producidos al golpear con los dedos una parte del cuerpo.

percusionista *adj.* Se dice del músico que toca instrumentos de percusión. También *s.*

percusor *s. m.* Percutor*.

percutáneo, a *adj.* Se dice del modo de aplicación de algunos medicamentos a través de la piel.

percutir *v. tr.* **1.** Golpear. **2.** En med., explorar una parte del cuerpo golpeándola con los dedos para apreciar las variaciones de sonoridad.

percutor *s. m.* Pieza que golpea en cualquier máquina, especialmente la que provoca la explosión de la carga en las armas de fuego.

perdedor, ra *adj.* Que pierde o ha sido vencido. También *s.*

perder *v. tr.* **1.** Dejar de tener o no saber dónde está una cosa que se poseía. También *v. prnl.* **2.** Dejar de tener alguien una afición, deseo, etc. **3.** Sufrir la separación de una persona querida, generalmente por su muerte. **4.** Emplear algo mal o de manera inútil. **5.** No conseguir realizar u obtener algo que se deseaba. **6.** Producir u ocasionar un perjuicio. **7.** Disminuir el contenido de un recipiente. También *v. intr.* **8.** Resultar vencido en alguna competición, lucha, etc. También *v. intr.* **9.** No tener lo que se expresa en las acciones que alguien realiza o en las relaciones con otra persona. || *v. intr.* **10.** Disminuir una cualidad o característica respecto a una situación anterior. **11.** Estropearse o empeorar. || *v. prnl.* **12.** Equivocarse de camino para ir a algún sitio. **13.** Aturdirse o no saber superar una situación. **14.** Olvidarse alguien de lo que iba a decir o no poder seguir un razonamiento. **15.** Dejarse llevar por los vicios. **16.** Dejar de percibirse algo, especialmente por la vista o el oído. **17.** No aprovecharse una cosa que podía ser útil. **18.** Desear mucho algo o estar muy enamorado de alguien. ■ Es v. irreg. Se conjuga como *tender*. || **LOC. las de perder** *fam.* Con verbos como *llevar*, *tener*, etc., encontrarse alguien con pocas posibilidades de ganar o salir airoso de una situación. **no habérsele perdido nada** a alguien *fam.* No tener ningún motivo para estar en un lugar o participar en algo. **¡piérdete!**

fam. ¡Lárgate! **tener buen** (o **mal**) **perder** Aceptar bien la derrota o no saber hacerlo.

Perdicas (? - Egipto 321 a. C.) General macedonio. Formó parte de la guardia de Filipo y acompañó en su expedición a Asia a Alejandro Magno, del cual fue más tarde lugarteniente. A la muerte de Alejandro se convirtió en regente efectivo. Murió asesinado.

perdición *s. f.* **1.** Acción y efecto de perder o perderse. **2.** Perjuicio grave. **3.** Pasión sin control, especialmente la amorosa. **4.** Condenación eterna. **5.** Aquello que es causa de un daño o perjuicio.

pérdida *s. f.* **1.** Acción de perder o perderse. **2.** Daño que se produce en alguna cosa. **3.** Cantidad o cosa perdida. **4.** Escape de algún líquido o gas contenido en un recipiente. **5.** En las mujeres, flujo de sangre procedente de la matriz. Se usa más en *pl.* || **Loc. no tener pérdida** una cosa o un lugar *fam.* Ser fácil de encontrar o llegar a él.

perdidamente *adv. c.* **1.** Con exceso o mucha intensidad. || *adv. m.* **2.** De manera inútil.

perdido, da **1.** *p. p.* de **perder**. También *adj.* || *adj.* **2.** Se dice de la persona viciosa o de malas costumbres. También *s.* **3.** *fam.* Con algunos adjetivos que expresan que alguien tiene un defecto, mala cualidad o enfermedad, indica el alto grado de éstos. || **Loc. de perdidos al río** *fam.* Expresa que, una vez empezado algo, hay que procurar terminarlo con todas sus consecuencias. **estar** (**verse** o **encontrarse**) **perdido** *fam.* Estar en un apuro o peligro y no saber salir de él. **ponerse perdido** *fam.* Ensuciarse mucho.

Perdido, monte Macizo montañoso de España, perteneciente al sector central de los Pirineos, en la frontera entre Huesca y Francia. 3.355 m de altura. Situado en el parque natural de Ordesa, en su vertiente meridional nacen el río Cinca y su afluente el Ara.

perdigar *v. tr.* **1.** Asar ligeramente la perdiz o cualquier otra ave para que se conserve durante un tiempo. **2.** Preparar la carne con alguna grasa para que esté más sustanciosa. ▪ Se conjuga como *pagar.*

perdigón *s. m.* **1.** Cría de la perdiz. **2.** Pequeño grano de plomo utilizado como munición en la caza.

perdigonada *s. f.* Tiro de perdigones y herida o daño que produce.

perdiguero, ra *adj.* **1.** Perteneciente o relativo a las perdices o a su caza. **2.** Se aplica a una clase de perros de tamaño medio, hocico saliente y orejas caídas, que por poseer buen olfato son utilizados en la caza. También *s. m.*

perdiz *s. f.* Nombre común de diversas aves de las familias fasiánidos, tetraónidos y tinocóridos, pertenecientes a varios géneros. La perdiz común *(Alectoris rufa)* alcanza unos 34 cm de longitud, tiene el pico y las patas rojas y plumaje pardo, con bandas blancas y negras en los flancos. La perdiz pardilla *(Perdix perdix)* es algo menor (30 cm), tiene la cabeza color castaño claro y el plumaje central blanco con una mancha en forma de herradura. La perdiz común habita en la Europa mediterránea y la pardilla en Eurasia. Anidan en el suelo, en zonas de matorral, y constituyen una apreciada pieza de caza.

Perdiz común roja (Alectoris rufa).

perdón *s. m.* **1.** Acción y efecto de perdonar. || *excl.* **2.** Expresión de disculpa. || **Loc. con perdón** *fam.* Se usa para excusarse por algo que se dice o se hace que puede resultar molesto.

perdonable *adj.* Que puede ser perdonado o merece perdón; se aplica especialmente a faltas o errores leves.

perdonar *v. tr.* **1.** No tomar en cuenta la falta que otro comete. **2.** Librar a alguien de una pena, deuda, castigo, etc. **3.** Perder una oportunidad de algo. ▪ En esta acepción, se usa mucho con el adverbio *no.*

perdonavidas *s. m. fam.* Persona que hace alarde de valentía, fuerza, etc.

perdulario, ria *adj.* Vicioso incorregible. También *s.*

perdurable *adj.* Que perdura. **Fam.** Perdurabilidad, perdurablemente.

perdurar *v. tr.* Durar algo mucho tiempo o un tiempo indefinido. **Fam.** Perduración.

Pere Quart Véase **Oliver, Joan.**

perecedero, ra *adj.* Que ha de perecer.

perecer *v. intr.* **1.** Morir. **2.** Acabar, hundirse una cosa. **3.** No ofrecer resistencia ante alguien o algo. ▪ Es v. irreg. Se conjuga como *agradecer.*

Pereda, Antonio (Valladolid h. 1608 - Madrid 1678) Pintor español. De estilo barroco, realizó encargos para Felipe IV, como la serie de episodios bélicos que decoraban el palacio del Buen Retiro. En su pintura predominan los temas religiosos, morales y las naturalezas muertas. Entre sus principales obras figuran *Cristo varón de dolores* (1641), *San Jerónimo* (1643), *San Pedro liberado por el ángel* (1643) y *El sueño del caballero.*

Pereda, José María de (Polanco, Cantabria 1833 - Santander 1906) Escritor español. En su narrativa refleja una ideología conservadora, con técnica y estilo realistas. Lo mejor de su obra son las novelas de ambiente rural, en las que abundan las descripciones del paisaje y los diálogos de tono nostálgico, como *El sabor de la tierruca* (1882), *Sotileza* (1885), sobre las gentes del mar, y *Peñas arriba* (1893), sobre la Montaña santanderina.

peregrinación o **peregrinaje** *s. f.* o *s. m.* Acción y efecto de peregrinar.

peregrinar *v. intr.* **1.** Ir a un santuario o lugar sagrado por creencia, devoción u otro motivo religioso. **2.** Andar por tierras extrañas. **3.** Ir de un sitio a otro para resolver un asunto, hacer una gestión, etc.

peregrino, na *s. m.* y *f.* **1.** Persona que peregrina. También *adj.* || *adj.* **2.** Se aplica a las aves migratorias, como p. ej. la cigüeña. **3.** Extraño, raro, chocante. **4.** Se dice de las ideas, comentarios, etc. absurdos o incoherentes.

Pereira C. de Colombia, cap. del departamento de Risaralda, situada entre las cordilleras occidental y central de los Andes, en el valle del Cauca. 311.845 h. en 1989. Es el centro de mercado de una rica región agrícola y cuenta además con industria metalúrgica, química, cauchera, del cuero, textil, alimentaria y de materiales de construcción.

Pereira, Gabriel Antonio (Montevideo 1794 - íd. 1861) Político uruguayo. Luchó por la independencia en el ejército de Artigas y se unió al movimiento de los Treinta y tres orientales. Firmó la declaración de independencia en 1825. Fue presidente del ejecutivo en dos ocasiones (1833 y 1838), sustituyendo a Rivera. Firmó con Flores y Oribe el pacto de la Unión (1855), por el que éstos renunciaron al poder, y fue elegido presidente de la república uruguaya (1856-60). Reprimió con dureza la sublevación conservadora de César Díaz (1857-58) en Quinteros.

Pereira, Manuel (Oporto 1588 - Madrid 1683) Escultor portugués. De la escuela barroca, fue seguidor de Alonso Cano. Desarrolló su actividad en España, donde rivalizó con Gregorio Fernández. Entre sus principales obras figuran las imágenes de *San Bruno*, el *Cristo* de Lozoya y el *Cristo* del oratorio del Olivar.

Pereira de Souza, Washington Luiz (Macaé, Rio de Janeiro 1869 - Washington 1957) Político brasileño. Elegido presidente de la república (1926-30), facilitó la entrada de capital estadounidense para remediar la crisis del café. Fue depuesto por la revolución que acaudilló Getulio Vargas (1930).

Pereira dos Santos, Nélson (São Paulo 1928) Director de cine brasileño. Fue el iniciador del *cinema novo*, corriente surgida en los años sesenta y que abordaba, desde una óptica influida por el neorrealismo, la realidad social y política del país. Entre sus principales películas se pueden citar *Rio, zona Norte* (1957), *Vidas secas* (1963), *El justiciero* (1967) y *Memorias de la cárcel* (1984).

perejil *s. m.* Planta herbácea de la familia umbelíferas, especie *Petroselinum crispum.* Tiene hojas trifoliadas aromáticas y flores en umbela. Es originaria del área mediterránea y se cultiva principalmente para su uso en cocina como condimento.

perendengue *s. m.* Pendiente o cualquier otro adorno femenino de poco valor. Se usa más en *pl.* || **Loc. tener perendengues** alguien o algo *fam.* Ser el colmo, ser sorprendente o indignante.

perengano, na *s. m.* y *f.* Voz utilizada para designar a una persona indefinida, después de haberse referido a otras con *fulano, mengano* y *zutano.*

perenne *adj.* **1.** Que permanece, que no muere. **2.** Se dice de la planta que vive más de dos años. **Fam.** Perennidad.

perennifolio, lia *adj.* Se dice de los árboles y plantas que conservan sus hojas todo el año.

perentorio, ria *adj.* **1.** Se aplica al último plazo que se da para hacer algo. **2.** Urgente, apremiante. **3.** Decisivo, determinante. **Fam.** Perentoriamente, perentoriedad.

Peres, Shimon (Konstadt, Alemania, actual Wolczyn, Polonia 1923) Político israelí. Participó junto a Ben Gurión en la creación del estado de Israel. Con Moshé Dayán fundó el partido Rafí y en 1968 pasó al Partido Laborista. Fue presidente interino del gobierno en 1977 y en 1984 formó un gobierno de coalición con el partido Likud, que presidió hasta 1986.

perestroika (voz rusa que significa 'reestructuración') *s. f.* Nombre con que se conoce la profunda reforma política emprendida por Mijail Gorbachov en la URSS y seguida por otros dirigentes de países comunistas a finales de la década de 1980.

Pereyra, Carlos (Saltillo 1871 - Madrid 1942) Historiador y diplomático mexicano. Cuando Carranza presidía el gobierno provisional (1915), Pereyra desempeñaba un cargo en Madrid, donde permaneció desde entonces. Fue defensor de la colonización española en América. Entre sus obras más significativas pueden mencionarse *El mito de Monroe (1763-1860)* (1916), *Historia de la América española* (1920-24) y *Las huellas de los conquistadores* (1942).

Pérez, Antonio (Madrid 1540 - París 1611) Político español. Protegido por el príncipe de Éboli, fue secretario de Estado para los asuntos de Italia y gozó de la total confianza de Felipe II. Aprovechando su influencia con el rey, mandó asesinar en 1578 a Juan Escobedo, consejero del príncipe Juan de Austria. El monarca, que estuvo seguramente al tanto del homicidio, mandó encarcelarlo en 1584. Tras huir de la cárcel en 1590, se refugió en Aragón, donde consiguió que sectores de la nobleza y del pueblo, partidarios de los fueros, llegaran a empuñar las armas contra Felipe II para defenderlo. Tras la derrota de los fueristas, partió en 1591 para el exilio. Escribió, entre otras, la obra *Relaciones* (1594), que alcanzó gran popularidad en Europa y contribuyó a la leyenda negra contra Felipe II.

Pérez, Carlos Andrés (Rubio 1922) Político venezolano. Miembro del Partido de Acción Democrática, fue presidente de la república (1974-1978), llevando a cabo una política de carácter socialdemócrata. Dio un gran impulso a la Organización de Países Exportadores de Petróleo (OPEP) y nacionalizó la industria del hierro y del petróleo. Elegido para un nuevo mandato presidencial (1988), logró hacer fracasar un golpe militar en 1992.

Pérez, José Joaquín (Santiago 1801 - íd. 1889) Político chileno. Fue ministro de Hacienda (1845-46), del Interior y de Relaciones Exteriores (1849) con Bulnes, y consejero de Estado (1851-61) con Montt, al cual sucedió en la presidencia de la república (1861-65 y 1866-71). Declaró la guerra a España (1865), tras la ocupación de las islas Chincha por los españoles.

Pérez, Juan Bautista (Caracas 1869 - ? 1952) Político venezolano. Fue presidente de la Corte federal. En 1929 Juan Vicente Gómez lo elevó a la presidencia de la república, para de esta manera seguir controlando el poder. Reprimió el alzamiento liberal del general Gavaldón, pero la crisis económica le obligó a dimitir.

Pérez, Santiago (Zipaquirá 1830 - Bogotá 1891) Político colombiano. Diputado liberal, fue ministro de Relaciones Exteriores (1866) y participó en el derrocamiento de Mosquera (1867). Embajador en EE UU (1868-73), resultó elegido presidente de la república (1874-76). Fundó el Banco de Colombia (1875). En 1893 tuvo que exiliarse.

Ramón Pérez de Ayala. Retrato de Joaquín Sorolla (cortesía de The Hispanic Society of America).

Pérez de Ayala, Ramón (Oviedo 1881 - Madrid 1962) Escritor español. Comenzó su producción literaria con poemas de estilo modernista, pero pronto su obra adquirió una gran amplitud de temas y géneros, distinguiéndose por la reflexión filosófica, el humor, la sátira y una cuidada elaboración. Entre sus novelas le dio gran fama *A.M.D.G.* (1910), en la que critica la enseñanza jesuítica. Pertenecen asimismo al género narrativo *Troteras y danzaderas* (1913), *Belarmino y Apolonio* (1921), *Tigre Juan* (1926) y *El curandero de su honra* (1926). Cultivó también la crítica y el ensayo en obras como *Las máscaras* (1917-19), crónicas teatrales, y *Política y toros* (1918).

Pérez de Cuéllar, Javier (Lima 1920) Diplomático peruano. Fue embajador en Suiza, la URSS y Polonia y delegado permanente de Perú en la ONU (1971-75). En 1981 fue elegido secretario general de la ONU, cargo para el que fue reelegido en 1986 y en el que cesó en 1991.

Pérez de Guzmán, Fernán (? h. 1376 - Batres, Madrid 1460) Escritor español. Fue señor de Batres, bisabuelo de Garcilaso, tío del marqués de Santillana y sobrino del canciller López de Ayala. Escribió decires, cantigas de amor y, sobre todo, obras históricas y retratos biográficos. Entre sus libros más representativos figuran *Confesión rimada*, de estructura similar al *Rimado de palacio*, *Loores de los claros varones de España*, poema en octavas de arte menor, *Mar de historias* y *Generaciones y semblanzas*, estos dos últimos en prosa.

Pérez de Hita, Ginés (¿Mula? h. 1544 - ? h. 1619) Escritor español. Es conocido por su obra *Guerras civiles de Granada*, cuyo título completo es *Historia de los bandos de zegríes y abencerrajes, caballeros moros de Granada, y de las guerras que hubo en ella*, en la que se combinan datos históricos con episodios novelescos, en la línea de las novelas de caballerías.

Pérez de Holguín, Melchor (Cochabamba h. 1665 - Potosí 1724) Pintor boliviano. Discípulo de Murillo en Sevilla, su pintura recibió la influencia del misticismo de Zurbarán. Pintó cuadros religiosos y de historia. Entre sus obras destacan *San Francisco llevado por los ángeles*, *San Pedro de Alcántara*, *El Juicio final*, *Descanso en la huida a Egipto* y *Entrada del arzobispo Morcillo en Potosí*.

Pérez de Montalbán, Juan (Madrid 1602 - íd. 1638) Escritor español. Doctor en teología por la universidad de Alcalá de Henares, sacerdote (1625) y notario de la Inquisición, fue autor de poesía, novela y gran número de obras de teatro muy influidas por su maestro Lope de Vega. Fue proverbial su enfrentamiento literario con Francisco de Quevedo. En su producción destacan, en poesía *Orfeo en lengua castellana* (1624), en novela *Sucesos y prodigios de amor* (1624), y en teatro *Los amantes de Teruel* y *La monja alférez*.

Pérez de Oliva, Fernán (Córdoba h. 1494 - íd. 1533) Humanista español. Rector de la universidad de Salamanca, escribió un *Discurso de la lengua castellana* y su obra más importante, *Diálogo de la dignidad del hombre*, donde expone lo bueno y lo malo del hombre desde dos visiones contrapuestas.

Pérez del Pulgar, Hernán (Ciudad Real 1451 - Granada 1531) Militar español. Nombrado gentilhombre por los Reyes Católicos, se distinguió en la guerra de Granada al librar Alhama del asedio musulmán (1482), dar muerte al caudillo ibn Zaid en Baza (1489) y conquistar Salobreña a Boabdil (1490).

Pérez Esquivel, Adolfo (Buenos Aires 1931) Arquitecto y pacifista argentino. Su labor en la lucha no violenta por los derechos humanos en América del Sur le hizo merecedor del premio Nobel de la paz en 1980.

Pérez Galdós, Benito (Las Palmas de Gran Canaria 1843 - Madrid 1920) Escritor español. En 1862 se estableció en Madrid y en 1867 realizó un viaje a París que marcaría profundamente su trayectoria literaria, pues allí conoció la obra de Balzac, que junto a Dickens y Cervantes constituye uno de los pilares fundamentales de su teoría literaria. Fue diputado a Cortes en 1886 por el Partido Liberal de Sagasta y en 1906 por el Partido Republicano. Su obra narrativa es un fiel reflejo de la vida y una crítica de la sociedad desde un ideario progresista. Se orientó hacia la novela histórica y denunció la intolerancia del sector clerical, que obstaculizaba a su juicio el progreso social e intelectual de España. En su amplia producción destacan los *Episodios nacionales*, cuyas dos primeras partes publicó entre 1873 y 1879 y las tres series finales entre 1898 y 1923; las novelas de la primera época *Doña Perfecta* (1876) y *Marianela* (1878); las llamadas «novelas españolas contemporáneas», entre las que sobresalen *Tormento* (1884), *La de Bringas* (1884), *Fortunata y Jacinta* (1887), *Miau* (1888), *Nazarín* (1895), *Halma* (1895) y *Misericordia* (1897), y obras teatrales como *La de San Quintín* (1894) y, sobre todo, *Electra* (1901).

Benito Pérez Galdós. Retrato de Rafael García «Hispaleto» (Ateneo de Madrid).

Pérez Jiménez, Marcos (Michelena, Táchira 1914) Político venezolano. Colaboró en el golpe de Estado de 1948 y fue nombrado ministro de Defensa por la junta militar. En 1953 ocupó la presidencia de la república con apoyo militar, pese a no haber obtenido la elección el año anterior. Su gobierno, favorecido por el auge del petróleo, se caracterizó por la corrupción y la ineficacia económica. Fue destituido en 1958 y se exilió a EE UU, que concedió la extradición (1963), tras la cual fue juzgado, condenado por malversación de fondos públicos y puesto en libertad en 1968.

Pérez Villaamil, Jenaro (El Ferrol, La Coruña 1807 - Madrid 1854) Pintor español. Director de la Academia de San Fernando de Madrid (1845) y pintor de cámara de Isabel II, fue uno de los introductores del paisaje romántico en el arte español. En sus obras destacan los interiores de catedrales y las ruinas de castillos. Ilustró la *España artística y monumental* (1842-44), cuyos textos se deben a Patricio de la Escosura.

Pérez Villalta, Guillermo (Tarifa, Cádiz 1948) Pintor español. Es uno de los principales representantes de la nueva pintura figurativa española. En su obra se interesa por los temas bíblicos y mitológicos (*David y Goliat*, 1982; *Asunto mitológico al atardecer*, 1979) y los paisajes o espacios arquitectónicos, como en *Geómetra en interior* (1973) y *La distancia es el olvido* (1979).

pereza *s. f.* **1.** Falta de ganas o ánimo para hacer algo. **2.** Descuido o tardanza en las acciones o movimientos.

Perezoso (Bradypus tridactylus).

perezoso, sa *adj.* **1.** Que tiene pereza. **2.** Vago, holgazán. También *s.* ‖ *s. m.* **3.** Nombre común de diversos mamíferos desdentados de la familia bradipódidos, géneros *Choloepus* y *Bradypus*. Tienen las extremidades muy largas y las manos rematadas en tres o dos dedos, debido a su adaptación a la vida en los árboles. Su pelaje es muy tupido y sus movimientos son lentos. Habitan en solitario en los bosques de América del Sur. **FAM.** Perezosamente.

perfección *s. f.* **1.** Cualidad de perfecto. **2.** Acción y efecto de perfeccionar. **3.** Cosa perfecta. ‖ **LOC. a la perfección** *adv.* Muy bien.

perfeccionamiento *s. m.* **1.** Acción y efecto de perfeccionar. **2.** En pedagogía, formación que se desarrolla cuado el individuo está en ejercicio de su profesión o actividad, para profundizar en los conocimientos adquiridos en su etapa de aprendizaje. También se denomina *formación en ejercicio*.

perfeccionar *v. tr.* Hacer que algo tenga mayor perfección o el mayor grado posible de perfección. También *v. prnl.* **FAM.** Perfeccionador, perfeccionante.

perfeccionista *adj.* Que hace las cosas con la mayor perfección posible. También *s.* **FAM.** Perfeccionismo.

perfectamente *adv. m.* **1.** De manera perfecta. **2.** De acuerdo, muy bien.

perfectible *adj.* Que puede ser mejorado o perfeccionado. **FAM.** Perfectibilidad.

perfectivo, va *adj.* **1.** En ling., se dice de los verbos que expresan que la acción se acaba cuando se realiza, como *nacer, morir*, etc. **2.** Se dice de los tiempos que expresan acción terminada: el pretérito indefinido (pretérito perfecto simple) y todos los tiempos compuestos.

perfecto, ta *adj.* **1.** Que tiene el mayor grado posible de bondad dentro de su propia naturaleza o de la cualidad de que se trata. **2.** Que está bien, en buenas condiciones. **3.** Delante de calificativos, indica que lo expresado por éstos lo posee una persona o un animal en grado sumo. **4.** En ling., se aplica al tiempo verbal que expresa la acción como terminada o acabada, no en su transcurso o realización.

perfidia *s. f.* **1.** Cualidad o actitud de pérfido. **2.** Acción pérfida.

pérfido, da *adj.* **1.** Se dice del que traiciona o es infiel a alguien o algo, y de sus sentimientos, acciones, etc. **2.** P. ext., malvado. **FAM.** Pérfidamente.

perfil *s. m.* **1.** Línea que marca el borde de algo. **2.** Postura lateral desde la que es vista una persona o cosa. **3.** En geom., figura formada por la intersección de un cuerpo con un plano vertical. **4.** En metalurgia, barra metálica obtenida por laminación, forja, estampación o estirado. **5.** En pintura y en dibujo, contorno de una figura representado por líneas. **6.** Conjunto de propiedades o características de una persona o cosa. ‖ *pl.* **7.** Complementos o retoques con que se acaba o perfecciona algo. ‖ **8. perfil psicológico** Conjunto de los rasgos que caracterizan la personalidad de un individuo. **9. perfil topográfico** Representación de un terreno, comarca, región, etc., tomando un corte vertical del mismo, que expresa las variaciones de altitud de su relieve.

perfilado, da **1.** *p. p.* de **perfilar**. ‖ *adj.* **2.** Se dice del rostro adelgazado y largo en proporción. **3.** Se aplica a una obra, estudio, etc., muy trabajado, elaborado y detallado al máximo.

perfilar *v. tr.* **1.** Dar o sacar los perfiles de algo. **2.** Dejar algo muy trabajado y detallado.

perforador, ra *adj.* **1.** Que perfora. También *s.* ‖ *s. f.* **2.** Máquina que perfora.

perforar *v. tr.* Agujerear algo atravesándolo en su totalidad o en parte. **FAM.** Perforación.

perfumador, ra *adj.* **1.** Que elabora perfumes. También *s.* ‖ *s. m.* **2.** Recipiente o aparato que contiene y esparce perfume.

perfumar *v. tr.* Dar buen olor a alguien o algo. También *v. prnl.*

perfume *s. m.* **1.** Sustancia líquida o sólida que se utiliza para dar buen olor. Los perfumes se fabrican a base de mezclas de aceites vegetales o de secreciones animales, como el almizcle, aunque también los hay sintéticos. **2.** Olor agradable.

perfumería *s. f.* **1.** Tienda en que se venden perfumes, cosméticos y otros productos de aseo y limpieza. **2.** Industria dedicada a la fabricación y comercio de estos productos. **3.** Conjunto de los mismos.

perfumista *s. m.* y *f.* Persona que hace perfumes o los vende.

pergamino *s. m.* **1.** Piel de las reses limpia y seca, estirada y preparada para distintos usos. En la antigüedad se utilizaba para escribir en ella. **2.** Documento escrito en pergamino.

Pérgamo Antigua ciudad griega de Asia Menor. En los s. III y II a. C. fue una de las ciudades más prósperas del mundo helenístico, como capital de los atálidas. Su célebre biblioteca reunió cerca de 200.000 ejemplares. Se conservan restos del monumental altar dedicado a Zeus como recuerdo de una victoria sobre los gálatas obtenida por Eumenes II.

pergeñar *v. tr. fam.* Preparar o disponer algo a grandes rasgos o rápidamente.

pergeño *s. m.* Esbozo, boceto, esquema.

pérgola *s. f.* Estructura de elementos verticales y horizontales que sostiene un tejadillo o un conjunto de plantas trepadoras.

Pergolesi, Giovanni Battista (Iesi 1710 - Pozzuoli 1736) Compositor italiano. Fue uno de los más destacados representantes de la ópera bufa en el s. XVIII. Empezó componiendo música religiosa y en 1731 escribió sus primeros melodramas; después compuso *La serva padrona* (1733), con la que obtuvo un gran éxito y a consecuencia de la cual se desencadenó en la Francia ilustrada la llamada «Querelle des buffons», que enfrentaría a músicos e intelectuales en la lucha por establecer una teoría estética musical. En 1735 estrenó la ópera *Il Flaminio* y en 1736, poco antes de su muerte, terminó el *Stabat Mater*, obra que constituye el punto culminante de su producción.

perhidrol *s. m.* Solución formada por peróxido de hidrógeno al 30 % de agua, muy oxidante y cáustica.

peri- *pref.* Significa 'alrededor': *pericardio, pericarpio.*

Peri, Iacopo (Roma 1561 - Florencia 1633) Músico italiano. Destacado miembro de la *Camerata fiorentina*, su obra *Dafne* (h. 1594), hoy perdida, constituye la primera ópera de la historia.

periantio *s. m.* Conjunto de las hojas modificadas que rodean los órganos sexuales de la flor. Puede comprender un cáliz y una corola. También se llama *perigonio.*

pericardio *s. m.* Bolsa de tejido conjuntivo que recubre el corazón; está formada por dos capas, la interior o epicardio, que se encuentra adherida al corazón, formando su capa más externa, y la exterior o pericardio propiamente dicho, que está suelta; ambas capas están separadas por un líquido seroso lubricante.

pericarditis *s. f.* Inflamación del pericardio.

pericarpio *s. m.* Parte exterior de los frutos, que se divide en tres capas: epicarpio o piel externa, mesocarpio o pulpa del fruto y endocarpio, más duro, que rodea a la semilla y en algunos frutos constituye una vaina o cáscara.

pericia *s. f.* Habilidad o destreza para una ciencia, arte, actividad, etc.

pericial *adj.* Perteneciente o relativo al perito o al peritaje. **FAM.** Pericialmente.

Pericles (? h. 495 - Atenas 429 a. C.) Político ateniense. Después de haberse convertido en el jefe del Partido Democrático, obtuvo el mando supremo de Atenas en el 461 a. C. y fue reelegido quince veces hasta su muerte, que ocurrió a causa de la peste. Intentó extender el poderío de Atenas, luchando fundamentalmente en dos frentes: contra los persas, con los que firmó la paz de Calias (449), y contra Esparta y sus aliados, con los que acordó la tregua de Treinta Años (446). La política expansionista de Atenas reactivó el conflicto con Esparta, que acabó en la guerra del Peloponeso. Las primeras acciones desafortunadas de los atenienses hicieron que Pericles fuera destituido (430); sin embargo, fue reelegido al año siguiente. El gobierno de Pericles se caracterizó también por el gran florecimiento de todos los aspectos de la cultura: vivieron en la Atenas de aquellos años –que dieron al s. V el nombre de *siglo de Pericles*– Protágoras y Sócrates, Fidias, Herodoto, Sófocles y Eurípides y otras grandes figuras del arte y del pensamiento griegos.

Pericles (Museo Vaticano).

periclitar *v. intr.* **1.** Decaer, perder fuerza, intensidad, belleza, etc. **2.** Peligrar*.

perico *s. m.* **1.** Loro*. **2.** Pericón, abanico. **3.** Orinal. **4.** En un velero, juanete del palo de mesana que se cruza con el mastelero de sobremesana, y vela que sostiene. **5.** En argot, cocaína.

Perico Hipocorístico de Pedro, que se usa en la expresión familiar **Perico el de los palotes**, cualquier individuo.

pericón *s. m.* **1.** Abanico muy grande. **2.** Baile popular de Uruguay y Argentina, de tiempo vivo y compás ternario; lo ejecutan varias parejas que evolucionan formando diversas figuras.

pericondrio *s. m.* Capa de tejido conjuntivo fibroso-vascular que envuelve la superficie del cartílago.

pericráneo *s. m.* Periostio o membrana fibrosa que recubre la cara externa de los huesos craneales.

peridotita *s. f.* Roca eruptiva de carácter ultrabásico. Es granulosa, de color verde oscuro o negra, con abundancia de minerales ferromagnésicos, como el olivino. Existen numerosas variedades en función de su composición: dunita, wehrlita, hartzburguita, kimberlita, etc. Constituye una mena del cromo o del platino y se considera que conforma la mayor parte del manto terrestre.

peridoto *s. m.* Olivino*.

perieco, ca *adj.* **1.** Se dice del habitante de la Tierra con relación a otro que ocupa un punto diametralmente opuesto del mismo paralelo. También *s.* **2.** En la antigua Grecia, se decía del habitante de un país conquistado, cuya condición social estaba entre la de los esclavos y la de los metecos.

periferia *s. f.* **1.** Espacio que rodea a otro considerado centro o núcleo; particularmente, el extrarradio de una ciudad. **2.** Contorno de una figura curvilínea.

periférico, ca *adj.* **1.** Perteneciente o relativo a la periferia. **2.** En inform., se aplica a las unidades del sistema externas a la unidad de tratamiento y a la memoria central. También *s. m.*

perifollo *s. m.* **1.** Planta herbácea de la familia umbelíferas, especie *Anthriscus cerefolium.* Alcanza entre 50 y 100 cm de altura, tiene hojas aromáticas, flores pequeñas de color blanco y fruto linear, a veces con espinas. Es originaria del E de Europa y se usa para condimentar ensaladas y salsas. ‖ *pl.* **2.** *fam.* Adornos superfluos, y generalmente de mal gusto.

periforme *adj.* Que tiene forma de pera.

perífrasis *s. f.* Circunlocución*.

perifrástico, ca *adj.* Perteneciente o relativo a la perífrasis.

perigeo *s. m.* Punto más cercano a la Tierra en la órbita de la Luna o de cualquier otro cuerpo que gira alrededor de la Tierra, como un satélite artificial.

periglaciar *adj.* Se aplica a la erosión y tipo de relieve producidos principalmente por la acción del hielo.

perigonio *s. m.* Periantio*.

perihelio *s. m.* Punto más próximo al Sol en la órbita de un cuerpo celeste. Véase **afelio**.

perilla *s. f.* **1.** *dim.* de **pera**. Aquello que tiene forma de pera. **2.** Barba que cubre sólo la barbilla. ‖ **LOC. de perilla(s)** *adv. fam.* Muy bien, fenomenal, muy oportuno.

perillán, na *s. m.* y *f.* Persona astuta, pícara, y especialmente chico listo y travieso. También *adj.*

perimetría *s. f.* Examen y medición de los límites del campo visual.

perímetro *s. m.* **1.** Línea o conjunto de líneas que limitan una figura o una superficie. **2.** En geom., suma de las longitudes de estas líneas. **FAM.** Perimétrico.

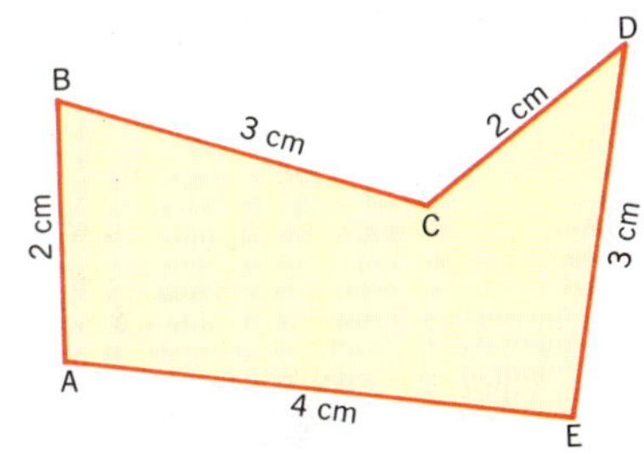

El perímetro de este polígono es 14 cm, suma de las longitudes de sus lados.

perindola *s. f.* Pequeña peonza con un manguito en la parte superior para hacerla bailar. ▪ Se dice también *perinola.*

periné o **perineo** *s. m.* Región anatómica de forma romboidal entre el ano y las partes sexuales; está delimitada por las tuberosidades isquiáticas, el cóccix y la sínfisis pubiana. **FAM.** Perineal.

perinola *s. f.* Perindola*.

periodicidad *s. f.* Cualidad de periódico.

periódico, ca *adj.* **1.** Que se hace o sucede con intervalos o espacios de tiempo regulares. **2.** En mat., se dice del número cuya cifra o cifras decimales se repite a intervalos regulares. **3.** En fís., se dice del fenómeno que se repite a intervalos regulares. ‖ *s. m.* **4.** Publicación que se edita diariamente y que presenta las noticias de actualidad y otro tipo de informaciones y escritos de interés para el lector. Los diarios propiamente dichos nacieron en el s. XVIII; el primero de ellos fue el *Daily Courant*, aparecido en Londres en 1702. En el s. XX la prensa se convirtió en un formidable medio de comunicación de masas, cuya función no fue sólo dar noticias, sino influir en la opinión pública por medio de editoriales y otros artículos. Sus noticias proceden tanto de sus propios corresponsales como de agencias de noticias, nacionales e internacionales. En esencia un periódico consta de las siguientes secciones: portada, artículos de opinión, información internacional, información nacional, información local, sucesos, deportes, economía, arte y espectáculos, agenda (carteleras, esquelas, etc.), anuncios por palabras, pasatiempos y contraportada. Los artículos proceden de la propia redacción o de colaboraciones (artículos de firma).

Gran importancia tienen asimismo los suplementos monográficos, suplementos dominicales, etc. **Fam.** Periódicamente.

periodismo *s. m.* **1.** Carrera orientada a formar futuros periodistas. **2.** Profesión de periodista. **3.** Conjunto de actividades relacionadas con la recogida, selección, elaboración y difusión de las noticias que se transmiten a través de los medios de información. ‖ **4. periodismo amarillo** El que informa de manera sensacionalista y exagerada. **Fam.** Periodístico.

periodista *s. m.* y *f.* Persona que tiene como oficio informar al lector, oyente o espectador sobre las noticias de actualidad.

periodización *s. f.* División o distribución de algo en periodos.

periodo o **período** *s. m.* **1.** Cada uno de los espacios en que se divide determinado tiempo y durante el cual se desarrolla o evoluciona una cosa. **2.** Tiempo en que una cosa vuelve al estado o posición que tenía al principio, como el de la revolución de los astros. **3.** En cronología, ciclo de tiempo. **4.** Menstruación*. **5.** En fís., tiempo que invierte un sistema en realizar una oscilación completa en un movimiento periódico. Se mide en segundos y es la inversa de la frecuencia. **6.** En gramática, oración compuesta. **7.** En quím., conjunto de los elementos que pertenecen a una misma fila del sistema o tabla periódica. **8.** En geol., unidad cronológica en que se dividen las eras geológicas. La historia geológica de la Tierra comprende tres grandes etapas o eones, el criptozoico, el proterozoico y el fanerozoico. Este último se divide en eras y periodos. Los periodos son: cámbrico, ordovícico, silúrico, devónico, carbonífero y pérmico, en la era primaria o paleozoica; triásico, jurásico y cretácico, en la era secundaria o mesozoica; y terciario y cuaternario, en la era terciaria o cenozoica. (Véase **era**.) ‖ **9. periodo de un número decimal** En mat., cifra o cifras decimales que se repiten indefinidamente a intervalos regulares. P. ej., al dividir 100 : 3 resulta 33,333... El 3 es un decimal periódico y se escribe $33,\widehat{3}$. **10. periodo de una función** En mat., menor número T para el que se verifica la igualdad $f(x) = f(x + T)$, siendo x un número cualquiera y f una función denominada *función periódica*.

Quím. El número del periodo indica el valor del número cuántico principal, *n*, para los electrones más externos de los átomos de dicho periodo. El primer periodo tan sólo está formado por dos elementos, el hidrógeno y el helio; el segundo y tercer periodo, llamados *periodos cortos*, contienen ocho elementos cada uno; los dos periodos siguientes, o *periodos largos*, contienen cada uno 18 elementos y el sexto y séptimo periodo, o *periodos extralargos*, contienen 32 elementos. (Véase **elemento**).

periostio *s. m.* Membrana blanca y fibrosa que rodea el hueso, excepto en los lugares de incrustación de los cartílagos y de inserción de los tendones.

periostitis *s. f.* Inflamación del periostio.

peripatético, ca *adj.* Se aplica a los filósofos griegos que formaron parte de la escuela aristotélica (s. III a. C.). Entre ellos destacan Teofrasto, Eudemo de Rodas, Aristoxeno de Tarento, Demetrio de Falera y Estratón de Lámpsaco, que se caracterizan por favorecer el desarrollo de la lógica aristotélica y por la interpretación materialista del pensamiento de su maestro. El nombre se debe al lugar en que fue instalado el Liceo por Aristóteles, un paseo cubierto, que es lo que significa la palabra griega de la que procede el término.

peripatetismo *s. m.* Aristotelismo*.

peripecia *s. f.* **1.** En composiciones de carácter literario, circunstancia o suceso repentino que altera determinada situación. **2.** Suceso repentino e imprevisto en la vida real.

periplo *s. m.* **1.** En geog. antigua, acción de circunnavegar. **2.** Obra en que se relata un viaje de circunnavegación. **3.** P. ext., viaje muy largo o que recorre varios países.

períptero, ra *adj.* Se dice de los edificios rodeados de columnas, como p. ej. el Partenón. También *s. m.*

peripuesto, ta *adj.* Se aplica a la persona que pone mucho esmero y cuidado al vestirse y arreglarse.

periquete *s. m. fam.* Espacio muy breve de tiempo.

periquito *s. m.* Ave de la familia psitácidos, especie *Melopsittacus undulatus*. Mide unos 20 cm de longitud, tiene el plumaje ondulado y de colores vistosos, especialmente verde, azul, amarillo o blanco, alas largas y puntiagudas y cola fina. Es originario de Australia, pero se ha aclimatado a los restantes continentes como animal doméstico.

Periquitos (Melopsittacus undulatus).

periscio, cia *adj.* Se aplica a los pobladores de las zonas polares, en torno a los cuales gira su sombra cada 24 horas de un día de verano, porque no se pone el Sol. También *s.*

periscopio *s. m.* Instrumento óptico que permite desplazar paralelamente hacia arriba la línea de visión por medio de prismas o espejos; se utiliza para observar desde un lugar oculto o sumergido, como p. ej. un submarino. **Fam.** Periscópico.

perisodáctilos *s. m. pl.* Orden de mamíferos al que pertenecen 16 especies comprendidas en las familias équidos, rinoceróntidos y tapíridos. Se caracterizan por tener un número impar de dedos en las extremidades. Los équidos tienen tres dedos en cada extremidad, uno de ellos muy desarrollado y los otros atrofiados; los rinoceróntidos, tres dedos en cada extremidad, y los tapíridos, tres dedos en las posteriores y cuatro en las anteriores. Son ungulados, es decir, al marchar se apoyan en el extremo de la falangeta, transformada en una uña grande y fuerte, llamada *casco*. Perisodáctilos son los caballos, cebras, rinocerontes y tapires. También *adj.* y *s. m.*

perista *s. m.* y *f.* Persona que comercia con objetos robados.

peristaltismo *s. m.* Contracción muscular que se propaga en forma de ondas siguiendo un eje longitudinal; provoca el movimiento de algunos invertebrados sin patas, como las lombrices, y en el tubo digestivo hace avanzar los alimentos. **Fam.** Peristáltico.

peristilo *s. m.* **1.** Galería de columnas que rodea un edificio o parte de él. **2.** Patio interior rodeado de columnas.

perístole *s. f.* Adaptación tónica de la musculatura del estómago después de la ingestión de alimentos.

peritaje *s. m.* **1.** Trabajo, estudio o informe de un perito. **2.** Carrera de perito.

perito, ta *adj.* **1.** Experto en una ciencia o arte. También *s.* ‖ *s. m.* y *f.* **2.** Ingeniero técnico. **3.** Persona que por poseer determinados conocimientos sobre ciertos puntos informa al juez. ‖ **4. perito mercantil** Persona que ha realizado la carrera de comercio.

peritoneo *s. m.* Membrana serosa de dos capas que recubre los órganos abdominales de los vertebrados y otros animales; la capa externa está adherida a las paredes abdominales y la interna al intestino y restantes órganos. Esta última presenta numerosos repliegues, denominados *mesenterios*, que la unen con la pared abdominal; entre ambas capas hay un líquido seroso. **Fam.** Peritoneal.

peritonitis *s. f.* Inflamación del peritoneo debida a su irritación química o a una infección bacteriana. Se caracteriza por dolor intenso y fiebre.

perjudicado, da **1.** *p. p.* de **perjudicar**. También *adj.* y *s.* ‖ *adj.* **2.** En der., se dice de la letra de cambio, del pagaré, etc., que pierde su fuerza legal como consecuencia de haberse omitido algún requisito o formalidad en ellos.

perjudicar *v. tr.* Causar daño de cualquier clase. También *v. prnl.* ■ Se conjuga como *sacar*.

perjudicial *adj.* Que perjudica o puede perjudicar. **Fam.** Perjudicialmente.

perjuicio *s. m.* **1.** Efecto de perjudicar o perjudicarse. **2.** En der., ganancia que deja de percibirse o gasto o demérito originado por la acción u omisión de otra persona y que ésta debe indemnizar con independencia del daño causado directamente. ‖ **Loc. sin perjuicio de (que)** *conces.* Aunque.

perjurar *v. intr.* **1.** Jurar en falso. **2.** Jurar mucho para insistir en la certeza del juramento. **3.** No cumplir lo fijado en el juramento.

perjurio *s. m.* Acción y efecto de perjurar, jurar en falso o incumplir un juramento.

perjuro, ra *s. m.* y *f.* Persona que comete perjurio. También *adj.*

Perkins, Anthony (Nueva York 1932) Actor cinematográfico estadounidense. Formado en el teatro, debutó en el cine en *La actriz* (1953) y consiguió su primer triunfo en *La gran prueba* (*Friendly persuasion*, 1956). También merecen recordarse sus interpretaciones en los filmes *Psicosis* (1960), *No me digas adiós* (*Aimez-vous Brahms*, 1961) y *El proceso* (1962).

perla *s. f.* **1.** Pequeño cuerpo esférico o redondeado, generalmente blanco o gris, que se forma en el interior de determinados moluscos por acumulación de capas de carbonato cálcico alrededor de otro cuerpo extraño introducido en su concha. En general, las perlas las producen las

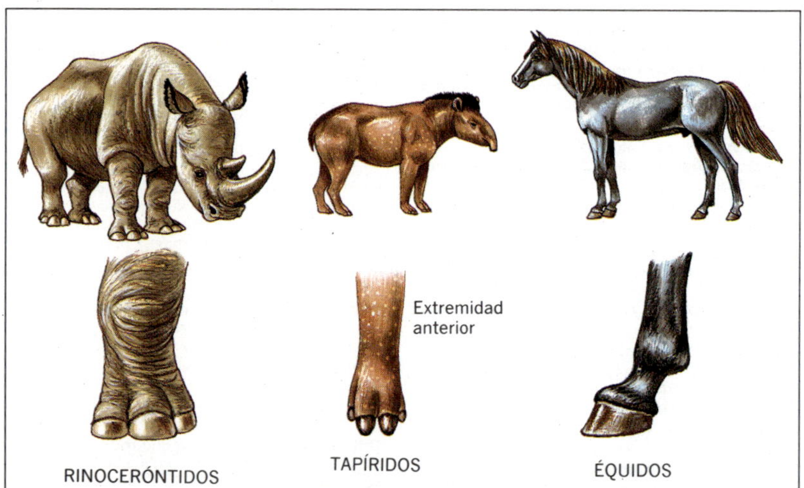

Perisodáctilos: de izquierda a derecha, rinoceronte africano, tapir y caballo, con un detalle de sus respectivas extremidades.

ostras, pero también las puede producir la *Margaritana margaritifera,* molusco de agua dulce. Se utilizan en joyería. **2.** Cuerpo de forma similar. **3.** Persona o cosa muy apreciada por sus buenas cualidades. **4.** *fam.* Cosa o dicho extraño, que causa asombro o risa. ‖ **5. perla cultivada** (o **artificial**) La que producen las ostras perlíferas en los criaderos mediante su manipulación por el hombre. ‖ **Loc. de perlas** *adv.* De maravilla, muy bien o muy oportunamente. **Fam.** Perlero.

perlado, da *adj.* **1.** Que tiene el color, brillo o aspecto de las perlas. **2.** Cubierto de perlas o de cosas que las semejan.

perlar *v. tr.* **1.** En lenguaje poético, cubrir o salpicar de gotas de agua, lágrimas, etc. También *v. prnl.* ‖ *v. prnl.* **2.** Unirse los electrodos de la bujía impidiendo que salte la chispa.

perlé *s. m.* Fibra o hilo de algodón que se utiliza para bordar, hacer ganchillo, etc.

perlesía *s. f.* Parálisis, especialmente acompañada de temblor.

perlífero, ra *adj.* Que tiene o produce perlas.

perlingual *adj.* Se aplica al método de administración de medicamentos que consiste en colocar éstos sobre o debajo de la lengua, donde se deshacen.

perlón *s. m.* Fibra sintética de poliamida, parecida al nailon.

Perm C. de la Federación Rusa, situada cerca de los Urales, a orillas del río Kama. 1.091.000 h. en 1989. Es un importante centro de la industria mecánica, química y del refino de petróleo. Antiguamente se llamó *Molotov.*

permafrost *s. m.* Capa profunda del suelo permanentemente helada, característica de regiones de tundra en áreas periglaciares. La capa externa de estos suelos, llamada *mollisol,* se deshiela en verano y el agua se estanca, porque el permafrost es impermeable. También se denomina *pergelisol.*

permanecer *v. intr.* **1.** Mantenerse en un lugar, actividad, etc., sin marcharse ni cambiar durante un tiempo. **2.** Mantenerse en determinado estado, cualidad o condición. ▪ Es v. irreg. Se conjuga como *agradecer.*

permanencia *s. f.* Hecho o situación de permanecer.

permanente *adj.* **1.** Que permanece. ‖ *s. f.* **2.** *fam.* Ondas o rizos que se hacen en el pelo y que se fijan mediante cosméticos. **Fam.** Permanentemente.

permanganato *s. m.* Nombre genérico de las sales del ácido permangánico. Una de las más importantes es el permanganato de potasio ($KMnO_4$), de color violeta intenso, muy empleado como agente oxidante en las reacciones redox.

permangánico, ca *adj.* **1.** Perteneciente o relativo al ácido permangánico. ‖ **2. ácido permangánico** $HMnO_4$. Oxoácido en el que el manganeso actúa con un número de oxidación de +7. Es un compuesto muy inestable que se descompone espontáneamente, razón por la cual para obtener sus sales, llamadas *permanganatos,* se tiene que producir en el seno de las disoluciones de los hidróxidos.

permanganimetría *s. f.* Método analítico cuantitativo en el cual se utiliza el permanganato potásico para determinar la cantidad de agente reductor presente en una disolución. Mientras exista elemento reductor, el ion permanganato (MnO_4^-), de color violeta, se decolora al reducirse a ion manganoso (Mn^{2+}); cuando esta decoloración no se produce, el proceso de reducción ha finalizado. Conocida la cantidad de permanganato utilizado, se puede calcular la cantidad de sustancia reductora que existía en la disolución.

permeabilidad *s. f.* **1.** Cualidad de permeable. ‖ **2. permeabilidad magnética** En fís., valor característico de un material que indica cuál es su comportamiento ante un campo magnético. Tomando como referencia la permeabilidad del vacío, que es $\mu_0 = 4\ \pi \cdot 10^{-7}$ webers/amperio · metro, los materiales se clasifican en: diamagnéticos (con permeabilidad magnética ligeramente inferior a μ_0), paramagnéticos (ligeramente superior a μ_0) y ferromagnéticos (muy superior a μ_0). Se denomina **permeabilidad magnética relativa** cuando su valor es μ/μ_0, siendo μ la permeabilidad del medio que se considera y μ_0 la del vacío. Es ligeramente inferior a 1 en materiales diamagnéticos, ligeramente superior a 1 en los paramagnéticos y muy superior a 1 en los ferromagnéticos.

permeable *adj.* Que puede ser traspasado por el agua u otro fluido.

Permeke, Constant (Amberes 1886 - Jabbeke, Brujas 1952) Pintor y escultor belga. Partiendo de un impresionismo antiacadémico, llegó a ser el más relevante de los expresionistas flamencos. A partir de 1936 cultivó también la escultura. En su temática demuestra un especial interés por los tipos populares. Algunos de sus cuadros más notables son *Invierno en Flandes* (1912), *Los novios* (1923), *El sembrador* (1933) y *El establo* (1933).

pérmico, ca *adj.* **1.** Se aplica al sexto y último de los periodos en que se divide la era paleozoica. Comenzó hace unos 280 millones de años y terminó hace unos 225. Durante este periodo se producen las últimas fases de la orogenia herciniana, se configuran cordilleras como los Urales y aparece el mar de Tetis. Se forman yacimientos de cobalto, uranio, níquel, carbón y petróleo y tienen gran desarrollo los peces, anfibios, reptiles, insectos y helechos. También *s. m.* **2.** Perteneciente o relativo a este periodo.

permisible *adj.* Que se puede permitir o tolerar.

permisión *s. f.* Permiso, acción y efecto de permitir.

permisividad *s. f.* Condición de permisivo.

permisivo, va *adj.* Que permite o consiente; tolerante. **Fam.** Permisivamente.

permiso *s. m.* **1.** Acción y efecto de permitir. **2.** Posibilidad de dejar temporalmente el trabajo, el servicio militar u otra obligación, y tiempo que dura esa posibilidad.

permitir *v. tr.* **1.** Manifestar, normalmente el que tiene autoridad para ello, que alguien puede hacer o dejar de hacer una cosa determinada. También *v. prnl.* **2.** No oponerse a algo que se podría o debería impedir. **3.** Hacer posible. ‖ *v. prnl.* **4.** Atreverse o decidirse a hacer o decir algo.

permuta *s. f.* Acción y efecto de permutar, cambiar una cosa por otra.

permutación *s. f.* **1.** Acción y efecto de permutar. ‖ **2. permutación con repetición** En mat., permutación en la que hay algunos elementos repetidos. El número de permutaciones con repetición de n elementos, entre los que el primero se repite n_1 veces, el segundo n_2 veces y así sucesivamente hasta el último, que se repite n_r veces, es:

$$PR_n = \frac{(n_1 + n_2 + \ldots + n_r)!}{n_1! \cdot n_2! \cdot \ldots \cdot n_r!}$$

3. permutación de *n* elementos En mat., cada una de las diferentes formas de ordenar un número n de elementos. El número de permutaciones de n elementos es:

$$n! \cdot n! \cdot \ldots \cdot n!$$

permutar *v. tr.* **1.** Cambiar una cosa por otra, a excepción de dinero. **2.** Cambiar el orden. **Fam.** Permutabilidad, permutable.

pernada *s. f.* **1.** En marina, rama o ramal de cualquier objeto. ‖ **2. derecho de pernada** Derecho feudal de la época medieval que obligaba a las doncellas de clase servil a pasar la noche de boda con su señor; era ejercido generalmente de manera simbólica. P. ext., abuso de poder.

Pernambuco Estado de Brasil, en el NE del país, a orillas del océano Atlántico. 101.023 km^2. 7.360.900 h. en 1990. La capital es Recife, con 1.352.000 h. en 1989. Su sector E constituye una región cálida y húmeda, donde abunda la plantación de caña de azúcar y cuenta con industrias azucareras y alcoholeras. El sector O es semiárido y tiene cultivos de algodón y ganadería extensiva. En el área de la capital existen industrias química y petroquímica, alimentaria y metalúrgica del aluminio y construcciones navales.

pernear *v. intr.* Mover con fuerza y repetidas veces las piernas.

pernera *s. f.* Parte del pantalón que cubre la pierna.

pernicioso, sa *adj.* Muy perjudicial o dañino.

pernil *s. m.* **1.** Anca y muslo del animal; por antonomasia, los del puerco o cerdo. **2.** Pernera*.

pernio *s. m.* Bisagra*.

perniquebrar *v. tr.* Romper una pierna o pata. También *v. prnl.* ▪ Es v. irreg. Se conjuga como *pensar.*

perno *s. m.* Pieza cilíndrica de metal que por un extremo tiene una cabeza y por el otro se asegura con una chaveta, tuerca o remache, y que se utiliza para afirmar piezas de gran volumen.

pernoctar *v. intr.* Pasar la noche en algún lugar que no es el domicilio de uno.

pero *conj. advers.* **1.** Indica que el significado de la oración o palabra a la que precede se opone y es distinto al significado de otra oración o palabra anterior; también lo limita o amplía: *Quería ir al cine, pero me quedé en casa trabajando. Es inteligente, pero estudia poco.* **2.** En principio de frase, se utiliza para dar más fuerza a la expresión: *¡Pero qué inteligente es este niño!* ‖ *s. m.* **3.** Inconveniente, reparo, dificultad: *Antes de aceptar me puso muchos peros.* ‖ **Loc. pero que** *fam.* Delante de ciertos adjetivos y adverbios apoya o refuerza lo que estos expresan: *Estoy pero que muy contento.*

perogrullada *s. f.* Cosa tan sabida o verdad tan evidente que es tonto decirlas. **Fam.** Perogrullesco.

Perogrullo, verdad de *loc. fam.* Perogrullada*.

perol *s. m.* Vasija en forma de media esfera en la que se cocinan alimentos.

perola *s. f.* Perol pequeño.

Perón, Juan Domingo (Lobos, Buenos Aires 1895 - Buenos Aires 1974) Militar y político argentino. Integró el Grupo de Oficiales Unidos, que apoyó la subida al poder de Farrel, tras el golpe de Estado de 1943. En este gobierno ocupó la secretaría de Trabajo y Previsión. Se casó en 1946 con Eva María Duarte, que intervino directamente en la política y contribuyó a darle el apoyo popular necesario para ganar las elecciones presidenciales de 1946. Estableció un régimen autoritario, que permitió una transitoria estabilidad económica. Fue reelegido en 1951, pero la muerte de Eva María Duarte en 1952 y el deterioro de la situación social y económica debilitaron su poder. Un periodo de huelgas en 1954 llevó al golpe de Estado de 1955, que consiguió derribarle. Después de un largo exilio en España volvió en 1973 ante el ascenso del movimiento peronista y ganó las elecciones de ese año. A su muerte le sucedió su segunda esposa María Estela Martínez.

Juan Domingo Perón.

peroné *s. m.* Hueso largo y delgado de la pierna, situado detrás de la tibia.

peronismo *s. m.* Movimiento político surgido en Argentina durante la presidencia de Juan Domingo Perón (1946-55), del que tomó su nombre. Se introdujeron mejoras laborales y se fomentó la industria, pero no se consiguió transformar la estructura económica del país. Con las medidas neoconservadoras aplicadas ante la crisis económica de 1952, Perón provocó el malestar de amplios sectores políticos, lo que produjo su caída. El peronismo se mantuvo en la oposición hasta el regreso de Perón al poder en 1973 y, después de su muerte, el gobierno peronista continuó, presidido por María Estela Martínez, hasta 1976. En 1984, el partido se dividió entre oficialistas y renovadores. Carlos Menem, uno de sus dirigentes, ganó en 1989 las elecciones presidenciales. También se llama *justicialismo.* **Fam.** Peronista.

perorar *v. intr.* **1.** Pronunciar un discurso. **2.** *fam.* Soltar una perorata. **FAM.** Peroración.

perorata *s. f.* Discurso o charla que resulta interminable y aburrida para el oyente.

Pérotin o **Perotinus Magnus** (? - ¿París? h. 1238) Compositor francés. Fue el principal representante de la escuela de Notre-Dame y uno de los creadores de la música polifónica. Compuso *organa* para tres y cuatro voces.

Pérouse, Jean François de Galaup, conde de La (Le Gua, cerca de Albi 1741 - ? 1788) Marino y explorador francés. En 1785 participó en una expedición al Pacífico, organizada por Luis XVI. Visitó las islas de Pascua y Hawai, descubrió la isla Necker y pasó a las Filipinas y al Japón. Descubrió asimismo el estrecho de su nombre y las islas Sajalín y Yeso (1787). Se cree que murió asesinado en la isla de Vanikoro.

peróxido *s. m.* **1.** Compuesto binario que contiene dos átomos de oxígeno cuyo número de oxidación es –1, en lugar de –2 como es habitual en los restantes óxidos. Dichos átomos de oxígeno se hallan unidos mediante la llamada unión peroxílica (–O–O–), que es muy inestable, lo que determina que las moléculas de peróxido se rompan en una molécula de óxido y un átomo de oxígeno, razón por la cual los peróxidos son poderosos oxidantes. ‖ **2. peróxido de hidrógeno** H_2O_2. Líquido incoloro, muy inestable, cáustico y oxidante. Su disolución acuosa al 30 % se llama *perhidrol* y la disolución al 3 %, *agua oxigenada*. Esta última se emplea como desinfectante y decolorante, debido a la acción del oxígeno que se libera en su descomposición

$$(2H_2O_2 \rightarrow 2H_2O + O_2).$$

perpendicular *adj.* **1.** Se aplica a la línea o al plano que forma ángulo recto con otra línea u otro plano. ‖ *s. f.* **2.** Línea que forma ángulo recto con otra. **FAM.** Perpendicularidad, perpendicularmente.

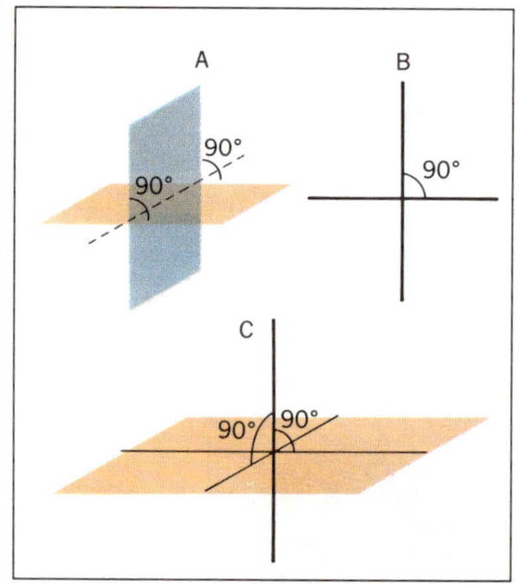

A. Planos perpendiculares. B. Rectas perpendiculares. C. Recta y plano perpendiculares.

perpetrar *v. tr.* Cometer algún acto que se considera delito. **FAM.** Perpetración, perpetrador.

perpetua *s. f.* **1.** Nombre dado a diversas plantas cuyas flores conservan el olor y aspecto después de arrancadas. Entre las más conocidas figura la especie *Gomphrena globosa*, de la familia amarantáceas, que tiene el tallo derecho, hojas opuestas y ovaladas y flores pequeñas, moradas o anacaradas o con mezcla de estos dos colores. Es originaria de la India y se cultiva en jardines. Presentan flores amarillas las especies *Helichrysum orientale*, de la familia compuestas, oriunda de Oriente, y *Antennaria margaritacea*, también de la familia compuestas, procedente de Virginia. **2.** Flor de estas plantas.

perpetuar *v. tr.* Hacer que algo se prolongue, dure siempre o mucho tiempo. También *v. prnl.* ▪ En cuanto al acento se conjuga como *actuar*: *perpetúo*. **FAM.** Perpetuación.

perpetuidad *s. f.* Cualidad de perpetuo. ‖ **LOC. a perpetuidad** *adv.* y *adj.* De por vida.

perpetuo, tua *adj.* **1.** Que dura siempre o mucho tiempo. **2.** Para toda la vida. **FAM.** Perpetuamente.

perpiaño *adj.* **1.** Se dice del arco resaltado, ceñido a la bóveda, transversal al eje de la nave. ‖ *s. m.* **2.** Piedra, sillar o ladrillo que atraviesa el grosor de la pared y tiene, por tanto, dos caras exteriores.

Perpiñán (*Perpignan*) C. de Francia, cap. del departamento de los Pirineos Orientales, en el S del país, cerca de la costa mediterránea. 106.000 h. en 1990. Es un centro cultural, artístico, mercado agrícola y núcleo industrial, con producción alimentaria, papelera, juguetera y textil. Fundada en el s. X, fue capital del Rosellón y perteneció a la corona aragonesa hasta 1659, fecha en que fue transferida a Francia por el tratado de los Pirineos. Su ciudadela (s. XVI-XVII) engloba el palacio de los reyes de Mallorca (s. XIII-XV), la Lonja del Mar (s. XIV-XVI) y la catedral (s. XIV-XV), que tiene una capilla románica.

perplejidad *s. f.* Confusión, indecisión.

perplejo, ja *adj.* Que queda confuso, indeciso, dudoso. **FAM.** Perplejamente.

perqué *s. m.* Composición poética en pareados octosílabos en que van alternando preguntas y respuestas, con una redondilla o quintilla introductoria. Tuvo bastante éxito en la poesía burlesca del Siglo de Oro en España. El primer perqué conocido es de Diego Hurtado de Mendoza, de finales del s. XIV.

perra *s. f.* **1.** Hembra del perro. **2.** *fam.* Llanto fuerte y seguido. **3.** *fam.* Deseo exagerado o idea fija. **4.** *vulg. desp.* Prostituta. ‖ *pl.* **5.** *fam.* Dinero. ‖ **6. perra chica** Moneda de cinco céntimos. **7. perra gorda** Moneda de diez céntimos. ‖ **LOC. ¡para ti la perra gorda!** *fam.* Se emplea para poner fin a una discusión dando a entender a la persona con la que se discute que es imposible hacerle razonar.

perrada *s. f. fam.* Perrería*.

Perrault, Charles (París 1628 - íd. 1703) Escritor francés. Es universalmente conocido por sus *Cuentos de mi madre Oca* (1697), entre los que destacan *Caperucita Roja*, *Pulgarcito*, *Barba Azul*, *La bella durmiente del bosque* y *La Cenicienta*, compuestos para los niños sobre la base de relatos tradicionales. De una fantasía moderada, suelen encerrar una moraleja o lección moral y tener un final feliz.

Charles Perrault: Cuentos de mi madre Oca. *Ilustración de* La Cenicienta.

Perrault, Claude (París 1613 - íd. 1688) Arquitecto, médico y naturalista francés. A él se debe una de las obras maestras de la arquitectura de la época de Luis XIV, la columnata del Louvre, verdadero manifiesto del estilo clasicista y monumental del Rey Sol. También diseñó los planos del observatorio de París (1667).

perrería *s. f.* **1.** Conjunto de perros. **2.** *fam.* Mala pasada, faena.

perrero, ra *s. m.* y *f.* **1.** Empleado de la perrera; especialmente, el encargado de la captura de los animales. ‖ *s. m.* **2.** El que cuida los perros de caza. ‖ *s. f.* **3.** Lugar donde se recogen o encierran los perros callejeros. **4.** Furgoneta municipal que los recoge. **5.** En trenes y aviones, departamento destinado a llevar los perros y otros animales domésticos.

Perret, Auguste (Ixelles, Bruselas 1874 - París 1954) Arquitecto francés. Fue el introductor del hormigón como material arquitectónico. Entre sus obras más importantes figuran el edificio de la calle Franklin de París (1902) y, en esta misma ciudad, el garaje de la calle Ponthieu (1905), el teatro de los Campos Elíseos y el Museo de Obras Públicas (1937-38).

perrillo, lla *s. m.* y *f.* **1.** *dim.* de **perro**. ‖ **2. perrillo de las praderas** Nombre común de dos especies de mamíferos roedores de la familia esciúridos, *Cynomys ludovicianus* y *Cynomys gunnisoni*. Miden unos 45 cm de longitud, tienen color pardo o gris, más claro en la zona ventral, cuerpo rechoncho, ojos y bigotes grandes y negros y uñas fuertes. Su régimen alimenticio es herbívoro y habitan en las grandes praderas americanas construyendo túneles.

Perrin, Jean-Baptiste (Lille 1870 - Nueva York 1942) Físico francés. Realizó estudios sobre los rayos catódicos, los rayos X y el movimiento browniano. Fue el primero en comparar el átomo a un sistema solar en miniatura. También investigó la intervención de la luz en las reacciones químicas, los fenómenos de fluorescencia y la recepción, emisión y transmisión de los sonidos. Obtuvo el premio Nobel de física en 1926.

perrito, ta *s. m.* y *f.* **1.** *dim.* de **perro**. ‖ **2. perrito caliente** Salchicha cocida o asada y metida en un pan blando y alargado, a la que generalmente se añade mostaza y salsa de tomate.

perro *s. m.* **1.** Mamífero doméstico de la familia cánidos, especie *Canis familiaris*. Presenta gran diversidad de tamaños, formas y pelaje, a causa del gran número de cruces de que ha sido objeto para obtener las distintas razas. Tiene muy desarrollado el sentido del olfato, dentición omnívora y una cola siempre de menor longitud que las patas posteriores. Habita, junto con el hombre, en todas las regiones de la Tierra, adaptado a las diversas condiciones geográficas. **2.** Persona malvada, miserable, despreciable. **3.** Nombre que se dio como insulto a personas de otras religiones, especialmente moros y judíos. ‖ **4. cara de perro** *fam.* Rostro muy serio o malhumorado. **5. perro de lanas** El que tiene el pelo largo y ensortijado. **6. perro de presa** El adiestrado para morder y no soltar su presa; también, en sentido figurado, persona constante y perseverante. **7. perro faldero** El de pequeño tamaño que es apreciado como animal de compañía; también, en sentido figurado, persona que muestra gran sumisión a otra. **8. perro lazarillo** El adiestrado para guiar a los ciegos. **9. perro viejo** *fam.* Persona a la que una larga experiencia ha hecho muy astuta, hábil, desconfiada y difícil de engañar. ‖ **LOC. a otro perro con ese hueso** *fam.* Se emplea para rechazar una proposición desventajosa o para mostrar incredulidad. **atar los perros con longaniza** *fam.* En sentido exagerado e irónico, disfrutar de gran bienestar y riqueza. **como el perro y el gato** *adv.* Expresa que dos personas se llevan muy mal y riñen a menudo. **de perros** *adj. fam.* Muy malo.

Zool. Las distintas razas de perros son el resultado de un largo proceso de hibridación y de adaptación al medio geográfico. La federación canina internacional tiene catalogadas unas 300 razas, distribuidas en diez grupos. A grandes rasgos se distinguen **perros pastores**, como el pastor alemán, el bobtail y el collie; **perros guardianes**, como el bóxer, el doberman y el mastín; **perros de caza**, como el terrier, el sabueso, el setter y el cocker; **perros de compañía**, como el caniche, el pequinés y el chihuahua; **perros de carreras**, como los galgos; y **perros de tiro**, que arrastran trineos.

perro, rra *adj. fam.* Muy malo, desgraciado.

perruno, na *adj.* Perteneciente o relativo al perro.

Perry, Fred (Stockport, Cheshire 1909) Tenista británico. Estuvo considerado el número uno entre los años 1933 y 1936, en los que ganó cuatro veces consecutivas la copa Davis con el equipo británico. Individualmente quedó campeón tres veces en Wimbledon (1934-36), otras tres en Forest-Hills (1933, 1934 y 1936) y una en Roland Garros (1936).

persa *adj.* **1.** De Persia. También *s.* ‖ *s. m.* **2.** Idioma perteneciente al grupo iranio de la familia indoirania hablado en este país.

Ling. y ***Lit.*** El persa se divide en antiguo, medio y moderno. El antiguo fue la lengua de los soberanos persas; se escribía en caracteres cuneiformes y aparece en las inscripciones de Darío I el Grande y de Jerjes I. El medio fue la lengua común, literaria y oficial del imperio sasánida (s. III al VIII); recibe también el nombre de *pahlavi.* El persa moderno es la lengua nacional de Irán y de gran parte de la población de Afganistán; procede del persa medio, enriquecido con multitud de palabras árabes, y se escribe con el alfabeto árabe aumentado con algunos signos. Su literatura no aparece hasta el s. X con dos destacadas figuras, los poetas Daqiqi y Ferdosi, autor del legendario poema *Libro de los Reyes.* El s. XIX es la edad de oro de las letras persas, con figuras como Rumi y, especialmente, Hafiz. Luego, la decadencia se prolonga hasta el s. XX, en el que la narrativa ocupa el primer plano y se utiliza el lenguaje coloquial. Algunos autores dignos de mención son Dschamal-Sadeh, Sadeq Hedayat y Bozorg Alavi.

persecución *s. f.* **1.** Acción y efecto de perseguir. **2.** Malos tratos o castigos que sufre una persona o colectivo por motivos religiosos, políticos, etc.

persecutorio, ria *adj.* **1.** Que persigue. **2.** Que molesta, cansa o hace sufrir a alguien.

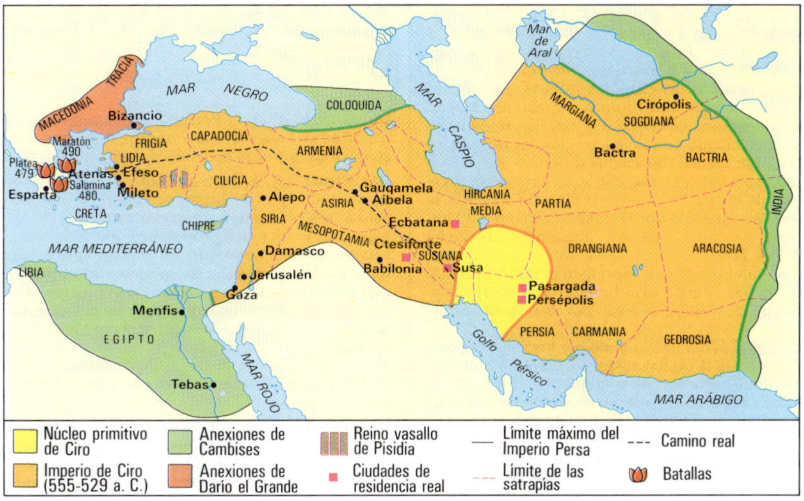

Persia: evolución histórica de este antiguo reino desde el primitivo núcleo de Ciro hasta la época de Darío el Grande.

Perros: ejemplares de diversas razas.

Perséfone En la mitología griega, diosa de los infiernos. Era hija de Zeus y Deméter y fue raptada por Hades, que la hizo reina del infierno. Su madre, enloquecida de tristeza, provocó el hambre de toda la humanidad. Zeus obligó entonces a Hades a que permitiera a Perséfone regresar junto a Deméter algunos meses del año.

perseguir *v. tr.* **1.** Seguir a alguien para alcanzarle. **2.** Intentar obtener o poseer algo poniendo todos los medios para ello. **3.** Molestar, hostigar o importunar. **4.** Acompañar algo a alguien sin dejarle. **5.** En der., proceder judicialmente contra alguien y, p. ext., contra las faltas y delitos. ■ Es v. irreg. Se conjuga como *seguir.* **FAM.** Perseguible, perseguidor.

Perseo 1. Héroe mitológico griego, hijo de Zeus y Dánae. Para salvar a su madre de una amenaza, cortó la cabeza de Medusa. De regreso de su hazaña, rescató a Andrómeda de la roca donde se hallaba atada y se casó con ella. Después reinó en Tirinto.
2. Constelación septentrional, situada al E de Andrómeda. Su principal estrella es Algol.

Perseo (? h. 212 - Alba Fucens h. 165 a. C.) Último rey de Macedonia (179-168 a. C.). Hijo y heredero de Filipo V, continuó la política de su padre. En la tercera guerra médica fue derrotado en Pidna por L. Emilio Paulo y llevado a Roma. Macedonia fue dividida en cuatro confederaciones.

Persépolis Antigua capital persa situada junto al río Puhar. Fue construida en el 518 a. C. por Darío I el Grande, ampliada por Jerjes I y Artajerjes I e incendiada por Alejandro Magno (331 a. C.). Levantada en una explanada, se llegaba a ella por una doble escalinata decorada con bajorrelieves. Entre sus monumentos sobresalen los Propileos, pórtico columnado; las salas Apadana, con 36 columnas y dedicada a las audiencias, y de las Cien Columnas, con bajorrelieves; y los palacios de Darío y Jerjes.

perseverancia *s. f.* Constancia en la realización de las cosas.

perseverar *v. intr.* Ser constante en la realización o continuación de algo. **FAM.** Perseverante, perseverantemente.

Pershing, John Joseph (Laclede, Lynn County, Missouri 1860 - Washington 1948) Militar estadounidense. Luchó en las campañas contra los indios, así como en Cuba en la guerra hispanonorteamericana (1898) y en México al mando de una expedición contra Pancho Villa (1916-17). Fue nombrado comandante en jefe de las fuerzas estadounidenses en Europa durante la Primera Guerra Mundial (1917). Ascendido a general en 1919, fue jefe del alto Estado Mayor (1921-24).

Persia Antiguo reino del SO de Asia, situado en la orilla oriental del golfo Pérsico.
Hist. En el s. VII a. C. la conquista de Ciaxares impuso al país el dominio de los medos. El imperio medo se extendió por el Oriente Próximo, llegando a su máximo esplendor con la conquista

de Egipto por Cambises (525 a. C.). El mayor apogeo se dio en época de Darío I el Grande y comenzó su declive a consecuencia de las guerras médicas, en las cuales fue vencido por la confederación de ciudades griegas. El imperio medo-persa fue destruido por Alejandro Magno de Macedonia en el año 331 a. C. Un reino helénico seléucida (de Seleuco, general de Alejandro) fue instaurado en Persia en el 301 a. C. y subsistió hasta el año 256 a. C., en que la invasión de los partos impuso la dinastía arsácida, la cual fue sucedida por la dinastía sasánida. El imperio sasánida mantuvo una enconada lucha contra Bizancio, que no se resolvió hasta la aparición del Islam, que conquistó el reino sasánida en el 652. Persia experimentó una fuerte islamización, extendiéndose por su territorio el chiismo. Tras la caída del califato omeya de Damasco, el poder fue ocupado por los abasidas, que trasladaron la capital a Bagdad. En el s. XIII el país fue dominado por los mongoles y al final de la Edad Media se sucedieron una serie de dinastías turcomanas. En 1502, Ismail, jefe chiita, tomó el título de sha de Persia y formó un gran imperio que se extendía desde Irak a Jorasán y de Bakú al golfo Pérsico. Su dinastía, la safawí, fue derrocada por Nadir, jefe de los confines de Jorasán, que se convirtió en sha (1736) y realizó una expansión territorial que duraría poco tiempo. En 1786, el turco Aga Muhammad fundó la dinastía gayarí, que subsistió hasta 1925, e instaló la capital en Teherán. Fue ocupada por los británicos durante la Primera Guerra Mundial. A su término, Reza Kan Pahlavi, tras un golpe de Estado (1921), se proclamó sha (1926) y en 1935 Persia se convirtió oficialmente en Irán.

Arte La edad dorada del arte persa se corresponde con el periodo aqueménida (s. VII-IV a. C.). En él floreció una arquitectura grandiosa, que construyó gigantescos palacios, como el de Persépolis. Los sepulcros reales se excavaban en la roca, y en sus fachadas, esculpidas en relieve, se suelen narrar episodios de la vida del monarca. La escultura, de líneas nítidas y estilo sobrio, heredó del arte asirio el gusto por las representaciones de animales, concretamente los toros alados antropomorfos, aunque desaparecen los temas de cacerías y sangrientas matanzas. Entre el s. III d. C. y el s. VII, el poderoso reino sasánida impulsó un nuevo florecimiento del arte persa, sin apartarse de la vieja tradición aqueménida.

persiana *s. f.* Cierre que se coloca en ventanas, balcones o puertas, formado por tablitas o láminas que se pueden arrollar, extender, girar, etc., para regular el paso de la luz.

persianista *s. m.* y *f.* Persona que hace, vende, pone y arregla persianas.

pérsico, ca *adj.* Perteneciente o relativo a Persia.

Pérsico, golfo Golfo del océano Índico, en el Próximo Oriente. Baña las costas de Irán, Irak, Qatar, Kuwait, Emiratos Árabes Unidos y Arabia Saudí. Está unido al golfo de Omán y al mar de Arabia por el estrecho de Ormuz. Tiene gran importancia económica y estratégica internacional por su intenso tráfico de petroleros.

persignar *v. tr.* Hacer la señal de la cruz, especialmente hacer una en la frente, otra en la boca y otra en el pecho. Se usa más como *v. prnl.*

persistencia *s. f.* Acción y efecto de persisitir.

persistir *v. intr.* **1.** Mantenerse firme o constante en algo. **2.** Durar algo o seguir existiendo. **FAM.** Persistente.

persona *s. f.* **1.** Individuo de la especie humana, ya sea hombre o mujer. **2.** Cualquier individuo a quien el hablante se refiere sin citarle por su nombre. **3.** En teología, el Padre, el Hijo y el Espíritu Santo. **4.** En ling., accidente gramatical del verbo y del pronombre que se utiliza para referirse al individuo que habla (*primera persona*), a aquel a quien habla (*segunda persona*) o a aquel o aquello de que se habla (*tercera persona*). Las tres personas tienen formas de singular y plural. En el verbo se marca este accidente gramatical por medio de desinencias (*-ø, -s, -ø, -mos,* etc.) y en el pronombre por distintas palabras (*yo, tú, él,* etc.). || **5. persona física** Individuo capaz de tener derechos y obligaciones. **6. persona jurídica** (o **social**) Entidad a la que se reconoce capacidad para tener derechos u obligaciones. **7. tercera persona** Aquella distinta de las que participan o están interesadas en algo. || **LOC. en persona** *adv.* Realizándolo uno mismo; también, a la persona de que se trate; estando presente.

personación *s. f.* Acción y efecto de personarse.

personaje *s. m.* **1.** Persona que sobresale entre otras por algo. **2.** Cada uno de los seres que aparece en una obra literaria, en una película, etc.

personal *adj.* **1.** Perteneciente o relativo a la persona. **2.** Que se dirige, se refiere o interesa sólo a una persona. **3.** Propio o distintivo de alguien. **4.** Se dice del pronombre que sirve para señalar un individuo, animal o cosa concretos, indicando qué persona es en el sentido lingüístico de este término; posee diversas formas según la función que desempeñe. **5.** En baloncesto, se aplica a la falta que se comete al contactar con un jugador contrario obstaculizando su acción. También *s. f.* || *s. m.* **6.** Conjunto de trabajadores de una empresa, organización, etc. **7.** *fam.* Gente, grupo de personas.

personalidad *s. f.* **1.** Conjunto de características, rasgos, etc., que diferencian a una persona de otras. **2.** Condición de las personas que poseen un carácter o cualidades muy personales y acusados. **3.** Persona que destaca en una determinada actividad o campo.

personalismo *s. m.* **1.** Tendencia a seguir las ideas, preferencias o intereses personales. **2.** Tendencia filosófica que subraya el valor trascendente de la persona humana. El primero en utilizar el término fue el filósofo francés Charles Renouvier (1901), que consideró a la persona humana como un ser consciente y libre, que no puede derivarse de ningún principio universal, como considera el idealismo, ni puede reducirse a una simple cosa, como sostiene el positivismo; para él, la persona es la clave a través de la cual hay que interpretar el mundo, la realidad. Se desarrolló sobre todo en Francia en la primera mitad del s. XX. El filósofo personalista por antonomasia es Emmanuel Mounier. **FAM.** Personalista.

personalizar *v. tr.* Referirse o dirigirse a una persona en particular, a ella y no a otra. ▪ Se conjuga como *cazar.*

personalmente *adv. m.* **1.** En la opinión de quien habla. **2.** En persona.

personarse *v. prnl.* Presentarse uno en persona en determinado lugar.

personificación *s. f.* **1.** Acción de personificar. **2.** Persona o cosa que personifica algo. **3.** Figura retórica que consiste en atribuir a animales o cosas aquello que es propio de seres humanos. Se llama también *prosopopeya.*

personificar *v. tr.* **1.** Tener una persona una cualidad tan marcada o desempeñar en algo un papel tan señalado que puede servir de ejemplo o modelo de aquello de que se trata. **2.** Hacer un escritor o artista que un personaje de una obra suya sirva de ejemplo o representación de algo. **3.** Atribuir a animales o cosas lo que es propio de los seres humanos. ▪ Se conjuga como *sacar.*

Persoz, Jean-François (Gex 1805 - París 1868) Farmacéutico y químico francés. En colaboración con Payen aisló la diastasa de la malta (1833), lo que contribuyó a demostrar la teoría de Berzelius de que la fermentación era un proceso químico. Se le debe también la obtención del metano a partir del ácido acético.

perspectiva *s. f.* **1.** Método por el cual se reproduce en una superficie plana la tercera dimensión, logrando una sensación de profundidad. **2.** Representación o dibujo que se hace de acuerdo con este método. **3.** Aquello que aparece ante la vista del que lo contempla, especialmente desde lejos. **4.** Punto de vista, manera de considerar las cosas. **5.** Posible evolución futura de algo. Se usa más en *pl.* **6.** Distancia o alejamiento desde el que uno observa o considera algo para ser objetivo. **7.** En urbanismo, gran avenida rectilínea. || **8. perspectiva aérea** La que trata de reproducir los objetos y la atmósfera que los rodea tal como los vería el espectador, más pequeños y difuminados cuanto más lejos están del mismo. **9. perspectiva caballera** La que representa los objetos en un plano en proyección oblicua mediante líneas paralelas que no convergen, como si los objetos fueran contemplados desde el infinito. **10. perspectiva lineal** (**central** o **cónica**) Aquella que resulta de proyectar sobre el plano el cono que forman las líneas visuales que parten del ojo del espectador y pasan por los diferentes puntos del objeto; así, las líneas que en los objetos reales son paralelas convergen en un punto en la representación.

perspectivismo *s. m.* Doctrina filosófica que, frente a la idea de que existe una única forma objetiva de pensar la realidad, sostiene que una cosa puede ser considerada desde diversos puntos de vista, siendo todos ellos legítimos. Algunos de los defensores más señalados de esta doctrina fueron Friedrich Nietzsche y José Ortega y Gasset.

perspicacia *s. f.* Cualidad de perspicaz.

perspicaz *adj.* **1.** Agudo, sagaz, que capta y comprende las cosas con gran facilidad y claridad, aunque sean complicadas y confusas. **2.** Se aplica a la vista que percibe muy bien aun a gran distancia.

persuadir *v. tr.* Conseguir de forma intencionada, mediante razones u otros métodos, que una persona se decida a hacer algo o que crea o acepte cierta cosa. También *v. prnl.* **FAM.** Persuadidor.

persuasión *s. f.* Acción y efecto de persuadir o persuadirse.

persuasivo, va *adj.* **1.** Que es capaz de persuadir. || *s. f.* **2.** Capacidad o habilidad para persuadir.

persuasor, ra *adj.* Que persuade. También *s.*

persuasorio, ria *adj.* Persuasivo*.

pertenecer *v. intr.* **1.** Ser una cosa propiedad de alguien. **2.** Formar parte de algo. **3.** Ser una cosa competencia u obligación de una persona o entidad. ▪ Es v. irreg. Se conjuga como *agradecer.* **FAM.** Perteneciente.

pertenencia *s. f.* **1.** Acción o circunstancia de pertenecer. **2.** Aquello que pertenece a una persona o entidad. Se usa más en *pl.* **3.** Cosa que forma parte de otra. **4.** En mat., relación que se establece entre un elemento y un conjunto y que expresa si pertenece o no a él. Se simboliza por $\in$, que significa «pertenece a», y su contrario es $\notin$, que significa «no pertenece a».

Perth C. de Australia, cap. del estado de Australia Occidental, situada en el SO del país, en el estuario del Swan River. 1.158.400 h. en 1989. Es un centro comercial y administrativo, que se desarrolló a lo largo del s. XX tras el hallazgo de oro en la región. Tiene refinerías de petróleo e industria siderúrgica y metalúrgica del níquel y del aluminio, y alimentaria.

pértiga *s. f.* **1.** Vara larga, especialmente la flexible que se utiliza en atletismo. || **2. salto con pértiga** Prueba atlética que consiste en pasar un listón colocado a gran altura del suelo, tomando carrerilla y apoyándose sobre esta vara larga y flexible, que dará al deportista impulso para elevarse y sobrepasar el listón.

pertinacia *s. f.* Cualidad de pertinaz.

Pertinax, Publio Helvio (Alba 126 - Roma 193) Emperador romano (193). General y prefecto de Roma, fue elegido emperador por el senado y asesinado por la guardia pretoriana.

pertinaz *adj.* **1.** Se aplica a la persona que se mantiene con terquedad en algo. **2.** Que dura mucho; suele aplicarse a cosas perjudiciales. **FAM.** Pertinazmente.

pertinencia *s. f.* Cualidad de pertinente.

pertinente *adj.* **1.** Que pertenece o se refiere a la persona o cosa que se expresa. **2.** Bueno y positivo para algo. **3.** En ling., se dice de cada uno de los rasgos que en oposiciones fonológicas y semánticas sirven para distinguir un fonema de otro, una palabra de otra. **FAM.** Pertinentemente.

Pertini, Alessandro, llamado **Sandro** (Stella, Savona 1896 - Roma 1990) Político italiano. Afiliado al Partido Socialista Italiano (PSI) desde su juventud, sufrió la persecución del régimen fascista y participó activamente en la resistencia contra éste. Posteriormente fue senador y diputado, y de 1968 a 1976 presidente de la cámara. De 1978 a 1985 ocupó el cargo de presidente de la república.

pertrechar *v. tr.* **1.** Proporcionar pertrechos. **2.** Proporcionar lo necesario para hacer algo. También *v. prnl.*

pertrechos *s. m. pl.* **1.** Conjunto de cosas que necesita un ejército en campaña. Se usa también en *sing.* **2.** P. ext., instrumentos necesarios para ciertas actividades.

perturbación *s. f.* Acción y efecto de perturbar o perturbarse.

perturbado, da **1.** *p. p.* de **perturbar**. También *adj.* ‖ *adj.* **2.** Se aplica a la persona que tiene alteradas sus facultades mentales y a estas mismas. **FAM.** Perturbadamente.

perturbar *v. tr.* **1.** Alterar el orden, la costumbre o la estabilidad de algo o alguien. También *v. prnl.* **2.** Hacer que alguien se ponga inquieto o alterado. También *v. prnl.* **3.** Volver loco, trastocar. También *v. prnl.* **FAM.** Perturbable, perturbador.

Perú Estado de América del Sur.

Extensión: 1.285.216 km^2.
Límites: al N, con Ecuador y Colombia; al E, con Brasil y Bolivia; al S, con Chile y el océano Pacífico, y al O, con el océano Pacífico.
Población: 22.332.000 h. en 1990.
Densidad: 17,4 h./km^2.
Capital: Lima.
División administrativa: 24 departamentos y 1 provincia constitucional.
Ciudades principales: Arequipa, Callao, Trujillo, Chiclayo, Chimbote, Piura, Cuzco, Iquitos.
Gentilicio: peruano.
Forma de Estado: república presidencialista.
Idioma: español.
Religión: catolicismo, 92,4 %.
Moneda: inti.
Tasa de natalidad: 32 ‰ en 1990.
Tasa de mortalidad: 8 ‰ en 1990.
Renta per cápita: 1.850 dólares en 1988.

Geog. física La cordillera de los Andes, que atraviesa el país de N a S, establece tres zonas bien diferenciadas: la costa, la sierra y la selva. La costa, entre el océano Pacífico y los Andes, ocupa una franja cuya anchura oscila entre los 50 y los 180 km y está constituida por tierras bajas con algunos oasis fluviales. La sierra está formada por gran parte del sistema montañoso de los Andes, que a su vez comprende las cordilleras Oriental, Central y Occidental. La máxima altura la alcanza el Huascarán (6.780 m), en la Sierra Central. La región selvática, que abarca todo el E del país, la mitad del territorio peruano, constituye un inmenso llano forestal bañado por el río Amazonas y sus afluentes. Éste es el río más importante de toda la red hidrográfica. Se forma en el NE por la confluencia del Marañón y del Ucayali y sus principales afluentes son el Tigre, Putumayo, Huallaga y el Napo. Debido a la proximidad de los Andes, los ríos de la costa del Pacífico son cortos y entre ellos sólo merecen mencionarse el Túmbez, Piura, Santa, Pisco, Tambo y Río Grande. En el S del país destaca la cuenca fluvial del Titicaca. Este lago, a 3.815 m de altura y situado en la parte S, está compartido con Bolivia. Otros importantes lagos son el Junín y el Parinacochas. En cuanto al clima, cada zona geográfica tiene sus particularidades; la costa es una región seca y árida a causa de la corriente fría de Humboldt o del Perú; en contraste, en la selva las precipitaciones son casi constantes durante todo el año; en la sierra, y según la altitud, el clima varía desde el templado hasta el glacial, aunque las lluvias coinciden siempre en la estación comprendida entre octubre y mayo.

Geog. humana y ***económica*** Étnicamente la población está formada por mayoría de quechuas y mestizos y minoría de blancos, aimaraes y amerindios. El área más densamente poblada es la costa del Pacífico, mientras que la región amazónica está prácticamente deshabitada. El crecimiento vegetativo se estima en torno al 2,4 % anual. Un 70 % de la población vive en ciudades. La superficie cultivable es muy pequeña (3 %), pero la agricultura representa la base fundamental de la economía. En la costa se cultiva algodón, caña y arroz; en la sierra patatas y cereales, y en los valles, café, cítricos, vid, batata y mandioca. Las principales especies ganaderas son la ovina, bovina y porcina, que predominan fundamentalmente en la sierra. Destacan también la explotación de los bosques y la variada y abundante pesca, que hace de Perú el sexto país del mundo por el volumen desembarcado y el primero por el número de barcos de pesca. Se extrae sobre todo petróleo, gas natural, plata (segundo productor del mundo), cinc (quinto), plomo (séptimo), oro, molibdeno (sexto), antimonio, tungsteno, cobre (noveno) y hierro. La industria se concentra en la ciudad de Lima y sus alrededores, sobresaliendo los sectores textil, metalúrgico, químico, del cemento, tabaco y productos alimenticios.

Hist. **época precolombina** Las primeras culturas del Perú se desarrollaron en el periodo llamado *precerámico*, que se extiende desde el cuarto milenio hasta el año 1200 a. C. A partir de esta fecha surgen diversas civilizaciones, de las que sobresalen las culturas Chavín (h. 1000 a. C.) en la región andina del N, Salinar en el valle de Chicama y Gallinazo en el valle de Virú. Estas civilizaciones practicaron la agricultura de regadío, erigieron construcciones de adobe y dejaron restos de arte cerámico. En el periodo clásico aparecieron las culturas Mochica en la costa septentrional, Recuay en las zonas altas del N, Nazca en la costa S y Tiahuanaco en torno al lago Titicaca. Estas civilizaciones se prolongaron hasta el s. XIII y culminaron con la aparición de tres estados: Chimú, Cuismancu y Chincha, en la región costera. En el s. XV todos ellos fueron absorbidos por un nuevo estado guerrero, el imperio de los incas, centralizado en torno a Cuzco, que consolidó sus conquistas en época de Huayna Cápac (1471-1525) y extendió su poder hasta Quito. Los incas desarrollaron una agricultura de avanzadas técnicas y establecieron comunicaciones que unían todos sus territorios. La sociedad estaba organizada en estamentos. Su decadencia comenzó a la muerte de Huayna Cápac, a causa de las luchas por el poder entre sus hijos Huáscar y Atahualpa.

Perú: vista de la ciudad de Arequipa, situada en el sur del país.

conquista y época colonial De estas disensiones se aprovechó Francisco Pizarro que, llegado desde Panamá, exploró el país entre 1524-28, firmó capitulaciones en España en 1529 y en 1531 comenzó la conquista del país. En Cajamarca hizo prisionero a Atahualpa y culminó la campaña con la fundación de la Ciudad de los Reyes (Lima) en el año 1535. El último inca, Manco Inca, se rebeló y sitió el Cuzco (1536-37), pero fue derrotado y muerto en 1544.

Los primeros tiempos de la historia colonial del Perú se vieron ensangrentados por las luchas de los conquistadores; la primera de ellas entre Pizarro y Diego de Almagro (1537); la segunda entre el gobernador Vaca de Castro y Almagro el Mozo (1542); la tercera fue protagonizada por los encomenderos que se resistían a aceptar las Leyes Nuevas, implantadas junto al virreinato por Carlos I, y que dirigidos por Gonzalo Pizarro se enfrentaron al gobernador Pedro de La Gasca (1548); y la última por la rebelión de Hernández Girón (1554). El virreinato vivió una época de esplendor por el descubrimiento de las minas de plata de Potosí (1546), pero ello trajo consigo la institución de la mita -trabajo obligatorio de los indios-. Desde la segunda mitad del s. XVI hasta el principio del XVIII, el virreinato comprendía todos los territorios españoles de América del Sur. Fue organizado administrativamente por Francisco de Toledo. La audiencia de Lima se creó en 1542 y la de Cuzco en 1787. Los ataques de los piratas y las catástrofes naturales -ciclones, terremotos y pestes- causaron graves daños en los s. XVII y XVIII.

independencia En 1780 se produjo la sublevación de Túpac Amaru II, apoyada por los criollos, que ya alentaban pretensiones emancipadoras. Sin embargo, al surgir los movimientos de independencia en toda Hispanoamérica, a causa de la invasión napoleónica de España, Perú se convirtió en un reducto realista gracias a la enérgica actuación del virrey Abascal. En el año 1820 San Martín desembarcó en Paracas y entró en Lima en 1821, proclamando la independencia y titulándose «protector», pero la resistencia realista sólo fue vencida por Bolívar en Junín y Ayacucho (1824). Bolívar intentó establecer un régimen vitalicio, pero fue depuesto por Santa Cruz. El Perú independiente hubo de afrontar conflictos con Colombia, Bolivia y Chile, que, entre otras cosas, provocaron la subida al poder del militar Agustín Gamarra (1829), quien gobernó el país hasta 1841, con el intervalo de Orbegoso (1833-39). La explotación del guano hizo surgir una clase burguesa, hasta entonces insignificante, y provocó cambios sociales que favorecieron la llegada al poder de Ramón Castilla en 1845, en sustitución del dictador Vivanco. Castilla abolió la esclavitud, dio libertad religiosa y educativa y promovió la industrialización, pero el desarrollo

Perú: el Altiplano andino, entre la cordillera Occidental y la Oriental.

económico se vio frenado por las deudas y el monopolio británico del comercio exterior. La guerra del Pacífico contra España favoreció la instauración de la dictadura del coronel Prado (1865). Las últimas décadas del s. XIX estuvieron marcadas por una gravísima crisis económica y por la derrota ante Chile (1881), que se saldó con importantes pérdidas territoriales. Desde 1886 los gobiernos militares de Andrés Cáceres (1886-90) y Morales Bermúdez (1890-94) consiguieron una cierta recuperación económica. En 1895 una revolución de la burguesía llevó al poder a Piérola, que emprendió la fase final de la recuperación económica e inauguró una amplia etapa de gobiernos civiles.

siglo XX Desde principios del s. XX comenzó la penetración económica de EE UU, atraída por la explotación del cobre, y paralelamente se desarrolló el movimiento obrero. En 1919 un golpe de Estado dio el poder a Augusto Leguía, que se mantuvo hasta 1930. Frente a la dictadura, en 1924, Víctor Raúl Haya de la Torre fundó la Alianza Popular Revolucionaria Americana (APRA), que inició la lucha contra la oligarquía. La importancia del APRA creció hasta imponer a su candidato Bustamante Rivero en las elecciones de 1945, pero en 1948 el Ejército le sustituyó por el general Odría, quien estableció una dictadura hasta 1956, en que fue elegido el liberal Manuel Prado. Haya de la Torre fue elegido en 1962, pero el Ejército anuló los comicios y forzó la elección de Fernando Belaúnde Terry, candidato del partido conservador Acción Popular. El APRA, en la ilegalidad, organizó la lucha guerrillera y campesina. En 1968 el sector más progresista del Ejército protagonizó un nuevo golpe de Estado, que llevó al poder al general Juan Velasco Alvarado, quien nacionalizó el petróleo y emprendió la reforma agraria. En 1975, por rotación, el poder pasó al general Morales Bermúdez, que dio un giro a la derecha; la nueva situación provocó disturbios populares en Lima y Arequipa (1976-78). En las elecciones de 1978 venció el APRA; su líder Haya de la Torre presidió la cámara que elaboró una nueva Constitución. En las elecciones de 1980 triunfó Belaúnde Terry, que llevó a cabo una política derechista. Durante su mandato prosiguió la inestabilidad económica y apareció el grupo guerrillero Sendero Luminoso. En 1985 el APRA obtuvo la presidencia para su candidato Alan García, que centró su política en la recuperación de la economía frente a la presión de la deuda externa y en la erradicación del terrorismo de Sendero Luminoso, con escaso éxito. En las elecciones de 1990 el candidato del Frente Democrático, el escritor Vargas Llosa, fue derrotado por el independiente Alberto Fujimori, que inició su gobierno con el país sumido en plena crisis económica. En 1992 Fujimori, con el apoyo del Ejército y diversos estamentos sociales, dio un golpe de Estado institucional asumiendo plenos poderes, acto que justificó por la situación de emergencia en que se hallaba el país.

Arte Muchos son los restos artísticos que se conservan de las culturas precolombinas del Perú. Entre las principales se halla la de Chavín, que se desarrolló en el altiplano N, cerca del callejón de Huaylas, entre el 850 y el 500 a. C. Los mochicas, cuya cultura floreció en la zona costera septentrional del país, entre 300 a. C. y 500, dejaron constancia de su forma de vida en la cerámica y otros restos arqueológicos, como acueductos, canales de regadío y las pirámides gemelas de Moche, huaca del Sol y huaca de la Luna, cerca de la ciudad de Trujillo. La cultura chimú, renacimiento de la mochica entre los años 1000 y 1300, centrada en la ciudad de Chanchán, en el valle de Moche, muestra una cerámica muy variada y caracterizada por el color negro de la pasta. Otra cultura se desarrolla en el valle de Nazca, en la zona costera meridional, entre los años 300 y 1000; a ella pertenecen las enormes figuras lineales o de animales trazadas sobre el suelo árido por medio de piedras amontonadas y de tal magnitud que sólo pueden apreciarse desde una perspectiva aérea; también dejó una refinada artesanía. El arte inca alcanzó su máximo apogeo en el s. XV y destaca por una arquitectura sólida y de gran envergadura, como lo demuestran las fortalezas Machu Picchu, Ollantaytambo y Sacsahuamán y la propia ciudad de Cuzco.

La arquitectura del periodo colonial sigue en líneas generales los modelos españoles e italianos, a los que añade elementos indígenas. Así, en el s. XVI, es mudéjar la iglesia de los dominicos, en Lima, y renacentista la catedral de Cuzco y parte de la catedral de Lima. El Barroco triunfó en la segunda mitad del s. XVII y en el XVIII; son buena muestra de este estilo el convento de San Francisco en Lima, las fachadas de la catedral y de la universidad y la iglesia de Belén en Cuzco, y en arquitectura civil, el palacio del marqués de Torre Tagle en Lima. Al llegar la independencia, la reacción antiespañola hizo que se adoptaran modelos franceses. A principios del s. XX predomina el modernismo y más tarde surge el renacimiento peruano o neocolonial, cuya figura más representativa fue Rafael Marquina. Las últimas tendencias se reflejan en las ciudades y merecen mencionarse los nombres de Guzmán, L. Miró, C. Ciriani y A. Córdova.

Arte peruano: fachada de la iglesia barroca de San Francisco (1674), Lima.

La escultura estuvo influida por la imaginería religiosa española, sobre todo la de la escuela sevillana y en especial Martínez Montañés. Ejemplo de escultura barroca es la sillería del coro de la catedral de Lima. Tras un largo periodo de decadencia, la escultura cobró nuevos bríos con la creación de la Escuela de Bellas Artes de Lima (1919) y las enseñanzas del español M. Piqueras Cotolí. Destacan R. Espino, L. Valdetaro y especialmente Joaquín Roca Rey, seguidor de Henry Moore, y el abstracto Alberto Guzmán.

La pintura colonial siguió los modelos españoles, y la escuela sevillana, especialmente Murillo y Zurbarán. En Cuzco se desarrolló una escuela pictórica en los s. XVII y XVIII, cuyas obras, en la mayoría de los casos, son anónimas. Uno de los más conocidos artistas de la pintura colonial peruana es Mariano Torres. A principios del s. XIX la influencia francesa sustituyó a la española y el mejor representante de este siglo es José Gil de Castro. Otros pintores del mismo periodo son el romántico I. Merino, el acuarelista Pancho Fierro y el academicista L. Montero. En el s. XX sobresalen T. Castro, el paisajista D. Barreda, el expresionista José Sabogal, Fernando de Szyszlo y más tarde Enrique Camino, Antonio Maro y Herman Braun.

Lit. Las manifestaciones literarias de los pueblos de lengua quechua se encuentran recogidas en las obras del Inca Garcilaso y Felipe Huamán Poma de Ayala, entre otros. Es también muy importante el drama anónimo *Ollantay*, de origen quechua, donde se funde lo nativo con lo hispánico. Las crónicas sobre el descubrimiento y conquista de estas tierras las escribieron, entre otros, los historiadores Cieza de León, el Inca Garcilaso, Poma de Ayala y Agustín de Zárate. En la época del virreinato se siguieron las corrientes literarias de España, con ligeras variantes. En el s. XVII, el Barroco y la poesía gongorina se adaptan a la expresión americana, especialmente por obra del español fray Diego de Hojeda en su *Cristiada*. En el s. XVIII merece mención el dramaturgo fray Francisco del Castillo. La época inmediatamente anterior a la independencia está marcada por el racionalismo de las corrientes de la Ilustración y aparece el *Mercurio Peruano*, primera publicación importante del país. Pablo de Olavide muestra su admiración por los enciclopedistas y Juan Egaña escribe loas, sainetes y comedias. El neoclásico Mariano Melgar preludia ya el movimiento romántico y en su poesía se advierte un interés por lo popular y por la tradición india, mientras que en el teatro Felipe Pardo y Aliaga critica satíricamente las costumbres y Manuel Ascensio Segura se convierte en el máximo representante del criollismo. El Romanticismo es tardío y poco importante; Ricardo Palma triunfa con sus *Tradiciones peruanas*, narraciones históricas.

El modernismo tuvo muchos seguidores, entre los que destacan los poetas Manuel González Prada y José Santos Chocano, que se autoproclamó «cantor de América, autóctono y salvaje». Otros nombres significativos del s. XX son Ventura García Calderón, poeta y narrador, y Enrique López Albújar, autor de relatos en los que se denuncia la situación de los campesinos. El poeta José María Eguren, formado en el simbolismo, anuncia ya la obra de César Vallejo, cima del vanguardismo hispánico. En la década de los treinta Ciro Alegría cultiva una narrativa indigenista, que culminará en las novelas de José María Arguedas. Salazar Bondy, también narrador y poeta, crea el teatro indigenista. En la poesía, las vanguardias europeas encuentran eco en Carlos Oquendo de Amat, César Moro y Emilio Adolfo Westphalen. Otro grupo, en el que sobresalen Jorge Eduardo Eilson y Javier Sologuren, recibe la influencia postsimbolista. En la década de los cincuenta aparece la novela de realismo urbano, centrada en la clase media y en el suburbio, y representada especialmente por Mario Vargas Llosa. Otros narradores son Manuel Scorza, Alfredo Bryce Echenique y Osvaldo Jorge Salazar. Entre los ensayistas y críticos literarios sobresalen José Carlos Mariátegui, Julio Ortega y Luis Alberto Sánchez, y entre los poetas consagrados, Manuel Moreno Jimeno, Carlos Germán Belli y Enrique Verástegui.

Perú, virreinato del Circunscripción territorial que agrupó durante casi dos siglos los territorios de América del Sur excepto la costa venezolana. Fue creado por Carlos I en 1543 con el fin de poner término a las luchas entre los partidarios de Francisco Pizarro y Diego de Almagro. Su capital estuvo en Lima. El régimen implantado por el virrey Francisco de Toledo (1569-81) se inspiró en parte en el sistema colonial. En el s. XVIII se separaron del virreinato del Perú el de Nueva Granada, con regiones que serían con el tiempo Ecuador, Colombia, Venezuela y Panamá (1717), y el de Buenos Aires o del Río de la Plata, con Argentina, Uruguay, Paraguay y Bolivia (1776), así como la capitanía general de Chile (1778), lo que supuso la decadencia del núcleo limeño.

peruanismo *s. m.* Vocablo o giro propios del habla de Perú.

peruano, na *adj.* De Perú. También *s.*

Perú-boliviana, Confederación Estado constituido por la unión de Perú y Bolivia, en 1836, bajo el patrocinio de Andrés Santa Cruz, que fue nombrado protector y jefe supremo de la misma. Chile y Argentina declararon la guerra a la Confederación y derrotaron a Santa Cruz en Yungay (1839), tras lo cual Bolivia se sublevó contra Santa Cruz y la Confederación quedó disuelta (1839).

Perucho, Juan (Barcelona 1920) Escritor español en catalán y en castellano. Aunque se le conoce como poeta, crítico e historiador de arte, ha alcanzado su mayor prestigio con novelas y relatos breves de corte imaginativo y fantástico. Entre sus obras destacan *Libro de caballerías* (1957), *Galería de espejos sin fondo* (1963), *Apariciones y fantasmas* (1968), *Pamela* (1983) y *La guerra de la Cochinchina* (1986).

Perugia C. de Italia, cap. de la región de Umbría, situada sobre el eje de los Apeninos. 149.250 h. en 1990. Es un centro cultural, comercial y turístico, que cuenta con industria alimentaria y textil. Entre sus monumentos sobresalen la Fontana Maggiore, del s. XIII, el palacio de los Priori, de los s. XIII y XIV, y la catedral gótica de San Lorenzo, de los s. XIV y XV.

Perugino, Pietro di Cristoforo Vannucci, llamado **El** (Città della Pieve, Perugia h. 1448 - Fontignano, Perugia 1523) Pintor italiano. Alumno de Verrocchio y de Piero della Francesca, trabajó en Roma, Florencia y Perugia y fue maestro de Rafael. Su pintura se caracteriza por la suavidad de los colores, la simetría de la composición y la escasa expresividad de los personajes. Entre sus obras hay que mencionar *La entrega de las llaves a San Pedro,* fresco en la capilla Sixtina del Vaticano, la *Crucifixión* (1495), en el convento Santa Maria dei Pazzi, en Florencia, y la *Venus* de la decoración del Colegio del Cambio, en Perugia.

Perutz, Max Ferdinand (Viena 1914) Químico británico de origen austriaco. En 1937 se estableció en Cambridge y al año siguiente investigó los cristales de hemoglobina y determinó su estructura. En 1962 obtuvo el premio Nobel de química, compartido con John Cowdery Kendrew.

Peruzzi, Baldassare (Siena 1481 - Roma 1536) Pintor y arquitecto italiano. De la escuela sienesa, fue uno de los iniciadores del manierismo arquitectónico romano. Colaboró con Rafael en la decoración de las estancias del Vaticano. En Roma realizó su mejor obra, la villa Farnesina (1505-11), decorada al fresco con perspectivas arquitectónicas ilusionistas, que tuvieron después importancia en la pintura escenográfica.

perversidad *s. f.* Cualidad de perverso.

perversión *s. f.* Acción y efecto de pervertir o pervertirse.

perverso, sa *adj.* Malvado, depravado. **FAM.** Perversamente.

pervertir *v. tr.* Hacer que alguien o algo vayan en contra de lo establecido por la moral. También *v. prnl.* ■ Es v. irreg. Se conjuga como *sentir.* **FAM.** Pervertidor.

pervivencia *s. f.* Acción y efecto de pervivir.

pervivir *v. intr.* Permanecer, durar, seguir viviendo.

pesa *s. f.* **1.** Pieza de peso conocido que sirve para determinar lo que pesan otros objetos a los que equilibra en una balanza o instrumento semejante. **2.** Pieza de gran peso que cuelga de una cuerda o cadena y hace funcionar ciertos tipos de reloj. ‖ *pl.* **3.** Piezas de distintos pesos utilizadas en gimnasia.

pesacartas *s. m.* Balanza pequeña para pesar las cartas.

pesada *s. f.* Acción y efecto de pesar.

pesadez *s. f.* **1.** Cualidad de pesado, aburrido o molesto. **2.** Cosa que aburre, molesta o cansa. **3.** Sensación de cansancio o peso que se experimenta en la cabeza, los ojos, los miembros, el estómago, etc.

pesadilla *s. f.* **1.** Sueño que causa angustia, ansiedad, temor, etc. **2.** Preocupación, inquietud, intranquilidad, etc., muy grande y persona o cosa que las provoca.

pesado, da *adj.* **1.** Que pesa mucho. **2.** Que tarda mucho o molesta por su insistencia. También *s.* **3.** Molesto, aburrido, cansado. También *s.* **4.** Se dice del sueño profundo de una persona. **5.** Cargado por tener mucha presión, vapores o cosa semejante. **6.** Se dice de la cabeza, los ojos, los miembros, el estómago, etc., cuando se siente en ellos cansancio o una especie de peso molesto. **FAM.** Pesadamente.

pesadumbre *s. f.* Tristeza, pesar.

pesaje *s. m.* **1.** Acción y efecto de pesar. **2.** Operación de pesar a los competidores que participarán en una prueba deportiva (boxeo, carrera de caballos, etc.), los coches de una competición, la carga de un camión, etc., para comprobar que no pasan del peso permitido. **3.** Lugar donde se realiza esta operación.

pésame *s. m.* Expresión con que alguien manifiesta el sentimiento por la muerte de un ser querido a un familiar o amigo del difunto.

pesar[1] *s. m.* **1.** Tristeza, pena. **2.** Dolor ocasionado por cierta acción de la que uno se arrepiente. ‖ **LOC. a pesar (de)** *conj. conces.* En contra de la voluntad, deseo, sugerencia, etc., de alguien o el impedimento que algo produce. **a pesar de los pesares** *adv.* Pese a todos los inconvenientes, obstáculos, etc. **FAM.** Pesador.

pesar[2] *v. intr.* **1.** Tener un determinado peso. **2.** Tener mucho peso. **3.** Influir, ser tenido en cuenta algo por considerarse importante. **4.** Experimentar un sentimiento de pesar, pena o dolor. ‖ *v. tr.* **5.** Hallar el peso de alguien o algo. ‖ **LOC. pese a** *conj. conces.* A pesar de. **pese a quien pese** A pesar de todos los inconvenientes, obstáculos, perjuicios, etc.

Pesaro C. de Italia, perteneciente a la región de Las Marcas, situada en el N de la misma, a orillas del mar Adriático. 90.350 h. en 1990. Es un núcleo comercial, balneario y turístico, que cuenta con industria de motocicletas, del mueble, cerámica y editorial. Antigua colonia romana, sus principales monumentos son el palacio y fortaleza de los Sforza (s. XV-XVI) y la catedral (s. XIII-XIV).

pesaroso, sa *adj.* Que siente pesar por lo que ha hecho, ha dicho o por lo que ha ocurrido.

pesca *s. f.* **1.** Acción y efecto de pescar. **2.** Aquello que se pesca. **3.** Oficio y actividad de pescar. ‖ **4. pesca costera** La que se efectúa cerca de la costa, a una distancia máxima de 60 millas y en embarcaciones de tamaño medio. **5. pesca de altura** La que se efectúa en alta mar. **6. pesca de bajura** Pesca costera. **7. pesca submarina** La que se realiza sumergiéndose en el agua con el equipo necesario para ello: botella de oxígeno, gafas, aletas, arpón, etc.

Econ. La pesca constituye, junto a la agricultura, la ganadería y la explotación minera y forestal, uno de los elementos del sector económico primario. La más importante es la que se practica en el mar. Las principales áreas productivas son el Atlántico N y el Pacífico N, donde la mezcla de aguas frías y calientes favorece el desarrollo del plancton, alimento básico de los peces. El total de las capturas se aproxima a 95 millones de toneladas anuales y las mayores flotas pesqueras son las de Japón, CEI, China, EE UU, Chile y Perú. Las especies capturadas más frecuentes son peces de cuatro familias: gádidos (bacalao, abadejo, merluza, pescadilla, etc.), clupeidos (arenque, sardina, etc.), engráulidos (boquerón) y osméridos (eperlano); entre los moluscos y crustáceos son muy apreciados gambas, langostinos, bivalvos y cefalópodos. La pesca de la ballena tuvo una gran importancia, pero hoy en día está limitada. La pesca fluvial es importante en el SE asiático y sobre todo en la India.

pescada *s. f.* Merluza*, pez teleósteo.

pescadería *s. f.* Tienda en que se vende pescado.

pescadero, ra *s. m.* y *f.* Persona que vende pescado.

pescadilla *s. f.* **1.** Pez parecido a la merluza, pero de menor tamaño. **2.** Cría de la merluza.

pescado *s. m.* **1.** Pez considerado como comestible. **2.** Alimento constituido por los peces en general. ‖ **3. pescado azul** El abundante en grasa, como la sardina. **4. pescado blanco** El poco graso, como la merluza y el lenguado.

pescador, ra *s. m.* y *f.* Persona que pesca. También *adj.*

pescante *s. m.* **1.** Pieza saliente sujeta a una pared, costado de un buque, etc., para sostener o colgar algo. **2.** Asiento exterior desde donde el cochero gobierna las mulas o caballos. **3.** En los teatros, tramoya que sirve para hacer bajar o subir en el escenario personas o figuras. **4.** Brazo de una grúa.

pescar *v. tr.* **1.** Sacar del agua peces y, p. ext., otros animales acuáticos o intentar hacerlo. **2.** *fam.* Sacar a la superficie cualquier cosa sumergida en el agua u otro líquido. **3.** *fam.* Coger, p. ej. una enfermedad, una borrachera. **4.** *fam.* Conseguir a una persona o cosa que se buscaba o deseaba. **5.** *fam.* Sorprender a alguien en una falta o error o en algo que no quería que se supiese. ■ Se conjuga como *sacar.*

Pescara C. de Italia, cap. de la prov. del mismo nombre, situada en la región de los Abruzos, junto al mar Adriático. 128.700 h. en 1990. Es un centro comercial, turístico e industrial, con producción química, alimentaria y mecánica.

pescozón *s. m.* Golpe que se da con la mano en el pescuezo o en la cabeza.

pescuezo *s. m.* **1.** Cuello de los animales. **2.** *fam.* Cuello de las personas.

pesebre *s. m.* **1.** Especie de cajón donde comen los animales. **2.** Lugar donde se coloca éste. **3.** Cúmulo de estrellas situadas en la constelación del Cangrejo.

peseta *s. f.* **1.** Unidad monetaria de España desde 1868. **2.** *fam.* Dinero, capital. ‖ **LOC. cambiar la peseta** *fam.* Vomitar, especialmente por haberse mareado o emborrachado. **mirar la peseta** *fam.* Gastar poco o con cuidado, ser ahorrativo.

pesetero, ra *adj.* Tacaño o excesivamente ahorrador. También *s.*

Peshawar C. de Pakistán, cap. de la prov. de Frontera del Noroeste, situada al NO de Lahore. 566.250 h. en 1981. Es un centro comercial y cultural, que cuenta con artesanía de lana.

pesimismo *s. m.* Tendencia de algunas personas a ver siempre el lado negativo de las cosas.

pesimista *adj.* Que muestra pesimismo o se deja llevar por él. También *s.*

pésimo, ma *adj. sup.* de **malo**. **FAM.** Pésimamente.

peso *s. m.* **1.** Fuerza de atracción que ejerce la Tierra o cualquier otro cuerpo celeste sobre un cuerpo. **2.** Cosa que pesa mucho. **3.** Utensilio que sirve para averiguar lo que pesan las personas o cosas. **4.** El que cada boxeador pesa antes de una competición y que permite clasificarle en determinada categoría; también, cada una de estas categorías. **5.** Unidad monetaria de algunos países americanos (Argentina, Bolivia, Chile, Colombia, Cuba, México, República Dominicana y Uruguay) y de Filipinas. **6.** *fam.* Carga, preocupación, cansancio. **7.** Fuerza, influencia o efecto de alguien o algo. **8.** En dep., esfera de metal que se usa para lanzamiento de peso; pesa 7,257 kg y tiene un diámetro de 11 a 13 cm para las pruebas masculinas, y 4 kg y 9,5 a 11 cm, para las femeninas. ‖ **9. lanzamiento de peso** Prueba atlética olímpica que consiste en lanzar una bola de metal con una sola mano, tomando impulso en un círculo de 2,135 m de diámetro, que no puede rebasar; cada lanzador tiene derecho a seis tiros. **10. peso atómico** En fís., masa* atómica. **11. peso específico** En fís., peso de la unidad de volumen de un cuerpo. **12. peso gallo** Para el boxeador profesional, menos de 53 kilos 524 gramos. **13. peso ligero** Para el boxeador profesio-

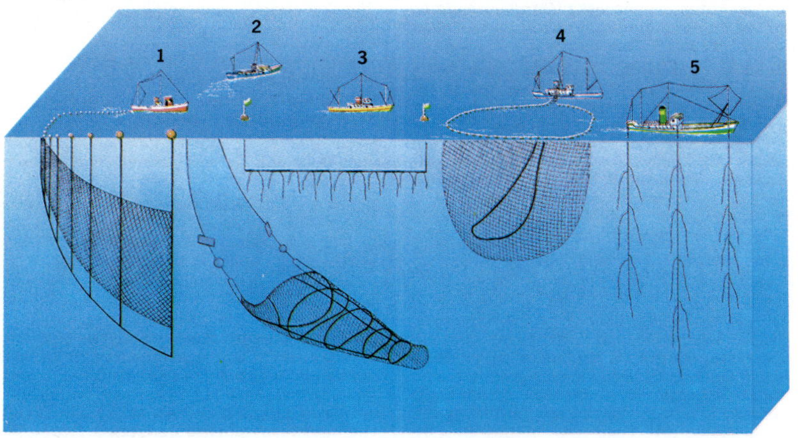

Algunos métodos de pesca comercial: 1. Trasmallo. 2. Arrastre. 3. Palangre. 4. Red de cerco. 5. Sedales con anzuelos.

nal, menos de 61 kilos 235 gramos. **14. peso medio** Para el boxeador profesional, menos de 72 kilos 574 gramos. **15. peso molecular** En fís., masa* molecular. **16. peso mosca** Para el boxeador profesional, menos de 50 kilos 802 gramos. **17. peso pesado** Para el boxeador profesional, más de 79 kilos 378 gramos. **18. peso pluma** Para el boxeador profesional, menos de 57 kilos 152 gramos. **19. peso semipesado** Para el boxeador profesional, menos de 79 kilos 378 gramos. **20. peso superligero** Para el boxeador profesional, menos de 63 kilos 503 gramos. **21. peso superwelter** Para el boxeador profesional, menos de 69 kilos 853 gramos. **22. peso welter** Para el boxeador profesional, menos de 66 kilos 678 gramos. ‖ **LOC. a (o al) peso** *adv.* Forma de venta en que se pesa los productos, por oposición a cuando se venden envasados o empaquetados. **a peso de oro** *adv.* Muy caro. **caerse** una cosa **de (o por) su (propio) peso** *fam.* Ser algo lógico y razonable. **de peso** *adj.* Se aplica a las personas juiciosas o influyentes y a las razones o motivos poderosos y decisivos.

Fís. El peso de un cuerpo no es constante, sino que depende del valor de la aceleración de la gravedad en cada punto. A medida que el cuerpo se aleja de la superficie terrestre, dicha aceleración va disminuyendo, de manera que fuera del campo gravitatorio un cuerpo no tiene peso o es ingrávido. El peso de un cuerpo es siempre directamente proporcional a su masa; su expresión es: $P = m \cdot g$. En el Sistema Internacional, su unidad de medida es el newton (N).

pespunte *s. m.* Labor de costura que consiste en realizar una puntada detrás de otra, de manera que cada una de éstas se une con el final de la anterior.

pespuntear *v. tr.* Hacer pespuntes.

pesquería *s. f.* **1.** Conjunto de actividades relacionadas con la pesca. **2.** Sitio donde frecuentemente se pesca. **3.** Granja donde se crían plantas o animales acuáticos, especialmente diversos tipos de peces, moluscos y crustáceos; las hay de agua dulce (en lagos, ríos, etc.), como las piscifactorías trucheras, o marinas, como las pesquerías de langostas.

pesquero, ra *adj.* **1.** Perteneciente o relativo a la pesca. **2.** Se aplica a los pantalones que quedan por encima de los tobillos. ‖ *s. m.* **3.** Barco de pesca.

pesquis *s. m. fam.* Ingenio, inteligencia.

pesquisa *s. f.* Acción encaminada a averiguar la realidad de alguna cosa. Se usa más en *pl.*

Pessoa, Fernando (Lisboa 1888 - íd. 1935) Poeta portugués. Fue uno de los introductores de las vanguardias poéticas en Portugal. Su obra se articula en torno a tres heterónimos o personalidades alternas, dotadas de carácter y biografía propios, con los que firmó obras de muy distinto estilo. Como Ricardo Reis, su poesía es de inspiración latina epicúrea; como Álvaro de Campos, parte del decadentismo y culmina en el modernismo; como Alberto Caeiro, su obra es antimetafísica y nostálgica. Firmó también poemas con su propio nombre, caracterizados por la lucidez y el lirismo. Entre sus obras principales figuran *Poesías de Fernando Pessoa* (1942), *Poesías de Álvaro de Campos* (1944), *Poemas de Alberto Caeiro* (1946) y, en prosa, *El libro del desasosiego* (1982).

Pestalozzi, Johann Heinrich (Zurich 1746 - Brugg 1827) Pedagogo suizo. Se formó en los ideales de la Ilustración, especialmente en el pensamiento de Rousseau. Dedicó toda su vida a dirigir orfanatos y encaminó sus esfuerzos a educar a los individuos para la convivencia en sociedad. Entre sus obras más influyentes se cuentan *Mis investigaciones sobre el proceso de la naturaleza en la evolución del género humano* (1797) y *Cómo Gertrudis enseña a sus hijos* (1801).

pestaña *s. f.* **1.** Cada uno de los pelos que hay en los bordes de los párpados. **2.** Parte saliente y estrecha en el borde de alguna cosa. ‖ *pl.* **3.** En bot., pelos rígidos que están colocados en el borde de dos superficies opuestas.

Pestaña, Ángel (Santo Tomás de las Ollas, actual Ponferrada, León 1886 - Begas, Barcelona 1937) Dirigente obrero español. De ideología anarquista, destacó en la preparación de la huelga de agosto de 1917. Poco después entró en la dirección de la CNT y decidió la ruptura de este sindicato con la Tercera Internacional en 1922. Expulsado de la CNT en 1932, fundó en 1933 el Partido Sindicalista, que formó parte del Frente Popular en 1936. Al comenzar la guerra civil volvió a ingresar en la CNT.

pestañear *v. intr.* Mover los párpados. ‖ **LOC. sin pestañear** *adv.* Prestando gran atención; también, sin rechistar, sin quejarse. **FAM.** Pestañeo.

peste *s. f.* **1.** Enfermedad infecciosa producida por el bacilo *Yersinia pestis*, que ocasiona muchas muertes en personas y animales. Se transmite a través de las pulgas de las ratas. Provoca la hinchazón de los nódulos linfáticos (que se hacen visibles desde el exterior y se llaman *bubones*, de donde viene el nombre de *peste bubónica*), fiebre, hemorragia interna, coma y la muerte en un 60 % de los casos. En la antigüedad provocó terribles epidemias, como la peste negra que diezmó Europa en el s. XIV. Se combate con vacunas, antibióticos, desinfección y, lógicamente, la eliminación de las ratas y las pulgas. **2.** P. ext., cualquier enfermedad que ocasiona muchas muertes. **3.** Cualquier cosa mala, que perjudica o molesta. **4.** Mal olor. **5.** *fam.* Gran cantidad de algo perjudicial, molesto o desagradable. ‖ *pl.* **6.** Con verbos como *decir, contar, echar*, etc., palabras que descalifican a alguien. ‖ **7. peste aviar** Enfermedad infecciosa que ataca a las aves de corral; el virus se halla en la sangre y se transmite por los excrementos o secreciones nasales; su evolución es rápida y la mortalidad elevada; se previene mediante vacunas. **8. peste bovina** Enfermedad contagiosa causada por un virus que ataca a los rumiantes y al ganado porcino; se caracteriza por infección diftérica de las mucosas y diarreas; es endémica en algunos países de Asia y África. **9. peste equina** Enfermedad contagiosa que ataca al ganado equino, transmitida por un mosquito. Se caracteriza por hinchazón de los belfos y los párpados; debe aislarse el ganado atacado para evitar la propagación de la enfermedad y procederse a la vacunación de los no atacados en un radio muy amplio. **10. peste porcina** Enfermedad septicémica causada por un virus que ataca a los cerdos jóvenes; el animal afectado presenta trastornos nerviosos, digestivos y respiratorios; debe aislarse a los animales atacados y vacunar a los restantes.

pesticida *s. m.* Sustancia química utilizada para eliminar animales o plantas dañinos para el hombre, en especial para la agricultura y la ganadería.

pestífero, ra *adj.* **1.** Que puede ocasionar peste o daño grave. **2.** De mal olor.

pestilencia *s. f.* **1.** Peste, enfermedad. **2.** Mal olor. **3.** Cualquier cosa mala que ocasiona daño grave.

pestilente *adj.* **1.** De mal olor. **2.** Que causa peste.

pestillo *s. m.* **1.** Pieza prismática que sale de la cerradura por la acción de la llave o por un muelle y entra en el cerradero o hueco del marco. **2.** Nombre que se aplica a diversos tipos de cerrojo.

pestiño *s. m.* **1.** Masa de harina y huevo muy frita, a la que suele añadirse por encima miel, azúcar o anisetes. **2.** *fam.* Persona o cosa aburrida.

pesto (voz ital.) *s. m.* Salsa elaborada principalmente con albahaca, aceite y ajo.

pestorejo *s. m.* Parte exterior de la cerviz, sobre todo la saliente y abultada.

peta- *pref.* En el Sistema Internacional, multiplica la unidad por mil billones (10^{15}). Su símbolo es *P*.

petaca *s. f.* **1.** Estuche para el tabaco. **2.** *amer.* Caja o baúl de madera, caña o mimbre, forrado de cuero. **3.** *Amér. C.* Joroba, corcova. **4.** *Méx.* Maleta. ‖ **LOC. hacer la petaca** *fam.* Broma que consiste en preparar a alguien la cama doblando la sábana de arriba de forma que, al acostarse, los pies tropiecen con ella.

Pétain, Philippe (Cauchy-à-la-Tour 1856 - isla de Yeu 1951) Militar y político francés. Durante la Primera Guerra Mundial participó en la ofensiva de Champagne (1915) al frente del segundo ejército, y dirigió la defensa de Verdún (1916). Fue nombrado mariscal de Francia (1918), ministro de la Guerra (1934) y embajador en España (1939). Después de estallar la Segunda Guerra Mundial se le nombró jefe del Estado. Tras firmar el armisticio con Alemania, inició una política de entendimiento con Hitler, al tiempo que implantaba en la Francia no ocupada un régimen autoritario, que intensificó sus relaciones con el nacionalsocialismo al ser nombrado Laval primer ministro (1942). Después de la derrota alemana se refugió en Suiza, pero volvió para ser juzgado. Fue condenado a muerte, pero se le conmutó la pena por la de cadena perpetua.

pétalo *s. m.* Cada una de las piezas que constituyen la corola de una flor. Son de formas muy variadas y generalmente presentan colores vistosos debido a los pigmentos que contienen sus células. Pueden encontrarse aislados, como en la flor dialipétala, o soldados, como en la flor gamopétala. Los pétalos de las flores dialipétalas caen después de la fecundación.

petanca *s. f.* Juego que consiste en tirar una serie de bolas cada jugador y quedarse más cerca de una más pequeña que se ha tirado previamente y sirve como señal.

petar *v. intr. fam.* Apetecer, gustar.

petardear *v. tr.* **1.** Disparar o tirar petardos. **2.** Hacer un ruido semejante al de éstos.

petardo *s. m.* **1.** Especie de tubo con pólvora que, cuando se le prende fuego, estalla haciendo mucho ruido. **2.** *fam.* Persona o cosa cargante o molesta. También *adj.*

Petare C. de Venezuela, en el estado de Miranda, a orillas del río Guaire, junto a Caracas, de cuya área metropolitana forma parte. 532.000 h. en 1990.

petate *s. m.* **1.** Bolsa grande de tela que se cuelga del hombro, como la que llevan los soldados con su ropas y enseres. **2.** Esterilla de palma usada en los países cálidos para dormir sobre ella. ‖ **LOC. liar el petate** *fam.* Marcharse de un sitio, mudarse.

Petén Departamento de Guatemala, situado en el N del país. 35.854 km². 240.350 h. en 1990. La capital es Ciudad Flores, con 3.350 h. en 1990. Es una región montañosa en el S, donde se alzan las montañas Mayas y las estribaciones de la Sierra Madre, con grandes lagos en el N, como Petén Itzá y Yaxjá, y cubierta de selva tropical. Su economía se basa en la explotación forestal, pesca fluvial y lacustre y el cultivo de café, tubérculos, cereales y leguminosas. Constituyó un importante centro de la civilización maya, donde se hallaban la ciudades de Uaxactún y Tikal, de las que se conservan importantes templos pirámide, la de Tikal con 70 m de altura y la de Uaxactún, construida en el s. IV.

petenera *s. f.* Forma de cante flamenco con coplas de cuatro versos octosílabos, de profunda intensidad dramática. ■ Se usa mucho en *pl.* ‖ **LOC. salir(se) por peteneras** *fam.* Desviarse del tema de conversación.

petequia *s. f.* Pequeña mancha o punto de color rojizo que aparece en la piel, generalmente por rotura de un capilar.

Peterborough C. del Reino Unido, situada en Cambridgeshire, junto al río Nene. 114.750 h. en 1981. Cuenta con industrias alimentarias y de conducciones eléctricas. La parte antigua conserva una catedral de los s. XII y XIII.

Peterborough, Charles Mordaunt, conde de (? h. 1658 - Lisboa 1735) Militar y político inglés. Apoyó la subida al trono inglés de Guillermo de Orange y fue su consejero privado. En 1705 marchó a España al mando de la expedición inglesa que luchó en la guerra de Sucesión española al lado del archiduque Carlos, con quien posteriormente estuvo en desacuerdo.

Peterson, Oscar Emmanuel (Montreal 1925) Músico canadiense. Virtuoso pianista de jazz, ha tocado con las principales figuras de este siglo. Su amplio repertorio abarca desde el swing hasta las tendencias más innovadoras.

petición *s. f.* **1.** Acción y efecto de pedir. **2.** En der., escrito que se presenta ante un juez. ‖ **3. petición de principio** Defecto de un razonamiento en que se da como cierto lo mismo que se pretende demostrar. También se llama *argumento circular*.

peticionar *v. tr. amer.* Presentar una petición a las autoridades.

peticionario, ria *adj.* Que pide formalmente una cosa. También *s.*

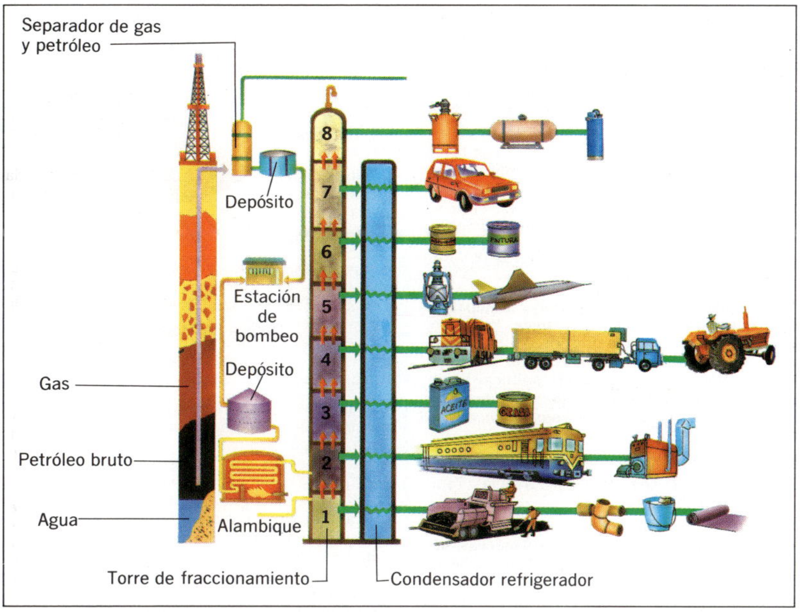

Principales usos de los productos derivados del petróleo según su situación relativa en la torre de fraccionamiento. 1. Residuos pesados. 2. Fuel-oil. 3. Aceites lubricantes. 4. Gas-oil. 5. Queroseno bruto. 6. Esencias especiales. 7. Gasolinas. 8. Gases ligeros.

petifoque *s. m.* Vela triangular, más pequeña que el foque principal y que se orienta por fuera de él.

petigrís *s. m.* En peletería, ardilla común y su piel.

petimetre, tra *s. m.* y *f.* Persona que viste o se arregla con afectación o excesivo cuidado y se preocupa demasiado por seguir la moda.

Pétion, Anne Alexandre Sabès, llamado (Puerto Príncipe 1770 - íd. 1818) Político haitiano. Se sublevó contra la dominación inglesa en la isla y en 1806 proclamó la república, de la que fue nombrado presidente (1807-18).

Pétion de Villeneuve, Jérôme (Chartres 1756 - Saint-Émilion 1794) Político francés. Fue diputado del tercer estado (1789), jacobino y alcalde de París (1791). Presidente de la Convención en 1792, apoyó a los girondinos. Acusado por Robespierre, se refugió en Normandía e intentó sublevar la provincia; fracasado, huyó a la región de Burdeos y se suicidó.

petirrojo *s. m.* Ave de la familia muscicápidos, especie *Erithacus rubecula.* Mide unos 15 cm de longitud, tiene el cuerpo rechoncho, dorso pardo, el cuello corto, garganta y pecho rojo vivo y el vientre blanquecino. Su alimentación se basa en insectos y frutos. Habita en Europa, Asia y África.

petiso, sa *adj. Amér. del S.* Petizo.

petit comité, en *loc. fr.* Significa 'en pequeña reunión' y se usa para indicar que algo se hace o decide entre unas pocas personas, sin contar con los demás.

petitorio, ria *adj.* **1.** Perteneciente o relativo a la petición. ‖ **2. mesa petitoria** Véase **mesa**.

petizo, za *adj.* **1.** *Amér. del S.* Pequeño, bajo, de poca altura. También *s.* ‖ *s. m.* **2.** *Amér. del S.* Caballo de poca alzada. ‖ **3. petizo de los mandados** *Arg., Urug.* Caballo que se usa en las estancias para las compras y encargos; también, chico que en las casas hace los mandados.

peto *s. m.* **1.** Pieza de algunas prendas de vestir que va sobre el pecho. **2.** Protección acolchada que cubre el pecho y el lado derecho del caballo del picador en las corridas de toros. **3.** Armadura o parte de ella que se colocaba sobre el pecho.

Petöfi, Sandor (Kiskörös 1823 - batalla de Segesvar 1849) Poeta húngaro. Representante del Romanticismo, fue el inspirador de la revolución húngara con su himno *¡En pie, magiares!* y murió en el campo de batalla defendiendo la independencia de su país. Entre sus obras destacan *El herrero* (1844), *El héroe Janos* (1844) y *El Apóstol* (1848), novela en verso.

Petra Antigua ciudad del Próximo Oriente situada en el O de la actual Jordania. Capital de los nabateos, alcanzó su mayor esplendor en el s. I d. C. Fue conquistada por Roma en el 106, fecha en que se inició su decadencia. Se conservan interesantes ruinas de tumbas rupestres en las montañas.

Francesco Petrarca (Biblioteca Nacional de Turín).

Petrarca, Francesco (Arezzo 1304 - Arquà, Padua 1374) Poeta italiano. Comenzó sus estudios en Aviñón y cursó la carrera de leyes en Montpellier y Bolonia, al tiempo que se entregaba a la lectura de los poetas provenzales. En 1326 volvió a Aviñón y un año después se enamoró profundamente de Laura, a la que dedicó algunas de sus más bellas poesías. En 1348 obtuvo un cargo eclesiástico en Parma y posteriormente vivió en Milán, Padua, Venecia y Arquà. Petrarca poseyó un profundo conocimiento del latín y de la antigüedad clásica, por lo que es considerado como uno de los grandes humanistas. Intentó alcanzar la gloria literaria con sus escritos en latín, pero lo hizo de hecho por sus poemas en lengua romance. Su poesía lírica en italiano logra una calidad sin precedentes, por la musicalidad de los versos, la perfección del endecasílabo y la elegancia con que se expresan los diversos estados de ánimo. Entre sus obras descuellan el *Secretum, De viris illustribus* (1338) y *De vita solitaria* (1346-56), en latín, y, sobre todo, sus libros de poemas en italiano, el *Cancionero* (1335) y los *Triunfos,* publicados en 1374.

petrarquismo *s. m.* Escuela literaria seguidora de Petrarca. **FAM.** Petrarquista.

Petrassi, Goffredo (Zagarolo, cerca de Palestrina 1904) Músico italiano. Maestro en la orquestación, sus preferencias giran en torno a las formas neoclásicas. Entre sus principales obras se cuentan *Partita* (1933), *Muerte del aire* (1950) y *Elogio para una sombra* (1971).

petrel *s. m.* Nombre común de diversas aves de las familias procelláridos e hidrobátidos, con diversos géneros. El petrel común o paíño común *(Hydrobates pelagicus)* mide unos 15 cm de longitud, tiene un cuerpo robusto y largas alas, color negro, excepto el obispillo, que es blanco, y cola cuadrada. Vive en el mar y sólo se dirige a tierra para anidar. El petrel gigante *(Macronectes giganteus)* alcanza hasta 90 cm de longitud, tiene el pico afilado y ganchudo y plumaje color negro con el extremo blanco. Habita en los mares del hemisferio sur desde la Antártida hasta el trópico de Capricornio.

pétreo, a *adj.* **1.** De piedra. **2.** Semejante a la piedra o comparable a ella de alguna manera. **3.** Pedregoso, cubierto de piedras.

Petrer C. de España, en la prov. de Alicante, próxima a Elda. 23.600 h. en 1990. Posee agricultura de productos hortícolas y frutales e industria del calzado.

petri- *pref.* Véase **petro-**.

petrificar *v. tr.* **1.** Convertir en piedra o endurecer una cosa de modo que parezca de piedra. También *v. prnl.* **2.** Dejar a uno inmóvil por la sorpresa o el asombro. ■ Se conjuga como *sacar.* **FAM.** Petrificación, petrificante.

petro- *pref.* Significa 'piedra': *petrogénesis, petrología.* ■ También presenta la variante *petri*: *petrificar.*

petrodólar *s. m.* Término que designa los dólares obtenidos por los países productores de petróleo, especialmente los árabes, gracias a la venta de crudos.

petrogénesis *s. f.* Litogénesis*.

petroglifo *s. m.* Dibujo grabado en una piedra o roca, especialmente del periodo neolítico.

petrografía *s. f.* Ciencia que estudia las rocas. Es una disciplina de la petrología y se ocupa de la localización de rocas y minerales útiles y la elaboración de mapas que señalan los yacimientos importantes.

petrolear *v. tr.* **1.** Limpiar o pulverizar con petróleo alguna cosa. ‖ *v. intr.* **2.** Llenar de petróleo el depósito de un buque.

petróleo *s. m.* Mezcla de hidrocarburos y otros compuestos del carbono que se encuentra en estado líquido en grandes cavidades subterráneas, en general entre los 1.000 y 3.000 metros de profundidad. La composición de dicha mezcla varía de unos yacimientos a otros. Existen dos teorías sobre el origen del petróleo: una de dichas teorías mantiene que el petróleo se originó por la reacción de los carburos metálicos con el agua, mientras que la otra, más difundida, le atribuye un origen vegetal, de modo que el petróleo procedería de la descomposición anaerobia de grandes bosques sepultados junto con agua salada en los movimientos orogénicos que tuvieron lugar entre el cretácico y el mioceno. El petróleo bruto apenas es aprovechable como tal, pero de su destilación fraccionada se obtienen productos de extraordinaria importancia industrial (gases, éter de petróleo, gasolina, queroseno, etc.). Los principales países productores de petróleo son EE UU, Arabia Saudí, Reino Unido, México, China, la Federación Rusa, Venezuela, Canadá, Irán e Irak.

petrolero, ra *adj.* **1.** Perteneciente o relativo al petróleo. ‖ *s. m.* **2.** Buque que transporta petróleo. ‖ *s. m.* y *f.* **3.** Persona que vende petróleo al por menor.

petrolífero, ra *adj.* Que contiene o extrae petróleo.

petrología *s. f.* Litología*.

Petronila (? 1136 - ? 1174) Reina de Aragón (1137-74). Hija de Ramiro II el Monje, siendo muy niña se concertó su matrimonio con Ramón Berenguer IV, conde de Barcelona, con lo que se unificaron ambos territorios para constituir la corona de Aragón.

Petronio (s. I d. C.) Escritor latino. Era familiar de Nerón y fue un personaje relevante en su corte. Al descubrirse la conspiración de Pisón, se le obligó a morir cortándose él mismo las venas. Es el autor de *Satiricón,* obra en prosa de la que sólo se conservan dos capítulos, valioso documento del latín hablado en esa época.

Petrópolis C. de Brasil, perteneciente al estado de Rio de Janeiro, situada en la sierra de Orgaos. 284.500 h. en 1989. Es un centro comercial, que cuenta con industria textil.

petroquímica *s. f.* Ciencia, técnica o industria de los productos químicos derivados del petróleo. **FAM.** Petroquímico.

Petrosian, Tigran Vartanovich (Tbilisi 1929 - Moscú 1984) Ajedrecista soviético. Fue campeón de la URSS (1959 y 1961) y campeón mundial de 1963 a 1969.

Pettoruti, Emilio (La Plata 1894 - París 1971) Pintor argentino. Se familiarizó en Europa con las vanguardias y su pintura desembocó en la abstracción por la influencia de Juan Gris. Su arte se caracteriza por la luminosidad y por la simplicidad geométrica de las formas. Como director del Museo de La Plata (1930-47) difundió el arte moderno en su país.

Petty, sir William (Romsey, Hampshire 1623 - Londres 1687) Economista británico. Realizó estudios sobre la división del trabajo, la renta de la tierra y los salarios. Se le ha llamado el fundador de la economía política. Escribió, entre otras obras, *Un tratado de impuestos y contribuciones* (1662) y *Un tratado concerniente al dinero* (1682).

petulancia *s. f.* Vanidad, arrogancia.

petulante *adj.* Que tiene petulancia. También *s.* **FAM.** Petulantemente.

petunia *s. f.* **1.** Nombre común de diversas plantas herbáceas de la familia solanáceas, género *Petunia.* Alcanzan entre 40 y 200 cm de altura, tienen hojas alternas de forma alargada o redondeada y borde entero; las flores, en forma de embudo, están aisladas y presentan una gama extensa de colores obtenidos de la hibridación entre distintas especies. Crecen silvestres en América del Sur y se cultivan en todo el mundo como plantas ornamentales. **2.** Flor de estas plantas.

Petunias.

peúco *s. m.* Calcetín o botita de lana para los niños pequeños.

Pevsner, Anton (Orel 1886 - París 1962) Pintor y escultor francés de origen ruso. Se inició como pintor abstracto bajo la influencia de la vanguardia francesa. Posteriormente se dedicó a la escultura y en 1920, junto a su hermano Naum Gabo, sentó las bases del constructivismo publicando un manifiesto. Entre sus obras destacan *Columna desarrollable* (1946) y *Proyección dinámica al grado 30* (1951).

peyorativo, va *adj.* Se aplica a las palabras, opiniones, etc., que suponen o expresan algo negativo sobre una persona o cosa.

peyote *s. m.* Planta de la familia cactáceas, especie *Echinocactus Williamsii.* Es un cactus que mide entre 15 y 20 cm de altura, tiene forma cilíndrica, flores rosas y carece de espinas. Contiene numerosos alcaloides y su extracto se utiliza como droga alucinógena. Crece en Texas y México.

Peyrefitte, Roger (Castres 1907) Novelista francés. Ejerció la carrera de diplomático (1931-45). Con sus mordaces novelas ha obtenido grandes éxitos, algunos basados en el escándalo. Entre sus títulos merecen citarse *Las amistades particulares* (1947), *El fin de las embajadas* (1953), *Las llaves de San Pedro* (1955), *Los hijos de la luz* (1961) y *Nuestro amor* (1967).

pez[1] (del lat. *piscis*) *s. m.* **1.** Animal vertebrado acuático que respira por branquias, se reproduce por huevos, tiene su piel generalmente cubierta de escamas y sus extremidades en forma de aletas. ‖ *pl.* **2.** Tipo de animales vertebrados al que pertenecen estos animales. ‖ **3. pez gordo** *fam.* Persona de gran poder e influencia. ‖ **LOC. como pez en el agua** *fam.* Se dice de la persona que se desenvuelve bien o está muy a gusto en determinado ambiente. **estar pez** *fam.* No saber nada de algo.

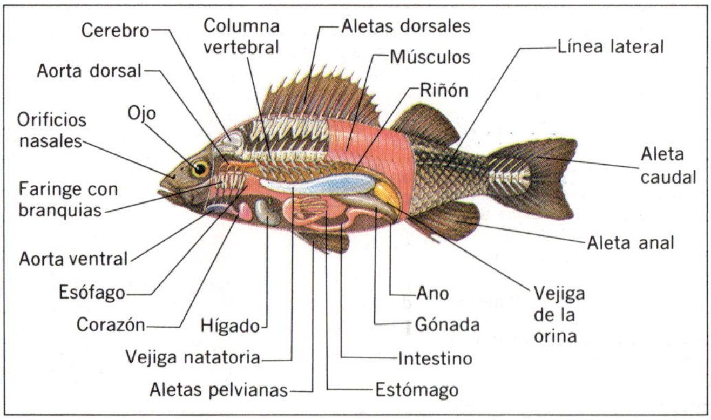

Anatomía de un pez.

Zool. Los peces son los vertebrados más antiguos que se conocen, pues sus fósiles se remontan a la era paleozoica. Su cuerpo está dividido en cabeza, tronco y cola. Sus ojos carecen de párpados. En el costado anterior del tronco tienen las branquias, cubiertas por un opérculo. Poseen aletas pares –pectorales y ventrales– e impares –dorsales y anal– y la aleta caudal o cola. Su esqueleto puede ser óseo o cartilaginoso. Cuentan con una vejiga natatoria con la que equilibran las variaciones de presión hidrostática. Tienen circulación simple y completa y respiración branquial. Su reproducción suele ser por fecundación externa y la mayoría de las especies son ovíparas. El tipo peces se divide en dos superclases: los agnatos, como la lamprea, que carecen de mandíbula y de escamas, tienen esqueleto cartilaginoso y habitan en aguas dulces y saladas; y los gnatostomados, que a su vez comprende dos clases, los condrictios (con las subclases holocéfalos y elasmobranquios), como el tiburón y la raya, que tienen mandíbulas, esqueleto cartilaginoso y escamas placoideas y carecen de opérculo y vejiga natatoria; y los osteictios (con las subclases crosopterigios, actinopterigios y dipnoos), como el esturión, la sardina y la merluza, que tienen mandíbula, esqueleto óseo, escamas cicloideas y ctenoideas y opérculo y pueden carecer de vejiga natatoria. El tipo comprende unas 21.000 especies vivientes.

pez[2] (del lat. *pix, picis*) *s. f.* Sustancia resinosa, sólida, de color pardo amarillento, que resulta de echar en agua fría el residuo de la trementina después de sacarle el aguarrás. Se ha empleado para impermeabilizar superficies.

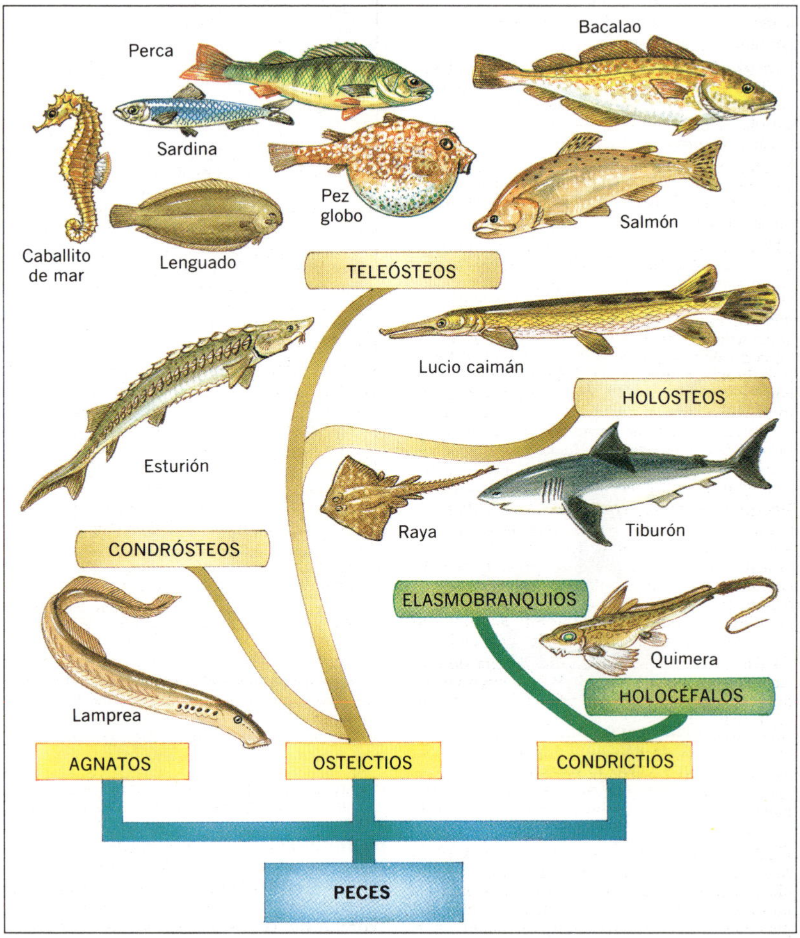

Peces: las tres clases en que se divide este tipo, con ejemplos de cada una de ellas. La más numerosa es la de los osteictios.

Pez Austral Constelación austral formada por 43 estrellas que se divisan a simple vista; la más importante es Fomalhaut.

Peza, Juan de Dios (México 1852 - íd. 1910) Poeta mexicano. Diplomático, vivió en Madrid. En su poesía, regionalista y nacionalista, se percibe la influencia de Núñez de Arce. Algunos de sus libros más significativos son *Canto a la patria* (1876), *Cantos del hogar* (1884) y *Hojas de margarita* (1910). También escribió teatro, como *Últimos instantes de Cristóbal Colón* (1874) y *Un epílogo de amor* (1875).

Pezet, Juan Antonio (Lima 1810 - Chorrillos 1879) Militar y político peruano. Luchó junto a Bolívar y Sucre. Elegido vicepresidente de la república (1862), accedió a la presidencia a la muerte de Miguel San Román (1863). Fue derrocado (1865) por su actitud moderadora durante la guerra del Pacífico.

pezón *s. m.* **1.** Parte puntiaguda que sobresale en los pechos de las hembras de los mamíferos por donde las crías succionan la leche. **2.** Ramita que sostiene la hoja, la flor o el fruto en las plantas. **3.** Extremo del eje que sobresale de la rueda de carros y coches. **4.** Palo que se encaja perpendicularmente en el extremo de la lanza del carro y en el cual se ata el yugo. **5.** Punta o cabo de tierra o de cosa semejante. **6.** Extremo saliente de ciertas frutas, como el limón.

pezonera *s. f.* Pieza redonda con un hueco en el centro que protege el pezón y ayuda al bebé a succionar la leche.

Pezuela y Sánchez, Joaquín de la (Naval, Huesca 1761 - ? 1830) Militar y político español. En 1805 recibió el mando de las tropas españolas en Perú, donde participó en las guerras de independencia. Venció a Belgrano en 1813 y pasó a Argentina, donde derrotó a Rondeau en Viluma (1815). Fue virrey de Perú (1816-21).

pezuña *s. f.* **1.** Conjunto de los dedos de una misma pata cubiertos con sus uñas en los animales de pata hendida. **2.** *fam.* Pie humano.

pF Símbolo del picofaradio.

Pforzheim C. de Alemania, situada en el Land de Baden-Württemberg, a orillas del río Enz. 108.900 h. en 1989. Cuenta con industrias de bisutería, relojería, óptica, mecánica de precisión, construcciones metálicas y metalurgia.

Pfund, serie de Conjunto de líneas espectrales en el átomo de hidrógeno, obtenidas cuando un electrón excitado cae hasta el nivel 5 desde otros niveles superiores.

pH *s. m.* Número que indica el grado de acidez de una disolución. Matemáticamente se define como menos el logaritmo decimal de la concentración de iones hidronio $[H_3O^+]$ presentes en dicha disolución: $pH = -\log[H_3O^+]$. P. ej., si la concentración de iones hidronio es 0,1 M, el pH de la disolución será igual a 1, pues $-\log 0{,}1 = 1$. Debido al signo negativo, cuanto mayor sea la concentración de iones $[H_3O^+]$, es decir, cuanto más ácida sea la disolución, tanto menor será el pH. Una disolución neutra es aquella cuyo pH = 7. Si el valor del pH es menor de 7, la disolución es ácida, mientras que si el valor del pH es mayor que 7, la disolución es básica.

Pham Van Dong (Quang Ngai 1906) Político vietnamita. En 1954, con la independencia de Vietnam, fue nombrado viceprimer ministro y ministro de Asuntos Exteriores. Tras la reunificación de Vietnam en 1976 ocupó el cargo de primer ministro, puesto que le fue confirmado en 1981. Dimitió en 1986. Durante su gobierno se produjo la invasión vietnamita de Camboya.

Philidor Sobrenombre de una familia de músicos franceses de los s. XVII y XVIII, cuyo verdadero apellido era **Danican**. Sobresalieron **André** (? h. 1647 - Dreux 1730), quien escribió numerosas óperas y ballets; y **François André** (Dreux 1726 - Londres 1795), hijo del anterior, que destacó no sólo por sus composiciones musicales, en las que sintetizó las tradiciones francesa e italiana, sino por ser el mejor ajedrecista de la época.

Philipe, Gérard (Cannes 1922 - París 1959) Actor de teatro y cine francés. Prototipo del galán romántico, supo adaptarse a otros papeles, tanto en dramas como en comedias. Entre sus películas merecen recordarse *El diablo en el cuerpo* (1946), *La belleza del diablo* (1949), *Fanfán el invencible* (*Fanfan la Tulipe*, 1952), *Mujeres soñadas* (*Les belles de nuit*, 1952) y *Las maniobras del amor* (*Les grandes manoeuvres*, 1955).

Philips, Anton Frederick (Zaltbommel 1874 - Eindhoven 1951) Industrial holandés. Partiendo de la fábrica de lámparas eléctricas Philips & Co., creada por su hermano en 1891 en Eindhoven, logró desarrollar una de las más importantes empresas actuales en el campo de la electrónica.

Phnom Penh C. de la República de Camboya, cap. del país, situada en el sector meridional de su territorio, junto al río Mekong. 800.000 h. en 1989. Es una ciudad administrativa, comercial y portuaria, centro de la industria alimentaria, maderera, tabaquera y de neumáticos.

Phoenix C. de EE UU, cap. del estado de Arizona, situada junto al río Salt. 942.000 h. en 1990. Es un centro comercial e industrial en rápido crecimiento, con producción electrónica y alimentaria.

pi *s. f.* **1.** Decimosexta letra del alfabeto griego, que corresponde a nuestra *p*. ▪ La minúscula se escribe π y la mayúscula Π. **2.** En mat., nombre dado al número que equivale a 3,1415926535... y que resulta de la relación entre la longitud de una circunferencia y su diámetro. Se escribe π.

Pi i Margall, Francesc (Barcelona 1824 - Madrid 1901) Político español. Hombre de sólida formación intelectual, se inició en la política en 1854 presentándose a las elecciones por Barcelona y publicando *La reacción y la revolución*, donde defendió un Estado revolucionario y federal. Fundó la revista *La Razón* (1856) y colaboró en *La Discusión*, divulgando la ideología socialista. Tras la revuelta de San Gil en 1866 se exilió a París y volvió en 1869 para intentar mantener la moderación en su partido, el Federal, y conseguir el regreso a las Cortes de sus diputados, que las habían abandonado al proclamarse la monarquía de Amadeo de Saboya. Con la caída del monarca y la llegada de la Primera República (1873), fue elegido presidente. La extensión del independentismo (cantonalismo) y las presiones de los diputados intransigentes hicieron que tuviera que dimitir (18 julio). Intentó volver a la presidencia, pero fue derrotado por Castelar en septiembre de ese año.

Piacenza C. de Italia, situada en la región de Emilia-Romaña, al SE de Milán. 104.000 h. en 1990. Es mercado agrícola y cuenta con industria mecánica, química y alimentaria. Conserva, entre otros monumentos, la catedral (s. XII-XIV) y los palacios Comunal (s. XIII) y Farnesio (s. XVI).

piadoso, sa *adj.* **1.** Se aplica a la persona que realiza con fervor muchas prácticas religiosas, especialmente rezos, y a estas prácticas. **2.** Se dice de la persona que trata a los demás con compasión y bondad y de sus actitudes, obras, etc. **FAM.** Piadosamente.

Piaf, Edith Giovanna Gassion, llamada **Edith** (París 1915 - íd. 1963) Cantante francesa. Creó un estilo personal con sus dramáticas representaciones en escena, sus sencillos vestidos negros y su voz desgarrada que, unidos a una vida romántica, hicieron de ella un mito en Francia, como representante de la bohemia de París.

piafar *v. intr.* Levantar el caballo alternativamente una y otra mano dejándolas caer con fuerza y rapidez.

Piaget, Jean (Neuchâtel 1896 - Ginebra 1980) Psicólogo y pedagogo suizo. Estudió en Zurich, donde entró en contacto con el psicoanálisis, y en París, donde inició sus estudios sobre la psicología del niño. Trató de elaborar una teoría científica del conocimiento en la que se encontrara una respuesta al problema de cómo el individuo adquiere los conceptos y las estructuras intelectuales. Su idea básica es que el desarrollo intelectual del individuo constituye un proceso de adaptación continua con el medio, que pasa por diversas fases o estadios. Algunas de sus obras más significativas son *El nacimiento de la inteligencia en el niño* (1936), *La génesis del número en el niño* (1941), *La formación del símbolo en el niño* (1946), *La psicología de la inteligencia* (1947) y *Epistemología genética* (1970).

piamadre o **piamáter** *s. f.* Membrana fina y semitransparente, la más interna de las tres que constituyen las meninges; está en contacto con el tejido nervioso del encéfalo y de la médula espinal.

Piamonte (*Piemonte*) Región de Italia, situada en el NO del país, en la frontera con Francia y Suiza. 25.399 km². 4.357.550 h. en 1990. La capital es Turín, con 1.003.000 h. en 1990. Comprende las provincias de Alessandria, Asti, Cuneo, Novara, Turín y Vercelli. Presenta un relieve montañoso en el N y el O, donde se encuentran las estribaciones de los Apeninos y los Alpes, y de llanura, recorrida por el río Po y sus afluentes, en el resto del territorio. Cuenta con agricultura de trigo, maíz, arroz, patatas, frutales y viñedos e industria textil, papelera, maderera, alimentaria, química y automovilística, que se concentra sobre todo en la capital.

pian *s. m.* Enfermedad contagiosa, propia de los países cálidos, que se caracteriza por la aparición de tumores en forma de hongos, parecidos a frambuesas, blancas o rojas, en la cara, manos, pies y región genital.

pianista *s. m.* y *f.* **1.** Persona que tiene como profesión tocar el piano. **2.** Fabricante o vendedor de pianos.

piano *s. m.* **1.** Instrumento musical de cuerdas percutidas con martillos, que se toca mediante teclado. Su nombre es una abreviatura de pianoforte, nombre que recibió por su capacidad de matización dinámica. Las posibilidades armónicas del piano son elevadísimas, ya que permite la ejecución simultánea de varios sonidos y cuenta con más de siete octavas y media. Consta de cuatro partes principales: la caja, las cuerdas, el mecanismo y los pedales. El primer piano es obra del florentino Bartolomeo Cristofori, quien, en 1709, construyó un clavicémbalo capaz de producir los efectos de forte y piano. Su constitución definitiva la adquirió en el s. XIX, gracias a los estudios de Érard y Pleyel. ‖ *adv. m.* **2.** Matiz que indica una intensidad débil.

pianoforte *s. m.* Piano*, instrumento.

pianola *s. f.* **1.** Piano que puede tocarse mecánicamente por los pedales o por medio de corriente eléctrica. **2.** Aparato que se une al piano y sirve para ejecutar mecánicamente las piezas preparadas al objeto.

piante *adj. fam.* Que siempre está protestando o quejándose. También *s.*

piar *v. intr.* **1.** Emitir algunas aves su sonido característico. **2.** *fam.* Hablar. **3.** *fam.* Protestar, especialmente sin causa justificada. ▪ En cuanto al acento, se conjuga como *ansiar*: *pío.*

Piar, Manuel Carlos (Willemstaat, Curaçao 1782 - Angostura, actual Ciudad Bolívar 1817) Patriota venezolano. Se incorporó a la causa de la independencia en 1810. Se enfrentó en varias ocasiones al autoritarismo de Bolívar e intentó dar a la lucha un carácter racial, pues él era mulato, y de defensa de la clase media baja. Derrotado por un enviado de Bolívar y acusado de deserción, fue detenido y ejecutado.

piara *s. f.* **1.** Manada de cerdos. **2.** P. ext., manada de otros animales.

piastra *s. f.* **1.** Moneda de Egipto y Turquía. **2.** Unidad monetaria de Vietnam.

Piatra Neamt C. de Rumania, situada en Moldavia, en el valle de Bistrita. 109.400 h. en 1986. Su economía se basa en la industria papelera, de fibras sintéticas, madera y alimentación.

Piauí Estado de Brasil, situado en el NE del país. 251.273 km². 2.666.100 h. en 1990. La capital es Teresina, con 533.700 h. en 1989. En su economía tienen especial importancia la ganadería extensiva, el cultivo del algodón y las palmeras y la minería de fosfatos.

Piazzola, Astor (Mar del Plata 1921 - Buenos Aires 1992) Músico argentino. Intérprete de bandoneón y compositor, ha dotado al tango de un carácter vanguardista e innovador.

PIB Siglas de Producto* Interior Bruto.

pibe, ba *s. m.* y *f.* Chico, muchacho.

pica *s. f.* **1.** Especie de lanza usada antiguamente por los soldados de infantería compuesta de un asta con un hierro pequeño y agudo en el extremo superior. **2.** Vara larga para picar los toros desde el caballo. **3.** Uno de los palos de la baraja francesa. Se usa más en *pl.* **4.** Escoda usada por los canteros para labrar piedra. **5.** Alteración de la conducta caracterizada por la ingestión de sustancias no alimenticias. ‖ **LOC. poner una pica en Flandes** *fam.* Conseguir o realizar algo de mucha dificultad o mérito.

Picabia, Francis (París 1879 - íd. 1953) Pintor francés. Se inició como paisajista, pero pronto fue asimilando buena parte de las vanguardias (cubismo, dadaísmo). En 1916 se trasladó a Barcelona y allí fundó la revista *391*, que difundió sus ideas sobre la pintura. Después de una etapa figurativa, de la que puede citarse el cuadro *El beso* (1924), realizó obras abstractas, como *Udnie, muchacha americana* y *La danza*.

picabueyes *s. m.* Nombre común de diversas aves paseriformes de la familia estúrnidos, género *Buphagus*. Son de pequeño tamaño y plumaje marrón. Se posan en el lomo de los bueyes y otros rumiantes, de cuyos parásitos se alimentan. Habitan en el continente africano.

picacho *s. m.* Punta aguda, que semeja un pico, en que terminan algunos montes y riscos.

picadero *s. m.* **1.** Lugar en que se doman los caballos y se aprende a montar. **2.** *vulg.* Casa u otro lugar que se utiliza principalmente para tener relaciones sexuales.

picadillo *s. m.* **1.** Lomo de cerdo que se trocea y adoba para hacer chorizos. **2.** Guisado hecho a partir de un picado de carne.

picado, da **1.** *p. p.* de **picar**. También *adj.* ‖ *adj.* **2.** Que tiene huellas o cicatrices de viruelas. **3.** En baloncesto, se dice del pase que se realiza tirando la pelota de modo que, antes de llegar al compañero, dé un bote. **4.** Se dice del tabaco preparado para liar cigarrillos o para fumarlo en pipa. ‖ *s. m.* **5.** Carne cruda troceada con varios ingredientes y especias. **6.** Acción y efecto de picar la bola de billar. **7.** Descenso rápido de un avión o ave que se realiza de manera casi perpendicular al suelo. **8.** En mús., modo de ejecutar cada nota interrumpiéndola por un tiempo que equivale más o menos a la mitad de su duración. ‖ **Loc. en picado** *adv.* Refiriéndose al descenso de un avión o ave, casi perpendicular al suelo. También, con verbos como *caer*, muy fuerte y rápidamente.

Picado Michalski, Teodoro (San José 1900 - Managua 1960) Político costarricense. Fue asesor jurídico de la *United Fruit Company*, dirigente conservador y presidente de la república (1944-48). Se negó a reconocer la victoria de Ulate en las elecciones de 1948, lo que provocó una guerra civil que terminó con la derrota de los conservadores. Tuvo que exiliarse.

picador, ra *s. m.* y *f.* **1.** Persona que doma y adiestra caballos. ‖ *s. m.* **2.** Hombre que a caballo se encarga de picar con la puya a los toros en las corridas. **3.** En minería, el que arranca el mineral con un pico. ‖ *s. f.* **4.** Pequeño electrodoméstico para picar alimentos.

picadura *s. f.* **1.** Acción y efecto de picar una cosa. **2.** Mordedura de las aves y ciertos reptiles o punzada producida por el aguijón de los insectos. **3.** Tabaco picado para liar cigarrillos o para fumarlo en pipa. **4.** Principio de caries. **5.** Agujero, grietas, etc., producidos por la herrumbre en una superficie metálica.

picaflor *s. m.* Colibrí*.

picajón, na *adj. fam.* Picajoso*.

picajoso, sa *adj. fam.* Se aplica a la persona que fácilmente se pica u ofende. También *s.*

picamaderos *s. m.* Pájaro* carpintero.

picana *s. f.* **1.** *amer.* Vara para aguijar los bueyes. **2.** *amer.* Método de tortura consistente en aplicar descargas eléctricas a una parte del cuerpo mediante electrodos.

picanear *v. tr.* **1.** *Amér. del S.* Azuzar a los bueyes con la picana. **2.** *Arg., Par., Urug.* Provocar de palabra a alguien. **3.** *Arg., Par., Urg.* Aplicar la tortura de la picana.

picante *adj.* **1.** Que pica, que produce una sensación de quemazón o picor. También *s. m.* **2.** Que tiene cierta intención o gracia maliciosa, normalmente con matiz erótico. **3.** *Amér. del S.* Guiso a base de mondongo y otros ingredientes, con mucho ají picante.

picapedrero *s. m.* Hombre que pica piedras.

picapica *s. amb.* Polvo que provoca una sensación de picor o escozor en la piel.

picapleitos *s. m. fam.* y *desp.* Abogado.

picaporte *s. m.* **1.** Instrumento con que se cierran puertas o ventanas y que suele consistir en una pieza alargada de metal que puede levantarse y bajar sujeta a la hoja por uno de sus extremos, mientras que el otro encaja en una nariz o pestaña fija en el marco. ‖ **2. picaporte de resbalón** Caja metálica de la que sale un pestillo que, por la presión de un resorte, queda encajado en el hueco del marco al cerrar la puerta.

picar *v. tr.* **1.** Introducir ligeramente un objeto punzante en un cuerpo o superficie. También *v. intr.* y *v. prnl.* **2.** Morder las aves y ciertos reptiles o introducir los insectos su aguijón. **3.** Tomar las aves la comida con el pico. **4.** Morder el pez el cebo puesto en el anzuelo. Se usa mucho como *v. intr.* **5.** Cortar en trozos muy menudos una cosa. **6.** Tomar algo de comida en pequeñas cantidades. También *v. intr.* **7.** Golpear con un instrumento una materia dura, como la piedra o el ladrillo. **8.** Golpear con la espuela a la cabalgadura. **9.** Adiestrar o domar el picador al caballo. **10.** Clavar el picador la puya al toro. **11.** Taladrar un billete, bono, etc., para indicar que ha sido utilizado. **12.** Hacer agujeros pequeños en cualquier cosa. **13.** Deteriorarse, perder resistencia ciertos materiales, p. ej. la goma. Se usa más como *v. prnl.* **14.** Corroer, agujerear un metal la oxidación. Se usa más como *v. prnl.* **15.** Producir caries. También *v. prnl.* **16.** Dar un golpe fuerte y seco a la bola de billar en la parte de abajo para que al chocar con otra retroceda. **17.** *fam.* Mover o animar a alguien a algo, provocarle. También *v. prnl.* **18.** *fam.* Hacer que alguien se enfade, se ofenda. También *v. prnl.* **19.** En mús., ejecutar una nota interrumpiendo ligeramente su duración. ‖ *v. intr.* **20.** Calentar mucho el sol. **21.** Causar picor o escozor algo. **22.** Experimentar picor, escozor o molestia en alguna parte del cuerpo. **23.** *fam.* Caer alguien en un engaño, broma, etc. **24.** *fam.* Dedicarse a varias cosas sin profundizar en ninguna. **25.** Referido a aviones y aves, descender en picado. ‖ *v. prnl.* **26.** Empezar a pudrirse algo, especialmente la fruta. **27.** Avinagrarse el vino. **28.** Agitarse el mar. **29.** *fam.* Inyectarse droga. ■ Se conjuga como *sacar*. ‖ **Loc. picar (muy) alto** *fam.* Intentar conseguir algo que está muy por encima de las posibilidades de uno.

Picard, Émile (París 1856 - íd. 1941) Matemático francés. Investigó sobre las funciones analíticas uniformes, las ecuaciones diferenciales de coeficientes periódicos y las integrales asociadas a una superficie algebraica. Publicó *Tratado de análisis* (1891-95).

Picard, Jean (La Flèche 1620 - París 1682) Astrónomo francés. Fue discípulo de Pierre Gassendi. Realizó estudios sobre la velocidad de propagación del sonido, pero su principal aportación fue el cálculo de la longitud del radio de la Tierra.

picardear *v. tr.* **1.** Enseñar a alguien a hacer o decir picardías. ‖ *v. intr.* **2.** Decir o hacer picardías. ‖ *v. prnl.* **3.** Volverse uno algo pícaro.

picardía *s. f.* **1.** Habilidad, astucia sutil y ligeramente maliciosa. **2.** Carácter de las palabras o acciones atrevidas, algo picantes. **3.** Dicho o acción con alguna de las cualidades mencionadas. ‖ **picardías** *s. m.* **4.** Prenda femenina utilizada para dormir que consiste en un camisón muy corto con unas braguitas a juego.

Picardía (*Picardie*) Región de Francia, situada en el N del país. 19.399 km^2. 1.809.600 h. en 1990. La capital es Amiens, con 132.000 h. en 1990. Incluye los departamentos de Aisne, Oise y Somme. Atravesada por amplios valles fluviales, en el E predominan las mesetas y en el O las llanuras. Tiene una agricultura muy mecanizada, que produce cereales, remolacha azucarera y hortalizas. Cuenta con industria metalúrgica, de construcciones mecánicas y eléctricas, químicas y alimentarias.

picardo, da *adj.* **1.** De Picardía. También *s.* ‖ *s. m.* **2.** Dialecto de los habitantes de esta región.

picaresco, ca *adj.* **1.** Perteneciente o relativo a los pícaros. **2.** Se aplica a las obras literarias donde aparecen los pícaros y al género que constituyen. ‖ *s. f.* **3.** Género literario formado por estas obras. **4.** Aquello que se relaciona con los pícaros. ‖ **5. novela picaresca** Relato autobiográfico que constituye uno de los géneros más representativos de la literatura hispánica, surgido a finales del reinado de Carlos V. Refleja la crisis que las guerras en Europa y las conquistas del Nuevo Mundo habían producido en la sociedad española. El protagonista de la novela picaresca es un antihéroe desencantado, sin ideales, al que únicamente mueve el hambre y que sólo cuenta con su habilidad e ingenio. Entre las obras más destacadas que pertenecen a este género figuran *Lazarillo de Tormes* (1554), de autor desconocido; *Guzmán de Alfarache* (1559-1604), de Mateo Alemán, y *El Buscón* (1626), de Quevedo. **Fam.** Picarescamente.

pícaro, ra *adj.* **1.** Que actúa con picardía o dice o hace picardías. También *s.* ‖ *s. m.* y *f.* **2.** Protagonista de las novelas picarescas. **Fam.** Pícaramente.

picarón, na *adj. aum.* de **pícaro**. Muy pícaro, que hace o dice picardías. También *s.*

Picasso: Autorretrato, *pintado en 1907 (Galería Nacional, Praga).*

Picasso, Pablo Ruiz (Málaga 1881 - Mougins, Francia 1973) Pintor español. Entre 1895 y 1900 transcurre su época de formación academicista, en la que descubre la herencia española de Velázquez, El Greco o Goya. En 1900 se trasladó a París; allí conoció la obra de Toulouse-Lautrec, Degas, Van Gogh y Gauguin, lo que le llevó a pintar escenas de cabaret con rico colorido. Su vuelta a Barcelona coincide con el comienzo de la época azul (1901-04), en la que sus cuadros se caracterizan por los tonos fríos y el dramatismo de las composiciones, como en *La tragedia* (1903) o *La planchadora* (1904). En 1904 se instala en París y queda fascinado por el mundo de la bohemia. Comienza entonces la época rosa, en la que el estilo resulta más clásico, como ocurre en *Familia de saltimbanquis* (1905). En 1907 el cuadro *Las señoritas de Avignon* inicia el cubismo. Este periodo, que dura hasta 1916, se define por la ruptura de los volúmenes, a los que da una apariencia poliédrica como reflejo de la multiplicidad de ángulos de visión. De 1917 a 1924 tiene lugar una etapa de convivencia del cubismo con una pintura a la manera neoclásica, como *Mujer sentada* y *La griega*, y otras obras como los delicados retratos de su hijo *Pablo, arlequín* y *Pablo, pierrot*; es el momento también de sus colaboraciones

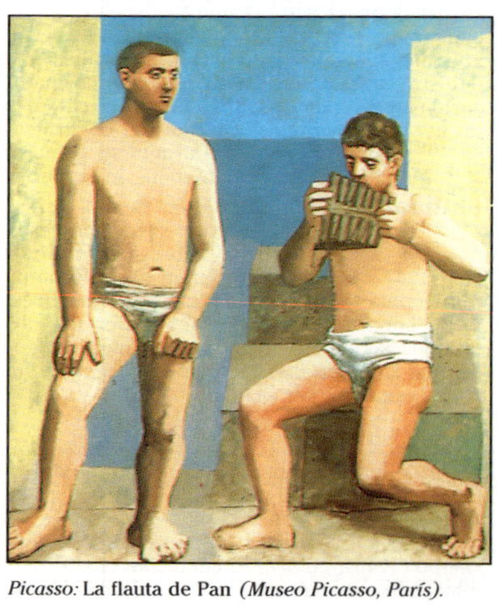

Picasso: La flauta de Pan *(Museo Picasso, París).*

con la compañía de ballet de Diaghilev. Más tarde se entregó a las interpretaciones surrealistas, que fueron derivando hacia la representación de lo monstruoso o a evocaciones mitológicas, especialmente de la figura del minotauro; muestra, asimismo, un gran interés por la cerámica y la escultura, con obras tan conocidas como *El pierrot loco* o *La cabra.* Hizo también incursiones en el campo literario. Con el estallido de la guerra civil española, fue nombrado director del Museo del Prado y en 1937 pintó el cuadro *Guernica*, tras el bombardeo de la aviación alemana contra esta ciudad. En 1944 expone en el Salón de Otoño de París y algún tiempo después se dedica intensamente a la cerámica y a la litografía; trabaja en la fábrica de cerámica de Madoura, de Vallauris, población en la que pintó también sus dos grandes murales *La guerra* y *La paz.* En sus últimos años se dedicó a sus personales interpretaciones sobre cuadros de la tradición pictórica, como *Las mujeres de Argelia*, de Delacroix, *Almuerzo campestre*, de Manet, o *Las meninas*, de Velázquez.

picatoste *s. m.* Rebanada pequeña o trozo de pan frito.

picaza *s. f.* Urraca*.

picazo *s. m.* **1.** Golpe dado con una pica o con una cosa puntiaguda y punzante. **2.** Señal que queda.

picazón *s. f.* Escozor o picor en alguna parte del cuerpo.

Piccard, Auguste (Basilea 1884 - Lausanne 1962) Físico suizo. Fue inventor de nuevos modelos de globos aerostáticos y del batiscafo, uno de los primeros artefactos capaces de descender a las grandes profundidades marinas.

Piccini, Niccolò (Bari 1728 - París 1800) Músico italiano. Fue un destacado compositor de óperas bufas que, a pesar de su procedencia italiana, desempeñó un importante papel en el panorama musical francés. Encabezó la tendencia que defendía la tradición musical italiana frente a la francesa en la llamada «querella de los bufones», opuesta a la representada por Gluck y sus partidarios.

piccolo (voz ital.) *s. m.* Flautín*.

picea *s. f.* Género de plantas coníferas de la familia pináceas, al que pertenecen unas 50 especies. Son árboles parecidos al abeto, del que se distinguen por tener las piñas más delgadas y colgantes, mientras que en el abeto están situadas en posición erecta. Crecen en el hemisferio boreal.

picha *s. f. vulg.* Pene*.

pichel *s. m.* Jarra alta, generalmente de estaño, más ancha por la base que por la boca y con tapa articulada en el remate del asa.

pichi *s. m.* Especie de vestido escotado y sin mangas que se lleva sobre una blusa, jersey, etc.

pichí *s. m. Amér. del S. fam.* Pis, orina.

pichincha *s. f. Arg., Bol., Urug.* Ganga.

Pichincha Prov. de Ecuador, situada en el sector N del país. 16.587 km^2. 1.914.250 h. en 1989. La capital es Quito, con 1.234.000 h. en 1989. Comprende dos regiones, una andina en el E y otra costera del océano Pacífico en el O. Su economía se basa en la agricultura de maíz, trigo, arroz, caña de azúcar, café y cítricos. La industria se concentra en el área de la capital con producción alimentaria y textil.

pichiruche *adj. Arg., Chile, Par., Urug. fam.* Se dice de la persona o cosa insignificante, despreciable. También *s. m.*

pichón *s. m.* **1.** Pollo de la paloma casera. **2.** *fam.* Se usa como apelativo cariñoso. ■ En esta acepción se usa también el femenino *pichona.*

pichulear *v. intr.* **1.** *Amér. C., Arg., Par., Urug.* Hacer negocios de poca monta, de escasos resultados. **2.** *Chile.* Engañar.

Picio Personaje que aparece en la expresión **más feo que Picio**, muy feo.

Pickering, Edward Charles (Boston 1846 - Cambridge, Massachusetts 1919) Astrónomo estadounidense. Fue catedrático en Harvard. Inventó el fotómetro meridiano y clasificó más de 225.000 estrellas.

Pickford, Mary (Toronto, Canadá 1893 - Hollywood 1979) Actriz de cine canadiense. Debutó en 1908 a las órdenes de David W. Griffith. Creó un personaje de muchacha ingenua, con el que ganó el sobrenombre popular de «la novia de América». En 1919 fundó con Douglas Fairbanks, su marido, Charles Chaplin y Griffith la United Artists. Su popularidad decayó con el cine sonoro. Entre sus mejores interpretaciones pueden citarse las de los filmes *Cenicienta* (1915), *Madame Butterfly* (1915), *Papaíto piernas largas* (1919), *El pequeño lord* (1921) y *La fierecilla domada* (1929).

pick-up (voz ingl.) *s. m.* Tocadiscos*.

picnic (voz ingl.) *s. m.* Comida o merienda en el campo.

pícnico, ca *adj.* Se dice del tipo morfológico humano de pequeña estatura, rechoncho y con tendencia a la obesidad.

pico[1] (del celta *beccus*, por influjo de *picar*) *s. m.* **1.** Parte saliente de la cabeza de las aves, compuesta de dos piezas córneas, generalmente puntiagudas, por donde toman el alimento. **2.** Punta acanalada de algunas vasijas, candiles y velones. **3.** Pinza de las patas delanteras de los crustáceos. **4.** Órgano chupador de los hemípteros. **5.** *fam.* Boca. ‖ **6. pico de oro** Persona que habla bien. ‖ **Loc. abrir el pico** *fam.* Comenzar a hablar. **cerrar el pico** *fam.* Cerrar la boca, callarse.

pico[2] (del lat. *picus*) *s. m.* **1.** Parte puntiaguda o saliente de alguna cosa. **2.** En las montañas, parte elevada que se va estrechando hasta acabar en punta. **3.** Monte de cumbre puntiaguda. **4.** Nombre de diversos utensilios o herramientas con alguna parte puntiaguda empleadas para picar o cavar. **5.** Pieza de tela triangular que se coloca a los niños encima de los pañales. **6.** Lo que excede de una cantidad precisa o número redondo. **7.** Cantidad excesiva de dinero. **8.** *fam.* Inyección de droga. **9.** *Amér. C., Chile.* Pene. **10.** Nombre común de diversas especies de aves piciformes de la familia pícidos, géneros *Picus, Dendrocopus*, etc. Entre las especies más comunes se cuentan el pico picapinos *(Dendrocopus major)* y el pico real *(Picus viridis).* Se les denomina genéricamente también *pájaro* o *pico carpintero.* ‖ **Loc. de picos pardos** *adv.* De juerga.

pico- *pref.* En el Sistema Internacional, divide la unidad por un billón (10^{-12}). Su símbolo es *p.*

Pico della Mirandola, Giovanni (Mirandola 1463 - Florencia 1494) Filósofo y teólogo italiano. Fue uno de los más distinguidos humanistas del Renacimiento. Sus escritos tratan de compaginar el pensamiento de Platón y el de Aristóteles y demostrar que los fundamentos de la filosofía griega coinciden con los de la teología cristiana. Su obra más importante se titula *De hominis dignitate* y en ella sostiene que el hombre es el único ser al que Dios ha dotado de libertad y de capacidad de superación gracias a la cultura.

picofaradio *s. m.* Medida de capacidad electrostática en el Sistema Internacional. Equivale a 10^{-12} faradios. Su símbolo es *pF.*

picón, na *adj.* **1.** Se dice del caballo, mulo o asno cuyos dientes incisivos superiores sobresalen de los inferiores, por lo cual no pueden cortar bien la hierba. **2.** Picajón. También *s.* ‖ *s. m.* **3.** Cierto carbón muy menudo, hecho de ramas de encina, jara o pino, y utilizado para los braseros. **4.** Pez rayiforme de la familia ráyidos, especie *Raja oxyrhinchus.* Mide 1,50 cm de longitud, tiene el dorso de color gris o pardo con manchas blancas. Habita en el Atlántico NE y el Mediterráneo.

Picón Salas, Mariano (Mérida 1901 - Caracas 1965) Ensayista venezolano. En 1923 se exilió a Chile, huyendo de la dictadura de Juan Vicente Gómez. Nuevamente en Venezuela (1936), fundó la *Revista Nacional de Cultura* (1938) y fue profesor de la Universidad Nacional. Encontró un destino común en la historia de la cultura hispanoamericana. Entre sus libros destacan *Hispanoamérica, posición crítica* (1931), *De la conquista a la independencia* (1944), *Pedro Claver, el santo de los esclavos* (1950) y *Comprensión de Venezuela* (1956).

piconero, ra *s. m.* y *f.* Persona que fabrica o vende picón, carbón.

picor *s. m.* **1.** Sensación de irritación que se experimenta en alguna parte del cuerpo y que hace rascarse. **2.** Ardor o excitación que se siente en el paladar al tomar determinados alimentos, como la guindilla.

Picos de Europa Véase **Europa, Picos de**.

picoso, sa *adj. Méx.* Aplicado a sabores, picante.

picota *s. f.* **1.** Columna que había antiguamente en algunos lugares en la que se exponía la cabeza de los ajusticiados. **2.** Variedad de cereza de consistencia carnosa y muy poca unión al pedúnculo. **3.** Parte superior, en punta, de una torre o una montaña muy alta. **4.** *fam.* Nariz. También *pl.* ‖ **Loc. poner** a alguien **en la picota** Ponerle en vergüenza.

picotada *s. f.* Picotazo*.

picotazo *s. m.* Acción y efecto de picar un ave, un reptil o un insecto y señal que deja.

picotear *v. tr.* **1.** Picar repetidamente las aves. ‖ *v. intr.* **2.** Picar, comer de forma repetida trozos pequeños o poca cantidad. También *v. tr.* **Fam.** Picoteo.

pícrico, ca *adj.* **1.** Perteneciente o relativo al ácido pícrico. ‖ **2. ácido pícrico** $OH-C_6H_2-(NO_2)_3$. Compuesto orgánico derivado del fenol en el que tres átomos de hidrógeno han sido sustituidos por sendos grupos nitro. Forma cristales amarillos de sabor amargo. Es muy tóxico y se usa en la industria de explosivos.

picto, ta *adj.* **1.** Se dice de un antiguo pueblo precelta de las islas Británicas, donde se establecieron hacia el año 1000 a. C. procedentes del continente. Fueron dominados por los escotos, bajo Kenneth I, rey que unió los dos pueblos. **2.** De este pueblo. También *s.*

pictografía *s. f.* Escritura ideográfica que consiste en dibujar los objetos que han de explicarse con palabras. **Fam.** Pictográfico.

pictograma *s. m.* **1.** Signo de la escritura de figuras o símbolos. **2.** En estadística, representación de las frecuencias de la variable objeto de estudio por medio de dibujos, cuyo tamaño depende de los valores de cada frecuencia.

pictórico, ca *adj.* **1.** Perteneciente o relativo a la pintura. **2.** Adecuado para pintarlo.

picudo, da *adj.* Que tiene pico o termina en pico.

pidgin (voz ingl.) *s. m.* **1.** Lengua híbrida, nacida del contacto de poblaciones con lenguas diferentes y formada por una mezcla de elementos

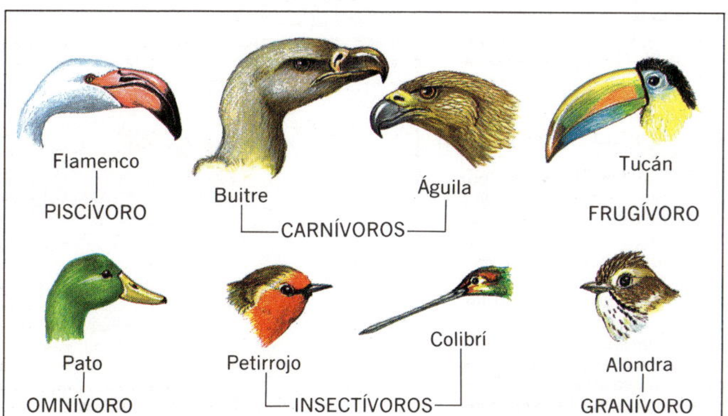

Picos de diversas especies de aves.

de cada una de ellas, simplificando mucho la sintaxis. **2.** En sentido estricto, lengua híbrida utilizada como lengua comercial en el Extremo Oriente, basada en el léxico inglés y en la estructura gramatical y sintáctica del chino.

pídola *s. f.* Juego de muchachos en el que unos saltan sobre otro que está agachado.

pidón, na *adj. fam.* Pedigüeño*.

pie *s. m.* **1.** Extremidad de cada uno de los dos miembros inferiores del hombre, que sostiene el cuerpo cuando está en posición vertical y permite andar. **2.** Parte semejante de muchos animales. **3.** En las medias, botas, etc., parte que cubre esa extremidad. **4.** Base, parte en que se apoya alguna cosa. **5.** Parte inferior de algunas cosas que puede distinguirse del resto. **6.** Parte final de un escrito y espacio en blanco que queda en el margen inferior del papel o página. **7.** Texto breve que se pone debajo de un grabado, dibujo, etc., para explicar o comentar lo que aparece en dicha ilustración. **8.** Parte opuesta a la cabecera, p. ej. en una cama. **9.** Ocasión, motivo. **10.** En métrica griega y latina, cada una de las partes compuestas de varias sílabas que se distinguen dentro de un verso en función de la cantidad. **11.** Metro o clase de versificación de la poesía castellana. **12.** Medida de longitud de algunos países. **13.** Tallo de las plantas y tronco del árbol. **14.** La planta entera. **15.** Poso, sedimento. **16.** Palabra con que termina lo que dice un personaje en una representación dramática y da entrada a otro. **17.** *Chile.* Señal, cantidad que se adelanta como garantía del pago total de una cosa. ‖ *pl.* **18.** Con adjetivos como *buenos, muchos* y otros semejantes, agilidad, ligereza, rapidez al caminar: *Tiene buenos pies y en cinco minutos estará aquí.* ‖ **19. pie de imprenta** Datos de la empresa editora, lugar y fecha de la edición, etc., que figuran generalmente en la parte inferior de la portada o contraportada de los libros. **20. pie derecho** En arq., madero vertical que en un edificio sostiene cualquier pieza horizontal. **21. pie plano** El que no tiene la curvatura normal de la planta. **22. pie quebrado** Verso corto, normalmente de cuatro sílabas, que alterna con otros más largos en las llamadas *coplas de pie quebrado.* ‖ **Loc. a los pies de** alguien Se emplea en ciertas fórmulas de cortesía, dirigidas normalmente a mujeres. **a pie** *adv.* Andando. **a pie de obra** En el mismo lugar en que se hace algo. **a pie enjuto** *adv.* Sin mojarse los pies al andar o pasar por algún sitio donde hay agua. **a pie** (o **pies**) **juntillas** *adv.* Con los pies juntos; también, con verbos como *creer,* con toda convicción. **al pie de** *adv.* Junto a la parte baja de algo. **al pie del cañón** *adv. fam.* Con verbos como *estar, permanecer,* etc., no desatender ni por un momento un deber, ocupación, etc. **atar** a alguien **de pies y manos** Impedirle obrar o actuar. **buscarle tres pies al gato** *fam.* Empeñarse en encontrar algún inconveniente, obstáculo o complicaciones donde no los hay. **caérsele** a uno **el alma a los pies** Véase **alma. cojear del mismo pie que** alguien *fam.* Véase **cojear. con buen** (o **mal**) **pie** *adv.* Con acierto, con buena suerte, felizmente (o al contrario). **con los pies** *adv. fam.* Muy mal. **con los pies por delante** *adv. fam.* Con los verbos *salir* o *sacar,* muerto. **con pie** (o **pies**) **de plomo** *adv. fam.* Con verbos como *ir, andar,* con mucha cautela. **con (el) pie derecho** (o **izquierdo**) *adv.* Con buen o mal pie. **de a pie** *adj.* Que no usa caballo o coche; también, se aplica a la gente corriente. **de pie** *adv.* Levantado, afirmado sobre los pies. **de (los) pies a (la) cabeza** *adv.* Enteramente, por completo. **echar pie a tierra** Bajarse de una montura o vehículo. **en pie** *adv.* De pie; levantado de la cama; también, con verbos como *seguir, permanecer,* etc., todavía con efecto. **en pie de guerra** *adv.* En disposición de combatir. **en pie de igualdad** *adv.* De igual a igual. **hacer pie** Indica que se alcanza el fondo sin sumergirse del todo. **ir** uno **por su pie** Ir andando o valerse por sí mismo. **nacer** uno **de pie (de pies)** *fam.* Irle a uno muy bien en la vida. **no dar** uno **pie con bola** *fam.* No acertar, hacer algo muy mal. **no poderse tener** uno **en pie** *fam.* Estar agotado, muy cansado. **no tener** una cosa **(ni) pies ni cabeza** *fam.* No ser razonable, no tener sentido. **parar los pies** a uno *fam.* Detener o frenar a alguien determinados impulsos, intenciones, acciones, etc., que normalmente implican descaro o frescura. **pies para qué os quiero** Indica que alguien huye o se dispone a huir rápidamente de un sitio. **poner los pies** en una parte Ir o aparecer por ella. **poner los pies en polvorosa** *fam.* Huir, escapar, largarse. **por pies** *adv.* Con verbos como *salir, escapar, irse,* etc., corriendo, alejándose rápidamente de un lugar. **sacar los pies de las alforjas** (**del plato** o **del tiesto**) *fam.* Empezar a hacer ciertas cosas con atrevimiento, malicia o picardía alguien que antes no actuaba así. **sin pies ni cabeza** *fam.* Sin sentido, desordenado.

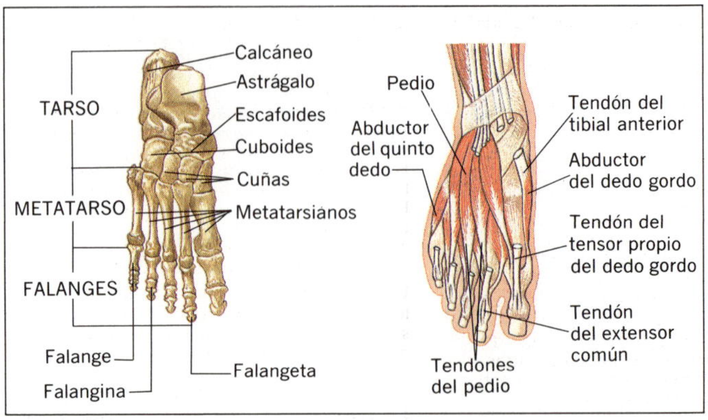

Huesos y músculos del pie humano visto por su cara superior.

Anat. y ***Fisiol.*** El pie humano sirve de soporte al peso del cuerpo. Contiene los siete huesos del tarso, los cinco metatarsianos y las falanges de los dedos y se une a la pierna por la articulación del tobillo. Desempeña un papel fundamental en la locomoción, el salto y la carrera, como palanca que impulsa el movimiento de las piernas.

Pieck, Wilhelm (Guben, Brandeburgo 1876 - Berlín 1960) Político alemán. Miembro del Partido Socialdemócrata, participó en el movimiento espartaquista y fue uno de los fundadores del Partido Comunista alemán (1918). Al triunfar el nazismo tuvo que huir a París (1933) y luego a Moscú (1939). Liberada Alemania, compartió con Grotewohl la presidencia del Partido Socialista Unificado (1946) y al proclamarse la República Democrática Alemana fue nombrado presidente (1948-60).

pied noir (expr. fr. que significa 'pie negro') *s. m.* y *f.* Argelino de origen europeo, especialmente el colono francés durante la guerra de independencia de Argelia. Muchos de ellos se integraron en la OAS. Al producirse la independencia, la mayor parte se marchó a Francia o España.

piedad *s. f.* **1.** Fervor en las prácticas religiosas. **2.** Compasión, benevolencia. **3.** Pintura o escultura de la Virgen sosteniendo a su hijo muerto descendido de la cruz. ▪ En esta acepción se suele escribir con mayúscula. ‖ **4. monte de piedad** Véase **monte.**

piedemonte *s. m.* Terreno de suave pendiente situado al pie de una cadena montañosa o de un macizo elevado y que resulta de la acumulación de elementos producidos por la erosión.

piedra *s. f.* **1.** Sustancia mineral dura y compacta. **2.** Trozo de este material. **3.** Piedra preciosa. **4.** Depósito anormal de sustancia sólida que puede formarse espontáneamente en algunos órganos. **5.** Granizo grueso. **6.** Aleación de hierro y cerio empleada en los mecheros para producir la chispa. **7.** Muela de molino. ‖ **8. mal de la piedra** Deterioro que sufre la piedra de edificios, monumentos, etc., debido a los agentes corrosivos presentes en el aire. **9. piedra angular** La que hace esquina en un edificio uniendo y sosteniendo dos paredes; también, fundamento de una cosa. **10. piedra berroqueña** Granito, roca de cuarzo. **11. piedra ciega** La preciosa que no tiene transparencia. **12. piedra de afilar** (o **de amolar**) Asperón*. **13. piedra de cal** Caliza*. **14. piedra de chispa** Pedernal. **15. piedra de escándalo** Origen, motivo o causa de escándalo. **16. piedra de toque** Jaspe granoso empleado por los plateros para toque; también, lo que sirve para conocer las buenas o malas cualidades de alguien o algo. **17. piedra filosofal** Materia buscada por los alquimistas debido a su supuesta capacidad para convertir en oro otros metales. **18. piedra imán** Véase **imán,** magnetita. **19. piedra litográfica** Mármol algo arcilloso, de grano fino, en cuya superficie se dibuja o se graba algo que se estampa. **20. piedra miliar** (**miliaria** o **millar**) Mojón, hito. **21. piedra negra** Meteorito que se conserva en el santuario de la Kaaba, en La Meca, y que es sagrado para los musulmanes. **22. piedra pómez** Piedra volcánica, muy porosa, de color grisáceo y tacto áspero, usada para desgastar, pulir y limpiar. **23. piedra preciosa** La fina, rara y muy dura que, tallada, se usa para adornos de lujo. ‖ **Loc. a piedra y lodo** *adv.* De modo que no se pueda abrir, muy bien cerrado. **de piedra** *adv. fam.* Con verbos como *quedarse* y *dejar,* encontrarse sin saber qué hablar ni qué hacer a causa del asombro; también, con verbos como *ser, parecer,* etc., insensible. **tirar** uno **la piedra y esconder la mano** *fam.* Hacer daño o mal a alguien, ocultándolo. **tirar** uno **piedras a su propio tejado** *fam.* Perjudicarse a sí mismo.

Piedras Negras Yacimiento arqueológico maya (s. III al VIII), situado en el valle del río Usumacinta, en Guatemala. Existen monumentos conmemorativos fechados entre 608 y 810, así como un buen número de esculturas en piedra caliza.

piel *s. f.* **1.** Tejido externo que cubre y protege el cuerpo del hombre y los animales. **2.** Este tejido de los animales curtido, con o sin su pelo, que se emplea para hacer prendas de vestir y objetos diversos. **3.** Epicarpio*, capa externa del pericarpio de ciertos frutos. **4.** Con verbos como *dejar, perder, salvar,* vida. ‖ **5. piel roja** Nombre dado por los blancos a los indios de Canadá y EE UU. ‖ **Loc. dejarse** uno **la piel en** algo *fam.*

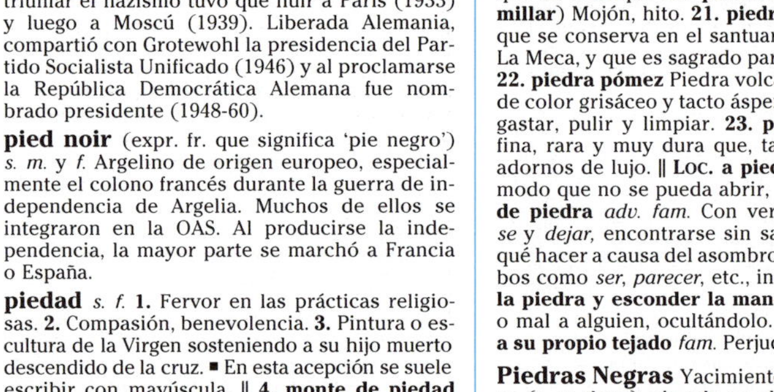

Corte esquemático de la piel humana.

Esforzarse mucho. **ser de la piel del diablo** *fam.* Ser muy travieso.
Anat. y ***Fisiol.*** La piel de los vertebrados se divide en dos capas, una exterior y otra interior. La epidermis, o capa exterior, consta a su vez de dos partes: la externa, que se renueva continuamente o, en algunos animales, se desprende completa en un momento determinado; y la interna, cuyas células se dividen y se cargan de una proteína dura, la queratina, reemplazando a las que se pierden en la otra zona. La capa interior es la dermis, que contiene las glándulas sebáceas y sudoríparas y la raíz del pelo. Se divide en tres partes: la papilar, donde se encuentran numerosos vasos sanguíneos y terminaciones nerviosas; la reticular, de tejido conjuntivo, responsable del color de la piel, pues algunas de sus células generan melanina y otros pigmentos; y la subcutánea o panículo adiposo, que contiene grasa y actúa como aislante térmico.

piélago *s. m.* **1.** Parte del mar que dista mucho de la tierra. **2.** Mar.

pielografía *s. f.* Radiografía de la pelvis renal y los uréteres mediante introducción de contraste por vía uretral o endovenosa.

pienso *s. m.* **1.** Alimento, especialmente el seco, para el ganado. || **2. pienso compuesto** Mezcla de piensos a los que se añaden otras sustancias para aumentar su valor nutritivo.

Pierce, Franklin (Hillsboro, New Hampshire 1804 - Concord, New Hampshire 1869) Político estadounidense. Miembro del Partido Demócrata, fue elegido presidente de la república (1853-57). Partidario de la esclavitud, defendió los intereses sureños. Practicó una política imperialista e intentó la anexión de Cuba y de Nicaragua. En la guerra de Secesión luchó en el ejército confederado.

pierna *s. f.* **1.** Parte del miembro inferior comprendida entre la rodilla y el pie. **2.** Todo el miembro inferior. **3.** Muslo de algunos animales. || **Loc. dormir a pierna suelta** *fam.* Dormir muy bien, profundamente. **estirar las piernas** *fam.* Andar o pasear por gusto, especialmente después de haber estado sentado largo rato.
Anat. y ***Fisiol.*** El esqueleto de la pierna lo forman dos huesos largos, la tibia y el peroné, que se articulan con el fémur y la rótula en la rodilla y con el astrágalo en el tobillo. En la pierna existen varios músculos flexores y extensores, así como uno muy grande, llamado *gemelo*, por estar formado por la fusión de dos músculos distintos que se articulan separadamente en el fémur, mientras que en su parte inferior terminan conjuntamente en el tendón de Aquiles, que se inserta en el hueso calcáneo.

Piero della Francesca (Borgo San Sepolcro, Arezzo h. 1420 - íd. 1492) Pintor italiano. Fue discípulo de Masaccio, a cuya técnica unió la elegancia gótica y las innovaciones de los paisajistas flamencos. Destacó por su estudio de la perspectiva, la luz y el color. Entre sus obras más importantes pueden considerarse los frescos de *La leyenda de la cruz* (1452-66) en la basílica de San Francisco en Arezzo. Es autor también de dos tratados, titulados *De quinque corporibus regularibus* y *De prospectiva pingendi.*

Piérola, Nicolás de (Camaná 1839 - Lima 1913) Político peruano. En 1879, al comenzar la guerra con Chile y en ausencia del presidente Prado, se proclamó dictador, pero tuvo que exiliarse tras la caída de Lima. En 1884 fundó el Partido Demócrata, antimilitarista, que le hizo muy popular, lo que le permitió derrocar al régimen militar en 1895, para convertirse en presidente constitucional hasta 1899.

Piéron, Henry (París 1881 - íd. 1964) Psicólogo francés. Fue catedrático de fisiología de los sentidos en el Colegio de Francia. Contribuyó al desarrollo de la psicología aplicada y de la psicometría con obras como *Cerebro y pensamiento* (1923) y *Psicología experimental* (1927).

Pierrot Personaje del teatro francés, inspirado en el Pedrolino de la comedia del arte italiana. Representa el tipo de criado bufón, galán de Colombina, y viste camisola blanca muy amplia, con grandes botones, calzón ancho y zapato bajo y abierto.

pies negros Pueblo amerindio de la familia lingüística algonquina que habitó en el NO del estado de Montana (EE UU) y en la provincia de Alberta (Canadá). Era nómada y se dedicaba a la caza del búfalo. Actualmente vive en reservas.

pietismo *s. m.* Movimiento surgido dentro del luteranismo alemán durante el s. XVII. Fue fundado por el teólogo alemán Philip Jacob Spener como reacción contra la rigidez del protestantismo. Se declaró contrario a los dogmas e instituciones eclesiásticas, al tiempo que daba una importancia de primer orden al sentimiento religioso y a la piedad personal. El centro del pietismo fue la universidad de Halle. **Fam.** Pietista.

Pietro da Cortona, Pietro Berrettini, llamado (Cortona 1596 - Roma 1669) Pintor y arquitecto italiano. Fue uno de los principales representantes del barroco romano. Como arquitecto destacó por el equilibrio y elegancia de sus creaciones, y como pintor, por el movimiento de las formas sobre un espacio que da la sensación de infinito. Proyectó las iglesias de Santa María de la Paz y de Santa Maria in Via Lata. Como pintor ejecutó los frescos de los palacios Barberini, en Roma, y Pitti, en Florencia.

Pieyre de Mandiargues, André (París 1909) Escritor francés. Seguidor del surrealismo, tanto su poesía como sus narraciones abundan en elementos absurdos e inquietantes. Entre sus libros de poemas destacan *El museo negro* (1946), *La edad de yeso* (1961) y *El ojo ebrio* (1978-79), y entre sus libros en prosa, *La motocicleta* (1966) y *El margen* (1967). También ha escrito obras para el teatro, como *Isabella Morra* (1974).

pieza *s. f.* **1.** Objeto que en un mecanismo o conjunto tiene una función determinada. **2.** Unidad, elemento de cierta clase: *una pieza de fruta, una pieza de artillería.* **3.** Sala, cuarto de una casa. **4.** Animal de caza o pesca. **5.** Trozo de tela utilizada como remiendo. **6.** Moneda. **7.** Obra dramática, en particular la que tiene un solo acto. **8.** Composición suelta de música. **9.** Figura de algunos juegos, como el ajedrez y las damas. **10.** Cualquier cosa trabajada con arte. **11.** Porción de tela o de papel como sale de fábrica. **12.** *fam.* Referido normalmente a niños, ejemplo de revoltoso, travieso: *¡Menuda pieza está hecho!* || **Loc. de una pieza** *fam.* Muy sorprendido o extrañado.

piezoelectricidad *s. f.* Propiedad de ciertos materiales de cargarse de electricidad estática cuando se les somete a presión, e inversamente, de modificar sus dimensiones cuando se les aplica un potencial electrostático. Uno de los materiales piezoeléctricos más importantes es el cuarzo. Los cristales piezoeléctricos se utilizan en micrófonos, tocadiscos y osciladores electrónicos.

piezoeléctrico, ca *adj.* Perteneciente o relativo a la piezoelectricidad.

piezometría *s. f.* **1.** En metrología, medida de presiones altas. **2.** Parte de la física que estudia la compresibilidad de los líquidos.

piezómetro *s. m.* Instrumento que mide el grado de compresibilidad de los líquidos.

pífano *s. m.* **1.** Flautín de tono muy agudo, usado en las bandas militares. **2.** Músico que toca este instrumento.

pifia *s. f.* **1.** Golpe en falso que se da con el taco en la bola de billar. **2.** *fam.* Error llamativo, acción o dicho desacertado. **3.** *Arg., Chile, Perú.* Burla, escarnio.

pifiar *v. intr.* Hacer una pifia en el billar.

Pigaffeta, Antonio de (Vicenza h. 1491 - íd. h. 1534) Navegante italiano. En 1518 llegó a España y tomó parte en la expedición de Magallanes (1519-22). Dejó escrito un importante *Diario*, fuente fundamental para el estudio del primer viaje alrededor del mundo.

Pigalle, Jean-Baptiste (París 1714 - íd. 1785) Escultor francés. Su obra se considera de transición entre el rococó y el neoclasicismo. Protegido de madame Pompadour, diseñó para ella piezas de porcelana de Sèvres. Entre sus mejores obras figuran *Mercurio atándose la sandalia*, los retratos de Voltaire, Diderot y la marquesa de Pompadour y la tumba del mariscal de Sajonia.

pigargo *s. m.* Ave rapaz de la familia accipítridos, especie *Haliaetus albicilla.* Mide entre 68 y 91 cm de largo, tiene el plumaje marrón, más claro en la cabeza, y la cola blanca. Habita en árboles altos y acantilados de las costas bálticas de Noruega y otras regiones septentrionales de Europa y en los Balcanes; se alimenta de peces que caza buceando y de pequeños roedores.

Pigmalión Según la mitología griega, rey de Chipre que esculpió una estatua de una joven de gran belleza. Enamorado de su obra, consiguió que Afrodita le diera vida.

pigmentación *s. f.* **1.** Acción y efecto de pigmentar o pigmentarse. **2.** Acumulación de pigmento en alguna parte del organismo, especialmente en la piel.

pigmentar *v. tr.* **1.** Colorar, dar color a una cosa. **2.** Producir coloración anormal en la piel y otros tejidos.

pigmentario, ria *adj.* Perteneciente o relativo al pigmento.

pigmento *s. m.* **1.** Sustancia colorante que se encuentra en muchas células animales y vegetales. **2.** Materia colorante en pintura.
Biol. En el hombre, el principal pigmento es la melanina, de color negro, y la hemoglobina, que da color rojo a la sangre. Otros pigmentos son la hemocianina, azul, y la rodopsina, púrpura, en los animales. En las plantas destaca la clorofila, que da color verde a las que la utilizan para realizar la fotosíntesis; la carotina, anaranjada, y la xantofila, amarilla. La carencia de pigmentos en los seres vivos da lugar al albinismo, predominio del color blanco, que puede ser total o parcial.

pigmeo, a *adj.* **1.** Se dice de un conjunto de pueblos diseminados por África y Asia caracterizados por su baja estatura, de 1,30 a 1,40 m, piel oscura y cabello crespo. De cultura muy primitiva, tienen extraordinarias habilidades para la caza. **2.** De estos pueblos. También *s.*

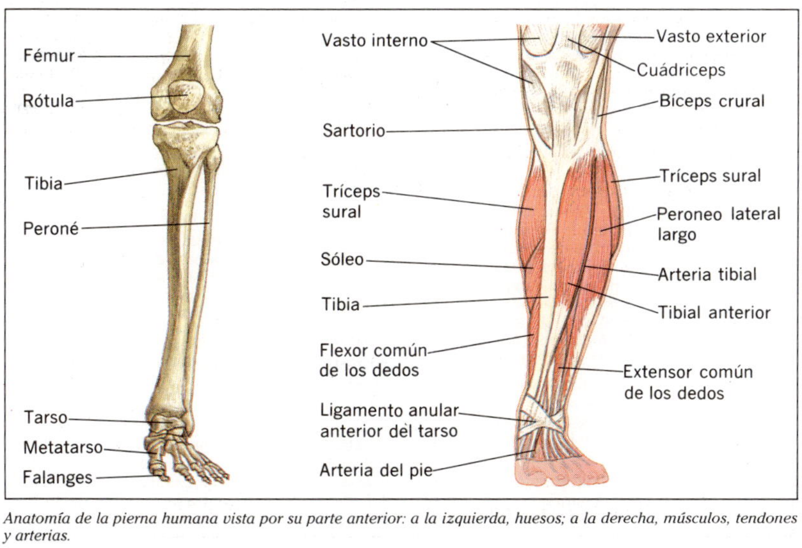

Anatomía de la pierna humana vista por su parte anterior: a la izquierda, huesos; a la derecha, músculos, tendones y arterias.

pignorar *v. tr.* Empeñar una cosa, dejarla en prenda para recibir un préstamo, de forma que el prestamista se queda con la cosa si el prestatario no le devuelve el importe del préstamo. **FAM.** Pignoración.

pignoraticio, cia *adj.* Perteneciente o relativo a la pignoración.

Pigou, Arthur Cecil (Ryde 1877 - Cambridge 1959) Economista británico. Discípulo de Alfred Marshall, le sucedió en su cátedra de Cambridge. En sus libros *Riqueza y bienestar* (1912) y *La economía del bienestar* expone su teoría del bienestar y se muestra partidario de la intervención estatal para la distribución de la renta. Otras obras suyas dignas de mención son *Teoría del desempleo* (1933), *Economía de los Estados estacionarios* y *Socialismo y capitalismo* (1937).

pigre *adj.* Holgazán, perezoso.

pihuela *s. f.* Correa que se ata a la pata de los halcones y otras aves de cetrería para mantenerlas sujetas.

pijada *s. f. fam.* Tontería, insignificancia.

pijama *s. m.* Prenda que se compone de una chaqueta y un pantalón y se utiliza para dormir.

pijo, ja *adj.* **1.** *fam.* Se aplica al joven afectado y superficial, seguidor de los dictados de la moda y, generalmente, de clase acomodada. También *s.* **2.** *fam.* Perteneciente o relativo a estos jóvenes. ‖ *s. m.* o *s. f.* **3.** *vulg.* Pene*.

Pijoan, Josep (Barcelona 1881 - Lausana 1963) Historiador de arte español. Estudió arquitectura en Barcelona y fue primer secretario del Instituto de Estudios Catalanes. Participó en la revalorización de la pintura romántica catalana. Desde 1909 vivió fuera de España. Sus obras más importantes son *Historia del arte* (1914), *Historia del mundo* (1926-41) y *Summa Artis*, en colaboración con otros autores.

pijota *s. f.* Pescadilla, pez parecido a la merluza.

pijotada *s. f. fam.* Pijada*.

pijotería *s. f.* **1.** *fam.* Menudencia, tontería. **2.** Cualidad de pijotero.

pijotero, ra *adj.* Se aplica a la persona que molesta porque pone pegas a todo, y también a su comportamiento, actitud, etc. También *s.*

pila[1] (del lat. *pila*, columna) *s. f.* **1.** Montón de cosas. **2.** En arq., cada uno de los pilares que sostienen dos arcos contiguos o los tramos metálicos de un puente.

pila[2] (del lat. *pila*, mortero) *s. f.* **1.** Recipiente hondo que sirve para recoger el agua que sale de un grifo, caño, etc. **2.** En fís., generador de corriente eléctrica continua. **3.** En metalurgia, receptáculo en la delantera de los hornos de fundición para el metal fundido. ‖ **4. pila atómica** Reactor* nuclear. **5. pila bautismal** La que se utiliza para bautizar.

Fís. Una pila eléctrica consiste básicamente en dos metales (electrodos), uno con mayor carga eléctrica que el otro, unidos por un conductor. Entre ambos electrodos existe una diferencia de potencial y a través del conductor se produce, por tanto, un movimiento de carga, es decir, una corriente eléctrica. El electrodo con la carga más positiva de los dos se denomina *ánodo* y el electrodo más negativo se denomina *cátodo*. Los valores característicos de una pila son su fuerza electromotriz (*fem*), que se mide en voltios, y su resistencia interna, u oposición que presenta el propio generador al paso de la corriente, que se mide en ohmios (Ω). La primera pila, construida por Volta en 1800, constaba de una serie de discos de cobre y cinc separados por unos papeles impregnados en agua y sales que actuaban como conductor. Esta pila ha sufrido diversas transformaciones hasta llegar a la **pila seca**, cuyo ánodo es una barra de carbón situada en el centro de un cilindro de cinc que actúa de cátodo. Una pasta de cloruro de cinc y cloruro amónico hace de conductor.

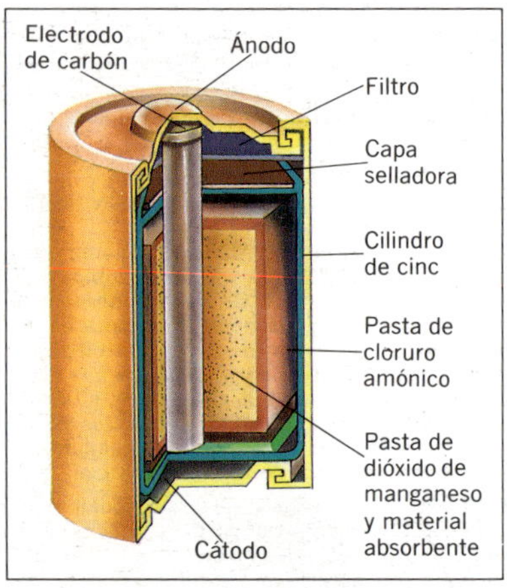

Pila eléctrica: sección de una pila seca con ánodo de carbón y cátodo de cinc.

pilada[1] (de *pila*[1]) *s. f.* Pila, montón.

pilada[2] (de *pila*[2]) *s. f.* Mezcla de cal y arena que se amasa de una vez.

pilancón *s. m.* Marmita* de gigante.

pilar *s. m.* **1.** Elemento arquitectónico vertical, generalmente en forma de prisma, que se coloca aislado o sirve para sostener otros elementos o estructuras. **2.** Persona o cosa que sirve de apoyo o base de algo. **3.** Hito* en un camino.

pilastra *s. f.* **1.** Columna de sección cuadrangular. **2.** Pilar adosado a una pared.

Pilato o **Pilatos, Poncio** (s. I d. C.) Político romano. Fue gobernador de Judea (26-36 d. C.). Según los *Evangelios* condenó a Jesucristo a morir crucificado, aunque estaba convencido de su inocencia.

pilcha *s. f. Arg., Chile, Urug.* Prenda de vestir gastada o pobre; p. ext., cualquier prenda de uso personal.

Pilcomayo Río de América del Sur. 1.100 km de longitud. Nace en el Altiplano boliviano, discurre en dirección SE, sirve de línea fronteriza entre Argentina y Paraguay y desemboca en el río Paraguay a la altura de la capital paraguaya de Asunción.

píldora *s. f.* **1.** Pequeña porción de medicamento de forma más o menos esférica. **2.** *fam.* Anticonceptivo con esta forma. **3.** *fam.* Mala noticia o cosa desagradable. ‖ **LOC. dorar la píldora** *fam.* Presentar una mala noticia o cosas desagradables suavizándolas de alguna manera; también, adular.

pileta *s. f.* **1.** *dim.* de **pila**. **2.** *And., Can., Arg., Par., Urug.* Pila de cocina o de lavar. **3.** Abrevadero. **4.** En minería, sitio en el cual se recogen las aguas dentro de las minas.

pillaje *s. m.* Rapiña, robo.

pillar *v. tr.* **1.** Coger, alcanzar a alguien o algo. **2.** Atropellar. **3.** Dejar a alguien o algo aprisionado, sujeto, causándole daño. También *v. prnl.* **4.** *fam.* Coger a alguien desprevenido. **5.** *fam.* Conseguir. **6.** *fam.* Empezar a sufrir una enfermedad, infección, intoxicación, etc. **7.** Encontrarse, estar algo en determinada situación con respecto a una persona. También *v. intr.* **8.** *fam.* Entender una cosa. **9.** *fam.* Robar.

pillastre *s. m. fam.* Pillo*.

pillería *s. f.* **1.** *fam.* Cualidad de pillo. **2.** *fam.* Dicho o hecho del pillo.

pillo, lla *adj. fam.* Pícaro, astuto, fresco. También *s.* **FAM.** Pillín, pilluelo.

Pilniak, Boris Andreievich Vogau, llamado **Boris** (Mozhaisk, Moscú 1894 - ? 1938) Escritor soviético. Concibió la Revolución Rusa como una explosión informe de efecto purificador. Enfrentado a las autoridades soviéticas, fue detenido (1937) y murió en un campo de concentración. Algunas de sus novelas más significativas son *La hierba* (1920), *El año desnudo* (1921), su mejor obra, *Máquinas y lobos* (1925) y *El Volga desemboca en el mar Caspio* (1930).

pilón[1] (de *pila*[1]) *s. m.* **1.** En la balanza romana, pesa que cuelga del brazo mayor del astil y puede moverse libremente. **2.** Pilar, columna o poste, para señalar algo o para otro fin. **3.** *fam.* Montón, cantidad grande.

pilón[2] (de *pila*[2]) *s. m.* Pila grande que se encuentra en algunas fuentes para que al recogerse el agua en ella pueda utilizarse como abrevadero, lavadero, etc.

pilón[3] (del gr. *pulon*, puerta, portal) *s. m.* Pilono*.

pilonga *s. f.* Véase **castaña pilonga**.

pilono *s. m.* Estructura arquitectónica del arte egipcio antiguo formada por dos grandes bloques de forma trapezoidal que enmarcan el acceso al primer patio de los templos.

pilórico, ca *adj.* Perteneciente o relativo al píloro.

píloro *s. m.* Orificio de comunicación entre el estómago y el duodeno, por el que pasa el contenido estomacal al intestino después de su digestión.

pilorriza *s. f.* Cofia* de la raíz de las plantas.

pilosidad *s. f.* **1.** Cualidad de piloso. **2.** Pelo o conjunto de pelos.

piloso *adj.* **1.** Perteneciente o relativo al pelo. **2.** Peludo, de mucho pelo.

pilotaje *s. m.* **1.** Acción de pilotar. **2.** Profesión del piloto. **3.** Derecho que pagan las embarcaciones al pasar por puentes y entradas de ríos por los servicios de pilotos prácticos.

pilotar *v. tr.* **1.** Conducir o dirigir una nave; p. ej. un barco, un avión, un vehículo espacial. **2.** Conducir un coche o moto de carreras.

pilote *s. m.* Madero que se clava en tierra para asegurar los cimientos.

piloto *s. m.* **1.** El que pilota una nave o vehículo de carreras. **2.** El segundo de un buque mercante. **3.** Pequeño indicador luminoso. **4.** Llama pequeña que se mantiene en un calentador o caldera doméstica que indica que el aparato está encendido. **5.** Con ciertos sustantivos como *centro*, *piso*, etc., indica que las cosas por ellos designadas funcionan como modelo o con carácter experimental. ‖ **6. piloto automático** Dispositivo que funciona por sí solo, utilizado en algunos medios de transporte, como aviones y barcos, con la finalidad de mantener el rumbo o gobernar el vehículo. **7. piloto de altura** El que dirige la navegación en alta mar por su conocimiento de los astros. **8. piloto de pruebas** El que se encarga de probar prototipos o modelos de coches, aviones, etc.

pil-pil, al *loc. adj.* Se dice del bacalao guisado con aceite, guindilla y ajo.

pilsen *adj.* Se aplica a un tipo de cerveza, fabricado originalmente en la ciudad checoslovaca del mismo nombre, de sabor ligeramente amargo y color ambarino claro.

Pilsen (en checo *Plzen*) C. de Checoslovaquia, situada en Bohemia occidental, en el O del país. 174.700 h. en 1989. Tiene una importante siderurgia y es mundialmente conocida por sus fábricas de cerveza y de automóviles Skoda. Fue fundada en el s. XIII y colonizada por alemanes; en el s. XV se convirtió en el centro de la resistencia católica durante la revolución husita. En su núcleo monumental destacan la iglesia de San Bartolomé (s. XV) y diversos palacios renacentistas y barrocos.

Pilsudski, Józef (Zulowo, Lituania 1867 - Varsovia 1935) Militar y político polaco. Fue el fundador de las legiones polacas que combatieron contra Rusia en la Primera Guerra Mundial para obtener la independencia de Polonia. Al ser reconocida ésta en 1918, tomó poderes dictatoriales, pero dimitió en 1922 tras la victoria electoral nacionaldemocrática. Volvió al poder con el golpe militar de 1926 como primer ministro (1926-28) y como ministro de la Guerra (1926-35).

piltra *s. f. fam.* Cama*, mueble.

piltrafa *s. f.* **1.** Parte de carne flaca, que casi sólo es pellejo. **2.** Resto de comida o de cosas similares. Se usa más en *pl.* **3.** *fam.* Cosa muy estropeada. **4.** *fam.* Persona muy débil, cansada, enferma, etc.

pilucho, cha *adj. Chile.* Desnudo.

pimental *s. m.* Terreno que está sembrado de pimientos.

Pimentel Familia noble portuguesa y castellana, procedente de Galicia. Sus orígenes se remontan al s. XIII, con **Vasco Martínez** (? - 1283), merino mayor de Portugal, quien cayó en desgracia y tuvo que huir a Castilla, donde apoyó a Alfonso X el Sabio contra la rebelión de su hijo Sancho. Con **Juan Alonso** (? - 1420) la familia pasó definitivamente a Castilla, tras la batalla de

Aljubarrota (1385); Enrique III le concedió el título de conde de Benavente. Otros miembros destacados de la familia fueron: **Juana**, que se casó con el condestable Álvaro de Luna (1431); **Rodrigo Alonso** (? - 1499), que participó en las luchas políticas del reinado de Enrique IV y en la guerra de Granada; **Alonso** (? - Benavente, Zamora 1528), quinto conde de Benavente, luchó del lado de Isabel durante la guerra civil castellana y permaneció fiel a Carlos I en la guerra de las Comunidades; en 1521 combatió a los franceses de Navarra; **Antonio Alonso** (1514 - 1557), sexto conde de Benavente, participó en la conquista de Túnez y en las campañas de Italia, Francia y Alemania; fue nombrado virrey de Valencia; **Juan Alonso** (? - 1621), presidente del Consejo de Italia y virrey de Valencia y Nápoles; y **Antonio Alonso** (? - 1667), el cual participó, a las órdenes del marqués de los Vélez, en la campaña para sofocar la revuelta catalana (1640).

pimentero *s. m.* **1.** Nombre común de diversas plantas arbustivas de la familia piperáceas, género *Piper.* El pimentero común *(Piper nigrum)* es una planta trepadora de hojas ovaladas, flores verdosas en espiga y fruto en baya, que se denomina *pimienta.* Es originario de las Indias orientales y se cultiva en todas las regiones cálidas de la Tierra. **2.** Recipiente en que se pone la pimienta molida para servirse en la mesa.

pimentón *s. m.* Polvo de pimientos rojos secos que se usa como condimento.

pimentonero, ra *s. m.* y *f.* Vendedor de pimentón.

pimienta *s. f.* **1.** Fruto del pimentero. Tiene una sola semilla de color rojo, que se vuelve negra al secarse. Se utiliza como condimento, en grano o molido. || **2. pimienta blanca** Aquella a la que se ha quitado la corteza y cuyo interior es de color claro, casi blanco. **3. pimienta negra** La que conserva la corteza.

pimiento *s. m.* **1.** Nombre común de diversas plantas herbáceas de la familia solanáceas, género *Capsicum.* Tienen hojas lanceoladas, flores pentámeras blancas y fruto en baya. Originarias de América tropical, se cultivan en todo el mundo. **2.** Fruto de esta planta. Presenta diversas formas y tamaños, tiene color primeramente verde y después rojo intenso. Es muy utilizado como alimento. || **3. pimiento de Padrón** Variedad de pimiento verde, de pequeño tamaño y muy picante, que se cultiva en Galicia. **4. pimiento de piquillo** Variedad de pimiento rojo que se consume asado. **5. pimiento morrón** Variedad de pimiento rojo y dulce. || **Loc. importar** a alguien algo **un pimiento** *fam.* No importarle nada, traerle sin cuidado. **¡y un pimiento!** *excl.* Se utiliza para negar o rechazar rotundamente.

Pimiento dulce, variedad de la especie Capsicum annuum, *con detalle de su fruto.*

pimpampum *s. m.* Juego de feria consistente en derribar a pelotazos muñecos puestos en fila sobre una tabla.

pimpante *adj.* Campante, satisfecho y tranquilo.

pimpinela *s. f.* Nombre común de diversas plantas herbáceas de la familia rosáceas, género *Sanguisorba.* La pimpinela mayor *(Sanguisorba officinalis)* mide entre 40 y 120 cm, tiene hojas compuestas de un número impar de hojuelas y flores en capítulo de color púrpura; la pimpinela solada *(Sanguisorba minor)* mide entre 10 y 40 cm y tiene flores en cabezuelas de color verde o púrpura. Crecen en praderas y bosques de la península Ibérica.

pimplar *v. tr. fam.* Beber vino o licores. También *v. prnl.* **Fam.** Pimple.

pimpollada *s. f.* Pimpollar*.

pimpollar *s. m.* Lugar plantado de pimpollos.

pimpollo *s. m.* **1.** Pino nuevo. **2.** Árbol nuevo. **3.** Vástago o tallo nuevo de las plantas. **4.** Rosa que no se ha abierto todavía. **5.** *fam.* Niño o joven que llama la atención por su belleza, gracia o atractivo. **6.** *fam.* Persona que se conserva con el aspecto joven.

pimpolludo, da *adj.* Que tiene muchos pimpollos.

pimpón *s. m.* Ping-pong*.

pina *s. f.* **1.** Mojón terminado en punta. **2.** Cada uno de los trozos curvos de madera de la rueda de un coche o carro.

pinabete *s. m.* Abeto*.

pináceas *s. f. pl.* Familia de plantas coníferas que comprende unas 250 especies. Son gimnospermas leñosas, de hoja acicular y perenne generalmente, que pueden alcanzar hasta 40 m de altura. Sus semillas pasan periodos de tiempo de hasta 3 años de vida latente y después germinan. Forman grandes bosques, tanto en regiones húmedas de altura como en la costa, sobre todo en el hemisferio norte. Los principales géneros son *Pinus* (pinos), *Abies* (abetos), *Picea* (falsos abetos), *Larix* (alerces) y *Cedrus* (cedros). Se utilizan para obtener madera, celulosa, trementina, bálsamo, alcohol metílico, aceites y piñones. También *adj.* y *s. f.*

pinacle *s. m.* Juego de cartas de origen inglés que consiste fundamentalmente en agrupar cartas correlativas de un mismo palo. Se juega con 52 cartas y 2 comodines.

pinacoteca *s. f.* Galería o museo de pinturas.

pináculo *s. m.* **1.** Parte superior y más alta de un edificio. **2.** Remate ornamental en la arquitectura gótica y, p. ext., en otros estilos, adorno en forma de pirámide o cono. **3.** Lo más sublime o elevado de algo, momento de mayor esplendor.

pinada *s. f.* Pinar*.

Pinal, Silvia (México 1932) Actriz de cine mexicana. Destacó en películas como *El rey del barrio* (1949) y *El inocente* (1955). Trabajó con el director español Luis Buñuel en *Viridiana* (1961), *El ángel exterminador* (1962) y *Simón del desierto* (1965).

pinar *s. m.* Sitio poblado de pinos.

Pinar del Río **1.** Prov. de Cuba, en el O del país. 10.925 km^2. 684.700 h. en 1989. Tiene una economía fundamentalmente agropecuaria, con cultivos de tabaco, caña de azúcar y hortalizas, además de explotación pesquera.
2. C. de Cuba, cap. de esta provincia, al SO de La Habana, a orillas del río Guamá. 116.500 h. en 1989. Es un importante centro de la industria tabaquera, que cuenta asimismo con producción alimentaria, de cuero, química, farmacéutica y de materiales de construcción.

pinariego, ga *adj.* Perteneciente al pino.

Pinazo, Ignacio (Valencia 1849 - Godella, Valencia 1916) Pintor español. De estilo realista, a veces su pintura algo abocetada le acerca al impresionismo. Destacó como retratista, aunque también realizó paisajes y bodegones. Entre sus cuadros cabe citar *Autorretato* (1895), *Retrato de José María Mellado* (1897), *La lección de memoria* (1899), *Desnudo de mujer* (1902) e *Idilio en la playa.*

pincel *s. m.* **1.** Instrumento que se utiliza para pintar y que consiste en un manojo de pelos sujetos a un mango largo y delgado. **2.** Modo o estilo de pintar.

pincelada *s. f.* **1.** Toque dado con el pincel y trazo que deja. **2.** Rasgo, matiz que da un cierto carácter a una obra literaria, una película, una exposición hablada, etc. || **Loc. dar la última pincelada** Dar los últimos toques para perfeccionar o acabar algo.

pinchadiscos *s. m. fam.* Disc-jockey*.

pinchar *v. tr.* **1.** Introducir una cosa aguda o punzante en alguien o algo. También *v. prnl.* **2.** *fam.* Poner inyecciones. También *v. prnl.* **3.** *fam.* Incitar, animar a alguien a algo. **4.** *fam.* Molestar a alguien haciendo que se irrite o se harte. || *v. intr.* **5.** Producirse un pinchazo en una rueda de un vehículo. **6.** Drogarse por vía intravenosa. || **Loc. ni pincha ni corta** *fam.* Se aplica a alguien o algo que no cuenta ni influye en un asunto, negocio, situación, etc. **Fam.** Pinchadura.

pinchaúvas *s. m.* Don nadie, persona insignificante.

pinchazo *s. m.* **1.** Acción y efecto de pinchar. **2.** Herida, agujero, etc., que produce. **3.** Dolor agudo y momentáneo.

pinche *s. m.* y *f.* **1.** Ayudante de cocina. || *adj.* **2.** *Méx.* Despreciable. También *s.*

pincho *s. m.* **1.** Punta aguda de cualquier cosa. **2.** Cualquier varilla, palo largo y estrecho, etc., con punta afilada. **3.** Porción de comida que se toma normalmente como aperitivo y que suele ir atravesada por un palillo. || **4. pincho moruno** Trozos de carne, generalmente de cerdo adobado, ensartados en un pincho metálico y puestos a la plancha o a la brasa.

pincho, cha *adj.* **1.** *fam.* Bien vestido y arreglado. **2.** *fam.* Contento, satisfecho.

pinciano, na *adj.* Vallisoletano*.

pindárico, ca *adj.* Perteneciente o relativo a Píndaro o que se asemeja a lo característico de este autor.

Píndaro (Cinoscéfalos 518 - ¿Argos? 438 a. C.) Poeta griego. Pertenecía a una ilustre familia tebana, se educó en Atenas, participó en las guerras médicas y realizó diversos viajes a Sicilia. Su obra lírica comprende numerosas *Odas triunfales,* cuya finalidad era ensalzar a los atletas ganadores en los juegos.

Pindo Macizo montañoso de Grecia. Se extiende a lo largo del país de N a S desde la frontera de Albania hasta el golfo de Corinto. Su máxima altura es el monte Smolikas (2.636 m).

pindonga *adj. fam.* Se aplica a la mujer a la que le gusta pindonguear. También *s. f.*

pindonguear *v. intr. fam.* Pingonear*. **Fam.** Pindongueo.

pineal *adj.* **1.** Perteneciente o relativo a la epífisis*. || **2. glándula pineal** Epífisis*.

pineda *s. f.* Pinar*.

Pineda, Mariana (Granada 1804 - íd. 1831) Heroína española. Denunciada por haber bordado una bandera morada con las palabras «Ley, Libertad, Igualdad», seguramente destinada a una conspiración liberal, fue detenida. Se le ofreció salvar la vida a cambio de delatar a sus cómplices, pero ella se negó a hablar. Fue condenada a muerte y ejecutada.

pinedo *s. m. Amér. del S.* Pinar.

Pinel, Philippe (Jonquières, Tarn 1745 - París 1826) Médico francés. Se le considera uno de los fundadores de la psiquiatría. Distinguió distintos tipos de psicosis y humanizó el tratamiento de los enfermos mentales.

pingajo *s. m.* **1.** *fam.* Trozo roto de tela o ropa que cuelga. **2.** *fam.* Persona muy cansada, débil, o enferma.

pingar *v. intr.* **1.** Pender, colgar. **2.** Gotear alguien o algo que está muy mojado. ■ Se conjuga como *pagar.* || **Loc. poner** a uno **pingando** *fam.* Hablar mal de él.

pingo *s. m.* **1.** *fam.* Pingajo. **2.** *fam.* Mujer pindonga. **3.** *desp.* Prenda de vestir de mujer, especialmente la barata. Se usa más en *pl.* || **Loc. andar** (**estar** o **ir**) uno **de pingo** *fam.* Pingonear. **poner** a alguien **como un pingo** *fam.* Hablar mal de él, insultarle.

pingonear *v. intr. fam.* Salir a divertirse, alternar. **Fam.** Pingoneo.

pingorota *s. f.* Parte más alta y aguda de una montaña y otras cosas elevadas.

ping-pong *s. m.* Juego semejante al tenis, que se realiza sobre una mesa rectangular con una pelota pequeña y ligera y palas pequeñas.

pingüe *adj.* Abundante.

pingüino *s. m.* **1.** Ave caradriforme de la familia álcidos, especie *Pinguinus impennis.* Es un ave extinguida a mediados del s. XIX a causa de la caza a la que se la sometió. Medía entre 90 y 100 cm de altura, presentaba un denso plumaje negro, blanco en el vientre, sus alas no le servían para volar y tenía las patas palmeadas. Habitaba en costas de acantilados del Atlántico N. **2.** P. ext., nombre que se aplica a diversas aves de los géneros *Alca, Fratercula, Plautos* y *Uria*, de características similares al pingüino.

piñífero, ra *adj.* Abundante en pinos.

pinillo *s. m.* Planta herbácea de la familia labiadas, especie *Ajuga chamaepitys.* Mide entre 5 y 30 cm de altura y tiene flores de color amarillo. Crece en la península Ibérica.

Pinillos, José Luis (Bilbao 1919) Psicólogo español. Ha contribuido a la introducción del conductismo en España. Algunas de sus obras más características son *Introducción a la psicología moderna* (1961), *La mente humana* (1973), *Más allá de Freud* (1976) y *Reconversión industrial y adaptación psicológica* (1986).

pinitos *s. m. pl.* **1.** Primeros pasos inseguros de un niño o una persona convaleciente. **2.** Primeros pasos o intentos en una actividad.

pinnado, da *adj.* Se aplica a las hojas cuyos foliolos se hallan dispuestos a uno y otro lado del pecíolo, como las barbas de una pluma.

pinnípedos *s. m. pl.* Orden de mamíferos acuáticos al que pertenecen unas 30 especies de las familias otáridos, odobénidos y fócidos. Son animales marinos caracterizados por tener el cuerpo fusiforme y las extremidades transformadas en aletas. Su respiración es pulmonar, por lo que, pese a habitar en el mar, deben salir regularmente a la superficie para respirar. Tienen bajo la piel una gruesa capa de grasa que los protege del frío. Pinnípedos son el león marino, la morsa, la foca, etc. También *adj.* y *s. m.*

pino *s. m.* Nombre común de diversos árboles de la familia pináceas, género *Pinus.* Son árboles resinosos de tronco rugoso, hojas en forma de aguja, reunidas en grupos con un número fijo de ellas y cada grupo envuelto en su base por escamas, y una inflorescencia o estróbilo leñoso cónico, llamado *piña.* El pino común *(Pinus sylvestris)* mide hasta 45 m de altura, tiene hojas cortas de color verde azulado y crece en Europa. Es característico el color asalmonado de sus ramas y de la parte alta del tronco. El pino laricio o salgareño *(Pinus nigra)* alcanza hasta 50 m, tiene las hojas de un verde muy oscuro y el tronco con placas de color plateado. El pino carrasco *(Pinus halepensis)* tiene hojas largas y flexibles, piñas abundantes, unidas a las ramas por un grueso pedúnculo, y crece en el S de Europa, sobre todo en la península Ibérica. El pino piñonero *(Pinus pinea)* mide unos 30 m y crece en el área mediterránea: la forma redondeada o de parasol de la copa, la piña en forma de globo con gruesos piñones comestibles y las placas rojas de su corteza lo hacen inconfundible.

pino, na *adj.* Empinado, en pendiente.

pinocha *s. f.* Hoja del pino.

Pinochet, Augusto (Valparaíso 1915) Militar chileno. En 1972 fue nombrado comandante de la zona de Santiago por el presidente constitucional Salvador Allende. Participó en el violento golpe de Estado que derrocó a éste y se puso a la cabeza de la junta militar que se alzó con el poder en 1973. En 1974 se erigió en jefe supremo del Estado, instaurando una severa dictadura. En 1988 perdió un plebiscito sobre la continuidad de su mandato y se vio obligado a convocar elecciones presidenciales en 1989, en las que resultó vencedor el candidato de la oposición Patricio Aylwin.

Pinocho Muñeco de madera convertido en niño, protagonista de una novela del escritor italiano Carlo Collodi. Tenía la peculiaridad de que le crecía la nariz al decir mentiras.

pinol *s. m. amer.* Pinole.

pinolate *s. m. Amér. C., Méx.* Bebida a base de pinole, agua y azúcar; se le suele añadir cacao y canela o vainilla.

pinole *s. m. Amér. C., Méx.* Harina de maíz tostado disuelta en agua, que lleva a veces otros ingredientes.

pinoso, sa *adj.* Que tiene pinos.

pinrel *s. m. fam.* Pie de las personas.

pinsapar *s. m.* Sitio poblado de pinsapos.

pinsapo *s. m.* Árbol de la familia pináceas, especie *Abies pinsapo.* Tiene corteza blanquecina, hojas en forma de agujas y fruto en piña. Crece en las sierras del S de la península Ibérica y se usa como árbol de adorno.

pinta[1] (de *pintar*) *s. f.* **1.** Mancha más bien pequeña de otro color en la piel de un animal, en una tela, etc. **2.** Señal que tienen los naipes en el borde y que permite saber de qué palo son sin descubrirlos del todo. **3.** En algunos juegos de naipes, carta que se descubre una vez repartidas las que corresponden a cada jugador y que señala el palo de triunfos. **4.** Aspecto, traza. **5.** *Méx., Nic.* Pintada de una pared, tapia, etc. ‖ *s. m.* **6.** Hombre de mala conducta, sinvergüenza.

pinta[2] *s. f.* Medida de capacidad para líquidos, que varía según los países.

pintada *s. f.* Letrero o escrito en las paredes, tapias, etc., generalmente de contenido social o político.

pintado, da **1.** *p. p.* de **pintar**. También *adj.* ‖ **2.** *s. f.* Nombre común de diversas aves galliformes de la familia numídidos, géneros *Numida, Acryllium, Agelastes* y *Guttera.* La pintada común *(Numida meleagris)* tiene el cuerpo rechoncho, color pardo, azulado o negruzco, con puntos o lunares blancos, cabeza y cuello pelados y carece de espolón o lo tiene disminuido. Es mala voladora, se alimenta de plantas y vive en grandes bandadas en las sabanas del centro y S de África. ‖ **Loc. el más pintado** *fam.* Cualquiera, el más hábil o el menos expuesto a lo que

Pintada común (Numida meleagris).

se expresa. **que ni pintado** *fam.* Muy bien, muy oportuna o adecuadamente.

pintalabios *s. m.* Barra u otro cosmético para pintarse los labios.

pintamonas *s. m.* y *f.* **1.** *desp.* Pintor de cuadros. **2.** *fam.* Persona que no vale nada.

pintar *v. tr.* **1.** Representar algo en una superficie con líneas y colores. **2.** Cubrir de color la superficie de una cosa. **3.** Describir algo con palabras. ‖ *v. intr.* **4.** Empezar a tomar color ciertos frutos por estar madurando. **5.** Marcar o dejar señal un lápiz, bolígrafo, etc. **6.** Ser un determinado palo de la baraja el de los triunfos. **7.** Ser importante o aceptado, tener algo que hacer en un lugar o asunto. ‖ *v. prnl.* **8.** Colorearse ciertas partes de la cara con productos adecuados.

pintarrajear o **pintarrajar** *v. tr. fam.* Pintar con descuido o hacerlo mal, manchar algo con colores, hacer garabatos. También *v. prnl.*

pintarrajo *s. m. fam.* Garabato o mancha de color hecha con descuido.

pintarroja *s. f.* Pez escualiforme de la familia esciliorrínidos, especie *Scylliorhinus canicula.* De cuerpo alargado y relativamente delgado, mide de 50 a 100 cm de longitud; tiene la cabeza roma y la piel rasposa, la cual se utilizó antiguamente para pulir. Habita en el Atlántico y el Mediterráneo. Se llama también *lija.*

Pinter, Harold (Londres 1930) Dramaturgo británico. Está considerado como uno de los más destacados renovadores del teatro posterior a la Segunda Guerra Mundial. Entre sus principales obras cabe mencionar *La fiesta de cumpleaños* (1958), *El amante* (1963), *Viejos tiempos* (1971), *Traición* (1979), *Voces familiares* (1981) y *Estación Victoria* (1982).

pintiparado, da **1.** *p. p.* de **pintiparar**. ‖ *adj.* **2.** Que viene o está muy bien, muy a propósito o conveniente para algo. **3.** Semejante, parecido.

pintiparar *v. tr.* **1.** *fam.* Comparar una cosa con otra. **2.** Asemejar una cosa a otra.

Pinto C. de España, en la prov. de Madrid, situada al SE de la capital. 22.200 h. en 1990. Tiene industria textil, alimentaria y tabaquera; se está desarrollando como ciudad dormitorio en el área metropolitana de Madrid.

Pinto, Aníbal (Santiago de Chile 1825 - Valparaíso 1884) Político chileno. Fue presidente del gobierno (1876-81) como candidato liberal. Durante su mandato se declaró la guerra a Perú y Bolivia y tuvo que enfrentarse a una grave crisis económica.

Pinto, Francisco Antonio (Santiago 1775 - íd. 1858) Militar y político chileno. Participó en el movimiento emancipador y fue presidente de la república (1827-29). Dimitió al no poder reprimir la oposición conservadora.

Pinto Balsemão, Francisco José (Lisboa 1937) Político portugués. Fundador del Partido Socialdemócrata y líder del mismo (1981-84), fue viceprimer ministro en el gobierno de Sá Carneiro y pasó a ocupar el puesto de primer ministro a la muerte de éste (1981), cargo del que dimitió (1982).

Pinto y Valdemoro, entre *loc. adv.* Indeciso, sin saber qué hacer o qué postura tomar, entre una cosa u otra. También, medio borracho.

pintor, ra *s. m.* y *f.* **1.** Persona que se dedica al arte de la pintura. **2.** Persona que por oficio pinta puertas, ventanas, paredes, techos, etc.

pintoresco, ca *adj.* **1.** Se aplica a los lugares, paisajes, figuras, etc., atractivos y peculiares. **2.** Singular, llamativo.

Cuatro especies de pinos con detalle de sus agujas y piñas: 1. Pino común (Pinus sylvestris). *2. Pino laricio* (Pinus nigra). *3. Pino carrasco* (Pinus halepensis). *4. Pino piñonero* (Pinus pinea).

Pintura. De izquierda a derecha y de arriba abajo: Recolección de la miel, cueva de la Araña (copia en el Museo de Prehistoria, Valencia). Fresco pompeyano del siglo I a. C. (Villa de los Misterios, Pompeya). El buen gobierno *(1338-1339), de Ambrogio Lorenzetti (Palacio comunal de Siena, Italia).* Virgen dels Concellers *(1455), de Luis Dalmau (Museo de Arte de Cataluña, Barcelona).* El sueño del caballero, *de Antonio de Pereda (Museo de la Real Academia de San Fernando, Madrid).* Formas circulares, sol y luna *(1912), de Robert Delaunay (Stedelijk Museum, Amsterdam).*

pintura *s. f.* **1.** Arte de pintar. **2.** Obra pintada. **3.** Conjunto de las obras pictóricas de una época, país, etc. **4.** Producto empleado para pintar. **5.** Lápiz de color. **6.** Descripción.
Arte La pintura es una de las manifestaciones artísticas que el hombre ha practicado desde el paleolítico hasta nuestros días. La diversidad de temas y estilos se fueron sucediendo hasta que en el s. XVII aparecen las divisiones de la pintura según los géneros: religioso, retrato, de historia, etc., al tiempo que se da una clasificación de las obras según las escuelas. A partir del s. XIX, la pintura se aparta de las normas académicas y surgen numerosos movimientos de vanguardia, entre los que se incluyen el impresionismo, el simbolismo, el fauvismo, el cubismo, el expresionismo, el surrealismo, la abstracción, el pop-art o el hiperrealismo.

pinturero, ra *adj. fam.* Se dice de la persona que se arregla mucho y presume de ello. También *s.*

Pinturicchio, Bernardino di Betto, llamado **El** (Perugia h. 1454 - Siena 1513) Pintor italiano. Realizó murales de vivo colorido y dibujo fácil, enriquecidos con estucos y dorados. Colaboró con Perugino en la capilla Sixtina (1481-83). También decoró las estancias Borgia, en el Vaticano (1493-94), y realizó los frescos de Santa María la Mayor de Roma (1500-01). Otras obras suyas dignas de mención son *La coronación de la Virgen, Madonna con el Niño y Giovanni Borgia, La historia de José* (siete cuadros) y *La anunciación.*

pínula *s. f.* Tablilla metálica que en los instrumentos topográficos y astronómicos sirve para dirigir visuales.

pin-up (de la expr. ingl. *pin-up girl*, que significa 'chica para clavar encima' y que proviene de las fotografías o grabados de revistas o calendarios con imágenes de mujeres que los soldados estadounidenses colocaban en sus dormitorios) *s. f.* Mujer de gran atractivo sexual que aparece en revistas, carteles, etc.

pinyin *s. m.* Sistema de transcripción fonética de la escritura china al alfabeto latino, adoptado oficialmente por la República Popular China.

pinza *s. f.* **1.** Instrumento cuyos extremos están juntos pero pueden separarse mediante presión, que se utiliza para sujetar alguna cosa. **2.** Último artejo de algunas patas de ciertos artrópodos formado por dos piezas que se juntan y sirven para apresar. **3.** Pliegue de una tela terminado en punta. ‖ *pl.* **4.** Instrumento cuyas puntas pueden juntarse manipulándolo, que se utiliza para coger o sujetar cosas.

pinzamiento *s. m.* En med., compresión de cualquier órgano, músculo o nervio, especialmente entre dos superficies articulares.

pinzón *s. m.* Nombre común de diversas aves paseriformes de la familia fringílidos, género *Fringilla.* Miden unos 15 cm de longitud y presentan acusadas diferencias entre los sexos en la coloración del plumaje, que es más variada y vistosa en el macho. Tienen las alas puntiagudas, la cola larga y el pico ancho en la base y cónico. De canto armonioso, anidan en árboles o arbustos de Europa y Asia. El pinzón vulgar *(Fringilla coelebs)* es de color pardo y el macho tiene la parte superior de la cabeza de color gris azulado y la cara, el pecho y el abdomen de color rojo oscuro; el pinzón real *(Fringilla montifringilla)* tiene el plumaje de muy diversos tonos: negro, pardo, blanco, anaranjado y rojizo.

Pinzón, Martín Alonso Yáñez (Palos de la Frontera, Huelva 1440 - Monasterio de La Rábida, Huelva 1493) Marino español. En 1492 mandó la carabela *Pinta* en el primer viaje de Colón.

Pinzón, Vicente Yáñez (Palos de la Frontera, Huelva ? - ? h. 1515) Marino español. Hermano del anterior, en el primer viaje de Colón mandó la *Niña.* Llegó a las costas brasileñas y descubrió las desembocaduras del Amazonas y del Orinoco. En 1508 realizó otro viaje, en el que exploró las costas del Yucatán. En 1509 bordeó la costa oriental de América del Sur.

piña *s. f.* **1.** Estróbilo femenino y maduro del pino y otras coníferas que presenta forma de cono y está compuesto de piezas leñosas triangulares, colocadas en forma de escamas, cada una de las cuales lleva dos piñones y rara vez uno. **2.** Ananás*. **3.** Conjunto de personas o cosas unidas estrechamente.

piñata *s. f.* Cacharro, generalmente una olla de barro, lleno de golosinas y regalitos que se cuelga para que una persona con los ojos vendados lo rompa golpeándolo con un palo.

Piñeiro, Ramón (Láncara, Lugo 1915) Escritor español en lengua gallega. Desarrolló una importante labor en favor de la autonomía y la cultura gallegas. Fundó la editorial Galaxia (1950). Como ensayista centró su obra en la *saudade*, la que consideraba esencia del espíritu gallego-portugués. Entre sus obras principales figuran *Significado metafísico de la saudade* (1951), *La saudade en Rosalía* (1952), *El lenguaje y las lenguas* (1967) y *Consideraciones sobre la cultura gallega* (1979).

Piñera Llera, Virgilio (Cárdenas 1912 - La Habana 1979) Escritor cubano. Cultivó la literatura fantástica. Vivió en Argentina de 1946 a 1958. Entre sus obras destacan, en poesía, *La isla en peso* (1943); en narrativa, *El conflicto* (1942), *Cuentos fríos* (1956), *Pequeñas maniobras* (1963) y *El que vino a salvarme* (1970); y, en teatro, *Jesús* (1948), *El filántropo* (1960) y *Dos viejos pánicos* (1968).

piño *s. m. fam.* Diente.

piñón[1] (de *piña*) *s. m.* **1.** Semilla del pino, contenida en la piña. Su almendra es blanca y comestible. **2.** En las armas de fuego, pieza en que descansa la patilla de la llave cuando está preparada para disparar. ‖ **Loc. estar** dos o más personas **a partir un piñón** *fam.* Estar muy unidas, en gran intimidad y armonía.

piñón[2] (de un derivado del lat. *pinna*, almena) *s. m.* Rueda pequeña y dentada que engrana con otra mayor en una máquina.

piñón[3] (del lat. *pinna*, pluma) *s. m.* Cualquiera de las plumas pequeñas que los halcones tienen debajo de las alas.

piñonata *s. f.* Dulce elaborado con almendra rallada y almíbar.

piñonate *s. m.* **1.** Pasta de piñones y azúcar. **2.** Masa de harina frita cortada en pedazos pequeños que se rebozan en miel o almíbar y se unen, generalmente en forma de piña.

pío *s. m.* Voz que imita el sonido de las crías de las aves. ‖ **Loc. no decir ni pío** *fam.* No hablar, no decir nada.

pío, a[1] (del lat. *pius*) *adj.* Devoto, piadoso.

pío, a[2] (del fr. *pie*, y éste del lat. *pica*, urraca) *adj.* Se dice del caballo, mulo o asno de pelo blanco y pintas de otros colores.

Pío Nombre de varios papas de Roma.
Pío II (Corsignano 1404 - Ancona 1464) Papa italiano. De nombre Enea Silvio Piccolomini, su pontificado abarca de 1458 a 1464. Fue un gran humanista. Intentó, sin conseguirlo, unir a los príncipes cristianos en la lucha contra los turcos.
Pío V, San (Bosco Marengo 1504 - Roma 1572) Papa italiano. De nombre Antonio Ghislieri, su pontificado abarca de 1566 a 1572. Publicó el misal y el breviario vigentes hasta el Concilio Vaticano II. Formó con Venecia y España la liga cristiana que venció a los turcos en la batalla de Lepanto (1571).
Pío VI (Cesena 1717 - Valence, Francia 1799) Papa italiano. De nombre Giannangelo Braschi, su pontificado abarca de 1775 a 1799. Chocó con el despotismo ilustrado de los soberanos, especialmente con el josefinismo austriaco. Tuvo una postura ambigua ante la Revolución Francesa. Intentó defender sus Estados, pero las tropas francesas proclamaron la República Romana (1798) y el papa fue encarcelado en la ciudadela de Valence.

Pío VII (Cesena 1742 - Roma 1823) Papa italiano. De nombre Gregorio Luigi Barnaba Chiaramonti, su pontificado abarca de 1800 a 1823. En 1804 coronó emperador a Napoleón, a quien luego excomulgó, y restableció la Compañía de Jesús (1814).

Pío IX (Senigallia 1792 - Roma 1878) Papa italiano. De nombre Giovanni Maria Mastai Ferretti, su pontificado abarca de 1846 a 1878. Convocó el concilio Vaticano I, en el que se declaró la infalibilidad del papa. Condenó el liberalismo y tuvo que renunciar a los Estados Pontificios como consecuencia de la unificación italiana.

Pío X, San (Riese, Veneto 1835 - Roma 1914) Papa italiano. De nombre Giuseppe Sarto, su pontificado abarca de 1903 a 1914. Desarrolló la enseñanza de la religión y condenó el movimiento cultural modernista.

Pío XI (Desio 1857 - Roma 1939) Papa italiano. De nombre Achille Ratti, su pontificado abarca de 1922 a 1939. Condenó el fascismo, el nazismo y el comunismo ateo y firmó con el gobierno de Italia los acuerdos de Letrán (1929). Favoreció las misiones y preconizó la ordenación del clero indígena, consagrando a los primeros obispos de la India, China y Vietnam.

Pío XII (Roma 1876 - Castelgandolfo 1958) Papa italiano. De nombre Eugenio Pacelli, su pontificado abarca de 1939 a 1958. Durante la Segunda Guerra Mundial acogió a numerosos refugiados judíos, pero se criticó mucho su silencio oficial ante las atrocidades de los nazis. Se mostró siempre fiel a los planteamientos tradicionalistas en la Iglesia.

piocha *s. f.* Herramienta de albañilería con una boca cortante que se emplea para desprender los revoques de las paredes o quitar las desigualdades de los ladrillos.

piogenia *s. f.* Formación de pus.

piógeno, na *adj.* Que puede originar piogenia.

piojo *s. m.* Nombre común de diversos insectos de los órdenes malófagos y anopluros. Son de pequeño tamaño, 6 mm los mayores. Se han descrito unas 3.000 especies y se supone que existen muchas más. Tienen el cuerpo aplanado, las antenas cortas, carecen de alas y los órganos sensoriales están muy disminuidos. Son animales parásitos de aves y mamíferos y se adhieren fuertemente al pelo. Los malófagos tienen boca masticadora y son parásitos de aves, aunque algunas especies lo son de mamíferos; los anopluros son chupadores, se alimentan de sangre y son parásitos de los mamíferos. Pueden transmitir enfermedades de origen bacteriano o vírico. Entre los anopluros se encuentra el piojo humano *(Pediculus humanus)*, el cual provoca pruritos y puede ser transmisor de enfermedades, p. ej. el tifus. ‖ **Loc. como piojos en costura** *adj.* y *adv. fam.* Muy juntos o apretados en un sitio.

piojoso, sa *adj.* **1.** Que tiene piojos. También *s.* **2.** *fam.* Miserable, sucio, desastrado. También *s.*

piola *s. f.* **1.** Cordel, cuerda fina. **2.** *amer.* Soga.

piolar *v. intr.* Piar los pollos o los pájaros.

piolet (voz fr.) *s. m.* Pico ligero que utilizan los alpinistas para asegurarse en la nieve o el hielo.

piolín *s. m. amer.* Cordel delgado de cáñamo, algodón, etc.

pión *s. m.* Partícula subatómica que pertenece a la familia de los mesones. Su masa es 280 veces la del electrón. Puede tener tres formas: negativo, positivo o neutro. Los piones fueron descubiertos en los rayos cósmicos y son los responsables de las interacciones fuertes.

pionero, ra *s. m.* y *f.* Persona que inicia una actividad, que realiza los primeros descubrimientos o trabajos en una disciplina, ciencia, etc.

piorrea *s. f.* Enfermedad de la boca caracterizada por la aparición de flujo de pus en las encías. Suele causar la caída de los dientes.

pipa[1] (del lat. vulg. *pipa*, flautita) *s. f.* **1.** Utensilio para fumar que consiste en un tubo unido a una cazoleta o recipiente donde se pone el tabaco picado. **2.** Tonel para líquidos. ‖ *adv. m.* **3.** *fam.* Estupendamente: *pasarlo pipa.* ‖ **4. pipa de agua** Narguile*.

pipa[2] (de *pepita*) *s. f.* **1.** Pepita de las frutas. **2.** Semilla de girasol.

piperáceas *s. f. pl.* Familia de plantas dicotiledóneas arbustivas o herbáceas del orden piperales a la que pertenecen unas 2.000 especies comprendidas en los géneros *Piper, Ottonia, Pothomorphe* y otros. Tienen hojas alternas, simples y enteras, con glándulas que segregan una sustancia de olor picante, flores pequeñas, desnudas, que nacen de la axila de una bráctea y suelen agruparse en racimos o espigas, y fruto en drupa carnosa. La especie más importante es la pimienta negra *(Piper nigrum)*. Crecen en regiones tropicales de América Central y del Sur, África y SE de Asia. También *adj.* y *s. f.*

pipero, ra *s. m.* y *f.* Persona que vende pipas, caramelos, golosinas, etc., en la calle o en un quiosco.

pipeta *s. f.* Tubo de vidrio estrecho y alargado, terminado en punta, que se utiliza para trasladar pequeños volúmenes de líquido de un recipiente a otro; en general lleva una escala que mide el volumen de líquido recogido.

pipi *s. m.* **1.** *fam.* Piojo*. **2.** *fam.* Pipiolo*.

pipí *s. m. fam.* Pis*.

pipiar *v. intr.* Emitir cierto sonido las aves cuando son pequeñas. ■ En cuanto al acento, se conjuga como *ansiar. pipía.*

Pipino el Breve (Jupille h. 715 - Saint-Denis 768) Rey de los francos (751-768). Era hijo de Carlos Martel y mayordomo de Austrasia. Con el apoyo del papa destituyó a Childerico III, último rey merovingio, e instauró la dinastía carolingia. A petición del papa Esteban II arrebató a los lombardos de Italia un conjunto de tierras que, entregadas al papado, fueron el origen de los Estados Pontificios. Sometió a los alamanes (744-746), conquistó Septimania a los musulmanes (752-759) y se anexionó Aquitania (760-768). Al morir repartió el reino entre sus hijos Carlomagno y Carlomán.

pipiolo, la *s. m.* y *f. fam.* Persona muy joven, particularmente la novata o inexperta.

pipirigallo *s. m.* Planta herbácea de la familia papilionáceas, especie *Onobrychis sativa.* Alcanza hasta 60 cm de altura, tiene flores rojas y se cultiva como planta para forraje.

pipo *s. m.* Pepita de un fruto.

pipón, na *adj.* **1.** *amer.* Barrigudo. **2.** *amer.* Lleno, harto de comida. **3.** *Ec.* Se aplica al funcionario o empleado que figura en nómina y cobra un sueldo sin trabajar.

pippermint (voz ingl.) *s. m.* Licor de menta.

pique *s. m.* Enfado, enfrentamiento con alguien, especialmente por rivalidad. ‖ **Loc. echar a pique** Hacer que un barco se hunda; también, hacer que algo fracase. **irse a pique** Hundirse una embarcación; terminar algo mal, fracasar; asimismo, derrumbarse moralmente, deprimirse por algún motivo.

piqué (voz fr.) *s. m.* Tejido de algodón con dibujos en relieve.

Piquer, Concha (Valencia 1908 - Madrid 1990) Cantante española. Tonadillera de gran prestigio, popularizó canciones como *La Parrala* y *Tatuaje.*

piquera *s. f.* **1.** Abertura en las colmenas para que las abejas puedan entrar y salir. **2.** Agujero de los toneles y alambiques para que salga el líquido. **3.** Agujero en los altos hornos por el que sale el metal fundido. **4.** *Cuba.* Parada de taxis. **5.** *Méx.* Taberna de ínfima categoría.

piqueta *s. f.* **1.** Herramienta de albañilería, con mango corto de madera y dos bocas opuestas, una plana como de martillo y otra puntiaguda. **2.** Zapapico*. **3.** Cada uno de los pinchos que se clavan en la tierra donde se enganchan los vientos de una tienda de campaña para mantenerlos tensos.

piquete *s. m.* **1.** Pequeño grupo de soldados que realiza determinadas misiones, y especialmente el que fusila a un condenado a muerte. **2.** Grupo de personas que en una huelga intenta pacífica o violentamente que otras la sigan.

piquetilla *s. f.* Piqueta pequeña con un remate ancho y afilado utilizada en albañilería para hacer agujeros pequeños en paredes delgadas.

piquillín *s. m. Arg.* Árbol de la familia ramnáceas, especie *Condalia lineata.* Tiene un fruto pequeño, coloreado, con el que se hace arrope y aguardiente; su madera es de buena calidad y su raíz se usa para teñir de morado. Crece en la Patagonia argentina.

piquituerto *s. m.* Nombre común de diversas aves paseriformes de la familia fringílidos, género *Loxia.* El piquituerto común *(Loxia curvirostra)* mide unos 16 cm de longitud, tiene la cabeza grande con un pico característico cuyas mandíbulas se cruzan; la cola presenta forma de horquilla. Los machos tienen color rojizo en el dorso y pecho, con las alas pardas, mientras que las hembras son verdosas. El piquituerto franjeado *(Loxia leucoptera)* mide unos 14 cm de longitud y tiene los colores más acusados que el común. Se alimentan de grano y habitan en bosques europeos.

Piquiza, tratado de Pacto firmado en esta localidad boliviana por Bolivia y Perú (1828), que puso fin a la guerra entre ambos países, desatada al ser invadida Bolivia por un ejército peruano al mando de Agustín Gamarra, que resultó vencido.

pira[1] (del lat. *pyra*, y éste del gr. *pura*, de *pur*, fuego) *s. f.* **1.** Hoguera para quemar los cuerpos de los difuntos y las víctimas de los sacrificios. **2.** Hoguera.

pira[2] (de *pirarse*) *s. f.* Acción y efecto de pirarse.

Piracicaba C. de Brasil, en el estado de São Paulo, a orillas del río Piracicaba. 274.500 h. en 1989. Es nudo de comunicaciones y tiene industrias siderúrgicas, de maquinaria agrícola, azucareras y destilerías de licor.

pirado, da **1.** *p. p.* de **pirarse**. ‖ *adj.* **2.** *fam.* Loco, chiflado. También *s.*

piragua *s. f.* **1.** Embarcación larga y estrecha, generalmente hecha de una pieza, usada por los indios de América y Oceanía. **2.** Canoa alargada y estrecha, con uno o más huecos para los ocupantes, que se usa en piragüismo.

piragüero *s. m.* El que gobierna o dirige una piragua.

piragüismo *s. m.* Deporte náutico que se practica sobre canoas o kayaks. Se diferencia del remo por propulsarse las embarcaciones mediante palas, sin ningún punto de apoyo. Se realiza en aguas mansas y bravas y las pruebas pueden ser de velocidad, fondo y slalom. Es olímpico desde 1936 para pruebas de velocidad en kayaks de uno, dos y cuatro tripulantes (K-1, K-2 y K-4) y en canoas de uno y dos tripulantes (C-1 y C-2).

piragüista *s. m.* y *f.* Persona que practica el piragüismo.

piramidal *adj.* **1.** Que tiene forma de pirámide. **2.** Se dice del tercer hueso de la primera fila del carpo. **3.** Se dice de tres músculos pares del cuerpo: el del abdomen, situado en su parte anterior e inferior, delante del recto mayor; el de la nariz, situado en el entrecejo, por debajo del músculo frontal; y el de la pelvis, pequeño y aplanado, situado en la parte profunda de la región glútea. **Fam.** Piramidalmente.

pirámide *s. f.* **1.** En geom., poliedro que tiene como base un polígono y cuyas caras laterales triángulos que se juntan en un vértice. **2.** En arq., monumento que tiene esta estructura geométrica. ‖ **3. pirámide de edades** Véase **edad**. **4. pirámide ecológica** Cadena trófica representada por esta figura. **5. pirámide oblicua** La que tiene como base un polígono regular, pero la proyección del vértice no coincide con el centro de dicho polígono. **6. pirámide recta** La que tiene como base un polígono regular y cuyo vértice se proyecta perpendicularmente sobre el centro de dicho polígono. **7. pirámide regular** Pirámide recta. **8. pirámide truncada** Porción de una pirámide comprendida entre su base y una sección practicada por un plano que corta todas sus caras.

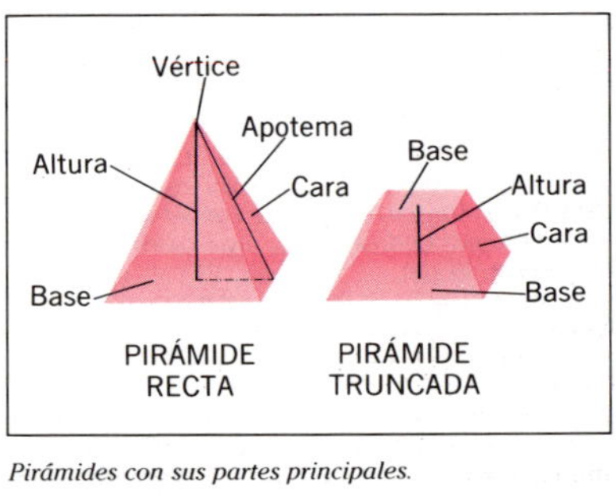

Pirámides con sus partes principales.

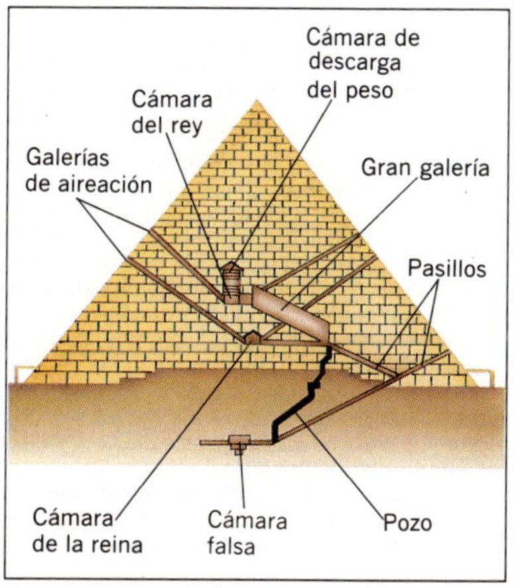

Corte esquemático de la pirámide de Keops (Egipto); vista del lado este.

Arq. Aunque se encuentran pirámides en distintas civilizaciones de todo el mundo, las más conocidas son las de Egipto, erigidas para servir de enterramiento a los faraones, como las de Saqqara, Keops, Kefrén y Micerinos. Las culturas precolombinas maya y azteca levantaron pirámides truncadas, en cuya plataforma superior se alzaba el templo. En México destacan especialmente la pirámide del Sol en Teotihuacán, la del Tajín en Veracruz y la de Tula, y en Guatemala, las de Tikal.

piramidón *s. m.* $C_{13}H_{17}ON_3$. Compuesto orgánico heterocíclico que se emplea en medicina para bajar la fiebre.

Pirandello, Luigi (Agrigento 1867 - Roma 1936) Escritor italiano. Fue autor de novelas y de obras teatrales en las que plantea la dualidad entre el hombre exterior que los demás ven y el yo esencial, al que es imposible llegar. Por ello, en su opinión, el hombre es un ser condenado a la soledad. Sus piezas teatrales constituyen uno de los más importantes esfuerzos renovadores de la dramaturgia europea de su tiempo. Recibió el premio Nobel de literatura en 1934. Entre sus obras hay que destacar las novelas *El difunto Matías Pascal* (1904) y *Uno, nadie, cien mil* (1926) y, sobre todo, los dramas *Así es si así os parece* (1917), *El placer de ser honrado* (1917), *Seis personajes en busca de autor* (1921) y *Enrique IV* (1922).

Luigi Pirandello. Retrato de P. Conti (Museo Teatral, Roma).

Piranesi, Giambattista (Mongliano Veneto 1720 - Roma 1778) Arquitecto y grabador italiano. Tanto sus construcciones como sus grabados están inspirados en el clasicismo romano. Sus láminas fueron adquiriendo cada vez más un aire misterioso que hizo que se considerara a Piranesi un precursor del Romanticismo. Reconstruyó la iglesia de Santa Maria del Priorato, en Roma, y sus grabados más importantes son las célebres series de *Prisiones* y de *Vistas de la Roma antigua.*

piraña *s. f.* Nombre común de diversos peces de la familia carácidos, género *Serrasalmus.* Miden hasta 30 cm de longitud, tienen el cuerpo muy comprimido y poseen dientes cónicos y fuertes. La piraña común es el *Serrasalmus piranya.* Son conocidos por su capacidad para devorar animales de gran tamaño, lo cual se debe a su costumbre gregaria, ya que son varios miles de peces los que atacan a la vez reduciendo a un animal al esqueleto. Habitan en los grandes ríos de América del Sur, especialmente en las cuencas del Amazonas y del Orinoco. Los nativos se alimentan de estos peces.

pirargirita *s. f.* Ag_3SbS_3. Mineral sulfuro de plata y antimonio. Cristaliza en el sistema trigonal y tiene color rojo fuerte. Constituye una de las principales menas de la plata y se llama también *plata roja.* Abunda en Chile, Bolivia y México; en España, se encuentra en Hiendelaencina (Guadalajara), Sierra Almagrera (Almería) y Cartagena (Murcia).

pirarse *v. prnl. fam.* Marcharse, irse. ▪ Se usa también en la forma *pirárselas.*

pirata *adj.* **1.** Se dice de los marinos que se dedican a asaltar y robar barcos en el mar o las costas y de sus acciones, expediciones, naves, etc. También *s.* **2.** Se aplica a las copias o reproducciones no autorizadas de libros, películas, cintas de vídeo, etc., a las personas que las hacen y a sus actividades. **3.** Ilegal: *emisora pirata.*

piratear *v. intr.* **1.** Realizar el pirata la actividad que le es propia. También *v. tr.* **2.** Realizar copias o reproducciones piratas de libros, películas, etc.

piratería *s. f.* **1.** Actividad del que piratea. **2.** Secuestro de aviones en vuelo.

pirca *s. f. Amér. del S.* Pared de lajas de piedra, sin enlucir ni pintar.

Pire, Dominique Georges (Dinant 1910 - Lovaina 1969) Religioso dominico belga. Fue fundador de la Organización de Ayuda a las Personas Desplazadas, para favorecer a refugiados y marginados de la guerra. También creó el centro para jóvenes Mahatma Gandhi (1960). Impulsó las cooperativas agrícolas de la isla de la Paz, en Gohira, Pakistán oriental (1962). En 1958 fue premiado con el Nobel de la paz.

pirenaico, ca *adj.* De los Pirineos. También *s.*

Pirenne, Henri (Verviers 1862 - Uccle-lès-Bruxelles 1935) Historiador belga. Especialista en la Edad Media, dio gran importancia en sus obras a los elementos económicos y sociales. Se integró en la escuela de la revista *Annales.* Entre sus principales libros pueden citarse *Historia de Bélgica* (1899-1932), *Las ciudades de la Edad Media* (1927), *Mahoma y Carlomagno* (1937) y *Las ciudades y las instituciones urbanas* (1939), los dos últimos póstumos.

Pireo, El C. de Grecia, situada en el SO del área metropolitana de Atenas. Es el centro portuario más importante del país.

pirético, ca *adj.* Perteneciente o relativo a la fiebre.

piretógeno, na *adj.* Que produce fiebre. También *s. m.*

piretología *s. f.* Parte de la patología que trata de la fiebre.

piretro *s. m.* Pelitre*.

pirexia *s. f.* Fiebre.

piridina *s. f.* C_5H_5N. Base nitrogenada heterocíclica que se encuentra en los alquitranes de hulla, turba, etc.; es un líquido incoloro de olor picante. Se emplea como disolvente, como antiséptico y como desnaturalizador.

piriforme *adj.* Que tiene forma de pera.

pirimidina *s. f.* $C_4H_4N_2$. Forma de varias bases orgánicas nitrogenadas, especialmente conocidas porque tres de ellas forman parte de los ácidos nucleicos y, agrupadas en tríadas (codones), constituyen el código genético, por medio del cual los ácidos nucleicos dirigen la síntesis de las proteínas y constituyen el material genético que se transmite con la herencia. Estas tres bases son la citosina, la timina y el uracilo.

pirincho *s. m. Arg., Par., Urug.* Ave insectívora trepadora de la familia cucúlidos, especie *Guira guira.* Tiene el plumaje amarillo, pico y cola largos y cresta.

pirineo, a *adj.* Pirenaico*.

Pirineos Sistema montañoso de la península Ibérica que sirve de frontera entre Francia y España. Se extiende en dirección O-E, desde el mar Cantábrico hasta el Mediterráneo, a lo largo de 435 km. En su estructura se distinguen el Pirineo axial, en el que se encuentran los montes más altos, como el Aneto (3.404 m), el pico más elevado de la cordillera y la tercera altura de España, Posets (3.375 m), Monte Perdido (3.355 m), Puigmal (2.913 m) y Canigó; y una doble banda, el Prepirineo francés, al N de la cordillera, que llega hasta la depresión de Aquitania, y el Prepirineo español, al S, que acaba en la depresión del Ebro. En este último destacan las sierras de la Peña, Guara, Montsech y Cadí, y entre éste y el Pirineo axial, la depresión intrapirenaica, desde Pamplona a Boltaña, Tremp y Urgel.

Pirineos, paz de los Tratado firmado en 1659 entre España y Francia que ponía fin a la guerra empezada en 1635 y consolidaba la hegemonía francesa en Europa. En él se estipuló el matrimonio de la infanta María Teresa, hija de Felipe IV, con Luis XIV de Francia.

piripi *adj. fam.* Un poco borracho.

pirita *s. f.* FeS_2. Mineral sulfuro de hierro. Cristaliza en el sistema cúbico, tiene color amarillo, brillo metálico y es duro y pesado. A veces se encuentra asociado con níquel, cobre, plata y oro. Es una de las principales menas del hierro y de él se extrae también azufre, materia prima en la fabricación del ácido sulfúrico. Sus principales yacimientos se encuentran en EE UU, Noruega, Italia, Suecia, Polonia y República Sudafricana; en España se extrae en Riotinto.

Pirita.

Piritoo En la mitología griega, rey de los lapitas, esposo de Hipodamia y amigo de Teseo, a quien ayudó en la lucha contra los Centauros y con quien descendió a los infiernos.

piritoso, sa *adj.* Que tiene pirita.

piro- *pref.* **1.** Significa 'fuego': *pirómano, piromancia.* **2.** En quím., sirve para designar a los oxoácidos obtenidos al reaccionar el correspondiente óxido no metálico con dos moléculas de agua; p. ej., el ácido piroantimónico, que resulta de la unión del óxido de antimonio (V) con dos moléculas de agua: $Sb_2O_5–2H_2O \rightarrow H_4Sb_2O_7$. También se emplea para nombrar las oxisales derivadas de estos ácidos, como p. ej. el piroantimoniato de calcio: $Ca_2Sb_2O_7$.

pirobolista *s. m.* Ingeniero especializado en minas militares.

piroclástico, ca *adj.* Se dice de los depósitos formados por materiales volcánicos sueltos, como tobas, aglomerados y cenizas.

piroelectricidad *s. f.* En fís., propiedad de ciertos cristales como la turmalina o el topacio de polarizarse eléctricamente a causa de los cambios de temperatura. **FAM.** Piroeléctrico.

pirofilita *s. f.* $Al_2(Si_4O_{10})(OH)_2$. Mineral filosilicato de aluminio hidratado. Cristaliza en el sistema rómbico y tiene color blanquecino, verdoso, amarillo o rosado. Aparece en masas escamosas de rocas metamórficas. Tiene diversos usos industriales.

piróforo *s. m.* En quím., sustancia o compuesto que se inflama espontáneamente en contacto con el aire.

pirogenación *s. f.* Reacción química que resulta de someter un cuerpo a una elevada temperatura.

pirogénesis *s. f.* En fís., producción de calor.

pirógeno, na *adj.* **1.** Que produce fiebre. También *s. m.* **2.** En mineralogía, se aplica a las rocas y minerales formados por fusión ígnea.

pirograbado *s. m.* **1.** Procedimiento para grabar en madera mediante una punta de platino incandescente. **2.** Grabado así obtenido.

pirograbador, ra *s. m.* y *f.* Persona que hace pirograbados.

pirograbar *v. intr.* Hacer pirograbados.

pirolatría *s. f.* Adoración al fuego.

pirólisis *s. f.* Descomposición de una sustancia por la acción del calor; p. ej., el agua en contacto con el hierro al rojo se descompone en hidrógeno y oxígeno; las parafinas, al someterlas a presión y calor en ausencia de aire para evitar su combustión, se rompen en moléculas más pequeñas (craqueo).

pirología *s. f.* Estudio del fuego y de sus aplicaciones.

pirolusita *s. f.* MnO_2. Mineral bióxido de manganeso. Tiene color gris o negro y brillo metálico. Constituye la principal mena del manganeso. Se encuentra en yacimientos de rocas sedimentarias en Ucrania, Georgia, República Sudafricana, India, Brasil y, en España, en Asturias, Teruel y Huelva.

piromagnetismo *s. m.* Conjunto de alteraciones producidas por cambios de temperatura en las propiedades magnéticas de los cuerpos.

piromancia o **piromancía** *s. f.* Adivinación por medio de la observación de las propiedades de la llama.

piromanía *s. f.* Tendencia patológica a la provocación de incendios.

pirómano, na *adj.* Se dice de la persona que sufre piromanía. También *s.*

piromántico, ca *adj.* **1.** Perteneciente o relativo a la piromancia. ‖ *s. m.* y *f.* **2.** Persona que practica la piromancia.

pirometría *s. f.* Medición de temperaturas muy altas. **FAM.** Pirométrico.

pirómetro *s. m.* Termómetro capaz de medir altas temperaturas. Los principales son los de termopar, que utilizan el principio de que dos metales diferentes se dilatan en distinta proporción, y los ópticos, que comparan la emisión luminosa del objeto cuya temperatura se quiere medir con la de un filamento incandescente.

piromorfita *s. f.* $Pb_5Cl(PO_4)_3$. Mineral clorofosfato de plomo. Tiene color verde o amarillento y brillo graso, es una mena importante del plomo y, a veces, aparece junto a la galena. Existen yacimientos en EE UU, Reino Unido y Zimbabwe y, en España, en Badajoz y Ciudad Real.

piropear *v. tr. fam.* Decir piropos. **FAM.** Piropeo.

piropo *s. m.* **1.** *fam.* Palabra o palabras dichas a una persona para alabarla, especialmente a una mujer elogiando su belleza. **2.** $Mg_3Al_2(SiO_4)_3$. Mineral silicato de aluminio y magnesio. Es una variedad de granate que cristaliza en el sistema cúbico, tiene color rojo vivo y es muy apreciada como piedra preciosa. Se extrae en yacimientos de Sudáfrica, Bohemia y Sajonia. **3.** Rubí*.

piroscopio *s. m.* Termómetro diferencial que se utiliza para el estudio de la reflexión y de la radiación del calor.

pirosfera *s. f.* Nombre que se daba al centro de la Tierra porque se suponía que estaba en estado de fusión.

pirosis *s. f.* Sensación de ardor en el estómago, esófago o faringe; es síntoma de trastornos gastroesofágicos.

pirotecnia *s. f.* Técnica que se ocupa de las invenciones de fuego destinadas tanto para maquinaria militar como para artificios utilizados en festejos y diversiones.

pirotécnico, ca *adj.* **1.** Perteneciente o relativo a la pirotecnia. ‖ *s. m.* **2.** Experto en pirotecnia.

piroxeno *s. m.* $(Ca,Mg,Fe)SiO_3$. Mineral inosilicato ferromagnesiano. Es un mineral de color verde oscuro o negro y brillo vítreo, que cristaliza en los sistemas rómbico o monoclínico. Se encuentra en muchas rocas, especialmente las eruptivas básicas.

piróxilo *s. m.* Producto de la acción del ácido nítrico sobre una materia celulósica, como madera, algodón, etc. Se utiliza en la fabricación de explosivos.

Pirquet, Clemens von (Hirschstetten, cerca de Viena 1874 - Viena 1929) Médico austriaco. Se dedicó a los estudios inmunológicos y descubrió una reacción a la tuberculina. Introdujo en medicina el término *alergia*, ideado por él (1906).

pirrar *v. intr. fam.* Gustarle a uno mucho una cosa, ser muy aficionado a ella. También *v. prnl.*

pírrico, ca *adj.* **1.** Se dice de la victoria o triunfo en que el vencedor ha sufrido más pérdidas o daños que el vencido. **2.** Se aplica a una danza de la Grecia antigua que imitaba un combate. También *s. f.*

Pirro (? h. 318 - Argos 272 a. C.) Rey de Epiro (295-272 a. C.). Expulsado de su país, recuperó su reino con ayuda de Tolomeo. Pretendió conquistar Sicilia, Italia y pasar a África. En Italia, venció a los romanos en Heraclea (280 a. C.) y Ausculum (279 a. C.). En Sicilia luchó contra los cartagineses y conquistó casi toda la isla, pero sus victorias fueron a costa de enormes pérdidas y no se tradujeron en resultados positivos. Fue derrotado por los romanos en Benevento (275 a. C.) y pasó al Peloponeso, donde fue asesinado.

Pirrón (Elis h. 365 - ? h. 275 a. C.) Filósofo griego. Su pensamiento, máximo exponente del escepticismo en la antigüedad, nos es conocido a través de las *Hipotiposis pirrónicas* de Sexto Empírico. Frente a los «dogmáticos» Pirrón mantiene la tesis de que el conocimiento es imposible. Puesto que el punto de partida de todo juicio es la información que nos proporcionan los sentidos y las sensaciones no permanecen constantes, afirma que los juicios son meras convenciones y no la expresión de un verdadero conocimiento. Desde un punto de vista práctico, el escepticismo pirrónico es una teoría ética que sostiene que la felicidad sólo se alcanza en un estado de paz interior, al que se llega mediante la suspensión del juicio.

pirroniano, na o **pirrónico, ca** *adj.* Escéptico*.

pirucho, cha *adj. Arg., Par., Urug. fam.* Se dice del niño delgado o poco desarrollado. También *s.* ■ Se usa mucho como apelativo cariñoso.

pirueta *s. f.* **1.** Movimiento difícil que requiere agilidad y equilibrio. **2.** Voltereta. **3.** En equitación, vuelta rápida en la que el caballo alza las manos, sosteniéndose sólo con las patas traseras. **4.** Giro entero que realiza el bailarín sobre sí mismo. **5.** *fam.* Acción o palabras con que se resuelve hábilmente una situación difícil.

piruetear *v. intr.* Hacer piruetas.

pirula *s. f. fam.* Jugarreta, mala faena.

piruleta *s. f.* Trozo de caramelo redondo y aplastado, sujeto a un palo o barrita que le sirve de mango.

pirulí *s. m.* Caramelo de forma cónica con un palito.

pirulo *s. m.* Remate alargado y torneado de algunas cosas, especialmente muebles.

pirúvico, ca *adj.* **1.** Perteneciente o relativo al ácido pirúvico. ‖ **2. ácido pirúvico** CH_3–CO–COOH. Denominación común del ácido propanonoico. Desempeña una función esencial en el metabolismo de los glúcidos, lípidos y prótidos.

pis *s. m. fam.* Orina*.

pisa *s. f.* **1.** Acción de pisar. **2.** Porción de aceituna o uva que se estruja de una vez para hacer aceite o vino.

Pisa C. de Italia, situada en Toscana, junto al río Arno, en las proximidades del mar de Liguria. 102.150 h. en 1990. Es un importante nudo de comunicaciones y centro industrial, con fábricas de estructuras metálicas, material ferroviario, productos textiles y vidrio. Pero debe sobre todo su fama a sus monumentos artísticos. Entre los más significativos figuran la catedral románica (s. XI), con mosaicos de Cimabue, púlpito de Giovanni Pisano y las puertas de bronce con relieves de Nicola Pisano; el baptisterio circular (1153), con el púlpito de Nicola Pisano; el campanario o torre inclinada, iniciado en 1174, de 56 m de altura, y el camposanto, con valiosos frescos de los s. XIV y XV; todos estos edificios están situados en la plaza de los Milagros. Otros monumentos destacados son las iglesias de San Pablo (s. XII y XIII), Santa Maria della Spina (s. XIV) y Santa Catalina (s. XIV) y los palacios Gambacorti (s. XIII), Médicis (s. XIV), Agostini (s. XV) y Cavalieri (s. XVI). En el Museo Nacional pueden admirarse importantes pinturas de primitivos artistas toscanos.

pisada *s. f.* **1.** Acción y efecto de pisar. **2.** Huella o señal que deja el pie.

pisador, ra *adj.* **1.** Que pisa. **2.** Se dice del caballo que levanta mucho los brazos y pisa con ímpetu. ‖ *s. m.* **3.** El que pisa la uva.

Pisanello, Antonio Pisano, llamado (Verona h. 1395 - íd. h. 1455) Pintor italiano. Ejecutó frescos de los que sólo se conservan *San Jorge salvando a la princesa de Trebisonda* (h. 1436), pintado en Verona, y un ciclo descubierto en Mantua. Sus retratos sirvieron de modelo para medallas; entre ellos destaca el de *Juan VIII Paleólogo* (1439).

pisano, na *adj.* De Pisa. También *s.*

Pisano, Andrea Véase **Andrea Pisano**.

Pisano, Giovanni (Pisa h. 1250 - Siena h. 1315) Escultor y arquitecto italiano. Fue colaborador de Nicola Pisano, su padre, y trabajó en la decoración del baptisterio de Pisa. Dirigió las obras de las catedrales de Siena y de Pisa. Sus esculturas más importantes son los púlpitos de San Andrés de Pistoia (1297-1301) y de la catedral de Pisa (1301-10).

Pisano, Nicola (Apulia h. 1220 - Pisa h. 1284) Escultor italiano. Su estilo reúne la tradición clásica y el gusto gótico. Sus principales obras son los púlpitos del baptisterio de Pisa y de la catedral de Siena; de forma poligonal y elevados sobre columnas, están decorados con majestuosos relieves sobre la vida de Cristo.

pisapapeles *s. m.* Objeto pesado que se pone sobre los papeles para sujetarlos.

pisar *v. tr.* **1.** Poner el pie sobre alguien o algo. **2.** Apretar una cosa con los pies o golpeándola con el pisón o la maza. **3.** En instrumentos musicales que tienen cuerdas o teclas, poner los dedos sobre éstas para hacerlos sonar. **4.** Cubrir en parte una cosa a otra. **5.** *fam.* Humillar a alguien, tratarle mal, no respetar sus derechos. **6.** *fam.* Anticiparse o adelantarse a otro. **7.** *fam.* Ir a algún sitio, aparecer por él. ■ Se usa sobre todo en frases negativas. **8.** Despreciar y no cumplir una ley, norma, orden, etc. **9.** En las aves, cubrir el macho a la hembra, unirse a ella para fecundarla. **FAM.** Pisadura.

pisaúvas *s. m.* El que pisa la uva.

pisaverde *s. m. fam.* Petimetre, lechuguino.

Piscator, Erwin (Ulm 1893 - Starnberg, Baviera 1966) Director y teórico teatral alemán. Renovó el lenguaje y el montaje escénicos por medio de nuevos elementos técnicos. En 1927 fundó en Berlín la Piscatorbühne, donde montó un teatro de vanguardia que utilizaba como medio de instrucción política. En 1931 marchó a la URSS y luego a París y Nueva York, donde fundó el Dramatic Workshop. Regresó a Europa en 1951 y fue nombrado director de la Volksbühne de Berlín. Es autor del libro *El teatro político* (1929).

piscatorio, ria *adj.* Perteneciente o relativo a la pesca o a los pescadores.

piscícola *adj.* Perteneciente o relativo a la piscicultura.

piscicultor, ra *s. m.* y *f.* Persona dedicada a la piscicultura.

piscicultura *s. f.* Conjunto de técnicas para la cría comercial de peces y mariscos.

piscifactoría *s. f.* Establecimiento de piscicultura.

pisciforme *adj.* Se dice de lo que tiene forma de pez.

piscina *s. f.* **1.** Especie de cavidad u hoyo con agua utilizado para el baño, la natación, etc. **2.** Estanque para peces.

Pisa: el baptisterio, la catedral y la torre inclinada.

Piscis 1. Constelación zodiacal situada entre Aries, Acuario, Andrómeda, la Ballena y Pegaso; no contiene estrellas de magnitud superior a 4. **2.** Duodécimo y último signo del zodiaco que el Sol recorre aparentemente entre el 19 de febrero y el 20 de marzo. ‖ *s. m.* y *f.* **3.** Persona nacida bajo este signo. ▪ En esta acepción se escribe con minúscula.

piscívoro, ra *adj.* Que se alimenta de peces. También *s.*

pisco *s. m. amer.* **1.** Aguardiente de uva, originario de Pisco, en Perú. **2.** *amer.* Botija en que se exporta dicho aguardiente.

piscolabis *s. m. fam.* Comida ligera.

pisiforme *adj.* **1.** Que tiene forma de guisante. **2.** Se dice de un pequeño hueso par, esponjoso, último de la primera fila del carpo.

Pisístrato (? h. 600 - ? 527 a. C.) Tirano de Atenas. Se hizo con el poder en 560 a. C. y favoreció el desarrollo económico y cultural de la ciudad. Confiscó las tierras de los nobles y las repartió entre los campesinos. Mantuvo vigentes las leyes de Solón y emprendió grandes obras públicas.

piso *s. m.* **1.** Suelo pavimentado. **2.** Cada altura que se distingue en un edificio. **3.** Cada vivienda en un edificio de varias alturas. **4.** Cada una de las capas que se distinguen en una cosa o que la componen. **5.** Suela del zapato. **6.** En una mina, conjunto de labores que se encuentran a igual profundidad. **7.** En geol., unidad estratigráfica básica constituida por capas correspondientes a una misma edad. ‖ **8. piso franco** El que una organización clandestina o delictiva tiene disponible para sus actividades.
Geol. El piso se caracteriza por un conjunto de elementos paleontológicos, litológicos y estructurales y recibe el nombre de un lugar más el sufijo *-iense.* Su equivalente geocronológico es la edad. Varios pisos forman una serie o época, varias series un sistema o periodo y varios sistemas una era.

pisón *s. m.* Utensilio de madera pesado utilizado para apretar la tierra, piedras, etc.

pisotear *v. tr.* **1.** Pisar repetidamente una cosa aplastándola o estropeándola. **2.** Humillar, maltratar, injuriar a una persona o a sus ideas, sentimientos, etc. **FAM.** Pisoteo.

pisotón *s. m.* Pisada fuerte sobre el pie de otro.

pispajo *s. m.* **1.** *fam.* Persona pequeña y vivaracha, especialmente un niño. **2.** Trozo desgarrado de una tela. **3.** Cosa de poco valor.

pispar *v. tr. fam.* Hurtar, robar.

Pissarro, Camille (Saint Thomas, Antillas 1830 - París 1903) Pintor, dibujante y grabador francés. De la escuela impresionista, su pintura estuvo influida inicialmente por Corot y Millet. En 1870, refugiado en Londres debido a la guerra franco-prusiana, conoció la obra paisajística de Turner y Constable. Nuevamente en Francia (1871), agrupó en Pontoise a diversos amigos, entre ellos a Cézanne, desarrollándose entre ambos una influencia mutua. Son buena muestra de su estilo los cuadros *A orillas del Marne* (1866), *Vista de Pontoise* (1868), *Tejados rojos* (1877), *Avenida de la Ópera, Jardín de las Tullerías* y *Autorretrato* (1903).

pista *s. f.* **1.** Huella que deja una persona o animal por donde pasa. **2.** Conjunto de datos o señales que permiten averiguar algo. **3.** Instalación con un suelo adecuado preparada para carreras y otros deportes. **4.** Terreno acondicionado para el despegue y aterrizaje de aviones. **5.** Espacio dispuesto para bailar en él. **6.** Lugar central del circo donde se realizan los diferentes números. **7.** Carretera importante, autopista. **8.** Banda longitudinal en la que se almacena información, generalmente magnética u óptica, como las de una cinta magnetofónica donde se graba el sonido o las de un disquete informático.

pistache *s. m.* Dulce o helado hecho con el fruto del pistachero.

pistachero *s. m.* Árbol de la familia anacardiáceas, especie *Pistacia vera.* Mide aproximadamente 3 m de altura, tiene hojas compuestas, de color verde oscuro, y flores pequeñas en racimos. Procede de Siria y se cultiva en regiones tropicales y templadas de todo el mundo por su fruto drupáceo.

pistacho *s. m.* Fruto del pistachero.

pistero *s. m.* Vasija con un tubo empleada para dar caldo u otro líquido a enfermos que no pueden incorporarse.

pistilo *s. m.* Gineceo de las plantas fanerógamas.

pisto *s. m.* **1.** Plato preparado con pimientos, tomate, cebolla, calabacín y otros alimentos, todo ello picado y frito a fuego lento. **2.** *fam.* Desorden, jaleo. **3.** *Amér. C., Perú.* Dinero. ‖ **LOC. darse pisto** *fam.* Darse importancia.

pistola *s. f.* **1.** Arma de fuego portátil, de pequeño tamaño, que se maneja con una sola mano. **2.** Utensilio para proyectar pintura u otros líquidos a presión.
Tecnol. Las modernas pistolas son automáticas, es decir, aprovechan la fuerza de retroceso del disparo para expulsar la vaina, introducir un nuevo proyectil y montar el arma. Su alcance es de unos 50 m y su cargador, que se encuentra en la empuñadura, contiene de 6 a 20 cartuchos. Entre los modelos más conocidos se encuentran la Parabellum, Browning, Lüger y Star.

pistolera *s. f.* Estuche para la pistola, generalmente de cuero.

pistolerismo *s. m.* **1.** Conjunto de acciones o modo de actuar de los pistoleros. **2.** En España, nombre dado a las luchas desencadenadas en Barcelona (1916-23) entre bandas de pistoleros contratados por la patronal y por las organizaciones obreras. El general Martínez Anido, gobernador civil de la ciudad, lo erradicó con una política de extrema represión.

pistolero, ra *s. m.* y *f.* Persona que utiliza la pistola para realizar atracos, asaltos, atentados, etc.

pistoletazo *s. m.* Disparo efectuado con una pistola.

pistolete *s. m.* Antigua arma de fuego más corta que la pistola.

pistón *s. m.* **1.** Émbolo*. **2.** En un proyectil de arma de fuego, pieza central de la cápsula donde está el fulminante. **3.** Llave en forma de émbolo que tienen algunos instrumentos musicales de viento, como la trompeta. **4.** Pequeña porción de polvora que se introduce en un arma de juguete y, al ser golpeada, produce una detonación que imita el ruido de un disparo.

pistonudo, da *adj. fam.* Muy bueno, estupendo.

Pisuerga Río de España, situado en la Meseta norte. 283 km de longitud. Nace en Peñalabra, en la cordillera Cantábrica, y se dirige en dirección S, hasta desaguar en el río Duero. Baña la ciudad de Valladolid. Sus principales afluentes son el Arlanza, el Arlanzón y el Carrión.

pita[1] (de or. taíno) *s. f.* Planta de la familia amarilidáceas, especie *Agave americana.* Es de gran tamaño, con hojas o pencas grandes, de hasta 3 m de longitud, terminadas en punta, y con flores amarillentas, sostenidas por un escapo o tallo, que puede alcanzar hasta 10 m. De sus hojas se extrae una fibra, utilizada para tejidos y cuerdas, y con sus frutos se fabrica una bebida llamada *pulque.* Es planta originaria de México y se ha extendido por EE UU y por los países mediterráneos.

pita[2] (de or. onomat.) *s. f.* **1.** Voz que se usa para llamar a las gallinas. Se emplea en plural y repitiéndola. **2.** Gallina.

pita[3] (de *pitar*) *s. f.* Acción de pitar o silbar en señal de protesta o desagrado.

Pita, Mayor Fernández de la Cámara y Pita, llamada **María** (s. XVI) Heroína española. Se distinguió en la defensa de La Coruña contra la escuadra inglesa (1589). Felipe II le concedió el grado de alférez.

pitada *s. f.* **1.** Pitido, toque de pito. **2.** Pita en señal de protesta o desagrado.

Pitágoras (Samos h. 570 - Metaponte h. 480 a. C.) Filósofo griego. Su vida está llena de incógnitas, pero se cree que fue dicípulo de Anaximandro. En Crotona (h. 530 a. C.), fundó una escuela de carácter filosófico y religioso, que estuvo vinculada al orfismo y sometida a la influencia de diversas tradiciones orientales. Su aportación real a la filosofía y a la matemática se confunde con la de su escuela. En todo caso, en ella se perfeccionó el álgebra y la aritmética, se realizó una clasificación de los poliedros regulares, se elaboró una teoría musical con una base matemática y se formuló el teorema de Pitágoras.

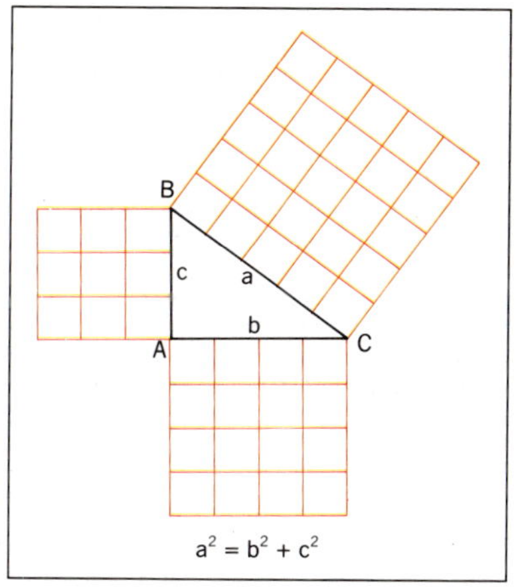

Demostración del teorema de Pitágoras: el área del cuadrado de lado $\overline{BC}$ es igual al área del cuadrado de lado $\overline{BA}$ más el área del cuadrado de lado $\overline{CA}$.

Pitágoras, teorema de Proposición atribuida a Pitágoras, según la cual en todo triángulo rectángulo el cuadrado de la longitud de la hipotenusa es igual a la suma de los cuadrados de las longitudes de los catetos.

pitagórico, ca *adj.* **1.** Perteneciente o relativo a Pitágoras o a su escuela. **2.** Seguidor de Pitágoras o de su escuela. También *s.*

pitagorismo *s. m.* Conjunto de doctrinas filosóficas, religiosas, morales y matemáticas de Pitágoras y sus seguidores. Sostenían que la realidad tiene una estructura matemática y que la esencia de todas las cosas es de naturaleza numérica. Desarrollaron importantes investigaciones en el campo de la geometría, y muchos de los teoremas que formularon fueron sistematizados por Euclides (s. III a. C.).

pitanza *s. f.* **1.** Distribución de ciertas cosas, como la ración de alimento que se repartía a los pobres. **2.** *fam.* Comida.

pitaña *s. f.* Legaña*.

pitañoso, sa *adj.* Legañoso*.

pitar *v. intr.* **1.** Tocar o sonar el pito. **2.** *fam.* Marchar, funcionar. **3.** *fam.* En gerundio y con verbos como *irse* o *salir,* muy deprisa. ‖ *v. tr.* **4.** Dar una pitada a alguien o algo. **5.** Señalar falta un árbitro en algunos deportes. **6.** Arbitrar un partido. **7.** *amer.* Fumar cigarrillos.

pitarra *s. f.* Pitaña*.

Pitarra, Serafí Véase **Soler, Frederic.**

pitarroso, sa *adj.* Pitañoso*.

Piteas (s. IV a. C.) Navegante y geógrafo griego. Descubrió las costas del O y N de la península Ibérica y recorrió las de Bretaña e Islandia. Fue el primero en descubrir la relación entre las mareas y las fases de la Luna. Escribió *Descripción del Océano* y *Periplo.*

pitecántropo *s. m.* Mamífero antropoide fósil de la familia homínidos, especie *Homo erectus.* El primer resto fue encontrado en 1891, en Java, por el médico holandés Eugene Dubois. De capacidad craneana intermedia entre los monos actuales y el hombre (800 a 1.000 cm^3), tenía una fuerte mandíbula y un claro prognatismo. Utilizó el fuego, al menos desde hace 700.000 años. Vivió en el pleistoceno.

Pitesti C. de Rumania, situada al pie de los Cárpatos, al NO de Bucarest. 157.200 h. en 1986. Es un centro comercial y fabril, con industrias alimentarias, textil, de la madera, mecánicas, químicas y automovilística.

pitia *s. f.* Sacerdotisa del templo de Apolo en Delfos.

pítico, ca *adj.* **1.** Perteneciente o relativo al dios Apolo como vencedor de la serpiente Pitón. ‖ **2. juegos píticos** Los celebrados en Delfos y en la llanura de Crisa, junto al Parnaso, en honor de Apolo. Al principio fueron competiciones exclusivamente musicales y se organizaban cada ocho años, pero desde el 582 a. C. se celebraron cada cuatro y se añadieron concursos gimnásticos e hípicos. Desaparecieron en el s. IV d. C.

pitido *s. m.* **1.** Sonido o toque de pito. **2.** Silbido de algunos pájaros. **3.** *fam.* Silbido de protesta o desagrado.

pitillera *s. f.* Petaca para guardar pitillos.

pitillo *s. m.* **1.** Cigarrillo*. **2.** *Col.* Paja para tomar bebidas.

pítima *s. f.* **1.** Cataplasma que se aplica sobre el pecho. **2.** *fam.* Borrachera.

pitiminí *s. m.* Variedad de rosal de tallos trepadores y rosas muy pequeñas; también, este tipo de rosa.

pitio, tia *adj.* Pítico*.

pito *s. m.* **1.** Instrumento que al soplar a través de él emite un sonido fuerte y agudo. **2.** Sonido o voz muy fuerte y agudo. **3.** Castañeta*, instrumento y sonido. **4.** *fam.* Cigarrillo. **5.** Taba para jugar. **6.** *fam.* Bocina de coche. **7.** *vulg.* Pene. **8.** Pájaro carpintero, pico*. ‖ **LOC. no importarle** a uno **un pito** *fam.* No importarle nada. **no valer un pito** No valer nada. **por pitos o por flautas** *adv. fam.* Por un motivo o por otro. **tomar** a uno **por el pito del sereno** *fam.* No darle ninguna importancia.

pitoche *s. m. desp.* de **pito**. ‖ **LOC. no importar un pitoche** *fam.* No importar un pito. **no valer un pitoche** *fam.* No valer un pito.

pitoflero, ra *s. m.* y *f.* **1.** *fam.* Músico de mala calidad. **2.** Chismoso, cotilla.

Pitol, Sergio (Puebla 1933) Escritor mexicano. Ha destacado en el relato breve con personajes desarraigados y atormentados. Algunos de sus títulos que merecen recordarse son *Victorio Ferri cuenta un cuento* (1957), *El infierno de todos* (1964), *Los climas* (1966), *No hay tal lugar* (1967) y *El desfile del amor* (1985).

pitón[1] (de *pito*) *s. m.* **1.** Cuerno que empieza a salir a algunos animales. **2.** Punta del cuerno del toro. **3.** Tubo cónico de los botijos, porrones, etc., para la salida del líquido. **4.** Brote que empieza a salir de un árbol. **5.** Bulto pequeño en punta en la superficie de una cosa.

pitón[2] (del gr. *puthon*, adivino) *s. m.* Nombre común de diversos reptiles escamosos de la familia pitónidos, géneros *Python*, *Chondropython*, *Calabaria*, *Liasis*, *Loxocemus*, etc. Su longitud varía, desde 1 m que mide la *Calabaria reinhardti*, hasta los 10 m de la *Python reticulatus*, la serpiente mayor del mundo. La coloración es diversa según las especies. Tienen la cabeza en forma de pera y la pupila vertical. Aunque pueden ascender a los árboles, son en su mayoría terrestres, excepto la pitón verde *(Chondropython viridis)*, que es arborícola. Son carnívoros y cazan al acecho, clavan los colmillos a sus víctimas y luego las matan por asfixia; posteriormente las tragan enteras comenzando por la cabeza. Son ovíparos y la hembra incuba seis huevos. Tienen costumbres nocturnas y habitan en tierras húmedas con abundante vegetación de regiones ecuatoriales.

pitonisa *s. f.* Adivina, especialmente del futuro, que utiliza diversos procedimientos, como bolas de cristal, cartas, etc.

Pitonisa En la mitología griega, sacerdotisa de Apolo. Tenía como misión dar los oráculos en el templo de Delfos y responder a cuantas preguntas se le formularan.

pitorrearse *v. prnl. fam.* Burlarse.

pitorreo *s. m.* Burla, guasa.

pitorro *s. m.* Pitón de los botijos, porrones, etc.

pitote *s. m. fam.* Barullo, jaleo.

Pitt el Joven, William Pitt, llamado (Hayes, Kent 1759 - Londres 1806) Político británico. Diputado del partido Whig, fue primer ministro durante dos periodos críticos del reinado de Jorge III (1783-1801 y 1803-06). Durante el primero de ellos hubo de afrontar las consecuencias económicas de la independencia de EE UU. Al estallar la Revolución Francesa adoptó una postura neutral que pronto transformó en abierta hostilidad hacia el nuevo estado republicano. Intentó aplacar el nacionalismo irlandés concediendo la emancipación a los católicos, pero fue desautorizado por Jorge III y dimitió. El recrudecimiento de la guerra con Francia provocó que fuera llamado nuevamente al gobierno en 1803, y en 1805 el Reino Unido obtuvo la decisiva victoria de Trafalgar. Entre los mayores logros de Pitt el Joven se encuentran las reformas que introdujo en el sistema parlamentario y la fijación del papel institucional del primer ministro en la política británica.

Pitt el Viejo, William Pitt, llamado (Londres 1708 - Hayes, Kent 1778) Político británico. Padre del anterior, fue diputado del partido Whig y orientó los esfuerzos expansivos británicos hacia ultramar. Al estallar la guerra de los Siete Años fue llamado para dirigirla (1756), pero dimitió por sus desacuerdos con el nuevo rey Jorge III (1761). Volvió al gobierno en 1766 y dictó la ley del Timbre para las colonias, pero problemas de salud le obligaron a dejar los asuntos de Estado y dimitir en 1768. Desde la oposición intentó infructuosamente que se prestara oídos a las quejas de las colonias americanas.

Pittaluga, Gustavo (Madrid 1906 - íd. 1976) Compositor español. Discípulo de Óscar Esplá, terminó sus estudios musicales en París. Entre sus obras sobresalen *La romería de los cornudos*, en su doble versión de concierto (1920) y de ballet (1933); *El loro* (1931), zarzuela; *Capricho a la romántica* (1936), para piano y orquesta, y *Llanto por Federico García Lorca* (1944), para canto y dos pianos.

Pitti Familia de la aristocracia florentina conocida desde el s. XII. Entre sus miembros destacan: **Buonaccorso** (Florencia 1354 - íd. 1430), mercader y banquero, que fue embajador de Florencia en Francia, Hungría, Países Bajos, Inglaterra, Suiza y otros países, y **Lucca** (Florencia 1394 - íd. 1472), hijo del anterior y dueño de una gran fortuna, que fue gonfaloniero de justicia (1448, 1453 y 1458) y el principal colaborador de Cósimo de Médicis en la reforma constitucional de 1458.

Pittsburgh C. de EE UU, en el estado de Pennsylvania, situada en la confluencia de los ríos Allegheny y Monongahela, que forman el Ohio. 376.400 h. en 1989, 2.316.000 h. en 1987 en su área metropolitana. Es un importante puerto fluvial y uno de los principales centros siderúrgicos del país. Destacan también sus industrias químicas y eléctricas.

pituco, ca *adj. Arg., Chile, Perú.* Cursi. También *s.*

pituita *s. f.* **1.** Humor de las mucosas, especialmente de la nariz. **2.** Según la medicina antigua, uno de los cuatro humores del organismo.

pituitario, ria *adj.* **1.** Que contiene o segrega pituita. ‖ **2. glándula pituitaria** Hipófisis*. **3. membrana pituitaria** Membrana que tapiza la cavidad nasal; se divide en dos zonas: la **pituitaria roja**, provista de numerosos vasos sanguíneos y propensa a hemorragias, y la **pituitaria amarilla**, que contiene numerosas células olfativas y es el órgano del sentido del olfato.

pituitoso, sa *adj.* Que contiene o segrega pituita.

pituso, sa *adj. fam.* Se aplica al niño pequeño y simpático. También *s.* ▪ Suele utilizarse como apelativo cariñoso.

Piura 1. Departamento de Perú, situado en el N del país. 36.403 km^2. 1.494.000 h. en 1990. Ocupa una llanura costera surcada por los ríos Chira y Piura. Aunque se explotan yacimientos petrolíferos en Talara y de fosfatos en el desierto de Sechura, la agricultura es su principal riqueza, con cultivos de algodón, cereales y caña de azúcar. **2.** C. de Perú, cap. de este departamento, situada en la llanura costera, a orillas del río Piura. 324.500 h. en 1990. Está unida con el cercano puerto de Paita. Es un centro productor y distribuidor de algodón. Fue fundada en 1532, con el nombre de San Miguel de Piura, por Francisco Pizarro y tiene dos importantes universidades.

pívot *s. m.* **1.** En baloncesto, jugador, generalmente el más alto y corpulento del equipo, que juega cerca de los tableros. **2.** En balonmano, jugador de ataque que trata de abrir huecos en la defensa contraria.

pivotante *adj.* **1.** Que pivota. **2.** Se aplica a la raíz que se hunde verticalmente.

pivotar *v. intr.* **1.** Girar apoyándose en un pivote. **2.** En baloncesto y balonmano, girar sobre el pie para cambiar de posición y eludir el marcaje de un contrario.

pivote *s. m.* **1.** Extremo de una pieza, donde se apoya o inserta otra, fija o giratoria u oscilante. **2.** Pívot*.

pixel *s. m.* En inform., elemento más pequeño de una imagen que aparece en pantalla, es decir, un punto.

piyama *s. m.* Pijama*. ▪ Se usa en algunos países de América como *s. f.*

pizarra *s. f.* **1.** Roca metamórfica homogénea, por lo común de color gris o azulado, que presenta gran número de variedades. Se formó generalmente en el primario y según los minerales que contiene recibe distintos nombres: arcillosa, micácea, bituminosa, clorítica, etc. Se exfolia fácilmente en láminas y se emplea en construcción para techados o suelos. **2.** Trozo de esta roca en que se escribe con pizarrín, yeso o lápiz blanco. **3.** Tablero pintado generalmente de negro o verde para escribir o dibujar en él.

pizarral *s. m.* Lugar en que abundan las pizarras.

pizarrería *s. f.* Sitio donde se extraen y labran pizarras.

pizarrero *s. m.* El que labra, pule y fija las pizarras en los edificios.

pizarrín *s. m.* Barrita que se usa para escribir en las pizarras.

Pizarro, Francisco (Trujillo, Cáceres 1476 - Lima 1541) Conquistador español. En 1502 marchó a las Indias y hacia 1522 logró ser nombrado alcalde de Panamá; junto a Diego de Almagro y Hernando de Luque, exploró el SE de este territorio. Inició entonces una serie de expediciones al N de Perú. Aprovechando que los incas estaban envueltos en guerras civiles se lanzó a la conquista de Perú junto con Almagro y 180 hombres. Consiguieron encarcelar a Atahualpa, uno de los soberanos incas, que desde su prisión mandó matar a su enemigo Huáscar, lo que permitió que Pizarro no tuviera grandes dificultades en continuar la conquista. Después de ejecutar a Atahualpa (1533), surgieron discrepancias entre Pizarro y Almagro sobre la posesión de Cuzco. Pizarro envió a Almagro a Chile y continuó la conquista por Ecuador. Sin embargo, los abusos de los hermanos Pizarro provocaron una revuelta entre los indígenas que Almagro aprovechó para apoderarse del Cuzco. Pizarro reclamó Cuzco y estalló entonces la guerra entre ambos, que acabó con la derrota y ejecución de Almagro (1538). No cesaron las luchas y, finalmente, Pizarro fue asesinado en Lima por los partidarios de Almagro.

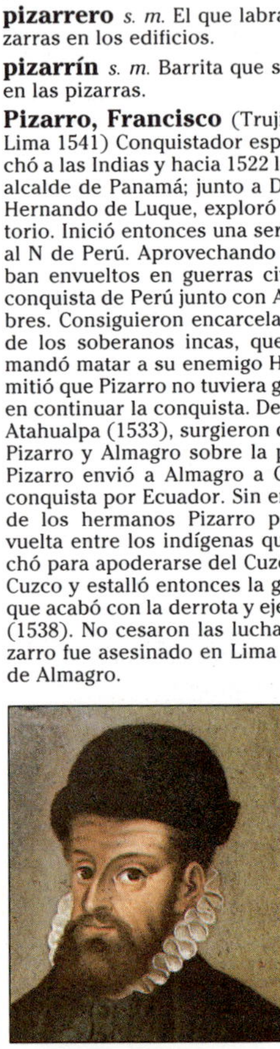

Francisco Pizarro. Retrato anónimo (Museo de América, Madrid).

Pizarro, Gonzalo (Trujillo, Cáceres 1502 - Xaquixaguana, Cuzco 1548) Conquistador español. En 1530 marchó a Perú con su hermano Francisco, quien le nombró gobernador de Quito. Tras el asesinato de éste, se convirtió en líder de la facción pizarrista. Organizó una expedición al Amazonas (1541-42) y fue nombrado gobernador del Perú (1546). Decapitó al virrey Núñez Vela y desafió la autoridad del Consejo de Indias, gobernando como dueño absoluto. Después de ser derrotado, fue ajusticiado por rebelde.

Pizarro, Hernando (Trujillo, Cáceres ? - íd. 1578) Conquistador español. Hermano de los dos anteriores, fue capitán general del ejército destinado a conquistar Perú (1530). Derrotó y ajustició a Almagro en Salinas (1538). De regreso a España, fue encarcelado durante veinte años (1540-60).

pizarrón *s. m. amer.* Pizarra, encerado.

pizarroso, sa *adj.* **1.** Abundante en pizarra. **2.** Que tiene apariencia de pizarra.

pizca *s. f.* Cantidad muy pequeña de una cosa. || **Loc. ni pizca** Nada, en absoluto.

pizpireta *adj. fam.* Se aplica a la mujer viva, activa, con gracia y coquetería.

pizza (voz ital.) *s. f.* Especie de torta aplastada y redonda, hecha de pasta, sobre la que se pone queso, tomate, anchoas, aceitunas y otros ingredientes, y se cuece al horno.

pizzería *s. f.* Establecimiento en que se hacen y sirven pizzas.

pizzicato (voz ital.) *adj.* **1.** Se dice del sonido que se obtiene pellizcando con los dedos las cuerdas de los instrumentos de arco. || *s. m.* **2.** Pasaje musical que se toca de esta manera.

Pla, Josep (Palafrugell, Girona 1897 - Llofriu, Girona 1981) Escritor español en lengua catalana y castellana. Escribió crónicas de viajes, biografías, ensayos políticos, novelas y obras de carácter autobiográfico. Fue un gran observador de la sociedad de su tiempo, dotado de un estilo directo y expresivo. Entre sus obras más significativas cabe mencionar *El cuaderno gris* (1918-19), diario de su formación intelectual, *Las cosas vistas* (1925), el ensayo *Los payeses* (1952) y la novela *La calle estrecha* (1952).

placa *s. f.* **1.** Plancha de material rígido; particularmente, la que se coloca en un lugar visible con alguna información. **2.** Insignia de policías, vigilantes, etc., que les acredita como tales. **3.** Nombre de diversas estructuras anatómicas en forma de lámina. **4.** En fotografía, vidrio cubierto en una de sus caras por una capa de sustancia alterable por la luz y en la que puede obtenerse una prueba negativa. **5.** Plancha pequeña de metal para la daguerrotipia. **6.** En geol., cada una de las unidades en que se divide la litosfera. **7.** Distintivo de algunas órdenes caballerescas.
Geol. Las placas tienen un espesor aproximado de 100 km y se desplazan horizontalmente sobre el magma viscoso, dando lugar a la configuración continental. Aparecen limitadas por dorsales oceánicas, fallas o líneas de subducción y su movimiento se conoce como deriva continental, según la teoría de la tectónica de placas. Se distinguen siete placas principales: euroasiática, africana, norteamericana, sudamericana, pacífica, indoaustraliana y antártica.

placar *v. tr.* En rugby, agarrar al contrario que lleva el balón en las manos, de la cintura para abajo, para que no pueda seguir avanzando. ▪ Se conjuga como *sacar.* **Fam.** Placaje.

placar o **placard** *s. m. Arg., Urug.* Armario empotrado.

placebo *s. m.* Sustancia sin valor medicinal que puede producir efecto curativo si el enfermo la toma creyendo que es un medicamento eficaz.

pláceme *s. m.* Felicitación. Se usa más en *pl.*

placenta *s. f.* Estructura en forma de torta o disco esponjoso que se forma a partir del útero de los mamíferos placentarios y que durante la gestación sirve de intermediaria entre la madre y el embrión. En la placenta, las vías circulatorias de madre e hijo se ponen casi en contacto y pueden intercambiar oxígeno, dióxido de carbono y sustancias nutritivas y de desecho. Después del parto la placenta se desprende junto con el amnios y otras membranas.

placentario, ria *adj.* **1.** Perteneciente o relativo a la placenta. || *s. m. pl.* **2.** Infraclase de mamíferos terios a la que pertenecen unas 4.225 especies comprendidas en los órdenes insectívoros, dermópteros, quirópteros, tupaioideos, cetáceos, edentatos, folidotos, lagomorfos, roedores, carnívoros, pinnípedos, proboscídeos, hiracoideos, sirénidos, tubulidentados, perisodáctilos, artiodáctilos y primates. Se caracterizan por nacer en avanzado estado de desarrollo, porque los embriones se mantienen en el interior del cuerpo de la madre, unidos a ella a través de una placenta completa. Comprende la mayor parte de los mamíferos actuales. Se llaman también *euterios.* También *adj.* y *s. m.*

placentero, ra *adj.* Que produce placer o agrado. **Fam.** Placenteramente.

placer[1] (del lat. *placere*) *v. intr.* Agradar, gustar. ▪ Es v. irreg. Se conjuga como *agradecer.*

placer[2] *s. m.* Satisfacción, goce. Las teorías éticas que consideran el placer como fundamento de la moral reciben el nombre de *hedonistas.*

placer[3] (del cat. *placel*, de *plaza*) *s. m.* **1.** Banco de arena o piedra en el fondo del mar, llano y de bastante extensión. **2.** En minería, depósito sedimentario clástico, formado generalmente en ríos y playas, en el que se acumulan minerales valiosos, como oro, platino o diamantes. **3.** Pesquería de perlas en las costas de América.

plácet *s. m.* Aprobación, especialmente la del gobierno de un país al nombramiento de una persona como representante en él de otro país.

placeta *s. f. dim.* de **plaza**.

plácido, da *adj.* Sosegado, agradablemente tranquilo. **Fam.** Plácidamente, placidez.

plafón *s. m.* **1.** Lámpara plana que se coloca pegada al techo. **2.** Adorno en el centro del techo de donde se suele colgar la lámpara. **3.** Tablero o placa de material que cubre alguna cosa. **4.** En arq., plano inferior del saliente de una cornisa.

plaga *s. f.* **1.** Catástrofe que afecta a gran número de personas. **2.** Abundancia de algo perjudicial, especialmente de insectos y otros organismos animales o vegetales nocivos para la agricultura. **3.** *desp.* Gran número o acumulación de personas o cosas.

plagar *v. tr.* Llenar o cubrir de algo perjudicial o no agradable. También *v. prnl.* ▪ Se conjuga como *pagar.*

plagiar *v. tr.* **1.** Copiar una obra que ha hecho otro presentándola como propia. **2.** *amer.* Secuestrar a alguien para obtener rescate.

plagiario, ria *adj.* Que plagia. También *s.*

plagio *s. m.* Acción y efecto de plagiar.

plagioclasa *s. f.* Mineral del grupo de los feldespatos de sodio y calcio, presente en la mayor parte de las rocas eruptivas plutónicas. Cristaliza en el sistema monoclínico, tiene color blanco o gris y brillo nacarado. Forma parte de gabros, dioritas, monzonitas, etc.

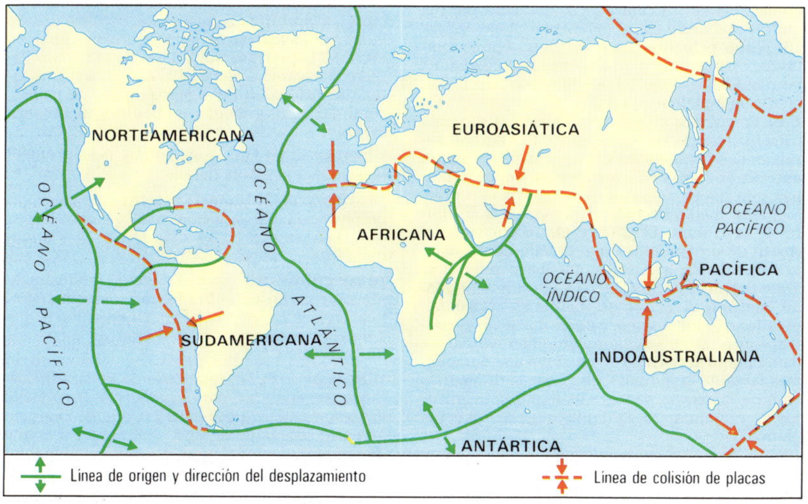

Placas principales en que se divide la litosfera.

plaguicida *adj.* Que combate las plagas del campo. También *s. m.*

plan *s. m.* **1.** Conjunto organizado de las acciones que se piensan realizar para alcanzar un objetivo y el modo de llevarlas a cabo. **2.** Intención. **3.** Serie organizada de materias, trabajos, etc., de una obra o actividad. **4.** *fam.* Aquello que piensa hacerse para divertirse o pasar el tiempo. **5.** *fam.* Tipo de relación poco seria, pasajera, con determinada persona; también, la persona con la que se tiene. **6.** Tratamiento médico, y especialmente régimen de comida. **7.** *fam.* Situación, ambiente. || **8. plan de desarrollo** Programa de política económica para el desarrollo global de la economía en un plazo determinado, fijándose unos objetivos que se deben alcanzar por unos medios e instrumentos que se especifican. **9. plan de estudios** Conjunto de asignaturas, actividades, objetivos planteados para un curso, un ciclo, etc. **10. plan Marshall** Programa de ayuda económica de EE UU a los países europeos para su reconstrucción después de la Segunda Guerra Mundial (1947), ideado por el secretario de Estado de aquel país, George Catlett Marshall. **11. plan quinquenal** Programa económico para cinco años, característico de los sistemas de planificación de países socialistas. || **Loc. a todo plan** *adv. fam.* Con todo lujo y comodidad. **en plan de** *adv. fam.* En actitud o con la intención de. **no ser plan** una cosa *fam.* No ser aceptable algo para alguien.

plana *s. f.* **1.** Cada una de las dos caras de una hoja de papel. **2.** Esta cara escrita o impresa, especialmente de un periódico o revista. **3.** Ejercicio de escritura de los niños. **4.** En imprenta, conjunto de líneas ajustadas en cada página. || **5. plana mayor** Conjunto de personas y medios que forman el órgano de mando del jefe superior de un regimiento, flota, etc.; también, conjunto de altos cargos y técnicos de una empresa, asociación, etc. || **Loc. a toda plana** *adv.* Ocupando toda una página, o todo el ancho de una página, de un periódico. **de primera plana** *adj.* Con palabras como *noticia, artículo,* etc., que aparece en primera página; también, muy importante. **enmendar la plana** Descubrir defectos o fallos en lo que otro ha hecho; también, mejorar o superar a otro en la realización de algo.

planaria *s. f.* Nombre común de diversos gusanos platelmintos turbelarios de la familia planáridos, género *Planaria.* Son animales aplanados, de vida acuática, que miden unos 2 cm de longitud, tienen un tubo digestivo de tres ciegos y son capaces de regenerar las partes segmentadas de su cuerpo. Habitan en aguas dulces. Son carnívoros depredadores y cazan sus presas mediante una faringe que proyectan al exterior. La especie más común es la *Planaria lugubris.*

plancha *s. f.* **1.** Lámina de metal delgada y plana. **2.** Utensilio, normalmente eléctrico, de base triangular y con asa, que sirve para planchar. **3.** Ropa planchada o para planchar. **4.** Acción y efecto de planchar. **5.** Placa de metal para asar o tostar alimentos. **6.** En imprenta, reproducción estereotípica o galvanoplástica preparada para la impresión. **7.** Tablón que se pone como puente entre la tierra y una embarcación, o entre dos embarcaciones. || **Loc. en plancha** *adv.* Forma de tirarse manteniendo el cuerpo casi horizontal en el aire, p. ej. en algunos deportes. **hacer la plancha** Poner el cuerpo horizontal en algunos ejercicios ginmnásticos o sobre el agua.

planchado, da **1.** *p. p.* de **planchar**. También *adj.* || *s. m.* **2.** Acción y efecto de planchar. || **Loc. dejar planchado** a uno *fam.* Dejar a uno atónito, sin saber qué hacer ni qué decir; también, dejarle muy impresionado o abatido.

planchador, ra *s. m.* y *f.* **1.** Persona que tiene como oficio planchar. || *s. f.* **2.** Máquina que se utiliza para planchar.

planchar *v. tr.* Pasar la plancha caliente sobre la ropa para dejarla estirada.

planchazo *s. m.* **1.** Error o indiscreción que deja cortado al que lo hace. **2.** Golpe que se da alguien en el vientre al tirarse al agua.

plancheta *s. f.* Instrumento utilizado en topografía que consiste en un tablero horizontal sobre un trípode, en cuya superficie se trazan las visuales dirigidas a los diferentes puntos del terreno.

planchista *s. m.* y *f.* Persona que trabaja con planchas metálicas, especialmente reparando la chapa de los coches.

Planck, constante de Constante universal que relaciona la frecuencia de la radiación emitida por un átomo con la cantidad de energía que transporta dicha radiación. Se representa por *h* y su valor es: $h = 6{,}626176 \cdot 10^{-34}$ julios por segundo. También se la denomina *cuanto de acción de Planck.*

Planck, Max (Kiel, Schleswig 1858 - Gotinga 1947) Físico alemán. Fue profesor de las universidades de Kiel y Berlín. Recibió el premio Nobel de física en 1918 y fue presidente de la sociedad que lleva su nombre. Su principal aportación a la ciencia fue la teoría cuántica de la energía, que afirma que ésta, al igual que la materia, no puede dividirse infinitamente, sino que está formada por partículas que él llamó *cuantos.* Esta teoría, que produjo recelos al principio, influyó de tal forma que la física se denomina *clásica* hasta 1900, año en que se formuló dicha teoría, y *moderna* a partir de esa fecha.

Max Planck.

plancton *s. m.* Conjunto de seres del reino animal (zooplancton) y vegetal (fitoplancton) presentes en zonas marinas y lacustres que se desplazan por las corrientes propias de su hábitat. Suelen ser de pequeño tamaño y constituyen los primeros eslabones de la cadena ecológica. **FAM.** Planctónico.

planeador *s. m.* Avión sin motor que despega remolcado por otro y es capaz de aprovechar las corrientes de aire para volar y elevarse y de descender planeando hasta el nivel del suelo.

planeadora *s. f.* Lancha con motor fueraborda, de diseño aerodinámico y muy rápida.

planear *v. tr.* **1.** Hacer el plan de algo. **2.** Pensar hacer algo. ‖ *v. intr.* **3.** Moverse o ir bajando paulatinamente un avión sin motor o sin la acción de éste en el que lo tiene. **4.** Sostenerse un ave en el aire con las alas extendidas y sin moverlas. **FAM.** Planeamiento.

planeo *s. m.* Acción y efecto de planear un avión o un ave.

planeta *s. m.* Cuerpo sólido celeste, sin luz propia, que gira alrededor del Sol o de otra estrella.
Astron. En nuestro Sistema Solar hay nueve planetas, cuyo orden viene dado por su mayor proximidad al Sol: Mercurio, Venus, Tierra, Marte, Júpiter, Saturno, Urano, Neptuno y Plutón. Los cuatro primeros se denominan **planetas telúricos** y los cinco restantes **planetas jovianos.** Se mueven describiendo elipses y, al igual que la Tierra, efectúan movimientos de traslación alrededor del Sol y de rotación sobre sí mismos. Las leyes según las cuales gravitan en torno al Sol fueron descubiertas por Kepler. Mercurio, Venus y Marte poseen una composición parecida a la de la Tierra. Júpiter y Urano están formados por hidrógeno y helio, y Neptuno y Plutón, por amoniaco, metano y helio. La composición de Saturno es parecida a la de Júpiter. Los planetas pueden tener uno o varios satélites.

planetario, ria *adj.* **1.** Perteneciente o relativo a los planetas. ‖ *s. m.* **2.** Aparato que representa los planetas del Sistema Solar y sus movimientos; modernamente es un proyector múltiple que reproduce la bóveda celeste y el movimiento de los astros sobre una pantalla que tiene forma de cúpula. **3.** Edificio o sala donde está instalado dicho aparato.

planetícola *s. m.* y *f.* Extraterrestre*.

planetoide *s. m.* Asteroide*.

planicie *s. f.* Llanura*.

planificación *s. f.* **1.** Acción y efecto de planificar. **2.** Elaboración de programas, generalmente económicos, organizados por una dirección central, indicando los fines perseguidos y los medios que han de aplicarse. Se pueden dar tanto en las actividades de las empresas como en las de los individuos, en las de los organismos públicos o en las del Estado. ‖ **3. planificación familiar** Regulación por parte de la pareja o del Estado del número de hijos y el espacio que debe mediar entre los nacimientos, en función de consideraciones físicas, psicológicas, sociales y económicas.

planificar *v. tr.* Trazar determinado plan, y especialmente un plan preciso y organizado con un objetivo. ▪ Se conjuga como *sacar.*

planilla *s. f.* **1.** Estado de cuentas, liquidación, ajuste de gastos. **2.** Lista de nombres. **3.** Impreso para rellenar y presentar a la administración pública.

planimetría *s. f.* **1.** Parte de la topografía dedicada a la representación en un plano de una porción de la superficie terrestre. **2.** Conjunto de operaciones para conseguir esta proyección horizontal.

planímetro *s. m.* Instrumento utilizado para medir áreas de figuras planas y cerradas; se recorre el perímetro con una guía y el área queda registrada en el aparato.

planisferio *s. m.* Mapa en que la esfera terrestre o la celeste está representada en un plano.

planning (voz ingl.) *s. m.* Planificación, plan; también cuadro, esquema, gráfico, etc., en que se representa.

plano, na *adj.* **1.** Llano, liso. ‖ *s. m.* **2.** En geom., superficie tal que una recta que tenga dos puntos comunes con ella está contenida totalmente en la misma. **3.** Representación gráfica a escala, sobre una superficie, de la planta, perfil o alzado de un terreno, edificio, ciudad, etc. **4.** En cine y televisión, cada uno de los fragmentos que ha sido rodado de una vez. **5.** Cada superficie imaginaria que ocupan las figuras u objetos que están a una misma distancia en una fotografía, un cuadro, etc. **6.** Nivel o posición social, cultural, etc. **7.** Aspecto, faceta, punto de vista. ‖ **8. plano de polarización** En el que tiene lugar la propagación de una onda transversal; en el caso de la luz, es perpendicular al plano que contiene las oscilaciones del campo eléctrico. **9. plano de simetría** En cristalografía, plano imaginario que divide un cristal en dos partes o mitades exactamente iguales, siendo una la imagen especular de la otra. **10. plano focal** En un sistema óptico centrado, plano perpendicular al eje del sistema y que contiene el foco. **11. plano inclinado** Máquina simple que consiste en una superficie plana, resistente, que forma ángulo agudo con la horizontal y reduce la fuerza que hay que ejercer para elevar un determinado peso. **12. plano nodal** En un sistema óptico centrado, el que pasa por los puntos nodales y es perpendicular al eje óptico. **13. plano principal** En un sistema óptico centrado, el que pasa por el punto principal y es perpendicular al eje. ‖ **LOC. de plano** *adv.* Claramente, completamente.
Cine Los planos cinematográficos se distinguen principalmente por su encuadre. El **plano general** recoge la totalidad del escenario. El **plano americano** o **tres cuartos** encuadra a los personajes en sus tres cuartas partes, hasta la rodilla. El **plano medio** recorta al personaje a la altura de la cintura. El **primer plano** encuadra el rostro de un personaje o el detalle de un objeto. Atendiendo al ángulo, que hace referencia al eje del objetivo, los planos se clasifican en **plano normal**, si el eje se mantiene horizontal, **picado**, si la toma se hace de arriba abajo, o **contrapicado**, si se encuadra de abajo arriba. Se llama **plano secuencia** al que tiene una duración más larga de lo normal y en el que la dramatización de la escena se logra mediante movimientos de cámara en lugar del montaje de diversos planos cortos.

planta *s. f.* **1.** Parte inferior del pie, sobre la que descansa el peso del cuerpo. **2.** Vegetal, ser orgánico vivo que se caracteriza por permanecer fijo en el suelo, realizar la fotosíntesis y tener células complejas que se agrupan formando tejidos, órganos, aparatos y sistemas. **3.** Cada una de las alturas de un edificio. **4.** *fam.* Figura y proporciones del cuerpo. **5.** En dibujo, vista superior de una cosa representada en dos dimensiones. **6.** En arq., figura, dibujo o disposición en dos dimensiones, del corte horizontal de los cimientos o los muros de un edificio, ya sea a ras de suelo o en cada uno de sus pisos. **7.** Nave, instalación o establecimiento industrial. **8.** Central productora de energía. ‖ **LOC. de nueva planta** *adj.* y *adv.* Se aplica al edificio que se construye desde los cimientos, sin aprovechar partes existentes; también, completamente nuevo.
Bot. Las plantas integran el reino metafitas, que comprende unas 300.000 especies. Generalmente tienen reproducción sexual y la mayoría son terrestres, aunque existen especies acuáticas. Abarcan cuatro grandes grupos, con categoría de división: un grupo de plantas sin tejidos conductores, las **briofitas**, que no producen semillas; y tres grupos con tejidos conductores: **pteridofitas**, que tampoco producen semillas; **gimnospermas**, que producen semillas, pero no frutos, y **angiospermas**, que producen semillas y frutos.

plantación *s. f.* **1.** Acción y efecto de plantar. **2.** Explotación agrícola de grandes dimensiones dedicada a un monocultivo. Es característica de los países tropicales.

plantado, da **1.** *p. p.* de **plantar**. También *adj.* ‖ **2. bien plantado** Que tiene buena figura y proporciones en el cuerpo. ‖ **LOC. dejar plantado** a alguien *fam.* No acudir a la cita que se tiene con él; también, dejarle abandonado o sin prestarle la atención que esperaba.

plantador, ra *adj.* **1.** Que planta. También *s.* ‖ *s. m.* **2.** Instrumento para plantar.

Plantagenet Sobrenombre aplicado a los miembros de la casa real inglesa que reinó desde 1154 a 1485 y que eran descendientes de Godofredo V, conde de Anjou, cuyo hijo Enrique II inició la dinastía. Aunque la rama primogénita de los Plantagenet se extinguió con Ricardo II, la dinastía continuó por las líneas colaterales de los Lancaster y los York. Les sucedió en el trono la dinastía Tudor.

plantagináceas *s. f. pl.* Familia de plantas herbáceas a la que pertenecen 253 especies de los géneros *Plantago, Littorella* y *Bougueria.* Tienen hojas alternas dispuestas en rosetas basales, flores pequeñas en espiga y fruto en cápsula. Crecen en regiones templadas y de montaña de todos los continentes. Plantaginácea es el llantén. También *adj.* y *s. f.*

plantar[1] (del lat. *plantare*) *v. tr.* **1.** Meter en la tierra una planta, tallo, semilla, etc., para que germine o se desarrolle. **2.** Poblar de plantas. **3.** Clavar algo en el suelo poniéndolo derecho. **4.** *fam.* Poner, colocar. También *v. prnl.* **5.** *fam.* Refiriéndose a golpes, besos, etc., darlos de manera imprevista. **6.** *fam.* Decir a uno algo con descaro, sinceridad o brusquedad. **7.** *fam.* Dejar o abandonar a una persona, especialmente cuando se ha tenido con ella algún tipo de relación. ‖ *v. prnl.* **8.** *fam.* Cuadrarse, ponerse firmes. **9.** *fam.* Colocarse en un sitio y permanecer en él. **10.** *fam.* Llegar pronto a un lugar. **11.** *fam.* Pararse y negarse a andar. **12.** *fam.* Resistir, mantenerse firme. **13.** En algunos juegos de naipes, como las siete y media, no pedir o querer más cartas.

plantar[2] (del lat. *plantaris*) *adj.* Perteneciente o relativo a la planta del pie.

plante *s. m.* **1.** Protesta colectiva de un grupo de personas que se niegan a hacer su trabajo u otra cosa para exigir o rechazar algo. **2.** Plantón que se da a una persona.

planteamiento *s. m.* **1.** Acción y efecto de plantear. **2.** En una obra literaria, cinematográfica, etc., momento inicial en el que se introduce al lector o espectador en la acción. Es la fase anterior al nudo y al desenlace.

plantear *v. tr.* **1.** Tratándose de temas, dificultades, sugerencias, etc., exponerlos. **2.** Enfocar la solución de un problema. ‖ *v. prnl.* **3.** Empezar a pensar o considerar algo.

plantel *s. m.* **1.** Criadero de plantas. **2.** Planta joven o conjunto de ellas. **3.** Lugar para la formación de expertos en determinado campo o actividad. **4.** Conjunto de especialistas o profesio-

Plantas: su división con algunos ejemplos de cada grupo y clase.

nales de una materia. **5.** Grupo de personas con cualidades destacadas.

plantificar *v. tr.* **1.** *fam.* Refiriéndose a besos, golpes, plantarlos, darlos de manera repentina. **2.** *fam.* Poner, colocar. También *v. prnl.* **3.** Decir algo a alguien con brusquedad, descaro o sinceridad. ‖ *v. prnl.* **4.** Llegar pronto a un lugar. ▪ Se conjuga como *sacar.* **FAM.** Plantificación.

plantígrado, da *adj.* Se dice de los cuadrúpedos que al andar apoyan en el suelo la planta de los pies y las manos. También *s. m.*

plantilla *s. f.* **1.** Suela sobre la cual los zapateros arman el calzado. **2.** Especie de esponjilla muy fina con que se cubre por dentro la planta del calzado. **3.** Lámina de cartón, plastico, etc., usada como guía o modelo para dibujar, cortar o hacer otras de la misma forma. **4.** Lista de empleados de una entidad. **5.** En dep., conjunto de jugadores que componen de manera estable un equipo.

plantío, a *adj.* **1.** Se aplica al sitio plantado o que se puede plantar. ‖ *s. m.* **2.** Acción de plantar. **3.** Lugar plantado recientemente de vegetales. **4.** Estos vegetales.

plantón *s. m.* **1.** Pimpollo que ha de ser trasplantado. **2.** Rama de árbol plantada para que arraigue. **3.** *fam.* Acción de no acudir uno a un lugar donde alguien le espera o bien de presentarse con mucho retraso. ‖ **LOC. estar** uno **de plantón** *fam.* Estar parado de pie en un sitio mucho tiempo o esperando algo.

plántula *s. f.* Planta joven, embrión vegetal desarrollado por germinación de la semilla.

planudo, da *adj.* Se aplica a la embarcación que puede navegar en aguas poco profundas por tener una quilla adecuada.

plañidero, ra *adj.* **1.** *fam.* Llorón. ‖ *s. f.* **2.** Mujer que lloraba en los entierros recibiendo un pago por ello.

plañido, da **1.** *p. p.* de **plañir.** ‖ *s. m.* **2.** Llanto, lamento.

plañir *v. intr.* Llorar, gemir, lamentarse. También *v. prnl.* ▪ Es v. irreg. Se conjuga como *mullir.*

plaqué *s. m.* Chapa muy delgada de oro o plata sobrepuesta a la superficie de otro metal de inferior calidad.

plaqueta *s. f.* **1.** El más pequeño de los elementos formes que constituyen la sangre; es un trozo de citoplasma que carece de núcleo y hemoglobina y tiene como misión intervenir en la coagulación, función que realiza mediante diferentes proteínas presentes en su superficie que favorecen su aglutinación. En 1 mm^3 de sangre hay entre 250.000 y 350.000 plaquetas. **2.** Baldosa de cerámica.

Plasencia C. de España, situada en la prov. de Cáceres, al NE de la capital. 34.500 h. en 1990. Emplazada junto al río Jerte, es la capital de las comarcas agrarias de la Vera y Valle de Jerte, y un importante centro de servicios. Su economía se basa en los cultivos de maíz, tabaco, hortalizas y forraje e industrias derivadas. Conserva monumentos como la catedral, que comprende una construcción más antigua (catedral vieja, s. XIII-XIV), con partes románicas, y otra más moderna (catedral nueva, s. XVI), de estilo gótico tardío y plateresco, y las iglesias de San Nicolás, San Ildefonso y San Martín, esta última con un retablo de Luis de Morales.

Plasencia Denominación dada en España a la ciudad italiana de Piacenza.

plasma *s. m.* **1.** Cuarto estado de la materia al que pasa cualquier sustancia cuando se somete a temperaturas extremadamente elevadas, lo cual provoca la ruptura de los átomos en las partículas fundamentales que los constituyen. Es el estado natural de la materia en las estrellas; en la Tierra se forma artificialmente en las reacciones de fusión nuclear. ‖ **2. plasma sanguíneo** Medio líquido de la sangre, en el que se hallan suspendidos los elementos formes (eritrocitos, leucocitos y plaquetas). Es una solución de agua (90%) y diversos elementos orgánicos e inorgánicos (10%). Los elementos inorgánicos son oxígeno, nitrógeno, dióxido de carbono y sales minerales (fundamentalmente cloruro de sodio, cloruro de potasio, cloruro de calcio y bicarbonato de sodio). Algunos de los elementos orgánicos son de bajo peso molecular, como la glucosa, los ácidos grasos, los aminoácidos, etc., y otros de elevado peso molecular, como las enzimas, las hormonas y las proteínas plasmáticas (fundamentalmente albúminas, globulinas y fibrinógeno).

plasmar *v. tr.* **1.** Reflejar en un escrito, dibujo, escultura, etc., algo que uno piensa, siente, etc. También *v. prnl.* **2.** Modelar, dar forma. **FAM.** Plasmación.

plasmático, ca *adj.* Perteneciente o relativo al plasma.

plasmodio *s. m.* **1.** Citoplasma celular con numerosos núcleos, sin que éstos estén separados por ningún tipo de membrana. **2.** Nombre común de diversos protozoos parásitos de la clase esporozoos. Sus especies principales son *Plasmodium malariae, Plasmodium vivax, Plasmodium ovale* y *Plasmodium falciparum,* que causan diversas formas de malaria.

plasmólisis *s. f.* Contracción del protoplasma de una célula vegetal por deshidratación, al ser sumergida en una solución hipertónica.

plasta *s. f.* **1.** Cosa blanda o aplastada. **2.** Excremento de estas características. ‖ *s. m.* y *f.* **3.** *fam.* Persona que resulta cargante, pesada. También *adj.*

plaste *s. m.* Masa hecha con yeso y agua para tapar agujeros y grietas.

plastecer *v. tr.* Llenar con plaste agujeros y grietas. ▪ Es v. irreg. Se conjuga como *agradecer.*

plastecido, da **1.** *p. p.* de **plastecer.** ‖ *s. m.* **2.** Acción y efecto de plastecer.

plastia *s. f.* Operación quirúrgica que tiene como finalidad reconstruir, mejorar o embellecer la forma de una parte del cuerpo.

plástica *s. f.* Arte y técnica de modelar el barro, la arcilla, el yeso, etc.

plasticidad *s. f.* Cualidad de plástico.

plástico, ca *adj.* **1.** Perteneciente o relativo al arte y técnica de modelar. **2.** Que es posible modelarlo. **3.** Se dice del material que puede cambiar de forma y conservar ésta de modo permanente. **4.** Se dice de todos los polímeros del carbono capaces de ser moldeados aplicándoles fuerzas relativamente débiles y temperaturas no muy superiores a la temperatura ambiente. También *s. m.* **5.** Se aplica a la cirugía que se ocupa de embellecer o corregir determinados defectos físicos o cambiar de aspecto alguna parte del cuerpo. **6.** Que tiene fuerza expresiva. ‖ **7. explosivo plástico** Material explosivo elaborado a base de pentrita o hexógeno, amasados con sustancias plastificantes, como hidrocarburos líquidos o cauchos sintéticos. Hace explosión mediante un detonador, tiene potencia media, pero gran poder rompedor, y la ventaja de no endurecerse y poder ser dividido con facilidad.

Tecnol. Existen plásticos naturales, como el ámbar o el caucho, pero la mayoría son sintéticos. Los plásticos sintéticos o artificiales aparecieron a partir de la segunda mitad del s. XIX, como el linóleo (1860), el celuloide (1870) o la baquelita (1907), pero fue después de la Segunda Guerra Mundial cuando invadieron el mercado. Atendiendo a sus propiedades, los plásticos se suelen clasificar en *elastómeros,* que se caracterizan por la capacidad de recuperar su forma tras haber sido estirados hasta cinco veces su propia longitud, como el caucho natural o sintético; *fibras,* que se mezclan con otras fibras naturales para fabricar tejidos, como el tergal, el nailon o el perlón; *termoplásticos,* que funden con el calor y se transforman en líquidos viscosos que adoptan la forma del molde en que se colocan, como el polietileno o el poliestireno; y plásticos *termoestables* o *resinas,* que se descomponen cuando se calientan excesivamente, en lugar de fundirse, como la baquelita.

plastificado, da **1.** *p. p.* de **plastificar**. También *adj.* ‖ *s. m.* **2.** Acción y efecto de plastificar.

plastificar *v. tr.* **1.** Añadir un elemento plástico a un material. **2.** Revestir o recubrir con plástico. ▪ Se conjuga como *sacar.* **FAM.** Plastificación.

plasto *s. m.* Orgánulo presente en las células vegetales de las plantas verdes que realizan la fotosíntesis. Se clasifican en leucoplastos, que son incoloros y se hallan en los órganos de reserva (tubérculos, rizomas, médula); cromoplastos, que contienen carotenos y se hallan en pétalos y pulpas amarillas y rojas; y cloroplastos, de color verde, que contienen clorofila e intervienen en la fotosíntesis.

plastrón (voz fr.) *s. m.* **1.** Pechera de camisa masculina, especialmente la sobrepuesta. **2.** Corbata muy ancha que cubre el centro de la pechera de la camisa. **3.** Parte del caparazón de los quelonios que cubre el vientre.

plata *s. f.* **1.** Ag. Elemento químico perteneciente al grupo I B del sistema periódico. Su número atómico es 47 y su masa atómica 107,868. Su símbolo se deriva del vocablo latino *argentum.* Es un metal blanco, brillante, muy dúctil y maleable, el mejor conductor del calor y la electricidad, químicamente muy poco activo, inalterable al aire, aunque ennegrece en contacto con el sulfuro de hidrógeno y con los derivados sulfurados contenidos en alimentos como los huevos. Es atacado por el ácido nítrico y por el ácido sulfúrico concentrado y caliente, formando los correspondientes nitrato y sulfato. Es soluble en mercurio y en disoluciones cianuradas, razón por la cual se utilizan dichas sustancias para su extracción. Conocido, usado y apreciado desde la antigüedad, se encuentra en estado nativo, esparcido entre material rocoso, mezclado con cantidades variables de cobre y oro; combinado, aparece asociado a minerales de cobre y plomo y en forma de sulfuro. Sus principales yacimientos se localizan en México, Perú, Francia, Canadá, EE UU y Australia. La plata se emplea, sola o aleada, en joyería y para acuñar moneda; también en circuitos eléctricos y como catalizador. Sus sales se utilizan en fotografía y como fulminante. **2.** Medalla de este metal que corresponde al segundo puesto en una competición deportiva, concurso, etc. **3.** *fam.* Dinero, riqueza. **4.** Conjunto de las piezas de el material mencionado que hay en una casa. **5.** Color plateado. ‖ **LOC. como la plata** *adj. fam.* Limpio, hermoso y reluciente. **hablar en plata** *adv. fam.* Hacerlo claramente, sin rodeos, yendo al grano.

Plata, La C. de Argentina, cap. de la prov. de Buenos Aires, situada al SE de la capital del país. 560.300 h. en 1986. Es una ciudad de nueva planta, fundada a finales del s. XIX, con un característico trazado ortogonal. Centro administrativo, comercial, portuario, universitario e industrial, cuenta con producción de electrodomésticos, metalurgia y refino de petróleo.

Plata, Río de la Véase **Río de la Plata**.

platabanda *s. f.* **1.** Arriate* de un jardín. **2.** Dintel hecho con sillares labrados. **3.** Moldura plana y lisa en forma de banda.

plataforma *s. f.* **1.** Superficie plana, natural o levantada artificialmente, más elevada que lo que la rodea. **2.** Parte superior plana de torres y otros edificios. **3.** Vagón descubierto. **4.** Parte anterior y posterior de ciertos medios de transporte, como autobuses, tranvías, etc. **5.** Apoyo o medio del que uno se sirve para conseguir algún fin. **6.** Base sobre la que se funda una organización. **7.** Entidad u organismo que reúne a personas o grupos con ideas e intereses comunes. **8.** Programa o conjunto de exigencias o peticiones que presenta un grupo político, sindical, profesional, etc. **9.** Construcción metálica, cerca de la costa o sobre un lago, que sobresale por encima del nivel del agua y sirve de asiento para la perforación y explotación de pozos petrolíferos. ‖ **10. plataforma continental** Superficie del fondo submarino, de relieve suave, con una profundidad máxima de 200 m, que bordea los continentes y constituye la principal área de actividad pesquera; su anchura media es de unos 80 a 100 km, aunque con enormes variaciones, y aparece limitada por el talud continental. **11. plataforma de lanzamiento** Estructura para el lanzamiento de proyectiles, cohetes, satélites artificiales, etc. **12. plataforma espacial** Satélite artificial de grandes dimensiones, formado en el espacio por acoplamiento de elementos lanzados separadamente desde la Tierra y destinado a observatorio, centro de investigaciones o base para el lanzamiento de sondas espaciales o de astronaves. **13. plataforma giratoria** La que gira sobre un eje vertical y se emplea en el ferrocarril para cambiar de vía a locomotoras o vagones.

platanal o **platanar** *s. m.* Lugar plantado de plátanos.

platanero, ra *adj.* **1.** Perteneciente o relativo al plátano. ‖ *s. m.* **2.** Plátano, banano. ‖ *s. m.* y *f.* **3.** Persona que cultiva plátanos o negocia con su fruto.

plátano *s. m.* **1.** Nombre común de diversas plantas herbáceas de la familia musáceas, género *Musa.* Son falsos árboles que miden entre 3 y 4 m de altura y cuyo tallo está rodeado por las vainas de las hojas, a la manera de un tronco. En su copa se hallan las hojas, grandes, enteras y desflecadas, y las flores masculinas y femeninas; de estas últimas crece una infrutescencia en forma de racimo formada por numerosas bayas estériles, llamadas también *plátanos,* que son muy apreciadas en alimentación. Crecen en regiones tropicales y subtropicales de todo el mundo. **2.** Fruto de esta planta. **3.** Nombre común de diversos árboles de la familia platanáceas, género *Platanus.* Son altos y corpulentos, tienen hojas caducas palmeadas, flores monoicas dispuestas en inflorescencias globosas y corteza que se desprende fácilmente. Originarios de América del Norte, se cultivan para ser plantados en parques y paseos. También se llaman *plátanos de sombra.*

Plátano: especie del género Musa, *cuyo fruto es comestible.*

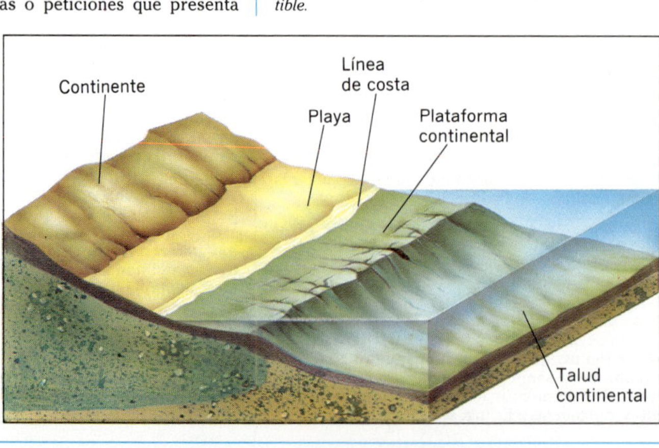

Esquema de la plataforma continental, situada entre la línea de costa y el talud continental.

platea *s. f.* Patio o planta baja de teatros y cines.

plateado, da **1.** *p. p.* de **platear**. También *adj.* ‖ *adj.* **2.** Se aplica al color semejante a la plata y a las cosas que tienen dicho color. ‖ *s. m.* **3.** Operación de platear. **4.** Recubrimiento de plata.

plateador *s. m.* Persona que platea objetos.

plateadura *s. f.* **1.** Acción y efecto de platear. **2.** Plata utilizada para esta labor.

platear *v. tr.* Cubrir de plata objetos.

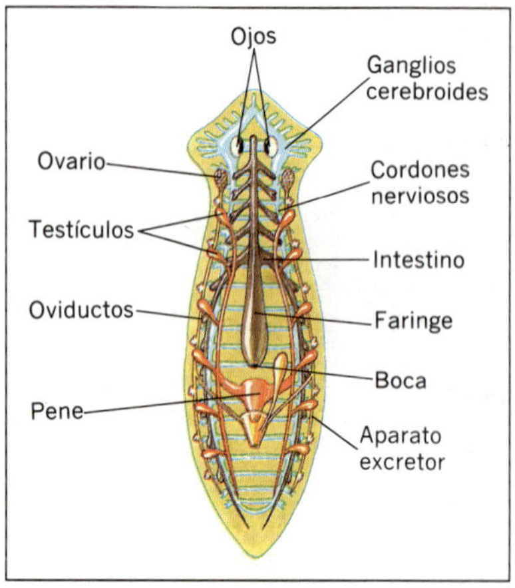

Platelmintos: anatomía de una planaria.

platelmintos *s. m. pl.* Tipo de gusanos al que pertenecen unas 5.500 especies comprendidas en las clases turbelarios, trematodos y cestodos. Tienen el cuerpo plano y no segmentado, sin verdadera cavidad celomática y carecen de aparato respiratorio y circulatorio. Poseen aparato excretor primitivo constituido por protonefridios, sistema nervioso formado por dos ganglios y dos cordones nerviosos. Son animales marinos, de agua dulce o parásitos de otros animales y hombres. Presentan reproducción hermafrodita, aunque también pueden reproducirse asexualmente. Platelmintos son los turbelarios, las duelas y las solitarias. También *adj.* y *s. m.*

platense *adj.* **1.** De La Plata, ciudad argentina. **2.** Rioplatense*.

plateresco, ca *adj.* Se dice del estilo arquitectónico desarrollado en España en los últimos años del s. XV y primer tercio del XVI, caracterizado por el mantenimiento de estructuras góticas y la adopción de la decoración renacentista italiana. Se manifestó sobre todo en las fachadas de los edificios, ornamentadas a base de grutescos, medallones y columnas abalaustradas. Fue un arte patrocinado por los Reyes Católicos y los grandes cardenales de la época, Mendoza y Cisneros. Su principal representante fue Enrique de Egas, autor de los hospitales de Santa Cruz, de Toledo (1504-15), y Real, de Santiago de Compostela, y de la Capilla Real, de Granada (1506). En una se-

Plateresco: fachada de la universidad de Salamanca (España).

gunda etapa destacaron Alonso de Covarrubias, a quien se debe el patio del hospital de Santa Cruz de Toledo (1524), y Rodrigo Gil de Hontañón, cuya obra maestra es la universidad de Alcalá de Henares (1541-53). Otras obras significativas del estilo plateresco son la casa de las Conchas, de principios del s. XVI, en Salamanca, y la fachada de la universidad de esta misma ciudad (1533). También *s. m.*

platería *s. f.* **1.** Arte y oficio de platero. **2.** Taller en que trabaja el platero. **3.** Tienda de piezas de plata y oro.

platero *s. m.* **1.** El que labra la plata. **2.** El que vende objetos de plata labrada. ‖ *adj.* **3.** En algunas regiones españolas, se dice del asno cuyo color es gris plateado. También *s. m.*

Plath, Sylvia (Boston 1932 - Londres 1963) Poetisa estadounidense. Su poesía refleja de manera muy personal y descarnada sus experiencias, lo que la convierte en una de las voces más características de los años sesenta. Se suicidó en plena juventud y se le concedió póstumamente el premio Pulitzer por sus *Poemas completos* (1981). Entre sus libros cabe mencionar *El coloso* (1960), *Ariel* (1965) y la novela *La campana de vidrio* (1963).

plática *s. f.* **1.** Conversación. **2.** Sermón breve que no tiene carácter solemne.

platicar *v. tr.* Conversar, charlar. Se usa más como *v. intr.* ■ Se conjuga como *sacar.*

platija *s. f.* Pez pleuronectiforme de la familia pleuronéctidos, especie *Platichthys flesus.* Mide entre 40 y 50 cm de longitud, tiene la piel rugosa y el cuerpo aplanado. Pasa la mayor parte de su vida recostado en el fondo del mar sobre el lado izquierdo y sus dos ojos están situados en el lado derecho. Habita en el Atlántico N y en el Mediterráneo y llega a remontar los cursos bajos de los ríos.

platillero, ra *s. m.* y *f.* Persona que toca los platillos en las bandas de música.

platillo *s. m.* **1.** *dim.* de **plato**. **2.** Cada una de las dos piezas de la balanza, generalmente en forma de plato o disco, en una de las cuales se colocan las pesas y en la otra lo que se quiere pesar. **3.** *Méx.* Plato, comida. ‖ *pl.* **4.** En mús., instrumento de percusión formado por dos chapas metálicas en forma de plato que se hacen chocar una contra otra. ‖ **5. platillo volador** (o **volante**) Nombre que se da a una presunta nave donde viajan seres de otros planetas.

platina *s. f.* **1.** Parte del microscopio en que se coloca lo que se quiere observar. **2.** Aparato para grabar y reproducir cintas magnetofónicas de casete. **3.** Disco plano de vidrio deslustrado o de metal sobre el que se ajusta la campana de la máquina neumática. **4.** En imprenta, mesa recubierta de una plancha metálica sobre la que se ajustan e imponen las formas. **5.** Superficie plana de la prensa o máquina de imprimir sobre la cual se coloca la forma.

platinado, da **1.** *p. p.* de **platinar**. También *adj.* ‖ *s. m.* **2.** Operación de platinar.

platinar *v. tr.* Cubrir un objeto con una capa de platino.

platinífero, ra *adj.* Que contiene platino.

platino *s. m.* **1.** Pt. Elemento químico perteneciente al grupo VIII del sistema periódico. Su número atómico es 78 y su masa atómica 195,09. Es el elemento representativo de un subgrupo de metales, llamado *subgrupo de metales del platino,* constituido por el paladio, rodio, rutenio, osmio e iridio, además del mismo platino. Fue descubierto y traído a Europa en el s. XVIII por los españoles establecidos en México y América del Sur. Fue obtenido en estado puro por William Hyde Wollaston, en 1803. Es un sólido brillante, dúctil y maleable, de gran dureza, inerte frente a la acción atmosférica, resistente a los ácidos, aunque soluble en agua regia. Se encuentra en estado libre, junto con los restantes elementos de su grupo, en forma de pepitas o de escamas. Los depósitos más importantes de platino se hallan en Colombia, Canadá, Federación Rusa y Sudáfrica. Se emplea en la industria química como catalizador. En virtud de su resistencia frente a los ácidos y a la atmósfera se utiliza, aleado con iridio, rodio y rutenio, para la fabricación de instrumental quirúrgico, empastes dentales, utensilios de laboratorio y componentes eléctricos. También es utilizado en joyería y resulta prácticamente insustituible en algunas aplicaciones industriales. ‖ **2. rubio platino** Véase **rubio**.

platirrinos *s. m. pl.* Infraorden de mamíferos primates que, junto al de los catarrinos, constituye el suborden antropoides, al que pertenecen 47 especies comprendidas en las familias calitrícidos y cébidos. Se caracterizan por tener los orificios nasales separados y con abertura lateral. Son de pequeñas o medianas dimensiones, tienen extremidades largas, cola espesa, generalmente prensil, tabique nasal muy ancho y gran sentido del olfato. Habitan en las selvas de América del Sur. También *adj.* y *s. m.*

plato *s. m.* **1.** Recipiente de forma redonda y poca profundidad que se emplea principalmente para servir la comida y comerla en él. **2.** Alimento preparado para ser consumido. **3.** Nombre dado a otros objetos más o menos planos y redondos, como el blanco del tiro al plato. **4.** Platillo de la balanza. **5.** Giradiscos*. ‖ **6. plato combinado** Comida que consiste en varios alimentos servidos en un mismo plato. **7. plato de segunda mesa** *fam.* Cosa que se desprecia por haber sido de otro; también, persona o cosa secundaria, menos importante que otra. **8. plato fuerte** El principal de una comida, generalmente el segundo; también, lo más importante o interesante de algo. **9. plato hondo** (o **sopero**) El de mayor hondura, normalmente para comidas con caldo. **10. plato llano** El que es casi aplanado. ‖ **LOC. comer en un mismo plato** *fam.* Tener confianza dos o más personas entre sí. **no haber roto** uno **un plato** (**en su vida**) *fam.* No haber hecho nunca nada malo. **no ser plato de gusto** de uno *fam.* No agradarle una persona o cosa. **pagar** uno **los platos rotos** *fam.* Sufrir las consecuencias de lo que otros han hecho o el enfado que otro tiene.

plató *s. m.* Cada uno de los recintos cubiertos de un estudio que sirven de escenario para rodar películas de cine o programas de televisión.

platón *s. m. amer.* Recipiente grande para diversos usos.

Platón (Atenas h. 428 - íd. 347 a. C.) Filósofo griego. Fundador de la *Academia,* es uno de los grandes pensadores de todos los tiempos. Profundamente influido por su maestro Sócrates, emprendió una lucha abierta contra los sofistas. El eje central de su filosofía es la teoría de las ideas. Distingue entre el mundo que nos rodea, sometido a la degeneración y al cambio, y el mundo del verdadero ser, que es el lugar de las ideas. Las ideas son sustancias separadas, eternas e inmutables, en las que reside la esencia de todas las cosas. Puesto que la sabiduría consiste en la contemplación de las auténticas realidades, el conocimiento ha de ser un ejercicio intelectual y no de los sentidos. El hombre posee una doble naturaleza: todo lo relativo al cuerpo es propio del mundo sensible; el alma, por el contrario, es inmortal y proviene del mundo de las ideas, a las que ha contemplado antes de unirse con el cuerpo. Por ello Platón concibe el conocimiento como recuerdo. Asimismo defendió la teoría del filósofo-rey: en virtud de su sabiduría, los filósofos eran quienes con más justicia llevarían a cabo el gobierno de la polis. La mayor parte de sus obras están escritas en forma de diálogos; algunas de las más importantes son *Apología de Sócrates, Protágoras, Gorgias, El banquete, Fedón, Fedro, La República, Teeteto, Parménides, El sofista* y *Las leyes.*

Platón. Réplica del siglo III de un busto griego (Museo del Louvre, París).

platónico, ca *adj.* **1.** Perteneciente o relativo a Platón y a su filosofía y escuela. También *s.* **2.** Desinteresado. **3.** Ideal, irreal. ‖ **4. amor platónico** Véase **amor**. **FAM.** Platónicamente.

platonismo *s. m.* Doctrina filosófica de Platón y sus seguidores. En los primeros siglos de su existencia se conservó en la Academia. Su influencia ha sido decisiva en toda la historia del pensamiento, tanto en el cristianismo, como en las tradiciones árabe y judía.

Platonov, Andrei Platonovich Klimentov, llamado (Voronezh 1899 - Moscú 1951) Escritor soviético. En sus narraciones denuncia satíricamente la burocracia y el fenómeno de la deshumanización de la persona. Sufrió arrestos durante los años de las purgas de Stalin y algunos de sus libros no fueron autorizados. Entre sus títulos destacan *Villagrado* (1926), *Orígenes de un maestro* (1929) y *Dzhan* (1936).

platudo, da *adj. fam. amer.* Adinerado, rico.

plausible *adj.* **1.** Que merece aplauso. **2.** Que es admisible o está justificado. **FAM.** Plausibilidad.

Plauto, Tito Maccio (Sársina, Umbría h. 254 - Roma 184 a. C.) Comediógrafo latino. El más popular del teatro romano, sus comedias, inspiradas en los modelos griegos, tienen una fuerza cómica extraordinaria y están cargadas de sátira social. Entre las principales figuran *Aulularia* (*Comedia de la olla*), *Miles gloriosus* (*El soldado fanfarrón*), *Anfitrión, Asinaria* y *Cuculio* (*El gorgojo*).

playa *s. f.* **1.** Terreno de superficie casi plana y cubierto de arena a la orilla del mar, de un lago o de un río grande. **2.** *Arg., Par., Urug.* Superficie o espacio amplio, llano y despejado destinado a un determinado uso, p. ej. la playa de estacionamiento para automóviles.

play-back (voz ingl.) *s. m.* Técnica empleada en cine, televisión y espectáculos en directo, que consiste en reproducir música u otro sonido previamente grabado, al que se acomodan con sus gestos y movimientos los cantantes, bailarines o actores.

playboy (voz ingl.) *s. m.* **1.** Hombre atractivo, elegante, seductor y generalmente acomodado, que lleva una vida de ocio y frecuenta la alta sociedad y lugares de moda. **2.** Enamorador, conquistador.

playero, ra *adj.* **1.** Que se utiliza en la playa o es adecuado para ella. ‖ *s. f.* **2.** Zapatilla deportiva.

playo, ya *adj. amer.* Que tiene poco fondo.

play-off (voz ingl.) *s. m.* En una competición deportiva, liguilla o fase final.

plaza *s. f.* **1.** Lugar ancho y espacioso, rodeado de edificios, dentro de una población, en el que suelen desembocar varias calles, y también espacio abierto en un jardín, campamento, etc. **2.** Mercado, lugar en que se venden comestibles y otros artículos de consumo ordinario. **3.** Conjunto de compras para el consumo diario. **4.** Sitio que puede ocupar alguien o algo. **5.** Puesto de trabajo, empleo. **6.** Población. ‖ **7. plaza de armas** Plaza fuerte; lugar en que acampan tropas en campaña; lugar de una población o acuartelamiento en que forman las tropas de guardia. **8. plaza de toros** Terreno redondo, adecuado y convenientemente preparado para el toreo. **9. plaza fuerte** Población fortificada. **10. plaza mayor** La principal en cualquier población. ‖ **LOC. sentar plaza** Entrar a servir como soldado. **sentar plaza de listo** (**valiente**, etc.) *fam.* Adquirir fama o prestigio de tal.

Plaza, Galo (Nueva York 1906 - Quito 1987) Político ecuatoriano. Candidato de la coalición Frente Democrático Nacional, fue presidente de la república (1948-52). Posteriormente desempeñó el papel de enviado de la ONU en zonas conflictivas, como Líbano, Congo y Chipre. Fue secretario de la OEA (1968-75).

Plaza, Leónidas (Charapotó, Marabí 1866 - Guayaquil 1932) Militar y político ecuatoriano, padre del anterior. De ideas liberales, luchó contra la dictadura de Veintemilla (1882-83). Presidente de la república (1901-05), impulsó una serie de reformas: leyes sobre el divorcio, matrimonio civil, beneficencia, desamortización eclesiástica. Reprimió la rebelión del liberalismo radical, en la que perdió la vida Alfaro (1912). Ocupó nuevamente la presidencia de la república (1912-16).

Plaza, Victorino de la (Salta 1840 - Buenos Aires 1919) Político argentino. Fue vicepresidente de la república en el gobierno de Sáenz Peña (1910) y, a la muerte de éste, ocupó la presidencia (1914-16).

plazo *s. m.* **1.** Periodo de tiempo señalado para determinada cosa. **2.** Cada uno de los pagos en que se divide una cantidad que hay que pagar en dos o más veces.

plazoleta *s. f.* **1.** *dim.* de **plaza**. **2.** Espacio abierto, más pequeño que una plaza, en una ciudad, jardín, etc.

pleamar *s. f.* **1.** Estado más alto de la marea. **2.** Tiempo que dura. ■ Se dice también *plenamar.*

plebe *s. f.* **1.** Clase social de personas de baja categoría y posición económica inferior. **2.** En la antigua Roma, clase de los ciudadanos que no eran patricios.

plebeyo, ya *adj.* **1.** Perteneciente o relativo a la plebe. **2.** Que forma parte de la plebe, del pueblo, que no es noble ni hidalga. También *s.* **3.** *desp.* Vulgar, grosero. **FAM.** Plebeyez.

plebiscito *s. m.* Consulta directa que el gobierno hace a los ciudadanos para que aprueben o rechacen determinada cuestión importante. **FAM.** Plebiscitario.

plectro *s. m.* Púa usada para pulsar las cuerdas de determinados instrumentos musicales.

plegable *adj.* Que puede plegarse.

plegadera *s. f.* Instrumento, a manera de cuchillo, adecuado para plegar o cortar papel.

plegado, da **1.** *p. p.* de **plegar**. También *adj.* ‖ *s. m.* **2.** Acción y efecto de plegar.

plegador, ra *adj.* **1.** Que pliega. También *s.* ‖ *s. m.* **2.** Instrumento que sirve para plegar una cosa. ‖ *s. f.* **3.** En imprenta, máquina que realiza la operación de plegar el papel.

plegamiento *s. m.* **1.** Acción y efecto de plegar o plegarse. **2.** Proceso geológico por el que los estratos sedimentarios son sometidos a presiones laterales, siendo levantados hasta dar lugar a pliegues, que adoptan formas más o menos onduladas dependiendo de la potencia y velocidad del fenómeno y la plasticidad de los materiales. Originan diversos tipos de relieve plegado, como el jurásico, el alpino o alóctono y el apalachense.

plegar *v. tr.* **1.** Doblar, hacer pliegues o dobleces en una cosa. También *v. prnl.* **2.** Doblar los pliegos impresos para obtener el formato y disposición deseados de las páginas en un libro, revista, folleto, etc. ‖ *v. prnl.* **3.** Ceder, someterse a alguien o acomodarse a algo. ■ Es v. irreg. Se conjuga como *regar.*

plegaria *s. f.* Petición que se hace a Dios, la Virgen o los santos.

Pléiade, La Grupo de poetas franceses del s. XVI, cuyos principales componentes fueron Pierre de Ronsard, Joachim du Bellay, Étienne Jodelle y Jean Antoine de Baïf. Defendían que el poeta debía escribir en francés, aunque tuviese profundos conocimientos de los clásicos. Sus obras constituyen la primera manifestación de la poesía renacentista francesa.

pleistoceno, na *adj.* **1.** Se aplica a la primera de las dos épocas en que se divide el periodo cuaternario de la era cenozoica. Comenzó hace unos 2 millones de años y terminó hace 10.000 años, al finalizar la glaciación de Würm. Durante esta época apareció el hombre y tuvieron lugar las glaciaciones, que afectaron a casi todo el hemisferio norte, y etapas interglaciares. La fauna y flora se corresponden prácticamente con las actuales. También *s. m.* **2.** Perteneciente o relativo a esta época geológica.

pleita *s. f.* Tira de esparto trenzado u otro material semejante que se cose a otras para hacer esteras, sombreros y otras cosas.

pleitear *v. intr.* Iniciar o sostener un pleito ante un juez o tribunal. **FAM.** Pleiteador, pleiteante, pleiteo.

pleitesía *s. f.* Muestra reverente de cortesía.

pleito *s. m.* **1.** Discusión o diferencia entre dos o más partes que se presenta ante un juez o tribunal para que dicte sentencia y haga justicia. **2.** Disputa o riña de carácter privado.

Plejanov, Georgi Valentinovich (Guadalovka 1856 - Terijoki, Finlandia 1918) Político y pensador soviético. Participó en la fundación de la Segunda Internacional (1889) y en la del Partido Obrero Socialdemócrata Ruso (1894) y colaboró con Lenin en Suiza publicando el periódico *Iskra.* Partidario en un primer momento de los bolcheviques, se inclinó finalmente por la facción menchevique. Apoyó a los aliados durante la Primera Guerra Mundial y se opuso en 1917 a la toma violenta del poder por parte de Lenin y de sus partidarios. Murió en el exilio. Como teórico profundizó en el pensamiento marxista en libros como *Acerca del desarrollo de la concepción monista de la historia* (1895) y *La concepción materialista de la historia* (1904).

plemento *s. m.* En arq., espacio comprendido entre los nervios de una bóveda de crucería.

plenamente *adv. m.* Enteramente, totalmente.

plenario, ria *adj.* **1.** Se dice de la sesión o reunión a la que asisten todos los miembros de la entidad de que se trata. **2.** Entero, completo.

plenilunio *s. m.* Fase de luna llena.

plenipotencia *s. f.* Pleno poder concedido a una persona para actuar, como el que reciben los embajadores y otros representantes.

plenipotenciario, ria *adj.* Se aplica a la persona enviada por un rey, gobierno o Estado con plenos poderes para poder actuar o negociar en otros países, en congresos, conferencias, etc.

plenitud *s. f.* **1.** Cualidad de pleno o completo. **2.** Máxima intensidad o perfección de algo.

pleno, na *adj.* **1.** Completo, lleno. **2.** Que está en el momento central o fundamental, en toda su intensidad. ‖ *s. m.* **3.** Reunión o junta general de una corporación, de un organismo, etc. **4.** Acción de acertar todos los resultados en un juego de azar. ‖ **LOC. en pleno** *adj.* En su totalidad.

pleon *s. m.* Abdomen de los crustáceos.

pleonasmo *s. m.* **1.** Figura que consiste en emplear en la oración vocablos que no son necesarios para su sentido exacto y completo, pero que le dan gracia y fuerza. **2.** Abundancia excesiva o inútil de palabras. **FAM.** Pleonásticamente, pleonástico.

pleópodo *s. m.* Cada uno de los apéndices de la región abdominal de los crustáceos, que lo utilizan para remover el agua, llevar los huevos o copular.

plepa *s. f. fam.* Persona, animal o cosa con muchos defectos físicos o morales.

plesímetro *s. m.* Instrumento médico sobre el cual se golpea con los dedos o con un martillo para explorar por percusión las cavidades del cuerpo.

plesiosauro *s. m.* Reptil fósil de la familia plesiosáuridos, género *Plesiosaurus.* Era un lagarto marino, con las extremidades transformadas en aletas, que medía entre 9 y 15 m de longitud. Vivió en el jurásico y cretácico.

pletina *s. f.* **1.** Pieza metálica rectangular de poco espesor. **2.** Platina* de casete.

plétora *s. f.* **1.** Exceso de sangre o de otros líquidos en el cuerpo. **2.** Abundancia.

pletórico, ca *adj.* **1.** Que tiene plétora de sangre u otros líquidos. **2.** Pleno, lleno, rebosante.

pleura *s. f.* Bolsa de tejido conjuntivo que recubre los pulmones. Está formada por dos capas, la interior, que se encuentra adherida al pulmón, y la exterior, que está sujeta a las paredes del tórax. Ambas capas están separadas por un líquido seroso, llamado *líquido pleural.* **FAM.** Pleural.

pleuresía *s. f.* Inflamación de la pleura. Se llama también *pleuritis.* ‖ **2. pleuresía falsa** Pleurodinia*.

pleurítico, ca *adj.* **1.** Pleural, perteneciente o relativo a la pleura. **2.** Que sufre pleuresía. También *s.*

pleuritis *s. f.* Pleuresía*.

pleurodinia *s. f.* Dolor en los músculos de las paredes del pecho. Se llama también *pleuresía falsa.*

pleuronectiformes *s. m. pl.* Orden de peces osteictios al que pertenecen unas 500 especies, comprendidas en tres subórdenes con 7 familias. Se caracterizan por tener el cuerpo plano y asimétrico. Viven acostados en los fondos marinos sobre uno de sus lados, tienen los dos ojos en el otro lado y carecen de espinas en las aletas. Pleuronectiformes son los lenguados, platijas, rodaballos y gallos. También *adj.* y *s. m.*

Pleven (ant. *Pleuna*) C. de Bulgaria, situada en la parte septentrional del país, en la meseta prebalcánica. 136.300 h. en 1989. Es el centro comercial y cultural de una rica región agrícola y cuenta con industria alimentaria, textil, del cuero, cementera y de maquinaria.

plexiglás *s. m.* Resina sintética, transparente y flexible, que se obtiene por polimerización del metacrilato de metilo. Se utiliza en construcción, escaparates, mobiliario, instrumentos médicos, numerosos usos industriales y en refinerías de petróleo.

plexo *s. m.* **1.** En anat., red formada por entrecruzamiento imbricado de vasos o nervios. ‖ **2. plexo cardiaco** El nervioso en la base del corazón, formado por los seis nervios cardiacos del gran simpático; en el centro está el ganglio de Wrisberg. **3. plexo solar** Conjunto de ganglios y nervios situado en la cavidad abdominal, que forma parte del sistema nervioso autónomo.

pléyade *s. f.* Grupo de personajes que, siendo contemporáneos, destacan en cualquier actividad, especialmente en el campo de las letras.

Pléyades **1.** En la mitología griega, las siete hijas de Atlas y Pléyone, nacidas sobre el monte Cilene y convertidas por Zeus en las estrellas del cúmulo galáctico de igual nombre.
2. Cúmulo de estrellas en la constelación de Tauro. Las seis o siete principales se perciben a simple vista y el telescopio revela la presencia de nebulosas galácticas.

plica *s. f.* Sobre sellado o lacrado en que se guardan ciertos documentos, noticias u ofertas que no se pueden mostrar hasta la fecha u ocasión fijada.

pliego *s. m.* **1.** Porción de papel cuadrangular doblado por el medio. **2.** P. ext., hoja de papel o cartulina que se vende y usa sin doblar. **3.** Hoja de papel que se imprime y luego se dobla un determinado número de veces según el formato y disposición del libro, revista, etc. **4.** Conjunto de páginas que resulta de doblar la hoja impresa, generalmente en número de 16. **5.** Documento que se remite cerrado. ‖ **6. pliego de cargos** Relación de las faltas que aparecen en un expediente contra una persona, a la que se le comunica para que se defienda. **7. pliego de condiciones** Documento en el que constan las cláusulas de un contrato, concesión, subasta, etc. **8. pliego de descargos** Documento en que se contesta a un pliego de cargos. **9. pliegos de cordel** Ciertas obras populares, como romances, coplas de ciego, etc., impresas en pliegos sueltos. Las primeras se remontan al s. XV y tuvieron mucha difusión entre los s. XVI y XIX.

pliegue *s. m.* **1.** Doblez en una cosa flexible, como papel, ropa, telas, etc. **2.** En geol., curvatura de los estratos, resultado de las deformaciones plásticas de los materiales que los componen. En un pliegue se distinguen varios elementos: la parte de máxima curvatura, más alta o más baja, de una serie plegada se llama *charnela*, y los lados situados entre dos charnelas, *flancos.* El grado de inclinación de los estratos se denomina *buzamiento.* La parte más elevada de un pliegue, cuando los estratos buzan desde la charnela, se llama *anticlinal*, y la más baja, cuando buzan hacia la charnela, *sinclinal.* Según su forma los pliegues pueden ser rectos, inclinados, tumbados, en rodilla, isoclinales, encofrados, etc.

Plinio el Joven, Cayo Plinio Cecilio Segundo, llamado (Novum Comum h. 62 d. C. - ? h. 114) Escritor romano. Sobrino e hijo adoptivo de Plinio el Viejo, discípulo de Quintiliano y famoso orador, de su obra solamente se conservan el *Panegírico de Trajano* y su correspondencia, las *Epístolas*, de gran valor documental.

Plinio el Viejo, Cayo Plinio Segundo, llamado (Novum Comum 23 d. C. - Stabiae 79) Escritor romano. Fue uno de los más sólidos y prolíficos eruditos de su época. Escribió muchos libros, sobre temas muy variados, pero la única obra suya que se conserva es la *Historia natural*, auténtica enciclopedia de los conocimientos científicos de la antigüedad.

plinto *s. m.* **1.** En arq., parte cuadrada inferior de la basa. **2.** Aparato que se usa en gimnasia para realizar en él saltos y otros ejercicios, formado por varias piezas rectangulares de madera que se ponen una sobre otra, con la parte superior almohadillada.

plioceno *adj.* Se dice de la quinta y última de las cinco épocas en que se divide el periodo terciario de la era cenozoica. Comenzó hace unos 6 millones de años y terminó hace 2 millones. En ella se produjo la última fase de la orogenia alpina, la rodánica, con aparición de fracturas y volcanes, y surgió el istmo de Centroamérica. La fauna y flora eran semejantes a las actuales. También *s. m.*

plisado, da **1.** *p. p.* de **plisar**. También *adj.* ‖ *s. m.* **2.** Acción y efecto de plisar.

plisar *v. tr.* Hacer en una tela pliegues iguales y muy pequeños. **FAM.** Plisador.

Plock C. de Polonia, situada al NO de Varsovia, a orillas del río Vístula. 119.300 h. en 1989. Es el principal centro petroquímico y del refino de petróleo del país. Cuenta con industria electromecánica, de maquinaria agrícola y construcción naval, y es un activo puerto fluvial.

Ploiesti C. de Rumania, situada en la vertiente S de los Cárpatos, al N de Bucarest. 234.900 h. en 1986. Enclavada en una región de yacimientos petrolíferos, cuenta con una central térmica, refinerías de petróleo e industria petroquímica y cristalera.

plomada *s. f.* **1.** Pesa de plomo u otro metal colgada o suspendida de una cuerda para señalar la línea vertical. **2.** Cuerda con un peso de plomo para medir la profundidad de las aguas. **3.** Conjunto de plomos que se ponen en las redes.

plomazo *s. m.* **1.** *fam.* Persona cargante o pesada. **2.** Perdigonada, golpe o herida de perdigón.

plombagina *s. f.* Grafito*. ▪ Se dice también *plumbagina.*

plomería *s. f.* **1.** Cubierta de plomo que se pone en los edificios. **2.** Almacén de plomos. **3.** Taller del plomero. **4.** Oficio de plomero.

plomero *s. m.* **1.** El que trabaja o fabrica objetos de plomo. **2.** *And., amer.* Fontanero.

plomífero, ra *adj.* **1.** Que contiene plomo. **2.** *fam.* Cargante, pesado, aburrido. También *s.*

plomizo, za *adj.* **1.** Parecido al plomo, especialmente por el color. **2.** Que tiene plomo.

plomo *s. m.* Pb. **1.** Elemento químico perteneciente al grupo IV A del sistema periódico. Su número atómico es 82 y su masa atómica 207,2. Su símbolo se deriva de su nombre latino, *plumbum.* Es un metal blando, de color blanco-grisáceo, con bajo punto de fusión, 327 °C. Químicamente no es muy activo, reacciona lentamente con el ácido clorhídrico y prácticamente no reacciona con el ácido sulfúrico, aunque es atacado rápidamente por el ácido nítrico. Se encuentra en forma de carbonato en la cerusita y en forma de sulfuro en la galena, de donde se obtiene por tostación y reducción posterior. Sus yacimientos están muy extendidos, localizándose en Canadá, EE UU, Kazajstán, Australia, Perú, México, China, Túnez, Federación Rusa y España. Conocido desde la antigüedad, tiene una gran variedad de aplicaciones: se emplea en la fabricación de acumuladores y de tuberías, en el revestimiento de cables eléctricos, en la preparación de pinturas y pigmentos, como antidetonante en las gasolinas, como material protector, capaz de absorber las radiaciones, en ciertos reactores nucleares. Aleado con arsénico se emplea para fabricar perdigones y municiones. No obstante, debido a su gran toxicidad, está siendo reemplazado por otros elementos en algunas de estas aplicaciones. **2.** Pedazo de este metal que se pone en algunas cosas, como en las redes de pescar. **3.** Plomada, pesa de metal. **4.** Bala, proyectil. **5.** En imprenta, composición de un texto en este metal. **6.** *fam.* Persona cargante o pesada. ‖ *pl.* **7.** Fusible de una instalación eléctrica. ‖ **LOC. a plomo** *adv.* Verticalmente. **caer a plomo** *fam.* Caer con todo el peso. **con pies de plomo** *adv. fam.* Con cuidado, tanteando el terreno, la situación, etc.

plomoso, sa *adj.* Plomizo*.

Plotino (Licópolis, Egipto h. 205 - Campania h. 270) Filósofo griego. Se estableció en Roma en 244 y allí fundó la escuela neoplatónica que tuvo mucho éxito entre la aristocracia de la ciudad. Plotino identifica la idea de Bien de Platón con la idea de unidad, a la que consideró fundamento último de todo lo existente. Sus obras fueron recopiladas por Porfirio, discípulo y biógrafo suyo, en seis *Enéadas* que, como su nombre indica, están formadas por nueve tratados cada una.

plotter (voz ingl.) *s. m.* Periférico de salida de un sistema informático, que consiste en un trazador de gráficos.

Plovdiv (ant. *Philippopolis*) C. de Bulgaria, situada en el S del sector central del país, a orillas del río Maritza, al pie del macizo del Ródope. 364.200 h. en 1989. Es el mercado agrícola y centro comercial de una fértil región agrícola y cuenta con industria automovilística, de maquinaria, textil, del cuero, química, cristalera y alimentaria.

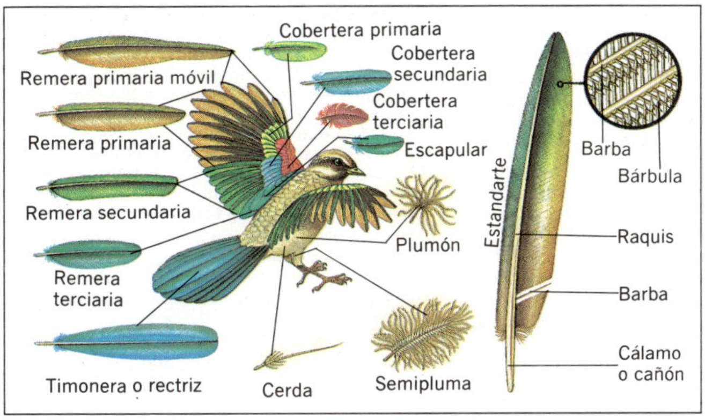

Plumas de ave: a la izquierda, sus distintas clases; a la derecha, partes de una pluma.

Plücker, Julius (Elberfeld 1801 - Bonn 1868) Matemático y físico alemán. Renovó la geometría analítica, introduciendo el concepto de coordenadas. En física, estudió los espectros de los gases rarificados y observó la fluorescencia producida por los rayos catódicos.

pluma *s. f.* **1.** Cada una de las piezas de origen epidérmico de que está cubierto el cuerpo de las aves. **2.** Esta pieza de las aves utilizada antiguamente para escribir. **3.** Instrumento de diversos materiales que se utiliza también para escribir, con o sin tintero. **4.** Profesión u ocupación del escritor y el propio escritor. **5.** Estilo literario. **6.** Mástil de una grúa. **7.** *fam.* Pedo. **8.** *fam.* Afeminamiento. ‖ *s. m.* **9.** Categoría del boxeo constituida por los púgiles cuyo peso está comprendido entre 55 y 57 kg aproximadamente. ▪ Se usa también en aposición. ‖ **plumas** *s. m.* **10.** *fam.* Plumífero, prenda de vestir. ‖ **11. pluma estilográfica** La que funciona mediante un depósito o carga de tinta. ‖ **LOC. a vuela pluma** *adv.* Con *escribir* y verbos equivalentes, improvisando, con espontaneidad y facilidad, de prisa. **adornarse** uno **con plumas ajenas** *fam.* Atribuirse méritos de otro. **dejar correr la pluma** Escribir sin reflexionar, espontáneamente.

Zool. Cada pluma está formada por un tubo o cálamo prolongado en un asta o raquis, que presenta a ambos lados formaciones filamentosas o barbas, las cuales a su vez llevan dispuestas de igual manera otras más finas llamadas *bárbulas.* Tienen distintas formas y colores en las diversas especies de aves. Según su posición en el cuerpo de éstas, se distinguen varios tipos: remeras primarias, en la parte exterior de las alas; remeras secundarias, en la parte interior de las alas; timoneras, en la cola; coberteras, en el dorso; y el plumón, en la parte del vientre. La función de las plumas es proteger al ave de las variaciones de temperatura del medio externo y también facilitar el vuelo.

plumada *s. f.* **1.** Acción de escribir o dibujar algo sencillo y rápido. **2.** Trazo hecho con un solo movimiento de la pluma.

plumaje *s. m.* **1.** Conjunto o clase de plumas de las aves. **2.** Ramillete de plumas que adornan un sombrero, casco, etc.

plumazo *s. m.* **1.** Trazo fuerte de pluma, muy pronunciado, especialmente el que se hace para tachar algo. **2.** Plumada*. ‖ **LOC. de un plumazo** *adv. fam.* De una forma brusca, rápida y eficaz, sin pararse a pensarlo y sin respetar nada.

plumbagina *s. f.* Plombagina*.

plúmbeo, a *adj.* **1.** De plomo. **2.** Que pesa como el plomo. **3.** Pesado, aburrido.

plúmbico, ca *adj.* **1.** Perteneciente o relativo al plomo. **2.** Sal del plomo en la que este elemento actúa con valencia IV.

plum-cake (voz ingl. que significa 'pastel de ciruela') *s. m.* Bizcocho espeso con pasas y frutas confitadas.

plumero *s. m.* **1.** Haz de plumas con un mango que sirve para quitar el polvo. **2.** Vaso o caja donde se guardan las plumas, lapiceros, etc. **3.** Ramillete de plumas que adornan un sombrero, un casco o morrión, etc. ‖ **LOC. vérsele** a uno **el plumero** *fam.* Descubrírsele los pensamientos, intenciones, etc.

plumier (voz fr.) *s. m.* Caja o estuche para guardar lápices, plumas, gomas de borrar, etc.

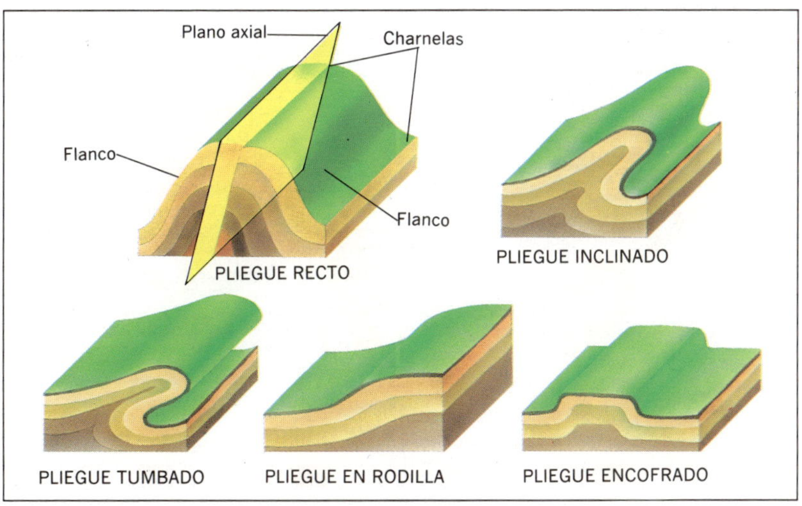

Pliegues: sus principales elementos y diversas clases.

plumífero, ra *adj.* **1.** Que tiene plumas. || *s. m.* **2.** Especie de cazadora o anorak relleno de plumas o acolchado. **3.** *fam. desp.* Escritor o periodista vulgar, de poca calidad.

plumilla *s. f.* **1.** *dim.* de **pluma**. **2.** Punta separable de la pluma de escribir con la que, mojada en tinta, se hacen los trazos. **3.** En bot., plúmula*.

plumín *s. m.* Plumilla de la pluma de escribir.

plumón *s. m.* Pluma corta de barbas muy finas y esponjadas que tienen las aves debajo del plumaje exterior.

plumoso, sa *adj.* Que tiene pluma o mucha pluma.

plúmula *s. f.* En bot., yema pequeña del embrión de las plantas que da lugar al tallo.

plural *adj.* En ling., se aplica al accidente gramatical llamado número que se caracteriza por hacer referencia a varias personas, animales o cosas, frente al singular, que se refiere a una. También *s. m.*
Ling. Las normas generales de formación del plural en español son las siguientes: a) Se añade el morfema *-s* a las palabras terminadas en vocal átona o en *a*, *e* tónicas: *niños, mesas, tribus, sofás, pies.* b) Se añade el morfema *-es* a las palabras que terminan en consonante o en *-y*, cuando equivale a una *i* semivocal: *temores, verdades, leyes* (las acabadas en *-z*, cambian ésta por una *-c*: *lápices*); a las palabras terminadas en *-i*, *-u* tónicas: *maniquíes, hindúes*, aunque coloquialmente se ha generalizado la formación en *-s*: *maniquís, hindús*; y a las palabras constituidas por una sola vocal: *aes, oes.*
Existen algunos casos particulares, como las palabras llanas o esdrújulas acabadas en *-s* o *-x*, que no varían en plural: *los tórax, las crisis*; o los extranjerismos terminados en consonante que se adaptan a la norma general: *revólveres* o vacilan entre el mantenimiento de su propio plural y la adopción del plural español en *-es*: *clubs, clubes.* Los nombres compuestos siguen la norma general, con algunas excepciones en que se añaden los morfemas de número a los dos lexemas o sólo al primero: *ricoshombres.*

pluralidad *s. f.* **1.** Multitud de cosas, gran cantidad de ellas. **2.** Circunstancia de ser más de uno. **3.** Variedad, diversidad.

pluralismo *s. m.* **1.** Sistema en el que se permite la existencia y libre expresión de diversas ideologías, filosofías, religiones e ideas políticas y culturales. **2.** En fil., doctrina contraria a reducir la realidad a una sustancia o esencia única.

pluralizar *v. tr.* **1.** Atribuir o aplicar a varios sujetos lo que es peculiar de uno. **2.** En ling., dar número plural a una palabra que normalmente no lo tiene. ■ Se conjuga como *cazar.*

pluri- *pref.* Significa 'pluralidad': *pluripartidismo, plurilingüe, plurivalencia.*

pluricelular *adj.* En biol., se dice de la planta o animal cuyo cuerpo tiene muchas células.

pluriempleo *s. m.* Situación de la persona que tiene más de un empleo o trabajo. **FAM.** Pluriempleado.

plurilingüe *adj.* **1.** Que habla varias lenguas. **2.** Escrito en diversos idiomas.

pluripartidismo *s. m.* Existencia de más de un partido político y sistema en que se da. **FAM.** Pluripartidista.

plurivalente *adj.* Que tiene varios valores. **FAM.** Plurivalencia.

plus *s. m.* Cantidad de dinero suplementaria que por diversos motivos se paga o recibe además del sueldo.

plus ultra *loc. lat. adv.* Más allá.

Plus Ultra, vuelo del Primera travesía del Atlántico S efectuada por un hidroavión. El *Plus Ultra*, un bimotor Dornier Wall, salió de Palos de la Frontera (Huelva) el 22 de enero de 1926 y llegó a Buenos Aires el 10 de febrero. La tripulación estaba formada por los españoles Ramón Franco, Julio Ruiz de Alda, Durán y el mecánico Rada.

pluscuamperferto *adj.* Véase **pretérito pluscuamperfecto**. También *s. m.*

plusmarca *s. f.* En dep., récord*.

plusmarquista *s. m.* y *f.* Deportista que ha conseguido una plusmarca.

plusvalía *s. f.* **1.** Aumento del valor de una cosa por causas exteriores a ella. **2.** En economía política marxista, diferencia que existe entre la valoración que el capital hace del trabajo del asalariado y el valor que éste crea en el tiempo en que se dedica al trabajo y que siempre es superior al que el capital ha pagado por él. **3.** Impuesto que se establece sobre el aumento que experimenta el valor de los terrenos, especialmente en fincas urbanas, a lo largo del tiempo.

Plutarco (Queronea h. 50 d. C. - íd. h. 125) Escritor griego. De familia noble, pasó parte de su vida en Roma, donde llegó a alcanzar diversos cargos y honores oficiales. Entre las obras que de él se conservan destacan las *Vidas paralelas*, 46 biografías comparadas de personalidades griegas y romanas, y las *Obras morales.*

Pluto Deidad griega que personificaba la riqueza. Se representaba como un joven o un niño que llevaba el cuerno de la abundancia.

plutocracia *s. f.* **1.** Sistema político en que el poder es ejercido o controlado por la clase social económicamente más poderosa. **2.** Predominio de esta clase social. **3.** Esta misma clase. **FAM.** Plutocrático.

plutócrata *s. m.* y *f.* Miembro de la plutocracia.

plutón *s. m.* Masa de rocas plutónicas.

Plutón **1.** En la mitología romana, nombre que se dio a Hades, dios de los infiernos, que poseía grandes riquezas.
2. Noveno planeta del Sistema Solar, el más alejado del Sol, del que dista una media de 5.900 millones de km. Su periodo de rotación es de 6 días, 9 horas y 18 minutos y su diámetro mide unos 3.500 km. Se desconoce la composición de su atmósfera. Su temperatura media en la superficie es de unos –230 °C. Tiene un único satélite. Fue descubierto en 1930 por el astrónomo estadounidense Clyde Tombaugh. Existen ciertas pruebas, no totalmente confirmadas, de que es un antiguo satélite de Neptuno.

plutónico, ca *adj.* Se aplica a las rocas ígneas intrusivas, cristalizadas lentamente a grandes profundidades. Son holocristalinas y, en función de la cantidad de silicio de su composición, se clasifican en ultrabásicas, básicas, intermedias y ácidas. Rocas plutónicas son los gabros, las peridotitas, las sienitas, las dioritas y el granito.

plutonio *s. m.* Pu. Elemento químico perteneciente al grupo de los actínidos del sistema periódico. Su número atómico es 94 y su masa atómica 242. Sus propiedades son similares a las del uranio. Se oxida con facilidad y, en polvo, es inflamable a la temperatura ambiente. Es altamente tóxico y radiactivo. Su isótopo Pu^{238} fue obtenido por Glenn Theodore Seaborg y sus colaboradores en 1940. No se encuentra en estado natural, salvo, en ínfimas proporciones, en algunos minerales de uranio. Se produce en las reacciones de ciertos reactores nucleares de fisión y se obtiene en el reprocesado de los combustibles gastados. Entre sus isótopos, el Pu^{239} es el que ofrece mayor interés, empleándose como combustible nuclear y como material fisionable para armas nucleares.

plutonismo *s. m.* Teoría geológica enunciada por James Hutton en el s. XVIII, que sostiene que la superficie terrestre se formó por solidificación de magmas. **FAM.** Plutonista.

pluvial[1] *s. m.* Ave caradriforme de la familia glareólidos, especie *Pluvianus aegyptius.* Mide 23 cm de longitud, tiene color gris, pardo, negro y blanco, habita en ríos y lagos de África tropical y se alimenta de insectos.

pluvial[2] (del lat. *pluvialis*) *adj.* **1.** Se dice del agua de lluvia. **2.** Tipo de régimen de los ríos cuyo caudal procede fundamentalmente de las lluvias. **3.** Se dice del periodo lluvioso y frío del cuaternario en zonas subtropicales, ahora desiertos o semidesiertos.

pluvímetro *s. m.* Pluviómetro*.

pluviometría *s. f.* Rama de la meteorología que estudia la distribución de las lluvias en el espacio y en el tiempo.

pluviómetro *s. m.* Aparato para medir la lluvia. Se llama también *pluvímetro.* **FAM.** Pluviométrico.

pluviosidad *s. f.* Cantidad de lluvia que recibe una región o comarca en un periodo determinado de tiempo.

pluvioso, sa *adj.* Lluvioso*.

pluvisilva *s. f.* Formación vegetal de bosque intertropical húmedo, que permanece verde todo el año, constituido por árboles de tamaño inferior a 30 m y plantas herbáceas.

Plymouth C. del Reino Unido, situada en el condado de Devon, en Cornualles, a orillas del canal de La Mancha. 244.000 h. en 1982. Es un puerto militar y pesquero, que cuenta con astilleros e industria química y alimentaria.

Plzen Véase **Pilsen**.

Pm Símbolo químico del prometio.

PNB Siglas de Producto* Nacional Bruto.

PNV Siglas del Partido Nacionalista* Vasco.

Po Símbolo químico del polonio.

Po Río de Italia, en el N del país. 652 km de longitud. Nace en los Alpes, al pie del monte Viso, toma dirección N hasta Turín, desde donde se dirige al E, pasa por Piacenza y Cremona y desemboca en el mar Adriático formando un gran delta. Sus principales afluentes son el Dora Baltea, Dora Riparia, Tesino, Trebia, Adda, Taro, Oglio, Mincio y Panaro. Riega la fértil llanura del mismo nombre y es aprovechado para el riego y la producción de energía eléctrica.

poblacho *s. m. desp.* Pueblo pequeño, pobre o mal conservado.

población *s. f.* **1.** Conjunto de personas que habitan la Tierra, un país o un lugar determinado. **2.** Lugar edificado en que habita ese conjunto de personas y, especialmente, ciudad. **3.** Conjunto de seres vivos de una misma especie en un área determinada. **4.** Conjunto de todos los

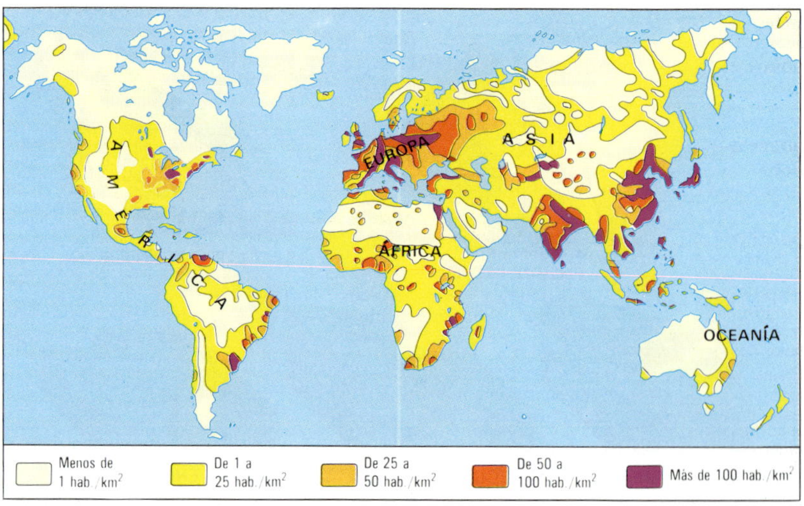

Densidad de la población mundial.

individuos o elementos que constituyen el objeto de estudio de una investigación y de entre los que se extrae la muestra. **5.** Acción y efecto de poblar. **6.** *Chile.* Barriada de chabolas. ‖ **7. población activa** Parte de la población de un país que trabaja o está buscando empleo. **8. población de derecho** En un censo, conjunto de personas que residen habitualmente en un área geográfica determinada. **9. población de hecho** Conjunto de personas que se encuentran en un área geográfica determinada en el momento de hacer un censo, sean o no residentes habituales en ella. **10. población flotante** Conjunto de personas que se encuentran de paso en un lugar, como turistas, veraneantes, viajantes, etc.

Geog. e ***Hist.*** Se calcula que a fines del paleolítico la población mundial era de 4 millones de personas; a causa de la revolución neolítica, el sedentarismo y la agricultura, aumentó hasta 80 millones en torno al año 5000 a. C. A principios de nuestra era alcanzaba unos 250 millones de individuos. En el s. XX, tras la Segunda Guerra Mundial, la explosión demográfica alcanzó a países del Tercer Mundo, lo que provocó que la población mundial, que era de 2.515 millones de personas en 1950, llegase a unos 5.321 millones en 1990 y, según cálculos de la UNESCO, alcanzará 6.292 millones en el año 2000, de los cuales tan sólo 1.500 pertenecerán a países desarrollados.

poblada *s. f. Amér. del S.* Multitud, gentío, tumulto.

poblado, da **1.** *p. p.* de **poblar**. También *adj.* ‖ *s. m.* **2.** Población, lugar edificado en que viven un conjunto de personas.

poblador, ra *adj.* Que puebla. También *s.*

poblamiento *s. m.* **1.** Acción y efecto de poblar. **2.** Proceso de asentamiento humano en un área determinada.

poblano, na[1] *adj. amer.* Se dice del habitante del campo. También *s.*

poblano, na[2] *adj.* De Puebla, estado mexicano. También *s.*

poblar *v. tr.* **1.** Ocupar un sitio con personas u otros seres vivos que habiten en él. **2.** Habitar o vivir en un lugar las personas, animales o plantas. **3.** Fundar uno o más pueblos. También *v. intr.* **4.** Llenar. También *v. prnl.* ■ Es v. irreg. Se conjuga como *contar.*

Poblet Monasterio cisterciense en Vimbodí (Tarragona), construido en estilo gótico entre 1166 y 1499. Fue fundado por Ramón Berenguer IV y es panteón de los reyes de Aragón. En él destaca el retablo mayor de alabastro, obra de Damián Forment (1526-31).

pobre *adj.* **1.** Se dice de las personas a las que les falta lo necesario para vivir o lo tienen con mucha escasez. También *s.* **2.** De poco valor o calidad. **3.** Escaso, que tiene poco de algo. **4.** Infeliz, desdichado. También *s.* **5.** *fam.* Se emplea para compadecer a alguien. También *interj.* ■ Este adjetivo tiene dos superlativos: *pobrísimo* y *paupérrimo.* ‖ *s. m.* y *f.* **6.** Mendigo. ‖ **7. pobre de solemnidad** El que lo es de manera total. ‖ **Loc. ¡pobre de ti** (**de él**, etc.)**!** *excl.* Se usa para amenazar a alguien. **Fam.** Pobremente.

pobrete, ta *adj.* **1.** *dim.* de **pobre**. **2.** Desdichado, infeliz. También *s.* **3.** *fam.* Se dice de la persona inútil, de poca habilidad y ánimo. También *s.* **4.** *fam.* Se usa para compadecer a alguien.

pobretear *v. intr.* Comportarse como pobre.

pobretería *s. f.* **1.** Conjunto de pobres. **2.** Indigencia, miseria. **3.** Tacañería.

pobretón, na *adj.* Muy pobre. También *s.*

pobreza *s. f.* **1.** Falta de lo necesario para vivir o posesión de muy pocos bienes e ingresos. **2.** Escasez o falta de algo. **3.** Voto de renuncia a toda propiedad individual que hacen los religiosos. **4.** Virtud cristiana que mueve a llevar una vida austera y a desprenderse de los propios bienes en favor de los más necesitados.

Pocaterra, José Rafael (Valencia 1888 - Montreal 1955) Escritor venezolano. Dedicado al periodismo político, se opuso a la dictadura de Juan Vicente Gómez y tuvo que exiliarse. A la muerte de Gómez, ocupó los cargos de presidente del Congreso y ministro de Trabajo. Sus obras son de un realismo violento. Entre sus principales títulos figuran *Vidas oscuras* (1916), *Cuentos grotescos* (1922), *Memorias de un venezolano de la decadencia* (1936), novela autobiográfica en la que denuncia la tiranía de Juan Vicente Gómez, y *La casa de los Abila* (1946).

pocero *s. m.* **1.** Persona que hace pozos o trabaja en ellos. **2.** Persona que limpia pozos ciegos y cloacas.

pocha *s. f.* En algunas regiones españolas, judía blanca temprana.

pocho, cha[1] *adj.* **1.** Podrido o que empieza a pudrirse. **2.** Se dice de la persona que está algo enferma, o tiene poco color o mal aspecto.

pocho, cha[2] *adj.* **1.** *Méx.* Se aplica al chicano muy asimilado a la cultura norteamericana. También *s.* ‖ *s. m.* **2.** Forma del idioma español, muy mezclado con el inglés, que hablan estas personas.

pocholada *s. f.* Cosa linda o bonita.

pocholo, la *adj. fam.* Lindo, bonito. También *s.*

pocilga *s. f.* **1.** Establo para los cerdos. **2.** *fam.* Lugar muy sucio o desordenado.

pocillo *s. m.* **1.** Vasija pequeña para tomar líquidos. **2.** *amer.* Taza pequeña. **3.** Recipiente empotrado en la tierra para recoger un líquido, p. ej. el aceite o el vino en los molinos y lagares.

pócima *s. f.* **1.** Preparado medicinal realizado mediante el cocimiento de materias vegetales. **2.** Cualquier medicina que se pueda beber. **3.** *fam.* Bebida extraña o de sabor desagradable.

poción *s. f.* Líquido para beber, especialmente medicinal.

poco, ca *adj.* **1.** Que tiene pequeña cantidad o intensidad: *poco dinero, poco viento.* **2.** Se aplica a personas, animales o cosas de los que hay un número pequeño: *Asistieron pocos espectadores.* También *pron.*: *Han aprobado pocos.* ‖ *s. m.* **3.** Cantidad pequeña de algo: *un poco de agua.* ‖ *adv. c.* **4.** En reducido grado, número o cantidad, menos de lo ordinario o necesario: *Voy poco al cine. Es un país poco desarrollado.* ‖ *adv. t.* **5.** Denota corta duración o tiempo cercano: *Hace poco terminó la carrera.* ‖ **Loc. a poco de** *adv.* Sin que haya pasado mucho tiempo después de algo. **poco a poco** *adv.* Despacio, sin prisa; también, de pequeña en pequeña cantidad. **poco más o menos** *adv.* Cerca de, aproximadamente. **por poco** *adv.* Casi. **tener** uno **en poco** a una persona o cosa *fam.* No apreciarla o concederle escaso valor o estima.

poda *s. f.* **1.** Acción y efecto de podar. **2.** Tiempo en que se hace.

podadera *s. f.* **1.** Herramienta metálica de corte curvo y mango de madera o hierro con que se poda. **2.** Tijera fuerte para el mismo uso.

podagra *s. f.* Enfermedad de la gota, especialmente la de los pies.

podar *v. tr.* Cortar o quitar ramas superfluas de árboles, vides y otras plantas para que fructifiquen o crezcan con más fuerza. **Fam.** Podador.

podenco, ca *adj.* Se dice de cierto perro que por su vista y olfato es adecuado para la caza. También *s.*

poder[1] *v. tr.* **1.** Tener la capacidad, tiempo o posibilidad de hacer una cosa. **2.** Tener derecho, permiso o autorización para algo. **3.** En frases negativas, equivale a *deber* en sentido moral. **4.** Ser más fuerte que otro, ser capaz de vencerle. ‖ *v. impers.* **5.** Ser posible que suceda una cosa. **6.** En construcciones con *se,* ser lícito o estar permitido algo. ■ Es v. irreg. ‖ **Loc. a** (o **hasta**) **más no poder** *adv.* En tal grado que ya no puede ser más. **de poder** Con un verbo en infinitivo, equivale a una oración condicional con *si.* **no poder** (**por**) **menos** No poder evitar o dejar de hacer cierta cosa. **poder con** alguien o algo *fam.* Ser capaz de vencer, levantar o sostener a la persona o cosa que se expresa; también, poder hacer cierta cosa.

poder[2] *s. m.* **1.** Capacidad o posibilidad para hacer cierta cosa. **2.** Gobierno de un Estado. **3.** Dominio, mando o influencia. **4.** Fuerza, capacidad, eficacia. **5.** Autorización que una persona o entidad da a otra para representarla o ejecutar cierta cosa. Se usa más en *pl.* **6.** Posesión de alguna cosa. ‖ **7. plenos poderes** Libertad completa que se da a un representante para que actúe y decida en nombre del representado; también, atribuciones máximas que adopta un jefe de Estado o de gobierno de acuerdo con la constitución, especialmente en momentos de crisis. **8. poder absoluto** El político que se ejerce sin ninguna limitación, y en especial sin estar regulado por una Constitución. **9. poder adquisitivo** Capacidad de una persona, grupo o moneda de adquirir bienes y servicios. **10. poder ejecutivo** El que ejerce el gobierno del Estado y hace cumplir las leyes. **11. poder judicial** El que ejerce la administración de justicia. **12. poder legislativo** El que tiene la potestad de elaborar y reformar las leyes. **13. poderes públicos** Conjunto de las autoridades que gobiernan un Estado. ‖ **Loc. de poder a poder** *adv.* De igual a igual. **por poder** (o **poderes**) *adv.* Con intervención de un apoderado o representante autorizado.

Poder Negro (*Black Power*) Movimiento de emancipación de la comunidad negroamericana de EE UU. Surgió en 1966 dentro del Comité de Coordinación de Estudiantes No Violentos y sus principales líderes fueron Stokely Carmichael, James Forman y Rap Brown. El Poder Negro rechazaba el sistema de vida estadounidense, se identificaba con los movimientos de liberación del Tercer Mundo e intentaba un desarrollo de la cultura negra autónoma. Declinó a partir de 1969 por la dura represión a que fue sometido y por la división en diversas tendencias.

poderdante *s. m.* y *f.* Persona que da poder o autoridad a otra para que la represente.

poderhabiente *s. m.* y *f.* Persona que tiene el poder o la autoridad de otra para representarla.

poderío *s. m.* **1.** Dominio o influencia. **2.** Fortaleza, fuerza. **3.** Bienes, riqueza.

poderoso, sa *adj.* **1.** Que tiene poder o influencia. También *s.* **2.** Muy rico, acaudalado. **3.** Eficaz, efectivo.

podestà (voz ital.) *s. m.* Magistrado con los máximos poderes políticos, administrativos y judiciales en las ciudades del N y centro de Italia en los s. XIII y XIV.

Podgoriza Nombre de la ciudad de Titograd.

Podgorni, Nicolai Viktorovich (Karlovka, Ucrania 1903 - Moscú 1983) Político soviético. Secretario del Comité Central del Partido Comunista de la Unión Soviética (PCUS) en 1963, apoyó a Breznev en su enfrentamiento con Kruschev. En 1965 fue nombrado presidente del Soviet Supremo y en 1966 del Politburó. En 1969 y 1972 firmó acuerdos de desarme con EE UU. Fue apartado del poder por Breznev en 1977.

podiatra *s. m. amer.* Podólogo.

PODER	
GERUNDIO	
pudiendo	
INDICATIVO	
Presente	**Pretér. perf. simple**
puedo	*pude*
puedes	*pudiste*
puede	*pudo*
podemos	*pudimos*
podéis	*pudisteis*
pueden	*pudieron*
Futuro imperf.	**Condicional simple**
podré	*podría*
podrás	*podrías*
podrá	*podría*
podremos	*podríamos*
podréis	*podríais*
podrán	*podrían*
SUBJUNTIVO	
Presente	**Pretérito imperfecto**
pueda	*pudiera, -ese*
puedas	*pudieras, -eses*
pueda	*pudiera, -ese*
podamos	*pudiéramos, -ésemos*
podáis	*pudierais, -eseis*
puedan	*pudieran, -esen*
Futuro imperfecto	
pudiere	*pudiéremos*
pudieres	*pudiereis*
pudiere	*pudieren*
IMPERATIVO	
puede	*poded*

podio o **pódium** *s. m.* **1.** En arq., pedestal largo en que descansan varias columnas. **2.** Plataforma sobre la que se eleva a una persona para honrarla, especialmente a los vencedores de una prueba deportiva.

podo- o **-podo** *pref.* o *suf.* Significa 'pie': *podólogo, cefalópodo.*

podología *s. f.* Rama de la medicina que trata de las enfermedades y del cuidado de los pies.

podólogo, ga *s. m.* y *f.* Especialista en podología.

podómetro *s. m.* Instrumento en forma de reloj de bolsillo que sirve para contar el número de pasos que da la persona que lo lleva y la distancia que recorre.

podón *s. m.* **1.** Podadera grande para podar y rozar. **2.** Herramienta de podar con una boca en forma de hacha y otra en forma de cuchillo.

podredumbre *s. f.* **1.** Estado de las cosas podridas. **2.** Lo que está podrido. **3.** Inmoralidad, corrupción.

podrido, da *p. p.* de **podrir** o **pudrir**. También *adj.*

podrir *v. tr.* Pudrir*. **FAM.** Podrimiento.

podsol (voz rusa) *s. m.* Tipo de suelo propio de regiones frías y con abundante humedad, que consta de una capa de humus sin descomponer, un horizonte A blanquecino intensamente lavado y rico en sílice, un horizonte B de acumulación de humus con óxidos férricos y un horizonte C formado por una roca madre arenosa o de arenisca. Da una vegetación de landas, matorral o bosques de coníferas.

Poe, Edgar Allan (Boston 1809 - Baltimore 1849) Escritor estadounidense. Estudió en la universidad de Virginia (1825) y posteriormente ingresó en la academia militar de West Point (1829). Fue expulsado de ambos centros por su conducta disipada y su afición a la bebida. Desde 1835 colaboró con el diario *Southern Literary Messenger* de Richmond. Sus problemas alcohólicos se agudizaron y comenzó a padecer ataques de *delirium tremens.* Murió de una intoxicación alcohólica aguda. Su obra literaria es fundamentalmente poética y narrativa. Sus versos están contenidos en *Tamerlán* (1827) y *El cuervo* (1845). Su novela *Aventuras de Arthur Gordon Pym* (1837) describe un viaje al océano Antártico donde la realidad va progresivamente diluyéndose, hasta fundirse con un mundo onírico. Debe su fama fundamentalmente a las *Narraciones extraordinarias* (1840 y 1845), cuentos fantásticos y de horror, algunos de los cuales son un claro antecedente de la novela policiaca. Destacan entre ellos *Los crímenes de la calle Morgue, El escarabajo de oro, La caída de la casa Usher* y *El gato negro.*

poema *s. m.* **1.** Obra en verso. **2.** Obra en prosa que, por sus características, se considera del género poético. ‖ **3. poema sinfónico** Composición para orquesta, generalmente de un solo movimiento, de forma libre, cuyo tema y desarrollo están inspirados en una idea poética u obra literaria. Se considera que fue Listz el creador del género.

poemario *s. m.* Colección de poemas.

poemático, ca *adj.* Perteneciente o relativo al poema.

poesía *s. f.* **1.** Arte de expresar la belleza o el sentimiento estético por medio de la palabra, en verso o en prosa, siguiendo diversos procedimientos, como el ritmo, la medida, las imágenes y metáforas, etc. **2.** Género al que pertenecen las obras literarias compuestas según este arte. **3.** Cada una de estas obras, especialmente las que están en verso. **4.** Conjunto de la actividad poética y de los poetas en general o de una época, país, etc. **5.** Fuerza expresiva, sensibilidad, gracia y demás cualidades del género poético que pueden darse en otras obras de arte, en personas, paisajes, etc.

Lit. Las fronteras entre poesía y prosa no son claramente distinguibles, aun cuando se aluda a los aspectos formales de cada una de ellas. La poesía es la expresión más antigua del lenguaje literario. Antiguamente, sus géneros fueron la lírica, que comprende himnos, odas, elegías, églogas, sátiras y epigramas; la épica, con epopeyas, poemas épicos y cantares de gesta; y la dramática, con tragedias, comedias y dramas. Más adelante, a estos géneros se unieron la poesía bucólica, la religiosa y la profana. El lenguaje poético, por su voluntad de síntesis formal y de pureza, se caracteriza por alejarse en gran medida del lenguaje ordinario y por el uso abundante de figuras retóricas, así como de todo tipo de recursos expresivos.

poeta *s. m.* y *f.* Persona que compone poesía y está dotada para ello.

poetastro *s. m. desp.* Mal poeta.

poética *s. f.* **1.** Arte de componer poesía. **2.** Tratado sobre los principios y reglas de la poesía.

poético, ca *adj.* **1.** Perteneciente o relativo a la poesía. **2.** Que presenta características de la poesía. **FAM.** Poéticamente.

poetisa *s. f.* Mujer poeta.

poetizar *v. tr.* **1.** Dar a algo poesía o considerarlo en su aspecto poético. ‖ *v. intr.* **2.** Componer poesía. ■ Se conjuga como *cazar.* **FAM.** Poetización.

pogonóforos *s. m. pl.* Tipo de invertebrados vermiformes al que pertenecen unas 100 especies comprendidas en las clases frenulados y afrenulados. Miden entre 5 y 85 cm de longitud, tienen el cuerpo largo y delgado, dividido en tres regiones, prosoma, mesosoma y metasoma, con tentáculos en la parte anterior. Carecen de boca y aparato digestivo. Viven en zonas profundas de las aguas marinas, agrupados en largos cilindros enterrados en la arena. También *adj.* y *s. m.*

pógrom o **pogromo** (voz de or. ruso) *s. m.* **1.** Levantamiento popular violento contra los judíos. **2.** P. ext., matanza y robo de gente indefensa por una multitud. **3.** Matanza en masa de una minoría religiosa, racial o nacional.

pOH *s. m.* Número que indica el grado de basicidad de una disolución. Matemáticamente se define como menos el logaritmo decimal de la concentración de iones hidroxilo, OH^-, presentes en dicha disolución: $pOH = -\log(OH^-)$. Debido al signo negativo, cuanto mayor sea la concentración de iones OH^-, es decir, cuanto más básica sea la disolución, tanto menor será el pOH. Una disolución neutra es aquella cuyo pOH = 7. Si el valor del pOH es menor que 7 la disolución es básica, mientras que si el valor del pOH es mayor que 7 la disolución es ácida. Para toda disolución se cumple que pH + pOH = 14.

Poincaré, Henri (Nancy 1854 - París 1912) Matemático y físico francés. Estudió diversas cuestiones de la mecánica celeste y sus trabajos acerca de las mareas complementaron las hipótesis de Darwin sobre la relación de las mismas con las fases de la Luna. Fue uno de los primeros en reconocer la importancia de la teoría de la relatividad de Einstein. Desarrolló importantes investigaciones en el campo de la filosofía de la ciencia, que expuso en obras como *La ciencia y la hipótesis* (1902) y *Ciencia y método* (1909).

Poincaré, Raymond (Bar-le-Duc 1860 - París 1934) Político francés. Fue ministro en varias ocasiones y, desde sus posiciones de gobierno, defendió una política dura hacia Alemania. En 1913 fue elegido presidente de la república. Durante la Primera Guerra Mundial (1914-18) se opuso al armisticio, a renunciar a Renania y a mantener fuerzas aliadas en el Rhin. Su periodo presidencial acabó, en 1920, con la devolución a Francia de Alsacia y Lorena. La grave crisis económica francesa de 1926 hizo que se le nombrara presidente del Consejo y ministro de Finanzas con poderes especiales. Logró estabilizar el franco y sacar al país de la crisis, pero al caer enfermo en 1929 tuvo que dimitir.

pointer (voz ingl.) *adj.* Se dice de una raza de perros de caza, de origen inglés, de unos 60 cm de altura, cabeza larga, orejas colgantes, cuerpo proporcionado y pelo corto. También *s. m.*

poiquilotermia *s. f.* Incapacidad de regular la temperatura del cuerpo de modo independiente de la del ambiente, propia de todos los animales excepto las aves y los mamíferos. **FAM.** Poiquilotérmico, poiquilotermo.

Poitiers C. de Francia, cap. de la región de Poitou-Charentes, situada en el alto Poitou. 79.350 h. en 1982. Es un centro de comunicaciones, administrativo y comercial, que cuenta con industrias de construcciones mecánicas y eléctricas. Fundada en época prerromana, fue saqueada por árabes y normandos en la Alta Edad Media, importante centro de los Plantagenet en Francia y capital del delfín Carlos en la guerra de los Cien Años. Conserva monumentos prerrománicos, la iglesia románica de San Hilario (s. XI-XII) y la catedral (s. XII-XIV), mezcla de románico y gótico.

Poitiers, batalla de Victoria alcanzada por Carlos Martel, junto a la ciudad francesa de Poitiers, sobre las tropas musulmanas en el año 732. Esta batalla puso fin a la expansión musulmana en el Occidente europeo.

Poitou-Charentes Región de Francia, situada en el O del sector central del país. 25.809 km^2. 1.594.800 h. en 1990. La capital es Poitiers, con 79.350 h. en 1982. Comprende los departamentos de Charente, Charente-Maritime, Deux-Sèvres y Vienne. Es una región de llanura, entre la meseta de Limousin y la costa atlántica, con una rica agricultura de cereales, así como prados y forraje que alimentan su importante cabaña bovina y ovina. Destacan también el viñedo y la elaboración de vinos en la comarca de Cognac. Cuenta con industria alimentaria, papelera, mecánica y de motores y una importante piscicultura.

poker (voz ingl.) *s. m.* Póquer*.

Pol Pot, Saloth Sar, llamado (Memot, Kompong Thom 1928) Político camboyano. Luchó en las guerrillas anticoloniales contra los franceses, hasta que en 1975 se alzó con el poder, dentro de las filas del Partido Comunista de Kampuchea (PCK), tras derrocar al presidente Lon Nol. Redactó una nueva Constitución, inspirada en el comunismo chino. En 1979, después de la invasión vietnamita, perdió el poder y se incorporó nuevamente a la guerrilla de los khmer rojos, al frente de los cuales ha intervenido en las múltiples alianzas y negociaciones encaminadas a lograr un acuerdo de paz en el país.

polaco, ca *adj.* **1.** De Polonia. También *s.* ‖ *s. m.* **2.** Lengua eslava hablada en Polonia.

polaco-soviética, guerra Conflicto bélico entablado entre Polonia y la URSS en 1920, motivado por cuestiones fronterizas. El ejército polaco, mandado por Pilsudski, penetró hasta Kiev, pero la contraofensiva soviética le hizo retroceder hasta Varsovia y obligó a intervenir a Francia y el Reino Unido. La guerra concluyó con el tratado de Riga (1921), que estableció la frontera entre los dos países.

polaina *s. f.* Prenda de paño o cuero que cubre la pierna hasta la rodilla.

Polanski, Roman (París 1933) Director cinematográfico polaco. Sus películas son imaginativas y están cargadas de crueldad y amarga ironía. Entre sus títulos más importantes figuran *El cuchillo en el agua* (1963), *Repulsión* (1965), *El baile de los vampiros* (*The fearless vampire killers,* 1967), *La semilla del diablo* (*Rosemary's baby,* 1968), *Macbeth* (1971), *Chinatown* (1974) y *Frenético* (1988).

Polanyi, John Charles (Berlín 1929) Químico canadiense de origen alemán. Establecido en Canadá desde 1952, fue catedrático de la universidad de Toronto. En 1986 obtuvo el premio Nobel de química, compartido con Dudley Robert Herschbach y Yuan Tse Lee, por sus contribuciones al conocimiento de los procesos químicos elementales.

polar *adj.* **1.** Perteneciente o relativo a los polos. **2.** Se aplica al clima propio de los polos y territorios circundantes, caracterizado por un frío continuo e intenso (difícilmente se alcanzan los 0 °C) y escasas precipitaciones. Las zonas plenamente polares carecen de vegetación.

polaridad *s. f.* **1.** En fís., tendencia de una molécula a ser atraída o repelida por cargas eléctricas, positivas o negativas. **2.** Propiedad de los imanes y los cuerpos imantados de orientarse en dirección N-S en un campo magnético.

polarimetría *s. f.* Parte de la óptica que estudia la polarización de la luz.

polarímetro *s. m.* Instrumento con que se mide el ángulo de rotación de la luz al atravesar el plano de polarización.

polariscopio *s. m.* Instrumento que permite observar el estado de polarización de una radiación luminosa.

polarización *s. f.* **1.** Fenómeno característico de las ondas transversales por el que dichas ondas, que inicialmente se propagan en todas las direcciones, pasan a propagarse en un determinado plano al atravesar un medio denominado *polarizador.* La polarización puede ser, en función de la dirección de propagación de la luz, lineal, circular o elíptica. **2.** En electricidad, fenómeno que se da en un cuerpo cuando dos partes determinadas de él adquieren cargas eléctricas opuestas. **3.** Concentración de la atención, o de un asunto, cuestión, etc., en algo. **4.** Concentración de la mayoría de las industrias en determinadas áreas.

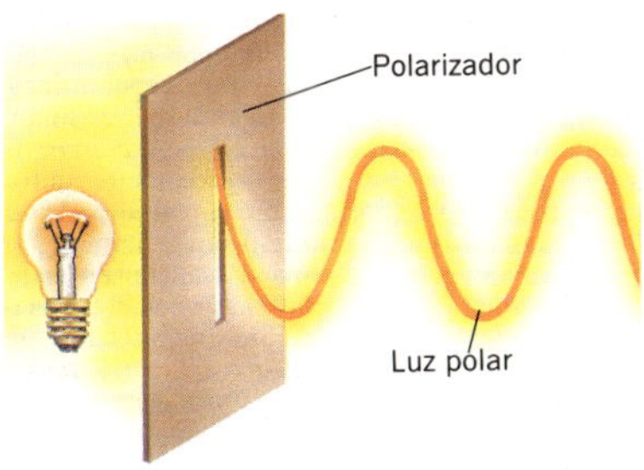

Polarización de la luz a través de una rendija, que hace de polarizador.

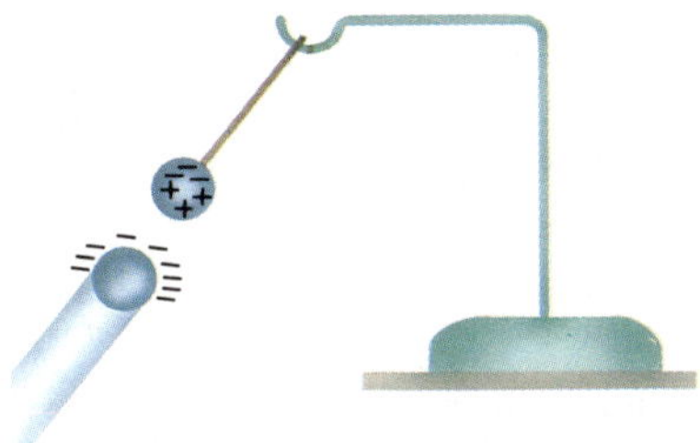

Polarización eléctrica en una bola al acercar un cuerpo cargado negativamente.

polarizar *v. tr.* Producir polarización. También *v. prnl.* ▪ Se conjuga como *cazar.*

polaroid (marca registrada) *s. f.* **1.** En ópt., lámina transparente que polariza la luz que la atraviesa. **2.** Cámara fotográfica que utiliza esta lámina como película y realiza automáticamente el revelado y el fijado del cliché, así como el tirado, revelado y fijado en una copia positiva.

Polavieja, Camilo García (Madrid, 1838 - íd. 1914) Militar español. Luchó en África, Cuba y Filipinas y, tras la pérdida definitiva de estas dos últimas colonias en 1898, publicó un manifiesto que proponía diversas reformas y que tuvo muy buena acogida en los sectores políticos derechistas. Fue ministro de la Guerra (1899) en el gabinete de Silvela, pero dimitió al poco tiempo.

polca *s. f.* **1.** Danza bohemia difundida en el s. XIX por toda Europa, de carácter alegre y popular, que se baila por parejas. **2.** Música de esta danza. ‖ **Loc. el año de la polca** *fam.* Un año muy lejano.

pólder *s. m.* Terreno pantanoso ganado al mar y rodeado de diques para evitar las inundaciones, característico de los Países Bajos.

polea *s. f.* **1.** Máquina simple que consiste en una rueda acanalada por la que se hace pasar una cuerda y que se utiliza para elevar cuerpos. **2.** Rueda metálica de llanta plana que se usa en las transmisiones por correas.

polemarca *s. m.* En la antigua Grecia, uno de los arcontes que era, a la vez, general del ejército.

polémica *s. f.* Discusión entre personas que sostienen opiniones o ideas distintas.

polémico, ca *adj.* Relativo a la polémica o que la suscita.

polemista *s. m.* y *f.* **1.** Escritor que sostiene polémicas. **2.** Persona que mantiene una polémica o es aficionada a mantenerlas. También *adj.*

polemizar *v. intr.* Entablar o sostener una polémica. ▪ Se conjuga como *cazar.*

polen *s. m.* Conjunto de granos diminutos producidos en los estambres de las plantas con flores, que contienen los gametos masculinos responsables de la reproducción.

polenta (voz ital.) *s. f.* Plato italiano a base de harina de maíz cocida, a modo de gachas.

poleo *s. m.* Planta herbácea de la familia labiadas, especie *Mentha pulegium.* Mide entre 10 y 30 cm de altura, tiene las hojas ovales y flores de color violeta agrupadas en las axilas de las hojas. Crece en climas templados del centro y S de Europa y se usa para preparar infusiones.

poli- *pref.* Significa 'muchos', 'varios': *poligamia, polígono.*

Poliakoff, Serge (Moscú 1906 - París 1969) Pintor francés de origen ruso. En 1923 se estableció en París y de 1936 a 1937 vivió en Londres, donde se familiarizó con la obra de los primitivos italianos y con la pintura egipcia. Volvió a París y allí trabó amistad con Kandinsky, que hizo evolucionar su pintura hacia la abstracción. Sus cuadros se caracterizan por el uso de grandes manchas de color.

poliamida *s. f.* Nombre genérico de una familia de polímeros obtenidos fundamentalmente por condensación de un diácido, ácido dicarboxílico, y una diamina. Poseen un elevado punto de fusión y gran insolubilidad.

poliandria *s. f.* **1.** Estado de la mujer casada a la vez con dos o más hombres. **2.** En bot., característica de la flor que tiene un número indefinido de estambres. **3.** En zool., condición de la hembra fecunda que convive con varios machos.

polibán *s. m.* Pequeña bañera, generalmente con un asiento en un lado.

Polibio (Megalópolis h. 200 - ? h. 125 a. C.) Historiador griego. Fue llevado a Roma como rehén y allí escribió una *Historia* del imperio romano durante su expansión por el Mediterráneo desde el comienzo de la primera guerra púnica hasta el sometimiento de Cartago y Grecia (221-146 a. C.).

polichinela *s. m.* Personaje de las farsas y pantomimas italianas.

policía *s. f.* **1.** Cuerpo encargado de mantener el orden público y cuidar de la seguridad de los ciudadanos. ‖ *s. m.* y *f.* **2.** Cada uno de sus miembros. ‖ **3. policía judicial** La que tiene como misión averiguar los delitos públicos y perseguir a los delincuentes y está a las órdenes de las autoridades judiciales. **4. policía militar** La que se encarga de vigilar a los miembros del ejército. **5. policía municipal** (o **urbana**) La que vigila el cumplimiento de las normas municipales y depende de los ayuntamientos y los alcaldes. **6. policía nacional** En España, cuerpo armado bajo la dependencia del ministerio del Interior, encargado de los servicios de seguridad en las áreas urbanas. **7. policía secreta** Aquella cuyos miembros no llevan uniforme para poder pasar inadvertidos.

policiaco o **policíaco, ca** *adj.* **1.** Perteneciente o relativo a la policía. ‖ **2. género policiaco** Género literario que centra sus argumentos en el mundo del crimen y de la investigación policial y detectivesca. Suele caracterizarse por plantear un misterio, cuya resolución depende en la mayoría de los casos de la privilegiada capacidad deductiva del protagonista. Entre los autores más relevantes que han cultivado este género figuran Arthur Conan Doyle, Agatha Christie, Gilbert Keith Chesterton, Erle Stanley Gardner, Ellery Queen, Dashiel Hammett, Raymond Chandler y George Simenon.

policial *adj.* Policiaco*.

Policleto (Sicione h. 480 - ? h. 420 a. C.) Escultor griego. Sobresalió en las esculturas de atletas, como el *Doríforo* (entre 450 y 440 a. C.), el *Diadúmeno* (h. 430 a. C.) o los *apoxiomenos,* que ejecutaba con arreglo al canon que él mismo fijó, empleando cálculos matemáticos para establecer las proporciones que debían guardar las distintas partes del cuerpo.

Policleto: Diadúmeno *(copia en el Museo Arqueológico Nacional, Atenas).*

policlínica *s. f.* Centro médico privado que tiene diferentes especialidades.

Polícrates (? - Magnesia del Meandro 522 a. C.) Tirano de Samos (h. 533-522 a. C.). Promovió el florecimiento económico y cultural de la isla. Aprovechando la debilidad marítima persa, impuso su hegemonía en el Egeo y se apoderó de algunas ciudades de Jonia. Se alió con el faraón Amasis contra Persia pero, tras perder su flota, fue capturado por el sátrapa Orestes y murió crucificado.

policroísmo *s. m.* Propiedad de ciertos minerales de variar su color según se observen por reflexión o por refracción.

policromar *v. tr.* Aplicar diversos colores a algo. **Fam.** Policromado.

policromía *s. f.* Cualidad de policromo.

policromo o **polícromo, ma** *adj.* De varios colores.

policultivo *s. m.* Cultivo simultáneo de diversas especies vegetales en una misma explotación agrícola.

polideportivo, va *adj.* Se aplica a las instalaciones destinadas a la práctica de varios deportes. También *s. m.*

polidipsia *s. f.* Necesidad excesiva de beber que se presenta en algunas enfermedades, como la diabetes.

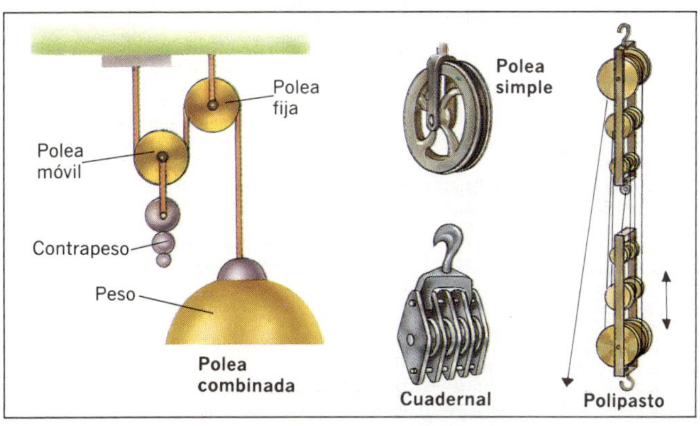

Distintos tipos de poleas.

poliedro *s. m.* Cuerpo geométrico limitado por varios polígonos, llamados *caras.* **FAM.** Poliédrico.

poliéster *s. m.* Denominación genérica de los polímeros cuya cadena está formada por monómeros unidos por funciones éster. Se utilizan fundamentalmente para la producción de fibras artificiales.

poliestireno *s. m.* Macromolécula obtenida por polimerización del estireno. Es una resina sintética que se utiliza para fabricar lentes plásticas y aislantes térmicos y eléctricos. Su fórmula es:

$$\left(\begin{array}{c}-CH_2-\underset{\displaystyle C_6H_5}{\underset{|}{CH}}-\end{array}\right)_n$$

polietileno *s. m.* $(-CH_2-CH_2-)_n$. Macromolécula obtenida por polimerización del etileno. Se emplea para la fabricación de objetos de plástico, juguetes, bolsas, etc.

polifacético, ca *adj.* **1.** Que presenta varias facetas o aspectos. **2.** Se aplica a las personas de múltiples capacidades, que realizan actividades muy diversas.

polifagia *s. f.* Gana excesiva de comer que se presenta en algunas enfermedades. **FAM.** Polífago.

polifásico, ca *adj.* De varias fases; se aplica especialmente a la corriente eléctrica alterna constituida por la combinación de varias corrientes monofásicas de igual periodo y amplitud, pero desfasadas en fracciones iguales de periodo.

Polifemo En la mitología griega, cíclope o gigante, hijo de Poseidón, con un solo ojo en la frente, al que Ulises cegó y engañó en su huida, según cuenta la *Odisea.* El poeta Teócrito le hizo protagonista de una aventura amorosa con la nereida Galatea, que le desdeñó. Este tema fue recogido por el poeta español Góngora en el s. XVII.

polifonía *s. f.* Música en la que simultáneamente tiene lugar la ejecución de diversas voces o instrumentos, que se combinan entre sí de forma contrapuntística, y en la que cada línea melódica conserva una cierta autonomía. El término polifonía se usa normalmente para designar la música vocal característica del periodo comprendido entre los s. XIII y XVI. **FAM.** Polifónico o polífono.

poligamia *s. f.* **1.** Estado o condición de polígamo. **2.** Forma de relación conyugal en la que una persona está unida al mismo tiempo a dos o más del sexo contrario.

polígamo, ma *adj.* **1.** Se dice del hombre que tiene a un mismo tiempo varias esposas. También *s.* **2.** En bot., se aplica a la planta que presenta a la vez flores hermafroditas y unisexuales. **3.** En zool., se dice del animal que se junta con varias hembras, así como de su especie.

poligenismo *s. m.* Doctrina que admite variedad de orígenes en la especie humana. **FAM.** Poligenista.

poliginia *s. f.* Matrimonio de un hombre con dos o más mujeres a la vez.

poliglobulia *s. f.* Presencia en la sangre de un número de hematíes superior a seis millones por mm^3.

poliglotía *s. f.* Conocimiento práctico de diversos idiomas.

poliglotismo *s. m.* Dominio y uso de varios idiomas.

políglоto o **poligloto, ta** *adj.* **1.** Escrito en varias lenguas. **2.** Se aplica a la persona que conoce varias lenguas. También *s.* ▪ En esta acepción se prefiere la forma *políglota* tanto para el masculino como para el femenino. || *s. f.* **3.** La *Biblia* impresa en varios idiomas.

Polignac, Jules Auguste Armand Marie Polignac, príncipe de (Versalles 1780 - París 1847) Político francés. Fue educado en Rusia y en 1804 participó en la conspiración de Cadoudal contra Napoleón. Fue encarcelado por ello y en la prisión elaboró una concepción teocrática del mundo y de la historia, opuesta al planteamiento liberal, que intentó llevar a la práctica durante el reinado de Carlos X, en el que ocupó en 1829 la presidencia del Consejo. Promovió desde este cargo una serie de medidas antiliberales que provocaron la revolución de 1830 y su caída del gobierno. Fue condenado a prisión y perdió todos sus títulos, pero fue amnistiado en 1836.

Polignoto (isla de Tasos, primera mitad del s. V a. C.) Pintor griego. Sus obras, que no se conservan, se caracterizaron, según algunos de sus contemporáneos, por la expresividad en los rostros y la búsqueda de la transparencia en los vestidos. Fue el decorador de varios edificios de Atenas y por ello se le considera el fundador de la pintura mural griega.

poligonáceas *s. f. pl.* Familia de plantas herbáceas y arbustivas del orden poligonales a la que pertenecen unas 750 especies comprendidas en los géneros *Antigonon, Coccoloba, Atraphaxis, Calligonum, Eriogonum, Rheum,* etc. Tienen las hojas con una característica vaina, flores solitarias o en inflorescencia racemosa y fruto en nuez. Crecen en todos los continentes, sobre todo en las regiones templadas del hemisferio norte y se usan en decoración o como alimento. Poligonáceas son el alforfón, la acedera y el ruibarbo. También *adj.* y *s. f.*

poligonal *adj.* **1.** Perteneciente o relativo al polígono. **2.** Se aplica a la línea formada por varios segmentos consecutivos y no alineados.

polígono, na *adj.* **1.** Poligonal*. || *s. m.* **2.** En geom., figura plana limitada por una línea poligonal cerrada, que no se corta a sí misma, cuyos segmentos se llaman lados. **3.** Unidad urbanística constituida por una superficie de terreno destinada a diversos fines industriales, comerciales, residenciales, etc. || **4. polígono de tiro** Campo de tiro utilizado por el ejército para sus prácticas.

poligrafía *s. f.* **1.** Actividad de escribir sobre diversas materias. **2.** Arte de escribir con ciertos procedimientos secretos y de descifrar estos escritos. **FAM.** Poligráfico.

polígrafo, fa *s. m.* y *f.* **1.** Autor que escribe o ha escrito sobre diversas materias. **2.** Persona que se dedica a la poligrafía o arte de escribir y descifrar textos secretos.

polilla *s. f.* Nombre común de diversos insectos lepidópteros de las familias tineidos, pirálidos, tortrícidos y pterofóridos. La polilla de la ropa *(Tineola bisselliella)* mide unos 5 mm, tiene las alas y el cuerpo ocre. La polilla de las alfombras *(Trichophaga tapetzella),* de mayor tamaño, tiene las alas jaspeadas en sepia. Las larvas de ambas se alimentan de tejidos, en los que excavan túneles. Otras especies, como la polilla de la manzana *(Cydia pomonella),* son parásitas de árboles frutales.

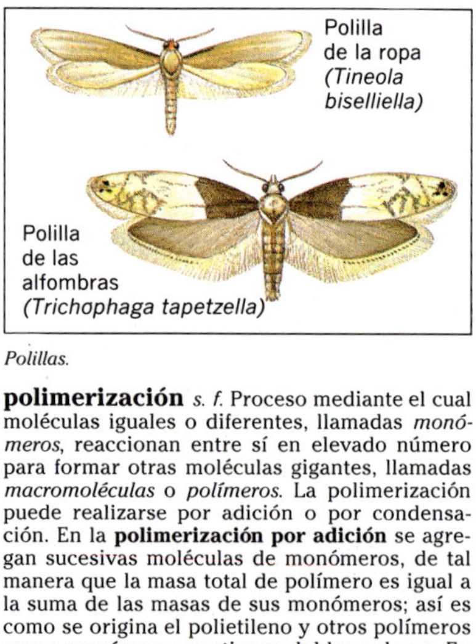

Polillas.

polimerización *s. f.* Proceso mediante el cual moléculas iguales o diferentes, llamadas *monómeros,* reaccionan entre sí en elevado número para formar otras moléculas gigantes, llamadas *macromoléculas* o *polímeros.* La polimerización puede realizarse por adición o por condensación. En la **polimerización por adición** se agregan sucesivas moléculas de monómeros, de tal manera que la masa total de polímero es igual a la suma de las masas de sus monómeros; así es como se origina el polietileno y otros polímeros cuyos monómeros contienen dobles enlaces. En la **polimerización por condensación,** una parte del monómero de partida se elimina cuando dicho monómero se une a la molécula del polímero; p. ej., el nailon es un polímero de condensación en el que se elimina una molécula de agua por cada nuevo monómero que se añade a la macromolécula.

polímero *s. m.* Compuesto químico de elevada masa molecular que resulta de un proceso de polimerización. Algunos polímeros, como las proteínas, el almidón o el caucho natural, son sintetizados por los seres vivos, aunque pueden sintetizarse en el laboratorio, mientras que otros, como el poliuretano, la baquelita o el polietileno, son preparados en los laboratorios.

polimetría *s. f.* Variedad de metros en una composición poética. **FAM.** Polimétrico.

Polimnia Musa a la que se atribuye la invención de la agricultura y la lira; es protectora de la danza y la geometría o la historia, según las distintas versiones.

polimorfismo *s. m.* **1.** Propiedad que presentan algunas especies de variar su aspecto morfológico; el ejemplo más conocido es el dimorfismo sexual que hace que ambos sexos sean diferentes, así como los cambios producidos en los individuos que experimentan metamorfosis. **2.** Propiedad de ciertos minerales que tienen igual composición química, pero cristalizan en sistemas diferentes y dan distintas formas. Este es el caso de la calcita y el aragonito ($CaCO_3$). **3.** En ling., coexistencia en una misma época o lugar de formas diferentes pertenecientes a sistemas distintos y que desempeñan una misma función.

polimorfo, fa *adj.* Que puede tener varias formas sin cambiar de naturaleza o función.

Polinesia Conjunto de archipiélagos de Oceanía situados en el océano Pacífico oriental entre el trópico de Cáncer y el de Capricornio. 27.000 km^2. Comprende las islas Hawai (EE UU), Phoenix y Line (Kiribati), Tokelau y Cook (Nueva Zelanda), de la Sociedad, Gambier y Marquesas (Francia), Samoa (una parte, estado independiente y otra de EE UU), Pascua (Chile), Tonga y otras islas de menor importancia. Fueron exploradas por españoles en el s. XVI, a los que siguieron holandeses y británicos, y colonizadas por estos últimos y por franceses.

Polinesia francesa Territorio francés de ultramar, en el océano Pacífico oriental, que comprende las islas de la Sociedad, Marquesas, Australes, Tuamotu y Gambier, Clipperton y otras islas menores. 4.000 km^2. 197.000 h. en 1990. La capital es Papeete, con 23.600 h. en 1988 y 103.900 h. en su área metropolitana. Tienen un origen volcánico o coralino y clima tropical. Sus recursos económicos proceden de la palma de coco, la copra, algodón, caña de azúcar y café, la pesca, los fosfatos y el turismo.

polinesio, sia *adj.* **1.** Se aplica al grupo de pueblos que habita las islas de Polinesia, y también a su cultura y a sus costumbres. **2.** De estos pueblos. También *s.* || *s. m.* **3.** Lengua hablada por los polinesios.

polineuritis *s. f.* Inflamación simultánea de varios nervios, por intoxicación o infección.

polinización *s. f.* Paso o transporte del polen de las flores al pistilo de la misma flor u otra diferente, para dar lugar a la fecundación de los gametos femeninos contenidos en los óvulos. El polen puede ser transportado por diferentes agentes, fundamentalmente por el viento y los insectos. En este último caso, la flor, para atraer a los insectos, suele contener néctar, ser grande y de vivos colores.

polinizar *v. tr.* Realizar la polinización. ▪ Se conjuga como *cazar.*

polinomio *s. m.* Expresión algebraica que constituye la suma ordenada de un número finito de monomios. Su forma es $a_0 + a_1x + a_2x^2 + + ... + a_nx^n$, donde a_0, a_1, a_2 ... a_n son números reales dados, y x un número real no dado. Puede tener una variable o más, según la cantidad de los números reales dados que contenga.

polinosis *s. f.* Trastorno alérgico debido al polen.

polinuclear *adj.* Que tiene varios núcleos.

polio *s. f. fam.* Poliomielitis*.

poliomielitis *s. f.* Enfermedad producida por un virus que daña la médula espinal y provoca parálisis. Suele atacar a los niños, por lo que se llama también *parálisis infantil.*

polipasto o **polispasto** *s. m.* Sistema de poleas, unas fijas y otras móviles.

polipéptido *s. m.* Compuesto orgánico cuya molécula contiene numerosos aminoácidos.

polipétalo, la *adj.* En bot., se dice de la flor o corola que tiene varios pétalos.

poliplacóforos *s. m. pl.* Clase de moluscos a la que pertenecen unas 1.150 especies comprendidas en una o varias subclases, con una única no fósil, la neoloricata. Tienen cuerpo aplanado, con simetría bilateral y la concha dividida en 8 placas articuladas entre sí. Poseen un pie ancho y plano con el que se adhieren a las rocas. Los sexos están separados. Viven en aguas marinas litorales. Poliplacóforos son los chitones o quitones. También *adj.* y *s. m.*

pólipo *s. m.* **1.** Tumor que aparece en ciertas membranas mucosas, como en la nariz y el útero; se sujeta a ellas por medio de un pedúnculo. **2.** Una de las dos formas principales que adoptan los celentéreos o cnidarios. Son animales marinos formados por un cuerpo tubular en forma de saco con la abertura hacia arriba, que termina en una hilera de tentáculos urticantes. Viven sujetos al fondo o a las rocas por un pedúnculo. Pueden ser solitarios, como las anémonas, o coloniales, como los corales. La otra forma de los cnidarios es la medusa. Algunas especies adoptan sólo una de las dos formas durante su vida, pero en otras especies se produce alternancia generacional.

polipodio *s. m.* Nombre común de diversas plantas pteridofitas de la familia polipodiáceas, género *Polypodium.* El polipodio común *(Polypodium vulgare)* mide entre 9 y 30 cm de altura; es un helecho de frondes pinnados que crece en riberas, paredes, rocas y troncos de árboles de las regiones cálidas del hemisferio norte. Están difundidos por regiones tropicales, subtropicales y templadas de todo el mundo.

políptico *s. m.* **1.** Pintura o relieve formado por varios paneles u hojas. **2.** En la antigua Roma y en la Alta Edad Media, conjunto de varias tablillas que contenían documentos, especialmente fiscales; a partir del s. XI, sólo fue usado por la Iglesia para reseñar los ingresos de los monasterios o del alto clero.

poliquetos *s. m. pl.* Clase de gusanos anélidos a la que pertenecen más de 5.300 especies comprendidas en numerosas familias. Miden desde 1 mm hasta 3 m de longitud. Tienen forma cilíndrica o aplanada, parápodos en los anillos y numerosas cerdas, llamadas *quetas.* Son animales marinos, errantes o sedentarios. Algunas especies habitan en el interior de tubos calcáreos fijos al fondo marino. Su reproducción es sexual y asexual, mediante gemación y escisión. Las especies errantes suelen ser depredadoras, las sedentarias se alimentan de plancton o de fango. También *adj.* y *s. m.*

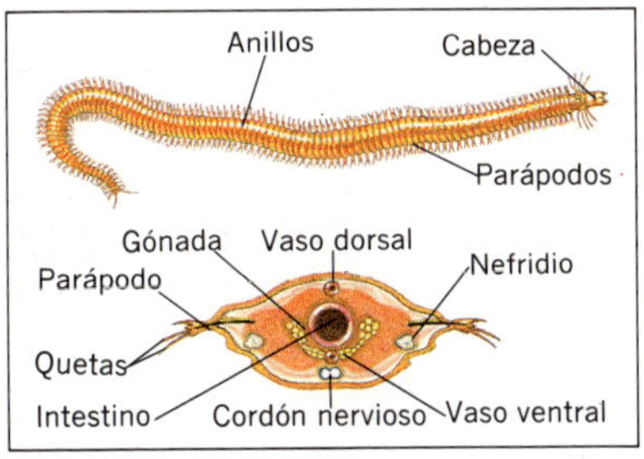

Poliquetos: nereis, con detalle de su sección transversal.

polis (voz gr.) *s. f.* Ciudad-estado de la antigua Grecia y sistema de organización política basado en ésta. Utilizado por sumerios, acadios, fenicios, etruscos, etc., alcanzó su mayor desarrollo entre los griegos. La polis griega era una unidad política que agrupaba al conjunto de ciudadanos habitantes de una comarca, centralizada en una ciudad, generalmente amurallada y coronada por una acrópolis, donde se hallaban los templos y palacios. Adquirió su forma definitiva en el curso de los cambios económicos y sociales producidos entre los s. VIII y VI a. C. Su organización política evolucionó hacia formas diversas de gobierno. Atenas, tenida como ejemplo clásico, pasó de la monarquía a la oligarquía aristocrática, de ésta a la oligarquía burguesa, posteriormente a la tiranía y, por último, a la democracia. Miembros de la polis eran todos los ciudadanos, independientemente de su situación social, aunque de ella estaban excluidos los metecos, periecos y esclavos. La polis poseía unos cultos propios, que sus ciudadanos debían aceptar.

polisacárido *s. m.* Polímero formado por la condensación de centenares o miles de monosacáridos. Los más importantes son el almidón, el glucógeno y la celulosa, todos ellos resultantes de la polimerización de la glucosa. En los seres vivos tienen una función estructural, como sucede con la celulosa, o energética, actuando como principal reserva de glucosa, tal como sucede con el almidón en los vegetales y el glucógeno en los animales.

Polisario Véase **Frente Polisario.**

polisemia *s. f.* Pluralidad de significados de una palabra, como p. ej. en la palabra *potro.*

polisémico, ca *adj.* Que tiene polisemia.

polisépalo, la *adj.* En bot., se dice de la flor o cáliz que tiene varios sépalos.

polisílabo, ba *adj.* De varias sílabas. También *s. m.*

polisíndeton *s. m.* Figura retórica que consiste en emplear repetidamente conjunciones para dar fuerza a la expresión, para destacar varios términos, etc.; p. ej., *«Vete muy lejos de mi lado, / a donde yo nunca te vea, / que pobre, y ciego y solitario, / y herido, y triste, amo la tierra.»* (José Hierro).

polisíntesis *s. f.* Procedimiento morfológico para la formación de palabras que consiste en añadir uno o varios afijos a la raíz. **FAM.** Polisintético.

polisón *s. m.* Armazón que, atado en la cintura, llevaban las mujeres para abultar los vestidos por detrás.

polispasto *s. m.* Polipasto*.

polista *s. m.* y *f.* Jugador de polo.

polistilo, la *adj.* **1.** En arq., que tiene muchas columnas. **2.** En bot., que tiene muchos estilos.

politburó *s. m.* Órgano directivo y de gobierno del Partido Comunista de la Unión Soviética (PCUS), cuyos miembros eran elegidos por el Comité Central. Su estructura y función se hizo extensiva a otros partidos comunistas, en los que recibió distintos nombres.

politécnico, ca *adj.* Que incluye varias ciencias, disciplinas, técnicas y artes; se aplica especialmente a centros de enseñanza de estas características. También *s. m.*

politeísmo *s. m.* Creencia en la existencia de dioses diversos. Es característica de las religiones antiguas de Grecia, Roma, Egipto, México, Mesopotamia, etc. **FAM.** Politeísta.

politeno *s. m.* Polietileno*.

política *s. f.* **1.** Ciencia, doctrina u opinión acerca del gobierno y organización de las sociedades humanas, y especialmente de los países o Estados. **2.** Conjunto de actividades que se realizan en ese gobierno y organización, o para conseguir el poder político. **3.** P. ext., forma de actuar una persona o entidad en un asunto o campo determinado y conjunto de orientaciones que rigen esa actuación. **4.** Habilidad en asuntos en que hay que tratar con gente.

politicastro *s. m. desp.* Mal político.

político, ca *adj.* **1.** Perteneciente o relativo a la política. **2.** Que interviene en el gobierno de un país, región, ciudad, etc. También *s.* **3.** Hábil para tratar a la gente. **4.** Relación de parentesco de cada uno de los cónyuges con respecto a la familia del otro, p. ej.: *padre político* (suegro), *hermano político* (cuñado), *hijo político* (yerno), *hija política* (nuera). **FAM.** Políticamente.

politicón, na *adj.* Muy inclinado a intervenir en política o muy interesado en los asuntos públicos. También *s.*

politiquear *v. intr. desp.* Intervenir en política o tratar de ella con ligereza o con intrigas, chanchullos, etc. **FAM.** Politiqueo, politiquería, politiquero.

politizar *v. tr.* **1.** Dar sentido o contenido político a acciones, pensamientos, etc., que corrientemente no lo tienen. También *v. prnl.* **2.** Despertar la conciencia o preocupación política en una persona o grupo. También *v. prnl.* ▪ Se conjuga como *cazar.* **FAM.** Politización.

politología *s. f.* Ciencia de la política.

politólogo, ga *adj.* **1.** Especialista en ciencias políticas. También *s.* **2.** Comentarista político. También *s.*

politonalidad *s. f.* En mús., coexistencia de distintas tonalidades.

poliuretano *s. m.* Polímero que resulta de la polimerización de un polialcohol (alcohol en el que existen dos o más grupos –OH) con un poliisocianato (compuesto del carbono en el que existen dos o más grupos cianato, –N=C=O). Dicha polimerización tiene lugar por condensación, originándose un grupo uretano por reacción de un grupo isocianato con un grupo alcohol. La espuma de poliuretano se emplea en el relleno de almohadas y cojines.

poliuria *s. f.* Aumento anormal de la orina expulsada en un día.

polivalente *adj.* **1.** Que tiene varios valores, que vale para diversos usos. **2.** En med., se aplica a sueros y vacunas que tienen acción contra varios microbios. **3.** En quím., se aplica a los elementos con varias valencias. **FAM.** Polivalencia.

polivalvo, va *adj.* Se aplica a los animales cuya concha tiene más de dos valvas.

polivinilo *s. m.* Polímero que resulta de la polimerización de moléculas en que está presente el radical vinilo. Se usa como revestimiento, en cables, tubos, mangueras, y para fabricar tejidos.

póliza *s. f.* **1.** Documento justificativo de un contrato en el que se recogen las condiciones o cláusulas; puede ser de seguro, de crédito, de bolsa, etc. **2.** Sello que se utiliza como forma de impuesto en determinados documentos.

Poliziano, Angelo Ambrogini, llamado **il** (Montepulciano 1454 - Florencia 1494) Poeta y humanista italiano. Gran latinista, fue discípulo de Marsilio Ficino y protegido por Lorenzo de Médicis. Escribió poesía en tres lenguas: en latín, en griego y, sobre todo, en lengua toscana, como las *Estancias* (1475-78) y *Orfeo* (1480), en forma de representación profana. Su obra como humanista comprende los libros de *Epístolas* y sus lecciones, recogidas en *Miscellaneorum centuria prima* (1480).

polizoico, ca *adj.* Se dice de los animales que viven agrupados en colonias con otros de su misma especie.

polizón *s. m.* Persona que se embarca clandestinamente, a escondidas.

polizonte *s. m. fam.* y *desp.* Agente de policía.

polje (voz serbocroata que significa 'llanura') *s. m.* Depresión cerrada de origen cárstico, con fondo plano, arcilloso, por descomposición de la caliza, paredes escarpadas y drenaje subterráneo. Es mayor que la dolina y puede alcanzar más de 60 km de longitud. Su fondo puede estar accidentado por pitones calcáreos (*hum*) y sumideros (*ponor*).

Polk, James Knox (Mecklenburg County, Carolina del Norte 1795 - Nashville 1849) Político estadounidense. Fue presidente de la república (1845-49). Fomentó la expansión hacia el Oeste, reivindicó Oregón, firmando con Gran Bretaña el tratado de partición (1846), y consiguió anexionarse el estado de Texas (1846). Declaró la guerra a México (1846-48), que tuvo que admitir el río Grande como frontera con EE UU.

polla *s. f.* **1.** Gallina joven. **2.** *fam.* Moza, jovencita. **3.** *vulg.* Pene*. ‖ **4. polla de agua** Ave gruiforme de la familia rállidos, especie *Gallinula chloropus.* Mide unos 33 cm, tiene el pico rojo, plumaje oscuro con una franja en el costado y la parte inferior de la cola blancas y patas verdes con una franja roja y dedos largos, adecuados para andar por los lugares pantanosos en que vive. Habita en todo el mundo excepto Australasia.

Pollack, Sydney (South Bend, Indiana 1934) Director cinematográfico estadounidense. Formado en el teatro y la televisión, debutó en el cine en 1965. Entre sus principales filmes figuran *Danzad, danzad, malditos* (*They shoot horses, don't they,* 1969), *Tal como éramos* (1973), *Los tres días del cóndor* (1975), *Tootsie* (1982) y *Memorias de África* (*Out of Africa,* 1985).

pollada *s. f.* Conjunto de pollos de una sola puesta, especialmente de las gallinas.

Pollaiolo, Antonio Benci, llamado **Antonio del** (Florencia h. 1432 - Roma 1498) Pintor y escultor italiano. Inició su aprendizaje en el taller de Ghiberti y trabajó al principio como orfebre. Su pintura se caracteriza por el vigor y pasión con que trazaba la anatomía de sus personajes. Entre sus cuadros sobresalen los *Trabajos de Hércules*, *Apolo y Dafne* y el *Martirio de San Sebastián*. Como escultor destacó en la decoración de los sepulcros de Sixto IV e Inocencio VIII, en San Pedro de Roma.

Pollaiolo, Piero Benci, llamado **Piero del** (Florencia h. 1441 - Roma 1496) Pintor y escultor italiano. Hermano del anterior, fue su colaborador habitual. Entre sus pinturas destacan una colección de *Virtudes* y un retablo en San Gimignano. En unión de su hermano realizó el retablo de San Miniato al Monte, en Florencia.

pollastre *s. m.* **1.** Pollo o polla algo crecidos. **2.** *fam.* Joven que presume de hombre.

pollear *v. intr.* Empezar un muchacho o muchacha a hacer cosas propias de los jóvenes.

pollería *s. f.* Tienda en que se venden pollos, huevos, etc.

pollero, ra *s. m.* y *f.* **1.** Persona que cría o vende pollos. || *s. f.* **2.** Lugar en que se crían los pollos. **3.** Especie de cesto de mimbre o red, estrecho por arriba y ancho por abajo, utilizado para criar los pollos y tenerlos guardados. **4.** *amer.* Falda externa del vestido femenino.

pollino, na *s. m.* y *f.* **1.** Asno joven y sin domar. **2.** P. ext., cualquier borrico.

pollo[1] (del lat. *pullus*) *s. m.* **1.** Cría que sacan de cada huevo las aves, en particular las gallinas. **2.** Gallo o gallina joven destinado al consumo. **3.** Cría de las abejas. **4.** *fam.* Jovencito. || **5. pollo pera** *fam.* Joven elegante y presumido.

pollo[2] *s. m. fam.* Gargajo*.

Pollock, Jackson (Cody, Wyoming 1912 - Springs, Long Island 1956) Pintor estadounidense. Inició su carrera dentro de la corriente del surrealismo, al que fue añadiendo una expresividad violenta. Principal representante del expresionismo abstracto, fue el creador de la *action painting*; experimentó la técnica de salpicar pintura sobre lienzos de gran tamaño extendidos en el suelo (*dripping*), que daba como resultado la abstracción por mezcla de colores. Entre sus obras cabe citar *Guardianes del secreto* (1943), *Ojos en el calor* (1946), *Uno, número 31* (1950) y *Pértigas azules* (1952).

polluelo, la *s. m.* y *f. dim.* de **pollo**.

polo[1] (del lat. *polus*, y éste del gr. *polos*) *s. m.* **1.** Cualquiera de los dos extremos del eje de rotación de una esfera o cuerpo redondeado, especialmente los de la Tierra. **2.** Región inmediata a cada uno de estos puntos en la superficie terrestre. **3.** Marca registrada de un tipo de helado alargado que se chupa cogiéndolo de un palillo hincado en su base. **4.** Prenda de punto con cuello abierto que cubre la parte superior del cuerpo hasta la cintura. **5.** *fam.* Con adjetivos como *opuesto* u *otro*, persona o cosa contraria o muy diferente a otra. **6.** Persona o cosa en que se centra la atención o una acción que se expresa. **7.** En electricidad, cada uno de los bornes o extremos de un generador, que sirven para conectar los conductores exteriores; son dos, el **negativo** o de menor potencial, también llamado *cátodo*, y el **positivo** o de mayor potencial, también llamado *ánodo*. **8.** En fís., cualquiera de los dos puntos opuestos de un cuerpo, en los cuales se acumula una mayor cantidad de energía, como el magnetismo en los extremos de un imán. **9.** En geom., cada uno de los dos puntos de un plano que se toman como referencia para trazar un eje de coordenadas polares. || **10. polo celeste** Punto de la esfera celeste que coincide con la prolongación del eje de la Tierra. **11. polo de desarrollo** (o **industrial**) Área geográfica elegida para el asentamiento planificado de industrias con el fin de suavizar las diferencias de desarrollo entre las diversas regiones. **12. polo magnético** Cada uno de los dos puntos del globo terrestre situados en las regiones polares, hacia los que se dirige naturalmente la aguja imantada. **13. polo norte** El del globo terrestre que se localiza en el hemisferio norte, en un punto del océano Glacial Ártico, y el correspondiente de la esfera celeste, inmediato a la Osa Menor; también, región de la Tierra que rodea ese punto. **14. polo sur** El opuesto al norte, que se localiza en el hemisferio sur, en un punto del continente Antártico, y el correspondiente de la esfera celeste; también, región de la Tierra que rodea ese punto. || **Loc. de polo a polo** *adv.* Destaca una gran distancia o diferencia.

polo[2] *s. m.* Modalidad de cante flamenco, de compás ternario 3/8 y ritmo moderado.

polo[3] (del ingl. *polo*, y éste del tibetano *polo*, pelota) *s. m.* **1.** Juego que se practica a caballo entre dos equipos de cuatro jinetes que, con mazos de mango largo, impulsan una pequeña pelota hasta la meta contraria, formada por dos postes. || **2. polo acuático** Waterpolo*.

Polo, Marco (Venecia 1254 - íd. 1324) Viajero veneciano. Emprendió un largo viaje en 1271 con su padre y su tío, que eran mercaderes. Llegaron a China, pasando por Armenia, Persia y el desierto de Gobi. En 1275 fueron recibidos en Pekín por el emperador Kubilai Kan, que colmó de riquezas a Marco Polo y le encargó importantes misiones políticas y diplomáticas. Dieciséis años más tarde volvió a Europa, pero fue hecho prisionero durante la guerra entre Venecia y Génova, hasta que en 1299 logró llegar a su ciudad. Durante su cautiverio dictó al escritor Rustichello una descripción de las tierras que había visto, que se llamó *El libro de Marco Polo*.

pololear (voz mapuche) *v. tr.* **1.** *Bol., Chile, Col., Ec.* Coquetear; salir como novios. **2.** *Chile.* Importunar, molestar.

pololeo (voz mapuche) *s. m.* **1.** *Chile.* Coqueteo; noviazgo. **2.** *Chile.* Chapuza, trabajo poco importante.

pololo *s. m.* **1.** Pantalón corto, generalmente bombacho, de niño pequeño. **2.** Antigua prenda femenina, especie de pantalones, normalmente de color blanco, sujetos por encima de la rodilla. Se usa más en *pl.*

pololo, la (voz mapuche) *s. m.* y *f.* **1.** *Chile, Ec.* Novio, pretendiente. || *s. m.* **2.** *Chile.* Insecto coleóptero de la familia escarabeidos, especie *Aulacopalpus viridis*. Mide unos 15 mm de longitud, tiene élitros cortos de color verde y patas rojizas; vuela emitiendo un zumbido parecido al moscardón. Habita en América del Sur. || *s. f.* **3.** *Chile, Ec.* Muchacha a la que le gusta coquetear y ser cortejada.

polonés, sa *adj.* **1.** Polaco*. También *s.* || *s. f.* **2.** Danza de origen polaco de compás ternario, movimiento moderado y ritmo muy acentuado; tuvo su mayor esplendor en el s. XIX, en composiciones de Beethoven, Schubert, Weber, Liszt y especialmente de Chopin.

Polonia (*Polska*) Estado de Europa oriental.

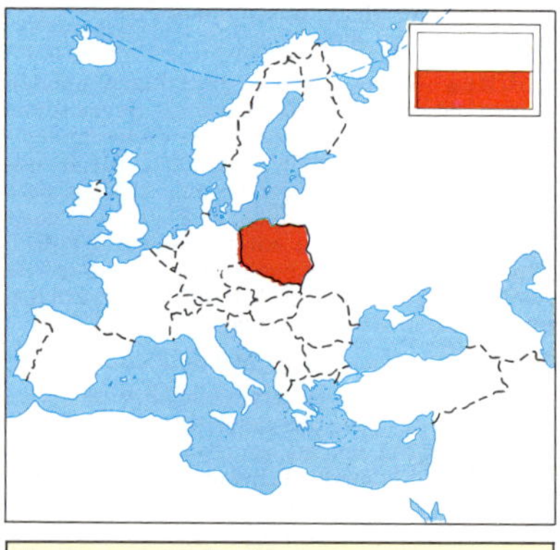

Extensión: 312.683 km².
Límites: al N, con el mar Báltico, la Federación Rusa y Lituania; al E, con Bielorrusia y Ucrania; al S, con Checoslovaquia, y al O, con Alemania.
Población: 38.064.000 h. en 1990.
Densidad: 121,7 h./km².
Capital: Varsovia.
División administrativa: 49 provincias (voivodatos).
Ciudades principales: Lodz, Cracovia, Wroclaw, Poznan y Gdansk.
Gentilicio: polaco.
Forma de Estado: república.
Idioma: polaco.
Religión: catolicismo, 94,2 %.
Moneda: zloty.
Tasa de natalidad: 16 ‰ en 1990.
Tasa de mortalidad: 10 ‰ en 1990.
Renta per cápita: 4.560 dólares en 1989.

Geog. física El territorio polaco está asentado sobre la gran llanura del N de Europa (173 m de altitud media), que sólo se ve interrumpida en el SE por los Cárpatos Occidentales y en el SO por los montes Sudetes. La cuenca fluvial del Vístula (1.047 km) atraviesa el país de S a N pasando por Varsovia; y la del Oder, que nace en el S de Polonia, recorre el país por la parte O hasta desembocar en el mar Báltico. Sus costas son bajas, arenosas y con albuferas (*liman*); sus accidentes más destacados son el golfo de Pomerania y el de Gdansk. Polonia tiene clima continental templado caracterizado por inviernos fríos y veranos calurosos y húmedos. Los vientos del O suavizan el clima en todo el país a excepción de las regiones montañosas del S. La vegetación es continental, con grandes bosques de abedules, alerces, hayas, etc.

Polonia: la histórica plaza de Dugi Targ y el ayuntamiento, en Gdansk.

Geog. humana y ***económica*** Las áreas más densamente pobladas son el S (región de Silesia), la cuenca del Vístula, la franja O y la costa del mar Báltico. Más de la mitad de la población (61 %) reside en las ciudades.

En Polonia se cultivan cereales –trigo, cebada, centeno (segundo productor mundial), avena (sexto)–, patatas (segundo), remolacha azucarera, cáñamo (noveno), lino (séptimo) y colza; la agricultura se caracteriza, en general, por la poca mecanización y la socialización. En los últimos años el desarrollo y selección del ganado ha favorecido positivamente la economía del país, sobresaliendo la ganadería bovina, ovina y porcina (séptimo productor mundial), aunque también tiene importancia la cría de caballos. Debido a la extensión de los bosques, la industria maderera alcanza gran auge. En cuanto a los recursos minerales, la región de Silesia es una de las más ricas cuencas carboníferas de Europa (cuarto productor mundial); se extrae también lignito (cuarto), plomo, plata (séptimo), cinc, cobre (séptimo) y sal gema. La industria, estatal en su casi totalidad, está muy diversificada, destacando la siderúrgica (en la región de Silesia y Gdansk), metalúrgica, de construcciones mecánicas, textil y química. Polonia se ha especializado en la producción de carbón, hierro, acero y embarcaciones, que constituyen el conjunto de sus exportaciones. Sus principales áreas industriales se encuentran en la alta Silesia, Lódz, Varsovia y golfo de Gdansk.

***Hist.* invasiones y unificación** En el s. V comenzaron a asentarse en los valles de los ríos Oder y Vístula un grupo de tribus eslavas que terminaron fusionándose en el s. X bajo Mieszko I, fundador del estado polaco y primer duque de la dinastía Piast. Boleslao III dividió el reino entre sus hijos (1138). A partir de entonces, la desorganización política y social favoreció la invasión y penetración germánica. La reunificación se consiguió con Casimiro III el Grande, en el s. XIV, último rey de la dinastía Piast. Durante el s. XV, la dinastía de los Jagellón amplió las fronteras del reino por Hungría y Bohemia y en esta centuria el país llegó a extenderse desde el mar Báltico al mar Negro. La Reforma fue combatida brillantemente por los jesuitas. En 1569, ante el temor de ver sus territorios ocupados por los invasores rusos, Polonia firmó un pacto de alianza con Lituania. Durante el siguiente siglo el problema de sus fronteras se acrecentó, ya que Polonia se

convirtió en objetivo de Suecia, Rusia y Turquía; esto, unido a la ruina económica del país, a su creciente despoblación y a un gobierno que sólo servía a intereses personales, dio lugar a la desaparición de la nación y a su reparto entre Rusia, Prusia y Austria, llevado a cabo en 1795. Pero esta situación no iba a ser definitiva, ya que Napoleón, tras derrotar a Prusia, impulsó la reconstrucción del estado polaco, el gran ducado de Varsovia, que amplió con las posesiones ganadas a Austria.
tutela de Rusia e independencia En 1815 el congreso de Viena estableció en el país la tutela de Rusia; sin embargo, a lo largo del s. XIX el sentimiento nacionalista polaco provocó numerosos estallidos revolucionarios en contra del poder ruso. A raíz de la desmembración del imperio austro-húngaro y la revolución alemana (en el ámbito de la Primera Guerra Mundial), las potencias europeas reconocieron la independencia del estado polaco en 1918. Al año siguiente fue elegido jefe de Estado el general Pilsudski, héroe de la Primera Guerra Mundial; bajo su mandato se amplió progresivamente el territorio polaco en detrimento de Rusia, gracias a la guerra ruso-polaca (1920). Pilsudski dimitió en 1922, pero en 1926 dio un golpe de Estado que acabó con la democracia e inició como jefe de gobierno un periodo dictatorial.
ocupación y guerra En el periodo inmediatamente anterior a la Segunda Guerra Mundial, el país fue invadido por rusos y alemanes y repartido según los acuerdos establecidos en el pacto Ribbentrop-Molotov. Durante la conflagración mundial, Polonia fue ocupada por los nazis. Pero la conferencia de Yalta terminó con esta situación al establecer en 1945 las fronteras del estado polaco. Tras la guerra se estableció un gobierno de unión nacional, mientras el país seguía ocupado por el ejército soviético. Pronto se alzó con la presidencia de la república el comunista Bierut.
periodo prosoviético Los partidos comunista y socialista se fusionaron en el Partido Obrero Unificado Polaco (POUP) y el Estado se organizó según el modelo soviético. La Iglesia católica, muy poderosa en el país, constituyó un auténtico poder opositor al régimen, lo que provocó persecuciones por parte del Estado (1956). Desde 1959 Gomulka fue sucesivamente reelegido primer secretario del POUP. En 1970 empezaron a producirse toda una serie de protestas populares que exigían el fin de la subida de los precios, mayor libertad de expresión y el cese de la represión política. Ante esta situación, Gomulka fue sustituido por Gierek, que puso en marcha una política liberalizadora y un plan de desarrollo económico. Pero en 1976 y 1980 se volvieron a presentar problemas económicos que motivaron nuevas protestas populares, que consiguieron la legalización del sindicato obrero Solidaridad, al frente del cual se encontraba Lech Walesa, el reconocimiento del derecho de huelga y la libertad de expresión y la realización de un plan de reforma económica. En 1981 se agravó la crisis polaca debido a las presiones y reivindicaciones sociales del sindicato Solidaridad y al nombramiento de Wojciech Jaruzelski como jefe de gobierno. Éste impuso la ley marcial, que duró hasta 1983, y creó un Consejo Militar de Salvación Nacional para llevar a cabo las tareas de gobierno.
reforma política La presión popular y la nueva estrategia internacional de la URSS desde la llegada de Gorbachov al poder forzaron a Jaruzelski a negociar con la oposición una serie de reformas políticas tendentes a la instauración de un régimen democrático en el país. En 1989 Jaruzelski fue elegido presidente de la república y, pocos meses después, en las primeras elecciones libres, Solidaridad obtuvo una aplastante victoria, al tiempo que el POUP obtenía muy escasos votos. Tras ellas, Tadeusz Mazowiecki formó el primer gobierno no comunista desde la Segunda Guerra Mundial. En las elecciones de 1990 resultó elegido presidente de la república Lech Walesa. Tras las elecciones legislativas de 1991, Lech Walesa designó como primer ministro a Bronislaw Geremek, dirigente de la Unión Democrática de Tadeusz Mazowieki. Pero tras su renuncia a formar gobierno, el parlamento polaco aprobó en diciembre de 1991 por escasa mayoría el gabinete presentado por Jan Olszewski.
Arte El arte polaco experimentó la influencia del Renacimiento italiano en construcciones como el palacio episcopal de Cracovia y el ayuntamiento de Poznan. Sin embargo, el estilo más fuertemente arraigado y con más éxito fue el Barroco, que, unido a la influencia italiana, produjo obras como la iglesia de la Santísima Trinidad de Vilnio, los dominicos de Lvov o los palacios de Wilanow y de los Krasinski, este último en Varsovia. Durante el s. XIX fueron muchos los arquitectos que siguieron el neoclasicismo; entre ellos destacan S. B. Zug, S. Kubicki y A. Corazzi. El s. XX se caracteriza por la sencillez arquitectónica y la adopción y empleo de materiales y estructuras modernas.
En cuanto a la pintura, las primeras obras que se conservan son las miniaturas románicas que aparecen en obras como *Sacramentario de Tyniec* o *Libro del Génesis.* Más adelante (s. XIV) surgió la escuela cracoviana, que creó un estilo propio basado en la mezcla de realismo y espiritualidad; esta tendencia se impuso en las ciudades de Wroclaw, Poznan y Lvov. La miniatura y la pintura mural, muy importantes en el periodo gótico, alcanzaron gran desarrollo durante el Renacimiento, mezclándose con un naturalismo satírico. Ya en el s. XVII la pintura polaca denota las influencias flamenca e italiana; su más fiel cultivador fue Boguszewski. Durante el s. XIX se formaron la escuela de Cracovia y la de Varsovia, a las cuales pertenecieron J. Matejko y A. Gierymski, respectivamente. En el s. XX los pintores se asociaron en grupos, de los cuales los más importantes fueron el Sztuka, impresionista; el de los «formistas»; el Rytm y el Blok, cubista. Tras la Segunda Guerra Mundial se impuso como arte oficial el realismo socialista, pero ello no impidió que surgieran corrientes alternativas, como la representada por el pintor abstracto Wladyslaw Strzeminski, o la de Tadeusz Kantor, dedicado posteriormente al teatro y muy influido por el surrealismo y el *happening.* Otros artistas vinculados a las modernas vanguardias internacionales son Borowski, Winiarski y Dobkowski.
La escultura románica de las portadas de las iglesias muestra una clara influencia francesa, que en el s. XIV fue sustituida por la italiana. De época románica son las portadas de la iglesia de Tum y de Santa María Magdalena de Wroclaw. En el s. XV la escultura tradicional en madera adquirió gran importancia; representativo de este tipo de talla es el tríptico de la Santísima Trinidad en Wawel. A partir del s. XVII y hasta principios del XX son muchas las tendencias que se van sucediendo: clasicismo (Tatarkiewicz), influencia francesa (Guyski), italiana (Ceptowski), realismo nacional (Gadomski) y movimiento neorrenacentista (Madeyski). Ya en el s. XX, entre los escultores más importantes figuran Dunikowski y Wittig. Las corrientes más vanguardistas tienen sus seguidores, entre los que destacan Zamoyski (cubista), Alina Slesinska (simbolista), Lisowski y Lodzian (escultura abstracta).
Lit. Los primeros documentos en lengua vernácula datan del s. XIII, aunque en el siglo siguiente ya son abundantes los textos religiosos escritos en polaco. A este tipo de literatura se unen, en el s. XV, narraciones, épica didáctica y poesías. La evolución de todos estos géneros tuvo su punto culminante en el s. XVI, que supone la época dorada de las letras polacas, enriquecidas con la influencia francesa. Entre los más genuinos renacentistas se encuentran Mikolaj Rej, Jan Kochanowski, Piotr Skarga y Lukask Gornicki. A partir del s. XVII predomina la influencia del barroco español e italiano; aunque marcado por la decadencia, este siglo cuenta con escritores como Maciej Kasimir Sarbiewski, Jan K. Pasek y el poeta Waclaw Potocki. A mediados del s. XVIII se impuso el racionalismo y clasicismo francés, cultivado sobre todo por Ignacy Krasicki, el poeta Franciszek Karpinski y el dramaturgo Wojciech Boguslawski. El iniciador del romanticismo polaco fue Adam Mickiewicz, que hacia 1870 fue sustituido por el realismo de Ignacy Kraszewski. A finales del s. XIX triunfaron el impresionismo, simbolismo y, sobre todo, el modernismo. Este movimiento se llamó Joven Polonia y estuvo representado por Kazimierz Tetmajer, Leopold Staff, Stanislaw Wyspianski y Vladyslaw Reymont. A principios del s. XX escribieron Julian Tuwin, Jaroslaw Iwaszkiewicz, la novelista Maria Dabrowska y el dramaturgo Karol H. Rostworowski. En las letras actuales sobresalen escritores como Witold Gombrowicz, Jerzy Putrament y Zceslaw Milosz, premio Nobel en 1980.
Mús. El canto sagrado latino dio origen al cántico polaco, cuya muestra más antigua data del s. XIII. Salvo la presencia de Mikolaj de Radom (s. XIV), no existieron compositores importantes ni se produjo ningún cambio sustancial hasta el s. XVI, época dorada de la música polaca. Fue en este siglo cuando se desarrolló la canción polifónica con textos latinos y polacos. El Romanticismo del s. XIX tuvo como figuras más relevantes a Josef Elsner, Josef Nowakowski y Chopin. También en esta época nació el grupo Joven Polonia, constituido, entre otros compositores, por Mieczyslaw Karlowicz y Ludomir Rozycki. Creadores contemporáneos importantes son G. Bacewiz, Tadeusz Baird, Krzysztof Penderecki, K. Meyer e Ignacy Paderewski.
Cine Aleksander Hertz y H. Finkelstein, los pioneros del cine, fueron seguidos muy de cerca por los directores Puchalski, Modzelewski y Ordynski. Ya en la época del cine sonoro realizaron sus trabajos Aleksander Ford, Buczkowski y Cekalski. El primero de ellos se convirtió en director de la industria cinematográfica, nacionalizada en 1945. A partir de 1956 se produjo una mejora sustancial cualitativa y cuantitativa gracias a directores como Andrzej Wajda, Jerzy Kawalerowicz, Roman Polanski, Krzysztof Zanussi, Jerzy Skolimowski y Wojciech Has.

polonio *s. m.* Po. Elemento químico perteneciente al grupo VI A del sistema periódico. Su número atómico es 84 y su masa atómica 210. Su nombre alude a Polonia, lugar de nacimiento de Marie Curie, que fue, junto con su esposo Pierre Curie, su descubridora en 1898. De carácter metálico y color plateado, tiene una temperatura de fusión de 254 °C y es cientos de veces más radiactivo que el uranio. Se oxida fácilmente y es atacado por los ácidos fuertes. Se encuentra en la pechblenda, en una proporción de 1 miligramo en 25 toneladas, aunque se puede preparar artificialmente bombardeando núcleos de bismuto con neutrones. Básicamente se utiliza como fuente de neutrones y partículas alfa.

poltrón, na *adj.* **1.** Perezoso. ‖ *s. f.* **2.** Butaca amplia y cómoda.

poltronería *s. f.* Pereza*.

polución *s. f.* **1.** Expulsión del semen que se produce involuntariamente durante el sueño. **2.** Contaminación, especialmente del aire o del agua, producida por los residuos de procesos industriales y otros elementos nocivos.

polucionar *v. tr.* Contaminar, especialmente el aire, el agua, etc.

poluto, ta *adj.* Sucio.

Pólux **1.** En la mitología griega, héroe hermano de Cástor.
2. Una de las dos estrellas principales de la constelación de Géminis, cuya magnitud es de 1, 2.

polvareda *s. f.* **1.** Gran cantidad de polvo que se levanta del suelo, agitado por el viento u otra causa. **2.** Escándalo, agitación en la opinión pública.

polvera *s. f.* Pequeña caja o estuche que contiene los polvos de tocador y generalmente también la borla con que se aplican.

polvo *s. m.* **1.** Conjunto de partículas muy pequeñas de tierra seca que con cualquier movimiento se levantan en el aire. **2.** Partículas de otros sólidos que flotan en el aire y se posan sobre los objetos. **3.** Cualquier sustancia sólida reducida a partículas muy menudas. **4.** *vulg.* Coito*. ‖ *pl.* **5.** Producto cosmético que se pone en la cara. ‖ **6. polvo de arroz** El obtenido de esta semilla y usado como cosmético. **7. polvos de pica pica** Pelusa de ciertas sustancias vegetales que produce picor en el cuerpo, por lo que suelen usarla los chicos en sus bromas. ‖ **LOC. hacer polvo** *fam.* Cansar, agotar; estropear, destrozar; causar mucho daño o perjuicio. **limpio de polvo y paja** *adj. fam.* Dado o recibido sin cargas, molestias ni trabajo; también se aplica a una cantidad o ganancia neta, descontados los gastos, impuestos, etc.; también, inocente, sin culpa. **morder el polvo** *fam.* Morir; también, ser derribado o ser vencido. **sacudir el polvo** a alguien *fam.* Pegarle, golpearle.

pólvora *s. f.* **1.** Mezcla inflamable, normalmente de salitre, azufre y carbón. **2.** Conjunto de fuegos artificiales. ‖ **3. pólvora blanca** Explosivo formado por clorato potásico, ferrocianuro potásico y azúcar. **4. pólvora detonante** (o **fulminante**) La inflamable al choque y rozamiento con un cuerpo duro. **5. pólvora negra** La normalmente conocida. ‖ **Loc. gastar la pólvora en salvas** Poner mucho esfuerzo o grandes medios en cosas inútiles o de poca importancia. **haber inventado** uno **la pólvora** *fam.* Dar como nuevo algo que es muy conocido.

polvoriento, ta *adj.* Que tiene mucho polvo.

polvorilla *s. m.* y *f.* **1.** *fam.* Persona movida, inquieta, que hace las cosas muy deprisa y sin pensarlas. **2.** *fam.* Persona muy irritable.

polvorín *s. m.* **1.** Lugar o edificio en que se guardan la pólvora y otros explosivos. **2.** Pólvora muy menuda y otros explosivos que sirven para cebar las armas de fuego.

polvorón *s. m.* Dulce hecho de harina, manteca y azúcar, que se deshace fácilmente y es típico de Navidad.

poma *s. f.* Manzana, particularmente la pequeña y chata, de color verdoso y buen gusto.

pomáceo, a *adj.* Que tiene fruto en pomo.

pomada *s. f.* Mezcla de una sustancia grasa, como la vaselina, con otros ingredientes, que se utiliza como medicamento de aplicación externa.

pomar *s. m.* Sitio o huerto donde hay árboles frutales, especialmente manzanos.

pomarada *s. f.* Sitio poblado de manzanos.

pomarrosa *s. f.* Fruto del yambo, parecido a la manzana, de sabor dulce y olor a rosa.

Pombal, Sebastião José de Carvalho e Melo, marqués de (Lisboa 1699 - Pombal 1782) Político portugués. Ocupó bajo el reinado de José I diversos cargos ministeriales y en 1756 llegó a primer ministro. Llevó a cabo una política renovadora que limitó las prerrogativas de la nobleza. Expulsó a los jesuitas en 1759, implantó medidas económicas de inspiración librecambista, reformó la administración del Estado y la justicia, impulsó la educación y proyectó la reconstrucción de Lisboa tras el terremoto de 1755. A la muerte del rey (1777) tuvo que abandonar la política.

Pombo, Rafael (Bogotá 1833 - íd. 1912) Poeta colombiano. Usó el seudónimo de *Edda.* Autor romántico, escribió poemas amorosos y de exaltación de la naturaleza, aunque también dejó breves elegías y poesías filosóficas. Entre sus composiciones destacan *La hora de las tinieblas* (1864), *Noche de diciembre* (1878) y *Preludio de primavera* (1881).

Pomelo con detalle del fruto y de las flores.

pomelo *s. m.* **1.** Árbol de la familia rutáceas, especie *Citrus paradisi.* Mide unos 10 m de altura, tiene la copa redondeada, formada por hojas ovaladas de color verde oscuro, flores grandes y blancas y fruto en hesperidio, amarillo, redondo y con gusto ácido, que se toma como alimento, sobre todo en zumo. Se cultiva en EE UU, Israel, Argentina y en España en Levante. Se llama también *toronjo.* **2.** Fruto de este árbol, llamado también *toronja.*

Pomerania (en polaco *Pomorze*) Región histórica situada a orillas del mar Báltico, entre los ríos Oder y Vístula. Habitada por vándalos y eslavos, fue evangelizada en el s. XII. Compuesta por varias repúblicas autónomas, fue sometida a un proceso de germanización y a vasallaje por los margraves de Brandeburgo (1181). En el siglo siguiente el territorio se dividió entre el margraviato de Brandeburgo y la orden teutónica. Con la paz de Westfalia (1648), la parte occidental fue entregada a Suecia y, por el tratado de Viena (1815), la Pomerania sueca pasó a poder de Austria, que reunificó así el territorio. Al final de la Segunda Guerra Mundial la mayor parte de Pomerania quedó dentro de las fronteras de Polonia.

pómez *s. f.* Véase **piedra pómez**.

Pommer, Erich (Hildesheim 1889 - Hollywood 1966) Productor cinematográfico alemán. Fue el principal productor de los estudios de la UFA en el periodo de entreguerras. Entre sus películas se incluyen las principales del expresionismo alemán. En 1933 se exilió de Alemania debido a su origen judío y trabajó en París, Londres y Hollywood. Algunas de sus producciones más importantes son *El gabinete del doctor Caligari* (1919), *El testamento del doctor Mabuse* (1922), *Varieté* (1925), *Metrópolis* (1926), *El ángel azul* (1930) y *La posada de Jamaica* (1939).

pomo *s. m.* **1.** Agarrador de forma redondeada de una puerta, cajón, etc. **2.** Frasco de perfume o licores. **3.** Extremo redondeado de la guarnición o del puño de la espada. **4.** Fruto carnoso con abundante pulpa, de forma generalmente esférica, con la parte central coriácea y con semillas dispuestas en tantos compartimentos como carpelos tiene el ovario; p. ej., la manzana, la pera, el membrillo, etc.

pompa *s. f.* **1.** Manifestación llamativa de riqueza e importancia. **2.** Esplendor y solemnidad de ciertas ceremonias. **3.** Esfera llena de aire formada por una fina capa de agua u otro líquido. **4.** Ahuecamiento que se forma en la ropa al ser hinchada por el aire. ‖ **5. pompas fúnebres** Ceremonias en honor de un difunto y entierro del mismo; también, empresa que se encarga de ellas.

Pompadour, Jeanne Antoinette Poisson, marquesa de (París 1721 - Versalles 1764) Dama francesa. Fue desde 1745 la amante de Luis XV, que le otorgó su título nobiliario. Ejerció una notable influencia en el rey en asuntos políticos y en el desarrollo de las artes y la filosofía.

Pompeya Ciudad histórica del S de Italia, situada al pie del Vesubio, cerca de Nápoles. Construida por los oscos en el siglo VI a. C., en 290 a. C. se federó con Roma. Llegó a convertirse en un lugar de recreo donde muchos nobles romanos se construyeron lujosas villas. En el 79 d. C. fue completamente sepultada por una erupción del Vesubio. Las construcciones arquitectónicas, las pinturas murales y todos los objetos artísticos hallados en excavaciones han convertido a la ciudad en uno de los más importantes centros arqueológicos romanos.

pompeyano, na *adj.* **1.** De Pompeya o de Pompeyo Magno. También *s.* **2.** Se dice del estilo que caracteriza las pinturas y otros objetos de arte hallados en Pompeya y los modernos que se han hecho a imitación de ellos.

Pompeyo Magno, Cneo (? 106 - Pelusium 48 a. C.) Militar y político romano. Recibió del dictador Sila el título de *imperator*, jefe supremo del ejército, y a la muerte de aquél marchó a Hispania con sus tropas y logró apaciguar las rebeliones que se estaban produciendo en esta provincia. En el 71 a. C. volvió a Roma donde, tras derrotar a los restos del ejército de siervos sublevado por Espartaco, obtuvo el consulado (70 a. C.) con Craso. Después de su periodo de gobierno se le encomendó dirigir la guerra de Oriente: expulsó del Ponto a Mitrídates, conquistó Armenia y Siria y sometió Fenicia y el reino de Jerusalén. En el 60 a. C. formó junto con César y Craso el primer triunvirato (60 a. C.). Pompeyo se quedó en Roma, donde emprendió una política de acatamiento al Senado y defensa de la legalidad republicana, que le enfrentó a César. Éste atravesó el Rubicón con sus tropas y estalló la guerra civil. Pompeyo fue vencido en Farsalia (48 a. C.). Partió para Egipto, pero al desembarcar en Pelusium fue asesinado por un agente de Tolomeo.

pompi o **pompis** *s. m. fam.* Trasero.

Pompidou, Georges (Montboudif 1911 - París 1974) Político francés. Presidió el gobierno de De Gaulle de septiembre de 1958 a enero de 1959. Fue nuevamente primer ministro (1962-68) y durante su mandato tuvo que enfrentarse a las revueltas de mayo del 68. Tras la dimisión de De Gaulle fue elegido presidente de la república (1969-74). En este cargo desarrolló una activa política exterior, dirigida a reforzar la autonomía y prestigio de Francia en el concierto internacional y a favorecer la construcción de una Europa unida.

pompier (voz fr. que significa 'bombero') *adj.* Se dice de los artistas carentes de originalidad, de sus obras y de su estilo.

pompón *s. m.* **1.** Bola de lana o de otro género con que se adornan extremos de cordones, gorros de niños, de deportistas, etc. **2.** Esfera metálica, borla o plumerillo que adorna la parte anterior de un casco o gorro militar.

Pomponazzi, Pietro (Mantua 1462 - Bolonia 1525) Filósofo italiano. Máximo representante del aristotelismo renacentista, afirmó que la inmortalidad del alma es indemostrable desde un punto de vista racional, por lo que para sostener semejante creencia es necesario un acto de fe. Para él, la dignidad del hombre reside en la virtud y la acción moral es la única meta de la vida humana. Su obra principal, *Tractatus de inmortalitate animae* (1516), fue atacada, aunque no llegó a condenarse oficialmente.

pomponearse *v. prnl. fam.* Pavonearse*.

pomposo, sa *adj.* **1.** Hecho con pompa, ostentación y lujo. **2.** Demasiado vistoso, llamativo o adornado. **3.** Se dice del lenguaje, estilo, etc., exageradamente elevado o solemne. **Fam.** Pomposamente, pomposidad.

pómulo *s. m.* **1.** Hueso de cada una de las mejillas. **2.** Parte saliente del rostro correspondiente a este hueso.

Ponce C. de Puerto Rico, situada en el S del país, a orillas del mar de las Antillas. 190.700 h. en 1986. Es el principal centro urbano de la costa meridional, núcleo agrícola, comercial e industrial, con producción alimentaria, textil y metalúrgica, destilerías de ron y refinerías de petróleo.

Ponce, Manuel María (Fresnillo, Zacatecas 1886 - México 1948) Compositor mexicano. Fue director del conservatorio de México (1934-35), de la escuela de música de la Universidad Nacional Autónoma de México (1945) y de la revista *Cultura musical.* Gran parte de su obra está inspirada en el folclore de su país. Entre sus composiciones sobresalen *Balada mexicana* (1918), *Chapultepec* (1929), *Ferial* (1940) y *Concierto del Sur* (1941), para guitarra y orquesta.

Ponce de León, Juan (Santervás de Campos, Valladolid 1460 - Cuba 1521) Conquistador español. Participó con la expedición de Ovando en la conquista de La Española (1502). Nombrado gobernador de Borinquem, actual Puerto Rico (1510), emprendió su colonización. En 1512 inició una expedición en busca de la isla de Bimini, donde se creía que estaba la «fuente de la juventud», y llegó a la península que él llamó *de la Florida* (1513).

Ponce Enríquez, Camilo (Quito, 1912 - íd. 1976) Político ecuatoriano. Dirigente del Partido Conservador, fue ministro de Relaciones Exteriores (1944-45) y de Gobernación y Justicia (1953-56). Fundó el Movimiento Social Cristiano. Elegido presidente de la república (1956-1960), su mandato se caracterizó por una política conservadora en lo social y en lo económico.

Poncelet, Jean Victor (Metz 1788 - París 1867) Militar y matemático francés. Incorporado al ejército como ingeniero, participó en la campaña de Rusia, donde fue hecho prisionero. Por su *Tratado de las propiedades proyectivas de las figuras* (1822) se le considera el creador de la geometría proyectiva.

ponchada *s. f. Arg., Chile, Par., Urug.* Cantidad grande de algo.

ponche *s. m.* **1.** Bebida caliente que se hace normalmente mezclando ron u otro licor con agua, limón y azúcar. ‖ **2. ponche de huevo** El de ron con leche, clara de huevo y azúcar.

ponchera *s. f.* Recipiente especial en que se prepara el ponche.

Ponchielli, Amilcare (Paderno Fasolaro, Cremona 1834 - Milán 1886) Compositor italiano. Fue maestro de Puccini. De sus óperas sobresalen *Los novios* (1856) y, sobre todo, *La Gioconda* (1876).

poncho *s. m.* Prenda de vestir, típica de América del Sur, que consiste en una manta que tiene en el centro un agujero para introducir la cabeza y cuelga de los hombros.

Pondal, Eduardo (Puente-Ceso, La Coruña 1835 - La Coruña 1917) Poeta español en lengua castellana y gallega. Fue una de las figuras más destacadas del resurgimiento cultural gallego de la segunda mitad del s. XIX. Su obra, que evoca el paisaje y la historia de Galicia, ha contribuido en gran manera a establecer el gallego literario moderno. Entre sus principales obras cabe citar *Quejumbres de los pinos* (1886), que incluye composiciones en castellano y en gallego, y *Os eoas* (*Los hijos de la Aurora*), inacabado, que pretendía ser el gran poema épico de Galicia.

ponderable *adj.* Que se puede ponderar.

ponderación *s. f.* **1.** Reflexión, moderación y cuidado en las palabras y en los hechos. **2.** Acción de ponderar, alabar.

ponderado, da **1.** *p. p.* de **ponderar**. También *adj.* ‖ *adj.* **2.** Que actúa con ponderación. **Fam.** Ponderadamente.

ponderar *v. tr.* **1.** Alabar con fuerza, destacar a alguien o algo. **2.** Examinar con cuidado un asunto, decisión, actuación, etc., especialmente considerando sus ventajas e inconvenientes. **Fam.** Ponderador, ponderativo.

Pondicherry (*Puttuchcheri*) Territorio de la India, en el SE del país, en el golfo de Bengala. 480 km^2. 604.500 h. en 1981. La capital es Pondicherry, con 162.600 h. en 1981. Su economía se basa en la agricultura, con cultivos de arroz, caña de azúcar y mijo.

ponedero, ra *adj.* **1.** Ponedor*. **2.** Que se puede poner. ‖ *s. m.* **3.** Lugar destinado para que las aves pongan huevos en él, especialmente las gallinas.

ponedor, ra *adj.* Se dice de las aves que ya ponen huevos, especialmente de las gallinas que ponen muchos.

ponencia *s. f.* **1.** Comunicación, exposición o propuesta de un tema que alguien hace en un congreso, conferencia, asamblea, etc. **2.** Ponente*.

ponente *s. m.* y *f.* Persona o grupo de personas que realiza una ponencia.

poner *v. tr.* **1.** Hacer que alguien o algo esté o exista en cierto sitio o de la forma que se expresa. También *v. prnl.* **2.** Hacer que un aparato u otra cosa funcione. **3.** Vestir a alguien, cubrir el cuerpo o parte de él con alguna prenda o calzado, o de la manera que se indica. También *v. prnl.* **4.** Soltar el huevo ya formado las aves. También *v. intr.* **5.** Escribir algo o incluir algo en un escrito. **6.** Tratándose de cartas, telegramas, llamadas telefónicas, etc., escribirlos, enviarlos o establecer comunicación. **7.** Dar a alguien o algo un nombre, apodo, etc. **8.** Señalar, fijar. **9.** Suponer, considerar la posibilidad de algo. **10.** Instalar, montar, abrir. **11.** Representar una obra de teatro, proyectar una película, transmitir un programa de radio o televisión. **12.** Dedicar a alguien a un trabajo, tarea, oficio, etc. También *v. prnl.* **13.** Exponer a alguien o algo a cierta acción o efecto. **14.** Apostar una cantidad. **15.** Dar dinero con otros para cierto fin. **16.** Aplicar, emplear. **17.** Añadir. **18.** Aumentar cierta cantidad en el peso. **19.** Decir, expresar. También *v. impers.* **20.** Disponer, preparar. **21.** Dar una opinión sobre alguien o algo. **22.** Con algunos sustantivos, hacer o causar lo que éstos expresan. **23.** Con palabras que significan obligación, castigo, etc., imponer, mandar. **24.** Con las preposiciones *en* o *de* y algunos nombres o adjetivos, ejecutar la acción que éstos expresan. **25.** Con la preposición *a* y el infinitivo de otro verbo, empezar a realizar lo que éste expresa. También *v. prnl.* **26.** Con *como* o *por* y ciertos sustantivos, utilizar o querer utilizar a alguien o algo como lo que esos sustantivos indican. **27.** Con algunos sustantivos precedidos de *como, cual, de* o *por*, considerar o tratar a uno como expresan esos sustantivos. ‖ *v. prnl.* **28.** Hablando de los astros, y especialmente del Sol, ocultarse debajo del horizonte. **29.** Llegar a un lugar determinado de la forma o en el tiempo que se expresa. **30.** Con la preposición *de* y otra expresión que completa el sentido, llenarse, mancharse, hartarse: *ponerse perdido de barro, morado de natillas.* **31.** Con la preposición *con*, compararse, competir con otro, oponerse a él. **32.** Con la preposición *con*, comenzar una cosa, dedicarse a alguien o algo. ■ Es v. irreg. ‖ **Loc. poner bien** (o **mal**) a una persona o cosa *fam.* Hablar bien (o mal) de ella.

PONER

PARTICIPIO

puesto

INDICATIVO

Presente	**Pret. perf. simple**
pongo	*puse*
pones	*pusiste*
pone	*puso*
ponemos	*pusimos*
ponéis	*pusisteis*
ponen	*pusieron*

Futuro imperf.	**Condicional simple**
pondré	*pondría*
pondrás	*pondrías*
pondrá	*pondría*
pondremos	*pondríamos*
pondréis	*pondríais*
pondrán	*pondrían*

SUBJUNTIVO

Presente	**Pretérito imperfecto**
ponga	*pusiera, -ese*
pongas	*pusieras, -eses*
ponga	*pusiera, -ese*
pongamos	*pusiéramos, -ésemos*
pongáis	*pusierais, -eseis*
pongan	*pusieran, -esen*

Futuro imperfecto

pusiere	*pusiéremos*
pusieres	*pusiereis*
pusiere	*pusieren*

IMPERATIVO

pon *poned*

poney (voz ingl.) *s. m.* Raza de caballos de poca alzada, de 1 m a 1,40 m, cabeza fina y cuello fuerte, ágiles y muy resistentes.

Poney.

Ponferrada C. de España, perteneciente a la prov. de León, situada al O de la capital de la misma, junto al río Sil. 60.400 h. en 1990. Constituye el centro de la comarca agrícola y ganadera del Bierzo y uno de los principales núcleos industriales de la provincia, con minas de carbón y de hierro y producción metalúrgica y química. Es nudo de comunicaciones ferroviarias. Antigua fundación romana, alcanzó su auge en la Edad Media y posteriormente decayó hasta el s. XIX, en que volvió a florecer por la explotación de las ricas cuencas carboníferas de la región. Conserva un castillo medieval templario y la iglesia mozárabe de Santo Tomás de las Ollas, que data del s. X.

póngidos *s. m. pl.* Familia de mamíferos primates antropoides a la que pertenecen 11 especies comprendidas en los géneros *Pongo, Pan, Hylobates, Symphalangus* y *Gorilla.* Son monos antropomorfos que carecen de cola, tienen el cerebro muy desarrollado y poseen grandes brazos con manos de pulgar oponible. Son fundamentalmente herbívoros y tienen costumbres terrestres o arborícolas. Habitan en regiones de selva de África y el SE de Asia. Póngidos son el orangután, el gorila, el chimpancé y el gibón. También *adj.* y *s. m.*

pongo *s. m.* **1.** *Bol., Chile, Ec., Perú.* Indio que hace el oficio de criado. **2.** *Bol., Chile, Ec., Perú.* Indio que trabaja en una hacienda y está obligado a prestar servicios a su patrón a cambio del permiso para cultivar para sí un terreno de la finca. **3.** *Ec., Perú.* Cañón estrecho y profundo de un río. **4.** Género de mamíferos primates de la familia póngidos.

poni *s. m.* Poney*.

Poniatowska, Elena (París 1933) Escritora mexicana. En su obra narrativa incorpora elementos propios del periodismo, como noticias, entrevistas, declaraciones, etc. Merecen mención sus libros *Hasta no verte Jesús mío* (1970), *La noche de Tlatelolco* (1971), *Querido Diego, te abraza Quiela* (1978) y *Domingo 7* (1982).

Poniatowski, Josef, príncipe (Viena 1763 - Leipzig 1813) Militar polaco. Fue comandante en jefe del ejército polaco durante la guerra con Rusia (1792). En 1794 participó en el levantamiento nacional dirigido por Kosciuszko y defendió Varsovia contra los prusianos. Aliado de Napoleón, recibió el nombramiento de ministro de Guerra del gran ducado de Varsovia y luchó contra los austriacos y en la campaña de Rusia (1812). Tomó parte en la batalla de Leipzig (1813) y murió ahogado en el Elster, cuando cubría la retirada de las tropas napoleónicas.

poniente *s. m.* **1.** Oeste, punto cardinal. **2.** Viento que sopla de la parte oeste.

pontaje o **pontazgo** *s. m.* Derechos que se pagan por pasar un puente.

Pontecorvo, Bruno (Pisa 1910) Físico soviético de origen italiano. Colaboró con Fermi en sus investigaciones sobre energía nuclear. En 1950 se expatrió a la URSS. Se ha distinguido por sus investigaciones sobre neutrinos. Fue premio Lenin en 1963.

Pontevedra **1.** Prov. de España, perteneciente a la comunidad autónoma de Galicia, situada en el sector SO de la misma a orillas del océano Atlántico. 4.477 km^2. 888.900 h. en 1991. Su relieve se eleva en el E, donde el sector meridional de la dorsal gallega traza la frontera con Orense; en él se alzan la sierra de Suído, los montes de Testeiro y la sierra de Faro. En el O las tierras son bajas hasta llegar a una costa muy recortada donde se hallan las Rías Bajas: de N a S, ría de Arosa, ría de Pontevedra y ría de Vigo. La riegan ríos caudalosos y de régimen regular, que desembocan en el Atlántico: de N a S, el Ulla, Umia, Lérez y Miño con su afluente Tea. Tiene un clima atlántico y una vegetación de fraga en la costa, con abedules, alisos, sauces, castaños, tojos, pinos y eucaliptos, y de souto en el interior, con alcornoque, roble y madroño. Económicamente, el sector agropecuario sigue siendo el de mayor peso y dentro de él destaca el cultivo de maíz, al que siguen la patata, el centeno y la vid; también son importantes la ganadería bovina y porcina.

Pontevedra: fachada principal de la iglesia de Santa María (siglo XVI).

La pesca representa, pese a las dificultades del sector, un elemento notable en su economía, así como la industria maderera. La industria se concentra en dos grandes centros urbanos, Pontevedra y Vigo; en este segundo sobresale la industria naval, pesquera y automovilística. Tiene también gran importancia el sector turístico y la confección de moda.
2. C. de España, cap. de esta prov., situada en la costa atlántica, a orillas del río Lérez, en la boca de la ría de su mismo nombre. 71.200 h. en 1991. Es un centro administrativo y comercial, que cuenta con industria papelera, maderera, química, cementera, metálica, textil y alimentaria. Fue un poblamiento de origen céltico que adquirió importancia en época romana y la acrecentó en la Edad Media gracias a su puerto. A partir del s. XVIII perdió gran parte de su actividad comercial por el cegamiento del puerto. Monumentos notables son las iglesias góticas de Santo Domingo, San Francisco y Santa María la Mayor, esta última con portada plateresca.

pontevedrés, sa *adj.* De Pontevedra. También *s.*

Pontianak C. de Indonesia, cap. de la prov. de Kalimantan occidental, situada en la costa O de la isla de Borneo. 304.800 h. en 1980. Es el centro comercial de una región agrícola en la que se cultivan cocoteros y heveas, productos de los que se nutre su industria alimentaria.

póntico, ca *adj.* Perteneciente o relativo al Ponto Euxino, hoy mar Negro o a la antigua región del Ponto.

pontificado *s. m.* Dignidad de pontífice y tiempo en que cada papa la ostenta.

pontifical *adj.* **1.** Perteneciente o relativo al papa o sumo pontífice. **2.** Perteneciente o relativo a un obispo o arzobispo. ‖ *s. m.* **3.** Conjunto de ornamentos que sirven al obispo para la celebración de los oficios divinos. Se usa más en *pl.* **4.** Libro que contiene las ceremonias pontificias y las de las funciones episcopales. **FAM.** Pontificalmente.

pontificar *v. intr.* **1.** Celebrar funciones litúrgicas con rito pontifical. **2.** Presentar como innegables principios o doctrinas que no lo son. **3.** *fam.* Hablar con mucha autoridad y convencido de la propia sabiduría. ■ Se conjuga como *sacar.*

pontífice *s. m.* **1.** Por antonomasia, el papa, prelado supremo de la Iglesia católica romana. ■ Se usa generalmente con el calificativo *sumo.* **2.** Obispo o arzobispo de una diócesis. **3.** Magistrado sacerdotal que presidía los ritos y ceremonias religiosas en la antigua Roma.

pontificio, cia *adj.* Perteneciente o relativo al pontífice o papa.

ponto *s. m.* En poesía, mar.

Ponto Antigua región de Asia Menor, a orillas del mar Negro. Mitrídates, noble de origen persa, fundó allí un reino (301 a. C.), el cual fue conquistado por Roma en tiempos de Pompeyo. Entre sus principales ciudades estaban Sinope, Cerasonte, Heraclea, Amiso y Comana.

Ponto Euxino Nombre que dieron los antiguos griegos al mar Negro.

pontón *s. m.* **1.** Puente formado de maderos o de una sola tabla. **2.** Barco chato para pasar los ríos o construir puentes y, en los puertos, para limpiar su fondo.

pontonero *s. m.* **1.** El que maneja pontones. **2.** Soldado del cuerpo militar destinado a construir puentes.

Pontoppidan, Henrik (Fredericia 1857 - Copenhague 1943) Escritor danés. Es el máximo representante del naturalismo en su país y autor, entre otras novelas, de dos importantes ciclos *La tierra prometida* (1891-95) y *Pedro el Afortunado* (1898-1904). En 1917 le fue otorgado el premio Nobel de literatura, compartido con Karl Gjellerup.

Pontormo, Iacopo Carucci, llamado **el** (Pontormo, Empoli 1494 - Florencia 1556) Pintor italiano. Fue una de las figuras más destacadas de los manieristas toscanos. Discípulo de Andrea del Sarto, recibió más tarde la influencia de Miguel Ángel y Durero. En su pintura destacan la luminosidad del colorido y los contornos de las figuras. Entre sus obras sobresalen *La Visitación, Cena de Emaús,* el ciclo de *La Pasión, Sagrada Familia* y *El Descendimiento.*

Ponz, Antonio (Bechí, Castellón 1725 - Madrid 1792) Tratadista de arte español. Su obra *Viaje por España* (1772-94) es un detallado catálogo de la riqueza artística del país antes de las pérdidas ocasionadas por la invasión napoleónica y las guerras civiles. También escribió un *Viaje fuera de España* (1785).

ponzoña *s. f.* **1.** Sustancia nociva, perjudicial para la salud o la vida. **2.** Doctrina o práctica que causa grave daño al espíritu o a la sociedad.

ponzoñoso, sa *adj.* Que tiene o encierra ponzoña. **FAM.** Ponzoñosamente.

pool (voz ingl.) *s. m.* **1.** Agrupación temporal de empresas independientes, generalmente dentro de la misma industria, para dominar el mercado e imponerse mediante una política común. **2.** Conjunto de personas, instrumentos, vehículos, etc., que prestan servicio a diversas empresas, departamentos de una misma empresa, grupos o individuos.

Poole C. del Reino Unido, situada en la costa de Dorset, al E de Dorchester. 125.000 h. en 1981. Es un centro portuario, que cuenta con astilleros e industria mecánica y cerámica.

Poona Véase **Pune**.

Poopó o **Pampa Aullagas** Lago de Bolivia, en el Altiplano boliviano. 3.130 km^2 de extensión. Situado a 3.690 m sobre el nivel del mar, tiene forma alargada y contorno variable estacionalmente. Su río tributario es el Desaguadero, que lo une al lago Titicaca. En su interior está la isla de Panza y sus aguas son muy salinas.

pop (abreviatura del ingl. *popular*) *adj.* **1.** Se dice de la música popular ligera surgida en los países anglosajones en la década de los cincuenta bajo la influencia de estilos musicales negros, fundamentalmente el *rhythm and blues,* y del folk británico. También *s. m.* ‖ **2. arte pop** Véase **pop-art**.

popa *s. f.* Parte posterior de la nave.

pop-art (abreviatura del ingl. *popular art*) *s. m.* Movimiento artístico surgido en EE UU hacia fines de los años cincuenta como reacción contra el expresionismo abstracto, al que se acusaba de haber eliminado toda objetividad y universalidad en el arte. Sus temas son elementos vulgares de la vida cotidiana, como anuncios, fotografías, cómics o productos industriales, tratados con humor e ironía. También a veces incorpora objetos reales a sus composiciones, en una crítica de la sociedad consumista. Se dio a conocer en la Bienal de Venecia de 1964. Los iniciadores fueron Robert Rauschenberg y Jasper Johns, a los cuales se unieron Jim Dine, Roy Lichtenstein, Claes Oldenburg, James Rosenquist, George Segal, Andy Warhol y Tom Wesselmann. En Europa ha tenido también sus seguidores, pero con características más intelectuales, en los británicos Hamilton, Hockney y Blake, en los italianos Rotella o Adami, en los españoles del Equipo Crónica y en los franceses del Nuevo Realismo.

Popayán C. de Colombia, cap. del departamento de Cauca, situada al O de la cordillera Central, a orillas del río Cauca. 141.950 h. en 1985. Es un centro agrícola y ganadero, que cuenta con industria alimentaria, textil, de materiales de construcción y maderera. Es asimismo importante nudo de comunicaciones. En su núcleo monumental barroco son de destacar los templos de Santo Domingo, con portada renacentista, y de San Francisco.

pope *s. m.* Sacerdote secular de la mayoría de las iglesias ortodoxas.

Pope, Alexander (Londres 1688 - Twickenham 1744) Poeta británico. Comenzó su carrera con una obra inspirada en Virgilio, *Pastorales* (1709), y más adelante se dedicó a una poesía irónica y humorística. Fueron muy famosas sus traducciones de la *Ilíada* y la *Odisea,* pero su edición de las obras de Shakespeare le mereció duras críticas. Escribió obras como *Ensayo sobre la crítica* (1711), *Ensayo sobre el hombre* (1732-34) y *Epístolas* o *Ensayos morales* (1731-35).

Popea (? - ? 65 d. C.) Emperatriz romana. Fue amante de Nerón y, una vez repudiada Octavia, esposa de éste (62 d. C.).

popelín *s. m.* Tela de algodón y, a veces, de seda, con algo de brillo.

Popocatépetl Volcán de México, en la cordillera Neovolcánica. 5.465 m de altura. Es la segunda cumbre del país y permanece activo.

Popol Vuh Poema mítico e histórico del pueblo maya en lengua quiché y alfabeto latino. Su título significa «Libro del consejo». Fue descubierto por el dominico Francisco Ximénez, en Chichicastenango (Guatemala), a principios del s. XVIII y debió de ser escrito hacia mediados del s. XVI.

Popov, Alexander Stepanovich (Turinski Rudnik, Perm 1859 - San Petersburgo 1906) Ingeniero y físico ruso. Pionero de la radiodifusión, creó la antena radioeléctrica y el primer receptor de ondas electromagnéticas. En 1896 logró transmitir y registrar el primer mensaje de telefonía sin hilos a una distancia de 250 m desde un barco a la orilla.

Popper, Karl Raimund (Viena 1902) Filósofo británico de origen austriaco. Es uno de los más célebres investigadores que ha dado este siglo en el campo de la filosofía de la ciencia. Partidario de un racionalismo crítico, atacó algunas de las tesis defendidas por los miembros del Círculo de Viena, especialmente la relativa a la verificabilidad de los enunciados. Sostiene que una teoría es científica, no en la medida en que explica más o menos hechos, sino en la posibilidad de que sus hipótesis sean falsadas, o contrastadas, por la experiencia. También ha destacado en filosofía política por su oposición a todo tipo de totalitarismo y a todo uso dogmático de la razón. Es autor de obras como *La lógica de la investigación científica* (1934), *La sociedad abierta y sus enemigos* (1945), *La miseria del historicismo* (1957) y *Conjeturas y refutaciones* (1962).

populachería *s. f.* Fácil popularidad que se alcanza entre la gente por medio de halagos.

populachero, ra *adj.* Relativo al populacho o que halaga o gusta al populacho.

populacho *s. m. desp.* Chusma, plebe.

popular *adj.* **1.** Perteneciente o relativo al pueblo. **2.** Propio de las clases menos acomodadas. **3.** Que gusta a la gente o es muy conocido o extendido. **4.** Que tiene muchos amigos, partidarios, etc.

Popular, Partido Nombre que desde 1989 adoptó Alianza* Popular.

popularidad *s. f.* Aceptación y fama entre la gente.

popularismo *s. m.* Tendencia o afición a lo popular. **FAM.** Popularista.

popularizar *v. tr.* **1.** Hacer popular o muy conocido a alguien o algo. También *v. prnl.* **2.** Dar forma o carácter popular y sencillo a una cosa. También *v. prnl.* ■ Se conjuga como *cazar.* **FAM.** Popularización.

popularmente *adv. m.* Entre la gente, en un plano o ambiente popular.

populismo *s. m.* **1.** Doctrina o movimiento político que afirma defender los intereses y pretensiones de las clases populares. **2.** En la terminología marxista, desviación que consiste en identificar al proletariado con el resto de las capas populares. **3.** En América Latina, régimen político apoyado por las masas obreras y aliado a otros sectores burgueses e industriales, que tiene como programa las reformas sociales y la industrialización del país; a su frente figura un líder carismático, como Perón en Argentina u Odría y Velasco Alvarado en Perú. ‖ **4. populismo ruso** Movimiento político y cultural surgido en Rusia en la segunda mitad del s. XIX que, bajo la influencia de Alexander Herzen, sostenía que la instauración del socialismo en su país tenía que llevarse a cabo mediante la transformación de las comunidades rurales tradicionales (*mir*).

Popocatépetl: vista de la cumbre y laderas.

populista *adj.* **1.** Perteneciente o relativo al pueblo. **2.** Propio del populismo. **3.** Partidario de esta doctrina o movimiento. También *s.*

populoso, sa *adj.* Se aplica al lugar donde hay o vive una gran cantidad de gente, especialmente de las clases populares.

popurrí *s. m.* **1.** Mezcla de fragmentos de música o canciones de distintas composiciones. **2.** Por ext., mezcla de cosas diversas. ■ Se escribe también *potpourri.*

poquedad *s. f.* **1.** Timidez o falta de decisión. **2.** Cosa pequeña o de poco valor. **3.** Escasez, poca cantidad.

póquer *s. m.* Juego de naipes en que cada jugador recibe cinco cartas, de las cuales puede descartarse hasta un máximo de cuatro, a cambio de otras tantas nuevas; gana el que reúne la combinación superior de las varias establecidas, que son, por orden decreciente: repóquer (si se juega con comodín), escalera de color, póquer (cuatro cartas del mismo valor), color (cinco cartas del mismo palo), full (trío y pareja), escalera, trío, figuras, dobles parejas y pareja. Se juega también con dados.

por *prep.* **1.** Forma el complemento agente en las oraciones de pasiva: *El asunto fue estudiado por especialistas.* **2.** Indica paso a través de un lugar o cosa: *Fuimos por la autopista. Me cuesta meter el hilo por el ojo de la aguja.* **3.** Expresa lugar o tiempo aproximado: *Está por ahí. Ocurrió por noviembre.* **4.** Indica fase o etapa en que alguien o algo se encuentra: *Voy por el primer problema.* **5.** Indica parte o lugar concreto: *Le cogió por el brazo.* **6.** Significa que algo se realiza cada determinado espacio de tiempo: *ochenta latidos por minuto.* **7.** Expresa reparto, distribución o proporción: *tres caramelos por niño. Subieron los salarios un seis por ciento.* **8.** Denota una serie o sucesión: *caso por caso, día por día.* **9.** Significa la multiplicación de números: *dos por dos.* **10.** A cambio o mediante el pago de: *Te doy mi pluma por tu bolígrafo. Lo compré por doscientas pesetas.* **11.** En compensación de o en sustitución de: *Vaya lo uno por lo otro. Juega por mí.* **12.** Indica motivo o razón: *Le engañaron por confiado.* **13.** Expresa finalidad: *Vine sólo por verte.* **14.** Denota medio o instrumento: *Lo envió por correo.* **15.** Indica el modo de ejecutar algo: *Le echaron por la fuerza.* **16.** Sirve para expresar el término u objeto de la acción de ciertos verbos: *Voto por tal candidato.* **17.** Equivale a *hacia*: *Siente un gran afecto por su abuela.* **18.** En defensa o beneficio de, para ayudar a: *Sacrifica su tiempo por los enfermos.* **19.** En calidad o condición de: *La tomó por esposa.* **20.** Expresa el juicio u opinión que se tiene: *En el colegio le tienen por estudioso.* **21.** Como si fuera: *Doy este ejercicio por bueno para no suspenderte.* **22.** Con el infinitivo de ciertos verbos denota la acción futura o sin realizar que expresan esos verbos: *Está por llegar.* **23.** En busca de, a comprar o recoger algo: *Fui por pan.* **24.** En cuanto a, en lo que se refiere a: *Por mí, puedes marcharte.* **25.** Con un adjetivo o adverbio y *que*, forma una locución concesiva: *Por imposible que parezca, es verdad.* ‖ **Loc. por qué** *adv. interr.* Se usa para preguntar la razón o motivo de algo. **por si (acaso)** Para estar preparado si ocurre lo que se expresa.

porcelana *s. f.* **1.** Especie de loza fina, translúcida, clara y con brillo, constituida por una base de caolín, sílice y feldespato. **2.** Vasija o figura hecha con ella. **3.** Material cerámico usado para aislamiento eléctrico. **4.** Esmalte blanco con una mezcla de azul con que los plateros adornan las joyas y otros objetos. **5.** Color blanco mezclado con azul.

porcentaje *s. m.* Tanto por ciento*.

porcentual *adj.* Se dice de la composición, distribución, etc., calculadas o expresadas en tantos por ciento.

porche *s. m.* **1.** Entrada a un edificio o parte adosada a cualquiera de sus lados, cubierta por un techado sostenido con columnas, arcos, etc. **2.** Cobertizo, soportal.

porcicultura *s. f.* Cría de cerdos. **Fam.** Porcicultor.

porcino, na *adj.* **1.** Perteneciente o relativo al cerdo. ‖ *s. m.* **2.** Puerco o cerdo pequeño.

porción *s. f.* **1.** Cantidad separada de otra mayor o de una cosa que se puede dividir. **2.** Parte que corresponde a cada uno en un reparto. **3.** Número considerable o indeterminado de personas o cosas.

porcuno, na *adj.* Porcino*.

pordiosear *v. intr.* **1.** Pedir limosna. **2.** Solicitar algo con insistencia y humillación. **Fam.** Pordioseo o pordiosería.

pordiosero, ra *adj.* Que pide limosna. También *s.*

porfía *s. f.* Acción y efecto de porfiar. ‖ **Loc. a porfía** *adv.* En competencia o rivalidad con otro.

porfiado, da **1.** *p. p.* de **porfiar**. ‖ *adj.* **2.** Terco, obstinado. También *s.* **Fam.** Porfiadamente.

porfiar *v. intr.* **1.** Mantener con terquedad una opinión en una discusión. **2.** Pedir algo con pesadez. **3.** Continuar insistentemente una acción para conseguir algo que resulta dificultoso, que ofrece resistencia. ■ En cuanto al acento, se conjuga como *ansiar*: *porfío.*

pórfido *s. m.* Roca eruptiva filoniana que presenta grandes cristales de feldespato y cuarzo, llamados fenocristales, dentro de una pasta vítrea. Se utiliza como material de construcción y ornamentación. **Fam.** Porfídico.

porfiriato *s. m.* Periodo de la historia de México que corresponde a la dictadura de Porfirio Díaz (1877-1911). Se caracterizó por el fraude electoral, que permitió una reelección tras otra, la concentración del poder económico en manos de un reducido número de familias, el desarrollo del latifundio, la entrada masiva de capitales extranjeros, la miseria en la que esta política precipitó al campesinado, formado por el 80 % de la población, y a la clase obrera, y la sistemática represión de cualquier oposición.

Porfirio (Tiro 234 - Roma h. 305) Filósofo romano. Dirigió la escuela neoplatónica de filosofía a la muerte de su creador Plotino, de quien fue biógrafo. Los comentarios que realizó sobre las categorías aristotélicas ejercieron una gran influencia en la filosofía medieval posterior. Entre sus obras más importantes figuran *Vida de Plotino, Introducción a las categorías* y *Tratado sobre el retorno del alma a Dios.*

porfolio *s. m.* Conjunto de fotografías o grabados que forman un tomo encuadernable.

poríferos *s. m. pl.* Tipo de invertebrados acuáticos al que pertenecen unas 5.000 especies comprendidas en las clases calcáreas, hexactinélidas (esponjas silíceas) y demosponjas (esponjas córneas). Son animales marinos, con algunas especies de agua dulce, que se caracterizan por tener una estructura de espículas calcáreas, silíceas o córneas. Se reproducen sexual o asexualmente y habitan en todos los mares cálidos y tropicales. Poríferos son las esponjas. También *adj.* y *s. m.*

pormenor *s. m.* **1.** Detalle o circunstancia particular y concreta de algo. Se usa más en *pl.* **2.** Punto o aspecto de poca importancia en un asunto.

pormenorizar *v. tr.* Describir, enumerar o representar algo con todos los pormenores. ■ Se conjuga como *cazar.* **Fam.** Pormenorizado, pormenorizadamente.

porno *adj.* **1.** *apóc.* de **pornográfico**. ‖ *s. m.* **2.** *apóc.* de **pornografía**.

pornografía *s. f.* Tipo de obras, películas, fotografías, etc., cuyo objetivo es provocar la excitación sexual mostrando con realismo todo lo relacionado con el sexo.

pornográfico, ca *adj.* Perteneciente o relativo a la pornografía.

poro *s. m.* **1.** Orificio muy pequeño e invisible a simple vista que hay en la superficie de animales y vegetales. **2.** Espacio que hay entre las moléculas de los cuerpos.

porosidad *s. f.* Cualidad de poroso.

poroso, sa *adj.* Que tiene poros.

poroto *s. m. Amér. del S.* Especie de alubia y guiso que se hace con estas alubias.

porque *conj. causal.* Introduce la razón o causa de algo.

porqué *s. m. fam.* Causa, razón, motivo.

porquería *s. f.* **1.** *fam.* Suciedad, basura. **2.** *fam.* Cosa vieja, sucia o rota o conjunto de ellas. **3.** *fam.* Mala pasada, faena. **4.** *fam.* Cosa de poco valor. **5.** *fam.* Cosa de comer poco alimenticia y hasta perjudicial, pero apetitosa.

porquerizo, za *s. m.* y *f.* **1.** Porquero*. ‖ *s. f.* **2.** Pocilga, cochiquera.

porquero, ra *s. m.* y *f.* Persona que guarda los puercos.

porra *s. f.* **1.** Palo tosco y fuerte, más grueso por un extremo que por otro. **2.** Cilindro alargado de goma o plástico usado como arma por policías, guardias, etc. **3.** Masa frita semejante al churro, pero más gruesa. **4.** *fam.* Juego en que varias personas apuestan una cantidad a cierto número, resultado, etc.; el que acierta se lleva el dinero de todos. También, este dinero. **5.** *Arg., Bol., Urug.* Mechón de pelo que cae sobre la frente. ‖ **Loc. a la porra** *fam.* Con verbos como *mandar, enviar,* etc., echar alguien con enfado de su compañía a otro. También, no querer saber nada de alguna cosa, estar harto de ella. **¡porra!** o **¡porras!** *fam.* Expresa disgusto, enfado, rechazo.

porrada *s. f.* **1.** Porrazo*. **2.** *fam.* Conjunto o cantidad grande de cosas.

porral *s. m.* Terreno plantado de puerros.

Porras, Belisario (Las Tablas 1858 - Panamá 1942) Político panameño. Líder de los liberales y partidario de la independencia de Panamá respecto a Colombia, al producirse la separación fue presidente del nuevo país (1912-16, 1918-20 y 1920-24) y orientó su política a la reconstrucción económica del mismo.

porrazo *s. m.* **1.** Golpe que se da con la porra o con cualquier cosa. **2.** Golpe recibido al caerse o al chocar con algo duro.

porreta *s. f.* **1.** Hojas verdes del puerro, ajo y cebolla. **2.** Las primeras que brotan de los cereales. ‖ **Loc. en porreta** o **en porretas** *adv. fam.* En cueros, desnudo.

porrillo, a *loc. adv. fam.* En gran cantidad o abundancia.

porrino *s. m.* **1.** Simiente de los puerros. **2.** Puerro criado en sementero, cuando está en disposición de trasplantarse.

porro *s. m.* Cigarrillo que contiene droga.

porrón *s. m.* **1.** Vasija de vidrio de forma panzuda, utilizada para beber vino a chorro por medio de un largo pitón que tiene en la panza. **2.** Botijo*.

Port Elizabeth C. de la República Sudafricana, situada en la prov. de El Cabo, a orillas del océano Índico. 273.000 h. en 1986, 652.000 en su área metropolitana. Es un importante puerto comercial y pesquero, que cuenta con industria alimentaria, química, automovilística, cristalera y de neumáticos.

Port Louis C. de Mauricio, cap. del país, situada en la costa NO de la isla Mauricio, a orillas del océano Índico. 141.900 h. en 1990. Es un centro comercial y agrícola, que tiene aeropuerto internacional.

Port Moresby C. de Papúa Nueva Guinea, cap. del país, situada en la costa SE de la isla de Nueva Guinea, a orillas del mar del Coral. 152.100 h. en 1987. Es un centro comercial y principal puerto exportador del país.

Port Said (*Bur Said*) C. de Egipto, situada en la boca del canal de Suez, junto al mar Mediterráneo. 400.000 h. en 1987. Es un importante puerto de escala y aprovisionamiento, que cuenta con industria química, textil y alimentaria. La ciudad fue erigida en 1860 por la compañía constructora del canal.

Port Vila C. de Vanuatu, cap. del país, situada en la isla de Efate. 15.100 h. en 1987. Es un centro administrativo y puerto comercial.

porta *s. f.* Vena gruesa que en el cuerpo humano resulta de la unión de la vena esplénica y las mesentéricas; recibe las venas del estómago y de la vejiga biliar y desemboca en el hígado. También *adj.*

Porta, Giacomo della (Génova 1533 - Roma 1602) Arquitecto italiano. Discípulo de Vignola, acabó en Roma obras que Miguel Ángel dejó sin terminar, como el palacio del Capitolio y la cúpula de San Pedro, y asimismo la fachada de la iglesia de los jesuitas, empezada por Vignola. Construyó en Roma algunas fuentes, como la de la plaza Colonna, y el palacio Aldobrandini, en Frascati.

portaaeronaves *s. m.* Buque de guerra para el traslado, despegue y aterrizaje de helicópteros y aviones.

portaaviones *s. m.* Buque de guerra con instalaciones y extensión suficiente para llevar aviones y para que éstos puedan despegar y aterrizar en él.

portabebés *s. m.* Cuna portátil con asas.

portachuelo *s. m.* Pequeño puerto o abertura entre dos montes.

portada *s. f.* **1.** Fachada principal, generalmente decorada, de determinados edificios. **2.** Primera plana de los libros, periódicos y revistas. **3.** P. ext., tapa de un libro, revista, folleto, etc.

portadilla *s. f.* **1.** Anteportada de un libro. **2.** Hoja que precede a cada parte o capítulo de un libro indicando su título.

portador, ra *adj.* **1.** Que lleva o trae una cosa de una parte a otra. También *s.* ‖ *s. m.* y *f.* **2.** Persona que está en posesión de un título o valor. **3.** Persona que lleva en su cuerpo el germen de una enfermedad. ‖ **LOC. al portador** Indica que se debe efectuar el pago del importe reseñado en un documento a la persona que lleva éste.

portaequipaje o **portaequipajes** *s. m.* **1.** Espacio cubierto con una tapa que suelen tener los automóviles para guardar el equipaje y otras cosas. **2.** Baca*.

portaestandarte *s. m.* Oficial que lleva el estandarte.

portafolio o **portafolios** *s. m.* Cartera de mano para llevar libros, papeles, etc.

portafusil *s. m.* Correa de algunas armas de fuego para llevarlas a la espalda.

portahelicópteros *s. m.* Buque de guerra que transporta helicópteros.

portal *s. m.* **1.** Parte de la casa por donde se entra y donde está la puerta principal. **2.** Soportal. Se usa más en *pl.* ‖ **3. portal de Belén** Pesebre o establo donde nació Jesucristo y, también, su representación en los nacimientos.

portalada *s. f.* Portada, comúnmente monumental, situada en el muro de cerramiento y que da acceso al patio en que tienen su portal las casas señoriales.

portalámpara o **portalámparas** *s. m.* **1.** Pieza metálica en que se introduce el casquillo de la lámpara y que asegura la conexión de ésta con el circuito eléctrico. **2.** Pieza o aparato que sostiene una lámpara.

Portalegre Distrito de Portugal, situado en el E del país, entre los ríos Tajo y Guadiana. 6.065 km^2. 136.200 h. en 1989. La capital es Portalegre, con 14.800 h. en 1981. La economía se basa en los cultivos de olivos, cereales y castaños; cuenta además con industria textil y alimentaria.

Portales, Diego (Santiago 1793 - Valparaíso 1837) Político chileno. Se introdujo en la política como líder de los estanqueros tras la abolición del monopolio del tabaco. En 1830 fue nombrado ministro del Interior y de Relaciones Exteriores. Reprimió a los liberales, protegió a la Iglesia y los terratenientes y controló de forma dictatorial la vida política de Chile. Su actuación originó una sublevación militar en la que murió fusilado.

portalibros *s. m.* Correas usadas por los escolares para llevar libros y cuadernos.

portaligas *s. m. Arg., Chile.* Liguero de las mujeres.

portallaves *s. m. Méx., Ven.* Llavero.

portalón *s. m.* **1.** Puerta grande de palacios y otros edificios antiguos que cierra un patio descubierto. **2.** Abertura a modo de puerta hecha en el costado del buque.

portamantas *s. m.* Par de correas unidas por un asa que se emplea para llevar mantas y otras cosas en los viajes.

portaminas *s. m.* Utensilio generalmente cilíndrico que contiene minas recambiables y que se utiliza como lápiz.

portamonedas *s. m.* Bolsita o cartera para llevar monedas.

portante *adj.* Se dice del paso de las caballerías que mueven a un tiempo la mano y el pie del mismo lado. También *s. m.* ‖ **LOC. coger** (o **tomar**) **el portante** Marcharse de un sitio con prisa o brusquedad.

portaobjeto o **portaobjetos** *s. m.* Pieza del microscopio o lámina adicional en que se coloca el objeto para observarlo.

portaplumas *s. m.* Mango en que se coloca la plumilla metálica para escribir.

portar *v. tr.* **1.** Traer el perro al cazador la pieza cobrada. ‖ *v. prnl.* **2.** Actuar de determinada manera, tener la conducta que se indica. **3.** Responder alguien a lo que otros desean o esperan.

portarretrato o **portarretratos** *s. m.* Marco para retratos.

Port-Arthur Nombre que tuvo la actual ciudad china de Lushun entre 1858 y 1949.

portátil *adj.* Que se puede llevar fácilmente de una parte a otra.

portavoz *s. m.* y *f.* **1.** Persona que, por tener autoridad o prestigio en determinado grupo, suele representarlo o hablar en nombre del mismo. ‖ *s. m.* **2.** Publicación que expresa las opiniones de un partido, institución, agrupación, etc.

portazgo *s. m.* **1.** Derechos que se pagan por pasar por un sitio determinado de un camino. **2.** En España, impuesto indirecto sobre la circulación de mercancías que se cobraba a la entrada de las poblaciones o en las transacciones de los mercados.

portazo *s. m.* **1.** Golpe que se da con la puerta o que ésta da movida por el viento. **2.** Acción de cerrar la puerta con brusquedad para mostrar disgusto al marcharse de un sitio.

porte *s. m.* **1.** Acción y efecto de portear. **2.** Cantidad que paga alguien para que sea llevado o transportado algo a determinado lugar. Se usa más en *pl.* **3.** Aspecto, generalmente elegante o importante, de una persona por su figura, manera de andar y de vestir, etc., o de una cosa. **4.** Capacidad, tamaño. **5.** Clase, categoría, condición. **6.** En bot., forma de las plantas, que viene definida por el modo en que su tallo se ramifica.

portear *v. tr.* Llevar o transportar una cosa a algún sitio por el porte convenido o señalado. **FAM.** Porteador, porteo.

Portela Valladares, Manuel (Pontevedra 1868 - Bandol 1952) Político español. Miembro del Partido Liberal, ocupó diversos cargos durante la Restauración, entre ellos el de ministro de Fomento (1923). Evolucionó luego hacia un republicanismo moderado y durante la Segunda República fue varias veces ministro de Gobernación con Lerroux (1935). Nombrado jefe de gobierno por Alcalá Zamora a fines de 1935, disolvió la Cortes y convocó elecciones en febrero de 1936, en las que triunfó el Frente Popular, mientras que la coalición centrista que él impulsaba fue aplastantemente derrotada. Durante la guerra civil, apoyó a la república.

portento *s. m.* **1.** Cualquier cosa, acción o suceso que, por su extrañeza, singularidad o novedad, causa pasmo o admiración. **2.** Persona que sobresale por alguna cualidad extraordinaria.

portentoso, sa *adj.* Prodigioso, asombroso, sobresaliente. **FAM.** Portentosamente.

porteño, ña *adj.* **1.** De Buenos Aires. También *s.* **2.** De Valparaíso, ciudad chilena. También *s.* **3.** De diversas ciudades con puerto de España o América. También *s.*

Porter, Cole (Perú, Indiana 1893 - Santa Mónica 1964) Compositor estadounidense. Escribió canciones y operetas, muchas de ellas interpretadas por destacados músicos de jazz. Realizó más de 25 musicales para Broadway, algunos de los cuales fueron llevados al cine. A ellos pertenecen melodías tan populares como *Noche y día* y *Volver a empezar.*

Porter, George (Stainforth, Yorkshire 1920) Químico británico. Investigó juntamente con Norrish sobre las reacciones químicas rápidas en el departamento de química física de la universidad de Cambridge y fue profesor en la universidad de Sheffield (1955-66), director de la Royal Institution de Londres (1966-85) y canciller de la universidad de Leicester (1985). En 1967 recibió el premio Nobel de química, compartido con Ronald Norrish y Manfred Eigen.

Porter, Rodney Robert (Newton the Willows, Lancashire 1917 - Newbury, Berkshire 1985) Bioquímico británico. En 1972 obtuvo el premio Nobel de fisiología y medicina, compartido con Gerald Edelman, por sus estudios sobre la estructura química de los antibóticos.

portería *s. f.* **1.** Parte de un edificio desde la que el portero vigila la entrada y salida de personas. **2.** Vivienda del portero. **3.** En el fútbol y otros deportes, marco rectangular formado por dos postes y un larguero, normalmente con una red al fondo, por el cual ha de entrar la pelota para marcar tantos.

portero, ra *s. m.* y *f.* **1.** Persona que cuida y vigila la puerta de un edificio, público o privado, y tiene a su cargo diversos servicios comunes del mismo. **2.** En algunos deportes, jugador que defiende la portería. ‖ **3. portero automático** Mecanismo para abrir los portales desde el interior de las viviendas, en las que hay también un telefonillo para hablar con la persona que llama. **FAM.** Porteril.

Portes Gil, Emilio (Ciudad Victoria, Tamaulipas 1891 - Ciudad de México 1978) Político mexicano. Ministro del Interior, fue presidente provisional de la república (1928-30), tras el asesinato de Obregón. Posteriormente fue embajador en Francia y en la India y ministro de Relaciones Exteriores (1934-36). De formación liberal, se mostró partidario de la separación de la Iglesia y el Estado. Intervino en la redacción del nuevo código civil mexicano.

portezuela *s. f.* **1.** *dim.* de **puerta**. **2.** Puerta de un carruaje.

porticado, da *adj.* Que tiene pórticos o soportales.

pórtico *s. m.* **1.** Sitio cubierto y con columnas delante de los templos y otros edificios. **2.** Galería con arcadas o columnas a lo largo de un muro de fachada o de patio.

Pórtico de la Gloria Nombre con que se conoce el pórtico románico de la fachada principal de la catedral de Santiago de Compostela. Originariamente policromada, es una obra realizada en mármol y granito, esculpida con gran profusión. Su autor fue el maestro Mateo, quien la llevó a cabo entre 1168 y 1188. Su decoración es la más célebre de la Edad Media española.

portilla *s. f.* **1.** Paso en los cercados o vallas de las fincas rústicas. **2.** Cada una de las aberturas pequeñas, cerradas con un cristal grueso, en los costados de los buques.

portillo *s. m.* **1.** Abertura o paso en una muralla, cerca, etc. **2.** Puerta pequeña en otra mayor. **3.** Camino estrecho entre dos alturas. **4.** Hendidura o hueco que queda en diversas cosas, como una pared, el borde de una vasija, etc. **5.** Punto o aspecto por donde puede fracasar algo o, por el contrario, encontrarle una solución.

Portinari, Cándido (Brodósqui, São Paulo 1903 - Rio de Janeiro 1962) Pintor brasileño. Residió en París y en EE UU. En su pintura mural se distinguen dos etapas, una primera realista y una segunda expresionista. Entre sus murales más conocidos figuran los del ministerio de Educación en Rio de Janeiro (1936-45), *La música negra* (1943), también en Rio de Janeiro, los de la iglesia de Minas Gerais (1944), los de la catedral de Belo Horizonte (1945) y *La guerra y la paz*, para el edificio de la ONU en Nueva York (1959).

Portland C. de EE UU, situada en el estado de Oregón, a orillas del río Columbia. 425.800 h. en 1989. Es un centro portuario, nudo de comunicaciones, núcleo comercial y cultural, que cuenta con astilleros e industria química, metalúrgica, electrónica, textil y alimentaria.

Porto Véase **Oporto**.

Pôrto Alegre C. de Brasil, cap. del estado de Rio Grande do Sul, situada a orillas del lago dos Patos, en el SE del país. 1.371.300 h. en 1989. 2.232.350 h. en 1980 en su área metropolitana. Es un importante centro comercial, industrializado desde principios del s. XX, que cuenta con industrias de cuero, calzado y alimentaria, así como refinerías de petróleo.

Porto Velho C. de Brasil, cap. del estado de Rondônia, situada en el E del sector central del país, a orillas del río Madeira. 216.250 h. en 1989. Es un centro comercial de productos agrícolas tropicales.

Portocarrero, Luis Manuel Fernández de (? 1635 - Toledo 1709) Religioso y político español. Virrey en Sicilia, a su vuelta a España fue nombrado arzobispo de Toledo y primado de España. Como miembro del consejo de Estado ejerció una gran influencia sobre Carlos II y, ante el problema de la sucesión, apoyó primero a José Fernando de Baviera y a la muerte de éste a Felipe de Anjou, el futuro Felipe V, que sin embargo acabó apartándole del gobierno.

Portocarrero Lasso de la Vega, Melchor (Madrid 1636 - Lima 1705) Militar y administrador español. Fue virrey de Nueva España (1686-88), donde sofocó diversas rebeliones indígenas, y también virrey de Perú (1689-1705), donde reconstruyó la capital, destruida en parte por el terremoto de 1687, construyó un muelle en El Callao y, durante la guerra de Sucesión española, se apoderó de la colonia portuguesa de Sacramento (1705).

portón *s. m. aum.* de **puerta**.

Porto-Novo C. de Benin, cap. del país, situada junto a la laguna del mismo nombre, en las proximidades de la costa del golfo de Guinea, cerca de la frontera con Nigeria. 208.250 h. en 1982. Es un centro administrativo, comercial y cultural, que cuenta con industria alimentaria. La ciudad está rodeada de palmerales y en ella se mezclan los edificios tradicionales y modernos.

portor *s. m.* Acróbata que sostiene o recibe a sus compañeros en los equilibrios en la pista, o los recoge con las manos o las piernas en los ejercicios aéreos.

Portoviejo C. de Ecuador, cap. de la prov. de Manabí, situada en el O del país. 156.250 h. en 1989. Es el centro comercial de una región agrícola de cultivos industriales. Cuenta con fábricas de curtidos y artesanía.

Port-Royal Abadía de religiosas cistercienses, fundada en 1204 cerca de París. Desempeñó un papel de gran importancia durante el s. XVII como centro del jansenismo. Entre las personalidades que se movieron en su círculo figuran Pascal, Racine y Antoine Arnauld, famoso teólogo y principal difusor del movimiento jansenista. En 1638 la abadía impulsó la creación de una serie de escuelas infantiles, cuyos maestros elaboraron importantes obras didácticas, como la *Lógica de Port-Royal* y la *Gramática de Port-Royal.* Desapareció, clausurada por la autoridad real, en 1709.

Portsmouth C. del Reino Unido, situada en el S de Inglaterra, en la costa del canal de La Mancha. 180.000 h. en 1982. Es un centro portuario y base militar naval. Cuenta con importantes astilleros.

portuario, ria *adj.* Perteneciente o relativo al puerto de mar.

Portugal Estado del SO de Europa en la península Ibérica.

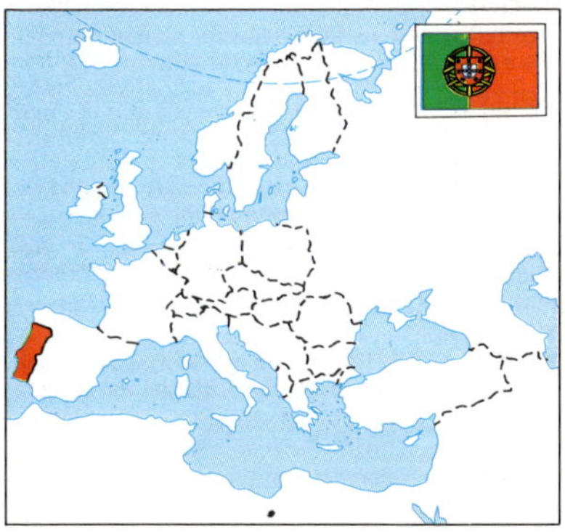

Extensión: 92.389 km^2.
Límites: al N y E, con España; al S y al O, con el océano Atlántico.
Población: 10.388.000 h. en 1990.
Densidad: 112,4 h./km^2.
Capital: Lisboa.
División administrativa: 18 distritos y 2 regiones autónomas.
Ciudades principales: Oporto, Amadora, Setúbal, Coimbra.
Gentilicio: portugués.
Forma de Estado: república parlamentaria.
Idioma: portugués.
Religión: catolicismo, 94,5 %.
Moneda: escudo.
Tasa de natalidad: 12 ‰ en 1990.
Tasa de mortalidad: 10 ‰ en 1990.
Renta per cápita: 4.260 en 1989.

Geog. física El territorio portugués ocupa la franja occidental de la península Ibérica. En él pueden distinguirse tres sectores principales. El más montañoso lo constituye la región del N (Tras-os-Montes) comprendida entre la frontera con Galicia y el río Duero, donde se alzan las sierras de Marão, Mogadouro y Nogueira. En las tierras situadas entre las cuencas del Duero y el Tajo (Beira) se extiende por el O la prolongación del Sistema Central español, formada por la sierra de la Estrella, en la cual se halla la máxima altura del país (1.991 m). Al S del Tajo, en el Alentejo, el relieve se suaviza en una serie de semillanuras poco elevadas. La costa, desde la desembocadura del Miño hasta la del Guadiana, está recorrida por una llanura baja y arenosa. La mayor parte de la red hidrográfica la comparte con España: en Portugal se encuentran los cursos medio y bajo de los ríos que nacen en España. En el N del país las principales cuencas fluviales son las del Miño y Duero, en el centro la del Tajo y en la parte SE la del Guadiana. Los ríos más importantes exclusivamente portugueses son el Vouga, Zézere (afluente del Tajo) y el Mondego en el centro y el Sado, que desagua en la bahía de Setúbal. El clima es atlántico hasta el Duero, mediterráneo al S del Sado y de transición en la parte intermedia. Este hecho provoca la existencia de dos tipos de vegetación: en la parte de clima atlántico crecen robles y alcornoques, mientras que en el resto del país predomina el bosque mediterráneo de encinas, pinos y alcornoques.

Portugal: vista de Coimbra, con el río Mondego en primer plano.

Geog. humana y ***económica*** La población se concentra en las zonas costeras del centro y N del país y, en menor proporción, en la costa del Algarve. El crecimiento vegetativo se sitúa en torno al 0,2 % y existe una fuerte emigración. A diferencia del resto de los países europeos, la mayor parte de la población (70 %) es rural. La economía portuguesa depende en gran medida de la agricultura. Debido a la escasa mecanización, los rendimientos en los principales productos –vid, olivo, frutales, cereales y patata– no son muy altos. Existe ganadería ovina, porcina y bovina y, en menor grado, caprina. Entre los recursos minerales, de escasa importancia, se puede citar la extracción de pirita, tungsteno (cuarto productor mundial), manganeso, uranio y mármol. En los últimos años se está desarrollando una intensa actividad en el campo de la industria siderúrgica y metalúrgica, que estaban en franca desventaja frente a las industrias tradicionales, como la textil o de cerámica. También han cobrado importancia las industrias de azúcar, cerveza, alimentación y productos químicos. La balanza comercial portuguesa está muy desequilibrada, ya que el volumen de importaciones supera con mucho al de exportaciones. El turismo, tanto en el área de Lisboa como en las costas del Algarve, ha adquirido un gran auge.

Hist. **antigüedad** Durante el primer milenio a. C., el O de la península Ibérica estaba poblado fundamentalmente por celtas. En torno al s. III a. C. podían distinguirse en este territorio tres grandes grupos: galaicos en el N, celtas puros y lusitanos en el centro y un pueblo mixto de celtas y lusones celtibéricos en el S. Aunque estos pobladores opusieron gran resistencia a los invasores romanos, sus tierras pasaron a formar parte (197 a. C.) de la Hispania Ulterior, que con el tiempo se escindiría en las provincias Bética y Lusitania. Tras la caída del imperio romano, en el s. V la Lusitania fue invadida por suevos y alanos y, posteriormente, por los visigodos.

Edad Media En el año 711 comenzó a extenderse por tierras de Portugal el dominio árabe, que fue combatido por varios reyes asturianos, castellanos y leoneses que iniciaron la Reconquista. En 1094, Alfonso VI de León cedió como condado a su yerno Enrique de Borgoña las tierras comprendidas desde el Miño hasta Coimbra y Santarem. En 1139, Alfonso I se proclamó rey, creándose así el reino de Portugal, y continuó la labor de la Reconquista. A la muerte de Fernando I (1383), su yerno Juan I de Castilla aspiró a la corona portuguesa, pero fue derrotado en Aljubarrota (1385) por Juan de Avís, que había sido proclamado rey. Durante el s. XV comenzó la expansión ultramarina en África, Asia y América. En África destacó la exploración impulsada por el príncipe Enrique el Navegante. Vasco de Gama arribó a la India (1498) y Pedro Álvares Cabral tomó posesión de Brasil en nombre de Portugal (1500).

Edad Moderna A fines del s. XVI, el monarca español Felipe II aprovechó la desaparición del rey Sebastián en la batalla de Alcazarquivir (1578) para ser reconocido soberano de este reino. Pero su política poco favorecedora de los intereses portugueses y el descontento popular provocaron violentas rebeliones y levantamientos que acabaron en 1640 con el reconocimiento de la independencia de Portugal y la coronación del duque de Braganza como rey con el nombre de Juan IV. El tratado de lord Methuen, firmado en 1703 entre Inglaterra y Portugal, sometió la economía portuguesa a la de aquel país. En el s. XVIII, el oro y los diamantes de Brasil crearon una época de prosperidad en la metrópoli. Hasta 1820 reinó en Portugal la monarquía absoluta, pero en ese año un levantamiento militar en Oporto acabó con ese régimen.

Edad Contemporánea En 1822 el rey Juan VI proclamó una Constitución liberal. En 1825 se concedió la independencia a Brasil. A la muerte de Juan VI, su hijo Pedro, emperador de Brasil abdicó la corona portuguesa en su hija Maria, cuyo marido Miguel se autoproclamó rey (1828) y restauró el absolutismo. Pedro abandonó Brasil, levantó un ejército y desembarcó en Oporto; tras derrotar a las tropas de Miguel en la batalla de Évora Monte restauró a Maria II en el trono. El régimen liberal reimplantado estuvo viciado por el fraude electoral y el atraso económico. La expansión portuguesa en África, a través de Angola y Mozambique, se vio detenida por los belgas en el Congo y por los británicos en Sudáfrica. El s. XX comenzó con una gran inestabilidad política, que se puso de manifiesto con el asesinato del rey Carlos I y su hijo Luis Felipe (1908), y con el derrocamiento de Manuel II (1910) y la instauración de la república, situación a la que puso fin en 1928 el general Carmona, que permaneció como presidente hasta su muerte (1951). En 1932 fue nombrado presidente del consejo de ministros António de Oliveira Salazar, que instauró el *estado novo,* influido por el fascismo italiano, y se convirtió en el personaje más importante del nuevo régimen. Los últimos años del gobierno de Salazar estuvieron marcados por una crisis, en gran parte debida a los movimientos independentistas de las colonias asiáticas y africanas. En 1968 Oliveira Salazar fue sustituido por Marcelo Caetano, que intentó una tímida apertura pero fracasó y en 1974 fue derrocado por un levantamiento militar, conocido como la *revolución de los claveles.*

época actual Tras la revolución se instauró una Junta de Salvación Nacional presidida por el general Spínola, que durante su mandato terminó con los últimos vestigios del salazarismo y concedió la independencia a los territorios coloniales. Durante los dos años siguientes (1975-76), el país estuvo gobernado por los socialistas, que en las elecciones de 1979 perdieron el poder en favor del centro-derecha liderado por Sá Carneiro, sustituido a su muerte por Freitas de Amaral y, más tarde, por Pinto Balsemão. En 1983, las urnas concedieron el poder de nuevo a los socialistas, cuyo líder, Mário Soares, constituyó un gobierno de coalición con los socialdemócratas. En 1986, Cavaco Silva formó un gobierno socialdemócrata y Mário Soares fue elegido presidente de la república. En 1986 Portugal ingresó en la Comunidad Europea. En abril de 1987 se produjo la caída del gobierno de Cavaco Silva y en las elecciones de julio, el Partido Socialdemócrata (PSD) consolidó su hegemonía. En 1990 Cavaco Silva formó un nuevo gabinete y en 1991 fue reelegido presidente del gobierno.

Arte La arquitectura empezó a manifestarse con más fuerza en el periodo románico. Las construcciones de este estilo, sencillas y sobrias, son fundamentalmente iglesias y catedrales. El gótico portugués, entre cuyos edificios sobresalen el monasterio de Alcobaça y el de Batalha, se mezcló en el s. XV con elementos hispanoflamencos, germánicos y renacentistas, constituyendo lo que se llamó el estilo manuelino. En éste se construyeron la torre de Belém y el monasterio de los Jerónimos, en Lisboa, y las adiciones efectuadas en el convento de Cristo, de Tomar, y en el monasterio de Batalha. El Renacimiento tuvo como principales figuras a Diogo de Torralva (iglesia de Santa Maria de la Concepción), Alfonso Álvares (catedrales de Portalegre y Leiria) y Diogo de Castilho (Palacio Real de Coimbra). El barroco portugués se manifestó con especial brillantez en el Colegio de la Compañía, en Oporto, y el palacio-monasterio de Mafra. Este estilo siguió dos vertientes, una de origen italiano y otra de carácter portugués. Por el contrario, en el s. XIX, el neoclasicismo fue ignorado por los arquitectos autóctonos. En el s. XX, R. Lino aúna en sus diseños lo tradicional y lo moderno. Durante el periodo gótico floreció la escultura de temática funeraria, como lo prueban los numerosos sepulcros, entre ellos las tumbas de Pedro I e Inés de Castro en Alcobaça. En el Renacimiento los artistas más conocidos, Diogo Pires el Viejo y Diogo Pires el Mozo, realizaron sus obras en Coimbra. Ya en el s. XVII, el Barroco dejó su huella sobre todo en los retablos, dorados y policromados, y en la imaginería religiosa, esta última influida por el arte español, en especial por las escuelas de Granada y Valladolid; el artista más importante fue Manuel Pereira, que trabajó en España. La escultura del s. XVIII denota la influencia italiana y francesa, influencia que permaneció hasta el s. XIX con el advenimiento del neoclasicismo. El s. XIX estuvo marcado por el academicismo, que en el s. XX dio paso a una renovación de manos de Maria Elena Vieira da Silva, Jorge Vieira, J. Charters d'Almeida y José Rodrigues.

Durante los s. XIV y XV la pintura gótica recibió la influencia flamenca, aunque por otro lado en varias escuelas regionales se mantuvo fiel a lo estrictamente portugués. El primer gran pintor conocido es Nuno Gonçalves, autor del *Políptico de San Vicente*; otros pintores relevantes de esta época fueron Jorge Afonso, Vasco Fernándes, Francisco Henriques y Cristóvão de Figueiredo. En el Renacimiento, pintores españoles trabajaron en Portugal y portugueses en España, como es el caso de Vasco de Pereira. La pintura barroca del s. XVII se especializó en temas religiosos, que con gran maestría plasmaron Reinoso, Domingos de Cunha, Vento Coelho y Josefa de Óbidos. El estilo neoclásico fue cultivado por retratistas de la corte y pintores que se dedicaron a la decoración de interiores de edificios; entre estos artistas destacaron Francisco Vieira Portuense y Domingo António de Sequeira. En el s. XIX triunfaron Miquel Ángelo Lupi y el retratista Columbano. En el s. XX se suceden varias corrientes, entre las que destacan la abstracción (Fernando Lanhas y Júlio Resende), el informalismo (Marcelino Vespeira y Artur Bual), el surrealismo (António Dacosta y Fernando de Azevedo) y la figuración (Júlio Pomar). En los años cincuenta Lourdes Castro, Costa Pinheiro y René Bertholo, entre otros, crearon el grupo KWY, con la finalidad de impulsar la renovación artística.

Lit. En la Edad Media, dentro de la literatura galaicoportuguesa, resalta en un primer plano la poesía, que se compiló en los cancioneros; más tardíamente aparece la prosa, con relatos del ciclo artúrico y traducciones; y, por último, la crónica de los acontecimientos históricos del s. XV, cultivada por Fernão Lopes, Gomes Eanes de Zurara y João de Barros. Durante la época renacentista, Bernardim Ribeiro se dedicó al género pastoril, mientras que Francisco Sá de Miranda y António Ferreira se adscribieron al petrarquismo poético. Luis de Camoens, máximo representante de esta época y cumbre de la poesía portuguesa, compuso su epopeya en verso *Os Lusíadas*. El género dramático alcanzó gran brillantez con Gil Vicente. Figura sobresaliente de la poesía del s. XVII fue Francisco Manuel de Melo, mientras que el jesuita António Vieira sobresalió en la oratoria sagrada. De esta época son las *Cartas portuguesas*, joya de la literatura amorosa, publicadas en francés y atribuidas erróneamente a la monja Mariana Alcoforado. Más adelante, y ya en pleno auge del neoclasicismo, se creó la Arcádia Lusitana, academia cuyo fin fue someter la poesía a ciertas normas. Entre los poetas de este periodo merece citarse a Nicolau Tolentino. El romanticismo posterior, marcado por un gran nacionalismo, fue seguido por escritores como João Baptista da Silva, Almeida Garrett, Alexandre Herculano y António Feliciano de Castilho. En el s. XIX, la novela encontró sus mejores cultivadores en Camilo Castelo Branco, Júlio Dinis y, en la tendencia realista, José Maria Eça de Queirós, mientras que la poesía contó con la obra de João de Deus Ramos. A finales del s. XIX se fundó la Escuela de Coimbra, que propugnó un movimiento cosmopolita, anticatólico y antimonárquico. Los seguidores principales de este grupo fueron Teófilo Braga, Antero de Quental y Álvaro Guerra Junqueiro. Otra figura eminente fue la del poeta António Nobre.

En el s. XX destacan el simbolismo de Eugénio de Castro, el integralismo de António Sardinha y el surrealismo de Mário Cesariny. Mención especial merecen las obras poéticas de Mário de Sá Carneiro, Joaquim Teixeira de Pascoais y Fernando Pessoa y, en el teatro, la obra de Júlio Dantas. La narrativa realista está representada por Fernando Namora. Entre los escritores más modernos figuran los novelistas Vergílio Ferreira, José Cardoso Pires y José Saramago, los dramaturgos Luís Francisco Rebelo y Bernardo Santareno y el poeta Miguel Torga.

Cine Aunque anteriormente se filmaron algunas películas, fue en 1916 cuando se regularizó la industria cinematográfica. La primera película sonora, *La severa*, de J. Leitão de Barros, se rodó en 1931. La gran figura histórica de la cinematografía portuguesa es Manoel de Oliveira, que ya destacó con la película *Aniki-Bobó* (1941) y que en los años sesenta fue uno de los principales impulsores del *cinema novo*, un movimiento renovador que hubo de hacer frente a graves dificultades políticas y de distribución, en el que sobresalieron A. de Cunha Telles, con *El cerco* (1969), A. de Macedo, con *Domingo por la tarde* (1965), y J. E. de Sousa, con *Pájaros de alas cortadas* (1962). Tras la caída de la dictadura en 1974 desaparecieron los problemas de censura y el propio Estado impulsó la industria cinematográfica, que, sin embargo, se mueve todavía en niveles muy bajos de producción.

Portugal: torre de Belém (siglo XVI), de estilo manuelino, en Lisboa.

Portugalete C. de España, en la prov. de Vizcaya, situada en la ría del Nervión, junto a Bilbao, de cuya área metropolitana forma parte. 57.200 h. en 1990. Es una ciudad portuaria e industrial, que cuenta con producción metalúrgica, electromecánica, metálica y alimentaria. Su núcleo monumental conserva la iglesia gótica de Santa María.

portugués, sa *adj.* **1.** De Portugal. También *s.* ‖ *s. m.* **2.** Lengua románica que se habla en Portugal, Brasil y antiguas posesiones de Portugal. ***Ling.*** El portugués es hablado por unos 170 millones de personas. En su historia se distinguen dos periodos: el portugués arcaico, íntimamente unido al gallego, y el portugués moderno, hablado desde el s. XVI hasta hoy. Existen dialectos en Portugal, como el interamnense o el tramontano, en las islas y en ultramar; de estos últimos el más importante es el brasileño.

Portuguesa Estado de Venezuela, situado en el O del país. 15.200 km^2. 607.300 h. en 1990. La capital es Guanare, con 104.100 h. en 1990. Su territorio llano, regado por los ríos andinos Portuguesa, Cojedes y Guanare, favorece una fértil agricultura de tabaco, caña de azúcar, algodón, maíz y arroz y la cría de ganado vacuno. Cuenta asimismo con explotación forestal e industria maderera.

portuguesismo *s. m.* Voz o giro propio de la lengua portuguesa.

portulano *s. m.* Colección de planos de puertos encuadernada en forma de atlas.

porvenir *s. m.* **1.** Hecho o tiempo futuro. **2.** Lo que le espera a una persona, entidad, empresa, etc.

pos *prep.* Se usa sólo en la loc. adv. **en pos de**, tras o detrás de: *Iba en pos de una ilusión.*

pos- *pref.* Significa 'detrás' o 'después de': *posdata, posponer.* ■ Existe la variante *post-*, que suele emplearse ante las formas que comienzan con vocal.

posada *s. f.* **1.** Edificio en que se hospedan viajeros o forasteros. **2.** Refugio, alojamiento.

Posada, José Guadalupe (Aguascalientes 1852 - México 1913) Grabador mexicano. En sus populares y numerosos grabados satirizó la vida social, la política y las costumbres de México, con un estilo que mezcla realismo y fantasía e incluso surrealismo. Ilustró periódicos, revistas y cualquier tipo de impresos. Son famosas sus series de esqueletos y calaveras. Influyó en los muralistas mexicanos.

Posadas C. de Argentina, cap. de la prov. de Misiones, situada a orillas del río Paraná, junto a la frontera paraguaya. 140.000 h. en 1986. Es un centro comercial, financiero y cultural, que cuenta con industria alimentaria y textil.

Posadas, Gervasio Antonio de (Buenos Aires 1757 - íd. 1833) Político argentino. Fue director supremo de las Provincias Unidas del Río de la Plata en 1814. Durante su gobierno se tomó Montevideo para la causa de la independencia, pero no pudo resolver la sublevación de Artigas, que se negó a aceptar la autoridad de Buenos Aires. Finalmente la rebelión de los oficiales del ejército del Alto Perú le obligó a dimitir (1815).

posaderas *s. f. pl.* Nalgas de las personas.

posadero, ra *s. m.* y *f.* Dueño o encargado de una posada.

posar[1] (del lat. *pausare*) *v. tr.* **1.** Poner suavemente. **2.** Dejar la carga para descansar. **3.** Con los sustantivos *vista*, *mirada* u *ojos*, mirar, observar. || *v. prnl.* **4.** Detenerse en un sitio las aves, insectos, aviones, etc., después de volar. **5.** Depositarse en el fondo las partículas sólidas que están en suspensión en un líquido o caer el polvo o cosas muy pequeñas sobre otras cosas o sobre el suelo.

posar[2] (del fr. *poser*) *v. intr.* Permanecer en determinada postura para retratarse o para servir de modelo a un pintor o escultor.

posavasos *s. m.* Platito o lámina de cartón u otro material que se coloca debajo de los vasos y copas para proteger las mesas.

posbélico, ca *adj.* Posterior a una guerra.

posdata *s. f.* Lo que se añade a una carta ya concluida y firmada. ■ Su abreviatura es *P.D.* Se escribe también *postdata.*

posdiluviano, na *adj.* Posterior al diluvio universal. ■ Se escribe también *postdiluviano.*

posdorsal *adj.* Se dice de la articulación realizada con la parte posterior del dorso de la lengua y del sonido que así se emite, como el de la *k.* ■ Se escribe también *postdorsal.*

pose *s. f.* **1.** Postura estudiada, poco natural, especialmente la que alguien toma para ser retratado. **2.** Actitud fingida o exagerada para causar efecto.

poseer *v. tr.* **1.** Tener en propiedad. **2.** Disponer de algo, contar con ello. **3.** Tener relación carnal con una mujer. ■ Es v. irreg. Se conjuga como *leer.* **FAM.** Poseedor.

poseído, da **1.** *p. p.* de **poseer**. || *adj.* **2.** Se dice de la persona dominada por una idea, pasión o vicio. También *s.* **3.** Engreído, muy seguro de su superioridad. También *s.* **4.** Poseso*. También *s.*

Poseidón En la mitología griega, dios del mar. Era hijo de Cronos y Rea y hermano de Zeus. Se le representa armado con un tridente. Corresponde al Neptuno de los latinos.

posesión *s. f.* **1.** Acto de poseer o tener algo. **2.** Cosa poseída. **3.** Apoderamiento u ocupación del espíritu del hombre por otro espíritu. **4.** Relación carnal con una mujer. || **LOC. tomar** alguien **posesión de un cargo** Ocuparlo oficialmente.

posesionar *v. tr.* **1.** Poner en posesión de una cosa. || *v. prnl.* **2.** Apoderarse de algo, en especial con exclusividad o indebidamente.

posesivo, va *adj.* **1.** Que indica o muestra posesión. **2.** En gramática, se dice del adjetivo o pronombre que expresa posesión. También *s. m.* ***Ling.*** Los adjetivos posesivos presentan formas plenas y formas apocopadas: las llamadas formas plenas expresan distinción de género, número y persona: *el libro mío, vuestra casa, los lápices suyos.* Las formas apocopadas presentan sólo distinción de número y persona: *mi perro, tus macetas.* En las formas *suyo* o *su* no existe distinción entre uno o varios poseedores. Las formas apocopadas sólo se utilizan delante del sustantivo; las formas plenas de un poseedor de 1.ª y 2.ª persona y las de 3.ª persona o 2.ª (usted) se usan sólo detrás del sustantivo: *el bolígrafo mío, los apuntes tuyos, las flores suyas.* Las formas plenas de varios poseedores de 1.ª y 2.ª persona pueden emplearse delante y detrás del sustantivo: *nuestra profesora, la profesora nuestra.* Todas las formas plenas desempeñan también la función de pronombre y en este caso se construyen con artículo: *Tu muñeca es rubia; la mía, morena.*

poseso, sa *adj.* Según ciertas creencias, se dice de la persona de la que se ha apoderado un espíritu. También *s.*

posesorio, ria *adj.* **1.** Perteneciente o relativo a la posesión. || **2. juicio posesorio** Véase **juicio**.

posfijo *s. m.* Sufijo*.

posguerra *s. f.* Tiempo que sigue a la terminación de una guerra. ■ Se escribe también *postguerra.*

posibilidad *s. f.* **1.** Circunstancia de ser posible una cosa. **2.** Opción o capacidad que tiene alguien para hacer algo. **3.** En lóg., ausencia de contradicción. || *pl.* **4.** Medios necesarios para algo, especialmente bienes.

posibilismo *s. m.* Tendencia a aprovechar para la realización de determinados objetivos las posibilidades que ofrecen las instituciones, doctrinas, circunstancias, etc., existentes, aunque no sean favorables a esos fines. **FAM.** Posibilista.

posibilitar *v. tr.* Hacer posible o facilitar algo.

posible *adj.* **1.** Que puede ser o suceder, que se puede realizar o conseguir. || *s. m. pl.* **2.** Posibilidad, medios necesarios para algo. **3.** Bienes, posesiones. || **LOC. hacer** uno (**todo**) **lo posible** Poner todos los medios a su alcance para conseguir algo. **FAM.** Posiblemente.

posición *s. f.* **1.** Manera de colocarse o encontrarse. **2.** Lugar que se ocupa. **3.** Manera de pensar o actuar. **4.** Condición económica o social, y especialmente la buena. **5.** Sitio fortificado o estratégico en una operación militar.

posimpresionismo *s. m.* Postimpresionismo*. **FAM.** Posimpresionista.

positivamente *adv. m.* **1.** De manera positiva, bien: *Valoramos muy positivamente tu decisión.* **2.** Sin duda alguna: *Sé positivamente que es verdad.*

positivismo *s. m.* **1.** Actitud de tener en cuenta y buscar lo práctico o útil. **2.** En fil., sistema que no admite otra realidad que los hechos ni otra investigación que no sea el estudio de los hechos y de las relaciones existentes entre ellos. Se entiende por hecho un estado de cosas que puede captarse directamente por los sentidos y ser verificado por la experiencia. El positivismo fue formulado en el s. XIX por Auguste Comte. Tiene sus antecedentes en el empirismo británico y supone una reacción contra toda la filosofía especulativa. Entre sus seguidores más destacados figuran John Stuart Mill y Herbert Spencer. || **3. positivismo lógico** Véase **neopositivismo**. **FAM.** Positivista.

positivo, va *adj.* **1.** Bueno, útil, conveniente, favorable. **2.** Cierto, real. **3.** Que indica la existencia de algo y no su falta. **4.** Realista, pragmático, optimista. **5.** Se aplica al derecho o ley promulgados, en contraposición principalmente del natural. **6.** En mat., se aplica al número mayor de cero. **7.** En fís., se aplica al polo, electrodo, etc., en que hay defecto de electrones y hacia el que se produce el flujo de éstos. **8.** En fís., se dice de la electricidad producida por frotamiento en el vidrio, la mica, etc. **9.** Se dice del grado de significación neutro del adjetivo, que no establece comparación ni expresa un matiz de inferioridad o superioridad. **10.** En lóg., afirmativo, en contraposición de negativo. **11.** En la filosofía positivista, se aplica a los hechos, al conocimiento de los mismos y al estadio final que alcanza la humanidad, caracterizado por un orden en el que las ciencias positivas se hallan organizadas jerárquicamente y en el que la sociología como ciencia del hombre y de la sociedad ocupa un lugar privilegiado. **12.** Se dice de la copia fotográfica obtenida de un negativo, en que los tonos claros y oscuros aparecen como en la realidad, y no invertidos como en aquel. También *s. m.*

pósito *s. m.* **1.** Asociación con fines cooperativos o de mutuo auxilio. **2.** Depósito de grano.

positrón *s. m.* Partícula elemental idéntica en masa y en muchas otras características a un electrón, pero que posee carga eléctrica positiva. Fue descubierta en la radiación cósmica por Karl Anderson en 1932. La vida media de los positrones en la Tierra es corta debido a que colisionan rápidamente con los electrones, aniquilándose mutuamente.

posma *s. m.* y *f. fam.* Persona lenta o pesada. También *adj.*

posmeridiano, na *adj.* Perteneciente o relativo a la tarde, o que es después de mediodía. ■ Se escribe también *postmeridiano.*

posmodernidad *s. f.* Nombre que recibe un conjunto de actitudes filosóficas diversas desarrolladas en la segunda mitad del s. XX. Bajo la influencia de autores como Nietzsche, Freud o Heidegger, los llamados *posmodernos* han desarrollado investigaciones caracterizadas por una dura crítica a la racionalidad en la cultura y han empleado planteamientos y formas de expresión realmente innovadoras. La posmodernidad es una corriente heterogénea y ecléctica, que tiene sus más destacados representantes en filósofos como Deleuze, Foucault, Vattimo, Derrida y otros. **FAM.** Posmoderno.

Posnania Región histórica de Polonia, cuya capital fue Poznan. Desde finales del s. XVIII hasta 1919, salvo la época napoleónica, formó parte de Prusia y en el s. XIX sufrió una intensa campaña de germanización. Por el tratado de Versalles (1919) fue restituida a Polonia. Alemania volvió a ocuparla durante la Segunda Guerra Mundial y en 1945 pasó a pertenecer de nuevo a Polonia.

posnominal *adj.* Se dice de la palabra que se deriva de un sustantivo o de un adjetivo; p. ej., *marejada,* formada a partir del sustantivo *marea.* También *s. m.*

poso *s. m.* **1.** Conjunto de partículas sólidas de un líquido que se depositan en el fondo del recipiente que lo contiene. **2.** Huella o repercusión interna de un sufrimiento u otra experiencia desagradable.

posología *s. f.* Parte de la farmacología que se ocupa del estudio de las dosis en que han de administrarse los medicamentos.

posoperatorio, ria *adj.* Se dice del proceso que sigue a cualquier intervención quirúrgica, durante el cual se observa especialmente la evolución del enfermo. También *s. m.* ■ Se escribe también *postoperatorio.*

pospalatal *adj.* Se dice de la articulación realizada al chocar la raíz de la lengua contra el velo del paladar y del sonido que así se emite, como el de la letra *k.* ■ Se escribe también *postpalatal.*

posparto *s. m.* Puerperio*. ■ Se escribe también *postparto.*

pospierna *s. f.* Muslo de las caballerías.

posponer *v. tr.* **1.** Poner o colocar a una persona o cosa después de otra. **2.** Dejar algo para más tarde o más adelante. **3.** Apreciar a una persona o cosa menos que a otra. ■ Es v. irreg. Se conjuga como *poner.*

posposición *s. f.* Acción y efecto de posponer.

post- *pref.* Véase **pos-**.

post scriptum *loc. lat.* Significa 'después de escrito'; se usa como posdata y su abreviatura es P.S.

posta *s. f.* **1.** Conjunto de caballerías que estaban preparadas de trecho en trecho en los caminos para cambiar por ellas las del correo, diligencias, etc. **2.** Casa o lugar en que estaban esas caballerías. **3.** Bala pequeña de plomo utilizada como munición de ciertas armas de fuego. || **LOC. a posta** *adv.* Aposta*.

postal *adj.* **1.** Perteneciente o relativo al servicio de correos. || *s. f.* **2.** Tarjeta para escribir por correo sin necesidad de sobre, que generalmente tiene en una de sus caras una vista, paisaje u otro grabado.

poste *s. m.* **1.** Madero, piedra o cualquier objeto alargado que se coloca verticalmente para servir de apoyo o de señal. **2.** Cada uno de los dos palos verticales de la portería de algunos deportes.

postema *s. f.* Absceso con pus.

póster *s. m.* Cartel con alguna imagen que se utiliza como elemento decorativo o informativo.

postergar *v. tr.* **1.** Colocar a alguien o algo en un lugar o puesto detrás de otro o por debajo del que debe ocupar. **2.** Dejar algo para más tarde o para después de otra cosa. ■ Se conjuga como *pagar.* **FAM.** Postergación.

posteridad *s. f.* **1.** Tiempo y generación futuros respecto de un momento o persona. **2.** Fama después de la muerte.

posterior *adj.* **1.** Que sucede o se hace después de otra cosa. **2.** Que está detrás de alguien o algo. **3.** Que está en la parte de atrás de algo. **4.** Se aplica a las vocales velares. **FAM.** Posteriormente.

posterioridad *s. f.* Cualidad o situación de posterior.

postigo *s. m.* **1.** Puerta pequeña que se abre en otra mayor. **2.** Puerta menos importante que la principal en un edificio o ciudad. **3.** Contraventana*. **4.** Puerta sencilla, de una hoja.

postilla *s. f.* Costra que se forma en las llagas o granos cuando se van secando.

postillón *s. m.* Mozo que iba a caballo delante de la posta o montado en una de las caballerías de delante del tiro de un carruaje, para conducirlo.

postimpresionismo *s. m.* Movimiento pictórico surgido a fines del s. XIX como reacción al impresionismo y cuyas características eran la reconstrucción de la línea del dibujo y la experimentación de nuevos efectos de luz y color. Sus principales representantes fueron Vincent van Gogh, Paul Cézanne y Gauguin. ■ Se escribe también *posimpresionismo.* **FAM.** Postimpresionista.

postín *s. m.* **1.** Actitud de la persona que presume de riqueza, elegancia, importancia, etc. **2.** Género de vida que denota lujo, importancia, etc. || **LOC. de postín** *adj.* Lujoso, distinguido.

postinero, ra *adj.* Que da postín o se da postín.

postizo, za *adj.* **1.** Que no es natural ni propio, sino artificial, imitado o añadido. || *s. m.* **2.** Añadido o tejido de pelo que sirve para suplir la falta o escasez de éste.

postónico, ca *adj.* Que está después de la sílaba tónica.

postor *s. m.* El que ofrece precio por algún objeto en una subasta.

postración *s. f.* **1.** Acción y efecto de postrar o postrarse. **2.** Abatimiento y decaimiento en que se halla alguien por efecto de una enfermedad, sufrimiento o tristeza.

postrar *v. tr.* **1.** Debilitar, quitar las fuerzas o el ánimo a uno. || *v. prnl.* **2.** Ponerse de rodillas a los pies de otro por respeto, veneración o súplica. **FAM.** Postrado.

postre *s. m.* **1.** Fruta, dulce o cualquier otro plato que se sirve al final de una comida. **2.** En diversos juegos de cartas, último jugador que interviene en la jugada. || **LOC. a la postre** *adv.* En último término, en definitiva.

postremo, ma *adj.* Postrero*.

postrer *adj. apóc.* de **postrero**.

postrero, ra *adj.* Último en una serie. También *s.* ■ Se dice también *postremo* y *postrimero.*

postrimería *s. f.* **1.** Últimos años de la vida. **2.** Último periodo o etapa. Se usa más en *pl.* **3.** En rel., la muerte, el juicio, el infierno y la gloria. Se usa sobre todo en *pl.*

postrimero, ra *adj.* Postrero*.

postulado, da **1.** *p. p.* de **postular**. || *s. m.* **2.** Proposición que se admite sin demostración y que sirve de base a posteriores razonamientos o deducciones. **3.** Axioma*, proposición inicial de un sistema. **4.** Cada una de las ideas, principios, etc., que se postulan o defienden.

postulante, ta *adj.* **1.** Que postula. También *s.* || *s. m.* y *f.* **2.** Persona que pide ser admitida en una orden religiosa.

postular *v. tr.* **1.** Recoger dinero para atender a ciertas necesidades o fines benéficos. **2.** Pedir. **3.** Defender cierta idea o principio. **4.** *amer.* Proponer a alguien como candidato a un cargo electivo. **FAM.** Postulación, postulador.

póstumo, ma *adj.* Que nace, se publica o se realiza después de la muerte del padre o autor.

postura *s. f.* **1.** Manera de estar o colocarse. **2.** Actitud, modo de pensar o actuar. **3.** Conjunto de huevos puestos de una vez. **4.** Acción de ponerlos el ave. **5.** Precio que el comprador ofrece por una cosa que se vende o arrienda. **6.** En ciertos juegos, cantidad de dinero que pone el jugador.

postventa *s. f.* **1.** Periodo de tiempo posterior a la venta de un artículo, durante el cual la empresa vendedora o el fabricante ofrece servicios de asistencia, mantenimiento, reparación, etc. || **2. servicio postventa** Véase **servicio**.

posverbal o **postverbal** *adj.* En ling., se dice de la palabra que se deriva de una forma verbal; p. ej., *madrugada,* formada a partir de *madrugar.* También *s. m.*

potabilidad *s. f.* Cualidad de potable.

potabilizar *v. tr.* Hacer potable. ■ Se conjuga como *cazar.* **FAM.** Potabilizador.

potable *adj.* **1.** Que se puede beber sin que haga daño. **2.** *fam.* Pasable, bueno, que se puede aprovechar.

potaje *s. m.* **1.** Guiso de legumbres, generalmente garbanzos, en ocasiones con verduras. **2.** *fam.* Lío, desorden.

potámide *s. f.* En mit., ninfa de los ríos. Se usa más en *pl.*

potasa *s. f.* **1.** En quím., nombre vulgar con que se designa de forma abreviada la potasa cáustica. || **2. potasa cáustica** KOH. Nombre ordinario del hidróxido de potasio. Es una base fuerte que se emplea como tal en las reacciones de neutralización de disoluciones ácidas, con la consecuente formación de sales potásicas. También se emplea en la saponificación de las grasas, para la obtención de jabones blandos.

potasio *s. m.* K. Elemento químico perteneciente al grupo I A del sistema periódico o grupo de los alcalinos. Su número atómico es 19 y su masa atómica 39,0983. Fue aislado por Humphrey Davy en 1807 en la electrólisis de la potasa cáustica. Es un metal blando, de bajo punto de fusión (63 °C), menos denso que el agua, de color brillante cuando está recién cortado, aunque se oscurece rápidamente al oxidarse en contacto con el aire. El potasio es extremadamente reactivo, por lo que, para mantenerlo en estado puro, debe conservarse sumergido en un líquido que no contenga oxígeno (p. ej., el queroseno); reacciona violentamente con el agua, desprendiéndose hidrógeno y formándose hidróxido de potasio (KOH). No se encuentra libre en la naturaleza, sino que siempre aparece combinado con otros elementos en minerales como la silvina, la mica o la carnalita. La presencia de su carbonato en las cenizas de la madera es conocida desde antaño y utilizada, por su poder limpiador, para blanquear la ropa. Sus compuestos se emplean como fertilizantes, en la fabricación de vidrios difícilmente fundibles (carbonato de potasio) y en la elaboración de pólvora (salitre). **FAM.** Potásico.

pote *s. m.* **1.** Nombre que reciben distintos tipos de vasijas; particularmente, la redonda de pequeño tamaño que se usa para beber o calentar líquidos. **2.** Guiso caldoso típico de Galicia y Asturias, a base de verduras cocidas, especialmente grelos, patatas y alubias, y algún otro ingrediente que le dé sustancia. || **LOC. darse pote** *fam.* Darse postín, presumir.

Potemkin Acorazado de la armada imperial rusa del mar Negro, a bordo del cual se produjo en 1905 un motín provocado por la mala alimentación. Los marineros mataron a algunos oficiales y se dirigieron a Odessa, donde tenía lugar una huelga obrera cuyos dirigentes les propusieron apoderarse de la ciudad. El *Potemkin* esperó la llegada de la escuadra de Sebastopol pero, al no recibir ayuda de ésta, acabó entregándose a las autoridades rumanas en Constanza. En 1925, el cineasta soviético Eisenstein tomó estos hechos como tema para su película *El acorazado Potemkin,* obra maestra del cine mudo.

Potemkin, Grigori Alexandrovich (Cizevo 1739 - Nicolaiev 1791) Militar y político ruso. Participó en la primera guerra ruso-turca (1768-74). Fue favorito de la reina Catalina II. Colonizó las tierras de Ucrania, anexionó Crimea (1783) y fundó el puerto de Sebastopol (1784). Fue comandante en jefe de las tropas rusas en la segunda guerra ruso-turca (1787-89).

potencia *s. f.* **1.** Capacidad para ejecutar una cosa y producir un efecto determinado. **2.** Poder, fuerza, facultad. **3.** Nación con gran fuerza militar y económica. **4.** Persona o entidad poderosa o influyente. **5.** En la filosofía aristotélica, modo de ser que confiere al objeto la posibilidad de pasar a un estado distinto del actual y que constituye el principio del movimiento; se contrapone al concepto de acto. **6.** En fís., trabajo realizado en una unidad de tiempo. Su unidad en el Sistema Internacional es el vatio. En el sistema cegesimal su unidad es el ergio por segundo, que equivale a 10^{-7} vatios. **7.** En mat., resultado de multiplicar una cantidad *n* veces por sí misma. Se simboliza por a^n, donde *a* es la base y *n* el exponente; la potencia es el producto de la base por sí misma tantas veces como indique el exponente. || **8. potencia de una corriente eléctrica** Energía generada o consumida por una instalación eléctrica durante una unidad de tiempo. || **LOC. en potencia** *adv.* y *adj.* Que aún no existe o no se ha hecho, pero se dan las condiciones para que exista o se haga en el futuro.

potencial *adj.* **1.** Perteneciente o relativo a la potencia. **2.** Posible*. || *s. m.* **3.** Poder, fuerza. **4.** En ling., se aplica al condicional*. || **5. potencial de reducción** En quím., valor que expresa la tendencia de un elemento o ion a reducirse cuando está en contacto con la disolución de una de sus sales. El potencial de reducción es un valor relativo; para su determinación se asigna el valor de 0 voltios al potencial de reducción del hidrógeno y todos los demás se refieren a él. **6. potencial eléctrico** En fís., energía potencial que posee la carga unidad en un punto del campo eléctrico. Equivale a la energía necesaria para traer la carga unidad desde el infinito hasta dicho punto del campo. El potencial eléctrico se mide en voltios:

$$1\text{V} = \frac{1 \text{ julio}}{1 \text{ culombio}}$$

7. potencial gravitatorio En fís., energía potencial que posee la unidad de masa situada en un punto del campo gravitatorio. Habitualmente se habla de diferencia de potencia entre dos puntos, puesto que el concepto de potencial de un punto requiere tomar un origen de potenciales arbitrario. En el caso del campo electrostático, al potencial del infinito se le da un valor cero y en el campo gravitatorio el origen de potenciales se sitúa en la superficie terrestre.

potencialidad *s. f.* Cualidad de potencial, posible.

potencialmente *adv. m.* En potencia*.

potenciar *v. tr.* Fomentar, hacer que algo adquiera más desarrollo. **FAM.** Potenciación.

potenciómetro *s. m.* **1.** Aparato que permite medir una diferencia de potencial eléctrico. **2.** Resistencia variable utilizada en los aparatos electrónicos como control de volumen, tono, brillo, etc.

potentado *s. m.* Persona de mucho dinero y poder.

potente *adj.* **1.** Que tiene gran potencia, fuerza o poder. **2.** Que tiene muchas riquezas. **3.** Que es capaz de engendrar. **FAM.** Potentemente.

poterna *s. f.* Puerta menor que la principal, especialmente en una fortificación.

potestad *s. f.* **1.** Capacidad para mandar sobre una persona o para realizar determinadas funciones. || *pl.* **2.** Uno de los nueve coros de los ángeles. || **3. patria potestad** Autoridad que los padres tienen según la ley sobre los hijos no emancipados.

potestativo, va *adj.* Voluntario, no obligatorio.

potingue *s. m.* **1.** *desp. fam.* Cualquier líquido o mezcla desagradable. **2.** *desp. fam.* Medicamento o producto cosmético. Se usa mucho en *pl.*

potito *s. m.* Alimento preparado para niños pequeños que se vende normalmente en tarros de cristal.

poto[1] *s. m.* **1.** *Amér. del S.* Trasero, culo, y también parte posterior de algo. **2.** *Chile, Ec., Perú.* Vasija pequeña para líquidos.

poto[2] *s. m.* **1.** Nombre común de diversas plantas trepadoras de la familia aráceas, género *Pothos.* Tienen hojas con el pecíolo de forma alada, bien diferenciado de la hoja. Crecen en ambientes húmedos de regiones tropicales. **2.** Nombre que generalmente se aplica a diversas plantas del género *Rhaphidophora.* Tienen hojas acorazonadas de color verde con vetas blancas o amarillas y flores agrupadas sobre pedúnculos solitarios. Se cultivan para uso ornamental, como plantas de maceta, y son muy resistentes.

Potocki Familia aristocrática polaca. Sus miembros más destacados fueron: **Stanislaw Rewera** (1579-1667), que luchó contra los turcos, bárbaros, rusos y suecos; **Ignacy** (Radazyn 1750 - Viena 1809), gran mariscal de Lituania, que promovió la Constitución de 1791 y tomó parte en el levantamiento de Kosciuszko (1794); **Stanislaw Szczesny** (Krystynopol 1751 - Tulczyn 1805), enemigo de la Constitución de 1791, que fue nombrado por Catalina II mariscal de la confederación prorrusa de Targowicka; **Stanislaw Kostka** (Lublin 1755 - Wilanow 1821), hermano de Ignacy, que fue ministro de Instrucción Pública y de Cultos de Polonia; **Jan** (Pikow 1761 - Uladowska 1815), escritor e historiador, que fue autor de *Historia primitiva de los pueblos de Rusia* y de la obra de literatura fantástica *El manuscrito encontrado en Zaragoza* (1804-13), escrita en francés.

potosí, valer un *loc.* Valer mucho.

Potosí 1. Departamento de Bolivia, situado en el SO del país, en la frontera con Argentina y Chile. 118.218 km^2. 967.000 h. en 1990. Enclavado en la región del Altiplano, a gran altitud, tiene clima frío y vegetación xerófila. Su agricultura está poco desarrollada, sobresaliendo los cultivos de patatas, cereales y habas en la proximidad de los ríos; tiene ganadería de llamas, alpacas y ovejas. Los principales recursos económicos proceden de la minería del estaño.
2. C. de Bolivia, cap. de este departamento. 114.100 h. en 1988. Es un centro de la metalurgia del estaño y volframio. Conserva importantes monumentos de la época colonial, como la iglesia de San Lorenzo, la Casa de la Moneda y numerosos palacios.
Hist. La ciudad de Potosí surgió en 1545 y creció vertiginosamente a consecuencia del descubrimiento de un importante yacimiento de plata en el cerro del mismo nombre. Durante los s. XVI y XVII Potosí vivió su época de mayor esplendor, alcanzando la cifra de 150.000 habitantes, lo que la convertía en la primera ciudad del Nuevo Mundo. El agotamiento de los yacimientos supuso el principio de su decadencia a fines del s. XVIII. Cuando la ciudad pasó a formar parte de Bolivia, tan sólo tenía 8.000 habitantes. En el s. XIX comenzó su recuperación gracias a la explotación del estaño.

potpourri (voz fr.) *s. m.* Popurrí*.

potra *s. f.* **1.** *fam.* Hernia*, particularmente en el escroto. **2.** *fam.* Buena suerte.

potrada *s. f.* Conjunto de potros de una yeguada o de un dueño.

potranco, ca *s. m.* y *f.* Caballo o yegua que no tiene más de tres años.

potrear *v. intr.* **1.** Corretear y estar muy agitados los niños. || *v. tr.* **2.** *fam.* Fastidiar, molestar a alguien. **3.** *fam.* Desordenar, alborotar.

potrero *s. m.* **1.** El que cuida de los potros. **2.** Sitio destinado a la cría y pasto de ganado caballar. **3.** *amer.* Finca rústica para la cría y mantenimiento de toda especie de ganado. **4.** *Arg.* Solar sin cultivar ni edificar, en el que suelen jugar los muchachos.

potrillo *s. m.* Caballo que no tiene más de tres años.

potro, tra *s. m.* y *f.* **1.** Caballo o yegua desde que nace hasta el momento en que cambia los dientes de leche, es decir, hasta los cuatro años y medio aproximadamente. || *s. m.* **2.** Aparato de gimnasia que consiste en un prisma rectangular o redondeado, forrado generalmente de cuero, y que colocado horizontalmente sobre cuatro patas, sirve para realizar distintos ejercicios, encima de él o saltándolo. **3.** Antiguo aparato de tortura. **4.** Juego de la pídola*.

potroso, sa *adj.* Se dice de la persona que tiene una hernia. También *s.*

Potsdam C. de Alemania, situada en el Land de Brandeburgo, a orillas del río Havel. 142.900 h. en 1989. Es un importante centro de la industria mecánica, textil, química y de materiales de precisión.

Potsdam, conferencia de Reunión celebrada en esta ciudad durante los meses de julio y agosto de 1945 y en la que participaron Reino Unido, EE UU y URSS en calidad de potencias vencedoras de Alemania en la Segunda Guerra Mundial, representadas por Churchill (y luego Attlee), Truman y Stalin, respectivamente. En ella se dispuso la división de este país en cuatro zonas de ocupación militar –inglesa, francesa, estadounidense y soviética–, la ausencia provisional de un gobierno alemán, el desmantelamiento del ejército del Tercer Reich y la detención y posterior juicio de todos los nazis que hubieran tenido responsabilidad en la guerra.

Pott, Percival (Londres 1713 - íd. 1788) Cirujano británico. Describió el mal que lleva su nombre, afección vertebral tuberculosa que curva la columna vertebral y causa la parálisis de las extremidades inferiores.

Poulenc, Francis (París 1899 - íd. 1963) Compositor francés. Fue miembro del grupo de los Seis. Su música, esencialmente ecléctica, se caracteriza por combinar la calidad melódica con una gran originalidad armónica. En su extensa producción sobresalen las óperas *Las tetas de Tiresias* (1947), *Diálogos de carmelitas* (1957) y *La voz humana* (1958) y los ciclos de canciones *Poemas de Ronsard* (1924) y *Canciones gallardas* (1926).

Pound, Ezra (Hailey, Ohio 1885 - Venecia 1972) Poeta estadounidense. Abandonó su país en 1908 para residir en Londres, París y Rapallo (Italia). Colaboró con el fascismo italiano y, al acabar la Segunda Guerra Mundial, fue declarado paranoico en un juicio e internado en un sanatorio psiquiátrico durante 12 años. Desde 1958 hasta su muerte vivió en Italia. Su poesía fundía las influencias del simbolismo con las de la poesía provenzal y el *dolce stil nuovo.* Posteriormente evolucionó hacia un tipo de poema ideográfico, de raíz oriental, que tuvo su máxima expresión en los *Cantos* (publicados entre 1925 y 1970).

Poussin, Nicolas (Les Andelys 1594 - Roma 1665) Pintor francés. Se formó en París y en Roma, donde vivió la mayor parte de su vida. En 1640 fue nombrado primer pintor del rey Luis XIII, pero tuvo que volver a Roma a causa de la hostilidad de los pintores parisinos. Su obra suele representar temas de las Sagradas Escrituras, mitológicos o históricos. Entre sus pinturas merecen citarse *El triunfo de Flora* (1631), *El Parnaso* (1647), *La inspiración del poeta* (1661), las series de *Los siete sacramentos* y *Reposo en la huida a Egipto* (1655-57).

Poveda, Alfredo (Ambato 1926) Militar y político ecuatoriano. Fue ministro del Interior (1973-75). Comandante en jefe del ejercito, tras el golpe de Estado de 1976 asumió el poder como jefe de la junta militar hasta el restablecimiento del poder civil (1979).

Powell, Cecil Frank (Tonbridge, Kent 1903 - Casargo, Como 1969) Físico británico. Profesor en la universidad de Bristol. En 1950 obtuvo el premio Nobel de física por el descubrimiento de los mesones pi y por el desarrollo de un método fotográfico que permite el estudio de los procesos nucleares.

Power, Tyrone (Cincinnati 1914 - Madrid 1958) Actor cinematográfico estadounidense. Debutó en el cine en 1932 y pronto se convirtió en un cotizado galán. Entre sus interpretaciones destacan las de los filmes *El signo del Zorro* (1940), *Sangre y arena* (1941), *El hijo de la furia* (1942), *El filo de la navaja* (1946) y *Testigo de cargo* (1958).

poyal *s. m.* Poyo*.

poyata *s. f.* Tabla de un mueble, o unida a una pared, que sirve para colocar en ella vasos y otros objetos.

poyato *s. m.* Terreno dispuesto horizontalmente en la ladera de una montaña y preparado para el cultivo.

poyete *s. m.* Poyo pequeño o bajo.

poyo *s. m.* Banco de obra de albañilería que se construye arrimado a la pared en el interior o en el exterior de las casas y que sirve para colocar en él objetos o para sentarse.

poza *s. f.* **1.** Hoyo poco profundo donde hay agua estancada o detenida. **2.** Parte del río en que éste es más profundo.

Poza Rica de Hidalgo C. de México, situada en el estado de Veracruz, al E de la capital del país. 166.800 h. en 1980. Se encuentra en la principal zona petrolera de México, cuenta con refinerías de petróleo e industria azucarera y de ella arrancan oleoductos y gasoductos.

Poznan C. de Polonia, situada en el O del país. 586.500 h. en 1989. Es un centro administrativo, comercial y cultural, que tiene una importante industria metalúrgica, textil, química y alimentaria. Conserva la catedral (s. XV-XVII) y el ayuntamiento (s. XVI).

pozo *s. m.* **1.** Hoyo profundo, particularmente el que se hace para sacar agua de los manantiales subterráneos o para extraer petróleo. **2.** Excavación vertical del terreno por la que se baja a una mina y se sube de ella. **3.** Parte más honda de un río. **4.** Parte hundida del fondo submarino. **5.** *Col.* Remanso de un río apropiado para bañarse. **6.** *Arg., Par., Urug.* Bache, hoyo que se produce en el piso de calles, carreteras, caminos, etc. **7.** *fam.* Seguido de un complemento introducido por *de*, persona que posee en gran medida la cualidad o defecto que se expresa. || **8. pozo artesiano** El de gran profundidad que se hace en la tierra para que el agua contenida entre dos capas subterráneas impermeables encuentre una salida y ascienda de forma natural a la superficie. **9. pozo ciego** Pozo negro; también, pozo que está seco. **10. pozo cisterna** El que se hace para recoger el agua de lluvia. **11. pozo de lobo** Agujero hecho en el suelo y disimulado con ramajes que se usa como trampa para cazar o capturar animales. **12. pozo negro** Agujero cerrado al que van a parar las aguas fecales cuando no hay alcantarillas. **13. pozo sin fondo** Persona o cosa a la que se da o en la que se invierte mucho dinero y que continuamente pide o necesita más; también, en general, cualquier cosa a la que no se ve fin.

pozol o **pozole** *s. m.* **1.** *Amér. C., Méx.* Bebida hecha a base de maíz morado y azúcar. **2.** *Méx.* Guiso caldoso de maíz tierno, carne y chile. **3.** *Guat.* Maíz triturado para alimentar a las aves de corral.

Pozuelo de Alarcón C. de España, en la prov. de Madrid, situada al NO de la capital, a cuya área metropolitana pertenece. 42.500 h. en 1990. Es una ciudad residencial que acoge a numerosas familias que trabajan en Madrid. Tiene asimismo industrias químicas, farmacéuticas, alimentarias, de materiales de construcción, aparatos de refrigeración, plásticas y peleteras.

Pozzo, Andrea (Trento 1642 - Viena 1709) Pintor y arquitecto italiano. Fue uno de los máximos representantes del arte barroco de la *quadrature* o decoración ilusionista. Jesuita, residió en Roma (1681-1702), donde realizó su obra maestra: la decoración al fresco del techo de la nave y la cúpula de la iglesia de San Ignacio (1685-94). En 1703 pasó a Viena y ejerció gran influencia en el rococó austriaco.

Pr Símbolo químico del praseodimio.

pracrito o **prácrito** *s. m.* Conjunto de lenguas antiguas de la India que, frente al sánscrito como lengua culta, han dado origen a las que se hablan en la actualidad.

práctica *s. f.* **1.** Realización de una actividad de forma continuada. **2.** Experiencia o habilidad que se tiene en la realización de algo. **3.** Costumbre, actuación normal o habitual. **4.** Ejercicio, curso o prueba que, durante cierto tiempo, se realiza para adquirir habilidad en un trabajo, profesión, etc. Se usa más en *pl.* **5.** Conjunto de aspectos de un conocimiento que permiten su aplicación a hechos reales y concretos; también, esta aplicación. || **Loc. en la práctica** *adv.* En la realidad, en el terreno de los hechos. **en prácticas** *adv.* Se dice del contrato de trabajo que dura un tiempo limitado, en el cual la persona contratada adquiere la habilidad necesaria para desempeñar su trabajo. **llevar a la** (o **poner en**) **práctica** Llevar a cabo planes, intenciones, etc.

practicable *adj.* **1.** Que puede ser realizado. **2.** Se dice del terreno, camino, etc., por el que se puede andar o pasar sin dificultad. **3.** Que se puede abrir y cerrar.

prácticamente *adv. m.* **1.** Con la práctica. || *adv. c.* **2.** Casi.

practicante *adj.* **1.** Que practica. También *s.* **2.** Se dice de la persona que lleva a cabo regularmente las prácticas de una determinada religión. También *s.* || *s. m.* y *f.* **3.** Persona con título de auxiliar médico menor, que pone inyecciones o hace pequeñas curas. ▪ En esta última acepción, existe también el femenino *practicanta.*

practicar *v. tr.* **1.** Realizar de forma habitual algo que se ha aprendido y se conoce, en particular, para conseguir una mayor perfección en ello. También *v. intr.* **2.** Hacer, realizar, llevar a cabo. **3.** Actuar conforme a lo que se expresa, especialmente cuando es de modo habitual. **4.** Llevar a cabo habitualmente las prácticas de una determinada religión. ▪ Se conjuga como *sacar.*

práctico, ca *adj.* **1.** Útil, provechoso. **2.** Se dice de la persona realista y que busca la utilidad en las cosas; se aplica también a sus pensamientos, palabras, acciones, etc. **3.** Perteneciente o relativo a la práctica, en oposición a la teoría. **4.** Diestro, experto. || *s. m.* **5.** Persona que dirige las operaciones de entrada y salida de los barcos en un puerto. **6.** Barco que utiliza esta persona para realizar su tarea.

practicón, na *s. m.* y *f.* Persona hábil o experta en una actividad por haberla practicado mucho, pero que no tiene especiales conocimientos teóricos de ella.

pradal *s. m.* Pradera*.

pradejón *s. m.* Prado pequeño.

pradera *s. f.* **1.** Formación herbácea de gramíneas que se da entre los bosques templados y templado-fríos de EE UU y Canadá y las Montañas Rocosas. **2.** Conjunto de prados. **3.** Prado grande.

pradería *s. f.* Conjunto de prados.

Pradilla, Francisco (Villanueva de Gállego, Zaragoza 1846 - Madrid 1921) Pintor español. Se especializó en paisajes y cuadros de historia. Fue director del museo del Prado. Entre sus cuadros destacan *Doña Juana la Loca* (1878), *La rendición de Granada* (1882) y *Suspiro del Moro.*

prado *s. m.* **1.** Terreno llano, típico de zonas húmedas o de regadío, donde se deja crecer o se cultiva hierba para alimentar al ganado. **2.** Lugar agradable, generalmente llano y con hierba.

Prado, Mariano (s. XIX) Político salvadoreño. Liberal, presidió la primera junta de gobierno (1823-24) y asumió la jefatura del Estado (1826). En 1827 invadió Guatemala y repuso a Juan Barrundia. Fue nombrado vicepresidente de la Confederación Centroamericana (1830) y, tras el golpe que derrocó a Cornejo, volvió a ocupar la jefatura de El Salvador (1832-33).

Prado, Mariano Ignacio (Huánuco 1826 - París 1901) Militar y político peruano. En 1865 encabezó la rebelión que derrocó a Pezet y se proclamó dictador. En 1867 la Asamblea le nombró presidente, pero dimitió tras la revolución conservadora de 1868. Elegido nuevamente presidente en 1876, abandonó el país en 1879, ante la previsible derrota de Perú en la guerra declarada a Chile.

Prado, Museo del Pinacoteca española situada en Madrid. El edificio en que está instalado fue construido durante el reinado de Carlos III por el arquitecto Juan de Villanueva y destinado en 1818 por Fernando VII para albergar las colecciones reales. El museo fue inaugurado en 1819. Contiene importantes colecciones de pintores de la escuela española, especialmente de Velázquez, Goya, Ribera, El Greco y Zurbarán; flamenca, como Rubens, Brueghel, El Bosco, Van Dyck, Van Eyck, Van der Weyden y Jordaens; holandesa, como Rembrandt y Antonio Moro; italiana, como Boticcelli, Mantegna, Rafael, Tiziano, Veronés, Tintoretto y Tiepolo; francesa, como Van Loo, Poussin y Claudio de Lorena; alemana, como Durero y Cranach; y una importante muestra de escultura antigua y dibujos. La pintura posterior al s. XVIII se conserva en un edificio anexo, el Casón del Buen Retiro.

Prado Calvo, Pedro (Santiago de Chile 1886 - íd. 1952) Poeta y novelista chileno. Fundó el grupo y revista de *Los Diez.* Es autor de las colecciones de poemas en prosa *La casa abandonada* (1912) y *Los pájaros errantes* (1915) y el poema dramático *Androvar* (1925). Entre sus novelas, que tienen también carácter lírico, pueden citarse *La reina de Rapa Nui* (1914) y *Alsino* (1920).

Prado y Ugarteche, Manuel (Lima 1889 - París 1967) Político peruano. Era hijo de Mariano Ignacio Prado. Financiero y diputado conservador fundó el partido Unión Parlamentaria (1919), llamado posteriormente *Movimiento Democrático Pradista.* Tuvo que exiliarse por su oposición a Leguía (1921-32). Ocupó la presidencia de la república en dos periodos (1939-45 y 1956-62). En 1962 fue derrocado por un golpe militar, debido a su condescendencia con el aprismo.

Prados, Emilio (Málaga 1899 - Ciudad de México 1962) Poeta español. Creó con Manuel Altolaguirre la revista *Litoral* (1926-29). En 1939 se exilió a México. Entre sus principales libros se cuentan *Canciones del farero* (1926), *Llanto de sangre* (1937), *Jardín cerrado* (1946) y *La piedra escrita* (1961).

Praga C. de Checoslovaquia, cap. del país, situada en el O del mismo, a orillas del río Moldava. 1.214.000 h. en 1989. Es el principal centro administrativo, comercial y cultural de Checoslovaquia, nudo ferroviario y núcleo industrial, con producción alimentaria, química, mecánica, automovilística, textil, del calzado y de cerveza. Sus monumentos más destacados son el palacio Hradcany (s. IX - XVII), la catedral gótica (s. XIV) y los palacios Schwarzenberg y Belvedere (s. XVI).

Praga: vista panorámica en la que destaca la cúpula verde de la iglesia barroca de San Nicolás.

Hist. La ciudad de Praga surgió como pequeño enclave comercial y se desarrolló hasta el s. X. Fue residencia de los duques de Bohemia y, tras la incorporación de este ducado al imperio germánico, núcleo del nacionalismo checo antialemán que produjo la revolución husita. En el s. XIII el emperador Wenceslao le dio estatuto de ciudad y Carlos IV en el siglo siguiente la convirtió en capital de Bohemia. La preponderancia de la población checa, obtenida durante el gobierno del voivoda Podyebradi, se perdió bajo el dominio de los Habsburgo, que le retiraron la capitalidad en favor de Viena. La rebelión de Praga de 1618 originó una violenta represión y la batalla de la Montaña Blanca, a partir de la cual la ciudad entró en decadencia y fue ocupada repetidas veces por suecos y sajones. En 1918 fue proclamado en Praga el estado nacional checo. En 1939 quedó bajo dominio del Tercer Reich. Al término de la Segunda Guerra Mundial, con el nacimiento de Checoslovaquia, Praga se convirtió en la capital del nuevo estado comunista.

Praga, Círculo Lingüístico de Asociación fundada en Praga en 1926 por estructuralistas rusos y checos, cuyos integrantes más representativos son Roman Jakobson y Nicolai S. Trubetzkoi. En su concepción del lenguaje adquiere especial importancia la noción de función: la lengua es concebida como un sistema funcional, cuya finalidad es expresar y comunicar. Los estudios sincrónicos llevados a cabo en fonética y fonología han supuesto un importante impulso para estas disciplinas.

Praga, primavera de Término que designa el periodo de la historia de Checoslovaquia en el que se intentó una liberalización del régimen comunista. Comenzó en enero de 1968, cuando fue elegido primer secretario del Partido Comunista Alexander Dubcek. Finalizó bruscamente el 21 de agosto de 1968 al ser invadida Checoslovaquia por las tropas del Pacto de Varsovia.

pragmática *s. f.* **1.** Mandato dado por los reyes que tenía fuerza de ley, aunque no hubieran colaborado en él las Cortes u otros órganos de gobierno, y que se ajustaba a unas fórmulas especiales. **2.** Disciplina lingüística que estudia el uso que hacen los hablantes de la lengua y las circunstancias y contextos en que se emplea. ‖ **3. pragmática sanción** Disposición legal dictada por el rey español Carlos IV y adoptada por las Cortes en 1789, por la que se derogó la ley sucesoria de Felipe V, restableciendo la herencia dinástica para las mujeres. Se mantuvo en secreto hasta 1830, en que fue publicada por Fernando VII para amparar el derecho sucesorio de su hija Isabel II frente a su hermano Carlos.

pragmático, ca *adj.* **1.** Práctico, relativo a la acción, la realidad o la experimentación, y no a la teoría. **2.** Se aplica a la persona práctica, realista y que busca la utilidad de las cosas; se dice también de sus ideas, palabras, acciones, etc. **3.** Partidario o seguidor de la corriente filosófica del pragmatismo. También *s.* **4.** Perteneciente o relativo a la disciplina lingüística llamada *pragmática*; se dice también del lingüista dedicado a esta disciplina. También *s.* **5.** En der., jurista que conoce e interpreta las leyes que están vigentes en un país. También *s. m.* **FAM.** Pragmáticamente.

pragmatismo *s. m.* **1.** Corriente filosófica de carácter empirista que concibe la verdad en términos de utilidad y de éxito. Subraya la prioridad de la acción sobre los principios teóricos, por lo que considera el valor práctico de las teorías como criterio de verdad de las mismas. Se desarrolló, sobre todo, durante el primer cuarto del s. XX en EE UU y sus principales representantes son Charles Sanders Peirce, William James y John Dewey. **2.** Manera de pensar y de actuar realista y guiada por el principio de utilidad. **FAM.** Pragmatista.

Praia C. de Cabo Verde, cap. del país, situada en la isla de São Tiago. 55.250 h. en 1987. Es un puerto pesquero y mercado agrícola de agrios, café y caña de azúcar.

praliné (voz fr.) *s. m.* **1.** Chocolate o bombón que tiene trocitos de almendras, avellanas, etc. **2.** Crema de chocolate con almendra o avellana.

prao *s. m.* Embarcación malaya de poco fondo, muy larga y estrecha.

praseodimio *s. m.* Pr. Elemento químico perteneciente al grupo de los lantánidos del sistema periódico. Su número atómico es 59 y su masa atómica 140,9077. Fue descubierto por el químico austriaco Carl Auer von Welsbach en 1885. Es un metal de aspecto ferroso, que se obtiene por reducción y electrólisis de sus sales. Reacciona fácilmente con el oxígeno y los ácidos. Se encuentra, asociado a otros elementos de su grupo, en la monacita, que se extrae de yacimientos en India, Suecia, Brasil y EE UU. Se emplea en la fabricación de cerámica y vidrios coloreados y en equipos electrónicos.

prasma *s. m.* Ágata* verde oscura.

Prat de la Riba i Sarrà, Enric (Castellterssol, Barcelona 1870 - íd. 1917) Político español. En 1906, tras la creación de Solidaridad Catalana, publicó *La nacionalidad catalana,* obra que fijó la teoría del nacionalismo conservador catalán. Presidente de la Diputación de Barcelona desde 1907, fue nombrado presidente de la Mancomunidad de Cataluña (1914-17). Trabajó en pro de la cultura y la lengua catalanas.

Prat de Llobregat, El C. de España, en la prov. de Barcelona, situada en el delta del río Llobregat. 65.300 h. en 1990. Tradicional núcleo agrario (arroz, frutales, productos hortícolas), se ha transformado en un centro industrial (metalurgia, automóviles) y de comunicaciones. En él se encuentra el aeropuerto de Barcelona.

pratense *adj.* Se dice de la vegetación propia de los prados.

praticultura *s. f.* Parte de la agricultura dedicada al cultivo de los prados.

Prato C. de Italia, situada en Toscana, junto al río Bisenzio. 164.800 h. en 1990. Cuenta con industria textil, cementera y de construcciones mecánicas. Entre sus monumentos resalta la catedral románico-gótica, decorada por della Robbia, Donatello y Michelozzo.

Pratolini, Vasco (Florencia 1913 - Roma 1991) Escritor italiano. Su obra, ambientada generalmente en los años del fascismo, refleja los problemas sociales y personales de los grupos más desfavorecidos, que él conoció de cerca. Entre sus novelas destacan *Crónica familiar* (1947), *Crónica de los pobres amantes* (1947) y *La constancia de la razón* (1963).

praviana *s. f.* Canción popular asturiana.

praxis *s. f.* **1.** Aplicación práctica de una teoría. **2.** En el pensamiento marxista, actividad humana transformadora de la naturaleza y de la historia, que sirve para liberar, realizar y desplegar las potencialidades existentes en la clase obrera.

Praxíteles o **Praxiteles** (Atenas h. 390 - íd. h. 330 a. C.) Escultor griego. Fue uno de los maestros del siglo de Pericles. Realizó un tipo de escultura caracterizado por la suavidad y dulzura de las formas, que influyó profundamente en sus contemporáneos y en la posterior escuela alejandrina. La fama de Praxíteles proviene de la perfección con que talló los cuerpos de jóvenes, como su *Artemisa* y sus Afroditas, entre las que sobresale la *Afrodita de Cnido*.

Praxíteles: Apolo sauróctono, *réplica del original (Museo del Louvre, París).*

pre- *pref.* Significa 'antes' o 'delante': *prefijo, presuponer, prever.*

preámbulo *s. m.* **1.** Aquello que se dice antes de un discurso o escrito para explicar, comentar, aclarar, etc., lo que después se va a tratar en él. **2.** Palabras con las que se intenta evitar decir claramente algo o entrar en materia. Se usa más en *pl.*

prebenda *s. f.* **1.** Renta que llevan consigo algunas dignidades u oficios eclesiásticos. **2.** Empleo bien pagado y en el que se trabaja poco. **3.** *fam.* Beneficio, favor o ventaja que se consigue, no mediante el propio esfuerzo, sino porque alguien lo concede.

prebendado *s. m.* Eclesiástico que disfruta de alguna prebenda.

prebostazgo *s. m.* Dignidad o actividad del preboste.

preboste *s. m.* **1.** Persona que preside o gobierna algunas asociaciones o comunidades. **2.** Persona poderosa e influyente. **FAM.** Prebostal.

precalentamiento *s. m.* **1.** Ejercicios suaves que realiza el deportista como preparación para el esfuerzo principal. **2.** Calentamiento de un aparato, motor, producto, etc., antes de someterlo a la operación o uso principal.

precámbrico, ca *adj.* **1.** Se aplica al tiempo geológico que abarca desde el origen de la Tierra hasta la aparición de los primeros seres vivos dotados de partes duras, capaces de dejar fósiles. Comenzó hace unos 4.700 millones de años y terminó hace unos 570, fecha en que dio comienzo el fanerozoico. Durante el precámbrico se solidificó la corteza de la Tierra, se formaron los continentes, se produjo la orogenia huroniana, apareció la vida, cambió la composición de la atmósfera, aparecieron las células procariotas, las eucariotas y las primeras plantas y animales pluricelulares. También *s. m.* **2.** Perteneciente o relativo a este tiempo geológico.

precapitalista *adj.* **1.** Anterior al capitalismo. **2.** Se dice de los modos de producción que preceden al capitalismo y que Marx resumió en tres tipos: comunismo primitivo, esclavismo antiguo y feudalismo.

precariedad *s. f.* Cualidad o circunstancia de precario.

precario, ria *adj.* **1.** Inseguro o escaso, de poca estabilidad. **2.** Que no tiene los medios o recursos económicos suficientes. **3.** En der., se aplica a lo que se tiene o disfruta sin título, porque el dueño lo permite o no se ha dado cuenta. **FAM.** Precariamente.

precaución *s. f.* Actitud o acción prudente con que se pretende evitar un posible mal.

precautorio, ria *adj.* Se aplica a lo que sirve de precaución.

precaver *v. tr.* Tratar de evitar un mal, actuando con precaución. También *v. prnl.*

precavido, da *adj.* **1.** *p. p.* de **precaver**. ‖ *adj.* **2.** Se dice de la persona previsora. **FAM.** Precavidamente.

precedencia *s. f.* **1.** Cualidad o circunstancia de preceder una cosa o persona a otra u otras. **2.** Circunstancia de ser una persona o cosa más importante que otra u otras.

precedente *adj.* **1.** Que precede. ‖ *s. m.* **2.** Cualquier cosa dicha o hecha en el pasado que sirve como ejemplo, norma o justificación de otras posteriores. ‖ **LOC. sentar precedente** Hacer algo que sirva de ejemplo, norma o justificación de casos o circunstancias similares posteriores. **sin precedentes** *adj.* Sin un ejemplo anterior que lo explique o justifique.

preceder *v. tr.* **1.** Estar colocada una persona o una cosa delante de otra. También *v. intr.* **2.** Ocurrir una cosa antes que otra. **3.** Tener una persona o cosa más importancia que otra.

preceptista *adj.* **1.** Se aplica a la persona que enseña preceptos, que los cumple o que obliga a otros a cumplirlos. También *s.* ‖ *s. m.* y *f.* **2.** Tratadista de preceptiva, en particular literaria.

preceptivo, va *adj.* **1.** Se dice de aquello que tiene que hacerse o cumplirse por estar así establecido. ‖ *s. f.* **2.** Conjunto de normas aplicables a determinado campo o asunto.

precepto *s. m.* Aquello que hay que hacer o cumplir porque está así establecido. ‖ **LOC. de precepto** Se aplica a los días en que los católicos tienen que oír misa porque así lo prescribe la Iglesia.

preceptor, ra *s. m.* y *f.* Persona que está encargada de la educación privada de un niño en la propia casa de éste.

preceptuado, da **1.** *p. p.* de **preceptuar**. También *adj.* ‖ *adj.* **2.** Preceptivo.

preceptuar *v. tr.* Dictar preceptos. ■ En cuanto al acento, se conjuga como *actuar: preceptúa.*

preces *s. f. pl.* Oraciones o ruegos dirigidos a Dios, la Virgen o los santos.

precesión *s. f.* **1.** Movimiento del eje de rotación de un sólido producido por la acción de dos fuerzas externas. **2.** En retórica, figura que consiste en dejar incompleta una frase para que se

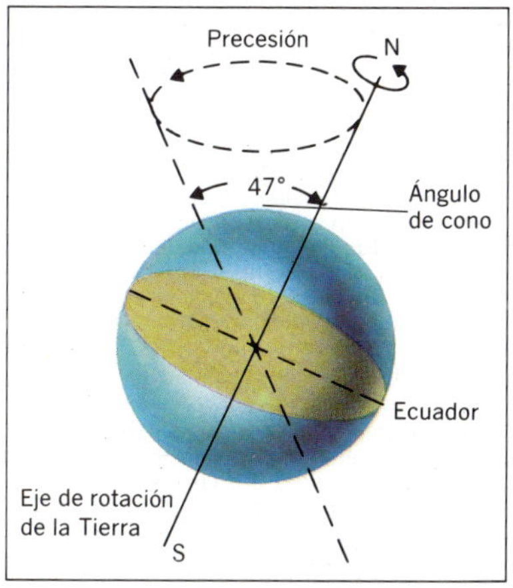

Precesión de los equinoccios: el movimiento cónico del eje de rotación de la Tierra, análogo al del eje de una peonza, es muy lento y tarda 26.000 años en completar un giro.

sobreentienda. ‖ **3. precesión de los equinoccios** Movimiento de retroceso en la rotación del eje de la Tierra alrededor del polo de la eclíptica, que provoca una anticipación de los equinoccios y, por tanto, un leve adelanto cada año en el inicio de las estaciones.

preciado, da *adj.* De mucho valor.

preciarse *v. prnl.* Mostrarse alguien orgulloso por algo.

precinta *s. f.* **1.** Papel oficial que se pega en el envoltorio de ciertos productos de importación al pasar éstos por la aduana. **2.** Refuerzo que se pone en las esquinas de baúles, cajas, etc. **3.** En los barcos de madera, tira que sirve para cubrir las junturas de las tablas. **4.** Tira de lona con brea que se enrolla alrededor de un cabo, o cuerda de un barco, antes de forrarlo.

precintado, da **1.** *p. p.* de **precintar**. También *adj.* ‖ *s. m.* **2.** Acción y efecto de precintar.

precintar *v. tr.* **1.** Poner precintas o precintos. **2.** Cerrar totalmente.

precinto *s. m.* **1.** Acción y efecto de precintar. **2.** Sello, atadura u otra cosa que se pone sobre un objeto o local para mantenerlo cerrado y asegurarse de que sólo es abierto por la persona adecuada.

precio *s. m.* **1.** Cantidad de dinero que hay que pagar por una cosa. **2.** Lo que hay que dar o entregar para conseguir algo. ‖ **3. precio alzado** Precio total de un trabajo sin detallar la cantidad que corresponde a las distintas partes de él. ‖ **LOC. a** (o **al**) **precio de** *adv.* A costa de. **no tener precio** una persona o cosa Ser alguien o algo de mu-

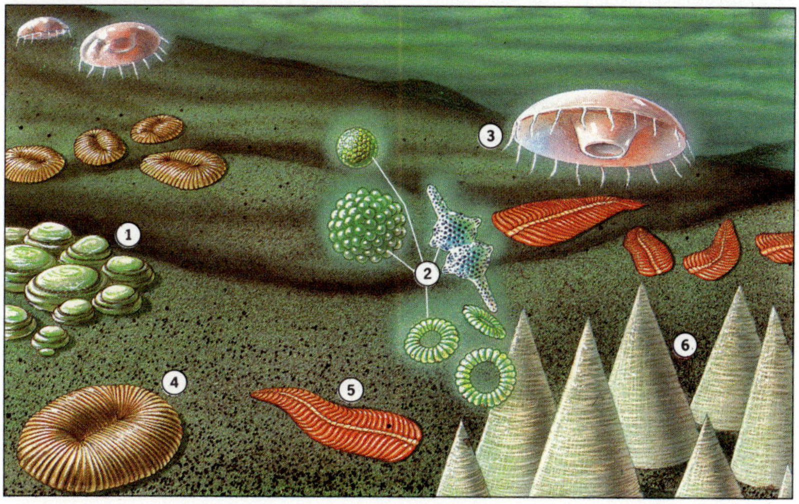

Precámbrico: 1. Algas calcáreas (Collenia). *2. Plancton. 3. Medusa* (Medusina mawsoni). *4. Gusano plano de contorno circular* (Dickinsonia costata). *5. Gusano segmentado* (Spriggina floundersi). *6. Estromatolitos, formaciones calcáreas producidas por algas azules.*

cho valor. **poner precio a la cabeza de** alguien *fam.* Ofrecer una recompensa por descubrir o entregar un delincuente a la justicia.
Econ. En un sistema de economía de mercado los precios se fijan libremente conforme a las leyes de la oferta y la demanda. El Estado, sin embargo, puede influir indirectamente en su evolución mediante medidas como la contención salarial, aumento o disminución de la presión fiscal, modificación de los tipos de interés fijados por los bancos centrales, etc. Asimismo, pueden ser establecidos oficialmente los precios de artículos considerados de primera necesidad, como alimentos y medicinas.

preciosidad *s. f.* **1.** Cualidad de precioso. **2.** Persona, animal o cosa de gran belleza.

preciosismo *s. m.* **1.** Estilo o manera de hacer las cosas que cuida exageradamente los detalles más insignificantes. Se utiliza a veces con sentido despectivo. **2.** Tendencia al refinamiento y a la frivolidad en el lenguaje, comportamiento, etc., que estuvo de moda en Francia a mediados del s. XVII. **FAM.** Preciosista.

precioso, sa *adj.* **1.** Que tiene un gran valor por ser muy escaso o por sus cualidades, belleza, utilidad, etc. **2.** De gran belleza. **FAM.** Preciosamente.

precipicio *s. m.* **1.** Corte profundo y vertical del terreno. **2.** Ruina o degradación espiritual o material. || **LOC. al borde del precipicio** *adv. fam.* En una situación muy peligrosa, extremadamente difícil o grave.

precipitación *s. f.* **1.** Acción y efecto de precipitar o precipitarse. **2.** Agua procedente de la atmósfera que, en forma líquida o sólida, cae sobre la tierra, y cantidad de agua caída. Se usa mucho en *pl.* **3.** En quím., reacción mediante la cual aparece una sustancia sólida insoluble al mezclar disoluciones transparentes. P. ej., al mezclar una disolución de nitrato de plata con otra de cloruro de potasio se forma un precipitado blanco de cloruro de plata, insoluble en agua.

precipitado, da **1.** *p. p.* de **precipitar**. También *adj.* || *adj.* **2.** Se aplica a las personas que hacen o dicen las cosas con demasiada prisa y descuido, así como a las cosas hechas o dichas de esta forma. || *s. m.* **3.** En quím., producto sólido insoluble que resulta de una reacción de precipitación. **FAM.** Precipitadamente.

precipitante *s. m.* En quím., sustancia que produce la precipitación.

precipitar *v. tr.* **1.** Arrojar, lanzar a alguien o algo desde un lugar alto. También *v. prnl.* **2.** Hacer que algo suceda antes o más rápidamente de lo que se pensaba. También *v. prnl.* **3.** En quím., hacer que se produzca una precipitación. También *v. intr.* || *v. prnl.* **4.** Hacer o decir algo apresuradamente y sin reflexionar. **5.** *fam.* Ir rápidamente hacia un sitio.

precipitoso, sa *adj.* Se dice de las personas que actúan de modo precipitado, así como de sus acciones, conducta, etc.

precisado, da **1.** *p. p.* de **precisar**. También *adj.* || *adj.* **2.** Obligado, forzado.

precisamente *adv. m.* **1.** Con precisión. **2.** Casualmente: *Precisamente estábamos hablando de ti hace un momento.* **3.** Con la finalidad que se expresa: *Precisamente lo hice para verte de nuevo.* **4.** Justo en el momento o lugar que se expresa. || *adv. afirm.* **5.** Sí.

precisar *v. tr.* **1.** Necesitar. También *v. intr.* **2.** Describir o expresar algo con más precisión. También *v. intr.*

precisión *s. f.* **1.** Cualidad de preciso, exacto. **2.** Circunstancia de ser algo necesario. **3.** Acción y efecto de precisar, describir o expresar algo con mayor extactitud. **4.** En mat., mínimo error que comete un instrumento de medida. || **LOC. de precisión** *adj.* Se dice de los aparatos, instrumentos, etc., que obtienen resultados o mediciones de gran exactitud.

preciso, sa *adj.* **1.** Necesario, que hace falta. **2.** Justo, exacto, no aproximado. **3.** Delante de ciertos sustantivos como *instante, momento,* etc., mismo. **4.** En lóg., se aplica al término abstraído.

precitado, da *adj.* Citado o mencionado anteriormente.

precito, ta *adj.* Condenado a las penas del infierno.

preclaro, ra *adj.* Muy destacado por sus obras o cualidades. **FAM.** Preclaramente.

preclásico, ca *adj.* Que es anterior al periodo clásico en arte y literatura.

precocidad *s. f.* Cualidad de precoz.

precognición *s. f.* Conocimiento anticipado.

precolombino, na *adj.* Anterior a los viajes y descubrimientos de Cristóbal Colón.

preconcebido, da **1.** *p. p.* de **preconcebir**. || *adj.* **2.** Premeditado. **3.** Se aplica a las ideas que se tienen sobre algo sin conocerlo y que, generalmente, reflejan una visión deformada de ello.

preconcebir *v. tr.* Pensar o planear algo de antemano. ▪ Es v. irreg. Se conjuga como *pedir.*

preconizar *v. tr.* **1.** Defender y aconsejar una cosa que se considera buena. **2.** Anunciar, augurar. **3.** Designar el papa un nuevo obispo. ▪ Se conjuga como *cazar.* **FAM.** Preconización, preconizador.

preconsciente *s. m.* En psicol., término acuñado por Sigmund Freud para designar aquellos contenidos psíquicos (ideas, sentimientos, imágenes, etc.) que no están en la consciencia pero que pueden ser fácilmente accesibles a ella.

precontinente *s. m.* En geol., sector de fondo marino que bordea los continentes hasta profundidades comprendidas entre los 3.000 y 4.000 m. Consta de tres sectores: plataforma continental, talud continental y borde continental.

precontrato *s. m.* Acuerdo alcanzado entre dos partes por el que se comprometen a firmar un contrato en un momento determinado. En ocasiones se garantiza mediante el pago de una cantidad a cuenta.

precordial *adj.* En anat., se aplica a la región del tórax que está delante del corazón.

precordillera *s. f.* En geol., grupo de montañas externas de una cordillera.

precoz *adj.* **1.** Se dice de lo que se produce, sucede o se desarrolla antes de lo acostumbrado, previsto o en los momentos iniciales de un determinado proceso. **2.** Se dice del niño cuyo desarrollo o madurez son mayores que los de los otros de su edad; se aplica también a sus cualidades, comportamiento, etc. **FAM.** Precozmente.

precursor, ra *adj.* **1.** Que inicia o anuncia algo que se desarrollará más tarde, especialmente en el campo de las ideas, las artes o las ciencias. También *s.* || *s. m.* **2.** Por antonomasia, San Juan Bautista, que anunció la venida de Jesucristo.

predador, ra *adj.* Depredador*.

predatorio, ria *adj.* **1.** Perteneciente o relativo al hecho de capturar su presa un animal. **2.** Perteneciente o relativo al robo o al saqueo.

predecesor, ra *s. m.* y *f.* Antecesor*, persona.

predecir *v. tr.* Decir anticipadamente lo que va a ocurrir. ▪ Es v. irreg. Se conjuga como *decir,* excepto el futuro y condicional simples de indicativo y el imperativo, que son regulares. **FAM.** Predecible.

predela *s. f.* Parte inferior de un retablo, dividido en diversos paneles pintados o tallados.

predestinación *s. f.* **1.** Acción y efecto de predestinar. **2.** En teología, doctrina según la cual la salvación de cada hombre depende de la voluntad divina. Ha estado vigente a lo largo de la historia en diversas ocasiones y, del modo más radical, en el pensamiento de Calvino.

predestinacionismo *s. m.* Doctrina filosófica o religiosa que cree en la predestinación y la predica.

predestinar *v. tr.* Destinar anticipadamente a una persona o cosa para algo; especialmente, decidir y disponer Dios el destino o el futuro de las personas y las cosas. **FAM.** Predestinado.

predeterminar *v. tr.* Determinar o decidir algo de forma anticipada y, generalmente, sin posibilidad de cambio. **FAM.** Predeterminación.

predial *adj.* Perteneciente o relativo al predio.

prédica *s. f.* **1.** Discurso moralizante o apasionado. **2.** *fam.* Cualquier discurso, conferencia, etc.

predicable *adj.* **1.** Que puede o merece ser predicado. **2.** En lóg., se dice del concepto que puede predicar algo de un sujeto. || *s. m.* **3.** En lóg. tradicional, cada uno de los diversos modos en que se pueden relacionar, en una proposición, el sujeto y el predicado: género, especie, diferencia, propiedad y accidente.

predicado, da **1.** *p. p.* de **predicar**. También *adj.* || *s. m.* **2.** En ling., palabra o conjunto de palabras que enuncian algo del sujeto, y función que desempeñan dentro de la oración; generalmente está formado por el verbo y sus complementos, si los tiene. **3.** En lóg. tradicional, lo que se afirma o niega del sujeto en una proposición. En lóg. moderna se considera como predicado todo aquello que enuncia algo de un sujeto, sea una propiedad o una relación. || **4. predicado nominal** El que está formado por un verbo copulativo, como *ser* o *estar,* y un atributo. **5. predicado verbal** El constituido por un verbo no copulativo y sus complementos, si los lleva.

predicador, ra *adj.* **1.** Que predica. También *s.* || *s. m.* **2.** Persona que predica la palabra de Dios.

predicamento *s. m.* Prestigio, influencia.

predicar *v. tr.* **1.** Pronunciar un sermón. Se usa más como *v. intr.* **2.** Exponer cierta doctrina religiosa. También *v. intr.* **3.** Aconsejar a alguien. **4.** *fam.* Regañar a alguien o hacerle ciertas observaciones sobre su conducta, defectos, etc. También *v. intr.* **5.** Publicar, difundir. **6.** En ling. y lóg., enunciar algo de un sujeto. También *v. intr.* ▪ Se conjuga como *sacar.* **FAM.** Predicación.

predicativo, va *adj.* **1.** En ling., perteneciente o relativo al predicado. **2.** En ling., se aplica a las oraciones cuyo verbo no es copulativo, como p. ej.: *Come mucho. Trabaja toda la mañana.* **3.** En ling., se dice del complemento que modifica a la vez al verbo y a un nombre en función de sujeto o complemento directo; en *Los jugadores corrían cansados, cansados* es un *adjetivo predicativo.* También *s. m.*

predicción *s. f.* **1.** Acción y efecto de predecir. **2.** Aquello que se predice.

predilección *s. f.* Preferencia de alguien hacia una o más personas o cosas.

predilecto, ta *adj.* Se dice de la persona o cosa preferida entre varias. También *s.*

predio *s. m.* **1.** Propiedad que consiste en terrenos, edificios o, en general, bienes inmuebles. || **2. predio rústico** El que está dedicado a uso agrícola, ganadero o forestal. **3. predio urbano** Edificio destinado a vivienda, ya esté situado en la ciudad o en el campo, y terreno para el mismo uso.

predisponer *v. tr.* **1.** Hacer que alguien esté a favor o en contra de una persona o cosa. También *v. prnl.* **2.** Hacer que alguien tenga cierta inclinación, propensión, etc., hacia algo. También *v. intr.* **3.** Preparar, disponer con antelación. También *v. prnl.* ▪ Es v. irreg. Se conjuga como *poner.*

predisposición *s. f.* **1.** Acción y efecto de predisponer o predisponerse. **2.** Tendencia o actitud favorable para cierta cosa. **3.** Preferencia.

predispuesto, ta **1.** *p. p.* irreg. de **predisponer**. || *adj.* **2.** Se aplica a la persona que tiene predisposición para cierta cosa.

predominante *adj.* Que predomina. **FAM.** Predominantemente.

predominar *v. intr.* **1.** Conseguir alguien o algo destacar, triunfar o ser superior al resto. **2.** Ser una cosa más abundante que las demás o la que más claramente se percibe.

predominio *s. m.* Circunstancia de predominar una persona o cosa sobre las demás.

predorsal *adj.* **1.** Que está situado en la parte anterior de la columna vertebral. **2.** Se dice del sonido que se articula principalmente con la parte anterior del dorso de la lengua, como el de la letra *ch.*

preeminencia *s. f.* **1.** Ventaja, superioridad. **2.** Preferencia, prioridad. **FAM.** Preeminente.

preescolar *adj.* **1.** Se dice de la educación anterior a la enseñanza primaria. También *s. m.* **2.** Perteneciente o relativo a esa educación.

preestablecer *v. tr.* Establecer algo con anterioridad a un momento determinado. ▪ Es v. irreg. Se conjuga como *agradecer.*

preexistencia *s. f.* Hecho de preexistir. **FAM.** Preexistente.

preexistir *v. intr.* Existir una cosa antes del momento, circunstancia, etc., que se considera.

prefabricado, da **1.** *p. p.* de **prefabricar**. || *adj.* **2.** Se dice de las construcciones o manufacturas cuyas partes principales se fabrican por separado y están listas para montarlas y ajustarlas en el lugar de emplazamiento y en el momento de su utilización; así como de cada uno de estos elementos o materiales.

prefabricar *v. tr.* Fabricar por separado los distintos elementos o partes de una construcción o manufactura que serán luego ajustados y montados. ■ Se conjuga como *sacar.*

prefacio *s. m.* **1.** Prólogo*. **2.** Parte de la misa inmediatamente anterior al canon.

prefecto *s. m.* **1.** Entre los antiguos romanos, nombre que se daba a diversos jefes militares o civiles. **2.** En Francia, gobernador de un departamento. **3.** El que preside y dirige una junta o comunidad eclesiástica.

prefectura *s. f.* **1.** Cargo y despacho del prefecto. **2.** Cada una de las grandes divisiones territoriales del imperio romano, formada por varias diócesis y gobernada por un prefecto. **3.** En Francia, capital de un departamento.

preferencia *s. f.* **1.** Circunstancia de tener una persona o cosa más derecho que otras a estar o ir delante, a ocupar un lugar mejor, etc. **2.** Hecho de preferir alguien más a una persona o cosa que a otras. **3.** *fam.* Favoritismo. Se usa más en *pl.* **4.** En algunos espectáculos públicos, localidades que se consideran las mejores. **FAM.** Preferencial, preferente, preferentemente.

preferible *adj.* Mejor, más conveniente o adecuado. **FAM.** Preferiblemente.

preferir *v. tr.* **1.** Querer más a alguien que a otras personas. **2.** Gustar o apetecer a alguien algo en vez de otras cosas. **3.** Considerar a alguien o algo más adecuado para cierto fin. ■ Es v. irreg. Se conjuga como *sentir.*

prefigurar *v. tr.* **1.** Representar anticipadamente una cosa. || *v. prnl.* **2.** Imaginarse por anticipado una cosa. **FAM.** Prefiguración.

prefijación *s. f.* En ling., formación de nuevas palabras por medio de prefijos.

prefijar *v. tr.* **1.** Señalar o fijar algo por anticipado. **2.** Añadir prefijos a las palabras para formar otras nuevas.

prefijo, ja *adj.* **1.** Se dice del afijo que se coloca al principio de la palabra, como en *re*-tocar. También *s. m.* || *s. m.* **2.** Cifra o conjunto de cifras que indican zona, ciudad o país, que se marcan antes del número de teléfono del abonado para comunicar telefónicamente con una zona geográfica distinta de donde se está llamando.

Pregl, Fritz (Laibach, ahora Ljubljana 1869 - Graz 1930) Médico y químico austriaco. Profesor en Graz, investigó los ácidos biliares. En 1923 obtuvo el premio Nobel de química por su desarrollo del procedimiento de microanálisis de las sustancias orgánicas.

preglacial *adj.* **1.** Se aplica al periodo anterior al glacial. También *s. m.* **2.** Perteneciente o relativo a este periodo.

pregnancia, ley de la Una de las principales leyes de la teoría de la percepción, formulada por la escuela de la *Gestalt.* Ante un campo sensible complejo, la percepción que surge con mayor precisión y rapidez es aquella que corresponde a su forma más destacada.

pregón *s. m.* **1.** Anuncio de alguna noticia, servicio, etc., que se hace en voz alta por las calles o en un lugar público. **2.** Discurso que se pronuncia inmediatamente antes de que dé comienzo la celebración de unas fiestas, para anunciarlas e invitar al público a participar en ellas.

pregonar *v. tr.* **1.** Anunciar algo con un pregón. **2.** Publicar, difundir.

pregonero, ra *adj.* **1.** Que pregona, publica o difunde. También *s.* || *s. m.* y *f.* **2.** Persona que pronuncia el pregón de unas fiestas. || *s. m.* **3.** Persona encargada de anunciar en voz alta en algún sitio público una noticia, aviso, etc., de interés general.

pregunta *s. f.* **1.** Acción y efecto de preguntar. **2.** Frase o expresión con que se pregunta. || **LOC. a la cuarta pregunta** *adv. fam.* Muy escaso de dinero.

preguntar *v. tr.* **1.** Pedir una persona a otra que le dé cierta información, le resuelva una duda o le confirme o niegue algo. **2.** Pedir a una persona que diga lo que sabe sobre cierto tema en un examen, prueba, etc. || *v. prnl.* **3.** No saber algo y dudar acerca de ello.

preguntón, na *adj. fam.* Se aplica al que pregunta demasiado o indiscretamente.

prehelénico, ca *adj.* **1.** Se aplica a las grandes civilizaciones desarrolladas en territorio egeo, anteriores a la llegada de los griegos, como la minoica y la micénica. **2.** Perteneciente o relativo a estas civilizaciones.

prehispánico, ca *adj.* Se dice de la América anterior a la conquista y colonización españolas y de todo lo relacionado con ella.

prehistoria *s. f.* **1.** Periodo de la vida de la humanidad que abarca desde los orígenes del hombre hasta la aparición de los primeros testimonios escritos. **2.** Rama de la historia que estudia dicho periodo. **3.** Orígenes, época en que se inicia una tendencia o movimiento que se desarrollará y manifestará plenamente más tarde. **4.** Situación o fase de algo muy atrasada. **FAM.** Prehistórico.

Hist. La prehistoria se considera generalmente dividida en dos grandes etapas: la edad de piedra y la edad de los metales. La edad de piedra incluye varios periodos. En el paleolítico, el hombre cazador y recolector poseía utensilios de piedra –fundamentalmente lascas y hojas– de hueso, madera y cestería, vivía en cuevas o chozas y practicaba una religión primitiva, como parecen indicar las pinturas rupestres. El paleolítico se suele dividir en inferior y superior y se extiende aproximadamente desde el 2000000 hasta el 10000 a. C. El mesolítico, que abarca desde el fin de la última glaciación hasta el 5000 a. C., se caracterizó por la colonización de grandes regiones ante la retirada de los hielos y por el uso de pequeños útiles de piedra llamados *microlitos.* El neolítico fue un periodo de gran importancia por el nacimiento de la agricultura y la aparición de la vida sedentaria y de las técnicas para pulimentar la piedra y fabricar cerámica. Su economía se basó en el cultivo de trigo y cebada y la cría de ovejas, cabras y cerdos.

La edad de los metales comprende a su vez tres periodos. En el calcolítico o edad del cobre, la cultura es esencialmente neolítica, pero comienza la metalurgia del cobre, aparece el cultivo con arado y surgen las primeras poblaciones. La edad del bronce se distingue por la metalurgia del bronce y el nacimiento del comercio. Se prolongó en Europa occidental desde el 2000 hasta el 1000 a. C. La edad del hierro, con la que se inicia en Europa la edad histórica, surgió con la metalurgia del hierro, en Asia Menor en torno al s. XIV a. C. y en Europa oriental hacia el s. XI a. C.

prehomínido, da *adj.* Se aplica a un primate fósil anterior al hombre. También *s.*

prejudicial *adj.* En der., se aplica a los procedimientos civiles, contencioso-administrativos y canónicos que deben resolverse antes de la sentencia y que confieren su carácter al hecho que se juzga.

prejuicio *s. m.* Juicio u opinión de carácter irracional, que no se basa en el conocimiento del asunto de que se trata y que se manifiesta en rechazo de individuos, grupos, razas, ideas, etc.

prejuzgar *v. tr.* Juzgar a una persona o cosa antes de conocerla o sin tener los datos suficientes para ello. ■ Se conjuga como *pagar.*

prelacía *s. f.* Prelatura*.

prelación *s. f.* Preferencia, prioridad.

prelado, da *s. m.* y *f.* **1.** Superior o superiora de un convento o comunidad religiosa. || *s. m.* **2.** Persona que ocupa una de las dignidades superiores de la Iglesia, como abad, arzobispo, obispo, etc.

prelaticio, cia *adj.* Propio del prelado.

prelatura *s. f.* Dignidad y actividad del prelado.

prelavado *s. m.* Lavado preparatorio, especialmente de la ropa en máquinas lavadoras.

preliminar *adj.* **1.** Se aplica a aquello que se dice o hace como preparación o introducción a otra cosa. También *s. m.*, sobre todo *pl.* || *s. m.* **2.** Cada uno de los artículos que se establecen con carácter general y que sirven de base para la negociación de un tratado de paz. Se usa más en *pl.* **FAM.** Preliminarmente.

Prelog, Vladimir (Sarajevo 1906) Químico suizo de origen bosnio. Profesor en la politécnica de Zurich (1947), fue galardonado en 1975 con el premio Nobel de Química, compartido con John Warcup Cornforth, por sus trabajos sobre la estereoquímica de las moléculas y reacciones orgánicas.

preludiar *v. tr.* Anunciar, preparar o iniciar algo. También *v. intr.*

preludio *s. m.* **1.** Aquello que sucede antes de una cosa y la anuncia, prepara o inicia. **2.** Breve pieza musical que originalmente servía de introducción a otra obra, ya fuera vocal o instrumental. En el Romanticismo, y particularmente con Chopin, pierde su caracter de improvisación y se convierte en una forma independiente.

prematrimonial *adj.* Que es propio del matrimonio, pero tiene lugar antes de éste.

prematuro, ra *adj.* **1.** Que ocurre antes de lo acostumbrado, debido o conveniente. **2.** Que no está suficientemente desarrollado o maduro. **3.** Se dice del niño que nace antes de que se cumplan los nueve meses de gestación o del que, por su peso inferior a 2.500 g, necesita ser colocado en una incubadora. También *s.* **FAM.** Prematuramente.

premeditación *s. f.* **1.** Acción y efecto de premeditar. **2.** Intención de hacer algún daño. En derecho constituye una circunstancia agravante.

premeditar *v. tr.* **1.** Pensar o planear algo antes de hacerlo, reflexionando sobre ello para obtener el resultado o efecto deseado. **2.** En der., planear la realización de un delito.

Premiá de Mar C. de España, en la prov. de Barcelona, situada en la costa, al N de la capital. 22.200 h. en 1990. Tiene producción hortofrutícola e industria textil; su principal actividad es el turismo.

premiar *v. tr.* Dar algo bueno a alguien como agradecimiento, reconocimiento o recompensa por unos servicios o méritos. **FAM.** Premiador.

premier (voz ingl.) *s. m.* y *f.* Primer ministro, jefe de gobierno en el Reino Unido y otros países de habla inglesa.

première (voz fr.) *s. f.* Estreno de un espectáculo, de una obra teatral o de una película.

Preminger, Otto (Viena 1906 - Nueva York 1986) Director de cine estadounidense de origen austriaco. En Viena se dedicó al teatro y desde 1944 trabajó como director de cine en Hollywood. El gran éxito de *Laura* (1944) le permitió convertirse en productor independiente y realizar un cine comprometido y ambicioso. Entre sus principales películas se encuentran *Anatomía de un asesinato* (1959), *Éxodo* (1960), *El cardenal* (1963) y *El factor humano* (1980).

premio *s. m.* **1.** Aquello que se da a alguien como reconocimiento de una buena acción, un servicio o un mérito. **2.** Dinero, objeto, etc., que se sortea en un juego, rifa, concurso, etc. **3.** Nombre que se da a ciertas competiciones literarias, deportivas, etc. **4.** Ganador de estas competiciones. || **5. premio de consolación** El que se otorga en concursos, rifas, sorteos, etc., cuando no se obtiene ninguno de los premios principales. **6. premio extraordinario** Máxima calificación que puede obtenerse en una graduación académica.

premioso, sa *adj.* Se dice de la persona que hace o dice las cosas demasiado lentamente y con dificultad, así como de sus acciones, palabras, etc. **FAM.** Premiosamente, premiosidad.

premisa *s. f.* **1.** Proposición o idea que sirve de base para un razonamiento, discusión, tratado, etc. **2.** En lóg., cada una de las proposiciones de un razonamiento a partir de las cuales se deduce y obtiene la conclusión.

premolar *adj.* Se dice de las piezas dentarias de los mamíferos que están situadas entre los caninos y los molares, y de las cuales hay cuatro en cada mandíbula. También *s. m.*

premonición *s. f.* Sensación por la que alguien cree saber que algo, generalmente malo, va a ocurrir en el futuro.

premonitorio, ria *adj.* Que tiene carácter de premonición.

premonstratense *adj.* **1.** Se aplica a la orden de canónigos regulares fundada por San Norberto en 1120, en Francia. **2.** De esta orden. También *s.*

premura *s. f.* **1.** Prisa, urgencia. **2.** Escasez, falta de algo, especialmente de espacio o tiempo.

prenatal *adj.* **1.** Que existe, se produce o se usa antes del nacimiento de un niño. **2.** Particularmente, se dice de la ropa adecuada para las mujeres embarazadas y de lo relacionado con ella.

prenda *s. f.* **1.** Cualquier cosa que se deja como garantía de algo. **2.** Cualquier cosa que sirve de prueba de lo que se expresa. **3.** Pieza de ropa. **4.** Cualidad física o moral. **5.** Se utiliza como apelativo cariñoso para dirigirse a alguien. **6.** *amer.* Joya, alhaja. || *pl.* **7.** Cierto juego de grupo en que el perdedor debe entregar un objeto que le pertenezca o realizar la acción que decidan los demás jugadores. || **LOC. no dolerle prendas** a uno No importarle reconocer sus propios errores o la superioridad de otro u otros; cumplir alguien escrupulosamente sus obligaciones; también, dedicar todo el dinero, tiempo o esfuerzo que haga falta para conseguir algo que desea o para llevar a cabo cierto asunto. **no soltar prenda** *fam.* No decir una cosa, guardar un secreto.

prendar *v. tr.* **1.** Agradar mucho a alguien, ganarse su admiración. || *v. prnl.* **2.** Quedar alguien enamorado o entusiasmado de una persona o cosa.

prendedor, ra *adj.* **1.** Que prende o sujeta. También *s.* || *s. m.* **2.** Objeto provisto de un enganche que sirve para sujetar algo o simplemente de adorno.

prender *v. tr.* **1.** Sujetar o enganchar una cosa en otra. También *v. prnl.* **2.** Capturar, detener una autoridad a una persona. **3.** Agarrar, coger. **4.** Incendiar, poner fuego en alguna cosa. También *v. prnl.* **5.** En tauromaquia, clavar las banderillas al toro. || *v. intr.* **6.** Arraigar una planta. **7.** Empezar a arder una materia. **8.** Encontrar algo acogida entre la gente.

prendería *s. f.* Tienda en que se compran y venden prendas, alhajas, muebles y otras cosas usadas.

prendero, ra *s. m.* y *f.* Persona que tiene una prendería o comercia en prendas y otras cosas usadas.

prendido, da **1.** *p. p.* de **prender**. También *adj.* || *s. m.* **2.** Adorno que se pone en la cabeza o se engancha en la ropa. || **LOC. prendido con alfileres** *adj. fam.* Se dice de todo aquello que no está bien terminado o asegurado, especialmente se aplica a la lección, materia escolar, etc., que se sabe sólo de manera superficial y se olvida en seguida.

prendimiento *s. m.* Acción y efecto de prender; por antonomasia, el de Jesucristo en el huerto de los Olivos.

prensa *s. f.* **1.** Máquina que consiste en dos elementos rígidos que se aproximan uno a otro para ejercer presión sobre algo. **2.** Máquina para imprimir o estampar. **3.** Conjunto de publicaciones periódicas impresas, como diarios, semanarios, revistas, etc. **4.** Conjunto de personas dedicadas al periodismo, y periodismo en general. **5.** Imprenta. || **6. agencia de prensa** Empresa u oficina que se encarga de facilitar información a los diarios, revistas, etc. **7. conferencia** (o **rueda**) **de prensa** Véase **conferencia**. **8. prensa del corazón** La que cuenta la vida íntima de algunas personas famosas y populares. **9. prensa hidráulica** Aquella que funciona mediante un émbolo sumergido en un cilindro lleno de líquido. || **LOC. dar a la prensa** Imprimir y publicar un escrito; también, comunicar algo a los periodistas. **en prensa** *adv.* En proceso de impresión y publicación. **tener** alguien o algo **buena** (o **mala**) **prensa** Tener buena (o mala) fama.

prensado, da **1.** *p. p.* de **prensar**. También *adj.* || *s. m.* **2.** Acción y efecto de prensar. **3.** Acabado que se da a los tejidos y telas para que queden lisos, consistentes y con mejor aspecto.

prensar *v. tr.* Ejercer fuerza sobre una cosa con una prensa o por otro procedimiento para romperla, reducir su volumen, extraer un líquido, etc. **FAM.** Prensador, prensadura.

prensil *adj.* Que sirve para agarrar o agarrarse.

prensista *s. m.* y *f.* Empleado de una imprenta que trabaja en la prensa.

prensor, ra *adj.* **1.** Que agarra. **2.** Se dice de las aves que tienen un pico robusto con la base superior encorvada y las patas con dos de los dedos dirigidos hacia atrás, como el loro, el periquito, el guacamayo, etc. También *s. f.* || *s. f. pl.* **3.** Orden constituido por dichas aves.

prenupcial *adj.* Que se hace o sucede antes de la boda.

preñar *v. tr.* **1.** Fecundar a una mujer o a una hembra de cualquier animal mamífero. **2.** Llenar, cargar. **FAM.** Preñado.

preñez *s. f.* Estado de la mujer o de la hembra preñada.

preocupación *s. f.* **1.** Acción y efecto de preocupar o preocuparse. **2.** Aquello que preocupa. || *pl.* **3.** Ocupaciones, responsabilidades.

preocupante *adj.* Que preocupa.

preocupar *v. tr.* **1.** Causar algo a alguien intranquilidad, temor, angustia, etc., haciéndole pensar mucho en ello o más de lo normal. También *v. prnl.* **2.** Interesar. || *v. prnl.* **3.** Dedicar voluntariamente atención o cuidados a alguien o algo.

preoperatorio, ria *adj.* Se dice del proceso y del tiempo anterior a una intervención quirúrgica.

preorden *s. m.* En mat., relación binaria que posee las propiedades reflexiva y transitiva.

prepalatal *adj.* **1.** Se dice del sonido que se pronuncia acercando la lengua a la parte anterior del paladar. **2.** Se dice de la letra que representa dicho sonido, como la *ch.* También *s. f.*

preparación *s. f.* **1.** Acción y efecto de preparar o prepararse. **2.** Conocimientos que se tienen en general o sobre una determinada materia. **3.** Preparativo.

preparado, da **1.** *p. p.* de **preparar**. También *adj.* || **2.** Se dice de la persona que tiene amplios conocimientos en general o sobre una determinada materia. || *s. m.* **3.** Compuesto que se fabrica para un uso concreto.

preparador, ra *s. m.* y *f.* Persona que prepara, particularmente la que prepara o entrena a deportistas.

preparar *v. tr.* **1.** Poner a alguien o algo en condiciones para cierto fin. También *v. prnl.* **2.** Entrenar*. **3.** Estudiar para un examen o prueba. **4.** Amañar*. || *v. prnl.* **5.** Estar algo próximo a suceder.

preparativo, va *adj.* Que se hace o sirve para preparar. También *s. m.*, sobre todo en *pl.*

preparatorio, ria *adj.* **1.** Que prepara o sirve para preparar. **2.** Se dice de los cursos que se hacen antes de empezar unos determinados estudios. También *s. m.*

preponderante *adj.* **1.** Que domina, que tiene superioridad sobre el resto. **2.** Principal, fundamental. **FAM.** Preponderancia.

preponderar *v. intr.* Predominar*.

preposición *s. f.* Clase invariable de palabras que sirve para relacionar términos, sintagmas o proposiciones que pertenecen a la misma oración. Las preposiciones españolas más usuales son: *a, ante, bajo, con, contra, de, desde, en, entre, hacia, hasta, para, por, según, sin, sobre* y *tras.* ***Ling.*** Las preposiciones subordinan un sintagma, generalmente nominal, a otro sintagma y por esta relación de dependencia lo convierten en complemento de este último, que puede ser un verbo: *caer en la cuenta*; un sustantivo: *una jarra para leche*; un adjetivo: *propenso a la tristeza*; un adverbio: *encima de la mesa* y, en raras ocasiones, una interjección: *¡ay de mí!* Algunas palabras que originariamente no son preposiciones desempeñan siempre o a veces esta función, como p. ej. *mediante* y *durante*: *mediante un instrumento, durante la cena*; o los adverbios *cuando* y *donde*: *cuando la guerra, donde la casa grande.*

preposicional *adj.* **1.** Se dice del sintagma o complemento que va introducido por una preposición. **2.** Prepositivo*.

prepositivo, va *adj.* Que funciona como preposición, tiene sus características o equivale a ella.

prepósito *s. m.* Superior de algunas comunidades u órdenes religiosas.

prepotente *adj.* Se aplica a la persona, grupo, entidad, etc., que tiene más poder que otras y, particularmente, a la que abusa o presume de ese poder, así como a su actitud, comportamiento, etc. También *s.* **FAM.** Prepotencia.

prepucio *s. m.* Piel móvil que recubre el extremo del pene. **FAM.** Prepucial.

prerrafaelismo *s. m.* **1.** Arte y estilo pictóricos anteriores a Rafael Sanzio. **2.** Movimiento artístico surgido en Inglaterra en la segunda mitad del s. XIX que se basa en los principios estéticos anteriores a Rafael Sanzio. La Hermandad de los prerrafaelistas fue fundada en 1848 por los pintores ingleses Holman Hunt, John Everett Millais y Dante Gabriel Rossetti, apoyados por el teórico John Ruskin. La pintura de los prerrafaelistas, a través de un atento naturalismo, tiende a subrayar los valores espirituales de la realidad con una marcada sensibilidad intelectual y carácter simbólico.

prerrafaelista o **prerrafaelita** *adj.* **1.** Perteneciente o relativo al prerrafaelismo. **2.** Partidario o seguidor de este movimiento. También *s.*

prerrogativa *s. f.* **1.** Ventaja que alguien tiene sobre otros debido a su edad, cargo, etc. **2.** Derecho exclusivo que tiene una autoridad o alguno de los poderes del Estado.

prerromance *s. m.* Lengua o conjunto de lenguas existentes en una zona tras la implantación del latín y antes de la formación de las lenguas romances.

prerrománico, ca *adj.* **1.** Se aplica al conjunto de los estilos artísticos medievales europeos anteriores al románico, cultivados entre los s. V y XI; tienen como característica la sencillez y la escasez de muestras escultóricas o pictóricas; sólo la orfebrería y las artes del metal conocieron un notable desarrollo; en la arquitectura, aparecen la bóveda de cañón y el arco de herradura. En Europa, el prerrománico comprende los estilos merovingio, ostrogodo, visigodo y celta, y en un segundo periodo, el carolingio y el otoniano. En España, abarca el visigodo y, posteriormente, el asturiano y el mozárabe. También *s. m.* **2.** Perteneciente o relativo a este conjunto de estilos artísticos.

Prerrománico asturiano: iglesia de Santa Cristina de Lena (periodo ramirense, siglo IX), cerca de Pola de Lena.

prerromano, na *adj.* Anterior al dominio o civilización de los antiguos romanos.

prerromanticismo *s. m.* Movimiento literario y artístico de transición entre el neoclasicismo y el romanticismo. **FAM.** Prerromántico.

presa *s. f.* **1.** Cualquier persona, animal o cosa que puede ser atrapado, cazado, etc. **2.** Persona, animal o cosa que sufre o padece aquello que se expresa. **3.** Muro que se construye para detener una corriente de agua. **4.** Embalse, lago artificial. **5.** En deportes de lucha, movimiento con que se sujeta al contrario. || **6. ave de presa** Ave rapaz, carnívora. **7. perro de presa** Véase **perro**. || **LOC. hacer presa** Agarrar o agarrarse; también, ejercer algo su acción poderosamente, p. ej. el miedo en un grupo de gente.

presagiar *v. tr.* Anunciar ciertos indicios o una persona algo que va a ocurrir.

presagio *s. m.* Indicio o sensación que anuncia o parece anunciar algo futuro.

presbicia *s. f.* Defecto de la vista por el que se perciben borrosamente los objetos próximos y más claramente los lejanos, debido a una disminución de la capacidad de acomodación del cristalino. Aparece generalmente con la edad.

présbita o **présbite** *adj.* Se dice del ojo o de la persona que padece presbicia. También *s.*

presbiterado *s. m.* Dignidad de presbítero.

presbiterianismo *s. m.* Sistema eclesiástico, preconizado por Calvino, según el cual la máxima autoridad de la Iglesia reside en un sínodo mixto, constituido por pastores y laicos. Estrictamente se utiliza el término para designar a las Iglesias calvinistas de habla inglesa. **FAM.** Presbiteriano.

presbiterio *s. m.* **1.** Parte de las iglesias cristianas donde está el altar mayor. **2.** Reunión de los sacerdotes con el obispo. **3.** Asamblea o consejo de presbíteros y laicos que gobierna en la Iglesia presbiteriana.

presbítero *s. m.* Sacerdote católico o de una religión cristiana no católica. **FAM.** Presbiteral.

presciencia *s. f.* Conocimiento de Dios sobre las cosas futuras.

prescindir *v. intr.* Dejar voluntariamente de tener, usar, tener en cuenta, etc., una cosa o de contar con una persona. **FAM.** Prescindible.

Prescott, William Hickling (Salem, Massachusetts 1796 - Boston 1859) Historiador estadounidense. Especializado en historiografía hispánica, entre sus obras destacan *Historia del reinado de Fernando e Isabel la Católica* (1838), *Historia de la conquista de México* (1843) e *Historia de la conquista del Perú* (1847).

prescribir *v. tr.* **1.** Indicar que se use o tome algo, especialmente una medicina. **2.** Mandar, ordenar. **3.** Acabar el plazo en que un derecho, responsabilidad u otra cosa son válidos. ▪ Su p. p. es irreg.: *prescrito.*

prescripción *s. f.* **1.** Acción y efecto de prescribir. **2.** Receta médica.

prescriptible *adj.* Se aplica a lo que puede prescribir, acabar, o ser prescrito, recetado u ordenado.

prescriptivo, va *adj.* Se dice de la norma, regla, etc., que prescribe algo.

presea *s. f.* Objeto de mucho valor.

preselección *s. f.* Selección que se hace antes de la definitiva.

preseleccionado, da *adj.* Se dice de la persona que ha sido seleccionada para intervenir en algo o presentarse a algo, especialmente en una competición deportiva o examen. También *s.*

presencia *s. f.* **1.** Circunstancia de estar alguien o algo en un lugar determinado. **2.** Circunstancia de existir o de ocurrir cierta cosa. **3.** Aspecto exterior de una persona o cosa. || **4. presencia de ánimo** Serenidad, entereza. || **LOC. a** (o **en**) **presencia de** alguien *adv.* Delante de él, viéndolo. **hacer acto de presencia** Acudir a un lugar determinado.

presencial *adj.* **1.** Que presencia algo. **2.** Relativo a la presencia.

presencialmente *adv. m.* Personalmente, con presencia de la persona que habla.

presenciar *v. tr.* Ver en persona cierto acontecimiento, espectáculo, etc., estar presente en él.

presentable *adj.* Que tiene un aspecto suficientemente bueno o está en condiciones de aparecer o ser visto en público.

presentación *s. f.* **1.** Acción y efecto de presentar o presentarse. **2.** Manera de estar presentada una cosa. **3.** Fiesta que celebra la Iglesia el 21 de noviembre para conmemorar el día en que la Virgen fue presentada en el templo por sus padres. **4.** Fiesta que celebra la Iglesia el 2 de febrero para conmemorar el día en que Jesucristo fue presentado en el templo. ▪ En estas dos últimas acepciones se escribe con mayúscula.

presentador, ra *s. m.* y *f.* Persona que presenta, profesional u ocasionalmente, un acontecimiento, espectáculo, programa de radio o televisión, etc.

presentar *v. tr.* **1.** Poner algo ante alguien para que lo vea, lo coja, lo conozca, etc. **2.** Mostrar alguien o algo ciertos rasgos, características, indicios, etc. **3.** Dar a conocer a un persona. **4.** Dar a conocer a alguien atribuyéndole unas determinadas características. **5.** Anunciar o comentar un espectáculo, un programa de radio o televisión, etc. **6.** Proponer a alguien para un cargo, oficio, etc. Se usa más como *v. prnl.* **7.** Con *excusas, respetos,* etc., darlos, ofrecerlos. || *v. prnl.* **8.** Aparecer, producirse, suceder. **9.** Comparecer, asistir a cierto acto, lugar, etc. **10.** Aparecer en cierto lugar o momento, generalmente de forma inesperada. **11.** Ofrecerse para algo.

presente *adj.* **1.** Se aplica a la persona que está en presencia del hablante, en el mismo lugar o momento que él. También *s.* **2.** Que está en un determinado lugar. **3.** Se dice del tiempo y de las cosas que ocurren en el momento en que se habla. **4.** Se aplica a la forma verbal que expresa una acción que se realiza en el momento en que se relata. También *s. m.* **5.** Antepuesto a *carta,* equivale a *esta.* También *s. f.* **6.** Se dice de aquello que todavía se recuerda, que no se ha olvidado. || *s. m.* **7.** Tiempo o periodo actual. **8.** Regalo, obsequio. || **LOC. de cuerpo presente** *adv.* Véase **cuerpo. hacer presente** algo a alguien Decírselo o recordárselo para que lo tenga en cuenta. **mejorando lo presente** Se emplea por cortesía, cuando se alaba a una persona delante de otra u otras. **tener presente** a una persona o cosa Recordarla; también, tenerla en cuenta.

Ling. En castellano, el presente de indicativo tiene otros usos además del suyo propio; los principales son: el **presente habitual**, que expresa una acción que se realiza con frecuencia o regularidad: *Todos los días me levanto a las ocho*; el **presente gnómico**, que indica un hecho que tiene validez permanente: *Dos y dos son cuatro*; y el **presente histórico**, que se utiliza como recurso expresivo para dar más viveza a los hechos pasados, mostrándolos como si ocurrieran ahora: *Cervantes nace en Alcalá de Henares en 1547.* También puede utilizarse el presente de indicativo para hablar de un hecho futuro cuando se piensa que es seguro que ocurra: *Mañana tenemos un examen.* Las formas verbales del presente de subjuntivo se usan para expresar mandato en oraciones negativas: *¡No vayas!* Para expresar el mandato referido a las personas *usted* y *ustedes* se utilizan las formas verbales de tercera persona del presente de subjuntivo: *¡Venga usted aquí! ¡No coman ustedes todavía!*

presentimiento *s. m.* **1.** Sensación de que va a ocurrir algo o de determinada manera. **2.** Cosa que se presiente.

presentir *v. tr.* Tener presentimientos. ▪ Es v. irreg. Se conjuga como *sentir.*

preservar *v. tr.* Proteger a una persona, animal o cosa de algún mal. **FAM.** Preservación, preservador, preservante.

preservativo, va *adj.* **1.** Que preserva. También *s. m.* || *s. m.* **2.** Funda o cubierta de goma con la que se cubre el pene durante la realización del acto sexual para evitar la fecundación o la transmisión de enfermedades.

presidencia *s. f.* **1.** Acción y efecto de presidir. **2.** Cargo de presidente. **3.** Tiempo que dura este cargo. **4.** Edificio u oficina donde reside o trabaja el presidente, o lugar reservado a él. **5.** Persona o conjunto de personas que presiden algo. **FAM.** Presidencial.

presidencialismo *s. m.* Sistema político en que el presidente de la república ejerce también la jefatura del gobierno. Uno de los mejores ejemplos de este sistema se encuentra en la Constitución de EE UU, según la cual el presidente nombra directamente a los miembros de su gabinete, quienes son responsables de su gestión solamente ante él. El presidente suele ser elegido por sufragio universal y no puede ser relevado del poder por un voto de censura del parlamento. **FAM.** Presidencialista.

presidente, ta *s. m.* y *f.* Persona que preside un grupo, comunidad, Estado, etc.

Presidente Hayes Departamento de Paraguay, en el O del sector central del país, en la región del Chaco. 72.907 km^2. 38.200 h. en 1990. La capital es Pozo Colorado, con 3.800 h. en 1980. Su economía se basa en la ganadería; tiene también importancia la fabricación de tanino.

presidiable *adj.* Que merece estar en la cárcel.

presidiario, ria *s. m.* y *f.* Persona que está en presidio cumpliendo una condena.

presidio *s. m.* Establecimiento en que se priva de libertad a los detenidos, procesados o condenados por un delito.

presidir *v. tr.* **1.** Ocupar el puesto o lugar más importante o de más autoridad en una reunión, acto, corporación, colectividad, etc. **2.** Estar una cosa en el lugar más importante o que más se ve, con relación a un espacio que se expresa. **3.** Dominar, ser algo el elemento más importante, destacado o abundante.

Presidium *s. m.* Órgano máximo del Soviet Supremo de la antigua URSS; estaba dividido en dos cámaras, el Soviet de las Nacionalidades y el Soviet de la Unión.

presilla *s. f.* **1.** Tira hecha de tela, hilo u otro material, con forma de anilla que se cose al borde de una prenda para pasar por ella un botón, broche, corchete, etc., y cerrar dicha prenda. **2.** Costura que se hace para evitar que se deshilache una tela. **3.** Pieza que sirve para sujetar o unir una cosa a otra.

presión *s. f.* **1.** Acción y efecto de presionar. **2.** Fuerza que ejerce un gas, líquido o sólido sobre cada unidad de superficie de un cuerpo. Su unidad se denomina pascal (Pa) = Newton/m^2. **3.** Fuerza que se ejerce sobre una persona o grupo para que actúe de determinada forma. || **4. grupo de presión** Conjunto de personas que, en beneficio de sus propios intereses, tratan de influir activamente en la opinión pública, la política y la administración, etc., o en una determinada organización o esfera. **5. presión arterial** Tensión* arterial. **6. presión atmosférica** (o **barométrica**) Fuerza que ejerce la masa de aire de la atmósfera sobre una unidad de superficie de la Tierra. Se mide en milibares, submúltiplos del bar, que equivale a 10^5 pascal; también se utiliza la atmósfera, que equivale a 101.300 pascal, es decir, 1.013 milibares. **7. presión de vapor** Valor de la presión en la que pueden coexistir las fases líquida y gaseosa de una sustancia a una temperatura dada. **8. presión fiscal** Nivel de los impuestos exigidos a los ciudadanos de un país por el Estado. **9. presión magnética** Fuerza utilizada para encerrar a presión un combustible gaseoso ionizado en un recipiente magnético. Se mide en gauss. **10. presión osmótica** Fuerza que se aplica para evitar la ósmosis de dos líquidos a través de una membrana.

presionar *v. tr.* **1.** Ejercer fuerza sobre algo. **2.** Ejercer presión para que una persona o grupo haga algo, en especial si no quiere hacerlo.

Presley, Elvis (Tupelo, Mississippi 1935 - Memphis 1977) Cantante estadounidense. A mediados de los cincuenta se convirtió en la estrella indiscutible del rock and roll, gracias a sus cualidades vocales y a su original puesta en escena. Intervino en varias películas, como *Jailhouse rock* (1957) y *King Creole* (1958). En 1962 se retiró, pero reapareció años después y recuperó en parte su popularidad.

Elvis Presley.

preso, sa *adj.* **1.** Se dice de la persona que está encerrada en la cárcel por un delito. También *s.* **2.** Totalmente dominado por un sentimiento, pasión, etc.

presocrático, ca *adj.* Se dice de los filósofos griegos anteriores a Sócrates y de su filosofía. Eran físicos que centraban su interés en el estudio de la naturaleza y pretendían hallar un principio explicativo que diera cuenta de la misma. De su pensamiento sólo nos han llegado unos pocos fragmentos, además de los comentarios que de ellos hicieron filósofos posteriores. Entre los presocráticos cabe mencionar a Tales de Mileto, Anaxímenes, Anaximandro, Parménides de Elea, Heráclito de Éfeso, Pitágoras y los pitagóricos, Leucipo, Demócrito, Empédocles, Anaxágoras y los sofistas. También *s. m.*

pressing (voz ingl.) *s. m.* En ciertos deportes, como el fútbol, baloncesto, balonmano, etc., presión que ejerce un equipo para impedir o dificultar las jugadas del contrario.

prestación *s. f.* **1.** Acción de prestar un servicio, ayuda, etc. **2.** Servicio, ayuda, etc., prestados.

prestado, da *p. p.* de **prestar**. También *adj.* || **LOC. de prestado** *adv.* Con cosas prestadas de alguien, disfrutando de algo que no es propio; también, forma provisional o poco segura de estar en un cargo, empleo o situación.

prestamista *s. m.* y *f.* Persona que se dedica a prestar dinero con interés.

préstamo *s. m.* **1.** Acción y efecto de prestar dinero u otra cosa y aquello que se presta. **2.** En ling., palabra que una lengua toma de otra, como p. ej. *hobby*, préstamo del inglés; *entrecot*, del francés; *vendetta*, del italiano, etc. **3.** En der., contrato mediante el cual una persona o entidad entrega algo a otra comprometiéndose ésta a devolverlo o restituirlo en los plazos determinados en él, añadiendo el interés que se haya fijado. Generalmente se exige al que lo recibe un aval o garantía, para asegurar el cumplimiento de lo pactado.

prestancia *s. f.* Elegancia, distinción.

prestar *v. tr.* **1.** Dar a alguien algo para que haga uso de ello durante un cierto tiempo y lo devuelva después. **2.** Con algunos sustantivos, como *atención, ayuda, juramento*, indica la acción correspondiente. **3.** Comunicar una cosa a otra con su presencia algo que ella tiene. **4.** *amer.* Pedir prestado. || *v. intr.* **5.** Ensanchar, dar de sí. || *v. prnl.* **6.** Ofrecerse voluntariamente a hacer algo, acceder. **7.** Dar motivo u ocasión para que ocurra lo que se expresa.

prestatario, ria *adj.* Se dice de la persona o entidad que toma algo prestado. También *s.*

preste *s. m.* **1.** Sacerdote que celebra la misa asistido del diácono y el subdiácono o preside otros oficios divinos. || **2. Preste Juan** Personaje mítico, rey sacerdote, que durante la Edad Media se creía que gobernaba un reino cristiano en Oriente.

Prestes, Luís Carlos (Porto Alegre 1898 - Rio de Janeiro 1990) Militar y político brasileño. Tras la insurrección de los tenientes (1924), desafió al ejército poniéndose al frente de una columna de soldados y campesinos que recorrió el país en una marcha de más de 24.000 km de S a N, hasta Bolivia (1924-26). Se exilió en la URSS (1931-34) y volvió a Brasil para dirigir el fracasado levantamiento contra Getúlio Vargas (1935), por lo que fue encarcelado (1935-45). Elegido secretario general del Partido Comunista brasileño (1943), fue expulsado del mismo (1984).

presteza *s. f.* Rapidez, prontitud.

prestidigitación *s. f.* Arte de producir efectos en apariencia imposibles o contrarios a las leyes naturales, por medio de juegos de manos y otros trucos.

prestidigitador, ra *s. m.* y *f.* Persona que practica la prestidigitación.

prestigiar *v. tr.* Dar prestigio a alguien o algo. **FAM.** Prestigiador.

prestigio *s. m.* Buena fama, autoridad o influencia que tiene alguien o algo.

prestigioso, sa *adj.* **1.** Que tiene prestigio. **2.** Que da prestigio.

presto (voz ital.) *adv. m.* **1.** En mús., y referido a la ejecución, rápido. || *s. m.* **2.** Movimiento musical rápido.

presto, ta *adj.* **1.** Preparado, listo. **2.** Rápido. También *adv.* **FAM.** Prestamente.

Preston C. del Reino Unido, cap. del condado de Lancashire, situada en Inglaterra, al N de Liverpool, a orillas del mar de Irlanda. 168.400 h. en 1981. Es un importante centro de la industria textil, que cuenta con construcciones químicas y producción maderera.

presumible *adj.* Que se puede presumir o sospechar, que tiene probabilidades de ocurrir. **FAM.** Presumiblemente.

presumido, da **1.** *p. p.* de **presumir**. También *adj.* || *adj.* **2.** Se aplica a la persona que se muestra excesivamente orgullosa o satisfecha de sí misma o de algo que posee. También *s.* **3.** Se dice de quien se ocupa excesivamente de su apariencia externa. También *s.*

presumir *v. tr.* **1.** Sospechar alguna cosa. || *v. intr.* **2.** Mostrarse alguien satisfecho, con razón o sin ella, de sí mismo, de como va vestido, de algo que tiene, etc.

presunción *s. f.* **1.** Acción y efecto de presumir, sospechar. **2.** Cualidad de presumido.

presunto, ta *adj.* Antepuesto a un sustantivo, se aplica a la persona que se cree o se supone que es lo que este sustantivo expresa. **FAM.** Presuntamente.

presuntuoso, sa *adj.* Vanidoso, petulante. También *s.* **FAM.** Presuntuosamente, presuntuosidad.

presuponer *v. tr.* **1.** Dar por conocida o verdadera una cosa antes de tener datos suficientes para ello. **2.** Implicar, necesitar como condición previa. ▪ Es v. irreg. Se conjuga como *poner*.

presuposición *s. f.* **1.** Acción y efecto de presuponer. **2.** Cosa que se presupone. **3.** Proposición aceptada como verdadera, que sirve de premisa o base a otra cosa, particularmente en una investigación científica.

presupuestar *v. tr.* Hacer un presupuesto.

presupuestario, ria *adj.* Perteneciente o relativo al presupuesto, especialmente al de un Estado, empresa, entidad, etc.

presupuesto, ta **1.** *p. p.* irreg. de **presuponer**. También *adj.* || *s. m.* **2.** Cálculo anticipado del coste de algo o de los gastos e ingresos para un periodo de tiempo determinado. **3.** Cantidad de dinero que se destina a algo o de la que se dispone para alguna cosa. **4.** Presuposición, supuesto.

presura *s. f.* **1.** Apresuramiento, prisa. **2.** Opresión. **3.** En la España medieval, durante los s. IX y X, forma legal de repoblación que consistía en la libre ocupación de las tierras yermas y abandonadas reconquistadas al Islam, especialmente en el valle del río Duero.

presurizar *v. tr.* Hacer que la presión de aire en la cabina de un avión, nave espacial, etc., sea apropiada para un ser humano. ▪ Se conjuga como *cazar*.

presuroso, sa *adj.* Rápido, ligero.

prêt à porter (loc. fr. que significa 'listo para llevar') *loc. adj.* Se dice de la ropa que se vende confeccionada según unas medidas o tallas fijas. ▪ A veces se usa como *s. m.*

pretencioso, sa *adj.* Que pretende ser o valer más de lo que es o vale en realidad. También *s.* **FAM.** Pretenciosamente, pretenciosidad.

pretender *v. tr.* **1.** Intentar. **2.** Aparentar alguien una cosa que se expresa y que en realidad no es cierta. **3.** Intentar conquistar a una mujer.

pretendido, da **1.** *p. p.* de **pretender**. También *adj.* || *adj.* **2.** Que parece, pero no es lo que se expresa.

pretendiente, ta *adj.* **1.** Se dice de la persona que pretende conseguir algo. También *s.* || *s. m.* **2.** Hombre que pretende a una mujer. || *s. m.* y *f.* **3.** Persona que reclama para sí un trono vacante por creer que tiene derecho a él. ▪ En esta acepción se usa sólo la forma *pretendiente* para ambos géneros.

pretensado, da **1.** *p. p.* de **pretensar**. También *adj.* || *s. m.* **2.** Acción y efecto de pretensar.

pretensar *v. tr.* Producir en una estructura, y especialmente en el hormigón, una tensión o compresión interna para que tenga una mayor resistencia.

pretensión *s. f.* **1.** Intención, propósito. **2.** Cualidad de pretencioso. Se usa más en *pl.*

preter- *pref.* Significa de 'más allá, fuera de': *preterintencionalidad, preternatural*.

preterintencionalidad *s. f.* En der., circunstancia atenuante de responsabilidad criminal cuando el mal que se causa es superior al que se podía prever.

preterir *v. tr.* **1.** No tener en cuenta voluntaria e intencionadamente a una persona o cosa. **2.** En der., no mencionar en un testamento a un heredero forzoso. ▪ Es v. irreg. Se conjuga como *sentir*. **FAM.** Preterición.

pretérito, ta *adj.* **1.** Pasado, que ya ha ocurrido. **2.** En ling., se aplica a la forma verbal que expresa una acción que ya ha ocurrido o pertenece al pasado. También *s. m.* || *s. m.* **3.** Periodo de tiempo que ya ha pasado. || **4. participio pretérito** Participio* pasado. **5. pretérito anterior** Tiempo compuesto de indicativo (*hube cantado*) que presenta una acción como acabada inmediatamente antes que otra también pasada: *Tan pronto como se hubo vestido salió corriendo*. **6. pretérito imperfecto** Tiempo simple de indicativo (*cantaba*) o de subjuntivo (*cantara* o *cantase*). El pretérito imperfecto de indicativo presenta una acción pasada, pero no acabada o completa en ese momento del pasado: *Cuando bajaba las escaleras, me lo encontré*. El pretérito imperfecto de subjuntivo puede expresar una acción pasada, presente o futura. **7. pretérito indefinido** Pretérito perfecto simple. **8. pretérito perfecto** Tiempo compuesto de indicativo (*he cantado*) o de subjuntivo (*haya cantado*). El pretérito perfecto de indicativo expresa una acción que acaba de realizarse o bien una acción pasada que tiene alguna relación con el presente: *Pedro se ha marchado hace unos minutos. Ha llovido tanto que está todo el campo lleno de barro*. El subjuntivo expresa acciones acabadas en el presente o en el futuro y cierto carácter de duda o irrealidad: *¡Ojalá haya venido Pedro! Espero que haya parado de llover cuando salgamos*. **9. pretérito perfecto simple** Tiempo simple del modo indicativo (*canté*) que expresa una acción pasada, acabada y completada en ese momento del pasado: *Le vimos ayer*. **10. pretérito pluscuamperfecto** Tiempo compuesto de indicativo (*había cantado*) o de subjuntivo (*hubiera cantado* o *hubiese cantado*). El pretérito pluscuamperfecto de indicativo expresa una acción pasada cuya terminación es anterior a la de otra acción también pasada y completa: *Cuando llegó el director, ya había acabado la función*. El subjuntivo expresa una acción pasada y acabada respecto al momento de la enunciación: *Esperé a que todos se hubieran ido para marcharme*.

preternatural *adj.* Se dice de las cosas que están o suceden fuera o más allá del orden natural.

pretexta *s. f.* Especie de túnica, amplia y larga, adornada en la parte de abajo con una tira púrpura, que usaban los magistrados romanos.

pretextar *v. tr.* Poner pretextos.

pretexto *s. m.* Excusa, disculpa.

Preti, Mattia, llamado **il Cavalier Calabrese** (Taverna, Catanzaro 1613 - La Valletta, Malta 1699) Pintor italiano. De estilo barroco, recibió las influencias de Caravaggio, Guercino y Lanfranco. Algunas de sus obras más representativas son *Sacrificio de Isaac, El hijo pródigo, Cristo resucitado* y *Santos* y la decoración de la iglesia de San Juan, en La Valletta.

pretil *s. m.* Muro o barandilla que se pone a los lados de un puente o de otro sitio alto para evitar caídas.

pretina *s. f.* Tira o correa con una hebilla o broche que sirve para sujetar o ajustar en la cintura una prenda de vestir.

pretónico, ca *adj.* Protónico*.

pretor *s. m.* Antiguo magistrado romano que administraba justicia en Roma o en una provincia.

Pretoria C. de la República Sudafricana, cap. del país, situada en la prov. de Transvaal, a orillas del río Apies. 443.000 h. en 1986, 823.000 en su área metropolitana. Es un centro administrativo y nudo de transportes, que posee el mayor complejo siderúrgico del país e industria mecánica, química, cementera y de maquinaria.

pretoría *s. f.* Empleo o dignidad de pretor.

pretorial *adj.* Perteneciente o relativo al pretor.

pretorianismo *s. m.* Influencia política ejercida por los militares en el gobierno.

pretoriano, na *adj.* **1.** Perteneciente o relativo al pretor. **2.** Se aplica a la guardia de los emperadores romanos y a los soldados que la componían. También *s. m.*

pretorio, ria *adj.* **1.** Perteneciente o relativo al pretor. || *s. m.* **2.** En la antigua Roma, palacio donde habitaban y donde juzgaban las causas los pretores o los presidentes de una provincia.

Pretorius, Andries (Graaff Reinet, El Cabo 1798 - Magaliesberg, Transvaal 1853) Militar y político bóer. Luchó contra la dominación británica y fundó los estados libres de Orange y Transvaal. En su honor se creó la ciudad de Pretoria.

Pretorius, Marthinus (Graaff Reinet, El Cabo 1819 - Potchefstroom 1901) Militar y político bóer. Hijo del anterior, fue el primer presidente del Transvaal (1856-71) y de Orange (1860-63), pero no logró la unión de ambos estados, por lo que renunció a la presidencia de este último. Tras la anexión de Transvaal por Gran Bretaña (1877), luchó nuevamente por la independencia, formando parte del triunvirato insurreccional bóer, junto con Paul Kruger y Petrus Joubert, y consiguió nuevamente la autonomía (1881).

prevalecer *v. intr.* **1.** Lograr una persona o cosa imponerse o triunfar sobre otra u otras. **2.** Continuar existiendo. ■ Es v. irreg. Se conjuga como *agradecer*. **FAM.** Prevaleciente.

prevaler *v. intr.* **1.** Prevalecer, imponerse. ‖ *v. prnl.* **2.** Aprovecharse de algo para lograr una ventaja, un beneficio, etc. ■ Es v. irreg. Se conjuga como *valer*.

prevaricación *s. f.* En der., delito que consiste en el incumplimiento por parte de jueces, funcionarios, abogados o procuradores de sus obligaciones específicas, a sabiendas o por ignorancia inexcusable; son prevaricaciones dictar sentencias injustas, perjudicar a un cliente o descubrir sus secretos.

prevaricar *v. intr.* Cometer prevaricación. ■ Se conjuga como *sacar*. **FAM.** Prevaricador.

prevención *s. f.* **1.** Acción y efecto de prevenir. **2.** Medida tomada con anticipación para evitar un mal, un peligro, etc. **3.** Idea preconcebida, generalmente desfavorable, que se tiene de alguien o algo. **4.** Puesto de policía o vigilancia donde se lleva a los detenidos.

prevenido, da **1.** *p. p.* de **prevenir**. También *adj.* ‖ *adj.* **2.** Dispuesto, preparado. **3.** Previsor*.

prevenir *v. tr.* **1.** Tratar de evitar un daño, peligro, molestia, etc., tomando las medidas necesarias para ello. También *v. prnl.* **2.** Avisar, informar a alguien de algo que puede causarle un daño, una molestia o ser un peligro. **3.** Influir cierta persona o cosa en alguien inclinándole a favor o, especialmente, en contra de otra persona o cosa. **4.** Preparar con anticipación lo necesario para un determinado fin. También *v. prnl.* **5.** Proveer*. También *v. prnl.* ‖ *v. prnl.* **6.** Tomar una persona una actitud contraria hacia alguien o algo. ■ Es v. irreg. Se conjuga como *venir*.

preventivo, va *adj.* Se dice de aquello que trata de evitar un daño, peligro, molestia, etc. **FAM.** Preventivamente.

preventorio *s. m.* Establecimiento hospitalario destinado a prevenir el desarrollo y propagación de ciertas enfermedades contagiosas, especialmente la tuberculosis.

prever *v. tr.* **1.** Conocer o creer conocer alguien por anticipado lo que va a suceder. **2.** Preparar lo necesario para un determinado fin o para hacer frente a un posible daño, peligro, molestia, etc. ■ Es v. irreg. Se conjuga como *ver*.

Prévert, Jacques (Neuilly-sur-Seine 1900 - Cherburgo 1977) Poeta francés. Participó en el movimiento surrealista. Muchos de sus poemas inconformistas se convirtieron en canciones. Entre sus libros sobresalen *Palabras* (1948), *La lluvia y el buen tiempo* (1953), *Fatras* (1965) e *Imaginarios* (1971).

previo, via *adj.* Anterior, precedente. **FAM.** Previamente.

previsible *adj.* Que se puede prever, que es probable que ocurra.

previsión *s. f.* **1.** Acción y efecto de prever, conocer anticipadamente. **2.** Acción y efecto de prevenir. **3.** Cosa planeada, cálculo anticipado.

previsor, ra *adj.* Se dice de la persona que siempre piensa en lo que le puede hacer falta y lo prepara con anterioridad. También *s.*

previsto, ta **1.** *p. p.* irreg. de **prever**. También *adj.* ‖ *adj.* **2.** Dispuesto, planeado de antemano. **3.** Sabido o sospechado antes de ocurrir.

Prévost, Antoine François Prévost d'Exiles, llamado **el abate** (Hesdin, Artois 1697 - Courteuil, Chantilly 1763) Escritor francés. Educado por los jesuitas, profesó en la orden benedictina. Fue autor de novelas de corte romántico y tema sentimental, entre las que destaca *Historia del caballero Des Grieux y de Manon Lescaut* (1731).

prez *s. amb.* Prestigio, fama.

PRI Siglas del Partido Revolucionario* Institucional de México.

Príamo En la mitología griega, último rey de Troya, padre de Héctor y Paris. No pudo combatir contra los aqueos, que sitiaban la ciudad, debido a su avanzada edad. Fue muerto durante la toma de Troya.

priapismo *s. m.* Erección continua y dolorosa del pene que no va acompañada de deseo sexual.

Príapo En la mitología grecolatina, dios de la generación y la fecundidad de campos y rebaños. Se le tenía por hijo de Afrodita y Dionisos. Se le representaba deforme y con unos desmesurados genitales, y así era como figuraba su imagen en huertas y entradas de las casas, como espantapájaros y conjuro contra el mal de ojo de quienes por envidia trataban de dañar las cosechas.

Priego de Córdoba C. de España, en la prov. de Córdoba, situada al SE de la capital. 21.800 h. en 1990. Es un centro agrícola con cultivos de olivo, cereal y hortalizas, que tiene además industria agroalimentaria y textil.

Priestley, John Boynton (Bradford, Yorkshire 1894 - Stratford-upon-Avon 1984) Escritor británico. En sus obras reflexionó sobre el tiempo y mostró sus profundas preocupaciones sociales. Entre sus novelas merecen citarse *El callejón del ángel* (1930) y *Los magos* (1954); de su producción dramática son de destacar *El tiempo y los Conway* (1937) y *Llama un inspector* (1947).

Priestley, Joseph (Fieldhead 1733 - Northumberland, Pennsylvania 1804) Químico británico. Acogió con entusiasmo la Revolución Francesa, en la que participó como diputado de la Asamblea Nacional. Tuvo que exiliarse a América, donde destacó por sus investigaciones sobre los gases y descubrió el oxígeno. Estuvo también interesado en la filosofía y la teología. Escribió, entre otras obras, *Observaciones sobre diferentes clases de aire* (1772).

Pretoria: vista parcial de la ciudad, centro administrativo y cultural del país.

prieto, ta *adj.* **1.** Apretado, ajustado. **2.** Se dice del color muy oscuro, casi negro.

Prieto, Indalecio (Oviedo, Asturias 1883 - Ciudad de México 1962) Político español. Miembro del Partido Socialista, fue ministro de Hacienda y Obras Públicas con Azaña (1931-33) y en 1934, tras la sublevación de octubre, tuvo que exiliarse. La victoria del Frente Popular (1936) le permitió volver a España. Dirigente del sector moderado de su partido, se enfrentó a la fracción revolucionaria que encabezaba Largo Caballero. Durante la guerra civil fue ministro de Marina y Aire en el gabinete de Largo Caballero y de Defensa Nacional con Negrín. En 1938 sus enfrentamientos con los sectores comunistas provocaron su destitución. Al final de la guerra se exilió a México.

Prieto, Joaquín (Concepción 1786 - Santiago 1854) Militar y político chileno. Participó en el movimiento de independencia. Partidario de O'Higgins, encabezó con Portales la sublevación conservadora (1829-30). Presidente de la república (1831-36 y 1836-41), el poder lo ejercieron Portales y luego Montt. Durante su segundo mandato tuvo que hacer frente a la guerra con la Confederación Perú-boliviana (1836-69).

Prigogine, Ilya (Moscú 1917) Físico belga de origen ruso. Profesor de la universidad de Bruselas (1947) y del Centro de termodinámica de la universidad de Texas (1967), investigó sobre la termodinámica de los procesos irreversibles, especialmente sobre las estructuras disipativas. En 1977 fue galardonado con el premio Nobel de química.

priista *adj.* Se dice del miembro o partidario del Partido Revolucionario Institucional, en México. También *s.*

Prim, Juan (Reus, Tarragona 1814 - Madrid 1870) Militar y político español. Participó en la primera guerra carlista dentro del bando isabelino. En 1847 fue nombrado capitán general de Puerto Rico, pero dimitió de su cargo. Ya en España, tras ser nombrado capitán general de Granada y ascendido a teniente general, se adhirió a la Unión Liberal de O'Donnell e intervino en la guerra de Marruecos y en la expedición española de la guerra de intervención en México. Convertido en jefe de los liberales, ante la negativa de la reina de darles cabida en el gobierno, encabezó varios pronunciamientos fallidos, hasta que en 1868, con el apoyo de los unionistas y del ejército, logró derrocar a Isabel II. Durante la regencia de Serrano fue ministro de la Guerra y jefe de gobierno (1869), mostrándose partidario de la monarquía constitucional. Llamó a Amadeo de Saboya para que ocupase el trono español y, poco después de que el nuevo monarca se presentara en las Cortes, pereció en un atentado.

prima[1] (del lat. *prima*, primera) *s. f.* **1.** Primera de las cuatro partes iguales en que dividían los romanos el día; comprendía desde el principio de la salida del Sol hasta el final de la tercera hora, a media mañana. **2.** Una de las siete horas canónicas que se reza a primera hora de la mañana, después de laudes. **3.** En algunos instrumentos de cuerda, la primera y más delgada, que produce los sonido más agudos.

prima[2] (del fr. *prime*, y éste del lat. *praemium*, premio) *s. f.* **1.** Cantidad extra de dinero que se da a alguien como estímulo, recompensa, etc. **2.** Cantidad de dinero que paga un asegurado al asegurador.

prima donna (voz ital.) *s. f.* Cantante femenina que interpreta el papel principal en una ópera. ■ Se escribe también *primadona*.

prima facie *loc. lat. adv.* A primera vista, en principio. Se usa sobre todo en lenguaje jurídico.

primacía *s. f.* **1.** Supremacía*. **2.** Prioridad*. **3.** Cargo o dignidad de primado.

primado *s. m.* En la religión católica, el primero y de más categoría de los arzobispos y obispos de una región o país.

primado, da *adj.* Perteneciente o relativo al primado.

primal, la *adj.* Se aplica a la oveja o cabra que tiene más de un año de edad y no llega a dos. También *s.*

primar[1] (del fr. *primer*) *v. tr.* **1.** Dar primacía o prioridad a alguien o algo. ‖ *v. intr.* **2.** Tener primacía una persona o cosa sobre otra u otras.

primar[2] *v. tr.* Dar una prima o premio.

primario, ria *adj.* **1.** Básico, fundamental. **2.** Primero, que sucede o está antes o delante. **3.** Primitivo, poco civilizado. **4.** Se aplica a la primera enseñanza básica. También *s. f.* **5.** Se dice de la primera era geológica o paleozoico. También *s. m.* **6.** Se dice del color de cuya combinación proceden todos los demás; son el rojo, amarillo y azul. || *s. f. pl.* **7.** En el sistema de sufragio indirecto, elecciones en que los votantes eligen a los representantes que, a su vez, elegirán al presidente del país. || **8. sector primario** Véase **sector**.

primate *s. m.* **1.** Personaje importante o distinguido. Se usa más en *pl.* || *pl.* **2.** Orden de mamíferos euterios al que pertenecen unas 170 especies comprendidas en dos subórdenes, prosimios y antropoides o simios. Se caracterizan por tener manos y pies con cinco dedos, el pulgar oponible, cerebro lobulado de gran desarrollo, ojos de visión frontal y dentición no especializada. Excepto algunas familias, tienen el cuerpo recubierto de pelo, cola, en ocasiones prensil, costumbres arborícolas, alimentación herbívora u omnívora y vida social y familiar. La mayoría de las especies, excepto el hombre, habitan en regiones tropicales. Primates son los lemures, aye-ayes, loris, magos, tities, micos, driles, macacos, gibones, orangutanes, gorilas, chimpancés, el hombre, etc. También *adj.* y *s. m.*

Primaticcio, Francesco (Bolonia 1504 - París 1570) Pintor, escultor y arquitecto italiano. Fue el principal introductor del manierismo italiano en Francia, país al que acudió en 1531 llamado por Francisco I para participar en la decoración del palacio de Fontainebleau. Nombrado superintendente de los edificios reales por Francisco II, sentó los principios oficiales del gusto artístico. Entre sus obras destacan los frescos de la galería Enrique II o sala de baile de Fontainebleau, el cuadro *Ulises y Penélope* (1560) y dibujos como *La danza de las horas.*

primavera *s. f.* **1.** Estación del año, entre el invierno y el verano, que comprende, en el hemisferio norte, desde el equinoccio del mismo nombre (21 de marzo) hasta el solsticio de verano (21 de junio) y, en el hemisferio sur, desde el equinoccio de otoño (23 de septiembre) hasta el solsticio de invierno (21 de diciembre). **2.** Época durante la cual una persona o cosa alcanza su plenitud y la mantiene. **3.** Cada uno de los años que tiene una persona joven. **4.** Nombre común de diversas plantas herbáceas de la familia primuláceas, género *Prímula.* Tienen pequeño tamaño, entre 1 y 15 cm de altura, hojas de variada forma y textura y flores generalmente de color rojo o malva. Crecen en las regiones montañosas de Europa y se cultivan como plantas ornamentales. || *s. m.* **5.** Persona ingenua, fácil de engañar. También *adj.* **FAM.** Primaveral.

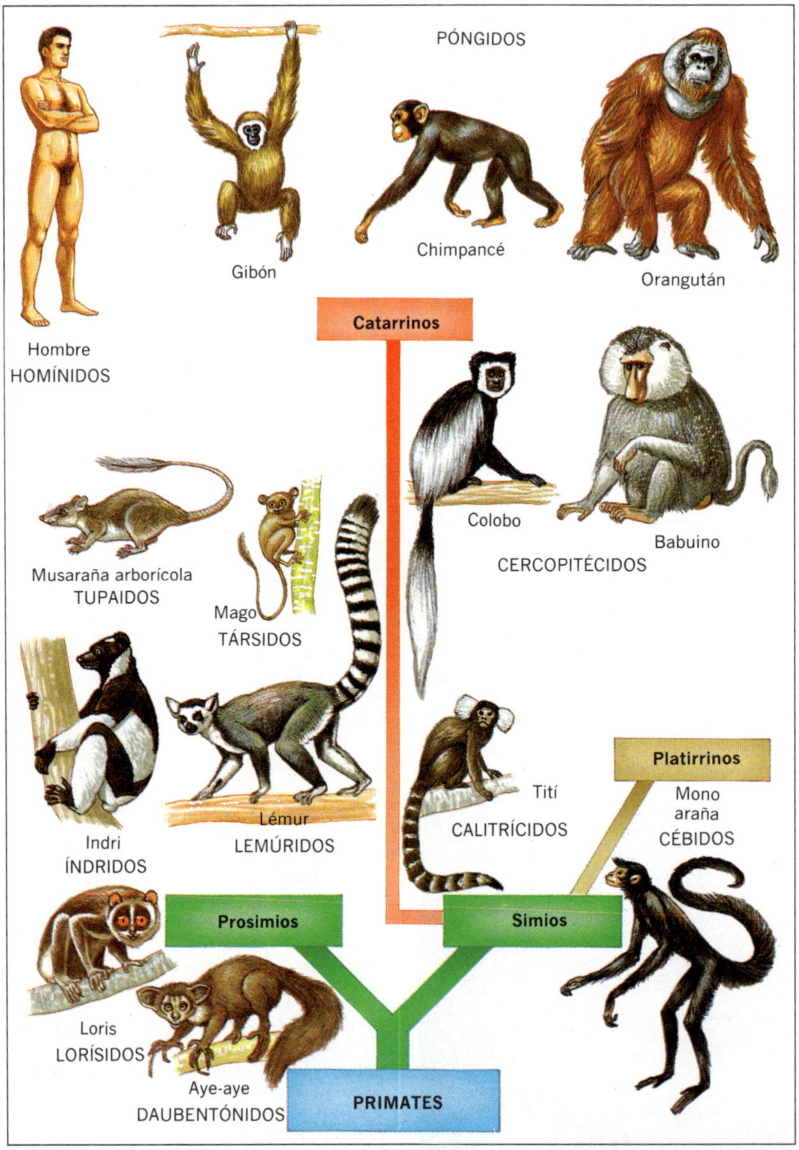

Clasificación taxonómica de los primates.

primazgo *s. m.* Relación de parentesco que existe entre primos.

primer *adj. apóc.* de **primero**. Se utiliza delante de sustantivo masculino singular.

primerizo, za *adj.* **1.** Se aplica a la persona que hace algo por primera vez o que tiene poca práctica en ello. También *s.* **2.** Se aplica a la mujer o a la hembra de cualquier mamífero que va a tener su primer hijo. También *s. f.*

primero, ra *adj. num. ord.* **1.** Que ocupa en una serie ordenada el lugar número uno. También *s.* || *adj.* **2.** Se dice de la persona o cosa que es mejor o más importante que el resto. También *s.* || *adv.* **3.** Indica prioridad o preferencia. || **LOC. a la primera** (o **las primeras**) **de cambio** *adv.* De repente e inesperadamente. **a primeros** *adv.* En los primeros días del periodo de tiempo que se expresa o sobrentiende. **de buenas a primeras** *adv.* De repente, inesperadamente y sin que exista un motivo o razón. **de primera** *adj.* y *adv. fam.* Muy bueno o muy bien; también, se dice del permiso de conducir que autoriza a llevar camiones o autocares. **de primera necesidad** *adj.* Se aplica a aquello que no puede faltar, de lo que no se puede prescindir. **FAM.** Primeramente.

primicia *s. f.* **1.** Hablando de noticias, aquella que sobre un tema se ofrece antes que ninguna otra. **2.** Primer fruto o producto de cualquier cosa. Se usa más en *pl.*

primigenio, nia *adj.* Primitivo, originario.

primípara *adj.* Se dice de la mujer o de la hembra de cualquier mamífero que pare por primera vez. También *s. f.*

primitivismo *s. m.* **1.** Cualidad de primitivo. **2.** Corriente artística que imita el arte primitivo y que se basa en la sencillez y elementalidad del dibujo.

primitivo, va *adj.* **1.** Que pertenece al periodo o estado inicial de alguna cosa. **2.** Que pertenece a las primeras épocas de la historia. **3.** Se aplica a los pueblos, comunidades, etc., de civilización poco desarrollada. **4.** De estos pueblos. También *s.* **5.** Se dice de la persona poco civilizada o maleducada, así como de su actitud, acciones, etc. También *s.* **6.** Rudimentario, poco avanzado. **7.** Se dice de un tipo de lotería. También *s. f.* **8.** En ling., se dice de la palabra que no deriva de otra de la misma lengua. **9.** Se dice de los artistas anteriores al periodo clásico de un estilo, especialmente de los artistas europeos anteriores al Renacimiento, así como de sus obras, estilo, etc. También *s. m.* || **10. colores primitivos** Los que forman el espectro visible de la luz solar, los del arco iris. **11. primitiva de una función** En mat., función cuya derivada es la función dada. **FAM.** Primitivamente.

primo, ma *s. m.* y *f.* **1.** Con respecto a una persona, un hijo de un tío o una tía suyos. **2.** *fam.* Tonto, ingenuo. También *adj.* || **3. número primo** Véase **número**. **4. primo** (o **prima**) **carnal** Con respecto a una persona, un hijo de un tío o tía carnal suyos. **5. primo hermano** (o **prima hermana**) Primo carnal; también, persona o cosa muy parecida a otra o muy relacionada con ella. **6. primo segundo** Respecto a una persona, hijo de su tío segundo. || **LOC. hacer el primo** *fam.* Dejarse engañar fácilmente; también, hacer algo que requiere un trabajo o esfuerzo sin obtener ninguna compensación por ello.

José Antonio Primo de Rivera.

Primo de Rivera, José Antonio (Madrid 1903 - Alicante 1936) Político español. Hijo de Miguel Primo de Rivera. Tras ser derrotado en 1931 como candidato de la Unión Monárquica Nacional, evolucionó ideológicamente hasta formular la doctrina política de corte radical y autoritario que denominó *nacionalsindicalismo* y que se caracterizó por la defensa de la tradición, un nacionalismo idealista y un pensamiento antiliberal y antimarxista. En 1933 fundó el partido Falange Española, del que fue nombrado jefe único en 1934. Derrotado en las elecciones de 1936, fue encarcelado el 15 de marzo y trasladado a la prisión de Alicante. Desde allí ordenó a los falangistas que apoyaran el alzamiento del 18 de julio. Juzgado y condenado a muerte, fue ejecutado.

Primo de Rivera, Miguel (Jerez de la Frontera, Cádiz 1870 - París 1930) Militar y político español. Nombrado capitán general de Cataluña en 1922, encabezó al año siguiente un pronunciamiento militar, que contó con el apoyo de Alfonso XIII, e impuso una dictadura que dejó en suspenso la Constitución, las Cortes y los partidos políticos. Su política se caracterizó en lo económico por el fomento de las obras públicas y obtuvo un gran éxito con la derrota de Abd-el-Krim en 1925. Ese mismo año sustituyó el directorio militar por uno civil e intentó institucionalizar su régimen con la creación de un partido propio, la Unión Patriótica Nacional. Fracasó en el intento y hubo de hacer frente a la oposición de todos los sectores políticos del país. Falto, incluso, de la confianza del ejército, dimitió en 1930 y partió al exilio.

Miguel Primo de Rivera. Cuadro de José Ribera, detalle (Museo del Ejército, Madrid).

primogénito, ta *adj.* Se dice del primer hijo de una pareja. También *s.*

primogenitura *s. f.* **1.** Cualidad de primogénito. **2.** Derechos que corresponden a los hijos primogénitos en ciertos lugares o bajo determinadas circunstancias.

primor *s. m.* **1.** Cuidado y delicadeza con que se hace una cosa. **2.** Cosa hecha de esta forma. **3.** Se emplea para ponderar a una persona, animal o cosa.

primordial *adj.* Muy importante o necesario, fundamental.

primordio *s. m.* Conjunto de células del meristema que, mediante una serie de divisiones, originan diversos órganos en los vegetales.

primoroso, sa *adj.* **1.** Se dice de las cosas que están hechas con primor y de las personas que las hacen así. **2.** Bello y delicado. **FAM.** Primorosamente.

prímula *s. f.* Primavera*, planta herbácea.

primuláceas *s. f. pl.* Familia de plantas herbáceas del orden primulales a la que pertenecen unas 1.000 especies comprendidas en los géneros *Anagallis, Cyclamen, Lysimachia, Primula, Soldanella,* etc. Son dicotiledóneas, tienen hojas opuestas o alternas, a veces dispuestas en rosetas basales, flores con corola de forma tubular, solitarias o en inflorescencias, y fruto en cápsula. Muchas de sus especies se usan como plantas ornamentales. Crecen en regiones templadas de todo el mundo, sobre todo en el hemisferio norte. Primuláceas son las primaveras y ciclámenes. También *adj.* y *s. f.*

princeps (voz lat.) *adj.* Se dice de la primera edición de un libro. También *s. f.*

princesa *s. f.* **1.** Femenino de príncipe. **2.** Mujer del príncipe.

principado *s. m.* **1.** Dignidad o título de príncipe. **2.** Territorio que es o ha sido gobernado por un príncipe. ‖ *pl.* **3.** Ángeles o espíritus celestes que forman el séptimo coro.

principal *adj.* **1.** Que destaca sobre el resto, por ser más importante, más grande, más abundante, etc. **2.** Se dice del piso que en algunos edificios está justo encima del bajo, o del entresuelo si lo hay. También *s. m.* **3.** En ling., se aplica a la oración o proposición de la que dependen sintácticamente una o más oraciones o proposiciones subordinadas. ‖ *s. m.* **4.** Jefe de un comercio, fábrica, almacén, etc. **5.** Capital de una deuda o préstamo, cantidad que queda por pagar sin contar los intereses.

principalmente *adv. m.* Especialmente, sobre todo.

príncipe *s. m.* **1.** Título que corresponde a algunos miembros de una familia real o imperial, particularmente al hijo del rey, heredero de la corona. **2.** Título que corresponde al soberano de algunos países; p. ej., el príncipe de Mónaco. **3.** Título nobiliario que se ha mantenido hasta la actualidad con carácter honorífico para los miembros de antiguas casas imperiales, reales o principescas. **4.** Pesona que ostenta alguno de los títulos mencionados. **5.** El primero y mejor en algo. ‖ *adj.* **6.** Se dice de la primera edición de un libro. ‖ **7. príncipe azul** El que aparece en los cuentos de hadas; también, hombre ideal soñado por una mujer. **8. príncipe consorte** Título que ostenta en algunos países, como el Reino Unido, el marido de la soberana. **9. príncipe de Asturias** Título dado al hijo del rey, heredero de la corona de España. **10. príncipe de Gales** Heredero de la corona británica; también, tejido, normalmente de lana, con un estampado de cuadros en el que dominan los tonos suaves, como grises, pardos, etc., y que se usa en la confección. **11. príncipe de la Iglesia** Cardenal*. **12. príncipe de las tinieblas** Satanás*.

Príncipe Eduardo, isla Véase **Isla Príncipe Eduardo**.

principesco, ca *adj.* **1.** Propio de un príncipe o princesa. **2.** Esplendoroso, con gran lujo o riqueza.

principiante, ta *adj.* Se dice de la persona que comienza a ejercer una actividad, por lo que no tiene la suficiente experiencia. También *s.* ■ Para el femenino es muy frecuente la forma *principiante.*

principiar *v. tr.* Empezar. También *v. intr.*

principio *s. m.* **1.** Primer momento o parte de una cosa. **2.** Causa, origen. **3.** Concepto o idea fundamental en que se basa una disciplina, una obra, un razonamiento o una investigación. **4.** En fil., causa primera de una cosa o aquello de lo que procede algo. **5.** Noción o idea general y básica de un arte, ciencia o disciplina. Se usa sobre todo en *pl.* **6.** Convicción moral. Se usa más en *pl.* **7.** Ley que dirige el funcionamiento de una máquina, aparato, etc. **8.** Cada uno de los componentes de un cuerpo o sustancia. **9.** Plato que se sirve en la comida entre el primero y los postres. ‖ **10. principio activo** Sustancia contenida en un fármaco gracias a la cual éste obtiene su peculiar propiedad medicinal. **11. principio de contradicción** En fil., enunciado lógico y metafísico que afirma que es imposible que una cosa sea y no sea al mismo tiempo. **12. principio de legalidad** En der., el que supone el sometimiento de la administración pública a las normas previamente establecidas por las leyes. **13. principio inmediato** En quím., sustancia orgánica de composición definida que forma parte de los seres vivos o de algunos de sus órganos. ‖ **LOC. a principios de** *adv.* En los primeros días del periodo de tiempo que se expresa. **al principio** *adv.* En el primer momento, inicialmente. **dar principio** Principiar, empezar. **desde un principio** *adv.* Desde los comienzos, desde el inicio de algo. **en principio** *adv.* En un primer momento, de una forma general, provisional y sin un análisis profundo. **por principio** *adv.* Siguiendo ciertas consideraciones o ideas personales e invariables.

pringado, da **1.** *p. p.* de **pringar**. También *adj.* ‖ *adj.* **2.** *fam.* Se aplica a la persona que hace los trabajos más duros sin que reciba compensación por ello, o que paga por las culpas de los demás. También *s.* **3.** *fam.* Implicado, involucrado. También *s.* **4.** *fam.* Pardillo, ingenuo. También *s.*

pringar *v. tr.* **1.** Manchar con pringue. También *v. prnl.* **2.** Mojar pan en pringue u otra salsa cualquiera. También *v. intr.* **3.** Implicar, involucrar. También *v. prnl.* ‖ *v. intr.* **4.** *fam.* Pagar uno por las culpas de otro. **5.** *fam.* Hacer los trabajos o las tareas más duras sin recibir a cambio una compensación adecuada. **6.** *fam.* P. ext., trabajar, en especial, duramente. ‖ *v. intr.* **7.** *fam.* Morir. ■ Se conjuga como *pagar.* ‖ **LOC. pringarla** *fam.* Morir; también, meter la pata, equivocarse o estropear algo. En el juego, perder o tener que realizar el peor papel.

pringoso, sa *adj. fam.* Grasiento, pegajoso.

pringue *s. amb.* **1.** Sustancia grasienta o pegajosa, especialmente la que sueltan los alimentos. **2.** Suciedad grasienta o pegajosa. **3.** *fam.* Trabajo, especialmente cuando es duro o molesto. **4.** *fam.* Asunto sucio, poco legal.

Prío Socarrás, Carlos (Bahía Honda 1903 - Miami Beach 1977) Político cubano. Líder del Partido Revolucionario Cubano, fue presidente de la República (1948-52). Su gobierno se caracterizó por la corrupción y la agitación política. Fue derrocado por Batista y se exilió a EE UU. Tras el triunfo de la revolución en 1959 dirigió grupos anticastristas.

prión *s. m.* Cada uno de los corpúsculos diminutos de naturaleza proteínica que podrían transmitir ciertas enfermedades nerviosas degenerativas sin ayuda de ácidos nucleicos. Parecen ser mutantes de ciertas proteínas que intervienen en la regulación de la transmisión de señales nerviosas.

prior, ra *s. m.* y *f.* **1.** En ciertas órdenes religiosas, superior o superiora del convento. **2.** En otras órdenes religiosas, segundo prelado después del abad.

priorato[1] *s. m.* **1.** Cargo o dignidad de prior o priora. **2.** Territorio y comunidad que tiene bajo su jurisdicción.

priorato[2] (de la comarca catalana del *Priorato*) *s. m.* Vino tinto que se elabora en la región del Priorato, en la provincia de Tarragona.

priorazgo *s. m.* Priorato, cargo o dignidad de prior o priora.

prioridad *s. f.* **1.** Circunstancia de tener alguien o algo más derecho que otra persona o cosa a estar o ir delante en tiempo o lugar. **2.** Aquello que debe ser atendido, considerado o hecho antes que otras cosas. Se usa sobre todo en *pl.*

prioritario, ria *adj.* Que tiene prioridad. **FAM.** Prioritariamente.

prisa *s. f.* **1.** Rapidez con que se hace una cosa. **2.** Necesidad o deseo de hacer algo o de que alguien haga algo con rapidez: *tener prisa.* ‖ **LOC. a prisa** *adv.* Aprisa*. **a toda prisa** *adv.* Muy rápidamente. **correr prisa** algo Ser urgente. **darse** uno **prisa** Hacer algo rápidamente. **de prisa** *adv.* Deprisa*. **meter prisa** Intentar que alguien haga algo con rapidez.

priscilianismo *s. m.* Doctrina cristiana herética, enunciada por Prisciliano, que se extendió por Hispania en la segunda mitad del s. IV. Influida por el maniqueísmo, tenía un contenido de carácter ascético y rechazaba la dimensión sociopolítica de la Iglesia. Incluía en sus principios creencias ocultistas, por lo que fue acusada de demonología. El priscilianismo resultó condenado en los concilios de Zaragoza (396) y Toledo (400) y definitivamente en el sínodo de Braga (563).

Prisciliano (? h. 340 - Tréveris 385) Religioso hereje español. Formado en Burdeos, extendió rápidamente sus doctrinas por el occidente hispánico, sobre todo por Galicia. Fue nombrado obispo de Ávila por sus seguidores. Acusado de herejía por algunos obispos católicos españoles, sufrió destierro y, en época del usurpador Máximo, fue apresado, juzgado y ejecutado. Su cuerpo fue sepultado en Galicia, donde la secta pervivió más de dos siglos.

prisco *s. m.* **1.** Albaricoque*. **2.** Albaricoquero*.

prisión *s. f.* **1.** Establecimiento en que se encierra a los detenidos, procesados o condenados por un delito, privándoles de libertad. **2.** Estado del que se encuentra privado de libertad en dicho establecimiento. **3.** Pena de privación de libertad inferior a la de reclusión y mayor que la de arresto. **4.** Cualquier lugar o situación en que alguien está o se siente sin libertad. ‖ *pl.* **5.** Grilletes, cadenas que se usaban antiguamente para sujetar a los presos o prisioneros. ‖ **6. prisión mayor** La que tiene una duración desde seis años y un día a doce años. **7. prisión menor** La que dura desde seis meses y un día a seis años. **8. prisión preventiva** Prisión provisional ordenada por el juez, a la que se somete a un acusado durante la tramitación de su causa cuando las circunstancias lo requieren. **9. prisión provisio-**

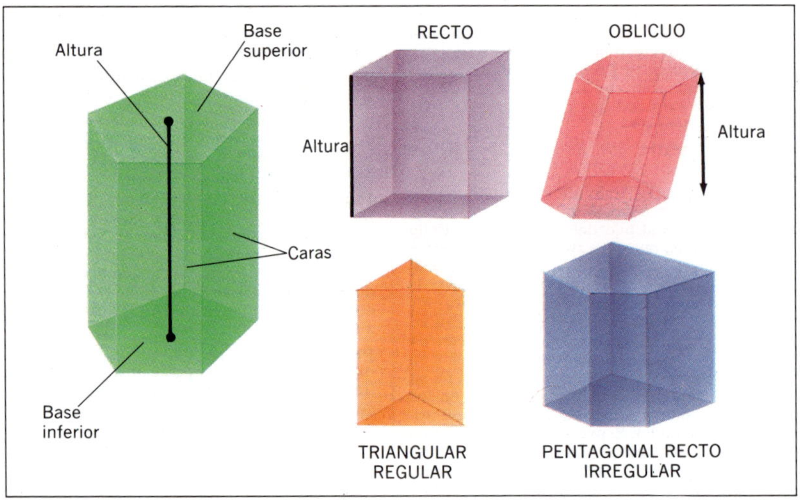

Prisma: elementos que lo forman y diferentes clases de prismas.

nal La decretada por el juez con el fin de asegurar los fines del proceso y la ejecución de la pena.

prisionero, ra *s. m.* y *f.* **1.** Persona que está privada de libertad, especialmente por causas que no son delito, como p. ej. durante una guerra o encarcelada por motivos ideológicos o políticos. También *adj.* **2.** Dominado por un sentimiento, pasión, etc. También *adj.*

prisma *s. m.* **1.** Poliedro formado por dos polígonos iguales y paralelos entre sí, llamados *bases*, y por tantos paralelogramos, o caras laterales, como lados tienen las bases. **2.** Cuerpo transparente, generalmente hecho de cristal, con caras triangulares planas, que desvía y descompone en siete colores la luz blanca que entra por él. **3.** Punto de vista, perspectiva. ‖ **4. prisma oblicuo** Aquel en que las caras laterales no son perpendiculares a la base. **5. prisma recto** Aquel en que las caras laterales son perpendiculares a la base. **6. prisma regular** Aquel que es recto y cuyas bases son polígonos regulares, con lados y ángulos iguales.

prismático, ca *adj.* **1.** Que tiene forma de prisma. **2.** Que tiene prismas, cuerpos transparentes. ‖ *s. m. pl.* **3.** Instrumento óptico que permite ver ampliados los objetos lejanos y que está formado por dos tubos con una combinación de prismas en su interior, cristales y una armadura para sujetarlo delante de los ojos.

prismatoide *s. m.* Poliedro cuyas bases son dos polígonos que están en planos paralelos y cuyas caras son trapecios o triángulos.

prístidos *s. m. pl.* Familia de peces rayiformes que comprende diversas especies del género único *Pristis.* Miden entre 4 y 6 m de longitud, tienen el cuerpo deprimido, de color gris amarillento, y la cabeza con una lámina rostral característica en forma de sierra. Habitan en aguas costeras de regiones cálidas y tropicales y remontan los estuarios y cursos bajos de los ríos. También *adj.* y *s. m.*

prístino, na *adj.* Que se encuentra tal como era en un principio.

priva *s. f. fam.* Bebida, hecho de tomar alcohol habitualmente y en exceso.

privacidad *s. f.* Cualidad o circunstancia de privado, íntimo.

privación *s. f.* **1.** Acción y efecto de privar o privarse. **2.** Ausencia, falta de alguna característica que, por naturaleza, sería normal tener. **3.** Pobreza, escasez o falta de lo necesario para vivir. Se usa mucho en *pl.*

privado, da **1.** *p. p.* de **privar**. También *adj.* ‖ *adj.* **2.** Que no tiene cierta cosa. **3.** Particular de cada uno. **4.** Reservado a una sola persona o a un número limitado de ellas. **5.** Se dice de los bienes, servicios, instituciones, etc., que no pertenecen al Estado, sino a particulares. **6.** Independiente de los asuntos, trabajos, cargos, etc., que una persona desempeña. ‖ *s. m.* **7.** Hombre que tiene la confianza de un soberano, gobernante o alto personaje y al que éste consulta a la hora de tomar decisiones. ‖ **Loc. en privado** *adv.* En la intimidad, sin que otras personas estén oyendo o mirando. **Fam.** Privadamente.

privanza *s. f.* Condición o situación del privado, del que goza de la amistad y confianza de un soberano, gobernante o alto personaje.

privar *v. tr.* **1.** Quitar a una persona o cosa algo que poseía o de lo que disfrutaba. También *v. prnl.* **2.** Impedir, prohibir. **3.** Apartar a alguien de un empleo, cargo, etc. ‖ *v. intr.* **4.** Gustarle a alguien mucho una cosa. También *v. prnl.* **5.** Estar de moda. **6.** *fam.* Tomar bebidas alcohólicas. ‖ *v. prnl.* **7.** *fam.* Emborracharse.

privativo, va *adj.* **1.** Propio de la persona o cosa que se expresa y de ninguna otra. **2.** Que produce o supone privación.

privatizar *v. tr.* Hacer que determinados bienes, servicios, empresas, instituciones, actividades, etc., del Estado pasen a poder de particulares o a ser desempeñados por éstos. ■ Se conjuga como *cazar.* **Fam.** Privatización.

privilegiado, da **1.** *p. p.* de **privilegiar**. También *adj.* ‖ *adj.* **2.** Se dice de quien disfruta de algún privilegio o ventaja. También *s.* **3.** Extraordinario, superior en algo. **Fam.** Privilegiadamente.

privilegiar *v. tr.* Conceder privilegios, favores o ventajas a alguien o algo.

privilegio *s. m.* **1.** Derecho, beneficio o ventaja exclusivos de una persona o entidad. **2.** Documento en que consta la concesión de un derecho, beneficio o ventaja.

pro *prep.* **1.** En favor o ayuda de. ‖ *s. amb.* **2.** *ant.* Provecho, utilidad, ventaja. Actualmente se usa sólo en las locuciones que figuran a continuación. ‖ **Loc. de pro** *adj.* Se aplica a la persona importante, honrada y útil a la sociedad. **el pro y el contra** (o **los pros y los contras**) Ventajas y desventajas de una cosa. **en pro de** *prep.* En favor o defensa de.

pro- *pref.* **1.** Significa 'en vez de, en sustitución de': *pronombre, procónsul.* **2.** Indica continuidad hacia adelante de una acción o movimiento: *proseguir, progresar.* **3.** Significa 'ante o delante': *proclamar, proponer.* **4.** Aporta el significado de multiplicación: *procrear, proliferar, propagar.* **5.** Expresa origen: *provenir, proceder.* **6.** Significa 'contradicción o negación': *proscribir.*

pro domo sua *loc. lat. adv.* Significa 'en pro de su propia casa', 'en beneficio propio'. Es el título de un discurso de Cicerón y se usa para comentar o criticar una conducta egoísta.

pro forma *loc. lat. adj.* Significa 'en cuanto a la forma' y se aplica a documentos, en especial facturas, que son provisionales, pero cumplen todos los requisitos para que tengan efecto.

pro indiviso *loc. lat. adj.* Significa 'por indiviso' y se aplica, en derecho, al bien que no ha sido dividido entre sus propietarios.

proa *s. f.* Parte delantera de una embarcación y, p. ext., de otros vehículos, como los aviones. ‖ **Loc. poner proa** a algún sitio Dirigirse a él.

probabilidad *s. f.* **1.** Cualidad o circunstancia de probable o posible. **2.** En mat., cálculo de la posibilidad de que se verifique un suceso. **3.** Parte de las matemáticas que estudia y mide los sucesos aleatorios.
Mat. La probabilidad es la correspondencia P entre sucesos y números reales que verifica:
1) $0 \leq P(A) \leq 1$, siendo A un suceso cualquiera.
2) $P(E) = 1$ y $P(\varnothing) = 0$, siendo E el espacio muestral (conjunto de todos los sucesos posibles), y $\varnothing$ el suceso imposible.
3) $P(A \cup B) = P(A) + P(B)$, siendo A y B sucesos incompatibles, y $(A \cup B)$ el suceso que se cumple, bien si se cumple A, bien si se cumple B.
4) $P(A \cup B) = P(A) + P(B) - P(A \cap B)$, siendo A y B sucesos compatibles, y $A \cap B$ el suceso que se cumple cuando se cumplen a la vez A y B.
5) $P(A') = 1 - P(A)$, siendo A' el suceso complementario de A, es decir, el suceso que se cumple cuando no se cumple A.

probabilidad compuesta Probabilidad de la intersección* de sucesos.

probabilidad condicionada Probabilidad de que suceda A, relacionada a la hipótesis de que haya ocurrido B:

$$P(A/B) = \frac{P(A \cap B)}{P(B)} \quad (\text{con } P(B) \neq 0)$$

probabilismo *s. m.* Postura y doctrina filosófica que mantiene que sólo nos es dado un conocimiento aproximado de las cosas y que excluye la posibilidad de conseguir un saber absolutamente cierto y seguro. El probabilismo teórico va acompañado normalmente de un probabilismo práctico, que afirma que, a la hora de actuar, nunca se sabe con seguridad cuál es la conducta mejor, por lo que es necesario elegir en cada momento el comportamiento que se presenta con más probabilidad de ser el adecuado. **Fam.** Probabilista.

probabilístico, ca *adj.* Que se basa en el estudio de las probabilidades de un suceso.

probable *adj.* **1.** Que es fácil que ocurra. **2.** Que se puede probar, demostrar. **Fam.** Probablemente.

probado, da **1.** *p. p.* de **probar**. También *adj.* ‖ *adj.* **2.** Demostrado por la experiencia. **3.** Particularmente, en derecho, se dice de aquello cuya verdad se hace patente por estar documentada mediante unas determinadas pruebas.

probador, ra *adj.* **1.** Que prueba. También *s.* ‖ *s. m.* **2.** En las tiendas o lugares donde se venden o hacen prendas de vestir, habitación o espacio donde los clientes se prueban la ropa.

probar *v. tr.* **1.** Dejar clara la verdad o existencia de algo con razones, hechos o testigos. **2.** Examinar a una persona para ver si sus características o cualidades son las adecuadas para un determinado fin. **3.** Utilizar una cosa para ver si funciona correctamente o se ajusta al fin que se persigue. **4.** Tomar un poco de comida o bebida para ver cómo sabe. **5.** Tomar alguna vez cierta comida o bebida. ■ Se usa más en frases negativas. ‖ *v. intr.* **6.** Intentar. ‖ *v. prnl.* **7.** Ponerse uno una prenda de vestir para ver si sienta bien o si está bien hecha. ■ Es v. irreg. Se conjuga como *contar.*

probativo, va *adj.* Probatorio*.

probatorio, ria *adj.* **1.** Que sirve para probar la verdad o la existencia de una cosa. ‖ **2. periodo probatorio** Plazo de tiempo concedido por la ley o el juez para presentar las pruebas.

probeta *s. f.* **1.** Vaso cilíndrico y alargado, generalmente graduado, que se emplea en laboratorios como tubo de ensayo o para medir volúmenes. **2.** Manómetro de mercurio de pequeño tamaño que se usa para medir el grado de enrarecimiento del aire en la máquina neumática. ‖ **3. niño probeta** Véase **niño**.

probidad *s. f.* Integridad, honradez.

problema *s. m.* **1.** Hecho, situación, etc., que precisa una solución o que impide o dificulta algo. **2.** Cuestión que hay que resolver, suscitada por un fenómeno que carece de explicación o por alguna contradicción o laguna en los resultados de una investigación. **3.** Enunciado en que se pide hallar algo o responder a cierta pregunta empleando una serie de datos que se indican.

problemático, ca *adj.* **1.** Que causa problemas. **2.** Complejo, difícil. ‖ *s. f.* **3.** Conjunto de cuestiones relativas a una determinada disciplina. **Fam.** Problemáticamente.

problematizar *v. tr.* Poner en cuestión un determinado asunto, concepto, etc., analizar y discutir sus aspectos más dificultosos. ■ Se conjuga como *cazar.* **Fam.** Problematización.

probo, ba *adj.* Íntegro, honrado.

Probo, Marco Aurelio (Sirmio 232 - íd. 282) Emperador romano. Jefe del ejército de Oriente, fue aclamado emperador por sus legiones en el 276. Expulsó a los alamanes de las Galias y afianzó las fronteras del Rhin y del Danubio, pero fue asesinado por su ejército, descontento de la disciplina que había impuesto.

probóscide *s. f.* Prolongación en forma de tubo de la nariz o de la boca de algunos animales, como los elefantes o ciertos insectos.

proboscídeos o **proboscidios** *s. m. pl.* Orden de mamíferos euterios al que pertenecen dos especies de la única familia elefántidos. Son los animales terrestres de mayor tamaño, con alzadas que alcanzan los 3,5 m. Son ungulados, tienen la piel gruesa, casi sin pelo, una prolongación nasal denominada *probóscide* o *trompa*, incisivos de gran longitud, incorrectamente llamados *colmillos*, y molares de desarrollo sucesivo, que van reemplazándose unos a otros. Habitan en África y el S de Asia. Proboscídeos son los elefantes. También *adj.* y *s. m.*

procacidad *s. f.* **1.** Cualidad de procaz. **2.** Dicho o acción procaz.

procaína *s. f.* $C_6H_4NH_2COOCH_2CH_2N(C_2H_5)_2$. Nombre común de un alcaloide sintético, sucedáneo de la cocaína, que se utiliza como analgésico. Es un polvo blanco soluble en disolventes orgánicos.

procariota *s. m.* Forma de organización celular que se caracteriza por la ausencia de núcleo, y cuyo único cromosoma, formado por una cadena de ADN, no está separado del resto de los orgánulos celulares. Procariotas son, p. ej., las bacterias y las algas cianofíceas. También *adj.*

procaz *adj.* Atrevido, desvergonzado en el campo sexual. **Fam.** Procazmente.

procedencia *s. f.* **1.** Hecho de proceder alguien o algo de un determinado lugar, persona, grupo, etc. **2.** Lugar, persona, grupo, etc., del que procede alguien o algo. **3.** Cualidad de ser algo procedente, especialmente en el terreno moral o legal. **4.** En der., circunstancia de ser oportuna y de tener fundamento legal una demanda, petición o recurso.

procedente *adj.* **1.** Que procede de un lugar, persona, grupo, etc., que se expresa. **2.** Oportuno, conveniente. **3.** Que es conforme a lo establecido, particularmente en materia legal.

proceder[1] *v. intr.* **1.** Tener alguien o algo su origen en el lugar, persona, grupo o cosa que se expresa. **2.** Actuar, comportarse de una manera determinada. **3.** Seguido de la preposición *a,* empezar a hacer lo que se expresa. **4.** Estar una cosa justificada, apropiada. **5.** Con la preposición *contra,* iniciar un procedimiento o juicio contra alguien.

proceder[2] *s. m.* Manera de actuar o comportarse una persona en cierto asunto o en general.

procedimiento *s. m.* **1.** Acción y efecto de proceder. **2.** Método o sistema que se sigue para hacer algo. **3.** Conjunto de trámites o normas que se siguen para la actuación ante organismos civiles, administrativos, laborales, etc..

procela *s. f.* Tempestad, borrasca, tormenta.

proceloso, sa *adj.* Tempestuoso, borrascoso, tormentoso.

prócer *adj.* **1.** Noble, majestuoso. ‖ *s. m.* y *f.* **2.** Persona ilustre.

procesado, da **1.** *p. p.* de **procesar**. También *adj.* ‖ *adj.* **2.** Se dice de la persona que está sometida a un proceso judicial. También *s.*

procesador *s. m.* En inform., programa o dispositivo electrónico que controla y regula la sucesión de las tareas básicas y necesarias para obtener un resultado determinado.

procesal *adj.* **1.** Perteneciente o relativo al proceso. **2.** Se dice de la parte del derecho relativa a los procedimientos civiles y criminales.

procesamiento *s. m.* **1.** Acción o acto de procesar. **2.** En inform., ejecución de programas con los datos apropiados. ‖ **3. auto de procesamiento** En der., resolución que se adopta cuando aparecen en el sumario indicios racionales de criminalidad respecto de una persona. **4. procesamiento** (o **proceso**) **de datos** Tratamiento de la información de acuerdo con unas reglas precisas de orden, clasificación, cálculo, resumen y almacenamiento. **5. procesamiento de textos** Manipulación informática de un texto que permite su modificación y corrección y otras operaciones, como paginación, estructuración, etc.

procesar *v. tr.* **1.** En der., formar un proceso contra alguien, someterle a juicio. **2.** Someter una cosa a un proceso de transformación, elaboración, etc. **3.** En inform., someter un conjunto de datos a un programa específico que maneje dichos datos. **4.** En inform., ejecutar instrucciones o un programa de aplicación.

procesión *s. f.* **1.** Conjunto de personas que van desfilando por las calles, particularmente con un motivo religioso y llevando imágenes, velas, etc. **2.** *fam.* Fila de personas, animales, vehículos, etc., que van de un lugar a otro, en especial cuando lo hacen lentamente. ‖ **Loc. la procesión por dentro** *fam.* Con verbos como *andar, ir, llevar,* etc., se emplea en ciertas expresiones para indicar que, aunque alguien parezca tranquilo, contento, etc., no lo está interiormente.

procesional *adj.* **1.** Ordenado en forma de procesión. **2.** Perteneciente o relativo a la procesión. **Fam.** Procesionalmente.

procesionaria *s. f.* Nombre común de diversos insectos lepidópteros, de la familia taumetopeidos, género *Thaumetopoea.* Se caracterizan por construir enormes nidos de seda que cuelgan de las ramas de los árboles, y por su oruga, que se desplaza en grupos organizados en fila, como en una procesión, es muy pilosa y vive sobre los pinos y otras plantas alimentándose de sus hojas. Las especies más comunes son la procesionaria del pino *(Thaumetopoea pityocampa)* y la procesionaria de la encina *(Thaumetopoea processionea).* Su contacto produce urticaria y constituyen una plaga.

Procesionaria (Thaumetopoea pityocampa).

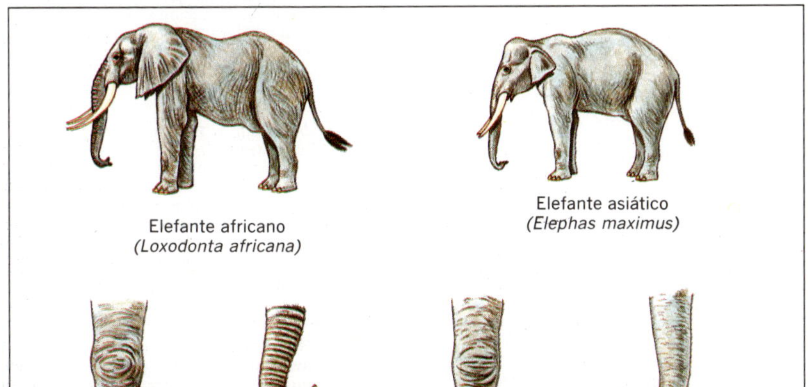

Proboscídeos: elefante africano y elefante asiático, y algunas características diferenciales.

proceso *s. m.* **1.** Sucesión de las diferentes fases o etapas de un fenómeno o actividad. **2.** Conjunto de acciones sucesivas realizadas con la intención de conseguir un resultado. **3.** Desarrollo o transcurso del tiempo. **4.** En der., conjunto de actuaciones, debidamente documentadas, de una causa civil o penal. **5.** En inform., conjunto de transformaciones a que se someten ciertos datos mediante un ordenador para obtener un resultado determinado. **6.** En inform., cualquier secuencia de instrucciones que puede ejecutarse. ‖ **7. proceso paralelo** En inform., forma del proceso de datos que se realiza simultáneamente en varios microprocesadores, conectados entre sí. Cuando todos realizan la misma operación sobre datos distintos, se habla de *procesadores vectoriales.*

Proción Estrella de la constelación del Can Menor, la más brillante de la misma. Dista 11,4 años luz de la Tierra y es una estrella doble, pues a la estrella principal acompaña una enana blanca.

prociónidos *s. m. pl.* Familia de mamíferos carnívoros a la que pertenecen 18 especies de los géneros *Procyon, Ailuropoda, Ailurus, Bassaricyon, Nasuella* y *Nasua.* Se caracterizan por tener únicamente dos molares a cada lado de la mandíbula. Algunas especies son parecidas a los osos y otras tienen el cuerpo esbelto, las patas cortas y el hocico alargado. Habitan en Asia y América. Prociónidos son los mapaches, coatíes, osos panda, etc. También *adj.* y *s. m.*

proclama *s. f.* **1.** Discurso o comunicación escrita, generalmente de carácter político o militar, que se dirige al público para exponerle u ordenarle alguna cosa, convencerlo de algo, etc. **2.** Anuncio público y oficial, hablado o escrito, que se hace de algo.

proclamación *s. f.* **1.** Acción y efecto de proclamar. **2.** Conjunto de los distintos actos públicos y ceremonias con que se celebra el comienzo de un nuevo reinado, periodo legislativo, etc.

proclamar *v. tr.* **1.** Decir una cosa públicamente, de tal forma que llegue a conocimiento de todos. **2.** Declarar de forma pública y solemne el comienzo de un reinado, periodo legislativo, etc. **3.** Otorgar, generalmente una mayoría, un título, cargo, privilegio, etc. También *v. prnl.* **4.** Mostrar claramente lo que se expresa.

proclisis *s. f.* En ling., fenómeno que consiste en unir en la pronunciación una palabra sin acento prosódico a la siguiente, formando así un solo grupo fónico; p. ej. *mi casa, el ojo,* etc.

proclítico, ca *adj.* Se dice de las partículas y partes de la oración que, por no tener acento prosódico, se unen en la pronunciación a la palabra siguiente, aunque en la escritura se mantengan separadas. Son palabras proclíticas en español las preposiciones de una sílaba, algunos pronombres como *mi, su, me, te, se,* el artículo determinado y el artículo indeterminado masculino singular, etc.

proclive *adj.* **1.** Que tiene tendencia o inclinación hacia una cosa, generalmente negativa. **2.** Inclinado hacia adelante o hacia abajo.

proclividad *s. f.* Inclinación, tendencia.

procomún *s. m.* Bien público, utilidad pública.

procomunal *adj.* **1.** Perteneciente o relativo al procomún. ‖ *s. m.* **2.** Procomún*.

procónsul *s. m.* Entre los antiguos romanos, gobernador de una provincia. **FAM.** Proconsular.

proconsulado *s. m.* **1.** Cargo o dignidad de procónsul. **2.** Tiempo que duraba este cargo.

Procopio de Cesarea (Cesarea, Palestina fines del s. V - Constantinopla h. 562) Historiador bizantino. Fue secretario del general Belisario, a quien acompañó en sus campañas, y dignatario de la corte de Justiniano, lo que le convirtió en perfecto testigo de la historia imperial de la primera mitad del s. VI. Escribió *La guerra pérsica, La guerra gótica, La guerra vandálica, Tratado de los edificios* y *Anécdotas.*

procordados *s. m. pl.* Grupo de metazoos marinos del tipo cordados al que pertenecen unas 1.280 especies pertenecientes a los subtipos tunicados y cefalocordados. Se caracterizan por ser cordados simples, no segmentados, provistos de notocordio, pero que carecen de cráneo y encéfalo. Las especies de la clase ascidiáceas no tienen cavidad celomática y están protegidas por una túnica de sustancia parecida a la celulosa, llamada *tunicina.* Habitan en aguas de mares tropicales, subtropicales y templados. Procordados son las ascidias, salpas, anfioxos, etc. También *adj.* y *s. m.*

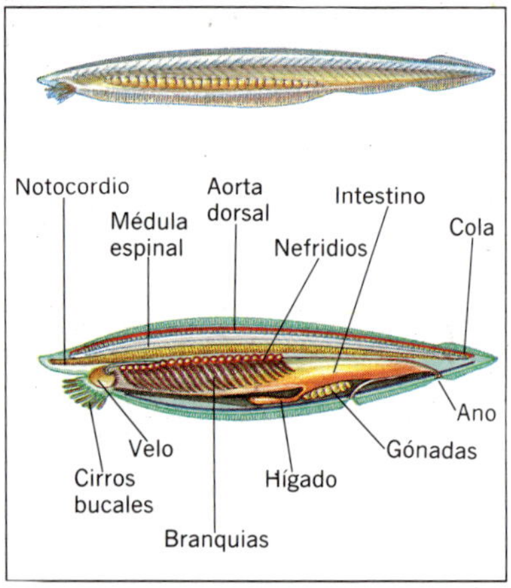

Procordados: morfología (arriba) y anatomía (abajo) de un anfioxo.

procrear *v. tr.* Producir el hombre y la mujer, o el macho y la hembra de cualquier especie animal, otros individuos de su misma especie. **FAM.** Procreación, procreador.

proctología *s. f.* Rama de la medicina que se encarga del diagnóstico y tratamiento de las enfermedades del recto y del ano. **FAM.** Proctológico.

proctólogo, ga *s. m.* y *f.* Médico especializado en proctología.

procurador, ra *s. m.* y *f.* **1.** Persona legalmente autorizada que, en ciertas circunstancias, se encarga de representar a otra ante los tribunales de justicia. ‖ **2. procurador en** (o **de**) **Cortes** En ciertas épocas, persona que representaba a las ciudades en las antiguas Cortes o que era miembro de ellas. Este nombre se aplicó también a los miembros de las Cortes españolas en época franquista.

procuraduría *s. f.* **1.** Cargo u oficio de procurador. **2.** Despacho u oficina del procurador.

procurar *v. tr.* **1.** Hacer todo lo posible para conseguir o para que suceda aquello que se expresa. **2.** Proporcionar algo a alguien. También *v. prnl.*

prodigalidad *s. f.* **1.** Cualidad o comportamiento del pródigo. **2.** Abundancia, gran cantidad de algo.

prodigar *v. tr.* **1.** Dar algo en gran cantidad o repetidamente. También *v. prnl.* **2.** Gastar con exceso. ‖ *v. prnl.* **3.** Dejarse ver alguien muy a menudo en ciertos sitios, generalmente con intención de exhibirse. ■ Se conjuga como *pagar.*

prodigio *s. m.* **1.** Fenómeno o suceso que produce gran admiración o sorpresa y que no puede explicarse por causas naturales. **2.** Persona, animal o cosa extraordinaria, que destaca por sus cualidades, por ser excelente en su género.

prodigioso, sa *adj.* **1.** Que causa admiración y no puede explicarse por causas naturales. **2.** Muy bueno, extraordinario. **FAM.** Prodigiosamente, prodigiosidad.

pródigo, ga *adj.* **1.** Que gasta en exceso. También *s.* **2.** Generoso, que da en abundancia. También *s.* **3.** Que produce gran cantidad de algo. **FAM.** Pródigamente.

pródromo *s. m.* Conjunto de síntomas que preceden a una enfermedad. **FAM.** Prodrómico.

producción *s. f.* **1.** Acción y efecto de producir. **2.** Cosa producida. **3.** Actividad de la industria cinematográfica, editorial, discográfica, etc., que se encarga del proceso de realización de películas, programas de televisión, vídeos, libros, discos, etc. **4.** P. ext., película, vídeo, programa de televisión o radio, etc. **5.** En econ., proceso a través del cual se crea un bien o un servicio para satisfacer las necesidades humanas a partir de una materia prima y por medio del trabajo del hombre, que se sirve de determinados instrumentos, como máquinas, herramientas, instalaciones, etc. Constituye la actividad económica y social básica de todas las sociedades en cualquier etapa histórica. ‖ **6. medios de producción** Aquellos elementos que son necesarios para que se lleve a cabo la producción de un bien de consumo: materias primas o semielaboradas, instalaciones, instrumental, maquinaria, infraestructura de distribución, etc. Se denominan también *factores de producción.* **7. modo de producción** Noción fundamental en el pensamiento económico marxista; Marx distingue entre medios de producción, que son para él los recursos de los que se dispone para producir; las fuerzas de producción, es decir, el trabajo que realizan los individuos, así como la organización y los conocimientos técnicos aplicados a producir; y las relaciones de producción, a saber, los mecanismos institucionales dentro de los cuales operan las fuerzas de producción. De la combinación de estos elementos resultan los distintos modos de producción que definen los diversos periodos de la historia; los más importantes han sido: la comunidad primitiva, el asiático, el antiguo, el esclavista, el feudal y el capitalista. **8. producción en cadena** Sistema de producción en el que cada operario o máquina sólo interviene en una fase o momento del proceso, el cual se completa con la participación del total de operarios o máquinas que constituyen la cadena.

producir *v. tr.* **1.** Dar algo las cosas naturales. **2.** Obtener de la naturaleza determinados bienes. **3.** Crear un cosa a partir de otra por medio del trabajo. **4.** Rentar, dar beneficios económicos. **5.** Causar, tener algo un efecto. **6.** Crear obras literarias o artísticas. **7.** Proporcionar el dinero necesario para una obra cinematográfica, discográfica, televisiva, etc., y organizar y controlar la realización de la misma. ‖ *v. prnl.* **8.** Ocurrir, tener lugar. ■ Es v. irreg. Se conjuga como *conducir.*

productividad *s. f.* **1.** Cualidad de productivo. **2.** Porcentaje que mide la capacidad o grado de producción y que se determina dividiendo por la unidad de trabajo, superficie, etc., la cantidad total producida.

productivo, va *adj.* **1.** Que produce, en especial cuando lo hace abundantemente. **2.** Útil, con resultado favorable.

producto *s. m.* **1.** Cosa producida, especialmente por la agricultura o la industria. **2.** Resultado, consecuencia. **3.** Beneficio, ganancia. **4.** En mat., resultado de una multiplicación. ‖ **5. producto cartesiano de dos conjuntos A × B** En mat., conjunto de pares ordenados *(a, b)* donde $a \in A$ y $b \in B$. **6. producto de solubilidad** En quím., valor constante que se obtiene al multiplicar las concentraciones (en moles/litro) de los iones que resultan cuando un electrólito se disuelve en agua, estando elevada cada una de estas concentraciones a un exponente que coincide con el número de iones que se forman a partir de una molécula de electrólito. **7. producto escalar de vectores** En mat., para los vectores $\vec{a}$ y $\vec{b}$, producto de los módulos de $\vec{a}$ y $\vec{b}$ por el coseno del ángulo que forman $\vec{a}$ y $\vec{b}$. Es decir: $\vec{a} \cdot \vec{b} = |\vec{a}| \cdot |\vec{b}| \cdot \cos \alpha$. **8. producto interior bruto** (PIB) Suma del valor de todos los bienes y servicios finales producidos en un país durante un año. **9. producto nacional bruto** (PNB) Suma del valor de todos los bienes y servicios finales producidos en un país durante un año, a la que se resta la parte debida a factores productivos extranjeros y a la que se añade el valor de lo producido fuera del país por factores productivos nacionales. **10. producto nacional neto** (PNN) Es el producto nacional bruto del que se deduce el capital consumido a lo largo del año, esto es, el capital amortizado. **11. producto vectorial** En mat., producto de los módulos de los vectores por el seno del ángulo que forman: $\vec{a} \cdot \vec{b} = |\vec{a}| \cdot |\vec{b}| \cdot \text{sen}\, \alpha$.

productor, ra *adj.* **1.** Que produce. También *s.* ‖ *s. m.* y *f.* **2.** Persona o empresa que financia obras cinematográficas, televisivas, discográficas, etc., y organiza y supervisa la realización de las mismas.

proel *adj.* **1.** Relativo a la proa o situado cerca de ella. ‖ *s. m.* **2.** Marinero que en una embarcación pequeña, como una lancha, bote, etc., maneja el remo de proa o el bichero.

proemio *s. m.* Introducción a un escrito o exposición oral. **FAM.** Proemial.

proeza *s. f.* Acción que requiere mucho valor o esfuerzo.

profanar *v. tr.* **1.** Entrar en un lugar, tocar algo, hacer uso de una cosa, sin que esté permitido hacerlo o sin el debido respeto, por tratarse de lugares o cosas que se consideran sagradas. **2.** Con palabras como *memoria, recuerdo,* etc., no respetar o deshonrar a alguien que ha muerto. **FAM.** Profanación, profanador.

profano, na *adj.* **1.** No religioso. **2.** Que no tiene suficientes conocimientos o experiencia en una determinada materia. También *s.*

profase *s. f.* Primera fase de la mitosis, en la que aparecen transformaciones en el centrosoma y los cromosomas, se duplican los centriolos y comienza el hinchamiento del núcleo.

profecía *s. f.* **1.** Don de un profeta y anuncio que hace. **2.** P. ext., cualquier predicción. ‖ *pl.* **3.** Libros canónicos del Antiguo Testamento en que se contienen los escritos de los profetas menores. ■ En esta última acepción se escribe con mayúscula.

proferir *v. tr.* Pronunciar alguien palabras, lanzar gritos, etc., especialmente como muestra de un sentimiento de enfado, alegría, temor, etc. ■ Es v. irreg. Se conjuga como *sentir.*

profesar *v. tr.* **1.** Aceptar y seguir voluntariamente una doctrina, religión, etc. **2.** Tener una persona ciertos sentimientos o inclinaciones que se expresan. **3.** Ejercer una determinada profesión. ‖ *v. intr.* **4.** Hacer en una orden religiosa los votos solemnes. **FAM.** Profesante.

profesión *s. f.* **1.** Trabajo u oficio al que alguien se dedica a cambio de una remuneración y, particularmente, los que requieren una preparación especial. **2.** Acción y efecto de profesar en una orden religiosa. **3.** Ceremonia religiosa que se hace cuando alguien profesa en una orden. ‖ **LOC. hacer** uno **profesión de fe** Declarar alguien públicamente ser partidario de una creencia, doctrina, idea, etc.

profesional *adj.* **1.** Perteneciente o relativo a la profesión o trabajo. **2.** Se dice de la persona que ejerce habitualmente una profesión, deporte u otra actividad cualquiera como medio de vida y no por afición. También *s.* **3.** Se dice de lo que está hecho por profesionales y no por aficionados. **4.** Que trabaja o está hecho con profesionalidad. **FAM.** Profesionalmente.

profesionalidad *s. f.* Cualidad y actitud de la persona que ejerce habitualmente una profesión, arte, deporte u otra actividad cualquiera con gran cuidado y eficacia.

profesionalismo *s. m.* **1.** Ejercicio habitual de una actividad, especialmente artística o deportiva, no por afición, sino como medio de vida. **2.** Profesionalidad*.

profesionalizar *v. tr.* **1.** Hacer que una actividad que se realiza por afición pase a convertirse en profesional. También *v. prnl.* **2.** Hacer que una persona pase de ejercer una actividad por afición a ejercerla como profesión. Se usa más como *v. prnl.* ▪ Se conjuga como *cazar.* **FAM.** Profesionalización.

profeso, sa *adj.* Se dice de la persona que ha profesado en una orden religiosa. También *s.*

profesor, ra *s. m.* y *f.* **1.** Persona que enseña, en particular si lo hace profesionalmente. **2.** Instrumentista de una orquesta.

profesorado *s. m.* **1.** Cargo y actividad del profesor. **2.** Conjunto o cuerpo de profesores.

profesoral *adj.* Perteneciente o relativo al profesor, al ejercicio de su actividad o al cuerpo de profesores.

profeta, tisa *s. m.* y *f.* **1.** Persona que habla en nombre de Dios y por inspiración suya para anunciar su voluntad, y particularmente cosas futuras. **2.** Persona que hace predicciones. ‖ **3. profetas mayores** Los que escribieron los libros proféticos de mayor extensión del Antiguo Testamento: Isaías, Jeremías, Ezequiel y Daniel. **4. profetas menores** Los otros profetas a los que se atribuyen libros del Antiguo Testamento.

profético, ca *adj.* Perteneciente o relativo a la profecía o al profeta. **FAM.** Proféticamente.

profetizar *v. tr.* Hacer pofecías. ▪ Se conjuga como *cazar.* **FAM.** Profetización, profetizador.

proficiente *adj.* Se dice de la persona que va aprovechando o progresando en algo.

profiláctico, ca *adj.* **1.** Que sirve para proteger de la enfermedad o evitar que se extienda. ‖ *s. m.* **2.** Preservativo*. ‖ *s. f.* **3.** Parte de la medicina que se ocupa de la prevención de las enfermedades.

profilaxis *s. f.* Conjunto de medidas que sirven para proteger de una enfermedad y para evitar que se extienda.

prófugo, ga *adj.* **1.** Se dice de la persona que huye de la justicia o de cualquier otra autoridad. También *s.* ‖ *s. m.* **2.** Joven que escapa o se oculta para evitar hacer el servicio militar.

profundidad *s. f.* **1.** Distancia entre la superficie y el fondo de ciertas cosas. **2.** En un cuerpo de tres dimensiones, distancia que hay desde una superficie dada hasta la opuesta. **3.** Referido a ideas, sentimientos, etc., cualidad de profundo. ‖ *pl.* **4.** Lugar profundo. **5.** Cosa abstracta, demasiado complicada o difícil de entender. ‖ **6. profundidad de campo** Distancia máxima sobre el eje central del campo óptico en la que las imágenes se ven con nitidez. ‖ **LOC. en profundidad** *adv.* De manera completa y con rigor.

profundizar *v. tr.* **1.** Hacer algo más profundo. **2.** Examinar y analizar un asunto, problema, idea, etc., con mucha atención y cuidado. Se usa más como *v. intr.* ▪ Se conjuga como *cazar.*

profundo, da *adj.* **1.** Que está a mucha profundidad (distancia), la tiene o la alcanza. **2.** Que llega o va hasta muy abajo. **3.** Fuerte, intenso, muy grande. **4.** Se dice de la persona que trata, habla o piensa sobre temas serios intentando llegar a conocerlos de forma completa, así como de sus conocimientos, pensamientos, etc., y de las cosas relacionadas con éstos. **5.** Íntimo. **6.** Se dice de la voz, sonido, etc., potente y de tono muy grave. **FAM.** Profundamente.

profusión *s. f.* Gran abundancia de algo.

profuso, sa *adj.* Muy abundante. **FAM.** Profusamente.

progenie *s. f.* **1.** Linaje, familia de la que desciende o a la que pertenece una persona. **2.** Conjunto de hijos de una persona.

progenitor, ra *s. m.* y *f.* Antepasado en línea directa de una persona, especialmente su padre o su madre.

progenitura *s. f.* Progenie, familia de la que uno procede.

progesterona *s. f.* $C_{21}H_{30}O_2$. Hormona segregada por el ovario femenino, cuya función es preparar la mucosa del útero para recibir el óvulo fecundado.

prognatismo *s. m.* Disposición de la mandíbula inferior que presentan los prognatos.

prognato, ta *adj.* Se dice de la persona que tiene la mandíbula inferior saliente, un poco caída y más grande que la superior. También *s.*

prognosis *s. f.* **1.** Conocimiento y anuncio anticipado de algo que todavía no ha sucedido. **2.** Pronóstico*.

programa *s. m.* **1.** Exposición resumida y ordenada de los distintos puntos o partes que componen algo que se va a realizar o desarrollar más adelante, p. ej. un curso escolar, los espectáculos de una temporada o las propuestas de un partido político. **2.** Cada una de las unidades temáticas, como películas, espacios musicales o deportivos, etc., que se retransmiten por radio o televisión. **3.** Conjunto de instrucciones que se dan a una máquina, particularmente a un ordenador, para que realice un trabajo específico.

programación *s. f.* **1.** Acción u efecto de programar. **2.** Conjunto de programas de radio o televisión, o de las distintas obras de una sesión de cine, teatro, etc. ‖ **3. lenguaje de programación** Conjunto de instrucciones capaces de ser entendidas por el traductor del ordenador (compilador o intérprete), ya sea directamente o mediante un programa auxiliar. **4. programación lineal** Método utilizado para resolver problemas donde intervienen variables sometidas a ciertas restricciones, que permite obtener una solución óptima. Si el número de variables es muy grande, es preciso utilizar un ordenador. **5. programación procedimental** En inform., forma más extendida de construir programas de ordenador, basada en la construcción de una jerarquía de programas, uno de los cuales (el principal) pone en marcha el proceso y llama, directa o indirectamente, a todos los demás. Se opone a la programación lógica, utilizada en Inteligencia Artificial, y a la programación orientada a objetos, en la que la jerarquía no está formada por los programas, sino por entidades complejas llamadas *objetos.*

programador, ra *adj.* **1.** Que programa. También *s.* ‖ *s. m.* y *f.* **2.** Persona que elabora un programa para un ordenador. ‖ *s. m.* **3.** Dispositivo que ejecuta un programa automáticamente.

programar *v. tr.* **1.** Elaborar el programa de una actividad. También *v. prnl.* **2.** Preparar ciertas máquinas por anticipado para que realicen cierto trabajo. ‖ *v. intr.* **3.** Elaborar programas informáticos.

programático, ca *adj.* Perteneciente o relativo al programa o declaración de lo que se piensa hacer en alguna materia.

progre *adj. fam. apóc.* de **progresista**. También *s.*

progresar *v. intr.* Hacer progresos, mejorar alguien o algo.

progresía *s. f. fam.* Conjunto de progres.

progresión *s. f.* **1.** Acción de progresar o de proseguir. **2.** En mat., serie de números o términos algebraicos ordenada según una constante. ‖ **3. progresión aritmética** Aquella en que cada término es igual al anterior más una cantidad constante llamada *diferencia de la progresión;* p. ej., 3, 6, 9, 12... forman una progresión aritmética de diferencia 3. **4. progresión geométrica** Aquella en que cada término es igual al anterior multiplicado por una cantidad constante llamada *razón de la progresión.* P. ej., 2, 4, 8, 16... forman una progresión geométrica de razón 2.

progresista *adj.* **1.** Se dice de la persona, partido político, idea, actitud, etc., que defiende la evolución de las sociedades y los cambios sociales, políticos, económicos, etc., aunque ello suponga romper con la situación anterior o la tradición. También *s.* ‖ **2. Partido Progresista** Partido político español del s. XIX, de carácter liberal. Dominó la vida política entre 1837 y 1843, y durante el bienio progresista (1854-56). **FAM.** Progresismo.

progresivo, va *adj.* Que avanza de manera continua y gradual. **FAM.** Progresivamente, progresividad.

progreso *s. m.* **1.** Desarrollo favorable, mejora de un determinado aspecto de alguien o algo. **2.** Desarrollo de los distintos aspectos de una cultura o sociedad, especialmente los tecnológicos y científicos, que la hacen más avanzada y rica.

prohibición *s. f.* **1.** Acción y efecto de prohibir. **2.** En EE UU, ley que prohibió la fabricación, venta y consumo de bebidas alcohólicas y periodo de tiempo en que dicha ley estuvo vigente (1920-33).

prohibir *v. tr.* Ordenar que no se haga o use algo. ▪ Obsérvense los acentos en los tiempos de presente e imperativo. **FAM.** Prohibitorio.

prohibitivo, va *adj.* **1.** Se dice de los precios demasiado altos y de las cosas que los tienen. **2.** Que prohíbe o sirve para prohibir.

prohijar *v. tr.* **1.** Adoptar a alguien como hijo. **2.** Aceptar y defender como propias ideas o doctrinas ajenas. ▪ En cuanto al acento, se conjuga como *enraizar: prohíjo.* **FAM.** Prohijamiento.

prohombre *s. m.* Hombre ilustre y respetado por sus méritos y cualidades.

prójimo, ma *s. m.* y *f.* **1.** *desp.* Hombre o mujer cualquiera. ‖ *s. m.* **2.** Con respecto a una persona, todas o cada una de las demás personas que forman parte de la comunidad humana. ‖ *s. f.* **3.** Prostituta*. **4.** *fam.* Mujer, esposa.

Projorov, Alexander Mijailovich (Atherton, Australia 1916) Físico ruso. Profesor en la universidad de Moscú, se le considera uno de los fundadores de la electrónica cuántica. En 1964 le fue concedido el premio Nobel de física, juntamente con Charles Hard Townes y Nikolai Gennadievich Basov, por su desarrollo de los sistemas máser y láser.

Prokofiev, Sergei Sergeievich (Sontsovka, Yekaterinoslav 1891 - Moscú 1953) Compositor ucraniano. Estudió con Rimski Korsakov en el conservatorio de San Petersburgo. Tras el estallido de la Revolución Rusa (1917) se refugió en Francia, Alemania y, finalmente, en EE UU. En 1933 regresó a la URSS, donde realizó la mayor parte de sus obras. Sus composiciones, caracterizadas por la introducción de fuertes disonancias en una primera época, fueron evolucionando hacia una moderación en los ritmos y una mayor importancia de las melodías, en las que utilizaba elementos populares. Fue autor de óperas, como *El jugador* (1916-17) y *Romeo y Julieta* (1935-38), de siete sinfonías, además de cantatas, conciertos para violín, piano y violonchelo, melodías para películas y obras de teatro y cuentos sinfónicos, como *Pedro y el lobo* (1936).

prolapso *s. m.* Salida de un órgano a través de un orificio del cuerpo cuando no está bien fijado en su ubicación natural; p. ej., el útero o el recto.

prole *s. f.* **1.** Conjunto, generalmente numeroso, de los hijos de una persona, en especial cuando son pequeños o jóvenes. **2.** *fam.* Conjunto numeroso de personas.

prolegómeno *s. m.* **1.** Introducción que se hace a un escrito para exponer los fundamentos del tema que se va a tratar. Se usa más en *pl.* **2.** Tratado sobre los aspectos más elementales de una materia. Se usa más en *pl.* ‖ *pl.* **3.** Preparación o introducción excesiva a algo.

prolepsis *s. f.* **1.** Anticipación*, figura retórica. **2.** En la filosofía estoica y epicúrea, conocimiento anterior a la reflexión.

proletariado *s. m.* Clase social surgida a lo largo del s. XVIII y formada por aquellos que no poseen los medios de producción y sólo pueden ofrecer su fuerza de trabajo a cambio de un salario.

proletario, ria *adj.* **1.** Perteneciente o relativo al proletariado. ‖ *s. m.* y *f.* **2.** Persona que pertenece al proletariado.

proliferar *v. intr.* **1.** Aumentar mucho y rápidamente el número o la cantidad de algo. **2.** Reproducirse mediante división. Es propio de las células y organismos inferiores. **FAM.** Proliferación, proliferante.

prolífico, ca o **prolífero, ra** *adj.* **1.** Que se reproduce abundantemente. **2.** Se dice del artista, escritor, etc., que produce mucho.

prolijo, ja *adj.* **1.** Se dice de las explicaciones, descripciones, etc., demasiado largas y detalladas, y de las personas que las dan o hacen. **2.** Minucioso. **3.** *Arg.* Pulcro. **FAM.** Prolijamente, prolijidad.

PROHIBIR		
INDICATIVO	**SUBJUNTIVO**	**IMPERATIVO**
Presente	**Presente**	
prohíbo	*prohíba*	
prohíbes	*prohíbas*	*prohíbe*
prohíbe	*prohíba*	
prohibimos	*prohibamos*	
prohibís	*prohibáis*	*prohibid*
prohíben	*prohíban*	

PROLOG *s. m.* Lenguaje de ordenador de alto nivel, diseñado por el francés Colmerauer. Tiene la particularidad de que no es necesario ejecutar sus instrucciones en un orden determinado, como ocurre con otros lenguajes. Se utiliza principalmente en la programación de aplicaciones de inteligencia artificial.

prologar *v. tr.* Escribir el prólogo de un libro. ■ Se conjuga como *pagar.*

prólogo *s. m.* **1.** Introducción que precede a un escrito en la que se explica, comenta, etc., alguna cosa sobre él o para presentar al autor. **2.** Cosa que se hace antes que otra para presentarla o prepararla. **FAM.** Prologal.

prologuista *s. m.* y *f.* Autor de un prólogo.

prolongación *s. f.* **1.** Acción y efecto de prolongar o prolongarse. **2.** Parte alargada de una cosa que sobresale de ella. **3.** Cosa que se añade a otra del mismo tipo para hacerla más larga. ■ Se dice también *prolongamiento.*

prolongado, da **1.** *p. p.* de **prolongar**. ‖ *adj.* **2.** Que dura mucho tiempo o más del habitual o conveniente. **3.** Más largo que ancho o más largo de lo normal. **FAM.** Prolongadamente.

prolongador, ra *adj.* Que prolonga o sirve para prolongar. También *s. m.*

prolongar *v. tr.* **1.** Hacer más largo en el tiempo o en el espacio. También *v. prnl.* ‖ *v. prnl.* **2.** Durar. **3.** Discurrir por un lugar o llegar hasta él. ■ Se conjuga como *pagar.* **FAM.** Prolongable, prolongamiento.

promecio *s. m.* Pm. Elemento químico perteneciente al grupo de los lantánidos del sistema periódico. Su número atómico es 61 y su masa atómica 147. Su existencia se deducía de los espectros de emisión, pero fue identificado en 1945 por J. A. Marinsky y Lawrence Elgin Glendenin entre los productos de fisión del uranio en los reactores nucleares. La mayor parte de sus isótopos son de vida corta, lo que hace rara su presencia en los minerales y difícil el estudio de sus propiedades. Es un metal de color plateado que en seguida amarillea. Se usa en pinturas luminiscentes y en baterías especiales.

promediar *v. tr.* **1.** Calcular el promedio. **2.** Dividir una cosa en dos partes más o menos iguales o hacer que dos partes de una cosa sean aproximadamente iguales. ‖ *v. intr.* **3.** Llegar hasta más o menos su mitad un espacio de tiempo determinado. **4.** Actuar de intermediario.

promedio *s. m.* **1.** Media* aritmética. **2.** Punto por el que algo se divide por la mitad. ‖ **3. valores promedio** En estadística, media aritmética, mediana o moda.

promesa *s. f.* **1.** Acción y efecto de prometer. **2.** Persona de la que, por sus aptitudes, se espera que llegue a triunfar en una determinada actividad. **3.** Indicio o señal que hace esperar alguna cosa buena.

promesar *v. tr. Arg., Chile.* Hacer promesas, por lo general piadosas. **FAM.** Promesante.

prometedor, ra *adj.* Se dice de la persona o cosa que por sus características o por ciertos indicios hace esperar que llegará a ser muy importante o muy buena.

Prometeo En la mitología griega, el principal de los titanes. Por amor a los humanos les entregó el fuego que había arrebatado a los dioses. Zeus, en su cólera, le encadenó a una roca del Cáucaso para que un águila le devorase el hígado eternamente. Heracles le liberó.

prometer *v. tr.* **1.** Afirmar una persona con seguridad que realizará cierta cosa. **2.** Asegurar alguien que es cierto lo que se expresa. **3.** Declarar una persona que se compromete a cumplir fielmente los deberes de un cargo. **4.** Dar la impresión una persona o cosa de que va a ser algo que se expresa, generalmente positivo. ‖ *v. intr.* **5.** Existir muestras o indicios en una persona o cosa de que va a ser muy importante o muy buena. ‖ *v. prnl.* **6.** Convertirse en prometidos un hombre y una mujer. **7.** Confiar en que sucederá cierta cosa o en que ocurrirá de cierta manera, sin que exista un verdadero motivo para ello. ‖ **LOC. prometérselas** uno **(muy) felices** *fam.* Confiar en que algo bueno ocurra o en que algo salga bien.

prometido, da **1.** *p. p.* de **prometer**. También *adj.* ‖ *s. m.* y *f.* **2.** Novio o novia de una persona cuando tiene intención de casarse.

prometio *s. m.* Promecio*.

prominencia *s. f.* **1.** Cualidad de prominente. **2.** Abultamiento, elevación, especialmente del terreno.

prominente *adj.* **1.** Que se eleva sobre el resto o sobresale más de lo normal. **2.** Ilustre, famoso, destacado.

promiscuidad *s. f.* **1.** Cualidad de promiscuo. **2.** Confusión, mezcolanza.

promiscuo, cua *adj.* **1.** Mezclado desordenadamente, compuesto por personas o cosas muy diferentes. **2.** Se dice de la persona que tiene relaciones sexuales con muchas otras, así como de su comportamiento, modo de vida, etc. **FAM.** Promiscuamente.

promisión *s. f.* Promesa, acción de prometer. Sólo se usa en la expresión **Tierra de promisión**, haciendo referencia a la que Dios prometió al pueblo de Israel; y, en sentido figurado y escrito con minúscula, tierra muy fértil y rica.

promisorio, ria *adj.* Que incluye una promesa.

promoción *s. f.* **1.** Acción y efecto de promocionar o promover. **2.** Grupo de personas que obtienen al mismo tiempo un título de estudios o una plaza para determinado cargo o trabajo. ‖ **LOC. en promoción** *adj.* y *adv.* Se dice del producto que está siendo promocionado.

promocionar *v. tr.* **1.** Hacer que alguien alcance en un trabajo una categoría más alta. También *v. prnl.* **2.** Realizar distintas acciones, generalmente de tipo publicitario, destinadas a dar a conocer un producto o servicio, o a hacer famosa a una persona, ciudad, etc.

promontorio *s. m.* **1.** Elevación del terreno de poca altura. **2.** Particularmente, elevación rocosa del terreno que se introduce en el mar. **3.** Cosa abultada o montón de cosas.

promotor, ra *adj.* Que promueve o promociona. También *s.*

promover *v. tr.* **1.** Apoyar o impulsar la realización de una cosa. **2.** Ascender a una persona a un cargo o categoría superior. **3.** Dar lugar, causar. **4.** Iniciar ciertas acciones. ■ Es v. irreg. Se conjuga como *mover.* **FAM.** Promovedor.

promulgar *v. tr.* Anunciar algo de forma oficial, particularmente una ley o disposición para que entre en vigor. ■ Se conjuga como *pagar.* **FAM.** Promulgación, promulgador.

pronación *s. f.* Movimiento del antebrazo que consiste en girarlo de tal forma que la palma de la mano que estaba hacia arriba quede hacia abajo.

pronador *adj.* Se dice del músculo que hace posible la pronación del antebrazo.

pronaos *s. f.* En los antiguos templos griegos, egipcios, etc., parte delantera que precede a la naos.

prono, na *adj.* Véase **decúbito prono**.

pronogradismo *s. m.* Forma de andar con el dorso o la espalda en posición horizontal, propia de la mayoría de los animales de cuatro patas.

pronombre *s. m.* Clase de palabras que puede desempeñar las funciones gramaticales propias de un sustantivo o sintagma nominal y cuyo significado es ocasional; puede referirse a cualquier persona, animal o cosa, pero no nombra a ninguna. Según su significado o función, los pronombres pueden ser: personales (*yo, nosotros, me, le,* etc.) y sus formas reflexivas (*me, te, se,* etc.) o recíprocas (*nos, os, se*); posesivos (*mío, nuestro,* etc.); demostrativos (*éste, ése, aquél,* etc.); indefinidos o indeterminados (*alguien, nadie, alguno,* etc.); relativos (*cual, que, quien,* etc.), interrogativos y exclamativos (*qué, quién,* etc.).

pronominal *adj.* **1.** Perteneciente o relativo al pronombre. **2.** Se aplica al verbo que se conjuga en todas sus formas con los pronombres *me, te, se, nos, os,* de tal manera que el sujeto del verbo y dicho pronombre hagan referencia a la misma persona o cosa.

Ling. Hay verbos que son sólo pronominales, como *arrepentirse,* y otros que pueden usarse como pronominales, adoptando generalmente en este caso ciertos matices significativos o expresivos: *ir/irse, caer/caerse.* Algunos autores consideran pronominales ciertos verbos transitivos que se usan frecuentemente con dichos pronombres, aunque éstos no tengan más que un valor expresivo, como p. ej. en *Se encontró un llavero.*

pronosticar *v. tr.* Hacer pronósticos. ■ Se conjuga como *sacar.*

pronóstico *s. m.* **1.** Anuncio anticipado, basado en ciertos indicios o señales, de algo que va a suceder o de cómo va a suceder cierta cosa. **2.** Juicio médico sobre la evolución de un enfermo o el estado de una enfermedad. ‖ **3. pronóstico reservado** Aquel en que los indicios o síntomas no son suficientes para que los médicos formen un juicio seguro, o en que es probable que haya un resultado malo.

prontitud *s. f.* Rapidez en hacer algo.

pronto, ta *adj.* **1.** Rápido, diligente. **2.** Que ocurre sin pasar mucho tiempo. **3.** Preparado, dispuesto. ‖ *s. m.* **4.** *fam.* Reacción repentina muy decidida o violenta. ‖ *adv. t.* **5.** En seguida, sin que transcurra mucho tiempo. **6.** Temprano o antes de tiempo. ‖ **LOC. al pronto** *adv.* A primera vista, en el primer momento. **de pronto** *adv.* De manera repentina, brusca o inesperada. **más pronto o más tarde** *adv.* Expresa que algo ocurrirá inevitablemente, aunque no se sepa cuándo. **por de** (**o lo**) **pronto** *adv.* Por ahora, por el momento. **tan pronto como** *conj.* En cuanto, en el mismo momento en que. **FAM.** Prontamente.

prontuario *s. m.* Manual breve de consulta que contiene las reglas básicas de una materia o una serie de datos, fórmulas o información semejante.

pronunciación *s. f.* **1.** Acción y efecto de pronunciar. **2.** Manera de pronunciar una palabra, frase o sonido.

pronunciado, da **1.** *p. p.* de **pronunciar**. También *adj.* ‖ *adj.* **2.** Muy marcado o perceptible.

pronunciamiento *s. m.* **1.** Rebelión militar cuyo fin es derribar o presionar al gobierno. **2.** Declaración pública y formal a favor o en contra de algo. **3.** Sentencia o decisión de un juez.

pronunciar *v. tr.* **1.** Emitir y articular los sonidos de una lengua. También *v. intr.* **2.** Decir algo en voz alta y, generalmente, en público. **3.** Dictar un juez o tribunal una sentencia u otra resolución. **4.** Hacer que algo se note o destaque más. También *v. prnl.* ‖ *v. prnl.* **5.** Expresar alguien públicamente su opinión acerca de una persona o cosa. **6.** Rebelarse los militares contra el gobierno para derribarlo o presionarlo. **FAM.** Pronunciable.

pronuncio *s. m.* Eclesiástico que de forma provisional ejerce las funciones del nuncio apostólico.

propaganda *s. f.* **1.** Actividad o conjunto de actividades destinadas a dar a conocer al público una persona o cosa intentando convencerle de sus grandes cualidades. **2.** Cualquier medio o material usado para llevar a cabo dicha actividad, como anuncios, carteles, impresos, etc. ‖ **3. De Propaganda Fide** Congregación católica romana creada en 1572 para la difusión de la fe. Desde 1967 se denomina *Congregación para la Evangelización de los Pueblos.* **FAM.** Propagandístico.

propagandismo *s. m.* Tendencia a convertir las cosas en materia de propaganda o a realizar propaganda, especialmente en materia ideológica o política. **FAM.** Propagandista.

propagar *v. tr.* **1.** Extender, hacer que algo llegue a muchos lugares o a muchas personas. **2.** Aumentar el número de individuos de una especie mediante reproducción natural. Se usa más como *v. prnl.* ■ Se conjuga como *pagar.* **FAM.** Propagación, propagador.

propalar *v. tr.* Difundir, divulgar.

propano *s. m.* $CH_3–CH_2–CH_3$. Hidrocarburo alifático saturado. Es un gas incoloro, inodoro y no tóxico, que se emplea como combustible industrial.

propanol *s. m.* Alcohol derivado del propano. Se puede presentar en dos formas: el 1-propanol o alcohol propílico ($CH_3–CH_2–CH_2OH$), y el 2-propanol o alcohol isopropílico ($CH_3–CHOH–CH_3$). Ambos se oxidan produciendo propanal y propanona respectivamente y ácidos orgánicos.

proparoxítono, na *adj.* Esdrújulo*.

propasar *v. tr.* **1.** Pasar más allá de cierto límite. También *v. prnl.* || *v. prnl.* **2.** Hacer o decir algo que se pasa de lo razonable o conveniente. **3.** Cometer una falta de respeto o un atrevimiento, particularmente un hombre con una mujer.

propedéutica *s. f.* Enseñanza preparatoria al estudio de una determinada disciplina. **FAM.** Propedéutico.

propender *v. intr.* Tender alguien o algo a cierta cosa.

propeno *s. m.* CH_3–CH=CH_2. Hidrocarburo insaturado, segundo de la serie de los alquenos. Es un gas incoloro que se obtiene del petróleo. Se utiliza para producir plásticos industriales. Se denomina también *propileno.*

propensión *s. f.* Inclinación, tendencia.

propenso, sa *adj.* Que propende a cierta cosa o es fácil que ésta le ocurra.

Propercio, Sexto Aurelio (Umbría h. 47 - Roma h. 15 a. C.) Poeta latino. Fue protegido por Mecenas. Escribió cuatro libros de *Elegías*, en el tradicional metro del dístico, pero con un acento propio. El tema principal es su amor por Cintia, aunque también figuran epigramas, cantos fúnebres y elegías nacionales.

propergol *s. m.* Mezcla de sustancias cuya reacción produce abundantes gases a altas temperaturas que, al ser expulsadas por una tobera, permiten impulsarse a las naves en el espacio. Frente a los combustibles ordinarios, no necesita oxígeno atmosférico para realizar la combustión.

propiamente *adv. m.* **1.** Con propiedad, correctamente, adecuadamente: *Esa palabra no está propiamente utilizada.* **2.** Exactamente: *Un sillón no es propiamente una silla.*

propiciación *s. f.* **1.** Acción de propiciar, particularmente a Dios o a los dioses. **2.** Sacrificio hecho a Dios o a los dioses para que se muestren propicios o favorables.

propiciar *v. tr.* **1.** Favorecer la realización, el cumplimiento o la existencia de algo. **2.** Hacer que alguien o algo sea o se vuelva favorable. También *v. prnl.* **3.** *Arg.* Patrocinar, ayudar a alguien o algo. **FAM.** Propiciador.

propiciatorio, ria *adj.* Que tiene la virtud de hacer propicio o favorable.

propicio, cia *adj.* **1.** Favorable, apropiado. **2.** Dispuesto a hacer o conceder lo que se pide. **FAM.** Propiciamente.

propiedad *s. f.* **1.** Derecho o circunstancia de poseer alguien una cosa. **2.** Cosa poseída, especialmente si es un bien inmueble, como edificios, terrenos, etc. Se usa sobre todo en *pl.* **3.** Cualidad esencial y permanente de una persona o cosa. **4.** Adecuación de las palabras o frases utilizadas al significado que se quiere expresar. **5.** Semejanza muy grande, casi perfecta, entre una cosa y su imitación o reproducción. || **6. propiedad industrial** Derecho que posee el inventor o fabricante sobre los aparatos, ingenios o productos, para su explotación económica, siempre que los registre oficialmente en el ministerio de Industria. **7. propiedad intelectual** Derecho que posee el escritor, pensador o artista sobre sus creaciones, siempre que las registre oficialmente. Los derechos intelectuales y artísticos están protegidos por un periodo de tiempo limitado, que varía entre los 30 y 80 años. **8. propiedad privada** La que por oposición a la propiedad colectiva o estatal, corresponde a personas individuales, grupos o empresas no públicas. **9. propiedades periódicas** En quím., aquellas propiedades que varían periódicamente, esto es, se repiten a intervalos regulares, cuando los elementos químicos se clasifican en orden creciente de sus números atómicos y se colocan en grupos para formar el sistema periódico. Los elementos pertenecientes a un mismo grupo tienen el mismo número de electrones de valencia, lo que determina que las propiedades químicas de estos elementos sean muy parecidas. Así, las propiedades químicas se repiten cada vez que se inicia un nuevo periodo. Otras propiedades, como el volumen atómico, la energía de ionización y la afinidad electrónica también varían periódicamente; p. ej., dentro de cada periodo, la afinidad electrónica crece de izquierda a derecha. || **LOC. en propiedad** *adv.* Como propiedad; también, manera de ocupar un cargo o empleo cuando no es como interino o sustituto, sino como titular.

propietario, ria *adj.* **1.** Que tiene derecho de propiedad sobre algo, especialmente sobre bienes inmuebles, como edificios, terrenos, etc. También *s.* **2.** Que ocupa un cargo o empleo que le pertenece permanentemente, a diferencia del que lo ocupa transitoriamente como sustituto.

propileno *s. m.* Propeno*.

propileo *s. m.* Pórtico con columnas de un templo clásico.

propina *s. f.* **1.** Cantidad de dinero que se da voluntariamente a alguien, particularmente la que se da de más al pagar una cosa, como muestra de satisfacción por un servicio prestado. **2.** Interpretación que ofrece un artista, una orquesta, etc., a petición del público y que no estaba prevista en el programa.

propinar *v. tr.* **1.** Con palabras como *golpe, paliza*, etc., dárselos a alguien. **2.** P. ext., dar u ocasionar otras cosas negativas o desagradables.

propincuo, cua *adj.* Allegado, próximo, cercano. **FAM.** Propincuidad.

propio, pia *adj.* **1.** Que pertenece a una persona, o que es poseído por alguien. **2.** De la persona de que se trata y no de otra. **3.** Se aplica al nombre cuya función es referirse a una entidad o individuo en concreto y a ningún otro dentro de su clase; p. ej., *Pedro, América.* **4.** Característico de una persona. **5.** Apropiado, adecuado o conveniente. **6.** Que es natural, no añadido ni artificial. **7.** Antepuesto al sustantivo, se usa como refuerzo de éste. **8.** Por oposición a *figurado*, se dice del significado o uso original de las palabras. **9.** Reproducido, representado o imitado con gran precisión o exactitud. || *s. m.* **10.** Mensajero. || *adv. afirm.* **11.** *Méx.* Claro.

proponer *v. tr.* **1.** Manifestar alguien un plan, proyecto, idea, etc., con intención de que sea aceptado por otros. **2.** Recomendar o presentar a alguien para un cargo, empleo, premio, etc. **3.** Enunciar un problema o ejercicio escolar para que alguien lo resuelva. || *v. prnl.* **4.** Tomar la decisión de hacer o conseguir una cosa. ■ Es v. irreg. Se conjuga como *poner.* **FAM.** Proponente.

proporción *s. f.* **1.** Relación justa y equilibrada entre varias cosas. **2.** Relación o correspondencia entre dos cosas. **3.** Tamaño, medida o dimensión. Se usa más en *pl.* **4.** Intensidad o importancia de algo. Se usa más en *pl.* **5.** En mat., igualdad entre los cocientes de dos pares de números. La proporción matemática se expresa: $\frac{a}{b} = \frac{c}{d}$, donde a y d son los extremos, b y c los medios, a y c los antecedentes y b y d los consecuentes. Su propiedad fundamental es: el producto de los extremos es igual al producto de los medios; es decir, a es a b como c es a d $(a \cdot d = b \cdot c)$. Proporciones equivalentes a la proporción dada se producen si se permutan los medios $\left(\frac{a}{c} = \frac{b}{d}\right)$, y los extremos $\left(\frac{d}{b} = \frac{c}{a}\right)$, o si se suman o restan los antecedentes y los consecuentes $\left(\frac{a \pm b}{a} = \frac{c \pm d}{c}\right)$. **6. ley de las proporciones definidas** o **ley de Proust** En quím., ley que se enuncia de la siguiente forma: cuando dos o más elementos se unen para formar un compuesto, lo hacen siempre en la misma proporción, independientemente del método seguido para obtenerlo.

proporcionado, da **1.** *p. p.* de **proporcionar**. También *adj.* || *adj.* **2.** De dimensiones justas o adecuadas. **3.** Que guarda la debida proporción. **FAM.** Proporcionadamente.

proporcional *adj.* **1.** Según una proporción, en una relación justa y equilibrada. **2.** Se dice de la magnitud que está relacionada con otra, de tal manera que, si la primera aumenta o disminuye, la segunda aumenta o disminuye también en la misma medida.

***Mat.* directamente proporcional** Las variables x e y son directamente proporcionales si para los valores de x, x_1, x_2, x_3,... x_n, existen otros valores de y, y_1, y_2, y_3... y_n, tales que:

$$\frac{x_1}{y_1} = \frac{x_2}{y_2} = \frac{x_3}{y_3} = \ldots \frac{x_n}{y_n}$$

son inversamente proporcionales si para los valores de x, x_1, x_2, x_3... x_n, existen otros valores de y, y_1, y_2, y_3... y_n, tales que:

$$x_1 \cdot y_1 = x_2 \cdot y_2 = x_3 \cdot y_3 = x_n \cdot y_n$$

media proporcional Cuando en la proporción $\frac{a}{b} = \frac{c}{d}$, se cumple que $b = c$ o $a = d$, se dice que b es la media proporcional de a y d.

proporcionalidad *s. f.* **1.** Proporción de unas partes con el todo o de cosas relacionadas entre sí. **2.** En mat., aplicación entre magnitudes que conserva la suma y el producto.

proporcionar *v. tr.* **1.** Dar o conseguir a alguien aquello que necesita o desea. **2.** Producir, causar. **3.** Hacer que algo tenga la debida proporción. **FAM.** Proporcionable.

proposición *s. f.* **1.** Acción y efecto de proponer. **2.** Oferta o sugerencia que hace una persona a otra para establecer una relación o contacto, especialmente sexual. **3.** En ling., unidad de estructura oracional, formada por sujeto y predicado, que se une a otra u otras para formar una oración compuesta. **4.** En fil., enunciado, oración que describe un hecho y que puede ser verdadera o falsa.

propósito *s. m.* **1.** Deseo o voluntad de hacer algo. **2.** Objetivo, finalidad. || **LOC. a propósito** *adj.* y *adv.* Adecuado, oportuno; de forma deliberada; también, expresa que una cosa que se oye sugiere o recuerda algo que se menciona a continuación. **a propósito de** *prep.* En relación a. **fuera de propósito** *adj.* Inoportuno, fuera de lugar.

propretor *s. m.* **1.** Magistrado de la antigua Roma a quien volvían a nombrar pretor después de un año de ejercer este cargo. **2.** Pretor que, acabado el tiempo de su cargo, pasaba a gobernar una provincia pretorial.

propretura *s. f.* Empleo o dignidad de propretor y duración de este cargo.

propuesta *s. f.* **1.** Aquello que se propone. **2.** Proyecto que se presenta a una autoridad, consejo, etc., para que decida o no su aprobación. **3.** Recomendación de cierta persona para un empleo, cargo, etc.

propugnar *v. tr.* Defender y apoyar algo que se juzga conveniente. **FAM.** Propugnación, propugnador.

propulsar *v. tr.* Impulsar hacia adelante. **FAM.** Propulsor.

propulsión *s. f.* **1.** Acción y efecto de propulsar. **2.** Fuerza o empuje que propulsa algo, especialmente un vehículo. || **3. propulsión a chorro** Reacción producida por la descarga de un fluido expulsado a gran velocidad, que hace que un avión, cohete, etc., avance en el espacio. La propulsión a chorro se basa en la aplicación de la tercera ley de Newton, llamada *ley de la acción y reacción.* La expulsión de un chorro de fluido provoca una reacción que se manifiesta como un movimiento en sentido inverso.

prorrata *s. f.* Parte proporcional que toca a cada uno pagar o percibir en un reparto entre varios.

prorratear *v. tr.* Repartir una cantidad entre varios según la prorrata correspondiente. **FAM.** Prorrateo.

prórroga *s. f.* **1.** Acción de prorrogar. **2.** Plazo por el cual se prorroga una cosa. **3.** Aplazamiento del servicio militar obligatorio que se concede a los llamados a ese servicio.

prorrogar *v. tr.* **1.** Prolongar más tiempo la duración de algo. **2.** Aplazar. ■ Se conjuga como *pagar.* **FAM.** Prorrogable, prorrogación.

prorrumpir *v. intr.* Producir de pronto y con fuerza un sonido, una voz o la demostración de un sentimiento.

prosa *s. f.* **1.** Forma natural del lenguaje para expresar los conceptos e ideas y que, frente al verso, no está sujeta a rima, medida, etc., aunque en literatura sí puede estar sometida a ciertas reglas o recursos estilísticos. **2.** Parte o aspecto más vulgar o prosaico de algo.

prosado, da *adj.* Que está en prosa.

prosaico, ca *adj.* **1.** Relativo a la prosa o escrito en ella. **2.** Vulgar, sin emoción, grandeza o interés. **3.** Se dice de la obra escrita en verso que muestra falta de armonía, entonación o contenido poéticos. **FAM.** Prosaicamente.

prosaísmo *s. m.* Cualidad de prosaico.

prosapia *s. f.* Ascendencia de una persona, especialmente si es ilustre o aristocrática.

proscenio *s. m.* **1.** En teatro, parte del escenario más cercana al público, entre el borde del mismo y los bastidores. **2.** En el antiguo teatro griego y romano, lugar situado entre la escena y la orquesta, donde estaba el tablado en que representaban los actores.

proscribir *v. tr.* **1.** Expulsar, desterrar, generalmente por causas políticas. **2.** Prohibir. ■ Su p. p. es irreg.: *proscrito.* **FAM.** Proscripción, proscriptor.

proscrito, ta **1.** *p. p.* irreg. de **proscribir**. ‖ *adj.* **2.** Expatriado, desterrado, generalmente por causas políticas. También *s.* **3.** Prohibido.

prosecución *s. f.* Acción y efecto de proseguir. ■ Se dice también *proseguimiento.*

proseguir *v. tr.* **1.** Continuar lo empezado. También *v. intr.* ‖ *v. intr.* **2.** Seguir en un mismo estado, actitud, etc. ■ Es v. irreg. Se conjuga como *seguir.* **FAM.** Proseguible, proseguimiento.

proselitismo *s. m.* Empeño en ganar prosélitos y actividad o propaganda encaminadas a ello. **FAM.** Proselitista.

prosélito *s. m.* Partidario o seguidor de una causa, doctrina, secta, partido, etc.

Proserpina En la mitología romana, diosa de los infiernos, asimilada muy pronto a la Perséfone griega. En su origen fue una divinidad agraria que presidía la germinación.

prosificar *v. tr.* Poner en prosa una composición poética. ■ Se conjuga como *sacar.* **FAM.** Prosificación, prosificador.

prosimios *s. m. pl.* Suborden de mamíferos primates al que pertenecen 53 especies comprendidas en las familias tupaidos, lemúridos, índridos, daubentónidos, lorísidos y társidos. Se caracterizan por sus largos hocicos, sus grandes colas y por presentar las especies más primitivas una cierta disposición lateral de sus ojos, de formas redondeadas. Su valor taxonómico se discute en la actualidad. Habitan en África, especialmente Madagascar, y el S de Asia. Prosimios son las musarañas arborícolas, los lemures, los indris, el aye-aye, los loris, los potos, los gálagos y los magos. También *adj.* y *s. m.*

prosista *s. m.* y *f.* Escritor de obras en prosa.

prosístico, ca *adj.* Perteneciente o relativo a la prosa literaria.

prosodia *s. f.* **1.** Parte de la gramática que da normas sobre la correcta pronunciación y acentuación. **2.** Parte de la fonología que estudia los rasgos fónicos de las unidades inferiores o superiores al fonema o de otras partes de la palabra o de la oración, como el acento, la entonación, etc. **3.** Estudio de los rasgos fónicos que se tienen en cuenta en la métrica. **FAM.** Prosódico.

prosopopeya *s. f.* **1.** Figura retórica que consiste en atribuir a las cosas inanimadas o abstractas acciones y cualidades propias de los seres animados, o a los seres irracionales las del hombre. **2.** Solemnidad afectada en la manera de ser o hablar.

prospección *s. f.* **1.** Exploración del subsuelo para descubrir yacimientos minerales, petrolíferos, aguas subterráneas, etc. **2.** Estudio de las posibilidades o condiciones futuras de algo a partir de datos, tendencias o circunstancias actuales.

prospectivo, va *adj.* **1.** Referido al futuro. ‖ *s. f.* **2.** Estudio que se hace de las condiciones técnicas, científicas, económicas, etc., de la sociedad futura, con el fin de anticiparse a las mismas en el presente.

prospecto *s. m.* **1.** Papel o folleto que acompaña a ciertos productos, especialmente los farmacéuticos, en el que se informa sobre su composición, funcionamiento, efectos, modo de empleo, etc. **2.** Impreso de pequeño tamaño en que se anuncia o promociona algo.

prosperar *v. intr.* **1.** Mejorar, progresar. **2.** Tener éxito o aceptación.

prosperidad *s. f.* **1.** Bienestar, progreso, especialmente económico. **2.** Buena suerte, éxito.

próspero, ra *adj.* **1.** Que se desarrolla favorablemente, haciéndose cada vez más rico o poderoso. **2.** Favorable, feliz. **FAM.** Prósperamente.

prostaglandina *s. f.* Hormona derivada del ácido prostanoico, presente en el líquido seminal humano y en diversos tejidos orgánicos. Sus funciones más importantes son estimular la musculatura lisa del intestino y del útero y disminuir la presión arterial. Es anticonceptiva y abortiva.

próstata *s. f.* Glándula sexual masculina, situada en la base de la vejiga, alrededor de la uretra. Segrega un líquido que al mezclarse con los espermatozoides generados en los testículos forma el semen. La inflamación de la próstata es bastante común en los hombres de edad madura y puede causar retención de orina. Se corrige con la extirpación quirúrgica.

prostático, ca *adj.* **1.** Perteneciente o relativo a la próstata. **2.** Se dice del hombre que padece una enfermedad de la próstata. También *s. m.*

prostatitis *s. f.* Inflamación de la próstata.

prosternarse *v. prnl.* Arrodillarse o inclinarse en señal de respeto, adoración o ruego. **FAM.** Prosternación.

prostibulario, ria *adj.* Perteneciente o relativo al prostíbulo.

prostíbulo *s. m.* Local donde se ejerce la prostitución.

próstilo *adj.* Se dice de los templos u otros edificios griegos que tenían sólo columnas en su frente. También *s. m.*

prostitución *s. f.* **1.** Acción y efecto de prostituir o prostituirse. **2.** Actividad de quien se prostituye.

prostituir *v. tr.* **1.** Hacer que una persona se dedique a mantener con otras relaciones sexuales por dinero. También *v. prnl.* **2.** Envilecer, deshonrar, generalmente por interés. También *v. prnl.* ■ Es v. irreg. Se conjuga como *huir.*

prostituto, ta *s. m.* y *f.* Persona que ejerce la prostitución. ■ Es más frecuente en femenino.

protagonismo *s. m.* **1.** Condición de protagonista. **2.** Actitud de quien pretende a toda costa aparecer en el primer plano de una actividad o situación.

protagonista *s. m.* y *f.* **1.** Personaje principal de una obra literaria, teatral o cinematográfica. **2.** Persona que representa dicho personaje en el teatro o el cine. **3.** P. ext., persona o cosa que desempeña el papel más importante en un asunto, suceso o hecho cualquiera.

protagonizar *v. tr.* **1.** Representar el papel de protagonista en una obra de teatro o en una película. **2.** P. ext., ser protagonista de un asunto o suceso. ■ Se conjuga como *cazar.*

Protágoras (Abdera h. 480 - ? h. 410 a. C.) Filósofo griego. Fue amigo de Pericles y de Eurípides. Vivió en Atenas, pero acusado de impiedad por su obra *Acerca de los dioses,* huyó a Sicilia y murió en un naufragio. Perteneció al grupo de los sofistas y fue un gran defensor del relativismo, que negaba toda posibilidad de alcanzar un conocimiento absoluto. En su obra *Sobre la verdad,* expresó la célebre frase «el hombre es la medida de todas las cosas».

prótalo o **protalo** *s. m.* Órgano que aparece en una determinada fase del proceso reproductor de las plantas pteridofitas; procede de la germinación de las esporas y es una laminilla verde, de unos milímetros de espesor. En su cara opuesta a la luz crecen anteridios y arquegonios; cuando el prótalo está sumergido en agua, los anteridios emiten anterozoides que fecundan las oosferas contenidas en los arquegonios. Surge entonces un cigoto, que origina un embrión. El prótalo degenera, mientras que el embrión crece y da lugar a la planta adulta.

prótasis *s. f.* **1.** En ling., primera parte de la oración compuesta, cuyo sentido se completa en la segunda, llamada *apódosis;* se refiere principalmente a los periodos condicionales, en que la prótasis expresa la condición: *Si lo haces* (prótasis), *me enfado* (apódosis). **2.** Primera parte del poema dramático.

proteáceas *s. f.* Familia de plantas leñosas o arbustivas del orden proteales a la que pertenecen unas 1.000 especies de los géneros *Protea, Banksia, Embothrium, Grevillea, Telopea,* etc. Tienen hojas coriáceas y a menudo pilosas, flores en racimos, espigas o capítulos y fruto en folículo, drupa o nuez. Crecen en todos los continentes, especialmente en el hemisferio austral y tienen uso decorativo. Proteáceas son las proteas, banksias y grevilleas. También *adj.* y *s. f.*

protección *s. f.* **1.** Acción y efecto de proteger. **2.** Persona, utensilio, medida, etc., destinado a proteger. **3.** En algunos deportes, pieza u objeto que cubre y protege las partes del cuerpo más expuestas a los golpes. **4.** Hecho de pagar a un criminal o a una banda delictiva para que proteja un comercio, empresa, etc., frente a otros delincuentes o para prevenir los daños que ese mismo criminal o banda podría causar. **5.** Dispositivo que detecta y neutraliza cualquier tipo de perturbación en caso de avería o variación de intensidad en una red o instalación eléctrica. ‖ **6. protección civil** Servicio de defensa pasiva, dependiente del Estado, que actúa en casos de guerra o catástrofes naturales.

proteccionismo *s. m.* Política económica que se caracteriza por la defensa del comercio, de la industria y de la agricultura de un país frente a la competencia extranjera, mediante el control sobre el cambio de divisas, la aplicación o elevación de aranceles, impuestos compensatorios, etc. Es el sistema opuesto al librecambismo. **FAM.** Proteccionista.

protector, ra *adj.* **1.** Que protege. También *s.* ‖ *s. m.* **2.** Protección, especialmente la que se coloca sobre los dientes para protegerlos, como la utilizada por los boxeadores.

protectorado *s. m.* **1.** Soberanía parcial que un estado ejerce en un territorio de otra nación que no ha sido plenamente incorporada y en la cual existen todavía autoridades propias. **2.** Territorio en que se ejerce esta soberanía parcial.

proteger *v. tr.* **1.** Hacer una persona lo posible o estar o actuar una cosa de tal manera que impidan o dificulten que alguien sufra un perjuicio, molestia, etc. También *v. prnl.* **2.** Apoyar, favorecer a una persona, grupo, movimiento artístico, etc. ■ Se conjuga como *coger.*

protegido, da **1.** *p. p.* de **proteger**. También *adj.* ‖ *adj.* **2.** Se dice de las especies animales sobre las que existe una serie de disposiciones legales que impiden su caza, captura, etc. ‖ *s. m.* y *f.* **3.** Persona a la que otra protege, favorece o apoya. También *adj.* ‖ *s. f.* **4.** *fam.* Prostituta respecto a su chulo.

proteico, ca *adj.* **1.** Que cambia de forma, aspecto, etc. **2.** Perteneciente o relativo a las proteínas o prótidos.

proteido *s. m.* Proteína conjugada, es decir, aquella que por hidrólisis produce no solamente aminoácidos, sino también otros componentes orgánicos o inorgánicos, p. ej. las fosfoproteínas que, por hidrólisis, producen aminoácidos y un fosfato. Es término actualmente en desuso.

proteína *s. f.* Grupo de compuestos químicos orgánicos, que comprende sustancias de alto peso molecular (polímeros) que pueden descomponerse en componentes más simples llamados *aminoácidos.* Junto con los hidratos de carbono, los lípidos y las vitaminas, las proteínas son uno de los constituyentes fundamentales de la materia viva. Las proteínas resultan de la unión, por condensación, de aminoácidos. Las proteínas de origen biológico resultan de la polimerización de veinte tipos de aminoácidos, llamados *aminoácidos esenciales,* que se unen en distinto número y secuencia originando una enorme variedad de proteínas diferentes. Las proteínas son las moléculas orgánicas más abundantes en las células, pues constituyen aproximadamente el 50 % de su peso seco. Entre otras funciones biológicas, actúan como biocatalizadores (enzimas) de las reacciones metabólicas, forman parte de la estructura de las membranas celulares y desempeñan una función defensiva (anticuerpos). **FAM.** Proteínico.

Proteo Según la mitología griega, hijo de Océano, cuya misión era alimentar los rebaños de Neptuno, quien le recompensó con el conocimiento del pasado, del presente y del porvenir. Podía cambiar de forma a voluntad. También era conocido como el *Viejo del Mar.*

proterozoico, ca *adj.* Se dice del eón que abarca desde hace 1.900 millones de años hasta 530 millones de años e incluye las eras inferior y superior. En él aparecieron los protozoos, esponjas, pólipos y medusas y se produjo la orogenia huroniana. También *s. m.*

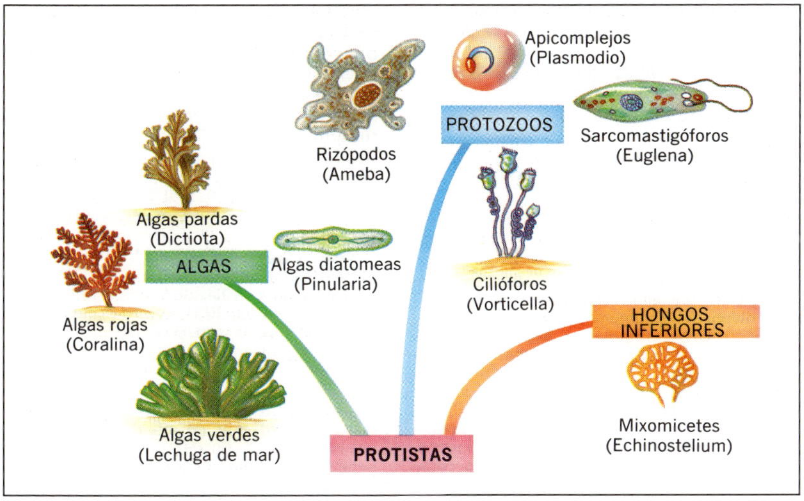

Clasificación taxonómica del reino protistas.

protervo, va *adj.* Muy malo, perverso. También *s.* **FAM.** Protervamente.

protésico, ca *adj.* **1.** Perteneciente o relativo a la prótesis, pieza artificial o procedimiento para colocarla. ‖ *s. m.* y *f.* **2.** Especialista que se encarga de preparar y ajustar las piezas de una prótesis dental.

prótesis *s. f.* **1.** Pieza artificial que sustituye total o parcialmente un órgano o miembro del cuerpo humano. Entre las prótesis más utilizadas se cuentan los miembros artificiales que sustituyen a los miembros amputados; los dientes postizos o implantados en la encía; las articulaciones artificiales que se implantan por medio de una operación quirúrgica; los marcapasos que ayudan al buen funcionamiento del corazón; las válvulas cardiacas artificiales; el corazón artificial; etc. **2.** Procedimiento mediante el cual se coloca una de esas piezas. **3.** En ling., adición de algún sonido al principio de una palabra, como p. ej. decir *la amoto* por *la moto.*

protesta *s. f.* **1.** Acción y efecto de protestar. **2.** Acto, documento, etc., con que se protesta.

protestante *adj.* Perteneciente o relativo al protestantismo o seguidor de esta Iglesia. También *s.*

protestantismo *s. m.* **1.** Conjunto de comunidades religiosas o Iglesias surgidas de la Reforma protestante del s. XVI. El nombre procede de la protesta expresada por los luteranos contra los católicos en la segunda dieta de Spira (1529). Las distintas confesiones protestantes tienen en común la creencia de que la fe es el único medio de salvación, procede sólo de la gracia y se funda únicamente en la lectura de las Sagradas Escrituras. En la actualidad existen unos 341.000.000 de protestantes, lo que representa casi el 30 % de los cristianos, y están repartidos en las Iglesias anglicana, luterana (llamada *evangélica* en Alemania), calvinista (reformada y presbiteriana) metodista, baptista y otras menos importantes. **2.** Doctrina religiosa de estas Iglesias. **3.** Conjunto de personas que practican alguna de las religiones protestantes.

protestar *v. intr.* **1.** Mostrar alguien de manera clara y abierta su desacuerdo o descontento con alguien o algo. **2.** Quejarse. ‖ *v. tr.* **3.** Hacer el protesto de una letra o un cheque. **FAM.** Protestable.

protesto *s. m.* **1.** Declaración formal, generalmente hecha por un notario, en la que se hace constar la negativa de aceptar o pagar una letra de cambio o un cheque. **2.** Procedimiento mediante el que se hace dicha declaración.

protestón, na *adj.* Que protesta mucho. También *s.*

protético, ca *adj.* Perteneciente o relativo a la prótesis o adición de un sonido al principio de una palabra.

prótido *s. m.* Proteína*.

protio *s. m.* Isótopo del hidrógeno en cuyo núcleo no existe ningún neutrón H.

protistas *s. m. pl.* Reino de los seres vivos constituidos por células eucariotas, en el que se incluyen aquellos organismos unicelulares o pluricelulares que no presentan tejidos diferenciados ni órganos. Integran este reino las algas, los protozoos y los hongos inferiores. También *adj.* y *s. m.*

proto- *pref.* Significa ‘primero o principal’: *prototipo, protohistoria.*

protoactinio *s. m.* Pa. Elemento químico perteneciente al grupo de los actínidos del sistema periódico. Su número atómico es 91 y su masa atómica 231,0359. Fue descubierto en 1918 por Otto Hahn y Lise Meitner. Su nombre indica que es el progenitor del actinio, ya que su isótopo más estable, el Pa^{231}, emite una partícula alfa y forma el actinio-227 (Ac^{227}), también radiactivo. Se forma por transmutación del torio en la familia radiactiva natural del uranio-235 (U^{235}), razón por la cual se encuentra en minerales de dicho elemento. Todos sus isótopos son de vida muy corta, salvo el Pa^{231}, que tiene una vida media de 32.000 años. Es un metal de color blanco grisáceo, de interés por sus aplicaciones en física.

protocolario, ria *adj.* **1.** Que se ajusta al protocolo. **2.** Que se hace solamente para cumplir el protocolo o las reglas de cortesía.

protocolizar *v. tr.* En der., incorporar al protocolo una escritura o documento que requiera esta formalidad. ■ Se conjuga como *cazar.* **FAM.** Protocolización.

protocolo *s. m.* **1.** Conjunto de reglas o normas fijas que se siguen en actos oficiales o solemnes. **2.** P. ext., conjunto de reglas de cortesía o usos fijos que establece la costumbre entre personas distinguidas o en ocasiones determinadas. **3.** En der., conjunto ordenado de escrituras y otros documentos que un notario guarda y autoriza mediante ciertas formalidades. **4.** Acta o cuaderno de actas relativas a un acuerdo, conferencia o congreso diplomático. **5.** En psicol., modelo de formulario sobre el que se señalan las respuestas dadas por un sujeto en una prueba o test, a partir del cual se evalúan e interpretan los resultados. **FAM.** Protocolar.

protohistoria *s. f.* **1.** Periodo de la vida de la humanidad del que no se poseen documentos escritos, pero sí tradiciones originariamente orales, además de los testimonios propios de la época inmediatamente anterior, la prehistoria. **2.** Estudio de dicho periodo. **FAM.** Protohistórico.

protomártir *s. m.* El primero de los mártires. Es el nombre que se da a San Esteban por haber sido el primero de los discípulos de Cristo que padeció martirio.

protón *s. m.* Partícula fundamental presente en el núcleo de todos los átomos. La carga eléctrica de un protón es igual, pero de signo contrario a la carga eléctrica del electrón. Su masa se toma como unidad de masa atómica y es tal que seis cuatrillones de protones tienen una masa aproximada de 10 gramos. El núcleo del átomo normal de hidrógeno (protio) es un protón. Todos los átomos de un elemento químico tienen el mismo número de protones en su núcleo; dicho número se denomina *número atómico* y es característico de cada elemento. **FAM.** Protónico.

protónico, ca *adj.* Se dice del sonido o la sílaba átonos que en una palabra preceden a la sílaba tónica.

protoplasma *s. m.* Sustancia contenida dentro de la membrana de una célula. En las células eucariotas, se divide en dos regiones bien diferenciadas: el citoplasma y el núcleo, que están separadas por la membrana nuclear. En las células procariotas no existe una división clara entre sus partes. **FAM.** Protoplasmático.

protórax *s. m.* Primera de las tres partes en que se divide el tórax de los insectos.

prototerios *s. m. pl.* Subclase de mamíferos a la que pertenece el orden único monotremas.

prototipo *s. m.* **1.** Primer ejemplar de una cosa que sirve de modelo. **2.** Persona o cosa que reúne en alto grado las características propias de una virtud, defecto, forma de vida, etc., y que puede por ello representarlos. **FAM.** Prototípico.

protozoos *s. m. pl.* Grupo de protistas eucariotas al que pertenecen unas 30.000 especies comprendidas en siete tipos independientes, entre los que destacan los sarcomastigóforos, los apicomplejos, los rizópodos y los cilióforos. Son seres unicelulares, heterótrofos, que viven en medios acuosos, aguas dulces y saladas o líquidos internos de organismos superiores. Su reproducción es sexual o asexual, muchos son parásitos y pueden tener flagelos, cilios o emitir seudópodos. Protozoos son los tripanosomas, paramecios, amebas y plasmodios. También *adj.* y *s. m.*

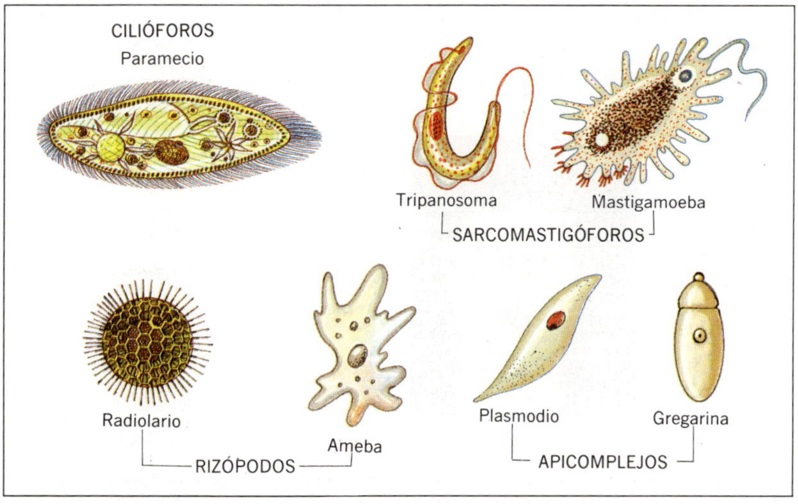

Clasificación taxonómica del grupo protozoos.

protráctil *adj.* **1.** Se dice de la lengua de ciertos animales, como el camaleón, que puede proyectarse fuera de la boca para atrapar insectos. **2.** Se aplica a otros órganos que pueden salirse fácilmente de la cubierta o vaina que les rodea.

protuberancia *s. f.* **1.** Abultamiento más o menos redondeado que sobresale de la superficie de algo. ‖ *pl.* **2.** Grandes masas de vapores incandescentes que salen del Sol. ‖ **3. protuberancia cerebral** (o **anular**) Órgano del tronco cerebral, situado en la cara inferior del encéfalo, que conexiona el cerebro, el cerebelo y la médula. Está constituido por importantes núcleos y vías nerviosas.

protuberante *adj.* Que sobresale o lo hace más de lo corriente.

Proudhon, Pierre Joseph (Besançon 1809 - París 1865) Filósofo y político francés. Se trasladó a París, donde fue elegido diputado en la breve república de 1848. Tras la subida al poder de Napoleón III, mantuvo relación con los sectores izquierdistas del imperio. Estuvo varias veces en prisión, pero no fue nunca un revolucionario activo. Profesó una forma de anarquismo en la que coexistían elementos progresistas con otros profundamente tradicionales: defendía la eliminación del Estado al tiempo que respetaba la propiedad privada; era contrario a la Iglesia, partidario de la familia patriarcal y adversario de la igualdad de derechos entre ambos sexos. Sus doctrinas tuvieron una gran importancia en la sección francesa de la Primera Internacional e influyeron en Bakunin, el anarcosindicalismo y en el federalismo de Pi i Margall. Entre sus numerosos escritos pueden destacarse *¿Qué es la propiedad?* (1840), *Sistema de las contradicciones económicas o filosofía de la miseria* (1846) y *Teoría de la propiedad* (1865).

Proust, Joseph Louis (Angers 1754 - íd. 1826) Químico francés. Fue profesor de química de la Academia de Artillería de Segovia y dirigió en Madrid el laboratorio del rey Carlos IV. Fue uno de los fundadores del análisis químico y es célebre por su ley de las proporciones definidas.

Proust, Marcel (París 1871 - íd. 1922) Escritor francés. De salud muy delicada, pasó gran parte de su vida recluido en su alcoba escribiendo. Entre 1905 y 1910 emprendió su monumental obra autobiográfica *En busca del tiempo perdido*, que interrumpió durante la Primera Guerra Mundial, para terminarla durante los últimos años de su vida. El ciclo representa una superación del realismo decimonónico y una vuelta al hombre como centro de la realidad. En él se reconstruye su propia vida a partir de sucesos y acontecimientos intrascendentes, recuperados por la memoria, que es, según Proust, el único medio que tiene el hombre para captar las transformaciones que el paso del tiempo impone en las cosas, las personas y los sentimientos. Para ello elaboró una técnica narrativa que revolucionó la novela y que se caracteriza por un estilo lento y divagador, puesto al servicio de la subjetividad y del fluir de los recuerdos. Entre sus obras destacan *Los placeres y los días* (1896) y los siete volúmenes de la obra anteriormente citada: *Por el camino de Swan* (1913), *A la sombra de las muchachas en flor* (1919), *El mundo de Guermantes* (1920), *Sodoma y Gomorra* (1922) y los publicados póstumamente *La prisionera* (1923), *La fugitiva* (1925) y *El tiempo recobrado* (1927).

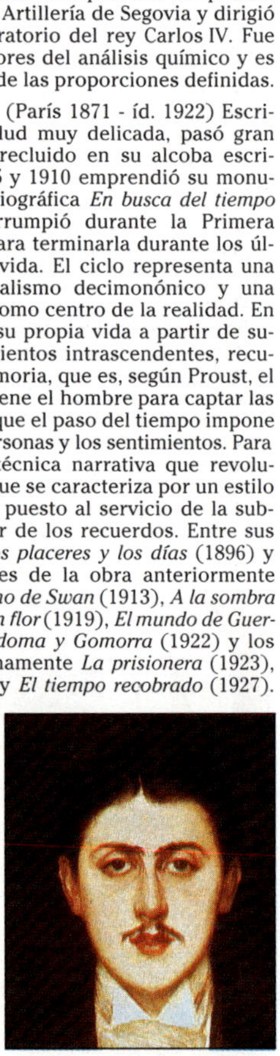

Marcel Proust. Retrato de Jacques-Émile Blanche (colección particular, París).

provecho *s. m.* **1.** Beneficio, utilidad. **2.** Efecto alimenticio que produce una comida o bebida. **3.** Avance, rendimiento satisfactorio. ‖ **Loc. buen provecho** *fam.* Expresión de cortesía que se dirige a los que están comiendo. **de provecho** *adj.* Se aplica a la persona que ha sabido abrirse camino en la vida; también, se aplica a la cosa útil o conveniente.

provechoso, sa *adj.* Que proporciona provecho. **Fam.** Provechosamente.

provecto, ta *adj.* Se dice de la edad avanzada y de quien la tiene.

proveedor, ra *s. m.* y *f.* Persona o empresa que se encarga de proveer a otra empresa, comunidad, etc., de lo que necesita.

proveeduría *s. f.* **1.** Oficio de proveedor. **2.** Lugar donde se almacenan y distribuyen las provisiones.

proveer *v. tr.* **1.** Facilitar a alguien lo que necesita o le conviene. También *v. prnl.* **2.** Preparar, disponer. También *v. prnl.* **3.** Cubrir un empleo o cargo. También *v. prnl.* **4.** Hacer los trámites o gestiones necesarios para determinado asunto. **5.** En der., dictar un juez o tribunal una resolución, que a veces es sentencia definitiva. ■ Es v. irreg. Se conjuga como *leer.* Tiene dos p. p.: uno reg., *proveído*, que se utiliza sólo para la formación de los tiempos compuestos, y otro irreg., *provisto*, utilizado también como adjetivo. **Fam.** Proveimiento.

proveído, da 1. *p. p.* de **proveer**. También *adj.* ‖ *s. m.* **2.** En der., resolución dictada por el juez en los escritos de los procedimientos civiles o criminales.

proveniencia *s. f.* Procedencia, origen.

proveniente *adj.* Que proviene del lugar, persona, cosa, etc., que se expresa.

provenir *v. intr.* **1.** Tener alguien o algo su origen o principio en el lugar, persona, cosa, etc., que se expresa. **2.** Tener una cosa su causa o motivo en otra que se indica. ■ Es v. irreg. Se conjuga como *venir.*

Provenza Región histórica de Francia, situada en el S del país. Fue la primera provincia transalpina de Roma, que la conquistó en el 123 a. C. En el s. V fue dominada por los visigodos y posteriormente por los francos. En el s. VIII sufrió las invasiones de los musulmanes hasta la victoria de Carlos Martel. El emperador carolingio Lotario I la convirtió en reino (855). En 1112 pasó a pertenecer por dote matrimonial al conde de Barcelona Ramón Berenguer III y a mediados del s. XII, a Alfonso II de Aragón. El príncipe francés Carlos de Anjou, por su matrimonio con la heredera Beatriz, se convirtió en conde de Provenza en 1245. A lo largo del s. XIII comenzó una expansión comercial por el Mediterráneo, completada con la adquisición de Sicilia, pero en el s. XIV sufrió una decadencia motivada por la piratería musulmana y los progresos de catalanes y aragoneses en el Mediterráneo occidental. En 1487 el conde Carlos del Maine la legó a Luis XI de Francia, quedando integrada en dicho reino.

Provenza-Alpes-Costa Azul (*Provence-Alpes-Côte d'Azur*) Región de Francia, situada en el SE del país, a orillas del mar Mediterráneo. 31.400 km^2. 4.260.000 h. en 1990. La capital es Marsella, con 801.000 h. en 1990, 1.227.900 h. en su área metropolitana. Comprende los departamentos de Alpes Marítimos, Alpes de Alta Provenza, Bocas del Ródano, Altos Alpes, Var y Vaucluse. Configuran su relieve una región alpina en el E con los Alpes Marítimos y Cotios, la cuenca del Ródano en el O y una franja litoral en el S, en la que se concentra la mayoría de la población. Económicamente sobresale la fachada marina, que obtiene altos rendimientos del turismo (Niza, Cannes) y de las actividades portuarias e industriales (Tolón, Marsella).

provenzal *adj.* **1.** De Provenza. También *s.* ‖ *s. m.* **2.** Uno de los dialectos de la lengua de oc, que se hablaba antiguamente en el S de Francia y fue cultivado por los trovadores. **3.** Lengua que se habla actualmente en Provenza.

provenzal, literatura En el s. XI surgió la lírica trovadoresca, con dos manifestaciones fundamentales: la *cansó*, de temática amorosa, y el *sirventés*, de temática satírica. Sus principales representantes fueron Bernart de Ventadorn y Arnaut Daniel, ambos del s. XII. En el s. XIII apareció la última gran figura, Peire Cardenal, y su influencia se extendió a las restantes literaturas occidentales. En el s. XIX se produjo un renacimiento de la lírica provenzal gracias a la obra de Joseph Roumanille, Frédéric Mistral y Théodore Aubanel.

provenzalismo *s. m.* Palabra, giro o modo de hablar propio del provenzal.

provenzalista *s. m.* y *f.* Persona que estudia la lengua y literatura provenzales.

proverbial *adj.* **1.** Perteneciente o relativo al proverbio o que lo incluye. **2.** Conocido desde siempre o por todos. **Fam.** Proverbialmente.

proverbio *s. m.* **1.** Frase de origen popular que tiene una forma fija y expresa una enseñanza moral, un consejo, etc. ‖ *pl.* **2.** Libro de la *Biblia* que contiene preceptos morales, sentencias, exhortaciones, máximas y refranes piadosos. La tradición judía lo atribuyó a Salomón.

Providence C. de EE UU, cap. del estado de Rhode Island, a orillas de la bahía de Narragansett. 161.100 h. en 1988. Centro portuario e industrial, cuenta con producción de maquinaria de precisión, armas y joyas. Es una de las ciudades más antiguas de Nueva Inglaterra, fundada en 1636.

providencia *s. f.* **1.** Medida que se toma para evitar o remediar un posible daño o peligro. Se usa más en *pl.* **2.** En rel., plan eterno que Dios tiene sobre el mundo y los hombres. **3.** En der., resolución dictada por el juez, en la que no se expresan los motivos.

Providencia C. de Chile, situada en el área metropolitana de la capital Santiago. 114.800 h. en 1980. Es una ciudad residencial.

providencial *adj.* **1.** Perteneciente o relativo a la providencia de Dios. **2.** Se dice de aquello que de forma casual o inesperada evita que alguien o algo sufra un perjuicio. **Fam.** Providencialmente.

providencialismo *s. m.* Doctrina según la cual todo lo que sucede se debe a la divina providencia. **Fam.** Providencialista.

próvido, da o **providente** *adj.* Dispuesto para proveer de aquello que se necesita. **Fam.** Próvidamente.

provincia *s. f.* **1.** División territorial y administrativa cuya entidad varía según los países. Es la mayor en Costa Rica, Cuba, República Dominicana, Ecuador, Panamá, Guinea Ecuatorial, y en Argentina y Canadá, donde tiene una estructura similar a la de los estados federales. Es una división administrativa intermedia en España, Bolivia, Perú y Chile. **2.** Cada uno de los distritos o áreas en que dividen un territorio las órdenes religiosas y que contiene determinado número de casas o conventos unidos entre sí bajo un mismo provincial. ‖ *pl.* **3.** Por oposición a capital o ciudad importante, el resto de las ciudades del país.

provincial *adj.* Perteneciente o relativo a la provincia.

provincial, la *s. m.* y *f.* Religioso o religiosa que en una provincia tiene el gobierno y superioridad sobre todas las casas y conventos de una orden.

provincialato *s. m.* **1.** Dignidad o cargo de provincial o provinciala. **2.** Tiempo que dura.

provincialismo *s. m.* **1.** Preferencia exagerada por todo lo que es propio de la provincia en que se ha nacido. **2.** Palabra, giro o modo de hablar exclusivo de una provincia o región de un país. **3.** Defensa de las competencias o derechos políticos de la provincia frente al poder central del Estado.

provincianismo *s. m.* **1.** Cualidad o condición de provinciano. **2.** Apego excesivo a la mentalidad y costumbres propias de una provincia o sociedad cualquiera.

provinciano, na *adj.* **1.** Se dice de la persona que ha nacido o vive en una provincia, por oposición al habitante u originario de una capital o ciudad importante. También *s.* **2.** Perteneciente o relativo a una provincia. **3.** Atrasado, poco desarrollado o civilizado. **4.** *fam.* Paleto, pueblerino. También *s.*

Provincias Unidas Nombre de los Países Bajos desde 1579, en que se unieron las provincias calvinistas de Flandes, hasta 1795.

Provincias Unidas del Río de la Plata Entidad política formada por las provincias del antiguo virreinato del Río de la Plata, excluidos Paraguay y Alto Perú (1813); proclamó su independencia en el congreso de Tucumán (1816). En 1825, la Banda Oriental del Plata o Provincia Oriental se declaró independiente y se incorporó a las Provincias Unidas.

provinente o **proviniente** *adj.* Proveniente*.

provisión *s. f.* **1.** Acción y efecto de proveer. **2.** Conjunto de cosas, especialmente alimentos, que se guardan o reservan para tenerlas disponibles en caso necesario. Se usa más en *pl.* ‖ **3. provisión de fondos** Cantidad que el litigante debe depositar ante el procurador de los tribunales para que éste inicie un procedimiento judicial.

provisional *adj.* Que es temporal, no definitivo o permanente. **Fam.** Provisionalmente.

provisor, ra *s. m.* y *f.* **1.** Proveedor*. ‖ *s. m.* **2.** Juez diocesano nombrado por el obispo, con quien constituye un mismo tribunal, y que tiene potestad ordinaria para entender en las causas eclesiásticas. ‖ *s. f.* **3.** En los conventos de religiosas, la encargada de administrar la casa.

provisorato *s. m.* **1.** Dignidad y cargo del provisor, juez diocesano. **2.** Tribunal y oficina del mismo.

provisoría *s. f.* **1.** Provisorato*. **2.** Lugar destinado a guardar y distribuir las provisiones en los conventos y otras comunidades.

provisorio, ria *adj.* Provisional*.

provisto, ta **1.** *p. p.* irreg. de **proveer**. También *adj.* ‖ *s. f.* **2.** *Arg., Par., Urug.* Conjunto de comestibles, ropa y todo lo necesario para hacer un viaje.

provocación *s. f.* Acción y efecto de provocar.

provocador, ra *adj.* **1.** Que provoca o tiene tendencia a provocar, especialmente jaleos, discusiones, etc. También *s.* **2.** Provocativo*.

provocar *v. tr.* **1.** Hacer o decir una persona a otra cosas que la molesten para enfadarla o para obligarla discutir o pelear. **2.** Influir sobre alguien para que haga lo que se expresa. También *v. intr.* **3.** Producir, causar. **4.** Tratar de despertar deseo sexual en alguien. ‖ *v. intr.* **5.** *amer. fam.* Apetecer. ■ Se conjuga como *sacar.* **Fam.** Provocante.

provocativo, va *adj.* Que provoca, especialmente en el terreno sexual. **Fam.** Provocativamente.

proxeneta *s. m.* y *f.* **1.** Persona que vive de las ganancias obtenidas por una prostituta. **2.** Persona que induce o fuerza a otra a prostituirse. **3.** Persona que protege o favorece la prostitución. **Fam.** Proxenético.

proxenetismo *s. m.* Actividad del proxeneta.

próximamente *adv. t.* Pronto, dentro de poco tiempo.

proximidad *s. f.* **1.** Cercanía*. ‖ *s. f. pl.* **2.** Lugar o lugares próximos a otro.

próximo, ma *adj.* **1.** Cercano*. **2.** Que sigue o está inmediatamente después del lugar, momento, etc., a que se refiere. También *s.*

proyección *s. f.* **1.** Acción y efecto de proyectar. **2.** Cosa que sobresale de otra como proyectada desde su interior. **3.** Imagen que se proyecta y fija temporalmente sobre una superficie por medio de un foco luminoso. **4.** Figura que resulta de proyectar en una superficie todos los puntos de un cuerpo u otra figura según ciertas reglas. **5.** Alcance, trascendencia, importancia. **6.** En psicol., mecanismo por el cual un individuo atribuye a objetos exteriores, y generalmente a otras personas, impulsos o sentimientos propios, que él mismo o la sociedad considera negativos o inaceptables. **7.** En psicol., exteriorización involuntaria de un deseo, emoción, etc. ‖ **8. proyección cartográfica** Sistema ordenado de meridianos y paralelos sobre una superficie plana que representa la superficie curva de la esfera terrestre. Todos los sistemas de proyección introducen inevitablemente alguna deformación al representar la Tierra. Los principales tipos de proyección son: cilíndricas, cónicas, planas o azimutales y de canevas.

proyeccionista *s. m.* y *f.* **1.** Persona que se dedica profesionalmente al manejo de un proyector, de focos eléctricos, etc. **2.** Profesional que se dedica a la elaboración de proyectos de diversos tipos, industriales, artísticos, etc.

proyectante *adj.* **1.** Que proyecta. **2.** En geom., se dice de la línea recta que sirve para proyectar un punto en una superficie.

proyectar *v. tr.* **1.** Lanzar con fuerza una cosa hacia adelante o a distancia. **2.** Hacer proyectos, planes, etc. **3.** Hacer un proyecto de arquitectura, ingeniería, etc. **4.** Hacer visible por medio de un foco de luz la figura o silueta de alguien o algo sobre una superficie. También *v. prnl.* **5.** Reflejar sobre una pantalla o superficie plana, con la ayuda de un foco de luz, la imagen óptica ampliada de una película, diapositiva, etc. **6.** Particularmente, exhibir una película en un cine. **7.** Hacer una persona que su voz salga al exterior con el mayor volumen y calidad posible. **8.** En geom., trazar líneas rectas desde todos los puntos de un cuerpo, figura o línea, según determinadas reglas, hasta una superficie o espacio para obtener su representación. **9.** En psicol., localizar o centrar un individuo impulsos o sentimientos propios en otros objetos o personas. También *v. prnl.*

proyectil *s. m.* Cualquier cuerpo que se lanza con fuerza contra alguien o algo, particularmente el lanzado por un arma de fuego, como una bala, una bomba, etc.

proyectista *adj.* **1.** Se aplica al delineante que dibuja proyectos de arquitectura, ingeniería, etc. También *s.* ‖ *s. m.* y *f.* **2.** Persona que se dedica profesionalmente a hacer proyectos.

proyectivo, va *adj.* **1.** Referente al proyecto o a la proyección. **2.** En mat., se dice de las propiedades que conservan las figuras cuando se proyectan sobre un plano.

proyecto *s. m.* **1.** Pensamiento de hacer algo e idea de cómo hacerlo. **2.** Conjunto de estudios, análisis, investigaciones, etc., necesarios para llevar a cabo un determinado trabajo o actividad. **3.** Escrito, dibujo, etc., que se obtiene como resultado de estos estudios. **4.** Bosquejo, esbozo. ‖ **5. proyecto de ley** En der., propuesta de una ley hecha a la cámara legislativa por el gobierno o el jefe del Estado.

proyector *s. m.* **1.** Aparato que sirve para proyectar sobre una pantalla o una superficie plana imágenes ópticas. **2.** Foco de gran potencia.

prudencia *s. f.* **1.** Cuidado y reflexión al hacer o considerar las cosas, evitando así cualquier posible daño. **2.** Cualidad y actitud de la persona que habla o actúa con moderación, sin cometer excesos.

prudencial *adj.* **1.** Que muestra o implica prudencia. **2.** Que no es exagerado o excesivo. **Fam.** Prudencialmente.

Prudencio, Marco Aurelio (Calahorra 348 - ? h. 415) Poeta latino de origen hispano. Fue autor de himnos, poemas didácticos y poemas alegóricos. Entre sus obras destacan *Peristephanon, Apotheosis* y *Psychomachia.*

prudente *adj.* Que actúa con prudencia o la implica. **Fam.** Prudentemente.

Prud'hon, Pierre-Paul (Cluny 1758 - París 1823) Pintor francés. Viajó a Italia, donde recibió la influencia de los pintores del Renacimiento, especialmente de Leonardo y del Correggio. Su estilo es de transición entre los s. XVIII y XIX. Sobresalió como retratista y en la pintura mitológica e histórica. Decoró el palacio de Saint-Cloud (1796). Entre sus cuadros destacan *Josefina en los jardines de la Malmaison, El rapto de Psiquis* y *Venus en el baño.*

prueba *s. f.* **1.** Acción y efecto de probar. **2.** Aquello con que se pretende mostrar y hacer patente la verdad o falsedad de algo; particularmente, en derecho, la que se basa en los medios que autoriza y reconoce la ley y sirve para atestiguar un hecho. **3.** Muestra o señal de lo que se expresa. **4.** Circunstancia, acción, etc., difícil o penosa. **5.** Examen para demostrar conocimientos o capacidad para algo. **6.** En algunos deportes, competición. **7.** Análisis médico. **8.** Cantidad

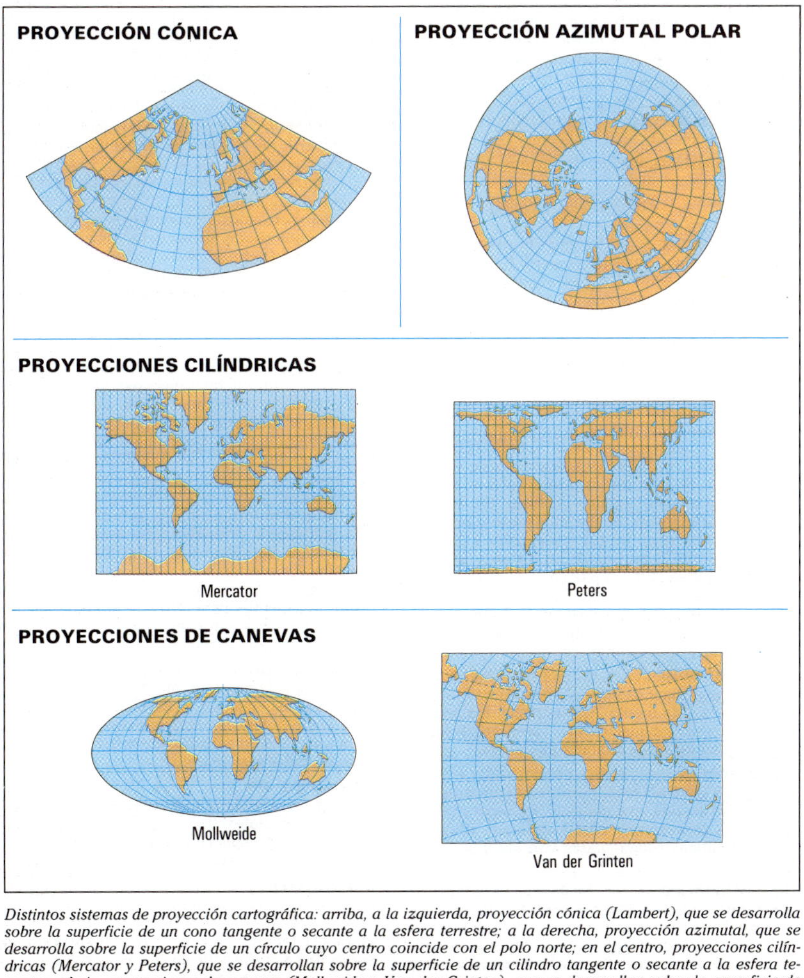

Distintos sistemas de proyección cartográfica: arriba, a la izquierda, proyección cónica (Lambert), que se desarrolla sobre la superficie de un cono tangente o secante a la esfera terrestre; a la derecha, proyección azimutal, que se desarrolla sobre la superficie de un círculo cuyo centro coincide con el polo norte; en el centro, proyecciones cilíndricas (Mercator y Peters), que se desarrollan sobre la superficie de un cilindro tangente o secante a la esfera terrestre; abajo, proyecciones de canevas (Mollweide y Van der Grinten), que se desarrollan sobre la superficie de figuras geométricas complejas secantes o tangentes a la esfera terrestre.

pequeña de algo que sirve para probarlo, analizarlo, etc. **9.** En mat., operación con que se comprueba si otra está bien hecha. **10.** En artes gráficas, muestra que se saca en papel de un texto impreso para corregir en ella las erratas, realizar alguna modificación, etc., antes de la reproducción o impresión definitiva. Se usa más en *pl.* **11.** P. ext., muestra del grabado y de la fotografía o reproducción en papel de una imagen fotográfica. ‖ **12. prueba negativa** Negativo* fotográfico. **13. prueba pericial** En der., aquella que aporta una persona experta en cierto tema, profesión, etc., sobre un objeto o hecho que está dentro del campo de sus conocimientos y que le sirve al juez como ayuda. **14. prueba positiva** Resultado que se obtiene en la última parte de la operación fotográfica al invertir los tonos claros y los oscuros de la prueba negativa y sacar sobre papel, cristal o metal las imágenes con sus verdaderas luces, sombras y colores. **15. prueba tasada** En der., aquella cuya valoración no depende del criterio o convencimiento del juez, sino que viene determinada por la ley. **16. prueba testifical** (o **testimonial**) En der., aquella aportada por los testigos, que declaran en forma legal sobre la verdad de los hechos alegados. ‖ **a prueba de** *adj.* y *adv.* Muy resistente, con capacidad para resistir lo que se expresa. **poner a prueba** Someter a alguien o algo a unas determinadas condiciones o acciones para comprobar sus cualidades, actitudes, etc.

pruina *s. f.* Sustancia similar a la cera que recubre las hojas, tallos o frutos de algunos vegetales, limitando su transpiración.

pruinoso, sa *adj.* Recubierto de pruina.

pruna *s. f.* En algunas partes, ciruela*.

Pruna, Pedro (Barcelona 1904 - íd. 1977) Pintor español. En 1921 marchó a París, donde conoció a Picasso. Su estilo deriva de la época rosa de Picasso. Gran dibujante, destacó en el retrato. Realizó decorados y figurines para los ballets de Diaghilev y Lifar.

pruno *s. m.* En algunas partes, ciruelo*, árbol.

pruriginoso, sa *adj.* **1.** De la naturaleza o características del prurigo. **2.** Que produce prurigo.

prurigo *s. m.* Nombre genérico de diversas enfermedades de la piel, a veces de origen alérgico, que se caracterizan por la presencia de pequeños granos que producen picor o escozor.

prurito *s. m.* **1.** Sensación de picor o escozor, causada generalmente por una enfermedad. **2.** Deseo persistente y, a veces, excesivo de hacer una cosa lo mejor posible.

Prusia (*Preussen*) **1.** Antiguo estado de la Alemania septentrional, a orillas del mar Báltico. Comprendía el ducado de Prusia, Prusia occidental, Prusia meridional, Pomerania oriental, Brandeburgo y Silesia. El origen de Prusia se halla en la fundación, a fines de la Edad Media, de una brillante dinastía militar por Federico I con el apoyo de la orden teutónica. En 1618 se produjo la fusión de Prusia y Brandeburgo bajo la dinastía de los Hohenzollern. Federico Guillermo organizó el estado prusiano entre 1640 y 1688, dotándolo de un carácter militarista y de un ejército permanente. Federico II el Grande resistió los ataques de Austria, Francia y Rusia y engrandeció sus dominios con la conquista de Silesia. Fue vencido en la batalla de Valmy por Napoleón, pero después de Waterloo, en el congreso de Viena, recuperó los territorios perdidos e incorporó la Pomerania sueca, el N de Sajonia, Westfalia y Renania, convirtiéndose así en un estado que englobaba la mayor parte de los países germánicos y en la base del futuro Reich. En época de Guillermo I, el canciller Bismarck emprendió una política expansiva que, tras la derrota de los austriacos en Sadowa (1866), permitió incorporar Schleswig, Holstein, Hannover, Hesse, Hesse-Nassau y Frankfurt. Después de la guerra de 1870 Guillermo I fue coronado emperador alemán en Versalles. Desde entonces la historia de Prusia va ligada íntimamente a la de Alemania. ‖ **2. azul de Prusia** Véase **azul**.

prusiano, na *adj.* **1.** De Prusia. También *s.* **2.** Se dice de aquello que se caracteriza por un excesivo sentido de la disciplina.

prusiato *s. m.* Sal compuesta al reaccionar un ácido prúsico con una base.

prúsico, ácido *s. m.* Ácido cianhídrico*.

pseudo- *pref.* Véase **seudo-**.

pseudónimo *adj.* Seudónimo*.

pseudópodo *s. m.* Seudópodo*.

psi *s. f.* Vigésima tercera letra del alfabeto griego, que equivale al sonido *ps.* ■ La letra mayúscula se escribe Ψ y la minúscula ψ.

psicastenia *s. f.* Variedad de la neurastenia en la que predominan las manifestaciones de depresión psíquica, como obsesiones, inseguridad, fatiga, etc.

psicasténico, ca *adj.* **1.** Perteneciente o relativo a la psicastenia. **2.** Se dice de la persona que padece psicastenia. También *s.*

psico- *pref.* Significa 'mente': *psicología, psicosis, psicosomático.* ■ A veces toma las variantes *psic-* y *psiqu-*: *psicastenia, psiquismo.*

psicoanaléptico *s. m.* Estimulante, sustancia química que aumenta y facilita la actividad mental.

psicoanálisis *s. m.* Teoría psicológica y método científico desarrollados por Sigmund Freud para el diagnóstico y tratamiento de ciertas enfermedades mentales, que se basa en la interpretación de todo el contenido mental del paciente, libremente expresado, al establecerse una relación emocional con el analista, llamada *transferencia.* El psicoanálisis concibe la vida psíquica en torno a la noción de inconsciente, considerando que sus contenidos desempeñan un papel decisivo en la conducta humana. Cuando el inconsciente entra en conflicto con los contenidos conscientes puede dar lugar a conductas anómalas o inadaptadas. Utiliza la técnica de la libre asociación, o estudio de las ideas que se presentan espontáneamente en la conciencia, para descubrir las represiones. El psicoanálisis ha influido considerablemente en el pensamiento del s. XX y también en la literatura, el cine y el arte en general. Asimismo ha dado origen a varias escuelas, principalmente las de los discípulos de Freud, Adler y Jung.

psicoanalista *s. m.* y *f.* Persona que ejerce el psicoanálisis como método terapéutico. También *adj.*

psicoanalítico, ca *adj.* **1.** Perteneciente o relativo al psicoanálisis. **2.** Se dice de la persona que se dedica al psicoanálisis o lo estudia. También *s.*

psicoanalizar *v. tr.* Practicar el psicoanálisis en una persona. También *v. prnl.* ■ Se conjuga como *cazar.*

psicocinesia *s. f.* Psicokinesis*.

psicodelia *s. f.* Movimiento cultural de vanguardia surgido en la década de los setenta, cuyas principales manifestaciones se dieron en el terreno de la música.

psicodélico, ca *adj.* **1.** Perteneciente o relativo a los estados psíquicos caracterizados por alteración o incremento de la sensibilidad que se manifiesta con alucinaciones, euforia, depresión, etc. **2.** Se dice del causante de este estado psíquico alterado, particularmente de ciertas drogas alucinógenas. **3.** Perteneciente o relativo a la psicodelia; se aplica particularmente a un tipo de música pop, desarrollada en los años setenta por grupos y solistas, como *The Doors* y *Grateful Dead* en California y Syd Barrett en el Reino Unido, que trataba de plasmar melódicamente experiencias psíquicas o alucinatorias. **4.** *fam.* P. ext., raro, extravagante.

psicodinamia *s. f.* Corriente psicológica que trata de analizar y describir los factores que determinan la vida mental, las fuerzas y los procesos mentales inconscientes. También designa la actividad de estos factores psíquicos.

psicodrama *s. m.* Técnica psicoanalítica creada por Jacob Levy Moreno y empleada en la psicoterapia de grupos, que consiste en hacer que los pacientes representen como «actores» situaciones dramáticas relacionadas con sus conflictos patológicos.

psicofármaco *s. m.* Sustancia, orgánica o inorgánica, que se usa como medicamento corrector de trastornos psíquicos. Son fármacos capaces de producir una acción estimulante que supla una actividad deficitaria o ausente, o bien producir una acción reductora para paliar una actividad hipertrofiada.

psicofarmacología *s. f.* Estudio de los psicofármacos y su acción en el sistema nervioso.

psicofísica *s. f.* Teoría psicológica formulada por Gustav Theodor Fechner, que relaciona la dimensión física y la dimensión psíquica de las sensaciones en términos matemáticos. Concretamente Fechner estableció que la sensación crece en progresión aritmética cuando el estímulo lo hace en progresión geométrica; sus estudios supusieron uno de los primeros intentos fructíferos de construir una psicología experimental. **FAM.** Psicofísico.

psicofisiología *s. f.* Rama de la psicología que estudia la relación entre las funciones fisiológicas y el comportamiento humano. **FAM.** Psicofisiológico.

psicogénico, ca o **psicógeno, na** *adj.* Que es de origen psíquico.

psicokinesis *s. f.* Actuación a distancia de una persona sobre un objeto, a través únicamente de su fuerza psíquica, produciendo en éste un desplazamiento, deformación, etc.

psicoléptico *s. m.* Tranquilizante, sustancia química que reduce la actividad mental.

psicolingüista *s. m.* y *f.* Persona especializada en psicolingüística.

psicolingüística *s. f.* Ciencia que estudia el lenguaje y el comportamiento verbal en relación con los mecanismos psicológicos que lo hacen posible. **FAM.** Psicolingüístico.

psicología *s. f.* **1.** Ciencia que estudia el comportamiento y los procesos psíquicos subyacentes. **2.** Conjunto de las manifestaciones psíquicas del hombre o los animales. **3.** Capacidad para conocer a las personas. **FAM.** Psicológico.

Psicol. Etimológicamente, psicología significa 'ciencia del alma'. Actualmente se la define como la ciencia que estudia la conducta del hombre, entendiendo por conducta el conjunto de respuestas con las que éste actúa ante los estímulos que proceden tanto de su interior como del medio ambiente. Se ocupa también de los procesos internos que permiten establecer relaciones entre los estímulos y las respuestas, para determinar sus condiciones y leyes. La psicología existe como parte de la filosofía desde la antigüedad clásica. Aristóteles, en el s. IV a. C., escribió un tratado, titulado *De anima*, en el que explica la actividad del hombre por su principio: el alma racional. Pero sólo se constituyó como ciencia experimental desde finales del s. XIX gracias a los trabajos de Fechner, Weber, Wundt y Watson, entre otros. Dentro de la psicología se pueden distinguir diversas ramas dependiendo de que el estudio de la conducta humana se enfoque como un estudio de leyes generales comunes a todos los individuos (**psicología general**), o de las características específicas que diferencian a los grupos de culturas distintas (**psicología comparada**), o a los individuos de la misma cultura (**psicología individual**), bien por grupos de edad, sexo o personalidad (**psicología diferencial**), o bien centrada en el estudio de las conductas anormales o patológicas (**psicología clínica**). Asimismo se distinguen la **psicología infantil**, que estudia el comportamiento y psiquismo del niño, y la **psicología evolutiva**, que estudia el desarrollo de la conducta a lo largo de la vida del hombre. En sentido más restringido, el término psicología se utiliza para hacer referencia al estudio de aspectos concretos de la actividad humana, y se habla entonces de psicología del trabajo, del arte, de la información, etc.

psicologismo *s. m.* Concepción que considera la psicología como fundamento de la filosofía en general y especialmente de algunas de sus ramas, como la lógica y la teoría del conocimiento e, incluso, en su planteamiento más radical, como base de todas las ciencias.

psicólogo, ga *s. m.* y *f.* **1.** Persona especializada en psicología o que tiene en ella conocimientos especiales. **2.** P. ext., persona que tiene una capacidad especial para conocer el carácter, la intimidad o las reacciones de las personas.

psicometría *s. f.* Rama de la psicología experimental que trata de la medida de los fenómenos psíquicos y sus diferencias individuales, mediante métodos estadísticos. Se sirve de observaciones controladas, escalas, tests.

psicomotricidad *s. f.* En psicol., relación mutua que se establece entre la actividad psíquica y la función motriz del cuerpo humano. Este concepto fue estudiado originalmente a principios del s. XX, demostrándose una conexión íntima entre la actividad de la mente y la capacidad de movimiento del individuo.

psiconeurosis *s. f.* Neurosis*.

psicópata *s. m.* y *f.* Persona que sufre alguna psicopatía.

psicopatía *s. f.* Término genérico con que se designan los trastornos psíquicos que consisten en una alteración más o menos persistente de la personalidad y una conducta antisocial (agresividad incontrolada, inadaptación, conflictividad, etc.) sin estar ocasionados por una enfermedad psíquica ni existir manifiestas alteraciones emocionales o intelectuales, por lo que el sujeto no suele experimentar angustia ni trastornos de pensamiento. **FAM.** Psicopático.

psicopatología *s. f.* Ciencia que estudia las causas y naturaleza de las enfermedades mentales.

psicoquinesia o **psicoquinesis** *s. f.* Psicokinesis*.

psicosis *s. f.* **1.** Nombre genérico que se da a las enfermedades mentales de orden severo, con graves alteraciones de la vida psíquica. **2.** Miedo obsesivo a algo. || **3. psicosis maniacodepresiva** Forma grave de perturbación mental que se caracteriza por fases alternativas de euforia y depresión del ánimo y de todas las actividades orgánicas en general.

psicosomático, ca *adj.* Perteneciente o relativo a la mente y al cuerpo simultáneamente, que tiene su origen o influye en ambos, o que produce o implica una acción del psiquismo sobre el cuerpo o viceversa.

psicotecnia *s. f.* Rama de la psicología que, con fines de orientación y selección, tiene por objeto examinar y clasificar las aptitudes de los individuos mediante los métodos de la psicometría. **FAM.** Psicotécnico.

psicoterapeuta *s. m.* y *f.* Especialista en psicoterapia.

psicoterapéutico, ca *adj.* Perteneciente o relativo a la psicoterapia.

psicoterapia *s. f.* Tratamiento de ciertas enfermedades o alteraciones de conducta por medio de procedimientos y métodos psicológicos, como la sugestión, la hipnosis, el psicoanálisis, el condicionamiento, etc. **FAM.** Psicoterápico.

psicótropo o **psicotropo, pa** *adj.* Se dice de cualquier fármaco o sustancia que actúa sobre el organismo modificando sus condiciones y funciones psicológicas, como, p. ej., los depresivos o antidepresivos. También *s. m.*

psicrómetro *s. m.* Instrumento compuesto de dos termómetros ordinarios, uno de los cuales tiene el depósito humedecido con agua, que por la comparación de las temperaturas indicadas en los termómetros sirve para calcular el grado de humedad del aire.

psiqu- *pref.* Véase **psico-**.

psique *s. f.* Término griego que hacía referencia al alma, principio vital incorpóreo, frente al cuerpo material (*soma*). Actualmente, en psicología, se refiere al conjunto de actos y funciones mentales en oposición a los aspectos puramente orgánicos.

Psique En la mitología griega, heroína de belleza sin igual. Fue amada por el Amor invisible, que la retenía en su maravilloso palacio. Instigada por sus envidiosas hermanas, Psique accedió a encender una lámpara para contemplar el rostro de Amor mientras dormía, y éste entonces la abandonó. Desesperada, vagó por el mundo, hasta que el Amor regresó para despertarla del sueño mágico en que Afrodita, indignada por su belleza, la había hecho caer.

psiquiatra *s. m.* y *f.* Médico especializado en psiquiatría.

psiquiatría *s. f.* Parte de la medicina que se ocupa del estudio, diagnóstico, tratamiento y prevención de las enfermedades mentales. La psiquiatría utiliza diversos medios de tratamiento, según sea el concepto que se tenga de la enfermedad mental: de origen biológico, de raíz psicológica, social, etc. Estos procedimientos van desde la terapia psicoanalítica, individual o de grupo, a los psicofármacos, las técnicas quirúrgicas, las terapias de conducta, las comunidades terapéuticas, etc., aunque generalmente los tratamientos suelen combinarse.

psiquiátrico, ca *adj.* **1.** Perteneciente o relativo a la psiquiatría. || *s. m.* **2.** Hospital o clínica donde se trata a los enfermos mentales.

psíquico, ca *adj.* Perteneciente o relativo al psiquismo.

psiquis *s. f.* Psique*.

psiquismo *s. m.* Conjunto de los caracteres y funciones de la mente humana y de los fenómenos relacionados con ella.

psitácidos *s. f. pl.* Familia de aves, única del orden psitaciformes, a la que pertenecen unas 315 especies de los géneros *Psittacus, Ara, Kakatoë*, etc. Son prensoras y se caracterizan por tener cuatro dedos en las patas, dos hacia adelante y dos hacia atrás. Tienen el plumaje de variados y vistosos colores y el pico ganchudo. Son animales muy longevos que habitan en las regiones tropicales del hemisferio sur. Psitácidos son los loros, papagayos y cacatúas. También *adj.* y *s. f.*

psitacismo *s. m.* **1.** Trastorno mental en que el enfermo repite de forma mecánica las últimas sílabas pronunciadas por otro individuo o las suyas propias, sin comprender su significado. **2.** Método de enseñanza basado exclusivamente en el ejercicio de la memoria.

psitacosis *s. f.* Enfermedad del aparato respiratorio, que ataca a las aves y al hombre, producida por un microorganismo semejante a una bacteria, pero incapaz de realizar ciertas funciones vitales, para las que debe aprovechar la maquinaria celular de su hospedador. Su nombre se debe a que ataca especialmente a los loros y periquitos. Los síntomas de la enfermedad son semejantes a los de la neumonía, con inflamación pulmonar y fiebre. Se combate principalmente con antibióticos, sobre todo tetraciclinas.

PSOE Siglas del Partido Socialista* Obrero Español.

psoriasis *s. f.* **1.** Enfermedad de la piel caracterizada por enrojecimiento y producción de escamas. Afecta especialmente al cuero cabelludo. Su tratamiento es difícil y suele ser crónica. **2.** Enfermedad vírica de los agrios que produce escamación de la corteza del tronco y las ramas. ▪ Se escribe también *soriasis.*

Pt Símbolo químico del platino.

pteridofitas *s. f. pl.* División de plantas metafitas a la que pertenecen entre 12.000 y 15.000 especies comprendidas en las clases psilofitatas, licopodiatas, equisetatas y filicatas. Se caracterizan por tener arquegonios y tejidos conductores, y por su sistema de reproducción con alternancia de generaciones, en la que predomina la fase asexual. Crecen en zonas húmedas y sombreadas, alcanzan hasta varios metros de longitud, tienen raíces, tallos aéreos y unas hojas llamadas *frondes*, en cuya cara inferior se encuentran los *soros*, órganos productores de esporas. Pteridofitas son los helechos, licopodios, colas de caballo, etc. También *adj.* y *s. f.*

ptero- o **-ptero** *pref.* o *suf.* Significa 'ala': *pterodáctilo, lepidóptero.*

pterodáctilo *s. m.* Nombre común de diversos reptiles fósiles de la familia pterodactílidos, género *Pterodactylus*. Tenían el cuarto dedo de las extremidades anteriores muy desarrollado, con una piel llamada *patagio* extendida hasta las extremidades posteriores, que les permitía volar. Su dentición era reducida y la cola corta. Vivieron durante el jurásico.

pterosaurios *s. m. pl.* Orden de reptiles fósiles, caracterizados por tener una membrana llamada *patagio* en las extremidades anteriores, adaptada al vuelo. A él pertenecía, entre otras, la familia pterodactílidos. Vivieron durante la era secundaria. También *adj.* y *s. m.*

ptialina *s. f.* Fermento contenido en la saliva y en el jugo pancreático, donde se le llama *amilasa*, que descompone el almidón, transformándolo en maltosa. ▪ Se escribe también *tialina.*

ptolemaico, ca *adj.* Tolemaico*.

Ptolomeo Véase **Tolomeo**.

ptosis *s. f.* Caída o descenso de un órgano o parte de él.

Pu Símbolo químico del plutonio.

púa *s. f.* **1.** Cuerpo delgado y rígido que acaba en una punta aguda y más o menos afilada, como las espinas de algunas plantas o árboles, los dientes o puntas de un peine, los pinchos de un erizo, etc. **2.** Lámina delgada y plana con forma triangular u ovalada que se emplea para tocar ciertos instrumentos musicales de cuerda, como la guitarra, la bandurria, etc. **3.** Trozo de un árbol o planta que se introduce en otro para hacer un injerto. **4.** *fam.* Peseta.

pub (voz ingl.) *s. m.* **1.** Establecimiento donde se pueden tomar bebidas y escuchar música, que suele tener una decoración y mobiliario más cuidado que un bar. || **2. disco pub** El que tiene pista de baile.

púber *adj.* **1.** Se dice de la persona que está en la pubertad. También *s.* **2.** Se aplica a la edad de la pubertad.

pubertad *s. f.* Primera fase de la adolescencia en la que se producen las modificaciones propias del paso de la infancia a la edad adulta y empiezan a manifestarse los caracteres de la madurez sexual, aparición del vello, cambio de voz, etc.

pubescencia *s. f.* **1.** Cualidad de pubescente o velloso. **2.** Pubertad*.

pubescente *adj.* **1.** Que tiene vello; se aplica especialmente a las partes u órganos de un vegetal que están cubiertas de pelos muy finos. **2.** Se dice de quien ha llegado a la pubertad.

pubiano, na *adj.* Perteneciente o relativo al pubis.

pubis *s. m.* **1.** Parte inferior del vientre que en la especie humana empieza a cubrirse de vello en la pubertad. **2.** Uno de los tres huesos, junto con el ilion y el isquion, que se sueldan para formar el hueso coxal o coxis.

publicación *s. f.* **1.** Acción y efecto de publicar. **2.** Escrito impreso, como libros, revistas, periódicos, etc., que ha sido publicado.

publicano *s. m.* Entre los antiguos romanos, recaudador de los impuestos del Estado.

publicar *v. tr.* **1.** Hacer que algo sea conocido por los demás. **2.** Dar a conocer algo que no se conocía y que convenía que permaneciera oculto. **3.** Incluir una noticia, artículo, etc., en un periódico o en cualquier otro medio de difusión escrita. **4.** Imprimir, editar y ofrecer a la venta una obra. **5.** Escribir alguien una obra y conseguir que se edite ▪ Se conjuga como *sacar.* **FAM.** Publicable.

publicidad *s. f.* **1.** Cualidad o circunstancia de ser público o conocido por todos. **2.** Conjunto de técnicas y actividades destinadas a dar a conocer al público un producto o servicio y convencerle de su bondad y utilidad, a promocionar a alguien o algo, divulgar una noticia, etc., generalmente a través de los medios de comunicación de masas. **3.** Cualquier medio o material, como anuncios, carteles, etc., usado para llevar a cabo dicha actividad. || **LOC. dar publicidad** a alguien o algo Hacer que mucha gente lo conozca.

publicista *s. m.* y *f.* **1.** Persona que se dedica profesionalmente a la publicidad. **2.** Persona que escribe artículos, columnas de opinión, etc., en publicaciones periódicas.

publicitario, ria *adj.* **1.** Perteneciente o relativo a la publicidad utilizada con fines comerciales. || *s. m.* y *f.* **2.** Persona que se dedica profesionalmente a la publicidad.

público, ca *adj.* **1.** No privado, del Estado o de todos los ciudadanos. **2.** Sabido por gran cantidad de personas. **3.** Dirigido a ser conocido por los demás; también se aplica a la persona que lleva a cabo una actividad con estas características. || *s. m.* **4.** Conjunto de personas consideradas como usuarias de un servicio, consumidoras de un producto, asistentes a un espectáculo, etc. || **5. el gran público** La gente en general, especialmente la que no conoce a fondo un determinado tema. || **LOC. dar al público** Publicar una obra.

Pucallpa C. de Perú, cap. del departamento de Ucayali, situada a orillas del río Ucayali, en el comienzo de la Amazonia. 153.000 h. en 1990. Posee economía agrícola, ganadera y forestal.

Puccini, Giacomo (Lucca 1858 - Bruselas 1924) Compositor italiano. Destacó ante todo por su producción operística, que representa la má-

Giacomo Puccini.

xima expresión del verismo. En sus obras consigue una compenetración perfecta entre el libreto y la música, entre expresividad y belleza melódica. Es característica la fuerza dramática que imprime en sus escenas y personajes, especialmente en los papeles femeninos, que suelen reflejar el modelo de la heroína romántica. Muchas de sus composiciones se han consagrado como obras maestras del género operístico; tal es el caso de *Manon Lescaut* (1893), *La Bohème* (1896), *Tosca* (1900), *Madame Butterfly* (1904) y *Turandot* (1926).

¡pucha! *interj. amer.* Expresa sorpresa, disgusto, rabia.

pucherazo *s. m.* Fraude electoral que consiste en falsear el resultado del recuento de los votos.

puchero *s. m.* **1.** Recipiente de barro, metal esmaltado, etc., generalmente abombado y con una o dos asas, que sirve para guisar los alimentos. **2.** P. ext., cualquier otro recipiente para cocinar. **3.** Cualquier guiso, particularmente el que se hace cociendo hortalizas o legumbres con carne, tocino, etc. **4.** *fam.* Alimento diario necesario para mantenerse. **5.** *fam.* Gesto o movimiento de la cara que precede al llanto. Se usa más en *pl.* ‖ **LOC. oler algo a puchero de enfermo** *fam.* Ser algo conocido por todos, en especial cuando ha sido excesivamente repetido, tratado, etc.

puches *s. amb. pl.* Plato que se hace a base de harina cocida en agua, sal y otros ingredientes.

pucho *s. m.* **1.** *Amér. del S.* Resto, pequeña cantidad que sobra de algo. **2.** *Amér. del S.* Colilla del cigarro. ‖ **LOC. a puchos** *adv. Amér. del S.* En pequeñas cantidades, poco a poco. **no valer un pucho** *Amér. del S.* No valer nada. **sobre el pucho** *adv. Arg., Bol., Urug.* Inmediatamente, en seguida.

pudding (voz ingl.) *s. m.* Budín*.

pudendo, da *adj.* **1.** Se dice de lo que causa o debe causar pudor o vergüenza. ‖ **2. partes pudendas** Genitales externos del hombre o la mujer.

pudibundo, da *adj.* De un pudor fingido o exagerado. **FAM.** Pudibundez.

púdico, ca *adj.* Que tiene o muestra pudor.

pudiente *adj.* Que tiene mucho dinero, de buena posición económica. También *s.*

pudín o **pudin** *s. m.* Budín*.

pudinga *s. f.* Tipo de roca sedimentaria que consiste en un conglomerado de cantos redondeados por la acción fluvial y cementados, generalmente por carbonato cálcico. Tiene procedencia alóctona, es decir, se encuentra lejos de su lugar de origen, y suele formarse en las márgenes o desembocaduras de antiguos ríos.

pudor *s. m.* **1.** Sentimiento de vergüenza que experimenta alguien frente a temas sexuales, al mostrar su propio cuerpo, etc. **2.** Timidez o modestia. **3.** Honestidad, honradez.

pudoroso, sa *adj.* Se dice de la persona que tiene pudor, así como de su comportamiento, actos, palabras, etc.

Pudovkin, Vsevolod Illiatinovich (Penza 1893 - Riga 1953) Director de cine soviético. Junto a Eisenstein y Dovjenko, es uno de los tres grandes nombres del cine soviético. Su obra decayó a partir del advenimiento del cine sonoro. Entre sus mejores filmes pueden citarse *La madre* (1926), *El fin de San Petersburgo* (1927), *Tempestad sobre Asia* (1929), *El desertor* (1933), *El almirante Najimov* (1947) y *El regreso de Vasili Bortnikov* (1953).

pudridero *s. m.* **1.** Sitio o lugar donde se echan los desperdicios para que se pudran. **2.** Cámara de los cementerios donde se colocan los cadáveres antes de enterrarlos.

pudrir *v. tr.* **1.** Hacer que una materia orgánica se altere y descomponga. También *v. prnl.* **2.** *fam.* Causar impaciencia o fastidio a alguien una persona o cosa. También *v. prnl.* ‖ *v. prnl.* **3.** *fam.* Estar o quedarse alguien en un estado lamentable, triste o de abandono. ▪ Es v. irreg. El infinitivo puede ser *pudrir* o *podrir*, este último menos frecuente. El p. p. es *podrido.* Todas las demás formas se conjugan regularmente con la raíz *pudr-*: *pudro, pudrí, pudría.* **FAM.** Pudrición, pudrimiento.

Puebla Estado de México, situado al SE de la capital del país. 33.902 km². 4.118.000 h. en 1990. La capital es Puebla de Zaragoza, con 1.055.000 h. en 1990. Es un territorio montañoso, que comprende parte de la cordillera Neovolcánica y está regado por el río Atoyac, afluente del Balsas. Su economía se basa en la agricultura de maíz, fríjoles, trigo, frutales y caña de azúcar; cuenta asimismo con ganadería, explotación forestal, minería de oro, plata y cinc e industria concentrada en la capital.

Puebla de Zaragoza C. de México, cap. del estado de Puebla, situada en el valle del Atoyac, al SE de la capital del país. 1.055.000 h. en 1990. Tiene una concentración de industria textil de las más importantes de México, así como industrias mecánicas y constructoras. Fundada en 1530, conserva un conjunto monumental colonial, en el que sobresalen la catedral, la casa del Alfeñique y el convento de Santo Domingo, que atrae a gran número de turistas. Tradicionalmente se la conoce como *Puebla de los Ángeles.*

pueblerino, na *adj.* **1.** Se dice de la persona que vive o ha nacido en un pueblo. También *s.* **2.** Propio o característico de un pueblo o de sus gentes. **3.** *desp.* Paleto*.

pueblero, ra *adj.* **1.** *Amér. del S.* Se aplica al habitante de una ciudad o un pueblo, por oposición al paisano del campo. También *s.* **2.** *Amér. del S.* Perteneciente o relativo a las ciudades o pueblos, por oposición al campo.

pueblo *s. m.* **1.** Población de menos habitantes que en una ciudad, y especialmente la que se encuentra más en contacto con la naturaleza. **2.** Conjunto de las personas que viven o han nacido en dicho lugar. **3.** Conjunto de los habitantes de un país. **4.** Conjunto de personas que forman una comunidad y están unidas por su origen, religión, etc. **5.** Conjunto de personas que pertenecen a las clases sociales más humildes. **6.** Nombre que recibe un conjunto de tribus amerindias, de grupos lingüísticos distintos, pero cultura común, que vivieron a partir del s. VIII en los actuales estados de Arizona y Nuevo México, de EE UU. Poseían una civilización sedentaria basada en el cultivo de maíz y habitaban en núcleos urbanos en viviendas construidas de piedra y adobe. Elaboraban una cerámica original, tejidos de algodón y joyas. Las principales tribus eran los hopi, queres, tano y zuñi. En 1848 su territorio fue ocupado por EE UU. **7.** Individuo de alguno de estos pueblos. También *adj.*

Pueblos del Mar Denominación dada por los antiguos egipcios a una confederación de pueblos, filisteos, tikarios, griegos dánaos y sardos, que asolaron las costas de Egipto en época de Ramsés III (s. XII a. C.) y posteriormente se adentraron en Palestina.

puelche *adj.* **1.** *Arg.* Se dice de cierto pueblo indígena que habitaba en La Pampa argentina y fue exterminado en el s. XIX. **2.** De este pueblo. También *s.* **3.** Se dice de los indios que viven en la parte oriental de los Andes. También *s.*

puente *s. m.* **1.** Estructura horizontal construida sobre ríos, cortes del terreno, etc., que permite pasar de un lado a otro. **2.** Plataforma estrecha, descubierta y con barandilla, colocada a cierta altura sobre la cubierta de un barco, y desde la cual el oficial de guardia comunica sus órdenes a los distintos puntos del buque. **3.** Pieza central de la montura de las gafas que une los dos cristales. **4.** En instrumentos musicales de cuerda, como la guitarra, el violín, etc., cordal*. **5.** Conexión realizada entre dos cables para permitir el paso de la corriente eléctrica. **6.** Pieza metálica utilizada para sujetar los dientes postizos en los naturales. **7.** Día o días que no son festivos, pero en los que no se trabaja por estar entre dos que sí lo son. **8.** Persona o cosa que sirve para acercar o aproximar a otras. **9.** En arq., cualquiera de los maderos que se colocan horizontalmente entre otros dos, verticales o inclinados, o entre otro madero y una pared. **10.** Cada uno de los palos que en los carros sujetan por la parte superior las estacas verticales de uno y otro lado. **11.** Cada una de las cubiertas de un barco; también, en los antiguos barcos de guerra, cada una de las cubiertas con batería de artillería. ‖ **12. puente aéreo** Comunicación mediante vuelos frecuentes y continuos que se establece entre dos lugares para facilitar el transporte de personas y mercancías. **13. puente cantilever** El formado por estructuras metálicas en celosía que sostienen tramos suspendidos y se apoyan en brazos voladizos bien anclados en los extremos. Se utiliza en tramos muy largos donde es imposible construir pilotes de sustentación. **14. puente colgante** El sostenido por cables o cadenas de hierro. **15. puente de barcas** El formado por tablas sostenidas por barcas u otros objetos flotantes. **16. puente de mando** (o **de navegación**) El situado en la parte alta y delantera del buque y que está ocupado por el oficial que mantiene la guardia durante la navegación. **17. puente de viga** Simple estructura rígida que se apoya únicamente en los dos extremos. **18. puente giratorio** El que puede girar para permitir el paso de vehículos o embarcaciones más altos que él. **19. puente levadizo** El que en los antiguos castillos se ponía sobre el foso y podía levantarse por medio de poleas y cuerdas o cadenas para impedir el paso a la fortaleza; también, el formado por una o dos estructuras móviles que pueden levantarse para permitir el paso de vehículos o embarcaciones más altos que él. **20. puente oscilante** Puente giratorio.

Puente Alto C. de Chile, situada al SE de la capital, Santiago, a cuya área metropolitana pertenece. 179.700 h. en 1989. Es un núcleo industrial con producción papelera, del vidrio, textil, metalúrgica, alimentaria y química.

Puente Genil C. de España, perteneciente a la prov. de Córdoba, situada en el S de la misma, a orillas del río Genil. 27.700 h. en 1990. Es el núcleo urbano de una comarca olivarera y cuenta con industrias alimentarias del aceite, la harina y el membrillo, químicas del sulfuro de plomo y producción alfarera.

puerco, ca *s. m.* y *f.* **1.** Cerdo*. **2.** Jabalí*. ‖ **3. puerco espín** (o **espino**) Mamífero roedor de la familia histrícidos, especie *Hystrix cristata.* Mide unos 70 cm de longitud. Su cabeza está cubierta de pelos largos y el dorso y la cola de púas agudas, con las que se defiende de sus enemigos. Tiene el cuerpo rechoncho, patas cortas y uñas fuertes. De costumbres crepusculares, se alimenta de frutos secos y raíces. Habita en Europa y África. ▪ También se escribe *puercoespín.*

Puerco espín (Hystrix cristata).

pueri- Significa 'niño': *puericultura, puerilidad.*

puericultor, ra *s. m.* y *f.* Especialista en puericultura.

puericultura *s. f.* Disciplina que se ocupa de los cuidados que deben darse a los niños durante los primeros años de su desarrollo.

pueril *adj.* **1.** Propio de un niño. **2.** Perteneciente o relativo al niño. **FAM.** Puerilmente.

puerilidad *s. f.* **1.** Cualidad de pueril. **2.** Dicho o hecho pueril.

puérpera *s. f.* Mujer que acaba de parir.

puerperal *adj.* **1.** Relativo al puerperio, periodo que sigue inmediatamente al parto. ‖ **2. fiebre puerperal** Infección del útero que ataca a las mujeres poco después del parto. Se evita con asepsia y se combate con antibióticos.

puerperio *s. m.* **1.** Tiempo que media entre el momento del parto y el momento en que los órganos genitales y el estado general de la mujer vuelven al estado normal. **2.** Estado de debilidad en que se encuentra la mujer durante este periodo.

puerro *s. m.* **1.** Planta herbácea de la familia liliáceas, especie *Allium porrum*. Mide entre 60 y 120 cm de altura. Tiene un bulbo ovoideo, estrecho y alargado, hojas planas, de color blanco en la base y verde en las zonas altas, y flores en umbela de color rosa. Es originaria de los países mediterráneos; se utiliza en alimentación y en medicina como diurético. **2.** Bulbo comestible de esta planta.

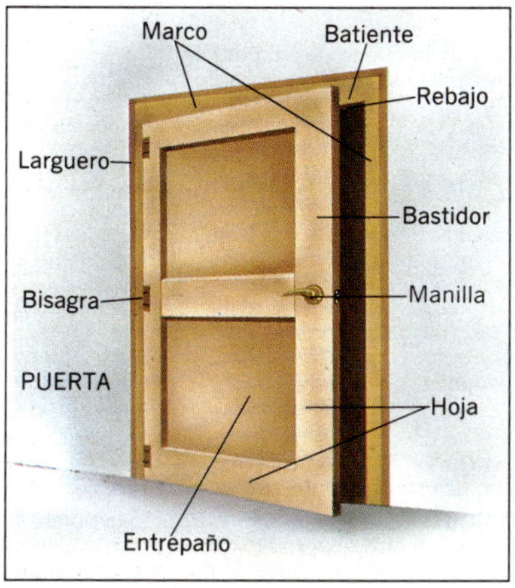

Elementos de una puerta.

puerta *s. f.* **1.** Abertura de forma regular que se hace en una pared, valla, etc., desde el suelo hasta una altura conveniente para entrar y salir por ella. **2.** Entrada a una población que antiguamente era una abertura de la muralla y que en la actualidad es simplemente un lugar de acceso. **3.** P. ext., toda abertura o agujero que sirve para entrar y salir por él, como en los vehículos, cuevas, etc. **4.** Armazón o plancha movible de madera, hierro u otro material resistente que se instala mediante goznes, raíles u otro sistema en el marco de una de estas aberturas para poder abrirla o cerrarla. **5.** En el fútbol y otros deportes, portería. **6.** En el esquí, en la modalidad de slalom, cada uno de los espacios que hay entre dos banderas, por los que debe pasar el esquiador para hacer el recorrido. **7.** Camino, medio para alcanzar algo. ‖ **8. puerta cancel** *Arg.* Verja que hay tras el vestíbulo o el patio. **9. puerta de servicio** En una casa o edificio de viviendas, la que no es principal y se usa para que pasen por ella criados, proveedores, etc. **10. Sublime Puerta** Nombre que se daba al estado y gobierno turcos en tiempo de los sultanes. ‖ **LOC. a las puertas** *adv.* Muy próximo o cercano. **a puerta cerrada** *adv.* En privado, en secreto o de manera no pública. **coger** (o **tomar**) uno **la puerta** *fam.* Marcharse de un lugar de manera brusca y repentina. **de puerta a puerta** *adv.* Se aplica al transporte de mercancías y objetos que se recogen en el domicilio del remitente y se entregan directamente en el domicilio del destinatario. **de puerta en puerta** *adv.* Acudiendo a muchos lugares o personas. **de puertas adentro** (o **afuera**) *adv.* En la intimidad, en privado (o en público). **en puertas** *adv.* A punto de ocurrir; también, con los verbos *estar* o *quedar*, a punto de lograr o alcanzar aquello que se expresa. **estar** (o **llamar**) **a la puerta** (o **a las puertas**) de alguien una cosa Estar algo muy próximo a suceder. **franquear las puertas** a alguien *fam.* Acoger a alguien; también, ayudar a alguien eliminando los obstáculos y las dificultades que pueda encontrar. **llamar a la puerta** de alguien Pedir ayuda a alguien; también, surgir, aparecer. **por la puerta grande** *adv.* Triunfalmente.

puerto *s. m.* **1.** Lugar natural o construido en la costa o en las orillas de un río y protegido de los vientos, donde pueden refugiarse y detenerse las embarcaciones y realizar las operaciones de carga y descarga de mercancías, embarque y desembarco de pasajeros, etc. **2.** Localidad en que existe dicho lugar o instalaciones. **3.** Barrio de una localidad en que está situado. **4.** Lugar de paso entre montañas por el que se atraviesa una cordillera. **5.** Punto más elevado de dicho paso. **6.** Montaña o cordillera en que hay uno o varios de estos pasos, y sus alrededores. **7.** Situación, persona o lugar que sirve de refugio. ‖ **LOC. llegar a** (**buen**) **puerto** Superar una situación difícil y conseguir lo que se pretende.

Puerto Cabello C. Venezuela, situada en el estado de Carabobo, a orillas del mar Caribe. 105.250 h. en 1983. Es un importante centro portuario exportador, que cuenta con industrias alimentarias, tabaqueras, mecánicas y automovilísticas.

Puerto de la Cruz C. de España, perteneciente a la prov. de Santa Cruz de Tenerife, situada en la isla de Tenerife, en la costa N de la misma. 28.300 h. en 1990. Enclavada al pie del valle de la Orotava, es un centro turístico y puerto pesquero de bajura, que cuenta con industrias de la construcción y alimentarias de conservas de pescado.

Puerto de Santa María, El C. de España, en la prov. de Cádiz, situada en la bahía de Cádiz. 64.850 h. en 1990. Su industria vinícola elabora los célebres vinos de Jerez; es, además, centro turístico, que cuenta con un importante puerto deportivo.

Puerto España (*Port of Spain*) C. de Trinidad y Tobago, cap. del país, situada en la costa NO de la isla de Trinidad. 58.300 h. en 1987. Es una ciudad administrativa y portuaria, centro exportador de cacao y azúcar.

Puerto Montt C. de Chile, situada en la región de Los Lagos. 120.300 h. en 1989. Cuenta con industria conservera, de curtidos, maderera y turística.

Puerto Príncipe (*Port-au-Prince*) C. de Haití, cap. del país, situada en la costa occidental de la isla La Española. 514.400 h. en 1989 y 763.000 h. en 1982 en su aglomeración urbana. Es un centro administrativo y comercial, que cuenta con industria azucarera, textil, del cemento y alcoholera. Fue fundada en 1749 por el francés De la Cazé con el nombre de *L'Hôpital*.

Puerto Real C. de España, en la prov. de Cádiz, situada en la bahía de Cádiz. 29.100 h. en 1990. Cuenta con cultivos de vid, cereales y olivos, astilleros e industria cerámica.

Puerto Rico Estado insular de América Central.

Extensión: 9.104 km^2.
Situación: entre el mar Caribe y el océano Atlántico, al E de la isla La Española.
Población: 3.336.000 h. en 1990.
Densidad: 366,4 h./km^2.
Capital: San Juan.
División administrativa: 78 municipios.
Ciudades principales: Bayamón, Ponce, Carolina, Caguas.
Gentilicio: puertorriqueño.
Forma de Estado: autogobierno en dependencia de EE UU.
Idioma: español.
Religión: catolicismo, 85,3 %; protestantismo, 4,7 %.
Moneda: dólar estadounidense.
Tasa de natalidad: 20 ‰ en 1990.
Tasa de mortalidad: 7 ‰ en 1990.
Renta per cápita: 6.010 dólares en 1989.

Puerto Rico: vista de la ciudad de Lares, situada en las colinas húmedas del norte.

Geog. física El relieve de esta isla es predominantemente montañoso, ya que constituye una de las cumbres de una cordillera sumergida. El país está recorrido de O a E por una cadena montañosa, la cordillera Central, que en su parte E se divide en dos sierras, la de Cayey, hacia el S, y la de Luquillo, hacia el N. La altura máxima se encuentra en el pico de Jayuya (1.338 m). La red hidrográfica está constituida por ríos de curso corto, pero abundante caudal. Entre ellos destacan el río Grande Arecibo, Manatí, Río de la Plata y río Grande de Loíza. El clima, aunque de tipo tropical, es más seco y caluroso en la parte S de la isla, que no se ve influida por los alisios. La temperatura media anual es de 24 °C. La vegetación natural ha sido destruida y de ella sólo quedan algunos bosques tropicales en el N de la cordillera Central y otros caducifolios en el S.

Geog. humana y ***económica*** El 80 % de la población puertorriqueña es de raza blanca, mientras que la restante pertenece a la negra. Las zonas más densamente pobladas son las llanuras del NE. El índice de crecimiento vegetativo se sitúa aproximadamente en torno al 1,3 %. Algo más del 67 % de la población reside en núcleos urbanos.

La agricultura y la industria son las bases que sustentan la economía. Los principales productos cultivados son la caña, plátano, tabaco y café. El mayor número de cabezas de ganado corresponde, en primer lugar, al bovino, después al ovino y, por último, al caprino. La industria ha alcanzado un gran desarrollo en los últimos años, sobre todo la del cemento, alimentaria, química y metalúrgica. Desde hace unas décadas la economía del país se ha visto favorablemente impulsada por el creciente turismo.

Hist. La isla de Puerto Rico estaba poblada por indios taínos y fue descubierta por Colón en 1493. Dominada por España, su primer gobernador fue Juan Ponce de León. En 1511 se produjo un alzamiento indígena, encabezado por el cacique Guariney, que fue sofocado por las tropas españolas. Durante el s. XVI se sucedieron los ataques de corsarios franceses, después ingleses, como el de Francis Drake en 1595, y holandeses. Puerto Rico, que resistió todos los asaltos, permaneció bajo soberanía española hasta el s. XIX. En 1873 fue abolida la esclavitud. La autonomía política le fue concedida en 1897 y al año siguiente se estableció el gobierno de Francisco Mariano Quiñones. La isla fue invadida por EE UU, que en 1900 nombró el primer gobernador norteamericano. En 1917, en virtud de la ley Jones, se otorgó la ciudadanía estadounidense a los puertorriqueños. En 1930 el Partido Nacionalista asumió el gobierno, siendo nombrado presidente Pedro Albizu Campos. En 1950 fue proclamado Estado Libre Asociado en EE UU, lo cual supone que los puertorriqueños son ciudadanos de EE UU, aunque no tienen derecho a voto en las elecciones presidenciales. La Constitución fue aprobada y puesta en vigor en 1952. En las elecciones que tuvieron lugar en 1980 vencieron los progresistas, que en 1984 fueron sustituidos, en unas nuevas votaciones, por el Partido Popular Democrático. El poder legislativo lo ejerce la Cámara de

Representantes y el ejecutivo, un gobernador elegido cada cuatro años. Puerto Rico está representado en el Congreso estadounidense por un *President Comissioner* elegido por sufragio. Existe en el país una tendencia política que pretende la plena independencia. En 1991 fue nombrado gobernador Rafael Hernández Colón.
Arte De la cultura precolombina de los taínos se conservan unos tronos, llamados *dúhos*, caracterizados por tener patas y cabeza de hombre o animal. De la época colonial quedan la fortaleza de Santa Catalina, en San Juan, la fortaleza de San Felipe del Morro y la catedral de San Juan. Durante el s. XIX se construyeron en la ciudad de San Juan numerosos edificios públicos. Modernamente destacan los edificios diseñados por Henry Klumb, entre los que merecen citarse la biblioteca de la universidad de Río Piedras y la iglesia del Beato Martín de Porres, en Cataño.
La pintura, después del periodo colonial, representado por José Campeche, tiene su figura más destacada en Francisco Oller (s. XIX), formado en París en el estilo impresionista, y que fue seguido, ya en el s. XX, por su discípulo M. Jordán. Entre los pintores modernos sobresalen las obras de M. Báez, F. Rondón, O. Delgado, L. Homar, Luis Hernández Cruz y Marcos Yrizarry.
Lit. El nacimiento de la literatura puertorriqueña se sitúa en el s. XIX con el romanticismo de Manuel A. Alonso, Alejandrino de Tapia, S. Vidarte y José Gualberto Padilla. La novela histórica fue cultivada magistralmente por Francisco Mariano Quiñones, mientras que los principales poetas fueron José Gautier Benítez y J. de Jesús Domínguez. A finales del s. XIX cultivó el ensayo político y filosófico Eugenio María de Hostos. El modernismo tuvo en Jesús María Lago, V. Dávila y Luis Lloréns Torres a sus máximos representantes. Paralelamente se desarrolló el naturalismo en las novelas de escritores como Manuel Zeno Gandía y M. González García.
Durante el s. XX son varias las tendencias que se han ido sucediendo: noísmo, integralismo, trascendentalismo, etc.; verdaderos impulsores del vanguardismo fueron los poetas E. Ribera Chevremont y Luis Palés Matos. La novela contemporánea cuenta con el escritor Enrique Arturo Laguerre, que le ha conferido cierto carácter criollista. Entre los poetas debe mencionarse a Julia de Burgos, A. Cardona Peña y Salvador Giménez. Dramaturgos importantes de la literatura actual puertorriqueña son M. Escalante Durán y G. René Marqués.

Puertollano C. de España, en la prov. de Ciudad Real, al N de Sierra Morena. 52.150 h. en 1990. Posee importantes minas de carbón y pizarra bituminosa, refinería de petróleo e industrias de plástico y fibras sintéticas.

puertorriqueñismo *s. m.* Palabra o expresión del habla de los puertorriqueños empleadas en otra lengua.

puertorriqueño, ña *adj.* De Puerto Rico. También *s.* ▪ Se dice también *portorriqueño.*

pues *conj.* **1.** Tiene valor causal: *Tienes que repetir el ejercicio, pues está lleno de errores.* **2.** En algunos casos, toma carácter de condicional: *Pues tanto te gusta, cómpratelo.* **3.** Puede indicar consecuencia, conclusión: *¿Que no quieres comer? Pues no comas. Se saltó un semáforo: el accidente, pues, fue culpa suya.* **4.** Colocada al principio de la frase, tiene valor enfático: *¡Pues estamos apañados! Pues como te iba diciendo...* **5.** *fam.* Como interrogación, se emplea para preguntar sobre algo que se duda y equivale en este caso a *¿por qué?, ¿cómo es eso?* ‖ **Loc. pues que** *conj.* Tiene valor causal: *Pues que tú me lo preguntas, te lo diré.* **¿y pues?** *interr. fam.* Equivale a *¿por qué?, ¿cómo es eso?*

puesta *s. f.* **1.** Acción y efecto de poner o ponerse. **2.** Acción de ponerse un astro. **3.** Acción de poner los huevos un ave. **4.** Cantidad de huevos que pone un ave en un periodo de tiempo determinado. **5.** Periodo de tiempo en que un ave está poniendo huevos. **6.** En ciertos juegos de cartas, cantidad que pone cada persona para poder seguir jugando. ‖ **7. puesta a punto** Operación que consiste en revisar y ajustar un mecanismo, dispositivo, etc., para que funcione correctamente. **8. puesta de largo** Acción de presentar a una joven en sociedad y a la fiesta con que se celebra. **9. puesta en escena** Acción de representar una obra teatral; también, montaje, forma en que se representa una obra de teatro y, p. ext., una película, como la disposición de los decorados o el vestuario.

puestero, ra *s. m.* y *f.* **1.** Propietario o encargado de un puesto de venta. **2.** *Amér. del S.* Peón que vive en una zona de la estancia y cuida del ganado establecido en ese lugar.

puesto, ta 1. *p. p.* irreg. de **poner**. También *adj.* ‖ *adj.* **2.** Se dice de la persona que va bien vestida o arreglada. **3.** *fam.* Con la preposición *en*, que tiene grandes conocimientos sobre la materia que se expresa. ‖ *s. m.* **4.** Lugar, espacio, misión, actitud, etc., que corresponde a una persona. **5.** Colocación, cargo. **6.** Instalación, generalmente desmontable, que se pone en la calle para vender cosas. **7.** Tienda de un mercado. **8.** Sitio preparado para ocultarse el cazador y disparar desde allí a la caza. **9.** Lugar donde uno o más soldados, policías, etc., están llevando a cabo un servicio. **10.** Destacamento permanente de guardia civil que está bajo las órdenes de un suboficial. **11.** *Amér. del S.* Rancho o lugar, dentro de una estancia, donde está establecido el puestero. **12.** Precedido de *lo*, conjunto de cosas que uno lleva encima, especialmente cuando resultan insuficientes para algo. ‖ **13. puesto de mando** Lugar en que normalmente se encuentra la persona que ejerce el mando de una unidad militar, con sus auxiliares inmediatos y los medios de comunicación, transmisión e información correspondientes. ‖ **Loc. puesto que** *conj.* Tiene valor causal: *Puesto que tú no lo quieres, se lo daré a mi hermano.*

Pueyrredón, Juan Martín de (Buenos Aires 1776 - íd. 1850) Político y militar argentino. Se sumó a la causa de la independencia hispanoamericana y la junta patriota le dio el gobierno de Córdoba y el mando del ejército del Alto Perú (1811-12), donde fue derrotado por las tropas realistas. Con el apoyo de San Martín fue nombrado director supremo del congreso de Tucumán (1816), pero fue obligado a dimitir a causa de su política conservadora y centralista (1819).

puf *s. m.* Asiento bajo y generalmente muy blando que no tiene respaldo, brazos ni patas.

Pufendorf, Samuel Pufendorf, barón von (Chemnitz, Sajonia 1632 - Berlín 1694) Jurista e historiador alemán. Sobresalió por sus estudios sobre filosofía del derecho, influido por Grocio y Hobbes. Defendió la existencia del derecho natural anterior a las leyes escritas. Su obra más importante se titula *Del derecho de la naturaleza y de las gentes* (1672).

pufo *s. m. fam.* Estafa, timo, engaño.

Pugachev, Yemelian Ivanovich (Zimoievskaia h. 1742 - Moscú 1775) Caudillo ruso. Era un cosaco de origen humilde. En 1773 se sublevó contra Catalina II uniéndose a algunos grupos de gentes marginadas. La revuelta tuvo éxito durante dos años, hasta que en 1775 fue aplastada por el ejército zarista. Pugachev fue decapitado, pero su rebelión puso de manifiesto la gravedad de la situación de los campesinos rusos.

Puget, Pierre (Marsella 1620 - íd. 1694) Escultor francés. De estilo barroco, se formó en Italia con Pietro da Cortona. Vuelto a Francia (1655), en Tolón esculpió los *Atlantes* para el ayuntamiento y participó en la decoración escultórica de los navíos reales. Residió también en Génova (1661-68). Nuevamente en Francia, realizó *Milón de Crotona* y *Andrómeda liberada por Perseo* para los jardines de Versalles.

púgil *s. m.* **1.** Boxeador. **2.** Entre los antiguos romanos, gladiador que luchaba con los puños.

pugilato *s. m.* **1.** Boxeo*. **2.** Entre los romanos, lucha entre púgiles. **3.** Pelea, enfrentamiento.

pugilismo *s. m.* Técnica y organización de los combates de boxeo.

pugilista *s. m.* Boxeador, luchador profesional. **Fam.** Pugilístico.

pugna *s. f.* **1.** Lucha, pelea. **2.** Particularmente, enfrentamiento competitivo no físico.

pugnacidad *s. f.* Cualidad de pugnaz.

pugnar *v. intr.* **1.** Luchar, enfrentarse, en especial para conseguir algo en competencia con otros. **2.** Luchar, esforzarse por algo. **Fam.** Pugnante.

pugnaz *adj.* Agresivo en la lucha, en una discusión, etc.

Puig, Manuel (General Villegas, Buenos Aires 1932 - Cuernavaca, México 1990) Escritor argentino. Su obra, que constituye un ejercicio renovador de la escritura como expresión del lenguaje oral, parte de un estilo realista, cuya mejor expresión fue *Boquitas pintadas* (1969), donde describe con ironía los ambientes burgueses dominados por la publicidad, el consumismo y la imitación de las celebridades del cine, para llegar a fórmulas narrativas más complejas, en las que mezcla lo real con lo fantástico, como en *Pubis angelical* (1979). Otras novelas suyas importantes son *El beso de la mujer araña* (1976) y *Maldición eterna a quien lea estas páginas* (1980).

Puig i Cadafalch, Josep (Mataró 1867 - Barcelona 1956) Arquitecto y político español. Fue diputado a Cortes (1907) y presidente de la Mancomunidad de Cataluña (1917-24). Como arquitecto destacó en el estilo neogótico y en el modernista, con edificios como la Casa Terrades (1905), y en el neoplateresco, con la Casa Serra (1907).

Puig i Ferrater, Joan (La Selva del Camp, Tarragona 1882 - París 1956) Político y escritor español en lengua catalana. Fue miembro de la Generalitat de Cataluña. Envuelto en un escándalo diplomático en París durante la guerra civil española, permaneció exiliado hasta su muerte. Escribió teatro, como *Raíces muertas* (1906), y novelas, como *El círculo mágico* (1929). Es autor también de *Caminos de Francia* (1934), memorias, y *El peregrino apasionado* (1952-63), refundición de su obra novelística.

puja[1] *s. f.* Acción de pujar, esforzarse o luchar contra un obstáculo, problema, etc.

puja[2] *s. f.* **1.** Acción de pujar u ofrecer una cantidad de dinero por algo que se subasta, aumentando la fijada inicialmente o la ofrecida por otro participante. **2.** Cantidad que así se ofrece.

pujador, ra *s. m.* y *f.* Persona que puja en una subasta.

pujamen *s. m.* Orilla inferior de la vela de un barco.

pujante *adj.* Que tiene pujanza. **Fam.** Pujantemente.

pujanza *s. f.* Fuerza con que se desarrolla o se hace algo.

pujar[1] (del lat. *pulsare*, empujar) *v. intr.* Hacer esfuerzos para superar o realizar algo, intentando vencer los obstáculos.

pujar[2] (del lat. *podium*, poyo) *v. intr.* Ofrecer una cantidad de dinero por algo que se subasta, aumentando sucesivamente su precio.

pujo *s. m.* **1.** Sensación muy molesta que consiste en la falsa necesidad de orinar, y especialmente de defecar, que va acompañada de dolores o prurito intenso en la región anal. **2.** Deseo repentino e incontenible de manifestar exteriormente un sentimiento, dolor, etc. **3.** *fam.* Aspiración o pretensiones de ser alguna cosa sin serlo realmente. Se usa más en *pl.*

Pujol, Jordi (Barcelona 1930) Político español. Desde 1946 estuvo unido a los grupos catalanistas y en 1959 fundó la Banca Catalana junto con miembros de la Unión Democrática de Cataluña. Fue encarcelado de 1960 a 1963 y en 1974 fundó el partido Convergencia Democrática de Cataluña (CDC). Como representante de la coalición Convergència i Unió, fue elegido presidente de la Generalitat en 1980, cargo para el que fue reelegido en 1984, 1988 y 1992.

pulcritud *s. f.* Cualidad de pulcro.

pulcro, cra *adj.* **1.** Aseado, limpio, de aspecto cuidado. **2.** Que hace las cosas con cuidado, delicadeza y esmero.

pulga *s. f.* **1.** Nombre común de diversos insectos afanípteros de las familias pulícidos, ceratofílidos, histricopsílidos, etc., con numerosos géneros. La pulga común *(Pulex irritans)* es un insecto áptero parásito del hombre, de 1 a 3 mm de longitud, con boca chupadora con la que absorbe la sangre de su huésped y puede transmitir enfermedades contagiosas. La *Spilopsyllus cuniculi* es una pulga parásita de los conejos, a los que transmite la mixomatosis, y la *Ceratophyllus gallinae* parasita a las gallinas. ‖ **2. malas pulgas** *fam.* Mal humor o persona con mal humor. **3. pulga de mar** Nombre común de diversos crustáceos de la familia dáfnidos, géneros *Cyclops, Leptodora* y *Daphnia.* Tienen tamaño muy pe-

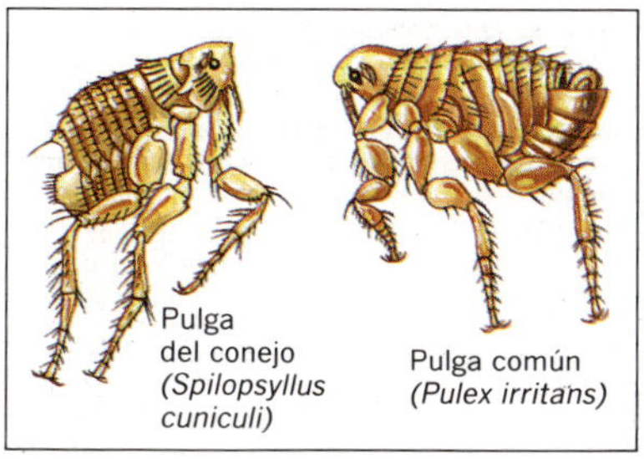

Pulga del conejo y pulga común.

queño y un caparazón bivalvo. Forman parte del plancton marino y se cultivan artificialmente para alimento de peces de acuario. ‖ Loc. **buscar las pulgas** a alguien *fam.* Molestarlo, provocarlo. **de pulga** *adj.* Muy pequeño, diminuto. **sacudirse** uno **las pulgas** *fam.* No tener en cuenta una ofensa o humillación; también, rehuir o eludir una responsabilidad, trabajo, etc.

pulgada *s. f.* **1.** Medida de longitud que es la doceava parte del pie y equivale a algo más de 23 mm. En el Reino Unido equivale a 25,4 mm. **2.** Pequeña cantidad de algo en forma de polvo o grano que puede cogerse entre las yemas del pulgar y otro dedo.

pulgar *s. m.* **1.** Dedo más grueso y corto de la mano que está separado de los otros cuatro. También *adj.* **2.** P. ext., dedo más grueso del pie. También *adj.*

Pulgar, Hernando del (¿Toledo? 1436 - ? 1493) Humanista e historiador español. Como protegido de los Reyes Católicos, fue nombrado cronista en 1481. Sus obras fundamentales son la *Crónica de los Reyes Católicos* (1481-90), las *Glosas a las coplas de Mingo Revulgo*, *Los claros varones de Castilla* (1486), su libro más famoso, la *Relación de los reyes de Granada* (h. 1492) y una colección de 31 cartas.

pulgarada *s. f.* Pulgada, pequeña cantidad de algo.

pulgón *s. m.* Nombre común de diversos insectos hemípteros de la superfamilia afidoideos, con las familias afídidos, penfígidos, adélgidos, etc. Miden entre 1 y 3 mm de longitud, tienen el cuerpo en forma de pera de colores verdes y pardos, cuatro alas y boca chupadora. Viven sobre diversas plantas y elaboran una sustancia azucarada muy apreciada por las hormigas. Son perjudiciales para los cultivos y muchas especies tienen ciclo reproductor partenogenético.

pulgoso, sa *adj.* Que tiene pulgas. También *s.*

pulguero, ra *adj.* **1.** Pulgoso*. ‖ *s. m.* y *f.* **2.** Lugar donde hay muchas pulgas. ‖ *s. m.* **3.** En algunos países americanos, calabozo, cárcel preventiva.

pulguillas *s. m.* y *f. fam.* Quisquilloso.

pulido, da **1.** *p. p.* de **pulir**. También *adj.* ‖ *s. m.* **2.** Acción y efecto de pulir o pulimentar. Fam. Pulidamente.

pulimentado, da **1.** *p. p.* de **pulimentar**. También *adj.* ‖ *s. m.* **2.** Acción y efecto de pulimentar.

pulimentar *v. tr.* Dejar lisa y suave una superficie. Fam. Pulimentación, pulimentador.

pulimento *s. m.* **1.** Acción y efecto de pulimentar. **2.** Sustancia que sirve para pulimentar.

pulir *v. tr.* **1.** Hacer que una superficie esté lisa y suave frotándola, aplicándole un líquido o instrumento especial, etc. **2.** Perfeccionar una cosa revisando y corrigiendo sus defectos. **3.** Educar a alguien para que su forma de hablar, comportamiento, gustos, etc., sean más refinados. **4.** *fam.* Derrochar, malgastar el dinero. También *v. prnl.* **5.** *fam.* Hurtar, robar. Fam. Pulidor.

Pulitzer, Joseph (Mako, Hungría 1847 - Charleston, Carolina del Sur 1911) Periodista estadounidense de origen húngaro. Emigró a EE UU en 1864 y en 1878 fundó el diario *Post Dispatch*. Asimismo, en 1883 compró el periódico *The World*, uno de los de mayor tirada de Nueva York. Instituyó los premios periodísticos y literarios que llevan su nombre, los de mayor prestigio en EE UU.

pulla *s. f.* Palabras con que indirectamente una persona se burla de otra, la critica o la regaña.

pullman (voz ingl.) *s. m.* Autocar*.

pullover (voz ingl.) *s. m.* Jersey cerrado que se mete por la cabeza.

pulmón *s. m.* **1.** Cada uno de los dos órganos de la respiración del hombre y de los vertebrados, donde se realiza el intercambio gaseoso entre el aire y la sangre. En el hombre ocupan la mayor parte del tórax y están protegidos por las costillas. **2.** Órgano de la respiración de algunos arácnidos y moluscos. **3.** Parque, bosque, selva, etc., considerados como productores del oxígeno necesario para respirar. ‖ *pl.* **4.** *fam.* Capacidad para emitir la voz fuerte y potente o para resistir un esfuerzo físico. ‖ **5. pulmón de acero** Cámara donde se introduce a un enfermo para provocar en él los movimientos respiratorios mediante cambios alternativos de la presión del aire regulados automáticamente.
Anat. y ***Fisiol.*** Algunos peces, como los dipnoos, tienen un pulmón único que les permite resistir las épocas de sequía sin perecer. Los anfibios disponen de pulmones sólo durante su etapa adulta; durante la fase larvaria respiran por branquias. Los reptiles, aves y mamíferos tienen dos pulmones. Estos órganos se encuentran en el interior de la caja torácica junto con el corazón. Son dos sacos que están en comunicación con el exterior a través de un tubo, la tráquea, que se bifurca en dos bronquios, uno para cada pulmón, y éstos en numerosos bronquios secundarios y bronquiolos, que terminan en los alveolos pulmonares, saquitos llenos de aire cuya aglomeración constituye el pulmón. En los alveolos, el aire entra en contacto con la sangre a través de una membrana impermeable al agua, que deja pasar el oxígeno y el dióxido de carbono, realizándose el intercambio de gases. La sangre llega a los pulmones por la arteria pulmonar, que lleva sangre venosa, pobre en oxígeno, y que se subdivide repetidamente en numerosos capilares. Después de liberarse del dióxido de carbono y cargarse de oxígeno al pasar junto a los alveolos pulmonares, los capilares se reúnen de nuevo en la vena pulmonar, que lleva sangre arterial, rica en oxígeno, y que se dirige al corazón para distribuirse por todo el cuerpo. El pulmón puede sufrir numerosas enfermedades, entre las que destacan la tuberculosis, el asma, la neumonía y el cáncer.

pulmonados *s. m. pl.* Subclase de moluscos gasterópodos a la que pertenecen numerosas especies comprendidas en los órdenes basomatóforos y estilomatóforos. Se caracterizan por tener la cavidad paleal transformada en una bolsa respiratoria o pulmón, que se abre al exterior por un conducto llamado *neumostoma*. Son generalmente terrestres, hermafroditas y están cubiertos por una concha fina. Pulmonados son el caracol, la babosa, etc. También *adj.* y *s. m.*

pulmonar *adj.* Perteneciente o relativo a los pulmones.

pulmonaria *s. f.* **1.** Nombre común de diversas plantas herbáceas de la familia borragináceas, género *Pulmonaria*. Miden entre 20 y 30 cm de altura, tienen hojas con manchas blancas y flores rojas o violetas. Crecen en bosques y prados del S de Europa y en la península Ibérica. **2.** Liquen de la familia parmeliáceas, especie *Lobaria pulmonaria*. Es de color pardo y textura coriácea. Crece sobre los troncos de diversos árboles.

pulmonía *s. f.* Neumonía*.

pulpa *s. f.* **1.** Parte interior comestible de la mayor parte de las frutas. **2.** Masa blanda a que se reduce una materia vegetal y que tiene distintos usos industriales. ‖ **3. pulpa dentaria** Tejido interior de los dientes en los vertebrados.

pulpación *s. f.* Desintegración mecánica de las partes blandas de los vegetales hasta reducirlos a pulpa.

pulpejo *s. m.* **1.** Parte carnosa de algunos miembros del cuerpo humano, como p. ej. la parte de la mano de la que sale el dedo pulgar o el lóbulo de la oreja. **2.** Parte blanda y flexible que tienen los cascos de las caballerías en su parte posterior e inferior.

pulpería *s. f. amer.* Tienda donde se venden bebidas, comestibles y artículos muy diversos.

pulpero, ra *s. m.* y *f. amer.* Dueño o dependiente de una pulpería.

púlpito *s. m.* **1.** Plataforma que hay en algunas iglesias, generalmente elevada, con antepecho y escaleras para subir a ella, desde donde se predica, se dirigen los rezos, etc. **2.** Actividad de predicador.

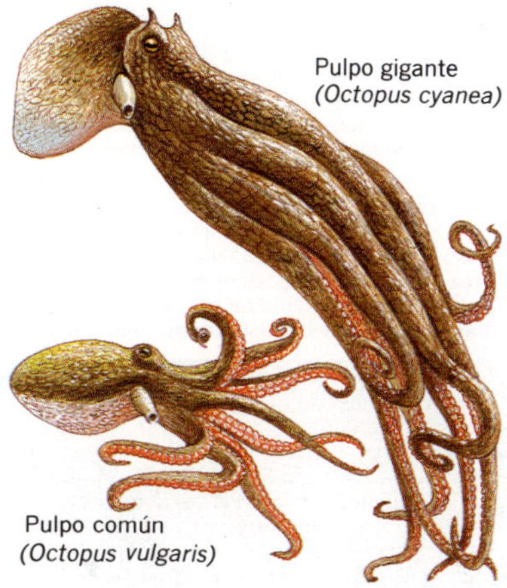

Pulpo común y pulpo gigante.

pulpo *s. m.* **1.** Nombre común de diversos moluscos cefalópodos del orden octópodos, con diversos géneros entre los que destacan *Octopus* y *Eledone*. El pulpo común *(Octopus vulgaris)* mide entre 20 y 100 cm de longitud, de los que la mayor parte está constituida por los brazos. Tiene el cuerpo en forma de saco, color variable según el ambiente que lo rodea, ocho brazos con ventosas y ojos muy desarrollados. Se mueve reptando por el fondo o a reacción, expulsando agua por su sifón. Al ser amenazado libera un chorro de tinta negra para ocultarse. Se alimenta de crustáceos y habita en zonas litorales del Mediterráneo y Atlántico. Es apreciado en alimentación. **2.** *fam.* Sobón*. **3.** Especie de cuerda o cordón elástico con ganchos en sus extremos que se emplea principalmente para afianzar la carga en la baca de un vehículo.

pulposo, sa *adj.* **1.** Que tiene una pulpa abundante. **2.** Que tiene aspecto de pulpa.

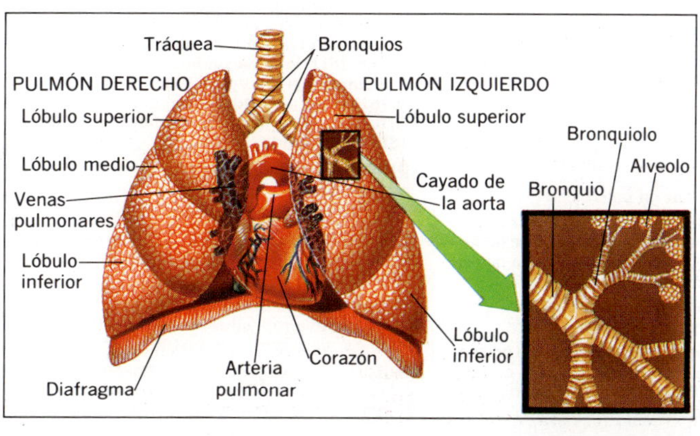

Anatomía de los pulmones y detalle de la ramificación de los bronquios, bronquiolos y alveolos.

pulque *s. m.* Bebida alcohólica consumida en México y otros países hispanoamericanos, que se obtiene haciendo fermentar el jugo de los tallos de las pitas (maguey) cortados antes de florecer.

pulquear *v. intr.* **1.** *Méx.* Beber pulque. ‖ *v. prnl.* **2.** *Méx.* Emborracharse con pulque.

pulquería *s. f. Méx.* Tienda donde se vende pulque.

pulquero, ra *s. m.* y *f. Méx.* Persona que vende pulque.

pulquérrimo, ma *adj. sup.* de **pulcro**.

pulsación *s. f.* **1.** Acción de pulsar. **2.** Cada uno de los golpes o latidos que produce la circulación de la sangre en las arterias. **3.** Cada impulso en el movimiento rítmico y periódico de un fluido. **4.** En fís., variación periódica de la amplitud de una oscilación al combinarse con otra de frecuencia ligeramente diferente.

pulsador, ra *adj.* **1.** Que pulsa. También *s.* ‖ *s. m.* **2.** Botón que se aprieta para poner en marcha o desconectar un aparato o mecanismo.

pulsante *adj.* **1.** Que pulsa. ‖ *s. m.* **2.** En fís., magnitud periódica que varía conservando siempre el mismo signo.

pulsar *v. tr.* **1.** Apretar, ejercer presión sobre un pulsador. **2.** Dar un toque o golpe con la yema de los dedos a teclas o cuerdas de un instrumento musical, al teclado de una máquina de escribir, de un ordenador, etc. **3.** Tomar el pulso a la situación de algo, la opinión sobre un tema, etc.

púlsar *s. m.* Estrella que emite impulsos radioeléctricos de forma periódica. Fueron descubiertas en 1967 por el astrónomo inglés Anthony Hewish al detectar emisiones periódicas de radio procedentes del espacio a intervalos de 1,333 segundos. En la actualidad se cree que son estrellas de neutrones que giran sobre sí mismas.

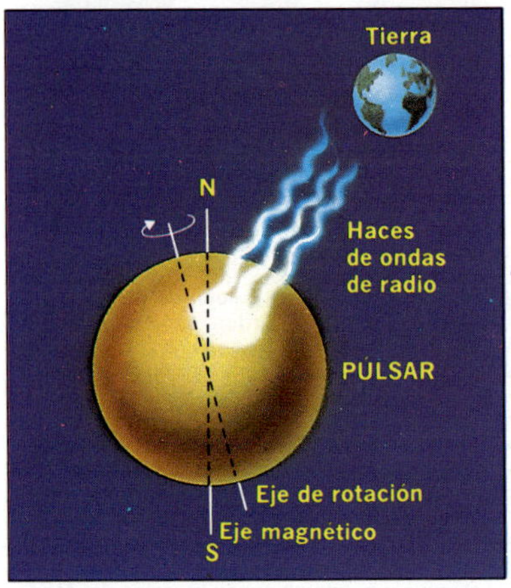

Los púlsares poseen en su superficie un campo magnético muy intenso, con su eje inclinado respecto al eje de rotación, que a cada giro emite un haz de radiación.

pulsátil *adj.* Se dice de lo que pulsa o golpea.

pulsatila *s. f.* Nombre común de diversas plantas herbáceas de la familia ranunculáceas, género *Pulsatilla*. La especie más frecuente es la pulsatila común *(Pulsatilla vulgaris)*, también llamada *flor del viento*, que mide entre 3 y 50 cm de altura, tiene hojas divididas en tres segmentos y una flor terminal de color violeta. Crece en brezales y bosques de coníferas del N y centro de Europa.

pulsativo, va *adj.* Pulsátil*.

pulseada *s. f. Arg., Par., Urug.* Acción y efecto de pulsear.

pulsear *v. intr.* Echar un pulso.

pulsera *s. f.* **1.** Aro, cadena, etc., que se lleva como adorno, generalmente alrededor de la muñeca o el brazo. **2.** Correa o cadena con la que se sujeta el reloj a la muñeca.

pulsímetro *s. m.* Instrumento que sirve para medir el ritmo del pulso humano.

pulsión *s. f.* **1.** Impulso*. **2.** En lenguaje psicoanalítico, fuerza que, procedente del ello, empuja al organismo a satisfacer sus necesidades primarias sexuales y de autoconservación.

pulso *s. m.* **1.** Sucesión de las pulsaciones que produce la circulación de la sangre en las arterias, que se percibe en diversas partes del cuerpo, especialmente en la muñeca. El ritmo normal del pulso es de 60 a 80 pulsaciones por minuto, pero suele ser menor en los atletas y aumentar en situaciones de ejercicio físico, fiebre o ansiedad. **2.** Parte de la muñeca donde se perciben dichas pulsaciones. **3.** Firmeza en la mano para no moverla cuando se realiza algo que requiere cierta precisión. **4.** Prudencia, tiento. **5.** Prueba de fuerza entre dos personas que consiste en cogerse mutuamente la misma mano apoyando los codos en lugar firme; vence el que consigue tumbar el brazo del otro. **6.** Enfrentamiento entre dos personas, grupos, entidades, etc., de poder similar. **7.** *Col., Cuba.* Pulsera, brazalete. ‖ **LOC. a pulso** *adv.* Haciendo fuerza con la muñeca y la mano sin apoyar el brazo en ninguna parte para levantar o sostener una cosa o para levantarse o sostenerse alguien; también, sólo mediante el propio esfuerzo, sin ayuda de nadie y sin ventajas ni facilidades. **tomar el pulso** Reconocer la frecuencia, ritmo, etc., de las pulsaciones de alguien; también, tratar de conocer la marcha de un asunto, una opinión, etc.

pulular *v. intr.* **1.** Abundar y moverse en un sitio personas, animales o cosas. **2.** Proliferar con gran rapidez los insectos, gusanos, etc. **FAM.** Pululación, pululante.

pulverizador *s. m.* Utensilio que sirve para pulverizar o esparcir un líquido en gotas muy pequeñas.

pulverizar *v. tr.* **1.** Convertir algo en polvo. También *v. prnl.* **2.** Esparcir un líquido en forma de gotas muy pequeñas como si se tratara de polvo. **3.** Vencer por completo. **4.** Destruir, deshacer por completo una cosa. ■ Se conjuga como *cazar*. **FAM.** Pulverizable, pulverización.

pulverulento, ta *adj.* **1.** Que se encuentra en forma de polvo. **2.** Lleno de polvo.

¡pum! **1.** Voz onomatopéyica que se usa para expresar un ruido, explosión o golpe. ‖ *s. m.* **2.** En el lenguaje infantil, ventosidad, pedo. ‖ **LOC. ni pum** *adv. fam.* Nada en absoluto.

Puma (Felis concolor).

puma *s. m.* Mamífero carnívoro de la familia félidos, especie *Felis concolor*. Mide unos 220 cm de longitud, incluida la cola. Tiene color pardo rojizo con manchas blancas en la cara y los bigotes. Suele vivir aislado y alimentándose de la caza. Habita en América, desde Alaska hasta la Patagonia, adaptado a todo tipo de condiciones climáticas.

Pumacahua, Mateo García (Chincheros 1738 - Sicuani 1815) Cacique peruano. Colaboró con los españoles contra la sublevación de Túpac Amaru (1780-81), a quien derrotó en Guaran. En 1811 se le ascendió a brigadier tras luchar contra los insurgentes del Alto Perú, pero en 1814 pasó al bando patriota y tomó La Paz. Derrotado en Humachiri, fue hecho prisionero (1815) y ejecutado.

¡pumba! Voz onomatopéyica que imita el ruido de una caída.

pumita *s. f.* Piedra* pómez.

puna *s. f.* **1.** Nombre dado a los terrenos altos en la cordillera de los Andes. **2.** *Amér. del S.* Mal* de las alturas.

Punakha C. de Bután, cap. del país durante los meses de invierno, situada a orillas del río Sankosh. Es un centro administrativo y comercial.

punch (voz ingl.) *s. m.* **1.** En boxeo, puñetazo. **2.** Potencia, fuerza de los golpes de un boxeador. **3.** *fam.* Gancho, atractivo que tiene una persona o cosa. **4.** *fam.* Ponche, mezcla de distintas bebidas, alcohólicas o no alcohólicas, con otros ingredientes.

punching-ball (voz ingl.) *s. m.* Balón resistente que, colgado del techo o sujeto al suelo por un resorte, sirve al boxeador para entrenarse.

punción *s. f.* **1.** Acción y efecto de punzar. **2.** Operación que consiste en introducir un instrumento punzante y cortante en alguna cavidad, órgano o conducto del cuerpo, generalmente para obtener muestras de tejidos. ‖ **3. punción lumbar** En med., operación que consiste en la introducción de una aguja entre la tercera y la cuarta vértebra lumbar para extraer parte del líquido cefalorraquídeo que rodea la médula espinal. Este líquido puede utilizarse para el diagnóstico de ciertas enfermedades.

puncionar *v. tr.* Hacer punciones.

pundonor *s. m.* Sentimiento que mueve a una persona a cuidar su prestigio y buena fama y a intentar quedar bien ante sí mismo y los demás.

pundonoroso, sa *adj.* Se dice de la persona que tiene pundonor. **FAM.** Pundonorosamente.

Pune (antiguamente *Poona*) C. de la India, perteneciente al estado de Maharashtra, situada al SE de Bombay, junto a la meseta del Decán. 1.203.350 h. en 1981 y 1.685.000 h. en su aglomeración urbana. Es un establecimiento militar y centro comercial, que cuenta con industria química, textil y algodonera.

punible *adj.* Que merece castigo.

punicáceas *s. f. pl.* Familia de plantas arbóreas o arbustivas del orden mirtales, a la que pertenecen dos únicas especies del género *Punica*: la *Punica protopunica*, nativa de Socotora, y el granado *(Punica granatum)*, nativa de la región que va desde el Himalaya a los Balcanes y que se cultiva en el S de Europa por su fruto, la granada. También *adj.* y *s. f.*

púnicas, guerras Nombre de las tres guerras que enfrentaron a Roma y Cartago por la hegemonía en el Mediterráneo. La primera guerra (264-241 a. C.) estalló a causa de la ayuda prestada por Roma a los mamertinos de Messina contra los siracusanos, aliados de Cartago. Los romanos vencieron en las islas Égates (241 a. C.), ocuparon Sicilia e impusieron a Cartago unas durísimas condiciones de paz. Como consecuencia, los cartagineses, dirigidos por Aníbal, comenzaron la segunda guerra (218-201 a. C.). Tras una campaña victoriosa en Italia (batallas de Trebia, Tesino, Trasimeno y Cannas), Aníbal se encontró aislado y los romanos llevaron la guerra a África, donde Escipión el Africano aplastó a los cartagineses en Zama (202 a. C.). La tercera guerra (149-146 a. C.) se inició con el ataque del rey Masinisa, aliado de Roma, contra Cartago; tras un largo asedio (149-146 a. C.), la ciudad fue tomada y destruida por Escipión Emiliano.

punición *s. f.* Castigo que se impone por una falta o delito.

púnico, ca *adj.* **1.** Cartaginés*. ‖ *s. m.* **2.** Lengua fenicia hablada por los cartagineses.

punitivo, va *adj.* Perteneciente o relativo al castigo, especialmente al impuesto por alguna autoridad.

Punjab (*Panjab*) **1.** Estado de la India, situado en el N del país, junto a la cordillera del Himalaya. 50.362 km². 16.788.900 h. en 1981. La capital es Chandigarh, con 373.800 h. en 1981. Su economía se basa en la agricultura, con cultivos de arroz, maíz, algodón y caña de azúcar; también tiene recursos petrolíferos e industria textil, química y metalúrgica.
2. Prov. de Pakistán, situada en el N del país. 205.345 km². 50.460.000 h. en 1983. La capital es Lahore, con 2.952.700 h. en 1981. Cuenta con cultivos de algodón, trigo y caña de azúcar, además de ganadería ovina y camellar, recursos petrolíferos y de carbón e industria textil, cementera y química. Ciudades como Rawalpindi, Faisalabad e Islamabad son importantes. Esta provincia, así como el estado de la India del mismo nombre, está mayoritariamente habitada por la etnia sikh.

punk o **punki** (voz ingl.) *adj.* **1.** Se dice del movimiento musical de origen británico surgido a finales de los años setenta, y de sus manifestaciones en la moda y las costumbres. Sus principales representantes fueron los *Sex Pistols*, autores de un rock primario y vital. Sus seguidores, partidarios de una ideología anárquica y en ocasiones violenta, lucen cabellos chillones, ropas de cuero e imperdibles. También *s. m.* **2.** Perteneciente o relativo a dicho movimiento o seguidor de él. También *s.*

Puno Departamento de Perú, situado en el S del país, junto a la frontera con Bolivia. 72.382 km^2. 1.024.000 h. en 1990. La capital es Puno, con 82.400 h. en 1985. Su territorio ocupa un altiplano, con relieve de montaña en el N y con numerosos lagos, entre los que sobresale el Titicaca. Cuenta con cultivos de café, ganadería, minería de plomo, cobre y plata, e industria alimentaria y textil en la capital.

punta *s. f.* **1.** Extremo agudo de un arma o de un instrumento afilado y cortante. **2.** Extremo de cualquier cosa. **3.** Saliente, más o menos angular, en el borde de algo. **4.** Clavo pequeño. **5.** Porción de tierra alargada, baja y de poca extensión que penetra en el mar. **6.** Colilla, resto de un cigarro. **7.** Instrumento de acero con un extremo agudo, que usan los grabadores para abrir y hacer líneas en los metales. **8.** Pequeña cantidad de algo. **9.** Algo, un poco de la cualidad que se expresa. **10.** En fútbol, posición avanzada o de ataque y jugador que la ocupa, con la misión principal de marcar goles. **11.** Grupo pequeño de ganado que se separa del rebaño. || *pl.* **12.** Puntilla, encaje. **13.** Técnica de ballet en la que el bailarín se apoya únicamente sobre el extremo de los dedos de los pies. **14.** Zapatillas especiales, que tienen un pequeño círculo de material duro en su extremo, con las que los bailarines ejecutan esta técnica. || **15. hora punta** Véase **hora**. **16. punta de diamante** Diamante pequeño que, encajado en una pieza de acero, sirve para cortar vidrio y labrar cosas muy duras. **17. tecnología punta** La más avanzada y moderna. **18. velocidad punta** La máxima que puede alcanzar un vehículo. || **Loc. a punta de lanza** *adv.* Véase **lanza**. **a punta pala** *adv. fam.* En gran cantidad, en abundancia. **de punta** *adj.* y *adv.* En posición vertical; recto, tieso; también, muy alterado, revuelto, etc. **de punta a punta** (o **a cabo**) *adv.* De principio a fin o de un extremo a otro. **de punta en blanco** *adv. fam.* Muy bien vestido y arreglado. **estar** (o **ponerse**) **de punta** *fam.* Enfadarse, enemistarse; también, hablando de situaciones o asuntos, ponerse difícil. **la otra punta** El extremo más alejado con respecto a un punto que se expresa o sobrentiende. **poner los pelos de punta** Véase **pelo**. **por la otra punta** *fam.* Expresa que algo es justamente lo contrario de lo que se dice. **sacar punta a** algo *fam.* Encontrar a una cosa un sentido malicioso o un sentido más sutil que no tiene. **tener** algo **en la punta de la lengua** Véase **lengua**.

Punta Arenas C. de Chile, cap. de la región de Magallanes y Antártica Chilena, situada en el S del país, en el estrecho de Magallanes. 119.700 h. en 1989. Es un centro portuario, que cuenta con refinerías de petróleo e industria maderera y alimentaria.

Punta del Este C. de Uruguay, situada en el departamento de Maldonado, en el estuario del Río de la Plata. 6.600 h. en 1985. Es el principal centro turístico y balneario del país y sede de un importante festival cinematográfico.

puntada *s. f.* **1.** Cada una de las pasadas que se hacen con la aguja u otro instrumento similar y el hilo por un tejido u otra materia que se va cosiendo. **2.** Alusión o insinuación que se hace en una conversación, generalmente malintencionada. **3.** *Méx.* Agudeza, dicho ingenioso.

puntal *s. m.* **1.** Madero o barra de material resistente que se fija en un lugar para sostener provisionalmente algo, evitando que se caiga o se rompa. **2.** Persona o cosa que sirve de apoyo o ayuda a alguien o algo. **3.** Extremo superior de la caña de pescar. **4.** *amer.* Comida ligera.

puntapié *s. m.* Golpe que se da con la punta del pie. || **Loc. a puntapiés** *adv. fam.* Con verbos como *tratar*, desconsideradamente, muy mal o con violencia.

puntazo[1] *s. m.* **1.** Herida producida por el cuerno de una res vacuna. **2.** Herida hecha con la punta de un arma o de otro objeto punzante. **3.** Dicho con que indirectamente una persona se burla de otra o la critica.

puntazo[2] *s. m. fam. aum.* de **punto**, hecho muy bueno o favorable.

punteado, da **1.** *p. p.* de **puntear**. También *adj.* || *s. m.* **2.** Acción y efecto de puntear.

punteador *s. m.* Instrumento de dibujo que facilita el trazado de líneas punteadas.

puntear *v. tr.* **1.** Marcar o señalar puntos en una superficie. **2.** Dibujar, pintar o grabar con puntos. **3.** Tocar la guitarra u otro instrumento semejante pulsando cada cuerda alternativamente con un dedo o una púa. **4.** Comprobar las distintas partes de una cuenta o los distintos nombres de una lista uno por uno. || *v. intr.* **5.** *Arg.*, *Col.*, *Urug.* Marchar a la cabeza de un grupo de personas o animales. **Fam.** Punteo.

puntera *s. f.* **1.** Parte del calzado o de las medias, calcetines, etc., que cubre la punta del pie. **2.** Parche, remiendo con que se arregla o renueva esa parte, sobre todo en el calzado.

puntería *s. f.* **1.** Habilidad para dar en el blanco. **2.** Dirección en que apunta. **3.** Acción de apuntar. **4.** *fam.* Acierto, tino.

puntero, ra *adj.* **1.** Que aventaja a los de su misma clase. También *s.* || *s. m.* **2.** Palo largo y fino que emplea para señalar. **3.** Cincel de forma puntiaguda y cabeza plana. **4.** *Arg.*, *Urug.* Persona o animal que va delante de los demás componentes de un grupo.

puntiagudo, da *adj.* Que acaba en una punta.

puntiforme *adj.* Que tiene la forma o el tamaño de un punto.

puntilla *s. f.* **1.** Encaje estrecho en las orillas de la ropa, los pañuelos, los manteles, etc. **2.** Especie de puñal que se emplea para matar a las reses, particularmente el que se usa en las corridas para rematar a los toros. || **Loc. dar la puntilla** Clavar este intrumento en una res para matarla; también, rematar, completar un daño grave causado a una persona o cosa provocando su ruina. **de puntillas** *adv.* Levantando los talones y pisando sólo con los dedos y la parte delantera de la planta del pie.

puntillero *s. m.* Hombre encargado de rematar al toro con la puntilla.

puntillismo *s. m.* Estilo pictórico surgido a finales del s. XIX que utilizaba una técnica de puntos de color puro, uno junto a otro, que el espectador percibe como tonos. Sus principales representantes fueron los pintores franceses Georges Seurat y Paul Signac. Es conocido también como *divisionismo* y *neoimpresionismo*. **Fam.** Puntillista.

puntillo *s. m.* **1.** En mús., signo en forma de punto que, colocado a la derecha de una nota, aumenta en la mitad su duración. **2.** Orgullo o amor propio exagerado, generalmente por cosas sin importancia.

puntilloso, sa *adj.* **1.** Quisquilloso*. **2.** Que tiene mucho puntillo o amor propio y pone gran cuidado en lo que hace.

punto *s. m.* **1.** Dibujo o señal de tamaño muy pequeño y forma redondeada que destaca sobre una superficie. **2.** Signo ortográfico (.) que señala una pausa y sirve para indicar el final de una o más oraciones que forman un periodo con sentido gramatical y lógico completo. **3.** Signo ortográfico que se pone sobre la *i* y la *j*, que sirve para formar la diéresis (*ü*), se emplea detrás de las abreviaturas (*Sra.*) y, en ocasiones, detrás de las letras que forman una sigla (*O.N.U.*). **4.** En mat., uno de los signos de multiplicar. **5.** Lugar de la recta, plano o espacio al que es posible asignar una posición, pero que no posee dimensiones. **6.** Sitio o lugar determinado. **7.** Momento, instante. **8.** Fase, estado o situación o grado en que se encuentra algo. **9.** Seguido de la preposición *de*, grado de temperatura necesario para que se produzca el fenómeno físico que se expresa. **10.** Cada uno de los aspectos, temas, divisiones, etc., de una argumentación, discurso, escrito, etc. **11.** Objetivo, propósito. **12.** Referido a dos o más personas o cosas que se comparan, aspecto o característica que las diferencia o asemeja. **13.** Unidad con que se computan distintas cosas, como exámenes, los resultados de ciertos deportes, concursos, juegos, etc. **14.** Cada una de las puntadas que se dan al coser algo, especialmente una herida. **15.** Cada una de las maneras de enlazar y pasar el hilo por la tela al coser o bordar. **16.** Clase de tejido que se hace enlazando y anudando de distintas formas y con distintas técnicas un hilo de lana, de algodón, etc. **17.** Cada una de las lazadas que forman este tejido. **18.** Cada una de las partes en que se divide la punta de la pluma de escribir. **19.** *fam.* Pícaro, sinvergüenza. **20.** *fam.* Hecho muy bueno o favorable. || **21. dos puntos** Signo ortográfico (:) que se emplea para introducir una explicación, una enumeración, unas palabras textuales, etc.; también, en mat., se emplea este mismo signo para indicar la división. **22. punto cardinal** Cada uno de los cuatro que dividen el horizonte en otras tantas partes iguales y que están determinados, respectivamente, por la posición del polo septentrional (*norte*), por la del Sol a la hora del mediodía (*sur*) y por la salida y puesta del Sol en los equinoccios (*este* y *oeste*). **23. punto de caramelo** Grado de concentración que se da al almíbar cociéndolo de tal forma que, al enfriarse, se endurece y queda convertido en caramelo. **24. punto de ebullición** Temperatura a la que se produce el cambio de estado líquido a gaseoso. La temperatura de ebullición varía con la presión exterior, elevándose a medida que aumenta ésta. A la presión atmosférica normal, el punto de ebullición del agua pura es de 100 °C. Dicha temperatura, que se mantiene constante mientras dura el proceso, se utiliza precisamente para determinar uno de los dos puntos fijos de la escala centígrada. **25. punto de fusión** Temperatura a la que se produce el cambio de estado sólido a líquido. La temperatura de fusión del hielo es de 0 °C, pero puede ser modificada si se le añade sal u otras sustancias. La temperatura de fusión del hielo se utiliza para determinar uno de los dos puntos fijos de la escala centígrada. **26. punto de incidencia** Punto o lugar en que un rayo luminoso incide sobre una superficie. **27. punto de mira** Pieza que sobresale del cañón de un arma y sirve para orientarla hacia el blanco; objetivo sobre el que se quiere disparar; también, persona o cosa hacia la que se dirige la atención, o aquello que se convierte en objetivo de una determinada acción o intención. **28. punto de solidificación** Temperatura a la cual un cuerpo pasa del estado líquido al sólido. **29. punto de vista** Manera de considerar o juzgar a una persona, una cosa, un suceso, etc. **30. punto débil** (o **flaco**) Lugar o aspecto más vulnerable de alguien o algo. **31. punto final** Signo ortográfico que se pone al acabar un escrito o una división importante de un texto, como un capítulo, etc. También, fin, terminación de algo. **32. punto muerto** En los vehículos, posición de la palanca de cambios en que el motor no engrana ninguna marcha; también, estado de un asunto, negociación, etc., que por cualquier motivo no progresa. **33. punto negro** Lugar que resulta especialmente peligroso, particularmente en una carretera. **34. punto neurálgico** En med., aquel en que el nervio se hace superficial, o en donde nacen las ramas cutáneas del mismo; también, aspecto más importante o delicado de algo; asimismo, lugar muy concurrido, donde hay gran actividad. **35. punto triple** Temperatura en la que coexisten las tres fases: sólida, líquida y gaseosa de una sustancia. El punto triple del agua se produce a la temperatura de 0,01 °C, que corresponde a un valor arbitrario de 273,16 K en la escala de temperaturas termodinámicas absolutas o escala Kelvin. **36. punto visual** Distancia necesaria para ver los objetos con toda claridad y que suele ser, aproximadamente, de 24 cm; si es mucho mayor, se trata de un caso de presbicia, y si es menor, de miopía. **37. punto y aparte** El que se pone cuando acaba un párrafo y el texto continúa en otro renglón. **38. punto y coma** Signo ortográfico (;) que señala una pausa mayor que la coma y menor que el punto. **39. punto y seguido** El que se pone cuando acaba un periodo formado por una o más oraciones y el texto continúa inmediatamente después del punto, en el mismo renglón. **40. puntos suspensivos** Signo ortográfico (...) con el que se indica que queda incompleto el sentido de una oración y puede expresar una pausa inesperada, temor o duda, incertidumbre, etc. Se usa también este signo cuando se copia algún texto y se suprime alguna parte innecesaria de él para indicar dicha supresión; en este caso, los puntos suspensivos suelen incluirse entre corchetes [...]. || **Loc. a punto** *adj.* y *adv.* Preparado y dispuesto, en las condiciones adecuadas. También, a tiempo, en el momento oportuno. **a punto de** Seguido de un infinitivo, expresa la proximidad de la acción indicada por éste. **a punto de caramelo** *adv.* Perfectamente dispuesta y preparada una cosa para algún fin. **a punto fijo** *adv.* Con certeza, seguridad o exactitud. **a** (o **hasta**) **tal punto que** *conj.* En un grado o de tal manera que resulta lo que se expresa. **al punto** *adv.* En seguida, rápidamente. **bajar de punto** una cosa Disminuir, decrecer, decaer. **con puntos y comas** *adv. fam.* Minuciosamente, con todo detalle. **de medio punto** *adj.* En arq., se dice del arco o bóveda cuya curva está formada por un semicírculo exacto, es decir, por un arco de 180 grados. **de todo punto** *adv.* Enteramente, por completo. **en punto** *adj.* y *adv.* Exactamente, ni más ni menos, ni antes ni después. **en punto a** *conj.* Por lo que se refiere a. **hasta cierto punto** *adv.* En alguna manera, pero no completamente. **perder** (o **ganar**) **puntos** Disminuir o aumentar en prestigio, estimación o interés. **poner los puntos sobre las íes** *fam.* Puntualizar, determinar y precisar aquellas cosas que no están suficientemente claras o especificadas. **punto en boca** Se usa para ordenar o pedir a alguien que se calle o guarde algún secreto. **punto menos que** *adv.* Casi. **punto por punto** *adv.* Exactamente y sin olvidar detalle alguno. **y punto** *fam.* Dar por terminado un asunto de forma brusca y tajante, sin posible discusión.

Punto Fijo C. de Venezuela, situada en el estado de Falcón, en la costa de la península de Paraguaná. 167.000 h. en 1987. Es un puerto pesquero, que cuenta con refinerías de petróleo.

puntuable *adj.* **1.** Que es o puede ser puntuado o calificado. **2.** Se aplica a la prueba, examen, etc., cuya puntuación tiene validez para aquello que se expresa.

puntuación *s. f.* **1.** Acción y efecto de puntuar. **2.** Conjunto de los signos ortográficos que sirven para puntuar un escrito; reflejan en la escritura las pausas o la entonación de la lengua hablada. Los principales en español son: coma (**,**), punto (**.**), punto y coma (**;**), dos puntos (**:**), puntos suspensivos (**...**), interrogación (**¿?**), admiración o exclamación (**¡!**), paréntesis (**)**, corchetes **[]**, comillas (**«»**, **“”**), guión (**-**), etc. **3.** Forma de colocar estos signos correctamente en un escrito. **4.** Calificación, número de puntos conseguidos en un examen, prueba, competición, etc.

puntual *adj.* **1.** Que llega a tiempo o hace las cosas a su tiempo. **2.** Detallado, pormenorizado. **3.** Concreto, preciso, referido a un punto o aspecto específico de algo. **4.** Conveniente, adecuado. **5.** Que, como el punto, carece de extensión. **FAM.** Puntualmente.

puntualidad *s. f.* Cualidad de puntual, que llega a su tiempo.

puntualizar *v. tr.* Precisar algo con lo que no se está de acuerdo, parece incompleto o inexacto, etc. ■ Se conjuga como *cazar.* **FAM.** Puntualización.

puntuar *v. tr.* **1.** Colocar en un escrito los signos de puntuación necesarios para poder hacer una lectura correcta y con sentido. **2.** Calificar con puntos un ejercicio, prueba, etc. **3.** Obtener, ganar puntos o tantos en algunos juegos. Se usa más como *v. intr.* || *v. intr.* **4.** Entrar un ejercicio o prueba en la puntuación de un campeonato, competición, examen, etc. ■ En cuanto al acento, se conjuga como *actuar: puntúo.*

punzada *s. f.* **1.** Herida pequeña y poco profunda. **2.** Dolor intenso y breve.

punzante *adj.* **1.** Que punza. **2.** Se dice del dolor intenso y breve. **3.** Se aplica a la herida producida por un arma u otro objeto agudo y delgado. **4.** Se dice de las palabras, críticas, etc., mordaces, irónicas.

punzar *v. tr.* **1.** Pinchar con un objeto agudo. **2.** Apenar. || *v. intr.* **3.** Tener algo capacidad para pinchar. ■ Se conjuga como *cazar.* **FAM.** Punzador, punzadura.

punzón *s. m.* **1.** Instrumento alargado y fino de hierro u otro material rígido y resistente, que acaba en punta y tiene distintos usos, como hacer agujeros en una tela, grabar metales, etc. **2.** Instrumento de acero con forma de cilindro o prisma que tiene en un extremo una figura, la cual, generalmente por presión, queda impresa en el molde de monedas, medallas, botones u otras piezas semejantes.

puñada *s. f.* Puñetazo.

puñado *s. m.* **1.** Cantidad de cualquier cosa que cabe en un puño. **2.** Pequeña cantidad de personas o cosas. **3.** *fam.* Gran cantidad de algo que se expresa o sobrentiende. || **LOC. a puñados** *adv.* En gran cantidad.

puñal *s. m.* Arma corta y puntiaguda, que sólo hiere con la punta. || **LOC. poner un puñal en el pecho** a alguien Poner a alguien en una situación en la que no tenga más remedio que aceptar lo que se le propone.

puñalada *s. f.* **1.** Golpe dado con el puñal u otra arma semejante. **2.** Herida causada por ese golpe. **3.** Pena o tristeza, generalmente, repentina. **4.** Acción hipócrita y traicionera. || **5. puñalada trapera** Herida grande y con desgarro producida por un puñal o arma semejante, generalmente a traición; también, traición, faena. || **LOC. no ser** algo **puñalada de pícaro** *fam.* No ser urgente, no correr prisa.

puñeta *s. f.* **1.** Adorno de bordados y puntillas que se ponía en el borde de las mangas de algunas prendas de vestir. **2.** *fam.* Cualquier cosa que causa molestia, fastidio o incomodidad. || *interj.* **3.** *fam.* Expresa enfado, desagrado, rechazo, etc. ■ Se usa más en *pl.* || **LOC. a hacer puñetas** *fam.* Se emplea con el verbo *mandar* o los imperativos de *irse* o *andar,* para despedir o echar a alguien o desechar algo de malos modos. **de la puñeta** *adj. fam.* Se dice de una persona o cosa que produce enfado, rechazo o desprecio, muy grande, fuerte o intenso. **hacer la puñeta** a alguien *fam.* Fastidiarle, molestarle. **hacer puñetas** *vulg.* Antiguamente, masturbarse. ■ Actualmente perdura este significado en México. **irse** algo **a hacer puñetas** *fam.* Estropearse, fracasar. también, irse una cosa demasiado lejos.

puñetazo *s. m.* Golpe con el puño.

puñetería *s. f. fam.* Cualidad de puñetero o cosa puñetera.

puñetero, ra *adj.* **1.** *fam.* Molesto, fastidioso. También *s.* **2.** *fam.* Complicado, difícil. **3.** *fam.* Pejiguero, quisquilloso. También *s.* **4.** *fam.* Se emplea con valor ponderativo, positivo o negativo, referido a una persona. También *s.*

puñetita *s. f.* **1.** *fam. dim.* de **puñeta**. **2.** *fam.* Puñetería, cosa puñetera.

puño *s. m.* **1.** Mano cerrada y con todos los dedos doblados. **2.** Puñado, cantidad de algo que cabe en la mano cerrada. **3.** Parte de la manga de las prendas de vestir que rodea la muñeca. **4.** Adorno de encaje, tela, etc., que se pone en esta parte de la manga. **5.** Pieza por donde se agarran algunas armas, herramientas o utensilios, como la espada, el paraguas, etc. || **LOC. comerse** alguien **los puños** *fam.* Tener mucha hambre; también, estar muy enfadado o indignado por algo sin poder hacer nada al respecto. **como puños** *adj.* y *adv. fam.* Muy grande; también, evidente, innegable. **de (su) puño y letra** *adj.* Escrito a mano por el autor. **en un puño** Oprimido, atemorizado o confundido. **puño cerrado** *fam.* Se usa en diversas expresiones para resaltar la avaricia o la tacañería de alguien: *Es de la cofradía del puño cerrado.*

pupa *s. f.* **1.** Calentura en los labios. **2.** En lenguaje infantil, herida o daño. **3.** Crisálida de la mariposa.

pupila *s. f.* Abertura redonda del ojo, situada en el centro del iris, a través de la cual pasa la luz. La pupila se contrae o se dilata mediante la acción de ciertos músculos para adaptarse a la intensidad luminosa del ambiente.

pupilaje *s. m.* Estado o condición del pupilo.

pupilar *adj.* **1.** Perteneciente o relativo a la pupila del ojo. **2.** Perteneciente o relativo al pupilo o menor de edad.

pupilo, la *s. m.* y *f.* **1.** Huérfano menor de edad, respecto de su tutor. **2.** Alumno, respecto de la persona encargada de su educación. || *s. m.* **3.** En algunos deportes, jugador respecto de su entrenador. || *s. f.* **4.** *fam.* Prostituta, respecto a su chulo.

pupitre *s. m.* Mesa cuyo tablero forma un plano inclinado.

puramente *adv. m.* **1.** Solamente, exclusivamente: *Mi relación con él es puramente profesional.* **2.** De modo puro, inocente.

purana *s. m.* Cada uno de los 18 poemas sánscritos que contienen la teogonía y cosmogonía de la India antigua.

purasangre *s. m.* Caballo de una raza que es producto del cruce entre yeguas inglesas de carrera y sementales árabes. Esta raza empezó a crearse a finales del s. XVII y durante todo el s. XVIII.

Purcell, Edward Mills (Taylorville, Illinois 1912) Físico estadounidense. Profesor de la universidad de Harvard, investigó sobre microondas y magnetismo nuclear y colaboró al perfeccionamiento del radar. Detectó la existencia de hidrógeno en el espacio interestelar (1951). En 1952 fue premiado con el Nobel de física, compartido con Felix Bloch.

Purcell, Henry (Westminster, Londres 1659 - íd. 1695) Compositor inglés. Fue niño cantor de la Capilla Real de música, compositor del rey Carlos II (1677) y organista de la abadía de Westminster (1679). Su música constituye uno de los puntos culminantes del barroco inglés. Bajo la influencia de Lully y Monteverdi, sentó las bases de la ópera nacional de su país. En su amplia producción sobresalen la *Música para los funerales de la reina Mary* (1695) y las óperas *Dido y Eneas* (1689), *El rey Arturo* (1691) y *La reina de las hadas* (1692). Es autor también de numerosas piezas corales, canciones, obras para clavicémbalo y suites instrumentales.

puré *s. m.* Comida que se hace cociendo y triturando legumbres, verduras, patatas u otros alimentos hasta obtener una pasta más o menos espesa. || **LOC. hecho puré** *fam.* Muy cansado.

purera *s. f.* Estuche o caja para guardar cigarros puros.

pureza *s. f.* Cualidad de puro.

purga *s. f.* **1.** Acción y efecto de purgar o purgarse. **2.** Medicina que se usa para evacuar y limpiar así el estómago.

purgación *s. f.* **1.** Acción y efecto de purgar o purgarse. **2.** Blenorragia*.

purgante *adj.* **1.** Que purga. **2.** Particularmente, se dice de la medicina que sirve para purgar. Las aguas purgantes naturales son soluciones de sales como el sulfato magnésico o el fosfato sódico. Las infusiones de ciertas plantas (como el sen, el ruibarbo y el áloe) tienen también efectos purgantes. También *s. m.*

purgar *v. tr.* **1.** Limpiar una cosa eliminando de ella todo aquello que no le conviene, o se considera malo o perjudicial. **2.** Sacar de una máquina, tubería, instalación, etc., el aire, gases, líquidos o impurezas que podrían dificultar su funcionamiento o para algún fin. **3.** Expulsar o eliminar de una organización, grupo, etc., a una o varias personas, generalmente por razones políticas. **4.** Hacer que alguien evacue mediante un purgante. También *v. prnl.* **5.** Sufrir una pena o castigo por una falta o delito. **6.** En la religión católica, purificarse de los pecados cometidos el alma del creyente que muere en gracia. ■ Se conjuga como *pagar.*

purgativo, va *adj.* Que purga o sirve para purgar.

purgatorio *s. m.* **1.** En la religión católica, estado de purificación de las almas de los creyentes que mueren en gracia, pero sin haber hecho en la tierra penitencia completa por sus pecados. **2.** Cualquier lugar donde se pasan penalidades. **3.** Esta misma penalidad.

puridad, en *loc. adv.* En sentido estricto o en su sentido más correcto.

purificación *s. f.* **1.** Acción y efecto de purificar o purificarse. **2.** Fiesta que celebra la Iglesia católica el 2 de febrero que conmemora el día en que Jesucristo fue presentado a los cuarenta días de su nacimiento por su madre en el templo. ■ En esta acepción se escribe con mayúscula.

purificador, ra *adj.* **1.** Que purifica. También *s.* || *s. m.* **2.** Paño con que el sacerdote seca el cáliz después de haber bebido el agua y el vino.

purificar *v. tr.* Eliminar toda impureza, suciedad o imperfección de una persona o cosa. ■ Se conjuga como *sacar.* **FAM.** Purificante, purificatorio.

purina *s. f.* $C_5H_4N_4$. Compuesto orgánico heterocíclico nitrogenado. Constituye el núcleo de numerosos compuestos naturales. Los más importantes son la adenina y la guanina, que forman parte de los ácidos nucleicos y, agrupadas en tríadas (codones), constituyen el código genético, por medio del cual los ácidos nucleicos dirigen la síntesis de las proteínas y constituyen el material genético que se transmite con la herencia. Otros compuestos importantes de la purina son la xantina, la hipoxantina y el ácido úrico.

Purísima *s. f.* **1.** Nombre que se da a la Virgen María en el misterio de su inmaculada concepción. **2.** Fiesta que celebra la Iglesia católica el día 8 de diciembre para conmemorar este misterio.

purismo *s. m.* Cualidad o actitud de purista.

purista *adj.* **1.** Que se preocupa de la pureza del lenguaje al escribir y hablar; particularmente, se dice de quien al hablar y escribir evita, consciente y, a veces, exageradamente, el uso de extranjerismos y neologismos que considera innecesarios. **2.** Que defiende esta actitud. También *s.*

puritanismo *s. m.* **1.** Cualidad de puritano. **2.** Doctrina y movimiento surgido del anglicanismo en el s. XVI que, bajo la influencia del calvinismo, defendía la eliminación de cualquier residuo del catolicismo en la liturgia y una forma de vida de moralidad estricta y rigurosa. Perseguido por Isabel I, muchos de sus miembros emigraron a América y contribuyeron al nacimiento de la colonia que se convertiría posteriormente en los EE UU. **3.** Conjunto de los seguidores de esta doctrina y movimiento.

puritano *adj.* **1.** Se dice de la persona o grupo excesivamente riguroso y austero en lo referente a la moral y el comportamiento, así como de su actitud, ideas, etc. También *s.* **2.** Perteneciente o relativo a la doctrina y movimiento del puritanismo o seguidor de éste. También *s.*

Purkinje, Jan Evangelista (Libochovice 1787 - Praga 1869) Fisiólogo checo. Investigó la visión, la función del corazón y el sistema nervioso, del que descubrió las células del cerebelo que llevan su nombre, y mejoró las técnicas de uso del microscopio. Descubrió también las glándulas sudoríparas y afirmó que se puede identificar a las personas por sus huellas dactilares.

puro, ra *adj.* **1.** Que no tiene mezcla de ninguna otra cosa. **2.** Que no tiene ninguna suciedad o impureza. **3.** Que no tiene ninguna idea, intención o actividad sexual. **4.** Que en la vida o trato sexual sigue las normas de la moral o la religión. **5.** Noble, sin malicia. **6.** Que no tiene imperfecciones o defectos. **7.** Que es sólo y exclusivamente lo que se expresa. **8.** Se dice de la parte de algunas ciencias, como las matemáticas o la filosofía, que se dedica a la investigación teórica sin buscar una aplicación práctica inmediata. **9.** *Méx., Ven.* Idéntico, igual. ‖ *s. m.* **10.** Cigarro, rollo de hojas de tabaco que se enciende por un extremo y se fuma. Se dice también *cigarro puro.* **11.** En argot, castigo, sanción, pena. ‖ **Loc. de puro** *adj.* y *adv.* Se emplea en algunas expresiones que indican que algo es consecuencia de tener una cualidad en exceso: *De puro bueno parece tonto.*

púrpura *s. m.* **1.** Color que resulta al mezclar el rojo con una pequeña cantidad de azul, por lo que tira a morado. ‖ *s. f.* **2.** Nombre común de diversos moluscos gasterópodos de la familia murícidos, géneros *Murex* y *Purpura.* Segregan un líquido que fue utilizado como colorante desde la antigüedad por los fenicios de Tiro. **3.** Tinte de dicho color que antiguamente se obtenía de este molusco y después pasó a obtenerse de otros materiales. **4.** Tela muy costosa de este mismo color que formaba parte de la vestidura de emperadores, reyes, etc. **5.** Prenda de vestir hecha con esa tela. **6.** Cargo o dignidad de emperador, rey, cónsul, cardenal, etc., llamado así por ser éste el color propio de sus vestiduras. **7.** En heráldica, color violeta.

purpurado *s. m.* Cardenal de la Iglesia católica.

purpúreo, a *adj.* De color púrpura.

purpurina *s. f.* **1.** Polvo muy fino que se obtiene del bronce o de un metal blanco y con el que se preparan pinturas doradas o plateadas. **2.** Pintura dorada o plateada preparada con estos polvos. **3.** Polvo de colores diversos y brillo metálico que se emplea para adornar alguna cosa pegándolo sobre ella.

purrela *s. f.* **1.** *fam.* Chusma*. **2.** Lo que queda de alguna cosa después de haberse gastado o elegido lo mejor. **3.** Vino de muy mala calidad.

purrete, ta *s. m.* y *f. Arg., Urug.* Niño o niña.

purria o **purriela** *s. f.* **1.** Chusma*. **2.** *fam.* Morralla*.

purrusalda *s. f.* Guiso hecho con puerros cocidos, patatas en trocitos y bacalao.

purulencia *s. f.* **1.** Estado purulento de un tejido o herida. **2.** Secreción de pus.

purulento, ta *adj.* Que tiene pus o lo segrega.

Purús Río de América del Sur, en la región amazónica. 3.380 km de longitud. Nace en el S del departamento de Loreto, en Perú, discurre por Brasil y desemboca en la orilla derecha del Amazonas. Es muy caudaloso y navegable en gran parte de su curso.

pus *s. m.* Líquido espeso que segregan a veces los tejidos o heridas inflamadas e infectadas; está compuesto de suero y restos de glóbulos blancos y bacterias.

Pusan C. de Corea del Sur, situada en el SE del país, a orillas del estrecho de Corea. 3.754.000 h. en 1989. Principal centro portuario del país, cuenta con astilleros e industria siderúrgica, química, metalúrgica, textil y alimentaria.

Pushkin, Alexander Sergeievich (Moscú 1799 - San Petersburgo 1837) Escritor ruso. De familia noble, por sus primeras publicaciones, de clara inspiración volteriana, fue desterrado al Cáucaso y Odessa (1820-24) y posteriormente confinado en su propiedad de Mijailovskoie (1824-26). En 1826 regresó a Moscú y al año siguiente a San Petersburgo y, aunque siguió profesando las mismas ideas liberales, no se opuso abiertamente al poder. Murió en un duelo contra Georges D'Anthès, militar francés al servicio de Rusia, a causa de Natalia Goncharova, esposa del escritor. Pushkin es considerado el iniciador de la literatura rusa contemporánea, a la que aportó un lirismo de inspiración byroniana y la nueva savia de la novela histórica y realista decimonónica. Entre sus obras destacan los poemas *El prisionero del Cáucaso* (1821), *Los cíngaros* (1823-24) y *El caballero de bronce* (1833), la novela en verso *Eugenio Oneguin* (1823-30), el drama histórico *Boris Godunov* (1825) y las novelas *Narraciones de Bielkin* (1830), *Dubrovski* (1832) y *La hija del capitán* (1836).

Alexander Pushkin. Retrato de Kiprenski (Galería Tretiakov, Moscú).

pusilánime *adj.* Apocado, falto de valor o energía. También *s.* **Fam.** Pusilanimidad.

pústula *s. f.* **1.** Pequeña bolsa de la piel que está inflamada y llena de pus. **2.** Cualquier herida que tiene pus y costras. **Fam.** Pustuloso.

putada *s. f. vulg.* Acción malintencionada que perjudica a alguien.

putañear *v. intr. vulg.* Putear, tener con frecuencia relaciones sexuales con prostitutas.

putañero *adj. vulg.* Putero.

putativo, va *adj.* Que se considera como padre, hermano, etc., o hace las veces de tal sin serlo.

putear *v. intr.* **1.** *vulg.* Tener con frecuencia relaciones sexuales con prostitutas. **2.** *vulg.* Ejercer la prostitución. ‖ *v. tr.* **3.** *vulg.* Fastidiar o perjudicar a alguien. **4.** *amer.* Insultar a alguien. **Fam.** Puteo.

puterío *s. m.* **1.** *vulg.* Prostitución, actividad de las prostitutas. **2.** *vulg.* Conjunto de prostitutas.

putero *adj. vulg.* Se dice del hombre que mantiene con frecuencia relaciones sexuales con prostitutas.

puticlub *s. m. vulg.* Bar de alterne.

Putifar Personaje bíblico. Oficial del faraón, compró a José como esclavo. La mujer de Putifar intentó seducir a José, pero fue rechazada; en venganza, lo acusó de haber intentado forzarla y José fue enviado a prisión.

puto, ta *s. m.* y *f.* **1.** *vulg.* Persona que ejerce la prostitución. ‖ *s. f.* **2.** *vulg.* Mujer de conducta sexual demasiado liberal. También *adj.* ‖ *adj.* **3.** *vulg.* Fastidioso o molesto. **4.** *vulg.* Despreciable, miserable. **5.** *vulg.* Difícil. **6.** *vulg.* En frases negativas, resalta la ausencia de lo que se expresa. **7.** En ciertas expresiones tiene simplemente valor enfático: *de puta pena.* ‖ **Loc. como puta por rastrojo** *adj.* y *adv. vulg.* En una situación difícil y apurada. **de puta madre** *adj.* y *adv. vulg.* Estupendo. **pasarlas putas** *vulg.* Estar en una situación muy difícil, apurada o arriesgada

putrefacción *s. f.* Acción y efecto de pudrir o pudrirse. Se produce mediante la descomposición de la materia orgánica muerta por la acción de hongos y bacterias. Constituye la base del ciclo de la materia orgánica en la naturaleza.

putrefacto, ta *adj.* Podrido, corrompido.

putrescencia *s. f.* Estado de un cuerpo en vías de putrefacción. **Fam.** Putrescente.

putrescible *adj.* Que se pudre o puede pudrirse fácilmente.

putridez *s. f.* Cualidad o estado de pútrido.

pútrido, da *adj.* Podrido, corrompido.

putsch (voz al.) *s. m.* Golpe de Estado realizado con rapidez.

Putumayo 1. Río de Colombia, en el S del país. 1.800 km de longitud. Nace en los Andes, en el nudo de Pasto, traza la frontera entre Colombia, Perú y Ecuador y desemboca en el Amazonas, ya en Brasil.
2. Departamento de Colombia, situado en el S del país. 24.885 km^2. 119.800 h. en 1985. La capital es Mocoa, con 20.340 h. en 1989. Se extiende entre la región andina y la amazónica. Sus recursos económicos proceden de la agricultura de arroz, ñame, caña de azúcar y plátanos, la ganadería y la explotación forestal y cauchera.

Puvis de Chavannes, Pierre (Lyon 1824 - París 1898) Pintor francés. Constituye uno de los principales representantes del simbolismo. Su obra, influida por los maestros renacentistas italianos, sigue la tradición de Ingres y se caracteriza por los colores pálidos, la composición fría y los temas alegóricos o simbólicos. Entre sus principales pinturas pueden citarse los cuadros *Santa Genoveva niña* (1877) y *El pobre pescador* (1881) y la decoración pictórica del Panteón de París.

Puy de Dôme Montaña de Francia, en la Auvernia. 1.465 m de altura. Es una cima de origen volcánico, constituida por extrusión de doleritas. En ella se ha establecido un observatorio meteorológico.

puya *s. f.* **1.** Punta afilada que tiene en un extremo las varas que usan los picadores y vaqueros para pinchar a las reses. **2.** Vara que acaba en una punta semejante. **3.** *fam.* Palabras que se dicen con intención de herir a alguien o burlarse de él.

puyazo *s. m.* **1.** Golpe dado con la puya. **2.** Herida que se hace con la puya. **3.** *fam.* Palabra o frase irónica y malintencionada.

puzzle (voz ingl.) *s. m.* **1.** Juego que consiste en formar una determinada figura o dibujo juntando correctamente las distintas piezas en que está dividido. **2.** P. ext., otros pasatiempos en que hay que aplicar el ingenio y la paciencia.

Pym, John (Brymore, Somersetshire 1584 - Londres 1643) Político inglés. Líder puritano de los Comunes, combatió violentamente a los católicos y se opuso al duque de Buckingham, valido de Carlos I, encabezando la petición de derechos (1628). Se enfrentó al rey y logró la condena a muerte del conde de Strafford (1641). Declarada la guerra civil, estuvo al frente del Partido Parlamentario, pero perdió el apoyo de sus seguidores por su autoritarismo.

Pyongyang C. de Corea del Norte, cap. del país, situada en el O del mismo, a orillas del río Taedong. 2.000.000 h. en 1986, 2.640.000 en su área metropolitana. Es un centro administrativo y comercial, enclavado en una rica región minera, y primer núcleo industrial del país, con producción siderúrgica, química, textil, alimentaria, cementera, de neumáticos y de material eléctrico.

pyrex *s. m.* Clase de vidrio capaz de soportar altas temperaturas, muy utilizado para fabricar recipientes de cocina.

Q

q *s. f.* Decimoctava letra del abecedario español y decimocuarta de sus consonantes. ■ Forma sílaba sólo con la *e* y la *i* mediante interposición de una *u*, que pierde su sonido: *queso, quitar.*

Q Símbolo que representa el conjunto de los números racionales. Sus formas son Q^+ para los racionales positivos y Q^- para los negativos.

qarmata *adj.* **1.** Se dice de una secta musulmana ismailí que en el s. X se sublevó contra el califato abasí. En el año 930 sus miembros se apoderaron de La Meca y mantuvieron la posesión durante veinte años. **2.** De esta secta. También *s.*

qasba *s. f.* Kasbah*.

qasida (voz ár.) *s. f.* Composición poética culta, usada en la poesía árabe y persa, de una sola rima, con un número indeterminado de versos y de tema variable, generalmente filosófico o moral. ■ Se escribe también *casida.*

Qatar Estado del SO asiático.

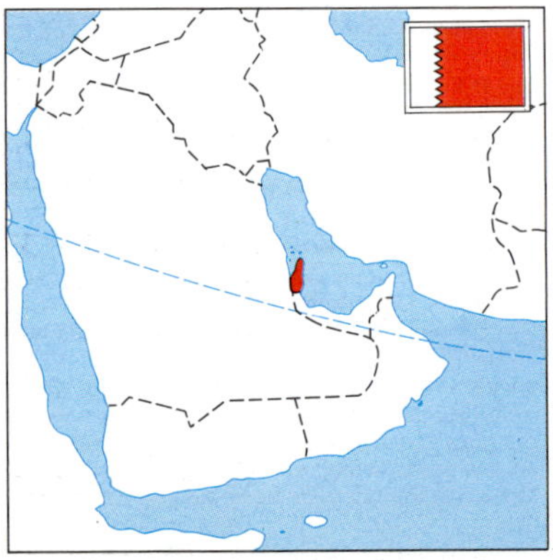

Extensión: 11.427 km^2.
Límites: al N y E, con el golfo Pérsico; al S, con los Emiratos Árabes Unidos, y al O, con Bahrein y Arabia Saudí.
Población: 444.000 h. en 1990.
Densidad: 38,9 h./km^2.
Capital: Doha.
División administrativa: 9 municipalidades.
Ciudades principales: Musayid.
Gentilicio: qatarí.
Forma de Estado: monarquía.
Idioma: árabe.
Religión: islamismo, 92,4 %; cristianismo, 5,9 %; hinduismo, 1,1 %.
Moneda: riyal.
Tasa de natalidad: 32 ‰ en 1990.
Tasa de mortalidad: 3 ‰ en 1990.
Renta per cápita: 9.920 dólares en 1989.

Geog. Qatar está situado en la península del mismo nombre, en el golfo Pérsico. Su relieve es llano y desértico, con un clima que sólo permite crecer la vegetación en las regiones costeras. Carece de red hidrográfica, lo que impide la práctica de la agricultura. Está habitado por una mayoría de árabes y grupos de iraníes y pakistaníes. Depende económicamente de los recursos petrolíferos y de gas natural, de los que posee importantísimas reservas. El pozo de Dukhan está comunicado por dos oleoductos con Musayid, y por un gasoducto con Doha; también son importantes los yacimientos submarinos de Idd el Shargi, Maydan-Mahsam y Bul Hanine. Cuenta con una refinería de petróleo en Musayid, industria cementera y recursos pesqueros. ***Hist.*** Qatar fue dependiente de Bahrein hasta el s. XIX, en que cayó bajo dominio del imperio otomano. En la Primera Guerra Mundial, en 1916, concertó un acuerdo con el Reino Unido, que se comprometió a defender su territorio y asumió el protectorado. El descubrimiento de yacimientos petrolíferos en 1930 produjo un desarrollo económico de grandes proporciones. En 1968 se integró en la Federación de Emiratos del Golfo Pérsico, en la que permaneció hasta 1970. En 1971 obtuvo la independencia del Reino Unido, constituyéndose en emirato, con una monarquía de carácter absoluto, cuyo poder viene sancionado por la Constitución de 1970. Es miembro de la ONU y de la Liga Árabe. Su emir es desde 1972 el jalifa Ibn Hamad el-Thani.

Qin Dinastía que reinó en China desde el 250 hasta el 206 a. C.

Qing Dinastía manchú que reinó en China desde 1644 hasta 1912.

Qingdao C. de China, situada en el E del país, junto al mar Amarillo. 2.010.000 h. en 1989. En la ciudad se concentran numerosas industrias, entre las cuales destacan las de construcciones mecánicas, de cemento, químicas, textiles y siderúrgicas. En 1897 el territorio en que se asienta la ciudad pasó a poder de Alemania, hasta que en 1915 los japoneses la ocuparon, aunque hubieron de devolverla a China en 1922.

Qinghai Prov. de China, situada en el sector central del país, al NE del Tíbet. 721.000 km^2. 4.457.000 h. en 1990. La capital es Xining, con 536.700 h. en 1989. En su territorio se alzan los montes Kunlun y nacen los ríos Mekong y Yangtsé-kiang. Es una región esteparia y fría, cuyos principales recursos proceden de la explotación petrolífera. Se llama también *Tsinghai.*

Qom C. de Irán, al S de Teherán. 543.100 h. en 1986. Es una de las ciudades santas del islamismo chiita. Fue residencia del imán Jomeini hasta su muerte en 1989.

quadrivium *s. m.* Cuadrivio*.

Quant, Mary (Londres 1934) Modista británica. En los años sesenta revolucionó la moda femenina con la creación de la minifalda.

quanto *s. m.* Cuanto*, cantidad de energía.

Quantz, Johann Joachim (Scheden, Göttingen 1697 - Potsdam 1773) Músico alemán. Además de tocar el clave, el violín y el oboe, era un virtuoso intérprete de la flauta, instrumento sobre el que escribió un tratado, *Ensayo de unas instrucciones para tocar la flauta travesera* (1752), y realizó importantes avances técnicos. Fue maestro y compositor de Federico el Grande de Prusia, para quien escribió alrededor de 300 conciertos y 200 piezas para flauta.

quark *s. m.* Cada una de las subpartículas que constituyen las partículas elementales conocidas con el nombre de *hadrones*, que están sometidas a las fuerzas nucleares fuertes. Las cargas eléctricas de los quarks son fracciones de la carga elemental. La existencia de los quarks explica con sencillez el comportamiento de las partículas elementales en ciertas interacciones y desintegraciones. Los quarks se caracterizan por un color (rojo, verde o azul) y un sabor, con seis denominaciones.

Quart, Pere Véase **Oliver, Joan.**

Quart de Poblet C. de España, en la prov. de Valencia. 27.700 h. en 1990. Forma parte del área metropolitana de la capital y es un importante centro industrial y agrícola.

Quarton, Enguerrand (Laon h. 1410 - ? ¿1466?) Pintor francés. Su obra, de estilo gótico, con influencias flamencas, destaca por su luminosidad y la calidad del modelado. Su obra maestra es la *Coronación de la Virgen* (1453-54), para el Hospicio de Villeneuve-lès-Avignon.

quasar (abreviatura del ingl. *quasi stellar radiosource*) *s. m.* Cuerpo celeste, detectable mediante el radiotelescopio, que constituye una poderosa fuente de radiación varios millones de veces más intensa que la del Sol. Fueron detectados por primera vez en 1963. Constituyen los astros más lejanos conocidos. También se denominan *cuasar* o *radiofuente.*

Quasimodo, Salvatore (Modica, Ragusa 1901 - Nápoles 1968) Poeta y crítico italiano. Constituye uno de los principales representantes de la escuela hermética, entroncada con el simbolismo y el surrealismo. En sus obras expresó un hondo sentimiento por el paisaje y por el mito. En una segunda etapa abordó el tema del hombre y los valores que pudieran dar sentido a la época angustiosa de la posguerra. De su obra poética cabe destacar *Olor de eucaliptus y otros versos* (1933), *Y llega pronto la tarde* (1942), *La vida no es sueño* (1949) y *La tierra incomparable* (1958). En *El poeta y el político* (1960) recopiló sus ensayos críticos y polémicos. En 1959 recibió el premio Nobel de literatura.

Quatre gats, Els Cervecería y hostal barcelonés (1897-1903) abierto en los bajos de Casa Martí, edificio neogótico de la calle de Montesión, y regentado por Pere Romeu. Fue importante lugar de reunión de intelectuales y artistas modernistas y posmodernistas, entre los que destacan Utrillo, Rusiñol, Casas, Regoyos, Opisso, Picasso, Nonell, Mir y Pichot. También se publicó una revista, *Quatre gats* (1899).

quattrocento (voz. ital.) *s. m.* Nombre con que se conoce el s. XV italiano desde el punto de vista artístico y cultural. En él se produjo un movimiento de renovación que superó los modelos góticos y recuperó las formas clásicas de la antigüedad. Ello se tradujo en la invención de un nuevo lenguaje plástico, que no se limitó a la mera imitación del arte clásico, sino que, tomándolo como referencia teórica, transformó profundamente el panorama artístico italiano para después extenderse al resto de Occidente. El movimiento nació en Florencia y se extendió posteriormente a Pisa, Urbino, Milán, Roma, etc. Sus principales representantes son, en escultura, Lorenzo Ghiberti, Jacopo della Quercia y Donatello; en pintura, Masaccio, Paolo Ucello, Piero della Francesca, Andrea del Castagno, Andrea Mantegna y, en su periodo final, los maestros de los grandes talleres Sandro Botticelli, Andrea Verrocchio, Antonio y Pietro Pollaiolo, Ghirlandaio y Perugino; y en arquitectura, Brunelleschi, Leon Battista Alberti y Michelozzo.

que *pron. relat.* **1.** Introduce proposiciones subordinadas adjetivas: *El día en que consiga hacerlo seré feliz. Mi coche, que no funciona, está en el garaje.* ‖ *pron. interr.* **2.** Introduce oraciones interrogativas: *¿Qué quieres?* También *adj.* ‖ *pron. excl.* **3.** Introduce oraciones o expresiones. También *adj.*: *¡Qué niño tan tonto!* ‖ *adv. pron. excl.* **4.** Agrupado con adjetivos, adverbios y locuciones adverbiales, expresa intensificación: *¡Qué tonto eres! ¡Qué bien lo has hecho!* ■ En estas tres últimas acepciones es tónico y lleva acento gráfico. ‖ *conj.* **5.** Introduce proposiciones subordinadas sustantivas: *Dijo que vendría esta tarde.* **6.** Enlaza proposiciones o sintagmas entre los que se establece una comparación o una relación de consecuencia: *Prefiero comer un bocadillo que no comer. Tenía tan mala pinta que no le reconocí.* **7.** Equivale a la conjunción copulativa *y* con un matiz adversativo: *Pido lo necesario, que no riquezas.* **8.** Se usa como conjunción causal: *Vendrá, que me lo prometió.* **9.** Equivale a la conjunción disyuntiva *o*: *Que quiera, que no quiera, vendrá.* **10.** Se utiliza en expresiones que indican progresión o frecuencia de la acción que expresa el verbo: *Dale que dale.* **11.** Se emplea como refuerzo con los adverbios *sí* y *no*: *Sí que iré.* ‖ **Loc. a la que** *conj.* Cuando, en cuanto. **en lo que** *conj.* Mientras. **no hay de qué** Se utiliza como contestación a un expresión de gratitud. **qué tal** *adv. interr.* Se emplea en fórmulas de saludo.

Quebec **1.** Prov. de Canadá, en el E del país. 1.540.680 km^2. 6.770.800 h. en 1990. Su territorio ocupa parte del escudo canadiense, la cuenca del río San Lorenzo y parte de la región de los Apalaches. La mayoría de su población es francófona. Constituye una rica región agrícola, con policultivos de cereales y plantas forrajeras; cuenta con recursos pesqueros, forestales y madereros, una importante minería de oro, cobre, plata, hierro y amianto, e industrias siderúrgicas, metalúrgicas, químicas, mecánicas, textiles, madereras, alimentarias, etc. Su ciudad principal es Montreal.
2. C. de Canadá, cap. de esta provincia, en el estuario del río San Lorenzo. 164.600 h. en 1986. 603.300 h. en el conjunto de su área metropolitana. Es un centro portuario y comercial, con

funciones administrativas y educativas e industria papelera, alimentaria, textil, tabaquera, mecánica y del cuero.
Hist. Quebec fue fundada en 1608 por el francés Samuel de Champlain. Ocupada por los británicos en 1629, fue restituida a Francia en 1632 y se convirtió en centro de la colonización francesa. La ciudad fue conquistada por las fuerzas británicas de Wolfe en 1759; la dominación del Reino Unido se ratificó en el tratado de París de 1763. En 1867 se proclamó el Acta de América del Norte, que estableció la confederación canadiense, puesta en entredicho desde la Segunda Guerra Mundial, en que surgieron grupos que reclamaban la independencia del Bajo Canadá. Se fundaron diversos partidos: el Partido Quebequés, que defendía la autonomía política manteniendo la relación económica con el resto de Canadá; el Partido Liberal, partidario del federalismo, y el Frente de Liberación de Quebec, cuyas acciones terroristas provocaron la declaración del estado de guerra en 1970. En las elecciones de 1976 el Partido Quebequés obtuvo la mayoría en la asamblea provincial y el francés se declaró idioma oficial. En 1985 el Partido Liberal, liderado por Robert Bourassa, ganó las elecciones por mayoría absoluta.

Quebec: vista parcial de la ciudad, con el castillo de Frontenac en el centro.

quebrada *s. f.* **1.** Abertura estrecha entre montañas. **2.** Cortadura o hundimiento grande en un terreno, generalmente elevado.

quebradero *s. m.* Se emplea en la locución familiar **quebradero de cabeza**, preocupación.

quebradizo, za *adj.* **1.** Se dice de las cosas que se quiebran con facilidad. **2.** Se dice de la persona enfermiza y con poca fortaleza corporal, y de su salud. **3.** Se aplica a la voz ágil para realizar quiebros en el canto. **4.** De poca fortaleza moral.

quebrado, da **1.** *p. p.* de **quebrar**. También *adj.* ‖ *adj.* **2.** Se dice del terreno con desniveles. **3.** Se dice de la persona, empresa, etc., que está en quiebra o en suspensión de pagos. También *s.* **4.** Quebrantado, debilitado. **5.** Que padece quebradura o hernia. También *s.* **6.** Se dice de la línea formada por varias rectas o segmentos, uno a continuación de otro, con distinta dirección. También *s. f.* **7.** En mat., se dice del número que indica que de las *n* partes de un todo se toman *m*. Se simboliza por *m/n*. También *s. m.*

quebradura *s. f.* **1.** Abertura, rotura, cortadura. **2.** Hernia*.

quebrantado, da **1.** *p. p.* de **quebrantar**. También *adj.* ‖ *adj.* **2.** Dolorido.

quebrantahuesos *s. m.* Ave falconiforme de la familia accipítridos, especie *Gypaetus barbatus.* Mide de 100 a 113 cm de longitud. Su plumaje es negro en la zona superior, alas y cola; blanco amarillento en la cabeza y naranja en el vientre. Una mancha negra le cubre desde el ojo hasta el pico. Tiene las alas largas y angulosas, de hasta 3 m de envergadura, y la cola de forma romboide. Se alimenta de carroña y del tuétano de los huesos, los cuales rompe tirándolos contra las rocas. Habita en solitario en regiones rocosas de Europa, África y Asia.

quebrantamiento *s. m.* **1.** Acción y efecto de quebrantar o quebrantarse. **2.** En der., infracción o incumplimiento de una ley o contrato que supone la nulidad de lo realizado. ‖ **3. quebrantamiento de condena** En der., delito que consiste en la fuga o autoliberación del sometido a privación de libertad por sentencia o auto de prisión. **4. quebrantamiento de forma** Omisión o incumplimiento de las garantías sustanciales del procedimiento establecidas en las leyes procesales.

quebrantar *v. tr.* **1.** Romper una cosa dura con violencia, especialmente si no llegan a separarse todas sus partes. **2.** Debilitar la solidez o fortaleza de alguien o algo. También *v. prnl.* **3.** No cumplir una ley, una obligación, un compromiso, etc. **Fam.** Quebrantable, quebrantador.

quebranto *s. m.* **1.** Acción y efecto de quebrantar o quebrantarse. **2.** Pena o dolor muy grande. ‖ **3. quebranto de moneda** Cantidad que se da a los cajeros, pagadores, etc., por las pérdidas que puedan tener en el manejo del dinero. **4. quebrantos bancarios** Cuenta que recoge las pérdidas que experimenta una empresa al descontar en un banco una letra u otro documento mercantil de pago.

quebrar *v. tr.* **1.** Romper o rajar una cosa dura con violencia. También *v. prnl.* **2.** Doblar o torcer algo. También *v. prnl.* **3.** Interrumpir, impedir el desarrollo de algo. **4.** Disminuir la fuerza o el rigor de algo. **5.** Estropear el color natural de la cara de una persona. También *v. prnl.* ‖ *v. intr.* **6.** Cesar en la realización de una actividad comercial o industrial por no poder cumplir las obligaciones contraídas, al ser el pasivo o las deudas mayores que el activo o las ganancias. ‖ *v. prnl.* **7.** Interrumpirse la continuidad de un terreno, una cordillera, etc. **8.** Romperse el hilo de la voz. **9.** Herniarse. ■ Es v. irreg. Se conjuga como *pensar.*

quebraza *s. f.* **1.** Grieta, especialmente las que se forman en la piel por efecto del frío. ‖ *pl.* **2.** Pequeñas melladuras de la hoja de una espada.

quebrazón *s. m. Amér. C., Chile, Col., Méx.* Destrozo grande de objetos de loza o de cristal.

queche *s. m.* Tipo de yate de tamaño variable que se distingue por tener dos palos, el mayor en el tercio de proa y el de mesana situado a proa de la mecha del timón.

quechemarín *s. m.* Pequeña embarcación de construcción sólida y dos palos, provista generalmente de cubierta, típica de las costas bretonas y del N de España.

quechua o **quichua** *adj.* **1.** Se dice del pueblo que en el tiempo de la colonización de Perú habitaba en la región de Cuzco, así como de sus actuales descendientes. **2.** De este pueblo. También *s.* ‖ *s. m.* **3.** Lengua hablada por los miembros de este pueblo, que se extendió por todo el imperio inca y por otras zonas de América del Sur. Ha dejado en el castellano palabras como *alpaca, cóndor, jaguar, pampa,* etc.

quechuismo *s. m.* Palabra o expresión del quechua empleadas en otra lengua.

quedada *s. f.* Acción y efecto de quedarse en un lugar.

quedar *v. intr.* **1.** Estar o permanecer en un lugar. También *v. prnl.* **2.** Permanecer una persona o cosa en un estado, especialmente después de haber pasado por otro u otros. También *v. prnl.* **3.** Haber todavía de algo. **4.** Ser considerado de una determinada manera. **5.** Faltar, restar. **6.** Terminar, resultar. **7.** Con la preposición *en,* manifestar una decisión o llegar a un acuerdo. **8.** Proyectar encontrarse dos o más personas en un

Quebrantahuesos (Gypaetus barbatus).

lugar. **9.** Con la preposición *por,* corresponder, ser adjudicada a alguien una cosa en una subasta, juego, etc. **10.** Estar situado en un lugar. ‖ *v. prnl.* **11.** Con la preposición *con,* apoderarse, apropiarse. También *v. tr.* **12.** Seguido de la preposición *con,* retener algo en la memoria. **13.** Disminuir la fuerza del viento o el oleaje del mar. **14.** Morirse. **15.** *fam.* Con la preposición *con,* engañar a alguien.

quedo, da *adj.* Silencioso, en voz baja. También *adv.* **Fam.** Quedamente.

Queen, Ellery Seudónimo de **Frederic Dannay** (Nueva York 1905 - White Plains, Nueva York 1982) y de **Manfred B. Lee** (Nueva York 1905 - Roxbury, Connecticut 1971) Escritores estadounidenses. Alcanzaron la popularidad con sus novelas policiacas. Escribieron un centenar de títulos de este género, entre los que destacan *El misterio del sombrero de copa* (1929) y *Crimen perfecto* (1942). En 1941 fundaron *Ellery Queen,* revista de narraciones policiacas.

Queensland Estado de Australia, situado en el sector NE del país. 1.727.200 km^2. 2.834.100 h. en 1989. La capital es Brisbane, con 1.274.400 h. en 1989. Constituye una gran meseta en cuyo sector oriental se alza la Gran Cordillera Divisoria. Frente a sus costas del océano Pacífico se halla el mayor arrecife coralino del mundo, la Gran Barrera, de más de 2.000 km de longitud. Es una región tropical que cuenta con agricultura de caña de azúcar, algodón, lino, trigo, maíz, sorgo, tabaco, plátanos y piña y ganadería ovina y bovina. Sus recursos mineros son considerables, con yacimientos de estaño, cobre, plomo, cinc, hierro, carbón, petróleo, gas natural, bauxita y uranio. El área de Brisbane, en el SE del estado, concentra la mayoría de las industrias, que producen fertilizantes, sustancias químicas, automóviles, tejidos, plásticos, neumáticos y derivados del petróleo.

quehacer *s. m.* Ocupación, labor, trabajo.

queimada *s. f.* Bebida típica de Galicia, hecha con orujo llameado al que se añade azúcar, café, corteza de limón y otros ingredientes.

Queipo de Llano, Gonzalo (Tordesillas, Valladolid 1875 - Sevilla 1951) Militar español. Participó en el levantamiento antimonárquico de Cuatro Vientos de 1930, por lo que hubo de exiliarse. Durante la Segunda República ocupó diversos cargos. Tras el levantamiento del 18 de julio de 1936, en cuya preparación participó, recibió el mando del ejército del Sur, con el que ocupó Sevilla, Huelva y, con ayuda italiana, Málaga. Desde Sevilla realizó una intensa campaña radiofónica de propaganda. En 1939 ascendió a teniente general y fue nombrado capitán general de Sevilla.

queja *s. f.* **1.** Manifestación de dolor, pena o disgusto. **2.** Aquello que motiva que alguien se queje. **3.** Acusación ante un juez u otra persona con autoridad.

quejarse *v. prnl.* **1.** Manifestar quejas. **2.** Acusar a alguien ante quien proceda.

quejica *adj. fam.* Que se queja con frecuencia por poca cosa, o de forma exagerada. También *s.*

quejicoso, sa *adj.* Quejica*.

quejido *s. m.* Voz o sonido con que se manifiesta pena o dolor.

quejigo *s. m.* Árbol de la familia fagáceas, especie *Quercus faginea.* Mide unos 15 m de altura, tiene el tronco grueso, hojas semicaducas ligeramente lobuladas de textura coriácea y envés blanquecino y velloso y fruto en aquenio con forma de bellota. Presenta en sus ramas y tallos unas agallas esféricas, que forma para aislar puestas de huevos de insectos parásitos. Crece en la península Ibérica y N de África.

quejilloso, sa *adj.* Quejica*.

quejo *s. m.* Quijada, mandíbula.

quejosamente *adv. m.* **1.** Con queja. **2.** En tono de queja.

quejoso, sa *adj.* Que muestra queja.

quejumbrar *v. intr.* Quejarse con frecuencia y sin motivo importante.

quejumbre *s. f.* Queja frecuente y sin motivo importante.

quejumbroso, sa *adj.* **1.** Que se queja frecuentemente y con poco motivo. **2.** Se dice de la voz, palabras, etc., que muestran queja.

quela *s. f.* Apéndice terminal en forma de pinza que remata algunas extremidades de los artrópodos, como el de los quelíceros de los merostomas y arácnidos o el de las patas anteriores de los crustáceos decápodos.

quelato *s. m.* Molécula o ion que se coordina más de una vez con un ion metálico, originando una estructura cíclica particularmente estable. También se conocen como quelatos los compuestos, generalmente orgánicos, que presentan esta agrupación. Entre otras sustancias, aparecen quelatos en la hemoglobina de la sangre y en la clorofila de las plantas verdes.

quelícero *s. m.* Apéndice de defensa y ataque de ciertos artrópodos. Presenta distintas formas y se encuentra delante de la boca. Está formado por dos artejos, uno grande e inmóvil y otro móvil y terminado en punta, con un pequeño orificio por donde sale el veneno situado en una glándula anterior.

queloide *s. m.* Tumor en la piel producido por la evolución irregular de una cicatriz. No suele ser maligno.

quelonios *s. m. pl.* Orden de reptiles al que pertenecen unas 240 especies comprendidas en los subórdenes pleurodiros y criptodiros, con las familias testudínidos, quelónidos, trioníquidos, quélidos, etc. Se caracterizan por tener el cuerpo protegido por una concha, formada por escudos óseos cutáneos recubiertos con escudos córneos, con seis aberturas por donde el animal saca cabeza, extremidades y cola, que puede retraer y esconder en el interior. Quelonios son las tortugas terrestres y acuáticas. También *adj.* y *s. m.*

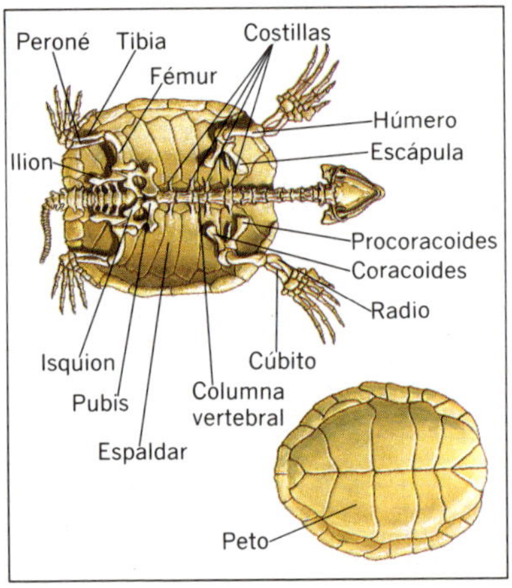

Anatomía del esqueleto y concha de los quelonios.

quema *s. f.* Acción y efecto de quemar o quemarse. ‖ **Loc. huir** alguien **de la quema** Alejarse de un peligro, esquivarlo.

quemadero, ra *s. m.* **1.** Lugar destinado a la quema de basuras, animales muertos, etc. **2.** Lugar destinado para quemar a los que eran condenados a morir en la hoguera.

quemado, da **1.** *p. p.* de **quemar**. También *adj.* y *s.* ‖ *adj.* **2.** Muy enfadado, harto. ‖ *s. m.* **3.** Trozo de monte consumido del todo o en parte por el fuego. **4.** *fam.* Quemadura en una cosa.

quemador, ra *adj.* **1.** Que quema. También *s.* ‖ *s. m.* **2.** Pieza de ciertos aparatos, como algunas cocinas y lámparas, que regula la salida de combustible.

quemadura *s. f.* Herida, señal o destrucción producida por el fuego, el calor, la electricidad, la radiación o ciertas sustancias químicas. Dependiendo de su intensidad, las quemaduras pueden ser de primer grado (superficiales), de segundo grado (que destruyen la epidermis, pero ésta puede regenerarse) o de tercer grado (que destruyen también la dermis y ésta no puede regenerarse).

quemar *v. tr.* **1.** Consumir o destruir una cosa el fuego o con fuego. También *v. prnl.* **2.** Calentar algo excesivamente. **3.** Secar una planta el calor o frío excesivos. También *v. prnl.* **4.** Destruir una cosa un ácido u otra sustancia corrosiva. **5.** Producir una cosa muy caliente o picante una sensación de dolor, escozor o picor, especialmente en la boca. También *v. intr.* **6.** Poner el sol muy morena o colorada la piel o producir heridas en ella. También *v. prnl.* **7.** Derrochar, malgastar. **8.** *fam.* Enfadar, irritar, hartar. También *v. prnl.* **9.** En lenguaje taurino, poner al toro banderillas de fuego para reavivar su bravura. ‖ *v. intr.* **10.** Estar demasiado caliente una cosa. ‖ *v. prnl.* **11.** Sentir mucho calor. **12.** *fam.* Estar cerca de acertar algo o de encontrar una cosa.

quemarropa, a *loc. adv.* **1.** Muy cerca de aquello a lo que se dispara con un arma de fuego. **2.** De manera brusca, sin rodeos.

quemazón *s. f.* **1.** Calor excesivo. **2.** Sensación de picor intenso, ardor, etc. **3.** Irritación, enfado, hartura.

quena *s. f.* Flauta formada por tubos de distintas longitudes, utilizada por algunos indios de América del Sur para acompañar sus cantos.

Queneau, Raymond (El Havre 1903 - París 1976) Escritor y matemático francés. Participó en el movimiento surrealista (1924-29). En su obra, llena de humor e ironía, gusta de experimentar con el lenguaje, como en sus *Ejercicios de estilo* (1947). Otros libros notables suyos son las novelas *Los hijos del viejo Limón* (1938), *Pierrot mi amigo* (1942) y *Zazie en el metro* (1959), y en poesía, *Roble y perro* (1937), *Pequeña cosmogonía portátil* (1950) y *Moral elemental* (1975).

quenopodiáceas *s. f. pl.* Familia de plantas generalmente herbáceas, rara vez leñosas, a la que pertenecen unas 1.500 especies de los géneros *Chenopodium, Salicornia, Beta, Spinacia*, etc. Son plantas dicotiledóneas de raíces profundas, tallos carnosos en algunas especies, hojas simples esparcidas, flores pequeñas dispuestas en inflorescencias cimosas o espiciformes y fruto en aquenio o nuez. Crecen en regiones templadas y subtropicales de todos los continentes y tienen importantes usos alimenticios. Quenopodiáceas son la espinaca, la acelga y la remolacha. También *adj.* y *s. f.*

Quental, Antero de (Ponta Delgada, Azores 1842 - íd. 1891) Poeta portugués. Influido por el socialismo utópico, fue cabecilla estudiantil y líder revolucionario, pero el fracaso del movimiento de 1870 le hizo perder todo entusiasmo y durante años arrastró una depresión que le llevaría al suicidio. Su poesía combativa está inspirada en las ideas revolucionarias. En ella sobresalen *Odas modernas* (1865), *Primaveras románticas* (1872), *Sonetos* (1886) y *Rayos de extinta luz* (publicado póstumamente). Entre sus ensayos destaca *Tendencias generales de la filosofía en la segunda mitad del siglo* XIX (1890).

quepis *s. m.* Gorra militar de forma cilíndrica, baja y con visera. ■ También se escribe *kepis* y *kepí*.

querargirita *s. f.* AgCl. Mineral cloruro de plata. Es un haluro de color blanco y brillo metálico, que cristaliza en el sistema cúbico. Constituye una importante mena de la plata y sus principales yacimientos se encuentran en Perú, Bolivia, Chile y México.

queratina *s. f.* Proteína que forma parte de tejidos córneos, como las uñas, pelo, plumas, cuernos y pezuñas de muchos animales.

queratitis *s. f.* Inflamación de la córnea transparente.

Quercia, Jacopo della (Quercia Grossa, Siena h. 1374 - Siena 1438) Escultor italiano. Es uno de los más destacados representantes del *quattrocento* y el primero desde la antigüedad en realizar estatuas de bulto redondo, como las de la *Fonte Gaia* de Siena (1409-19). En los relieves de la puerta central de la iglesia de San Petronio de Bolonia (1425-38) mostró su profundo interés por los modelos de la escultura clásica.

querella *s. f.* **1.** Acusación por la que una persona atribuye a otra ante el juez o tribunal competente la realización de un hecho delictivo; supone la iniciación de un determinado procedimiento. **2.** Discordia, discusión.

querellado, da *adj.* Se dice de la persona contra la que alguien se querella. También *s.*

querellante *adj.* Que se querella. También *s.*

querellarse *v. prnl.* **1.** Presentar una persona querella contra otra ante el juez o tribunal competente. **2.** Tener una discordia o discusión.

querencia *s. f.* **1.** Inclinación o afecto hacia alguien o algo. **2.** Inclinación o tendencia del hombre y de algunos animales a volver al lugar en el que se han criado o en el que les gustaba estar. **3.** En lenguaje taurino, inclinación del toro que le lleva a preferir determinados lugares de la plaza en los que quedarse.

querencioso, sa *adj.* Se dice del animal que tiene querencia.

querer[1] *v. tr.* **1.** Tender a la posesión de algo o a la realización de una acción. **2.** Sentir amor o cariño por alguien o algo. **3.** Pretender, intentar. **4.** Pedir una cantidad por algo. **5.** Requerir, ser conveniente. **6.** En el juego, aceptar una apuesta. **7.** Tener algo tendencia a cierta cosa. Con verbos que indican fenómenos atmosféricos, también *v. impers.* ■ Es v. irreg. ‖ **Loc. como quiera que** *conj.* De cualquier modo que; también, ya que, como. **como quiere** *fam.* Muy bien. **querer decir** Significar; también, indicar o dar a entender algo.

QUERER

INDICATIVO

Presente	Pretér. perfecto simple
quiero	*quise*
quieres	*quisiste*
quiere	*quiso*
queremos	*quisimos*
queréis	*quisisteis*
quieren	*quisieron*
Futuro imperf.	**Condicional simple**
querré	*querría*
querrás	*querrías*
querrá	*querría*
querremos	*querríamos*
querréis	*querríais*
querrán	*querrían*

SUBJUNTIVO

Presente	Pretérito imperfecto
quiera	*quisiera, -ese*
quieras	*quisieras, -eses*
quiera	*quisiera, -ese*
queramos	*quisiéramos, -ésemos*
queráis	*quisierais, -eseis*
quieran	*quisieran, -esen*

Futuro imperfecto
quisiere
quisieres
quisiere
quisiéremos
quisiereis
quisieren

IMPERATIVO

quiere	*quered*

querer[2] *s. m.* Amor, cariño.

Querétaro **1.** Estado de México, en el centro del país. 11.449 km^2. 1.044.200 h. en 1990. Su territorio comprende parte de la Sierra Madre Oriental y del Altiplano. Cuenta con cultivos de maíz, plantas forrajeras, caña de azúcar, frutales, hortalizas y cereales. Tiene recursos mineros de plata, cobre, hierro, mármol y calcedonia e industria que se concentra en la capital del estado. **2.** C. de México, cap. del estado del mismo nombre. 294.000 h. en 1982. Es un centro comercial y nudo de comunicaciones, que posee industrias textiles, alimentarias y de talla de minerales preciosos. Su núcleo monumental conserva numerosos edificios del barroco colonial, la catedral (s. XVI-XVIII), las iglesias de Santa Rosa y Santa Clara (s. XVIII) y el convento de San Agustín (s. XVIII).

querido, da **1.** *p. p.* de **querer**. También *adj.* ‖ *s. m.* y *f.* **2.** Amante.

quermés o **quermesse** *s. f.* Kermés*.

queroseno *s. m.* Mezcla líquida de hidrocarburos obtenida de la destilación del petróleo después de la fracción de la gasolina y antes de la fracción del gasóleo. La mayor parte de sus componentes son hidrocarburos parafínicos, aunque también están presentes algunos hidrocarburos bencénicos y olefínicos. Se emplea como combustible en el movimiento de turbinas y en motores de aviación.

querube *s. m.* En lenguaje poético, querubín.

querubín *s. m.* **1.** Ángel de rango inferior a los serafines, capaz de conocer y contemplar la belleza divina. **2.** Persona muy bella, especialmente un niño pequeño.

quesada *s. f.* Pastel de queso y masa.

quesadilla *s. f.* **1.** Quesada*. **2.** Pastelillo relleno de almíbar, fruta en conserva, etc.

quesera *s. f.* **1.** Lugar en que se fabrican quesos. **2.** Mesa o tabla adecuada para realizarlos. **3.** Vasija, generalmente de barro, en que se guardan y conservan los quesos. **4.** Plato con una cubierta en forma de campana, generalmente de cristal, que se utiliza para guardar el queso o ponerlo en la mesa.

quesería *s. f.* Lugar en que se fabrican o venden quesos.

quesero, ra *adj.* **1.** Perteneciente o relativo al queso. **2.** Se dice de la persona a la que le gusta mucho el queso. ‖ *s. m.* y *f.* **3.** Persona que hace o vende queso.

quesillo *s. m.* **1.** *dim.* de **queso**. ‖ **2. pan y quesillo** Véase **pan**.

Quesnay, François (Méré, Île-de-France 1694 - Versalles 1774) Médico y economista francés. En 1752 fue nombrado médico personal de Luis XV. Fundó la escuela fisiocrática (1757), de carácter antimercantilista, que propugnaba la supremacía de la agricultura en los sistemas económicos y rechazaba la intervención del Estado en la producción e intercambio de bienes. Expuso sus teorías en *Tabla económica* (1758). Otros escritos suyos importantes son *Despotismo en China* (1767) y *Análisis del gobierno de los incas en Perú* (1767).

Quesnel, Pasquier (París 1634 - Amsterdam 1719) Teólogo francés. Fue uno de los principales representantes y defensores del jansenismo. En 1681 hubo de exiliarse a Bélgica y en 1703 fue encarcelado en Malinas por los españoles. Su obra *El Nuevo Testamento en francés, con reflexiones morales* fue condenada por la Iglesia en 1708.

queso *s. m.* **1.** Producto alimenticio que se obtiene cuajando la leche de oveja, cabra, vaca u otros animales. **2.** *fam.* Pie de una persona. ‖ **3. medio queso** Tablero grueso semicircular que usan los sastres para planchar los cuellos y solapas de algunas prendas de vestir y para sentar las costuras curvas. **4. queso de bola** El de sabor suave, forma esférica y con la corteza generalmente de cera roja. **5. queso de Burgos** El muy poco curado que se hace con leche de oveja y se conserva en agua con sal. **6. queso de Cabrales** Véase **cabrales**. **7. queso de Camembert** Véase **camembert**. **8. queso de cerdo** Alimento realizado con carne de cabeza de cerdo o jabalí, picada y prensada, con forma redondeada, como de queso. **9. queso (de) Gruyère** Véase **gruyere**. **10. queso (de) Roquefort** Véase **roquefort**. **11. queso de Villalón** El elaborado originariamente en la provincia de Valladolid, con queso de oveja, que se come recién fabricado. **12. queso gallego** El que se fabrica en Galicia con leche de oveja y de vaca mezcladas. **13. queso manchego** El propio de La Mancha, cuajado con la flor del cardo y conservado a veces en aceite. **14. queso parmesano** Véase **parmesano**. ‖ **Loc. dársela** a uno **con queso** *fam.* Engañarle o burlarse de él.

queta *s. f.* Cada una de las sedas cutáneas de los animales invertebrados.

Quetelet, Adolphe (Gante 1796 - Bruselas 1874) Matemático y sociólogo belga. Aplicó la teoría matemática de las probabilidades y la estadística a las ciencias sociales. Fue autor de *La antropometría, o medida de las diferentes facultades del hombre* (1871), entre otras obras.

quetzal *s. m.* Ave trogoniforme de la familia trogónidos, especie *Pharomachrus mocinno.* Mide unos 35 cm de longitud, tiene plumaje color esmeralda, alas cortas verde azuladas y pecho escarlata, un penacho en la cabeza, pico rechoncho y fuerte y larga cola. Se alimenta fundamentalmente de frutos y semillas. Habita en las zonas cálidas de América.

Quetzalcóatl En la mitología mexicana náhuatl, dios de la vida y de la sabiduría. Se le representaba en forma de serpiente emplumada. Era una divinidad benéfica, padre y protector de la humanidad, a la que comunicó múltiples saberes, como el del cultivo del maíz.

Francisco de Quevedo y Villegas. Retrato atribuido a Velázquez (Instituto Valencia de don Juan, Madrid).

Quevedo y Villegas, Francisco de (Madrid 1580 - Villanueva de los Infantes, Ciudad Real 1645) Escritor español. Estudió en las universidades de Alcalá de Henares y de Valladolid. En 1613 pasó a Italia al servicio del duque de Osuna, desempeñando actividades diplomáticas en Nápoles, pero la caída en desgracia de éste le arrastró, y sufrió destierro. Procuró granjearse el apoyo del conde-duque de Olivares y llegó a secretario del rey Felipe IV, pero en 1639, por motivos mal conocidos, fue reducido a prisión, en la que permaneció hasta 1643. Se retiró a su señorío de Torre de Juan Abad con la salud muy debilitada y poco después murió. Quevedo es uno de los grandes representantes del Siglo de Oro español y autor de una obra vastísima que abarca la poesía lírica y la satírica, la prosa doctrinal, la novela picaresca y el teatro. Su estilo, propio del Barroco, no se limita a un lenguaje estrictamente poético, de expresión culta y calculada, como en sus contemporáneos culteranos, sino que maneja distintos niveles sin desdeñar el popular y de germanía. Empleó con gran maestría las antítesis, hipérboles, equívocos y juegos de palabras, buscando siempre la condensación expresiva propia del conceptismo. De sus obras en prosa destacan *Cartas del caballero de la Tenaza* (1625), *Vida del Buscón llamado don Pablos* (1626), *Política de Dios, gobierno de Cristo y tiranía de Satanás* (1626), *Los sueños* (1627) y *La cuna y la sepultura* (1634); y en verso *El Parnaso español* (1648) y *Las tres musas últimas castellanas* (1670), póstumas, y la *Epístola satírico-censoria al conde-duque de Olivares.*

quevedos *s. m. pl.* Lentes de forma circular, con una armadura a propósito para que se sujeten en la nariz.

Quezón, Ciudad C. de Filipinas, situada en la isla de Luzón, al E de Manila, a cuya área metropolitana pertenece. 1.587.150 h. en 1990. Fundada en 1940 como ciudad residencial, posee industrias metalúrgicas, químicas, textiles, alimentarias y de la madera.

Quezón Molina, Manuel Luis (Baler, Tayabas 1878 - Saranac Lake, Nueva York 1944) Político filipino. Fundador del Partido Nacionalista, que desempeñó un importante papel en la independencia de Filipinas, fue elegido primer presidente de la Mancomunidad filipina en 1935 y reelegido en 1941. Durante la invasión japonesa, en la Segunda Guerra Mundial, trasladó su gobierno a Australia y después a EE UU.

¡quia! *interj. fam.* Se usa para expresar incredulidad o negación.

quianti *s. m.* Chianti*.

quiasma *s. m.* **1.** Entrecruzamiento en forma de equis de dos estructuras anatómicas, p. ej. fibras nerviosas. ‖ **2. quiasma óptico** Zona del cerebro, situada en la base del mismo, en la que se entrecruzan parte de las fibras de los nervios ópticos. Es una región de gran importancia en la patología neuroftalmológica.

quiasmo *s. m.* Figura retórica que consiste en la ordenación cruzada de los elementos de dos secuencias bimembres, de modo que en la segunda se repiten los de la primera u otros de la misma clase, pero invirtiéndose el orden; p. ej., *Marta vive en Madrid, en Barcelona vive Luisa.*

quiché *adj.* **1.** Se dice de un grupo indígena que habita en el O de Guatemala y de sus individuos. También *s.* **2.** De este grupo. También *s.* ‖ *s. m.* **3.** Lengua de la familia maya, hablada por estos indígenas.

quichua *adj.* Quechua*.

quicio *s. m.* **1.** Parte de las puertas y ventanas en que están los goznes o bisagras. **2.** Ángulo o rincón que forman la puerta o la ventana y el muro por la parte en que aquéllas giran sobre los goznes. **3.** Conjunto de dos o más escalones que suele haber en la parte exterior de la puerta de entrada en algunas casas para bajar al piso de la calle. ‖ **Loc. fuera de quicio** *adv.* Sin orden o en un estado diferente al regular, normal o habitual. **sacar de quicio** Exagerar o deformar una cosa o hacer que alguien pierda la paciencia.

Quico Nombre propio familiar utilizado en la locución **ponerse como el Quico**, hartarse de comer.

quid (voz lat.) *s. m.* Esencia, punto más importante o razón de una cosa o asunto.

quid pro quo *loc. lat.* Expresa que se sustituye o toma una cosa por otra.

quídam (voz lat.) *s. m. fam.* **1.** *fam.* Persona a la que se designa de manera indeterminada. **2.** Don nadie.

Quidde, Ludwig (Bremen 1858 - Ginebra 1941) Político alemán. En 1892 fundó en Munich la Liga para la Paz. Fue diputado en la dieta de Baviera (1907-18) y en la asamblea de Weimar (1919-20). Luchó en favor de la Sociedad de Naciones y contra el nacionalsocialismo, lo que le obligó a exiliarse en Suiza (1933). En 1927 obtuvo el premio Nobel de la paz, compartido con Ferdinand Buisson.

quiebra *s. f.* **1.** Grieta, rotura. **2.** Hendidura o abertura de la tierra en un monte o en un valle, p. ej. la causada por las lluvias excesivas. **3.** Pérdida, deterioro. **4.** Fallo o posibilidad de fracaso en algún asunto. **5.** Acción y efecto de quebrar, situación económica de una empresa o comerciante que no puede pagar sus deudas vencidas. **6.** En der., procedimiento que se sigue para liquidar las deudas de un comerciante con los bienes que éste posee.

quiebro *s. m.* **1.** Movimiento que se hace con el cuerpo hacia un lado doblando la cintura. **2.** Cambio brusco y momentáneo del tono de la voz. **3.** En el lenguaje taurino, lance con el que el torero, realizando un rápido movimiento de cintura sin mover los pies, hace que el toro desvíe su trayectoria cuando va a embestirle.

quien *pron. relat.* **1.** Se utiliza para aludir a personas. ‖ *pron. interr.* **2.** Introduce oraciones o proposiciones interrogativas: *¿A quién has visto?* ‖ *pron. excl.* **3.** Introduce oraciones exclamativas: *¡Quién lo diría!* ■ En estas dos últimas acepciones lleva acento ortográfico. ‖ **Loc. no ser** una persona **quien para** algo No tener las cualidades o no ser el más adecuado para algo. **quien más y quien menos** Indica que aquello de lo que se habla es aplicable a todas las personas.

quienquiera *pron. indef.* Se utiliza para referirse a una persona indeterminada. Sólo se usa como antecedente del pronombre relativo *que.*

quietismo *s. m.* **1.** Quietud, falta de actividad o de movimiento. **2.** Doctrina religiosa heterodoxa que recomienda la contemplación por ser el acto moral y religioso más elevado, así como la única posibilidad de obtener una visión extática de la divinidad. Subraya la impotencia de la actividad humana frente al poder infinito de Dios. Fue enunciada por Miguel de Molinos y condenada por la Inquisición. Tuvo un importante desarrollo durante el s. XVII. **Fam.** Quietista.

quieto, ta *adj.* **1.** Que no se mueve. **2.** Parado, que no se desarrolla. **3.** Pacífico, tranquilo. **Fam.** Quietamente.

quietud *s. f.* **1.** Falta de movimiento. **2.** Calma, tranquilidad, sosiego.

quif *s. m.* Kif*.

quijada *s. f.* Cada una de las dos mandíbulas de los vertebrados que tienen dientes, especialmente las de gran tamaño.

quijotada *s. f.* Acción propia de un quijote.

quijote[1] (del lat. *coxa*, cadera, muslo) *s. m.* **1.** Pieza de la armadura destinada a cubrir el muslo. **2.** Parte superior del cuarto trasero de una caballería. Se usa más en *pl.*

quijote[2] (de *don Quijote*, personaje de Cervantes) *s. m.* Hombre soñador que se compromete a luchar por lo que considera justo, pero que a veces cae en el ridículo.

Quijote, El Novela de Miguel de Cervantes, publicada en 1605 y que constituye una de las cimas de la literatura universal. Su título completo

Don Quijote combate contra los molinos de viento. Grabado de Miguel Seguí (sección de Estampas, Biblioteca Nacional de Madrid).

es *El ingenioso hidalgo don Quijote de la Mancha* y tiene una segunda parte publicada en 1615. Narra las aventuras de Alonso Quijano, un hidalgo manchego que enloquece leyendo libros de caballerías y decide imitar a sus protagonistas, armándose caballero andante y saliendo a los caminos a «desfacer entuertos», a arreglar injusticias, en compañía de su fiel escudero Sancho Panza. Ambos personajes representan y simbolizan el idealismo y el realismo, y las hazañas que protagonizan, generalmente ridículas y grotescas, reflejan el choque brutal del espíritu idealista con la realidad prosaica de la vida cotidiana. *El Quijote* es, asimismo, una feliz síntesis de todos los géneros narrativos medievales, la obra que preludia la literatura castellana renacentista y del Siglo de Oro y el primer modelo del género novelístico.

quijotesco, ca *adj.* Propio de don Quijote de la Mancha o de un quijote. **FAM.** Quijotescamente.

quijotismo *s. m.* Conjunto de actitudes o acciones propias de un quijote.

quilate *s. m.* **1.** Unidad de peso utilizada para piedras preciosas y perlas, que equivale a 0,2 gramos. **2.** Cada una de las veinticuatro partes en peso de oro puro que contiene cualquier aleación de este metal. ‖ *pl.* **3.** Grado de perfección o valor de algo no material.

quilífero, ra *adj.* Se dice de cada uno de los vasos linfáticos de los intestinos, que absorben el quilo durante la quilificación y lo conducen al canal torácico. También *s. m.*

quilificar *v. tr.* Convertir el alimento en quilo. Se usa más como *v. prnl.* ▪ Se conjuga como *sacar.* **FAM.** Quilificación.

quilla *s. f.* **1.** Pieza de una embarcación que va de popa a proa por la parte inferior, en la que se asienta todo el armazón de ésta. **2.** Saliente que forma esta pieza. **3.** Parte saliente y afilada del esternón de las aves y murciélagos, en la que se insertan los músculos de las alas. **4.** Parte saliente y afilada que tienen en la cola algunos peces. **5.** Constelación austral situada junto al ecuador de la Vía Láctea. ▪ En esta acepción se escribe con mayúscula. ‖ **6. quilla de balance** Cada una de las piezas longitudinales y salientes de la parte sumergida de una embarcación, paralelas a la quilla central, que sirven para amortiguar los balanceos.

quilo[1] (del lat. *chylon*, y éste del gr. *julos*) *s. m.* Líquido alcalino, de aspecto lechoso y con gran cantidad de grasa, que resulta de la digestión de los alimentos en el intestino delgado. ‖ **LOC. sudar** uno **el quilo** *fam.* Trabajar mucho y con gran fatiga.

quilo[2] *s. m.* Kilo*.

quilo- *pref.* Kilo-*.

quilocaloría *s. f.* Kilocaloría*.

quilográmetro *s. m.* Kilográmetro*.

quilogramo *s. m.* Kilogramo*.

quilohertzio *s. m.* Kilohertzio*.

quilolitro *s. m.* Kilolitro*.

quilombo *s. m.* **1.** *Arg., Chile, Perú.* Burdel. **2.** Nombre con que se designaba a algunos grupos de negros huidos de la esclavitud en América del Sur, especialmente en Brasil.

quilométrico, ca *adj.* Kilométrico*.

quilómetro *s. m.* Kilómetro*.

quilópodos *s. m. pl.* Clase de artrópodos a la que pertenecen unas 2.500 especies comprendidas en las subclases anamorfos y epimorfos. Miden entre 6 y 200 mm de longitud, tienen el cuerpo segmentado y poseen entre 15 y 177 pares de patas, un par por cada segmento. El primer par está modificado formando unas tenazas venenosas. Tienen un par de antenas, mandíbulas y un par de maxilas. Son animales terrestres y ovíparos. Habitan en climas templados, subtropicales y tropicales de todos los continentes. Quilópodos son los ciempiés y las escolopendras. También *adj.* y *s. m.*

quiloso, sa *adj.* Que tiene quilo.

Quilpué C. de Chile, situada en la región V Valparaíso. 106.700 h. en 1989. Forma parte de la conurbación Valparaíso-Viña del Mar.

quimba *s. f.* **1.** *Col., Ec., Ven.* Calzado rústico. **2.** *Arg., Chile, Perú.* Contoneo, garbo o movimiento gracioso.

quimbambas *s. f. pl. fam.* Lugar lejano e indeterminado.

quimera *s. f.* **1.** Monstruo imaginario que, según la mitología griega, tenía cabeza de león, vientre de cabra y cola de dragón y vomitaba llamas. **2.** Utopía, fantasía. **FAM.** Quimérico.

química *s. f.* **1.** Ciencia que se ocupa del estudio de la composición y propiedades de las sustancias y del efecto de unas sobre otras, esto es, de los fenómenos mediante los cuales unas sustancias se transforman en otras de distinta naturaleza. **2.** Conjunto de estas propiedades y fenómenos.

Quím. Tradicionalmente, atendiendo al tipo de sustancias estudiadas, la química se divide en **inorgánica** y **orgánica**; la primera se ocupa del estudio de las sustancias que forman el mundo mineral, como los ácidos, bases y sales presentes en la corteza terrestre, mientras que la segunda estudia todas aquellas sustancias que contienen carbono, independientemente de que dichas sustancias tengan un origen natural (lípidos, glúcidos, proteínas, etc.) o sintético (plásticos, compuestos organometálicos, etc.). Por otro lado, atendiendo al tipo de fenómenos estudiados, la química se considera subdividida en distintas ramas, tales como la **química analítica**, que estudia los métodos para el reconocimiento y la determinación de la composición de las sustancias; la **química-física**, que relaciona las propiedades de las sustancias con su estructura; la **química industrial**, que trata de la fabricación y transformación a gran escala de los productos naturales y artificiales; y la **bioquímica**, que estudia las sustancias y procesos químicos característicos de los seres vivos. Desde un punto de vista más restringido, se suelen distinguir otros campos de la química, como la metalurgia, la electroquímica, la termoquímica, la cinética química y la química agrícola.

químico, ca *adj.* **1.** Perteneciente o relativo a la química. **2.** Especialista en química. También *s.* **FAM.** Químicamente.

quimificar *v. tr.* Convertir el quimo en alimento. Se usa más como *v. prnl.* ▪ Se conjuga como *sacar.* **FAM.** Quimificación.

quimiluminiscencia *s. f.* Emisión prolongada de luz como efecto de un proceso o transformación químicos; esto sucede, p. ej., con el fósforo blanco que, en presencia del aire, muestra luminiscencia producida por las reacciones redox que tienen lugar cuando ambos entran en contacto.

quimiorreceptor *s. m.* Elemento anatómico sensitivo especialmente apto para excitarse ante la presencia de determinadas sustancias químicas, al entrar en contacto con sus moléculas; como, p. ej., los receptores olfativos o las papilas linguales. También *adj.*

quimioterapia *s. f.* Conjunto de métodos terapéuticos basados en el empleo de ciertas sustancias químicas, como las sulfamidas y los antibióticos, para atacar y destruir microorganismos y tumores.

quimo *s. m.* Líquido ácido en que se transforman los alimentos en el estómago durante la digestión.

quimono *s. m.* Prenda de vestir japonesa, usada por las mujeres, con forma de túnica, mangas largas y anchas, abierta y cruzada por delante, y que se ciñe a la cintura con un cinturón ancho. ▪ Se escribe también *kimono.*

quimosina *s. f.* Fermento que existe en la mucosa del estómago de los mamíferos lactantes.

quina[1] (del quechua *quinaquina*, corteza) *s. f.* **1.** Corteza del quino, que contiene la quinina y otros alcaloides medicinales. **2.** Quinina*. **3.** Vino dulce al que se añade esta sustancia. ‖ **LOC. ser** alguien o algo **más malo que la quina** *fam.* Ser muy malo. **tragar quina** *fam.* Soportar algo a disgusto.

quina[2] (del lat. *quina*) *s. f.* **1.** Acierto de cinco números en el juego de la lotería. **2.** En el juego de dados, circunstancia de salir dos cincos en una tirada.

quinado, da *adj.* Se dice del vino u otro líquido que se prepara con quina y se usa normalmente como medicamento.

quinaquina *s. f.* Quina[1], corteza del quino.

quinario, ria *adj.* **1.** Se dice del grupo o conjunto de cinco elementos o unidades. **2.** Se aplica al sistema de numeración de base 5.

quincalla *s. f.* Conjunto de objetos de poco valor, generalmente metálicos.

quincallería *s. f.* **1.** Lugar en que se fabrica o vende quincalla. **2.** Conjunto de quincalla. **3.** Actividad comercial con esos objetos.

quincallero, ra *s. m.* y *f.* Persona que fabrica o vende quincalla.

quince *adj. num. card.* **1.** Diez y cinco. También *pron.* y *s. m.* ‖ *adj. num. ord.* **2.** Decimoquinto. También *pron.* ‖ *s. m.* **3.** Signos que representan este número. **4.** Cierto juego de cartas.

quinceavo, va *adj. num. part.* Se dice de cada una de las quince partes iguales en que se divide un todo. También *s.*

quincena *s. f.* Periodo de tiempo de quince días seguidos.

quincenal *adj.* **1.** Que sucede o se repite cada quincena. **2.** Que dura una quincena.

Quincey, Thomas de (Greenheys, Manchester 1785 - Edimburgo 1859) Escritor británico. Adquirió gran celebridad con su relato autobiográfico *Confesiones de un inglés comedor de opio* (1821). Escribió también ensayos, entre los que cabe citar *Sobre el asesinato considerado como una de las bellas artes* (1827) y *Suspiria de profundis* (1845), en los que dejó patente su vasta cultura y un estilo caracterizado por el humor y la utilización de la paradoja.

quincha *s. f.* **1.** *Amér. del S.* Entramado de juncos con el que se refuerza un techo o pared de paja, cañas, etc. **2.** *Amér. del S.* Pared hecha de cañas u otro material semejante, que suele cubrirse de barro.

quincuagena *s. f.* Conjunto de cincuenta elementos de una misma clase.

quincuagenario, ria *adj.* **1.** Que tiene cincuenta elementos o unidades. **2.** Cincuentón*.

quincuagésimo, ma *adj. num. ord.* **1.** Que ocupa por orden el número cincuenta. También *pron.* ‖ *adj. num. part.* **2.** Se dice de cada una de las cincuenta partes iguales en que se divide un todo. También *s.*

quindécimo, ma *adj. num. part.* Quinceavo*.

Quindío Departamento de Colombia, situado en el O del país. 1.845 km^2. 377.850 h. en 1985. La capital es Armenia, con 196.500 h. en 1986. Enclavado en territorio andino, sus recursos económicos proceden del cultivo del café, al que se añaden caña de azúcar y yuca, y del ganado bovino, porcino y caballar. En la capital cuenta con industrias textiles y del calzado.

Quindío, Nevado del Volcán de Colombia, situado en la Cordillera Central de los Andes. 5.150 m de altitud.

Quine, Willard van Orman (Akron, Ohio 1908) Filósofo estadounidense. Fue profesor en la universidad de Harvard. Su labor aborda fundamentalmente tres campos: la lógica matemática, la semántica y la filosofía de la ciencia, en la que defiende que todos los enunciados que componen la estructura de la ciencia son interdependientes. También se ha preocupado por el análisis de los supuestos ontológicos de los distintos lenguajes. Entre sus obras más importantes merecen citarse *Lógica matemática* (1940), *Los métodos de la lógica* (1950), *Desde un punto de vista lógico* (1953), *Palabra y objeto* (1960) y *Filosofía de la lógica* (1970).

quinesiología *s. f.* Kinesiología*.

quinesiterapia *s. f.* Kinesiterapia*. **FAM.** Quinesiterápico.

quingentésimo, ma *adj. num. ord.* **1.** Que ocupa por orden el número quinientos. También *pron.* || *adj. num. part.* **2.** Se dice de cada una de las quinientas partes iguales en que se divide un todo. También *s.*

quiniela *s. f.* **1.** Juego de apuestas en que hay que acertar los resultados de fútbol, hípica, etc. **2.** Boleto en que se realiza la apuesta. **3.** P. ext., premio ganado en esa apuesta. **4.** Juego de pelota vasca entre cinco jugadores.

quinielista *s. m.* y *f.* Persona que juega a las quinielas. **FAM.** Quinielístico.

quinientos, tas *adj. num. card.* **1.** Cinco veces cien. También *pron.* y *s. m.* || *adj. num. ord.* **2.** Quingentésimo. También *pron.* || *s. m.* **3.** Signos que representan este número.

quinina *s. f.* $C_{20}H_{24}N_2O_2$. Alcaloide presente en la corteza del quino, de la que fue aislado en 1820 por Pierre Joseph Pelletier y Joseph Caventou. Es poco soluble en agua y funde a los 177 °C. Tiene propiedades terapéuticas y se emplea en el tratamiento de procesos infecciosos, especialmente para combatir la malaria; también posee propiedades antipiréticas y se usa como tonificante muscular.

Quinn, Anthony (Chihuahua 1915) Actor cinematográfico estadounidense de origen mexicano. Alcanzó gran popularidad con la película de Elia Kazan *¡Viva Zapata!* (1950). Ha recreado personajes caracterizados por su gran humanidad en filmes como *La strada* (1954), *Zorba el griego* (1964) y *Las sandalias del pescador* (1968).

quino *s. m.* Nombre común de diversos árboles de la familia rubiáceas, género *Cinchona*. Tienen hojas perennes opuestas, de textura coriácea, flores en espiga de color rosado y fruto en cápsula de numerosas semillas. De la corteza se extrae la quina, usada en medicina como tónico y astringente, y para elaborar bebidas.

Quino, Joaquín Salvador Lavado, llamado (Mendoza 1932) Dibujante argentino. Ha colaborado en las principales revistas de su país y en algunas extranjeras. Su principal creación es la serie de *Mafalda*, iniciada en 1962, en la que retrata con ironía y ternura la clase media argentina a través de unos personajes infantiles.

quinqué *s. m.* Pequeña lámpara con un tubo o pantalla de cristal, alimentada antiguamente con petróleo o aceite y hoy con electricidad.

Quinquela, Benito (Buenos Aires 1890 - íd. 1977) Pintor argentino. Destacó como muralista con obras que recrean la vida del barrio portuario de La Boca. Entre sus murales cabe mencionar *Luz de mañana*, *A pleno sol* y *Actividad en La Boca*.

quinquenal *adj.* **1.** Que sucede o se repite cada quinquenio. **2.** Que dura un quinquenio.

quinquenio *s. m.* **1.** Periodo de tiempo de cinco años. **2.** Subida salarial que se produce cada cinco años de trabajo.

quinqui *s. m.* y *f.* Delincuente de poca monta.

quintacolumnista *s. m.* y *f.* Persona que pertenece a la quinta columna de un país u organización.

quintada *s. f.* Novatada en el servicio militar.

quintaesencia *s. f.* Quinta esencia*.

quintaesenciar *v. tr.* Depurar, extraer la quinta esencia de algo.

quintal *s. m.* **1.** Unidad de peso que equivalía en Castilla a 46 kilogramos. **2.** Pesa de 46 kilogramos. || **3. quintal métrico** Unidad de masa que equivale a 100 kilogramos.

Quintana, Manuel (Buenos Aires 1836 - íd. 1906) Político argentino. En 1899 fue representante de Argentina en la Conferencia Interamericana celebrada en Washington. Ministro del Interior (1892 y 1893-94), fue elegido presidente de la república (1904) y falleció sin terminar su mandato. Reprimió la revuelta radical liderada por Hipólito Yrigoyen.

Quintana, Manuel José (Madrid 1772 - íd. 1857) Escritor y político español. Tras la invasión de las tropas napoleónicas, luchó por la independencia de España. En los periodos absolutistas llegó a ser encarcelado, pero a la muerte de Fernando VII fue nombrado ministro del Consejo Real (1834), ayo instructor de Isabel II (1840) y coronado por la reina como poeta nacional (1855). Considerado como neoclásico, supo dar a su poesía una pasión casi romántica. De su obra en verso destacan *Poesías* (1788), *A la invención de la imprenta* (1800), *A la batalla de Trafalgar* (1805), *A la expedición española para propagar la vacuna en América* (1806) y *A España, después de la revolución de marzo* (1808); para el teatro escribió *El duque de Viseo* (1801) y *Pelayo* (1805), y en prosa *Vidas de españoles célebres* (1807) y *Cartas a lord Holland* (1852).

Quintana Roo Estado de México, situado en el E de la península del Yucatán. 50.212 km². 493.600 h. en 1990. La capital es Chetumal, con 46.000 h. en 1982. Es una región con abundantes lagos y cubierta de bosques tropicales. Su economía se basa en la explotación forestal del cedro, caoba y ébano, la agricultura de cereales y frutas tropicales, la pesca y el turismo, atraído por las ruinas mayas y las playas de Cancún.

Quintana Roo, Andrés (Mérida 1787 - Ciudad de México 1851) Político y escritor mexicano. En 1813 presidió la Asamblea Nacional Constituyente que formuló la declaración de independencia. Apoyó el plan de Iguala (1821), pero luego tuvo que enfrentarse a Iturbide. Ferviente federalista, fue ministro de Justicia con Santa Anna (1833-34) y magistrado de la Suprema Corte. Poeta romántico, es autor de la oda patriótica *Al 16 de septiembre de 1821*.

Quintanilla, Isabel (Madrid 1938) Pintora española. Representante del nuevo realismo, gusta de pintar con implacable minuciosidad los lugares más humildes de la casa, como cocinas, baños, patinillos, alacenas, etc., a los que logra ennoblecer con su técnica depurada.

Quintanilla Quiroga, Carlos (Cochabamba 1888 - íd. 1964) Militar y político boliviano. Participó en la guerra de Chaco contra Paraguay (1932). A la muerte del presidente Germán Busch (1939), ocupó la presidencia de la república y llevó a cabo una política conservadora. En 1940 entregó el poder al general Peñaranda.

quintar *v. tr.* **1.** Sacar por sorteo un elemento de un grupo de cinco. **2.** Sacar por sorteo el nombre de los que tienen que realizar el servicio militar.

quintero, ra *s. m.* y *f.* Persona que arrienda una quinta o labra y cultiva los terrenos de la misma.

quinteto *s. m.* **1.** Estrofa de cinco versos de arte mayor con rima consonante, de manera que no rimen tres versos seguidos, no formen un pareado los dos últimos y no quede ninguno libre. **2.** Composición musical para cinco voces o instrumentos. **3.** Grupo musical que consta de cinco miembros.

Quintiliano, Marco Fabio (Calahorra, La Rioja h. 35 - ? h. 96) Retórico hispanorromano. Fue en Roma un reconocido maestro, que tuvo ilustres discípulos como Plinio el Joven y posiblemente Tácito. Su obra *Institutio oratoria* establece sistemática y minuciosamente las reglas de la técnica oratoria, tomando como modelo a Cicerón y uniendo la elocuencia con la moral.

quintilla *s. f.* **1.** Estrofa de cinco versos octosílabos o de arte menor, igual al quinteto en todas las demás características. **2.** Combinación de cinco versos de cualquier número de sílabas, con dos rimas distintas.

quintillizo, za *adj.* Se dice de cada uno de los niños nacidos de un parto quíntuple. También *s.*

Quintín, San Véase **San Quintín**.

quinto, ta *adj. num. ord.* **1.** Que ocupa por orden el número cinco. También *pron.* **2.** Con palabras como *pino, infierno, porra*, etc., lugar muy alejado. || *adj. num. part.* **3.** Se dice de cada una de las cinco partes iguales en que se divide un todo. También *s.* || *s. m.* **4.** Joven al que le toca por sorteo ir a cumplir el servicio militar. **5.** Parte de un terreno, aunque no sea uno de los cinco trozos iguales en que puede dividirse. **6.** Medida utilizada para líquidos que equivale a una de las cinco partes iguales en que puede dividirse un litro. **7.** Botellín de cerveza que contiene la mencionada cantidad. || *s. f.* **8.** Finca en el campo con una casa para sus propietarios. **9.** Conjunto de jóvenes que entran cada año en el ejército para cumplir el servicio militar. **10.** P. ext., conjunto de personas que tienen la misma edad. **11.** En mús., intervalo que consta de tres tonos y un semitono. || *pl.* **12.** Conjunto de operaciones de reclutamiento de jóvenes para el servicio militar.

quíntuple *adj.* Quíntuplo*.

quintuplicar *v. tr.* Hacer cinco veces mayor una cantidad. También *v. prnl.* ■ Se conjuga como *sacar*. **FAM.** Quintuplicación.

quíntuplo, pla *adj.* Que contiene un número o una cantidad cinco veces exactamente. También *s. m.*

quiñazo *s. m. Chile, Perú.* Encontronazo, empujón.

quiñón *s. m.* Porción de tierra de cultivo.

Quiñones de Benavente, Luis (Toledo h. 1589 - Madrid 1651) Escritor español. Es el entremesista más famoso del s. XVII. Entre sus más de doscientos entremeses, de tono satírico y popular y carácter moralizante, sobresalen *Jocosería*, *Las civilidades*, *El guardainfante* y *El doctor Juan Rana*.

Quiñones Molina, Alfonso (Suchitoto 1874 - San Salvador 1950) Político salvadoreño. Miembro del Partido Demócrata y ligado a la familia Meléndez, fue vicepresidente (1915-23) y presidente de la república (1923-27).

quiosco *s. m.* **1.** Construcción pequeña que se instala en la calle o en lugares públicos para vender en ella periódicos, flores, chucherías, etc. **2.** Pequeña construcción oriental, generalmente abierta por todos los lados, que se instala en azoteas, jardines, etc., para descansar en ella, tomar el fresco y otros usos. **3.** Construcción en paseos, jardines, etc., para que toquen las bandas de música. ■ Se escribe también *kiosco*.

quiosquero, ra *s. m.* y *f.* Persona que trabaja en un quiosco.

quiqui *s. m. fam.* Mechón de pelo atado, rizado o que se queda de punta.

quiquiriquí *s. m.* **1.** Voz onomatopéyica que imita el canto del gallo. **2.** *fam.* Quiqui*.

quiragra *s. f.* Enfermedad de gota, cuando se produce en las manos.

quirguiz *adj.* **1.** Se dice de un pueblo de raza tártara que vive entre el Ural y el Irtich. **2.** De este pueblo. También *s.* || *s. m.* **3.** Lengua hablada por los miembros de este pueblo.

Quirinal Una de las siete colinas de Roma, cuyo nombre procede del dios Quirino. En ella fueron edificadas las termas de Diocleciano y de Constantino. El **palacio del Quirinal**, construido a lo largo de los s. XVI y XVIII por varios arquitectos, entre ellos Maderno y Bernini, fue residencia de los papas, más tarde del rey y desde 1948 del presidente de la república.

Quirino Dios romano que formaba con Júpiter y Marte la primera tríada divina. Era el dios de los quirites y su templo estaba en el Quirinal.

quirite *s. m.* Ciudadano de la antigua Roma y, más tarde, miembro del orden ecuestre, de menor categoría que el senatorial.

quirófano *s. m.* Sala o local debidamente acondicionado para realizar en él intervenciones quirúrgicas.

Quiroga, Elena (Santander 1919) Novelista española. Sus libros, de gran poder imaginativo y honda penetración psicológica, ponen de manifiesto sus grandes dotes de narradora, preocupada siempre por el ritmo y la precisión de su prosa. Entre ellos resaltan *Viento del Norte* (1951), *Tristura* (1960), *Escribo tu nombre* (1966) y *Presente profundo* (1973).

Quiroga, Horacio (Salto 1878 - Buenos Aires 1937) Escritor uruguayo. La naturaleza, y en especial la selva, es el telón de fondo de su obra, en la que predominan los temas de la magia, la enfermedad, la muerte y el alcoholismo. Publicó relatos breves en distintas colecciones, como *El crimen del otro* (1904), *Cuentos de amor, de locura y de muerte* (1918), *Cuentos de la selva* (1918),

Anaconda (1921) y *Más allá* (1935), y dos novelas cortas, *Historia de un amor turbio* (1908) y *Pasado amor* (1929).

Quiroga, Juan Facundo (La Rioja 1793 - Barranca Yaco 1835) Militar y político argentino. Al mando de las milicias de La Rioja, derrotó al gobernador de esta provincia, se proclamó gobernador (1823) y, con ayuda de Rosas, se adueñó del NO argentino. Partidario del federalismo, combatió contra Rivadavia, Lavalle y Paz. Murió asesinado y se presume que Rosas instigó el crimen.

Quiroga, Vasco de (Madrigal de las Altas Torres, Ávila h. 1470 - Uruapan 1565) Prelado español. Oidor de Nueva España (1530) y visitador de Michoacán (1533), fue nombrado obispo de Michoacán (1534). Fundó el hospital-pueblo de Santa Fe, donde intentó llevar a la práctica con los indígenas la *Utopía* de Tomás Moro. Defendió a los indígenas, a los que pretendió agrupar según el cristianismo primitivo.

quirognomonía *s. f.* Técnica de conocer las aptitudes de una persona por la forma o configuración de sus manos.

quirógrafo *adj.* Relativo al documento en que se refleja una obligación contractual y no está autorizado por un notario ni lleva otro signo oficial. También *s. m.*

quiromancia o **quiromancía** *s. f.* Supuesta adivinación mediante la interpretación de las rayas de la mano.

quiromántico, ca *adj.* **1.** Perteneciente o relativo a la quiromancia. ‖ *s. m.* y *f.* **2.** Persona que practica la quiromancia.

Quirón En la mitología griega, centauro hijo del dios Crono y de una hija de Océano. Era buen amigo de los hombres, prudente y benévolo. Fue el educador de Aquiles.

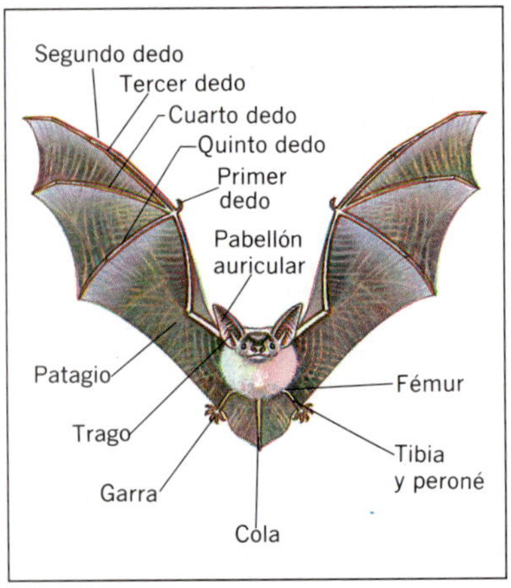

Morfología de un quiróptero, con sus alas membranosas y su gran pabellón auricular.

quirópteros *s. m. pl.* Orden de mamíferos al que pertenecen unas 850 especies comprendidas en las familias pteropódidos, rinopomátidos, embalonúridos, noctiliónidos, nictéridos, megadermátidos, rinolófidos, hiposidéridos, filostomátidos, desmodóntidos, natálidos, furiptéridos, tiroptéridos, mizopódidos, vespertiliónidos, mistacínidos y molósidos. Son animales voladores, cuyas extremidades anteriores tienen el pulgar libre, con una uña larga, y los otros dedos sostienen una membrana llamada *patagio* que se extiende hasta las extremidades posteriores y les permite el vuelo. Su tamaño oscila entre 5 y 40 cm de longitud y su pelaje es pardo oscuro. Están adaptados a la vida nocturna y vuelan en la oscuridad mediante un sistema parecido al radar: emiten con la laringe un ultrasonido que rebota en los objetos y lo captan con su oído modificado que posee un órgano llamado *trago*. Se alimentan de insectos, frutas y la sangre de otros mamíferos. Habitan en todas las regiones cálidas y templadas. Quirópteros son los murciélagos y los vampiros. También *adj.* y *s. m.*

quirquincho *s. m. Amér. del S.* Nombre común de diversos mamíferos desdentados de la familia dasipódidos. Semejantes al armadillo, tienen una concha protectora, un caparazón más o menos consistente de origen conjuntivo, del que se sirven los indios para hacer charangos. Habita en América del Sur.

quirúrgico, ca *adj.* Perteneciente o relativo a la cirugía.

quisicosa *s. f.* **1.** *fam.* Acertijo, cosa dudosa o difícil de averiguar. **2.** *fam.* Cosa extraña o rara.

quisque o **quisqui** Se emplea en las locuciones **cada quisque**, que significa 'cada cual, cada uno', y **todo quisque**, 'cualquiera'.

quisquilla *s. f.* **1.** Camarón*. ‖ *adj.* **2.** Quisquilloso. También *s.*

quisquilloso, sa *adj.* **1.** Se dice de la persona que se ofende por cualquier cosa. También *s.* **2.** Se aplica a la persona que da importancia a pequeñeces. También *s.* **FAM.** Quisquillosidad.

quiste *s. m.* **1.** Cavidad en forma de saco que contiene un parásito o alguna sustancia gaseosa, líquida o semisólida, y está cubierta de tejido conjuntivo o epitelial que aísla su contenido como reacción de defensa del organismo vivo. Los quistes pueden alcanzar gran tamaño y provocar dolores y enfermedades graves, especialmente si se revientan. A veces es preciso extirparlos por procedimientos quirúrgicos. **2.** Saco duro en cuyo interior se esconde un ser vivo para protegerse del medio ambiente desfavorable. Muchos organismos unicelulares, protozoos, bacterias, etc., y algunos parásitos son capaces de enquistarse. ‖ **3. quiste hidatídico** Los producidos por la tenia *Echinococcus granulosus*, que se localizan en el hígado o los pulmones. **4. quiste sebáceo** Tumor benigno de la piel, producido por la obstrucción de una glándula sebácea y la acumulación de la grasa que ésta segrega.

quístico, ca *adj.* Perteneciente o relativo a los quistes.

quita *s. f.* Liberación o perdón de una deuda o de parte de ella que realiza el acreedor a su deudor. ‖ **LOC. quita y espera** Procedimiento judicial en el que un deudor trata de realizar un convenio con sus acreedores para que éstos le liberen de parte de su deuda o le concedan un aplazamiento en el pago.

quitación *s. f.* Quita*.

quitamanchas *s. m.* Producto que sirve para quitar las manchas, generalmente de la ropa.

quitameriendas *s. f.* Nombre común de diversas plantas herbáceas de la familia liliáceas, género *Merendera*. Tienen hojas planas lanceoladas y flores de color rosado que aparecen en otoño o al final del verano. Crecen en prados y roquedales de los Pirineos y otras montañas de la península Ibérica.

quitamiedos *s. m.* Valla, barra, cuerda, etc., que se coloca en algunos lugares peligrosos para dar seguridad al que pasa o está en ellos, p. ej. en las carreteras de puerto de montaña.

quitanieves *s. f.* Máquina que se utiliza para apartar la nieve de las carreteras, vías de tren, etc.

quitanza *s. f.* Carta de pago o recibo que se da al deudor cuando paga lo que debía.

quitapenas *s. m. fam.* Variedad de vino dulce originario de Málaga.

quitapón *s. m.* Adorno de lana de colores que se pone en el testuz de mulos y otras bestias de carga.

quitar *v. tr.* **1.** Separar o apartar una cosa de otra o de un lugar en el que está o del que forma parte. También *v. prnl.* **2.** Dejar a una persona sin aquello que tenía. **3.** Con la preposición *de*, impedir que alguien haga algo o estorbarle para ello. **4.** Ser obstáculo o impedimento para algo. **5.** Suprimir, eliminar. También *v. prnl.* **6.** En esgrima, apartar la espada del contrario o desviar un golpe. ‖ *v. intr.* **7.** En el lenguaje taurino, hacer un quite. ‖ *v. prnl.* **8.** Abandonar una cosa, costumbre, vicio, etc. ‖ **LOC. de quita y pon** *adj.* Que puede quitarse y ponerse.

quitasol *s. m.* Sombrilla grande.

quite *s. m.* **1.** Movimiento defensivo con que se evita o detiene un golpe o ataque. **2.** En lenguaje taurino, acción de acudir un torero con el capote para librar a otro del peligro en que se encuentra por una embestida del toro. También, cada una de las suertes que realizan por turno los matadores para poner en posición al toro en el tercio de varas. ‖ **LOC. al quite** En defensa de alguien.

quiteño, ña *adj.* De Quito. También *s.*

quitina *s. f.* Polisacárido semejante a la celulosa que forma el caparazón de los artrópodos.

quitinoso, sa *adj.* Constituido por quitina.

quito, ta *adj.* Exento, libre, especialmente de una obligación o responsabilidad.

Quito C. de Ecuador, cap. del país, situada en la prov. de Pichincha, en el sector andino, a orillas del río Machángara. 1.234.000 h. en 1989. Constituye el segundo núcleo urbano de Ecuador por número de habitantes después de Guayaquil. Es un centro administrativo y comercial y un importante nudo de transportes, que cuenta con industria alimentaria, textil, joyera y cementera. Conserva un conjunto monumental de la época colonial en el que destacan la catedral (s. XVI), las iglesias de San Francisco, Santo Domingo y Santa Clara (s. XVII-XVIII), y el palacio de Gobierno (s. XVIII). Quito fue incorporada al imperio inca por Huayna Cápac. Conquistada por Benalcázar en 1533 y convertida en Audiencia en 1563, constituyó en 1809 un centro importante de la rebelión independentista. Fue anexionada a la Gran Colombia en 1821 y se convirtió en capital del estado de Ecuador en 1830.

quiwi *s. m.* Kiwi*.

quizá o **quizás** *adv.* Indica la posibilidad de algo que se expresa.

Qumran Yacimiento arqueológico palestino situado a orillas del mar Muerto, que estuvo habitado por miembros de la secta de los esenios en la segunda mitad del s. II a. C. En él fueron hallados los *rollos* o *manuscritos del mar Muerto*, documentos esenciales para el conocimiento de la historia del judaísmo y de los orígenes del cristianismo.

quórum *s. m.* **1.** Número de personas que tienen que estar presentes para que puedan celebrarse determinadas reuniones o asambleas. **2.** Número de votos favorables necesarios para que pueda aprobarse algo o lograrse un acuerdo.

Quzmán, Muhammad ibn (Córdoba 1086 - íd. 1160) Poeta arabigoandaluz. De una vasta cultura, se apartó de la poesía clásica para cultivar el zéjel. En su poesía utiliza la lengua vulgar, enriquecida con palabras romances. Reunió sus zéjeles en un *Cancionero*.

Quito: vista general de la ciudad.

R

r[1] *s. f.* Decimonovena letra del abecedario español y decimoquinta de sus consonantes. Su nombre es *erre.* ■ El sonido fuerte se representa como *rr* en todos los casos salvo en comienzo de palabra y detrás de las consonantes *n, l* o *s,* en que se representa como *r*: *rico, Enrique, alrededor, Israel.* El sonido suave siempre se escribe *r.*

r[2] Símbolo del radio de una circunferencia, círculo o esfera.

R **1.** En bioquímica, cierta vitamina. **2.** En fís., símbolo de la resistencia eléctrica. **3.** Símbolo del roentgen. **4.** En mat., símbolo del conjunto de los números reales. **5.** En quím., símbolo de la constante de los gases perfectos.

Ra En la mitología egipcia, dios del Sol. Se le representa como un hombre con cabeza de halcón, que en una mano sostiene el cetro real y en la otra el *ankh* (símbolo de vida). Está coronado por el disco solar, símbolo de poder sobre la vida y la muerte. El *Libro de los muertos* le califica sobre todo como creador.

Ra Símbolo químico del radio.

raba *s. f.* Cebo de huevas de bacalao usado para pescar.

rabada *s. f.* Cuarto trasero de las reses sacrificadas y preparadas para su consumo.

rabadán *s. m.* **1.** Mayoral de una cabaña de ganado. **2.** Pastor que, a las órdenes de un mayoral, dirige uno o más rebaños.

rabadilla *s. f.* **1.** Extremo de la columna vertebral formado por la última pieza del hueso sacro y el cóccix completo. **2.** Extremo móvil de la columna vertebral de las aves, sobre el que están las plumas de la cola.

Rabal, Francisco (Águilas, Murcia 1926) Actor español. Debutó en el cine en 1945 y adquirió fama internacional de la mano de Luis Buñuel. Entre sus filmes más sobresalientes figuran *Amanecer en Puerta Oscura* (1956), *Nazarín* (1959), *Sonatas* (1959), *Viridiana* (1961), *Belle de jour* (1966), *Truhanes* (1983), *Epílogo* (1983) y *Los santos inocentes* (1984).

rabanero, ra *adj.* **1.** Desvergonzado, ordinario. También *s.* ‖ *s. f.* **2.** Recipiente para servir los rábanos.

rabanillo *s. m.* **1.** Planta arbustiva de la familia crucíferas, especie *Cakile maritima.* Mide entre 15 y 45 cm de altura, tiene hojas carnosas, simples o pinnadas, y flores pequeñas lilas o rosas. Crece en costas arenosas y pedregosas de la Europa meridional y atlántica. **2.** Rábano silvestre.

rabaniza *s. f.* **1.** Semilla de rábano. **2.** Planta herbácea de la familia crucíferas, especie *Diplotaxis erucoides.* Mide entre 30 y 50 cm de altura, es anual y presenta hojas lobuladas, flores pequeñas de color blanco o lila y fruto en vaina. Crece en campos de cultivo de las regiones mediterráneas.

Rabanne, Paco (Pasajes, Guipúzcoa 1929) Modisto español. Instalado en París desde 1967, ha utilizado en sus vestidos el metal, en pequeños trozos o en forma de mallas, los plásticos y la piel en forma de correas. También ha diseñado bisutería y creado cosméticos.

Rabano Mauro (Maguncia h. 784 - Winkel, Renania 856) Escritor alemán. Fue discípulo de Alcuino de York, abad del monasterio de Fulda, que bajo su dirección alcanzó renombre universal, y obispo de Maguncia. Su importancia reside en su papel de transmisor de la cultura latina. Dos obras suyas, *De institutione clericorum* (819) y *De universo* (842-847), ejercieron una considerable influencia durante toda la Edad Media.

rábano *s. m.* Nombre común de diversas plantas herbáceas de la familia crucíferas, género *Raphanus.* El rábano cultivado *(Raphanus sativus)* mide entre 60 y 80 cm de altura, tiene el tallo ramoso, hojas ásperas y grandes, flores blancas, amarillas o de color púrpura y raíz carnosa, muy apreciada en alimentación. Es originario de Asia central y se cultiva en todo el mundo. El rábano silvestre *(Raphanus raphanistrum)* mide entre 20 y 60 cm y tiene flores amarillas o blancas. Es una mala hierba que crece en campos y cunetas. ‖ **Loc. coger** (o **tomar**) **el rábano por las hojas** *fam.* Interpretar equivocadamente algo. **importar un rábano** algo a alguien *fam.* No importarle nada o muy poco.

Rábano cultivado (Raphanus sativus), *en que se aprecia la raíz de forma redondeada.*

rabassa morta *expr. cat.* Significa 'cepa muerta' y designa, en Cataluña, el contrato agrario por el que el propietario de un terreno lo cede al cultivador para que plante viñas y cultive la tierra hasta la muerte de dos terceras partes de las cepas a cambio de una renta o una parte de la cosecha.

rabassaire (voz cat.) *adj.* En Cataluña, se dice del cultivador sometido al contrato de rabassa morta. También *s.*

Rabat C. de Marruecos, cap. del país, situada en el NO del mismo, junto al océano Atlántico. 518.600 h. en 1982 y 1.020.000 h. en su área metropolitana. Es un centro administrativo y comercial, que cuenta con industrias textiles, alimentarias y de construcción. En ella se observan dos zonas, la ciudad tradicional árabe y la moderna ciudad europea. Fue fundada en el s. XII por los almohades, bajo cuyo dominio alcanzó gran esplendor. A partir de mediados del s. XIII, los conflictos mermaron su población y entró en un periodo de decadencia que no se superó hasta el s. XVI, con la llegada de los moriscos procedentes de España. Fue capital del protectorado francés desde 1911. Entre sus principales monumentos destacan el muro de los Andaluces, el palacio del rey Dar-el-Makchzen, la torre Hassan y la kasbah de los Udaia.

rabdomancia o **rabdomancía** *s. f.* Búsqueda de objetos ocultos, como yacimientos o aguas subterráneas, por medio de varillas, péndulos, etc., a los que se atribuye propiedades detectoras.

rabear *v. intr.* Menear el rabo.

rabel *s. m.* Instrumento musical antiguo, parecido al laúd, con tres cuerdas, que se toca con arco corto y curvo.

Rabelais, François (Devinière, cerca de Chinon h. 1494 - París 1553) Escritor francés. Fue fraile franciscano y, más tarde, benedictino. Estudió medicina en Montpellier. Escribió *Gargantúa y Pantagruel,* obra donde expone de forma humorística y mordaz su filosofía sobre la naturaleza y su concepción epicúrea que refleja el espíritu del Renacimiento; su publicación empezó con *Pantagruel* (1532), al que siguieron *Gargantúa* (1534), supuesto padre de Pantagruel, el *Tercer libro* (1546), el *Cuarto libro* (1548-52) y el *Quinto* (1564), incompleto, con pasajes de autenticidad dudosa.

Rabi, Isidor Isaac (Rimanov 1898 - Nueva York 1988) Físico estadounidense de origen austriaco. Profesor de la universidad de Columbia, investigó sobre las propiedades eléctricas y magnéticas del átomo. Durante la Segunda Guerra Mundial colaboró en el avance del radar y de la bomba atómica. En 1944 obtuvo el premio Nobel de física.

rabí *s. m.* Rabino*.

rabia *s. f.* **1.** Enfermedad contagiosa vírica de algunos animales, especialmente el perro, uno de cuyos síntomas más característicos es el horror al agua, por lo que se llama también *hidrofobia.* Ataca el sistema nervioso del hombre y los mamíferos y se transmite por mordedura. Se combate con el suero antirrábico, descubierto por Louis Pasteur. **2.** Infección por hongos que ataca a los garbanzos cuando, después de llover o rociar, calienta fuertemente el sol. **3.** Enfado, furia, violencia. **4.** Antipatía, manía.

rabiar *v. intr.* **1.** Sentir un violento enfado, disgusto o contrariedad. **2.** Sufrir un fuerte dolor. **3.** Desear intensamente. **4.** Tener la enfermedad de la rabia. ‖ **Loc. a rabiar** *adv. fam.* Mucho, intensamente; también, en enemistad con alguien.

rabiatar *v. tr.* Atar por el rabo a un animal.

rábico, ca *adj.* Perteneciente o relativo a la enfermedad de la rabia.

rabicorto, ta *adj.* Que tiene el rabo corto.

rábida *s. f.* Monasterio-fortaleza musulmán, situado en la frontera de los reinos hispanocristianos. Los monjes guerreros de estos conventos se ejercitaban para la guerra santa. La institución, que constituyó un precedente de las órdenes militares, tuvo gran importancia en al-Ándalus en los s. XI y XII.

rabieta *s. f.* Enfado grande o llanto violento por un motivo poco justificado.

rabihorcado *s. m.* Nombre común de diversas aves pelecaniformes de la familia fregátidos, género *Fregata.* Miden hasta 100 cm de longitud, tienen el tronco alargado, alas de gran envergadura (hasta 245 cm) y puntiagudas, pico largo y ganchudo y cola en forma de horquilla. Su plumaje escasea en el cuello y cubre las patas, rematadas en pies con pequeña membrana interdigital y poderosas garras. Son excelentes voladoras y se alimentan de peces. Las especies más comunes son la *Fregata aquila,* la *Fregata magnificens* y la *Fregata minor.* Habita en regiones cálidas del Atlántico y Pacífico.

rabilargo, ga *adj.* **1.** Que tiene el rabo largo. ‖ *s. m.* **2.** Ave paseriforme de la familia córvidos,

Rabat: vista parcial de la ciudad con parte de las murallas en primer término.

especie *Cyanopica cyana.* Mide unos 34 cm de longitud, tiene la cola muy larga, el plumaje pardo con la cabeza negra y las alas y cola azules. Habita en la península Ibérica y E de Asia.

rabillo *s. m.* **1.** *dim.* de **rabo**. **2.** Ramita que sostiene la hoja o el fruto. **3.** Prolongación alargada de cualquier cosa. **4.** Cizaña*, planta. **5.** Mancha negra que aparece en los granos de los cereales cuando están atacados por la plaga denominada *tizón.* **6.** Tira pequeña de tela que sirve para ajustar determinadas prendas. ‖ **7. rabillo del ojo** Ángulo externo del ojo.

Rabin, Isaac (Jerusalén 1922) Político y militar israelí. Como jefe de Estado Mayor, organizó la ofensiva en la tercera guerra árabe-israelí (1967). Líder del Partido Laborista, fue primer ministro (1974-77) y posteriormente ministro de Defensa (1984).

rabínico, ca *adj.* Perteneciente o relativo a los rabinos.

rabinismo *s. m.* **1.** Etapa religiosa y cultural del judaísmo que comienza en el año 70, tras la dispersión del pueblo judío, y que ha perdurado hasta la actualidad. Deposita en los rabinos la unidad religiosa y espiritual, siendo ellos quienes se encargan del comentario de los libros sagrados y la definición de las leyes morales. El rabinismo elaboró el *Talmud.* **2.** P. ext., doctrina que siguen y enseñan los rabinos.

rabino *s. m.* **1.** Doctor de la ley judía. **2.** Jefe espiritual de una comunidad judía.

rabión *s. m.* Rápido de un río.

rabioso, sa *adj.* **1.** Que padece la rabia. También *s.* **2.** Furioso, muy enfadado. **3.** Excesivo, violento, enorme. **FAM.** Rabiosamente.

rabisalsera *adj. fam.* Se dice de la mujer muy desenvuelta y descarada.

rabo *s. m.* **1.** Cola o extremidad de la columna vertebral de algunos animales. **2.** Cosa alargada, semejante a dicha extremidad, como la ramita que sostiene la hoja o el fruto de una planta. **3.** *vulg.* Miembro viril. ‖ **4. rabo de junco** Ave palmípeda americana de la familia faetóntidos, especie *Phaëthon aethereus.* Mide unos 25 cm de largo y tiene el plumaje verde con reflejos dorados en el lomo y vientre. ‖ **LOC. con el rabo entre las piernas** *adv. fam.* Humillado y sin saber qué decir. **de cabo a rabo** *adv. fam.* Por completo, de principio a fin.

rabón, na *adj.* Se dice del animal rabicorto o que no tiene rabo y debería tenerlo.

rabona, hacer *loc. fam.* Hacer novillos.

rabotada *s. f. fam.* Expresión grosera, brusca o injuriosa.

rabudo, da *adj.* Que tiene el rabo grande.

rábula *s. m.* Abogado ignorante y charlatán.

racanear *v. intr.* **1.** Actuar como un rácano. **2.** Holgazanear, remolonear.

racanería *s. f.* Tacañería*.

rácano, na *adj.* Tacaño, avaro. También *s.*

raccord (voz ingl.) *s. m.* En cine, corte entre dos planos. Es el elemento básico del montaje.

racémico, ca *adj.* Se aplica a los compuestos orgánicos cuyas muestras están formadas por igual número de moléculas dextrógiras que levógiras, lo que determina que la muestra, en conjunto, no presente actividad óptica, aunque la mezcla inactiva puede separarse en sus constituyentes, ópticamente activos, por distintos procedimientos. El término se debe a Pasteur, quien observó el fenómeno por primera vez en el ácido de las uvas o ácido racémico. También *s. m.*

racha *s. f.* **1.** Golpe de viento. **2.** Periodo de tiempo en que suceden cosas buenas o malas. ‖ **LOC. a rachas** *adv.* Referido al viento, soplando y calmándose de manera intermitente. También, a veces, en determinados periodos de tiempo.

racheado, da *adj.* Se dice del viento que sopla a rachas. **FAM.** Rachear.

Rachmaninov, Sergei Vassilievich (Onega, Novgorod 1873 - Beverly Hills, California 1943) Compositor y pianista ruso. Se formó en Moscú, en la escuela de Tchaikovski, fue un excelente pianista y desde 1935 vivió en EE UU. Su estilo entronca con la tradición romántica rusa, pero sus influencias occidentales le separan de la escuela nacionalista de su país. Compuso cuatro óperas, tres sinfonías, cuatro conciertos para piano, entre los que sobresale el *Número 2 en do menor* (1907), el poema sinfónico *La isla de los muertos* (1909) y *Rapsodia sobre un tema de Paganini* (1934).

racial *adj.* **1.** Perteneciente o relativo a la raza. **2.** Que tiene los rasgos de carácter más tópicos de un pueblo.

racimar *v. tr.* **1.** Recoger los racimos caídos en la vendimia. ‖ *v. prnl.* **2.** Formar racimo un fruto.

racimo *s. m.* **1.** Conjunto de frutos que cuelgan de un tallo común, especialmente las uvas. **2.** Conjunto de flores sostenidas por un eje común a intervalos regulares y con pedúnculos simples de longitud variable. **3.** Conjunto de cosas pequeñas agrupadas de forma similar a como lo hacen las uvas en su tallo. **4.** Conjunto apretado de personas o cosas.

racimoso, sa *adj.* **1.** Que echa o tiene racimos. **2.** Que tiene muchos racimos.

Racine, Jean (La Ferté-Milon 1639 - París 1699) Dramaturgo francés. Se formó en Port-Royal (1655-1658) y la influencia jansenista se manifestó en su vida y en su obra. Encarnó como ningún otro el espíritu teatral del neoclasicismo y rivalizó en la escena con Corneille. Ateniéndose siempre a la regla de las tres unidades, escribió en versos muy trabajados y musicales tragedias de acción sencilla y clara, pero de una gran fuerza dramática. Sus obras están inspiradas en los clásicos grecolatinos, como *Andrómaca* (1667), *Británico* (1669), *Berenice* (1670), *Bayaceto* (1672), *Mitrídates* (1673), *Ifigenia* (1674) y *Fedra* (1677). A petición de madame de Maintenon compuso *Ester* (1689) y *Atalía* (1691), de inspiración bíblica. Al final de su vida escribió *Cánticos espirituales* (1694), poesía religiosa, y una *Historia de Port-Royal*, publicada en 1767.

Jean Racine (Palacio de Versalles).

raciocinar *v. intr.* Razonar, pensar.

raciocinio *s. m.* **1.** Capacidad de pensar. **2.** Acción y efecto de razonar o raciocinar.

ración *s. f.* **1.** Parte de comida que le corresponde a una persona o animal. **2.** Cantidad determinada de algo. **3.** Cierta cantidad de comida que se sirve en bares, cafeterías y establecimientos similares.

racional *adj.* **1.** Perteneciente o relativo a la razón. **2.** Dotado de razón. ‖ **3. función racional** Expresión algebraica que se obtiene como cociente de dos polinomios. **4. horizonte racional** En astron., círculo máximo de la esfera celeste. **5. número racional** Número quebrado. **FAM.** Racionalidad, racionalmente.

racionalismo *s. m.* **1.** Cualquier sistema filosófico que sostiene que la estructura de la realidad es racional y por tanto cognoscible a través de la razón. **2.** En teología, tendencia a admitir la posibilidad de conocer la esencia de Dios mediante la razón humana y que rechaza la revelación sobrenatural. **3.** En arq., nueva corriente, vigente en Europa en los años treinta, que trata de conjugar lo funcional con lo estético. Sus principales representantes fueron la Bauhaus alemana y, en España, el grupo GATEPAC. **4.** Tendencia a dar primacía o superioridad a la razón sobre los sentimientos o las intuiciones. **FAM.** Racionalista.

Fil. Se entiende por racionalismo toda doctrina que considera la razón como principal fuente de conocimiento. En oposición al empirismo, afirma que sólo a través de la razón podemos llegar a conocer la esencia de la realidad y que nuestras ideas no se derivan de la experiencia sensible, sino de un principio a priori, connatural a la razón. El racionalismo caracteriza en mayor o menor medida a distintos pensadores a lo largo de toda la historia de la filosofía, pero tiene su momento de esplendor en el mundo moderno, principalmente con las obras de Descartes, Malebranche, Spinoza y Leibniz.

racionalización *s. f.* **1.** Acción y efecto de racionalizar. **2.** En psicoanálisis, mecanismo de defensa mediante el que un sujeto intenta justificar coherentemente una conducta cuyas razones verdaderas le resultarían inaceptables o perturbadoras. **3.** Conjunto de técnicas y procedimientos para perfeccionar la organización de una empresa con la finalidad de lograr un mayor rendimiento.

racionalizar *v. tr.* **1.** Pensar o expresar algo con conceptos racionales. **2.** Organizar algo con arreglo a principios racionales. **3.** En mat., eliminar radicales del denominador de una expresión algebraica. ▪ Se conjuga como *cazar.*

Mat. Si el denominador contiene un único radical de la forma $\sqrt[n]{a^m}$, para racionalizar se multiplica el numerador y el denominador de la expresión por $\sqrt[n]{a^{n-m}}$. P. ej.:

$$\frac{3}{\sqrt[5]{2^3}} = \frac{3\sqrt[5]{2^2}}{\sqrt[5]{2^3}\cdot\sqrt[5]{2^2}} = \frac{3\sqrt[5]{2^2}}{\sqrt[5]{2^5}} = \frac{3\sqrt[5]{2^2}}{2}$$

Si el denominador contiene dos radicales cuadráticos separados por los signos + o – ($\sqrt{a} + \sqrt{b}$ o $\sqrt{a} - \sqrt{b}$), para racionalizar se multiplican el numerador y el denominador de la expresión por $\sqrt{a} - \sqrt{b}$ si los radicales estaban sumándose, o por $\sqrt{a} + \sqrt{b}$ si estaban restándose. P. ej.:

$$\frac{4}{\sqrt{5}-\sqrt{3}} = \frac{4(\sqrt{5}+\sqrt{3})}{(\sqrt{5}-\sqrt{3})(\sqrt{5}+\sqrt{3})} =$$

$$= \frac{4(\sqrt{5}+\sqrt{3})}{\sqrt{5^2}-\sqrt{3^2}} = \frac{4(\sqrt{5}+\sqrt{3})}{5-3} =$$

$$= \frac{4(\sqrt{5}+\sqrt{3})}{2} = 2\,(\sqrt{5}+\sqrt{3}).$$

racionar *v. tr.* **1.** Distribuir de forma ordenada algo, generalmente escaso. **2.** Controlar y limitar la autoridad o el Estado la distribución de los artículos de primera necesidad. **3.** Distribuir una cosa en raciones o suministrar raciones. **FAM.** Racionamiento.

raciovitalismo *s. m.* Término utilizado por Ortega y Gasset para designar su propio sistema filosófico basado en la razón vital, que aun siendo racional incorpora los principios y exigencias de la vida.

racismo *s. m.* **1.** Sentimiento de desprecio o rechazo hacia los individuos de razas diferentes a la propia. **2.** Doctrina que sostiene la superioridad de unas razas sobre otras, basándose en la existencia de determinadas diferencias de carácter biológico.

Soc. El racismo se impuso en la Alemania nazi y motivó la persecución e intento de exterminio de los judíos. En otros países ha provocado la persecución y expulsión de minorías étnicas. En la actualidad se dan manifestaciones de racismo en diversos países, como la segregación racial de los negros en EE UU, el *apartheid* aplicado a la gente de color en la República Sudafricana o la marginación de los inmigrantes en Europa. **FAM.** Racista.

rácor o **racor** *s. m.* Pieza que sirve para unir dos tubos, generalmente metálica y con dos roscas internas.

rad *s. m.* Unidad que mide el efecto producido por la radiación en términos de energía absorbida. Un rad es igual a la cantidad de radiación que deposita 10^{-2} J/kg de energía en cualquier material. Actualmente en el Sistema Internacional el J/kg recibe el nombre de *gray*, de modo que 1 rad = 10^{-2} *gray.*

rada *s. f.* Bahía o lugar donde las naves pueden estar ancladas y protegidas de los vientos.

Radamanto En la mitología griega, héroe cretense, hijo de Zeus y Europa y hermano de Minos. Dotó de leyes a los cretenses y por su sabiduría, tras su muerte, fue nombrado juez de los infiernos junto a Minos y Eaco.

radar *s. m.* **1.** Sistema que permite descubrir la presencia, posición en el espacio y otras características de un objeto cualquiera mediante la emisión de ondas radioeléctricas o hertzianas que se reflejan en ese cuerpo y vuelven a su punto de

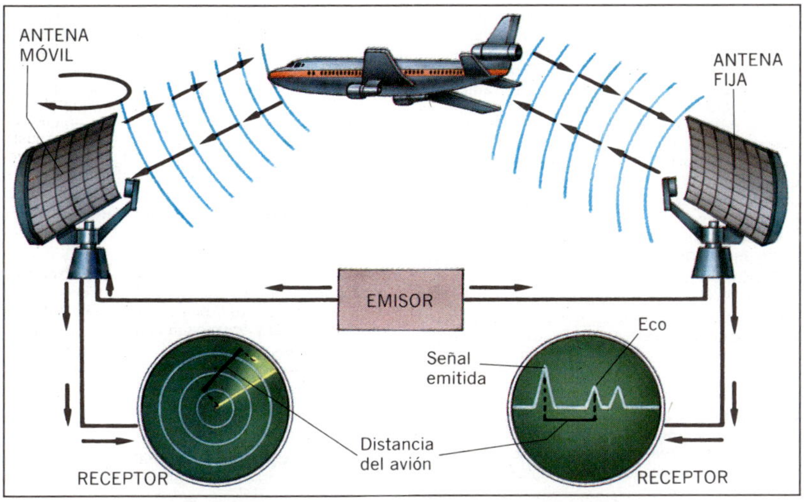

Detección de un avión mediante los sistemas de radar de antena móvil y antena fija.

origen. Fue muy utilizado durante la Segunda Guerra Mundial y hoy día su uso está enormemente extendido en la navegación aérea y marítima, en comunicaciones, meteorología, etc. **2.** Aparato que funciona mediante este sistema.

radárico, ca *adj.* Perteneciente o relativo al radar.

radarista *adj.* Especialista en aparatos de radar. También *s.*

Radcliffe, Ann Ward (Londres 1764 - íd. 1823) Escritora británica. Sus novelas, en las que se combinan sucesos maravillosos y terroríficos, son un claro ejemplo del género de la novela gótica. Entre sus principales obras cabe citar *Los misterios de Udolfo* (1794), *El italiano* (1797) y la póstuma *Gaston de Blondeville* (1826).

Radcliffe-Brown, Alfred Reginald (Birmingham 1881 - Londres 1955) Etnólogo británico. En sus expediciones a las islas Andamán y a Australia (1906-10), realizó importantes investigaciones sobre las sociedades primitivas. Se le considera, junto con Malinovski, el fundador de la antropología funcional. Entre sus obras más importantes figuran *Los isleños de las Andamán* (1922), *La organización social de las tribus australianas* (1931) y *Estructura y función de las sociedades primitivas* (1957).

Radek, Karl Sobelsohn, llamado **Karl** (Lvov 1885 - ? h. 1939) Periodista y político soviético. Miembro del sector bolchevique desde 1917, en 1919 ingresó en el Comité Central del PCUS y en el Presidium del Komintern. Viajó en dos ocasiones a Alemania, donde participó en la reorganización del Partido Comunista. En 1927, acusado de desviacionismo, fue expulsado del PCUS, aunque volvió a ser admitido en él tres años más tarde. En 1936, víctima de las purgas de Stalin, fue condenado a diez años de trabajos forzados.

Radhakrisnan, Sarvepalli (Tiruttani, Andhra Pradesh 1888 - Madrás 1975) Político y filósofo indio. Especialista en religiones orientales, fue un lazo de unión entre el pensamiento de Occidente y la tradición hindú. Su ideario está muy próximo al de Gandhi. Ocupó la vicepresidencia (1952-62) y la presidencia (1962-67) de la India. Entre sus obras destacan *El concepto hindú de la vida* (1927), *Religiones orientales y pensamiento occidental* (1939), *Religión y sociedad* (1947) y *El libro de lectura de Radhakrisnan* (1969).

radiación *s. f.* **1.** Irradiación*. **2.** En fís., emisión de energía electromagnética o de partículas que producen algunos cuerpos. La **radiación alfa** (**α**) está formada por partículas de carga positiva y la **radiación beta** (**β**) está constituida por electrones. La **radiación gamma** (**γ**) es únicamente energía electromagnética constituida por fotones de alta frecuencia y pequeña longitud de onda. **3.** En geom., conjunto de todas las rectas y planos que pasan por un mismo punto.

radiactividad *s. f.* Propiedad de emitir radiaciones que presentan los núcleos de ciertos elementos químicos cuando se desintegran, llamados por ello *radiactivos* o *radioisótopos*.

Fís. La radiactividad se produce debido a un reajuste del número de protones y neutrones del núcleo atómico, encaminado a obtener una situación de máxima estabilidad. Cuando el fenómeno se produce espontáneamente, tal y como sucede en el radio o en el uranio, recibe el nombre de **radiactividad natural**; si el fenómeno es provocado, como efecto de bombardear con partículas un núcleo estable, se habla de **radiactividad artificial**, como la que posee el fósforo-30, que resulta de bombardear el aluminio-27 con partículas α. Cada isótopo radiactivo tiene un periodo de semidesintegración característico; dicho periodo es el tiempo medio que debe transcurrir para que el número de núcleos radiactivos de una muestra del isótopo se reduzca a la mitad de su valor inicial, lo que puede determinarse midiendo la radiactividad de la muestra, y que según la naturaleza del núcleo radiactivo puede variar entre fracciones de segundo y millones de años.

radiactivo, va *adj.* Relativo a la radiactividad o que la tiene.

radiado, da **1.** *p. p.* de **radiar**. También *adj.* ‖ *adj.* **2.** Constituido en torno a un punto o eje, de modo semejante a los radios de una rueda o circunferencia, como determinados órganos vegetales o algunos animales invertebrados. También *s.* **3.** En bot., se aplica a las plantas compuestas cuyas inflorescencias en cabezuela presentan flores en forma de tubo en el centro y numerosas flores con la corola prolongada en láminas o lengüetas en la periferia.

radiador *s. m.* **1.** Aparato de calefacción formado por tubos por los que circula agua caliente o vapor. **2.** Conjunto de tubos por los que circula agua para refrigerar ciertos motores de explosión. **3.** P. ext., aparato de calefacción eléctrico.

radial *adj.* **1.** Se aplica a aquello que tiene una forma similar al conjunto de radios de una circunferencia. **2.** En geom., perteneciente o relativo al radio. **3.** En astron., se aplica a la dirección del rayo visual. **4.** Se dice de la carretera que sale del eje central de las vías de comunicación de un país. ‖ **5. movimiento radial** En astron., el que siguen ciertos astros en la dirección del rayo visual, acercándose o alejándose de la Tierra.

radián *s. m.* Unidad de medida de ángulos que se define como el ángulo central de una circunferencia en el que la longitud del arco es igual a la longitud del radio. Se relaciona con el grado sexagesimal mediante la igualdad 180° = π rad.

radiante *adj.* **1.** Que radia. **2.** Que brilla mucho. **3.** Que siente y manifiesta una gran alegría. ‖ **4. energía radiante** La que existe en determinados medios físicos y está producida por ondas electromagnéticas o fotones. **5. punto radiante** En astron., lugar del cielo del que aparentemente provienen las estrellas fugaces cuando aparecen en gran cantidad.

radiar[1] (del lat. *radiare*) *v. tr.* **1.** Difundir algo por la radio. **2.** Irradiar, emitir radiaciones. **3.** Tratar una lesión con rayos X.

radiar[2] (del fr. *radier*) *v. tr. amer.* Expulsar, despedir, dar de baja.

radicación *s. f.* **1.** Acción y efecto de radicar. **2.** Operación matemática que consiste en calcular un número que elevado al índice de la raíz da como resultado el radicando.

radical *adj.* **1.** Perteneciente o relativo a la raíz. **2.** Fundamental, de raíz. **3.** Extremoso, poco flexible o tolerante. También *s.* **4.** Relativo al radicalismo político o partidario del mismo. También *s.* **5.** En ling., perteneciente a la raíz de una palabra. **6.** En bot., se dice de cualquier parte de una planta que nace inmediatamente de la raíz. ‖ *s. m.* **7.** Signo $\sqrt{}$ de la raíz cuadrada y expresión que lo lleva. **8.** En ling., raíz de una palabra. **9.** En quím., átomo o agrupación de átomos en que existe algún enlace libre sin saturar. **Fam.** Radicalmente.

Quím. El concepto de radical se emplea básicamente en la química del carbono. Para nombrar los radicales orgánicos se usa el sufijo *-ilo* añadido a una raíz que expresa el nombre de la sustancia de la que procede el radical; p. ej., si se elimina un átomo de hidrógeno del metano, CH_4, se forma el radical metilo, CH_3–; del etano, CH_3–CH_3, se deriva el radical etilo, CH_3–CH_2–; del benceno, C_6H_6, resulta el radical fenilo, C_6H_5–, etc. Al nombrar estos radicales, cuando forman parte de los compuestos, se suprime la letra *o*. P. ej., el tolueno, C_6H_5–CH_3, se nombraría como metilbenceno.

Radical, Unión Cívica Véase **Unión Cívica Radical**.

radicalismo *s. m.* **1.** Ideario o movimiento que pretende un cambio profundo en los distintos aspectos de la vida social (moral, político, económico, etc.). El término se empezó a aplicar en el s. XVIII para designar a los sectores más extremistas del Partido Liberal del Reino Unido. Los principales partidos radicales surgieron en el s. XIX. **2.** Extremismo, intransigencia.

radicalizar *v. tr.* Hacer radical, extremista, inflexible. También *v. prnl.* ▪ Se conjuga como *cazar.*

radicando *s. m.* En mat., expresión que se sitúa bajo el signo radical $\sqrt{}$.

radicar *v. intr.* **1.** Echar raíces. **2.** Estar ciertas cosas o vivir las personas en un lugar determinado. **3.** Tener su origen o consistir. ‖ *v. prnl.* **4.** Establecerse. ▪ Se conjuga como *sacar.*

radicícola *adj.* Que vive parásito sobre las raíces de una planta.

radícula *s. f.* Parte del embrión de las plantas que origina la raíz.

radiestesia *s. f.* Sensibilidad especial que se supone en ciertas personas, p. ej. en los zahoríes, para captar radiaciones y descubrir manantiales subterráneos, yacimientos, etc. **Fam.** Radiestesista.

Radiguet, Raymond (Saint-Maur-des-Fossés 1903 - París 1923) Escritor francés. Sin alcanzar los veinte años destacó por la perfección de su estilo, logrando el éxito con sólo dos novelas, *El diablo en el cuerpo* (1923) y *El baile del conde de Orgel* (póstuma, 1924).

radio[1] (del lat. *radius*) *s. m.* **1.** En geom., línea recta trazada desde el centro de una circunferencia a alguno de sus puntos o, en la esfera, a alguno de los puntos de su superficie exterior. **2.** Espacio circular cuya extensión está determinada por dicha línea. **3.** Cada una de las varillas o piezas que unen el eje con la llanta de una rueda. **4.** En anat., hueso situado al lado del cúbito, con el que forma el antebrazo. Presenta en

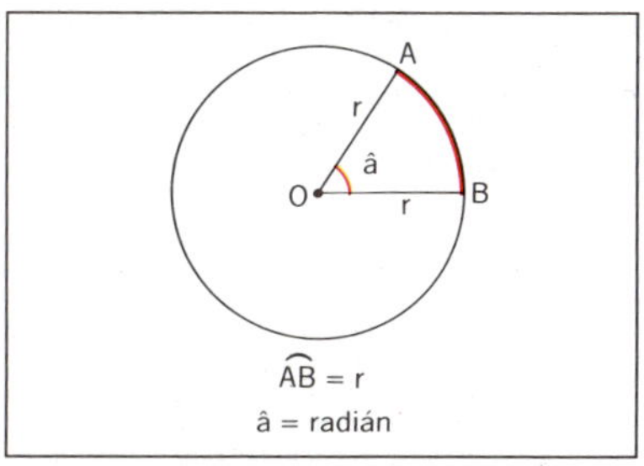

Radián.

su epífisis superior una cabeza en forma de disco que articula con el cóndilo del húmero y se apoya en el cúbito, pudiendo girar sobre él, lo que permite el movimiento de rotación del antebrazo. En la epífisis inferior está la cavidad escafoidea, que se articula con los huesos del carpo. **5.** Cada una de las varillas finas y delgadas que dan consistencia a las aletas de los peces. ‖ **6. radio de acción** Alcance de algo. **7. radio vector** En geom., línea tirada desde el foco de una cónica hasta alguno de sus puntos; en las coordenadas polares, distancia de un punto cualquiera al polo.

radio^{2} (de *radium*, nombre dado a este elemento por sus descubridores) *s. m.* Ra. Elemento químico perteneciente al grupo II A o grupo de los elementos alcalinotérreos del sistema periódico. Su número atómico es 88 y su masa atómica 226,0254. Fue descubierto por los esposos Curie en 1898, al observar que el mineral uranífero, llamado *pechblenda*, poseía una radiactividad mucho mayor de lo que cabría esperar debido al uranio que contiene. Se encuentra en los minerales de este elemento, ya que se forma por la descomposición radiactiva del uranio^{238}. Es un metal blanco brillante que se empaña rápidamente al exponerlo al aire. Se presenta en la naturaleza asociado al uranio y al torio, y tiene unos 25 isótopos conocidos. Es tóxico y su eliminación del organismo es difícil, ya que se fija en los huesos de forma similar a como lo hace el calcio, a cuyo grupo pertenece. Sus propiedades químicas son similares a las de los restantes elementos de su grupo, aunque su elevada radiactividad da lugar a propiedades únicas: todas las sales de radio son luminosas en la oscuridad y las radiaciones emitidas por el elemento y sus sales ionizan los gases e impresionan las placas fotográficas. La actividad radiactiva de un gramo de radio, equivalente a $3{,}7 \cdot 10^{10}$ desintegraciones por segundo, recibe el nombre de *curie* y se utiliza como unidad de medida de la radiactividad. El radio se obtiene de la pechblenda en Bohemia, de las arenas de carnotita en Colorado (EE UU), Zaire y la región del Gran Lago del Oso (Canadá) y de minerales ricos en este elemento presentes en depósitos de Ontario (Canadá), Nuevo México y Utah (EE UU) y en Australia. Entre otras aplicaciones, el radio se emplea en investigación para generar una fuente de neutrones, en radioterapia y, mezclado con fósforo, en la preparación de sustancias luminiscentes.

radio^{3} *s. f.* **1.** *apóc.* de **radiodifusión**. **2.** Emisora de radiodifusión. **3.** *apóc.* de **radiorreceptor**. ▪ En algunos países hispanoamericanos se usa esta voz como *s. m.* ‖ *s. m.* **4.** *apóc.* de **radiotelegrama**. ‖ *s. m.* y *f.* **5.** *apóc.* de **radiotelegrafista**.

radio- *pref.* Significa 'radiación' o 'radiactividad': *radiotelegrama, radiodifusión.* ▪ Existe también la forma *radi-*: *radiactivo.*

radioaficionado, da *s. m.* y *f.* Persona que, a través de un aparato radioemisor, se dedica por afición a establecer comunicación con otras.

radioastronomía *s. f.* Parte de la astronomía que estudia las ondas radioeléctricas emitidas por los cuerpos celestes.

radiobaliza *s. f.* Instalación que orienta a aviones o barcos por procedimientos radioeléctricos.

radiobalizar *v. tr.* Señalar con radiobalizas una ruta aérea o marítima. ▪ Se conjuga como *cazar.*

radiobiología *s. f.* Estudio del efecto de las radiaciones ionizantes en el organismo.

radiocasete *s. m.* Aparato formado por una radio y un magnetófono.

radiocomunicación *s. f.* Comunicación por medio de ondas radioeléctricas.

radiodiagnóstico *s. m.* Diagnóstico que se hace por medio de técnicas radiológicas.

radiodifundir *v. tr.* Radiar, emitir a través de ondas radioeléctricas.

radiodifusión *s. f.* **1.** Emisión de noticias, música y otros programas por medio de ondas radioeléctricas con destino al público en general. **2.** Conjunto de medios y procedimientos para llevar a cabo esa emisión. ▪ Su apóc. es *radio.* ***Tecnol.*** La radio produce la transmisión de sonidos a distancia por medio de ondas electromagnéticas de baja frecuencia (ondas de radio), cuya longitud de onda está comprendida entre 10 km y 1 mm y su frecuencia entre 30 kHz y $3 \cdot 10^{8}$ kHz. Para la comunicación a través de la radio se precisa de un transmisor y de un receptor. La comunicación puede realizarse en un solo sentido, a partir de una emisora de radio, que puede recibirse en numerosos receptores, por lo que la radio es un medio de comunicación de masas. A principios del s. XX se hicieron los primeros experimentos de este medio, los cuales quedaron interrumpidos por la Primera Guerra Mundial. Fue entre los años 1920 y 1930 cuando se desarrolló en Europa y América. La Tierra fue dividida en zonas independientes para poder repartir entre los diferentes países las ondas largas y medias. En los últimos tiempos han conocido un auge especial las emisoras de frecuencia modulada.

radioelectricidad *s. f.* **1.** Producción, propagación y recepción de ondas de radio o hertzianas mediante corrientes eléctricas. **2.** Ciencia que estudia estos fenómenos.

radioeléctrico, ca *adj.* **1.** Perteneciente o relativo a la radioelectricidad. **2.** Se aplica a las ondas cuya frecuencia está comprendida entre 3 kHz y $3 \cdot 10^{9}$ kHz, llamadas también *ondas de radio* o *hertzianas.*

radioemisor, ra *adj.* **1.** Se aplica al aparato transmisor de comunicaciones por medio de ondas radioeléctricas. ‖ *s. f.* **2.** Estación transmisora de comunicaciones por medio de estas ondas.

radioescucha *s. m.* y *f.* Persona que recibe las emisiones radiofónicas o radiotelegráficas.

radiofaro *s. m.* Estación radioeléctrica que emite ondas electromagnéticas que permiten a barcos y aviones establecer su posición.

radiofonía *s. f.* Sistema de comunicación que utiliza las ondas radioeléctricas o hertzianas como vehículo. **FAM.** Radiofónico.

radiofrecuencia *s. f.* Frecuencia de las ondas electromagnéticas empleadas en radiocomunicación.

radiofuente *s. f.* Quasar*.

radiogoniometría *s. f.* En fís., determinación de la distancia y posición de una estación emisora de telecomunicación.

radiogoniómetro *s. m.* Aparato con que se realiza la radiogoniometría.

radiografía *s. f.* **1.** Procedimiento para hacer fotografías por medio de rayos X. **2.** El negativo fotográfico que se obtiene por este procedimiento. **FAM.** Radiográfico.

radiografiar *v. tr.* Hacer radiografías de algo. ▪ En cuanto al acento, se conjuga como *ansiar*: *radiografío.*

radiograma *s. m.* Radiotelegrama*.

radiogramola *s. f.* Aparato que consta de un receptor de radio y un gramófono.

radioguía *s. f.* Mando a distancia de un móvil por medio de ondas radioeléctricas.

radioisótopo *s. m.* Núcleo de un elemento radiactivo.

radiolarios *s. m. pl.* Nombre común a tres clases de protozoos actinópodos microscópicos cuyo esqueleto está formado por espículas de sílice y que están cubiertos por una o más cápsulas perforadas, a través de las cuales emiten seudópodos filamentosos. Se reproducen por división simple o múltiple. Habitan en los mares, en solitario o formando colonias, constituyen parte del plancton y sus esqueletos dan lugar a sedimentos oceánicos. También *adj.* y *s. m.*

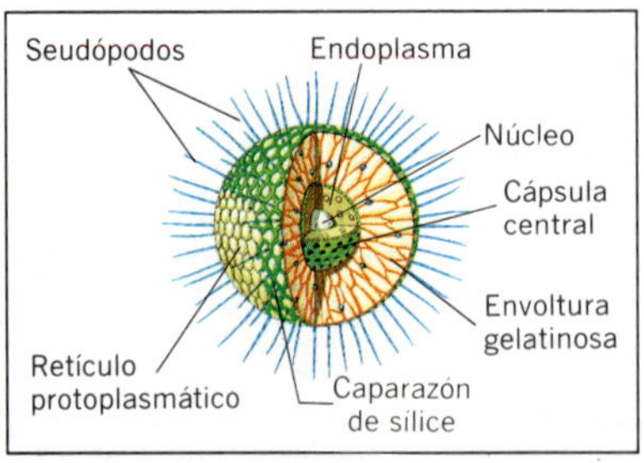

Esquema de un radiolario.

radiología *s. f.* Estudio y uso de las radiaciones con fines médicos, industriales y de investigación. El empleo de los rayos X en prospecciones fisiológicas y en la detección de defectos en materiales metálicos, la irradiación de alimentos y el empleo de las radiaciones gamma, son algunos de los métodos propios de la radiología. **FAM.** Radiológico.

radiólogo, ga *s. m.* y *f.* Especialista en radiología.

radiomensaje *s. m.* Mensaje emitido a través de la radio.

radiometría *s. f.* **1.** Parte de la física que se ocupa de medir la intensidad de las radiaciones. **2.** Técnica médica para determinar por medio de procedimientos radiológicos las dimensiones de estructuras y órganos del cuerpo.

radiómetro *s. m.* Aparato que se utiliza para medir la intensidad de las radiaciones.

radionovela *s. f.* Narración, generalmente de carácter melodramático, que se emite por la radio en capítulos.

radiorreceptor *s. m.* Aparato que recibe las ondas hertzianas y las transforma en señales o sonidos. ▪ Su apóc. es *radio.*

radioscopia *s. f.* Visión del interior del cuerpo humano y de otros cuerpos opacos por medio de rayos X, que se utiliza para el diagnóstico médico. Los rayos X, después de atravesar al paciente, se proyectan sobre una pantalla fluorescente en la que aparece una imagen de las partes duras (huesos y ciertos órganos). **FAM.** Radioscópico.

radiosonda *s. f.* Instrumento elevado en pequeños globos que, conectado a una emisora de radio, informa sobre las condiciones meteorológicas de la atmósfera.

radiotaxi *s. m.* Taxi provisto de un aparato receptor-emisor de radio conectado con una centralita, la cual recibe las llamadas de los clientes y comunica al taxista la dirección en que debe recogerlos.

radiotecnia *s. f.* Técnica de telecomunicación por medio de las ondas radioeléctricas.

radiotécnico, ca *adj.* **1.** Perteneciente o relativo a la radiotecnia. ‖ *s. m.* y *f.* **2.** Especialista en radiotecnia.

radiotelecomunicación *s. f.* Conjunto de procedimientos para comunicarse a larga distancia por medio de las ondas radioeléctricas.

radiotelefonía *s. f.* Sistema de comunicación telefónica por medio de ondas radioeléctricas. **FAM.** Radiotelefónico.

radiotelefonista *s. m.* y *f.* Técnico u operador de radiotelefonía.

radioteléfono *s. m.* Teléfono sin hilos que utiliza las ondas radioeléctricas.

radiotelegrafía *s. f.* Sistema de comunicación telegráfica por medio de ondas radioeléctricas. **FAM.** Radiotelegráfico.

radiotelegrafista *s. m.* y *f.* Técnico u operador de radiotelegrafía. ▪ Su apóc. es *radio.*

radiotelégrafo *s. m.* Aparato que transmite y recibe mensajes por medio de señales radioeléctricas.

radiotelegrama *s. m.* Telegrama transmitido por radio. ▪ Su apóc. es *radio.*

radiotelemetría *s. f.* Medición de distancias a través de ondas radioeléctricas.

radiotelémetro *s. m.* Aparato que realiza la radiotelemetría.

radiotelescopio *s. m.* Instrumento que detecta las señales de radio emitidas por ciertos astros.

radiotelevisión *s. f.* **1.** Transmisión de imágenes a distancia por medio de ondas electromagnéticas. **2.** Organismo que engloba servicios de radio y televisión.

radioterapeuta *s. m.* y *f.* Especialista en radioterapia.

radioterapia *s. f.* Empleo de las radiaciones con fines curativos, p. ej. en el tratamiento de tumores, para lo que se utilizan diversos isótopos del radón, del radio y del cobalto.

radiotransmisor *s. m.* Aparato para enviar mensajes radiotelefónicos o radiotelegráficos.

radioyente *s. m.* y *f.* Persona que escucha las emisiones radiofónicas.

Radom C. de Polonia, cap. del voivodato homónimo, situada en el SE del país, al S de Varsovia. 223.600 h. en 1989. Tiene industria textil, metalúrgica, química y del vidrio. Es un importante nudo ferroviario y de carreteras.

radón *s. m.* Rn. Elemento químico perteneciente al grupo VIII A del sistema periódico o grupo de los gases nobles. Su número atómico es 86 y su masa atómica 222. Desde 1899 hasta 1903, diversos científicos observaron que una sustancia radiactiva emanaba de elementos como el torio, el actinio y el radio; dicha sustancia, como demostró Friedrich Ernst Dorn, era un gas noble al que se asignó el nombre de *radón.* Este elemento se encuentra, en muy pequeña cantidad, difundido por el suelo, el aire y el agua. Es incoloro, pero al licuarse a –61,8 °C adquiere diversas coloraciones que van desde el verde al violeta; es tóxico y, por inhalación, puede producir cáncer de pulmón. Al igual que los elementos del mismo grupo, es muy poco reactivo. Se emplea en radiología y radioterapia.

rádula *s. f.* En zool., órgano que tienen en la boca algunos moluscos, parecido a una lima, que les sirve para desmenuzar los alimentos.

Radziwill Familia noble polaca de origen lituano. Sus miembros más destacados fueron: **Mikolaj II**, llamado **Amor Poloniae** (? 1470 - ? 1522), gran canciller de Lituania; **Mikolaj**, llamado **el Negro** (? 1515 - ? 1565), mariscal de Lituania (1544), canciller (1550) y príncipe de Nieswiez; encargó traducir la *Biblia* al polaco; **Michal Gedeon** (? 1778 - ? 1850); que participó en el levantamiento de Kosciuszko y dirigió al ejército polaco contra los rusos (1830-31); y **Janusz Ksawery** (? 1880 - Varsovia 1967), ministro de Asuntos Exteriores en el gobierno de Steczkowski (1917-18), que fue elegido diputado conservador en 1926 y dio su apoyo a Pilsudski; deportado a la URSS, volvió a su país en 1946.

RAE Siglas de la Real Academia Española.

Raeder, Erich (Wandsbeck, Hamburgo 1876 - Kiel 1960) Almirante alemán. Fue el impulsor de los llamados «acorazados de bolsillo», buques de guerra de pequeño tonelaje, sujetos a las limitaciones impuestas a Alemania en el tratado de Versalles. Hitler le nombró gran almirante (1939). En 1943 dimitió por no estar de acuerdo con sostener la guerra en el mar exclusivamente con los submarinos. Condenado en Nuremberg a cadena perpetua (1946), fue puesto en libertad en 1955.

raedera *s. f.* **1.** Instrumento que se utiliza para raer o raspar. **2.** Tabla semicircular de unos 10 cm de diámetro que utilizan los albañiles para rebañar la masa que se queda pegada en el recipiente. **3.** Azada pequeña utilizada por los mineros. **4.** Herramienta con que se recoge la resina y que consiste en una hoja encorvada en forma de gancho con un largo mango.

raedor, ra *adj.* **1.** Que rae. También *s.* **2.** Palo cilíndrico que sirve para rasar las medidas de los áridos, como las judías, los garbanzos, el trigo, etc.

raedura *s. f.* **1.** Acción y efecto de raer. **2.** Trozo que se desprende al raer. Se usa más en *pl.*

raer *v. tr.* **1.** Raspar una superficie con un instrumento áspero o cortante. **2.** Rasar áridos. **3.** Eliminar completamente, hacer desaparecer. ■ Es v. irreg. Se conjuga como *caer*, salvo la 1.ª pers. del singular del presente de indicativo que es *raigo* o *rayo.*

RAF (siglas de *Royal Air Force*, Real Fuerza Aérea) Nombre dado al Ejército del Aire británico.

Rafael, Raffaello Sanzio, llamado (Urbino 1483 - Roma 1520) Pintor italiano. Su obra representa la síntesis del clasicismo e incorpora los hallazgos y logros de Miguel Ángel y de Leonardo da Vinci. En su primera etapa florentina, tras su aprendizaje con el Perugino, pintó madonas y escenas en las que se aprecia la influencia de Leonardo, como *Los desposorios* (1504) y *La Madona del jilguero* (1507). En 1508 se trasladó a Roma, donde realizó la decoración de las estancias del Vaticano, de las que sobresale la *Escuela de Atenas*, composición pura del clasicismo. Influido por los frescos de la capilla Sixtina, realizó obras como *El incendio del Borgo*, donde abandona el clasicismo y preludia lo que

Rafael: El cardenal *(Museo del Prado, Madrid).*

será el manierismo. Otra faceta importante de su pintura fue el retrato, en el que parte del modelo clasicista, pero elude sus idealizaciones en favor de la fidelidad al modelo. En este género destacan sus cuadros *Baltasar de Castiglione, Maddalena Doni* y *León X.*

Rafael, San Arcángel que aparece con figura humana en el libro de Tobías, bajo el nombre de Azarías. Está considerado como protector de caminantes y enfermos.

ráfaga *s. f.* **1.** Golpe de viento, fuerte y de poca duración. **2.** Destello de luz fuerte e instantáneo. **3.** Conjunto de disparos que lanza un arma ametralladora de una sola vez. **4.** *Arg., Perú.* En el juego, repetición de un mismo resultado.

rafe *s. m.* **1.** En anat., línea saliente y recta en la piel, constituida por la reunión de dos estructuras simétricas, como el escroto en el varón. **2.** En bot., línea en el borde de rudimentos seminales y, más tarde, en la semilla. **3.** Hendidura en las valvas de las diatomeas, paralela al eje medio, que utilizan como órgano del movimiento.

rafia (voz de Madagascar) *s. f.* **1.** Nombre común de diversos árboles de la familia palmáceas, género *Raphia.* Son palmeras que tienen estípite recto, hojas largas y grandes y fruto en racimo. De la especie *Raphia ruffia* se obtienen unas fibras usadas en la industria textil y para la fabricación de esterillas. Crecen en regiones tropicales húmedas. **2.** Fibra obtenida de esta planta.

Ráfols Casamada, Alberto (Barcelona 1923) Pintor y poeta español en lengua catalana. Residió en Francia y como pintor abandonó h. 1957 la figuración poscubista para abordar una abstracción geométrica. Entre sus obras pictóricas destacan *Paralelas azules* (1978) y *Estructura triangular* (1981), y entre las poéticas, *Notas nocturnas* (1975), *Artificios y razones para atrapar instantes* (1981) y *Espacios de voz* (1987).

raglan o **raglán** *adj.* **1.** Se aplica a un tipo de abrigo cuyas mangas arrancan del cuello y no tienen hombreras. **2.** Se dice de este tipo de mangas. ■ Se dice también *ranglan* o *ranglán.*

ragtime (voz ingl.) *s. m.* Género musical de origen afroamericano que, junto con el blues, es la base del jazz. Es una música muy sincopada, caracterizada por un bajo monótono. Alcanzó gran popularidad h. 1900, gracias a la aparición de la pianola, y su principal intérprete fue el pianista Scott Joplin. Entre los músicos que cultivaron este género sobresalieron Erik Satie con el *Ragtime del Paquebot*, Igor Stravinski y su *Ragtime* para 11 instrumentos, y Darius Milhaud, que escribió *Tres rag-caprichos.*

ragú *s. m.* Guiso de carne con patatas, zanahorias, guisantes, etc.

Rahman, Mujibur (Tongipara, Bangladesh 1920 - Dacca 1975) Político de Bangladesh. Fundó la Liga de Estudiantes de Pakistán Oriental. Organizó y dirigió la liga Awami, de carácter independentista. En 1971 encabezó la violenta oleada de motines que llevaron a Bangladesh a obtener la independencia y se convirtió en su primer jefe de Estado en 1972. En las elecciones de 1973 obtuvo una gran mayoría. En 1975 quiso instaurar un régimen presidencialista, lo que provocó un golpe de Estado en el que fue asesinado.

Rahner, Karl (Friburgo de Brisgovia 1904 - Innsbruck 1984) Teólogo jesuita alemán. Dotado de una gran inteligencia especulativa, influyó en la posición renovadora del Concilio Vaticano II, cuyas doctrinas desarrolló. Intentó conciliar el pensamiento tomista con la situación filosófica y teológica actual. Entre sus principales obras figuran sus volúmenes de *Escritos de Teología* (1954-84).

raicilla *s. f.* **1.** *dim.* de **raíz**. **2.** Cada uno de los filamentos que nacen de la raíz principal de una planta.

raid (voz ingl.) *s. m.* **1.** Expedición militar rápida en territorio enemigo. **2.** *amer.* Recorrido en automóvil con carácter más o menos deportivo. ‖ **3. raid aéreo** Vuelo de larga distancia con fines deportivos; en tiempo de guerra, incursión aérea de bombardeo sobre un territorio alejado.

raído, da **1.** *p. p.* de **raer**. También *adj.* ‖ *adj.* **2.** Se dice de la tela o traje muy gastado por el uso.

raigambre *s. f.* **1.** Conjunto de las raíces entrelazadas de un vegetal. **2.** Circunstancia de estar algo muy arraigado, especialmente hábitos o ideas. **3.** Conjunto de antecedentes o tradiciones.

raigón *s. m.* **1.** *aum.* de **raíz**. **2.** Raíz de las muelas y los dientes.

raíl *s. m.* Guía o carril sobre los que se desplaza algo, especialmente los de las vías férreas.

Raimundo Nombre de varios condes de Tolosa.

Raimundo IV (Tolosa 1042 - Trípoli 1105) Conde de Tolosa (h. 1093-1105). En defensa del papa Gregorio VII luchó contra los normandos en Italia (1074). Recibió de su hermano Guillermo IV el condado de Tolosa. En 1087 ayudó a Alfonso VI de Castilla y en 1094 se casó con Elvira, hija del rey castellano. Participó en la primera cruzada y murió en el sitio de Trípoli.

Raimundo VI (? 1156 - Tolosa 1222) Conde de Tolosa (1194-1222). Fue hijo de Raimundo V. Gran parte de sus vasallos adoptó el catarismo y, aunque no compartía sus ideas, fue tolerante con ellas y por esta causa excomulgado. Inocencio III convocó una cruzada contra los cátaros y, tras la batalla de Muret (1213), Raimundo VI tuvo que capitular y sus estados fueron entregados a Simón de Montfort. Al cabo del tiempo pudo recuperar la mayor parte de sus territorios con el auxilio de un ejército catalán (1217).

Raimundo VII (Beaucaire 1197 - Millau 1249) Conde de Tolosa (1222-49). Hijo de Raimundo VI, intentó reconstruir la unidad de sus estados y detener la persecución contra los cátaros. Hubo de hacer frente a una nueva cruzada dirigida por el rey de Francia Luis VIII. Mediante el tratado de Lorris (1242) se llevó a cabo la anexión definitiva del condado de Tolosa a la corona francesa.

Raimundo de Peñafort, San (Peñafort h. 1175 - Barcelona 1275) Dominico y canonista español. Predicó la cruzada aragonesa contra Mallorca, ocupada por los musulmanes, y acompañó a Jaime I en la conquista de la isla. Capellán y penitenciario de Gregorio IX, fue el compilador de las *Decretales* pontificias promulgadas en 1234. Dedicó grandes esfuerzos a la conversión de los judíos.

Rainwater, Leo James (Council, Idaho 1917 - Yonkers, Nueva York 1986) Físico estadounidense. Participó en la fabricación de la primera bomba atómica (1942-46). Director de los laboratorios Nevis, de la universidad de Columbia, realizó investigaciones sobre el núcleo atómico. En 1975 fue galardonado con el premio Nobel de física, compartido con Aage Bohr y Benjamin Mottelson.

raíz *s. f.* **1.** Parte de los vegetales que crece en sentido contrario al tallo y sirve a la planta para absorber los alimentos que le son necesarios. **2.** Parte de algo que queda oculta y es la procedencia de lo que se aprecia o le sirve de sujeción, como p. ej. la parte viva del pelo. **3.** Parte inferior de cualquier cosa. **4.** Origen o causa. **5.** En álgebra, cada uno de los valores que tiene la incógnita de una ecuación. **6.** Número que, multiplicado tantas veces como se indica, da como resultado un número determinado; p. ej., la raíz cúbica de 8 es 2 porque $2^3=8$. **7.** En ling., lexema*. **8.** En zool., parte de los dientes y muelas de los vertebrados que se incrusta en los alveolos. ‖ **9. raíz cuadrada** Cantidad que multiplicada por sí misma da el número del que es raíz. **10. raíz cúbica** Número que multiplicado dos

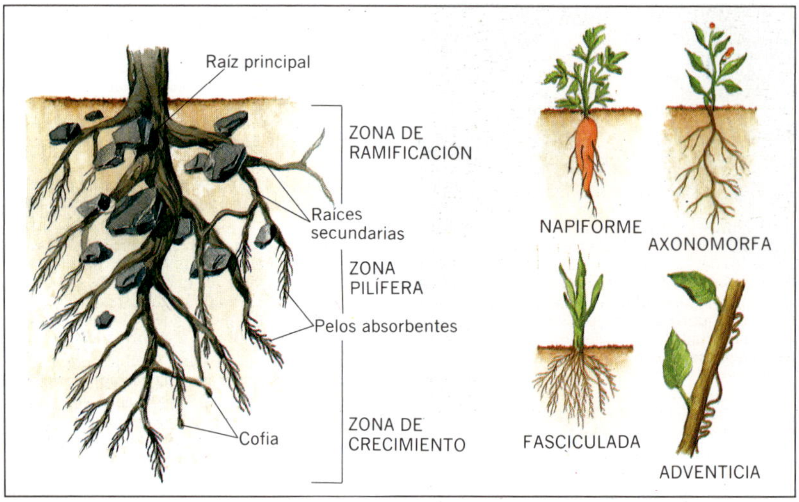

A la izquierda, las distintas partes que puede presentar una raíz. A la derecha, algunos ejemplos de clases de raíces.

veces por sí mismo da el número del que es raíz. **11. raíz entera** Parte entera de la raíz de un número cuando no sale exacta; p. ej., la raíz cuadrada entera de 70 es 8. **12. raíz irracional** La que no puede expresarse exactamente mediante números enteros o fraccionarios. ‖ **Loc. a raíz de** *prep.* Inmediatamente después de, como consecuencia de. **de raíz** *adv.* Completamente, desde su origen. **echar raíces** Establecerse.

Bot. La raíz es un órgano vegetal, generalmente subterráneo, que ejerce las funciones de fijación, absorción de agua y sales minerales y almacenamiento de sustancias nutritivas de la planta. Consta de diversas zonas: zona de ramificación, de la que brotan las raíces secundarias; zona pilífera, que consta de pelos absorbentes con los que capta el agua y las sales; zona de crecimiento, donde las células del meristemo primario verifican su crecimiento; y zona apical, donde se encuentra el meristemo primario protegido por la cofia o pilorriza.

raja *s. f.* **1.** Abertura o corte largo y fino. **2.** Porción de un alimento plana, ancha y relativamente delgada.

rajá *s. m.* **1.** Soberano de la India. **2.** Durante la ocupación británica de la India, gran vasallo indígena de la Corona. **3.** Príncipe vasallo de los emperadores mongoles. **4.** Feudatario musulmán de la India. **5.** *fam.* Se utiliza como término de comparación para referirse a una persona que se da la gran vida.

rajado, da 1. *p. p.* de **rajar**[1]. También *adj.* ‖ *adj.* **2.** *fam.* Cobarde.

rajadura *s. f.* Acción y efecto de rajar o rajarse.

rajar[1] (del lat. *radiare*) *v. tr.* **1.** Dividir en rajas. **2.** Hacer rajas. También *v. prnl.* **3.** *fam.* Herir con arma blanca. **4.** *Arg.* Echar a alguien, despedirle. ‖ *v. prnl.* **5.** *fam.* Acobardarse, echarse atrás. **6.** *amer. fam.* Salir precipitadamente, huir. También *v. intr.*

rajar[2] *v. intr.* **1.** *fam.* Hablar mucho. **2.** *amer.* Hablar mal de uno.

Rajasthan Estado de la India, en el NO del país, junto a la frontera pakistaní. 342.239 km^2. 34.262.000 h. en 1981. La capital es Jaipur, con 1.005.000 h. en 1983. Destacan en él los cultivos de trigo, mijo y algodón y los rebaños de camellos, ovejas y cabras. Cuenta con yacimientos de plomo, cobre, lignito, magnesita, sal, cinc y esmeraldas. La industria se centra en los productos textiles.

rajatabla, a *loc. adv. m. fam.* Rigurosamente, sin concesiones.

Rajkot C. de la India, situada en el estado de Gujarat, en la península de Kathiawar. 445.100 h. en 1981. Es el núcleo comercial de una rica comarca agrícola y cuenta con industrias metalúrgicas y químicas.

rajón, na *adj. Amér. C., Méx.* Fanfarrón, presumido.

rajuela *s. f.* Piedra delgada y sin labrar que se emplea para obras de poca importancia.

Rákóczi Familia noble húngara, originaria de Transilvania. Entre sus miembros figuran: **György** o **Jorge I** (? 1593 - ? 1648), príncipe de Transilvania (1630-48); aliado con Francia y Suecia, atacó Hungría, pero acabó retirándose; firmó con el emperador Fernando III la paz de Linz (1645), por la cual se reconocía la libertad del culto protestante en Transilvania; **György** o **Jorge II** (Sárospatak 1621 - Várad 1660), príncipe de Transilvania (1648-57); hijo del anterior, fracasó en su intento de apoderarse del trono de Polonia y fue depuesto por los turcos (1657); **Ferenc** o **Francisco II** (Borsi 1676 - Rodosto 1735), fue nombrado príncipe del imperio en 1697; detenido por los austriacos durante la guerra de Sucesión de España, huyó a Polonia, se puso en contacto con los insurgentes húngaros y provocó la insurrección (1703). En 1707 proclamó la independencia de Hungría, pero fue abandonado por la nobleza y vencido por los austriacos en Trencín (1708); marchó a Polonia para pedir ayuda a Pedro el Grande y posteriormente a Francia y Turquía.

Rákosi, Mátyás (Ada 1892 - Gorki 1971) Político húngaro. Formó parte del gobierno comunista de Bela Kun (1918); a su caída tuvo que emigrar a Austria y luego a Moscú, donde perteneció al Komintern (1921-24). Al regresar a su país (1925), fue detenido y condenado a cadena perpetua. Liberado en 1940, fue elegido secretario general del Partido de los Trabajadores Húngaros (1948-56). Hombre fuerte del régimen húngaro, asumió la jefatura del gobierno (1952-1953). Tras la muerte de Stalin, dimitió de su cargo de secretario general (1956), marchó a la URSS y en 1962 fue excluido del partido por su participación en los procesos políticos celebrados entre 1949 y 1952.

Rakovski, Cristian Georgievich (Kotel 1873 - en la URSS 1941) Político soviético de origen búlgaro. Después de la Revolución Rusa, fue nombrado miembro del Comité Central del Partido Comunista de la URSS y presidente del consejo de comisarios del pueblo de Ucrania (1919). Expulsado del partido por trotskista (1927), fue rehabilitado (1935), pero en 1938, a raíz de los procesos organizados por Stalin, resultó condenado a trabajos forzados. Murió en un campo de concentración.

ralea *s. f.* **1.** Clase, tipo, etc., generalmente malo. **2.** *desp.* Referido a personas, raza, familia o casta.

ralear *v. intr.* **1.** Perder una cosa su consistencia, hacerse más clara. **2.** No desarrollarse enteramente los racimos de vid. **3.** Manifestar uno su mala condición.

Raleigh, sir Walter (Hayes Barton, Devon h. 1552 - Londres 1618) Marino inglés. En la corte, se ganó el favor de la reina Isabel I. En 1585 fracasó en la colonización de Virginia, pero abrió el camino para la penetración británica en América del Norte. Participó en la escuadra que luchó contra la Armada Invencible (1588) y en otras expediciones, como la exploración de las Guayanas (1595) y el saqueo de Cádiz (1596). Acusado de alta traición, Jacobo I le hizo encerrar en la Torre de Londres. Fue puesto en libertad, pero el fracaso de su expedición al Orinoco le supuso un nuevo encarcelamiento y la ejecución.

ralentí *s. m.* **1.** Régimen más débil del motor de un automóvil, motocicleta, etc., con el vehículo parado y sin velocidad engranada. **2.** P. ext., actividad de una persona o máquina al mínimo rendimiento.

ralentizar *v. tr.* Hacer más lenta la actividad o el proceso de algo. También *v. prnl.* ■ Se conjuga como *cazar.*

raleza *s. f.* Cualidad de ralo.

rallador *s. m.* Utensilio de cocina que sirve para desmenuzar y consta generalmente de una chapa de metal curvada con agujeritos de borde saliente. ■ Se dice también *rallo.*

ralladura *s. f.* Trozo pequeño que resulta de rallar algo. Se usa sobre todo en *pl.*

rallar *v. tr.* Deshacer en trocitos muy pequeños una cosa, especialmente un alimento, con el rallador.

rallo *s. m.* Rallador*.

rally (voz ingl.) *s. m.* **1.** Carrera, generalmente automovilística, en terreno dificultoso y fuera de circuito cerrado. **2.** Otro tipo de carreras, p. ej. de coches antiguos.

ralo, la *adj.* Se dice de las cosas cuyos componentes están más separados de lo normal y que, por tanto, dan sensación de poco espesos.

RAM (siglas de las palabras inglesas *Random Access Memory*, memoria de acceso directo) Memoria* RAM.

rama[1] (de *ramo*) *s. f.* **1.** Cada una de las partes que nacen del tronco o tallo de las plantas, tienen la misma estructura que éste, y en las que brotan las hojas, flores y frutos si los tienen. **2.** Conjunto de personas que tienen su origen en un tronco familiar. **3.** Cada una de las diferentes partes de una ciencia o de una disciplina académica. **4.** Parte secundaria de algo, que deriva de una principal. **5.** En anat., división de un tronco vascular o nervioso. ‖ **Loc. andarse** (o **irse**) uno **por las ramas** Detenerse en lo secundario y no tratar lo principal de un asunto. **de rama en rama** *adv.* Cambiando constantemente.

rama[2] (del al. *rahmen*) *s. f.* En artes gráficas, marco o cerco metálico cuadrangular con que se ciñe el molde que se ha de imprimir.

rama, en *loc. adv.* **1.** Designa el estado de ciertas materias o sustancias antes de haber recibido su última aplicación o manufactura. **2.** Se refiere también a los ejemplares de una obra impresa que todavía no han sido encuadernados.

Rama En el hinduismo, séptima encarnación de Visnú y héroe del gran poema épico *Ramayana.* Tras lograr combar cierto arco maravilloso, obtuvo como esposa a la princesa Sita. Al morir ésta, Rama buscó la muerte, incapaz de vivir sin ella. Sita y Rama son el prototipo de los esposos ejemplares para los hindúes.

ramadán *s. m.* Noveno mes del año lunar de los musulmanes, dedicado al ayuno; obliga a los creyentes a abstenerse de alimentos, tabaco, bebidas y relación sexual desde el amanecer hasta la puesta del sol.

ramaje *s. m.* Conjunto de ramas.

Ramakrisna, Gadadhar Chattopadhyaya, llamado (Karmapukur 1834 - Calcuta 1886) Religioso hindú. Tras numerosas experiencias místicas, descubrió que Dios, la única realidad, es uno, pero tiene varios nombres, formas y aspectos. Aunque reconoció los valores propios del islamismo y del cristianismo, consideró que el Vedanta, pensamiento filosófico y religioso de la India, era superior. Con sus seguidores, constituyó un movimiento llamado también *Ramakrisna,* hoy difundido por diversos países.

ramal *s. m.* **1.** Cada una de las cuerdas finas de que se componen trenzas, sogas, etc. **2.** Cuerda sujeta a la cabeza de las caballerías. **3.** Vía de comunicación que se aparta de otra principal. **4.** Parte que arranca de la línea principal de algo. **5.** Cada tramo de escalera que concurre en un mismo rellano.

ramalazo *s. m.* **1.** Dolor repentino y fuerte en alguna parte del cuerpo. **2.** Leve locura. **3.** *fam.* Amaneramiento, afeminamiento. **4.** Golpe que se da con el ramal.

Raman, sir Chandrasekhara Venkata (Trichinopoly 1888 - Bangalore 1970) Físico indio. En 1928 descubrió el efecto secundario de la difusión de la luz en los medios transparentes que lleva su nombre y es utilizado en química para el estudio de la estructura molecular. Obtuvo el premio Nobel de física en 1930.

Ramayana Epopeya nacional de la literatura sánscrita india. Atribuida a Valmiki y fechada h. el s. III a. C., está compuesta por 24.000 estrofas. En ella se narran la vida y las hazañas de Rama. Sus personajes son encarnaciones de virtudes éticas. El poema es recitado en la gran fiesta de Ram-lila del N de la India y representado en el Kathakali, teatro danzado del S del país.

rambla *s. f.* **1.** Lecho o cauce natural que forman las corrientes de aguas de lluvia cuando caen abundantemente. **2.** Avenida ancha, generalmente con la acera en el centro.

rameado, da *adj.* Se dice del tejido o papel que representa ramos.

Rameau, Jean-Philippe (Dijon 1683 - París 1764) Compositor francés. Es uno de los principales teóricos de la música y el más destacado compositor del Barroco francés. Representante de una concepción racionalista de la música, polemizó con Rousseau y los enciclopedistas por ser un firme defensor de la tradición musical francesa frente a la italiana. Como sucesor de Lully cultivó un estilo clasicista y áulico. Se le considera el gran maestro y fundador del melodrama nacional francés. Compuso más de veinte óperas-ballet, como *Las Indias galantes* (1735), *Cástor y Pólux* (1737) y *Pigmalión* (1754); y escribió tres libros para clave (1706; 1724; 1728), instrumento del que era un gran virtuoso. Sus teorías musicales las expuso en el *Tratado de armonía reducida a sus principios naturales* (1722), que se convirtió en la base de la música tonal.

ramera *s. f.* Prostituta*.

ramificación *s. f.* **1.** Acción y efecto de ramificarse. **2.** Consecuencia de algún hecho. **3.** En zool., división de las arterias, venas o nervios.

ramificarse *v. prnl.* **1.** Dividirse en ramas. **2.** Extenderse alguna cosa, propagarse sus consecuencias. ■ Se conjuga como *sacar.*

ramillete *s. m.* **1.** Ramo pequeño de flores o hierbas. **2.** Conjunto de personas o cosas escogidas.

ramio *s. m.* Nombre común de diversas plantas herbáceas de la familia urticáceas, género *Boehmeria.* La *Boehmeria nivea* mide entre 1 y 3 m de altura, tiene la raíz gruesa, los tallos tomentosos, hojas dentadas y puntiagudas y flores unisexuales. Procede del SE asiático y de su tallo se extrae una fibra apreciada en la industria textil.

ramirense *adj.* Se aplica a la fase de madurez del arte asturiano. A él pertenecen las iglesias de Santa María del Naranco, San Miguel de Lillo y Santa Cristina de Lena, construidas durante el reinado de Ramiro I (842-850). También *s. m.*

Ramírez, Francisco (Concepción, Uruguay 1786 - San Francisco 1821) Militar argentino. Caudillo de Entre Ríos y partidario del federalismo, combatió al ejército central en Cepeda y venció a Artigas. En 1820 tomó Buenos Aires. Murió en lucha con las tropas de Estanislao López, su antiguo aliado.

Ramírez, Ignacio (San Miguel Allende 1818 - México 1879) Político y escritor mexicano. A través del periodismo, expuso sus ideas liberales y revolucionarias bajo el seudónimo de *El Nigromante.* Fue ministro de Fomento y Justicia con Juárez (1857-63) y de Justicia con Porfirio Díaz (1877-79). Fundó la Biblioteca Nacional.

Ramírez, Norberto (? - Nicaragua 1856) Político nicaragüense. Fue presidente de El Salvador durante 1840 y 1841 y de Nicaragua (1849-1851). En 1850 firmó con EE UU y el Reino Unido el tratado Clayton-Bulwer, para proteger al recién creado país de abusos de los estados vecinos, pero que en la práctica permitió a los EE UU intervenir en el gobierno de la nación.

Ramírez, Sergio (Masatepe 1942) Escritor y político nicaragüense. Perteneciente al Frente Sandinista de Liberación Nacional, fue vicepresidente de la república (1984-90). Es autor de novelas, como *¿Te dio miedo la sangre?* (1977) y *Castigo divino* (1988), y de relatos cortos, como *Cuentos* (1963) y *Nuevos cuentos* (1969).

Ramírez de Arellano, Diego (? 1595 - ? 1633) Marino y cosmógrafo español. Piloto de la Casa de Contratación de Sevilla, participó con los hermanos García de Nodal en la expedición al estrecho de Magallanes (1618-19) y descubrió las islas que hoy llevan su nombre.

Ramiro Nombre de dos reyes de Aragón.

Ramiro I (? - Graus, Huesca 1063) Rey de Aragón (1035-63). Hijo bastardo de Sancho III el Mayor de Navarra, fue vasallo del rey de Navarra hasta que murió su hermano García Sánchez III en 1054. A la muerte de su hermano Gonzalo se anexionó Sobrarbe y Ribagorza.

Ramiro II el Monje (? - Huesca 1157) Rey de Aragón (1134-37). Hermano y sucesor de Alfonso I el Batallador, era monje benedictino cuando, al morir sin descendencia su hermano, fue llamado al trono. Su reinado fue muy conflictivo a causa de la oposición de la nobleza. En 1137 abdicó en favor de su hija, doña Petronila, que a muy temprana edad casó con Ramón Berenguer IV, conde de Barcelona, unificándose así ambos reinos (1150).

Ramiro Nombre de varios reyes de Asturias y León.

Ramiro I (? 791 - Liño 850) Rey de Asturias (842-850). Hijo de Vermudo I y sucesor de Alfonso II el Casto, al comienzo de su reinado tuvo que aplastar varias sublevaciones nobiliarias. Defendió las costas gallegas y asturianas de los normandos y consiguió apoderarse temporalmente de León, que posteriormente fue asolada por los musulmanes.

Ramiro II (? h. 930 - cerca de Talavera 951) Rey de León (931-951). Fue hijo de Ordoño II. Después de gobernar el territorio portugués, la renuncia de su hermano Alfonso IV de León le colocó en el trono leonés. Una vez reforzada su autoridad, comenzó la lucha contra los musulmanes, a los que tomó el castillo de Madrid y derrotó en Osma. Obtuvo la sumisión del señor musulmán de Zaragoza y concertó una alianza con Navarra y con Fernán González de Castilla, gracias a la cual alcanzó la victoria de Simancas (939) sobre Abderramán III, que le permitió repoblar el valle del Tormes.

Ramiro III (? 961 - Astorga, León 985) Rey de León (966-984). Era hijo y sucesor de Sancho I. Con él, la monarquía leonesa, que era teóricamente electiva, se transformó en hereditaria. Llevó a cabo una política de paz con Córdoba, aunque a partir del 977 los musulmanes reanudaron las hostilidades al llegar al poder Almanzor, quien recobró Simancas (981) y saqueó Zaragoza. Murió desposeído del trono y abandonado por todos.

ramo *s. m.* **1.** Rama de segundo orden que sale de una principal. **2.** Rama cortada de un árbol. **3.** Conjunto de flores, hierbas o ramas, etc. **4.** Ristra de ajos o cebollas. **5.** Parte en que se divide una industria, una ciencia, un arte, etc.

ramón *s. m.* **1.** *aum.* de **ramo**. **2.** Conjunto de ramas de árbol que los pastores cortan para dar de comer al rebaño. **3.** Ramaje que resulta al podar los árboles.

Ramón Berenguer Nombre de cuatro condes de Barcelona.

Ramón Berenguer I el Viejo (? h. 1024 - ? 1076) Conde de Barcelona y Girona (1035-76), de Olérdola (1049-76) y de Ausona (1054-76). Reconquistó la baja Ribagorza a los musulmanes (1058-1063) e inició la expansión ultrapirenaica con la compra de los condados de Carcasona y Razés (1068-70).

Ramón Berenguer III el Grande (Rodez 1082 - Barcelona 1131) Conde de Barcelona (1097-1131). Incorporó los condados de Besalú (1111), Provenza (1112) y Cerdaña (1117) y sentó las bases para la estructuración de Cataluña como unidad política bajo el mando de Barcelona.

Ramón Berenguer IV (? h. 1114 - Borgo San Dalmazzo, Piamonte 1162) Conde de Barcelona (1131-62). Hijo de Ramón Berenguer III, casó con Petronila, hija y heredera de Ramiro II el Monje, de Aragón. Desde 1137 ejerció el gobierno efectivo de Aragón, aunque el matrimonio no se celebró hasta 1150. Por el tratado de Carrión obtuvo la retirada de las tropas castellanas de la zona de Zaragoza (1140) a cambio de reconocerse vasallo de Alfonso VII de Castilla. A partir de 1144 se hizo cargo personalmente de los asuntos de Provenza en nombre de su sobrino Berenguer III de Provenza.

Ramón Borrell II (? 972 - ? 1018) Conde de Barcelona, Ausona y Girona (992-1018). Hijo de Borrell II, en una expedición contra los musulmanes saqueó Córdoba (1010). En 1015 extendió sus dominios hasta el Segre y el Ebro. Repobló el campo de Tarragona, Barberá y la Segarra.

Ramón Nonato, San (Portell, cerca de Cervera 1200 - Cardona, Barcelona 1240) Misionero mercedario catalán. Redimió cristianos cautivos en el N de África y sufrió tormento en Argel. Gregorio IX le nombró cardenal (1239). Debe su sobrenombre al hecho de haber sido extraído del seno de su madre ya muerta.

Ramón y Cajal, Santiago (Petilla de Aragón, Navarra 1852 - Madrid 1934) Médico e investigador español. Fue catedrático de anatomía en la universidad de Valencia (1883) y de histología en Barcelona (1887) y Madrid (1892). Sus investigaciones se dirigieron hacia el campo de los tejidos nerviosos. En 1889 presentó ante la Sociedad Anatómica de Berlín las conclusiones de sus trabajos sobre el sistema nervioso, demostrando que cada neurona es una célula independiente en cuanto a su estructura y función, y que las células nerviosas no se relacionan entre sí por continuidad (teoría de Golgi), sino por contigüidad. Expuso sus descubrimientos en *Histología del sistema nervioso del hombre* (1909-1911) y *Degeneración y regeneración del sistema nervioso* (1913-14). En 1906 fue galardonado con el premio Nobel de medicina, compartido con Camillo Golgi.

Santiago Ramón y Cajal (Ateneo de Madrid).

ramonear *v. intr.* **1.** Cortar las puntas de las ramas de los árboles. **2.** Comerse los animales las hojas o puntas de las ramas de los árboles o arbustos.

ramoneo *s. m.* **1.** Acción y efecto de ramonear. **2.** Temporada en que se ramonea.

Ramos, Samuel (Morelia 1897 - México 1959) Filósofo mexicano. Ejerció la docencia en la universidad Nacional Autónoma de México. Su obra se centró en el desarrollo de una antropología filosófica capaz de proporcionar el fundamento para una afirmación de la libertad, la personalidad y la vida espiritual del hombre. Entre sus principales obras figuran *El perfil del hombre y la cultura en México* (1934), *Hacia un nuevo humanismo* (1940) y *Estudios de estética* (póstuma, 1963).

Ramos Arizpe, Miguel (Valle de San Nicolás 1775 - México 1843) Político mexicano. Ordenado sacerdote (1803), fue diputado en las Cortes de Cádiz (1810), donde trabajó por la independencia de Nueva España. Desterrado a Valencia en el periodo absolutista, regresó a México (1822) y fue miembro del Congreso Constituyente (1824), ministro de Justicia (1825-28 y 1832-33) y formó parte de la junta de gobierno (1841) tras el pronunciamiento de Santa Anna.

Ramos Martínez, Alfredo (Monterrey 1875 - Los Ángeles 1946) Pintor mexicano. Formado en París, fue director de la Academia de Bellas Artes de México y realizó una importante labor como impulsor de la nueva pintura mexicana a través de la creación de la escuela de Santa Anita (1913). Influido por los impresionistas, pintó retratos y murales.

Ramos Oliveira, Antonio (Zalamea la Real, Huelva 1907 - Ciudad de México 1973) Historiador español. Miembro del PSOE, se exilió en México tras la guerra civil española y allí dirigió la *Revista de historia de América* (1951). Entre sus obras merecen citarse *Historia social y política de Alemania* (1942) e *Historia de España* (1954).

ramoso, sa *adj.* Que tiene muchas ramas.

rampa *s. f.* **1.** Plano inclinado para subir o bajar por él. **2.** Terreno en pendiente.

rampante *adj.* **1.** Se aplica al león de los escudos de armas que tiene las manos con gesto de agarrar. **2.** En arq., se dice de los arcos, bóvedas, etc., que tienen sus puntos de apoyo oblicuos o a distinto nivel.

Rampling, Charlotte (Sturmer 1945) Actriz cinematográfica británica. Sensual y enigmática, entre sus interpretaciones destacan las de los filmes *La caída de los dioses* (1968), *Portero de noche* (1974), *Adiós muñeca* (*Farewell, my lovely*, 1975) y *Veredicto final* (1982).

ramplón, na *adj.* Vulgar o excesivamente sencillo.

ramplonería *s. f.* **1.** Cualidad de ramplón. **2.** Cosa, dicho o hecho ramplones.

Ramsay, sir William (Glasgow 1852 - High Wycombe, Buckinghamshire 1916) Químico británico. En 1867 dio una explicación del movimiento browniano por los choques moleculares. Descubrió, en colaboración con otros químicos, los gases nobles. Obtuvo el premio Nobel de química en 1904.

Ramsés Nombre de varios faraones egipcios de las dinastías XIX y XX.

Ramsés II (? - ? h. 1237 a. C.) Faraón egipcio de la XIX dinastía. Reinó de 1304 a 1237 a. C. Sucedió a su padre, Seti I. Guerreó contra los hititas para arrebatarles Siria, pero tras una larga guerra optó por pactar con su rey, Hattusil, para repartirse el territorio. Gran constructor, embelleció los templos de Karnak y Luxor en Tebas y ordenó construir los de Abu Simbel en Nubia.

Ramsés III (? - ? h. 1156 a. C.) Faraón egipcio de la XX dinastía. Reinó de h. 1188 a 1156 a. C. Rechazó las invasiones de los libios y de los «pueblos del mar», de origen egeo, y restableció la autoridad egipcia en Palestina. Fue el último de los grandes faraones. Tras su muerte, producida quizá a causa de una conjura palaciega, se inició una larga etapa de decadencia.

Ramsey, Frank Plumpton (Cambridge 1903 - ? 1930) Filósofo ingles. Partiendo de Wittgenstein y Russell realizó importantes investigaciones en el campo de la lógica y la teoría de la probabilidad. Es autor de *Los fundamentos de la matemática* (1925) y *Proposiciones generales y causalidad* (1929).

Ramsey, Norman F. (Washington 1915) Físico estadounidense. En 1989 obtuvo el premio Nobel de física, compartido con Wolfgang Paul y Hans G. Dehmelt, por sus trabajos en la espectroscopia atómica de precisión.

Dos especies de ranas y la ranita más común en la península Ibérica.

rana *s. f.* **1.** Nombre común de diversos animales anfibios anuros de varias familias, entre las que destaca la de los ránidos, con el género *Rana*. Tienen el tronco rechoncho, extremidades posteriores muy desarrolladas y adaptadas al salto, cabeza con ojos prominentes y lengua incisa con la que atrapan insectos. En su desarrollo experimentan una metamorfosis por la que evolucionan desde el estado de renacuajo, en que presentan una larga cola, al de adulto, perdiendo la cola y desarrollando las extremidades. La especie de mayor tamaño es la rana goliat *(Rana goliath)*, que puede alcanzar hasta 70 cm y habita en África. La rana común *(Rana ridibunda)* mide unos 15 cm de longitud, tiene color verde oliva con manchas negras, unos sacos vocales grises y membranas interdigitales en sus extremidades. En época de cría emite un continuo croar. Habita en Europa. **2.** Juego que consiste en tirar monedas u otros objetos e introducirlos en la boca de una rana de metal o en otras ranuras, obteniendo una determinada puntuación. **3.** Prenda para bebés de una sola pieza. ‖ *pl.* **4.** Ránula*. ‖ **5. hombre rana** Submarinista que va vestido con traje de goma y lleva aletas, gafas, bombonas de aire, etc., para poder bucear. ‖ **Loc. salir rana** alguien o algo *fam.* Decepcionar.

Rangún: la pagoda de Shwe Dagon, importante centro budista.

Rancagua C. de Chile, cap. de la región Libertador General Bernardo O'Higgins, situada en el centro del país, al S de Santiago. 189.800 h. en 1989. Es un importante centro comercial y nudo de comunicaciones. Su actividad industrial se centra en la siderurgia y los productos químicos y alimentarios. Fue el escenario de la batalla de Rancagua entre los patriotas chilenos y los realistas, con la victoria de estos últimos.

ranchero, ra *s. m.* y *f.* **1.** Persona que dirige un rancho o trabaja en él. **2.** Persona que guisa el rancho. ‖ *s. f.* **3.** Canción popular mexicana. ‖ *adj.* **4.** Perteneciente o relativo a un rancho.

Ranchi C. de la India, situada en el estado de Bihar, al O de Calcuta. 489.600 h. en 1981. Es una ciudad residencial y centro de comunicaciones de los distritos mineros del S del estado.

rancho *s. m.* **1.** Comida hecha para un grupo numeroso de personas y que suele limitarse a un solo guisado. **2.** *fam.* Comida mal hecha o de muy mala calidad. **3.** En América, hacienda ganadera. **4.** *And.* Finca de menor extensión que un cortijo. **5.** Descampado a las afueras de una población donde se asientan personas. **6.** *Méx.* Propiedad rural. **7.** *Arg., Par., Urug.* Vivienda de campesinos. ‖ **Loc. hacer** (o **formar**) **rancho aparte** *fam.* Formar un grupo aparte de personas dentro de otro mayor.

ranciar *v. tr.* Enranciar*.

ranciedad *s. f.* **1.** Cualidad de rancio. **2.** Cosa anticuada.

rancio, cia *adj.* **1.** Se dice del vino y de algunos comestibles que adquieren con el tiempo un sabor y un olor más fuerte o se echan a perder. **2.** Antiguo o anticuado. **3.** *fam.* Antipático. También *s.* ‖ *s. m.* **4.** Cualidad de rancio.

rand *s. m.* Unidad monetaria oficial de la República Sudafricana.

randa *s. f.* **1.** Adorno de encaje para vestidos, ropa blanca, etc. **2.** Encaje de bolillos. ‖ *s. m.* **3.** *fam.* Golfo, pillo, ladrón.

Randstad Nombre de una conurbación de los Países Bajos, que comprende las ciudades de Amsterdam, Utrecht, Rotterdam y La Haya.

ranger (voz ingl. que significa 'batidor') *s. m.* Individuo de unidades especiales del ejército de EE UU y algunos países hispanoamericanos, preparadas para combatir las guerrillas.

Ranger Programa de exploración de la superficie lunar llevado a cabo por EE UU entre 1962 y 1965 y nombre de los distintos cohetes que intervinieron en él. Sólo alcanzaron éxito los *Ranger 7, 8* y *9*, que consiguieron espléndidas fotografías de la Luna.

ranglan o **ranglán** *adj.* Raglan*.

rango *s. m.* **1.** Clase o categoría de una persona en cuanto a su situación profesional, social, etc. **2.** En estadística, recorrido o amplitud de una distribución de frecuencias. Es una medida de dispersión.

Rangún (*Yangon*) C. de Birmania, cap. del país, situada en el S del mismo, en el golfo de Martaban. 2.513.000 h. en 1984 y 3.974.000 h. en su área metropolitana. Es el principal centro cultural, religioso e industrial del país, con producción alimentaria, metalúrgica, química, de cemento y de madera.

Raniero III (Mónaco 1923) Príncipe de Mónaco. En 1949 accedió al trono por renuncia de su madre y en 1956 se casó con la actriz cinematográfica estadounidense Grace Kelly. Otorgó una nueva Constitución al principado (1962).

ranilla *s. f.* En el casco de las caballerías, parte más blanda que el resto, situada entre los dos pulpejos.

ranita *s. f.* Nombre común de diversos anfibios anuros de distintas familias. La **ranita de San Antón** pertenece a la familia hílidos, especie *Hyla arborea*. Mide unos 5 cm de longitud, tiene el dorso color verde hoja, pupila horizontal, dedos prolongados, con ventosas en los extremos, y carece de osificaciones dérmicas en la cabeza. Vive en el agua de charcas hasta que hace la puesta, emigrando entonces a árboles y arbustos, por cuyas ramas trepa gracias a su vientre adhesivo. Habita en la península Ibérica.

Rank, Otto Rosenfeld, llamado **Otto** (Viena 1884 - Nueva York 1939) Psicoanalista austriaco. Fue discípulo de Freud. Extendió, en unión de Ferenczi, el psicoanálisis al campo de la psicosis. También se interesó en la aplicación del psicoanálisis a la mitología y a la literatura. Entre sus obras destacan *El mito del nacimiento del héroe* (1909), *El trauma del nacimiento* (1929) y *Más allá de la psicología* (póstuma, 1941).

Ranke, Leopold von (Wiehe, Turingia 1795 - Berlín 1886) Historiador alemán. Destacado representante de la corriente historicista, introdujo el positivismo como método de investigación histórica, basado en la acumulación de datos y en la exposición objetiva y detallada de los hechos. De su amplia producción sobresalen *Historia de los pueblos latinos y germánicos desde 1494 hasta 1535* (1824), *El papado, su Iglesia y su Estado en los siglos* XVI *y* XVII (1834-36) e *Historia de Alemania durante la Reforma* (1839-47).

ranker (voz ingl.) *s. m.* Suelo poco evolucionado, que se forma sobre terrenos silícicos y es característico de las montañas. Presenta un horizonte A de materia orgánica, a veces sin descomponer, y fragmentos rocosos, y un horizonte C de roca madre semidisgregada.

Rankine, William John Macquorn (Edimburgo 1820 - Glasgow 1872) Ingeniero y físico británico. Está considerado como uno de los fundadores de la termodinámica. Acuñó el término *energía* y estableció la distinción entre las energías mecánica, potencial y cinética. Aplicó sus descubrimientos a la construcción de ferrocarriles, hélices, etc.

ranking (voz ingl.) *s. m.* Clasificación por grados, de mayor a menor.

ránula *s. f.* Tumor blando que se forma debajo de la lengua. ■ Se denomina también *ranas*.

ranunculáceas *s. f. pl.* Familia de plantas herbáceas del orden ranunculales a la que pertenecen unas 1.800 especies comprendidas en los géneros *Ranunculus, Aconitum, Clematis, Anemone, Pulsatilla, Nigella, Hepatica,* etc. Son anuales o vivaces, tienen hojas en roseta o alternas, raramente opuestas, flores muy vistosas en inflorescencias terminales y fruto en cápsula o aquenio. Muchas especies son acuáticas y algunas venenosas (acónito). Crecen en todos los continentes, sobre todo en regiones templadas y frías del hemisferio norte. Ranunculáceas son las clemátides, acónitos, anémonas, ranúnculos, hepáticas, etc. También *adj.* y *s. f.*

ranura *s. f.* Hendidura estrecha que tienen algunos objetos y sirve para distintos fines.

ranurar *v. tr.* Hacer ranuras en algo.

raña *s. f.* Conjunto de acumulaciones detríticas de origen aluvial que tapizan los glacis al pie de muchas cordilleras. Abundan en los países mediterráneos y se formaron al principio del cuaternario o finales del terciario.

raño *s. m.* Escorpena*.

Rao, Narasimha (Kerian Najar 1921) Político indio. Secretario general del Partido del Congreso (1974-77), tras ocupar diversos ministerios fue elegido primer ministro en 1991.

Raoult, François Marie (Fournes-en-Veppes, Nord 1830 - Grenoble 1901) Químico y físico francés. Considerado como el fundador de la crioscopia, en 1882 formuló la ley de su nombre, en la cual establece que en una disolución el descenso de la presión de vapor es directamente proporcional a la fracción molar del soluto. Esta ley permitió conocer los pesos moleculares de sustancias disueltas cuyas densidades de vapor no podían determinarse.

rapa *s. f.* Flor del olivo.

rapacería *s. f.* **1.** Rapacidad*. **2.** Robo, rapiña.

rapaces *s. f. pl.* Grupo de aves que comprende los órdenes falconiformes y estrigiformes. Están especialmente adaptadas a la alimentación carnívora, son diurnas las del primero y nocturnas las del segundo. Se caracterizan por tener alas fuertes, cabeza con pico curvo, corto y fuerte, y patas cuyas últimas falanges son muy grandes y están provistas de garras afiladas y arqueadas. Cazan pequeños vertebrados o se alimentan de carroña. Están distribuidas por toda la Tierra. También *adj.* y *s. f.*

rapacidad *s. f.* Cualidad de rapaz o ladrón.

rapadura *s. f.* Acción y efecto de rapar o raparse.

Rapallo C. de Italia, en la región de Liguria, prov. de Génova, situada al fondo del golfo de Génova. 27.400 h. en 1971. Es un importante centro turístico y estación balnearia.

Rapallo, tratado de Nombre de dos acuerdos firmados en esta ciudad. El primero, en 1920, entre Italia y Yugoslavia, para dar solución a cuestiones fronterizas y políticas en el Adriático. Y el segundo, en 1922, de amistad y cooperación, firmado entre Alemania y la URSS, por el cual establecían relaciones diplomáticas, renunciaban recíprocamente a las indemnizaciones de guerra, prometían neutralidad en caso de conflicto con terceros países y se concedían un trato comercial preferente.

rapapolvo *s. m. fam.* Regañina fuerte.

rapar *v. tr.* **1.** Afeitar la barba. **2.** Cortar mucho el pelo.

rapaz *adj.* **1.** Se dice del ave del grupo de las rapaces. También *s. f.* **2.** Se dice de la persona inclinada al robo. || *s. m.* **3.** Muchacho.

rapaza *s. f.* Muchacha, chica.

rape[1] (de *rapar*) *s. m.* **1.** Afeitado apresurado y sin cuidado. **2.** Corte de pelo dejándolo muy corto. || **LOC. al rape** *adv.* Refiriéndose al corte de pelo, a ras de cabeza.

rape[2] (del cat. *rap*) *s. m.* Nombre común de diversos peces lofiiformes de la familia lófidos, género *Lophius.* El rape común *(Lophius piscatorius)* mide entre 90 cm y 2 m de longitud, tiene color pardo violáceo, la parte anterior comprimida y plana, ojos salientes, boca grande con dientes cónicos y un primer radio de la aleta dorsal que se prolonga de la mandíbula superior y con el que atrae a sus presas. El rape rojizo *(Lophius budegassa)* se distingue del anterior por su menor talla y su color pardo rojizo. Habitan en la plataforma continental del Atlántico y el Mediterráneo y son apreciados por su exquisita carne. Se llama también *pejesapo.*

rapé *s. m.* Tabaco en polvo que se aspira por la nariz; la costumbre procede de América y se extendió en Europa a partir del s. XVI.

rápel *s. m.* Rappel*.

rapidez *s. f.* **1.** Cualidad de rápido. **2.** Hecho de ser o suceder rápido.

rápido, da *adj.* **1.** Que se mueve u ocurre a gran velocidad, muy deprisa. **2.** Que emplea poco tiempo en hacer algo. **3.** Que dura poco. || *adv. t.* **4.** Muy deprisa, a gran velocidad. || *s. m.* **5.** Parte de un río en que las aguas corren con gran fuerza. **6.** Tren de viajeros que sólo para en las principales estaciones del recorrido.

rapiña *s. f.* **1.** Robo o saqueo. || **2. ave de rapiña** Ave rapaz.

rapiñar *v. tr. fam.* Robar, hurtar.

raposear *v. intr.* Usar astucias y trucos.

raposería *s. f.* Conjunto de astucias y mañas del zorro, y, p. ext., las del hombre.

raposo, sa *s. m.* y *f.* **1.** Zorro, animal. **2.** *fam.* Persona muy astuta.

rappel (voz fr.) *s. m.* **1.** En alpinismo, técnica de descenso rápido que consiste en el deslizamiento por una cuerda colgante de una pared vertical. **2.** En el comercio, descuento especial, aparte del ordinario, que se hace a los clientes importantes, según las compras efectuadas durante un tiempo determinado, generalmente un año. ▪ Se escribe también *rápel.*

rapport[1] (voz fr.) *s. m.* Informe sobre un asunto o tema determinado.

rapport[2] (voz ingl.) *s. m.* En psicol., relación que se establece entre dos personas, en particular vínculo positivo que se crea entre un psicoterapeuta y su cliente.

rapsoda *s. m.* **1.** En la antigua Grecia, hombre que recitaba poemas de lugar en lugar. **2.** P. ext., poeta. || *s. m.* y *f.* **3.** Recitador de versos.

rapsodia *s. f.* **1.** Fragmento de un poema, y especialmente de alguno de los de Homero. **2.** Pieza musical compuesta de fragmentos de otras obras, o de melodías nacionales o regionales. De forma libre y basada en melodías folclóricas, estuvo unida en sus orígenes al florecimiento de la conciencia nacional en los países europeos, como las *Rapsodias húngaras* de Liszt y las *Rapsodias eslavas* de Dvorak. Las rapsodias del s. XX están escritas a menudo para un instrumento solista y orquesta, así la *Rapsodia para clarinete y orquesta* de Debussy y la *Rhapsody in blue* (1924) de Gershwin. **FAM.** Rapsódico.

raptar *v. tr.* **1.** Capturar y retener a una persona, generalmente con el objeto de pedir un rescate. **2.** Llevarse a una persona, especialmente a una mujer, con engaños o por la fuerza, en general para abusar sexualmente de ella. **FAM.** Raptor.

rapto *s. m.* **1.** Acción y efecto de raptar. **2.** Impulso violento y repentino provocado por una fuerte emoción. **3.** Éxtasis, estado de quien, llevado por una fuerte emoción o sentimiento, pierde el contacto con lo que le rodea.

raque *s. m.* Acción de raquear.

raquear *v. intr.* Buscar en las costas restos de naufragios.

Raquel Personaje bíblico, esposa de Jacob y madre de José y Benjamín.

raquero, ra *adj.* **1.** Se dice de la embarcación dedicada a piratear por las costas. **2.** Se aplica a la persona que provocaba naufragios para sacar beneficio de sus restos. También *s.* || *s. m.* **3.** Ladrón de puerto.

raqueta *s. f.* **1.** Especie de pala utilizada para jugar a la pelota, especialmente al tenis, que está formada por una superficie plana y ovalada con un enrejado de cuerdas. **2.** P. ext., jugador de tenis. **3.** Objeto similar a dicha pala, que se pone en los pies para andar por la nieve. **4.** Especie de rastrillo sin púas, que se utiliza en las mesas de juego para mover el dinero o las fichas. **5.** Desvío lateral de forma semicircular en una carretera para realizar un cambio de sentido o dirección.

raquialgia *s. f.* Dolor a lo largo del raquis o columna vertebral.

raquídeo, a *adj.* **1.** Perteneciente o relativo al raquis o columna vertebral. || **2. bulbo raquídeo** Véase **bulbo**.

raquis *s. m.* **1.** Columna vertebral. **2.** Eje de una pluma de ave. **3.** En bot., eje de un racimo de una espiga.

raquítico, ca *adj.* **1.** Que padece raquitismo. También *s.* **2.** Muy delgado o débil. **3.** *fam.* Muy pequeño o escaso.

raquitismo *s. m.* Enfermedad producida por la carencia de vitamina D; la padecen sobre todo los niños mal alimentados y se caracteriza por la descalcificación de los huesos, que son blandos y se doblan con facilidad.

rara avis *loc. lat.* Significa 'rara ave' y se utiliza para referirse a un tipo de persona o cosa muy poco frecuente.

raramente *adv. t.* **1.** Con muy poca frecuencia. || *adv. m.* **2.** De manera extraña.

rarefacción *s. f.* Acción y efecto de rarificar o rarificarse.

rareza *s. f.* **1.** Cualidad de raro. **2.** Cosa rara. **3.** Manía, extravagancia.

rarificar *v. tr.* Enrarecer, hacer menos denso un cuerpo gaseoso. También *v. prnl.* ▪ Se conjuga como *sacar.*

raro, ra *adj.* **1.** Distinto de lo normal o habitual, por lo que extraña o sorprende. También *s.* **2.** Poco común o frecuente. **3.** Escaso en su clase o especie. **4.** Se dice de los gases que tienen poca densidad. **5.** *fam.* Homosexual o afeminado. También *s. m.*

ras *s. m.* Igualdad en la altura de la superficie de las cosas. ▪ Se usa únicamente en las locuciones siguientes: **a (o al) ras** *adv.* A la misma altura que el borde o extremo de aquello de que se trata. **a ras de** *prep.* Al mismo nivel que aquello que se expresa.

Ras Dashan Volcán extinguido, situado en el O de Etiopía, al N del lago Tana. Es el pico más elevado del país (4.620 m).

rasa *s. f.* **1.** Abertura o separación de los hilos que se hace en un tejido sin que se llegue a romper la trama. **2.** Llano alto y despejado de un monte. **3.** Área del monte que forma claros en el bosque o presenta una vegetación herbácea y de matorral. || **4. rasa costera** Plataforma litoral estrecha y alargada, situada entre los 10 y los 200 m por encima del nivel del mar.

rasadura *s. f.* Acción y efecto de rasar.

rasante *adj.* **1.** Que rasa o que se mueve rasando el suelo u otra superficie. || *s. f.* **2.** Línea del perfil de un camino, calle, etc., considerada, en cuanto a su inclinación o paralelismo, respecto a la horizontal. || **3. tiro rasante** En lenguaje militar, el que es más o menos horizontal.

rasar *v. tr.* **1.** Igualar las medidas de los áridos, como el trigo, la cebada, los garbanzos, etc. **2.** Rozar ligeramente un cuerpo a otro.

rasca *adj.* **1.** *fam.* Tacaño, avaro. **2.** *Arg.* Pobre, harapiento, astroso. También *s.* || *s. amb.* **3.** *fam.* Frío. || *s. f.* **4.** *amer.* Borrachera.

rascacielos *s. m.* Edificio de gran altura y muchos pisos.

rascadera *s. f.* **1.** Rascador, instrumento. **2.** *fam.* Chapa dentada para limpiar el pelo de las caballerías.

rascado, da **1.** *p. p.* de **rascar**. También *adj.* || *adj.* **2.** *amer.* Borracho. También *s.* **3.** *Amér. C.* De mal genio, irritable. **4.** *Amér. C.* Audaz, atrevido. || *s. m.* **5.** Operación de rascar la pintura vieja de la superficie que se va a pintar.

rascador *s. m.* Instrumento para rascar.

rascar *v. tr.* **1.** Pasar por la piel algo áspero o afilado, generalmente las uñas y para quitarse un picor. También *v. prnl.* **2.** Raspar una cosa con un objeto áspero o cortante, para alisar su superficie o arrancar algo de ella. **3.** Producir un contacto áspero y desagradable en la piel. Se usa más como *v. intr.* **4.** Tocar mal un instrumento musical de cuerda. **5.** Obtener un beneficio de algo. || *v. prnl.* **6.** *amer.* Emborracharse. ▪ Se conjuga como *sacar.* **FAM.** Rascadura, rascamiento.

rascatripas *s. m.* y *f. fam.* Persona que toca mal un instrumento musical de cuerda.

rascón, na *adj.* **1.** Áspero o picante al paladar. ‖ *s. m.* **2.** Ave gruiforme de la familia rállidos, especie *Rallus aquaticus.* Mide unos 30 cm de longitud, tiene el plumaje marrón y el pico muy largo. Habita en regiones pantanosas de Europa, Asia y N de África.

rasear *v. tr.* En fútbol, jugar el balón a ras del suelo.

rasera *s. f.* **1.** Rasero*. **2.** Espumadera*.

rasero *s. m.* Palo o tabla que se utiliza para nivelar las medidas de los áridos, como el trigo, la cebada, los garbanzos, etc. ‖ **LOC. por el mismo rasero** *adv.* Sin diferencia alguna, especialmente al juzgar o comparar.

rasgado, da **1.** *p. p.* de **rasgar**. También *adj.* ‖ *adj.* **2.** Que tiene una forma más alargada de lo normal. ‖ *s. m.* **3.** Rotura en una tela.

rasgadura *s. f.* **1.** Acción y efecto de rasgar. **2.** Rotura en una tela.

rasgar *v. tr.* **1.** Romper cosas de consistencia semejante a la del papel, la tela, etc., tirando en direcciones opuestas. También *v. prnl.* **2.** Rasguear la guitarra. ▪ Se conjuga como *pagar.*

rasgo *s. m.* **1.** Línea trazada al escribir. **2.** Línea característica del rostro. **3.** Característica de la personalidad de una persona. **4.** Propiedad, peculiaridad. **5.** Acto o gesto que merece aprobación. ‖ **LOC. a grandes rasgos** *adv.* De manera general, sin entrar en detalles.

rasgón *s. m.* Desgarrón, rotura de una tela.

rasguear *v. tr.* **1.** Tocar la guitarra u otro instrumento similar rozando varias cuerdas a la vez con la punta de los dedos. ‖ *v. intr.* **2.** Hacer los rasgos al escribir. **FAM.** Rasgueado o rasgueo.

rasguñar *v. tr.* **1.** Arañar con las uñas o con algún instrumento cortante. **2.** Realizar los pintores algún apunte.

rasguño *s. m.* Arañazo, rasponazo.

rasilla *s. f.* **1.** Cierto tipo de tela delgada de lana. **2.** Ladrillo hueco y más delgado que el corriente.

raso, sa *adj.* **1.** Llano y liso. **2.** Aplicado al cielo, sin nubes. **3.** Que se mueve a poca altura del suelo. **4.** Lleno hasta los bordes. **5.** Sin título ni categoría que lo distinga. ‖ *s. m.* **6.** Cierto tipo de tejido liso y muy brillante. ‖ *s. f.* **7.** Llano alto y despejado de un monte. ‖ **LOC. al raso** *adv.* A cielo descubierto.

raspa *s. f.* **1.** Espina del pescado. **2.** Filamento áspero de la cáscara de los granos de trigo y de otras gramíneas. **3.** Lo que queda después de desgranar una mazorca de maíz. **4.** En bot., eje de las flores y frutos de una espiga o racimo. **5.** *amer.* Reproche, reprimenda. **6.** *Méx.* Grupo de juerguistas. ‖ *s. m.* y *f.* **7.** *fam.* Persona antipática y desagradable. También *adj.* **8.** *Arg., Par., Urug.* Ladrón, ratero.

raspado, da **1.** *p. p.* de **raspar**. También *adj.* ‖ *s. m.* **2.** Acción y efecto de raspar. **3.** En cirugía, operación que consiste en raspar la superficie de un órgano, especialmente el útero.

raspadura *s. f.* **1.** Acción y efecto de raspar o rasparse. **2.** Lo que se quita al raspar una superficie. **3.** Señal que queda en una superficie al rasparla o rozarla.

raspar *v. tr.* **1.** Pasar por una superficie algo áspero o cortante de manera que se levante parte de ella. También *v. prnl.* **2.** Producir algo un contacto áspero y desagradable. Se usa mucho como *v. intr.* **3.** Picar el vino u otro licor al paladar. **4.** Pasar rozando un objeto a otro. **5.** *amer.* Reprender, amonestar. **FAM.** Raspamiento.

raspón o **rasponazo** *s. m.* Raspadura, señal o herida superficial hecha por algo que raspa o roza.

rasposo, sa *adj.* **1.** Áspero al tacto o al paladar. **2.** Que tiene abundantes raspas. **3.** De trato desagradable. **4.** *Arg., Urug.* Se dice de la prenda de vestir en mal estado y de la persona que la lleva. **5.** *Arg., Urug.* Tacaño. También *s.*

Rasputín, Grigori Yefimovich, llamado (Pokrovskoie 1872 - Petrogrado 1916) Monje y político ruso. Su fama como curandero le permitió, en 1905, acceder a la corte, donde se le atribuyó la curación del príncipe Alexis, que era hemofílico. Desde 1907 ejerció una gran influencia en las decisiones políticas del zar Nicolás II a través de su mujer, Alexandra, que creía ciegamente en él. En 1916 fue asesinado en un complot encabezado por el príncipe Yusupov.

rasputista *s. m.* Deshielo, en primavera, de las masas de nieve invernal en los regímenes nivales de llanura típicos de las áreas de clima continental.

rasqueta *s. f.* **1.** Plancha pequeña de hierro con cantos afilados y mango, que sirve para rascar y limpiar superficies. **2.** *Amér. del S., Cuba, P. Rico.* Rascadera para limpiar el pelo de las caballerías.

rastacuero *s. m. amer.* Nuevo rico inculto, vulgar y ostentoso.

rastra *s. f.* **1.** Rastrillo para recoger hierba, paja, etc. **2.** Grada*, utensilio agrícola. **3.** Cualquier cosa que se utiliza para arrastrar o mover objetos de peso colocados sobre ella. **4.** Cualquier cosa que va arrastrando o colgando. **5.** Ristra de frutos secos. **6.** Instrumento para buscar o recoger muestras u objetos del fondo del mar o de un río. ‖ **LOC. a la rastra** o **a rastras** *adv.* Arrastrando; también, a la fuerza.

rastrear *v. tr.* **1.** Seguir el rastro, buscar alguna cosa por él. **2.** Investigar, estudiar. **3.** Llevar por el fondo del agua una rastra, un aparejo de pesca u otra cosa. ‖ *v. intr.* **4.** Trabajar con el rastro o rastrillo. **5.** Volar casi tocando el suelo. **FAM.** Rastreador, rastreo.

Rastrelli, Bartolomeo Francesco (París 1700 - San Petersburgo 1771) Arquitecto italiano. Se trasladó a Rusia, donde introdujo la arquitectura barroca y rococó. Nombrado arquitecto de la corte, fue el renovador de la ciudad de San Petersburgo, donde entre otras obras realizó el palacio de Invierno y el convento de Smolni. También trazó la catedral de San Andrés, en Kiev.

rastrero, ra *adj.* **1.** Bajo, vil y despreciable. **2.** Ramplón, vulgar. **3.** Que vuela o se desplaza por el aire, pero casi tocando el suelo. **4.** Que va arrastrando. **5.** En bot., se dice del tallo que crece a ras de tierra. **FAM.** Rastreramente.

rastrillada *s. f.* **1.** Lo que se recoge de una vez con el rastrillo o rastro. **2.** *Arg., Bol., Urug.* Rastro dejado en el campo por el paso de un grupo de animales o de jinetes.

rastrillado *s. m.* Acción y efecto de rastrillar.

rastrillar *v. tr.* **1.** Recoger, amontonar o limpiar algo con el rastrillo. **2.** Allanar la tierra con el rastrillo. **3.** Limpiar el lino o el cáñamo de la arista y la estopa. **4.** Peinar un zona la policía o el ejército. **FAM.** Rastrillador.

rastrillo *s. m.* **1.** Instrumento formado por un mango largo y un travesaño con púas para recoger hierba, hojas, paja y otros usos. **2.** Tabla con muchos dientes de alambre grueso sobre la que se pasa el lino o cáñamo para limpiarlo. **3.** Reja utilizada como puerta de plazas de armas, fortalezas, etc. **4.** Reja que se coloca en una corriente de agua para retener lo que ésta arrastra. **5.** Pequeño mercado callejero.

rastro *s. m.* **1.** Señal, indicio que deja una persona o animal al pasar por un sitio y por el que puede ser seguido o perseguido. **2.** Lo que deja tras sí un hecho o acontecimiento. **3.** Mercado callejero donde se venden todo tipo de objetos antiguos y nuevos. **4.** Rastrillo, instrumento de labranza. ‖ **LOC. ni rastro** Nada en absoluto.

rastrojal *s. m.* Rastrojera*.

rastrojar *v. tr.* Arrancar los rastrojos.

rastrojera *s. f.* **1.** Tierra en que han quedado rastrojos. **2.** Temporada en que el ganado pasta los rastrojos. ▪ Se dice también *rastrojal.*

rastrojo *s. m.* **1.** Residuo de los tallos de la mies que queda en la tierra después de haber segado. **2.** Campo en que han quedado estos restos. ‖ *pl.* **3.** *amer.* Sobras.

rasura o **rasuración** *s. f.* Acción y efecto de rasurar o de raer.

rasurar *v. tr.* Afeitar el pelo del cuerpo, el bigote o la barba. También *v. prnl.*

rata[1] (del antiguo alto al. *ratta*) *s. f.* **1.** Nombre común de diversos mamíferos roedores de la familia múridos, género *Rattus.* La rata campestre *(Rattus rattus)* mide unos 50 cm, de los que más de la mitad corresponden a la cola, formada por unos 250 anillos. Tiene las orejas grandes, pelaje pardo con el vientre amarillo, o negro con el vientre gris. Es originaria de Asia, pero vive en todas las regiones templadas de la Tierra, perfectamente adaptada gracias a su alimentación omnívora. La rata de alcantarilla *(Rattus norvegicus)* es de tamaño algo mayor, con la cola más corta y las orejas más pequeñas. Su pelaje es negruzco o pardo, con el vientre más claro. Constituye una plaga debido a su gran capacidad de adaptación y reproducción. Habita en el subsuelo de las ciudades y puede transmitir enfermedades infecciosas. **2.** Hembra del ratón. ‖ *s. m.* y *f.* **3.** Persona muy tacaña. También *adj.* ‖ *s. m.* **4.** Ladrón, ratero. ‖ **5. cola de rata** Lima fina de forma cilíndrica; entre pescadores, sedal más estrecho en la punta que en el otro extremo y que permite lanzar con mayor precisión la mosca artificial. **6. pelo** (o **pelos**) **de rata** *fam.* Cabello muy fino y poco abundante. **7. rata de agua** Mamífero roedor de la familia múridos, especie *Arvicola amphibius.* Mide entre 16 y 22 cm de longitud y unos 15 cm de cola, su pelaje es pardo oscuro y habita cerca de estanques, charcas, marismas, etc., en Europa occidental. **8. rata de sacristía** *fam. desp.* Santurrón, beato. ‖ **LOC. más pobre que las ratas** *adj. fam.* Muy pobre.

rata[2] (del lat. *rata*) *s. f.* **1.** Parte proporcional. **2.** *Col., Pan.* Porcentaje.

ratear[1] (de *rata*[1]) *v. tr.* **1.** Robar con habilidad cosas pequeñas. **2.** Avanzar arrastrando el cuerpo por el suelo.

ratear[2] (del lat. *ratus,* proporcionado) *v. tr.* **1.** Repartir proporcionalmente algo. **2.** Disminuir proporcionalmente algo.

ratear[3] (del fr. *rater,* fallar) *v. intr.* Fallar la marcha regular de un motor de combustión interna al no producirse la explosión de algún cilindro o producirse a destiempo.

ratel *s. m.* Mamífero carnívoro de la familia mustélidos, especie *Mellivora capensis.* Mide unos 75 cm de longitud, de los cuales 20 cm corresponden a la cola. Tiene el pelaje negro, con el dorso gris plateado, las uñas de las patas anteriores fuertes y aptas para excavar, ojos pequeños y orejas no visibles. Se alimenta de animales y también de miel, de donde le viene el nombre científico. Habita en África y Asia.

rateo *s. m.* Acción y efecto de ratear[2].

ratería *s. f.* **1.** Hurto de cosas de poco valor. **2.** Tacañería.

ratero, ra *s. m.* y *f.* Ladrón que roba con habilidad cosas de poco valor.

Tres especies de ratas.

Rathenau, Walter (Berlín 1867 - íd. 1922) Político e industrial alemán, de origen judío. Fue director de la Oficina de Primeras Materias durante la Primera Guerra Mundial y más tarde ministro de la Reconstrucción (1921) y de Asuntos Exteriores (1922). Firmó el tratado de Rapallo. Murió asesinado por extremistas de derechas.

raticida *s. m.* Producto para matar ratas y ratones.

ratificar *v. tr.* Confirmar y mantener la validez o verdad de actos, palabras, escritos, etc. También *v. prnl.* ▪ Se conjuga como *sacar.* **FAM.** Ratificación.

rating (voz ingl.) *s. m.* **1.** En econ., valoración que se hace de una persona, empresa, etc., juzgando distintos factores, especialmente su solvencia ante una deuda. En medios bancarios es sinónimo de *evaluación de riesgo* y se expresa por la cantidad de dinero que el prestamista estaría dispuesto a prestar al prestatario. **2.** En navegación deportiva, índice o relación que se obtiene al realizar una serie de cálculos atendiendo a diversos factores técnicos de la nave. Cuanto mejores sean las características técnicas de la embarcación, más alto será el rating.

ratio *s. f.* Relación que existe entre dos magnitudes; se utiliza mucho en estudios comparativos de economía.

Ratisbona (*Regensburg*) C. de Alemania, situada en el Land de Baviera, a orillas del río Danubio. 119.100 h. en 1989. Es un centro comercial y cultural, con un moderado desarrollo industrial. Entre sus numerosos monumentos medievales destacan la catedral de San Pedro, la iglesia abacial románica del monasterio de San Emerando y el puente de piedra sobre el Danubio.

rato *s. m.* Espacio de tiempo, especialmente cuando es corto. ‖ **LOC. a ratos** *adv.* De cuando en cuando, unas veces sí y otras no. **a ratos perdidos** *adv.* Cuando se está libre del trabajo normal u obligatorio. **para rato** *adv.* Para mucho tiempo. **pasar el rato** Ocuparse en algo para distraerse. **un buen rato** *adv.* Bastante tiempo. **un rato** *adv. fam.* Mucho o muy. **un rato largo** *adv.* Mucho.

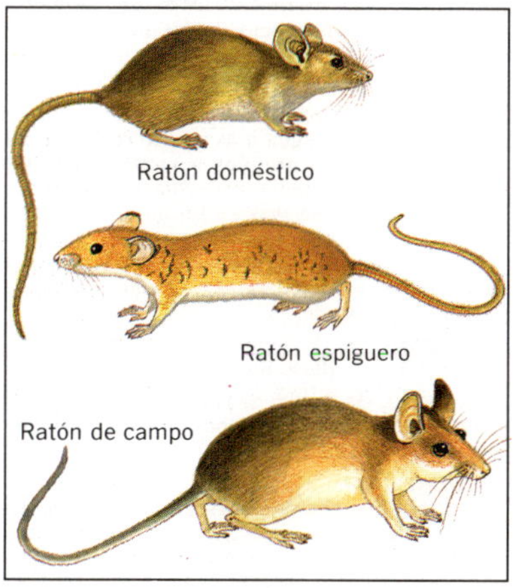

Tres especies de ratones.

ratón *s. m.* **1.** Nombre común de diversos mamíferos roedores de la familia múridos. El ratón doméstico *(Mus musculus)* mide unos 10 cm, con una cola de 10 cm que tiene entre 150 y 200 anillos. Su pelaje es gris plomo o gris pardo. Vive en campos, parques y ciudades de Europa y Asia. El ratón de campo *(Apodemus sylvaticus)* mide unos 9 cm, con 9 cm más de cola. Su pelaje es pardo con el vientre blanco, que puede presentar una raya amarilla. Sus orejas son muy grandes. Vive en bosques y praderas de Europa. **2.** En inform., periférico de entrada de un ordenador, separado del teclado, que permite introducir órdenes y manipular la información reflejada en la pantalla, y que se maneja haciéndolo rodar por medio de una bola que tiene por debajo. ‖ **3. ratón de biblioteca** *fam. desp.* Persona que acostumbra a estar leyendo o consultando libros y tiene una cultura libresca.

ratona *s. f.* Hembra del ratón.

ratonero, ra *adj.* **1.** Perteneciente o relativo a los ratones. **2.** Se dice del animal que caza ratones o es hábil en ello. **3.** Ramplón, de poca calidad; se aplica especialmente a la música. ‖ *s. f.* **4.** Trampa para cazar ratones. **5.** Agujero que hacen los ratones en paredes y otros lugares. **6.** Madriguera de ratones. **7.** Trampa que se hace para engañar o atrapar a alguien. **8.** *fam.* Casa o habitación muy pequeña o miserable.

ratonil *adj.* **1.** Propio de los ratones. **2.** De poca calidad.

Rattazzi, Urbano (Alessandria 1808 - Frosinone 1873) Político italiano. Aliado con Cavour, fue ministro de Justicia (1853-55) y apoyó las leyes anticlericales de 1854-55. Siendo ministro del Interior (1855-58), se produjo el levantamiento republicano de Mazzini en Génova (1857). A la muerte de Cavour, fue nombrado primer ministro (1862) y nuevamente ocupó este cargo en 1867, aunque tuvo que dimitir por su postura poco clara en el levantamiento de Garibaldi.

Rattigan, sir Terence (Londres 1911 - Hamilton, Bermudas 1977) Dramaturgo británico. Continuador de la comedia burguesa tradicional, abordó preferentemente temas de actualidad. Entre sus obras, muchas de ellas llevadas al cine, sobresalen *El francés sin esfuerzo* (1936), *El chico de los Winslow* (1946), *El príncipe durmiente* (1953), *Mesas separadas* (1954) y *El príncipe y la corista* (1957).

Ratzel, Friedrich (Karlsruhe 1844 - Ammerland 1904) Geógrafo alemán. Fundador de la antropogeografía, trató de demostrar las relaciones existentes entre el hombre y el medio físico. Es autor, entre otras obras, de *Antropogeografía* (1882-91), *Geografía política* (1897) y *La Tierra y la vida* (1901-02).

raudal *s. m.* **1.** Masa abundante de agua que corre rápidamente. **2.** Gran cantidad de algo que sale o aparece de repente. ‖ **LOC. a raudales** *adv.* En mucha cantidad.

raudo, da *adj.* Rápido, veloz. **FAM.** Raudamente.

Rauschenberg, Robert (Port-Arthur, Texas 1925) Pintor estadounidense. Es uno de los principales representantes del *pop-art.* Formado en el expresionismo, desde 1955 comenzó a incorporar a sus cuadros toda clase de objetos reales, como neumáticos, botellas, plásticos, etc., en un estilo que él llamó *combine painting.* En 1971 derivó hacia el arte pobre. Ejemplos significativos de su obra son *Canyon* (1959), *Pilgrim* (1960) y *Estate* (1963).

Ravel, Maurice (Ciboure 1875 - París 1937) Compositor francés. Importante representante del impresionismo musical, en su obra se da una síntesis de elementos e influencias diversos, como temas exóticos, música española y jazz. Alcanzó su mayor perfección en las orquestaciones. Entre sus obras principales se cuentan la ópera *La hora española* (1907), el ballet *Dafnis y Cloe* (1909-12), las piezas orquestales *Pavana para una infanta difunta* (1899), *El vals* (1919-20) y el famoso *Bolero* (1928), y las piezas pianísticas *Juegos de agua* (1901), *Espejos* (1905) y el *Concierto en sol mayor* (1931).

Ravena o **Rávena** (*Ravenna*) C. de Italia, cap. de la prov. homónima, en el NE del país, en la región de Emilia-Romaña, cerca del mar Adriático. 136.550 h. en 1990. Cuenta con una industria desarrollada en el sector químico, textil y alimentario y con refinerías de petróleo. La ciudad, fundada por los umbros, se alió en el s. III a. C. con los romanos. El emperador Honorio la convirtió en capital del imperio romano de Occidente (402). Conserva restos romanos, como la *Porta Aurea,* el anfiteatro y el acueducto de Trajano. Destacan bellos mosaicos bizantinos en sus iglesias medievales: San Apollinare Nuovo (del Salvador), de la Santa Croce y de San Vitale, todas ellas del s. VI.

raviolis o **ravioles** *s. m. pl.* Pequeños trozos cuadrados de pasta italiana rellenos de carne, verdura, etc.

Rawalpindi C. de Pakistán, situada en el N del país, al pie de la cadena del Himalaya. 928.000 h. en 1981. La actividad industrial se centra en la siderurgia, construcciones mecánicas, material eléctrico y productos textiles y químicos. Debido a su localización geográfica es un importante centro militar.

Rawls, John (Baltimore 1921) Filósofo estadounidense. Destacado teórico del liberalismo actual, sus investigaciones se han encaminado a fundamentar la ética y la teoría del derecho desde una perspectiva contraria al utilitarismo. Su obra principal es *Una teoría de la justicia* (1971).

Ray, John (Black Notley, Essex 1627 - íd. 1705) Naturalista inglés. Precursor de Linneo, trató de establecer una clasificación racional de las plantas. También realizó investigaciones en el campo de la zoología. Entre sus obras destacan *Nueva sistemática de las plantas* (1682), *Historia general de las plantas* (1686-1704), *Dios manifestado en la creación* (1691) y la póstuma *Historia de los insectos* (1710).

Ray, Nicholas (La Crosse, Wisconsin 1911 - Nueva York 1979) Director de cine estadounidense. Estudió arquitectura con Frank Lloyd Wright. Hasta 1945, año en que debutó en el cine, se dedicó al teatro y a la radio. En sus filmes prestó particular atención a unos personajes enfrentados al orden establecido; buena muestra de ello son *Johnny Guitar* (1954) y *Rebelde sin causa* (1955). También filmó superproducciones convencionales, como *55 días en Pekín* (1963).

Ray, Stayajit (Calcuta 1921 - íd. 1992) Director cinematográfico indio. Sus películas, de carácter realista, tienen una gran belleza y lirismo. Con su trilogía formada por *El lamento del sendero* (1955), *El invencible* (1956) y *El mundo de Apu* (1959) consiguió el reconocimiento internacional y numerosos premios. Otros títulos interesantes suyos son *Devi* (1960), *El héroe* (1966), *El intermediario* (1975) y *La entrega* (1981).

raya[1] (del bajo lat. *radia,* del lat. *radius,* rayo) *s. f.* **1.** Señal larga y estrecha que se hace o está marcada en un cuerpo. **2.** Línea que queda en la cabeza al separar con el peine los cabellos. **3.** Doblez vertical que se marca al planchar los pantalones y otras prendas de vestir. **4.** Línea que marca una división territorial. **5.** Zanja que se hace en el campo para evitar que se extienda el fuego. **6.** Límite, aquello que señala el término de algo no material. **7.** Signo ortográfico, un poco más largo que el guión, que se usa para separar oraciones, señalar el diálogo en un texto, etc. **8.** En las armas de fuego, cada una de las estrías grabadas en el interior del cañón. **9.** En fís., cada una de las bandas estrechas en que se divide un espectro. **10.** En argot, dosis de droga en polvo, particularmente de cocaína para inhalar. **11.** *Méx.* Paga, jornal. ‖ **12. tres en raya** Juego que consiste en poner tres fichas, objetos, etc., en línea dentro de un tablero o cuadrícula. ‖ **LOC. pasar(se) de la raya** *fam.* Excederse, extralimitarse. **tener** (o **mantener**) **a raya** *fam.* No dejar que alguien se exceda o se pase de la raya.

raya[2] (del lat. *raia*) *s. f.* Nombre común de diversos peces rayiformes de la familia rájidos, género *Raja.* La raya común *(Raja clavata)* mide unos 70 cm de longitud el macho y 120 cm la hembra, tiene el cuerpo aplastado y en forma de rombo, las aletas pectorales extendidas a manera de manto y se desplaza por su movimiento ondulatorio; la cola es fina y termina en una aleta caudal. Suele presentar espinas en el dorso y vientre. Su color es gris pardusco. La raya blanca *(Raja alba)* mide unos 2 m de longitud, tiene el dorso de color pardo rojizo y el vientre blanquecino con una franja negruzca. La raya estrellada *(Raja asterias)* mide unos 50 cm de longitud y tiene la piel rugosa de color blanco en el vientre y pardo en el dorso, con numerosas espinas. Son carnívoras y muy voraces y habitan en las costas del Atlántico y Mediterráneo.

rayadillo *s. m.* Milrayas, tela fresca de algodón, con rayas finas de color muy apretadas.

rayado, da **1.** *p. p.* de **rayar**. También *adj.* ‖ *adj.* **2.** Que tiene dibujo de rayas.

rayano, na *adj.* **1.** Que linda o limita con una cosa. **2.** Que está en la unión de dos territorios. **3.** Muy parecido, casi igual.

rayar *v. tr.* **1.** Hacer rayas. También *v. prnl.* **2.** Estropear un disco fonográfico haciendo una raya que corta la línea de los surcos. También *v. prnl.* **3.** Tachar algo escrito. ‖ *v. intr.* **4.** Tener dos cosas límites comunes. **5.** Llegar una cosa a parecerse mucho a otra o a casi igualarse con ella. **6.** Con palabras como *alba, día, luz, sol,* amanecer. **7.** Sobresalir sobre el resto en cualidades, acciones, etc. Se utiliza sobre todo en la expresión *rayar a gran altura.*

Rayleigh, John William Strutt, barón de (Terling, Essex 1842 - Witham, Essex 1919) Físico y matemático británico. En física trabajó sobre el movimiento ondulatorio, calculando la ecuación de la variación de luz dispersa en ondas electromagnéticas. En química estudió los pesos atómicos de los elementos y la relación entre éstos. Recibió el premio Nobel de física en 1904 por su descubrimiento del argón.

rayo *s. m.* **1.** Línea generalmente recta que parte de un punto de energía. **2.** Línea o franja de luz que procede de un cuerpo luminoso, especialmente del Sol. **3.** Chispa eléctrica de gran intensidad producida por descarga entre dos nubes o entre una nube y la tierra. **4.** Cualquier cosa de efecto rápido y fulminante. **5.** Persona muy lista y despierta. **6.** Persona rápida y eficaz. **7.** Desgracia o castigo fuerte y repentino. ‖ **8. rayo de luz** Aquello que de forma repentina ayuda a solucionar o aclarar alguna cosa. **9. rayo emergente** El que sale de un medio después de atravesarlo. **10. rayo incidente** El luminoso que cae sobre una superficie en que se refleja o refracta. **11. rayo luminoso** En ópt., línea imaginaria que indica la dirección de propagación de las ondas luminosas transversales. Es perpendicular a los frentes de onda. **12. rayo óptico** En ópt., aquel por medio del cual se ve el objeto. **13. rayo verde** Destello vivo e instantáneo que se observa a veces al ocultarse el Sol tras el horizonte del mar. **14. rayo visual** En ópt., línea recta que va desde la vista al objeto que se mira o de éste a la vista. **15. rayos roentgen** Rayos X. **16. rayos X** Véase **X, rayos.** ‖ **LOC. a rayos** *adv. fam.* Muy mal, horrible. **echar rayos** *fam.* Manifestar gran enfado.

rayón[1] (de *raya*[1]) *s. m.* Jabato, cría del jabalí.

rayón[2] (del ingl. *rayon*) *s. m.* Fibra textil artificial obtenida a partir de la celulosa y que imita la seda. ▪ Se denomina también *seda artificial.*

rayonismo *s. m.* Corriente pictórica rusa de principios del s. XX. Sus creadores sostenían que la pintura es un fenómeno autónomo sometido a sus propias leyes y que el artista selecciona a su gusto las formas que pueden surgir de la intersección de los rayos de luz reflejados por los objetos. Entre los artistas que trabajaron en esta línea figuran Mijail Larionov, teórico del movimiento, Natalia Goncharova, esposa del anterior, y Taras Grigorevich Shevchenko.

rayuela *s. f.* **1.** *dim.* de **raya**[1]. **2.** Juego que consiste en tirar monedas o piedrecillas a una raya pintada en el suelo y en que gana el jugador que más se acerca a ella. **3.** Juego en que hay que ir pasando una piedra u otro objeto de unas casillas a otras dibujadas en el suelo, yendo a la pata coja y sin pisar ninguna de las líneas pintadas.

raza *s. f.* **1.** Cada uno de los grandes grupos en que se divide la especie humana en función de determinados caracteres externos, como el color de la piel, la talla, los rasgos faciales, el cabello, la conformación física, etc. Se suelen distinguir tres razas: caucásica (**raza blanca**), mongoloide (**raza amarilla**) y negroide (**raza negra**). **2.** Cada uno de los grupos en que se dividen algunas especies de animales. **3.** Origen o linaje de una persona. **4.** Categoría de personas, animales o cosas en relación a ciertas características que los definen. ‖ **LOC. de raza** *adj.* Se aplica a ciertos animales que pertenecen a un tipo de raza muy apreciada o cotizada.

razia *s. f.* Razzia*.

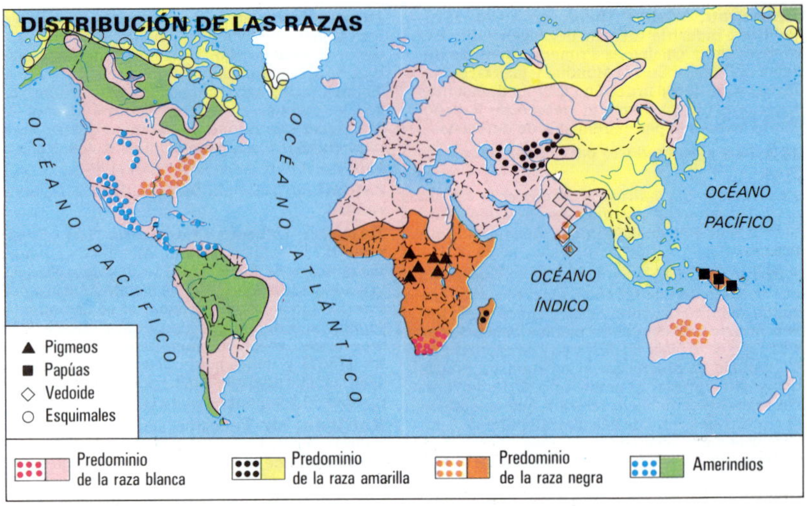

Razin, Stenka (Zimoveiskaia h. 1630 - Moscú 1671) Jefe cosaco. Encabezó una revuelta campesina contra el zar (1667-70) y llegó a interceptar la ruta del Volga, dominando el Caspio y apoderándose de ciudades como Astracán y Saratov. Derrotado en Simbirsk, se refugió en el Don, pero la aristocracia cosaca lo entregó y fue ejecutado.

razón *s. f.* **1.** Capacidad de pensar del hombre, gracias a la cual elabora conceptos, juicios y razonamientos. **2.** Palabras con que se expresa un pensamiento. Se usa mucho en *pl.* **3.** Verdad o acierto que hay en lo que alguien dice o hace. **4.** Causa o motivo. **5.** Argumento con que se intenta demostrar algo. **6.** Explicación o información. **7.** En fil., capacidad mental que posee el hombre para alcanzar un conocimiento del mundo. Como opuesta a la fe, la razón busca la verdad en pruebas intelectuales y no en la autoridad divina, y como opuesta a la sensación, alcanza el conocimiento a partir de principios lógicos y la deducción. **8.** En mat., cociente de dos números, y en general, de dos magnitudes comparables entre sí. **9.** En mat., cociente que resulta de dividir cada número por el que le precede en una progresión geométrica. ‖ **10. principio de razón suficiente** En fil., aquel que afirma que nada es sin que exista una razón para que sea. El primero en formularlo fue Leibniz. Su importancia en la historia del pensamiento ha sido radical. **11. razón de Estado** Regla de actuación política que se rige por el interés o utilidad del Estado como suprema institución pública; también, motivo de interés superior que invoca un gobierno para hacer algo contrario a la ley o al derecho. **12. razón de homotecia** Constante equivalente al cociente entre la distancia del centro de homotecia al punto transformado, y la distancia entre dicho centro de homotecia y el punto original, esto es: $K = \frac{\overline{OA'}}{\overline{OA}}$ en una transformación homotética, donde A es un punto de una figura y A′ otro de la figura homotética (homólogo de A) alineado con A y con el centro de la homotecia en O. **13. razón de semejanza** Constante equivalente a $K = \frac{A'B'}{AB}$ en figuras semejantes, siendo AB un segmento de la figura dada y A′B′ el de la semejante. También se llama razón de proporcionalidad de los segmentos homólogos por la semejanza. **14. razón goniométrica** (o **trigonométrica**) Cociente que existe entre los lados de un triángulo rectángulo. Las razones goniométricas fundamentales son sen $\alpha = b/a$; cos $\alpha = c/a$ y tag $\alpha = b/c$, en un triángulo rectángulo, donde: *a* es la hipotenusa, *b* el lado opuesto al ángulo α, y *c* el lado contiguo a dicho ángulo. **15. razón simple de tres números** Cociente de las diferencias entre el primero y los otros dos; p. ej., la razón simple de 1, 3 y 5 es $\frac{(1-3)}{(1-5)} = \frac{-2}{-4} = \frac{1}{2}$. **16. razón simple de tres puntos alineados** En geom., cociente entre las distancias del primer punto a los otros dos. **17. razón social** Nombre con que se conoce legalmente una sociedad mercantil. **18. razones inversas** Aquellos cocientes cuyo producto es la unidad; p. ej.: $\frac{2}{3} \times \frac{3}{2} = \frac{6}{6} = 1$. ‖ **LOC. a razón de** *prep.* Introduce la cantidad que toca a cada parte en un reparto. **asistirle** a alguien **la razón** Tener razón, estar en lo cierto. **atender a razones** Dejarse convencer por alguien o escuchar la opinión de los demás. ▪ Se usa más en forma de negación. **dar razón** Informar. **entrar en razón** Convencerse de algo que es razonable. **perder** uno **la razón** Volverse loco; también, actuar de manera insensata o alocada.

razonable *adj.* **1.** Conforme a la razón. **2.** Bastante, suficiente. **FAM.** Razonablemente.

razonado, da **1.** *p. p.* de **razonar**. También *adj.* ‖ *adj.* **2.** Fundado en razones o justificado con ellas. **FAM.** Razonadamente.

razonamiento *s. m.* **1.** Acción y efecto de razonar. **2.** Conjunto de ideas encaminado a demostrar algo. **3.** Proceso que consiste en poner en relación una serie de enunciados denominados *premisas*, para obtener de ellos otro distinto que recibe el nombre de *conclusión*. Las distintas formas y tipos de razonamiento válido constituyen el objeto de estudio de la lógica. ‖ **4. razonamiento deductivo** Aquel cuya conclusión se sigue necesariamente de las premisas. **5. razonamiento inductivo** Aquel en que el nexo existente entre premisas y conclusión nunca es de necesidad, sino de probabilidad.

razonar *v. intr.* **1.** Usar la razón para juzgar algo. **2.** Exponer algo dando argumentos que permitan demostrarlo o justificarlo.

razzia (voz fr., del ár. argelino *gaziya*) *s. f.* **1.** Incursión rápida en terreno enemigo. **2.** Redada policial. ▪ Se escribe también *razia.*

Rb Símbolo químico del rubidio.

RDA Siglas de la República Democrática Alemana, antiguo estado de la Europa oriental.

re *s. m.* Segunda nota de la escala musical.

re- *pref.* Significa 'repetición': *rearmar, reaparecer*; 'movimiento hacia atrás': *reacción, rebobi-*

PRINCIPALES CARACTERÍSTICAS DE LAS TRES RAZAS HUMANAS

Razas	Color de la piel	Talla	Rasgos faciales	Cabello
Caucásica	De blanco a sonrosado.	De media a alta.	Cara estrecha, nariz estrecha de puente elevado, ojos de color claro a castaño oscuro.	De color rubio claro a castaño oscuro, suave, liso u ondulado. Vello abundante.
Mongoloide	De azafranado a amarillo terroso.	De media a baja.	Cara ancha, nariz de anchura media y puente bajo, ojos de color castaño claro a castaño oscuro y rasgados.	De color castaño o negro, áspero y liso. Vello escaso.
Negroide	De moreno a achocolatado.	Alta, con algunos tipos muy bajos.	Cara medianamente ancha, prognatismo acentuado, nariz muy ancha de puente bajo o medio, ojos de color castaño a negro, labios abultados.	De color castaño o negro, áspero, rizado o lanoso. Vello casi inexistente.

nar; 'oposición o resistencia': *rechazar, refutar*, o 'aumento': *recargar, repintarse*. Se usa en lenguaje familiar para intensificar el significado de una palabra: *rebonito, resalada*.

Re Símbolo químico del renio.

Rea En la mitología griega, diosa de la Tierra, hija de Urano y Gea, esposa de Cronos y madre de Zeus. En Roma se la identificó con Cibeles.

reabrir *v. tr.* Volver a abrir. También *v. prnl.* ▪ Su p. p. es irreg.: *reabierto*.

reabsorber *v. tr.* Volver a absorber.

reacción *s. f.* **1.** Acción que se opone a otra o le ofrece resistencia, actuando en sentido contrario a ella. **2.** Comportamiento ante un determinado estímulo. **3.** Cambio o estado anormal que experimenta un organismo como respuesta a un estímulo, especialmente una enfermedad o un medicamento. **4.** Tendencia, movimiento o acción política de carácter conservador opuestos a una revolución, cambio o innovación. **5.** En quím., proceso mediante el cual una o varias sustancias, llamadas *reactivos*, se transforman en otras sustancias distintas denominadas *productos de la reacción*. **6.** En aeronáutica y astronáutica, sistema de propulsión en que el movimiento se origina al despedir un chorro de gases, producidos a gran presión por el motor y en dirección contraria a la marcha. ‖ **7. reacción de neutralización** En quím., la que ocurre entre un ácido y una base, formándose una sal y agua, quedando neutra (con un pH=7) la disolución resultante. P. ej., la reacción que tiene lugar entre el ácido sulfúrico y el hidróxido de sodio, para formar sulfato de sodio y agua:

$$2\ NaOH + H_2SO_4 \rightarrow Na_2SO_4 + 2\ H_2O$$

8. reacción de precipitación En quím., la que tiene lugar cuando dos iones, que son solubles en agua por separado, se unen para formar un producto sólido e insoluble que, por acción de la gravedad, se deposita en el fondo del recipiente en el que transcurre la reacción. Para indicar este efecto, se suele escribir la fórmula de la sustancia que precipita acompañada de una flecha que apunta hacia abajo. P. ej., la reacción que tiene lugar entre los iones plata, Ag^+, y cloruro, Cl^-, para formar cloruro de plata, se representa mediante la ecuación: $Ag^+ + Cl^- \rightarrow AgCl\downarrow$. **9. reacción en cadena** En fís., reacción nuclear que se produce cuando la desintegración del primer átomo origina la desintegración de otro u otros átomos, como en la fusión de los núcleos de uranio; también, conjunto de acontecimientos que desencadenan otros como consecuencia. **10. reacción exotérmica** La que desprende calor. **11. reacción nuclear** En fís., la que supone una transformación en el núcleo de los átomos, como p. ej. la reacción de desintegración beta, o las reacciones de fisión y fusión nuclear. **12. reacción redox** En quím., aquella que transcurre con la reducción de algún elemento y la oxidación de otro. P. ej., la reacción de obtención del bromo a partir del bromuro de potasio, según el proceso $Cl_2 + 2\ KBr \rightarrow 2\ KCl + Br_2$, es una reacción redox en la que el cloro, Cl_2, se reduce a ion cloruro, Cl^-, mientras que el ion bromuro Br^- se oxida a bromo, Br_2. **13. reacción reversible** En quím., la que se produce cuando los productos obtenidos reaccionan entre sí para regenerar los reactivos. Para expresar esta circunstancia, al escribir la correspondiente ecuación química se separan los reactivos y productos mediante dos flechas de sentido contrario. P. ej., la reacción reversible entre el yodo y el hidrógeno, para formar yoduro de hidrógeno, se representa como:

$$I_2 + H_2 \rightleftharpoons 2\ HI$$

Cuando la velocidad de transformación es la misma en ambos sentidos, se alcanza el llamado *estado de equilibrio*, en el que se cumple la ley de acción de masas.

Quím. Las reacciones químicas se representan mediante ecuaciones, para lo cual se escriben las fórmulas de los reactivos, separadas con el signo +, en el primer miembro de la ecuación, y las fórmulas de los productos en el segundo miembro, estando ambos miembros unidos mediante una flecha. P. ej., la reacción entre el ácido sulfúrico y el cinc, para formar sulfato de cinc e hidrógeno, se representa mediante la ecuación:

$$H_2SO_4 + Zn \rightarrow ZnSO_4 + H_2$$

Para que se cumpla el principio de conservación de la masa, toda ecuación química debe ajustarse, esto es, se debe escribir delante de la fórmula de cada sustancia un número o coeficiente que indique el número de átomos o de moléculas de la sustancia que participan en la reacción, de modo que el número y clase de átomos del primer miembro sea igual al número y clase de átomos del segundo miembro. P. ej., la reacción entre el bióxido de manganeso y el ácido clorhídrico, para generar dicloruro de manganeso, agua y cloro, debe escribirse como:

$$MnO_2 + 4\ HCl \rightarrow MnCl_2 + 2\ H_2O + Cl_2$$

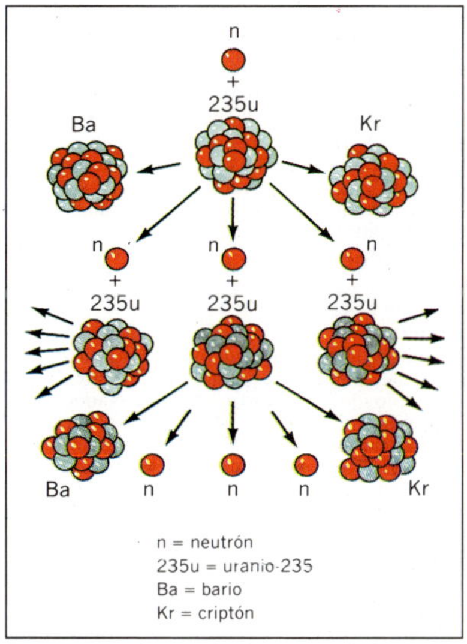

Reacción en cadena producida por la multiplicación de fisiones de núcleos de uranio-235.

reaccionar *v. intr.* **1.** Actuar o comportarse un ser, organismo, etc., de una cierta manera ante un estímulo. **2.** Volver a la normalidad las funciones vitales de una persona. **3.** Recobrar algo la actividad que parecía haber perdido. **4.** Defenderse. **5.** Oponerse a algo. **6.** En mecánica, producir un cuerpo una fuerza igual y contraria a la que sobre él actúa. **7.** En quím., actuar una sustancia en combinación con otra produciendo una nueva.

reaccionario, ria *adj.* Contrario a cualquier tipo de innovación o progreso. También *s.*

reacio, cia *adj.* Contrario o poco decidido a alguna cosa.

reactancia *s. f.* En electricidad, oposición que muestran ciertos elementos de un circuito de corriente alterna al paso de la misma. Existen dos tipos de reactancia: la **reactancia inductiva** ($\omega \cdot L$, donde L es el coeficiente de autoinducción), propia de las bobinas o solenoides, y la **reactancia capacitiva** ($\frac{1}{\omega \cdot C}$, donde C es la capacidad), característica de los condensadores. Su diferencia $\omega \cdot L - \frac{1}{\omega \cdot C}$ es la **reactancia total** del circuito. La impedancia u oposición total del circuito tiene también en cuenta la existencia de resistencias.

reactivar *v. tr.* Volver a activar algo o darle mayor actividad. También *v. prnl.* **Fam.** Reactivación.

reactividad *s. f.* **1.** Cualidad o condición de reactivo. **2.** En quím., capacidad de un cuerpo para reaccionar químicamente con otro.

reactivo, va *adj.* **1.** Que produce una reacción o respuesta. También *s. m.* ‖ *s. m.* **2.** En quím., sustancia que se transforma en otra, bien por descomposición, bien por combinación con otras sustancias, en una reacción química. En sentido más restringido, sustancia empleada para reconocer o detectar algún componente de una mezcla o algún átomo o grupo de átomos en un compuesto.

reactor *s. m.* **1.** Motor de reacción. **2.** Avión propulsado por un motor de reacción. ‖ **3. reactor nuclear** Dispositivo donde se realiza de forma controlada y estable una reacción de fisión nuclear de uranio^{235} o de plutonio. En los reactores nucleares usuales se fisionan núcleos de uranio^{235} mediante el bombardeo con neutrones. Como fragmentos de la fisión se obtienen nuevos neutrones que a su vez rompen nuevos núcleos de uranio, produciéndose así una reacción en cadena que debe ser controlada. Ello se consigue rodeando el uranio^{235}, o combustible nuclear, de un material moderador, que puede ser agua o carbón, cuya función es frenar los neutrones obtenidos en la fisión. Otra posibilidad, que presenta serias dificultades técnicas, es la de los reactores por fusión de núcleos ligeros. Éste es el proceso mediante el cual se libera energía en el Sol, el mayor de los reactores conocidos.

readaptación *s. f.* **1.** Acción y efecto de readaptar o readaptarse. **2.** En biol., acomodación de un ser vivo a un nuevo medio. **3.** En med., rehabilitación.

readaptar *v. tr.* Volver a adaptar. También *v. prnl.*

readmisión *s. f.* **1.** Acción y efecto de readmitir. **2.** En electricidad, entrada de impulsos eléctricos ya amplificados en un circuito para conseguir otra amplificación.

readmitir *v. tr.* Volver a admitir.

readquirir *v. tr.* Volver a adquirir algo. ▪ Es v. irreg. Se conjuga como *adquirir*. **Fam.** Readquisición.

reafirmar *v. tr.* Afirmar de nuevo. También *v. prnl.* **Fam.** Reafirmación.

Reagan, Ronald (Tampico, Illinois 1911) Político y actor estadounidense. Entre 1937 y 1964 intervino en gran número de películas de Hollywood. Presidió el sindicato de actores y en 1962 se afilió al Partido Republicano, integrándose en su sector más conservador. Gobernador de California (1966-74), en 1980 fue elegido presidente de EE UU y reelegido nuevamente para el periodo 1984-88. Puso en práctica una política económica caracterizada por el aumento del gasto público y del déficit, financiada con la subida de los tipos de interés, que permitió una expansión económica, frenada los últimos años de su mandato. Su política exterior se dirigió a reafirmar el poderío estadounidense, poniendo en marcha el plan de defensa estratégica conocido como «guerra de las galaxias», financiando la guerrilla contrarrevolucionaria en Centroamérica e interviniendo militarmente en Granada (Caribe) y Libia.

reagrupar *v. tr.* Agrupar nuevamente, o de forma distinta, lo que ya estaba agrupado. También *v. prnl.* **Fam.** Reagrupación, reagrupamiento.

reagudizar *v. tr.* Volver a hacer agudo o intenso algo que ya empezaba a suavizarse. También *v. prnl.* ▪ Se conjuga como *cazar*. **Fam.** Reagudización.

reajustar *v. tr.* **1.** Volver a ajustar. **2.** Hablando de precios, salarios, impuestos, etc., aumentarlos o disminuirlos según las necesidades o circunstancias del momento.

reajuste *s. m.* **1.** Acción y efecto de reajustar. **2.** Reorganización.

real[1] (del lat. *res, rei*, cosa) *adj.* **1.** Que tiene existencia verdadera y efectiva. ‖ **2. derecho real** El que tienen las personas sobre las cosas, que les atribuye un dominio pleno o limitado sobre ellas; p. ej., el derecho de propiedad, el de usufructo, etc. **3. número real** En mat., cualquier número del conjunto de los números racionales y los irracionales.

real[2] (del lat. *regalis*) *adj.* **1.** Perteneciente o relativo al rey o a la realeza. **2.** *fam.* Con algunos sustantivos, muy grande, enorme. **3.** *fam.* Muy bueno. ‖ *s. m.* **4.** Campo donde se celebra una feria. **5.** Moneda española que valía 25 céntimos de peseta; se utiliza en algunas expresiones familiares para significar muy poco dinero: *no tener ni un real*. ‖ **6. real de vellón** Antigua moneda española equivalente a treinta y cuatro maravedís.

real[3] (de *rahal*, campamento, majada) *s. m.* Lugar de un campamento donde acampa el rey o el general; p. ext., donde acampa todo el ejército. ‖ **Loc. asentar** (o **sentar**) **los** (o **sus**) **reales** Acampar un ejército; p. ext., instalarse una persona en un lugar, generalmente de manera injusta o abusiva.

realce *s. m.* **1.** Acción y efecto de realzar. **2.** Adorno o labor que sobresale de la superficie de una cosa. **3.** Importancia. **4.** En pintura, parte del objeto representado donde más directamente tocan los rayos de luz.

Realejos, Los C. de España, situada en la prov. de Santa Cruz de Tenerife. 29.500 h. en 1991. Ocupa el área occidental del valle de la Orotava, al pie del Teide. Cuenta con cultivos de patatas, tomates, cereales y plátanos, aserraderos de madera e industrias alimentarias.

realengo, ga *adj.* **1.** En la Edad Media y Moderna, se decía de las tierras y villas cuyo señorío jurisdiccional correspondía a la Corona, en contraste con las de la Iglesia (abadengo) o la nobleza. **2.** Se dice de los terrenos que pertenecen al Estado. **3.** *Col., P. Rico, Ven.* Vago, holgazán. **4.** *Méx., P. Rico.* Que no tiene dueño; se aplica especialmente a los animales. ‖ *s. m.* **5.** Patrimonio real. ‖ **6. bienes de realengo** Aquellos a los que afectaban los tributos y derechos reales.

realero *s. m. Arg., Par., Urug.* Taxista.

realeza *s. f.* **1.** Dignidad real. **2.** Grandiosidad que rodea a un rey o es propia de él. **3.** El rey y su familia. **4.** Conjunto de personas emparentadas con el rey. **5.** Conjunto de las familias reales en una época o lugar determinados.

realidad *s. f.* **1.** Existencia real y efectiva de algo. **2.** La totalidad de las cosas que existen y el conjunto de todos los hechos que tienen lugar en el mundo. **3.** En oposición a apariencia, aquello que subyace a los fenómenos. **4.** En oposición a fantasía o ilusión, aquello que es efectivo y tiene un valor práctico. ‖ **LOC. en realidad** *adv.* Realmente, efectivamente.

realimentación *s. f.* **1.** En electrónica, utilización de la respuesta o salida de un dispositivo electrónico para controlar automáticamente su funcionamiento. Puede ser negativa -es decir, la salida se resta de la entrada-, que suele ser estable, o positiva -la salida se suma a la entrada-, que suele ser inestable, pero puede resultar útil en algunos casos. La realimentación se utiliza en los servomecanismos y en el control automático de volumen de los receptores de radio y televisión. **2.** Retroalimentación*.

realismo[1] (de *real*[1]) *s. m.* **1.** Forma de considerar o presentar las cosas tal como son en realidad. **2.** Tendencia literaria o artística que pretende imitar lo más fielmente posible la realidad. **3.** Doctrina filosófica que admite que la realidad existe independientemente del sujeto que la percibe. **4.** Tendencia filosófica de gran arraigo en la Edad Media que consideraba que los universales tenían una existencia efectiva. ‖ **5. realismo mágico** Nombre que recibe el movimiento novelístico hispanoamericano surgido a mediados del s. XX y que se caracteriza por la introducción de elementos fantásticos dentro de una narrativa realista; entre sus cultivadores figuran Julio Cortázar, Juan Rulfo, Gabriel García Márquez y Miguel Ángel Asturias. **6. realismo socialista** Corriente estética implantada en la URSS que consideraba el arte y la literatura como instrumentos de formación política; tenía una temática heroica, patriótica y ejemplarizante y un estilo realista fácilmente comprensible por el pueblo; todos estos factores dieron como resultado un notable empobrecimiento artístico. Esta tendencia fue teorizada, entre otros, por Plejanov y Lunacharski.

Arte* y *Lit. En un sentido general, se utiliza el término *realismo* para señalar cierto grado de aproximación de una obra de arte a la realidad. De manera estricta, el realismo en pintura designa el estilo que surgió en Francia como reacción a la estética romántica, practicado entre otros por Gustave Courbet y representado en España por la pintura histórica. El realismo literario se refiere particularmente al movimiento novelístico que tiene lugar hacia mediados del s. XIX, cuyos miembros tienden a reflejar rigurosamente la realidad y han legado en sus obras un acabado retrato de la sociedad de su época. Surgió en Francia y se extendió por Europa; algunos de sus nombres más ilustres son Stendhal, Balzac y Flaubert en Francia; Dickens en Inglaterra; Pérez Galdós, Pereda, Valera y Clarín en España, y Dostoievski y Tolstoi en Rusia. Zola hizo derivar el movimiento hacia el naturalismo, tendencia cultivada en España por Emilia Pardo Bazán.

realismo[2] (de *real*[2]) *s. m.* Doctrina o movimiento político partidario de la monarquía, especialmente de la absoluta.

realista[1] (de *real*[1]) *adj.* **1.** Perteneciente o relativo al realismo artístico o filosófico. **2.** Partidario o seguidor del realismo. También *s.* **3.** Que considera y juzga las cosas tal como son en realidad. **4.** Práctico, pragmático.

realista[2] (de *real*[2]) *adj.* **1.** Perteneciente o relativo al realismo político. **2.** Partidario de dicha doctrina o movimiento. También *s.*

realización *s. f.* **1.** Acción y efecto de realizar. **2.** Dirección, ejecución y puesta en escena de una película, programa de radio o televisión. **3.** Proceso editorial que transforma un original en una obra definitiva y comerciable.

realizador, ra *adj.* **1.** Que realiza. También *s.* ‖ *s. m.* y *f.* **2.** Director de una obra cinematográfica o un programa de televisión.

realizar *v. tr.* **1.** Hacer una cosa, llevarla a cabo. **2.** Convertir en realidad proyectos, ideas, deseos, etc. También *v. prnl.* **3.** Conseguir dinero a cambio de una mercancía, especialmente si se vende a bajo precio. **4.** Dirigir una película, un programa de televisión, un documental, etc. ‖ *v. prnl.* **5.** Sentirse alguien satisfecho en cierta actividad, condición o situación, por haber cumplido ésta sus aspiraciones. ▪ Se conjuga como *cazar.* **FAM.** Realizable.

realmente *adv. m.* De forma real y efectiva. ▪ Se utiliza frecuentemente para reforzar lo que se dice: *Realmente me ha gustado.*

realquilado, da **1.** *p. p.* de **realquilar**. ‖ *adj.* **2.** Se dice de la persona que está en régimen de alquiler en una casa, local, etc., ya alquilado por otra persona. También *s.*

realquilar *v. tr.* Alquilar un piso, local, etc., ya alquilados a otra persona.

realzar *v. tr.* **1.** Poner de relieve las cualidades o importancia de alguien o algo. También *v. prnl.* **2.** Levantar una cosa más de lo que estaba. **3.** En pintura, destacar una figura, objeto, etc., por medio del claroscuro y otras técnicas semejantes. ▪ Se conjuga como *cazar.*

reanimación *s. f.* **1.** Acción y efecto de reanimar o reanimarse. **2.** En med., conjunto de técnicas utilizadas para devolver la vida consciente a una persona que ha sufrido un paro cardiaco o ha estado sometida a la acción de la anestesia.

reanimar *v. tr.* **1.** Dar nuevas fuerzas a alguien. También *v. prnl.* **2.** Dar ánimos a una persona triste o abatida. También *v. prnl.* **3.** Hacer recuperar el conocimiento al que lo ha perdido. También *v. prnl.*

reanudar *v. tr.* Continuar una cosa que se había interrumpido. También *v. prnl.* **FAM.** Reanudación.

reaparecer *v. intr.* Volver a aparecer o mostrarse. ▪ Es v. irreg. Se conjuga como *agradecer.* **FAM.** Reaparición.

reapertura *s. f.* Acción de volver a abrir un comercio, local, etc., que había estado temporalmente cerrado.

reargüir *v. tr.* **1.** Responder a un argumento u objeción. También *v. intr.* **2.** Redargüir*. ▪ Es v. irreg. Se conjuga como *huir.*

rearmar *v. tr.* Equipar nuevamente de armamento o reforzar y mejorar el que se tenía. También *v. prnl.*

rearme *s. m.* **1.** Acción y efecto de rearmar o rearmarse. **2.** Incremento del potencial bélico de un país que anteriormente había sido obligado a desarmarse por una derrota o por un acuerdo militar, como p. ej. Alemania después de la Primera Guerra Mundial.

reasegurar *v. tr.* Hacer un contrato de reaseguro.

reaseguro *s. m.* Operación por la cual un asegurador toma a su cargo, total o parcialmente, un riesgo ya cubierto por otro asegurador, sin alterar lo convenido entre éste y el asegurado.

reasumir *v. tr.* **1.** Asumir de nuevo una función, responsabilidad, etc. **2.** Tomar en casos extraordinarios una autoridad superior las facultades o poderes que tienen otras inferiores.

reasunción *s. f.* Acción y efecto de reasumir.

reata *s. f.* **1.** Cuerda o correa que une dos o más caballos, mulas, etc., para que vayan en hilera. **2.** P. ext., hilera de caballos, mulas, etc., unidos por esa cuerda o correa. **3.** Tercera mula que se añade al carro o al coche para tirar delante.

Réaumur, René Antoine Ferchault de (La Rochelle 1683 - Saint-Julien-du-Terroux 1757) Físico y naturalista francés. Hacia 1730 construyó el termómetro de alcohol, cuya graduación corresponde a la escala que lleva su nombre, fijando el 0° en el punto de congelación del agua y el 80° en el punto de ebullición de la misma. También realizó estudios sobre los metales, por lo que se le considera fundador de la metalografía, y sobre los animales invertebrados. Descubrió el cristal desvitrificado, blanco y opaco, conocido como *porcelana de Réaumur.*

reavivar *v. tr.* Volver a avivar algo, hacerlo más fuerte o intenso. También *v. prnl.*

rebaba *s. f.* Porción de materia sobrante en los bordes o en la superficie de algún objeto, o bien en una juntura.

rebaja *s. f.* **1.** Disminución, especialmente del precio de una cosa. ‖ *pl.* **2.** Hecho de vender un establecimiento sus géneros a precios más bajos durante un periodo de tiempo.

rebajado, da **1.** *p. p.* de **rebajar**. También *adj.* ‖ *adj.* **2.** Se aplica al arco o bóveda cuya altura es menor que la de un semicírculo.

rebajar *v. tr.* **1.** Hacer más bajo el nivel o superficie horizontal de algo. También *v. prnl.* **2.** Bajar el precio o la cantidad de algo. **3.** Quitar fuerza, intensidad o brillo a algo. **4.** Añadir una sustancia neutra, como el agua, a una mezcla o aumentar la cantidad de algunos de sus componentes menos activos. **5.** Disminuir la importancia, categoría, etc., de alguien. **6.** Humillar a alguien. También *v. prnl.* **7.** En arq., disminuir la altura de un arco o bóveda hasta menos de un semicírculo. **8.** En el ejército, dispensar a un militar de cierto servicio, actividad, etc. **FAM.** Rebajamiento.

rebaje *s. m.* **1.** Parte del canto de un madero u otra cosa donde se ha disminuido el espesor, generalmente cortándolo o limándolo. **2.** Acción y efecto de rebajar a un militar.

rebajo *s. m.* Rebaje de un madero, pieza, etc.

rebalaje *s. m.* **1.** Remolino que forman las aguas al chocar contra algo. **2.** Reflujo del agua del mar en las playas o costas y zona donde ocurre. **3.** Escalón que forma el reflujo en la arena.

rebalsar *v. tr.* **1.** Detener el agua u otro líquido para formar una balsa. También *v. prnl.* **2.** Desbordar el agua embalsada las paredes que la contienen. También *v. prnl.*

rebalse *s. m.* **1.** Acción y efecto de rebalsar o rebalsarse. **2.** Estancamiento artificial de aguas corrientes.

rebanada *s. f.* Trozo ancho, plano y delgado que se saca de alguna cosa, especialmente del pan, cortándolo a lo ancho.

rebanar *v. tr.* **1.** Hacer rebanadas una cosa. **2.** Cortar una cosa de parte a parte. También *v. prnl.*

rebañadura *s. f.* **1.** Acción y efecto de rebañar. ‖ *pl.* **2.** Lo que queda de algo, generalmente de un alimento, y que se recoge rebañando.

rebañar *v. tr.* **1.** Recoger y comer los últimos restos de comida que quedan en un plato o recipiente. **2.** Apoderarse de algo sin dejar nada. ▪ Se dice también *arrebañar.*

rebaño *s. m.* **1.** Grupo de cabezas de ganado, especialmente lanar. **2.** Conjunto de fieles con respecto a su pastor espiritual.

rebasadero *s. m.* Lugar por donde un barco puede rebasar o superar un peligro o estorbo.

rebasar *v. tr.* **1.** Pasar cierto límite, marca o señal. **2.** Pasar a alguien o algo en una carrera, marcha, camino, etc. **3.** Superar alguien o algo a una persona.

rebatiña *s. f.* Arrebatiña*.

rebatir *v. tr.* Contradecir con argumentos o razones la opinión, postura o parecer de alguien. **FAM.** Rebatible.

rebato *s. m.* Llamamiento dirigido a la gente por medio de toque de campanas o cualquier otra señal, avisando de una catástrofe o peligro. ‖ **LOC. tocar a rebato** Dar la alarma ante un peligro.

rebeca *s. f.* Chaqueta de punto sin cuello, abierta por delante y con botones.

Rebeca Personaje bíblico. Fue esposa del patriarca Isaac y madre de Esaú y Jacob. Siendo Isaac viejo y ciego, Rebeca ayudó a Jacob, su hijo menor y predilecto, a obtener la primogenitura por medio de un engaño, suplantando a su hermano para recibir la bendición paterna.

rebeco *s. m.* Gamuza*, mamífero.

rebelarse *v. prnl.* **1.** Negarse alguien a obedecer a una persona o a cumplir ciertas órdenes, normas, etc. **2.** Oponerse totalmente a algo. **3.** *fam.* Resultar algo difícil de manejar o controlar.

rebelde *adj.* **1.** Que se rebela contra alguien o algo. También *s.* **2.** Se dice de las personas o animales difíciles de educar o controlar. **3.** *fam.* Difícil de trabajar o manejar. **4.** Que muestra gran resistencia u oposición a algo. **5.** Se aplica a ciertas enfermedades, dolencias, etc., que se resisten a los remedios. **6.** En der., se dice de la persona que ha sido declarada en rebeldía. También *s.*

rebeldía *s. f.* **1.** Cualidad o estado de rebelde. **2.** Acción propia de la persona rebelde. **3.** Estado procesal de quien no acude al llamamiento formal a un juicio o no sigue las indicaciones hechas por un juez.

rebelión *s. f.* Acción y efecto de rebelarse.

rebenque *s. m.* **1.** Látigo, generalmente de cuero, con el cual se castigaba a los galeotes. **2.** En un barco, cabo corto. **3.** *amer.* Fusta de jinete. **FAM.** Rebencazo.

reblandecer *v. tr.* Poner blanda una cosa. También *v. prnl.* ▪ Es v. irreg. Se conjuga como *agradecer.* **FAM.** Reblandecedor, reblandecimiento.

rebobinar *v. tr.* Enrollar hacia atrás una cinta magnética, un carrete fotográfico o cosas semejantes.

rebolledo *s. m.* Lugar poblado de rebollos.

rebollo *s. m.* **1.** Nombre común de varias especies de robles. **2.** Brote de las raíces de los robles.

reborde *s. m.* Saliente a lo largo del borde de una cosa.

rebordear *v. tr.* Hacer o formar un reborde.

rebosadero *s. m.* Lugar u orificio por donde rebosa un líquido.

rebosar *v. intr.* **1.** Salirse un líquido por encima de los bordes del recipiente que lo contiene. ▪ Puede referirse también al mismo recipiente. También *v. prnl.* **2.** Haber mucho de aquello que se expresa. También *v. tr.* **3.** Experimentar un sentimiento, estado de ánimo, generalmente positivo, con tal intensidad que se manifiesta de forma clara. También *v. tr.*

rebotado, da **1.** *p. p.* de **rebotar**. También *adj.* || *adj.* **2.** *fam.* Que ha dejado su anterior profesión o actividad; se aplica especialmente al sacerdote o religioso que ha abandonado los hábitos. También *s.* **3.** Se dice de la persona que se encuentra desplazada en un ambiente determinado.

rebotar *v. intr.* **1.** Cambiar de dirección un objeto en movimiento a consecuencia del choque con algo. **2.** Botar un cuerpo elástico repetidamente al chocar contra otro cuerpo. || *v. tr.* **3.** Rechazar un cuerpo otro que ha chocado contra él. **4.** *fam.* Enfadar o disgustar a alguien. También *v. prnl.* **FAM.** Rebotador.

rebote *s. m.* **1.** Acción y efecto de rebotar un cuerpo. **2.** Cada uno de los botes que después del primero da el cuerpo que rebota. **3.** En baloncesto, pelota que, al lanzarla hacia la canasta, rebota contra ésta o contra el tablero, cayendo nuevamente hacia el terreno de juego. **4.** *fam.* Enfado, disgusto. || **LOC. de rebote** *adv.* De rechazo, como segunda consecuencia.

reboteador, ra *s. m.* y *f.* En baloncesto, jugador que está preparado debajo de la canasta para recoger los rebotes.

rebotica *s. f.* Habitación interior de la farmacia y, p. ext., de otras tiendas.

rebozar *v. tr.* **1.** Cubrir un alimento con huevo batido, harina, pan rallado, etc., para freírlo. **2.** Bañar o cubrir un alimento con miel, huevo batido, etc. **3.** Manchar mucho. También *v. prnl.* **4.** Cubrir la cara hasta los ojos con una capa, manto, etc. También *v. prnl.* ▪ Se conjuga como *cazar.* **FAM.** Rebozado.

rebozo *s. m.* **1.** Parte de la capa, manto, etc., con que se cubre la cara hasta los ojos. **2.** Simulación, pretexto. **3.** *amer.* Manto amplio y cuadrangular que usan las mujeres del pueblo para cubrirse la cabeza y los hombros. || **LOC. sin rebozo(s)** *adv.* Abiertamente, con toda franqueza.

rebrincar *v. intr.* **1.** Brincar repetidamente, en especial por alegría o entusiasmo. **2.** Embestir el toro de forma descompuesta, dando saltos y cabezadas. ▪ Se conjuga como *sacar.*

rebrotar *v. intr.* Retoñar*.

rebrote *s. m.* **1.** Acción y efecto de rebrotar. **2.** Nuevo brote de una planta.

rebudiar *v. intr.* Roncar el jabalí amenazadoramente.

rebudio *s. m.* Ronquido del jabalí.

rebufe o **rebufo** *s. m.* Bufido del toro.

rebujar *v. tr.* Arrebujar*.

rebujo *s. m.* **1.** Paquete o envoltorio hecho de cualquier manera. **2.** Revoltijo de papeles, trapos, hilos, etc., o cualquier cosa revuelta o arrugada.

rebullir *v. intr.* Empezar a moverse alguien o algo. También *v. prnl.* ▪ Es v. irreg. Se conjuga como *mullir.*

rebusca *s. f.* **1.** Acción y efecto de rebuscar. **2.** Restos o frutos que quedan en los campos después de haber cosechado. **3.** Desecho de alguna cosa, lo de peor calidad.

rebuscado, da **1.** *p. p.* de **rebuscar**. También *adj.* || *adj.* **2.** Afectado, que no tiene naturalidad o espontaneidad. **3.** Complicado, lioso.

rebuscamiento *s. m.* **1.** Acción y efecto de rebuscar. **2.** Cualidad de rebuscado.

rebuscar *v. tr.* **1.** Buscar una cosa mucho y con cuidado. **2.** Revolver en algún lugar para sacar algo o para curiosear. **3.** Recoger los restos o frutos que quedan en los campos después de la cosecha. ▪ Se conjuga como *sacar.*

rebuznar *v. intr.* Dar rebuznos.

rebuzno *s. m.* Voz del asno y otros animales semejantes.

recabar *v. tr.* **1.** Lograr, obtener. **2.** Reclamar algo a lo que se cree tener derecho.

Recabarren, Luis Emilio (Santiago de Chile 1876 - íd. 1924) Dirigente obrero chileno. En 1912 fundó el Partido Socialista Obrero de Chile. Participó activamente en las protestas obreras de 1916-18. En 1922 transformó su partido según los principios de la Tercera Internacional y cambió su nombre por el de Partido Comunista de Chile.

recadero, ra *s. m.* y *f.* Persona que lleva recados.

recado *s. m.* **1.** Mensaje que da, envía o lleva una persona a otra. **2.** Envío que manda una persona a otra. **3.** Compra, encargo o gestión que tiene que hacer una persona. **4.** Conjunto de objetos necesarios para cierta cosa, particularmente de escritorio: *recado de escribir.* **5.** *amer.* Conjunto de elementos que componen los arreos de la montura: *recado de montar.* || *pl.* **6.** Compras que se hacen de las cosas necesarias para una casa, especialmente la comida.

recaer *v. intr.* **1.** Empeorar una persona que estaba convaleciente o que había superado una enfermedad. **2.** Caer de nuevo en un error, vicio, etc. **3.** Ir a parar o corresponder a alguien cierta cosa. **4.** Centrarse una conversación, discusión, etc., sobre un determinado tema o asunto. **5.** Cargar el acento de una palabra. ▪ Es v. irreg. Se conjuga como *caer.*

recaída *s. f.* Acción y efecto de recaer en una enfermedad.

recalada *s. f.* Acción y efecto de recalar un barco.

recalar *v. tr.* **1.** Empapar un líquido un cuerpo, metiéndose por sus poros. También *v. prnl.* || *v. intr.* **2.** Acercarse un buque a un lugar o a un puerto para atracar en él o simplemente para reconocerlo. **3.** Aparecer una persona por algún sitio. **4.** Llegar el viento o el mar a un punto determinado. **5.** *amer.* Ir a parar.

recalcar *v. tr.* **1.** Pronunciar con lentitud y fuerza las palabras para que no haya duda de lo que se dice con ellas. **2.** Destacar o repetir algo para que quede claro. **3.** Apretar mucho una cosa contra otra. **4.** Llenar por completo un recipiente apretando su contenido para que quepa más. ▪ Se conjuga como *sacar.*

recalce *s. m.* Acción y efecto de recalzar.

recalcificar *v. tr.* Aumentar el contenido en calcio del organismo. ▪ Se conjuga como *sacar.* **FAM.** Recalcificación.

recalcitrante *adj.* **1.** Terco, obstinado. **2.** Que vuelve a caer repetidamente en faltas o errores.

recalentador, ra *adj.* **1.** Que recalienta. También *s.* || *s. m.* **2.** Aparato que recupera parte del calor que escapa de una caldera.

recalentar *v. tr.* **1.** Volver a calentar. **2.** Calentar demasiado. También *v. prnl.* || *v. prnl.* **3.** Echarse a perder por exceso de calor ciertos productos, como el trigo, las aceitunas, etc. ▪ Es v. irreg. Se conjuga como *pensar.* **FAM.** Recalentamiento.

recalentón *s. m.* Calentamiento rápido y fuerte.

recalmón *s. m.* Repentina y considerable pérdida de fuerza del viento o de la marejada.

recalzar *v. tr.* **1.** En agr., arrimar tierra alrededor de plantas o árboles. **2.** En arq., hacer un recalzo. ▪ Se conjuga como *cazar.*

recalzo *s. m.* En arq., reforzamiento de los cimientos de un edificio.

recamado, da **1.** *p. p.* de **recamar**. También *adj.* || *s. m.* **2.** Bordado de realce.

recamar *v. tr.* Bordar de realce.

recámara *s. f.* **1.** Habitación próxima a la principal que cumple cierto servicio complementario. **2.** En las armas de fuego, lugar del cañón opuesto a la boca en el que se coloca la bala que se va a disparar. **3.** En las minas, lugar donde se almacenan los explosivos. **4.** Cautela, segunda intención con la que alguien habla o actúa. **5.** *amer.* Alcoba, dormitorio.

recambiable *adj.* Que puede sustituirse por otra semejante.

recambiar *v. tr.* **1.** Cambiar por segunda vez. **2.** Sustituir una pieza por otra de la misma clase. **3.** En comercio, volver a mandar una letra que no ha sido pagada.

recambio *s. m.* **1.** Acción y efecto de recambiar. **2.** Pieza con que se sustituye otra de la misma clase que se ha roto, se ha gastado, etc.

Récamier, Julie Bernard, Madame (Lyon 1777 - París 1849) Dama francesa. Casada con el banquero Récamier, dirigió en París durante la época del Consulado un salón adonde acudían intelectuales y políticos. Abandonó París, por orden de Napoleón (1811), debido a su amistad con Madame Staël. Mantuvo relaciones íntimas con Benjamin Constant y Chateaubriand.

recamo *s. m.* Recamado, bordado de realce.

recapacitar *v. tr.* Reflexionar con detenimiento, especialmente sobre los propios actos. También *v. intr.*

recapitular *v. tr.* Exponer de manera resumida y ordenada lo que se ha dicho o escrito anteriormente con mayor amplitud. **FAM.** Recapitulación.

Recaredo I (? - Toledo 601) Rey visigodo de Hispania (586-601). Sucedió a su padre Leovigildo. Reunió el III concilio de Toledo (589), en el que se adoptó oficialmente el catolicismo como religión del reino, abandonándose el credo arriano, con lo que completó la labor unificadora de su padre. Hubo de hacer frente a tres conjuras arrianas: la del obispo de Mérida, la del obispo de Narbona y la de la viuda de Leovigildo. En su reinado se consolidó el primer Estado peninsular español.

recargamiento *s. m.* Acumulación excesiva de elementos.

recargar *v. tr.* **1.** Volver a cargar. **2.** Aumentar la carga o cargar demasiado. **3.** Poner mucho de una cosa en otra o en un sitio. **4.** Adornar excesivamente. También *v. prnl.* **5.** Aumentar la cantidad que hay que pagar por una deuda, impuesto, etc. **6.** Hacer menos puro o respirable el aire de un sitio cerrado. También *v. prnl.* || *v. prnl.* **7.** Sufrir un aumento de la fiebre. **8.** *Méx.* Apoyarse, recostarse. ▪ Se conjuga como *pagar.* **FAM.** Recarga, recargable.

recargo *s. m.* **1.** Acción y efecto de recargar o recargarse. **2.** Dinero de más que debe pagarse. **3.** Aumento de la fiebre.

recatado, da **1.** *p. p.* de **recatar**. || *adj.* **2.** Pudoroso y modesto. **3.** Cauteloso, prudente.

recatar *v. tr.* **1.** Ocultar o disimular lo que no se quiere que se vea o se sepa. También *v. prnl.* || *v. prnl.* **2.** Comportarse o actuar con recato.

recato *s. m.* **1.** Pudor, modestia. **2.** Cautela, prudencia, miramiento.

recauchar *v. tr.* Recauchutar*.

recauchutado, da 1. *p. p.* de **recauchutar**. También *adj.* || *s. m.* **2.** Acción y efecto de recauchutar.

recauchutar *v. tr.* Cubrir nuevamente de goma alguna superficie que ya la tenía, especialmente las cubiertas de las ruedas. ■ Se dice también *recauchar.*

recaudación *s. f.* **1.** Acción y efecto de recaudar. **2.** Cantidad de dinero recaudada. **3.** Oficina en que se recauda.

recaudador, ra *s. m.* y *f.* Encargado de recaudar el dinero, especialmente el del tesoro público.

recaudar *v. tr.* Reunir una determinada cantidad de dinero procedente de impuestos, pagos, donativos, etc. **FAM.** Recaudamiento, recaudatorio.

recaudo *s. m.* Acción y efecto de recaudar. || **LOC. a (buen) recaudo** *adv.* Seguro, bien guardado o vigilado.

recazo *s. m.* **1.** Cazoleta de la espada. **2.** En un cuchillo, parte de la hoja opuesta al filo.

rección *s. f.* En ling., acción de regir una palabra a otra u otras.

recebar *v. tr.* Echar recebo.

recebo *s. m.* **1.** Arena o piedra menuda que se extiende sobre el firme de una carretera. **2.** Cantidad de líquido que se echa en los toneles que han sufrido alguna disminución.

recelar *v. tr.* Desconfiar, sospechar. También *v. prnl.*

recelo *s. m.* Sentimiento o actitud de la persona que recela.

receloso, sa *adj.* Que muestra recelo.

recensión *s. f.* Comentario o juicio de una obra literaria, científica, etc.

recental *adj.* Se dice del cordero o ternero que todavía no ha pastado y se alimenta de leche. También *s. m.*

recepción *s. f.* **1.** Acción y efecto de recibir. **2.** Admisión en un empleo, oficio o sociedad. **3.** Fiesta o ceremonia para recibir a un personaje importante. **4.** P. ext., fiesta particular. **5.** En hoteles, oficinas, etc., lugar donde se recibe y atiende al público.

recepcionista *s. m.* y *f.* Encargado de la recepción de un hotel, entidad, etc.

receptáculo *s. m.* Cavidad para contener algo.

receptividad *s. f.* **1.** Capacidad de recibir. **2.** En psicol., capacidad del sujeto para recibir estímulos exteriores. **3.** En med., predisposición del organismo a sufrir ciertas enfermedades.

receptivo, va *adj.* Que recibe o es capaz de recibir, especialmente sensaciones, conocimientos, influencias, etc.

receptor, ra *adj.* **1.** Que recibe. También *s.* **2.** Se dice del motor que recibe energía de un generador instalado a distancia. También *s. m.* **3.** Se dice del aparato preparado para recibir señales eléctricas, telegráficas o telefónicas. También *s. m.* || *s. m.* **4.** Aparato que recibe las ondas del radiotransmisor. **5.** En el acto de la comunicación, la persona que recibe el mensaje. **6.** En neurofisiología, terminación nerviosa cuya misión es captar una estimulación adecuada, ya sea ésta externa o interna, y transformarla en impulso nervioso susceptible de llegar al sistema nervioso central. En función de la naturaleza del estímulo al que responden, los receptores pueden ser: quimiorreceptores (estímulo químico), mecanorreceptores (mecánicos), termorreceptores (térmicos) y fotorreceptores (luminosos). || **7. receptor universal** Persona que puede aceptar una transfusión de sangre de cualquier tipo sanguíneo.

recesar *v. intr. amer.* Cesar temporalmente en sus actividades una entidad u organismo.

recesión *s. f.* **1.** Acción y efecto de retroceder, ceder o disminuir. **2.** En astron., alejamiento de las galaxias y nebulosas con respecto a un hipotético centro del universo. **3.** Disminución general de la actividad económica. Constituye la fase anterior a la depresión y se caracteriza por el frenado o estancamiento del crecimiento económico, la aminoración de la inversión, provocada por la caída de la demanda, el crecimiento del desempleo y la disminución de los beneficios empresariales.

recesivo, va *adj.* **1.** En econ., que tiende a la recesión o la provoca. **2.** En biol., se dice del carácter hereditario que no aparece en el individuo que lo posee, pero sí puede hacerlo en sus descendientes.

receso *s. m.* **1.** Alejamiento, separación. **2.** Interrupción, pausa, intermedio. **3.** *amer.* Vacaciones, época de descanso. || **4. receso del Sol** Aparente alejamiento del Sol del ecuador.

Recesvinto (? - Gerticos, Valladolid 672) Rey visigodo de Hispania (653-672). Hijo y sucesor de Chindasvinto, quien en el 649 le asoció al trono, durante su reinado se celebró el VIII concilio de Toledo (653), que reiteró las medidas contra los judíos y estableció que en la elección real debían intervenir los obispos y magnates. Promulgó el *Liber Iudiciorum,* código legal que derogaba el *Código de Alarico* o *Lex Romana Visigothorum,* y que ordenó legalmente España durante buena parte de la Edad Media a través de su traducción al romance llamada *Fuero Juzgo.*

receta *s. f.* **1.** Nota en que el médico indica los medicamentos que debe tomar el enfermo. **2.** Fórmula de un preparado. **3.** Nota en que se indican los ingredientes y la preparación de un plato de cocina. **4.** *fam.* Procedimiento para hacer o conseguir algo.

recetar *v. tr.* Indicar el médico al paciente el medicamento que debe tomar y el tratamiento que debe seguir.

recetario *s. m.* **1.** Conjunto de recetas. **2.** Libro donde el médico apunta los medicamentos que suministra a un paciente, su tratamiento, etc.

rechazar *v. tr.* **1.** Mostrar oposición hacia alguien o algo, no admitir o aceptar. **2.** Resistir un cuerpo a la fuerza que otro ejerce sobre él y hacerle retroceder en su movimiento. **3.** En dep., despejar. **4.** Resistir el ataque del enemigo obligándolo a retroceder. ■ Se conjuga como *cazar.*

rechazo *s. m.* **1.** Acción y efecto de rechazar. **2.** Fenómeno inmunológico por el que un organismo no admite un órgano o tejido procedente de otro individuo e intenta expulsarlo. || **LOC. de rechazo** *adv.* Después de haber chocado antes con otra cosa; también, como consecuencia indirecta de algo.

rechifla *s. f.* **1.** Burla de un grupo de personas ante lo que alguien dice o hace. **2.** Pita[3].

rechiflar *v. tr.* **1.** Silbar con fuerza e insistencia, especialmente para mostrar descontento o desaprobación por algo. || *v. prnl.* **2.** Burlarse*.

rechinar *v. intr.* Producir cierto ruido el roce de algunos objetos, particularmente el de los dientes al frotarlos unos con otros fuertemente. También *v. tr.* **FAM.** Rechinamiento.

rechistar *v. intr.* Emitir un sonido como para empezar a hablar, particularmente para replicar. || **LOC. sin rechistar** Sin protestar ni oponerse lo más mínimo.

rechoncho, cha *adj.* Grueso y de poca altura.

rechupete, de *loc. adj.* y *adv. fam.* Muy bueno, muy agradable.

reciario *s. m.* Gladiador del circo romano que utilizaba una red y solía llevar además un tridente y un puñal.

recibí *s. m.* Fórmula que aparece en ciertos documentos delante de la firma y que expresa que se ha recibido lo que se indica.

recibidor, ra *adj.* **1.** Que recibe. También *s.* || *s. m.* **2.** Vestíbulo, antesala.

recibimiento *s. m.* **1.** Acción y efecto de recibir. **2.** Acogida que se hace a alguien que llega. **3.** Recibidor, vestíbulo.

recibir *v. tr.* **1.** Llegar a alguien algo que se le da, envía, presenta o transmite. **2.** Llegar a cierta cosa, lugar, etc., algo que se le incorpora. **3.** Experimentar alguien o algo aquello que se expresa o ser objeto de ello. **4.** Salir al encuentro de alguien que llega o tratarle de cierta forma a su llegada. **5.** Admitir visitas. También *v. intr.* **6.** Admitir a una persona dentro de una comunidad o grupo. **7.** Tomar o aceptar de cierta manera una noticia, opinión, etc. **8.** Hacerse cargo, asumir. **9.** En radiodifusión y telecomunicaciones, captar un aparato (receptor) las distintas ondas o frecuencias enviadas por otro (emisor). **10.** Asegurar con yeso u otro material un cuerpo que se introduce en la pared o en otra obra de albañilería. **11.** En tauromaquia, citar el torero al toro sin moverse esperando su embestida para clavarle el estoque. || *v. prnl.* **12.** Conseguir alguien cierto título o investidura.

recibo *s. m.* **1.** Acción y efecto de recibir. **2.** Escrito o documento en que se declara haber recibido algo o en que consta que se ha efectuado un pago. || **LOC. acusar recibo** Comunicar a la persona que envía una carta o algo similar que se ha recibido; también, tener en consideración algo para actuar después de una determinada manera. **ser** (o **estar**) algo **de recibo** Ser aceptable, estar en buenas condiciones.

reciclado, da 1. *p. p.* de **reciclar**. También *adj.* || *adj.* **2.** Se dice del material que ha sido fabricado a partir de desechos. || *s. m.* **3.** Reciclaje*.

reciclaje o **reciclamiento** *s. m.* Acción y efecto de reciclar.

reciclar *v. tr.* **1.** Someter una materia, objeto, etc., a un proceso para que vuelva a ser utilizable. **2.** Someter una materia repetidas veces a un mismo ciclo para que éste resulte más efectivo. **3.** Modernizar, poner al día. **4.** Hacer que un alumno pase de un ciclo de estudios a otro para el que se le considera más apto.

recidiva *s. f.* Reaparición de una enfermedad que parecía ya curada; también, reproducción de un tumor.

reciedumbre *s. f.* Cualidad de recio.

recién *adv. t.* Acabado de hacer, sucedido poco antes. ■ En España, se usa sólo delante de participios: *recién estrenado, recién nacido.* En América, sin embargo, tiene un uso más general: *Recién lo vi. Recién me fui, comenzó a llover; recién ahora, recién aquí.*

reciente *adj.* Que ha sucedido o se ha hecho hace poco tiempo. **FAM.** Recientemente.

Recife C. de Brasil, cap. del estado de Pernambuco, situada en el NE del país, en la costa atlántica. 1.352.000 h. en 1989 y 2.495.000 h. en 1985 en su aglomeración urbana. Las corrientes fluviales dividen la ciudad en varias islas, sobre las cuales se asientan los diversos barrios. Cuenta con industria del tabaco, textil, química y metalúrgica. Es un importante centro financiero, comercial y cultural y tiene un activo puerto. Fue fundada por los portugueses hacia 1526.

recinto *s. m.* Espacio generalmente cerrado y comprendido dentro de unos límites.

recio, cia *adj.* **1.** Robusto, fuerte. También *adv.* **2.** Duro, difícil de soportar.

recipiendario, ria *s. m.* y *f.* Persona que es recibida solemnemente en una sociedad o corporación para integrarse en ella.

recipiente *s. m.* Objeto o cavidad que contiene o puede contener algo en su interior.

reciprocidad *s. f.* Cualidad o circunstancia de ser recíprocas dos cosas.

recíproco, ca *adj.* **1.** Se dice de aquello que alguien hace o dirige a otro y que a su vez recibe de éste. **2.** En ling., se aplica a los verbos, a las construcciones verbales y a los pronombres que expresan ese tipo de acción; p. ej., *Los dos amigos se dieron la mano.* **3.** En mat., se dice del número que al multiplicarlo por uno dado resulta la unidad; p. ej., el número recíproco de $\frac{1}{5}$ es 5 porque $\frac{1}{5} \times 5 = 1$. También *s. m.* || **LOC. a la recíproca** *adv.* De manera recíproca. **FAM.** Recíprocamente.

recitado, da 1. *p. p.* de **recitar**. || *s. m.* **2.** Acción y efecto de recitar. **3.** Aquello que se recita.

recital *s. m.* **1.** Concierto dado por un solista, sea instrumentista o cantante. **2.** P. ext., lectura o recitación de poemas, generalmente de un mismo autor o realizada por un único recitador.

recitar *v. tr.* Decir en voz alta, y generalmente de memoria, un texto literario, un poema, etc., y p. ext. cualquier cosa que se sabe de memoria. **FAM.** Recitación, recitador.

recitativo *s. m.* Forma de monodia que tendía a resaltar los ritmos y acentos del lenguaje hablado. A medida que la ópera evolucionaba, el recitativo fue sustituido por el aria como forma para expresar las emociones y adquirió la función de sostener la acción dramática. Asimismo, en cantatas y oratorios desempeñó un papel esencialmente narrativo.

Recklinghausen C. de Alemania, situada en el Land de Renania Septentrional-Westfalia. 121.700 h. en 1989. Enclavada en la cuenca minera del Rhur, cuenta con yacimientos de hulla.

reclamación *s. f.* **1.** Acción y efecto de reclamar. **2.** Queja con que se expresa la oposición o descontento ante algo, y especialmente la que se hace por escrito siguiendo ciertas formalidades. || **3. hoja** (o **libro**) **de reclamaciones** Impreso que en los establecimientos públicos está a disposición del cliente para protestar por un mal servicio.

reclamar *v. tr.* **1.** Pedir alguien una cosa por considerar que tiene derecho a ella. **2.** Llamar a una persona con autoridad o insistencia para que vaya a algún lugar o realice alguna acción. **3.** Mostrar alguien o algo necesidad de una cosa. **4.** En der., pedir el juez la presencia de una persona que ha huido, o que sea puesto a su disposición un acusado o una causa, por considerar que corresponden a su competencia. **5.** Llamar a las aves con el reclamo. || *v. intr.* **6.** Protestar contra algo u oponerse a ello. || *v. prnl.* **7.** Llamarse unas a otras las aves. También *v. tr.* **FAM.** Reclamante.

reclame *s. f. amer.* Publicidad. ▪ En Arg. y Urug. se usa como *s. m.*

reclamo *s. m.* **1.** Cualquier procedimiento con que se atrae a las aves para cazarlas o capturarlas, p. ej. una amaestrada o enjaulada, un silbato que imita su sonido, etc. **2.** Sonido con que un ave llama a otra de su especie. **3.** Cualquier cosa con que se trata de atraer a las personas o incitarlas a hacer algo. **4.** Fuerte atracción que ejerce alguien o algo sobre una persona. **5.** En der., reclamación ante lo que se considera injusto. **6.** En imprenta, palabra o sílaba que se ponía al final de una hoja o cara impresa y que era la misma con la que tenía que empezar la hoja o cara siguiente.

reclinar *v. tr.* Recostar*. **FAM.** Reclinación.

reclinatorio *s. m.* **1.** Mueble de las iglesias, en forma de silla o banco muy bajo, que sirve para arrodillarse sobre él. **2.** Cualquier mueble que sirve para reclinarse sobre él.

recluir *v. tr.* Encerrar o hacer que una persona o animal permanezca en un lugar. También *v. prnl.* ▪ Es v. irreg. Se conjuga como *huir.*

reclusión *s. f.* **1.** Acción y efecto de recluir. **2.** En der., pena de privación de libertad que se impone por los delitos más graves. **3.** Lugar en que alguien está recluido. || **4. reclusión mayor** Pena de privación de libertad cuya duración puede ser de veinte años y un día a treinta años. **5. reclusión menor** Aquella cuya duración puede ser de doce años y un día a veinte años.

recluso, sa *s. m.* y *f.* Persona que se encuentra recluida en un establecimiento penitenciario.

recluta *s. m.* **1.** Joven alistado para el servicio militar hasta que se incorpora a su destino definitivo. || *s. f.* **2.** Acción y efecto de reclutar.

reclutamiento *s. m.* **1.** Acción y efecto de reclutar. **2.** Conjunto de reclutas que cumplen el servicio militar en un año.

reclutar *v. tr.* **1.** Llamar a una persona para que se incorpore al ejército, generalmente para el cumplimiento del servicio militar. **2.** P. ext., reunir gente para algún fin. **FAM.** Reclutador.

recobrar *v. tr.* **1.** Volver a tener lo que se había perdido. || *v. prnl.* **2.** Volver alguien a su estado normal después de haber sufrido una enfermedad, daño, impresión, etc., y particularmente después de haber perdido el conocimiento. **3.** Recuperarse de alguna pérdida económica. **FAM.** Recobro.

recocer *v. tr.* **1.** Volver a cocer. **2.** Cocer demasiado una cosa. También *v. prnl.* **3.** Calentar los metales para que vuelvan a tener la ductilidad o flexibilidad que perdieron al trabajarlos. || *v. prnl.* **4.** Concomerse, consumirse. ▪ Es v. irreg. Se conjuga como *cocer.*

recochinearse *v. prnl. fam.* Actuar con recochineo.

recochineo *s. m. fam.* Burla que se añade a una acción o dicho para molestar a alguien, aunque a veces se hace como broma.

recocido, da **1.** *p. p.* de **recocer**. También *adj.* || *s. m.* y *f.* **2.** Acción y efecto de recocer o recocerse.

recodar *v. intr.* Recostarse o descansar apoyándose sobre el codo. Se usa más como *v. prnl.*

recodo *s. m.* Ángulo o curva muy cerrados que forman las calles, caminos, ríos, etc.

recogedor *s. m.* **1.** Cogedor*. **2.** Instrumento de labranza que consiste en una tabla inclinada que, arrastrada por una caballería, se utiliza para recoger la parva.

recogepelotas *s. m.* y *f.* Persona, generalmente joven, encargada de recoger las pelotas que se quedan en la pista durante un partido de tenis y entregárselas a los jugadores cuando las necesitan.

recoger *v. tr.* **1.** Coger algo que se ha caído. **2.** Coger cosas y guardarlas o colocarlas en su sitio, particularmente después de haberlas usado. También *v. intr.* **3.** Coger y reunir cosas dispersas o distantes unas de otras. **4.** Ir a buscar a una persona o cosa al lugar en que se encuentra. **5.** Recibir alguien los efectos o consecuencias de algo realizado anteriormente. **6.** Acoger a una persona o animal proporcionándole alojamiento, comida, etc. **7.** Recibir y retener una persona o cosa aquello que se expresa. **8.** Sujetar, ceñir, enrollar, etc., ciertas cosas para reducir su tamaño, dejar algo despejado, etc. También *v. prnl.* **9.** Tomar en cuenta una persona lo expresado por otra. **10.** Retirar una autoridad de la circulación un libro, impreso, etc. **11.** En tauromaquia, obligar el torero al toro a que se vuelva para embestir de nuevo la capa o la muleta. || *v. prnl.* **12.** Irse una persona o animal a su casa, corral, guarida, particularmente para descansar o dormir. **13.** Irse una persona a un lugar tranquilo o aislarse. ▪ Se conjuga como *coger.*

recogida *s. f.* Acción y efecto de recoger o recogerse.

recogidamente *adv. m.* Con recogimiento.

recogido, da **1.** *p. p.* de **recoger**. También *adj.* || **2.** Que ocupa poco espacio, que no estorba. **3.** Resguardado. || *s. m.* **4.** Parte de una cosa como tela, papel, pelo, etc., que se recoge.

recogimiento *s. m.* **1.** Acción y efecto de recoger o recogerse. **2.** Estado y actitud de la persona que vive apartada del trato con las demás y de cualquier distracción. **3.** Concentrado, abstraído.

recolección *s. f.* **1.** Acción y efecto de recolectar. **2.** Época en que se realiza la recogida de los frutos. **3.** Conjunto de cosas que se han recolectado.

recolectar *v. tr.* **1.** Recoger los frutos de la tierra. **2.** Juntar personas o cosas que estaban dispersas o procedían de distintos lugares.

recolector, ra *adj.* Que recolecta. También *s.*

recoleto, ta *adj.* **1.** Se aplica al lugar apartado, solitario y acogedor. **2.** Se dice del religioso que vive con gran recogimiento y del convento o centro religioso donde se vive de esa manera. También *s.*

recombinación *s. f.* En genética, aparición en la descendencia de combinaciones de genes que no existían en los padres. Puede ocurrir como consecuencia de un cruzamiento de dos cromosomas del mismo par durante la meiosis. En este proceso, los dos cromosomas pueden intercambiar trozos de su material genético más o menos largos.

recomendable *adj.* Que es aconsejable, conveniente.

recomendación *s. f.* **1.** Acción y efecto de recomendar. **2.** Influencia que ejerce una persona para que otra consiga un empleo, cargo, etc. **3.** Consejo, aviso.

recomendado, da[1] **1.** *p. p.* de **recomendar**. También *adj.* || *s. m.* y *f.* **2.** Persona que tiene recomendación.

recomendado, da[2] (del fr. *recommandé*) *adj. Perú.* Aplicado a paquetes, envíos, certificado.

recomendar *v. tr.* **1.** Aconsejar, sugerir. **2.** Hablar de una persona para que alguien tenga una opinión favorable de ella y la ayude en algo, particularmente a que sea elegida para un trabajo. ▪ Es v. irreg. Se conjuga como *pensar.* **FAM.** Recomendante.

recomendatorio, ria *adj.* Se dice de lo que recomienda o sirve para recomendar.

recomenzar *v. tr.* Volver a empezar algo. ▪ Es v. irreg. Se conjuga como *comenzar.*

recomerse *v. prnl.* Reconcomerse*.

recompensa *s. f.* **1.** Acción y efecto de recompensar. **2.** Aquello que sirve para recompensar.

recompensar *v. tr.* **1.** Dar algo a alguien como premio por un favor, beneficio, mérito, etc. **2.** Compensar, valer la pena. **FAM.** Recompensable.

recomponer *v. tr.* Componer de nuevo una cosa, arreglarla. ▪ Es v. irreg. Se conjuga como *poner.*

recompra *s. f.* Operación que consiste en comprar alguien algo que él mismo había vendido anteriormente.

reconcentrar *v. tr.* **1.** Hacer más concentradas ciertas cosas, p. ej. una disolución. **2.** Hacer más intenso un sentimiento, pasión, etc. También *v. prnl.* **3.** Reunir en un punto a las personas o cosas que estaban esparcidas. También *v. prnl.* || *v. prnl.* **4.** Concentrarse en una actividad, pensamiento, etc. **FAM.** Reconcentración, reconcentramiento.

reconciliar *v. tr.* Hacer que vuelvan a estar en armonía o tener buenas relaciones dos o más personas, grupos, entidades, etc. También *v. prnl.* **FAM.** Reconciliación, reconciliador.

reconcomerse *v. prnl.* Sentir desazón o disgusto contenido por algo.

reconcomio *s. m.* Sensación del que se reconcome.

recóndito, ta *adj.* Se dice de aquello que está muy escondido u oculto.

reconducir *v. tr.* **1.** Dirigir de nuevo una cosa a donde estaba. **2.** Hacer que vuelva a centrarse una conversación, asunto, etc., en un determinado punto. **3.** En der., prorrogar de manera expresa o tácita un arrendamiento. ▪ Es v. irreg. Se conjuga como *conducir.* **FAM.** Reconducción.

reconfortante *adj.* Que reconforta; se aplica a algunas sustancias, generalmente medicinales. También *s. m.*

reconfortar *v. tr.* Dar ánimos a alguien o devolverle el sosiego, las fuerzas o el bienestar perdido.

reconocer *v. tr.* **1.** Identificar o distinguir a alguien o algo por unos rasgos o características ya conocidos. **2.** Examinar con cuidado a una persona o cosa, particularmente el médico para comprobar el estado de salud de alguien. **3.** Examinar de cerca un lugar, región, etc., especialmente con fines militares. **4.** Admitir, aceptar. También *v. prnl.* **5.** Mostrar gratitud. **6.** Declarar alguien que tiene con otro una relación de parentesco y que acepta los derechos y deberes que de ello se derivan. **7.** Dar fe una persona de que su firma o los documentos en que aparece son auténticos. || *v. prnl.* **8.** Tenerse una persona a sí misma por lo que es en realidad. **9.** Identificarse o encontrar alguien un gran parecido en otra persona. ▪ Es v. irreg. Se conjuga como *agradecer.* **FAM.** Reconocible.

reconocidamente *adv. m.* **1.** Con reconocimiento o gratitud. **2.** En opinión de la mayoría.

reconocido, da **1.** *p. p.* de **reconocer**. También *adj.* || *adj.* **2.** Se aplica a la persona agradecida. **3.** Destacado, relevante.

reconocimiento *s. m.* **1.** Acción y efecto de reconocer o reconocerse. **2.** Gratitud, agradecimiento.

reconquista *s. f.* **1.** Acción y efecto de reconquistar. **2.** Periodo de la historia de España que media entre la invasión musulmana (711) y la toma de Granada por los Reyes Católicos (1492). ▪ En esta acepción se escribe con mayúscula.
Hist. La Reconquista constituyó el esfuerzo realizado a lo largo de ocho siglos por los reinos cristianos hispánicos para recuperar el conjunto de las tierras peninsulares ocupadas por el Islam. Tradicionalmente se distinguen en la Reconquista tres etapas: en la primera, los cristianos llegaron hasta el valle del Duero (s. IX-X); en la segunda, hasta el valle del Tajo (s. XI), y en la tercera, hasta el valle del Guadalquivir (s. XIII). La Reconquista fue acompañada de la repoblación u ocupación de la tierra recuperada por colonos cristianos. De la Reconquista surgieron entidades políticas con orientaciones distintas e intereses muchas veces contrapuestos: Portugal, Castilla, Navarra, Aragón y Cataluña. Su principal efecto fue mantener la península Ibérica dentro del mundo cristiano occidental y marcó profundamente las estructuras sociales, econó-

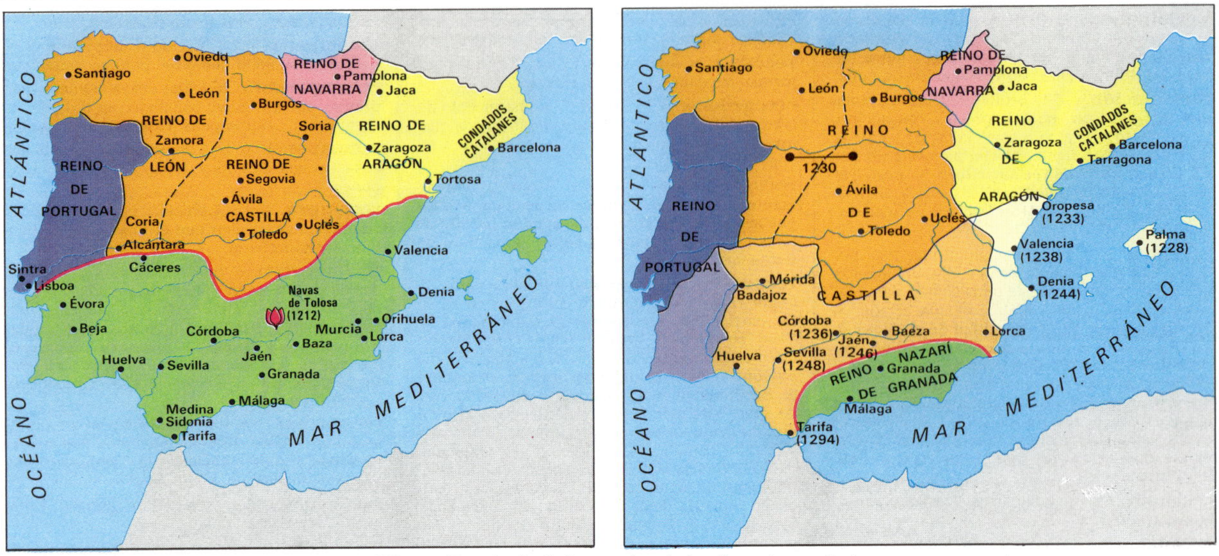

Reconquista: a la izquierda, la península Ibérica en 1212, con el imperio almohade en verde; a la derecha, en tonos más claros, los avances de los distintos reinos cristianos peninsulares en 1300.

micas y culturales de los reinos hispánicos que, a causa de su carácter de frontera frente al Islam, no experimentaron en toda su intensidad el feudalismo y fueron sociedades plurales en las que la civilización cristiana convivió con la musulmana y la judía.

reconquistador, ra *adj.* **1.** Que reconquista. También *s.* ‖ *s. m.* **2.** Cada uno de los personajes históricos que participaron en la Reconquista.

reconquistar *v. tr.* **1.** Volver a conquistar los territorios, ciudades, provincias o reinos que se habían perdido. **2.** Recuperar la opinión, el afecto, los bienes, la confianza, etc., que se tenían.

reconsiderar *v. tr.* Volver a considerar algo. **Fam.** Reconsideración.

reconstituir *v. tr.* **1.** Volver a constituir o formar una cosa. También *v. prnl.* **2.** En med., hacer que un organismo vuelva a estar en sus condiciones normales, o bien fortalecerlo, generalmente mediante la administración de medicamentos. También *v. prnl.* ▪ Es v. irreg. Se conjuga como *huir.* **Fam.** Reconstitucion.

reconstituyente *adj.* **1.** Que reconstituye. **2.** Se dice del medicamento que sirve para reconstituir o fortalecer el organismo. También *s. m.*

reconstruir *v. tr.* **1.** Rehacer o completar un edificio o monumento en ruinas. **2.** Volver a hacer algo que se ha deshecho o roto. **3.** Reproducir o presentar de manera completa el desarrollo de unos acontecimientos a través de ciertos indicios, recuerdos o declaraciones. ▪ Es v. irreg. Se conjuga como *huir.* **Fam.** Reconstrucción.

recontar *v. tr.* Volver a contar. ▪ Es v. irreg. Se conjuga como *contar.*

reconvención *s. f.* **1.** Acción y efecto de reconvenir. **2.** Aquello con que se reconviene a una persona. **3.** En der., demanda que al contestar presenta el demandado contra el que promovió el juicio.

reconvenir *v. tr.* **1.** Decirle a alguien que ha obrado mal, haciéndoselo ver con razones, argumentos, etc. **2.** En der., presentar el demandado un acto de reconvención. ▪ Es v. irreg. Se conjuga como *venir.*

reconversión *s. f.* **1.** Acción y efecto de reconvertir. **2.** En econ., transformación del sistema productivo de determinadas áreas económicas en crisis, con el fin de adaptarlas a las distintas necesidades del mercado, modernizarlas y mejorar sus rendimientos. Suele implicar reducción del número de trabajadores.

reconvertir *v. tr.* Reestructurar, reformar y, particularmente, aplicar en un determinado sector una reconversión económica. ▪ Es v. irreg. Se conjuga como *sentir.*

recopilación *s. f.* **1.** Acción y efecto de recopilar. **2.** Colección de diversos escritos. **3.** Colección y ordenamiento oficial de las leyes de España publicada por mandato de Felipe II en 1567. ▪ En esta acepción se escribe con mayúscula. ‖ **4. Novísima Recopilación** Reunión de las disposiciones en uso de la colección anterior, ordenadas, revisadas y corregidas, que fue promulgada como ley en 1805. **5. Nueva Recopilación** Novena edición, hecha en 1775, de la Recopilación mencionada en la tercera acepción.

recopilado, da **1.** *p. p.* de **recopilar**. También *adj.* ‖ *adj.* **2.** Perteneciente o relativo a las leyes de la Nueva o de la Novísima Recopilación.

recopilar *v. tr.* **1.** Recoger y juntar diversas cosas que estaban dispersas. **2.** Recoger y juntar en una obra diversos escritos. **Fam.** Recopilador.

¡recórcholis! *interj.* Indica sorpresa, susto o enfado.

récord *s. m.* **1.** En dep., marca máxima conseguida en una competición. **2.** Cualquier hecho o cosa que alcanza un nivel superior a los anteriores. ‖ **Loc. en un tiempo récord** *adv.* En un tiempo muy corto.

recordar[1] (del lat. *recordare*) *v. tr.* **1.** Traer a la memoria o retener en ella algo. También *v. intr.* **2.** Hacer que alguien relacione dos o más personas o cosas. ‖ *v. intr.* **3.** *ant.* Despertar; todavía se usa en algunas partes de América. También *v. prnl.* ▪ Es v. irreg. Se conjuga como *contar.*

recordar[2] (del ingl. *to record*) *v. tr. amer.* Grabar discos fonográficos.

recordatorio, ria *adj.* **1.** Se dice de lo que sirve para recordar. También *s. m.* ‖ *s. m.* **2.** Tarjeta o impreso con que se conmemora algún acontecimiento, p. ej. la primera comunión.

recordman (voz ingl.) *s. m.* Hombre que ha conseguido un récord.

recordwoman (voz ingl.) *s. f.* Mujer que ha conseguido un récord.

recorrer *v. tr.* **1.** Realizar un trayecto o itinerario, pasando sucesivamente por todas sus partes. **2.** Leer algo por encima. **3.** En imprenta, ajustar la composición pasando letras de una línea a otra, debido a correcciones realizadas o a la variación en la medida de la página.

recorrido *s. m.* **1.** Acción y efecto de recorrer. **2.** Espacio, ruta que se recorre o se ha de recorrer. **3.** *fam.* Riña, reprimenda. ‖ **4. recorrido de una función** En mat., conjunto de los valores que toma una función al actuar sobre los valores del dominio de la misma. Se representa por *rec* (*f*), siendo *f* la función considerada. **5. recorrido de una variable estadística** En mat., valor numérico de la diferencia entre el mayor y el menor de los valores de la variable. **6. recorrido libre medio** En fís., distancia media que recorren las partículas de un gas entre dos choques sucesivos.

recortable *s. m.* Hoja de papel o cartulina con figuras que se pueden recortar, p. ej. las que traen dibujos de muñecas con vestidos que utilizan las niñas para jugar.

recortado, da **1.** *p. p.* de **recortar**. También *adj.* ‖ *adj.* **2.** Se dice de aquello cuyo borde tiene muchos entrantes y salientes. ‖ *s. m.* **3.** Acción y efecto de recortar.

recortar *v. tr.* **1.** Cortar lo que sobra de una cosa. **2.** Cortar un papel u otra cosa para obtener determinadas figuras. **3.** En pintura, señalar los perfiles de una figura. **4.** Disminuir, hacer más pequeño algo o quitar una parte de ello. ‖ *v. prnl.* **5.** Dibujarse el perfil de una cosa sobre otra.

recorte *s. m.* **1.** Acción y efecto de recortar. **2.** Cosa recortada. **3.** Trozo que sobra al recortar. **4.** Regate, quiebro. **5.** En electricidad, limitación impuesta por la potencia de salida de un amplificador, para poder manejar las señales que superen una cierta amplitud. **6.** En minería, galería o pozo auxiliar que se desvía del principal.

recoser *v. tr.* **1.** Volver a coser. **2.** Zurcir la ropa, especialmente cuando se hace sin mucho cuidado.

recosido, da **1.** *p. p.* de **recoser**. ‖ *s. m.* **2.** Acción y efecto de recoser.

recostar *v. tr.* **1.** Inclinar y apoyar en algún lugar la parte superior del cuerpo una persona que está de pie o sentada. También *v. prnl.* **2.** Inclinar y apoyar una cosa sobre otra. También *v. prnl.* ▪ Es v. irreg. Se conjuga como *contar.*

recova *s. f.* **1.** Compra de huevos, gallinas, etc., para revenderlos. **2.** Puesto público en que se venden gallinas y otras aves de corral. **3.** Grupo de perros de caza. **4.** *Can.*, *amer.* Mercado.

recoveco *s. m.* **1.** Curva o vuelta pronunciada de una calle, río, etc. **2.** Sitio o rincón escondido. ‖ *pl.* **3.** Aspectos difíciles y oscuros de la manera de ser de una persona. **4.** Rodeos que da alguien al hablar.

recrear *v. tr.* **1.** Reproducir un ambiente, época, etc. **2.** Divertir, entretener. También *v. prnl.* ‖ *v. prnl.* **3.** Disfrutar alguien haciendo algo, generalmente con lentitud y a veces con malignidad. **Fam.** Recreación.

recreativo, va *adj.* **1.** Se dice de lo que recrea, divierte, entretiene. ‖ *s. m. pl.* **2.** Local con máquinas de juegos.

recremento *s. m.* Líquido que, después de ser segregado por un organismo, es absorbido por él.

recreo *s. m.* **1.** Acción y efecto de recrear o recrearse. **2.** Diversión con que una persona descansa de una actividad o trabajo. **3.** En los colegios y escuelas, interrupción de la clase para que descansen o se distraigan los alumnos. **4.** Lugar adecuado para descansar. ‖ **Loc. de recreo** *adj.* Que se utiliza para divertirse, descansar, etc.

recriar *v. tr.* **1.** Hacer que se desarrollen y engorden los animales domésticos que han nacido en otros lugares. **2.** Dar a un ser mayor fuerza y vigor para su completo desarrollo. ▪ En cuanto al acento, se conjuga como *ansiar*: *recrío.* **Fam.** Recría.

recriminar *v. tr.* **1.** Desaprobar la conducta, acciones, etc., de alguien, echárselas en cara. **2.** Responder a una acusación con otra semejante. ‖ *v. prnl.* **3.** Acusarse mutuamente dos o más personas. **FAM.** Recriminación, recriminador.

recriminatorio, ria *adj.* Que recrimina.

recristalización *s. f.* Proceso de transformación de los cristales de una roca que da por resultado la formación de nuevos cristales con distinta composición y estructura, debido a acciones mecánicas, químicas, térmicas o de disolución.

recrudecer *v. tr.* Aumentar la intensidad o los efectos de algo perjudicial o desagradable que había empezado a disminuir. Se usa más como *v. prnl.* ■ Es v. irreg. Se conjuga como *agradecer.* **FAM.** Recrudecimiento.

rectal *adj.* Perteneciente o relativo al intestino recto.

rectangular *adj.* **1.** Perteneciente o relativo al ángulo recto. **2.** Que tiene uno o más ángulos rectos. **3.** Perteneciente o relativo al rectángulo, o que tiene su forma.

rectángulo, la *adj.* **1.** Que tiene uno o más ángulos rectos. ‖ *s. m.* **2.** Cuadrilátero que tiene los cuatro ángulos rectos y cuyos lados son iguales dos a dos.

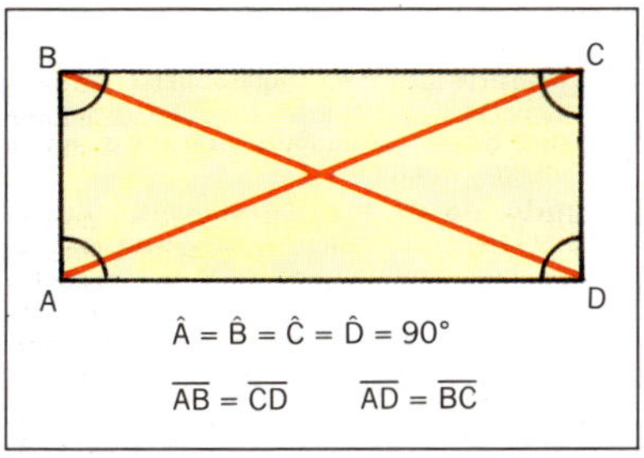

Rectángulo.

rectificación *s. f.* **1.** Acción y efecto de rectificar. **2.** Palabras, escritos o hechos con que una persona o entidad rectifica lo que ha dicho o realizado anteriormente. **3.** En electricidad, operación que consiste en convertir una corriente alterna en continua.

rectificador, ra *adj.* **1.** Que rectifica. **2.** Se dice del dispositivo eléctrico o electrónico que convierte una corriente alterna en continua. También *s. m.* ‖ *s. f.* **3.** Máquina que se utiliza para rectificar piezas metálicas.

rectificar *v. tr.* **1.** Corregir los errores. También *v. prnl.* **2.** Decir algo en oposición a lo manifestado por otro. **3.** Corregir alguien su propia conducta, palabras, etc. También *v. intr.* y *v. prnl.* **4.** Poner recta una cosa. **5.** Corregir las deformaciones o desviaciones de una pieza mecánica. **6.** Convertir una corriente eléctrica alterna en continua. **7.** En geom., hallar una recta cuya longitud sea igual a la de una curva. **8.** En quím., purificar un líquido. ■ Se conjuga como *sacar.* **FAM.** Rectificable.

rectilíneo, a *adj.* **1.** En línea recta. **2.** Se dice del carácter o del comportamiento de una persona excesivamente firme o recto.

rectitud *s. f.* Cualidad de recto en sentido moral.

recto, ta *adj.* **1.** Se aplica a la línea formada por una sucesión de puntos alineados en una misma dirección, cuyas coordenadas satisfacen una ecuación de primer grado. También *s. f.* **2.** Se dice de las cosas que tienen más o menos esa forma. También *s. f.* **3.** Que no está inclinado o torcido. **4.** Se aplica al ángulo de 90°. **5.** Se dice de la persona justa, severa y firme, así como de su conducta, actitud, etc. **6.** Honrado, honesto. **7.** Se dice del significado primitivo o literal de las palabras, por oposición al figurado o traslaticio. **8.** Se dice de la página de un libro o cuaderno abierto que queda en el lado derecho con relación al que lee. **9.** Se dice de la última parte del intestino del hombre y de algunos animales. En los mamíferos forma parte del intestino grueso y está situado a continuación del colon. Se usa más como *s. m.* ‖ **10. recta final** Última parte o tramo de algo. **11. recta racional** Recta geométrica que se utiliza para representar los números racionales.

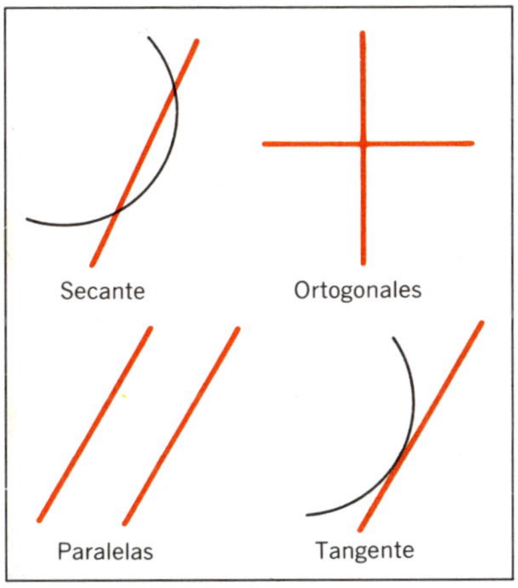

Distintos tipos de rectas.

Una vez establecido en ella un punto de origen, llamado 0, los números racionales positivos, p. ej. $\frac{4}{3}$, se representan a la derecha de 0, y los negativos, p. ej. $-\frac{1}{2}$, a la izquierda de 0. **12. recta real** Recta utilizada para representar los números reales. **13. recta tangente (a una curva)** Recta que se obtiene a partir de una secante a una curva cuando los puntos de corte de la recta con la curva se encuentran infinitamente próximos. **14. rectas ortogonales** Rectas que se cortan formando ángulos rectos. **FAM.** Rectamente.

rector, ra *adj.* **1.** Que marca la orientación o el sentido de algo. ‖ *s. m.* y *f.* **2.** Persona que dirige una comunidad religiosa u otras instituciones, como centros de enseñanza. **3.** Persona que se ocupa de la dirección de una universidad. ‖ *s. m.* **4.** Párroco o sacerdote que se ocupa de una iglesia.

rectorado *s. m.* **1.** Actividad y cargo del rector. **2.** Tiempo en que se ejerce. **3.** Oficina o despacho del rector y demás personas encargadas de la dirección de una universidad.

rectoral *adj.* **1.** Perteneciente o relativo al rector. ‖ *s. f.* **2.** Despacho o casa del párroco.

rectoría *s. f.* **1.** Rectorado*. **2.** Rectoral* del párroco.

rectoscopia *s. f.* Examen visual del intestino efectuado por vía rectal.

rectoscopio *s. m.* Instrumento con lentes e iluminación para realizar rectoscopias.

recua *s. f.* **1.** Conjunto de animales de carga. **2.** *fam.* Grupo de personas o cosas que van unas detrás de otras.

recuadrar *v. tr.* Poner algo dentro de un recuadro.

recuadro *s. m.* **1.** Línea en forma de cuadrado o rectángulo que sirve para enmarcar algo; también, lo que queda enmarcado por esta línea. **2.** División en forma de cuadrado en un muro u otra superficie.

recubrimiento *s. m.* **1.** Acción y efecto de recubrir. **2.** Aquello con que se cubre o protege algo.

recubrir *v. tr.* **1.** Cubrir una cosa del todo. **2.** Volver a cubrir una cosa. ■ Su p. p. es irreg.: *recubierto.*

recuelo *s. m.* Café que se hace con los posos de otro.

recuento *s. m.* Acción y efecto de contar el número de personas o cosas que forman un conjunto.

recuerdo *s. m.* **1.** Acción y efecto de recordar. **2.** Aquello que se recuerda. **3.** Regalo o cosa que se trae para recordar a una persona, un hecho, unas vacaciones, etc. ‖ *pl.* **4.** Saludo dirigido a alguien que está ausente transmitido a través de otra persona.

recuero *s. m.* Hombre que está a cargo de una recua.

recular *v. intr.* **1.** Andar o marchar hacia atrás. **2.** *fam.* Ceder una persona en una opinión o actitud que antes defendía.

reculón, na *adj.* En tauromaquia, se dice de la res que anda hacia atrás por falta de bravura o para preparar su embestida.

reculones, a *loc. adv. fam.* Reculando con movimientos bruscos.

recuñar *v. tr.* Arrancar piedra o mineral por medio de cuñas que se introducen a golpes en las grietas abiertas en la cantera o mina.

recuperación *s. f.* **1.** Acción y efecto de recuperar o recuperarse. **2.** En econ., fase de un ciclo económico en la que existe prosperidad después de una depresión. **3.** Tratamiento, gimnasia, etc., que ha de seguir una persona para restablecerse de alguna lesión y, particularmente, recuperar el movimiento de un miembro.

recuperar *v. tr.* **1.** Volver a tener alguien o algo lo que había perdido. **2.** Devolver a algo el estado, valor, actualidad, etc., que tenía anteriormente. **3.** Volver a poner en servicio una cosa que había quedado inutilizable. **4.** Trabajar un determinado tiempo de más en compensación de aquel en que no se hizo por algún motivo. **5.** Aprobar un examen o una asignatura que se había suspendido. ‖ *v. prnl.* **6.** Volver alguien o algo a su estado de normalidad después de haber pasado por una situación desfavorable. **FAM.** Recuperable, recuperador.

recurrente *adj.* **1.** Se dice de aquello que se repite. **2.** En der., se aplica a la persona que entabla un recurso. También *s.* **3.** En anat., se dice de los vasos y nervios que en algún punto de su recorrido vuelven al lugar de origen.

recurrible *adj.* Se dice de la resolución o del acto administrativo o judicial que puede ser recurrido.

recurrir *v. intr.* **1.** Acudir a una persona o cosa para buscar ayuda. **2.** En der., entablar un recurso. **3.** En med., reaparecer una enfermedad o sus síntomas después de un periodo de mejoría.

recurso *s. m.* **1.** Acción y efecto de recurrir. **2.** Persona o medio al que se recurre. **3.** En econ., medios materiales disponibles para llevar a cabo un determinado proceso económico. Son **recursos renovables** aquellos que poseen vida animada y, por ello, capacidad de reproducirse, como los bosques, ganados, pesca, etc.; y **no renovables** los que, por carecer de capacidad de reproducción, son limitados y pueden llegar a agotarse, como es el caso de los yacimientos mineros. **4.** En der., acción que concede la ley al interesado en un juicio o en otro procedimiento para reclamar contra determinadas resoluciones o actos ante la autoridad que los realizó o ante otra jerárquicamente superior. **5.** Escrito que se presenta ante la autoridad correspondiente para reclamar o protestar contra cierta decisión. ‖ *pl.* **6.** Bienes, riquezas, medios. ‖ **7. recurso contencioso-administrativo** En der., el que se interpone ante la jurisdicción contencioso-administrativa, contra los actos y resoluciones de la administración que reúnen determinadas condiciones. **8. recurso de aclaración** Aquel en que se pide que el juez explique algún punto de la sentencia oscuro o deficiente. **9. recurso de alzada** Aquel que se interpone ante el órgano administrativo jerárquicamente superior al que dictó la resolución, siempre que ésta no ponga fin a la vía de reclamación ante la administración. **10. recurso de amparo** Aquel por el que un ciudadano puede pedir del Tribunal Constitucional la protección de los derechos y libertades reconocidos en la Constitución cuando considera que éstos no han sido respetados por otro tribunal o autoridad. **11. recurso de apelación** Aquel en que se pretende que una resolución sea modificada total o parcialmente por un tribunal superior al que la dictó. **12. recurso de casación** El que se interpone ante el Tribunal Supremo contra determinadas resoluciones definitivas que infringen la ley, la jurisprudencia o alguna garantía esencial del procedimiento. **13. recurso de inconstitucionalidad** Aquel en que se pide que el Tribunal Constitucional declare la adecuación o no a la Constitución de leyes, disposiciones reglamentarias, etc. **14. recurso de queja** El que se interpone contra las resoluciones en las que se declara no haber lugar a admitir el recurso de apelación o el de casación. **15. recurso de reposición** Aquel que se interpone contra actos de la administración o contra resoluciones judiciales que no pongan fin al procedimiento. **16. recurso de revisión** El extraordinario contra resoluciones judiciales o administrativas firmes, por alguno de los motivos determinados en la ley. **17. recurso de súplica** Aquel que se interpone contra resoluciones incidentales de un procedimiento ante el mismo Tribunal Superior que las dictó. **18. recursos humanos** En econ., uno de los factores de producción, constituido por el trabajo de las personas.

recusar *v. tr.* **1.** Rechazar, no admitir. **2.** En der., poner un impedimento legítimo para la actuación de un juez, perito, etc., en un procedimiento.

red *s. f.* **1.** Especie de tejido formado por cuerdas, hilos, alambres, etc., entrelazados de manera que quedan huecos más o menos grandes entre ellos. También, nombre de diversas cosas que se hacen con este tejido, p. ej. la usada por los pescadores o la empleada en ciertos deportes como el tenis y el balonmano. **2.** Engaño, trampa. **3.** Conjunto organizado de personas o cosas. **4.** En cristalografía, disposición ordenada en tres dimensiones de los átomos, iones o moléculas que constituyen un cristal, formando figuras geométricas regulares y con elementos de simetría. ‖ *pl.* **5.** Fuerte poder o atracción que ejerce una persona o cosa sobre alguien, dominándole o perjudicándole. ‖ **6. red de comunicación** Cada una de las diversas situaciones que se pueden dar entre varios emisores y receptores en función de sus conexiones o canales de comunicación. **7. red de neuronas** Dispositivo electrónico compuesto por numerosas unidades idénticas conectadas entre sí, cada una de las cuales emula el funcionamiento de una neurona biológica simplificada; p. ext., también recibe este nombre cualquier simulación de estos dispositivos en un ordenador. Las redes de neuronas son computacionalmente completas, es decir, son capaces de realizar cualquier algoritmo que pueda efectuarse en un ordenador, y pueden adaptarse automáticamente a la realización de funciones concretas. ‖ **Loc. echar** (o **tender**) **la red** (o **las redes**) Echarlas al agua para pescar; también, preparar las cosas o disponer los medios para lograr un fin.

Red River Río de EE UU, en el SO del país. 2.100 km y una cuenca de 235.000 km^2. Nace en las estribaciones de las Montañas Rocosas en Texas y sirve de frontera entre este estado y el de Oklahoma, recorriendo también Arkansas y Luisiana. En él vierten sus aguas los ríos Ouachita y Washita. Es el último afluente importante que recibe el río Mississippi.

redacción *s. f.* **1.** Acción y efecto de redactar. **2.** Escrito sobre un determinado tema, realizado generalmente como ejercicio escolar. **3.** Lugar u oficina donde se redacta. **4.** Conjunto formado por los redactores de una editorial, un periódico o una emisora de radio o televisión.

redactar *v. tr.* Expresar por escrito una idea o pensamiento, la narración de unos hechos, etc.

redactor, ra *adj.* Se dice de la persona que redacta, especialmente de la que lo hace como trabajo en un periódico, editorial, emisora de radio, etc. También *s.*

redada *s. f.* **1.** Acción de lanzar la red, generalmente para pescar. **2.** Conjunto de peces u otros animales que se capturan de una vez con la red. **3.** *fam.* Operación realizada por la policía que consiste en detener en un determinado lugar a un grupo, generalmente numeroso, de personas sospechosas.

redaño *s. m.* **1.** Mesenterio*. ‖ *pl.* **2.** Energía, arrojo, agallas.

redargüir *v. tr.* Utilizar el argumento de una persona para expresar lo contrario de lo que ella dijo. ■ Es v. irreg. Se conjuga como *huir.*

Redding, Otis (Dawson 1941 - Madison, Wisconsin 1977) Músico estadounidense. Es una de las principales figuras de la música *soul* y autor de canciones de gran popularidad como *The dock of the bay* o *Respect.* Su disco más apreciado es *Dictionary of soul* (1966).

redecilla *s. f.* **1.** *dim.* de **red**. **2.** Segunda de las cuatro cavidades en que se divide el estómago de los rumiantes.

rededor, en *loc. adv.* Alrededor*.

redención *s. f.* **1.** Acción y efecto de redimir o redimirse. **2.** En la religión cristiana, liberación de los hombres del estado de pecado y alejamiento de Dios realizada por Jesucristo.

redentor, ra *adj.* **1.** Que redime. También *s.* ‖ *s. m.* **2.** Jesucristo*. ■ En esta acepción se escribe con mayúscula.

redentorista *adj.* **1.** Se dice del religioso miembro de la congregación del Santísimo Redentor, fundada por San Alfonso María de Ligorio en 1732 y dedicada a la predicación y evangelización. También *s.* **2.** De esta congregación.

redescuento *s. m.* Operación financiera que consiste en descontar el banco central del país ciertos efectos comerciales, generalmente letras de cambio, que ya habían sido descontados por otro banco.

Redford, Robert (Santa Mónica, California 1937) Actor estadounidense. Comenzó su carrera en el teatro y televisión. Desde 1965 se dedicó fundamentalmente al cine, en el que adquirió gran prestigio como galán en los años setenta. Entre sus interpretaciones más destacadas pueden citarse las de las películas *Dos hombres y un destino* (*Butch Cassidy and Sundance Kid*, 1969), *El golpe* (*The sting*, 1973), *El gran Gatsby* (1974) y *Todos los hombres del presidente* (1976). Como director ha realizado *Gente corriente* (1980) y *Un lugar llamado Milagro* (*The Milagro beanfield war*, 1988).

Redgrave, Vanessa (Londres 1937) Actriz británica. Formada como intérprete del teatro de Shakespeare, destacó en el cine en los años setenta. Algunos de sus principales papeles los interpretó en las películas *Blow-Up* (1966), *Isadora* (1968), *Los diablos* (1971) y *Julia* (1977).

redicho, cha *adj. fam.* **1.** Se dice de la persona que intenta ser demasiado precisa o perfecta al hablar y por ello resulta afectada. También *s.* **2.** Se aplica a su forma de hablar, palabras, etc.

¡rediez! *interj.* Expresa enfado o sorpresa.

redil *s. m.* Terreno vallado, generalmente con estacas y redes, en que se guarda o recoge el ganado. ‖ **Loc. volver** una persona **al redil** Volver a llevar una vida ordenada o a tener buenas costumbres; también, regresar al grupo, comunidad, etc., que había abandonado.

redimir *v. tr.* **1.** Liberar, sacar a alguien de una situación desfavorable y, particularmente, en la religión cristiana, realizar Jesucristo la salvación de todos los hombres. También *v. prnl.* **2.** Conseguir la libertad de alguien pagando una determinada cantidad por ella. También *v. prnl.* **3.** Dejar libre una cosa, generalmente una finca, de la carga económica que pesa sobre ella. **4.** Volver a comprar una cosa que se había vendido o que se había poseído antes. **Fam.** Redimible.

redingote *s. m.* Prenda de abrigo en forma de capa y con mangas ajustadas.

redistribuir *v. tr.* Distribuir algo de nuevo o de forma distinta. ■ Es v. irreg. Se conjuga como *huir.* **Fam.** Redistribución.

rédito *s. m.* Interés que produce un capital. Se usa más en *pl.*

redituar *v. tr.* Producir réditos o intereses un capital.

redivivo, va *adj.* Resucitado; se emplea para destacar el parecido de una persona con otra ya fallecida.

redoblado, da **1.** *p. p.* de **redoblar**. También *adj.* ‖ *adj.* **2.** Se dice de aquello que es más grueso o resistente de lo normal. **3.** Se aplica a la persona corpulenta y no muy alta.

redoblar *v. tr.* **1.** Aumentar algo en el doble. También *v. prnl.* **2.** Aumentar el esfuerzo, atención, intensidad, etc., de algo. **3.** Doblar una cosa haciendo que se vuelva sobre sí misma. **4.** Tocar redobles como el tambor; también, tocar alguien el tambor o las palmas con ritmo diferente al que lleva el otro, pero acompasado con él. **Fam.** Redoblamiento.

redoble *s. m.* **1.** Acción y efecto de redoblar. **2.** Toque de tambor que se realiza haciendo rebotar rápidamente los palillos sobre éste.

redoblón *adj.* **1.** Se dice del clavo o cosa semejante que puede y debe redoblarse para el uso al que se destina. También *s. m.* ‖ *s. m.* **2.** Teja que se coloca con la parte cóncava hacia abajo.

redoma *s. f.* **1.** Vasija de cristal de forma esférica y con el cuello largo y estrecho, usada para realizar experimentos químicos. **2.** Vasija de vidrio ancha en la base que se va estrechando hacia la boca.

redomado, da *adj.* **1.** Que tiene en alto grado la cualidad negativa que se expresa. **2.** Muy astuto, taimado.

redomón, na *adj. Amér. del S., Guat., Méx.* Se aplica a la caballería no domada por completo.

Redon, Odilon (Burdeos 1840 - París 1916) Pintor y grabador francés. Es uno de los principales representantes del movimiento simbolista y un precursor del surrealismo. En su pintura utiliza una temática fantástica y onírica. Entre sus obras destacan las series de litografías *La noche* (1886) y *La tentación de San Antonio* (1888-96) y los cuadros *El Cíclope, Retrato de Gauguin* y *El Sagrado Corazón.*

redondeado, da **1.** *p. p.* de **redondear**. ‖ *adj.* **2.** De forma casi redonda o curvada.

redondear *v. tr.* **1.** Dar forma redonda o curvada a una cosa. También *v. prnl.* **2.** Añadir o restar una pequeña cantidad a otra para que resulte una cifra redonda. **3.** Rematar un trabajo.

redondel *s. m.* **1.** *fam.* Círculo o circunferencia. **2.** En el lenguaje taurino, ruedo*.

Redondela C. de España, situada en la prov. de Pontevedra. 27.750 h. en 1991. Cuenta con industria textil, alimentaria y maderera. Es un importante puerto pesquero.

redondez *s. f.* **1.** Cualidad de redondo. **2.** Superficie de un cuerpo redondo.

redondilla *s. f.* **1.** Estrofa formada por cuatro versos de arte menor en la que riman el primero con el cuarto y el segundo con el tercero. ‖ *adj.* **2.** Se dice de un tipo de letra vertical y de forma redondeada. También *s. f.*

redondo, da *adj.* **1.** De forma esférica o circular. **2.** Perfecto, completo o muy ventajoso. **3.** Se dice de la cantidad o número que se considera más sencillo en relación con los que son algo mayores o menores, p. ej. 300 en relación con 299. **4.** Claro, rotundo. **5.** En el lenguaje taurino, se dice del pase que da el torero girando sobre sus pies, obligando a la res a dar la vuelta alrededor de él. También *s. m.* ‖ *s. f.* **6.** En mús., figura cuya duración equivale a cuatro negras. También *adj.* ‖ *s. m.* **7.** Pieza de carne de las reses que se corta en forma casi cilíndrica. ‖ **Loc. a la redonda** *adv.* Alrededor; en el radio de la distancia que se expresa. **en redondo** *adv.* Dando una vuelta completa; también, rotundamente, de manera clara y definitiva.

Redondo, Nicolás (Baracaldo, Vizcaya 1927) Sindicalista español. Destacado dirigente de la UGT y del PSOE, fue encarcelado en diversas ocasiones durante la dictadura franquista. En 1976 fue nombrado secretario general de su sindicato y desde 1986 ha ido creciendo su oposición al gobierno socialista, por considerar que su política perjudica a la clase trabajadora.

Redondo, Onésimo (Quintanilla de Abajo, Valladolid 1905 - Labajos, Segovia 1936) Político español. Abogado de profesión, fundó en 1931 las Juntas Castellanas de Actuación Hispánica, que ese mismo año se unieron al grupo de Ramiro Ledesma, la Conquista del Estado, para formar las Juntas de Ofensiva Nacional Sindicalista (JONS). En 1934, en Valladolid, se produjo la fusión de las JONS con la Falange Española. Murió en acción de guerra en los primeros días de la guerra civil.

reducción *s. f.* **1.** Acción y efecto de reducir o reducirse. **2.** Copia reducida de algo. **3.** En la época de la colonización española de América, pueblo de indios americanos convertidos al cristianismo y organizados en un régimen de vida comunitario. Las reducciones constituían comunidades independientes sujetas al derecho común, en las que desempeñaba un papel fundamental la orden religiosa a la que se encomendaba adoctrinar a los indios en la fe cristiana. En ellas, aparte de los religiosos, no podían residir hombres blancos, ni mestizos, ni negros. Se regían por un alcalde de indios, pero reconociéndose una cierta autoridad a los caciques de las tribus. **4.** En mat., nombre de diversas operaciones con fracciones e índices. **5.** En mat., uno de los principales métodos utilizados para resolver sistemas de ecuaciones lineales. P. ej., en el sistema:

$$2x - 4y = 7$$
$$3x + 4y = 13$$

si se suma miembro a miembro, se tiene $5x = 20$, de donde $x = 4$. Es decir, se han reducido las dos ecuaciones a una sola de una incógnita. **6.** En

quím., proceso mediante el cual un átomo o ion gana electrones. || **7. reducción de fracciones** En mat., operación que consiste en dividir numerador y denominador de una fracción por un mismo número; p. ej., en la fracción $\frac{24}{36}$, dividiendo numerador y denominador entre 12, resulta la fracción equivalente $\frac{2}{3}$. Si sólo es posible dividir numerador y denominador entre 1, se dice que la fracción es irreducible. **8. reducción de índices** En mat., operación que consiste en dividir el índice de una raíz y el exponente de su radicando por un mismo número. P. ej., en la raíz $\sqrt[12]{2^3}$, dividiendo el índice y el exponente del radicando entre 3, resulta la raíz equivalente $\sqrt[4]{2}$. Si sólo es posible dividir el índice y el exponente entre 1, se dice que la raíz es irreducible.
Quím. Desde el punto de vista que interpreta las reacciones químicas en términos de transferencia de electrones, la reducción es el proceso en que uno o más elementos, llamados *reductores*, transfieren electrones a otro u otros elementos llamados *oxidantes*, de tal forma que estos últimos queden reducidos; esto es, la reducción consiste en una ganancia de electrones. P. ej., en la reacción entre el hierro y el ion Cu^{2+}:

$$Fe + Cu^{2+} \rightarrow Fe^{2+} + Cu$$

el hierro es el agente reductor, ya que cede dos electrones al ion Cu^{2+}, mientras que el Cu^{2+} es el agente oxidante, pues capta dichos electrones, reduciéndose.
En un sentido más amplio, se dice que un elemento se ha reducido cuando disminuye su número de oxidación. P. ej., en la reacción entre el cinc y el sulfato de cobre (II), para formar cobre y sulfato de cinc, el número de oxidación del cobre disminuye desde +2 a 0, por lo que se dice que el cobre se ha reducido:

$$Zn + CuSO_4 \rightarrow Cu + ZnSO_4$$

reduccionismo *s. m.* En psicol. toda corriente que sostiene que los procesos psíquicos son explicables en términos fisiológicos.

reducido, da **1.** *p. p.* de **reducir**. || *adj.* **2.** Corto, pequeño, limitado.

reducir *v. tr.* **1.** Disminuir el volumen, tamaño, intensidad, fuerza, etc., de algo. También *v. prnl.* **2.** Convertir una cosa en otra más pequeña o de menos valor. **3.** Consistir una cosa en algo que se considera poco valioso o importante. También *v. prnl.* **4.** Someter, dominar. **5.** En mat., expresar el valor de una cantidad en unidades de distinto tipo de la dada. **6.** Transformar una expresión matemática en otra más sencila, p. ej. dividir el numerador y el denominador de una fracción por el mismo número. **7.** Hacer que un cuerpo pase del estado sólido al líquido o gaseoso, o a la inversa. También *v. prnl.* **8.** En quím., descomponer una sustancia en sus elementos. **9.** En quím., hacer que un átomo o ion gane electrones. **10.** En med., colocar en su sitio una parte del cuerpo que se ha desplazado, especialmente un hueso o una hernia. || *v. intr.* **11.** En un vehículo, cambiar de una marcha larga a otra más corta. || *v. prnl.* **12.** Limitarse o amoldarse a algo. ▪ Es v. irreg. Se conjuga como *conducir.* || **13. reducir a común denominador** En mat., convertir dos o más fracciones en otras equivalentes que tengan todas el mismo denominador. Esta operación es útil para sumar o restar dos o más fracciones. P. ej., las fracciones $\frac{3}{2}$, $\frac{5}{3}$ y $\frac{7}{4}$ pueden reducirse a común denominador multiplicando el numerador y el denominador de cada una de ellas por un mismo número, obteniéndose las fracciones $\frac{18}{12}$, $\frac{20}{12}$ y $\frac{21}{12}$, que son equivalentes a las anteriores y tienen el mismo denominador. **14. reducir a índice común** En mat., convertir dos o más raíces en otras equivalentes con igual índice. P. ej., las raíces $\sqrt{5}$ y $\sqrt[3]{5^2}$ pueden reducirse a un índice común al multiplicar el índice y el exponente del radicando por un mismo número, con lo que se obtienen las raíces $\sqrt[6]{5^3}$ y $\sqrt[6]{5^4}$, equivalentes a las anteriores y con el mismo índice. **15. reducir al primer cuadrante** En mat., pasar la razón goniométrica de un ángulo a otra razón goniométrica de un ángulo comprendido en el primer cuadrante (entre 0 y 90°) y que sea equivalente a la anterior; p. ej., sen 120° = sen 60°.

reductible *adj.* Que se puede reducir.

reducto *s. m.* **1.** Lugar, grupo, etc., donde permanecen costumbres, ideologías, culturas, etc., ya pasadas o en vías de extinción. **2.** Lugar que una persona o grupo considera exclusivo o donde se encuentra protegido. **3.** Fortificación o lugar que tiene buenas condiciones para ser defendido.

reductor, ra *adj.* **1.** Que reduce o que sirve para reducir. También *s.* || *s. m.* **2.** Átomo, ion o grupo de átomos capaz de reducir a un elemento químico, al mismo tiempo que él se oxida.

redundancia *s. f.* **1.** Repetición innecesaria o antiestética de una palabra, expresión o idea, p. ej. *subir arriba* o *entrar dentro.* **2.** Repetición de la información contenida en un mensaje, que permite reconstruir lo que en él se dice, aunque se haya perdido una parte del mismo.

redundante *adj.* **1.** Que contiene o presenta redundancia. **2.** Que redunda. **FAM.** Redundantemente.

redundar *v. intr.* Resultar una cosa en beneficio o perjuicio de alguien o algo.

reduplicar *v. tr.* **1.** Duplicar*. También *v. prnl.* **2.** P. ext., incrementar, intensificar. ▪ Se conjuga como *sacar.* **FAM.** Reduplicación.

Reed, Carol (Londres 1906 - íd. 1976) Director de cine británico. Lo mejor de su cine se caracteriza por un hábil desarrollo argumental y el especial cuidado de los pequeños detalles reveladores. Entre sus principales creaciones figuran *El camino hacia adelante* (1943), *Larga es la noche* (*Odd man out*, 1947), *El ídolo caído* (1948), *El tercer hombre* (1949), *El tormento y el éxtasis* (1965) y el musical *¡Oliver!* (1968).

Reed, John (Portland, Oregón 1887 - Moscú 1920) Periodista estadounidense. Fue autor de las crónicas de la revolución mexicana (*México insurgente*, 1914) y la revolución soviética (*Diez días que conmovieron al mundo*, 1919). Fundó en EE UU el Partido Comunista. Acusado de espionaje, hubo de exiliarse a la URSS en 1918.

Reed, Lou (Nueva York 1942) Músico estadounidense. Fue miembro fundador de *Velvet Underground*, grupo promovido por el pintor Andy Warhol, y uno de los más interesantes autores de *pop-rock* urbano. Entre sus discos destacan *Berlín* (1973), *Rock'n'roll animal* (1974) y *New York* (1990).

reedición *s. f.* **1.** Acción de reeditar. **2.** Nueva edición de un libro u otra publicación.

reedificar *v. tr.* Volver a construir un edificio derruido o edificar de nuevo en un lugar que ya estuvo edificado. ▪ Se conjuga como *sacar.* **FAM.** Reedificación.

reeditar *v. tr.* Volver a editar.

reeducar *v. tr.* **1.** Volver a educar a alguien. **2.** Volver a enseñar ciertos actos, movimientos, etc., a una persona que se encuentra incapacitada para ellos después de haber sufrido un accidente o enfermedad. ▪ Se conjuga como *sacar.* **FAM.** Reeducación.

reelección *s. f.* Acción y efecto de reelegir.

reelecto, ta *adj.* Que ha sido reelegido.

reelegir *v. tr.* Volver a elegir. ▪ Es v. irreg. Se conjuga como *regir.* **FAM.** Reelegible.

reembarcar *v. tr.* Volver a embarcar después de haber desembarcado. También *v. prnl.* ▪ Se conjuga como *sacar.* **FAM.** Reembarque.

reembolsar *v. tr.* Devolver una cantidad al que la había desembolsado. También *v. prnl.* ▪ Se dice también *rembolsar.* **FAM.** Reembolsable.

reembolso *s. m.* **1.** Acción y efecto de reembolsar o reembolsarse. **2.** Pago del importe de un objeto enviado por correo o por una agencia de transportes que el destinatario hace en el momento de recibirlo. **3.** Devolución de un capital que se ha recibido antes por algún motivo, acompañándolo generalmente de los correspondientes intereses. ▪ Se dice también *rembolso.* || **LOC. contra reembolso** *adv.* Forma de enviar objetos por correo o por una agencia de transportes en que el destinatario paga el importe al recibir el envío.

reemisor *s. m.* En radiodifusión, estación local en que hay un receptor y un emisor de poca potencia, que se emplea para cubrir zonas a las que no llegan las emisoras principales.

reemplazar *v. tr.* Sustituir*. ▪ Se dice también *remplazar.* Se conjuga como *cazar.* **FAM.** Reemplazable.

reemplazo *s. m.* **1.** Acción y efecto de reemplazar. **2.** Conjunto de jóvenes que entran en el ejército para prestar el servicio militar en un determinado año. ▪ Se dice también *remplazo.* || **LOC. de reemplazo** *adj.* Se dice de la situación del militar que no tiene plaza en los cuerpos de su arma, pero sí opción a ella en posteriores vacantes.

reencarnación *s. f.* Acción y efecto de reencarnar o reencarnarse. También se llama *metempsicosis.*

reencarnarse *v. intr.* Según ciertas creencias, encarnarse de nuevo un alma en un cuerpo diferente.

reencontrar *v. tr.* Encontrar de nuevo a una persona o cosa. También *v. prnl.* ▪ Es v. irreg. Se conjuga como *contar.*

reencuentro *s. m.* Acción y efecto de reencontrar o reencontrarse.

reenganchado, da **1.** *p. p.* de **reengancharse**. También *adj.* || *s. m.* **2.** Soldado que antes de licenciarse solicita y obtiene el permiso para permanecer más tiempo en el cuerpo del ejército al que pertenece.

reenganchar *v. tr.* Mantener en el ejército al que ha cumplido el servicio militar, ofreciéndole un sueldo. Se usa más como *v. prnl.*

reenganche *s. m.* **1.** Acción y efecto de reenganchar o reengancharse. **2.** Dinero o sueldo que recibe el que se reengancha.

reenvite *s. m.* Envite que se añade a otro ya realizado.

reestrenar *v. tr.* Volver a estrenar, especialmente una obra de teatro, una película, un espectáculo, etc.

reestreno *s. m.* Acción y efecto de reestrenar.

reestructuración *s. f.* **1.** Acción y efecto de reestructurar. **2.** En econ., proceso por el que un sector productivo, industria o grupo de industrias, transforma parte de sus factores de producción para hacerse más rentable.

reestructurar *v. tr.* Modificar la estructura o la organización de algo.

reexpedir *v. tr.* Enviar una cosa que se ha recibido al lugar de procedencia o a otro diferente. ▪ Es v. irreg. Se conjuga como *pedir.* **FAM.** Reexpedición.

reexportar *v. tr.* Exportar lo que se había importado anteriormente. **FAM.** Reexportación.

refacción *s. f.* Pequeña cantidad de comida que se toma para reponer fuerzas.

refaccionar *v. tr. amer.* Restaurar o remozar un edificio.

refajo *s. m.* Falda corta, generalmente de paño, que usaban las mujeres debajo de los vestidos para abrigarse.

refectorio *s. m.* Comedor de los conventos o casas de comunidades religiosas.

referencia *s. f.* **1.** Acción de referirse o aludir a algo. **2.** Relación que se establece entre dos o más elementos en la que uno de ellos sirve como base o modelo para medir o valorar al resto; también, este elemento. **3.** Información, noticia sobre alguien o algo. Se usa mucho en *pl.* **4.** En un catálogo, libro, etc., nota o palabra con que se indica al lector dónde puede encontrar información sobre lo que busca o cualquier otro dato en relación con ello.

referéndum o **referendo** *s. m.* **1.** Mecanismo político por el que se somete a votación pública una ley, acto o asunto de especial trascendencia, con la finalidad de que el cuerpo electoral manifieste su aprobación o rechazo. Existen tres tipos fundamentales de referéndum: **obligatorio**, cuando se decide un cambio en la Constitución; **consultivo**, cuando el resultado no implica forzosamente su aplicación, y **vinculante**, cuando su resultado es de obligado cumplimiento. **2.** Escrito en que un agente diplomático pide nuevas instrucciones a su gobierno sobre un asunto importante.

referente *adj.* **1.** Que se refiere a otra persona o cosa. || *s. m.* **2.** En ling., aquello a lo que se refiere una palabra o signo.

referí *s. m.* Árbitro de fútbol. ▪ Se usa especialmente en América.

referir *v. tr.* **1.** Relatar, contar. **2.** Remitir al lector a otro lugar de un catálogo, libro, etc. **3.** Atribuir. También *v. prnl.* || *v. prnl.* **4.** Mencionar a una persona o cosa expresándola clara y directamente o de forma implícita. ▪ Es v. irreg. Se conjuga como *sentir.* **FAM.** Referible.

refilón, de *loc. adv.* **1.** De lado o de manera oblicua. **2.** De pasada, sin detenerse o profundizar.

refinado, da **1.** *p. p.* de **refinar**. También *adj.* || *adj.* **2.** Fino, elegante, de buen gusto. **3.** Agudo, sutil. || *s. m.* **4.** Acción y efecto de refinar.

refinador, ra *adj.* **1.** Que refina. || *s. m.* y *f.* **2.** Persona que refina, especialmente metales o licores.

refinamiento *s. m.* Cualidad de refinado.

refinar *v. tr.* **1.** Hacer más fino o puro. **2.** Perfeccionar una cosa, darle los últimos retoques. || *v. prnl.* **3.** Hacerse una persona más fina en sus gustos, modales, etc. **FAM.** Refinación.

refinería *s. f.* Instalación industrial en que se realiza el proceso de refinación de un determinado producto.

refino *s. m.* Acción y efecto de refinar, especialmente el petróleo.

refitolear *v. tr.* Curiosear o meterse en cosas de poca importancia. También *v. intr.*

refitolería *s. f.* Palabra o acción poco natural, rebuscada y algo cursi.

refitolero, ra *adj.* **1.** Se dice de la persona que atiende el refectorio de una comunidad religiosa. También *s.* **2.** *fam.* Se dice de la persona curiosa o que se mete en cosas de poca importancia. También *s.* **3.** *fam.* Se dice de la persona que hace o dice refitolerías, así como de sus palabras, acciones, etc.

reflectante *adj.* **1.** Que reflecta. || *s. m.* **2.** Instrumento que refleja la luz y permite o facilita que un objeto sea visto.

reflectar *v. intr.* Reflejar la luz, el calor, etc.

reflector, ra *adj.* **1.** Se dice del cuerpo que refleja. También *s. m.* || *s. m.* **2.** En astron., telescopio*. **3.** Aparato de superficie lisa que refleja las radiaciones de luz o de calor que llegan a ella. **4.** Aparato que despide o lanza un foco luminoso en determinada dirección.

reflejar *v. tr.* **1.** Hacer retroceder o cambiar de dirección una superficie la luz, el calor, el sonido o cualquier radiación que llega hasta ella. También *v. intr.* y *v. prnl.* **2.** Particularmente, formar una superficie lisa y brillante, como un espejo, el agua, etc., una determinada imagen. También *v. prnl.* **3.** Manifestar o demostrar alguna cosa. También *v. prnl.* **4.** Reproducir o mostrar aquello que se expresa. || *v. prnl.* **5.** Aparecer una cosa en otra o en un lugar diferente del que se originó, especialmente sentirse un dolor en una parte del cuerpo distinta del punto en que se produce.

reflejo, ja *adj.* **1.** Que ha sido reflejado. **2.** Se dice del movimiento, acto, etc., ejecutado de manera involuntaria como respuesta a un estímulo que no procede del sistema nervioso central. Los actos o movimientos reflejos vienen determinados por una excitación sensorial, que va de la periferia a los centros nerviosos, y por la respuesta motriz o glandular, siempre involuntaria, que provocan. El cerrar los párpados cuando se acerca un objeto a los ojos es un ejemplo clásico de movimiento reflejo. También se les llama *incondicionados.* También *s. m.* **3.** Se aplica a aquello, especialmente un dolor, que aparece o se manifiesta en un lugar distinto a aquel en que se ha originado. || *s. m.* **4.** Luz reflejada por un objeto. Se usa mucho en *pl.* **5.** Imagen reflejada en una superficie. **6.** Cosa que pone de manifiesto o muestra algo. || *pl.* **7.** Capacidad que tiene alguien para reaccionar con rapidez y eficacia ante algo. **8.** Mechas suaves y de tono más claro que el resto del cabello. || **9. reflejo condicionado** Respuesta biológica a un estímulo que normalmente no debería provocarla, pero que ha sido asociado a dicha respuesta por coincidencia repetida con un estímulo que sí la provoca. Los reflejos condicionados fueron estudiados por Pavlov.

reflexión *s. f.* **1.** Acción y efecto de reflejar o reflejarse. **2.** Acción y efecto de reflexionar. **3.** En fís., cambio en la dirección o en el sentido de propagación de una onda. Cuando una onda, como la luz o el sonido, encuentra un obstáculo que no puede atravesar, cambia su dirección de manera que el ángulo de incidencia sea igual al de reflexión. Por esta razón, si la onda incide perpendicularmente en la superficie opaca, sólo hay un cambio de sentido. La reflexión del sonido constituye el conocido fenómeno del eco. || **4. reflexión total** Fenómeno que se produce cuando la luz incide con un ángulo grande en un medio menos refringente que el primero, como al pasar del aire al agua o a un cristal. En este caso no se produce refracción a través del segundo medio, sino que la luz se refleja íntegramente.

reflexionar *v. intr.* Pensar o considerar algo detenidamente.

reflexivo, va *adj.* **1.** Que refleja o reflecta. **2.** Se dice de la persona que habla o actúa con reflexión, así como de su actitud, acciones, etc. **3.** Se aplica al pronombre personal que realiza la función de complemento directo o indirecto y se refiere a la misma persona o grupo de personas que el sujeto; p. ej., en *Marta se peina todas las mañanas*, el pronombre *se*, con función de complemento directo, se refiere a la misma persona que el sujeto *Marta.* Las formas de los pronombres reflexivos son: *me, te, se, nos* y *os.* También *s. m.* Se aplica al verbo que se construye con este pronombre y a la oración en que aparece. También *s.* **FAM.** Reflexivamente.

reflexología *s. f.* **1.** Estudio de los reflejos e interpretación del comportamiento por medio de los mismos. **2.** Corriente psicológica soviética centrada en el estudio de los reflejos, a los que considera clave para explicar el conjunto de los procesos psíquicos. Su principal representante es Ivan Petrovich Pavlov.

reflexoterapia *s. f.* Método de curación por medio de excitaciones realizadas en zonas distantes del punto en que se encuentra la lesión.

reflorecer *v. intr.* **1.** Volver a florecer los campos, las plantas, etc., o a echar flores las plantas. **2.** Recobrar una cosa inmaterial la importancia, consideración, etc., que había tenido anteriormente. ▪ Es v. irreg. Se conjuga como *agradecer.* **FAM.** Reflorecimiento.

reflorescente *adj.* Se dice de las plantas que florecen por segunda vez.

reflotar *v. tr.* **1.** Volver a poner a flote una embarcación que se ha hundido o que se ha quedado encallada. **2.** Lograr que una empresa, negocio, etc., vuelva a producir beneficios.

refluir *v. intr.* Retroceder un líquido que corre. ▪ Es v. irreg. Se conjuga como *huir.* **FAM.** Refluente.

reflujo *s. m.* **1.** Movimiento de descenso de la marea. **2.** Retroceso de un fluido. **3.** Retroceso en cualquier actividad.

refocilar *v. tr.* **1.** Divertir con groserías. También *v. prnl.* || *v. intr.* **2.** Fornicar, hacer el acto sexual. || *v. prnl.* **3.** Alegrarse maliciosamente del mal ajeno. **FAM.** Refocilación.

reforestar *v. tr.* Repoblar un terreno con plantas forestales. **FAM.** Reforestación.

reforma *s. f.* **1.** Acción y efecto de reformar o reformarse. **2.** Movimiento religioso surgido en Europa en el s. XVI que motivó la formación de las Iglesias llamadas *protestantes*, las cuales se separaron de la Iglesia católica. ▪ En esta acepción se escribe con mayúscula.

Hist. La Reforma tuvo su origen en el descontento y la crítica de ciertos sectores de la cristiandad a la jerarquía eclesiástica, así como en los movimientos heréticos de John Wycliff y Juan Hus. El factor desencadenante de la Reforma fue la predicación de indulgencias eclesiásticas para la construcción de la basílica de San Pedro en Roma, que motivó la rebeldía de Martin Lutero. El éxito de la Reforma se vio favorecido por las circunstancias políticas: los príncipes alemanes vieron en ella la oportunidad para oponerse a la autoridad imperial; el nacionalismo inglés, alemán y suizo halló en ella un vehículo de expresión; la burguesía urbana, la posibilidad de quitar poder a un clero enriquecido. El movimiento se diversificó en diversas reformas: luterana, calvinista, anglicana, zuingliana, etc. La Iglesia católica también realizó sobre sí misma una reforma, oficial y controlada, que recibió el nombre de *Contrarreforma.* El resultado de todo ello fue la escisión de la cristiandad en diversas Iglesias y el comienzo de una etapa de luchas, algunas de ellas muy cruentas, conocidas como *guerras de religión.*

reformado, da **1.** *p. p.* de **reformar**. También *adj.* || *adj.* **2.** Se dice de las Iglesias protestantes calvinistas o de tradición calvinista, frente a las luteranas, así como de sus seguidores. También *s.* **3.** Se aplica a la orden religiosa que ha experimentado una reforma en la regla, así como a sus miembros. También *s.*

reformar *v. tr.* **1.** Modificar algo, generalmente con la intención de mejorarlo. **2.** Cambiar el comportamiento de una persona, haciendo que abandone conductas negativas. También *v. prnl.* **FAM.** Reformable, reformador.

reformatorio, ria *adj.* **1.** Que reforma. || *s. m.* **2.** Establecimiento al que se envía a los menores de edad que han cometido un delito, para tratar de corregir su conducta.

reformismo *s. m.* Movimiento o doctrina que defiende el cambio político, social, religioso, etc., mediante transformaciones y mejoras graduales, progresivas y fragmentarias, sin sustituir radicalmente el sistema existente. Constituye el modelo intermedio entre el conservadurismo y la ruptura revolucionaria. **FAM.** Reformista.

reforzado, da **1.** *p. p.* de **reforzar**. || *adj.* **2.** Se dice de lo que tiene algún refuerzo o está construido de manera muy sólida.

reforzador, ra *adj.* **1.** Que refuerza. || *s. m.* **2.** Líquido que se utiliza en fotografía para reforzar la imagen débil de un cliché. **3.** En psicol., toda aquella contingencia que aplicada a una conducta aumenta en probabilidad de aparición. Se emplea en el contexto de la psicología del aprendizaje y en la modificación de conducta.

reforzar *v. tr.* **1.** Hacer más fuerte o sólida una cosa. **2.** Aumentar la intensidad, eficacia, etc., de algo. **3.** En fotografía, dar un baño con un líquido especial a los clichés para aumentar el contraste de las imágenes. **4.** Dar un tono más vivo a una pintura poniendo cierta cantidad de pigmento. ▪ Es v. irreg. Se conjuga como *forzar.* **FAM.** Reforzante.

refracción *s. f.* **1.** Variación de dirección y velocidad que experimenta una onda al cambiar el medio de propagación. Los ángulos de incidencia (i) y refracción (r) están relacionados con la velocidad de propagación (V_1 y V_2) en los dos medios mediante la expresión:

$$\frac{\text{sen } i}{\text{sen } r} = \frac{V_1}{V_2}.$$

(Véase **óptica**.) || **2. ángulo de refracción** Ángulo formado por el rayo refractado y cualquier perpendicular a la superficie que refracta. **3. índice de refracción** Relación entre la velocidad de la luz en el vacío y la velocidad de la luz en el medio de que se trata. Se representa por *n* y se calcula mediante la fórmula $n = \frac{c}{v}$, donde *c* es la velocidad de la luz en el vacío y *v* la velocidad de la luz en ese medio.

refractar *v. tr.* Producir refracción. También *v. prnl.*

refractario, ria *adj.* **1.** Se dice del material que resiste la acción del fuego sin cambiar de estado ni descomponerse, como el amianto, sílice, grafito, caolín, etc. También *s. m.* **2.** Que muestra oposición a una idea, cambio, una costumbre, etc. **3.** Resistente a una enfermedad. **4.** Se dice de la persona a la que le cuesta aprender o asimilar una cosa. **5.** Se dice de la persona que se niega a cumplir una promesa u obligación.

refractómetro *s. m.* Aparato que se utiliza para medir el índice de refracción de una sustancia.

refrán *s. m.* Dicho popular, de forma invariable, que contiene un comentario agudo, una enseñanza moral, un consejo, etc.

refranero, ra *adj.* **1.** Se dice de la persona que utiliza refranes con frecuencia. También *s.* || *s. m.* **2.** Colección de refranes. **3.** Conjunto de los refranes de una lengua.

refrangible *adj.* Que puede refractarse. **FAM.** Refrangibilidad.

refranista *s. m.* y *f.* Persona que cita refranes con frecuencia y es aficionada a ellos. También *adj.*

refregadura *s. f.* **1.** Acción de refregar o refregarse. **2.** Señal que queda después de refregar algo o refregarse.

refregar *v. tr.* Restregar*. ▪ Es v. irreg. Se conjuga como *regar.* **FAM.** Refregamiento.

refregón *s. m.* **1.** *fam.* Refregadura. **2.** Ráfaga fuerte de viento. **3.** *vulg.* Magreo, sobo.

refreír *v. tr.* **1.** Volver a freír. **2.** Freír demasiado una cosa. ▪ Tiene dos p. p.: uno reg., *refreído*, para la formación de los tiempos compuestos, y otro irreg., *refrito*, utilizado también como adjetivo. Es v. irreg. Se conjuga como *reír.*

refrenar *v. tr.* **1.** Sujetar y dominar a una caballería con el freno. **2.** Contener o reprimir la fuerza o la violencia de algo. También *v. prnl.* **FAM.** Refrenable, refrenada, refrenamiento.

refrendar *v. tr.* **1.** Dar una persona autorizada validez con su firma a un documento, acta, etc., responsabilizándose de éstos. **2.** Aceptar algo confirmándolo.

refrendario *s. m.* Persona autorizada para refrendar un documento, orden, etc.

refrendo *s. m.* **1.** Acción y efecto de refrendar. **2.** Testimonio que acredita que ha sido refrendado un documento. **3.** Firma con la que el jefe del gobierno, ministro o persona autorizada se responsabiliza de un decreto, ley, etc., firmado anteriormente por el jefe del Estado, y le da validez.

refrescante *adj.* Que refresca.

refrescar *v. tr.* **1.** Poner algo fresco, disminuir el calor de algo. También *v. intr.* y *v. prnl.* **2.** Referido a la memoria, conocimientos, hacer recordar. También *v. prnl.* || *v. intr.* **3.** Descender la temperatura del ambiente. También *v. impers.* y *v. prnl.* || *v. prnl.* **4.** Quitarse alguien el calor tomando una bebida fría, mojándose, etc. **5.** Recuperar las fuerzas una persona o animal. ▪ Se conjuga como *sacar.* **FAM.** Refrescamiento.

refresco *s. m.* **1.** Bebida que se toma para refrescarse. **2.** Bebidas, aperitivos, dulces, etc., que se ofrecen a alguien. || **LOC. de refresco** *adj.* Se dice de la persona o animal que sustituye o refuerza a otro.

refriega *s. f.* Combate, lucha o discusión violenta, generalmente poco importante, entre varias personas.

refrigeración *s. f.* **1.** Acción y efecto de refrigerar. **2.** Sistema mediante el cual se consigue refrigerar.

refrigerador, ra *adj.* **1.** Que refrigera o sirve para refrigerar. También *s.* || *s. m.* **2.** Frigorífico*.

refrigerante *adj.* **1.** Que refrigera. También *s. m.* || *s. m.* **2.** En quím., recipiente con agua que se utiliza para rebajar la temperatura de un fluido. Es un aparato, generalmente de vidrio, en forma de cilindro hueco redondeado por sus extremos y provisto de dos pitones que permiten la entrada y salida de agua o cualquier otro fluido; la zona axial de dicho aparato está atravesada por un conducto, incomunicado con el resto del cilindro, por el que fluye el líquido formado al condensarse el vapor procedente del matraz de destilación con el que se comunica dicho refrigerante. La refrigeración se produce debido a la circulación del agua por el interior del cilindro.

refrigerar *v. tr.* Hacer que descienda la temperatura de un lugar o de una cosa por medios artificiales. **FAM.** Refrigerativo.

refrigerio *s. m.* Comida ligera que se toma para reponer fuerzas.

refringencia *s. f.* En fís., propiedad de los medios que dejan pasar la luz. Cuanto mayor sea la velocidad de la luz en un medio, más refringente es éste. Así pues, el medio más refringente es el aire (o el vacío), cuyo índice de refracción es 1. A medida que el índice de refracción aumenta, menos refringente es el medio.

refringente *adj.* **1.** Que refringe. || **2. ángulo refringente** Ángulo de refracción*.

refringir *v. tr.* Refractar*. También *v. prnl.* ▪ Se conjuga como *surgir.*

refrito, ta **1.** *p. p.* irreg. de **refreír**. También *adj.* || *s. m.* **2.** Mezcla de aceite frito con ajo, cebolla, pimentón y otros ingredientes que se añade en caliente a algunos guisos. **3.** Cosa, especialmente una obra literaria, que se hace mezclando elementos de otras.

refuerzo *s. m.* **1.** Acción y efecto de reforzar. **2.** Aquello que hace más resistente alguna cosa. **3.** Ayuda, complemento. || *pl.* **4.** Conjunto de hombres que se unen a otros, especialmente a una tropa militar, para realizar con más fuerza o eficacia una actividad.

refugiado, da **1.** *p. p.* de **refugiar**. También *adj.* || *s. m.* y *f.* **2.** Persona que a consecuencia de guerras, revoluciones, persecuciones, etc., se ve obligada a buscar refugio fuera de su país.

refugiar *v. tr.* **1.** Acoger, especialmente a personas que huyen o intentan defenderse de algo. || *v. prnl.* **2.** Ponerse alguien a cubierto o defenderse del frío, de un peligro, etc. **3.** Buscar alguien en una persona o cosa protección, consuelo, etc.

refugio *s. m.* **1.** Acogida, amparo. **2.** Lugar para refugiarse. **3.** En el campo y la montaña, cabaña o construcción donde viajeros, excursionistas, etc., pueden refugiarse. **4.** Construcción, generalmente subterránea, en una ciudad, donde sus habitantes pueden refugiarse de un ataque aéreo, de un terremoto, etc. **5.** Zona de la calzada reservada a los peatones y protegida de la circulación de los vehículos. **6.** Persona, lugar o cosa que sirve a alguien de protección y consuelo. || **7. refugio atómico** o **nuclear** Espacio habitable protegido contra los efectos de las explosiones nucleares y de sus radiaciones.

refulgencia *s. f.* Resplandor, brillo.

refulgente *adj.* Que refulge.

refulgir *v. intr.* Resplandecer, brillar. ▪ Se conjuga como *surgir.*

refundición *s. f.* **1.** Acción y efecto de refundir o refundirse. **2.** Obra refundida.

refundir *v. tr.* **1.** Volver a fundir los metales. **2.** Reunir o juntar varias cosas en una sola. También *v. prnl.* **3.** Dar nueva forma o estructura a un escrito, obra literaria, etc. **4.** *Amér. C., Méx.* Perder, extraviar. También *v. prnl.* **FAM.** Refundidor.

refunfuñar *v. intr.* Emitir sonidos o palabras mal articuladas o entre dientes, en señal de enfado o disgusto. También *v. tr.* **FAM.** Refunfuñador.

refunfuño *s. m.* Acción y efecto de refunfuñar.

refunfuñón, na *adj.* Que refunfuña mucho. También *s.*

refutación *s. f.* **1.** Acción y efecto de refutar. **2.** Argumento o prueba cuya finalidad es destruir las razones que se han dado a favor de algo. **3.** Parte de un discurso en la que se refutan los argumentos que puedan darse contra lo que se defiende o se quiere probar. **4.** En lóg., razonamiento que tiene como conclusión una proposición en la que se niega la conclusión de otro razonamiento. **5.** Falsación*.

refutar *v. tr.* Demostrar la falsedad de una teoría o de un argumento. **FAM.** Refutable.

refutatorio, ria *adj.* Que sirve para refutar.

regadera *s. f.* Utensilio para regar formado por un recipiente del que sale un tubo, generalmente terminado en un ensanchamiento con orificios por los que se esparce el agua. || **LOC. estar** alguien **como una regadera** *fam.* Estar medio loco.

regadío, a *adj.* Se aplica al terreno en que se cultivan plantas con un riego abundante. También *s. m.*

regajo *s. m.* **1.** Charco que forma en algunas zonas un arroyo pequeño. **2.** Este mismo arroyo.

regala *s. f.* Tablón que forma el borde de las embarcaciones.

regalado, da **1.** *p. p.* de **regalar**. También *adj.* || *adj.* **2.** Muy cómodo y agradable. **3.** *fam.* Muy barato. **FAM.** Regaladamente.

Regalado, Tomás (Santa Ana 1860 - Jícaro, Guatemala 1906) Militar y político salvadoreño. En 1898 derrocó al presidente Gutiérrez y ocupó la presidencia. Elegido presidente constitucional (1899-1903), al terminar su mandato fue designado jefe del ejercito y murió en la guerra contra Guatemala.

regalar *v. tr.* **1.** Dar una cosa a alguien sin recibir nada a cambio. **2.** Mostrar a alguien aprecio, cariño, etc., con caricias, halagos u otras expresiones de afecto. **3.** Agradar o divertir a alguien. También *v. prnl.* **4.** *fam.* Vender algo muy barato. || *v. prnl.* **5.** Proporcionarse alguien comodidades y caprichos. **FAM.** Regalamiento.

regalía *s. f.* **1.** Derecho o privilegio exclusivo del soberano de un país; en particular, el concedido por la Santa Sede en materia religiosa. Se usa más en *pl.* **2.** Privilegio de cualquier clase. **3.** En econ., participación en los ingresos o cantidad fija que se paga al propietario de un derecho a cambio del permiso de usarlo.

regalismo *s. m.* Sistema de política religiosa que concedía a los reyes prerrogativas o privilegios en asuntos eclesiásticos. Estuvo en vigor en los s. XVII y XVIII en las monarquías absolutas europeas, que pretendían en última instancia ejercer un control o dominio sobre la Iglesia. **FAM.** Regalista.

regaliz *s. m.* **1.** Planta herbácea de la familia papilionáceas, especie *Glycyrrhiza glabra.* Mide entre 100 y 150 cm de altura, tiene hojas compuestas, flores azuladas agrupadas en racimos y fruto en legumbre. Posee un rizoma grueso y cilíndrico, de sabor dulce, que se usa para fabricar dulces y en medicina contra la acidez de estómago. Crece en el área mediterránea. **2.** Rizoma subterráneo de esta planta, al que se atribuyen propiedades medicinales. **3.** Trozo seco de ese rizoma que se puede chupar o mascar como golosina. **4.** Pasta hecha con el jugo de ese rizoma y que se toma como golosina en barritas o pastillas.

regalo *s. m.* **1.** Aquello que se regala a una persona. **2.** Cosa muy agradable. **3.** *fam.* Cosa muy barata.

regalón, na *adj. fam.* Se aplica a la persona que vive con regalo, comodidades y caprichos, o a la que se trata de esta forma. También *s.*

regante *adj.* **1.** Que riega. || *s. m.* **2.** Persona que tiene el derecho de regar con un agua determinada por pertenecerle o haber pagado por ella. || *s. m.* y *f.* **3.** Empleado u obrero encargado del riego de los campos.

regañadientes, a *loc. adv.* De mala gana o protestando.

regañado, da **1.** *p. p.* de **regañar**. También *adj.* || *adj.* **2.** *fam.* Enemistado o poco aficionado a algo.

regañar *v. tr.* **1.** Decir con desaprobación una persona a otra, generalmente sobre la que tiene cierta autoridad, que ha hecho algo mal. || *v. intr.* **2.** Discutir, pelear. **3.** Dar muestras de enfado o mal humor con palabras y gestos.

regañina *s. f.* **1.** *fam.* Acción y efecto de regañar a alguien. **2.** *fam.* Pelea o discusión de poca importancia.

regaño *s. m.* **1.** Acción y efecto de regañar a alguien. **2.** Gesto o palabras con las que se muestra enfado o disgusto.

regañón, na *adj.* **1.** *fam.* Se dice de la persona aficionada a regañar a los demás o que da muestras de enfado sin motivo suficiente. También *s.* **2.** *fam.* Se dice del viento del noroeste.

regar *v. tr.* **1.** Echar agua a una planta para que crezca y se alimente o sobre un terreno para hacerlo fértil o más fértil. **2.** Esparcir agua sobre una superficie. **3.** Atravesar un río o canal una determinada zona. **4.** Llegar el riego sanguíneo a una parte del cuerpo. ▪ Es v. irreg. **FAM.** Regador.

REGAR

INDICATIVO	
Presente	**Pretérito perfecto simple**
riego	*regué*
riegas	*regaste*
riega	*regó*
regamos	*regamos*
regáis	*regasteis*
riegan	*regaron*

SUBJUNTIVO	IMPERATIVO
Presente	
riegue	
riegues	*riega*
riegue	
reguemos	
reguéis	*regad*
rieguen	

regata[1] (del ital. *regata*, disputa) *s. f.* Carrera deportiva entre embarcaciones.

regata[2] (del ant. y dial. *riego*, arroyo) *s. f.* Surco pequeño por el que se conduce el agua de riego en las huertas o jardines.

regate *s. m.* **1.** Movimiento brusco y rápido que se hace con el cuerpo para evitar un golpe, choque, etc. **2.** En fútbol y otros deportes, movimiento rápido que un jugador hace con el cuerpo para engañar al contrario y evitar que éste le quite el balón. **3.** *fam.* Habilidad con que alguien escapa de una dificultad.

regatear[1] (de *regate*) *v. tr.* **1.** Discutir el comprador y el vendedor el precio de una cosa. También *v. intr.* **2.** *fam.* Escatimar*. ■ Se usa especialmente en frases negativas. ‖ *v. intr.* **3.** Realizar un regate. También *v. tr.* **FAM.** Regateo.

regatear[2] (de *regata*[1]) *v. intr.* Competir en una regata dos o más embarcaciones.

regato *s. m.* **1.** Arroyo pequeño. **2.** Acumulación de agua con poca profundidad. **3.** Cauce utilizado para regar un terreno.

regatón *s. m.* **1.** Pieza, generalmente metálica, con que se protege la punta de algunas cosas, como las lanzas, los bastones, los paraguas, etc. **2.** Hierro con forma de ancla o gancho que tienen los bicheros en la punta.

regatón, na *adj.* Que regatea mucho o suele hacerlo. También *s.*

regazo *s. m.* **1.** Hueco que queda entre la cintura y las rodillas de una mujer cuando está sentada. **2.** Lugar en que se encuentra apoyo, protección o consuelo.

regencia *s. f.* **1.** Acción y efecto de regir. **2.** En las monarquías, jefatura del Estado por parte de una persona u órgano colegiado mientras dura la minoría de edad, incapacidad o inhabilitación del rey. **3.** Tiempo que dura dicha jefatura. **4.** Nombre con que se conoce el periodo de la historia de España comprendido entre la muerte de Fernando VII (1833) y la mayoría de edad de Isabel II (1843). ■ En esta acepción se escribe con mayúscula. **5.** Nombre con que se designan ciertos estados musulmanes que fueron vasallos de Turquía.

regeneración *s. f.* **1.** Acción y efecto de regenerar o regenerarse. **2.** Recuperación autónoma por un ser vivo de un órgano perdido o dañado. Las plantas y los animales inferiores, como las esponjas y las estrellas de mar, pueden regenerar casi todo el cuerpo. En los vertebrados superiores, sólo pueden regenerarse normalmente la piel y los tejidos afectados por heridas no muy grandes.

regeneracionismo *s. m.* Movimiento ideológico surgido en España a fines del s. XIX y comienzos del XX, que defendía la urgente renovación de la vida política española para poder solucionar los problemas reales del país. Estuvo motivado fundamentalmente por la pérdida de las colonias en 1898. Sus principales representantes fueron Joaquín Costa, Lucas Mallada y Macías Picavea, que denunciaron los males del sistema político español: caciquismo rural y manipulación electoral, analfabetismo de un importante sector popular, levas para sostener las guerras coloniales, etc.

regenerar *v. tr.* **1.** Volver a poner en buen estado una cosa gastada o estropeada. También *v. prnl.* **2.** Hacer que una persona abandone conductas, hábitos, etc., censurables moralmente o perjudiciales. También *v. prnl.* **3.** En industria, aplicar un tratamiento a una materia que ha sido desechada, para que pueda ser utilizada de nuevo. **4.** Restaurar la actividad de un catalizador. **FAM.** Regenerador.

Regensburg Véase **Ratisbona**.

regenta *s. f.* **1.** Mujer del regente. **2.** Mujer que gobierna o administra algo.

regentar *v. tr.* **1.** Dirigir un negocio. **2.** Ejercer un cargo de cierta importancia o autoridad.

regente *adj.* **1.** Que ejerce la regencia durante la minoría de edad, incapacidad o inhabilitación de un rey. También *s.* **2.** Que regenta o gobierna algo. También *s.* ‖ *s. m.* y *f.* **3.** Encargado de un negocio.

reggae (del ingl. de Jamaica *reg*, y éste del ingl. *rag*, girón, andrajo) *s. m.* Estilo musical popular jamaicano, de ritmo simple y repetitivo, que alcanzó su máxima difusión en los años setenta gracias a los jamaicanos residentes en Londres y al cantante Bob Marley.

Reggio di Calabria C. de Italia, en el S del país, junto al estrecho de Mesina. 178.600 h. en 1990. Tiene industrias alimentarias, textiles, conserveras y de materiales eléctricos, y es un nudo de comunicaciones para el paso a Sicilia.

Reggio nell'Emilia C. de Italia, situada en el N del país, en el sector S de la depresión del Po. 130.800 h. en 1990. Centro agrícola y comercial, cuenta con industria metalúrgica pesada.

regiamente *adv. m.* **1.** Con la grandeza o solemnidad propias de un rey. **2.** Con lujo y riqueza.

regicida *adj.* Que comete regicidio. También *s.*

regicidio *s. m.* Delito cometido por la persona que mata o intenta dar muerte a un monarca, a su consorte, al regente o al príncipe heredero.

regidor, ra *adj.* **1.** Que rige o gobierna. También *s.* ‖ *s. m.* y *f.* **2.** Persona que en el teatro o en una producción de cine o televisión se encarga del orden y realización de los movimientos y efectos escénicos dispuestos por el director, mediante indicaciones a los actores, técnicos de iluminación y sonido, tramoyistas, etc.

regidoría o **regiduría** *s. f.* Cargo o empleo de regidor.

régimen *s. m.* **1.** Conjunto de normas que rigen o regulan una cosa o actividad. **2.** Modo de conducirse en una determinada actividad. **3.** Modo regular o habitual de producirse algo. **4.** Sistema político por el que se rige una nación. **5.** Conjunto de normas que ha de seguir una persona en su alimentación por motivos de salud, para adelgazar, etc. **6.** Velocidad de funcionamiento de una máquina eléctrica. **7.** En ling., hecho de regir un verbo, sustantivo, etc., un determinado complemento, y, p. ext., este mismo complemento. **8.** En fís., cada uno de los modelos que representan una forma determinada de circular un fluido por un conducto. ‖ **9. régimen económico** Situación de la economía de un país en relación con los intercambios con el exterior. **10. régimen hidrográfico** Variación del caudal de la corriente de un río en función de los cambios climáticos de las diferentes estaciones.

Régimen, Antiguo Véase **Antiguo Régimen**.

regimentar *v. tr.* Convertir en regimientos varias compañías o unidades sueltas del ejército. ■ Es v. irreg. Se conjuga como *pensar*.

regimiento *s. m.* **1.** Cada una de las unidades de un arma o cuerpo del ejército al mando de un coronel; se compone de varios batallones. **2.** *fam.* Conjunto muy numeroso de personas. **3.** Acción y efecto de regir o regirse. **FAM.** Regimental.

regio, gia *adj.* **1.** Perteneciente o relativo al rey o a la realeza. **2.** Grandioso, espléndido.

región *s. f.* **1.** Parte de un territorio que se define por tener unas determinadas características climáticas, productivas, administrativas, culturales, etc. **2.** Nombre de algunas divisiones territoriales mayores de ciertos países, como Chile, Italia, China, etc. **3.** Extensión de tierra, generalmente grande, que no responde a unas fronteras o límites determinados. **4.** Cada una de las partes en que se considera dividido el cuerpo de una persona o animal. **5.** Espacio que, según la filosofía antigua, ocupaba cada uno de los cuatro elementos: tierra, aire, agua o fuego. ‖ **6. región aérea** Cada una de las partes en que se divide un territorio nacional a efectos de mando de las fuerzas aéreas y de dirección de los aeropuertos. **7. región militar** Cada una de las partes en que se divide un territorio nacional a efectos de mando de las fuerzas terrestres en el mismo. **FAM.** Regional.

regionalismo *s. m.* **1.** Doctrina y movimiento políticos que fundamentan la estructura y el desenvolvimiento de una colectividad en los valores propios de las regiones que la constituyen y en la autonomía de éstas. **2.** Estimación y apego a una determinada región y a las cosas pertenecientes a ella. **3.** Palabra o expresión usada principalmente o de manera exclusiva en una región determinada. **FAM.** Regionalista.

regir *v. tr.* **1.** Dirigir, gobernar. **2.** En ling., tener una palabra bajo su dependencia a otra u otras. **3.** En ling., exigir o necesitar una palabra, especialmente un verbo o un adjetivo, la presencia de otra u otras, sobre todo una preposición; p. ej., *tender* rige la preposición *a* y *tratar* rige *de*. ‖ *v. intr.* **4.** Estar vigente algo, ser válido. **5.** Funcionar bien un mecanismo u organismo. **6.** Estar una persona en pleno uso de sus facultades mentales. ■ Es v. irreg.

registrado, da **1.** *p. p.* de **registrar**. ‖ *adj.* **2.** Se dice de la marca, modelo, inmueble o sociedad mercantil que ha sido inscrito en un registro determinado como propiedad de una persona o entidad, para evitar posibles imitaciones, falsificaciones, etc.

registrador, ra *adj.* **1.** Que registra. **2.** Se dice del aparato que deja anotadas de manera automática las indicaciones variables de su función propia, p. ej. la presión, la temperatura, etc. También *s.* ‖ *s. m.* y *f.* **3.** Persona que tiene a su cargo un registro público, especialmente un registro de la propiedad. ‖ **4. caja registradora** Véase **caja**.

registrar *v. tr.* **1.** Examinar cuidadosamente a una persona o cosa buscando algo. **2.** Inscribir en un registro. También *v. prnl.* **3.** Incluir algo en una lista, catálogo, relación, etc. **4.** Dejar constancia de algo. **5.** Grabar la imagen y el sonido. ‖ *v. prnl.* **6.** Producirse, suceder.

registro *s. m.* **1.** Acción y efecto de registrar a alguien o algo buscando alguna cosa. **2.** Libro, cuaderno u otro medio en que se anotan determinados datos de los cuales hay que dejar constancia. **3.** Lugar, oficina pública, departamento, etc., donde se encuentran. **4.** Nota que queda al inscribir algo en ellos. **5.** Relación o lista de habitantes de un lugar. **6.** Pieza de un reloj u otra máquina que sirve para regular o modificar su movimiento. **7.** Abertura en el suelo, en la pared, etc., cubierta con una tapa, que sirve para examinar, reparar, etc., lo que está bajo tierra o empotrado. **8.** Señal que se pone entre las hojas de los libros. **9.** En mús., cada una de las divisiones que pueden hacerse en la escala musical; particularmente, la que corresponde al conjunto de notas que puede emitir una voz, un instrumento musical, etc. **10.** En mús., cada una de las piezas del órgano que permite variar el timbre y la intensidad del sonido. **11.** Conjunto de técnicas que permiten la grabación de información sobre un soporte material para poderla reproducir posteriormente. **12.** En inform., unidad de almacenamiento de información y soporte físico de dicha unidad. ‖ **13. registro civil** Aquel en que se anotan los hechos relativos al estado civil de las personas. **14. registro de la propiedad industrial** El que sirve para registrar las patentes de invención o de introducción, las marcas, nombres comerciales y otros hechos relacionados con la propiedad industrial. **15. registro de la propiedad inmobiliaria** Aquel en que se inscriben los bienes inmuebles, haciéndose constar la situación jurídica de los mismos. **16. registro mercantil** Aquel en que se inscriben los empresarios, sociedades mercantiles, buques, aeronaves y cualquier hecho o acto relacionado con el tráfico comercial.

regla *s. f.* **1.** Instrumento en forma de listón, con frecuencia graduado, que sirve para medir o trazar líneas rectas apoyándose sobre él. **2.** Aquello que debe cumplirse por estar así establecido o convenido. **3.** Conjunto de normas fundamentales que sigue una orden religiosa. **4.** Aquello que indica cómo hacer algo, cómo comportarse, etc.

REGIR

INDICATIVO

Presente	Pret. perf. simple
rijo	*regí*
riges	*registe*
rige	*rigió*
regimos	*regimos*
regís	*registeis*
rigen	*rigieron*

SUBJUNTIVO

Presente	Pretérito imperfecto
rija	*rigiera, -ese*
rijas	*rigieras, -eses*
rija	*rigiera, -ese*
rijamos	*rigiéramos, -ésemos*
rijáis	*rigierais, -eseis*
rijan	*rigieran, -esen*

Futuro imperfecto

rigiere	*rigiéremos*
rigieres	*rigiereis*
rigiere	*rigieren*

IMPERATIVO

rige	*regid*

5. Modo de producirse un fenómeno, cuando se repiten de forma constante unas determinadas fases o características, y que puede expresarse a través de una fórmula o una teoría. **6.** Moderación al realizar algo. **7.** Menstruación*. **8.** En mat., método para realizar una operación. **9.** En lóg., conjunto de operaciones que deben realizarse para deducir o inferir algo. ‖ **10. regla de aleación** En mat., la que sirve para medir la ley de pureza media (Lm) de una aleación de un mismo metal precioso con distintos índices de pureza (ley). Si c_1, c_2 y c_3 son los pesos del metal con leyes l_1, l_2 y l_3 respectivamente, la ley media Lm de la mezcla viene dada por la fórmula:

$$Lm = \frac{l_1 \cdot c_1 + l_2 \cdot c_2 + l_3 \cdot c_3}{c_1 + c_2 + c_3}$$

11. regla de Barrow En mat., fórmula que permite conocer el valor de una integral definida. Si $f(x)$ es continua en $[a, b]$ y $F(x)$ es una primitiva de ésta, se verifica

$$\int_a^b f(x)\,dx = F(b) - F(a)$$

Si se supone que $f(x) \geq 0$ en $[a, b]$, esta fórmula calcula el área del recinto plano comprendido entre $y = f(x)$, $x = a$, $x = b$ y el eje de abscisas. **12. regla de cálculo** La que sirve para multiplicar, dividir, etc., y está formada por dos reglas deslizantes a escala logarítmica. **13. regla de L'Hôpital** Fórmula para hallar límites de cociente de funciones en los casos de indeterminación. Si $f(x)$ y $g(x)$ son dos funciones, tales que:

$$\lim_{x \to a} f(x) = A; \quad \lim_{x \to a} g(x) = B$$

Si $A = 0$ y $B = 0$, entonces:

$$\lim_{x \to a} \frac{f(x)}{g(x)} = \lim_{x \to a} \frac{f'(x)}{g'(x)}$$

Igual fórmula se aplica si $A = \infty$ y $B = \infty$. **14. regla de mezclas** En mat., la que permite calcular el precio medio de una mezcla, conocidos los precios y cantidades de los componentes de la misma. Si las cantidades son c_1 y c_2 y los precios respectivos p_1 y p_2, el precio medio de la mezcla viene dado por la fórmula:

$$\frac{c_1 \cdot p_1 + c_2 \cdot p_2}{c_1 + c_2}$$

15. regla de oro La más importante de una actividad. **16. regla de Ruffini** En mat., la que permite hallar el polinomio cociente entre un polinomio cualquiera y los binomios $x + a$ o $x - a$. P. ej., la división

$$\begin{array}{rrrr|l}
4x^3 & -\ 3x^2 & +\ 6x & -\ 9 & x - 3 \\ \cline{5-5}
-4x^3 & +\ 12x^2 & & & 4x^2 + 9x + 33 \\ \hline
 & 9x^2 & +\ 6x & & \\
 & -9x^2 & +\ 27x & & \\ \cline{2-4}
 & & 33x & -\ 9 & \\
 & & -33x & +\ 99 & \\ \cline{3-4}
 & & & 90 &
\end{array}$$

puede realizarse esquemáticamente con la regla de Ruffini siguiente:

	4	−3	6	−9
3		12	27	99
	4	9	33	90

cuyo cociente es $4x^2 + 9x + 33$, y cuyo resto es 90. **17. regla de tres compuesta** En mat., proporción entre más de cuatro cantidades, una de las cuales hay que despejar. Puede ser directa:

$$A \to B \to C$$
$$D \to E \to X$$

de donde $\dfrac{A \cdot B}{D \cdot E} = \dfrac{C}{X}$; o inversa: $\dfrac{A \cdot E}{D \cdot B} = \dfrac{C}{X}$

18. regla de tres simple En mat., proporción entre cuatro cantidades, una de las cuales hay que despejar. P. ej., dadas dos cantidades correspondientes a dos magnitudes directa o inversamente proporcionales, y un nuevo valor de una de las cantidades o magnitudes, se pretende hallar la correspondiente magnitud o cantidad; la regla de tres simple directa sería:

$$A \to B$$
$$C \to X$$

de donde $\dfrac{A}{C} = \dfrac{B}{X}$, y la inversa: $\dfrac{C}{A} = \dfrac{B}{X}$

‖ **Loc. en (toda) regla** *adv.* En la forma debida, según cierta norma. **por regla general** *adv.* Casi siempre o normalmente.

reglaje *s. m.* **1.** Ajuste de un mecanismo. **2.** Operación de reglar el papel. **3.** Conjunto de rayas o cuadrículas, generalmente de color claro, impresas en un papel.

reglamentación *s. f.* **1.** Acción y efecto de reglamentar. **2.** Conjunto de reglas.

reglamentar *v. tr.* Sujetar algo a un reglamento.

reglamentario, ria *adj.* **1.** Perteneciente o relativo a un reglamento. **2.** Establecido en alguna disposición o exigido por ella. **Fam.** Reglamentariamente.

reglamentista *adj.* Se dice de la persona que cumple y hace cumplir rigurosamente los reglamentos. También *s.*

reglamento *s. m.* **1.** Conjunto de normas jurídicas de importancia inferior a la ley, que la desarrollan o regulan su aplicación. **2.** Colección de normas que regulan una actividad.

reglar *v. tr.* **1.** Someter algo a reglas. También *v. prnl.* **2.** Regular, ajustar.

regleta *s. f.* **1.** Listón estrecho. **2.** Plancha de metal que se utiliza para espaciar o separar algo, especialmente en imprenta. **3.** Soporte aislante sobre el que se colocan los componentes de un circuito eléctrico.

regletear *v. tr.* En imprenta, poner regletas entre los renglones de una composición para dejar espacios entre ellos.

Regnault, Henri Victor (Aquisgrán 1810 - París 1878) Físico y químico francés. Fue profesor de química en la Escuela Politécnica de París y de física en el Colegio de Francia. Demostró que los gases no seguían completamente la ley de Boyle-Mariotte y que el coeficiente de dilatación es distinto para cada uno de los gases. Fue un precursor de las investigaciones realizadas por Van der Waals, Voit, Rubner y otros.

regnícola *adj.* Natural o habitante de un reino. También *s.*

regocijar *v. tr.* **1.** Causar regocijo a una persona. ‖ *v. prnl.* **2.** Divertirse o alegrarse mucho por algo. **Fam.** Regocijante.

regocijo *s. m.* **1.** Alegría muy grande que suele manifestarse exteriormente con risas, gritos, etc., así como dichas manifestaciones externas. **2.** Alegría malintencionada por algo que le ha ocurrido a otro.

regodearse *v. prnl.* **1.** Sentir placer con algo que resulta muy agradable, deteniéndose en ello para disfrutarlo. **2.** Divertirse con mala intención por el mal ajeno. **3.** Burlarse de alguien o de algo, estar de broma. **4.** *Amér. del S.* Mostrarse demasiado remilgado o melindroso.

regodeo *s. m.* **1.** Acción y efecto de regodearse. **2.** *fam.* Diversión, juerga.

regoldar *v. intr.* Eructar*. ■ Es v. irreg. Se conjuga como *contar.*

regolfar *v. intr.* **1.** Formar un remanso una corriente de agua. También *v. prnl.* **2.** Cambiar de dirección el viento por encontrar algún obstáculo. También *v. prnl.*

regolfo *s. m.* **1.** Vuelta o retroceso de una corriente de agua o de viento. **2.** Zona del mar comprendida entre dos cabos o puntas de tierra.

regordete, ta *adj. fam.* Se dice de la persona, o de la parte del cuerpo, pequeña y gorda.

Regoyos y Valdés, Darío de (Ribadesella, Asturias 1857 - Barcelona 1913) Pintor español. De estilo impresionista y divisionista, cultivó sobre todo el paisaje y los cuadros de costumbres. Fue también un importante ilustrador. Su inicial pintoresquismo tenebrista evolucionó hacia los tonos claros y los ambientes abiertos. De su producción merecen citarse los dibujos y grabados para el libro *España negra* (1899), con texto del poeta belga Émile Verhaeren, y los cuadros *Muelle rojo de San Sebastián, Pancorbo* y *Diligencia en Segovia.*

regresar *v. intr.* **1.** Ir de nuevo al lugar de donde se salió. ■ En América, también *v. prnl.* **2.** *Méx.* Devolver, restituir.

regresión *s. f.* **1.** Retroceso, especialmente referido a un desarrollo, proceso, etc. **2.** En estadística, procedimiento para establecer predicciones de los valores de una variable (y) a partir del conocimiento de los valores de otra variable (x) con la que está linealmente correlacionada. ‖ **3. regresión marina** Retroceso del mar, con aparición de zonas antes cubiertas por las aguas. Se produce por descenso del nivel del mar o por elevación del continente. Es característico de las glaciaciones, por la retención de agua continental en los glaciares, y de las orogenias, al levantarse grandes áreas.

regresivo, va *adj.* Que causa o supone un retroceso en el desarrollo de algo.

regreso *s. m.* Acción y efecto de regresar.

regüeldo *s. m.* Eructo*.

reguera *s. f.* Canal o surco que se hace en la tierra para conducir el agua de riego.

reguero *s. m.* **1.** Chorro o arroyo muy pequeño. **2.** Línea o señal que va dejando un líquido u otra cosa al salirse del lugar en que estaba. **3.** Reguera*. ‖ **Loc. reguero de pólvora** Cualquier cosa que se propaga o extiende con rapidez.

regulador, ra *adj.* **1.** Que regula. ‖ *s. m.* **2.** Mecanismo que sirve para ordenar o ajustar un proceso, los movimientos de una máquina, etc. **3.** En mús., signo con forma de ángulo agudo que, colocado horizontalmente, sirve para indicar, según el lado en que esté su abertura, que la intensidad del sonido se debe aumentar o disminuir gradualmente.

regular[1] (del lat. *regulare*) *v. tr.* **1.** Poner algo en orden o en un estado de normalidad. **2.** Determinar las normas a las que debe someterse una persona, una entidad, un proceso, etc. **Fam.** Regulable, regulación, regulativo.

regular[2] (del lat. *regularis*) *adj.* **1.** Sujeto a una regla o conforme con ella. **2.** Se dice de la forma de vida y de los comportamientos ordenados y sin excesos. **3.** Conforme con ciertas normas morales comúnmente aceptadas. **4.** Sin grandes cambios o alteraciones. **5.** Mediano de tamaño, calidad, intensidad, etc. También *adv.* **6.** Se aplica a las personas que viven bajo la regla de una orden o instituto religioso, a estas órdenes o institutos y a todo lo relativo a ellos. También *s.* **7.** En geom., se dice del polígono cuyos lados y ángulos son iguales entre sí y del poliedro cuyas caras y ángulos sólidos también lo son. **8.** En ling., se aplica a las palabras que siguen en su formación la regla general de la clase a la que pertenecen. **9.** Se dice de las unidades militares estables que constituyen el ejército de un país, así como de los soldados que las componen. **10.** Se aplicaba a las unidades de tropas indígenas que existían en el antiguo protectorado de España en Marruecos y, actualmente, a ciertas unidades de infantería situadas en Ceuta y Melilla; se dice también del soldado perteneciente a algunas de estas unidades. También *s. m.* ‖ **Loc. por lo regular** *adv.* Con regularidad o comúnmente. **Fam.** Regularmente.

regularidad *s. f.* **1.** Cualidad de regular. **2.** Particularmente, circunstancia de ajustarse alguien o algo a cierta regla, norma, etc., o de suceder una cosa sin cambios o alteraciones.

regularización *s. f.* **1.** Acción y efecto de regularizar. **2.** En comercio, serie de operaciones que se aplican a una cuenta para determinar su verdadero saldo.

Darío de Regoyos: Toros en Pasajes *(Museo de Bellas Artes, Bilbao).*

regularizar *v. tr.* Poner algo en un estado de normalidad. También *v. prnl.* ■ Se conjuga como *cazar.* **FAM.** Regularizador.

régulo *s. m.* **1.** Parte más pura de los minerales, separadas las impurezas. **2.** Señor de un pequeño Estado. **3.** Reyezuelo*, pájaro.

Régulo Estrella de la constelación del León, la más brillante de la misma. Es triple, de primera magnitud, y dista 83 años luz de la Tierra.

Régulo, Marco Atilio (? - Cartago 256 a. C.) General romano. Siendo cónsul, venció a los cartagineses en Ecnomo, durante la primera guerra púnica, pero poco después fue hecho prisionero en África. Enviado a Roma para negociar la paz bajo palabra de regresar, defendió con ardor la necesidad de continuar la guerra y después mantuvo su compromiso regresando a Cartago, donde fue torturado y muerto.

regurgitar *v. intr.* Echar por la boca líquidos o sólidos contenidos en el esófago o en el estómago sin que sea provocado por vómito, como hacen los rumiantes y algunas aves para alimentar a sus crías. **FAM.** Regurgitación.

regusto *s. m.* **1.** Sabor que queda después de una comida o bebida. **2.** Sensación o recuerdo impreciso, y generalmente triste o desagradable, que queda después de cierta experiencia. **3.** Impresión de semejanza o relación que produce una cosa con respecto a otra.

rehabilitación *s. f.* **1.** Acción y efecto de rehabilitar o rehabilitarse. **2.** Conjunto de técnicas y métodos cuya finalidad es la recuperación de las funciones perdidas por una persona a causa de un accidente o enfermedad. **3.** Hecho de devolver a una persona la capacidad para el ejercicio de los cargos, derechos, dignidades, profesiones, etc., de que fue privada como consecuencia de la condena que se le impuso. **4.** Mecanismo por el que desaparecen las incapacidades y prohibiciones que pesaban sobre el que se había declarado judicialmente en quiebra.

rehabilitar *v. tr.* Volver a habilitar, devolver a una persona o cosa su antiguo estado o la estima, derechos, dignidades, etc., que tenía antes.

rehacer *v. tr.* **1.** Volver a hacer algo, reformarlo por completo. || *v. prnl.* **2.** Recuperar una persona la salud, las fuerzas, el ánimo, etc. ■ Es v. irreg. Se conjuga como *hacer.* **FAM.** Rehacimiento.

rehala *s. f.* **1.** Rebaño de ganado lanar formado por animales de diferentes dueños. **2.** Jauría de perros de caza.

rehén *s. m.* Persona a la que alguien retiene para obligar a otra o a un grupo, gobierno, etc., a que cumpla determinadas condiciones.

rehenchir *v. tr.* **1.** Volver a henchir o rellenar una cosa reponiendo lo que había perdido. También *v. prnl.* **2.** Rellenar de lana, cerda o cosa semejante algún colchón, asiento, almohada, etc. ■ Es v. irreg. Se conjuga como *henchir.* **FAM.** Rehenchimiento.

rehielo *s. m.* Fenómeno que consiste en volver a solidificarse el agua procedente del hielo fundido y que se produce cuando dos masas de hielo se mantienen en contacto después de haber sido cortadas.

rehilamiento *s. m.* En fonética, vibración que se produce en el punto de articulación de algunas consonantes, p. ej. en la pronunciación de la *y* por los hablantes argentinos.

rehilante *adj.* En fonética, se dice de las consonantes sonoras articuladas con rehilamiento.

rehilar *v. intr.* **1.** Producir un zumbido algunas armas arrojadizas, como la flecha, cuando van por el aire con mucha rapidez. **2.** En fonética, pronunciar con rehilamiento algunas consonantes sonoras. ■ En cuanto al acento, se conjuga como *enraizar*: *rehílo.*

rehilete *s. m.* **1.** Flecha pequeña con una punta en un extremo y papel o plumas en el otro, que se lanza en algunos juegos para clavarla en un blanco. **2.** En tauromaquia, banderilla*. **3.** Especie de pelota con un penacho de plumas, que se lanza con una raqueta.

rehogar *v. tr.* Freír ligeramente un alimento en aceite, mantequilla u otra grasa. ■ Se conjuga como *pagar.*

rehuir *v. tr.* **1.** Intentar no hacer o decir algo, o eludir cierta situación comprometida o peligrosa. También *v. intr.* y *v. prnl.* **2.** Evitar el trato o la compañía de alguien. || *v. intr.* **3.** Entre cazadores, volver a huir o correr la presa siguiendo sus mismas huellas. ■ Es v. irreg. Se conjuga como *huir.* **FAM.** Rehuida.

rehundido, da **1.** *p. p.* de **rehundir**. También *adj.* || *s. m.* **2.** Parte hundida en un objeto o superficie.

rehundir *v. tr.* **1.** Hundir con fuerza una cosa en otra. También *v. prnl.* **2.** Hacer más honda una cavidad.

rehusar *v. tr.* No aceptar. ■ En cuanto al acento, se conjuga como *aunar*: *rehúso.*

Reich (voz al.) *s. m.* **1.** Nombre con que se designan los distintos imperios germánicos. || **2. Primer Reich** Sacro Imperio Romano* Germánico. **3. Segundo Reich** El creado por Bismarck en el tratado de Versalles (1871), encabezado por los reyes de Prusia y que englobaba federalmente a los países germánicos. **4. Tercer Reich** El creado por Hitler en 1933, dominado por el nacionalsocialismo, que desapareció al término de la Segunda Guerra Mundial.

Reich, Wilhelm (Dobrzcynica, Galitzia 1897 - Lewisburg, Pennsylvania 1957) Médico y psicoanalista austriaco. Miembro del Partido Comunista, del que fue expulsado en 1933, se trasladó en 1935 a Noruega, ante el auge del nazismo, y en 1939 se estableció en EE UU. Elaboró una teoría sobre el *orgón*, energía vital cósmica, cuya acumulación en el organismo sería la causa de las dolencias psicológicas y somáticas. Fue acusado de estafa y encarcelado. Murió en prisión. En su pensamiento realizó una síntesis entre las doctrinas de Marx y de Freud, defendiendo la liberación sexual como vehículo de la liberación política. Sus tesis están recogidas en las obras *La función del orgasmo* (1927), *Materialismo dialéctico y psicoanálisis* (1929) y *La lucha sexual de los jóvenes* (1932).

Reichenbach, Hans (Hamburgo 1891 - Los Ángeles 1953) Filósofo alemán. Fue uno de los más destacados miembros del Círculo de Viena, cuya revista *Erkenntnis* dirigió junto con Carnap. Son obras suyas *Elementos de lógica simbólica* (1947) y *La filosofía científica* (1951).

Reichstag (voz al.) Cámara legislativa alemana creada en 1867 en sustitución de la Dieta imperial; desapareció en 1945, siendo reemplazada por el *Bundestag.*

Reichstein, Tadeus (Wloclawek 1897) Bioquímico suizo de origen polaco. Investigó sobre la vitamina C y las hormonas de la corteza suprarrenal. Aisló la cortisona, independientemente del estadounidense Edward Calvin Kendall. En 1950 recibió el premio Nobel de fisiología y medicina, compartido con Philip Showalter Hench y el citado Kendall.

reidos *s. m. pl.* Familia de aves, única del orden reiformes, a la que pertenecen dos especies del género *Rhea.* Son corredoras caracterizadas por carecer de plumas en la cola y por tener tres dedos en sus patas. Habitan en América del Sur. Reidos son los ñandúes *(Rhea americana* y *Rhea pennata).* También *adj.* y *s. m.*

Reikiavik C. de Islandia, cap. del país, situada en el SO de la isla. 96.700 h. en 1989. Su economía se basa en las industrias alimentarias y metalúrgicas. Su puerto y astilleros tienen gran importancia, así como su aeropuerto, situado en Keflavik.

Reikiavik: vista parcial de la ciudad.

reimplantar *v. tr.* **1.** Volver a implantar. **2.** En cirugía, volver a colocar en su lugar correspondiente alguna parte del cuerpo que había sido cortada o separada de él. **FAM.** Reimplantación.

reimportar *v. tr.* Importar un país lo que se había exportado de él. **FAM.** Reimportación.

reimpresión *s. f.* **1.** Acción y efecto de reimprimir. **2.** Conjunto de ejemplares de un libro o escrito que se han vuelto a imprimir de una vez.

reimprimir *v. tr.* Volver a imprimir un libro o escrito. ■ Este verbo tiene dos p. p.: uno reg., *reimprimido,* que se utiliza para la formación de los tiempos compuestos, y otro irreg., *reimpreso,* utilizado también como adjetivo.

Reims C. de Francia, cap. de la región de Champagne-Ardenne, situada en el N del país, a orillas del río Vesle. 181.000 h. en 1990 y 200.000 h. en su aglomeración urbana. Es un importante centro comercial, donde se elabora el famoso vino de Champagne. Cuenta además con industrias mecánicas, químicas, alimentarias y textiles. En 1945 se firmó en esta ciudad la rendición de Alemania ante los aliados.

Reims: catedral gótica.

reina *s. f.* **1.** Mujer que reina por derecho propio. **2.** Esposa del rey. **3.** Pieza del juego de ajedrez, segunda en importancia después del rey. Puede moverse como todas las demás piezas, excepto como el caballo. **4.** Mujer, animal o cosa del género femenino que sobresale del resto de las de su clase por alguna cualidad o característica. **5.** Mujer que, por su belleza o por otra circunstancia, preside honoríficamente ciertos actos, festejos, etc. **6.** En algunas comunidades de insectos, como las abejas, individuo hembra cuya finalidad es casi exclusivamente reproductora. **7.** *fam.* Apelativo cariñoso dirigido a una mujer.

Reina, Manuel (Puente Genil, Córdoba 1855 - íd. 1906) Poeta español. Su poesía recibió primero la influencia de Núñez de Arce y luego la de los parnasianos franceses. Se le considera precursor del modernismo. Entre sus libros destacan *La vida inquieta* (1894), *Poemas paganos* (1896) y *El jardín de los poetas* (1899).

Reina Barrios, José María (San Marcos 1853 - Guatemala 1898) Militar y político guatemalteco. Ascendió a general en la guerra contra El Salvador (1885). Elegido presidente de la república (1892), para prorrogar su mandato se erigió en dictador y fue asesinado en un levantamiento popular.

reinado *s. m.* **1.** Ejercicio de las funciones de un rey o una reina. **2.** Tiempo que dura dicho ejercicio. **3.** P. ext., tiempo durante el cual predomina o está en auge alguna cosa.

reinante *adj.* Que reina.

reinar *v. intr.* **1.** Ejercer un rey, reina, príncipe o princesa sus funciones en un Estado. **2.** Tener una persona o cosa dominio o superioridad sobre otra. **3.** Existir en un sitio cierta cosa o tener más importancia que otras.

reincidencia *s. f.* **1.** Acción y efecto de reincidir. **2.** En der., circunstancia agravante de la responsabilidad criminal que consiste en haber sido el acusado condenado previamente en sentencia firme por determinados delitos que cumplen las condiciones que señala la ley.

reincidir *v. intr.* Volver a caer en una falta, error, delito, etc. **FAM.** Reincidente.

reincorporar *v. tr.* **1.** Volver a incorporar algo a aquello de lo que se había separado. También *v. prnl.* **2.** Volver a incorporar a una persona a un trabajo o actividad. También *v. prnl.* **FAM.** Reincorporación.

reineta *s. f.* Variedad de manzana de forma achatada, sabor ligeramente ácido y muy aromática.

reingresar *v. intr.* Volver a ingresar. También *v. tr.* **FAM.** Reingreso.

Reinhardt, Ad (Buffalo 1913 - Nueva York 1967) Pintor estadounidense. Formado en el estilo neocubista, a partir de los años cincuenta orientó su obra hacia la abstracción geométrica, con formas rectangulares de colores puros. Ejerció una gran influencia en el desarrollo del arte conceptual y minimal.

reino *s. m.* **1.** Territorio sobre el que reina un monarca. **2.** Espacio, momento, etc., en que predomina o se desarrolla mucho algo. **3.** Ámbito de una ciencia, actividad, etc. **4.** Cada uno de los tres grandes grupos en los que tradicionalmente se consideran divididos los seres y los elementos de la naturaleza; reino animal, vegetal y mineral. **5.** Categoría taxonómica, primera y más general de las que componen la sistemática. Existen cinco reinos: móneras (bacterias y cianobacterias), protistas (protozoos, algas y hongos inferiores), hongos (setas, mohos y levaduras), metafitas (plantas) y metazoos (animales).

Reino Unido de Gran Bretaña e Irlanda del Norte (*United Kingdom of Great Britain and Northern Ireland*) Estado insular del NO de Europa.

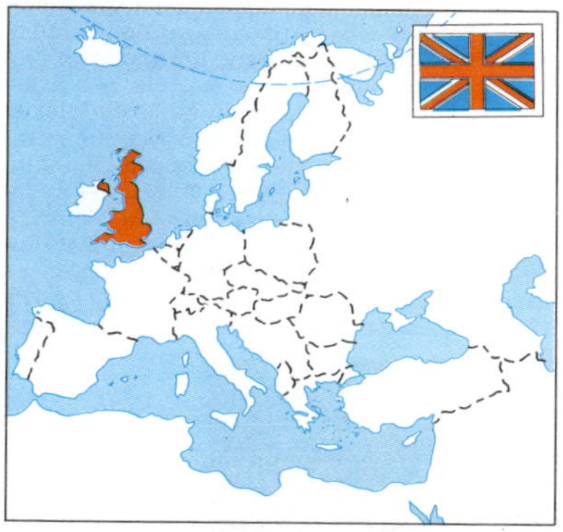

Reino Unido: acantilados de Dover, Inglaterra.

Extensión: 244.100 km^2.
Situación: en el NE del océano Atlántico, entre el mar del Norte, el canal de La Mancha y el mar de Irlanda.
Población: 57.384.000 h. en 1990.
Densidad: 235,1 h./km^2.
Capital: Londres.
División administrativa: diversos condados y regiones comprendidos en los países de Inglaterra, Irlanda del Norte, Escocia y Gales.
Ciudades principales: Birmingham, Glasgow, Leeds, Sheffield, Liverpool, Bradford, Manchester, Edimburgo y Bristol.
Gentilicio: británico.
Forma de Estado: monarquía constitucional.
Idioma: inglés.
Religión: anglicanismo, 56,8 %; catolicismo, 13,1 %; presbiterianismo, 7 %; metodismo, 4,3 %; baptismo, 1,4 %; islamismo, 1,4 %.
Moneda: libra esterlina.
Tasa de natalidad: 14 ‰ en 1990.
Tasa de mortalidad: 12 ‰ en 1990.
Renta per cápita: 14.570 dólares en 1989.

Geog. física De las islas que integran el Reino Unido, la más extensa es la de Gran Bretaña. Su relieve se caracteriza por la poca elevación de sus áreas montañosas, que están separadas entre sí por tierras bajas. La parte N de la isla está ocupada por los montes Grampianos, en los que se encuentra el Ben Nevis (1.343 m), punto más alto del país. Al S y N de estos montes, en Escocia, se extienden, respectivamente, las Southern Uplands y las Northwest Highlands. El centro está recorrido de N a S por la cordillera de los Peninos, cuyas estribaciones llegan hasta el condado de Derby. En el País de Gales, que se halla en el SO de la isla, se alzan los montes Cámbricos, que atraviesan la región de N a S. El territorio de Irlanda del Norte es predominantemente llano y bajo. Gran Bretaña tiene ríos cortos que desembocan en profundos estuarios navegables; vierten sus aguas en el mar del Norte el Tay, Tweed, Tyne, Swale, Ouse, Trent y Támesis, y en el océano Atlántico, el Clyde, Mersey, Wye y Severn. Los ríos más importantes de Irlanda del Norte son el Mourne y el Bann, el más extenso del país, que atraviesa el lago Neagh. La isla de Gran Bretaña presenta en su parte O costas altas y rocosas, y en el E bajas y rectilíneas. También forman parte del Reino Unido los archipiélagos de las Islas Anglonormandas o Islas del Canal (S), Shetland (N), Hébridas (NO), Orcadas (N) y Scilly (SO), y las islas de Man (O), Wight (S) y Anglesey (O). Por su situación geográfica, al Reino Unido le corresponde un clima oceánico templado, más húmedo en la parte O que en la E, que propicia una vegetación de bosques de frondosas, coníferas y brezos.

Geog. humana y ***económica*** La población, en su mayoría urbana (90 %), se concentra en las grandes ciudades situadas en el centro y S de la isla de Gran Bretaña. El crecimiento vegetativo es del 0,2 %. La agricultura tiene un alto rendimiento, debido sobre todo a la intensa mecanización. Se cultivan principalmente cereales, remolacha azucarera, patata y plantas forrajeras. En cuanto a los recursos ganaderos, destaca la cría de ovino, porcino y bovino. Las actividades pesqueras se desarrollan sobre todo en el mar del Norte, siendo el arenque y el bacalao las capturas más abundantes. El país posee importantes yacimientos de carbón (noveno productor mundial), así como de petróleo (séptimo), gas natural (quinto), sal gema, plomo, cobre y estaño, que contribuyen al poderoso sector industrial; en él sobresalen la siderurgia, el refino de petróleo, los astilleros, las industrias mecánicas, textiles, de maquinaria, automovilísticas, aeronáuticas, electrónicas, armamentísticas, químicas, de cemento y alimentarias. El comercio, centrado en Londres, constituye otro de los pilares de la economía británica, así como la actividad bursátil, financiera, aseguradora y cultural.

Reino Unido: aspecto de una calle de Grassington, Yorkshire (Inglaterra).

Hist. **los Estuardo** La subida al trono inglés de la dinastía Estuardo en la persona de Jacobo I (1603-25), rey de Escocia, supuso el nacimiento del Reino Unido, que adquirió carta de naturaleza por el Acta de 1707. La dinastía Estuardo mantuvo continuos enfrentamientos con los Parlamentos hasta 1649, año en que el rey Carlos I fue derrotado en la batalla de Preston, tras lo que se estableció el régimen republicano de la Commonwealth y comenzó la dictadura de Oliver Cromwell, lord protector del reino. A su muerte se restauró la dinastía Estuardo con Carlos II, que combatió a los holandeses. Su hijo, Jacobo II, protegió a los católicos en detrimento de la Iglesia anglicana, provocando una crisis que culminó con la intervención de Guillermo de Orange que, invitado por notables del reino, depuso al rey y se coronó con el nombre de Guillermo III (1689). Su sucesora, Ana, intervino en la guerra de Sucesión española, conquistando Gibraltar en 1704, posesión que fue ratificada por el tratado de Utrecht.

el sistema de partidos políticos Durante el reinado de Jorge I (1714-27), perteneciente a la casa de Hannover, el primer ministro Walpole reformó las instituciones, creando un moderno sistema de partidos políticos. La colonia americana se rebeló en el Motín del Té (1773) y consiguió la independencia por el tratado de Versalles de 1783. Las guerras napoleónicas configuraron el aspecto más importante de los comienzos del s. XIX, ya que el Reino Unido participó activamente en la guerra de Independencia española. Durante el reinado de Jorge IV (1820-30) se produjo una situación de crisis económica y agitación social que dio lugar al nacimiento de los sindicatos (*Trade Unions*), legalizados en 1824. En 1830 se inauguró la primera línea de ferrocarril Liverpool-Manchester y se promulgó la Ley de Fábricas, que regulaba la jornada laboral y limitaba la edad de los trabajadores, símbolo todo ello del avance de la revolución industrial. Durante la época victoriana (segunda mitad del s. XIX) se alternaron en el gobierno los grandes políticos Disraeli y Gladstone, tuvieron lugar la guerra de Crimea y las guerras coloniales de la India y China, y el problema irlandés se recrudeció. La guerra de los bóers completó la expansión imperial británica en África.

las dos guerras mundiales En 1914, en el reinado de Jorge V, tras el asesinato del archiduque de Austria en Sarajevo y la declaración de guerra del imperio austrohúngaro a Serbia, comenzó la Primera Guerra Mundial. El gabinete de guerra de Lloyd George tuvo que afrontar, asimismo, la rebelión de Irlanda de 1916. La guerra concluyó con el tratado de Versalles de 1919. Al año siguiente se aprobó el Acta de Gobierno de Irlanda, por el cual la isla se dividía y se creaba el Ulster. En 1926 se reconoció la autonomía de los dominios exteriores y se creó la British Commonwealth of Nations. La llegada al trono de Jorge VI en 1936 estuvo rodeada de negros presagios: el premier Chamberlain sostuvo la no intervención en la guerra civil española y contemporizó con Alemania, pero la Segunda Guerra Mundial estalló en 1939. En ella se libraría la batalla de Inglaterra, caracterizada por la frase del premier Winston Churchill: «sangre, sudor y lágrimas». En 1941 se concertó un pacto con la Rusia soviética, poco después EE UU intervino en el conflicto; en Yalta y, después de la capitulación de Alemania (mayo de 1945), en Potsdam se desarrollaron las conferencias entre los países aliados, representados por Churchill, Roosevelt y Stalin.

época actual En los años siguientes se nacionalizaron el Banco de Inglaterra y las minas de carbón. La República del Eire se proclamó independiente en 1949. Durante el reinado de Isabel II, que se inició en 1952, se produjeron importantes cambios: tras la dimisión de Churchill, el nuevo premier Anthony Eden tuvo que afrontar la crisis del canal de Suez; en 1963 y 1967 Francia vetó el ingreso del Reino Unido en la Comunidad Económica Europea, aunque estaba integrado en la Organización del Tratado del Atlántico Norte; alternaron los gobiernos del laborista Wilson y el conservador Heath; en el Ulster surgió el grupo armado IRA, cuyas acciones terroristas provocaron la ocupación de Irlanda del Norte por el ejército británico; y se produjo el ingreso del Reino Unido en el Mercado Común Europeo (1973). Los últimos años de la historia del país, bajo el gobierno conservador de Margaret Thatcher, están marcados por la guerra en defensa de las islas Falkland (Malvinas) frente a Argentina, por el terrorismo del IRA y por una política económica de estricto liberalismo: reducción del gasto público, reprivatización de empresas, monetarismo y control de los sindicatos. Margaret Thatcher dimitió en 1990, siendo sustituida por el también conservador John Major, quien fue ratificado como primer ministro en las elecciones de 1992.

Arte Aparte de algunos monumentos protohistóricos, como el crómlech de Stonehenge, en la llanura de Salisbury, en Inglaterra, o las fortificaciones de Maiden, no puede hablarse de arquitectura hasta la conquista romana. Aún pueden verse las ruinas de Verulamio (s. II), ciudad romana al N de Saint Albans, en Hertfordshire. La basílica de Silchester (s. IV) es una muestra de la arquitectura cristiana primitiva, que luego se desarrolla con la llegada a Canterbury del monje San Agustín (597) y de San Aidano a Northumbria (635), dando origen a sencillas iglesias de piedra de nave alta. Este arte anglosajón es cortado por la invasión de los daneses (s. IX). En el románico se pueden distinguir dos periodos: uno hasta la invasión de Inglaterra por Guillermo de Normandía (1066), en que predomina un estilo tosco y simple, con doble ábside, del que son buenos ejemplos las iglesias de Abingdon y San Agustín de Canterbury; y otro, posterior (s. XI al XIII), más audaz, inspirado en modelos normandos, con rudimentarias bóvedas de crucería, que se plasmaron, entre otras, en las catedrales de Canterbury (1070), Lincoln (1073) y Durham (1093) y las abadías de Winchester (h. 1079), de Saint Albans (1077) y de Worcester (1084). El gótico presenta tres periodos: el primitivo (1150-1300), paralelo al normando, representado en la catedral de Canterbury y en la abadía de Westminster; el decorado (1250-1400), que puede verse en los coros de Lincoln y de Exeter, y el gótico perpendicular (1350-1520), el más típico inglés, caracterizado por ventanales con grandes curvaturas y bóvedas en abanico, que se manifiesta en edificios como la abadía de Gloucester, el King's College de Cambridge o la capilla de Enrique VII en Westminster. A principios del s. XVI se inicia la fase de transición del gótico al Renacimiento, conocida como *estilo Tudor*, con su característico arco. El Renacimiento penetró tardíamente de manos de arquitectos extranjeros, que se dedican a la construcción de

Arquitectura británica: castillo de Harlech, País de Gales.

edificios civiles, pues Enrique VIII había disuelto los monasterios. De este periodo datan Hampton Court, Cobham Hall y Hatfield House. En el s. XVII, Inigo Jones instaura el clasicismo basado en el modelo arquitectónico de Palladio, como bien se aprecia en su Banqueting Hall, de Londres, o en su Queen's House, de Greenwich. Fue seguido por Christopher Wren, que reconstruyó más de cincuenta iglesias de Londres, destruidas por un incendio, y levantó, también en Londres, la catedral de San Pablo, el palacio de Kensington y la Marlborough House. Otro importante arquitecto de este estilo, ya en el s. XVIII, es James Craig, que construyó la nueva ciudad de Edimburgo, en Escocia. El neoclasicismo del s. XVIII tiene como representante a Robert Adam, de una familia de arquitectos escoceses. Más tarde, en este mismo estilo, destaca John Nash, encargado de reconstruir el palacio de Buckingham. En la época victoriana (1830-1900) aparecen dos tendencias: los partidarios del clasicismo, encabezados por Charles Barry, y los que buscan la restauración del estilo gótico, dirigidos por Augustus W. Pugin. Ambos arquitectos colaboraron en la construcción del edificio del Parlamento. Joseph Paxton es uno de los pioneros de la arquitectura del hierro, autor del Crystal Palace (1851). Ya en el s. XX, Gropius, Mendelssohn y Le Corbusier cuentan en el Reino Unido con numerosos seguidores; se desarrolla el nuevo empirismo o brutalismo, representado por Alison y Peter Smithson. En las últimas décadas sobresalen los urbanistas Richard Rogers, James Stirling y Norman Foster; el proyecto de reestructuración de la ciudad de New Lanark, en Escocia, y los arquitectos G. Morrison, B. Allies, P. Shepheard y D. Walker.

Las primeras esculturas que se conservan son las cruces de Ruthwell y Bewcastle, del periodo anglosajón, que datan de fines del s. VII y principios del VIII. En el románico, la escultura responde al esquema europeo, como puede comprobarse en la catedral de Bristol y en las losas de Chichester. El gótico se muestra esplendoroso en el s. XIII en las estatuas de la portada de la catedral de Wells y en las figuras funerarias de los sepulcros de Enrique III y Leonor de Castilla, en Westminster. Durante el s. XIV se concede gran importancia a la ornamentación, la orfebrería y el arte del alabastro. El s. XVI estuvo marcado por la influencia de los Países Bajos y el auge de una nueva modalidad, la escultura en madera. De esta centuria es la capilla de Enrique VII en Westminster; el sepulcro en bronce del rey (1518), obra de Torrigiano, es la primera muestra de escultura renacentista, estilo que aún tardaría en afianzarse en Gran Bretaña. La escultura funeraria estuvo en alza durante el reinado de María Tudor. En el s. XVII sobresalen los escultores John de Critz y Maximilian Colte, que realizaron el sepulcro de Isabel I (1606), y Nicholas Stone. Entre los s. XVII y XVIII sobresale el neerlandés Grinling Gibbons, que talló la sillería del coro de la catedral de San Pablo, en Londres, y realizó la estatua de Jacobo II, en Whitehall. Escultores neoclásicos son John Flaxman, también ilustrador, y Joseph Wilton. En el s. XX la revitalización viene de Henry Moore y Barbara Hepworth y, más tarde, de Barry Flanagan, expresionista. Richard Long, Tony Cragg y Bill Woodrow representan las últimas tendencias.

Las más tempranas manifestaciones pictóricas corresponden a las miniaturas de los textos religiosos, como el *Evangelario de Durrow* (s. VII), las cuales a partir del s. IX siguen dos tendencias, una de tradición occidental (*Salterio de Utrecht*) y otra bizantina (*Evangelios Ada*), influencias que se funden en el s. XI. En la siguiente centuria, además de las miniaturas del *Salterio Albani* y *La vida de San Edmundo,* llega el auge de la pintura mural, que cuajó en el s. XIII en el *court style,* del que existen representaciones en la abadía de Westminster y en la catedral de Winchester. En el s. XIV se advierte la influencia de obras francesas y belgas, así en el *Salterio de Luttrell* y el *Díptico Wilton,* y en el siglo siguiente se intensifica el predominio del arte flamenco; de esta última época quedan algunos retratos y murales del Juicio Final. En los s. XVI y XVII los artistas extranjeros dominan el panorama pictórico, entre ellos, el alemán Hans Holbein el Joven, el neerlandés Antonio Moro, el italiano Federico Zuccari y los flamencos Hans Eworth, Paulus Van Somer, Rubens y Van Dyck. Entre los ingleses sobresalen Nicholas Hilliard y su discípulo Isaac Oliver. En el s. XVIII nace una escuela pictórica entre cuyas principales características figuran el gusto por la naturaleza y por la pintura de género y la elegancia en el retrato; entre sus cultivadores se encuentran William Hogarth, Richard Wilson, Joshua Reynolds, Thomas Gainsborough y George Romney. A finales del XVIII y principios del XIX merece especial mención William Blake, pintor, grabador y poeta. Más tarde surgieron dos grandes paisajistas, John Constable y William Turner. Con sus acuarelas, los paisajistas de la escuela de Norwich, John Cotman, John Crome y Richard Bonington, influyeron en Europa. A mediados del siglo se impuso el prerrafaelismo, movimiento que pretendía volver a la pureza del arte italiano anterior a Rafael; estaba integrado, entre otros, por Dante Gabriel Rossetti, John Everett Millais y William Holman Hunt, apoyados por el teórico John Ruskin. El impresionismo no tuvo mucha importancia en el Reino Unido, pese a la estancia en Inglaterra del estadounidense James M. Whistler. En el s. XX sobresalen Ben Nicholson, Matthew Smith, Stanley Spencer, los fauvistas Duncan Grant e Ivon Hitchens, el surrealista Paul Nash, el expresionista Graham Sutherland y el abs-

Pintura británica: El eclipse *(1950), de Victor Pasmore (Tate Gallery, Londres).*

tracto y, luego, neorromántico, John Piper. Tras la Segunda Guerra Mundial, destacan en la nueva figuración Francis Bacon y Malcolm Morley; en arte abstracto, Victor Pasmore; en el *pop-art*, David Hockney, y en el nuevo expresionismo, Bruce Mc Lean.

Lit. Las primeras manifestaciones literarias en lengua anglosajona datan del s. VII y el primer autor conocido es Caedmon. El poema *Beowulf* o *Beovulfo,* de autor desconocido, fue refundido entre los s. VIII y X. Estos inicios se vieron truncados por la invasión danesa (s. X) y la conquista normanda (s. XI), que impuso el francés como lengua oficial. No puede hablarse de literatura inglesa hasta el s. XIV, en que la lengua se afianza y aparecen, junto a baladas anónimas, el poema alegórico *Pedro el Labrador,* de William Langland, los largos poemas de John Gower y los *Cuentos de Canterbury,* conjunto de relatos en verso de Geoffrey Chaucer, primera obra inglesa de proyección universal. El s. XV constituye un periodo de decadencia; en poesía puede citarse a John Skelton y al escocés William Dumbar, y en prosa, a Thomas Malory. El Renacimiento fue tardío en Gran Bretaña. El humanista Santo Tomás Moro escribió en latín su *Utopía* (1516) y en inglés una *Historia de Eduardo V y de Ricardo III.* Los poetas Thomas Wyatt y Henry Howard adaptaron al inglés las formas métricas italianas. El reinado de Isabel I coincidió con una etapa de esplendor literario. A ella pertenecen los poetas John Lyly, Edmund Spenser, Philip Sidney, autor de una novela pastoril, *La Arcadia,* Michael Drayton y Samuel Daniel, también dramaturgo. El teatro isabelino cuenta con figuras como el ya mencionado John Lyly, George Peele, Christopher Marlowe, Thomas Kyd, Benjamin Jonson, John Fletcher y, sobre todo, William Shakespeare, autor de tragedias, dramas y comedias, en los que rompió con los modelos renacentistas. Entre los prosistas de esta época destacan Robert Burton, Robert Greene, Thomas Deloney y Thomas Overbury.

El puritanismo del s. XVII originó el cierre de los teatros en 1642. La poesía, en cambio, vivió un tiempo de esplendor con John Donne y la poesía metafísica y John Milton. Con la restauración de los Estuardo en 1660 se inició un engrandecimiento cultural. Nuevamente se abrieron los teatros y escribieron para ellos, entre otros, John Dryden, Thomas Otway, George Etherege y, más tarde, William Congreve. Cultivaron la poesía el mencionado John Dryden y el satírico Samuel Butler. El racionalismo triunfa en la prosa de Samuel Pepys y del místico John Bunyan. La primera mitad del s. XVIII está marcada por el clasicismo del poeta Alexander Pope, también ensayista, y por las novelas de Daniel Defoe. Jonathan Swift escribe un libro demoledor y pesimista, los *Viajes de Gulliver,* sátira de la sociedad de su tiempo. En el ensayo triunfan Joseph Addison y Richard Steele. Otra figura estelar de esta época es Samuel Johnson, poeta, crítico, ensayista y filólogo. También destacan los poetas Edward Young y William Collins. Entre los años 1740 y 1770, la novela alcanza un gran desarrollo en dos tendencias: la sentimental, representada por Samuel Richardson y Oliver Goldsmith, y la realista, representada por Henry Fielding; Laurence Sterne, en su *Vida y opiniones de Tristram Shandy* (1760-67), parodia las novelas sentimentales y, en 1764, Horace Walpole publica *El castillo de Otranto,* primera novela gótica, género continuado por Ann Radcliffe y Matthew Gregory Lewis. Las tres últimas décadas del siglo constituyen un periodo de transición al Romanticismo, reflejado en la obra de los poetas Thomas Chatterton, William Blake y Robert Burns.

Jane Austen publicó sus novelas en los primeros años del s. XIX. Esta centuria se inicia con el triunfo del Romanticismo; sus principales cultivadores en poesía son William Wordsworth, Samuel Taylor Coleridge, lord Byron, Percy Bysshe Shelley y John Keats. La novela estuvo representada por Walter Scott, que cultivó los temas históricos, y por Mary W. Shelley, esposa del poeta del mismo nombre, autora de *Frankenstein* (1817). Al margen surge Thomas de Quincey, precursor del simbolismo. En el largo reinado de la reina Victoria (1837-1901) florecieron grandes novelistas: Charles Dickens, Charlotte y Emily Brontë, William Makepeace Thackeray y George Eliot. Un escritor muy característico de este periodo es Lewis Carroll, autor de *Alicia en el país de las Maravillas.* Entre los más conocidos líricos victorianos figuran Alfred Tennyson, Robert Browning, Coventry Patmore y Dante Gabriel Rossetti y el grupo de los prerrafaelistas. La crítica literaria está representada por Matthew Arnold y la artística es cultivada por John Ruskin. La influencia francesa se deja sentir en Algernon Charles Swinburne, poeta maldito. Un irlandés, Oscar Wilde, llena el final del siglo, como poeta, dramaturgo y novelista. Contemporáneos de éste son el poeta Gerard Manley Hopkins, los narradores Thomas Hardy, Samuel Butler, George Meredith y Robert Louis Stevenson, así como el dramaturgo irlandés John Millington Synge.

Entre los s. XIX y XX surge un importante grupo de narradores: Arthur Conan Doyle, Rudyard Kipling, Herbert George Wells, Joseph Conrad, Gilbert Keith Chesterton y John Galsworthy, y el poeta y dramaturgo irlandés William Butler Yeats. Otro irlandés, George Bernard Shaw, creó un teatro satírico. En el s. XX, James Joyce y Virginia Woolf revolucionan la novela, junto a un brillante plantel de narradores de las más variadas tendencias, entre los que cabe citar a David Herbert Lawrence, Aldous Leonard Huxley, Graham Greene, Edward Morgan Foster, Somerset Maugham, Katherine Mansfield, George Orwell, Archibald J. Cronin, Robert Graves, Ivi Compton-Burnett, Evelyn Waugh, William Golding, Angus Wilson, Malcolm Lowry, Lawrence Durrell y Anthony Burgess. En poesía, realiza una profunda renovación estética el estadounidense Thomas Stearns Eliot; destacan el grupo de Oxford, encabezado por Wystan Hugh Auden, el galés Dylan Thomas, también narrador, y Stephen Spender. En la escena triunfan el poeta Eliot, el irlandés Sean O'Casey, John Boynton Priestley y Noel Coward. Mediado el siglo se impone el teatro del absurdo gracias a la obra inglesa de Samuel Beckett. Otros dramaturgos notables son John Osborne y Harold Pinter. El movimiento de los «Jóvenes airados» (*Angry young men*) irrumpe en la narrativa con autores como Kingsley William Amis, Colin Wilson, Allan Sillitoe e Iris Murdoch. Otro valor de la novela es Doring Lessing. La poesía está representada por Philip Larkin, George Baker, Ted Hughes y el grupo de poetas escoceses encabezado por Hugh MacDiarmid. Últimos nombres significativos en poesía son James Fenton, y en prosa, Maggie Ross y el hindú Salman Rushdie.

Fil. Suelen considerarse como primeros representantes del pensamiento inglés Beda el Venerable (s. VII-VIII) y Alcuino de York (s. VIII-IX). Pero hasta el s. IX, con la aparición del escolasticismo, no se llevaron a cabo verdaderos estudios filosóficos. En este siglo un grupo de pensadores elaboró una doctrina filosófica basándose en el estudio colectivo. Destaca en esta época Juan Escoto Erígena, que trató los problemas filosóficos derivados de cuestiones religiosas. En el transcurso de los siguientes siglos realizaron su obra Roger Bacon (s. XIII), estudioso de la naturaleza; Juan Duns Escoto (s. XIII), que negó la existencia de un vínculo entre materia y forma; Guillermo de Ockham (s. XIV), que defendió el nominalismo frente a los escolásticos. En el Renacimiento las dos figuras clave son Tomás Moro (s. XV-XVI), representante del espíritu humanista y Francis Bacon (s. XVI-XVII), quien sostuvo que el conocimiento se basa en la experiencia, a través de la cual se pueden establecer leyes generales. En el s. XVII, Thomas Hobbes elaboró una teoría del Estado y un sistema ordenado de los conocimientos humanos. John Locke (s. XVII) fue el creador del empirismo y sus ideas fueron desarrolladas en el siglo siguiente por George Berkeley y David Hume, que estudiaron las leyes que rigen el entendimiento. A esta misma época pertenece la obra de Adam Smith, fundador del pensamiento económico moderno. En el s. XIX hay que mencionar los trabajos de Jeremy Bentham, John Stuart Mill, representante del positivismo, y de Herbert Spencer, considerado como uno de los fundadores de la sociología. En el s. XX, Bertrand Russell se hizo merecedor del premio Nobel por sus aportaciones a la lógica. Su pensamiento, junto con las enseñanzas de Wittgenstein en Cambrigde han influido decisivamente en la corriente de filosofía analítica británica, a la que pertenecen autores como John L. Austin, Gilbert Ryle y Peter F. Strawson.

Mús. Al monje Agustín de Canterbury se debe la introducción del canto llano, a finales del s. VI. En el Cancionero de Cambridge (s. XI) se recoge una colección de música profana. John Dunstable, autor de misas y motetes, perfeccionó el arte polifónico en el s. XV. En el s. XVI destaca Thomas Tallis, de quien fue discípulo William Byrd, el gran maestro de la polifonía inglesa. Desde mediados del s. XVI hasta finales del XVII, la música británica experimenta uno de sus momentos de mayor esplendor. Entre sus más destacados representantes figuran Thomas Morley, John Wilbye, Thomas Weelkes, Orlando Gibbons y John Dowland. A mediados del s. XVII aparece el *maske,* forma primitiva de la ópera que evolucionaría hasta ser definitivamente consolidada a finales de siglo con la obra del gran maestro del Barroco Henry Purcell. Desde el s. XVIII en la actividad musical del Reino Unido se produce una situación de crisis que solo queda soslayada gracias a la obra de autores extranjeros como Georg Friedrich Haendel (1710) y Johann Christian Bach (1762), instalados en este país. Esta decadencia se prolonga en el s. XIX hasta que en las últimas décadas triunfa un grupo de músicos británicos: Arthur Sullivan, Hubert Parry, Alexander Mackenzie, Edward Elgar y Frederick Delius. En el s. XX sobresalen Ralph Vaughan Williams, máximo representante de la escuela nacional británica, Gustav Holst, Frank Bridge y William Walton, y algo más tarde, Benjamin Britten, compositor de óperas y obras sinfónicas, Humphrey Searle, autor de música dodecafónica, Peter Racine Fricker y Peter Maxwell Davies. En las últimas décadas el Reino Unido ha desarrollado una corriente de música pop, que ha favorecido la creación de una importante industria y ha influido en el modo de vida de los jóvenes; el grupo más famoso de música pop ha sido *The Beatles.*

Cine Los principales precursores del cine británico, que realizaron sus trabajos a finales del s. XIX e inicios del XX, fueron William Friese-Greene y William Robert Paul. Siguieron su labor George Albert Smith, James Williamson y Alfred Collins, que introdujeron algunas novedades técnicas. Pero el desarrollo y evolución del cine británico se vio truncado por problemas económicos y la competencia estadounidense. En 1927 el gobierno dictó diversas leyes proteccionistas que favorecieron una nueva época de esplendor. Se creó la escuela documental británica, que abordó temas laborales y sociales y cuyos máximos representantes fueron Basil Wright y Harry Watt. También se realizaron películas de ficción, género en el cual sobresalieron Anthony Asquith, Alfred Hitchcock y Thorold Dickinson. Tras la Segunda Guerra Mundial destacaron los directores David Lean, Laurence Olivier, Carol Reed y Alexander Mackendrick. En 1956 surgió el *free-cinema,* cuyos principales representantes fueron Tony Richardson, Lindsay Anderson y Karel Reisz. Paralelamente realizó su obra en el Reino Unido el estadounidense Joseph Losey, emigrado de su país por razones políticas. A partir de los años sesenta sobresale la labor de los directores John Schlesinger, Tony Richardson, el estadounidense Richard Lester, Ken Russell, John Boorman, Hugh Hudson y Stephen Frears.

Reinosa C. de México en el estado de Tamaulipas. 194.700 h. en 1980; está situada a orillas del río Bravo, en la frontera con EE UU. Es centro de una región ganadera, algodonera y con yacimientos petrolíferos.

reinserción *s. f.* Acción y efecto de reinsertar o reinsertarse.

reinsertar *v. tr.* **1.** Volver a insertar algo en el lugar donde estaba. **2.** Integrar de nuevo en la sociedad a un individuo que vive al margen de ella. También *v. prnl.* **FAM.** Reinsertado.

reinstalar *v. tr.* Volver a instalar. También *v. prnl.* **FAM.** Reinstalación.

reintegrar *v. tr.* **1.** Devolver íntegramente. **2.** Volver a incorporar a alguien a un trabajo, empleo, medio, etc. Se usa más como *v. prnl.* **3.** Poner una póliza o estampilla en un documento oficial. **FAM.** Reintegrable, reintegración.

reintegro *s. m.* **1.** Acción y efecto de reintegrar o reintegrarse. **2.** Pago de una cantidad que se debe a alguien. **3.** En la lotería, premio equivalente a la cantidad jugada. **4.** Póliza o timbre de un documento.

reinversión *s. f.* En econ., inversión de los beneficios obtenidos de una actividad productiva para aumentar el capital que financia dicha actividad.

reír *v. intr.* **1.** Exteriorizar alegría y regocijo mediante la expresión del rostro y ciertos sonidos característicos. También *v. prnl.* **2.** Expresar alegría algunas cosas, como los ojos, el agua de una fuente, etc. ‖ *v. tr.* **3.** Mostrar con risas que algo resulta gracioso. ‖ *v. prnl.* **4.** Burlarse o no hacer caso de alguien o algo. **5.** *fam.* Empezar a romperse una tela u otras cosas por estar muy usadas o ser de mala calidad. ▪ Es v. irreg. **FAM.** Reidor.

REÍR

GERUNDIO	PARTICIPIO PASADO
riendo	*reído*

INDICATIVO

Presente	Pret. imp.	Pret. perf. simple
río	*reía*	*reí*
ríes	*reías*	*reíste*
ríe	*reía*	*rió*
reímos	*reíamos*	*reímos*
reís	*reíais*	*reísteis*
ríen	*reían*	*rieron*

Futuro imperfecto	Condicional simple
reiré	*reiría*
reirás	*reirías*
reirá	*reiría*
reiremos	*reiríamos*
reiréis	*reiríais*
reirán	*reirían*

SUBJUNTIVO

Presente	Pretérito imperfecto
ría	*riera, -ese*
rías	*rieras, -eses*
ría	*riera, -ese*
riamos	*riéramos, -ésemos*
riáis	*rierais, -eseis*
rían	*rieran, -esen*

Futuro imperfecto

riere	*riéremos*
rieres	*riereis*
riere	*rieren*

IMPERATIVO

ríe	*reíd*

reis *s. m. pl.* Antigua moneda fraccionaria portuguesa, cuyo múltiplo, el *mil-reis*, se convirtió en unidad monetaria. Posteriormente fue sustituido por el escudo.

reiteración *s. f.* Acción y efecto de reiterar o reiterarse.

reiterar *v. tr.* Volver a decir o realizar algo. También *v. prnl.* **FAM.** Reiteradamente, reiterante.

reiterativo, va *adj.* **1.** Que tiene la propiedad de reiterarse. **2.** Que denota reiteración.

reivindicación *s. f.* Acción y efecto de reivindicar.

reivindicar *v. tr.* **1.** Reclamar una persona algo a lo que tiene derecho. **2.** Reclamar la responsabilidad o autoría de un hecho. **3.** Tratar alguien de recuperar su buena fama o reputación o la de otra persona. ▪ Se conjuga como *sacar.* **FAM.** Reivindicable, reivindicativo, reivindicatorio.

reja[1] (del lat. *regula*) *s. f.* **1.** Pieza de hierro que forma parte del arado y se introduce en la tierra para removerla. **2.** Acción de labrar la tierra con el arado.

reja[2] (del ital. *reggia*, y éste del lat. *porta reggia*) *s. f.* Estructura formada por barras, generalmente de hierro, colocadas paralelas unas a otras o entrelazadas formando diversas figuras, que cubre y protege las ventanas de un edificio o aísla un lugar. ‖ **LOC. entre rejas** *adj.* y *adv. fam.* Preso, en la cárcel.

rejalgar *s. m.* AsS. Mineral monosulfuro de arsénico. Cristaliza en el sistema monoclínico y frecuentemente se presenta en forma granular. Es de color rojo anaranjado y tiene brillo resinoso. Se encuentra generalmente asociado al oropimente, la galena, etc., en filones de Binnen-Tal (Suiza), Nagykanizsa (Hungría), Rumania y Nevada (EE UU). Se utiliza en pirotecnia, ya que da una luz blanca brillante, y en medicina.

Rejano, Juan (Puente Genil, Córdoba 1902 - Ciudad de México 1976) Poeta español, nacionalizado mexicano. Se exilió a México al terminar la guerra civil española. Dirigió la *Revista mexicana de cultura* (1947-57). Perteneciente a la generación del 27, su poesía entronca con la tradición popular. Entre sus libros merecen citarse *El Genil y los olivos* (1944), *Víspera heroica* (1947), *Noche adentro* (1949), *Canciones de la paz* (1955) y *El jardín y la llama* (1976).

rejego, ga *adj. Amer. C., Méx.* Rebelde; terco.

rejería *s. f.* **1.** Técnica de construir rejas o verjas. **2.** Conjunto de obras realizadas con esta técnica.

rejero, ra *s. m.* y *f.* Artesano que fabrica rejas.

rejilla *s. f.* **1.** Red de alambre, varillas, tela metálica u otro material que se utiliza para cubrir alguna abertura, poder ver sin ser visto, etc. **2.** Tejido realizado entrelazando los tallos flexibles y resistentes de algunas plantas como el bejuco, p. ej. el usado para los respaldos y asientos de algunas sillas. **3.** Estructura de barras de hierro que sostiene el combustible en los hornos, máquinas de vapor, etc. **4.** Redecilla situada en la parte alta de algunos automóviles, autocares, etc., para sujetar cosas pequeñas y de poco peso durante el viaje.

rejo *s. m.* **1.** Punta de hierro. **2.** Punta o aguijón de cualquier clase, como el de la abeja. **3.** Parte del embrión de una planta de la que se forma la raíz.

rejón *s. m.* **1.** Barra de hierro cortante que termina en punta. **2.** En tauromaquia, palo de aproximadamente 1,50 m de largo con una cuchilla de acero en la punta, que sirve para rejonear.

rejonazo *s. m.* Golpe o herida de rejón.

rejoneador, ra *s. m.* y *f.* Persona que rejonea.

rejonear *v. tr.* **1.** En el toreo a caballo, herir al toro con un rejón que se rompe, quedándose la punta clavada en el animal. **2.** P. ext., torear a caballo.

rejoneo *s. m.* **1.** Acción de rejonear. **2.** Arte y técnica de rejonear.

rejuvenecer *v. tr.* **1.** Dar a una persona las fuerzas o el aspecto propios de la juventud. También *v. intr.* y *v. prnl.* **2.** Dar cabida a un gran número de jóvenes dentro de un colectivo. **3.** Renovar, dar apariencia moderna o actual a lo que estaba anticuado, olvidado, etc. ▪ Es v. irreg. Se conjuga como *agradecer.* **FAM.** Rejuvenecimiento.

relación *s. f.* **1.** Situación que se da entre dos ideas, cosas, etc., cuando existe alguna circunstancia que las une. **2.** Trato o comunicación entre dos o más personas. **3.** Con respecto a una persona, aquellas otras con las que tiene amistad o trato social, particularmente las que son influyentes o importantes. Se usa sobre todo en *pl.* **4.** Relato o exposición de un hecho o situación. **5.** Lista de nombres o elementos de cualquier clase. **6.** Informe, generalmente por escrito, que se presenta ante una autoridad. **7.** En ling., conexión o enlace entre dos o más términos de una misma oración. ‖ *pl.* **8.** Trato amoroso o sexual entre dos personas. ‖ **9. relación binaria** Correspondencia que se establece entre los elementos de dos conjuntos, en la cual a cada elemento del primero se le hace corresponder uno o varios elementos del segundo. Puede cumplir las siguientes propiedades: reflexiva: $a \mathrm{R} a$ para todo elemento a de A; simétrica: si $a \mathrm{R} b$, entonces $b \mathrm{R} a$, para todo a y b de A; antisimétrica: de $a \mathrm{R} b$ y $b \mathrm{R} a$ se deduce que $a = b$, para todo a y b de A; transitiva: si $a \mathrm{R} b$ y $b \mathrm{R} c$, entonces $a \mathrm{R} c$; toda relación binaria que verifica las propiedades reflexiva, simétrica y transitiva se denomina *relación de equivalencia.* Si verifica las propiedades reflexiva, antisimétrica y transitiva, se llama *relación de orden*; éste puede ser total o parcial. Es de orden total, si para todo a y b de A verifica $a \mathrm{R} b$ o $b \mathrm{R} a$, y de orden parcial, si hay elementos a y b tales que $a \not\mathrm{R} b$ o $b \not\mathrm{R} a$. P. ej., la relación $\leq$ entre números enteros es de orden total. La relación a es divisor de b, entre números naturales, es de orden parcial. La relación a tiene la misma paridad que b, entre números naturales, es de equivalencia. **10. relación de inclusión** Relación binaria entre conjuntos que se cumple cuando A está incluido en B, es decir, todo elemento de A está en B. Tiene las siguientes propiedades: reflexiva: $A \subset A$; antisimétrica: si $A \subset B$ y $B \subset A$, entonces $A = B$; y transitiva: si $A \subset B$ y $B \subset C$, entonces $A \subset C$. Esta relación es de orden parcial, pues dos conjuntos cualesquiera no siempre son comparables por la inclusión. **11. relación de pertenencia** Relación que indica si un elemento está o no en un conjunto. Se simboliza por $\in$. P. ej., $a \in A$, quiere decir que el elemento a está o pertenece al conjunto A; $a \notin A$, que a no pertenece al conjunto A. **12. relación fundamental de la trigonometría** Fórmula que relaciona el seno y coseno de un mismo ángulo: $\mathrm{sen}^2 x + \cos^2 x = 1$. **13. relaciones métricas en un triángulo rectángulo** Fórmulas que se establecen en un triángulo rectángulo al trazar la altura correspondiente a la hipotenusa: teoremas del cateto, de la altura, de la hipotenusa y de Pitágoras. **14. relaciones públicas** Actividad profesional basada fundamentalmente en el trato personal, cuya finalidad es difundir y promover la imagen pública de una persona, empresa, etc., y p. ext. la persona que desempeña dicha actividad.

relacional *adj.* Que establece relación.

relacionar *v. tr.* **1.** Poner en relación personas o cosas. También *v. prnl.* **2.** Narrar, hacer la relación de un hecho. **3.** Hacer una lista de varios elementos. ‖ *v. prnl.* **4.** Iniciar o mantener con otras personas algún tipo de relación. **5.** Mantener contacto con personas influyentes.

relacionista *s. m.* y *f.* Persona que trabaja en relaciones públicas.

relajación *s. f.* **1.** Acción o efecto de relajar o relajarse. **2.** Técnica que consiste en una serie de ejercicios físicos o mentales encaminados a conseguir el reposo muscular o psíquico. **3.** En fís., nombre genérico de los fenómenos en los que es necesario un tiempo perceptible para que un sistema reaccione ante los cambios bruscos de las condiciones físicas a que está sometido. **4.** Pérdida de tensiones que sufre un material que ha estado sometido a una deformación constante.

relajado, da **1.** *p. p.* de **relajar**. También *adj.* ‖ *adj.* **2.** En ling., se aplica a los sonidos que, en determinadas posiciones, se realizan con una tensión muscular menor de lo que es habitual, como p. ej. la *d* intervocálica en los participios.

relajante *adj.* **1.** Que relaja. **2.** Se dice de los medicamentos que relajan. También *s. m.*

relajar *v. tr.* **1.** Hacer que algo esté flojo o menos tenso, especialmente un músculo o parte del cuerpo. También *v. prnl.* **2.** Tranquilizar a alguien o distraerle de una preocupación, tensión nerviosa, etc. También *v. prnl.* **3.** Hacer menos severa o rigurosa una ley, norma, etc. También *v. prnl.* **4.** En der., antiguamente, entregar el juez eclesiástico al secular un reo de muerte. ‖ *v. prnl.* **5.** Envilecerse, caer en malas costumbres, vicios, etc. **FAM.** Relajador, relajamiento.

relajo *s. m.* **1.** Desorden, falta de seriedad. **2.** Falta de rigor en el cumplimiento de las normas. **3.** Degradación de las costumbres. **4.** *fam.* Relax*. **5.** *amer.* Broma pesada, burla.

relamer *v. tr.* **1.** Lamer repetidamente. ‖ *v. prnl.* **2.** Pasarse la lengua por los labios. **3.** Recrearse pensando en algo.

relamido, da **1.** *p. p.* de **relamer**. También *adj.* ‖ *adj.* **2.** Excesivamente pulcro, de modales cursis y poco naturales. También *s.*

relámpago *s. m.* **1.** Resplandor intenso e instantáneo que se produce en las nubes por una descarga eléctrica. Su causa es un choque entre nubes cargadas de electricidad estática, cuya descarga se llama *rayo*, y va acompañado de un sonido intenso denominado *trueno.* **2.** Cualquier resplandor repentino. **3.** Persona o cosa muy rápida. **4.** En aposición, resalta la brevedad o la rapidez con que se desarrolla algo.

relampaguear *v. impers.* **1.** Haber relámpagos. ‖ *v. intr.* **2.** Emitir luz o brillar de forma intermitente. **FAM.** Relampagueante, relampagueo.

relanzar *v. tr.* Volver a lanzar algo, o promocionarlo dándole un nuevo impulso. ▪ Se conjuga como *cazar.*

relapso, sa *adj.* **1.** Se dice del que reincide en un pecado del que ya había hecho penitencia o en una herejía que ya había abandonado. También *s.* ‖ *s. m.* **2.** Recaída de una enfermedad.

relatar *v. tr.* Contar, narrar una historia, unos hechos, etc.

relatividad *s. f.* **1.** Cualidad de relativo. || **2. teoría de la relatividad** Teoría propuesta por Einstein en 1905 con respecto a la estructura del tiempo y del espacio, según la cual no es posible encontrar un sistema de referencia absoluto, por lo que ambos conceptos son relativos.
Fís. Según la teoría de la relatividad, para los objetos que se mueven con velocidades muy próximas a la de la luz no existe explicación de ciertos fenómenos dentro del marco de la física clásica; los postulados de la teoría restringida o especial de la relatividad permiten, sin embargo, explicarlos convincentemente. Para velocidades mucho más pequeñas que la velocidad de la luz, la teoría de la relatividad coincide exactamente con la física clásica (principio de correspondencia). La teoría de la relatividad se basa en tres puntos: 1. La longitud de un cuerpo en movimiento disminuye en la dirección de su desplazamiento (contracción longitudinal). 2. El tiempo que transcurre entre dos sucesos simultáneos no es el mismo para dos observadores en movimiento relativo (dilatación del tiempo). 3. La masa de un cuerpo aumenta con su velocidad, de tal forma que a la velocidad de la luz se hace infinita, motivo por el cual esta velocidad es inalcanzable (inaccesibilidad a la velocidad de la luz).

relativismo *s. m.* Doctrina filosófica que mantiene que no existen verdades absolutas y que la verdad de cualquier afirmación depende de las circunstancias o condiciones en que es formulada. **FAM.** Relativista.

relativizar *v. tr.* Considerar algo teniendo en cuenta ciertas circunstancias que disminuyen su importancia o valor. ■ Se conjuga como *cazar.*

relativo, va *adj.* **1.** Que hace relación a una persona o cosa. **2.** Que no es absoluto y depende del punto de vista o de su relación o comparación con otras cosas. **3.** Poco, más bien escaso. **4.** De cierta consideración. **5.** Se dice del pronombre (*que, quien,* etc.) o del adverbio (*como, cuando,* etc.), con antecedente expreso o no, que introduce una proposición subordinada y a la vez realiza una función sintáctica en dicha proposición (sujeto, complemento directo, etc.). También *s. m.* **6.** Se dice de la proposición u oración subordinada introducida por dicho pronombre o adverbio, denominadas también *proposición* u *oración de relativo.* También *s. f.* **FAM.** Relativamente.

relato *s. m.* **1.** Acción y efecto de relatar o exponer algo, generalmente de manera detallada. **2.** Narración breve, cuento.

relator, ra *adj.* **1.** Que relata. También *s.* || *s. m.* y *f.* **2.** Letrado que en los tribunales superiores hace relación de los autos o hechos, función realizada actualmente por los secretarios judiciales. **3.** Persona que en una reunión o asamblea hace relación de los asuntos tratados, deliberaciones y acuerdos.

relax (voz ingl.) *s. m.* **1.** Relajamiento muscular. **2.** Situación de tranquilidad y bienestar.

relé *s. m.* Aparato que produce una modificación en un circuito eléctrico, cuando se cumplen determinadas condiciones en dicho circuito o en otro conectado con él.

releer *v. tr.* Volver a leer. ■ Es v. irreg. Se conjuga como *leer.*

relegar *v. tr.* **1.** Apartar a alguien o algo, dejarlos de lado. **2.** Desterrar. ■ Se conjuga como *pagar.* **FAM.** Relegación.

relente *s. m.* Humedad fría que en las noches calmadas se nota en la atmósfera.

relevación *s. f.* **1.** Acción y efecto de relevar. **2.** Liberación de una carga o de una obligación que hay que cumplir. **3.** En der., liberación de una obligación o de un requisito.

relevancia *s. f.* Importancia, significación.

relevante *adj.* **1.** Importante, significativo. **2.** Sobresaliente, excelente. **3.** En ling., se dice del rasgo que sirve para diferenciar unos signos de otros.

relevar *v. tr.* **1.** Liberar a alguien de una carga, obligación o castigo. **2.** Apartar a alguien de un trabajo, empleo o puesto. **3.** Sustituir una persona a otra en un empleo o función.

relevista *s. m.* y *f.* Deportista que participa en pruebas de relevos.

relevo *s. m.* **1.** Acción y efecto de relevar o sustituir a alguien. **2.** Persona o conjunto de personas que relevan a otra u otras. **3.** Competición deportiva entre varios equipos que se van relevando después de recorrer una determinada distancia. Se usa sobre todo en *pl.*

relicario *s. m.* **1.** Lugar, cofre, etc., en que se guardan las reliquias. **2.** Estuche, generalmente en forma de medallón, en que se guarda un recuerdo de alguien.

relicto *adj.* **1.** Se dice del conjunto de bienes que deja una persona a su fallecimiento. **2.** Se aplica a la especie o comunidad de seres vivos que se encuentran aislados en una parte reducida de su antigua área de distribución.

relieve *s. m.* **1.** Cualquier parte que sobresale de una superficie plana. **2.** Elevación de esa parte. **3.** Conjunto de accidentes geográficos existentes en la superficie de la Tierra o en parte de ésta, como montañas, valles, mesetas, etc. **4.** Técnica escultórica en que las figuras sobresalen del fondo y obra realizada de este modo. **5.** Importancia, valor. || **6. medio relieve** Aquel en que las figuras sobresalen del plano la mitad de su volumen. **7. relieve estructural** En geol., aquel en que la forma de la superficie está determinada por su estructura interna; puede ser tabular, monoclinal y plegado. || **LOC. poner de relieve** Destacar.
Geol. El relieve de la Tierra se halla sometido a un proceso de transformación lento y constante, debido a diferentes agentes y que recibe el nombre de *modelado.* La ciencia que estudia dicho modelado del relieve terrestre recibe el nombre de *geomorfología.* Los principales tipos de modelado son: el glaciar, producido por la acción del hielo; el periglaciar, por los cambios bruscos de temperatura; el eólico, por el viento; el fluvial, por los ríos; el volcánico, por el vulcanismo; el cárstico, por la acción del agua que contiene dióxido de carbono sobre las rocas calcáreas, y el litoral, por las aguas marinas.

religión *s. f.* **1.** Conjunto de creencias y prácticas relativas a lo que un individuo o grupo considera divino o sagrado. **2.** Cada una de las distintas doctrinas surgidas a partir de dichas creencias y prácticas. **3.** Aquello que se practica o cumple con mucha exactitud y rigor. **4.** Orden o congregación religiosa. || **5. religión natural** Aquella que surge espontáneamente o como producto de la razón humana. **6. religión revelada** Aquella cuyo origen se encuentra ligado al hecho histórico de una revelación divina. || **LOC. entrar en religión** Ingresar en una orden o congregación religiosa.
Rel. Los fenómenos religiosos existen desde la más remota antigüedad y han adoptado distintas formas y peculiaridades a lo largo de la historia. Las religiones antiguas se caracterizan por ser politeístas y por asociar las distintas divinidades a elementos naturales. Tienen un carácter mágico y en ellas aparece como elemento determinante el culto a la naturaleza. Las religiones más evolucionadas son de carácter monoteísta. Se distinguen tres: cristianismo, islamismo y judaísmo. Son religiones universales que se caracterizan por predicar la existencia de un solo Dios y por recoger sus creencias en un libro sagrado. Las religiones orientales poseen rasgos que las diferencian de las occidentales. Todas ellas proponen un camino de perfeccionamiento que se realiza por medios diversos como la reencarnación, la ascesis o la meditación.

religión, guerras de Reciben especialmente este nombre diversos enfrentamientos armados producidos en la Europa del s. XVI, en cuyo trasfondo se halla la pugna entre catolicismo y protestantismo, como las sostenidas por Carlos I y Felipe II en Flandes y Alemania, y sobre todo el conflicto entre católicos y calvinistas franceses desarrollado entre 1562 y 1598, fruto de la expansión del calvinismo en Francia y la represión de la Reforma. El edicto de tolerancia de 1562 no tuvo éxito alguno y en 1572 el conflicto se reavivó con la matanza de la noche de San Bartolomé (24 de agosto) ordenada por Carlos IX. El partido protestante se organizó en la Unión Calvinista (1574) y los católicos, en la Liga Católica. En 1577 se restableció la paz con el tratado de Bergerac y el edicto de Poitiers. Pero en 1584 el aspirante al trono de Francia era Enrique de Navarra, jefe del partido protestante y hermano de Enrique III, por lo que comienza de nuevo la contienda. Con la muerte de Enrique III, ocurrida en 1589, Enrique de Navarra se convirtió en Enrique IV y después de su conversión (1593) trató de congraciarse con las ciudades y expulsar de Francia a las tropas de Felipe II. En 1598, la paz de Vervins y el edicto de Nantes pusieron fin a la guerra.

religiosamente *adv. m.* **1.** Con religiosidad, según lo establecido por la religión. **2.** Con puntualidad o exactitud.

religiosidad *s. f.* **1.** Práctica y cumplimiento de las obligaciones marcadas por una religión. **2.** Cualidad de religioso. **3.** Puntualidad o exactitud al realizar o cumplir algo.

religioso, sa *adj.* **1.** Perteneciente o relativo a una religión y a sus seguidores. **2.** Que practica una religión y cumple sus preceptos. **3.** Fiel y exacto en el cumplimiento del deber. || *s. m.* y *f.* **4.** Persona que ha ingresado en una orden regular y ha hecho en ella los votos.

relimpio, pia *adj. fam.* Muy limpio.

relinchar *v. intr.* Emitir relinchos el caballo.

relincho *s. m.* Voz del caballo.

relinga *s. f.* **1.** Cada una de las cuerdas donde van colocados los plomos y corchos con los que se sostienen las redes en el agua. **2.** Cuerda con que se refuerzan las orillas de las velas.

reliquia *s. f.* **1.** Parte del cuerpo de un santo o de algo que ha estado en contacto con él, que es objeto de veneración. **2.** Secuela que queda después de una enfermedad o accidente. **3.** Huella o resto de cosas pasadas. **4.** *fam.* Persona o cosa muy vieja o antigua. **5.** Objeto al que se tiene un gran aprecio, generalmente por haber pertenecido a una persona querida.

rellano *s. m.* **1.** Espacio llano entre dos tramos de una escalera. **2.** Parte llana que interrumpe la pendiente de un terreno.

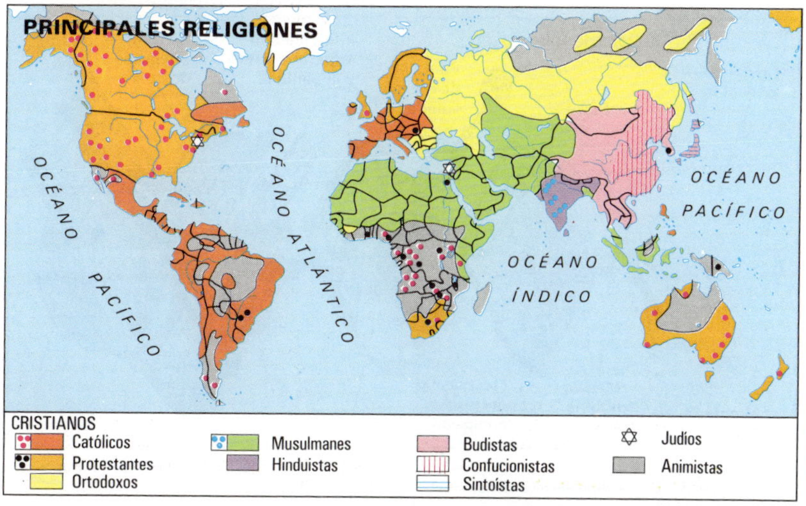

rellenar *v. tr.* **1.** Volver a llenar. También *v. prnl.* **2.** Llenar por completo. También *v. prnl.* **3.** Llenar un hueco o el interior de algo con alguna cosa. **4.** Escribir en los espacios en blanco de un impreso.

relleno, na *adj.* **1.** *fam.* Algo grueso o de formas redondeadas. Se usa más en diminutivo. ‖ *s. m.* **2.** Conjunto de ingredientes con que se rellena un alimento. **3.** Cualquier material con que se rellena algo. **4.** Acción y efecto de rellenar. **5.** *fam.* Parte innecesaria con la que se alarga un discurso, escrito, etc. ‖ **Loc. de relleno** *adj. fam.* Que está o sirve únicamente para rellenar huecos o para alargar lo que se dice o escribe.

reloj *s. m.* **1.** Dispositivo o máquina que sirve para medir el tiempo o dividir el día en horas, minutos y segundos. ‖ **2. reloj biológico** Mecanismo fisiológico que controla o regula los ciclos vitales de los individuos vivos. **3. reloj de agua** Instrumento utilizado para medir el tiempo, basándose en lo que tarda en caer el agua de un tubo a otro. **4. reloj de arena** Instrumento formado por dos ampollas de material transparente unidas por el cuello y que mide el tiempo por el que tarda en caer la arena de una a otra. **5. reloj de sol** Instrumento que señala las horas según la sombra que proyecta un gnomon o barrita de hierro sobre una superficie. **6. reloj digital** El que indica el tiempo a través de números reflejados en una pantalla de cristal líquido. ‖ **Loc. contra reloj** Modalidad de carrera ciclista en que los corredores toman la salida de uno en uno e intentan llegar a un determinado punto en el menor tiempo posible; también, muy rápidamente, en un plazo de tiempo muy corto. **ir** (o **marchar**) algo **como un reloj** *fam.* Ir o marchar muy bien, o ser muy preciso. **ser** uno **un reloj** *fam.* Ser muy puntual y exacto.
Biol. Los relojes biológicos más corrientes se llaman *relojes circadianos* y tienen periodos aproximados de un día, que se ajustan automáticamente con la salida o la puesta del Sol. Algunos seres vivos tienen relojes biológicos de ciclos más complejos, como el anual y el que sigue el ritmo de las mareas. Los relojes biológicos son responsables de fenómenos como la existencia de horas bajas a lo largo del día, las alteraciones de la temperatura del cuerpo o los efectos perjudiciales de los viajes en avión a grandes distancias, que alteran el ritmo horario.
Tecnol. El reloj más antiguo que se conoce es el reloj de sol de los chinos, egipcios e hindúes; posteriores a éste fueron la clepsidra o reloj de agua y el reloj de arena, ambos de funcionamiento muy semejante. Los primeros relojes mecánicos fueron fabricados en Alemania en el s. XIII, aunque probablemente los hubo antes en China. Eran relojes grandes, provistos de engranajes y movidos por pesas o resortes. Hacia 1659, el holandés Christian Huygens construyó el primer reloj de péndulo y a mediados del s. XVIII el inglés John Harrison diseñó varios relojes marinos portátiles, de los que proceden los relojes en miniatura de bolsillo y de muñeca, que se convirtieron en objetos de uso personal. En el s. XIX se utilizó por primera vez la electricidad para mover relojes (1840). Finalmente, los relojes de cuarzo y los relojes atómicos, que utilizan la frecuencia de oscilación de la luz monocromática para contar el tiempo, son extraordinariamente exactos.

relojería *s. f.* **1.** Técnica de hacer y reparar relojes. **2.** Taller en que se hacen o arreglan relojes. **3.** Tienda de relojes. ‖ **Loc. de relojería** *adj.* Se aplica al mecanismo dotado de un reloj que acciona o detiene algún dispositivo en un determinado momento.

relojero, ra *s. m.* y *f.* **1.** Persona que hace, arregla o vende relojes. ‖ *s. f.* **2.** Caja o bolsa para guardar el reloj de bolsillo.

relucir *v. intr.* **1.** Despedir o reflejar luz. **2.** Sobresalir una persona o cosa por una determinada cualidad, circunstancia, etc. ▪ Es v. irreg. Se conjuga como *lucir.* ‖ **Loc. sacar** (o **salir**) **a relucir** *fam.* Decir o revelar algo de manera inesperada o inoportuna. **Fam.** Reluciente.

reluctancia *s. f.* En fís., resistencia que ofrece un circuito a la fuerza magnética.

reluctante *adj.* Reacio u opuesto a algo.

relumbrar *v. intr.* Brillar con fuerza, resplandecer. **Fam.** Relumbrante.

relumbrón *s. m.* **1.** Golpe de luz viva y fugaz. **2.** Lujo aparente que no se corresponde con una riqueza real. ‖ **Loc. de relumbrón** *adj.* De aspecto lujoso o de calidad, sin que lo sea realmente.

rem (siglas de *Röntgen equivalent man*) *s. m.* En fís., unidad que mide el daño causado por radiación en el hombre. Un rem es la dosis equivalente a sus efectos biológicos a 1 rad de radiación β o γ. La dosis límite de exposición anual a la radiación es de 0,5 rem para la población en general y de 5 rem para profesionales que trabajan en ambientes radiactivos.

remachador, ra *adj.* **1.** Que remacha. ‖ *s. m.* y *f.* **2.** Trabajador que perfora las planchas metálicas y las une con remaches. ‖ *s. f.* **3.** Máquina o instrumento para remachar.

remachar *v. tr.* **1.** Machacar la cabeza o la punta de un clavo introducido en algún lugar, para darle mayor firmeza. **2.** Golpear la cabeza de un remache o roblón introducido en un agujero para que quede bien sujeto. **3.** Sujetar o adornar con remaches. **4.** Insistir sobre algo. **Fam.** Remachado.

remache *s. m.* **1.** Acción y efecto de remachar. **2.** Clavo o pieza de metal cuya punta, una vez clavada, se remacha por el extremo opuesto. **3.** En el billar, jugada en la que se hace chocar una bola contra otra que está pegada a la banda, para hacer carambola con una tercera.

remanente *s. m.* Parte que queda de una cosa o que se reserva de ella. También *adj.*

remangar *v. tr.* **1.** Recoger hacia arriba las mangas u otra parte de una prenda de vestir. También *v. prnl.* ‖ *v. prnl.* **2.** *fam.* Tomar una resolución de manera enérgica. ▪ Se dice también *arremangar.* Se conjuga como *pagar.*

remango *s. m. fam.* Capacidad para realizar algo con habilidad y eficacia.

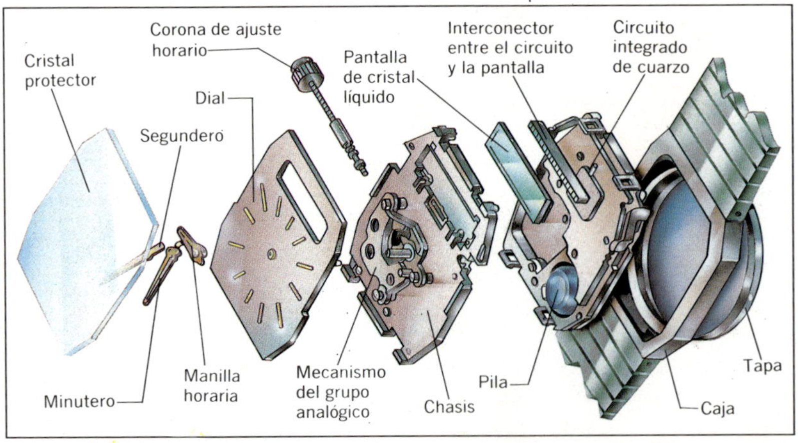

Reloj dotado de dial y manillas para la lectura horaria analógica, y de pantalla de cristal líquido para la lectura horaria digital, con sus correspondientes mecanismos.

remanguillé, a la *loc. adv. fam.* **1.** Sin poner ningún cuidado. **2.** En completo desorden. **3.** En mal estado, estropeado.

remansarse *v. prnl.* Detenerse o hacerse más lenta una corriente de agua.

remanso *s. m.* **1.** Lugar en que se remansa una corriente de agua. ‖ **2. remanso de paz** Lugar tranquilo.

remar *v. intr.* Mover los remos de una embarcación para hacerla avanzar por el agua.

remarcable *adj.* Notable, señalado.

remarcar *v. tr.* **1.** Volver a marcar. **2.** Insistir en algo que se ha dicho o escrito. ▪ Se conjuga como *sacar.*

Remarque, Erich Paul Kramer, llamado **Erich Maria** (Osnabrück 1898 - Locarno 1970) Novelista alemán. Alcanzó gran popularidad con su novela antimilitarista *Sin novedad en el frente* (1929).

rematadamente *adv. m.* Totalmente, sin remedio.

rematado, da **1.** *p. p.* de **rematar**. También *adj.* ‖ *adj.* **2.** *fam.* Con los adjetivos *tonto* o *loco*, total, sin remedio.

rematador, ra *adj.* **1.** Que remata. ‖ *s. m.* y *f.* **2.** Subastador.

rematante *s. m.* y *f.* Persona a la que se adjudica la cosa subastada.

rematar *v. tr.* **1.** Acabar de matar a a una persona o animal herido. **2.** *fam.* Acabar de estropear o agravar lo que ya estaba mal. **3.** Acabar algo dándole los últimos retoques. **4.** Dar a algo un final brillante o terminar con éxito una serie de acciones. **5.** En fútbol y otros deportes, culminar una jugada lanzando el balón contra la portería contraria. También *v. intr.* **6.** Constituir algo el final o la extremidad de otra cosa. **7.** En las labores de costura, asegurar la última puntada dando otras sobre ella o haciendo un nudo especial en el hilo. **8.** Dar por terminada una subasta adjudicando un objeto o lote al que realizó la mejor oferta. **9.** Vender lo último que queda de una mercancía a un precio más bajo. **10.** Gastar o consumir algo por completo.

remate *s. m.* **1.** Acción y efecto de rematar. **2.** Aquello que constituye el final o extremidad de algo. **3.** Cualquier elemento que se pone en la parte superior de un edificio, mueble, etc., generalmente como adorno. **4.** En las subastas, la oferta que se acepta. ‖ **Loc. de remate** *adv.* Completamente, sin remedio.

rembolsar *v. tr.* Reembolsar*. **Fam.** Rembolsable.

rembolso *s. m.* Reembolso*.

Rembrandt, Harmenszoon van Rijn, llamado (Leiden 1606 - Amsterdam 1669) Pintor y grabador holandés. Maestro del Barroco, su obra se caracteriza por el tratamiento de la luz, utilizando un claroscuro ambiental mediante el cual crea una atmósfera intimista y misteriosa, y por un naturalismo anticlasicista, que le lleva a representar personajes y objetos sin idealizaciones. En sus cuadros abordó gran número de temas: bíblicos, como en *Betsabé después del baño* (1654); mitológicos, como en *Dánae* (1636); sobresaliendo en el retrato, especialmente en el retrato colectivo burgués, del que son magníficos ejemplos *La lección de anatomía del profesor Tulp* (1632) y *La ronda nocturna* (1642), y en el autorretrato. Como grabador, realizó atrevidos experimentos en torno a la luz y su efecto sobre figuras y espacios, que aplicó en sus últimos óleos, como *El buey desollado* (1655), en el que la luz disuelve las formas y la materia pictórica adquiere consistencia.

remecedor, ra *s. m.* y *f.* Persona que varea y mueve los olivos para que caigan las aceitunas.

remecer *v. tr.* Mover una cosa de un lado a otro de manera continuada. También *v. prnl.* ▪ Es v. irreg. Se conjuga como *agradecer.*

remedar *v. tr.* **1.** Imitar. **2.** Burlarse de alguien haciendo sus mismos gestos y ademanes. **Fam.** Remedable, remedador.

remediar *v. tr.* **1.** Evitar un mal, daño, peligro, etc. o contrarrestar sus efectos. **2.** Corregir una cosa o solucionar un problema. **3.** Ayudar a alguien en una necesidad o urgencia. **4.** Evitar que alguien o algo sean de una determinada manera. **Fam.** Remediable, remediador.

remedio *s. m.* **1.** Acción y efecto de remediar. **2.** Aquello con que se remedia algo. **3.** Medicina o procedimiento para curar o aliviar una enfermedad. **4.** Ayuda, consuelo. ‖ **5. remedio casero** El que se aplica tradicionalmente a los enfermos, como cataplasmas, tisanas, etc., sin necesidad de llamar al médico; también, solución sencilla para algún problema. ‖ **LOC. no haber** (o **no tener**) **más** (u **otro**) **remedio** Ser lo que se expresa la única solución para algo; también, ser algo obligatorio. **no tener remedio** alguien *fam.* Ser incorregible; también, ser una calamidad. **¡qué remedio!** *excl.* Expresa resignación ante algo irremediable. **sin remedio** *adv.* Inevitablemente, necesariamente.

remedo *s. m.* **1.** Acción y efecto de remedar. **2.** Imitación de algo, especialmente cuando está mal hecha o resulta ridícula.

remembranza *s. f.* Recuerdo de una cosa pasada.

rememorar *v. tr.* Recordar, traer a la memoria. **FAM.** Rememoración, rememorativo.

remendado, da **1.** *p. p.* de **remendar**. También *adj.* ‖ *adj.* **2.** Que tiene manchas como recortadas, como las que tienen en la piel algunos animales. ‖ *s. m.* **3.** Acción y efecto de remendar. **4.** Remiendo, parche.

remendar *v. tr.* **1.** Reparar con un parche o trozo de tela nuevo algo que está viejo o gastado, especialmente una prenda de vestir. **2.** Dar puntadas entrelazadas para reforzar una parte gastada de un tejido o para tapar un agujero. ■ Es v. irreg. Se conjuga como *pensar.*

remendón, na *adj.* Que tiene por oficio remendar; se dice especialmente de los zapateros. También *s.*

remensa *s. f.* **1.** Derecho señorial vigente en Cataluña en la Baja Edad Media que sujetaba a la tierra a los campesinos, los cuales sólo se liberaban mediante el pago de un rescate. Esta situación provocó su levantamiento armado en la segunda mitad del s. XV y largas luchas que sólo acabaron cuando Fernando el Católico, en la sentencia arbitral de Guadalupe (1486), les liberó de dicha obligación. ‖ **2. payés de remensa** Campesino sometido a esta servidumbre.

remero, ra *adj.* **1.** Se dice de cada una de las plumas grandes en que terminan las alas de las aves. También *s. f.* ■ Se denominan también *rémiges.* ‖ *s. m.* y *f.* **2.** Persona que rema. ‖ *s. f.* **3.** *Arg.* Camiseta.

remesa *s. f.* **1.** Envío que se hace de una cosa. **2.** Lo que se envía de una vez.

remeter *v. tr.* **1.** Volver a meter algo o meterlo más adentro. **2.** Empujar algo para meterlo en un sitio; se dice especialmente de los bordes de una cosa.

remezón *s. m. amer.* Terremoto poco intenso.

remiendo *s. m.* **1.** Acción y efecto de remendar. **2.** Pedazo de tela, cuero, etc., con que se remienda algo, especialmente una prenda de vestir. **3.** P. ext., añadido que se pone a algo. **4.** *fam.* Arreglo provisional o de urgencia.

rémige *adj.* Remera, pluma grande del ala de las aves.

remilgado, da **1.** *p. p.* de **remilgarse**. ‖ *adj.* **2.** Excesivamente delicado, escrupuloso. También *s.* **FAM.** Remilgadamente.

remilgarse *v. prnl.* Mostrar remilgos. ■ Se conjuga como *pagar.*

remilgo *s. m.* Gesto o acción con que se muestra excesiva delicadeza, escrúpulo o asco.

remington *s. m.* Modelo de fusil inventado por el industrial estadounidense Philo Remington (1816 - 89), que introdujo el sistema de carga por la recámara.

reminiscencia *s. f.* **1.** Recuerdo vago o impreciso de alguna cosa. **2.** Aquello que recuerda otra cosa o muestra influencia de ella, especialmente tratándose de obras artísticas. Se usa sobre todo en *pl.* **3.** En la filosofía de Platón, recuerdo que constituye el fundamento de la verdadera sabiduría y de la inmortalidad del alma, puesto que presupone la contemplación de las ideas en una vida anterior.

remirado, da **1.** *p. p.* de **remirar**. ‖ *adj.* **2.** Se dice de la persona que reflexiona mucho sobre sus acciones. **3.** Remilgado, melindroso.

remirar *v. tr.* Volver a mirar o hacerlo intensamente.

remisible *adj.* Que se puede remitir o perdonar.

remisión *s. f.* **1.** Acción y efecto de remitir o remitirse. **2.** En un escrito, nota o indicación con que se remite al lector a otra parte del mismo o a otro diferente. ‖ **3. remisión condicional de una pena** En der., suspensión de la pena privativa de libertad impuesta a un condenado, bajo la condición de que éste no cometa otra infracción o delito durante un tiempo, después del cual la condena se considera cumplida. ‖ **LOC. sin remisión** *fam.* Sin remedio.

remisivo, va *adj.* Que remite o sirve para remitir.

remiso, sa *adj.* Que muestra resistencia o poco interés por algo.

remisorio, ria *adj.* **1.** Que tiene la facultad de remitir o perdonar. ‖ *s. f.* **2.** En der., despacho o escrito con que el juez envía una causa o un preso a otro tribunal. Se usa más en *pl.*

remite *s. m.* Nota escrita en un sobre, paquete, etc., que se envía por correo, para que consten el nombre y las señas de la persona que realiza el envío. ■ Su abreviatura es *R.* o *Rte.*, de *remite* o *remitente.*

remitente *adj.* Que remite o envía algo. También *s.*

remitido, da **1.** *p. p.* de **remitir**. También *adj.* ‖ *s. m.* **2.** Artículo o noticia que un particular envía a un periódico para que sea publicado en el mismo mediante pago.

Rembrandt: La ronda nocturna *(Rijksmuseum, Amsterdam).*

remitir *v. tr.* **1.** Enviar. **2.** En una obra escrita, hacer una remisión. También *v. intr.* **3.** Trasladar la solución o tramitación de un asunto a otra persona, departamento, etc. **4.** Perdonar una pena, librar de una obligación. ‖ *v. intr.* **5.** Perder intensidad o fuerza una cosa. **6.** En particular, desaparecer parcial o totalmente los síntomas de una enfermedad. ‖ *v. prnl.* **7.** Atenerse alguien a lo que se menciona.

remo *s. m.* **1.** Especie de pala larga y estrecha que sirve para mover algunas embarcaciones haciendo fuerza en el agua. **2.** Brazo o pierna, en el hombre y en los animales cuadrúpedos. Se usa más en *pl.* **3.** Cada una de las alas de un ave. Se usa más en *pl.* **4.** Deporte olímpico que consiste en recorrer una determinada distancia en una embarcación impulsada con remos. Las embarcaciones que se emplean en remo son de dos tipos: la yola, bote de tabladillo con cubiertas de tela a proa y popa, y el outrigger, de casco liso con la proa y popa de tela barnizada. Comprende nueve categorías: skiff, doble scull, cuádruple scull, dos sin timonel, dos con timonel, cuatro sin timonel, cuatro con timonel, ocho con timonel y ocho sin timonel, esta última sólo para mujeres. ‖ **LOC. meter el remo** *fam.* Meter la pata*.

Remo Personaje mítico. Hermano gemelo de Rómulo, fue muerto por éste por traspasar los límites de la futura ciudad de Roma, que los dioses habían encargado fundar a Rómulo.

remoción *s. f.* **1.** Acción y efecto de remover o removerse. **2.** En der., privación de un empleo o cargo.

remodelar *v. tr.* **1.** Modificar la forma o estructura de una obra arquitectónica o de urbanismo. **2.** Reorganizar, modificar la composición de algo.

remojar *v. tr.* **1.** Empapar una cosa, generalmente sumergiéndola en agua. También *v. prnl.* **2.** Celebrar algo invitando a los amigos a beber.

remojo *s. m.* Acción y efecto de remojar o remojarse. ‖ **LOC. en** (o **a**) **remojo** *adv.* Dentro del agua u otro líquido para que se ablande, disuelva, etc.

remojón *s. m.* **1.** Acción y efecto de mojar o mojarse. **2.** Baño, chapuzón.

Remolacha roja (Beta vulgaris rubra).

remolacha *s. f.* **1.** Planta herbácea de la familia quenopodiáceas, especie *Beta vulgaris.* Es bienal, tiene tallo erecto y grueso, hojas grandes, flores pequeñas verdosas en espiga y fruto seco con una semilla que se produce al segundo año de ser plantada. La raíz, en forma de huso, grande y de colores diferentes según las variedades, es comestible y de ella se obtiene sacarosa. Se cultiva en zonas cálidas y templadas de todo el mundo. ‖ **2. remolacha azucarera** *(Beta vulgaris rapa)* Variedad de la remolacha que se cultiva para la producción industrial del azúcar. **3. remolacha forrajera** *(Beta vulgaris alba)* Variedad de la remolacha cuya raíz tiene un menor contenido de azúcar y que se utiliza para la alimentación animal. **4. remolacha roja** *(Beta vulgaris rubra)* Variedad de la remolacha de raíz roja, que se consume especialmente en ensaladas. **FAM.** Remolachero.

remolcador, ra *adj.* **1.** Que sirve para remolcar. ‖ *s. m.* **2.** Embarcación pequeña y potente que se utiliza para ayudar a los barcos en sus maniobras dentro del puerto, para trasladarlos cuando están averiados, etc.

remolcar *v. tr.* **1.** Llevar una embarcación u otra cosa sobre el agua, tirando de ella por medio de cuerdas o cables. **2.** P. ext., llevar por tierra un vehículo tirando de él. **3.** Obligar a alguien a hacer algo que no desea. ▪ Se conjuga como *sacar.*

remoler *v. tr.* **1.** Moler mucho una cosa. ‖ *v. intr.* **2.** *Guat., Perú.* Molestar, fastidiar. **3.** *Chile, Perú.* Ir de juerga. ▪ Es v. irreg. Se conjuga como *mover.*

remolienda *s. f. Chile, Perú.* Juerga.

remolino *s. m.* **1.** Movimiento giratorio y rápido de aire, polvo, agua, etc. **2.** Mechón de pelos que salen en diferentes direcciones y que son difíciles de alisar. **3.** Reunión numerosa y desordenada de personas que se mueven. **4.** Confusión, jaleo, alteración. **5.** Persona inquieta o muy activa.

remolón, na *adj.* Que huye del trabajo o se hace el distraído para evitar algo. También *s.*

remolonear *v. intr.* Holgazanear, hacerse el remolón. También *v. prnl.*

remolque *s. m.* **1.** Acción y efecto de remolcar o ser remolcado. **2.** Vehículo sin motor que es remolcado por otro. **3.** Cualquier cosa que se lleva remolcada. **4.** Cabo o cuerda con que se remolca una embarcación. ‖ **Loc. a remolque** *adv.* Remolcando o siendo remolcado; también, a la fuerza, por presión o insistencia de otra persona.

Remón, José Antonio (Panamá 1908 - íd. 1955) Militar y político panameño. Jefe de la Guardia Nacional (1947), contribuyó a la caída de Daniel Chanis (1949) y participó en el derrocamiento de Arnulfo Arias (1951). Presidente de la república (1952), declaró ilegal al partido comunista y realizó una política favorable a los intereses estadounidenses. Murió asesinado.

remonta *s. f.* **1.** Compra, cría y cuidado de los caballos para el ejército. **2.** Establecimiento en que se realizan estas actividades. **3.** En el ejército, conjunto de caballos o mulas destinados a cada cuerpo.

remontar *v. tr.* **1.** Subir una pendiente. **2.** Navegar o nadar aguas arriba en una corriente. **3.** Elevar algo en el aire. También *v. prnl.* **4.** Sacar adelante una cosa, superar un obstáculo o dificultad. **5.** Avanzar puestos, posiciones, etc. ‖ *v. prnl.* **6.** Subir, ir hacia arriba, particularmente, las aves, los aviones, etc. **7.** Retroceder con el recuerdo a una época pasada. **8.** Pertenecer algo a una época bastante lejana. **9.** Elevarse una cantidad, especialmente de dinero, a la cifra que se indica. **10.** Alterarse la calidad del vino por haberse oxidado a causa de llevar embotellado mucho tiempo. ‖ **Loc. remontar el vuelo** Elevarse volando un pájaro, una aeronave, etc.

remonte *s. m.* **1.** Acción y efecto de remontar o remontarse. **2.** Aparato utilizado para remontar una pista de esquí, como el telesilla o el telesquí. **3.** Variedad del juego de pelota en la que se usa una cesta más corta y abierta que la normal, de modo que no retenga la pelota. **4.** Esta cesta.

remoquete *s. m.* Apodo, mote.

rémora *s. f.* **1.** Nombre común de diversos peces perciformes de la familia equeneidos, géneros *Remora, Echeneis, Remorina* y *Phtherichthys.* Se caracterizan por poseer en la cara superior de la cabeza un órgano a la manera de una ventosa, mediante la cual se adhieren a otros peces mayores con los que conviven en régimen de comensalismo. Habitan en los mares cálidos y templados. **2.** Cosa que dificulta o impide el progreso o la realización de alguien o algo.

remorder *v. intr.* **1.** Causar remordimientos. **2.** Producir en alguien cierta perturbación o malestar interior un sentimiento intenso y continuo, como la rabia, la envidia, los celos, etc. ▪ Es v. irreg. Se conjuga como *mover.*

remordimiento *s. m.* Inquietud o pesar que siente una persona por haber hecho algo que ha resultado malo, injusto o perjudicial para alguien.

remotamente *adv. m.* **1.** De manera imprecisa, confusa, vaga: *Me acordaba remotamente de él.* ‖ *adv. t.* **2.** En un tiempo pasado, lejano, distante: *Aquello sucedió remotamente.* ‖ **Loc. ni remotamente** *adv.* En absoluto, de ningún modo, sin posibilidad de que algo ocurra.

remotidad *s. f. Amér. C.* Lejanía o lugar distante.

remoto, ta *adj.* **1.** Que está distante o apartado en el tiempo o en el espacio. **2.** Que es difícil que suceda o llegue a ser verdad. ‖ **Loc. no tener ni la más remota idea** Desconocer algo totalmente.

remover *v. tr.* **1.** Mover una cosa o varias agitándolas o dándoles vueltas. **2.** Cambiar una cosa de sitio o quitar un obstáculo o inconveniente. **3.** Volver a pensar, tratar, examinar, etc., un asunto que estaba olvidado o detenido. ‖ *v. intr.* **4.** Investigar en un asunto para poner al descubierto algo. ‖ *v. prnl.* **5.** Moverse o darse la vuelta en un sitio. ▪ Es v. irreg. Se conjuga como *mover.* **Fam.** Removimiento.

remozar *v. tr.* Dar un aspecto más nuevo o moderno a algo. ▪ Se conjuga como *cazar.* **Fam.** Remozamiento.

remplazar *v. tr.* Reemplazar*. **Fam.** Remplazable, remplazante.

remplazo *s. m.* Reemplazo*.

Remscheid C. de Alemania, situada en el Land de Renania Septentrional-Westfalia, al NE de Colonia. 121.000 h. en 1989. Cuenta con industria metalúrgica, mecánica y química.

remuneración *s. f.* **1.** Acción y efecto de remunerar. **2.** Dinero o cosa que se da o sirve para remunerar.

remunerador, ra *adj.* Gratificante, que proporciona un beneficio o una compensación satisfactorios.

remunerar *v. tr.* **1.** Pagar un trabajo. **2.** Recompensar, gratificar. **3.** Producir ganancia o provecho un trabajo. **Fam.** Remunerativo.

remuneratorio, ria *adj.* Que se da como remuneración.

renacentista *adj.* **1.** Perteneciente o relativo al Renacimiento. **2.** Se dice del que cultiva el arte o los estudios propios del Renacimiento. También *s.*

renacer *v. intr.* **1.** Volver a nacer o brotar. **2.** Tomar nuevas fuerzas o energías. ▪ Es v. irreg. Se conjuga como *agradecer.* **Fam.** Renaciente.

renacimiento *s. m.* **1.** Acción y efecto de renacer. **2.** Periodo de la cultura occidental, inspirado en la antigüedad clásica grecolatina, que se inició en Italia y se extendió al resto de Europa durante los s. XV y XVI. ▪ En esta acepción se escribe con mayúscula.

Arte En el Renacimiento, el arte rompe con la Edad Media, se seculariza y es valorado como una recreación de la naturaleza a través del espíritu, tomando como modelo la antigüedad clásica. El artista supera su condición de artesano y recibe en las academias una formación no sólo técnica, sino también humanística. Surgen los grandes mecenas protectores de las artes, eliminando el monopolio de la Iglesia en el encargo de obras de arte. La arquitectura rompe con los modelos góticos y retorna al empleo de los órdenes clásicos griegos y romanos, siendo sus características fundamentales la proporción, la perspectiva y el uso de la cúpula. Destacan las figuras de Leone Battista Alberti, Filippo Brunelleschi, Donato Bramante, Miguel Ángel y Andrea Palladio. La escultura se caracteriza por la exaltación de la figura humana. En ella sobresalieron Donatello, Lorenzo Ghiberti y Miguel Ángel. La pintura alcanza una amplia perfección técnica en el estudio de las formas humanas, la perspectiva y el análisis del espacio y de la luz. Proliferan las escuelas: Florencia, Roma, Siena, Umbría, Ferrara, etc. Grandes pintores renacentistas son Tommaso Masaccio, Fra Angélico, Paolo Ucello, Andrea Mantegna, Sandro Botticelli, Leonardo da Vinci, Rafael Sanzio, y también Miguel Ángel, el cual abarcó todos los campos del arte y en el que se resume el poder creador del hombre renacentista. El arte del Renacimiento se impuso rápidamente en toda Europa dando lugar a figuras de la talla del alemán Alberto Durero y de los flamencos Jan van Eyck y Brueghel. En España, la arquitectura adquirió características propias en el estilo plateresco y, más tarde, en el herreriano. La escultura española, representada por Alonso Berruguete y Juan de Juni, fue casi exclusivamente religiosa y se realizó en madera poli-

Renacimiento: arriba, de izquierda a derecha, un aspecto de La Rotonda *(1570), villa construida por Palladio en los alrededores de Vicenza (Italia), y la estatua ecuestre del* Condottiero Gattamelata, *de Donatello, en Padua; abajo,* Creación de Adán, *fresco de Miguel Ángel en la Capilla Sixtina del Vaticano.*

cromada. La pintura denota la influencia de los tres grandes maestros italianos, Leonardo, Miguel Ángel y Rafael, en artistas como Pedro de Berruguete, Juan de Juanes, Luis de Morales, Alonso Sánchez Coello y Juan Pantoja de la Cruz. La literatura de este periodo está determinada por el surgimiento de la imprenta. El humanismo triunfa y la lengua vulgar sustituye al latín como lengua culta. Es en la poesía donde el cambio se hace más notable con el triunfo del petrarquismo y el *dolce stil nuovo*, la adopción del endecasílabo y la introducción de nuevas formas métricas, como el soneto y la lira. Los grandes autores del Renacimiento son, entre otros, Francesco Petrarca, Pietro Bembo, Jacopo Sannazaro, Angelo Poliziano, Torquato Tasso y Ludovico Ariosto, en Italia; François Rabelais, Pierre de Ronsard y el grupo de La Pléiade, en Francia; Christopher Marlowe y Ben Jonson, en Inglaterra; Juan Boscán, Garcilaso de la Vega, Antonio de Nebrija, Luis Vives, Alfonso y Juan de Valdés, San Juan de la Cruz, Santa Teresa de Jesús y fray Luis de León, en España; así como Luis Vaz de Camoens y Gil Vicente, en Portugal.

Fil. y ***Cienc.*** El pensamiento característico del Renacimiento se configura a partir de dos aspectos básicos: el florecimiento del humanismo, que implica una valoración del hombre por encima de cualquier otra realidad, y la adopción de la cultura clásica como modelo. Se produce un giro antropocéntrico que propicia el desarrollo de un saber secularizado cuyo principal objetivo es el estudio de la naturaleza, otorgando una importancia creciente a la observación y a la experimentación. Estas características favorecen la aparición de la ciencia moderna y de un pensamiento que cuenta entre sus más ilustres representantes con Nicolás de Cusa, Marsilio Ficino, Pietro Pomponazzi, Nicolás Maquiavelo, Francis Bacon, Montaigne, Tomás Moro, Giordano Bruno, Erasmo de Rotterdam, Martin Lutero, Nicolás Copérnico, Giordano Bruno, Paracelso, Vesalio, Miguel Servet y Tartaglia.

renacuajo *s. m.* **1.** Larva de la rana en la fase de desarrollo que supone una etapa de transición hacia la vida terrestre; los renacuajos respiran por branquias, poseen cola, carecen aún de patas y tienen alimentación fitófaga. **2.** Larva de cualquier batracio. **3.** Calificativo cariñoso que se da a los niños pequeños, particularmente a los que son vivarachos e inquietos.

renaixença (voz cat. que significa 'renacimiento') *s. f.* Movimiento cultural catalán que surgió aproximadamente en 1830 y decayó hacia 1890, cuyo principal objetivo era la recuperación del esplendor literario y de la autonomía de Cataluña en el campo de la cultura, especialmente mediante la reivindicación de la lengua catalana como vehículo de expresión. Su origen se marca, tradicionalmente, con la publicación de la oda *La Pàtria* (1833) de Bonaventura Carles Aribau. Entre sus figuras más representativas se cuentan Manuel Milá y Fontanals, Pau Piferrer, Joaquim Rubió i Ors y Jacint Verdaguer.

renal *adj.* Nefrítico, perteneciente o relativo a los riñones.

Renan, Ernest (Tréguier 1823 - París 1892) Historiador de las religiones y filósofo francés. Sostuvo una concepción positivista de la ciencia, al tiempo que una fe ilimitada en el progreso, que se haría efectivo cuando los hombres abandonaran los dogmas religiosos. Entre sus obras principales figuran *Dramas filosóficos* (1878-1886), *El porvenir de la ciencia* (1890), *Historia de los orígenes del cristianismo* (1863-81) e *Historia del pueblo de Israel* (1888-94).

Renania (*Rheinland*) Región histórica de Alemania. Después de su conquista por Julio César, fue dividida en las provincias romanas de Germania Superior e Inferior. En el s. V fue invadida por los francos, aunque cinco siglos después retornó a manos de los germanos. En el s. XVIII se integró en la República Francesa, luego fue anexionada a Prusia y, ya en el s. XX, después de una breve independencia, fue repartida entre los Land de Renania Septentrional-Westfalia, Renania-Palatinado y Sarre.

Renania Septentrional-Westfalia (*Nordrhein-Westfalen*) Land de Alemania, situado en el O del sector central del país, junto a la frontera de Holanda y Bélgica. 34.070 km^2. 17.104.000 h. en 1990. La capital es Düsseldorf, con 569.650 h. en 1989. Aunque es una región agrícola, su economía se sustenta sobre todo en los yacimientos de carbón y hulla y en su industria química, textil, cerámica y metalúrgica, centrada especialmente en la cuenca del Ruhr. El río Rhin, su gran vía de comunicación, desempeña un importante papel en el comercio. Constituye la principal región del país, tanto en el aspecto demográfico como económico, y sus núcleos urbanos más importantes son Colonia, Essen, Dortmund y Duisburg.

Renania-Palatinado (*Rheinland-Pfalz*) Land de Alemania, situado en el O del país, junto a las fronteras de Bélgica, Luxemburgo y Francia. Tiene un relieve muy accidentado y está atravesado por los ríos Rhin y Mosela. 19.847 km^2. 3.702.000 h. en 1990. La capital es Maguncia, con 174.800 h. en 1989. Cuenta con cultivos de cereales, remolacha azucarera, patata y, sobre todo, vid. Más importante para su economía es la ganadería porcina y vacuna. Posee también industria química, metalúrgica y de construcción de maquinaria.

renano, na *adj.* De los territorios situados a las orillas del Rhin.

Renard, Jules (Châlons, Mayenne 1864 - París 1910) Escritor francés. Agudo observador, destacó por sus novelas, ambientadas en medios conflictivos, y por su *Diario*, redactado entre 1887 y 1910, que fue publicado póstumamente en 1935. Algunas de sus principales novelas son *El parásito* (1892), *El viñador en su viña* (1894) y *Pelo de zanahoria* (1894). También es de gran interés su *Correspondencia* (1954).

Renato de Anjou (Angers 1409 - Aix-en-Provence 1480) Duque de Anjou (1430-80) y de Lorena (1431-53), conde de Provenza (1434-80) y rey de Nápoles (1438-42) y de Cataluña (1466-72). Hijo segundo de Luis II de Anjou, rey de Nápoles, se casó con Isabel, heredera de Lorena. La Generalitat de Cataluña (1466) le ofreció el trono en el curso de la guerra contra Juan II. Poco después de su muerte, sus estados pasaron a la corona francesa.

Renau, Josep (Valencia 1907 - Berlín Este 1982) Pintor y cartelista español. Miembro del Partido Comunista, realizó carteles de propaganda, cargados de intención social, para el bando republicano durante la guerra civil (1936-1939). Destacó por sus series de fotomontajes, como *American Way of Life* (1952-66).

Renault, Louis (Autun 1843 - Barbizon 1918) Jurista francés. Profesor de derecho internacional, representó a Francia en la conferencia de paz de La Haya de 1907 y ese mismo año fue premiado con el Nobel de la paz, compartido con Ernesto Teodoro Moneta.

Renault, Louis (París 1877 - íd. 1944) Ingeniero e industrial francés. En su taller de Billancourt construyó un modelo de automóvil (1898), que luego fabricó en serie. Patentó unos 500 inventos y su fábrica se convirtió en una industria de automóviles, aeroplanos y armamento.

rencilla *s. f.* Riña o discusión que provoca resentimiento o enemistad. Se usa más en *pl.*

rencilloso, sa *adj.* Que tiene tendencia a provocar rencillas.

renco, ca *adj.* Cojo, especialmente por lesión de la cadera. También *s.*

rencor *s. m.* Sentimiento persistente de odio o antipatía hacia otra persona por el daño u ofensa que ésta ha hecho voluntaria o involuntariamente.

rencoroso, sa *adj.* Que siente rencor o tiene tendencia a sentirlo. También *s.* **FAM.** Rencorosamente.

rendajo *s. m.* Arrendajo*.

rendibú *s. m.* Manifestación de respeto, sumisión o atención que se hace a una persona, generalmente por adulación.

rendición *s. f.* Acción y efecto de rendir o rendirse.

rendidamente *adv. m.* Con total sumisión o entrega.

rendido, da 1. *p. p.* de **rendir**. ‖ *adj.* **2.** Muy cansado. **3.** Totalmente sometido a otra persona por la admiración, el amor, etc.

rendija *s. f.* Abertura estrecha y alargada que se produce en un cuerpo sólido, o que existe entre dos cosas muy próximas entre sí.

rendimiento *s. m.* **1.** Producto o utilidad que proporciona una persona o cosa, en relación con lo que trabaja, gasta, cuesta, etc. **2.** Relación entre la energía útil obtenida de una máquina y la energía que hay que suministrarle para que funcione. Su valor suele expresarse en tantos por ciento. **3.** Servilismo, sumisión, humildad.

rendir *v. tr.* **1.** Vencer y obligar a las tropas, plazas enemigas, etc., a que se entreguen. **2.** Someter a alguien a la voluntad o dominio de uno. También *v. prnl.* **3.** Dar, entregar. **4.** Con ciertos sustantivos, dar, ofrecer o presentar lo que éstos expresan. **5.** Cansar, dejar agotado. También *v. prnl.* **6.** Producir un rendimiento, utilidad o resultados una persona o cosa. Se usa más como *v. intr.* **7.** En el ejército, realizar con las armas, la bandera, etc., ciertos actos en señal de homenaje o respeto. ‖ *v. prnl.* **8.** Dejar de oponer resistencia, entregarse. **9.** Verse obligado a admitir algo. **10.** Desanimarse, flaquear. ■ Es v. irreg. Se conjuga como *pedir.*

rendzina *s. f.* Tipo de suelo formado sobre terrenos calcáreos en las zonas de climas templados. Tiene un horizonte A muy rico en humus. Posee una gran fertilidad y su aprovechamiento es fundamentalmente agrícola.

renegado, da 1. *p. p.* de **renegar**. ‖ *adj.* **2.** Que reniega de su raza, patria, creencias, etc. También *s.* **3.** Renegón*.

renegar *v. tr.* **1.** Negar con insistencia una cosa. ‖ *v. intr.* **2.** Rechazar alguien su religión, raza, patria o creencias, generalmente para adoptar otras. **3.** Rechazar con desprecio a una persona a la que uno está unido por algún tipo de relación, o rechazar dicha relación. **4.** *fam.* Refunfuñar, protestar murmurando en voz baja. ■ Es v. irreg. Se conjuga como *regar.*

renegón, na *adj. fam.* Que tiene tendencia a renegar o refunfuñar. También *s.*

renegrido, da *adj.* **1.** Ennegrecido por el humo o la suciedad. **2.** De color muy oscuro, en especial hablando de contusiones o de la piel.

renglón *s. m.* **1.** Serie de palabras o caracteres escritos o impresos en la misma línea. **2.** Cada una de las líneas horizontales que tienen algunos papeles, cuadernos, etc., para escribir sin torcerse. ‖ *pl.* **3.** *fam.* Cualquier escrito o impreso. ‖ **LOC. a renglón seguido** *fam.* A continuación, inmediatamente después de algo, en especial cuando se quiere indicar que no hay una consecuencia lógica con lo anterior.

Reni, Guido (Calvenzano, Bolonia 1575 - Bolonia 1642) Pintor italiano. Formado bajo la influencia de los Carracci, es uno de los más característicos representantes de la escuela clasicista del Barroco. Entre sus obras destacan los cuadros *Sansón victorioso* (1610) y *La matanza de los inocentes* (1610), y el fresco *La aurora* (1613-14) en el palacio Pallavicini-Rospigliosi de Roma.

reniego *s. m. fam.* Lo que se hace o se dice renegando, protestando. Se usa más en *pl.*

renio *s. m.* Re. Elemento químico perteneciente al grupo VII B del sistema periódico. Su número atómico es 75 y su masa atómica 186,2. Su presencia fue detectada, en 1925, por los químicos alemanes Walter Karl Noddack y Otto Berg, en minerales del platino y molibdeno; aunque no fue obtenido hasta 1929. Posee una densidad elevada, 21 g/cm^3, y un alto punto de fusión, 3.172 °C, presentando gran resistencia a la rotura por tracción. Su comportamiento químico es similar al del manganeso, a cuyo grupo pertenece. Es un elemento muy escaso, que se encuentra acompañando al molibdeno en la molibdenita en yacimientos existentes en Arizona y Nuevo México. Se emplea en la preparación de algunas aleaciones duras, en conexiones eléctricas y en la fabricación de pares termoeléctricos.

Rennes C. de Francia, cap. de la región de Bretaña, situada en el NO del país. 198.000 h. en 1990. Posee una refinería de petróleo e industrias mecánicas, textiles y alimentarias. Es un importante nudo de comunicaciones.

reno *s. m.* Mamífero artiodáctilo de la familia cérvidos, especie *Rangifer tarandus*, con varias subespecies. Es un rumiante que mide unos 120 cm de altura y 200 cm de longitud; tiene el pelaje de color pardo grisáceo y el cuello blanco, con una crin espesa y colgante. Posee una amplia cornamenta. Habita en las regiones frías del

Renos (Rangifer tarandus).

hemisferio norte y se domestica para animal de tiro. El reno americano *(Rangifer tarandus caribou)* realiza migraciones estacionales en busca de alimento.

Reno C. de EE UU, situada en el NO del estado de Nevada. 120.100 h. en 1988. Centro comercial, ha experimentado un rápido crecimiento demográfico como consecuencia de su proximidad a California. Cuenta con industria metalúrgica, alimentaria y de materiales de construcción, así como gran número de visitantes atraídos por el juego y las facilidades dadas a la legalización de matrimonios y divorcios.

Renoir, Auguste (Limoges 1841 - Cagnes-sur-Mer 1919) Pintor francés. Es uno de los principales representantes del impresionismo. Formado junto a Monet en el taller de Bazille, su pintura se distingue de la de sus compañeros de grupo en la preferencia por las figuras humanas sobre el paisaje y por el retrato. En 1882 viajó a Italia y estudió los frescos de Pompeya y los pintores del quattrocento; desde entonces su obra ganó en equilibrio compositivo y solidez de los volúmenes del cuerpo femenino. Representativos de sus diversas etapas son los cuadros *Lisa con sombrilla* (1867), *El palco* (1874), *Le Moulin de la Galette* (1876) y *Las bañistas* (1884-87).

Auguste Renoir: Muchachas al piano *(Museo de Orsay, París).*

Renoir, Jean (París 1894 - Los Ángeles 1979) Director de cine francés. Hijo del anterior, sus primeras películas, de estilo naturalista, constituyen una importante aportación al estudio del espacio cinematográfico. Evolucionó posteriormente hacia un cine social, antecedente del neorrealismo italiano. Al estallar la Segunda Guerra Mundial prosiguió su obra en EE UU. Entre sus mejores filmes figuran *Nana* (1926), *Los bajos fondos* (1936), *La gran ilusión* (1937), *La regla del juego* (1939), *El río* (1951) y *French Cancan* (1955).

renombrado, da *adj.* Célebre, muy famoso y conocido.

renombre *s. m.* Celebridad, fama.

Renouvier, Charles (Montpellier 1815 - Prades 1903) Filósofo francés. Su filosofía, denominada *relacionismo* e influida por Kant, se opone a toda pretensión de conocer cualquier realidad absoluta e incondicionada. En el terreno de la ética, defendió la libertad e hizo de la persona la realidad fundamental de la acción. Es autor de obras como *Ucronía* (1876), *La ciencia de la moral* (1869), *El personalismo* (1901) y *Los dilemas de la metafísica pura* (1903).

renovar *v. tr.* **1.** Hacer que alguien o algo vuelva a tener vitalidad, energía, etc. **2.** Realizar de nuevo, después de una interrupción, la acción que se expresa. **3.** Cambiar una cosa vieja o anticuada por otra nueva o moderna de la misma clase. **4.** Cambiar una cosa cuyo plazo de validez o efectividad ha terminado por otra nueva de la misma clase. **5.** Transformar, modernizar. También *v. prnl.* **6.** Arreglar una cosa vieja o en mal estado para dejarla como nueva. ▪ Es v. irreg. Se conjuga como *contar.* **FAM.** Renovable, renovación, renovador.

renquear *v. intr.* **1.** Andar defectuosamente, como renco o cojo. **2.** *fam.* Seguir viviendo alguien o funcionando un asunto, aunque con dificultades y trabajosamente. **FAM.** Renqueante, renqueo.

renquera *s. f. amer.* Cojera propia del renco.

renta *s. f.* **1.** Beneficio o cantidad de dinero que proporciona periódicamente una cosa. **2.** Cantidad de dinero que alguien recibe periódicamente por algo. **3.** Cantidad de dinero que hay que pagar periódicamente por algo. ‖ **4. declaración de la renta** Documento mediante el cual una persona reconoce ante la hacienda pública sus ingresos anuales y efectúa las correspondientes desgravaciones para hallar la cantidad que deberá ingresar en el Tesoro, en concepto de impuestos, o recibir de éste como devolución de lo que ha pagado de más. **5. renta disponible** Conjunto de los ingresos de que disponen los habitantes de un país para consumir o ahorrar en un periodo determinado. **6. renta fija** Tipo de rendimiento de un valor cuya remuneración no depende de los resultados de la empresa sino que se fija en el momento de la emisión. **7. renta nacional** Valor neto del conjunto de los bienes y servicios creados por un país a lo largo de un determinado periodo de tiempo, generalmente un año. Se obtiene sumando todas las rentas individuales y empresariales, más las percibidas por el poder público a través de los impuestos, y dividiendo todo ello por el total de los gastos de los consumidores, organismos privados y públicos, el ahorro y la inversión. **8. renta per cápita** Indicador que mide el nivel económico de un país; se calcula dividiendo la renta nacional por el número de habitantes de un país. **9. renta vitalicia** Contrato por el cual una persona o sociedad se compromete a pagar una pensión anual de por vida a una o varias personas a cambio de un capital en bienes muebles o inmuebles cedido por éstas. ‖ **LOC. vivir de las rentas** Aprovecharse de lo que se ha conseguido en el pasado.

rentabilidad *s. f.* **1.** Cualidad de rentable o productivo. **2.** Capacidad de rentar o producir beneficio.

rentabilizar *v. tr.* Hacer que la producción o los beneficios de una empresa, industria o negocio sean superiores a los costes y gastos que ocasionan. ▪ Se conjuga como *cazar.* **FAM.** Rentabilización.

rentable *adj.* **1.** Que renta. **2.** *fam.* Que merece la pena.

rentar *v. tr.* Producir una cosa periódicamente riquezas, beneficios, ganancias o utilidad. También *v. intr.*

Rentería (*Errenteria*) C. de España, situada en la provincia de Guipúzcoa. 41.150 h. en 1991. Cuenta con una industria de larga tradición histórica, esencialmente metalúrgica, papelera, textil y alimentaria.

rentero, ra *s. m.* y *f.* Persona que tiene arrendada o alquilada una posesión o finca rural.

rentista *s. m.* y *f.* Persona que tiene propiedades por las que percibe una renta, particularmente aquella que vive de ésta.

rentoy *s. m.* Juego de cartas entre dos, cuatro, seis u ocho personas; es parecido al tresillo y cada jugador recibe tres cartas.

renuencia *s. f.* **1.** Resistencia u oposición a hacer una cosa. **2.** Cualidad de las cosas trabajosas y difíciles.

renuente *adj.* **1.** Se dice de quien se resiste a hacer cierta cosa. **2.** Trabajoso, dificultoso.

renuevo *s. m.* Brote de un árbol o una planta después de podado o cortado.

renuncia *s. f.* **1.** Acción y efecto de renunciar. **2.** Escrito o documento en que se recoge esta acción.

renunciar *v. intr.* **1.** Dejar o abandonar voluntariamente algo que se posee o a lo que se tiene derecho. **2.** Dejar de hacer una cosa por necesidad, obligación o sacrificio. **3.** No querer admitir o aceptar cierta cosa. **FAM.** Renunciable, renunciación, renunciamiento.

renuncio *s. m.* **1.** En algunos juegos de cartas, falta que comete un jugador cuando no sigue el palo pudiendo hacerlo, o cuando pudiendo subir una carta echa otra más baja. **2.** *fam.* Mentira o contradicción en que se coge a uno.

renvalso *s. m.* Rebaje o corte que se hace en los cantos de las hojas de puertas y ventanas para que encajen en sus marcos o unas con otras.

reñidero *s. m.* Sitio destinado a la riña o pelea de algunos animales, principalmente de gallos.

reñido, da **1.** *p. p.* de **reñir.** ‖ *adj.* **2.** Se dice de la persona que se ha peleado o enemistado con otra. **3.** Se dice de las competiciones, concursos, pruebas, etc., en que existe mucha rivalidad por tener los participantes méritos similares. ‖ **LOC. estar** una cosa **reñida** con otra Ser incompatibles u opuestas. **FAM.** Reñidamente.

reñir *v. tr.* **1.** Reprender o regañar una persona a otra. **2.** Con palabras como *combate, desafío,* etc., llevarlos a cabo. ‖ *v. intr.* **3.** Discutir, pelear. **4.** Enemistarse, dejar de tener trato o relaciones. ▪ Es v. irreg. Se conjuga como *ceñir.*

reo *s. m.* Pez de la familia salmónidos, especie *Salmo trutta trutta.* Es una variedad de la trucha común, de color asalmonado, que habita en las aguas salobres de la desembocadura de los ríos.

reo, a *s. m.* y *f.* **1.** Persona condenada en un juicio. **2.** Persona demandada o acusada en un juicio.

reojo, de *loc. adv.* Usada generalmente con el verbo *mirar,* hacerlo disimuladamente, sin volver la cabeza; también, hacerlo mostrando enfado, desconfianza o desprecio hacia alguien.

reordenar *v. tr.* Ordenar de nuevo, reorganizar. **FAM.** Reordenación.

reorganizar *v. tr.* Organizar algo de nuevo, de manera distinta y más eficaz. ▪ Se conjuga como *cazar.* **FAM.** Reorganización, reorganizador.

reóstato *s. m.* Resistencia variable colocada en un circuito con el fin de poder modificar la intensidad que circula por él, o por alguna de sus ramas.

repajolero, ra *adj. fam.* Gracioso, salado. También *s.* Se usa a menudo en sentido irónico para significar lo contrario: *Eso no tiene repajolera gracia.*

¡repámpanos! *interj.* Denota sorpresa, enfado o disgusto.

repanchigarse o **repanchingarse** *v. prnl.* Repantigarse*.

repanocha, ser la *loc. fam.* Ser una persona o cosa fuera de lo normal, por buena, mala, absurda, etc.

repantigarse o **repantingarse** *v. prnl.* Sentarse en un asiento recostándose y extendiendo todo el cuerpo para mayor comodidad. ▪ Se dice también *repanchigarse* o *repanchingarse.* Se conjuga como *pagar.*

reparación *s. f.* **1.** Acción y efecto de reparar una cosa rota o estropeada. **2.** Compensación por un daño o satisfacción dada por un agravio.

reparador, ra *adj.* **1.** Que repara. También *s.* **2.** Que restablece las fuerzas. **3.** Se aplica a los miembros de algunos institutos religiosos y al instituto mismo. También *s.*, sobre todo *pl.*

reparar *v. tr.* **1.** Arreglar una cosa rota o estropeada. **2.** Remediar o corregir una falta, error o daño que se ha causado a alguien. **3.** Con palabras como *fuerzas, energías,* etc., recuperarlas. ‖ *v. intr.* **4.** Tener en cuenta lo que se expresa para hacer o no hacer algo. **5.** Fijarse, darse cuenta. **FAM.** Reparable.

reparo *s. m.* **1.** Objeción o dificultad que se pone a alguna cosa. **2.** Dificultad para hacer algo, debida a vergüenza, timidez, etc.

repartición *s. f.* **1.** Acción y efecto de repartir. **2.** *amer.* Cada una de las secciones de un organismo administrativo.

repartimiento *s. m.* **1.** Acción y efecto de repartir. **2.** Documento en que consta lo que se ha repartido a cada uno. **3.** Cada una de las partes en que se divide una contribución o carga extraordinaria. **4.** Sistema de repoblación utilizado en España en el s. XIII, fundamentalmente en el valle del Guadalquivir, que consistía en la distribución de las tierras conquistadas a los musulmanes entre los caballeros que habían participado en la conquista. ‖ **5. repartimiento de indios** Encomienda*.

repartir *v. tr.* **1.** Distribuir una cosa que se ha dividido en partes. También *v. prnl.* **2.** Entregar algo en distintos lugares o a personas diferentes. **3.** Proporcionar o administrar lo que se expresa. **4.** Asignar a cada persona la función, colocación, destino, etc., que le corresponde o conviene. **5.** *fam.* Dar golpes a distintas personas. **6.** Esparcir o extender cierta cosa sobre una superficie. También *v. prnl.* **7.** Colocar a cierto número de personas o cosas por varios sitios. También *v. prnl.* **FAM.** Repartidor.

reparto *s. m.* **1.** Acción y efecto de repartir. **2.** Relación de los actores que intervienen en una obra teatral, cinematográfica, etc., y de los personajes que representan. ‖ **3. reparto proporcional** Distribución de una cantidad en partes directa o inversamente proporcionales entre otras cantidades dadas, de la que resulta un reparto directa o inversamente proporcional, respectivamente. **4. reparto directamente proporcional** En mat., aquel que se obtiene dividiendo la cantidad que se quiere repartir entre la suma de las cantidades dadas y multiplicando posteriormente el número así obtenido por cada una de éstas. **5. reparto inversamente proporcional** En mat., aquel que se obtiene dividiendo la cantidad que se quiere repartir entre la suma de las inversas de las cantidades dadas y posteriormente dividiendo el número así obtenido por cada una de éstas.

repasadera *s. f.* Garlopa para sacar perfiles a la madera.

repasador *s. m. Arg., Par., Urug.* Paño de cocina, trapo para secar la vajilla.

repasar *v. tr.* **1.** Volver a mirar una cosa para comprobar si está bien y corregir sus posibles faltas. **2.** Leer de nuevo algo que ya se ha estudiado para fijarlo en la memoria. **3.** Volver a explicar el profesor una lección ya estudiada. **4.** Coser de nuevo algo que lo necesita. **5.** Volver a pasar o pasar repetidamente algo por el mismo sitio. **6.** Leer muy por encima un escrito. **7.** Limpiar o arreglar superficialmente una cosa. ‖ *v. intr.* **8.** Volver a pasar una o más veces por el mismo lugar.

repaso *s. m.* Acción y efecto de repasar. ‖ **LOC. dar un repaso** a alguien *fam.* Regañar, reñir; también, demostrar a otra persona una gran superioridad sobre ella.

repatear *v. intr.* Fastidiar, desagradar mucho.

repatriar *v. tr.* Hacer que una persona vuelva a su patria, facilitando los medios para ello. También *v. prnl.* ■ En cuanto al acento se conjuga como *cambiar*: *repatrio*. Sin embargo, a veces se acentúa como *ansiar*: *repatrío*. **FAM.** Repatriación, repatriado.

repecho *s. m.* Pendiente bastante empinada y no muy larga.

repeinado, da **1.** *p. p.* de **repeinar**. ‖ *adj.* **2.** Muy acicalado, especialmente en cuanto al peinado.

repeinar *v. tr.* **1.** Volver a peinar o peinar repetidamente. También *v. prnl.* **2.** Peinar con mucho cuidado o esmero. También *v. prnl.*

repelar *v. tr.* **1.** Pelar mucho o completamente una cosa. **2.** *Méx.* Poner objeciones o reparos a algo. **3.** *Méx.* Reprender, regañar. **FAM.** Repelado.

repelente *adj.* **1.** Que repele, especialmente a ciertos animales. También *s. m.* **2.** Repugnante, asqueroso. **3.** *fam.* Redicho, sabelotodo. También *s.* **FAM.** Repelencia.

repeler *v. tr.* **1.** Arrojar o apartar de sí a una persona o cosa con impulso o violencia. También *v. prnl.* **2.** No admitir una cosa a otra en su masa o composición. **3.** Causar repugnancia o asco.

repelo *s. m.* **1.** Parte pequeña de cualquier cosa que queda levantada y arrancada parcialmente: *repelo de la uña, repelo de la madera.* **2.** Repugnancia que se muestra al hacer algo.

repelón *s. m.* **1.** Tirón que se da del pelo. **2.** *fam.* Reprimenda, regañina.

repelús, repeluzno o **repeluco** *s. m.* **1.** Sensación indefinida de temor, repugnancia o asco. **2.** Escalofrío producido por esa sensación.

repensar *v. tr.* Volver a pensar detenidamente o pensar muchas veces una cosa. ■ Es v. irreg. Se conjuga como *pensar.*

repente *s. m. fam.* Impulso brusco e inesperado que mueve a hacer o decir una cosa. ‖ **LOC. de repente** *adv.* De manera repentina e inesperada.

repentino, na *adj.* Que se produce de manera rápida e inesperada, sin aviso, anuncio o preparación. **FAM.** Repentinamente.

repentista *s. m.* y *f.* Persona que repentiza, especialmente en canto o música.

repentizar *v. tr.* Improvisar, hacer o decir alguna cosa sin haberla preparado, especialmente ejecutar una obra musical sin haber leído antes las partituras. También *v. intr.* ■ Se conjuga como *cazar.* **FAM.** Repentización.

repera, ser la *loc. fam.* Ser sorprendente, fuera de lo normal.

repercusión *s. f.* **1.** Acción y efecto de repercutir. **2.** Circunstancia de tener una cosa mucha resonancia.

repercutir *v. intr.* **1.** Producir eco. **2.** Causar una cosa un efecto secundario en otra.

reperpero *s. m. P. Rico, Rep. Dom.* Desorden, jaleo, confusión.

repertorio *s. m.* **1.** Libro o catálogo que contiene datos o informaciones ordenados de tal forma que se puedan encontrar fácilmente. **2.** Conjunto de obras, textos o noticias de una misma clase. **3.** Conjunto de obras, espectáculos o números que un actor, un músico, una compañía, etc., tiene preparados para representarlos o ejecutarlos.

repesca *s. f.* **1.** Acción y efecto de repescar. **2.** *fam.* Examen especial al que pueden presentarse los estudiantes que han suspendido.

repescar *v. tr.* **1.** Admitir nuevamente al que ha sido eliminado en un examen, competición, etc. **2.** Recuperar a alguien o algo que había sido desechado, olvidado, utilizado anteriormente, etc. ■ Se conjuga como *sacar.*

repetición *s. f.* **1.** Acción y efecto de repetir o repetirse. **2.** Cosa que se repite o que se hace repitiendo. **3.** Figura retórica que consiste en repetir palabras o conceptos. ‖ **LOC. de repetición** *adj.* Se dice del aparato o mecanismo que, una vez puesto en funcionamiento, repite su acción mecánicamente; particularmente, se aplica a las armas de fuego que pueden realizar varios disparos sin necesidad de cargarlas de nuevo.

repetidamente *adv. c.* Varias veces, con frecuencia.

repetido, da **1.** *p. p.* de **repetir**. ‖ *adj.* **2.** Se dice de aquello de lo que hay dos o más ejemplares iguales.

repetidor, ra *adj.* **1.** Que repite. **2.** Particularmente, se dice del alumno que repite un curso o una asignatura. También *s.* ‖ *s. m.* **3.** Aparato electrónico que recibe una señal electromagnética y la vuelve a transmitir amplificada.

repetir *v. tr.* **1.** Volver a hacer o decir algo que ya se había hecho o dicho. También *v. prnl.* **2.** Hacer o decir varias veces la misma cosa con insistencia excesiva. También *v. prnl.* **3.** Volver a hacer un estudiante un curso o examen por no haberlo aprobado. También *v. intr.* ‖ *v. intr.* **4.** Volver a servirse o tomar de una misma comida. **5.** Venir a la boca el sabor de lo que se ha comido o bebido. **6.** Volver a ocurrir o suceder una misma cosa. También *v. prnl.* ■ Es v. irreg. Se conjuga como *pedir.*

repetitivo, va *adj.* **1.** Que se repite muchas veces. **2.** Se dice de la persona que hace o dice muchas veces las mismas cosas. **FAM.** Repetitividad.

repicar *v. tr.* Tocar las campanas repetidamente en señal de fiesta o alegría, o p. ext. otro instrumento de percusión. También *v. intr.* ■ Se conjuga como *sacar.*

repintar *v. tr.* **1.** Pintar nuevamente una cosa. ‖ *v. prnl.* **2.** Arreglarse o maquillarse con cuidado o exageradamente. **3.** En artes gráficas, marcarse las letras de una página en otra por estar fresca la impresión. **FAM.** Repinte.

repipi *adj.* Muy redicho y sabelotodo. También *s.*

repique *s. m.* Acción y efecto de repicar.

repiquetear *v. tr.* **1.** Repicar con fuerza las campanas u otro instrumento. También *v. intr.* **2.** Golpear repetidamente sobre algo haciendo ruido. También *v. intr.* **FAM.** Repiqueteante, repiqueteo.

repisa *s. f.* **1.** Placa colocada horizontalmente contra la pared, que sirve para poner en ella objetos. **2.** Elemento arquitectónico que sobresale de un muro y sirve para sostener una estatua, un balcón, etc.

replana *s. f. Perú.* Jerga de los delincuentes y de las clases más bajas.

replantar *v. tr.* **1.** Volver a plantar en un sitio que ha estado plantado anteriormente. **2.** Trasladar una planta. **FAM.** Replantación.

replantear *v. tr.* **1.** Volver a plantear una cuestión. También *v. prnl.* **2.** Trazar de nuevo la planta de una obra ya proyectada. **FAM.** Replanteamiento, replanteo.

replay (voz ingl.) *s. m.* En televisión, repetición de determinados fragmentos de un programa y dispositivo con que se realizan estas repeticiones.

replegar *v. tr.* **1.** Retirar ordenada y progresivamente las tropas. Se usa más como *v. prnl.* **2.** Plegar muchas veces una cosa. También *v. prnl.* ■ Es v. irreg. Se conjuga como *regar.* ‖ **LOC. replegarse** uno **en sí mismo** Encerrarse en sí mismo, no comunicar lo que siente.

repleto, ta *adj.* Muy lleno o tan lleno que no puede contener más.

réplica *s. f.* **1.** Acción y efecto de replicar. **2.** Palabras, escrito, etc., con que se replica. **3.** Reproducción de una obra de arte. **4.** En un juicio, escrito presentado por el actor o acusador, en que contesta a la respuesta del demandado a la demanda y fija definitivamente su posición. ‖ **5. derecho de réplica** El que tienen los particulares o instituciones a difundir gratuitamente en los medios informativos respuestas o aclaraciones sobre noticias, informaciones u opiniones aparecidas en ellos y que se refieren directa o indirectamente a dichas personas o instituciones. ‖ **LOC. dar la réplica** En teatro, decir un actor la última frase de su diálogo.

replicar *v. intr.* **1.** Afirmar algo en contra de lo que otro ha dicho. **2.** Protestar o poner objeciones a lo que se dice o manda. **3.** En der., presentar el actor o acusador el escrito de réplica en una causa. ■ Se conjuga como *sacar.*

replicón, na *adj.* Que replica o protesta con frecuencia. También *s.*

repliegue *s. m.* **1.** Acción y efecto de replegar o replegarse las tropas. **2.** Pliegue doble o irregular.

repoblación *s. f.* **1.** Acción y efecto de repoblar o repoblarse. **2.** En la Edad Media española, acción de poblar de nuevo los territorios conquistados por los reinos cristianos a los musulmanes. La repoblación se verificó a lo largo de diversas fases, desde el s. XI al XIII, y en Castilla se realizó siguiendo modalidades distintas: en el valle del Duero se practicó la *presura*, en el Tajo la *carta puebla* o *fuero municipal* y en el valle del Guadalquivir el *repartimiento*. El reino de Aragón repobló a su vez las tierras al S del Ebro y Levante. **3.** Conjunto de especies vegetales de un terreno repoblado.

repoblar *v. tr.* **1.** Poblar de nuevo un lugar. **2.** Volver a plantar árboles y otras especies vegetales. ■ Es v. irreg. Se conjuga como *contar.* **FAM.** Repoblado, repoblador.

repollo *s. m.* **1.** Variedad de col de hojas grandes y apretadas. **2.** Conjunto de hojas que en algunas plantas, como la lombarda o la col, se aprietan unas sobre otras en forma redondeada.

repolludo, da *adj.* Bajito y rechoncho.

reponer *v. tr.* **1.** Poner en un sitio una cosa igual a otra que falta. **2.** Volver a poner a una persona o cosa en el mismo lugar o estado que antes tenía. **3.** Responder a lo que otro dice. ■ Sólo se usan las formas del pretérito perfecto simple y

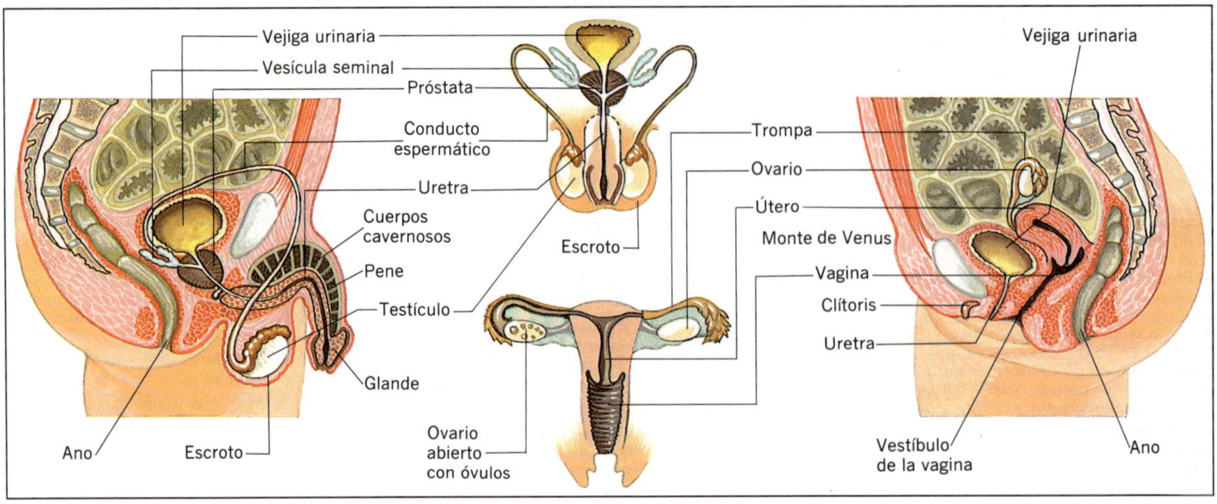

Órganos reproductores del ser humano: a la izquierda, corte lateral de los masculinos, y en el centro, arriba, corte frontal; a la derecha, corte lateral de los femeninos, y en el centro, abajo, corte frontal.

las del pretérito imperfecto de subjuntivo. **4.** Volver a poner en escena una obra, a proyectar una película o a emitir un programa de radio o televisión. || *v. prnl.* **5.** Recuperarse tras una enfermedad, un fracaso económico o cualquier otro daño o alteración. ■ Es v. irreg. Se conjuga como *poner.*

reportaje *s. m.* **1.** Trabajo periodístico de carácter informativo, referente a un personaje, un suceso de actualidad o cualquier otro tema. || **2. reportaje gráfico** Conjunto de fotografías sobre un suceso o tema que aparecen en un periódico o revista.

reportar[1] (del lat. *reportare*) *v. tr.* **1.** Reprimir una pasión, sentimiento, etc., o a la persona que los tiene. También *v. prnl.* **2.** Proporcionar, acarrear.

reportar[2] (del ingl. *report*) *v. tr. amer.* Dar a conocer una información.

reporte *s. m.* Noticia, informe.

reportear *v. tr.* **1.** *amer.* Entrevistar un periodista a una persona. **2.** *amer.* Tomar fotografías para realizar un reportaje gráfico.

reporteril *adj.* Perteneciente o relativo al reportero o a su oficio.

reporterismo *s. m.* Profesión y actividad de reportero.

reportero, ra *s. m.* y *f.* Periodista que se dedica a recoger y redactar noticias, y particularmente el especializado en la elaboración de reportajes. También *adj.*

reposabrazos *s. m.* En un vehículo, pieza saliente que sirve para apoyar el brazo.

reposacabezas *s. m.* Parte superior de un sillón o de un asiento que sirve para apoyar la cabeza.

reposado, da **1.** *p. p.* de **reposar**. || *adj.* **2.** Sosegado, tranquilo. **FAM.** Reposadamente.

reposapiés *s. m.* Cada una de las piezas situadas en la parte inferior de una motocicleta que sirven para que el conductor y el acompañante apoyen en ellas los pies.

reposar *v. intr.* **1.** Descansar. **2.** Dormir, especialmente la siesta. **3.** Permanecer quieta una persona o cosa sin moverse ni alterarse. También *v. tr.* **4.** Estar enterrado. **5.** Posarse un líquido. También *v. prnl.* **6.** Permanecer inmóvil una mezcla, una masa, un guiso, etc., para que se trabe, espese o consuma el líquido que contiene. También *v. prnl.* || **LOC. reposar la comida** *fam.* Descansar después de comer para hacer mejor la digestión.

reposera *s. f. Arg., Par., Urug.* Tumbona.

reposición *s. f.* **1.** Acción y efecto de reponer o reponerse. **2.** Película, obra teatral, programa, etc., que se repone.

reposo *s. m.* **1.** Acción y efecto de reposar o reposarse. **2.** Tranquilidad. **3.** En fís., inmovilidad de un cuerpo respecto a un sistema de referencia.

repostar *v. tr.* Reponer provisiones, víveres y, particularmente, combustible. También *v. intr.*

repostería *s. f.* **1.** Técnica y oficio de hacer tartas, pasteles y dulces similares. **2.** Productos de esta técnica. **3.** Tienda donde se venden, y a veces también se hacen, estos productos.

repostero, ra *s. m.* y *f.* **1.** Persona que se dedica a la repostería. || *s. m.* **2.** *Chile, Perú.* Despensa.

reprender *v. tr.* Regañar, reñir, amonestar. **FAM.** Reprensor.

reprensible *adj.* Que merece ser reprendido.

reprensión *s. f.* **1.** Acción de reprender. **2.** Palabras con que se reprende. **3.** En der., pena que consiste en una admonición o advertencia pública o privada.

represa *s. f.* Presa, embalse.

represalia *s. f.* **1.** Daño que se causa a otro para vengar o responder a otro daño recibido. **2.** Medida o trato de rigor que adopta un Estado contra otro para responder a los actos o determinaciones hostiles de éste.

represar *v. tr.* **1.** Detener el curso del agua corriente. También *v. prnl.* **2.** Reprimir, contener.

representación *s. f.* **1.** Acción y efecto de representar. **2.** Obra o espectáculo que se representa. **3.** Persona o conjunto de personas que representan a un grupo más amplio. **4.** Condición de representante de alguien o algo. **5.** Cosa que representa a otra. **6.** Idea o imagen mental de la realidad. **7.** Dibujo o gráfico de una cosa, p. ej. de una función matemática. **8.** Autoridad, importancia de una persona. || **9. representación legal** En der., medio por el cual una persona facultada por la ley actúa en nombre de otra que carece de capacidad de obrar por minoría de edad, demencia, etc. **10. representación mayoritaria** Procedimiento electoral por el que las personas que obtienen más votos son elegidas representantes. **11. representación proporcional** Procedimiento electoral que establece una proporción entre el número de votos obtenidos por cada partido o tendencia y el número de sus representantes elegidos.

representante *adj.* **1.** Que representa. También *s.* || *s. m.* y *f.* **2.** Persona que representa a otra o a una entidad o colectividad. **3.** Persona que, autorizada por una casa comercial, concierta la venta de sus productos, generalmente en una zona determinada. **4.** Persona que gestiona los contratos y asuntos comerciales de los artistas.

representar *v. tr.* **1.** Ser una cosa imagen o símbolo de otra. **2.** Ser ejemplo o modelo de algo. **3.** Actuar oficialmente en nombre de otra persona o entidad. **4.** Interpretar una obra de teatro, un espectáculo, etc. **5.** Aparentar cierta edad. **6.** Hacer presente a alguien o algo en la imaginación. **7.** Importar, significar. **FAM.** Representable, representador.

representativo, va *adj.* **1.** Que representa. **2.** Característico, típico. **3.** Relevante, importante. **4.** Se dice del sistema de gobierno en el cual están representadas las personas y sus opiniones. **FAM.** Representatividad.

represión *s. f.* **1.** Acción y efecto de reprimir o reprimirse. **2.** En particular, acción destinada a contener o castigar por la fuerza, generalmente desde el poder, actividades políticas o sociales. **3.** En psicoanálisis, mecanismo de defensa del yo por el cual se elimina una idea, sentimiento o impulso del nivel consciente de la mente y pasa a formar parte del inconsciente.

represivo, va *adj.* Que reprime las libertades u otra actuación cualquiera.

represor, ra *adj.* Represivo*.

reprimenda *s. f.* **1.** Acción de reprender. **2.** Palabras con que se reprende.

reprimir *v. tr.* **1.** Impedir que se manifieste un impulso, un sentimiento, una pasión, etc. También *v. prnl.* **2.** Impedir por la fuerza una rebelión, una protesta, la expresión de unas ideas, etc.

reprise (voz fr.) *s. m.* **1.** En los coches, capacidad para pasar rápidamente de un régimen bajo de revoluciones del motor a otro superior. **2.** Potencia de arranque de un vehículo.

reprivatizar *v. tr.* Devolver al sector privado empresas, propiedades, etc., que el Estado había expropiado anteriormente. ■ Se conjuga como *cazar.* **FAM.** Reprivatización.

reprobación *s. f.* Desaprobación, rechazo.

reprobar *v. tr.* Censurar, no aprobar algo o la conducta de alguien. ■ Es v. irreg. Se conjuga como *contar.* **FAM.** Reprobable, reprobador, reprobatorio.

réprobo, ba *adj.* **1.** En la religión católica, apartado de la Iglesia o condenado al infierno. También *s.* **2.** Apartado de la convivencia en comunidad. También *s.* **3.** Malvado, perverso. También *s.*

reprochar *v. tr.* Dirigir quejas a alguien desaprobando su conducta. También *v. prnl.* **FAM.** Reprochable.

reproche *s. m.* **1.** Acción de reprochar. **2.** Palabras con que se reprocha.

reproducción *s. f.* **1.** Acción y efecto de reproducir o reproducirse. **2.** Cosa hecha al reproducir, copiar o imitar a otra. **3.** Proceso por el que uno o dos organismos vivos dan lugar a la aparición de un individuo nuevo de la misma especie.

Biol. La reproducción puede ser asexual o sexual. La **reproducción asexual** suele presentarse en seres vivos sencillos, como los protozoos, plantas, celentéreos, esponjas, etc., y se verifica mediante distintos procesos: por *bipartición*, en la cual un individuo se divide en dos partes más o menos iguales; por *gemación*, en la cual el nuevo individuo se forma del cuerpo de su progenitor y después se separa; por *fragmentación*, como en las esponjas y las algas, donde cada uno de los trozos regenera un individuo completo; por *generación de elementos reproduc-*

tores independientes, como las esporas de las bacterias, algas y hongos (*esporulación*), o por *escisión*, como la estrella de mar, que consiste en la división longitudinal o transversal de un organismo en dos o más fragmentos, los cuales se transformarán en nuevos individuos. La **reproducción sexual** necesita normalmente de la participación de dos individuos, aunque algunos animales son capaces de realizar la *partenogénesis*, es decir, la reproducción sexual con intervención únicamente de la hembra. El tipo de reproducción en que intervienen los dos sexos se llama *anfigonia*. Cada uno de los individuos genera células sexuales provistas de la mitad del número normal de cromosomas (células haploides o gametos). Una de estas células masculinas se une después con una femenina y el conjunto, el huevo fecundado o zigoto, vuelve a tener el número normal de cromosomas, cuyas mitades proceden la una de su madre y la otra de su padre. Por tanto, se trata de un individuo distinto, que más pronto o más tarde será capaz de tener vida independiente.

reproducir *v. tr.* **1.** Volver a producir. También *v. prnl.* **2.** Volver a decir lo que ya se había dicho. **3.** Sacar copia de algo, usando o no procedimientos mecánicos. **4.** Ser copia de un original. ‖ *v. prnl.* **5.** Producir individuos de una especie animal o vegetal otros seres de su misma especie. ▪ Es v. irreg. Se conjuga como *conducir*. **Fam.** Reproductivo.

reproductor, ra *adj.* **1.** Que reproduce o sirve para reproducir. También *s.* **2.** Particularmente, se dice del animal que se destina a la reproducción con el fin de mejorar la raza. También *s.* ‖ **3. aparato reproductor** Conjunto de órganos que intervienen de forma más o menos directa en la reproducción de los organismos vivos. Existen dos tipos bien diferenciados: el **aparato reproductor masculino**, que produce espermatozoides, y el **femenino**, que produce óvulos. En el hombre, el órgano fundamental del aparato reproductor son las gónadas, de las que la masculina se llama *testículo* y la femenina *ovario*. En las gónadas se generan los gametos: espermatozoides y óvulos respectivamente. El aparato reproductor femenino de los mamíferos placentarios contiene también una estructura, el útero o matriz, donde se desarrolla el embrión durante el embarazo. Los individuos provistos de los dos tipos de gónadas se denominan *hermafroditas*, como muchas plantas y algunos animales, p. ej. los caracoles.

reprografía *s. f.* Reproducción de documentos por medios técnicos, como la fotografía, la fotocopia, el microfilme, etc. **Fam.** Reprográfico.

reps (voz fr.) *s. m.* Tela fuerte y bien tejida usada en tapicería.

reptación *s. f.* Desplazamiento del cuerpo sobre una superficie sin ayuda de ningún miembro. Es propio de muchos gusanos, de algunos peces y anfibios y de la mayor parte de los reptiles.

reptar *v. intr.* Desplazarse o avanzar con el cuerpo tocando el suelo y, en el caso de muchos reptiles y otros animales, sin ayuda de ningún miembro. **Fam.** Reptador, reptante.

Clasificación de los reptiles.

reptiles *s. m. pl.* **1.** Clase de animales vertebrados a la que pertenecen unas 6.500 especies comprendidas en los órdenes quelonios, rincocéfalos, crocodilianos y escamosos, estos últimos divididos en los subórdenes anfisbenios, lacertilios (o saurios) y serpientes (u ofidios). Su cuerpo está cubierto de escamas epidérmicas, secas y duras, que en algunos están sostenidas por placas óseas, formando caparazón; tienen sangre fría y respiración pulmonar. Mudan la piel periódicamente, poseen dientes o picos, aparato digestivo dilatable, que les permite engullir grandes presas, circulación doble, esqueleto con caja torácica y riñones con túbulos renales que les permiten reabsorber el agua. Su fecundación es interna y tienen reproducción ovípara, ovovivípara y en casos raros vivípara. La mayor parte se desplazan mediante reptación. Los reptiles abundaron en la era mesozoica, en la que alcanzaron grandes tamaños. Habitan en regiones cálidas y templadas de toda la Tierra y son terrestres en su mayoría. Reptiles son las tortugas, tuataras, cocodrilos, lagartos, serpientes, etc. También *adj.* y *s. m.* ‖ **2. fondo de reptiles** Dinero que tienen organismos oficiales y privados para gastos que no se desea hacer públicos.

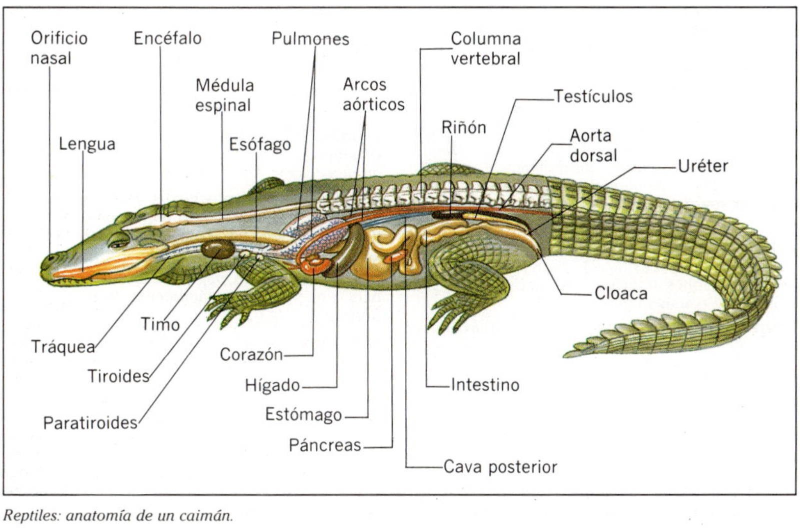

Reptiles: anatomía de un caimán.

república *s. f.* **1.** Forma de gobierno representativa en la que el poder del jefe de Estado o presidente procede del voto de todos o parte de los ciudadanos. El concepto actual de república surgió en el Renacimiento con la crítica de la monarquía y la nueva doctrina de la soberanía popular. **2.** Nación o Estado que tiene esta forma de gobierno. ‖ **3. república de las letras** (o **literaria**) Conjunto de los hombres sabios y cultos de un país. **4. república parlamentaria** Aquella en que el presidente no ejerce la jefatura del gobierno y su elección se hace indirectamente a través de los parlamentarios, como p. ej. en Francia. **5. república presidencialista** Aquella en que el presidente, que lo es también del ejecutivo, es elegido directamente por los votantes, por medio de votación popular o de compromisarios, y su mandato es independiente de la voluntad de la asamblea, como p. ej. en EE UU.

República española, Primera Régimen establecido en España en febrero de 1873, después de la abdicación de Amadeo I, y que se prolongó hasta enero de 1874. Sus dos primeros presidentes, Estanislao Figueras (febrero-junio 1873) y Francisco Pi i Margall (junio-julio 1873) fueron federalistas. Las rebeliones cantonalistas que se produjeron durante sus mandatos, unidas al agravamiento de las guerras carlista y de Cuba, propiciaron el acceso al poder de Nicolás Salmerón (julio-septiembre 1873), unionista, que recurrió al ejército para restablecer el orden y dimitió tras negarse a firmar varias sentencias de muerte. Le sucedió en el cargo Emilio Castelar (septiembre 1873 - enero 1874), que gobernó con poderes excepcionales; después de ser éste derrotado en una votación parlamentaria por los federalistas, el general Pavía irrumpió con sus tropas en las Cortes, poniendo fin a la República.

República española, Segunda Régimen establecido en España el 14 de abril de 1931 y que se prolongó hasta el final de la guerra civil (1939). Tras las elecciones municipales del 12 de abril, con triunfo republicano-socialista, Alfonso XIII abandonó el país. Dos días más tarde se proclamó la república. Republicanos y socialistas ganaron las elecciones de junio. En diciembre se aprobó una nueva Constitución, que convirtió a España en una república democrática, laica y descentralizada. Alcalá Zamora fue nombrado presidente y Manuel Azaña formó gobierno con participación socialista. Este periodo tuvo un carácter profundamente reformador, con la oposición política y económica de las derechas y el descontento de las clases populares por la ineficacia y lentitud en las reformas, alentado por los anarcosindicalistas. Azaña se vio obligado a dimitir (1933) y, después de un corto gobierno del radical Lerroux, se convocaron elecciones que dieron el triunfo a las derechas. Comenzó el llamado *bienio conservador* (1933-35), caracterizado por la anulación de la obra reformista de la anterior etapa. En 1934, Lerroux dio entrada en el gobierno a la CEDA, principal partido de la derecha. Esto provocó la fallida revolución de octubre de 1934, en la que participaron socialistas, anarquistas y comunistas. En febrero de 1936 se convocaron nuevas elecciones generales, que ganó el Frente Popular, formándose un gobierno presidido por Azaña. En mayo de 1936 fue destituido Alcalá Zamora y ocupó la presidencia de la república Azaña, quien llamó a Casares Quiroga para formar gobierno. El asesinato de José Calvo Sotelo dio lugar al adelantamiento del golpe militar (18 de julio), que venía preparándose desde hacía algún tiempo y que desencadenó la guerra civil de 1936-39. Durante su transcurso el gobierno republicano residió primero en Madrid, luego en Valencia y finalmente en Barcelona. Después del triunfo de Franco, las instituciones republicanas se trasladaron al exilio.

republicanismo *s. m.* **1.** Sistema político que defiende la república como forma de gobierno. **2.** Preferencia por esta forma de gobierno.

republicano, na *adj.* **1.** Relativo a la república o partidario de la misma. También *s.* **2.** Del Partido Republicano de EE UU. También *s.*

Republicano, Partido Constituye una de las principales fuerzas políticas de EE UU. Nació en 1854 con la unión de una facción disidente del partido *whig* y los demócratas del Norte, enemigos de la esclavitud. En 1856 celebró su primera convención y adoptó un programa nacionalista, antiesclavista y proteccionista. Abraham Lincoln fue el primer republicano que ocupó la presidencia de EE UU (1861-65) y el partido gobernó casi sin interrupción hasta 1913; luego alcanzó la presidencia con Harding (1921-23), Coolidge (1923-29), Hoover (1929-33), Eisenhower (1953-61), Nixon (1969-74), Ford (1974-77), Reagan (1981-88) y Bush, elegido en 1988.

repudiar *v. tr.* **1.** Rechazar o condenar algo por razones morales. **2.** Rechazar legalmente el marido a su mujer. **FAM.** Repudiable.

repudio *s. m.* Acción y efecto de repudiar.

repudrir *v. tr.* **1.** Pudrir mucho. También *v. prnl.* || *v. prnl.* **2.** *fam.* Sufrir por algo que se calla o disimula. ▪ Es v. irreg. Se conjuga como *pudrir.*

repuesto, ta **1.** *p. p.* irreg. de **reponer**. || *adj.* **2.** Que se ha recuperado después de una enfermedad, un disgusto, etc. || *s. m.* **3.** Pieza de un mecanismo que se puede conseguir suelta para sustituir a otra. **4.** Conjunto de comestibles u otras cosas que se tienen para caso de necesidad. || **LOC. de repuesto** *adj.* Como reserva.

repugnancia *s. f.* **1.** Malestar físico provocado por aquello que resulta desagradable. **2.** Odio, antipatía. **3.** Desagrado con que se hace algo, o resistencia a hacerlo. **4.** En fil., incompatibilidad entre dos atributos de una misma cosa.

repugnante *adj.* Que causa repugnancia. **FAM.** Repugnantemente.

repugnar *v. intr.* **1.** Causar repugnancia. || *v. prnl.* **2.** Repelerse dos cosas. También *v. tr.*

repujado, da **1.** *p. p.* de **repujar**. También *adj.* || *s. m.* **2.** Acción y efecto de repujar. **3.** Obra, objeto repujado.

repujar *v. tr.* Trabajar con un martillo y otras herramientas adecuadas chapas de metal, cuero y otros materiales, de manera que en una de sus caras resulten figuras en relieve. **FAM.** Repujador.

repulgo *s. m.* **1.** Dobladillo hecho en una tela y punto apretado con que se cose. **2.** Pliegue de masa con que se adorna el borde de empanadas y pasteles. **3.** Costra que se forma en el borde de una herida o en el corte de un árbol. || *pl.* **4.** *fam.* Melindres, escrúpulos.

repulir *v. tr.* **1.** Pulir de nuevo o pulir repetidamente y con insistencia una cosa. **2.** Acicalar, atildar. También *v. prnl.* **FAM.** Repulido.

repulsa *s. f.* **1.** Condena o censura enérgica. **2.** Reprimenda severa.

repulsión *s. f.* **1.** Acción y efecto de repeler. **2.** Repugnancia. **3.** Repulsa, condena. **4.** En fís., fuerza que tiende a separar los cuerpos que tienen igual polaridad eléctrica.

repulsivo, va *adj.* Que causa repulsión o repugnancia.

repuntar *v. intr.* **1.** Empezar a manifestarse alguna cosa, como una enfermedad, un cambio de tiempo, etc. **2.** *amer.* Aparecer alguien de improviso. **3.** Comenzar a subir o bajar la marea. || *v. prnl.* **4.** Indisponerse, enfadarse. **5.** Empezar a avinagrarse el vino.

repunte *s. m.* Acción y efecto de repuntar.

reputación *s. f.* **1.** Opinión que se tiene sobre alguien o algo. **2.** Prestigio.

reputado, da **1.** *p. p.* de **reputar**. || *adj.* **2.** Conocido como muy bueno en su género o especialidad.

reputar *v. tr.* Juzgar la calidad de alguien o algo. También *v. prnl.*

requebrar *v. tr.* Piropear, galantear. ▪ Es v. irreg. Se conjuga como *pensar.*

requemar *v. tr.* **1.** Quemar o tostar de nuevo o en exceso una cosa. También *v. prnl.* **2.** Causar picor o ardor una comida o bebida. También *v. prnl.* **3.** Secar las plantas privándolas de su jugo y verdor. También *v. prnl.* **4.** Causar sufrimiento interno algo que se calla o disimula. También *v. intr.* y *v. prnl.* **5.** Seguido de palabras como *sangre, nervios*, etc., impacientar, irritar. También *v. prnl.* **FAM.** Requemado.

Requena C. de España, en la prov. de Valencia, situada a orillas del río Magro, al O de la capital de la Comunidad. 18.600 h. en 1990. Es un importante centro vitivinícola, junto con la cercana ciudad de Utiel. También tiene industria conservera, alcoholera y textil.

requerimiento *s. m.* **1.** Acción y efecto de requerir. **2.** En der., acto judicial por el que se obliga a que se haga o se deje de hacer cierta cosa. **3.** En la conquista española de América, documento leído ante notario a los indígenas en el cual se les pedía que se sometieran a su nuevo soberano, el rey de Castilla, y aceptaran el cristianismo.

requerir *v. tr.* **1.** Pedir o exigir algo alguien con autoridad. **2.** Necesitar. **3.** Solicitar, especialmente relaciones amorosas o el matrimonio. ▪ Es v. irreg. Se conjuga como *sentir.*

Requesens y Zúñiga, Luis de (Barcelona 1528 - Bruselas 1576) Militar y político español. Fue embajador en Roma (1561), lugarteniente de Juan de Austria en la lucha contra los berberiscos (1568), en la guerra contra los moriscos de Las Alpujarras (1569) y en la batalla de Lepanto (1571) y gobernador de Milán (1571) y de los Países Bajos (1573) sustituyendo al gran duque de Alba. En Flandes desarrolló una política conciliadora, sin dejar de combatir a los rebeldes de las provincias del Norte, a los que venció en Mook (1574). Fracasó en su política de tolerancia a causa de los excesos de los indisciplinados tercios.

requesón *s. m.* **1.** Masa blanca y mantecosa que se obtiene cuajando la leche en moldes. **2.** Cuajada que se saca de los residuos de la leche después de hecho el queso.

requete- *pref. fam.* Equivale a *muy* e intensifica el significado de las palabras a las que se une: *requetebueno, requetebién.*

requeté *s. m.* **1.** En España, cuerpo de voluntarios carlistas que lucharon en las guerras carlistas y en la guerra civil (1936-39), en defensa de la tradición religiosa y de la monarquía. **2.** Individuo de este cuerpo.

requiebro *s. m.* Piropo, galantería.

réquiem *s. m.* **1.** Oración que se reza en la iglesia por los difuntos. **2.** Composición musical escrita sobre el texto de la misa que se dedica a los difuntos.

requiescat in pace *loc. lat.* Significa 'descanse en paz' y se emplea en la liturgia para despedir a los difuntos y en las inscripciones y esquelas mortuorias; también, se usa para indicar que algo ha pasado o terminado definitivamente. ▪ Se suele abreviar con sus iniciales: *RIP.*

requilorio *s. m.* **1.** *fam.* Formalidad o rodeo innecesarios. Se usa más en *pl.* **2.** *fam.* Adorno innecesario o excesivo. Se usa más en *pl.*

requisa *s. f.* **1.** Acción y efecto de requisar. **2.** Inspección, revista.

requisar *v. tr.* Incautar algo la autoridad, generalmente a cambio de una indemnización y, en particular, apoderarse el ejército de vehículos, alimentos y otras cosas necesarias en tiempo de guerra.

requisito *s. m.* Condición necesaria o exigida para una cosa.

requisitorio, ria *adj.* En der., se dice de la orden dada por un juez para la busca y captura de un presunto delincuente. También *s. f.* y, a veces, *s. m.*

res *s. f.* Animal cuadrúpedo de las especies de ganado vacuno, lanar y cabrío y de algunas especies salvajes, como el jabalí y el venado.

resabiado, da **1.** *p. p.* de **resabiar**. || *adj.* **2.** Que tiene algún vicio o mala costumbre difícil de quitar. **3.** Se dice del que, escarmentado por la experiencia, se vuelve desconfiado o agresivo.

resabiar *v. tr.* Hacer que una persona o animal adquieran un vicio o mala costumbre o que alguien pierda su ingenuidad. También *v. prnl.*

resabido, da *adj.* Que presume de saber mucho. También *s.*

resabio *s. m.* **1.** Sabor desagradable que deja una cosa. **2.** Vicio o mala costumbre que proviene de experiencias anteriores.

resaca *s. f.* **1.** Movimiento de retroceso de las olas del mar tras romper en la orilla. **2.** Malestar físico que se siente al día siguiente de haber bebido mucho alcohol.

resalado, da *adj. fam.* Que es muy salado, muy gracioso y simpático.

resaltar *v. intr.* **1.** Destacar mucho una persona o cosa entre otras. También *v. tr.* **2.** Sobresalir un cuerpo o parte de él en edificios, superficies, etc.

resalte o **resalto** *s. m.* **1.** Acción y efecto de resaltar. **2.** Parte que sobresale de la superficie de una cosa.

resarcir *v. tr.* Compensar a alguien por algún daño o pérdida que se le ha causado. También *v. prnl.* ▪ Se conjuga como *zurcir.* **FAM.** Resarcible, resarcimiento.

resbaladizo, za *adj.* **1.** Se dice de lo que resbala o hace resbalar fácilmente. **2.** Difícil, comprometido.

resbaladura *s. f.* Huella que deja un resbalón.

resbalar *v. intr.* **1.** Desplazarse alguien o algo sobre una superficie cayendo, perdiendo su dirección o posición, o el control de sus movimientos. También *v. prnl.* **2.** Provocar algo este mismo efecto. **3.** Caer lentamente por una superficie una gota u otra cosa. **4.** Equivocarse. También *v. prnl.* || **LOC. resbalarle** a uno algo *fam.* Dejarle indiferente, no importarle. **FAM.** Resbalamiento, resbalante.

resbalón *s. m.* **1.** Acción y efecto de resbalar o resbalarse. **2.** Pestillo de algunas cerraduras que retrocede al resbalar por el borde del cajetín y queda encajado en éste por la presión de un resorte. **3.** *fam.* Indiscreción, metedura de pata.

resbaloso, sa *adj.* Resbaladizo, que resbala.

rescatar *v. tr.* **1.** Recuperar por la fuerza o a cambio de dinero a las personas o cosas de las que alguien se ha apoderado. **2.** Librar de un peligro, molestia, daño, etc. **3.** Recuperar algo que se había olvidado, perdido, etc.

rescate *s. m.* **1.** Acción y efecto de rescatar. **2.** Dinero que se pide o se paga para liberar a alguien o algo. **3.** Juego infantil en que participan dos equipos, uno de los cuales tiene que tratar de atrapar a todos los componentes del bando contrario, pudiendo los atrapados ser rescatados por sus compañeros de equipo.

rescindir *v. tr.* Dejar sin validez un contrato, obligación, etc. **FAM.** Rescindible.

rescisión *s. f.* Acción y efecto de rescindir.

rescisorio, ria *adj.* Que rescinde, sirve para rescindir o es consecuencia de una rescisión.

rescoldo *s. m.* **1.** Resto de brasa que queda bajo las cenizas. **2.** Resto que permanece de un sentimiento, pasión, etc.

resecar[1] *v. tr.* Hacer que algo se seque mucho. También *v. prnl.* ▪ Se conjuga como *sacar.* **FAM.** Resecación.

resecar[2] (del lat. *resecare*, cortar) *v. tr.* En cirugía, efectuar una resección. ▪ Se conjuga como *sacar.*

resección *s. f.* Operación que consiste en cortar y separar total o parcialmente un órgano, un tejido, un tumor, etc.

reseco, ca *adj.* **1.** Demasiado seco. **2.** Flaco.

reseda *s. f.* **1.** Nombre común de diversas plantas herbáceas de la familia resedáceas, género *Reseda.* La reseda de olor *(Reseda odorata)* tiene tallos ramosos, hojas alternas, enteras o partidas en tres gajos, flores amarillentas y fruto en cápsula; es oriunda de Egipto y por su fragante olor se cultiva en jardines. **2.** Flor de esta planta. **3.** Gualda*.

resedáceas *s. f. pl.* Familia de plantas herbáceas o arbustivas a la que pertenecen unas 75 especies comprendidas en los géneros *Reseda, Oligomeris, Gaylusea,* etc. Se caracterizan por tener flores con dos a ocho pétalos, de color amarillo, dispuestas en racimos o espigas, y fruto en cápsula. Crecen en la región mediterránea, Asia occidental y S de África. Se usan como plantas ornamentales y ciertas especies como colorantes. Resedáceas son la reseda de olor y la gualda. También *adj.* y *s. f.*

resembrar *v. tr.* Volver a sembrar. ▪ Es v. irreg. Se conjuga como *pensar.*

resentido, da **1.** *p. p.* de **resentirse**. También *adj.* ‖ *adj.* **2.** Que muestra o tiene resentimiento hacia alguien. También *s.*

resentimiento *s. m.* Rencor*.

resentirse *v. prnl.* **1.** Debilitarse. **2.** Sentir dolor o molestia a causa de alguna enfermedad o dolencia pasada. **3.** Sentir alguien disgusto por algo que le han hecho o dicho. ▪ Es v. irreg. Se conjuga como *sentir.*

reseña *s. f.* **1.** Escrito que comenta y critica brevemente una obra literaria o científica, o un tema o acontecimiento determinado. **2.** Descripción de los rasgos distintivos de alguien o algo. **3.** Relato breve.

reseñar *v. tr.* Hacer una reseña. **FAM.** Reseñador.

reserva *s. f.* **1.** Acción y efecto de reservar o pedir con antelación un lugar o una cosa, como p. ej. una plaza de hotel o de avión, y documento que lo acredita. **2.** Conjunto de cosas que se tienen guardadas para cuando sea necesario. **3.** Prudencia, discreción. **4.** Actitud de recelo o desconfianza. **5.** Duda, objeción o desacuerdo, y especialmente las que se hacen constar al emitir un voto, en un trato, promesa, acuerdo, etc. **6.** Fondo de recursos económicos de una empresa que se crea para hacer frente a una situación de crisis o para financiar su expansión. **7.** Parte del ejército que no está en servicio activo, pero puede ser movilizada en caso de guerra u otra eventualidad, y situación de los militares que pertenecen a la misma. **8.** En EE UU y Canadá, territorio que se concede a una comunidad indígena. **9.** En ciertos deportes, conjunto de jugadores que actúan cuando es necesario sustituir a otros. **10.** En der., declaración por la que el juez declara que la resolución que dicta no perjudicará algún derecho. ‖ *pl.* **11.** Sustancias que se almacenan en determinadas células de las plantas o de los animales y que son utilizadas por el organismo para su nutrición en caso necesario, como p. ej. la grasa. **12.** Recursos o fondos disponibles para hacer frente a una necesidad o para llevar a cabo algo. ‖ *s. m.* y *f.* **13.** Persona que sustituye a otra en ciertas competiciones deportivas en caso necesario. ‖ *s. m.* **14.** Vino que posee una crianza mínima de tres años. ‖ **15. reserva mental** En der., salvedad o restricción que se hace mentalmente al jurar, prometer o declarar algo. **16. reserva nacional** Parque* nacional. **17. reservas monetarias** Conjunto de medios de pago, oro, divisas convertibles y derechos especiales de giro, que tiene un país para hacer frente a sus relaciones comerciales con el exterior. ‖ **LOC. a reserva de** *adv.* Condicionado a.

reservación *s. f.* **1.** Acción y efecto de reservar. **2.** *amer.* Reserva de billetes, localidades, habitaciones, etc.

reservado, da **1.** *p. p.* de **reservar**. También *adj.* ‖ *adj.* **2.** Introvertido, muy callado. **3.** Secreto, que no se debe divulgar. ‖ *s. m.* **4.** Compartimiento de un tren, de un establecimiento, etc., que se destina sólo a personas o usos determinados. **FAM.** Reservadamente.

reservar *v. tr.* **1.** Hacer una reserva de hotel, avión, etc. **2.** Dejar para más adelante. **3.** Hacer que algo se destine para el uso exclusivo de una persona o personas determinadas. ‖ *v. prnl.* **4.** No actuar alguien para después hacerlo en mejor ocasión. **FAM.** Reservable.

reservista *adj.* Se dice del militar perteneciente a la reserva. También *s. m.*

reservón, na *adj. fam.* **1.** Excesivamente reservado, por prudencia o por malicia. **2.** Se dice del toro que no persigue el engaño ni muestra intención de acudir a las suertes.

reservorio *s. m.* Parte o cavidad de un organismo en que se acumulan sustancias nutritivas o de desecho.

resfriado, da **1.** *p. p.* de **resfriar**. ‖ *adj.* **2.** Que tiene un resfriado. ‖ *s. m.* **3.** Enfermedad de las vías respiratorias de poca gravedad, causada por virus, que se caracteriza por abundante mucosidad acuosa, tos, estornudos, dolor de cabeza y, a veces, fiebre moderada.

resfriamiento *s. m.* Resfriado, catarro.

resfriar *v. intr.* **1.** Comenzar a hacer frío. ‖ *v. prnl.* **2.** Coger un resfriado, catarro. ▪ En cuanto al acento, se conjuga como *ansiar: resfría.*

resguardar *v. tr.* **1.** Proteger, poner a cubierto. También *v. intr.* y *v. prnl.* ‖ *v. prnl.* **2.** Actuar con cautela y prudencia para evitar un posible daño.

resguardo *s. m.* **1.** Acción y efecto de resguardar. **2.** Cosa que sirve para resguardar. **3.** Documento escrito que acredita que alguien ha hecho un pago, una entrega, una gestión, etc.

residencia *s. f.* **1.** Acción y efecto de residir. **2.** Lugar en que uno reside. **3.** Casa, en especial la que es muy lujosa o donde está instalada una entidad, corporación, etc. **4.** Casa o conjunto de casas donde viven personas de la misma ocupación, sexo, edad, estado, etc., y que tiene una cierta reglamentación. **5.** Establecimiento público donde se alojan viajeros o huéspedes, generalmente de categoría intermedia entre el hotel y la pensión. **6.** Casa de ciertas comunidades religiosas. **7.** Centro hospitalario.

residencial *adj.* Se dice de la parte de una localidad donde viven las clases más acomodadas, así como de las viviendas que hay en dichas zonas o de las que son muy lujosas.

residente *adj.* **1.** Que reside en cierto sitio. También *s.* **2.** Se dice de ciertos funcionarios o empleados que viven en el lugar donde ejercen su labor. También *s.*

residir *v. intr.* **1.** Vivir habitualmente en el lugar que se expresa. **2.** Tener algo su causa o explicación en lo que se indica. **3.** Corresponder a alguien o algo una responsabilidad, un derecho, una facultad, etc.

residual *adj.* **1.** Perteneciente o relativo al residuo. **2.** Que sobra o queda como residuo. **3.** Se dice de la carga eléctrica estática o en reposo.

residuo *s. m.* **1.** Parte que queda o sobra de un todo. **2.** Aquello que resulta de la descomposición o destrucción de una cosa. **3.** Resultado de la operación de restar. ‖ *pl.* **4.** Materiales que quedan como inservibles en cualquier proceso u operación. ‖ **5. residuo de una raíz** En mat., diferencia entre el radicando y la potencia de la raíz, igual al índice del radical. **6. residuos nucleares** Sustancias altamente radiactivas que quedan de las reacciones nucleares efectuadas en los reactores. Suelen depositarse en contenedores sellados en las profundidades de la tierra o en el fondo del mar. Algunos de los residuos nucleares pueden mantener su actividad durante cientos o miles de años.

resigna *s. f.* Acción y efecto de resignar, renunciar.

resignación *s. f.* **1.** Acción y efecto de resignarse. **2.** Capacidad para soportar las situaciones adversas.

resignar *v. tr.* **1.** Renunciar en circunstancias especiales a un beneficio o autoridad y entregarlo a otro. ‖ *v. prnl.* **2.** Aceptar las situaciones desfavorables, conformarse. **FAM.** Resignadamente, resignado.

resina *s. f.* Sustancia amorfa constituida por mezclas complejas de compuestos orgánicos, de consistencia pastosa y normalmente muy pegajosa, que se solidifica en contacto con el aire. Por su origen, las resinas se clasifican en **naturales**, como el caucho, la resina del pino y otras sustancias que fluyen naturalmente de las plantas, especialmente de las coníferas, y **sintéticas**, o elaboradas artificialmente mediante reacciones de polimerización, como las resinas fenólicas o las resinas polivinílicas. Las resinas sintéticas son muy utilizadas en la fabricación de plásticos, colas y lacas.

resinar *v. tr.* Obtener la resina de los árboles que la producen, haciendo cortes en su tronco para que fluya. **FAM.** Resinación.

resinero, ra *adj.* **1.** Perteneciente o relativo a la resina. ‖ *s. m.* y *f.* **2.** Persona que se dedica a resinar.

resinífero, ra *adj.* Que tiene o produce resina.

resinoso, sa *adj.* **1.** Resinífero*. **2.** Parecido a la resina o que tiene sus características.

resistencia *s. f.* **1.** Acción y efecto de resistir o resistirse. **2.** Capacidad para resistir. **3.** Causa que se opone a la acción de una fuerza. **4.** Fuerza que se opone al movimiento de una máquina y debe ser vencida por la potencia. **5.** Capacidad de los materiales para soportar fuerzas o esfuerzos de distinta naturaleza. **6.** Dificultad que opone un conductor al paso de la corriente eléctrica. Se mide en *ohmios.* **7.** Elemento que se intercala en un circuito eléctrico para dificultar el paso de la corriente o hacer que ésta se transforme en calor. **8.** Movimiento y organización de los habitantes de un país invadido para luchar contra el invasor, especialmente los surgidos en la Segunda Guerra Mundial contra las tropas alemanas. ‖ **9. resistencia pasiva** Cualquiera de las que en una máquina dificultan su movimiento y disminuyen su efecto útil, como el rozamiento, los choques, etc.; también, forma de demostrar oposición hacia algo y que consiste en negarse a hacerlo, favorecerlo o colaborar en ello.

Resistencia C. de Argentina, cap. de la prov. del Chaco, situada en el N del país, junto al río Paraná. 220.100 h. en 1986. Centro agrícola, comercial y cultural, cuenta con industrias alimentarias. Es un importante nudo de comunicaciones.

resistente *adj.* **1.** Que resiste. ‖ *s. m.* **2.** Persona que forma parte de la resistencia de un país ocupado militarmente.

resistir *v. tr.* **1.** Aguantar, soportar. También *v. intr.* **2.** Combatir las pasiones, deseos, etc. También *v. prnl.* ‖ *v. prnl.* **3.** Oponerse con fuerza una persona a hacer cierta cosa. **4.** *fam.* Resultar difícil de conseguir, resolver, manejar, etc. **FAM.** Resistible.

resistividad *s. f.* Resistencia de un conductor al paso de la corriente por unidad de longitud y sección. La resistividad crece con la temperatura según la ecuación $\rho = \rho_o \cdot (1 + \alpha \cdot t)$, donde ρ es la resistividad a una temperatura dada, ρ_0 la resistividad a 0 °C, α es una constante característica de cada material y t la temperatura en grados centígrados.

Resita C. de Rumania, situada en el O del país. 105.900 h. en 1986. Importante centro minero del carbón, manganeso y hierro. Cuenta con industrias metalúrgicas y de construcciones metálicas.

resma *s. f.* En artes gráficas, conjunto de quinientos pliegos de papel.

Resnais, Alain (Vannes 1922) Director cinematográfico francés. Perteneciente a la *nouvelle vague*, comenzó filmando una larga serie de cortometrajes. Es autor de un cine de gran complejidad formal, interesado por temas como la memoria y el paso del tiempo. Algunos de sus títulos más representativos son *Hiroshima, mon amour* (1959), *El año pasado en Marienbad* (1961), *Muriel* (1963), *La guerra ha terminado* (1966) y *Mi tío de América* (1980).

resobado, da 1. *p. p.* de **resobar**. También *adj.* || *adj.* **2.** Manido, muy trillado.

resobar *v. tr.* Sobar o manosear mucho.

resol *s. m.* **1.** Reflejo del sol. **2.** Luz y calor producidos por el reflejo.

resoli o **resolí** *s. m.* Licor compuesto de aguardiente mezclado con azúcar, canela, anís u otros ingredientes aromáticos.

resollar *v. intr.* Respirar de forma entrecortada y ruidosa. ▪ Es v. irreg. Se conjuga como *contar.*

resoluble *adj.* Que se puede resolver.

resolución *s. f.* **1.** Acción y efecto de resolver o resolverse. **2.** Capacidad de decisión, firmeza. **3.** En der., decisión de una autoridad gubernativa o judicial. **4.** En electrónica, nitidez, definición de las pantallas de televisores, ordenadores, etc.

resolutivo, va *adj.* **1.** Que resuelve con rapidez y eficacia. **2.** Se dice del orden o método en que se procede analizando por separado las diferentes partes de un problema o asunto. **3.** Se dice del medicamento que favorece la rápida curación de una lesión o enfermedad. También *s. m.* **FAM.** Resolutivamente.

resoluto, ta *adj.* **1.** Resuelto, decidido. **2.** Diestro, experto.

resolutorio, ria *adj.* Que resuelve o decide. **FAM.** Resolutoriamente.

resolver *v. tr.* **1.** Encontrar la solución a algo. **2.** Tomar una decisión o determinación. También *v. prnl.* **3.** Hacer que algo acabe o se solucione. También *v. prnl.* **4.** Llevar a cabo un asunto. || *v. prnl.* **5.** Convertirse una cosa en otra de menor importancia, en relación con lo que se esperaba o temía. **6.** En med., curarse una enfermedad o desaparecer una inflamación. ▪ Es v. irreg. Se conjuga como *volver.*

resonador, ra *adj.* **1.** Que resuena. || *s. m.* **2.** Dispositivo que presenta un efecto de resonancia cuando es movido por tensiones eléctricas de su propia frecuencia. **3.** En fís., cuerpo sonoro que vibra cuando recibe ondas acústicas de determinada frecuencia y amplitud; se usa principalmente para aislar los sonidos secundarios que acompañan al fundamental.

resonancia *s. f.* **1.** Sonido producido por repercusión de otro. **2.** Prolongación de un sonido que se repite y va disminuyendo gradualmente. **3.** Cualidad de resonante. **4.** Cada uno de los sonidos elementales que acompañan al principal en una nota musical y comunican un timbre particular a cada voz o instrumento. **5.** Difusión e importancia que adquiere algo. **6.** En fís., fenómeno que se produce cuando se ejerce sobre un sistema oscilante un movimiento periódico de la misma frecuencia que la del sistema. En la resonancia la amplitud de las oscilaciones crece extraordinariamente, por lo que puede darse el caso de que destruya el propio sistema. Este efecto ocurrió en el puente del estrecho de Tacoma (Washington) debido al viento que lo hizo oscilar con una frecuencia que era precisamente su frecuencia natural. || **7. resonancia nuclear magnética** En med., método de exploración electrorradiológico que permite reconstruir imágenes anatómicas basándose en la propiedad de ciertos núcleos atómicos de comportarse como pequeños imanes y como giroscopios.

resonante *adj.* **1.** Que resuena. **2.** Que alcanza mucha importancia o difusión.

resonar *v. intr.* **1.** Sonar fuerte y claramente. **2.** Sonar una cosa repetidamente disminuyendo su intensidad poco a poco. **3.** Llenarse un sitio con un sonido que se reproduce o rebota en él. **4.** Reproducirse un sonido, unas palabras, etc., en la memoria. ▪ Es v. irreg. Se conjuga como *contar.* **FAM.** Resonación.

resoplar *v. intr.* Dar resoplidos.

resoplido *s. m.* Sonido que se hace al expulsar con fuerza el aire por la nariz o la boca, debido al cansancio, al enfado, etc.

resorcina *s. f.* $C_6H_4\text{-}(OH)_2$. Nombre común del metadifenol, alcohol doble derivado del benceno, que se obtiene al sustituir dos átomos de hidrógeno alternos de su molécula por grupos –OH.

resorte *s. m.* **1.** Muelle que soporta importantes deformaciones y recupera después fácilmente su posición y forma iniciales, desarrollando una fuerza utilizable. **2.** Medio o influencia de los que uno se vale para lograr un fin. Se usa mucho en la locución **tocar resortes**.

respaldar[1] (de *espalda*) *v. tr.* **1.** Apoyar o proteger a alguien o algo. También *v. prnl.* || *v. prnl.* **2.** Apoyar la espalda en el respaldo de un asiento o en otra superficie.

respaldar[2] *s. m.* Respaldo de un asiento.

respaldo *s. m.* **1.** Parte de un asiento en que se apoya la espalda. **2.** Acción y efecto de respaldar.

respe *s. m.* Résped*.

respectar *v. intr.* Referirse a alguien o algo. ▪ Sólo es frecuente en la locución **por** (o **en**) **lo que respecta a** alguien o algo.

respectivo, va *adj.* **1.** Correspondiente. || *s. m.* y *f.* **2.** *fam.* Cónyuge o novio o novia. **FAM.** Respectivamente.

respecto *s. m.* Razón, relación o proporción de una cosa con otra. ▪ Sólo es frecuente en las siguientes loc. adv.: **al respecto** En relación con aquello de que se trata. **con respecto a** (o **de**) Por lo que se refiere a.

résped o **réspede** *s. m.* **1.** Lengua de la culebra o de la víbora. **2.** Aguijón de la avispa o de la abeja.

respetable *adj.* **1.** Que merece respeto. **2.** Que cumple las normas éticas, morales o sociales. **3.** Que es bastante grande o cuantioso. || *s. m.* **4.** *fam.* Público que asiste a un espectáculo. **FAM.** Respetabilidad.

respetar *v. tr.* **1.** Tratar con la debida consideración. **2.** Obedecer una orden, cumplir una norma. **3.** Conservar una cosa, no destruirla.

respeto *s. m.* **1.** Acción o actitud de respetar. **2.** *fam.* Miedo, temor. || **LOC. campar** uno **por su respeto** (o **por sus respetos**) *fam.* Hacer alguien lo que le apetece, sin escuchar consejos o recomendaciones. **presentar** alguien **sus respetos** a otra persona Fórmula de cortesía para transmitir saludos a alguien; también, dirigirse a alguien o visitarle para saludarle en señal de consideración.

respetuoso, sa *adj.* Que obra con respeto o lo demuestra. **FAM.** Respetuosamente, respetuosidad.

Respighi, Ottorino (Bolonia 1879 - Roma 1936) Compositor italiano. Fue discípulo de Rimski-Korsakov. En su producción sobresalen las obras para orquesta *Fuentes de Roma* (1917), *Pinos de Roma* (1924) y *Fiestas romanas* (1928), así como *Concierto gregoriano* (1921) y *Cuarteto dórico* (1924).

respingado, da 1. *p. p.* de **respingar**. || *adj.* **2.** Respingón*.

respingar *v. intr. fam.* **1.** Sacudirse y gruñir un animal, generalmente para tirar la carga. **2.** Levantarse o quedar más corta por un lado que por otro una prenda de vestir. También *v. prnl.* ▪ Se conjuga como *pagar.*

respingo *s. m.* **1.** Sacudida brusca del cuerpo debida a un susto, sorpresa, etc. **2.** Acción y efecto de respingar.

respingón, na *adj.* **1.** Que se levanta por el borde. **2.** Particularmente, se dice de la nariz levantada un poco hacia arriba.

respiración *s. f.* **1.** Acción y efecto de respirar. **2.** Proceso por el cual los seres vivos intercambian gases con el ambiente que los rodea, absorbiendo oxígeno y desprendiendo dióxido de carbono. **3.** Proceso por el cual cada una de las células de un ser vivo pluricelular intercambia gases (absorbe oxígeno y desprende dióxido de carbono) con el medio que la rodea, el medio interno, la sangre, etc. **4.** Entrada y salida de aire en un lugar cerrado. || **5. respiración artificial** Conjunto de técnicas empleadas para mantener o restablecer el ritmo respiratorio, cuando fallan los movimientos espontáneos para la respiración. **6. respiración asistida** La que está ayudada por aparatos mecánicos. || **LOC. sin respiración** *adv. fam* Muy asombrado, impresionado o asustado.

respiradero *s. m.* **1.** Abertura de algunos lugares cerrados por donde entra y sale el aire. **2.** Abertura de las cañerías para dar salida al aire. **3.** Pozo de una mina que sirve para dar salida a los gases nocivos.

respirador, ra *adj.* **1.** Se dice de los músculos que sirven para la respiración. || *s. m.* **2.** Aparato utilizado en la práctica de la respiración asistida.

respirar *v. intr.* **1.** Realizar los seres vivos el proceso de absorber el aire, tomar parte de las sustancias que lo componen y expulsarlo modificado. También como *v. tr.* **2.** Sentirse alguien aliviado o tranquilo después de una situación difícil. **3.** Descansar o despejarse después de un trabajo, generalmente saliendo al aire libre. **4.** Tener y mostrar alguien o algo cierta cualidad o estado. **5.** En construcciones impersonales, refrescar un poco el tiempo. **6.** *fam.* Generalmente en frases negativas, hablar, manifestar algo, hacer algún ruido, etc. **7.** Estar vivo. || **LOC. no dejar respirar** a alguien *fam.* No dejarle tranquilo, molestarle, presionarle. **no poder** (**ni**) **respirar** *fam.* Tener mucho trabajo. **FAM.** Respirable.

respiratorio, ria *adj.* **1.** Perteneciente o relativo a la respiración. || **2. aparato respiratorio** Conjunto de órganos que permiten a un ser vivo absorber oxígeno del ambiente que lo rodea y expulsar dióxido de carbono. En los vegetales superiores, las hojas desempeñan el papel de órgano respiratorio; en los animales existen diversos tipos de aparato respiratorio, como las branquias de los animales acuáticos, las tráqueas de los insectos y los pulmones de los vertebrados terrestres.

Anat. y ***Fisiol.*** El aparato respiratorio del hombre está constituido por las vías respiratorias y los pulmones. Las primeras constan de fosas nasales, por las que generalmente se absorbe el aire exterior y se expulsa una vez procesado; las fosas nasales están comunicadas con la faringe, y ésta a su vez con la cavidad bucal, esófago y oído medio. La faringe continúa en la laringe, donde se hallan las cuerdas vocales, y ésta en la tráquea, conducto que se divide en dos bronquios, que a su vez se ramifican en bronquiolos y capilares pulmonares, los cuales desembocan en las vesículas pulmonares. Los pulmones son dos masas esponjosas formadas por el árbol bronquial, las ramificaciones de venas, arterias y nervios rodeados de tejido conjuntivo y los alvéolos pulmonares; ambos están recubiertos por una membrana llamada *pleura.*

El proceso respiratorio consta de diversas fases: ventilación, o inspiración y espiración de aire gracias a los movimientos del diafragma y los músculos intercostales; intercambio gaseoso, entre los alvéolos pulmonares y la sangre; transporte de gases por la sangre; intercambio gaseoso entre la sangre y los tejidos; y respiración celular, en la que se combina la materia orgánica con el oxígeno y se desprende dióxido de carbono, agua y la energía utilizada en la síntesis de adenosín trifosfato (ATP).

respiro *s. m.* **1.** Momento de descanso en un trabajo o actividad. **2.** Alivio en una pena, dolor, preocupación, presión, etc. **3.** Prórroga que se obtiene sobre un plazo que termina.

resplandecer *v. intr.* **1.** Brillar. **2.** Sobresalir, destacar. **3.** Reflejar la cualidad que se expresa, especialmente alegría. ▪ Es v. irreg. Se conjuga como *agradecer.* **FAM.** Resplandeciente, resplandecimiento.

resplandor *s. m.* **1.** Luz muy clara y brillante. **2.** Brillo muy intenso.

responder *v. tr.* **1.** Expresar algo para satisfacer una pregunta, duda, proposición, etc. También *v. intr.* **2.** Hacer saber de alguna forma que se ha oído una llamada. También *v. intr.* **3.** Corresponder a un saludo, una carta, etc. También *v. intr.* **4.** Atacar o contradecir las afirmaciones de otro. También *v. intr.* ■ En esta acepción, además de su pretérito indefinido regular *respondí*, puede usarse *repuse*. **5.** Corresponder a una acción realizada por otros. También *v. intr.* ‖ *v. intr.* **6.** Enfrentarse irrespetuosamente a alguien, oponiendo inconvenientes o protestas a lo que ordena o dice. **7.** Experimentar el resultado o efecto de algo. **8.** Dar fruto o beneficio. **9.** Sufrir un castigo por algo que se ha cometido. **10.** Garantizar, avalar. **11.** Hacerse responsable de algo.

respondón, na *adj. fam.* Que acostumbra a responder de forma irrespetuosa. También *s.*

responsabilidad *s. f.* **1.** Cualidad o circunstancia de responsable. **2.** En der., deber jurídico que tiene una persona de reconocer un hecho realizado libremente y de aceptar y sufrir sus consecuencias jurídicas. ‖ **3. responsabilidad civil** Obligación de indemnizar los daños y perjuicios causados a otros. **4. responsabilidad moral** Atribución de un acto moralmente bueno o malo a la persona que lo realiza libremente. **5. responsabilidad penal** La derivada de un acto que puede constituir delito o falta.

responsabilizar *v. tr.* **1.** Hacer a una persona, institución, etc., responsable de alguna cosa. ‖ *v. prnl.* **2.** Asumir la responsabilidad de algo. ■ Se conjuga como *cazar*.

responsable *adj.* **1.** Que puede y debe responder o dar cuenta de sus propios actos o de los de otras personas, del desarrollo o funcionamiento de algo, etc. También *s.* **2.** Culpable de algo. También *s.* **3.** Se dice de la persona que conoce y se esfuerza por cumplir sus deberes y obligaciones, que pone cuidado y atención en lo que hace o decide. **FAM.** Responsablemente.

responso *s. m.* **1.** Oración por los difuntos. **2.** *fam.* Regañina, reprimenda.

responsorio *s. m.* Oraciones que siguen a las lecciones en los maitines y también se dicen en otros rezos. **FAM.** Responsorial.

respuesta *s. f.* **1.** Acción y efecto de responder. **2.** Reacción de un organismo a un estímulo.

resquebrajadizo, za *adj.* Que se resquebraja fácilmente.

resquebrajadura o **resquebradura** *s. f.* Grieta, raja.

resquebrajar *v. tr.* Hacer o causar resquebrajaduras en un cuerpo sólido. Se usa más como *v. prnl.* **FAM.** Resquebrajamiento.

resquebrar *v. intr.* Empezar a quebrarse una cosa. También *v. prnl.* ■ Es v. irreg. Se conjuga como *pensar*.

resquemor *s. m.* Resentimiento, amargura.

resquicio *s. m.* **1.** Abertura estrecha entre el quicio y la puerta. **2.** Cualquier abertura pequeña o estrecha. **3.** Posibilidad, generalmente pequeña, para salir de un aprieto o para otro fin.

resta *s. f.* **1.** Operación aritmética que consiste en hallar la diferencia entre dos cantidades, una llamada *sustraendo*, de la que se sustrae la otra, llamada *minuendo*, y cuyo resultado es una tercera llamada *resto*. **2.** Resultado de esta operación.

restablecer *v. tr.* **1.** Volver a establecer, devolver a alguien o algo al estado en que estaba antes. ‖ *v. prnl.* **2.** Volver a encontrarse bien después de una enfermedad o un contratiempo. ■ Es v. irreg. Se conjuga como *agradecer*. **FAM.** Restablecido, restablecimiento.

restallar *v. tr.* **1.** Hacer que un látigo, correa o cosa similar produzcan un ruido seco al sacudirlos en el aire con violencia. ‖ *v. intr.* **2.** Producir dicho sonido estas cosas. **3.** Hacer un ruido semejante a un estallido o un crujido seco. **FAM.** Restallante.

restallido *s. m.* Ruido que produce una cosa al restallar.

restante *adj.* Se dice de lo que resta, falta o queda de algo.

restañar *v. tr.* Detener la salida de un líquido, particularmente de la sangre por una herida. También *v. intr.* y *v. prnl.* ‖ **LOC. restañar la herida** (o **las heridas**) Aliviar una pena.

restar *v. tr.* **1.** Hacer que una cosa sea menor que antes. **2.** En mat., hallar la diferencia entre dos cantidades. **3.** En el tenis y otros juegos de pelota, devolver el saque contrario. ‖ *v. intr.* **4.** Faltar, quedar.

restauración *s. f.* **1.** Acción y efecto de restaurar. **2.** Periodo histórico que comienza con el restablecimiento de un régimen político, de un rey destronado o del representante de una monarquía derrocada. ■ En esta acepción se escribe con mayúscula. **3.** Estilo artístico surgido con la Restauración borbónica en Francia, en 1815, que se manifestó fundamentalmente en el mobiliario, caracterizado por el empleo de maderas claras y formas redondeadas o curvas; solían ser muebles de pequeño tamaño decorados con marquetería. **4.** Rama y actividad de la hostelería que comprende los restaurantes y establecimientos de comidas.

Restauración española Periodo de la historia de España comprendido entre la entronización de Alfonso XII y la dictadura de Primo de Rivera (1875-1923). Cánovas del Castillo, jefe del partido alfonsino, estableció una monarquía liberal parlamentaria y estabilizó la política con la alternancia de los dos grandes partidos, el Conservador liderado por el propio Cánovas, y el Liberal, con Sagasta a la cabeza. En 1876 concluyó la tercera guerra carlista y en 1878 la insurrección cubana con la paz de Zanjón. En 1885 murió Alfonso XII y comenzó la regencia de María Cristina. La legislación del país fue liberalizada y el turno de partidos permitió la consolidación del sistema. Sin embargo, la reanudación de la guerra de Cuba en 1895 culminó con el desastre del 98 y la pérdida de las últimas colonias en América y Asia. En 1902, comenzó el reinado de Alfonso XIII, durante el cual los movimientos nacionalistas, la actividad de los partidos obreros y la guerra de Marruecos ahondaron la crisis. En 1923 el general Primo de Rivera, mediante un golpe de Estado respaldado tácitamente por el rey, instauró un directorio militar, que puso fin a la Restauración.

Restauración francesa Nombre con que se conocen dos periodos de la historia de Francia. La primera Restauración comprende desde la reinstauración de la monarquía en la persona de Luis XVIII, tras el hundimiento del primer imperio, hasta la vuelta al poder de Napoleón (abril 1814 - marzo 1815). La segunda Restauración se inició con el restablecimiento en el trono de Luis XVIII, tras la abdicación de Napoleón, y terminó con la revolución que llevó al destierro a Carlos X (1815-30).

Restauración inglesa Periodo de la historia inglesa que se inicia con la vuelta de los Estuardos al trono tras el periodo republicano de Cromwell.

restaurador, ra *adj.* **1.** Que restaura. También *s.* ‖ *s. m.* y *f.* **2.** Persona que tiene por oficio restaurar objetos artísticos y valiosos. **3.** Persona que es dueña de un restaurante o lo dirige. También *adj.*

restaurant (voz fr.) *s. m.* Restaurante*.

restaurante *s. m.* Establecimiento público donde se sirven comidas y bebidas que se consumen en el mismo local.

restaurar *v. tr.* **1.** Reparar una obra de arte. **2.** Devolver una cosa a su estado anterior. **3.** Particularmente, volver a instaurar el régimen político que existía en un país. **4.** Recuperar energías tomando alimento. **FAM.** Restaurativo.

restinga *s. f.* Lengua de arena o rocas que se encuentra debajo del agua a poca profundidad.

restitución *s. f.* **1.** Acción y efecto de restituir. **2.** Proceso de formación de nuevos tejidos u órganos en plantas que han sufrido lesiones o infecciones. **3.** En der., devolución de una cosa a su legítimo propietario. **4.** Restablecimiento de una anterior situación de derecho, considerando no ocurridos determinados actos o efectos jurídicos.

restituir *v. tr.* **1.** Devolver una cosa a quien la tenía antes o a su dueño. **2.** Hacer que alguien recupere algo inmaterial que tenía antes. **3.** Poner una cosa en su estado anterior. ■ Es v. irreg. Se conjuga como *huir*. **FAM.** Restituible, restitutorio.

resto *s. m.* **1.** Parte que queda de un todo. **2.** Resultado de la operación de restar. **3.** En una división, diferencia entre el dividendo y el producto del divisor por el cociente. **4.** Cantidad que en algunos juegos de cartas se señala para jugar y apostar. **5.** En el tenis y juego de pelota, acción de restar y jugador que resta. ‖ *pl.* **6.** Desperdicios. **7.** Cuerpo o parte del cuerpo de una persona o animal después de muertos. **8.** En arqueol., rastros o ruinas. ‖ **9. resto por defecto** En mat., resto obtenido de la diferencia entre el dividendo y el producto del divisor por el cociente por defecto. **10. resto por exceso** En mat., diferencia entre el producto del divisor por el cociente entero por exceso y el dividendo. **11. restos mortales** Cadáver de una persona. **12. teorema del resto** En mat., el que establece que el valor que toma un polinomio al sustituir x por a es el resto de su división por el binomio $x - a$. P. ej., al dividir el polinomio $x^3 - 7x^2 + 13x + 2$ entre $x - 2$ el cociente es $x^2 - 5x + 3$ y de resto 8; si se sustituye x por 2 en el polinomio, es decir, $2^3 - 7 \cdot 2^2 + 13 \cdot 2 + 2$ resulta 8, igual al resto anterior. ‖ **LOC. echar el resto** Hacer todo lo posible para conseguir una cosa.

restregadura *s. f.* Restregón*.

restregar *v. tr.* Pasar con fuerza, repetida e insistentemente, una cosa sobre otra para calentarla, limpiarla, etc. También *v. prnl.* ■ Es v. irreg. Se conjuga como *regar*. **FAM.** Restregamiento.

restregón *s. m.* **1.** Acción y efecto de restregar. **2.** Señal que queda al restregar o restregarse.

Restrepo, Carlos Emilio (Medellín 1867 - ? 1937) Político colombiano. Perteneciente al Partido Conservador, luchó en su defensa durante la guerra civil (1899-1902). Fue presidente de la república (1910-14), pero sus ideas conservadoras fueron obstáculo para llevar a cabo las reformas que necesitaba el país.

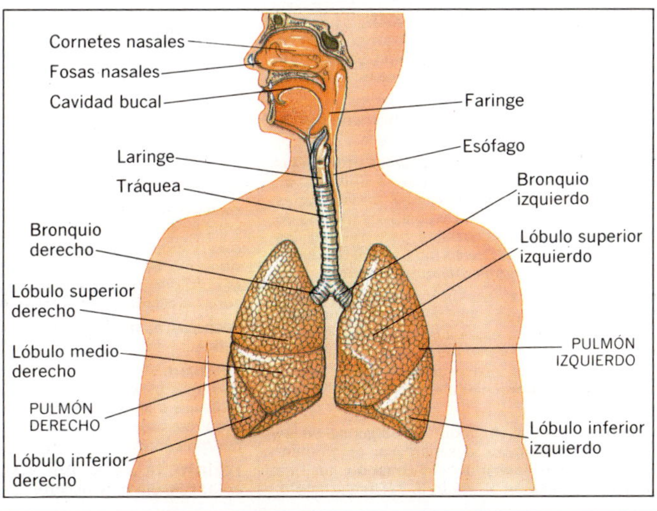

Aparato respiratorio: órganos que lo integran en el ser humano.

Restrepo, José Manuel (Envigado, Antioquia 1781 - Bogotá 1863) Político e historiador colombiano. Fue diputado en el congreso de las Provincias Unidas de Nueva Granada (1811). En 1816, ante el avance de las fuerzas de Morillo, se exilió. Nombrado ministro del Interior por Bolívar (1822-27), ocupó el cargo de presidente de la Academia Nacional de Artes. Es autor de *Historia de la revolución de la república de Colombia* (1827).

restricción *s. f.* **1.** Acción y efecto de restringir. **2.** En especial, limitación impuesta en el suministro de productos de consumo, p. ej. por escasez de éstos. Se usa más en *pl.* **3.** En der., limitación o modificación de una ley o contrato.

restrictivo, va *adj.* Que restringe o sirve para restringir. **FAM.** Restrictivamente.

restricto, ta *adj.* Restringido, limitado.

restringir *v. tr.* Reducir, limitar. ■ Se conjuga como *surgir.* **FAM.** Restringible, restringido.

resucitación *s. f.* En med., acción de volver a la vida, con procedimientos y medios adecuados, a los seres vivos en estado de muerte aparente.

resucitar *v. tr.* **1.** Hacer que un muerto vuelva a la vida. También *v. intr.* **2.** Renovar algo pasado. **3.** *fam.* Reanimar. **FAM.** Resucitado, resucitador.

resuello *s. m.* **1.** Respiración fuerte, entrecortada y ruidosa. **2.** *fam.* Fuerza, energía, resistencia física. ‖ **LOC. cortar el resuello** a alguien o **meterle** a uno **el resuello en el cuerpo** *fam.* Atemorizarle.

resuelto, ta **1.** *p. p.* irreg. de **resolver**. También *adj.* ‖ *adj.* **2.** Decidido, valiente. **FAM.** Resueltamente.

resulta *s. f.* **1.** Resultado. **2.** Acuerdo o decisión definitiva que se toma en una deliberación. **3.** Vacante que se produce en un puesto o empleo por ascenso o traslado del que lo ocupaba. ‖ *pl.* **4.** Asignaciones de un presupuesto que, por no haberse pagado en su ejercicio correspondiente, pasan al siguiente. ‖ **LOC. de resultas** *adv.* A consecuencia.

resultado *s. m.* **1.** Efecto, producto o consecuencia de algo. **2.** Rendimiento. **3.** Dato que se obtiene tras efectuar una operación, investigación, consulta, etc. **4.** Tanteo final en un juego, una competición, etc.

resultando *s. m.* Cada uno de los fundamentos de hecho enumerados en sentencias o autos judiciales o en decisiones gubernativas.

resultante *adj.* **1.** Que resulta de algo. También *s. f.* **2.** En mat., se aplica a la fuerza o vector que produce los mismos efectos que un conjunto de otras fuerzas o vectores. También *s. f.*

resultar *v. intr.* **1.** Producirse una cosa como consecuencia o efecto de otra. **2.** Tener una cosa el resultado o efecto que se señala. **3.** Ser alguien o algo lo que se expresa. **4.** Quedar una persona o cosa en un determinado estado, como consecuencia de algo. **5.** Tener alguien o algo el rendimiento o efecto que se expresa. ■ Si no se especifica, se entiende que el efecto es bueno. **6.** Ser una persona atractiva, sin ser especialmente guapa. **7.** Suceder o descubrirse algo que no se esperaba o preveía.

resultón, na *adj. fam.* Atractivo sin ser especialmente bello.

resumen *s. m.* **1.** Acción y efecto de resumir o resumirse. **2.** Exposición breve.

resumir *v. tr.* **1.** Exponer algo de forma breve, precisa y ordenada, considerando sólo lo más importante. También *v. prnl.* ‖ *v. prnl.* **2.** Reducirse una cosa a otra de menor importancia o gravedad en relación con la que se esperaba o temía. **FAM.** Resumidamente, resumido.

resurgencia *s. f.* Reaparición en forma de manantial de las aguas de ríos o arroyos absorbidos en terrenos calcáreos. Un ejemplo característico de resurgencia son los Ojos del Guadiana.

resurgir *v. intr.* **1.** Surgir de nuevo. **2.** Mejorar, volver a tener fuerza. ■ Se conjuga como *surgir.* **FAM.** Resurgente, resurgimiento.

resurrección *s. f.* **1.** Acción y efecto de resucitar. **2.** Por antonomasia, la de Jesucristo. **3.** Fiesta con que la Iglesia celebra la resurrección de Cristo. ‖ **4. resurrección de la carne** (o **de los muertos**) Creencia en que al final de los tiempos los muertos resucitarán en cuerpo y alma.

retablo *s. m.* **1.** Obra de arquitectura con representaciones talladas o pintadas, que decora un altar. El retablo surgió en el arte gótico en sustitución del característico frontal románico. Su uso se generalizó en el s. XIII y llegó a su pleno desarrollo en el s. XV. **2.** Conjunto o colección de figuras pintadas o talladas, que representan en serie una historia o suceso, especialmente de la historia sagrada. **3.** Pequeño escenario en que se representa una acción con figurillas o títeres. **4.** Representación de teatro con tema religioso. **5.** *fam.* Persona muy vieja.

retacar *v. tr.* **1.** Apretar el contenido de algo para que quepa más cantidad. **2.** En billar, golpear dos veces la bola con el taco. ■ Se conjuga como *sacar.*

retaco, ca *adj.* **1.** Se dice de la persona baja y rechoncha. También *s.* ‖ *s. m.* **2.** Escopeta corta muy reforzada en la recámara. **3.** En el juego de billar, taco más corto y grueso que los normales.

retaguardia *s. f.* **1.** Parte de un ejército que se mantiene o avanza en último lugar. **2.** Parte más alejada del frente de batalla. **3.** Parte de atrás de algo.

retahíla *s. f.* Serie de muchas cosas que se suceden monótonamente.

retal *s. m.* Pedazo que sobra después de cortar una tela, piel, chapa, etc.

retama *s. f.* Nombre común de diversas plantas arbustivas de la familia papilionáceas, géneros *Spartium, Genista, Retama* y *Cytisus.* Crecen en brezales, turberas, praderas y pastizales y miden desde 30 hasta 200 cm de altura. La retama común *(Retama sphaerocarpa)* tiene numerosas ramillas delgadas, flores amarillas pequeñas y abundantes y fruto en legumbre de forma globosa y color amarillento. Es propia de climas mediterráneos.

retamal o **retamar** *s. m.* Lugar poblado de retamas.

retar *v. tr.* **1.** Desafiar. **2.** *Arg., Chile.* Insultar, injuriar. **FAM.** Retador.

retardador, ra *adj.* **1.** Que retarda. ‖ *s. m.* **2.** Producto químico que se añade a una sustancia, compuesto o medio para disminuir la velocidad de reacción. **3.** Instrumento o mecanismo para reducir la velocidad de una acción, proceso, etc.

retardar *v. tr.* **1.** Retrasar. También *v. prnl.* **2.** Hacer que algo vaya o suceda más lento. También *v. prnl.* **FAM.** Retardación, retardado, retardamiento.

retardatorio, ria *adj.* Que produce retraso.

retardo *s. m.* Retraso.

retazar *v. tr.* Dividir algo en piezas o trozos. ■ Se conjuga como *cazar.*

retazo *s. m.* **1.** Retal o pedazo de una tela. **2.** P. ext., parte de cualquier cosa. **3.** Fragmento de un discurso o escrito.

retejar *v. tr.* Arreglar los tejados poniendo en orden las tejas que se han descolocado o reponiendo las que faltan. **FAM.** Retejado, retejador.

retejo *s. m.* Acción y efecto de retejar.

retel *s. m.* Instrumento de pesca que consiste en un aro con una red que forma una bolsa y que se utiliza especialmente en la pesca de cangrejos de río.

retemblar *v. intr.* Temblar o vibrar con fuerza. ■ Es v. irreg. Se conjuga como *pensar.*

retén *s. m.* **1.** Conjunto de personas preparadas para actuar en caso de necesidad. **2.** Conjunto de cosas que se tienen guardadas para usarlas cuando sea necesario. **3.** Dispositivo utilizado en ciertos procesos industriales para retener los desperdicios. **4.** *Col.* Puesto fijo o móvil que sirve para controlar o vigilar cualquier actividad.

retención *s. f.* **1.** Acción y efecto de retener. **2.** Cantidad de dinero que se retiene de un sueldo, ganancia, etc., especialmente para el pago de impuestos. **3.** Detención o marcha muy lenta de los vehículos, provocada por el gran número de éstos o por cualquier obstáculo. Se usa más en *pl.*

retener *v. tr.* **1.** Impedir que algo salga, se mueva, se elimine o desaparezca, manteniéndolo consigo o dentro de sí. **2.** Impedir que una persona se vaya de un lugar. **3.** Particularmente, arrestar o imponer prisión preventiva. **4.** Conservar una persona algo para sí. **5.** Conservar una cosa en la memoria. **6.** Impedir o dificultar el curso o proceso normal de algo. **7.** Contener un sentimiento, deseo, pasión, etc. También *v. prnl.* **8.** Descontar de un pago o un cobro una cantidad de dinero para destinarla a otro fin. **9.** Suspender, en todo o en parte, el pago del sueldo u otro haber, por disposición judicial, gubernativa o administrativa. ■ Es v. irreg. Se conjuga como *tener.*

retentividad *s. f.* Retentiva, memoria.

retentivo, va *adj.* **1.** Que tiene capacidad para retener. **2.** Particularmente, que tiene facilidad para retener cosas en la memoria. ‖ *s. f.* **3.** Memoria, capacidad para recordar las cosas.

Retia Antigua región de los Alpes centrales, habitada por pueblos celtas, que fue conquistada por Augusto e incorporada al imperio romano en el 15 a. C.

reticencia *s. f.* **1.** Reserva, desconfianza, duda. **2.** Acción y efecto de decir una cosa sólo en parte o de manera indirecta, generalmente con cierta malicia. **3.** Figura retórica que consiste en dejar incompleta una frase dando a entender o insinuando algo.

reticente *adj.* **1.** Que muestra reticencia. **2.** Que usa reticencias o las contiene. **FAM.** Reticentemente.

rético, ca *adj.* **1.** De la Retia. ‖ *s. m.* **2.** Lengua de origen latino que se habla actualmente en la región de los Alpes centrales, que fue la antigua Retia; comprende los dialectos grisón, tirolés, friulano y triestino.

Réticos, Alpes Parte de los Alpes centrales que se extiende entre los pasos de Maloja, junto al macizo del Bernina (Suiza), y del Brennero (en la frontera de Austria e Italia).

retícula *s. f.* **1.** Conjunto de hilos o líneas cruzadas que se ponen en el foco de algunos instrumentos ópticos para precisar la visión o para calcular distancias o medidas. **2.** Placa de cristal dividida en pequeños cuadrados, generalmente de 1 mm de lado, que se usa en topografía para determinar el área de una figura. **3.** Cuadrícula. **4.** En artes gráficas, trama*.

reticular *adj.* Que tiene forma o estructura de red.

retículo *s. m.* **1.** Tejido en forma de red, particularmente el que está constituido por filamentos vegetales. **2.** Retícula de los instrumentos ópticos. **3.** En mat., estructura algebraica que posee un conjunto en el que se han definido dos operaciones, $\perp$ y $*$, para las que se verifican las siguientes propiedades:
idempotente: $a \perp a = a$; $a * a = a$;
conmutativa: $a \perp b = b \perp a$; $a * b = b * a$;
asociativa: $(a \perp b) \perp c = a \perp (b \perp c)$; $(a * b) * c = a * (b * c)$;
ley de absorción: $(a \perp b) * a = a$; $(a * b) \perp a = a$.

reticuloendotelial *adj.* Se dice del sistema formado por las células endoteliales del bazo, hígado, médula ósea y vasos linfáticos; es un medio de defensa para el organismo.

reticulosis *s. f.* Enfermedad que afecta a los elementos del sistema reticuloendotelial y que se caracteriza por el aumento de volumen de dicho sistema.

retienta *s. f.* Repetición de la tienta de las reses vacunas.

retina *s. f.* **1.** Capa interna del ojo, sensible a la luz, que convierte los estímulos luminosos en impulsos nerviosos que se dirigen al cerebro a través del nervio óptico; contiene conos, que son células sensibles al color, y bastones, o células que responden al blanco y negro. ‖ **2. desprendimiento de retina** Separación entre la retina y la coroides, que produce ceguera parcial en las zonas afectadas y se corrige mediante cirugía.

retiniano, na *adj.* Perteneciente o relativo a la retina.

retintín *s. m.* **1.** Entonación al hablar, generalmente irónica y maliciosa, con que se pretende molestar a alguien o dar a entender algo. **2.** Sonido que deja en los oídos una campana u otro cuerpo sonoro semejante.

retinto, ta *adj.* Se dice de algunos animales de color castaño muy oscuro.

retirada *s. f.* **1.** Acción y efecto de retirar o retirarse. **2.** Particularmente, acción y efecto de retroceder los soldados alejándose del enemigo.

retirado, da **1.** *p. p.* de **retirar**. También *adj.* ‖ *adj.* **2.** Alejado, apartado. **FAM.** Retiradamente.

retirar[1] (de *re-* y *tirar*, lanzar) *v. tr.* **1.** Quitar o separar una persona o cosa de otra o de un sitio. También *v. prnl.* **2.** Hacer que alguien deje de trabajar en su oficio o profesión, por razón de su edad, por imposibilidad, etc. Se usa más como *v. prnl.* **3.** Hacer que alguien abandone una competición, actividad, juego, etc. Se usa más como *v. prnl.* **4.** Declarar una persona que no mantiene algo que ha dicho. ‖ *v. prnl.* **5.** Aislarse del trato con la gente o irse a vivir a un sitio poco frecuentado. **6.** Irse a dormir. **7.** Irse a casa. **8.** Retroceder un ejército abandonando el lugar de la lucha.

retirar[2] (de *re-* y *tirar*, imprimir) *v. tr.* En artes gráficas, imprimir por la segunda cara el pliego que ya está impreso por la primera.

retiro *s. m.* **1.** Acción y efecto de retirarse o de ser retirado alguien de su oficio o profesión. **2.** Situación de la persona retirada, que ya no está en servicio activo. **3.** Pensión que reciben estas personas. **4.** Lugar tranquilo y apartado del bullicio de la gente. **5.** Alejamiento de la gente o de las ocupaciones cotidianas, en especial para dedicarse a la meditación, a la práctica de ejercicios espirituales, etc.

reto *s. m.* **1.** Acción y efecto de retar. **2.** Palabras o acto con que se reta a alguien. **3.** Objetivo o tarea costosa, difícil, peligrosa, etc., que estimula a alguien a esforzarse por realizarla o superarla. **4.** *Chile.* Insulto, injuria.

retobado, da **1.** *Arg., Chile. p. p.* de **retobar**. ‖ *adj.* **2.** *Amér. C., Ec., Méx.* Protestón, respondón. También *s.* **3.** *amer.* Obstinado, rebelde, indómito. También *s.* **4.** *Amér. del S.* Rencoroso, malicioso, astuto. También *s.*

retobar *v. tr.* **1.** *amer.* Forrar o cubrir algo con cuero. ‖ *v. intr.* **2.** *amer.* Encapricharse. También *v. prnl.* ‖ *v. prnl.* **3.** *Arg.* Adoptar una actitud de reserva excesiva.

retobo *s. m.* **1.** *amer.* Acción y efecto de retobar. **2.** *Col., Hond.* Desecho, desperdicio, cosa inútil. **3.** *Chile.* Arpillera u otra tela basta que se usa para envolver o forrar una cosa.

retocado, da **1.** *p. p.* de **retocar**. También *adj.* ‖ *s. m.* **2.** Acción y efecto de retocar.

retocador, ra *s. m.* y *f.* Persona que retoca fotografías, dibujos, cuadros, etc.

retocar *v. tr.* **1.** Hacer ligeras correcciones o añadidos en una cosa ya acabada para corregir sus imperfecciones. **2.** Arreglar o completar un maquillaje, peinado, etc., para perfeccionarlos. También *v. prnl.* **3.** Tocar una cosa repetidamente. ▪ Se conjuga como *sacar.*

retomar *v. tr.* Continuar una conversación, asunto, actividad, etc., que se había interrumpido.

retoñar *v. intr.* **1.** Volver a echar brotes una planta. **2.** Resurgir, renacer.

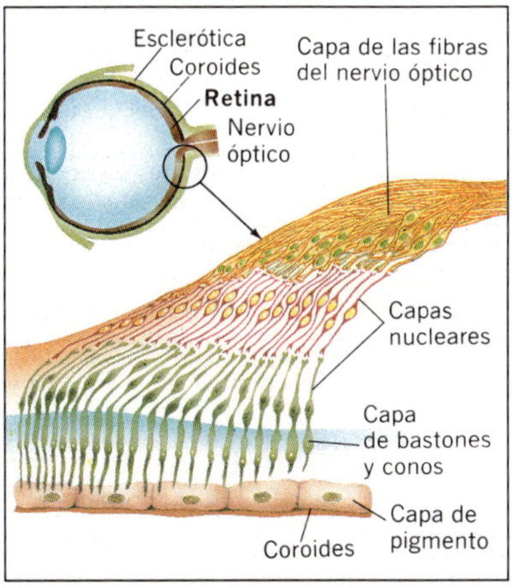

Retina: esquema de su situación en el ojo y capas que la forman.

retoño *s. m.* **1.** Tallo o brote que echa de nuevo una planta. **2.** *fam.* Referido a personas, hijo de corta edad.

retoque *s. m.* Corrección o añadido que se hace a una cosa ya acabada para mejorarla o corregir sus imperfecciones.

retor *s. m.* Tela de algodón fuerte y ordinaria, en que la urdimbre y trama están muy torcidas.

retorcer *v. tr.* **1.** Torcer mucho una cosa deformándola o dándole vueltas alrededor de sí misma. También *v. prnl.* **2.** Interpretar intencionadamente una cosa de forma errónea. **3.** Volver un argumento o razonamiento contra el mismo que lo esgrime. ‖ *v. prnl.* **4.** Hacer alguien gestos o movimientos bruscos e irregulares con el cuerpo o parte de él, a consecuencia de un dolor agudo, una risa incontenible, etc. ▪ Es v. irreg. Se conjuga como *cocer.* **FAM.** Retorcedura.

retorcido, da **1.** *p. p.* de **retorcer**. También *adj.* ‖ *adj.* **2.** *fam.* Falso y malintencionado. **3.** *fam.* Se dice de la persona de trato difícil y carácter extraño y complicado, así como de su comportamiento, actitud, etc. **4.** *fam.* Excesivamente desconfiado. **5.** Se dice del lenguaje y modo de hablar o escribir difícil de entender, y de la persona que lo emplea.

retorcimiento *s. m.* **1.** Acción y efecto de retorcer o retorcerse. **2.** Cualidad o actitud de retorcido.

retórica *s. f.* **1.** Arte de saber expresarse correcta y elegantemente mediante la palabra, con la finalidad de convencer, conmover, agradar o entretener a los oyentes. **2.** Tratado de este arte. **3.** *fam.* Palabrería*.

retórico, ca *adj.* **1.** Perteneciente o relativo a la retórica. **2.** Entendido en retórica. También *s.* **3.** *desp.* Se dice de la forma de expresarse excesivamente culta y artificiosa, así como de la persona, obra, etc., que la emplea. **FAM.** Retóricamente.

retornable *adj.* Se dice del envase que puede devolverse para ser utilizado de nuevo.

retornar *v. intr.* **1.** Volver alguien o algo al lugar o situación en que estaba. ‖ *v. tr.* **2.** Devolver algo a alguien o al lugar o situación en que se encontraba.

retorno *s. m.* **1.** Acción y efecto de retornar. ‖ **2. eterno retorno** Doctrina filosófico-religiosa que postula un universo que nace y perece eternamente, en una sucesión cíclica. Se halla presente en el hinduismo, en muchos de los antiguos filósofos griegos y en pensadores árabes medievales. El tema del eterno retorno reapareció en la filosofía de Nietzsche, si bien con una formulación distinta, derivada de su propio pensamiento.

retorrománico, ca o **retorromano, na** *adj.* **1.** Rético*. ‖ *s. m.* **2.** Lengua rética.

retorsión *s. f.* **1.** Acción y efecto de retorcer. **2.** Acción de devolver a una persona el daño u ofensa que de ella se ha recibido. **3.** En derecho internacional, procedimiento lícito de presión que utiliza un Estado adoptando contra otro Estado medidas similares a las que éste empleó con él.

retorta *s. f.* Vasija con cuello largo y curvado hacia abajo que se utiliza en los laboratorios de química.

retortero, al *loc. adv.* **1.** *fam.* Usando todo desordenadamente, sin reservar nada. **2.** *fam.* En desorden. **3.** *fam.* Ajetreado, de un lado para otro.

retortijón *s. m.* Dolor agudo e intermitente en el estómago o en el abdomen.

retostar *v. tr.* Tostar mucho. ▪ Es v. irreg. Se conjuga como *contar.*

retozar *v. intr.* **1.** Jugar las personas o animales, en especial cuando son muy jóvenes, saltando y corriendo alegremente. **2.** Entregarse una pareja a juegos amorosos. ▪ Se conjuga como *cazar.* **FAM.** Retozante.

retozo *s. m.* Acción y efecto de retozar.

retozón, na *adj.* Que gusta de retozar o que retoza con frecuencia.

retracción *s. f.* Acción y efecto de retraer.

retractación *s. f.* Acción y efecto de retractarse de lo que antes se ha dicho o prometido.

retractarse *v. tr.* Declarar expresamente que uno no mantiene lo que antes había dicho o prometido.

retráctil *adj.* Se dice de aquello que puede retraerse o esconderse por sí mismo. **FAM.** Retractilidad.

retractilar *v. tr.* Envolver con un plástico cerrado un producto con el fin de protegerlo.

retracto *s. m.* En lenguaje jurídico, derecho que permite al vendedor recuperar, bajo ciertas condiciones, el bien vendido tras devolver el precio pagado por el mismo.

retraer *v. tr.* **1.** Ocultar o retirar una cosa que forma parte de otra doblándola o encogiéndola. También *v. prnl.* ‖ *v. prnl.* **2.** Apartarse voluntariamente del trato con la gente. ▪ Es v. irreg. Se conjuga como *traer.*

retraído, da **1.** *p. p.* de **retraer**. ‖ *adj.* **2.** Tímido, introvertido.

retraimiento *s. m.* **1.** Acción y efecto de retraerse. **2.** Condición o carácter de la persona tímida o introvertida.

retranca *s. f.* **1.** Correa ancha que rodea las ancas de las caballerías de tiro y que sirve para frenar el carruaje o hacerlo retroceder. **2.** Intención maliciosa, disimulada y oculta.

retranquear *v. tr.* En arq., construir una parte o sección de un edificio más hacia adentro respecto al plano de la fachada, o también un edificio más metido que los que tiene al lado. **FAM.** Retranqueo.

retransmisión *s. f.* **1.** Acción y efecto de retransmitir. **2.** Programa o espacio televisivo o radiofónico que se retransmite.

retransmisor *s. m.* Repetidor* de telecomunicaciones.

retransmitir *v. tr.* **1.** Difundir algún programa una estación de radio o televisión. **2.** Difundir una estación de radio o televisión emisiones procedentes de otra estación o lugar.

retrasado, da **1.** *p. p.* de **retrasar**. También *adj.* ‖ *adj.* **2.** Se dice de la persona que no tiene el desarrollo mental normal correspondiente a su edad. También *s.*

retrasar *v. tr.* **1.** Hacer que algo suceda, se realice, etc., más tarde, dejarlo para después. También *v. prnl.* **2.** Hacer que alguien o algo vaya más despacio de lo debido. También *v. prnl.* **3.** Volver hacia atrás las agujas de un reloj. ‖ *v. intr.* **4.** Ir más despacio de lo esperado, normal o conveniente, quedarse atrás en cualquier cosa. Se usa más como *v. prnl.* **5.** Atrasar, ir el reloj más despacio de lo debido. También *v. prnl.* ‖ *v. prnl.* **6.** Llegar más tarde de lo convenido.

retraso *s. m.* **1.** Acción y efecto de retrasar o retrasarse. ‖ **2. retraso mental** Evolución lenta y por debajo del nivel normal de las facultades intelectuales de una persona, debida a un desarrollo defectuoso del sistema nervioso o a la acción de factores sociales. Puede ser genético, como el mongolismo; deberse a enfermedades infecciosas, como la meningitis; metabólico, como el cretinismo, o resultar de daños sufridos en el nacimiento o con posterioridad. Los niños retrasados deben recibir cuidados y educación especiales.

retratar *v. tr.* **1.** Reproducir la figura de una persona, animal o cosa en dibujo, pintura, fotografía, etc. **2.** Describir con palabras, imágenes, etc., detalladamente a alguien o algo. ‖ *v. prnl.* **3.** Hacer alguien que reproduzcan su imagen en pintura, fotografía, etc.

retratista *s. m.* y *f.* Persona que hace retratos.

retrato *s. m.* **1.** Representación de una persona, animal o cosa mediante un dibujo, pintura, fotografía, etc. **2.** Arte y técnica de hacer esa representación. **3.** Descripción detallada. ‖ **LOC. ser uno el vivo retrato de** otro Parecerse una persona mucho a otra.

retrechería *s. f.* **1.** *fam.* Cualidad de retrechero. **2.** *fam.* Dicho o hecho propio de una persona retrechera. **3.** *Ven.* Tacañería.

retrechero, ra *adj.* **1.** *fam.* Que tiene mucho atractivo, encanto o simpatía. **2.** *P. Rico, Ven.* Tacaño.

retreparse *v. prnl.* **1.** Echar hacia atrás la parte superior del cuerpo. **2.** Apoyarse en el respaldo de un asiento, echándose hacia atrás, de modo que éste se incline a su vez.

retreta *s. f.* **1.** En lenguaje militar, toque de corneta que se utiliza para indicar a las tropas la retirada o para avisarlas por la noche de que acudan a recogerse al cuartel. También, acto o ceremonia que se realiza al caer la noche en los cuarteles, en el que se pasa lista y se lee la orden del dia o relación de servicios y actividades del día siguiente. **2.** *amer.* Concierto dado en un parque o paseo público por una banda militar. **3.** *fam. Bol., Cuba, Ec., Perú, P. Rico.* Serie de cosas que están, suceden o se mencionan una tras otra.

retrete *s. m.* **1.** Cuarto* de baño. **2.** Instalación higiénica para orinar y hacer de vientre que consiste en un recipiente con una tubería de desagüe y provisto de una cisterna con agua.

retribución *s. f.* **1.** Acción y efecto de retribuir. **2.** Dinero o cosa que se da como pago por un trabajo o servicio.

retribuir *v. tr.* **1.** Dar a alguien dinero u otra cosa como pago por un trabajo, servicio o favor realizado. **2.** *amer.* Corresponder al favor o al obsequio que uno recibe. ■ Es v. irreg. Se conjuga como *huir.*

retributivo, va *adj.* **1.** Perteneciente o relativo a la retribución. **2.** Que produce ganancia.

retribuyente *adj.* Que retribuye.

retro *adj. fam.* Se dice de aquello que pertenece a un tiempo pasado, lo evoca o imita, particularmente en la moda, música, etc.

retro- *pref.* Significa 'atrás': *retroproducción, retrotraer, retrovisor.*

retroacción *s. f.* **1.** Regresión, retroceso. **2.** Retroactividad*. **3.** Retroalimentación*.

retroactividad *s. f.* Cualidad de retroactivo.

retroactivo, va *adj.* Que tiene fuerza, aplicación o validez sobre cosas, hechos, etc., que han pasado; en particular, se aplica referido a la propiedad que tienen algunas leyes de poder ser aplicadas a hechos anteriores a la promulgación de las mismas.

retroalimentación *s. f.* Método empleado en diversos campos, como la informática y la cibernética, que consiste en mantener permanentemente la acción o eficacia de un sistema mediante una revisión continua de todos y cada uno de los elementos del proceso, así como de los resultados obtenidos, a fin de introducir en dicho sistema las modificaciones necesarias. Aplicado a otros campos, como la educación o la psicología, este método permite la participación activa del sujeto, al poder éste evaluar las propias acciones y sus consecuencias, para de este modo corregirlas y perfeccionarlas.

retroceder *v. intr.* **1.** Volver hacia atrás. **2.** Detenerse alguien ante un peligro, obstáculo o dificultad, o abandonar una idea, proyecto, propósito, etc.

retroceso *s. m.* **1.** Acción y efecto de retroceder. **2.** Empeoramiento del estado de un paciente que empezaba a curarse. **3.** Impulso hacia atrás que causa en un arma de fuego la expansión de los gases producida por el disparo. **4.** Jugada de billar que consiste en picar una bola en su parte baja para que vuelva hacia atrás después de chocar con otra bola.

retrogradación *s. f.* En astron., retroceso aparente de un planeta en su órbita.

retrogradar *v. intr.* En astron., experimentar retrogradación un planeta.

retrógrado, da *adj.* **1.** *desp.* Excesivamente conservador o apegado al pasado. También *s.* **2.** En astron. se dice del movimiento de cualquier cuerpo celeste del Sistema Solar que rota alrededor de su eje o se mueve en su órbita en el sentido de las agujas del reloj, visto desde el polo norte celeste. La mayor parte de los planetas y sus satélites giran en sentido contrario al descrito; un ejemplo de astro con movimiento retrógrado es el planeta Venus.

retronar *v. intr.* Producir gran estruendo, hacer mucho ruido una cosa. ■ Es v. irreg. Se conjuga como *contar.*

retropropulsión *s. f.* Procedimiento de propulsión de un vehículo u otro móvil en que la fuerza que causa el movimiento se produce por reacción a la expulsión hacia atrás de un chorro, generalmente de gas, lanzado por el propio vehículo o móvil.

retroproyector *s. m.* Aparato que permite proyectar transparencias o diapositivas en una pantalla situada detrás de la persona que lo maneja, sin necesidad de que la sala esté a oscuras. Se utiliza sobre todo en enseñanza.

retrorregulación *s. f.* Retroalimentación*.

retrospección *s. f.* Examen, análisis, etc., retrospectivo.

retrospectivo, va *adj.* Que se refiere a un tiempo pasado.

retrotraer *v. tr.* Retroceder a un tiempo pasado, generalmente para tomarlo como punto de partida de una narración, relato, etc. También *v. prnl.* ■ Es v. irreg. Se conjuga como *traer.*

retroventa *s. f.* En der., cláusula que se puede incluir en un contrato de venta, por la que el vendedor se reserva la posibilidad de volver a comprar la cosa vendida por la cantidad en que la vendió.

retroversión *s. f.* En med., desviación hacia atrás de algún miembro u órgano del cuerpo.

retrovertido, da *adj.* Se dice del miembro u órgano en estado de retroversión.

retrovisor *adj.* En un vehículo, se dice del espejo situado frente al conductor o al lado de él, mediante el cual puede ver lo que hay detrás. También *s. m.*

retrucar *v. intr.* **1.** En el juego de billar, chocar una bola impulsada por otra en la banda de modo que vuelva y golpee después a la que le causó el movimiento. **2.** Volverse contra uno mismo el argumento que había usado. **3.** *Arg., Par., Urug.* Responder con acierto y energía. ■ Se conjuga como *sacar.*

retruécano *s. m.* Juego de palabras, en especial aquel que consiste en poner a continuación de una frase otra con los mismos términos, u otros semejantes, pero invertidos, para que su sentido contraste con el de la anterior, como p. ej. *Hay que comer para vivir, no vivir para comer.*

retruque *s. m.* Acción y efecto de retrucar..

retumbante *adj.* Que retumba.

retumbar *v. intr.* **1.** Extenderse un sonido fuerte a un cuerpo produciendo vibración. **2.** Recibir un cuerpo este sonido y vibración. **3.** Reproducirse con insistencia un sonido en la memoria.

retumbo *s. m.* Acción y efecto de retumbar.

Retz, Jean François Paul de Gondi, cardenal de (Montmirail 1613 - París 1679) Eclesiástico y político francés. Involucrado en la conjura de Soissons contra el cardenal Richelieu (1641), también estuvo implicado en el levantamiento de la Fronda, contra Mazarino (1648-52). En 1652 fue nombrado cardenal y no cesó de intrigar, causa por la que fue confinado en Vincennes y Nantes por el rey Luis XIV. Redactó unas *Memorias,* que no fueron publicadas hasta 1717.

reúma o **reuma** *s. m.* Reumatismo*. ■ En la lengua popular, se usa también como *s. f.*

reumático, ca *adj.* **1.** Que padece reúma. También *s.* **2.** Perteneciente o relativo a esta enfermedad. ‖ **3. artritis reumática** Reumatismo de las articulaciones. **4. fiebre reumática** Véase **fiebre**.

reumatismo *s. m.* **1.** Enfermedad del tejido conjuntivo que provoca una rigidez dolorosa de alguna parte del aparato locomotor. ‖ **2. reumatismo articular** Aquel de carácter infeccioso que produce la tumefacción de una o varias articulaciones. Puede ser agudo o crónico. **3. reumatismo muscular** El que ataca a los músculos. **4. reumatismo óseo** Artritis crónica que produce la deformación de los huesos.

reumatoide *adj.* Se dice de los trastornos semejantes al reumatismo, particularmente de los trastornos articulares producidos por ciertas enfermedades infecciosas.

reumatología *s. f.* Parte de la medicina que se dedica al estudio y tratamiento del reumatismo. **FAM.** Reumatológico.

reumatólogo, ga *s. m.* y *f.* Médico especialista en reumatología.

reunificar *v. tr.* Volver a unir personas, cosas, y especialmente grupos o estados, que estuvieron unidos en un periodo anterior. ■ Se conjuga como *sacar.* **FAM.** Reunificación.

reunión *s. f.* **1.** Acción y efecto de reunir o reunirse. **2.** Conjunto de personas, animales o cosas reunidas. **3.** Particularmente, conjunto de personas que se reúnen para tratar sobre un determinado asunto.

Reunión, La (*La Réunion*) Isla del océano Índico, perteneciente al archipiélago de las Mascareñas, situada al E de Madagascar. 2.510 km^2. 600.000 h. en 1990. La capital es Saint-Denis, con 110.000 h. en 1984. Constituye un departamento francés de ultramar. Tiene un relieve montañoso de origen volcánico, cuya máxima elevación es la cima del Piton des Neiges (3.069 m). Su clima es tropical. Posee una mayoría de población negra. Su economía se basa en el cultivo de la caña de azúcar, la vainilla y otras plantas aromáticas (geranios, vetiver, etc.) y, sobre todo, en el turismo, cuyos rendimientos proporcionan a la isla la mayor renta per cápita de África (5.990 dólares en 1987).

reunir *v. tr.* **1.** Unir varias personas o cosas para que formen un mismo conjunto. También *v. prnl.* **2.** Poseer ciertas cualidades, características o condiciones. ■ Obsérvense los acentos en los tiempos de presente y en el imperativo.

REUNIR		
INDICATIVO	SUBJUNTIVO	IMPERATIVO
Presente	**Presente**	
reúno	*reúna*	
reúnes	*reúnas*	*reúne*
reúne	*reúna*	
reunimos	*reunamos*	
reunís	*reunáis*	*reunid*
reúnen	*reúnan*	

Reus C. de España, situada en la prov. de Tarragona. 88.600 h. en 1991. Destaca sobre todo como centro comercial para la exportación de aceite, vino y frutos secos, aunque la avicultura también ocupa un lugar importante en su economía. Cuenta asimismo con industria textil, alimentaria y de maquinaria agrícola.

reusense *adj.* De Reus. También *s.*

reválida *s. f.* **1.** Acción y efecto de revalidar. **2.** Examen que se hacía al acabar algunos estudios, como el bachillerato.

revalidar *v. tr.* Dar nuevamente validez, ratificar. **FAM.** Revalidador, revalidación.

revalorización *s. f.* **1.** Acción y efecto de revalorizar o revalorizarse. ‖ **2. revalorización de divisas** Aumento del valor de una moneda en relación con otra.

revalorizar *v. tr.* **1.** Aumentar el valor o el precio de una cosa. También *v. prnl.* **2.** Devolver a una cosa el valor o la estimación que había perdido. También *v. prnl.* ■ Se conjuga como *cazar.* **FAM.** Revalorizador.

revaluar *v. tr.* Elevar el valor de una cosa; especialmente, aumentar el valor de la moneda de un país en relación al valor de la de otro u otros, o respecto al oro. ■ En cuanto al acento, se conjuga como *actuar*: *revalúo.* **FAM.** Revaluación.

revancha *s. f.* **1.** Desquite*. **2.** Venganza, represalia.

revanchismo *s. m.* Actitud de la persona que busca la venganza. **FAM.** Revanchista.

revelación *s. f.* **1.** Acción y efecto de revelar o revelarse. **2.** En rel., acto por el que Dios se da a conocer a los hombres y les descubre su plan de salvación. En el cristianismo, la revelación está contenida en la *Biblia* y los *Evangelios.* **3.** Conjunto de verdades y hechos revelados. **4.** Intuición, inspiración. **5.** Persona, animal o cosa que destaca por primera vez y de modo inesperado por sus cualidades, actividad.

revelado, da **1.** *p. p.* de **revelar**. También *adj.* ‖ *s. m.* **2.** Acción y efecto de revelar. Es un procedimiento químico que se aplica a la película fotográfica impresionada para hacer visible la imagen, que después se hace permanente en el proceso de fijado.

revelador, ra *adj.* **1.** Que revela o sirve para revelar o mostrar claramente algo. ‖ *s. m.* **2.** Líquido que sirve para revelar la placa o película fotográfica.

revelar *v. tr.* **1.** Descubrir o manifestar a alguien algo desconocido o secreto. **2.** Mostrar claramente. **3.** Realizar la operación de revelado fotográfico. **4.** Dar a conocer Dios a los hombres su propio ser y existencia y el plan de salvación que tiene respecto a ellos. También *v. prnl.* || *v. prnl.* **5.** Darse a conocer alguien o resultar algo como aquello que se expresa. **FAM.** Revelable, revelamiento.

Revell, Viljo (Vaasa 1910 - Helsinki 1964) Arquitecto finlandés. Ayudante de Alvar Aalto, fue uno de los máximos exponentes del funcionalismo en la arquitectura finlandesa, en obras como el Palacio de Vidrio (1935), en Helsinki, los talleres Kudeneule, en Hanko (1955), y el ayuntamiento de Toronto (1965), en Canadá.

revender *v. tr.* Volver a vender algo que se ha comprado hace poco tiempo o lo que se ha comprado con el objeto de volverlo a vender para obtener un beneficio. **FAM.** Revendedor.

revenirse *v. prnl.* **1.** Ponerse ciertos alimentos, como el pan o las patatas, blandos y correosos por la humedad o el calor. **2.** Hablando de conservas o licores, estropearse, avinagrarse. **3.** Soltar ciertas cosas la humedad que tienen. ▪ Es v. irreg. Se conjuga como *venir.* También es defectivo; se usa sólo en tercera persona. **FAM.** Revenido, revenimiento.

reventa *s. f.* **1.** Acción y efecto de revender. **2.** Centro autorizado para vender con recargo sobre su precio original entradas y localidades para espectáculos públicos. **3.** Conjunto de revendedores no autorizados de entradas y localidades para un espectáculo público. || *s. m.* y *f.* **4.** *fam.* Persona que practica la reventa.

reventado, da 1. *p. p.* de **reventar**. También *adj.* || *adj.* **2.** *fam.* Muy cansado.

reventador, ra *s. m.* y *f. fam.* Persona que asiste a espectáculos o a reuniones públicas con la intención de mostrar su desagrado de un modo ruidoso para provocar el fracaso de dichos actos.

reventar *v. intr.* **1.** Romperse o abrirse una cosa bruscamente, en especial por no poder soportar la presión interior. También *v. tr.* y *v. prnl.* **2.** Romperse, destruirse. También *v. tr.* y *v. prnl.* **3.** Deshacerse en espuma las olas del mar después de chocar contra algo. **4.** Dicho del caballo y otros animales, cansarse mucho corriendo hasta el punto de enfermar o, incluso, morir. También *v. tr.* y *v. prnl.* **5.** *fam.* Cansarse mucho. También *v. tr.* y *v. prnl.* **6.** *fam.* Manifestar intensamente la cualidad, sentimiento, deseo, etc., que se expresa. **7.** *fam.* Terminar algo nò material de forma brusca, violenta y, generalmente, desastrosa. **8.** *fam.* Estar una cosa muy llena de algo. **9.** *fam.* Se usa hiperbólicamente para resaltar el hecho de estar muy lleno o satisfecho de comida. **10.** *fam.* Molestar, fastidiar mucho. || *v. tr.* **11.** *fam.* Causar un daño grave o hacer fracasar a alguien o algo. ▪ Es v. irreg. Se conjuga como *pensar.*

reventón, na *adj.* **1.** Se dice de ciertas cosas que revientan o parece que van a reventar: *clavel reventón.* || *s. m.* **2.** Acción y efecto de reventar o reventarse una cosa. **3.** Particularmente, rotura de la cubierta o la cámara del neumático de un vehículo. **4.** *fam.* Indigestión, empacho. **5.** *fam.* Esfuerzo intenso que se hace en un momento de necesidad.

rever *v. tr.* **1.** Ver o mirar de nuevo. **2.** Ver un tribunal un pleito visto y sentenciado por otro. ▪ Es v. irreg. Se conjuga como *ver.*

reverberación *s. f.* En acústica, acción y efecto de reverberar un sonido.

reverberar *v. intr.* **1.** Reflejarse la luz intensamente en la superficie de algo. **2.** Brillar mucho una cosa. **3.** Persistir un sonido en el interior de un sitio cuando cesa su fuente de emisión, al rebotar repetidamente aquél en las distintas superficies del recinto. **FAM.** Reverberante.

reverbero *s. m.* **1.** Acción y efecto de reverberar. **2.** Objeto de cristal, metal, etc., sobre cuya superficie reverbera la luz, y que suele usarse de adorno. **3.** *amer.* Infiernillo.

reverdecer *v. intr.* **1.** Volver a ponerse verdes y vigorosos los campos, los árboles y las plantas que estaban mustios y secos. También *v. tr.* **2.** Renovarse, tomar algo nuevo vigor o fuerza. También *v. tr.* ▪ Es v. irreg. Se conjuga como *agradecer.* **FAM.** Reverdeciente, reverdecimiento.

Reverdy, Pierre (Narbona 1889 - Solesmes 1960) Poeta francés. Trasladado a París (1910), estuvo ligado a las vanguardias cubista y surrealista. Fundó la revista *Nord-Sud* (1917). Se convirtió al catolicismo (1921) y se retiró a las cercanías de la abadía de Solesmes (1926). Algunos de sus libros más significativos son *Poemas en prosa* (1915), *El tragaluz oval* (1916), *La mayor parte del tiempo* (1945) y *Mano de obra* (1960).

reverencia *s. f.* **1.** Respeto muy grande. **2.** Inclinación del cuerpo que se hace en señal de respeto, devoción o cortesía. **3.** Tratamiento que se da a algunas dignidades eclesiásticas.

reverencial *adj.* Reverente, respetuoso. **FAM.** Reverencialmente.

reverenciar *v. tr.* Sentir o mostrar reverencia hacia alguien o algo. **FAM.** Reverenciador.

reverencioso, sa *adj.* Se dice del que hace muchas reverencias.

reverendísimo, ma *adj. sup.* de **reverendo**. Se aplica como tratamiento a los cardenales, arzobispos y otras altas dignidades eclesiásticas.

reverendo, da *adj.* **1.** Que merece reverencia o respeto. **2.** Se aplica como tratamiento a ciertos religiosos. También *s.*

reverente *adj.* Respetuoso, que muestra o supone reverencia. **FAM.** Reverentemente.

reversa *s. f. amer.* Marcha atrás de un vehículo.

reversible *adj.* **1.** Que puede volver a un estado o condición anterior. **2.** Se dice de la prenda de vestir que se puede usar por el derecho y por el revés. **3.** En fís., se dice del fenómeno en que pueden invertirse efecto y causa. **4.** En mecánica, se aplica a la máquina o mecanismo capaz de ponerse en movimiento a partir de cualquiera de sus elementos móviles. **FAM.** Reversibilidad.

reversión *s. f.* **1.** Acción y efecto de revertir o volver una cosa a su estado o condición anterior. **2.** Acción y efecto de revertir o devolver una cosa a su anterior dueño o dársela a otro.

reverso *s. m.* **1.** Parte o lado posterior u opuesto al que se considera como principal en ciertas cosas, p. ej. en una hoja de papel. **2.** Parte opuesta a la cara en las monedas y medallas. || **LOC. el reverso de la medalla** (o **moneda**) Persona o cosa que es completamente opuesta a otra con la que se compara.

revertir *v. intr.* **1.** Volver algo al estado o condición que tuvo antes. **2.** Tener una cosa la consecuencia o efecto que se indica. **3.** Volver una cosa a su antiguo propietario o pasar a un nuevo dueño. ▪ Es v. irreg. Se conjuga como *sentir.*

revés *s. m.* **1.** Lado o parte posterior u opuesta a la que se considera como principal de una cosa de dos caras, como una tela, un papel, etc. **2.** Golpe que se da a alguien con el dorso de la mano abierta. **3.** En el tenis y otros deportes o juegos similares, golpe que se da a la pelota cuando ésta viene por el lado contrario a la mano que empuña la raqueta. **4.** Golpe similar dado con la mano o con la pala en el juego de pelota. **5.** El mismo tipo de golpe dado con la espada en esgrima. **6.** Desgracia, contratiempo. || **LOC. al revés** *adv.* De manera opuesta. **del revés** *adv.* Al revés.

revestido, da 1. *p. p.* de **revestir**. También *adj.* || *s. m.* **2.** Acción y efecto de revestir.

revestimiento *s. m.* **1.** Acción y efecto de revestir. **2.** Capa de cualquier material con la que se reviste una superficie.

revestir *v. tr.* **1.** Cubrir con una capa protectora o de adorno. **2.** Presentar una cosa determinado aspecto, cualidad o carácter. **3.** Dar a algo un determinado carácter o apariencia. **4.** Vestir una ropa sobre otra, particularmente una vestidura sacerdotal. Se usa más como *v. prnl.* || *v. prnl.* **5.** Llenarse, cubrirse. **6.** Tomar la actitud que se expresa, especialmente de energía o resignación ante las dificultades. **7.** Mostrarse alguien con el carácter o los atributos que se indican. ▪ Es v. irreg. Se conjuga como *pedir.*

revirar *v. tr.* **1.** Torcer o desviar una cosa de su posición o dirección inicial, haciéndola girar. **2.** *Col., Méx.* En ciertos juegos, doblar la apuesta del contrario. || *v. intr.* **3.** En marina, volver a virar. || *v. prnl.* **4.** *Arg., Cuba, Urug. fam.* Rebelarse, protestar o faltar a la disciplina. **5.** *fam. Arg.* Volverse loco.

revisación *s. f. Arg., Par., Urug.* Revisión.

revisada *s. f. amer.* Revisión.

revisar *v. tr.* Examinar una cosa para corregir sus posibles errores o defectos o para hacer algún cambio. **FAM.** Revisable.

revisión *s. f.* **1.** Acción y efecto de revisar. **2.** Examen o reconocimiento médico.

revisionismo *s. m.* **1.** Actitud de revisión de ideas, doctrinas, métodos o prácticas establecidas para actualizarlas o reformarlas. **2.** En filosofía política, posición adoptada a finales del s. XIX por Eduard Bernstein, que defendía la revisión de los principios teóricos del marxismo por considerar que el desarrollo seguido por el capitalismo invalidaba varios aspectos fundamentales de la crítica de Marx al régimen capitalista. **FAM.** Revisionista.

revisor, ra *adj.* **1.** Que revisa o examina con cuidado una cosa. || *s. m.* y *f.* **2.** Persona que tiene por oficio revisar o comprobar algo, particularmente aquella que en medios de transporte público, como trenes o autobuses, está encargada de comprobar los billetes de los viajeros.

revista *s. f.* **1.** Publicación periódica, por lo general ilustrada, que contiene escritos sobre diversas materias o sobre una en especial. **2.** Inspección, examen que alguien hace de las personas o cosas que están bajo su cargo: *pasar revista.* **3.** Examen y crítica de espectáculos, obras literarias, exposiciones, etc., que se hace y publica en un periódico o que se retransmite por televisión o radio. **4.** Espectáculo teatral de carácter ligero en que se combinan el humor, la vistosidad y el erotismo, en números dialogados y otros de canto y baile, a veces enlazados por un argumento. ▪ Se llama también *revista musical.* || **5. revista del corazón** Publicación periódica ilustrada que cuenta acontecimientos de la vida íntima y social de personas populares.

revistar *v. tr.* Pasar revista un jefe o autoridad.

revisteril *adj.* Propio de la revista, espectáculo y género teatral.

revistero, ra *s. m.* y *f.* **1.** Persona que actúa en una revista, espectáculo teatral. || *s. m.* **2.** Mueble para colocar revistas o periódicos.

revitalizar *v. tr.* Dar más fuerza o vitalidad a una cosa. ▪ Se conjuga como *cazar.* **FAM.** Revitalización.

revival (voz ingl.) *s. m.* **1.** Revalorización de estilos, modas, etc., del pasado. **2.** Obra en la que se evocan estilos o modas del pasado.

revivificar *v. tr.* Dar nuevas fuerzas, energías, ánimos. ▪ Se conjuga como *sacar.* **FAM.** Revivificación.

revivir *v. intr.* **1.** Resucitar, volver a la vida. **2.** Recobrarse*. **3.** Volver a existir algo que había desaparecido o parecía que ya no existía. || *v. tr.* **4.** Recordar, traer a la memoria.

reviviscencia *s. f.* Acción y efecto de revivir.

revocable *adj.* Que se puede o se debe revocar. **FAM.** Revocabilidad.

revocación *s. f.* **1.** Acción y efecto de revocar. **2.** En der., anulación, sustitución o enmienda de una orden o un fallo por una autoridad distinta de la que había resuelto o decidido. **3.** En der., acto jurídico que deja sin efecto otro anterior por la voluntad del que lo otorgó.

revocadura *s. f.* Revoque*.

revocante *adj.* Que revoca o anula.

revocar *v. tr.* **1.** Dejar sin efecto o validez un mandato, una norma, una resolución, etc., especialmente cuando lo hace una autoridad. **2.** Arreglar y pintar de nuevo las paredes exteriores de un edificio y, p. ext., cualquier pared. **3.** Hacer una corriente de aire que retrocedan ciertas cosas, p. ej. el humo, un gas, etc. También *v. intr.* ▪ Se conjuga como *sacar.* **FAM.** Revocador.

revocatorio, ria *adj.* **1.** Se dice de lo que revoca o anula. || *s. f.* **2.** *amer.* Anulación de una ley, edicto, etc., por un juez o autoridad competente.

revoco *s. m.* Revoque*.

revolcar *v. tr.* **1.** Tirar a alguien al suelo y pisotearle o hacerle dar vueltas, especialmente el toro al torero. || *v. prnl.* **2.** Tirarse al suelo, dar vueltas y restregarse sobre él. ▪ Es v. irreg. Se conjuga como *trocar.*

revolcón *s. m. fam.* Acción y efecto de revolcar o revolcarse. || **LOC. darse un revolcón** *fam.* Darse el lote, retozar.

revolotear *v. intr.* **1.** Volar dando vueltas y haciendo giros en un pequeño espacio. **2.** Moverse una cosa dando vueltas por el aire. **FAM.** Revoloteo.

revoltijo *s. m.* **1.** Conjunto desordenado. **2.** Confusión, enredo.

revoltillo *s. m.* Revoltijo, conjunto desordenado.

revoltón *s. m.* **1.** Parte en que una moldura cambia de dirección, como en los rincones o esquinas. **2.** Bovedilla*.

revoltoso, sa *adj.* **1.** Se dice del niño inquieto y travieso. También *s.* **2.** Se dice de quien promueve alborotos, peleas, disturbios, sublevaciones, etc. También *s.*

revolución *s. f.* **1.** Cambio violento en las instituciones políticas, sociales y económicas de un país. **2.** P. ext., cambio profundo y brusco o perturbación en cualquier cosa. **3.** En astron., cada vuelta que da un astro alrededor de su órbita. **4.** En mecánica, giro o vuelta de 360° que da una pieza sobre su eje. **5.** En geom., rotación de 360° de una figura en torno a su eje. || **6. figura de revolución** En geom., aquellas que se generan por la rotación de una línea en torno a otra línea recta que constituye su eje; p. ej., el cono, el cilindro, la esfera.

revolución burguesa Denominación que reciben diversos movimientos políticos que comenzaron a mediados del s. XVII, en Inglaterra, y se extendieron hasta mediados del XIX, protagonizados por la burguesía, y cuyo objetivo era la modificación de las estructuras sociopolíticas del Antiguo Régimen. La crisis del Antiguo Régimen en las monarquías europeas fue provocada por la escisión entre poder político, en manos de la nobleza y el clero, y poder económico, que pasó de las grandes posesiones latifundistas a los núcleos urbanos industriales y comerciales. La burguesía tomó conciencia de la necesidad de implantar nuevas formas de gobierno en las que su dominio económico se hiciera también efectivo a nivel político. Las revoluciones burguesas transformaron la sociedad estamental en una sociedad de clases, con un sistema basado en los principios del liberalismo y del nacionalismo, donde la teoría del poder divino de los reyes fue sustituida por la de la soberanía nacional y la abolición de los privilegios dio paso a la igualdad legal, la tolerancia religiosa y la libertad de pensamiento. De los movimientos revolucionarios protagonizados por la burguesía cabe destacar: la Revolución Inglesa de 1641, la Revolucion Americana de 1776, la Revolución Francesa de 1789, y las que en 1820, 1830, 1848 tuvieron lugar en distintos países de Europa.

Revolución industrial: Triunfo del vapor y la electricidad, *ilustración de la revista británica* Illustrated London News *de 1897 (Guildhall Library, Londres).*

revolución industrial Nombre con que se conoce el conjunto de transformaciones económicas y sociales que tiene su origen en el Reino Unido y que se extendió a diversos países de Europa y EE UU desde finales del s. XVIII. Surgió gracias a la conjunción de dos factores decisivos: la invención de la máquina de vapor y la existencia de capitales disponibles, procedentes del comercio internacional. A partir de la revolución industrial se inició una etapa de ruptura en el desarrollo económico, caracterizada por una aceleración de la produccióny de la inversión, por una tendencia constante a la innovación, provocando un crecimiento continuo, y por el surgimiento de una nueva clase social, el proletariado. Fue la etapa decisiva de transición del Antiguo Régimen al capitalismo, en la que cambiaron radicalmente las condiciones de vida y trabajo y se acentuó la distancia entre capitalistas y trabajadores.

Revolución Cultural Proletaria Movimiento político y social que se desarrolló en China entre 1965 y 1970. Impulsado por Mao Zedong, los jóvenes «guardias rojos» y un sector del ejército encabezado por Lin Biao, defendió la necesidad de combatir la burocratización y el resurgir del capitalismo en el país en nombre de la lucha de clases.

Revolución Española de 1868 Movimiento revolucionario iniciado en España con el destronamiento de Isabel II (septiembre de 1868) y que terminó con la proclamación de la Primera República (1873). También se le da el nombre de *revolución de septiembre* o de *La Gloriosa*. Entre las causas que la motivaron cabe citar el monopolio en el poder del Partido Moderado y su desacertada política, así como la conducta desaprensiva de la reina y su camarilla. El principal apoyo de la revuelta fue el Partido Progresista, liderado por el general Prim. El movimiento se inició en Cádiz, donde se sublevó la flota mandada por el general Topete. En el puente de Alcolea las fuerzas revolucionarias mandadas por Serrano derrotaron al ejército leal a la reina. Este triunfo fue decisivo: el general Concha, presidente del gobierno, dimitió e Isabel II abandonó el país. El general Serrano fue nombrado regente y Prim, jefe del gobierno (1869).

Revolución Francesa: ejecución de Luis XVI. Cuadro de Machy (Museo Carnavalet, París).

Revolución Francesa Proceso revolucionario que acabó con la monarquía absoluta en Francia y proclamó la soberanía nacional (1789-1799). Sus bases ideológicas parten del pensamiento de los filósofos y economistas del s. XVIII: separación de poderes, principio de soberanía nacional e igualdad de los ciudadanos ante la ley. Sus ideales se extendieron por toda Europa e inspiraron los procesos revolucionarios del s. XIX. En 1789 fueron convocados los Estados Generales para llevar a cabo una reforma tributaria. Ante la actitud negativa de la nobleza, los representantes del tercer estado, pertenecientes casi todos ellos a la burguesía, se constituyeron en Asamblea Nacional y se comprometieron a dar a Francia una constitución (juramento del Juego de Pelota). Así la Asamblea se convirtió en Constituyente. El rey quiso disolverla, pero el 14 de julio el pueblo tomó la Bastilla, prisión real símbolo del Antiguo Régimen, y el rey tuvo que ceder. La Asamblea Constituyente prosiguió sus trabajos, suprimió los privilegios y proclamó la Declaración de los Derechos del Hombre y del Ciudadano y la Constitución de 1791. El 30 de septiembre se disolvió la Asamblea Constituyente, sustituida por la Legislativa, que intentó gobernar de acuerdo con el rey. La guerra con Austria impulsó a la Asamblea Legislativa a deponer al rey (1792). La elección de la Convención significó el triunfo de los republicanos. Inmediatamente, con motivo del proceso del rey, se produjo una división entre los girondinos y los jacobinos. Tras la condena y ejecución de Luis XVI, que supuso la ruina de los primeros, los jacobinos dominaron la Convención dirigidos por Robespierre, Marat y Danton. Se estableció entonces el Comité de Salud Pública, cuya política sumió a Francia en la época del Terror: en este periodo se guillotinó a todo el que fuera sospechoso de no secundar los excesos revolucionarios. Después de la ejecución de Danton (1794) por orden de Robespierre, se impuso una reacción moderada, o reacción de Termidor, dirigida por el centro de la Convención. Robespierre y sus partidarios fueron ejecutados y se implantó el Directorio (1795). Con su caída, en 1799, y el establecimiento del Consulado terminó el proceso revolucionario.

Revolución Inglesa Movimiento revolucionario que tuvo lugar en Inglaterra en el s. XVII, que acabó con el absolutismo monárquico en el país y reafirmó la soberanía del parlamento. Se desarrolló en dos fases. La primera revolución inglesa (1641-49), llamada también *Gran Rebelión*, se suscitó a causa del conflicto entre el parlamento inglés y Carlos I. Tras una serie de guerras civiles, el rey fue destronado y ejecutado, Cromwell se hizo con el poder absoluto del país y se estableció el régimen de la Commonwealth. La segunda revolución inglesa (1688-89) se desarrolló pacíficamente. Se produjo a causa de la fundación de una dinastía católica por Jacobo II Estuardo en 1688. Ante la falta de apoyo, Jacobo huyó a Francia y Guillermo de Orange, esposo de María II Estuardo, fue declarado rey con el nombre de Guillermo III. El nuevo rey aceptó la Declaración de Derechos, que limitaba el poder real y subordinaba la persona del rey al parlamento.

Revolución Mexicana Etapa de la historia de México caracterizada por la caída de la dictadura de Porfirio Díaz y la instauración de la democracia burguesa, con un importante programa de reformas sociales (1910-20). Francisco Ignacio Madero constituyó un gobierno y tras unas elecciones ocupó la presidencia. Durante la lucha antiporfirista surgieron otros caudillos populares: Pancho Villa, Emiliano Zapata y Pascual Orozco. Madero se vio imposibilitado de contentar a los diferentes grupos revolucionarios, lo que provocó una reacción frente a su gobierno, encabezada por Victoriano Huerta, quien tras grandes matanzas mandó asesinar a Madero y al vicepresidente, Pino Suárez (1913). Venustiano Carranza se declaró seguidor de Madero e hizo un llamamiento a las armas. Tras enconada lucha, Huerta huyó y los sublevados entraron en la capital (1914). En ese momento, tres grupos pugnaban por implantar su poder: los partidarios de Villa, los de Zapata y los de Carranza. Se estableció una nueva Constitución y Carranza fue elegido presidente de la República (1917). Zapata y Carranza fueron asesinados. La llegada a la presidencia de Álvaro Obregón (1920), con su política populista, consolidó el proceso revolucionario.

Revolución Mexicana: despedida familiar antes de partir al frente.

Revolución Rusa: marineros sublevados sobre el puente del acorazado Potemkin. Los sucesos revolucionarios de 1905 tuvieron su prolongación en 1917.

Revolución Rusa Nombre que recibe el proceso revolucionario que terminó en Rusia con el régimen autocrático de los zares y que, tras la toma del poder por los bolcheviques, dio lugar a la fundación de la URSS (1917-20). Sus orígenes están en los fracasados levantamientos de 1905 y en las grandes privaciones impuestas al pueblo ruso por la Primera Guerra Mundial. En febrero de 1917 se sucedieron ininterrumpidamente revueltas, huelgas y manifestaciones, a las que se unieron las tropas militares. El zar Nicolás II, presionado por la Duma (parlamento), abdicó y un gobierno provisional, apoyado por sectores burgueses, abolió la monarquía y proclamó la república. Los revolucionarios se hallaban divididos en tres grupos: los partidarios de Kerenski, los socialdemócratas mencheviques y los socialdemócratas bolcheviques de Lenin, quienes a diferencia de los anteriores rechazaban la colaboración con la burguesía y defendían la dictadura del proletariado. Kerenski fue nombrado jefe de gobierno y, tras un periodo burgués, Lenin emprendió la revolución proletaria. En octubre soldados y trabajadores impulsados por los soviets y organizados por Trotski asaltaron el palacio de Invierno de Petrogrado, sede del gobierno de Kerenski. Los bolcheviques establecieron el monopolio del poder político, bajo la presidencia de Lenin y, entre otras medidas, el Estado se hizo cargo del control de la banca y el comercio exterior, se nacionalizaron las propiedades agrícolas y las industrias básicas y se proclamó el derecho a la autonomía de todas las nacionalidades. En marzo de 1918 el Partido Obrero Socialdemócrata Ruso pasó a denominarse Partido Comunista de la Unión Soviética (PCUS). En el verano de este año estalló la guerra civil entre bolcheviques y blancos, bando que agrupaba a los zaristas y a todos los antibolcheviques. El Ejército Rojo obtuvo la victoria que dio lugar a la consolidación del nuevo estado.

Revolución Verde Conjunto de grandes transformaciones de la agricultura de los países del Tercer Mundo mediante la aplicación de mejoras tecnológicas (mejora de las semillas, nuevas técnicas de regadío, uso de fertilizantes, etc.).

revolucionar *v. tr.* **1.** Perturbar, alterar, provocar un cambio profundo. **2.** Hacer que un cuerpo o mecanismo que gira dé más vueltas en un tiempo determinado.

revolucionario, ria *adj.* **1.** Perteneciente o relativo a la revolución o cambio violento en las instituciones políticas, sociales y económicas. **2.** Se dice de quien defiende la revolución o participa en ella. También *s.* **3.** Que introduce profundos cambios.

Revolucionario Institucional, Partido (PRI) Principal asociación política de México. Creado en 1929 con el nombre de *Partido Nacional Revolucionario*, fue reorganizado por el presidente Calles. En 1946 adoptó la denominación actual y consiguió, por medio de la maquinaria del Estado y de los sindicatos, dominar la vida política de México.

revolver *v. tr.* **1.** Mover una o varias cosas que están juntas dándoles vueltas, generalmente para que sus distintos elementos cambien de posición o se mezclen unos con otros. **2.** Mover las cosas de su sitio, desordenar. **3.** Alterar, excitar. **4.** Producir malestar en el estómago. También *v. prnl.* **5.** Volver sobre un asunto. También *v. intr.* ‖ *v. intr.* **6.** Enredar, no estarse quieto, especialmente los niños. ‖ *v. prnl.* **7.** Moverse en un pequeño espacio. **8.** Volverse rápidamente para atacar o defenderse. **9.** Volverse contra alguien o algo, enfrentarse. **10.** Cambiar el tiempo poniéndose borrascoso. **11.** Agitarse el sedimento o poso de un líquido, o ponerse turbio dicho líquido por esta causa. ■ Es v. irreg. Se conjuga como *volver*.

revólver *s. m.* Arma corta de fuego cuyos proyectiles están colocados en un cilindro giratorio, llamado *tambor*, el cual, cuando se oprime el gatillo, va situando automáticamente cada proyectil en su posición de disparo, en la boca del cañón y frente al percutor.

revoque *s. m.* **1.** Acción y efecto de revocar las casas, paredes, etc. **2.** Capa o mezcla de cal y arena u otros materiales similares con los que se revoca una superficie.

revuelco *s. m.* Acción y efecto de revolcar o revolcarse.

revuelo *s. m.* **1.** Acción y efecto de revolotear. **2.** Confusión, lío, agitación.

revuelta *s. f.* **1.** Alteración del orden público. **2.** Curva en una carretera, camino, etc.

Revueltas, José (Durango, México 1914 - Ciudad de México 1976) Novelista mexicano. Su obra narrativa se ambienta en un mundo rural y refleja una realidad campesina de luchas sociales y revoluciones políticas. Entre sus novelas destacan *Los muros de agua* (1941), *El luto humano* (1943), *En algún valle de lágrimas* (1956), *Los motivos de Caín* (1957) y *Los errores* (1964).

Revueltas, Silvestre (Santiago Papasquiaro, Durango, México 1899 - Ciudad de México 1940) Compositor, violinista y director de orquesta mexicano. En sus obras destacó siempre el espíritu nacionalista mexicano, sin recurrir a localismos ni a la utilización de temas populares o folclóricos. Algunas de sus principales composiciones son los poemas sinfónicos *Esquinas* (1930) y *Sensemayá* (1938) y el ballet *La Coronela* (1939).

revuelto, ta **1.** *p. p.* irreg. de **revolver**. También *adj.* ‖ *s. m.* **2.** Plato que se hace revolviendo huevos con el alimento que se expresa. **FAM.** Revueltamente.

revulsión *s. f.* En med., inflamación de la piel que se provoca artificialmente para conseguir una dilatación de los vasos sanguíneos y aliviar una lesión más profunda.

revulsivo, va *adj.* **1.** Se dice del medicamento o medio que produce la revulsión. También *s. m.* **2.** Se dice de los medicamentos o sustancias que sirven para purgar el estómago o para provocar el vómito. También *s. m.* **3.** Que provoca un cambio o reacción brusca y, generalmente, favorable. También *s. m.*

rexistasia *s. f.* Ruptura del equilibrio biológico de un sistema por causas climáticas o tectónicas.

rey *s. m.* **1.** Jefe de Estado de una monarquía. **2.** Pieza principal del juego de ajedrez que puede mover en todas direcciones, pero sólo de una casilla a otra contigua, excepto en el enroque, y con cuya pérdida acaba la partida. **3.** Carta de la baraja que tiene pintada la figura de un rey. **4.** Hombre, animal o cosa del género masculino que sobresale por sus cualidades o importancia. **5.** *fam.* Apelativo cariñoso, aplicado especialmente a los niños. ‖ **6. rey de armas** Caballero de las cortes de la Edad Media que tenía el cargo de transmitir mensajes de importancia, organizar las grandes ceremonias y llevar los registros de la nobleza de la nación; también, persona que se dedica a estudiar y ordenar los blasones de las familias nobles. **7. rey de romanos** Título que se daba antiguamente en el imperio germánico a los emperadores al ser elegidos; también, el que ha de suceder a otro en un trabajo o cargo. ‖ **LOC. ni quito ni pongo rey** Se usa para expresar que no se quiere tomar parte activa en una decisión. **ni rey ni roque** *fam.* Nadie, sea quien sea.

Rey, Fernando (La Coruña 1917) Actor de teatro y cine español. Fue Buñuel quien le brindó la oportunidad de demostrar su talento. Ha alcanzado proyección internacional. Entre sus in-

Fernando Rey.

terpretaciones destacan las de los filmes *Locura de amor* (1948), *Cómicos* (1954), *Viridiana* (1961), *Tristana* (1970), *French Connection* (1971), *Ese oscuro objeto del deseo* (1978), *Monseñor* (1982) y *Padre Nuestro* (1985), así como la de *Don Quijote* (1992) para la TV.

Rey, Florián (La Almunia de Doña Godina, Zaragoza 1896 - Alicante 1962) Director de cine español. Lanzó a Imperio Argentina, con la que estaba ligado sentimentalmente. Entre sus películas merecen recordarse *La hermana San Sulpicio* (dos versiones, 1927 y 1934)), *La aldea maldita* (dos versiones, 1929 y 1942) *Nobleza baturra* (1935) y *Carmen la de Triana* (1938).

Rey Pastor, Julio (Logroño, La Rioja 1888 - Buenos Aires 1962) Matemático español. Investigó la geometría sintética de los espacios *n*-dimensionales y otros muchos temas matemáticos. Es muy importante su labor como divulgador de las matemáticas y como autor de libros de texto. Entre sus estudios sobresalen *Teoría geométrica de la polaridad* (1912) y *Análisis algebraico* (1917).

reyerta *s. f.* Enfrentamiento, discusión, riña violenta.

Reyes, Alfonso (Monterrey 1889 - México 1959) Escritor y diplomático mexicano. Pensador de proyección universal, su obra comprende poesía, novela, ensayo, crítica filológica y literaria, además de gran cantidad de traducciones y comentarios. Su poesía fue recogida en *Obra poética* (1952). En narrativa destacan sus títulos *El plano oblicuo, cuentos y diálogos* (1920), *El testimonio de Juan Peña* (1930) y *Los tres tesoros* (1955). De sus ensayos merecen citarse *Cuestiones estéticas* (1911), *Cuestiones gongorinas* (1927), *Las vísperas de España* (1937) y *El deslinde: prolegómenos a la teoría literaria* (1944).

Reyes, libros de los Dos libros del Antiguo Testamento en los que se narra la historia de los reyes hebreos de Palestina desde la muerte de David (s. X a. C.) hasta la conquista de los dos reinos, el del norte, Israel, por los asirios, en 722 a. C., y Judá, al sur, por los babilonios, en 586 a. C.

Reyes, valle de los Valle egipcio, situado detrás de los montes de Deir-el-Bahari y al O de Tebas. En él se encuentran las sepulturas subterráneas (hipogeos) de los faraones de las dinastías XVIII, XIX y XX del imperio nuevo.

Reyes Católicos Denominación con que se conoce a los reyes Isabel I de Castilla y Fernando II de Aragón.

Reyes Prieto, Rafael (Santa Rosa de Viterbo, Boyacá 1850 - Bogotá 1921) Militar y político colombiano. Exploró las tierras del Putumayo. De ideas conservadoras, luchó en las guerras civiles contra los liberales, alcanzando el generalato. En 1904 fue elegido presidente de la república. Actuó dictatorialmente, reformando la constitución y ampliando su mandato hasta 1914, pero el descontento popular le obligó a retirarse en 1909.

reyezuelo *s. m.* **1.** *dim.* de **rey**. **2.** *desp.* Jefe tribal. **3.** Nombre común de diversas aves paseriformes de la familia muscicápidos, género *Regulus*. El reyezuelo común *(Regulus regulus)* mide unos 9 cm de longitud, tiene el cuerpo de color pardo claro, con las alas, blancas y negras, a franjas, y la parte superior de la cabeza amarilla y anaranjada en los machos y sólo amarilla en las hembras. El reyezuelo listado *(Regulus ignicapillus)* se distingue del anterior por una banda de plumaje blanco sobre sus ojos. Habitan en Europa y Asia y hacen sus nidos en coníferas, matorrales o en el suelo. Son migrantes parciales. Reciben también el nombre de *régulo*.

Reyles, Carlos (Montevideo 1868 - íd. 1938) Novelista uruguayo. Fue el introductor del naturalismo en su país. Entre sus obras principales se cuentan *Las Academias* (1896-98), *La raza de Caín* (1900), *El embrujo de Sevilla* (1921) y *El gaucho Florido* (1932).

Reymont, Wladislaw Stanislaw (Kobiele Wielkie 1867 - Varsovia 1925) Escritor polaco. Maestro del realismo, entre sus novelas merecen especial mención *La tierra prometida* (1899) y la tetralogía *Los campesinos* (1902-09), sobre la vida rural polaca, su obra maestra. En 1924 recibió el premio Nobel de literatura.

Reynolds, Osborne (Belfast 1842 - Watchet, Somersetshire 1912) Ingeniero británico. Fue catedrático en la universidad de Manchester (1868-1905). Investigó en hidrodinámica y realizó estudios sobre el comportamiento dinámico de líquidos y fluidos viscosos; descubrió la importancia de un cociente, que recibió el nombre de *número de Reynolds* y que representa la relación entre las fuerzas de inercia de un fluido y su viscosidad.

Reynolds, sir Joshua (Plympton St. Maurice, Devonshire 1723 - Londres 1792) Pintor británico. Se formó en Italia, donde recibió la influencia de Van Dyck y la escuela veneciana. En su obra, de estilo clasicista, destacan los retratos, en los que los personajes aparecen con elegante naturalidad. Merecen citarse los de *Nelly O'Brien* (1763), *Samuel Johnson* (1772), *Lord Heathfield* (1787) y *Miss Mary Gideon y su hermano William* (1788).

Reynosa C. de México, situada en el E del país, a orillas del río Bravo del Norte, junto a la frontera con EE UU. 211.400 h. en 1982. Su economía se basa fundamentalmente en los yacimientos petrolíferos y de gas natural. Tiene también industrias químicas, textiles y alimentarias.

Reza Kan o **Reza Pahlavi** (Siwad Kuh, Mazandaran 1878 - Johannesburgo 1944) Sha de Irán (1925-41). Jefe de la brigada de cosacos persas, rechazó a los soviéticos en Teherán (1920). Depuso al sha Ahmed y se proclamó sha (1925). Durante la Segunda Guerra Mundial, Irán fue invadido por el Reino Unido y la URSS y Reza Kan fue obligado a abdicar en favor de su hijo (1941).

Reza Pahlavi, Muhammad (Teherán 1919 - El Cairo 1980) Sha de Irán (1941-79). Hijo del anterior, su padre abdicó en él. Terminada la Segunda Guerra Mundial, aplastó los intentos de secesión de Azerbaiyán y de Kurdistán. En 1953, tras la caída del primer ministro Mussaddaq, cedió las explotaciones petrolíferas a un consorcio internacional occidental y reforzó su autoridad. En 1967 se hizo coronar emperador. Derrocado en 1979 por un gran movimiento popular dirigido por grupos islámicos chiitas que encabezaba el ayatola Ruhollah Jomeini, murió en el exilio.

rezagarse *v. prnl.* Retrasarse, quedarse atrás. ■ Se conjuga como *pagar.* **FAM.** Rezagado.

rezar *v. tr.* **1.** Decir una oración, en voz alta o mentalmente. También *v. intr.* **2.** Recitar o decir hablando la misa, una oración, etc., en contraposición a cantarla. **3.** *fam.* Decir o expresar cierta cosa un escrito. También *v. intr.* ■ Se conjuga como *cazar.* ‖ **LOC. rezar** una cosa **con** uno *fam.* Referirse o corresponder algo a alguien. ■ Se usa más en frases negativas. **FAM.** Rezado.

rezo *s. m.* **1.** Acción y efecto de rezar. **2.** Cosa que se reza. **3.** Oficio eclesiástico que se reza diariamente.

rezón *s. m.* Ancla pequeña de cuatro puntas que se emplea en las embarcaciones menores.

rezongar *v. intr.* **1.** Refunfuñar*. **2.** *Amér. C.* Reprender, reconvenir. ■ Se conjuga como *pagar.* **FAM.** Rezongador, rezongo.

rezongón, na *adj. fam.* Que rezonga o tiene tendencia a rezongar. También *s.*

rezumar *v. tr.* **1.** Dejar pasar un cuerpo a través de sus poros algún líquido poco a poco. También *v. prnl.* **2.** Tener una cualidad, sentimiento, etc., en muy alto grado. ‖ *v. intr.* **3.** Salir poco a poco un líquido a través de los poros de un cuerpo. También *v. prnl.* **FAM.** Rezumante.

Rh Símbolo químico del rodio.

Rh, factor (iniciales de *Rhesus,* del nombre científico del macaco) Antígeno contenido en la sangre, capaz de provocar reacciones inmunitarias si se transmite a una persona que carece de él, ya sea mediante transfusión o a través de la placenta durante el embarazo. Las personas que lo poseen se llaman *Rh-positivas* y forman aproximadamente el 85 % de la población. Las que no lo tienen son *Rh-negativas.*

Rhazes, Abu Bakr Muhammad al-Razi, llamado (Rai, Jurasan h. 864 - Bagdad h. 923) Médico árabe de origen persa. Supo aunar las teorías de Galeno con el empirismo de Hipócrates. Realizó estudios sobre la viruela y el sarampión y sus conocimientos se utilizaron hasta fines del Renacimiento.

Rhee, Syngman (Hwanghal 1875 - Hawai 1965) Político coreano. En 1945 fundó la Asociación Nacional para la Independencia Coreana, que ganó las elecciones de Corea del Sur en 1948. Nombrado presidente, gobernó como un dictador, con pleno apoyo de los EE UU. Fue reelegido presidente en 1960, pero una revuelta le obligó a dimitir y huyó a EE UU.

rhesus *s. m.* Mamífero primate de la familia cercopitécidos, especie *Macaca mulatta* o *Macaca rhesus.* Mide alrededor de 50 cm de longitud, con 25 cm de rabo. Vive en los bosques de Asia sudoriental y es importante como animal de experimentación, porque permitió descubrir el factor Rh de la sangre humana. En algunas partes de la India se le considera sagrado.

Rheticus, Joachim von Lauchen, llamado (Feldkirch, Vorarlberg 1514 - Kassa 1576) Astrónomo y matemático austriaco. Discípulo de Copérnico, en 1540 publicó su *Narratio prima de libris revolutionum Copernici,* un resumen de las teorías de su maestro. También escribió la obra *Opus palatinum de triangulis,* que contenía unas tablas trigonométricas del seno, calculadas con diez y quince decimales.

Rhin Río de Europa. 1.326 km de longitud. Su cuenca ocupa una extensión de 224.000 km^2, con un caudal absoluto de 2.200 m^3/s. Nace en el macizo de San Gotardo (Suiza) y, dirigiéndose hacia el N, atraviesa el lago Constanza; posteriormente cambia su dirección y toma rumbo O hasta Basilea. A partir de esta ciudad discurre en dirección N entre Francia y Alemania, atraviesa los Lander de Baden-Würtemberg, Hessen, Renania-Palatinado y Renania Septentrional-Westfalia. Más adelante se interna en los Países Bajos, donde forma diversos brazos, como el Lek y el Waal, y desemboca en el mar del Norte. Sus principales afluentes por la margen derecha son Neckar, Main, Lahn, Ruhr y Lippe; y por la izquierda, Aar, Ill y Mosela. El Rhin es navegable desde Basilea, es decir, más de la mitad de su recorrido. Es una de las arterias económicas más importantes de Europa, con un movimiento que supera los 150 millones de toneladas de mercancías.

rho *s. f.* Nombre de la decimoséptima letra del alfabeto griego, que corresponde a nuestra *r.* ■ Se escribe también *ro.* En griego, la letra mayúscula se representa *P* y la minúscula ρ.

Rhode Island Estado de EE UU, situado en el NE del país, junto al océano Atlántico. 3.139 km^2. 1.006.000 h. en 1990. La capital es Providence, con 161.000 h. en 1988. Entre sus cultivos, de modestos rendimientos, destacan los hortofrutícolas. Cuenta con industria textil, de la plata, de plásticos y manufactura del cuero y ostricultura.

Rhodes, Cecil John (Bishop's Stortford, Hertfordshire 1853 - Muizenberg, República Sudafricana 1902) Financiero, colonizador y político británico. En 1870 emigró a la región de Sudáfrica, donde hizo una gran fortuna con las explotaciones de diamantes de Kimberley. En 1881 fue elegido parlamentario de la colonia de El Cabo. Defendió la expansión británica en África. En 1884 negoció la anexión de Bechuanalandia y en 1889 fundó Rhodesia, facilitando el asentamiento de colonos blancos en Mashonalandia. Primer ministro de El Cabo desde 1890, dimitió en 1896 tras la fracasada expedición de Jameson a Transvaal.

Rhodesia Federación de países, creada en 1953 por el Reino Unido, que englobaba a Rhodesia del Norte (Zambia), Rhodesia del Sur (Zimbabwe) y Nyasalandia (Malawi). Quedó disuelta en 1963 y al año siguiente Zambia y Malawi obtuvieron su independencia, que Zimbabwe no consiguió hasta 1980.

ría *s. f.* **1.** Penetración del mar en la costa por la desembocadura de un río, debida generalmente al hundimiento de la parte litoral del mismo. **2.** Ensanchamiento de un río en su desembocadura en el que las aguas son profundas. **3.** Hoyo lleno de agua que, tras una valla, hace de obstáculo en ciertos ejercicios o concursos hípicos.

riachuelo *s. m.* Río pequeño.

Riad (*ad-Riyad*) C. de Arabia Saudí, cap. del país, situada en el centro del mismo. 1.308.000 h. en 1981. Posee refinerías de petróleo y una floreciente industria de materiales de construcción, plásticos y aluminio.

riada *s. f.* **1.** Crecida muy grande de las aguas de un río o un arroyo. **2.** Inundación que provoca esta crecida.

rial *s. m.* Unidad monetaria de Irán.

Riaño, Diego (? - Valladolid 1534) Arquitecto español. Se le considera introductor del plateresco en Sevilla. Dirigió las obras de la fachada y el vestíbulo del Ayuntamiento sevillano (1527). Fue maestro mayor de la catedral de Sevilla, donde realizó la sacristía de los Cálices (1529) y las capillas de los Alabastros (1530).

Rías Altas Comarca de España, situada en el N de las prov. de La Coruña y Lugo en la región costera. Comprendida entre los ríos Landrove y Porto do Cabo, en su relieve destacan las sierras de La Faladoira y los montes de la Capelada. Su costa, muy accidentada, presenta las rías de Vivero, del Barquero y de Santa Marta de Ortigueira, la punta de Estaca de Bares, la punta Candelaria y el cabo Ortegal. Tiene clima oceánico y vegetación de bosque de roble, tojo y pino. Su poblamiento es disperso y la economía se basa en la pesca, los cultivos de maíz, trigo y patatas, los astilleros y el turismo.

Rías Bajas Comarca de España, situada en la fachada atlántica de Galicia, en las prov. de La Coruña y Pontevedra. Su relieve es montañoso en el interior (sierra de Barbanza) y llano en la costa, recortada por grandes rías: de Vigo, Pontevedra, Arosa, Muros y Noya y Corcubión. Tiene clima oceánico y vegetación de pinar y carballo. Las principales actividades económicas son la agricultura, con cultivos de maíz, trigo, patata, plantas forrajeras y vid, la ganadería, la pesca de moluscos, crustáceos, bacalao, sardina y merluza, el cultivo de mejillones, almejas y berberechos, la industria conservera, metalúrgica, mecánica, automovilística, maderera, química y de astilleros y el turismo.

Riad: vista parcial de la ciudad.

Riazán C. de la Federación Rusa, situada al SE de Moscú, a orillas del río Oka. 515.000 h. en 1989. Es un centro industrial con producción metalúrgica, textil, alimentaria y refinerías de petróleo. Fundada en el s. XI y dependiente del principado de Kiev, conserva un conjunto monumental en el que sobresale el Kremlin, que contiene tres monasterios, la iglesia de la Asunción, de estilo barroco, la de los Arcángeles (s. XV) y la del monasterio Spaski.

Riba, Carles (Barcelona 1893 - íd. 1959) Poeta y escritor español en lengua catalana. De gran cultura humanística, cultivó una poesía refinada, de estilo impecable y lenguaje depurado, a la vez que hermético y difícil. Su obra se vincula al movimiento del *noucentisme* y al movimiento europeo de la poesía pura. En ella sobresalen *Estancias* (1919-33), *Tres suites* (1937), *Elegías de Bierville* (1943), *Salvaje corazón* (1952) y *Esbozo de tres oratorios* (1957); en prosa, *Las aventuras de Perot Marrasquí* (1917) y *Seis Juanes* (1928); y en crítica literaria, *Escolios y otros artículos* (1921), *Los márgenes* (1927) y *Para comprender* (1937).

Ribagorza Antiguo condado catalán situado en las estribaciones meridionales pirenaicas, junto al Noguera Ribagorzana, afluente del Segre, y que surgió tras la conquista musulmana de España. Dependió del imperio carolingio hasta el 872, en que su conde Ramón se hizo independiente. Estuvo vinculado al condado de Pallars y a principios del s. XI pasó a pertenecer a Navarra bajo Sancho III el Mayor. Más tarde, Ramiro I lo incorporó a Aragón (1044).

ribagorzano, na *adj.* De Ribagorza. También *s.*

Ribalta, Francisco (Solsona, Lleida 1565 - Valencia 1628) Pintor español. Formado bajo la influencia del manierismo italiano, evolucionó hacia el naturalismo tenebrista. En sus obras de madurez alcanzó un realismo de tono dramático, con grandes contrastes luminosos y un tratamiento minucioso de los personajes. Entre sus cuadros más significativos figuran la *Última Cena* (1606), *San Francisco confortado por un ángel músico* (1620), *Cristo abrazando a San Bernardo* y la serie de los *Evangelistas.*

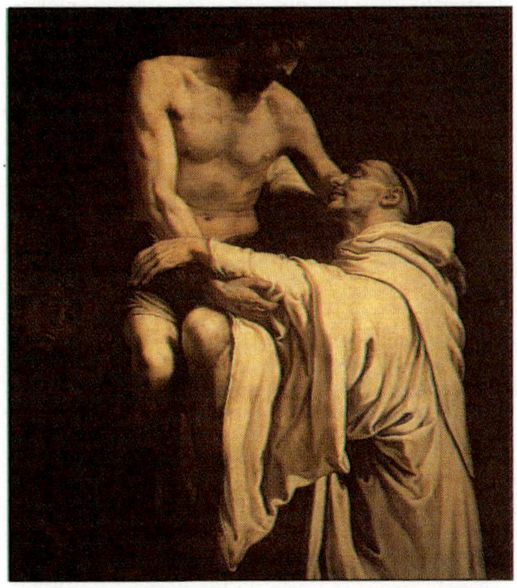

Francisco Ribalta: Cristo abrazando a San Bernardo *(Museo del Prado, Madrid).*

Ribalta, Juan (Madrid h. 1597 - Valencia 1628) Pintor español. Hijo y discípulo del anterior, fue uno de los primeros pintores en España en emplear el tratamiento de la luz a la manera de Caravaggio. Se conocen pocas obras suyas. Entre ellas cabe destacar *Clavamiento de Cristo en la cruz* (1615), *San Jerónimo* (1618) y *San Juan Evangelista.*

Ribas, José Félix (Caracas 1775 - Tamanaco 1814) Político venezolano. Fue uno de los fundadores de la Junta Suprema de Caracas (1810), que proclamó la independencia de Venezuela (1811). Colaboró en la destitución de Bolívar y Mariño (1814), pero evitó su fusilamiento. Fue derrotado por los realistas en Urica (1814) y se refugió en Tamanaco, donde fue asesinado.

ribazo *s. m.* **1.** Terreno con una pendiente pronunciada entre dos campos a distinto nivel, a los lados de un camino, etc. **2.** Caballón*.

Ribbentrop, Joachim von (Wesel 1893 - Nuremberg 1946) Político y diplomático alemán. Nombrado ministro de Asuntos Exteriores en 1938, dirigió desde entonces la política hitleriana de expansión. Favoreció el acercamiento a Italia y firmó el pacto germano-soviético de 1939. Considerado uno de los responsables de los crímenes cometidos por los alemanes en la Segunda Guerra Mundial, fue juzgado, condenado a muerte y ejecutado en Nuremberg.

Ribeira C. de España, situada en el extremo SO de la prov. de La Coruña. 23.250 h. en 1991. La base fundamental de su economía es la pesca y las industrias derivadas de ésta.

Ribeirão Prêto C. de Brasil, situada en el NO del estado de São Paulo. 318.500 h. en 1982. Cuenta con industrias siderúrgicas, mecánicas, textiles y alimentarias. Es un importante centro comercial.

ribeiro *s. m.* Vino blanco o tinto orginario de la comarca orensana del mismo nombre; es ácido y tiene poca graduación.

Ribeiro, Aquilino (Carregal de Tabosa, Beira Alta 1885 - Lisboa 1963) Escritor portugués. Por sus ideas de izquierdas tuvo que vivir exiliado en Francia y en España. En sus novelas unió a los recursos vanguardistas un léxico en que utiliza regionalismos y arcaísmos. Algunos de sus títulos más característicos son *El jardín de los tormentos* (1913), *Corren faunos por los bosques* (1926), *Domingo de Lázaro* (1957) y *Cuando los lobos aúllan* (1958).

Ribeiro, Bernardim (? h. 1482 - ? 1552) Escritor portugués. Inició en la península Ibérica el género de la novela pastoril, con su *Menina e moça* (1554). Es autor también de cinco *Églogas*, así como de cantigas y villancicos recogidos en el *Cancionero general.*

ribera *s. f.* **1.** Orilla del mar o de un río. **2.** P. ext., franja de tierra cercana a un río. **3.** Tierra que se cultiva y que está cercana a un río o se riega con agua del río.

Ribera, José, llamado **El Españoleto** (Játiva, Valencia 1591 - Nápoles 1652) Pintor español. Establecido en Italia definitivamente en 1616, llevó a sus últimas consecuencias las innovaciones tenebristas introducidas por Caravaggio. Emplea el contraste del claroscuro, pero con una intensidad luminosa y una riqueza de colorido propia de la técnica paisajística veneciana. Sus composiciones alcanzan un gran dramatismo. Entre sus cuadros más importantes cabe mencionar *Apolo y Marsias* (1637), *El sueño de Jacob* (1639), la serie de los *Penitentes, El martirio de San Bartolomé* (1639), *Descanso en la huida a Egipto* (1643) y *Desposorios místicos de Santa Catalina* (1648).

José Ribera: San Agustín *(Museo del Prado, Madrid).*

Ribera, Julián (Carcagente, Valencia 1858 - Puebla Larga, Valencia 1934) Arabista español. Catedrático de lengua y literatura árabes en las universidades de Zaragoza y Madrid. Investigó sobre la lírica arabigoandaluza y demostró la existencia del dialecto mozárabe. Es autor, entre otros libros, de *Cancionero de Abencuzmán* (1912) y *La música en las Cantigas* (1922).

Ribera, Pedro de (Madrid 1683 - íd. 1742) Arquitecto español. Es uno de los máximos exponentes del estilo churrigueresco en Madrid. Entre sus muchas obras en la capital figuran la iglesia de Montserrat (1720), el cuartel del Conde-Duque (1720), el hospicio de San Fernando, con la portada-retablo (1722), la iglesia de San Cayetano (1722) y el puente de Toledo, terminado en 1734.

ribereño, ña *adj.* De una ribera. También *s.*

ribero *s. m.* Vallado de estacas, hierbas, etc., que se hace a la orilla de las presas para que no se salga ni derrame el agua.

ribete *s. m.* **1.** Cinta o cosa parecida que se pone en los bordes de la ropa, el calzado, etc., como adorno o refuerzo. **2.** Cualquier adorno o remate que bordea una cosa. **3.** Detalle, rasgo.

ribeteado, da **1.** *p. p.* de **ribetear.** ‖ *adj.* **2.** Se dice de los ojos cuando los párpados están irritados. ‖ *s. m.* **3.** Acción y efecto de ribetear.

ribetear *v. tr.* Poner ribetes a alguna cosa.

riboflavina *s. f.* Vitamina* B_2.

ribonucleasa *s. f.* En bioquímica, denominación genérica de diversas enzimas que catalizan la hidrólisis de los ácidos ribonucleicos.

ribonucleico, ácido *s. m.* Véase **ARN.**

ribosoma *s. m.* Corpúsculo diminuto que forma parte de las células vivas. En su interior se lleva a cabo la síntesis de las proteínas, verificada por los ácidos nucleicos. **FAM.** Ribosómico.

ricacho, cha o **ricachón, na** *s. m.* y *f. fam. desp.* Persona rica.

ricamente *adv. m.* **1.** Con abundancia y riqueza. **2.** Muy a gusto.

Ricardo Nombre de tres reyes de Inglaterra.

Ricardo I Corazón de León (Oxford 1157 - Châlus, Lemosín 1199) Rey de Inglaterra (1189-99). Hijo y sucesor de Enrique II Plantagenet, conspiró contra su padre en 1188 con el auxilio de Felipe II Augusto, rey de Francia. Participó en la tercera cruzada, en la que venció a Saladino, recuperó San Juan de Acre y sitió Jerusalén en 1192. Felipe Augusto, aprovechando la ausencia de Ricardo, atacó sus posesiones de Normandía. Ricardo pactó la paz con Saladino y emprendió el regreso a Inglaterra, pero al atravesar Europa fue hecho prisionero por Leopoldo de Austria, que le entregó al emperador Enrique VI Staufen. Éste le devolvió su libertad a cambio de un rescate y de abandonar la coalición güelfa. Ricardo desembarcó en Francia y comenzó a recuperar las tierras arrebatadas por Felipe Augusto, pero murió en el sitio de Châlus.

Ricardo II (Burdeos 1367 - Pontefract 1400) Rey de Inglaterra (1377-99). Sucedió a su abuelo Eduardo III. Durante su minoría de edad, la regencia fue desempeñada por Juan de Gante, duque de Lancaster, en una época de crisis provocada por la peste negra y las predicaciones heréticas de John Wyclif, que desembocó en una revuelta campesina en 1381. Su reinado se caracterizó por ser una época de paz con Francia, intervalo en la guerra de los Cien Años, y por un gobierno autoritario que le atrajo la hostilidad de los nobles. En 1399 la nobleza, dirigida por Enrique de Lancaster, hijo de Juan de Gante, se rebeló y le depuso.

Ricardo III (Fotheringhay 1452 - Bosworth 1485) Rey de Inglaterra (1483-85). Subió al trono al declarar ilegítimo a su sobrino Eduardo V, del que era regente durante su minoría de edad. Intentó consolidar su posición asesinando al depuesto rey y a su hermano, lo que le enfrentó a la nobleza. En 1485 Enrique Tudor, heredero de los Lancaster, encabezó la revuelta que acabó con su vida. Con su muerte, desapareció la dinastía Plantagenet.

Ricardo, David (Londres 1772 - Gatcomb Park, Gloucestershire 1823) Economista británico. Hijo de una familia sefardí holandesa, fue educado en los Países Bajos. Su doctrina económica, contenida en *Principios de economía política e imposición* (1817), sigue las ideas de Adam Smith desarrollando los conceptos de costes comparativos, renta de la tierra y estado estacionario. Defendió el librecambismo y la actividad industrial frente a las rentas agrarias.

Ricardos, Antonio (Barbastro, Huesca 1727 - Madrid 1794) Militar español. Reorganizó el ejército de Nueva España (1764) y, más tarde, nombrado inspector del arma de caballería, fundó el colegio militar de Ocaña (1773). Fue perseguido por la Inquisición y, acusado de enciclopedista, desterrado a Guipúzcoa por Floridablanca (1778). Al subir Aranda al poder, obtuvo la capitanía general de Cataluña en 1793 y dirigió con éxito la primera campaña del Rosellón (1793-94).

Ricci (o Rizi), Francisco (Madrid 1608 - El Escorial, Madrid 1685) Pintor español. Junto con Francisco Camilo y Juan Carreño de Miranda, introdujo en la escuela pictórica madrileña el dinamismo barroco. Fue nombrado pintor de la catedral de Toledo (1653) y pintor de cámara del rey (1656). Entre sus principales obras figuran *La presentación de la Virgen, Anunciación, Auto de fe, La adoración de los Reyes* y *La liberación de Santa Leocadia.*

Ricci (o Rizi), Juan (Madrid 1600 - abadía de Montecassino 1681) Pintor español. Hermano del anterior, fue discípulo de Juan Bautista Maino y profesó en la orden benedictina, en el monasterio de Montserrat (1627), donde decoró las capillas de San Bernardo y del Sagrario. Pintó algunas series históricas, como las del trascoro de la catedral de Burgos y la del monasterio de San Millán de la Cogolla. Otras obras suyas notables son *La cena de San Benito, Tiburcio de Redin* y *Fray Alonso de San Vitores.*

Ricci, Matteo (Macerata 1552 - Pekín 1610) Misionero jesuita italiano. Por sus conocimientos de astronomía, matemáticas y óptica el emperador de China le otorgó un cargo oficial. Es el fundador de la Iglesia católica china. Intentó adaptar el catolicismo a las formas tradicionales chinas, lo que originó la controversia de los *ritos chinos.*

Richards, Dickinson Woodruff (Orange, New Jersey 1895 - Lakeville, Connecticut 1973) Fisiólogo estadounidense. Fue profesor de medicina en la universidad de Columbia. En 1956 recibió, juntamente con Werner Forssmann y André-Fréderic Cournand, el premio Nobel de medicina, por sus investigaciones sobre las enfermedades cardiacas y la aplicación del método de cateterización.

Richards, Theodore William (Germantown, Pennsylvania 1868 - Cambridge, Massachusetts 1928) Químico estadounidense. En 1894 fue nombrado profesor de la universidad de Harvard. Ideó el calorímetro adiabático para medir cantidades muy precisas de calor (1905). Determinó con precisión los pesos atómicos de varios elementos químicos y los cuerpos isótopos. Obtuvo el premio Nobel de química en 1914.

Richardson, Henry Hobson (Saint James Parish, Luisiana 1838 - Boston 1886) Arquitecto estadounidense. Fue el primer arquitecto de EE UU que liberó la arquitectura de su país de la influencia europea, creando un estilo personal muy depurado y con sentido funcional. Transformó la estructura de residencias privadas mediante volúmenes asimétricos, nuevos materiales y grandes ventanales. Realizó en Chicago el primer prototipo de edificio comercial, los almacenes *Marshall Field* (1885-87).

Richardson, Samuel (Derbyshire 1689 - Londres 1761) Novelista e impresor británico. Escribió obras puritanas, llenas de sentimentalismo, que fueron muy populares e influyeron en el desarrollo de la novela inglesa moderna. Destacan entre ellas *Pamela o la virtud recompensada* (1740), *Clarisa o la historia de una señorita* (1747-48) e *Historia de sir Charles Grandison* (1753-54).

Richardson, sir Owen Williams (Dewsbury, Yorkshire 1879 - Alton, Hampshire 1959) Físico británico. Investigó sobre los fenómenos termoiónicos y descubrió el **efecto Richardson**, fenómeno que consiste en la emisión de electrones por metales a elevada temperatura, paso importante para el desarrollo técnico de la televisión. Obtuvo el premio Nobel de física en 1928.

Richardson, Tony (Shipley, Yorkshire 1928 - Los Ángeles 1991) Director teatral y cinematográfico británico. Formó parte del movimiento *free-cinema.* Adaptó al cine con éxito obras literarias y teatrales. Entre sus títulos más destacados figuran *Mirando hacia atrás con ira* (1959), *Un sabor a miel* (1961), *La soledad del corredor de fondo* (1962), *Tom Jones* (1963), *La última carga* (*The carge of the light brigade,* 1968), *La frontera* (1981) y *Antonio y Cleopatra* (1987).

Richelieu, Armand Emmanuel du Plessis, duque de (París 1766 - íd. 1822) Político francés. Durante la Restauración fue primer ministro (1815-18) y consiguió el ingreso de Francia en la Quíntuple Alianza (1818).

Richelieu, Armand Jean du Plessis, cardenal (París 1582 - íd. 1642) Político y eclesiástico francés. En 1616 fue nombrado secretario de Estado por la reina María de Médicis. Cardenal desde 1622, en 1624 fue ministro de Luis XIII. A partir de entonces rigió los destinos de Francia. Su política se orientó en dos direcciones: en el interior combatió a los hugonotes y sometió a los nobles; en el exterior se encaminó a hacer de Francia la primera potencia de Europa. Para ello luchó contra los Austrias de Alemania y España, prestando su apoyo a Gustavo Adolfo de Suecia durante la guerra de los Treinta Años y fomentando las sublevaciones de Portugal y Cataluña. El esfuerzo bélico agravó la situación financiera de Francia, produciendo descontento entre las corporaciones locales y el campesinado.

El cardenal Richelieu. Retrato de Philippe de Champaigne (Museo de Versalles).

Richter, Burton (Nueva York 1931) Físico estadounidense. Profesor de la universidad de Stanford, descubrió en 1974 una partícula elemental pesada, llamada *partícula psi,* independientemente de Sammuel Chao Chung Ting. Ambos científicos recibieron el premio Nobel de Física de 1976.

Richter, Jeremias Benjamin (Hirschberg, Silesia 1762 - Berlín 1807) Químico alemán. Fue discípulo de Kant en Königsberg. Consideró la química como una rama de las matemáticas aplicadas y estudió las proporciones en que se combinan las sustancias, elaborando una tabla con los pesos equivalentes de un buen número de ácidos y bases.

Richter, Johann Paul Friedrich Véase **Jean Paul, Johann Paul Friedrich Richter.**

Richthofen, Manfred, barón von (Breslau 1892 - Vaux-sur-Somme, cerca de Corbie 1918) Aviador alemán. Conocido como el *Barón Rojo,* durante la Primera Guerra Mundial derribó ochenta aviones enemigos y fue, a su vez, derribado por un avión canadiense.

ricial *s. m.* **1.** Terreno en el que vuelve a crecer el trigo que se segó antes de que madurara. **2.** Terreno sembrado de cereal todavía verde en el que pasta el ganado.

Ricimero (? - ? 472) Militar y político romano de origen suevo. Fue nombrado general en jefe del ejército romano (455) y posteriormente patricio (457) y cónsul (459). En el 456 derrocó al emperador Avito e impuso en su lugar a Mayoriano. Desde entonces fue el auténtico señor del imperio de Occidente, nombrando y destituyendo emperadores a su voluntad, en plena decadencia romana.

ricino *s. m.* Nombre común de diversas plantas arbustivas o arborescentes de la familia euforbiáceas, género *Ricinus.* El ricino común *(Ricinus communis)* tiene grandes hojas alternas, palmeadas y de bordes dentados, con inflorescencias en panículas terminales, de flores separadas, las superiores femeninas y las inferiores masculinas. Produce un fruto en cápsula, de cuyas semillas se extrae por destilación en alcohol el aceite de ricino, que se utiliza como purgante. Es originario de África tropical y en la actualidad se cultiva en todas las regiones cálidas y templadas.

Rickert, Heinrich (Dantzig 1863 - Heidelberg 1936) Filósofo alemán. Miembro de la escuela neokantiana de Baden, trató de establecer una fundamentación epistemológica de las ciencias. Su teoría de los valores, ligada a su concepción de las ciencias de la cultura, ha ejercido una influencia decisiva en el pensamiento posterior. Entre sus obras figuran *Ciencia cultural y ciencia natural* (1899) y *La filosofía de la vida* (1920).

Ricketts, Howard Taylor (Findlay, Ohio 1871 - México 1910) Patólogo estadounidense. Descubrió las rickettsias en piojos que habían chupado la sangre de enfermos con fiebre de las Montañas Rocosas y con tifus exantemático, enfermedad esta última que contrajo y que le causó la muerte.

rickettsia *s. f.* Microorganismo semejante a la bacteria, pero que carece de parte de sus elementos, por lo que no es capaz de verificar todas sus funciones vitales independientemente y vive como parásito en otras células u organismos celulares. Transmitido por distintos artrópodos, provoca enfermedades infecciosas, como el tifus. Se combate con tetraciclinas.

rico, ca *adj.* **1.** Que tiene mucho dinero o bienes. También *s.* **2.** Que posee muchos recursos económicos o naturales. **3.** Que tiene mucho de lo que se expresa. **4.** Se aplica al terreno muy fértil. **5.** Se aplica a lo que posee muchos elementos, cualidades, etc., que lo embellecen o lo hacen más perfecto, variado o estimable. **6.** Que agrada por su buen sabor. **7.** *fam.* Cariñoso, simpático, agradable. **8.** *fam.* Bonito, gracioso, guapo. **9.** *fam.* Se aplica a personas como apelativo cariñoso, aunque a veces se usa con sentido irónico. **10.** *fam.* Físicamente atractivo.

Ricoeur, Paul (Valence 1913) Filósofo francés. Fue profesor de la universidad de París. Su pensamiento se caracteriza por una actitud afirmativa que se concreta en la reconciliación del hombre con el mundo mediante el reconocimiento de la trascendencia. Ha destacado por sus estudios sobre la voluntad, la libertad y el mal, así como por sus análisis de las teorías lingüísticas y psicoanalíticas de la interpretación. Entre sus obras más importantes se hallan *Historia y verdad* (1955), *Finitud y culpabilidad* (1960) y *Ensayos de hermenéutica* (1969).

rictus *s. m.* **1.** Contracción de los labios que deja al descubierto los dientes y da a la boca el aspecto que toma cuando alguien se ríe. **2.** Gesto del rostro que manifiesta un sentimiento o sensación, generalmente penosos o desagradables.

ricura *s. f.* **1.** Cualidad de rico en sentido de bonito, encantador, guapo. **2.** *fam.* Persona, animal o cosa que posee esta cualidad. **3.** Apelativo cariñoso aplicado a personas; se emplea a menudo de forma irónica.

Ridgway, Matthew Bunker (Fort Monroe, Virginia 1895 - 1985) Militar estadounidense. Durante la Segunda Guerra Mundial participó con el grado de general en los desembarcos de Sicilia y Normandía. Combatió en Corea (1950) y fue comandante supremo de las fuerzas de la OTAN en Europa (1951-53) y jefe de estado mayor del ejercito estadounidense (1953-55).

ridiculez *s. f.* Cualidad de ridículo o cosa ridícula.

ridiculizar *v. tr.* Presentar como ridículo a alguien o algo. ▪ Se conjuga como *cazar.*

ridículo, la *adj.* **1.** Que provoca o puede provocar la risa o la burla de los demás, por resultar raro, cómico, extravagante, etc. **2.** Ilógico, absurdo. **3.** Muy pequeño o escaso. ‖ *s. m.* **4.** Actuación o situación que provoca o puede provocar la burla o el menosprecio de los demás y suele dejar una sensación de humillación o vergüenza. ‖ **5. sentido del ridículo** Temor a quedar en ridículo o a hacerlo. **FAM.** Ridículamente.

Ridruejo, Dionisio (Burgo de Osma, Soria 1912 - Madrid 1975) Poeta y político español. Se unió muy joven a la Falange y ocupó cargos políticos y diplomáticos. En 1940 fundó la revista *Escorial.* En 1942 pasó a una oposición activa al régimen franquista al frente de un partido de carácter socialdemócrata, lo que le acarreó destierros y encarcelamientos. Perteneció a la generación del 36 y fue un excelente poeta, autor de sonetos de tipo garcilasiano. En su obra poética destacan *Primer libro de amor* (1939), *Poesía en armas* (1940), *Sonetos a la piedra* (1943) y *122 poemas* (1967); y en prosa, *Dentro del tiempo* (1959), *Escrito en España* (1962) y *Casi unas memorias* (1976).

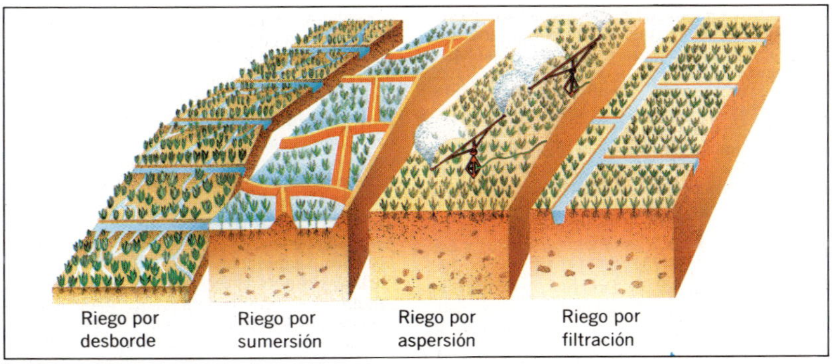

Distintos métodos de riego agrícola, utilizados en función del tipo de cultivo, la disposición del terreno, el volumen de agua disponible, etc.

riego *s. m.* **1.** Acción y efecto de regar. **2.** Cantidad de agua disponible para regar. || **3. riego por aspersión** Aquel en que el agua se distribuye en forma de lluvia, mediante unos dispositivos llamados *aspersores*. **4. riego por desborde** El que consiste en soltar el agua por zanjas paralelas a las curvas de nivel hasta que se desborda. **5. riego por filtración** Aquel en que el agua circula por canales porosos y permeables y se filtra por todo el terreno. **6. riego por sumersión** (o **a manta**) El que consiste en inundar el terreno con una capa de agua, como p. ej. en los arrozales. **7. riego sanguíneo** Cantidad de sangre que llega a los órganos, tejidos y partes del cuerpo.

Riego, himno de Marcha militar de las tropas del comandante Riego; llegó a convertirse en el símbolo revolucionario español y fue adoptado como himno nacional durante la Segunda República.

Riego, Rafael del (Santa María de Tuñas, Asturias 1785 - Madrid 1823) Militar y político español. En 1820 encabezó una insurrección constitucional en Cabezas de San Juan y recorrió con sus tropas parte de Andalucía, convirtiéndose en la máxima figura del movimiento revolucionario que indujo a Fernando VII a aceptar la Constitución. En 1823 estuvo al mando del ejército contra la invasión de los Cien mil hijos de San Luis, pero fue apresado por los absolutistas y ahorcado en Madrid.

riel *s. m.* **1.** Pieza alargada, ahuecada o maciza, generalmente metálica, a la que se acopla otra pieza, un armazón, máquina, etc., que corre o se desliza a lo largo de ella. **2.** Raíl de una vía férrea. **3.** Pequeña barra de metal en bruto. **4.** Unidad monetaria oficial de Camboya.

rielar *v. intr.* Reflejarse temblorosamente la luz sobre una superficie, en especial en el agua.

rielera *s. f.* Molde de hierro donde se ponen los metales y otros cuerpos para hacer rieles o barras con ellos.

rielero *s. m. Méx.* Ferroviario.

Riemann, Georg Friedrich Bernhard (Breselenz, Hannover 1826 - Selasca, Italia 1866) Matemático alemán. Fue profesor de la universidad de Gotinga desde 1857 y realizó estudios sobre las funciones analíticas, pero su importancia se debe principalmente al desarrollo de una de las geometrías no euclidianas y a su teoría del espacio. Riemann negó el postulado de Euclides, según el cual en un plano y por un punto exterior a una recta sólo se puede trazar una paralela a esa recta; de este modo, suponiendo que las líneas consideradas paralelas coinciden en algún punto, y consecuentemente la línea tiene una longitud finita, construyó una geometría elíptica con un rigor y coherencia totales. Buena parte de sus postulados fueron confirmados por la teoría de la relatividad de Einstein.

rienda *s. f.* **1.** Cada una de las dos correas o cintas sujetas a las anillas del bocado con las que se conduce o guía una caballería. **2.** Moderación en palabras o acciones. ■ Se usa más en frases negativas. || *pl.* **3.** Gobierno o dirección de algo. || **LOC. a rienda suelta** *adv.* Con violencia, bruscamente; también, sin ningún freno o medida. **a toda rienda** *adv.* Al galope. **dar rienda suelta** Dejar en entera libertad a alguien o algo.

riente *adj.* Que ríe.

Rienzo, Cola di Véase **Cola di Rienzo**.

Riesco, Germán (Rancagua 1854 - Santiago 1916) Político y jurista chileno. Miembro del Partido Liberal, alcanzó la presidencia de la república (1901-06). Durante su mandato se enfrentó a una fuerte agitación obrera, que fue duramente reprimida y culminó con la llamada *Semana Roja* (octubre de 1905).

riesgo *s. m.* **1.** Situación de peligro. **2.** Cada uno de los imprevistos, hechos desafortunados, etc., que puede cubrir un seguro.

riesgoso, sa *adj. amer.* Arriesgado, peligroso.

Rietveld, Gerrit Thomas (Utrecht 1888 - íd. 1964) Arquitecto y decorador neerlandés. Perteneció al grupo *De Stijl* (1919). Representante del neoplasticismo en arquitectura y en diseño, en 1917 creó la famosa *butaca roja y azul*. Entre sus obras arquitectónicas merecen citarse la casa Schröder en Utrecht (1924), la casa Stopp en Velp (1951) y el museo Zonnehof en Amersfoort (1958-59).

Rif 1. Cadena montañosa de Marruecos, situada en el N del país. Bordea la costa mediterránea desde Tánger a Melilla. Tiene una longitud de 290 km y una altitud media de 600 m, siendo su pico más alto el Tidirhine (2.456 m). Su relieve es agreste y quebrado. Cuenta con importantes recursos mineros, entre los cuales destacan el hierro, plomo, antimonio y grafito.
2. Región geográfica de Marruecos, en la que se halla la cadena montañosa del mismo nombre. En su sector O se extiende el monte bajo, cubierto de bosque y matorral, con cultivos de cereales y ganadería; en él se encuentran los principales centros urbanos, Ouezzane y Xauen. En el sector E predomina la montaña, poco elevada, y los suelos son áridos; está habitado fundamentalmente por beréberes.

rifa *s. f.* **1.** Sorteo en que se venden unas papeletas y gana el que tiene la papeleta con el número correspondiente al premio. **2.** Lugar donde se hace este sorteo.

rifar *v. tr.* **1.** Sortear algo mediante una rifa. || *v. prnl.* **2.** *fam.* Ser una persona o cosa muy deseada o codiciada por otras.

rifeño, ña *adj.* Del Rif. También *s.*

rifirrafe *s. m. fam.* Riña o pelea sin importancia.

rifle *s. m.* Arma de fuego larga, tipo de fusil cuyo cañón presenta estrías interiores en forma de espiral.

Rift Valley Gran depresión de África oriental, formada por fosas tectónicas y rodeada de macizos montañosos, donde se hallan, de N a S, los lagos Mobutu, Eduardo, Kivu, Tanganica y Malawi en su rama occidental, y Turkana, Natrón y Eyasi en la oriental.

Riga C. de Letonia, cap. de la república, situada en el N de la misma, a orillas del Dvina occidental, en la costa del mar Báltico. 915.000 h. en 1989. Posee industria metalúrgica, textil y química, refinerías de petróleo y grandes astilleros. Su puerto es uno de los más importantes del Báltico.

Rigaud, Hyacinthe (Perpiñán 1659 - París 1743) Pintor francés. En 1681 fijó su residencia en París y fue retratista oficial de la corte de Luis XIV. En sus retratos se advierte la influencia de Van Dyck. Entre los más logrados figuran los de *Felipe V, rey de España, Luis XIV, Luis XV* (1727), *Duque de Orleans, El cardenal de Polignac, Bossuet, Príncipe de Condé* y sus autorretratos (1700 y 1730).

Rigel Estrella de primera magnitud en la constelación de Orión.

rigidez *s. f.* **1.** Cualidad de rígido. || **2. rigidez cadavérica** Rigor* mortis.

rígido, da *adj.* **1.** Que no se puede o resulta difícil doblar o torcer. **2.** Recto, severo, inflexible. **3.** Que no admite ningún cambio o no se adapta a ciertas circunstancias, necesidades, etc. **4.** Inexpresivo, frío. **FAM.** Rígidamente.

rigodón *s. m.* **1.** Danza de origen provenzal, de carácter alegre, nacida en el s. XVII. **2.** Música de dos tiempos que la acompaña; fue introducida posteriormente en la suite instrumental.

rigor *s. m.* **1.** Excesiva severidad o dureza. **2.** Precisión, exactitud. **3.** Falta de flexibilidad de los músculos. || **LOC. de rigor** *adj.* Indispensable, obligado. **en rigor** *adv.* Con exactitud, en realidad. **ser** alguien **el rigor de las desdichas** *fam.* Sufrir alguien muchas desgracias o contratiempos.

rigor mortis *expr. lat.* Significa 'rigidez de la muerte' y se refiere al estado de inflexibilidad y endurecimiento del cuerpo durante las siete horas posteriores a la muerte; es causado por la coagulación del plasma muscular y desaparece cuando comienza el proceso de putrefacción. Se denomina también *rigidez cadavérica*.

rigorismo *s. m.* **1.** Severidad excesiva. **2.** Actitud, postura o doctrina en que domina esa severidad. **FAM.** Rigorista.

riguroso, sa *adj.* **1.** Estricto, severo. **2.** Duro, extremo. **3.** Que no admite variaciones o no se adapta a las distintas circunstancias, necesidades, etc. **4.** Hecho con gran precisión, teniendo en cuenta todos los detalles. **FAM.** Rigurosamente, rigurosidad.

Rigveda La más antigua e importante colección de himnos de los *Vedas* hindúes. Se transmitieron por vía oral después de haber sido compuestos en una época incierta, no posterior a 1500 a. C., cuando los arios habitaban aún el Asia central. Posteriormente se recopilaron, ya en la India, en torno al año 800 a. C. Consta de 1.028 himnos religiosos sapienciales (*Veda* significa «sabiduría divina»).

rija[1] (del ár. *risa*, pluma) *s. f.* Fístula que se forma debajo del lagrimal.

rija[2] (del lat. *rixa*) *s. f.* Pelea, riña.

Rijeka C. de Croacia, situada en el O del país, a orillas del Adriático. 159.433 h. en 1981. Tiene industria papelera, conservera, química y eléctrica, astilleros y refinerías de petróleo, y es un activo puerto comercial.

Rijksmuseum Museo holandés fundado en Amsterdam en 1808 por el rey Luis Napoleón. El edificio actual es obra de Cuypers y se inauguró en 1885. Entre sus muchas obras maestras figuran cuadros de Rembrandt, Vermeer, Frans Hals, Van Dyck y Ruysdael. Tiene también una importante colección de cerámica, muebles, cristalería, principalmente holandesa, así como unos 150.000 dibujos y cerca de 800.000 grabados.

Riga: vista de la ciudad, con el río Dvina Occidental en primer término.

rijoso, sa *adj.* **1.** Se dice del animal excitado ante la presencia de la hembra. **2.** Lascivo. También *s.* **3.** Inclinado a peleas y riñas. También *s.*

Rikov, Alexei Ivanovich (Saratov 1881 - Moscú 1938) Político soviético. Tuvo que exiliarse en varias ocasiones a Europa occidental bajo el régimen zarista. Formó en el ala bolchevique del Partido Socialdemócrata y fue uno de los dirigentes de la revolución de Octubre. Ministro del Interior en el primer Consejo de comisarios del pueblo, sucedió a Lenin como presidente de este Consejo (1924). Se opuso a la política de colectivización de la tierra, emprendida por Stalin, por lo que fue destituido (1930). Acusado de desviacionismo derechista y trotskismo, fue juzgado en el tercero de los procesos de Moscú (1938), condenado a muerte y ejecutado.

rilar *v. intr.* **1.** Temblar, tiritar. ‖ *v. prnl.* **2.** *fam.* Echarse atrás, abandonar algo que se tenía intención de hacer, que se había prometido, etc.

Rilke, Rainer Maria (Praga 1875 - Valmont, Montreux 1926) Escritor checo en lengua alemana. Viajó por buena parte de Europa y consideró a Francia su segunda patria. De un gran refinamiento, musicalidad y virtuosismo, evolucionó hacia un intenso misticismo, en el que los símbolos desempeñan un importante papel para expresar su atormentado mundo interior. Entre sus obras poéticas más representativas se cuentan *El libro de las horas* (1905), *El libro de las imágenes* (1906), *Nuevos poemas* (1907), *Réquiem* (1909) y los dos libros de su madurez *Elegías de Duino* (1923) y *Sonetos a Orfeo* (1923); en prosa destacan *Los cuadernos de Malte Laurids Brigge* (1910) y *Cartas a un joven poeta.*

Rainer Maria Rilke.

rima *s. f.* **1.** Igualdad entre los sonidos de dos o más palabras a partir de la última vocal acentuada; puede ser consonante o perfecta, cuando coinciden todos los sonidos, y asonante o imperfecta, cuando lo hacen sólo las vocales. **2.** Forma en que se presenta esta igualdad en una época, autor, tradición literaria, etc. **3.** Composición poética de tono lírico. ‖ **4. octava rima** Véase **octava**. **5. rima interna** La que se produce entre dos o más palabras en el interior de un mismo verso. **6. sexta rima** Estrofa de procedencia italiana formada por seis versos endecasílabos que riman ABABCC.

rimar *v. intr.* **1.** Existir rima entre dos o más palabras. **2.** Componer en verso. ‖ *v. tr.* **3.** Hacer que exista rima entre dos o más palabras.

rimaya *s. f.* Grieta estrecha y profunda que separa la masa móvil de hielo de un glaciar de la pared rocosa, dentro del circo glaciar.

Arthur Rimbaud. Retrato de Henri Fantin-Latour en el cuadro El rincón de la mesa, *detalle (Museo de Orsay, París).*

Rimbaud, Arthur (Charleville 1854 - Marsella 1891) Poeta francés. Publicó sus primeros versos a los 16 años y apenas tres después abandonó para siempre la literatura. Su vida fue intensa y tempestuosa. Viajó a París en 1871 y el año siguiente se instaló en la capital bajo la protección de Paul Verlaine, con quien mantuvo una agitada relación amorosa. Recorrió Europa hasta 1876, año en que se alistó en el ejército colonial holandés; tras desertar, volvió a Francia y en 1878 pasó a Chipre y posteriormente a África, donde se dedicó al tráfico de marfil y de armas. Es un poeta simbolista de rara perfección, cuya obra, de atrevidas imágenes y acusado hermetismo, anticipó formas poéticas modernas. Escribió buen número de poemas en verso, de los que destaca *El barco ebrio* (1871), y dos largos poemas en prosa, *Una temporada en el infierno* (1873) y *Las iluminaciones* (1874-75).

rimbombante *adj.* **1.** Llamativo, que aparenta riqueza, lujo, etc. **2.** Se aplica al lenguaje, estilo, etc., muy artificioso y sonoro, que resulta poco natural. **FAM.** Rimbombancia.

rímel *s. m.* Cosmético que se utiliza para dar color y consistencia a las pestañas.

rimero *s. m.* Montón de cosas.

Rímini C. de Italia, situada en Emilia-Romaña, a orillas del mar Adriático, en la desembocadura del río Marecchia. 130.800 h. en 1990. Es una ciudad turística, que cuenta con industria textil, del mueble y de materiales de construcción. Antigua colonia romana, estuvo incluida entre las posesiones de la Iglesia y, tras convertirse en comuna en el s. XII, perteneció a los Malatesta y a los Borgia, aunque volvió en la Edad Moderna a poder de la Iglesia. Conserva el templo de los Malatesta, obra de Alberti.

Rimski-Korsakov, Nikolai Andreievich (Tijvin, Novgorod 1844 - Liubensk, San Petersburgo 1908) Compositor ruso. Miembro del grupo de los Cinco, fue profesor de composición y orquestación del Conservatorio de San Petersburgo y director musical de la corte. Representante destacado de la escuela nacionalista rusa y maestro en la instrumentación, su obra, de gran perfección técnica, incluye óperas como *La doncella de la nieve* (1881), *El zar Saltán* (1900) y *El gallo de oro* (1907) y sinfonías como *Capricho español* (1887) y *Scherezade* (1888).

Nikolai Rimski-Korsakov (Museo Estatal Ruso, San Petersburgo).

Rin Véase **Rhin**.

rinche, cha *adj. Chile.* Lleno hasta el borde, colmado.

rincocéfalos *s. m. pl.* Orden de reptiles al que pertenece una única especie viviente, la tuátara *(Sphenodon punctatus)*, que se caracteriza por tener un tercer ojo bien desarrollado y que habita en Nueva Zelanda. También *adj.* y *s. m.*

rincón *s. m.* **1.** Ángulo entrante que está formado por dos o tres superficies. **2.** Lugar oculto o difícil de encontrar. **3.** Lugar apartado y, generalmente, pequeño. **4.** Lugar o posición apartada que ocupa alguien, sin intervenir en lo que los demás hacen o dicen. **5.** Espacio pequeño.

rinconada *s. f.* Ángulo entrante que se forma en la unión de dos casas, calles, caminos, etc.

Rinconada, La C. de España, situada en la prov. de Sevilla. 21.200 h. en 1991. Cuenta con industria alimentaria y tabaquera. Es un importante centro de cría de toros bravos. Su proximidad a la capital ha impulsado su crecimiento.

rinconera *s. f.* **1.** Mueble de forma adecuada para adaptarse a un rincón. **2.** En arq., parte de un muro comprendido entre un ángulo de la fachada y el hueco más próximo.

rinde *s. m. Arg.* Rendimiento, beneficio que produce alguna cosa.

rinencéfalo *s. m.* Porción del cerebro formada por el bulbo olfatorio, el tracto o cinta olfatoria y la circunvolución subcallosa. Además de sus primitivas funciones olfatorias, interviene en la vida emocional del individuo, las actividades de memoria, los comportamientos instintivos y el ciclo de sueño y vigilia.

ring (voz ingl.) *s. m.* Cuadrilátero acondicionado en que se celebran los combates de boxeo o de lucha; mide 6 por 4,35 m, está rodeado por cuatro filas de cuerdas superpuestas y tiene el suelo recubierto de lona.

ringla o **ringle** *s. f.* o *s. m. fam.* Ringlera*.

ringlera *s. f.* Fila de cosas puestas en orden, unas tras otras.

ringlero *s. m.* Cada una de las líneas impresas en un papel que hacen más fácil el aprendizaje de la escritura.

ringletear *v. intr. Chile, Col.* Callejear.

ringorrango *s. m.* **1.** *fam.* Adorno exagerado y generalmente de mal gusto. Se usa mucho en *pl.* **2.** *fam.* Rasgo exagerado e innecesario en la escritura.

rinitis *s. f.* Inflamación de la mucosa de la nariz; puede estar provocada por un resfriado o ser de origen alérgico o vasomotor.

rino- *pref.* Significa 'nariz': *rinofaringe, rinología.* ▪ Existe también la variante *rin-*: *rinitis.*

rinoceronte *s. m.* Nombre común de diversos mamíferos ungulados de la familia rinoceróntidos, géneros *Ceratotherium, Diceros, Rhinoceros* y *Dicerorhinus.* Son animales cuyo peso llega a superar las 3 t, con uno o dos cuernos sobre la nariz, piel gruesa, generalmente desprovista de pelo, y extremidades rematadas en tres dedos. Se alimentan de vegetales. El rinoceronte blanco *(Ceratotherium simum)* mide unos 4,5 m de longitud y 2 m de altura y su primer cuerno alcanza 137 cm. El rinoceronte negro *(Diceros bicornis)* es algo menor. Ambos habitan en África. El rinoceronte indio *(Rhinoceros unicornis)* alcanza unos 3,80 m de longitud y tiene la piel formando placas; habita en la India. El rinoceronte de Sumatra *(Dicerorhinus sumatrensis)* es de menor tamaño y posee dos cuernos; habita en zonas de espesa vegetación del SE asiático. Es un animal protegido, para evitar la caza a que se le somete por el marfil de sus cuernos.

rinofaringe *s. f.* Nasofaringe*.

rinofaríngeo, a *adj.* Nasofaríngeo*.

rinología *s. f.* Rama de la otorrinolaringología especilizada en las fosas nasales.

Diferentes especies de rinoceronte.

rinólogo, ga *s. m.* y *f.* Médico especializado en rinología.

rinoplastia *s. f.* Cirugía plástica de la nariz.

rinoscopia *s. f.* Exploración de las cavidades nasales.

riña *s. f.* **1.** Pelea, disputa. **2.** Regañina, reprimenda.

riñón *s. m.* **1.** Cada uno de los dos órganos encargados en los vertebrados de filtrar la sangre y eliminar sus impurezas. **2.** En min., trozo redondeado de mineral, contenido en otro de distinta naturaleza. **3.** *fam.* Valor, ánimo, decisión. **4.** Con verbos como *valer, costar,* muy caro. ‖ **5. riñón artificial** Dispositivo terapéutico utilizado para efectuar la diálisis o depuración de la sangre fuera de los riñones cuando éstos han sido extirpados o están seriamente dañados. ‖ **Loc. tener** alguien **el riñón** (**bien**) **cubierto** (o **forrado**) *fam.* Tener mucho dinero, ser rico.
Anat. y ***Fisiol.*** En el organismo humano, el riñón purifica la sangre, extrayendo de ella agua, sales minerales y sustancias de desecho, especialmente urea y ácido úrico. El líquido resultante, la orina, sale por los uréteres, se acumula en la vejiga y se expulsa al exterior. El riñón se divide en tres partes: una capa cortical o corteza; una capa medular o médula, y la zona donde surgen los uréteres, formada por la pelvis renal y los cálices renales. El riñón contiene millones de tubos diminutos (tubos uriníferos), donde se realiza la filtración.

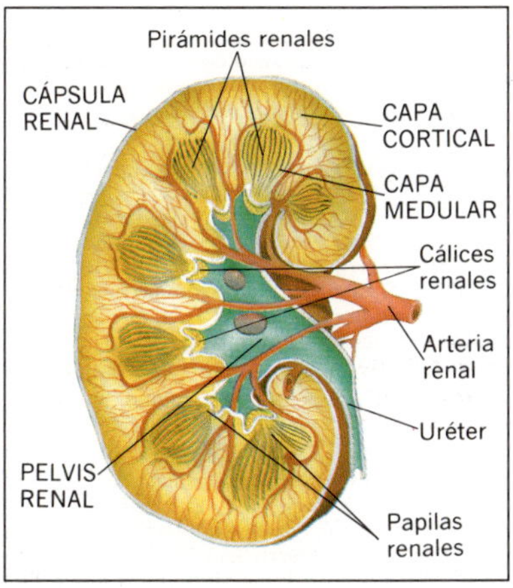

Anatomía de un riñón humano.

riñonada *s. f.* **1.** Tejido adiposo que envuelve los riñones. **2.** Lugar del cuerpo en que están situados los riñones. **3.** Guiso de riñones.

riñonera *s. f.* **1.** Faja para protección de los riñones. **2.** En cirugía, pequeña cubeta en forma de riñón, usada para renovar las curas. **3.** Pequeño bolso provisto de una correa para llevarla sujeta a la cintura.

Rio Branco C. de Brasil, cap. del Estado de Acre, situada en el NO del país, a orillas del río Acre. 161.800 h. en 1989. Es un importante centro comercial, famoso por las pieles y el caucho.

Rio de Janeiro **1.** Estado de Brasil, situado en el SE del país, a orillas del océano Atlántico. 43.653 km^2. 14.133.300 h. en 1990. Su relieve es accidentado en la región de la costa, donde se alzan diversos macizos; el litoral presenta bahías recortadas y extensas playas. En el interior se halla el valle del río Paraíba. Tiene un clima tropical, húmedo y cálido, suavizado en los sectores montañosos. Tradicionalmente su economía era agrícola, con cultivos de café, naranjo, bananas y caña de azúcar; en la actualidad ha experimentado una intensa urbanización, basada sobre todo en el sector turístico y la industria alimentaria. Cuenta asimismo con explotaciones petrolíferas.
2. C. de Brasil, cap. del estado del mismo nombre, situada en el SE del país, a orillas del océano Atlántico. 6.011.200 h. en 1989 y 10.217.000 h. en su aglomeración urbana en 1985. Es una importante metrópoli con gran peso económico en la vida de Brasil, segunda ciudad industrial del país tras São Paulo, con producción textil, química, siderúrgica, etc. Su verdadera fuerza radica, sobre todo, en el sector de servicios, al que se dedican cuatro quintas partes de su población activa. Destacan especialmente las actividades comerciales y financieras, así como las ligadas a los transportes. Su puerto es uno de los más activos de América del Sur. La ciudad se ha convertido en un centro turístico mundial de primer orden. La bahía de Guanabara fue descubierta por Gonzalo Coelho en 1504 y posteriormente ocupada por franceses y portugueses, entre los cuales hubo algunos enfrentamientos por el dominio del territorio. A partir del s. XVII, la ciudad empezó a adquirir más importancia comercial, política y económica. Convertida en capital del virreinato (1763), fue sede de la corte imperial portuguesa y capital de Brasil hasta 1960, año en que ésta pasó a Brasilia. Se conservan restos de la muralla que rodeaba el Morro do Castello (s. XVI) e iglesias de la época colonial, como la de la Candelária, São Bento, Santo António y São Francisco. Entre los edificios civiles subsisten la antigua sede del gobierno (s. XVIII) y el palacio de los virreyes; también data del s. XVIII el acueducto de dos pisos. Del s. XIX son muestras interesantes el palacio de Guanabara, algunas iglesias neogóticas y las casas con azulejos. La arquitectura del s. XX está presente en numerosos edificios, como el ministerio de Educación y Sanidad Pública, el de la Guerra, la embajada de EE UU, las viviendas del parque de Eduardo Guinle y el conjunto de viviendas de Pedregulho.

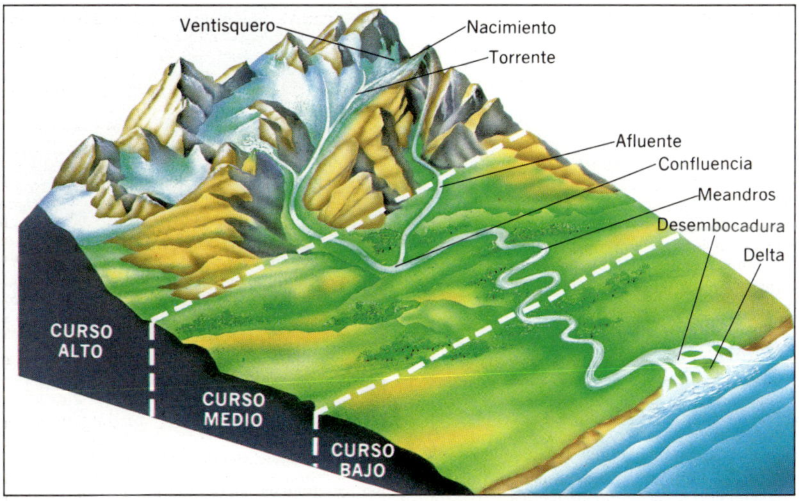

Representación esquemática del curso de un río.

Rio de Janeiro, tratado de Pacto interamericano de ayuda y defensa mutua firmado en esta ciudad en 1947 por todos los países del continente, excepto Canadá, Nicaragua y Ecuador. Fue el origen de la Organización de Estados Americanos (OEA).

Rio Grande do Norte Estado de Brasil, en el NE del país, junto a la costa atlántica. 53.167 km^2. 2.318.900 h. en 1990. La capital es Natal, con 578.500 h. en 1989. Ocupa un territorio fundamentalmente agrícola, cuyos principales productos son la caña de azúcar, el algodón y el tabaco. También produce tungsteno y sal.

Rio Grande do Sul Estado de Brasil, en el extremo S del país, junto a las fronteras argentina y uruguaya. 280.674 km^2. 9.163.200 h. en 1990. La capital es Pôrto Alegre, con 1.371.300 h. en 1989. Entre sus actividades económicas destacan la ganadería bovina, los cultivos de cereales, cítricos, ananás, vid y soja, la minería de cobre y carbón, la industria textil, tabaquera, cementera, alimentaria y el comercio.

río *s. m.* **1.** Corriente continua de agua que desemboca en otra, en un lago o en el mar. **2.** Abundancia de las personas o cosas que se expresan.
Geog. El agua de los ríos procede de los acuíferos, de la humedad del suelo, del agua que no puede filtrar la tierra y de las precipitaciones caídas sobre el lecho fluvial. El curso de un río puede dividirse en alto, medio y bajo y su perfil longitudinal va descendiendo desde la fuente a la desembocadura. A lo largo de su curso, el río transporta diversos materiales, producto de la erosión fluvial, llamados *aluviones*, que se depositan cuando disminuye la velocidad de movimiento de sus aguas. En función de su capacidad erosiva, de su potencia (resultado de multiplicar su caudal por la velocidad), de su caudal y las variaciones estacionales del mismo, así como de la naturaleza y topografía del terreno por el que discurre, el río produce formas diversas: cascadas y cataratas, terrazas fluviales, meandros y deltas.

Río, Andrés Manuel del (Madrid 1765 - México 1849) Geólogo y químico español. Establecido en México, fue nombrado profesor del Colegio de Minería de México (1795). Descubrió el vanadio, al que llamó *pancromo* y *eritronio* (1801).

Río, Dolores del (Durango, México 1905 - Los Ángeles, California 1983) Actriz cinematográfica mexicana. Comenzó su carrera en Hollywood interpretando papeles de mujer apasionada y temperamental. En 1942 regresó a su país para trabajar a las órdenes de Emilio Fernández. Entre sus interpretaciones más logradas figuran las de las películas *El precio de la gloria* (1926), *Ramona* (1928), *Ave del paraíso* (1932), *Flor silvestre* (1943), *María Candelaria* (1943) y *La Malquerida* (1949).

Río Cuarto C. de Argentina, situada en la prov. de Córdoba. 110.250 h. en 1980. Es un importante nudo de comunicaciones. Cuenta con fundiciones, serrerías e industrias alimentarias.

Río de la Plata Estuario de América del Sur, formado por la desembocadura de los ríos Paraná y Uruguay, entre Argentina y Uruguay. Tiene una longitud de 287 km y una anchura comprendida entre los 222 y 40 km. Existen en él gran número de bancos e islas que están comunicadas entre sí por canales. En sus márgenes se asientan las ciudades de Buenos Aires y Montevideo. Fue descubierto en 1502 por Américo Vespucio; en 1527 Sebastián Caboto remontó por primera vez sus aguas.

Río de la Plata, virreinato del Virreinato creado por Carlos III en 1777, desmembrado del virreinato del Perú y que finalizó en 1814, con la independencia de estos territorios de la corona española. Comprendía las gobernaciones de Buenos Aires, Paraguay, Santa Cruz de la Sierra y Tucumán y las ciudades de Mendoza y San Juan del Pico. Su finalidad principal fue frenar la expansión portuguesa hacia Uruguay y controlar la política comercial de ingleses y holandeses en el puerto de Buenos Aires, ciudad que se convirtió en la capital política y económica del virreinato.

Río Grande del Norte Véase **Bravo, río**.

Río Muni Véase **Mbini**.

Río Negro Prov. de Argentina, situada en el N de la Patagonia. 203.013 km^2. 467.000 h. en 1989. La capital es Viedma, con 24.300 h. en 1986. Entre sus recursos naturales destacan la agricultura, especialmente en el valle del Río Negro, la ganadería ovina y la extracción de petróleo y gas natural.

Riobamba C. de Ecuador, cap. de la prov. de Chimborazo, situada en los Andes, al S de Quito. 149.800 h. en 1987. Es el centro comercial de su región y cuenta con industrias textiles, alimentarias, de curtidos, cementera y artesanía de alfombras, tapices, cerámica y juguetes. Antigua capital del reino puruhá, fue destruida por los incas y reconstruida por los soldados del conquistador español Almagro (1575).

riodacita *s. f.* Roca volcánica de igual composición que el granito, intermedia entre riolita y dacita, junto a las que aparece.

rioja *s. m.* Vino de fina calidad que se cría y elabora en la comarca del mismo nombre.

Rioja, Francisco de (Sevilla h. 1583 - Madrid 1659) Poeta español. Protegido del conde-duque de Olivares, fue nombrado bibliotecario de Felipe IV y cronista de Castilla. Perteneció a la escuela sevillana y fue seguidor de Fernando de Herrera. Su obra la componen sonetos, amorosos y morales, y silvas, muchas de ellas dedicadas a flores, como *Al jazmín, A la rosa* y *Al clavel.* Se le atribuyeron erróneamente la *Canción a las ruinas de Itálica* y la *Epístola moral a Fabio.*

Rioja, La Comunidad autónoma de España, situada en el N de la península Ibérica.

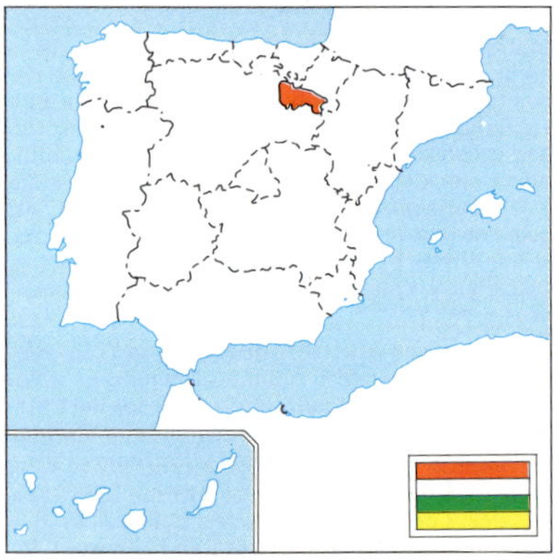

Extensión: 5.034 km^2.
Límites: al N, con Álava y Navarra; al E, con Navarra y Zaragoza; al S, con Soria, y al O, con Burgos.
Población: 268.000 h. en 1991.
Densidad: 53,2 h./km^2.
Capital: Logroño.
Provincias: La Rioja.

Geog. física En el relieve de La Rioja se distinguen dos regiones: la depresión del Ebro y las sierras del S. El valle del Ebro ocupa la franja N de la comunidad, con una altitud media de 500 m en el O y va descendiendo a medida que avanza hacia el E; predominan aquí las llanuras, aunque también existen colinas aisladas. Las sierras del S son: la sierra de la Demanda, en la cual se encuentra el pico de San Lorenzo (2.262 m), que es el más elevado de La Rioja; las sierras de Camero Nuevo y Camero Viejo; la sierra de Cebollera y los Picos de Urbión. Estas cadenas montañosas forman parte del Sistema Ibérico y constituyen la separación entre la Submeseta norte (valle del Duero) y la depresión del Ebro. Los ríos de esta comunidad, cortos y poco caudalosos, nacen en el Sistema Ibérico, a excepción del Ebro. De O a E, los principales son Tirón, Oja, Najerilla, Iregua, Leza, Cidacos y Alhama. La región tiene un clima mediterráneo de interior. En la zona de montaña las temperaturas son muy bajas en invierno y suaves en verano y las precipitaciones más abundantes; a medida que se desciende a la llanura los veranos se vuelven más cálidos y disminuyen las precipitaciones. En cuanto a la vegetación, robles, hayas, encinas y pinos silvestres pueblan las sierras, mientras que en la depresión del Ebro crecen carrascas y encinas.

Geog. humana y ***económica*** La población riojana está aumentando, progresiva y lentamente, y se concentra principalmente en la depresión del Ebro, quedando grandes áreas de la sierra casi deshabitadas. La economía riojana depende en gran medida de la agricultura, que se ve favorecida por los amplios y fértiles terrenos situados en la depresión del Ebro. Estas buenas condiciones geográficas hacen que sus productos sean muy apreciados. Destacan la patata, hortalizas, frutas, remolacha azucarera, olivo y judías. Mención especial merece la vid, cultivada en pequeñas propiedades, que sostiene una importante industria vinícola, así como la horticultura (espárragos, pimientos, etc). Escasa importancia tiene la ganadería, con excepción de la ovina. Está muy desarrollada la industria vinícola, ubicada principalmente en Haro y Logroño, y también existen industrias conserveras, papeleras, textiles, tabaqueras, de confección y de fabricación de envases.

La Rioja: Ortigosa, con el embalse de Lacasa.

Hist. Dominada por los cántabros y luego por los celtas, sufrió las ocupaciones romana y musulmana sucesivamente, hasta que en el 923 Ordoño II de León y Sancho Garcés de Pamplona la reconquistaron. A partir de entonces se llevó a cabo la repoblación del territorio, que se hizo con gentes procedentes de Navarra, Álava y Castilla. Durante la Edad Media fue motivo de disputas entre los reyes de Navarra y Castilla, ya que ambos querían su dominio. En el año 1076 Alfonso VI la integró en la Corona castellana y le otorgó diversos fueros y beneficios. En 1863 fue escenario de una importante sublevación carlista. En 1982 recibió su estatuto de autonomía.

La Rioja: fachada del siglo XVIII de la catedral de Santo Domingo de la Calzada.

Rioja, La 1. Prov. de Argentina, situada en el NO del país, sobre territorio andino. 89.680 km^2. 191.000 h. en 1989. Es una región fundamentalmente agrícola, cuyos principales productos son los cereales, frutas y vid. Tiene yacimientos minerales de oro, cobre y plata e industria textil y alimentaria.
2. C. de Argentina, cap. de la prov. homónima, situada en la orilla del río Los Sauces. 66.800 h. en 1980. Es un centro comercial, que cuenta además con industrias alimentarias y textiles. En ella se conservan iglesias de la época colonial, entre las cuales destacan la de La Merced, San Francisco y San Nicolás.

riojano, na *adj.* **1.** De La Rioja. También *s.* ‖ *s. m.* **2.** Dialecto del castellano hablado en esta región.

riolita *s. f.* Roca eruptiva volcánica, compuesta por cuarzo, ortosa y mica. Es muy rica en vidrio y tiene estructura de cristales finos. Procede generalmente de erupciones volcánicas recientes.

rioplatense *adj.* De Río de la Plata. También *s.*

Ríos, Fernando de los (Ronda, Málaga 1879 - Nueva York 1949) Escritor y político español. Se formó en la Institución Libre de Enseñanza y más tarde estudió en París y Alemania. Miembro destacado del PSOE, contribuyó al advenimiento de la Segunda República, de la que fue varias veces ministro. Durante la guerra civil fue embajador en Washington. Su pensamiento evolucionó desde posiciones krausistas hasta un socialismo liberal, defendiendo la subordinación de la economía a los valores de la libertad, bajo el arbitraje de un Estado fuerte controlado por los ciudadanos. Es autor, entre otras obras, de *Orígenes del socialismo moderno* (1911).

Ríos, Los Prov. de Ecuador, situada en el O del país, cerca de la ciudad de Guayaquil. 6.370 km^2. 576.600 h. en 1989. La capital es Babahoyo, con 41.000 h. en 1982. Su economía se basa en el cultivo de cacao, plátanos, arroz, café, caña de azúcar y frutas tropicales y en la explotación de los importantes recursos forestales.

Ríos Montt, Efraín (1927) Militar y político guatemalteco. Miembro de la Iglesia pentecostal, dio un golpe de Estado para acabar con la corrupción y la guerrilla (1982). Presidió una junta militar y con sus medidas se enemistó tanto con la izquierda como con los empresarios. Fue despuesto por el general Óscar Mejía Víctores en 1983.

Ríos Morales, Juan Antonio (Cañete 1888 - Santiago 1946) Político chileno. Dirigente del Partido Radical, fue ministro del Interior y de Justicia (1932) y elegido presidente de la república (1942), como candidato por el Frente Popular. En su mandato Chile rompió sus relaciones con las potencias de Eje. Tuvo que renunciar a la presidencia por enfermedad (1946).

riostra *s. f.* En construcción, pieza oblicua que asegura una estructura, un ángulo, un armazón, etc.

Riotinto, Minas de C. de España, perteneciente a la prov. de Huelva, situada a orillas del río Tinto. 5.400 h. en 1991. El municipio nació como consecuencia de la explotación minera de piritas de cobre y hierro. La extracción comenzó ya en época prehistórica. En tiempos modernos la explotación fue desarrollada por una compañía inglesa, Rio Tinto Company, que adquirió los derechos en 1873 y construyó un ferrocarril hasta el puerto de Huelva. En 1954 la banca española compró los yacimientos y creó la empresa Riotinto Minera, vinculada a Unión de Explosivos Riotinto.

RIP Siglas de *requiescat* in pace.*

ripio *s. m.* **1.** Palabra o frase innecesaria que se emplea únicamente para completar un verso o para lograr la rima. **2.** Conjunto de palabras inútiles y vacías de contenido que se usan de relleno en cualquier escrito, discurso o conversación. **3.** Trozos de ladrillos, piedras o de otros materiales de albañilería desechados, que se usan para rellenar huecos. ‖ **Loc. no perder ripio** *fam.* Observar o escuchar algo muy atentamente para enterarse de todo.

ripioso, sa *adj.* Que tiene muchos ripios o los usa frecuentemente.

Ripoll C. de España, perteneciente a la prov. de Girona, situada a orillas de los ríos Ter y Freser. 11.200 h. en 1991. Cuenta con industria siderúrgica, de maquinaria y electrodomésticos, textil y papelera. Nació en torno al monasterio del mismo nombre, fundado por Wifredo el Velloso en el año 879, de estilo románico, que constituyó uno de los principales centros del saber de la alta Edad Media, en época del abad Oliva (1008-46).

Ripollet C. de España, situada en la prov. de Barcelona. 26.800 h. en 1991. Posee industria de elaboración del cartón, plásticos, productos textiles y metalúrgicos y un matadero avícola industrial. La ciudad está enlazada con los núcleos urbanos de Sardanyola y Moncada, debido a su continuo crecimiento.

Riquer, Martín de (Barcelona 1914) Filólogo español. Fue catedrático de literatura románica en las universidades Central y Autónoma de Barcelona. Especializado en estudios medievales, es autor de *Los cantares de gesta franceses* (1957), *Los trovadores* (1975) e *Historia de la literatura catalana* (1980).

riqueza *s. f.* **1.** Cualidad de rico. **2.** Cosa rica o valiosa. Se usa mucho en *pl.* **3.** Abundancia de dinero o bienes. ‖ **4. riqueza nacional** Conjunto de todos los bienes producidos por un país en un determinado momento y que se encuentran a disposición de sus habitantes para el desarrollo de su actividad económica; este concepto incluye tanto los elementos propiamente productivos como los que, de manera más o menos indirecta, contribuyen a la producción: recursos naturales, infraestructura, etc.

risa *s. f.* **1.** Acción y efecto de reír. **2.** Sonido que se hace al reír. **3.** Aquello que hace reír. ‖ **LOC. muerto de risa** *adj. fam.* Inactivo, olvidado o esperando ser usado, aprovechado, etc. **tomar** a alguien o algo **a risa** *fam.* Burlarse de una persona o cosa, o no darle el menor crédito o importancia.

Risaralda Departamento de Colombia, en el centro del país. 4.140 km^2. 625.500 h. en 1985. La capital es Pereira, con 311.845 h. en 1986. La base de su economía es el cultivo de productos como el café, caña de azúcar, fríjoles, maíz y plátano y la ganadería vacuna.

riscal *s. m.* Sitio con muchos riscos.

risco *s. m.* Roca alta y escarpada.

Risco, Vicente (Orense 1884 - íd. 1963) Escritor español en castellano y gallego. Fundó la revista *Nós* (1920), faro de la cultura gallega hasta 1936. Expuso sus ideas nacionalistas en *Teoría del nacionalismo gallego* (1920) y *El problema político de Galicia* (1930). Entre sus obras en castellano merecen mención *Satanás, biografía del diablo* (1948), *Historia de Galicia* (1952) y la novela *La puerta de paja* (1953); de su producción en gallego destacan las novelas *El coto* (1925) y *El puerco de pie* (1928).

riscoso, sa *adj.* **1.** Que tiene muchos riscos. **2.** Perteneciente o relativo a los riscos.

risible *adj.* Que provoca risa o merece tomarse a risa. **FAM.** Risibilidad.

risión *s. f.* **1.** Burla, mofa. **2.** Hazmerreír*.

Risorgimento Término que designa el proceso histórico de unificación de Italia en el s. XIX. Tomó su nombre del periódico liberal *Il Risorgimento.* El joven genovés Giuseppe Mazzini fundó el grupo Joven Italia (1831), organización clandestina que buscaba la liberación de Italia y la constitución de una república unitaria. Otra tendencia posterior, favorable a la monarquía, estaba liderada por Cavour, jefe de gobierno de Piamonte desde 1852, el cual, mediante una intensa actividad diplomática, se aseguró el apoyo internacional para la liberación de Italia y colocó a la casa de Saboya al frente de ésta. Mientras el Piamonte liberaba las regiones del N, Garibaldi, con sus «camisas rojas», actuaba en el reino borbónico de las Dos Sicilias. En 1861 Víctor Manuel II fue nombrado rey de Italia. Posteriormente se integraron en el nuevo reino Venecia, en 1866, tras la paz de Viena, y el Estado Pontificio, incluida Roma, en 1870, lográndose la plena unidad italiana.

risorio, ria *adj.* Se dice del pequeño músculo superficial de la cara cuya contracción separa la comisura de los labios y produce el gesto de la sonrisa. También *s. m.*

risotada *s. f.* Risa muy ruidosa.

risotear *v. intr.* **1.** Dar risotadas. ‖ *v. prnl.* **2.** *fam.* Burlarse de alguien. **FAM.** Risoteo.

ríspido, da *adj.* Áspero, rudo, desabrido, de muy difícil trato.

riss (de *Riss,* río de Baviera) *s. m.* Tercera, penúltima y más importante de las glaciaciones del periodo cuaternario; se inició hace 300.000 años y duró hasta hace 120.000 años. Es propia de los Alpes. Se corresponde con las glaciaciones de Saale, en Europa oriental, y de Illinois en Norteamérica.

ristra *s. f.* **1.** Especie de trenza formada con ajos o cebollas. **2.** Conjunto de cosas colocadas unas tras otras.

ristre *s. m.* Hierro situado en la parte derecha del peto de la armadura antigua, donde se encajaba o sujetaba la lanza.

ristrel *s. m.* En arq., listón grueso de madera.

risueño, ña *adj.* **1.** Que muestra risa en el semblante. **2.** Que se ríe con facilidad. **3.** Que produce cierta complacencia, gusto y alegría. **4.** Que promete ser agradable o conveniente.

ritmar *v. tr.* Someter a ritmo.

rítmico, ca *adj.* **1.** Perteneciente o relativo al ritmo. **2.** Sujeto a ritmo.

ritmo *s. m.* **1.** Orden a que se somete la sucesión de los sonidos en la música. El ritmo es uno de los más importantes elementos musicales, que consiste en la división del tiempo y que se manifiesta en la disposición de las notas en compases, en el valor de duración de los sonidos, en la acentuación de los mismos, etc. **2.** Ordenación en forma de divisiones regulares que puede establecerse en una secuencia lingüística. Es prácticamente inexistente en la lengua hablada, puede existir en la prosa y es casi general en la poesía. Se basa en la combinación de los acentos y el número de sílabas. **3.** Orden en la sucesión de algo. **4.** Velocidad mayor o menor con que ocurre o se hace algo.

rito *s. m.* **1.** Celebración de carácter religioso que se realiza de modo invariable siguiendo un conjunto de normas establecidas. En la Iglesia católica los más importantes son el latino o romano y el bizantino u oriental. **2.** Liturgia, conjunto de las reglas establecidas para el culto y ceremonias religiosas. **3.** Costumbre muy arraigada que siempre se repite de la misma manera y que encierra un determinado simbolismo.

ritornelo *s. m.* **1.** Pieza instrumental que en la ópera del s. XVII se utilizaba como introducción o final de una parte cantada. **2.** Pasaje que aparece de forma recurrente en una pieza musical.

Ritsos, Yannis (Malvasia, Laconia 1909 - Atenas 1990) Poeta griego. Por sus ideas de izquierda sufrió varias deportaciones y fue internado en un campo de concentración. En su poesía defiende a los oprimidos y trata de descubrir en los pequeños gestos la realidad trágica de la vida. Entre sus obras más representativas se cuentan *Epitafio* (1936), *Prueba* (1943), *Sonata al claro de luna* (1956), *Testimonios* (1963-66), *Las raíces del mundo* (1970), *Diario del exilio* (1975) y *El cuerpo y la sangre* (1978).

Ritter, Johann Wilhelm (Samnitz, Silesia 1776 - Munich 1810) Físico y fisiólogo alemán. Descubrió el proceso de cromado electrolítico, de importantes aplicaciones industriales, haciendo pasar corriente eléctrica por una solución de sulfato de cobre, lo que provoca el depósito de cobre metálico sobre los electrodos. Señaló la existencia de una zona del espectro luminoso que no capta el ojo humano: los rayos ultravioleta.

Ritter, Karl (Quedlinburgo, Prusia 1779 - Berlín 1859) Geógrafo alemán. Fue catedrático de la universidad de Berlín. Sus trabajos se dirigieron a estudiar la relación entre el medio geográfico físico y los hechos humanos, así como la influencia de aquél en el desarrollo de las civilizaciones. Expuso sus teorías en *La geografía en relación con la naturaleza y la historia del hombre* (1817-59).

ritual *adj.* **1.** Perteneciente o relativo al rito. ‖ *s. m.* **2.** Conjunto de los ritos o ceremonias de una religión. ‖ **3. ritual romano** Libro litúrgico de la Iglesia católica en el que figuran el orden y las oraciones de los sacramentos, de las bendiciones y de los demás ritos.

ritualidad *s. f.* Observancia de los ritos o de las formalidades para hacer una cosa.

ritualismo *s. m.* **1.** Tendencia a aumentar la importancia de los ritos en el culto. **2.** Exagerado predominio de las formalidades y trámites reglamentarios, especialmente en actos jurídicos u oficiales. **3.** Movimiento religioso de la Iglesia anglicana encabezado por Pusey hacia 1850, que intentó restaurar prácticas y ceremonias de la Iglesia romana. **FAM.** Ritualista.

Riukiu Archipiélago japonés, en el océano Pacífico, entre Kyushu y Taiwan. 2.254 km^2. 1.222.000 h. en 1989. La capital es Naha, con 348.800 h. en 1988. La principal de sus islas es Okinawa, famosa por la batalla librada entre Japón y EE UU en la Segunda Guerra Mundial.

Riva Agüero, José Mariano de la (Lima 1783 - íd. 1858) Político peruano. Primer presidente de la república en 1823, fue destituido y expulsado de Perú tras las derrotas de Zepita y Lima, acusado de colaborar con los realistas. Regresó en 1831 y fue nombrado presidente del Estado Norperuano dentro de la Confederación Perú-Boliviana en 1838, pero en 1839, tras la disolución de ésta, se exilió a Ecuador, retirándose de la política. Es autor de *Memorias y documentos para la historia de la independencia de Perú.*

Riva Palacio, Vicente (México 1832 - Madrid 1896) Escritor y político mexicano. De ideas liberales, se opuso a la intervención francesa y al imperio. Como general de brigada, dirigió la batalla de Magdalena y participó en los sitios de Toluca y de Querétaro (1867). Combatió a Lerdo de Tejada, fue ministro de Fomento con Porfirio Díaz y plenipotenciario en España (1886). Fundó el semanario *El Ahuizote* (1874-76). Sobresalió como autor de novelas históricas folletinescas, entre las que destacan *Monja y casada, virgen y mártir* (1868), *Los piratas del golfo* (1869) y *Memorias de un impostor* (1872). También escribió cuentos, poesía y teatro. Dirigió la obra *México a través de los siglos,* en la que es autor del tomo de *El virreinato* (1884-89).

Rivadavia, Bernardino (Buenos Aires 1780 - Cádiz 1845) Político argentino. Elegido presidente de la república en 1826, promulgó una Constitución unitaria y continuó la guerra contra Brasil para obtener la independencia e incorporación de la Banda Oriental a las Provincias Unidas, sin conseguirlo. En 1827, tras firmar la paz con Brasil, renunció a la presidencia y marchó al exilio.

rival *adj.* Que rivaliza. También *s.*

rivalidad *s. f.* Oposición entre dos o más personas que aspiran a obtener lo mismo.

rivalizar *v. intr.* **1.** Competir*. **2.** Poseer una cualidad en grado muy similar. ▪ Se conjuga como *cazar.*

Rivarola, Cirilo Antonio (? - Asunción 1878) Político paraguayo. Integrante del triunvirato de gobierno (1869-70) que firmó el acuerdo preliminar de paz con la Triple Alianza, fue elegido presidente de la república (1870). Disolvió el congreso y reprimió duramente el levantamiento a que dio lugar. En 1871 dimitió. Murió asesinado.

Rivas, Ángel de Saavedra, duque de (Córdoba 1791 - Madrid 1865) Escritor español. Por sus ideas liberales sufrió persecución de los absolutistas y tuvo que exiliarse a Londres, donde entró en contacto con la poesía inglesa romántica. Vuelto a España, fue ministro de la Gobernación (1836) y director de la Real Academia Española. Su obra, tras un primer periodo neoclásico, es plenamente romántica. En su poesía lírica aparecen todavía elementos prerrománticos, como en *El sueño del proscrito* (1824) o *Al faro de Malta* (1828). En 1834 publicó *El moro expósito o Córdoba y Burgos en el siglo XI,* romance endecasílabo sobre la leyenda de los infantes de Lara y la venganza de Mudarra, y en 1841 sus romances históricos, entre los que destacan *El conde de Villamediana, El alcázar de Sevilla* y *Un castellano leal.* Pero su obra más importante es el drama *Don Álvaro o la fuerza del sino* (1835), en verso y prosa, que supuso el triunfo del teatro romántico.

Rivel, José Andreu, llamado **Charlie** (Cubellas, Barcelona 1896 - San Pedro de Rivas 1983) Payaso español. Comenzó su carrera integrando con sus hermanos un grupo de acrobacias cómicas; más tarde actuó en solitario y alcanzó fama internacional. Estaba considerado como el mejor payaso europeo.

rivera *s. f.* **1.** Arroyo, regato. **2.** Cauce por donde corre.

Rivera, Diego (Guanajuato 1886 - México 1957) Pintor mexicano. Tras una estancia en Madrid y en París, se adhirió al movimiento cubista, del que se apartaría más tarde. Fundó con Orozco y Siqueiros el sindicato de pintores de México (1921) y el Partido Comunista mexicano, que dio un carácter político al movimiento muralista indigenista. Realizó unas composiciones

Diego Rivera: Vendedora de alcatraces, *cuadro al óleo (Museo de Arte Contemporáneo, Madrid).*

murales densas y abigarradas, en donde exalta la revolución y a las gentes del pueblo en su medio social y de trabajo. Entre ellas sobresalen los frescos de la Escuela Nacional de Agricultura de Chapingo (1927) y los del Palacio Nacional de México (1930-35).

Rivera, Joaquín (Tegucigalpa 1796 - Comayagua 1845) Político hondureño. Elegido presidente de la república (1830), renunció al cargo, pero fue nuevamente elegido (1833-34). En su mandato intentó ampliar las libertades y desarrolló la minería. Combatió junto con Morazán contra el general Ferrera. Se expatrió a Nicaragua, desde donde dirigió varias invasiones a Honduras. Capturado en la última de ellas, fue ejecutado.

Rivera, José Eustasio (Neiva 1888 - Nueva York 1928) Poeta y narrador colombiano. Su obra está influida por los poetas parnasianos franceses. Su narrativa ha sido el punto de partida de la novela hispanoamericana en sus vertientes de análisis social y de protesta. Sus obras fundamentales son *Tierra de promisión* (1921), en poesía, y *La vorágine* (1924), relato en que la selva amazónica, marco en el que se desarrolla la explotación del caucho, se convierte en protagonista de la acción.

Rivera, José Fructuoso (? 1784 o 1788 - Montevideo 1854) Militar y político uruguayo. Alcanzó la presidencia de la república en 1830 como jefe del Partido Colorado. Libró varias guerras civiles contra sus opositores; en la primera venció a Lavalleja (1832-34), en la segunda se impuso a Oribe (1838), pero finalmente fue derrotado en Arroyo Grande (1842) e India Muerta (1845) y se vio obligado a exiliarse a Brasil. La victoria del Partido Colorado en la Guerra Grande (1851) le permitió regresar para formar un triunvirato presidencial junto con Flores y Lavalleja, pero murió antes de entrar en Montevideo.

Rivera Carballo, Julio Adalberto (Zacatecoluca 1921 - San José Guayabal 1973) Militar y político salvadoreño. Perteneció a la junta de gobierno que sustituyó al derrocado Lemus (1960). Resultó elegido presidente de la república (1961-67), como candidato del Partido de Conciliación Nacional. Fue embajador en EE UU (1969-73).

Riviera Nombre turístico que recibe la costa italiana del golfo de Génova, desde la frontera con Francia hasta el golfo de La Spezia, que ofrece el atractivo de unir un paisaje de mar y montaña con un suave clima mediterráneo. Se la conoce también con el nombre de *Costa Azul.*

riyal *s. m.* Unidad monetaria de Arabia Saudí, Yemen, Qatar y Omán.

rizado, da 1. *p. p.* de **rizar**. También *adj.* || *s. m.* **2.** Acción y efecto de rizar o rizarse.

Rizal, José (Calamba 1861 - Manila 1896) Político y escritor filipino. Completó sus estudios en España. En 1886 publicó en Berlín su novela *Noli me tangere,* en la cual denunciaba los abusos de la administración colonial española. A ésta siguió *El filibusterismo* (1891), en la que se muestra abiertamente nacionalista. En 1892 volvió a Filipinas y se vinculó a sociedades secretas para luchar por la independencia de su país. Procesado por revolucionario, fue sometido a un consejo militar y fusilado.

rizar *v. tr.* **1.** Formar en el pelo una especie de anillos u ondas. También *v. prnl.* **2.** Mover el viento la mar, formando olas pequeñas. También *v. prnl.* **3.** Hacer en las telas, papeles, etc., cierto tipo de dobleces menudos. ▪ Se conjuga como *cazar.*

Rizi, Francisco Véase **Ricci, Francisco**.

Rizi, Juan Véase **Ricci, Juan**.

rizo, za *adj.* **1.** Rizado, ensortijado. **2.** Se aplica a un terciopelo no cortado en el telar, que forma una especie de cordoncillo. También *s. m.* || *s. m.* Mechón de pelo rizado. || **Loc. rizar el rizo** Afinar o complicar excesivamente algo.

rizo- *pref.* Significa 'raíz': *rizófago, rizofito, rizópodo.*

rizodermis *s. f.* Tejido de la raíz que recubre la punta de las raicillas y es apto para la absorción de agua y de las sales minerales disueltas en ésta.

rizófago, ga *adj.* Se dice de los animales que se alimentan de raíces. También *s. m.*

rizofito o **rizófito, ta** *adj.* Se dice del vegetal provisto de raíces. También *s. m.*

rizoforáceas *s. f. pl.* Familia de plantas arbóreas, arbustivas y lianas del orden mirtales, a la que pertenecen unas 120 especies comprendidas en los géneros *Cassipourea, Rhizophora, Bruguiera, Ceriops, Kandelia, Avicennia,* etc. Se caracterizan por tener raíces aéreas. Poseen hojas simples opuestas, con estípulas, flores pequeñas agrupadas en cimas o racimos y fruto en baya o drupa. Crecen en los bosques pluviales o manglares de regiones tropicales de todo el mundo. Rizoforáceas son los mangles. También *adj.* y *s. f.*

rizoma *s. m.* Tallo subterráneo, generalmente horizontal, que contiene yemas y se engruesa almacenando sustancias de reserva. De él nacen raíces. Es propio de plantas de alta montaña y clima frío.

rizópodos *s. m. pl.* Superclase de protozoos sarcodinos a la que pertenecen numerosas especies de las clases lobosos, eumicetozoos, filosos y granulorreticulosos o foraminíferos. Se caracterizan por su aparato locomotor provisto de seudópodos y su alimentación mediante fagocitosis. Tienen vida libre, en medio acuático marino o de aguas estancadas, o parasitaria. Rizópodos son las amebas, los foraminíferos, etc. También *adj.* y *s. m.*

rizoso, sa *adj.* Se dice del pelo que tiende a rizarse naturalmente.

Rn Símbolo químico del radón.

RNA Véase **ARN**.

ro *s. f.* Rho*.

Roa Bastos, Augusto (Asunción 1917) Escritor paraguayo. En su obra, a través de la presencia del paisaje y de elementos mágicos, refleja la visión poética de una realidad de opresión y miseria, desencadenada por la dictadura política. Sus obras más importantes son los relatos cortos *El trueno entre las hojas* (1953), *El baldío* (1966) y *Moriencia* (1969), y sus dos novelas, *Hijo de hombre* (1960), una compleja historia colectiva del pueblo paraguayo, y *Yo, el Supremo* (1974), especie de meditación literaria y psicológica sobre el dictador Gaspar Rodríguez de Francia. En 1989 le fue concedido el premio Cervantes.

roanés, sa *adj.* De Ruán. También *s.*

roano, na *adj.* Ruano*.

robaliza *s. f.* Hembra del róbalo, de mayor tamaño y de color más claro que el macho.

róbalo o **robalo** *s. m.* Lubina*.

robar *v. tr.* **1.** Quitar a otro contra su voluntad algo que le pertenece. **2.** Apropiarse de algo no material. **3.** Quitar de una cosa algo que forma parte de ella. **4.** Coger cartas del montón de la baraja, fichas del dominó, etc., cuando corresponde por las reglas del juego. **5.** Arrastrar un río u otra corriente de agua tierra de las orillas.

Robbe-Grillet, Alain (Brest 1922) Novelista y director de cine francés. Representante del *nouveau roman* francés. Los principales rasgos de sus novelas son el abandono del análisis de los personajes, la ruptura de la noción de tiempo cronológico y una descripción geométrica y minuciosa. Entre sus novelas más importantes figuran *El mirón* (1955), *La celosía* (1957), *En el laberinto* (1959), *La bella cautiva* (1977) y *Djinn* (1981). Como director cinematográfico ha realizado, entre otras películas, *La inmortal* (1963) y *Trans-Europa-Express* (1967).

Robbia, Luca della (Florencia 1400 - íd. 1482) Escultor italiano. Desarrolló la técnica escultórica del barro vidriado, con rica policromía, modelada sobre fondo azul. Sus principales obras son los relieves de mármol de la *Cantoria* en la catedral de Florencia, la decoración de la capilla Pazzi, varias madonas y el monumento funerario de Benozzo Federighi en San Pancracio.

Robbins, Frederick Chapman (Auburn, Alabama 1916) Médico estadounidense. En 1954 recibió el premio Nobel de medicina y fisiología, compartido con John Franklin Enders y Thomas Huckle Weller, por los cultivos del virus de la poliomelitis en tejidos humanos no nerviosos, lo que permitió obtener la primera vacuna totalmente eficaz contra dicha enfermedad.

robellón *s. m.* Níscalo*.

Robert, Hubert (París 1733 - íd. 1808) Pintor francés. Residió una larga temporada en Roma, donde conoció la obra de Piranesi y Pannini, cuya pintura de ruinas imitó. Su estilo se sitúa entre el rococó y el neoclasicismo. Entre sus principales cuadros cabe citar *Arco de triunfo de la ciudad de Orange, El baño de Apolo, Templo de Júpiter en Roma* e *Incendio de la Ópera* (1787).

Roberti, Ercole de' (Ferrara h. 1451 - íd. 1496) Pintor italiano. Perteneció a la escuela de Ferrara y fue discípulo de Francisco del Cossa. Vivió en Bolonia, Roma y Mantua. Pintor de la corte de Ercole I, su pintura se caracteriza por la solidez escultórica y el alargamiento de las figuras. Entre sus obras más logradas pueden mencionarse los retratos de Ercole I, Alfonso de Este, Giovanni II Bentivoglio y su esposa Ginevra. Colaboró con Cosimo Tura y del Cossa en la decoración del palacio Schifanoia de Ferrara.

Roberto Nombre de tres reyes de Escocia.

Roberto I Bruce (Turnberry 1274 - castillo de Cardross, Dumbarton 1329) Rey de Escocia (1306-1329). Pese a su juramento de fidelidad a Eduardo I de Inglaterra, se sublevó contra él en defensa de la causa nacional y fue derrotado (1297). Finalmemte logró vencer a los ingleses en Bannockburn (1314) y fue reconocido como rey de Escocia por el tratado de Northampton (1328).

Roberto II Estuardo (? 1316 - Dundonald 1390) Rey de Escocia (1371-90). Sucesor de su tío David II, fue declarado heredero en 1326, y actuó como regente durante el exilio (1338-41) y cautividad (1346-57) del rey. Realizó una política de acercamiento a Francia. En 1384 asoció al gobierno a su hijo Juan, futuro Roberto III, y en 1389 nombró regente a su tercer hijo, Roberto, conde de Fife.

Roberto Nombre de dos reyes de Francia.

Roberto I (? h. 865 - Soissons 923) Rey de Francia (922-923). Hijo de Roberto el Fuerte, fue elegido rey de los francos en Reims por una parte de la nobleza rebelada contra Carlos el Simple. Murió en la batalla de Soissons, luchando contra este último.

Roberto II el Piadoso (Orleans h. 972 - Melun 1031) Rey de Francia (996-1031). Hijo y sucesor de Hugo Capeto, fue educado en Reims por el futuro papa Silvestre II y asociado al trono en 987. Recuperó el ducado de Borgoña (1016) y los condados de Dreux (1015) y de Melun (1016).

Roberto Belarmino, San (Montepulciano 1542 - Roma 1621) Teólogo y prelado italiano. Miembro de la Compañía de Jesús, fue nombrado cardenal (1599) y arzobispo de Capua (1602-05). Realizó una intensa actividad literaria en el campo de la teología y la espiritualidad. Defendió a Galileo de la acusación de heterodoxia. En 1931 fue declarado doctor de la Iglesia.

Roberto de Anjou el Prudente (? 1278 - Nápoles 1343) Duque de Calabria (1297) y de Anjou, príncipe de Salerno (1304), conde de Piamonte (1309) y rey de Nápoles (1309-43). Hijo y sucesor de Carlos II de Anjou, fue reconocido heredero del reino de Nápoles por bula del papa Bonifacio VIII (1297). En 1305 obtuvo el nombramiento de capitán general de la liga güelfa de Toscana y resultó derrotado por los gibelinos en Montecatini (1315). Consiguió la señoría de Génova (1318) y dominó en otras ciudades italianas, pero fracasó en Milán y tuvo que buscar refugio en la corte de Aviñón (1319-24). También fracasó en su intento de reconquistar Sicilia.

Roberto I de Courtenay (? - Morea 1228) Emperador latino de Oriente (1221-28). Hijo y sucesor de Pedro II de Courtenay, fue vencido en Tesalónica por Teodoro Ángelo, déspota de Epiro, y en Asia por Juan III Ducas Vatatzés. Pasó a Roma en busca de ayuda y murió en el viaje de regreso.

Roberto el Fuerte (? - Brissarthe 866) Conde de Anjou y de Blois y marqués de Neustria. Antecesor de los capetos, fue feudatario y enemigo de Carlos el Calvo, aunque luego se reconcilió con él. Derrotó a los normandos de la cuenca del Sena en Brissarthe, pero perdió la vida en el combate.

Roberto Guiscardo (? h. 1015 - Cefalonia 1085) Duque normando de Apulia, Calabria y Sicilia (1059-85). Se le considera fundador del reino de Sicilia. Expulsó del S de Italia a los bizantinos y, con la ayuda de su hermano Roger, conquistó Sicilia a los musulmanes (1061). El papa Gregorio VII le excomulgó por sus ataques contra los feudos pontificios (1075). Murió durante el asedio de Cefalonia.

Robespierre, Maximilien de (Arras 1758 - París 1794) Político francés. Fue diputado del tercer estado por su ciudad natal en los Estados Generales de 1789. Participó en la Asamblea Constituyente, donde destacó por su encendida oratoria y cobró fama de íntegro e incorruptible. Elegido diputado de la Convención (1792), perteneció al grupo de la Montaña y votó la muerte de Luis XVI (1793). Participó en el Comité de Salvación Pública (1793) y logró que se aprobara una ley que abreviaba los trámites judiciales, con lo que se inició el régimen del Terror. En 1794, tras la ejecución de los partidarios de Hebert, tuvo en sus manos los destinos de Francia, pero pronto concitó una intensa oposición. Fue decretada su detención y, pese a la sublevación de la comuna de París para salvarle, fue guillotinado en la plaza de la Revolución.

Maximilien de Robespierre. Retrato de la escuela francesa del siglo XVIII *(Museo Carnavalet, París).*

Robin Hood (s. XII y XIII) Héroe legendario inglés, capitán de una banda de arqueros que atacaba a los ricos para ayudar a los necesitados. Encarnó la lucha de la resistencia sajona ante los normandos y también de los campesinos contra la nobleza y el clero. Sus hazañas tenían por marco el bosque de Sherwood. Walter Scott, en su novela *Ivanhoe*, le presenta fiel al rey Ricardo Corazón de León.

Robinson, Edward G. (Bucarest 1893 - Hollywood 1973) Actor de cine estadounidense de origen rumano. Su caracterización de gángster en *Hampa dorada* (*Little Caesar*, 1931) le dio gran popularidad. Interpretó numerosos personajes en películas policiacas y dramas psicológicos, como *La mujer del cuadro* (*The woman in the window*, 1944), *Perversidad* (*Scarlet Street*, 1945) y *Cayo Largo* (1948).

Robinson, Edwin Arlington (Head Tide, Maine 1869 - Nueva York 1935) Poeta estadounidense. En su poesía, impregnada de pesimismo, trata de conjugar la tradición clásica con lo moderno. Entre sus títulos destacan *El hombre contra el cielo* (1916), *El hombre que murió dos veces* (1924) y la trilogía lírico-narrativa sobre el ciclo del rey Arturo *Merlín* (1917), *Lanzarote* (1920) y *Tristán* (1927).

Robinson, Joan Violet (Londres 1903 - Cambridge 1983) Economista británica. Profesora de la universidad de Cambridge, influida por Keynes y de una sólida formación marxista, estudió el crecimiento económico, la empresa monopolística y el problema del empleo. Combatió las teorías neoclásicas sobre el capital. Entre sus obras sobresalen *Introducción a la teoría del empleo* (1937), *Un ensayo sobre la economía marxista* (1942), *La acumulación de capital* (1956), *Filosofía económica* (1963) y *Aspectos del desarrollo y subdesarrollo* (1979).

Robinson, Ray Sugar (Detroit 1920 - Culver City 1989) Boxeador estadounidense. Campeón mundial de los welter (1946) y de los medios (1951), permaneció imbatido hasta 1952, año en que se retiró. Volvió al ring en 1955 y ese año recuperó el título mundial de los medios, que perdió y recuperó varias veces. Se retiró definitivamente en 1965.

Robinson, Robert (Bufford, Chesterfield 1886 - Great Missenden, cerca de Londres 1975) Químico británico. Fue presidente de la Royal Society (1945-50). Investigó sobre los alcaloides y descubrió la estructura de la morfina y de la estricnina. También contribuyó al estudio químico de la penicilina. En 1947 obtuvo el premio Nobel de química.

robinsón *s. m.* Hombre que en la soledad y sin ayuda ajena llega a bastarse por sí mismo. Se denomina así por alusión a *Robinson* Crusoe, protagonista de una novela de Daniel Defoe.

robinsoniano, na *adj.* **1.** Perteneciente o relativo al héroe novelesco Robinson Crusoe. **2.** Perteneciente o relativo a un robinsón. **FAM.** Robinsonismo.

roble *s. m.* **1.** Nombre común de diversos árboles de la familia fagáceas, género *Quercus*. Son robustos, de copa ancha, con flores unisexuales muy poco vistosas y agrupadas en inflorescencias las masculinas. El roble noble *(Quercus robur)* mide hasta 45 m, tiene hojas caducas lobuladas, de peciolo corto, y fruto en cúpula llamado bellota. El roble albar *(Quercus petraea)* mide unos 40 m y su fruto suele carecer de pedúnculos. El roble peludo *(Quercus pubescens)* mide unos 25 m y tiene las hojas con peciolos largos y muy pubescentes. El *Quercus pubescens* y el *Quercus pyrenaica* mantienen las hojas secas durante todo el invierno o una parte de él hasta que terminan por caer en la primavera. Los robles forman bosques en regiones de climas cálidos del hemisferio norte. Su madera se utiliza en construcción y su fruto, para la alimentación de animales. **2.** Persona o cosa muy fuerte.

Roble noble (Quercus robur).

robledal o **robleda** *s. m.* o *s. f.* Robledo de gran extensión.

robledo *s. m.* Sitio poblado de robles.

Robles, Francisco (Guayaquil 1811 - íd. 1893) Militar y político ecuatoriano. Ministro de la Guerra con Urbina (1851-56), fue elegido presidente de la república (1856). Concedió tierras a los acreedores británicos como cancelación de la deuda. Enfrentado a Perú por cuestión de límites, no pudo evitar el bloqueo peruano de las costas. Depuesto por García Moreno (1859), huyó a Chile.

Robles, Marco Aurelio (Aguadulce 1906) Político panameño. Presidente de la república (1964-68), su mandato se caracterizó por la corrupción en la administración. Negoció un nuevo acuerdo con EE UU. y se mantuvo en el poder con el apoyo de la Guardia Nacional.

roblón *s. m.* **1.** Clavo con cabeza en un extremo que, una vez introducido, se remacha por el extremo opuesto. **2.** Lomo que en el tejado forman las tejas por su parte convexa.

roblonado, da **1.** *p. p.* de **roblonar**. También *adj.* ‖ *s. m.* **2.** Acción y efecto de roblonar.

roblonar *v. tr.* Sujetar con roblones, clavos.

robo *s. m.* **1.** Acción y efecto de robar. **2.** Cosa robada. **3.** *fam.* Cosa muy cara.

robot *s. m.* **1.** Máquina electrónica que puede ejecutar automáticamente operaciones o movimientos varios, para los que previamente ha sido programada. Los robots están formados generalmente por uno o más brazos móviles con varias articulaciones, que les permiten trasladar objetos de sitio y realizar con ellos complicados movimientos de ajuste. Se utilizan en fábricas automatizadas y en lugares donde la presencia humana es imposible, como en las áreas de alta radiación de las centrales nucleares. El control de sus movimientos se lleva a cabo por medio de un ordenador. **2.** Persona que actúa como si fuera una máquina.

robótica *s. f.* Rama de la ingeniería que se ocupa del diseño, construcción y control de los robots.

robustecer *v. tr.* Dar robustez. También *v. prnl.* ■ Es v. irreg. Se conjuga como *agradecer.* **FAM.** Robustecimiento.

robusto, ta *adj.* Fuerte, sólido. **FAM.** Robustamente, robustez.

roca *s. f.* **1.** Conjunto consolidado o no de minerales definidos que forman parte de la corteza y manto terrestre. **2.** Porción de este material. **3.** Peñasco que se levanta en la tierra o en el mar. **4.** Cualquier persona, animal o cosa duro, resistente o inamovible. **5.** Persona fría, insensible.
Geol. Las rocas se clasifican, según su modo de formación, en tres grandes grupos: ígneas, metamórficas y sedimentarias. Las **rocas ígneas** se originan por solidificación de magmas; todas ellas tienen sílice en su composición, como el granito y el basalto. Las **rocas metamórficas** se forman mediante procesos de elevadas presiones y temperaturas que causan en rocas existentes cambios de aspecto o de composición química o de ambos tipos. Pertenecen a este grupo pizarras, filitas, esquistos, gneis, cuarcitas, corneanas y mármoles. Las **rocas sedimentarias** se originan por la disgregación de rocas preexistentes, su transporte y sedimentación. Son fundamentalmente de tres tipos: arenas, formadas por partículas de cuarzo; arcillas, formadas por recombinaciones de feldespatos y micas; y calizas, de origen biológico (conchas de animales) o formadas por precipitaciones de carbonato cálcico (estalactitas).

Roca, cabo de Cabo de Portugal, en la costa del océano Atlántico, situado al O de Lisboa. Constituye el extremo de la sierra de Sintra y es el punto más occidental de la península Ibérica.

Roca, Julio Argentino (Tucumán 1843 - Buenos Aires 1914) Militar y político argentino. Presidente de la República (1880-86), gobernó favoreciendo las inversiones extranjeras, que permitieron extender la red ferroviaria. En 1898 volvió a la presidencia y durante este segundo mandato, hasta 1904, impulsó una amplia reforma legislativa y solucionó los problemas fronterizos con Chile.

Roca, Vicente Ramón (Guayaquil 1792 - íd. 1858) Político ecuatoriano. Participó en el movimiento que derrocó al general Juan José Flores y fue elegido presidente en la Convención de Cuenca (1845-49). Su gobierno se caracterizó por el auge del militarismo y el nacionalismo.

rocada *s. f.* Copo de materia textil que se pone cada vez en la rueca para hilar.

rocadero *s. m.* **1.** Armazón que en la parte superior de la rueca sirve para poner la rocada. **2.** Envoltura que se pone en esta parte para asegurar la rocada.

Rocafuerte, Vicente (Guayaquil 1783 - Lima 1847) Político ecuatoriano. En 1833 encabezó la oposición contra Flores, con quien pactó en 1835, obteniendo él la presidencia y Flores el mando del ejército. Promulgó una nueva Constitución y reformó profundamente la legislación. Su política anticlerical dio pie en 1839 al levantamiento de Flores. Rocafuerte fue derrocado y se exilió a Lima. En 1845 apoyó la revolución que destituyó a Flores.

rocalla *s. f.* **1.** Conjunto de piedrecillas desprendidas de las rocas por la erosión o bien al labrar las piedras. **2.** Decoración no simétrica inspirada en el arte chino, que imita contornos de piedras y de conchas y se utilizó como motivo característico en el arte rococó.

rocambolesco, ca *adj.* Exagerado, extraordinario e increíble.

roce *s. m.* **1.** Acción y efecto de rozar o rozarse. **2.** Señal que deja esa acción. **3.** Trato frecuente y continuado. **4.** *fam.* Pequeña discusión.

Rocha, Glauber (Vitória da Conquista, Bahia 1938 - Rio de Janeiro 1981) Director cinematográfico brasileño. Formó parte del movimiento conocido como *cinema novo.* Su cine aborda la atormentada historia de Brasil desde un punto de vista social. Entre sus filmes más interesantes figuran *Dios y el diablo en la tierra del sol* (1964), *Tierra en trance* (1967), *Antonio das Mortes* (1969), *Cabezas cortadas* (1970) y *La edad de la tierra* (1980).

Rochefoucauld, François, duque de La Véase **La Rochefoucauld, François, duque de**.

rociado, da **1.** *p. p.* de **rociar**. También *adj.* ‖ *adj.* **2.** Mojado por el rocío. ‖ *s. f.* **3.** Acción y efecto de rociar. **4.** Rocío de la tierra y de las plantas. **5.** Conjunto de cosas que se esparcen al arrojarlas. **6.** Reprimenda, bronca.

rociar *v. intr.* **1.** Caer sobre la tierra el rocío o la lluvia menuda. ‖ *v. tr.* **2.** Esparcir, derramar. ▪ En cuanto al acento, se conjuga como *ansiar: rocío.*

rociero, ra *s. m.* y *f.* Persona que acude a la romería de El Rocío, en Huelva.

rocín *s. m.* **1.** Caballo de mal aspecto y poca altura. **2.** Caballo de trabajo. **3.** *fam.* Hombre tosco e ignorante.

rocinante *s. m.* Por alusión al caballo de Don Quijote, rocín flaco y generalmente con mataduras o llagas.

rocío *s. m.* **1.** Vapor que con la frialdad de la noche se condensa en la atmósfera en gotas muy pequeñas, que pueden depositarse sobre la superficie de la tierra, de las plantas, etc. **2.** Llovizna*. **3.** Conjunto de gotas menudas esparcidas sobre una cosa para humedecerla.

Rocío, El Popular romería que se celebra anualmente en el término municipal de Almonte (Huelva) en honor de la Virgen que se venera con ese nombre.

rocíon *s. m.* **1.** Salpicadura de agua del mar al chocar las olas contra un obstáculo. **2.** Rocío de la tierra y de las plantas. **3.** Reprimenda.

rock (voz ingl.) *s. m.* **1.** Rock* and roll. **2.** En forma genérica, se da este nombre a diversos estilos musicales ligeros desarrollados desde los años cincuenta en adelante y derivados en mayor o menor medida del rock and roll. Comprende modalidades tan distintas como el rock sinfónico, el heavy metal, la psicodelia, el aor (rock orientado a adultos) y el pop.

rock and roll (voz ingl.) *s. m.* **1.** Estilo musical estadounidense, de compás sencillo y ritmo binario, derivado del swing y del blues, que alcanzó gran popularidad en los años cincuenta y se extendió a la mayoría de los países occidentales. Es una música de origen negro, bailable, muy repetitiva y pegadiza. Entre sus principales intérpretes cabe citar a Chuck Berry, Carl Perkins, Little Richard, Jerry Lee Lewis, Elvis Presley, Bill Halley y Buddy Holly. **2.** Baile que se practica con esta música.

Rockefeller Familia de industriales y financieros estadounidenses. Entre sus miembros destacan: el fundador **John Davison** (Richford, Nueva York 1839 -Ormond Beach, Florida 1937), industrial que acumuló una inmensa fortuna con el negocio del petróleo; junto con su hermano **William** (1841-1922), fundó la Standard Oil Company (1870), luego diversificaron sus negocios a los sectores de electrodomésticos, seguros, telecomunicaciones, etc.; **Nelson Aldrich** (Bar Harbor, Maine 1908 - Nueva York 1979), nieto de John Davison, político perteneciente al ala liberal del Partido Republicano, fue gobernador del estado de Nueva York (1958-73) y vicepresidente del país (1974-77).

rocker (voz ingl.) *s. m.* Intérprete o seguidor de música de rock and roll que, generalmente, se viste y peina imitando la moda de los jóvenes estadounidenses de los años cincuenta.

rococó *adj.* Se dice del estilo artístico, fundamentalmente decorativo, que tuvo su origen y principal desarrollo en la Francia del s. XVIII. Sucedió al Barroco y tuvo su apogeo durante el reinado de Luis XV. En arquitectura se caracteriza por el empleo de un tipo de ornamentación de cartelas (ménsulas) asimétricas, denominadas *rocallas.* Su incidencia es muy escasa en el aspecto exterior de los edificios, que mantienen estructuras barrocas. Entre los arquitectos más representativos figuran Jacques Gabriel y Gilles Marie Oppenordt, y entre los decoradores, Bernardo Toro y Justin-Aurèle Meissonnier, cuyos grabados difundieron el estilo por Europa. La escultura tiende a un refinamiento técnico y a una acentuación del sentido alegórico, como se advierte en las obras de Étienne-Maurice Falconet, su mejor representante. La pintura refleja el nuevo sistema de vida desarrollado en torno a los salones y fiestas galantes, como se aprecia en los cuadros de Jean Antoine Watteau, François Boucher y Jean Honoré Fragonard. El rococó supuso un importante florecimiento de las artes industriales, sobre todo de la tapicería, orfebrería, porcelana y mobiliario. En España el rococó está representado en la decoración del interior de algunos palacios, como el de La Granja, el de Aranjuez, El Pardo y El Escorial. También *s. m.*

Arte rococó: catedral de Sankt Gallen (Suiza), obra de Peter Thumb, con decoración estucada de Johann Christian Wenzinger.

Rocosas, Montañas (*Rocky Mountains*) Cadena montañosa de EE UU, situada en el O del país. Tiene una longitud de 6.400 km. En Alaska se distinguen dos cadenas: los montes de Alaska, donde se encuentra el monte McKinley, con 6.194 m, y los montes Mackenzie. En Canadá gana en anchura y se divide en dos cadenas: las Cordilleras Costeras o Coast Range, entre las que destacan la Sierra de las Cascadas y la Sierra Nevada, y las Rocosas propiamente dichas, que atraviesan EE UU y terminan en la altiplanicie mexicana. Estas montañas se formaron durante las eras paleozoica y mesozoica como consecuencia de la orogenia alpina.

rocoso, sa *adj.* Se dice del paraje lleno de rocas.

Rocroi Villa del N de Francia, en el departamento de Ardennes, donde el 19 de mayo de 1643 las tropas francesas, mandadas por el príncipe de Condé, derrotaron a los tercios españoles, mandados por Francisco de Melo y el conde de Fontaines. Esta derrota acabó con la fama de invencibles de los tercios españoles e inició la decadencia española y el principio de la hegemonía militar de Francia.

roda *s. f.* Pieza gruesa y curva que forma la proa de la nave.

rodaballo *s. m.* Nombre común de diversos peces pleuronectiformes de la familia escoftálmidos, géneros *Scophthalmus, Zeugopterus, Psetta,* etc. El *Psetta maxima* mide hasta 1 m de longitud, tiene el cuerpo casi circular, tubérculos óseos en el flanco dorsal y ambos ojos en su lado izquierdo. El *Zeugopterus punctatus* mide unos 40 cm de longitud y tiene el cuerpo pardo jaspeado, con manchas oscuras, con pequeñas cerdas en las escamas. Son peces de carne exquisita que habitan en el Atlántico y Mediterráneo.

Rodaballo (Psetta maxima).

rodada *s. f.* Señal que deja marcada la rueda de un vehículo en el suelo por donde pasa. ▪ Se llama también *rodal.*

rodado, da[1] (de *rueda*) *adj.* **1.** Se dice del caballo o yegua con manchas, generalmente redondas, más oscuras que el color general de su pelo. ‖ *s. m.* **2.** *Arg., Chile.* Cualquier vehículo de ruedas.

rodado, da[2] (de *rodar*) **1.** *p. p.* de **rodar**. ‖ *adj.* **2.** Se dice del tránsito de vehículos de ruedas y del transporte que se realiza valiéndose de ellos. **3.** En minería, se dice de los pedazos de mineral desprendidos de la veta y esparcidos naturalmente por el suelo. También *s. m.* ‖ **Loc. venir** algo **rodado** *fam.* Presentarse o desarrollarse algo, generalmente favorable, con gran facilidad o sin haberlo preparado.

rodador, ra *adj.* **1.** Que rueda o cae rodando. ‖ *s. m.* **2.** Ciclista que corre bien en un terreno llano, en oposición al escalador.

rodadura *s. f.* Acción y efecto de rodar.

rodaja *s. f.* **1.** Pieza circular y plana. **2.** Trozo partido en forma circular. **3.** Estrella de la espuela.

rodaje *s. m.* **1.** Acción y efecto de rodar películas cinematográficas. **2.** Acción y efecto de rodar un automóvil. **3.** Experiencia que tiene una persona en un determinado asunto.

rodal *s. m.* **1.** Lugar o mancha redondeada que se distingue de lo que lo rodea. **2.** Rodada*.

rodamiento *s. m.* Pieza de formas diversas que permite o facilita que un determinado dispositivo gire. Algunos de ellos están formados por dos cilindros concéntricos entre los que hay bolas.

Ródano Río de Europa. Tiene una longitud de 812 km y su cuenca ocupa 97.800 km^2 de extensión. Su régimen es glacial en la cabecera y nivopluvial en el resto. Nace en el macizo de San Gotardo, en Suiza, y tras atravesar el lago Leman entra en Francia. Cruza después el Jura y llega hasta Lyon, donde toma dirección S hasta su desembocadura en el mar Mediterráneo, al O de Marsella. Sus afluentes principales son, por la margen izquierda, Arve, Isère y Durance, y por la margen derecha, Saona, Ardèche, Cèze y Gard. A lo largo de su curso alimenta centrales hidroeléctricas, entre las cuales destaca la de Génissiat. A partir de Arlés forma un amplio delta con un brazo principal (Ródano) y otro secundario (Pequeño Ródano). Esta región, con marismas y albuferas, se denomina *Bocas del Ródano.*

Ródano-Alpes (*Rhône-Alpes*) Región de Francia, situada en el SE del país. 43.698 km^2. 5.344.000 h. en 1990. La capital es Lyon, con 415.000 h. en 1990, 1.533.000 en su área metropolitana. Comprende los departamentos de Ain, Alta Saboya, Ardèche, Drôme, Isère, Loira, Ródano y Saboya. La agricultura se centra en el cultivo de cereales. Tiene también ganadería vacuna, ovina y porcina. Está muy desarrollada la industria, sobre todo la metalúrgica, textil, química, alimentaria y del cuero. En esta región se producen las dos terceras partes de la electricidad de origen hidráulico generada en Francia.

rodapié *s. m.* **1.** Banda de poca altura, de madera u otro material, que se coloca en la pared, a ras de suelo, como decoración y protección. **2.** Adorno o resguardo colocado alrededor de las patas de las mesas, camas y otros muebles. **3.** Tabla o enrejado que se pone en la parte inferior de la barandilla de los balcones.

rodar *v. intr.* **1.** Moverse de un lugar a otro dando vueltas. **2.** Caer por una pendiente, especialmente si se hace dando vueltas. **3.** Moverse por medio de ruedas. **4.** Girar alrededor de un eje. **5.** Ir una cosa de un lado a otro, pasar de unas personas a otras. **6.** Ir de un sitio a otro sin rumbo fijo, sin quedarse mucho en ningún sitio. ‖ *v. tr.* **7.** Impresionar en una película cinematográfica un cierto asunto. **8.** Hacer funcionar un vehículo nuevo o recién reparado sin forzar el motor hasta el momento en que esté a punto para rendir al máximo. ▪ Es v. irreg. Se conjuga como *contar.* ‖ **Loc. echar** algo **a rodar** *fam.* Estropearlo, malograrlo. **rodar cabezas** *fam.* Ser destituido alguien de un cargo o sufrir un castigo.

Rodas (*Rhodos*) Isla griega, en el mar Egeo, al SO de la costa turca. 1.398 km². 90.950 h. en 1981. La capital es Rodas, con 41.400 h. en 1981. Presenta un relieve abrupto y está atravesada de NE a SO por una cadena montañosa. Aunque es una rica región agrícola y ganadera, su economía depende fundamentalmente del turismo. La isla fue escenario, durante el segundo milenio a. C., de la cultura micénica. Más tarde fue colonizada por los dorios, persas, griegos, romanos y bizantinos. En el s. XV cayó en poder de los turcos, que la perdieron en 1912. En 1947 la isla fue devuelta a Grecia.

Rodchenko, Alexander Mijailovich (San Petersburgo 1891 - Moscú 1956) Pintor ruso. Iniciado en la abstracción geométrica, evolucionó, influido por el suprematismo de Malevich, hacia el constructivismo y desde 1922 se dedicó al diseño industrial. En su obra destacan las composiciones no-objetivas.

rodear *v. tr.* **1.** Poner algo alrededor de una persona o cosa. **2.** Estar o colocarse alrededor de alguien o algo. **3.** Dar un rodeo. También *v. intr.* **4.** Evitar un tema, asunto, etc. **5.** *amer.* Reunir el ganado disperso. ‖ *v. prnl.* **6.** Reunir alguien a su alrededor a ciertas personas o cosas.

rodela *s. f.* Escudo redondo y delgado con el que se protegía el pecho.

rodeno, na *adj.* **1.** Se aplica al color rojizo y a las cosas que lo tienen, especialmente a tierras, rocas y árboles. ‖ **2. pino rodeno** Especie de pino (*Pinus pinaster*) que produce una gran cantidad de resina y cuyas hojas y piñas son las de mayor longitud.

rodeo *s. m.* **1.** Acción de rodear. **2.** Camino más largo que el habitual o desviación que se hace del directo. **3.** Manera indirecta de hacer, conseguir o decir algo, tratando de evitar cualquier dificultad, compromiso, etc. Se usa sobre todo en *pl.* **4.** Acción de reunir el ganado mayor y lugar donde se reúne. **5.** En algunos países de América, deporte y espectáculo que consiste en montar caballos y toros salvajes, arrojar el lazo y otras habilidades ganaderas.

rodera *s. f.* Rodada, marca que dejan las ruedas de un vehículo.

rodete *s. m.* **1.** Objeto con forma de rueda o rosca, como p. ej. el que se coloca sobre la cabeza para transportar algo. **2.** Moño con forma de rosca. **3.** Pieza en el interior de una cerradura que permite pasar a la llave. **4.** Pieza giratoria de algunas máquinas por donde pasan correas sin fin. **5.** Rueda hidráulica de disposición horizontal provista de paletas planas.

Rodgers, Richard (Nueva York 1902 - íd. 1979) Compositor estadounidense. Formando pareja con el letrista Lorenz Hart, compuso grandes éxitos de Broadway, como el musical *Oklahoma* (1943), y con Oscar Hammerstein, bandas sonoras de películas, como *Sonrisas y lágrimas* (*The sound of music*, 1965). Es autor de canciones muy populares, entre las que cabe mencionar *Blue moon*, *Easy to remember* y *Where or when.*

rodilla *s. f.* **1.** Parte de la pierna formada por la articulación que une el fémur y la tibia y por las partes blandas que la rodean; en su parte anterior se encuentra la rótula. **2.** En los cuadrúpedos, unión del antebrazo con la caña. **3.** Paño

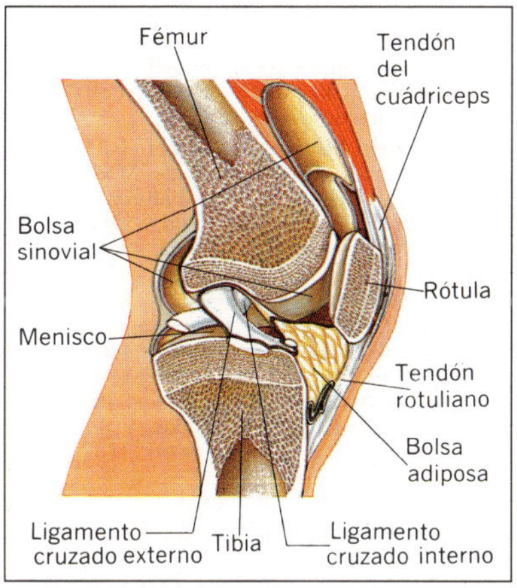

Anatomía de la rodilla.

ordinario para limpiar. ‖ **Loc. de rodillas** *adv.* Con las rodillas en el suelo; también, suplicando con humildad o rebajándose. **doblar** (o **hincar**) uno **la rodilla** Arrodillarse apoyando una sola rodilla.

rodillazo *s. m.* Golpe dado con la rodilla o que se recibe en ella.

rodillera *s. f.* **1.** Banda o cualquier cosa que se pone en la rodilla para su comodidad, protección, adorno, etc. **2.** Pieza o remiendo que llevan los pantalones en la parte que cubre la rodilla. **3.** Especie de bolsa que se forma por el uso del pantalón en esta parte.

rodillo *s. m.* **1.** Cilindro de madera con un mango a cada lado que se utiliza para trabajar las masas en panadería o repostería. **2.** Cilindro recubierto de un material que empapa, utilizado para pintar. **3.** Cilindro muy pesado para apretar y allanar la tierra. **4.** Barra, tubo, madero, etc., cilíndrico que se coloca debajo de cosas pesadas y que al rodar permite moverlas. **5.** En general, cualquier pieza cilíndrica giratoria de un mecanismo. **6.** Modo de actuación de un partido político, de un ejército, etc., que con su superioridad aplasta al adversario sin darle ninguna oportunidad.

Rodin, Auguste (París 1840 - Meudon 1917) Escultor francés. Rompió con el academicismo que predominaba en el s. XIX e incorporó a la escultura la vitalidad de las nuevas corrientes artísticas, como el impresionismo. Sus tallas se caracterizan por la integración de los distintos puntos de vista en un volumen equilibrado y vigoroso, capaz de sugerir la ilusión de movimiento, y por el tratamiento pictórico de las superficies. De sus obras merecen ser destacadas *Los burgueses de Calais* (1884-86), *El pensador* (1888) y el *Retrato de Balzac* (1917).

Auguste Rodin: El pensador *(Museo Rodin, París).*

rodio *s. m.* Rh. Elemento químico perteneciente al grupo VIII B del sistema periódico y al conjunto de metales que integran el subgrupo del platino. Su número atómico es 45 y su masa atómica 102,9055. Fue descubierto por William Hyde Wollaston en 1803, al trabajar con Smithson Tennant en procesos destinados a obtener platino; dichos investigadores le asignaron su nombre, que deriva del vocablo griego *rodon*, que significa 'rosa', color que presenta la sal de cloro de dicho elemento. Tiene brillo plateado y es dúctil y maleable; ofrece gran resistencia a la oxidación y a la acción de los reactivos. Se emplea en la industria de vidrios especiales, en joyería, en decoración, como catalizador en procesos químicos, y en aleaciones con el platino.

rodio, dia *adj.* De Rodas. También *s.*

Rodó, José Enrique (Montevideo 1871 - Palermo, Italia 1917) Escritor uruguayo. Influido por el humanismo clásico, conoció y expuso la filosofía positivista. Se le ha considerado el teórico del movimiento modernista. En su ensayo *Ariel* (1900) defiende en un estilo simbólico a América Latina y los valores clásicos y cristianos frente al utilitarismo de EE UU.

rododendro *s. m.* Nombre común de diversas plantas arbustivas de la familia ericáceas, género *Rhododendron.* Miden aproximadamente 1 m de altura, tienen hojas perennes, lanceoladas, de textura coriácea y color verde intenso, flores grandes, de forma tubular o acampanada y colores diversos según las especies. Son originarias de China y se cultivan tradicionalmente como plantas ornamentales.

rodofíceas *s. f. pl.* División de algas a la que pertenecen entre 3 y 4 mil especies de los géneros *Gelidium*, *Corallina*, *Chondrus*, etc. Se caracterizan por su color rojo, dado por su pigmento fotosintético, la ficoeritrina. Son pluricelulares, de tallo generalmente filamentoso, y se reproducen por esporas o gametos con alternancia de generaciones. Habitan en mares tropicales y pueden formar una pared de carbonato cálcico, participando en la formación de arrecifes coralinos. También *adj.* y *s. f.*

Rodolfo Nombre de dos emperadores.

Rodolfo I de Habsburgo (Limburgo 1218 - Spira 1291) Rey de romanos (1273-91). El papa Gregorio X le propuso a los electores para la dignidad imperial y su coronación en Aquisgrán puso fin al Gran Interregno (1250-73), producido tras la caída de la dinastía Staufen y la quiebra de la política universalista de los gibelinos. Derrotó a Otokar II de Bohemia. Abandonó la idea de restaurar la autoridad imperial y orientó su política a crear las bases del futuro estado alemán.

Rodolfo II de Habsburgo (Viena 1552 - Praga 1612) Archiduque de Austria, emperador de Alemania (1576-1612), rey de Hungría (1572-1608) y de Bohemia (1575-1611). Hijo de Maximiliano II, fue educado en España y se declaró partidario de la Contrarreforma. Se instaló en Praga, ganándose la simpatía de los checos y la repulsa de la población de lengua alemana. Su falta de autoridad propició la disgregación del imperio y cedió Austria, Moravia y Hungría al archiduque Matías (1604). Gran mecenas, protegió a Tycho Brahe y a Kepler.

Rodolfo, lago Véase **Turkana**.

Rodolfo de Habsburgo (Laxenburg 1858 - Mayerling 1889) Archiduque de Austria. Hijo único del emperador Francisco José I, sus ideas liberales lo enfrentaron a su padre. Casó con Estefanía de Bélgica (1880). En 1889 apareció muerto, junto a su amante María Vetsera, en el pabellón de caza de Mayerling; el secreto con que se rodeó el suicidio originó el llamado *misterio de Mayerling.*

Ródope Macizo montañoso del E de Europa, situado entre Bulgaria y Grecia. Está dividido en tres sectores, occidental, central y oriental, y sus mayores alturas son los picos Musala (2.925 m) y Pirin (2.914 m).

rodopsina *s. f.* Pigmento rojo sensible a la luz, llamado también *púrpura visual*, contenido en la retina de muchos vertebrados, entre ellos el hombre; es un derivado de la vitamina A.

Rodoreda, Mercè (Barcelona 1909 - Girona 1983) Escritora española en lengua catalana. Su obra se caracteriza por la descripción psicológica de los personajes, especialmente de los femeninos, dentro de una temática frecuentemente amorosa, y por la perfección formal del lenguaje. De ella sobresalen *Plaza del diamante* (1962), *La calle de las camelias* (1966), *Viajes y flores* (1980) y *Cuánta, cuánta guerra...* (1981).

Rodrigo (? - Guadalete 711) Rey visigodo de Hispania (710-711). Fue elegido rey con el apoyo de un sector de la nobleza, hostil a los herederos del anterior rey, Witiza. Recibió un reino en descomposición por las continuas luchas nobiliarias y sucesorias y la grave crisis económica. En el año 711 se hallaba combatiendo a los vascones insumisos del N del país, cuando hubo de hacer frente a la invasión musulmana. Con su derrota y muerte en la batalla de Guadalete desapareció el reino visigodo de Hispania.

Rodrigo, Joaquín (Sagunto, Valencia 1902) Compositor español. Ciego desde su infancia, estudió música en París con Paul Dukas. Su obra constituye la última gran aportación de la escuela nacionalista española; en ella aúna los temas del folclore con la tradición musical del s. XVIII. Su *Concierto de Aranjuez*, para guitarra y orquesta (1939), goza de gran celebridad en todo el mundo. Otras composiciones suyas dignas de mención son *Concierto de estío* (1943), *Ausencias de Dulcinea* (1948), el ballet *Pavana real* (1955) y *Concierto andaluz* (1967).

rodrigón *s. m.* Palo que se clava al pie de una planta y sirve para sostener sus tallos y ramas.

Rodrigues, Amália (Lisboa 1920) Cantante portuguesa. Alcanzó prestigio mundial como intérprete de fados.

rodríguez *s. m. fam.* Marido que se queda en casa trabajando mientras su familia se va de vacaciones. P. ext., hombre que se queda en la ciudad durante la época de vacaciones, aunque no esté casado.

Rodríguez, Abelardo (San José de Guayma, Sonora 1889 - California 1967) Militar y político mexicano. Durante la revolución militó en las filas constitucionalistas (1913). Fue presidente interino de la república (1932-34).

Rodríguez, Andrés (San Salvador 1925) Militar y político paraguayo. Colaborador del dictador Stroessner, lo derrocó y se proclamó presidente de la república (febrero 1989). Tres meses después fue elegido presidente como candidato del Partido Colorado.

Rodríguez, Claudio (Zamora 1934) Poeta español. Busca en su poesía la perfección estética junto con una sencillez en la forma de expresión y una temática que gira en torno al hombre, la naturaleza y la belleza. Algunos de sus libros más sobresalientes son *Don de ebriedad* (1953), *Conjuros* (1958), *Alianza y condena* (1965) y *El vuelo de la celebración* (1976).

Rodríguez, Juan Manuel (San Salvador 1795 - ? 1826) Político salvadoreño. En 1814 participó en la proclamación de la independencia de El Salvador, pero fue encarcelado por Anastasio Bustamante y estuvo en prisión hasta 1820. Al constituirse las Provincias Unidas de Centro América (1823), fue designado jefe del Estado de El Salvador (1824-26) y promulgó la primera Constitución del país.

Rodríguez, Lorenzo (Guadix 1704 - Ciudad de México 1774) Arquitecto español. Desde 1731 residió en México y es uno de los representantes del barroco colonial. Entre sus obras más notables figuran, en la capital, las iglesias del Sagrario y de la Santísima Trinidad, la portada del colegio de las Vizcaínas y una serie de palacios, como el de la marquesa de Villar del Águila.

Rodríguez, Ventura (Ciempozuelos, Madrid 1717 - Madrid 1785) Arquitecto español. Su estilo evolucionó desde el pleno barroco de la iglesia de San Marcos de Madrid (1749-53) o la capilla de la Virgen, en el Pilar de Zaragoza (1750), hasta un clasicismo academicista en la colegiata de Covadonga (1779) y la fachada de la catedral de Pamplona (1783), en las que se advierte la influencia del neoclasicismo francés.

Rodríguez Castelao, Alfonso Véase **Castelao, Alfonso Rodríguez**.

Rodríguez de Francia, José Gaspar Véase **Francia, José Gaspar Rodríguez de**.

Rodríguez de la Cámara o del Padrón, Juan (¿Padrón?, La Coruña s. XV) Escritor y poeta español. Es autor de *El siervo libre de amor* (1449), novela sentimental autobiográfica, con composiciones al gusto trovadoresco.

Rodríguez de la Fuente, Félix (Poza de la Sal, Burgos 1928 - Alaska 1980) Zoólogo español. Alcanzó gran popularidad por su labor divulgadora de temas zoológicos en televisión, con series como *Fauna* y *El hombre y la Tierra*, prensa y libros. Murió en un accidente aéreo, cerca de Shaktollik, mientras filmaba una carrera de perros esquimales de trineo.

Rodríguez de Montalvo, Garci (? s. XV - XVI) Escritor español. Fue regidor de Medina del Campo y autor de novelas de caballerías. Refundió el texto del *Amadís de Gaula* y escribió su continuación con el título de *Las sergas de Esplandián*.

Rodríguez Galván, Ignacio (Tizayuca 1816 - La Habana 1842) Escritor mexicano. Está considerado como el máximo representante del Romanticismo en su país. Entre sus poemas destaca *Profecía de Guatimoc*, y entre sus obras dramáticas, *La capilla* (1837), *Muñoz, visitador de México* (1838) y *El privado del virrey* (1842); también escribió narraciones en prosa, como *La hija del Oidor* y *Manolito el pisaverde*.

Rodríguez Lara, Guillermo (Pujili, Cotopaxi 1923) Militar y político ecuatoriano. Comandante en jefe del ejercito, dirigió el golpe de Estado que derrocó a Velasco Ibarra (1972) y ocupó la presidencia. Su política de nacionalización de la industria petrolífera lo enfrentó a EE UU y fue obligado a dimitir (1976).

Rodríguez Monegal, Emir (Montevideo 1921 - Cambridge, EE UU 1985) Escritor uruguayo. Destacado crítico literario y ensayista, fundó en París la revista *Mundo Nuevo*. Entre sus libros sobresalen *Neruda, el viajero inmóvil* (1966) y *El boom de la novela latinoamericana* (1972).

roedores *s. m. pl.* Orden de mamíferos al que pertenecen unas 1.800 especies de los subórdenes esciuromorfos, miomorfos e histricomorfos. Se caracterizan por poseer un único par de dientes incisivos de gran tamaño, de crecimiento continuo y separados del resto de su dentadura por un espacio, llamado *diastema*. Son animales generalmente pequeños, con el cuerpo cubierto de pelaje corto, que presentan en sus extremidades tres o cinco dedos. Se alimentan de vegetales, aunque hay especies omnívoras; tienen costumbres diurnas o nocturnas y muchas especies entran en letargo invernal. Son muy prolíficos y habitan en toda la Tierra. Roedores son la ardilla, marmota, castor, rata, ratón, hámster, lirón, puerco espín, cobaya, chinchilla, etc. También *adj.* y *s. m.*

roedura *s. f.* **1.** Acción y efecto de roer. **2.** Porción que se desprende o señal que queda al roer.

roel *s. m.* Pieza redonda en los escudos de armas.

roela *s. f.* Disco de oro o de plata en bruto.

Roelas, Juan de (las) (? h. 1560 - Olivares, Sevilla 1625) Pintor español. Sacerdote, fue capellán real (1614-24) y canónigo de la colegiata de Olivares. De ascendencia flamenca, pertenece por su temática religiosa y su colorido a la escuela sevillana. Algunos de sus principales cuadros son la serie de la iglesia de la Compañía de Jesús, en Sevilla (1606), *Martirio de San Andrés* (h. 1611) y *Tránsito de San Isidoro* (1613).

roentgen *s. m.* Unidad de dosis radiactiva en el Sistema Internacional que equivale a la radiación capaz de ionizar 1 cm^3 de aire, de tal forma que adquiera una carga de $3 \cdot 10^{-10}$ culombios. También se llama *roentgenio*. Su símbolo es *R* o *r*.

Roentgen, Wilhelm Conrad (Lennep, Renania 1845 - Munich 1923) Físico alemán. Catedrático de física en la universidad de Munich, fue nombrado director del Instituto Físico de esta ciudad. Descubrió los rayos X (1895) y determinó sus cualidades. Obtuvo el premio Nobel de física en 1901.

roentgenio *s. m.* Roentgen*.

roer *v. tr.* **1.** Cortar con los dientes partes pequeñas y superficiales de una cosa dura. **2.** Quitar con los dientes la carne de un hueso. **3.** Gastar o quitar poco a poco. **4.** Afligir o atormentar interiormente a alguien con continuidad. ■ Es v. irreg.

R O E R	
GERUNDIO	
royendo	
INDICATIVO	
Presente	**Pret. perf. simple**
roo (o *roigo* o *royo*)	*roí*
roes	*roíste*
roe	*royó*
roemos	*roímos*
roéis	*roísteis*
roen	*royeron*
SUBJUNTIVO	
Presente	
roa (o *roiga* o *roya*)(1)	
roas (o *roigas* o *royas*)(1)	
roa (o *roiga* o *roya*)(1)	
roamos (o *roigamos* o *royamos*)(1)	
roáis (o *roigáis* o *royáis*)(1)	
roan (o *roigan* o *royan*)(1)	
Pretérito imperf.	**Futuro imperf.**
royera, -ese	*royere*
royeras, -eses	*royeres*
royera, -ese	*royere*
royéramos, -ésemos	*royéremos*
royerais, -eseis	*royereis*
royeran, -esen	*royeren*

(1) Formas poco usuales.

rogar *v. tr.* **1.** Pedir con súplicas o humildad una cosa. **2.** En lenguaje formal, solicitar algo de alguien. ■ Es v. irreg. Se conjuga como *colgar*. ‖ **LOC. hacerse (de) rogar** *fam.* Proponerse uno que los demás le dediquen atención haciendo que le repitan una y otra vez lo que quieren de él.

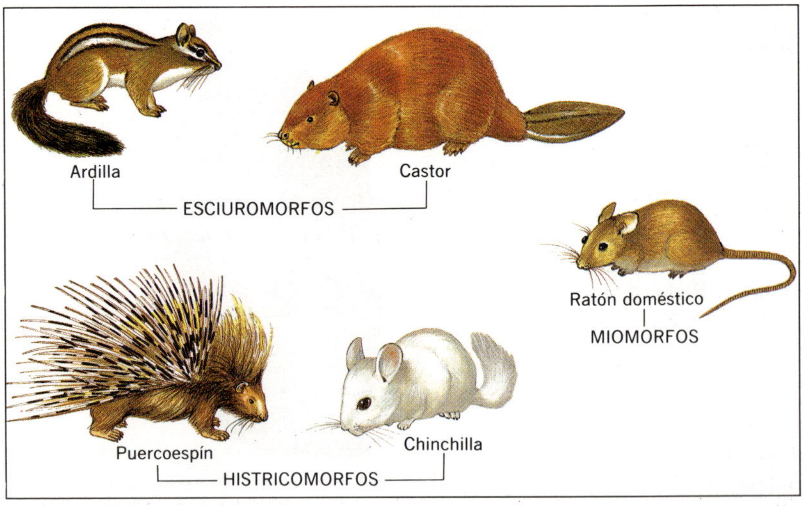

Especies de los tres subórdenes de roedores: arriba, esciuromorfos, como la ardilla (Sciurus vulgaris) *y el castor* (Castor fiber); *abajo, histricomorfos, como el puerco espín* (Hystrix cristata) *y la chinchilla* (Chinchilla lanigera); *a la derecha, miomorfos, como el ratón doméstico* (Mus musculus).

rogativo, va *adj.* **1.** Que implica ruego. || *s. f.* **2.** Rezo público y procesión en que se pide a Dios, la Virgen o los santos remedio a una grave necesidad. Se usa más en *pl.*

rogatorio, ria *adj.* **1.** Que implica ruego. || *s. f.* **2.** *amer.* Rogativa. Se usa más en *pl.*

Roger Nombre de dos condes de Sicilia.

Roger I (en Normandía 1031 - Mileto, Calabria 1101) Conde normando de Sicilia (1062-1101). Marchó a Italia para ayudar a su hermano, Roberto Guiscardo, en la conquista de Calabria contra los musulmanes (1061). También conquistó Sicilia y Malta a los árabes y fue nombrado conde de Sicilia. Llegó a ser el más poderoso de los señores normandos del S de Italia.

Roger II (? h. 1095 - Palermo 1154) Conde de Sicilia (1101-27), duque de Apulia y de Calabria (1127-30) y primer rey de Sicilia (1130-54). Hijo del anterior, fue proclamado rey por el antipapa Anacleto II (1130), a quien había prestado ayuda en su lucha contra el papa Inocencio II, apoyado a su vez por el emperador germánico Lotario II. Unificó y fortaleció los dominios normandos del S de Italia y convirtió Palermo en un importante foco cultural.

Rogers, Carl Ransom (Oak Park, Illinois 1902 - California 1987) Psicólogo estadounidense. Promovió y divulgó una nueva terapia, no directiva, basada en una mayor aproximación al paciente. Entre sus libros pueden destacarse *Psicoterapia y relaciones humanas* (1942), *Psicoterapia centrada en el cliente* (1951) y *Psicoterapia y cambio de personalidad* (1954).

Rogers, Ginger (Independence, Missouri 1911) Actriz y bailarina estadounidense. Debutó en Broadway en 1930 y formó pareja con Fred Astaire en buen número de películas musicales, como *La alegre divorciada* (1934), *Sombrero de copa* (1935), *Ritmo loco* (*Shall we dance?*, 1937), *La historia de Irene Castle* (1939) y *Vuelve a mí* (*The Barkleys of Broadway*, 1949).

Röhm, Ernst (Munich 1887 - íd. 1934) Político alemán. En 1933 Hitler le nombró jefe del estado mayor de las Secciones de Asalto (SA) y ministro sin cartera. Aumentó la importancia de las SA al convertirlas en policía auxiliar. Solicitó en 1934 la integración de las mismas en el ejército. Esta actitud le enemistó con Goering y Von Blomberg. Fue asesinado junto con un gran número de sus partidarios durante la llamada «noche de los cuchillos largos».

Rohmer, Jean Marie Maurice Scherer, llamado **Eric** (Nancy 1920) Director cinematográfico francés. Integrante de la *nouvelle vague*, en sus filmes, de ritmo lento, analiza la intimidad de la pareja. Entre sus principales películas figuran la serie de *Cuentos morales*, con *La rodilla de Clara* (1970), la serie *Comedias y proverbios*, con *Las noches de la luna llena* (1984), y la serie *Las cuatro estaciones*, con *Cuento de invierno* (1992).

Rohrer, Heinrich (Buchs 1933) Físico suizo. Trabajó como investigador en el laboratorio de IBM en Zurich. En 1986 obtuvo el premio Nobel de física, compartido con Gerd Binning y Ernst Ruska, por la construcción del microscopio de efecto túnel, que con ayuda de una punta extremadamente fina explora la estructura atómica de una superficie.

Rojas, Fernando de (Puebla de Montalbán h. 1465 - Talavera de la Reina 1541) Escritor español. Judío converso, fue bachiller en leyes y desde 1517 residió en Talavera de la Reina. Es autor de la *Tragicomedia de Calisto y Melibea* (1499), llamada *La Celestina*, pieza maestra de la literatura castellana, considerada la primera obra teatral española que se inscribe dentro de la línea renacentista que se cultivaba en Europa.

Rojas, Liberato (Asunción 1870 - ? 1922) Político paraguayo. Miembro del Partido Liberal, ocupó la presidencia de la república (1911) tras el derrocamiento del coronel Sara, de su propio partido. Buscó el apoyo de los cívicos, pero fue depuesto por una nueva revolución de su mismo partido.

Rojas, Manuel (Buenos Aires 1896 - Santiago de Chile 1973) Escritor chileno. Gran renovador de la narrativa hispanoamericana y autor de novelas ambientadas en el mundo del proletariado, entre sus obras destaca la trilogía formada por *Hijo de ladrón* (1951), *Mejor que el vino* (1958) y *Sombras contra el muro* (1960).

Rojas, Ricardo (Tucumán 1882 - Buenos Aires 1957) Escritor argentino. Su poesía, de corte modernista, se recoge en sus libros *La victoria del hombre* (1903) y *Los lises del blasón* (1911), pero donde alcanzó más brillantez fue en el ensayo, con títulos como *La restauración nacionalista* (1909) y *La argentinidad* (1916), y en la biografía, con obras como *El santo de la espada* (1933) y *El profeta de la Pampa* (1945).

Rojas Paúl, Juan Pablo (Caracas 1829 - íd. 1905) Político y jurista venezolano. Fue ministro de Hacienda y de Relaciones Exteriores y presidente de la república (1888-90); con su mandato se restableció el régimen civil. Fundó la Academia de la Historia (1889). Participó en el golpe de Estado que derribó a su sucesor, Andueza Palacio.

Rojas Pinilla, Gustavo (Tunja 1900 - Melgar 1975) Político colombiano. En 1953 dio un golpe de Estado y se autoproclamó presidente. Derrocado en 1957 por un amplio movimiento popular, en 1958 fue juzgado y perdió sus derechos políticos y su rango militar. Tras su rehabilitación (1963), fundó en 1965 la Alianza Nacional y Popular.

Rojas Zorrilla, Francisco (Toledo 1607 - Madrid 1648) Dramaturgo español. Logró en su teatro una síntesis de las características de Calderón y de Lope de Vega. Su drama más célebre es *Del rey abajo, ninguno* (*García del Castañar o el labrador más honrado*), sobre el tema del honor. Pero donde alcanzó sus mejores aciertos fue en las divertidas comedias de figurón, como en *Obligados y ofendidos* y *Entre bobos anda el juego*.

rojear *v. intr.* **1.** Mostrar una cosa el color rojo que en sí tiene. **2.** Tirar a rojo.

rojez *s. f.* **1.** Cualidad de rojo. **2.** Zona enrojecida de la piel.

rojizo, za *adj.* Que tira a rojo.

rojo, ja *adj.* **1.** Se dice del primer color del espectro solar, semejante al de las amapolas, y de las cosas que tienen dicho color. También *s. m.* **2.** Se dice de un rubio tirando a colorado. **3.** De ideología de izquierdas, en particular si es revolucionario. Se aplicó especialmente a una de las facciones que participaron en la Revolución Rusa y a los partidarios de la república durante la guerra civil española. También *s.* || **Loc. al rojo (vivo)** *adj.* y *adv.* Se dice de la materia que toma un color rojizo o escarlata por la acción del calor; p. ext., se aplica a lo que está muy caliente; también, muy acalorado o excitado. **poner** (o **ponerse**) **rojo** Ruborizar o ruborizarse; también, avergonzar o avergonzarse.

Rojo, mar Estrecho mar que separa África y Asia. Tiene una extensión de 440.000 km^2 y una longitud de 2.220 km. Está situado entre Israel, Jordania, Arabia Saudí, Yemen, Yibuti, Etiopía, Sudán y Egipto. En su parte N, la península de Sinaí lo divide en dos estrechas franjas, el golfo de Aqaba en el E y el de Suez en el O. En la parte S se comunica con el océano Índico a través del estrecho de Bab el-Mandeb. Tiene poca profundidad y la claridad y transparencia de sus aguas permite la formación de coral, cuyo color rojo le da nombre.

Rojo, río Río de EE UU, en el S del sector central del país. 2.050 km de longitud. Nace en el Llano Estacado en el N de Texas, discurre hacia el E, trazando la frontera entre este estado y el de Oklahoma y desemboca en el Mississippi, en Luisiana. Sus aguas se aprovechan para el riego agrícola.

Rojo, Vicente (Énguera, Valencia 1894 - Madrid 1966) Militar español. Al estallar la guerra civil permaneció fiel a la República y en noviembre de 1936 se hizo cargo de la defensa de Madrid. Nombrado jefe del estado mayor del ministerio de Defensa en 1937, planificó las grandes ofensivas republicanas de Teruel y el Ebro. Tras la derrota marchó al exilio.

Rokossovski, Konstantin (Varsovia 1896 - Moscú 1968) Militar soviético de origen polaco. En 1914 ingresó en el ejército zarista y, al estallar la revolución de 1917, se pasó a los bolcheviques. Durante la Segunda Guerra Mundial defendió Moscú (1941) y estuvo al mando de los ejércitos que vencieron en Stalingrado (1943).

rol *s. m.* **1.** Papel o función que desempeña una persona, grupo o entidad. **2.** Lista de nombres. **3.** Licencia que lleva el capitán de un barco, en la que consta la lista de la tripulación. **4.** En soc. y psicol., conjunto de comportamientos que caracteriza a las personas de una determinada posición social o que se espera de ellas.

rolar *v. intr.* **1.** En marina, dar vueltas en círculo. **2.** Ir variando de dirección el viento. **3.** *Amér. del S.* Tratar un tema en una conversación. **4.** *Chile, Perú.* Alternar, tener relaciones.

Roldán, Cantar de Véase **Chanson de Roland**.

Roldán, Pedro (Sevilla 1624 - íd. 1699) Escultor español. De la escuela barroca, realizó una escultura naturalista, plena de expresión y movimiento. Entre sus obras sobresalen, en Sevilla, el retablo mayor de la iglesia del hospital de la Caridad (1670-73) y el *Cristo de la Expiración*.

Roldana, Luisa Roldán, llamada **la** (Sevilla 1656 - Madrid 1704) Escultora española. Era hija del anterior. De la escuela barroca andaluza, en sus esculturas, de gran expresividad, se advierte un detallismo femenino. En 1695 se trasladó a Madrid y fue nombrada escultora de cámara de Carlos II. De su obra pueden destacarse los santos *Servando* y *Germán*, patronos de Cádiz, y *San Miguel matando al diablo*.

Roldós, Jaime (Guayaquil 1940 - cerca de Guachanama, Loja 1981) Abogado y político ecuatoriano. Elegido presidente de la república (1979), fundó su propio partido, el moderado Pueblo, Cambio y Democracia (1981). Murió en un accidente de aviación, aparentemente de características extrañas.

Rolland, Romain (Clamécy, Borgoña 1865 - Vézelay 1944) Escritor francés. Cooperó con asociaciones internacionales de intelectuales contra la guerra y el fascismo. En sus libros plasmó sus ideales de paz, de libertad y de belleza. Entre sus novelas sobresalen *Juan Cristóbal* (1904-12), *Por encima del conflicto* (1915), *A los pueblos asesinados* (1917) y *El alma encantada* (1922-33); y en teatro, *Los lobos* (1897) y *Robespierre* (1939). En 1915 obtuvo el premio Nobel de literatura.

Rolling Stones, The Grupo musical británico de rock, formado en 1962, que ha mantenido su popularidad y calidad a lo largo de los años. Sus líderes y compositores son Mick Jagger y Keith Richards; el grupo lo completan en la actualidad Charlie Watts, Bill Wyman y Ron Wood.

rollista *adj.* Se dice de la persona pesada y molesta, que suele dar el rollo.

rollizo, za *adj.* **1.** Aplicado a personas, robusta y gruesa. || *s. m.* **2.** Tronco en bruto utilizado para fabricar ciertas cosas, como balsas, cercas, etc.

rollo *s. m.* **1.** Objeto de contorno redondo que se forma al dar vueltas cuerdas, cables, papel, tela, etc., y especialmente una película fotográfica o de cine alrededor de un eje o sobre sí mismas. **2.** Cualquier materia que toma forma cilíndrica al rodar o por otra causa. **3.** Cilindro de materia dura que se emplea para ciertos usos, p. ej. en la cocina o en pastelería. **4.** Manuscrito enrollado de papiro o pergamino. Se utilizó hasta el s. XV. **5.** *fam.* Persona o cosa pesada, aburrida. También *adj.* **6.** *fam.* Charla, discurso, etc., largo y aburrido, o tendencia a hablar demasiado. **7.** *fam.* Asunto. **8.** *fam.* Ambiente. **9.** *fam.* Sensación, impresión. **10.** Canto rodado de forma más o menos cilíndrica. **11.** Columna de piedra, generalmente rematada por una cruz, que era antiguo signo de jurisdicción y que también servía de picota.

Rolls-Royce Compañía británica, fundada en 1904, dedicada a la fabricación de motores para aviones y automóviles de lujo.

rolo *s. m. Col., Ven.* Rodillo de imprenta. || **Loc. pasar el rolo** a algo *fam.* Rechazarlo.

Roma 1. C. de Italia, cap. del país, situada en el O de la parte central, junto al Tíber. 2.804.000 h. en 1990. Es un gran centro urbano en el que se concentran funciones administrativas, financieras, culturales, turísticas y comerciales. Entre sus industrias predominan las construcciones mecánicas, los productos farmacéuticos y químicos y la cinematografía. Excepcional importancia económica y social tiene el turismo. Dentro de su perímetro urbano está situado el estado de la Ciudad del Vaticano.

2. Antiguo estado que se formó en Europa debido a la expansión de la ciudad del mismo

nombre por la península Itálica, los países que bordean el mar Mediterráneo y hasta otras regiones más distantes. (Véase en **romano** la historia de sus tres etapas: monarquía, república e imperio.)
3. Centro o capital espiritual del mundo católico y sede o residencia del papa; también, la autoridad del papa o del Vaticano.
Hist. Roma nació en el s. VII a. C. de la reunión de establecimientos latinos, sabinos y etruscos, pronto dominados por estos últimos, verdaderos fundadores de la ciudad. Acabado el predominio etrusco, Roma extendió su dominio sobre el Lacio. Su hegemonía creció hasta culminar durante el imperio, bajo los Antoninos (s. II), momento en que rebasó el millón de habitantes. Cuando Constantino fundó Constantinopla (330) y fijó allí su residencia, Roma empezó a languidecer en el imperio de Occidente. Fue saqueada por los bárbaros (410, 455 y 546) y conquistada por los bizantinos (s. VI). A lo largo de la Edad Media el papa se convirtió en la máxima personalidad de la ciudad y ésta en el centro espiritual de la cristiandad. El traslado de los papas a Aviñón (s. XIV) supuso para Roma un fuerte golpe. En el Renacimiento, la ciudad se enriqueció y volvió a ser un importante foco cultural. Las tropas de Carlos V la saquearon en 1527. Los papas y los nobles la embellecieron con toda suerte de edificios y monumentos. El catolicismo enfrentado a la Reforma atrajo a Roma a teólogos, eclesiásticos y superiores de órdenes religiosas. Napoleón invadió Italia e hizo de Roma la segunda capital del imperio; a su heredero le otorgó el título de rey de Roma. A la caída de Napoleón, se restableció el poder papal (1815). En 1870 Roma se constituyó en capital del nuevo reino de Italia y en 1929, por los pactos de Letrán, el Vaticano pasó a ser estado soberano. Mussolini restauró la ciudad que, terminada la Segunda Guerra Mundial, renovó su crecimiento.
Arte La ciudad de Roma conserva innumerables ruinas y monumentos de gran riqueza y de los más distintos estilos. Entre los de época romana sobresalen el Coliseo, el Panteón, el Capitolio, con la estatua ecuestre de Marco Aurelio, los arcos triunfales de Augusto, Tito, Trajano, Septimio Severo, Diocleciano y Constantino, el castillo de Sant'Angelo, mausoleo del emperador Adriano, convertido en fortaleza en la Edad Media, y las termas de Caracalla y de Septimio Severo. A la época cristiana pertenecen las catacumbas de San Calixto, de Domitila y de Priscila, las iglesias de Santa María la Mayor (s. IV), Santa Pudenciana y Santa Sabina (s. V) y el baptisterio de Letrán (s. V). De la Edad Media quedan numerosas iglesias, como Santa Inés Extramuros y San Giorgio in Velabro (ambas del s. VII), Santa Práxedes y Santa Maria in Dominica (ambas del s. IX), San Clemente (s. XII), los claustros de San Juan de Letrán (s. XIII) y San Pablo Extramuros y la iglesia gótica de Santa Maria supra Minerva (s. XIII). En el Renacimiento, aparte de la basílica de San Pedro, donde intervienen, entre otros, Bramante, Rafael y Miguel Ángel, destacan la iglesia de San Eloy de los Orfebres, la capilla Chigi, en Santa Maria del Popolo, los palacios Venecia y Farnesio y la plaza del Campidoglio, proyectada por Miguel Ángel. El estilo barroco está representado por las iglesias del Gesù, la columnata del Vaticano de Bernini, de San Andrés en el Quirinal, de San Carlos de las Cuatro Fuentes, Santa Maria de la Paz y Santa Maria en Via Lata, los palacios Barberini, Montecitorio y Odescalchi. La muestra más preclara del neoclasicismo es la plaza del Popolo, obra de Giuseppe Valadier. En 1931 se aprobó un proyecto de ordenación urbanística que salvó algunos barrios típicos. Después de la Segunda Guerra Mundial se realizaron obras arquitectónicas siguiendo todas las tendencias y se construyeron grandes instalaciones deportivas con motivo de los Juegos Olímpicos de 1960. De sus numerosos museos merecen citarse los del Vaticano y Capitolio, la Pinacoteca y la Galería Borghese.

Roma, tratados de Acuerdos firmados en esa ciudad en 1957 por Bélgica, Francia, Italia, Luxemburgo, Países Bajos y República Federal de Alemania, en los que se crearon la Comunidad Económica Europea y la Comunidad Europea de Energía Atómica.

romadizo *s. m.* Catarro de la membrana pituitaria.

romaico, ca *adj.* Se aplica a la lengua griega moderna. También *s. m.*

Romains, Louis Farigoule, llamado **Jules** (Saint-Julien-Chapteuil 1885 - París 1972) Escritor francés. Fue poeta, novelista, autor teatral y ensayista. En 1903 concibió la doctrina del unanimismo, basada en la conciencia de grupo y en la solidaridad humana, y a este principio responde toda su obra, en la que destacan los libros de poesía *El alma de los hombres* (1904), *La vida unánime* (1908) y *Europa* (1916); las novelas *Los amigos* (1913) y el ciclo *Los hombres de buena voluntad,* en 27 tomos (1932-47); las obras teatrales *Knock o el triunfo de la medicina* (1923) y *Donogoo* (1930), y un libro autobiográfico, *Amistades y encuentros* (1970).

Román y Reyes, Víctor Manuel (? 1877 - Filadelfia 1950) Político nicaragüense. A las órdenes de la familia Somoza, fue ministro de Hacienda y Relaciones Exteriores y presidente de la república (1948-50).

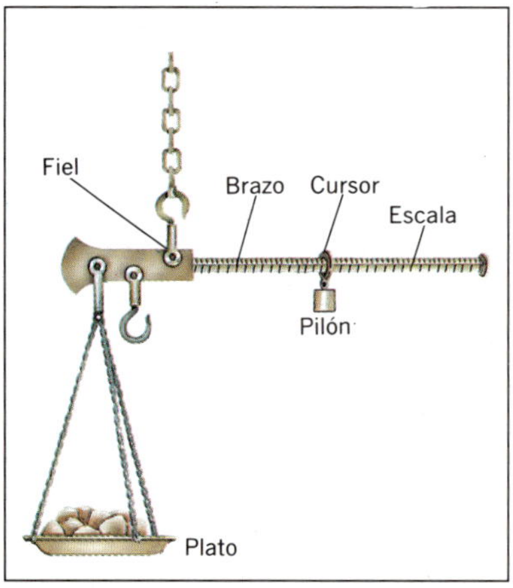

Balanza romana, instrumento para pesar que ya era utilizado en la Roma antigua.

romana *s. f.* Balanza que tiene dos brazos muy desiguales y un peso que corre a lo largo del brazo mayor, donde está trazada la escala.

Roma: escalinata e iglesia de la Trinità dei Monti en la plaza de España.

romance *adj.* **1.** Se aplica a cada una de las lenguas modernas derivadas del latín, como el español o el italiano. También *s. m.* ‖ *s. m.* **2.** Composición poética formada por una serie indefinida de versos, casi siempre octosílabos, que riman en asonante los pares y quedan libres los impares. **3.** Relación o aventura amorosa. ‖ **4. romance corto** El de versos de menos de ocho sílabas. Se llama también *romancillo.* **5. romance heroico** (o **real**) El de versos endecasílabos.

romancear *v. tr.* **1.** Traducir del latín al romance. **2.** *Chile.* Perder el tiempo hablando. **3.** *Chile.* Cortejar. **Fam.** Romanceador.

romancero, ra *s. m.* y *f.* **1.** Persona que canta romances. ‖ *s. m.* **2.** Colección de romances.

romanche *s. m.* Rético*.

romancista *adj.* **1.** Se dice de la persona que escribía en lengua romance, por contraposición a la que escribía en latín. También *s.* ‖ *s. m.* y *f.* **2.** Autor de romances.

románico, ca *adj.* **1.** Se aplica al estilo artístico que se difundió por la Europa cristiana desde fines del s. X hasta el s. XIII. También *s. m.* **2.** Se aplica a cada una de las lenguas modernas derivadas del latín, llamadas también *romances,* y a lo relacionado con las mismas.

Arte románico: portal y tímpano de la iglesia de San Pedro de Moissac (Francia).

Arte La aparición y difusión del arte románico tiene su origen en una serie de factores políticos y religiosos, como el feudalismo, el florecimiento de la Iglesia y de las órdenes monásticas (Cluny) y las peregrinaciones. La arquitectura integra las demás artes y su manifestación más característica es la iglesia. Se creó además un nuevo edificio religioso, el monasterio, cuya parte más original es el claustro. Estilo muy uniforme en toda Europa, sus características arquitectónicas fueron la planta de cruz latina de tres naves con ábsides semicirculares, gruesos muros de sillería con predominio del macizo sobre el vano, el arco de medio punto y la bóveda de ca-

Arte románico: iglesia de San Martín, Frómista (Palencia).

ñón, las portadas fuertemente abocinadas, enmarcadas por jambas, capiteles y arquivoltas, y tímpano semicircular, todo ello decorado con relieves. El románico español alcanza un gran desarrollo debido a la cantidad de iglesias y monasterios que se extienden a lo largo del camino de Santiago. La escultura y la pintura románicas tienen un claro fin didáctico, huyen del naturalismo y se caracterizan por la rigidez, la simetría y un fuerte carácter simbólico. En España, cabe destacar como conjunto escultórico el Pórtico de la Gloria de la catedral de Santiago de Compostela y como representación pictórica las espléndidas muestras del monasterio de San Clemente de Tahull.

romanismo *s. m.* Conjunto de instituciones, cultura, tendencias políticas, etc., de la antigua Roma.

romanista *s. m.* y *f.* **1.** Especialista en derecho romano. También *adj.* **2.** Especialista en lenguas románicas. También *adj.*

romanística *s. f.* **1.** Estudio del derecho romano. **2.** Estudio las lenguas y literaturas románicas.

romanizar *v. tr.* Difundir la civilización de la antigua Roma. También *v. prnl.* ■ Se conjuga como *cazar.* **FAM.** Romanización.

La expansión de Roma.

romano, na *adj.* **1.** De Roma, la ciudad actual y la antigua, así como de los Estados o imperio que fundó. También *s.* **2.** Se aplica a la religión católica y a lo perteneciente a ella. || **LOC. a la romana** *adj.* y *adv.* Como en Roma; se dice especialmente del modo de preparar ciertos alimentos, como calamares o pescados, que se rebozan con huevo y harina y luego se fríen.

Arte La pintura y la escultura de la antigua Roma fueron concebidas según el modelo del arte griego. La pintura, representada por frescos en las villas y en edificios públicos, fue fundamentalmente decorativa e incluía escenas mitológicas o históricas. Nombres legados por la historia son Fabio Pictor (300 a. C.), Pacuvio (200 a. C.) y Arelio, retratista contemporáneo de Julio César. El mosaico, utilizado en general como pavimento, pero también en paredes y bóvedas, alcanzó enorme desarrollo y llegó a formar auténticas composiciones pictóricas. La escultura se caracterizó por el realismo en los retratos y en los relieves históricos desarrollados en las columnas conmemorativas y en los sarcófagos. Donde los romanos brillaron con luz propia fue en la arquitectura y en la ingeniería, realizando obras monumentales y utilitarias. Transformaron los órdenes arquitectónicos griegos, emplearon de manera sistemática el arco, la bóveda y utilizaron nuevos materiales, como el hormigón. La arquitectura religiosa siguió los modelos griegos y en ella la obra más importante es el Panteón. Mayor originalidad alcanzó la arquitectura civil, entre cuyos edificios destacan las basílicas, así como teatros, circos, termas, puentes, acueductos, arcos, calzadas, puertos, etc. La cerámica, de color rojo, llamada *terra sigillata,* no logró la perfección de la griega.

Hist. **monarquía romana** Etapa de la historia de Roma comprendida entre la fundación de la ciudad y la instauración de la república (753-510 a. C.). El origen de Roma se halla en la fusión de latinos, sabinos y etruscos y se considera fecha de su fundación tradicionalmente el 21 de abril del 753 a. C. Las crónicas recuerdan a siete reyes, casi todos legendarios: Rómulo, Numa Pompilio, Tulio Hostilio, Anco Marcio, Tarquinio Prisco, Servio Tulio y Tarquinio el Soberbio. Durante este periodo, y bajo sometimiento a la civilización etrusca, Roma pasó de ser una aldea de ganaderos y agricultores a dominar el Lacio. Durante la misma se produjo la división en clases, se estableció un primitivo derecho, se creó el alfabeto latino a partir del griego y se constituyó el Senado.

república romana Etapa de la historia de Roma que empezó en torno al 510 a. C. con la reforma del ejército y la Constitución y concluyó el 27 a. C. con la llegada de Augusto al poder. Su institución fundamental es el Senado, integrado por las cabezas de *gens,* que formarán la clase senatorial. El gobierno efectivo lo ejerció primeramente un pretor máximo y posteriormente dos cónsules, cuyo cargo tenía la duración de un año y que eran auxiliados por una magistratura de funcionarios jurídicos y económicos: pretores, censores, cuestores, etc. La expansión romana se inició en la península Itálica con las guerras célticas, samnitas y pírricas, continuó en el Mediterráneo occidental con las guerras púnicas y terminó en el Mediterráneo oriental con las guerras macedónicas. Entre los años 133 y 121 a. C. se produjeron las luchas sociales promovidas por los hermanos Tiberio y Cayo Graco. Se mantuvieron guerras contra Yugurta, los teutones y Mitrídates del Ponto. En el año 88 a. C. comenzó la primera guerra civil entre Mario y Sila. En el año 63 a. C. tuvo lugar la conjuración de Catilina y en el 60 a. C. el primer triunvirato de Pompeyo, Craso y César. Entre el 58 y el 51 a. C. César conquistó las Galias y entre el 49 y el 46 a. C. se produjo la segunda guerra civil entre Pompeyo y César. El triunfo de César le permitió instaurar una dictadura, a la que puso fin su asesinato en el 44 a. C., tras el que estalló la tercera guerra civil entre Marco Antonio y Octavio. La victoria de este último permitió la conquista de Egipto y la instauración del imperio.

imperio romano Estado mediterráneo de la antigüedad, fundado por Octavio en el 27 a. C. al recibir el título de Augusto y la categoría de príncipe, de manos del Senado de Roma, después de desaparecer la república en época de Julio César. Augusto reformó las estructuras del Estado acumulando el mando supremo del ejército, el poder tribunicio, el gobierno de las provincias imperiales, el poder consular y el pontificado máximo. Sus sucesores, de la dinastía Julio-Claudia, Tiberio, Calígula, Claudio y Nerón, recibieron el poder por prohijamiento de su antecesor, excepto Claudio, que fue aclamado por los pretorianos tras el asesinato de Calígula. El despotismo de los emperadores llegó a su extremo con Nerón. Después de su suicidio estalló una guerra civil, resuelta por el general Vespasiano, que instauró la dinastía Flavia. Esta dinastía, a la que pertenecieron Vespasiano, Tito y Domiciano, gobernó entre los años 69 y 96, en una época de estabilidad y éxitos militares en Germania y Judea. La dinastía Antonina, compuesta por Nerva, Trajano, Adriano, Antonio Pío, Marco Aurelio y Cómodo, extendió el poder de Roma a Dacia, Arabia, Armenia y Mesopotamia y en ella figuraron los primeros emperadores no itálicos, los hispanos Trajano y Adriano. A su término, y tras una nueva época de luchas por el poder, Septimio Severo instauró la dinastía Severa, que gobernó entre el 193 y el 235, compuesta, aparte de Septimio, por Caracalla, Macrino, Heliogábalo y Alejandro Severo; en esta época las fronteras estaban amenazadas por britanos, alemanes, partos y marcomanos. Entre el 235 y el 305 se desarrolló el periodo conocido como *anarquía militar,* en el que el poder efectivo del imperio descansó en las legiones, que nombraron y depusieron a numerosos emperadores. Esta época crítica fue superada con la llegada al poder de Diocleciano, que instauró el gobierno de la tetrarquía (dos augustos y dos césares), reorganizó la administración, saneó las finanzas y gobernó con autoridad y eficacia. Constantino en el 312 se proclamó soberano único, legalizó el cristianismo y refundó Constantinopla en la antigua Bizancio, con lo que comenzó la división entre Oriente y Occidente. Ésta se hizo efectiva jurídicamente con la muerte del último gran emperador, el hispano Teodosio, que convirtió el cristianismo en religión oficial del imperio y entregó los imperios de Occidente y Oriente a sus hijos Honorio y Arcadio, respectivamente, en el año 404. Desde principios del s. V se produjeron las invasiones germánicas, que causaron la ruina del imperio de Occidente, desaparecido en el 476 con la deposición de Rómulo Augústulo. El imperio de Oriente, por su parte, subsistió a esta época de crisis y se prolongó hasta mediados del s. XV con el nombre de imperio bizantino.

Arte romano: a la izquierda, interior del Panteón (Roma), cuya gran cúpula se sustenta sobre un muro cilíndrico; a la derecha, mosaicos excavados en la villa del Anfiteatro (Mérida).

Romano Nombre de cuatro emperadores de Bizancio.
Romano I Lecapeno (? - Proti h. 948) Emperador bizantino (919-944). Gran almirante, fue tutor de Constantino VII, a quien casó con su hija Elena. Asociado al imperio (919), se hizo con el poder. Luchó contra los musulmanes, los búlgaros y los rusos y negoció la paz con el zar Pedro I (927). Destronado por sus hijos (944), fue desterrado a la isla de Proti.
Romano IV Diógenes (? - ? 1071) Emperador bizantino (1068-71). Noble capadocio, se convirtió en emperador al casarse con la regente Eudoxia, viuda de Constantino X. Fue vencido en la batalla de Manzikert (1071) y hecho prisionero por los turcos selyúcidas. Puesto en libertad, volvió a Constantinopla, donde el nuevo emperador, Miguel VII, mandó cegarle.

Romano, Giulio Pippi, llamado **Julio** (Roma 1492 o 1499 - Mantua 1546) Pintor y arquitecto italiano. Discípulo y colaborador de Rafael, realizó los frescos de la sala de Constantino (1523-25) del Vaticano. Su manierismo se refleja en la construcción y decoración del palacio del Té (1525-40) y el palacio de Arquitectura (1544), ambos en Mantua.

Romano Germánico, Sacro Imperio Nombre dado al imperio constituido por Otón I de Sajonia en el 962 cuando, debido al auxilio prestado al papa Juan XII contra Berengario II de Ivrea, le fue otorgada la corona imperial de Roma, lo que supuso la reinstauración del imperio romano de Occidente y del imperio carolingio. En sus principios comprendía los reinos de Germania, Italia y Borgoña. Los emperadores prevalecieron sobre los papas, en la elección de los cuales participaban de forma decisiva. Cuando la Iglesia les negó este privilegio, reafirmando su independencia, se produjo el enfrentamiento entre los dos poderes: el imperio y el papado. El imperio alcanzó su máximo esplendor con Enrique III (s. XI) y seguidamente empezó a debilitarse a causa de la querella de las investiduras (s. XI y XII) y con la lucha por el *dominium mundi* y la pugna güelfo-gibelina en época de la dinastía Staufen. En el s. XIII, perdió buena parte de los dominios italianos y otros territorios. Los intentos de levantar el imperio fracasaron, sobre todo tras la división ocasionada en Alemania por la Reforma protestante. Terminada la guerra de los Treinta Años (s. XVII), el imperio quedó reducido a un simple nombre y dejó de existir en 1806.

Romanones, Álvaro de Figueroa, conde de (Madrid 1863 - íd. 1950) Político español. Diputado liberal desde 1888 y jefe de gobierno (1912-13 y 1915-17). Se opuso a la neutralidad española en la Primera Guerra Mundial y trató de inclinar la política exterior a favor del bando aliado, pero las críticas de la prensa conservadora, germanófila, le obligaron a dimitir. En 1918 volvió a formar gobierno y dimitió meses después. Amigo personal de Alfonso XIII, en 1931 influyó en la marcha del rey al exilio.

Romanov Dinastía que reinó en Rusia desde 1613 hasta 1917. Originaria de Lituania, esta familia se estableció en Rusia en el s. XVI. El fundador de la dinastía fue **Miguel III**, sobrino de Iván IV el Terrible, elegido zar por una asamblea en 1613 y que reinó hasta 1645. El último representante fue **Nicolás II**, derrocado por la revolución de 1917 y ejecutado, junto con la zarina y sus hijos, al año siguiente.

romanticismo *s. m.* **1.** Movimiento artístico surgido en la cultura occidental entre fines del s. XVIII y mediados del XIX, como reacción contra el formalismo neoclásico y el racionalismo ilustrado y en defensa de las formas libres, del sentimiento y de la individualidad del artista. **2.** Época en que prevaleció este movimiento. ▪ En estas dos acepciones suele escribirse con mayúscula. **3.** Cualidad de romántico.
Arte El Romanticismo supuso la victoria del sentimiento sobre la razón, de la fantasía sobre el análisis crítico y de la libertad y la sensibilidad sobre cualquier imposición a la creación personal. Se produce una exaltación de las pasiones, teñida a veces de un sentido trágico. En su predilección por tiempos y lugares exóticos, el artista romántico desata su fantasía y recrea mundos, tanto del pasado como de un presente impregnado de melancolía. En pintura, este movimiento abarca diversos grupos, como los nazarenos en Alemania y los prerrafaelistas en el Reino Unido. Algunos de sus pintores más representativos fueron Eugène Delacroix, en Francia; Johann Friedrich Overbeck, en Alemania; William Turner, en Inglaterra; y parte de la obra de Francisco de Goya, en España.
En el campo literario, el Romanticismo fue una de las mayores revoluciones de Occidente y tuvo entre sus más insignes escritores a Lord Byron, Percy Bysshe Shelley y John Keats, en el Reino Unido; Johann Wolfgang von Goethe, Novalis, Friedrich Hölderlin y Heinrich Heine, en Alemania; Alphonse de Lamartine y Victor Hugo, en Francia; Alessandro Manzoni y Giacomo Leopardi, en Italia; y Gustavo Adolfo Bécquer, el duque de Rivas, José de Espronceda y Mariano José de Larra, en España.
El Romanticismo musical se inicia con la obra de Ludwig von Beethoven y se extiende a lo largo de todo el siglo XIX, agrupando un conjunto de tendencias distintas, entre otras las de tipo nacionalista. Entre sus principales representantes figuran los alemanes Carl Maria von Weber, Franz Schubert, Robert Schumann, Richard Wagner y Felix Mendelssohn; el húngaro Franz Liszt; el polaco Frédéric Chopin; los italianos Niccolò Paganini y Giuseppe Verdi; el francés Hector Berlioz; el checo Bedrich Smetana y el ruso Rimski-Korsakov.

Literatura romántica: a la izquierda, ilustración de Hernani, *obra de Victor Hugo, primer drama romántico; a la derecha,* Follas Novas, *obra poética de Rosalía de Castro (Biblioteca Nacional, Madrid).*

romántico, ca *adj.* **1.** Relativo al Romanticismo, o que participa de las características de este movimiento. **2.** Seguidor o partidario del Romanticismo. También *s.* **3.** Se aplica a las personas sentimentales, idealistas y fantásticas y desinteresadas y a las cosas que les son propias.

romanza *s. f.* **1.** Composición musical lírica para voz y acompañamiento instrumental. **2.** Composición instrumental del mismo carácter. **3.** Aria de carácter melancólico.

romaza *s. f.* Nombre común de diversas plantas herbáceas de la familia poligonáceas, género *Rumex*. La romaza común *(Rumex pulcher)* mide entre 20 y 80 cm de altura, tienen la raíz gruesa, tallo rojizo, hojas alternas y flores con seis sépalos. Crece en suelos arenosos del S y O de Europa y es común en la península Ibérica.

rombal *adj.* Con forma de rombo.

rómbico, ca *adj.* **1.** De forma de rombo. **2.** Se dice de uno de los siete sistemas de cristalización, que se caracteriza por tener un eje de simetría binario y como unidad fundamental un prisma recto en cuyos vértices hay tres ángulos iguales de 90° y tres lados desiguales. También se llama *ortorrómbico.*

rombo *s. m.* Figura geométrica que constituye un paralelogramo de cuatro lados iguales y ángulos no rectos iguales dos a dos.

romboédrico, ca *adj.* **1.** Perteneciente o relativo al romboedro. **2.** Trigonal*.

romboedro *s. m.* Paralelepípedo cuyas seis caras son rombos iguales.

romboide *s. m.* Cuadrilátero de lados desiguales y paralelos dos a dos. **FAM.** Romboidal.

romeo *s. m.* Joven enamorado, por alusión al personaje de la obra de Shakespeare *Romeo y Julieta.*

romeral *s. m.* Terreno poblado de romeros.

romería *s. f.* **1.** Marcha hacia un santuario que realizan normalmente un grupo de personas por devoción o fervor. **2.** Fiesta popular que se hace junto a una ermita o santuario el día de la festividad religiosa del lugar. **3.** Gran número de gente que llega a un sitio o pasa por él.

romero *s. m.* Arbusto de la familia labiadas, especie *Rosmarinus officinalis.* Mide unos 50 cm de altura, tiene hojas verdes por el haz y blancas por el envés y flores pequeñas, de color azul lila. Es muy aromático y abunda en las regiones mediterráneas, donde crece en colinas y taludes rocosos de suelo pobre, pero muy soleado. Se utiliza en cocina, perfumería y medicina.

romero, ra *s. m.* y *f.* Persona que participa en una romería. También *adj.*

Romero, Carlos Humberto (Chalatenango 1924) Militar y político salvadoreño. Ministro de Defensa y Seguridad Pública (1972), fue presidente de la república tras unas elecciones fraudulentas (1977). Concedió una amnistía general para los exiliados políticos (1979) y el mismo año fue depuesto por un golpe militar.

Romero, Óscar Arnulfo (Ciudad Barrios 1917 - San Salvador 1980) Prelado salvadoreño. Arzobispo de San Salvador (1977), se comprometió en la defensa de los pobres y marginados de su país contra la represión oficial. Fue asesinado cuando estaba celebrando misa en la capilla de su residencia.

Romero, Pedro (Ronda, Málaga 1754 - íd. 1839) Matador de toros español. Primer gran maestro en el arte de torear, mató más de 5.600 toros y no sufrió ni un solo percance. Empezó a torear en 1771, fue competidor y rival de Joaquín Rodríguez «Costillares» y se retiró en 1799. Al fundarse la Escuela de Tauromaquia de Sevilla, en 1830, fue nombrado maestro de la misma.

Romero Bosque, Pío (Zacatecoluca 1892 - Managua 1964) Político salvadoreño. Fue ministro de la Guerra, vicepresidente y presidente de la república (1927-31).

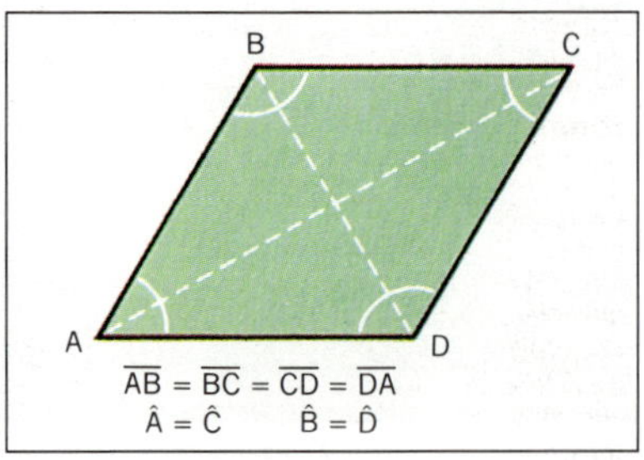

Rombo.

Romero de Torres, Julio (Córdoba 1880 - íd. 1930) Pintor español. Su obra, de estilo realista, consta fundamentalmente de retratos y composiciones con figuras femeninas evocando temas andalucistas. Entre sus cuadros más representativos pueden citarse *Musa gitana*, *La niña de la naranja*, *Retablo del amor* y los retratos de la *Señora de Urquijo* y *Juan Belmonte*.

Romero Robledo, Francisco (Antequera, Málaga 1838 - Madrid 1906) Político español. Miembro de la Junta revolucionaria de 1868, se opuso a la República y colaboró con Cánovas en la Restauración y en el Partido Conservador. Su extraordinaria habilidad para manipular resultados electorales le permitió ser ministro de Gobernación entre 1875 y 1885, cada vez que Cánovas presidía un gabinete. Ministro de Ultramar (1891-92), se mostró contrario a la autonomía de Cuba.

romescu, salsa La preparada con aceite, vinagre y frutos secos, que acompaña generalmente a guisos de pescado.

romí *adj.* Cristiano, entre los mahometanos españoles. También *s.* ■ Se dice también *rumí*.

Rommel, Erwin (Heidenheim 1891 - Ulm 1944) Militar alemán. Fue miembro del Partido Nacionalsocialista desde sus comienzos. En 1941, al mando del Afrika Korps, hizo retroceder al ejército inglés hasta El-Alamein, aunque en 1943 tuvo que retirarse hasta Túnez. Comandante de un grupo de ejércitos en Francia, no pudo impedir el desembarco de Normandía en 1944. Sus deseos de terminar la guerra en Occidente le hicieron sospechoso de traición y en octubre de 1944 Hitler le ordenó suicidarse.

Romney, George (Dalton 1734 - Kendal 1802) Pintor británico. Establecido en Londres (1762), fue un elegante retratista, favorito de la aristocracia británica. Entre sus retratos destacan los que realizó a lady Hamilton, en cuadros como *Bacante*, *Ariadna* y *Circe*.

romo, ma *adj.* **1.** Que no tiene filo o punta. **2.** Que carece de agudeza intelectual. **3.** Chato.

rompecabezas *s. m.* **1.** Juego infantil en el que hay que componer determinado dibujo colocando adecuadamente unos cubos o piezas. **2.** *fam.* Acertijo o entretenimiento de difícil solución. **3.** *fam.* P. ext., asunto o problema complicado, difícil de entender o de resolver. **4.** Arma antigua compuesta de dos bolas pesadas sujetas a los extremos de un mango corto y flexible.

rompedor, ra *adj.* Que rompe o destroza mucho, en especial ropa. También *s.*

rompehielos *s. m.* Buque preparado para abrirse camino en los mares helados.

rompehuelgas *adj.* Esquirol*. También *s.*

rompenueces *s. m. amer.* Cascanueces.

rompeolas *s. m.* Dique avanzado en el mar para proteger un puerto o bahía.

romper *v. tr.* **1.** Hacer dos o más trozos irregulares de una cosa, tirando de ella, por medio de un golpe, etc. También *v. prnl.* **2.** Hacer un agujero o raja en materiales como la tela o el papel. También *v. prnl.* **3.** Estropear algo. También *v. prnl.* **4.** Deshacer la unión o interrumpir la continuidad de algo. También *v. prnl.* **5.** No cumplir un compromiso, una ley, una obligación. También *v. intr.* y *prnl.* || *v. intr.* **6.** Abrirse camino por algún sitio. **7.** Empezar, iniciarse. **8.** Deshacerse las olas en espuma al chocar contra las rocas u otra cosa. **9.** Abrirse las flores. ■ Su p. p. es irreg.: *roto.* || **LOC. de romper y rasga** *adj.* De carácter y decisión. **romper filas** Deshacer una formación de soldados.

rompiente *s. m.* Bajo, escollo o costa donde, cortando el curso de la corriente de un río o de las olas, rompe y se levanta el agua.

rompimiento *s. m.* **1.** Acción y efecto de romper o romperse. **2.** Telón recortado que en una decoración de teatro deja ver otro en el fondo. **3.** En las minas, comunicación entre dos excavaciones subterráneas. **4.** En pintura, porción del fondo de un cuadro donde se pinta una abertura que deja ver un objeto lejano.

rompope o **rompopo** *s. m. Amér. C., Méx.* Bebida elaborada con aguardiente, huevos, leche, azúcar y canela.

Rómulo Personaje mítico, fundador de la ciudad de Roma. Abandonado por su madre, junto a su hermano Remo fue amamantado por una loba y criado por un pastor. Designado por los dioses para fundar Roma, Rómulo marcó con un arado los límites de la ciudad y mató a su hermano, que no respetó tales límites.

Rómulo Augústulo (? 461 o 462 - ?) Emperador romano (475-476). Era hijo del patricio Orestes, quien depuso al emperador Nepote en el 475 para nombrarle a él. Al año siguiente, el caudillo germano Odoacro le expulsó del trono, se proclamó rey de Italia y remitió las insignias imperiales a Constantinopla, liquidando el imperio romano de Occidente.

ron *s. m.* Licor de olor y sabor fuertes, obtenido por la destilación de una mezcla fermentada de melazas y zumo de caña de azúcar.

ronca *s. f.* **1.** Grito que da el gamo cuando está en celo, llamando a la hembra. **2.** Tiempo en que está en celo el gamo.

roncar *v. intr.* **1.** Emitir un ruido ronco al respirar cuando se duerme. **2.** Llamar el gamo a la hembra, cuando está en celo. ■ Se conjuga como *sacar.* **FAM.** Roncador.

Roncesvalles Desfiladero español, situado en el O de los Pirineos, en la frontera entre Navarra y Francia. En este paso fue derrotado Carlomagno (778), que tuvo que retirarse ante los ataques de los montañeses vascos, ayudados quizá por algunos musulmanes. En la batalla murió el caballero Roldán, héroe del poema épico el *Cantar de Roldán*. Este lugar constituyó un importante punto de partida para el camino de Santiago.

roncha[1] *s. f.* **1.** Lesión de la piel que consiste en un bultito enrojecido producido por una enfermedad, el picotazo de un insecto, etc. **2.** Cardenal, moradura. || **LOC. levantar ronchas** Mortificar, causar pesadumbre.

roncha[2] *s. f.* Trozo delgado de cualquier cosa cortado en redondo.

ronchar[1] *v. intr.* Hacer o causar ronchas en el cuerpo.

ronchar[2] *v. tr.* **1.** Ronzar*. || *v. intr.* **2.** Crujir un alimento cuando se masca.

ronchón *s. m.* Roncha*, lesión en la piel.

ronco, ca *adj.* **1.** Que tiene ronquera. **2.** Se aplica a la voz o sonido áspero y bronco.

ronda *s. f.* **1.** Acción y efecto de rondar. **2.** Patrulla encargada de vigilar de noche. **3.** Rondalla*. **4.** Cada conjunto de las sucesivas consumiciones que hace un grupo de personas. **5.** Vuelta, carrera ciclista por etapas. **6.** Paseo, calle, carretera, etc., que rodea total o parcialmente una ciudad. **7.** En algunos juegos de naipes, vuelta o suerte de todos los jugadores. **8.** *Arg., Chile.* Juego del corro.

Ronda C. de España, situada en la prov. de Málaga. 35.800 h. en 1991. Destaca por la cría de ganado caballar selecto. Posee industrias alimentarias, madereras y textiles y es un importante centro comercial y turístico. La ciudad conserva las ruinas de un teatro romano, un alminar, unos baños y las puertas de la antigua muralla árabe, el palacio renacentista de Mondragón y, del s. XVIII, la plaza de toros y el puente sobre la garganta que forma el río Guadalevín, llamada *Tajo*.

rondalla *s. f.* Grupo de jóvenes que acompañados por instrumentos de cuerda cantan a las jóvenes en la calle o en actuaciones.

rondar *v. intr.* **1.** Recorrer de noche una población u otro lugar vigilando para impedir desórdenes. También *v. tr.* **2.** Salir los jóvenes a la calle cantando y tocando para cortejar a las jóvenes. También *v. tr.* **3.** Pasear por la noche. También *v. tr.* **4.** Dar vueltas por algún lugar o frecuentarlo. También *v. tr.* **5.** Pasar reiteradamente una idea por la cabeza. || *v. tr.* **6.** Cortejar los jóvenes a las jóvenes. **7.** Ir detrás de alguien, acosarle para conseguir algo de él. **8.** Estar a punto de entrarle a alguien el sueño, o de atacarle ciertas enfermedades, como la gripe, etc. **FAM.** Rondador.

Rondeau, José (Buenos Aires 1773 - Montevideo 1844) Militar y político argentino. Combatió en España contra los franceses en la guerra de Independencia. Regresó a Montevideo (1810) y sucedió a Pueyrredón como director supremo (1819-20). Vencido por los federales en Cepeda (1820), abandonó la política activa. Después de la guerra con Brasil, fue nombrado gobernador provisional de Uruguay (1828-30). Oribe le nombró jefe de estado mayor del ejército uruguayo (1835) y Rivera, ministro de la Guerra (1839).

rondel *s. m.* Composición poética originaria de Francia, que suele estar escrita en tercetos hexasílabos, en los que se repiten conceptos y rimas, frecuentemente el primer verso o las primeras palabras al final.

rondeño, ña *adj.* **1.** De Ronda. También *s.* || *s. f.* **2.** Copla parecida al fandango, típica de Ronda, y baile que se ejecuta al compás de ella.

rondó *s. m.* Forma musical que consiste en la exposición de un tema y en la reexposición del mismo, intercalando diferentes contrastes entre las distintas apariciones. Fue muy popular en el s. XVIII y hasta mediados del XIX, época en la que con frecuencia constituía el último movimiento de sonatas, conciertos y sinfonías.

rondón, de *loc. adv.* Con verbos como *entrar*, *colarse*, etc., sin pedir permiso, sin llamar.

Rondônia Estado de Brasil, situado en el O del país, junto a la frontera boliviana. 238.379 km^2. 1.095.600 h. en 1990. La capital es Pôrto Velho, con 216.250 h. en 1989. Sus principales recursos económicos son la minería y la explotación del bosque.

ronquear *v. intr.* Estar ronco.

ronquedad *s. f.* Cualidad de ronco.

ronquera *s. f.* Cambio del timbre de la voz en otro grave y poco sonoro, que se produce por una afección de la laringe.

ronquido *s. m.* Sonido que se hace roncando.

Ronquillo, Rodrigo (? - ? 1545) Eclesiástico y político español. Alcalde mayor de Zamora, defendió la causa realista en la guerra de las Comunidades (1520). Derrotado por Bravo y Padilla en Segovia, participó en el incendio de Medina del Campo. Tras la derrota de Villalar, fue encargado del proceso del obispo Acuña, al que ejecutó (1526), a pesar de haber sido absuelto por el papa Adriano VI.

ronronear *v. intr.* **1.** Producir el gato una especie de ronquido para manifestar que está satisfecho o a gusto. **2.** Producir ruido la trepidación de un motor, una hélice de avión, etc. **3.** Rondarle a alguien una idea por la cabeza.

ronroneo *s. m.* Acción y efecto de ronronear.

Ronsard, Pierre de (Castillo de la Possonière, Coutoure-sur-Loir 1524 - Saint-Cosme-en-l'Isle 1585) Poeta francés. Fue el principal representante del grupo de la Pléiade. En su tiempo fue reconocido como príncipe de los poetas. Su poesía cayó en el olvido y fue rehabilitada por el Romanticismo. En las *Odas* (1550 y 1552) se mostraba seguidor de Horacio; *Los amores de Casandra* (1552) es una colección de sonetos petrarquistas; en los *Himnos* (1555 y 1556) abordó temas religiosos, filosóficos y políticos. En 1578 publicó su último gran libro, *Sonetos para Helena*, los más perfectos de su poesía.

ronzal *s. m.* Cuerda que se ata al cuello o a la cabeza de las caballerías para sujetarlas o conducirlas.

ronzar *v. tr.* Mascar una cosa dura partiéndola ruidosamente con los dientes. Se dice también *ronchar.* ■ Se conjuga como *cazar*.

roña *s. f.* **1.** Suciedad pegada fuertemente. **2.** Orín de los metales. **3.** *fam.* Tacañería*. **4.** Sarna del ganado lanar. || *s. m.* y *f.* **5** *fam.* Persona roñosa o tacaña. También *adj.*

roñería *s. f.* Tacañería.

roñica *s. m.* y *f. fam.* Roñoso, tacaño.

roñosería *s. f.* Roñería*.

roñoso, sa *adj.* **1.** Que tiene roña, suciedad. **2.** Oxidado. **3.** *fam.* Tacaño. También *s.*

Roosevelt, Franklin Delano (Hyde Park, Nueva York 1882 - Warm Springs 1945) Político estadounidense. Primo de Theodore Roosevelt, fue elegido presidente de EE UU como candidato del Partido Demócrata en 1932. Lanzó la política del *new deal*, fomentó las relaciones de buena vecindad con Sudamérica y reconoció a la URSS. Fue reelegido en 1936 y en 1940, año en que estrechó lazos con el Reino Unido. Tras el ataque japonés a Pearl Harbor, decidió la entrada de EE UU en la Segunda Guerra Mundial. Reelegido en 1944, murió poco después de celebrar la conferencia de Yalta.

Roosevelt, Theodore (Nueva York 1858 - Oyster Bay 1919) Político estadounidense. Miembro del Partido Republicano, fue secretario adjunto de Marina en 1887. Fundó y organizó los Rough Riders, cuerpo de voluntarios que intervino en Cuba en 1898. Fue vicepresidente en 1900 y presidente en 1901, tras el asesinato de McKinley. En 1903 favoreció la separación de Panamá de Colombia, para asegurarse el control del canal. En 1904 fue reelegido y abandonó el cargo en 1909. Resultó derrotado en las presidenciales de 1912. Recibió el premio Nobel de la paz en 1906.

Root, Elihu (Clinton 1845 - Nueva York 1937) Político estadounidense. Miembro del Partido Republicano, fue secretario de Guerra (1899-1904) y de Estado (1905-09). Activo pacifista, recibió en 1912 el premio Nobel de la paz.

ropa *s. f.* **1.** Cualquier prenda de vestir o conjunto de ellas y de otras cosas hechas con tela, como sábanas, colchas, etc. || **2. ropa blanca** La de uso doméstico, como las sábanas, toallas, manteles, etc. y la ropa interior de tonos claros. **3. ropa interior** La que se lleva debajo de la ropa exterior, como camisetas, calzoncillos, bragas, combinaciones, etc. **4. ropa vieja** Guiso que se hace con la carne que ha sobrado de otros platos. || **Loc. a quema ropa** *adv. m.* Con verbos como *disparar*, desde muy cerca; también, cuando se dice o pregunta algo sin rodeos. **haber ropa tendida** *fam.* Haber personas ante las cuales hay que ser discreto. **no tocar** a alguien **(ni) un pelo de la ropa** *fam.* No causarle el más mínimo daño o perjuicio. **tentarse** uno **la ropa** *fam.* Considerar las cosas despacio o reflexionar antes de hacer algo para evitar malas consecuencias.

ropaje *s. m.* **1.** Vestidura, especialmente si es suntuosa. **2.** Conjunto de ropas. **3.** Excesiva ropa.

ropavejero, ra *s. m.* y *f.* Persona que compra y vende ropa vieja.

ropero *s. m.* **1.** Armario o cuarto donde se guarda ropa. **2.** Conjunto de vestidos de una persona. **3.** Asociación benéfica que se encarga de proporcionar ropa a los necesitados.

ropón *s. m.* Ropa larga que regularmente se pone suelta sobre los demás vestidos.

roque[1] (del ár. *rujj*) *s. m.* Torre del ajedrez.

roque[2] *adj. fam.* Dormido.

roqueda o **roquedal** *s. f.* o *s. m.* Lugar abundante en rocas.

roquedo *s. m.* Peñasco, roca.

roquefort *s. m.* Tipo de queso de leche de oveja, de sabor fuerte y partes de color verdoso, a causa de un moho que se desarrolla durante su elaboración.

roqueño, ña *adj.* **1.** Se aplica al sitio o paraje lleno de rocas. **2.** Duro como una roca.

roquero, ra[1] *adj.* Perteneciente o relativo a las rocas o edificado sobre ellas.

roquero, ra[2] *s. m.* y *f.* Persona que se dedica al rock o a quien gusta este tipo de música y baile. También *adj.*

Roquetas de Mar C. de España, situada en la prov. de Almería, a orillas del mar Mediterráneo. 32.350 h. en 1991. Tiene importantes salinas y un puerto pesquero. Es un destacado centro turístico.

roquete *s. m.* Sobrepelliz*.

Roraima Territorio de Brasil, situado en el N del país, junto a las fronteras con Venezuela y Guyana. 225.017 km^2. 120.400 h. en 1990. La capital es Bõa Vista, con 74.500 h. en 1989. Debido a su situación en el dominio amazónico, es una región muy poco poblada (0,5 h./km^2). Su economía se basa en la ganadería y la explotación forestal. Anteriormente se denominó *Río Branco.*

rorcual *s. m.* Nombre común de diversos mamíferos cetáceos de la familia balenoptéridos, género *Balaenoptera.* Son semejantes a las ballenas, de las que se diferencian por unos surcos presentes en la garganta, con los que pueden dilatar la boca. El de mayor tamaño, el rorcual azul *(Balaenoptera musculus)*, mide unos 30 m de longitud y pesa hasta 130 tm. Presenta coloración azul oscuro en el dorso y claro en el vientre y se alimenta de pequeños crustáceos que toma con el agua y posteriormente filtra mediante las barbas. Habita en todos los océanos, preferentemente los meridionales, y realiza migraciones estacionales al polo y al ecuador. El rorcual común *(Balaenoptera physalus)* es de menor tamaño, unos 23 m de longitud, esbelto y veloz, de color gris en el dorso y blanco en el vientre; habita en los mares del hemisferio norte.

rorro *s. m. fam.* Bebé*.

Rorschach, Hermann (Zurich 1884 - Herisau 1922) Psiquiatra suizo. Es famoso por la creación del test proyectivo de la personalidad que lleva su nombre, basado en la interpretación por el paciente de diez láminas, con manchas simétricas de tinta, y que permite una valoración de la estructura, dinámica, tendencias profundas y problemas de la personalidad.

ros *s. m.* Gorro militar duro y cilíndrico, más alto por delante que por detrás, y con visera.

Variedades de rosas.

rosa *s. f.* **1.** Flor del rosal, de gran belleza, colorido y aroma. Existen numerosas variedades de muy diversas formas y colores, producto de cientos de hibridaciones. **2.** *amer.* Rosal. **3.** Mancha redonda de color rojo muy pálido que sale a veces en el cuerpo. || *adj.* **4.** Se dice del color que resulta de la mezcla del rojo y el blanco, semejante al de la rosa ordinaria, y de las cosas que tienen dicho color. También *s. m.* || **5. rosa de Jericó** Planta herbácea de la familia crucíferas, especie *Anastatica hierochuntica.* Tiene el tallo leñoso muy ramificado, con pequeñas flores blancas. Al quedarse sin humedad, la planta se encoge formando una pelota que, puesta en agua, vuelve a abrirse. Crece en zonas desérticas de Asia y África. **6. rosa de los vientos** (o **rosa náutica**) Círculo que tiene marcados alrededor los 32 rumbos en que se divide la vuelta del horizonte, norte, sur, este, oeste y sus derivados, o bien los nombres de los diferentes vientos, como siroco, mistral, levante, poniente, tramontana, etc. **7. rosa del azafrán** Flor de azafrán. || **Loc. como una rosa** *adv. fam.* Con buen aspecto, en estado saludable. **de color de rosa** *adj.* y *adv.* Muy optimista.

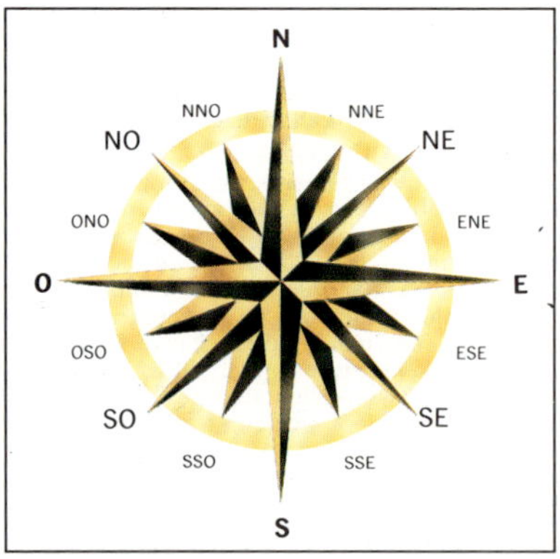

Rosa de los vientos.

Rosa, monte Montaña de los Alpes Peninos, en la frontera entre Suiza y el valle de Aosta (Italia). Su pico más elevado es el Dufourt, de 4.633 m, la segunda cima más alta de Europa.

Rosa, Salvatore (Arenella, Nápoles 1615 - Roma 1673) Pintor y poeta italiano. Destacó en el paisaje y en las escenas de batalla. En su obra se advierte la influencia de Claudio de Lorena y de Poussin. Como poeta publicó *Sátiras* (1694). Entre sus muchos cuadros sobresalen *Marina de las torres, Batalla de caballería, La muerte de Atilio Regulo* y *Autorretrato.*

Rosa de Lima, Santa (Lima 1586 - íd. 1617) Religiosa terciaria dominica. Su verdadero nombre era Isabel Flores. Mística y taumaturga, pasó su vida recluida en su propia casa, dedicada a la oración. Es patrona de Lima, Perú, América y Filipinas.

rosáceas *s. f. pl.* Familia de plantas herbáceas, arbustivas o arbóreas del orden rosales, a la que pertenecen 3.370 especies comprendidas en 122 géneros, entre los que destacan *Pyrus, Prunus, Fragaria, Rosa, Malus, Rubus, Cydonia* y *Crataegus.* Tienen flores hermafroditas, generalmente reunidas en inflorescencias, cuyo cáliz presenta cinco sépalos y su corola cinco pétalos. Sus hojas pueden ser simples o compuestas y tienen casi siempre el borde dentado. Producen frutos en pomo, folículo, aquenio o drupa, muchos de ellos comestibles, como el peral, el manzano, el cerezo, el almendro, el fresal, la frambuesa, el níspero, el membrillo, etc.; otras especies son apreciadas en jardinería y ornamentación, como las del género *Rosa.* Crecen en todos los continentes, sobre todo en climas templados del hemisferio norte. También *adj.* y *s. f.*

rosacruz *s. m.* Miembro de la Rosacruz.

Rosacruz Sociedad secreta de origen alemán. Fundada hacia 1420 por Christian Rosenkreuz, sostenía una doctrina mística, influida por la teosofía y la alquimia, especialmente por Paracelso. Muchos de sus símbolos y prácticas pasaron a la masonería. Su emblema es una cruz y una rosa roja superpuestas.

rosada *s. f.* Escarcha*.

rosado, da *adj.* **1.** Se aplica al color rosa y a las cosas que tienen dicho color. **2.** Se dice del vino clarete. También *s. m.*

rosal *s. m.* Nombre común de diversas plantas arbustivas de la familia rosáceas, género *Rosa.* El rosal silvestre *(Rosa canina)* es un arbusto caducifolio que mide unos 3 m de altura, tiene hojas pinnadocompuestas, tallo espinoso, flores de cinco pétalos color rosa y frutos rojos en baya. Crece en zonas de bosque abierto y maleza de regiones cálidas. Existen numerosas especies de rosal, que se han obtenido por una intensa hibridación practicada desde la antigüedad. Son originarias de Extremo Oriente, pero se cultivan en todo el mundo como plantas ornamentales y para su uso en perfumería.

rosaleda *s. f.* Lugar plantado de rosales o muy abundante en ellos.

Rosales, Eduardo (Madrid 1836 - íd. 1873) Pintor español. Su obra, de estilo romántico, figura entre las más importantes del género histórico español, con cuadros como *El Testamento de Isabel la Católica* (1864) y *Muerte de Lucrecia* (1871), y comprende asimismo retratos y desnudos femeninos, de los que es buena muestra *Mujer saliendo del baño* (1868). En su última época pintó paisajes en un estilo que se acerca al impresionismo.

Rosales, Luis (Granada 1910) Poeta español. Cultivó en su juventud una poesía de tipo clasicista y tras la guerra civil se integró en el grupo formado en torno a la revista *Escorial*, que abandonó posteriormente en busca de nuevos cauces expresivos. En su obra, de estilo intimista, lenguaje sencillo y gran dominio de la forma, sobresalen los títulos *Abril* (1935), *La casa encendida* (1949), *Rimas* (1951), *Diario de una resurrección* (1979) y *Un rostro en cada ola* (1982). En 1982 recibió el premio Cervantes.

rosariera *s. f.* Cinamomo*, árbol.

rosario *s. m.* **1.** Rezo de los católicos en que se conmemoran los quince misterios principales de la vida de Jesucristo y de la Virgen, recitando después de cada uno un padrenuestro, diez avemarías y un gloria. **2.** Conjunto de cuentas ensartadas en un hilo que se utiliza para hacer ese rezo o una de sus partes. **3.** Objeto similar que usan los creyentes de otras religiones, como musulmanes, budistas o hindúes, para llevar la cuenta de sus oraciones. **4.** Serie, hilera. || **Loc. acabar**

una cosa **como el rosario de la aurora** *fam.* Acabar mal un asunto, una reunión, etc., con desacuerdo o pelea de los participantes.

Rosario C. de Argentina, situada en la prov. de Santa Fe, junto al río Paraná. 957.200 h. en 1985. Cuenta con industria metalúrgica, química y alimentaria. Es un destacado centro comercial gracias a su importante puerto. La ciudad nació alrededor de un núcleo formado por Francisco Godoy en 1725. El impulso decisivo para su rápido desarrollo fue la construcción del puerto en 1859.

Rosas, golfo de Golfo del mar Mediterráneo, situado en el NO del mismo, en las costas de Girona (España). Se extiende entre el cabo de Creus al N y la punta Grossa al S. Constituye la salida al mar de la comarca del Ampurdán.

Rosas, guerra de las Dos Véase **Dos Rosas, guerra de las**.

Rosas, Juan Manuel de (Buenos Aires 1793 - Swathling, Hampshire 1877) Militar y político argentino. Participó en la revolución de 1828 y en 1829 fue elegido gobernador de Buenos Aires. Durante los siguientes años gobernó el país directa o indirectamente, desde diversos cargos, y a partir de 1840 instauró una dictadura personal tiránica y sangrienta. Federalista feroz, exterminó impunemente a todos sus enemigos políticos. Fomentó el nacionalismo argentino y explotó las fuentes naturales de riqueza del país. Derrotado en 1852 en Monte Caseros por el llamado *ejército grande*, integrado por brasileños, uruguayos y argentinos, se exilió a Inglaterra, donde murió.

Juan Manuel de Rosas. Retrato de Cayetano Descalzi (Museo Histórico Nacional, Buenos Aires).

rosbif *s. m.* Carne de vaca medio asada.

rosca *s. f.* **1.** Cualquier cosa cilíndrica doblada en forma de aro, p. ej. un pan o bollo. **2.** Conjunto de los resaltos y canales de los tornillos y tuercas y, también, cada uno de ellos. **3.** Abultamiento en forma de aro alrededor de algún objeto. **4.** Carnosidad que tienen las personas gruesas alrededor del cuello, las muñecas y las piernas. ‖ **Loc. hacer la rosca** a alguien *fam.* Hacer la pelota. **no comerse una rosca** *fam.* No conseguir lo que uno quiere, especialmente en asuntos amorosos. **pasarse de rosca** No agarrar en la tuerca el tornillo; también, exagerar o ir uno más allá de lo debido en las palabras o en los hechos; familiarmente, volverse majareta.

roscado, da 1. *p. p.* de **roscar**. ‖ *adj.* **2.** En forma de rosca. ‖ *s. m.* **3.** Acción y efecto de roscar.

roscar *v. tr.* Hacer las espiras de un tornillo o tuerca. ▪ Se conjuga como *sacar.*

rosco *s. m.* **1.** Roscón o rosca de pan o de bollo. **2.** *fam.* Entre estudiantes, calificación de cero.

roscón *s. m.* Bollo grande en forma de rosca, particularmente el que se come con ocasión del día de Reyes.

Roseau C. de Dominica, cap. del país, situada en el extremo SO de la isla. 22.000 h. en 1987. Es un centro comercial y administrativo.

rosedal *s. m. Arg., Urug.* Rosaleda.

Rosellón Comarca de Francia que coincide aproximadamente con el actual departamento de los Pirineos Orientales, al NE de la cordillera Pirenaica, junto al Mediterráneo. La ciudad más importante es Perpiñán. Fue un antiguo condado de la Marca Hispánica, vasallo de los condes de Barcelona e integrado en la corona de Aragón en 1172. Pasó a Francia tras el tratado de los Pirineos de 1659.

rosellonés, sa *adj.* Del Rosellón. También *s.*

Rosenberg, Alfred (Reval, actual Tallin 1893 - Nuremberg 1946) Político e ideólogo alemán. En 1930 publicó *El mito del siglo XX*, que le convirtió en el principal teórico del racismo nazi. Jefe del servicio de Asuntos Exteriores desde 1933, al comienzo de la Segunda Guerra Mundial decretó la expropiación de museos, colecciones y bibliotecas pertenecientes a judíos. Como ministro de los territorios ocupados del Este en 1941, organizó deportaciones masivas de judíos. En 1945 fue juzgado, condenado a muerte y ejecutado en Nuremberg.

Rosenblat, Ángel (en Argentina 1902 - Caracas 1984) Filólogo y etnólogo argentino de origen polaco. Desde 1946 investigó sobre las particularidades de la lengua española en América. Entre sus obras destacan *Buenas y malas palabras* (1956) y *Lengua literaria y lengua popular en América* (1969).

Rosenkranz, Johann Karl Friedrich (Magdeburgo 1805 - Königsberg 1879) Filósofo alemán. Fue uno de los principales continuadores de la filosofía hegeliana. Entre sus obras destacan *Vida de Hegel* (1844) y *Enciclopedia de las ciencias teológicas* (1831).

roseola o **roséola** *s. f.* Rubeola*.

roseta *s. f.* **1.** Mancha rosada en las mejillas. **2.** Pieza de la regadera provista de agujeros pequeños para dispersar el agua. **3.** Anillo o pendiente adornado con una piedra preciosa a la que rodean otras pequeñas. **4.** Palomita* de maíz. Se usa más en *pl.*

rosetón *s. m.* **1.** En arq., ventana circular cuyos vanos están ornamentados con vidrieras. Es característica de las iglesias góticas. **2.** Adorno circular, generalmente parecido a una flor, en especial el que va colocado en los techos.

Rosetta, piedra de Fragmento de una estela de basalto negro, fechada en el 196 a. C., hallada en la ciudad de Rosetta (1799), en el fuerte de Saint-Julien, durante la ocupación francesa de Egipto y que se conserva en el Museo Británico. Fue la clave para el desciframiento de la escritura del antiguo Egipto, pues en ella se encontraba la inscripción de un mismo texto en caracteres jeroglíficos, demóticos y griegos, que Champollion logró descifrar.

rosicler *s. m.* Color rosado, claro y suave de la aurora.

rosillo, lla *adj.* **1.** Rojo claro. **2.** Se dice de la caballería cuyo pelo es una mezcla de blanco, negro y castaño.

rosita *s. f.* **1.** *dim.* de **rosa**. **2.** Roseta, palomita de maíz. Se usa más en *pl.* ‖ **Loc. de rositas** *adv.* Sin ninguna molestia o esfuerzo.

rosquilla *s. f.* **1.** Pieza de repostería de forma redondeada con un agujero en el centro. **2.** Larva de insecto que se enrosca con facilidad. ‖ **3. rosquilla lista** Variedad de rosquilla cubierta de azúcar glaseado. **4. rosquilla tonta** Variedad de rosquilla con poco azúcar.

rosquillero, ra *s. m.* y *f.* **1.** Persona que hace rosquillas o las vende. **2.** *fam.* Persona que adula o hace la rosca. También *adj.*

Ross, sir James Clark (Londres 1800 - Aylesbury 1862) Marino y explorador británico. Sobrino de John Ross, acompañó a éste en sus primeros viajes y participó con el capitán Parry en sus expediciones árticas para buscar el paso del NO (1819-27). Realizó una expedición al Antártico (1841-42) y descubrió la Tierra Victoria, así como los acantilados de hielo flotantes que forman la barrera que lleva su nombre.

Ross, sir John (Inch, Escocia 1777 - Londres 1856) Marino y explorador británico. Realizó una expedición a tierras árticas en busca del paso del NE. En una nueva expedición, en la que pasó cuatro inviernos en los hielos del Ártico (1829-1833), descubrió el polo magnético, en la isla de Somerset, y la isla del Rey Guillermo.

Ross, sir Ronald (Almora, India 1857 - Putney, Londres 1932) Médico británico. Demostró que el paludismo o malaria es transmitido por el mosquito anofeles, descubrimiento por el que le fue otorgado el premio Nobel de medicina y fisiología en 1902.

Ross, sir William David (Thurso, Escocia 1877 - Oxford 1971) Filósofo británico. Racionalista moral y crítico del utilitarismo, es considerado el principal estudioso de la obra de Aristóteles. Entre sus obras sobresalen *Aristóteles* (1923) y *Fundamentos de ética* (1939).

Rosselli, Cosimo (Florencia 1439 - íd. 1507) Pintor italiano. Su estilo es de transición del gótico al Renacimiento. Pintó los frescos de *La adoración del becerro de oro*, *El sermón de la montaña* y *La Última cena*, de la capilla Sixtina del Vaticano (1481).

Rossellini, Roberto (Roma 1906 - íd. 1977) Director de cine italiano. Filmó *Roma, ciudad abierta* (1945), película con la que se inició el neorrealismo italiano, estilo del que fue uno de los más destacados realizadores. Otras películas importantes suyas fueron *Paisà* (1946), *Stromboli* (1949), *Europa 51* (1952), *El general de la Rovere* (1959) y *Vanina Vanini* (1961).

Rossellino, Antonio (Settignano 1427 - Florencia 1479) Arquitecto y escultor italiano. Hermano y discípulo de Bernardo y perteneciente a la escuela toscana, es autor de la capilla del cardenal de Portugal en San Miniato al Monte, Florencia, y de la tumba Lazzari en Pistoia. Otras obras suyas de interés son *Jesús Niño*, *San Sebastián* (1470) y *Virgen de la leche* (1478).

Rossellino, Bernardo (Settignano 1409 - Florencia 1464) Arquitecto y escultor italiano. Fue discípulo de Leone Battista Alberti y construyó, siguiendo planos de éste, el palacio Rucellai de Florencia (h.1445-50). El papa Pío II le encargó los trabajos de urbanización en Pienza y el palacio Piccolomini (1459-63), en esta población. Es autor del sepulcro de Leonardo Bruni (1444) en Santa Croce, Florencia.

Rossetti, Dante Gabriel (Londres 1828 - Birchington-on-Sea, Kent 1882) Pintor y poeta británico. Principal representante de la escuela prerrafaelista. Fue autor de cuadros de gran sentido alegórico, en los que creó atmósferas evocadoras y sugestivas, plasmando con delicadeza la belleza femenina. Entre los principales cabe citar *Ecce ancilla domini* (1850), *Beata Beatrix* (1863) y *El sueño de Dante*. Su poesía se inspira en leyendas medievales y de ella sobresalen *Poemas* (1870) y *Sonetos y baladas* (1881).

Rossi, Luigi (Torremaggiore, Foggia 1598 - Roma 1653) Compositor, cantante y organista italiano. Sus arias destacaron tanto por su riqueza rítmica, como por la abundancia de armonías innovadoras. Introdujo en la cantata la alternancia de arias y recitativos. Escribió 338 arias, oratorios, cantatas, motetes y algunas óperas como *Orfeo* (1647).

Rossini, Gioacchino Antonio (Pesaro 1792 - París 1868) Compositor italiano. Situadas en el tránsito hacia el Romanticismo, sus primeras composiciones conservan el influjo de la ópera bufa italiana. Entre sus melodramas más célebres se cuentan *La italiana en Argel* (1813), *El barbero de Sevilla* (1816), *La Cenicienta* (1817) y *Guillermo Tell* (1829). De su música religiosa cabe mencionar la *Pequeña misa solemne* (1863).

Gioacchino Antonio Rossini.

Rosso, Medardo (Turín 1858 - Milán 1928) Escultor italiano. De la escuela impresionista, entre sus obras merecen citarse *Niño enfermo* (1892), *Diálogo en el jardín* (1893) e *Yvette Guilbert* (1894).

Rosso Fiorentino, Giovanni Battista di Iacopo de' Rossi, llamado (Florencia 1494 - París 1540) Pintor italiano. Considerado como uno de los primeros manieristas de la escuela toscana, pasó a Francia, donde Francisco I le confió la dirección de la decoración del palacio de Fontainebleau. Entre sus principales obras figuran *El descendimiento de la cruz* (1521), *La Virgen con cuatro santos* (1522) y *La Piedad*.

Rostand, Edmond (Marsella 1868 - París 1918) Dramaturgo y poeta francés. Escribió un teatro poético con reminiscencias románticas. Entre sus obras destacan *La samaritana* (1897), *Cyrano de Bergerac* (1897), *El aguilucho* (1900) y *Chantecler* (1910).

rosticería *s. f. Chile, Méx.* Tienda de pollos asados.

rostizado, da *adj. Chile, Méx.* Asado.

Rostock C. de Alemania, situada en el N del país, a orillas del mar Báltico. 254.000 h. en 1989. Cuenta con astilleros, importantes industrias navales, mecánicas y conserveras y el más importante puerto comercial del país. Se conservan la iglesia de Santa María (s. XIII) y unas murallas.

Rostov del Don (*Rostov-na-Donu*) C. de la Federación Rusa, situada en la región de Rostov, próxima a la desembocadura del Don, junto al mar de Azov. 1.020.000 h. en 1989. Tiene industria metalúrgica, química, alimentaria y mecánica, así como un importante puerto comercial. El canal Manichskii lo comunica con el mar Caspio.

Rostow, Walt Whitman (Nueva York 1916) Economista e historiador estadounidense. En su obra fundamental, *Las etapas del crecimiento económico* (1960), ha descrito los procesos de evolución económica y social de los países, que pasan por cinco etapas: la sociedad tradicional, las precondiciones para el despegue, el despegue, el camino hacia la madurez y la era del consumo.

rostro *s. m.* **1.** Cara de las personas. **2.** Pico del ave. **3.** Espolón* de la nave. ‖ **Loc. tener** uno **(mucho) rostro** *fam.* Tener (mucha) cara.

Rostropovich, Mstislav Leopoldovich (Bakú, Azerbaiyán 1927) Violonchelista y director de orquesta azerbaiyano. Discípulo de Pau Casals, es el más célebre intérprete de violonchelo en la actualidad. En 1974 abandonó la URSS. Para él han compuesto autores como Shostakovich. Son célebres sus ejecuciones de las *Suites* de Bach.

Roswitha von Gandersheim (Sajonia h. 935 - ? h. 975) Escritora alemana. Monja benedictina de la abadía de Gardersheim, es autora de leyendas hagiográficas y dramas edificantes en latín, como *Pellagius*, *Basilius*, *Callimacus* y *Abraham*, y del poema en hexámetros *La gesta de Otón*.

Rota Tribunal eclesiástico ordinario de la Santa Sede, que entiende de las apelaciones en las causas de derecho canónico de todo el ámbito católico mundial.

Rota C. de España, situada en la prov. de Cádiz. 27.150 h. en 1991. Tiene un puerto pesquero e industria alimentaria. En ella se encuentra una importante base militar aeronaval.

Rota, Nino (Milán 1911 - Roma 1979) Músico italiano. Escribió obras sinfónicas y óperas, como *El sombrero de paja de Florencia* (1955) y *Nápoles millonaria* (1978), pero es popular por su música para películas, como *La dolce vita* (1960), *El padrino* (1972) y *Muerte en el Nilo* (1978).

El movimiento de rotación de la Tierra produce la alternancia del día y la noche.

rotación *s. f.* **1.** Acción y efecto de rotar. **2.** En fís., movimiento giratorio en torno a un punto o a un eje, producido a causa de un sistema de fuerzas cuyo momento respecto al eje de rotación es no nulo. **3.** En mat., transformación geométrica que con centro en un punto *O* y con un ángulo *α* hace corresponder a cada punto *A* otro punto *A'*, verificándose *OA* = *OA'* y *α* = *AOA'*. **4.** Movimiento de cualquier cuerpo celeste (estrella, planeta, etc.) en torno a su eje o a un eje común. En la Tierra da lugar a la alternancia de días y noches. ‖ **5. rotación de cultivos** Técnica agrícola que consiste en alternar distintos cultivos y barbecho a fin de no agotar la tierra.

rotacismo *s. m.* En fonética, conversión de la *s* en *r* en posición intervocálica.

rotar *v. intr.* **1.** Rodar, girar. **2.** Encargarse sucesivamente y de manera cíclica varias personas de un trabajo o función.

rotario, ria *s. m.* y *f.* Miembro del Rotary Club.

Rotary Club Asociación mundial creada en Chicago (EE UU) en 1905 por el abogado Paul P. Harris para fomentar la unión entre círculos del mundo de los negocios, de la industria y profesiones liberales. Su emblema es una rueda dorada.

rotativo, va *adj.* **1.** Rotatorio*. **2.** Se dice de la máquina de imprimir que con un movimiento seguido y a gran velocidad imprime principalmente periódicos, revistas, etc. También *s. f.* ‖ *s. m.* **3.** P. ext., periódico impreso en este tipo de máquinas.

rotatorio, ria *adj.* Que rota o gira.

roterodamense *adj.* De Rotterdam. También *s.*

Roth, Philip (Newark, New Jersey 1933) Escritor estadounidense. De familia judía, trata con ironía de la acomodación del judío a la vida americana y al mismo tiempo ofrece una visión de la clase media del país. Entre sus novelas merecen citarse *Cuando ella era buena* (1967), *El lamento de Portnoy* (1969), *El profesor del deseo* (1978) y *La orgía de Praga* (1985).

Rothko, Mark (Dvinsk, actual Daugavpils 1903 - Nueva York 1970) Pintor estadounidense de origen letón. Emigró a EE UU en 1913. Fue uno de los fundadores del grupo *Ten ten* (1935). Pasó del expresionismo al surrealismo y desde 1947 a una pintura pura, no figurativa, basada en la combinación y gradación de grandes superficies de color. Son dignas de mención sus pinturas para la capilla ecuménica de Houston (Texas).

Rothschild Familia de banqueros alemanes de origen judío. Entre sus miembros más destacados se cuentan: **Mayer Amschel** (Frankfurt del Main 1743 - íd. 1812), fundador de la familia; el príncipe elector de Hesse-Cassel le introdujo en la corte, pero fue la Revolución Francesa la que le dio la oportunidad de realizar buenos negocios; incorporó a sus hijos a sus empresas: así **Nathan** (1777-1836) se hizo cargo de la sucursal de Manchester, luego trasladada a Londres; **James** (1792-1868) se estableció en París (1812); **Amschel** (1773-1855), en Frankfurt, al morir su padre; **Salomon** (1774-1855), en Viena; y **Karl** (1788-1855), en Nápoles. A la caída de Napoleón, la banca Rothschild negoció con la mayoría de los gobiernos europeos. Su influencia decayó a principios del s. XX; la casa de Nápoles fue cerrada; la de Frankfurt, que fue regida por los hijos de Karl, **Mayer** (1820-1886) y **Wilhelm** (1828-1901), también se clausuró a la muerte de éste, y la de Viena desapareció con los nazis. La familia Rothschild fue ardiente defensora del sionismo y entre sus miembros existen coleccionistas, mecenas y protectores de museos. Continúan abiertas las casas de Londres y París.

rotíferos *s. m. pl.* Tipo de invertebrados asquelmintos acuáticos a la que pertenecen unas 1.500 especies comprendidas en las clases bdeloideos, monogonontes y seisonídeos. Su tamaño no excede de 3 mm de longitud. Tienen el cuerpo contráctil y cubierto por una cutícula, separado en tres regiones, cabeza, tronco y cola, de forma ovalada terminado en pinza, con la que se fijan a los objetos sobre los que viven. Se caracterizan por tener en la región cefálica un aro doble de pestañas vibrátiles. Presentan marcadas diferencias entre los sexos: es mucho menor el macho que la hembra. Ponen dos clases de huevos, unos normales y otros partenogenéticos. Algunas especies son parásitas de crustáceos. Habitan en aguas dulces o marinas y zonas terrestres muy húmedas. También *adj.* y *s. m.*

rotisería *s. f. Arg., Chile.* Tienda de fiambres.

roto, ta **1.** *p. p.* irreg. de **romper**. También *adj.* ‖ *adj.* **2.** Que va con la ropa rota. **3.** Muy cansado. ‖ *s. m.* **4.** Rotura, raja, agujero. **5.** *Arg., Perú. desp.* Chileno.

rotograbado *s. m.* Sistema de huecograbado rotativo.

rotonda *s. f.* **1.** Plaza con forma circular. **2.** Templo, edificio o sala de planta circular. **3.** Galería en forma de arco de círculo con cristalera o ventanal.

rotor *s. m.* Parte giratoria de una máquina electromagnética o de una turbina.

rotoso *adj. amer.* Desharrapado, harapiento.

Rotterdam C. de los Países Bajos, situada en el SO del país, junto a la desembocadura del Rhin. 576.200 h. en 1989 y 1.031.000 h. en su aglomeración urbana. Los dos grandes pilares de su economía son el puerto y la petroquímica. Debido a su situación estratégica en el eje industrial del Rhin, su puerto, el más activo del mundo, con más de 250 millones de t de movimiento anual, ha tenido que ser ampliado mediante la construcción en 1971 del denominado *Europuerto*, que ocupa en la actualidad unos 30 km de muelles. Cuenta también con astilleros, gran número de refinerías de petróleo e industrias metalúrgicas, mecánicas y alimentarias. La ciudad es, además, un importante centro financiero. Fundada en el s. XIV, tres siglos más tarde ya era la segunda ciudad comercial de los Países Bajos. A partir de entonces su importancia creció hasta convertirse en uno de los más relevantes puertos del mundo. Durante la Segunda Guerra Mundial fue devastada; la reconstrucción se llevó a cabo con un moderno estilo arquitectónico.

rótula *s. f.* **1.** Hueso en forma de disco, situado en la cara anterior de la rodilla, entre el fémur y la tibia, cuya misión es articular el movimiento de ambos. **2.** En mecánica, unión entre dos piezas que permite el movimiento de ambas. **Fam.** Rotular.

rotulado, da **1.** *p. p.* de **rotular**. ‖ *s. m.* **2.** Acción y efecto de rotular.

rotulador, ra *adj.* **1.** Que rotula o sirve para rotular. También *s.* ‖ *s. m.* **2.** Utensilio para escribir, pintar, etc., formado por un cilindro con una carga de tinta y una punta de material absorbente. ‖ *s. f.* **3.** Máquina para rotular.

rotular *v. tr.* **1.** Poner un rótulo. **2.** Colocar dentro de un dibujo o esquema las palabras que sirven como título o para hacer indicaciones. **Fam.** Rotulación.

rotulata *s. f.* **1.** Colección de rótulos. **2.** *fam.* Rótulo, letrero.

rotuliano, na *adj.* Perteneciente o relativo a la rótula.

rotulista *s. m.* y *f.* Persona que se dedica a poner rótulos.

rótulo *s. m.* **1.** Título de un escrito o de una parte de él. **2.** Letrero, cartel.

rotundo, da *adj.* **1.** Que no admite duda o discusión. **2.** Se aplica al lenguaje claro y preciso en el contenido y sonoro en la forma. **3.** Redondeado. **Fam.** Rotundamente, rotundidad, rotundidez.

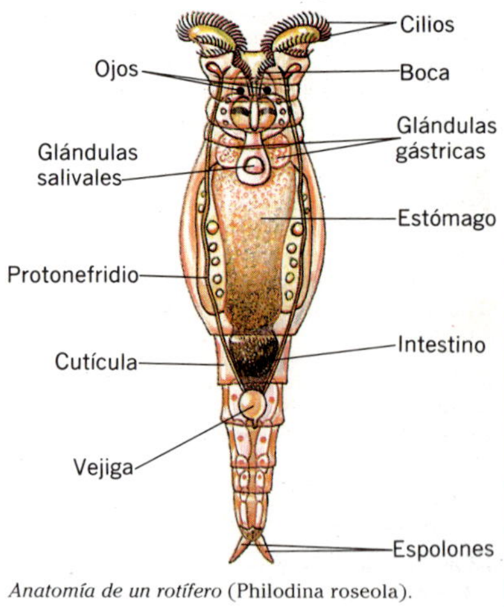

Anatomía de un rotífero (Philodina roseola).

rotura *s. f.* **1.** Acción y efecto de romper o romperse. **2.** Raja, agujero, etc., que resulta cuando se rompe un cuerpo sólido.

roturador, ra *adj.* **1.** Que rotura. ‖ *s. f.* **2.** Máquina que sirve para roturar las tierras.

roturar *v. tr.* Arar por primera vez las tierras para ponerlas en cultivo. **FAM.** Roturación.

Rouault, Georges (París 1871 - íd. 1958) Pintor francés. Iniciado en la técnica de la vidriera, realizó una pintura expresionista, en la que destacan las formas con contornos negros y la utilización de colores luminosos. Entre sus cuadros sobresalen *Jesús entre los doctores* (1894), *Crucifixión* (1918) y *Paisaje bíblico* (1949).

Roubaix C. de Francia, situada en el NE del país, junto a la frontera belga. 101.500 h. en 1982. Es un importante centro de la industria, que forma parte de la conurbación de Lille.

Rouché, Eugène (Sommières, Gard 1832 - Lunel 1910) Matemático francés. Estudió los desarrollos en serie de las funciones, el cálculo de probabilidades y enunció el teorema que lleva su nombre.

Rouché-Frobenius, teorema de Un sistema de ecuaciones lineales es compatible si el rango de la matriz de los coeficientes de las incógnitas es igual al rango de la matriz formada al añadir los términos independientes a la matriz de coeficientes. Si ambos rangos son iguales al número de incógnitas de la ecuación, el sistema es compatible determinado; si no es así, el sistema es compatible indeterminado.

roulotte (voz fr.) *s. f.* Remolque que se engancha a los turismos y cuyo interior es una pequeña vivienda.

round (voz ingl.) *s. m.* En boxeo, asalto*.

Rous, Francis Peyton (Baltimore 1879 - Nueva York 1970) Biólogo estadounidense. Director del Centro de patología médica de la Fundación Rockefeller, investigó sobre las causas del cáncer y demostró que algunos tipos de cáncer pueden tener origen vírico. En 1966 fue galardonado con el premio Nobel de fisiología y medicina, compartido con Charles Branton Huggins.

Rousseau, Henri, llamado **el Aduanero** (Laval 1844 - París 1910) Pintor francés. Es el principal representante de la pintura ingenua o naif. Su valor no fue reconocido hasta después de su muerte, en que fue reivindicado por Picasso y los autores del grupo *Der Blaue Reiter.* Su obra, de temas exóticos y alegóricos, presenta colores puros y luminosos, en composiciones complejas de una gran fuerza poética. Entre sus cuadros destacan *La guerra* (1894), *La gitana dormida* (1897) y *El poeta y su musa* (1909).

Henri Rousseau: Autorretrato *(Galería Nacional de Praga).*

Rousseau, Jean-Jacques (Ginebra 1712 - Ermenonville 1778) Filósofo y escritor suizo en lengua francesa. De formación autodidacta, cultivó distintos campos del saber. Llegó a París en 1741, donde frecuentó el círculo de los enciclopedistas, con quienes más tarde rompió. Rousseau se opone a la idea ilustrada de progreso, puesto que concibe que en la cultura y la civilización radican todos los males que aquejan al hombre, el cual, siendo bueno por naturaleza, se ha visto conducido a un estado de corrupción. Frente al pensamiento ilustrado, que cifraba en la razón la conquista de la felicidad, Rousseau mantuvo que la dicha sólo se alcanza atendiendo a los propios sentimientos, que permiten recuperar la armonía y justicia perdidas. En toda la obra de Rousseau se aprecia una exaltación del sentimiento, que se refleja en sus teorías sobre la religión, la estética y la educación. En política, afirmó que la sociedad civil es un cuerpo único nacido de un pacto social y defendió sin restricciones la soberanía popular. De su vasta producción cabe resaltar las entradas sobre música de *La Enciclopedia, Discurso sobre las ciencias y las artes* (1750), *Discurso sobre el origen de la desigualdad de los hombres* (1755), *Emilio* (1762), *El contrato social* (1762); y desde un punto de vista literario *Ensoñaciones de un paseante solitario* (1782) y *Confesiones* (1782-89).

Jean-Jacques Rousseau. Retrato de Quentin de la Tour (Museo de Bellas Artes de Ginebra).

Rousseau, Théodore (París 1812 - Barbizon 1867) Pintor francés. Destacado paisajista, promovió la pintura al aire libre. Se instaló en Barbizon (1835) y su estudio fue el centro de un grupo de pintores, conocido como *escuela de Barbizon.* La obra de Rousseau está considerada como precursora del impresionismo. Algunos de sus cuadros más significativos son *La avenida de los castaños* (1834), *El pueblo de Barbizon, Paisaje después de la lluvia* (1852) y *Puesta de sol en el bosque* (1866).

Roussel, Albert (Tourcoing 1869 - Royan 1937) Compositor francés. Fue discípulo de Vincent d'Indy en París. Aunque fiel a la tonalidad y a las formas tradicionales, sus obras acusan influencias de Debussy y Stravinski. Entre ellas sobresalen *Sonatina* (1912), *Padmâvati* (1914-18), *Serenata* (1925), *Pequeña suite* (1929) y *Cuarteto de cuerda* (1931-32).

Roux, Jacques (Angoumois h. 1750 - Bicêtre, cerca de París 1794) Político francés. Vicario de una parroquia de París, fue dirigente de los *sans-culottes.* Pidió la pena de muerte para los acaparadores (1792) y justificó el saqueo de tiendas por el pueblo (1793). Detenido en 1793, fue juzgado por el tribunal revolucionario y se suicidó con un puñal al enterarse de su condena.

rovellón (voz cat.) *s. m.* Níscalo*.

Rovere, della Familia noble italiana originaria de Savona, que dio dos papas a la Iglesia, **Sixto IV** y **Julio II**; gobernó el ducado de Urbino de 1508 a 1631. Otros miembros importantes fueron: **Francesco Maria I** (1490 - 1538), que heredó el ducado de Urbino y fue capitán general de los Estados Pontificios (1508-11) y general en jefe de las tropas venecianas (1523); **Guidobaldo II** (1514 - 1574), hijo y sucesor del anterior, que también fue capitán general de las tropas venecianas (1540-52) y de las de la Iglesia (1553); y **Francesco Maria II** (1548 - 1631), hijo del anterior, protector de las artes; a su muerte sus territorios pasaron a la Iglesia.

Rowland, Henry Augustus (Honesdale, Pennsylvania 1848 - Baltimore 1901) Físico estadounidense. Estudió la permeabilidad magnética (1873). Inventó la rejilla cóncava de difracción, que revolucionó el análisis espectral. Determinó con exactitud el equivalente mecánico del calor y el valor del ohmio.

Roxas, Manuel (Capiz 1892 - Manila 1948) Político filipino. Fue ministro de Hacienda (1938) y senador (1941). Formó parte del gobierno de Laurel durante la ocupación japonesa en la Segunda Guerra Mundial. Al término de la misma fue presidente del senado (1945) y de la república (1946-48), y proclamó la independencia.

roya *s. f.* Enfermedad provocada por hongos parásitos en plantas como el trigo y otros cereales, judías, espárragos, manzano, etc., que se manifiesta en la aparición de manchas en las hojas.

Royal Society Sociedad científica inglesa, fundada en Londres en 1660, que ha participado activamente en la vida científica del país. Ha tenido entre sus presidentes a personajes de la talla de Isaac Newton y Ernest Rutherford.

royalty (voz ingl.) *s. m.* Pago que una persona o empresa debe hacer al titular de una obra, patente, invento, proceso de producción, etc., como derecho por explotarlos comercialmente.

Royo, Arístides (La Chorrera 1940) Abogado y político panameño. Participó en la redacción de la Constitución de 1972, fue ministro de Educación (1973-78) y presidente del país (1978). Dimitió tras la muerte de Omar Torrijos (1982).

roza *s. f.* **1.** Surco o canal que se abre en una pared o techo para meter tuberías, cables, etc. **2.** Técnica agrícola primitiva que se basa en la roturación de tierras en el interior de la selva. **3.** Acción y efecto de rozar.

rozadura *s. f.* **1.** Acción y efecto de rozar o rozarse una cosa con otra. **2.** Señal que queda en las cosas después de haberse rozado. **3.** Herida superficial de la piel producida por rozamiento.

rozagante *adj.* **1.** Orgulloso y satisfecho. **2.** Que tiene buen aspecto, vistoso.

rozamiento *s. m.* **1.** Acción y efecto de rozar o rozarse. **2.** En fís., fuerza que se produce entre dos superficies en contacto y que se opone al movimiento de una sobre otra. Es siempre directamente proporcional al peso del cuerpo que se mueve cuando éste lo hace sobre un plano horizontal y, si éste lo hace en un plano inclinado, a la componente normal del peso. También depende de la naturaleza de las dos superficies puestas en contacto y de lo pulidas o rugosas que sean éstas. El trabajo efectuado por la fuerza de rozamiento se disipa en forma de calor. ‖ **3. coeficiente de rozamiento** En fís., relación de proporcionalidad entre las intensidades de la fuerza de rozamiento y la componente normal del peso del cuerpo que se desliza. También existe rozamiento cuando un cuerpo rueda sobre otro, pero el coeficiente de rozamiento por rodadura es siempre menor que en el deslizamiento.

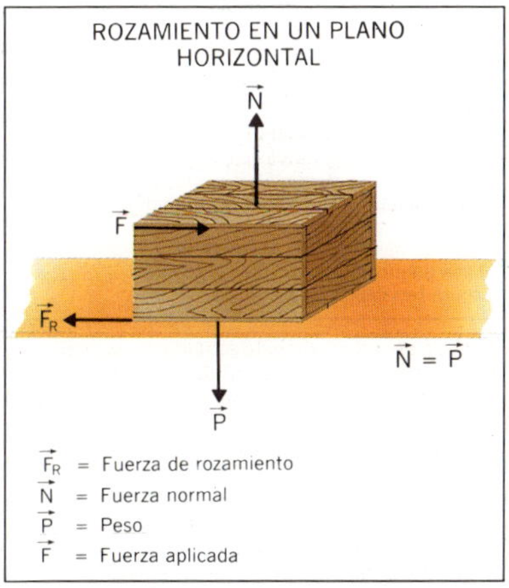

El rozamiento en plano horizontal se calcula mediante la fórmula $F_R = \mu P = \mu\ mg$*, donde* μ *es el coeficiente de rozamiento, constante de proporcionalidad entre la fuerza de rozamiento y la fuerza normal,* P *el peso,* m *la masa y* g *la gravedad.*

rozar *v. intr.* **1.** Tocar ligeramente una persona o cosa a otra. También *v. tr.* **2.** Referido a cosas inmateriales, aproximarse mucho a algo. También *v. tr.* ‖ *v. tr.* **3.** Hacer una raspadura, mancha, producir desgaste, etc., el contacto de una cosa con otra. También *v. prnl.* **4.** Abrir rozas en la pared, suelo, etc. **5.** Limpiar un terreno de hierbas y otras plantas para labrarlo. ‖ *v. prnl.* **6.** Tener trato. ■ Se conjuga como *cazar.*

Rozas de Madrid, Las C. de España, en la prov. de Madrid. 35.200 h. en 1991. Cuenta con industrias dedicadas a la producción de cemento y a la metalurgia, pero fundamentalmente es una ciudad residencial.

RPG (siglas de *Report Program Generator*, generador de programas para informes) Lenguaje de programación específico para la gestión administrativa, centrado en la información extraída de los ficheros.

-rragia *suf.* Significa 'flujo, brote': *blenorragia, hemorragia.*

Ru Símbolo químico del rutenio.

rúa *s. f.* Calle de una población.

Ruán (*Rouen*) C. de Francia, cap. de la región de Alta Normandía, situada en el N del país, junto al río Sena. 103.000 h. en 1990 y 596.500 h. en su aglomeración urbana. Cuenta con industria química, petroquímica, alimentaria, metalúrgica y mecánica. Su puerto fluvial la ha convertido en un importante centro comercial. Entre los monumentos que conserva destacan la catedral, uno de los mejores ejemplos del gótico primitivo; las iglesias de Saint-Ouen (s. XIV) y Saint-Maclou (s. XV); el palacio de Justicia (s. XVI) y Le Gros Horloge, puerta renacentista.

Ruanda (*Rwanda*) Estado del E de África central.

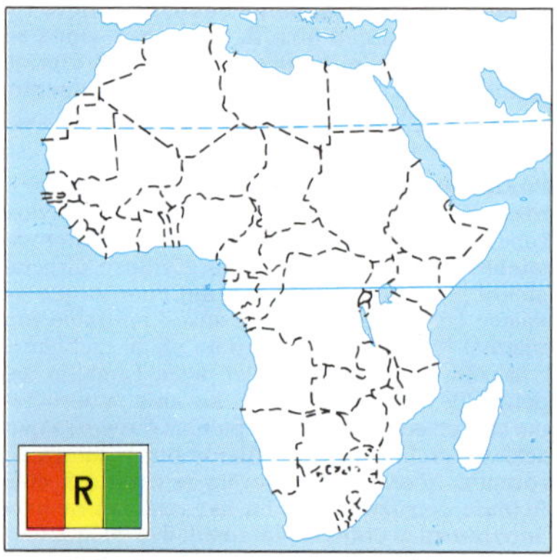

Extensión: 26.338 km^2.
Límites: al N, con Uganda; al E, con Tanzania; al S, con Burundi, y al O, con Zaire.
Población: 7.232.000 h. en 1990.
Densidad: 274,6 h./km^2.
Capital: Kigali.
División administrativa: 10 prefecturas.
Ciudades principales: Butare, Ruhengeri y Gisenyi.
Gentilicio: ruandés.
Forma de Estado: república presidencialista.
Idioma: francés y kinyaruanda.
Religión: catolicismo, 56 %; protestantismo, 12 %; islamismo, 9 %; creencias tradicionales, 23 %.
Moneda: franco ruandés.
Tasa de natalidad: 51 ‰ en 1990.
Tasa de mortalidad: 17 ‰ en 1990.
Renta per cápita: 310 dólares en 1989.

Geog. física Ruanda está situada en la región de altas mesetas centro-orientales africanas. La meseta donde se encuentra está inclinada por el lado E hacia el lago Victoria. En la parte N del país se alzan los montes Virunga y en el E una serie de colinas surcadas por numerosos ríos pequeños; al O se halla el lago Kivu. El clima ecuatorial predomina en los valles, mientras que el de transición a la montaña, templado y húmedo, es el típico de la meseta. Tiene una vegetación de bosque ecuatorial y formaciones herbáceas.
Geog. humana y ***económica*** La población pertenece a la raza negra y está formada por tres grandes grupos étnicos: los hutu o bahutu, los tutsi o batutsi y los twa o batwa. La población, a excepción de un 5 %, reside en núcleos rurales. La economía depende casi exclusivamente de la agricultura, cuyos productos más relevantes son la patata, batata, mandioca, cereales, arroz, té, café y tabaco. Cuenta con una cabaña ganadera bovina, caprina y ovina y con yacimientos de estaño y tungsteno.
Hist. El país estuvo habitado por tribus twa, de las cuales subsisten en la actualidad pequeños núcleos en las zonas selváticas. A principios del primer milenio, el país fue progresivamente ocupado por el grupo de los hutu, procedentes del actual Congo. A estos pueblos se unieron, en el s. XV, los tutsi, originarios de la actual Etiopía, que al cabo del tiempo formaron el reino independiente de Ruanda. Los exploradores John Hanning Speke y Richard Francis Burton fueron los primeros que alcanzaron la región mientras realizaban la búsqueda de las fuentes del Nilo en 1858. La conferencia de Berlín de 1885, que estableció los límites de la expansión colonial africana de las distintas potencias occidentales, integró a Ruanda dentro del África Oriental Alemana. Tras la Segunda Guerra Mundial y la derrota de Alemania, la Sociedad de Naciones otorgó a Bélgica la administración del país, que fue asociado al vecino Estado de Burundi. En 1950 surgieron las primeras corrientes nacionalistas que, después de una enconada lucha, obtuvieron la independencia en 1962, adoptando la fórmula política de república, que había sido aceptada en referéndum en 1961, tras ser abolido el poder de los mwamiranos. Entre 1962 y 1964 los tutsi, que querían hacerse con el poder, llevaron a cabo una serie de matanzas que provocaron la desaparición de más de veinte mil habitantes. Un golpe de Estado depuso en 1973 al presidente Grégoire Kayibanda, asumiendo su puesto el general Juvenal Habyalimana. La nueva Constitución, aprobada en 1978, atribuyó un papel preponderante al presidente de la república y al Movimiento Revolucionario Nacional para el Desarrollo, constituido como partido único. El general Juvenal Habyalimana ha sido reelegido presidente en ocasiones sucesivas, la última en 1988.

ruano, na *adj.* Se aplica al caballo o yegua cuyo pelo es una mezcla de blanco, gris y bayo. ■ Se dice también *roano.*

Rubbia, Carlo (Gorizia 1930) Físico italiano. En 1983 dirigió, junto con Simon van der Meer, un amplio grupo de científicos que demostró, en el Centro Europeo de Investigación Nuclear (CERN), la existencia de las partículas intermediarias W y Z. Obtuvo el premio Nobel de Física de 1984, compartido con Simon van der Meer.

rubefacción *s. f.* **1.** Enrojecimiento de la piel. **2.** Enrojecimiento de determinados suelos, por la presencia de ácido férrico.

rubefaciente *adj.* Que produce rubefacción. También *s. m.*

Rubens, Peter Paul (Siegen, Westfalia 1577 - Amberes 1640) Pintor flamenco. Se formó en Amberes y en Italia, donde recibió la influencia de los paisajistas flamencos y venecianos, así como de los manieristas italianos, y trabajó en España, Italia y Flandes. Su pintura se caracteriza por la vitalidad y dinamismo de las composiciones, abiertas y organizadas en líneas diagonales, por las figuras humanas opulentas y vigorosas, la gran riqueza cromática, la luminosidad, la factura suelta, las formas difuminadas y el carácter decorativo, sensual y emocional propio del Barroco. Dominó todos los géneros: el religioso, tratado con un sentido espectacular y grandioso, como en la *Transfiguración* (1604) y *El descendimiento de la cruz* (1612); el mitológico, de gran sensualidad e imaginación, del que son una buena muestra *El rapto de las hijas de Leucipo* (1635) y *Las tres Gracias* (1635-39); el histórico, en los grandes lienzos de la *Historia de María de Médicis* (1622-25); el retrato, como *El duque de Lerma* (1603); y el popular y paisajístico, en obras como *Kermesse* (h. 1635).

Peter Paul Rubens: Autorretrato con su mujer y su hija *(Metropolitan Museum, Nueva York).*

rubeola o **rubéola** *s. f.* Infección vírica, generalmente leve, que produce una erupción semejante a la del sarampión y que suele contraerse durante la infancia. Si la padece una mujer embarazada, puede transmitirse al feto y provocar en él defectos congénitos, como cataratas, sordera y problemas cardiacos.

rubeólico, ca *adj.* **1.** Perteneciente o relativo a la rubeola. **2.** Que la sufre. También *s.*

rubí *s. m.* Variedad del corindón. Es una gema de color rojo, muy apreciada en joyería, con brillo intenso y gran dureza. Se extrae en la India, Ceilán, Birmania y Tailandia.

Rubí C. de España, en la prov. de Barcelona. 50.400 h. en 1991. Posee industria textil, química, metalúrgica y de plásticos. En su término municipal se han hallado restos de una necrópolis ibera y de un poblado iberorromano; la ciudad conserva un castillo árabe y la iglesia románica de San Pedro (s. X).

rubiáceas *s. f. pl.* Familia de plantas herbáceas o leñosas del orden rubiales, a la que pertenecen unas 7.000 especies comprendidas en unos 500 géneros, entre los que destacan *Coffea, Cinchona, Gardenia, Rubia* y *Uncaria.* Tienen hojas opuestas o verticiladas, con estípulas, flores hermafroditas, generalmente con sólo dos carpelos, dispuestas en panículas o cimas, y fruto en cápsula, baya, drupa o esquizocarpo. Crecen en todo el mundo, sobre todo en climas tropicales y subtropicales. Rubiáceas son el café, la quinina, la gardenia, etc. También *adj.* y *s. f.*

rubial *adj.* De color similar al del pelo rubio.

rubiales *adj. fam.* Se aplica a la persona rubia. También *s.*

Rubicón Pequeño río de Italia de identificación incierta, probablemente situado en el S de la región de Emilia-Romaña, que marcaba la frontera entre la Galia Cisalpina e Italia. Aunque no podía franquearse sin una orden del Senado romano, César lo cruzó con sus legiones, lo que provocó la guerra civil con Pompeyo. ‖ **Loc. pasar el Rubicón** Dar un paso decisivo.

rubicundez *s. f.* **1.** Cualidad de rubicundo. **2.** Color rojo o sanguíneo que se presenta como fenómeno patológico en la piel y en las membranas mucosas.

rubicundo, da *adj.* **1.** Rubio rojizo. **2.** Se aplica a la persona de buen color y que parece gozar de perfecta salud.

rubidio *s. m.* Rb. Elemento químico perteneciente al grupo I A del sistema periódico o grupo de los elementos alcalinos. Su número atómico es 37 y su masa atómica 85,4678. Fue descubierto por Robert Wilhelm Bunsen y Gustav Robert Kirchoff en 1861 y su nombre alude al color rojo oscuro del rubí, que es la coloración que presentan a la llama las sales de dicho elemento. Es un metal cuyo bajo punto de fusión, 39 °C, determina que se licúe con gran facilidad. Como sus restantes compañeros de grupo, reacciona fácilmente con los ácidos y las bases y violentamente con el agua. El rubidio se encuentra, junto con otros metales, en minerales como la biotita, lepidolita, carnalita, así como en rocas graníticas. También está presente en las cenizas del tabaco, el té y el café. Su baja energía de ionización lo hace particularmente adecuado para el empleo en células fotoeléctricas y en válvulas de vacío; también se utiliza en la fabricación de vidrios especiales y algunos de sus compuestos se toman como sedantes.

Rubinstein, Anton Grigorievich (Vejvotinetz, Podolsk 1829 - Peterhof 1894) Pianista, director de orquesta y compositor ruso. Fue alumno de Liszt y uno de los más grandes pianistas de su tiempo. En 1862 fundó el Conservatorio de San Petersburgo, que dirigió durante cinco años. Fue asimismo un compositor muy fecundo, autor de la ópera *El demonio* (1875), 6 sinfonías, 5 conciertos, 10 cuartetos y gran número de piezas cortas para piano.

Rubinstein, Arthur (Lodz 1887 - Ginebra 1982) Pianista polaco nacionalizado estadounidense. Empezó a tocar el piano a los tres años e hizo su debut en 1900 en Berlín. Realizó numerosas giras por todo el mundo, despertando enorme entusiasmo. Fue un intérprete magistral de compositores modernos, como Albéniz, Falla y Stravinski, y en especial de Chopin.

rubio, bia *adj.* **1.** De color entre amarillo y dorado; se aplica especialmente al pelo de este color y a la persona que lo tiene. También *s.* **2.** Se aplica a un tipo de tabaco de color más claro y sabor más suave que el negro. También *s. m.* ‖ *s. m.* **3.** Pez perciforme de la familia tríglidos, especie *Trigla lastoviza.* Mide unos 40 cm de longitud y tiene las escamas prolongadas en estrías. Es comestible y habita en el Atlántico y el Mediterráneo. ‖ *pl.* **4.** Centro de la cruz en el lomo del toro. ‖ *s. f. fam.* **5.** Peseta*. ‖ **6. rubio platino** El muy claro y brillante.

rubión *adj.* Se dice de una variedad de trigo de grano dorado. También *s. m.*

Rublev, Andrei (? h. 1360 - Moscú 1430) Pintor ruso. Influido por la pintura bizantina decoró, junto con Teófanes el Griego, el iconostasio de la catedral de la Asunción de Moscú. Es autor de un fresco del juicio final, en la catedral de la Dormición de Vladimir, y de iconos como el *Arcángel San Miguel* (1407) y su obra maestra *La Trinidad.*

rublo *s. m.* Unidad monetaria de Rusia desde 1863 y más tarde de la URSS y de las repúblicas de la CEI; se divide en 100 cópecs.

rubor *s. m.* **1.** Color encarnado que aparece en el rostro a causa de la vergüenza y que se debe al agolpamiento de la sangre en los vasos sanguíneos. **2.** Sentimiento de vergüenza.

ruborizar *v. tr.* **1.** Hacer que le suba el rubor a la cara a alguien. También *v. prnl.* **2.** Avergonzar. También *v. prnl.* ▪ Se conjuga como *cazar.*

ruboroso, sa *adj.* Que tiene rubor.

rúbrica *s. f.* Rasgo, raya o garabato que, con el nombre o sin él, forma la firma de alguien.

rubricar *v. tr.* **1.** Poner uno su rúbrica con el nombre o sola. **2.** Confirmar, apoyar. ▪ Se conjuga como *sacar.*

rubro *s. m. amer.* Título, rótulo.

rucio, cia *adj.* **1.** Se aplica al animal de color pardo claro, blanquecino o canoso. También *s.* ‖ *s. m.* **2.** Asno*, animal.

Ruda Slaska C. de Polonia, situada en el S del país, en la región de Silesia. 167.700 h. en 1989. Posee importantes yacimientos de carbón y hulla e industria siderúrgica y metalúrgica.

Rude, François (Dijon 1784 - París 1855) Escultor francés. Representante del romanticismo escultórico, entre sus trabajos sobresalen *Marino napolitano* (1833), *La marsellesa* (1833-35), relieve en el Arco del Triunfo de París, el sepulcro del general Cavaignac (1847) en el cementerio de Montmartre y la estatua del mariscal Ney (1852-53).

rudimentario, ria *adj.* Simple, elemental, tosco.

rudimento *s. m.* **1.** Embrión de un ser orgánico. ‖ *pl.* **2.** Conocimientos básicos sobre una materia.

rudo, da *adj.* **1.** Grosero, sin educación. **2.** Duro, fuerte, violento en sentido no físico. **3.** Basto, tosco. **4.** Costoso, difícil. **Fam.** Rudamente, rudeza.

rueca *s. f.* Utensilio que se empleaba para hilar, formado básicamente por una vara con una pieza en su parte superior, donde se pone la materia textil o copo y un huso accionado con una rueda.

rueda *s. f.* **1.** Objeto o mecanismo de forma circular que puede girar sobre un eje. **2.** Círculo formado por personas o cosas. **3.** Rodaja* de alimento. **4.** Despliegue en abanico que hace el pavo con las plumas de la cola. **5.** Fuego de artificio en forma de círculo que, al quemarse, gira alrededor de un eje. ‖ **6. rueda de la fortuna** La sucesión de los acontecimientos de la vida considerados como inconstantes o impredecibles. **7. rueda de prensa** Conferencia* de prensa. ‖ **Loc. chupar rueda** *fam.* En ciclismo, ir un corredor justamente detrás de otro para protegerse del viento; también, aprovecharse del esfuerzo de alguien. **comulgar** uno **con ruedas de molino** *fam.* Creer las cosas más inverosímiles o exageradas. ▪ Se usa más en frases negativas.

Tecnol. La rueda constituye la superficie de rodamiento de la mayoría de los vehículos automóviles. Suele ir provista de un neumático, generalmente de caucho, que disminuye el rozamiento con el suelo y facilita el movimiento. También se utilizan ruedas para amplificar las fuerzas (volante), para controlar y ajustar determinados instrumentos y para transmitir movimiento (rueda dentada).

Rueda, Lope de (Sevilla h. 1500 - Córdoba 1565) Dramaturgo español. Recorrió el país con su compañía de teatro y fue elogiado por Cervantes como renovador de la escena española. Lo más importante de su obra son las comedias, en las que se advierte la influencia italiana, como *Los engañados, Medora, Eufemia* y *Armelina*, y especialmente los pasos, representaciones breves llenas de viveza y de gran comicidad, con los que inicia un género teatral menor; entre los principales figuran *Las aceitunas, Los criados, Pagar y no pagar* y *El rufián cobarde.*

Rueda, Salvador (Benaque, Málaga 1857 - Málaga 1933) Poeta español. Dotado de extraordinaria intuición lírica, introdujo innovaciones rítmicas y combinaciones estróficas con las que se anticipó a Rubén Darío. Entre sus principales obras poéticas se cuentan *Noventa estrofas* (1883), *En tropel: cantos españoles* (1892), *Piedras preciosas* (1900) y *Lenguas de fuego* (1908).

ruedo *s. m.* **1.** Círculo cubierto de arena de la plaza de toros en el que se realiza la lidia. **2.** Borde de una cosa redonda, p. ej. de una falda. **3.** Cosa que se pone alrededor de otra bordeándola. **4.** Corro de personas. **5.** Estera pequeña, especialmente la redonda.

ruego *s. m.* Acción y efecto de rogar.

Ruelas, Julio (Zacatecas 1870 - París 1907) Pintor y grabador mexicano. Excepcional dibujante, difundió el modernismo en México. Fue uno de los fundadores de la *Revista Moderna*, en la que publicó buen número de dibujos. Es destacable su labor como aguafuertista y también como retratista.

Ruffini, Paolo (Valentano, cerca de Viterbo 1765 - Módena 1822) Matemático y médico italiano. Fue profesor de matemáticas y de clínica médica de la universidad de Módena, de la que llegó a ser rector. Demostró la imposibilidad de resolver por medio de radicales la ecuación general de grado superior al cuarto.

Ruffini, regla de Véase **regla**.

rufián *s. m.* **1.** Hombre que vive de la estafa y del engaño. **2.** Proxeneta*. **Fam.** Rufianismo.

rufianería *s. f.* Actividad del rufián.

rufianesco, ca *adj.* **1.** Perteneciente o relativo a los rufianes. ‖ *s. f.* **2.** Conjunto de rufianes y su mundo.

rufo, fa *adj.* **1.** *fam.* Satisfecho. **2.** *fam.* Fanfarrón. **3.** Rubio o pelirrojo. **4.** De pelo rizado.

Rufo, Juan (Córdoba h. 1547 - íd. h. 1620) Escritor español. Llevó una vida aventurera y participó en la batalla de Lepanto en la galera real. Se le recuerda como autor de *La Austriada* (1584), poema épico que ensalza la figura de don Juan de Austria, y *Los seiscientos apotegmas con otras obras en verso* (1596), colección de más de 700 sentencias.

rugby (voz ingl.) *s. m.* Deporte de competición entre dos equipos, cuyos 15 jugadores se disputan un balón ovalado para depositarlo tras la línea de fondo del campo ocupado por el contrario (ensayo), o introducirlo de un puntapié por encima del travesaño horizontal de la portería opuesta (transformación). Fue inventado en 1823 por W. Webbs Ellis. Su principal competición es la Copa de las Cinco Naciones, que disputan Inglaterra, Gales, Escocia, Irlanda y Francia; es también un deporte muy extendido en Nueva Zelanda.

rugido, da **1.** *p. p.* de **rugir**. ‖ *s. m.* **2.** Acción y efecto de rugir.

rugidor, ra *adj.* Que ruge.

rugir *v. intr.* **1.** Emitir el león la voz que le es característica y otros animales que la tienen parecida. **2.** Producir ciertas cosas un sonido fuerte y ronco, p. ej. el mar o una tormenta. **3.** Sonar las tripas, especialmente por estar vacías. **4.** Dar gritos una persona furiosa. ▪ Se conjuga como *surgir.*

rugosidad *s. f.* **1.** Cualidad de rugoso. **2.** Arruga*.

rugoso, sa *adj.* Que tiene arrugas.

Ruhr Río alemán. Tiene una longitud de 235 km y una cuenca de 4.444 km^2. Recorre la región de Renania Septentrional-Westfalia de E a O. Es un afluente del Rhin por la margen derecha. Su importancia radica en atravesar una de las áreas de mayor concentración siderúrgica mundial, la cuenca del Ruhr.

Ruhr, cuenca del (*Ruhrgebiet*) Región minera e industrial de Alemania, situada en el centro occidental de Renania Septentrional-Westfalia. La minería del carbón y del hierro dio lugar a una importante industria siderúrgica. También merecen destacarse la química, petroquímica, textil, alimentaria y fabricación de maquinaria y de materiales de construcción.

ruibarbo *s. m.* **1.** Nombre común de diversas plantas herbáceas de la familia poligonáceas, géneros *Rheum* y *Rumex.* El ruibarbo de China *(Rheum officinale)* mide entre 1 y 2 m de altura, tiene hojas grandes de borde recortado, ásperas en el haz y con pelos y nervios en el envés, flores amarillas o verdosas en espiga y fruto seco que contiene una sola semilla. Es originaria de Mongolia y actualmente se cultiva en otras latitudes debido a sus múltiples usos: en alimentación, para la obtención de dulces, y en medicina por su acción purgante. El ruibarbo de monjes *(Rumex alpinus)* crece en el centro y S de Europa. El ruibarbo de la nieve *(Rumex nivalis)* mide entre 7 y 20 cm, tiene flores dioicas y hojas engrosadas, crece en los Alpes y los Balcanes, en prados y pedrizas. **2.** Raíz de esta planta.

Ruidera, lagunas de Lagunas de España, situadas en La Mancha, en el término municipal de Argamasilla de Alba (Ciudad Real) y Ossa de Montiel (Albacete). Constituyen una surgencia cárstica de aguas acumuladas en un gran manto acuífero del subsuelo. Son dieciséis, dispuestas escalonadamente y comunicadas por pequeños ríos emisarios. En ellas tiene lugar el nacimiento del alto Guadiana.

ruido *s. m.* **1.** Sonido desagradable y confuso más o menos fuerte. **2.** Follón, alboroto. **3.** Admiración, extrañeza, comentarios, etc., que provoca algo. **4.** En electrónica, cualquier alteración de la señal debida a corrientes eléctricas u ondas electromagnéticas, producida generalmente por causas atmosféricas o térmicas, interferencias, etc. **5.** En semiología, conjunto de elementos que se mezclan con un mensaje, entorpeciendo la comunicación.

ruidoso, sa *adj.* **1.** Que causa mucho ruido. **2.** Se aplica al hecho que tiene resonancia, del que se habla mucho, etc. **Fam.** Ruidosamente.

ruin *adj.* **1.** Se dice de la persona que comete acciones en que hay gran maldad o mala intención, y especialmente falsedad y cobardía, así como de sus hechos, palabras, etc. **2.** Tacaño.

ruina *s. f.* **1.** Destrucción o daño muy grande. **2.** Pérdida completa o casi completa de los bienes y propiedades. **3.** Persona o cosa en muy mal estado. ‖ *pl.* **4.** Restos de edificios destruidos.

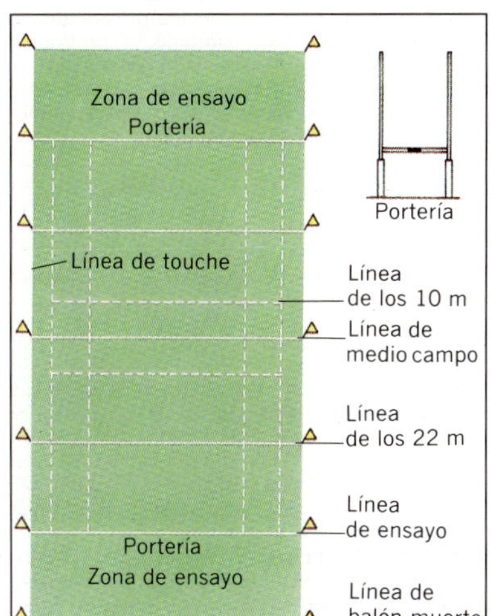

Rugby: esquema del terreno de juego y detalle de la portería.

ruindad *s. f.* **1.** Cualidad de ruin. **2.** Acción ruin.

ruinoso, sa *adj.* **1.** Que empieza a derrumbarse o amenaza derrumbamiento. **2.** Que produce grandes pérdidas económicas o la ruina.

ruiseñor *s. m.* Nombre común de diversas aves de las familias sílvidos y túrdidos, géneros *Cettia* y *Luscinia* respectivamente. Miden unos 16 cm de longitud, tienen el cuerpo rechoncho, con el dorso y la cabeza pardos, el vientre claro, que puede ser moteado, y la cola de color rojizo. Son solitarias y se alimentan de insectos. Habitan en Europa y Asia, en regiones de vegetación espesa próximas a áreas acuáticas, nidificando en lugares ocultos, en zarzales densos y matorrales. El ruiseñor común *(Luscinia megarhynchos)* es un ave migratoria de canto melodioso, que puede criarse en cautividad.

Ruiseñor común (Luscinia megarhynchos).

Ruiz, Hernán, llamado **el Joven** (? - Sevilla 1569) Arquitecto español. En Córdoba, continuando la obra de su padre, realizó la capilla del Espíritu Santo en la catedral y, en Sevilla, la capilla real de la catedral, la de la iglesia del hospital de la Sangre y el campanario y remate de la Giralda.

Ruiz, Hernán, llamado **el Viejo** (Burgos ? - Córdoba 1547) Arquitecto español. Padre del anterior, su principal obra es la catedral de Córdoba, levantada en el interior de la mezquita musulmana. Inició los trabajos en 1523 y combinó elementos góticos y renacentistas con otros del arte musulmán.

Ruiz, Juan Véase **Arcipreste de Hita**.

Ruiz, Nevado del Volcán colombiano, situado en la cordillera central de los Andes, entre los departamentos de Caldas y Tolima. 5.400 m de altura. En 1985, una erupción fundió las nieves que lo cubrían y se formaron coladas de barro que arrasaron la ciudad de Armero y los valles circundantes, causando unos 25.000 muertos.

Ruiz Cortines, Adolfo (Veracruz 1890 - México 1973) Político mexicano. Durante la revolución militó en el ejército constitucional (1914-26) y alcanzó el grado de mayor. Colaboró con Cárdenas. Fue gobernador de Veracruz (1944-48) y Miguel Alemán le nombró secretario de Estado para el Interior (1948-51). Elegido presidente de la república (1952-58), continuó el programa de industrialización desarrollado por Alemán y llevó a cabo una política agrarista y social, con reparto de tierras, impulso a las obras públicas y concesión del voto a la mujer.

Juan Ruiz de Alarcón.

Ruiz de Alarcón y Mendoza, Juan (Taxco, México 1581 - Madrid 1639) Dramaturgo español. Se graduó en cánones y leyes en Salamanca y ejerció la abogacía en Sevilla. Se instaló en Madrid en 1614 y tuvo que soportar las burlas de sus contemporáneos, entre otros Góngora, Quevedo y especialmente Lope de Vega, a causa de su joroba. Fue nombrado relator del Consejo de Indias (1614-39). Su teatro se caracteriza por una gran perfección técnica, una finalidad moralizante y un profundo análisis de los caracteres. Entre sus comedias cabe destacar *La cueva de Salamanca, Ganar amigos, Examen de maridos, Las paredes oyen* y *La verdad sospechosa*, su mejor obra.

Ruiz de Alda, Julio (Estella, Navarra 1897 - Madrid 1936) Aviador y político español. Participó en el vuelo del *Plus Ultra* sobre el Atlántico sur (1926) y en el de Madrid-Nueva York y regreso (1929). Fue uno de los fundadores de Falange Española (1933) y miembro de su Consejo Nacional (1934) y de la Junta Política. Fue encarcelado al iniciarse la guerra civil (1936) y ejecutado.

Ruiz de Apodaca, Juan (Cádiz 1754 - Madrid 1835) Marino y administrador español. Capitán general de Cuba (1812-15), se adhirió a la Constitución de 1812. Virrey de Nueva España (1815-21), reprimió los brotes independentistas. Vuelto a España, fue virrey de Navarra (1824) y capitán general de la armada (1830).

Ruiz Picasso, Pablo Véase **Picasso, Pablo Ruiz**.

Ruiz Zorrilla, Manuel (Burgo de Osma, Soria 1833 - Burgos 1895) Político español. Miembro del Partido Progresista, atacó a la Unión Liberal y colaboró con el general Prim. Después del levantamiento del cuartel de San Gil (1866), se exilió al extranjero y preparó la revolución de 1868. Con Amadeo I, presidió el gobierno en dos ocasiones (1871 y 1872-73). Restaurada la monarquía borbónica, fue expulsado de España (1875) por sus conspiraciones para restablecer la república. En 1880 fundó el Partido Republicano Progresista y en 1882 la Asociación Republicana Militar.

rular *v. intr.* **1.** *fam.* Rodar. También *v. tr.* **2.** Funcionar.

rulero *s. m. Arg., Urug.* Rulo, cilindro para rizar el cabello.

ruleta *s. f.* **1.** Juego de azar en que se emplea una rueda horizontal dividida en casillas numeradas y pintadas alternativamente en negro y rojo, sobre la que se lanza una bolita; la casilla en que se detiene la bola indica el número o la combinación ganadora. **2.** Juego parecido al anterior en que se utilizan también ruedas verticales y la bola es sustituida por una lengüeta que detiene la rueda en la casilla premiada. **3.** Rueda utilizada en estos juegos. ‖ **4. ruleta rusa** Juego de azar suicida que consiste en dispararse alternativamente a la sien uno o varios jugadores, con un revólver en cuyo tambor se ha puesto una sola bala.

Juan Rulfo.

Rulfo, Juan (Sayula, Jalisco 1918 - México 1986) Escritor mexicano. Su obra, pese a su brevedad, le ha convertido en una figura importante de la literatura mundial. Durante varios años estuvo en un orfanato de Guadalajara y en 1933 pasó a Ciudad de México. En 1953 publicó *El llano en llamas*, colección de cuentos que anticipa la atmósfera de realidad, recuerdo y sueño que desarrollaría posteriormente en su única novela *Pedro Páramo* (1955).

rulo *s. m.* **1.** Pequeño cilindro hueco en que se enrolla el cabello para rizarlo. **2.** Rizo del cabello. **3.** Cilindro empleado para aplastar y triturar, especialmente el utilizado en panadería y repostería. **4.** Cilindro sobre el que se coloca una tabla en la que se hacen ejercicios de equilibrismo.

rulot *s. f.* Roulotte*.

ruma *s. f. Amér. del S.* Rimero*, montón de cosas.

Rumania o **Rumanía** (*România*) Estado de Europa oriental.

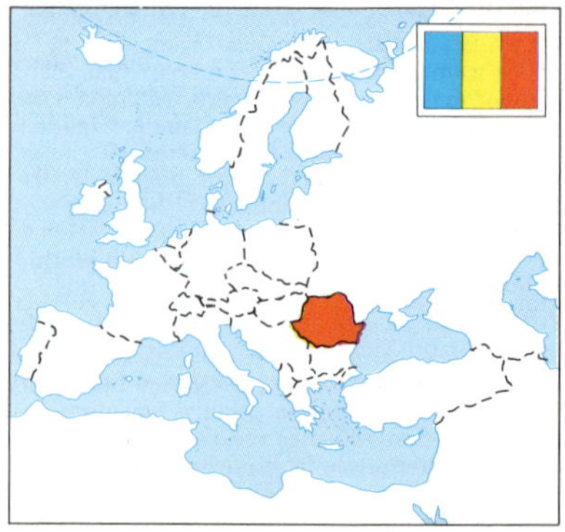

Extensión: 237.500 km^2.
Límites: al N, con Ucrania; al E, con Moldavia y el mar Negro; al S, con Bulgaria y Serbia, y al O, con Serbia y Hungría.
Población: 23.265.000 h. en 1990.
Densidad: 98 h./km^2.
Capital: Bucarest.
División administrativa: 40 distritos y 1 municipalidad.
Ciudades principales: Brasov, Constanza, Timisoara, Iasi y Cluj-Napoca.
Gentilicio: rumano.
Forma de Estado: república presidencialista.
Idioma: rumano.
Religión: cristianismo ortodoxo, 80 %; catolicismo, 10 %.
Moneda: leu.
Tasa de natalidad: 16 ‰ en 1990.
Tasa de mortalidad: 11 ‰ en 1990.
Renta per cápita: 3.445 dólares en 1989.

Geog. física El relieve rumano aparece marcado por la cordillera de los Cárpatos, que penetra en el país por el N, se dirige hacia el SE hasta llegar al centro del país, donde cambia de dirección hacia el O hasta internarse en Serbia. En la parte central del territorio se encuentra la gran meseta de Transilvania. Al E y al S de los Cárpatos se extienden las llanuras de Moldavia y Valaquia, respectivamente. La red hidrográfica está compuesta principalmente por el Danubio, que recorre el país de O a E haciendo frontera con Bulgaria y Moldavia, el Olt y el Arges, en la llanura de Valaquia, y el Siret y el Prut, en la parte E del país. El Mures, que desde los Cárpatos se desliza hacia el O, desemboca en el Tisza. Tiene un clima continental y vegetación de hayas y coníferas en las regiones montañosas, mientras que en las mesetas y llanuras predominan las praderas. En la costa del mar Negro hay un clima mediterráneo, aunque de transición al continental, y con una vegetación marismeña en el delta del Danubio.

Geog. humana y ***económica*** La población está proporcionalmente distribuida entre las ciuda-

Rumania: vista del sector residencial de la ciudad de Sibiu.

des y el campo y las áreas con menor densidad demográfica son las montañosas. Rumania ha sido considerada durante mucho tiempo como el granero de Europa, debido a su abundante producción cerealística (cuarto productor mundial). Se cultivan además patatas (noveno), frutos secos, remolacha azucarera, girasol, tabaco, vid (séptimo), algodón, cáñamo (tercero), y lino (séptimo). La ganadería es muy abundante en ovino, bovino y porcino (décimo productor mundial). Pero la mayor riqueza del país le viene dada por sus yacimientos de petróleo y las refinerías. También se extrae de su subsuelo gas natural (octavo), lignito, carbón, hierro, plomo, cobre, aluminio, manganeso y sal gema. En el sector industrial se ha favorecido la producción siderometalúrgica, mecánica, textil, alimentaria y química.

Hist. **antigüedad** Rumania estuvo poblada en la antigüedad por pueblos nómadas esteparios: escitas, sármatas, etc., que en el s. II a. C., con la llegada de los getas, conformaron el Estado dacio. En época de Augusto, poco antes del comienzo de nuestra era, los romanos establecieron la provincia de Mesia y en el 107, en el imperio de Trajano, fue creada la provincia de Dacia, que fue abandonada por Roma en época de Aureliano (275). Desde el s. III el país sufrió sucesivas invasiones de godos, hunos, ávaros y magiares, sin llegar jamás a perder la cultura y lengua latinas.

Edad Media A partir del s. X el país fue evangelizado en la fe ortodoxa y surgieron pequeños principados latino-eslavos, que se consolidaron en dos, los principados de Moldavia y Valaquia, sometidos al dominio húngaro. La emancipación de Moldavia se produjo en 1330 y la de Valaquia en 1359; ambos principados fueron gobernados por *hospodares*, representantes de las familias nobles.

Edad Moderna En el s. XV, en época de Esteban III el Grande de Moldavia y de Miguel el Bravo de Valaquia, se produjo la conquista turca otomana. El país, unificado bajo el principado válaco, quedó sometido a la soberanía de los sultanes turcos. A partir de 1711 Turquía intensificó su dominio mediante el nombramiento de fanariotas griegos para el cargo de hospodar. A finales del s. XVIII, parte de Moldavia fue ocupada por Austria y la región valaca de Besarabia conquistada por Rusia.

siglo XIX En el s. XIX nació el sentimiento nacionalista, que obligó a Turquía a otorgar el cargo de hospodar a nobles de origen rumano. La guerra de Crimea de 1854 permitió a Rumania acceder a la independencia, liberándose del sometimiento a Turquía y de los deseos expansionistas de Austria y Rusia, a costa de la pérdida de Transilvania, ocupada por Hungría; en el tratado de París (1856), con el acuerdo de las potencias europeas, fue designado soberano el príncipe Alejandro Cuza. En 1866 le sustituyó Carlos de Hohenzollern, que adoptó el nombre de Carol I. La monarquía rumana fue ratificada por el congreso de Berlín de 1878.

siglo XX En la Primera Guerra Mundial Fernando I, sucesor de Carol I, concertó el apoyo rumano al bloque aliado. En 1923 se proclamó la Constitución, que consagró el sufragio universal, aunque el rey Carol II, entronizado en 1930, derogó los derechos democráticos e impuso la monarquía absoluta. Durante la Segunda Guerra Mundial, Rumania entró en la órbita del Tercer Reich. El rey Carol II abdicó en su hijo Miguel I, pero el general Antonescu, partidario del Eje, se hizo con el poder y el país fue ocupado por las tropas de Hitler. En 1944 se creó el Frente Nacional Democrático, dominado por el Partido Comunista, que tras ganar las elecciones de 1946 obligó a abdicar al rey Miguel I e instauró la República Popular Rumana. En 1948 se aprobó una nueva Constitución de carácter socialista que nacionalizó la industria y colectivizó las tierras de cultivo. Su política exterior se englobó en la órbita soviética, ya que en 1949 ingresó en el COMECON y en 1955 en el Pacto de Varsovia. La república fue presidida por Groza hasta 1955 y posteriormente por Gheorghiu-Dej. La Constitución de 1965 consagró la República Socialista de Rumania, que dos años después comenzó una tímida apertura a Occidente, estableciendo relaciones diplomáticas con varios países. El X Congreso del Partido Comunista Rumano confirmó esta orientación política. Desde 1974 el presidente del partido y de la república fue Nicolae Ceaucescu, quien evolucionó desde posturas relativamente liberales, respecto a la Europa de influencia soviética, hasta establecer una rígida y cruel dictadura apoyada en la *Securitate*, policía política del Estado.

En 1989, en el curso de las transformaciones que experimentó Europa oriental, estallaron manifestaciones en Timisoara pidiendo democracia, que fueron reprimidas brutalmente. La insurrección se extendió al conjunto del país y el ejército dio un golpe de Estado, que terminó con una breve pero sangrienta lucha contra los miembros de la Securitate y la ejecución de Ceaucescu y su esposa tras un juicio sumario. A fines de 1989 Ion Illiescu fue nombrado presidente del Frente de Salvación Nacional, encargado de gobernar el país, y a principios de 1990 fue legalizado el multipartidismo. En 1991 fue aprobada una nueva constitución y en las elecciones de 1992 resultó ganador y designado primer ministro Theodor Stolojan.

Arte Se conservan en Rumania restos de poblados neolíticos, ruinas de ciudades griegas y algunas construcciones dacias, al igual que los cimientos romanos de un puente sobre el Danubio. Las invasiones bárbaras dejaron como muestra de su paso el tesoro de Pietroasa (s. VI), formado por joyas de oro de origen persa. La Edad Media estuvo influida por el arte bizantino, que se manifestó en iglesias como la de San Nicolás de Curtea (1352) en Valaquia, la pintura mural y la pintura de iconos. De estilo románico es la catedral de Alba Julia (1287). El gótico está magníficamente representado en la catedral de Cluj (1396-1432) y en la iglesia Negra de Brasov (1384-1477). El estilo barroco tuvo un especial desarrollo en Moldavia, donde proliferaron los edificios con abundante ornamentación, como la iglesia de los Tres Jerarcas de Iasi y el monasterio de Dragormina. Entre los pintores del s. XX destacan Theodor Aman, N. Grigorescu, I. Andreescu. C. Baba y M. Bunescu. Los artistas más representativos de la escultura contemporánea son Dimitri Paciuera, Constantin Brancusi, Ion Bitzan, Radu Stoica y Vladimir Setran.

Lit. Las primeras manifestaciones de la lengua vernácula fueron las traducciones hechas en el s. XV de textos religiosos, que continuaron realizándose hasta el s. XVIII. A comienzos del s. XVII surgió la literatura profana, que se centró sobre todo en la crónica histórica, cultivada magistralmente por Grigore Ureche, Miron Costin y Dimitri Cantemir. Mientras tanto, la literatura popular se dedicó a la recolección de leyendas y relatos religiosos apócrifos. A mediados del s. XVIII, las letras rumanas entraron en contacto con las corrientes racionalistas gracias a las traducciones de las obras de Voltaire, Montesquieu y Madame de Staël; en esta época realizaron importantes trabajos históricos y filológicos Samuil Micu, Gheorghe Sincai y Petru Maior. Algunos autores notables del s. XIX son Gheorghe Lazar, Dinicu Golescu, Gheorghe Aschi, Dimitrie Bolintineanu y Anton Pann, y entre los cultivadores de la lírica, Vasile Alecsandri y el poeta romántico Mihail Eminescu. Otros escritores románticos fueron Ion Caragiale, Ion Creanga y Gheorghe Cosboc. En cuanto a los prosistas contemporáneos, cabe citar a Alexandru Macedonski, Mihail Sadoveanu y Gheorghe Calinescu; y entre los poetas, a Lucian Blaga e Ion Barbu. Tras la Segunda Guerra Mundial escritores como Zaharia Stancu y Geo Bogza se vieron influidos por las doctrinas del realismo socialista, mientras que Marin Preda, Eugen Barbu y Titus Popovici siguieron las tendencias y corrientes europeas. El teatro contemporáneo está representado por Aurel Baranga y Lucia Demetrius. Caso aparte es el de los escritores emigrados Constantin Virgil Gheorghiu, Mircea Eliade, Eugène Ionesco o Emile Cioran, algunos conocidos antes de salir del país y que escriben sus obras en francés.

Mús. La música religiosa evolucionó de manera diferente a la del resto de países europeos, ya que Rumania adoptó la liturgia de la Iglesia oriental. La incorporación de este país a la vida musical europea tuvo lugar desde mediados del s. XIX, con compositores como Ludwig A. Wiest, Eduard Wachmann y Eduard Caudella. En la primera mitad del s. XX se desarrolló el movimiento nacionalista, cuyos principales representantes son Stan Golestan y Georges Enesco. En el siglo actual merecen citarse también los nombres de J. Nona Otescu, P. Constantinescu y T. Rogalski. Intérpretes de fama mundial son el violinista Georges Enesco, el director Sergiu Celibidache y el pianista Dinu Lipatti. Es importante la labor del musicólogo Constantin Brailoiu.

rumano, na *adj.* **1.** De Rumania. También *s.* ‖ *s. m.* **2.** Lengua hablada en Rumania y en algunas regiones de Moldavia, Ucrania, Croacia, Serbia, Macedonia, Hungría, Bulgaria, Grecia y Albania. Es la más oriental de las lenguas románicas. Alrededor del 90 % de su vocabulario es de origen latino, pero ha incorporado bastantes palabras albanesas, turcas, alemanas, húngaras, inglesas y, sobre todo, francesas.

rumba *s. f.* **1.** Baile popular antillano y música que lo acompaña. De origen negro, se compone de ocho compases binarios muy sincopados, que se repiten sobre un fondo formado principalmente por instrumentos de percusión. Tuvo gran popularidad como baile de salón durante los años treinta. **2.** Modalidad de música y baile extendida por grupos gitanos andaluces y catalanes, en la que se mezclan elementos del folclore andaluz con los afrocubanos.

rumbar *v. intr.* **1.** *Chile.* Tomar el rumbo, rumbear. ‖ *v. tr.* **2.** *Col., Hond.* Echar, tirar, arrojar.

rumbear[1] (de *rumbo*[1]) *v. intr. amer.* Orientarse, tomar el rumbo, encaminarse hacia un lugar.

rumbear[2] (de *rumba*) *v. intr.* **1.** *amer.* Bailar la rumba. **2.** *Cuba, Guat., Méx., Perú, P. Rico.* Andar de parranda o juerga.

rumbero, ra *adj.* **1.** Que baila la rumba. También *s.* **2.** Aficionado a este baile. También *s.* **3.** Perteneciente o relativo a la rumba.

rumbo[1] (del lat. *rhombus*, rombo) *s. m.* **1.** Dirección trazada en el plano del horizonte que se sigue al caminar o navegar. **2.** Orientación, conducta. **3.** Generosidad. **4.** Gran gasto y lujo.

rumbo[2] (de or. onomat.) *s. m. Amér. C.* Parranda, juerga.

rumboso, sa *adj. fam.* **1.** Espléndido, generoso. **2.** Se dice de quien gasta demasiado y de las cosas de mucho lujo y coste.

Rumelia Nombre dado por los conquistadores otomanos a las provincias de Tracia y Macedonia. El congreso de Berlín (1878) creó las regiones denominadas Rumelia Oriental, con capital en Plovdiv, más tarde convertida en principado autónomo, vasallo del imperio otomano, y finalmente anexionada a Bulgaria (1885); y Rumelia Occidental, que se integró parte en Grecia y parte en Yugoslavia.

rumeliota *adj.* De Rumelia. También *s.*

Rumford, Benjamin Thompson, conde de (Woburn, Massachusetts 1753 - Auteuil 1814) Físico y químico estadounidense. Durante la guerra de la independencia sirvió en la armada inglesa (1782). Residió en Baviera y en Francia. Expuso los fundamentos de la teoría mecánica del calor y demostró que los metales por frotamiento desprenden calor, sin modificar su capacidad calorífera. Inventó un calorímetro de agua e investigó sobre sistemas de calefacción.

rumí *adj.* Romí*.

rumia *s. f.* Acción y efecto de rumiar.

rumiantes *s. m. pl.* Suborden de mamíferos artiodáctilos al que pertenecen 157 especies comprendidas en las familias tragúlidos, cérvidos, bóvidos, antilocápridos y jiráfidos. Se caracterizan por tener un estómago dividido en tres o cuatro partes: panza, redecilla, libro y cuajar, adaptado a la alimentación herbívora. Tragan la hierba casi sin masticar y la pasan a la panza. Posteriormente, y cuando están en reposo, la hierba vuelve a la boca tras pasar por la redecilla y es nuevamente ensalivada y masticada. Por último, la tragan de nuevo, pero ahora enviándola al libro y de éste al cuajar, donde se verifica la verdadera digestión gástrica. Son el grupo más numeroso de artiodáctilos y muchas de sus especies poseen cuernos o astas. Habitan en todos los continentes. Rumiantes son los pilandocs, ciervos, alces, antílopes, rebecos, búfalos, bisontes, vacas, berrendos, jirafas, etc. También *adj.* y *s. m.*

rumiar *v. tr.* **1.** Masticar por segunda vez los rumiantes, volviendo a la boca el alimento que ya estuvo en la panza. **2.** *fam.* Reflexionar, pensar despacio algo. **3.** *fam.* Refunfuñar*. **FAM.** Rumiador.

Rumiñahui (Quito ? - íd. 1534) Caudillo inca. A la muerte de Atahualpa, se proclamó emperador de los incas (1533). Combatió contra Sebastián de Belalcázar, gobernador de Quito, ciudad que capturó e incendió, ocultando sus tesoros. Apresado, murió sin revelar el sitio donde los había escondido.

rumor *s. m.* **1.** Noticia o comentario que circula entre la gente sin que se sepa su origen ni su veracidad. **2.** Ruido confuso de voces. **3.** Ruido sordo y continuado, como el del viento o el del mar en calma.

rumorar *v. intr. amer.* Rumorear.

rumorear *v. tr.* Correr un rumor.

rumoroso, sa *adj.* Que causa rumor.

runa[1] (del ant. nórdico *run*, pl. *rûnar*, letras, ciencia) *s. f.* Cada uno de los caracteres que empleaban en la escritura los antiguos escandinavos.

runa[2] *s. m. Arg., Ec., Perú.* Indio.

rúnico, ca *adj.* **1.** Perteneciente o relativo a las runas, o escrito en ellas. ‖ *s. m.* **2.** Alfabeto usado por los pueblos germánicos desde el s. III. También fue empleado por los anglosajones hasta el s. X y por los escandinavos hasta el XIV. De cierto carácter mágico, casi todas las inscripciones que se conservan están sobre piedras conmemorativas.

runrún *s. m.* Rumor*.

runrunear *v. tr.* Rumorear*. **FAM.** Runruneo.

rupestre *adj.* Perteneciente o relativo a las rocas; se aplica a pinturas, dibujos, etc., prehistóricos, particularmente del paleolítico y del neolítico, encontrados en rocas y cavernas.

rupia[1] (del sánscrito *rupya* o *rupaka*, moneda de plata) *s. f.* **1.** Unidad monetaria de India, Sri Lanka, Indonesia, Pakistán, Nepal, Maldivas, Mauricio y Seychelles. **2.** *fam.* Peseta*.

rupia[2] (del gr. *rupos*, suciedad) *s. f.* Enfermedad de la piel caracterizada por la aparición de grandes ampollas.

ruptor *s. m.* **1.** Dispositivo electromagnético o mecánico que cierra y abre sucesivamente un circuito eléctrico. **2.** Dispositivo que, al funcionar, produce la chispa en la bujía de un motor de explosión.

ruptura *s. f.* **1.** Acción y efecto de romper o romperse, especialmente cosas no materiales. ‖ **2. ruptura de pendiente** En geol., cambio brusco en la inclinación o perfil de una pendiente. Puede tener causas diversas, como la dureza de un tipo de roca o el final de un determinado tipo de erosión, p. ej. un glaciar. Es muy característica de los perfiles fluviales.

ruqueta *s. f.* **1.** Oruga*, planta. **2.** Jaramago*, planta.

rural *adj.* Perteneciente o relativo al campo por oposición a la ciudad.

ruralismo *s. m.* **1.** Cualidad de rural. **2.** Palabra o expresión propia de la gente del campo.

Rusa, Federación Estado de la Europa oriental y Asia septentrional, antigua república federada de la URSS y actual miembro de la CEI.

Extensión: 17.075.400 km^2.
Límites: al N, con el océano Glacial Ártico; al E, con el océano Pacífico; al S, con Corea del Norte, China, Mongolia, Kazajstán, el mar Caspio, Azerbaiyán, Georgia y el mar Negro; y al O, con Ucrania, Bielorrusia, Letonia, Estonia, Finlandia y Noruega.
Población: 149.150.000 h. en 1990.
Densidad: 8,7 h/km^2.
Capital: Moscú.
División administrativa: 57 provincias y 29 territorios y repúblicas autónomos.
Ciudades principales: San Petersburgo, Gorki, Novosibirsk, Sverdlovsk, Kuibishev, Omsk, Cheliabinsk, Kazán, Ufa, Perm, Rostov.
Gentilicio: ruso.
Forma de Estado: república presidencialista.
Idioma: ruso.
Religión: cristianismo ortodoxo.
Moneda: rublo.
Renta per cápita: 10.327 dólares en 1988.

Geog. física Es la más extensa e importante de todas las repúblicas de la CEI. Comprende un sector europeo y otro asiático, separados por la cadena de los Urales; el territorio europeo está constituido por la llanura rusa, y surcado por ríos largos y caudalosos: el Pechora y el Dvina septentrional, que desembocan en el océano Glacial Ártico, el Don, que vierte sus aguas en el mar Negro, y el Volga y el Ural, que desaguan en el mar Caspio, así como numerosos lagos, entre los que destacan el Ladoga y el Onega. En el sector asiático, la llanura de Siberia occidental, que se extiende al E de los Urales, es semejante a la anterior y llega hasta el río Yenisei, en el que comienza la meseta de Siberia, cerrada en su lado E por el río Lena y los montes Verjoiansk, Cherski, Kolima, Koriakos; en su sector S se hallan el río Lena y los montes Dzhugdzhur, Stanovoi, Yablonovi y Sayan; en el extremo E se alza la cordillera Central de la península de Kamchatka. Los principales ríos que vierten sus aguas en el océano Glacial Ártico son el Lena, Obi, con su afluente Irtish, y Yenisei; el río Amur desemboca en el mar de Ojotsk. Al S de la meseta de Siberia se halla el gran lago Baikal. La costa del océano Glacial Ártico, la más extensa, presenta de O a E las penínsulas de Kola, Kanin y Yamal, el mar Blanco, el estuario del Obi, las penínsulas de Guidan y Taimir, la bahía del Yenisei y el delta del Lena; en este océano se encuentran las islas de Nueva Zembla, los archipiélagos Nansen, Sievernaia Zemlia, Nueva Siberia y la isla Wrangel. En el litoral del océano Pacífico cabe señalar el estrecho de Bering, el cabo de Chukotskii, el golfo de Anadir, la península de Kamchatka, el mar de Ojotsk, las islas Sajalin y Kuriles y el estrecho de Tartaria. En cuanto al clima, se pueden distinguir varias franjas paralelas de N a S: clima polar en las costas del océano Glacial Ártico; más al S, clima continental, con diversas variedades, y ya en el S del país, clima desértico. A estas franjas climáticas corresponden, respectivamente, vegetación de tundra, de taiga y bosque de coníferas, y de estepa y desierto. Existe también el dominio bioclimático mediterráneo, en la costa oriental del mar Negro, y de montaña, en el Cáucaso y en las cordilleras de Asia.

Geog. humana y ***económica*** La población, muy variada, está formada por numerosas nacionalidades y grupos étnico-lingüísticos, entre los que destacan los rusos, eslavos, tártaros, etc. Esta población está desigualmente repartida y se concentra en las regiones de Moscú, Leningrado, valle del Volga y S de los Urales. La población es mayoritariamente urbana; en las ciudades vive el 65,6 % del total.

El rasgo más significativo de la economía rusa es el carácter estatal que tuvo en época soviética, en que todos los medios de producción eran de propiedad pública, y el proceso de reconversión hacia la economía de mercado comenzado en la década de los noventa. El Gosplan, organismo estatal, elaboraba los planes quinquenales de desarrollo, que hasta 1950 se centraron en la industria y desde ese año en la agricultura y productos de consumo. En 1928 el gobierno abolió la propiedad privada de la tierra -que se mantuvo sólo en algunas parcelas determinadas-, sustituyéndola por cooperativas (koljoses) y granjas estatales (sovjoses). Pese a la extensión del país, sólo un 10 % del territorio está cultivado, aunque este porcentaje se ha venido ampliando gracias a los nuevos regadíos. Asimismo, en recientes años se ha llevado a cabo una mecanización y renovación para aumentar los rendimientos. Entre las producciones agrícolas destacan: trigo (tercer productor mundial), cebada (primero), centeno (primero), avena (primero), maíz (séptimo), patata, mijo, sorgo, arroz, leguminosas, hortalizas y frutales; también tienen gran importancia económica los cultivos industriales: girasol (segundo productor mundial), remolacha azucarera (quinto), algodón, soja, ricino, lino (tercero), cáñamo (cuarto), tabaco (quinto), vid y lúpulo (cuarto). La ganadería, de altos rendimientos en el sector central de Rusia, es esencialmente ovina (séptimo productor mundial), bovina (quinto), porcina (segundo) y caballar (sexto), y genera una amplia industria derivada: láctea, curtidos, alimentaria y lanar (quinto). La pesca tiene también gran importancia (segundo productor mundial), en especial las capturas de arenque, bacalao y merluza en el mar de Barents, de esturión en el Volga y el mar Caspio y de focas y ballenas en el mar de Bering. En cuanto a recursos forestales, Rusia es el sexto productor mundial de madera y pasta de papel. Los yacimientos minerales del país son también los más ricos del mundo, sobresaliendo el carbón (tercer productor mundial), petróleo (primero), gas natural (primero), hierro (cuarto), lignito (tercero), níquel (segundo), cromo (primero), uranio (quinto), vanadio, amianto (segundo), tungsteno (segundo), cobre (tercero), bauxita (quinto), metales nobles, oro (segundo), plata (quinto), platino (primero) y diamantes (tercero). La industria rusa se concentra en la región de los Urales, regiones de Moscú y Leningrado, valle del Volga, Urales meridionales, Novosibirsk, Kuzbas y lago Baikal. Predominan los sectores metalúrgico (sexto productor mundial), siderúrgico (tercero), de maquinaria (quinto), mecánico, aeronáutico (segundo), naval (quinto), de material electrónico, químico (cuarto), textil (octavo), papelero, de cemento (quinto), vidrio, alimentario, automovilístico (noveno), de curtidos y armamento (segundo). En cuanto al comercio, Rusia realiza más exportaciones que importaciones; entre las primeras destacan las materias primas, minerales y algunos productos manufacturados simples; entre las segundas, productos industriales de alta tecnología, maquinaria, vehículos y manufacturas básicas. La economía se ha desarrollado a lo largo del presente siglo mediante planes quinquenales; la URSS fundó el COMECON, Consejo de Asistencia Económica Mutua, ya desaparecido, en el que se hallaban integrados los países del E europeo. La crisis política de fines de los años ochenta puso de manifiesto las debilidades de la economía soviética, y por tanto, de la economía rusa, que hubo de afrontar una difícil etapa de reconversión.

Federación Rusa: una avenida de la ciudad de Voronezh, situada en las estepas del Don.

***Hist.* república soviética** La República Socialista Federativa Soviética Rusa surgió en 1922 como cabeza de las repúblicas soviéticas que constituyeron la URSS, y como núcleo central del país, englobando el sector europeo tradicionalmente ruso y la mayoría del Asia soviética (Siberia). A fines de la década de los ochenta, la política reformista del secretario general del PCUS, Mijail Gorbachov, favoreció una situación de profunda transformación en el país. En 1990 la URSS se convirtió en república presidencialista y Gorbachov fue elegido presidente, mientras se consolidaban los movimientos secesionistas de las repúblicas bálticas. En 1991 Gorbachov hizo aprobar una ley de reforma que suponía el comienzo de la transición hacia un modelo político de corte occidental multipartidista; dicho modelo fue concretado en el Tratado de la Unión, que fracasó a causa de las reticencias de Ucrania y Kazajstán. En agosto de ese mismo año se produjo un golpe de Estado contra Gorbachov, dirigido por sectores involucionistas del ejército y el Partido Comunista, cuyo fracaso precipitó los acontecimientos.

el nuevo estado ruso La independencia de las distintas repúblicas fue formalmente reconocida, Gorbachov dimitió de sus cargos y Boris Yeltsin, presidente de la Federación Rusa elegido ese mismo año, disolvió el PCUS y, de acuerdo con Ucrania, Bielorrusia y Kazajstán, creó la Comunidad de Estados Independientes (CEI). El nuevo estado ruso hubo de hacer frente a numerosos problemas: la delicada situación económica agravada por la liberalización del mercado y los precios; las crisis secesionistas surgidas en repúblicas de mayoría étnica no rusa, como Chechen e Ingush, Birobiyán, Transdniéster y Tatarstán; las disputas con Ucrania por el control del armamento nuclear y la flota del mar Negro; y la reticencia de las restantes repúblicas de la Comunidad al papel hegemónico adoptado por Rusia.

rusalca *s. f.* En la mitología eslava, ninfa de las aguas; en el folclore, cada una de las almas de las jóvenes que han perecido ahogadas.

Ruse C. de Bulgaria, situada en el N del país, junto al Danubio. 190.400 h. en 1989. Posee refinerías de petróleo, astilleros e industrias alimentarias, mecánicas y textiles. El comercio se centra en su puerto fluvial.

Rushdie, Salman (Bombay 1947) Escritor indio en lengua inglesa. Es autor, entre otros libros, de la novela *Hijos de la medianoche* (1980) y de *Los versos satánicos* (1988), obra que, por motivos religiosos, le acarreó la condena a muerte por parte del ayatola Jomeini.

Rusia (*Rossia*) Región geográfica e histórica del E de Europa en la que se formó la nacionalidad rusa, centro del imperio de los zares, núcleo de la URSS y de la Federación Rusa.

***Hist.* orígenes** Desde el s. VII a. C., en la estepa meridional, paso entre Asia y Europa, vivieron los escitas, pueblo nómada de jinetes y guerreros, que entraron en contacto con los comerciantes griegos y luego con los romanos en las orillas del Ponto Euxino. Del O vinieron los eslavos, que se establecieron entre el Báltico y el Danubio y que fundaron entre los s. VI y VII los primeros burgos, fortalezas y al mismo tiempo centros comerciales, como Kiev, Novgorod y Smolensko. En el s. VIII llegaron grupos de varegos o rusos, procedentes de Escandinavia, los cuales tomaron la dirección de las ciudades, se eslavizaron y establecieron rutas comerciales, primero por el Volga y más tarde por el Dniéper.

principado de Kiev De la fusión de eslavos y varegos nació el principado de Kiev (s. IX al XII), considerado como el primer estado ruso. Convertidos los eslavos al cristianismo, la cultura bizantina ejerció su influencia a través de Kiev. En el s. IX, los obispos Cirilo y Metodio, evangelizadores de los eslavos, idearon el alfabeto cirílico, que con algunas modificaciones se convertiría en el alfabeto ruso. Otro principado destacado fue el de Novgorod, a orillas del lago Ilmen, uno de cuyos príncipes, Alejandro Nevski (1236-63), venció a los suecos a orillas del Neva (1240) y a los alemanes en el lago Peipus (1242).

Horda de Oro y principado de Moscú La invasión de los mongoles en el s. XIII transformó profundamente la estructura política de Rusia. La Horda de Oro sometió a los más importantes principados y dio su apoyo a los príncipes de Susdal. Alejandro Nevski se convirtió en intermediario entre los príncipes rusos y la Horda de Oro y creó el principado de Moscú (h. 1260), que confió a su hijo Daniel (1263). Durante los s. XIII y XIV fue decayendo la Horda de Oro y se produjeron las invasiones de lituanos y polacos. El principado de Moscú se fortaleció y así el príncipe Demetrio IV (1362-69) derrotó a los mongoles en Kulikovo (1380) e Iván III (1462-1505), en el último tercio del s. XV, consiguió agrupar a los principados del N y NE de Rusia en un solo estado bajo su mando y puso fin a la supremacía mongol; tomó el título de zar (1495) y convirtió Moscú en la capital de Rusia.

Rusia zarista La sociedad rusa estaba formada por los aristócratas (boyardos) y los campesinos empobrecidos y sometidos a aquéllos. En el s. XVI Iván IV (1547-84), llamado *el Terrible*, estableció un estado centralista y aumentó sus dominios con la conquista de Kazan (1552) y Astrakan (1554); le sucedió Fiodor I (1584-98), que dejó el poder en manos del boyardo Boris Godunov, quien se proclamó zar a la muerte de Fiodor (1598-1605). Tras su reinado y durante todo el s. XVII se sucedieron los levantamientos campesinos y urbanos. En el año 1613 una especie de asamblea nacional eligió como zar a Miguel III (1613-45), fundador de la dinastía Romanov. Una sublevación de los cosacos del Dniéper hizo que Ucrania se incorporara a Rusia. También se levantaron los cosacos del Don, dirigidos por Stenka Razin (1667-70). Los campesinos descontentos fueron emigrando a Siberia. En el s. XVIII se produce la modernización de Rusia, política emprendida por el zar Pedro I el Grande (1682-1725), que conquistó a los suecos una franja de litoral del golfo de Finlandia, donde fundó San Petersburgo, que en 1715 pasó a ser la capital de Rusia. Su labor fue continuada por sus sucesores, especialmente por Catalina II (1762-96), que ejerció una autoridad ilimitada, apoyada en la nobleza; incrementó la industria y el comercio e impulsó la educación y las ciencias; durante su mandato incorporó los territorios de Azov y Crimea, pero el malestar de las masas populares se puso de manifiesto en la rebelión de Pugachev (1773-75). La Revolución Francesa inquietó a la zarina, que acogió a los refugiados franceses.

siglo XIX En el reinado de Alejandro I (1801-25), el país fue invadido por las tropas napoleónicas en la llamada *guerra patriótica* (1812); retirado el enemigo, el zar y sus aliados europeos lograron vencer a Napoleón (1814) y Rusia pasó a ser una potencia europea. Al subir al trono Nicolás I (1825-55), las ideas liberales, venidas de Francia, provocaron la insurrección de los decembristas, fácilmente reprimida; la derrota de la guerra de Crimea (1853-55) puso de manifiesto el atraso técnico del imperio ruso y la necesidad de evolucionar; la intelectualidad rusa se dividió entre occidentalistas, partidarios de unirse al progreso de la Europa occidental, y eslavófilos, defensores de las fuentes espirituales de la tradición rusa.

Alejandro II (1855-81) suprimió la esclavitud (1861), pero la situación del campesinado era intolerable, las insurrecciones populares se multiplicaron y se llevó a cabo una severa represión policial. Durante su reinado, Rusia siguió extendiéndose por el Asia central, con la ocupación de nuevos territorios, entre otros Turkestán, Samarcanda (1868) y Bujara, y en el Pacífico, vendió Alaska a EE UU (1867) y obtuvo la isla de Sajalín, cedida por Japón (1875). Alejandro III (1881-1894) agudizó las medidas represivas para hacer frente al terrorismo y frenar la difusión de las ideas revolucionarias.

siglo XX En el s. XX, Nicolás II (1894-1917), el último zar, declaró la guerra a Japón (1904-05), que fue desastrosa para Rusia. Creció la represión de las organizaciones revolucionarias, populistas y del Partido Socialdemócrata. La revolución de 1905 fue sofocada. Rusia se enfrentó a Alemania en la Primera Guerra Mundial (1914) y en 1917, el estallido de la revolución bolchevique, dirigida por Lenin, supuso la caída de Nicolás II, que fue ejecutado junto con toda la familia imperial, y el nacimiento de la URSS.

Arte Los más antiguos monumentos de la arquitectura rusa se encuentran en Kiev, núcleo del cristianismo en Rusia, y muestran la influencia del arte bizantino, del que es ejemplo la catedral de Santa Sofía de Kiev (1017-37), decorada con frescos y mosaicos. La influencia de Bizancio se prolongó por espacio de dos siglos hasta las invasiones tártaras (1240), que aportan, entre otras novedades, las cúpulas en forma de bulbo y el arco de herradura. Estas dos influencias, bizantina y tártara, se fundieron en el nuevo estilo renacentista creado por los arquitectos italianos llamados por el zar Iván III para construir los palacios e iglesias del Kremlin de Moscú (s. XV). En el s. XVI se construyó la iglesia de San Basilio el Bienaventurado, en la plaza Roja de Moscú, con ocho capillas rematadas por cúpulas de bulbo, obra de los rusos Barma y Postnik, Yakovlev. La apertura del país a las influencias occidentales, favorecida por el zar Pedro I el Grande (s. XVIII), repercutió en el arte.

El francés Alexandre Lebrond diseñó el plano de San Petersburgo, la nueva capital rusa, con la perspectiva Nevski; los artistas occidentales introdujeron el barroco en San Petersburgo, cuyos edificios más importantes son el palacio de Peterhof (1715-64), de Lebrond y el italiano Barto-

Arte ruso: Nuestra Señora de Hodegetria, *icono del siglo XIV (Museo Nacional Ruso, Moscú).*

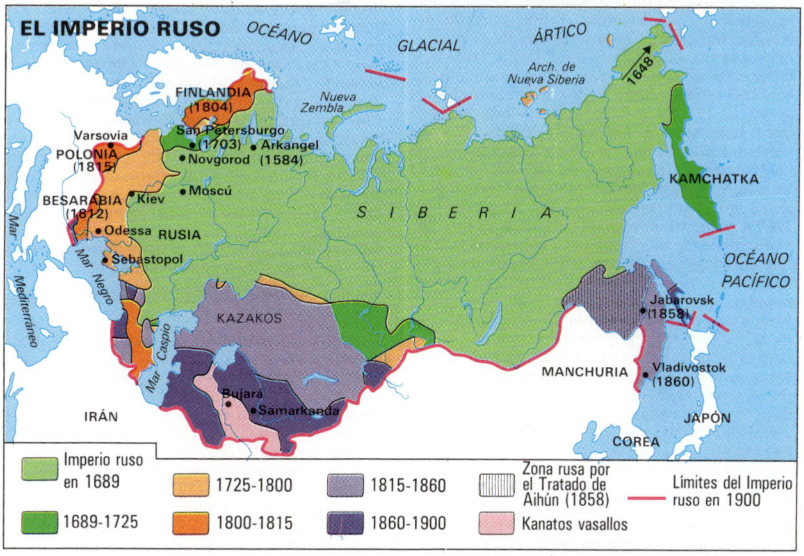

Arte ruso: iglesia del kremlin de Rostov.

lomeo Carlo Rastrelli, y el palacio de Invierno (1754-62) y el convento Smolni (1748-64), ambos obra de Rastrelli. En 1758 se fundó la Academia de Bellas Artes y el francés Vallin de la Mothe construyó el palacio que la albergaría. Del reinado de Catalina II son el palacio de Mármol, del italiano Antonio Rinaldi, y las obras de los arquitectos Ivan Y. Starov y Vasili I. Bazhenov. En el s. XIX dominó primeramente el neoclasicismo, del que son buena muestra el palacio del Almirantazgo (1806-23) y la iglesia de San Isaac, ambos en San Petersburgo, para imponerse más tarde el estilo imperio. La pintura está limitada en un principio a la decoración de templos y a los iconos, faceta en la que destaca la escuela de Novgorod, y tiene dos nombres sobresalientes, Teófanes el Griego, en el s. XIV, y Andrei Rublev, en el XV. La pintura de iconos está representada por la escuela de Stroganov en el s. XVI y en el s. XVII por Semion Ushakov. Al fundarse la Academia de Bellas Artes (1758), la pintura se occidentaliza y triunfan los retratistas Dmitri G. Levitski y Vladimir L. Boravikosvski y el paisajista Fiodor Y. Alexeiev, cuyas vistas de Moscú tienen un gran valor documental por estar pintadas antes del incendio de la ciudad en 1812. En el s. XIX, la pintura realista se rige por el academicismo europeo y es cultivada por los hermanos Alexander y Karl P. Briullov, Alexander A. Ivanov y Pavel A. Fedotov. En la segunda mitad de esta centuria surge un grupo de pintores, los Ambulantes, cuyo miembro más importante es Ilia Y. Repin, pintor de temática social. En el s. XX florecen las vanguardias artísticas, con pintores como Mijail F. Larionov y su mujer, Natalia Goncharova, artífices del rayonismo, muy cercano a la abstracción, Kazimir S. Malevich, creador del suprematismo, y Vladimir Tatlin, adscrito al constructivismo. La escultura, prohibida por la Iglesia ortodoxa, no tiene importancia hasta las últimas décadas del s. XVIII, en que se dieron a conocer artistas como Fedor I. Shubin o Kozlovski. En el s. XIX se hace una escultura realista, como la de Mark A. Antokoslski y Pavel P. Trubetzkoi, autor del monumento a Alejandro III en Leningrado. La Rvolución de Octubre de 1917 hizo que algunos artistas emigrasen al extranjero e impuso el llamado realismo socialista.

Lit. En la literatura rusa, el periodo medieval se extiende desde el s. XI al XVII. Los primeros textos, de carácter religioso, están escritos en eslavo eclesiástico, aunque se desarrolla una lírica popular oral, las *bylinas*, que cantan a los héroes. Una obra maestra es el *Cantar de la hueste de Ígor* (h. 1185), epopeya en verso. Se considera la primera obra importante en prosa la *Autobiografía* del arcipreste Avvakum (h. 1620-81). En el s. XVII el monje Simeón de Polotsk introdujo la medida silábica de los versos. Rusia vivió aislada hasta que, al iniciarse el s. XVIII, Pedro I el Grande abrió el país a las influencias europeas. La sátira surge con Prokopovich (1681-1736). Entre los escritores neoclásicos sobresalen Mijail Vasilievich Lomonosov, Antioj D. Kantemir y Alexander P. Sumarokov. Este último escribió *Jorev*, la primera tragedia rusa. La comedia tuvo un notable cultivador en Denis I. Fonvizin y el libelo en Nikolai I. Novikov. A fines de siglo se dejan sentir las ideas enciclopedistas y florece un sentimentalismo prerromántico, del cual participan Alexander N. Radischev y Nikolai M. Karamzin.

Ya en el s. XIX triunfa el Romanticismo, cuya figura más relevante es el poeta Alexander S. Pushkin, y en el que también destacan su discípulo Mijail Y. Lermontov y Nikolai A. Nekrasov, así como los novelistas Mijail N. Zagoskin y, sobre todo, Nikolai V. Gogol, que consigue equilibrar en sus obras el lirismo y el realismo. La obra filosófica y crítica de Vissanon G. Bielinski influye sobre el pensamiento ruso del s. XIX. A mediados de siglo, la literatura rusa conoció una época de esplendor en la novela con Fiodor M. Dostoievski, que marca la narrativa rusa posterior, Ivan S. Turgeniev, Liev N. Tolstoi e Ivan A. Goncharov. Otro autor importante de esta época es el filósofo Alexander I. Herzen. En el teatro sobresale Alexander N. Ostrovski y en la sátira, Saltikov-Schedrin. Entre los s. XIX y XX cultivan la narrativa Leonid N. Andreiev, Vladimir G. Korolenko, Nikolai M. Garin, Ivan A. Bunin y, especialmente, Anton Chejov, maestro de la novela corta y el cuento y renovador del teatro, y Máximo Gorki, que se muestra decididamente revolucionario. Antes de la revolución de 1917, triunfan en poesía el simbolismo de Alexander A. Blok y el futurismo de Vladimir V. Maiakovski. Con el triunfo de la revolución surge una generación de poetas, cuyos más destacados miembros son Sergei A. Esenin y Anna A. Ajmatova y su marido Nikolai S. Gumiliov, creador del acmeísmo, que valora lo real como reacción al simbolismo. Entre los prosistas merecen mención Isaac E. Babel, Vladimir Nabokov, Mijail Sholojov y Alexander Solzhenitsin.

Mús. En Rusia tiene gran tradición la música popular, que incluye cantos de Navidad, de ronda, nupciales, de fiestas, etc., y la religiosa, procedente del rito bizantino y de los cantos siriacos. La música culta profana fue impulsada por el zar Miguel III en el s. XVII, pero es Pedro I el Grande, a principios del XVIII, quien la consolidó al traer a la corte a importantes músicos europeos. La labor fue continuada por Catalina II. Compositores notables del s. XVIII son Mijail Matinski y Evstignei Fomin. En el s. XIX, se instaló en San Petersburgo el veneciano Caterino Cavos, que fue nombrado director musical de los teatros imperiales. En la primera mitad de este siglo vivió el llamado padre de la música rusa, Mijail I. Glinka, cuyo estilo se inspira en el folclore nacional. Más tarde destaca el grupo de los Cinco, formado por Nicolai Rimski-Korsakov, Cesar Cui, Modest P. Mussorgski, Alexander Borodin y Mili A. Balakirev, creadores de la música nacional rusa. Frente a ellos, figura el grupo tradicional del conservatorio de San Petersburgo, de carácter occidentalizante, encabezado por Anton G. Rubinstein; su gran figura es Piotr Ilich Tchaikovski, representante del Romanticismo. Al ser nombrado Rimski-Korsakov profesor de aquel conservatorio (1871) se fusionaron la dos escuelas. Entre los nuevos maestros de finales del. s. XIX y principios del s. XX sobresalieron Sergei V. Rachmaninov, Alexander N. Skriabin, Igor Stravinski y Sergei S. Prokofiev; algunos de ellos huyeron de Rusia al estallar la Revolución de Octubre.

Cine Los primeros filmes pertenecen al género histórico, como *Boris Godunov* (1907), de Drankov, y *Stenka Razin* (1908), de Romanov, y también es histórico el primer largometraje, *La defensa de Sebastopol*, de Goncharov. Jacov Protazanov y V. Gardin adaptaron al cine grandes obras literarias y teatrales rusas e I. Bauer elevó su nivel estético. En 1919 Lenin nacionalizó la industria cinematográfica y nació el cine soviético.

Rusia, República de Véase **Rusa, Federación.**

Rusiñol, Santiago (Barcelona 1861 - Aranjuez 1931) Pintor y escritor español. En 1884 marchó a París, donde trató a Ramón Casas, Miguel Utrillo y Zuloaga. En 1894 regresó a Barcelona, donde llegó a ser uno de los paisajistas más cotizados de su época. Fue uno de los promotores del grupo *Els Quatre Gats*. Su pintura, vinculada al modernismo, es fundamentalmente expresiva y decorativa. Entre sus cuadros destacan *Jardines de Aranjuez* (1911), *El fauno viejo* (1912) y *Almendros en flor* (1929). Publicó libros de viajes, obras para la escena y novelas.

Ruska, Ernst (Heidelberg 1906 - Berlín Oeste 1988) Ingeniero electrónico alemán. En 1986 obtuvo el premio Nobel de física, compartido con Gerd Binning y Heinrich Rohrer, por sus trabajos en el campo de la televisión y por la construcción del primer microscopio electrónico.

Ruskin, John (Londres 1819 - Coniston, Lancashire 1900) Escritor, crítico de arte y reformador social británico. Denunció los problemas sociales de la civilización moderna, aproximándose al socialismo. En arte, defendió el paisajismo de Turner y a los prerrafaelistas. Entre sus obras más significativas figuran *Las siete lámparas de la arquitectura* (1849), *Las piedras de Venecia* (1851-53) y *La Biblia de Amiens* (1880-85).

ruso, sa *adj.* **1.** De Rusia o de la antigua URSS. También *s.* ‖ *s. m.* **2.** Lengua hablada en la CEI, oficial en la mayoría de sus estados. El ruso es utilizado por más de 280 millones de personas. Se distinguen tres grandes dialectos, en la actualidad considerados como lenguas distintas: el bielorruso o ruso blanco, el malorruso o ruso pequeño y el velikorruso o gran ruso. Los primeros manuscritos rusos que se conocen son el *Evangelio de Ostromir* (s. XI) y la epopeya nacional *Cantar de la hueste de Ígor* (h. 1185). En el léxico ruso existe un fondo de palabras orientales, por su contacto con tártaros, turcos, etc. Con la apertura a Occidente del zar Pedro I, se incorporaron muchas palabras del alemán, sueco, francés, italiano, danés, etc., y últimamente se han incrementado los préstamos del inglés. La escritura es cirílica y, tras la revolución de 1917, se suprimieron algunas complicaciones ortográficas.

ruso-japonesa, guerra Conflicto bélico entre Rusia y Japón (1904-05), que tuvo por escenarios Manchuria y Corea; se originó por la oposición de los intereses de ambas naciones en el Asia oriental. Tras la derrota rusa, se firmó el tratado de Portsmouth (EE UU), por el cual Japón se convirtió en potencia mundial. Esta guerra provocó la revolución rusa de 1905.

ruso-turcas, guerras Conflictos armados entre Rusia y Turquía, entablados durante los siglos XVIII y XIX, por la hegemonía en los Balcanes. La primera guerra se inició en 1736 y terminó con el tratado de Belgrado (1739). En la siguiente (1768-74), Rusia venció y obtuvo la independencia de Crimea. En 1783, Rusia se anexionó Crimea, lo que ocasionó otro enfrentamiento armado; vencieron los rusos, que se quedaron con Crimea y la orilla del mar Negro hasta el Dniéster. Nuevamente se enfrentaron rusos y turcos y esta vez Turquía cedió la Besarabia (1812). La contienda de 1828-29 se originó por la ayuda prestada por Rusia a la sublevación griega y les costó a los turcos, entre otras concesiones, ceder la desembocadura del Danubio. La siguiente guerra (1853-56) es la conocida como *guerra de Crimea*. En el último enfrentamiento (1877-78), originado por la ayuda rusa a los serbios, el ejército ruso llegó triunfalmente hasta las puertas de Estambul y obligó a Turquía a firmar el tratado de San Estéfano.

Bertrand Russell.

Russell, Bertrand (Trelleck, Gales 1872 - Penrhyndeudraeth, Gales 1970) Filósofo británico. Desde una perspectiva humanista, centró sus intereses filosóficos en cuestiones científicas y epistemológicas. El pensamiento de Russell recibe el nombre de *atomismo lógico*. Partió del postulado de que existe una correspondencia total entre lenguaje y realidad y afirmó que los pilares básicos del conocimiento son la lógica y la experiencia. En su obra *Principia Mathematica* (1910-13) estableció, en colaboración con Alfred North Whitehead, los fundamentos de la lógica matemática. Otras de sus obras importantes son *Ensayos filosóficos* (1910), *Los problemas de la filosofía* (1912), *La filosofía del atomismo lógico* (1918), *Ética y política en la sociedad humana* (1955). Recibió el premio Nobel de literatura en 1950.

Russell, Ken (Southampton 1927) Director de cine británico. Alcanzó celebridad con *Mujeres enamoradas* (1969) y posteriormente rodó filmes barrocos y apasionados, muchos de ellos biográficos, como *La pasión de vivir* (*The music lovers*, 1971), *Los diablos* (1971), *Una sombra en el pasado* (*Mahler*, 1974), *Lisztomanía* (1975), *Valentino* (1977) y *La pasión de China Blue* (*Crimes of passion*, 1984).

rústico, ca *adj.* **1.** Del campo o de sus gentes. **2.** Basto, tosco. || *s. m.* y *f.* **3.** Persona del campo. || **Loc. en rústica** *adj.* y *adv.* Referido a encuadernaciones de libros, con cubierta de papel o cartulina. **Fam.** Rústicamente, rusticidad.

Rut Mujer moabita que de su matrimonio con Booz, de Judá, tuvo un hijo, Obed, abuelo del rey David. Es protagonista del libro de la *Biblia* que lleva su nombre.

Rut, Libro de Libro del Antiguo Testamento, compuesto en hebreo y de autor desconocido, en que se exalta la fidelidad de Rut a su suegra Noemí y que pretende dar a conocer la ascendencia del rey David.

ruta *s. f.* **1.** Camino que se sigue o que se proyecta seguir en un viaje. **2.** Conjunto de acciones destinadas a un fin.

rutáceas *s. f. pl.* Familia de plantas arbustivas o leñosas del orden sapindales a la que pertenecen unas 900 especies comprendidas en 150 géneros, entre los que destacan *Ruta, Citrus, Fortunella, Poncirus, Skimmia, Phellodendron*, etc. Tienen hojas simples, pinnadas o trifoliadas, glándulas secretoras de esencias, flores hermafroditas de cinco o cuatro pétalos y fruto en cápsula, baya o drupa. Crecen en regiones templadas y tropicales, especialmente del S de África y Australia, y muchas de sus especies tienen gran interés económico. Rutáceas son los frutos cítricos –naranja, limón, pomelo, mandarina, etc.–, la bergamota y numerosas plantas ornamentales y medicinales. También *adj.* y *s. f.*

rutenio *s. m.* Ru. Elemento químico perteneciente al grupo VIII B del sistema periódico y al subgrupo del platino. Su número atómico es 44 y su masa atómica 101,07. Su existencia fue detectada por G. W. Osann en 1828, pero su descubrimiento e identificación se atribuye a Karl Klaus en 1844. Posee un elevado punto de fusión y una gran dureza. Es muy resistente al ataque de los ácidos, incluso al agua regia, pero es atacado por los álcalis y el oxígeno. Se encuentra, junto con los metales del subgrupo del platino, en Canadá, Federación Rusa y África del Sur. Se emplea en joyería y decoración, en aleaciones duras, en la industria química, en aparatos eléctricos y como material en la elaboración de prótesis dentales.

Rutherford of Nelson, Ernest (Nelson, Nueva Zelanda 1871 - Cambridge 1937) Fisicoquímico británico. Alternó su actividad docente en universidades de Canadá e Inglaterra con sus trabajos de investigación. Dirigió el laboratorio Cavendish y fue presidente de la Royal Society de Londres (1925-30). Estableció la estructura nuclear de los átomos e identificó las partículas α, β y γ. En 1919 realizó la primera transmutación nuclear artificial, obteniendo núcleos de oxígeno mediante el bombardeo con partículas α de núcleos de nitrógeno. Entre sus obras cabe citar *Radiactividad* (1904) y *Fundamentos de la ciencia moderna* (1938). Fue galardonado con el premio Nobel de química en 1908.

rutilante *adj.* Brillante, resplandeciente. **Fam.** Rutilancia.

rutilar *v. intr.* Brillar mucho, resplandecer.

rutilo *s. m.* TiO_2. Mineral bióxido de titanio. Cristaliza en el sistema tetragonal, en cristales bipiramidales y prismáticos alargados, maclados y aciculares. Tiene color rojo sangre y brillo diamantino. Aparece en placeres y en ocasiones en filones, asociado al cuarzo. Es la principal mena del titanio y se utiliza en aleaciones para fabricar electrodos, colorear porcelana y los dientes postizos de un ligero color amarillo. Sus principales yacimientos se encuentran en Virginia (EE UU), Suiza y Noruega.

Rutilo.

rutina *s. f.* **1.** Costumbre de hacer algo de forma mecánica y habitual. **2.** En inform., serie de instrucciones que permiten a un ordenador controlar una función o realizar una operación de uso frecuente.

rutinario, ria *adj.* Que se hace o practica por rutina o que actúa por rutina. También *s.*

Ruvensori Cadena montañosa de África central, situada entre Zaire y Uganda. Es un gran horst o bloque tectónico levantado en el borde del Great Rift Valley, entre los lagos Mobutu y Eduardo. Su mayor altura se encuentra en el macizo Stanley, en la cima Margherita (5.110 m). También se escribe *Ruwenzori.*

Ruysbroeck, Jan van Véase **Van Ruysbroeck, Jan.**

Ruysdael, Jacob Isaac van (Haarlem 1628 - íd. 1682) Pintor neerlandés. De la escuela barroca, destacó como paisajista. En sus cuadros son característicos los cielos dramáticos y el tratamiento de los árboles. Entre sus obras principales figuran *Paisaje de la torre en ruinas, La cascada de Brunswick, Cementerio judío* y *Las dunas de Overveen.*

Ruysdael, Salomon van (Naarden h. 1600 - Haarlem 1670) Pintor neerlandés. Tío del anterior, fue uno de los maestros de la escuela de Haarlem. Realizó paisajes de tono realista, marinas y naturalezas muertas. Entre sus obras sobresalen *El pontón, El transbordador* (1649), *Canal holandés* y *Posada de pueblo.*

ruz *s. m.* En geol., relieve labrado en el flanco de un anticlinal, por torrentes que descienden paralelos a la pendiente de las capas.

Ruzicka, Leopold (Vukovar, Croacia 1887 - Zurich 1976) Químico suizo de origen checoslovaco. En 1939 obtuvo el premio Nobel de química, compartido con Adolf Butenandt, por sus estudios sobre los polimetilenos y los terpenos superiores.

Rybnik C. de Polonia, situada en el S del país. 140.000 h. en 1989. Es un centro administrativo que posee industria metalúrgica y mecánica.

Ryle, Gilbert (Brighton, Sussex 1900 - Whitby, North Yorkshire) Filósofo británico. Sus estudios sobre la filosofía del lenguaje constituyen una de las principales aportaciones de la llamada escuela de Oxford. Es autor de *Argumentos filosóficos* (1945) y *El concepto de lo mental* (1949), entre otras obras.

Ryswick C. de los Países Bajos, cercana a La Haya, a orillas del canal de Delft. 48.600 h. en 1986.

Ryswick, paz de Acuerdos firmados en el castillo de Nieuwburg, cerca de Ryswick, en 1697, por Francia con las Provincias Unidas, Inglaterra y el Imperio germánico, que pusieron fin a la guerra de la Liga de Habsburgo. Se estipuló, entre otras cosas, el reconocimiento de Guillermo III como rey de Inglaterra, así como la devolución a España de Luxemburgo, Cataluña y otros territorios perdidos, y al Imperio, de las plazas de Friburgo, Breisach, Kehl y Philipsburg.

Rzeszów C. de Polonia, cap. del voivodato del mismo nombre, situada en el extremo SE del país. 148.600 h. en 1989. Su economía se basa en las refinerías de petróleo y en las industrias mecánica, metalúrgica, textil y alimentaria.

S

s *s. f.* Vigésima letra del abecedario español y decimosexta de sus consonantes. Su nombre es *ese.*

S 1. Abreviatura de sur. **2.** Símbolo químico del azufre.

S. Abreviatura de San: *S. Ginés, S. Cristóbal.*

SA Siglas de sociedad* anónima.

SA (siglas de *Sturm Abteilung*, sección de asalto) Cuerpo paramilitar nazi que desempeñó un importante papel en la violenta conquista del poder por el Partido Nacionalsocialista. Estaba dirigido por Ernst Röhm y desapareció, destruido por los propios nazis, en la «noche de los cuchillos largos» (1934).

Sá Carneiro, Francisco (Oporto 1934 - Lisboa 1980) Político portugués. Fue secretario general del Partido Socialdemócrata. Al resultar vencedora la coalición Alianza Democrática, de centro-derecha, en las elecciones de 1979, fue designado primer ministro en 1980. Murió en accidente de aviación.

Sá Carneiro, Mário (Lisboa 1890 - París 1916) Escritor portugués. Impulsor del vanguardismo, en su obra trata temas como la locura y la perversión. Es autor de los libros de poesía *Dispersión* (1914) e *Indicios de oro* (póstumo, 1937) y de la novela *La confesión de Lucio* (1914).

Sá de Miranda, Francisco de (Coimbra h. 1481 - Quinta de Tapada, Minho h. 1558) Poeta portugués. Residió en Italia, donde recibió la influencia de la poesía renacentista. Introdujo en Portugal formas italianizantes y géneros líricos como la égloga y la elegía. En su obra poética destacan *Fábula de Mondego* y la égloga *Alexo.* Para el teatro escribió las comedias *Los extranjeros* (h. 1528) y *Los Vilhalpando* (h. 1538).

Saale Río de Alemania. 427 km de longitud. Nace en Checoslovaquia y discurre hacia el N, atravesando Jena, Halle y Calbe, hasta desembocar en el Elba. Ha dado nombre a una de las glaciaciones cuaternarias de Europa oriental, que corresponde a la glaciación alpina de Riss y a la de Illinois en América del Norte.

Saarbrücken C. de Alemania, cap. del Land del Sarre, situada en el S del país, a orillas del río Sarre. 190.500 h. en 1990. Cuenta con importantes industrias siderúrgicas, mecánicas, textiles, químicas y alimentarias. Destaca también como centro productor de hulla, hierro y acero. Es un relevante nudo de comunicaciones.

Saarinen, Eero (Kirkkonummi 1910 - Ann Arbor 1961) Arquitecto estadounidense de origen finlandés. En su obra, propia del *International Style*, creó estructuras abiertas y dinámicas, a las que el diseño y la integración de elementos confieren gran originalidad. Entre sus construcciones más significativas se cuentan el Centro Técnico de la General Motors en Detroit (1955), el Centro IBM de Yorktown (1958) y el aeropuerto Kennedy de Nueva York (1956-61).

Saavedra, Cornelio (Potosí 1761 - Buenos Aires 1829) Político y militar argentino. Combatió las invasiones británicas del Río de la Plata (1806-07) y participó en la defensa de Buenos Aires (1807). Fue nombrado presidente de la Junta gubernamental en 1810, puesto del que fue destituido en 1814 por sus tendencias conservadoras.

Saavedra, Francisco de (Sevilla 1746 - íd. 1819) Político español. Fue intendente de Caracas (1783), secretario de Hacienda con Godoy (1797) y, a la caída de éste, secretario de Estado (1798). Ante la invasión napoleónica, se puso al frente de la Junta de Sevilla, participó en la Junta Central (1808) y fue miembro del Consejo de Regencia (1810).

Saavedra Fajardo, Diego de (Algezares, Murcia 1584 - Madrid 1648) Escritor y diplomático español. En su obra ensayística defiende la reorganización económica de España y el abandono de la idea imperial, así como la disminución de eclesiásticos y letrados en favor de labradores y comerciantes. Entre sus escritos sobresalen *Idea de un príncipe cristiano representada en cien empresas* (1640), en que propone el modelo político de Fernando el Católico, *Corona gótica, castellana y austriaca* (1648) y *República literaria* (1655).

Saavedra Lamas, Carlos (Buenos Aires 1878 - íd. 1959) Político y jurista argentino. Ministro de Justicia e Instrucción Pública (1915) y de Relaciones Exteriores (1932-38), presidió la conferencia que puso fin a la guerra del Chaco. En 1936 obtuvo el premio Nobel de la paz.

Saba Antiguo estado de Arabia, situado en el S de la península Arábiga. Su prosperidad económica permitió el desarrollo en los siglos anteriores a la era cristiana de una importante civilización con grandes edificaciones, escritura semítica y una religión sacerdotal organizada. Decayó en el s. VI a causa de invasiones etíopes que destruyeron la presa de Marib (542). Hacia 575 quedó sometido a los persas sasánidas y se integró poco después en el mundo islámico.

Saba, reina de Personaje legendario, supuesta reina del estado de Saba, que según relata el Antiguo Testamento visitó al rey Salomón, llevándole ricos presentes.

Sabadell C. de España, situada en la prov. de Barcelona, en la comarca del Vallés. 189.200 h. en 1991. Tiene una importante industria, sobre todo textil, así como metalúrgica, de construcción y de plásticos.

sabadellense *adj.* De Sabadell. También *s.*

sábado *s. m.* **1.** Día de la semana que sigue al viernes. || **2. Sábado de Gloria** (o **Sábado Santo**) El que sigue al Viernes Santo.

sabana *s. f.* **1.** Formación vegetal compuesta fundamentalmente por plantas herbáceas, en especial gramíneas de tallo alto (unos 80 cm de altura), con arbustos y árboles aislados, como los baobabs y, sobre todo, acacias. Se extiende por grandes llanuras y mesetas intertropicales, caracterizadas por tener muy definidas las estaciones húmeda y seca, como amplias regiones de América del Sur, África y el NO de Australia. **2.** Llanura o meseta en que se da esta vegetación.

Sabana con acacias en el Parque Nacional de Serengeti, Tanzania.

sábana *s. f.* **1.** Cada una de las dos piezas de tela que se utilizan como ropa de cama y entre las que se coloca la persona que se acuesta. **2.** *fam.* Billete grande, de mil, cinco mil o diez mil pesetas. || **3. sábana santa** Santo sudario*. || **LOC. pegársele las sábanas** a uno *fam.* Levantarse más tarde de lo debido, o costarle mucho salir de la cama cuando se tiene que levantar.

sabandija *s. f.* **1.** Bicho o animal pequeño, de aspecto generalmente repugnante. **2.** *fam.* Persona despreciable, de malas intenciones.

sabanear *v. intr. amer.* Recorrer la sabana, especialmente para reunir el ganado o para vigilarlo.

sabanero, ra *adj.* De la sabana. También *s.*

sabanilla *s. f.* **1.** Trozo de tela fina utilizada para diversos usos, especialmente para ayudarse con ella al planchar. **2.** Trozo de tela que se coloca sobre el altar.

sabañón *s. m.* Abultamiento enrojecido causado por el frío, que aparece en aquellas partes del cuerpo que más lo sufren, como las manos, los pies y las orejas. Produce un picor muy intenso.

sabático, ca *adj.* **1.** Perteneciente o relativo al sábado. || **2. año sabático** Véase **año**.

Sabatier, Paul (Carcasona 1854 - Toulouse 1947) Químico francés. En 1912 obtuvo el premio Nobel de química, compartido con Victor Grignard, por su método de hidrogenación catalítica.

Sabatini, Francesco (Palermo 1722 - Madrid 1797) Arquitecto italiano. Formado en el Barroco, sus mejores realizaciones pertenecen al estilo neoclásico. En 1760 acudió a Madrid, llamado por el rey Carlos III, que le nombró arquitecto real. Entre sus numerosas obras destacan, en la capital, el edificio de la antigua Aduana (1769), la puerta de Alcalá (1764-78) y la escalera del Palacio Real, y las reformas de los palacios de El Pardo y de Aranjuez.

sabatino, na *adj.* **1.** Perteneciente al sábado o realizado en él. || *s. f.* **2.** Oficio divino propio del sábado. **3.** *Chile.* Zurra, paliza.

Ernesto Sábato.

Sábato, Ernesto (Rojas, Buenos Aires 1911) Escritor argentino. Su obra narrativa entronca originalmente con el pensamiento existencialista y aborda la angustia del hombre frente a la sociedad y la vida. Además de novelas como *El túnel* (1948), *Sobre héroes y tumbas* (1962) y *Abaddón, el exterminador* (1974), es autor de ensayos, entre los que sobresale *Heterodoxia* (1953). Presidió la Comisión nacional de investigación de las personas desaparecidas durante el régimen militar (1983-84). En 1984 fue galardonado con el premio Cervantes.

sabbat *s. m.* Aquelarre*.

sábbat o **sabbat** (del hebreo *sabbatti*) *s. m.* Sábado judío, su día de fiesta religiosa.

sabedor, ra *adj.* Enterado de cierta cosa.

sabelotodo *s. m.* y *f. desp.* Persona que cree saberlo todo o presume de tener más conocimientos de los que en realidad tiene. También *adj.*

saber[1] (del lat. *sapere*) *v. tr.* **1.** Conocer alguna cosa o estar informado sobre alguien o algo. También *v. intr.* **2.** Tener conocimientos sobre cierta materia o, en general, sobre muchas distintas. También *v. intr.* **3.** Aprender una cosa, generalmente de memoria. También *v. prnl.* **4.** Ser capaz de hacer algo. **5.** Estar segura una persona de algo. || *v. intr.* **6.** Ser muy listo o astuto. **7.** Tener algo un determinado sabor. **8.** Con los adverbios *bien* o *mal* u otras locuciones adverbiales, agradar o desagradar. **9.** *Arg., Ec., Perú.* Acostumbrar, soler. || **LOC. a saber** Introduce la explicación o el desarrollo de lo que se ha citado antes; también expresa duda, incredulidad, etc. **hacer saber** Comunicar alguna cosa. **no sé cuántos** *fam.* Se utiliza en sustitución de un nombre propio o un apellido que no se conoce o no se recuerda. También expresa gran cantidad de personas o cosas. **no sé qué** Expresa duda o desinterés; también, cosa no determinada o desconocida; en ocasiones hace referencia a una sensación difícil o imposible de describir. **saber lo que es bueno** *fam.* Sufrir situaciones, castigos, etc., que sirvan de escarmiento. ▪ Se usa mucho como amenaza. **vete tú** (o **vaya usted**) **a saber** Indica duda o desconfianza. ▪ Es v. irreg.

SABER	
INDICATIVO	
Presente	**Pret. perf. simple**
sé	*supe*
sabes	*supiste*
sabe	*supo*
sabemos	*supimos*
sabéis	*supisteis*
saben	*supieron*
Futuro imperfecto	**Condicional simple**
sabré	*sabría*
sabrás	*sabrías*
sabrá	*sabría*
sabremos	*sabríamos*
sabréis	*sabríais*
sabrán	*sabrían*
SUBJUNTIVO	
Presente	**Pretérito imperfecto**
sepa	*supiera, -ese*
sepas	*supieras, -eses*
sepa	*supiera, -ese*
sepamos	*supiéramos, -ésemos*
sepáis	*supierais, -eseis*
sepan	*supieran, -esen*
Futuro imperfecto	
supiere	*supiéremos*
supieres	*supiereis*
supiere	*supieren*

saber[2] *s. m.* Conocimiento, sabiduría.

sabidillo, lla *adj. desp.* Sabihondo*. También *s.*

sabido, da **1.** *p. p.* de **saber**. También *adj.* ‖ *adj.* **2.** *fam.* Que sabe mucho sobre algo.

sabiduría *s. f.* **1.** Cultura, conocimiento profundo de distintas materias. **2.** Sensatez, prudencia. **3.** Cualidad de sabio.

Sabiduría, Libro de la Libro canónico del Antiguo Testamento, redactado en Alejandría por un judío helenístico h. el 80 a. C. Su autor, como recurso literario, se presenta como el rey Salomón y reflexiona sobre el valor de la sabiduría para la salvación y sobre el conocimiento de Dios a través de sus obras.

sabiendas, a *loc. adv.* Intencionadamente, con conocimiento de lo que se hace o dice.

sabihondo, da *adj. fam.* Sabelotodo*. También *s.* ▪ Se escribe también *sabiondo.* **FAM.** Sabihondez.

sabina *s. f.* Nombre común de diversas plantas arbustivas de la familia cupresáceas, género *Juniperus.* La sabina real *(Juniperus sabina)* mide unos 2 m de altura, tiene las hojas pequeñas, escamosas y superpuestas y bayas globulares de color negro o rojizo. Crece en las regiones mediterráneas.

sabino, na *adj.* **1.** Se aplica a cierto pueblo de la Italia antigua establecido entre el Tíber y los Apeninos. **2.** De este pueblo. También *s.* ‖ *s. m.* **3.** Dialecto hablado por este pueblo.

sabio, bia *adj.* **1.** Que tiene profundos conocimientos. También *s.* **2.** Sensato, prudente. **3.** Se aplica a los animales que han sido amaestrados para realizar trabajos y obedecer órdenes muy complicadas o que no son propias de ellos. **FAM.** Sabiamente.

sabiondo, da *adj. fam.* Sabihondo*. **FAM.** Sabiondez.

sablazo *s. m.* **1.** Golpe dado con un sable. **2.** Herida causada con él. **3.** *fam.* Acción y efecto de sablear. **4.** *fam.* Acción y efecto de clavar, de cobrar demasiado por algo.

sable[1] (del al. *sabel*) *s. m.* **1.** Arma blanca más larga que la espada, algo curva y de un solo filo. ‖ **2. ruido de sables** Indicios o rumores de un levantamiento militar.

sable[2] (del fr. *sable*, y éste del eslavo *sable*, marta negra) *adj.* En heráldica, se dice del color negro. También *s. m.*

sablear *v. tr. fam.* Sacarle dinero a alguien sin intención de devolvérselo. **FAM.** Sableador.

sablista *adj. fam.* Que acostumbra a sablear a otros. También *s.*

saboneta *s. f.* Reloj de bolsillo que tiene la esfera cubierta por una tapa que se levanta apretando un resorte.

sabor *s. m.* **1.** Cualidad de una sustancia que se percibe a través del sentido del gusto. **2.** Sensación que produce en el gusto dicha cualidad. **3.** Impresión o sensación que deja alguna cosa. **4.** Carácter, aire. ‖ **LOC. dejar** algo **mal sabor de boca** Dejar un mal recuerdo.

saborear *v. tr.* **1.** Apreciar o reconocer el sabor de una cosa detenidamente y con agrado. **2.** Disfrutar o gozar de algo con tranquilidad y detenimiento. **FAM.** Saboreo.

sabotaje *s. m.* **1.** Daño producido intencionadamente en instalaciones, servicios, productos, etc., que pertenecen o representan a una persona o entidad contra la que se pretende luchar. **2.** Oposición o entorpecimiento disimulado contra proyectos, órdenes, decisiones, etc.

sabotear *v. tr.* Hacer un sabotaje. **FAM.** Saboteador.

Saboya Región histórica de Francia. Estuvo ocupada por los celtas entre los s. VII y V a. C. y pasó a depender del imperio romano entre los años 122 y 118 a. C. Posteriormente perteneció al reino merovingio y ya en el s. XI se incorporó al Sacro Imperio Romano Germánico. Durante el s. XV se adhirió a la política italiana. En 1792 la región fue ocupada por Francia, que tuvo que abandonarla en 1815. Finalmente, en 1860 se incorporó a Francia.

Saboya (*Savoie*) Departamento de Francia, situado en la región de Ródano-Alpes, en el SE del país. 6.028 km^2. 348.000 h. en 1990. La capital es Chambéry, con 53.450 h. en 1982. Ocupa un territorio montañoso, por lo que la superficie cultivable es escasa. Tiene importante cabaña vacuna y producción de energía hidroeléctrica.

Saboya, Amadeo de Véase **Amadeo I de Saboya**.

Saboya, casa de Dinastía condal italiana fundada por Humberto I en la primera mitad del s. XI y que obtuvo la categoría ducal en 1416, otorgada a Amadeo VIII por el emperador Segismundo. Sus dominios se extendieron desde Saboya hasta Piamonte y el condado de Niza, y en 1720 hasta el reino de Cerdeña con Víctor Amadeo II. Víctor Manuel II fue el primer monarca del reino de Italia. La dinastía desapareció después de la Segunda Guerra Mundial, cuando en 1946 fue depuesto Humberto II mediante un referéndum.

saboyano, na *adj.* De Saboya. También *s.*

sabroso, sa *adj.* **1.** De sabor agradable e intenso. **2.** *fam.* Algo salado. **3.** Interesante, jugoso. **FAM.** Sabrosamente.

sabrosón, na *adj.* **1.** Sabroso, interesante. **2.** Aplicado al ritmo de la música, muy marcado y sensual.

sabuco *s. m.* Saúco, arbusto.

sabueso, sa *adj.* **1.** Se dice de un tipo de perro podenco de mayor tamaño que el común y de oído y olfato muy finos, por lo que es muy utilizado para seguir la caza. También *s.* ‖ *s. m.* y *f.* **2.** Persona que tiene una especial habilidad para investigar y descubrir algo. **3.** *desp.* Policía, detective.

saburra *s. f.* **1.** Secreción mucosa y espesa que se acumula en las paredes del estómago en ciertos trastornos gástricos. **2.** Capa blanquecina o amarillenta que cubre la parte posterior de la lengua por efecto de esa secreción.

saburroso, sa *adj.* Que muestra la existencia de saburra.

saca[1] *s. f.* **1.** Acción y efecto de sacar. **2.** Acción de sacar los estanqueros de los depósitos el tabaco, los sellos y demás artículos de los que el Estado u otra entidad posee el monopolio, para venderlos después al público. **3.** En la guerra civil española, acto de sacar presos de las cárceles para ajusticiarlos. **4.** Copia autentificada de un documento.

saca[2] *s. f.* Saco grande de tela fuerte, más largo que ancho, como el que se emplea en correos para guardar y transportar la correspondencia.

sacabocados o **sacabocado** *s. m.* Instrumento parecido a unas tenazas utilizado para taladrar.

sacacorchos *s. m.* Instrumento provisto de una espiral acabada en punta utilizado para quitar los tapones de corcho de las botellas. ‖ **LOC. sacar** algo a alguien **con sacacorchos** *fam.* Conseguir con mucho esfuerzo que alguien diga alguna cosa.

sacacuartos *s. m.* **1.** *fam.* Cosa de poco valor o interés en que la gente malgasta su dinero. ‖ *s. m.* y *f.* **2.** *fam.* Persona que tiene habilidad para conseguir dinero de los demás.

sacadineros *s. m. fam.* Sacacuartos*.

sacaleches *s. m.* Instrumento utilizado para sacar la leche del pecho de una mujer.

sacamantecas *s. m.* y *f. fam.* Criminal que abre el cuerpo de sus víctimas y les saca las vísceras.

sacamuelas *s. m.* y *f. desp.* Dentista.

sacapuntas *s. m.* Instrumento utilizado para sacar punta a los lápices.

sacar *v. tr.* **1.** Poner a alguien o algo fuera del lugar en que estaba o hacer que salga de él. **2.** Conseguir, adquirir. **3.** Pasar o superar algo con éxito. **4.** Tomar algo de una ideología, de una obra, etc., de la que forma parte. **5.** *fam.* Obtener una idea, conclusión, etc., de alguna cosa o de algún hecho. **6.** Descubrir algo a partir de ciertas señales o indicios. **7.** Hallar la respuesta o el resultado de algo. **8.** Librar a alguien de una mala situación. **9.** Producir una cierta cantidad de trabajo. **10.** Poner algo en uso o en circulación, emplear algo que se tenía guardado. **11.** Hacer que algo aparezca o se descubra. **12.** Hacer referencia o mención de alguien o algo. **13.** Retratar, fotografiar. **14.** *fam.* Hacer que aparezca alguien o algo en un medio de comunicación. **15.** En algunos deportes, lanzar la pelota al comienzo del juego o después de haber estado éste detenido. También *v. intr.* **16.** *fam.* En un baile, invitar una persona a otra a ser su pareja. **17.** Con faltas, defectos, etc., encontrárselos a alguien o algo. **18.** *fam.* Referido a manchas, quitarlas. **19.** Ensanchar o alargar la ropa. **20.** *fam.* Aventajar una persona o cosa a otra en lo que se expresa. ▪ La *c* de la raíz cambia en *qu* ante la vocal *e.* ‖ **LOC. sacar** a alguien **adelante** Mantenerlo, darle lo necesario para vivir. **sacar** algo **adelante** Mantenerlo en funcionamiento o hacer que salga de una mala situación. **sacar** a alguien **de sí** (o **de sus casillas**) Enfadarle o indignarle. **sacar en claro** (o **en limpio**) Obtener una idea o conclusión clara y válida de algo.

sacárido *s. m.* Término con que se denominan los hidratos de carbono. Atendiendo a su complejidad, según se hidrolicen o no en otros más sencillos, los sacáridos se suelen clasificar en monosacáridos, como la glucosa y la fructosa; disacáridos –resultantes de la unión de dos moléculas de monosacáridos–, como la sacarosa y la maltosa, y polisacáridos –cuando resultan de la unión de cuatro o más moléculas de monosacáridos–, como el almidón y la celulosa.

sacarífero, ra *adj.* Que contiene o produce azúcar.

sacarificar *v. tr.* Convertir mediante hidratación sustancias sacarígenas en azúcar. ▪ Se conjuga como *sacar.* **FAM.** Sacarificación.

sacarígeno, na *adj.* Se aplica a aquellas sustancias que se convierten en azúcar mediante hidratación, como las féculas y la celulosa. También *s. m.*

sacarina *s. f.* $C_7H_5NSO_3$. Compuesto del carbono obtenido mediante la deshidratación del ácido *o*-sulfamidobenzoico. Aunque su estructura química no tiene ningún parecido con la de los sacáridos, se le llama así por su sabor dulce y su gran poder edulcorante. Se emplea como sustitutivo de la sacarosa, especialmente en casos de obesidad y diabetes, ya que no tiene valor nutritivo y no sufre alteración metabólica en el organismo, siendo eliminada por la orina.

sacarino, na *adj.* **1.** Que contiene azúcar. **2.** De aspecto o características semejantes al azúcar.

sacarosa *s. f.* $C_{12}H_{22}O_{11}$. Disacárido resultante de la condensación de una molécula de glucosa y una molécula de fructosa, en las que se desdobla mediante hidrólisis ácida o enzimática. Vulgarmente recibe el nombre de *azúcar de caña*, por extraerse de esta planta, y *azúcar común*, por ser la que ordinariamente se emplea para endulzar los alimentos. También se encuentra presente en la remolacha, de donde asimismo se obtiene industrialmente. El azúcar de mesa resulta de refinar la sacarosa, de color pardo, extraída de la caña o la remolacha.

Sacasa, Juan Bautista (León 1874 - Los Ángeles, EE UU 1946) Político nicaragüense. Liberal, fue vicepresidente (1925-28) y presidente de la república (1932-36). Logró la salida de los *marines* estadounidenses de Nicaragua y pactó con el guerrillero Sandino (1933), que fue asesinado (1934) por el jefe de la guardia nacional, Anastasio Somoza, quien también dirigió el golpe militar que derrocó a Sacasa.

Sacchetti, Giovanni Battista (Turín ? - Madrid 1764) Arquitecto italiano. Era discípulo de Filippo Juvara y en 1736 fue llamado por el rey de España Felipe V para realizar la edificación del Palacio Real de Madrid, según las trazas que había proyectado su maestro.

sacciforme *adj.* Que tiene forma de saco; se emplea fundamentalmente en anatomía.

Sacco y Vanzetti, caso Proceso judicial seguido por las autoridades estadounidenses en 1920 contra dos anarquistas de origen italiano, Nicola Sacco y Bartolomeo Vanzetti, acusados de asesinato y ejecutados en 1927 en la silla eléctrica pese a la ausencia de pruebas y a los testimonios que demostraban su inocencia. Cincuenta años después de la ejecución, las autoridades estadounidenses rehabilitaron su memoria.

sacerdocio *s. m.* **1.** Dignidad y estado del sacerdote. **2.** Función propia del sacerdote. **3.** Profesión o actividad para la que es necesario gran sacrificio y dedicación.

sacerdotal *adj.* **1.** Perteneciente o relativo al sacerdote. ‖ **2. orden sacerdotal** Véase **orden**.

sacerdote *s. m.* **1.** En rel., hombre que ofrece los sacrificios a la divinidad y dirige los servicios religiosos. **2.** En la religión católica, hombre que ha recibido las órdenes sagradas que le permiten celebrar la misa así como administrar la eucaristía y otros sacramentos. Son también funciones propias del sacerdote la predicación y explicación de la palabra de Dios, la catequesis y preparación de los fieles para recibir los sacramentos, las distintas formas de labor pastoral y la dirección de los diversos actos de oración y culto. ‖ **3. sumo sacerdote** Entre los hebreos, el que ocupaba el puesto más alto en la jerarquía religiosa.

sacerdotisa *s. f.* Mujer dedicada a ofrecer sacrificios y cuidar de los templos en ciertas religiones.

sachar *v. tr.* Escardar la tierra para quitar las malas hierbas y evitar que perjudiquen lo que se ha sembrado. **FAM.** Sachadura.

Sacher-Masoch, Leopold von (Lemberg 1836 - Lindheim 1895) Escritor austriaco. Es famoso por sus relatos eróticos *La Venus de las pieles* (1870) y *Las mesalinas vienesas* (1874), donde expone sus hábitos sexuales en los que la satisfacción va ligada al sufrimiento. Esta perversión se denominó *masoquismo*.

Sachs, Hans (Nuremberg 1494 - íd. 1576) Poeta y músico alemán. Fue el más famoso *Meistersinger*. Su obra, que supera las 6.000 piezas, posee un notable interés para el conocimiento de la música renacentista.

Sachs, Leonie, llamada **Nelly** (Berlín 1891 - Estocolmo 1970) Escritora alemana. De familia judía, se refugió en Suecia, huyendo de los nazis, y adoptó la nacionalidad sueca. En su obra se refleja la persecución y el exilio de los judíos. Entre sus libros de poesía destacan *En las moradas de la muerte* (1947), *Huida y metamorfosis* (1959) y *Señal en la arena* (1962). En 1966 recibió el premio Nobel de literatura, compartido con Samuel Yosef Agnon.

saciar *v. tr.* **1.** Satisfacer totalmente el hambre o la sed. También *v. prnl.* **2.** Satisfacer plenamente necesidades, ambiciones, deseos, etc. También *v. prnl.*

saciedad *s. f.* Estado de harto o satisfecho. ‖ **LOC. hasta la saciedad** *adv.* Hasta no poder más, totalmente; también, con verbos como *decir* o *repetir*, muchísimas veces.

saco *s. m.* **1.** Objeto de material flexible, generalmente grande y de forma alargada, para guardar cosas dentro de él. **2.** Lo que contiene un objeto de ese tipo. **3.** Nombre dado a cualquier órgano o estructura orgánica que tiene esta forma. **4.** Con la preposición *de* y un sustantivo, persona que posee en gran medida la cualidad, característica, etc., que éste expresa. **5.** Acción y efecto de saquear. **6.** Prenda de vestir que no queda ajustada al cuerpo. **7.** En argot, cárcel. **8.** *amer.* Chaqueta. **9.** *amer.* Bolso de mujer. ‖ **10. saco de dormir** Especie de bolsa de tejido impermeable relleno de plumas, guata, etc., donde se mete una persona para dormir al aire libre o en tiendas de campaña. **11. saco vitelino** Bolsa con sustancias alimenticias que tiene como función nutrir al embrión del ser humano y de ciertos animales hasta que se establece la circulación materno-fetal. ‖ **LOC. entrar a saco** Saquear*. **meter en el mismo saco** *fam.* Juntar en una misma clasificación a personas o cosas muy diferentes entre sí. **no echar** algo **en saco roto** *fam.* No olvidarlo, tenerlo en cuenta.

sacón, na *adj.* **1.** *Amér. C.* Acusica. **2.** *Amér. C.* Adulador.

saconería *s. f. Amér. C.* Adulación.

sacralizar *v. tr.* Dar carácter sagrado a algo que no lo tenía. ■ Se conjuga como *cazar*. **FAM.** Sacralización.

sacramental *adj.* **1.** Perteneciente o relativo a los sacramentos. **2.** Que tiene carácter de sacramento. **3.** Que se hace o se dice así por la ley o la costumbre en algún acto o ceremonia. ‖ *s. f.* **4.** Cofradía dedicada al culto del Santísimo Sacramento. **5.** En Madrid, cementerio de una cofradía. **FAM.** Sacramentalmente.

sacramentar *v. tr.* **1.** Administrar a un enfermo los últimos sacramentos. **2.** En la religión católica, convertir el pan en el cuerpo de Cristo en el sacramento de la eucaristía. **FAM.** Sacramentación.

sacramento *s. m.* **1.** En la religión cristiana, signo sagrado que expresa y realiza el encuentro del creyente con Jesucristo. La Iglesia católica establece siete: bautismo, eucaristía, confirmación, penitencia, extremaunción, el orden y el matrimonio. ‖ **2. sacramento del altar** Jesucristo en la eucaristía. **3. últimos sacramentos** Los de la penitencia, eucaristía y extremaunción que se administran a un enfermo en peligro de muerte.

Sacramento C. de EE UU, cap. del estado de California, situada a orillas del río Sacramento. 341.200 h. en 1989. Cuenta con industria alimentaria, metalúrgica y de construcciones aeronáuticas.

Sacramento, Colonia del Territorio de América del Sur, situado en la parte E del Río de la Plata. Fue un establecimiento portugués desde 1680. Pasó a España en el s. XVIII. Tras la independencia, se convirtió en parte del actual Uruguay.

sacrificar *v. tr.* **1.** Ofrecer una víctima a los dioses para pedirles algo, darles gracias, etc. **2.** Matar reses para el consumo. **3.** P. ext., matar a cualquier animal enfermo o herido. **4.** Poner a una persona o cosa en una situación desfavorable o renunciar a algo en provecho de otra persona o cosa. ‖ *v. prnl.* **5.** Pasar apuros, realizar algo que disgusta, aceptar las dificultades, etc., para beneficiar a alguien o algo. ■ Se conjuga como *sacar*.

sacrificio *s. m.* **1.** Acción de sacrificar una víctima a los dioses. **2.** En la religión católica, acto por el que se recuerda y hace presente en la eucaristía la muerte y resurrección de Jesucristo. **3.** Acción de sacrificar a alguien o algo, o de sacrificarse uno, en beneficio de una persona o cosa.

sacrilegio *s. m.* **1.** Acto realizado contra una persona, cosa o lugar sagrados, o grave falta de respeto hacia ellos. **2.** P. ext., falta de respeto grave cometida contra personas, instituciones, etc., muy importantes o prestigiosas.

sacrílego, ga *adj.* Que comete o implica sacrilegio. También *s.*

sacristán *s. m.* Hombre que ayuda al sacerdote en el altar y se encarga del cuidado de la iglesia y sacristía.

Sacristán, José (Chinchón, Madrid 1937) Actor de cine español. Uno de los mejores actores de su generación, ha interpretado principalmente papeles cómicos. Alcanzó popularidad en películas como *Asignatura pendiente* (1976), *Un hombre llamado Flor de Otoño* (1977) y *La vaquilla* (1985).

Sacristán, Manuel (Madrid 1925 - Barcelona 1985) Filósofo español. Se dedicó a la docencia y ejerció una notable influencia en universitarios e intelectuales. Su actividad filosófica la desarrolló en campos tan diversos como la lógica, la filosofía de la ciencia y el marxismo. Publicó el primer manual de lógica formal escrito por un autor español: *Introducción a la lógica y al análisis formal* (1964).

sacristana *s. f.* **1.** Mujer, generalmente monja, que se encarga en un convento del cuidado de la iglesia y la sacristía. **2.** Mujer del sacristán.

sacristanía *s. f.* Empleo de sacristán.

sacristía *s. f.* Lugar en las iglesias donde se guardan las ropas y objetos necesarios para el culto y los adornos del altar, y en el que los sacerdotes se revisten.

sacro, cra *adj.* **1.** Sagrado, dedicado al culto. **2.** Se aplica al hueso situado en la parte inferior de la columna vertebral, que tiene forma de pirámide invertida y está formado por vértebras soldadas entre sí. También *s. m.* **3.** Se aplica a la región del cuerpo donde está situado este hueso.

Sacro Imperio Romano Germánico Véase **Romano Germánico, Sacro Imperio**.

sacrosanto *adj.* **1.** Que es a la vez sagrado y santo. **2.** *fam.* Sagrado, intocable, que no se puede atacar, criticar, etc.

sacudida *s. f.* **1.** Movimiento brusco de cualquier cosa. **2.** Fuerte impresión que deja algo en una persona.

sacudidor, ra *adj.* **1.** Que sacude. También *s.* ‖ *s. m.* **2.** Utensilio empleado para sacudir y limpiar alfombras, felpudos, etc.

sacudir *v. tr.* **1.** Mover bruscamente una cosa de un lado a otro. **2.** Golpear una cosa, agitarla en el aire, o pasarle la mano para quitarle el polvo, la suciedad, etc. También *v. prnl.* **3.** Pegar un golpe, bofetada, etc. También *v. intr.* **4.** Impresionar mucho. ‖ *v. prnl.* **5.** Apartar de sí algo molesto, pesado, pernicioso, etc. **FAM.** Sacudimiento.

sacudón *s. m. amer.* Sacudida.

sáculo *s. m.* Dilatación de forma coférica del oído interno, comunicada con el utrículo por medio del canal endolinfático, que tiene gran importancia en el mecanismo fisiológico del sentido del equilibrio.

Sadat, Mohamed Anuar el– (Mit Abul Kom, Minufiyya 1918 - El Cairo 1981) Militar y político egipcio. Participó en el movimiento revolucionario que derribó al rey Faruk (1952) y desde 1964 fue vicepresidente de Nasser, a quien sucedió en 1970 tras su muerte. Transformó las bases de la revolución nasserista y abandonó el panarabismo, firmando la paz unilateralmente con Israel, lo que le valió el rechazo y el aislamiento de los países islámicos. Premio Nobel de la paz en 1978, murió asesinado por musulmanes fundamentalistas.

Anuar el-Sadat.

Sade, Donatien Alphonse François, marqués de (París 1740 - Charenton 1814) Escritor francés. Vivió en Francia e Italia, perseguido por los escándalos que motivaba su conducta libertina y sufriendo largos periodos de encarcelamiento, en los que escribió su obra. Ésta tiene carácter narrativo y un contenido erótico, por lo que ha figurado en todas las listas de censura. Entre sus principales libros se pueden citar *Justine o las desgracias de la virtud* (1791), *La filosofía en el tocador* (1795) y *La nueva Justine* (1797).

Sadi, Musarrif al-Din (Siraz h. 1184 - íd. h. 1290) Poeta persa. Se formó en Bagdad y perteneció a la secta de los sufíes. Su obra poética, de lenguaje puro y armonioso, tiene una intención didáctica y moralizante, a menudo envuelta de ironía, y comprende los libros *Bustan* (h. 1257) y *Gulistan* (h. 1258).

sádico, ca *adj.* **1.** Perteneciente o relativo al sadismo o que lo practica. También *s.* **2.** Muy cruel. También *s.*

sadismo *s. m.* **1.** Desviación sexual de quien encuentra placer causando dolor físico o sufrimiento a otra persona. **2.** Crueldad excesiva.

sadomasoquismo *s. m.* Desviación sexual que consiste en encontrar placer produciendo dolor físico o moral en la pareja o recibiéndolo de ella. **Fam.** Sadomasoquista.

saduceo, a *adj.* **1.** Se aplica a una de las dos sectas más importantes de Palestina en tiempos de Cristo (la otra era la de los fariseos), que se caracterizaban por ser oportunistas en el trato con el poder romano, helenizantes en los aspectos culturales y muy conservadores en lo religioso, ateniéndose estrictamente a la doctrina de la *Torá*. **2.** De esta secta. También *s.*

Saenredam, Pieter Jansz (Assendelft 1597 - Haarlem 1665) Pintor neerlandés. Sus obras más características son los interiores arquitectónicos, especialmente de iglesias, como los de *Santa María de Utrecht* (1641) y *San Odulfo de Assendelft* (1641).

Sáenz Peña, Luis (Buenos Aires 1822 - íd. 1907) Abogado y político argentino. Miembro de la Convención constituyente (1860), se mostró partidario de la integración de Buenos Aires en la Confederación argentina. Elegido presidente (1892), tuvo que reprimir la rebelión de la Unión Cívica Radical (1893). Dimitió en 1895.

Sáenz Peña, Roque (Buenos Aires 1851 - íd. 1914) Abogado y político argentino. Hijo del anterior, participó en la guerra contra Chile (1873). Refutó la doctrina Monroe en la Conferencia Panamericana de Washington (1889). Fue ministro de Relaciones Exteriores (1890) y presidente de la república por el Partido Nacional (1910). Aprobó la ley que estableció el sufragio universal (1912) y, por enfermedad, delegó el poder en el vicepresidente (1913).

saeta *s. f.* **1.** Flecha, arma arrojadiza. **2.** Manecilla del reloj o de la brújula. **3.** Copla de cante flamenco de carácter religioso que se canta en determinados actos o solemnidades, especialmente en las procesiones de Semana Santa.

saetera *s. f.* Ventana muy estrecha abierta en el muro de una fortificación, por la que los defensores disparaban las flechas.

saetero, ra *adj.* **1.** Perteneciente o relativo a las saetas. || *s. m.* y *f.* **2.** Cantaor de saetas. || *s. m.* **3.** Soldado que luchaba con arco y flechas.

safari *s. m.* **1.** Expedición de caza mayor realizada en territorios africanos. **2.** P. ext., expedición o excursión en lugares naturales o salvajes con diferentes fines. **3.** Conjunto de personas, animales, etc., que forman la expedición. **4.** Parque zoológico en el que los animales se hallan en libertad y se visita dentro de un vehículo. || **5. safari fotográfico** Excursión realizada para fotografiar o filmar animales en libertad.

Safdie, Moshe (Haifa 1938) Arquitecto canadiense de origen israelí. Alcanzó fama con su proyecto *Habitat 67* de Montreal, que consta de 158 módulos escalonados y conectados por pasillos aéreos, ascensores y terrazas colgantes, para conseguir el mayor aprovechamiento del suelo.

safena *adj.* Se aplica a cada una de las dos venas que van a lo largo de la pierna, una por la parte interior y otra por la exterior, y llevan la sangre desde el pie hasta la vena femoral. También *s. f.*

sáfico, ca *adj.* **1.** Se aplica al verso griego o latino de once sílabas, distribuidas en cinco pies. También *s. m.* **2.** Se aplica a la estrofa de la poesía griega y latina en la que se empleaban versos de este tipo. **3.** P. ext., en la poesía castellana, se dice del verso endecasílabo acentuado en las sílabas cuarta y octava. También *s. m.*

safismo *s. m.* Homosexualidad femenina, lesbianismo*.

Safo (Lesbos h. 625 - íd. 580 a. C.) Poetisa griega. Residió una época en Sicilia y dirigió en Lesbos una escuela literaria. La leyenda le atribuye diversos episodios, como su suicidio por un amor no correspondido. Sólo se conservan 650 versos de sus obras, en los que canta al amor y la naturaleza. Creó la estrofa llamada *sáfica*.

saga[1] (del al. *sage*, leyenda) *s. f.* **1.** Cada una de las leyendas poéticas contenidas en las colecciones de poemas heroicos y mitológicos de los antiguos pueblos escandinavos. **2.** P. ext., cualquier narración heroica o legendaria. **3.** Libro o conjunto de libros en que se narra la historia de dos o más generaciones de una familia. **4.** P. ext., dinastía familiar.

saga[2] (del lat. *saga*) *s. f.* Bruja, hechicera.

sagacidad *s. f.* Cualidad de sagaz.

Sagan, Françoise Quoirez, llamada **Françoise** (Cajarc, Lot 1935) Escritora francesa. Con tan sólo 19 años publicó su primera novela, *Buenos días, tristeza* (1954), que supuso un gran éxito literario. Otras novelas suyas dignas de mención son *Una cierta sonrisa* (1956), *¿Le gusta a usted Brahms?* (1959) y *La cama deshecha* (1977).

Sagarra, Josep Maria de (Barcelona 1894 - íd. 1961) Escritor español en lengua catalana. De amplia cultura y capacidad creadora, escribió poesía, novela, pero donde más sobresalió fue en el teatro. Entre sus títulos destacan, en poesía, *Primer libro de poemas* (1914), *Poemas y canciones* (1922) y *Canciones de remo y de vela* (1923), la novela *Vida privada* (1932) y, en teatro, *Jueves santo* (1918), *El café de la Marina* (1933) y *La herida luminosa* (1954).

Práxedes Mateo Sagasta (Palacio del Congreso, Madrid).

Sagasta, Práxedes Mateo (Torrecilla en Cameros, La Rioja 1825 - Madrid 1903) Político español. Afiliado al Partido Progresista, participó en la revolución de 1868. Presidió su primer gobierno bajo Amadeo I y aceptó de mala gana la Restauración. Como jefe del Partido Liberal por él fundado, se convirtió en el gran opositor de Cánovas, con quien se turnó en el poder durante la regencia de María Cristina. En 1897, el asesinato de Cánovas le llevó a la presidencia del gobierno y, a pesar de conceder la autonomía a Cuba y Puerto Rico, no pudo evitar la desastrosa guerra de 1898 con EE UU, que arruinó su carrera política.

sagaz *adj.* **1.** Que capta las cosas con facilidad, dándose cuenta de todo. **2.** Se aplica a ciertos animales que presienten las cosas, y especialmente al perro de caza, capaz de localizar la presa siguiendo su rastro. **Fam.** Sagazmente.

sagita *s. f.* Segmento determinado por el punto medio de un arco de circunferencia y el punto medio de su cuerda.

sagital *adj.* Que tiene forma de saeta o flecha.

Sagitario 1. Constelación austral, situada entre Escorpión y Capricornio, en la dirección del núcleo de la galaxia. Cuenta con 115 estrellas visibles, que destacan sobre una gran concentración estelar y diversas nebulosas y cúmulos. **2.** Noveno signo del zodiaco que el Sol recorre aparentemente entre el 22 de noviembre y el 21 de diciembre. || *s. m.* y *f.* **3.** Persona nacida bajo este signo. ■ Con este significado se escribe con minúscula.

sagrado, da *adj.* **1.** Se aplica a todo aquello que se ha dedicado al culto divino o que recibe este culto. **2.** Perteneciente o relativo a la divinidad o a su culto. **3.** Que merece mucho respeto o que debe respetarse. || *s. m.* **4.** Lugar donde acudían los delincuentes para protegerse de la justicia. || **5. Sagrada Familia** La formada por Jesús, la Virgen María y San José; también, imagen, cuadro, etc., que la representa, en cuyo caso se escribe con minúscula. || **Loc. acogerse** alguien **a** (o **al**) **sagrado** Refugiarse en un lugar sagrado una persona acusada de algún delito.

sagrario *s. m.* **1.** Pequeño recinto en forma de armario o templete donde se guardan el copón y las sagradas formas. **2.** Parte de la iglesia donde se guardan los objetos sagrados. **3.** En algunas catedrales, capilla que sirve de parroquia.

Sagrera, Guillem (? - Nápoles 1456) Arquitecto y escultor español. Es uno de los principales representantes del gótico tardío catalán. Su obra más importante es la lonja de Palma de Mallorca. En Nápoles, edificó la gran sala del Castelnuovo por encargo de Alfonso el Magnánimo.

saguntino, na *adj.* De Sagunto. También *s.*

Sagunto (*Sagunt*) C. de España, situada en la prov. de Valencia. 56.000 h. en 1991. Sus tierras producen arroz, maíz, frutales, vid y olivo y en ellas se cría ganadería lanar y caprina. La industria siderúrgica, debido a su escasa rentabilidad, sufrió una profunda reconversión. También cuenta con industrias alimentarias, de cemento y de materiales eléctricos. En el año 219 a. C. fue sitiada por los cartagineses, lo que provocó el estallido de la segunda guerra púnica. En 1874 fue escenario de la sublevación militar del general Martínez Campos, lo que supuso la Restauración borbónica en España. De la época romana conserva el teatro, el circo y la necrópolis. También destacan la iglesia románica de San Salvador y la gótica de Santa María.

sah (voz persa) *s. m.* Sha*.

Sahagún, fray Bernardino de (Sahagún 1500 - México 1590) Eclesiástico e historiador español. De la orden franciscana, pasó a Nueva España en 1529. Escribió una *Historia general de las cosas de Nueva España*, que contiene valiosos datos recogidos directamente de los indígenas.

Sáhara Desierto de África. 9 millones de km^2. Se extiende desde el océano Atlántico hasta el mar Rojo y desde el Atlas hasta Sudán. Se distinguen dos partes: la franja norte, región de dunas, y la parte central, en la cual se encuentran algunas montañas rocosas, como el macizo de Ahaggar, los montes Tibesti y la cordillera Ennedi. Su principal riqueza procede del petróleo, así como de los yacimientos de gas natural, hierro y co-

Sáhara: vista del desierto de la zona norte, con oasis de palmeras y dunas de arena, cerca de Taghit (Argelia).

bre. Su territorio se extiende por Marruecos, Argelia, Tunicia, Libia, Egipto, Mauritania, Malí, Níger, Chad y Sudán.

Sáhara Occidental Territorio del Sáhara, situado junto al océano Atlántico. 266.000 km^2. 195.000 h. en 1989. Su principal recurso económico son los yacimientos de fosfatos (poco explotados). Esta región fue ocupada por España en el s. XIX. En 1975 su administración se cedió a Marruecos y Mauritania, que desde hacía años se disputaban el territorio. En 1976 el Frente Polisario proclamó el Estado Saharaui (reconocido por la OUA), que está incorporado de hecho a Marruecos. De acuerdo con las disposiciones de la ONU, se celebrará un referéndum para decidir el futuro de la región.

saharaui *adj.* Del Sáhara. También *s.*

sahariano, na *adj.* **1.** Saharaui*. ‖ *s. f.* **2.** Especie de chaqueta amplia de tejido ligero, tonos claros y grandes bolsillos, que suele ajustarse con un cinturón.

Sahel Región geográfica de África, situada al S del Sáhara, que constituye una estepa de transición entre el desierto y la sabana tropical. Comprende territorios de Senegal, Mauritania, Malí, Burkina Faso, Chad, Nigeria, Níger, Sudán y Etiopía. La sequía ha provocado en los últimos años la mortandad de varios millones de personas y el desplazamiento de la población hacia otros puntos.

sahib *s. m.* En la India, tratamiento de respeto que daban los criados a sus señores durante la época de la dominación británica.

sahumador *s. m.* Recipiente utilizado para quemar perfumes.

sahumar *v. tr.* Echar sobre algo humo aromático. También *v. prnl.* ■ En cuanto al acento, se conjuga como *aunar*: *sahúmo.*

sahumerio *s. m.* **1.** Acción y efecto de sahumar o sahumarse. **2.** Humo producido por una sustancia aromática. **3.** Esta misma sustancia.

Said Bajá, Muhammad (El Cairo 1822 - Alejandría 1863) Virrey de Egipto (1855-63). Hijo de Mehmet Alí, abolió la esclavitud (1856) y concedió autorización para la construcción del canal de Suez. Dio su nombre a la ciudad de Port Said, en la desembocadura del canal.

Saigón Véase **Ho Chi Minh, Ciudad de**.

saín *s. m.* Grasa de algunos animales.

sainete *s. m.* **1.** Obra teatral de poca extensión, cómica y de carácter popular o costumbrista. **2.** Cosa o situación cómica o grotesca.

sainetero, ra o **sainetista** *s. m.* y *f.* Escritor de sainetes.

Saint Christopher and Nevis Véase **San Cristóbal y Nevis**.

Saint George's C. de Granada, cap. del país, situada en la costa O de la isla. 7.500 h. en 1986. Tiene un importante puerto, cuya principal actividad es la exportación de cítricos, azúcar y productos tropicales.

Saint Kitts and Nevis Véase **San Cristóbal y Nevis**.

Saint-Denis C. de La Reunión, cap. de departamento, situada en la costa N de la isla, junto a la desembocadura del río Saint-Denis. 122.600 h. en 1989. Es un centro administrativo y turístico, que cuenta con industria alimentaria.

Saint-Étienne C. de Francia, cap. del departamento de Loira, situada al S de Lyon. 199.000 h. en 1990 y 547.700 h. en su área metropolitana. Su economía se basa en las importantes industrias metalúrgicas, químicas, armamentísticas y textiles. Cuenta también con ricos yacimientos de hulla.

Saint-Évremond, Charles de Marguetel de Saint-Denis, señor de (Saint-Denis-le-Gast 1613 - Londres 1703) Escritor francés. Huyendo del cardenal Mazarino se trasladó a Londres, donde pasó el resto de su vida. Sus escritos morales representan un tránsito entre Montaigne y los filósofos de la Ilustración. En ellos preconiza un hedonismo moderado y la tolerancia religiosa. Su agudeza resalta especialmente en la prosa, constituida por un epistolario y discursos.

Saint-Exupéry, Antoine de (Lyon 1900 - en el mar Tirreno 1944) Escritor francés. Piloto de

Antoine de Saint-Exupéry: ilustración del propio autor para su obra El principito, *en edición de 1946.*

profesión, participó en la Segunda Guerra Mundial como miembro de la fuerza aérea. Desapareció en el curso de una misión. En sus novelas refleja sus experiencias como aviador, en obras como *Correo del Sur* (1929), *Vuelo nocturno* (1931), *Tierra de los hombres* (1939) y *Piloto de guerra* (1942). Su libro más célebre es el relato infantil *El principito* (1943).

Saint-John Perse, Alexis Saint-Léger Léger, llamado (Pointe-à-Pitre, Guadalupe 1887 - Giens, Provenza 1975) Poeta francés. Era diplomático y, ante la invasión nazi, se exilió a EE UU (1940-49). En su obra, de gran intensidad lírica y complejo y elegante estilo, se funden los recuerdos de infancia, el tema del destierro y las preocupaciones filosóficas. De ella merecen citarse *Elogios* (1911), *Anábasis* (1924), *Destierro* (1942), *Crónica* (1960) y *Aves* (1962). Recibió el premio Nobel de literatura en 1960.

Saint-John's C. de Antigua y Barbuda, cap. del país, situada en la isla de Antigua. 36.000 h. en 1986. Es centro administrativo y tiene industrias azucareras. Su puerto se dedica esencialmente a la exportación de azúcar y algodón.

Saint-Just, Louis Antoine Léon (Decize, Nivernais 1767 - París 1794) Político francés. Diputado en la Convención (1792) por el partido de la Montaña, perteneció al Comité de Salud Pública (1793), desde donde combatió a los girondinos. Partidario del Terror, sostuvo a Robespierre ante las distintas facciones. Murió guillotinado junto con Robespierre.

Saint-Laurent, Louis Stephen (Compton, Quebec 1882 - Quebec 1973) Político canadiense. Líder del Partido Liberal, fue primer ministro (1948-57). Anexionó Terranova (1949) y participó en la fundación de la OTAN (1949).

Saint-Laurent, Yves (Orán, Argelia 1936) Modisto francés. En 1954 se asoció con Christian Dior y a partir de 1960 trabajó en su propia empresa dedicada a la alta costura, accesorios y fabricación de perfumes. A él se debe la moda de la maxifalda y del pantalón ajustado.

Saint-Saëns, Charles Camille (París 1835 - Argel 1921) Compositor francés. Destacó como instrumentista del teclado y fue organista de Saint-Merry (1853) y de la Magdalena (1858) de París. Su música se caracteriza por la elegancia de las formas y la belleza de las armonías. En su vasta producción sobresalen el *Concierto en sol menor* (1868), la *Sinfonía número 3* (1886), el *Carnaval de los animales* (1886) y la ópera *Sansón y Dalila* (1877).

Saint-Simon, Claude Henri de Rouvroy, conde de (París 1760 - íd. 1825) Filósofo francés. De origen aristocrático, al comenzar la Revolución Francesa abjuró de su condición de noble. Teórico de la moderna sociedad industrial, fue maestro de Auguste Comte y uno de los principales precursores del positivismo. Se encuentra entre los fundadores del socialismo utópico. Su proyecto consistía en una reestructuración social basada en las aptitudes de cada individuo, que concebía desde un nuevo cristianismo fundamentado en la idea de fraternidad. Algunas de sus obras más importantes son *Sobre el sistema industrial* (1821), *Catecismo de los industriales* (1823-24) y *El nuevo cristianismo* (1825).

Saint-Simon, Louis de Rouvroy, duque de (París 1675 - íd. 1755) Escritor francés. Enemigo de Luis XVI y partidario de Felipe de Orleans, escribió unas célebres *Memorias*, vivo documento para estudiar los últimos años del reinado de Luis XVI y el periodo de la Regencia; también destaca el relato de su viaje por España.

Sainte-Beuve, Charles Augustin (Boulogne-sur-Mer 1804 - París 1869) Escritor y crítico literario francés. Fue el primero en estudiar la obra literaria en relación con el autor y con su entorno histórico. Entre sus libros destacan *Port-Royal* (1840-59), *Retratos literarios* (1844), *Chateaubriand y su grupo literario* (1860) y *Charlas del lunes* (1851-62).

sajadura *s. f.* Acción y efecto de sajar.

Sajalín Isla de la Federación Rusa, entre el mar de Ojotsk y el mar de Japón. 76.400 km^2. Está separada de la costa de Siberia oriental por el estrecho de Tartaria y de la isla de Hokkaido (Japón) por el estrecho de La Pérouse. Su relieve es montañoso y tiene un clima oceánico frío. Su economía se basa en la minería de carbón y petróleo, en la pesca de salmones y crustáceos, y en las industrias conserveras y madereras.

Sajama, Nevado de Montaña de Bolivia, en la cordillera Occidental de los Andes. 6.520 m de altura. Es una cumbre volcánica.

sajar *v. tr.* Hacer un corte en la carne como método curativo, especialmente en un grano, quiste, etc., para limpiarlo.

Sajarov, Andrei Dimitrievich (Moscú 1921 - íd. 1989) Físico y político soviético. Participó en la construcción de la primera bomba de hidrógeno de la URSS (1953). Criticó el régimen comunista y defendió los derechos humanos. En 1979, tras su crítica a la invasión de Afganistán, fue desterrado a Gorki. Se le rehabilitó en 1986 gracias a la política de liberalización de Gorbachov. Fue galardonado con el premio Nobel de la paz en 1975.

Andrei Sajarov.

sajón, na *adj.* **1.** Se dice de un pueblo germánico instalado en el S del río Elba en el s. III. A mediados del s. V, los sajones participaron en las primeras invasiones, ocupando Gran Bretaña junto a anglos y jutos. En el continente se extendieron entre los ríos Wesser y Elba. Con la sumisión de su caudillo Widukindo a Carlomagno se integraron en la cultura cristiano-occidental. **2.** De este pueblo. También *s.* **3.** De la Baja Sajonia. También *s.* ‖ *s. m.* **4.** Nombre que recibe el bajo alemán.

Sajonia (*Sachsen*) Antiguo estado de Alemania, que corresponde a los actuales Länder de Baja Sajonia, Sajonia Anhalt y Sajonia. Fue incorporado a la Germania en el año 843 y convertido en ducado bajo el señorío de Liodulfo. En 919 se instauró la dinastía sajona, que alcanzó la dignidad imperial con Otón I (962). En el s. XII, se dividió en dos regiones: Westfalia y el nuevo ducado de Sajonia. Desde la extinción de la casa ducal en 1422 el ducado sufrió diversas divisiones. Durante el s. XIX Sajonia fue gobernada por rusos y prusianos. En 1815 se integró en la Confederación Germánica y en 1871 entró a formar parte del imperio alemán, en el que permaneció hasta su destrucción en la Primera Guerra Mundial (1918). Se constituyó entonces el Estado Libre de Sajonia, que en 1920 adoptó una Constitución republicana, abolida por la intervención del Tercer Reich. En 1945 se incorporó a la zona de ocupación soviética y en 1952 quedó integrado en la República Democrática Alemana.

Sajonia (*Sachsen*) Land de Alemania, en el E del sector central del país, entre Checoslovaquia y los Länder de Brandeburgo, Sajonia Anhalt y Turingia. 18.338 km^2. 4.900.700 h. en 1990. La capital es Dresde, con 518.000 h. en 1990. Cuenta con yacimientos de lignito en Leipzig y con industria siderúrgica, metalúrgica, mecánica, química, textil, electrónica, del plástico, del caucho y tabaquera.

Sajonia, Baja (*Niedersachsen*) Land de Alemania, situado en el N del país, entre los Países Bajos y el Land de Sajonia Anhalt. 47.344 km^2. 7.284.000 h. en 1990. La capital es Hannover, con 506.000 h. en 1990. Entre sus productos agrícolas destacan la remolacha azucarera, trigo, hortalizas y plantas forrajeras; tiene ganado vacuno y porcino. En los últimos tiempos la industria ha recibido un gran impulso gracias a la riqueza de sus yacimientos minerales, sobresaliendo la de construcciones mecánicas, la química, del caucho, textil y del vidrio. Entre los recursos de su subsuelo merecen especial mención el hierro, potasio, petróleo, gas natural, plomo, cinc y plata.

Sajonia Anhalt (*Sachsen-Anhalt*) Land de Alemania, en el cuadrante NE del país, entre Brandeburgo, Baja Sajonia, Turingia y Sajonia. 20.444 km^2. 2.965.000 h. en 1990. La capital es Magdeburgo, con 290.600 h. en 1990. Su economía es eminentemente industrial y comercial, favorecida por el tráfico fluvial del río Elba. Posee yacimientos de carbón fósil, lignito y sales en la región de Halle, con industria de construcciones mecánicas, alimentaria, cerámica y electrónica; otro foco industrial se encuentra en Magdeburgo, con producción química, mecánica, siderúrgica, cementera, automovilística y alimentaria.

Sakai C. de Japón, situada en la costa S de la isla Honshu, junto a Osaka. 814.500 h. en 1989. Basa su progreso económico en las industrias siderometalúrgicas, químicas y textiles. Cuenta con un activo puerto. Es una de las ciudades más antiguas del país.

sake o **saki** *s. m.* Bebida alcohólica japonesa que se obtiene por fermentación del arroz.

Saki, Hector Hugh Munro, llamado (Akyab, Birmania 1870 - Beaumont-Hamel, Francia 1916) Escritor británico. Maestro del cuento breve y del humor negro y la ironía, entre sus obras destacan *Reginald* (1904), *Las crónicas de Clovis* (1912) y *Bestias y superbestias* (1914).

sal *s. f.* **1.** Nombre común del cloruro de sodio (NaCl). Es una sustancia que presenta habitualmente color blanco y forma pequeños cristales cúbicos. Tiene un sabor muy característico y se utiliza para condimentar y conservar los alimentos, así como en la industria química. Se denomina también *sal común* para diferenciarla de otros tipos o compuestos salinos. Es un mineral petrogénico muy abundante y extendido. Puede encontrarse formando grandes yacimientos (salinas) procedentes de la evaporación y precipitación del agua marina, especialmente durante el oligoceno. Aparece en manantiales y lagos salinos y en el mar, especialmente en los mares cálidos y cerrados de intensa evaporación, como el mar Muerto. **2.** En quím., compuesto obtenido al reaccionar un ácido con una base. La formación de una sal es el resultado de una reacción de transferencia en la que uno o más átomos metálicos procedentes de la base reemplazan uno o más átomos de hidrógeno del ácido. P. ej., la formación del cloruro de sodio o *sal común* tiene lugar mediante la reacción entre el hidróxido de sodio y ácido clorhídrico: $HCl + NaOH \rightarrow NaCl + H_2O$. **3.** Gracia, ingenio. **4.** El aspecto más divertido, agradable o interesante de algo. ‖ *pl.* **5.** Sustancia salina que generalmente contiene amoniaco y se utiliza para reanimar a una persona dándosela para que aspire su olor. **6.** Sustancia perfumada, en forma de pequeños cristales, que se disuelve en el agua del baño. ▪ Se dice también *sales de baño*. ‖ **7. sal ácida** En quím., aquella en la que no todos los átomos de hidrógeno del ácido han sido sustituidos por átomos metálicos procedentes de la base, como p. ej. el bicarbonato de sodio, $NaHCO_3$, que se deriva del ácido carbónico (H_2CO_3), o el bisulfito cálcico, $Ca(HSO_3)_2$, derivado del ácido sulfuroso (H_2SO_3). **8. sal amarga** Epsomita*. **9. sal básica** En quím., aquella en cuya molécula aparecen iones hidróxilo (OH^-), procedentes de la base de la que se derivan. Su nombre clásico se obtiene usando prefijos que indiquen el número de OH^- presentes en la molécula, seguidos del término básico; p. ej. el $Cu_2Cl(OH)_3$ se nombraría como cloruro-tribásico cúprico, y el $Ce(NO_3)_3OH$ sería el nitrato monobásico cérico. **10. sal doble** En quím., aquella en cuya molécula aparecen dos tipos de átomos metálicos sustituyendo a los átomos de hidrógeno del ácido del que proceden. Se nombran igual que las sales neutras, pudiéndose intercalar la palabra *doble*; p. ej., el $AgK(NO_3)_2$ se nombraría como nitrato (doble) de plata-potasio, y el $CuFe(SiO_4)$ sería el ortosilicato (doble) de cobre(II)-hierro(II). **11. sal fina** Sal común de cristales finos. **12. sal gema** Halita*. **13. sal gorda** Sal común de cristales gruesos. **14. sal hidratada** En quím., aquella en cuya red cristalina existen moléculas del agua de cristalización. Dichas moléculas no alteran la proporción entre los aniones y los cationes de la sal; en consecuencia, al escribir la fórmula de la sal, el número de moleculas de agua se indicará separado por un punto de la fórmula de la sal propiamente dicha; p. ej., el sulfato cúprico pentahidratado se formularía $CuSO_4 \cdot 5\ H_2O$. **15. sal neutra** En quím., aquella que al disociarse en los iones que la constituyen, da lugar a un solo tipo de aniones, siendo este distinto del anión OH^-, y a un solo tipo de cationes, siendo este distinto del catión H^+; p. ej., el sulfato de sodio Na_2SO_4, cuya disociación se representa $Na_2SO_4 \rightleftarrows 2Na^+ + SO_4^{2-}$, o el tricloruro de hierro $FeCl_3$, cuya disociación se representa $FeCl_3 \rightleftarrows Fe^{3+} + 3Cl^-$. **16. sal potásica** En geol., tipo de sales muy importantes y abundantes, constituidas por cloruros potásicos y de magnesio que se formaron en los mares poco profundos del pérmico, casi siempre con las sales sódicas. Presentan diversas variedades, como la silvina, carnalita, kieserita, etc., que se explotan con fines industriales.

sala *s. f.* **1.** Habitación de la casa, a veces la principal, en la que se está generalmente durante el día, en donde se hacen las reuniones familiares, etc. **2.** Dependencia grande de un edificio, barco, etc., que puede tener diversos usos. **3.** Espacio amplio dentro de una cueva. **4.** Cada una de las divisiones de un tribunal que conoce de los asuntos de una materia o jurisdicción determinada. ‖ **5. sala de estar** Aquella en que se realiza la vida diaria familiar. **6. sala de fiestas** Local público donde se baila, se consumen bebidas y a veces se ofrecen cenas y espectáculos. ‖ **Loc. hacer** (o **formar**) **sala** Reunirse el número de magistrados suficiente, según la ley, para constituir tribunal.

salacidad *s. f.* Lujuria.

salacot *s. m.* Sombrero de copa redondeada, rígido y fabricado en materiales ligeros como lona, caña o palma, que se usa en países cálidos.

saladar *s. m.* Salar*.

saladero *s. m.* Lugar donde se salan carnes o pescados.

saladillo, lla *adj.* **1.** Se aplica al tocino fresco poco salado. También *s. m.* **2.** Se dice de algunos frutos secos o semillas saladas. También *s.*

Saladino, Salah al-Din Yusuf, llamado (Takrit, Mesopotamia 1138 - Damasco 1193) Sultán de Egipto (1171-93) y de Siria (1174-93). Extendió sus dominios sobre gran parte de Palestina, Mesopotamia y África septentrional. Conquistó el reino de Jerusalén (1187), lo cual provocó la tercera cruzada, que únicamente pudo reconquistar una franja costera de Siria y Palestina.

salado, da **1.** *p. p.* de **salar**. También *adj.* ‖ *adj.* **2.** Que tiene demasiada sal. **3.** Que tiene salero, gracioso. **4.** Se aplica a la persona, a sus facciones o a las cosas que, sin ser bellas ni muy bonitas, resultan agradables o simpáticas. **5.** *amer.* Desgraciado, desafortunado. **6.** *Arg.*, *Chile*, *Urug.* Caro, costoso.

Salado Río de Argentina. 1.860 km. Nace en el N del país, en las estribaciones de los Andes, de la unión de los ríos Arias y Guachipes. Corre en dirección NO-SE atravesando las provincias de Santiago del Estero y Santa Fe; desemboca en la orilla derecha del río Paraná. A lo largo de su curso recibe varios nombres: Pasaje, Juramento y Salado del Estero.

Salado, batalla del Batalla librada en 1340 a orillas del río Salado (Cádiz), en que Alfonso XI de Castilla derrotó a Abul-Hasan, sultán de Marruecos. La victoria castellana puso fin al peligro de las invasiones musulmanas procedentes del N de África y abrió el estrecho de Gibraltar a la navegación cristiana.

Salado, Gran Lago Lago de EE UU, situado en el N del estado de Utah. Su superficie, aunque varía con los años, se estima en unos 4.690 km^2. Sus aguas son muy salinas y de escasa profundidad. En el s. XIX se instalaron en sus orillas los seguidores de la secta mormona.

salador, ra *adj.* **1.** Que sala. También *s.* ‖ *s. m.* **2.** Saladero*.

Salam, Abdus (Jhang 1926) Físico pakistaní. Director del Centro Internacional de Física Teórica de Trieste (1964), obtuvo el premio Nobel de física en 1979, compartido con Sheldon Lee Glashow y Steven Weinberg, por su teoría de la unificación de las interacciones débiles y electromagnéticas.

Salamanca **1.** Prov. de España, perteneciente a la comunidad autónoma de Castilla y León. 12.336 km^2. 371.500 h. en 1991. Su relieve es, en general, llano, salvo en su límite S, donde se encuentran la Peña de Francia, sierra de Gata y sierra de Béjar. Sus ríos principales (Tormes, Huebra y Águeda) nacen en las montañas del S, atraviesan la provincia hacia el N y desembocan en el Duero. El río Alagón cruza la sierra de Gata hacia el S y termina en el Tajo. Tiene una economía agropecuaria, con cultivos de trigo, cebada, leguminosas, remolacha azucarera, patata, vid y olivo, y ganado ovino, vacuno y porcino; destaca también la cría de toros de lidia. La industria está poco desarrollada; sólo la alimentaria y la textil tienen cierta importancia. Cuenta con yacimientos de estaño, volframio y uranio. **2.** C. de España, cap. de la prov. homónima. 186.300 h. en 1991. Es un importante centro comercial, administrativo y universitario. Las principales industrias ubicadas en esta ciudad son químicas, mecánicas, metalúrgicas y, sobre todo, alimentarias. Tienen fama las labores de filigrana que se llevan a cabo en sus talleres de platería.

Hist. Salamanca se convirtió en urbe romana tras la segunda guerra púnica. Durante el reinado visigodo alcanzó la categoría de sede episcopal (589). En el año 712 la ciudad cayó en manos del Islam, y en el 763 Alfonso I logró reconquistarla. Su universidad, fundada por Alfonso IX, fue uno de los centros de discusión durante el cisma de la Iglesia católica provocado por Clemente VII. La Baja Edad Media fue una época de decadencia, que superó al convertirse, con los Reyes Católicos, en un importante centro de la Mesta. En la Edad Moderna, sufrió el progresivo declive de la ganadería trashumante. Durante la guerra de la Independencia fue ocupada por el ejército francés. En la guerra civil, se convirtió en sede principal del gobierno del general Franco. Entre sus numerosos monumentos destacan: un puente romano, iglesias románicas, la catedral vieja (mezcla de románico y gótico), la catedral nueva (gótico tardío), la Casa de las Conchas y la portada de la Universidad (platerescas) y la monumental Plaza Mayor.

Salamanca: el puente romano sobre el río Tormes y la catedral nueva.

Salamanca, escuela de Conjunto de pensadores diversos que durante el s. XVI y comienzos del XVII trataron de revitalizar la tradición escolástica. Agrupados en torno a la Universidad y al Colegio jesuítico de Salamanca, su principal representante fue Francisco Suárez.

Salamanca, José, marqués de (Málaga 1811 - Madrid 1883) Financiero y político español. Reunió una de las mayores fortunas de su tiempo gracias a sus negocios, sobre todo ferroviarios. Participó en el gobierno del general Serrano de 1847 como ministro de Hacienda. Urbanizó el barrio que lleva su nombre.

salamandra *s. f.* **1.** Nombre común de diversos anfibios urodelos pertenecientes a varias familias entre las que destaca la de los salamándridos, géneros *Salamandra, Salamandrina, Chioglossa*, etc. La salamandra común *(Salamandra salamandra)* mide entre 15 y 20 cm, es de color negruzco, con grandes manchas o franjas amarillas en el dorso, y tiene en su piel glándulas venenosas para desalentar a los depredadores. La salamandra alpina *(Salamandra atra)* es de color negro y ovovivípara. Viven en lugares húmedos, generalmente montañosos, de Europa, Asia y NO de África. **2.** Tipo de estufa de combustión lenta que utiliza antracita como combustible.

Salamandra común (Salamandra salamandra).

salamandria *s. f.* Salamanquesa*.

salamanquesa *s. f.* Nombre común de diversos reptiles saurios de la familia gecónidos, géneros *Tarentola, Hemidactylus*, etc. La salamanquesa común *(Tarentola mauritanica)* mide entre 15 y 18 cm de longitud, tiene el cuerpo aplastado, de color gris, marrón, amarillo o blanquecino, y extremidades con dedos planos con laminillas que actúan como ventosas. Vive en paredes y muros de la región mediterránea.

Salamanquesa común (Tarentola mauritanica).

salame *s. m. amer.* Salami.

salami (voz ital.) *s. m.* Embutido parecido al salchichón, pero de mayor grosor.

Salamina, batalla de Combate librado entre las flotas griega y persa en el curso de la segunda guerra médica en el 480 a. C. Concluyó con la victoria de la armada griega.

Salan, Raoul-Louis (Roquecourbe 1899 - París 1984) Militar y político francés. Fue comandante en jefe de las tropas francesas en China (1945-46), Indochina (1952-53) y Argelia (1956-1958). Opuesto a la política descolonizadora de De Gaulle, huyó a España y creó la OAS. Fue detenido en Argel, condenado a cadena perpetua (1962) y amnistiado (1968).

salar[1] *v. tr.* **1.** Poner en sal carne y pescados para conservarlos. **2.** Echar sal en las comidas. **3.** Echar demasiada sal a un alimento. **4.** *amer.* Estropear, echar a perder. También *v. prnl.* **FAM.** Saladura.

salar[2] *s. m.* **1.** En las marismas, terreno donde se acumula y sedimenta la sal. **2.** Terreno estéril debido al exceso de sal, situado en marismas y albuferas.

salariado *s. m.* Sistema de pago del trabajo de un obrero, empleado, etc., exclusivamente mediante salario.

salarial *adj.* Perteneciente o relativo al salario.

salario *s. m.* **1.** Paga, generalmente mensual, que recibe alguien por su trabajo. ‖ **2. salario base** El sueldo sin tener en cuenta gratificaciones o cualquier otra cantidad que se le pueda añadir, como primas, incentivos, etc. **3. salario mínimo** Cantidad fijada por una ley o pacto colectivo, que se considera imprescindible para tener un nivel de vida suficiente y que debe ser pagada como mínimo a todo trabajador en activo.

Salas Barbadillo, Alonso Jerónimo de (Madrid 1581 - íd. 1635) Escritor español. Es autor de novelas de carácter satírico, algunas de ellas encuadradas en el género de la picaresca. Entre sus títulos destacan *La hija de Celestina* (1612), *El sutil cordobés Pedro de Urdemalas* (1620), *La sabia Flora Marisabidilla* (1621) y *Don Diego de Noche* (1624).

Salaverry, Felipe Santiago (Lima 1805 - Arequipa 1836) Militar peruano. Participó en las batallas de Junín y Ayacucho (1824). En 1835 destituyó al presidente Orbegoso y se proclamó jefe supremo de la república. Derrotado por Santa Cruz en Socabaya, fue fusilado.

salaz *adj.* Lujurioso, lascivo.

Salazar, Adolfo (Madrid 1890 - Ciudad de México 1958) Compositor y musicólogo español. Fundador de la Sociedad Nacional de Música (1915), escribió la crítica musical del diario *El Sol* hasta 1936. En 1939 se exilió a México, donde compaginó la enseñanza con la composición de obras sinfónicas y cuartetos. Publicó entre otros libros *Música y músicos de hoy* (1928) y *La música en España* (1953).

Salazar, António de Oliveira (Santa Comba Dão, Lisboa 1889 - Lisboa 1970) Político portugués. Desempeñó en diversas ocasiones los ministerios de Finanzas, de la Guerra y de Asuntos Exteriores. Nombrado en 1932 primer ministro, dictó en 1933 una nueva Constitución, inspirada en el modelo fascista italiano, por la que se instauró el *Estado Novo*. Gobernó dictatorialmente y fue aliado de EE UU y de la España franquista (pacto Ibérico) e integró en 1949 a su país en la OTAN. Libró largas y costosas guerras coloniales en Angola, Mozambique y Guinea. En 1968 cedió su cargo a Marcelo Caetano.

salazón *s. f.* **1.** Acción y efecto de salar carnes y pescados. **2.** Conjunto de carnes y pescados salados. Se usa mucho en *pl.* **3.** Industria de estos productos.

salazonero, ra *adj.* Perteneciente o relativo a la salazón.

salce *s. m.* Sauce*.

salcedo o **salceda** *s. m.* o *s. f.* Zona o lugar poblado de sauces.

salchicha *s. f.* **1.** Embutido de forma delgada y alargada hecho con carne picada, generalmente de cerdo. **2.** Embutido de forma semejante, pero hecho con carne de cerdo molida, que se consume ya cocido y generalmente ahumado. ‖ *s. m.* **3.** *fam.* Perro de raza basset*.

salchichería *s. f.* Tienda en que se venden salchichas y otros embutidos y carnes.

salchichón *s. m.* Embutido de jamón, tocino y pimienta en grano prensado y curado.

Saldanha, João d'Oliveira e Daun, duque de (Azinhaga, Santarém 1790 - Londres 1876) Militar y político portugués. Nieto del marqués de Pombal, fue ministro de la Guerra (1826-27). Se exilió en Londres a la llegada al trono del absolutista Miguel I (1828), al que obligó a capitular (1834). Fue jefe de gobierno en tres ocasiones (1835, 1846-49 y 1851-56).

saldar *v. tr.* **1.** Pagar completamente una deuda. **2.** Dar por terminado un asunto. **3.** Vender una mercancía a muy bajo precio para terminarla. **4.** Calcular el resultado final de una cuenta que estaba pendiente y pagar la cantidad que se debe o recibir el sobrante que resulte. ‖ *v. prnl.* **5.** Acabar algo de cierta manera, con determinado resultado.

saldista *s. m.* y *f.* **1.** Comerciante que salda la mercancía. **2.** Persona que compra y vende géneros procedentes de saldos.

saldo *s. m.* **1.** Pago de una deuda, obligación, etc. **2.** Diferencia que existe entre el debe y el haber de una cuenta. **3.** Resultado final. **4.** Conjunto de mercancías que se saldan. Se usa mucho en *pl.* **5.** Venta de estas mercancías.

saledizo, za *adj.* **1.** Que sale o sobresale. ‖ *s. m.* **2.** Cualquier elemento que sobresale de la fachada de un edificio.

Salerno C. de Italia, cap. de la prov. del mismo nombre, en la región de Campania, al SE de Nápoles. 151.400 h. en 1991. Cuenta con industria mecánica, textil, alimentaria y de materiales de construcción. En su puerto se desarrolla una intensa actividad comercial.

salero *s. m.* **1.** Recipiente donde se tiene la sal. **2.** Gracia que tiene alguien para hablar, desenvolverse, etc.

saleroso, sa *adj. fam.* Que tiene salero, gracia.

salesa *adj.* Se aplica a la religiosa de la orden de la Visitación de Nuestra Señora, que fundaron en Francia, en el s. XVIII, San Francisco de Sales y Santa Juana Francisca Fremiot de Chantal. También *s. f.*

salesiano, na *adj.* **1.** Se aplica a las congregaciones fundadas bajo el patrocinio de San Francisco de Sales. **2.** De esta congregación. También *s.*

saleta *s. f.* **1.** Antecámara del rey o de las personas de la realeza. **2.** P. ext., dependencia situada inmediatamente antes de otra más grande a la que tiene acceso.

salfumán *s. m.* Solución acuosa de ácido clorhídrico.

Salgar, Eustorgio (Bogotá 1831 - íd. 1885) Político colombiano. Presidente de la república (1870-72), favoreció los intereses de la burguesía. Fue ministro de la Guerra (1876) y de Relaciones Exteriores, en 1878 y 1884.

Salgari, Emilio (Verona 1863 - Turín 1911) Escritor italiano. Es autor de gran número de novelas y relatos de aventuras, ambientados en países exóticos y con una acción trepidante. Entre las principales figuran la serie de los corsarios del Caribe (*El corsario negro*, 1899) y el ciclo dedicado a los piratas asiáticos (*Los piratas de la Malasia*, 1896).

salguero o **salguera** *s. m.* o *s. f.* Sauce*.

salicáceas *s. f. pl.* Familia de plantas arbóreas y arbustivas, única del orden salicales, a la que pertenecen unas 350 especies de los géneros *Populus* y *Salix*, *Chosenia* y *Toisusu*. Son plantas de diverso porte, con hojas simples estipuladas, flores dispuestas en amento y fruto en cápsula. Crecen en praderas húmedas de montaña de todos los continentes excepto Oceanía. Salicáceas son los álamos, chopos, sauces, etc. También *adj.* y *s. f.*

salicilato *s. m.* Sal o éster del ácido salicílico. Se usa como analgésico.

salicílico, ca *adj.* **1.** Perteneciente o relativo al ácido salicílico. ‖ **2. ácido salicílico** $OH-C_6H_4-COOH$. Ácido ortohidroxibenzoico. Se encuentra en forma de éster en diversos aceites esenciales. Es un sólido cristalino blanco, soluble en agua, alcohol, glicerina y cloroformo, que funde a 155 °C y se utiliza en la industria de colorantes y perfumería. Es la base de la composición de la aspirina.

sálico, ca *adj.* **1.** Perteneciente o relativo a los salios, rama de los francos. ‖ **2. ley sálica** Véase **ley**.

salicultura *s. f.* **1.** Explotación de las salinas. **2.** Industria salinera.

salida *s. f.* **1.** Acción y efecto de salir o salirse. **2.** Lugar, puerta o abertura por donde se sale. **3.** Punto desde donde parten los competidores en una carrera o momento en que ésta se inicia. **4.** Paseo, excursión, viaje. **5.** Solución, medio para vencer una dificultad. **6.** Pretexto. **7.** Dicho o acción ocurrente y gracioso. **8.** Posibilidad de venta de un producto. **9.** Partida del haber en una cuenta. ‖ *pl.* **10.** Posibilidades favorables que ofrece alguna cosa, especialmente unos estudios con vistas a encontrar un trabajo. ‖ **11. salida de tono** Dicho o acción que resultan inoportunos o inconvenientes.

salido, da 1. *p. p.* de **salir**. También *adj.* ‖ *adj.* **2.** Que sobresale más de lo normal. **3.** Se aplica a las hembras de algunos animales cuando están en celo. **4.** *vulg.* P. ext., se dice de la persona que siente intenso deseo sexual o está obsesionada por él. También *s.*

saliente *adj.* **1.** Que sale; particularmente, que abandona un determinado cargo para dar paso a otros. **2.** Que sobresale. ‖ *s. m.* **3.** Parte que sobresale de una cosa. **4.** Punto del horizonte por donde sale el Sol.

Salieri, Antonio (Legnano, Verona 1750 - Viena 1825) Compositor italiano. Fue maestro de la capilla imperial (1788) y de la ópera de Viena (1790). Dentro del clasicismo vienés, compuso óperas, sinfonías, conciertos, música de cámara y sacra, en las que siguió el gusto de la época. Demostró su talento musical en piezas como la ópera *Semíramis* (1782), con libreto de Metastasio, *La gruta de Trofonio* (1785), *El juicio final* (1788) y *Falstaff* (1799).

salífero, ra *adj.* Que contiene sal.

salificable *adj.* Se dice del cuerpo que puede combinarse con un ácido o una base para formar una sal.

salificar *v. tr.* Convertir en sal una sustancia. También *v. prnl.* ■ Se conjuga como *sacar.* **FAM.** Salificación.

salina *s. f.* **1.** Yacimiento donde existen grandes acumulaciones de sal mineral que se explotan industrialmente, como los de Suria y Cardona (Barcelona). **2.** Depósito artificial de escasa profundidad donde se acumula el agua procedente de manantiales salinos o del mar y donde por evaporación y precipitación se acumulan los cristales de sal, como los de Torrevieja (Alicante) y San Fernando (Cádiz). Se usa mucho en *pl.* **3.** Laguna de escasa profundidad, a veces intermitente, con alto contenido en sales.

Salinas, Francisco (Burgos 1513 - Salamanca 1590) Organista y compositor español. Ciego desde la infancia, estudió humanidades y órgano en Salamanca, en cuya universidad fue catedrático de música. Tuvo amistad con fray Luis de León, quien le dedicó una conocida oda. Como tratadista, publicó *De musica, libri septem* (1577), que recoge una interesante colección de melodías populares.

Salinas, Pedro (Madrid 1891 - Boston 1951) Poeta español. Perteneció a la generación del 27. En su obra se distinguen tres etapas: una primera estuvo influida por Juan Ramón Jiménez y las nuevas corrientes literarias (ultraísmo, futurismo, etc.), de las que es buena muestra *Fábula y signo* (1931); en la segunda, a la que corresponden los libros *La voz a ti debida* (1934) y *Razón de amor* (1936), el amor real trasciende y se universaliza; y en una tercera, que se inicia con el exilio, el poeta se solidariza con el dolor de los hombres, como en *El contemplado* (1946). Su labor creadora se prolonga en relatos y obras teatrales. De gran interés son igualmente sus trabajos de crítica literaria.

Pedro Salinas.

salinero, ra *adj.* **1.** Perteneciente o relativo a la salina. **2.** Se aplica al toro de pelaje con mezcla de rojizo y blanco. También *s. m.* ‖ *s. m.* y *f.* **3.** Persona que trabaja en una salina o comercia con sal.

Salinger, Jerome David (Nueva York 1919) Escritor estadounidense. Es autor de novelas y narraciones en las que expresa en clave simbólica y con un contenido ideológico muy influido por la mística oriental el choque entre las mentalidades adolescente y adulta. Su novela *El guardián entre el centeno* (1951) le proporcionó gran celebridad; también publicó *Nueve cuentos* (1953), *Franny y Zooey* (1961) y *Levantad, carpinteros, la viga maestra* (1963).

salinidad *s. f.* **1.** Cualidad de salino. **2.** Proporción de sal contenida en una solución, particularmente en el agua de mar.

salino, na *adj.* **1.** Que contiene sal. **2.** De características semejantes a las de la sal.

salio, lia[1] (del lat. *salius*) *adj.* **1.** Perteneciente o relativo a los sacerdotes del dios Marte. ‖ *s. m.* **2.** En la antigua Roma, sacerdote de Marte.

salio, lia[2] (del río *Sala,* hoy *Yssel*) *adj.* Se dice de una de las ramas en que estaban divididos los francos antes de la unificación llevada a cabo por Clodoveo. También *s.*

salir *v. intr.* **1.** Pasar de la parte de dentro a la de fuera, ir a la parte exterior o visible de algo. También *v. prnl.* **2.** Ponerse una cosa fuera del lugar en que está metida o encajada, o ser posible sacarla. También *v. prnl.* **3.** Partir de un lugar. **4.** Ir fuera de casa a pasear, divertirse, etc. **5.** Dejar el lugar en que alguien ha vivido o donde ha estado ingresado, recluido, etc. **6.** Dejar de pertenecer a un grupo, sociedad, etc., o cesar en un cargo. También *v. prnl.* **7.** Mantener con una persona una relación sentimental. **8.** Superar con éxito una situación grave, peligrosa, comprometida, difícil o molesta, o apartarse de ella. **9.** Brotar, surgir, aparecer. **10.** Referido a manchas, desaparecer. **11.** Sobresalir. **12.** Aparecer alguien o algo en un libro, imagen, medio de comunicación, etc. **13.** Publicarse algo de forma periódica. **14.** Ser conseguida cierta cosa. **15.** Tener una cosa su origen o causa en otra que se expresa. **16.** Costar cierta cantidad. **17.** Resultar alguien o algo de la forma que se expresa. **18.** Hablando de una cuenta, un problema aritmético, etc., obtener el resultado correcto u otro determinado. **19.** Conseguir hacer algo de la forma correcta o adecuada. **20.** Ser elegido. **21.** Comenzar un juego. **22.** Tener salida a un punto determinado o comenzar en él. **23.** Vender totalmente los restos de una mercancía, producto, etc. **24.** Con la preposición *a,* corresponder a cada uno cierta cantidad en un pago, reparto, etc. **25.** Con la preposición *a,* parecerse una persona a otra, generalmente de la misma familia. **26.** Seguido de la preposición *con* o de un verbo en gerundio, decir o hacer alguien algo que sorprende. **27.** Con la preposición *de,* representar un determinado papel. **28.** Seguido de la preposición *por,* intervenir en un asunto, discusión, etc., para defender a alguien o algo. ‖ *v. prnl.* **29.** Escaparse o desbordar un líquido o un gas del recipiente en que está contenido. **30.** Dejar escapar un recipiente el líquido o gas que contiene. **31.** Seguido de la preposición *de,* superar determinados límites. ■ Es v. irreg. ‖ **LOC. salir adelante** Vencer una situación grave, una dificultad, etc.; también, continuar algo de la manera adecuada, llegar a feliz término. **salir pitando** *fam.* Marcharse con mucha rapidez. **salirse** alguien **con la suya** *fam.* Hacer o conseguir lo que deseaba, aunque no estén de acuerdo los demás.

SALIR		
INDICATIVO		
Presente	**Fut. imperf.**	**Condicional**
salgo	*saldré*	*saldría*
sales	*saldrás*	*saldrías*
sale	*saldrá*	*saldría*
salimos	*saldremos*	*saldríamos*
salís	*saldréis*	*saldríais*
salen	*saldrán*	*saldrían*
SUBJUNTIVO		IMPERATIVO
Presente		
salga		
salgas		*sal*
salga		
salgamos		
salgáis		*salid*
salgan		

Salisbury 1. C. del Reino Unido, situada en el S de Inglaterra. 35.350 h. en 1981. Cuenta con industrias mecánicas, papeleras, de cerveza y de curtidos. Es famosa por su catedral gótica. **2.** Antiguo nombre de Harare, cap. de Zimbabwe.

Salisbury, Robert Gascoyne-Cecil, marqués de (Hatfield 1830 - íd. 1903) Político británico. Miembro del Partido Conservador, fue secretario para la India con Derby (1866-67) y Disraeli (1874-78) y ministro de Asuntos Exteriores (1878) con Disraeli. A la muerte de éste último, pasó a ser jefe del Partido Conservador (1881) y primer ministro (1885, 1886-92 y 1895-1902). Hizo frente al nacionalismo irlandés y condujo resueltamente la guerra contra los bóers (1899-1902).

salitrado, da *adj.* Compuesto o mezclado con salitre.

salitral *adj.* **1.** Que tiene salitre. ‖ *s. m.* **2.** Lugar donde hay salitre.

salitre *s. m.* **1.** Nombre vulgar utilizado para referirse a ciertas sales, especialmente al nitrato potásico. **2.** Cualquier sustancia salina, especialmente la que aparece en suelos y paredes.

salitrero, ra *adj.* **1.** Perteneciente o relativo al salitre. ‖ *s. m.* **2.** Persona que trabaja con salitre o lo vende.

salitroso, sa *adj.* Que tiene salitre.

saliva *s. f.* Líquido segregado por ciertas glándulas, llamadas *salivales,* que lo vierten en la boca, y sirve para reblandecer los alimentos, facilitar el tragarlos y ayudar a su digestión. Está compuesto de agua en gran cantidad (98 %), mucina, ptialina y maltasa.

salivajo *s. m.* Salivazo*.

salival *adj.* **1.** Perteneciente o relativo a la saliva. **2.** En anat., se dice de las glándulas que segregan la saliva.

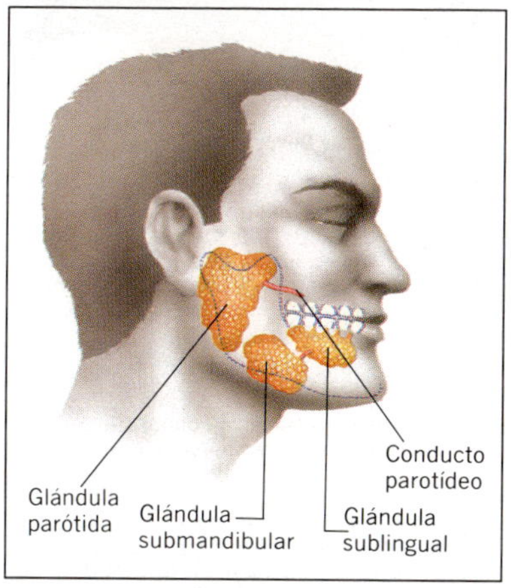

Glándulas salivales: su situación en el cuerpo humano.

salivar *v. intr.* Segregar saliva. **FAM.** Salivación.

salivazo *s. m.* Porción de saliva que se escupe de una vez.

salivoso, sa *adj.* Que segrega mucha saliva.

Salk, Jones Edward (Nueva York 1914) Bacteriólogo estadounidense. Descubrió la primera vacuna contra la poliomielitis (1953).

Salmanasar Nombre de cinco reyes de Asiria.

Salmanasar I (s. XIII a. C.) Rey asirio (h. 1275 - h. 1246 a. C.) Venció a los guti, invadió Urartu y conquistó Mesopotamia.

Salmanasar III (s. IX a. C.) Rey asirio (h. 859 - h. 825 a. C.). Hijo y sucesor de Asurnasirpal II, luchó contra Urartu y Babilonia y venció a los arameos.

Salmanasar V (s. VIII a. C.) Rey asirio (h. 726 - h. 722 a. C.). Hijo y sucesor de Tiglat-Pileser III, reinó también en Babilonia. Sitió y conquistó Samaria.

salmantino, na *adj.* De Salamanca. También *s.*

salmer *s. m.* Piedra inclinada en un muro de la que arranca un arco.

Salmerón, Nicolás (Alhama la Seca, Almería 1838 - Pau, Francia 1908) Político y pedagogo español. Catedrático de filosofía en Madrid desde 1869, estuvo vinculado con el krausismo. Líder del Partido Democrático, fue elegido jefe del gobierno de la Primera República (1873). Su elección provocó una oleada de insurrecciones cantonalistas, que reprimió con ayuda de militares conservadores. Dimitió en septiembre de 1873. Exiliado durante la Restauración, regresó en 1884 y hasta 1902 lideró la Unión Republicana.

salmista *s. m.* **1.** Compositor de salmos. **2.** Por antonomasia, el rey hebreo David. **3.** El que canta los salmos y las horas canónicas en las catedrales y colegiatas.

salmo *s. m.* **1.** En las religiones hebrea y cristiana, canto de alabanza a Dios, en especial los que compuso el rey David y se encuentran en la *Biblia.* ‖ **2. salmo responsorial** Aquel que se lee o canta después de determinadas lecturas de la misa y en el que se intercala una frase o versículo que todo el pueblo repite como estribillo.

salmodia *s. f.* **1.** Música con que se acompañan los salmos. **2.** Salmo cantado. **3.** *fam.* Canto monótono. **4.** *fam.* Petición repetida y molesta.

salmodiar *v. tr.* **1.** Cantar algo con tono monótono. ‖ *v. intr.* **2.** Cantar o rezar salmos.

salmón *s. m.* **1.** Nombre común de diversos peces salmoniformes de la familia salmónidos, género *Salmo.* El salmón común *(Salmo salar)* mide entre 100 y 150 cm de longitud y su color es gris azulado, con puntos negros en los costados. Tiene la carne roja y una pequeña aleta detrás de la dorsal, adiposa y sin radios. Habita en el océano Atlántico. Los salmones pasan la primera fase de su vida en los cursos altos de los ríos; al llegar a adultos emigran al mar y posteriormente regresan a los ríos para desovar. Son apreciados como alimento. **2.** Color entre rosa y anaranjado.

Salmón (Salmo salar).

salmonado, da *adj.* Asalmonado*.

salmonella *s. f.* Género de bacterias perteneciente a la familia enterobacteriáceas, descubierto por el científico D. E. Salmon, a quien debe su nombre. Tienen forma de bacilos, son generalmente gramnegativas y móviles y provocan numerosas infecciones intestinales, llamadas genéricamente *salmonelosis.*

salmonelosis *s. f.* Intoxicación producida por la salmonella.

salmonete *s. m.* Nombre común de diversos peces perciformes de la familia múlidos, género *Mullus.* El salmonete común *(Mullus barbatus)* mide entre 38 y 40 cm de longitud, tiene color rosado con bandas amarillas en los flancos y presenta dos barbillas largas en la mandíbula. Algo mayor es el salmonete de roca *(Mullus surmuletus).* Habitan en el Atlántico y el Mediterráneo y su carne es apreciada en alimentación.

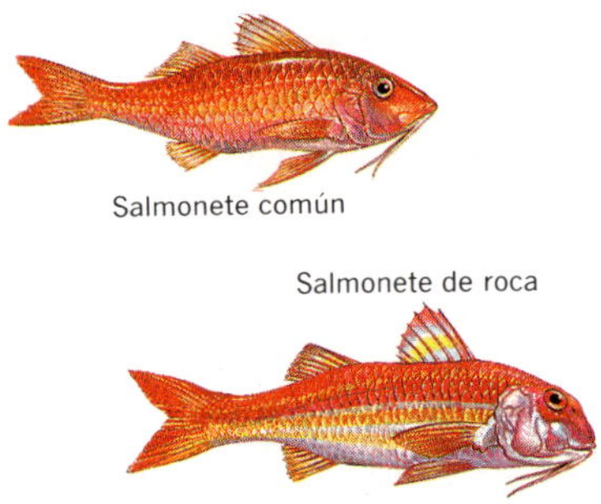

Dos especies de salmonetes.

salmónidos *s. m. pl.* Familia de peces salmoniformes a la que pertenecen numerosas especies comprendidas en los géneros *Salmo, Oncorhynchus, Coregonus,* etc. Se caracterizan por poseer una segunda aleta dorsal adiposa. Tienen el cuerpo alargado, las aletas pectorales en posición muy inferior y las mandíbulas dentadas. Habitan generalmente en aguas dulces, aunque muchas especies pasan parte de su vida en el mar. También *adj.* y *s. m.*

salmoniformes *s. m. pl.* Orden de peces teleósteos al que pertenecen unas 270 especies comprendidas en los subórdenes salmonoideos, argentinoideos, esocoideos y estomiatoideos. Se caracterizan por presentar generalmente una segunda aleta dorsal adiposa que carece de radios espinosos. Muchas especies habitan en fondos marinos abisales y, por tanto, están dotadas de órganos luminosos. Viven en aguas dulces y saladas de todo el mundo y numerosas especies tienen gran valor alimentario y económico. Salmoniformes son el salmón, la trucha de mar, el salmerino, etc. También *adj.* y *s. m.*

Salmos Libro del Antiguo Testamento formado por ciento cincuenta himnos o cantos de alabanza. Compuestos en distintas fechas y por distintos autores, los más antiguos se remontan al s. VII a. C. y muchos se atribuyen al rey David.

salmuera *s. f.* **1.** Liquido elaborado con sal que se emplea para conservar los alimentos, especialmente ciertos pescados. **2.** Agua con la mayor concentración de sal posible. **3.** Líquido que sueltan algunas sustancias saladas, generalmente alimentos.

Saló, república de Nombre con que se conoce la *República Social Italiana,* estado fundado por Mussolini (1943-45) en el N de Italia, bajo protección de Alemania, tras la rendición italiana en la Segunda Guerra Mundial.

salobre *adj.* **1.** Se dice de las cosas naturales que contienen sal. **2.** De sabor salado. **FAM.** Salobridad.

saloma *s. f.* Canto o voz rítmica de que se valen los que realizan juntos un trabajo o esfuerzo físico para coordinar sus fuerzas y movimientos.

Salomé (? - ? h. 72) Princesa judía, hija de Herodías y de Herodes Filipo. Instigada por su madre, obtuvo de Herodes Antipas, tetrarca de Galilea, la cabeza de Juan el Bautista.

Salomón (s. X a. C.) Rey de Israel (h. 970 - h. 931 a. C.). Hijo de David, fue célebre por sus riquezas y su sabiduría. Se le atribuyeron sin fundamento histórico varios textos bíblicos. Construyó fortalezas, embelleció Jerusalén e hizo erigir el templo para custodiar el arca de la alianza.

Salomón, Islas (*Solomon Islands*) Estado insular del océano Pacífico.

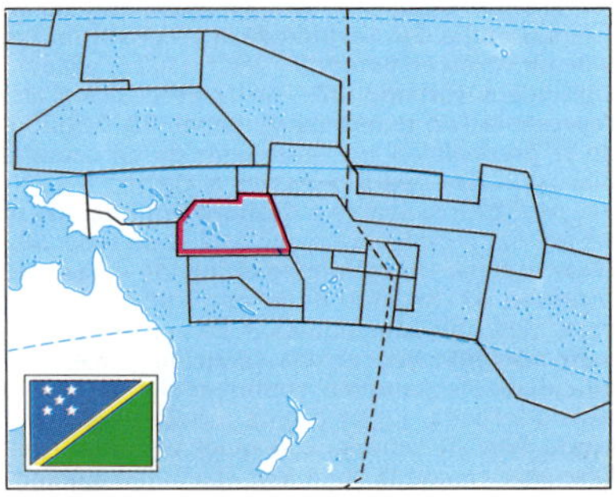

Extensión: 28.370 km^2.
Situación: en el O del océano Pacífico, al E de Nueva Guinea.
Población: 319.000 h. en 1990.
Densidad: 11,2 h./km^2.
Capital: Honiara.
División administrativa: 7 provincias y la capital.
Ciudades principales: Gizo, Auki, Kira Kira y Buala.
Forma de Estado: república.
Idioma: inglés.
Religión: protestantismo, 76,3 %; catolicismo, 19,1 %; creencias tradicionales, 4 %.
Moneda: dólar de las Islas Salomón.
Tasa de natalidad: 44 ‰ en 1990.
Tasa de mortalidad: 10 ‰ en 1990.
Renta per cápita: 570 dólares en 1989.

Geog. Las islas que componen este archipiélago, montañosas y volcánicas, son Guadalcanal, Choiseul, el grupo de Nueva Georgia, Santa Isabel, Malaita, San Cristóbal y el grupo de Santa Cruz. El clima ecuatorial cálido y húmedo favorece una densa vegetación forestal. La población es en su inmensa mayoría melanesia, aunque hay grupos polinesios, y reside en el ámbito rural (99 %). El país tiene una economía principalmente agraria, produciendo copra, aceite de palma y batata.
Hist. El archipiélago fue descubierto en 1568 por el español Mendaña de Neira, pero cayó en el olvido hasta 1768, año en que fue redescubierto por Bougainville. En 1898, Alemania y el Reino Unido establecieron un reparto de sus zonas de colonización. En 1921, tras el tratado de Versalles, la Sociedad de Naciones otorgó la parte alemana a Australia. Durante la Segunda Guerra Mundial, el archipiélago fue invadido por Japón, que mantuvo su dominio hasta 1949, año en el que se creó un protectorado británico. En 1976, Salomón obtuvo la autonomía y dos años después la independencia en el seno de la Commonwealth. En 1986, la asamblea legislativa eligió como primer ministro a Ezequiel Alebua, quien fue sustituido en 1989 por Solomon Mamaloni, elegido como líder del Partido de la Alianza Popular, pero independiente desde 1990.

salomónico, ca *adj.* **1.** Relativo al rey Salomón o propio de él. **2.** Se dice del juicio, decisión, etc., que resuelve algo de forma expeditiva, intentando dar parte de razón a todos los implicados. ‖ **3. columna salomónica** La que tiene el fuste en espiral.

salón *s. m.* **1.** Sala o local grande donde se celebran reuniones, actos públicos, fiestas, bailes, etc. **2.** En una casa, habitación grande y generalmente bien amueblada donde se recibe a las visitas y a los invitados, se hacen reuniones familiares, etc. **3.** Nombre que se da a algunos establecimientos o negocios. **4.** Exposición de obras de un artista o de otras cosas. ‖ **5. salón de té** Local público donde se sirven meriendas y desayunos. ‖ **LOC. de salón** *adj.* Se dice de un tipo de zapatos de señora muy abiertos y sin ningún adorno; también se dice de ciertos bailes que se realizan por parejas, como el tango; asimismo se aplica a la persona o cosa frívola y mundana; se dice de aquello que se realiza sin peligro o fuera de su situación real.

Salónica (*Thessaloniki*) C. de Grecia, en el N del país, a orillas del mar Egeo. 406.400 h. en 1981 y 706.000 h. en su aglomeración urbana. La economía depende de dos actividades principales: el comercio y la industria (alimentaria, tabaquera, textil, petroquímica y de materiales de construcción). Fue fundada en 316 a. C. con el nombre de *Tesalónica.* Durante el s. XIII fue dominada por los normandos y reconquistada por los bizantinos (1246). En 1430, la ciudad cayó bajo el poder turco, que cambió su nombre por el de *Salónica.* En 1913 fue devuelta a Grecia, que pasó a denominarla *Tesalónica* tras la Segunda Guerra Mundial. Se conservan en ella iglesias bizantinas, como la de Santa Sofía.

salpicadero *s. m.* **1.** En los automóviles, panel situado delante del conductor, en el que se hallan algunos mandos y aparatos indicadores, la guantera, el cenicero, etc. **2.** En el pescante de algunos carruajes, tablero colocado en la parte delantera para proteger de salpicaduras al conductor.

salpicadura *s. f.* **1.** Acción y efecto de salpicar. **2.** Gota que ha salpicado y mancha que deja. Se usa más en *pl.*

salpicar *v. tr.* **1.** Hacer que salten gotas pequeñas de un líquido u otra sustancia similar sobre alguien o algo. También *v. intr.* **2.** Mojar o manchar con una o varias de esas gotas. También *v. prnl.* **3.** Esparcir o distribuir una o varias cosas en algún lugar, al realizar algo, etc. ■ Se conjuga como *sacar.*

salpicón *s. m.* **1.** Acción y efecto de salpicar. **2.** Plato que consiste en trozos de pescado o marisco condimentados con cebolla, sal y otros ingredientes.

salpimentar *v. tr.* **1.** Condimentar una cosa con sal y pimienta. **2.** Animar una conversación o alguna otra actividad con algún toque de humor, ingenio o picardía. ■ Es v. irreg. Se conjuga como *pensar.* Sin embargo, a veces se conjuga como verbo regular.

salpimienta *s. f.* Mezcla de sal y pimienta.

salpullido *s. m.* Sarpullido*, erupción leve en la piel.

salsa *s. f.* **1.** Sustancia líquida o pastosa, formada de varios componentes comestibles deshechos o triturados, que se hace para condimentar las comidas y hacerlas más sabrosas. **2.** P. ext., caldo o jugo de un guiso o de un alimento cocinado. **3.** *fam.* Lo que da gracia o animación a algo, lo que lo hace más atractivo y agradable. **4.** Cierto tipo de música, mezcla de ritmos africanos y latinos, originaria del Caribe. ‖ **5. salsa rosa** Mayonesa a la que se añade salsa de tomate y, a veces, también mostaza, vino, etc. **6. salsa verde** La elaborada a base de perejil. ‖ **Loc. en su (propia) salsa** *adj.* y *adv.* Se aplica a los alimentos cocinados o servidos en su propio jugo; también, referido a una persona o cosa, en su propio ambiente.

salsera *s. f.* Recipiente en que se sirve la salsa.

Salt C. de España, en la prov. de Girona, situada junto al río Ter, en las cercanías de la capital. 21.950 h. en 1991. Tiene cultivos hortofrutícolas e industria textil y maderera.

Salt Lake City C. de EE UU, cap. del estado de Utah, situada al SE del Gran Lago Salado. 162.100 h. en 1988. Su economía se basa en las industrias alimentarias, metalúrgicas, refinerías de petróleo y en el turismo. Es un importante enclave comercial y financiero. Desempeña un destacado papel como centro religioso, ya que es la sede mundial de la Iglesia mormona. La ciudad fue fundada en 1847 por Brigham Young, jefe de esta Iglesia.

SALT (siglas de *Strategic Arms Limitation Talks*, conversaciones para la limitación de armas estratégicas) Negociaciones diplomáticas entre EE UU y la URSS, cuyos resultados fueron dos acuerdos de reducción de armamento: el primero fue firmado en 1972 por Richard Nixon, presidente de EE UU, y Leonid Breznev, de la URSS, y el segundo por Jimmy Carter y Breznev en 1979, que no fue ratificado por el Senado estadounidense.

Salta 1. Prov. de Argentina, situada en el NO del país, junto a la frontera con Chile y Bolivia. 154.775 km^2. 822.000 h. en 1989. En ella se distinguen de O a E tres áreas geográficas: la cordillera de los Andes, las tierras subandinas y la gran llanura del Chaco. Los principales productos cultivados en ella son el algodón, caña de azúcar, tabaco, maíz, hortalizas y frutales. Cuenta con una industria poco desarrollada, dedicada a la transformación de sus recursos agrícolas y minerales. Posee yacimientos de petróleo, gas natural, azufre, uranio y hierro.
2. C. de Argentina, cap. de la prov. homónima. 260.300 h. en 1986. Es un importante centro comercial, que posee industria alimentaria. Fundada en 1582 por Hernando de Lerma, fue famosa en el s. XVIII por su mercado ganadero.

saltadero *s. m.* **1.** Sitio o lugar a propósito para saltar. **2.** Surtidor de agua. **3.** Salto de agua que forma un arroyo en una garganta estrecha.

saltadizo, za *adj.* Que salta, se rompe o desprende fácilmente.

saltado, da **1.** *p. p.* de **saltar**. También *adj.* ‖ *adj.* **2.** Desprendido o suelto.

saltador, ra *adj.* **1.** Que salta. ‖ *s. m.* y *f.* **2.** Persona que se dedica a algún deporte de salto. ‖ *s. m.* **3.** Cuerda que se usa para jugar a saltar.

saltadura *s. f.* Defecto en la superficie de una piedra por haberse desprendido un trocito al tallarla.

saltamontes *s. m.* **1.** Nombre común de diversos insectos ortópteros de la familia acrídidos, géneros *Oedipoda*, *Psophus*, *Stenobothrus*, etc., familia tetigónidos, géneros *Tettigonia*, *Decticus*, etc., y familia tetrígidos, género *Tetrix*. Tienen el cuerpo cilíndrico, de color negro pardo o verde, antenas largas, dos pares de alas, el primero coriáceo, y poderosas patas posteriores, adaptadas al salto. Habitan en praderas y pastizales de todos los climas cálidos y constituyen una plaga para la vegetación y los cultivos. **2.** Langosta*.

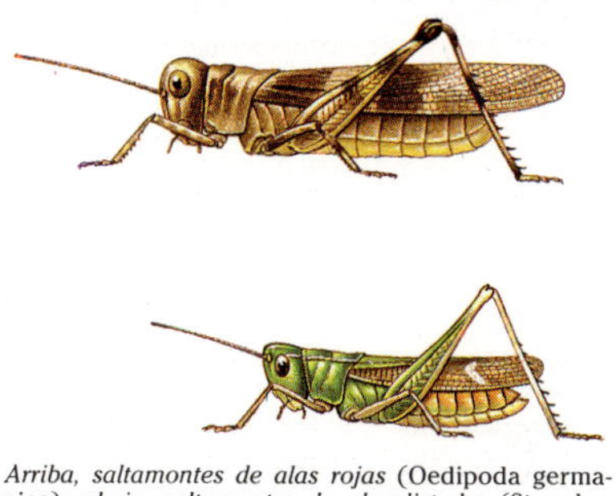

Arriba, saltamontes de alas rojas (Oedipoda germanica); *abajo, saltamontes de alas listadas* (Stenobothrus lineatus).

saltar *v. intr.* **1.** Elevarse con un impulso del suelo o del lugar en que se está. **2.** Lanzarse desde donde se está para caer fuera o más abajo. **3.** Incorporarse o levantarse de repente. **4.** Lanzarse una persona o animal sobre otro para atacarle. **5.** Brotar algo con fuerza, p. ej. un chorro. **6.** Salpicar o salir disparada una cosa. **7.** Soltarse, dispararse o ponerse en marcha de pronto un mecanismo. **8.** Soltarse o desprenderse algo de su sitio o del lugar en que está fijo o sujeto. También *v. prnl.* **9.** Romperse repentinamente una cosa. También *v. prnl.* **10.** Hacer explosión: *saltar por los aires, saltar en pedazos.* **11.** En algunos deportes, salir los jugadores al campo. **12.** Mostrar repentinamente el enfado o la indignación. **13.** Decir algo de forma repentina, inesperada o inoportuna. **14.** Destacar o sobresalir mucho una cosa: *saltar a la vista, saltar a los ojos.* ‖ *v. tr.* **15.** Pasar por encima de algo o alcanzar cierta distancia o altura elevándose con un impulso. También *v. intr.* **16.** Hacer que algo se suelte, se desprenda o se salga de su sitio. ‖ *v. prnl.* **17.** En una acción, proceso, sucesión, recorrido, etc., pasar de una cosa o de una etapa a otra sin detenerse en las que están entre ambas. **18.** No cumplir o respetar una ley, una orden, una regla, etc.; particularmente, no detenerse ante ciertas indicaciones de tráfico que así lo disponen. ‖ **Loc. estar** alguien **a la que salta** *fam.* Estar dispuesto y preparado para aprovechar las ocasiones que se presentan.

saltarín, na *adj.* Que salta mucho o es propenso a saltar y a moverse. También *s.*

salteador, ra *s. m.* y *f.* Persona que roba o asalta en los caminos y sitios despoblados.

saltear *v. tr.* **1.** Asaltar, robar, especialmente a los que van por algún lugar despoblado. **2.** Hacer algo de forma discontinua, con interrupciones o sin orden. **3.** Freír ligeramente un alimento.

salterio *s. m.* **1.** Libro de los *Salmos*, del Antiguo Testamento. ■ En esta acepción se escribe con mayúscula. **2.** Libro de coro que sólo contiene salmos. **3.** Antiguo instrumento musical de cuerda, forma trapezoidal y originario de Oriente, de cuya evolución surgió el clavicordio.

Saltikov-Schedrin, Mijail Yevgrafovich Saltikov, llamado (Spas-Ugol 1826 - San Petersburgo 1889) Escritor ruso. Sospechoso de liberalismo por su novela *Un asunto complicado* (1848), fue desterrado a Viatka (848-56). Escribió narraciones satíricas, como *Bosquejos provincianos* (1857), y obras pesimistas en las que critica a todas las clases sociales rusas: *Diario de un provinciano* (1872), *La familia Golovliov* (1880) y *Las antigüedades de Posejonie* (1889)

Saltillo C. de México, cap. del estado de Coahuila, situada en el N del sector central del país, al pie de la Sierra Madre Oriental. 322.000 h. en 1981. Es centro agropecuario, comercial e industrial. Cuenta con importantes industrias alimentarias, textiles, siderometalúrgicas y de materiales de construcción.

saltimbanqui *s. m.* Persona que realiza saltos y ejercicios de acrobacia, generalmente en espectáculos populares al aire libre.

salto *s. m.* **1.** Acción y efecto de saltar. **2.** Cada una de las modalidades deportivas o ejercicios de acrobacia que consisten en saltar. **3.** Salto de agua. **4.** Parte del terreno en la que hay un brusco desnivel o escalón que sólo se puede salvar saltando. **5.** P. ext., cualquier discontinuidad, cambio brusco o diferencia notable de una cosa a otra. **6.** Fuerte palpitación del corazón cuando su ritmo está alterado. **7.** En una acción, proceso, sucesión, etc., paso de una posición a otra o de una cosa a otra directamente, evitando las etapas, grados o elementos intermedios. **8.** Avance o progreso notable. ‖ **9. salto con pértiga** En atletismo, prueba que consiste en saltar un listón colocado a gran altura ayudándose con una pértiga. **10. salto de agua** Caída de una masa de agua, que se produce por la existencia de un brusco desnivel, natural o artificial, y que generalmente se aprovecha para obtener energía eléctrica. **11. salto de altura** Deporte que consiste en saltar por uno mismo un listón colocado a una determinada altura. **12. salto de cama** Especie de bata amplia que las mujeres se ponen al levantarse. **13. salto de falla** Medida del desnivel tectónico entre los labios de falla, o borde del bloque levantado y del bloque hundido. Esta separación varía desde unos centímetros hasta centenares de metros. El plano que une ambos bloques se denomina *espejo de falla.* **14. salto de longitud** Disciplina deportiva que consiste en saltar la mayor distancia posible desde un punto señalado. **15. salto del ángel** En el deporte de salto de trampolín, el que se ejecuta extendiendo los brazos como si fueran alas, volviéndolos a juntar para zambullirse en el agua. **16. salto mortal** El que realizan los acróbatas, trapecistas, saltadores de trampolín, etc., lanzándose de cabeza y dando una vuelta en el aire. **17. triple salto** Salto de longitud en el que el atleta se impulsa tres veces, cada una de ellas con una pierna distinta. ‖ **Loc. a salto de mata** *adv.* Corriendo rápidamente; también, sin un orden o plan, según lo que vaya pasando.

Salto 1. Departamento de Uruguay, en el NO del país, junto a la frontera argentina. 14.163 km^2. 105.600 h. en 1988. La riqueza en pastos naturales ha condicionado su economía, basada en la ganadería lanar y vacuna. También son importantes los cultivos de cereales, plantas oleaginosas, frutales y vid.
2. C. de Uruguay, cap. del departamento anterior, situada al O, junto al río Uruguay. 80.800 h. en 1986. Es un centro comercial de primer orden. Cuenta con astilleros e industrias conserveras de carne, madereras, de curtidos, textiles y alimentarias.

saltón, na *adj.* **1.** Se aplica a algunas cosas que sobresalen más de lo normal: *ojos saltones.* **2.** *Chile, Col., Ven.* Se dice de los alimentos poco hechos o medio crudos.

salubérrimo, ma *adj. sup.* de **salubre**.

salubre *adj.* Saludable*. **Fam.** Salubridad.

salud *s. f.* **1.** Estado en que se encuentra el organismo de un ser vivo en relación a su buen funcionamiento. **2.** Buen estado del organismo. Según la Organización Mundial de la Salud (OMS), salud es el completo estado de bienestar físico, mental y social, y no solamente la ausencia de enfermedad. **3.** Buen estado, marcha o funcionamiento de algo. ‖ *interj.* **4.** *fam.* Exclamación que se usa para brindar o como fórmula de saludo para desear un bien a alguien. **5.** Se dice a una persona cuando estornuda. ‖ **6. centro de salud** Clínica de atención primaria dependiente de un ayuntamiento o de algún otro organismo público. **7. salud mental** Estado psíquico equilibrado que permite al sujeto un comportamiento normal y hacer frente a las necesidades de su existencia en convivencia con sus semejantes de forma personalmente satisfactoria. **8. salud pública** La de una colectividad o país. ‖ **Loc. beber** (o **brindar**) **a la salud de** alguien Brindar por la persona de que se trata. **curarse** uno **en salud** *fam.* Prevenirse alguien por anticipado de un posible daño.

saluda *s. m.* Impreso que se utiliza para enviar a alguien una comunicación breve o formularia; está redactado en tercera persona y comienza con el cargo o nombre del que lo envía y la expresión *saluda.* Va sin firma.

saludable *adj.* **1.** Bueno para la salud, que la conserva o la restablece. **2.** Que refleja buena salud. **3.** Bueno, provechoso. **Fam.** Saludablemente.

saludar *v. tr.* **1.** Dirigir a alguien palabras o gestos de cortesía al encontrarse con él o al despedirse. También *v. prnl.* **2.** Mandar palabras de cortesía, afecto o respeto a alguien mediante otra persona, una carta, etc. **3.** En el ejército, la policía y otras instituciones semejantes, realizar cierto gesto reglamentado de respeto, generalmente llevando la mano derecha a la visera, dirigido a un superior, a un compañero, a la bandera, etc. **4.** En el ejército y la marina, realizar ciertos actos en honor de alguien o algo. **5.** Recibir la llegada de algo, un acontecimiento, etc., de la manera que se expresa o, en general, positivamente.

saludo *s. m.* **1.** Acción y efecto de saludar. **2.** Palabra, gesto o cualquier acto para saludar a una persona. ‖ **Loc. retirar** a uno **el saludo** *fam.* Enemistarse con alguien, dejar de tratarse con él.

Saluén (*Nu Kiang*) Río de Asia central y del SE. 2.500 km de longitud. Nace en el Tíbet oriental, discurre hacia el S, penetra en Birmania y desemboca en el océano Índico en el golfo de Martaban, donde forma un gran delta. Constituye una importante vía de transporte.

Salustio, Crispo Cayo (Amiternum 86 - ? h. 35 a. C.) Historiador romano. Fue senador y gobernador de Numidia (46 a. C.). En su obra se advierte el influjo de Tucídides. Escribió *Conjuración de Catilina* (43 a. C.), *Guerra de Yugurta* (40 a. C.) e *Historias*, que abarca el periodo del 78 al 67 a. C.

salutación *s. f.* **1.** Saludo. **2.** Primera parte de la oración del avemaría tomada de las palabras con las que el arcángel San Gabriel saludó a la Virgen María en la anunciación. **3.** P. ext., esa misma oración del avemaría. **4.** En diplomática, parte del protocolo inicial de los diplomas o documentos, que constituye una fórmula de saludo.

salutífero, ra *adj.* Saludable.

salva *s. f.* **1.** En el ejército, disparo de una o varias armas de fuego a un tiempo como saludo o en honor a alguien. Se usa mucho en *pl.* **2.** Disparo hecho al mismo tiempo de varias piezas de artillería. || **3. salva de aplausos** Aplausos abundantes y generalizados del público presente en un acto o de cualquier grupo de personas.

salvabarros *s. m.* Guardabarros*.

salvación *s. f.* **1.** Acción y efecto de salvar o salvarse. **2.** En rel., liberación del pecado y logro de la vida eterna.

salvado, da **1.** *p. p.* de **salvar**. También *adj.* || *s. m.* **2.** Cáscara que se separa del trigo y otros cereales al molerlos y pasarlos por el cernedor o criba.

salvador, ra *adj.* **1.** Que salva. También *s.* **2.** Por antonomasia, Jesucristo. ■ En esta acepción se escribe generalmente con mayúscula.

Salvador C. de Brasil, cap. del estado de Bahia, en el E del país, junto a la costa atlántica. 2.050.130 h. en 1990. Sus principales actividades económicas son el comercio y la industria (química, alimentaria, textil y metalúrgica); cuenta además con astilleros y refinerías de petróleo. Fue uno de los centros comerciales más importantes de Brasil y capital del país hasta 1763.

Salvador, El Estado de América Central.

El Salvador: lago de Coatepeque, en el cráter de un antiguo volcán.

Extensión: 21.041 km^2.
Límites: al N, con Guatemala y Honduras; al E, con Honduras; al S, con el océano Pacífico, y al O, con Guatemala.
Población: 5.221.000 h. en 1990.
Densidad: 248,1 $h./km^2$.
Capital: San Salvador.
División administrativa: 14 departamentos, agrupados en tres zonas: Oriental, Central y Occidental.
Ciudades principales: Santa Ana, Mejicanos, San Miguel, Delgado.
Gentilicio: salvadoreño.
Forma de Estado: república presidencial.
Idioma: español.
Religión: catolicismo, 96,2 %; protestantismo, 2,4 %.
Moneda: colón.
Tasa de natalidad: 33 ‰ en 1990.
Tasa de mortalidad: 8 ‰ en 1990.
Renta per cápita: 1.040 dólares en 1989.

Geog. física El relieve salvadoreño está constituido por cuatro grandes unidades, que de N a S son: el ramal meridional de los Andes centroamericanos; la depresión central, meseta de sedimentos terciarios y cuaternarios; la cadena costera, cuyas principales cimas son volcanes, como el Santa Ana o el Izalco, y que es una zona de gran actividad sísmica; y la llanura costera, de origen aluvial, con un litoral oriental pantanoso. Pese a su latitud ecuatorial, el clima es templado, debido a los vientos dominantes del N. Las regiones montañosas reciben abundantes precipitaciones, la depresión central es una región caliente y la costa tiene un clima tropical. Los ríos son cortos y torrenciales: Paz, Grande de Sonsonate, Lempa, Grande de San Miguel y Goascorán. Existen lagos de origen volcánico, como Coatepeque, Zapotitán, Olomega y Metapán, y de origen tectónico, como el Güija e Ilopango.

Geog. humana y ***económica*** El Salvador está densamente poblado y sus habitantes se reparten regularmente por el territorio, con mayor proporción en la meseta central. La economía es fundamentalmente agrícola, con cultivos de maíz, café, algodón, legumbres y caña de azúcar, y cuenta también con ganadería bovina y porcina y una incipiente industria, en la que se puede destacar la producción textil, de calzado, alimentaria, de cemento y fertilizantes.

Hist. **época precolombina y colonial** El territorio de El Salvador formó parte desde el s. III a. C. del imperio maya. En el s. XI fue ocupado por náhuatls y, poco antes del descubrimiento, por aztecas pipiles, que crearon el señorío de Cuscatlán. La conquista española se inició en 1524, bajo el mando de Pedro de Alvarado, y no concluyó hasta 1537. El territorio pasó a depender de la capitanía general de Guatemala. Los movimientos independentistas comenzaron en 1811 y culminaron en 1821, año de la independencia de Guatemala. Tras la negativa a integrarse en el imperio mexicano de Iturbide y sufrir por ello la invasión de sus tropas, El Salvador se integró en 1823 en las Provincias Unidas de Centroamérica y se mostró como el partidario más decidido del federalismo. Fracasada la alianza, el país proclamó su independencia en 1841.

independencia A lo largo de la segunda mitad del s. XIX el monocultivo del café alcanzó gran importancia. Varios de los presidentes salvadoreños, Guzmán en 1842 y Vasconcelos en 1848, intentaron recomponer la federación centroamericana, lo que provocó conflictos con Guatemala, Honduras y Nicaragua. Se sucedieron gobiernos elegidos y presidentes impuestos por golpes militares, como Zaldívar (1876-85), Menéndez (1886-1890) y Ezeta (1891-94), o por sus predecesores en el cargo, como Escalón (1903-07), Figueroa y Araújo (1911-13). Entre 1913 y 1927 El Salvador estuvo gobernado por dos familias de la oligarquía, los Meléndez y los Quiñones. El triunfo electoral del laborista Arturo Araújo en 1931 provocó un nuevo golpe de Estado, que entregó el poder al general Hernández Martínez, quien gobernó dictatorialmente hasta 1944. El fin de su régimen no significó la desaparición del Ejército de la escena política –entre 1945 y 1960 los tres presidentes fueron militares– ni un debilitamiento del poder político de las «catorce familias» de la oligarquía, que tardaron sólo tres meses en derribar a una junta de gobierno que había demostrado ciertas simpatías por la Cuba de Castro. Se sucedieron a partir de 1944 diversos gobiernos muy vinculados al poder económico. El presidido por Fidel Sánchez Hernández tuvo que hacer frente a un conflicto armado con Honduras (1969).

historia reciente En 1979 el coronel Humberto Romero fue derribado de la presidencia por una junta militar. En 1982 la Asamblea constituyente eligió a Álvaro Magaña, sustituido dos años más tarde por el demócrata-cristiano José Napoleón Duarte, que derrotó en las elecciones al derechista D'Aubuisson. La situación política del país se hizo muy delicada: a la grave crisis social y económica se añadieron la actuación armada del Frente Farabundo Martí de Liberación Nacional (FMLN), la oposición de las fuerzas conservadoras y del Ejército a la negociación con la guerrilla y la actividad de grupos paramilitares derechistas como los «escuadrones de la muerte», que en 1980 asesinaron al arzobispo Óscar Arnulfo Romero, cabeza de la Iglesia salvadoreña. En 1989 fue elegido presidente Alfredo Cristiani, de la Alianza Republicana Nacionalista (ARENA), y ese mismo año el Frente Farabundo Martí lanzó una ofensiva y llegó a ocupar algunos barrios de la capital del país durante varios días, en el transcurso de los cuales, miembros del ejército regular dieron muerte a Ignacio Ellacuría, rector de la Universidad Centroamericana, y a otros jesuitas españoles. En 1991 se iniciaron conversaciones de paz en México entre el Frente Farabundo Martí y el gobierno, que culminaron al año siguiente con la firma de un acuerdo que ponía fin a doce años de guerra civil, suscrito por el presidente Cristiani y el líder guerrillero Shafick Handal, mediante el cual se desmovilizó a la guerrilla y se inició un proceso de reforma política en el país.

Cult. Del periodo precolombino se conservan cerámicas, estatuillas y restos de templos. La arquitectura colonial prácticamente se ha perdido a causa de los terremotos, pero aún pueden admirarse en parte las catedrales de San Salvador y San Miguel. La moderna arquitectura se halla representada por el elegante Teatro Nacional. En cuanto a la literatura, la poesía alcanzó un considerable desarrollo en el s. XIX con la obra romántica de Francisco Gavidia; la modernista de Alberto Masferrer, Arturo Ambrogi, Carlos Bustamante, Salvador L. Erazo, Raúl Contreras, Julio Enrique Ávila y José Valdés; y la vanguardista de Claudia Lars. En el s. XX destacan dos tendencias: el intimismo, que cultivan autores como Serafín Quiteño, Alfredo Espino y Claribel Alegría, y la poesía social, representada por Carlos Lovato, Pedro Geoffroy Rivas y Oswaldo Escobar Velado, entre otros. En las últimas décadas ha renacido el lirismo con Alfonso Morales, Dora Guerra y Eugenio Martínez Orantes. La narrativa se manifiesta en el costumbrismo de José María Lagos y Alberto Bonilla; el naturalismo de Salarrué, Napoleón Rodríguez Ruiz y Ramón González Montalvo, y el psicologismo de Ricardo Triguero de León y Miguel Ángel Espino. El teatro ha tenido un menor desarrollo, pero cabe mencionar el nombre de Emilio Aragón; en ensayo sobresale Napoleón Viera Altamirano.

salvadoreño, ña *adj.* De El Salvador. También *s.*

salvaguarda *s. m.* **1.** Acción y efecto de salvaguardar. **2.** Salvoconducto*.

salvaguardar *v. tr.* Proteger, garantizar.

salvaguardia *s. f.* Salvaguarda*.

salvajada *s. f.* Acción o palabras crueles o brutales, propias de un salvaje.

salvaje *adj.* **1.** Se dice de los animales y plantas que nacen, viven y crecen libremente en la naturaleza, sin el cuidado del hombre o fuera de su dominio. **2.** Se aplica al terreno sin cultivar ni edificar. **3.** Se dice de los pueblos que viven en estado primitivo, así como de sus individuos, costumbres, forma de vida, etc. También *s.* **4.** *fam.* Insociable. También *s.* **5.** *fam.* Brutal, bestia, destructivo. También *s.*

salvajismo *s. m.* Barbarie, brutalidad.

salvamanteles *s. m.* Pieza de metal, madera u otro material que se pone en la mesa como protección, debajo de los recipientes calientes que se ponen sobre ella.

salvamento *s. m.* Acción y efecto de salvar o salvarse, particularmente operación organizada para salvar o socorrer a las personas en un accidente, catástrofe, etc.

salvar *v. tr.* **1.** Librar a alguien o algo de un peligro o situación apurada. También *v. prnl.* **2.** En lenguaje religioso, librar al hombre del pecado y otros males que le apartan de Dios y darle la vida eterna. También *v. prnl.* **3.** Superar un obstáculo o impedimento. **4.** Recorrer una distancia. **5.** Excluir a alguien o algo de lo que se dice, generalmente al manifestar un juicio negativo, o disculparlo de algún modo. También *v. prnl.* **6.** En algunos documentos o escritos, indicar mediante una nota que vale una corrección que se ha realizado, que no vale lo que se ha tachado, etc. **7.** En inform., copiar una información en el disco duro del ordenador.

Salvat-Papasseit, Joan (Barcelona 1894 - íd. 1924) Poeta español en lengua catalana. Su obra poética constituye una reacción contra el esteticismo y un apreciable esfuerzo renovador, adoptando el verso libre, los caligramas y un lenguaje experimental. Entre sus libros sobresalen *Poemas en ondas hertzianas* (1919), *El irradiador del puerto y las gaviotas* (1921) y *Poema de la rosa en los labios* (1923).

salvavidas *adj.* Se dice de los diversos objetos y embarcaciones que sirven para mantener a flote a las personas que han caído al agua. También *s. m.*

salve *interj.* **1.** Fórmula latina de saludo. ‖ *s. f.* **2.** Oración que se reza a la Virgen María y que comienza con las palabras: *Dios te salve, Reina y Madre...* **3.** Composición musical y canto con la letra de esta oración.

salvedad *s. f.* Limitación, excepción, condición o aclaración que se expresa sobre algo.

salvia *s. f.* Nombre común de diversas plantas herbáceas de la familia labiadas, género *Salvia.* La salvia amarilla *(Salvia glutinosa)* mide entre 70 y 120 cm y es una planta pegajosa cuyas flores de color amarillo tienen el labio superior grande. Crece en bosques y zonas rocosas del centro y S de Europa. La salvia de bosque *(Salvia nemorosa)* mide entre 30 y 80 cm, sus brácteas son violetas y sus flores generalmente azules. Crece en céspedes secos y bosques abiertos del centro, E y SE de Europa. Sus hojas aromáticas se usan como condimento y en medicina como digestivo.

salvilla *s. f.* **1.** Bandeja con una o varias partes rehundidas en las que encajan los vasos, platos, etc. **2.** *Chile.* Vinagreras.

salvo, va *adj.* **1.** Que no ha sufrido daño. ■ Se usa casi exclusivamente en la loc. adj. **sano y salvo**. **2.** Exceptuado, omitido. ‖ *prep.* **3.** Excepto, menos. ‖ **Loc. a salvo** *adv.* Seguro, protegido o libre de peligros. **salva sea la parte** Eufemismo que se emplea para referirse a ciertas partes del cuerpo, como el culo.

salvoconducto *s. m.* Documento que se entrega a alguien para que pueda circular o viajar libremente por un lugar, un país, etc., en determinadas situaciones.

Salzburgo (*Salzburg*) C. de Austria, en el sector central del país, a orillas del río Salzach, cerca de la frontera con Alemania. 137.800 h. en 1986. Cuenta con industrias alimentarias, químicas, textiles, metalúrgicas y de instrumentos musicales. Es un importante centro turístico; en ella se celebra anualmente un festival de música en honor de Mozart, natural de esta ciudad. Entre sus monumentos cabe destacar la catedral barroca del s. XVII, el castillo de Hohensalzburg, numerosas iglesias y la casa natal de Mozart.

Salzillo, Francisco (Murcia 1707 - íd. 1783) Escultor español. Muy influido por la tradición barroca italiana, es uno de los grandes representantes de la imaginería española de talla policromada. Su obra consta de figuras de belenes y de pasos procesionales, entre los que sobresalen *La caída* (1752), *Oración en el huerto* (1754) y *El prendimiento* (1763). También realizó figuras aisladas de gran mérito, como el *San Jerónimo* (1755) del monasterio de La Ñora.

Samaniego, Félix María (Laguardia, Álava 1745 - íd. 1801) Fabulista español. Educado en el enciclopedismo, en sus obras se advierte la influencia de Voltaire. Son muy populares sus *Fábulas morales* (1781), como *La zorra y el busto, La cigarra y la hormiga* y *La lechera.* Escribió también poemas satíricos y eróticos, y fue un consumado polemista.

sámara *s. f.* Tipo de fruto seco indehiscente que tiene una única semilla y un pericarpio prolongado en un ala membranosa, la cual facilita su transporte por el viento. Es propio de árboles como el arce, el olmo y el fresno.

Samaranch, Juan Antonio (Barcelona 1920) Deportista y político español. Fue embajador en Moscú (1977-80). En 1980 fue elegido presidente del Comité Olímpico Internacional (COI).

Samarcanda C. de la república de Uzbekistán, cap. de la región de su nombre. 366.000 h. en 1989. Situada en una estepa desértica, tiene industrias mecánicas, alimentarias, textiles y de curtidos. En la ciudad vieja se conservan mezquitas y edificios de arquitectura musulmana. Tomada por Alejandro Magno (329 a. C.) y conquistada por los árabes (712), floreció en tiempos de los samaníes (s. IX-X). Fue devastada por Gengis Kan y Tamerlán la convirtió en capital de su imperio (1370). Constituyó el centro intelectual musulmán de Asia Central (s. XV). Ocupada por los uzbekos (1500), pasó a poder de Rusia en 1868. Llegó a ser, durante un tiempo, capital de la república de Uzbekistán.

Samarcanda: en primer plano, mezquita de Rujabad; al fondo, edificios del Registan.

Samaria Antigua región de Palestina, entre Galilea, al N, y Judea, al S, hoy en el estado de Israel. Su capital, Samaria, lo fue del reino de Israel (880 - h. 721 a. C.), hostil en varios periodos de la historia al reino de Judá.

samario *s. m.* Sm. Elemento químico perteneciente al grupo de los lantánidos del sistema periódico. Su número atómico es 62 y su masa atómica 150,4. Su nombre alude al oficial de minas ruso Samarsky. Tiene un acusado poder reductor y reacciona con los ácidos. Su óxido se emplea en la fabricación de vidrios especiales y como catalizador. Está presente en minerales como la monacita, cuyos yacimientos se encuentran en la India, África del Sur, Australia, EE UU y Brasil, acompañando a otros elementos de su grupo y al torio.

samaritano, na *adj.* **1.** De Samaria. También *s.* ‖ *s. m.* y *f.* **2.** Persona que ayuda a otra. Suele ir acompañado del adjetivo *buen, buena.*

samba *s. f.* Música y baile popular brasileño de influencia africana y de ritmo rápido.

sambenito *s. m.* **1.** Distintivo que consistía en una esclavina o un escapulario y que se ponía a los penitentes de la Inquisición. **2.** Calificativo deshonroso que se aplica a alguien, mala fama que pesa sobre él. ‖ **Loc. colgar el sambenito** a alguien Achacarle algo negativo.

sambo (voz ingl.) *adj.* Se dice de cierto tipo de lucha de autodefensa que se realiza sin utilizar armas. También *s. m.*

sambumbia *s. f.* **1.** *Cuba.* Bebida de miel de caña, agua y ají. **2.** *Méx.* Refresco hecho con piña, agua y azúcar. **3.** *Col.* Cosa desmenuzada o partida en trozos pequeños.

Samnio Antigua región montañosa de la Italia central, entre el Lacio, la Campania, Apulia, Lucania y el Piceno, habitada por los samnitas.

samnita *adj.* **1.** Se dice de un antiguo pueblo itálico establecido en Samnio en el s. V a. C. Sostuvo guerras contra los romanos, por los que fue sometido. **2.** De este pueblo. También *s.*

Samoa Occidental (en samoano, *Samoa i Sisifo;* en ingl., *Western Samoa*) Estado insular del océano Pacífico.

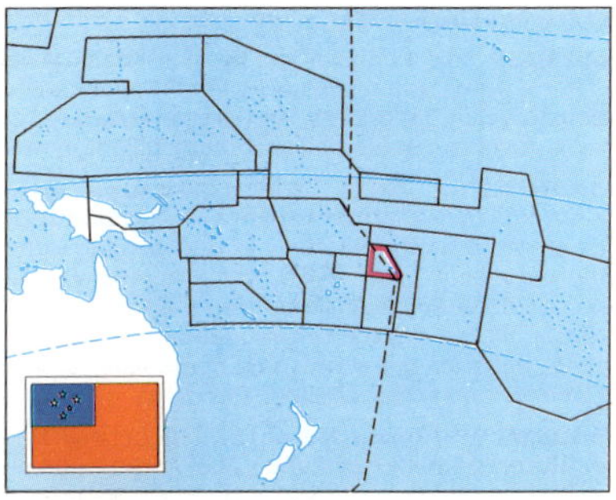

Extensión: 2.831 km^2.
Situación: en el O del océano Pacífico, al E de Nueva Guinea.
Población: 165.000 h. en 1990.
Densidad: 58,3 h./km^2.
Capital: Apia.
División administrativa: isla Savaii, 6 distritos; isla Upolu, 5 distritos.
Gentilicio: samoano.
Forma de Estado: monarquía constitucional.
Idioma: samoano e inglés.
Religión: congregacionismo, 47,3 %; catolicismo, 21,7 %; metodismo, 16,2 %; Iglesia de los Santos de los Últimos Días, 8,3 %.
Moneda: tala.
Tasa de natalidad: 34 ‰ en 1990.
Tasa de mortalidad: 7 ‰ en 1990.
Renta per cápita: 720 dólares en 1989.

Geog. Consta de dos islas mayores, Savaii y Upolu, y varios islotes pequeños. De origen volcánico, tienen un relieve montañoso, un clima tropical húmedo y vegetación boscosa. La población, en gran parte polinesia, reside mayoritariamente en el campo. Su economía depende de la exportación de copra, nuez de coco, plátanos, cacao y madera.

Hist. Las islas Samoa, descubiertas en 1722 por el neerlandés Roggeveer, fueron disputadas a fines del s. XIX por europeos y estadounidenses. En 1872 se instaló en Samoa una base naval estadounidense, y allí también fueron concertados los tratados de amistad entre EE UU y el Reino Unido (1878) y, un año más tarde, con Alemania. En 1888 estallaron una serie de conflictos entre la población indígena y los propietarios europeos. En 1889 se estableció un protectorado tripartito de estadounidenses, británicos y alemanes, aunque diez años más tarde se produjo un reparto del archipiélago entre EE UU y Alemania, que en 1920 entregó a Nueva Zelanda las islas que le correspondieron. Desde 1951 las islas de EE UU fueron administradas por un gobernador nombrado por el departamento del Interior. En 1962 la parte occidental del archipiélago obtuvo la independencia dentro de la Commonwealth; la parte oriental permanece en manos de EE UU. La Constitución de 1962 consagró el cargo vitalicio de jefe de Estado en la persona de Malietoa Tanumafili II. En las elecciones de 1991 renovó el cargo de primer ministro Tofilau Eti Alesana, del Partido para la Defensa de los Derechos del Hombre.

Samos Isla de Grecia, situada en el mar Egeo, junto a las costas de Asia Menor, que constituye el nomo del mismo nombre. 778 km^2. 40.519 h. en 1981. La capital es Samos, con 5.613 h. en 1981. Tiene un relieve montañoso, con llanuras en el S y E, donde se cultiva vid, agrios, algodón y tabaco. Fue poblada por jonios. En el s. VII a. C. comenzó una etapa de gran prosperidad gracias al comercio marítimo. De 522 a 479 y de nuevo en 387 a. C. cayó en poder de Persia. Fue posesión romana, bizantina y genovesa, ocupada por Turquía en el s. XVI e incorporada a Grecia en la primera guerra de los Balcanes (1912).

samovar (voz rusa a través del fr.) *s. m.* Utensilio usado en Rusia para preparar el té, que consiste en un recipiente de cobre con un infiernillo de carbón colocado en un tubo interior.

samoyedo, da *adj.* **1.** Se dice de un pueblo del grupo mongol, que habita en el N de Siberia, en el curso bajo del río Ob y la península de Taimir. **2.** De este pueblo. También *s.* **3.** Se dice de una raza de perros de constitución física fuerte y de pelaje espeso, generalmente blanco, que se utilizan en las regiones árticas para tirar de los trineos. También *s. m.* ‖ *s. m.* **4.** Lengua hablada por el pueblo antes citado.

sampán *s. m.* Embarcación ligera usada en Asia para la pesca y la navegación fluvial, que consta de una vela y un toldo y está propulsada por remos. A veces también se usa como casa flotante.

Sampedro, José Luis (Barcelona 1917) Economista y escritor español. Fue catedrático de estructura económica de la Universidad Complutense de Madrid. Entre sus obras de economía destaca *Realidad económica y análisis estructural* (1958). Es autor de un buen número de novelas, entre las que sobresalen *El río que nos lleva* (1962) y *La sonrisa etrusca* (1985).

Samuel (? - Roma s. XI a. C.) Profeta hebreo. Fue el último de los jueces que gobernaron a los israelitas antes del establecimiento de la monarquía de Saúl. Se le atribuyen dos libros, llamados de *Samuel* –o *I* y *II de los Reyes*–, que son una crónica de los reinados de Saúl y David, escrita probablemente en el s. VII a. C.

Samuel (? - ? 1014) Zar de Bulgaria (997-1014). Venció a los bizantinos y logró reconstruir el imperio búlgaro como en tiempos de Simeón I el Grande. Basilio II, emperador bizantino, acabó derrotándole (1014).

Samuelson, Paul Anthony (Gary, Indiana 1915) Economista estadounidense. Destacado representante de la escuela neoclásica, ha realizado importantes aportaciones en los campos de la economía matemática y la microeconomía. Premio Nobel en 1970, es autor de *Fundamentos del análisis económico* (1947) y *Programación lineal y análisis económico* (1958).

Samuelsson, Bengt (Estocolmo 1934) Bioquímico sueco. En 1982 obtuvo el premio Nobel de fisiología y medicina, compartido con John Robert Vane y Sune K. Bergström, por sus investigaciones sobre las prostaglandinas.

samurai o **samuray** *s. m.* En la antigua sociedad feudal del Japón, miembro de una clase inferior de la nobleza, compuesta por guerreros que servían a algún shogun o señor feudal.

san *adj. apóc.* de **santo**: *San Ciprián.* ■ Se emplea delante de los nombres propios de varón, excepto con *Tomás, Tomé, Domingo* y *Toribio*, con los que sólo se puede usar *santo.* ‖ **LOC. san se acabó** *fam.* Sanseacabó*.

san bernardo *s. m.* Raza de perros, robustos y de gran tamaño, de unos 70 cm de altura, pelaje rojizo con hocico, pecho y patas blancos, que durante siglos se empleó en el paso de San Bernardo para socorrer a los viajeros perdidos en la nieve. También *s. m.*

San Adrián de Besós (*Sant Adrià de Besòs*) C. de España, en la prov. de Barcelona, a orillas del río Besós, al N de la capital. 33.900 h. en 1991. Tiene una importante industria textil, química, metalúrgica, de vidrio y papelera.

San Andrés y Providencia Departamento de Colombia, formado por estas dos islas y algunos islotes más, situada en el mar Caribe, frente a la costa E de Nicaragua. 44 km^2. 35.950 h. en 1985. La capital es San Andrés, con 37.650 h. en 1989. Tiene una economía agrícola y pesquera. Cuenta con algunas industrias alimentarias.

San Antonio C. de EE UU, en el S del estado de Texas. 950.000 h. en 1989. En su economía destaca la industria de refino de petróleo, química, metalúrgica, textil y de tabaco; son también importantes la ganadería y sus derivados (lana, carne, etc.). La ciudad fue fundada por los españoles en 1718.

San Bartolomé de Tirajana C. de España, en la prov. de Las Palmas, perteneciente a la isla de Gran Canaria. 60.300 h. en 1991. La ciudad está emplazada sobre el cráter del Tirajana. Cuenta con industrias alimentarias y de materiales de construcción, además de un fuerte desarrollo turístico.

San Baudilio de Llobregat (*Sant Boi de Llobregat*) C. de España, en la prov. de Barcelona. 77.900 h. en 1991. Posee industrias textiles, de vidrio y plásticos, metálicas y químicas. Se conservan en la ciudad restos de unas termas romanas y de construcciones ibéricas.

San Bernardo C. de Chile, situada en el sector central del país, a escasa distancia de Santiago. 184.900 h. en 1989. Es un núcleo donde se concentran importantes industrias alimentarias, textiles, químicas y metalúrgicas, y un centro comercial de primer orden.

San Bernardo, Gran Paso que comunica Suiza e Italia a través de los Alpes Peninos. Tiene una altitud de 2.469 m. Recibió esta denominación por la hospedería que en él fundó San Bernardo de Menthon en el s. X y ha dado nombre a una raza de perros.

San Bernardo, Pequeño Paso que comunica el valle francés de Isère con el italiano de Aosta a través de los Alpes. Tiene una altitud de 2.118 m.

San Cristóbal C. de Venezuela, cap. del estado de Táchira, en el O del país. 245.400 h. en 1990. Cuenta con industrias alimentarias, tabaqueras, madereras y de materiales de construcción. Es un importante centro comercial y turístico.

San Cristóbal y Nevis (*Saint Christopher and Nevis*) Estado insular de las Pequeñas Antillas.

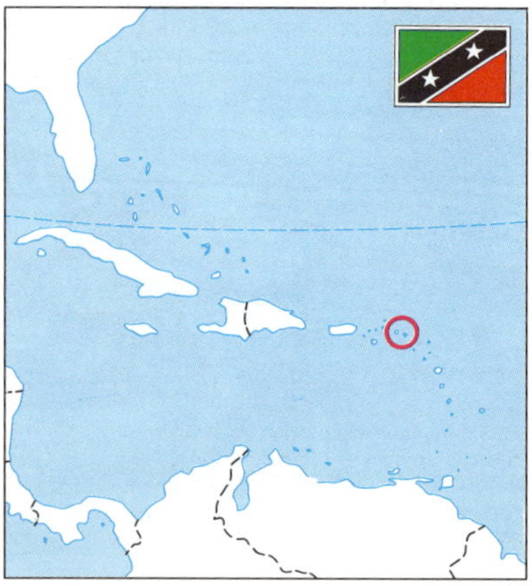

Extensión: 266,6 km^2.
Situación: en el océano Atlántico, al O de Antigua y Barbuda.
Población: 44.100 h. en 1990.
Densidad: 163,7 h./km^2.
Capital: Basseterre.
División administrativa: la isla de San Cristóbal, 9 parroquias; la isla de Nevis, 5 parroquias.
Ciudades principales: Charlestown.
Forma de Estado: monarquía constitucional.
Idioma: inglés.
Religión: protestantismo, 76,4 %; catolicismo, 10,7 %.
Moneda: dólar.
Tasa de natalidad: 23 ‰ en 1990.
Tasa de mortalidad: 11 ‰ en 1990.
Renta per cápita: 2.860 dólares en 1989.

Geog. El país está constituido por las islas de San Cristóbal (o Saint Kitts) y Nevis, y forma parte de las islas de Barlovento, en el mar Caribe. Tienen un relieve muy accidentado y clima tropical húmedo. La mayoría de la población es de raza negra; de ella, un 36 % reside en las ciudades. Sus principales recursos económicos son el algodón, la caña de azúcar y el turismo, aunque también desarrolla alguna actividad pesquera y ganadera y tiene industria dedicada a la transformación de sus productos alimentarios.

Hist. Las islas, aunque descubiertas por Colón en 1493, no fueron colonizadas hasta 1623, año en el que los británicos se establecieron en ellas. En 1625 su dominio fue dividido entre británicos y franceses, que a partir de entonces se enfrentaron por la posesión de las islas hasta que en 1783 se firmó el tratado de Versalles, por el cual pasaban a depender del Reino Unido. En 1959 se les concedió el autogobierno y la independencia en 1983. Desde las elecciones de 1984 es primer ministro Kennedy Simmonds, del Movimiento de Acción Popular, que gobierna en coalición con el Partido Reformista de Nevis.

San Cugat del Vallés (*Sant Cugat del Vallès*) C. de España, situada en la prov. de Barcelona. 38.850 h. en 1991. Cuenta con industrias textiles, de plásticos, de cerámica, metalúrgicas y de materiales de construcción, así como estudios de televisión. Conserva un monasterio benedictino de los s. VIII - IX, cuyo estilo es una mezcla de románico y gótico.

San Diego C. de EE UU, situada en el S del estado de California, junto al océano Pacífico. 1.099.000 h. en 1989 y 2.201.000 en su área metropolitana. Destacan en su economía la agricultura, la pesca y las industrias aeroespacial, alimentaria y química. Posee también unos importantes astilleros, una base naval y una aeronaval. En su puerto se desarrolla una intensa actividad comercial.

San Felíu de Llobregat (*Sant Feliu de Llobregat*) C. de España, situada en la prov. de Barcelona, al S de la capital. 36.330 h. en 1991. Posee industrias metalúrgicas, textiles, químicas y de materiales de construcción. Pertenece al área metropolitana de Barcelona.

San Fernando C. de España, situada en la prov. de Cádiz. 91.700 h. en 1991. Tiene salinas e industrias alimentarias, de cerámica y de construcciones aeronáuticas y navales. En esta ciudad, fundada por los fenicios, se reunieron las Cortes constituyentes (1810-11).

San Fernando de Henares C. de España, situada en la prov. de Madrid. 25.500 h. en 1991. Posee industria alimentaria, automovilística, del caucho y del metal.

San Francisco C. de EE UU, en el O del estado de California, junto a la costa del océano Pacífico. 751.000 h. en 1989. 5.878.000 h. en 1980 en su área metropolitana. La base de su desarrollo económico reside en la industria (refinerías de petróleo, químicas, electrónicas, aeroespaciales, mecánicas y alimentarias). Es el principal puerto comercial del O de EE UU y un importante centro financiero, cultural y turístico. La ciudad fue fundada por el español Juan Bautista de Anza en 1776. En 1848 México la cedió a EE UU. En 1906 un terremoto destruyó parcialmente la ciudad.

San Francisco: el Golden Gate, puente colgante construido de 1933 a 1937.

San Gotardo Macizo montañoso de los Alpes suizos. Su punto más alto es el Dammastock

San José, capital de Costa Rica: vista de la Avenida Central.

(3.634 m). Es el eje de difluencia de aguas más importante de Europa. Hacia el N van los ríos Aar y Reuss, al E el Rhin, al S el Tesino y al O el Ródano. Existe un paso montañoso y un túnel que reciben el mismo nombre.

San Jorge, canal de Estrecho que separa Gales, al E, de Irlanda, al O. Comunica el océano Atlántico con el mar de Irlanda. Su longitud es de 160 km y su anchura oscila entre 70 y 115 km.

San José 1. C. de Costa Rica, cap. del país, en el centro del mismo. 290.570 h. en 1990, 692.500 h. en su área metropolitana. Tiene una industria muy diversificada: alimentaria, metalúrgica, textil, química y farmacéutica, fundiciones y refinerías de petróleo. Fue fundada en 1738 y empezó a adquirir cierta relevancia gracias a los altos rendimientos en la producción de tabaco.
2. C. de EE UU, en el O del estado de California. 758.000 h. en 1989, 1.402.000 h. en su área metropolitana. Destaca por sus industrias: alimentaria, maquinaria, química y del cemento. También son importantes las construcciones mecánicas y aeronáuticas. Tiene universidades como la prestigiosa de Stanford.
3. Departamento de Uruguay, en el S del país. 4.992 km^2. 88.000 h. en 1988. La capital es San José de Mayo, con 31.700 h. en 1985. Tiene una economía básicamente agropecuaria.

San José de Cúcuta C. de Colombia, cap. del departamento de Norte de Santander, en el N del país. 516.250 h. en 1985. Basa su economía en la industria textil, cervecera, cerámica y del cuero. En 1875 un terremoto destruyó la ciudad, que posteriormente hubo de ser reconstruida.

San Juan 1. Prov. de Argentina, en la parte centro-occidental del país, junto a la frontera con Chile. 89.651 km^2. 529.000 h. en 1989. Tiene un relieve montañoso y un clima templado y seco. La base de su economía es la agricultura (vid, olivo, hortalizas y frutales); la industria y la minería están poco desarrolladas.
2. C. de Argentina, cap. de la prov. homónima. 290.000 h. en 1986. Posee industrias alimentarias y de materiales de construcción. Fue fundada en 1562 por Juan Jufré; el terremoto de 1944 destruyó la antigua ciudad colonial.
3. C. de Puerto Rico, cap. del país, en el N de la isla, junto al océano Atlántico. 431.200 h. en 1986, 820.500 h. en su área metropolitana. Su economía depende en gran parte del sector industrial: productos alimentarios, refino de petróleo, petroquímica, tejidos, tabaco y electrónica. Tiene un activo puerto comercial y es un importante centro turístico. La ciudad fue fundada en 1508 por Ponce de León.

San Juan de Aznalfarache C. de España, en la prov. de Sevilla, en los alrededores de la capital. 21.900 h. en 1991. Posee yacimientos de hierro y cobre e industrias químicas, farmacéuticas y de abonos.

San Juan de Ciénaga Véase **Ciénaga**.

San Juan Despí (*Sant Joan Despí*) C. de España, en la prov. de Barcelona, al S de la capital. 24.800 h. en 1991. La base de su economía la constituyen sus industrias textiles, de rodamientos, artículos eléctricos, productos químicos y vidrio. La ciudad pertenece a la aglomeración urbana de Barcelona.

San Lorenzo 1. Golfo de Canadá, situado entre la costa del SE canadiense y la isla de Terranova, en la desembocadura del río San Lorenzo.
2. Río de Canadá. 3.700 km. Nace en Minnesota (EE UU) y, tras atravesar los Grandes Lagos, toma dirección NE y se dirige a su desembocadura, en el golfo del mismo nombre. Pasa por las ciudades de Toronto, Montreal y Quebec.

San Luis 1. Prov. de Argentina, en la parte central del país. 76.748 km^2. 246.000 h. en 1989. Se distinguen dos zonas geográficas: el N, región montañosa, y el S, ocupada por grandes llanuras. Su economía es principalmente agropecuaria (cultivos de cereales, vid, alfalfa, frutales, olivo y algodón). Entre sus recursos minerales destacan el oro, cobre, volframio y uranio.
2. C. de Argentina, cap. de la prov. homónima. 70.600 h. en 1986. Es un importante centro comercial y administrativo, que cuenta con industrias alimentarias y del cuero.
3. C. de EE UU, en el estado de Missouri, en el centro del país. 405.100 h. en 1989 y 2.201.000 h. en su área metropolitana. Asentada cerca de la confluencia de los ríos Mississippi y Missouri, es un centro de comunicaciones. Posee industria siderúrgica, automovilística, aeronáutica, química, peletera y alimentaria.

San Luis Potosí 1. Estado de México, en el sector central del país. 63.068 km^2. 2.002.000 h. en 1990. En el E se encuentran los principales accidentes geográficos: la Sierra Gorda y la Sierra Madre Oriental. El pilar de su economía son los recursos minerales: oro, plata, cinc, cobre y petróleo. Se cultivan cereales, café, tabaco, caña de azúcar, cítricos y algodón. Cuenta además con industrias textiles, alimentarias, siderúrgicas, químicas y madereras.
2. C. de México, cap. del estado homónimo. 407.000 h. en 1985. Es un centro comercial y de comunicaciones, que tiene industrias químicas, siderúrgicas, metalúrgicas y alimentarias.

San Marino Estado europeo de la península Itálica.

Geog. Por su proximidad a los Apeninos, tiene un relieve ligeramente accidentado, cuya mayor altura se encuentra a 726 m en el monte Titano. El territorio está regado por tres ríos, Ausa, Morano y Ca Chiarello, que penetran por el O del país. Su población es esencialmente urbana. En agricultura destaca únicamente la vid. Posee industrias textiles, papeleras, de cemento y de caucho sintético. Pero la verdadera riqueza de San Marino se debe al turismo y a la filatelia.

Extensión: 61,19 km^2.
Situación: en el interior de Italia, entre las regiones de Emilia-Romaña y Las Marcas, cerca del mar Adriático.
Población: 23.000 h. en 1990.
Densidad: 375,9 h./km^2.
Capital: San Marino.
División administrativa: 9 castellanías.
Ciudades principales: Serravalle/Dogano, Borgo Maggiore, Murata y Domagnano.
Forma de Estado: república democrática.
Idioma: italiano.
Religión: catolicismo, 95,2 %.
Moneda: lira.
Tasa de natalidad: 10 ‰ en 1990.
Tasa de mortalidad: 8 ‰ en 1990.
Renta per cápita: 8.590 dólares en 1987.

Hist. En el s. IV se instaló en el monte Titano una comunidad religiosa que dio origen a una pequeña colonia. En el año 885 fue reconocida su independencia. Dos siglos más tarde hubo de fortificarse con el objeto de hacer frente a las incursiones de normandos y sarracenos. En el s. XIII obtuvo el estatuto de República autónoma bajo la protección de los obispados de Rímini y Montefeltro. La decadencia en la que se sumió a par-

San Marino: vista del monte Titano y del castillo de la Rocca que lo corona.

San Juan de Puerto Rico: vista de la ciudad desde el fuerte de San Jerónimo, hoy Museo de Historia Militar.

tir del s. XVI culminó en 1739, año en el que perdió su independencia al anexionarse a los Estados Pontificios. En 1797 el emperador Napoleón le devolvió su estatuto de independencia, que fue reconocido por el congreso de Viena en 1815. Durante la Segunda Guerra Mundial sufrió repetidos bombardeos de las fuerzas británicas. Al término de ésta se restablecieron las instituciones democráticas y la república. El poder ejecutivo está en manos de dos capitanes regentes que son elegidos cada seis meses.

San Marino C. de San Marino, cap. del país, situada al pie del monte Titano. 2.350 h. en 1990. Es un centro administrativo y turístico, cuyos principales monumentos son el palacio municipal (s. XIX) y tres castillos almenados.

San Martín Departamento de Perú, en el NE del país. 52.309 km^2. 460.000 h. en 1990. La capital es Moyobamba, con 24.200 h. en 1989. Accidentado por los Andes, está situado en la cuenca del Amazonas y tiene un clima tropical en los valles y templado en las montañas. Tiene una economía esencialmente agrícola, con cultivos de cereales, café, tabaco, caña de azúcar, arroz, algodón y plátanos.

San Martín, José de, llamado **El Libertador** (Yapeyú, hoy San Martín 1778 - Boulogne-sur-Mer 1850) Militar y político argentino. Hijo de un militar español, se instaló con su familia en España (1784), donde siguió la carrera militar en la que alcanzó el grado de teniente coronel de caballería. Regresó a Argentina (1812) y se puso al servicio de la causa independentista. En 1814, ascendido a general, tomó el mando del ejército del Alto Perú, tras la renuncia de Manuel Belgrano. Su deseo era conseguir la independencia de Perú, pero la victoria realista de Rancagua (1814) le obligó a centrar sus prioridades en la liberación de Chile, para lo cual reorganizó el ejército de O'Higgins. En 1816 proclamó la independencia de Chile, que se reafirmó tras la victoria de Chacabuco (1817). La derrota de los realistas en Maipú (1818) le dejó libre el paso hacia Perú. San Martín, entonces, intentó llegar a un acuerdo con el virrey Pezuela y luego con su sucesor, La Serna, conversaciones que culminaron en el pacto de Punchauca (1821), en el cual se incluía la independencia de Perú y la instauración de una monarquía encabezada por un príncipe español. Tal pacto nunca entró en vigor por la oposición de los oficiales realistas, por lo que San Martín entró en Lima y proclamó la independencia el 28 de julio de 1821. La ocupación de Guayaquil (1822), ciudad que reivindicaba Perú, por Bolívar le hizo concertar con éste una entrevista, para planificar la acción conjunta de ambos ejércitos, en la cual no se alcanzó acuerdo alguno. De vuelta a Lima y ante la oposición a su política, presentó su dimisión. Tras una breve estancia en Mendoza y Chile, marchó a Francia, donde murió.

José de San Martín (Museo Histórico Nacional, Buenos Aires).

San Martín del Rey Aurelio C. de España, situada en la prov. de Asturias. 23.600 h. en 1991. Cuenta con yacimientos de carbón e industrias siderúrgicas, madereras y sidreras.

San Miguel de Tucumán C. de Argentina, cap. de la prov. de Tucumán, situada en el N del país. 497.000 h. en 1988. Es un importante centro político, administrativo y cultural, que tiene industria alimentaria, de calzados y cueros, textil, química y mecánica.

San Nicolás de los Arroyos C. de Argentina, en la prov. de Buenos Aires, junto al río Paraná. 98.500 h. en 1980. Posee industrias alimentarias, siderúrgicas, químicas y textiles. En su puerto se desarrolla una intensa actividad comercial.

San Petersburgo: vista de la ciudad desde la catedral de San Isaac; en el centro de la plaza, la estatua ecuestre de Pedro el Grande.

San Nicolás de los Garza C. de México, en el estado de Nuevo León. 280.700 h. en 1980. Su economía es fundamentalmente agropecuaria.

San Pedro Departamento de Paraguay, en el centro del país. 20.000 km^2. 284.000 h. en 1990. La capital es San Pedro, con 3.500 h. en 1982. Tiene una economía básicamente agropecuaria.

San Pedro, Diego de (s. XV) Escritor español. Fue alcaide de Peñafiel y oidor del rey. Es autor de dos novelas sentimentales, tituladas *Tratado de amores de Arnalte y Lucenda* (1491) y *Cárcel de amor* (1492).

San Pedro Sula C. de Honduras, situada en el NO del país. 429.300 h. en 1987. Posee importantes industrias textiles, alimentarias, madereras, químicas y de cuero. Es un centro comercial de primer orden.

San Petersburgo C. de la Federación Rusa, en la desembocadura del Neva junto al golfo de Finlandia. 4.456.000 h. en 1989, 5.020.000 h. en su área metropolitana. Constituye uno de los centros urbanos más importantes para la vida económica del país, posee el puerto más activo y desarrolla un intenso comercio. Cuenta también con industria de construcción naval, de maquinaria, química, metalúrgica y de instrumentos de precisión. Entre sus monumentos destacan el Palacio de Invierno (s. XVIII), las catedrales de San Isaac y de Kazan (s. XIX) y el museo de L'Ermitage (s. XVIII). En época soviética se llamó *Leningrado.*

San Quintín, batalla de Combate librado por las tropas de Felipe II contra las francesas que habían acudido en defensa de la plaza de Saint-Quentin, situada en el N de Francia, en Picardía, el 10 de agosto de 1557. En memoria de la victoria obtenida, Felipe II hizo construir el monasterio de El Escorial.

San Quintín, la de *loc. fam.* Con verbos como *armar(se)* o *formar(se)*, producir o producirse un gran jaleo, riña, desorden, por alusión a la famosa batalla del mismo nombre.

San Román, Miguel de (Puno 1802 - Chorrillos 1863) Militar y político peruano. Participó en la guerra de independencia y en la guerra civil peruana, donde luchó al lado de Gamarra contra Orbegoso. Ascendido a gran mariscal, fue ministro de la Guerra (1844 y 1855) y presidente de la república (1862).

San Roque C. de España, en la prov. de Cádiz, en el Campo de Gibraltar. 23.100 h. en 1991. Posee industrias químicas y metalúrgicas y refinerías de petróleo. Su fundación tuvo lugar en 1704 como consecuencia de la toma de Gibraltar por los ingleses; mantiene un activo comercio con esta colonia.

San Sadurní de Noya (*Sant Sadurní d'Anoia*) C. de España, en la prov. de Barcelona, situada en la comarca del Penedés, al O de la capital. 9.300 h. en 1991. Tiene gran importancia comercial por su producción vitivinícola. Es la capital española del cava.

San Salvador C. de El Salvador, cap. del país, situada en el centro del mismo. 490.500 h. en 1989. Cuenta con explotaciones agrícolas de café y caña de azúcar. Tiene una industria en etapa de desarrollo, esencialmente textil, alimentaria, papelera, metalúrgica, química, de calzado y de cemento. Los numerosos terremotos han destruido la antigua ciudad colonial. Ésta fue fun-

San Salvador: fachada del Palacio Nacional en la Plaza Cívica.

dada en 1524 por Diego de Alvarado y perteneció sucesivamente al imperio mexicano y a la Federación de Provincias Unidas de Centroamérica. En 1821 consiguió la independencia, constituyéndose en capital del país.

San Salvador de Jujuy C. de Argentina, cap. de la prov. de Jujuy. 124.500 h. en 1985. Tiene importancia administrativa y comercial. Su industria, todavía en desarrollo, se centra en los sectores azucarero, maderero y metalúrgico. La ciudad fue fundada en 1593 por Francisco de Argañaraz.

San Sebastián (s. III d. C.) Mártir cristiano. Era oficial del ejército romano y fue condenado al ser denunciado por sus creencias. Fue asaeteado y torturado hasta la muerte.

San Sebastián: vista de la ciudad desde el monte Igueldo.

San Sebastián (*Donostia*) C. de España, cap. de la prov. de Guipúzcoa. 176.000 h. en 1991. Cuenta con un núcleo industrial que centra sus actividades en los productos metalúrgicos, alimentarios, textiles y químicos. Tiene también talleres de material ferroviario, artes gráficas y maquinaria, un activo puerto pesquero y una importante oferta turística y cultural. Las primeras noticias sobre San Sebastián datan del s. XI y en la Edad Media llegó a ser el principal puerto cantábrico, aunque en el s. XVI perdió su hegemonía. Esta decadencia fue superada en el s. XVIII gracias a la labor del conde de Peñaflorida, que consiguió el monopolio de la importación de cacao de los puertos venezolanos. La ciudad fue escenario de las guerras napoleónicas y posteriormente de las luchas carlistas. En 1813 sufrió un grave incendio que la destruyó, por lo que tuvo que ser reconstruida. A fines del s. XIX se convirtió en la residencia de verano de los reyes.

San Sebastián, pacto de Acuerdo firmado en 1930 en esta ciudad por republicanos y nacionalistas para promover el tránsito de la monarquía de Alfonso XIII a la República.

San Sebastián de los Reyes C. de España, en la prov. de Madrid. 53.800 h. en 1991. Es una ciudad dormitorio cuya economía depende básicamente del sector de servicios. Posee industrias químicas y alimentarias.

San Vicente (*São Vicente*) Cabo de Portugal, situado en el extremo SO de la península Ibérica. Está formado por un promontorio alargado en el cual se encuentra la sierra del Espinhaço.

San Vicente de Raspeig (*Sant Vicent de Raspeig*) C. de España, situada en la prov. de Alicante. 30.100 h. en 1991. Posee canteras y fábricas de cemento, muebles, confección y productos alimentarios. Alberga, además, la universidad de Alicante.

San Vicente dels Horts (*Sant Vicenç dels Horts*) C. de España, en la prov. de Barcelona. 20.700 h. en 1991. Cuenta con industria textil, metalúrgica, papelera, de cemento y de materiales eléctricos.

San Vicente y las Granadinas (*Saint Vincent and the Grenadines*) Estado insular de las Pequeñas Antillas.

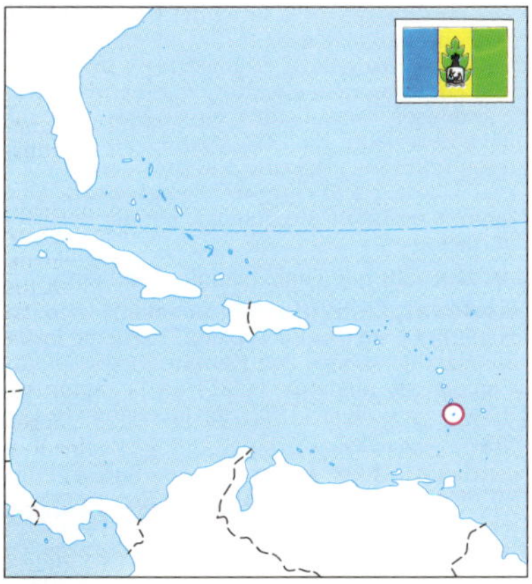

Extensión: 389,3 km^2.
Situación: entre el mar Caribe y el océano Atlántico, al N de Granada y al S de Santa Lucía.
Población: 115.000 h. en 1990.
Densidad: 295,4 h./km^2.
Capital: Kingstown.
Ciudades principales: Georgetown, Chateaubelair.
Forma de Estado: monarquía constitucional.
Idioma: inglés.
Religión: protestantismo, 77,3 %; catolicismo, 19,3 %.
Moneda: dólar del Caribe oriental.
Tasa de natalidad: 22 ‰ en 1990.
Tasa de mortalidad: 6 ‰ en 1990.
Renta per cápita: 1.200 dólares en 1989.

Geog. El relieve presenta superficies abruptas debido a su origen volcánico. Su mayor altura es la cima del volcán Soufrière (1.234 m). El territorio de la isla de San Vicente está surcado por abundantes y pequeños ríos. Forman también parte de este estado las islas de Bequia, Moustique, Canouan y Unión, entre otras. Tiene un clima tropical húmedo y vegetación exuberante. De su población, un 66 % es de raza negra y un 19 % mulatos. Posee cultivos de arrurruz (fécula comestible), algodón, batata, caña de azúcar, plátanos y hortalizas, e industria dedicada a la transformación y elaboración de estos productos. También destaca el turismo en la isla de Moustique. Es un estado asociado a la CE.

Hist. La isla de San Vicente fue descubierta en 1498 por Cristóbal Colón. Permaneció en manos de los indios caribes hasta principios del s. XVII, en que fue concedida al conde de Carlisle. A partir de entonces comenzaron los conflictos entre británicos y franceses por el dominio de la isla, hasta que a fines del s. XVII pasó a poder de Inglaterra. Hasta 1979, año en que alcanzó su independencia, perteneció a la Federación de las Indias Occidentales y a los Estados asociados de las Indias Occidentales. Ganó las elecciones de 1984 el Nuevo Partido Democrático, cuyo líder James F. Mitchell ocupó el cargo de primer ministro.

San'a o **Sanaa** C. de Yemen, cap. de la antigua República de Yemen del Norte, situada en el O del país. 427.200 h. en 1986. Destaca por su artesanía (curtidos y orfebrería) y su industria textil algodonera. Es también un importante centro comercial.

Sanabria Lago de España, en la prov. de Zamora. 3,2 km^2 de extensión. Es de origen glaciar y acoge una rica fauna piscícola y ornitológica, por lo que la región que lo rodea ha sido declarada parque nacional.

sanador, ra *adj.* Que sana o cura. También *s.*

sanar *v. tr.* **1.** Curar a alguien, devolverle la salud. ‖ *v. intr.* **2.** Recuperar la salud un enfermo.

sanatorio *s. m.* Establecimiento hospitalario preparado para que residan en él enfermos que requieren un tratamiento.

Sánchez, Alberto (Toledo 1895 - Moscú 1962) Escultor español. Trabajó en Madrid y Moscú, donde realizó decorados teatrales y cinematográficos. Su obra fue evolucionando desde formas cubistas y surrealistas a una gran estilización, de la que es buena muestra *El cazador de raíces.*

Sánchez, Florencio (Montevideo 1875 - Milán 1910) Dramaturgo uruguayo. De estilo realista, se inspiró en personajes de la región rioplatense y describió con precisión los conflictos entre criollos e inmigrantes. Entre sus obras destacan *M'hijo el dotor* (1903), *La gringa* (1904), *Barranca abajo* (1905), *En familia* (1905) y *Moneda falsa* (1907).

Sánchez, Luis Alberto (Lima 1900) Político y escritor peruano. Fue director de la Biblioteca Nacional (1928-30) y rector de la universidad de San Marcos (1946-48 y 1961-64). Miembro de APRA, fue primer vicepresidente de la asamblea constituyente y dirigió la redacción de la Constitución de 1979. Entre sus obras merecen citarse *La literatura peruana* (1951), *Proceso y contenido de la novela hispanoamericana* (1953) e *Historia comparada de la literatura de América* (1975).

Sánchez, Mariquita (Buenos Aires 1786 - íd. 1868) Patriota argentina. Participó en la revolución de mayo de 1810 y su casa de Buenos Aires fue punto de reuniones patrióticas. Durante la dictadura de Rosas se exilió a Montevideo, desde donde apoyó a los grupos de la oposición.

Sánchez Albornoz, Claudio (Madrid 1893 - Ávila 1984) Historiador y político español. Discípulo de Menéndez Pidal, fue catedrático de historia en Barcelona, Valladolid y Madrid. Ministro de Estado de la Segunda República, desde 1945 fue presidente del gobierno republicano en el exilio. Toda su vida estuvo dedicada a desentrañar la esencia de España a través de su historia. Entre sus principales obras cabe citar *Orígenes del feudalismo* (1942), *España, un enigma histórico* (1957) y *El drama de la formación de España y los españoles* (1974).

Sánchez Coello, Alonso (Benifayó, Valencia 1531 - Madrid 1588) Pintor español. Formado en el realismo flamenco y el manierismo italiano, en su estilo se advierte la influencia de Antonio Moro y Tiziano. Fue retratista de corte de Felipe II. Son representativos de su obra los cuadros *Isabel Clara Eugenia* y *El príncipe don Carlos.*

Sánchez Cotán, Juan (Orgaz 1560 - Granada 1627) Pintor español. Fue monje cartujo. De estilo barroco, destacó por sus bodegones y naturalezas muertas de gran realismo. También pintó temas religiosos de estilo tenebrista, entre los que merecen citarse los de la Cartuja de Granada, como *Episodios de la fundación de la gran cartuja.*

Sánchez de las Brozas, Francisco, llamado **El Brocense** (Brozas, Cáceres 1523 - Salamanca 1601) Filósofo humanista español. Catedrático de la Universidad de Salamanca, tradujo y comentó ediciones de poetas latinos y españoles, obras filosóficas sobre Epicuro y Porfirio, y se proclamó partidario de Erasmo. Fue procesado por la Inquisición y muerto en prisión. Fue un original gramático y filósofo del lenguaje. A él pertenecen las obras *Minerva, seu de causis linguae latinae* (1587), *Doctrina de Epicteto* (1600) y la edición anotada de las poesías de Garcilaso (1574).

Sánchez Ferlosio, Rafael (Roma 1927) Escritor español. Hijo de Rafael Sánchez Mazas, publicó las novelas *Industrias y andanzas de Alfanhuí* (1951) y *El Jarama* (1956), que renovaron la narrativa española. Posteriormente, se ocupó de temas lingüísticos, filosóficos y políticos. Tras un largo silencio en el campo de la ficción literaria, publicó *El testimonio de Yarfoz* (1986).

Sánchez Guerra, José (Cabra, Córdoba 1859 - Madrid 1935) Político español. Ministro en gobiernos de Maura y Dato, ocupó la presidencia del Consejo en 1922, cargo del que dimitió por las repercusiones del desastre de Annual. En 1929 participó en un fallido intento de golpe de Estado. En 1930 proclamó su monarquismo, pero atacó a Alfonso XIII.

Sánchez Hernández, Fidel (El Divisadero, Morazán 1917) Militar y político salvadoreño. Ministro del Interior (1962-66), fue presidente de la república (1967-72) y tuvo que afrontar la llamada *guerra del fútbol* con Honduras (1969).

Sánchez Mazas, Rafael (Madrid 1894 - íd. 1966) Escritor y político español. Fue uno de los fundadores de Falange Española. Ocupó durante el franquismo importantes cargos políticos. Su estilo, producto de una vasta cultura literaria, se caracteriza por el refinamiento estético. De sus obras en prosa destacan *Pequeñas memorias de Tarín* (1915), *La vida nueva de Pedrito de Andía* (1951) y *Lances de boda* (1952); y en poesía, *Treinta sonetos para treinta esculturas de Moisés Huerta.*

Sánchez Ramírez, Juan (? - ? 1811) Caudillo dominicano. Se sublevó contra la ocupación francesa, venció al gobernador francés en Palo-Hincado, tomó la capital y restableció la soberanía de España (1809).

Sancho Nombre de varios condes y reyes de Castilla.

Sancho I García (? - ? 1017) Conde de Castilla (995-1017). Hijo y sucesor de García Fernández, fue vencido por Almanzor en Peña Cervera (1000) y por el hijo de éste en las cercanías de Clunia (1007). Ayudó a los bereberes de al-Ándalus a cambio de algunas plazas fuertes. Independizó de hecho el condado de Castilla del reino de León (1014).

Sancho II el Fuerte (? 1037 - ? 1072) Rey de Castilla (1065-72). Hijo y sucesor de Fernando I, al

Alonso Sánchez Coello: El príncipe don Carlos *(Museo del Prado, Madrid).*

morir su madre arrebató a su hermano Alfonso VI el reino de León (1072). Hizo también lo mismo con su hermano García, rey de Galicia, pero cuando intentaba despojar de Zamora a su hermana Urraca fue asesinado por Bellido Dolfos.
Sancho III el Deseado (? 1133 - Toledo 1158) Rey de Castilla (1157-58). Hijo y sucesor de Alfonso VII de Castilla, ratificó con Ramón Berenguer IV de Barcelona un tratado de vasallaje (1158) y fundó la orden de Calatrava para luchar contra los almohades.
Sancho IV el Bravo (? 1258 - Toledo 1295) Rey de Castilla (1284-95). Hijo y sucesor de Alfonso X el Sabio, tuvo que luchar contra su padre para obtener el trono, pues en el último momento éste se inclinó a otorgar la sucesión a los hijos de su primogénito, los infantes de la Cerda. Castigó la rebelión de don Lope Díaz de Haro, señor de Vizcaya. Devastó la comarca de Tarazona (1289) y se apoderó de Tarifa (1292).

Sancho Nombre de varios reyes de Pamplona y Navarra.
Sancho I Garcés de Pamplona (? - ? 925) Rey de Pamplona (905-25). Hijo del magnate vascón García Jiménez, instauró la dinastía Jimena en Navarra y acabó con la de Arista. Sucedió a su hermano Fortún y extendió su reino hasta Nájera y Tudela. Aunque fue derrotado en Valdejunquera (920) por Abderramán III, tomó Viguera (921).
Sancho II Garcés Abarca (? - ? 994) Rey de Pamplona y conde de Aragón (970-994). Hijo de García Sánchez, desde el 981 mantuvo buenas relaciones con Almanzor, al que dio en matrimonio una de sus hijas.
Sancho III el Mayor (? h. 992 - ? 1035) Rey de Pamplona y conde de Aragón (1000-35), conde de Sobrarbe-Ribagorza (h. 1018-35) y conde de Castilla (1029-35). Hijo y sucesor de García III Sánchez, bajo su reinado el reino de Pamplona alcanzó su máxima extensión, llegando a dominar las dos vertientes del Pirineo. Fue el monarca más poderoso de la Península, en la que introdujo la teoría sobre el origen divino del poder real. Dividió sus reinos entre sus hijos, dejando Pamplona a García, Castilla a Fernando, Sobrarbe y Ribagorza a Gonzalo y Aragón a Ramiro, su hijo bastardo.
Sancho IV el de Peñalén (? h. 1039 - ? 1076) Rey de Pamplona (1054-76). Hijo y sucesor de García Sánchez III, sometió al rey moro de Zaragoza, de quien cobró tributos, y murió asesinado en Peñalén por su hermano bastardo Ramón. Los navarros eligieron rey a Sancho Ramírez de Aragón, quien le sucedió con el nombre de *Sancho V*.
Sancho V Véase **Sancho I Ramírez de Aragón**.
Sancho VI el Sabio de Navarra (? - ? 1194) Rey de Navarra (1150-94). Hijo de García Ramírez el Restaurador, abandonó el título de rey de Pamplona por el de Navarra. Tuvo que luchar contra Castilla y Aragón, que se habían aliado en su contra. Siendo aún menor de edad Alfonso VIII de Castilla, aprovechó la situación para apoderarse de Logroño (1160), pero tuvo que devolver la población (1179).
Sancho VII el Fuerte (? - Tudela 1234) Rey de Navarra (1194-1234). Era hijo y sucesor de Sancho VI el Sabio y de Sancha, hija de Alfonso VII de Castilla. Al arrebatarle Alfonso VIII de Castilla los dominios de Álava y Guipúzcoa, se alió con los almohades. Sin embargo, tiempo después luchó contra ellos en la batalla de las Navas de Tolosa (1212).

Sancho Nombre de varios reyes de Portugal.
Sancho I el Repoblador (Coimbra 1154 - íd. 1211) Rey de Portugal (1185-1211). Hijo de Alfonso I, fue asociado al trono por su padre y dirigió una expedición de saqueo por el territorio musulmán. Saneó las rentas de la corona y centró sus esfuerzos en la repoblación del reino. Para estimular la colonización concedió fueros a Gouveira, Covilha, Viseu, Avo, Braganza y otras ciudades.
Sancho II el Capelo (Coimbra 1207 - Toledo 1248) Rey de Portugal (1233-48). Hijo de Alfonso II, subió al trono con trece años bajo la tutela de un consejo de regencia. Inició una nueva fase de expansión territorial, conquistando plazas como Elvas, Jerumenha, Serva, Mértola y otras, hasta alcanzar el S de Portugal. Al no respetar los derechos e inmunidades de la Iglesia, el papa Inocencio IV convocó, a petición de los nobles portugueses, el concilio de Lyon (1245), que le depuso.

Sancho I (? - Formiguera 1324) Rey de Mallorca (1311-24). Hijo y sucesor de Jaime II de Mallorca, participó en la conquista de Cerdeña (1323-24) al lado de Jaime II de Aragón.

Sancho I el Craso de León (León h. 935 - íd. h. 966) Rey de León (956-958; 960-66). Hijo de Ramiro II, sucedió a su hermano Ordoño III. Destituido por la nobleza a los dos años de su reinado, recuperó el trono con la ayuda de Abderramán III (960). Murió envenenado.

Sancho Ordóñez (? - ? 925) Rey de Galicia (925-29). Era hijo de Ordoño II de León. Su tío Fruela II se hizo con el poder pero, a la muerte de éste, Sancho Ordóñez venció a su sucesor, Alfonso Froilaz, y pudo reinar en Galicia.

Sancho Panza Personaje creado por Miguel de Cervantes en su novela *El ingenioso hidalgo don Quijote de la Mancha*. Era un aldeano vecino de don Quijote, quien le tomó por escudero. Fiel y leal servidor, representa el sentido común frente a la locura idealista de su amo.

Sancho I Ramírez (? 1043 - Huesca 1094) Rey de Aragón (1063-94) y de Navarra (1076-94). Hijo de Ramiro I de Aragón, combatió aliado a Sancho IV de Navarra contra Sancho II de Castilla, a quien venció en Viana. Fue reconocido rey de Navarra a la muerte de Sancho IV. Reconquistó Ayerbe y Graus en 1083, pero fue vencido por el Cid, que combatía a favor del rey moro de Zaragoza, en Tortosa (1084). Apoyó a Alfonso VI de Castilla contra los almorávides y promovió la repoblación de las regiones reconquistadas.

sanchopancesco, ca *adj.* **1.** Propio o característico de Sancho Panza. **2.** Conformista y perezoso, sin ideales ni inquietudes.

sanción *s. f.* **1.** Pena o castigo que se impone al que imcumple una ley o norma. **2.** Aprobación, autorización, legitimación. **3.** Particularmente, confirmación solemne de una ley o de otra disposición por el jefe del Estado o por la autoridad competente.

sancionable *adj.* Que merece sanción, pena.

sancionador, ra *adj.* Que sanciona. También *s.*

sancionar *v. tr.* **1.** Dar alguien su sanción, autorización. **2.** Aplicar una sanción, castigo.

Sanclemente, Manuel Antonio (Buga 1814 - Villeta 1902) Abogado y político colombiano. Secretario de Gobierno y de Guerra con Ospina (1857-61) y ministro de Gobierno con Caro (1892-1898), fue elegido presidente de la república (1898). Tuvo que hacer frente al levantamiento liberal que originó la guerra de los Mil Días. Derrocado por un golpe militar, fue encarcelado y murió en prisión.

sanco *s. m.* **1.** *Arg.* Guiso hecho con harina, sangre de res, grasa y cebolla. **2.** *Chile.* Gachas de harina tostada. **3.** *Chile.* Barro muy espeso.

sancocho *s. m.* **1.** Guiso a medio cocer. **2.** *amer.* Guiso de carne, yuca, plátano y otros ingredientes. **3.** *Amér. C., P. Rico, Ven.* Lío, confusión.

sanctasanctórum *s. m.* **1.** Parte interior y más sagrada del tabernáculo de los judíos. **2.** Parte más reservada, respetada o secreta de un lugar.

Sancti Spíritus **1.** Prov. de Cuba, en el sector central de la isla, entre el océano Atlántico y el mar Caribe. 6.744 km^2. 424.250 h. en 1989. Su economía es principalmente agraria, con cultivos de tabaco, caña de azúcar y cereales.
2. C. de Cuba, cap. de la provincia homónima. 90.500 h. en 1986. Es un centro administrativo e industrial.

sanctus (voz lat.) *s. m.* En la misa, oración de alabanza que se canta o reza tras el prefacio y antes que el canon, y que empieza con la aclamación *sanctus*, o *santo*, repetida tres veces.

Sand, Aurore Dupin, llamada **George** (París 1804 - Nohant, Indre 1876) Escritora francesa. Rechazó los convencionalismos sociales y familiares y adoptó una activa actitud política en favor de la revolución. Reflejó sus ideas en sus obras *Lélia* (1833), *André* (1835) y *Mauprat* (1837). También escribió relatos autobiográficos, como *Un invierno en Mallorca* (1842), donde narra sus relaciones amorosas con Chopin, y en su última etapa obras idealistas sobre el mundo campesino, como *El pantano del diablo* (1846).

sandalia *s. f.* **1.** Calzado compuesto de una suela que se sujeta al pie mediante correas o cintas. **2.** P. ext., zapato ligero muy abierto.

sándalo *s. m.* **1.** Nombre común de diversos árboles de la familia santaláceas, género *Santalum*. El sándalo blanco *(Santalum album)* es de mediano tamaño, tiene hojas simples, elípticas y opuestas, flores pequeñas y madera olorosa de color amarillo. Crece en Asia tropical y Oceanía y su madera, aromática y de color blanco, se utiliza en perfumería y medicina. **2.** En perfumería, esencia que se obtiene por destilación de la madera de estos árboles. ‖ **3. sándalo rojo** Árbol de la familia papilionáceas, especie *Pterocarpus santalinus*, que mide entre 10 y 12 m de altura, tiene copa amplia, hojas compuestas y flores blancas. Su madera, pesada y dura, de color rojo, se usa para fabricar tintes.

Sandburg, Carl (Galesburg, Illinois 1878 - Flat Rock, Carolina del Norte 1967) Poeta estadounidense de origen sueco. Es uno de los máximos representantes de la escuela de Chicago, ciudad en la que pasó a residir en 1913. Seguidor de Walt Whitman, escribió una poesía realista y popular. Entre sus libros merecen recordarse *Poemas de Chicago* (1916), *Deshojadores de maíz* (1918) y *El pueblo, sí* (1936).

sandez *s. f.* Cualidad de sandio o necio y acción o dicho propio de él.

sandía *s. f.* **1.** Planta herbácea de la familia cucurbitáceas, especie *Citrullus lanatus*. Tiene tallo flexible y con zarcillos, hojas lobuladas y un fruto de cáscara verde oscuro y carne encarnada; se cultiva para su uso en alimentación. **2.** Fruto de esta planta, de forma grande y redonda y con pulpa muy jugosa y dulce, de color encarnado.

sandial o **sandiar** *s. m.* Terreno sembrado de sandías.

sandinismo *s. m.* Movimiento político nicaragüense, representado por el Frente Sandinista de Liberación Nacional, que derrocó en 1978 a Somoza. Fuertemente arraigado en el campesinado, funde en su ideología elementos cristianos y marxistas. **FAM.** Sandinista.

Sandino, Augusto César (Niquinohomo 1893 - Managua 1934) Político nicaragüense. En 1926, en vísperas de la firma del tratado Stimpson-Moncada, que dejaba Nicaragua en manos de EE UU, se alzó contra el gobierno y luchó durante años contra el ejército y los marines estadounidenses estacionados en el país, sin ser nunca derrotado. En 1933, cuando los marines fueron retirados y accedió a la presidencia el liberal Sacasa, pactó con éste. Fue asesinado por hombres de Anastasio Somoza, jefe de la Guardia Nacional.

sandio, dia *adj.* Tonto, simple. También *s.*

Sandoval, Gonzalo de (Medellín 1497 - Palos 1527) Conquistador español. Participó en la conquista de México con Hernán Cortés. Fundó la ciudad de Medellín (1521) en la región de Tuxtepec y Colima (1522) en la región de Colima.

Sandoval, José León (? 1798 - ? 1854) Político nicaragüense. Elegido jefe de Estado (1845-1847), trasladó la capital a Granada y persiguió enconadamente a los seguidores de Morazán.

sandunga *s. f.* **1.** *fam.* Gracia, salero. **2.** *Chile, Col., P. Rico.* Juerga.

sandunguero, ra *adj. fam.* Se aplica al que tiene sandunga o gracia.

sandwich (voz ingl.) *s. m.* **1.** Especie de bocadillo hecho con rebanadas de pan de molde que cubren porciones de diversos alimentos; se sirve frío o calentado a la plancha. **2.** *amer.* Bocadillo.

saneado, da **1.** *p. p.* de **sanear**. También *adj.* ‖ *adj.* **2.** Se aplica a los bienes, ingresos, etc., que

George Sand. Retrato de A. Charpentier (Museo Carnavalet, París).

están libres de cargas, impuestos o descuentos. **3.** P. ext., se dice de los bienes, rentas, etc., que producen buenos beneficios.

saneamiento *s. m.* **1.** Acción y efecto de sanear. **2.** Conjunto de instalaciones y material destinado a mantener las condiciones higiénicas necesarias en un lugar. **3.** En der., obligación del vendedor de indemnizar al comprador por los defectos ocultos en la cosa vendida o cuando se le prive a éste de la misma en virtud de un derecho anterior a la compra.

sanear *v. tr.* **1.** Establecer o mejorar las condiciones de higiene de un lugar. **2.** Hacer que algo se desarrolle o funcione adecuadamente eliminando los elementos inútiles, deteriorados o perjudiciales.

sanedrín *s. m.* **1.** Consejo y tribunal supremo de los judíos. **2.** Lugar donde se reunía este consejo. **3.** Reunión de personas para tratar un asunto que se quiere mantener en secreto o solucionar en privado.

sanfermines *s. m. pl.* Festejos que se celebran en Pamplona durante una semana a partir del 7 de julio, festividad de San Fermín, y que son famosos por sus encierros de toros.

sanfrancisco *s. m.* Bebida sin alcohol que consiste en una mezcla de zumos de diferentes frutas.

Sanfuentes, Juan Luis (Santiago 1858 - íd. 1930) Abogado y político chileno. Presidente del Partido Liberal Democrático (balmacedista), accedió a la presidencia de la república (1915-20). Mantuvo al país neutral durante la Primera Guerra Mundial. Declaró obligatoria la enseñanza primaria y estableció la primera legislación laboral.

Sangallo, Giuliano Giamberti, llamado **Giuliano da** (Florencia h. 1445 - íd. 1516) Arquitecto y escultor italiano. Continuador de la obra de Brunelleschi y Alberti, siguiendo los planteamientos de este último construyó Santa Maria delle Carceri en Prato (1485). Fue uno de los creadores del modelo arquitectónico de la villa con la de Médicis de Poggio a Caiano.

Sangay Volcán de Ecuador, en la cordillera Oriental de los Andes (5.230 m). Su cumbre está perpetuamente cubierta de nieves y permanece activo.

Sanger, Frederick (Rendcombe 1918) Bioquímico británico. Descubrió la estructura interna de la insulina y elaboró un método para aislar las secuencias del DNA, por lo que recibió el premio Nobel de química en 1958 y 1980; este último compartido con Paul Berg y Walter Gilbert.

sangradera *s. f.* **1.** Lanceta*, instrumento quirúgico. **2.** Recipiente para recoger la sangre al practicar una sangría. **3.** Acequia secundaria de riego. **4.** Compuerta para dar salida al agua sobrante de un caz.

sangrado, da **1.** *p. p.* de **sangrar**. ‖ *s. m.* **2.** En imprenta, sangría*.

sangradura *s. f.* **1.** Corte realizado en una vena para que ésta sangre. **2.** Salida que se da a las aguas de una acequia, un río o un canal.

sangrante *adj.* **1.** Que sangra. **2.** Que produce un daño o perjuicio indignante.

sangrar *v. intr.* **1.** Echar sangre. **2.** Aplicado a algún daño o perjuicio moral, doler. ‖ *v. tr.* **3.** Antiguamente, sacar sangre a un enfermo con fines curativos. **4.** Dar salida a un líquido abriendo un agujero o conducto en el recipiente o depósito que lo contiene. **5.** Sacar resina u otra sustancia de los árboles mediante incisiones realizadas en su corteza. **6.** Extraer el aire de un compresor en las turbinas de gas. **7.** *fam.* Sacar provecho de alguien, generalmente dinero, con frecuencia y de forma abusiva. **8.** En imprenta, iniciar un renglón o un párrafo más a la derecha que los demás o de lo que es habitual. ‖ *v. prnl.* **9.** Ir uno a que le hagan una sangría.

sangre *s. f.* **1.** Líquido rojo que circula por las venas y arterias de los animales vertebrados, transportando oxígeno, alimentos y hormonas a los tejidos y productos de secreción a los órganos encargados de ésta. **2.** Por analogía, se llama así a líquidos similares de los invertebrados, generalmente de color blanquecino. **3.** Parentesco, familia. **4.** Matanza, muerte, violencia. ‖ **5. pura sangre** Véase **purasangre**. **6. sangre arterial** (o **roja**) La que corre por las arterias procedente de los pulmones, donde se ha enriquecido con oxígeno y ha eliminado gran parte de su dióxido de carbono. **7. sangre azul** Linaje o familia noble. **8. sangre de horchata** *fam.* Carácter o condición de la persona excesivamente tranquila que no se altera por nada. **9. sangre fría** Serenidad, calma. **10. sangre ligera** *amer.* Persona simpática. **11. sangre pesada** *amer.* Persona antipática. **12. sangre venosa** (o **negra**) La que corre por las venas, tiene poco oxígeno y es de color más oscuro que la arterial. ‖ **Loc. a sangre** *adj.* En artes gráficas, se dice de una ilustración o un fondo cuando superan los márgenes de la página y llegan al límite del corte del papel. **a sangre fría** *adj.* y *adv.* Referido a acciones como un asesinato, conscientemente, con calma, no empujado por la pasión. **a sangre y fuego** *adv.* Con gran violencia y sin respetar o perdonar nada ni a nadie. **chupar la sangre** a alguien *fam.* Abusar de uno, sacar provecho excesivo de él. **correr la sangre** *fam.* Haber víctimas o heridos en una pelea o enfrentamiento. **de sangre caliente** *adj.* Se dice de los animales cuya temperatura es superior a la del ambiente y no depende de la de éste. Se denominan asimismo *homeotermos*. También, apasionado. **de sangre fría** *adj.* Se aplica a los animales cuya temperatura corresponde a la del ambiente. Se denominan asimismo *poiquilotermos*. También, racional y flemático. **encenderle** (**quemarle**, **pudrirle** o **revolverle**) a uno **la sangre** *fam.* Enfadarle o irritarle mucho, hasta el punto de hacerle perder los nervios. **hacerse** uno **mala sangre** *fam.* Pensar continuamente en algo que produce envidia, celos, rabia, etc. **helársele** a uno **la sangre** (**en las venas**) *fam.* Quedarse fuertemente impresionado por el miedo o la sorpresa. **hervirle** a uno **la sangre** Acalorarse, irritarse mucho. **lavar con sangre** *fam.* Vengar alguien una ofensa matando al que le ha ofendido. **llevar** (o **tener**) algo **en la sangre** *fam.* Tener una cualidad, facultad, etc., de nacimiento, por herencia. **no llegar la sangre al río** *fam.* No tener una pelea, disputa o enfrentamiento las consecuencias graves que podían temer. **no tener sangre en las venas** *fam.* Tener sangre de horchata, ser demasiado calmoso o indolente. **pedir sangre** *fam.* Exigir venganza. **subírsele** a alguien **la sangre a la cabeza** Perder la serenidad, irritarse o enfadarse mucho. **sudar sangre** *fam.* Costar un gran trabajo o esfuerzo.

Anat. y ***Fisiol.*** El cuerpo humano adulto tiene unos cinco litros de sangre. La sangre está constituida por un medio líquido, el plasma sanguíneo, y por un componente celular: los eritrocitos, las plaquetas y los leucocitos. Su densidad es de 1,055 g/cm^3, su pH ligeramente básico (7,36) y se halla normalmente a unos 38 °C de temperatura. El nivel de glucosa en la sangre varía entre 0,8 y 1,2 g/l y su concentración está regulada por dos hormonas: la insulina y el glucagón. Las sales minerales alcanzan 9,5 g/l y las más importantes son el cloruro de sodio, cloruro de potasio, cloruro de calcio y bicarbonato de sodio. Los eritrocitos o glóbulos rojos son responsables del intercambio gaseoso de las células del cuerpo; los leucocitos o glóbulos blancos tienen como función la defensa del organismo frente a las infecciones; y las plaquetas realizan el proceso de coagulación de la sangre.

sangría *s. f.* **1.** Acción y efecto de sangrar o sacar sangre. **2.** Pérdida, gasto o robo de una cosa poco a poco y sin que se note demasiado. **3.** Bebida refrescante que se prepara mezclando agua, vino, limón, azúcar, canela, trozos de frutas y otros ingredientes. **4.** Corte que se hace en un árbol para facilitar la salida de la resina. **5.** Salida que se da al agua de un río o canal. **6.** Parte de la articulación del brazo opuesta al codo. **7.** En imprenta, acción y efecto de sangrar.

sangriento, ta *adj.* **1.** Que echa sangre. **2.** Manchado o mezclado con sangre. **3.** Se aplica al enfrentamiento, situación, etc., violentos, en los que se producen heridos o muertos. **4.** Sanguinario*. **5.** Hiriente, que ofende gravemente. **6.** Del color de la sangre. **Fam.** Sangrientamente.

sangriligero, ra *adj. amer. fam.* Se dice de la persona simpática, agradable o bien parecida.

sangripesado, da *adj. amer. fam.* Se dice de la persona antipática y desagradable.

sanguaraña *s. f.* **1.** *Perú.* Baile popular por parejas, de ritmo muy vivo. **2.** *Arg.*, *Ec.*, *Perú.* Rodeo de palabras. Se usa más en *pl.*

sanguijuela *s. f.* **1.** Gusano anélido de la clase hirudíneos, especie *Hirudo medicinalis.* Mide hasta 20 cm de longitud, tiene el cuerpo segmentado, una cavidad celomática reducida y carece de cerdas y parápodos. Es parásito y está dotado de una ventosa en cada extremo de su cuerpo, con las que se adhiere a su hospedador, y de boca chupadora con la que se alimenta de la sangre de éste; antiguamente se empleaba en medicina para extraer sangre del cuerpo a los enfermos. **2.** *fam.* Persona que se aprovecha de otras o las explota.

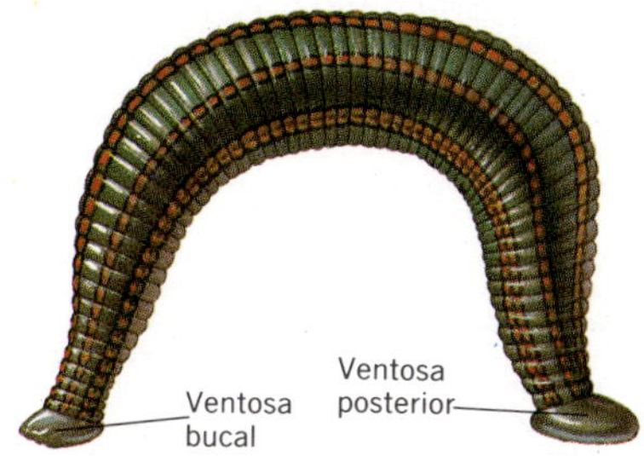

Sanguijuela (Hirudo medicinalis).

sanguina *s. f.* **1.** Lápiz de color rojo oscuro fabricado con hematites. **2.** Dibujo realizado con ese lápiz. ‖ *adj.* **3.** Se aplica a cierta variedad de naranja, con la pulpa de color rojizo. También *s. f.*

sanguinario, ria *adj.* **1.** Se dice de la persona cruel, despiadada, que disfruta matando o hiriendo a otras, y de sus acciones, comportamiento, etc. ‖ *s. f.* **2.** Piedra parecida al ágata, del color de la sangre, a la que antiguamente se atribuía la propiedad de detener las hemorragias.

sanguíneo, a *adj.* **1.** Perteneciente o relativo a la sangre. **2.** Que contiene sangre. **3.** Del color de la sangre. **4.** Se aplicaba a cierta constitución humana y a las personas que la poseían. Estaba caracterizada por un predominio de la sangre que se manifestaba en el color rojizo de la piel y en el aspecto congestivo de la cara. Tenía asociado un carácter irritable. También *s.* **5.** En heráldica, se dice de cierto color parecido al gules y que se presenta en forma de líneas diagonales que se cruzan.

Sanguinetti, Julio María (Montevideo 1936) Político uruguayo. Miembro del Partido Colorado, en 1983 fue nombrado secretario general del mismo y al año siguiente elegido presidente de la república, el primero después del régimen militar (1973-85). En 1986 promovió una amnistía general para los militares acusados de violar los derechos humanos. Terminó su mandato en 1990.

sanguinolento, ta *adj.* **1.** Que echa sangre. **2.** Manchado o mezclado con sangre. **3.** Se dice del ojo en el que aparecen venillas rojas. **Fam.** Sanguinolencia.

sanidad *s. f.* **1.** Conjunto de servicios, personal e instalaciones destinados a cuidar de la salud de una población, colectividad, etc. **2.** Ministerio u organismo oficial que se encarga de la salud pública. **3.** Cualidad de sano o saludable.

sanidina *s. f.* $KAlSi_3O_8$. Mineral feldespato potásico. Es una variedad de la ortosa vítrea, que cristaliza en el sistema monoclínico, tiene brillo vítreo o perlado, es incolora, o de color blanco o rojo, y tiene exfoliación perfecta. Se encuentra en rocas volcánicas y se utiliza en la fabricación de porcelana y cristal.

Sanin Cano, Baldomero (Rionegro, Antioquia 1861 - Bogotá 1957) Escritor colombiano. Fundador y director de la *Revista contemporánea*, destacó como ensayista. Entre sus libros merecen citarse *La civilización manual* (1925), *Indagaciones e imágenes* (1926) y *Divagaciones filológicas y apólogos literarios* (1934).

sanitario, ria *adj.* **1.** Perteneciente o relativo a los servicios de sanidad o a la sanidad misma. **2.** Se dice de los aparatos e instalaciones de higiene colocados en los cuartos de baño, como lavabos, bañeras, duchas, etc., y particularmente los inodoros. También *s. m.* ‖ *f.* **3.** Miembro de los servicios de sanidad civiles o militares.

Sanjurjo, José (Pamplona 1872 - Estoril, Portugal 1936) Militar español. Comisario del Ejército de África (1925-28) y director de la guardia civil (1928-32), en 1932 encabezó una fallida sublevación militar contra la Segunda República. Sometido a un consejo de guerra que le condenó a muerte, le fue conmutada la pena por cadena perpetua. Fue amnistiado en 1934 y marchó a Portugal, donde apoyó los planes de Mola para el levantamiento de 1936. Murió el 20 de julio, al estrellarse el avión en que se dirigía a España para ponerse al frente del alzamiento militar.

Sanlúcar de Barrameda C. de España, situada en la prov. de Cádiz, en la desembocadura del Guadalquivir. 57.050 h. en 1991. Tiene un pequeño puerto, productos agrarios e industria vinícola.

sanluqueño, ña *adj.* De Sanlúcar de Barrameda. También *s.*

sanmartinada *s. f.* Época en que se realiza la matanza del cerdo.

Sannazzaro, Iacopo (Nápoles 1455 - íd. 1530) Poeta y humanista italiano. Su obra fundamental es *La Arcadia* (1504), novela pastoril escrita en prosa y verso, que ejerció gran influencia en la literatura europea.

sano, na *adj.* **1.** Que disfruta de buena salud y no tiene ninguna lesión o defecto. **2.** Bueno para la salud. **3.** Que no está roto ni estropeado. **4.** Que no tiene vicios, costumbres o sentimientos reprochables. **5.** Que influye favorablemente en una persona, especialmente en la formación de su personalidad. **6.** Que no tiene mala intención, noble. ‖ **Loc. sano y salvo** *adj.* Que no ha sufrido ningún daño.

sánscrito o **sanscrito, ta** *adj.* **1.** Se dice de la antigua lengua de los brahmanes, que en la India se considera sagrada y culta, por oposición al prácrito, que constituye la lengua vulgar. También *s. m.* **2.** Relativo a dicha lengua.

sans-culotte (voz fr. que significa 'sin calzones') *s. m.* Nombre que recibieron durante la Revolución Francesa (1789) los individuos de los sectores revolucionarios parisienses más radicales, compuestos en su mayoría por las clases populares.

sanseacabó *fam.* Expresión con la que se da por terminado un asunto o discusión. ▪ Se escribe también *san se acabó.*

sansimonismo *s. m.* Doctrina basada en el pensamiento de Saint-Simon, que se difundió en Francia, gracias sobre todo a Armand Bazard y a Prosper Enfantin, y cuyo órgano de expresión fue el diario *El Globo.* Desempeñó un importante papel en el impulso industrial y comercial de la segunda mitad del s. XIX. **Fam.** Sansimoniano.

sansón *s. m.* Hombre muy fuerte, por alusión al personaje bíblico.

Sansón (s. XII a. C.) Juez de Israel. Su historia se narra en el *Libro de los jueces,* del Antiguo Testamento. Luchó contra los filisteos, a quienes venció repetidas veces gracias a su fabulosa fuerza, que se atribuía a su larga cabellera. Fue seducido por la cortesana Dalila, quien mientras él dormía le cortó los cabellos y le entregó a sus enemigos. Éstos le condujeron al templo de Dagon para exhibirle, pero aprovechando sus últimas fuerzas Sansón derribó las columnas y destruyó el templo, muriendo junto a cientos de sus enemigos.

Sansovino, Andrea Contucci, llamado **il** (Monte San Savino, Arezzo 1460 - íd. 1529) Escultor y arquitecto italiano. Seguidor de Bramante en arquitectura e influido por Leonardo da Vinci como escultor, algunas de sus obras principales son *Bautismo de Cristo,* en el baptisterio de Florencia, y en Roma, los monumentos sepulcrales de los cardenales Ascanio Sforza (1505) y Girolamo Basso della Rovere, en Santa Maria del Popolo.

Sansovino, Iacopo Tatti, llamado **il** (Florencia 1486 - Venecia 1570) Arquitecto y escultor italiano. Discípulo de Andrea Sansovino, realizó buena parte de su labor en Venecia, donde fue arquitecto de la ciudad. A él se deben los soportales de la plaza de San Marcos (1529-30), el convento de la Misericordia (1532), el palacio Corner (1532) y la librería Marciana (1537-54). Entre sus esculturas destacan las figuras para el campanile y los *Evangelistas* del coro de San Marcos.

Sant Jordi, Jordi de (? - ? h. 1425) Poeta valenciano. Cortesano de Alfonso V el Magnánimo, participó en la expedición a Cerdeña y Córcega y acompañó al rey a Nápoles. Cultivó la poesía trovadoresca, con influencia de Petrarca en algunos poemas. Entre sus títulos merecen recordarse *Pasión de amor* y *Prisionero.*

Santa Alianza Véase **alianza**.

Santa Ana C. de El Salvador, en el NO del país, cerca de la frontera guatemalteca. 137.900 h. en 1985. Cuenta con industrias alimentarias, textiles, mecánicas y de materiales de construcción. Es un activo centro comercial.

Santa Anna, Antonio López de (Jalapa, Veracruz 1794 - México 1876) Militar y político mexicano. En 1822 se levantó contra Agustín Iturbide y proclamó la república en Veracruz. Dirigió el ejército mexicano que fue derrotado por EE UU en la guerra de Texas y que rechazó a los franceses en Veracruz. En 1841 instauró un gobierno personal, que elevó los impuestos, protegió a la Iglesia y reorganizó el ejército. Derrocado, fue desterrado por el Congreso en 1845. En 1846, sin embargo, dirigió nuevamente la guerra contra EE UU, que terminó con una contundente derrota y grandes pérdidas territoriales para México, y a causa de ello marchó al exilio (1848). Regresó en 1853 para encabezar el gobierno del Partido Conservador, pero al año siguiente fue depuesto por el plan liberal de Ayutla.

Antonio López de Santa Anna (Museo Nacional de las Intervenciones, México).

Santa Catarina Estado de Brasil, en el S del país, entre Argentina y el océano Atlántico. 95.318 km^2. 4.461.400 h. en 1990. La capital es Florianópolis, con 236.350 h. en 1989. Su territorio forma parte de la meseta brasileña y está accidentado en su parte N por la Serra Geral. Sus ríos principales son el Uruguay y el Itajai. La economía es fundamentalmente agropecuaria, cuenta con recursos forestales muy importantes, ricos yacimientos carboníferos e industrias químicas, alimentarias, textiles y madereras.

Santa Clara C. de Cuba, situada en el sector central de la isla. 190.700 h. en 1989. Centro administrativo y cultural, es el mercado donde se comercializan los productos agrícolas de la región. Posee yacimientos de cobre, hierro y asfalto y una importante industria alimentaria, metalúrgica y mecánica.

Santa Claus San Nicolás, nombre que recibe en los países nórdicos y anglosajones Papá Noel.

Santa Coloma de Gramanet (*Santa Coloma de Gramenet*) C. de España, situada en la prov. de Barcelona, al N del área metropolitana de la capital. 129.700 h. en 1991. Es una ciudad dormitorio cuya economía se basa en la industria, sobre todo textil, química, metalúrgica, papelera y de material de construcción.

Santa Compaña Según las creencias populares gallegas, procesión formada por almas en pena, que se lleva consigo a los caminantes que se encuentran con ella.

Santa Cruz 1. Prov. de Argentina, en el S del país, junto al océano Atlántico. 243.943 km^2. 148.000 h. en 1989. La capital es Río Gallegos, con 43.500 h. en 1986. Se distinguen dos regiones geográficas: la occidental, donde se encuentran la cordillera de los Andes y algunos grandes lagos como el de San Martín, y la oriental, que forma parte de la meseta patagónica. Su economía se centra en la ganadería ovina, los recursos forestales, la industria derivada de la pesca y la ganadería, así como en sus reservas de carbón, gas natural y petróleo.
2. Departamento de Bolivia, en el E del país, junto a la frontera con Brasil. 370.621 km^2. 1.237.000 h. en 1990. La capital es Santa Cruz de la Sierra, con 529.200 h. en 1990. Cuenta con cultivos de caña de azúcar, café, algodón, tabaco, arroz y vid, con recursos forestales y con yacimientos de gas natural, petróleo y hierro.

Santa Cruz, Andrés de (cerca de Titicaca 1792 - Saint-Nazaire, Francia 1865) Militar y político boliviano. Participó, junto con San Martín, en las luchas por la independencia de Colombia y fue posteriormente partidario de la confederación de Perú y Bolivia. En 1826 fue presidente del consejo de ministros de Lima y depuso a Bolívar. A la muerte del general Blanco fue nuevamente llamado a la presidencia en 1829. Su gobierno favoreció la economía del país, pero en 1836 invadió Perú para imponer la confederación y fue derrotado por la intervención de Chile y Argentina, marchando al exilio.

Santa Cruz de la Sierra C. de Bolivia, cap. del departamento de Santa Cruz, en la parte O del mismo. 529.200 h. en 1990. Es una ciudad industrial, dedicada sobre todo a los sectores alimentario, papelero, del calzado y del cuero. Cuenta con importantes refinerías de petróleo. Destaca como centro comercial y mercado agrícola de la región.

Santa Cruz de Tenerife 1. Prov. de España, perteneciente a la comunidad autónoma de Canarias. 3.170 km^2. 784.000 h. en 1991. Está formada por las islas de Tenerife, La Palma, El Hierro y Gomera, de origen volcánico y relieve muy accidentado, cuya máxima altura es el Teide (3.718 m), situado en la isla de Tenerife. Tiene un clima subtropical seco con temperaturas muy suaves durante todo el año. La población se concentra en los llanos cercanos a las costas. La economía se basa en dos grandes actividades: la agricultura (plátano, tomate, tabaco, patata, cereales, algodón, caña de azúcar, etc.) y el turismo, muy desarrollado.
2. C. de España, cap. de la prov. homónima. 202.700 h. en 1991. Cuenta con industrias alimentaria, química, papelera, de tabaco y materiales de construcción, y posee una refinería de petróleo. Hacia 1495 era una pequeña ciudad pesquera y comercial; en el s. XVII se convirtió en el principal puerto de Tenerife y, en 1778, en el único puerto habilitado para el comercio con las Indias. En el año 1822 fue declarada capital de las islas Canarias. Entre sus monumentos destacan el castillo de San Cristóbal (s. XV), las iglesias de la Concepción y de San Francisco (barroca) y el palacio de los Carta (s. XVIII), que aúna elementos mudéjares y flamencos.

Santa Cruz de Tenerife: la plaza de España y la calle del Castillo.

Santa Elena (*Saint Helena*) Isla británica situada en el Atlántico S. 122 km^2. 5.650 h. en 1987. La capital es Jamestown, con 1.400 h. en 1977. Tiene un relieve bastante abrupto y un clima tropical, fresco y húmedo, que favorece el cultivo del lino y la patata. Fue descubierta por los portugueses en 1502; posteriormente estuvo bajo dominio británico y neerlandés, hasta que en 1834 fue declarada colonia británica. Debe su fama a haber sido el lugar de destierro y muerte de Napoleón Bonaparte en 1821.

Santa Fe 1. Prov. de Argentina, en el NE del país. 133.007 km^2. 2.766.000 h. en 1989. La región está constituida por una gran llanura: el Chaco,

situado al N, con clima tropical y vegetación de bosques; y la Pampa, al S del río Salado, con clima templado y vegetación herbácea. Sus ríos más importantes son el Paraná y el Salado. Posee cultivos de cereales, lino, hortofrutícolas, de algodón y tabaco. Los pastos de la Pampa son aprovechados por la ganadería bovina y vacuna. Cuenta además con industrias en los sectores siderúrgico, químico, mecánico y papelero, y también refinerías de petróleo.
2. C. de Argentina, cap. de la prov. homónima, junto al río Paraná. 287.200 h. en 1986. Es un importante centro administrativo y comercial.

Santa Hermandad Véase **hermandad**.

Santa Lucía C. de España, en la prov. de Las Palmas. 32.750 h. en 1991. Tiene industrias alimentarias y un incipiente turismo.

Santa Lucía (*Saint Lucia*) Estado insular de las Pequeñas Antillas.

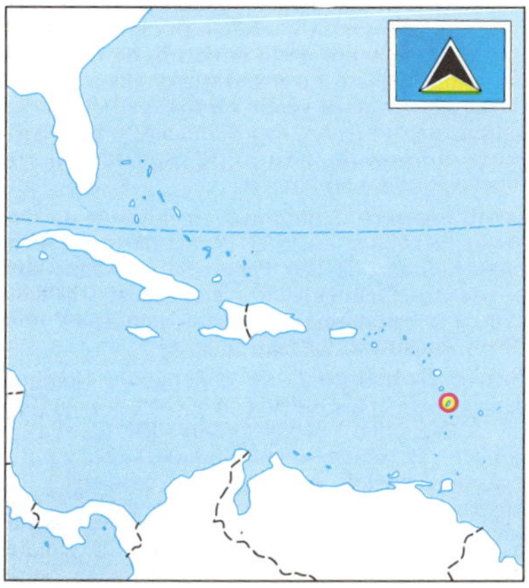

Extensión: 617,4 km^2.
Situación: entre el mar Caribe y el océano Atlántico, al N de San Vicente y al S de Martinica.
Población: 151.000 h. en 1990.
Densidad: 244,6 h./km^2.
Capital: Castries.
División administrativa: 10 divisiones.
Ciudades principales: Vieux Fort.
Forma de Estado: monarquía constitucional.
Idioma: inglés.
Religión: catolicismo, 86,3 %; protestantismo, 11,3 %.
Moneda: dólar del Caribe oriental.
Tasa de natalidad: 21 ‰ en 1990.
Tasa de mortalidad: 6 ‰ en 1990.
Renta per cápita: 1.810 dólares en 1989.

Geog. Es una isla de origen volcánico, que presenta un relieve muy accidentado, sobre todo en la costa O, recorrida por una cordillera volcánica. Los ríos que constituyen su red hidrográfica son cortos. Tiene un clima tropical húmedo, que favorece la vegetación exuberante de selva virgen. La mayoría de la población pertenece a la raza negra, aunque también abundan los mulatos, y se reparte igualmente entre la ciudad y el campo. Experimenta un crecimiento anual del 1,2 % aproximadamente. La economía de la isla se sustenta en el cultivo de cítricos, caña de azúcar, algodón, hortalizas y productos tropicales como el plátano, cacao y cocos. Posee una refinería de petróleo, un importante yacimiento de azufre e industrias de fertilizantes. El turismo ha conocido un fuerte impulso.

Hist. La isla fue descubierta por Cristóbal Colón en 1502 y hasta el s. XVIII se la disputaron franceses e ingleses. En 1803 se convirtió en colonia británica y su población autóctona fue sustituida por esclavos negros y emigrantes hindúes. En 1967 obtuvo el estatuto de estado asociado al Reino Unido. La plena independencia le fue otorgada en 1979, aunque siguió perteneciendo a la Commonwealth. Desde 1964 está gobernada por el Partido de los Trabajadores Unidos, cuyo líder, John Compton, ha sido reelegido en ocasiones sucesivas, la última en 1987.

Santa Marta C. de Colombia, cap. del departamento de Magdalena, situada en el N, junto a la costa caribeña. 245.960 h. en 1989. Su economía se basa en el puerto comercial y en el turismo. La ciudad, considerada como la más antigua de Colombia, fue fundada en 1525 por Rodrigo de Bastidas y se convirtió en el centro y lugar de partida para la colonización del resto del continente.

Santa Sede Véase **sede**.

santabárbara *s. f.* **1.** Compartimiento de las embarcaciones donde se guarda la pólvora y las municiones. **2.** Cámara por donde se baja a este compartimiento.

santacruceño, ña *adj.* **1.** De Santa Cruz de Tenerife. También *s.* **2.** De la provincia argentina de Santa Cruz. También *s.*

santacrucero, ra *adj.* Santacruceño, de Santa Cruz de Tenerife. También *s.*

santafecino, na o **santafesino, na** *adj.* De Santa Fe, ciudad y provincia argentinas. También *s.*

santamente *adv. m.* Con santidad, de manera santa.

Santana, Manuel (Madrid 1938) Tenista español. Fue vencedor, entre otros torneos, del de Roland Garros (1961 y 1964), Forest Hill (1965) y Wimbledon (1966).

Santana, Pedro (Hiucha 1801 - ? 1864) Militar y político dominicano. Participó en el movimiento que proclamó la independencia de Santo Domingo en 1844. Tras encarcelar a los restantes caudillos de la independencia y rechazar una invasión haitiana en Azua, se hizo nombrar presidente y ocupó el cargo en los periodos 1844-1848, 1853-56 y 1859-61. En 1855 desbarató una nueva invasión haitiana dirigida por el emperador Soulouque. Ejerció el poder dictatorialmente y en 1861, para perpetuarse en el gobierno, intentó reincorporar el país a España, lo que fue impedido por el levantamiento liberal de Capotillo (1863).

Santander **1.** Antiguo nombre de la prov. española de Cantabria.
2. C. de España, cap. de la prov. y comunidad autónoma de Cantabria, en el N de la misma, en la bahía homónima. 196.200 h. en 1991. Posee una industria muy diversificada, con producción siderometalúrgica, farmacéutica, química, alimentaria y maderera, y es un importante centro de veraneo y turismo. Su puerto desarrolla una intensa actividad. Fundada en el s. IX, hasta el s. XVI fue el principal puerto que mantuvo relaciones comerciales con el N de Europa. A partir de este siglo y hasta el XVIII la ciudad pasó por un periodo de decadencia. Entre sus monumentos sobresalen la catedral gótica (s. XII), el convento de los Jerónimos de Monte Corbán (s. XVI) y el palacio de la Magdalena, sede de la universidad de verano Menéndez Pelayo.

Santander: palacio de la Magdalena, en la península del mismo nombre.

Santander Departamento de Colombia, en el E del país. 30.357 km^2. 1.438.250 h. en 1985. La capital es Bucaramanga, con 362.014 h. en 1989. Sus principales productos agrícolas son el café, tabaco, caña de azúcar y cereales. También tienen importancia las especies ganaderas vacuna y porcina. Posee yacimientos petrolíferos, de oro, plata, hierro y carbón. La industria de la región se basa en la fabricación de maquinaria, productos químicos y derivados del petróleo.

Santander, Francisco de Paula (Rosario de Cúcuta 1792 - Bogotá 1840) Político y militar colombiano. Colaboró en la independencia de su país. En 1813 Bolívar le nombró lugarteniente y en 1819 vicepresidente de Nueva Granada. En 1821 era vicepresidente de la Gran Colombia. Partidario de una organización federal, se enfrentó con Bolívar en la reunión de Ocaña (1828). Fue acusado de conspirar y sentenciado a muerte, aunque Bolívar le conmutó la pena por el destierro. Disuelta la Gran Colombia y muerto Bolívar, fue constituida Nueva Granada, la futura Colombia, de la que fue presidente entre 1832 y 1836.

santanderino, na *adj.* De la ciudad española de Santander. También *s.*

Santarém Distrito de Portugal, en el centro del país. 6.747 km^2. 459.900 h. en 1989. La capital es Santarém, con 15.350 h. en 1981. Se cultivan en su territorio cereales, vides y olivos; además cuenta con una rica ganadería e industria textil y alimentaria.

santateresa *s. f.* Mantis* religiosa.

Santayana, Jorge Ruiz de (Madrid 1863 - Roma 1952) Filósofo y escritor estadounidense de origen español. Estudió en Harvard, Berlín y Cambridge y fue profesor en Harvard. En 1912 se retiró de la enseñanza y se trasladó a Roma, donde vivió hasta su muerte. Su filosofía defiende un materialismo no dogmático en el que la realidad de la existencia no se demuestra mediante la razón, sino por un principio vital que él denominaba «fe animal». Es autor de obras filosóficas como *La vida de la razón o fases del progreso humano* (1905-06), *Escepticismo y fe animal* (1923) y *Los reinos del ser* (1942). También escribió la novela *El último puritano* (1935).

santelmo *s. m.* Fuego* de Santelmo.

santería *s. f.* **1.** Beatería, santurronería. **2.** *amer.* Tienda de imágenes sagradas y otros objetos religiosos.

santero, ra *adj.* **1.** Que muestra una devoción exagerada o supersticiosa a los santos. También *s.* ‖ *s. m.* y *f.* **2.** Persona que cuida de un santuario o de una ermita. **3.** Persona que pide limosna llevando de casa en casa la imagen de un santo. **4.** Persona que vende, hace o pinta imágenes de santos. **5.** Curandero que invoca el poder de los santos para realizar sus curaciones.

Santiago C. de Chile, cap. del país, en el centro del mismo, entre la cordillera de la Costa y los Andes. 5.133.750 h. en 1990. A su gran actividad comercial se unen las industrias alimentaria, textil, metalúrgica, química y mecánica. Es un centro administrativo y en él tienen su sede las principales empresas del país. Fue fundada en 1540 por Pedro de Valdivia y empezó a cobrar importancia a partir del s. XVIII. Pocas son las construcciones anteriores a este siglo que han sobrevivido a los numerosos terremotos; entre ellas se encuentran el convento de San Francisco (s. XVII) y las iglesias de La Merced y Santo Domingo. En el s. XVIII se construyó el palacio de la Moneda. En el s. XIX se erigieron la catedral, de estilo neoclásico, y la universidad de Chile. Del s. XX son el palacio de Bellas Artes, el palacio Cousiño y la Biblioteca Nacional.

Santiago de Chile: palacio de la Moneda, sede del gobierno chileno.

Santiago, camino de Véase **camino de Santiago**.

Santiago, orden de Orden militar castellana, fundada hacia 1170 para combatir al Islam y proteger a los peregrinos de Compostela. Poseedora de extensos señoríos, fue reconocida por el papa Alejandro III e incorporada a la corona de Castilla por los Reyes Católicos.

Santiago de Compostela C. de España, en la prov. de La Coruña. 105.850 h. en 1991. Capital de la comunidad autónoma de Galicia, es un importante centro comercial, turístico y universitario. Cuenta con industria maderera, alimentaria y metalúrgica. Conserva muchos edificios de carácter monumental, el más importante de los cuales es la catedral. Ésta se empezó a construir en 1150 y las obras finalizaron en 1188; su estilo es románico, aunque fue varias veces reformada y actualmente presenta una estructura barroca; destacan en ella el pórtico de la Gloria, la fachada del Obradoiro, la puerta de las Platerías y la de la Azabachería. Otros monumentos de interés son el palacio Gelmírez (s. XII), el colegio de San Jerónimo (s. XV) y el Hospital Real (s. XVI).

Santiago de Compostela: fachada barroca de la catedral.

Santiago de Cuba **1.** Prov. de Cuba, en el SE de la isla. 6.170 km^2. 980.000 h. en 1989. Posee industrias alimentarias, químicas, textiles y metalúrgicas, además de numerosas destilerías y refinerías de petróleo.
2. C. de Cuba, cap. de la prov. homónima, junto al mar Caribe. 405.350 h. en 1989. Su activo puerto le ha conferido gran importancia comercial y administrativa. Durante los siglos XVI y XVII sufrió terremotos y varios ataques de los corsarios. Pero en el s. XVIII conoció la prosperidad gracias al comercio y las industrias navales.

Santiago de los Caballeros C. de la República Dominicana, en el N del país. 308.400 h. en 1986. Posee industria del tabaco y productos alimentarios e importantes serrerías.

Santiago del Estero **1.** Prov. de Argentina, en el N del país. 135.254 km^2. 641.000 h. en 1989. Está asentada en una extensa llanura sólo accidentada en el SO por algunas estribaciones pampeanas. Los principales ríos que la surcan son el Salado del Norte y el Salí. Existen abundantes salinas y charcas (esteros). Su clima es tropical seco y la vegetación de bosques, estepas y pastos. Tiene cultivos de algodón, cereales, plantas forrajeras, caña de azúcar y frutas, ganado bovino, e industria textil, alimentaria y del cuero.
2. C. de Argentina, cap. de la prov. homónima. 148.350 h. en 1986. Es un importante centro comercial, administrativo y cultural, que posee industrias textiles y alimentarias.

Santiago el Mayor (Betsaida, Galilea ? - Jerusalén h. 42) Uno de los doce apóstoles de Jesucristo. Hijo de Zebedeo y hermano de Juan, acompañó a Jesús durante su vida pública. Sufrió martirio por mandato de Herodes Agripa. Una tradición le considera evangelizador de España y señala que sus restos mortales fueron trasladados a Compostela para recibir sepultura.

Santiago el Menor (? - Jerusalén 62) Uno de los doce apóstoles de Jesucristo. Hijo de Cleofás y María, prima de la madre de Jesús, en la primitiva comunidad cristiana fue elegido primer obispo de Jerusalén. Murió martirizado.

santiagués, sa *adj.* De Santiago de Compostela. También *s.*

santiaguino, na *adj.* De Santiago de Chile. También *s.*

santiamén, en un *loc. adv. fam.* Rápidamente, al momento.

santidad *s. f.* **1.** Cualidad o estado de santo. **2.** Tratamiento honorífico que se da al papa. ▪ En este caso, se escribe con mayúscula y va precedido de los posesivos *Su* o *Vuestra*.

santificar *v. tr.* **1.** Hacer santo. **2.** Celebrar las festividades religiosas. **3.** Honrar o rendir culto a un santo o a las cosas sagradas. ▪ Se conjuga como *sacar*. **FAM.** Santificable, santificación, santificador, santificante.

santiguar *v. tr.* **1.** Hacer la señal de la cruz. Se usa más como *v. prnl.* ‖ *v. prnl.* **2.** *fam.* Hacerse cruces; escandalizarse. ▪ Se conjuga como *averiguar*.

Santillana, Íñigo López de Mendoza, marqués de (Carrión de los Condes, Palencia 1398 - Guadalajara 1458) Poeta y político español. Participó activamente en la vida política castellana, unas veces a favor de Juan II, otras en contra, pero siempre oponiéndose al valido Álvaro de Luna. Dentro de su obra poética se distinguen cuatro bloques: la poesía tradicional, donde destacan las *Serranillas* (1429-40), breves composiciones que narran los encuentros amorosos del poeta, y *Canciones y decires líricos* (1430-1447); decires narrativos, como el *Infierno de los enamorados* y la *Comedieta de Ponza* (1444), ejemplo del estilo italianizante; la poesía moral, política y religiosa, con obras como *Diálogo de Bías contra Fortuna* (1448); y, por último, los *Sonetos fechos al itálico modo* (1438-45).

Marqués de Santillana. Retrato de Jorge Inglés (detalle).

Santillana del Mar C. de España, en la prov. de Cantabria, situada al O de Santander. 3.840 h. en 1991. Es una de las villas medievales españolas mejor conservadas. Entre sus monumentos destacan la colegiata, el parador de Gil Blas, así como casonas y palacios. En sus alrededores se encuentran las cuevas de Altamira. Es un importante enclave turístico y cultural.

santísimo, ma *adj.* **1.** *sup.* de **santo**. Particularmente, se usa antepuesto a *Virgen* o a *Trinidad*; también se aplica a *Padre* como forma de tratamiento para referirse al papa. ▪ En estos tres casos se escribe con mayúscula. ‖ *s. m.* **2.** Jesucristo en la eucaristía. ▪ En esta acepción se emplea con el artículo determinado y se escribe con mayúscula. ‖ **LOC. hacerle** a uno **la santísima** *fam.* Fastidiarle.

santo, ta *adj.* **1.** Se dice de Dios y de las personas o cosas a él consagrados o relacionados con la religión. **2.** Se aplica a las personas que por su vida, obras y virtudes participan de la perfección y propiedades de Dios y, particularmente, a las canonizadas por la Iglesia católica, así como a su vida y acciones. También *s.* **3.** Se dice de la persona muy virtuosa, buena y resignada. También *s.* **4.** Se aplica a la semana que va desde el domingo de Ramos al domingo de Resurrección y que conmemora los últimos días de la vida de Jesucristo, y a cada uno de sus días. ▪ En esta acepción se escriben ambas palabras con mayúscula. **5.** *fam.* Que produce especial provecho o efecto. **6.** *fam.* Acompañando a ciertos sustantivos, tiene un valor expresivo, generalmente negativo. ‖ *s. m.* **7.** Día del año dedicado a un santo determinado cuya festividad celebran particularmente las personas que llevan su mismo nombre. **8.** *fam.* Grabado o fotografía en las páginas de un libro, revista, etc. ‖ *s. m.* y *f.* **9.** Imagen de una persona que ha sido canonizada o beatificada por la Iglesia. ‖ **10. santo y seña** Contraseña que permite a los que la conocen pasar por un puesto de guardia o de control. **11. Todos los Santos** Fiesta que la Iglesia celebra el día 1 de noviembre y conmemora a los santos que no tienen asignada una festividad particular. ‖ **LOC. ¿a santo de qué...?** *adv.* Sirve para preguntar con un matiz de desaprobación el motivo, la razón o la finalidad de algo. **alzarse** (o **cargar**) uno **con el santo y la limosna** *fam.* Apropiarse alguien no sólo de lo que no le corresponde, sino también de lo que corresponde a otros, o bien de la ganancia de otros más lo que la produce. **desnudar a un santo para vestir a otro** *fam.* Quitar algo a alguien para dárselo a otro, o quitar algo de un sitio para ponerlo en otro. **írsele** a uno **el santo al cielo** *fam.* Olvidarse de pronto de lo que tenía que decir o hacer. **llegar y besar el santo** *fam.* Lograr a la primera lo que se pretende. **no ser** una persona **santo de la devoción** de otra *fam.* Serle antipática o no inspirarle confianza. **quedarse** alguien **para vestir santos** *fam.* Quedarse soltera una persona, especialmente una mujer. **tener el santo de cara** (o **de espaldas**) Tener mucha suerte o no tenerla.

Santo André C. de Brasil, en el estado de São Paulo. 684.000 h. en 1989. Forma parte del área metropolitana de São Paulo. Su economía depende principalmente del sector industrial, dedicado a la metalurgia, productos químicos y textiles y construcciones mecánicas.

Santo Domingo C. de la República Dominicana, cap. del país, situada en la costa S de la isla de La Española. 1.600.000 h. en 1986. En ella se concentran las funciones administrativas y políticas de la nación. Su economía se basa en las industrias siderúrgica, farmacéutica, del cemento y de transformación de sus recursos agrícolas, fundamentalmente caña de azúcar y productos tropicales. Posee también refinerías de petróleo y astilleros. Su puerto comercial es el más importante del país. Se conservan varios monumentos del s. XVI: la catedral (de interior gótico y fachada renacentista), el hospital de San Nicolás de Bari y las iglesias de Santo Domingo y La Merced.

Santo Domingo: casa del Cordón, en que vivió Diego Colón, hijo de Cristóbal.

Santo Domingo, isla de La Española*.

Santo Domingo de la Calzada C. de España, en la prov. de La Rioja. 5.300 h. en 1991. Conserva monumentos entre los que sobresalen la catedral, empezada en el s. XII, con torre barroca (s. XVIII) y altar mayor de Damián Forment (s. XVI), y los conventos de San Francisco (1571), obra de Juan de Herrera, y de las Bernardas (s. XVII).

Santo Domingo de Silos Villa de España, en la prov. de Burgos. 328 h. en 1991. Es conocida por el monasterio de Santo Domingo, monumento románico, fundado por el conde Fernán González (919), en el que resalta el claustro de dos pisos (s. XII). La iglesia actual se debe a Ventura Rodríguez (s. XVIII).

Santo Grial o **Santo Graal** Véase **grial**.

Santo Oficio Inquisición*.

Santo Sepulcro Véase **sepulcro**.

Santo Sepulcro, orden del Orden militar fundada en Jerusalén hacia el 1100 por Godofredo de Bouillon con el fin de guardar el Santo Sepulcro y defender y atender a los peregrinos. En la península Ibérica se instaló en Aragón y participó activamente en la Reconquista. En 1489 el papa Inocencio VIII la incorporó a la orden de San Juan de Jerusalén, aunque en Aragón conservó su autonomía.

Santo Tomé (*São Tomé*) C. de Santo Tomé y Príncipe, cap. del país, situada en la costa NE de la isla de Santo Tomé. 35.000 h. en 1984. Posee un importante puerto pesquero.

Santo Tomé y Príncipe (*São Tomé e Príncipe*) Estado insular de África.

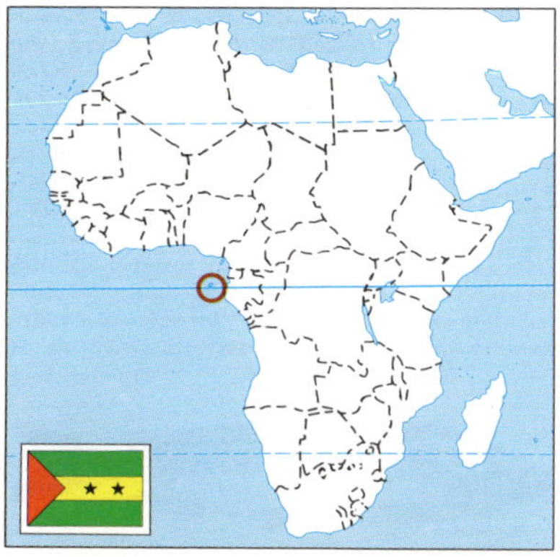

Extensión: 1.001 km^2.
Situación: en el océano Atlántico, al S de Guinea Ecuatorial y al O de Gabón.
Población: 121.000 h. en 1990.
Densidad: 120,9 h./km^2.
Capital: Santo Tomé.
División administrativa: isla Príncipe, con 1 distrito, e isla Santo Tomé, con 6 distritos.
Forma de Estado: república presidencialista.
Idioma: portugués.
Religión: catolicismo, 89 %.
Moneda: dobra.
Tasa de natalidad: 38 ‰ en 1990.
Tasa de mortalidad: 8 ‰ en 1990.
Renta per cápita: 360 dólares en 1989.

Geog. El relieve de estas islas es muy accidentado y alcanza su máxima altura en el pico Santo Tomé (2.024 m), en la isla del mismo nombre. También forman parte del estado algunos islotes (Cabras, Rôlas, Caroço). Tiene un clima ecuatorial y una vegetación exuberante. La población está compuesta por africanos, negros y mulatos, y se concentra en la isla de Santo Tomé. La economía depende casi exclusivamente del cultivo de cacao, café, aceite de palma, plátanos y copra; cuenta con algunas modestas industrias dedicadas a la transformación de estos productos. ***Hist.*** La isla de Santo Tomé fue descubierta por portugueses a fines del s. XV y, debido a su posición estratégica en el golfo de Guinea, se convirtió en punto clave del dominio colonial portugués en la región. A partir del s. XVI se desarrolló en ella un floreciente comercio de esclavos negros. Durante el s. XVII fue conquistada en dos ocasiones por Holanda y en el s. XVIII por holandeses y franceses asociados, aunque Portugal la recuperó en 1749 y consolidó su estatuto de colonia ultramarina. En 1975, tras la revolución portuguesa y el cambio de régimen, obtuvo la independencia, convirtiéndose en la República Democrática de Santo Tomé y Príncipe, gobernada por el Movimiento de Liberación Nacional. En 1988 fue elegido primer ministro Celestino Rocha da Costa y seguía ocupando la presidencia de la república Manuel Pinto da Costa. En las elecciones de 1991 el Movimiento de Liberación Nacional fue desbancado, y en marzo del mismo año Miguel Trovoada fue nombrado presidente de la república.

santón *s. m.* **1.** Anacoreta de algunas religiones no cristianas. **2.** Hombre hipócrita que aparenta religiosidad. **3.** Persona con una gran influencia moral, intelectual o ideológica sobre un grupo o una comunidad.

santoral *s. m.* **1.** Libro que contiene la vida y obras de los santos. **2.** Lista de los santos que se conmemoran en cada día del año. **3.** Libro litúrgico que contiene los oficios de los distintos santos.

Santos C. de Brasil, en el estado de São Paulo, junto al océano Atlántico. 483.300 h. en 1989. Posee un importante puerto comercial e industrias siderúrgicas y alimentarias. Es un floreciente centro turístico.

Santos, Eduardo (Bogotá 1888 - íd. 1974) Político colombiano. Fue ministro de Relaciones Exteriores (1930) y delegado de su país en la Sociedad de Naciones (1931-33). Líder del Partido Liberal, fue presidente de la república (1938-42). Rompió con las potencias del Eje (1941).

Santos, Máximo (Canelones 1847 - Buenos Aires 1889) Político y militar uruguayo. Presidente de Uruguay entre 1882 y 1886, durante su mandato se puso fin al bandolerismo, pero aumentó la corrupción administrativa.

Santos Dumont, Alberto (Palmira 1873 - São Paulo 1932) Aeronauta brasileño. Tras ascensiones en globo y en dirigible, se interesó por la aviación y estableció el primer récord mundial al recorrer en avión 200 m en 21 segundos (Bagatelle, 1906). Fabricó un monoplano, precursor de los aviones ligeros. Se suicidó.

santuario *s. m.* **1.** Lugar sagrado. **2.** Templo en el que se rinde culto a una divinidad. En el cristianismo, lugar en el que se venera la imagen o las reliquias de un santo, o una imagen de Cristo o de la Virgen. **3.** P. ext., lugar destacado por alguna circunstancia que hace que merezca especial consideración o respeto. **4.** Lugar reservado donde una persona o animal tiene sus dominios o encuentra refugio y protección.

Santurce (*Santurtzi*) C. de España, en la prov. de Vizcaya. 50.100 h. en 1991. Es un importante puerto pesquero. Posee además una central térmica de fuel-oil y otra de gas.

santurrón, na *adj.* Beato, que muestra una devoción exagerada o falsa. También *s.*

santurronería *s. f.* Beatería*.

Sanz, Gaspar (Calanda 1640 - Madrid 1710) Guitarrista y compositor español. Se formó en Nápoles e introdujo la técnica guitarrista italiana en España. Publicó *Instrucción de música sobre la guitarra española* (1674), colección de danzas cortesanas y populares.

Sanz del Río, Julián (Torre Arévalo, Soria 1814 - Madrid 1869) Filósofo y jurista español. Estudió en Heidelberg, donde entró en contacto con el pensamiento de Krause. Desde su cátedra en la universidad de Madrid difundió las tesis del krausismo. Influyó notablemente en pensadores progresistas, así como en la Institución Libre de Enseñanza. Entre sus obras más importantes se cuentan *Lecciones sobre el sistema de filosofía analítica de K. Ch. F. Krause* (1849) e *Ideal de la humanidad para la vida* (1860).

Sanzio, Raffaello Véase **Rafael**.

saña *s. f.* **1.** Insistencia cruel, malintencionada o rencorosa en el daño que se causa. **2.** Furia, rabia.

sañudo, da *adj.* Que actúa con saña. **FAM.** Sañudamente.

São Bernardo do Campo C. de Brasil, en el estado de São Paulo. 644.000 h. en 1989. Forma parte del área metropolitana de São Paulo. Ha adquirido gran desarrollo gracias a su floreciente industria automovilística.

São Francisco Río de Brasil. 3.161 km de longitud y 631.000 km^2 de cuenca. Nace en la sierra de Canastra, en el estado de Minas Gerais, y fluye atravesando este estado y el de Bahia; desemboca en el océano Atlántico, entre los estados de Alagoas y Sergipe. Sus principales afluentes son, por la derecha, el Velhas, Jacaré, Salitre y, por la izquierda, el Paracatu, Urucuia, Corrente y Grande. Forma las grandes presas de Tres Marias y Sobradinho. Su régimen es tropical.

São Gonçalo C. de Brasil, en el estado de Rio de Janeiro. 818.500 h. en 1989. Forma parte del área metropolitana de Rio de Janeiro. Es un importante centro industrial de elaboración de productos químicos y metalúrgicos.

São João de Meriti C. de Brasil, en el estado de Rio de Janeiro. 504.600 h. en 1989. Está integrada en el área metropolitana de Rio de Janeiro, constituyendo un núcleo residencial.

São José dos Campos C. de Brasil, en el estado de São Paulo. 423.200 h. en 1989. Próxima a São Paulo, es el centro urbano de una región agrícola que produce café, azúcar, tabaco, algodón y seda. Posee importantes industrias textiles y de fibras artificiales.

São Luís C. de Brasil, cap. del estado de Maranhão, situada junto a la costa atlántica, al N del país. 624.300 h. en 1989. Sus actividades económicas se centran en la industria textil, alimentaria y del cuero y en el comercio de su activo puerto.

São Paulo **1.** Estado de Brasil, en el SE del país, a orillas del Atlántico. 248.256 km^2. 33.069.900 h. en 1990. Se distinguen tres áreas geográficas: una meseta interior, una región montañosa y una estrecha franja costera. Sus principales ríos son el Paraná, Paranapanema, Tieté, Grande y Paraíba. Destacan las grandes plantaciones de café, algodón, arroz, plátanos y cítricos. Cuenta con importante industria textil, mecánica, siderúrgica, alimentaria, papelera y del tabaco, además de refinerías de petróleo y yacimientos de uranio, tungsteno y circonio. **2.** C. de Brasil, cap. del estado homónimo. 10.997.500 h. en 1989 y 15.221.300 h. en su área metropolitana. A principios del XX se convirtió en un núcleo industrial de primera magnitud en el sector del automóvil, electrónico, químico y de construcciones mecánicas. Es también un relevante centro comercial, financiero y cultural. Fue fundada en 1554 por Manuel da Nóbrega y ya en el s. XVII era una de las más importantes ciudades brasileñas. Entre los años 1920 y 1940 experimentó un enorme crecimiento demográfico debido a la fuerte inmigración.

São Paulo: centro de la ciudad.

Saona (*Saône*) Río de Francia. Nace en los Vosgos y desemboca en el Ródano, al que se une aguas abajo de Lyon. 480 km de longitud. Sus principales afluentes son el Doubs y el Ognon. Se comunica por mediación de canales con los ríos Sena, Mosela, Mosa, Loira y Rhin.

sapidez *s. f.* Cualidad de sápido.

sápido, da *adj.* Que tiene sabor.

sapiencia *s. f.* Sabiduría*. ▪ Es palabra de uso culto o irónico. **FAM.** Sapiencial.

sapiente *adj.* Sabio*. ▪ Se usa a menudo en tono culto o jocoso.

sapindáceas *s. f. pl.* Familia de plantas leñosas del orden sapindales a la que pertenecen unas 2.000 especies comprendidas en unos 150 géneros, entre los que destacan *Litchi, Blighia, Paullinia, Sapindus, Koelreuteria, Xanthoceras* y *Dodonaea.* De diversos tamaños, tienen hojas alternas, simples o compuestas, flores en inflorescencias cimosas y fruto en cápsula, nuez, baya, sámara, esquizocarpo o drupa. Muchas de sus especies son lianas dotadas de zarcillos, que ejercen una función ecológica fundamental en el bosque tropical. Crecen en climas tropicales e intertropicales de todos los continentes y tienen uso en alimentación y como plantas ornamentales. Sapindáceas son el aki, el lichi, el rambután, el guaraná y el yocoó. También *adj.* y *s. f.*

sapo *s. m.* **1.** Nombre común de diversos anfibios anuros de las familias bufónidos, géneros *Bufo* y otros; discoglósidos, géneros *Discoglossus, Alytes,* etc.; pípidos, géneros *Pipa, Xenopus,* etc.; rinoprínidos, género *Rhinophrynus*; pelobátidos, géneros *Pelobates, Scaphiopus,* etc.; leptodactílidos, género *Pseudophryne.* El sapo común *(Bufo bufo)* mide unos 20 cm de longitud, tiene cuerpo rechoncho, piel coriácea, parda y llena de verrugas y ojos saltones de iris dorado o pardo rojizo con pupila horizontal. El sapo verde *(Bufo viridis)* es más pequeño, de unos 9 cm, su piel presenta grandes ocelos de color verde oscuro y el iris de sus ojos es verde. El sapo partero *(Alytes obstetricans)*, de 4,5 a 5,5 cm, tiene la piel azulada y se caracteriza por que el macho porta los huevos de la puesta sobre su dorso. Son animales acuáticos y generalmente nocturnos que habitan en Europa, Asia, África y América. ‖ **2. sapos y culebras** *fam.* Maldiciones, palabrotas.

Arriba, sapo verde (Bufo viridis); *abajo, sapo común* (Bufo bufo).

saponáceo, a *adj.* En lenguaje técnico y científico, jabonoso.

saponificación *s. f.* Reacción que tiene lugar entre los aceites o grasas con las disoluciones de hidróxidos metálicos, especialmente de sodio y potasio, produciéndose jabones y glicerina. En sentido amplio es la reacción mediante la cual un éster y agua producen el alcohol y el ácido orgánico correspondientes:

$$R_1\text{–COO–}R_2\text{+HOH} \rightleftharpoons R_1\text{–COOH+}R_2\text{–OH}$$

saponificar *v. tr.* Convertir en jabón una grasa por saponificación. También *v. prnl.* ■ Se conjuga como *sacar.* **FAM.** Saponificable.

Sapor Nombre de dos reyes del imperio persa sasánida.

Sapor I (? - ? 272) Rey sasánida de Persia (241-272). Luchó contra Roma llegando hasta Antioquía. Derrotado por Gordiano III, firmó una paz con Filipo el Árabe por la que se le reconocía la posesión de Armenia y Mesopotamia. Reanudó la guerra en el 253 y venció a Valeriano. Desde entonces dominó el Asia interior.

Sapor II (? - ? 379) Rey sasánida de Persia (310-379). Consolidó el mazdeísmo como religión oficial de su imperio. Combatió en Armenia al emperador romano Constancio II y posteriormente a Juliano en Persia.

Sapporo C. de Japón, cap. de la isla de Hokkaido, en el S de la misma. 1.648.500 h. en 1989. Posee industrias alimentarias, siderúrgicas, químicas y textiles. Cuenta también con refinerías de petróleo. Es un centro turístico de invierno.

saprobio, bia *adj.* Se dice de los organismos que viven en medios ricos en sustancias orgánicas en descomposición. También *s.*

saprófago, ga *adj.* Se dice de los seres vivos que se alimentan de materias orgánicas en descomposición. También *s.*

saprofito o **saprófito, ta** *adj.* **1.** Se dice de la planta u otro organismo que vive sobre materia orgánica en descomposición. También *s.* **2.** Se aplica a los microorganismos que viven en el tubo digestivo de otros organismos, alimentándose de sustancias en descomposición.

sapropel *s. m.* Lodo gris o negruzco, de alto contenido orgánico, que se acumula en el fondo de lagos o mares poco profundos. Procede de la descomposición de restos animales y vegetales, sin oxidación, y contiene diversos minerales y carbono. Se le considera el estadio previo a la formación de petróleo y gas natural.

saque *s. m.* **1.** Acción de sacar, particularmente en los juegos de pelota. **2.** Sitio desde donde se saca la pelota. **3.** *fam.* Capacidad para comer mucho. ‖ **4. saque de banda** El que se realiza desde la banda o línea lateral en el fútbol y otros deportes. **5. saque de esquina** Córner*.

saquear *v. tr.* **1.** Apoderarse violentamente una tropa o un grupo de gente de todo lo que encuentran en un lugar. **2.** *fam.* Robar o coger todo o casi todo lo que hay en un sitio. **FAM.** Saqueador, saqueamiento.

saqueo *s. m.* Acción y efecto de saquear.

saquero, ra *adj.* **1.** Perteneciente o relativo a los sacos. ‖ *s. m.* y *f.* **2.** Persona que hace o vende sacos.

Saragat, Giuseppe (Turín 1898 - Roma 1988) Político italiano. Estuvo exiliado durante el fascismo. Dirigente del Partido Socialista, encabezó en 1947 la escisión moderada que dio lugar al Partido Socialista de los Trabajadores Italianos, convertido luego en Partido Socialdemócrata. Partidario de la colaboración con la Democracia Cristiana, fue ministro de Exteriores (1963-64) y presidente de la república (1964-71).

Saraiva de Carvalho, Otelo (Lourenço Marques 1936) Militar y político portugués. Fue uno de los oficiales fundadores del antifascista Movimiento de las Fuerzas Armadas, que preparó el golpe de Estado para derribar a Caetano (25 de abril de 1974). Miembro del triunvirato militar que gobernó el país (1975), tras el intento de golpe de Estado izquierdista (1975) fue apartado del poder y, cinco años después, encarcelado bajo la acusación de ser dirigente de Fuerzas Populares 25 de abril, organización terrorista. Juzgado y condenado a quince años de prisión (1987), fue puesto en libertad en 1989.

Sarajevo C. de Bosnia-Herzegovina, cap. del país, situada a orillas del río Miljacka. 447.000 h. en 1985. Cuenta con industrias textiles, alimentarias y mecánicas, de cemento y de elaboración de carbón y fundiciones de hierro. El día 28 de junio de 1914 fue asesinado en esta ciudad el archiduque Francisco Fernando de Austria, lo cual provocó el inicio de la Primera Guerra Mundial. Sufrió importantes devastaciones en 1992, en el curso de la guerra civil desatada tras la desmembración de Yugoslavia.

sarampión *s. m.* Enfermedad infecciosa y muy contagiosa, producida por un tipo de mixovirus y caracterizada por la aparición de multitud de manchitas o granitos rojos en la piel.

sarao *s. m.* **1.** Reunión o fiesta nocturna en la que hay baile o música. **2.** *fam.* Jaleo, follón.

sarape *s. m. Guat., Méx.* Manta de vivos colores, generalmente con una abertura para la cabeza, que se emplea como capote.

sarasa *s. m. fam.* Marica, afeminado.

Sarasate, Pablo (Pamplona 1855 - Biarritz 1908) Violinista y compositor español. Se formó en el Conservatorio de París. Su virtuosismo en el violín le proporcionó éxito internacional. Entre sus composiciones, inspiradas generalmente en la música popular española, destacan *Jota aragonesa, Aires bohemios, Danzas españolas* y *Zapateado.*

Sarasvati En la mitología hindú, esposa de Brahma. Es la diosa del saber y la elocuencia, inventora de la lengua y la escritura sánscritas. También representa la abundancia y las artes.

Saratov C. de la Federación Rusa, situada en el E de la misma, a orillas del Volga. 905.000 h. en 1989. Cuenta con industrias mecánicas, químicas y alimentarias y refinerías de petróleo. Conserva una interesante catedral barroca.

sarazo, za *adj. And., amer.* Se dice del maíz y de otros frutos cuando empiezan a madurar.

sarcasmo *s. m.* **1.** Burla o ironía mordaz con que se humilla o hiere a alguien. **2.** Ironía amarga y pesimista.

sarcástico, ca *adj.* Que contiene o emplea sarcasmos. También *s.* **FAM.** Sarcásticamente.

sarcófago *s. m.* Sepulcro o caja, generalmente de piedra, que contiene el cadáver de una persona.

sarcoma *s. m.* Tumor maligno del tejido conjuntivo.

Sardá, José (? - Santafé de Bogotá 1834) Militar español. Tras luchar contra la ocupación francesa en la guerra de Independencia, se pasó al ejército napoleónico. En 1815 marchó a México para luchar junto a los insurgentes. En 1816 pasó a Colombia, se puso al servicio de Bolívar y llegó a general y gobernador de Riohacha. En 1833 conspiró contra Francisco de Paula Santander, pero fue descubierto y asesinado.

sardana (voz cat., de *cerdana,* propio de Cerdaña, comarca catalana) *s. f.* **1.** Danza popular de Cataluña, que bailan varias personas tomadas de las manos y formando corro. **2.** Música de este baile.

Sardañola (*Cerdanyola del Vallès*) C. de España, en la prov. de Barcelona, situada al NO de la capital. 57.400 h. en 1991. Es un centro industrial del cinturón de Barcelona.

sardina *s. f.* Pez clupeiforme de la familia clupeidos, especie *Sardina pilchardus.* Mide unos 25 cm de longitud. Tiene el cuerpo alargado y comprimido, dorso de tono azulado o verdoso, flancos plateados, mandíbula inferior saliente y el opérculo estriado. Habita en aguas cálidas y saladas del Atlántico y Mediterráneo y es muy usado como alimento, sobre todo en conserva.

Sardina (Sardina pilchardus).

sardinero, ra *adj.* **1.** Perteneciente o relativo a las sardinas. ‖ *s. m.* y *f.* **2.** Persona que vende sardinas.

sardineta *s. f.* **1.** *dim.* de **sardina**. **2.** Golpe a modo de latigazo que se da con los dedos índice y medio de la mano extendidos y juntos.

sardo, da *adj.* **1.** De Cerdeña. También *s.* ‖ *s. m.* **2.** Lengua de origen latino hablada en Cerdeña.

sardónico, ca *adj.* Irónico, sarcástico; se dice especialmente de la risa.

Sarduy, Severo (Camagüey 1937) Escritor cubano. Su obra, vinculada al estructuralismo, denota una gran imaginación y complejidad de formas. Entre sus novelas destacan *Gestos* (1962), *De dónde son los cantantes* (1967), *Cobra* (1972) y *Colibrí* (1984), y en poesía, *Overdose* (1972) y *Big Bang* (1974).

sarga[1] (del lat. *serica,* de seda) *s. f.* Tela cuyo tejido forma líneas diagonales.

sarga[2] (derivado del lat. *salix, -icis,* sauce) *s. f.* Nombre común de diversos árboles de la familia salicáceas, género *Salix.* La *Salix incana* mide de 2 a 4 m de altura, tiene hojas lanceoladas y ramas largas, semejantes a los mimbres. Crece a orillas de los ríos en la península Ibérica.

sargazo *s. m.* Nombre común de diversas algas feofíceas de las familias fucáceas, lesoniáceas y sargasáceas, géneros *Sargassum, Macrocystis, Ascophyllum* y *Fucus.* Tienen el talo ramificado y presentan estructura laminar. Viven en todos los mares cálidos y templados. La especie *Sargassum bacciferum* forma grandes colonias en el mar de los Sargazos, del Atlántico N.

Sargazos, mar de los Nombre que recibe una parte del Atlántico, comprendida entre las Azores y las Antillas, en la que una gran masa de algas flotantes cubre una superficie de aproximadamente 4.000.000 km^2.

Sargent, John Singer (Florencia 1856 - Londres 1925) Pintor estadounidense. Estudió en la Academia de Florencia y en París y se estableció en Londres (1884). Brillante retratista, en su obra se aprecia la influencia de Velázquez y Manet. Algunos de sus retratos más interesantes son los de Madame Gautreau (1884), Isabel Stewart Gardner (1888) y Henry James (1913).

sargenta *s. f. fam.* y *desp.* Sargentona*.

sargento *s. m.* y *f.* **1.** Suboficial de grado inferior en la escala de mandos. **2.** *desp.* Persona mandona y autoritaria. ‖ **3. sargento primero** Suboficial de grado superior al de sargento e inferior al de brigada.

sargentona *s. f. fam.* y *desp.* Mujer mandona. Se dice también *sargenta.*

Sargón II (? - 705 a. C.) Rey de Asiria (722-705 a. C.). Sucedió a su hermano Salmanasar V. Conquistó Samaria, Hamath, Armenia (717 a. C.), Karkemish, capital de los hititas (712 a. C.), y Babilonia (709 a. C.). Hizo edificar la residencia de Dur Sarrukin, hoy Jorsabad, al N de Nínive.

Sargón el Grande (s. XXIV a. C.) Rey de Acad (h. 2360-2305 a. C.). Fue el fundador de la dinastía semítica de Acad. Se apoderó de Sumer, penetró en Elam y conquistó Mesopotamia, Siria y Asia Menor y, según la tradición, extendió su poder hasta la isla de Chipre, constituyendo un estado centralizado.

sari (voz hindi) *s. m.* **1.** Traje femenino típico de la India, hecho con una sola pieza de tela. **2.** Tela de seda o algodón con la que se confeccionan dichos trajes.

sármata *adj.* **1.** Se dice de un antiguo pueblo iranio que, procedente de Asia central, se instaló en el s. IV en la región del Ponto (mar Negro) en contacto con los escitas. Destacaron como guerreros en el combate a caballo y por su orfebrería, conocida como *arte de las estepas.* Transmitieron parte de sus rasgos culturales a los godos. **2.** De este pueblo. También *s.*

sarmentera *s. f.* Lugar donde se guardan los sarmientos.

sarmentoso, sa *adj.* Que parece sarmientos.

sarmiento *s. m.* **1.** Vástago o tallo de la vid, largo, delgado, flexible y nudoso, del que nacen las hojas y los racimos. **2.** P. ext., tallo leñoso de parecidas características, capaz de apoyarse o enredarse en algo.

Sarmiento, Domingo Faustino (San Juan 1811 - Asunción, Paraguay 1888) Político y escritor argentino. Interesado desde su juventud por la enseñanza y el periodismo, en 1829, tras publicar una serie de artículos contra el caciquismo, se exilió a Chile, donde permaneció, salvo breves interrupciones, hasta 1855. En 1868 fue elegido presidente de la República; su mandato, que terminó en 1874, se caracterizó por los intentos de acabar con el caudillaje y el impulso dado a la enseñanza. Entre sus obras literarias sobresale la novela *Facundo* (1845), en la que ataca la dictadura de Rosas y contrapone civilización y barbarie.

Sarmiento, fray Martín (Villafranca del Bierzo, León 1695 - Madrid 1771) Erudito español. De la orden benedictina, escribió, entre otras obras, *Demostración crítico-apologética del teatro crítico universal* (1732), en defensa de Feijoo.

sarna *s. f.* Enfermedad de la piel causada por el arador de la sarna, caracterizada por la aparición de gran cantidad de vesículas y pústulas que producen un intenso picor.

sarnoso, sa *adj.* Que tiene sarna. También *s.*

sarong (voz malaya) *s. m.* Vestido malayo, masculino y femenino, que consiste en una pieza de tela con la que se envuelve el cuerpo.

Saroyan, William (Fresno, California 1908 - íd. 1981) Escritor y dramaturgo estadounidense de origen armenio. De formación autodidacta, su obra, de tono poético, tiene aspectos románticos y un carácter vitalista. Su tema preferido es la bondad de la gente sencilla. Entre sus novelas destacan *Mi nombre es Aram* (1940), *La comedia humana* (1942) y *Tú estás loco, papá* (1957), y en teatro, *Mi corazón está en las Highlands* (1939), *Los mejores años de vuestra vida* (1939) y *La hermosa gente* (1941).

sarpullido *s. m.* **1.** Erupción de la piel leve y pasajera, formada por multitud de granitos o ronchas. **2.** Señales que dejan las picaduras de las pulgas en la piel. ■ Se dice también *salpullido.*

sarraceno, na *adj.* **1.** Se dice de una tribu que habitaba en el N de Arabia. **2.** De esta tribu. También *s.* **3.** Moro, musulmán. También *s.*

sarracina *s. f.* **1.** Riña o pelea, especialmente la confusa y entre muchas personas. **2.** P. ext., lucha en que hay muertos o heridos. **3.** Destrozo grande. **4.** *fam.* Castigo o suspenso generalizado.

Sarraute, Nathalie (Ivanovo, Rusia 1902) Escritora francesa de origen ruso. Representante del *nouveau roman*, entre sus novelas merecen citarse *La era del recelo* (1956), *El planetario* (1959), *Los frutos de oro* (1963) y *¿Los oye usted?* (1972).

Sarrazin, Albertine (Argel 1937 - París 1967) Novelista francesa. Llevó una vida turbulenta que refleja en sus novelas, como *El astrágalo* (1965), *La fuga* (1965) y *El atajo* (1966).

Sarre (*Saarland*) Land de Alemania, en el O del país, junto a las fronteras francesa y luxemburguesa. 2.570 km². 1.064.900 h. en 1990. La capital es Saarbrücken, con 190.500 h. en 1990. Es una región especialmente rica debido a la existencia de una importante cuenca hullera e industria siderometalúrgica y química. El territorio ha estado en constante disputa entre Alemania y Francia.

Sarrebruck Véase **Saarbrücken**.

sarro *s. m.* **1.** Sedimento que dejan en las paredes de los recipientes algunos líquidos con sustancias en suspensión o disueltas. **2.** Sustancia amarillenta de naturaleza calcárea que se adhiere al esmalte de los dientes. **3.** Capa blanquecina que recubre la lengua cuando se dice que está sucia. **FAM.** Sarroso.

sarta *s. f.* **1.** Conjunto de cosas enlazadas una detrás de otra mediante un hilo, cadena, cuerda, etc. **2.** Retahíla, sucesión.

sartén *s. f.* **1.** Utensilio de cocina que consiste en un recipiente, redondo y de poco fondo, provisto de mango, y que se usa para freír. **2.** Sartenada*. ‖ **LOC. tener** alguien **la sartén por el mango** *fam.* Dominar la situación, con autoridad sobre los demás o poder para tomar decisiones. **FAM.** Sartenazo.

sartenada *s. f.* Cantidad de comida que se fríe de una vez en la sartén.

Sarti, Giuseppe (Faenza 1729 - Berlín 1802) Compositor y organista italiano. De fama reconocida internacionalmente, ejerció diversos cargos musicales en Faenza, Copenhague, Venecia, Milán, Viena y en la corte de Catalina II de Rusia. De sus casi 70 óperas destacan *Entre los dos litigantes* (1782) y *Armida y Rinaldo* (1786).

Sarto, Andrea del Véase **Andrea del Sarto**.

sartorio *adj.* Se aplica al músculo que se extiende oblicuamente a lo largo de las caras anterior e interna del muslo, desde la espina iliaca anterosuperior hasta la extremidad superior de la tibia. También *s. m.*

Sartre, Jean Paul (París 1905 - íd. 1980) Filósofo y escritor francés. Estudió en la Escuela Normal de París y en Berlín, donde recibió la influencia de Husserl y Heidegger. Desarrolló una filosofía existencialista, a la que corresponden textos como *El ser y la nada* (1943) y *El existencialismo es un humanismo* (1946) y en la que profundiza en temas como la libertad humana, la angustia y las pasiones. Se interesó también en el marxismo, cuyo pensamiento expresó en *La crítica de la razón dialéctica* (1960); desde que en 1945 fundó la revista *Les Temps Modernes* se convirtió en uno de los principales teóricos de la izquierda. En su producción literaria, en la que expuso buena parte de sus ideas filosóficas, merecen especial mención sus novelas *La náusea* (1938) y *Las palabras*, así como sus obras de teatro *Las moscas* (1943) y *Muertos sin sepultura* (1946). En 1964 se le concedió el premio Nobel, que él rechazó.

Jean Paul Sartre.

sasánida *adj.* **1.** Se dice de la dinastía que gobernó en Persia desde el año 227 hasta su destrucción por el Islam en el 651, y del imperio que constituyó. La dinastía sasánida comenzó con Ardashir I (227-241), que derrotó al último rey parto de los arsácidas, y llegó a su apogeo en los reinados de Sapor I (241-272) y Sapor II (309-379), que extendieron los límites del imperio y vencieron a Roma en diversas ocasiones. El último gran monarca fue Cosroes II (591-628), que llegó a poner sitio a Constantinopla. **2.** De esta dinastía. También *s.*

Saskatchewan Prov. de Canadá, en el centro del país. 652.330 km². 1.000.300 h. en 1990. La capital es Regina, con 186.000 h. en 1986. En su parte N existen explotaciones forestales, mientras que en el S predomina la agricultura (cereales, lino, etc.) y la ganadería (bovina, vacuna y porcina). Cuenta con yacimientos de petróleo y de potasa e industria de transformación de los productos agrícolas y ganaderos.

Sassari C. de Italia, en el NO de Cerdeña. 120.000 h. en 1991. Posee industria alimentaria, textil, alfarera, de muebles y de vidrio y una refinería de petróleo. Su puerto es un importante enclave comercial.

Sasseta, Stefano di Giovanni, llamado **il** (Siena 1392 - íd. 1451) Pintor italiano. Fue uno de los principales maestros sieneses del s. XV, que se inspiró en Fra Angélico. Entre sus obras destacan el retablo de *Nuestra Señora de las Nieves* (1432), para la catedral de Siena, y el retablo de *San Francisco* (1444), en Borgo San Sepolcro.

sastre, tra *s. m.* y *f.* **1.** Persona que se dedica a hacer trajes, generalmente de hombre. ‖ *s. f.* **2.** En un teatro, mujer que cuida y arregla el vestuario de los actores y les ayuda a vestirse. ‖ *s. m.* **3.** En aposición, se aplica a prendas de mujer, como chaquetas, trajes, etc., de línea masculina.

Sastre, Alfonso (Madrid 1926) Dramaturgo español. En 1950 redactó, junto con José María de Quinto, el *Manifiesto del teatro de agitación social.* Su obra dramática, muy influida por Brecht y Piscator, tiene un carácter testimonial y de denuncia. En ella sobresalen *Escuadra hacia la muerte* (1952), *La mordaza* (1954), *El cuervo* (1956), *En la red* (1959) y *La taberna fantástica* (1966).

sastrería *s. f.* Taller y oficio de sastre.

Satán o **Satanás** Según la *Biblia*, cabecilla de los ángeles que se rebelaron contra Dios, que personifica las fuerzas del mal. Se llama también *Lucifer, Luzbel*, el *Demonio*, el *Diablo.*

satánico, ca *adj.* **1.** Perteneciente o relativo a Satanás. **2.** Muy malvado, a la vez que astuto e inteligente.

satanismo *s. m.* **1.** Conjunto de creencias, ritos y prácticas relacionados con Satanás o consagrados a su culto. **2.** Perversidad, maldad satánicas.

satélite *s. m.* **1.** Cuerpo celeste que gira alrededor de otro mayor y que no tiene luz propia, brillando únicamente al reflejar la de otro astro; p. ej., la Luna es satélite de la Tierra. **2.** Persona que sigue o acompaña a otra a todas partes o depende de ella. **3.** Estado independiente que, sin embargo, está sometido económica, política o militarmente a otro más poderoso. ■ Se usa mucho en aposición. ‖ **4. ciudad satélite** Población próxima a una gran ciudad, con administración propia, pero vinculada a aquélla por una serie de intereses. **5. satélite artificial** Vehículo espacial que se pone en órbita alrededor de un planeta o satélite natural con diversos fines: científicos (meteorológicos o de exploración), militares o de telecomunicaciones. ‖ **LOC. vía satélite** *adj.* y *adv.* Se dice de las comunicaciones o transmisiones realizadas de una parte a otra del mundo a través de un satélite de telecomunicaciones en órbita alrededor de la Tierra.

Astron. Los primeros satélites, aparte de la Luna, fueron descubiertos en 1610 por Galileo, que observó a través del telescopio los cuatro mayores de Júpiter. Los satélites giran en el mismo sentido que los planetas a que pertenecen y, por tanto, presentan a éstos siempre la misma cara, con las excepciones del noveno de Saturno y los de Urano y Neptuno, que lo hacen en sentido contrario. Su tamaño es variable, desde los dos mayores de Júpiter, Ganimedes y Calisto, que sobrepasan en tamaño al planeta Mercurio, o Tritón, de Neptuno, que con sus 5.276 km de diámetro es el mayor de todos, hasta Deimos, de Marte, que apenas alcanza 8 km. Carecen de atmósfera, probablemente porque su poca masa es incapaz de retenerla, excepto Titán, de Saturno, que tiene una de gas metano.

satén *s. m.* Tela de seda o algodón parecida al raso, pero de menor calidad.

Satie, Erik (Honfleur 1866 - París 1925) Compositor francés. Comenzó su carrera trabajando como pianista en un café de Montmartre. En estrecha relación con el dadaísmo y el surrealismo, creó un lenguaje musical propio, libre y de gran simplicidad, que fue tomado como guía por el grupo de los Seis. A él se debeh el ballet *Parada* (1917), el oratorio *Sócrates* (1918) y numerosas composiciones pianísticas, como *Tres gimnopedias* (1888) y *Danzas góticas* (1893).

satín *s. m. amer.* Satén.

satinado, da *adj.* **1.** *p. p.* de **satinar**. También *adj.* || *s. m.* **2.** Acción y efecto de satinar.

satinar *v. tr.* Dar brillo al papel o a la tela, prensándolos.

sátira *s. f.* **1.** Composición literaria que recrea con un sentido crítico y moralizante figuras y ambientes de la realidad. Como tal, alcanza carácter autónomo con escritores latinos como Horacio, Persio y Marcial. **2.** En un sentido amplio, forma de expresión que puede aparecer en un comentario, discurso u obra, y en la que con ingenio y agudeza se censura o ridiculiza algo.

satírico, ca *adj.* **1.** Perteneciente o relativo a la sátira. **2.** Perteneciente o relativo al sátiro. **3.** Que encierra o constituye una sátira o que hace sátiras. También *s.* **FAM.** Satíricamente.

satirizar *v. tr.* Hacer a alguien o algo objeto de una sátira. ■ Se conjuga como *cazar.* **FAM.** Satirizante.

sátiro *s. m.* **1.** En la mitología griega, genio de la naturaleza, mitad hombre, mitad macho cabrío, que habitaba en los bosques y se caracterizaba por su lujuria. **2.** Hombre lujurioso, especialmente el que persigue a las mujeres.

satisfacción *s. f.* **1.** Acción y efecto de satisfacer o satisfacerse. **2.** Gusto, placer, contento. **3.** Realización de un deseo o gusto. **4.** Disculpa, explicación o acto con que alguien pretende remediar un daño, ofensa, etc., causado a otro.

satisfacer *v. tr.* **1.** Hacer que cese una necesidad, deseo o pasión proporcionando lo que se necesita, desea, etc. **2.** Realizar una aspiración o deseo. **3.** Dar respuesta o solución a una pregunta, duda, problema, etc. **4.** Tener alguien o algo las condiciones o exigencias que se piden o necesitan. **5.** Pagar, abonar. **6.** Compensar a alguien por una pérdida, daño, ofensa o agravio. **7.** Cumplir por completo la pena correspondiente a una falta o delito. **8.** En mat., ser una cantidad, magnitud, etc., la solución de un problema, por cumplir las condiciones expresadas en él. || *v. intr.* **9.** Gustar, complacer. **10.** Convencer, dejar conforme. || *v. prnl.* **11.** Conformarse, contentarse. **12.** Vengarse de una ofensa o agravio. || **13. satisfacer una ecuación** Hacer que se verifique dicha ecuación para un cierto valor de la incógnita, convirtiéndola así en una identidad numérica. P. ej., $x = 3$ satisface la ecuación $4x - 6 = 6$, ya que al sustituir la incógnita x por el valor $3 : 4 \cdot 3 - 6 = 6$, se verifica la identidad numérica. ■ Es v. irreg. Se conjuga como *hacer*, salvo la 2.ª pers. del sing. del imperativo, que es *satisfaz* o *satisface.*

satisfactorio, ria *adj.* **1.** Que satisface. **2.** Bueno, positivo, favorable. **FAM.** Satisfactoriamente.

satisfecho, cha **1.** *p. p.* irreg. de **satisfacer**. || *adj.* **2.** Conforme, complacido, contento. **3.** Que ha calmado alguna necesidad o deseo. **4.** Orgulloso, ufano. Se usa mucho en la expresión **satisfecho de sí mismo**.

Sato, Eisaku (Tabuse 1901 - Tokio 1975) Político japonés. Secretario general del Partido Liberal desde 1946, estuvo al frente de distintos ministerios. Siendo ministro de Ciencias, Tecnología y Energía Atómica, organizó en 1964 los Juegos Olímpicos de Tokio. Fue nombrado primer ministro en 1964 y reelegido en 1966, 1968 y 1970. Partidario de reforzar los lazos de Japón con EE UU, cayó en 1972 por su oposición al restablecimiento de relaciones con China. En 1974 se le concedió el premio Nobel de la paz, compartido con Sean Mac Bride.

sátrapa *s. m.* **1.** En la antigua Persia, gobernador de una provincia. **2.** *fam.* Persona que lleva una vida de lujos. **3.** *fam.* Que gobierna o manda con despotismo.

satrapía *s. f.* **1.** Cargo o dignidad de sátrapa. **2.** Territorio gobernado por un sátrapa.

Satu Mare C. de Rumania, cap. del distrito del mismo nombre, situada en el NO del país a orillas del río Somes, afluente del Tisza, muy próximo a la frontera con Hungría. 136.900 h. en 1989. Es el centro urbano de una región agrícola y minera, en la que se extrae oro y cobre.

saturación *s. f.* **1.** Acción y efecto de saturar o saturarse. **2.** P. ext., excesiva abundancia de una mercancía o producto en el mercado, hasta el extremo de que éste no puede asimilarlo o ponerlo todo en circulación. **3.** En la televisión en colores, proporción en que cada uno de éstos está mezclado con el blanco; se dice que la saturación es elevada cuando la proporción de color blanco es muy reducida o inexistente, y baja cuando se produce el caso inverso. **4.** En quím., estado de una disolución que ya no admite más soluto.

saturado, da **1.** *p. p.* de **saturar**. También *adj.* || *adj.* **2.** En quím., se aplica al compuesto orgánico que presenta únicamente enlaces sencillos, generalmente entre átomos de carbono.

saturar *v. tr.* **1.** Llenar, ocupar o utilizar algo hasta el límite de su capacidad. También *v. prnl.* **2.** Empapar o disolver una cosa en otra hasta agotar la capacidad de asimilación de ésta. También *v. prnl.* **3.** En quím., combinar dos sustancias o elementos en las proporciones atómicas máximas en que pueden unirse. También *v. prnl.* **FAM.** Saturable.

saturnal *adj.* **1.** Perteneciente o relativo a Saturno. || *s. f.* **2.** Orgía*. || *pl.* **3.** En la antigua Roma, fiestas dedicadas al dios Saturno, que se celebraban durante los últimos días del año.

saturnismo *s. m.* Enfermedad crónica producida por intoxicación con plomo.

Saturno **1.** Dios de la mitología romana. Se le identifica con el Cronos griego. Hijo de Urano y Gea, destronó a su padre y lo mutiló para que no pudiera tener descendencia. Se casó con Rea y devoraba a los hijos que iba teniendo para que no pudieran usurparle el poder, pero uno de ellos, Júpiter, se salvó y le expulsó del cielo. Se instaló en Roma, donde le dedicaron las fiestas saturnales. Se le considera como un dios de la abundancia, por lo que es la divinidad de campesinos y vendimiadores.

2. Sexto planeta del Sistema Solar, tercero de los planetas exteriores. Dista del Sol 1.427 millones de km. Su diámetro es de 120.000 km, es decir, 9,4 veces mayor que el de la Tierra. Su periodo de rotación es de 10 h 14′ y el de traslación de 29,46 años. Tiene una masa 95 veces la de la Tierra y, sin embargo, su densidad es tan sólo 0,7 veces la de ésta. Existen en su superficie zonas nubosas claras y oscuras paralelas al ecuador. Presenta un conjunto de anillos, formados por innumerables partículas de helio, amoniaco y metano helados y situados sobre la línea del ecuador, con una anchura de 275.000 km. Posee, al menos, veinte satélites, de los cuales los principales son, de mayor a menor, Titán, Rea, Japeto, Dione, Tetis, Encélado, Hiperión, Mimas y Febe.

sauce *s. m.* Nombre común de diversas especies de árboles o arbustos de la familia salicáceas, género *Salix.* El sauce común o sauce blanco *(Salix alba)*, abundante en las orillas de los ríos, mide entre 10 y 25 m de altura, tiene ramitas jóvenes sedosas de color amarillo que al madurar se vuelven oliváceas, hojas lanceoladas con el envés cubierto de vello blanquecino y tronco de corteza grisácea. El sauce enano *(Salix reticulata)* es un arbusto de 5 a 30 cm de altura, con hojas de color verde azulado, que crece en praderas de clima frío del hemisferio norte. El sauce llorón *(Salix babylonica)* es un árbol exótico, originario de Asia, con ramas largas, flexibles y colgantes, que se usa como planta ornamental.

saucedal o **sauceda** *s. m.* o *s. f.* Lugar poblado de sauces. ■ Se dice también *salceda* o *salcedo.*

saúco *s. m.* **1.** Nombre común de diversos arbustos de la familia caprifoliáceas, género *Sambucus.* El saúco común *(Sambucus nigra)* mide entre 3 y 10 m de altura, tiene inflorescencias aplanadas y frutos tipo baya de color negruzco. El saúco de fruto escarlata *(Sambucus racemosa)* mide hasta 10 m de altura y tiene inflorescencias amarillentas y frutos en baya rojos. Crecen en zonas montañosas del norte y centro de Europa. Se llaman también *sabuco.* **2.** Segunda tapa de las que se componen los cascos de los caballos.

Saud ibn Abd al-Aziz (Kuwait 1902 - Atenas 1969) Rey de Arabia Saudí (1953-64). Sucedió a su padre Abd al-Aziz III, creador del estado saudita. Gobernó de forma personalista hasta que en 1958 hubo de nombrar primer ministro a su hermano Faysal, al que, sin embargo, consiguió desplazar del poder en 1960. Su mala salud le obligó en 1963 a largas estancias en establecimientos de salud del extranjero, lo que permitió a la oposición familiar deponerle en favor de Faysal.

saudade (voz gallego-portuguesa) *s. f.* Nostalgia, añoranza, morriña.

saudí o **saudita** *adj.* De Arabia Saudí. También *s.*

Saúl (Guibá ? - Guilboa h. 1015 a. C.) Primer rey de los israelitas (h. 1030 - h. 1015 a. C.). Pertenecía al linaje de Benjamín y según la *Biblia* unificó las tribus israelitas y luchó contra los pueblos enemigos. Venció en numerosas ocasiones hasta que, derrotado por los filisteos, se dejó matar o se suicidó.

sauna (voz finlandesa) *s. f.* **1.** Baño de vapor a altas temperaturas que se toma para provocar abundante sudor y así eliminar impurezas y refrescar la piel. **2.** Local donde se toma.

Saura, Antonio (Huesca 1930) Pintor español. En París entró en contacto con las vanguardias, especialmente el surrealismo, que fue abandonando por un expresionismo abstracto, caracterizado por el uso de los colores blanco, negro y gris y el dramatismo de la pincelada. Miembro fundador del grupo *El Paso*, cabe citar entre sus obras las series *Crucifixiones* y *Retratos imaginarios.*

Saura, Carlos (Huesca 1932) Director cinematográfico español. Es el autor más representativo del cine español de los años sesenta, con películas en las que utilizaba la descripción de personajes y ambientes familiares para reflexionar sobre la España contemporánea. Su cine evolucionó luego hacia una mayor sencillez y comercialidad. Entre sus filmes destacan *Los golfos* (1960), *La caza* (1966), *La prima Angélica* (1973), *Cría cuervos* (1975), *Deprisa, deprisa* (1981) y *Carmen* (1983).

saurios *s. m. pl.* Suborden de reptiles del orden escamosos al que pertenecen unas 3.000 especies comprendidas en numerosas familias entre las que destacan lacértidos, agámidos, iguánidos, camaleóntidos, gecónidos y varánidos. Son vertebrados que generalmente tienen cuatro patas, con el cuerpo cubierto de escamas epidérmicas, sangre fría y respiración pulmonar. Pueden perder la cola y regenerarla y mudan de piel a trozos. Se reproducen por fecundación interna y son por lo general ovíparos, aunque hay algunas especies ovovivíparas o vivíparas. Habitan fundamentalmente en climas cálidos de todo el mundo. Saurios son los lagartos, lagartijas, camaleones, iguanas, gecos, dragones y varanos. También *adj.* y *s. m.*

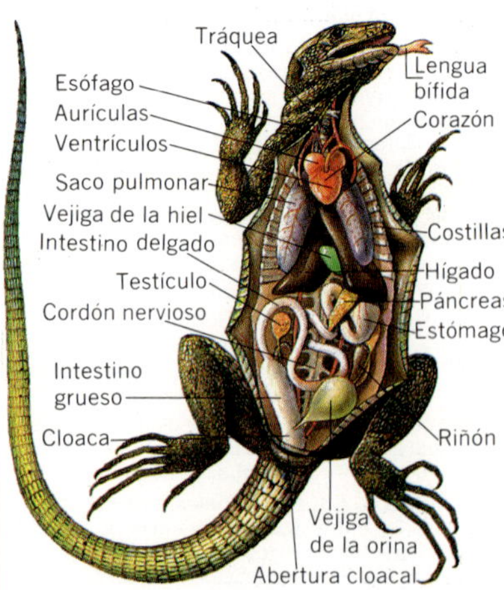

Saurios: anatomía interna de un lagarto ocelado (Lacerta lepida) *macho.*

Ferdinand de Saussure.

Saussure, Ferdinand de (Ginebra 1857 - Vufflens, Vaud 1913) Lingüista suizo. Fue profesor de gramática comparada en París y en Ginebra. La obra que le ha dado fama universal y que más ha influido en los estudios posteriores ha sido el *Curso de lingüística general*, publicado por sus discípulos Bally y Séchehaye en 1916, punto de partida del estructuralismo lingüístico. En ella introduce los conceptos y distinciones que han sentado las bases de la lingüística moderna: la lengua como un sistema en el que cada elemento sólo tiene valor por sus relaciones con el resto; la distinción entre lengua y habla, y la fundamental diferenciación entre los dos planos de observación del hecho lingüístico: el sincrónico y el diacrónico.

Savary, Anne Jean Marie René (Marcq, Ardenas 1774 - París 1833) Militar y político francés. En 1808 fue enviado a España para llevar a Fernando VII a Bayona y allí negociar su abdicación en Napoleón. Poco después sustituyó a Murat en el mando supremo de las tropas francesas en la Península. Fiel a Napoleón hasta sus últimos momentos, quiso exiliarse con él, pero fue detenido e internado en Malta.

Savater, Fernando (San Sebastián 1947) Filósofo español. Profesor de la Universidad del País Vasco, como especialista en ética ha criticado duramente toda forma de poder y se ha mostrado partidario de un vitalismo de raíz nietzscheana. Colabora asiduamente en la prensa. Ha escrito libros como *Apología del sofista* (1974) y *La tarea del héroe* (1981).

Save Río de la Europa balcánica. 940 km de longitud. Nace en el sector oriental de los Alpes y discurre en dirección SE, atravesando Eslovenia, Croacia y Serbia, hasta desembocar en el Danubio a la altura de Belgrado. 593 km de su curso son navegables. Da nombre a la más importante de las fases de la orogenia alpina. Se llama también *Sava*.

Savery, Thomas (Shilston, Devonshire 1650 - Londres 1715) Mecánico inglés. Construyó en 1698 la primera máquina que utilizaba la presión del vapor como fuerza motriz, con el fin de poder bombear el agua de las minas de carbón.

savia *s. f.* **1.** Sustancia líquida que circula por los vasos conductores de las plantas superiores, compuesta por una disolución en agua de diversas materias de las que se nutre la planta. **2.** Persona o elemento que da vitalidad o energía a algo.

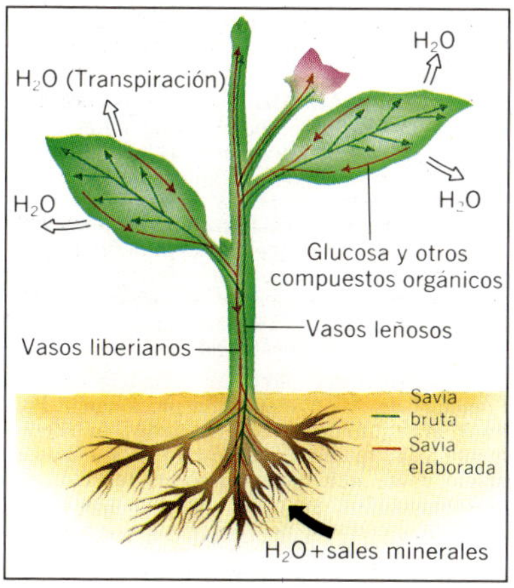

Esquema de la conducción de savia bruta y savia elaborada.

Bot. La savia verifica el proceso de nutrición de las plantas superiores o metafitas que tienen tejidos conductores desarrollados. El agua y sales minerales absorbidas del suelo por las raíces penetran en los vasos leñosos y constituyen la savia bruta, que asciende mediante dos mecanismos: la capilaridad y la transpiración de los estomas de las hojas, llegando hasta las células con clorofila de las hojas. La clorofila capta la energía luminosa y produce una reacción química que transforma la savia bruta en savia elaborada, la cual es transportada a todas las células de la planta a través de los vasos liberianos.

Savigny, Friedrich Karl von (Frankfurt del Main 1779 - Berlín 1861) Jurista alemán. Primer titular de la cátedra de derecho romano en la universidad de Berlín, en 1842 asumió una cartera ministerial en Prusia. Fundó la llamada *escuela histórica del Derecho*. Mantiene que las leyes expresan la voluntad de un pueblo y no las exigencias de una supuesta razón universal. Una de sus obras principales es *Tratado de derecho romano* (1840-49).

Savinio, Andrea de Chirico, llamado **Alberto** (Atenas 1891 - Roma 1952) Escritor italiano. Era hermano de Giorgio de Chirico. Residió en París (1910-14) y se mostró defensor del surrealismo metafísico. Es autor del poema dramático *Los cantos de la semimuerte* (1914), *Hermaphrodita* (1918), especie de diario fantástico en prosa y verso, de la novela *La casa inspirada* (1925) y de *Toda la vida* (1945).

savoir faire *loc. fr.* Significa 'saber hacer' y expresa el talento especial para hacer las cosas con habilidad, gracia y elegancia.

Savonarola, Girolamo (Ferrara 1452 - Florencia 1498) Religioso dominico italiano. Prior del convento de San Marcos, predicó contra la corrupción de la Iglesia y de la sociedad de su tiempo, hasta convertirse, tras la caída de los Médicis (1494), en el personaje más influyente de la República Florentina. Excomulgado por Alejandro VI y abandonado por muchos de sus partidarios, fue ajusticiado y quemado en la hoguera como hereje.

saxifragáceas *s. f. pl.* Familia de plantas herbáceas o leñosas del orden rosales a la que pertenecen unas 1.250 especies comprendidas en 80 géneros, entre los que destacan *Saxifraga*, *Ribes*, *Hydrangea* y *Philadelphus*. Tienen hojas generalmente simples y alternas, flores de cinco pétalos y hermafroditas y pequeños frutos en cápsula. Crecen en todo el mundo, sobre todo en regiones templadas del hemisferio norte, y son abundantes en el E de Asia, el Himalaya y América del Norte. Saxifragáceas son la grosella, la hortensia, la celinda y la saxífraga. También *adj.* y *s. f.*

saxo *s. m. apóc.* de **saxofón**.

Saxofón.

saxofón o **saxófono** *s. m.* **1.** Instrumento musical de viento de la familia del metal, inventado en 1848 por Adolphe Sax. Tiene la embocadura sencilla como el clarinete y el tubo cónico como el oboe, de forma curvada y sinuosa y con varias llaves. Muy popular en la música de jazz, ha sido objeto de especial atención por parte de muchos compositores modernos (Jacques Ibert, Michaud). Existen siete tipos de saxofones con distintas tesituras. **2.** Saxofonista*.

saxofonista *s. m.* y *f.* Músico que toca el saxofón.

Say, Jean Baptiste (Lyon 1767 - París 1832) Economista francés. Defensor de las ideas del liberalismo económico, expuso la teoría de que la utilidad del producto establece el equilibrio entre la oferta y la demanda. Se le atribuye la ley que lleva su nombre y que sostiene que la oferta engendra su propia demanda. Sus obras fundamentales son *Tratado de economía política* (1803) y *Curso completo de economía política práctica* (1828-29).

saya *s. f.* Falda o enagua.

sayagués, sa, *adj.* **1.** De Sayago, comarca de la provincia de Zamora. También *s.* ‖ *s. m.* **2.** En el teatro y la literatura del Siglo de Oro, lenguaje de carácter rústico que pretendía imitar el habla de esta comarca y que caracterizaba a personajes de aldeanos toscos.

sayal *s. m.* **1.** Tela de lana basta. **2.** Prenda de vestir confeccionada con esta tela.

sayo *s. m.* **1.** Especie de casaca antigua, larga y sin botones. **2.** *fam.* Cualquier vestido excesivamente amplio.

sayón *s. m.* **1.** Verdugo que ejecutaba los castigos corporales a los reos. **2.** Cofrade que en las procesiones de Semana Santa va vestido con una túnica larga. **3.** En la Edad Media, oficial de justicia que hacía las citaciones y ejecutaba los embargos. **4.** *fam.* Hombre de aspecto fiero.

sazón *s. f.* **1.** Estado de madurez o perfección de algo que se desarrolla o cambia. **2.** Estado de las tierras favorable para sembrar y para otras labores. **3.** Sabor que se da a las comidas con los diversos ingredientes para hacerlas más sabrosas. **4.** Ocasión o momento oportuno para algo. ‖ **Loc. a la sazón** *adv.* Por entonces, en ese momento o época.

sazonar *v. tr.* **1.** Condimentar o dar sazón a una comida. **2.** Poner algo en su punto o estado de madurez o perfección. También *v. prnl.* **FAM.** Sazonado, sazonador.

Sb Símbolo químico del antimonio.

Sc Símbolo químico del escandio.

scalextric *s. m.* Escaléxtric*.

Scalfaro, Oscar Luigi (Novara 1918) Político italiano. Miembro de la Democracia Cristiana, fue ministro de Transportes y del Interior y vicepresidente de la Cámara de diputados (1968-73). En 1992 resultó elegido presidente de la república.

Scanderberg (o **Skanderberg**), **Jorge Castriota,** llamado (? 1405 - Leshi 1468) Patriota albanés. Educado en la corte del sultán otomano Murat II, pronto volvió a la religión cristiana y dirigió el movimiento nacional albano contra la ocupación turca. Ayudado por Venecia derrotó a Murat II (1450). Se declaró vasallo de Alfonso I de Nápoles (Alfonso V de Aragón) para recibir apoyo contra los turcos, lucha en la que llevó la peor parte. A su muerte, Albania fue sometida por los otomanos.

scanner (voz ingl.) *s. m.* Escáner*.

Scarlatti, Alessandro (Palermo 1660 - Nápoles 1725) Compositor italiano. Con su obra alcanzan la plenitud en Italia la ópera napolitana y el oratorio. Perfeccionó el aria e ideó el *aria da capo*, que gozaría de una gran aceptación entre músicos y cantantes. Entre el centenar de óperas que escribió sobresalen *Rosaura* (1690) y *Griselda* (1721); compuso además 600 cantatas, 200 misas, oratorios, sinfonías, numerosas piezas para teclado y música de cámara.

Scarlatti, Domenico (Nápoles 1685 - Madrid 1757) Compositor, clavecinista y organista italiano. Hijo del anterior, se inició en la música escribiendo óperas, la mayoría perdidas actualmente. Desde 1729 residió en España al servicio de la corona, donde desarrollo su personalidad como compositor y creó un tipo de obra específica para el clavicémbalo, la sonata en un solo movimiento. Compuso más de 550 sonatas de este tipo, que denominó *Ejercicios*.

Scarpa, Antonio (Motta di Livenza, Friul 1752 - Pavía 1832) Cirujano italiano. Fue decano de la universidad de Pavía y describió varias estructuras anatómicas que llevan su nombre.

scay *s. m.* Skay*.

Schaeffer, Pierre (Nancy 1910) Compositor francés. En 1948 dio a conocer la primera obra de música concreta, cuyo fundamento es la grabación de todo tipo de sonidos para mezclarlos y manipularlos posteriormente. Es autor de *Sinfonía para un hombre solo* (1949-50).

Schaerer, Eduardo (Caazapá 1873 - ? 1941) Político paraguayo. Presidente de la república (1912-16), llevó a cabo una labor de estabilización económica y política del país, fomentando las obras públicas y la colonización y parcelamiento de tierras.

Schaff, Adam (Lvov 1913) Filósofo y sociólogo polaco. Profesor de la Universidad de Varsovia, su peculiaridad radica en haber combinado el marxismo con la filosofía analítica del lenguaje. Entre sus principales obras figuran *Algunos problemas de la teoría marxista de la verdad* (1951), *Introducción a la semántica* (1960) e *Historia y verdad* (1965).

Schally, Andrew Victor (Vilnius, Lituania 1926) Bioquímico estadounidense de origen polaco. Investigó sobre las hormonas de la pituitaria. En 1977 recibió el premio Nobel de medicina y fisiología, compartido con Roger Guillemin y Rosalyn Yalow.

Scharoun, Hans (Bremen 1893 - Berlín 1972) Arquitecto alemán. Desarrolló una importante labor en la reconstrucción de Alemania tras la Segunda Guerra Mundial. Entre sus obras destacan la construcción del barrio de Charlottenburg-norte y el edificio de la orquesta filarmónica de Berlín (1963), de estilo expresionista.

Sharpe, William (Massachusetts 1934) Economista estadounidense. En 1990 obtuvo el premio Nobel de economía, compartido con sus compatriotas Harry Markowitz y Merton Miller, por sus trabajos innovadores sobre la teoría financiera.

Schawlow, Arthur Leonard (Mount Vernon, Nueva York 1921) Físico estadounidense. Ha investigado en el campo de la espectrometría y recibió el premio Nobel de física en 1981, compartido con Nicolaas Bloembergen y Karl Manne George Siegbahn, por sus aportaciones al conocimiento del láser.

Scheel, Walter (Solingen, Renania 1919) Político alemán. Miembro del Partido Liberal, fue ministro de Cooperación Económica (1963-66), presidente de su partido (1968), vicecanciller y ministro de Asuntos Exteriores (1969-74) y presidente de la República Federal de Alemania (1974-79).

Scheele, Carl Wilhelm (Stralsund 1742 - Köping 1786) Químico sueco. En 1768 aisló el hidrógeno y el oxígeno. Reveló la existencia del flúor en el ácido fluorhídrico (1771) y demostró que el grafito está formado por carbono. En 1769 aisló el fósforo a partir de los huesos. Se dio su nombre a un mineral, la *scheelita*, constituido por volframato de calcio.

Scheler, Max (Munich 1874 - Frankfurt del Main 1928) Filósofo alemán. Dentro de la corriente de la fenomenología iniciada por Husserl, desarrolló un pensamiento original, sobre todo en el campo de la ética, la religión, la sociología y la antropología filosófica. Formuló una teoría de los valores, en la que defendía un apriorismo de influencia kantiana y afirmaba que los valores son esencias puras, inmutables e independientes del juicio de los individuos. Entre sus obras destacan *El formalismo en la ética y la ética material de los valores* (1913-16) y *Esencia y formas de la simpatía* (1923).

Max Scheler.

Schelling, Friedrich Wilhelm Joseph (Leonberg 1775 - Bad Ragaz, Suiza 1854) Filósofo alemán. Discípulo de Hegel y Hölderlin, y amigo de Goethe, desarrolló los aspectos estéti-

Friedrich Wilhelm Joseph Schelling.

cos del idealismo alemán. Es considerado como una de las figuras capitales del Romanticismo. Schelling identifica lo absoluto con la naturaleza, a la que concibe como un organismo vivo, y sitúa en la creación artística la forma suprema del conocimiento. Algunas de sus obras más importantes son *Ideas para una filosofía de la naturaleza* (1797), *Sistema del idealismo trascendental* (1800) y *Filosofía y religión* (1804).

scherzo (voz ital. que significa 'juego') *s. m.* Forma musical rápida, de ritmo ternario y utilizada frecuentemente como tercer movimiento en una sinfonía, sonata o cuarteto de cuerda. En la época romántica se convirtió en una pieza instrumental autónoma.

Schick Gutiérrez, René (Managua 1909 - íd. 1966) Político nicaragüense. Del clan Somoza, fue ministro de Relaciones Exteriores (1961-62) y presidente de la república (1963). Ofreció a EE UU el territorio nicaragüense para instalar bases de misiles contra Cuba. Murió antes de terminar su mandato.

Schiller, Friedrich von (Marbach 1759 - Weimar 1805) Escritor alemán. Fue uno de los máximos exponentes, junto con Goethe, del movimiento *Sturm und Drang*. Entre sus primeras obras poéticas, repletas de vigorosa libertad, sobresale su himno *A la alegría*, universalmente famoso porque Beethoven lo incorporó a su Novena Sinfonía. En 1781 publicó el drama *Los bandidos* y en 1787, *Don Carlos*. Se dedicó incansablemente al estudio de la historia y en 1797 dio a la luz las *Baladas*, inspiradas en temas de la antigüedad y la Edad Media. Cultivó también la tragedia y en 1804 acabó su obra más popular, *Guillermo Tell*, de espíritu patriótico y liberal.

Schinkel, Karl Friedrich (Neuruppin 1781 - Berlín 1841) Arquitecto y pintor alemán. Estudió en Berlín con Friedrich Gilly y completó su formación en Italia y Francia. Nombrado primer arquitecto real, orientó toda la arquitectura berlinesa hacia el sobrio estilo neoclasicista. Entre sus obras destacan el Museo Viejo de Berlín (1824-28) y la residencia de verano de los zares, en Crimea (1838).

Schlegel, August Wilhelm von (Hannover 1767 - Bonn 1845) Escritor alemán. Teórico más que poeta, fue uno de los grandes difusores del romanticismo alemán. Mostró su oposición tanto al idealismo de Schiller como al clasicismo francés. Entre sus obras sobresalen *Cursos sobre literatura y sobre el arte* (1801-04), *Curso sobre el arte dramático* (1809-11) e *Historia de la lengua y de la poesía alemanas* (1818-19).

Schlegel, Friedrich von (Hannover 1772 - Dresde 1829) Escritor alemán. Hermano del anterior, fue uno de los teóricos del romanticismo alemán. Publicó, entre otros libros, *Historia de la poesía de griegos y romanos* (1798) e *Historia de la literatura antigua y moderna* (1815).

Schleiermacher, Friedrich Daniel Ernst (Breslau 1768 - Berlín 1834) Teólogo protestante alemán. Luchó por integrar la teología en la cultura de su tiempo y defendió una concepción subjetiva de la religión basada en el sentimiento y en la vivencia íntima. Escribió obras como *Breve exposición del estudio de la teología* (1811) y *Hermenéutica y crítica con referencia especial al Nuevo Testamento* (1838).

Schleswig-Holstein Land de Alemania, en el N del país, junto a la frontera con Dinamarca. 15.727 km^2. 2.594.600 h. en 1990. La capital es Kiel, con 243.600 h. en 1990. Ocupa una región de grandes llanuras, en las que se cultivan plantas forrajeras, cereales y remolacha azucarera y se cría ganado bovino, vacuno y porcino. También son importantes los recursos pesqueros. Posee industrias de fabricación de maquinaria, textiles y papeleras. En 1867 los condados de Schleswig y Holstein fueron incorporados a Prusia y en 1920 se formó la provincia de Schleswig-Holstein, que se integró en la República Federal de Alemania en el año 1949.

Schlick, Moritz (Berlín 1882 - Viena 1936) Filósofo y físico alemán. Fue uno de los fundadores del Círculo de Viena. Partidario de un positivismo fuerte y antimetafísico radical, hizo sus principales aportaciones en el campo de la filosofía del lenguaje. Entre sus obras sobresalen *Positivismo y realismo* (1932-33) y *Filosofía y ciencia natural* (1934).

Schliemann, Heinrich (Neubukow, Mecklemburgo 1822 - Nápoles 1890) Arqueólogo alemán. En 1868 marchó a Grecia para intentar localizar las ciudades mencionadas en los poemas de Homero. En 1870 excavó la colina de Hissarlik, en Turquía, legendario emplazamiento de Troya, y descubrió los restos de cuatro ciudades. Entre 1874 y 1884 excavó en Micenas, Orcómeno y Tirinto, realizando importantes descubrimientos sobre la civilización micénica.

Schlüter, Andreas (¿Danzig? h. 1664 - San Petersburgo 1714) Escultor y arquitecto alemán. Destacada figura del barroco tardío alemán e influido por Bernini y Girardon, su nombre está asociado a los Hohenzollern, familia real de Prusia. Dirigió las obras del Palacio Real de Berlín, si bien alcanzó la fama sobre todo por sus realizaciones escultóricas. Entre ellas destacan la de Federico III (1696-97) y la del Gran Elector Federico Guillermo (1703).

Schmidt, Helmut (Hamburgo 1918) Político alemán. Afiliado al Partido Socialdemócrata, fue ministro de Defensa (1969-72) y de Economía y Finanzas (1972-74) en el gabinete presidido por Willy Brandt, a quien sucedió después de su dimisión (1974). Fue confirmado como canciller tras las elecciones de 1976 y reelegido en 1982, pero con la ruptura de la coalición socialdemócrata-liberal una moción de censura democristiana le apartó del poder en 1982.

Schneider, Romy (Viena 1938 - París 1982) Actriz cinematográfica austriaca. Encasillada en papeles románticos, logró imponer su talento en filmes como *El proceso* (1962), *Max y los chatarreros* (1971) y *Luis II de Baviera*, 1973).

Schömberg, Charles de (Nanteuil-le-Haudoin, Oise 1601 - París 1656) Mariscal de Francia. Venció a las tropas españolas en Leucate (1636), en el Rosellón. Tomó Perpiñán (1642). En la guerra de Separación de Cataluña, invadió ésta y fue nombrado virrey (1648-50).

Schönberg, Arnold (Viena 1874 - Los Ángeles 1951) Compositor austriaco nacionalizado estadounidense. Es una figura clave en la historia de la música del s. XX, tanto por su obra como por su labor docente. Influido por el Romanticismo en sus comienzos, hacia 1908 abandonó la música tonal y en 1921 publicó la obra teórica, *Método de composición a base de doce sonidos*, en la que daba a conocer los principios del *dodecafonismo*. Ha dejado un *Tratado de armonía* (1911), así como numerosas composiciones, entre las que sobresalen *Gurrelieder* (1900), *Pierrot lunar* (1912) y *Moisés y Aarón* (1930-32, ópera inacabada).

Schongauer, Martin (? Colmar h. 1445 - Brisach 1491) Pintor y grabador alemán. Recibió la influencia de los grandes maestros holandeses de su tiempo, especialmente de Van der Weyden. Sus obras se caracterizan por la expresividad y una compleja composición. Entre sus pinturas destacan cuadros de pequeño tamaño como la *Sagrada Familia* y la *Coronación de la Virgen* y su obra maestra *La Virgen de la rosaleda* (1473). Ejecutó también los monumentales frescos del *Juicio universal*, en la catedral de Brisach.

Schopenhauer, Arthur (Danzig 1788 - Frankfurt del Main 1860) Filósofo alemán. Profesor en Berlín, desde 1831 se dedicó exclusivamente a la filosofía. Recibió influencias del budismo y fue uno de los grandes teóricos del pesimismo. Con su obra, que constituye una doctrina metafísica de la voluntad, inició una corriente irracionalista en filosofía. En oposición al idealismo de Fichte y Hegel, aportó una nueva interpretación de la filosofía kantiana identificando la «cosa en sí» con una universal

Arthur Schopenhauer.

voluntad de vivir. Sostuvo que sólo el arte y una vida ascética podían evitar la angustia de la existencia, provocada por un deseo irracional. Su obra principal es *El mundo como voluntad y como representación* (1818); tambien escribió *La cuádruple raíz del principio de razón suficiente* (1813) y *Sobre la voluntad en la naturaleza* (1836).

Schrieffer, John Robert (Oak Park 1931) Físico estadounidense. En 1972 le fue otorgado el premio Nobel de física, junto con John Bardeen y Leon N. Cooper, por su desarrollo en común de la teoría de la superconductividad.

Schrödinger, Erwin (Viena 1887 - íd. 1961) Físico austriaco. Fue profesor en varias ciudades europeas. Con la llegada de los nazis tuvo que exiliarse a Gran Bretaña e Irlanda hasta que en 1955 volvió a Viena. Destacó por sus investigaciones sobre mecánica ondulatoria y contribuyó con sus obras a la teoría de los colores y a la de los cuantos. Le fue otorgado el premio Nobel de física en 1933, compartido con Paul Adrien Maurice Dirac.

Schubert, Franz (Viena 1797 - íd. 1828) Compositor austriaco. Fue miembro de la capilla imperial y trabajó como maestro ayudante hasta que pudo dedicarse por completo a la composición. Representa una de las figuras clave del Romanticismo musical. Escribió alrededor de 600 lieder, que le consagraron como el gran maestro del género con las colecciones *La bella molinera* (1823) y *Viaje de invierno* (1827). También compuso nueve sinfonías, entre las que destacan *La incompleta* (1822) y la gran *Sinfonía en do,* numerosas piezas para piano, sonatas y cuartetos de cuerda, así como algunas óperas, entre las que sobresale *Rosamunda* (1823).

Franz Schubert (Sociedad Amigos de la Música, Viena).

Schulten, Adolf (Elberfeld 1870 - Erlangen 1960) Historiador y arqueólogo alemán. En 1907 consiguió la cátedra de historia antigua de la universidad de Erlangen. Destacó por sus trabajos en España, sobre todo las excavaciones de Numancia, y por sus obras *Numancia: resultados de las excavaciones* (1905-12), *Fontes Hispaniae antiquae* (1922) y *Tartessos* (1924).

Schultz, Theodore William (Arlington, Dakota del Sur 1902) Economista estadounidense. Especializado en economía agraria y de recursos naturales, fue galardonado con el premio Nobel de economía en 1979, compartido con Arthur Lewis, por sus estudios sobre los países en vías de desarrollo.

Schulz, Charles (Saint Paul 1923) Autor de cómics estadounidense. Adquirió fama mundial por su serie de tiras cómicas conocida con el nombre de *Peanuts,* cuyos personajes, *Charlie Brown y Snoopy,* gozan de gran popularidad.

Schuman, Robert (Luxemburgo 1886 - Scy-Chazelles, Moselle 1963) Político francés. Diputado del Movimiento Republicano Popular (1945-1962), desempeñó diversos ministerios y la jefatura de gobierno (1947-48). Siendo ministro de Asuntos Exteriores (1948 y 1949-52), propuso la creación de la CECA, Comunidad Europea del Carbón y del Acero (1950), organismo que sirvió de base para la posterior Comunidad Económica Europea (CEE).

Schumann, Clara (Leipzig 1819 - Frankfurt del Main 1896) Pianista alemana. Su nombre de soltera era Clara Wieck y estuvo casada con Robert Schumann. Se consagró a la interpretación de Beethoven, Chopin, Liszt y Schumann.

Schumann, Robert (Zwickau, Sajonia 1810 - Endenich, cerca de Bonn 1856) Compositor alemán. Manifestó con precocidad sus aptitudes musicales. Contribuyó decisivamente a la cristalización del Romanticismo, al que aportó una obra intimista, concisa, de gran riqueza rítmica y armónicamente refinada. Compuso piezas para piano de difícil maestría, como *Carnaval* (1834-1835) y *Escenas del bosque* (1848-49). Es además uno de los máximos representantes del lied romántico, que encumbró en los ciclos *Los amores del poeta* (1840) y *Vida amorosa de una mujer* (1840). Asimismo, escribió música de cámara, conciertos, sonatas, cuartetos de cuerda y sinfonías, entre las que destacan *La primavera* (1841) y *Renana* (1850).

Robert Schumann (Sociedad Amigos de la Música, Viena).

Schumpeter, Joseph Alois (Trest, Moravia 1883 - Taconic, Connecticut 1950) Economista y sociólogo estadounidense de origen austriaco. Fue ministro de Hacienda del gobierno austriaco en 1919. Desde 1932 ejerció la docencia en la universidad de Harvard. Teórico del capitalismo, su principal objeto de estudio fue el desarrollo económico, así como las condiciones históricas, sociales y tecnológicas que lo hacen posible. Sostiene que el motor de ese desarrollo, que nunca es lineal sino cíclico, son las modificaciones tecnológicas introducidas por los empresarios innovadores. Entre sus principales obras se cuentan *Teoría del desarrollo económico* (1910), *Capitalismo, socialismo y democracia* (1942) e *Historia del análisis económico* (1954).

Schuschnigg, Kurt von (Riva 1897 - Mutters, cerca de Innsbruck 1977) Político austriaco. Fue diputado socialcristiano (1927) y canciller de su país (1934). Intentó resistir el avance nazi en Austria, pero Hitler exigió su dimisión (1938) y le hizo deportar a Dachau.

Schütz, Heinrich (Köstritz, Turingia 1585 - Dresde 1672) Compositor alemán. Discípulo de Giovanni Gabrielli y probablemente de Monteverdi, es uno de los principales músicos del Barroco. Introdujo en el área germánica la nueva monodia italiana, sin abandonar nunca un estilo personal profundamente alemán. Casi toda su obra está constituida por piezas vocales basadas en textos sagrados, como *Sinfonías sacras I* y *II* (1628 y 1647), *Conciertos espirituales* (1636 y 1639) y *Oratorio de Navidad* (1664).

Schwartz, Melvin (Nueva York 1932) Físico estadounidense. Fue profesor en la universidad de Stanford. En 1988 obtuvo el premio Nobel de física, compartido con Leon Lederman y Jack Steinberger, por su trabajo en física subatómica.

Schwarzenberg, Karl Philipp, príncipe von (Viena 1771 - íd. 1820) General austriaco. Fue el vencedor de Napoleón en Leipzig (1813) al mando de los ejércitos aliados.

Schwarzkopf, Norman (Trenton, New Jersey 1934) Militar estadounidense. Luchó en Vietnam y fue comandante en jefe de las fuerzas estadounidenses en la guerra del Golfo (1991).

Schweitzer, Albert (Kaysersberg, Alsacia 1875 - Lambaréné, Gabón 1965) Médico, teólogo, músico y filántropo francés de origen alsaciano. Marchó como médico misionero al África Ecuatorial Francesa (1912) y fundó un hospital en Lambaréné (1913), que dirigió hasta su muerte. Recorrió Europa dando conferencias y conciertos para recaudar fondos destinados a su labor misionera. Le fue otorgado el premio Nobel de la paz en 1952.

Schwerin C. de Alemania, en el N del país, junto al lago del mismo nombre. 129.500 h. en 1990. Tiene industria metalúrgica, alimentaria, electrónica, química y farmacéutica. Destacan también el trabajo de la madera, del cuero y la fabricación de instrumentos musicales.

Schwinger, Julian Seymour (Nueva York 1918) Físico estadounidense. Profesor en la universidad de Harvard y en el Instituto Tecnológico de Massachusetts, fue uno de los primeros investigadores de la electrodinámica cuántica. En 1965 recibió el premio Nobel de física, compartido con Richard Phillips Feynman y Shinichiro Tomonaga.

Schwitters, Kurt (Hannover 1887 - Ambleside, Reino Unido 1948) Artista alemán. Fue uno de los representantes del vanguardismo dadaísta, tanto en el terreno de las artes plásticas como en el de la poesía. Dio a sus obras el nombre de *merz,* palabra elegida al azar.

Sciascia, Leonardo (Racalmuto, Agrigento 1921 - Palermo 1989) Escritor italiano. Intelectual de profundo espíritu crítico, es autor de narraciones, ensayos y artículos de prensa en los que analiza la realidad social y política italiana, especialmente la de Sicilia, entre los que sobresalen *Las parroquias de Regalpetra* (1956), *A cada cual lo suyo* (1966), *El contexto* (1971), *Todo modo* (1974) y *Cándido o un sueño siciliano* (1977).

scooter (voz ingl.) *s. m.* Motocicleta de pequeño tamaño y poca cilindrada, con motor cubierto y cuadro abierto, en la cual el conductor va sentado en un asiento en lugar de ir montado como en una motocicleta normal.

-scopia *suf.* Significa 'observar, examinar': *radioscopia.*

-scopio o **-scopo** *suf.* Significa 'instrumento para observar o examinar': *microscopio, giróscopo.*

Scorsese, Martin (Flushing, Nueva York 1942) Director de cine estadounidense. En 1964 se inició en el cortometraje y en 1973 debutó como director. Entre sus mejores filmes figuran *Malas calles* (1973), *Alicia ya no vive aquí* (1975), *Taxi driver* (1976), *Toro salvaje* (1979), *El color del dinero* (1986) y *Uno de los nuestros* (1990).

Scorza, Manuel (Lima 1928 - en accidente aéreo cerca de Madrid 1983) Escritor peruano. Alcanzó fama con su pentalogía *La guerra silenciosa,* de tema indigenista, en la que destaca la novela *Redoble por Rancas* (1970).

scotch (voz ingl., de *scotch whisky*) *s. m.* Whisky escocés.

Scotland Yard Cuartel general de la policía de Londres. Organismo creado por Robert Peel en 1829, su eficacia le ha granjeado fama mundial.

Scott, Robert Falcon (Devonport 1868 - Antártida 1912) Explorador británico. Organizó una expedición al Antártico para estudiar el mar de Ross y llegar hasta el polo sur, lo que consiguió en 1912, aunque Amundsen lo había conseguido un mes antes. Murió a su regreso de hambre y frío en los hielos polares. Es autor de *El viaje del «Discovery»* (1905).

Walter Scott. Retrato de una edición de 1883 de Quintin Durward *(Biblioteca Nacional, Madrid).*

Scott, Walter (Edimburgo 1771 - castillo de Abbotsford 1832) Escritor escocés. Cultivó la poesía con cierto éxito, para dedicarse finalmente a la novela histórica, que le dio fama. Sus personajes y héroes no son idealizados, sino presentados con realismo en episodios y situaciones de la vida diaria. Entre sus obras descuellan *Waverley* (1814), *El anticuario* (1816), *Rob Roy* (1818), *Ivanhoe* (1820) y *Quintin Durward* (1823).

scout (voz ingl.) *s. m.* Boy* scout.

Scriabin, Alexander Nikolaievich Véase **Skriabin, Alexander Nikolaievich**.

script (voz ingl.) *s. m.* y *f.* En un rodaje cinematográfico, persona que se encarga de anotar todos los datos y detalles de las escenas filmadas a fin de garantizar el *raccord* o continuidad entre planos.

scruchante *s. m. Arg.* Ladrón.

se[1] (del lat. *se*) *pron. pers. reflex. y recípr. m. y f. de 3.ª pers.* **1.** Funciona como complemento directo e indirecto: *Se peina a raya. Se está lavando las manos.* **2.** Forma parte de algunos verbos pronominales, como p. ej. *arrepentirse, acordarse*, etc. **3.** Aparece con algunos verbos como elemento enfático o expresivo: *Se comió un pastel.* **4.** Se usa también para formar construcciones impersonales y de pasiva refleja: *Se dice que va a haber cambio de gobierno. Se cerraron todas las tiendas.*

se[2] (del ant. *ge*, del lat. *illi*, dativo de *ille*) *pron. pers. m. y f. de 3.ª pers.* Funciona como complemento indirecto cuando aparece combinado con los pronombres de complemento directo *lo, la* y sus plurales ▪ Va siempre antepuesto a dichos pronombres: *Se lo dije ayer. Dáselos.*

Se Símbolo químico del selenio.

Seaborg, Glenn Theodore (Ishpeming, Michigan 1912) Químico estadounidense. Especialista en química y física nuclear, colaboró en el descubrimiento del plutonio (1941) y durante la Segunda Guerra Mundial desarrolló un método para obtener este elemento químico en la pila de uranio. Entre 1944 y 1950 descubrió el americio, el curio, el berkelio y el californio. Obtuvo, junto con Edwin Mattison McMillan, el premio Nobel de química en 1951.

SEATO Siglas de *South East Asia Treaty Organization* (Organización del Tratado del Sudeste Asiático), alianza político-militar creada en 1954 para frenar el comunismo en el SE de Asia. Fue disuelta en 1977.

Seattle C. de EE UU, en el estado de Washington, en la bahía de Elliott. 514.400 h. en 1989, 1.751.000 h. en su área metropolitana. Es uno de los principales centros financieros y comerciales del estado. Cuenta con industrias de alta tecnología, entre ellas las aeronáuticas, además de siderometalúrgicas, de construcciones mecánicas y navales. Su puerto es un importante nudo de comunicaciones internacional.

sebáceo, a *adj.* **1.** De sebo o que tiene sus características. **2.** Se aplica a la glándula que segrega la grasa que lubrica el pelo y la piel. ‖ **3. quiste sebáceo** Véase **quiste**.

Sebastián (Lisboa 1554 - Alcazarquivir 1578) Rey de Portugal (1557-78). Sucedió a su abuelo Juan III y realizó dos campañas en el N de Marruecos para crear allí un imperio portugués. Murió en la batalla de Alcazarquivir, aunque entre el pueblo portugués perduró la creencia de que el monarca seguía vivo y que un día volvería para traer la felicidad al país. Este fenómeno se conoce como *sebastianismo*.

Sebastián, San (s. III) Mártir cristiano. Era jefe de una cohorte pretoriana en Roma. Acusado como cristiano, fue asaeteado y torturado hasta la muerte.

Sebastiano del Piombo, Sebastiano Luciani, llamado (Venecia h. 1485 - Roma 1547) Pintor italiano. En Venecia recibió la influencia de Giovanni Bellini y de Giorgione, y en Roma, la de Miguel Ángel. Algunas de sus obras más notables son *Salomé, La Piedad, Resurrección de Lázaro, Madona del velo* y *Cristo en el Limbo*.

Sebastopol C. de Ucrania, situada en el S de la península de Crimea. 356.000 h. en 1989. Tiene industria alimentaria. Es un notable centro de construcciones mecánicas y navales y activo puerto comercial. Antigua ciudad fortaleza, soportó importantes asedios en la guerra de Crimea y en la Segunda Guerra Mundial.

sebo *s. m.* **1.** Grasa sólida que se saca de los animales y que se destina a diversos usos, p. ej. para hacer velas y jabón; también, cualquier sustancia de naturaleza grasa o de cera, que se funde a la misma temperatura que la antes mencionada. **2.** Cualquier tipo de exceso de grasa en las personas o en los animales. **3.** Suciedad grasienta que segregan las glándulas sebáceas.

seborrea o **seborragia** *s. f.* Aumento anormal de la secreción de sebo o grasa de las glándulas sebáceas de la piel o del cuero cabelludo.

seborreico, ca *adj.* Relativo a la seborrea o que la sufre.

seboso, sa *adj.* **1.** Que tiene sebo. **2.** Sucio y grasiento.

seca *s. f.* **1.** Sequía*. **2.** Periodo durante el cual se secan las pústulas de una enfermedad. **3.** Infarto de una glándula.

secadero *s. m.* **1.** Lugar en que se secan natural o artificialmente frutos u otros productos. **2.** Aparato o instalación para el secado de cuerpos sólidos.

secado, da **1.** *p. p.* de **secar**. ‖ *s. m.* **2.** Acción y efecto de secar; en particular, operación de eliminar el líquido de un cuerpo sólido.

secador, ra *adj.* Que seca; se aplica particularmente a los diversos aparatos y máquinas que sirven para secar. Se usa más como *s. m.* y *f.*

secafirmas *s. m.* Utensilio de escritorio provisto de un papel secante para secar la tinta fresca de lo que se escribe.

secamente *adv. m.* **1.** De forma seca o poco expresiva. **2.** De manera áspera, sin amabilidad.

secano *s. m.* Tierra de cultivo que no tiene riego y sólo recibe el agua de la lluvia.

secante[1] (del lat. *siccans, -antis*) *adj.* **1.** Que seca o sirve para secar. **2.** En particular, se aplica a cierto papel poroso que se utiliza para secar la tinta fresca de un escrito. También *s. m.* ‖ *s. m.* **3.** Sustancia que se añade a la pintura para hacer que ésta se seque más rápidamente. **4.** En fútbol, jugador encargado de marcar a un contrario e interceptar su juego.

secante[2] (del lat. *secans, -antis*) *adj.* **1.** Se aplica a las líneas o superficies que cortan a otras líneas o superficies. También *s. f.* ‖ **2. secante de un ángulo** En trigonometría, la del arco que sirve de medida al ángulo. **3. secante de un arco** En geom., parte de la recta secante que pasa por el centro de un círculo y por un extremo del arco, comprendida entre dicho centro y el punto donde se encuentra con la tangente trazada por el otro extremo del mismo arco. Cuando el arco es de 90°, la secante del mismo es infinita.

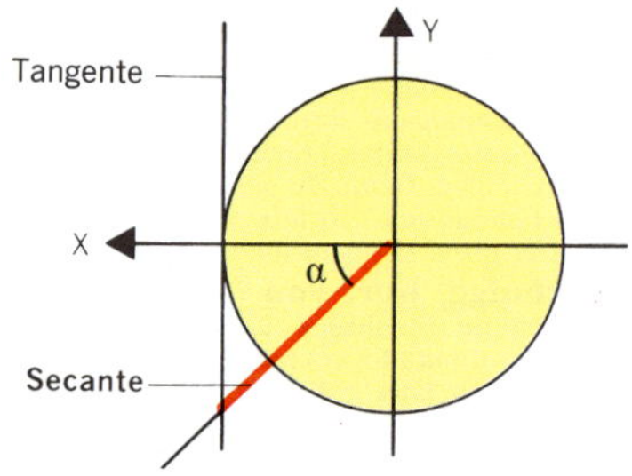

Secante de un arco.

secapelos *s. m. fam.* Aparato secador del cabello.

secar *v. tr.* Hacer que alguien o algo quede seco. También *v. prnl.* ▪ Se conjuga como *sacar.* **Fam.** Secamiento.

secarral *s. m.* Terreno muy seco.

sección *s. f.* **1.** Corte o separación hecha en un cuerpo sólido mediante un instrumento cortante. **2.** Cada una de las partes o grupos en que se divide, o se considera dividido, un todo o un conjunto de personas o cosas, p. ej. una organización o unos grandes almacenes. **3.** En el ejército, cada una de las tres unidades de que se compone una compañía, un escuadrón o una escuadrilla, generalmente mandada por un teniente o un alférez. **4.** Dibujo o representación de algo como si estuviese cortado por un plano, para mostrar su interior, su funcionamiento, su composición, etc. **5.** En geom., figura que resulta de la intersección de una superficie o un sólido con otra superficie. ‖ **6. sección áurea** En geom., división de un segmento en dos, de longitudes distintas *a* y *b*, tales que $\frac{a}{b} = \frac{a+b}{a}$. **7. sección eficaz** En fís., medida del tamaño efectivo de un núcleo para una determinada reacción nuclear. Dadas las dimensiones nucleares, la unidad que se suele utilizar en esta medida es el *barn*, equivalente a 10^{-24} m^2.

seccionador, ra *adj.* **1.** Que secciona. También *s.* ‖ *s. m.* **2.** Aparato que sirve para abrir y cerrar un circuito eléctrico sin carga.

seccionar *v. tr.* **1.** Cortar, separar. **2.** Dividir en secciones.

secesión *s. f.* **1.** Separación política de parte de un país para independizarse o unirse a otro. **2.** P. ext., separación de un grupo de personas del conjunto del que formaban parte.

Secesión, guerra de Guerra entablada entre los estados del Norte y los del Sur de EE UU (1861-65). La oposición de intereses entre el Sur, agrícola, aristocrático y esclavista, y el Norte, industrial, democrático y abolicionista, así como la política antiesclavista del presidente Lincoln, fueron las causas de la separación de los estados del Sur, que crearon la Confederación Sudista, dirigida por Jefferson Davis. Tras cuatro años de guerra, el Norte derrotó al Sur y se establecieron las capitulaciones de Appomattox y Durham.

secesionismo *s. m.* Tendencia u opinión favorable a la secesión política.

secesionista *adj.* **1.** Perteneciente o relativo a la secesión o al secesionismo. **2.** Partidario de la secesión. También *s.*

seco, ca *adj.* **1.** Que no está húmedo o mojado. **2.** Con muy poca agua o sin ella. **3.** Se dice del tiempo meteorológico, el clima, la zona, la época del año, etc., caracterizados por la falta de lluvias o por la escasa humedad en la atmósfera. **4.**

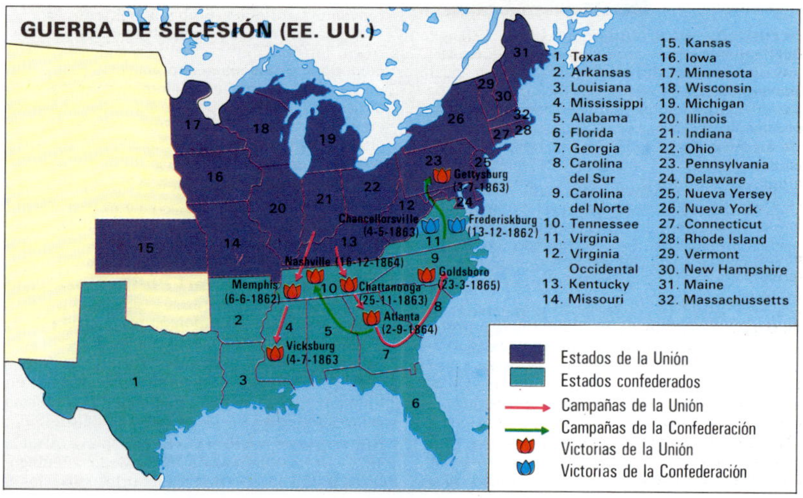

Se dice de los frutos que de por sí no tienen jugo o de aquellos a los que éste se les ha quitado o se ha dejado que se consuma. **5.** Se aplica a las plantas o a las partes de éstas que están muertas por haberse quedado sin savia. **6.** Estéril. **7.** Aplicado a la piel o al pelo, con poca grasa. **8.** Flaco, de pocas carnes. **9.** Poco expresivo, poco amable o afectuoso. **10.** Solo, sin acompañamiento ni añadidos. **11.** Tajante. **12.** Que ha perdido capacidad de sentir o pensar. **13.** Se aplica a ciertos sonidos roncos o ásperos, como la tos que no va acompañada de expectoraciones. **14.** Se dice del golpe fuerte y rápido, que apenas retumba. **15.** Aplicado a vinos y otras bebidas o combinados alcohólicos, poco dulce. **16.** Con *dejar* o *quedarse*, muerto; también, muy impresionado. **17.** *Chile.* Golpe, coscorrón, puñetazo. || **Loc. a secas** *adv.* Sólo, sin más. **en seco** *adj.* y *adv.* Referido a la interrupción de una acción, bruscamente; se dice asimismo de la limpieza sin agua; también, fuera del agua. **estar** uno **seco** *fam.* Tener mucha sed.

secoya *s. f.* Secuoya*.

secreción *s. f.* **1.** Acción y efecto de secretar o segregar. **2.** Sustancia que se segrega.

secretar *v. tr.* Segregar las glándulas y otros órganos sustancias que el organismo utiliza para alguna función.

secretaría *s. f.* **1.** Cargo y oficina del secretario. **2.** Sección de un organismo, institución o empresa que se ocupa fundamentalmente de tareas administrativas. || **3. secretaría de Estado** Cargo del secretario de Estado y lugar donde dicho secretario despacha sus asuntos. **4. secretaría general** Cargo del máximo dirigente de un partido político, sindicato, etc.

secretariado *s. m.* **1.** Conjunto de estudios necesarios para ser secretario, como mecanografía, taquigrafía, tratamiento de correspondencia y documentos, etc. **2.** Puesto o cargo de secretario. **3.** Conjunto de personas que desempeñan este puesto o cargo. **4.** Organismo central de carácter cultural, social, político, etc., que dirige y coordina la actividad de diversas entidades dependientes del mismo.

secretario, ria *s. m.* y *f.* **1.** Persona encargada de diversas tareas organizativas y de ayuda que puede trabajar en una empresa u organismo o para una sola persona. **2.** Persona que está al frente de la secretaría de un organismo, institución o empresa. || **3. secretario de Estado** En España, persona que ocupa un cargo de categoría intermedia entre el ministro y el subsecretario y está encargada de dirigir una unidad o sección concreta del ministerio al que está adscrita. En otros países, cargo equivalente al de ministro. **4. secretario general** Máximo dirigente de algunas organizaciones, partidos políticos, sindicatos, etc. **5. secretario general técnico** En algunos ministerios, cargo con categoría y funciones análogas a las de subsecretario, adscrito generalmente al área de una secretaría de Estado.

secretear *v. intr. fam.* Hablar dos o más personas en secreto o en voz baja para que las demás no se enteren. **Fam.** Secreteo.

secreter *s. m.* Mueble con un tablero para escribir y varios cajoncitos para guardar papeles.

secreto, ta *adj.* **1.** Se dice de lo que sólo conocen unos pocos y no se muestra ni comunica a los demás. También *s. m.* || *s. m.* **2.** Cosa oculta o escondida, imposible o difícil de conocer o que aún no se conoce. **3.** Reserva, discreción. **4.** Escondite o departamento oculto que tienen algunos muebles. **5.** En algunas cerraduras, mecanismo cuyo manejo es imprescindible conocer de antemano para poder abrirlas. || *s. f.* **6.** Pesquisa secreta que se hace a los residenciados. **7.** *fam.* Policía secreta. || **8. secreto a voces** *fam.* El que se pretende mantener o considerar como tal cuando ya lo conoce mucha gente. **9. secreto de confesión** El que un sacerdote debe mantener acerca de lo que se le dice en confesión. **10. secreto de Estado** Aquel que no puede revelar un funcionario sin incurrir en delito y, p. ext., cualquier asunto grave, político o diplomático que no conviene dar a conocer. **11. secreto profesional** El que ciertos profesionales, como médicos, abogados o periodistas, tienen el derecho y el deber de mantener sobre cuestiones de su actividad. **12. secreto sumarial** El que existe respecto de las actuaciones que se realizan durante la instrucción del sumario. **Fam.** Secretamente.

secretor, ra o **secretorio, ria** *adj.* Se aplica al órgano o glándula del cuerpo que segrega una sustancia.

secta *s. f.* **1.** Comunidad religiosa que, en sus creencias, ritos, etc., se aparta de otra en la que estaba integrada. **2.** P. ext., conjunto de seguidores de una doctrina o religión considerada falsa por el que habla. **3.** *desp.* Sociedad secreta o partido político minoritario y extremista.

sectario, ria *adj.* **1.** Seguidor de una secta. También *s.* **2.** Que defiende fanáticamente una doctrina, idea, partido, etc. También *s.* **Fam.** Sectarismo.

sector *s. m.* **1.** Porción de círculo comprendida entre un arco y los dos radios que pasan por sus extremos. **2.** Cada una de las distintas partes de una ciudad, un local o cualquier otro lugar. **3.** Cada parte que se aprecia como distinta en una colectividad, conjunto, actividad, etc. **4.** En econ., cada uno de los campos o unidades diferenciados en que se divide la actividad productiva de un país, región, etc. **5.** En inform., porción de un soporte magnético en que está registrado un conjunto de informaciones binarias que puede ser leído o escrito mediante una operación física única. **6.** Cada una de las secciones interconectadas en que se subdivide una red de distribución de energía eléctrica. || **7. sector cuaternario** Sector económico que abarca las actividades destinadas a satisfacer las necesidades relacionadas con el ocio, como los espectáculos, la información, la gastronomía y el turismo. **8. sector esférico** Porción de una esfera comprendida entre un casquete y la superficie cónica formada por los radios que terminan en su borde. **9. sector primario** Sector económico que incluye las actividades productivas que apenas realizan transformaciones: agricultura, ganadería, pesca, minería y recursos forestales. **10. sector secundario** Sector económico que comprende las actividades productivas relacionadas con la industria (transformación de los productos y las materias primas) y la construcción. **11. sector terciario** Sector económico que incluye las actividades de servicios, como transporte, comercio, sanidad, cultura y administración.

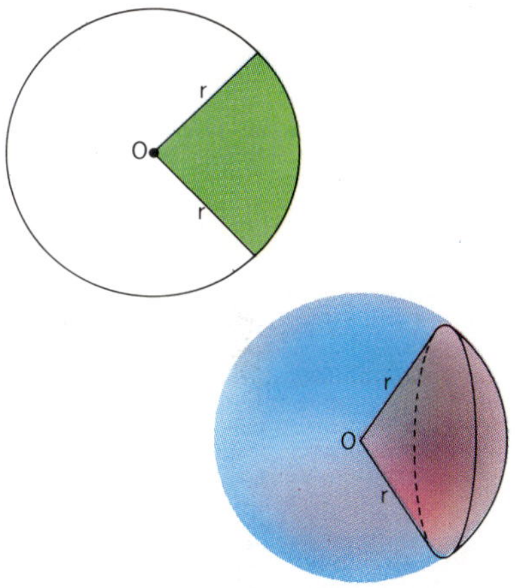

Arriba, sector circular en una circunferencia de radio r; *abajo, sector esférico en una esfera de radio* r.

sectorial *adj.* **1.** Perteneciente o relativo a un sector. **2.** Organizado o dividido en sectores.

secuaz *s. m.* y *f. desp.* Seguidor de alguien, de sus ideas, etc.

secuela *s. f.* Consecuencia o resultado, generalmente negativo, de un hecho, y en particular de una enfermedad o accidente.

secuencia *s. f.* **1.** Sucesión de cosas o elementos que siguen un orden o guardan relación entre sí. **2.** Sucesión ininterrumpida de planos o escenas de una película o filmación que forman un conjunto y poseen una unidad temática o estructural. **3.** En mat., conjunto de cantidades o de operaciones dispuestas de manera que cada una determina la siguiente.

secuencial *adj.* **1.** Perteneciente o relativo a la secuencia. **2.** Se aplica al sistema de televisión en que las tres imágenes de colores fundamentales se transmiten sucesivamente y no a la vez.

secuenciar *v. tr.* Establecer una secuencia o sucesión.

secuestrar *v. tr.* **1.** Coger y retener por la fuerza a alguien para pedir dinero u otra cosa por dejarle en libertad. **2.** Tomar por las armas un vehículo reteniendo como rehenes a sus ocupantes para pedir un rescate o exigir que se cumplan ciertas condiciones. **3.** Retirar de la circulación o retener la autoridad alguna cosa por orden judicial. **Fam.** Secuestrado, secuestrador.

secuestro *s. m.* Acción y efecto de secuestrar.

secular *adj.* **1.** No eclesiástico ni monacal o religioso. **2.** Se aplica a los sacerdotes que no viven en conventos o sujetos a una regla. **3.** Que dura un siglo o existe desde hace siglos. || **4. instituto secular** Asociación religiosa de clérigos o laicos que se ligan con un vínculo permanente haciendo ciertos votos no públicos y cuya principal finalidad es el apostolado sin apartarse de los medios de vida de cada uno. El primer instituto secular aprobado por la Santa Sede fue el Opus Dei. **Fam.** Secularidad.

secularizar *v. tr.* **1.** Hacer que algo deje de ser eclesiástico, particularmente los bienes. **2.** Autorizar a un monje o a un religioso a abandonar su orden o congregación y pasar al clero secular o al estado de laico. También *v. prnl.* **3.** Hacer que se abandonen ciertos comportamientos y valores religiosos tradicionales. También *v. prnl.* ■ Se conjuga como *cazar.* **Fam.** Secularización, secularizado.

secularmente *adv. m.* **1.** De manera secular, no eclesiástica. || *adv. t.* **2.** Desde hace siglos o durante siglos.

secundar *v. tr.* Apoyar, ayudar, seguir a otro o colaborar con él en sus acciones, ideas, propósitos, etc.

secundario, ria *adj.* **1.** Que ocupa el segundo lugar dentro de un orden. **2.** De menor importancia que algo que se considera fundamental. || *s. m.* **3.** En geol., era secundaria. || **4. era secundaria** Véase **mesozoico**. **Fam.** Secundariamente.

secundinas *s. f. pl.* Placenta y membranas que envuelven el feto.

secuoya *s. f.* Nombre común de diversos árboles de la familia taxodiáceas, géneros *Sequoia* y *Sequoiadendron.* Viven muchos años y alcanzan grandes alturas, llegando a superar algunos ejemplares los 100 m. Tienen la copa estrecha, hojas persistentes y tronco muy lignificado. La especie *Sequoiadendron giganteum* crece en la Sierra Nevada (California) y la *Sequoia sempervirens* en regiones costeras de California. Se dice también *secoya.*

Secuoya gigante (Sequoiadendron giganteum) *y detalle de hojas y cono.*

sed *s. f.* **1.** Necesidad o ganas de beber. **2.** Necesidad de agua que tienen algunas cosas, p. ej. las plantas. **3.** Deseo intenso de algo.

seda *s. f.* **1.** Sustancia viscosa que, en forma de hebras, segregan algunas larvas de insectos para elaborar sus capullos. **2.** Hilo fino, suave y brillante, formado con varias de dichas hebras producidas por el gusano de seda. **3.** Tejido confeccionado con estos hilos. || **4. seda artificial** Rayón*. **5. seda salvaje** Tejido de hilos de seda, más

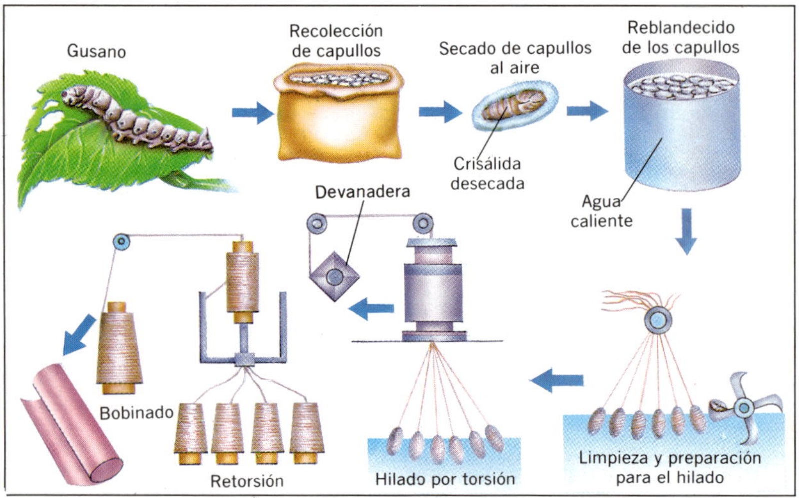

Proceso de fabricación de la seda. Una vez desecada la crisálida y reblandecidos los capullos, se limpian y se saca de cada uno de ellos un hilo. Varios hilos se unen para formar otros más gruesos, que aún suelen enrollarse y retorcerse para que tengan una mayor resistencia.

basto y opaco que el normal, con algunas hebras destacadas del resto por su grosor. ‖ Loc. **como una** (o **la**) **seda** *adv. fam.* Se refiere a lo que funciona o marcha sin tropiezos ni dificultades; también, en actitud dócil y sumisa. **de seda** *adj. fam.* Muy suave y delicado al tacto.

sedación *s. f.* Acción y efecto de sedar.

sedal *s. m.* **1.** Hilo de la caña de pescar, a cuyo extremo está sujeto el anzuelo. ‖ *adj.* **2.** Se dice de ciertos hilos de seda.

sedán *s. m.* Automóvil de carrocería cerrada.

sedante *adj.* Que seda o calma; se aplica particularmente a los medicamentos que se utilizan para reducir la actividad del sistema nervioso central. También *s. m.*

sedar *v. tr.* Calmar, tranquilizar, particularmente suministrando ciertos medicamentos.

sedativo, va *adj.* Sedante, medicamento.

sede *s. f.* **1.** Lugar donde está situado o tiene su domicilio un organismo, organización, entidad, etc., o en que se desarrolla algún acontecimiento. **2.** Diócesis y capital de la misma. **3.** Trono o asiento de ceremonia del papa o de un prelado. ‖ **4. Santa Sede** El Vaticano; p. ext., gobierno y jurisdicción del papa.

sedentario, ria *adj.* **1.** Se aplica a la colectividad humana o a la especie animal cuyos individuos están establecidos en un lugar y viven siempre en él. **2.** Se dice del que realiza una actividad o lleva un tipo de vida de poco movimiento, y también de esta misma clase de actividad y de vida.

sedente *adj.* Que está sentado; se aplica sobre todo a representaciones artísticas.

sedería *s. f.* **1.** Fábrica o tienda de tejidos de seda. **2.** Industria y comercio de la seda. **3.** Conjunto de géneros o mercancías de seda.

sedero, ra *adj.* **1.** Perteneciente o relativo a la seda. ‖ *s. m.* y *f.* **2.** Persona que trabaja la seda o comercia con ella.

sedicente *adj.* Se aplica a los nombres, títulos o tratamientos que alguien se aplica a sí mismo sin tener ningún derecho a ellos ni merecerlos. ▪ Se usa precediendo al sustantivo.

sedición *s. f.* Levantamiento contra la autoridad establecida y, especialmente, sublevación militar.

sedicioso, sa *adj.* Se dice de la persona que toma parte en una sedición, la provoca o incita a ella, y de sus actos, declaraciones, etc. También *s.* **Fam.** Sediciosamente.

sediento, ta *adj.* **1.** Que tiene sed. También *s.* **2.** Que necesita agua o humedad. **3.** Que necesita o desea intensamente algo.

sedimentación *s. f.* **1.** Acción y efecto de sedimentar o sedimentarse. **2.** En geol., proceso por el que se depositan y acumulan materiales rocosos, restos biológicos y sustancias químicas en un lugar, generalmente el fondo del mar, como resultado de la erosión y el arrastre producidos por diversos agentes. ‖ **3. sedimentación de la sangre** Depósito de glóbulos rojos en un tubo que ha sido tratado con citrato sódico. La velocidad y extensión de esta sedimentación dependen del estado fisiológico o patológico de la persona.

sedimentar *v. tr.* **1.** Depositar sedimento un líquido. También *v. intr.* y *v. prnl.* ‖ *v. prnl.* **2.** Formar sedimento las partículas suspendidas en un líquido. **3.** Acumularse y afianzarse cosas no materiales, p. ej. los conocimientos, los sentimientos, etc.

sedimentario, ria *adj.* **1.** Perteneciente o relativo al sedimento. **2.** Producido por sedimentación.

sedimento *s. m.* **1.** Sustancia que, habiendo estado en suspensión en un líquido, se posa en el fondo por la acción de la gravedad. **2.** En particular, depósito de partículas o granos de materiales transportados por el viento (**sedimentos eólicos**), el hielo (**sedimentos glaciares**), los ríos (**sedimentos fluviales**) o el mar (**sedimentos marinos**) y que se acumulan en un lugar, principalmente el fondo marino. **3.** Recuerdo o consecuencia que deja algún acontecimiento.

sedoso, sa *adj.* Parecido a la seda, en especial por su suavidad.

seducción *s. f.* Acción y efecto de seducir.

seducir *v. tr.* **1.** Ejercer sobre alguien una gran atracción por su aspecto físico, comportamiento, etc. **2.** Conseguir una persona por su atractivo o mediante engaños que otra tenga relaciones sexuales con ella. **3.** Convencer a alguien hábilmente con promesas, halagos, mentiras, etc., en especial para que haga algo malo o perjudicial. ▪ Es v. irreg. Se conjuga como *conducir.*

seductor, ra *adj.* Que seduce. También *s.*

sefardí o **sefardita** *adj.* **1.** Se aplica a los judíos descendientes de judíos españoles que viven en distintas partes del mundo, o aquellos que, sin serlo, practican los ritos religiosos judeoespañoles. También *s.* **2.** Perteneciente o relativo a estas personas. ‖ *s. m.* **3.** Dialecto romance que hablaban los judíos españoles y que conservan sus descendientes.

Seferis, Georgios Stylianos Seferiadis, llamado **Georgios** (Esmirna 1900 - Atenas 1971) Poeta griego. Bajo la influencia de los simbolistas elaboró una compleja poesía de gran belleza formal en la que suele expresar el dolor por la situación actual de su país frente al deslumbrante prestigio de la Grecia antigua. Algunas de sus obras principales son *Mitología* (1935), *Cuaderno de estudios* (1937), *Diario de a bordo* (1940, 1944, 1955) y *Tres poemas secretos* (1966). Recibió el premio Nobel de literatura en 1963.

segador, ra *adj.* **1.** Que siega; se dice especialmente de la máquina que sirve para segar. También *s. f.* ‖ *s. m.* y *f.* **2.** Jornalero o persona que siega.

Segadores, guerra de los Alzamiento secesionista catalán contra la monarquía española, producido entre 1640 y 1652. Tuvo su origen en el programa propuesto por el conde-duque de Olivares para obtener de los reinos no castellanos la misma contribución en dinero y hombres que de Castilla. En 1640, grupos de segadores entraron en Barcelona y promovieron un motín en el que murió el virrey, conde de Santa Coloma. Con la caída de Barcelona en 1652 finalizó la guerra, pero el conflicto no quedó totalmente concluido hasta que se firmó la paz de los Pirineos (1659), por la que Francia se anexionaba el Rosellón y parte de la Cerdaña.

Segal, George (Nueva York 1924) Escultor estadounidense. Se inició en la pintura y desde 1958 se dedicó a la escultura en yeso, especialmente al modelado de figuras humanas. Practica un estilo de arte pop realista, representando a los personajes en situaciones cotidianas. Entre sus obras más significativas figuran *Mujer depilándose las piernas* (1963) y *Habitación de un motel* (1967).

Segall, Lazar (Vilna 1885 - São Paulo 1957) Pintor brasileño de origen lituano. Se formó en Berlín y Dresde y simpatizó con el expresionismo alemán. En 1923 se estableció definitivamente en São Paulo. Sus temas se centraron principalmente en la vida de los judíos centroeuropeos y en la descripción de la naturaleza y las costumbres brasileñas. Entre sus obras destacan las series *La guerra, Campos de concentración* y *Selva.*

segar *v. tr.* **1.** Referido a las mieses o a la hierba, cortarlas. **2.** Cortar otra cosa, especialmente si está en la parte alta de algo y sobresale. **3.** Interrumpir algo de manera brusca y violenta. ▪ Es v. irreg. Se conjuga como *regar.*

Seghers, Netty Reiling, llamada **Anna** (Maguncia 1900 - Berlín 1983) Escritora alemana. Miembro del Partido Comunista alemán y enemiga del régimen nazi, tuvo que exiliarse en 1933. En 1947 volvió a la República Democrática Alemana. Sus novelas y narraciones responden al realismo socialista y entre ellas sobresalen *La rebelión de los pescadores de Santa Bárbara* (1928), *La séptima cruz* (1942) y *La travesía* (1970).

Segismundo Nombre de varios reyes de Polonia.

Segismundo I Jagellón (Kozienice 1467 - Cracovia 1548) Gran duque de Lituania y rey de Polonia (1506-48). Mantuvo constantes luchas contra Rusia e intentó restablecer, sin éxito, la autoridad real en su país.

Segismundo II Augusto Jagellón (Cracovia 1520 - Knyszyn 1572) Rey de Polonia y gran duque de Lituania (1548-72). Hijo y sucesor de Segismundo I, permitió el establecimiento de los calvinistas en sus tierras. Bajo su reinado se unieron Polonia y Lituania en la dieta de Lublin (1569) y se anexionó Livonia, lo que provocó la enemistad con Suecia. Su muerte sin descendencia masculina supuso el fin de la dinastía Jagellón.

Segismundo III Vasa (Estocolmo 1566 - Varsovia 1632) Rey de Polonia (1587-1632) y de Suecia (1592-99). Impuso en Polonia el catolicismo nacido de la Contrarreforma. Al heredar el trono sueco, se negó a nombrar un regente protestante e invadió el país. Fue derrotado y finalmente depuesto (1599) por su tío Carlos de Sudermania, quien se proclamó rey de Suecia con el nombre de *Carlos IX* (1607). Durante la guerra con Moscovia, ocupó Moscú (1610) y recuperó Smolensko y Chernigov. Se enfrentó nuevamente a Suecia y fue otra vez derrotado, ahora por el rey Gustavo Adolfo, que le arrebató Riga (1621) y Livonia (1621-26).

Segismundo de Luxemburgo (Nuremberg 1368 - Znaim 1437) Rey de Hungría (1387-1437), rey de romanos (1411-33), emperador germánico (1433-37) y rey de Bohemia (1419-37). Era hijo del emperador Carlos IV. Reunió el concilio de Constanza (1414) para acabar con el cisma de Occidente e hizo condenar a Jan Hus, lo que produjo una revolución en Bohemia. Intentó reorganizar el imperio en la dieta de Basilea (1433).

seglar *adj.* No eclesiástico ni monacal o religioso. También *s.* **Fam.** Seglarmente.

segmentación *s. f.* **1.** Acción y efecto de segmentar. **2.** En biol., proceso de división del óvulo fecundado de los animales y plantas, formándose el conjunto de células que dan lugar al embrión.

segmentado, da 1. *p. p.* de **segmentar**. También *adj.* ‖ *adj.* **2.** Se aplica al animal cuyo cuerpo o miembros se componen de partes o segmentos alineados, p. ej. los crustáceos o la tenia.

segmentar *v. tr.* Cortar o dividir algo en segmentos. También *v. prnl.*

segmento *s. m.* **1.** Cada una de las partes en que se divide o está cortada una cosa. **2.** En geom., parte de una recta comprendida entre dos puntos. Se llama *segmento rectilíneo.* **3.** Parte de un círculo comprendida entre un arco y su cuerda. Se llama *segmento circular.* **4.** Cada una de las partes alineadas que forman el cuerpo o los miembros de algunos animales, como crustáceos e insectos, o ciertos órganos, p. ej. las vértebras de la columna vertebral. **5.** En mecánica, especie de anillo de acero que se introduce en una ranura del émbolo para que sirva de ajuste entre éste y el cilindro. **6.** En inform., cada una de las divisiones o partes específicas de un programa. ‖ **7. segmento curvilíneo** En mat., porción de plano limitada entre un arco de curva y la secante que pasa por los extremos del arco. **8. segmento esférico** En mat., porción de esfera comprendida entre dos planos paralelos que cortan una esfera. **9. segmento orientado** (o **vector fijo**) En mat., el rectilíneo dotado de un sentido dentro de su dirección. **10. segmentos concatenados** En mat., aquellos que, dos a dos, tienen un extremo común. **11. segmentos proporcionales** En mat., aquellos conjuntos de segmentos cuyas longitudes son proporcionales.

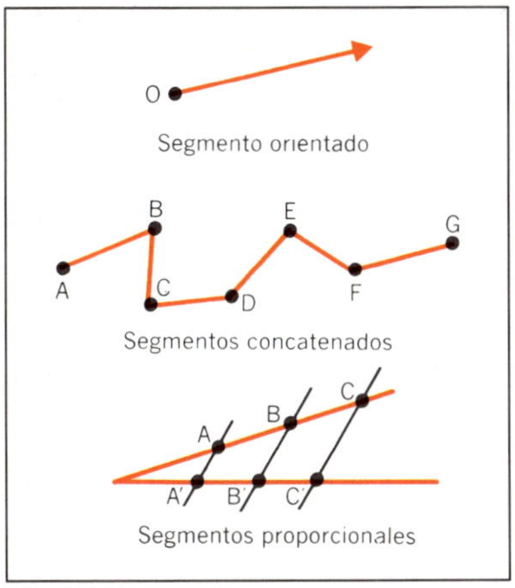

Tres clases de segmentos rectilíneos.

Segovia 1. Prov. española, perteneciente a la comunidad autónoma de Castilla y León. 6.949 km². 146.550 h. en 1991. Se distinguen en ella dos regiones geográficas: en el S y E, un área montañosa constituida por las estribaciones del Sistema Central, y en el O y NO, las tierras llanas de la Meseta norte. Sus principales ríos son el Riaza, Duratón, Cega, Pirón y Eresma. Tiene un clima mediterráneo de interior. Cuenta con cultivos de cereales, vid, patata y remolacha, explotaciones forestales, ganadería porcina, ovina y bovina, y con industria alimentaria, maderera, del caucho, química y metalúrgica. Su cercanía a Madrid ha desarrollado el turismo de invierno y de fin de semana.
2. C. de España, cap. de la prov. homónima, situada entre los ríos Eresma y Clamores. 57.600 h. en 1991. Es un importante núcleo turístico, cultural y gastronómico. La ciudad fue un enclave militar ibérico que los invasores romanos convirtieron en ciudad. Tras ser invadida por visigodos y musulmanes, fue repoblada a principios del s. XI. A partir de la siguiente centuria llegó a ser un centro comercial de primer orden. En 1520 fue escenario de la guerra de las Comunidades. A partir del s. XVII comenzó un periodo de decadencia que duró hasta el s. XVIII, fecha en que se empezaron a instalar industrias en su territorio. Conserva monumentos tan valiosos como el acueducto romano (s. I d. C.), el alcázar del s. XI (reconstruido en el s. XIX), las iglesias románicas de San Juan de los Caballeros, San

Segovia: Plaza Mayor y ábside de la catedral.

Martín, San Esteban y San Millán, la catedral gótica del s. XVI, el monasterio de El Parral y la iglesia templaria de la Vera Cruz.

Segovia, Andrés (Linares, Jaén 1893 - Madrid 1987) Guitarrista español. Dio a la guitarra categoría de instrumento clásico, al interpretar partituras que prestigiosos compositores, como Manuel de Falla, Joaquín Turina o Heitor Villa-Lobos, escribieron para él y adaptando, entre otras, obras de Johann Sebastian Bach, Enrique Granados e Isaac Albéniz.

Segovia, Tomás (Valencia 1927) Escritor mexicano de origen español. Exiliado a México en 1939, fue profesor en la Universidad Nacional Autónoma. Publicó libros de poesía, como *Anagnórosis* (1967) y *Cuaderno del nómada* (1978); novela, como *Primavera muda* (1954), y ensayo, como *Contracorrientes* (1973).

segoviano, na *adj.* De Segovia. También *s.*

Segre Río de España. 265 km de longitud. Nace en el Pirineo oriental francés, fluye por Cataluña, pasa por Lérida y desemboca en el Ebro. Sus principales afluentes son el Noguera Pallaresa, el Noguera Ribagorzana y el Cinca. Su caudal se aprovecha para regadío y producción de energía hidroeléctrica.

Segrè, Emilio (Tívoli 1905 - California 1989) Físico estadounidense de origen italiano. En 1938 se trasladó a EE UU, donde fue profesor en la universidad de California, en Berkeley, y trabajó en Los Álamos en la fabricación de la bomba atómica. En 1959 recibió el premio Nobel de física, junto con Owen Chamberlain, por el descubrimiento del antiprotón.

segregación *s. f.* **1.** Acción y efecto de segregar o segregarse. **2.** Discriminación y aislamiento de la convivencia común de ciertos grupos raciales, religiosos, sociales, etc.

segregacionismo *s. m.* Doctrina política basada en la segregación de un grupo definido de personas por razones raciales, religiosas, culturales, etc. **FAM.** Segregacionista.

segregar *v. tr.* **1.** Separar una cosa de otra de la que forma parte. También *v. prnl.* **2.** Apartar de la convivencia común a determinado grupo social por razones de raza, religión, sexo, cultura, etc. También *v. prnl.* **3.** Producir y expulsar ciertos órganos y glándulas determinadas sustancias, como el sudor, los jugos gástricos o la saliva en los animales, o la resina en algunos árboles. ■ Se conjuga como *pagar.*

segueta *s. f.* Sierra pequeña utilizada en marquetería.

seguetear *v. intr.* Trabajar con la segueta.

Seguí, Salvador, llamado **El noi del Sucre** (Lérida 1890 - Barcelona 1923) Dirigente anarcosindicalista español. Líder de la CNT y partidario de la unidad obrera, pactó con la UGT las grandes huelgas de 1916 y 1917. Organizó en 1919 la huelga de la Canadiense y fue detenido y encarcelado en 1920. En 1922 defendió junto con Peiró y Pestaña el rechazo de la CNT a la actuación parlamentaria y a la colaboración con los partidos, aunque insistió en el carácter político del sindicato. Fue asesinado por unos pistoleros.

seguidamente *adv. m.* Inmediatamente, a continuación.

seguidilla *s. f.* **1.** Canción y baile popular español que tiene un aire vivo y en cuyo desarrollo alternan compases de 3/4 y 3/8. Hay numerosas variantes: manchegas, flamencas, murcianas, etc. **2.** Estrofa de cuatro o siete versos, heptasílabos y pentasílabos, usada sobre todo en canciones populares.

seguido, da 1. *p. p.* de **seguir.** También *adj.* ‖ *adj.* **2.** Continuo, sin interrupción. **3.** Uno detrás de otro sin interrupción. ‖ *adv. m.* **4.** En línea recta, sin cambiar de dirección.

seguidor, ra *adj.* **1.** Que sigue a alguien o algo. También *s.* **2.** Partidario, aficionado o admirador de alguien o algo. También *s.*

seguir *v. tr.* **1.** Ir o estar detrás o después de alguien o algo. También *v. intr.* **2.** Fijar la vista sobre alguien o algo que se mueve, sin apartarla en ningún momento. **3.** Acompañar, ir con alguien. **4.** Tomar un camino o dirección. También *v. intr.* **5.** Estudiar una ciencia, arte, profesión, etc., o dedicarse a ella. **6.** Estar atento al desarrollo de una situación, proceso, una serie de radio o televisión, etc. **7.** Comprender una explicación, un razonamiento, etc. **8.** Con palabras como *huellas, rastro,* etc., observarlas para saber qué dirección o camino lleva alguien o algo e ir detrás. **9.** Mostrar predilección por una persona, tendencia, doctrina, estilo, moda, etc., apoyarlos o tomarlos como modelo. Se emplea mucho con sustantivos como *pasos, camino,* etc. **10.** Ver o escuchar habitualmente un programa de televisión o radio, una sección periodística, etc. **11.** Actuar conforme a consejos, recomendaciones, órdenes, o impulsos y sentimientos, etc. **12.** Acomodar uno sus movimientos, acciones, actitudes, etc., a aquello que se expresa. **13.** Tomar el camino, vía o procedimiento adecuado o establecido para algo. **14.** Dejarse llevar por un sentimiento, impulso, instinto, intuición, etc. **15.** Continuar algo que estaba haciendo otra persona o que había sido interrumpido. ‖ *v. intr.* **16.** Continuar en cierto estado o haciendo determinada cosa. **17.** Extenderse o llegar hasta un lugar. **18.** En construcciones impersonales o de pasiva refleja, deducirse o ser algo consecuencia de otra cosa. ■ Es v. irreg. Además, se añade una *u* tras la *g* de la raíz ante *e* o *i.* ‖ **LOC. a seguir bien** Expresión que se usa para despedirse de alguien. **FAM.** Seguimiento.

SEGUIR	
GERUNDIO	
siguiendo	
INDICATIVO	
Presente	**Pret. perf. simple**
sigo	*seguí*
sigues	*seguiste*
sigue	*siguió*
seguimos	*seguimos*
seguís	*seguisteis*
siguen	*siguieron*
SUBJUNTIVO	
Presente	**Pretérito imperfecto**
siga	*siguiera, -ese*
sigas	*siguieras, -eses*
siga	*siguiera, -ese*
sigamos	*siguiéramos, -ésemos*
sigáis	*siguierais, -eseis*
sigan	*siguieran, -esen*
Futuro imperfecto	
siguiere	*siguiéremos*
siguieres	*siguiereis*
siguiere	*siguieren*
IMPERATIVO	
sigue	*seguid*

seguiriya *s. f.* Cante flamenco de contenido triste, con copla de cuatro versos, el tercero de los cuales es de once sílabas. ■ Se dice también *siguiriya.*

según *prep.* **1.** De acuerdo con lo que expresa el término al que precede: *Todo sucedió según mis cálculos.* **2.** En la opinión de una persona, grupo, movimiento, doctrina, etc.: *Según ese autor, el cuadro es falso.* ‖ *conj.* **3.** Indica que cierta cosa se hace depender de lo que se dice a continuación: *Iremos a la playa según el tiempo que haga.* También *adv. rel.*: *Mañana me levantaré o me quedaré en la cama según me encuentre.* **4.** Por el modo en que: *Según habla, parece el profesor.* ‖ *adv. rel. t.* **5.** Expresa que una acción tiene lugar al mismo tiempo o inmediatamente después que otra: *Según sacaba la ropa de la lavadora la iba tendiendo.* ‖ *adv. rel. m.* **6.** Como, de la misma manera: *La habitación está según la dejaste.* ‖ **Loc. según (y) como** (o **según y conforme**) *adv.* Como, de la misma manera: *Todo se hará según como ordenas.* También, dependiendo de lo que se dice a continuación: *Según como me traten, aceptaré o no.*

segundero *s. m.* Manecilla del reloj que señala los segundos.

segundo, da *adj. num. ord.* **1.** Que sigue en orden al primero o a lo primero. También *pron.* ‖ *s. m.* **2.** Persona más importante después del jefe principal. Suele emplearse en la expresión **segundo de a bordo**. **3.** Cada una de las sesenta partes iguales en que se divide un minuto. **4.** P. ext., espacio breve de tiempo. ‖ *s. f. pl.* **5.** Intención oculta o no evidente en lo que se dice.

segundogénito, ta *adj.* Se aplica al hijo nacido después del primero o primogénito. También *s.*

segundón, na *s. m.* y *f.* **1.** *desp.* Persona que ocupa el siguiente puesto al más importante o de mayor categoría. **2.** Cualquier hijo que no es el primero o primogénito. ‖ *s. m.* **3.** Segundo hijo de una familia, especialmente de aquellas en que existe el mayorazgo.

segur *s. f.* **1.** Hacha grande. **2.** Hacha que formaba parte de las fasces, símbolo de la autoridad de los lictores romanos.

Segura Río de España. 341 km de longitud y 16.000 km^2 de cuenca. Nace en la sierra de Segura, en Jaén, pasa por el S de Albacete, recorre la región murciana y desemboca en el mar Mediterráneo por Guardamar (Alicante). Sus afluentes son el Zumeta, Taibilla, Benamor, Guadalentín y Mundo. Riega, entre otras, las huertas de Murcia y Orihuela; tiene un régimen mediterráneo de caudal muy irregular.

Segura y Cordero, Manuel Ascencio (Lima 1805 - íd. 1871) Escritor peruano. Destacado representante del criollismo, fue autor de poemas satíricos, pero sobre todo se le considera el padre del teatro de su país por sus comedias costumbristas, como *El resignado* (1855), *Ña Catita* (1856) y *Las tres viudas* (1862).

seguramente *adv. m.* Con bastante seguridad.

seguridad *s. f.* **1.** Cualidad o estado de seguro. **2.** Garantía que se da a alguien sobre el cumplimiento de algo, p. ej. de una obligación. **3.** Conjunto de medios y medidas destinado a velar por el orden público o la protección de personas y propiedades. ‖ **4. Seguridad Social** Conjunto de organismos, medios, medidas, etc., de la administración estatal para prevenir o remediar los posibles problemas y necesidades de los trabajadores, como enfermedad, accidentes laborales, incapacidad, maternidad o jubilación; se financia con aportaciones del Estado, trabajadores y empresarios. ‖ **Loc. con seguridad** *adv.* Con certeza. **de seguridad** *adj.* Se dice de aquello que contribuye a hacer más seguro el funcionamiento o el uso de una cosa. **tener** uno **la seguridad** de una cosa Estar plenamente seguro o convencido de la misma.

seguro, ra *adj.* **1.** Que no está en peligro o evita el peligro. También *s. m.* **2.** Que no tiene o admite dudas. **3.** Firme, estable, que no falla o es digno de confianza. ‖ *s. m.* **4.** Tipo de contrato por el que una persona o entidad (*asegurador*) se compromete a pagar a otra (*asegurado*), o a quien ésta designe como beneficiario, los gastos que resulten de cierta pérdida o daño, o bien una cantidad determinada, a cambio del pago por adelantado de unas cuotas convenidas (*primas*). Los más corrientes son el seguro a todo riesgo o a terceros del automóvil, el de accidentes, de incendio, de enfermedad o de vida. **5.** Dispositivo que impide que un objeto, utensilio o máquina se abra o se ponga en funcionamiento. **6.** Seguridad, garantía. **7.** Salvoconducto, permiso especial. **8.** En ciertos juegos de tablero, casilla o lugar donde la ficha de un jugador no puede ser eliminada por las de otro. **9.** *fam.* Seguridad Social. ■ En esta acepción se escribe con mayúscula. ‖ *adv. m.* **10.** Seguramente, con certeza. ‖ **Loc. a buen seguro** (o **de seguro**) *adv.* Ciertamente, seguramente. **sobre seguro** *adv.* Sin correr riesgos. **tener** algo **por seguro** No dudar de que ocurrirá o se realizará.

Seifert, Jaroslav (Praga 1901 - íd. 1986) Escritor checo. Autor de una poesía de carácter revolucionario y comprometido socialmente, evolucionó hacia un tono más lírico. Entre sus libros destacan *Ciudad en lágrimas* (1921), *Los brazos de Venus* (1936), *Cantos sobre Praga* (1968), *La columna de la peste* (1977), *Paraguas en Piccadilly* (1979) y sus memorias *Toda la belleza de esta tierra* (1983). Recibió el premio Nobel de literatura en 1984.

seis *adj. num. card.* **1.** Cinco más uno. También *pron.* y *s. m.* ‖ *adj. num. ord.* **2.** Sexto, que sigue en orden al quinto. También *pron.* ‖ *s. m.* **3.** Signos con que se representa este número.

seisavo, va *adj. num. part.* Se dice de cada una de las seis partes iguales en que se divide un todo. También *s. m.*

seiscientos, tas *adj. num. card.* **1.** Seis veces cien. También *pron.* y *s. m.* ‖ *adj. num. ord.* **2.** Que sigue en orden al quinientos noventa y nueve. También *pron.* ‖ *s. m.* **3.** Signos que representan este número. **4.** En arte, lit., hist. y cultura en general, el siglo XVII. **5.** Seat 600; modelo de automóvil utilitario muy popular en España, especialmente durante los años sesenta.

seise *s. m.* Cada uno de los niños que bailan y cantan en algunas catedrales, como en la de Sevilla, en determinadas festividades religiosas, p. ej. el Corpus.

seisillo *s. m.* En mús., conjunto de seis notas iguales que deben cantarse o tocarse en el tiempo correspondiente a cuatro de ellas.

seísmo *s. m.* En lenguaje científico, temblor que se produce en la superficie de la Tierra, originado por movimientos de masas que ocurren en su interior. Cuando tiene lugar en tierra firme se llama *terremoto* y provoca corrimientos de tierra, derrumbamiento de edificios y otros destrozos semejantes, si el seísmo es de gran magnitud; cuando sucede en el fondo marino se denomina *maremoto* y puede llegar a levantar olas inmensas que se desplazan hacia las costas, causando graves inundaciones. ■ Se dice también *sismo*.

Geol. Los seísmos se originan en el interior de la Tierra, en un punto llamado *foco* o *hipocentro*, a partir del cual se propagan las ondas sísmicas, y que se corresponde con un punto de la superficie terrestre, situado en su vertical, que se llama *epicentro*. La intensidad de los seísmos se mide en la escala de Richter, que comprende diez grados. En la actualidad es posible prever los seísmos mediante el estudio de ciertos fenómenos que los preceden, como modificación de campos magnéticos, eléctricos y gravitacionales o modificaciones en la inclinación de los suelos terrestres, aunque no el momento preciso en que se producirán.

seláceos *s. m. pl.* Elasmobranquios*.

selección *s. f.* **1.** Acción y efecto de seleccionar. **2.** Conjunto de personas o cosas seleccionadas. **3.** Particularmente, equipo de jugadores o deportistas seleccionados para participar en un encuentro, liga, competición o torneo. ‖ **4. selección artificial** Elección de los mejores reproductores, o las mejores semillas en el caso de las plantas, como medio de mejorar las especies de generación en generación. **5. selección natural** Según la teoría evolucionista, proceso por el que unos seres vivos desaparecen y otros prosperan, al estar éstos mejor adaptados al medio que aquéllos y transmitir por herencia los caracteres que los capacitan para la supervivencia.

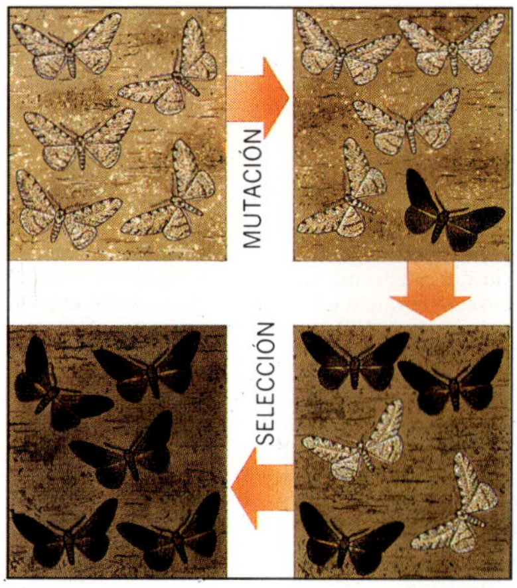

Selección natural: la forma oscura de la mariposa Biston betularia, *menos visible para los pájaros, sustituye a la forma clara en zonas ennegrecidas por la contaminación.*

seleccionador, ra *adj.* **1.** Que selecciona. También *s.* ‖ *s. m.* y *f.* **2.** Persona encargada de elegir y preparar a los deportistas que han de intervenir en una competición, generalmente internacional.

seleccionar *v. tr.* Escoger o separar de un conjunto las personas o cosas que se consideran mejores o más adecuadas para algo.

selectividad *s. f.* **1.** Cualidad de selectivo. **2.** En España, conjunto de pruebas o exámenes necesarios para el ingreso en la universidad.

selectivo, va *adj.* **1.** Que selecciona o implica selección. **2.** Se aplica al curso previo o primer curso de algunas carreras universitarias, especialmente las politécnicas, que es necesario pasar con éxito para poder continuar los siguientes. También *s. m.*

selecto, ta *adj.* **1.** Que es o se considera mejor, de mejores cualidades en su especie. **2.** Que posee gran capacidad para apreciar y seleccionar lo mejor.

selector, ra *adj.* **1.** Que selecciona. ‖ *s. m.* **2.** Dispositivo que en aparatos, máquinas, etc., sirve para seleccionar la función u operación que se desea. **3.** En las motocicletas, pieza que trans-

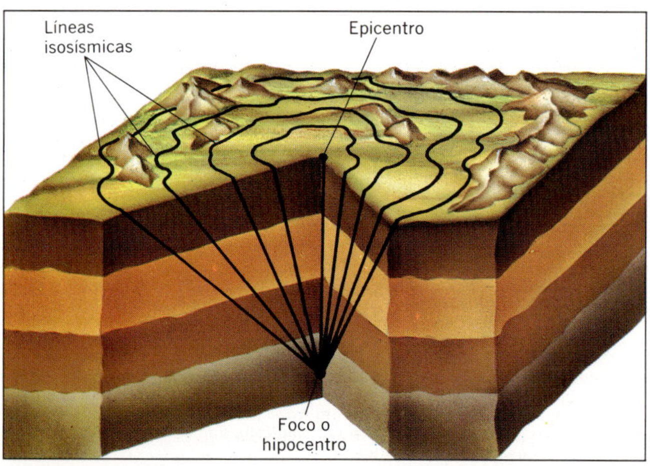

Esquema de un seísmo. Las líneas isosísmicas son las líneas sobre la superficie terrestre que unen los puntos de igual intensidad del seísmo.

mite la acción del pedal de cambio a la caja de cambios. ‖ **4. selector de canales** Conmutador que sintoniza los canales de televisión.

Selene Divinidad griega que personificaba a la Luna. Se la suponía hija de Hiperión y se la representaba como una mujer que recorría el cielo sobre un carro de plata tirado por dos caballos. Fue famosa por los amores que se le atribuían, sobre todo con el pastor Endimión, del cual tuvo una cincuentena de hijas.

selénico, ca *adj.* Perteneciente o relativo a la Luna.

selenio *s. m.* Se. Elemento químico perteneciente al grupo VI A del sistema periódico. Su número atómico es 34 y su masa atómica 78,96. Fue identificado en 1817 por Jöns Jakob Berzelius. Es un sólido no metálico cuyo color varía del gris-negro al rojo, dependiendo de su temperatura y estructura. Su comportamiento químico y el tipo de compuestos que forma son similares a los del azufre, a cuyo grupo pertenece. Se presenta en la naturaleza en forma de seleniuros de plomo y cobre, obteniéndose como subproducto en los barros formados en la operación del refino del cobre. Se utiliza en la industria del vidrio y la cerámica y su carácter de semiconductor le hace apto para su aplicación en instalaciones electrónicas.

selenita *s. m.* y *f.* **1.** Habitante imaginario de la Luna. **2.** Yeso cristalizado en láminas brillantes.

selenitoso, sa *adj.* Que contiene yeso.

selenografía *s. f.* Rama de la astronomía que se ocupa del estudio y descripción de la Luna.

selenógrafo, fa *s. m.* y *f.* Especialista en selenografía.

selenosis *s. f.* Manchita blanca en las uñas.

seléucida *adj.* **1.** Se aplica a la dinastía helenística establecida en Siria por el diadoco Seleuco a la muerte de Alejandro Magno (312 a. C.). Desapareció en el 64 a. C., derrotada por Roma. **2.** De dicha dinastía. También *s.*

Seleuco Nombre de varios reyes seléucidas.
Seleuco I Nicátor (Europo h. 355 - Lisimaquia 280 a. C.) Rey seléucida (305-280 a. C.). General macedonio, fue uno de los diadocos o herederos de Alejandro Magno. Se convirtió en gobernador de Babilonia y se alió con Tolomeo y Lisímaco contra Antígono, al que derrotó en Ipso (301). Obtuvo el control de Asia oriental y fundó un reino con capital en Antioquía.
Seleuco II Calínico (? h. 265 - 226 a. C.) Rey seléucida (246-226 a. C.). Hijo y sucesor de Antíoco II, tuvo que hacer frente a la tercera guerra siria, durante la cual Tolomeo III invadió el territorio de Seleuco y le obligó a entregarle las costas de Siria y Asia Menor (241 a. C.).

self (voz ingl.) *s. m.* **1.** En psicol., entidad característica que da unidad y sentido de continuidad a las experiencias de un individuo a lo largo de la vida. También, fuerza interna que dirige y controla la actividad del individuo. **2.** Conjunto de percepciones, valores, actitudes, etc., referidas a uno mismo.

self-made man *expr. ingl.* Significa 'hombre hecho a sí mismo' y designa al que ha alcanzado una buena posición gracias a su propio esfuerzo.

self-service (voz ingl.) *s. m.* Autoservicio*.

Selim Nombre de varios sultanes otomanos.
Selim I (Amasia 1467 - Estambul 1520) Sultán otomano (1512-20). Derrocó a su padre Bayaceto II con ayuda de los jenízaros. Combatió a la secta chiita y se anexionó Kurdistán, Alta Mesopotamia, Siria y Egipto (1517).
Selim II (Estambul 1524 - íd. 1574) Sultán otomano (1566-74). Dejó el gobierno en manos de su visir Sokullu. Conquistó Chipre (1570), lo que provocó la intervención de las potencias cristianas que derrotaron a la flota turca en Lepanto (1571), aunque Chipre quedó en poder de los otomanos.
Selim III (Estambul 1761 - íd. 1808) Sultán otomano (1789-1807). Hubo de hacer frente a la coalición austrorrusa, decidida a expulsar a los turcos de Europa; fue derrotado y obligado a firmar las paces de Sistovo con Austria (1791) y de Iassi con Rusia (1792). En 1798 entró en guerra con Napoleón a causa de la invasión francesa de Egipto. Emprendió una política de reformas en el interior, que provocó el levantamiento de los jenízaros y la ejecución del propio sultán.

sellar *v. tr.* **1.** Estampar uno o más sellos en un papel o documento. **2.** Cerrar algo herméticamente o de forma que no se abra. **3.** Concluir, culminar. **4.** Dejar huella en algo o comunicarle cierto carácter. ‖ **Loc. sellar los labios** Callar, guardar un secreto. **Fam.** Sellado, sellador.

Sellers, Peter (Southsea, Portsmouth 1925 - Londres 1980) Actor británico. Se especializó en comedias de humor disparatado. Entre su filmografía cabe destacar *El quinteto de la muerte* (1955), *Lolita* (1962), *La pantera rosa* (1964), *Teléfono rojo, volamos hacia Moscú* (1965), *El guateque* (1968) y *Bienvenido Mr. Chance* (1979).

sello *s. m.* **1.** Utensilio que sirve para estampar sobre una superficie lo que está grabado en él. **2.** Lo que queda estampado o impreso con este utensilio. **3.** Trozo de lacre, o cualquier otro sistema utilizado para cerrar una carta, paquete, etc., y asegurar que no sea abierto. **4.** Pequeño trozo de papel, con alguna señal o dibujo impreso y generalmente cuadrado o rectangular, que se pega a las cartas o paquetes para enviarlos por correo, o sobre ciertos documentos oficiales. **5.** Sortija que lleva grabadas en su parte superior las iniciales de una persona, el escudo de su apellido, etc. **6.** Conjunto formado por dos obleas que encierran un medicamento para poderlo tragar sin notar su sabor. **7.** Carácter o aspecto peculiar de una persona o cosa y por lo que se diferencia de las demás.

seltz *s. m.* Agua carbónica obtenida artificialmente. Se llama también *agua de Seltz.*

selva *s. f.* **1.** Tipo de bosque ecuatorial y tropical caracterizado por la abundancia de vegetación de árboles y matorrales; también, región o zona que posee dicha vegetación. **2.** Lugar, situación, etc., donde existe una gran confusión y desorden. **3.** Lugar, ambiente, etc., lleno de peligros y dificultades donde dominan los más fuertes o los más capaces.

Selva Negra (*Schwarzwald*) Macizo montañoso de Alemania, situado en el SO del país. Se extiende por la ribera derecha del Rhin en dirección SO-NE y tiene su mayor altura en Feldberg (1.493 m). Los principales recursos económicos son el turismo y las industrias, entre las cuales destacan la textil, relojera, maderera y vinícola.

selvático, ca *adj.* **1.** Perteneciente o relativo a la selva. **2.** Se aplica a los habitantes de la selva y a lo relacionado con ellos. También *s.* **3.** Salvaje, inculto. También *s.*

selyúcida *adj.* **1.** Se dice de una dinastía turca musulmana que dominó el Próximo Oriente y Asia Menor en los s. XII y XIII y cuyo caudillo Tugril Bey recibió el título de sultán de manos del califa de Bagdad. **2.** De esta dinastía. También *s.*

Sem Primogénito de Noé, patriarca del Antiguo Testamento. Es el antepasado epónimo de los semitas.

Sem Tob (Carrión de los Condes, s. XIV) Escritor hebraicoespañol. Es autor de unos *Proverbios morales*, también llamados *Glosas de sabiduría*, compuestos entre 1347 y 1349, que se conservan en versión aljamiada hebraicocastellana y en traducción hebrea.

sema *s. m.* En semántica, cada uno de los rasgos diferenciadores en el significado de una palabra.

semáforo *s. m.* **1.** Aparato eléctrico que sirve para regular la circulación por medio de un juego de tres luces: roja, que significa alto; ámbar, precaución, y verde, paso. **2.** Aparato instalado en las costas para comunicarse con los barcos por medio de señales ópticas. **3.** Sistema de brazos articulados que se coloca en las vías de ferrocarril para indicar a los trenes si su paso está o no permitido.

semana *s. f.* **1.** Serie de siete días consecutivos que comúnmente empieza con el lunes y termina con el domingo. **2.** Periodo de siete días consecutivos. ‖ **Loc. entre semana** *adv.* En cualquier día de la semana, excepto el primero y el último; comúnmente se entiende de lunes a viernes, sin contar sábado y domingo.

Semana Santa La última semana de la cuaresma, que va desde el domingo de Ramos hasta el de Resurrección.

Semana Trágica Nombre de la huelga general iniciada en Barcelona el lunes 26 de julio de 1909 y la violenta represión que le puso fin. Las protestas, provocadas por el envío de refuerzos a la guerra de Marruecos, comenzaron el día 11. Los sindicatos llamaron a la huelga general, que fue completa y pacífica al principio. El día 27, ante la declaración del estado de guerra y la presencia del ejército en las calles, comenzó a radicalizarse el conflicto, hasta derivar en una gran insurrección. El ejército recuperó el control de la ciudad los días 30 y 31, a costa de más de 100 muertos y 500 heridos. La campaña de represión que se desencadenó hizo caer el gobierno y arruinó políticamente a Antonio Maura.

semanal *adj.* **1.** Que ocurre o se repite cada semana. **2.** Que dura una semana o se corresponde con ella. **Fam.** Semanalmente.

semanario *s. m.* **1.** Publicación que aparece cada semana. **2.** Conjunto de siete cosas iguales o que guardan relación entre sí, como p. ej. un juego de siete pulseras.

semantema *s. m.* En ling., información semántica que proporciona una palabra; se opone al morfema y al fonema.

semántica *s. f.* Teoría del significado, cuyo objeto de estudio es la relación existente entre las expresiones, un lenguaje y los objetos por ellas referidos. En ling., estudia los significados de las palabras y las relaciones que estos establecen entre sí. En lóg., se ocupa de la interpretación de sistemas formales.

semántico, ca *adj.* **1.** Perteneciente o relativo al significado de las palabras. ‖ **2. campo semántico** Conjunto de palabras cuyos significados están relacionados entre sí por hacer referencia todas ellas a un mismo aspecto de la realidad, como p. ej. el del vestido, la alimentación, etc.

semantista *s. m.* y *f.* Lingüista especializado en semántica.

Semarang C. de Indonesia, situada en el sector central de la isla de Java. 1.077.000 h. en 1984. Es un importante centro portuario y exportador de azúcar, café, tabaco y cacao. Cuenta con industrias textiles, metalúrgicas, de material eléctrico y de maquinaria y astilleros.

semasiología *s. f.* Rama de la semántica que investiga el significado partiendo del significante y sus relaciones. **Fam.** Semasiológico.

semblante *s. m.* **1.** Cara, rostro del hombre. **2.** Apariencia de una cosa. ‖ **Loc. componer el semblante** Adoptar una expresión de tranquilidad o serenidad después de haber recibido una fuerte emoción. **mudar el semblante** Alterarlo, reflejar en él una impresión de miedo, dolor, etc.

semblantear *v. tr. amer.* Mirar a uno cara a cara para penetrar sus intenciones. También *v. intr.*

semblanza *s. f.* Descripción física o moral de una persona, o su trayectoria.

sembradío, a *adj.* Se dice de la tierra destinada a la siembra. También *s. m.*

sembrado, da **1.** *p. p.* de **sembrar**. También *adj.* ‖ *s. m.* **2.** Terreno donde se ha realizado la siembra.

sembrador, ra *adj.* **1.** Que siembra. También *s.* ‖ *s. f.* **2.** Máquina agrícola utilizada para sembrar granos y semillas.

sembrar *v. tr.* **1.** Distribuir semillas en un terreno. **2.** Esparcir. **3.** Hacer que algo cunda o se extienda. **4.** Hacer lo necesario para que algo quede listo y pueda producir algún fruto o beneficio. ■ Es v. irreg. Se conjuga como *pensar.*

sembrío *s. m. Chile, Ec., Guat., Perú.* Sembrado.

semejante *adj.* **1.** Parecido, similar. **2.** Se utiliza para dar intensidad a lo que se dice: *Nunca vi un coche semejante.* **3.** En geom., se aplica a las figuras entre las que únicamente existe una diferencia de tamaño y cuyas partes mantienen respectivamente la misma proporción. ‖ *s. m.* **4.** Cualquier persona con respecto a las demás. ‖ **5. polígonos semejantes** En geom., polígonos que tienen sus ángulos correspondientes iguales y sus lados proporcionales. La razón de sus lados proporcionales se denomina *razón de semejanza* y la razón de sus áreas es igual al cuadrado de la razón de semejanza. **6. triángulos semejantes** En geom., triángulos cuyos tres ángulos son respectivamente iguales y sus tres lados proporcionales. La razón de semejanza es la razón constante de cada par de lados proporcionales.

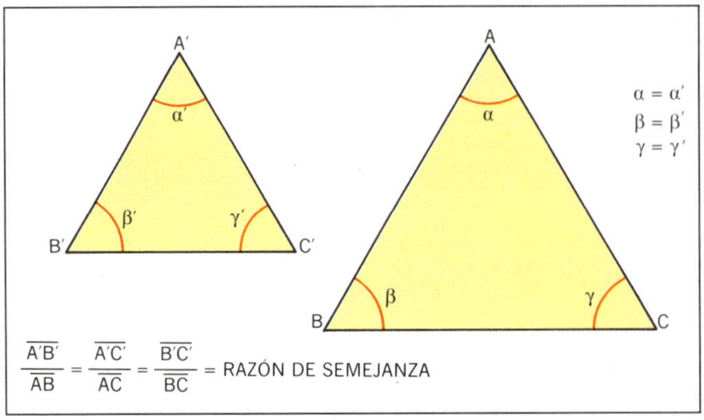

Triángulos semejantes y su razón de semejanza.

semejanza *s. f.* **1.** Cualidad de semejante. **2.** En geom., giro por homotecia, es decir, relación entre dos figuras que presentan la misma alineación y ángulos iguales, y entre cuyos segmentos homólogos existe una proporcionalidad constante.

semejar *v. intr.* Parecer, tener alguien o algo un aspecto similar a otro. También *v. prnl.*

semen *s. m.* Líquido espeso y blanquecino segregado por las glándulas genitales masculinas, que contiene los espermatozoides.

Semenov, Nikolai (Saratov 1896 - ? 1986) Químico ruso. En 1956 obtuvo el premio Nobel de química, compartido con Cyril Norman Hinshelwood, por sus trabajos sobre los mecanismos de las reacciones químicas. Es autor de la obra *Reacciones en cadena* (1934).

semental *adj.* Se aplica al animal macho que se destina a la reproducción. También *s. m.*

sementera *s. f.* **1.** Acción y efecto de sembrar. **2.** Terreno sembrado. **3.** Lo que se ha sembrado. **4.** Tiempo durante el que se suele sembrar. **5.** Lo que es origen o motivo de muchas cosas, generalmente negativas.

semestral *adj.* **1.** Que ocurre o se repite cada semestre. **2.** Que dura un semestre. **FAM.** Semestralmente.

semestre *s. m.* Periodo de seis meses.

semi- *pref.* Significa 'medio o casi': *semicírculo, semiesfera, semitransparente.*

semianillo *s. m.* Estructura algebraica que tiene un conjunto en el que se han definido dos operaciones tales que con la primera tiene estructura de grupo abeliano y con la segunda es semigrupo, y entre ambas se verifica la propiedad distributiva.

semicilindro *s. m.* Cada una de las dos mitades del cilindro separadas por un plano que pasa por su eje. **FAM.** Semicilíndrico.

semicircular *adj.* **1.** Perteneciente o relativo al semicírculo. **2.** De figura de semicírculo o similar a ella.

semicírculo *s. m.* **1.** Cada una de las dos mitades en las que un círculo queda dividido por uno de sus diámetros. ‖ **2. semicírculo graduado** Instrumento de medida de ángulos, con forma semicircular.

semicircunferencia *s. f.* Cada uno de los dos arcos iguales en que queda dividida una circunferencia por uno de sus diámetros.

semiconductor, ra *adj.* Se dice de los materiales cuya resistividad disminuye al aumentar la temperatura, así como de los cuerpos cuya resistividad es intermedia entre la de los metales y la de los aislantes. Los primeros semiconductores se obtuvieron con cristales de germanio y silicio, en los que se introducen en ocasiones impurezas de boro o arsénico; sus aplicaciones en la tecnología actual son innumerables, p. ej. en transistores, componentes electrónicos, etc. También *s. m.*

semiconserva *s. f.* Forma de conservación de los alimentos que han sido envasados en recipientes cerrados, pero no han pasado por el proceso de esterilización. Las semiconservas se mantienen durante un tiempo limitado gracias a la adición de sal, aceite, vinagre, etc., o por métodos como el ahumado y la deshidratación.

semiconsonante *adj.* En ling., se aplica a las vocales *i, u* cuando van al principio de un diptongo o un triptongo, como en *miedo* o *puerta*; y principalmente, cuando su pronunciación se acerca más a la de una consonante que a la de una vocal, como p. ej. en *hielo* o *huevo.* También *s. f.*

semicorchea *s. f.* Nota musical cuya duración es la mitad de una corchea.

semicultismo *s. m.* Palabra procedente del latín que, por haberse incorporado tarde a la lengua o por cualquier otra causa, no ha completado su evolución fonética normal, como *seglar* o *tilde.*

semiculto, ta *adj.* Perteneciente o relativo al semicultismo.

semidiámetro *s. m.* Cada una de las mitades de un diámetro, radio.

semidiós, sa *s. m.* y *f.* En mitología griega y romana, héroe que por sus hazañas ha pasado a estar entre los dioses; también, personaje hijo de dios y de humano.

semieje *s. m.* Cada una de las dos mitades de un eje separadas por el centro.

semiesfera *s. f.* Cada una de las dos mitades en que queda dividida una esfera por un plano que pase por su centro. **FAM.** Semiesférico.

semiespacio *s. m.* Cada una de las dos mitades en que un plano divide al espacio.

semifinal *s. f.* Cada una de las dos penúltimas fases o competiciones de un campeonato o concurso, que se gana por eliminación del contrario y no por puntos. Se usa mucho en *pl.*

semifinalista *adj.* Que participa en la semifinal de un campeonato. También *s.*

semifondo *s. m.* En atletismo, carrera de media distancia, con las especialidades de 800 m, 1.500 m, 2.000 m o una milla.

semifusa *s. f.* Nota musical cuya duración es la mitad de una fusa.

semigrupo *s. m.* **1.** En mat., estructura que toma un conjunto cuando en él se cumple la propiedad asociativa. ‖ **2. semigrupo con elemento neutro** Aquel en que la operación posee elemento neutro. **3. semigrupo conmutativo** (o **abeliano**) Aquel en que la operación es conmutativa.

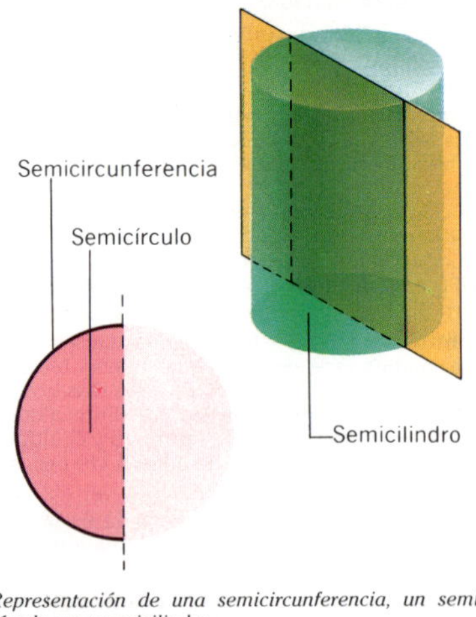

Representación de una semicircunferencia, un semicírculo y un semicilindro.

semihilo *s. m.* Tela de hilo mezclada con otra fibra textil.

semilla *s. f.* **1.** Parte del fruto de los vegetales en que está contenido el óvulo fecundado y maduro que, cuando germine, dará lugar a una nueva planta. Consta de una capa exterior protectora, llamada *tegumento* o *epispermo*, y de una porción interior, llamada *almendra*, que a su vez está formada por el albumen o *endospermo* y por el embrión. Los tejidos de reserva del albumen sirven para alimentar al embrión y permitir su desarrollo. **2.** Origen o causa de alguna cosa.

semillero *s. m.* **1.** Lugar donde se siembran y crían plantas para trasplantarlas más tarde. **2.** Lugar donde se conservan semillas para estudiarlas. **3.** Origen o causa de cierta cosa, generalmente negativa.

semilunar *adj.* **1.** Que tiene forma de media luna. **2.** Se aplica al segundo hueso situado en la primera fila del carpo. También *s. m.*

semimetal *s. m.* Elemento químico que tiene propiedades comunes con los del grupo de los metales y los de los no metales, como el boro, que tiene propiedades metálicas (forma sales) y no metálicas (forma ácidos). Otros semimetales son el galio, el germanio y el bismuto.

seminal *adj.* **1.** Perteneciente o relativo al semen. **2.** Perteneciente o relativo a la semilla.

seminario *s. m.* **1.** Centro donde estudian y se forman los que van a ser sacerdotes. **2.** Conjunto de actividades en que, mediante el trabajo en común de profesores y alumnos, éstos se adiestran en la investigación, especialización en alguna disciplina, etc. **3.** Clase o lugar en que se realizan estas actividades.

seminarista *s. m.* Alumno de un seminario para futuros sacerdotes.

seminífero, ra *adj.* **1.** Que contiene o segrega semen. **2.** Se aplica a los órganos vegetales que contienen la semilla.

seminívoro, ra *adj.* Que se alimenta de semillas. También *s.*

seminola *adj.* **1.** Se dice de un grupo de pueblos amerindios de la familia lingüística muscogi que estaban asentados en la península de Florida. Entre 1835 y 1843 sostuvieron diversas guerras contra los colonizadores estadounidenses. Actualmente viven en reservas en el estado de Oklahoma. **2.** De este grupo de pueblos. También *s.*

seminternado *s. m.* **1.** En algunos centros de enseñanza, sistema por el que los alumnos estudian y comen en dicho centro, pero no pasan la noche en él. **2.** Este centro de enseñanza.

seminterno, na *s. m.* y *f.* Alumno que está en régimen de seminternado.

semiología *s. f.* **1.** Semiótica*. **2.** En med., sintomatología*. También se llama *semiología clínica.* **FAM.** Semiológico.

semiólogo, ga *s. m.* y *f.* Persona especializada en semiología.

semioruga *s. m.* Vehículo militar provisto de ruedas y orugas o cadenas.

semiótica *s. f.* **1.** Ciencia que estudia los signos en general. Algunos ejemplos de sistemas de signos son las fórmulas de cortesía, los ritos simbólicos, el idioma, etc. La rama privilegiada de la semiótica es la lingüística, por ser el idioma el sistema de signos más importante. Entre los principales estudiosos de esta disciplina se encuentran Charles William Morris y Umberto Eco. **2.** En med., sintomatología*. **FAM.** Semiótico.

semiperímetro *s. m.* Mitad del perímetro de una figura.

semipermeable *adj.* **1.** Se aplica a aquellos objetos o cuerpos que son parcialmente permeables. **2.** En biol., se dice de las membranas que sólo permiten el paso de cierto tipo de solutos, por lo que ejercen una función selectiva en el interior de los organismos.

semipesado *adj.* Se aplica al boxeador profesional cuyo peso está comprendido entre 72,574 y 79,378 kilos; se aplica también a la categoría a la que pertenece.

semiplano *s. m.* Cada una de las dos partes en que una recta divide a un plano.

semiplena *adj.* En der., se dice de la prueba imperfecta o media prueba, como la que resulta de la declaración de un solo testigo, siendo éste de toda excepción.

semiproducto *s. m.* Mitad del producto de dos números.

Semíramis Reina mítica de Asiria y Babilonia. Nacida de un mortal y de una diosa, construyó y fortificó Babilonia, a la que enriqueció con extraordinarios jardines colgantes, y acrecentó sus posesiones, hasta que fue vencida en la India. Al parecer, esta leyenda se formó en torno a Sammuramat, esposa de Samsi-Adat, rey de Asiria (823-810 a. C.).

semirrecta *s. f.* Cada una de las dos porciones en que un punto divide a una recta.

semisótano *s. m.* Piso, local, etc., situado algo por debajo del nivel de la calle.

semisuma *s. f.* Mitad de la suma de dos números.

semita *adj.* **1.** Se dice de una familia de pueblos establecidos en Mesopotamia y el Próximo Oriente entre el quinto y primer milenio a. C., como acadios, amorritas, arameos, hebreos, fenicios y árabes, y que tenían características comunes en cuanto a su lengua, procedente de un mismo tronco, su religión, etc. **2.** De este pueblo. También *s.* **3.** En sentido restringido, judío.

semítico, ca *adj.* **1.** Perteneciente o relativo a los semitas. **2.** Se dice de una importante familia de lenguas habladas en una extensa región de África del Norte y Asia suroccidental, a la que pertenecen entre otras el arameo, el hebreo y el árabe. También *s. m.*

semitismo *s. m.* **1.** Conjunto de caracteres, costumbres, etc., de los pueblos semíticos. **2.** Término o giro propio de las lenguas semíticas utilizado en otras.

semitista *s. m.* y *f.* Persona especializada en la cultura de los pueblos semíticos, especialmente en su lengua y literatura.

semitono *s. m.* En mús., intervalo de medio tono.

semitransparente *adj.* Casi transparente.

semivocal *adj.* Se aplica a las vocales *i, u* cuando van al final de un diptongo o triptongo, como en *aire, hoy, auto* y *feudo.* También *s. f.*

sémola *s. f.* Trigo u otro cereal reducido a granos muy pequeños que se utiliza como pasta para sopa.

semoviente *adj.* Se dice de los bienes o propiedades que consisten en cualquier tipo de ganado. También *s. m.*

Sempere, Eusebio (Onil, Alicante 1924 - Madrid 1985) Pintor y escultor español. Formado en la corriente de la abstracción geométrica y el constructivismo, aportó investigaciones en el campo de los efectos ópticos y del contraste de colores. Entre sus obras destaca la serie titulada *Las cuatro estaciones.*

sempiterno, na *adj.* **1.** Que dura siempre, que no tiene fin. **2.** Que siempre se cumple o sucede así.

sen *s. m.* Moneda japonesa de cobre, que vale la centésima parte de un yen.

Sena (*Seine*) Río de Francia. 776 km de longitud y 77.767 km^2 de cuenca. Nace en la meseta de Langres, al N de Dijon, y se dirige hacia el O, pasando por Troyes, París y Ruán, hasta desembocar en el canal de La Mancha por Le Havre. Sus principales afluentes son el Aube, Marne y Oise, por la derecha, y Yonne y Eure por la izquierda. A través de toda una serie de canales está unido a otros ríos como el Loira, Saona y Mosa. Es navegable para gabarras desde París y tiene un intenso tráfico de mercancías.

senado *s. m.* **1.** En la república romana, asamblea de los patricios que constituía el consejo supremo del Estado, donde se decidían y resolvían tanto los asuntos de política externa como interna. En época imperial, sus competencias fueron progresivamente limitadas. **2.** En países que tienen un cuerpo legislativo bicameral, cámara alta, órgano de representación territorial cuya función básica es la de confirmar, modificar o rechazar las resoluciones aprobadas en el Congreso de los Diputados. ▪ Con este significado suele escribirse en mayúscula. **3.** Edificio donde celebran los senadores sus sesiones. **4.** Reunión de personas entendidas o con gran experiencia en el asunto de que se trata.

senadoconsulto *s. m.* Decisión o determinación tomada por el antiguo senado romano.

senador, ra *s. m.* y *f.* Miembro del senado.

senaduría *s. f.* Dignidad o cargo de senador.

Senaquerib (? - ? 682 a. C.) Rey de Asiria (705-682 a. C.). Hijo y sucesor de Sargón II, hubo de hacer frente a los intentos de secesión de países sometidos por los sirios y en el 689 a. C. saqueó Babilonia. Intentó infructuosamente conquistar Egipto.

senario, ria *adj.* Que está compuesto por seis elementos o cifras.

senatorial *adj.* **1.** Perteneciente o relativo al senado o a los senadores. **2.** En la antigua Roma, se aplicaba al *ordo* o clase compuesta por las familias patricias pertenecientes al senado.

sencillamente *adv. m.* **1.** Con sencillez. **2.** Con naturalidad y espontaneidad. **3.** Simplemente.

sencillez *s. f.* Cualidad de sencillo.

sencillo, lla *adj.* **1.** Fácil, elemental. **2.** Compuesto por un solo elemento o por pocos elementos. **3.** Destinado para una sola persona, un solo uso, etc. **4.** De menos espesor o grosor que el resto de su especie. **5.** Que no está excesivamente adornado o arreglado, que carece de lujo o refinamiento. **6.** Se aplica a la persona que mantiene con las demás un trato de igualdad, sin presumir de su posición o cualidades. ‖ *s. m.* **7.** Disco fonográfico de corta duración con una o dos canciones o piezas en cada cara. **8.** *amer.* Dinero suelto.

senda *s. f.* **1.** Camino, particularmente si es estrecho. **2.** Medio que sigue alguien para cierta cosa o como forma de vida.

Sendai C. de Japón, en el E de la isla de Honshu. 910.300 h. en 1989. Constituye un importante centro de artesanía tradicional de la seda, cerámica, lacados y madera. Cuenta también con industria química, mecánica y papelera.

Sender, Ramón José (Chalamera, Huesca 1902 - San Diego, California, 1982) Escritor español. Participó en la guerra civil como combatiente y en 1938 se exilió a Francia, luego a México, para instalarse definitivamente en EE UU. Ya desde sus primeras obras mostró una comprometida preocupación por la situación de la sociedad española. Posteriormente amplió la temática de sus obras con incursiones en los géneros histórico y humorístico. Entre sus principales obras se encuentran *Imán, novela de la guerra de Marruecos* (1930), *Mister Witt en el cantón* (1935), *Réquiem por un campesino español* (1960), *Crónica del alba* (1942-66) y *La aventura equinoccial de Lope de Aguirre* (1964).

Ramón José Sender.

sendero *s. m.* Senda*.

Sendero Luminoso Organización guerrillera de Perú, de ideología maoísta, surgida en 1978 y dirigida por Abimael Guzmán. Comenzó la lucha armada en 1980 y provocó la intervención del ejército para combatirla. Su principal zona de actuación es la región de Ayacucho.

sendos, das *adj. distrib. pl.* Se aplica a dos o más cosas, cada una de las cuales se destina o corresponde a cada una de otras tantas personas o cosas.

Séneca, Lucio Aneo (Córdoba h. 3 a. C. - Roma 65 d. C.) Filósofo latino de origen hispano. Se educó en Roma y más tarde en Alejandría. Fue cuestor y senador durante el reinado de Calígula y se ocupó de la educación de Nerón. Implicado en la conjura de Pisón, se cortó las venas, acatando la sentencia del emperador. Su pensamiento se enmarca en la tradición estoica. Ejerció un notable influjo en autores posteriores. De su obra conservada destacan los tratados filosóficos, que constan de doce *Diálogos,* los tratados *La clemencia* y *Los beneficios, Cuestiones físicas,* y nueve tragedias, entre las que sobresalen *Medea, Fedra, Edipo* y *Agamenón.*

Lucio Aneo Séneca, presunto retrato (Museo Arqueológico Nacional, Nápoles).

senectud *s. f.* Vejez, ancianidad.

Senegal Río de África. 1.700 km de longitud. Nace en el macizo de Futa Yallón, en Guinea, y siguiendo dirección NO desemboca en el océano Atlántico, junto a Saint-Louis. En gran parte de su recorrido sirve de frontera entre Senegal y Mauritania. Su afluente más importante es el Falemé. Según la época del año, las variaciones del caudal son muy notables, por lo cual su curso navegable varía.

Senegal Estado de África occidental.

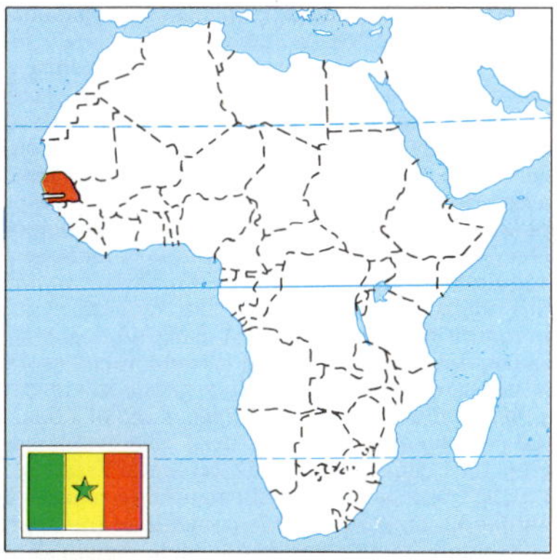

Extensión: 196.722 km^2.
Límites: al N, con Mauritania; al E, con Malí; al S, con Guinea y Guinea-Bissau, y al O, con Gambia y el océano Atlántico.
Población: 7.277.000 h. en 1990.
Densidad: 37 h./km^2.
Capital: Dakar.
División administrativa: 10 regiones.
Ciudades principales: Thiès, Kaolack, Rufisque, Ziguinchor, Saint-Louis.
Gentilicio: senegalés.
Forma de Estado: república presidencialista.
Idioma: francés.
Religión: islamismo, 91 %; catolicismo, 5,6 %; creencias tradicionales, 3,2 %.
Moneda: franco CFA.
Tasa de natalidad: 45 ‰ en 1990.
Tasa de mortalidad: 19 ‰ en 1990.
Renta per cápita: 650 dólares en 1989.

Geog. Senegal está asentada sobre una gran llanura surcada de E a O por los ríos Senegal, Gambia y Casamance, que se eleva únicamente en la proximidad de la frontera con Guinea, donde existen cerros de arenisca, estribaciones del macizo de Futa Yallón. Su clima es tropical senegalés y la vegetación de acacias y mimosas en el N y de sabanas y bosques en el S. La población pertenece en su mayoría a la raza negra y se concentra en las zonas N y O del país. Su tasa de natalidad es muy alta. En sus tierras se cultiva sobre todo cacahuete (cuarto productor mundial) y mijo (octavo), seguidos de algodón, arroz, maíz, batata, mandioca, tomate y frutales, y se cría ganadería ovina y, en menor número, caprina y

Senegal: gran mezquita de Touba.

bovina. Posee importancia la pesca del atún. Además cuenta con explotaciones mineras de fosfatos, titanio y sal, e industria de fertilizantes, montaje de automóviles, textil, cementera, cervecera, tabaquera y azucarera.

Hist. Hacia el s. IX se constituyó en este territorio el reino de Tekrur, que dos siglos más tarde islamizaron los almorávides. En el s. XIV se separaron los reinos de Serere y Dyolof, que entraron a formar parte del reino de Malí, aunque tres siglos después se estructuraron en pequeños estados organizados feudalmente. Posteriormente también se independizó el territorio de Cabo Verde. El reino de Tekrur fue sometido por la dinastía de los deniankes, bajo cuya soberanía estuvo hasta el s. XVIII, en que pasó a manos de señores feudales musulmanes. En 1638 comenzó la colonización francesa, que se intensificó en 1681 a través de la Compañía de Senegal, dedicada al comercio de esclavos negros. A causa de la guerra de la Liga de Augsburgo, esta compañía pasó a manos británicas, hasta que en 1697 fue recuperada por Francia. Durante el imperio napoleónico Francia perdió el interés por la colonia, que adquirió cierta independencia. En 1817 comenzó una nueva época de intervención francesa; el gobernador Faidherbe, en 1854, culminó la colonización del país reprimiendo las sublevaciones de la población indígena. En la segunda mitad del s. XIX se fundó Dakar, que llegó a ser el principal centro colonial francés del África occidental y en 1904 capital de África Occidental Francesa. En 1958 Senegal recibió el estatuto de república autónoma en el seno de la comunidad francesa, adherida a la Federación de Malí. Adquirió la plena independencia en 1960 y, tomando como base la Constitución de 1963, se convirtió en república presidencialista. Desde 1960 hasta 1980 el país estuvo gobernado por el socialista Léopold Sédar Senghor, que cedió el poder a Abdou Diouf. En 1982 se produjo la unión con Gambia, dando origen a la confederación de Senegambia. Abdou Diouf fue elegido presidente de la república en 1983 y 1988. En abril de 1991 fue nombrado primer ministro Habib Thian.

senegalés, sa *adj.* **1.** De Senegal. También *s.* **2.** Se dice de un tipo de clima tropical, con unas precipitaciones anuales de 300 a 700 mm y 2 a 5 meses húmedos. También *s. m.*

Senegambia Confederación de África occidental, integrada por Senegal y Gambia. Esta unión se constituyó en 1982, bajo la presidencia de Abdou Diouf, primer mandatario senegalés. Uno de los requisitos para la firma del tratado de unión fue el mantenimiento de sus respectivas soberanías.

senequismo *s. m.* **1.** Doctrina filosófica y moral desarrollada por Séneca. **2.** Norma de vida ajustada a esta doctrina. **FAM.** Senequista.

senescal *s. m.* En el reino franco, Cataluña y otras monarquías y señoríos medievales, oficial de la corte del rey o mayordomo de palacio que, según las épocas y países, tuvo también la función de dirigir las campañas guerreras y de administrar los dominios reales.

senescalado *s. m.* **1.** Territorio sujeto a la jurisdicción del senescal. **2.** Senescalía*.

senescalía *s. f.* Cargo o dignidad de senescal.

senescente *adj.* Que empieza a envejecer. **FAM.** Senescencia.

Senghor, Léopold Sédar (Joal, Dakar 1906) Político y escritor senegalés. Tras estudiar en Francia, fue diputado por Senegal en la Asamblea Nacional de Francia (1946-58). Al concederse a su país la autonomía de gobierno en 1958, fundó el Partido de Reagrupación Nacional. En 1960 fue elegido presidente de Senegal y reelegido en sucesivas ocasiones, hasta que abandonó este cargo en 1980. Como poeta centró su obra en el concepto de la negritud, con libros como *Cantos de sombra* (1945), *Hostias negras* (1948), *Etiópicas* (1956) y *Nocturnos* (1961).

senil *adj.* **1.** Perteneciente o relativo a la vejez o a los viejos. **2.** Que muestra señales de decadencia física o mental.

senilidad *s. f.* **1.** Vejez, ancianidad. **2.** Cualidad de senil.

sénior *adj.* **1.** Se aplica a la mayor de dos personas que tienen el mismo nombre. **2.** Se dice de la categoría que encuadra a los deportistas que han sobrepasado el límite de edad de los júniors, generalmente sobre los 20 o 21 años. También *s.*

Sennett, Mack (Richmond, Canadá 1880 - Hollywood 1960) Actor, director y productor estadounidense. Debutó en el cine en 1909 a las órdenes de David W. Griffith. En 1912 fundó con los actores Mabel Normand y Ford Sterling la productora Keystone Comedies Corporation, que desempeñó un papel muy importante en el desarrollo del cine cómico. Su humor se basaba en situaciones disparatadas y en un ritmo frenético.

seno *s. m.* **1.** Mama, pecho. **2.** Espacio que queda entre el pecho y la ropa; se refiere únicamente a las mujeres. **3.** Matriz de la mujer o la hembra de cualquier mamífero. **4.** Concavidad, hueco, especialmente en el interior del cuerpo de los animales. **5.** Cavidad de algunos huesos. **6.** Cada uno de los conductos venosos que se encuentran localizados en el interior de la cavidad craneal. **7.** Concavidad que forma una cosa curva. **8.** Parte de mar entre dos puntas o cabos de tierra. **9.** Porción de mar que entra en la tierra. **10.** Parte interna, interior de algo. **11.** En un triángulo rectángulo, cociente entre las longitudes del cateto opuesto al ángulo rectángulo y la hipotenusa. **12.** En arq., espacio comprendido entre los trasdoses de arcos o bóvedas contiguas.

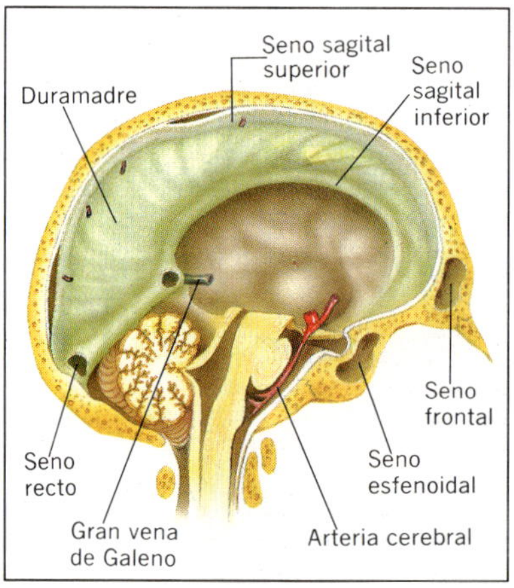

Algunos de los distintos senos que existen en el interior del cráneo humano.

sensación *s. f.* **1.** Impresión que producen las cosas a través de los sentidos y que es conducida hasta el cerebro por medio del sistema nervioso. En el proceso por el que se verifican las sensaciones se pueden distinguir tres fases: la excitación del órgano sensible, la transmisión de la excitación desde el órgano sensorial al cerebro a través del sistema nervioso, en forma de corriente nerviosa, y la recepción de esta corriente en el cerebro, con lo cual la sensación se hace consciente. **2.** Efecto que produce algo en una persona. ■ Si no se especifica, se entiende que es grande o fuerte. **3.** Presentimiento, corazonada.

sensacional *adj.* Impresionante, extraordinario.

sensacionalismo *s. m.* Tendencia de algunos medios de comunicación a presentar las noticias destacando sus aspectos más llamativos para producir una fuerte impresión en quienes las reciben y en la opinión pública. **FAM.** Sensacionalista.

sensacionismo *s. m.* Doctrina filosófica según la cual los sentidos y, a través de ellos, las sensaciones constituyen la única fuente de conocimiento.

sensatez *s. f.* Cualidad de sensato.

sensato, ta *adj.* Se aplica a la persona que piensa y actúa de manera prudente y acertada, así como a sus acciones, comportamiento, etc. **FAM.** Sensatamente.

sensibilidad *s. f.* **1.** Cualidad de sensible. **2.** Capacidad de percibir sensaciones. **3.** Grado o medida de la eficacia de ciertos aparatos científicos, ópticos, etc.

sensibilizador, ra *adj.* **1.** Que tiene la propiedad de sensibilizar. ‖ *s. m.* **2.** En fotografía, agente químico que hace una emulsión más sensible a la luz.

sensibilizar *v. tr.* **1.** Hacer sensible o más sensible. También *v. prnl.* **2.** Hacer que alguien se dé cuenta de la importancia, valor, etc., de algo o se vuelva más comprensivo con alguna cosa. También *v. prnl.* **3.** En fotografía, hacer sensibles a la luz ciertas materias. ■ Se conjuga como *cazar.* **FAM.** Sensibilización.

sensible *adj.* **1.** Que tiene capacidad para experimentar sensaciones. **2.** Que siente con mayor o menor intensidad la acción de un agente físico. **3.** Que puede percibirse a través de los sentidos. **4.** Se aplica a los instrumentos muy precisos que registran el más pequeño cambio en cualquier fenómeno de temperatura, luz, sonido, etc. **5.** Que reacciona fácilmente ante la acción de ciertos agentes naturales. **6.** Se dice de la persona que se impresiona o emociona y a la que fácilmente se hiere en sus sentimientos. **7.** Que tiene gran capacidad para percibir las cosas. **8.** Notable, considerable. **9.** En mús., se aplica al séptimo grado de la escala diatónica cuando está a un semitono de la tónica. También *s. f.*

sensiblemente *adv. m.* Notablemente.

sensiblería *s. f.* Sensibilidad exagerada o falsa.

sensiblero, ra *adj.* Que tiene o manifiesta sensiblería.

sensitiva *s. f.* Nombre común de diversos arbustos de la familia mimosáceas, género *Mimosa.* La especie *Mimosa pudica* tiene aguijones, hojas compuestas y flores en espiga de color rosa. Sus hojas presentan la propiedad de que, si alguien las toca o sacude, parecen como si estuvieran marchitas por algún tiempo. Es originaria de América del Sur y se cultiva como planta ornamental.

sensitivo, va *adj.* **1.** Perteneciente o relativo a las sensaciones. **2.** Capaz de experimentar sensaciones. **3.** Que excita o estimula la sensibilidad. **4.** Se aplica a la persona muy sensible.

sensor *s. m.* Dispositivo compuesto por células sensibles, que sirve para captar o detectar determinados fenómenos o alteraciones que se producen en su entorno, incluso a gran distancia. En función del fenómeno que detecte puede ser fotosensible (luz), acústico (sonido), etc.

sensorial *adj.* Perteneciente o relativo a los sentidos.

sensorio, ria *adj.* Sensorial*.

sensual *adj.* **1.** Perteneciente o relativo a las sensaciones. **2.** Se dice de lo que, al ser percibido a través de los sentidos, produce placer o satisfacción, con frecuencia de carácter erótico, así como de dicho placer y de la persona aficionada a él. **FAM.** Sensualmente.

sensualidad *s. f.* **1.** Cualidad de sensual. **2.** Inclinación exagerada a los placeres sensuales.

sensualismo *s. m.* **1.** Sensualidad*. **2.** Sensacionismo*.

sentada *s. f.* **1.** Tiempo durante el cual alguien permanece sentado. **2.** Acción de permanecer sentadas en el suelo un grupo de personas durante un largo periodo de tiempo, como forma de protesta, para manifestarse, apoyar una petición, etc. ‖ Loc. **de una sentada** *adv. fam.* De una vez.

sentado, da 1. *p. p.* de **sentar**. También *adj.* ‖ *adj.* 2. Prudente, juicioso. ‖ Loc. **dar** algo **por sentado** *fam.* Considerarlo como seguro, fuera de toda duda.

sentador, ra *adj. Arg., Chile.* Se aplica a las prendas de vestir que favorecen.

sentar *v. tr.* **1.** Colocar a alguien en un asiento de forma que quede apoyado y descansando sobre las nalgas y la cara posterior de los muslos. Se usa sobre todo como *v. prnl.* **2.** Colocar una cosa de forma que quede perfectamente ajustada o apoyada. **3.** Establecer, fundamentar. ‖ *v. intr.* **4.** *fam.* Referido a comidas y bebidas, ser bien o mal digeridas por el estómago. **5.** *fam.* Producir beneficio o daño en alguien. **6.** *fam.* Quedarle bien o mal a una persona una prenda de vestir, un color, etc. **7.** *fam.* Producir algo una buena o mala impresión en alguien. **8.** *fam.* Quedar una cosa bien asegurada. **9.** *fam.* Volver algo a su estado normal después de haber sufrido cambios o alteraciones. También *v. prnl.* **10.** Posarse en el fondo las partículas o materias que estaban suspendidas en un líquido. También *v. prnl.* ▪ Es v. irreg. Se conjuga como *pensar.*

sentencia *s. f.* **1.** Oración en que se formula una opinión o juicio sobre algún problema. **2.** Resolución de un juez con la que se pone fin a un juicio o proceso. **3.** *fam.* Decisión que expresa alguien acerca de una discusión, disputa, etc., con la que se da por terminada o resuelta. **4.** Oración, enunciado. ‖ **5. sentencia definitiva** La que termina el asunto o impide la continuación del juicio, aunque contra ella sea admisible un recurso extraordinario. **6. sentencia firme** Aquella que es ejecutoria o invariable por estar confirmada, haberla aceptado las partes o no ser apelable.

sentenciar *v. tr.* **1.** Decir una sentencia o máxima. **2.** Dictar el juez sentencia contra alguien. **3.** Condenar. **4.** Destinar algo al fracaso. Fam. Sentenciador.

sentencioso, sa *adj.* **1.** Que contiene sentencias o máximas. **2.** Se aplica a la persona y al tono en que habla, cuando lo hace de forma grave, dando gran importancia a lo que dice, como si se tratara de sentencias o máximas. **3.** Aficionado a hacer o utilizar sentencias. Fam. Sentenciosamente.

sentido, da 1. *p. p.* de **sentir**. También *adj.* ‖ *adj.* **2.** Que demuestra un sentimiento intenso y sincero. **3.** Se aplica a la persona sensible, que se siente herida con facilidad. ‖ *s. m.* **4.** Cada una de las funciones propias del hombre y los animales que posibilitan su contacto con el mundo exterior. Se han distinguido tradicionalmente cinco: la vista, el oído, el olfato, el gusto y el tacto. **5.** Razón de ser, lógica de algo. **6.** Estado de consciencia. **7.** Capacidad que tiene alguien para aquello que se expresa. **8.** Manera particular en que alguien entiende o aprecia algo. **9.** Aquello hacia lo que está dirigida la existencia de alguien. **10.** Cada interpretación que se puede dar a una palabra, frase o texto. **11.** Cada una de las dos formas opuestas en que puede orientarse una línea o dirección desde un punto a otro. ‖ **12. sentido común** Capacidad natural que tienen los hombres para razonar las cosas y poder actuar en consecuencia. ‖ Loc. **con los** (o **mis**, **tus**, **sus**, etc.) **cinco sentidos** *adv. fam.* Con mucha atención. **de sentido común** *adj.* Lógico, esperable. **hacer perder** (o **quitar**) **el sentido** *fam.* Gustar enormemente a alguien una persona o cosa. **poner** uno (o **tener puestos**) **sus cinco sentidos en** una persona o cosa *fam.* Dedicarle extraordinaria atención.

sentimental *adj.* **1.** Perteneciente o relativo a los sentimientos. **2.** Sensible, que se emociona con facilidad. También *s.* **3.** Que expresa o produce sentimientos de compasión, ternura, etc. **4.** Perteneciente o relativo al amor. Fam. Sentimentalmente.

sentimentalismo *s. m.* Sensibilidad cursi o afectada.

sentimentaloide *adj.* Falsa o exageradamente sentimental.

sentimiento *s. m.* **1.** Acción y efecto de sentir. **2.** Estado de ánimo o disposición afectiva hacia personas, objetos o ideas. **3.** Parte afectiva del ser humano, que se contrapone a razón o intelecto. **4.** Amor que siente una persona hacia otra. Se usa sobre todo en *pl.*

sentina *s. f.* **1.** Parte más baja de la bodega de un barco donde se reúnen las aguas procedentes de filtraciones residuales y desde donde son expulsadas al exterior mediante bombas. **2.** Lugar lleno de suciedad y mal olor. **3.** Lugar considerado foco de vicios e inmoralidad.

sentir[1] (del lat. *sentire*) *v. tr.* **1.** Percibir a través de los sentidos. **2.** Oír*. **3.** Experimentar impresiones, emociones, sensaciones, etc. **4.** Tener sensibilidad en la parte del cuerpo que se expresa. **5.** Lamentar. **6.** Creer, opinar, considerar. También *v. prnl.* **7.** Tener la impresión de que algo va a ocurrir. ‖ *v. prnl.* **8.** Encontrarse en el estado o situación que se expresa. **9.** Resentirse de un dolor, enfermedad, etc. ▪ Es v. irreg. ‖ Loc. **dar que sentir** Tener consecuencias lamentables. **sin sentir** *adv.* Sin darse cuenta, inadvertidamente.

SENTIR

GERUNDIO

sintiendo

INDICATIVO

Presente	**Pret. perf. simple**
siento	*sentí*
sientes	*sentiste*
siente	*sintió*
sentimos	*sentimos*
sentís	*sentisteis*
sienten	*sintieron*

SUBJUNTIVO

Presente	**Pretérito imperfecto**
sienta	*sintiera, -ese*
sientas	*sintieras, -eses*
sienta	*sintiera, -ese*
sintamos	*sintiéramos, -ésemos*
sintáis	*sintierais, -eseis*
sientan	*sintieran, -esen*

Futuro imperfecto

sintiere	*sintiéremos*
sintieres	*sintiereis*
sintiere	*sintieren*

IMPERATIVO

siente	*sentid*

sentir[2] (de *sentir*[1]) *s. m.* **1.** Opinión, parecer. **2.** Sentimiento.

Senusret o **Sesostris** Nombre de tres faraones egipcios de la XII dinastía.

Senusret I Reinó de 1971 a 1928 a. C. Llevó la frontera en el S hasta la tercera catarata. Asoció a su hijo al trono.

Senusret III Reinó h. 1878-1843 a. C. Con él alcanza la dinastía su cumbre. Conquistó la baja Nubia y realizó una expedición a Palestina. Centralizó el poder y mandó construir su pirámide en Dashur.

senyera (voz cat.) *s. f.* Bandera; por antonomasia, la bandera de Cataluña.

seña *s. f.* **1.** Gesto o ademán para indicar alguna cosa. **2.** Detalle o rasgo característico. ▪ En estas dos acepciones se usa más en *pl.* **3.** Gesto, palabra, etc., convenido entre dos o más personas para entenderse entre sí. ‖ *pl.* **4.** Dirección de una persona, establecimiento, etc. ‖ **5. santo y seña** Véase **santo**. ‖ Loc. **para** (o **por**) **más señas** *adv.* Para ser aún más exacto o preciso.

señal *s. f.* **1.** Aquello que tiene una persona o cosa o se pone en ella para indicar algo. **2.** Gesto o ademán con que se comunica algo. **3.** Aquello que indica la existencia de algo o lo demuestra. **4.** Mancha, desperfecto, etc., que queda en alguien o algo como consecuencia de un hecho o acción anterior. **5.** Ademán, acción, etc., convenido entre varias personas con algún fin. **6.** Señal de tráfico. **7.** Sonido que producen algunos aparatos para avisar o informar de alguna cosa, y particularmente el teléfono. **8.** Imagen o sonido que recibe un aparato receptor de televisión, radio, etc. **9.** Cantidad de dinero que se paga como anticipo del coste total de algo. ‖ **10. señal de la cruz** La que se hace con los dedos índice y pulgar o moviendo toda la mano para representar la cruz en que murió Jesús. **11. señal de tráfico** (o **de circulación**) Cada una de las indicaciones que sirven para regular la circulación en calles y carreteras. ‖ Loc. **en señal de** *adv.* Como prueba o muestra de aquello que se expresa.

señalado, da 1. *p. p.* de **señalar**. También *adj.* ‖ *adj.* **2.** Importante, notable. Fam. Señaladamente.

señalador, ra *adj.* **1.** Que señala o sirve para señalar. ‖ *s. m.* **2.** Pequeña cartulina, cinta, etc., que sirve para señalar en los libros una determinada página.

señalamiento *s. m.* Acción y efecto de señalar, especialmente el día de un juicio oral o de una vista.

señalar *v. tr.* **1.** Indicar algo mediante señales, ademanes, palabras, etc. **2.** Mostrar a alguien o algo, dirigiendo el dedo hacia él o por otros medios. **3.** Destacar, resaltar. **4.** Determinar, fijar. **5.** Hacer heridas o dejar cicatrices en alguna parte del cuerpo. **6.** Dejar señal o desperfectos en cualquier superficie. **7.** Deshonrar, desprestigiar. **8.** Decidir, predestinar. ‖ *v. prnl.* **9.** Distinguirse, destacarse.

señalizar *v. tr.* **1.** Poner señales de tráfico en calles y carreteras. **2.** Poner cualquier tipo de indicaciones en vías de comunicación, caminos, etc. ▪ Se conjuga como *cazar.* Fam. Señalización.

señera *s. f.* Senyera*.

señero, ra *adj.* **1.** Destacado, sobresaliente. **2.** Separado, aislado. Fam. Señeramente.

señor, ra *s. m.* y *f.* **1.** Tratamiento de respeto utilizado para referirse a cualquier persona adulta. ▪ Cuando se trata de mujeres, se aplica a las casadas o viudas, frente a *señorita.* **2.** Persona madura. **3.** Propietario o dominador de algo, especialmente de tierras. **4.** Con respecto a los criados, persona para la que trabajan; también, cualquier persona a cuya autoridad alguien se considera sometido. **5.** En la Edad Media, noble que establecía una relación feudal con un vasallo, a quien entregaba un beneficio –generalmente un feudo– a cambio de un servicio de armas; también, en las Edades Media y Moderna, titular de un señorío jurisdiccional. **6.** Título nobiliario. **7.** Persona distinguida y de noble comportamiento. **8.** Se utiliza precedido de *muy* y seguido del posesivo de primera persona en encabezamientos formularios de cartas: *muy señores míos...* ‖ *s. m.* **9.** Dios. ▪ Con este significado se escribe con mayúscula. **10.** Hombre, en contraposición a mujer. ‖ *s. f.* **11.** Esposa. **12.** Mujer, en contraposición a hombre. ‖ *adj.* **13.** *fam.* Señorial. **14.** *fam.* Antepuesto a un sustantivo, intensifica el valor de lo expresado por él. ‖ **15. Nuestra Señora** La Virgen María. ‖ Loc. **descansar** (o **dormir**) **en el Señor** Para los católicos, morir. **quedar como un señor** Quedar muy bien.

señorear *v. tr.* **1.** Dominar, ser dueño de algo. **2.** Mandar y disponer alguien de las cosas como si fuera su dueño. **3.** Sobresalir una cosa de otra, por ser más alta o estar en una posición más elevada. **4.** Contener alguien sus sentimientos, impulsos, etc.

señoría *s. f.* **1.** Tratamiento que se da a las personas que poseen cierta dignidad, especialmente jueces y parlamentarios. **2.** Persona que recibe este tratamiento. **3.** Forma de gobierno de algunas ciudades italianas de la Baja Edad Media, en la que el poder era entregado a una familia o linaje aristocrático que establecía una forma de principado. **4.** Ciudad con este tipo de gobierno.

señorial *adj.* **1.** Perteneciente o relativo al señorío. **2.** Noble, majestuoso.

señorío *s. m.* **1.** Dominio que se tiene sobre alguna cosa. **2.** Territorio perteneciente a un señor. **3.** Dignidad de señor. **4.** Conjunto de personas distinguidas. **5.** Clase, distinción. ‖ **6. señorío jurisdiccional** En las Edades Media y Moderna, forma de posesión de la tierra, generalmente de grandes dominios, en la que el señor ejercía jurisdicción sobre el territorio y sus habitantes y explotaba directamente sus rendimientos agropecuarios o los arrendaba a terceros a cambio de una renta.

señoritingo, ga *s. m.* y *f. desp.* de **señorito**.

señorito, ta *s. m.* y *f.* **1.** Joven de familia acomodada, generalmente hijo de un terrateniente. **2.** Tratamiento que dan los criados a la persona para quien trabajan, especialmente si es joven, o a los hijos de ésta. **3.** *fam.* Persona amante de las comodidades, poco inclinada a esforzarse por las cosas. También *adj.* ‖ *s. f.* **4.** Mujer joven. **5.** Tratamiento dado a la mujer soltera. **6.** Tratamiento que se da a las maestras. **7.** Mujer que desempeña ciertos trabajos, como el de secretaria, dependienta, etc.; se usa también como tratamiento.

señorón, na *adj.* Se aplica a la persona rica o importante. También *s.*

señuelo *s. m.* **1.** Cualquier objeto utilizado para atraer a las aves. **2.** Ave que se usa para atraer a otras. **3.** Cualquier cosa que sirve para atraer a alguien o convencerle de algo, generalmente de forma engañosa.

seo *s. f.* Iglesia catedral.

Seo de Urgel (*La Seu d'Urgell*) C. de España, en la prov. de Lleida. 11.200 h. en 1991. Es un centro comercial y administrativo, que posee industrias alimentarias, de abonos y de la madera, núcleo rector de la comarca del Urgellet y puesto fronterizo muy activo en relación con Andorra y Francia. El obispo titular de su sede es copríncipe de Andorra con el presidente de Francia. Tuvo importancia en la Edad Media, y durante la Moderna estallaron conflictos entre el consejo municipal y el obispado. Entre sus monumentos sobresale la catedral románica del s. XII.

sépalo *s. m.* Cada una de las piezas que forman el cáliz de la flor.

separación *s. f.* **1.** Acción y efecto de separar o separarse. **2.** Espacio o tiempo que separa dos cosas. **3.** Interrupción de la vida común de los cónyuges sin que se produzca una ruptura del vínculo matrimonial. ‖ **4. separación de bienes** Reparto de las propiedades de los cónyuges hecho por vía jurídica. **5. separación de poderes** Distinción e independencia entre los poderes legislativo, ejecutivo y judicial, que asegura el respeto de las libertades del individuo y el buen funcionamiento del sistema democrático. Esta teoría fue formulada por Montesquieu.

separado, da **1.** *p. p.* de **separar**. También *adj.* ‖ *adj.* **2.** En situación de separación matrimonial. También *s.* **FAM.** Separadamente.

separar *v. tr.* **1.** Establecer distancia o aumentarla entre dos personas, animales o cosas. También *v. prnl.* **2.** Poner aparte. **3.** Reservar algo. **4.** Considerar como distintas, cosas que aparecen mezcladas. **5.** Hacer que alguien abandone el cargo, actividad, etc., que desempeñaba. También *v. prnl.* ‖ *v. prnl.* **6.** Irse por distinto lugar personas, animales o cosas que iban juntas. **7.** Dejar de vivir juntos los esposos. **8.** Terminar la relación que se mantenía con algún grupo. **9.** Abandonar una creencia, postura, etc. **10.** Hacerse independiente una comunidad política que pertenecía a otra. **FAM.** Separable, separador.

separata *s. f.* Publicación independiente de un artículo, un texto, etc., que había aparecido incluido en otra obra.

separatismo *s. m.* Tendencia política que defiende la separación o independencia de una región, provincia o nación del Estado al que pertenece. Está íntimamente vinculada al nacionalismo. **FAM.** Separatista.

sepelio *s. m.* Entierro de una persona con las correspondientes ceremonias, ya sean religiosas o civiles.

sepia *s. f.* **1.** Jibia*, molusco. **2.** Colorante que se extrae de este molusco. **3.** Color ocre.

Sepik Río de Nueva Guinea, en el sector NE de la isla. 1.126 km de longitud, 100.000 km^2 de cuenca. Nace en la cordillera Central, discurre en dirección NE hasta desembocar en el mar de Bismarck, en el océano Pacífico. Es muy caudaloso, con un régimen ecuatorial de gran regularidad.

sepiolita *s. f.* $2MgO\ 3SiO_2 \cdot 2H_2O$. Mineral silicato hidratado de magnesio. Cristaliza en el sistema rómbico, es de color blanco, muy poroso y de poca densidad. Sus principales yacimientos se encuentran en Grecia, Turquía, China y EE UU; en España se extrae en Madrid. También se denomina *espuma de mar.*

seppuku (voz japonesa) *s. m.* Haraquiri*.

sepsis *s. f.* Enfermedad infecciosa provocada por un agente patógeno que penetra en el torrente sanguíneo. Se llama también *septicemia.*

sept- *pref.* Significa 'siete': *septisílabo.*

septembrino, na *adj.* **1.** Perteneciente o relativo al mes de septiembre. **2.** Ocurrido durante este mes; se aplica especialmente a ciertos movimientos revolucionarios.

septembrista *adj.* Setembrista*.

septenario, ria *adj.* **1.** Que consta de siete partes o elementos. ‖ *s. m.* **2.** Conjunto de siete días. **3.** Conjunto de prácticas religiosas realizadas durante siete días.

septenio *s. m.* Periodo de siete años.

septeno, na *adj. num. ord.* Séptimo*.

septentrión *s. m.* **1.** Norte, punto cardinal. **2.** Región situada en este punto. **3.** Viento del norte.

septentrional *adj.* **1.** Perteneciente o relativo al septentrión. **2.** Situado u orientado al norte.

septeto *s. m.* **1.** Composición musical para siete instrumentos o voces. **2.** Conjunto formado por siete instrumentos o voces.

septicemia *s. f.* Sepsis*. **FAM.** Septicémico.

séptico, ca *adj.* **1.** Que produce putrefacción o es causado por ella. **2.** Que tiene gérmenes patógenos o infecciosos.

septiembre *s. m.* Noveno mes del año, que tiene 30 días. ▪ Se dice también *setiembre.*

Septiembre Negro Organización palestina que surgió como respuesta a las matanzas de refugiados palestinos ocurridas en el mes de septiembre de 1970 en Jordania. Formada por miembros de otras organizaciones de resistencia, llevó a cabo entre 1971 y 1975 diversos atentados terroristas en el extranjero.

Septimania Región histórica del S de Francia, que comprendía las tierras que se extienden entre el Ródano y los Pirineos. Era la antigua provincia Narbonense romana que, ocupada primero por visigodos, cayó en el año 759 en manos del Islam y fue finalmente conquistada por Pipino el Breve.

Septimio Severo, Lucio (Leptis Magna, en Libia 146 - Eburacum, actual York 211) Emperador romano (193-211). Aclamado emperador por el ejército de Panonia, se deshizo de otros tres pretendientes al puesto y restableció el orden en el imperio. Promovió obras públicas de envergadura en Roma y el N de África. Promulgó numerosas leyes, entre ellas la que dio preeminencia al orden ecuestre sobre el Senado, y favoreció los cultos orientales, persiguiendo duramente al cristianismo.

séptimo, ma *adj. num. ord.* **1.** Que ocupa por orden el número siete. También *pron.* ‖ *adj. num. part.* **2.** Se dice de cada una de las siete partes iguales en que se divide un todo. También *s.* ‖ *s. f.* **3.** En mús., intervalo que comprende siete grados de la escala diatónica. ‖ **4. séptimo arte** El cine. ▪ Se dice también *sétimo.*

septingentésimo, ma *adj. num. ord.* **1.** Que ocupa por orden el número setecientos. También *pron.* ‖ *adj. num. part.* **2.** Se dice de cada una de las setecientas partes iguales en que se divide un todo. También *s.*

septo *s. m.* En anat., pared delgada que separa dos cavidades, como p. ej., el tabique nasal.

septuagenario, ria *adj.* Que ya tiene setenta años, pero que aún no ha cumplido los ochenta. También *s.*

septuagésimo, ma *adj. num. ord.* **1.** Que ocupa por orden el número setenta. También *pron.* ‖ *adj. num. part.* **2.** Se dice de cada una de las setenta partes iguales en que se divide un todo. También *s. m.*

septuplicar *v. tr.* Aumentar siete veces la cantidad, número, tamaño o intensidad de algo. También *v. prnl.* ▪ Se conjuga como *sacar.* **FAM.** Septuplicación.

séptuplo, pla *adj.* Se aplica a la cantidad que incluye siete veces otra. También *s. m.*

sepulcral *adj.* **1.** Perteneciente o relativo al sepulcro. **2.** Propio de un sepulcro; se aplica con frecuencia al silencio.

sepulcro *s. m.* **1.** Construcción levantada del suelo para dar sepultura a un cadáver. **2.** En el altar, hueco donde se depositan las reliquias y que permanece cubierto y sellado. **3.** Urna con una imagen o representación de Jesucristo difunto. ‖ **4. Santo Sepulcro** Aquel en que estuvo enterrado Jesucristo; también, el conjunto de edificios que se levantaron en torno al s. III en este mismo sitio, en Jerusalén, y que experimentaron posteriores reconstrucciones.

sepultar *v. tr.* **1.** Enterrar a un cadáver. **2.** Cubrir totalmente a alguien o algo una masa de cierta cosa. **3.** Hacer que algo quede totalmente olvidado. También *v. prnl.* **FAM.** Sepultador.

sepultura *s. f.* **1.** Acción y efecto de sepultar. **2.** Hoyo hecho en la tierra para enterrar uno o más cadáveres. **3.** Lugar donde está enterrado alguien.

sepulturero, ra *s. m.* y *f.* Persona que tiene como oficio cavar las sepulturas y enterrar los cadáveres.

Sepúlveda, Juan Ginés de (Pozoblanco, Córdoba h. 1490 - íd. 1573) Historiador y eclesiástico español. Capellán y cronista de Carlos V, escribió *De rebus gestis Caroli V.* Se opuso a las ideas del padre Las Casas sobre la defensa de los indios. Justificaba el derecho de los españoles a someter a los indios, pues consideraba a éstos inferiores y bárbaros.

sequedad *s. f.* **1.** Cualidad de seco. **2.** Falta de amabilidad o dulzura.

sequedal *s. m.* Terreno seco y sin vegetación.

sequía *s. f.* Periodo prolongado de tiempo seco.

sequillo *s. m.* Dulce de masa frita cubierta de azúcar, con forma de rosquilla, galleta, etc.

séquito *s. m.* **1.** Conjunto de personas que acompañan y siguen a un personaje importante o famoso. **2.** Conjunto de efectos o consecuencias ocasionados por una acción, suceso, etc.

ser[1] *v. copul.* **1.** Sirve para atribuir al sujeto una cualidad o circunstancia permanente y, en general, cualquier afirmación expresada por el predicado: *Esa chica es muy simpática. Este libro es de Luis.* **2.** Establece una identificación entre el sujeto y el predicado: *Este niño es Antonio.* **3.** En construcciones impersonales, introduce expresiones de tiempo: *Es muy tarde para telefonearle.* **4.** Constituir la causa o razón de lo que se expresa. ‖ *v. intr.* **5.** Haber, existir. **6.** Suceder, ocurrir. **7.** Tener lugar en el momento, sitio, etc., que se expresa. **8.** Valer, costar. **9.** Consistir en, tratarse de. **10.** Sirve para afirmar o negar algo: *Cierto, así es.* **11.** Se utiliza para indicar la hora. ‖ *v. aux.* **12.** Sirve para formar la voz pasiva de los verbos, seguido del participio pasado de éstos. ▪ Es v. irreg. ‖ **LOC. a no ser que** *conj.* Introduce una salvedad o excepción. **así sea** *fam.* Expresa el deseo de que algo ocurra o se realice como se espera. **como sea** Recurriendo a los medios que hagan falta; también, de cualquier forma. **érase una vez** (o **érase que se era**) Frase con que comienzan algunos cuentos infantiles. **es que** Sirve para introducir una oración que indica la causa o pretexto de algo. **esto es** Sirve para introducir una aclaración sobre algo y suele ir entre comas. **lo que sea sonará** *fam.* Indica que ya se verá el fin de alguna cosa que está poco clara o se comprobarán sus efectos o consecuencias. **sea como sea** Obligatoriamente y recurriendo a los medios que sean precisos. **ser de lo que no**

SER		
GERUNDIO	**PARTICIPIO PASADO**	
siendo	*sido*	
INDICATIVO		
Presente	**Pret. imp.**	**Pret. perf. simple**
soy	*era*	*fui*
eres	*eras*	*fuiste*
es	*era*	*fue*
somos	*éramos*	*fuimos*
sois	*erais*	*fuisteis*
son	*eran*	*fueron*
SUBJUNTIVO		
Pret. imperf.	**Futuro imperf.**	
fuera, -ese	*fuere*	
fueras, -eses	*fueres*	
fuera, -ese	*fuere*	
fuéramos, -ésemos	*fuéremos*	
fuerais, -eseis	*fuereis*	
fueran, -esen	*fueren*	
IMPERATIVO		
sé	*sed*	

hay Ser una buena persona o cosa muy singular o extraordinaria, ya sea por sus cualidades o por sus defectos. **ser de un** *fam.* Seguido de un calificativo, intensifica lo que éste expresa: *Es de un simpático, que no te lo puedes imaginar.* **ser** alguien **muy suyo** *fam.* Ser alguien muy independiente; también, tener muchas rarezas. **un sí es no es** *fam.* Hace referencia a algo que no está muy definido o determinado; también, muy poco de algo.

ser[2] *s. m.* **1.** Esencia, aquello que hace que algo sea lo que es. **2.** Cualquier ente, ya sea persona, animal o cosa. **3.** *fam.* y *desp.* Persona rara, extraña o totalmente despreciable. **4.** Existencia. || **5. Ser Supremo** Dios.

sera *s. f.* Capacho grande.

seráfico, ca *adj.* **1.** Perteneciente o relativo a los serafines y, p. ext., a los ángeles. **2.** Se aplica como calificativo a San Francisco de Asís y a la orden religiosa fundada por él. **3.** *fam.* Bonachón, de aspecto tranquilo y complaciente. **FAM.** Seráficamente.

serafín *s. m.* **1.** Cada uno de los espíritus celestes que, según el Antiguo Testamento, pertenecen al más alto grado de la jerarquía de los ángeles. **2.** P. ext., ángel. **3.** Persona, y especialmente niño, de gran belleza.

Serapis Divinidad egipcia de la época helenística que resultó de la fusión de Osiris y Apis. Era el dios de la fertilidad y la salud. El faraón Tolomeo I (h. 305-283 a. C.) lo elevó a la categoría de dios supremo, con la intención de lograr la unión entre sus vasallos griegos y egipcios. Su templo principal estuvo en Alejandría.

serba *s. f.* Fruto del serbal.

serbal *s. m.* Nombre común de diversos árboles de la familia rosáceas, género *Sorbus.* El serbal común *(Sorbus domestica)* alcanza entre 10 y 20 m de altura, tiene hojas pinnadas, flores con cinco estilos y fruto comestible con forma de pera y color verde y rojizo. Crece en el S de Europa.

Serbia (*Srbija*) Estado de la Europa balcánica, miembro de la antigua República Federal de Yugoslavia, situado entre Hungría, Rumania, Bulgaria, Macedonia, Albania, Montenegro, Bosnia-Herzegovina y Croacia. 55.968 km^2. 5.882.150 h. en 1990. La capital es Belgrado, con 1.470.073 en 1981.

Geog. Su territorio tiene un relieve de colinas y montañas, excepto en la provincia autónoma de Voivodina, y en él destacan las estribaciones de los Cárpatos Meridionales en el NE y los Alpes Dináricos en el O y S. Está recorrida de S a N por el río Morava y riegan su sector N el Danubio, el Save y el Tisza. En el S se encuentra la región autónoma de Kosovo, de mayoría albanesa. La población, mayoritariamente serbia, se concentra en el N del país y el valle del Morava. En su agricultura destacan los cultivos de cereales, frutas y hortalizas. También posee una importante cabaña caballar y porcina y gran riqueza forestal. Los principales recursos mineros son el carbón, lignito, cobre y antimonio. Cuenta con industrias alimentarias, siderúrgicas, mecánicas, químicas y textiles.

Hist. La región, que formaba parte de la provincia romana de Mesia, fue ocupada por el pueblo eslavo de los serbios en el s. VII. Estuvo sometida a la influencia de Bulgaria y Bizancio hasta 1196, en que se constituyó en reino independiente bajo Esteban I. Comenzó entonces una época de expansión, interrumpida en 1389, cuando fue conquistada por el imperio otomano, en cuyo poder permaneció hasta 1815. En 1830 Milos Obrenovic se erigió en príncipe de Serbia y estableció una dinastía. En 1878, en el congreso de Berlín, Milan Obrenovic recibió el título de rey y considerables ampliaciones territoriales, que incrementó en las dos guerras balcánicas de 1912-13. Al final de la Primera Guerra Mundial, en 1918, Serbia afianzó su independencia y en 1921 se realizó la unión de serbios, croatas y eslovenos; Alejandro I fue coronado rey y, en 1929, el nuevo país recibió el nombre de *Yugoslavia.* A finales de la década de los ochenta, con las profundas transformaciones ocurridas en Europa oriental, el sistema político yugoslavo entró en crisis. La causa fundamental fue el choque entre los distintos grupos étnicos y religiosos integrados en la república federal: serbios, croatas, musulmanes, eslovenos, etc. El sistema colegiado de turno rotativo en la presidencia del país fue roto en 1991 por el presidente serbio Slobodan Milosevic, cuando bloqueó el acceso a la presidencia federal del presidente croata. Ese mismo año Croacia y Eslovenia proclamaron su soberanía, dando comienzo una cruenta guerra civil sostenida por eslovenos y croatas contra el ejército federal y las milicias serbias. A principios de 1992 la Comunidad Europea reconoció la soberanía de las repúblicas secesionistas y la guerra se extendió a Bosnia-Herzegovina, cuya soberanía fue reconocida internacionalmente poco después. Habiendo proclamado también la república de Macedonia su independencia, tan sólo Montenegro permaneció junto a Serbia y ambas constituyeron en 1992 la nueva República Federal de Yugoslavia, que pretendía sustituir a la antigua en todos los órdenes.

serbio, a *adj.* **1.** De Serbia. También *s.* || *s. m.* **2.** Variedad del serbocroata hablada en esta región. ■ Se escribe también *servio.*

serbocroata *adj.* **1.** Perteneciente o relativo a Serbia y Croacia. || *s. m.* **2.** Lengua eslava meridional que se habla en Serbia, Croacia y otras regiones de la antigua República Federal de Yugoslavia. ■ Se escribe también *servocroata.*

serenar *v. tr.* **1.** Tranquilizar. **2.** Volver el tiempo, las aguas, etc., a su estado de calma o normalidad. Se usa más como *v. prnl.* **3.** Hacer que alguien se comporte de una forma más sensata, menos alocada. También *v. prnl.*

serenata *s. f.* Pieza musical de forma libre. En sus orígenes tenía como objeto ser interpretada por la noche y al aire libre en honor de alguien. || **LOC. dar la serenata** *fam.* Dar la lata, molestar, aburrir.

serenidad *s. f.* Cualidad o estado de sereno.

serenísimo, ma *adj.* **1.** Se aplicaba en España como tratamiento a los príncipes hijos de reyes. || *s. f.* **2.** Durante los s. XV y XVI, título dado a la República de Venecia. ■ En esta acepción se escribe con mayúscula.

sereno, na *adj.* **1.** Tranquilo, calmado. **2.** Aplicado a la atmósfera, clara, sin nubes o niebla. **3.** Se dice del mar cuando no está agitado. **4.** Se aplica a la persona que no está borracha. || *s. m.* **5.** Persona encargada de vigilar las calles durante la noche. **6.** Humedad que hay en la atmósfera durante la noche. || **LOC. al sereno** *adv.* Al aire libre durante la noche.

Serbia: cultivos de cereales cerca de Pec, en la conflictiva región de Kosovo.

Sergipe Estado de Brasil, en el NE del país. 21.863 km^2. 1.416.600 h. en 1990. La capital es Aracajú, con 398.200 h. en 1989. Tiene cultivos de caña de azúcar, tabaco, algodón, cereales, frutales y arroz, ganadería bovina y ovina, yacimientos de petróleo e industrias textiles, alimentarias, de jabón y de calzado.

serial *adj.* **1.** Perteneciente o relativo a una serie. **2.** En mús., se dice de la técnica caracterizada por emplear una serie estructural de notas que dirige todo el desarrollo de la composición. Surgió en las primeras décadas del s. XX y ha sido utilizada por compositores como Messiaen, Boulez y Stockhausen. || *s. m.* **3.** Obra televisiva o radiofónica que se emite por episodios, generalmente con un carácter sensiblero o rebuscado. **4.** *fam.* Cualquier relato, película, etc., que tiene este mismo carácter.

seriar *v. tr.* Formar series o dividir en series.

sericicultor o **sericultor, ra** *s. m.* y *f.* Persona que se dedica a la sericicultura.

sericicultura o **sericultura** *s. f.* Industria dedicada a la cría de gusanos de seda para la obtención de ésta.

sérico, ca *adj.* En med., relativo a los sueros o provocado por ellos.

serie *s. f.* **1.** Conjunto de cosas relacionadas entre sí que ocurren o se suceden una detrás de otra. **2.** Conjunto de personas o cosas. **3.** Conjunto de sellos, billetes, etc., que pertenecen a una misma emisión. **4.** P. ext., esta misma emisión. **5.** Obra de radio o televisión dividida en capítulos que se emiten separadamente. **6.** Conjunto de cosas que, con respecto a un modelo general, presentan ciertas variantes. **7.** En mat., sucesión de cantidades que se derivan unas de otras según cierta ley. **8.** En quím., conjunto de sustancias que por su composición están relacionadas entre sí. **9.** En fonología, conjunto de fonemas de una lengua caracterizados por tener un mismo modo de articulación. || **10. serie B** En cine, películas realizadas con bajo presupuesto, especialmente durante la época de los grandes estudios estadounidenses; también, referido a cineastas o artistas en general y a sus obras, de poca calidad, de segunda fila. **11. serie espectral** En fís., conjunto de rayos de diferentes colores, correspondientes a distintas frecuencias, que componen el espectro de la radiación emitida o absorbida por los átomos de un determinado elemento. || **LOC. en serie** *adj.* y *adv.* Se dice del tipo de fabricación en que se obtienen muchos objetos iguales, siguiendo un mismo patrón. También, se aplica al sistema de conexión de dos o más elementos de un circuito eléctrico, de modo que circule la misma corriente por todos ellos. **fuera de serie** *adj.* Extraordinario, muy destacado o importante por sus características, cualidades, etc. ■ A menudo se sustantiva con el artículo indeterminado.

seriedad *s. f.* Cualidad de serio.

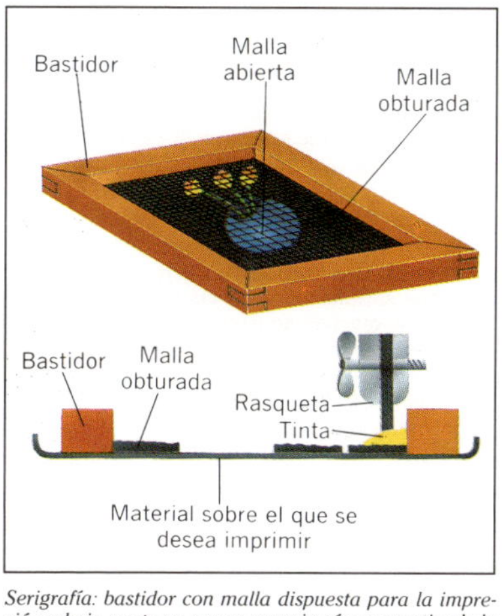

Serigrafía: bastidor con malla dispuesta para la impresión; abajo, corte en que se aprecia cómo se extiende la tinta con ayuda de una rasqueta.

serigrafía *s. f.* Procedimiento de impresión que consiste en trasladar el dibujo que se desea reproducir sobre una matriz constituida por tejido muy fino, seda, hilos de metal, etc., mediante un barniz especial, de manera que las mallas de la tela estén obturadas en las zonas que no deben imprimirse y abiertas en las partes del dibujo que deben reproducirse. Este sistema fue patentado por el inglés Samuel Simon en 1907.

serio, ria *adj.* **1.** Se aplica a la persona que no se ríe o se muestra poco divertida, así como a su actitud, rasgos, etc. **2.** Que muestra preocupación, disgusto, severidad, etc. **3.** Responsable, sensato. **4.** Que inspira confianza. **5.** Referido a la ropa, colores, etc., de corte clásico, poco llamativo. **6.** Solemne. **7.** Grave, importante. **8.** Que por su tema, tratamiento, etc., pretende hacer que la gente aprenda o reflexione y no divertirla o entretenerla. || **Loc. en serio** *adv.* Sin engaño ni broma; también, a fondo, intensamente. **Fam.** Seriamente.

sermón *s. m.* **1.** Discurso de tema religioso o moral, pronunciado generalmente por el sacerdote ante los fieles. **2.** *fam.* Conjunto de consejos o reprimenda que se dirige a alguien y que resultan largos y pesados.

sermonario, ria *adj.* **1.** Perteneciente al sermón. || *s. m.* **2.** Colección de sermones.

sermonear *v. tr.* Dirigir un sermón a alguien. También *v. intr.* **Fam.** Sermoneador, sermoneo.

sero- *pref.* Significa 'suero': *serodiagnóstico, serología.*

serodiagnóstico o **serodiagnosis** *s. m.* o *s. f.* Diagnóstico por medio de reacciones provocadas en el suero sanguíneo o por el suero sanguíneo de los enfermos. Se utiliza en la detección de algunas enfermedades infecciosas, como el SIDA.

serófilo, la *adj.* Se dice de las plantas adaptadas a los arenales o los terrenos de muy escasa humedad.

seroja o **serojo** *s. f.* o *s. m.* **1.** Hojarasca seca caída de los árboles. **2.** Restos o desperdicios de la leña.

serología *s. f.* Rama de la medicina que estudia los sueros, sus propiedades y sus reacciones inmunológicas. **Fam.** Serológico.

serón *s. m.* Especie de sera más larga que ancha, utilizada para transportar la carga en las caballerías.

seronegativo, va *adj.* En med., se dice del paciente en el que no se detectan anticuerpos de un enfermedad infecciosa.

seropositivo, va *adj.* En med., se dice del paciente en el que se detectan anticuerpos de una enfermedad infecciosa, como la hepatitis, la sífilis o el SIDA.

serosidad *s. f.* **1.** Líquido que segregan ciertas membranas en estado normal y que puede formar hidropesías cuando se acumula debido a alguna enfermedad. **2.** Líquido que se acumula en las ampollas formadas en la piel por quemaduras, rozaduras, etc.

seroso, sa *adj.* **1.** Perteneciente o relativo al suero o la serosidad. **2.** Que tiene el aspecto del suero. **3.** Que produce serosidad. **4.** Se aplica a las membranas que cubren las cavidades de algunas vísceras del organismo. Las más importantes son la pleura, el pericardio y el peritoneo.

seroterapia *s. f.* Tratamiento de algunas enfermedades y procesos patológicos basado en la aplicación de sueros medicinales. Se denomina también *sueroterapia.*

serotonina *s. f.* Sustancia derivada del triptófano, que se encuentra en las neuronas, donde ejerce funciones de neurotransmisor.

serpentear o **serpear** *v. intr.* Moverse, deslizarse o extenderse formando vueltas y ondulaciones como lo hacen las serpientes. **Fam.** Serpenteante, serpenteo.

serpentín *s. m.* Tubo largo en espiral, con forma de hélice, etc., que en alambiques y otros aparatos sirve para enfriar o calentar el líquido que pasa por él.

serpentina *s. f.* **1.** Tira de papel muy larga y estrecha que está enrollada formando un disco y que en ciertas fiestas se la lanzan unas personas a otras, sujetándola por uno de sus extremos para que se desenrolle. **2.** $Mg_3Si_2O_5(OH)_4$. Mineral silicato de magnesio. Tiene forma laminar, fibrosa en hojas o masiva. Es un mineral de alteración que aparece frecuentemente en rocas metamórficas e ígneas. Presenta un color verde, aunque también puede ser gris, amarillo, rojo o pardo. Se usa como aislante térmico y del calor. Sus dos principales variedades son el crisotilo y la antigorita. Los principales yacimientos se encuentran en Canadá, EE UU, Francia, Noruega, República Sudafricana y Austria.

serpiente *s. f.* **1.** Nombre genérico que se da a los reptiles escamosos del suborden ofidios. || *s. f. pl.* **2.** Ofidios*. || **3. serpiente de anteojos** Cobra*. **4. serpiente de cascabel** Crótalo*. **5. serpiente de mar** Nombre que se da a los animales marinos legendarios, supuestamente vistos por los marineros; también, se aplica a las noticias o bulos que se difunden en época estival.

Serra Familia de pintores catalanes. **Jaume** (? - ? finales del s. XIV) y **Pere** (? - ? h. 1406) fueron dos de los principales pintores del gótico catalán de influencia sienesa. Sus tablas se caracterizan por las figuras estilizadas, el colorido suave y la gran riqueza decorativa, realzada por el uso intenso de dorados. Aunque su obra se confunde, es posible atribuir a Pere el retablo del Espíritu Santo de la seo de Manresa y a Jaume el retablo de la Virgen del convento del Santo Sepulcro en Zaragoza.

Serra, fray Junípero Véase **Junípero Serra, fray.**

serrado, da **1.** *p. p.* de **serrar**. También *adj.* || *adj.* **2.** Que tiene dientes pequeños como los de una sierra.

serrador, ra *adj.* Que sierra o tiene por oficio serrar. También *s.*

serraduras *s. f. pl.* Partículas que se desprenden de un material al serrarlo.

serrallo *s. m.* Parte de la casa de los musulmanes en la que tienen a sus mujeres.

serranía *s. f.* Terreno alto formado por montañas y sierras.

serranilla *s. f.* Composición poética, generalmente en versos de arte menor, en la que se describe el encuentro y el diálogo, normalmente amoroso, entre un caballero y una serrana. Son famosas las del marqués de Santillana.

serrano, na *adj.* **1.** Que ha nacido o vive en una sierra. También *s. m.* **2.** Perteneciente o relativo a las sierras o a sus habitantes. **3.** *fam.* Hermoso, lozano. || *s. f.* **4.** Cierta variedad del cante jondo o flamenco, propia de la serranía de Ronda.

Serrano, duque de la Torre, Francisco (Isla de León, Cádiz 1810 - Madrid 1885) Militar y político español. Participó en el pronunciamiento de Espartero (1840), que le nombró mariscal de campo, pero poco después se unió al movimiento de Prim y Narváez, que hizo caer al regente (1842). Amante de Isabel II desde 1846, se vio obligado a abandonar la corte en 1848 por la animadversión de Francisco de Asís, marido de la reina. Volvió a la vida política tras la Vicalvarada (1854) y participó destacadamente en la revolución de 1868 derrotando a los isabelinos en el puente de Alcolea. Jefe del gobierno provisional establecido tras la expulsión de la reina, fue nombrado regente hasta que un nuevo rey fuera elegido. Después de presidir el primer gobierno de Amadeo I, se retiró durante la Primera República. Tras el golpe de Estado de Pavía fue nuevamente jefe de gobierno (1874), pero la subida al trono de Alfonso XII significó el final de su carrera política.

Serrano, Jorge (Guatemala 1945) Político guatemalteco. Es ingeniero industrial y doctor en ciencias de la información. Protestante evangelista de ideas conservadoras, fue elegido presidente de la república (1991).

Serrano, José (Sueca, Valencia 1873 - Madrid 1941) Compositor español. Destacó como zarzuelista por su vena melódica y la gracia popular de sus partituras. Son famosas sus zarzuelas *La reina mora* y *La canción del olvido.*

Serrano, Pablo (Crivillén, Teruel 1910 - Madrid 1985) Escultor español. Vinculado a grupos de vanguardia como El Paso, su obra se caracteriza por la fuerza expresiva y el análisis de la relación entre la materia y el espacio. Entre sus esculturas destacan *Extensión de las características del cubo* (1956) y *Pietà* (1972).

Serrano Súñer, Ramón (Cartagena, Murcia 1901) Político español. Cuñado de Franco, fue diputado de la CEDA durante la Segunda República y miembro de los primeros gobiernos franquistas. Durante la Segunda Guerra Mundial se mostró partidario de que España se uniera al Eje y en 1941 promovió la creación de la División Azul. Fue apartado del gobierno en 1942.

serrar *v. tr.* Cortar con la sierra madera u otro material. ■ Es v. irreg. Se conjuga como *pensar.*

Serrat, Joan Manuel (Barcelona 1943) Cantante español. Perteneció al grupo de la *nova cançó* catalana, aunque pronto adoptó unos planteamientos artísticos más ambiciosos, lo que le permitió llegar a un público más amplio y adquirir gran popularidad. Entre sus temas principales figuran *Mediterráneo* y los dedicados a Antonio Machado y a Miguel Hernández.

serrato *s. m.* Nombre de tres músculos del tronco humano, situados en el tórax y el dorso y que, por tener varias inserciones en los huesos, presentan aspecto serrado. Son el serrato mayor, el menor posteroinferior y el menor posterosuperior.

Serrato, José (Montevideo 1868 - íd. 1960) Ingeniero y político uruguayo. Miembro del Partido Colorado, fue ministro de Fomento (1903), de Hacienda (1904-06), del Interior (1911) y presidente de la república (1923-27). Más tarde fue ministro de Asuntos Exteriores (1934-35 y 1945).

serrería *s. f.* Taller donde se sierra la madera.

serreta *s. f.* Nombre de diversas aves anseriformes de la familia anátidos, género *Mergus.* La serreta grande *(Mergus merganser)* mide unos 66 cm de longitud, tiene cresta en la cabeza, el cuello y cabeza son de color verdoso en el macho y marrón en la hembra. La serreta mediana *(Mergus serrator)* es algo menor y se distingue por tener la cresta erizada y presentar el macho una banda blanca en el cuello y el pecho marrón. La serreta chica *(Mergus albellus)*, de unos 40 cm de longitud, es blanca, con antifaz negro el macho y capirote rojo la hembra. Son migradoras parciales y habitan en lagos y pantanos de Europa, Asia y América.

Serreta grande (Mergus merganser); *arriba, macho; abajo, hembra.*

serrín *s. m.* Conjunto de partículas que se desprenden de la madera, o de otro material semejante, al serrarlo. ■ Se dice también *aserrín.*

serrucho *s. m.* Sierra de hoja ancha con mango.

Sert, Josep Lluís (Barcelona 1902 - íd. 1983) Arquitecto español. En París trabajó con Le Corbusier, que le imbuyó de su concepción racionalista de la arquitectura. De vuelta a España, introdujo las nuevas tendencias. De esta época cabe destacar su obra de remodelación urbana de Barcelona (1933-35) y el auditorio del pabellón español de la Exposición Internacional de París (1937). Después de la guerra civil emigró a América del Sur y posteriormente se incorporó a la universidad de Harvard, de la que llegó a ser decano. De esta etapa merecen ser citados sus edificios para las universidades de Harvard, Boston y Guelph (Canadá). Entre sus obras europeas hay que mencionar la fundación Maeght, en Saint-Paul-de-Vence (1959-64), y la fundación Miró, en Barcelona (1972-75).

Sert, Josep Maria (Barcelona 1874 - íd. 1945) Pintor español. Estudió en su ciudad natal y en

1899 se trasladó a París para completar su formación. Destacó en la pintura mural. Son de señalar las decoraciones que realizó para el palacio de los marqueses de Salamanca en Madrid y el hotel Waldorf Astoria en Nueva York, así como los nuevos murales de la catedral de Vich (destruidos durante la guerra civil los que pintó en 1929).

Sertorio, Quinto (Nursia h. 123 - Osca, Hispania 72 a. C.) General romano. Perteneció al partido popular de Mario y se enfrentó a Sila. Nombrado pretor de la Hispania citerior, buscó alianzas con lusitanos y celtíberos. Cuando Sila estableció su dictadura, le expulsó a África (81 a. C.). Al año siguiente volvió a Hispania y levantó a los pueblos de la Península. Contra él fue enviado Pompeyo, quien recuperó el control de la provincia. Perdido su prestigio, Sertorio se refugió en Osca, donde fue asesinado.

Sérusier, Paul (París 1863 - Morlaix 1927) Pintor francés. Miembro fundador del grupo de los nabis, su pintura se caracteriza por la carga simbólica y el uso de colores brillantes. Escribió *ABC de la pintura* (1921).

serval *s. m.* Mamífero carnívoro de la familia félidos, especie *Felis serval.* Es un felino de unos 50 cm de altura y hasta 150 de longitud, incluida la cola, ágil y esbelto, que presenta pelaje ocre amarillento con manchas negras. Habita en regiones de sabana en África y tiene costumbres nocturnas.

Serval (Felis serval).

serventesio *s. m.* **1.** Cuarteto en el que riman el primer verso con el tercero y el segundo verso con el cuarto. **2.** Sirventés*.

Servet, Miguel (Tudela, Navarra, o Villanueva de Sigena, Huesca 1511 - Ginebra 1553) Médico y teólogo español. Estudió teología en Toulouse y medicina en Lyon. A él se debe el descubrimiento de la circulación pulmonar de la sangre. Mantuvo duras polémicas teológicas con Calvino, quien denunció a Servet a la Inquisición y posteriormente hizo que fuera juzgado y condenado a la hoguera por hereje. Entre sus obras cabe destacar *Syroporum universa ratio, Apologetica disceptatio pro astrologia* (1538) y *Christianismi restitutio* (1553).

Miguel Servet. Retrato copia de un grabado de Carl Sichem.

servicial *adj.* **1.** Que se muestra siempre dispuesto a prestar servicios, a hacer favores. **2.** Que sirve con cuidado y prontitud. **FAM.** Servicialmente.

servicio *s. m.* **1.** Acción y efecto de servir. **2.** Servicio doméstico. **3.** Organización, personal y medios destinados a realizar una actividad de interés público o que satisface ciertas necesidades de una entidad oficial o privada. **4.** Función desempeñada por dicha organización y su personal. **5.** Favor, beneficio o provecho que recibe uno de lo que otro realiza. **6.** Conjunto de objetos o utensilios para un mismo fin, particularmente para servir algún tipo de comida. **7.** Cubierto que se pone a cada comensal. **8.** Conjunto de alimentos que se ponen en la mesa. **9.** Retrete, cuarto de baño. **10.** En algunos deportes, como el tenis, saque de pelota. **11.** Nombre que se da a ciertos actos de carácter religioso, como la misa y otras ceremonias. ‖ **12. sector servicios** Sector* terciario. **13. servicio activo** Ejercicio de un empleo. **14. servicio de mesa** Conjunto de cubiertos, piezas de vajilla, etc., que se ponen en la mesa para comer. **15. servicio doméstico** Conjunto de criados o sirvientes que trabajan en una casa y actividad que realizan. **16. servicio militar** El que presta un ciudadano a su país sirviendo como soldado en el ejército durante un periodo de tiempo. ‖ **LOC. al servicio de** alguien o algo *adj.* y *adv.* Trabajando para la persona o entidad que se expresa. **de servicio** *adj.* y *adv.* Con verbos como *entrar, salir, estar,* etc., hace referencia al desempeño activo de un empleo, función, guardia, etc., durante el turno correspondiente. **hacer** a uno **un flaco servicio** *fam.* Causar a alguien un perjuicio, generalmente de forma involuntaria, al intentar hacerle un favor.

servidor, ra *s. m.* y *f.* **1.** Persona que sirve como criado. **2.** Persona encargada del manejo de un arma, una maquinaria, etc. **3.** Expresión que se usa a veces como fórmula cortés para referirse a uno mismo, generalmente ofreciéndose a otra persona, indicando que se está presente, etc. ‖ *s. m.* **4.** Ordenador central de una red informática.

servidumbre *s. f.* **1.** Conjunto de criados que sirven en una casa. **2.** Condición del siervo y trabajo que realiza. **3.** Carga pesada o dependencia excesiva a alguna cosa. **4.** Derecho real que grava una propiedad, finca, etc., con la obligación de prestar determinados servicios en provecho exclusivo de una persona que no es su dueño, o de otra finca de distinto propietario.

servil *adj.* **1.** Se dice de las personas que se humillan ante la autoridad o los poderosos; también se aplica a su conducta, actitud, etc. **2.** Perteneciente o relativo a los siervos o a los criados. **3.** Se dice del trabajo o actividad humilde y poco estimada. **FAM.** Servilmente.

servilismo *s. m.* Cualidad de servil o actitud servil.

servilleta *s. f.* Pieza de tela o papel que se usa en la mesa para limpiarse.

servilletero *s. m.* Aro u otro utensilio que sirve para recoger la servilleta.

servio, via *adj.* Serbio*.

servir *v. tr.* **1.** Atender a alguien como sirviente, realizando ciertas tareas domésticas. También *v. intr.* **2.** Desempeñar una tarea con lealtad o entrega. Se usa más como *v. intr.* **3.** En el lenguaje caballeresco, obsequiar o cortejar a una mujer. **4.** Adorar a Dios y cumplir su voluntad. **5.** Referido a la mesa, ponerla. **6.** Traer un camarero u otra persona alguna comida o bebida o ponerlas en el vaso, plato, etc. También *v. prnl.* **7.** Atender a los clientes en un comercio o suministrar mercancías. **8.** Hacer a alguien un favor o servicio. ■ Se usa sobre todo en frases corteses. ‖ *v. intr.* **9.** Ser útil o válido para algo. **10.** Hacer la función que se expresa. **11.** Producir un efecto provechoso, conveniente o ejemplar. **12.** En ciertos deportes, como el tenis, realizar el saque. **13.** En los juegos de naipes, seguir al que ha echado primero echando otra carta del mismo palo. ‖ *v. prnl.* **14.** Utilizar, usar. **15.** Seguido de infinitivo, hacer cierta cosa por amabilidad o condescendencia. ■ Se usa también en imperativo, para expresar una orden de forma atenuada. ■ Es v. irreg. Se conjuga como *pedir.* ‖ **LOC. ir** uno **servido** *fam.* Ir listo*. **no servir** uno **para descalzar** a otro *fam.* Ser alguien muy inferior a otro. **para servirte** (**servirle, servir a usted,** etc.) Frase de cortesía con que uno se pone a disposición de otro.

servo *s. m.* **1.** *apóc.* de **servomecanismo**. **2.** *apóc.* de **servomotor**.

servo- *pref.* Significa 'auxiliar': *servodirección, servosistema.*

servoasistido, da *adj.* Accionado mediante un servosistema.

servocroata *adj.* Serbocroata*.

servodirección *s. f.* Mecanismo auxiliar que facilita el manejo de la dirección de un vehículo al multiplicar su acción.

servofreno *s. m.* Mecanismo auxiliar que facilita el manejo del freno de un vehículo al multiplicar su acción.

servomando *s. m.* Mecanismo auxiliar que se acciona con poco esfuerzo y amplifica éste hasta darle la fuerza necesaria para hacer funcionar un aparato, máquina, etc., incluso a distancia.

servomecanismo *s. m.* **1.** Mecanismo que regula automáticamente su propia acción para corregir las deficiencias o variaciones que pudieran producirse en el funcionamiento de otro mecanismo controlado por él. **2.** Servomando*. ■ Su apóc. es *servo.*

servomotor *s. m.* **1.** Motor auxiliar para aumentar la potencia o energía disponible cuando es necesario. **2.** Mecanismo que mueve el timón de un barco. ■ Su apóc. es *servo.*

servorregulación *s. f.* Regulación accionada mediante un servosistema.

servosistema *s. m.* En mecánica, dispositivo de mando y regulación que permite controlar gran cantidad de energía con poco esfuerzo.

sesada *s. f.* **1.** Sesos fritos. **2.** Sesos de un animal.

sésamo *s. m.* **1.** Ajonjolí*. **2.** Pasta de almendras, nueces o piñones con ajonjolí.

sesear *v. intr.* Pronunciar la *c* y la *z* como *s*; es un fenómeno común en el español de Andalucía, Canarias e Hispanoamérica. **FAM.** Seseante.

sesenta *adj. num. card.* **1.** Seis veces diez. También *pron.* y *s. m.* ‖ *adj. num. ord.* **2.** Sexagésimo, que sigue en orden al cincuenta y nueve. También *pron.* ‖ *s. m.* **3.** Signos con que se representa este número.

sesentavo, va *adj. num. part.* Se dice de cada una de las sesenta partes iguales en que se divide un todo. También *s.*

sesentón, na *adj. fam.* Se dice de la persona que tiene entre sesenta y setenta años. También *s.*

seseo *s. m.* Acción y efecto de sesear.

sesera *s. f.* **1.** Parte de la cabeza de los animales en que están los sesos. **2.** Conjunto de los sesos. **3.** *fam.* Cabeza humana. **4.** *fam.* Inteligencia.

sesgado, da **1.** *p. p.* de **sesgar**. ‖ *adj.* **2.** Colocado o cortado en diagonal. **3.** Parcial y sin objetividad. **FAM.** Sesgadamente.

sesgar *v. tr.* Cortar o colocar algo al sesgo o de través. ■ Se conjuga como *pagar.*

sesgo, ga *adj.* **1.** Sesgado, cortado o colocado oblicuamente o torcido. ‖ *s. m.* **2.** Orientación o curso que toma un asunto. **3.** En estadística, desviación*. ‖ **LOC. al sesgo** *adv.* En diagonal o de través.

sesión *s. f.* **1.** Cada una de las reuniones que celebra una corporación o asamblea. **2.** Acto o representación que se realiza ante el público en un espacio de tiempo determinado y, particularmente, cada proyección completa de un programa de cine. **3.** Cada uno de los espacios de tiempo en los que se desarrollan ciertas actividades, como posar ante un fotógrafo, un tratamiento, etc. ‖ **4. salón de sesiones** Véase **salón**. **5. sesión continua** Aquella en que se repite sucesivamente el mismo programa de una o más películas, de manera que los espectadores pueden permanecer en la sala por tiempo indefinido y sin pagar por ello más de una vez. **6. sesión numerada** Aquella en que el espectador tiene derecho a ver una sola vez la película por la que ha pagado; también, aquella en cuyas entradas se especifica el número de asiento que deberá ocupar el espectador.

seso *s. m.* **1.** Cerebro, masa de tejido encefálico contenida en el cráneo. Se usa también en *pl.* **2.** Prudencia, sensatez. ‖ **LOC. tenerle** a alguien **sorbido el seso** o **sorberle el seso** *fam.* Tenerle muy enamorado o muy obsesionado hasta llegar a dominarle.

Sestao C. de España, en la prov. de Vizcaya, junto a la ría de Bilbao. 35.550 h. en 1991. Es uno de los centros industriales más importantes del País Vasco. Posee altos hornos, industrias de cemento y de construcciones mecánicas y navales.

sesteadero *s. m.* Lugar donde sestea el ganado.

sestear *v. intr.* **1.** Dormir la siesta o descansar después de la comida. **2.** Resguardarse el ganado durante el día en una zona de sombra para descansar y evitar el calor.

sesteo *s. m.* **1.** Acción y efecto de sestear. **2.** Lugar en que sestea el ganado.

sestercio *s. m.* Antigua moneda romana, que equivalía a dos ases y medio.

sesudo, da *adj.* **1.** Se aplica a la persona que piensa mucho las cosas, que las trata en profundidad, y a las obras, afirmaciones, etc., propias de ella. **2.** Prudente, sensato. **FAM.** Sesudamente, sesudez.

set (voz ingl.) *s. m.* **1.** Cada una de las partes en que se divide un partido de tenis, las cuales se dividen a su vez en juegos; para anotarse un set es necesario ganar seis juegos, siempre que se lleve dos de ventaja sobre el adversario. Gana el partido el jugador que obtiene un determinado número de sets. **2.** Cada una de las partes en que se divide un partido de otros deportes, como el voleibol, billar, etc. **3.** Plató* cinematográfico. **4.** Conjunto formado por una serie de elementos relacionados entre sí o con una función común.

Set En la mitología egipcia, dios de las tinieblas, asesino de su hermano Osiris.

Set Según el libro del *Génesis*, del Antiguo Testamento, tercer hijo de Adán y Eva, nacido después de la muerte de Abel.

seta *s. f.* Nombre aplicado a cualquier especie de hongo en forma de sombrero sostenido por un pie.

setecientos, tas *adj. num. card.* **1.** Siete veces cien. También *pron.* y *s. m.* ‖ *adj. num. ord.* **2.** Que sigue en orden al seiscientos noventa y nueve. También *pron.* ‖ *s. m.* **3.** Signos con que se representa este número.

setembrista *adj.* **1.** Se aplica a los autores de las matanzas ocurridas en el mes de septiembre de 1792, con las que se inició la época del Terror de la Revolución Francesa. También *s. m.* **2.** Perteneciente o relativo a estos acontecimientos. ■ Se dice también *septembrista.*

setenta *adj. num. card.* **1.** Siete veces diez. También *pron.* y *s. m.* ‖ *adj. num. ord.* **2.** Que sigue en orden al sesenta y nueve. También *pron.* ‖ *s. m.* **3.** Signos con que se representa este número.

Setenta, Los Grupo de traductores que realizaron la versión griega de la *Biblia* en Alejandría en el s. III a. C., por encargo de Tolomeo II Filadelfo, rey de Egipto.

setentavo, va *adj. num. part.* Se dice de cada una de las setenta partes iguales en que se divide un todo. También *s.*

setentón, na *adj. fam.* Se dice de la persona que tiene entre setenta y ochenta años. También *s.*

Seti Nombre de dos faraones egipcios de la XIX dinastía.

Seti I Faraón egipcio (h. 1319-1304 a. C). Hijo y sucesor de Ramsés I, restableció el dominio sobre Siria, Palestina y Fenicia y venció a los hititas. Hizo levantar en Abidos un gran templo y continuó la sala hipóstila de Karnak.

seto *s. m.* **1.** Pared o cerca formada por palos o ramas entretejidas o con plantas frondosas. ‖ **2. seto vivo** El formado por arbustos o plantas vivas.

setter (voz ingl.) *s. m.* **1.** Perros de caza de origen inglés, de pelo largo, suave y ondulado. ‖ **2. setter inglés** El de color blanco con manchas. **3. setter irlandés** El de pelaje rojizo.

Setúbal **1.** Distrito de Portugal, en el O del sector central del país. 5.064 km^2. 798.900 h. en 1989. Cuenta con industrias conserveras, químicas, cementeras, electrónicas, de montaje automovilístico y astilleros.
2. C. de Portugal, cap. del distrito homónimo, en la costa, junto a la desembocadura del río Sado. 76.800 h. en 1981. Es un centro comercial y puerto pesquero. Entre sus monumentos sobresalen la iglesia del monasterio de Jesús, de estilo gótico manuelino (s. XV-XVI), y el castillo de São Felipe.

seudo- *pref.* Significa 'falso o supuesto': *seudoescritor, seudópodo.*

seudohermafrodita *adj.* **1.** Se aplica al individuo que presenta caracteres sexuales del sexo contrario, pero tiene la gónada o glándula sexual de su sexo verdadero. También *s.* ‖ **2. seudohermafrodita femenino** El que tiene caracteres sexuales de varón, pero presenta ovarios. **3. seudohermafrodita masculino** El que tiene caracteres sexuales de mujer y órganos sexuales masculinos. **FAM.** Seudohermafroditismo.

seudónimo *s. m.* Nombre falso o supuesto que alguien, especialmente un autor, emplea en vez del suyo verdadero.

seudópodo *s. m.* Prolongación del protoplasma de algunas células y seres unicelulares, que les sirve para desplazarse y para apresar sus alimentos. ■ Se escribe también *pseudópodo.*

Seúl (*Sŏul*) C. de Corea del Sur, cap. del país, situada cerca de la frontera con Corea del Norte. 10.726.000 h. en 1990. A partir de fines del s. XIX experimentó un fuerte crecimiento demográfico y un desarrollo industrial vertiginoso. Las principales industrias son la textil, metalúrgica, química, alimentaria, electrónica, de materiales de construcción, construcciones mecánicas y artes gráficas. Entre los años 1910-45 se convirtió en la capital de la colonia japonesa y, ya en 1948, pasó a ser capital de Corea del Sur. Después de la guerra de Corea (1950-53), la ciudad tuvo que ser reconstruida, ya que sufrió graves daños.

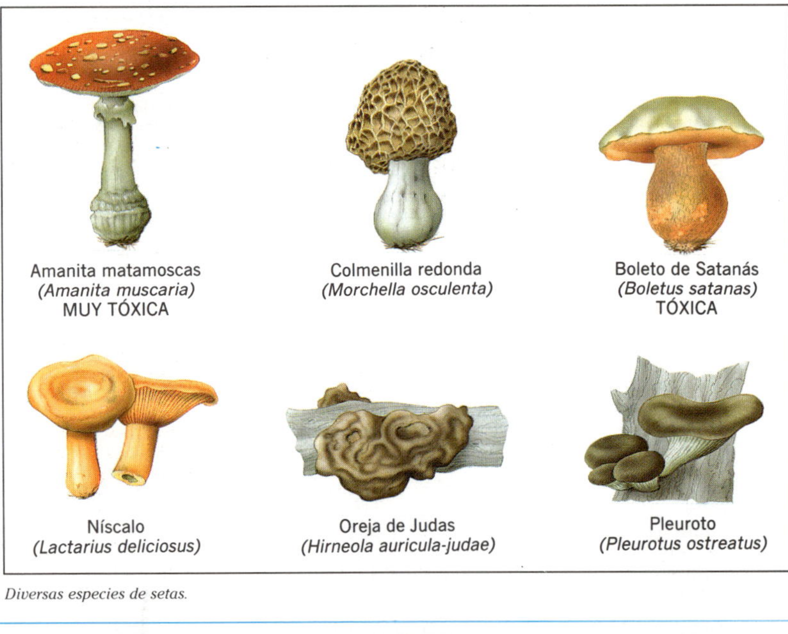

Diversas especies de setas.

Seurat, Georges (París 1859 - íd. 1891) Pintor francés. Fundador de la escuela divisionista, yuxtaponía las pinceladas con una técnica sistemática para que se sintetizaran en la retina y buscaba con frecuencia efectos de exaltación de la luz a través de los oscuros. Influyó mucho en el cubismo y el fauvismo. Entre sus telas más importantes se encuentran *El baño* (1884), *Un domingo de verano en la Grande Jatte* (1886) y *El jaleo* (1890).

Severa Dinastía de emperadores romanos que gobernó el imperio entre el 193 y el 235. Fue fundada por Septimio Severo, a quien sucedieron Caracalla (212), Heliogábalo (218) y Alejandro Severo (222). A su desaparición estalló la crisis conocida como *anarquía militar.*

Severini, Gino (Cortona, Toscana 1883 - París 1966) Pintor italiano. Influido originalmente por Cézanne, en 1905 se instaló en París, donde tomó contacto con Modigliani y Max Jacob. Cultivó el cubismo desde 1914 y en 1921 publicó la obra *Del cubismo al clasicismo*, en la que explica la evolución de su pintura. Desde 1923 se especializó en el mosaico y en la pintura religiosa de estilo clásico.

severo, ra *adj.* **1.** Que cumple o hace cumplir estrictamente las leyes o normas. **2.** Que no es comprensivo con las faltas o defectos de los demás. **3.** Referido al tiempo atmosférico, extremado en el frío o en el calor. **4.** Serio, poco alegre o expresivo. **5.** Austero. **FAM.** Severamente, severidad.

Seúl: vista del sector moderno de la ciudad.

Severo, Alejandro (Acé, Fenicia h. 205 - Germania 235) Emperador romano (222-235). Sucedió a su primo Heliogábalo, que le había adoptado. Su mandato estuvo lleno de intrigas y asesinatos. Fue partidario del sincretismo religioso, mantuvo los privilegios de los judíos y permitió las prácticas cristianas. Luchó con poco éxito contra los sasánidas en Oriente y contra los germanos en el Rhin. Murió durante una revuelta militar.

sevicia *s. f.* Crueldad, ensañamiento.

Sévigné, Marie de Rabutin-Chantal, marquesa de (París 1626 - en el castillo de Grignan 1696) Escritora francesa. Contrajo matrimonio con el marqués de Sévigné, que murió en un duelo. Desde entonces se consagró a la educación de sus hijos, especialmente de Françoise-Marguerite, con quien mantuvo una correspondencia que, escrita en estilo fácil y elegante, constituye uno de los documentos más importantes sobre la corte de Luis XIV.

Sevilla **1.** Prov. de España, perteneciente a la comunidad autónoma de Andalucía. 14.001 km^2. 1.638.200 h. en 1991. Está situada en el curso bajo del Guadalquivir, entre las estribaciones de Sierra Morena y las Sierras Béticas. Se distinguen en ella las comarcas de las Marismas, el Aljarafe, la Sierra y la Campiña. Su clima es mediterráneo de interior. La mayoría de la población se concentra en la capital y en sus áreas adyacentes. Se cultivan cereales, olivo, algodón, vid y remolacha azucarera, y cuenta con ganado ovino, porcino y caballar. Tiene importantes yacimientos de carbón y minerales no metálicos, e industrias

Sevilla: Expo'92. Tren panorámico y esfera bioclimática.

metalúrgicas, alimentarias, textiles, químicas, de tabaco y de azulejos.
2. C. de España, cap. de la prov. homónima. 704.850 h. en 1991. Su economía depende de las industrias alimentarias, metalúrgicas, textiles, químicas y de materiales de construcción. El intenso tráfico de su puerto fluvial también ha contribuido a su enriquecimiento económico. Es además un centro administrativo, comercial, cultural y turístico de primer orden y capital de la comunidad autónoma de Andalucía.
Hist. La romanización (s. III a. C.) convirtió a la ciudad de Hispalis en un gran centro jurídico y potenció su desarrollo urbanístico. Conquistada para el Islam en el 712, dependió sucesivamente del emirato y califato de Córdoba. En el s. XI, tras la caída del califato, se convirtió en capital del reino taifa de Sevilla. La conquista de América dio una vitalidad extraordinaria a Sevilla, que llegó a ser un gran centro comercial y financiero. En el s. XVII empezó un periodo de decadencia debido a la pérdida de sus funciones comerciales. La conmemoración del quinto centenario del descubrimiento de América y la celebración de la Exposición Universal en 1992 supusieron para la ciudad importantes mejoras.
Arte De la época musulmana cabe destacar los restos de la antigua muralla, la torre del Oro, construida por los almohades, el primitivo alcázar y la Giralda. La catedral, construida en el s. XV, es de estilo gótico tardío y en ella sobresalen las pinturas de Murillo, Valdés Leal, Zurbarán y Goya. Entre las iglesias sevillanas destacan la del Sagrario, Santa Ana, San Lorenzo y la Magdalena. En cuanto a las construcciones civiles, son dignas de mención el ayuntamiento, de estilo plateresco; el archivo de Indias; la universidad, antigua Fábrica de Tabacos; el hospital de la Caridad y el de la Sangre; el palacio de San Telmo y el barrio de Santa Cruz. De época reciente merecen citarse la plaza de España y los jardines de María Luisa.

sevillano, na *adj.* **1.** De Sevilla. También *s.* ‖ *s. f. pl.* **2.** Cierto baile típico sevillano y canción con que se acompaña, compuesta de seguidillas.

Sèvres C. de Francia, situada al SO de París. 21.300 h. en 1975. Cuenta con industrias de explosivos, material quirúrgico, vidrio, mosaicos, cerveza y mica. Pero la actividad más relevante, a la cual debe su fama, es la cerámica. Sèvres es la sede de la Escuela Nacional Superior de Cerámica y de la Fábrica Nacional de Porcelana, antigua Fábrica Real.

sex appeal *expr. ingl.* Atractivo sexual de una persona.

sex symbol *expr. ingl.* Persona a la que se considera representación del ideal erótico.

Sex Pistols Grupo musical británico surgido en 1975, creadores del *punk rock.* Tuvieron un éxito efímero, pero su aportación transformó el panorama de la música rock. Sus líderes fueron el productor Malcolm McLaren y el cantante John Lydon.

sexagenario, ria *adj.* Que tiene entre sesenta y setenta años. También *s.*

sexagesimal *adj.* Se aplica al sistema de numeración de base sesenta, usado sobre todo para las unidades de medida de ángulos: 1 grado tiene 60 minutos y un minuto 60 segundos.

sexagésimo, ma *adj. num. ord.* **1.** Que ocupa por orden el número sesenta. También *pron.* ‖ *adj. num. part.* **2.** Se dice de cada una de las sesenta partes iguales en que se divide un todo. También *s.*

sexcentésimo, ma *adj. num. ord.* **1.** Que ocupa por orden el número seiscientos. También *pron.* ‖ *adj. num. part.* **2.** Se dice de cada una de las seiscientas partes iguales en que se divide un todo. También *s.*

sexenio *s. m.* Periodo de seis años.

sexismo *s. m.* Tendencia, actitud o práctica que valora o discrimina a las personas por razón de su sexo. **FAM.** Sexista.

sexo *s. m.* **1.** Constitución orgánica de los seres vivos que distingue al macho de la hembra. **2.** Conjunto de los individuos de una especie que tienen una de esas dos constituciones orgánicas. **3.** Órganos sexuales. **4.** Sexualidad, conjunto de actos, comportamientos o manifestaciones de la misma. ‖ **5. sexo débil** (o **bello**) El sexo femenino, las mujeres. **6. sexo fuerte** El sexo masculino, los hombres.

sexología *s. f.* Ciencia que estudia fisiológica y psicológicamente la conducta sexual humana.

sexólogo, ga *s. m.* y *f.* Especialista en sexología.

sex-shop (voz ingl.) *s. m.* Tienda en que se venden objetos, publicaciones, películas, etc., relacionados con la búsqueda de la excitación sexual.

sextante *s. m.* Instrumento dotado de una varilla móvil, llamada *alidada,* un limbo graduado en 60° y un juego óptico de lentes y espejos, que permite calcular la altura de los astros y, así, determinar el rumbo en la navegación marina.

sexteto *s. m.* **1.** Composición musical para seis instrumentos o voces. **2.** Conjunto formado por seis instrumentos o voces. **3.** Composición poética de seis versos de arte mayor. ‖ **4. sexteto lira** Estrofa formada por heptasílabos y endecasílabos alternos con rima aBaBcC.

sextilla *s. f.* Composición poética formada por seis versos de arte menor.

sextina *s. f.* **1.** Composición poética formada por seis estrofas de seis versos endecasílabos cada una y otra de tres versos. **2.** Cada una de estas estrofas de seis versos endecasílabos. **3.** Sexta rima*. **4.** Nombre que reciben otras combinaciones métricas de seis versos.

sexto, ta *adj. num. ord.* **1.** Que sigue en orden al quinto. También *pron.* ‖ *adj. num. part.* **2.** Se dice de cada una de las seis partes iguales en que se divide un todo. También *s.* ‖ *s. f.* **3.** Tercera de las cuatro partes en que los antiguos romanos dividían el día. **4.** En las oraciones de la Iglesia, una de las horas menores, que se reza después de la tercia. **5.** En mús., intervalo que comprende seis grados de la escala diatónica.

Sexto Empírico (Grecia s. II - III) Filósofo, astrónomo y médico griego. Seguidor de las teorías de Pirrón y Enesidemo, su obra constituye la expresión más genuina del escepticismo antiguo y una de las fuentes capitales para el conocimiento filosófico de la antigüedad. Es autor de *Hipotiposis pirrónicas, Contra los dogmáticos* y *Contra los matemáticos.*

sextuplicar *v. tr.* Aumentar seis veces la cantidad, número, tamaño o intensidad de algo. También *v. prnl.* ■ Se conjuga como *sacar.* **FAM.** Sextuplicación.

séxtuplo, pla *adj.* Que incluye en sí seis veces una cantidad o número. También *s. m.*

sexuado, da *adj.* Se dice de la planta o animal que tiene órganos sexuales desarrollados y aptos para su funcionamiento.

sexual *adj.* **1.** Perteneciente o relativo al sexo o la sexualidad. ‖ **2. acto sexual** Coito*. **FAM.** Sexualmente.

sexualidad *s. f.* **1.** Conjunto de características anatómicas y fisiológicas de cada sexo. **2.** Conjunto de comportamientos, actos, manifestaciones, etc., relacionados con la atracción entre los sexos, la reproducción y el placer obtenido a través de los órganos genitales y otras zonas del cuerpo. La sexualidad humana constituye un fenómeno psicológico y sociológico que no se limita a los mecanismos de cortejo, cópula y reproducción. Abarca toda una gama de aspectos sociales, religiosos y jurídicos, y asimismo se halla estrechamente vinculada al mundo de la afectividad y al plano de los valores.

sexy (voz ingl.) *adj.* Que tiene mucho atractivo sexual o lo provoca. ■ Se escribe también *sexi.*

Seychelles Estado insular del océano Índico.

Extensión: 453 km².
Situación: al E de África, al N de Madagascar.
Población: 68.700 h. en 1990.
Densidad: 151,7 h./km².
Capital: Victoria.
División administrativa: dos grupos de islas, Central y Exterior.
Forma de Estado: república presidencialista.
Idioma: inglés, francés y criollo.
Religión: catolicismo, 90 %; anglicanismo, 8 %.
Moneda: rupia de Seychelles.
Tasa de natalidad: 24 ‰ en 1990.
Tasa de mortalidad: 8 ‰ en 1990.
Renta per cápita: 4.170 dólares en 1989.

Geog. El país está constituido por 92 islas e islotes; entre las islas destacan Mahé, Praslin, Silhouette, La Digue, Felicité, Curieuse, el grupo de las Almirantes y la tríada formada por Alphonse, Bijoutier y Saint François. De origen volcánico, tienen un relieve abrupto, aunque de baja altura; gozan de clima tropical con abundantes precipitaciones. La población está integrada por una mezcla de europeos, africanos e indostánicos y la mayoría reside en el ámbito rural. Su tasa de crecimiento vegetativo es alta (1,6 % anual). La agricultura se ve favorecida por la fertilidad de los suelos, sobresaliendo la producción de copra, cinamomo, vainilla, canela, té y hortalizas. La exportación de la pesca reporta importantes beneficios económicos. A la extracción de fosfatos y la obtención de sal marina hay que añadir recientes industrias tabaqueras y cerveceras y la comercialización del granito. En los últimos años el turismo ha experimentado un notable auge y supone en la actualidad un tercio de su producto nacional bruto.
Hist. Las islas Seychelles, descubiertas por los portugueses en el s. XVI, no fueron exploradas hasta el s. XVIII, con la llegada de barcos franceses. Napoleón las convirtió en centro de deportación de prisioneros políticos. Fueron después ocupadas por los británicos, que establecieron su

dominio en los tratados de 1814 y 1816. Las Seychelles fueron adscritas administrativamente a Isla Mauricio. En 1930 recibieron el estatuto colonial. En 1970 se aprobó su Constitución y en 1976 alcanzaron la independencia, constituyéndose en República en el seno de la Commonwealth, de la que fue elegido presidente James Mancham. En 1977 un golpe de Estado destituyó a Mancham, que fue sustituido en la presidencia por Albert René. La nueva Constitución de 1979 consagró un régimen socialista de partido único, el Frente Progresista del Pueblo de las Seychelles, que en las elecciones de 1984 resultó vencedor de nuevo con Albert René a la cabeza.

Sforza, familia Dinastía ducal de Milán (1450 - 1535), procedente de Cotignola, en la Romaña. Sus principales representantes fueron: **Francisco I** (San Miniato 1401 - Milán 1466), duque de Milán en 1450; **Galeazzo-María** (Fermo 1444 - Milán 1476), hijo y sucesor del anterior en 1466; **Juan-Galeazzo** (Abbiategrasso 1469 - Pavía 1494), hijo del anterior, desposeído del ducado por Ludovico el Moro; **Ludovico el Moro** (Vigevano 1452 - Loches 1508), tío del anterior, logró ser nombrado duque (1494-1500) con el apoyo del rey de Nápoles; supo mantener a raya las pretensiones francesas sobre el Milanesado, hasta que Luis XII lo venció y lo apartó del poder; **Maximiliano** (1493 - 1530), hijo del anterior, fue duque de 1512 a 1515; y **Francisco II** (1495 - 1535), hermano del anterior, que legó el ducado a Carlos V.

sfumato (voz ital.) *s. m.* Técnica pictórica creada por Leonardo da Vinci y que consiste en suavizar el contorno de las figuras mediante el uso de tonos vagos y juegos de sombras. Se dice también *esfumado.*

sha *s. m.* Título otorgado a los soberanos de Persia o Irán. ▪ Se escribe también *sah.*

Shaanxi (*Shensi*) Prov. de China, en el N del país, al O y SO del río Huang-ho. 195.800 km^2. 32.882.400 h. en 1990. La capital es Xi'an (Sian), con 2.650.000 h. en 1989. Tiene un relieve de meseta en el N; en el S se hallan los fértiles valles del Wei-shuei y del Han. Posee cultivos de mijo y trigo, ganadería ovina, yacimientos de hulla y petróleo e industrias textiles, metalúrgicas, mecánicas, eléctricas y químicas.

Shaffer, Peter Levin (Liverpool 1926) Dramaturgo británico. Alcanzó gran renombre en el teatro de vanguardia con su obra *Ejercicio para cinco dedos* (1958). Posteriormente han sido representadas con considerable éxito *La batalla de las confesiones* (1970), *Equus* (1973), *Amadeus* (1979) y *Yonadab* (1985).

Shaftesbury, Anthony Ashley Cooper, primer conde de (Wimborne, Dorset 1621 - Amsterdam 1683) Político inglés. Lord canciller (1672-73) de Carlos II, se situó a la cabeza de la oposición protestante y tuvo que exiliarse a las Provincias Unidas (1682).

Shaftesbury, Anthony Ashley Cooper, séptimo conde de (Londres 1801 - Folkestone 1885) Político británico. Diputado conservador, luchó hasta conseguir regular el trabajo femenino e infantil en la industria (1842) y la reducción de la jornada laboral a diez horas (1874).

Shaftesbury, Anthony Ashley Cooper, tercer conde de (Londres 1671 - Nápoles 1713) Filósofo y político inglés. Nieto del primer conde de Shaftesbury y discípulo de Locke, es uno de los pioneros del deismo inglés. Su actitud hacia la religión, marcadamente neoplatónica, le llevó a afirmar la existencia de un sentido moral connatural al hombre, lo que le enfrentó a la ortodoxia cristiana y a las tesis de Hobbes. La influencia que tuvo sobre autores posteriores fue decisiva. Su obra capital es *Características de hombres, costumbres, opiniones y tiempos* (1711).

Shakespeare, William (Stratford-on-Avon 1564 - íd. 1616) Dramaturgo inglés. Se instaló en Londres, donde debió de trabajar como actor. Alcanzó cierto prestigio en la vida londinense, no sólo como actor, sino también como autor dramático. La época en que actúa en los teatros del Globo y Blackfriars es el gran periodo de la producción shakespeariana, que abarca hasta 1613, año en que se retiró a Stratford. Aparte de diversas obras poéticas, entre las que destacan los *Sonetos* (1609), Shakespeare es fundamentalmente un autor teatral. Su obra, cuya datación

William Shakespeare. Retrato anónimo (National Portrait Gallery, Londres).

todavía ofrece dudas, puede dividirse en tres periodos cronológicos y temáticos: una primera época de comedias ligeras y obras de tema histórico; una segunda fase que incluye algunas comedias y sus grandes tragedias, y finalmente una etapa caracterizada por la concepción tranquila y tolerante de las cosas. A la primera pertenecen las tres partes de *Enrique VI* (1589-91) y *Ricardo III* (1592-93), *La fierecilla domada* (1593-94), *Romeo y Julieta* (1595-96), *El sueño de una noche de verano* (1595-96), *Enrique IV* (1596-97), *El mercader de Venecia* (1596-98) y *Las alegres comadres de Windsor* (1597). De 1600 a 1608 aparecen las obras del segundo grupo; son de esta época *Hamlet* (1601), *Otelo* (1605-06), *Macbeth* (1605-06) y *El rey Lear* (1605-06). Del último periodo pueden citarse *Cuento de invierno* (1611) y *La tempestad* (1613). Los dramas de Shakespeare abarcan los más variados temas en un estilo vigoroso y lleno de imágenes; el ritmo de sus versos se fue haciendo cada vez más flexible y adecuado al asunto, hecho que resulta especialmente palpable en sus grandes tragedias. Shakespeare es una de las figuras cumbre de la literatura universal y uno de los autores más representados de la historia del teatro.

shakespeariano, na *adj.* **1.** Propio o característico de William Shakespeare o semejante a sus cualidades como autor. **2.** Que representa obras de Shakespeare.

Shamir, Isaac (Bialystok, Polonia 1925) Político israelí. En 1935 emigró a Palestina y formó parte de grupos paramilitares. Integrado en el Partido Likud, fue ministro de Asuntos Exteriores (1980-83) y primer ministro (1983). Después de la elecciones de 1984 se formó un gobierno de coalición (laboristas y Likud), del cual Shamir fue viceprimer ministro y, desde 1986, primer ministro. Rota la coalición (1988), continuó como jefe de gobierno.

Shandong Prov. de China, en el E del país, junto al mar Amarillo. 153.300 km^2. 84.393.800 h. en 1990. La capital es Jinan (Tsinan), con 2.180.000 h. en 1989. Constituye una península rocosa y montañosa que penetra en el mar Amarillo. El sector continental lo forma una llanura regada por el río Huang-ho. Es la tercera provincia de China por la población absoluta y la segunda en densidad. Su economía se basa en la agricultura de trigo, soja, kaoliang, batatas, tabaco, frutales, algodón y cacahuetes, en la minería de carbón, petróleo y hierro y en la industria de construcciones mecánicas, química, textil y alimentaria. Se escribe también *Shantung.*

Shang Dinastía imperial china que reinó de 1770 a 1050 a. C., aproximadamente. Su estado se extendía por la llanura del Huang-ho. A este periodo corresponde, según las excavaciones, una elevada civilización del bronce.

Shanghai C. de China, situada en el E del país, a orillas del río Huang-ho. 7.330.000 h. en 1990 y 13.342.000 en su área metropolitana. Su economía se ha visto impulsada, desde mediados del s. XIX, por el comercio que se lleva a cabo en su activo puerto y, desde mediados del s. XIX, por la industria, en la que destacan sus factorías siderúrgicas, metalúrgicas, químicas, petroquímicas, textiles, electrodomésticos y de construcciones eléctricas. Es un importante centro educativo, cultural y científico.

shantung (voz ingl.) *s. m.* **1.** Cierto tipo de tejido basto de seda, originario de la provincia china de Shantung (Shandong). **2.** Tela de algodón o rayón de similares características.

Shanxi Prov. de China, en el N del país y limitada al S y al O por el río Huang-ho y al N por la región autónoma de Mongolia. 157.100 km^2. 28.759.000 h. en 1990. La capital es Taiyuan, con 2.010.000 h. en 1990. Tiene una economía fundamentalmente agraria, centrada en el cultivo de cereales. También cuenta con producciones energéticas (carbón e hidroelectricidad) e industrias de maquinaria agrícola.

Shaw, George Bernard (Dublín 1856 - Ayot Saint Lawrence 1950) Escritor irlandés. Ingresó en la sociedad fabiana, cuyo manifiesto redactó, expresando su ideal de lucha por el progreso moral y material y su crítica a los convencionalismos. Estas ideas las reflejó en sus obras, tanto en sus novelas como en su teatro, al que nunca faltan la ironía y un sugestivo ingenio. Entre sus obras sobresalen *Un socialista poco social* (1884), las comedias llamadas «agradables», como *Héroes* (1894) y *Cándida* (1894), y las «desagradables», como *Casas de viudos* (1892) y *La profesión de la señora Warren* (1893); finalmente, entre sus obras de madurez, *César y Cleopatra* (1899), *Pigmalión* (1912) y *Santa Juana* (1923). Recibió el premio Nobel de literatura en 1925.

George Bernard Shaw.

Sheffield C. del Reino Unido, situada en el centro del país, al E de los montes Peninos. 528.300 h. en 1988. Su economía se basa en las importantes industrias siderúrgicas, metalúrgicas, alimentarias, químicas y eléctricas. Es también un relevante centro comercial.

Shelley, Mary Wollstonecraft (Londres 1797 - íd. 1851) Escritora británica. Esposa del poeta Percy Shelley, alcanzó gran celebridad por su novela *Frankenstein o El moderno Prometeo* (1818), relato del género gótico que narra el intento del doctor Frankenstein de crear un ser humano y su dramático fracaso.

Shelley, Percy Bysshe (Field Place, Sussex 1792 - golfo de la Spezia 1822) Poeta británico. Su vida fue intensa y agitada; se fugó con Harriet Westbrook, con la que contrajo matrimonio en Edimburgo (1811) y poco después se enamoró de Mary Wollstonecraft, con quien marchó al continente y se casó en 1816. En 1818, aquejado de tisis, se instaló en Italia. Murió ahogado al ser sorprendida su embarcación por una tempestad. Es uno de los grandes representantes del Romanticismo inglés. En su obra plasmó un gran idealismo, matizado por una profunda melancolía. Entre sus principales composiciones figuran *La reina Mab* (1813), *Prometeo liberado* (1819) y los dramas *Los Cenci* (1819) y *Hellas* (1821), así como diversas odas, entre las que destacan *Oda al viento del Oeste*, *Oda a una alondra* y *Oda a Nápoles*, y la elegía *Adonais* (1821), inspirada por la muerte de Keats.

Percy Bysshe Shelley. Retrato copia de George Clint (Biblioteca Nacional, Madrid).

Shenyang C. de China, en la prov. de Liaoning, al N de la bahía de Corea. 4.440.000 h. en 1989. Constituye el principal centro urbano, comercial y cultural de la China del NE. Posee una importante industria mecánica, aeronáutica, de maquinaria, de material eléctrico, textil, papelera, química y del refino de petróleo. Llamada anteriormente *Mukden*, fue capital del protectorado japonés de Manchukuo (Manchuria).

sheriff (voz ingl.) *s. m.* **1.** En algunas circunscripciones y condados de EE UU, persona encargada de mantener el orden y hacer cumplir la ley. **2.** En el Reino Unido, representante de la corona o poder central en un condado, con funciones administrativas y judiciales.

sherpa (voz tibetana) *adj.* **1.** Se dice de cierto pueblo que habita en el Nepal, cuyos individuos han alcanzado fama como guías de expediciones de alta montaña en el Himalaya. **2.** De este pueblo. También *s. m.*

Sherrington, Charles Scott (Londres 1857 - Eastbourne 1952) Fisiólogo británico. Se le considera, junto con John Hughlings Jackson, uno de los fundadores de la moderna neurología. En 1932 obtuvo el premio Nobel de medicina, compartido con Edgar Douglas Adrian, por sus investigaciones sobre el acto reflejo y la conducción nerviosa.

sherry (voz ingl.) *s. m.* Vino de Jerez.

shetland (voz ingl.) *s. m.* **1.** Tejido fabricado con lana escocesa. **2.** P. ext., jersey hecho con este tejido.

Shetland o **Zetland** Archipiélago del Reino Unido situado en el N de Escocia, entre el mar del Norte y el Atlántico. 1.432 km^2. 22.400 h. en 1988. La capital es Lerwick. Las principales islas son Mainland, Fetlar, Yell, Unst, Whalsay, Bressay, East Burra, West Burra, Foula y Fair Isle. En ellas se cultivan cereales, patatas y legumbres. La ganadería y la pesca tienen también importancia para su economía, que en los últimos años se está desarrollando vertiginosamente debido a los yacimientos petrolíferos.

Shijiazhuang C. de China, cap. de la prov. de Hebei (Hopeh), en el SO de Pekín. 1.190.000 h. en 1989. Es un importante nudo de comunicaciones ferroviarias, que posee industria textil. Se escribe también *Shih-chia-chuang.*

Shikoku Isla de Japón, situada entre las islas de Honshu y Kyushu, en el océano Pacífico. 18.808 km^2. 4.218.000 h. en 1989. Destacan en su relieve los montes de Shikoku, que la recorren de O a E. El clima está sometido a la influencia del monzón marítimo, que la dota de una vegetación templada y tropical. Cuenta con cultivos de arroz, trigo, soja y caña de azúcar, una importante pesca, yacimientos de cobre, hierro, oro, azufre y bismuto e industrias de pequeña entidad.

Shiraz C. de Irán, en el S del país, en la región de los montes Zagros. 848.300 h. en 1987. Es el centro de una región agrícola cuyos principales productos son cereales, remolacha azucarera y vid. Destaca como productor de rosas. Posee industrias del cemento, abonos, textiles, alimentarias, de construcciones eléctricas y petroquímicas y refinerías de petróleo. En esta ciudad se encuentran las ruinas de Persépolis.

Shizuoka C. de Japón, en la isla de Honshu. 473.200 h. en 1989. Es un importante centro comercial del té, que cuenta con industrias metalúrgicas, mecánicas y alimentarias.

shock (voz ingl.) *s. m.* Brusca y aguda alteración del organismo, provocada por causas orgánicas (traumatismo, infarto, etc.) o emocionales, caracterizada por la pérdida del pulso, pérdida variable de conciencia y signos de postración del enfermo. Se trata de una reacción de defensa de todo el organismo ante situaciones que amenazan su equilibrio e integridad, cuyo fin último es proteger las funciones vitales más importantes.

Shockley, William Bradford (Londres 1910) Físico estadounidense. En 1956 obtuvo el premio Nobel de física, juntamente con John Bardeen y Walter Houser Brattain, por sus estudios sobre semiconductores y el descubrimiento del efecto transistor.

shogun (voz japonesa) *s. m.* Título dado a los jefes militares japoneses nombrados por el emperador en la Edad Media, que llegaron a constituirse en verdaderos señores feudales. Se escribe también *sogún.*

shogunato o **shogunado** *s. m.* **1.** Autoridad y dignidad de shogun. **2.** Tiempo que dura su autoridad. **3.** Jurisdicción sometida a un shogun.

Sholapur C. de la India, situada en el Decán, al SO de Bombay. 511.100 h. en 1981. Es un importante centro comercial algodonero, que cuenta con industrias textiles, mecánicas y estudios de producción cinematográfica.

Sholojov, Mijail Alexandrovich (Kruzhilin, Rostov 1905 - Veshenskaia 1984) Escritor soviético. En sus libros refleja en un estilo realista etapas importantes de la historia soviética, como la revolución, la colectivización agraria y la Segunda Guerra Mundial. Entre sus principales obras figuran *Cuentos del Don* (1925), *El Don apacible* (1928-40), *Campos roturados* (1932) y *Lucharon por la patria* (1944). En 1965 obtuvo el premio Nobel de literatura.

short (voz ingl.) *s. m.* Pantalón corto que no pasa de la mitad del muslo. ▪ Se usa también en plural con el significado del singular.

Shostakovich, Dimitri Dimitrievich (San Petersburgo 1906 - Moscú 1975) Compositor y pianista soviético. Enseñó en los conservatorios de San Petersburgo y Moscú y, a partir de 1958, se dedicó exclusivamente a la composición. Hasta 1953, en que se produjo un cambio de orientación artística en la URSS, su música recibió duras críticas y fue acusada de alejarse del realismo socialista imperante. Obtuvo múltiples galardones en su país y también en Occidente, entre ellos el premio Sibelius (1958). Es autor de numerosas sinfonías, como *Leningrado* (1941), varias óperas, como *La nariz* (1928) y *Katerina Ismailova* (1956), conciertos, música de cámara y música para películas.

show (voz ingl.) *s. m.* **1.** Espectáculo o parte del mismo. **2.** *fam.* Acto, situación, etc., en que se llama la atención, generalmente por lo ridículo o escandaloso.

showman (voz ingl.) *s. m.* Hombre que es a la vez primera estrella, presentador y animador de un show o espectáculo.

Shubra al Khaymah C. de Egipto, situada al N de El Cairo, de cuya conurbación forma parte. 711.000 h. en 1986. Es un centro residencial que cuenta con industria textil.

si[1] (de las iniciales de *Sancte Iohannes*, último verso del himno a San Juan Bautista) *s. m.* Séptima nota de la escala musical.

si[2] (del lat. *si*) *conj.* **1.** Introduce proposiciones con valor condicional: *Si aprueba el curso, sus padres le regalarán una bici.* **2.** Se emplea, repetida, con valor distributivo, conservando el matiz condicional, para contraponer un término a otro: *Si le regaño, mal, si no le regaño, peor.* **3.** Se usa para introducir oraciones con matiz de deseo: *¡Si el jefe quisiera ayudarnos!* **4.** Precedida del adverbio *como* o de la conjunción *que*, forma una locución comparativa: *Habla como si estuviera borracho. Está más oscuro que si fuese de noche.* **5.** Tiene a veces una finalidad enfática: *¡Si te dije que esto no podía acabar bien!* **6.** Con valor de conjunción completiva, introduce oraciones interrogativas indirectas: *Ignoro si ha aprobado o no.* **7.** En algunas expresiones indica ponderación, encarecimiento o protesta: *Mira si será listo que ya sabe leer. ¡Si es que yo no he dicho eso!*

Si Símbolo químico del silicio.

SI Siglas de Sistema* Internacional de unidades.

sí[1] (del lat. *sibi*, pron. reflex. de 3.ª pers. en caso dativo) *pron. pers.* Forma reflexiva del pronombre personal de tercera persona: *Habla para sí.* ▪ Con la preposición *con* adopta la forma *consigo.* ‖ **LOC. de por sí** *adv.* Por su propia naturaleza, prescindiendo de lo que acompaña a algo. **en sí (mismo)** *adv.* De por sí. **fuera de sí** *adv.* Alterado por la ira o la pasión.

sí[2] (del lat. *sic*, así, de este modo) *adv. afirm.* **1.** Se emplea para responder afirmativamente a una pregunta. **2.** Se usa para dar mayor énfasis: *Iré, sí, deja ya de insistir. Esto sí que es vida.* ‖ *s. m.* **3.** Consentimiento, permiso. ‖ **LOC. ¡a que sí!** En una discusión o disputa, frase con la que se busca el apoyo de otro a lo que uno sostiene; también se usa para responder a un reto o apuesta. **porque sí** *fam.* Sin ninguna causa o razón especial, por voluntad o capricho de la persona de que se trata. **pues sí... o pues sí que...** Indica fastidio o disgusto: *¡Pues sí que estamos buenos!*

sial *s. m.* Capa exterior de la corteza de la Tierra. Su nombre viene de las iniciales de sus dos componentes fundamentales, sílice y aluminio. Tiene una densidad de 2,7 y sus principales tipos de rocas son granitos, gneis y rocas sedimentarias. Está situada sobre el sima, capa profunda terrestre, y sometida a diversos movimientos y mutaciones. También es llamada *litosfera.*

sialismo *s. m.* Tialismo*.

Siam Véase **Tailandia**.

siamés, sa *adj.* **1.** De Siam, antiguo nombre de Tailandia. También *s.* **2.** Se dice de los hermanos que nacen unidos por alguna parte del cuerpo. También *s.* **3.** Se dice de cierta raza de gatos procedentes de Siam, de cuerpo estilizado y color marrón claro, con la cabeza, la cola y las patas más oscuras. También *s. m.* ‖ *s. m.* **4.** Lengua del grupo tai, hablada en Tailandia.

Sian Véase **Xi'an**.

sibarita *adj.* Se dice de la persona aficionada a los lujos y placeres refinados. También *s.* **FAM.** Sibarítico, sibaritismo.

Sibelius, Jan (Hämeenlinna Tavastehus 1865 - Järvenpää, cerca de Helsinki 1957) Compositor finlandés. Fue el principal representante de la escuela nacionalista finlandesa, creando una música inspirada a menudo en las leyendas de la épica nacional. Su producción musical es muy extensa: escribió sinfonías, poemas sinfónicos, conciertos, cuartetos, piezas para piano y varias óperas, como *La muchacha en la torre* (1896). Entre sus poemas sinfónicos resalta el célebre *Vals triste* (1903).

Siberia (*Sibir*) Región histórica de Asia, que comprende los territorios de la Federación Rusa situados al E de los Urales. 13.000.000 km^2. 50.300.000 h. en 1986. En ella se distinguen tres áreas: la Siberia occidental, llanura situada entre los Urales y el río Yenisei; la Siberia central, meseta comprendida entre los ríos Yenisei y Lena; y la Siberia oriental, zona montañosa que llega hasta el océano Pacífico. Tiene un clima continental extremado y vegetación de tres tipos: tundra, taiga y estepa. El único cultivo destacable es el de cereales y tubérculos. Su subsuelo es rico en hulla, oro, hierro, diamantes, platino, cobre, bauxita, amianto, gas natural y petróleo. También cuenta con importantes bancos de pesca en el Ártico y Pacífico, con industrias metalúrgicas y mecánicas, y producción hidroeléctrica. A partir del s. XIII este territorio, habitado por pueblos nómadas, fue invadido por los mongoles y, ya en el s. XVI, colonizado por los cosacos, que fundaron varias ciudades. Desde el s. XVI, y hasta finales del XIX, fue utilizado como colonia penitenciaria. A comienzos del s. XX, Siberia fue ocupada por tres millones de colonos que se instalaron en las tierras que les fueron concedidas gratuitamente. De este modo se inició una nueva etapa de desarrollo.

siberiano, na *adj.* De Siberia. También *s.*

sibila *s. f.* Mujer a la que los antiguos griegos y romanos atribuían la facultad de predecir el futuro inspirada por un dios. La más famosa fue la de Cumas, descrita por Virgilio, cuya gruta se hallaba en las cercanías de Nápoles.

sibilante *adj.* **1.** Que suena de forma parecida a un silbido. **2.** En fon., se aplica al sonido que se pronuncia haciendo pasar el aire por un estrecho canal formado por la lengua y los alveolos superiores, como el de la letra *s.*

sibilino, na *adj.* **1.** Oscuro, difícil de entender. **2.** Perteneciente o relativo a la sibila. **3.** Que tiene un sentido o una intención profética.

sibilítico, ca *adj.* Sibilino*.

Sibiu C. de Rumania, situada en el centro del país, en la región de Transilvania. 184.000 h. en 1989. Basa su economía en las industrias mecánicas, textiles, madereras, de cerámica y de calzado. Es también un importante centro comercial.

siboney *adj.* **1.** Se dice del pueblo considerado el más antiguo de los que habitaron en Cuba. También *s. m.* **2.** De este pueblo. También *s.*

sic (voz lat.) *adv.* Significa 'así, de este modo'; se usa, normalmente entre paréntesis, en textos impresos o manuscritos, para señalar que una frase, expresión o palabra, p. ej. una cita, es textual, aunque pueda parecer incorrecta o inexacta.

Sica, Vittorio de (Sora, Frosinone 1901 - París 1974) Actor y director de cine italiano. Su película *Ladrón de bicicletas* (1948), drama de posguerra rodado por actores no profesionales en escenarios naturales, se convirtió en el filme emblemático del neorrealismo italiano. Posteriormente, y dentro de la misma tendencia, dirigió *Milagro en Milán* (1950) y *Umberto D* (1952). Otros filmes suyos importantes son *Estación Termini* (1953) y *El jardín de los Finzi-Contini* (1971). Como actor protagonizó, entre otros, *Pan, amor y fantasía* (1953) y *El general de la Rovere* (1959).

sicalipsis *s. f.* Erotismo, picardía erótica.

sicalíptico, ca *adj.* Erótico, perteneciente o relativo a la sicalipsis.

sicario *s. m.* Asesino a sueldo.

Sichuan Prov. de China, situada en el centro meridional del país, al E del Tíbet. 569.900 km^2. 107.218.200 h. en 1990. La capital es Chengdu (Cheng-tu), con 2.740.000 h. en 1989. Ocupa una región montañosa, cuyo sector S está regado por el río Yangtsé-kiang. Cuenta con cultivos de arroz, trigo, kaoliang, sésamo, soja, maíz, caña de azúcar y tabaco, explotación forestal, yacimientos de carbón, manganeso, petróleo, gas natural y hierro, e industria textil, mecánica, ferroviaria, azucarera y del cuero. Es la provincia china con mayor población.

Sicilia Isla de Italia, situada en el mar Mediterráneo, al SO de la península Itálica. 25.708 km^2. 5.196.700 h. en 1991. La capital es Palermo, con 734.250 h. en 1991. Constituye una de las regiones administrativas de Italia y está formada por nueve provincias. Su territorio continúa el relieve de los Apeninos italianos, con una zona N muy montañosa (volcán Etna), el S accidentado, pero de escasa altitud, y el centro-oeste dominado por el macizo de Cammarata. Tiene un clima mediterráneo. Cuenta con cultivos de trigo, cítricos, viñedos, hortalizas y algodón, y un subsuelo rico en azufre, gas natural y petróleo. La industria, en plena ascensión, se dedica a los productos agropecuarios, metalúrgicos y petroquímicos. El turismo es también una importante fuente de ingresos. Colonizada por fenicios, griegos y cartagineses, fue incorporada a Roma. Tras el dominio musulman y la reconquista para la cristiandad, la isla pasó a España. En 1738 dio comienzo el periodo borbónico, que se prolongó hasta 1860.

siciliano, na *adj.* **1.** De Sicilia. También *s.* ‖ *s. m.* **2.** Dialecto del italiano hablado en Sicilia.

sico- *pref.* Véase **psico-**.

sicofanta o **sicofante** *s. m.* Calumniador, delator.

sicomoro o **sicómoro** *s. m.* Árbol de la familia moráceas, especie *Ficus sycomorus.* Tiene un tronco de color amarillento, hojas ovales y ásperas, fruto pequeño en forma de sicono, de color blanquecino y comestible. Es originario de Egipto y muy apreciado por su madera muy resistente.

sicono *s. m.* Tipo de fruto formado por un receptáculo en forma de saco cónico, con abertura en el ápice o punta y numerosas semillas en el interior de las paredes del receptáculo. Es característico del género *Ficus*, como p. ej. el higo.

sículo *adj.* **1.** Se dice de un antiguo pueblo que habitaba en el sector oriental de la isla de Sicilia desde principios del primer milenio a. C. y que desde el s. VIII a. C. recibió el influjo cultural de los colonizadores griegos. **2.** De este pueblo. También *s.*

SIDA Siglas de Síndrome de Inmunodeficiencia Adquirida, enfermedad contagiosa que se transmite sexualmente y a través de la sangre y destruye los mecanismos de inmunidad del cuerpo humano. Constituye la enfermedad epidémica más temible de finales del s. XX, sobre todo por el desconocimiento que de ella tiene la ciencia médica.

sidecar *s. m.* Especie de cochecito o carrito de un solo asiento y dotado de una rueda lateral, instalado en uno de los lados de una motocicleta.

sideral o **sidéreo** *adj.* Perteneciente o relativo a los astros y las estrellas.

siderita *s. f.* $FeCO_3$. Mineral carbonato ferroso. Cristaliza en el sistema trigonal en romboedros, tiene color grisáceo y brillo vítreo, aparece en filones y en forma masiva en capas. Es una mena de hierro, muy utilizada en la antigüedad para extraer este metal. Sus principales yacimientos se hallan en Canadá, Rumania y Francia; y en España, en Teruel y el País Vasco.

siderolito *s. m.* Tipo de meteorito compuesto fundamentalmente por una aleación de hierro (91 %) y níquel (8 %), semejante a la que se supone que tiene el núcleo terrestre. Su edad es parecida a la de la Tierra, es decir, unos 4.600 millones de años. Los más grandes pueden pesar varias toneladas, originar grandes cráteres al caer en la Tierra y dar lugar a rocas metamórficas llamadas *tectitas.*

siderurgia *s. f.* Sector de la metalurgia dedicado a la producción y transformación del hierro, cuyo producto principal es el acero. **FAM.** Siderúrgico.

Sidney Véase **Sydney**.

Sidón Antigua ciudad de Fenicia, que corresponde a la actual Sayda, en el Líbano. Durante el segundo milenio a. C. constituyó la principal ciudad-estado fenicia y un destacado centro del comercio y la navegación por el Mediterráneo. Decayó tras las invasiones de los pueblos del mar y fue conquistada por los filisteos, pasando la hegemonía fenicia a la ciudad de Tiro.

sidra *s. f.* Bebida alcohólica que se obtiene por la fermentación del zumo de las manzanas.

sidrería *s. f.* Establecimiento donde se vende sidra.

sidrero, ra *adj.* **1.** Perteneciente o relativo a la sidra. ‖ *s. m.* y *f.* **2.** Persona que vende sidra o trabaja en su fabricación.

siega *s. f.* **1.** Acción y efecto de segar las mieses. **2.** Tiempo en que se siegan. **3.** Mieses ya segadas.

Siegbahn, Kai (Lund 1918) Físico sueco. Hijo de Karl Manne G. Siegbahn, fue profesor de la Escuela Real de Tecnología de Estocolmo y de la universidad de Uppsala. En 1981 recibió el premio Nobel de física, compartido con Nicolaas Bloembergen y Arthur Leonard Schawlow, por su aportación al avance de la espectroscopia electrónica de alta resolución.

Siegbahn, Karl Manne George (Orebro 1886 - Estocolmo 1978) Físico sueco. Profesor de la universidad de Uppsala, recibió en 1924 el premio Nobel de física por su desarrollo de la espectroscopia de rayos X.

Siegen C. de Alemania, perteneciente al Land Renania del Norte-Westfalia, situada junto al río Sieg, afluente del Rhin. 107.050 h. en 1990. Posee industrias siderúrgicas, de construcciones metálicas, mecánicas y ferroviarias.

siembra *s. f.* **1.** Acción y efecto de sembrar. **2.** Tiempo en que se siembra. **3.** Tierra sembrada. **4.** Técnica de laboratorio que consiste en colocar microorganismos en el medio de cultivo y el ambiente adecuados para su desarrollo.

siemens *s. m.* Unidad de conductancia eléctrica en el Sistema Internacional. Equivale a la conductancia de un conductor cuya resistencia es de un ohmio. Su símbolo es *S.*

Siemens, Werner von (Lenthe, Hannover 1816 - Berlín 1892) Ingeniero e industrial alemán. Asociado a J. G. Halske, fundó en 1847 una sociedad para el establecimiento de líneas telegráficas. Asimismo, inventó la dinamo (1866), construyó la primera locomotora eléctrica (1879) e instaló numerosas líneas telegráficas, entre ellas las primeras transatlánticas en 1874.

siempre *adv. t.* **1.** Todo el tiempo, en cualquier momento. **2.** Cada vez que se produce una determinada situación. ‖ *adv. m.* **3.** En cualquier caso. ‖ **LOC. ¡hasta siempre!** Expresión de despedida cordial. **por siempre** *adv.* Eternamente, por un tiempo sin fin. **siempre que** *conj.* Introduce proposiciones temporales o con valor condicional: *Siempre que vengo por aquí voy a visitarle. Iremos al cine siempre que te portes bien.* **siempre y cuando** Sirve para introducir una proposición condicional: *Te traeré un regalo, siempre y cuando seas bueno.*

Siderita.

siempreviva *s. f.* Nombre común de diversas plantas de la familia crasuláceas, géneros *Sempervivum* y *Sedum.* La siempreviva aracnoidea *(Sempervivum arachnoideum)* mide entre 5 y 12 cm de altura, tiene las hojas en roseta, rodeadas de pelos glandulosos y flores de color rojo vivo; la siempreviva montana *(Sempervivum montanum)* es algo mayor, pues alcanza hasta 25 cm de altura. Crecen en prados alpinos de Europa.

sien *s. f.* Cada una de las dos partes laterales de la cabeza comprendidas entre la frente, la oreja y la mejilla.

siena *s. m.* Color marrón claro amarillento.

Siena C. de Italia, en Toscana, al S de Florencia. 58.700 h. en 1988. Es un centro comercial y turístico, que cuenta con industrias de maquinaria agrícola y químicas. Fundada por Augusto en época romana, alcanzó importancia en la Edad Media. Entre sus monumentos destacan la fuente Gaia, el palacio comunal y la Loggia de la Mercanzia (s. XV); y sobre todo la catedral, románica y gótica, con su célebre campanario decorado con piedra negra y blanca y su baptisterio (s. XIV).

sienita *s. f.* Roca ígnea intrusiva, compuesta por feldespato potásico (más del 60 %), plagioclasa, cuarzo, hornblenda, biotita, moscovita y, como minerales accesorios, apatito, circón, magnetita y sulfuros. Es parecida al granito y de color grisáceo o rojizo y estructura granular. Se usa como material de construcción y para obtener elementos químicos de las tierras raras.

Sienkiewicz, Henryk (Wola Okrzejska 1846 - Vevey, Suiza 1916) Escritor polaco. En busca de la identidad nacional de Polonia escribió una serie de novelas históricas, como *A sangre y fuego* (1884), *El señor Wolodyjowski* (1888) y *Los cruzados* (1897-1900). Su obra más recordada es *Quo Vadis?* (1895), en la que narra los primeros tiempos del cristianismo. Fue galardonado con el premio Nobel de literatura en 1905.

Siero C. de España, en la prov. de Asturias. 45.300 h. en 1991. Es el centro comercial de una comarca situada al E de Oviedo, cuyos productos agrícolas más abundantes son los cereales, forrajes y patatas, y en la que predomina la ganadería vacuna. Cuenta con industrias lácteas, de materiales de construcción, de curtidos, alimentarias y de fundiciones de hierro, y minería de carbón.

sierpe *s. f.* **1.** Serpiente, culebra. **2.** Persona que corrientemente está muy enfadada e irritada o se pone así en en un momento determinado.

sierra *s. f.* **1.** Herramienta para cortar madera u otro material duro, que consiste en una hoja de acero con un filo dentado, sujeta a un mango o armazón apto para agarrarlo. **2.** Cordillera de montañas picudas y abruptas. ‖ **3. pez sierra** Nombre común de diversos peces rayiformes de la familia prístidos, género *Pristis.* Se caracterizan por tener una lámina rostral larga y estrecha dotada de dos series de dientes puntiagudos. Miden de 4 a 6 m de longitud y presentan color gris amarillento. Las principales especies son *Pristis pristis* y *Pristis pectinatus.* Habitan en mares cálidos. **4. sierra continua** La mecánica cuya hoja es una correa sin fin dentada.

Sierra, Justo (Campeche 1848 - Madrid 1912) Escritor y político mexicano. Seguidor de Juárez, evolucionó hacia el conservadurismo y fue subsecretario de Instrucción Pública (1905-11) con Porfirio Díaz, para finalmente apoyar a Madero. En 1910 fundó la Universidad Nacional de México. Su obra de creación está influida por Victor Hugo. Son importantes sus ensayos históricos, como *Evolución política del pueblo mexicano* (1900-02) y *Juárez, su obra y su tiempo* (1905).

Sierra, Terencio (Comayagua 1849 - Tegucigalpa 1907) Político y militar hondureño. Fue presidente de la república (1899-1903). Terminado su mandato fracasó en un levantamiento contra su sucesor, Manuel Bonilla.

Sierra Leona Estado de África occidental, en la costa del océano Atlántico.

Geog. Se distinguen en su relieve dos unidades principales: una llanura que se extiende a lo largo de toda la costa y una gran meseta que ocupa el

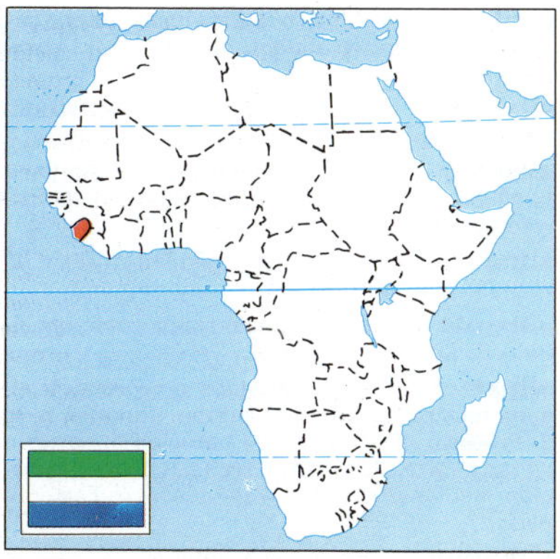

Extensión: 71.740 km^2.
Límites: al N y E con Guinea; al E y S, con Liberia, y al O, con el océano Atlántico.
Población: 4.151.000 h. en 1990.
Densidad: 57,9 h./km^2.
Capital: Freetown.
División administrativa: 4 provincias divididas en distritos.
Ciudades principales: Koidu-New Sembehun, Bo, Kenema y Makeni.
Forma de Estado: república presidencialista.
Idioma: inglés.
Religión: creencias tradicionales, 51,5 %; islamismo, 39,4 %; protestantismo, 4,7 %; catolicismo, 2,2 %.
Tasa de natalidad: 48 ‰ en 1990.
Tasa de mortalidad: 23 ‰ en 1990.
Renta per cápita: 200 dólares en 1989.

resto del territorio. El terreno se eleva al NE, donde se hallan los montes Loma y las colinas Tingi. Sus principales ríos son el Great Scarcies, Little Scarcies, Rokel, Sewa y Moa, que desembocan todos en el océano Atlántico. Tiene un clima tropical húmedo y vegetación de sabana en la meseta y ecuatorial en la costa. La población, de raza negra, se divide principalmente en dos grupos étnico-lingüísticos, temne y mende, habita en la regiones costeras y de llanura, es predominantemente rural (70 %) y presenta una tasa de crecimiento elevada. En la agricultura destacan los cultivos de palma, café, cacao, arroz, maíz, mijo, sorgo, batata, mandioca y cacahuete. Existen yacimientos de diamantes, bauxita, hierro y rutilo, e industria de transformación de los productos agrícolas y una refinería de petróleo. ***Hist.*** El territorio fue descubierto por navegantes portugueses (1462), que establecieron en él factorías comerciales. El auge de la piratería y la trata de esclavos atrajo a gran número de traficantes europeos, origen de la actual población mestiza, que llegaron al país entre los s. XVI y XVII. Durante el s. XVIII se produjo una progresiva hegemonía británica, que culminó en 1807 con la incorporación de Sierra Leona como colonia a la corona británica. En 1869, el Reino Unido extendió su dominio e impuso su protectorado a las tierras del interior. En 1948 se promulgó la primera Constitución y en 1961 el país accedió a la independencia en el seno de la Commonwealth. En las elecciones de 1962 triunfó el Partido Laborista y fue nombrado primer ministro Milton Margai, a quien sucedió su hermano Albert tras su muerte. En 1967 fue elegido Siaka Stevens y estallaron graves disturbios que obligaron a decretar el estado de emergencia, mientras el ejército controlaba la situación. En 1971 se proclamó la República de Sierra Leona. El Partido Congreso del Pueblo se convirtió en partido único. En las elecciones del año 1982 resultó reelegido Siaka Stevens y en 1985 el general Joseph Saidu Momoh. En 1992 el coronel Yaya Kanu dio un golpe de Estado y Momoh abandonó el país. Se creó entonces un Consejo Provisional, paso previo para el restablecimiento de la democracia.

Sierra Madre Véase **Madre, Sierra**.

Sierra Maestra Cadena montañosa de Cuba, en el SE del país, entre el cabo Cruz y el valle del río Guantánamo. 250 km de longitud. Su mayor altura es el pico Turquino (2.005 m). Tiene yacimientos de cobre, hierro y manganeso. Fue base de las operaciones llevadas a cabo por las guerrillas castristas.

Sierra Morena Véase **Morena, Sierra**.

Sierra Nevada Véase **Nevada, Sierra**.

Sierra Nevada Cadena montañosa de EE UU, en el estado de California. Separa los valles de Sacramento y San Joaquín de la Gran Cuenca del estado de Nevada y corre paralela a la costa del océano Pacífico. Forma parte de las Montañas Rocosas y su pico más elevado es el monte Whitney (4.418 m).

Sierra Nevada de Santa Marta Véase **Nevada de Santa Marta, Sierra**.

siervo, va *s. m.* y *f.* **1.** Esclavo, en especial el que antiguamente pertenecía al señor de las tierras en que vivía. **2.** Persona totalmente sometida a otra. **3.** Nombre que reciben los miembros de ciertas congregaciones religiosas que por humildad se denominan así. ‖ **4. siervo de Dios** Persona muy devota que sirve a Dios y cumple sus preceptos; p. ext., cualquier cristiano. **5. siervo de la gleba** En la Edad Media, aquel que estaba, junto con sus descendientes, sometido a trabajo servil y vinculado a la tierra.

siesta *s. f.* **1.** Sueño que se echa después del almuerzo o, p. ext., a cualquier hora del día. **2.** Tiempo después del mediodía, en que aprieta más el calor, que se suele dedicar a dormir o descansar.

siete *adj. num. card.* **1.** Seis más uno. También *pron.* ‖ *adj. num. ord.* **2.** Séptimo, que sigue en orden al sexto. También *pron.* ‖ *s. m.* **3.** Cifra o signo con que se representa este número.

Siete Años, guerra de los Conflicto entablado entre el Reino Unido y Prusia, por una parte, y Austria, Francia y sus aliados (Suecia, Rusia y España), por otra, que tuvo lugar entre 1756 y 1763. La paz final se consiguió con el tratado de París de 1763, por el que Prusia fue reconocida como gran potencia y el Reino Unido inició su hegemonía en política internacional; Francia perdió Canadá y sus bases en la India, y España perdió Florida.

Siete Partidas Véase **Partidas, Las**.

sietemachos *s. m. fam.* Individuo que presume de hombría.

sietemesino, na *adj.* Se aplica al niño que nace a los siete meses de embarazo, en vez de a los nueve. También *s.*

sífilis *s. f.* Enfermedad venérea infecciosa, producida por la espiroqueta *Treponema pallidum.* El contagio se produce a través de las mucosas, casi siempre durante el contacto sexual, o se transmite de las madres enfermas a sus hijos durante el embarazo. Se trata con penicilina, aunque ésta sólo es efectiva en las primeras fases de evolución de la enfermedad. Se cree que es originaria de Asia, desde donde se extendió al resto del mundo. Hasta el s. XX ha constituido una epidemia de grandes proporciones y considerable mortalidad.

sifilítico, ca *adj.* **1.** Perteneciente o relativo a la sífilis. **2.** Que padece esta enfermedad. También *s.*

sifilografía *s. f.* Parte de la medicina que trata de las enfermedades sifilíticas. **FAM.** Sifilográfico, sifilógrafo.

sifón *s. m.* **1.** Botella, generalmente de vidrio, cerrada herméticamente y que contiene agua cargada de ácido carbónico, la cual, empujada por la presión del gas, sale por un tubo acodado cuando se abre una llave. **2.** Agua carbónica contenida en esa botella. **3.** Tubo encorvado que sirve para trasvasar líquidos haciéndolos pasar por un punto superior a su nivel. **4.** Tubería, o parte de ella, doblada en forma de *U* con alguna finalidad, p. ej. para que el líquido salve un desnivel o para que se retenga el agua a fin de que obstruya la salida de gases de las cañerías en retretes y lavabos. **5.** Tubo largo que tienen ciertos moluscos.

sifonado, da *adj.* Se dice de ciertos moluscos bivalvos que poseen uno o más sifones.

sifonóforos *s. m. pl.* Orden de celentéreos de la clase hidrozoos que constituyen colonias marinas de pólipos libres, los cuales alcanzan unos 3 m de longitud, con individuos que realizan funciones especializadas: nutricias, reproductoras, defensivas (urticantes) y de sostén. También *adj.* y *s. m.*

Sigfrido Héroe de las leyendas germánicas y escandinavas. Hijo del rey Sigmund, fue educado en Dinamarca. Armado de la espada Gram venció al dragón Fafner y, al comer su corazón y bañarse en su sangre, se hizo invulnerable. Bajo los efectos de una pócima rehusó casarse con Brunilda, que estaba enamorada de él, y se unió en matrimonio a la hermana del rey Gunnar. Sigfrido ayudó a éste a conquistar a Brunilda, haciéndose pasar por él. Descubierta la estratagema, la enamorada hizo matar al héroe y después se arrojó a la pira del difunto.

sigilo *s. m.* **1.** Cuidado para no hacer ruido o mantener algo en secreto. ‖ **2. sigilo profesional** Secreto* profesional. **3. sigilo sacramental** Secreto* de confesión.

sigilografía *s. f.* Ciencia auxiliar de la historia que estudia los sellos antiguos usados para cerrar pliegos, autorizar documentos, etc.

sigiloso, sa *adj.* Que guarda sigilo o se hace con sigilo. **FAM.** Sigilosamente.

sigla *s. f.* Letra inicial de una palabra que se toma como abreviatura formando una unidad con otras; p. ej., SA son las siglas de Sociedad Anónima.

siglo *s. m.* **1.** Periodo de cien años en que convencionalmente se divide el tiempo histórico. **2.** Periodo de cien años sucesivos. **3.** Tiempo largo e indefinido. Se usa mucho en *pl.* **4.** La vida en sociedad en contraposición a la vida monástica o religiosa. ‖ **5. Siglo de las Luces** Véase **luz. 6. Siglo de Oro** Véase **oro.** ‖ **Loc. del siglo** *adj.* Se usa para señalar que algo destaca sobre otras cosas. **por los siglos de los siglos** *adv.* Eternamente.

sigma *s. f.* Decimoctava letra del alfabeto griego, que equivale a nuestra *s.* ■ La letra mayúscula se

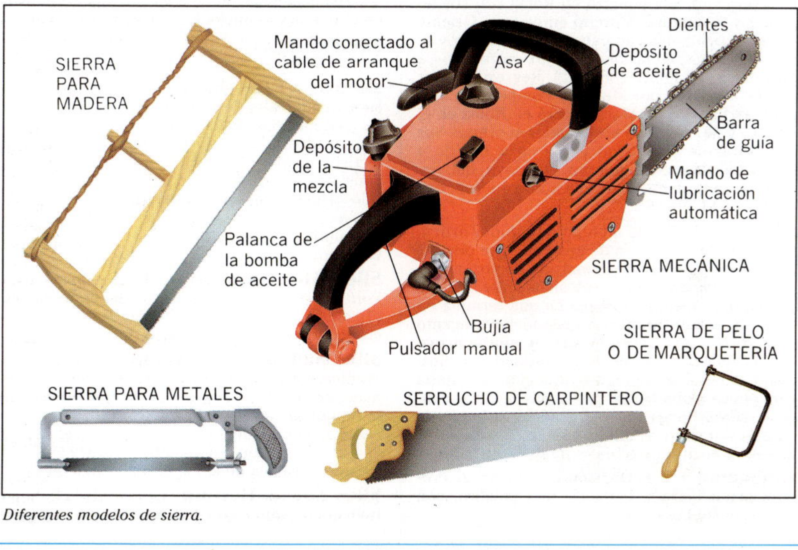

Diferentes modelos de sierra.

escribe Σ y la minúscula σ, si va acompañada al comienzo o en el interior de la palabra, y ς si va al final.

Signac, Paul (París 1863 - íd. 1935) Pintor francés. Junto con Seraut fue el principal exponente y teórico del movimiento divisionista o puntillista, cuyos principios expuso en su libro *De Eugène Delacroix al neoimpresionismo* (1899). Pintó fundamentalmente paisajes y marinas. Sus acuarelas son mucho más espontáneas y luminosas.

signar *v. tr.* **1.** Poner un signo o un sello en una cosa. **2.** Firmar. **3.** Persignar. También *v. prnl.*

signatario, ria *adj.* Firmante. También *s.*

signatura *s. f.* **1.** Acción y efecto de signar. **2.** Indicación de números y letras que se pone en un libro o documento para indicar su colocación en una biblioteca o archivo. **3.** En imprenta, letra o número que se pone al pie de la primera página de cada pliego para guía del encuadernador.

significación *s. f.* **1.** Acción y efecto de significar. **2.** Significado de una palabra o frase. **3.** Valor, importancia.

significado, da **1.** *p. p.* de **significar**. También *adj.* ‖ *adj.* **2.** Muy conocido, importante o considerado. ‖ *s. m.* **3.** Concepto o representación mental expresada por una palabra, un gesto, un símbolo, etc. **4.** Particularmente, en ling., concepto representado mediante un significante, con el que forma el signo lingüístico.

significante *s. m.* En ling., fonema o serie de fonemas que se asocian a un significado para formar un signo lingüístico.

significar *v. tr.* **1.** Representar algo un signo, sonido, imagen, etc. **2.** En especial, expresar una palabra, frase o giro alguna cosa. **3.** Provocar cierta cosa o equivaler a ella. **4.** Expresar alguien manifiestamente un criterio, opinión o sentir. ‖ *v. intr.* **5.** Tener valor o importancia. ‖ *v. prnl.* **6.** Hacerse notar o distinguirse. ▪ Se conjuga como *sacar.*

significativo, va *adj.* **1.** Que significa o da a entender cierta cosa. **2.** Que tiene importancia por significar o representar algún valor. **FAM.** Significativamente.

signo *s. m.* **1.** Cualquier cosa que representa o da a entender otra. **2.** Cada uno de los caracteres o figuras empleados para escribir, en imprenta y en música. **3.** Particularmente, en mat., cada una de las figuras usadas para expresar la naturaleza de las cantidades o las operaciones que se realizan con ellas; p. ej., el signo + indica suma. **4.** Cada uno de los doce sectores en que se divide el zodiaco y figura que los representa. **5.** P. ext., hado o destino de una persona. **6.** Todo aquello por lo que se conoce, supone, deduce o adivina algo. **7.** Gesto que se hace para significar o indicar algo. **8.** Cada una de las manifestaciones de una enfermedad que se detectan mediante una exploración médica. ‖ **9. signo lingüístico** Unidad mínima de la oración, constituida por una parte física, el significante, y otra conceptual, el significado.

Signorelli, Luca, también llamado **Luca de Cortona** (Cortona h. 1445 - íd. 1523) Pintor italiano. Discípulo de Piero della Francesca, unió en obras de severo dramatismo la luminosidad característica de su maestro con el dominio de la línea, propio de la escuela florentina. Comenzó la decoración al fresco de la capilla Sixtina en el Vaticano, con las escenas de la vida de Moisés (1481), que luego terminaría Miguel Ángel, y ejecutó la decoración de los frescos de la capilla de San Bricio en la catedral de Orvieto (1499-1504).

Sigüenza C. de España, en la prov. de Guadalajara, en el N de la misma. 5.425 h. en 1991. Alcanzó su mayor desarrollo en la Baja Edad Media como centro de mercado y de la industria textil. Sus principales monumentos son la catedral gótica cisterciense, donde se conservan los sepulcros del cardenal Alonso Carrillo de Albornoz y del Doncel (fines del s. XV), así como el castillo.

Sigüenza, José de (Sigüenza 1544 - El Escorial 1606) Escritor español. Fraile jerónimo, fue bibliotecario y prior del monasterio de El Escorial. A él se deben, entre otras, las obras *Vida de San Jerónimo* (1595) e *Historia de la orden de San Jerónimo* (1600), modelos de la prosa española del s. XVI.

Sigüenza y Góngora, Carlos de (Ciudad de México 1645 - íd. 1700) Científico y escritor mexicano. Jesuita, fue profesor de astronomía y matemáticas en la universidad de México. De sus libros científicos destacan el *Manifiesto filosófico contra los cometas* (1681) y la *Libra astronómica y filosófica* (1690). Fue asimismo autor de varios libros de poesía de estilo barroco y de la narración *Infortunios de Alonso Ramírez* (1690).

siguiente *adj.* **1.** Que sigue a otro en orden, espacio, tiempo, cualidad, etc. También *s.* **2.** Que va a indicarse a continuación.

siguirilla *s. f.* Seguiriya*.

Sigurd Nombre de varios reyes de Noruega. **Sigurd I** (? - ? 1130) Rey de Noruega (1123-30). Hijo de Magnus III y sucesor de su hermano Eystein, reinó desde 1103 asociado con sus hermanos Olaf y Eystein. Realizó una expedición marítima que participó en la toma de Lisboa y llegó a Tierra Santa (h. 1107-11). Apoyó al cristianismo.

Sihanuk, Norodom Véase **Norodom Sihanuk**.

sij o **sikh** (voz hindi, del sánscrito *sisya*, discípulo) *adj.* **1.** Se dice de una secta religiosa cuya doctrina es una síntesis de islamismo e hinduismo y que fue fundada por Nanak Dev en el s. XV. Tiene gran implantación en el N de la India, sobre todo en el Punjab. Su carácter militar y fanático la ha llevado a graves enfrentamientos con las autoridades hindúes. Miembros de esta secta fueron los autores del asesinato de Indira Ghandi (1984). **2.** De esta secta. También *s.*

Sikkim Estado de la India, en el Himalaya oriental, entre Nepal y Bhutan. 7.096 km^2. 316.400 h. en 1981. La capital es Gangtok, con 36.700 h. en 1981. Su relieve se caracteriza por altas montañas que rodean numerosos valles y cuencas interiores. Tiene un clima tropical. Cuenta con cultivos de arroz, maíz, frutales, té y cardamomo, yacimientos de cobre, plata, cinc, plomo, oro y hierro, e industrias alimentarias, de licor y relojeras.

Sikorski, Wladislav (Tuszow, Galitzia 1881 - Gibraltar 1943) Militar y político polaco. Luchó en la Primera Guerra Mundial y en 1919 consiguió contener al ejército rojo en Galitzia. Fue jefe de gobierno (1922-23) y ministro de la Guerra (1924-25), pero abandonó la actividad política tras el golpe de Estado de Pilsudski (1926). Al estallar la Segunda Guerra Mundial se convirtió en jefe del gobierno polaco en el exilio. Murió en un accidente de aviación.

Sil Río de España. 228 km de longitud. Nace en el puerto del Somiedo (León), recorre El Bierzo, Ponferrada y Orense, y desemboca en el río Miño. Sus aguas se aprovechan para regadíos y para generar energía hidroeléctrica.

Sila, Lucio Cornelio (? 138 - Cumas 78 a. C.) Militar y político romano. Cónsul en el 88 a. C., destacó en las guerras sociales y llegó a ser jefe del partido oligárquico, enfrentado al partido popular de Mario. Al ser desposeído del consulado por éste, Sila penetró en Roma con sus legiones y le expulsó. Marchó entonces a Oriente y realizó brillantes campañas contra las provincias insumisas, en las que derrotó, entre otros, a Mitrídates del Ponto (86 a. C.). Regresó a Italia donde, auxiliado por Metelo y Pompeyo, venció a los partidarios de Mario. Entró en Roma en el 82 a. C. y se convirtió en dictador supremo. Sus opositores se agruparon en torno a Lépido y Pompeyo, que consiguieron el apoyo del Senado. Ante la amenaza de una nueva guerra civil, abdicó en el 79 a. C.

sílaba *s. f.* **1.** Sonido o grupo de sonidos articulados que se pronuncia de una vez entre dos depresiones sucesivas de la emisión de voz; así, la palabra *campana* tiene tres sílabas: *cam-pa-na.* ‖ **2. sílaba abierta** (o **libre**) La que termina en vocal. **3. sílaba átona** La que no lleva acento prosódico, como *de-* en *deporte.* **4. sílaba breve** En las lenguas en que hay cantidad vocálica, como el latín, la de menos duración. **5. sílaba cerrada** (o **trabada**) La que acaba en consonante. **6. sílaba larga** Por oposición a la breve, la de más duración. **7. sílaba tónica** (o **aguda**) La que lleva acento prosódico, p. ej. *-ti-* en *castigo.*

silabación *s. f.* **1.** División en sílabas. **2.** Pronunciación clara y lenta de una palabra, con pausas entre las sílabas.

silabario *s. m.* Libro o lámina con sílabas o palabras divididas en sílabas, que sirve para enseñar a leer.

silabear *v. tr.* Pronunciar palabras separándolas en sílabas. También *v. intr.* **FAM.** Silabeo.

silábico, ca *adj.* **1.** Perteneciente o relativo a la sílaba. **2.** Que puede formar sílaba o ser núcleo de ella.

silba *s. f.* Acción de silbar a alguien en señal de rechazo o desaprobación.

silbante *adj.* **1.** Que silba o suena como un silbido. **2.** En ling., sibilante.

silbar *v. intr.* **1.** Dar silbidos o reproducir alguna música mediante el silbido. También *v. tr.* **2.** Producir algo un sonido parecido al cortar o agitar el aire. **3.** Mostrar rechazo o desaprobación mediante silbidos. También *v. tr.* **FAM.** Silbador.

silbatina *s. f. Amér. del S.* Silba.

silbato *s. m.* Instrumento pequeño y hueco con el que se produce un silbido haciendo pasar aire a través de él.

silbido o **silbo** *s. m.* **1.** Sonido agudo que se logra haciendo pasar con fuerza el aire a través de los labios fruncidos o colocando los dedos en la boca de cierta manera. **2.** Sonido semejante que se produce al hacer pasar con fuerza aire a través de un cuerpo o instrumento hueco, como un silbato. **3.** Sonido agudo que hace el aire. **4.** Sonido agudo y penetrante que emiten algunos animales, como la serpiente.

silenciador *s. m.* **1.** Aparato o dispositivo que se acopla a ciertos mecanismos, p. ej. al tubo de escape de los automóviles o al cañón de las armas de fuego, para disminuir el ruido. **2.** Circuito usado en los receptores de radio para eliminar los ruidos parásitos que perturban la recepción.

silenciar *v. tr.* **1.** Guardar silencio sobre algo o no comunicar una cosa intencionadamente. **2.** Hacer callar, imponer silencio. **3.** Hacer que cese el fuego de las armas del enemigo.

silencio *s. m.* **1.** Hecho de no estar hablando las personas. **2.** Falta total o parcial de ruidos. **3.** Efecto de no manifestarse de palabra, ya sea hablando o por escrito. **4.** Reserva, secreto. **5.** En mús., pausa con una duración determinada y signo que la representa. ‖ *interj.* **6.** Exclamación con que se manda callar o dejar de hacer ruido. ‖ **7. silencio administrativo** Falta de respuesta o de solución por parte de la administración a una petición o recurso en el plazo establecido, lo que se interpreta generalmente como negativa o rechazo. ‖ **LOC. en silencio** *adv.* Guardando silencio; también, sin quejarse ni protestar. **imponer silencio** Hacer callar a alguien; también, impedir a alguien que se exprese o diga algo. **reducir al silencio** Hacer callar por completo a alguien o algo. **romper el silencio** Decir o escribir algo después de haber estado mucho tiempo sin hacerlo.

silencioso, sa *adj.* **1.** Que calla. **2.** Que no hace ruido o hace poco. **3.** Se aplica al lugar o tiempo en el que hay silencio. **FAM.** Silenciosamente.

silente *adj.* Silencioso, tranquilo. ▪ Su uso es culto y literario.

silepsis *s. f.* **1.** Figura de construcción que consiste en una falta de concordancia gramatical de las palabras, por atender a la concordancia de los significados, p. ej.: *La mayor parte* (singular colectivo) *nadarán* (plural). **2.** Figura retórica que consiste en emplear una palabra a la vez en sentido propio y figurado; p. ej.: *Es más fresco que una lechuga*; *fresco* significa 'aprovechado' y a la vez alude al frescor de la lechuga con que se compara.

Siles, Hernando (Sucre 1882 - Lima 1942) Político boliviano. Presidente de la república (1926-30), tuvo que hacer frente a una aguda crisis económica, que le obligó a dimitir.

Siles Salinas, Luis Adolfo (La Paz 1925) Político boliviano. Hijo de Hernando Siles y hermanastro de Siles Zuazo, fue vicepresidente de la república con René Barrientos (1966) y le sucedió en la presidencia (1969), pero en el mismo año fue derrocado por Ovando. En 1979 fundó el partido Ofensiva de la Izquierda Democrática.

Siles Zuazo, Hernán (La Paz 1914) Político boliviano. Fundó con Paz Estenssoro el Movimiento Nacional Revolucionario (1941). Presidente de la república (1956-60), experimentó un giro hacia la derecha y aceptó las propuestas de EE UU para Bolivia. Se exilió en 1964 y regresó al país en 1978. Vencedor en las elecciones de 1979 y 1980 como candidato de la Unión Democrática Popular, un golpe militar le impidió gobernar. Al dejar los militares el poder, el Parlamento lo proclamó presidente de la república (1982). En 1985 se vio obligado a convocar elecciones, en las que fue derrotado.

Silesia (en al. *Schlesien*, en polaco *Slask*) Región natural del centro de Europa, situada en el territorio fronterizo entre Alemania, Checoslovaquia y Polonia. 45.325 km^2. Se distinguen dos zonas: Alta Silesia y Baja Silesia. La primera se extiende por una región montañosa, que tiene minería e industria siderometalúrgica, textil, química, papelera y de materiales de construcción. La segunda es llana, con campos fértiles y abundantes pastos, lo que motiva su carácter fundamentalmente agrícola. En 1921 Polonia obtuvo la mayor parte de la Alta Silesia. Durante la Segunda Guerra Mundial fue ocupada por Hitler y, al término de la misma, reintegrada a Polonia, a excepción del sector meridional de la Alta Silesia, que se incorporó a Checoslovaquia.

silesiano, na o **silesio, sia** *adj.* De Silesia. También *s.*

sílex *s. m.* **1.** Piedra muy dura constituida esencialmente por sílice. **2.** Utensilio prehistórico fabricado con este material.

Sílex.

sílfide *s. f.* **1.** Ninfa del aire. **2.** Mujer guapa y esbelta.

silfo *s. m.* Ser fantástico o espíritu del aire.

silicato *s. m.* **1.** Sal de un ácido silícico. Los silicatos tienen composiciones y estructuras muy variadas, dada la gran cantidad de ácidos silícicos de los que teóricamente se derivan. Unos son fibrosos, como el asbesto, y otros laminares, como el talco y la mica. Abundan en la corteza terrestre formando minerales que suelen ser mezclas de dos o más silicatos simples. A excepción de los silicatos de sodio y potasio, son insolubles en agua; aunque algunos pueden ser alterados por ella, como sucede con la ortosa ($AlKSi_3O_8$), que en presencia de agua y dióxido de carbono forma carbonato potásico (K_2CO_3) y arcilla (caolín) [$H_2Al_2 \cdot (SiO_4)_2 \cdot H_2O$]. **2.** Grupo de minerales, los más abundantes de la corteza terrestre, ya que forman parte de la composición de casi todas las rocas, que contienen sílice asociada a otros elementos, sobre todo magnesio, hierro, calcio, aluminio, berilo, sodio, potasio, etc. Los principales son olivino, granates, circón, topacio, berilio, turmalina, espodumena, hornblenda, mica, talco, serpentina, cuarzo, ópalo y feldespatos.

sílice *s. f.* SiO_2. Macromolécula formada por dióxido de silicio. Su estructura cristalina es el resultado de la unión, en distintas disposiciones, de tetraedros de SiO_2; entre estas disposiciones, el cuarzo es la más abundante. La sílice, y en concreto el cuarzo, se emplea en la elaboración de la cerámica y el vidrio, en instrumentos ópticos, en las comunicaciones telefónicas y en la industria de los semiconductores. Ciertas variedades de cuarzo, como el ágata o el jaspe, son muy apreciadas en joyería.

silíceo, a *adj.* De sílice o semejante a él.

silícico, ca *adj.* **1.** Perteneciente o relativo al silicio y a la sílice. ‖ **2. ácido silícico** Denominación genérica de cualquier compuesto formado por la reacción del agua con el dióxido de silicio (SiO_2) o mediante la condensación de dos o más moléculas de ácidos silícicos para dar lugar al ácido polisilícico (H_2SiO_3) y al ácido ortosilícico (H_4SiO_4). Una variedad de ácido silícico, que se obtiene calentando al vacío el ácido ortosilícico, recibe el nombre de *gel sílice* y es ampliamente utilizada como desecante, decolorante y absorbente de gases.

silicio *s. m.* Si. Elemento químico perteneciente al grupo IV A del sistema periódico. Su número atómico es 14, y su masa atómica 28,0855. Fue aislado por primera vez por Berzelius en 1823. Su nombre deriva del latín *silex* (pedernal). Es uno de los elementos más abundantes en la corteza terrestre, en la que no existe libre, sino que aparece en forma de sílice y silicatos, presentes en la mayoría de las rocas corrientes, a excepción de las calizas y las dolomitas. Su estructura cristalina es similar a la del diamante y posee una gran dureza y un elevado punto de fusión. Se combina fácilmente con el flúor a temperaturas ordinarias y con el oxígeno, bromo, cloro, azufre, carbono, nitrógeno y boro a temperaturas más elevadas; también es capaz de formar algunos siliciuros metálicos. Sus principales aplicaciones se derivan de su carácter semiconductor, razón por la cual es utilizado en la fabricación de paneles fotovoltaicos y, sobre todo, de plaquetas o chips para microprocesadores e instalaciones electrónicas. El principal centro de producción de estos productos se encuentra en Santa Clara, California, hasta el punto de que esta región se conoce actualmente como *Sillicon Valley* o *Valle del Silicio.*

siliciuro *s. m.* Compuesto químico formado por silicio y algún otro elemento, generalmente metálico, como el calcio, hierro, manganeso o cromo.

silicona *s. f.* Polímero sintético formado por cadenas en las que cada átomo de silicio, tetravalente, satura dos de sus valencias con sendos oxígenos y las otras dos con radicales alquílicos como el metilo ($-CH_3$) o el etilo ($-CH_2-CH_3$). Así, se origina una cadena (-Si-O-Si-O-Si-O) cuyos sustituyentes se unen a los átomos de silicio. Según cuál sea la naturaleza de los citados sustituyentes y la longitud y entrecruzamiento de las cadenas, se obtienen siliconas de consistencia aceitosa o sólida que, en cualquiera de sus formas, poseen una excelente resistencia al calor y a la humedad y cuya viscosidad y elasticidad varían muy poco al modificar la temperatura. Se emplean, según su naturaleza, como lubricantes, en recubrimientos y aislantes eléctricos, en la construcción, para rellenar fisuras, como adhesivo y para fabricar prótesis.

silicosis *s. f.* Enfermedad respiratoria producida por el polvo de sílice, que ataca especialmente a mineros y picapedreros.

silicótico, ca *adj.* **1.** Perteneciente o relativo a la silicosis. **2.** Que padece esta enfermedad. También *s.*

silicua *s. f.* Tipo de fruto capsular que se abre en dos valvas donde se hallan las semillas. Es característico de las plantas crucíferas.

silla *s. f.* **1.** Asiento individual con respaldo y generalmente con cuatro patas. **2.** Silla de niño. **3.** Silla de montar. **4.** Trono del papa (*silla de Pedro*) u otra dignidad y, p. ext., cargo de éstos. **5.** Pieza de carne de ternera comprendida entre las costillas y el extremo del anca. ‖ **6. silla de la reina** La que forman dos personas con sus brazos, agarrando cada uno su muñeca y la del otro. **7. silla de manos** Vehículo con forma de caja de coche y asiento para una persona, sostenido por dos varas que llevan dos hombres. **8. silla de montar** Aparejo sobre el que se sienta el jinete para montar a caballo. **9. silla de niño** Silla baja, generalmente reclinable y plegable, provista de cuatro ruedas y usada para transportar a un niño pequeño. **10. silla de posta** Carruaje que llevaba viajeros por el sistema de posta. **11. silla de ruedas** La provista de dos ruedas grandes laterales y otras dos más pequeñas, que sirve para llevar a personas que no pueden andar. **12. silla de tijera** La que tiene normalmente el asiento de lona y las patas cruzadas en aspa, de forma que pueda plegarse. **13. silla eléctrica** La preparada para ejecutar a los condenados a muerte mediante una fuerte descarga eléctrica.

Sillampää, Frans Eemil (Hämeenkyrö 1888 - Helsinki 1964) Escritor finlandés. Sus novelas realistas están inspiradas en la vida campesina. Entre sus obras destacan *Camino del hambre* (1919), *Silja* (1931) y *Paavo* (1932). Obtuvo el premio Nobel de literatura en 1939.

sillar *s. m.* Cada una de las piedras labradas de una construcción.

sillería *s. f.* **1.** Conjunto de sillas, sillones, etc., iguales o de una misma clase con que se amuebla una habitación. **2.** Conjunto de asientos unidos unos a otros, como los del coro de una iglesia. **3.** Taller o tienda de sillas. **4.** Oficio de sillero. **5.** Construcción hecha con sillares.

sillero, ra *s. m.* y *f.* Persona que fabrica, vende o arregla sillas.

silletazo *s. m.* Golpe dado con una silla. ▪ Se dice también *sillazo.*

sillín *s. m.* Asiento que tienen las bicicletas y otros vehículos similares para montar en ellos.

Sillitoe, Alan (Nottingham 1928) Escritor británico. Pertenece al grupo de los «jóvenes airados». Autor de contenido preferentemente social y estilo realista, escribió novelas como *Sábado por la noche y domingo por la mañana* (1958), *Hombres, mujeres y niños* (1973), *El hijo del viudo* (1976) y *Su victoria* (1982). Escribió también varios volúmenes de cuentos, como *La soledad del corredor de fondo* (1959), y libros de poemas.

sillón *s. m.* Asiento de brazos, grande y mullido.

silo *s. m.* **1.** Construcción, lugar o depósito en donde se almacena el trigo u otras semillas o forrajes. **2.** Cualquier lugar subterráneo y profundo; en particular, base subterránea en la que se almacenan misiles balísticos.

Siloé, Diego de (Burgos ? h. 1495 - Granada 1563) Arquitecto y escultor español. Formado junto a su padre Gil de Siloé, viajó a Italia y llegó a ser el primer maestro del Renacimiento español. En 1519 regresó a Burgos, donde trabajó en la catedral, labrando diversos sepulcros, la escalera dorada (1519-23) y el retablo de la capilla del Condestable (1523-26), en colaboración con Bigarny. En 1528 se trasladó a Granada, donde diseñó la iglesia de San Jerónimo y prosiguió su producción escultórica, en la que destacan las estatuas orantes de los Reyes Católicos en la capilla real de la catedral de Granada.

Siloé, Gil de (segunda mitad del s. XV) Escultor español, seguramente de origen flamenco. Dentro de la última etapa del gótico, su estilo se caracteriza por la minuciosidad en la ejecución de rostros y atuendos, que proporciona a sus esculturas una calidad similar a la de los trabajos de orfebrería. Entre sus principales obras se cuentan los sepulcros de Juan II y su esposa Isabel de Portugal (1489-93) y el retablo mayor (1496-99), en la cartuja de Miraflores, y el retablo de *Santa Ana* (h. 1500), en la capilla del Condestable de la catedral de Burgos.

silogismo *s. m.* En lóg., argumento que consta de tres proposiciones: dos premisas y una conclusión, que se deduce necesariamente de las otras dos. Está constituido por tres términos: *mayor*, que figura en la premisa mayor y en la conclusión; *menor*, que aparece en la premisa menor y en la conclusión; y *medio*, que aparece en las premisas mayor y menor y sirve para enlazar los otros dos términos. Pueden distinguirse cuatro *figuras* distintas del silogismo, según sea la posición que ocupa el término medio en las premisas.

silogística *s. f.* Teoría del silogismo elaborada por Aristóteles y desarrollada por la tradición medieval.

silogístico, ca *adj.* Perteneciente o relativo al silogismo.

silogizar *v. intr.* Argüir, probar o poner argumentos con silogismos, o hacerlos. ▪ Se conjuga como *cazar.*

Silone, Secondo Tranquilli, llamado **Ignazio** (Pescina, Aquila 1900 - Ginebra 1978) Escritor italiano. Luchador antifascista, sus obras evocan la época de Mussolini y la vida de los campesinos de su tierra natal. Entre ellas cabe destacar *Fontamara* (1930), *Pan y vino* (1937) y *Un puñado de moras* (1954).

silueta *s. f.* **1.** Línea exterior que forma el conjunto de un objeto. **2.** Dibujo de un objeto que se hace siguiendo dicha línea. **3.** Sombra de un objeto o forma oscura que presenta su masa al superponerse sobre un fondo más claro o un foco de luz. **4.** Tipo o figura de una persona.

siluetear o **siluetar** *v. tr.* Dibujar o recorrer algo siguiendo su silueta.

silúrico, ca *adj.* **1.** Se dice del tercero de los periodos de la era primaria o paleozoica, que se prolongó entre 440 y 395 millones de años antes de nuestra era. En él concluyó la orogenia caledoniana. Sus rocas características son areniscas, pizarras y calizas. Los fenómenos de vulcanismo fueron frecuentes. Aparecieron las primeras plantas terrestres. La vida animal se desarrolló fundamentalmente en el mar (graptolitos, medusas, etc.), surgieron los primeros vertebrados y, probablemente, los primeros animales terrestres (escorpiones). También *s. m.* **2.** De este periodo.

siluro *s. m.* Nombre común de diversos peces teleósteos de la familia silúridos, género *Silurus.* Tienen cuerpo cilindrocónico y cabeza deprimida. La principal especie es el glano *(Silurus glanis),* que llega a medir hasta 4 m de longitud y tiene una aleta anal muy larga. Es depredador de otros peces y habita en aguas dulces de Europa.

silva *s. f.* **1.** Combinación métrica en que alternan versos endecasílabos con heptasílabos. **2.** Composición poética escrita en esta combinación. **3.** Colección de escritos diversos sin relación entre sí.

Silva, Feliciano de (Ciudad Rodrigo, Salamanca 1492 - íd. h. 1558) Escritor español. Autor de varias novelas de caballerías, entre ellas la conocida como *Amadís de Grecia,* su obra más ambiciosa es la *Segunda Celestina,* libro satírico.

Silva, José Asunción (Bogotá 1865 - íd. 1896) Poeta colombiano. Influido por los simbolistas franceses y por la filosofía de Schopenhauer, su primera obra es de estilo romántico, aunque posteriormente evolucionó hacia formas métricas precursoras del modernismo hispanoamericano. Su fracaso personal le llevó a suicidarse en 1896. Sus escritos fueron recogidos en el volumen *Prosas y versos de José Asunción Silva* (1942), siendo *Nocturno* (1894) su poema más famoso.

silvano *s. m.* En la mitología clásica, semidiós de las selvas.

Silvela, Francisco (Madrid 1843 - íd. 1905) Político español. De tendencia conservadora, ocupó varios ministerios durante la Restauración. A la muerte de Alfonso XII, producida la ruptura entre Cánovas del Castillo y Romero Robledo, se convirtió en la mano derecha de Cánovas y desempeñó la cartera de Gobernación (1890-91) hasta que dimitió y se distanció de Cánovas, tras la reconciliación de éste con Romero Robledo. Nombrado jefe del Partido Conservador, se adhirió a las tesis regeneracionistas surgidas en 1898 y llegó a ocupar la presidencia del gobierno (1899-1900 y 1902-03).

Silvela, Manuel (París 1830 - Madrid 1892) Político español. Hermano del anterior, fue diputado por la Unión Liberal (1863) y ministro de Estado en el gobierno de Prim (1869). Dimitió al ser designado Amadeo de Saboya al trono español, pero siguió colaborando con los gobiernos de la Restauración y fue nuevamente ministro de Estado en 1877.

silvestre *adj.* **1.** Que nace y crece sin cultivar en campos o bosques. **2.** Agreste, rústico.

Silvestre Nombre de varios papas.

Silvestre I, San (Roma ? - íd. 335) Papa romano. Su pontificado abarca de 314 a 335. Construyó en Roma algunas basílicas y la leyenda cuenta que bautizó a Constantino y que recibió de éste la llamada *donación de Constantino,* origen de los Estados Pontificios.

Silvestre II (Auvernia h. 938 - Roma 1003) Papa romano. De nombre Gerberto de Aurillac, su pontificado abarca de 999 a 1003. Fue un consumado teólogo y matemático. Elevado al solio pontificio con ayuda de Otón III, apoyó la reforma del clero y luchó contra la simonía.

Silvestre, Manuel Fernández (? 1871 - Annual 1921) Militar español. Después de una brillante carrera en Cuba y Marruecos, se convirtió en el hombre de confianza de Alfonso XIII. Retornó a Marruecos en 1920, donde actuó con gran independencia de su superior, el general Berenguer. Ideó allí un arriesgado plan para tomar Alhucemas, que concluyó con la derrota de Annual (1921), donde murió.

silvícola *adj.* Que habita en la selva. También *s.*

silvicultura *s. f.* **1.** Cuidado y explotación de los bosques o montes. **2.** Conjunto de conocimientos y técnicas que trata de estas actividades. **Fam.** Silvicultor.

silvina *s. f.* KCl. Mineral cloruro potásico perteneciente al grupo de los haluros. Cristaliza en el sistema cúbico, tiene color rojizo, azulado o incoloro, es soluble en agua y de sabor salado, algo amargo. Se presenta frecuentemente en forma masiva, asociado a la halita, en amplias capas. Se utiliza como fertilizante agrícola por su alto contenido de potasa, y sus principales yacimientos se encuentran en Alemania y la Federación Rusa; en España, en Suria y Sallent (Barcelona), Lleida, Huesca y Navarra.

sima[1] *s. f.* Cavidad o grieta grande y muy profunda en la tierra.

sima[2] (de las iniciales de *sílice* y *magnesio*) *s. m.* Capa profunda de la corteza de la Tierra, compuesta principalmente de sílice y magnesio. Sobre ella se encuentra el sial o capa exterior de la corteza terrestre.

Simancas C. de España, en la prov. de Valladolid. 2.030 h. en 1991. En su término se cultivan cereales, remolacha y hortalizas; cuenta con ganadería lanar e industria alimentaria. Es una fundación romana que en la Edad Media adquirió gran importancia como urbe defensiva. Su castillo, reconstruido por Juan de Herrera en 1564, es sede del Archivo General del Reino, donde se conserva una vasta e importante documentación histórica.

simbionte *adj.* Se aplica al ser vivo asociado a otro en simbiosis. También *s. m.*

simbiosis *s. f.* **1.** Asociación estrecha entre dos seres vivos de diferentes especies, en la que ambos se benefician mutuamente. **2.** Asociación de personas, entidades, etc., que se apoyan o benefician mutuamente. **3.** Mezcla, fusión, unión.

simbiótico, ca *adj.* Perteneciente o relativo a la simbiosis.

simbólico, ca *adj.* **1.** Perteneciente o relativo al símbolo o representado por medio de símbolos. **2.** Que en sí mismo constituye un símbolo. **3.** Que tiene un valor meramente representativo. **Fam.** Simbólicamente.

simbolismo *s. m.* **1.** Cualidad de simbólico. **2.** Conjunto de símbolos. **3.** Sistema de símbolos con que se representa una cosa. **4.** Movimiento literario y pictórico surgido en Francia a fines del s. XIX y propagado a otros países, que pretende evocar o sugerir los objetos mediante símbolos o imágenes. **Fam.** Simbolista.

Arte El antecedente directo del simbolismo fue el prerrafaelismo británico. Frente a los postulados del impresionismo, sus representantes trataron de ir más allá de lo puramente visual y expresar ideas, sentimientos y emociones, con temas de carácter espiritual y esotérico. Los principales pintores simbolistas fueron Gustave Moreau, Puvis de Chavannes, Odilon Redon y, en determinadas obras, Paul Gauguin.

Lit. El simbolismo literario sentó las bases de la poesía moderna. Sus principales representantes fueron Charles Baudelaire, Arthur Rimbaud y, sobre todo, Stéphane Mallarmé. Se caracterizó por el rechazo del carácter utilitario del arte y de la sociedad, creando una poesía pura, un universo aparte de belleza y armonía, a través fundamentalmente del símbolo y la metáfora.

simbolizar *v. tr.* Servir una cosa como símbolo de otra. ■ Se conjuga como *cazar.* **Fam.** Simbolizable, simbolización.

símbolo *s. m.* **1.** Realidad material que representa a otra inmaterial por la analogía o relación que se establece entre ambas. **2.** En las artes, cualquier elemento, imagen, etc., con que el artista expresa otra realidad distinta de la que refleja su significado normal. **3.** En quím., letra o grupo de letras con que se representa un elemento simple.

simbología *s. f.* **1.** Conjunto o sistema de símbolos. **2.** Estudio de los símbolos.

Simenon, Georges (Lieja 1903 - Lausana 1989) Escritor belga en lengua francesa. Es autor de un vasto ciclo de novelas protagonizadas por el comisario Maigret, que constituye una de las más importantes manifestaciones del género policiaco psicológico.

Simeón I el Grande (? - ? 927) Rey de los búlgaros (893-927). Fue educado en Constantinopla en la cultura bizantina. Su reinado estuvo cuajado de guerras contra Bizancio, en principio por disputas de carácter económico y luego para conseguir la corona de Bizancio. Ante la imposibilidad de entrar en Constantinopla, firmó la paz con el emperador Romano I Lecapeno (924) y se proclamó zar.

simetría *s. f.* **1.** Disposición de las cosas de un conjunto o las partes de algo, de modo que dos o más de ellas se corresponden en posición, forma y dimensiones a uno y otro lado de un punto, de una línea o de un plano. **2.** Propiedad por la que las leyes que rigen un cierto fenómeno físico no varían al ser sometidas a ciertas transformaciones. P. ej., el movimiento de un péndulo no es modificado por el hecho de que se verifique en una dirección u otra. **3.** En cristalografía, propiedad que tienen ciertos cristales de mostrar la misma estructura cuando giran un determinado ángulo en torno a su eje. **4.** En zool., repetición de un órgano o de un elemento orgánico de los seres vivos, en relación geométrica a un punto o plano, p. ej. la simetría radial de una estrella de mar. ‖ **5. eje de simetría** Véase **eje**. **6. simetría axial** Transformación geométrica mediante la cual, dada una recta fija *S,* llamada *eje de simetría,* a cada punto *A* se le hace corresponder otro A', tal que *S* es la mediatriz del segmento $\overline{AA'}$. **7. simetría central** Transformación geométrica mediante la cual, dado un punto fijo *M,* llamado *centro de simetría,* a cada punto *A* se le hace corresponder otro A', tal que *M* es el punto medio del segmento $\overline{AA'}$.

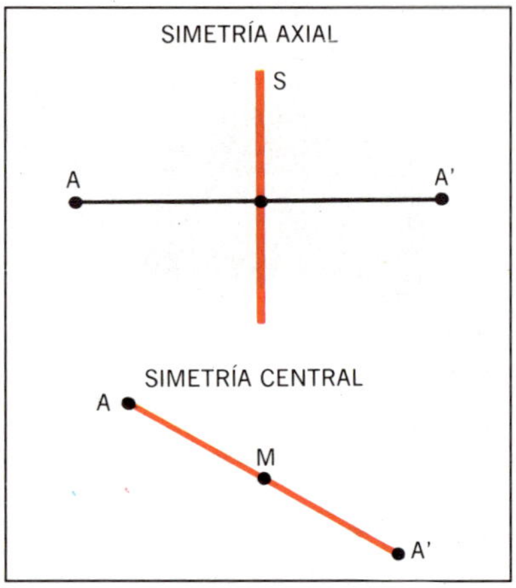

Simetría axial y central.

simétrico, ca *adj.* **1.** Perteneciente o relativo a la simetría o que la tiene. ‖ **2. propiedad simétrica** En mat., propiedad de algunas relaciones mediante la cual, si un elemento de un conjunto está relacionado con otro, el segundo lo está con el primero. Es decir, si $aRb \Rightarrow bRa \ \forall \ a, b \in A$. Así, p. ej., si dos elementos del conjunto de los números enteros se relacionan y su diferencia es un número par, 4 está relacionado con 2 (4 − 2 = = 2, número par), y a su vez 2 está relacionado con 4 (2 − 4 = −2, número par). **Fam.** Simétricamente.

simiente *s. f.* Semilla*.

simiesco, ca *adj.* Semejante al simio o propio de él.

símil *s. m.* **1.** Comparación o semejanza entre dos cosas. **2.** Figura retórica que consiste en comparar dos cosas o conceptos para dar una idea más expresiva y caracterizada de uno de ellos; p. ej., *blanco como la nieve.*

similar *adj.* Que tiene semejanza o analogía con una cosa.

similicadencia *s. f.* Figura retórica que consiste en utilizar al final de dos o más oraciones, cláusulas o versos, palabras de sonido semejante o en el mismo accidente gramatical; p. ej.: «*Con asombro de* mirarte, / *con admiración de* oírte, / *no sé qué pueda* decirte, / *ni qué pueda* preguntarte» (Calderón de la Barca).

similitud *s. f.* Cualidad de similar o semejante.

similor *s. m.* Aleación de cinc y cobre que presenta el color y el brillo del oro.

simio, mia *s. m.* y *f.* **1.** Animal perteneciente al suborden simios o antropoides. **2.** Mono, nombre común dado a cualquier individuo del orden primates. || *s. m. pl.* **3.** Antropoides*, suborden de mamíferos primates. También *adj.* y *s.*

Simmel, Georg (Berlín 1858 - Estrasburgo 1918) Filósofo y sociólogo alemán. Sus trabajos sobre el método sociológico contribuyeron en gran medida a establecer la sociología como una ciencia social. Puso especial atención a los problemas de la autoridad y de la obediencia. Entre sus principales textos cabe destacar *La filosofía del dinero* (1900), *Filosofía de la cultura* (1911) y *Problemas fundamentales de la sociología* (1917).

Simmons, Jean (Londres 1929) Actriz de cine británica. Su talento interpretativo le ha permitido encarnar personajes muy diferentes. Entre sus filmes merecen recordarse *Hamlet* (1948), *La isla perdida* (*The blue lagoon*, 1949), *Cara de ángel* (1953), *El fuego y la palabra* (*Elmer Gantry*, 1960) y *Con los ojos cerrados* (*The happy ending*, 1969).

Simon, Claude (Tananarive 1913) Escritor francés. Es un destacado representante del *nouveau roman*, autor, entre otros títulos, de *El viento* (1957), *La hierba* (1958), *El Palace* (1962), *La batalla de Farsalia* (1969), *Tríptico* (1973) y *La invitación* (1988). Le fue otorgado el premio Nobel de literatura en 1985.

Claude Simon.

Simon, Herbert A. (Milwaukee 1916) Economista estadounidense. Profesor en las universidades de Berkeley y de Carnegie-Mellon de Pittsburg, ha estudiado a fondo la toma de decisiones en las empresas. En 1978 obtuvo el premio Nobel de economía.

simón *s. m.* Nombre que se daba en Madrid a los coches de caballos de alquiler y a los cocheros que los guiaban. También *adj.*

Simón el Cananeo, San (s. I) Apóstol de Cristo. Fue apodado también Zelotes (apasionado). Se cree que predicó en Egipto y en Persia, donde al parecer fue crucificado.

Simón el Cirineo (s. I) Labrador judío que, obligado por los soldados, ayudó a Jesús a llevar la cruz hasta el Gólgota.

Simón el Mago (s. I) Samaritano que, convertido al cristianismo, pretendió comprar con dinero a los apóstoles el poder de otorgar el Espíritu Santo.

Simón Pedro Véase **Pedro, San**.

simonía *s. f.* Acción o intención de negociar con las cosas de la religión, como los sacramentos o los cargos eclesiásticos. El término alude a Simón el Mago.

simoniaco o **simoníaco, ca** *adj.* Relativo a la simonía o que la comete. También *s.* ■ Se dice también *simoniático.*

simoniático, ca *adj.* Simoniaco*.

Simonov, Konstantin Mijailovich (Petrogrado 1915 - Moscú 1979) Escritor soviético. Claro exponente del realismo socialista, escribió libros de versos, como *Los verdaderos hombres* (1938), obras teatrales, como *Un chico de nuestra ciudad* (1941) y *Gentes de Rusia* (1942), y novelas, como *De los vivos y de los muertos* (1959-71).

simpa *s. f. Arg., Perú.* Trenza.

simpar *v. tr. Arg., Perú.* Trenzar.

simpatía *s. f.* **1.** Actitud o sentimiento de afecto, atracción o agrado hacia personas, animales o cosas. Se usa también en *pl.* **2.** Imitación, participación afectiva de algo. **3.** Modo de ser o actuar de una persona que la hacen más atractiva y agradable. **4.** En fís., fenómeno por el que una onda sonora causada por la vibración de un cuerpo o por una explosión llega a provocar otra vibración o explosión de características semejantes. **5.** En med., relación patológica o fisiológica que se produce entre la actividad de algunos órganos que no están conectados entre sí directamente. **6.** En algunas concepciones filosóficas de la antigüedad y del Renacimiento, principio de la naturaleza por el que todos los elementos del cosmos se encuentran conexionados. || *pl.* **7.** Apoyo, adhesión.

simpático, ca *adj.* **1.** Que tiene o inspira simpatía. También *s.* **2.** Gracioso, divertido. **3.** Se dice de uno de los sistemas en que se divide el sistema nervioso de la vida vegetativa, que tiene funciones antagónicas a las del parasimpático, como p. ej. la dilatación de la pupila y la aceleración del ritmo cardiaco. También *s. m.*

simpaticón, na *adj. fam.* Simpático, agradable. También *s.*

simpatizante *adj.* Que simpatiza; especialmente, que se siente atraído o inclinado hacia una tendencia, movimiento, partido, etc., sin pertenecer a él. También *s.*

simpatizar *v. intr.* Sentir o mostrar simpatía hacia alguien o algo. ■ Se conjuga como *cazar.*

simple *adj.* **1.** Sencillo, que no tiene complicación. **2.** Precediendo al sustantivo equivale a *solo, único*, en el sentido de que es suficiente para lo que se pretende. **3.** Inocente, sin malicia. También *s.* **4.** Necio, torpe. También *s.* **5.** Formado por uno o pocos componentes o por menos que otra cosa de la misma clase. **6.** En quím., se dice de la sustancia formada por un solo tipo de átomos. **7.** En ling., se dice de la palabra que no se compone de otras de la misma lengua. **8.** En ling., se dice de las formas verbales no compuestas. **9.** En ling., se aplica a la oración formada por una sola proposición. **10.** En fil., se dice de lo que no está compuesto de elementos diversos y, en consecuencia, es indivisible.

simplemente *adv. m.* **1.** De manera simple o sencilla: *Resolvió el problema simplemente.* **2.** Solamente: *Haz simplemente lo que te diga.*

simpleza *s. f.* **1.** Cualidad de simple o bobo. **2.** Cosa poco inteligente que se dice o se hace. **3.** *fam.* Cosa de poco valor o importancia.

simplicidad *s. f.* **1.** Cualidad de simple o sin composición o complejidad. **2.** Cualidad de simple o ingenuo.

simplificar *v. tr.* **1.** Hacer más fácil, más sencillo o menos complicado algo. **2.** Convertir una expresión matemática en otra más sencilla; p. ej., simplificar un quebrado dividiendo numerador y denominador por un mismo número. ■ Se conjuga como *sacar.* **FAM.** Simplificable, simplificación, simplificador.

simplista *adj.* Que simplifica o tiende a simplificar excesivamente las cosas. También *s.* **FAM.** Simplismo.

simplón, na *adj. fam. aum.* de **simple**. Ingenuo o bobo.

Simplón Paso de los Alpes Peninos, a 2.005 m de altura, entre Suiza e Italia, abierto en 1805. Hoy está atravesado por un túnel de casi 20 km de longitud, que consta de dos galerías de vía única y cuya construcción comenzó en 1898; en 1906 fue abierta al tráfico la primera galería y en 1920 la segunda.

simposio *s. m.* Reunión de especialistas en que se examinan y discuten diversos temas sobre una determinada cuestión de su competencia o profesión.

simulación *s. f.* **1.** Acción y efecto de simular. **2.** Reproducción de un fenómeno, proceso, etc., mediante otro más simplificado o manejable en que se repiten condiciones similares a las de aquél, a fin de observar su comportamiento; p. ej., la simulación de un vuelo en el túnel de viento para estudiar la aerodinámica de un avión.

simulacro *s. m.* **1.** Aquello que se hace o se presenta como si fuera de verdad, pero sin serlo realmente. **2.** Particularmente, acción de guerra simulada como adiestramiento. **3.** Cosa falsa o fingida.

simulador, ra *adj.* **1.** Que simula. También *s.* || *s. m.* **2.** Aparato o sistema que reproduce el funcionamiento de otro que realiza funciones reales, como p. ej. el simulador de vuelo, que reproduce la cabina de mando de un avión y el comportamiento de éste para la instrucción de los pilotos.

simular *v. tr.* Mostrar o reproducir algo bajo un aspecto falso o como si fuera real no siéndolo. **FAM.** Simulación, simuladamente, simulado.

simultanear *v. tr.* Hacer al mismo tiempo dos actividades.

simultáneo, a *adj.* Se dice de lo que se hace, existe, se produce o sucede al mismo tiempo que otra u otras cosas. **FAM.** Simultáneamente, simultaneidad.

simún *s. m.* Viento muy caliente que sopla en los desiertos de África y de Arabia, por lo general acompañado de tempestades de arena.

sin *prep.* **1.** Indica falta o carencia: *Este encendedor está sin gas.* **2.** Equivale a *no incluido* o *aparte de*: *Son cinco mil pesetas sin el impuesto.* **3.** Delante de un infinitivo actúa como negación: *Tuve que marcharme sin desayunar.* **4.** Precedido del adverbio *no*, equivale a una afirmación atenuada: *Me fui no sin cierta pena.*

sin-[1] (de *sin*) *pref.* Significa 'falta' o 'carencia': *sinfín, sinsentido.*

sin-[2] (del gr. *sun*, con) *pref.* Significa 'unión' o 'simultaneidad': *sincronía, sinestesia.*

sinagoga *s. f.* **1.** Templo en que se reúnen los judíos para la oración, el culto divino y la enseñanza de la ley de Moisés. **2.** Reunión de los judíos en dicho templo con tales fines.

Sinaí Península de Egipto, situada al N del mar Rojo, entre África y Asia. Está limitada por el golfo de Suez al O y por el de Akaba al E. Constituida por una meseta central, desciende a medida que se aproxima al mar Mediterráneo y asciende conforme avanza hacia el S. En esta península se encuentra el monte Sinaí, lugar en el cual, según la *Biblia*, Moisés recibió de Yahvé las tablas de la ley. A través de ella peregrinaron los israelitas durante el éxodo.

sinalefa *s. f.* Pronunciación en una sola unidad de la sílaba final de una palabra, cuando ésta acaba en vocal, y la inicial de la siguiente, si empieza por vocal, esté o no precedida de *h*; p. ej.: *«Es(tá un) marinero pensan(do en) las playas»* (Rubén Darío).

sinalgia *s. f.* Dolor en un punto alejado del lugar en que se encuentra la lesión o excitación que lo provoca.

Sinaloa Estado de México, en el NO del país, junto a la costa del océano Pacífico. 58.328 km^2. 2.210.800 h. en 1990. La capital es Culiacán, con 304.850 h. en 1980. Se extiende en la franja costera situada entre la Sierra Madre Occidental y la costa del océano Pacífico. Los ríos principales son el Fuerte y el San Lorenzo, que desembocan en el océano. Cuenta con cultivos de cereales, arroz, caña de azúcar, algodón, tomate y legumbres, ganadería, ricos yacimientos de cobre, hierro, plomo y cinc, y algunas industrias textiles y alimentarias. El turismo está adquiriendo mucho auge, especialmente en Mazatlán.

Sinanthropus *s. m.* Género de homínidos fósiles del grupo de los pitecántropos. Sus restos fueron hallados en China, al SO de Pekín, por lo que recibió el nombre de *hombre de Pekín.* Tenían una talla aproximada de 155 cm, cráneo con arco supraorbital prominente y mentón pequeño. Vivían en grupos familiares, conocían el fuego, poseían industria lítica y un rudimentario lenguaje hablado.

sinapismo *s. m.* **1.** Emplasto o cataplasma de mostaza. **2.** *fam.* Persona o cosa que exaspera o molesta.

sinapsis *s. f.* Zona de conexión entre el axón de una neurona y la dendrita o el cuerpo celular de otra. No es una conexión anatómica, sino exclusivamente funcional.

sinarca *s. m.* y *f.* Miembro de una sinarquía.

sinarquía *s. f.* **1.** Gobierno constituido por varios príncipes que se reparten el poder administrando cada uno una parte del Estado. **2.** P. ext., control o influencia política o económica que ejerce un grupo de personas o entidades poderosas. **FAM.** Sinárquico.

sinartrosis *s. f.* Articulación no móvil, como la de los huesos del cráneo.

Sinatra, Frank (Hoboken, New Jersey 1915) Cantante y actor cinematográfico estadounidense. Se hizo famoso como cantante melódico durante los años cuarenta. Alternó sus actuaciones personales con la interpretación cinematográfica, alcanzando su mayor éxito en 1966 con la canción *Strangers in the night.* De sus películas cabe destacar *De aquí a la eternidad* (1953), *El hombre del brazo de oro* (1955) y *El detective* (1968).

Sincelejo C. de Colombia, cap. del departamento de Sucre, en el N del país. 160.000 h. en 1989. Es el núcleo urbano y comercial de una comarca agrícola y ganadera. Cuenta con industria textil, alimentaria y química.

sincerarse *v. prnl.* Hablar sinceramente con alguien para revelarle sus verdaderos pensamientos, sentimientos, etc.

sincero, ra *adj.* **1.** Se dice del que habla o actúa mostrando abiertamente lo que piensa o siente, así como de sus palabras, acciones, sentimientos, etc. **2.** Que dice o refleja la verdad. **FAM.** Sinceramente, sinceridad.

Sinchi Roca (s. XIII) Emperador inca. Hijo y sucesor de Manco Cápac I, su reinado fue un periodo de paz. Creó las cuatro divisiones del imperio.

Sinclair, Upton Beall (Baltimore 1898 - Nueva York 1968) Novelista estadounidense. Socialista, su obra es una crítica y denuncia del capitalismo. Entre sus títulos destacan *La jungla* (1906), *La metrópoli* (1908), *Boston* (1928), *Historia de la batalla de Madrid* (1937) y *El fin del mundo* (1940).

sinclinal *adj.* Se dice del pliegue de la superficie terrestre de forma cóncava. Los estratos se inclinan hacia su centro, llamado *eje sinclinal,* que constituye su punto más bajo. Dicho pliegue se forma en rocas sedimentarias blandas a causa de fuerzas orogénicas de compresión de los estratos, levantamiento, hundimiento o deslizamiento. También *s. m.*

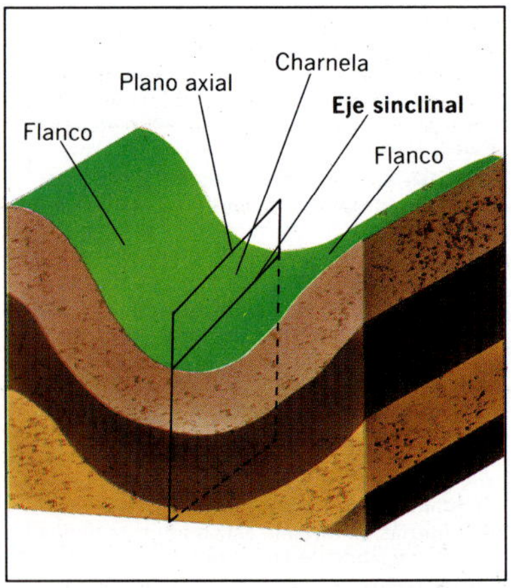

En un sinclinal la erosión provoca que los terrenos más modernos aparezcan en el eje del pliegue y los más antiguos en los flancos.

síncopa *s. f.* **1.** En ling., fenómeno de dicción que consiste en suprimir una o más letras en medio de una palabra. **2.** En mús., alteración en la acentuación normal de un compás, que consiste en hacer recaer el acento del tiempo fuerte en el tiempo débil del mismo.

sincopado, da **1.** *p. p.* de **sincopar**. ‖ *adj.* **2.** Se dice de la nota que forma síncopa, o del ritmo, canto, música, etc., que tiene estas notas. **FAM.** Sincopadamente.

sincopar *v. tr.* Hacer sincopada una palabra o nota musical.

síncope *s. m.* **1.** En med., detención repentina y momentánea de los latidos del corazón y de la respiración, con pérdida del conocimiento. **2.** En ling., síncopa*.

sincrético, ca *adj.* Relativo al sincretismo o formado por él.

sincretismo *s. m.* **1.** Doctrina o sistema que trata de conciliar o armonizar ideas o teorías diferentes u opuestas. **2.** P. ext., unión o mezcla de cosas, aspectos o elementos diversos. **3.** En ling., concentración de dos o más funciones gramaticales en una sola forma; p. ej., en *-mos,* de *cantábamos,* se da un sincretismo de los morfemas de persona (primera) y de número (plural).

sincronía *s. f.* **1.** Sincronismo, coincidencia en el tiempo. **2.** En ling., método de análisis que estudia una lengua en su aspecto estático, en un momento determinado de su historia. Se opone a *diacronía.*

sincrónico, ca *adj.* **1.** Se dice del proceso, efecto, hecho, etc., que ocurre o se desarrolla a la vez que otro u otros. **2.** Se aplica a aquello que se mueve o realiza su función al mismo tiempo que otra u otras cosas. **3.** En ling., perteneciente o relativo a la sincronía; particularmente, se dice de las leyes y relaciones internas y del funcionamiento de una lengua o dialecto en un momento dado de su historia. **FAM.** Sincrónicamente.

sincronismo *s. m.* Cualidad o circunstancia de moverse, funcionar o ser realizadas dos o más cosas al mismo tiempo.

sincronizar *v. tr.* Hacer que coincidan en un momento dado dos o más fenómenos o movimientos. ■ Se conjuga como *cazar.* **FAM.** Sincronización, sincronizador.

sincrotrón *s. m.* Acelerador de partículas atómicas, que mantiene a éstas confinadas en trayectorias circulares de radio constante. Su funcionamiento es el mismo que el del ciclotrón, si bien en este último las trayectorias seguidas por las partículas son de radio variable. Los sincrotrones alcanzan grandes tamaños, llegando a medir varios kilómetros de radio.

sindéresis *s. f.* Aptitud o capacidad natural para juzgar acertadamente.

sindicado, da **1.** *p. p.* de **sindicar**. ‖ *adj.* **2.** Se dice de la persona que está afiliada a un sindicato. También *s.*

sindical *adj.* Perteneciente o relativo al sindicato o al síndico.

sindicalismo *s. m.* Movimiento y sistema de organización obrera o social por medio de sindicatos, que se ocupa de los intereses de los obreros. **FAM.** Sindicalista.
Hist. Los orígenes del sindicalismo se remontan a la revolución industrial. En 1834 surgió en el Reino Unido el *Grand National Consolidates Trade Unions,* germen del movimiento obrero, que en años sucesivos se internacionalizó y en 1864 se consolidó con la creación de la Asociación Internacional de Trabajadores (AIT), que consagró la huelga como arma fundamental de los obreros. El movimiento sindical fue progresivamente escindiéndose en dos tendencias diferenciadas, la socialista y la anarquista, según los planteamientos de Marx y de Bakunin respectivamente. Sin embargo, el movimiento no dejó de crecer, gracias en parte a su carácter internacionalista. En 1913 fue creada la Federación Sindical Internacional, que agrupaba sindicatos de los diversos países europeos y de EE UU y que, tras la Primera Guerra Mundial, se reorganizó como Federación Sindical Mundial.

sindicar *v. tr.* **1.** Organizar en un sindicato a un grupo de trabajadores o de personas que pertenecen a una misma profesión o tienen intereses comunes. También *v. prnl.* ‖ *v. prnl.* **2.** Entrar a formar parte de un sindicato. ■ Se conjuga como *sacar.* **FAM.** Sindicación, sindicado.

sindicato *s. m.* Asociación de trabajadores formada con el fin de promover y desarrollar la defensa de los intereses económicos y profesionales de sus asociados.

sindicatura *s. f.* **1.** Profesión o cargo de síndico. **2.** Oficina del síndico.

síndico *s. m.* **1.** Persona elegida por una corporación para defender sus intereses y representarla. **2.** El que en un concurso de acreedores o en una quiebra es el encargado de liquidar el activo y el pasivo del deudor.

sindiós *adj. fam.* Ateo*. También *s.*

síndrome *s. m.* **1.** Conjunto de signos y síntomas que caracterizan una enfermedad. ‖ **2. síndrome de abstinencia** Véase **abstinencia**. **3. síndrome de Estocolmo** Progresiva aceptación por la persona secuestrada de rasgos, conductas y puntos de vista del secuestrador. **4. síndrome de inmunodeficiencia adquirida** Véase **SIDA**.

sine die *loc. lat. adv.* Significa 'sin plazo fijo', 'sin fecha'.

sine qua non *loc. lat. adj.* Significa 'sin la cual no' y se usa referida a una condición indispensable para algo, sin la que esto no es posible.

sinécdoque *s. f.* Figura retórica que consiste en emplear una palabra en lugar de otra, extendiendo, restringiendo o alterando su significado al tomar, p. ej., el todo por la parte, el género por la especie, la materia por el objeto, etc., o viceversa: *un pueblo de mil almas* (por *mil personas*), *tañer el bronce* (por *la campana*).

sinecura *s. f.* **1.** En las Edades Media y Moderna, beneficio eclesiástico cuyo titular percibía sus derechos y rendimientos sin obligación de desempeñar la cura pastoral o labor sacerdotal. **2.** P. ext., empleo o cargo retribuido que requiere poco o ningún esfuerzo.

sinéresis *s. f.* **1.** Reducción a una sola sílaba, en una misma palabra, de dos vocales que normalmente se pronuncian en sílabas distintas, p. ej. *aho-ra* por *a-ho-ra.* **2.** En poesía, este mismo fenómeno usado como licencia poética.

sinergia *s. f.* **1.** Acción coordinada de dos o más causas que juntas producen un efecto mayor que la suma de sus efectos individuales. **2.** Acción coordinada de varios órganos del cuerpo para realizar una función.

sinestesia *s. f.* **1.** Sensación secundaria o asociada que se produce en una parte del cuerpo a consecuencia de un estímulo aplicado en otra parte del mismo. **2.** En psicol., fenómeno de percepción que consiste en que un mismo estímulo puede producir simultáneamente dos sensaciones distintas; p. ej., un determinado color se asocia a un olor específico o un sonido se asocia con cierto color. **3.** Figura retórica basada en dicho efecto; p. ej., *voces blancas.*

sinestésico, ca *adj.* Relativo a la sinestesia o que tiene o produce sinestesia.

sinfín *s. m.* Infinidad, sinnúmero.

sínfisis *s. f.* **1.** Conjunto de elementos de unión entre determinados huesos. **2.** Fenómeno patológico en que varios huesos o tejidos se pegan a causa de una inflamación.

sinfonía *s. f.* **1.** Composición musical para orquesta, sin parte solista, que consta de varios movimientos. Forma derivada de la sonata, alcanzó su expresión característica con Haydn y Mozart principalmente y llegó a la cumbre de su desarrollo en el periodo romántico. Su instrumentación otorga una significación cualitativa a los instrumentos que intervienen en su desarrollo. Tradicionalmente consta de cuatro movimientos: allegro en forma sonata, andante o adagio, minueto o scherzo y allegro o rondó. **2.** En los s. XVII y XVIII, pieza instrumental que precedía a algunas óperas y otras obras teatrales. **3.** Conjunto de voces, de instrumentos o de ambas cosas que suenan acordes a un tiempo. **4.** Combinación agradable de varios elementos.

sinfónico, ca *adj.* Perteneciente o relativo a la sinfonía y a la música clásica en general.

singalés, sa *adj.* Cingalés*.

Singapur Estado insular del SE de Asia.

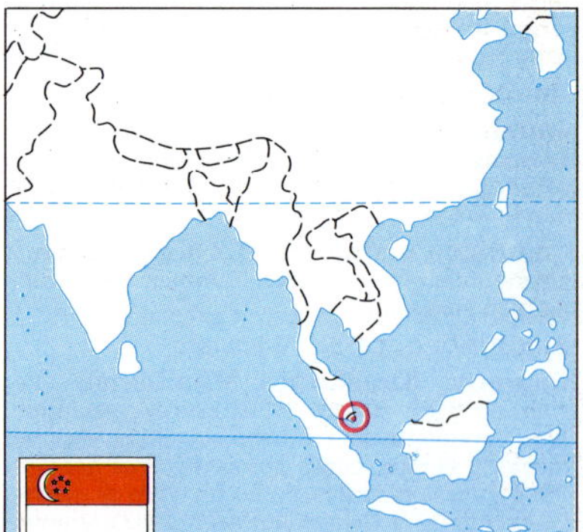

Geog. La isla presenta un relieve de suaves elevaciones rodeadas por tierras pantanosas. Tiene un clima ecuatorial húmedo y cálido y está habitada por población china, malaya e indostánica. El 90 % de esta población reside en la única ciudad de la isla, Singapur. En cuanto a la economía, la agricultura y la ganadería tienen poca significación, ya que su vertiginoso desarrollo está causado por la industria y el comercio. Posee el más importante puerto comercial del SE de

Extensión: 622 km^2.
Situación: al S de la península de Malaca, entre el estrecho de Johore, al N, y el estrecho de Singapur, al S.
Población: 2.718.000 h. en 1990.
Densidad: 4.369 h./km^2.
Capital: Singapur.
Forma de Estado: república parlamentaria.
Idioma: inglés, chino, tamil y malayo.
Religión: taoísmo, 29,3 %; budismo, 26,7 %; islamismo, 16,3 %; cristianismo, 10,3 %; hinduismo, 3,6 %.
Moneda: dólar de Singapur.
Tasa de natalidad: 18 ‰ en 1990.
Tasa de mortalidad: 5 ‰ en 1990.
Renta per cápita: 10.450 dólares en 1989.

Asia; en él se lleva a cabo una intensa actividad exportadora e importadora. Por otra parte, la rápida industrialización se debe a la mano de obra barata y las ventajosas leyes fiscales, todo lo cual motivó que empresas extranjeras hicieran fuertes inversiones en la isla. Sus industrias, de alta productividad, son fundamentalmente eléctricas, electrónicas, químicas, metalúrgicas, farmacéuticas, petroquímicas y de construcciones navales. Es también un destacado centro financiero y turístico.

Hist. El puerto de Singapur fue comprado en 1819 por la Compañía de las Indias Orientales al sultán de Johore. En 1867 se convirtió en colonia del Reino Unido. Gracias a su estatuto de puerto libre experimentó un gran desarrollo económico, que atrajo una inmensa oleada migratoria china. Asimismo, su situación estratégica privilegiada lo convirtió en escala obligada para la navegación en el SE asiático. En el curso de la Segunda Guerra Mundial, la isla fue conquistada por los japoneses, aunque en 1945 el Reino Unido la ocupó nuevamente. En 1958 recibió la autonomía y en 1961 se integró en la Federación de Malaisia. En 1965 obtuvo la independencia en el seno de la Commonwealth. En 1966 adoptó la fórmula institucional de República de Singapur. El artífice de la independencia fue Lee Kuan Yew. En 1968, Yew disolvió el Parlamento y convocó elecciones. Fue elegido primer ministro como candidato del Partido de Acción Popular y reelegido en sucesivas convocatorias. Presidente es, desde 1985, Wee Kim Wee. En 1990 se nombró primer ministro a Gho Chok Tong.

Singapur: sector financiero de la ciudad.

Singer, Isaac Bashevis (Radzymin, cerca de Varsovia 1904 - Surfside, Florida 1991) Escritor polaco en lengua hebrea y en yiddish, nacionalizado estadounidense. Emigrado a EE UU (1935), en sus libros describe las tradiciones de su pueblo y las miserias de los judíos pobres en un tono realista y lleno de religiosidad. Entre sus novelas las principales figuran *La familia Moskat* (1950), *El Spinoza de la calle Market* (1961), *La casa de Iampol* (1967) y *Un amigo de Kafka* (1970). Obtuvo el premio Nobel de literatura en 1978.

Shingh, Vishawanath Pratap (Allahabad 1931). Político indio. Líder del partido Janata Dal, en 1989 presidió un gobierno de coalición, pero tuvo que dimitir en 1990.

singladura *s. f.* **1.** Distancia recorrida por una nave en 24 horas y, también, cada uno de estos intervalos de 24 horas, contados generalmente a partir de las doce del mediodía. **2.** P. ext., rumbo o navegación de una nave. **3.** Curso, desarrollo.

singlar *v. intr.* Navegar el barco con un rumbo determinado.

single (voz ingl. que significa 'simple') *s. m.* Sencillo*, disco.

singular *adj.* **1.** Extraordinario o raro. **2.** En ling., se aplica al número de las palabras que se refieren a un solo individuo o ejemplar, o bien a varios considerados como un conjunto. También *s. m.* **3.** Único, solo, distinto. **4.** En lóg., se dice de las proposiciones que se refieren a un solo objeto o individuo, a diferencia de las particulares y universales.

singularidad *s. f.* **1.** Cualidad de singular. **2.** Característica o cualidad que hace a alguien o algo distinto del resto.

singularizar *v. tr.* **1.** Distinguir a alguien o algo entre otros, destacando lo que tiene de singular o característico. También *v. prnl.* **2.** En ling., dar número singular a palabras que generalmente están en plural; p. ej.: *vacación* por *vacaciones.* ‖ *v. intr.* **3.** Referirse a una persona o cosa en particular. ■ Se conjuga como *cazar.* **FAM.** Singularización.

singularmente *adv. m.* **1.** Separadamente, aisladamente: *Debemos tratar este aspecto singularmente.* **2.** De manera notable o más destacada que el resto: *Ese estudio es singularmente profundo.*

sinhueso *s. f. fam.* Lengua, órgano. ■ Se usa siempre precedido del artículo *la.*

siniestrado, da *adj.* Que ha sufrido un siniestro. También *s.*

siniestralidad *s. f.* **1.** Índice de siniestros. **2.** Zurdera*.

siniestro, tra *adj.* **1.** Malvado, perverso, amenazador. **2.** Desgraciado, funesto. **3.** Se aplica a lo que queda a mano izquierda. ‖ *s. m.* **4.** Pérdida o daño grave sufrido por personas o propiedades, como accidentes, incendios, muertes, etc.; generalmente se da este nombre a los daños que pueden ser indemnizados por las compañías de seguros. ‖ *s. f.* **5.** La mano izquierda. ‖ **LOC. a diestro y siniestro** *adv.* Véase **diestro**.

Sinn Fein Movimiento nacionalista y republicano irlandés surgido a principios del s. XX para organizar la lucha contra el dominio británico. En las elecciones de 1918 alcanzó un gran éxito y organizó un gobierno paralelo presidido por Eamon de Valera. Tras la independencia de Irlanda comenzó su disgregación, acentuada por la creación del Fianna Fail, que acaparó la representación electoral de los nacionalistas. Actualmente constituye el brazo político del IRA.

sinnúmero *s. m.* Número o cantidad muy elevados o incalculables.

sino[1] (del lat. *signum*) *s. m.* Destino, supuesto poder o fuerza que dirige desde el principio la vida de una persona, el desarrollo de unos sucesos, etc.

sino[2] (de *si*[2] y *no*) *conj. advers.* **1.** Sirve para contraponer a una cosa que se niega otra que se afirma: *No es martes, sino miércoles.* **2.** Expresa también idea de excepción: *¿Quién sino tú haría algo así?* **3.** A veces, junto con la negación que le precede, equivale a *tan sólo* o *solamente*: *No quiero sino que se haga justicia.* **4.** En correlación con la locución adverbial *no sólo*, se usa para añadir otro u otros miembros a la frase. ■ En este caso suele ir acompañado del adverbio *también*: *No sólo es listo, sino también estudioso.*

sinodal *adj.* Perteneciente o relativo al sínodo. Se aplica generalmente a las decisiones de los sínodos. También *s. f.*

sinódico, ca *adj.* **1.** Perteneciente o relativo al sínodo. ‖ **2. revolución sinódica** En astron., periodo de tiempo que un planeta o satélite invierte entre dos conjunciones u oposiciones con el Sol.

sínodo *s. m.* **1.** Concilio de obispos. **2.** Reunión de ministros o pastores protestantes para tratar sobre asuntos eclesiásticos. **3.** Conjunción de dos planetas en el mismo grado de la eclíptica o en el mismo círculo de posición. ‖ **4. sínodo diocesano** Junta del clero de una diócesis, convocada y presidida por el obispo para decidir sobre asuntos eclesiásticos.

sinología *s. f.* Estudio de la lengua, literatura y cultura de China. **FAM.** Sinólogo.

sinonimia *s. f.* **1.** Circunstancia de ser sinónimas dos o más palabras o expresiones. **2.** Figura retórica que consiste en utilizar términos sinónimos o de significado parecido para reforzar la expresión de un concepto: «... *cuando se toca / con las dos manos el* vacío, *el* hueco.» (Blas de Otero).

sinónimo, ma *adj.* Se dice de las palabras y expresiones que tienen un significado equivalente o muy parecido, pero distinto significante; p. ej., *bajada* es sinónimo de *descenso.* También *s. m.* **FAM.** Sinonímico.

sinopsis *s. f.* **1.** Expresión gráfica y esquemática de una materia de forma que pueda abarcarse de una ojeada. **2.** Exposición general de un tema presentando sus líneas generales.

sinóptico, ca *adj.* **1.** Hecho en forma de sinopsis. ‖ **2. Evangelios sinópticos** Véase **evangelio**.

sinovia *s. f.* Líquido transparente y viscoso que actúa como lubricante de las articulaciones de los huesos y está compuesto de mucina y una pequeña cantidad de sales minerales.

sinovial *adj.* Relativo a la sinovia o que la segrega.

sinovitis *s. f.* Inflamación de la membrana sinovial de las articulaciones.

sinrazón *s. f.* Acción injusta o que no es razonable.

sinsabor *s. m.* **1.** Pesar, disgusto. **2.** Aquello que lo produce. ■ En ambas acepciones se usa más en *pl.*

sinsentido *s. m.* Cosa absurda, que carece de toda lógica. ■ Se escribe también *sin sentido.*

sinsonte *s. m.* Ave paseriforme de la familia mímidos, especie *Mimus polyglottus.* Tiene el cuerpo esbelto, cola larga, pico fino y curvado y plumaje gris oscuro en el dorso y blanquecino en el vientre. Emite un canto melodioso e imita las voces de otros pájaros. Habita en las regiones tropicales de América del Norte y Central. Se llama también *cenzonte.*

sintáctico, ca *adj.* Perteneciente o relativo a la sintaxis.

sintagma *s. m.* En ling., sucesión de elementos que constituyen una unidad aislable dentro de la oración. El sintagma se denomina *nominal, adjetival, adverbial* o *verbal*, según sea su núcleo un sustantivo, un adjetivo, un adverbio o un verbo respectivamente, y *sintagma preposicional*, cuando su núcleo es un sintagma nominal introducido por una preposición. Algunos lingüistas consideran que la oración misma es un sintagma.

sintagmático, ca *adj.* **1.** Perteneciente o relativo al sintagma. **2.** Se dice de las relaciones que se establecen entre dos o más unidades que aparecen en la oración.

sintaxis *s. f.* **1.** Parte de la gramática que se ocupa de la manera en que se ordenan y relacionan las palabras para constituir oraciones y cómo se enlazan unas oraciones con otras. **2.** Parte de la lógica que se ocupa de la construcción de sistemas de lenguaje prescindiendo de toda significación. Estudia conceptos como fórmula, teorema, axioma, reglas de inferencia, etc. **3.** En inform., conjunto de reglas que se utilizan en la construcción de expresiones o sentencias correctas para operar con un ordenador. **4.** Ordenación y conexión de las palabras y las oraciones en el discurso.

sinterizar *v. tr.* Producir piezas de gran resistencia y dureza calentando conglomerados de polvo, generalmente metálicos. ■ Se conjuga como *cazar.* **FAM.** Sinterización.

síntesis *s. f.* **1.** Combinación de elementos diversos en una unidad superior e integradora de todos ellos. **2.** Resumen de un asunto, materia, etc., cuyas partes estaban dispersas. **3.** Operación mental que consiste en reunir datos diversos para llegar a un resultado, idea o conclusión. **4.** En fil., operación intelectual mediante la que se realiza la unión de sujeto y predicado en un juicio. **5.** En la filosofía dialéctica, tercer momento de un proceso en el que, a partir de la conexión de los dos términos opuestos (tesis, antítesis), se lleva a cabo su integración y superación. **6.** En quím., formación de una sustancia compuesta mediante la combinación de elementos o sustancias más simples. **7.** En biol., proceso por el que se producen conjuntos y materias más complejas a partir de moléculas simples. **8.** En cirugía, unión quirúrgica de los fragmentos de una estructura lesionada. ‖ **Loc. en síntesis** *adv.* En resumen.

sintético, ca *adj.* **1.** Relativo a la síntesis u obtenido mediante síntesis. **2.** Se aplica a los productos industriales obtenidos por síntesis química, que reproducen o imitan las propiedades y composición de algunos productos naturales.

sintetismo *s. m.* Estilo artístico desarrollado a finales del s. XIX, que se caracteriza por un desinterés de la perspectiva y la utilización de formas planas pintadas con colores puros, contorneadas por gruesos trazos oscuros. Su principal representante fue Paul Gauguin.

sintetizador, ra *adj.* **1.** Que sintetiza. ‖ *s. m.* **2.** Instrumento electrónico capaz de producir simultáneamente sonidos de cualquier frecuencia e intensidad y combinarlos con armónicos para reproducir, mediante síntesis, los sonidos complejos de los instrumentos musicales convencionales, o bien crear sonidos que no corresponden a ninguno de éstos.

sintetizar *v. tr.* **1.** Fundir o reunir en una síntesis. **2.** Resumir. ▪ Se conjuga como *cazar.* **Fam.** Sintetizable.

sintoísmo *s. m.* Religión tradicional de Japón, convertida en culto nacional en época meiji, incorporando la divinización del emperador. Originalmente constituía un conjunto de cultos animistas, en el que se integraron hacia el s. XVIII muchos aspectos del confucianismo. Tras la Segunda Guerra Mundial perdió su carácter de religión oficial de Japón. **Fam.** Sintoísta.

síntoma *s. m.* **1.** Manifestación externa de una enfermedad que permite determinar su naturaleza. **2.** Aquello que indica que una cosa está sucediendo o va a suceder.

sintomático, ca *adj.* **1.** Perteneciente o relativo al síntoma. **2.** Que es síntoma de algo.

sintomatología *s. f.* Conjunto de síntomas. **Fam.** Sintomatológico.

sintonía *s. f.* **1.** En lenguaje televisivo y radiofónico, melodía que actúa como señal sonora para indicar el comienzo y el fin de un programa o de la emisión. **2.** Circunstancia de estar sintonizados en la misma frecuencia un aparato receptor y un aparato emisor de oscilaciones eléctricas, como ocurre p. ej. entre un receptor de radio y la emisora. **3.** En fís., igualdad de frecuencia o de tono entre dos sistemas de vibraciones. **4.** Adaptación de una persona o cosa a las características de otra o a las del medio.

sintónico, ca *adj.* Que está sintonizado.

sintonizador, ra *adj.* **1.** Que sintoniza. ‖ *s. m.* **2.** Sistema de los receptores de oscilaciones eléctricas que permite a estos aparatos aumentar o disminuir su longitud de onda para poder sintonizar con un aparato o sistema emisor, como p. ej. el mecanismo de los receptores de radio que permite seleccionar la emisora que se desea escuchar.

sintonizar *v. tr.* **1.** En electrónica, ajustar la frecuencia propia de un circuito a una frecuencia determinada. **2.** Especialmente, en telecomunicaciones, poner el aparato receptor en la misma frecuencia que un aparato emisor o una estación emisora para captar su señal. También *v. intr.* ‖ *v. intr.* **3.** Coincidir con otra u otras personas en ideas, aficiones, carácter, etc. ▪ Se conjuga como *cazar.* **Fam.** Sintonización.

sinuosidad *s. f.* **1.** Cualidad de sinuoso. **2.** Parte sinuosa.

sinuoso, sa *adj.* **1.** Que tiene o hace ondulaciones, curvas o concavidades. **2.** Se aplica a la persona que trata de ocultar o disimular sus verdaderas intenciones sirviéndose de medios indirectos o posturas ambiguas, así como a sus actitudes, acciones, palabras, etc.

sinusitis *s. f.* Inflamación de la mucosa de los senos de la cara que comunican con la nariz.

sinusoide *s. f.* Curva cuyas coordenadas son proporcionales a los senos de las abscisas correspondientes. **Fam.** Sinusoidal.

sinvergonzonada *s. f.* **1.** Acción o dicho propio de un sinvergüenza. **2.** Cosa desvergonzada u obscena.

sinvergonzonería o **sinvergüencería** *s. f.* **1.** Cualidad de sinvergüenza. **2.** Sinvergonzonada*.

sinvergüenza *adj.* **1.** Se dice de quien realiza actos ilegales o censurables en provecho propio o comete inmoralidades. También *s.* **2.** Con tono afectuoso, pillo, granuja. También *s.* **3.** Desvergonzado, fresco. También *s.*

sinvivir *s. m. fam.* Intranquilidad, angustia.

sionismo *s. m.* Movimiento surgido a fines del s. XIX con el objetivo de crear un estado israelí independiente en Palestina. Su fundador fue Theodor Herzl (congreso de Basilea de 1897). El movimiento adquirió gran vigor y apoyó el establecimiento de colonos judíos en Palestina desde principios del s. XX. En 1917 consiguió el reconocimiento británico del derecho del pueblo judío a crear en esta región un estado (declaración Balfour), que se constituyó definitivamente en 1948 pese a la hostilidad de los países árabes. **Fam.** Sionista.

sioux *adj.* **1.** Se dice de un conjunto de pueblos americanos del mismo grupo lingüístico, que habitaron en las llanuras centrales de los actuales EE UU y opusieron resistencia a la colonización blanca. Se denominan a sí mismos *dakotas.* Actualmente viven en reservas en Minnesota, Montana, Nebraska y Dakota. **2.** De estos pueblos. También *s.* ‖ *s. m.* **3.** Lengua hablada por dichos pueblos. ▪ Se escribe también *siux.*

siqu- *pref.* Véase **psico-**.

Siqueiros, David Alfaro (Chihuahua 1898 - Cuernavaca 1974) Pintor mexicano. Es uno de los grandes muralistas de su país. Comprometido políticamente y exiliado varias veces, reflejó en su pintura sus inquietudes revolucionarias. Su propósito fue elaborar un arte de masas, de carácter agresivo y humanista y basado tanto en la tradición popular como en las innovaciones técnicas. Entre sus obras pueden destacarse *Los gigantes* (1932), *Alegoría de la igualdad de las razas* (1943) e *Historia de la humanidad* (1966).

David Alfaro Siqueiros: México, *esmalte sobre tabla (Museo de Arte Moderno, Nueva York).*

Siquem Antigua ciudad de Samaria, situada en la actual Jordania. Hoy se llama *Nablus.* Fue el centro religioso del pueblo samaritano.

siquiera *conj. conces.* **1.** Equivale a *aunque*: *Deja tu habitación recogida, siquiera sea por no disgustar a tu madre.* ‖ *adv. c.* y *m.* **2.** Por lo menos, tan sólo: *Dime su nombre siquiera.* **3.** En oraciones negativas sirve para reforzar la idea de negación: *No tiene siquiera para comer.* ▪ En este caso equivale al adverbio *ni,* con el cual también se puede construir, y a veces se refuerza con *tan*: *No quiero (ni) siquiera pensarlo. Ni tan siquiera le dieron disculpas.*

sir (voz ingl. que significa 'señor') *s. m.* **1.** Tratamiento honorífico que se da en el Reino Unido a los hombres que tienen el título de caballero. **2.** Este mismo título.

Siracusa C. de Italia, cap. de la prov. homónima, en el SE de la isla de Sicilia. 125.450 h. en 1991. Posee industrias alimentarias, químicas, mecánicas, de cemento y refinerías de petróleo. Su puerto es uno de los más activos de Sicilia. Conserva entre otros monumentos el teatro griego, un anfiteatro romano, la catedral barroca, un castillo del s. XIII y el palacio Bellomo (s. XIII-XV). Fundada por los griegos, se convirtió en centro del comercio mediterráneo y núcleo importante de la civilización occidental.

sirena *s. f.* **1.** En mit., ninfa marina con el torso de mujer y la parte inferior de pez, que dirigía a los navegantes hacia las rocas atrayéndoles con su canto. **2.** Aparato que produce un sonido potente y agudo que se oye a gran distancia, como los empleados en vehículos, barcos, fábricas, etc., como señal de alarma o para avisar.

sirenios *s. m. pl.* Orden de mamíferos acuáticos a la que pertenecen cuatro especies comprendidas en dos familias, triquéquidos y dugóngidos. Son parientes remotos de los elefantes, adaptados a vivir en aguas dulces y saladas. Tienen el cuerpo macizo, en forma de huso, y en vez de extremidades poseen aletas, dos anteriores y una caudal. Son animales plácidos y vegetarianos, que habitan en los estuarios de los ríos y las costas del Atlántico de América del Norte, el Pacífico occidental y el Índico. Sirenios son los manatíes y el dugongo. También *adj.* y *s. m.*

sirga *s. f.* Cuerda gruesa empleada para tirar las redes, remolcar embarcaciones desde tierra y otros usos.

sirgar *v. tr.* Remolcar una embarcación desde la orilla tirando de una sirga. ▪ Se conjuga como *pagar.*

Siria (*Suriyah*) Estado del SO de Asia.

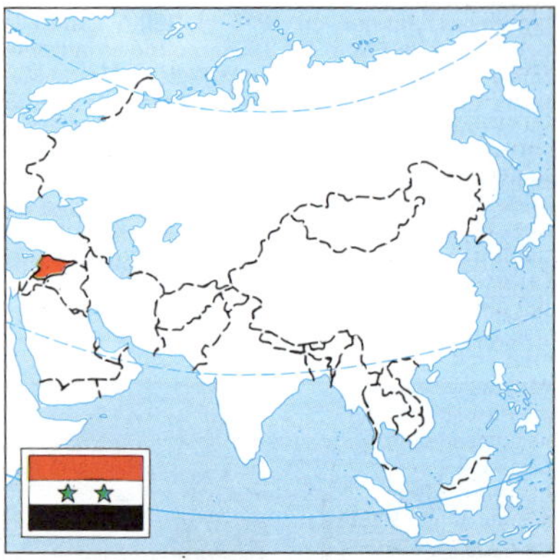

Extensión: 185.180 km^2.
Límites: al N, con Turquía; al E, con Irak; al S, con Irak y Jordania, y al O, con Israel, Líbano y el mar Mediterráneo.
Población: 12.116.000 h. en 1990.
Densidad: 65,4 h./km^2.
Capital: Damasco.
División administrativa: 13 gobernaciones y una municipalidad.
Ciudades principales: Alepo, Homs, Latakia, Hamah.
Gentilicio: sirio.
Forma de Estado: república.
Idioma: árabe.
Religión: islamismo, 89,6 %; cristianismo, 8,9 %.
Moneda: libra siria.
Tasa de natalidad: 44 ‰ en 1990.
Tasa de mortalidad: 7 ‰ en 1990.
Renta per cápita: 1.020 dólares en 1989.

Geog. física Se distinguen, de O a E, tres regiones: en el O se encuentra una llanura litoral separada del interior por una doble cordillera, el Líbano y el Antilíbano, y diversos valles; el centro del país está formado por una accidentada meseta con varios picos volcánicos que está recorrida de NE a SO por una cordillera en la que se distinguen diversas formaciones, como Yabal Abd al-Aziz, Yabal Bisri, Yabal Buwayda y Yabal Saar; el E está constituido por el valle del Eúfrates, principal río que surca el país, que penetra por el NO y toma dirección SE; también son importantes su afluente Jabur y el Orontes en el O. En el extremo NE el curso del Tigris forma la frontera con Turquía. La parte O del país tiene un clima mediterráneo, que se vuelve más seco y caluroso conforme se avanza hacia el E.

Siria: vista de Alepo, con la mezquita en primer plano.

Geog. humana y ***económica*** La población se concentra en los territorios situados en el O; la tasa de crecimiento vegetativo es muy alta. En cuanto a la economía, el país está en vías de desarrollo, aunque desde 1973 la inflación ha frenado ese progreso. Su agricultura, favorecida desde 1978 por la construcción de la presa de Tabka, se dedica al cultivo de cereales, algodón, olivos (sexto productor mundial) y hortalizas. Cuenta con ganadería ovina, caprina y bovina. De su subsuelo se extrae asfalto, sal gema, petróleo, fosfatos y gas natural. La industria es principalmente textil, alimentaria, cementera, de construcción y de refinado de petróleo.

Hist. **antigüedad** A partir del neolítico una cultura urbana se centró primero en Jericó y posteriormente en Damasco. Entre los milenios tercero y primero a. C., la población sedentaria establecida sufrió repetidas invasiones de tribus nómadas que produjeron saqueos y devastaciones. El país estuvo ocupado originalmente por pueblos semitas, fue dominado por egipcios (s. XV a. C.), hititas (s. XIV a. C.), por los pueblos del mar y asirios (s. VIII-VII a. C.). En el 539 a. C., tras la toma de Babilonia por Ciro, Siria se convirtió en satrapía persa. Fue conquistada por Alejandro en el 332 a. C. y más tarde se incluyó en el reino seléucida de Antioquía y llegó a ser un importante centro helenístico. Fue dominada en el 64 a. C. por Roma y, tras la caída del imperio romano de Occidente, por Bizancio.

Siria islámica y otomana Después de la batalla de Cesarea (640), Siria pasó a ser dominada por el Islam, instalándose en Damasco la sede del califato Omeya, que perduraría hasta el 750, año en el que la dinastía abasí trasladó la capital del Islam a Bagdad. En el curso del s. VIII la región fue profundamente islamizada y asimiló la civilización arábiga. En el año 969 se formó un ducado griego en torno a Antioquía. Las cruzadas transformaron la región; se creó el principado de Antioquía, que recibió las instituciones feudales de la cristiandad latina. La expansión mameluca arruinó este asentamiento cristiano, influyendo negativamente en la economía y las relaciones comerciales. En 1517 fue incorporada por el imperio turco otomano. En 1799 se produjo un fracasado intento de invasión de las tropas francesas napoleónicas.

época contemporánea Tras la caída del imperio otomano en la Primera Guerra Mundial, la región fue sometida al dominio francés hasta 1945. En 1918 Faysal se instaló en Damasco como rey de Siria, pero fue expulsado en 1920. En 1930 se promulgó la Constitución. Se consiguió la independencia en 1946. Desde entonces estallaron diversas guerras con Israel y tensiones internas. En 1958 se unió a Egipto en la República Árabe Unida, que se deshizo tres años más tarde. Participó en la guerra de los Seis Días (1967) y del Yon Kippur (1973) contra Israel. En 1970 un golpe de Estado de Hafez al-Assad produjo el cambio de régimen aglutinando todas las fuerzas políticas. Según la Constitución de 1970, el poder legislativo recae en el Consejo del Pueblo. Assad ha sido reelegido presidente de la república en sucesivas convocatorias electorales, la última de ellas en 1985. En 1987 fue nombrado primer ministro Mahmoud al-Zubi.

Siria, escuela de Escuela neoplatónica representada por Jámblico y sus discípulos. Tendió a una metafísica especulativa marcadamente influida por los misterios egipcios.

siriaco o **siríaco, ca** *adj.* **1.** Sirio, de Siria. || *s. m.* **2.** Antigua lengua semítica, procedente del arameo oriental.

sirimiri *s. m.* Llovizna persistente.

siringa *s. f.* Especie de zampoña compuesta de varios tubos unidos formando escala musical. Se llama también *flauta de Pan.*

siringe *s. f.* Órgano de la voz de las aves situado en el extremo inferior de la tráquea; está muy desarrollado en las aves canoras.

sirio, ria *adj.* **1.** De Siria. También *s.* **2.** Se dice de una variedad seca del clima mediterráneo. También *s. m.* || *s. m.* **3.** Variante del árabe que se habla en este país.

Sirio Estrella de la constelación Can Mayor, situada a una distancia de 8,6 años luz de la Tierra y la más brillante del firmamento. Es una estrella doble, pues en torno a ella gravita una enana blanca que provoca irregularidades en su movimiento.

Sirk, Douglas (Skagen 1900 - Lugano, Suiza 1987) Director cinematográfico estadounidense de origen danés. Trabajó en Alemania y en 1937 pasó a EE UU. Maestro del melodrama, entre sus filmes merecen recordarse *Más fuerte que la ley* (*Schockproof*, 1949), *Su gran deseo* (1953), *Obsesión* (1954), *Sólo el cielo lo sabe* (1956) e *Imitación a la vida* (1959).

sirla *s. f.* **1.** En el argot de los delincuentes, atraco con navaja o con un objeto contundente. **2.** *fam.* Navaja.

sirle *s. m.* Chirle, excremento del ganado lanar y cabrío.

siroco *s. m.* Viento cálido y seco procedente del Sáhara.

Siroky, Viliam (Bratislava 1902 - Praga 1971) Político checoslovaco. Vivió refugiado en París y Moscú tras la ocupación alemana de Praga (1938) y formó parte de la resistencia en Hungría. En 1945 fue elegido presidente del Partido Comunista y, después de desempeñar diversos cargos, ocupó la presidencia del gobierno (1953-63).

sirope *s. m.* Jarabe o concentrado de azúcar, jugo de fruta, etc., que se emplea para endulzar algunos postres o para elaborar refrescos.

sirte *s. f.* Bajo de arena en el fondo marino.

Sirte Golfo del mar Mediterráneo, en las costas de Libia, entre Misurata y Bengazi. Consta de dos sectores, el Pequeño Sirte al O y el Gran Sirte al E.

sirventés *s. m.* Cierta composición poética provenzal de tema moral, político o satírico. Se llama también *serventesio.*

sirviente, ta *s. m.* y *f.* **1.** Persona que sirve a otra, especialmente en las tareas domésticas. || *s. m.* **2.** Persona que maneja una maquinaria o ciertas armas, sobre todo piezas de artillería.

sisa *s. f.* **1.** Pequeña cantidad que alguien roba del dinero o los bienes que maneja por cuenta de otro, especialmente en la compra diaria de alimentos y otras cosas. **2.** Corte hecho en una prenda de vestir para ajustarla al cuerpo; especialmente, abertura a la que se cose la manga y que se corresponde con la axila.

sisal *s. m.* **1.** Fibra que se obtiene de la pita y se emplea para la fabricación de cuerdas, sacos, etc. **2.** Pita*, planta.

sisar *v. tr.* **1.** Hacer sisa, sustraer pequeñas cantidades. **2.** Hacer las sisas en una prenda de vestir. **FAM.** Sisador.

Sisavang Vong (Luang Prabang 1885 - íd. 1959) Rey de Luang Prabang durante el protectorado francés y rey de Laos (1946-59) tras su independencia. Defendió los intereses coloniales.

sisear *v. intr.* Emitir un sonido inarticulado y continuo, semejante a *chsss...*, para llamar la atención de alguien, exigirle silencio o bien manifestar desagrado. También *v. tr.*

Sisebuto (? - ? 621) Rey visigodo de Hispania (612-621). Sucesor de Gundemaro, es considerado uno de los monarcas más cultos y romanizados de la Hispania visigoda. Dictó disposiciones contra los judíos, muchos de los cuales tuvieron que emigrar a Francia, sometió a los astures y consiguió reducir las posesiones de los bizantinos en la Península.

Sisenando (? - ? 636) Rey visigodo de España (631-636). Derrocó a su antecesor Suintila y prosiguió las persecuciones contra los judíos. Dictó leyes para asegurar la estabilidad de la institución real y garantizar la elección del monarca por nobles y obispos.

siseo *s. m.* Acción y efecto de sisear.

Sísifo En la mitología griega, rey legendario de Corinto. Dio gran prosperidad a su reino, hasta tal punto que consiguió encadenar a Thanatos, la muerte. Según la leyenda, fue condenado a subir eternamente una piedra por una ladera, que al llegar casi a la cima volvía a caer. Esta historia ha sido tomada como alegoría de la absurda vida del hombre en su incesante e inútil actividad.

Sisley, Alfred (París 1839 - Moret-sur-Loing 1899) Pintor británico de origen francés. Formado en Francia, se trasladó en 1870 a Londres huyendo de la invasión prusiana. Volvió a París y allí pintó paisajes con un especial estudio de la luz, que intentó reflejar en sus diversas fases del día. En 1874 participó en la primera exposición de impresionistas. Entre sus cuadros sobresalen *El canal* (1872), *La plaza Argenteuil* (1872), *La esclusa de Bougival* (1873) y *Las regatas* (1874).

sismicidad *s. f.* Actividad sísmica. Las zonas de máxima sismicidad son las situadas junto a grandes fallas, que constituyen líneas de debilidad tectónica, como las costas del Pacífico y las áreas limítrofes del Mediterráneo.

sísmico, ca *adj.* Perteneciente o relativo al seísmo.

Distribución de los fenómenos sísmicos en el mundo: las zonas de mayor actividad se hallan rodeando los grandes escudos africano, brasileño, canadiense y ruso-báltico.

sismo *s. m.* Seísmo*.

sismógrafo *s. m.* Instrumento que registra los seísmos, advirtiendo y señalando la dirección, frecuencia y amplitud de las ondas producidas por ellos.

sismología *s. f.* Parte de la geología que se ocupa de los seísmos. **FAM.** Sismológico.

sismólogo, ga *s. m.* y *f.* Especialista en sismología.

sismómetro *s. m.* Instrumento que mide la fuerza de las oscilaciones y sacudidas producidas durante un seísmo.

Sismondi, Jean Charles Léonard Simon de (Ginebra 1773 - íd. 1842) Economista suizo. Vivió en el Reino Unido, donde asistió a las transformaciones sociales causadas por el desarrollo industrial. Criticó las teorías de Adam Smith y afirmó que la diferencia cada vez mayor entre lo que produce un trabajador y su remuneración conduce necesariamente a su empobrecimiento. Propuso una economía basada en pequeños productores. Entre sus obras destacan *De la riqueza comercial* (1803), *Nuevos principios de economía política* (1819) y *Estudios sobre economía política* (1837).

sisón *s. m.* Ave gruiforme de la familia otídidos, especie *Tetrax tetrax.* Mide unos 43 cm de longitud, presenta plumaje pardo en el dorso y blanco en el vientre, y el macho, unas marcas negras y blancas en el cuello en la época de cría. Es migrante parcial, gregaria y anida en estepas y grandes llanuras de España, Francia, Cerdeña, S de Italia y los Balcanes, y en Asia y el N de África. Se alimenta de vegetales y pequeños animales.

sisón, na *adj. fam.* Que sisa mucho. También *s.*

sistema *s. m.* **1.** Conjunto de elementos relacionados entre sí de modo que constituyen un todo estructurado o una unidad. **2.** En biol., conjunto de órganos conectados entre sí, que contribuyen a realizar una determinada función. **3.** Conjunto organizado de principios, reglas, instituciones, etc., que rigen u ordenan una cosa. **4.** En fil., doctrina o teoría que constituye un todo con coherencia interna. **5.** En ling., la lengua, o cada uno de sus aspectos (fonológico, léxico, gramatical), considerados como un conjunto organizado de elementos relacionados entre sí. **6.** Manera organizada de hacer algo. **7.** Modo en que está constituido un aparato, mecanismo o utensilio. || **8. sistema cegesimal** Véase **cegesimal**. **9. sistema cristalino** Véase **cristalino**. **10. sistema de coordenadas** Correspondencia que asigna a cada punto de una recta, plano o espacio un conjunto de números. Si el punto es de una recta, ese conjunto consta de un solo número; si es de un plano, consta de dos, y si es de un espacio, consta de tres. Entre los sistemas de coordenadas destacan los formados por dos rectas perpendiculares entre sí (coordenadas cartesianas), llamadas *eje de ordenadas* y *eje de abscisas*, en las cuales pueden representarse curvas planas formadas por puntos cuya situación en el plano viene dada por dos números (x, y), que se corresponden con las distancias horizontal y vertical respectivamente al punto donde se cortan dichas rectas. **11. sistema de ecuaciones lineales** En mat., aquel en que todas las ecuaciones son de primer grado en todas las incógnitas. **12. sistema experto** En inform., programa que incorpora conocimientos e informaciones suministradas por especialistas en una materia, lo que permite al ordenador dar respuestas semejantes a las que daría un experto en dicha materia. **13. sistema métrico** El de pesas y medidas que tiene por base el metro y en el cual las unidades de una misma naturaleza son diez, cien, mil o diez mil veces mayores o menores que la unidad principal de cada clase. **14. sistema MKS** Sistema de medidas cuyas unidades fundamentales son el metro, el kilogramo y el segundo. **15. sistema montañoso** (o **de montañas**) Conjunto de montañas que forman una unidad geográfica. **16. sistema operativo** En inform., programa o conjunto de programas que realizan la gestión de los procesos básicos de un sistema informático, permitiendo la normal ejecución del resto de las operaciones. **17. sistema periódico** Disposición de los elementos químicos en orden creciente de su número atómico, de tal manera que queden agrupados en filas horizontales o periodos y columnas verticales o grupos, teniendo los elementos de un mismo grupo un comportamiento

El Sistema Solar representado desde la superficie de la Luna.

químico similar. **18. sistema planetario** (o **solar**) El formado por una estrella (en nuestro sistema, el Sol) y los planetas, satélites y cometas sometidos a su atracción. **19. Sistema Internacional** Sistema de unidades internacionalmente admitidas, que se utilizan como patrón de medida de las distintas magnitudes físicas. || **LOC. por sistema** *adv.* Obstinándose siempre en hacer lo mismo sin razón alguna.

Astron. **Sistema Solar** Sistema planetario al que pertenece la Tierra, formado por el Sol, nueve planetas que giran en torno a él: Mercurio, Venus, Tierra, Marte, Júpiter, Saturno, Urano, Neptuno y Plutón, sus respectivos satélites, 42 en total, así como miles de asteroides –sobre todo los del cinturón situado entre Marte y Júpiter–, centenares de cometas, planetas menores –cuerpos celestes de pequeño tamaño que orbitan entre Marte y Júpiter–, meteoritos, gas y polvo cósmico en grandes cantidades. Ocupa un área del espacio con un radio de seis mil millones de km a partir del Sol y está situado en uno de los brazos de la galaxia Vía Láctea, a unos 27.000 años luz del núcleo de la misma. Los planetas describen órbitas elípticas en torno al Sol y se hallan situados a distancias crecientes de éste; los más cercanos al Sol, Mercurio, Venus, Tierra y Marte, se llaman *telúricos*, y los más alejados, Júpiter, Saturno, Urano, Neptuno y Plutón, se llaman *jovianos*.

Quím. **sistema periódico** El que se utiliza en la actualidad es básicamente el propuesto por Mendeleiev, con las modificaciones introducidas por Werner. Consta de 7 filas y 32 columnas. Las filas o periodos se numeran del 1 al 7, mientras que la nomenclatura de las columnas no está unificada, aunque por lo general éstas se identifican mediante números romanos seguidos de la letra A o B. Los grupos correspondientes a los elementos de transición interna (lantánidos y actínidos) no tienen numeración específica. La posición de un elemento en el sistema periódico suministra por sí misma una valiosa y abundante información sobre sus características físicas y sus propiedades químicas. El número de la casilla que ocupa un determinado elemento coincide con el número de electrones de su átomo, cuando se encuentran en su estado fundamental, y constituye el llamado *número atómico* del elemento en cuestión. El número asignado a cada fila o periodo indica el valor del *número cuántico n* correspondiente a los orbitales de tipo *s* o *p* que se están ocupando a medida que se construye el periodo. Dado que los átomos de un mismo periodo poseen el mismo número de niveles de electrones (capas electrónicas), sus *volúmenes atómicos* serán del mismo orden. Los átomos de los elementos pertenecientes a una misma columna o grupo del sistema periódico tienen la misma *configuración electrónica* en su nivel más externo o nivel de valencia, lo que explica que tengan un comportamiento químico muy semejante. (Véase el cuadro del **sistema periódico** en pág. 426.)

sistemáticamente *adv. m.* **1.** De manera sistemática: *Los archivos están ordenados sistemáticamente.* **2.** Invariablemente, por sistema: *Rechaza sistemáticamente todas mis propuestas.*

sistemático, ca *adj.* **1.** Que constituye un sistema o se ajusta a él. **2.** Que obra siguiendo un método u orden. || *s. f.* **3.** Ciencia de la clasificación. **4.** Método o sistema de clasificación.

sistematizar *v. tr.* Organizar como sistema o de acuerdo con un sistema. ■ Se conjuga como *cazar.* **FAM.** Sistematización.

sistémico, ca *adj.* **1.** Perteneciente o relativo a la totalidad de un sistema. **2.** En med., perteneciente o relativo a la circulación general de la sangre o al organismo en su conjunto.

sístole *s. f.* **1.** Movimiento de contracción del corazón y las arterias, que alterna con la diástole para impulsar la sangre por el sistema circulatorio. **2.** Licencia poética que permite usar una sílaba larga como breve; se opone a *diástole.*

sistro *s. m.* Antiguo instrumento musical consistente en un aro o herradura de metal atravesado por varillas, que se hacía sonar agitándolo.

sitar (voz hindi) *s. m.* Instrumento musical de cuerda originario de la India, de forma parecida al laúd y con mango muy largo, que se pulsa con un plectro.

sitial *s. m.* Asiento de ceremonia.

sitiar *v. tr.* **1.** Rodear una posición, una fortaleza, etc., para atacarla y apoderarse de ella. **2.** Acorralar, acosar. **FAM.** Sitiado, sitiador.

sitio[1] (del lat. *situs*) *s. m.* **1.** Espacio o lugar que está o puede ser ocupado por alguien o algo. **2.** Espacio concreto dentro de otro más o menos delimitado. **3.** Presencia o existencia de una persona o cosa en determinada circunstancia. || **4. real sitio** (o **sitio real**) Residencia de recreo o descanso propiedad de los reyes. || **LOC. dejar** a uno (o **quedarse** alguien) **en el sitio** *fam.* Respectivamente, matarle o morirse en el acto. **poner** a alguien **en su sitio** *fam.* Mostrarle cuál es su importancia o posición, sin permitirle familiaridades ni extralimitaciones.

sitio[2] *s. m.* **1.** Acción y efecto de sitiar. || **2. estado de sitio** Situación excepcional de un país en la que el poder civil delega facultades extraordinarias en la autoridad militar y se suprimen ciertos derechos y libertades constitucionales. || **LOC. poner sitio** Sitiar*.

sito, ta *adj.* Situado, emplazado.

situación *s. f.* **1.** Acción y efecto de situar o situarse. **2.** Lugar, localización. **3.** Estado o disposición en que se halla una persona o cosa. **4.** Conjunto de realidades o circunstancias que se dan en un momento determinado. **5.** Circunstancia social o económica en que vive una persona. || **6. ética de situación** Aquella que mantiene que las reglas o leyes éticas no son absolutas, sino que han de aplicarse teniendo en cuenta las situaciones humanas concretas. **7. situación activa** Circunstancia de estar un funcionario desempeñando su empleo. **8. situación pasiva** La del funcionario que no presta servicio activo, pero sigue disfrutando de ciertos derechos.

situado, da 1. *p. p.* de **situar**. También *adj.* || *adj.* 2. Que tiene una situación económica o social estable y próspera.

situar *v. tr.* 1. Poner a alguien o algo en un determinado sitio, estado o circunstancia. También *v. prnl.* 2. Localizar algo en un determinado lugar. 3. Hacer un depósito de dinero para algún pago o inversión. || *v. prnl.* 4. Conseguir una buena posición económica o social. ▪ En cuanto al acento, se conjuga como *actuar*: *sitúo*.

siútico, ca *adj. Chile. fam.* Presumido, afectado.

siux *adj.* Sioux*.

Siva Tercer miembro de la Trimurti o tríada hindú. Es el dios destructor, que personifica el poder disolvente de la naturaleza. Pero es también la encarnación del poder reproductor de la misma. Su representación más frecuente es como danzante, con cuatro brazos, un tercer ojo en la frente y rodeado de serpientes.

Sixto Nombre de varios papas.

Sixto IV (Celle Ligure, cerca de Savona 1414 - Roma 1484) Papa italiano. De nombre Francesco della Rovere, su pontificado abarca de 1471 a 1484. Luchó contra los turcos, aunque no pudo poner de acuerdo a los príncipes cristianos. Se enemistó con los Médicis y estuvo sometido a la influencia de su sobrino, el cardenal Girolamo Riario. Otorgó a los Reyes Católicos la bula por la que se creó la Inquisición española. Fue protector de las artes y las letras, y encargó la construcción y decoración de la capilla Sixtina.

Sixto V (Grottammare, Marcas 1520 - Roma 1590) Papa italiano. De nombre Felice Peretti, su pontificado abarca de 1585 a 1590. Combatió la corrupción en Roma y saneó la economía de sus estados. Apoyó la Armada Invencible contra Inglaterra y durante su pontificado se editó el texto completo de la *Biblia Vulgata* (1590), a la que dio el carácter de única versión latina autorizada.

Siyad Barreh, Mohamed (Lugh, Alto Juba 1919) Militar y político somalí. Como jefe de las fuerzas armadas, tomó el poder mediante un golpe de Estado en 1969. Implantó profundos cambios en el país, principalmente nacionalizaciones y reformas sociales radicales. En 1976, además de la jefatura de Estado asumió la presidencia del consejo de ministros. En 1987 dejó el cargo de primer ministro y en 1991 se produjo su caída en medio de la guerra civil.

Skagerrak Estrecho del mar del Norte, situado entre la costa S de Noruega y la península danesa de Jutlandia. Tiene una longitud de 250 km, su anchura oscila entre los 50 y los 145 km y su máxima profundidad es de 809 m. Comunica con el estrecho de Kattegat, que llega hasta el mar Báltico.

skateboard (voz ingl. que significa 'tabla de patinar') *s. m.* Monopatín*.

skay (voz ingl.) *s. m.* Materia sintética que imita piel o cuero. ▪ Se escribe también *scay* y *escay*.

sketch (voz ingl.) *s. m.* Escena breve, generalmente humorística o satírica, que se intercala como una unidad independiente dentro de un espectáculo más amplio.

ski (voz noruega que significa 'tronco cortado') *s. m.* Esquí*.

skijama *s. m.* Esquijama*.

skinhead (voz ingl.) *s. m.* y *f.* Nombre que reciben los jóvenes de cierta tendencia que comenzó a adquirir relieve en Londres a finales de los años setenta y principios de los ochenta. Se caracterizan por su pelo rapado, su actitud violenta y su simpatía hacia posturas ultranacionalistas y de extrema derecha. También *adj.*

Skinner, Burrhus Frederic (Susquehanna, Pennsylvania 1904 - Cambridge, Massachusetts 1990) Psicólogo estadounidense. Profesor en Harvard desde 1948, es el principal representante de la psicología conductista radical. En oposición a cualquier tipo de mentalismo, realizó importantes trabajos experimentales que le llevaron a formular el condicionamiento instrumental. Entre sus obras destacan *La conducta de los organismos* (1938), *Ciencia y conducta humana* (1953) y *Sobre el conductismo* (1974).

Skopje C. de Macedonia, situada en el SE de esta república balcánica, a orillas del río Vardar. 408.150 h. en 1981. Posee industrias siderúrgicas, metalúrgicas, químicas, alimentarias, textiles, madereras, de material eléctrico, vidrio y cerámica. Es un importante centro de comunicaciones. En 1963 sufrió un devastador terremoto y fue posteriormente reconstruida.

Skriabin, Alexander Nikolaievich (Moscú 1872 - íd. 1915) Compositor ruso. Abandonó el estilo de la escuela nacionalista rusa para abrirse a las corrientes europeas. Sus primeras obras, de inspiración romántica, evolucionaron hacia un arte muy personal, alejado de los principios armónicos clásicos. Influido por la metafísica oriental, compuso sus célebres *Poema divino* (1903) y *Poema del éxtasis* (1907). Es autor además de tres sinfonías y numerosas obras para piano.

skylab (voz ingl.) *s. m.* Nombre de varias instalaciones espaciales puestas en órbita por EE UU, capaces de albergar astronautas durante periodos de tiempo dilatados y de llevar a cabo numerosos trabajos científicos. La primera fue lanzada al espacio en mayo de 1973 y cayó a la Tierra en julio de 1979.

SL Siglas de sociedad* limitada.

slalom (voz ingl., del noruego *slalam*) *s. m.* Carrera de esquí contra reloj en la que los deportistas se deslizan por una pendiente sorteando una serie de banderas situadas alternamente a izquierda y derecha del recorrido. Tiene dos modalidades: **slalom especial**, con un desnivel entre 180-220 m (120-180 m en pruebas femeninas), y **slalom gigante**, con un desnivel de 400 m (300 m en pruebas femeninas). Es deporte olímpico. ▪ Se escribe también *eslalon*.

slam (voz ingl.) *s. m.* 1. En el juego del bridge, lance por el que un jugador se compromete a lograr doce bazas. El **gran slam** consiste en hacer trece bazas. || 2. **gran slam** En tenis, conjunto de los cuatro campeonatos más importantes del mundo: Wimbledon (Reino Unido), Roland Garros (Francia) y los open de EE UU y de Australia.

slang (voz ingl.) *s. m.* 1. Jerga popular del inglés. 2. P. ext., argot, jerga en general.

slip (voz ingl.) *s. m.* 1. Cierto tipo de calzoncillos ajustados y sin perneras. 2. Bañador de características similares. ▪ Se escribe también *eslip*.

Sliven C. de Bulgaria, perteneciente al distrito de Burgas, situada en el extremo S de los Balcanes. 109.400 h. en 1989. Es el centro urbano de una región agrícola e industrial. Posee cultivos de rosas y fresas e industria textil de la seda.

slogan (voz ingl.) *s. m.* Eslogan*.

Sluter, Claus (Haarlem h. 1345 - Dijon h. 1405) Escultor holandés. Renovó la escultura gótica introduciendo un profundo realismo, que influyó en los artistas europeos de la época. Trabajó en Borgoña, donde realizó la portada de la iglesia de la cartuja de Champmol. Su obra maestra es el *Pozo de Moisés*. Inició el sepulcro del duque de Borgoña, en el que implantó la fórmula de los sepulcros rectangulares, con la figura yacente del difunto esculpida en su cara superior y pequeñas figurillas plañideras en las caras laterales.

Sm Símbolo químico del samario.

smash (voz ingl.) *s. m.* En tenis, golpe fuerte de arriba abajo que se da a la pelota.

Smetana, Bedrich (Litomysl 1824 - Praga 1884) Compositor checo. Es uno de los más importantes representantes del nacionalismo musical de su país. El sello romántico de sus composiciones se hace especialmente perceptible en obras como el ciclo de poemas sinfónicos *Mi patria* (1874-79). Sus dos óperas más célebres, *Los brandeburgueses en Bohemia* (1866) y *La novia vendida* (1866), fueron escritas para ser estrenadas en el teatro lírico nacional que contribuyó a crear. Es también autor de una sinfonía, dos cuartetos de cuerda, música para piano y multitud de canciones.

Smith, Adam (Kirkcaldy, Fifeshire 1723 - Edimburgo 1790) Economista y filósofo británico. A él se debe la fundación de la escuela clásica de economía, que ejerció una influencia decisiva en los economistas del s. XIX. Afirmó que el trabajo es la principal fuente de riqueza y que el interés individual, juntamente con el funcionamiento libre de la oferta y la demanda, constituye el mecanismo más apropiado de regulación de la economía. Defendió la libertad

Adam Smith.

absoluta del comercio. En su *Teoría de los sentimientos morales* (1759) establece un orden natural en el que hace confluir el interés individual con la solidaridad o *simpatía*, aspecto este que tomará como fundamento de la moral. Su obra *Investigaciones sobre la naturaleza y causas de la riqueza de las naciones* (1776) constituye la base del liberalismo económico.

Smith, Bessie (Chattanooga 1894 - Clarksdale, Mississippi 1937) Cantante de blues estadounidense. Actuó con los mejores músicos de los años veinte y grabó su primer disco en 1933. Algunos de sus grande éxitos fueron *Saint Louis blues* (1925), *Empty bed blues* (1928) y *Nobody knows you when you are down and out* (1929).

Smith, Hamilton (Nueva York 1931) Microbiólogo estadounidense. Especialista en genética, en 1978 recibió el premio Nobel de medicina, compartido con Daniel Nathans y Werner Arber, por el descubrimiento y empleo de enzimas que fragmentan las moléculas de ADN.

Smith, Ian Douglas (Selukwe 1919) Político rhodesiano. Primer ministro (1964-79), declaró unilateralmente la independencia de Rhodesia en 1965. Tras la proclamación de la república (1970), mantuvo un duro régimen racista. Participó en la conferencia de Lancaster House, en Londres, que puso fin al dominio de la minoría blanca y acordó la independencia de Zimbabwe (antigua Rhodesia).

Smith, Joseph (Sharon 1805 - Carthage , Illinois 1844) Reformador religioso estadounidense. Fue el fundador de la secta de los mormones (1830). Acusado de fomentar la poligamia, murió linchado.

smithsonita *s. f.* $ZnCO_3$. Mineral de carbonato de cinc. Es sedimentario y cristaliza en el sistema trigonal, aunque generalmente se presenta en masas amorfas. Tiene color variable, amarillo o gris, y brillo vítreo. Se emplea para la fabricación de latón y otras aleaciones y de elementos galvanizados. Sus principales yacimientos se encuentran en Europa central, EE UU, Argelia y Namibia; en España, en Asturias y Cantabria.

smog (voz ingl.) *s. m.* Nube o masa atmosférica de dióxido de carbono y otras sustancias contaminantes en suspensión, que se forma sobre los grandes centros urbanos o núcleos industriales.

smoking (voz ingl.) *s. m.* Chaqueta masculina de etiqueta con cuello largo de seda y sin faldones. ▪ Se escribe también *esmoquin*.

Smolensk C. de la Federación Rusa, situada al SO de Moscú, cerca del río Dniéper. 341.000 h. en 1989. Es un nudo de comunicaciones ferroviarias, que posee industria textil, alimentaria, tabaquera y de construcciones mecánicas y eléctricas. Desde el s. XI fue una de las principales etapas de la ruta de los varegos y se convirtió en activo centro comercial. Fue definitivamente incorporada a Rusia en 1654. De su núcleo monumental destacan las murallas, la ciudadela (s. XVII) y la catedral de la Asunción.

Smuts, Jan Christiaan (Bovenplaats, Ciudad del Cabo 1870 - Irene, cerca de Pretoria 1950) Militar y político sudafricano. Luchó contra el Reino Unido en la guerra de los bóers y participó junto a Louis Botha en la unificación de las repúblicas bóers y las colonias británicas del S de África. Fue primer ministro de la Unión Sudafricana (1919-24 y 1939-48).

Sn Símbolo químico del estaño.

snack-bar (voz ingl.) *s. m.* Bar restaurante en el que se sirven comidas rápidas. ▪ Se escribe también *snack bar*.

Snell, George Davis (Bradford, Massachusetts 1903) Biólogo estadounidense. Fue director del laboratorio *Jackson* de Bar-Harbor, en Maine. En 1980 obtuvo el premio Nobel de fisiología y medicina, compartido con Jean Dausset y Baruj Benacerraf, por sus investigaciones sobre el control genético de la respuesta del sistema inmunológico en los trasplantes.

snob (voz ingl.) *adj.* Se dice de la persona que, por afectación o para darse importancia, adopta costumbres, modas o ideas que no le son propias. También *s.* ▪ Se escribe también *esnob.*

Snyders, Frans (Amberes 1579 - íd. 1657) Pintor flamenco. Especializado en bodegones y en escenas de caza, entre sus cuadros destacan *Pelea de gallos, Caza del ciervo, Caza del jabalí* y *Bodegón de la oca.*

so[1] *s. m.* contr. popular de **señor**. Sólo se emplea para reforzar calificativos de insulto: *¡Pero qué estás haciendo, so animal!*

so[2] (del lat. *sub*) *prep.* Bajo, debajo de. ▪ Actualmente se emplea casi exclusivamente en las locuciones siguientes: **so pena de** Véase **pena**[1]; **so pretexto de** Con el pretexto o excusa que se expresa; y con el mismo significado, aunque menos frecuentes: **so capa de** y **so color de**.

so- *pref.* Significa 'bajo, debajo': *socavar, soterrar.* También, 'ligeramente, superficialmente': *sofreír.*

¡so! *interj.* Se emplea para hacer que se paren las caballerías.

SO Iniciales de sudoeste.

Soares, Mário (Lisboa 1924) Político portugués. Detenido varias veces por sus actividades contra el régimen de Salazar, en 1970 marchó al exilio en París, donde se ocupó de coordinar la campaña internacional contra la dictadura y de reestructurar el Partido Socialista Portugués, del que fue elegido secretario general (1973-80 y 1981-85). Regresó a Portugal a raíz del movimiento revolucionario de 1974 y participó en el gobierno provisional. Primer ministro (1976-78, 1983-85), fue elegido en 1986 presidente de la república.

soasar *v. tr.* Asar ligeramente un alimento.

soba *s. f.* **1.** Acción y efecto de sobar. **2.** *fam.* Paliza, derrota.

sobaco *s. m.* Concavidad o hueco en la parte interior de la unión del brazo con el cuerpo.

sobado, da 1. *p. p.* de **sobar**. También *adj.* ‖ *adj.* **2.** Muy usado o muy tratado. ‖ *s. m.* **3.** Bollo o torta, generalmente de forma cuadrada, hecho con abundante aceite o manteca.

sobajar *v. tr.* **1.** Manosear una cosa con fuerza. **2.** *amer.* Humillar.

sobaquera *s. f.* **1.** Pieza con que se refuerza o impermeabiliza una prenda de vestir por la parte del sobaco. **2.** Abertura que se deja en algunas prendas en la parte del sobaco.

sobaquillo *s. m. dim.* de **sobaco**. ‖ **LOC. de sobaquillo** *adv.* Modo de lanzar piedras por debajo del sobaco. En tauromaquia, forma de poner banderillas dejando pasar la cabeza del toro y clavándolas el torero hacia atrás.

sobaquina *s. f.* Olor desagradable procedente del sudor de los sobacos.

sobar *v. tr.* **1.** Tocar o apretar con insistencia una cosa, de modo que ésta se ablanda o corre el riesgo de estropearse, ensuciarse, etc. **2.** Tocar o acariciar insistentemente a una persona. **3.** Golpear a alguien. **4.** Derrotar de forma aplastante. **5.** *amer.* Colocar los huesos dislocados. **6.** *amer.* Dar fricciones o masajes. También *v. prnl.* **7.** *amer.* Adular. ‖ *v. intr.* **8.** *fam.* Dormir. ‖ **LOC. sobarla** *fam.* Dormir la borrachera.

sobe o **sobeo** *s. m.* Soba*.

soberanía *s. f.* **1.** Autoridad suprema del poder público. **2.** Autoridad de un Estado sobre un territorio y sus pobladores. **3.** Cualidad o condición de soberano o independiente. **4.** Cualidad de excelente o supremo. ‖ **5. soberanía nacional** Autoridad y poder públicos que el pueblo ejerce por medio de sus órganos institucionales representativos.

soberano, na *adj.* **1.** Que ejerce la máxima autoridad del poder público. También *s.* **2.** Se dice del país o territorio que se gobierna por sí mismo sin estar sometido a otro. **3.** Excelente, supremo, insuperable. **4.** Con ciertos sustantivos, grande, enorme. ‖ *s. m.* y *f.* **5.** Rey o reina. ‖ *s. m.* **6.** Moneda inglesa de oro. **FAM.** Soberanamente.

soberbia *s. f.* **1.** Actitud y cualidad de la persona que se cree superior a las demás por alguna circunstancia y se muestra arrogante y despreciativa. **2.** Suntuosidad, magnificencia.

soberbio, bia *adj.* **1.** Que tiene soberbia o se deja llevar por ella. También *s.* **2.** Arrogante, gallardo. **3.** Grandioso, magnífico, superior. **4.** Con algunos sustantivos, muy grande, enorme. ‖ *interj.* **5.** Expresión de admiración o entusiasmo. ▪ En esta acepción se usa sólo la forma masculina. **FAM.** Soberbiamente.

sobetear *v. tr.* Sobar repetida o insistentemente. **FAM.** Sobeteo.

sobo *s. m.* Soba*.

sobón, na *adj. fam.* Que acostumbra a sobar o manosear a otros, resultando molesto. También *s.*

sobornar *v. tr.* Dar dinero u otro tipo de recompensa a alguien para que haga algo ilícito o injusto. **FAM.** Sobornable, sobornador.

soborno *s. m.* **1.** Acción y efecto de sobornar. **2.** Dinero o cualquier otra cosa con que se soborna.

Soboul, Albert (Suresnes 1911 - Nîmes 1982) Historiador francés. Se ha dedicado, desde una perspectiva marxista, al estudio de la sociedad francesa de antes y durante la Revolución. Entre sus obras hay que destacar *Campesinos, jacobinos y sans-culottes* (1960), *Francia en vísperas de la Revolución* (1966) y *Comprender la Revolución Francesa* (1981).

sobra *s. f.* **1.** Exceso de una cosa. **2.** Parte que queda después de utilizar o consumir algo, particularmente alimentos. Se usa sobre todo en *pl.* ‖ **LOC. de sobra** *adj.* y *adv.* Más que suficiente, más de lo necesario; también, de más.

sobradillo *s. m.* Tejadillo sobre un balcón o ventana.

sobrado, da 1. *p. p.* de **sobrar**. ‖ *adj.* **2.** Más de lo justo o necesario. **3.** Que tiene abundancia de dinero o bienes. ‖ *s. m.* **4.** Desván*.

sobrante *adj.* **1.** Que sobra de lo que se utiliza o consume. También *s. m.* **2.** De sobra.

sobrar *v. intr.* **1.** Quedar algo después de usar o consumir lo necesario. **2.** Haber o disponer de alguna cosa más de lo necesario. **3.** Estar de más, ser innecesario o indeseable.

sobrasada *s. f.* Embutido típico de las islas Baleares, compuesto de carne de cerdo muy triturada, sal, pimienta y pimentón molido.

sobre[1] *s. m.* **1.** Envoltorio, plano y rectangular, por lo general de papel, en que se introducen cartas, tarjetas, documentos, etc., para enviarlos por correo o guardarlos. **2.** Envoltorio parecido para diversos usos. **3.** *fam.* Cama, mueble para dormir.

sobre[2] (del lat. *super*) *prep.* **1.** Encima de lo que se expresa, tocándolo o no, o viniendo de arriba: *El libro está sobre la mesa. Llueve sobre la tierra.* **2.** Próximo u orientado a cierta cosa o lugar, superándolo en altura: *La ventana da sobre la plaza. El campanario se alza sobre los tejados.* **3.** Expresa dominio o superioridad: *Es el jefe; no tiene a nadie sobre él.* **4.** Indica control o vigilancia: *Hay que estar continuamente sobre él para que estudie.* **5.** Acerca de; indica el asunto o materia de que se trata: *Hablemos sobre tus notas.* **6.** Expresa idea de aproximación respecto a una cantidad o número: *Vendré sobre las nueve.* **7.** Además de: *Me dio mil pesetas sobre lo acordado.* **8.** Hacia, contra: *Marcharon sobre la ciudad.* **9.** Siguiendo de cerca a alguien o algo: *Ya están sobre nuestra pista.* **10.** Introduce aquello en lo que se realiza una acción o se produce un efecto: *Este fármaco actúa directamente sobre los agentes patógenos.* **11.** Dejando en prenda o garantía lo que se indica: *Pidió un crédito sobre la casa.* **12.** Señala aquello que está sometido a una carga o un gravamen: *impuesto sobre la renta. Sobre la casa pesa una hipoteca.* **13.** Precedido y seguido del mismo sustantivo, expresa idea de reiteración o acumulación: *Recibió golpe sobre golpe.* **14.** Después de, con posterioridad a: *El tren llegó con cuarenta minutos de retraso sobre la hora prevista.* **15.** En el lenguaje comercial, indica la persona o entidad a cuyo favor se gira una cantidad o el lugar en que debe hacerse efectiva.

sobre- *pref.* **1.** Expresa aumento o intensificación: *sobrecarga.* **2.** Añade algunos significados de la preposición *sobre*: *sobrecubierta.*

sobreabundancia *s. f.* Superabundancia*.

sobreabundar *v. intr.* Superabundar*. **FAM.** Sobreabundante.

sobreagudo, da *adj.* En mús., se dice de los sonidos más agudos que pueden emitir las voces de tenor y soprano, y que se encuentran localizados a partir del do de pecho. También *s. m.*

sobrealimentación *s. f.* **1.** Acción y efecto de sobrealimentar o sobrealimentarse. **2.** Sobrealimento*.

sobrealimentar *v. tr.* **1.** Dar a una persona o animal más alimento del que necesita. También *v. prnl.* **2.** En mecánica, aumentar la presión del combustible en un motor de explosión para incrementar su potencia.

sobrealimento *s. m.* Alimento para sobrealimentar o sobrealimentarse. ▪ Se dice también *sobrealimentación.*

sobreañadir *v. tr.* Añadir con exceso o con repetición.

sobreasar *v. tr.* Volver a poner al fuego un alimento ya asado o cocido para que se tueste.

sobrecarga *s. f.* **1.** Exceso de carga. **2.** En particular, carga suplementaria que puede soportar una construcción, mecanismo, aparato, etc., en condiciones excepcionales. **3.** Saturación de líneas eléctricas o de comunicación, de la capacidad de un aparato, etc. **4.** Nueva carga o motivo de preocupación o sufrimiento. **5.** Impresión tipográfica hecha oficialmente sobre un sello para alterar su valor, conmemorar un suceso, etc.

sobrecargar *v. tr.* Cargar demasiado en cualquier sentido. ▪ Se conjuga como *pagar.*

sobrecargo *s. m.* **1.** En los buques mercantes y de línea, oficial al cuidado del cargamento y el pasaje. **2.** En los aviones comerciales, miembro de la tripulación encargado de supervisar ciertas funciones auxiliares.

sobrecoger *v. tr.* Asustar, impresionar. También *v. prnl.* ▪ Se conjuga como *coger.* **FAM.** Sobrecogedor, sobrecogimiento.

sobrecubierta *s. f.* **1.** Segunda cubierta que se pone a una cosa para protegerla, especialmente la que se pone sobre las tapas de un libro. **2.** En un barco, cubierta situada sobre la principal.

sobrecuello *s. m.* **1.** Cuello superpuesto al de una prenda de vestir. **2.** Alzacuello*.

sobredicho, cha *adj.* Mencionado anteriormente en el mismo texto.

sobredimensionar *v. tr.* Hacer que algo tenga mayor tamaño o importancia de la que en principio debería tener.

sobredorar *v. tr.* Dorar un objeto metálico.

sobredosis *s. f.* **1.** Dosis excesiva de un medicamento u otra sustancia. **2.** En particular, dosis muy fuerte de una droga que puede llegar a producir una grave intoxicación e incluso la muerte. **FAM.** Sobredosificar.

sobreentender *v. tr.* Sobrentender*. **FAM.** Sobrentendido.

sobreesdrújulo, la *adj.* Sobresdrújulo*.

sobreestimar *v. tr.* Estimar a alguien o algo más de lo que merece o vale. ▪ Se dice también *sobrestimar.* **FAM.** Sobrestimación.

sobreexceder *v. tr.* Sobrexceder*.

sobreexcitar *v. tr.* Aumentar en exceso la actividad de un organismo vivo o de una de sus partes. También *v. prnl.* ▪ Se dice también *sobrexcitar.* **FAM.** Sobreexcitación.

sobrefalda *s. f.* Falda corta que se coloca sobre otra como adorno.

sobrefusión *s. f.* Permanencia de un cuerpo en estado líquido a temperatura inferior a la de fusión.

sobrehilar *v. tr.* Dar puntadas al borde de una tela cortada para que no se deshilache. ▪ En cuanto al acento, se conjuga como *aislar*: *sobrehílo.* **FAM.** Sobrehilado.

sobrehumano, na *adj.* **1.** Superior a lo humano, que supera las posibilidades de un hombre normal. **2.** Aplicado a *esfuerzo*, enorme.

sobreimpresión *s. f.* Acción y efecto de sobreimprimir.

sobreimprimir *v. tr.* Imprimir algo sobre un texto o sobre una imagen gráfica. ▪ Este verbo tiene dos p. p.: uno reg., *sobreimprimido,* para la formación de tiempos compuestos, y otro irreg., *sobreimpreso,* utilizado también como adjetivo.

sobrellevar *v. tr.* Soportar con valor o resignación una carga, una desgracia o cualquier otro mal.

sobremanera *adv. c.* En extremo, mucho.

sobremesa *s. f.* Espacio de tiempo que sigue inmediatamente a la comida, en el que se suele permanecer aún en la mesa conversando, tomando café, etc.

sobrenadar *v. intr.* Mantenerse sobre la superficie un líquido sin hundirse o mezclarse con él.

sobrenatural *adj.* **1.** Que sobrepasa los límites y las leyes de la naturaleza. **2.** En particular, se aplica a lo relacionado con las creencias religiosas y la divinidad. **FAM.** Sobrenaturalmente.

sobrenombre *s. m.* Nombre que se añade al nombre auténtico de una persona, o que se le da en lugar de éste, y sirve para distinguirla especialmente; p. ej., *Manuel Rodríguez «Manolete».*

sobrentender *v. tr.* Entender o percibir algo que no está claro o explícito, pero que puede deducirse o suponerse de lo expuesto. También *v. prnl.* ▪ Se dice también *sobreentender.* Es v. irreg. Se conjuga como *tender.*

sobrentendido, da **1.** *p. p.* de **sobrentender**. También *adj.* ‖ *s. m.* **2.** Aquello que se sobrentiende. ▪ Se dice también *sobreentendido.*

sobrepaga *s. f.* Cantidad añadida a la paga normal.

sobreparto *s. m.* Puerperio*.

sobrepasar *v. tr.* **1.** Pasar de un límite, cantidad o medida. **2.** Adelantar o aventajar a otro.

sobrepelliz *s. f.* Vestimenta de tela blanca y fina, con mangas holgadas, que se colocan sobre la sotana los sacerdotes y que usan también algunos legos, como el sacristán o los miembros del coro.

sobrepeso *s. m.* Exceso de peso.

sobreponer *v. tr.* **1.** Superponer*. **2.** Anteponer*. ‖ *v. prnl.* **3.** Recobrarse de una fuerte impresión o superar el desánimo, las adversidades, etc. ▪ Es v. irreg. Se conjuga como *poner.*

sobreprecio *s. m.* Recargo sobre el precio normal.

sobreprima *s. f.* En los seguros, prima que se paga además de la normal, para cubrir un riesgo extraordinario.

sobreproducción *s. f.* Superproducción, exceso en la producción.

sobrepujar *v. tr.* Superar, aventajar.

sobrero *adj.* Se dice del toro que se tiene de reserva por si no puede lidiarse alguno de los destinados a una corrida. También *s. m.*

sobresaliente *adj.* **1.** Que sobresale. ‖ *s. m.* **2.** En los exámenes, calificación máxima que precede a la matrícula de honor. ‖ *s. m.* y *f.* **3.** Sustituto de alguien que falta o está ausente, especialmente entre toreros o actores de teatro. ▪ En femenino se dice también *sobresalienta.*

sobresalir *v. intr.* **1.** Ser más alto o estar más hacia afuera. **2.** Distinguirse alguien o algo por cualidades que posee en gran medida o en mayor grado que los demás. ▪ Es v. irreg. Se conjuga como *salir.*

sobresaltar *v. tr.* **1.** Causar sobresalto a alguien. ‖ *v. prnl.* **2.** Experimentar sobresalto.

sobresalto *s. m.* Susto, alteración o inquietud que un suceso brusco o repentino provoca en alguien.

sobresaturación *s. f.* Estado de una disolución cuando en ella hay disuelta una cantidad de soluto superior a la del punto de saturación. Sólo se consigue en ciertas condiciones de presión y temperatura y, cuando éstas son modificadas, el soluto sobrante se precipita.

sobresaturar *v. tr.* Provocar la sobresaturación de una disolución.

sobresdrújulo, la *adj.* Se dice de la palabra que se acentúa en la sílaba anterior a la antepenúltima; p. ej., *resuélvemelo.* También *s.* ▪ En castellano, estas palabras se escriben siempre con tilde. Se dice también *sobreesdrújulo.*

sobreseer *v. tr.* Suspender la tramitación de una causa o dejar sin curso posterior una acción legal, por considerar el tribunal que no hay motivo para continuarla o por no existir pruebas suficientes. ▪ Es v. irreg. Se conjuga como *leer.* **FAM.** Sobreseimiento.

sobrestante *s. m.* Persona que dirige un grupo de trabajadores, pero está bajo las órdenes de un técnico.

sobrestimar *v. tr.* Sobreestimar*. **FAM.** Sobrestimación.

sobresueldo *s. m.* Salario o retribución que se añade al sueldo fijo o se gana aparte de él.

sobretasa *s. f.* Aumento de un impuesto por decisión gubernamental y cantidad que se aumenta.

sobretensiómetro *s. m.* Instrumento que sirve para medir la sobretensión en un circuito de alta frecuencia.

sobretensión *s. f.* Sobrecarga eléctrica de un circuito.

sobretodo *s. m.* Prenda de vestir holgada y larga que se lleva sobre el traje normal para protegerlo o para abrigarse.

sobrevalorar *v. tr.* Sobreestimar, valorar demasiado. ▪ Se dice también *supervalorar.* **FAM.** Sobrevaloración.

sobrevenir *v. intr.* **1.** Suceder algo, especialmente de forma repentina o imprevista. **2.** Ocurrir una cosa después o además de otra. ▪ Es v. irreg. Se conjuga como *venir.*

sobrevirar *v. intr.* Tender un automóvil a salirse por el exterior de una curva al empezar a tomarla. **FAM.** Sobrevirador, sobreviraje.

sobreviviente *adj.* Superviviente*.

sobrevivir *v. intr.* **1.** Seguir viviendo tras la muerte de otro o después de determinada fecha, suceso o situación, especialmente cuando ha habido peligro de morir. **2.** Durar alguien o algo más que otro en determinada circunstancia o superar con éxito cierta situación difícil.

sobrevolar *v. tr.* Volar por encima. ▪ Es v. irreg. Se conjuga como *contar.*

sobrexceder *v. tr.* Exceder, superar. ▪ Se dice también *sobreexceder.*

sobrexcitar *v. tr.* Sobreexcitar*. **FAM.** Sobrexcitación.

sobrinazgo *s. m.* Parentesco de sobrino.

sobrino, na *s. m.* y *f.* **1.** Con respecto a una persona, hijo o hija de su hermano o hermana. ▪ Se llama también *sobrino carnal.* ‖ **2. sobrino segundo** El que es hijo o hija de un primo o prima.

sobrio, bria *adj.* **1.** Se aplica al que actúa, habla, se comporta, etc., con moderación, así como a sus actos, palabras, hábitos, etc. **2.** Que no es excesivo, exagerado o llamativo. **3.** Directo, sencillo, por oposición a recargado o ampuloso. **4.** Que no está borracho. **5.** Que conserva la calma o la lucidez ante ciertas situaciones. **FAM.** Sobriamente, sobriedad.

socaire *s. m.* En lenguaje marinero, resguardo que proporciona una cosa en el lado opuesto al viento. ‖ **LOC. al socaire** *adv.* Con la ayuda o apoyo de alguien o algo, o tomándolo como pretexto.

socaliña *s. f.* Astucia o petición insistente con que se obtiene de alguien algo. **FAM.** Socaliñero.

socapar *v. tr. Bol., Ec., Méx.* Encubrir faltas ajenas.

socarrar *v. tr.* Quemar o tostar superficialmente. También *v. prnl.*

socarrén *s. m.* Parte del alero del tejado que sobresale de la pared.

socarrón, na *adj.* **1.** Se dice del que se burla disimuladamente y con habilidad, así como de sus palabras, actitud, etc. También *s.* **2.** Pícaro, astuto. **FAM.** Socarronamente.

socarronería *s. f.* **1.** Cualidad o actitud de socarrón. **2.** Burla encubierta.

socavar *v. tr.* **1.** Excavar por debajo alguna cosa, dejándola sin apoyo y expuesta a hundirse. **2.** Minar, debilitar. **FAM.** Socavación.

socavón *s. m.* **1.** Hoyo o bache grande producido por hundimiento del suelo. **2.** Cueva excavada en la ladera de un cerro, monte, etc.

sochantre *s. m.* Chantre*.

sociable *adj.* **1.** Inclinado por naturaleza a vivir en sociedad. **2.** Comunicativo, abierto, que tiene facilidad para relacionarse. **3.** Se aplica también a ciertos animales que conviven con el hombre o no rehúyen su compañía. **FAM.** Sociabilidad.

social *adj.* **1.** Perteneciente o relativo a la sociedad humana, así como a las relaciones entre sus miembros y los grupos que la constituyen. **2.** Se aplica a aquellas actitudes que se preocupan por los problemas que surgen en el seno de la sociedad. **3.** Se dice de los animales que forman grupos o colonias organizados, como las hormigas o las abejas, y de lo referente a los mismos. **4.** Perteneciente o relativo a una sociedad o compañía y a sus miembros.

social- *pref.* **1.** Equivale a socialista: *socialdemocracia.* **2.** Expresa preocupación por los problemas de la sociedad: *socialcristiano.*

socialdemocracia *s. f.* Conjunto de teorías, movimientos y partidos políticos de carácter socialista moderado que defienden la transformación de la sociedad mediante reformas progresistas en una democracia parlamentaria. **FAM.** Socialdemócrata.

Hist. y ***Pol.*** Su origen se halla en Alemania, donde en 1869 August Bebel y Wilhelm Liebknecht fundaron el Partido Obrero Socialdemócrata, dentro de la Primera Internacional. Originalmente vinculado al marxismo internacionalista, desde la Primera Guerra Mundial y la revolución rusa de 1917 se distanció del comunismo de la URSS y de sus partidos afines. En la actualidad los principales partidos socialdemócratas, Partido Laborista británico, Partido Socialdemocrático Alemán, Partido Socialista francés, Partido Socialdemocrático sueco y Partido Socialista Obrero Español, se hallan integrados en la Internacional Socialista.

socialismo *s. m.* Conjunto de teorías y movimientos políticos y económicos que defienden una organización de la sociedad en la que los intereses colectivos prevalezcan sobre los individuos y que, en general, respaldan los derechos de la clase obrera. **FAM.** Socialista.

Hist. y ***Pol.*** Las doctrinas socialistas tienen su origen en los planteamientos reformadores de Saint-Simon, Robert Owen, Charles Fourier, Louis Blanc, Proudhon y otros, cuya ideología posteriormente se definió como **socialismo utópico**, en contraste con el **socialismo científico** enunciado por Marx y Engels en el *Manifiesto comunista,* que condujo a la formación de la Primera Internacional (1864-76). Los objetivos teóricos de ésta eran la conquista del poder político por parte del proletariado, la supresión de las clases sociales y la colectivización de los medios de producción. El socialismo se difundió en toda Europa gracias a la labor de teóricos como Kautsky y Bernstein, organizándose en partidos marxistas y, desde 1875, también en socialdemócratas. En 1889 se creó la Segunda Internacional, que perduró hasta el estallido de la Primera Guerra Mundial. Ésta supuso una profunda crisis a causa de que los partidos socialistas se mostraron favorables a la lucha armada, contraviniendo el principio de solidaridad internacional. La crisis se agravó con la Revolución Rusa de 1917, en la que frente al reformismo de los mencheviques surgió el radicalismo de los bolcheviques de Lenin. La ruptura entre los que desde entonces fueron conocidos como *socialistas* y *comunistas* se acrecentó tras la Segunda Guerra Mundial por la división de Europa en dos bloques. En la actualidad, los partidos pertenecientes a la Internacional Socialista han renunciado a los principios del marxismo, si bien siguen propugnando una política progresista y social, siempre dentro de los postulados de la democracia occidental. Por su parte, los países de la Europa oriental donde se impuso el socialismo real o comunismo soviético experimentaron una profunda convulsión al final de los años ochenta que pareció indicar el fracaso de su modelo político.

Socialista Obrero Español, Partido (PSOE) Partido político español fundado en Madrid en 1879 por Pablo Iglesias con un programa y estatutos basados en la doctrina marxista e integrado en la Primera Internacional. En 1888 unificó las diversas centrales sindicales que controlaba fundando la UGT. Entre 1919 y 1921 sufrió un proceso de escisión del sector parti-

Partido Socialista Obrero Español: Pablo Iglesias, fundador del partido, dirige la palabra a un grupo de obreros en 1914 (Nuevo Mundo, *Biblioteca Nacional, Madrid).*

dario del comunismo, que finalmente creó el PCE. Con el advenimiento de la Segunda República, se produjo su acceso al poder. Participó activamente en la revolución de Asturias de 1934 y en 1936 se integró en el Frente Popular. Tras el estallido de la guerra civil ocupó la presidencia del gobierno, primero con Largo Caballero y luego con Negrín. Durante la dictadura de Franco, el PSOE mantuvo su organización en el exilio. Legalizado al restablecerse la democracia en España, se convirtió en el segundo partido del país en 1977 y, bajo la dirección de Felipe González, obtuvo la mayoría en las elecciones celebradas en los años 1982, 1986 y 1989.

Socialista Unificado de Cataluña, Partido (PSUC) Partido político catalán fundado en 1936 por la fusión del Partit Comunista de Catalunya (PCC), dependiente del PCE, la federación catalana del PSOE, la Unió Socialista de Catalunya y el Partit Comunista Proletari (PCP). En 1990 la federación creada en 1987 por el PSUC y Entesa dels Nacionalistes d'Esquerra con el nombre de Iniciativa per Catalunya se constituyó en partido político de orientación socialista.

socializar *v. tr.* **1.** Transferir al Estado u otro organismo colectivo propiedades, bienes de producción y otras fuentes de riqueza en manos de particulares. **2.** Crear las condiciones sociales que favorezcan en los seres humanos el desarrollo integral de su persona. **3.** Transformar a una persona en individuo social por medio de la asimilación de la cultura de su sociedad. ■ Se conjuga como *cazar.* **FAM.** Socialización, socializador, socializante.

sociedad *s. f.* **1.** Conjunto de personas que, de forma permanente y según una estructura determinada, se interrelacionan y manifiestan comportamientos y características comunes. **2.** Trato o relación entre estas personas. **3.** Agrupación, pactada o natural, de personas o animales que cooperan para conseguir un interés común. **4.** Asociación de individuos, entidades o países que conviven y se encuentran regulados por leyes comunes. **5.** Alta sociedad. **6.** En der., contrato por el que dos o más personas físicas o jurídicas se comprometen a poner en común dinero, bienes o trabajo, con la finalidad de repartir entre sí las ganancias. ‖ **7. alta** (o **buena**) **sociedad** Conjunto de personas, generalmente de posición económica elevada, que se distinguen por su elegancia y refinamiento. **8. sociedad anónima** Sociedad mercantil que tiene el capital dividido en acciones cuyo importe ha de ser entregado por los socios que las suscriban. A diferencia de otros tipos de sociedad mercantil, el riesgo económico se limita al capital aportado. Se representa con las siglas *SA.* **9. sociedad colectiva** Sociedad, generalmente de carácter mercantil, en la que los socios aportan capital y esfuerzo personal y responden solidariamente con todos sus bienes de las deudas sociales. **10. sociedad comanditaria** (o **en comandita**) Véase **comandita. 11. sociedad de consumo** Tipo de sociedad humana en que se fomenta la adquisición y el consumo excesivo de bienes. **12. sociedad financiera** La que financia las compras a plazos, adelantando capital a minoristas o particulares. **13. sociedad** (**de responsabilidad**) **limitada** Sociedad mercantil formada por un número reducido de socios que no responden personalmente de las deudas sociales y cuyo capital está limitado por la ley y se divide en participaciones de igual valor. Se representa con las siglas *SL.* **14. sociedad secreta** Asociación, generalmente política o religiosa, que oculta la identidad de sus miembros y sus objetivos y actividades, por lo que actúa al margen de la ley. ‖ **LOC. presentar** (o **presentarse**) **en sociedad** Introducir a alguien en la alta sociedad o en otro grupo selecto, por medio de un acontecimiento social, p. ej. un baile o una fiesta.

Sociedad, islas de la Archipiélago de la Polinesia francesa, situado al E de Fiji. 1.647 km^2. 162.700 h. en 1988. Comprende la isla del Viento, Tahití, islas de Sotavento e islas de Barlovento, todas ellas de origen volcánico. La capital es Papeete, en Tahití, con 77.000 h. en 1986. Su economía se basa en los cultivos de palma, coco, tubérculos y caña de azúcar, la pesca, la elaboración de azúcar, copra y ron, y el turismo.

Sociedad de Naciones Organización creada en 1919, tras la Primera Guerra Mundial, por las naciones firmantes del tratado de Versalles para fomentar la cooperación internacional y salvaguardar la paz. En 1949, después de la Segunda Guerra Mundial, fue sustituida por la Organización de las Naciones Unidas (ONU).

societario, ria *adj.* Perteneciente o relativo a las asociaciones, particularmente las obreras.

socinianismo *s. m.* Doctrina religiosa cristiana enunciada por Laelius y Faustus Socinus, que negaba el dogma de la Trinidad, la divinidad de Cristo y la interpretación exclusiva de la Biblia por la autoridad eclesiástica. Durante los s. XVII y XVIII gozó de una gran aceptación entre los librepensadores y racionalistas de Francia e Inglaterra.

socio, cia *s. m.* y *f.* **1.** Miembro de una sociedad o asociación. **2.** Persona asociada con otra u otras para algún fin, especialmente comercial. **3.** *fam.* Amigo, compañero, compinche. ‖ **4. socio capitalista** El que aporta dinero en una empresa. **5. socio industrial** El que aporta su trabajo o conocimientos.

socio- *pref.* Significa 'social': *socioeconómico, sociología.*

sociobiología *s. f.* Rama de la sociología que estudia la base biológica de las formas de conducta social en todo tipo de seres, incluido el hombre. Desarrollada sistemáticamente por Edward Osborne Wilson en los años setenta, su tema de estudio fundamental son los grupos y sus formas de organización y su principal instrumento metodológico el estudio comparado de distintas especies.

sociocultural *adj.* Perteneciente o relativo al estado cultural de una sociedad o grupo social.

socioeconómico, ca *adj.* Perteneciente o relativo a las condiciones, relaciones, etc., sociales y económicas de una colectividad.

sociolecto *s. m.* En ling., dialecto o conjunto de usos lingüísticos peculiares de un grupo social de hablantes.

sociolingüística *s. f.* Rama de la lingüística que estudia las relaciones entre la lengua y la sociedad. **FAM.** Sociolingüístico.

sociología *s. f.* Ciencia que estudia las causas y efectos de las relaciones entre individuos, así como la interacción entre dichos individuos y los grupos sociales. **FAM.** Sociológico.

Soc. Aunque existen antecedentes históricos de pensamiento sociológico en autores como Thomas Hobbes, Montesquieu, Rousseau y, sobre todo, en Saint-Simon, la sociología como disciplina autónoma fue creada por Auguste Comte que la definió como «el estudio positivo del conjunto de las leyes fundamentales propias de los fenómenos sociales». En esta línea de carácter positivista se enmarcan tanto los trabajos de Herbert Spencer y Émile Durkheim, como los de la escuela funcionalista estadounidense representada por Robert Merton y Talcott Parsons. En oposición al positivismo surgieron las teorías subjetivistas o hermenéuticas de la acción social, cuyas figuras más destacadas son Karl Mannheim, Max Weber y Wilfredo Pareto. Otra corriente es la que parte del materialismo histórico y que, fundada por Karl Marx, concibió la sociología, en tanto que ciencia de lo social, como un motor para transformar la sociedad; algunos de sus seguidores fueron Lenin, Antonio Gramsci, György Lukacs y la escuela de Frankfurt.

sociologismo *s. m.* Tendencia según la cual todo fenómeno humano, histórico, económico, cultural, etc., puede ser explicado a partir de hechos estrictamente sociológicos.

sociólogo, ga *s. m.* y *f.* Profesional o estudioso de la sociología.

sociometría *s. f.* Estudio estadístico de las interrelaciones existentes en un grupo de personas. Se basa en la técnica creada por Jacob Levy Moreno, a partir del test sociométrico elaborado por él en 1932. **FAM.** Sociométrico.

sociopatología *s. f.* **1.** En sociol., anormalidad o deficiencia en las relaciones sociales en el interior de un grupo o entre grupos distintos. **2.** Estudio sistemático de las interacciones patológicas entre un individuo o grupo y su medio social.

socioterapia *s. f.* Conjunto de técnicas terapéuticas, institucionales o no, que se centran en la reinserción social y la readaptación de individuos minusválidos o marginados.

socorrer *v. tr.* Ayudar a alguien para que salga de un peligro o una necesidad.

socorrido, da 1. *p. p.* de **socorrer**. También *adj.* ‖ *adj.* **2.** Se dice del recurso que se usa fácilmente y con frecuencia.

socorrismo *s. m.* Conjunto de actividades y técnicas destinadas a prestar ayuda a personas accidentadas o en peligro, especialmente en el agua.

socorrista *s. m.* y *f.* Persona que practica el socorrismo.

socorro *s. m.* **1.** Acción y efecto de socorrer. **2.** Aquello con que se socorre, como medicinas, alimentos, dinero, etc. ‖ *interj.* **3.** Sirve para pedir ayuda.

Socotora (*Suqutra*) Isla de Yemen, en el océano Índico, al S de la península Arábiga y al NE de Somalia. 3.626 km^2, incluidas varias pequeñas islas. 15.000 h. en 1986. Su principal actividad económica es la pesca, aunque la ganadería también tiene alguna importancia. Exporta dátiles, goma arábiga, incienso, áloe y mantequilla.

Sócrates (Alopeke, Ática h. 470 - Atenas 399 a. C.) Filósofo griego. Fue hijo de un escultor y de una comadrona. Aunque no participó directamente en política, sirvió en varias guerras y se opuso al gobierno tiránico de los Treinta. Su carácter inconformista le atrajo numerosos enemigos que le acusaron de corrupción e impiedad, por lo que fue condenado a beber la cicuta. Al no dejar nada escrito, su pensamiento nos es conocido a través de las obras de sus discípulos, especialmente de Platón. Sócrates pretendía la reforma moral de sus conciudadanos. Enseñaba a través del diálogo, que constaba de dos partes, ironía y mayéutica. Se opuso a los sofistas y defendió una objetividad en los valores y en el conocimiento. Su concepción ética ha sido calificada como intelectualista por sostener que el mal radica en la ignorancia del bien. Entre sus más destacados discípulos se distinguieron Platón, Jenofonte, Antístenes, Aristipo y Euclides de Megara.

Sócrates. Busto de mármol (Museo Arqueológico de Nápoles).

socrático, ca *adj.* **1.** Perteneciente o relativo a la filosofía de Sócrates. **2.** Que sigue las ideas o el método de este filósofo. También *s.*

soda *s. f.* Bebida gaseosa compuesta por agua, ácido carbónico y, generalmente, alguna esencia, p. ej. limón.

Soddy, Frederick (Eastbourne 1877 - Brighton 1956) Químico y físico británico. Realizó investigaciones sobre la radiactividad y enunció la ley que lleva su nombre. Descubrió la existencia de los isótopos. Recibió el premio Nobel de química en 1921.

Soddy, ley de Ley que describe las transmutaciones nucleares por emisión radiactiva. El elemento que experimenta una transformación radiactiva acompañada de radiación α pierde dos unidades en su número atómico y, consecuentemente, retrocede dos puestos en su lugar de la tabla. El elemento que experimenta una transformación radiactiva acompañada de radiación β negativa, aumenta en una unidad su número atómico y, de este modo, avanza un puesto en su lugar de la tabla.

Söderberg, Hjalmar (Estocolmo 1869 - Copenhague 1941) Escritor sueco. Sus novelas *Extravíos* (1895) y *El doctor Glass* (1905) provocaron escándalos en los ambientes puritanos. También escribió libros de relatos, como *Historias breves* (1898) y *El viaje a Roma* (1929), obras de teatro, como *Gertrud* (1906), y ensayos, como *Jesús Barrabás* (1928).

sódico, ca *adj.* **1.** Perteneciente o relativo al sodio. ‖ **2. cloruro sódico** Sal marina o sal gema.

sodio *s. m.* Na. Elemento químico perteneciente al grupo I A del sistema periódico. Su número atómico es 11 y su masa atómica 22,9898. Fue descubierto por Humphry Davy en 1807. Sus sales son muy abundantes en la naturaleza, en la que no se encuentra libre. Se obtiene por electrólisis del cloruro de sodio fundido. Es un metal blando con bajo punto de fusión (97,8 °C) y muy reactivo, se oxida rápidamente en contacto con el aire y reacciona de manera violenta con el agua, desprendiendo hidrógeno y formando el hidróxido correspondiente; por ambas razones se conserva sumergido en petróleo. Es ampliamente utilizado en reacciones con derivados halogenados de los hidrocarburos; también se emplea como reductor, como reactivo en la obtención de su peróxido y en la fabricación de lejías.

Sodoma Antigua c. de Palestina, situada a orillas del mar Muerto. Según el *Génesis*, fue destruida junto con Gomorra por una lluvia de azufre, en castigo de las costumbres inmorales de sus habitantes.

Sodoma, Giovanni Antonio Bazzi, llamado **Il** (Vercelli 1477 - Siena 1549) Pintor italiano. Influido por Leonardo, Pinturicchio, Perugino y Rafael, su estilo dejó huella en los pintores manieristas de Siena. Entre sus obras destacan *San Sebastián* y los frescos realizados en el monasterio de Monte Oliveto Maggiore, cerca de Siena (*Vida de San Benito)* y en la villa Farnesina, en Roma (*Las bodas de Alejandro y Roxana*).

sodomía *s. f.* **1.** Coito anal. **2.** P. ext., homosexualidad masculina. **FAM.** Sodomítico.

sodomita *adj.* **1.** De Sodoma. También *s.* **2.** Que practica la sodomía. También *s.* **3.** P. ext., homosexual masculino. También *s.*

sodomizar *v. tr.* Someter a sodomía a una persona. ▪ Se conjuga como *cazar.*

soez *adj.* Grosero, vulgar, de mal gusto.

sofá *s. m.* **1.** Asiento mullido, con respaldo y brazos, para dos o más personas. ‖ **2. sofá-cama** Sofá convertible en cama. ▪ Se escribe también *sofá cama.*

Sofía C. de Bulgaria, cap. del país, situada en el O del mismo. 1.137.000 h. en 1989. Es un relevante centro intelectual, comercial y de comunicaciones, que cuenta con industria siderometalúrgica, de maquinaria, eléctrica, electrónica, textil, química, alimentaria y de automóviles. En los s. III y IV fue una importante colonia romana; a fines del s. XIV pasó a poder de los turcos, bajo cuyo dominio estuvo hasta 1878, año en que se convirtió en la capital de Bulgaria. Entre sus monumentos destacan el templo romano de Serapis, la iglesia de San Jorge (s. V), la de Santa Sofía, empezada en el 532, y la catedral de Alejandro Nevski.

Sofía Alexeievna (Moscú 1657 - ? 1704) Regente de Rusia (1682-89). Hija del zar Alexei Mijailovich, apoyó la proclamación de su hermano Iván V, pero tuvo que aceptar la subida al trono de su hermanastro Pedro I. Durante su regencia, Rusia estuvo abierta a las influencias occidentales y se expandió por Asia, aunque no pudo apoderarse de Crimea. Enterado Pedro I de las conjuraciones de Sofía, hizo que la encerraran en un convento y después en la cárcel (1698).

Sofía de Grecia (Psixico, Ática 1938) Reina de España (1975). Hija de Pablo I de Grecia y de Federica de Hannover, en 1962 se casó con Juan Carlos de Borbón y Borbón, coronado rey de España en 1975.

Sofía de Grecia.

sofión *s. m.* **1.** Reprensión o contestación brusca en que se demuestra enfado. **2.** En geol., emisión natural de vapor de agua y otros gases, a alta temperatura y presión.

sofisma *s. m.* Argumento falaz aparentemente lógico o correcto mediante el cual se quiere defender algo falso o confundir al interlocutor.

sofista *adj.* **1.** Se aplica a quien argumenta con sofismas o es partidario de la sofística. También *s.* ‖ *s. m.* **2.** En la antigua Grecia, maestro que impartía las enseñanzas sofísticas. **FAM.** Sofistería.

sofística *s. f.* Movimiento intelectual surgido en Grecia en el s. V a. C. Estaba constituido por una clase profesional que se dedicaba a instruir a los jóvenes a cambio de dinero. Las enseñanzas de los sofistas se orientaban a proporcionar un entrenamiento en el arte de la palabra y en el uso de argumentaciones en debates públicos, y una amplia variedad de estudios humanísticos. Los sofistas defendían un relativismo subjetivista tanto teórico, negando la existencia de verdades objetivas universalmente válidas, como en el terreno de la moral, rechazando la objetividad de los valores y los criterios morales de carácter universal. Algunos de los sofistas más importantes fueron Protágoras, Hippias, Gorgias y Trasímaco.

sofisticación *s. f.* **1.** Cualidad de sofisticado. **2.** Acción y efecto de sofisticar.

sofisticado, da **1.** *p. p.* de **sofisticar**. ‖ *adj.* **2.** Refinado, exquisito, elegante. **3.** Poco natural, demasiado estudiado. **4.** Muy complicado o perfeccionado en cuanto a su estructura o manejo.

sofisticar *v. tr.* **1.** Dar excesivo artificio o refinamiento a alguien o algo, restándole naturalidad o sencillez. **2.** Complicar o perfeccionar algo utilizando criterios, métodos, tecnología, etc., muy avanzados. **3.** Falsificar, adulterar, especialmente un razonamiento. ▪ Se conjuga como *sacar.*

Sofía: un sector residencial de la ciudad.

sofístico, ca *adj.* Perteneciente o relativo al sofisma o a la sofística.

soflama *s. f.* Discurso apasionado con que se intenta arrastrar a un grupo de personas para que hagan algo.

soflamar *v. tr.* Requemar o chamuscar algo en la llama. También *v. prnl.*

sofocar *v. tr.* **1.** Producir ahogo. También *v. prnl.* **2.** Dominar o impedir que algo continúe. También *v. prnl.* **3.** Avergonzar, sonrojar. También *v. prnl.* **4.** Molestar, agobiar. ‖ *v. prnl.* **5.** Irritarse, excitarse. **6.** *fam.* Llevarse un sofoco o disgusto. ▪ Se conjuga como *sacar.* **FAM.** Sofocación, sofocador, sofocante.

Sófocles (Colona, cerca de Atenas h. 495 - Atenas 406 a. C.) Autor de tragedias griego. Mantuvo estrecha amistad con Heródoto y Pericles. Compuso ciento veintitrés dramas y perfeccionó la tragedia elevando a quince el número de miembros del coro y potenciando la decoración y la indumentaria. Otorgó al diálogo una importancia que no tenía antes. Sus temas más frecuentes son la brevedad de la felicidad, el sufrimiento y, sobre todo, la firmeza ante las adversidades, asuntos que reflejó en sus dos personajes principales, Edipo, que, condenado por su orgullo ante los dioses, sabe expiar su culpa dignamente, y Antígona, imperturbable en su deber, a pesar de las convenciones humanas. De sus obras, quedan siete completas: *Áyax* (h. 450), *Antígona* (h. 441), *Edipo rey* (h. 430), *Las traquinias* (h. 415), *Electra* (h. 413), *Filoctetes* (409) y *Edipo en Colona.*

sofoco *s. m.* **1.** Sensación de ahogo. **2.** Sensación de calor, acompañada generalmente de enrojecimiento de la piel y sudor. **3.** Disgusto grande.

sofocón *s. m. aum.* de **sofoco**. Disgusto muy grande. ▪ Se dice también *sofoquina.*

Sofonías (s. VII a.C.) Uno de los profetas menores de Israel, contemporáneo de Jeremías y Josías. Es autor del libro del mismo nombre, que anuncia la ruina de Judá y el advenimiento del reino de los humildes.

sofoquina *s. f. fam.* Sofocón*.

sófora *s. f.* Árbol de la familia papilionáceas, especie *Sophora japonica.* Tiene hojas pinnadas y flores pequeñas, blancas o amarillas, en panojas o racimos colgantes. Es muy resistente a la sequía. Originario de Extremo Oriente, crece también en Europa.

sofreír *v. tr.* Freír ligeramente. ▪ Es v. irreg. Se conjuga como *freír.*

sofrenar *v. tr.* Refrenar*. **FAM.** Sofrenada.

sofrito, ta **1.** *p. p.* irreg. de **sofreír**. También *adj.* ‖ *s. m.* **2.** Condimento compuesto de diversos ingredientes que se sofríen en aceite, especialmente tomate y cebolla.

sofrología *s. f.* Disciplina que estudia los cambios de conciencia en el hombre, así como las posibilidades y aplicaciones terapéuticas de dichos cambios, p. ej. en la psicoterapia y en la reeducación psicomotriz.

software (voz ingl.) *s. m.* En inform., conjunto de programas, lenguajes, sistemas operativos, instrucciones, reglas, etc., que permiten al ordenador ejecutar sus tareas.

soga *s. f.* Cuerda gruesa, especialmente la de esparto. ‖ **LOC. a soga** *adv.* Manera de construir colocando el lado más largo de la piedra, ladrillo, etc., paralelo a la dirección del muro. **con la soga al cuello** *adv. fam.* En situación apurada. **mentar** (o **hablar de**) **la soga en casa del ahorcado** *fam.* Hablar a alguien o delante de alguien de algo que le resulta desagradable.

soguero, ra *s. m.* y *f.* Persona que hace o vende sogas. **FAM.** Soguería.

sogún *s. m.* Shogun*.

soirée (voz fr.) *s. f.* **1.** Fiesta o reunión nocturna. **2.** Función de un espectáculo que se ofrece al final de la tarde o por la noche.

soja *s. f.* Planta herbácea de la familia papilionáceas, especie *Glycine hispida.* Mide aproximadamente un metro de altura, tiene tallo recto, hojas compuestas, flores pequeñas en racimo, violetas o blancas, y fruto en legumbre, con vainas que contienen de 2 a 5 semillas. Es originaria de Extremo Oriente, pero se cultiva en todo el mundo por el contenido en grasas y proteínas de su semilla, de la que se extrae aceite, para piensos y materiales de la industria textil. Los principales países productores son EE UU, Brasil, China y Argentina.

sojuzgar *v. tr.* Dominar, oprimir. ■ Se conjuga como *pagar*. **FAM.** Sojuzgador.

soka-tira *s. m.* En el País Vasco, deporte popular en el que dos equipos se sitúan en dos campos separados por una línea y tiran de una soga intentando arrastrar al contrario hasta el campo propio.

sol[1] (del lat. *sol, solis*) *s. m.* **1.** Estrella enana amarilla que constituye el centro del Sistema Solar, situada en la galaxia Vía Láctea, en uno de sus brazos, a unos 27.000 años luz del centro de la misma. Es una esfera formada por materiales sometidos a elevadísimas temperaturas y presiones, que proporciona energía lumínica y calorífica a la Tierra y al resto de planetas y satélites del sistema. ■ En esta acepción se escribe con mayúscula. **2.** P. ext., cualquier estrella alrededor de la que gravita un sistema planetario. **3.** Luz y calor que irradia la mencionada estrella sobre la tierra. **4.** Lugar soleado. **5.** *fam.* Tratamiento cariñoso. **6.** Moneda de la República del Perú. ‖ **7. sol de justicia** *fam.* El muy intenso. **8. sol y sombra** Copa de anis mezclado con coñac. ‖ **LOC. arrimarse** uno **al sol que más calienta** *fam.* Procurar alguien estar a bien con las personas que más le puedan favorecer o que tienen mayor poder. **como el sol que nos alumbra** *fam.* Término de comparación con que se resalta la certeza de algo. **de sol a sol** *adv.* Todo el día, desde el amanecer hasta el anochecer. **no dejar** a alguien **ni a sol ni a sombra** *fam.* Acompañarle o perseguirle continuamente, o molestarle con insistencia. **salga el sol por donde quiera** Frase con que se expresa la determinación de hacer una cosa pase lo que pase.

Astron. El diámetro del Sol es de 1.392.000 km, su volumen 1.300.000 veces mayor que el de la Tierra, de la que dista una media de 149.600.000 km, y su masa 332.000 veces superior. Tiene una temperatura superficial de 5.500 °C y en el interior, en la zona central, entre 23.000.000 y 15.000.000 °C; allí, la presión es de 10.000 millones de atmósferas. Está compuesto por hidrógeno (75 %), helio (23 %) y gases y metales diversos (2 %). Se calcula su edad en unos 4.700 millones de años y posee una luminosidad de $3{,}9 \times 10^{33}$ erg/s. En su estructura hay cinco zonas: *núcleo*, de elevadísima temperatura y presión, que actúa como un reactor de fusión nuclear, transformando el hidrógeno en helio y liberando gran cantidad de energía; *zona intermedia*, capa impermeable a las radiaciones que impide que del núcleo escape una cantidad excesiva de energía; *fotosfera*, que constituye su superficie visible, con un espesor muy delgado en relación a las restantes capas (300 km), y que produce la luz visible desde la Tierra, así como los rayos X, ultravioleta y ondas radioeléctricas; *cromosfera*, con un espesor de 8.000 km y temperatura que oscila entre los 5.000 y 15.000 °C; y *corona solar*, formada por gases poco densos y con un espesor extremadamente variable. En el disco solar se observan unas extensas zonas oscuras llamadas *manchas*, que se hunden en la fotosfera, y otras muy brillantes llamadas *fáculas*, que son como montañas de gas que se elevan desde la superficie. Asimismo existen puntos claros y oscuros, llamados *gránulos*, y chorros de gases rojos brillantes, llamados *protuberancias*. La vida en la Tierra depende del Sol, pues sin su energía no tendría calor ni luz, las plantas no podrían realizar la fotosíntesis y se interrumpiría el ciclo vital del planeta.

sol[2] (primera sílaba del quinta verso del himno a San Juan Bautista) *s. m.* Quinta nota de la escala musical.

solado, da **1.** *p. p.* de **solar**. También *adj.* ‖ *s. m.* **2.** Acción y efecto de solar.

solador *s. m.* Albañil especializado en solar.

solamente *adv. m.* Únicamente, con exclusión de cualquier otro o de todo lo demás. ‖ **LOC. solamente que** *conj.* Se usa con valor adversativo para expresar un inconveniente o una excepción a lo anteriormente dicho.

solana *s. f.* **1.** Lugar donde el sol da de lleno. **2.** En una casa, terraza o galeria donde da el sol.

José Gutiérrez Solana: Autorretrato *(colección Manuel Solana).*

Solana, José Gutiérrez (Madrid 1886 - íd. 1945) Pintor y escritor español. De formación autodidacta, realizó una obra expresionista, pero de profundas raíces hispanas. Sus temas fueron la muerte, los carnavales, los toros, la vida de las gentes humildes, y también retratos, siempre con empastes espesos, trazos negros y colores pardos, que hacen resaltar la angustia y resignación del ser humano. Entre sus obras merecen citarse *Las máscaras, La reunión en la botica, La visita del obispo* y *La tertulia del Pombo.* También fue un excelente grabador. El mismo espíritu de su pintura anima sus obras literarias, como *Madrid, escenas y costumbres* (1913-18), *La España negra* (1920), *Madrid callejero* (1923) y *Dos pueblos de Castilla* (1924).

solanáceas (del lat. *solanum*) *s. f. pl.* Familia de plantas herbáceas, arbustivas o arbóreas, del orden polemoniales, a la que pertenecen los géneros *Solanum, Capsicum, Atropa, Nicotiana, Lycopersicum, Datura, Mandragora, Petunia,* etc. Tienen flores de corola acampanada cuyo androceo consta de cinco estambres, frutos en baya o cápsula y, en muchas especies, órganos subterráneos comestibles. Las especies más importantes por su utilidad son la patata *(Solanum tuberosum)*, el tomate *(Lycopersicum esculentum)*, la berenjena *(Solanum melongena)*, la belladona *(Atropa belladonna)*, el estramonio *(Datura stramonium)* y el tabaco *(Nicotiana tabacum)*, muchas de ellas originarias de América. Crecen en todo el mundo, especialmente en regiones de clima tropical y templado. También *adj.* y *s. f.*

solanera *s. f.* **1.** Exceso de sol. **2.** Lugar en que da mucho el sol.

solano *s. m.* **1.** Viento del este. **2.** En algunas regiones, viento cálido y sofocante, cualquiera que sea su procedencia.

solapa *s. f.* **1.** Parte superior del borde de los delanteros de una prenda de vestir, en particular de una chaqueta o abrigo, que se dobla hacia fuera. **2.** Cualquier pieza o parte de una pieza que, montada sobre otra, la cubre parcialmente. **3.** Parte del sobre, generalmente de forma triangular, que se dobla y se pega para cerrarlo, después de introducida la carta. **4.** Prolongación lateral de la cubierta o la sobrecubierta de algunos libros, que se dobla hacia dentro.

solapado, da **1.** *p. p.* de **solapar**. También *adj.* ‖ *adj.* **2.** Oculto, disimulado. **FAM.** Solapadamente.

solapar *v. tr.* **1.** Montar, supeponerse una cosa a otra total o parcialmente. También *v. prnl.* **2.** Ocultar engañosamente. **3.** Coincidir en algo dos cosas. También *v. prnl.* ‖ *v. intr.* **4.** Montar uno sobre otro los delanteros u otras partes de una prenda de vestir.

solar[1] (del lat. *solaris*) *adj.* **1.** Perteneciente o relativo al sol. ‖ **2. energía solar** La que se obtiene de las radiaciones del sol y se aplica para diversos usos: calefacción, hornos, etc. **3. Sistema Solar** Véase **sistema**.

solar[2] (del lat. *solum*, suelo) *adj.* **1.** Se aplica a la heredad o casa más antigua y noble de una familia. También *s. m.* ‖ *s. m.* **2.** Terreno donde se ha construido un edificio o que está destinado a edificar sobre él. **3.** Linaje o familia noble.

solar[3] (del lat. *solum*, suelo) *v. tr.* **1.** Cubrir el suelo con ladrillos, baldosas, etc. También *v. intr.* **2.** Ponerle suelas al calzado. ■ Es v. irreg. Se conjuga como *contar*. **FAM.** Soladura.

solariego, ga *adj.* **1.** Perteneciente o relativo a un solar noble. También *s.* **2.** P. ext., noble y antiguo. ‖ **3. casa solariega** Aquella vinculada a una familia por haber vivido en ella varias generaciones.

solario *s. m.* Solarium de las piscinas, balnearios, etc.

solarium (voz lat.) *s. m.* **1.** En piscinas, balnearios, casas de reposo, etc., lugar reservado para tomar el sol. **2.** En la antigua casa romana, especie de galería abierta al sol.

solaz *s. m.* Distracción, descanso, recreo.

solazar *v. tr.* Proporcionar solaz o distracción a alguien. También *v. prnl.* ■ Se conjuga como *cazar*.

soldabilidad *s. f.* Propiedad que tienen algunos cuerpos de la misma naturaleza de soldarse entre sí.

soldada *s. f.* Sueldo o salario, particularmente el de los soldados.

soldadesco, ca *adj.* **1.** Perteneciente o relativo a los soldados. ‖ *s. f.* **2.** *desp.* Conjunto de soldados, especialmente los que cometen abusos. **3.** Ejercicio o profesión de soldado.

soldado *s. m.* **1.** Persona que sirve con el grado más bajo en el ejército. **2.** P. ext., militar de cual-

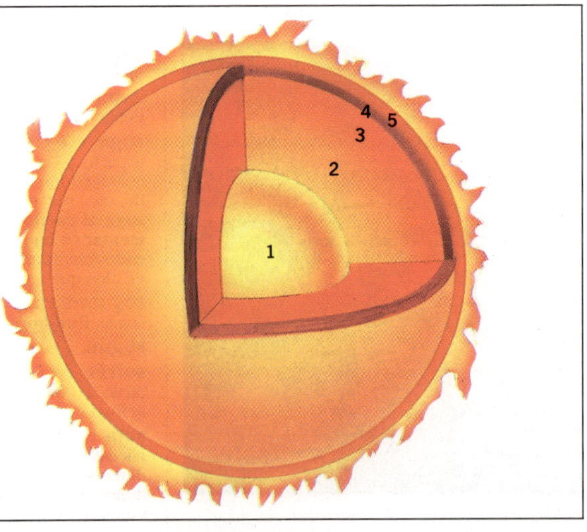

Estructura interna del Sol: (1) núcleo, (2) zona intermedia, (3) fotosfera, (4) cromosfera y (5) corona.

quier graduación. **3.** Defensor o partidario de algo. || **4. soldado de primera** Aquel que recibe una distinción especial, sin que ello le otorgue mando o graduación superior. **5. soldado raso** Militar sin graduación ni distinción especial.

soldador, ra *adj.* **1.** Que tiene la función o el oficio de soldar. También *s.* || *s. m.* **2.** Instrumento que sirve para soldar. || *s. f.* **3.** Máquina para soldar.

soldadura *s. f.* **1.** Acción y efecto de soldar. **2.** Lugar de unión entre dos cosas soldadas. **3.** Material que se usa para unir las cosas que se sueldan, p. ej. el estaño. || **4. soldadura autógena** La que se hace fundiendo únicamente los bordes de las dos partes que se sueldan, sin utilizar otra materia para unirlas.

soldar *v. tr.* Unir fuertemente dos o más cosas, o partes de una misma cosa, fundiendo sus bordes u otro material igual o semejante que se aplica sobre éstos. También *v. prnl.* ▪ Es v. irreg. Se conjuga como *contar.*

soleá *s. f.* Tonada, copla y danza flamencas de carácter melancólico, en compás de tres por ocho.

soleado, da **1.** *p. p.* de **solear**. || *adj.* **2.** Se aplica a los días, al tiempo meteorológico, etc., en los que brilla el sol.

solear *v. tr.* Tener por algún tiempo algo al sol. Se usa más como *v. prnl.* **FAM.** Soleamiento.

solecismo *s. m.* Empleo de una palabra o expresión incorrecta; p. ej., *me se olvidó* por *se me olvidó.*

soledad *s. f.* **1.** Circunstancia de no estar o no vivir acompañado. **2.** Circunstancia de estar desierto o no habitado un lugar.

solemne *adj.* **1.** Se aplica a los actos, fiestas, etc., celebrados públicamente con esplendor o con grandes ceremonias. **2.** Se dice de aquello que tiene un carácter oficial, serio, firme, como un juramento, una declaración, etc. **3.** Majestuoso, señorial. **4.** En expresiones despectivas intensifica su significado: *una solemne tontería.* **FAM.** Solemnemente.

solemnidad *s. f.* **1.** Cualidad de solemne. **2.** Acto solemne. **3.** Particularmente, cada uno de los elementos de la ceremonia de un acto solemne. **4.** Festividad religiosa.

solemnizar *v. tr.* **1.** Celebrar o festejar de manera solemne. **2.** Dar solemnidad o importancia a algo. ▪ Se conjuga como *cazar.*

solenoide *s. m.* Hilo conductor arrollado en espiral o conjunto de espiras circulares muy próximas unas a otras, por las cuales circula una determinada intensidad de corriente, creando en su interior un campo magnético muy homogéneo e intenso. Si en el interior del solenoide se introduce hierro u otro material ferromagnético, el campo magnético crece extraordinariamente.

sóleo *adj.* Se dice del músculo de la pantorrilla, que se une a los gemelos para formar el tendón de Aquiles. Sirve para elevar el talón y extender el pie. También *s. m.*

soler *v. tr.* **1.** Tener por costumbre. **2.** Ser una cosa o un hecho frecuente o habitual. ▪ Es v. irreg. Se conjuga como *mover.* Es defectivo, sólo se usan los tiempos presente, pretérito imperfecto, pretérito indefinido y pretérito perfecto de indicativo y el presente de subjuntivo, además de las formas no personales.

Soler, Antonio (Olot, Girona 1729 - monasterio de San Lorenzo de El Escorial, Madrid 1783) Compositor español. Fue el músico más importante de la España del s. XVIII, al tiempo que uno de los mejores organistas de la época. Estudió con Domenico Scarlatti, de quien se advierte una notable influencia en sus numerosas composiciones para teclado. Maestro de música de la familia real y de la capilla de El Escorial, destacó como teórico en su obra *Llave de la modulación y antigüedades de la música* (1762). Escribió alrededor de 70 sonatas para clave, ciento treinta villancicos, misas, motetes, salmos, seis conciertos para teclado y cuerda, además de veintiuna obras sobre piezas teatrales de Calderón y Lope.

Soler, Frederic (Barcelona 1839 - íd. 1894) Dramaturgo y poeta español en lengua catalana. Escribió con frecuencia bajo el seudónimo de «Serafí Pitarra». De gran vena humorística, destacó por su visión sarcástica de la burguesía. En una segunda etapa de su obra se acerca al drama romántico de ambientación burguesa, que alternaba con cuadros de costumbres y sainetes. De su producción dramática pueden citarse *El castillo de los tres dragones* (1865), *La feria de San Genís* (1872) y *La campana de San Llop* (1878), y entre sus volúmenes de poesía, *Grano y paja* (1867) y *Noches de luna* (1886).

solera *s. f.* **1.** Carácter o cualidades especiales y apreciadas que, por herencia o tradición, posee una persona, colectividad, lugar, etc. **2.** Vejez del vino. **3.** Una de las dos piedras del molino, que está fija y situada en la parte inferior. **4.** Piedra plana que sirve de apoyo a un poste o cosa semejante. **5.** En construcción, madero asentado para servir de apoyo a una estructura. **6.** Heces* del vino. **7.** *Méx.* Baldosa, ladrillo.

Solesmes Población de Francia, en el departamento de Sarthe, a orillas del río de este nombre, conocida por su abadía benedictina, fundada h. 1010. A partir del s. XIX se convirtió en un notable centro del canto gregoriano y del nuevo movimiento litúrgico.

soleta *s. f.* Pieza de tela con que se remienda la planta de medias y calcetines.

soletilla *s. f.* Bizcocho estrecho y alargado, en forma de suela.

solfa *s. f.* **1.** Solfeo*, técnica. **2.** *fam.* Paliza, somanta. || **LOC. poner en solfa** una cosa *fam.* Ridiculizar, criticar con mordacidad.

solfatara (voz ital.) *s. f.* Emisión de gases sulfurosos a temperaturas que oscilan entre los 100 y 300 °C, que se produce en grietas de un volcán en estado de actividad latente. Origina depósitos de azufre.

solfear *v. tr.* **1.** Cantar un fragmento musical marcando el compás y pronunciando los nombres de las notas. También *v. intr.* **2.** *fam.* Darle una paliza a alguien. **FAM.** Solfeador.

solfeo *s. m.* **1.** Técnica para leer un texto musical y parte de los estudios de música dedicada a su aprendizaje. **2.** Acción de solfear.

solfista *s. m.* y *f.* **1.** Persona que solfea. **2.** Persona que sabe solfeo y lee y entona con facilidad una partitura musical.

solicitación *s. f.* **1.** Acción de solicitar o hecho de ser solicitado. **2.** Llamada o atracción que ejercen las cosas plancenteras.

solicitar *v. tr.* **1.** Pedir de manera respetuosa o siguiendo determinadas formalidades. **2.** Intentar conseguir la presencia, compañía, amistad, atención, etc., de una persona. **3.** Tratar de conquistar a una mujer. **FAM.** Solicitador, solicitante.

solícito, ta *adj.* **1.** Dispuesto a ayudar o agradar a los demás. **2.** P. ext., cariñoso, afectuoso. **FAM.** Solícitamente.

solicitud *s. f.* **1.** Acción y efecto de solicitar o pedir. **2.** Escrito en que se solicita formalmente algo. **3.** Cualidad de solícito.

solidaridad *s. f.* **1.** Actitud de participación y apoyo hacia los demás. **2.** En der., facultad u obligación que, siendo común a varias personas, puede ejercitarse o cumplirse totalmente por cada una de ellas.

Solidaridad (*Solidarnosc*) Sindicato polaco independiente, surgido de las luchas obreras de 1980 contra el régimen comunista de Polonia y dirigido por Lech Walesa. Habiendo alcanzado un alto grado de afiliación, tras el golpe militar del general Jaruzelski en 1981 fue ilegalizado y muchos de sus dirigentes encarcelados, pero no cesó en sus actividades sindicales. En 1989 fue nuevamente legalizado y en las elecciones libres de este mismo año obtuvo un gran éxito, copando todos los escaños del Senado y el 35 % de los del Congreso. Su candidato Tadeusz Mazowiecki fue nombrado nuevo jefe de gobierno. En 1990 su secretario general Lech Walesa fue elegido presidente del país.

solidario, ria *adj.* **1.** Que actúa con solidaridad o la muestra. **2.** En der., se aplica a la facultad u obligación común a varias personas, que puede ejercitarse o cumplirse totalmente por cada una de ellas. **FAM.** Solidariamente.

solidarizarse *v. prnl.* Hacerse solidario con alguien. ▪ Se conjuga como *cazar.*

solideo *s. m.* Casquete de tela que llevan algunos eclesiásticos, de color negro los sacerdotes, violeta los obispos, rojo los cardenales y blanco el papa.

solidificación *s. f.* Acción y efecto de solidificar o solidificarse, proceso de cambio del estado de la materia. La solidificación es un proceso físico exotérmico, es decir, que cede o libera energía. La temperatura a la que se produce la solidificación de un cuerpo coincide con el punto de fusión del mismo y se mantiene constante durante todo el tiempo que dura el proceso. Por lo general, un cuerpo que se solidifica disminuye de volumen, aunque existen excepciones, como el agua, cuyo volumen aumenta al transformarse en hielo.

solidificar *v. tr.* Hacer que un cuerpo pase del estado líquido al sólido. También *v. prnl.* ▪ Se conjuga como *sacar.*

sólido, da *adj.* **1.** Se aplica al estado de la materia cuyas moléculas poseen el mayor grado de cohesión o atracción recíproca, así como a los cuerpos que presentan dicho estado. También *s. m.* **2.** Difícil de deformar, estropear o destruir. **3.** Aplicado a cosas no materiales, muy difícil de alterar o perder. **4.** Que no se mueve o que no se cae ni se hunde fácilmente. **5.** Apoyado en razones bien fundamentadas. **6.** Referido al contorno de una superficie, terreno, etc., sin demasiados recortes, entrantes o salientes. || *s. m.* **7.** Cuerpo geométrico. **FAM.** Sólidamente.

Fís.* y *Quím. Los átomos o moléculas que constituyen un cuerpo sólido ocupan lugares bien determinados, con distancias prácticamente constantes entre sí. Esta estructura se denomina *cristal.* Otras formas de sólidos, llamados *amorfos,* no poseen dicha estructura, p. ej. el vidrio. Tienen ciertas propiedades específicas, como la dureza, la elasticidad, la fragilidad y la tenacidad, presentes en mayor o menor medida, en función del tipo de sólido de que se trate.

solifluxión *s. f.* Desplazamiento lento y masivo de la capa superior de un suelo, cuando se halla embebido de agua o cuando posee consistencia viscosa al empaparse de agua una capa inclinada de arcilla.

Solihull C. del Reino Unido, en Inglaterra, situada al SE de Birmingham. 111.500 h. en 1981. Cuenta con industrias mecánicas y del automóvil.

soliloquio *s. m.* Monólogo*.

Solimán Nombre de tres sultanes otomanos.

Solimán I Celebi (? 1377 - Adrianópolis 1411) Sultán otomano (1403-11). Hijo de Bayaceto I, se proclamó sultán a la muerte de su padre. Tuvo que luchar contra sus hermanos Musa y Mehmet I, pero fue derrotado y muerto.

Solimán II o **I el Magnífico** (? 1494 - Szigetuar, Hungría 1566) Sultán otomano (1520-66). Hijo y sucesor de Selim I, llevó a cabo una política expansionista. Consiguió tomar Belgrado, aprovechando la enemistad entre Francisco I de Francia y Carlos V, derrotar al rey de Hungría, asediar Viena (1529) e invadir Estiria (1532). Tras una tregua con el imperio, atacó Persia, donde se apoderó de varias ciudades, al tiempo que sus corsarios causaban estragos en el Mediterráneo. Realizó una importante labor legislativa. Dio gran prosperidad a la ciudad de Estambul, que se convirtió en el centro cultural de sus estados.

Solimán III o **II** (Estambul 1642 - Adrianópolis 1691) Sultán otomano (1687-91). Sucedió a su hermano Mehmet IV, depuesto por sus derrotas. Perdió Belgrado y Nis, pero logró recuperarlas (1690).

Solingen C. de Alemania, en el Land de Renania Septentrional-Westfalia, situada en el S del mismo, a orillas del río Wupper. 162.900 h. en 1990. Es uno de los centros industriales del hierro y del acero más importantes del país, destacando su tradicional industria cuchillera.

solio *s. m.* **1.** Trono con dosel, generalmente para un rey o un papa. || **2. solio pontificio** Dignidad de papa.

solípedos *s. m. pl.* Grupo de mamíferos ungulados perisodáctilos, que contituyeron una antigua familia hoy incluida en la de los équidos. Se caracterizan por tener el pie rematado en un único dedo, llamado *pezuña,* que apoyan en el suelo al marchar. Solípedos son el caballo y el asno. También *adj.* y *s. m.*

solipsismo *s. m.* Posición filosófica que defiende un subjetivismo radical, al afirmar que todo lo existente se reduce a la conciencia del sujeto y a sus contenidos. **FAM.** Solipsista.

Solís y Rivadeneyra, Antonio de (Alcalá de Henares 1610 - Salamanca 1686) Historiador y dramaturgo español. Cronista mayor de Indias, escribió una documentada *Historia de la conquista de México* (1684). También escribió comedias, entre las que sobresale *El amor al uso*.

solista *s. m.* y *f.* **1.** En mús., persona que interpreta el solo de una pieza vocal o instrumental. **2.** Cantante de un grupo musical.

solitaria *s. f.* Tenia*.

solitario, ria *adj.* **1.** Se dice del lugar deshabitado o por el que pasa poca gente. **2.** Que no está acompañado por otra persona, animal o cosa. **3.** Se aplica a la persona que vive en soledad o la busca, así como a su carácter, forma de vida, etc. También *s.* ‖ *s. m.* **4.** Brillante que se engarza como única piedra preciosa en una joya, generalmente un anillo. **5.** P. ext., esta misma joya, aunque no tenga un brillante, sino otra piedra similar. **6.** Juego de cartas para una sola persona. **FAM.** Solitariamente.

soliviantar *v. tr.* **1.** Incitar a alguien para que se rebele. **2.** Alterar, inquietar, irritar mucho. También *v. prnl.* **3.** Alborotar a alguien haciendo que conciba esperanzas infundadas, proyectos irrealizables, etc. ‖ *v. prnl.* **4.** Rebelarse, levantarse.

solla *s. f.* Pez pleuronectiforme de la familia pleuronéctidos, especie *Pleuronectes platessa.* Mide unos 90 cm de longitud. Es aplanado, tiene la piel suave, de color gris oscuro con ocelos anaranjados, flanco dorsal y ambos ojos en el lado derecho. Vive en el Atlántico y es muy apreciado por su carne.

sollado *s. m.* Cubierta interior de un barco donde están instalados los alojamientos, camarotes y almacenes.

sollozar *v. intr.* Llorar con respiración entrecortada y movimientos bruscos y temblorosos. ■ Se conjuga como *cazar.* **FAM.** Sollozante.

sollozo *s. m.* Acción y efecto de sollozar.

solo, la *adj.* **1.** Que no está acompañado. **2.** Se aplica a la persona que no tiene familia o alguien que la apoye o proteja. **3.** Desierto, deshabitado. **4.** Único. **5.** Se aplica al café sin leche. También *s. m.* ‖ *s. m.* **6.** Pieza musical concebida para una única voz o instrumento. **7.** En la danza, parte que se baila sin pareja. **8.** Solitario*, juego de cartas. ‖ **LOC. a solas** *adv.* Sin compañía; se refiere especialmente a dos personas con respecto a las demás. **quedarse uno solo** *fam.* Ser muy bueno en algo, no tener competidores; también, hablar en una conversación sin dejar que intervengan los demás.

sólo o **solo** *adv. m.* Solamente, únicamente.

solomillo *s. m.* En las reses que se despedazan para el consumo, carne muy tierna y apreciada, que está situada entre las costillas y el lomo, y p. ext. filete que se obtiene de esta pieza.

Solón (? h. 640 - ? h. 558 a. C.) Político ateniense. Nombrado arconte en el 594 a. C., tomó varias medidas para reducir el poder de la aristocracia y mejorar la situación de los campesinos y promovió una célebre reforma legislativa que sentó las bases de la democracia ateniense. Sus contemporáneos le consideraron un modelo de honestidad política y de rigor moral.

Solórzano, Carlos (Managua 1860 - Costa Rica 1936) Político nicaragüense. Conservador, fue elegido presidente del país en momentos muy difíciles (1925) y depuesto por el general Emiliano Chamorro (1927).

solsticio *s. m.* Nombre de los dos momentos del año en que es máxima la desigualdad entre el día y la noche. El solsticio de verano, que se produce el 21 o 22 de junio, es el momento en que comienza el verano en el hemisferio norte y el invierno en el sur, el Sol ilumina el polo norte y el polo sur permanece en la oscuridad; los rayos solares son perpendiculares al trópico de Cáncer al mediodía. El solsticio de invierno se produce el 21 o 22 de diciembre y es el momento en que comienza el invierno en el hemisferio norte y el verano en el sur, el Sol ilumina el polo sur, mientras el norte permanece en la oscuridad; los rayos solares son perpendiculares al trópico de Capricornio al mediodía. Los solsticios y equinoccios, y por tanto la sucesión de estaciones, se producen a causa de la posición relativa de la Tierra en su movimiento de traslación en torno al Sol, debido a la inclinación que presenta su eje con respecto al plano de la eclíptica.

soltar *v. tr.* **1.** Hacer que lo que estaba atado, sujeto o unido de algún modo deje de estarlo. También *v. prnl.* **2.** Dejar de sostener o sujetar aquello que se tenía agarrado. También *v. prnl.* **3.** Dejar salir a una persona, animal o cosa que estaba encerrada o retenida. También *v. prnl.* **4.** Despedir un olor, un líquido, una sustancia, etc. **5.** Aflojar. También *v. prnl.* **6.** Dar alguien alguna cosa, desprenderse de ella o dejar que otro la coja. **7.** Dejar salir alguien de sí, de forma involuntaria, una manifestación fisiológica, la expresión de un sentimiento, etc. **8.** *fam.* Contarle a alguien algo que resulta pesado o molesto. **9.** *fam.* Decir algo que debería callarse o hacerlo muy bruscamente y con poca delicadeza. **10.** Con sustantivos que equivalen a *golpe*, darlo. **11.** Referido al vientre, provocar o facilitar la evacuación frecuente. También *v. prnl.* ‖ *v. prnl.* **12.** Comenzar a tener habilidad en algunas cosas como hablar, andar, etc. **13.** Perder la timidez o el apuro. ■ Es v. irreg. Se conjuga como *contar.* ‖ **LOC. soltar** alguien **la lengua** o **soltársele la lengua** a alguien *fam.* Hablar una persona en exceso o inorportunamente; también, decir una persona abiertamente lo que piensa sobre alguien o algo, especialmente cuando no es positivo. **soltarse** alguien **el pelo** (o **la melena**) Empezar a actuar con libertad, sin miramientos.

soltería *s. f.* Estado de soltero.

soltero, ra *adj.* Se dice de la persona que no se ha casado. También *s.*

solterón, na *adj. desp.* Se aplica a la persona de cierta edad que permanece soltera. También *s.*

soltura *s. f.* Habilidad y facilidad con que se hace o dice algo.

solubilidad *s. f.* **1.** Cualidad de soluble. **2.** Cantidad de soluto que, a una determinada temperatura, puede disolverse en cierta cantidad de disolvente para formar una disolución saturada. Generalmente la solubilidad se expresa con relación a 100 g de disolvente, pero también puede indicarse en moles por litro o con cualquiera de las formas en las que se expresa la concentración de las disoluciones. Por regla general, la solubilidad de las sustancias aumenta a medida que aumenta la temperatura.

soluble *adj.* **1.** Que se puede disolver. **2.** Que se puede solucionar o resolver.

solución *s. f.* **1.** Acción y efecto de solucionar o solucionarse. **2.** Lo que soluciona algo. **3.** Resultado de una operación aritmética, un problema matemático, etc., que cumple las condiciones que en ellos se plantean. **4.** Acción y efecto de disolver o diluir. **5.** Mezcla homogénea obtenida al disolver una o más sustancias, llamadas *solutos*, en otra que constituye el *disolvente*. Las soluciones se clasifican atendiendo a diversos criterios tales como el estado físico de sus componentes (sólidos en líquidos, líquidos en líquidos, gases en líquidos, etc.), la naturaleza de las sustancias disueltas (moleculares o iónicas) y el grado de acidez o pH (ácidas, básicas o neutras). ‖ **6. solución de continuidad** Interrupción, falta de continuidad. ■ Se utiliza sobre todo en frases negativas.

solucionar *v. tr.* Poner fin de manera adecuada a una duda, dificultad, situación problemática, etc., o hacer que algo se desarrolle y finalice favorablemente. También *v. prnl.* **FAM.** Solucionable.

soluto *s. m.* Componente de una disolución que no es el disolvente; generalmente se considera como soluto el componente que aparece en menor proporción.

solutrense *s. m.* Periodo del paleolítico superior, comprendido entre el auriñaciense y el magdaleniense, desde el año 20.000 al 15.000 a. C. Se caracteriza por una industria de útiles muy retocados, largos y planos, en forma de hoja de laurel. En este periodo apareció el arco de caza y predominó la economía cazadora sobre la recolectora. Los yacimientos más importantes se han localizado en España, Francia, Polonia y Hungría.

Solvay, Ernest (Rebecq-Rognon 1838 - Bruselas 1922) Químico belga. Inventó el procedimiento industrial que lleva su nombre para la obtención de sosa, método que patentó en 1861.

solvencia *s. f.* Cualidad de solvente.

solventar *v. tr.* **1.** Solucionar*. **2.** Pagar algo pendiente.

solvente *adj.* **1.** Que no tiene deudas. **2.** Que tiene el capital o los recursos económicos suficientes para poder pagar sus deudas. **3.** P. ext., de buena posición económica. **4.** Fiable, digno de confianza o de crédito. **5.** En quím., disolvente de una solución.

Solzhenitsin, Alexander Issaievich (Kislovodsk 1918) Escritor ruso. Su crítica al estalinismo le llevó a la cárcel en 1945 y más tarde a Siberia hasta 1957. A partir de ese año inicia su labor literaria, centrada en la historia rusa contemporánea y en la crítica del estado soviético. Expulsado de la URSS (1974), residió en EE UU. Entre sus obras merecen citarse *Un día en la vida de Ivan Denisovich* (1962), *El pabellón del cáncer* (1963-66), *El primer círculo* (1968), *Agosto 1914* (1971) y *Archipiélago Gulag* (en tres volúmenes de 1973, 1974 y 1975). En 1970 obtuvo el premio Nobel de literatura.

Alexander Solzhenitsin.

soma *s. m.* Conjunto de las células de un organismo vivo, excepto las reproductoras.

somalí *adj.* **1.** De Somalia. También *s.* ‖ *s. m.* **2.** Lengua que se habla en dicho estado africano.

Somalia (*Soomaaliya*) Estado del NE de África.

Extensión: 637.000 km^2.
Límites: al N, con el golfo de Adén; al E y S, con el océano Índico, y al O, con Kenia, Etiopía y Yibuti.
Población: 7.555.000 h. en 1990.
Densidad: 11,9 h./km^2.
Capital: Mogadiscio.
División administrativa: 16 regiones.
Ciudades principales: Hargeysa, Kismaayo, Berbera y Marca.
Gentilicio: somalí.
Forma de Estado: república socialista.
Idioma: somalí.
Religión: islamismo sunnita, 99,8 %.
Moneda: chelín somalí.
Tasa de natalidad: 50 ‰ en 1990.
Tasa de mortalidad: 20 ‰ en 1990.
Renta per cápita: 170 dólares en 1989.

Geog. física El país está emplazado sobre una árida altiplanicie cuya altura va disminuyendo a medida que se aproxima al océano Índico. Las únicas corrientes fluviales destacables son la del Yūba y la del Shebeli, que nacen en Etiopía y al internarse en Somalia fluyen en dirección S hasta desembocar en el océano Índico. Tiene costas de dos tipos: bajas y arenosas en la parte del océano y abruptas en la zona del golfo de Adén. El clima es esencialmente caluroso y semidesértico.

Geog. humana y ***económica*** La población, de raza negra, experimenta un crecimiento vegetativo muy alto; un 65 % reside en el ámbito rural. La agricultura es poco relevante para el sostenimiento económico del país, ya que hay muy poca superficie cultivable; por ello, casi toda la producción se dedica al consumo interior. Entre los cultivos de secano merecen citarse el mijo, maíz, sorgo, mandioca, cacahuete y leguminosas; y entre los cultivos de regadío, dedicados algunos a la exportación, destacan el algodón, plátano y caña de azúcar. La principal actividad es la ganadería caprina, ovina y de camellos. Entre las escasas industrias con las que cuenta cabe citar las alimentarias, fábricas de cemento y una refinería de petróleo. Aunque se conoce la existencia de recursos minerales como el estaño, cinc, manganeso, uranio, gas natural, hierro y petróleo, éstos están todavía sin explotar.
Hist. A partir del s. XIV se constituyó un estado islámico, pero en el s. XVII el país volvió a fraccionarse en pequeñas tribus hasta el s. XIX. La colonización británica se inició en 1884 y el protectorado se instauró en 1887. Desde finales del s. XIX comenzó una fuerte oposición indígena a la colonización, que provocó una serie de luchas que duraron hasta 1920, año en que se produjo la victoria y el firme asentamiento de los británicos. En el curso de la Segunda Guerra Mundial se produjo una efímera conquista italiana (1940), pero Somalia fue recuperada por el Reino Unido en 1941. En 1960 se logró la independencia y el país quedó constituido territorialmente mediante la unión de la Somalia británica y las regiones somalíes en administración fiduciaria italiana. En 1969 se produjo un golpe de Estado militar que revocó el régimen parlamentario consagrado por la Constitución de 1960 y el poder absoluto recayó en el Consejo Supremo de la Revolución. En 1976 el poder pasó a manos del Partido Socialista Revolucionario Somalí y en 1979 se aprobó una nueva Constitución, que establecía un régimen socialista cuyo órgano legislativo era la Asamblea Popular. Como jefe de Estado fue elegido en 1980 y reelegido en 1986 el general Siyad Barreh. En 1990 estalló una guerra civil y en 1992 las fuerzas del general Mohamed Fará Aidid tomaron Kismayo, principal puerto del país, mientras que el N quedó sometido por las tropas del Movimiento Nacional Somalí.

Somalia Francesa Véase **Yibuti**.

somanta *s. f.* **1.** *fam.* Con palabras como *palos, golpes*, etc., serie de ellos. **2.** *fam.* Paliza.

somatar *v. tr. Amér. C.* Dar una tunda, zurrar. También *v. prnl.*

somatén *s. m.* **1.** En Cataluña, grupo de vecinos armados que se movilizaban en caso de emergencia. **2.** Cada uno de los miembros de este grupo. **3.** Movilización efectuada por dicho grupo.

somático, ca *adj.* **1.** Perteneciente o relativo al cuerpo, por oposición a psíquico. **2.** Perteneciente o relativo al soma.

somatización *s. f.* Relación que existe entre los fenómenos psíquicos y las manifestaciones orgánicas o funcionales que los acompañan.

somatología *s. f.* Estudio del cuerpo de los seres vivos, que comprende anatomía y fisiología.

Sombart, Werner (Ermsleben, Sajonia 1863 - Berlín 1941) Economista y sociólogo alemán. Marxista en su juventud, evolucionó hacia posiciones cercanas al nacionalsocialismo. Su obra más importante es *El capitalismo moderno* (1902), en la que analiza el origen y desarrollo de este modo de producción y polemiza con las tesis de Pirenne y Weber.

sombra *s. f.* **1.** Falta o disminución de claridad producida por un cuerpo opaco situado ante un foco de luz. **2.** Espacio que por esta razón está más oscuro y fresco. **3.** Imagen oscura que proyecta sobre una superficie un cuerpo opaco colocado entre el foco luminoso y dicha superficie. **4.** En dibujo, pintura, etc., representación mediante tonos oscuros de las partes que tienen menos luz. Se usa mucho en *pl.* **5.** Oscuridad más o menos completa. Se usa sobre todo en *pl.* **6.** Sombra de ojos. **7.** En telecomunicaciones, lugar o zona a la que no llegan las imágenes, sonidos o señales transmitidos por un aparato o estación emisora. **8.** Recuerdo vago o imagen que se conserva de alguien o algo. **9.** Espíritu o aparición de una persona muerta o ausente. **10.** Aspecto oscuro o negativo de algo. Se usa mucho en *pl.* **11.** *fam.* Persona que sigue a otra a todas partes. **12.** Lugar, situación o circunstancia desde la que alguien puede actuar ocultamente. **13.** Falta de conocimiento, ignorancia. Se usa mucho en *pl.* **14.** Mínima señal, muestra o cantidad de algo. **15.** *Arg., Chile, Hond.* Falsilla para escribir. **16.** *Amér. C., Chile. fam.* Quitasol, sombrilla. || **17. buena sombra** Buena suerte; también, amabilidad. **18. mala sombra** Mala suerte; también, mala intención. **19. sombra acústica** Zona en la que el sonido no se recibe directamente, por existir algún cuerpo no transmisor que intercepta las ondas sonoras. **20. sombra de ojos** Producto de cosmética, generalmente en polvos, utilizado para dar color a los párpados. **21. sombras chinescas** Espectáculo y técnica teatral que consiste en proyectar sobre una superficie sombras de títeres o de figuras hechas con las manos, el cuerpo, etc. || **LOC. a la sombra** *adv. fam.* En la cárcel. **a la sombra de** alguien o algo *adv.* Bajo su protección. **hacer sombra** a alguien Hacer una persona o cosa por sus cualidades que destaquen menos o queden anuladas las de otra. **no ser** alguien o algo **ni sombra de lo que era** *fam.* Haber empeorado mucho.

sombrajo *s. m.* Cobertizo para dar sombra.

sombreado *s. m.* Acción y efecto de sombrear un dibujo, los ojos, etc.

sombrear *v. tr.* **1.** Representar las sombras en un dibujo, pintura, etc. **2.** Poner sombra en los párpados de los ojos. También *v. prnl.* **3.** Dar o proporcionar sombra en un lugar.

sombrerazo *s. m. fam.* Gesto de saludo muy ostentoso que se hace quitándose el sombrero.

sombrerería *s. f.* **1.** Oficio de hacer sombreros. **2.** Empresa o taller donde se hacen. **3.** Establecimiento donde se venden.

sombrerero, ra *s. m.* y *f.* **1.** Persona que hace o vende sombreros. || *s. f.* **2.** Caja para guardar o transportar sombreros.

sombrerete *s. m.* **1.** Pieza de forma semejante a un sombrero que protege o tapa algunas cosas, como p. ej. una chimenea. **2.** Sombrerillo de los hongos.

sombrerillo *s. m.* Parte superior, ancha y abombada de los hongos.

sombrero *s. m.* **1.** Prenda de vestir que cubre la cabeza y que generalmente está compuesta por copa y ala. **2.** P. ext., cualquier cosa utilizada para cubrirse la cabeza y, en general, cualquier otra cosa. **3.** Sombrerillo de los hongos. **4.** Cubierta del púlpito. || **5. sombrero calañés** El de ala estrecha y vuelta hacia arriba y copa generalmente baja, en forma de cono truncado. Lo usan los campesinos en algunas regiones. **6. sombrero castoreño** Véase **castoreño**. **7. sombrero chambergo** Véase **chambergo**. **8. sombrero cordobés** El de fieltro, de ala ancha y plana y copa baja, prácticamente cilíndrica. **9. sombrero de copa** El de ala estrecha y copa alta, casi cilíndrica y plana por arriba, que se usa en ceremonias y solemnidades. ▪ Se denomina también *chistera*. **10. sombrero de jipijapa** Véase **jipijapa**. **11. sombrero de teja** El que tiene levantadas y abarquilladas las dos mitades de su ala hasta la altura de la copa y que usaban ciertos eclesiásticos. **12. sombrero de tres picos** El que tiene el ala levantada y abarquillada por tres puntos de modo que su base forma un triángulo. || **LOC. quitarse el sombrero** Mostrar gran admiración o respeto por alguien o algo.

sombrilla *s. f.* Objeto semejante a un paraguas que se emplea para protegerse del sol, cogiéndolo con la mano o colocándolo fijo en algún sitio.

sombrío, a *adj.* **1.** Se aplica al lugar que suele estar en sombra. **2.** Triste, muy serio, lúgubre.

somero, ra *adj.* **1.** Hecho sin profundizar, sin entrar en detalles. **2.** Muy próximo a la superficie. **FAM.** Someramente.

someter *v. tr.* **1.** Imponer alguien su dominio o autoridad a una o más personas por la fuerza. **2.** Dejar alguien en un segundo lugar sus propias opiniones, intereses, etc., en favor de los de otro u otros, o hacerlos depender de ellos. También *v. prnl.* **3.** Mostrar a alguien una decisión, un asunto, etc., para que dé su opinión sobre ello. **4.** Encargar o pedir a una o más personas que resuelvan un asunto. **5.** Exponer a alguien o algo a la acción de otra persona o cosa. También *v. prnl.* || *v. prnl.* **6.** Rendirse a una autoridad o dominio ajenos. **7.** Aceptar la opinión, decisión, etc., de una o más personas y acomodarse a ella. **FAM.** Sometimiento.

somier *s. m.* Soporte de muelles, láminas de madera, etc., sobre el que se coloca el colchón.

Somme Río de Francia, en el N del país. 245 km de longitud. Nace cerca de Fontsomme, pasa por Amiens, atraviesa la región de Picardía y desemboca en el canal de La Mancha.

Somme, batalla del Nombre de dos acciones bélicas que tuvieron como escenario las orillas de este río durante las dos guerras mundiales. La primera se desarrolló entre julio y noviembre de 1916, para contrarrestar el efecto de la batalla de Verdún; las tropas francobritánicas del mariscal Foch avanzaron al N del río, pero la ofensiva tuvo que detenerse sin haber logrado ocupar ninguna posición estratégica. En esta batalla se emplearon por vez primera los tanques. La segunda se produjo en junio de 1940; fue una batalla decisiva para la ocupación de Francia por las tropas alemanas. Seis divisiones de carros blindados, mandadas por Paul von Kleist y Erwin Rommel, rompieron el frente francés y provocaron la caída de Verdún y la evacuación de París.

sommelier (voz fr.) *s. m.* Sumiller*.

somnífero, ra *adj.* Se aplica a la sustancia, preparado, etc., que produce sueño. También *s. m.*

somnolencia *s. f.* Estado de adormecimiento o sopor del que tiene sueño.

somnoliento, ta *adj.* **1.** Que tiene somnolencia. **2.** *fam.* Que produce sueño. **FAM.** Somnolientamente.

somontano, na *adj.* **1.** Situado en la ladera de una montaña. También *s.* **2.** De la región del alto Aragón. También *s.*

somonte *s. m.* Terreno situado en la ladera de una montaña.

somormujo *s. m.* Nombre común de diversas aves podicipediformes de la familia podicipédidos, género *Podiceps*. El somormujo lavanco *(Podiceps cristatus)* mide unos 48 cm de longitud, tiene el cuello blanco, gola castaña, doble moño negro y en invierno pierde la gola. El somormujo cuellirojo *(Podiceps grisegena)* mide unos 43 cm, tiene la barbilla blanca y el cuello ocre en verano, y el cuello gris y el pico amarillento en invierno. Ambos tienen los dedos de los pies lobulados y anidan en plataformas flotantes de embalses y lagos. Habitan en todos los continentes.

Somosierra Sierra de España perteneciente al sector oriental del Sistema Central, en el límite entre Madrid y Segovia, entre las sierras de Guadarrama y Ayllón. Su máxima altura es la Peña Cebollera (2.129 m). En ella se halla el puerto de Somosierra, que comunica las dos Mesetas.

Somoza, Anastasio, llamado **Tacho** (San Marcos 1896 - Panamá 1956) Político nicaragüense. En 1934, siendo comandante de la guardia nacional, organizó el asesinato de Sandino. Nombrado presidente en 1937, tras el golpe de Estado contra Sacasa, se mantuvo en el poder hasta 1947. Recuperó la presidencia en 1950 y la conservó hasta su muerte. Gobernó de forma tiránica, reprimiendo brutalmente toda oposición y amasó una gran fortuna personal. Aliado incondicional de EE UU, murió por las heridas que le causó un atentado sandinista.

Somoza Debayle, Anastasio, llamado **Tachito** (León 1925 - Asunción 1980) Político nicaragüense. Hijo del anterior, tras ser comandante de la guardia nacional, fue nombrado presidente de la república en 1967. Instauró una severa dictadura personal que desencadenó una guerra civil y fue derrocado por el Frente Sandinista (1979). Se exilió a Miami, las Bahamas y luego a Paraguay, donde fue asesinado por un comando revolucionario.

Somoza Debayle, Luis (Lede 1922 - Managua 1968) Político nicaragüense. Hermano del anterior, fue presidente de la república (1957-63). Promulgó una ley de reforma agraria, que fue un fracaso, y aprovechó el flujo de capitales estadounidenses para realizar importantes obras públicas.

son *s. m.* **1.** Melodía o sonido agradable y armonioso. **2.** Forma particular de hacer las cosas o de producirse o desarrollarse éstas. || **Loc. al son de** *adv.* Con el acompañamiento del instrumento musical que se expresa; también, siguiendo las indicaciones o el modelo de alguien o algo. **bailar** alguien **al son que le tocan** *fam.* Acomodar alguien su conducta, actitud, etc., a los demás o a un determinado momento o circunstancia. **en son de** *adv.* Con ánimo de, en actitud de. **sin ton ni son** *adv.* y *fam.* Sin ninguna razón o fundamento.

sonado, da **1.** *p. p.* de **sonar**. || *adj.* **2.** Famoso, nombrado. **3.** Se aplica al boxeador que ha perdido facultades mentales a consecuencia de los golpes recibidos en la cabeza. **4.** *fam.* Loco, chiflado.

sonaja *s. f.* **1.** Par o conjunto de pares de chapas de metal sujetas a un soporte que al agitarlo hace que se muevan y suenen; p. ej., las de una pandereta. || *pl.* **2.** Instrumento musical en forma de aro con varias chapas como las anteriormente mencionadas.

sonajero *s. m.* Juguete para bebés que puede tener formas muy diversas, aunque generalmente consiste en un mango que tiene en uno de sus extremos cascabeles u otros elementos que al agitarlos producen ruido.

sonambulismo *s. m.* Trastorno del sueño que consiste en la realización por una persona de diversos actos automáticos, como incorporarse, andar o hablar, sin tener conciencia de ello cuando se despierta.

sonámbulo, la *adj.* **1.** Que padece sonambulismo. También *s.* **2.** Se aplica a la persona que hace las cosas automáticamente, sin darse cuenta de lo que está haciendo. También *s.*

sonante *adj.* Que suena. ■ Se usa casi exclusivamente en alguna locución como la adjetiva **contante y sonante**, que se dice del dinero en efectivo.

sonar *v. intr.* **1.** Emitir sonido una cosa. **2.** Dar el reloj sus campanadas u otra señal sonora para indicar la hora. **3.** *fam.* Resultar alguien o algo vagamente conocido para una persona. **4.** *fam.* Tener algo la apariencia o el carácter que se expresa. **5.** Con los adverbios *bien* o *mal*, o similares, resultar una palabra, frase, etc., correcta, apropiada o elegante, o por el contrario, incorrecta o grosera. **6.** *fam.* Producir alguien o algo cierta impresión en una persona. **7.** Ser citado o mencionado. **8.** Correr el rumor. **9.** *Arg., Urug.* Morir o padecer una enfermedad mortal. **10.** *Arg., Chile, Par.* Fracasar. **11.** *Arg., Chile.* Perder el empleo, la posición u otra cosa. **12.** *Arg., Chile.* Sufrir las consecuencias negativas de algo. || *v. tr.* **13.** Hacer que algo produzca un sonido o ruido. **14.** Limpiar la nariz de mocos, expulsándolos mediante una espiración brusca. Se usa más como *v. prnl.* ■ Es v. irreg. Se conjuga como *contar.* || **Loc. (tal** o **así) como suena** *adv.* Se emplea para reafirmar algo que se ha dicho, aunque sorprenda.

sónar o **sonar** (siglas de *Sound Navigation And Ranging*) *s. m.* Aparato o equipo utilizado para detectar por medio de ondas ultrasonoras la presencia de un objeto u obstáculo que se encuentra bajo el agua, permitiendo conocer su tamaño, dirección, distancia, etc.

El barco equipado con sónar emite ondas sonoras que al chocar con un objeto (submarino, banco de peces, etc.) devuelven un eco; en la pantalla aparecen los objetos como puntos luminosos.

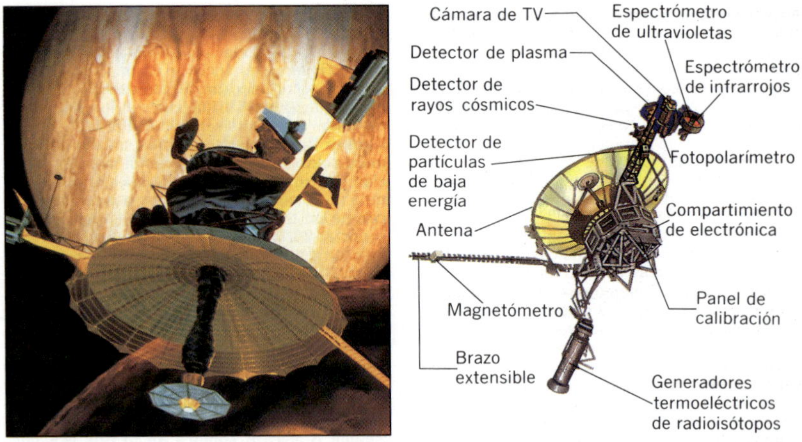

Sonda espacial: a la izquierda, sonda Galileo *para la exploración de Júpiter; a la derecha, esquema del* Voyager, *dirigido por ordenadores programables instalados a bordo.*

sonata *s. f.* Forma musical que en sus orígenes designaba cualquier obra cuya ejecución fuera instrumental y no vocal, por oposición a la *cantata*, y cuya peculiaridad reside en estar escrita para uno o dos instrumentos. Generalmente consta de tres o cuatro movimientos. El primero de ellos, que recibe también el nombre de *sonata*, es utilizado con frecuencia como primer movimiento de sinfonías, cuartetos de cuerda, etc., y se estructura en tres partes: exposición de un tema, desarrollo y recapitulación del mismo. La sonata se ha cultivado intensamente desde el s. XVII hasta la actualidad.

sonatina *s. f.* Sonata breve y, generalmente, fácil de interpretar.

sonda *s. f.* **1.** Instrumento o método utilizado para medir la profundidad de algo y explorar zonas de difícil acceso. **2.** Tubo delgado que se introduce por una cavidad del organismo para suministrar alimentos y otras sustancias, extraer líquidos o como método de exploración. **3.** Cuerda con un peso en uno de sus extremos que se utiliza para averiguar la profundidad de las aguas y el estado del fondo. **4.** Globo, cohete, etc., provisto de los instrumentos de medida necesarios cuya función es explorar las condiciones atmosféricas. **5.** Acción y efecto de sondar. || **6. sonda espacial** (o **astronáutica**) Nave espacial sin tripulación que se envía para explorar el espacio.

Sonda, estrecho de la Brazo de mar entre Sumatra y Java, que comunica el mar de Java con el océano Índico. Tiene una longitud de 170 km y una anchura de 25 a 110 km.

Sonda, islas de la Archipiélago del SE asiático que comprende las Sondas Mayores (Borneo, Sumatra, Java y Célebes) y las Sondas Menores (Bali, Lombok, Sumbawa, Sumba, Flores, Timor, Solor y Alor). También se denomina *archipiélago de Malaisia*, aunque la mayor parte de las islas conforman el estado de Indonesia.

sondaleza *s. f.* Cuerda larga y delgada que tiene un escandallo en su extremo y se utiliza para medir la profundidad de las aguas.

sondar *v. tr.* **1.** Introducir una sonda en una cavidad del organismo. **2.** Medir la profundidad de las aguas utilizando una sonda. **3.** Explorar o examinar algo con sonda, especialmente el subsuelo. **Fam.** Sondable, sondaje.

sondear *v. tr.* **1.** Sondar las aguas o el subsuelo. **2.** Procurar enterarse de algo con prudencia y disimulo. **3.** Hacer averiguaciones sobre el estado, circunstancias, etc., de alguien o algo.

sondeo *s. m.* **1.** Acción y efecto de sondear. **2.** Perforación realizada para extraer muestras de un terreno y examinarlas. **3.** Investigación de la atmósfera o el espacio por medio de globos, cohetes, etc. **4.** Método de investigación creado por el estadounidense George Gallup, que consiste en formular una serie de preguntas a un grupo representativo de la población, llamado *muestra*, con el fin de hacer una valoración de la opinión pública sobre determinados asuntos, y así, en función de los resultados obtenidos, poner en práctica el correspondiente plan de actuación.

sonería *s. f.* Mecanismo que sirve para hacer sonar un reloj.

sonetillo *s. m.* Soneto compuesto en versos de arte menor, generalmente octosílabos.

soneto *s. m.* Composición poética de catorce versos, generalmente endecasílabos, que están distribuidos en cuatro estrofas, dos cuartetos y dos tercetos. El esquema del soneto clásico es ABBA ABBA CDC DCD. **Fam.** Sonetista.

Song Dinastía imperial china que reinó de 960 a 1279 en el centro y S del país. En 1126 trasladó la capital a Hangzhou e inició un periodo de esplendor cultural y económico. Fue aniquilada por la invasión de los mongoles de Gengis Kan.

songa *s. f. amer.* Chunga, burla.

songay o **songhay** *adj.* **1.** Se dice de un pueblo negroafricano, mezcla de tuareg y fulbe, que habita en las orillas del Níger medio. Los songay crearon un imperio (s. VII) que alcanzó su máximo esplendor con la dinastía Askia (1493-1529). Controlaron las rutas caravaneras del Sáhara central. **2.** De este pueblo. También *s.*

songo, ga *adj. Méx.* Tonto.

sónico, ca *adj.* **1.** Perteneciente o relativo a la velocidad del sonido. **2.** Se aplica a la vibración producida en un objeto con frecuencia comprendida entre 20 y 20.000 Hz. Las vibraciones de frecuencia superior a esta última son ultrasonidos no perceptibles para el oído.

sonido *s. m.* **1.** Sensación producida en el órgano del oído por las vibraciones de los cuerpos, transmitidas a través de un medio como el aire. **2.** En fís., conjunto de ondas producidas por un cuerpo al vibrar, creando una variación de presión en el medio que lo rodea. La velocidad de propagación del sonido en el aire a 25 °C es de 340 m/s. En líquidos y sólidos la velocidad es mayor. **3.** Conjunto de aparatos y sistemas que sirven para producir, grabar y reproducir voces, música, ruidos, etc. **4.** Banda sonora de una película. || **5. barrera del sonido** Véase **barrera**.

soniquete *s. m.* Sonido repetitivo y monótono que puede resultar desagradable.

sonómetro *s. m.* Instrumento que sirve para medir la intensidad de los sonidos.

Sonora Estado de México, situado en el NO del país, a orillas del golfo de California. 182.052 km^2. 1.822.250 h. en 1990. La capital es Hermosillo, con 341.000 h. en 1984. Está dividido en tres áreas: el centro y toda la parte N y NO, en que se extiende el desierto de Sonora; la región S, que constituye una planicie costera, y la franja E, en la que se alza la Sierra Madre Occidental. La agricultura se practica sobre todo en los valles de los ríos; los principales cultivos son el trigo, maíz, arroz, tabaco, vid, caña de azúcar, hortalizas y algodón. También tienen importancia la ganadería vacuna y en el litoral la pesca. Posee ricos yacimientos de cobre, volframio y manganeso, que sostienen su industria metalúrgica y siderúrgica. Cuenta además con industrias alimentarias, químicas, del cemento, papeleras y textiles.

sonoridad *s. f.* **1.** Cualidad de sonoro. **2.** Intensidad con que se perciben los sonidos en el oído humano.

sonorizador, ra *adj.* **1.** Que sonoriza. ‖ *s. m.* y *f.* **2.** Persona que se ocupa del sonido y efectos sonoros en una emisión de radio o de televisión. ‖ *s. m.* **3.** Equipo técnico que se utiliza con ese fin.

sonorizar *v. tr.* **1.** Instalar en un lugar los aparatos, sistemas, etc., necesarios para producir sonido, aumentarlo o mejorar su calidad. **2.** Incorporar sonido a una cinta cinematográfica. **3.** En fon. y fonol., convertir en sonora una consonante sorda. También *v. prnl.* ■ Se conjuga como *cazar.* **FAM.** Sonorización, sonorizante.

sonoro, ra *adj.* **1.** Que suena o puede sonar. **2.** Que produce un sonido agradable o intenso. **3.** Que tiene buenas condiciones acústicas. **4.** Se dice del cine dotado de sonido. **5.** Se aplica al lenguaje, el estilo, etc., armonioso y a la vez elevado o solemne. **6.** En fon., se dice del sonido que se articula con vibración de las cuerdas vocales. En español son sonoras las vocales y algunas consonantes como *m, b, d* y *g.* También *s. f.* ‖ *s. m.* **7.** Sistema que produce el sonido en una película cinematográfica. **FAM.** Sonoramente.

sonotone *s. m.* Audífono*.

sonreír *v. intr.* **1.** Hacer un gesto parecido al de la risa, pero sin producir ningún sonido. También *v. prnl.* **2.** Ser favorable y prometedor para alguien cierto momento, circunstancia, etc. ■ Es v. irreg. Se conjuga como *reír.*

sonriente *adj.* Que sonríe.

sonrisa *s. f.* Acción y efecto de sonreír o sonreírse.

sonrojar *v. tr.* Hacer que a alguien se le ponga la cara roja de vergüenza. También *v. prnl.*

sonrojo *s. m.* **1.** Acción y efecto de sonrojar o sonrojarse. **2.** Dicho o hecho que hace que alguien se ruborice.

sonrosado, da *adj.* De color algo rosado; se aplica especialmente a la piel y las mejillas.

sonsacar *v. tr.* **1.** Obtener algo de alguien con mucha habilidad, insistencia, etc. **2.** Conseguir que alguien diga o descubra algo que mantenía en secreto. **3.** Quitarle secretamente a alguien un trabajador o empleado. ■ Se conjuga como *sacar.* **FAM.** Sonsacador, sonsacamiento, sonsaque.

sonsear *v. intr. Arg., Chile, Urug.* Hacer tonterías, tontear.

sonsera *s. f. amer.* Tontería.

sonso, sa *adj. Amér. del S.* Tonto, zonzo.

sonsonete *s. m.* **1.** Soniquete*. **2.** Tonillo desagradable y monótono con que alguien habla o lee. **3.** Cosa que se repite con pesadez e insistencia, generalmente una petición o una queja.

Sontag, Susan (Nueva York 1933) Escritora y directora de cine estadounidense. En su obra hace una crítica de los valores culturales del mundo occidental. Entre sus principales novelas figuran *El benefactor* (1953) y *Yo, etcétera* (1978), y entre sus ensayos, *Contra la interpretación* (1966), *Estilos de voluntad radical* (1969) y *Bajo el signo de Saturno* (1981). De sus filmes pueden destacarse *Dueto para caníbales* (1969) y *Tierras prometidas* (1974).

soñación, ni por *loc. adv. fam.* Ni soñarlo.

soñador, ra *adj.* Que sueña, idealista. También *s.*

soñar *v. tr.* **1.** Representarse en la imaginación sucesos, imágenes, etc., mientras se está dormido. También *v. intr.* **2.** Imaginar las cosas muy distintas de como son en la realidad. También *v. intr.* **3.** Desear algo intensamente, en especial si es difícil de conseguir o no es probable que suceda pronto. Se usa más como *v. intr.* ■ Es v. irreg. Se conjuga como *contar.* ‖ **LOC. ni soñarlo** *fam.* Sirve para negar o rechazar algo rotundamente. ■ Con este sentido también suele utilizarse la expresión **ni lo sueñes**. **soñar despierto** Imaginar la realidad distinta de como es.

soñarrera *s. f.* **1.** Soñera*. **2.** Sueño muy profundo.

soñera *s. f.* Ganas muy fuertes de dormir.

soñolencia *s. f.* Somnolencia*.

soñoliento, ta *adj.* Somnoliento*. **FAM.** Soñolientamente.

sopa *s. f.* **1.** Caldo con pasta, verdura, arroz, etc., generalmente cocidos en él. **2.** Pasta o cualquier otro alimento que se cuece en ese caldo o se añade al mismo. **3.** Pedazo de pan que se moja en una salsa o que se echa en un caldo, en la leche, etc. Se usa sobre todo en *pl.* ‖ *pl.* **4.** Plato que consiste en rebanadas o trozos de pan mojados o cocidos en algún líquido alimenticio. **5.** Rebanadas o trozos de pan cortados para preparar este plato. ‖ **6. sopa boba** La que se daba a los pobres en los conventos. **7. sopa juliana** La preparada con trocitos de distintas verduras, como zanahoria, apio, etc. ‖ **LOC. a la sopa boba** *adv. fam.* A costa de otro. **dar sopas con honda** *fam.* Demostrar alguien o algo una gran superioridad sobre otra persona o cosa. **estar sopa** *fam.* Estar dormido; también, estar muy borracho. **hasta en la sopa** *adv. fam.* En todas partes. **ponerse sopa** (**hecho una sopa** o **como una sopa**) *fam.* Mojarse mucho. **quedarse sopa** *fam.* Quedarse dormido.

sopapo *s. m. fam.* Bofetada, cachete.

sopar o **sopear** *v. tr.* Mojar trozos de pan en una salsa o en otra sustancia alimenticia.

sopero, ra *adj.* **1.** Se dice del plato hondo en que se suele tomar la sopa y otros guisos con caldo. También *s. m.* **2.** Se aplica al cubierto que tiene más capacidad y está especialmente pensado para tomar o servir sopa. **3.** Se dice de la persona a la que le gusta mucho la sopa. También *s.* ‖ *s. f.* **4.** Recipiente hondo para servir la sopa en la mesa.

sopesar *v. tr.* **1.** Calcular aproximadamente el peso de algo, levantándolo o cogiéndolo en la mano. **2.** Calcular las ventajas e inconvenientes de un asunto, decisión, etc.

sopetón, de *loc. adv.* Brusca e inesperadamente.

sopicaldo *s. m.* **1.** Caldo al que se ha echado algunas sopas, trozos o rebanadas de pan. **2.** *fam.* Sopa, especialmente cuando tiene poca pasta, verdura, etc.

soplado, da **1.** *p. p.* de **soplar**. También *adj.* ‖ *adj.* **2.** *fam.* Borracho. ‖ *s. m.* **3.** Operación que consiste en moldear un materia fundida, p. ej. el vidrio, inyectando aire en su masa.

soplador, ra *adj.* **1.** Que sopla, especialmente el vidrio para moldearlo. También *s.* ‖ *s. m.* **2.** Soplillo*, instrumento.

soplagaitas *adj. fam.* Tonto, estúpido. También *s.*

soplamocos *s. m. fam.* Sopapo, bofetón.

soplapollas *adj. vulg.* Gilipollas*. **FAM.** Soplapollez.

soplar *v. intr.* **1.** Echar aire con fuerza por la boca, dejando entre los labios una pequeña abertura. También *v. tr.* **2.** Echar aire con ciertos instrumentos, p. ej. con un fuelle. También *v. tr.* **3.** Moverse o correr el viento. **4.** *fam.* Tomar en exceso bebidas alcohólicas. También *v. prnl.* ‖ *v. tr.* **5.** Apartar, hinchar, etc., algo expulsando aire por la boca. **6.** Echar aire en una masa fundida, especialmente vidrio, para darle forma. **7.** *fam.* Decir a alguien disimuladamente algo que necesita saber, p. ej. una pregunta de un examen. También *v. intr.* **8.** Inspirar, sugerir. **9.** *fam.* Robar, quitar. **10.** *fam.* Con sustantivos como *bofetada, golpe*, etc., darlos. **11.** En el juego de las damas y otros semejantes, quitar al contrario una ficha con la que debería haberse comido otra y no lo ha hecho. ‖ **LOC. ¡sopla!** *interj.* Expresa sorpresa o admiración. **FAM.** Sopladura.

soplete *s. m.* **1.** Instrumento utilizado para soldar y fundir metales que expulsa un chorro gaseoso que se inflama al estar en contacto con una llama. **2.** *Chile. fam.* Alumno que sopla a otro la lección o algo que necesita saber.

soplido *s. m.* Acción y efecto de soplar, expulsar aire por la boca.

soplillo *s. m.* **1.** Instrumento utilizado para avivar el fuego, generalmente de esparto, con forma circular y provisto de mango. ‖ **2. orejas de soplillo** Las que están muy separadas de la cabeza.

soplo *s. m.* **1.** Acción y efecto de soplar. **2.** Espacio muy breve de tiempo, o que lo parece. **3.** *fam.* Información o aviso que se da en secreto a otra persona, especialmente delatando a alguien. **4.** Ruido anormal producido en un órgano o sistema, especialmente en el corazón, que se percibe al auscultarlo.

soplón, na *adj. fam.* Se aplica a la persona que secretamente pasa información, en especial para delatar a alguien. También *s.*

soponcio *s. m.* **1.** *fam.* Desmayo, pérdida del conocimiento. **2.** *fam.* Patatús*.

sopor *s. m.* **1.** Adormecimiento, somnolencia. **2.** Estado de sueño profundo, previo al coma, causado por una enfermedad.

soporífero, ra *adj.* **1.** Que produce sueño; se aplica especialmente a algunas sustancias o fármacos. También *s. m.* **2.** Muy aburrido.

soporífico, ca *adj.* Soporífero*.

soportal *s. m.* **1.** En algunas casas, espacio cubierto que está inmediatamente antes de la entrada. **2.** Espacio cubierto alrededor de algunas plazas o a lo largo de las fachadas de ciertos edificios o manzanas de casas, con arcos o columnas que, generalmente, sostienen la parte delantera de dichos edificios. Se usa sobre todo en *pl.*

soportar *v. tr.* **1.** Tener sobre sí un peso o una carga. **2.** Ofrecer resistencia a una presión o fuerza. **3.** Aguantar, resistir un dolor, una dificultad, etc. **4.** Resultar alguien o algo lo suficientemente agradable o atractivo para que una persona no lo rechace. ■ Se usa casi exclusivamente en frases negativas. **FAM.** Soportable.

soporte *s. m.* **1.** Cualquier material, instrumento, etc., que sirve para que algo se apoye sobre él, o para mantenerlo en una determinada posición. **2.** Persona o cosa que mantiene, protege o ayuda a otra u otras, o les sirve de apoyo. **3.** En pintura, superficie sobre la que se pinta. **4.** En fotografía, material sobre el que se aplican las emulsiones sensibles. **5.** Medio material que contiene una información o sirve de vehículo de expresión de algo; p. ej., el documento escrito con respecto a la expresión lingüística y los discos informáticos en relación con los datos que almacenan. **6.** En heráldica, cada una de las figuras que sostienen el escudo.

soprano *s. m.* **1.** Voz humana de registro más agudo. Es característica de mujeres, niños y los llamados *castrati* de los s. XVII y XVIII. ‖ *s. m.* y *f.* **2.** Mujer o niño cantor que posee esta voz.

soquete *s. m. Arg., Chile, Par., Urug.* Calcetín corto.

sor *s. f.* Tratamiento que se da a algunas religiosas, antepuesto a sus nombres.

sorber *v. tr.* **1.** Beber algo aspirándolo con los labios. También *v. intr.* **2.** Hacer ruido al beber de esta manera. También *v. intr.* **3.** Atraer hacia su interior una cosa a otra. **4.** Absorber, chupar. **5.** Aspirar con fuerza por la nariz para retener los mocos. También *v. intr.* y *v. prnl.* **6.** Prestar gran atención a alguna cosa. **FAM.** Sorbedor, sorbido.

sorbete *s. m.* **1.** Refresco helado de consistencia pastosa, generalmente de zumo de fruta, agua y azúcar. **2.** *amer.* Paja para sorber líquidos.

sorbo *s. m.* **1.** Acción y efecto de sorber. **2.** Cantidad de líquido que se sorbe de una vez.

Sorbona Edificio que, desde 1900, es sede de las facultades de letras y de ciencias de la universidad de París y de otras escuelas superiores.

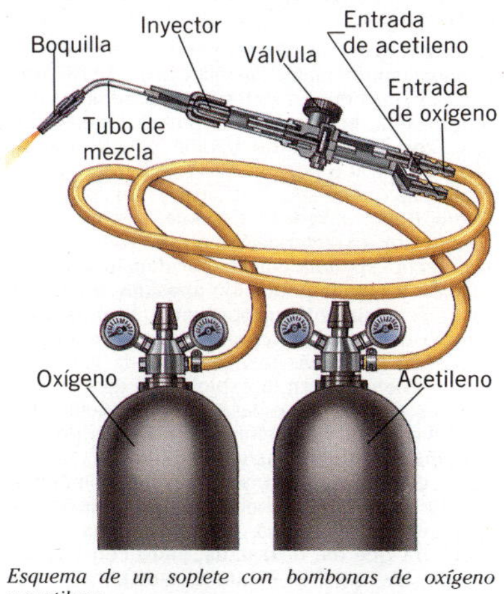

Esquema de un soplete con bombonas de oxígeno y acetileno.

sorche o **sorchi** *s. m. fam.* Joven que está haciendo el servicio militar.

sordera *s. f.* Pérdida o disminución considerable de la capacidad de oír.

sordez *s. f.* Cualidad de sordo, especialmente referida a sonidos lingüísticos.

Sordi, Alberto (Roma 1920) Actor italiano. Inició su carrera en el teatro y en programas radiofónicos, para convertirse en los años cincuenta en un popular actor cómico que solía dar vida a personajes representativos del italiano medio. Algunas de sus principales películas son *Los inútiles* (*I vitelloni*, 1953), *La gran guerra* (1959), *Todos a casa* (1960), *Vida difícil* (1961) y *El médico de la mutua* (1968).

sórdido, da *adj.* **1.** Que refleja una gran pobreza o miseria. **2.** Tacaño, avaro. **FAM.** Sórdidamente, sordidez.

sordina *s. f.* **1.** Pieza o dispositivo que se coloca en un instrumento musical, p. ej. en un piano, para disminuir la intensidad del sonido o variar su timbre. **2.** En los relojes, muelle que impide que suene la campana o el timbre. || **LOC. con** (o **en**) **sordina** *adv.* Silenciosa o disimuladamente.

sordo, da *adj.* **1.** Que está privado del sentido del oído total o parcialmente. También *s.* **2.** Que no hace ruido o se oye muy poco. **3.** En fon. y fonol., se aplica al sonido que se articula sin vibración de las cuerdas vocales, como *p, t, k, f,* etc. También *s. f.* **4.** Que no hace caso o no presta atención a algo. **5.** Se aplica al enfrentamiento que no se ha declarado abiertamente. **6.** Se dice de los sentimientos, pasiones, estados de ánimo, etc., que se mantienen reprimidos. || **7. diálogo de sordos** El que mantienen dos o más personas sin atender ninguna a los argumentos o razones de la otra u otras. || **LOC. hacerse el sordo** *fam.* No hacer caso o no atender alguien a lo que otros le dicen o piden. **más sordo que una tapia** o **sordo como una tapia** *adj. fam.* Muy sordo o completamente sordo.

sordomudo, da *adj.* Se aplica a la persona que es sorda y muda, debido generalmente a problemas en la audición, ya sean congénitos o adquiridos durante los primeros meses de vida. También *s.* **FAM.** Sordomudez.

Sorel, Georges (Cherburgo 1847 - Boulogne-sur-Seine 1922) Escritor y político francés. Contrario a las teorías marxistas y a la democracia parlamentaria, se le considera uno de los inspiradores del sindicalismo revolucionario. Defendió la necesidad de una élite revolucionaria capaz de arrastrar a la rebelión a las masas obreras mediante el arma de la huelga general. Entre sus principales obras cabe citar *El porvenir socialista de los sindicatos* (1898), *Las ilusiones del progreso* (1908) y *Materiales para una teoría del proletariado* (1919).

sorgo *s. m.* Nombre común de diversas plantas herbáceas de la familia gramíneas, género *Sorghum.* La especie cultivada, *Sorghum vulgare*, mide unos 4 m de altura, tiene la raíz fibrosa, hojas planas y grandes y fruto en espiga. Da un grano blanco, amarillento o rojizo. Presenta un aspecto parecido al maíz y se cultiva como planta forrajera y por sus cualidades medicinales como astringente.

Soria 1. Prov. de España, perteneciente a la comunidad autónoma de Castilla y León. 10.287 km^2. 94.130 h. en 1991. En su territorio predomina una alta meseta, bordeada al N por el Sistema Ibérico, con los Picos de Urbión y la sierra del Moncayo, y al S por los Altos de Barahona. Los ríos principales son el Duero y sus afluentes: Ucero, Rituerto, Pedro y Escalote. Tiene un clima de interior, caracterizado por su crudeza. Es la provincia española con menor densidad de población y menor población absoluta. Su economía, esencialmente agropecuaria, se basa en el cultivo de cereales, lentejas, habas, remolacha azucarera y plantas forrajeras, en la ganadería lanar y vacuna y en la explotación de sus ricos pinares. Cuenta con escasa industria, dedicada a la elaboración y transformación de los productos agropecuarios y madereros.
2. C. de España, cap. de la prov. homónima. 35.540 h. en 1991. Posee industrias madereras, alimentarias y textiles. Es una antigua ciudad celtíbera que fue devastada, junto con Numancia, por los romanos. Reconquistada por el conde Fernán González, fue repoblada por Alfonso el

Soria: fachada de la iglesia de Santo Domingo, de estilo románico.

Batallador de Aragón. Entre sus monumentos sobresalen las iglesias románicas de Santo Domingo, San Juan de Duero y la capilla de San Polo. La catedral de San Pedro (s. XVI) tiene claustro románico. La ermita de San Saturio es barroca. Entre esta ermita y San Polo está el paseo, a orillas del Duero, recordado en los versos de Antonio Machado. En la arquitectura civil destacan varias casonas (s. XIV al XVI) y el palacio de los condes de Gómara (s. XVI).

Soria, Arturo (Madrid 1843 - íd. 1920) Urbanista español. De formación autodidacta, fundó la Compañía Madrileña de Urbanización, que llevó a cabo la creación de la Ciudad Lineal de Madrid (1896-1911), en donde se reflejan sus preferencias por la geometrización. El proyecto se desarrolló en torno a una avenida central, con casas unifamiliares provistas de jardín.

soriano, na *adj.* De Soria. También *s.*

Soriano Departamento de Uruguay, en el SO del país. 9.000 km^2. 79.000 h. en 1988. La capital es Mercedes, con 33.300 h. en 1985. Tiene una economía agropecuaria, con cultivos de trigo y lino.

soriasis *s. f.* Psoriasis*.

sorna *s. f.* Tono irónico o burlón con que se hace o dice algo.

soro *s. m.* Agrupación de esporangios propia de los helechos en su fase de esporofito, situada en el envés de los frondes, de forma semiesférica alargada y recubierta por una membrana protectora llamada *indusio.*

Sorocaba C. de Brasil, situada al O de São Paulo. 361.700 h. en 1989. Su principal riqueza la constituyen sus numerosas industrias, entre las cuales cabe citar la siderometalúrgica, química, textil, alimentaria, maderera y del cemento.

soroche *s. m. amer.* Mal de las alturas o de montaña.

Sorolla y Bastida, Joaquín (Valencia 1863 - Cercedilla, Madrid 1923) Pintor español. Desarrolló una pintura de carácter impresionista, llena de luz y con un sello inconfundiblemente español en sus escenas populares o folclóricas. El museo que lleva su nombre en Madrid, instalado en la que fue su casa, alberga una buena parte de su copiosa producción, pues llegó a pintar más de 2.200 óleos. Entre sus obras más representativas figuran *Y aún dicen que el pescado es caro, En la playa, El baño, Nadadores, Pescadores valencianos, La playa de Valencia* y los retratos de *Juan Ramón Jiménez, Benito Pérez Galdós* y *Torres Quevedo.*

sorosilicato *s. m.* Tipo de silicato caracterizado por la presencia de tetraedros de sílice de dos en dos, unidos entre sí por dos átomos de oxígeno. A este grupo pertenecen entre otros minerales la hemimorfita y la epidota.

Sorozábal, Pablo (San Sebastián, Guipúzcoa 1897 - Madrid 1988) Músico español. Es autor de obras de carácter popular, como *Capricho español* (1920) y *Suite vasca* (1923), y de conocidas zarzuelas, como *Katiuska* (1931), *La del manojo de rosas* (1934), *La tabernera del puerto* (1936) y *Don Manolito* (1943).

sorprendente *adj.* **1.** Que sorprende o causa admiración. **2.** Raro, extraordinario. **FAM.** Sorprendentemente.

sorprender *v. tr.* **1.** Causar sorpresa. También *v. prnl.* **2.** Coger desprevenido. **3.** Descubrir algo que una persona trataba de ocultar o disimular.

sorpresa *s. f.* **1.** Impresión que causa en una persona algo inesperado, extraño o incomprensible. **2.** Aquello que sorprende a alguien, especialmente si es agradable. **3.** Pequeño regalo que se esconde en el interior de algo. **4.** Operación militar realizada con rapidez para encontrar desprevenido al enemigo. || **LOC. de** (o **por**) **sorpresa** *adv.* Sin avisar e inesperadamente.

sorpresivo *adj.* Que sorprende, que se produce inesperadamente.

sortear *v. tr.* **1.** Hacer que la suerte decida algo, especialmente a quién le toca un premio. **2.** Evitar con habilidad un obstáculo, peligro, problema, etc. **3.** Lidiar un toro o esquivar su embestida. || *v. intr.* **4.** Entrar una persona en un sorteo para un destino, un puesto, etc. **FAM.** Sorteable, sorteo.

sortija *s. f.* **1.** Anillo para los dedos, y especialmente el que tiene piedras preciosas o cualquier otro adorno. **2.** Rizo que se forma en el cabello.

sortijero *s. m.* Platillo o caja en que se ponen las sortijas.

sortilegio *s. m.* **1.** Adivinación o cualquier otra acción realizada por medio de la magia. **2.** Embrujo, atracción irresistible que ejerce una persona o cosa sobre alguien.

sortílego, ga *adj.* Se aplica a la persona que hace sortilegios. También *s.*

SOS *s. m.* Señal internacional de socorro.

sosa *s. f.* **1.** Nombre industrial del carbonato de sodio Na_2CO_3. También se denomina comercialmente *sosa Solvay*, por ser esta empresa la que se dedica a su producción. Asimismo se emplea esta denominación para referirse abreviadamente a la sosa cáustica. || **2. sosa cáustica** Nombre ordinario del hidróxido de sodio (NaOH). Se comercializa en forma de escamas o de lentejas. Sus disoluciones acuosas tienen marcado carácter básico, empleándose en la neutralización de ácidos y en valoraciones volumétricas, así como en la saponificación de grasas para la obtención de jabones duros. Se denomina también *soda.*

Sosa, Mercedes (San Miguel de Tucumán 1935) Cantante argentina. Interpreta temas de poetas y cantautores hispanoamericanos, dando actualidad a los ritmos folclóricos de su continente, chacareras, zambas y guajiras. Son muy conocidos sus temas *Gracias a la vida, Alfonsina y el mar* y *Como un pájaro libre.*

sosaina *adj.* Se aplica a la persona sosa. También *s.*

sosegado, da 1. *p. p.* de **sosegar.** También *adj.* || *adj.* **2.** Tranquilo, apacible. **FAM.** Sosegadamente.

sosegar *v. tr.* **1.** Tranquilizar, calmar. También *v. prnl.* || *v. intr.* **2.** Descansar. También *v. prnl.* ▪ Es v. irreg. Se conjuga como *regar.* **FAM.** Sosegador.

Joaquín Sorolla: Pescadoras valencianas *(Museo Sorolla, Madrid).*

soseras *adj. fam.* Sosaina*.

sosería *s. f.* **1.** Falta de gracia o salero. **2.** Cosa sin gracia o poco atractiva.

sosia o **sosias** *s. m.* Persona que guarda con otra un parecido físico extraordinario.

sosiego *s. m.* Tranquilidad, quietud.

soslayar *v. tr.* **1.** Evitar enfrentarse con algo que resulta difícil, peligroso o comprometido. **2.** Ladear una cosa para que pueda pasar por un sitio estrecho.

soslayo, de *loc. adv.* **1.** Oblicuamente. ▪ En esta acepción se usa también *al soslayo.* **2.** Poniéndose uno o poniendo algo de forma que pueda entrar por un lugar estrecho. **3.** Sin enfrentarse directamente con una dificultad, compromiso, etc. **4.** Con el verbo *mirar,* de reojo.

Sosnowiec C. de Polonia, en el voivodato de Katowice, en la Alta Silesia. 258.700 h. en 1989. Importante centro hullero, cuenta con industrias químicas y siderúrgicas, además de textiles y del vidrio.

soso, sa *adj.* **1.** Se aplica al alimento, guiso, etc., que tiene poca sal o poco sabor. **2.** Que tiene poca gracia, o es aburrido o poco animado. También *s.*

sospecha *s. f.* Acción y efecto de sospechar.

sospechar *v. tr.* **1.** Creer o imaginar algo a partir de ciertos indicios o apariencias. ‖ *v. intr.* **2.** Desconfiar de alguien, creer que es él quien ha cometido algún delito o acción censurable.

sospechoso, sa *adj.* **1.** Se dice de la persona o cosa que da motivos para sospechar. También *s.* **2.** Que produce desconfianza. También *s.* **FAM.** Sospechosamente.

sostén *s. m.* **1.** Acción y efecto de sostener. **2.** Cosa que sujeta a otra o sobre la que se apoya. **3.** Persona o cosa que mantiene, protege o ayuda a otra u otras o les sirve de fundamento. **4.** Prenda interior femenina que sirve para sujetar y levantar el pecho.

sostener *v. tr.* **1.** Sujetar a alguien o algo de forma que no se caiga o permanezca de una determinada manera. También *v. prnl.* **2.** Expresar o defender ideas, opiniones, etc., con firmeza y convencimiento. **3.** Tener la intención de cumplir o llevar a cabo algo que se ha prometido, pactado, etc. **4.** Proporcionar a alguien lo necesario para vivir. También *v. prnl.* **5.** Mantener a alguien en determinada situación, circunstancia, etc. También *v. prnl.* **6.** Hacer que alguien siga conservando el ánimo o las fuerzas. También *v. prnl.* **7.** Realizar algo de forma continuada o durante algún tiempo. ▪ Es v. irreg. Se conjuga como *tener.* **FAM.** Sostenedor, sostenimiento.

sostenido, da **1.** *p. p.* de **sostener**. También *adj.* ‖ *adj.* **2.** Se aplica a la nota musical que está elevada medio tono con respecto a su sonido natural. ‖ *s. m.* **3.** Signo (♯) que indica la elevación de un semitono.

sota *s. f.* **1.** Décima carta de cada palo de la baraja española, que representa la figura de un paje. **2.** *fam.* Mujer descarada.

sotabanco *s. m.* **1.** Piso habitable colocado por encima de la cornisa de un edificio. **2.** En arq., hilada que se coloca encima de la cornisa de un edificio desde la que arranca un arco o una bóveda.

sotabarba *s. f.* **1.** Abultamiento carnoso o pliegue de grasa que se forma debajo de la barbilla de algunas personas gruesas. **2.** Barba que se deja crecer debajo de la barbilla.

sotana *s. f.* Vestidura negra y larga, abotonada de arriba abajo, que llevan algunos eclesiásticos.

sótano *s. m.* Piso de un edificio situado bajo el nivel de la calle.

sotavento *s. m.* **1.** Entre marinos, costado del barco opuesto a la parte desde donde viene el viento, llamada *barlovento.* **2.** Esta misma parte. **3.** P. ext., ladera de una montaña opuesta a la que recibe el viento.

Sotavento, islas de Conjunto insular que junto con las islas de Barlovento constituyen las Pequeñas Antillas, situadas en el mar Caribe, a lo largo de la costa de Venezuela. Las principales son, de E a O, Los Testigos, Margarita, Coche, Los Hermanos, La Blanquilla, La Tortuga, La Orchila, Los Roques y Aves, pertenecientes a Venezuela; y Bonaire, Curaçao y Aruba, dependencias ultramarinas de los Países Bajos.

sotechado *s. m.* Lugar cubierto o resguardado.

soteriología *s. f.* En la teología cristiana, doctrina referente a la salvación.

soterrar *v. tr.* **1.** Enterrar. **2.** Esconder algo de forma que no sea encontrado. **3.** Olvidar, desechar totalmente alguna cosa.

soto *s. m.* **1.** Lugar poblado de árboles y arbustos a orillas de un río. **2.** P. ext., lugar poblado de árboles, arbustos, matas y malezas.

Soto, Domingo de (Segovia 1494 - Salamanca 1570) Teólogo y jurista español. Perteneció a la orden de Santo Domingo. Profesor de teología en Salamanca, participó activamente en las deliberaciones del Concilio de Trento. Su pensamiento, influido por Tomás de Aquino, destaca sobre todo en el campo del derecho natural. Su obra más importante lleva por título *De iustitia et de iure* (1557).

Soto, Hernando de (Villanueva de Barcarrota, Badajoz h. 1499 - río Mississippi 1542) Conquistador español. Participó en la conquista de Nicaragua (1523) y del Perú (1532). Emprendió la exploración de Florida, para lo cual desembarcó en la bahía del Espíritu Santo, se adentró en el continente en medio de continuas luchas contra los indígenas y descubrió el río Mississippi. Tras recorrer las grandes llanuras del S de EE UU regresó al Mississippi, donde encontró la muerte.

Soto, Jesús Rafael (Ciudad Bolívar 1923) Artista venezolano. Estudió en Caracas y en 1950 se estableció en París donde, tras un periodo cubista, se vio influido por la obra de Mondrian. Es creador de estructuras móviles en las que es posible la participación del espectador. Entre sus obras merecen citarse *Metamorfosis* (1954), *Dinámica del color* (1957), *Vibraciones inmateriales* (1965) y la decoración del edificio de la UNESCO en París (1970).

Soto, Marco Aurelio (Tegucigalpa 1846 - París 1908) Político hondureño. Participó en el derrocamiento del general Medina (1871) y fue ministro del Interior, de Relaciones Exteriores y de Instrucción Pública y presidente de la república (1876-83). Promulgó la Constitución de 1880 y estableció el matrimonio civil y la enseñanza laica.

Soto de Rojas, Pedro (Granada 1584 - íd. 1658) Poeta español. Fue canónigo de la iglesia de San Salvador, en Granada. De la escuela culterana, su poesía muestra la influencia de Góngora. Entre sus principales obras figuran *Desengaño de amor en rimas* (1623), *Los rayos de Faetón* (1639) y *Paraíso cerrado para muchos, jardines abiertos para pocos, con los fragmentos del Adonis* (1652).

Soto y Alfaro, Bernardo (Alajuela 1854 - San José 1931) Político costarricense. De ideas liberales, fue presidente de la república (1885-89). Se enfrentó a la Iglesia por su programa de reforma educativa.

sotobosque *s. m.* Vegetación formada por matas y arbustos que crecen bajo los árboles de un bosque.

sotto voce *loc. ital.* Significa 'en voz baja' y se emplea en música para indicar que una composición o parte de ella debe interpretarse a media voz. También se utiliza con su significado literal.

Soublette, Carlos (La Guaira 1789 - Caracas 1870) Patriota venezolano. Combatió junto a Bolívar hasta la victoria de Boyacá en 1819. Entre 1819 y 1829 desempeñó diversos cargos en la Gran Colombia. Vicepresidente desde 1835, asumió el poder ejecutivo (1837-38). Fue elegido presidente de Venezuela (1843-47) y formó un gobierno de reconciliación nacional.

soufflé (voz fr.) *s. m.* Cualquier plato de cocina que, al estar preparado con claras de huevo a punto de nieve y cocido en el horno, adquiere mayor volumen y una consistencia muy esponjosa. También *adj.*

soul (voz ingl.) *s. m.* Estilo musical estadounidense surgido en la década de los sesenta, derivado del *rhythm'and'blues, blues* y otras formas de la música negra, y caracterizado por su ritmo sincopado y la importancia que en su ejecución tiene la sección de viento. Se desarrolló en Detroit en torno a dos compañías discográficas, *Atlantic Records* y *Tamla Motown,* y sus principales intérpretes fueron Aretha Franklin, Otis Redding, Wilson Pickett, Ray Charles, Marvin Gaye, The Temptations, The Four Tops, James Brown, The Supremes y The Vandellas.

Soult, Nicolas Jean de Dieu (Saint-Amans-la-Bastide, actual Saint-Amans-Soult, Tarn 1769 - íd. 1851) Militar francés. Tuvo una brillante actuación en Austerlitz. Fue nombrado general en jefe del ejército de ocupación en España en 1813. En 1814 fue derrotado por Wellington. Después de la caída de Napoleón apoyó a Luis XVIII, que le nombró ministro de la Guerra (1814-15). No obstante volvió con Bonaparte durante los Cien Días. Expulsado de Francia en 1816, regresó en 1819 y, tras ocupar diversos cargos, Luis Felipe le nombró mariscal general de Francia (1842).

Sousa, Martim Afonso de (? - ? 1564) Navegante portugués. Enviado por Juan III a Brasil, estableció varias fortalezas en la costa brasileña: Bahia (1530) y Rio de Janeiro (1531) y la primera colonia en la isla de San Vicente (1532), adonde llevó la caña de azúcar.

Soustelle, Jacques (Montpellier 1912 - Neuilly-sur-Seine 1990) Político y etnólogo francés. Partidario de De Gaulle, fue varias veces ministro y gobernador de Argelia (1955-56). Se opuso a la descolonización y fue dirigente de la OAS. Especializado en etnología azteca, escribió, entre otros libros, *La vida cotidiana de los aztecas* (1955), *Los cuatro soles* (1967) y *El universo de los aztecas* (1979).

Southampton C. del Reino Unido, situada en el S de Inglaterra, en la costa del canal de La Mancha. 214.800 h. en 1981. Posee industrias siderúrgicas y de construcciones navales y aeronáuticas y una refinería de petróleo. Su puerto natural se ha convertido en uno de los más importantes del país.

Southend-on-Sea C. del Reino Unido, situada en el SE del país, en la desembocadura del Támesis. 156.950 h. en 1981. Famoso centro turístico, cuenta con algunas industrias textiles y de material radiofónico.

Soutine, Chaïm (Smilovich 1894 - París 1943) Pintor francés de origen lituano. Fue compañero de Modigliani en París. Pintó bodegones, paisajes, retratos y naturalezas muertas de gran vigor expresionista y profunda intensidad dramática. Entre sus obras merecen citarse *Paisaje de Ceret* (1921), *Mujer de rojo* (h. 1922), *Decadencia* (1924) y *El buey en canal* (1925).

souvenir (voz fr.) *s. m.* Cualquier cosa que se trae como recuerdo de un viaje, y especialmente las que se venden a los turistas.

Souza, Martim Afonso de Véase **Sousa, Martim Afonso de**.

Souza, Washington Luiz Pereira de Véase **Pereira de Souza, Washington Luiz**.

soviet *s. m.* Consejo de trabajadores que se constituyó en uno de los principales órganos de la Revolución Rusa. Al tomar el poder, los soviets se convirtieron en las instituciones que garantizaban la participación de las masas en el gobierno. En 1936, el sistema electivo de la organización desapareció, aunque su nombre fue conservado; su poder se transfirió al Soviet Supremo de la URSS.

soviético, ca *adj.* De la antigua URSS. También *s.*

sovietizar *v. tr.* Organizar un Estado de acuerdo con los principios políticos y económicos del régimen soviético. ▪ Se conjuga como *cazar.* **FAM.** Sovietización.

sovjós o **sovjoz** (abreviatura de la expresión rusa *sovietskoie josiaistvo,* granja soviética) *s. m.* Estructura de explotación agraria soviética creada en 1918 en la que la tierra y los medios de producción estaban nacionalizados. Los trabajadores recibían un salario y la producción se vendía al Estado.

Soweto C. de la República Sudafricana, situada junto a Johannesburgo, de la cual es un suburbio. Está habitada por población de raza negra. Desde 1976 fue escenario de disturbios raciales.

Soyinka, Akinwande Oluwole, llamado **Wole** (cerca de Abeokuta 1934) Escritor nigeriano. Escribe poesía, novela, ensayo y especialmente teatro. Utiliza el yoruba en poesía y el inglés para los restantes géneros. Su obra es una defensa de los oprimidos. Entre sus obras destacan, en poesía, *Poemas de la prisión* (1969); en novela, *Los intérpretes* (1965) y *La estación del caos* (1973), y en teatro, *Death and the king's horseman* (1975), *Opera wonyosi* (1978) y *Requiem for a futurologist* (1985). Recibió el premio Nobel de literatura en 1986.

Soyuz Programa espacial soviético que se desarrolló a partir de 1967 con diversos vuelos tripulados y que se complementó desde 1971 con el programa *Salyut* de estaciones orbitales.

Spaak, Paul Henri (Schaerbeek 1899 - Bruselas 1972) Político belga. De ideología socialista, fue ministro de Asuntos Exteriores en 1936, restableciendo el neutralismo belga, y primer ministro (1938-39). Contrario a la vuelta de Leopoldo III, fue nuevamente primer ministro (1946-1949) y presidió la primera asamblea de la ONU (1946). Asumió la presidencia del Consejo de Europa (1949-51) y de la CECA (1952-54). Fue ministro de Exteriores (1954 y 1961-66) y secretario general de la OTAN (1957-61).

spaghetti (voz ital.) *s. m.* Espagueti*.

Spallanzani, Lazzaro (Scandiano, Módena 1729 - Pavía 1799) Naturalista italiano. Adversario de la teoría de la generación espontánea, reunió importantes colecciones y realizó numerosas investigaciones sobre infusorios, sobre fecundación y reproducción de los anfibios y sobre la digestión. Escribió libros como *Memoria sobre la respiración* e *Introducción al estudio de la reproducción*.

Spandau Distrito de Berlín a orillas del río Havel, antigua ciudad fortificada alemana, en cuya prisión estuvo internado el militar nazi Rudolf Hess hasta su muerte en 1987.

spanglish (voz del ingl. americano formada con *spanish*, español, y *english*, inglés) *s. m.* Lengua o jerga construida a partir de elementos de los idiomas español e inglés; se habla en sectores de la población hispana en EE UU.

spaniel *adj.* Se dice de una raza inglesa de perros de orejas caídas y pelo largo, utilizados generalmente para la caza. También *s. m.*

sparring (voz ingl.) *s. m.* Púgil con el que se entrena otro boxeador.

Spassky, Boris (Leningrado 1937) Ajedrecista ruso. Campeón mundial (1969-72), perdió el título ante el estadounidense Bobby Fisher.

speaker (voz ingl.) *s. m.* y *f.* **1.** Locutor de radio o televisión. **2.** Persona que pronuncia un discurso, conferencia, etc. **3.** En el Reino Unido, nombre dado al presidente de la Cámara de los Comunes y, en EE UU, al del Congreso.

Spector, Phil (Nueva York 1940) Músico y productor musical estadounidense. Es una de las más destacadas figuras del *pop-rock*. Perteneció al grupo Teddy Bears y, desde 1959, se dedicó a la composición y producción. Entre otros, produjo discos de los Beatles, Rolling Stones, Leonard Cohen, The Crystals y The Ronettes.

speech (voz ingl.) *s. m.* Discurso breve.

Spemann, Hans (Stuttgart 1869 - Friburgo de Brisgovia 1941) Biólogo alemán. Director del Instituto de Biología Kaiser Guillermo de Berlín y catedrático de zoología de la universidad de Friburgo, fue galardonado en 1935 con el premio Nobel de medicina por sus aportaciones a la embriología.

Spencer, Herbert (Derby 1820 - Brighton 1903) Filósofo y sociólogo británico. Fue un destacado defensor de las teorías positivistas y aplicó los principios del evolucionismo biológico a los procesos sociales. Defendió que la selección natural opera en todos los niveles de existencia cósmica. Entre sus principales obras cabe mencionar *Principios de biología* (1864-67), *Principios de sociología* (1876-96) y *Principios de moralidad* (1892-93).

Spender, Stephen (Londres 1909) Escritor británico. Frente al esteticismo de la generación poética anterior, defendió un retorno de la lírica a los temas sociales y políticos, aunque posteriormente su obra evolucionó hacia el intimismo. Es autor de ensayos como *El elemento destructor* (1935), *Testimonios sobre el comunismo* (1950), la autobiografía *Un mundo en el mundo* (1951) y las obras poéticas *Poesías de España* (1939), *Ruinas y visiones* (1942) y *Los días generosos* (1971).

Spengler, Oswald (Blankenburg Harz 1880 - Munich 1936) Filósofo alemán. En su concepción de la historia, mantuvo que las diferentes culturas son organismos vivos sometidos a un proceso de decadencia. Fue un teórico del germanismo. Su obra más importante es *La decadencia de Occidente* (1918-22).

Spenser, Edmund (Londres 1552 - íd. 1599) Poeta inglés. Destacado representante de la lírica isabelina, fue autor del *Calendario de los pastores* (1579), rimado en estilo clásico, y del poema alegórico *La reina de las hadas* (1590-96).

spi *s. m. apóc.* de **spinnaker**.

Spielberg, Steven (Cincinnati 1947) Director y productor de cine estadounidense. Ha realizado populares películas de aventuras y de ciencia-ficción con gran despliegue de efectos especiales, entre las que destacan *Tiburón* (1975), *Encuentros en la tercera fase* (1977), *En busca del arca perdida* (1981), *E.T.* (1982), *Indiana Jones y el templo maldito* (1984) y *El imperio del sol* (1987).

Steven Spielberg: fotograma de la película El imperio del sol.

Spilimbergo, Lino Eneas (Buenos Aires 1896 - Córdoba, Argentina 1964) Pintor argentino. Excepcional dibujante, se inició en el costumbrismo para evolucionar luego, influido por la vanguardia europea, hacia una mayor preocupación por las formas. Entre sus muchas obras sobresalen *Paisaje de San Sebastiano Curone* (1928), *Caín* (1934), *La planchadora* (1936) y *Figuras* (1936).

Lino Eneas Spilimbergo: Terraza, *fragmento (colección particular).*

spin *s. m.* Número cuántico que indica el giro del electrón u otra partícula atómica elemental sobre su eje. Cambia de sentido en función de la orientación del campo magnético. Puede tomar dos valores: 1/2 si el giro se produce a izquierdas y –1/2 si se produce a derechas. Constituye el momento cinético intrínseco de las partículas elementales (electrones, protones, neutrones, etc.).

spinnaker (voz ingl.) *s. m.* Vela suplementaria, utilizada sobre todo en yates de regata, que tiene forma triangular y al hincharse con el viento ayuda extraordinariamente al impulso de la embarcación.

Spínola, Ambrosio de (Génova 1569 - Castelnuovo di Scrivia, Italia 1630) Militar genovés al servicio de España. Combatió en Flandes contra Mauricio de Nassau. Se distinguió en la toma de Ostende (1604), por lo que recibió el nombramiento real de maestre general de las tropas de Flandes. Participó en las negociaciones de la tregua de los Doce Años (1609). Grande de España (1612) y capitán general (1618), conquistó el Palatinado (1620) y, finalizada la tregua (1621), obtuvo diversos éxitos, entre los que destaca la toma de Breda (1625), inmortalizada por Velázquez en su famoso cuadro *La rendición de Breda*.

Spínola, António Sebastião Ribeiro de (Estremoz 1910) Militar y político portugués. Gobernador de la Guinea portuguesa (1968-72) y jefe de Estado Mayor (1974), fue obligado a pasar a la reserva por sus propuestas políticas para los territorios coloniales. Cabeza visible del golpe de Estado contra Caetano, fue nombrado presidente de la Junta de Salvación Nacional y presidente provisional (mayo 1975), pero tras impulsar dos intentos de golpe contrarrevolucionarios tuvo que exiliarse a Brasil. Volvió en 1976 y fue readmitido en el ejército (1978).

Spinoza, Baruch (Amsterdam 1632 - La Haya 1677) Filósofo neerlandés de origen portugués. Procedente de una familia de judíos emigrantes, fue educado para ser rabino, pero su pensamiento, ajeno a toda ortodoxia, le condujo al rechazo de sus correligionarios. Se ganaba la vida pulimentando cristales ópticos. Su filosofía, enmarcada en el racionalismo, constituye un sistema estructurado, concebido según el método deductivo, tomado de las matemáticas (*more geometrico*). Defendió un panteísmo en el que identificaba plenamente a Dios con la naturaleza, lo que levantó numerosas críticas que llevaron a acusarle de materialista y ateo. A partir de esta coincidencia formuló su teoría ética, cuyo fundamento es el conocimiento intelectual de Dios, lo que supone el reconocimiento de la unidad indisociable entre espíritu y materia. Entre sus principales escritos figuran su *Tratado teológico-político* (1670) y su *Ética* (1677).

Baruch Spinoza.

Spira (*Speyer*) C. de Alemania, en el Land de Renania-Palatinado, situada junto al Rhin. 44.000 h. en 1976. Hoy es un centro industrial. Convertida en residencia real por los francos, pasó a ser ciudad imperial libre en 1294 y sede de la cámara imperial (1513-1689). Es célebre por haberse celebrado en ella la dieta (1529) donde los reformadores protestaron contra las medidas de Carlos V, que se oponían a la propaganda reformista, aunque permitían conservar a éstos sus libertades en los estados luteranos. Entre sus monumentos cabe destacar la catedral románica (s. XI-XII).

Spitteler, Carl (Liestal, cerca de Basilea 1845 - Lucerna 1924) Escritor suizo en lengua alemana. Influido por Tasso y Ariosto, compuso poemas alegóricos, entre ellos *Extramundana* (1883), *Primavera olímpica* (1905) y *Prometeo paciente* (1924). En *Imago*, novela autobiográfica, describió sueños que merecieron la atención de Freud. Obtuvo el premio Nobel de literatura en 1919.

Spitz, Mark (Modesto, California 1950) Nadador estadounidense. En los Juegos Olímpicos de Munich (1972) consiguió siete medallas de oro, cuatro de ellas individuales.

Spitzberg Véase **Svalbard**.

Spitzer, Leo (Marburgo 1887 - Baltimore 1960) Filólogo alemán. Uno de los padres de la romanística, realizó importantes estudios sobre las literaturas provenzal, francesa y española. Entre ellos destacan *La enumeración caótica en la poesía moderna* (1945) y *Lingüística e historia literaria* (1955).

spleen (voz ingl.) *s. m.* Melancolía, hastío vital, falta de ilusión. ■ Se dice también *esplín*.

Split C. de Croacia, situada en la costa del mar Adriático. 169.300 h. en 1981. Cuenta con industrias del aluminio, cemento y plástico, químicas y de construcciones navales. Es también un importante centro comercial y turístico. Posee un activo puerto pesquero. La ciudad se construyó sobre Salona, una antigua colonia romana.

spoiler (voz ingl.) *s. m.* Elemento de la carrocería de un automóvil, como alerones o faldones, que sirve para hacerlo más aerodinámico.

sponsor (voz ingl.) *s. m.* Persona o entidad que ayuda con fines promocionales a otra a realizar cierta actividad en algún campo.

Spontini, Gaspare (Majolati, Ancona 1774 - íd. 1851) Compositor italiano. Después de estrenar con éxito sus primeras óperas en Italia, fue músico de la corte francesa y alemana. Entre sus óperas, la mayor parte bufas, merecen citarse *Pelagio o el rey de la paz* (1814), *Olimpia* (1819) y *Don Juan* (1841).

sport (voz ingl.) *adj.* Se aplica a las prendas de vestir más cómodas o informales que suelen reservarse para el tiempo libre.

spot (voz ingl.) *s. m.* Anuncio publicitario de radio o televisión.

SPQR Siglas de la frase latina *Senatus Populusque Romanus*, el senado y el pueblo romano.

Spranger, Eduard (Grosslichterfelde, cerca de Berlín 1882 - Tubinga 1963) Filósofo, pedagogo y psicólogo alemán. Fue profesor en la universidad de Tubinga. Discípulo de Dilthey, intentó sistematizar el pensamiento de su maestro. Estudió las relaciones existentes entre las diferentes concepciones del mundo y las diversas tipologías humanas. Algunas de sus obras más importantes son *Formas de vida* (1914), *Cultura y educación* (1919) y *El genuino espíritu de la escuela popular* (1955).

spray (voz ingl.) *s. m.* Envase o aparato que contiene un líquido mezclado con gas a presión, de forma que al apretar una válvula sale el líquido pulverizado.

sprint (voz ingl.) *s. m.* **1.** Esfuerzo momentáneo que hace un deportista durante una carrera, especialmente al final, para conseguir la máxima velocidad. **2.** Esfuerzo máximo y de corta duración que se hace para terminar cualquier actividad.

sprinter (voz ingl.) *s. m.* y *f.* Deportista especializado en sprints.

sputnik (voz rusa) *s. m.* Nombre dado a los primeros satélites artificiales que lanzó la URSS al espacio.

squash (voz ingl.) *s. m.* Deporte que se practica entre dos jugadores que han de lanzar una pelota de goma contra una pared sirviéndose de raquetas. El terreno de juego es un espacio cerrado rectangular de 9 m de largo por 6 m de ancho.

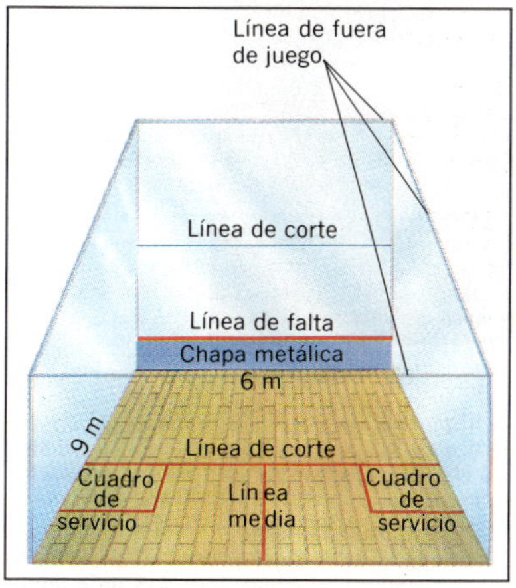

Squash: terreno de juego.

squatter (voz ingl.) *s. m.* y *f.* Nombre que se da a los *krakers* en los países anglosajones, sobre todo en el Reino Unido.

Sr Símbolo químico del estroncio.

Sr., Sra. Abreviatura de señor, señora.

Sri Lanka Estado insular del S de Asia.

Extensión: 65.610 km^2.
Situación: en el océano Índico, al S de la India.
Población: 17.103.000 h. en 1990.
Densidad: 260,7 h./km^2.
Capital: Colombo.
División administrativa: 24 distritos.
Ciudades principales: Dehiwala-Mount Lavinia, Moratuwa, Jaffna y Kandy.
Gentilicio: ceilandés o cingalés.
Forma de Estado: república parlamentaria.
Idioma: cingalés (oficial), tamil.
Religión: budismo, 69,3 %; hinduismo, 15,5 %; islamismo, 7,6 %; cristianismo, 7,5 %.
Moneda: rupia de Sri Lanka.
Tasa de natalidad: 22 ‰ en 1990.
Tasa de mortalidad: 6 ‰ en 1990.
Renta per cápita: 430 dólares en 1989.

Geog. física El país está dividido orográficamente en tres áreas: en la parte N se extiende una gran meseta; en la región central predominan las llanuras y las colinas bajas; en el S se suceden una serie de mesetas y macizos que culminan en el pico Pidurutalagala (2.524 m). El principal río del país es el Mahaweli Ganga. Sus costas forman pocas bahías y se presentan poco elevadas en el O y S y algo más recortadas, elevadas y con arrecifes en el N y E. La isla más importante que forma parte de Sri Lanka es Mannar, que se halla al NO. Tiene un clima tropical monzónico y una vegetación de bosque tropical y sabanas arbóreas al S, mientras que en el centro abunda la jungla pobre.

Geog. humana y ***económica*** La población, integrada por cingaleses y tamiles, se concentra sobre todo en el S del país, quedando el centro prácticamente despoblado. La tasa de crecimiento vegetativo es muy alta. Su economía se basa en la agricultura, pero ésta no basta para cubrir las necesidades alimenticias de toda la población. Se cultiva especialmente té (tercer productor mundial), hevea (caucho, séptimo productor mundial), coco, arroz, caña de azúcar, canela, mandioca, tabaco y cacao y se crían vacas y búfalos con vistas a su empleo en las labores agrícolas. El país cuenta con recursos minerales, sobre todo grafito, mica y piedras preciosas; industrias derivadas de los productos agropecuarios, textiles, químicas, de cemento, de cigarrillos y siderúrgicas y una refinería de petróleo. Se importa preferentemente alimentos y se exporta té, caucho, derivados del coco y piedras preciosas.

Hist. En el s. XI los tamiles, procedentes de la India, destruyeron la capital de uno de los principales reinos de la isla, que fue reemplazada por Polonnaruwa. El territorio quedó en manos de dos pueblos: el cingalés, que ocupaba la mayor parte de la isla, y el tamil, situado alrededor de Jaffna. Los primeros europeos que llegaron a la isla fueron los portugueses en 1505 y más tarde los holandeses. En 1795 fue ocupada por el Reino Unido, que le dio el estatuto de colonia británica en 1802. En 1946 entró en vigor una Constitución por la cual el país se declaraba independiente dentro de la Commonwealth y bajo el poder nominal del rey de Inglaterra. Los gobiernos que se sucedieron en la isla tuvieron que luchar contra el gran problema de la diversidad de razas, lenguas y religiones. En las elecciones de 1960 resultó vencedor el Partido de la Libertad, dirigido por la viuda de Bandaranaike, que fue nombrada primera ministra. Fue sustituida en 1965 por Dudley Senanayake, jefe del Partido de Unión Nacional, prooccidental. El Frente Unido, coalición integrada por el Partido de la Libertad, el Partido de la Igualdad Social y el Partido Comunista, ganó las elecciones en 1970 y nuevamente Sirimavo Bandaranaike ocupó el puesto de primera ministra. En 1972 se elaboró una nueva Constitución y Ceilán pasó a denominarse *República de Sri Lanka.* Las elecciones celebradas en 1977 dieron la victoria al Partido de la Unión Nacional, con Junius Richard Jayawardene a la cabeza, que fue nombrado primer ministro en 1977 y presidente en 1978, al institucionalizar la Asamblea Nacional el presidencialismo. Los separatistas tamiles pasaron a la lucha y el grupo terrorista *Tamil tiggers* siguió actuando, protegido no sólo por la población tamil, sino por el cercano estado indio de Tamil Nadu. En 1982 Jayawardene fue reelegido en su puesto y en 1988 fue elegido presidente Ranasinghe Premadasa, también del Partido de la Unión Nacional. El enfrentamiento entre el gobierno y la guerrilla tamil sigue sin resolverse.

Srinagar C. de la India, cap. de verano del estado de Jammu y Cachemira, a orillas del Jhelum. 586.000 h. en 1981. Es una población pintoresca construida a ambas márgenes del río y con numerosos canales. Centro comercial y agrícola, tiene industrias de la lana y de la seda e importante artesanía de alfombras, tallas de madera, joyas y objetos de cobre repujado.

Srta. Abreviatura de señorita.

SS (siglas de la expr. al. *Schutz Staffel,* escalón de protección) Policía militarizada del partido nazi alemán, creada en 1925 como guardia personal de Hitler. Fue puesta al mando de Himmler en 1929 y en 1934 desempeñó un papel fundamental en la destrucción de las SA de Röhmm. Colaboró con la Gestapo en tareas de información y fue responsable de la administración de los campos de concentración. A partir de 1940, las SS se convirtieron en auténticas unidades militares, llamadas *Waffen-SS.*

stabat (voz lat.) *s. m.* **1.** Himno dedicado a los dolores de la Virgen al pie de la cruz, que empieza con las palabras latinas *Stabat Mater,* que significan 'la Madre estaba de pie'. **2.** Composición musical para este himno.

staccato (voz ital.) *s. m.* En mús., forma de ejecución rápida y con una marcada separación entre las notas.

Staël, Germaine Necker, llamada **Madame de** (París 1766 - íd. 1817) Escritora francesa. Casada con el barón de Staël-Holstein, convirtió sus salones en el primer centro cultural de París y en albergue de conspiraciones. Fue desterrada en 1803 por orden de Napoleón. Precursora del Romanticismo francés, entre sus obras sobresalen *De la literatura considerada en sus relaciones con las instituciones sociales* (1800) y las novelas *Delphine* (1802) y *Corinne o Italia* (1807).

staff (voz ingl.) *s. m.* **1.** Conjunto de personas que dirigen una empresa o entidad. **2.** Conjunto de especialistas que asesoran a la directiva de una empresa o entidad.

Stajanov, Alexei Grigorievich (? 1905 - Moscú 1977) Minero soviético. En 1935 estableció una marca de productividad al extraer 102 toneladas de carbón en seis horas; a los pocos días batió su propia marca, con 227 toneladas por equipo. Dio origen al *estajanovismo.*

Stalin, Iosiv Vissarionovich Dzhugashvili, llamado (Gori, Georgia 1879 - Moscú 1953) Revolucionario y estadista soviético. Tras ingresar en 1894 en un seminario ortodoxo, se afilió al Partido Socialdemócrata Ruso en 1899, desde cuyas filas participó activamente en la lucha antizarista, lo que le llevó a ser detenido y deportado a Siberia en varias ocasiones. Fue en esa época cuando tomó el sobrenombre de *Stalin* (hombre de acero). Tras el éxito de la Revolución de 1917, fue nombrado comisario para las nacionalidades y miembro del buró político del partido. Elegido secretario general del mismo en 1922, a la muerte de Lenin, en 1924 se convirtió en jefe de Estado. Inició entonces un proceso de concentración de poder durante el que desplazó y eliminó físicamente a sus principales rivales (Trotski, Kamenev, Zinoviev y Bujarin). Impulsó a partir de 1929 la política de planes quinquenales y de industrialización y colectivización

Stalin.

forzosas, al tiempo que eliminaba mediante purgas y procesos el menor atisbo de disidencia en el partido. En 1934 consiguió el ingreso de la URSS en la Sociedad de Naciones y en 1939 firmó un pacto de no agresión con la Alemania de Hitler. En 1941 Alemania rompió el acuerdo y la URSS tuvo que enfrentarse a las tropas alemanas, que fueron derrotadas en Stalingrado (1943). Stalin vivió entonces el cénit de su gloria y se hizo nombrar mariscal de la Unión Soviética (1943) y generalísimo (1945). Tras la victoria aliada, participó en las conferencias de Yalta y de Potsdam (1945) e impulsó la implantación de regímenes comunistas en la Europa del Este. Después de su muerte, en el XX Congreso del Partido Comunista de la Unión Soviética, en 1956, se realizó una revisión crítica de su obra y se denunciaron sus errores y crímenes.

Stalingrado Nombre de la ciudad de Volgogrado desde 1925 a 1961.

Stalingrado, batalla de Conjunto de combates (septiembre de 1942 a febrero de 1943) de la Segunda Guerra Mundial que cortaron la ofensiva de las fuerzas alemanas sobre el Volga. El VI ejército alemán, al mando del mariscal Friedrich von Paulus, atacó la ciudad de Stalingrado, pero fue cercado por las tropas de Rokossovski y Yeremenko. La victoria soviética fue decisiva para el curso de la guerra.

Stamitz, Johann Wenzel (Deutsch-Brod, Bohemia 1717 - Mannheim 1757) Músico alemán. Destacado representante de la escuela de Mannheim, aplicó la forma sonata al formato de la obertura italiana, creando así la sinfonía clásica. Fue autor de cincuenta sinfonías, doce conciertos, diversas sonatas y otras obras.

stand (voz ingl.) *s. m.* Caseta, mostrador o instalación semejante en que se exponen o venden los artículos y productos en una feria, mercado, etc.

standard (voz ingl.) *adj.* Estándar*.

standing (voz ingl.) *s. m.* Posición económica y social, especialmente si es alta.

Stanhope, James, conde de (París 1673 - Londres 1721) Militar y político inglés. Participó en la guerra de Sucesión española con las tropas que apoyaban al archiduque Carlos. Se apoderó de Menorca (1708) y cooperó en la ofensiva de Aragón. Entró en Madrid en 1710, pero fue derrotado por las fuerzas borbónicas en Brihuega. Nombrado secretario de Estado en 1714, preparó el tratado de La Haya (1716), punto de partida de la Triple y Cuádruple Alianza (1717 y 1718).

Stanislavski, Konstantin Sergeievich Alexeiev, llamado (Moscú 1863 - íd. 1938) Actor y director teatral soviético. Fundó la Sociedad de Arte y Literatura (1888) y el Teatro de Arte de Moscú (1897). Fue el principal representante de un teatro realista aderezado con múltiples elementos poéticos. Después de la Revolución de 1917 se consagró a la investigación de la técnica teatral, que cristalizó en su célebre método, basado en la identificación del actor con su personaje.

Stanley, sir Henry Morton (Denbigh, País de Gales 1841 - Londres 1904) Periodista y explorador británico. Emprendió un viaje a África central en busca de David Livingstone, al que encontró en Ujiji, en la orilla E del lago Tanganica (1871). En un segundo viaje exploró el lago Victoria y el Uganda, descubrió el lago Alberto y descendiendo por el río Congo llegó al océano Atlántico (1879-84). Escribió sobre sus viajes *Cómo encontré a Livingstone* (1872) y *A través de África del sur* (1898).

Stanley, Wendell Meredith (Ridgeville, Indiana 1904 - Salamanca, España 1971) Bioquímico estadounidense. Trabajó en química orgánica, investigó especialmente el virus causante del mosaico de las plantas del tabaco y descubrió una vacuna contra la gripe. Recibió el premio Nobel de química en 1946, compartido con John Howard Northrop y James Batcheller Sumner.

Stanwyck, Barbara (Nueva York 1907 - Santa Mónica, California 1990) Actriz estadounidense. Tras iniciarse como bailarina, pasó al cine, donde destacó por la versatilidad interpretativa y su intensidad dramática. Entre sus películas sobresalen *Stella Dallas* (1937), *Las tres noches de Eva* (*The lady Eve*, 1941), *Bola de fuego* (1942) y *Perdición* (*Double indemnity*, 1944).

star (voz ingl. que significa 'estrella') *s. f.* Persona que ha alcanzado un gran éxito y popularidad en el mundo del espectáculo.

star system (expr. ingl. que significa 'sistema de las estrellas') Forma de promoción de las grandes compañías de Hollywood en que se intenta centrar el interés del público en la figura de una gran estrella.

Stara Zagora C. de Bulgaria, situada en el sector central del país, al pie del Sredna Gora, en el valle de las Rosas. 158.150 h. en 1989. Centro agrícola, posee industrias químicas, alimentarias, textiles y de construcción de maquinaria agrícola. Es un importante nudo de comunicaciones.

starets o **staretz** (voz rusa que significa 'monje', 'director espiritual') *s. m.* **1.** En las iglesias ortodoxas, director de novicios. **2.** En Rusia, nombre dado a ciertos ermitaños, peregrinos o profetas, respetados por la santidad de su vida y que el pueblo tiene por pastores religiosos.

starter (voz ingl.) *s. m.* En vehículos con motor de explosión, dispositivo que regula la entrada de aire en el carburador y, por tanto, la proporción de la mezcla de éste con la gasolina, permitiendo un rápido arranque en frío.

statu quo *expr. lat.* Significa 'en el estado en que', estado o situación en que se encuentran las cosas en un determinado momento.

status (voz lat., a través del ingl.) *s. m.* Posición social que ocupa una persona, grupo, etc., dentro de un grupo o sociedad. ■ Se escribe también *estatus.*

Staudinger, Hermann (Worms 1881 - Friburgo de Brisgovia 1965) Químico alemán. Descubridor e investigador de las macromoléculas, fue director del laboratorio de química macromolecular de la universidad de Friburgo de Brisgovia (1940-51). En 1953 recibió el premio Nobel de química.

Staufen Véase **Hohenstaufen**.

Steen, Jan (Leiden 1626 - íd. 1679) Pintor neerlandés. Discípulo de Adrian van Ostade en Haarlem y de Jan van Goyen en La Haya, pintó paisajes y escenas de género. En su amplia obra sobresalen los cuadros *La fiesta de San Nicolás*, *La visita del médico*, *Boda*, *Los bebedores* y *Fiesta en una posada.*

Stein, Gertrude (Alleghany, Pennsylvania 1874 - Neuilly-sur-Seine 1946) Escritora estadounidense. Participó en la vanguardia artística y literaria en París, haciendo de su casa un centro de reunión de pintores y escritores. Realizó una obra de carácter experimental e influyó en la llamada *generación perdida* (Scott Fitzgerald, Anderson, Hemingway). Entre sus obras son dignas de mención *Autobiografía de Alice B. Toklas* (1933), *París, Francia* (1940), *Las guerras que he visto* (1945) y *Las cosas como son* (1950).

Stein, William Howard (Nueva York 1911 - íd. 1980) Bioquímico estadounidense. Realizó trabajos sobre proteínas y aminoácidos y, junto con Stanford Moore, estableció la estructura de la enzima ribonucleasa. En 1972 estos dos científicos obtuvieron el premio Nobel de química, compartido con Christian Anfisen.

Steinbeck, John (Salinas, California 1902 - Nueva York 1968) Escritor estadounidense. Denuncia en sus novelas las injusticias que padecen los sectores más humildes del país, sobre todo el campesinado. Sus obras exponen la realidad cotidiana y pintan tipos sencillos e ingenuos en lucha contra el egoísmo y la corrupción. Entre sus títulos más significativos cabe citar *Las praderas del cielo* (1932), *A un dios desconocido* (1933), *Tortilla Flat* (1935), *De ratones y hombres* (1937), *Las uvas de la ira* (1939), *La perla* (1948), y *Al este del Edén* (1952). Obtuvo el premio Nobel de literatura en 1962.

Steinberger, Jack (Bad-Kissinger 1921) Físico estadounidense de origen alemán. Trabajó en el CERN, en Ginebra (1968) y en 1988 recibió el premio Nobel de física, compartido con Leon Lederman y Melvin Schwartz, por sus investigaciones en física subatómica.

Steiner, Jakob (Utzenstorf, Berna 1796 - Berna 1863) Matemático suizo. Fue catedrático de la universidad de Berlín (1834) y desarrolló una importante tarea investigadora en el campo de la geometría proyectiva.

Steiner, Rudolf (Kraljevic, Croacia 1861 - Dornach 1925) Pensador y pedagogo austriaco. Fue un destacado investigador de la obra de Goethe. Fundó en 1913 la Sociedad Antroposófica, que propugnaba la potenciación del conocimiento humano mediante procesos de concentración interior, que permitieran al hombre el conocimiento de la naturaleza espiritual del universo. Entre sus obras más importantes figuran *Teosofía* (1904) y *La ciencia oculta* (1909).

Steiner, teorema de Teorema que establece que el momento de inercia de un cuerpo respecto de un eje es igual al momento de inercia respecto a un eje paralelo al anterior, más la masa del cuerpo multiplicada por el cuadrado de la distancia que separa ambos ejes.

Stella, Franck (Malden, Massachusetts 1936) Pintor estadounidense. Pasó del expresionismo abstracto a la abstracción pura, realizando grandes lienzos basados en rayas y dibujos geométricos con colores claros y un diseño que le sitúan entre los principales constructivistas. Sus pinturas acrílicas y brillantes, a veces fluorescentes, sugieren superficies metálicas como las de las máquinas y la geometría de sus dibujos es cada vez más elaborada.

Stendhal, Henri Beyle, llamado (Grenoble 1783 - París 1842) Escritor francés. Siguió la carrera militar al servicio de Napoleón. Residió en Italia, donde desempeñó el cargo de cónsul de su país. Está considerado como uno de los novelistas fundamentales del s. XIX, por el realismo y la penetración psicológica que muestra en sus personajes, así como por la novedad que supone la narración directa y objetiva. El amor, sentimiento que analiza en su ensayo *Sobre el amor* (1822), constituye un tema fundamental en la trama de muchas de sus novelas. Merecen especial mención sus novelas *El rojo y el negro* (1830) y *La cartuja de Parma* (1839) y los relatos de *Crónicas italianas* (1839). De carácter autobiográfico son sus *Recuerdos de egotismo* (1832).

Stendhal. Cuadro de Johan Olaf Södermark (Palacio de Versalles).

Stenmark, Ingmar (Tärnaby 1956) Esquiador sueco. Dominó el esquí alpino (slalom) entre 1975 y 1982. Fue campeón del mundo en 1976, 1977 y 1978 y venció en los slaloms de los Juegos Olímpicos de Invierno de 1980, celebrados en Lake Placid (EE UU).

Stephenson, George (Wylam, cerca de Newcastle 1781 - Tapton House, Chesterfield 1848) Ingeniero británico. Tras una serie de investigaciones iniciadas en 1813, construyó una locomotora de vapor que fue puesta en funcionamiento en la línea de ferrocarril Stockton-Darlington. Posteriormente estableció una nueva línea entre Liverpool y Manchester (1826-30) y otras en diversos países de Europa.

sterilet (voz ingl.) *s. m.* DIU*.

Stern, Otto (Sohrau 1888 - Berkeley 1969) Físico estadounidense de origen alemán. Investigó sobre la cinética de los gases. Descubrió las propiedades magnéticas de los átomos y realizó estudios sobre la materialización de los fotones. Obtuvo el premio Nobel de física en 1943.

Sternberg, Josef von (Viena 1894 - Hollywood 1969) Director de cine estadounidense de origen austriaco. En 1904 emigró a EE UU y en 1925 dirigió su primera película. Unido sentimental y profesionalmente a Marlene Dietrich, la dirigió en todas sus películas hasta su ruptura con la actriz. Entre sus mejores filmes figuran *La ley del hampa* (*Underworld*, 1927), *Los muelles de Nueva York* (1928), *El ángel azul* (1930), *Marruecos* (1931), *El expreso de Shanghai* (1932) y *Capricho español* (*The devil is a woman*, 1935).

Sterne, Laurence (Clonmel, Irlanda 1713 - Londres 1768) Escritor británico. Vicario de Sutton-in-the-Forest, fue una de las figuras más brillantes de los salones londinenses. En sus libros se combina el tono de farsa con la observación de personajes y situaciones, refinada y a veces melancólica. Algunas de sus obras más señaladas son *Sermones de mister Yorick* (1760), *Vida y opiniones del caballero Tristam Shandy* (1760-67) y *Un viaje sentimental por Francia e Italia* (1768).

Stettin Véase **Szczecin**.

Stevens, John (Nueva York 1749 - Hoboken, New Jersey 1838) Ingeniero estadounidense. Para proteger a los inventores, propuso la primera legislación sobre patentes (1790). Construyó el primer barco de vapor, el *Phoenix*, que realizó la travesía de Nueva York a Filadelfia. Consiguió las primeras concesiones para el tendido ferroviario en EE UU.

Stevens, Wallace (Reading 1879 - Hartford 1955) Poeta estadounidense. Expone su concepción de la poesía en su poema *Notas para una ficción suprema* (1947). En su obra, poderosamente imaginativa, destacan *El hombre de la guitarra azul* (1937), *Partes de un mundo* (1942) y *Las auroras del otoño* (1950).

Robert Louis Stevenson (Biblioteca Nacional, Madrid).

Stevenson, Robert Lewis Balfour, llamado **Robert Louis** (Edimburgo 1850 - isla de Upolu, Samoa 1894) Escritor británico. Pasó su vida viajando, buscando climas favorables para su dolencia pulmonar. Crítico de la moral convencional, creó novelas de aventuras de aire romántico y notable penetración psicológica, ambientadas en Escocia y los mares del Sur, dotadas de gran poder evocador. Entre las principales cabe citar *La isla del tesoro* (1883), *El extraño caso del doctor Jekyll y Mr. Hyde* (1886), *La flecha negra* (1888) y *El señor de Ballantrae* (1889).

Stewart, Jackie (Milton, Escocia 1939) Corredor automovilista británico. Fue campeón del mundo de Fórmula 1 en 1969, 1971 y 1973, año de su retirada.

Stewart, James (Indiana, Pennsylvania 1908) Actor de cine estadounidense. Interpretó papeles de hombre simpático, tímido, sentimental y generoso. Fue el protagonista ideal de las comedias de Frank Capra. Entre sus muchos filmes sobresalen *Vive como quieras* (*You can't take it with you*, 1938), *Historias de Filadelfia* (1940), *¡Qué bello es vivir!* (1947), *Flecha rota* (1950), *La ventana indiscreta* (*Rear window*, 1954) y *Vértigo* (1958).

stick (voz ingl.) *s. m.* **1.** Estique*. **2.** Palo de hockey y golf.

Stieglitz, Alfred (Hoboken, New Jersey 1864 - Nueva York 1946) Fotógrafo estadounidense. Fundó en 1902 la revista *Camera work* en Nueva York y a partir de 1905 dirigió la Galería 291, que tuvo decisiva influencia en el arte de vanguardia. Realizó fotografías directas, íntimas y llenas de significado.

Stigler, George Joseph (Renton, Washington 1911) Economista estadounidense. Perteneciente a la escuela de Chicago, destacó por sus estudios sobre las teorías de la producción y distribución y se mostró defensor de la economía de mercado. En 1982 fue galardonado con el premio Nobel de economía. Es autor, entre otros libros, de *Teorías de la producción y distribución* (1941) y *Teoría de los precios* (1942).

Stijl, De Grupo de artistas neerlandeses, formado en 1917, integrado por pintores, como Piet Mondrian; escultores, como Vantongerloo, y arquitectos, como Theo van Doesburg, influidos por el cubismo y que dejaron profunda huella en el arte europeo de su época, especialmente en la arquitectura.

Stirner, Kaspar Schmidt, llamado **Max** (Bayreuth 1806 - Berlín 1856) Filósofo alemán. Desde posiciones cercanas al hegelianismo de izquierda, rechazó todo intento de coaccionar al individuo desde el Estado, o desde cualquier otra categoría de carácter social, sentando las bases de un pensamiento radicalmente anarquista. Entre sus obras más importantes cabe citar *El único y su propiedad* (1845) e *Historia de la reacción* (1852).

stock (voz ingl.) *s. m.* Conjunto de productos o materiales que almacena una empresa, un comercio, etc., a la espera de su utilización o venta, o para hacer frente a futuras demandas.

Stockhausen, Karlheinz (Mödrath, cerca de Colonia 1928) Compositor alemán. Director del Estudio de Música Electrónica de Colonia, es uno de los puntales de la vanguardia musical europea. Entre sus obras merecen mención *11 piezas para piano* (1952-62), *Himnos* (1967), *Alfabeto* (1972), *Sirius* (1975-77) y *Jubileo* (1977).

Stockport C. del Reino Unido, situada en el sector central de Inglaterra, al S de Manchester. 290.900 h. en 1988. Posee industrias textiles, químicas, alimentarias, de construcción, maquinaria y materiales eléctricos.

Stoke-on-Trent C. del Reino Unido, en el centro del país, a orillas del río Trent. 246.800 h. en 1988. Desde el s. XIII ha adquirido fama por la fabricación de cerámicas y porcelanas. Cuenta también con industria metalúrgica y del corcho.

George Stephenson: grabado de la primera locomotora de vapor por él diseñada.

Stoker, Bram (Dublín 1847 - Londres 1912) Escritor irlandés. Es autor de la novela *Drácula* (1897), en la que recrea el mito centroeuropeo del vampiro, que ha dado origen a todo un subgénero literario y cinematográfico de terror.

Stokes, George Gabriel (Skreen, Irlanda 1819 - Cambridge 1903) Matemático y físico británico. Fue profesor de matemáticas en Cambridge y presidente de la *Royal Society* (1885). Enunció la ley de su nombre, que rige el avance de los sólidos esféricos en un fluido, y las teorías sobre la fluorescencia y la polarización de la luz. En 1896 sugirió que los rayos X eran radiaciones electromagnéticas, de la misma naturaleza que la luz.

Stokowski, Leopold (Londres 1882 - Nether Wallop 1977) Director de orquesta estadounidense de origen polaco. Estuvo al frente de la orquesta de Filadelfia (1912-41), de la *National Broadcasting Company* (1941-44), de la orquesta filarmónica de Nueva York (1949-50) y de la sinfónica de Houston (1955-61). Fue uno de los primeros directores en interesarse por las grabaciones discográficas y la radiofonía e intervino en varias producciones cinematográficas, como *Fantasía* (1940), de Walt Disney.

Stone, Richard (Londres 1913) Economista británico. Se especializó en el estudio de la técnica para el cálculo de la renta nacional y los sistemas de contabilidad nacional. En 1984 recibió el premio Nobel de ciencias económicas.

Stonehenge Localidad del Reino Unido, en el S de Inglaterra, situada en la llanura de Salisbury, donde se conserva un impresionante conjunto de monumentos megalíticos que datan de la primera mitad del segundo milenio a. C. Consta de una serie de trilitos, formados por dos bloques de piedra verticales y uno horizontal, y dispuestos en círculos concéntricos. Se cree que desempeñaba una función religiosa y era utilizado como calendario astronómico.

stop (voz ingl.) *s. m.* **1.** Señal de tráfico que indica la obligación de detener el vehículo y ceder el paso, generalmente en un cruce. **2.** En los telegramas, equivale a punto.

Storni, Alfonsina (Sala Capriasca, Suiza 1892 - Mar del Plata, Argentina 1938) Poetisa argentina. Su obra se inició en el último Romanticismo, fue adquiriendo expresiones modernistas, para incluir finalmente elementos de vanguardia. Enferma de cáncer, se suicidó dejándose llevar por las olas del mar. Entre sus principales obras figuran *La inquietud y el rosal* (1916), *El dulce daño* (1918), *Irremediablemente* (1919), *Languidez* (1920), *Ocre* (1925) y *Mundo de siete pozos* (1934).

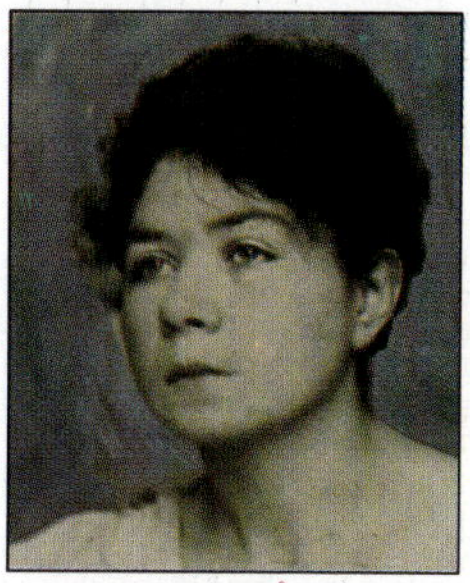

Alfonsina Storni (Archivo General de la Nación, Buenos Aires).

Stowe, Harriet Elizabeth Beecher (Lichtfield 1811 - Hartford 1896) Escritora estadounidense. Obtuvo un gran éxito en su época con *La cabaña del tío Tom* (1852), novela antiesclavista.

stradivarius *s. m.* Instrumento de cuerda, y particularmente violín, fabricado por la familia Stradivarius.

Stradivarius o **Stradivari** Familia de constructores de violines e instrumentos de cuerda de Cremona, formada por **Antonio** (h. 1643 - 1737) y sus dos hijos, **Francesco** (1671 - 1743) y **Omobono** (1679 - 1742). La calidad de sus trabajos reside en las innovaciones introducidas en la curvatura y el grosor de la madera de los instrumentos, así como en un barniz especial.

Strauss, David Friedrich (Ludwigsburg 1808 - ? 1874) Filósofo alemán. Desde la izquierda hegeliana interpretó el origen del cristianismo como un mito en que el espíritu de la humanidad se encarna en la figura de Jesús. Progresivamente su pensamiento se inclinó hacia posiciones materialistas y anticristianas, llegando a afirmar un panteísmo de carácter naturalista. Entre sus obras más importantes se cuentan *Vida de Jesús* (1835), *El Cristo de la fe y el Cristo de la historia* (1865) y *La antigua y la nueva fe* (1872).

Strauss, Franz Joseph (Munich 1915 - Ratisbona 1988) Político alemán. Fundador de la Unión Socialdemócrata (CSU), fue ministro del gobierno federal en varias ocasiones y ministro-presidente de Baviera (1978-88).

Strauss, Johann (Viena 1804 - íd. 1849) Músico austriaco. Es uno de los más reputados compositores de valses vieneses. Fundó una orquesta propia y fue director de los bailes de la corte. Compuso además marchas, polcas y un gran número de danzas diversas.

Strauss, Johann (Viena 1825 - íd. 1899) Director de orquesta y compositor austriaco. Hijo del anterior, se le ha llamado «el rey del vals». Compuso y ejecutó con su propia orquesta más de 150 valses, creando una música de gran riqueza melódica y elegancia formal. También escribió operetas en tres actos, como *El murciélago* (1874) y *El barón gitano* (1885). Entre sus valses destacan *El Danubio azul*, *Las mil y una noches*, *El vals del Emperador* y *Cuentos de los bosques de Viena*.

Johann Strauss. Cuadro de August Eisenmenger (Museo Nacional, Viena).

Strauss, Richard (Munich 1864 - Garmisch-Partenkirchen 1949) Compositor y director de orquesta alemán. Es uno de los genios más significativos que marcan el paso del Romanticismo a la época moderna. Dio una insospechada proyección al poema sinfónico, en el que utilizó un lenguaje fundamentalmente tonal y una gran riqueza de orquestación. Entre ellos sobresalen *Muerte y transfiguración* (1890), *Así habló Zaratustra* (1896) y la *Sinfonía alpina* (1915). En su notable producción operística, es destacable la colaboración de Hugo von Hofmannsthal como su principal libretista. Algunas de las más célebres son *Salomé* (1905), *Electra* (1908) y *El caballero de la rosa* (1911).

Stravinski, Igor (Oranienbaum 1882 - Nueva York 1971) Compositor ruso, nacionalizado estadounidense. Figura crucial de la música contemporánea, aporta una nueva concepción del ritmo y de las estructuras musicales. Escribió ballets para la compañía de Diaghilev y trabajó en asociación con grandes personalidades como Nijinsky, Picasso y Cocteau. De su amplia producción cabe señalar los ballets *Petruska* (1911) y *La consagración de la primavera* (1913); de sus piezas para teatro, *La historia del soldado* (1918) y la ópera *The Nightingale* (1908-14). Compuso además canciones, numerosas piezas vocales, sinfónicas y para piano.

Igor Stravinski. Retrato de Jacques-Émile Blanche (Museo de Orsay, París).

Strawson, Peter Frederick (Londres 1919) Lógico británico. Destacado miembro del «grupo de Oxford», combinó sus intereses metafísicos con la filosofía del lenguaje. Realizó una serie de trabajos sobre las diferencias entre el lenguaje lógico formal y las expresiones de carácter lógico en el lenguaje usual. Es autor de obras como *Introducción a la teoría lógica* (1952) y *Los límites del sentido* (1966).

stress (voz ingl. que significa 'violencia', 'tensión') *s. m.* Estrés*.

stricto sensu *loc. lat. adv.* Significa 'en sentido estricto', en su significado más exacto.

Strindberg, August (Estocolmo 1849 - íd. 1912) Escritor sueco. Escribió sus primeros dramas bajo la influencia de Ibsen y Kierkegaard. Pasó por un periodo naturalista, como se refleja en la novela *La sala roja* (1879), y derivó hacia un pensamiento socialista y finalmente a un cierto misticismo. Influyó en el teatro expresionista y fue fundador del Teatro Íntimo de Estocolmo. En su obra destacan especialmente las piezas teatrales *El maestro Olof* (1872), *El padre* (1887) y *La señorita Julia* (1888); los relatos de *Esposos* (1884), de tono misógino, fruto de la insostenible situación de su matrimonio, y la novela *En las islas* (1890).

strip-tease (expr. ingl.) *s. m.* **1.** Espectáculo en el que una persona, generalmente una mujer, se va quitando la ropa poco a poco. **2.** Local en que se realiza este tipo de espectáculos.

Stroessner, Alfredo (Encarnación 1912) Militar y político paraguayo. Comandante en jefe del ejército (1951), dirigió el golpe militar que depuso al presidente Chaves (1954) y le permitió proclamarse presidente del país. Dirigente del Partido Colorado, estableció una férrea dictadura durante su largo mandato. En 1989 fue derrocado por un golpe de Estado dirigido por el general Andrés Rodríguez, apoyado por un sector del Partido Colorado.

Stroheim, Erich von (Viena 1885 -Maurepas, Francia 1957) Director y actor cinematográfico estadounidense de origen austriaco. Emigró a EE UU (1910) e inició su carrera en Hollywood, actuando a las órdenes de Griffith (1915). Como director realizó filmes de crudo naturalismo y dura crítica social, entre los que destacan *Esposas frívolas* (1922), *Avaricia* (1923-25), *La viuda alegre* (1925) y *La marcha nupcial* (1926-28). Intervino como actor en *La gran ilusión* (1937) y en *El crepúsculo de los dioses* (1950).

Stromboli Volcán de Italia, situado en la isla homónima, en el archipiélago de las Lipari, al N de Sicilia. Tiene una altitud de 926 m. En sus laderas se hallan enclavadas dos ciudades: San Vicenzo y Ginostra.

Strozzi Familia florentina de banqueros y militares, que tuvieron gran poder en los s. XV y XVI. Fueron prestamistas de los reyes de Francia y estuvieron a su servicio en numerosas ocasiones.

Stuart, Gilbert (Newport, Rhode Island 1755 - Boston 1828) Pintor estadounidense. Estudió en Edimburgo y vivió en Londres (1775-92). De vuelta en EE UU se acreditó como retratista. Son buena muestra de su estilo sus retratos de Washington.

stuka (voz al., abreviatura de *Sturzkampfflugzeug*) *s. m.* Nombre dado popularmente al *Junker-87*, tipo de bombardero alemán de ataque en picado, que fue utilizado por primera vez en la guerra civil española y más tarde durante la Segunda Guerra Mundial.

Stúñiga, cancionero de Compilación de poemas castellanos, aparecida en Nápoles (1458). Toma su nombre del poeta Lope de Stúñiga (h. 1415 - h. 1465), primer autor que figura en el cancionero.

stupa (voz sánscrita) *s. m.* Monumento funerario de origen indio, utilizado en la religión budista y en el jainismo para guardar reliquias o simplemente como elemento conmemorativo. Tiene base cilíndrica o cuadrangular, está cubierto por una cúpula y suele rodearlo un cerco amurallado.

Sturm und Drang (expr. al. que significa 'tempestad y empuje') Movimiento cultural surgido en Alemania a finales del s. XVIII como reacción al racionalismo ilustrado. Constituyó la fase inicial del Romanticismo alemán y se caracterizó, frente al clasicismo, por exaltar la naturaleza y la individualidad humana, así como la libertad del genio creador. A él pertenecieron Goethe, Schiller y Herder.

Stuttgart C. de Alemania, cap. del Land de Baden-Württemberg, situada en el SO del país, a orillas del río Neckar. 570.700 h. en 1990. Posee industrias de automóviles, electrónicas, eléctricas, textiles, químicas, papeleras, de fabricación de aparatos de precisión y de instrumentos musicales. Es un importante centro editorial y de artes gráficas.

Styrom, William (Newport News, Virginia 1925) Novelista estadounidense. En sus obras describe un mundo violento, como en *La larga marcha* (1952), *Las confesiones de Nat Turner* (1967) y *La decisión de Sophie* (1979).

su *adj. pos.* Forma apocopada de *suyo, suya*, que se usa antepuesta al sustantivo.

Suabia Región histórica del SO de Alemania, en la cabecera del Danubio. Poblada por los celtas, fue ocupada por los suevos (s. I a. C.) y conquistada por los romanos, que fundaron en ella la provincia de Retia. Los alamanes la ocuparon en el s. III y éstos a su vez fueron sometidos por los francos (s. VIII). Pipino el Breve sustituyó a los duques por dos condes, que se declararon independientes (s. XI), pero fueron dominados por Conrado I, rey de Germania. Posteriormente, como ducado, fue cedido por el emperador Enrique IV a los Hohenstaufen (1079), quienes lo conservaron bajo su dominio hasta 1268. Tras una serie de luchas entre la liga de las ciudades y la de los pequeños señores, se formó la Gran Liga Suaba (1448-1533). Convertida en uno de los diez círculos del imperio, quedó dividida en dos campos al iniciarse la Reforma: el protestante, cuyo jefe fue el duque de Württemberg, y el católico, aliado de Austria. Fue definitivamente desmantelada por los tratados de Westfalia (1648). El territorio de la orilla izquierda del Rhin pasó a depender de Francia (1801).

suabo, ba *adj.* De Suabia. También *s.*

suahili *s. m.* Swahili*.

Suárez, Adolfo (Cebreros, Ávila 1932) Político español. Fue secretario general del Movimiento (1975). Llamado por el rey Juan Carlos I para presidir el segundo gobierno de la monarquía (1976), se convirtió en el principal protagonista de la transición política de la dictadura de Franco al régimen democrático. Creó el partido Unión de Centro Democrático (UCD), que ganó las elecciones generales de 1977 y 1979. En 1981 dimitió de sus cargos y posteriormente creó el partido Centro Democrático y Social (CDS).

Suárez, Francisco (Granada 1548 - Lisboa 1617) Filósofo, teólogo y jurista español. Sacerdote jesuita, fue el gran renovador de la escolástica española y el fundador del derecho internacional. Las teorías políticas y del derecho de Suárez están expuestas en su obra *Sobre las leyes* (1611). En cuanto al origen y la legitimidad del poder civil, mantiene que es preciso un consentimiento de los miembros de la comunidad para que tenga valor. Su obra capital, *Disputaciones metafísicas* (1597), constituye el primer tratado metafísico con verdadera independencia de los escritos aristotélicos; fue usado durante más de un siglo como libro de texto en la mayoría de las universidades europeas, tanto católicas como protestantes.

Suárez, Marco Fidel (Bello 1855 - Bogotá 1929) Político colombiano. Miembro del Partido Conservador, fue elegido presidente de la república en 1918 y dimitió en 1921. Aprovechó el momento de auge del país para mejorar las comunicaciones; durante su mandato se construyó el ferrocarril del Pacífico que lleva su nombre.

Suárez de Figueroa, Cristóbal (Valladolid 1571 - Nápoles h. 1639) Escritor español. Desempeñó varios empleos en Italia, ente ellos el de auditor de Lecce, al servicio del duque de Alba. Entre sus libros merece citarse *El pasajero* (1617), donde se expone la visión del autor sobre la vida española de la época.

Suárez Flammerich, Germán (Caracas 1907) Abogado y político venezolano. Presidente de la república tras el asesinato de Delgado Chaldbaud (1950), fue depuesto por el golpe de Estado de Pérez Jiménez (1952).

suarismo *s. m.* Sistema filosófico del jesuita español Francisco Suárez. **FAM.** Suarista.

suasorio, ria *adj.* Utilizado para persuadir.

suave *adj.* **1.** Liso y agradable al tacto. **2.** Que no es compacto o no está apelmazado. **3.** Que no es brusco o violento. **4.** Que no ofrece resistencia o no exige mucho esfuerzo. **5.** Tranquilo, reposado, amable. **6.** Dócil, obediente. **FAM.** Suavemente.

suavidad *s. f.* Cualidad de suave.

suavizador, ra *adj.* **1.** Que suaviza. ‖ *s. m.* **2.** Instrumento en forma de correa con que se suaviza o pule el filo de las navajas de afeitar.

suavizante *adj.* **1.** Que suaviza. ‖ *s. m.* **2.** Producto que se añade a la ropa en el último aclarado para que quede suave y esponjosa. **3.** Producto que se aplica sobre el pelo mojado, después de lavarlo, para hacerlo más suave y fácil de peinar.

suavizar *v. tr.* **1.** Hacer suave o más suave. También *v. prnl.* **2.** Quitar contrastes. ▪ Se conjuga como *cazar.* **FAM.** Suavización.

Suazo Córdova, Roberto (La Paz 1928) Político hondureño. Líder del Partido Liberal, fue presidente de la república (1981-85). Anticomunista, obtuvo la ayuda de EE UU y protegió a la guerrilla antisandinista.

sub- *pref.* **1.** Significa 'debajo': *subterráneo, suburbano.* **2.** Aporta también la idea de 'acción secundaria, inferioridad o posterioridad': *subarrendar, subdirector, subsiguiente.*

sub iudice *loc. lat. adv.* Significa 'bajo el juez' y se aplica, en derecho, al juicio pendiente de una resolución definitiva.

suba *s. f. Arg., Par., Urug.* Alza, subida de los precios.

subacuático, ca *adj.* Que se encuentra o se desarrolla debajo del agua.

subafluente *s. m.* Río o cualquier otra corriente de agua que desemboca en un afluente.

subalimentación *s. f.* Falta de proteínas o calorías en un régimen alimenticio.

subalpino, na *adj.* **1.** Que está situado al pie de los Alpes. **2.** Se dice de un piso de vegetación situado por debajo del alpino y que es básicamente forestal.

subalterno, na *adj.* **1.** Se dice de la persona que trabaja a las órdenes de otra. También *s.* **2.** Se aplica al personal que en una empresa, establecimiento, etc., realiza trabajos que no necesitan conocimientos técnicos, como limpiar, llevar mensajes, etc. También *s.* **3.** Secundario, accesorio. ‖ *s. m.* **4.** Torero que forma parte de la cuadrilla de un matador. **FAM.** Subalterneidad.

subálveo, a *adj.* Que está situado debajo del lecho de un río o arroyo. También *s. m.*

subanillo *s. m.* En mat., subconjunto de un anillo que, con las operaciones definidas en éste, posee estructura de anillo.

subarrendador, ra *adj.* Que da en subarriendo alguna cosa. También *s. m.*

subarrendar *v. tr.* Dar una cosa en arriendo una persona que es, a su vez, arrendatario de la misma; también, tomarla en arriendo de esta manera. ▪ Es v. irreg. Se conjuga como *pensar.* **FAM.** Subarrendamiento.

subarrendatario, ria *adj.* Que toma en subarriendo alguna cosa. También *s.*

subarriendo *s. m.* **1.** Acción y efecto de subarrendar. **2.** Contrato y precio por el cual se subarrienda una cosa.

subasta *s. f.* **1.** Forma de venta en que se adjudica aquello que se vende a la persona que más dinero haya ofrecido por ello. **2.** Venta pública de las propiedades embargadas a una persona, ejecutada por decisión judicial. **3.** Sistema utilizado por la administración para adjudicar cualquier contrata, obra o servicio público a aquellos particulares que ofrezcan las condiciones más ventajosas. ‖ **4. pública subasta** o **subasta pública** La que se realiza sin limitación de participantes.

subastar *v. tr.* Vender una cosa o contratar servicios, arriendos, etc., en subasta. **FAM.** Subastador.

subatómico, ca *adj.* Se dice de las partículas que componen el átomo y de los fenómenos relacionados con ellas.

subcampeón, na *s. m.* y *f.* Deportista o equipo que consigue el segundo puesto en una competición.

subcelular *adj.* Que posee una estructura más elemental que la de la célula.

subclase *s. f.* Grupo taxonómico que está situado entre la clase y el orden.

subclavio, via *adj.* Que está situado debajo de la clavícula.

subcomisión *s. f.* Grupo de individuos dentro de una comisión que tiene una determinada función.

subconjunto *s. m.* En mat., conjunto cuyos elementos pertenecen a otro conjunto.

subconsciencia *s. f.* Estado de la conciencia en que, debido a la poca intensidad o duración de las percepciones, emociones, etc., el sujeto no se da cuenta plenamente de ellas.

subconsciente *adj.* **1.** Perteneciente o relativo a la subconsciencia. ‖ *s. m.* **2.** Conjunto de contenidos psíquicos que no están presentes en la conciencia, pero pueden aflorar en ciertos momentos sin que el yo oponga resistencia. Estos contenidos pueden manifestarse en el sueño, en ciertos olvidos o errores, etc. **3.** En un sentido más amplio, inconsciente.

subconsumo *s. m.* En econ., situación en que la demanda de artículos de consumo es inferior a su producción, lo que da lugar a excedentes de dichos artículos.

subcontratación *s. f.* Contratación que una empresa hace para determinados servicios, obras, trabajos, etc., que forman parte de otros más generales para los que dicha entidad ha sido contratada.

subcontratar *v. tr.* Realizar una subcontratación.

subcortical *adj.* Que está situado debajo de la corteza cerebral.

subcostal *adj.* Que está situado debajo de las costillas.

subcultura *s. f.* **1.** Conjunto de manifestaciones culturales que, derivadas de una cultura general, se diferencian de ésta en ciertos aspectos como el lenguaje, las normas sociales, etc., y nacen dentro de grupos o clases minoritarias, a veces marginadas. **2.** Tipo de cultura dirigida a los sectores populares de una sociedad, cuyas manifestaciones están caracterizadas por una gran simplicidad tanto en la forma como en los contenidos.

subcutáneo, a *adj.* **1.** Que está situado debajo de la piel. **2.** Se aplica a la inyección que se pone debajo de la piel.

subdelegación *s. f.* **1.** Acción y efecto de subdelegar. **2.** Distrito, oficina y empleo del subdelegado.

subdelegado, da **1.** *p. p.* de **subdelegar**. También *adj.* ‖ *adj.* **2.** Se aplica a la persona que sustituye al delegado en sus funciones y atribuciones, o que está directamente bajo sus órdenes. También *s.*

subdelegar *v. tr.* Ceder o dar alguien sus funciones, autoridad, etc., a otra persona. ▪ Se conjuga como *pagar.*

subdesarrollado, da *adj.* Que se encuentra en una situación de subdesarrollo.

subdesarrollo *s. m.* **1.** Falta o insuficiencia de desarrollo en cualquier aspecto. **2.** Situación en que se encuentran grandes áreas económicas del mundo, caracterizada por graves dificultades en el proceso de desarrollo de las fuerzas productivas, con la consiguiente pobreza y marginación en el marco del sistema económico internacional e importantes repercusiones en los aspectos políticos, sociales, culturales, etc.

subdirección *s. f.* **1.** Cargo de subdirector. **2.** Oficina o despacho del subdirector.

subdirector, ra *s. m.* y *f.* Persona que sustituye al director o trabaja inmediatamente bajo sus órdenes.

subdistinguir *v. tr.* Hacer una distinción dentro de otra. ▪ Se conjuga como *distinguir.* **FAM.** Subdistinción.

súbdito, ta *adj.* **1.** Se aplica a la persona sujeta a la autoridad de otra. También *s.* ‖ *s. m.* y *f.* **2.** Ciudadano de un determinado país.

subdividir *v. tr.* Hacer una división en algo que ha sido dividido anteriormente. También *v. prnl.*

subdivisión *s. f.* **1.** Acción y efecto de subdividir o subdividirse. **2.** Cada una de las partes que resultan de subdividir algo. **3.** Tabique, mampara o cualquier otro elemento que divide un espacio o separa parte del mismo.

subdominante *s. f.* En mús., nombre del cuarto grado de la escala diatónica.

subduplo, pla *adj.* Se aplica al número o cantidad que es la mitad exacta de otro u otra. También *s. m.*

subempleo *s. m.* Situación de una economía en que no está plenamente aprovechada la fuerza de trabajo o ésta es utilizada por debajo de su cualificación profesional, o bien el trabajo se presta en jornada laboral inferior a la normal. Es característico de los países subdesarrollados y también de los países desarrollados en épocas de crisis.

suberificarse *v. prnl.* Convertirse en corcho la parte externa de la corteza de los árboles. ▪ Se conjuga como *sacar.* **FAM.** Suberificación.

suberosis *s. f.* Conjunto de trastornos respiratorios producidos por alergia al polvo de madera.

suberoso, sa *adj.* **1.** De naturaleza o consistencia parecida al corcho. ‖ **2. tejido suberoso** Véase **tejido**.

subespecie *s. f.* Cada uno de los grupos que dentro de una especie reúnen a los individuos que tienen características comunes.

subestación *s. f.* Conjunto de instalaciones y aparatos destinados a la distribución y transformación de la corriente en una red de suministro eléctrico.

subestimar *v. tr.* Dar a alguien o algo menos importancia o valor del que tiene en realidad. También *v. prnl.*

subfamilia *s. f.* Categoría taxonómica inferior a la familia y que abarca un determinado número de géneros.

subfusil *s. m.* Arma automática individual, portátil y de gran velocidad de disparo.

subgénero *s. m.* **1.** Cada uno de los tipos en que se divide un género artístico. **2.** Género artístico considerado de calidad inferior. **3.** Categoría taxonómica inferior al género y que abarca un determinado número de especies.

subgobernador, ra *s. m.* y *f.* Persona que sustituye al gobernador o trabaja inmediatamente bajo sus órdenes.

subgrupo *s. m.* **1.** Cada una de las divisiones establecidas en un grupo o conjunto. **2.** En mat., subconjunto de un grupo, que con las operaciones en él definidas adquiere estructura de grupo.

subida *s. f.* **1.** Acción y efecto de subir o subirse. **2.** Camino o terreno ascendente.

subido, da **1.** *p. p.* de **subir**. También *adj.* ‖ *adj.* **2.** Se aplica al olor, sabor o color muy intenso. **3.** *fam.* Se utiliza para intensificar aquello que expresa el adjetivo o sustantivo que le precede. **4.** *fam.* Fuerte o atrevido, p. ej. en temas sexuales. ▪ Se utiliza frecuentemente en la expresión *subido de tono.*

subidón *s. m.* **1.** *fam.* Subida brusca e importante. **2.** En argot, efecto brusco que produce en el organismo un excitante.

subíndice *s. m.* Letra o número que se coloca en la parte inferior y generalmente a la derecha de un signo matemático, químico, una palabra, letra, etc.

subinspección *s. f.* **1.** Cargo de subinspector. **2.** Oficina o despacho del subinspector.

subinspector, ra *s. m.* y *f.* Persona que sustituye al inspector o trabaja inmediatamente bajo sus órdenes.

subintendencia *s. f.* **1.** Cargo de subintendente. **2.** Oficio o despacho del subintendente.

subintendente *s. m.* y *f.* Persona que sustituye al intendente o se encuentra inmediatamente bajo sus órdenes.

subir *v. intr.* **1.** Pasar de un lugar a otro superior o más alto. También *v. tr.* y *v. prnl.* **2.** Crecer la altura o el volumen de algo. **3.** Aumentar la cantidad, intensidad, precio, valor, etc., de una cosa. También *v. tr.* **4.** Alcanzar una cuenta, factura, etc., cierta cantidad. ‖ *v. tr.* **5.** Poner derecho algo que estaba inclinado. **6.** Levantar o llevar hacia arriba. También *v. prnl.* **7.** Colocar a alguien o algo en un vehículo o sobre una caballería. Se usa mucho como *v. intr.* y *v. prnl.* **8.** Mejorar la situación profesional, económica, etc., de alguien. También *v. intr.* **9.** Hacer más alto el tono de la voz o de un instrumento musical. También *v. intr.* ‖ *v. prnl.* **10.** *fam.* Emborrachar una bebida alcohólica. ▪ Se usa mucho en la locución **subirse a la cabeza**. **11.** *fam.* Perder el respeto a alguien. ▪ Se utiliza frecuentemente en locuciones como **subirse a las barbas** de alguien, **a la chepa**, etc.

Subirachs, Josep Maria (Barcelona 1927) Escultor español. Su obra, de marcado carácter expresionista, está realizada en todo tipo de materiales. Del expresionismo pasó a la abstracción y posteriormente a un neofigurativismo. Desde 1986 trabaja en la fachada de la Pasión del templo barcelonés de la Sagrada Familia. Destacan entre sus creaciones la decoración de la Virgen del Camino de León (1961), monumento a Monturiol (1963), *A Barcelona* (1963-68) en el parque de Montjuïc, *Tríptico* (1973), *Maternidad* (1973) y *El caballo* (1979).

subitáneo, a *adj.* Súbito, repentino.

súbito *adj.* **1.** Que ocurre rápidamente, sin esperarlo o preverlo. **2.** Impulsivo, irreflexivo. ‖ *adv. m.* **3.** De repente. ‖ **Loc. de súbito** *adv.* De repente. **Fam.** Súbitamente.

subjefe, fa *s. m.* y *f.* Persona que realiza las funciones de jefe durante la ausencia de éste o que está directamente a sus órdenes.

subjetivismo *s. m.* **1.** Predominio o superioridad de lo subjetivo sobre cualquier otra consideración. **2.** Actitud filosófica que afirma que la existencia de la realidad material se reduce a las percepciones del sujeto y que no es independiente de ellas. **3.** Doctrina ética para la que los juicios morales sólo tienen un valor subjetivo.

subjetivo, va *adj.* **1.** Se aplica a la persona que actúa y juzga llevada de sus propias consideraciones, sin tomar en cuenta otras, y también a sus mismos actos, juicios y actitudes. **2.** Referido al sujeto. **Fam.** Subjetividad.

subjuntivo, va *adj.* Se aplica al modo verbal utilizado para expresar idea de duda, posibilidad, deseo, temor, necesidad, etc., y que se usa especialmente en oraciones subordinadas. También *s. m.*

sublevación o **sublevamiento** *s. f.* o *s. m.* Acción y efecto de sublevar o sublevarse.

sublevar *v. tr.* **1.** Hacer que alguien se niegue a obedecer a una autoridad, resistiéndose por la fuerza. También *v. prnl.* **2.** Irritar o enfadar mucho. También *v. prnl.*

sublimación *s. f.* **1.** Acción y efecto de sublimar o sublimarse. **2.** En fís., proceso de cambio de estado de la materia, de sólido a gaseoso y viceversa sin pasar por estado líquido. Cuando es de sólido a gas absorbe energía calorífica; en el proceso inverso, la libera. En general, sólo se produce bajo determinadas condiciones de presión y temperatura.

sublimado, da **1.** *p. p.* de **sublimar**. También *adj.* ‖ *s. m.* **2.** En fís., sustancia obtenida por sublimación.

sublimador *s. m.* Dispositivo o sistema de los aparatos de refrigeración donde se produce la sublimación.

sublimar *v. tr.* **1.** Alabar, ensalzar, enaltecer. **2.** En fís., efectuar la sublimación de un cuerpo. También *v. intr.* y *v. prnl.* **3.** En terminología psicoanalítica, realizar un proceso por el cual el objeto original de un impulso es sustituido por otro más fácilmente accesible o de mayor aceptación social. También *v. prnl.* **Fam.** Sublimable.

sublimatorio, ria *adj.* En fís., perteneciente o relativo a la sublimación.

sublime *adj.* **1.** De extraordinaria belleza, calidad, etc. **2.** De gran valor moral. **Fam.** Sublimemente.

sublimidad *s. f.* Cualidad de sublime.

subliminal *adj.* Se dice de las percepciones sensoriales y de otras actividades psíquicas de las que el sujeto no llega a tener conciencia.

sublimizar *v. tr.* Sublimar, ensalzar. ▪ Se conjuga como *cazar.*

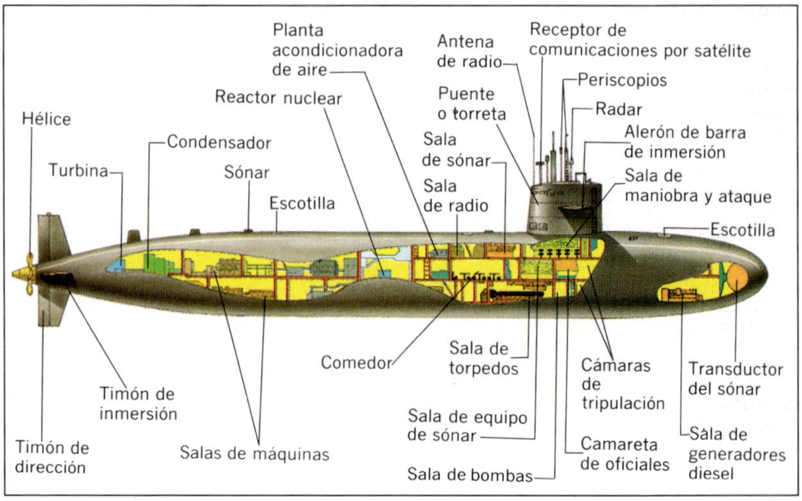

Submarino nuclear de la marina estadounidense: esquema donde se aprecian su compartimentación y los principales elementos.

sublingual *adj.* **1.** Perteneciente o relativo a la región inferior de la lengua. **2.** Situado debajo de la lengua.

sublunar *adj.* Situado debajo de la Luna.

submarinismo *s. m.* Conjunto de técnicas y actividades que se desarrollan debajo del agua con fines científicos, deportivos, militares, etc.

submarinista *adj.* **1.** Perteneciente o relativo al submarinismo. ‖ *s. m.* y *f.* **2.** Persona que practica el submarinismo. **3.** Miembro de la tripulación de un submarino.

submarino, na *adj.* **1.** Que está o se realiza bajo la superficie del mar. ‖ *s. m.* **2.** Barco capacitado para navegar bajo el agua. **3.** Individuo que se introduce en una organización política, siendo realmente militante de otra, para tratar de aplicar en dicha organización la misma línea o ideología de su partido.

submaxilar *adj.* En anat., situado debajo del maxilar inferior.

submúltiplo, pla *adj.* Se dice del número o cantidad contenido en otro un número exacto de veces. También *s. m.*

subnormal *adj.* Se aplica a la persona deficiente mental. También *s.* ▪ En lenguaje coloquial se emplea como insulto.

subnormalidad *s. f.* Deficiencia mental.

suboficial *s. m.* Categoría militar comprendida entre la de tropa y la de oficial.

suborden *s. m.* Categoría taxonómica inferior al orden y superior a la familia.

subordinación *s. f.* **1.** Acción y efecto de subordinar. **2.** En ling., relación de dependencia que existe entre dos elementos de distinta categoría gramatical, como el adjetivo respecto al sustantivo o los complementos respecto al verbo, y particularmente la que mantienen, dentro de una oración compuesta, una o más proposiciones (llamadas *subordinadas*) con respecto a otra proposición (llamada *principal*). Las subordinadas se dividen en tres grandes bloques según su función: sustantivas, adjetivas y adverbiales.

subordinado, da **1.** *p. p.* de **subordinar**. También *adj.* ‖ *adj.* **2.** Se aplica al elemento gramatical que depende de otro; particularmente se dice de la proposición u oración unida a otra mediante subordinación. También *s. f.* **3.** Se dice de la persona que está a las órdenes de otra. Se usa más como *s.* **Fam.** Subordinadamente.

subordinante *adj.* **1.** Que subordina. **2.** Se dice del elemento gramatical que introduce oraciones subordinadas. También *s. m.* **3.** Se aplica a la palabra o sintagma que rige a otro de distinta categoría. ‖ *s. f.* **4.** En ling., oración o proposición principal.

subordinar *v. tr.* **1.** Poner a una persona o cosa bajo la dependencia de otra u otras. También *v. prnl.* **2.** Considerar algo como inferior o menos importante con respecto a otra cosa. También *v. prnl.* **3.** Hacer dependiente un elemento lingüístico con respecto a otro, especialmente una proposición (*subordinada*) con relación a otra (*principal*).

Subotica C. de Serbia, situada en la frontera con Hungría. 100.500 h. en 1981. Es un centro agrícola y posee industrias mecánicas, químicas, eléctricas y alimentarias.

subpolar *adj.* Que está situado o se produce en los límites de las zonas polares.

subprefecto *s. m.* Funcionario inmediatamente inferior al prefecto o que administra una subdivisión de alguna prefectura.

subprefectura *s. f.* Cargo y oficina del subprefecto.

subproducto *s. m.* Producto secundario obtenido del proceso de elaboración, fabricación, confección o extracción de otro principal; p. ej., el alquitrán es un subproducto de la obtención de coque a partir de la hulla.

subproletariado *s. m.* Lumpen*.

subranquial *adj.* Situado debajo de las branquias.

subrayado, da **1.** *p. p.* de **subrayar**. También *adj.* ‖ *s. m.* **2.** Acción y efecto de subrayar.

subrayar *v. tr.* **1.** Hacer una raya horizontal debajo de una letra, palabra o frase para resaltarla. **2.** Destacar, recalcar. **Fam.** Subrayable.

subregión *s. f.* Zona geográfica que presenta características propias dentro de un área más amplia.

subreino *s. m.* Cada uno de los dos grupos taxonómicos en que quedan divididos los reinos vegetal y animal.

subrepción *s. f.* **1.** Ocultación de datos o de hechos. **2.** Acción realizada de manera subrepticia.

subrepticio, cia *adj.* Que se hace ocultamente, a escondidas. **Fam.** Subrepticiamente.

subrogar *v. tr.* En der., poner a una persona o cosa en el lugar o situación de otra. También *v. prnl.* ▪ Se conjuga como *pagar.* **Fam.** Subrogación.

subrutina *s. f.* En inform., parte de un programa de ordenador que ejecuta una secuencia del programa.

subsanar *v. tr.* **1.** Resolver una dificultad. **2.** Disculpar una falta, desacierto, etc. **3.** Reparar un daño o corregir un error, fallo o defecto. **Fam.** Subsanable, subsanación.

subscribir *v. tr.* Suscribir*.

subscripción *s. f.* Suscripción*.

subscriptor o **subscritor, ra** *s. m.* y *f.* Suscriptor*.

subscrito, ta *p. p.* irreg. de **subscribir**. ▪ Se dice también *suscrito.*

subsecretaría *s. f.* Cargo y oficina del subsecretario.

subsecretario, ria *s. m.* y *f.* **1.** Persona que ayuda o sustituye al secretario en sus funciones. **2.** Secretario general de un ministerio, cargo máximo después del ministro.

subsecuente *adj.* Subsiguiente*.

subseguir *v. intr.* **1.** Seguir una cosa inmediatamente a otra. También *v. prnl.* **2.** Deducirse una cosa de otra. También *v. prnl.* ■ Es v. irreg. Se conjuga como *seguir.*

subsidencia *s. f.* **1.** Movimiento de hundimiento lento y progresivo de la corteza terrestre. Suele darse en cuencas sedimentarias y permite la acumulación de sedimentos o la formación de lagos de forma redondeada, como el lago Victoria en África. **2.** Movimiento lento de descenso del aire en una zona extensa, por enfriamiento del aire en la altura. Al descender comprime el aire superficial, lo sobrecalienta e impide el ascenso y precipitación del vapor de agua que contiene.

subsidiar *v. tr.* Conceder un subsidio.

subsidiario, ria *adj.* **1.** Que se da como subsidio. **2.** Se dice de la acción, disposición, etc., destinada a reforzar a otra principal o, en su caso, a suplirla. **FAM.** Subsidiariamente.

subsidio *s. m.* Ayuda extraordinaria, concedida generalmente por un organismo oficial, con el fin de cubrir o satisfacer ciertas necesidades sociales o económicas.

subsiguiente *adj.* Que sigue inmediatamente a aquello que se expresa o sobrentiende. ■ Se dice también *subsecuente.*

subsistencia *s. f.* **1.** Permanencia y conservación de algo. **2.** Hecho de subsistir o vivir. **3.** Conjunto de alimentos y medios necesarios para poder vivir. Se usa mucho en *pl.*

subsistir *v. intr.* **1.** Durar algo, conservarse. **2.** Vivir. **FAM.** Subsistente.

substancia *s. f.* Sustancia*.

substancial *adj.* Sustancial*. **FAM.** Substancialmente.

substantivo, va *adj.* Sustantivo*.

subsuelo *s. m.* Conjunto de capas profundas del terreno situadas por debajo de la superficie terrestre.

subsumir *v. tr.* Incluir o considerar algo como parte de una síntesis, apreciación, conjunto, etc., más amplio, o como caso particular sujeto a una regla o principio general.

subte *s. m. Arg., Urug. fam.* Abreviación de subterráneo, metropolitano.

subtender *v. tr.* En geom., unir una línea recta los extremos de un arco o de una línea quebrada. ■ Es v. irreg. Se conjuga como *tender.*

subteniente *s. m.* Empleo superior del cuerpo de suboficiales, por encima del brigada. **FAM.** Subtenencia.

subtensa *s. f.* En geom., cuerda de un arco.

subterfugio *s. m.* Excusa o pretexto con que se intenta evitar un compromiso, salir de una dificultad, etc.

subterráneo, a *adj.* **1.** Que está debajo de tierra. **2.** Oculto, profundo. ‖ *s. m.* **3.** Conducto, pasadizo, etc., situado bajo tierra. **4.** *Arg., Urug.* Metropolitano, ferrocarril que circula bajo tierra. En esta acepción se dice más *subte.*

subtipo *s. m.* Cada uno de los grupos taxonómicos en que se divide un tipo.

subtitular *v. tr.* **1.** Poner subtítulo. ‖ *v. prnl.* **2.** Tener como subtítulo.

subtítulo *s. m.* **1.** Título secundario o complementario que se añade al principal. **2.** En películas en versión original, rótulo con traducción de los diálogos que aparece en la parte inferior de la pantalla. Se usa más en *pl.*

subtropical *adj.* Situado cerca de los trópicos, pero en una latitud más elevada.

suburbano, na *adj.* **1.** Próximo a una ciudad. **2.** Perteneciente o relativo al suburbio. **3.** Se dice del tren que comunica el centro de las grandes ciudades con la periferia. También *s. m.*

suburbio *s. m.* **1.** Barrio situado en las afueras o alrededores de una ciudad. **2.** Barrio alejado del centro urbano donde normalmente reside población de bajo nivel económico. Se usa mucho en *pl.* **FAM.** Suburbial.

subvalorar *v. tr.* Infravalorar*.

subvención *s. f.* **1.** Ayuda económica concedida generalmente por un organismo oficial para fomentar o mantener una determinada actividad, industria o sector. **2.** Acción y efecto de subvenir.

subvencionar *v. tr.* Dar una subvención.

subvenir *v. intr.* Pagar el coste de algo. ■ Es v. irreg. Se conjuga como *venir.*

subversión *s. f.* **1.** Acción y efecto de subvertir. **2.** Actuación o actividad dirigida contra un orden político-social o las autoridades de un país; p. ext., movimiento revolucionario.

subversivo, va *adj.* **1.** Que subvierte o es capaz de subvertir, especialmente en el terreno ideológico y moral. **2.** Se aplica a los movimientos, organizaciones, personas, etc., así como a las actuaciones y actividades, que intentan subvertir o alterar la situación político-social de un país. También *s.*

subvertir *v. tr.* Alterar, trastornar o destruir algo, como un orden social o unos principios establecidos. ■ Es v. irreg. Se conjuga como *sentir.* **FAM.** Subversor.

subyacer *v. intr.* **1.** Estar algo debajo de otra cosa. **2.** Estar algo oculto tras otra cosa, por lo que no se aprecia fácilmente. ■ Es v. irreg. Se conjuga como *yacer.* **FAM.** Subyacente.

subyugar *v. tr.* **1.** Someter, dominar. **2.** Dominar a alguien una sensación, un sentimiento, una pasión, etc. ■ Se conjuga como *pagar.* **FAM.** Subyugable, subyugación, subyugador.

succionar *v. tr.* **1.** Chupar, extraer líquido con los labios. **2.** Absorber aire, líquido u otra cosa un órgano, un mecanismo, etc. **FAM.** Succión.

sucedáneo, a *adj.* **1.** Se aplica a la sustancia que, por tener características y efectos semejantes a otra, puede sustituirla. También *s. m.* **2.** Se dice de aquello que, aun careciendo de las cualidades de otra cosa, puede ocupar su lugar. También *s. m.*

suceder *v. intr.* **1.** Producirse o desarrollarse un hecho. ■ Se usa siempre en 3.ª persona. **2.** Ir alguien o algo después de otra persona o cosa, en el tiempo o en el espacio. ‖ *v. tr.* **3.** Pasar a ocupar una persona el cargo, puesto, etc., que tenía otra. **4.** Heredar a alguien.

sucedido, da **1.** *p. p.* de **suceder**. También *adj.* ‖ *s. m.* **2.** *fam.* Suceso, hecho.

sucesión *s. f.* **1.** Acción y efecto de suceder. **2.** Conjunto de personas, cosas, hechos, etc., que se suceden unos a otros. **3.** Descendencia directa de una persona. **4.** Hecho de heredar a un difunto. **5.** Herencia, conjunto de bienes que se heredan. **6.** En mat., conjunto de números que siguen una ley dada; p. ej., la sucesión de término general $n^2 + 1$ sería 2, 5, 10, 17..., números que se obtienen al dar a *n* los valores 1, 2, 3, 4... Una sucesión viene dada por un conjunto de números que están en correspondencia biunívoca con los números naturales. ‖ **7. sucesión constante** En mat., aquella cuyos términos son iguales entre sí. **8. sucesión convergente** En mat., la que tiene límite finito. **9. sucesión creciente** En mat., aquella en la que cada término es mayor o igual que el anterior. **10. sucesión decreciente** En mat., aquella en la que cada término es menor o igual que el anterior. **11. sucesión divergente** En mat., la que tiene límite infinito. **12. sucesión monótona** En mat., la que es creciente o decreciente. **13. sucesión nula** En mat., aquella cuyo límite es cero. **14. sucesión oscilante** En mat., la que no tiene límite.

Sucesión de Austria, guerra de Conflicto producido entre 1740 y 1748 al no reconocer algunas potencias a María Teresa de Austria como emperatriz de Alemania a la muerte de Carlos VI. Inglaterra apoyó a Austria y frente a ellas se aliaron Prusia, Francia, España, Baviera y Sajonia. La guerra finalizó con la paz de Aquisgrán (1748).

Sucesión de España, guerra de Conflicto que estalló en Europa entre 1701 y 1715 por la sucesión al trono español. El testamento del rey Carlos II de España designó heredero de la corona a Felipe de Anjou, nieto de Luis XIV de Francia. Las potencias europeas se alarmaron y no reconocieron a Felipe V. El Reino Unido, las Provincias Unidas, Austria, la mayor parte de los estados alemanes y la corona de Aragón apoyaron al archiduque Carlos de Austria; Francia, Castilla y Saboya, a Felipe V. La paz se consiguió por los tratados de Utrecht (1713) y Rastadt (1714). Sólo los catalanes continuaron la lucha; Barcelona, asediada y destruida, capituló en 1714. En julio de 1715, Mallorca e Ibiza también lo hicieron, finalizando con ello la guerra.

Sucesión de Polonia, guerra de Conflicto que tuvo lugar a la muerte de Augusto II, en el que se enfrentaron Francia, España, Cerdeña y Baviera con Austria y Rusia entre 1733 y 1738. Carlos VI de Austria y la zarina Ana Ivanovna pretendían imponer a Augusto III, mientras que Francia apoyaba a Estanislao Leszczynski, candidato del Partido Nacional. Presionado por la paz de Viena, Leszczynski renunció voluntariamente al trono de Polonia.

sucesivo, va *adj.* Que sucede o sigue a otra cosa. ‖ **LOC. en lo sucesivo** *adv.* De ahora en adelante. **FAM.** Sucesivamente.

suceso *s. m.* **1.** Aquello que sucede, especialmente cuando es de alguna importancia o interés. **2.** Delito, accidente o algún otro hecho dramático o desafortunado. Se usa más en *pl.* **3.** En estadística, cada uno de los resultados posibles de un experimento aleatorio, juego de azar, etc. ‖ *pl.* **4.** Sección de un periódico donde se informa sobre dichos delitos, accidentes y hechos semejantes. ‖ **5. suceso aleatorio** En mat., cualquier subconjunto del espacio muestral o conjunto de todos los resultados posibles de un experimento aleatorio, es decir, aquel cuyos resultados se deben sólo al azar. También se llama *suceso estocástico.* **6. suceso condicionado** En mat., aquel cuya verificación depende de la verificación de otro. **7. suceso contrario de un suceso** En mat., aquel que se verifica sólo si no se verifica otro suceso anterior. **8. suceso elemental** En mat., aquel que sólo se verifica con un resultado del experimento aleatorio. **9. suceso im-**

posible En mat., aquel que nunca se verifica. **10. suceso seguro** En mat., aquel que se verifica siempre que se haga el experimento. **11. sucesos compatibles** En mat., aquellos que pueden verificarse simultáneamente.

sucesor, ra *adj.* **1.** Que sucede a otra persona, especialmente en un cargo o dignidad. También *s.* **2.** Heredero*. También *s.*

sucesorio, ria *adj.* Perteneciente o relativo a la sucesión.

Suchet, Louis Gabriel (Lyon 1770 - Castillo de Montredon, cerca de Marsella 1826) Militar francés. Al servicio de Napoleón, se distinguió en las batallas de Austerlitz y Jena. En 1809 pasó a España. Ascendido a mariscal, actuó como un verdadero virrey en Cataluña, Aragón y Valencia. Las victorias de los hispanobritánicos le obligaron a marchar a Francia. Se le encargó asegurar la vuelta de Fernando VII a España y firmó el armisticio con Wellington (1814).

Suchuán Véase **Sichuan**.

suciedad *s. f.* **1.** Cualidad de sucio. **2.** Porquería, inmundicia. **3.** Dicho o hecho sucio, inmoral, obsceno.

sucinto, ta *adj.* **1.** Breve, resumido. **2.** Aplicado a prendas de vestir, que cubren muy poco. **FAM.** Sucintamente.

sucio, cia *adj.* **1.** Que tiene manchas, polvo, impurezas, etc. **2.** Que se ensucia fácilmente. **3.** Que ensucia. **4.** Se dice de quien descuida su aseo personal. **5.** Se aplica al color que tiene mezcla de gris o negro. **6.** Indecente, obsceno. **7.** Inmoral o ilegal. **8.** Que demuestra traición, falsedad, falta de escrúpulos. También *adv.* **9.** Tramposo. También *adv.* **10.** Que tiene pecados o culpas. || **LOC. en sucio** *adv.* Utilizando un borrador. **FAM.** Suciamente.

sucre *s. m.* Unidad monetaria de Ecuador.

Sucre **1.** C. de Bolivia, cap. constitucional de la República y cap. del departamento de Chuquisaca, situada en el Altiplano. 105.800 h. en 1990. Mercado agrícola, cuenta con industrias alimentarias, textiles, de cemento y de cigarrillos y con una refinería de petróleo. Tras el terremoto de 1948 fue reconstruida y modernizada. Fue la primera ciudad que se levantó contra los españoles en el continente americano (1809). Convertida de hecho en capital de Bolivia (1839), sostuvo una rivalidad con La Paz por la capitalidad, la cual dio origen a una guerra civil (1898) que terminó con la instalación definitiva de la sede del gobierno en La Paz. Conserva la catedral (s. XVI-XVII), las iglesias de Santo Domingo, Santa Clara y Santa Bárbara y la del colegio de San Miguel, todas ellas del s. XVII.

2. Departamento de Colombia, situado en el NO del país. 10.917 km^2. 529.050 h. en 1985. La capital es Sincelejo, con 120.550 h. en 1985. Se distinguen en él dos zonas geográficas: la mitad N, ocupada por las sabanas, tierras llanas rotas solamente por la serranía de María, y la mitad S, zona de llanuras donde se encuentra la depresión Momposina. La economía se basa en la ganadería caballar, vacuna y porcina y en la agricultura (cultivos de tabaco, arroz, plátanos, caña de azúcar y maíz). Posee además industrias químicas y del cemento.

3. Estado de Venezuela, situado en el NE del país, en la costa del mar Caribe. 11.800 km^2. 749.700 h. en 1990. La capital es Cumaná, con 227.400 h. en 1989. Comprende tres regiones: las tierras bajas que están en torno al golfo de Paria; el Macizo Oriental, cruzado por el valle del río Manzanares y cuya mayor altura es el Turumiquire (2.596 m), y una gran falla, orientada de E a O, que separa la región de Paria del Macizo. El cacao, café, copra, tabaco y caña de azúcar son los principales cultivos. Tienen también importancia la actividad pesquera, los yacimientos de azufre y yeso, las salinas y las industrias dedicadas a la fabricación de conservas.

Sucre, Antonio José de (Cumaná, Venezuela 1795 - Berruecos, Colombia 1830) Héroe de la independencia sudamericana. Luchó desde joven al lado de Miranda (1811), Mariño (1812) y Bolívar (1818), alcanzando el grado de general con sólo 23 años. Como delegado de la Gran Colombia firmó con Morillo el armisticio de Trujillo (1820). Logró derrotar a los realistas en las batallas de Pichincha (1822), Junín (1824) y Ayacucho (1824), que supuso la culminación de

Antonio José de Sucre (Museo Nacional de Historia, Lima).

la independencia de América del Sur. En contra de los planteamientos de Santa Cruz, consiguió en el congreso de Chuquisaca el reconocimiento de un Alto Perú, independiente de Argentina y Perú (1825). Al año siguiente fue elegido presidente de Bolivia, donde desarrolló una política liberal, pero, obstaculizado en su gestión, dimitió (1828) y se vio obligado a exiliarse en Ecuador. Participó en la guerra de Colombia contra Perú, que terminó con la paz de Piura (1829). Amenazada la unidad de la Gran Colombia, fue nombrado presidente del Congreso y murió asesinado cuando se dirigía a Quito para impedir la separación de Ecuador.

súcubo *adj.* Se dice del diablo que toma apariencia de mujer para tener relaciones sexuales con un hombre. También *s. m.*

suculento, ta *adj.* **1.** Sabroso y nutritivo. **2.** En bot., se aplica a las plantas de hojas y tallos carnosos que contienen una abundante reserva de agua, así como a dichas hojas y tallos. **FAM.** Suculentamente.

sucumbir *v. intr.* **1.** Rendirse, caer. **2.** Ceder. **3.** Morir. **4.** Desaparecer, derrumbarse.

sucursal *adj.* Se dice del establecimiento comercial, bancario, etc., que depende de otro principal. También *s. f.*

sud- *pref.* Significa 'sur': *sudamericano, sudeste.* ▪ Existe también la forma *sur-*.

sudaca *adj. desp.* Sudamericano*.

sudación *s. f.* **1.** Exudación, acción de rezumar un líquido por las paredes de un cuerpo. **2.** Acción de provocar abundante sudor, generalmente con fines terapéuticos.

sudadera *s. f.* **1.** *fam.* Sudor abundante. **2.** Prenda deportiva amplia que cubre hasta la cintura; a veces está confeccionada con tejidos plásticos y provista de capucha para provocar el sudor.

sudadero *s. m.* Manta pequeña que se pone a las caballerías debajo de la silla de montar.

Sudafricana, República (*Suid-Afrika*) Estado del S de África.

Geog. física El relieve está constituido por una extensa meseta que aumenta en altitud a medida que avanza hacia el NE; un ancho borde montañoso en el sector S y un pronunciado macizo al E, cuya mayor altitud se encuentra en la cordillera de Drakensberg (3.657 m). Dos grandes ríos recorren el país: el Limpopo, que nace en el N, fluye en dirección E hacia Mozambique y forma frontera con Botswana y Zimbabwe, y el Orange, que nace en los montes Drakensberg y sigue en dirección E a O hasta desembocar en el Atlán-

Extensión: 1.123.226 km^2.
Límites: al N, con Namibia, Botswana y Zimbabwe; al E, con Mozambique, Swazilandia y el océano Índico; al S, con el océano Índico, y al O, con el océano Atlántico.
Población: 30.797.000 h. en 1990.
Densidad: 27,4 h./km^2.
Capital: Pretoria.
División administrativa: 4 provincias y 6 bantustanes.
Ciudades principales: Ciudad del Cabo, Johannesburgo y Durban.
Gentilicio: sudafricano.
Forma de Estado: república presidencialista.
Idioma: afrikaans, inglés.
Religión: creencias tradicionales, 20,4 %; afrikaans reformada, 15,5 %; catolicismo, 9,5 %; metodismo, 8,5 %; anglicanismo, 6,5 %
Moneda: rand.
Tasa de natalidad: 32 ‰ en 1990.
Tasa de mortalidad: 10 ‰ en 1990.
Renta per cápita: 2.460 dólares en 1989.

tico, formando antes frontera con Namibia; los principales tributarios de este río son el Vaal y el Caledon. Se pueden distinguir tres tipos de climas de N a S: tropical senegalés, mediterráneo (de interior, costero y de montaña) y tropical de tipo chino. Las precipitaciones son abundantes en la costa oriental y muy escasas en la occidental. Hay algunos bosques en la parte oriental, mientras en la occidental existen estepas y desiertos; el resto del país está cubierto de praderas.

Geog. humana y ***económica*** El 68 % de la población pertenece a la raza negra, el 18 % a la blanca, el 10,5 % a la mestiza y el 3 % a la asiática. Pero el apartheid pone en manos de la minoría blanca todo el poder, tanto político como económico. La población se concentra en el E (Durban), en el S (Porth Elizabeth y Ciudad del Cabo), en el NE, el Witwatersrand (Pretoria y Johannesburgo) y en los bantustanes. El índice de crecimiento es mucho más alto entre la población negra, lo que hace que la minoría blanca vaya en descenso.

La agricultura se centra en el cultivo de maíz (décimo productor mundial), trigo, avena, sorgo, algodón, caña de azúcar, agrios, viñedos (noveno productor mundial de vino) y tabaco. Se cría ganado bovino, caprino y ovino (octavo del mundo). Enorme importancia tiene la riqueza minera: oro (primer productor mundial), dia-

República Sudafricana: tierras de la provincia de Natal; al fondo, los montes Drakensberg, principal macizo montañoso del país.

República Sudafricana: Ciudad del Cabo, al pie del monte de la Tabla.

mantes en Pretoria y Kimberley (cuarto), uranio (tercero), titanio, cromo (primero), plata, níquel (séptimo), cinc, estaño, cobre, plomo, amianto (séptimo), fosfatos (noveno), antimonio (tercero), manganeso (segundo), hierro (octavo) y carbón (sexto). En la industria destacan los sectores metalúrgico, del automóvil, químico, eléctrico y alimentario.

Hist. **colonización** El territorio estaba poblado por bantúes, hotentotes y bosquimanos al llegar los expedicionarios portugueses en el s. XV. La colonización europea fue efectuada por los holandeses de la Compañía de las Indias Orientales, que fundó Ciudad del Cabo (1652). Los británicos ocuparon Ciudad del Cabo (1806) y los holandeses (bóers) marcharon hacia el NE y sostuvieron constantes luchas con los indígenas. Los bóers fundaron diversas repúblicas, como Orange y Transvaal. Los intereses contrapuestos de los británicos y los descendientes de los colonos holandeses condujeron a las llamadas *guerras de los bóers* (1899-1902), que terminaron con el reconocimiento por parte de estos últimos de la soberanía británica.

Unión Sudafricana Así nació la Unión Sudafricana (1910), formada por Transvaal, Orange, Natal y El Cabo. El primer gobierno estuvo presidido por el general bóer Botha, que declaró la guerra a Alemania (1914). Su sucesor Jan Christian Smut hubo de reprimir violentamente las huelgas de mineros (1920-22). Progresivamente fue implantándose el sistema de apartheid, limitando los salarios a los trabajadores negros (1911) y prohibiéndoles adquirir tierras fuera de las reservas (1913), así como su presencia en las ciudades (1921). La Unión Sudafricana participó en la Segunda Guerra Mundial al lado de los aliados contra las potencias del Eje. Con el triunfo de la alianza de los Partidos Nacional y Afrikaner en las elecciones de 1948, se agudizó la política de apartheid, con el primer ministro Daniel Malau y con sus sucesores Johannes Stridjon y Hendrith Verwoerd. Las condenas de la ONU se sucedieron infructuosamente desde 1946. Las revueltas negras fueron sangrientamente reprimidas.

independencia y época actual En 1961, tras un referéndum reservado a la población blanca, la Unión Sudafricana se retiró de la Commonwealth y se erigió en la República Sudafricana. Para completar la política de apartheid se crearon los bantustanes, teóricamente llamados a la independencia. En 1966 fue elegido presidente Hendrick Verwoerd, asesinado poco después. En 1977 se produjo la matanza de Soweto. Al año siguiente ocupó la presidencia Pieter Willem Botha. Los países del mundo occidental adoptaron diversas medidas de carácter económico para combatir al régimen sudafricano. La oposición al régimen está dirigida fundamentalmente por el Congreso Nacional Africano, cuyo principal líder, Nelson Mandela, sufrió un largo encarcelamiento. Otra personalidad de la oposición es el obispo negro Desmond Tutu. En 1989, la elección de Frederick de Klerk para la presidencia de la república trajo consigo una serie de medidas encaminadas a suavizar el apartheid, entre ellas la liberación de Nelson Mandela y su principal colaborador Walter Sisulu. En 1991 el Parlamento derogó las últimas leyes que sustentaban el apartheid y en 1992 fueron aprobadas en un referéndum entre la población blanca las reformas políticas promovidas por de Klerk.

sudafricano, na *adj.* Del S de África o de la República Sudafricana. También *s.* ■ Se dice también *surafricano.*

sudamericano, na *adj.* De América del Sur. También *s.* ■ Se dice también *suramericano.*

Sudán Estado del E de África.

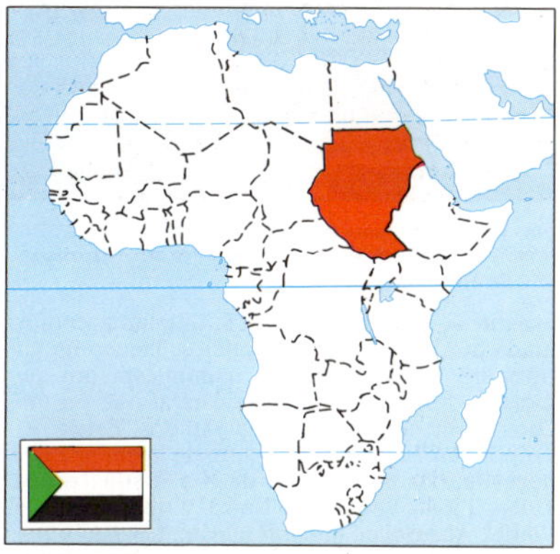

Extensión: 2.503.890 km^2.
Límites: al N, con Egipto; al E, con el mar Rojo y Etiopía; al S, con Kenia, Uganda y Zaire, y al O, con la República Centroafricana, Chad y Libia.
Población: 28.311.000 h. en 1990.
Densidad: 11,3 h./km^2.
Capital: Jartum.
División administrativa: 8 regiones divididas en provincias.
Ciudades principales: Omdurman, Jartum Norte y Port Sudan.
Gentilicio: sudanés.
Forma de Estado: república presidencialista.
Idioma: árabe.
Religión: islamismo sunnita, 73 %; creencias tradicionales, 16,7 %; catolicismo, 5,6 %.
Moneda: libra esterlina.
Tasa de natalidad: 44 ‰ en 1990.
Tasa de mortalidad: 16 ‰ en 1990.
Renta per cápita: 420 dólares en 1989.

Geog. física El territorio de Sudán está formado por una gran llanura aluvial central, rodeada al N por el desierto de Nubia, al E por una región montañosa (montes Itbay), al S por una sabana arbustiva y al O por una zona esteparia. El Nilo recorre el país de S a N, penetra desde Uganda y recibe en Sudán el nombre de *Bahr el Jebel* hasta la confluencia del Bahr el Ghazal y entonces pasa a denominarse *Bahr el Abyad* (Nilo Blanco); en Malakal recibe las aguas del Sobat, procedente de Etiopía, en Jartum las del Bahr el Azraq (Nilo Azul) y, por último, las de Atbara. El clima varía según la zona del país; así, en el N es desértico, tropical seco (senegalés) en la parte central y tropical húmedo (sudanés) y ecuatorial en el S. A medida que se baja hacia el S la pluviosidad va en aumento. La vegetación, que corresponde a estas zonas climáticas, es en el N desértica, en el centro de sabana arbolada y en el SO de bosque tropical y ecuatorial.

Geog. humana y ***económica*** La población sudanesa está compuesta por dos razas: la árabe, concentrada en el N, y la negra, en el S. Las mayores densidades se alcanzan en las tierras adyacentes al Nilo y sus afluentes y en la franja costera. La tasa de natalidad es muy elevada. Casi un 80 % de la población reside en zonas rurales. La economía sudanesa es predominantemente agropecuaria. En su agricultura se distinguen dos tipos de cultivos: por un lado, los dedicados a la exportación (algodón, caña de azúcar, sésamo, cacahuetes, goma arábiga, dátiles y café); por otro, los destinados al consumo interior (sorgo, mijo, mandioca, trigo y maíz). La segunda actividad más productiva es la ganadería, especialmente la ovina, vacuna, caprina (séptima del mundo) y de camellos. Sudán posee algunos yacimientos de cobre, cromo, plata, cinc, hierro y manganeso, pero todavía están poco explotados. Su industria es escasa, destacando solamente la textil y la alimentaria. Cuenta con una refinería de petróleo.

Hist. El Sudán del N, Nubia, recibió la influencia de Egipto durante el imperio antiguo, en el tercer milenio a. C. En el siguiente milenio, fue conquistado por los egipcios, quienes lo llamaron *país de Kush.* Convertido en reino independiente, con capitales en Napata y Merowe, dominó Egipto, y uno de sus reyes, Sabaka, fundó la XXV dinastía. El territorio fue cristianizado en el s. VI y desde el siglo siguiente comenzó la infiltración árabe. Islamizado en el s. XVI, estaba dividido en numerosos estados, entre los que destacaban los de Darfur y Fung; este último derrotó a Etiopía (s. XVIII). El país fue conquistado por Egipto (1820), que amplió su dominación hacia el S. La sublevación del Mahdi, Muhammad Ahmed Abd Allah (1881-98), fue aplastada con la ayuda británica. En 1899 Sudán pasó a ser un condominio angloegipcio hasta 1951, año en que el rey Faruk de Egipto decidió asumir la completa soberanía del país. Los británicos apoyaron la autodeterminación y en 1956 el Sudán declaró su independencia. La dictadura militar de Abbud (1958-64) terminó con el golpe de Estado del general Yaffar al-Numeyri, que instauró un régimen de partido único. Desde 1983 el Ejército Popular de Liberación de Sudán sostiene una lucha armada contra el régimen militar. En 1985 fue derrocado al-Numeyri por un golpe de Estado y en las primeras elecciones convocadas después de 20 años fue elegido primer ministro Sadiq el Mahdi, derrocado, a su vez, por un golpe militar del general Omar el Bechir (1989).

sudanés, sa *adj.* **1.** De Sudán. También *s.* **2.** Se dice de una variedad de clima tropical húmedo, situado al N y al S del ecuatorial, y caracterizado por precipitaciones superiores a 700 mm, concentradas en verano, y con 3 a 6 meses secos, en invierno. También *s. m.*

sudar *v. intr.* **1.** Expulsar el sudor a través de los poros de la piel. También *v. tr.* **2.** Expulsar los vegetales a través de sus poros algún líquido o jugo. También *v. tr.* **3.** Producirse pequeñas gotas de agua en la superficie de un objeto por contener demasiada humedad. También *v. tr.* **4.** *fam.* Trabajar, esforzarse mucho para conseguir alguna cosa. También *v. tr.* ‖ *v. tr.* **5.** Empapar algo en sudor.

sudario *s. m.* **1.** Tela con que se envuelve a los cadáveres o se les cubre la cara. ‖ **2. santo sudario** Paño con que, según la tradición, José de Arimatea cubrió el cuerpo de Cristo al bajarlo de la cruz.

Sudermann, Hermann (Matzicken, Prusia Oriental 1857 - Berlín 1928) Escritor alemán. De estilo naturalista, reflejó en su obra la corrupción de la burguesía. Es autor de novelas y narraciones, como *El puente del gato* (1889), *Historias lituanas* (1917) y *El profesor insensato* (1926), y de dramas, como *Casa paterna* (1893), *El honor* (1890) y *Morituri* (1896).

sudeste *s. m.* **1.** Punto del horizonte entre el S y el E. ■ Su abreviatura es *SE.* **2.** Parte de un país, región, etc., situada en la dirección de este punto. También *s. m.* **3.** Viento que sopla desde dicho punto. También *s. m.* ■ Se dice también *sureste.*

Sudetes Región situada entre Polonia y Checoslovaquia, rica en bosques y minerales. Poblada por una minoría de lengua alemana, dirigida por Konrad Henlein, exigió la incorporación a la Alemania de Hitler, lo que logró por los acuerdos de Munich (1938). Terminada la Segunda Guerra Mundial, el territorio fue recuperado por Checoslovaquia y la población germana de los Sudetes fue deportada a Alemania (1945).

sudista *adj.* Se aplica al partidario de los estados del sur en la guerra de Secesión de EE UU. También *s.*

sudoeste *s. m.* **1.** Punto del horizonte entre el sur y el oeste. ■ Su abreviatura es *SO.* **2.** Parte de un país, una región, etc., situada en la dirección de este punto. **3.** Viento que sopla desde dicho punto. ■ Se dice también *suroeste.*

sudor *s. m.* **1.** Líquido transparente que segregan las glándulas sudoríparas de la piel; su composición química es semejante a la de la orina y su función principal es la de regular la temperatura corporal. **2.** Gotas que aparecen en la superficie de algo que tiene humedad. **3.** Jugo que segregan las plantas. **4.** *fam.* Gran esfuerzo o trabajo que se necesita para conseguir alguna cosa. Se usa sobre todo en *pl.* **5.** *fam.* Sensación de angustia o nerviosismo. Se usa sobre todo en *pl.* ‖ **6. sudor frío** El que se produce en estados febriles o de gran nerviosismo. ‖ **Loc. con el sudor de mi (tu, su) frente** *adv. fam.* Con gran trabajo o esfuerzo.

sudoral *adj.* Perteneciente o relativo al sudor.

sudoriento, ta *adj.* Humedecido por el sudor.

sudorífero, ra o **sudorífico, ca** *adj.* Se dice de la sustancia que provoca la secreción de sudor. También *s. m.*

sudoríparo, ra *adj.* **1.** Que produce sudor. **2.** Se dice de las glándulas que segregan el sudor.

sudoroso, sa *adj.* **1.** Lleno de sudor. **2.** Que suda con facilidad.

sudsudeste *s. m.* **1.** Punto del horizonte situado entre el S y el SE. **2.** Viento que sopla desde dicho punto. ▪ Se dice también *sursureste.*

sudsudoeste *s. m.* **1.** Punto del horizonte situado entre el S y el SO. **2.** Viento que sopla desde dicho punto. ▪ Se dice también *sursuroeste.*

Sue, Eugène (París 1804 - Annecy 1857) Novelista francés. Fue médico de la marina de guerra. Alcanzó gran popularidad con el género folletinesco. Entre sus novelas de este tipo destacan *Matilde o las memorias de una joven* (1841), *Los misterios de París* (1842-43), *El judío errante* (1844-45) y *Los siete pecados capitales* (1847-49).

Sueca C. de España, en la prov. de Valencia, al S de la Albufera. 22.930 h. en 1991. Es un importante centro agrícola que aprovecha las aguas del Júcar para el cultivo del arroz, naranjos y hortalizas. Posee una abundante cabaña vacuna y lanar. En los últimos tiempos se han instalado en ella industrias metalúrgicas, textiles, químicas y madereras.

Suecia (*Sverige*) Estado del N de Europa.

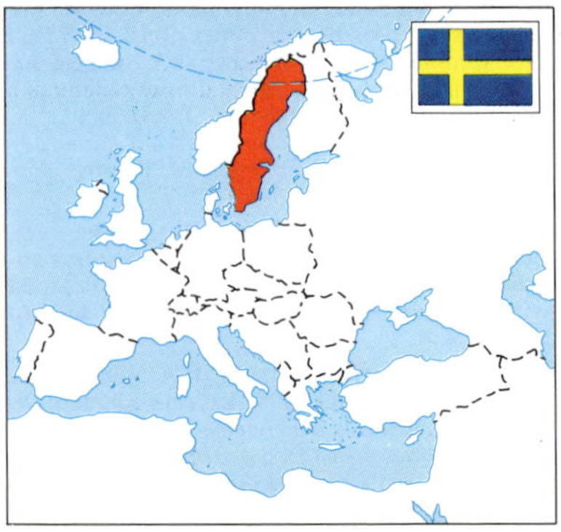

Extensión: 449.964 km^2.
Límites: al N, con Noruega y Finlandia; al E, con Finlandia, el golfo de Botnia y el mar Báltico; al S, con el mar Báltico, y al O, con los estrechos de Sund, Kattegat, Skagerrak y Noruega.
Población: 8.529.000 h. en 1990.
Densidad: 20,8 h./km^2.
Capital: Estocolmo.
División administrativa: 24 condados.
Ciudades principales: Göteborg, Malmoe, Uppsala, Örebro y Norrköping.
Gentilicio: sueco.
Forma de Estado: monarquía constitucional.
Idioma: sueco.
Religión: protestantismo, 91,5 %.
Moneda: corona sueca.
Tasa de natalidad: 13 ‰ en 1990.
Tasa de mortalidad: 11 ‰ en 1990.
Renta per cápita: 21.710 dólares en 1989.

Geog. física Suecia ocupa la franja oriental de la península Escandinava y está separada de Noruega por los Alpes Escandinavos, que en Suecia culminan en el Kebnekajse (2.117 m). A excepción de esta zona montañosa, Suecia está formada por una gran meseta que va perdiendo altura a medida que se aproxima al mar Báltico. Dentro de esta meseta se distinguen tres regiones: al N, una serie de mesetas y llanuras se extienden desde el golfo de Botnia hasta las estribaciones de los montes Kjolen; Svealand, la región de los grandes lagos, entre el Báltico y el

Suecia: edificio renacentista del ayuntamiento de Malmoe; por detrás de éste asoma la torre de la iglesia gótica de San Pedro.

Skagerrak, y por último, al S, Götaland, conformada por llanuras y altiplanicies. Tiene una importante red hidrográfica, compuesta por numerosos ríos de abundante caudal que en muchos casos se precipitan en rápidos. Estos ríos proporcionan al país gran parte de la energía que necesita. Los principales, de N a S, son Tornea, Lulea, Pitea, Skelleftea, Umea y su afluente el Vindel, Angerman, Indals, Ljungan, Ljusnan y Dal. En el S del país se encuentran los grandes lagos; los más extensos son el Vänern, Vättern, Hjälmaren y Mälaren. Las costas suecas se presentan muy recortadas y rocosas y en ellas proliferan las bahías estrechas y profundas. Suecia posee dos grandes islas: Gotland y Öland, ambas situadas al SE del país, en el mar Báltico. Predominan el clima continental y una vegetación de tundra en el N, bosques de coníferas en la región central y bosques de robles y hayas en la parte S, donde el clima es oceánico.

Geog. humana y ***económica*** La población es mayoritariamente de origen germánico, aunque existe un pequeño porcentaje de finlandeses y lapones, y se concentra en las costas, los valles fluviales y la región S. El índice de crecimiento es muy bajo. La mayoría de la población (85 %) habita en ciudades. Aunque la economía sueca se asienta sobre la minería, la industria y los recursos forestales, el papel de la agricultura no es por ello menos importante. Ésta se caracteriza por practicarse en pequeñas propiedades, por su mecanización y por sus altos rendimientos, cultivándose principalmente cebada, trigo, avena, patata, remolacha azucarera, plantas forrajeras, legumbres, hortalizas y frutales. La ganadería, centrada en la región del S, rica en pastos, se distingue por su alta tecnificación. Las principales especies son la vacuna y la porcina y su explotación se suele llevar a cabo en régimen de cooperativas. La pesca es, asimismo, un sector relevante para la economía sueca. Los abundantes recursos forestales (décimo productor mundial) mantienen toda una industria derivada, cuyos productos son dedicados a la exportación. El país cuenta con ricos yacimientos de hierro (décimo productor mundial), tungsteno, cobre, plomo (décimo), cinc (décimo), oro y plata. En la industria, muy diversificada, hay que destacar la elaboración de productos agropecuarios, el tratamiento de los minerales y la transformación de los recursos forestales, así como la producción siderúrgica, química, maderera, mecánica, eléctrica, automovilística, papelera (cuarto productor mundial), textil, alimentaria, de vidrio, de armamento y de derivados del caucho. El país tiene una balanza comercial equilibrada; exporta maquinaria, armas, automóviles, papel, hierro y acero, mientras que importa combustibles, productos alimenticios y manufacturas industriales.

***Hist.* orígenes y Edad Media** El territorio estuvo habitado en el s. IV por dos tribus principales, los svears y los godos, de cuya unión surgió el reino de Svearike, cuyos primeros monarcas reinaron en Uppsala. La cristianización del país comenzó en el s. IX, pero no se impuso hasta el s. XI, bajo el reinado de Anud. A mediados del siguiente siglo se conquistó y evangelizó Finlandia. Tras un periodo de luchas dinásticas entre los Sverker y los Erik (1060-1250), reinó la dinastía Folkung (1250-1397), periodo en que la Iglesia y la nobleza consiguieron grandes privilegios. Bajo Margarita de Dinamarca, Suecia entró a formar parte de la Unión de Kalmar (1397), que reunía a los tres reinos escandinavos. Esta unión despertó el sentimiento nacional, aprovechado por Gustavo Vasa para sublevar al pueblo contra el rey danés Cristián II y conseguir de nuevo la independencia de Suecia.

Edad Moderna Gustavo fue proclamado rey por el Parlamento y durante su reinado (1523-60) se instauró la monarquía hereditaria y se introdujo el protestantismo. Sus sucesores lucharon por conseguir el dominio del Báltico. En el s. XVII, Suecia, convertida en una gran potencia, intervino bajo el reinado de Gustavo II Adolfo (1611-1632) en la guerra de los Treinta Años. Gustavo murió en la batalla de Lützen y le sucedió su hija Cristina (1632-54); en este reinado destacan la habilidad del canciller, Axel Oxenstjerna, y las victorias de los generales Torstensson, Baner y Wrangel. Suecia obtuvo por la paz de Westfalia (1648) la Alta Pomerania, con la isla de Wismar, y los obispados de Bremen y Verden, y por el tratado de Roskilde (1658), bajo el reinado de Carlos X, la ansiada hegemonía en el Báltico. Estos territorios se perdieron con Carlos XII. La Constitución de 1719 abrió una época conocida en la historia de Suecia como «era de la libertad», porque se pasó del absolutismo de los monarcas a un régimen en el que el poder radicaba en el Riksdag, parlamento compuesto de cuatro estados: nobleza, clero, burguesía y campesinado. Se formaron dos partidos, el de los Gorros, burgués y pacifista, y el de los Sombreros, aristocrático y belicista. Gustavo III (1771-92) restauró el absolutismo y prestigió a Suecia en Europa.

Edad Contemporánea En las guerras contra Napoleón, Suecia perdió Finlandia, pero adquirió Noruega (1815). A la muerte de Carlos XIII, subió al trono el general francés Bernadotte, que reinó con el nombre de Carlos XIV (1818-44). Los siguientes reinados del s. XIX, de Oscar I, Carlos XV y Oscar II, constituyeron una época de paz, prosperidad y reformas democráticas. En 1889 se fundó el Partido Socialdemócrata y el primer gobierno socialista fue el presidido por Hjalmar Branting (1920). En 1905 Noruega se separó pacíficamente. Suecia permaneció neutral en las dos guerras mundiales. Tras una larga etapa de gobiernos socialistas (1932-76), pasó a gobernar una coalición de partidos de derecha y centro, hasta la victoria en las elecciones de 1982 del socialista Olof Palme. Después del asesinato de éste, ocupó el puesto de primer ministro Ingvar Carlsson (1986), sustituido en 1990 por Thage Peterson. En 1973 subió al trono Carlos XVI Gustavo.

Arte La arquitectura sueca, relacionada con la danesa, se manifestó desde el s. VIII en la construcción de edificios religiosos de madera, como la iglesia de Santa María de Lund. En el s. XII este tipo de edificaciones fueron construidas en piedra, primero en estilo románico, como la iglesia de Sigtuna, y un siglo después en gótico, como las catedrales de Uppsala y Linköping. A fines del s. XVII comenzó a ejercer su influencia

Arte sueco: castillo de Kalmar, edificio del siglo XII, transformado por Gustavo I Vasa en el siglo XVI.

el arte francés, que se refleja en los palacios de Gripsholm y Estocolmo. En el s. XVIII también puede apreciarse la influencia extranjera en los pintores Carl Gustav Pilo, Alexander Roslin y Adolf Ulrik Wertmüller y en el escultor Johan Tobias Sergel. En la centuria siguiente destacan en pintura J. F. Höckert y en escultura Bergt Erland Fogelberg. A finales del s. XIX y principios del XX se percibe la influencia de la pintura alemana y francesa; en arquitectura triunfa el neogótico y el eclecticismo. Entre los principales pintores de este periodo figuran N. Forsberg, Anders Zorn, especialista en desnudos y retratos, y Carl Olof Larsson; entre los escultores destaca Carl Milles, y entre los arquitectos, Ragnav Östberg. Ya en el s. XX, los artistas suecos han seguido las diferentes corrientes artísticas extranjeras; destacan en arquitectura Carl Bergsten y Sven Markelius; en pintura, Leander Engström, Vera Nilsson y Birgen Simonsson, y en escultura, Ivar Johnson, Erik Grate y Bror Marklund. En las últimas generaciones de pintores sobresalen O. Billgren y U. Samuelson, figurativos, Falström, artista pop-art, y el grabador B. Böckman.

Lit. De la Edad Media sólo se conservan relatos rimados, documentos legales y *Las Revelaciones* de Santa Brígida (s. XIV). En el s. XVI, con la introducción de la Reforma, se traduce la *Biblia* al sueco. En el s. XVII se da un florecimiento de la literatura nacionalista en el contenido, pero con influencia francesa en la forma. Figuras brillantes son Georg Stiernhielm, llamado «padre» de la poesía sueca, Urban Hiärne y Skogekär Bärgbo. El s. XVIII, el de la Ilustración, está marcado por la influencia de franceses e ingleses. A este periodo pertenecen el polifacético Olof von Dalin, poeta, historiador, periodista y creador de la prosa literaria moderna. En este siglo también destaca el científico Linneo, autor del famoso sistema de clasificación de las plantas. Gustavo III fundó la Academia Sueca de Letras (1786), que más tarde tendrá a su cargo la concesión de los premios Nobel. Como prerrománticos pueden considerarse Charlotta Nordenflycht, el gran poeta lírico Carl Michael Bellman y el visionario y filósofo Emanuel Swedenborg. El s. XIX significa el triunfo del Romanticismo, que presenta dos tendencias: la filosófica, de inspiración alemana, representada por Per Daniel Amadeus Atterbom, y la gótica o nacionalista, defendida por Per Henrik Ling, entre otros. Posteriormente surge el realismo, que cultivan Carl Jonas Love Almqvist, poeta, jurista y dramaturgo; el poeta Buneberg y la novelista Frederika Bremer. La figura más importante del naturalismo es August Strindberg. A finales del s. XIX y comienzos del XX se da una reacción neorromántica en un grupo de grandes escritores, entre los que sobresalen los poetas Gustaf Fröding, Erik Axel Karlfeldt y Verner von Heidenstam, también narrador, y la novelista Selma Lagerlöf. En el s. XX hay que citar a los novelistas Hjalmar Söderberg, Perl Hallström, Hjalmar Bergman, Pär Lagerkvist, Martin Koch y Vilhelm Moberg, y a los poetas Carl Vennberg y Erik Lindregen. En generaciones posteriores destacan los poetas G. Harding, P. Ortman y, en poesía social, T. Tranströmer y L. Forssell, y los novelistas Stig Dagerman y L. Ahlin.

Mús. Las primeras manifestaciones musicales datan del s. XVII y corresponden a las obras de compositores como Johan Helmich Roman y Johan Agrell. La Academia Real de Música y la Ópera sueca fueron fundadas a finales del s. XVIII por el rey Gustavo III. Es en el s. XIX cuando los compositores suecos comienzan a escribir óperas; entre ellos cabe mencionar a Franz Berwald y Adolf Lindblad. Entre los músicos del s. XX destacan Hugo Alfven, Erland von Koch, Gosta Nystroem e Ingvar Lindholm. En la segunda mitad del siglo sobresalen M. Karkoff, G. Bucht y J. W. Morthenson y los serialistas Bo Nilsson y Bengt Hambraeus.

Cine En el cine mudo triunfaron los directores Charles Magnussen, Victor Sjöström y Mauritz Stiller, el descubridor de Greta Garbo. Al llegar el sonoro, destacaron Gustaf Molander, con *Intermezzo* (1936), Alf Sjöberg, con *El camino del cielo* (1942), y Arne Mattson. Posteriormente comenzó una etapa de esplendor en la que han triunfado directores como Ingmar Bergman, Arne Süksdorff, Bo Widerberg, Mai Zetterling y Jan Troell. Suecia es una cantera inagotable de actores para el cine mundial; aparte de Greta Garbo, brillan entre otros nombres Viveca Lindfords, Ingrid Bergman, Anita Ekberg, Liv Ullmann, Bibi Andersson, Ingrid Thulin y Max von Sydow.

sueco, ca[1] (del lat. *suecus*) *adj.* **1.** De Suecia. También *s.* ‖ *s. m.* **2.** Idioma hablado en Suecia; es uno de los dialectos del nórdico.

sueco, ca[2] (del lat. *soccus*, tronco) *s. m.* y *f.* Sólo se utiliza en la locución familiar **hacerse el sueco** (o **la sueca**), que significa desentenderse de alguien o algo, simular que no se le oye, se le ve o se le entiende.

suegro, gra *s. m.* y *f.* Padre o madre de uno de los cónyuges con respecto al otro. ▪ Se les llama también *padre político* y *madre política.*

Sueiro, Daniel (La Coruña 1932 - Madrid 1986) Escritor español. Representante del realismo crítico, escribió novelas, como *La criba* (1961) y *Corte de corteza* (1969), libros de cuentos, como *Los conspiradores* (1969), y estudios, como *El arte de matar* (1968) y, en colaboración con Díaz Nosty, *Historia del franquismo* (1978).

suela *s. f.* **1.** Parte del calzado que está en contacto con el suelo, exceptuando el tacón. **2.** Cuero con que se confeccionan dichas piezas. **3.** P. ext., cuero o material semejante utilizado para otras cosas. **4.** *fam.* Trozo de carne muy fino y demasiado frito. Se usa mucho como término de comparación: *El filete está como una suela.* ‖ **5. media suela** Pieza de cuero u otro material con que se remienda el calzado desde la punta hasta un poco antes del tacón. Se usa más en *pl.* ‖ **LOC. de siete suelas** *adj. fam.* Se utiliza para intensificar el significado de un calificativo.

suelazo *s. m. Amér. del S. fam.* Golpe que se da contra el suelo al caer.

sueldo *s. m.* **1.** Cantidad de dinero que se recibe regularmente por un trabajo. **2.** Antigua moneda cuyo valor varió según la época y el país en que se acuñaba. ‖ **LOC. a sueldo** *adv.* Con cualquier tipo de pago, aunque no sea de forma fija.

suelo *s. m.* **1.** Superficie de la corteza terrestre. Es una formación natural de estructura mullida y profundidad variable, que aparece en la superficie de la corteza terrestre por alteración de las rocas que constituyen su basamento, debida a procesos físicos, químicos o biológicos. Está constituido por distintas capas u horizontes y compuesto por elementos de origen mineral y orgánico. Los distintos suelos se diferencian en virtud de sus caracteres, composición, estructura, roca madre, etc., así como por la acidez o alcalinidad que poseen o por el material dominante: arcilloso, arenoso, calizo, salino, etc. **2.** Piso o pavimento. **3.** Terreno sobre el que se cultivan las plantas. **4.** Terreno destinado a la construcción. **5.** Territorio de un país. **6.** Base o superficie inferior sobre la que se apoyan ciertas cosas. ‖ **LOC. besar el suelo** *fam.* Caerse de bruces. **besar el suelo por donde pisa** alguien *fam.* Mostrar por una persona una gran admiración o respeto. **dar** alguien **consigo en el suelo** Caersc. **dar en el suelo con** algo Dejarlo caer; también, perderlo o estropearlo. **por el** (o **los**) **suelo(s)** *adv. fam.* Muy barato o depreciado; con el verbo *poner*, criticar duramente; también, en muy mala situación o estado.

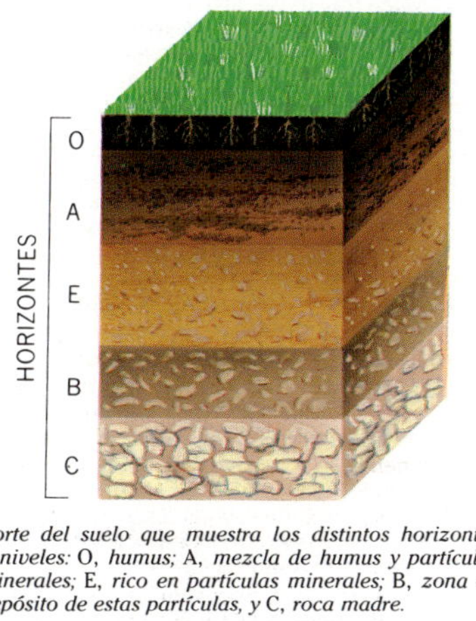

Corte del suelo que muestra los distintos horizontes o niveles: O, *humus;* A, *mezcla de humus y partículas minerales;* E, *rico en partículas minerales;* B, *zona de depósito de estas partículas, y* C, *roca madre.*

suelta *s. f.* Acción y efecto de soltar.

suelto, ta **1.** *p. p.* irreg. de **soltar**. También *adj.* ‖ *adj.* **2.** No compacto o pegado con otras cosas. **3.** Se dice de lo que no forma parte de un conjunto o que, pudiendo hacerlo, se considera solo o separado de él. **4.** No envasado o empaquetado. **5.** Amplio, holgado. **6.** Que realiza algo con soltura. **7.** Libre, no cohibido o reprimido. **8.** Se dice del lenguaje, estilo, etc., de fácil lectura, fluido. **9.** Se dice del verso que no tiene rima dentro de una estrofa o composición poética. **10.** Que tiene diarrea. **11.** Se dice del dinero en monedas fraccionarias, así como de cada una de estas monedas. También *s. m.* **12.** Se dice del toro de lidia que al salir a la plaza no acude a las llamadas de los toreros o abandona la suerte, especialmente la de picar, sin atender al engaño. ‖ *s. m.* **13.** Escrito breve y sin firma que se incluye en un periódico.

sueño *s. m.* **1.** Ganas de dormir. **2.** Estado del que duerme. **3.** Conjunto de escenas, imágenes, sucesos, etc., que se presentan a la mente mientras se duerme. **4.** Aquello que supone la meta u objetivo de alguien. **5.** *fam.* Cosa muy bonita, maravillosa. **6.** Proyecto, deseo, etc., que carece de realidad o fundamentos, por lo que no tiene posibilidad de realizarse. ‖ **7. sueño dorado** El mayor deseo o ilusión de una persona. **8. sueño eterno** La muerte. **9. sueño pesado** Aquel del que cuesta trabajo despertarse por ser muy profundo. ‖ **LOC. coger el sueño** Comenzar alguien a dormirse. **echar un sueño** Dormir un rato. **entre sueños** *adv.* Medio dormido. **ni en sueños** *adv. fam.* Nunca, de ninguna manera. **perder el sueño por** alguien o algo *fam.* Estar muy preocupado por una persona o cosa; también, sentir por ella una gran atracción o deseo. **quitar el sueño** a alguien *fam.* Preocuparle mucho.

suero *s. m.* **1.** Parte acuosa de un líquido orgánico, como la sangre, que queda después de haberse coagulado éste. **2.** Parte acuosa que se separa al coagularse la leche. **3.** Disolución salina o de otras sustancias que se inyecta en el organismo para evitar la deshidratación de tejidos o para administrarle alimento. **4.** Sustancia preparada con suero sanguíneo animal utilizada para prevenir y curar enfermedades. ‖ **5. suero de la verdad** Pentotal*. **6. suero fisiológico** Solución salina normal.

sueroterapia *s. f.* Seroterapia*.

suerte *s. f.* **1.** Combinación de hechos favorables o desfavorables que no se pueden evitar. **2.** Hecho o circunstancia casual que puede ser favorable o no; si no se especifica, se entiende que es positivo. **3.** Aquello que le ocurrirá a alguien o algo en el futuro. **4.** Estado o situación de alguien o algo. **5.** Género, clase. **6.** Modo de hacer una cosa. **7.** En tauromaquia, cada uno de los tercios en que se divide la lidia; también, cada una de las acciones que se ejecutan en cada tercio, como lances de capa o pases de muleta. **8.** Cada una de las partes que resultan de dividir una tierra de labor. ‖ **LOC. a suerte(s)** *adv.* Empleando algún procedimiento en que decida la casualidad. **caer** (o **tocar**) a alguien algo **en suerte** Corresponderle por sorteo; también, corresponderle alguna cosa, generalmente desagradable o molesta. **de** (**tal**) **suerte que** *conj.* De forma que, de manera que. **por suerte** *adv.* Afortunadamente. **probar suerte** Participar en un sorteo, rifa, etc. También, intentar alguna cosa. **tentar la suerte** Correr un riesgo para lograr alguna cosa.

suertudo, da *adj.* Que tiene buena suerte. También *s.*

Suess, Eduard (Londres 1831 - Viena 1914) Geólogo austriaco. En su monumental obra *La faz de la Tierra* (1885-1909) se hace por primera vez la descripción geológica de nuestro planeta.

suéter *s. m.* Jersey*.

Suetonio Tranquilo, Cayo (Ostia o Hipona h. 69 - ? h. 126) Historiador latino. Su obra fundamental, *Vidas de los doce Césares*, contiene las biografías de los emperadores desde Julio César a Domiciano. Es un libro bien documentado, pues su autor tuvo acceso a los archivos imperiales, pero incluye algunas pintorescas anécdotas de dudosa fiabilidad.

suevo, va *adj.* **1.** Se dice de un grupo de pueblos germánicos originarios de Escandinavia, que en el s. I estaban asentados a lo largo del río Elba. Expulsados de allí por los hunos, participaron en la ruptura del limes romano del Rhin (406) y penetraron en la península Ibérica (409), donde fundaron un reino independiente en el NO, que fue conquistado en el 585 por Leovigildo. Posteriormente, sus habitantes se fundieron con la población visigoda de la Península. **2.** De estos pueblos. También *s.*

suevo, reino El reino suevo fue creado en el 411 por Hermerico, al instalar a su pueblo en la Galicia romana, y se consolidó mediante la paz firmada en el 431 con el general en jefe romano Aecio. Durante los reinados de Rechila y Rechiario comenzó una expansión por Lusitania, que fue frenada por el rey visigodo Teodorico II, al ocupar su capital Braga en el 456. Con el reinado de Remismundo, entre 460 y 469, el reino mantuvo la estabilidad. El rey visigodo Leovigildo destruyó el reino, después de que los suevos apoyaran la rebelión de Hermenegildo, venciendo a su último rey, Andeca, en el 585, en Oporto y Braga.

Suez, canal de Canal del NE de Egipto, que une el mar Mediterráneo y el mar Rojo. Fue construido bajo la dirección de Ferdinand-Marie de Lesseps entre 1859 y 1869. Su longitud es de 161 km y su profundidad permite el paso de barcos con un calado de hasta 20 m. En 1980 se inauguró un túnel submarino para el tráfico rodado, que pasa bajo el canal y une el valle del Nilo con la península del Sinaí.

Sufanuvong, príncipe (Luang Prabang 1902) Político laosiano. Formó con Suvana Fuma y Petsarath un gobierno (1945) que proclamó la independencia de su país. Al concederse la independencia formal en 1949, se retiró al N del país donde ocupó varios territorios. Reconocida su soberanía sobre esta región, formó parte del gobierno presidido por Suvana Fuma, pero el golpe de Estado de Sananikone le obligó a retornar a las armas. Dueño de gran parte del país, llegó a la presidencia del Consejo Político Nacional Conjunto (1974) y, tras el golpe de Estado de 1975, ocupó la presidencia de la república. Dimitió por motivos de salud en 1986.

sufí *adj.* **1.** Partidario o seguidor del sufismo. También *s.* **2.** Perteneciente o relativo al sufismo.

suficiencia *s. f.* **1.** Cualidad de suficiente. **2.** Capacidad o aptitud para alguna cosa. **3.** Presunción, soberbia.

suficiente *adj.* **1.** Que alcanza la cantidad, número, grado, etc., justo o necesario. **2.** Capacitado, apto. **3.** Presumido, soberbio. || *s. m.* **4.** Calificación de aprobado. **FAM.** Suficientemente.

sufijación *s. f.* Procedimiento por el que se forman palabras con ayuda de sufijos.

sufijo, ja *adj.* **1.** Se dice del afijo que se coloca al final de la palabra, p. ej. en jardin-*ero*. También *s. m.* **2.** Se aplica al pronombre que se coloca detrás del verbo, formando con él una sola palabra, p. ej. *lo* o *se* en *romperlo*, *irse*. También *s. m.*

sufismo *s. m.* Doctrina mística del islamismo, surgida en Basora y Arabia en el s. VIII y que tuvo una gran expansión hasta el s. XII. Defiende una vida de austeridad y abandono del mundo y la búsqueda del éxtasis místico.

sufragáneo, a *adj.* Que depende de la jurisdicción o autoridad de otro.

sufragar *v. tr.* **1.** Pagar los gastos que ocasiona una cosa. **2.** *amer.* Votar a un determinado candidato, propuesta, etc. ■ Se conjuga como *pagar*. **FAM.** Sufragante.

sufragio *s. m.* **1.** Sistema o mecanismo por el cual una persona emite su voto dentro de una colectividad para elegir cargos públicos o decidir sobre algún asunto de interés común, especialmente político. **2.** Voto. **3.** Ayuda, subsidio. **4.** Oración o acto religioso que se hace por las almas de los difuntos. || **5. sufragio censitario** (o **restringido**) Aquel en que sólo participan los ciudadanos que reúnen determinadas condiciones, generalmente económicas. **6. sufragio universal** Aquel en que participan todos los ciudadanos, sea cual fuere su condición, sexo, etc.

sufragismo *s. m.* Movimiento surgido en Inglaterra en la segunda mitad del s. XIX, que defendía la concesión del voto a la mujer. **FAM.** Sufragista.

sufrido, da **1.** *p. p.* de **sufrir**. También *adj.* || *adj.* **2.** Que sufre pacientemente, sin protestar. **3.** Se aplica al color, tejido, etc., en que se nota poco la suciedad o resiste limpio más tiempo.

sufrimiento *s. m.* Acción y efecto de sufrir.

sufrir *v. tr.* **1.** Experimentar un dolor, daño o perjuicio. También *v. intr.* **2.** Padecer habitual o frecuentemente cierta enfermedad, trastorno físico, etc. También *v. intr.* **3.** Tolerar, soportar. También *v. intr.* **4.** Experimentar cierta acción, fenómeno, cambio, etc. || **LOC. no poder sufrir** a alguien o algo *fam.* No poder soportarlo, detestarlo.

sugerencia *s. f.* **1.** Acción de sugerir. **2.** Aquello que se sugiere.

sugerente *adj.* Sugestivo*.

sugerir *v. tr.* **1.** Dar una idea, solución, etc., a una persona sobre lo que debe hacer o decir, o simplemente para que piense en ella. **2.** Traer alguien o algo a la memoria o al pensamiento cierta idea, recuerdo, sensación, etc., con los que guarda cierto parecido o relación. **3.** Guardar parecido una persona o cosa con otra. ■ Es v. irreg. Se conjuga como *sentir*. **FAM.** Sugeridor.

sugestión *s. f.* **1.** Acción y efecto de sugestionar o sugestionarse. **2.** Sugerencia.

sugestionar *v. tr.* **1.** Influir sobre la forma de pensar, opinar, etc., de alguien haciéndole actuar o comportarse en un determinado sentido. **2.** Hipnotizar. **3.** Hacer que alguien se obsesione con ciertas ideas o sensaciones. || *v. prnl.* **4.** Dejarse llevar por una idea o sensación, generalmente obsesiva. **FAM.** Sugestionable, sugestionador.

sugestivo, va *adj.* **1.** Que sugiere. **2.** Muy atractivo o prometedor. ■ Se dice también *sugerente*.

Suharto (Yogyakarta 1921) Político indonesio. Participó en la guerra de la independencia contra los Países Bajos (1945-49). En 1966 se proclamó jefe de gobierno y al año siguiente asumió funciones de presidente al derrocar a Sukarno, cargo para el que fue reelegido en 1973, 1978, 1983 y 1988. Mantuvo un gobierno represivo, muy ligado a los intereses occidentales, y con pretensiones expansionistas. En 1976 incorporó Timor oriental a Indonesia y desde 1978 procuró rehabilitar la figura de Sukarno.

sui generis *loc. lat. adj.* y *adv.* Significa 'de su género' o 'de su especie' y se utiliza para indicar que algo es muy peculiar o singular.

suich *s. m. Méx.* Botón de encendido de un aparato.

suicida *s. m.* y *f.* **1.** Persona que se ha suicidado o ha intentado suicidarse. || *adj.* **2.** Perteneciente o relativo al suicidio. **3.** Muy arriesgado o imprudente. También *s.* **4.** Que no tiene prácticamente ninguna posibilidad de éxito.

suicidarse *v. prnl.* Quitarse alguien voluntariamente la vida.

suicidio *s. m.* **1.** Acción y efecto de suicidarse. **2.** Acción muy arriesgada e imprudente que puede perjudicar gravemente a quien la realiza.

suidos *s. m. pl.* Familia de mamíferos artiodáctilos del suborden suiformes al que pertenecen nueve especies de los géneros *Sus*, *Phacochoerus*, *Potamochoerus*, *Babyroussa* e *Hylochoerus*. Miden entre 60 y 210 cm de largo, tienen el cuerpo rechoncho, generalmente cubierto de cerdas, cabeza acabada en un morro prominente y grandes colmillos curvos que sobresalen de los belfos. Son animales omnívoros, de estómago simple y patas con cuatro dedos. Habitan en bosques y matorrales de Europa, Asia y África y son muy apreciados como pieza de caza. La especie más importante es el jabalí común *(Sus scrofa)*, del que procede el cerdo doméstico. Otros suidos son el facócero, la babirusa, etc. También *adj.* y *s. m.*

Suintila (? - ? h. 634) Rey visigodo de Hispania (621-631). Sometió a los vascones y expulsó a los bizantinos del Algarve. Trató de implantar la monarquía hereditaria, asociando al trono a su hijo Ricimer, pero Sisenando, coaligado con la nobleza, le derrocó en el 631. Conservó la vida al renunciar a la dignidad regia y en el IV concilio de Toledo (633) fue desterrado, excomulgado y se le confiscaron todos sus bienes.

suite (voz fr.) *s. f.* **1.** Sucesión de danzas o piezas instrumentales escritas en la misma tonalidad, pero de carácter y ritmo distinto. Fue una de las formas instrumentales más importantes durante los s. XVII y XVIII; posteriormente fue eclipsada por la sonata y la sinfonía. **2.** Composición musical formada por una selección de fragmentos de una obra extensa, para ser ejecutada en concierto. **3.** Conjunto de dos o más habitaciones de un hotel de lujo comunicadas entre sí.

Suiza (en fr. *Suisse*, en al. *Schweiz*, en ital. *Svizzera*) Estado del centro de Europa.

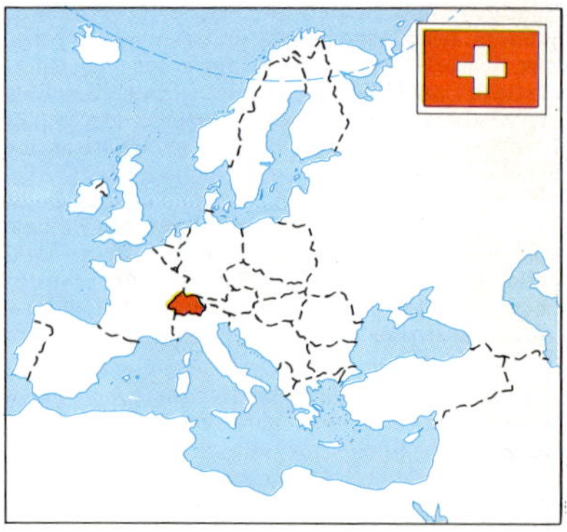

Extensión: 41.293 km².
Límites: al N, con Francia y Alemania; al E, con Liechtenstein, Austria e Italia; al S, con Italia, y al O, con Francia.
Población: 6.756.000 h. en 1990.
Densidad: 163,6 h./km².
Capital: Berna.
División administrativa: 23 cantones, 3 de ellos subdivididos.
Ciudades principales: Zurich, Basilea, Ginebra y Lausana.
Gentilicio: suizo.
Forma de Estado: república confederada.
Idioma: francés, alemán, italiano y retorrománico (romanche y ladino).
Religión: catolicismo, 47,6 %; protestantismo, 44,3 %.
Moneda: franco suizo.
Tasa de natalidad: 12 ‰ en 1990.
Tasa de mortalidad: 9 ‰ en 1990.
Renta per cápita: 30.270 dólares en 1989.

Geog. física En el relieve suizo se distinguen tres unidades principales: el Jura, cadena montañosa al NO del país; el Mittelland, entre las montañas del Jura y las altas cimas de los Alpes, una meseta cuya altura es de unos 600 m, y los Alpes, que ocupan toda la parte S y E del país y se extienden sobre el 60 % del territorio suizo. Sus máximas alturas son el Cervino o Matterhorn (4.478 m), Grand Combin (4.314 m), Jungfrau (4.166 m) y Bernina (4.049 m). Recorren el país los ríos Rhin, Ródano, Aare, Tesino e Inn. El Rhin, tras su nacimiento en el macizo de San Gotardo, forma frontera con Liechtenstein y Austria, desemboca en el lago Constanza, luego sigue haciendo frontera con Alemania y sale del país a la altura de Basilea. El Ródano, nacido en el macizo de San Gotardo, fluye entre los Alpes en dirección SO, luego en el diente de Morcles cambia bruscamente de dirección hacia el NO, penetra en el lago Leman y, a la salida de éste, recibe las aguas del Arve y pasa a Francia. Son de destacar los lagos Neuchâtel y Leman en el O; Zurich, Cuatro Cantones, Brienz y Thun en el centro, y el de Constanza en el N. En la meseta predomina un clima templado continental, mientras que en las regiones alpinas y jurásicas el clima es de montaña.

Geog. humana y ***económica*** La población, en más del 60 % urbana, se concentra sobre todo en la zona del Mittelland y desde hace años tiene un bajo índice de crecimiento. Debido a las características físicas del país, los suelos cultivables son escasos y los únicos productos destacables son los cereales, frutas, remolacha azucarera, colza, tabaco y vid. Más importancia desde el punto de vista económico tiene la ganadería, abundante y de gran calidad, sobre todo la cabaña bovina, que ha dado origen a un rica industria derivada. Gracias al gran potencial de energía hidroeléctrica, a la calidad de la mano de obra y a la abundancia de capitales, la industria suiza ha alcanzado un gran desarrollo, especialmente la textil, metalúrgica, relojera, química, alimen-

Suiza: paisaje de Engadina, valle del Inn, en el cantón de los Grisones, en pleno núcleo de la cordillera de los Alpes.

taria, maderera, papelera, eléctrica, tabaquera, de montaje de automóviles y de fabricación de neumáticos, cemento y cerámica. Posee también refinerías de petróleo. Un factor importante en la economía suiza son los capitales extranjeros, depositados en sus bancos debido al equilibrio económico y financiero del país. Suiza es el país con la mayor renta per cápita del mundo. El turismo constituye también una notable fuente de ingresos, así como el hecho de ser foro internacional, político y cultural, por su carácter neutral.

Hist. **antigüedad y Edad Media** Poblada principalmente por celtas, fue ocupada por Roma (s. I), a causa de la importancia de sus puertos alpinos. En el s. V sufrió las invasiones de alamanes y burgundios. Pasó a formar parte del Sacro Imperio Romano Germánico en s. XI, y durante este siglo comenzaron a crearse pequeños estados federales. Tres comunidades, Schwyz, Uri y Unterwald, se unieron y crearon la primera Confederación (1291) para defender sus intereses frente a los Habsburgo. En 1315, tras derrotar los suizos a Leopoldo de Austria en Morgarten, la Confederación se amplió con nuevos cantones: Lucerna, Zurich, Berna, Glaris y Zug. En 1460 fue conquistada Turgovia. En el s. XV se produjeron enfrentamientos entre los cantones urbanos y rurales y se consiguió restablecer la paz por la dieta de Stans (1481).

Edad Moderna Después de derrotar al emperador Maximiliano, Suiza consiguió ver reconocida de hecho su independencia (1499). A principios del s. XVI la Confederación estaba integrada por trece cantones, tras la incorporación de Basilea, Schaffhausen, Soleure, Friburgo y Appenzell. La Reforma arraigó en Zurich, Berna, Basilea y otros cantones, bajo la dirección de Zuinglio, mientras que los cantones del S permanecieron fieles al catolicismo. A pesar del enfrentamiento se logró mantener la unidad. Zuinglio fue vencido y muerto en Kappel (1531). Ginebra, aliada de Berna, se convirtió en foco del calvinismo. La Confederación mantuvo su neutralidad en las guerras de religión, y la paz de Westfalia (1648) reconoció de derecho su independencia del imperio. Durante el s. XVIII se consolidó el desarrollo industrial.

Edad Contemporánea Francia invadió el país (1798), ahora llamado *República Helvética*, y le impuso una Constitución unitaria, aunque en 1803 Napoleón restableció la organización federal por el acta de Mediación, abolida en 1813. Esta organización federal fue reconocida por el congreso de Viena (1815), en el que se fijaron unas fronteras prácticamente iguales a las actuales. Tras el enfrentamiento entre cantones conservadores y progresistas en una guerra civil (1847-1848) y la victoria de estos últimos, se promulgó una nueva Constitución, que estableció un equilibrio entre centralismo y federalismo. Suiza continuó su progreso económico. Durante las dos guerras mundiales mantuvo su neutralidad y en 1978 se reconoció el nuevo cantón de Jura. El país mantiene su estabilidad política gracias al equilibrio entre los radicales, los democratacristianos y los socialistas. El poder ejecutivo lo ejerce el Consejo Federal, compuesto por siete miembros, con presidencia rotatoria, elegidos por la Asamblea Federal, que a su vez está formada por dos cámaras, el Consejo Nacional y el Consejo de Estados. Cada cantón es independiente para su gobierno interior. Su probada neutralidad y su estabilidad política hacen que Suiza sea sede de varios organismos internacionales.

Arte El arte suizo se caracteriza por su dependencia, en cuanto a estilos y corrientes, de los estados vecinos. De la arquitectura románica se conserva la catedral de Lausana; del gótico, las de Basilea, Ginebra, Chur y Schaffhausen y la iglesia de San Osvaldo en Zug. De estilo renacentista es la iglesia de Santa Croce en Riva San Vitale, Ticino; al Barroco pertenece la catedral de Solothurn y muestran características del rococó las iglesias conventuales de Sankt Gallen y Einsiedeln. En el s. XX destaca Le Corbusier, figura de proyección internacional. La escultura no adquiere importancia hasta el s. XIX con la obra de Auguste de Niederhäusern, llamado *Rodo*. En el s. XX merecen mención Hans Arp, también pintor y poeta, Hermann Haller y Alberto Giacometti. La pintura, en el s. XV, está representada por una serie de maestros anónimos y la obra de Konrad Witz. En la centuria siguiente sobresalen Niklaus Manuel Deutsch; Urs Graf, también vidriero; Tobias Stimmer; Hans Fries, y el retratista Hans Asper. En el s. XVII, la mayoría de los artistas suizos realizan su obra en Roma, entre ellos el pintor Giovanni Serodine. A esta época pertenece el esmaltista ginebrino Jean Petitot. En el s. XVIII hay que citar a Jean Étienne Liotard, gran retratista, y a Johann Rudolf Füsli. El paisaje suizo se refleja en la obra de Alexandre Calame y F. Diday, de mediados del s. XIX. Otros pintores significativos de esta centuria son Wolfgang Adam Toepffer; Arnold Böcklin, autor de cuadros de tema mitológico y simbólico; Charles Gleyre, y Ferdinand Hodler. En el s. XX, los pintores suizos siguen las corrientes europeas. Paul Klee realiza una pintura en la frontera de la abstracción, con predominio de la línea y el color, y Augusto Giacometti revitaliza el arte sacro. Posteriormente, B. Müller representa el arte abstracto, M. Oppenheim el surrealismo y H. Schuhmacher el hiperrealismo.

Suiza: Lucerna, capital del cantón homónimo, a orillas del lago de los Cuatro Cantones.

Lit. Según la lengua en que está escrita, existe una literatura en alemán, otra en francés, otra en italiano y otra retorrománica. Las primeras obras en lengua alemana datan de los s. XII y XIII y corresponden a relatos caballerescos. En el s. XVI florecen los escritores humanistas defensores de la Reforma, encabezados por Zuinglio, y de la Contrarreforma, a cuyo frente figura Thomas Murner. El s. XVII no tiene ningún relieve literario. En el s. XVIII son dignos de mención los poetas Albrecht von Haller, también importante científico, y Salomon Gessner. El s. XIX muestra un resurgir de la literatura representado por el poeta Carl Spitteler, los novelistas Gottfrield Keller y Jeremias Gotthelf y el historiador Jacob Burckhardt, estudioso del Renacimiento. Dos figuras de trascendencia universal marcan el s. XX, Max Frisch, novelista y autor teatral, y Friedrich Dürrenmatt, dramaturgo.

La literatura suiza en lengua francesa se inicia en el s. XVI, en que autores como P. Viret, J. de Jussie y A. Froment escriben sobre la Reforma. Tras un eclipse en el s. XVII, vuelve a renacer en el siguiente con la figura de Jean-Jacques Rousseau, filósofo y escritor, que deja sentir su influencia en otros autores como Charles Bonnet o B. L. de Muralt. A fines de este siglo y principios del XIX, los escritores Madame de Staël y su amante, Benjamin Constant, residen en Suiza y allí realizan parte de su obra. A esta época también pertenece Charles Victor de Bonstetten, influido por Madame de Staël. Posteriormente destacan Rodolphe Toepffer, Henri-Fréderic Amiel y Victor Cherbuliez; al final de la centuria el novelista Edouard Rod representa la corriente naturalista. En el s. XX sobresalen Charles Ferdinand Ramuz, poeta, narrador y ensayista; Denis de Rougemont, ensayista, y los novelistas G. Pironé, R. Pinget y J. Chessex. La literatura en lengua italiana tiene menos importancia y hasta el s. XX no aparece una figura relevante, Francesco Chiesa, poeta parnasiano y novelista. Otros autores de interés son Gido Calgari y, posteriormente, el poeta A. Casè y los novelistas Giorgio y Giovanni Orelli.

Mús. Durante la Edad Media los monasterios fueron focos de una floreciente música sacra que, con el advenimiento de la Reforma, sufrió un estancamiento notable. En el s. XIX adquieren relevancia los compositores Hans Huber, Gustave Doret y Hermann Suter. El principal músico del s. XX es Arthur Honegger, perteneciente al grupo de los Seis. También sobresalen Othmar Schoeck y Frank Martin.

suizo, za *adj.* **1.** De Suiza. También *s.* ‖ *s. m.* **2.** Bollo muy esponjoso hecho con harina, huevo y azúcar.

sujeción *s. f.* **1.** Acción y efecto de sujetar o sujetarse. **2.** Cosa o medio que sujeta. **3.** Estado de la persona, entidad, etc., que se encuentra sujeta o sometida a otra.

sujetabuelos *s. m.* Prendedor para el pelo.

sujetador, ra *adj.* **1.** Que sujeta. También *s.* ‖ *s. m.* **2.** Prenda interior femenina que sujeta y levanta el pecho.

sujetalibros *s. m.* Objeto que se apoya contra los libros para mantenerlos de pie en las estanterías.

sujetapapeles *s. m.* Pinza u otro objeto que sirve para sujetar papeles.

sujetar *v. tr.* **1.** Coger o agarrar a alguien o algo con las manos o cualquier otra cosa de forma que no se caiga, se suelte o se escape. También *v. prnl.* **2.** Someter a alguien a cierto dominio, disciplina, etc. También *v. prnl.* **3.** Ajustar o acomodar a una persona o cosa a aquello que se expresa. También *v. prnl.* ■ Este verbo tiene dos p. p., uno reg., *sujetado*, utilizado para la formación de los tiempos compuestos, y otro irreg., *sujeto*, utilizado principalmente como adjetivo.

sujeto, ta **1.** *p. p.* irreg. de **sujetar**. También *adj.* ‖ *adj.* **2.** Expuesto a experimentar lo que se indica. || *s. m.* **3.** Persona, sin especificar; tiene en ocasiones un tono despectivo. **4.** Asunto, tema. **5.** En ling., palabra o conjunto de palabras que concuerdan con el verbo en número y persona, sobre las que el predicado enuncia algo, y función que desempeñan éstas en la oración. **6.** En lóg., término de una proposición que denota la entidad sobre la que se afirma o niega algo. **7.** En fil., entidad que piensa, percibe, realiza el acto del conocimiento y, en oposición al objeto, tiene conciencia de sí. || **8. sujeto agente** El de un verbo en voz activa y que realiza la acción de éste. **9. sujeto elíptico** (o **tácito**) El que no aparece explícito en una oración y puede sobrentenderse o deducirse del número y persona del verbo. **10. sujeto paciente** El de un verbo en voz pasiva.

Sukarno, Ahmed (Surabaya 1901 - Yakarta 1970) Político indonesio. Líder de la independencia de su país, fundó el Partido Nacional Indonesio (1929). Tras la derrota de Japón en la Segunda Guerra Mundial, proclamó unilateralmente la República Indonesia (1945), formando un gobierno provisional y dirigiendo la lucha contra los neerlandeses hasta que los Países Bajos aceptaron la independencia de Indonesia por el acuerdo de La Haya (1949). Nombrado presidente de la república, en 1963 fue designado presidente vitalicio y jefe del gobierno. Llevó a cabo una política antiimperialista. En 1967, presionado por los militares derechistas, tuvo que transferir sus poderes al general Suharto y retirarse.

Sukarno.

Sulayman al-Mustahin (? h. 958 - ? 1016) Califa omeya de Córdoba (1009-10 y 1013-16). Al frente de los beréberes se levantó contra Muhammad II al-Mahdi. Derrotado por el general eslavo Wadih, buscó el apoyo de Sancho García, conde castellano, pero fue derrocado por Muhammad, con la ayuda de los condes catalanes. Volvió al trono tras la caída de Hisam II (1013). Depuesto por Alí ben Hammud, murió ejecutado.

sulf- *pref.* Significa 'azufre': *sulfhídrico, sulfuro.*

sulfamida *s. f.* Denominación genérica de diversas sustancias cuya estructura es similar a la de la sulfanilamida ($H_2N-C_6H_4-SO_2-NH_2$). Son compuestos empleados en quimioterapia por su acción bactericida para combatir las enfermedades producidas por infección de cocos: neumococos, estreptococos, gonococos, etc.

sulfatar *v. tr.* **1.** Pulverizar o bañar con sulfato de cobre una cosa, especialmente las vides para preservarlas de ciertas enfermedades. || *v. prnl.* **2.** Ser atacada la cubierta de plomo que rodea las pilas por el ácido sulfúrico que hay en su interior. Se produce este fenómeno cuando las pilas están gastadas. **FAM.** Sulfatación, sulfatado, sulfatador.

sulfato *s. m.* Sal de ácido sulfúrico, obtenida al sustituir los átomos de hidrógeno de la molécula de dicho ácido por átomos de un determinado metal. Los más importantes son el sulfato de sodio (Na_2SO_4), utilizado en la producción de vidrio; el sulfato de bario ($BaSO_4$), utilizado en la producción de pinturas, y el sulfato de calcio ($CaSO_4$), que constituye el yeso.

sulfhídrico, ca *adj.* **1.** Relativo a las combinaciones del azufre con el hidrógeno. || **2. ácido sulfhídrico** H_2S. Disolución acuosa del gas sulfuro de hidrógeno. Es un ácido débil que se emplea como reactivo precipitante de iones metálicos al formarse los sulfuros, insolubles. Su gas despide un olor semejante al de los huevos podridos y es venenoso.

sulfito *s. m.* Sal de ácido sulfuroso, obtenida al sustituir los átomos de hidrógeno de la molécula de dicho ácido por átomos de un determinado metal. El más importante es el sulfito de sodio (Na_2SO_3), utilizado como agente blanqueante de ciertos tejidos.

sulfuración *s. f.* **1.** Acción de fumigar con azufre ciertas plantas. **2.** Proceso de enriquecer un metal con azufre.

sulfurado, da *adj.* **1.** En quím., se aplica al elemento que se encuentra en estado de sulfuro. **2.** Enfadado, irritado.

sulfurar *v. tr.* **1.** Combinar un cuerpo con el azufre. **2.** Enfadar, irritar. También *v. prnl.*

sulfúreo, a *adj.* Relativo al azufre o que lo contiene.

sulfúrico, ca *adj.* **1.** Relativo al azufre. || **2. ácido sulfúrico** H_2SO_4. Oxoácido de azufre cuando éste actúa con valencia 6. Es un líquido oleoso e incoloro, muy corrosivo e higroscópico, que carboniza la materia orgánica. Para fabricar el ácido sulfúrico se parte de dióxido de azufre (SO_2), obtenido por tostación de las piritas o quemando azufre, que se oxida a trióxido del azufre (SO_3), el cual al reaccionar con el agua forma el ácido. Dependiendo de la forma de producción del SO_3, de los catalizadores utilizados en la transformación del SO_2 en SO_3 y del modo en que se hace reaccionar el agua con el SO_3 y se recoge posteriormente el ácido formado, existen dos procedimientos para la obtención industrial del H_2SO_4: el método de las cámaras de plomo, en desuso en la actualidad, que utiliza óxidos de nitrógeno como catalizadores, y el método de contacto, en el que se utilizan platino u óxido de vanadio para este fin. El ácido obtenido por el primer procedimiento tiene una riqueza del 60 %, mientras que el obtenido por el segundo alcanza una riqueza del 98 %. El ácido sulfúrico es uno de los productos de mayor importancia químico-industrial, siendo su consumo uno de los indicadores del grado de desarrollo industrial de un país. Entre otras aplicaciones, se emplea en la fabricación de explosivos, la elaboración de polímeros, la obtención de fertilizantes, el refinado del petróleo, el decapado del acero y en la industria de lacas y pinturas.

sulfuro *s. m.* Sal del ácido sulfhídrico. La mayoría de los sulfuros, a excepción de los sulfuros de metales alcalinos, son insolubles en agua. Aparecen abundantemente en la naturaleza, formando diversos minerales, como el sulfuro de plomo en la galena o los sulfuros de hierro y cobre en las piritas.

sulfuroso, sa *adj.* **1.** Perteneciente o relativo al azufre. || **2. ácido sulfuroso** H_2SO_3. Oxoácido del azufre cuando éste actúa con valencia 4. Hasta la fecha no ha podido ser aislado en forma pura.

Sullana C. de Perú, situada en el departamento de Piura, junto al río Chira. 154.800 h. en 1990. Es el centro comercial de una rica región algodonera.

Sullivan, Louis Henry (Boston 1856 - Chicago 1924) Arquitecto estadounidense. Destacada figura de la escuela de Chicago, creó el prototipo del edificio comercial moderno en un estilo de acentuado verticalismo. Estéticamente dio importancia a la ornamentación de carácter floral, cercana al modernismo europeo en algunos de sus edificios, como p. ej. en el Auditorio de Chicago, mientras que en otros se adelanta a la arquitectura racionalista europea, como en los almacenes Carson, Pirie, Scott and Co. (1899-1904), en Chicago.

Sully, Maximilien de Béthune, duque de (Rosny-sur-Seine 1560 - Villebon, Beauce 1641) Estadista francés. Ministro y consejero de Enrique IV, dirigió las finanzas del país hasta el asesinato del monarca en 1610, mejorando la economía y reforzando militarmente las fronteras del país. La llegada al poder del partido católico le obligó a retirarse, pero posteriormente (1616) volvió al gobierno. Sus intentos por convencer a sus correligionarios protestantes para que se sometieran le valieron el título de mariscal de Francia, otorgado por el rey Luis XIII en 1634.

Sully Prudhomme, René François Armand Prudhomme, llamado (París 1839 - Châtenay-Malabry, Seine 1907) Poeta francés. Sus primeras obras poéticas son de tono intimista; posteriormente se integró en el grupo del Parnaso y adoptó un estilo filosófico. Entre sus principales libros cabe citar *Las pruebas* (1866), *Las soledades* (1869), *Los destinos* (1872) y *La felicidad* (1888). Obtuvo el premio Nobel de literatura en 1901.

sultán *s. m.* **1.** Emperador de los turcos. **2.** Príncipe o gobernador de otros países islámicos. **3.** *fam.* Persona que vive rodeada de lujos y comodidades; suele usarse como término de comparación.

sultana *s. f.* **1.** Mujer del sultán o aquella que sin serlo tenía su misma consideración. **2.** Tipo de embarcación utilizada por los turcos en la guerra.

sultanato *s. m.* **1.** Dignidad de sultán. **2.** Territorio bajo la autoridad de un sultán y tiempo que dura su gobierno.

suma *s. f.* **1.** Operación aritmética que consiste en reunir varias cantidades en una sola y que se indica con el signo **+**. También, resultado de esta operación. **2.** Conjunto de muchas cosas, especialmente de dinero. **3.** Resumen o recopilación de las distintas partes de una ciencia. || **LOC. en suma** *adv.* En resumen, resumiendo. **suma y sigue** Indica que una suma continúa en la página siguiente; también expresa que algo, generalmente molesto o pesado, se repite continua e insistentemente.

sumaca *s. f.* Pequeña embarcación plana, de dos palos, usada en América del Sur para cabotaje.

sumador, ra *adj.* **1.** Que suma. También *s.* || *s. f.* **2.** Máquina para sumar.

sumamente *adv. c.* Muy, en grado sumo.

sumando *s. m.* Cada una de las cantidades que se suman.

sumar *v. tr.* **1.** Realizar la operación aritmética de la suma; también, tener como resultado dicha operación. **2.** Reunir, juntar. También *v. prnl.* **3.** Importar una cuenta, factura, etc., la cantidad que se expresa. || *v. prnl.* **4.** Incorporarse a un determinado grupo o participar en algo.

sumarial *adj.* Perteneciente o relativo al sumario.

sumariamente *adv. m.* **1.** De forma sumaria. **2.** En der., por trámites abreviados.

sumariar *v. tr.* En der., instruir un sumario contra alguien.

sumario, ria *adj.* **1.** Breve, conciso. **2.** Se dice de ciertos juicios civiles en los que se prescinde de algunas formalidades o trámites para hacerlos más rápidos. || *s. m.* **3.** Conjunto de actuaciones preparatorias de un juicio criminal en que se presentan los datos, hechos, etc. **4.** Índice temático de una obra o publicación. **5.** Resumen, recopilación.

sumarísimo, ma *adj.* Se aplica a ciertos juicios civiles o criminales para los que la ley señala una tramitación muy breve, por ser urgentes, claros o debido a su gravedad e importancia.

Sumatra (*Sumatera*) Isla del SE asiático, archipiélago de la Sonda, perteneciente a la República de Indonesia, situada entre la península de Malaca, de la que está separada por el estrecho del mismo nombre, y la isla de Java, de la que la separa el estrecho de Sonda. 473.606 km^2. 36.882.000 h. en 1989. La capital es Palembang, con 787.200 h. en 1980. Está recorrida de N a S por una cadena montañosa, paralela a su costa O, en la que hay numerosos volcanes, y tiene sus mayores alturas en el Leuser (3.466 m), el Kerinci (3.800 m) y el Dempo (3.159 m). Sus principales ríos son el Rokan, Kampar, Hari y Musi, que desembocan en las costas del estrecho de Malaca. Tiene un clima ecuatorial y una vegetación de grandes bosques, manglares en la costa E, y sabanas. Su economía es esencialmente agrícola, con cultivos de arroz, caña de azúcar, mandioca, maíz, cacahuetes, especias, café, tabaco, palma de aceite, sisal y té; posee asimismo recursos petroleros, de carbón, oro y pesquerías.

Sumen C. de Bulgaria, al O de Varna. 108.000 h. en 1989. Importante centro agrícola, cuenta con industrias metalúrgicas, textiles y alimentarias. Conserva una mezquita del siglo XVII.

Sumer Antiguo país de la baja Mesopotamia, cuya civilización floreció entre el 3000 y el 2000 a. C. aproximadamente. Los sumerios se agrupaban en ciudades-estado, las principales de las

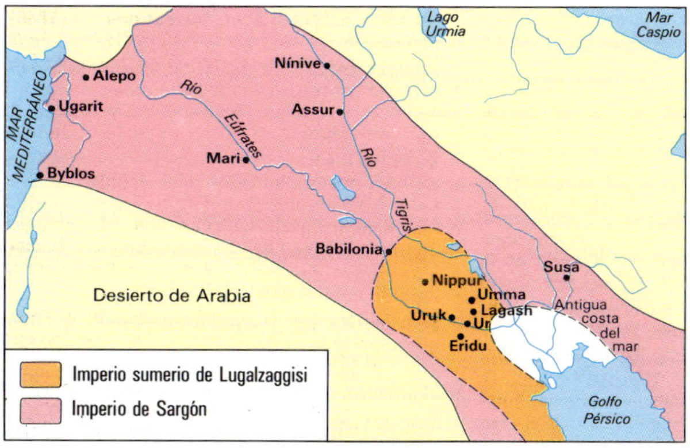

Sumer: a la izquierda, mapa de los imperios sumerios, y, a la derecha, el llamado estandarte real de Ur, *realizado con placas de mosaico, marfil y lapislázuli, que representa escenas de marcha y combate.*

cuales fueron Eridu, Ur, Uruk, Lagash, Umma, Adab y Suruppak, cuyos jefes o *patesi* se disputaron la hegemonía para convertirse en *lugal* o rey. En torno al 2750 a. C. Lugalzaggisi, gobernador de Umma y Uruk, se apoderó de Lagash y fundó el primer imperio mesopotámico. A éste siguió el imperio de Sargón de Acad, que fue destruido por los bárbaros guti; la hegemonía recayó posteriormente en Gudea de Lagash y en los reyes de la III dinastía de Ur, hasta que su civilización fue destruida por nómadas amorritas. La civilización sumeria conoció la escritura y la metalurgia del cobre, construyó grandes edificios religiosos y practicó el comercio de metales y la agricultura de regadío.

sumergible *adj.* **1.** Que se puede sumergir; se aplica especialmente a ciertas máquinas, aparatos, etc., que pueden funcionar bajo el agua. ‖ *s. m.* **2.** Submarino, barco que navega bajo el agua.

sumergir *v. tr.* **1.** Introducir por completo en un líquido. También *v. prnl.* ‖ *v. prnl.* **2.** Concentrarse totalmente en algo. ▪ Se conjuga como *surgir.* **FAM.** Sumergimiento.

sumerio, ria *adj.* **1.** De Sumer. También *s.* ‖ *s. m.* **2.** Lengua hablada por los habitantes de esta antigua región.

Arte Los sumerios tuvieron sus primeras manifestaciones artísticas en la cerámica de El Obeid, cerca de Ur, con decoración de temas geométricos o animalísticos. La cultura de Uruk practicó una arquitectura monumental de templos y palacios de adobe y ladrillo, con torres escalonadas llamadas *zigurats.* La escultura sumeria era de carácter religioso y sus principales manifestaciones son las estatuillas humanas de Mari con inscripciones cuneiformes. Dominaron el relieve, en cilindros, sellos y estelas, como la de los *buitres* o la de *Naram-Sin.*

sumersión *s. f.* Acción y efecto de sumergir o sumergirse.

sumidad *s. f.* Punta o extremo superior de una cosa.

sumidero *s. m.* **1.** Abertura, conducto o canal que sirve de desagüe. **2.** Boca de una alcantarilla.

sumiller *s. m.* **1.** Jefe o superior en varias dependencias de palacio. **2.** En hostelería, persona encargada de los vinos y licores.

suministrar *v. tr.* Proporcionar lo necesario a una persona o entidad. **FAM.** Suministrable, suministración, suministrador.

suministro *s. m.* **1.** Acción y efecto de suministrar. **2.** Aquello que se suministra.

sumir *v. tr.* **1.** Hundir algo bajo el agua o la tierra. También *v. prnl.* **2.** Hacer caer a alguien en cierto estado negativo. También *v. prnl.* **3.** Centrar por completo la atención, pensamientos, etc., en alguna cosa. También *v. prnl.*

sumisión *s. f.* **1.** Acción de someter o someterse. **2.** Cualidad de sumiso.

sumiso, sa *adj.* **1.** Obediente, dócil, manso. **2.** Humilde, que no muestra soberbia. **FAM.** Sumisamente.

súmmum (voz lat.) *s. m.* El colmo, punto máximo o límite al que llega algo.

Sumner, James Batcheller (Canton, Massachusetts 1887 - Buffalo 1955) Bioquímico estadounidense. Director del laboratorio de química de las enzimas de la universidad de Cornell de Ithaca, obtuvo la ureasa en forma cristalizada. En 1946 recibió el premio Nobel de química, compartido con John Howard Northrop y Wendell Meredith Stanley, por descubrir que las enzimas pueden ser cristalizadas.

sumo (voz japonesa) *s. m.* Modalidad de lucha japonesa que se efectúa en el interior de un círculo trazado en el suelo. Vence aquel que consigue derribar a su contrincante o echarle fuera del círculo. No existen distinciones de peso; por ello, los mejores luchadores son los más pesados (todos superan los 100 kg).

sumo, ma *adj.* **1.** Superior a todo o a todos. **2.** Muy grande o mucho. ‖ **LOC. a lo sumo** *adv.* Indica el límite o grado máximo a que puede llegar algo.

Sun Yat-sen (Hiang-shan 1866 - Pekín 1925) Estadista chino. En 1894 fundó la Asociación para la Regeneración de China, que finalmente dio lugar al Kuomingtang, con un programa en el que defendía la independencia nacional, las instituciones democráticas y republicanas y la reforma agraria. Tras la revolución de 1911, que puso fin a la monarquía, fue elegido presidente de la nueva república (1912), aunque su debilidad militar le impidió consolidar el nuevo régimen. Después de un exilio en Japón en 1921, durante el que sólo consiguió ayuda soviética para su causa, presidió en 1924 el primer congreso del Kuomingtang. Un año después entró triunfalmente en Pekín. Murió al poco tiempo. Su figura se convirtió en el emblema de la China moderna.

Sunay, Cevdet (Trebisonda 1900 - Estambul 1982) Militar y político turco. General en 1959, fue comandante en jefe del Ejército de Tierra (1960) y jefe del Estado Mayor (1960-66). Tras el golpe militar de 1966, ocupó la presidencia de la república hasta 1973. Con el apoyo del Ejército reprimió las protestas populares.

Sund Estrecho entre la isla danesa de Sjaelland y Suecia, que comunica el Kattegat y el mar Báltico. Su anchura es de 4 km en el N y tiene una longitud de más de 70 km. A sus orillas están las ciudades de Copenhague y Malmoe.

Sunderland C. del Reino Unido, situada en el N de Inglaterra, puerto en la desembocadura del Wear, en la costa del mar del Norte. 296.100 h. en 1988. Cuenta con industrias mecánicas, textiles, de materiales navales, alambre y vidrio y unos importantes astilleros. A través de su puerto se efectúan exportaciones de carbón, acero y maquinaria.

sunita *adj.* Sunní*.

sunna (voz ár. que significa 'costumbres') *s. f.* Conjunto de textos que relatan las palabras y los hechos del profeta Mahoma y que constituye uno de los libros sagrados de la religión musulmana.

sunní o **sunnita** *adj.* **1.** Se aplica a la rama ortodoxa del Islam, mayoritaria frente a los jariyitas y chiitas. **2.** De esta rama. También *s.* ▪ Se escribe también *sunita.*

suntuario, ria *adj.* Perteneciente o relativo al lujo.

suntuoso, sa *adj.* Fastuoso, muy lujoso y opulento. **FAM.** Suntuosamente, suntuosidad.

Sunyer, Joaquim (Sitges, Barcelona 1875 - íd. 1956) Pintor español. Formado en el ambiente posimpresionista de París, fue uno de los representantes del *noucentisme.* En sus cuadros se nota la influencia de Cézanne y de Gauguin. Algunos de sus pinturas más sobresalientes son *Vista de Versalles* (1905), *Pastoral* (1911), *Paisaje de Mallorca* (1912)) y *Cala Forn* (1917).

supeditar *v. tr.* **1.** Hacer depender una cosa de otra. También *v. prnl.* ‖ *v. prnl.* **2.** Ajustarse o acomodarse a alguna cosa. **FAM.** Supeditación.

super- *pref.* Significa 'superioridad': *superintendente*; 'exceso, abundancia': *superabundar, superpoblar*; 'grado o cualidad máxima': *superdotado,* y 'sobre, por encima de': *superíndice.*

súper *adj.* **1.** *fam.* Muy bueno, estupendo. También *adv.* **2.** Se aplica a la gasolina de 96 octanos. También *s. f.* ‖ *s. m.* **3.** *apoc.* de **supermercado**.

superabundancia *s. f.* Gran abundancia, exceso. ▪ Se dice también *sobreabundancia.*

superabundar *v. intr.* Abundar en exceso. ▪ Se dice también *sobreabundar.* **FAM.** Superabundante.

superación *s. f.* Acción y efecto de superar o superarse.

superaleación *s. f.* Aleación muy resistente al calor y la corrosión.

superalimentar *v. tr.* Sobrealimentar*.

superar *v. tr.* **1.** Ser superior a alguien o algo. **2.** Pasar más allá de cierto límite, marca, etc. **3.** Pasar con éxito una prueba, una dificultad, etc. ‖ *v. prnl.* **4.** Conseguir alguien ser aún mejor en cierta actividad, habilidad, etc. **FAM.** Superable, superador.

superávit *s. m.* **1.** Situación económica en que los ingresos superan a los gastos. **2.** P. ext., abundancia o exceso de algo necesario o beneficioso.

supercarburante *s. m.* Gasolina de alto octanaje.

superchería *s. f.* **1.** Engaño, treta. **2.** Superstición, especialmente referida a ciertos ritos religiosos, demasiado externos o superficiales. **FAM.** Superchero.

superciliar *adj.* Se aplica a la región situada por encima de las cejas y, especialmente, al reborde en forma de arco que forma el hueso frontal en esa parte.

supercomputador *s. m.* Computador de alta velocidad y gran capacidad de proceso, destinado a aplicaciones científicas o de administración pública que exigen la realización de un enorme número de operaciones en un lapso de tiempo reducido.

superconductividad *s. f.* Propiedad de algunos metales y aleaciones metálicas que pierden su resistencia eléctrica al ser enfriados a temperaturas próximas al cero absoluto. El fenómeno de la superconductividad fue descubierto en 1911 por Kamerlingh Onnes en el mercurio a 4,12 K (unos -269 °C) aproximadamente. El problema actual en la técnica de los superconductores es alcanzar y mantener temperaturas tan bajas. En 1986 se consiguió una aleación superconductora a los 36 K y hay esperanzas de encontrar materiales superconductores a temperaturas superiores a los 80 K.

superconductor, ra *adj.* Que presenta superconductividad. También *s. m.*

supercuerda *s. f.* Irregularidad en la estructura del universo, en forma de largos tubos delgados de espacio-tiempo, que podrían haberse producido en los momentos de cambio de fase en la evolución del universo, de acuerdo con ciertas teorías cronológicas. Estas estructuras podrían haber servido de núcleos de condensación para la formación de las galaxias. También se llama *cuerda cósmica.*

superdominante *s. f.* En mús., nombre del sexto grado de la escala diatónica.

superdotado, da *adj.* De cualidades, especialmente intelectuales, muy superiores a las normales. También *s. m.*

superego *s. m.* Superyó*.

superestrato *s. m.* En ling., fenómeno que se produce cuando una lengua se extiende por el territorio de otra, generalmente en el caso de una invasión, adoptando los invasores la lengua de dicho territorio, a la que transmitirán algunos rasgos lingüísticos. En español han tenido especial importancia el superestrato germánico y el árabe.

superestructura *s. f.* **1.** Parte de una construcción que queda por encima del nivel del suelo o de la línea de apoyo. **2.** Parte del barco que está sobre la cubierta. **3.** En la terminología marxista, conjunto de instituciones legales y políticas de una sociedad (Estado, derecho, etc.) a las que corresponden ciertas formas de conciencia social (ideologías, religión, arte, etc.). Según la teoría marxista, la superestructura de un modo de producción es consecuencia directa de su infraestructura o constitución económica.

superfamilia *s. f.* Grupo taxonómico inmediatamente superior a la familia.

superferolítico, ca *adj. fam.* Excesivamente delicado, fino o sutil.

superficial *adj.* **1.** Perteneciente o relativo a la superficie. **2.** Poco profundo. **3.** Frívolo, insustancial. **FAM.** Superficialidad, superficialmente.

superficie *s. f.* **1.** Parte más externa de algo. **2.** Extensión de tierra. **3.** Espacio geométrico cuya extensión se expresa en dos dimensiones. **4.** Lo que se ve o aprecia de una cosa, sin profundizar en ella. || **5. grandes superficies** Comercio de gran tamaño, grandes almacenes. **6. superficie cilíndrica** En geom., la generada por una recta al girar sobre otra recta paralela a ella. **7. superficie cónica** En geom., aquella generada por una recta al girar sobre otra con la que tiene un punto en común. **8. superficie de revolución** En geom., aquella que se genera por el movimiento de una línea girando alrededor de otra recta fija. Puede ser cónica o cilíndrica. **9. superficie esférica** En geom., la engendrada por una circunferencia al girar alrededor de un diámetro. **10. superficie poliédrica** En geom., la que constituye el contorno de un poliedro. **11. superficie prismática** En geom., aquella en la que todas sus aristas laterales son paralelas. **12. superficie reglada** En geom., la engendrada por una recta al moverse en el espacio. || **LOC. a la superficie** *adv.* Con verbos como *salir, aflorar,* etc., manifestarse o mostrarse algo que permanecía oculto.

superfluo, flua *adj.* Innecesario, trivial, ocioso. **FAM.** Superfluamente, superfluidad.

superfosfato *s. m.* Fosfato ácido de cal que se emplea como abono.

superhombre *s. m.* **1.** Hombre de cualidades extraordinarias. **2.** En la filosofía de Nietzsche, hombre superior que da sentido a la existencia de la especie humana. No es producto de la evolución, ni privativo de una raza determinada, sino que estaría al alcance de cualquier hombre que, abandonando la moral cristiana, fuera capaz de conseguir que sus propios valores determinaran su existencia.

superíndice *s. m.* Letra, número, etc., colocado en el extremo superior, generalmente el derecho, de una palabra, un símbolo matemático o algún otro signo.

superintendencia *s. f.* **1.** Cargo del superintendente. **2.** Oficina o despacho del superintendente.

superintendente *s. m.* y *f.* Persona a cuyo cargo está la dirección superior de algo, siendo su máximo responsable.

superior *adj.* **1.** Que está más alto que otra cosa o por encima de ella dentro de una serie. **2.** De más calidad, cantidad, categoría, etc., que otra persona o cosa. **3.** Excelente, magnífico. También *adv.* **4.** Se dice de la persona que tiene a otras bajo su mando. También *s. m.* **5.** Aplicado a enseñanza, estudios, etc., posterior al bachillerato. **6.** Se aplica al lugar, país, etc., situado más lejos de la desembocadura de un río, es decir, en la parte más alta de su curso. **FAM.** Superiormente.

superior, ra *adj.* Se aplica a la persona que dirige una comunidad religiosa. También *s.*

Superior Lago de América del Norte, situado en la frontera entre EE UU y Canadá. 84.131 km^2. De origen glaciar, es el más extenso e irregular de los Grandes Lagos. Se comunica con el lago Hurón a través del río Saint Mary.

superioridad *s. f.* **1.** Cualidad de superior. **2.** Ventaja. **3.** Persona o conjunto de personas de autoridad superior.

superlativo, va *adj.* **1.** Muy grande y bueno en su clase. **2.** Se dice del grado del adjetivo y el adverbio que expresa el significado de éstos en su mayor intensidad. Se forma mediante una perífrasis: *muy cerca*; añadiendo el sufijo *-simo, ma* o *-érrimo, ma*: *lejísimos, celebérrimo,* o por una palabra distinta, como *óptimo* (sup. de *bueno*). Puede ser también, respectivamente, *relativo* o *absoluto* según se establezca o no una comparación: *Es la chica más lista de la clase. Es una chica listísima.* También *s. m.* **FAM.** Superlativamente.

superligero *adj.* Se aplica a la categoría de boxeo constituida por los púgiles cuyo peso oscila entre los 61 y los 63 kg. También *s. m.*

Superman Personaje de cómic creado por los estadounidenses Joe Schuster, dibujante, y Jerry Siegel, guionista (1938). En la vida diaria es un periodista, Clark Kent, que en ciertos momentos se transforma en un héroe superdotado que se enfrenta a los delincuentes. Fue llevado al cine por Richard Lester.

supermán *s. m.* Hombre de cualidades físicas extraordinarias, por alusión al famoso personaje de cómic.

supermercado *s. m.* Establecimiento comercial de grandes dimensiones donde se venden productos alimenticios y otros artículos, que se sirve el cliente y los paga a la salida. ▪ Su apóc. es *súper.*

supernova *s. f.* Estrella en explosión, que libera una cantidad inmensa de energía y se manifiesta por un gran aumento de brillo en una estrella visible, o por su aparición en un punto del espacio aparentemente vacío. Las supernovas son fases terminales de la vida de una estrella, que en su proceso de reacciones nucleares ha transformado todo el hidrógeno en helio y comienza a transformar éste en otros elementos superiores; en su núcleo se produce una concentración de masa a elevadísima presión y temperatura, la estrella estalla y se convierte en supernova.

supernumerario, ria *adj.* **1.** Que sobrepasa o está fuera del número ya existente, señalado o establecido. **2.** Se aplica al funcionario que ha pedido la excedencia. **3.** Se dice del empleado que trabaja en un centro oficial sin figurar en plantilla. También *s.*

superpetrolero *s. m.* Petrolero que sobrepasa las 100.000 toneladas.

superpoblación *s. f.* **1.** Exceso de población. **2.** Desequilibrio producido en un ecosistema al existir más individuos de una determinada especie de los que el medio puede albergar.

superpoblar *v. tr.* Aumentar en exceso la densidad de población de una zona o lugar. También *v. prnl.* ▪ Es v. irreg. Se conjuga como *contar.* **FAM.** Superpoblado.

superponer *v. tr.* **1.** Poner una cosa encima de otra. También *v. prnl.* **2.** Considerar una cosa más importante que otra. ▪ Es v. irreg. Se conjuga como *poner.* **FAM.** Superponible.

superposición *s. f.* Acción y efecto de superponer o superponerse.

superproducción *s. f.* **1.** Exceso de producción. **2.** Película cinematográfica de gran presupuesto y espectacularidad.

superrealismo *s. m.* Surrealismo*. **FAM.** Superrealista.

supersónico, ca *adj.* **1.** Se dice de la velocidad que sobrepasa a la del sonido en el aire, así como del avión que alcanza dicha velocidad. **2.** *fam.* Muy rápido.

superstición *s. f.* **1.** Creencia irracional, que atribuye a determinados acontecimientos causas sobrenaturales. **2.** Miedo o respeto injustificado a ciertos hechos, objetos, coincidencias, etc.

supersticioso, sa *adj.* Relativo a la superstición o que cree en supersticiones. También *s.* **FAM.** Supersticiosamente.

supérstite *adj.* En der., se dice de la persona que sobrevive a otra.

supervalorar *v. tr.* Sobrevalorar*. **FAM.** Supervaloración.

Supervielle, Jules (Montevideo 1884 - París 1960) Escritor francés de origen uruguayo. En su obra, influida por Laforgue y Valéry Larbaud, se advierte la sensibilidad hispanoamericana. Es autor de libros de poesías, como *Los poemas del humor triste* (1919), *Gravitaciones* (1925) y *Olvidadiza memoria* (1949), de relatos, como *El hombre de la Pampa* (1922) y *El superviviente* (1929), y de otras escénicas, como *La bella del bosque* (1932) y *Bolívar* (1936).

supervisar *v. tr.* Revisar una cosa para comprobarla, corregirla o conocer su estado. **FAM.** Supervisión, supervisor.

supervivencia *s. f.* Acción y efecto de sobrevivir.

superviviente *adj.* Que sobrevive. También *s.* ▪ Se dice también *sobreviviente.*

superwelter *adj.* Se aplica a la categoría de boxeo constituida por los púgiles cuyo peso oscila entre los 66 y los 69 kg. También *s. m.*

superyó *s. m.* En el psicoanálisis, conjunto de valores, actitudes, creencias e ideales que, extraídos del mundo exterior, son interiorizados por el sujeto, que los convierte en su modelo de conducta. Se denomina también *superego.*

supinación *s. f.* **1.** Posición de una persona tumbada sobre la espalda. **2.** Movimiento del antebrazo que hace girar la mano de dentro hacia afuera, mostrando la palma.

supinador *adj.* Se aplica a cada uno de los músculos externos del antebrazo, que efectúan la supinación. También *s. m.*

supino, na *adj.* **1.** Tumbado sobre la espalda. Se emplea en la expresión *decúbito supino* y se opone a *decúbito prono.* **2.** Aplicado a ignorancia, estupidez, etc., muy grande, en grado superlativo. || *s. m.* **3.** En la gramática latina, una de las formas no personales del verbo.

suplantar *v. tr.* Sustituir ilegítimamente o contra su voluntad a otra persona. **FAM.** Suplantable, suplantación, suplantador.

suplementario, ria *adj.* **1.** Que sirve para suplir, completar o complementar una cosa. || **2. ángulos suplementarios** Los dos que sumados dan 180°. Sus senos son iguales entre sí y sus cosenos y sus tangentes son opuestos.

suplemento *s. m.* **1.** Aquello que suple, completa o amplía otra cosa. **2.** Hoja, cuaderno o publicación independiente que se vende junto con un periódico o revista. **3.** Nombre que dan algunos lingüistas al sintagma preposicional regido o exigido por el verbo. **4.** Ángulo que falta a otro para alcanzar el valor de dos rectos (180°).

suplencia *s. f.* Acción y efecto de suplir una persona a otra y tiempo que dura esta acción.

suplente *adj.* Que suple a otra persona. También *s.*

supletorio, ria *adj.* **1.** Que suple o complementa a otra cosa de la misma naturaleza. **2.** Se aplica al teléfono que depende de otro principal. También *s. m.* || *s. m.* **3.** Lo que se añade a una cosa para ampliarla o complementarla.

súplica *s. f.* **1.** Acción y efecto de suplicar. **2.** Escrito o palabras con que se suplica algo. **3.** Cláusula que aparece al final de un escrito jurídico o administrativo donde se solicita algo.

suplicante *adj.* **1.** Que suplica. También *s.* **2.** Que contiene o muestra súplica.

suplicar *v. tr.* **1.** Pedir algo con respeto, humildad o sumisión. **2.** En der., recurrir ante un tribunal superior el auto o sentencia dictado por él mismo. ▪ Se conjuga como *sacar.* **Fam.** Suplicación.

suplicatorio, ria *adj.* **1.** Que contiene o muestra súplica. ‖ *s. m.* y *f.* **2.** Carta o despacho que envía un tribunal o juez a otro superior. ‖ *s. m.* **3.** Instancia que un tribunal o juez envía a un organismo legislativo para proceder contra una persona que tiene inmunidad parlamentaria.

suplicio *s. m.* **1.** Sufrimiento físico, duro y prolongado que se aplica a una persona como castigo. **2.** Sufrimiento físico o moral intenso y prolongado. **3.** *fam.* Cosa muy molesta o engorrosa.

suplido, da **1.** *p. p.* de **suplir**. También *adj.* ‖ *s. m.* **2.** Anticipo por cuenta de una persona para pagar ciertos gastos, con motivo de un encargo o en ciertos trabajos profesionales. Se usa sobre todo en *pl.*

suplir *v. tr.* **1.** Completar o remediar la falta de algo. **2.** Sustituir a una persona o cosa en su función o tarea.

suponer[1] (del lat. *supponere*) *v. tr.* **1.** Considerar algo como cierto o posible. **2.** Implicar, llevar consigo. **3.** Importar, costar. **4.** Tener alguien o algo cierto valor, importancia o significación. **5.** Calcular algo a partir de ciertos datos o indicios. ▪ Es v. irreg. Se conjuga como *poner.* ‖ **Loc. ser** algo **de suponer** Ser lógico, natural o probable.

suponer[2] *s. m.* Suposición, conjetura.

suposición *s. f.* **1.** Acción de suponer. **2.** Aquello que se supone.

supositorio *s. m.* Preparado farmacéutico en pasta, de forma ovoidal o cónica, que se introduce en el recto o en la vagina y se disuelve con el calor del cuerpo, liberando el medicamento que contiene.

supra (voz lat.) *adv.* Significa 'arriba' y se utiliza en los textos para remitir al lector a un fragmento o párrafo anterior.

supra- *pref.* Significa 'sobre, arriba, más allá': *suprarrenal, supranacional.*

supraclavicular *adj.* Se aplica a la región del cuerpo situada encima de las clavículas.

supranacional *adj.* **1.** Se aplica al organismo o poder que está por encima del gobierno de una nación. **2.** Perteneciente o relativo a más de una nación.

suprarrealismo *s. m.* Surrealismo*. **Fam.** Suprarrealista.

suprarrenal *adj.* Que está situado encima de los riñones.

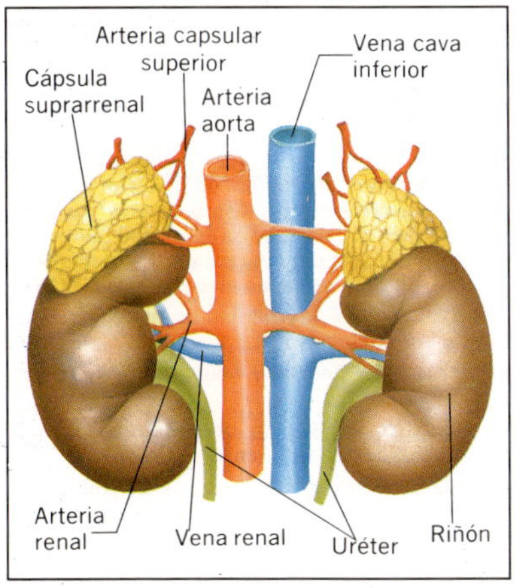

Cápsulas suprarrenales: esquema del aparato excretor, visto por detrás, donde puede apreciarse la situación de dichas glándulas.

suprasensible *adj.* Fuera del alcance de los sentidos.

supremacía *s. f.* **1.** Superioridad sobre los demás en una actividad, cualidad, etc. **2.** Puesto más alto dentro de una jerarquía. **3.** Prioridad*.

suprematismo *s. m.* Tendencia artística de abstracción geométrica definida y practicada por Kazimir Malevich hacia 1913. A través del cubismo, Malevich llegó a unas imágenes puramente geométricas que culminan en su obra *Cuadro negro sobre fondo blanco* (1913). La teoría de la tendencia fue enunciada en su ensayo *Del cubismo al suprematismo* (1916), en donde define los elementos de su lenguaje: el círculo, el cuadrado, el rectángulo, el triángulo y la cruz, es decir, formas geométricas simples que reemplazan al objeto. El suprematismo contribuyó en gran medida a establecer los principios constructivistas de la Bauhaus, en oposición al neoplasticismo de Mondrian y Van Doesburg. **Fam.** Suprematista.

supremo, ma *adj.* **1.** Que ocupa la más alta categoría entre los de su clase. **2.** Que posee un grado muy alto de la cualidad que se expresa. **3.** Aplicado a palabras como *situación, instante,* etc., de extrema importancia, decisivo. ‖ *s. m.* **4.** Tribunal* supremo. ▪ En esta acepción suele escribirse con mayúscula.

supresión *s. f.* Acción y efecto de suprimir.

suprimir *v. tr.* **1.** Hacer que algo desaparezca o deje de hacerse. **2.** Pasar algo por alto, no decirlo o escribirlo. **Fam.** Supresor.

supuesto, ta **1.** *p. p.* irreg. de **suponer**. También *adj.* ‖ *adj.* **2.** Pretendido, falso. **3.** Que se supone o cree, pero no está demostrado. **4.** Hipotético, posible. ‖ *s. m.* **5.** Hipótesis, suposición. ‖ **Loc. dar** algo **por supuesto** Tener una cosa por cierta o real. **por supuesto** *adv.* Expresa asentimiento.

supurar *v. intr.* Formarse pus en una herida, grano, etc., y expulsarlo. **Fam.** Supuración, supurante.

supurativo, va *adj.* Que provoca la formación de pus. También *s. m.*

suquet (voz cat. que significa 'cazuela') *s. m.* Plato de pescado o mariscos con caldo o salsa.

sur *s. m.* **1.** Punto cardinal opuesto diametralmente al N, que queda detrás del observador a cuya derecha está el E. ▪ Su abreviatura es *S.* **2.** País, región, etc., o parte de él que está situado en la dirección de este punto cardinal. **3.** Viento que sopla desde dicho punto. ‖ **4. mares del Sur** Nombre con que se designa al sector meridional del océano Pacífico.

sur- *pref.* Véase **sud-**.

sura (voz ár.) *s. f.* Cada uno de los capítulos del *Corán.*

Surabaya C. de Indonesia, cap. de la prov. de Java Oriental. 2.345.000 h. en 1985. Tiene un activo puerto comercial dedicado a la exportación de los productos de la región y la importación de maquinaria y manufacturas diversas. Sus principales industrias son la metalúrgica, química, mecánica, de montaje de automóviles, textil y alimentaria. Cuenta también con refinería de petróleo y astilleros.

surafricano, na *adj.* Sudafricano*.

Surakarta C. de Indonesia, situada en el centro de la isla de Java. 469.850 h. en 1980. Es el centro de una región en la que se cultiva tabaco, azúcar, café, arroz, legumbres y productos hortofrutícolas. Posee industria alimentaria, textil, de curtidos y de fabricación de maquinaria. Constituye un centro comercial y cultural de primer orden.

suramericano, na *adj.* Sudamericano*.

Surat C. de la India, en el estado de Gujarat, en el golfo de Cambay, próxima a la desembocadura del río Tapti, al N de Bombay. 776.000 h. en 1981. Cuenta con industrias textiles, madereras y alimentarias.

surcar *v. tr.* **1.** Recorrer una embarcación una extensión de agua. **2.** Cruzar volando el espacio. **3.** Hacer surcos en la tierra. **4.** Hacer o tener rayas, estrías, hendiduras, etc. ▪ Se conjuga como *sacar.* **Fam.** Surcador.

surco *s. m.* **1.** Hendidura que deja el arado en la tierra. **2.** Señal o huella semejante que deja una cosa al pasar sobre otra. **3.** Arruga, especialmente en la cara. **4.** En un disco fonográfico, ranura dispuesta en espiral que recorre las caras del mismo, por donde se desliza la aguja. **5.** Ranura o hendidura de algunos elementos anatómicos, p. ej. el surco alveolabial, entre las encías y los labios.

surcoreano, na *adj.* De la República de Corea, o Corea del Sur. También *s.*

sureño, ña *adj.* Del sur. También *s.*

sureste *s. m.* Sudeste*.

surf o **surfing** (voz ingl.) *s. m.* Deporte acuático que consiste en deslizarse sobre las olas montando una tabla especial.

surfista *adj.* Que practica el surf. También *s.*

surgidero *s. m.* Fondeadero*.

surgir *v. intr.* **1.** Brotar agua u otro líquido. **2.** Salir del interior de algo. **3.** Alcanzar algo cierta altura, destacándose de lo que lo rodea. **4.** Aparecer algo, producirse, manifestarse. ▪ La *g* de la raíz cambia en *j* ante las vocales *a* y *o.* **Fam.** Surgente.

Surinam (*Suriname*) Estado de América del Sur.

Extensión: 163.820 km^2.
Límites: al N, con el océano Atlántico; al E, con la Guayana Francesa; al S, con Brasil, y al O, con Guyana.
Población: 411.000 h. en 1990.
Densidad: 2,5 h./km^2.
Capital: Paramaribo.
División administrativa: 8 distritos y un distrito urbano.
Ciudades principales: Nieuw Nickerie, Meerzorg y Marienburg.
Forma de Estado: república.
Idioma: neerlandés.
Religión: hinduismo, 27,4 %; catolicismo, 22,8 %; islamismo, 19,6 %; protestantismo, 18,8 %.
Moneda: florín.
Tasa de natalidad: 25 ‰ en 1990.
Tasa de mortalidad: 6 ‰ en 1990.
Renta per cápita: 3.020 dólares en 1989.

Geog. física La mitad N del país es una meseta cuya altura, inferior a los 100 m, va en disminución a medida que avanza hacia la costa. El resto del territorio está ocupado por las estribaciones montañosas del macizo de las Guayanas. Surinam posee una densa red fluvial, que es aprovechada como vía de comunicación y fuente de energía. Los principales ríos son Corantijn, Nickerie, Coppename, Saramacca, Surinam, Commewijne y Maroni. En la parte NE se encuentra el gran lago Van Bloommerstein. Tiene un clima ecuatorial húmedo y vegetación de bosque ecuatorial, que se extiende a la mayor parte del país. ***Geog. humana*** y ***económica*** La población está integrada mayoritariamente por indios, indonesios y criollos y por una minoría de negros, amerindios y europeos y se concentra en la zona costera, mientras que permanece deshabitado el interior. La alta tasa de natalidad se ve compensada por las numerosas emigraciones a los Países Bajos. La agricultura se lleva a cabo en los pólders construidos por los neerlandeses en la zona del litoral, cultivándose arroz, caña de azúcar, cítricos, plátanos, café, maíz, cacao y palmera cocotera. La gran riqueza forestal no ha sido todavía explotada en profundidad y actualmente está en manos extranjeras. Surinam posee ricos yacimientos de bauxita (octavo productor mundial), controlados por EE UU, Reino Unido y Países Bajos, y también, aunque menos productivos, de hierro, oro, cobre, níquel, plata y manganeso. Se extrae petróleo en la región de Saramacca y se ha instalado una refinería. La escasa industria se dedica a la elaboración de los productos agrícolas y minerales.

Surinam: catedral de madera de San Pedro y San Pablo, en Paramaribo, la capital.

Hist. El territorio de Surinam, habitado por caribes, tupís y arawaks, fue colonizado por los neerlandeses en los s. XVI y XVII, por lo que recibió el nombre de *Guayana Holandesa.* En este último siglo arribaron colonos y aventureros británicos. Por la paz de Breda (1667), Surinam pasó a depender de los Países Bajos. En el s. XVIII se produjeron algunas rebeliones de esclavos negros, introducidos en el territorio para trabajar en el cultivo de la caña de azúcar. Fue ocupada por el Reino Unido (1779) durante las guerras de Francia y más tarde devuelta a los Países Bajos (1816). En 1863 se abolió la esclavitud y en 1935 se empezó a explotar la bauxita. Obtenida la autonomía (1954), consiguió la independencia en 1975, año en que se iniciaron duros enfrentamientos entre las comunidades negra e india. El Partido Nacional, de base criolla, promotor de la independencia, formó el primer gobierno bajo la presidencia de Henk Arron; éste fue derrocado por el golpe militar de Chin A. Sen (1980), depuesto a su vez por el coronel Desi Bouterse (1982), quien se convirtió en jefe de Estado. En 1988, vuelta la democracia, las elecciones llevaron a la presidencia de la república a Ramsevak Shankar, del Partido Reformista Progresista, y a la jefatura del gobierno a Henk Arron. En 1990 fue elegido presidente de la república Johan Kraag.

surmenage (voz fr.) *s. m.* Agotamiento físico, especialmente cuando es debido a un exceso de trabajo.

suroeste *s. m.* Sudoeste*.

surrealismo *s. m.* Movimiento artístico europeo, surgido en la primera mitad del s. XX en París, a partir de los planteamientos dadaístas. Su iniciador fue André Breton, que publicó en 1924 el *Manifiesto surrealista*, donde sentó los principios del automatismo psíquico como medio de expresión artística. Originalmente fue un movimiento literario, que después fue adoptado por otras artes, sobre todo la pintura y el cine. En torno a Breton se agruparon diversos escritores; los principales fueron Paul Éluard y Louis Aragon, que pretendieron comprender el sentido último de la realidad; para ello adoptaron la técnica de la escritura automática. En pintura, diversos autores dadaístas, como Max Ernst, Man Ray, Marcel Duchamp y Hans Arp, se adhirieron al movimiento, en el que también participaron otros de distinto signo, como Kandinsky, Giorgio De Chirico o Paul Klee. El movimiento se diversificó y surgieron escisiones, plasmadas en el segundo *Manifiesto surrealista* (1929). Los jóvenes pintores surrealistas André Masson, Joan Miró, Yves Tanguy, Salvador Dalí, René Magritte y otros utilizaron técnicas diversas. El cine surrealista surgió con el rodaje de dos mediometrajes del español Luis Buñuel, en los que colaboró Salvador Dalí: *Un perro andaluz* (1928) y *La edad de oro* (1930); en ellos aparece con gran intensidad el mundo del sueño, del delirio y la obsesión. Los principales representantes del surrealismo cinematográfico fueron el propio Buñuel y Jean Cocteau. Se denomina también *superrealismo* y *suprarrealismo.* **FAM.** Surrealista.

Surrey, Henry Howard, conde de (? h. 1518 - Londres 1547) Poeta y político inglés. Acompañó a Enrique VIII a Francia y participó en las luchas contra este país (1544-46). Acusado de alta traición por ayudar a su padre, el conde de Norfolk, a intentar restaurar el catolicismo, fue condenado y ejecutado. Es autor de *Canciones y sonetos*, obra póstuma (1557), de tema amoroso, que supone la iniciación en su país de las formas poéticas renacentistas italianas.

sursuncorda *s. m. fam.* Persona indeterminada a la que se atribuye mucha importancia o autoridad.

sursureste *s. m.* Sudsudeste*.

sursuroeste *s. m.* Sudsudoeste*.

surtidero *s. m.* **1.** Canal de desagüe de un estanque. **2.** Surtidor de agua.

surtido, da 1. *p. p.* de **surtir**. También *adj.* ‖ *s. m.* **2.** Conjunto de cosas distintas, pero de una misma especie. **3.** Acción y efecto de surtir. **4.** Aquello de que se surte o provee.

surtidor, ra *adj.* **1.** Que surte o provee. También *s.* ‖ *s. m.* **2.** Chorro de agua u otro líquido, especialmente cuando fluye hacia arriba. **3.** Aparato que extrae un líquido de un depósito, particularmente gasolina para abastecer de ella a los vehículos.

surtir *v. tr.* **1.** Proveer a una persona o entidad de algo que necesita. ‖ *v. intr.* **2.** Fluir un líquido, brotar, especialmente cuando lo hace hacia arriba. ‖ **LOC. surtir efecto** Producirlo.

surto, ta *adj.* Se aplica a la embarcación que está fondeada o anclada en un puerto o bahía.

surucucú *s. m.* Reptil ofidio de la familia crotálidos, especie *Lachesis muta.* Mide entre 200 y 250 cm de longitud, aunque algunos ejemplares alcanzan más de 350 cm. Tiene la cabeza grande y diferenciada del cuerpo, tronco de sección triangular y cola corta. Presenta color pardo rojizo con grandes manchas. Su mordedura venenosa es mortal para el hombre. Habita en regiones boscosas de América Central y del Sur, cerca de cursos de agua.

Surya En la mitología védica, dios-sol. Generalmente se le representa sobre un carro tirado por caballos, con la cabeza aureolada y una flor de loto en cada mano.

Susa Antigua ciudad del país de Elam, en el actual Irán, fundada en el quinto milenio a. C. Destruida por el rey asirio Asurbanipal (h. 640 a. C.), se convirtió en residencia de los reyes aqueménidas. Entre los muchos hallazgos en las excavaciones realizadas destacan el friso de los arqueros, en ladrillos esmaltados, del palacio de Darío, el código de Hammurabi, la estatua de la reina Napir-Asu y la estela de Naram-Sin.

Susana Personaje bíblico, protagonista de un episodio del *Libro de Daniel.* Susana rechazó las proposiciones deshonestas de dos ancianos que, en venganza, la acusaron de adulterio y fue condenada a muerte. Daniel demostró la falsedad de esta acusación y le salvó la vida. Susana simboliza la castidad.

susceptibilidad *s. f.* **1.** Cualidad de susceptible. ‖ **2. susceptibilidad magnética** En fís., capacidad de los cuerpos de ser magnetizados.

susceptible *adj.* **1.** Capaz de modificarse o recibir la acción o el efecto que se expresa. **2.** Que se ofende fácilmente.

suscitar *v. tr.* Causar, provocar, especialmente sentimientos o ciertas reacciones, como comentarios, discusiones, etc. **FAM.** Suscitación.

suscribir *v. tr.* **1.** Firmar al pie de un escrito. **2.** Aceptar las opiniones, propuestas, etc., de otro, estar totalmente conforme con ellas. **3.** Abonar a alguien a una publicación periódica. También *v. prnl.* **4.** Inscribir a alguien en una asociación u organismo para que colabore económicamente a su sostenimiento y actividades mediante el pago de una cuota. También *v. prnl.* **5.** Adquirir acciones u obligaciones de una sociedad mercantil o emitidas por el Estado. Se usa mucho como *v. prnl.* ▪ Su p. p. es irreg.: *suscrito.* Se dice también *subscribir.*

suscripción *s. f.* Acción y efecto de suscribir o suscribirse. ▪ Se dice también *subscripción.*

suscriptor o **suscritor, ra** *s. m.* y *f.* Persona que suscribe o se suscribe. ▪ Se dice también *subscriptor* y *subscritor.*

suscrito, ta 1. *p. p.* irreg. de **suscribir**. ‖ *adj.* **2.** Se dice del carácter o letra que se coloca inmediatamente debajo de la línea de escritura. ▪ Se dice también *subscrito.*

Suslov, Mijail Andreievich (Shajovskol, Simbirsk 1902 - Moscú 1982) Político soviético. Miembro destacado del PCUS, ayudó a Stalin a reprimir el trotskismo, intervino en el conflicto con Hungría (1956), organizó las conversaciones chino-soviéticas (1963-64) y participó en la crisis checoslovaca (1968). Fue uno de los principales instigadores de la caída de Kruschev (1964) y Podgorni (1977).

susodicho, cha *adj.* Citado o mencionado con anterioridad. También *s.*

suspender *v. tr.* **1.** Levantar o sostener una cosa en alto de manera que queda colgando. **2.** Parar, diferir, interrumpir durante cierto tiempo el desarrollo de algo, o dejarlo sin efecto temporal o definitivamente. **3.** Apartar temporalmente a alguien de su trabajo, funciones, etc. **4.** No obtener la puntuación necesaria para pasar un examen. También *v. intr.* **5.** Encantar, embelesar. **FAM.** Suspendedor.

suspense (voz ingl.) *s. m.* **1.** Emoción, misterio, incertidumbre. **2.** Género literario y cinematográfico que busca mantener constantemente vivos el interés y la emoción del lector o espectador, sirviéndose de sorpresas y desenlaces inciertos e imprevisibles.

suspensión *s. f.* **1.** Acción y efecto de suspender. **2.** Conjunto de piezas y dispositivos que, en un vehículo, hacen más suave y flexible el apoyo de la carrocería sobre el eje de las ruedas. **3.** Mezcla constituida por un sólido en polvo o en pequeñas partículas y un líquido en el que no es soluble. **4.** Figura retórica que consiste en retrasar la narración del desenlace para hacer más vivo el interés del oyente o lector. **5.** En baloncesto y otros deportes, posición del jugador en el momento del salto, cuando va a lanzar la pelota. **6.** Transporte de partículas en un medio como el agua o el aire sin que lleguen a tocar el suelo. ‖ **7. suspensión de garantías** (**constitucionales**) Medida gubernativa por la que, en situaciones extremas, generalmente por razones de orden público, quedan sin efecto algunas de las garantías que ofrece la Constitución. **8. suspensión de pagos** Situación jurídica en que se declara una empresa cuando no puede hacer frente a sus deudas o pagos.

suspensivo, va *adj.* **1.** Que puede suspender o interrumpir algo. ‖ **2. puntos suspensivos** Véase **punto**.

suspenso, sa *adj.* **1.** Pendiente. **2.** Desconcertado, pasmado. ‖ *s. m.* **3.** Calificación que indica que no se ha aprobado un examen. ‖ **LOC. en suspenso** *adv.* Aplazado o interrumpido.

suspensores *s. m. pl. amer.* Tirantes para sostener los pantalones.

suspensorio, ria *adj.* **1.** Que sirve para suspender o levantar en alto. **2.** Se dice de algunos ligamentos que sostienen un determinado órgano o zona del cuerpo. También *s. m.* ‖ *s. m.* **3.** Especie de vendaje o bolsa que sostiene un órgano o una parte del cuerpo, particularmente el escroto, en determinadas afecciones.

suspicacia *s. f.* **1.** Cualidad de suspicaz. **2.** Actitud o conducta suspicaz.

suspicaz *adj.* Receloso, malpensado. **FAM.** Suspicazmente.

suspirado, da 1. *p. p.* de **suspirar**. También *adj.* ‖ *adj.* **2.** Deseado intensamente.

suspirar *v. intr.* **1.** Dar suspiros. **2.** Con la preposición *por*, desear o amar intensamente. **FAM.** Suspirante.

suspiro *s. m.* **1.** Aspiración fuerte y prolongada seguida de una espiración y a veces acompañada de un gemido; puede expresar pena, cansancio, deseo, alivio, etc. **2.** Cosa que apenas se percibe. **3.** *fam.* Persona muy delgada. **4.** *fam.* Espacio muy breve de tiempo. **5.** Dulce hecho con harina, huevos y azúcar. ‖ **6. último suspiro** Con verbos como *exhalar* o *dar*, significa morir; también, final de alguna cosa.

Sussex Antiguo reino anglosajón (477-825), situado en el S de Inglaterra. Fundado por Aelle, fue sometido por Egberto de Wessex.

sustancia *s. f.* **1.** Aquello de lo que está constituida una cosa o que puede constituirla. **2.** Esencia o naturaleza de las cosas. **3.** En fil., aquello que existe por sí mismo y no necesita ninguna otra cosa para existir. Tambien es lo que constituye la esencia y el sustrato de algo, en oposición a los accidentes. **4.** Parte nutritiva de un alimento o jugo que se extrae de él. **5.** Contenido fundamental de un escrito, discurso, doctrina, etc. **6.** Importancia, valor, interés. **7.** *fam.* Juicio, sensatez. || **8. sustancia blanca** En el sistema nervioso central, conjunto de fibras nerviosas agrupadas en forma de haces. **9. sustancia gris** Porción del sistema nervioso central, denominada también *materia gris* y situada en la corteza cerebral, en la que se realizan las funciones principales del cerebro. ▪ Se dice también *substancia.*

sustancial *adj.* **1.** Perteneciente o relativo a la sustancia. **2.** Muy importante, fundamental. ▪ Se dice también *substancial.* **FAM.** Sustancialmente.

sustanciar *v. tr.* **1.** Hacer un extracto o resumen de algo. **2.** Conducir un asunto o juicio por la vía procesal adecuada hasta que se encuentre en estado de sentencia. ▪ Se dice también *substanciar.* **FAM.** Sustanciación.

sustancioso, sa *adj.* **1.** De mucha importancia o valor. **2.** De gran valor nutritivo. ▪ Se dice también *substancioso.*

sustantivar *v. tr.* Hacer que una palabra, sintagma u oración no sustantivos desempeñen la función de éste, generalmente mediante el artículo antepuesto u otro determinante; p. ej.: *lo esencial, el más pequeño, lo que tú no sabes.* ▪ Se dice también *substantivar.* **FAM.** Sustantivación.

sustantivo, va *adj.* **1.** Muy importante, fundamental. **2.** Perteneciente o relativo a la sustancia de una cosa. **3.** Perteneciente o relativo al nombre o sustantivo o a su naturaleza o función. || *s. m.* **4.** En ling., parte de la oración que nombra a los seres materiales (personas, objetos) o inmateriales (cualidades, acciones, etc.) y desempeña fundamentalmente las funciones de sujeto y complemento. ▪ Se dice también *substantivo.* **FAM.** Sustantividad.

sustentación *s. f.* **1.** Acción y efecto de sustentar. **2.** Cosa que sustenta.

sustentáculo *s. m.* Apoyo, cosa que sostiene a otra.

sustentar *v. tr.* **1.** Sostener una cosa, estar debajo de ella para que no se caiga o se tuerza. También *v. prnl.* **2.** Conservar algo, no dejar que se acabe o desaparezca. También *v. prnl.* **3.** Proporcionar a alguien todo lo necesario para vivir. También *v. prnl.* **4.** Basar, fundar. También *v. prnl.* **5.** Defender una opinión. **FAM.** Sustentable, sustentador, sustentamiento, sustentante.

sustento *s. m.* **1.** Alimento y conjunto de cosas necesarias para vivir. **2.** Persona o cosa que sirve de apoyo o fundamento a alguien o algo.

sustitución *s. f.* **1.** Acción y efecto de sustituir. **2.** Disposición testamentaria por la que se nombra a un legatario o heredero en lugar de los que estaban designados. **3.** En mat., uno de los métodos para resolver sistemas de ecuaciones, que consiste en despejar una incógnita de una ecuación y sustituir el resultado que se obtenga por dicha incógnita en las demás ecuaciones. ▪ Se dice también *substitución.*

sustituir *v. tr.* Poner a alguien o algo en lugar de otro. ▪ Se dice también *substituir.* Es v. irreg. Se conjuga como *huir.* **FAM.** Sustituible, sustituidor.

sustitutivo, va *adj.* Se dice del producto, objeto, etc., que puede sustituir a otro en el uso. También *s. m.*

sustituto, ta *s. m.* y *f.* Persona que sustituye a otra en sus funciones. También *adj.* ▪ Se dice también *substituto.*

susto *s. m.* **1.** Impresión brusca y momentánea causada en una persona por el miedo o la sorpresa. **2.** *fam.* Miedo. || **LOC. no ganar** alguien **para sustos** *fam.* Asustarse con mucha frecuencia.

sustracción *s. f.* **1.** Acción y efecto de sustraer o sustraerse. **2.** En mat., resta*. ▪ Se dice también *substracción.*

sustraendo *s. m.* En mat., cantidad que se resta de otra, llamada *minuendo.* ▪ Se dice también *substraendo.*

sustraer *v. tr.* **1.** Robar, hurtar. **2.** Apartar o separar una parte de un conjunto. **3.** En mat., efectuar una resta. || *v. prnl.* **4.** Apartarse alguien de una obligación, idea, etc.; evitarla. ▪ Se dice también *substraer.* Es v. irreg. Se conjuga como *traer.*

sustrato *s. m.* **1.** Terreno situado por debajo del que se considera. **2.** En ling., influencia fonética, sintáctica, léxica, etc., que ejerce una lengua sobre otra que se ha impuesto sobre ella. En España, puede hablarse de sustrato ibero, céltico, etc., sobre el latín peninsular. P. ext., dicha lengua y conjunto de rasgos lingüísticos que transmite. **3.** Influencia de una cultura sometida sobre la que se ha impuesto. **4.** Fondo o carácter de una cosa que se aprecia en un estado superficial, o procede de una fase pasada y se manifiesta en otra actual. **5.** Terreno o lugar que sirve de asiento a una planta o a un animal fijo. **6.** Sustancia sobre la que actúa un fermento o enzima. ▪ Se dice también *substrato.*

susurrar *v. intr.* **1.** Hablar en voz muy baja. También *v. tr.* **2.** Producir un ruido suave el viento, el agua, etc. **FAM.** Susurrador, susurrante.

susurro *s. m.* Rumor que se produce al susurrar.

Sutherland, Earl Wilbur (Burlingame, Kansas 1915 - Miami 1974) Bioquímico estadounidense. Realizó importantes investigaciones sobre las hormonas. Obtuvo el premio Nobel de fisiología y medicina en 1971.

Sutherland, Graham (Londres 1903 - íd. 1980) Pintor y grabador británico. Se inició en el grabado y no realizó pintura al óleo hasta 1931. Influido por Blake, su estilo puede considerarse como surrealista por su fantasía. Entre sus obras destacan *Entrada de un sendero, Crucifixión, Cristo en la Gloria* y una serie de retratos (Somerset Maugham, Churchill y Beaverbrook, entre otros).

sutil *adj.* **1.** Fino, delicado. **2.** Poco intenso o perceptible, pero penetrante. **3.** Agudo, ingenioso.

sutileza *s. f.* **1.** Cualidad de sutil. **2.** Dicho o idea ingeniosos, pero poco profundos. **3.** Habilidad, ingenio. ▪ Se dice también *sutilidad.*

sutilidad *s. f.* Sutileza*.

sutilizar *v. tr.* **1.** Hacer algo más suave o delicado. También *v. prnl.* **2.** Perfeccionar algo no material. **3.** Hablar o pensar con mucho ingenio y agudeza. ▪ Se conjuga como *cazar.* **FAM.** Sutilizador.

sutra (voz sánscrita) *s. m.* Texto sánscrito que recoge en aforismos o máximas preceptos de la doctrina budista.

Suttner, Bertha Kinsky, baronesa de (Praga 1843 - Viena 1914) Escritora austriaca. Por su novela pacifista *¡Abajo las armas!* (1889) recibió el premio Nobel de la paz en 1905.

sutura *s. f.* **1.** Cosido quirúrgico que se hace para cerrar una herida, unir dos órganos, etc. **2.** Unión entre dos huesos, especialmente del cráneo. **3.** En bot., línea de unión de la cáscara de un fruto.

suturar *v. tr.* Coser una herida.

Suva C. de Fiji, cap. del país, situada en el SE de la isla de Viti Levu. 69.650 h. en 1986. Posee industrias alimentarias, de cigarrillos y de cerveza. En su puerto se desarrolla una intensa actividad comercial. Es un centro turístico de gran interés.

Suvanna Fuma, príncipe Tiao (Luang Prabang 1901 - Vientiane 1984) Político laosiano. Nombrado primer ministro (1955-58 y 1960), buscó un equilibrio entre proestadounidenses y procomunistas. Tuvo que exiliarse por un golpe de Estado (1960). Nuevamente estuvo al frente de un gobierno de coalición (1962-64). En este mismo año, un nuevo golpe de Estado le llevó esta vez a la presidencia de un gobierno controlado por EE UU y el Reino Unido, que se vio obligado a aceptar la invasión de las tropas estadounidenses y survietnamitas en 1971. En 1974 buscó el acuerdo con los comunistas y formó un gobierno, que hubo de abandonar al caer la monarquía y ser proclamada la República Democrática Popular (1975). El nuevo gobierno fue presidido por su hermanastro Sufanuvong, que le otorgó el cargo de asesor gubernamental.

Suwon C. de Corea del Sur, en el NO del país, al S de Seúl. 430.825 h. en 1985. Importante centro agrícola y ganadero, cuenta con industrias químicas y textiles.

suyo, ya *adj. pos. m.* y *f. de 3.ª pers.* **1.** Detrás de un sustantivo indica que éste pertenece a la persona o cosa de que se habla o guarda relación con ella: *el coche suyo, dos amigos suyos.* También *pron.* || *pron. pos.* **2.** Con *lo*, expresa lo más característico o apropiado de la persona de que se habla: *Lo suyo es el deporte.* **3.** Con *lo* y verbos como *costar, llevar,* etc., mucho trabajo, esfuerzo, tiempo, etc.: *Nos costará lo suyo encontrar ese libro.* **4.** Con *lo* y seguido del verbo *ser*, lo más apropiado o conveniente para aquello que se expresa: *Lo suyo sería hacerle un buen regalo.* || *s. m. pl.* **5.** Precedido del artículo determinado, familiares, compatriotas, etc., de la persona de que se trata. || *s. f.* **6.** *fam.* Precedido de *la*, oportunidad o circunstancia muy favorable para alguna cosa: *Ésta es la suya, ahora atacará.* || **LOC. darle** a alguien **lo suyo** *fam.* Darle su merecido. **de las suyas** *fam.* Acciones propias de la persona de que se trata, generalmente en sentido negativo. **de suyo** *adv.* Por sí mismo, por su propia naturaleza. **ser** alguien **muy suyo** *fam.* Ser una persona muy reservada; también, tener una personalidad muy peculiar, ser algo raro.

Suzuki Zenko (Yamada 1911) Político japonés. Miembro del Partido Liberal Demócrata, fue ministro en varias ocasiones y sucedió a Ohira en la presidencia del partido y del gobierno (1980-82).

Svalbard Archipiélago de Noruega, en el océano Glacial Ártico, entre el mar de Barents y el de Groenlandia. 62.042 km². 3.000 h. en 1985. Comprende las islas Spitzberg, Jan Mayen, Edgeoya, Bjornoya, y otras menores, de las cuales sólo están habitadas las dos primeras. En ellas hay emplazadas diversas estaciones meteorológicas y de radio. Se llama también *Spitzberg.*

svástica *s. f.* Esvástica*.

Svedberg, Theodor (Valbo 1884 - Estocolmo 1971) Químico sueco. En 1926 obtuvo el premio Nobel de química por sus investigaciones sobre los coloides y la estructura de la materia.

Sven Nombre de tres reyes de Dinamarca.

Sven I (? h. 960 - Gainsborough 1014) Rey de Dinamarca (968-1014). Hijo y sucesor de Harald II, dirigió varias expediciones contra Inglaterra.

Sverdlovsk Véase **Yekaterinburg**.

Svevo, Ettore Schmitz, llamado **Italo** (Trieste 1861 - Motta di Livenza, Treviso 1928) Escritor italiano. En su obra, influida por Freud, hay que destacar su novela fundamental, *La conciencia de Zeno* (1923). Otros escritos suyos dignos de mención son *Senilidad* (1898) y las colecciones de relatos *La historia del buen anciano y la bella muchacha* (1929) y *Corto viaje sentimental y otros cuentos* (1949).

Sviatoslav I (? - cerca de Dniéper 972) Gran príncipe de Kiev, hijo del príncipe Igor. Intentó la unificación de los eslavos orientales. Guerreó contra el kanato de los jázaros (966) y contra los búlgaros (967-972). Fue aliado del imperio bizantino y más tarde su enemigo. Murió en una emboscada tendida por los pechenegos, tribu nómada de raza mongol.

Svoboda, Ludvik (Hroznatín, Moravia 1895 - Praga 1979) Militar y político checoslovaco. Ministro de Defensa (1945-50) y viceprimer ministro (1950-51), fue depurado en la época estalinista y rehabilitado tras la muerte de Stalin. Elegido presidente de la república (1968), se mantuvo en su cargo tras la primavera de Praga. Dimitió en 1975.

swahili *s. m.* Lengua bantú, con influencias árabes y persas, que se habla en toda África oriental. ▪ Se escribe también *suahili.*

swami (voz del hindi) *s. m.* Título que ostentan los maestros de hinduismo.

Swan, Joseph Wilson (Sunderland, Durham 1828 - Warlingham, Surrey 1914) Químico británico. Investigó sobre fotografía e ideó el método de la placa seca (1871). Inventó, independientemente de Edison, la lámpara eléctrica incandescente y explotó el invento asociado con este científico. También inventó el papel al carbón (1862).

Swansea C. del Reino Unido, situada en el S de Gales. 175.150 h. en 1981. Aunque posee industrias químicas, automovilísticas y pesqueras, su importancia radica en ser el primer centro metalúrgico de Gales. Tiene una refinería de petróleo y un activo puerto comercial.

Swanson, Gloria (Chicago 1898 - Nueva York 1983) Actriz de cine estadounidense. Inició su carrera cinematográfica en 1915. Se convirtió en gran estrella del cine mudo, pero su popularidad comenzó a declinar a partir del sonoro. Entre sus mejores filmes cabe citar *¿Por qué cambiar de esposa?* (1919), *La frágil voluntad* (*Sadie Thompson*, 1928), *La reina Kelly* (1928) y *El crepúsculo de los dioses* (*Sunset Boulevard*, 1950).

SWAPO (siglas de *South West African People Organization*, Organización Popular de África del Sudoeste) Partido político de Namibia, creado en 1958, que desarrolló la lucha nacionalista contra el colonialismo de la República Sudafricana, originalmente mediante la lucha armada y después con la actividad política. Tras ser proclamada la independencia del país, su líder Sam Nujoma fue designado presidente.

swazi *adj.* **1.** Se dice de un pueblo bantú que forma la población de Swazilandia y del bantustán de Kangwane, en la República Sudafricana. Constituye una sociedad patrilineal y practican la exogamia. **2.** De este pueblo. También *s.*

Swazilandia (*Swaziland*) Estado del S de África.

Extensión: 17.364 km^2.
Límites: al NE, con Mozambique; al N, O, S y E, con la República Sudafricana.
Población: 770.000 h. en 1990.
Densidad: 44,3 h./km^2.
Capital: Mbabane.
División administrativa: 4 distritos.
Ciudades principales: Manzini, Nhlangano.
Forma de Estado: monarquía.
Idioma: inglés y swazi.
Religión: cristianismo, 77 %; creencias tradicionales, 20,9 %.
Moneda: lilangeni.
Tasa de natalidad: 47 ‰ en 1990.
Tasa de mortalidad: 13 ‰ en 1990.
Renta per cápita: 900 dólares en 1989.

Geog. física En Swazilandia se distinguen dos áreas de relieve: al O, una región montañosa formada por las estribaciones de la cordillera de Drakensberg; en el centro y E, una meseta casi llana, accidentada en el borde oriental por los montes Lebombo. Sus principales ríos son el Komati, el Ingwavuma y el Usutu. Debido a su situación geográfica, tiene un clima tropical de tipo chino, más húmedo en el O.

Geog. humana y ***económica*** La población, compuesta en su mayoría por bantúes swazi, se concentra en las áreas rurales de la parte O del país. Su tasa de crecimiento demográfico es muy alta (3,4 %). La agricultura presenta dos tipos de cultivos: productos para el consumo interior (maíz, sorgo, patata y arroz) y productos destinados a la comercialización (caña de azúcar, algodón, frutas y cítricos), estos últimos en manos extranjeras. Posee una ganadería vacuna cuya importancia va en aumento, recursos forestales, yacimientos de carbón, amianto (décimo productor mundial), hierro y caolín, e industria dedicada principalmente a la elaboración de las materias primas agropecuarias y forestales, aunque existen también algunas fábricas, entre las que destacan las de cemento, construcciones mecánicas y eléctricas y químicas.

Hist. La región fue ocupada en el s. XVIII por el grupo bantú de los swazi y, bajo el rey Nguane, se constituyó en Estado (1780). A mediados del s. XIX el país llegó a su apogeo con el rey Mswati. En 1882, el descubrimiento de minas de oro atrajo a numerosos colonos bóers. El territorio pasó a ser protectorado del Transvaal y, tras la guerra anglobóer, del Reino Unido (1902). En 1967 Swazilandia obtuvo la autonomía y al año siguiente la independencia. Shobuza II fue reconocido rey y gobernó hasta su muerte en 1982. Tras un periodo de regencia, cubierto por la reina Dzeliwe y, más tarde por la reina Ntombi, subió al trono Mswati III (1986).

Swedenborg, Emanuel (Estocolmo 1688 - Londres 1772) Pensador sueco. Se consagró a especulaciones místico-religiosas en torno a la estrecha relación existente entre el reino espiritual y el mundo terrestre, que fueron muy criticadas por Kant. Sus discípulos se agruparon bajo la denominación de *Iglesia de la Nueva Jerusalén*. Entre sus escritos destaca *Culto y amor de Dios* (1745).

Sweezy, Paul Marie (Nueva York 1910) Economista estadounidense. Ayudante de Schumpeter y profesor en la universidad de Harvard, es uno de los economistas de orientación marxista más importante del s. XX. En su obra *Teoría del desarrollo capitalista* (1942), estudió las características de este sistema y las contradicciones que de él se derivan. Ha realizado numerosos análisis críticos sobre la economía estadounidense.

Swift, Jonathan (Dublín 1667 - íd. 1745) Escritor británico. Clérigo anglicano, fue autor de numerosos panfletos políticos. Al convertirse en defensor de la causa irlandesa, llegó a ser un ídolo del pueblo. Todas sus obras aparecieron anónimamente. La más famosa, *Viajes de Gulliver* (1726), constituye una sátira despiadada contra la sociedad inglesa de su tiempo y, en general, contra la humanidad. También fue un interesante poeta.

Jonathan Swift: ilustración de Los viajes de Gulliver *(Biblioteca Nacional, Madrid).*

Swinburne, Algernon Charles (Londres 1837 - íd. 1909) Poeta y dramaturgo británico. Representante del decadentismo poético, abogó por un arte rebelde y elitista, exaltador del paganismo y la libertad; su ideal era el arte por el arte. Con el paso del tiempo el poeta maldito se convirtió en una de las figuras más respetables del Reino Unido, cantor de las glorias del imperio británico. Entre sus obras merecen citarse *Poemas y baladas* (1866, 1878 y 1889), *Oda sobre la proclamación de la República Francesa* (1870), *Cantos de antes del alba* (1871) y los dramas *Atalanta en Calidón* (1865) y *María Estuardo* (1881).

swing (voz ingl. que significa 'balanceo') *s. m.* **1.** En boxeo, golpe circular que se da al contrario para evitar su guardia. **2.** Estilo musical del jazz, caracterizado por su ritmo bailable, interpretado por grandes bandas y vocalistas, que estuvo en boga en EE UU durante los años treinta. **3.** En mús., particular tensión emocional en la interpretación, propia de los músicos y cantantes negros.

switch (voz ingl.) *s. m.* Conmutador eléctrico.

Sydney C. de Australia, cap. del estado de Nueva Gales del Sur, situada en el SE del país, junto al mar de Tasmania. 3.623.600 h. en 1989. Cuenta con industria metalúrgica, siderúrgica, automovilística, naval, de fabricación de maquinaria, química, petroquímica y alimentaria y una refinería de petróleo. Tiene uno de los más grandes y activos puertos comerciales del océano Pacífico. Es un importante nudo de comunicaciones y centro administrativo y comercial. Se fundó en 1788 como un campamento de reclusos, por lo que es la ciudad más antigua de Australia, de la que fue capital de 1901 a 1927.

Synge, John Millington (Rathfarnham, Dublín 1871 - Dublín 1909) Dramaturgo islandés. Conoció en París a Yeats y por consejo de éste se fue a vivir a las islas de Aran, donde encontró la inspiración necesaria para su obra, en la que la poesía está subordinada al realismo. Entre sus títulos destacan *Jinetes hacia el mar* (1904), *El manantial de los santos* (1905) y *Las bodas del estañero* (1907).

Synge, Richard Laurence Millington (Liverpool 1914) Químico británico. En 1944 descubrió, junto con Archer Martin, la cromatografía sobre papel. Por este procedimiento de análisis recibieron ambos científicos el premio Nobel de química en 1952.

Szczecin C. de Polonia, en el NO del país, junto a la desembocadura del Oder. 409.500 h. en 1989. Posee industria de construcción naval, siderúrgica, metalúrgica, de fertilizantes, textil y alimentaria. Su puerto comercial es el más activo del país. Ciudad histórica, conserva el castillo de los Piast.

Szeged C. de Hungría, situada en el SE del país, sobre el río Tisza, cerca de su confluencia con el Mures. 189.500 h. en 1989. Es centro de una región agrícola y ganadera y tiene industria textil, alimentaria, química, mecánica, del vidrio, caucho y muebles.

Szekesfehervar C. de Hungría, situada al SO de Budapest, cap. del departamento de Féjer. 114.000 h. en 1989. Está muy industrializada debido a los cercanos yacimientos de lignito y bauxita. Cuenta con industrias metalúrgicas, químicas, textiles, del calzado y alimentarias. Fue fundada por San Esteban, cuyos restos reposan en la catedral. Hasta el s. XVI se llamó *Alba Regia*.

Szent-Györgyi, Albert (Budapest 1893 - Massachusetts 1986) Bioquímico húngaro. Realizó importantes estudios sobre las reacciones químicas en los organismos vegetales y animales y sobre la contracción muscular. En 1937 obtuvo el premio Nobel de medicina por su descubrimiento del ácido ascórbico o vitamina C.

Sydney: un aspecto de los Reales Jardines Botánicos, tras los que aparecen rascacielos y la torre de televisión.

T

t[1] *s. f.* Vigesimoprimera letra del abecedario español y decimoséptima de sus consonantes. Su nombre es *te*.

t[2] **1.** Símbolo de tonelada, medida de masa. **2.** Símbolo de la temperatura en la escala centesimal. **3.** En fís., letra que representa el tiempo.

T **1.** Símbolo de la temperatura en la escala absoluta. **2.** En fís., letra que representa al periodo. **3.** Símbolo químico del tritio. **4.** Símbolo de tesla, unidad de inducción magnética.

Ta Símbolo químico del tantalio.

taba *s. f.* **1.** Astrágalo*, hueso. **2.** Juego que consiste en tirar al aire este hueso, generalmente de cordero; según del lado que caiga, se suma un número determinado de puntos.

tabacal *s. m.* Lugar sembrado de tabaco.

tabacalero, ra *adj.* **1.** Perteneciente o relativo al tabaco. **2.** Se dice de la persona que cultiva, fabrica o vende tabaco. También *s.* ‖ *s. f.* **3.** Organismo estatal encargado de la producción, elaboración y venta del tabaco. ▪ En esta acepción se escribe con mayúscula.

tabaco *s. m.* **1.** Nombre común de diversas plantas herbáceas de la familia solanáceas, género *Nicotiana*. El tabaco común *(Nicotiana tabacum)* mide entre 0,50 y 3 m de altura. Su tallo tiene numerosas ramas de las que salen hojas grandes, lanceoladas y con ramificaciones, que se emplean para fabricar cigarros, cigarrillos, tabaco en rama o rapé; presenta flores en trompeta de color variable. Químicamente se caracteriza por contener un alcaloide especial, la nicotina. Se cultiva en todos los continentes, en climas cálidos, pero es oriunda de la América tropical. Su consumo se extendió por Europa en el s. XVI. **2.** Producto elaborado con las hojas de esta planta. **3.** Color semejante al de dicha hoja curada. **4.** Enfermedad de algunos árboles que descompone el interior del tronco, convirtiéndolo en un polvo rojo pardusco o negro. ‖ **5. tabaco de hebra** El que se corta tierno en trozos finos y alargados. **6. tabaco de regalía** El de calidad superior. **7. tabaco negro** Véase **negro**. **8. tabaco picado** El que una vez seco se reduce a partículas muy pequeñas. **9. tabaco rapé** Véase **rapé**. **10. tabaco rubio** Véase **rubio**. ‖ **Loc. acabársele** a uno **el tabaco** *fam. Arg., Chile.* Quedarse sin recursos o sin dinero.

tabaiba *s. f.* Árbol de la familia apocináceas, especie *Plumeria alba.* Mide hasta 8 m de altura, tiene hojas coriáceas alternas y flores blancas. Originario de Cuba, es apreciado por su madera. También se llama *franchipán.*

tabalear *v. tr.* **1.** Agitar, menear. También *v. prnl.* ‖ *v. intr.* **2.** Golpear con los dedos en una superficie produciendo un ruido rítmico y constante. **Fam.** Tabaleo.

tabanco *s. m.* **1.** Puesto o tenderete para la venta de comestibles en la calle o en el mercado. **2.** *amer.* Buhardilla*.

tabánidos *s. m. pl.* Familia de insectos dípteros braquíceros, a la que pertenecen unas 2.500 especies comprendidas en los géneros *Tabanus, Haematopota, Chrysops,* etc. Se caracterizan por tener el cuerpo grueso y rechoncho, la cabeza grande, con los ojos protuberantes e iridiscentes, y el aparato bucal chupador, los machos de néctar y las hembras de sangre, y por que sus larvas son acuáticas. También *adj.* y *s. m.*

tábano *s. m.* Nombre común de diversos insectos dípteros de la familia tabánidos, géneros *Tabanus, Chrysops, Haematopota,* etc. El tábano común *(Tabanus bovinus)* mide entre 20 y 25 mm de longitud, tiene dos alas transparentes, abdomen con puntos claros en el dorso y boca picadora-chupadora. Sus hembras se alimentan de sangre que chupan de animales domésticos de tiro. El tábano de ojos dorados *(Chrysops caecutiens)* mide unos 10 mm y tiene una banda transversal oscura en las alas. El tábano de la lluvia *(Haematopota pluvialis)* mide también unos 10 mm, tiene puntos blancos en las alas y, como el anterior, aparato bucal chupador y es hematófago. Se caracteriza por su vuelo silencioso.

Tábano común (Tabanus bovinus).

tabanque *s. m.* Rueda de madera que hacen girar con el pie los alfareros para mover el torno.

tabaquero, ra *adj.* **1.** Tabacalero*. ‖ *s. f.* **2.** Caja o bote para guardar el tabaco. **3.** Petaca para el tabaco picado.

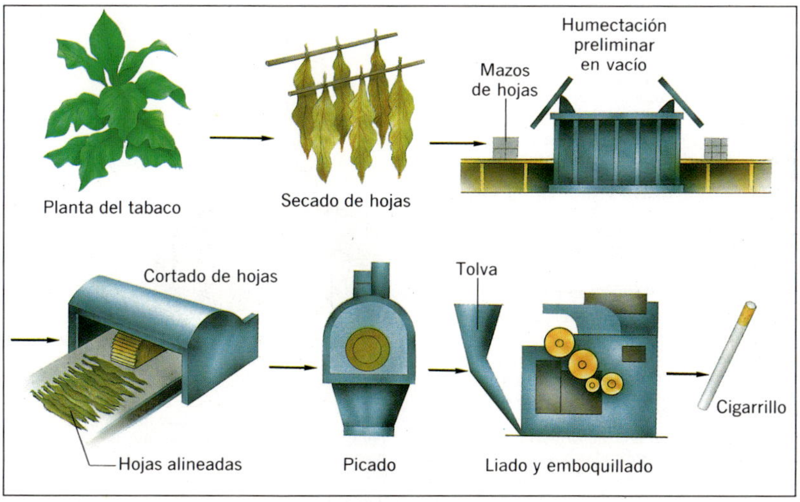

Proceso de elaboración del tabaco para la fabricación de cigarrillos.

tabaquismo *s. m.* Intoxicación aguda o crónica producida por el abuso del tabaco. El humo del tabaco contiene nicotina y alquitranes que afectan al aparato respiratorio, pudiendo producir bronquitis crónica y asma, al aparato nervioso y al aparato digestivo, con riesgo de ocasionar gastritis y duodenitis. El tabaco es también cancerígeno y favorece el infarto de miocardio.

tabaquista *s. m.* y *f.* **1.** Persona experta en tabacos. **2.** Persona que abusa del tabaco.

tabardillo *s. m.* **1.** *fam.* Insolación*. **2.** *fam.* Persona alocada, bulliciosa y molesta.

tabardo *s. m.* **1.** Abrigo ancho y largo de paño ordinario que usan los labriegos. **2.** Especie de abrigo sin mangas, de paño o piel.

tabarra *s. f. fam.* Cosa pesada o molesta. ‖ **Loc. dar la tabarra** *fam.* Molestar.

tabarro *s. m.* En algunas regiones, tábano*.

tabasco *s. m.* **1.** Salsa mexicana muy picante utilizada como condimento. **2.** Pimienta con que se elabora esta salsa.

Tabasco Estado de México, situado en el SE del país, junto a la bahía de Campeche. 25.267 km^2. 1.501.200 h. en 1990. La capital es Villahermosa, con 163.200 h. en 1980, 251.000 h. en su área metropolitana. Se extiende sobre una llanura baja y pantanosa que se inclina hacia el N, limitada en la vertiente S por las estribaciones de la Sierra Madre de Chiapas. Está surcado por ríos como el Usumacinta y el Grijalva. Su clima tropical húmedo favorece una vegetación de bosque en el interior y de manglar y palmeral en la costa. Cuenta con importantes cultivos tropicales y ganadería bovina, porcina y equina. El petróleo y el gas natural son los recursos más significativos de su subsuelo. Tiene también industria maderera, alimentaria y textil. En este estado floreció la cultura olmeca y entre los s. IV-XVI se desarrolló la civilización maya.

tabasqueño, ña *adj.* De Tabasco. También *s.*

tabear *v. intr. Arg., Par.* Charlar, murmurar.

taberna *s. f.* Establecimiento de carácter popular en que se venden y sirven vinos y otras bebidas y a veces también comidas.

tabernáculo *s. m.* **1.** Tienda donde los antiguos hebreos guardaban el arca de la Alianza, durante su peregrinación por el desierto en busca de la Tierra Prometida. **2.** Tienda donde vivían los antiguos hebreos. **3.** Sagrario*.

tabernario, ria *adj.* **1.** Propio de las tabernas y de las personas que las frecuentan. **2.** Bajo, grosero.

tabernero, ra *s. m.* y *f.* Dueño o encargado de una taberna o persona que trabaja en ella.

tabes *s. f.* Proceso de consunción, enflaquecimiento o atrofia de un órgano u otra parte del cuerpo.

tabica *s. f.* En arq., tablilla con que se cubre un hueco.

tabicado, da **1.** *p. p.* de **tabicar**. También *adj.* ‖ *adj.* **2.** En bot., se aplica a los órganos vegetales provistos de tabiques que separan zonas.

tabicar *v. tr.* **1.** Cerrar una puerta, ventana, acceso, etc., con un tabique. **2.** Tapar u obstruir algo que debería estar abierto o libre. También *v. prnl.* ▪ Se conjuga como *sacar.*

tabique *s. m.* **1.** Pared delgada que normalmente se usa para dividir las distintas habitaciones de una casa. **2.** División plana y delgada que separa dos huecos o espacios. **3.** Particularmente, membrana que separa dos partes o cavidades de un órgano.

tabla *s. f.* **1.** Trozo de madera plano y de poco grosor. **2.** Pieza semejante de cualquier material rígido. **3.** Cara más ancha de un madero y, p. ext., de cualquier otra pieza, aunque no sea de madera. **4.** Especie de tapa con un hueco en el centro para sentarse en los retretes. **5.** Plancha alargada y de extremos redondeados para practicar deportes acuáticos como el surf o el windsurf. **6.** Plancha alargada y con sujeciones para ambos pies, que se utiliza en una modalidad de esquí acuático o para su aprendizaje. **7.** Pliegue ancho y plano de una prenda de vestir, especialmente de una falda. **8.** Zona más o menos plana de un miembro o parte del cuerpo. **9.** Índice de las materias, capítulos, etc., de un libro. **10.** Lista de términos, nombres, números, etc., que siguen un determinado orden o clasificación. **11.** Pintura hecha sobre una madera plana. **12.** Plato, fuente, etc., de alimentos variados, y especialmente de quesos, patés o ahumados. **13.** Extensión de tierra cultivada que está limitada por filas de árboles, surcos, etc. **14.** Cada una de las divisiones que se hacen en un campo de labor para distribuir el riego. **15.** Parte de un río donde éste se ensancha y las aguas fluyen lentamente. || *pl.* **16.** Resultado del juego del ajedrez o de las damas cuando ninguno de los dos jugadores gana la partida. **17.** P. ext., empate en un enfrentamiento, competición, etc. **18.** Escenario de un teatro. **19.** En tauromaquia, valla que delimita el ruedo y, p. ext., zona del mismo cercana a dicha valla. **20.** En geog., zona de topografía llana. || **21. caballeros de la Tabla Redonda** Según el ciclo literario artúrico, grupo de caballeros andantes reunidos en Camelot en torno al rey Arturo, que realizaron numerosas hazañas, fundamentalmente la búsqueda del Santo Grial. Los principales eran Lanzarote del Lago, Galahad y Galván. **22. tabla de lavar** La de madera, que en una de sus caras tiene una serie de ranuras sobre las que se frota la ropa enjabonada. **23. tabla de Pitágoras** Tabla de multiplicar consistente en una cuadrícula en cuya primera línea vertical y horizontal están escritos los números del 1 al 10 y el producto de dos de ellos aparece en la intersección de dichas líneas. **24. tabla de planchar** Madera alargada y de bordes redondeados, generalmente forrada y provista de patas, sobre la que se pone la ropa para plancharla. **25. tabla de salvación** Último recurso que le queda a alguien para salir de un apuro. **26. tabla periódica** Sistema* periódico. **27. tabla rasa** La que está preparada para pintar; también, la inteligencia sin cultivar, en la que la experiencia va dejando huellas. **28. tablas de la ley** Planchas de piedra con los diez mandamientos que, según el *Éxodo,* Dios entregó a Moisés. **29. tablas input-output** Véase **input**. **30. tablas neperianas** Las que elaboró el matemático Neper y en las que aparecen los logaritmos neperianos. || **Loc. a raja tabla** *adv.* A rajatabla*. **hacer tabla rasa de** algo Prescindir de algo, no hacer caso de ello. **tener tablas** Tener un actor gran experiencia y, p. ext., cualquier persona.

Tablada, José Juan (México 1871 - Nueva York 1945) Poeta mexicano. Fue el introductor de un tipo de poemas japoneses llamados *haikai,* que publicó en su libro *El florilegio* (1899). Vinculado al modernismo y constante renovador de la forma, es autor de *Al sol y bajo la luna* (1918), *Li-Po y otros poemas* (1920) y *La feria* (1928).

tablado *s. m.* **1.** Suelo plano formado por tablas. **2.** Superficie de tablas elevada del suelo por un armazón. **3.** Suelo del escenario de un teatro. **4.** P. ext., el mismo escenario. **5.** Tablao*.

tablao *s. m.* **1.** Escenario para espectáculos de cante y baile flamencos. **2.** P. ext., local donde tienen lugar dichos espectáculos.

tablazo *s. m.* Parte del mar o de un río ancha y poco profunda.

tablazón *s. f.* Conjunto de tablas unidas, especialmente las que forman las cubiertas de las embarcaciones o sus costados.

tableado, da **1.** *p. p.* de **tablear**. También *adj.* || *s. f.* **2.** Acción y efecto de tablear.

tablear *v. tr.* **1.** Dividir un madero en tablas. **2.** Hacer tablas en una tela o en una prenda de vestir. **3.** Dividir un terreno en tablas para facilitar su riego.

tablero *s. m.* **1.** Tabla grande o conjunto de tablas unidas por el canto. **2.** Superficie con la distribución o figuras adecuadas para jugar a algún juego de mesa. **3.** Plancha utilizada para fijar sobre ella alguna cosa, y especialmente para colocar anuncios o informaciones. **4.** Cuadro en que se indican resultados deportivos. **5.** Pizarra, encerado. **6.** Plancha a la que está sujeta la canasta de baloncesto. **7.** Panel o cuadro donde están los mandos y otros dispositivos de una máquina, vehículo, instalación, etc.

tableta *s. f.* **1.** Pastilla de chocolate o turrón. **2.** Pastilla medicinal de forma plana.

tabletear *v. intr.* **1.** Hacer chocar tablas o maderas para producir ruido. **2.** Producirse algún ruido semejante. **Fam.** Tableteo.

tablilla *s. f.* **1.** *dim.* de **tabla**. **2.** Tabla pequeña en la cual se exponen listas u otros anuncios. **3.** Cada trozo de banda de la mesa de billar comprendido entre dos agujeros. **4.** *Méx.* Tableta de chocolate. || **5. tablilla gráfica** En inform., dispositivo periférico de entrada que se emplea para elaborar y suministrar información gráfica al ordenador.

tabloide *adj.* **1.** Se dice del formato de periódico algo más pequeño que el habitual. **2.** Se aplica al periódico que tiene este formato. También *s. m.*

tablón *s. m.* **1.** Tabla grande y gruesa. **2.** Tablero donde se colocan noticias, avisos, listas, etc. **3.** *fam.* Borrachera*. **4.** *amer.* Terreno de unas dimensiones determinadas en que sólo se cultiva un producto.

tabor *s. m.* Unidad equivalente al batallón vigente en el ejército del antiguo protectorado de España en Marruecos y en los regulares acantonados en las plazas de soberanía española en el N de África.

Tabor Monte de Palestina, al SE de Nazaret, que domina la meseta de Galilea. 588 m. Los *Evangelios* sitúan en él la transfiguración de Jesús.

Tabriz C. de Irán, cap. de la prov. de Azerbaiyán Oriental, en el NO del país. 971.500 h. en 1985. Entre sus industrias destacan la textil, alimentaria, mecánica y de curtidos. Posee también refinerías de petróleo. Es uno de los centros comerciales más relevantes del N de Irán.

tabú (voz polinesia) *s. m.* **1.** En algunos pueblos de la Polinesia, prohibición de carácter religioso que, en general, se aplica a actos, palabras, personas o cosas que no se pueden decir, ver o tocar, alimentos que no se pueden consumir, lugares que no se pueden visitar, etc.; infringir el tabú trae consigo la pérdida del *mana* o fuerza mágica colectiva de la tribu. **2.** P. ext., aquello que no se puede o no se debe mencionar o tratar, debido a ciertos prejuicios, convenciones sociales, etc. **3.** En ling., palabra o expresión que se considera que no debe ser dicha por razones sociales, especialmente si está relacionada con la sexualidad o con ciertas funciones fisiológicas.

tabuco *s. m.* Cuchitril*, cuarto o vivienda.

tabula rasa *expr. lat.* Tabla* rasa.

tabulador *s. m.* En las máquinas de escribir y ordenadores, dispositivo o procedimiento para colocar los márgenes deseados.

tabular[1] (del lat. *tabulare*) *v. tr.* **1.** Expresar valores y magnitudes por medio de tablas. **2.** Señalar los márgenes, espacios, etc., con los tabuladores. **Fam.** Tabulación.

tabular[2] (del lat. *tabularis*) *adj.* **1.** Que tiene forma de tabla. **2.** En geog., tipo de relieve horizontal.

taburete *s. m.* **1.** Asiento individual sin brazos ni respaldo. **2.** Silla con el respaldo muy estrecho, generalmente forrado.

TAC (siglas de Tomografía Axial Computerizada) *s. m.* Método de examen radiológico que permite el estudio de imágenes en distintos planos de cualquier órgano o estructura del cuerpo, sobre todo del cerebro.

tacada *s. f.* **1.** Golpe dado a la bola con el taco o palo de billar. **2.** Serie ininterrumpida de carambolas que logra hacer un jugador de billar. || **Loc. de una tacada** *fam.* De golpe, de un tirón.

tacamaca *s. f.* **1.** Árbol de la familia burseráceas, especie *Protium tacamahaca.* Tiene el tronco grueso, hojas alternas, flores blancas y fruto seco. Crece en América del Sur y produce una resina aromática. **2.** Resina de este árbol. || **3. tacamaca angélica** Resina opaca, rojiza por fuera y gris por dentro. **4. tacamaca común** Resina transparente con puntos oscuros producida por cierta especie de álamo.

tacañear *v. intr.* Actuar con tacañería.

tacañería *s. f.* Cualidad de tacaño o acción propia de él.

tacaño, ña *adj.* Se dice de la persona que mira excesivamente el dinero y se resiste a dar o gastar el dinero o cualquier otra cosa. También *s.* **Fam.** Tacañamente.

tacatá o **tacataca** *s. m.* Armazón con ruedas para que los niños aprendan a andar.

Tacca, Pietro (Carrara 1577 - Florencia 1640) Escultor italiano. Formado con Juan de Bolonia, su obra se enmarca en el paso del Renacimiento al Barroco. Entre sus esculturas destacan los esclavos turcos del monumento a Fernando I en Livorno y las estatuas ecuestres de Felipe III y Felipe IV en Madrid, esta última considerada su obra maestra.

tacha *s. f.* **1.** Defecto, falta. **2.** Mancha, deshonor. **3.** Especie de tachuela, algo más grande que la normal. **4.** En der., motivo legal para desestimar o invalidar la declaración de un testigo.

tachar *v. tr.* **1.** Tapar algo en un escrito haciendo rayas o borrones encima para indicar que no vale. **2.** Con la preposición *de,* atribuir un defecto o cualidad negativa. **3.** En der., alegar algún motivo para desestimar o invalidar la declaración de un testigo en un juicio. **Fam.** Tachadura.

tachines *s. m. pl. fam.* Pies.

Táchira Estado de Venezuela, en el O del país. 11.100 km^2. 855.500 h. en 1990. La capital es San Cristóbal, con 245.450 h. en 1990. El territorio está atravesado por la cordillera de los Andes y sus principales ríos son el Uribante y el Táchira. Cuenta con cultivos de café, caña de azúcar, patatas, arroz, yuca, plátanos y tabaco; ganadería bovina, equina, ovina y porcina; yacimientos de carbón, cobre, asfalto, petróleo, caliza y yeso, e industrias alimentarias, textiles, metalúrgicas, cementeras y mecánicas.

tachismo *s. m.* Modalidad de pintura abstracta basada en el valor expresivo de las manchas de color realizadas espontáneamente sobre una tela. Puede identificarse con el *action painting* o gestualismo. El término tachismo fue introducido en 1951 por el crítico francés Pierre Guégen. **Fam.** Tachista.

tacho *s. m. And., amer.* Cubo, palangana o recipiente similar.

tachón[1] *s. m.* Raya, borrón, etc., con que se tacha algo en un escrito.

tachón[2] (aum. de *tacha*) *s. m.* Tachuela grande.

tachonado, da **1.** *p. p.* de **tachonar**. También *adj.* || *s. m.* **2.** Acción y efecto de tachonar.

tachonar *v. tr.* Adornar o clavetear una cosa con tachones, tachuelas.

tachonería *s. f.* Obra o labor de tachones.

tachuela *s. f.* **1.** Clavo corto y de cabeza muy ancha. **2.** Persona de estatura muy baja y, generalmente, gruesa.

tácito, ta *adj.* **1.** Que no se expresa o no lo hace clara o abiertamente. **2.** En ling., se aplica a la palabra, sintagma, etc., elípticos. **Fam.** Tácitamente.

Tácito, Publio Cornelio (? h. 55 - ? h. 120) Historiador latino. Después de lograr prestigio como orador se dedicó a la historia. Su obra se caracteriza por la buena documentación que manejó, aunque tienda a poner en boca de los personajes sus propias reflexiones. Entre sus escritos cabe destacar *Vida de Agrícola* (98); la *Germania* (98); *Historias,* de la que sólo se conservan dos libros, y los *Anales* (h. 115), crónica del periodo que abarca desde la muerte de Augusto hasta la caída de Nerón.

Tácito: detalle de un busto del siglo III (Museo del Louvre, París).

taciturno, na *adj.* **1.** Callado, reservado. **2.** De carácter triste y melancólico. **Fam.** Taciturnidad.

taclobo *s. m.* Molusco lamelibranquio de la familia tridácnidos, especie *Tridacna gigas.* Es un bivalvo de gran tamaño, que habita en arrecifes coralinos y cuyas conchas, que llegan a pesar hasta 225 kg, se utilizaban en las iglesias como pilas de agua bendita.

Tacna **1.** Departamento de Perú, en el S del país, junto a la costa del océano Pacífico. 15.232 km^2.

210.000 h. en 1990. Su territorio está atravesado por la cordillera Occidental de los Andes. Su economía se basa en el cultivo del algodón, caña de azúcar, frutales, vid, trigo, alfalfa, hortalizas y tabaco y en la ganadería vacuna y ovina. Posee yacimientos de cobre, plomo y plata.
2. C. de Perú, cap. de este departamento, situada en la confluencia de los ríos Caplina y Uchusuma. 150.200 h. en 1990. Es el núcleo urbano de una rica comarca agrícola y posee industrias alimentarias.

taco *s. m.* **1.** Pedazo de madera u otro material corto y más o menos grueso. **2.** Trozo pequeño y grueso en que se parte un alimento, especialmente el jamón o el queso. **3.** Pieza hueca y alargada, generalmente de plástico, que se incrusta en la pared o en otra superficie para introducir en ella un clavo o tornillo, y que quede así bien asegurado. **4.** Palo con el que se juega al billar. **5.** Varilla para limpiar el cañón de las armas de fuego. **6.** Montón de hojas, papeles, etc., generalmente bien colocados. **7.** Palabra malsonante, ofensiva u obscena. **8.** *fam.* Lío, jaleo. **9.** *Amér. C., P. Rico.* Miedo, temor, preocupación. **10.** *Amér. del S., P. Rico.* Tacón. **11.** *Méx.* Torta de maíz rellena de carne picada y otros ingredientes. || *pl.* **12.** *fam.* Años que tiene una persona. || **Loc. armar** o **formar el taco** Obtener un torero un triunfo clamoroso. **darse taco** *Arg., Méx.* Darse pisto, presumir. **meter los tacos** *Méx.* Asustar a alguien. **meter taco** En el billar, acompañar el movimiento de la bola con el taco en vez de dar un golpe seco, lo que se considera una falta del juego.

tacómetro *s. m.* Aparato que mide las vueltas que da un eje o la velocidad de revolución de un mecanismo; p. ej., el contador de revoluciones del motor de un coche.

tacón *s. m.* **1.** Pieza que se coloca en el calzado en la parte correspondiente al talón para levantar el pie por dicha parte. **2.** Esta pieza cuando es alta. **3.** Pedazo de cuero u otro material que cubre esta pieza por la parte que toca el suelo.

taconazo *s. m.* Golpe dado con el tacón.

taconear *v. intr.* Golpear el suelo repetidamente con el tacón al andar, bailar, etc. **Fam.** Taconeo.

tactación *s. f.* Exploración médica por medio del tacto de las yemas de los dedos.

táctica *s. f.* **1.** Método o procedimiento que sigue alguien para alcanzar un objetivo. **2.** Habilidad para aplicar este método o procedimiento. **3.** Conjunto de reglas y procedimientos por los que se rigen las operaciones militares y, p. ext., los deportes de competición.

táctico, ca *adj.* **1.** Perteneciente o relativo a la táctica. || *s. m.* **2.** Persona experta en táctica o que la practica.

táctil *adj.* Perteneciente o relativo al tacto.

tactismo *s. m.* Respuesta constante por la cual un organismo se orienta hacia un estímulo o se aparta del mismo.

tacto *s. m.* **1.** Sentido corporal con el que se percibe la forma, tamaño, rugosidad, temperatura, etc., de los objetos, a través de unos órganos receptores situados en la piel y en las mucosas. **2.** Manera en que se perciben dichas cualidades de los objetos a través de este sentido. **3.** Acción de tocar, utilizar este sentido. **4.** En med., método de exploración que se hace con un dedo enguantado introduciéndolo en la vagina o en el recto. **5.** Habilidad, diplomacia.
Anat. y ***Fisiol.*** El sentido del tacto, en los animales superiores y en el hombre, reside en grupos de células sensibles del sistema nervioso llamados *mecanorreceptores* y *termorreceptores*, que se hallan en la piel y permiten percibir tres tipos de sensaciones: de contacto, de presión y de dolor. Estos receptores táctiles pueden ser terminaciones nerviosas libres o terminaciones nerviosas encapsuladas, llamadas *corpúsculos táctiles*. Existen diversos tipos de receptores: terminaciones nerviosas libres y terminaciones nerviosas de los pelos, sensibles al contacto; corpúsculos de Meissner, que se encuentran en las papilas dérmicas, abundantes en el extremo de los dedos y la lengua; corpúsculos de Vater-Pacini, presentes en la parte más profunda de la dermis y poco abundantes, sensibles a las diferencias de presión sobre la piel; corpúsculos de Krause, presentes en la superficie de la dermis y sensibles al frío; y corpúsculos de Ruffini, poco numerosos, alargados y más profundos que los de Krause, sensibles al calor.

Tacuarembó Departamento de Uruguay, en el N del sector central del país. 15.438 km^2. 82.800 h. en 1988. La capital es Tacuarembó, con 40.500 h. en 1985. Tiene una economía agropecuaria, con cultivos de lino, maíz y trigo.

tacurú *s. m.* **1.** *Arg., Par., Urug.* Hormiguero alto y cónico hecho de tierra arcillosa que adquiere gran consistencia. **2.** *Arg., Par., Urug.* Insecto que construye este hormiguero.

Tadjikistán Véase **Tayikistán**.

Taegu C. de Corea del Sur, cap. de la prov. de Kyongsang Septentrional, situada en el centro del sector meridional del país, al NO de Pusan. 2.248.000 h. en 1990. Constituye el núcleo urbano de una rica región cerealista y tabaquera. Cuenta con industria textil, alimentaria, metalúrgica, mecánica y química.

Taejón C. de Corea del Sur, cap. de la prov. de Chungchong Meridional, situada en el centro del país, al SE de Seúl. 886.700 h. en 1985. Es un centro comercial y nudo de transportes, y posee industrias textiles, alimentarias y mecánicas.

taekwondo *s. m.* Arte marcial coreana parecida al karate, pero que desarrolla especialmente las técnicas de salto.

Tafawa Balewa, sir Abubakar (Tafawa Balewa, actual Bauchi 1912 - cerca de Lagos 1966) Político nigeriano. Fue primer ministro federal desde 1957. Tras la independencia (1964), venció con su partido en las primeras elecciones. Murió asesinado.

tafetán *s. m.* Tela delgada muy tupida de seda o tejido sintético.

tafia *s. f.* Aguardiente de caña.

tafilete *s. m.* Piel curtida y de poco grosor, que se emplea especialmente en marroquinería y encuadernación.

tafonomía *s. f.* Rama de la paleontología que estudia los procesos que experimentan los restos de organismos hasta constituir yacimientos fósiles.

Taft, William Howard (Cincinnati 1857 - Washington 1930) Político estadounidense. Perteneciente al Partido Republicano, fue secretario de Guerra (1904-08) y consejero de Theodore Roosevelt. Presidente de la república (1908-12), sus medidas conservadoras provocaron la división en el seno de su partido. Posteriormente fue presidente del Tribunal Supremo (1921-30).

tagalo, la *adj.* **1.** Se dice de un pueblo de Filipinas, principal grupo indígena de la isla de Luzón, que se impuso a los restantes por su capacidad de asimilación de la cultura superior aportada por los colonizadores españoles, pero sin perder sus propias tradiciones y lengua. **2.** De este pueblo. También *s.* || *s. m.* **3.** Lengua indonesia de la familia malayopolinesia que ha recibido influencia del castellano y que, junto con el inglés, es lengua oficial en Filipinas.

tagarino, na *adj.* Se dice de los antiguos moriscos que se educaban en comunidades cristianas. También *s.*

tagarnia *s. f.* **1.** *Amér. C., Col.* Atracón de comida. **2.** *Amér. C., Col.* Borrachera.

Tagle y Portocarrero, José Bernardo de (Lima 1779 - El Callao 1825) Militar y político peruano. En 1820 proclamó la independencia de Perú en Trujillo, de donde era gobernador. Fue nombrado presidente (1823) y ocupó este cargo hasta que Bolívar se convirtió en dictador (1824).

Tagore, Rabindranath Thakur, llamado **Rabindranath** (Calcuta 1861 - Santiniketan, Bengala 1941) Escritor indio en legua bengalí. Completó su formación en el Reino Unido. En 1901 fundó una escuela en Santiniketan bajo los postulados de la libertad de pensamiento, que posteriormente se convirtió en la universidad de Visva Bharati (1921). La obra literaria de Tagore, por su profundidad lírica y belleza serena, mereció el premio Nobel en 1913. En ella sobresalen los dramas *El cartero del rey* (1913) y *La máquina* (1922), los libros de poemas *La luna nueva* (1913) y *La fugitiva* (1918) y algunas recopilaciones de sus conferencias, como *Sadhana* (1912) y *La religión del hombre* (1930).

Rabindranath Tagore.

tagua *s. f.* Árbol de la familia palmáceas, especie *Phytelephas macrocarpa.* Es una palmera de cuyas semillas se obtiene el marfil vegetal. Crece en América meridional.

Taha, Husain (Maghagda 1889 - El Cairo 1973) Escritor egipcio. Ciego desde la niñez, estudió en París y fue en dos ocasiones ministro de Educación. Es autor, entre otras obras, del ensayo *Acerca de la poesía preislámica* (1926), *Los días* (1929), libro autobiográfico, y los relatos *Narraciones de los miércoles* (1925-45).

tahalí *s. m.* **1.** Correa de cuero colgada en bandolera para llevar la espada, el sable o el tambor. **2.** Pieza de cuero sujeta al cinturón donde se coloca un arma blanca. **3.** Caja pequeña de cuero para guardar reliquias.

taheño, ña *adj.* Pelirrojo*.

Tahití Isla del archipiélago de la Sociedad, perteneciente a la Polinesia francesa. 1.042 km^2. 95.600 h. en 1981. Está constituida por dos volcanes extinguidos que se unen por un istmo.

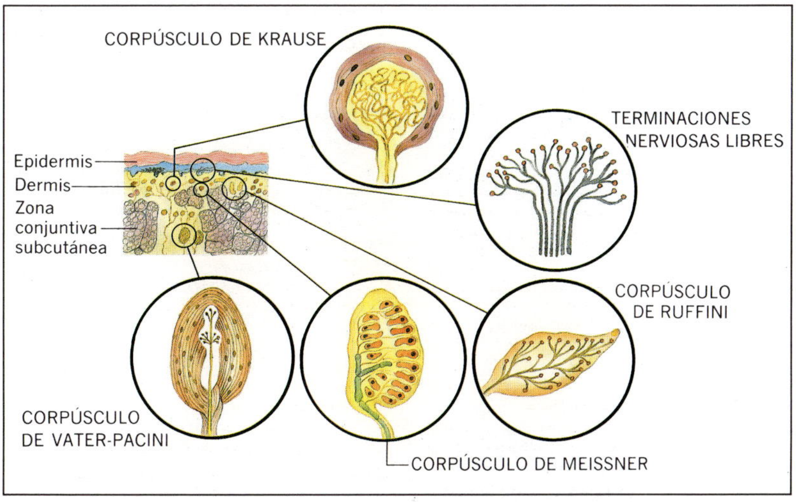

Sentido del tacto: sección de la piel humana y detalle de los distintos receptores táctiles.

Tiene cultivos de frutas tropicales, hortalizas, legumbres, copra y vainilla. La pesca es una actividad muy importante para su economía. Su industria se dedica a la elaboración de copra, vainilla, azúcar y ron. Es un visitado centro turístico. Fue descubierta en el s. XVIII por Samuel Wallis y explorada por Bougainville y Cook. Convertida en protectorado francés desde 1843, Francia decidió su anexión en 1880.

tahona *s. f.* **1.** Establecimiento donde se hace y vende pan. **2.** Molino de harina movido por una caballería.

tahonero, ra *s. m.* y *f.* Persona que tiene una tahona o trabaja en ella.

Tahuantinsuyu Nombre indígena del imperio incaico. Estaba dividido en cuatro provincias: Antisuyu, Collasuyu, Contisuyu y Chinchasuyu.

Tahull (*Taüll*) Aldea de España, en el NO de la provincia de Lleida, famosa por sus dos iglesias románicas del s. XII, San Clemente y Santa María; ambas estaban decoradas con pinturas murales, obras capitales del románico, actualmente en el Museo de Arte de Cataluña, en Barcelona.

tahúr, ra *adj.* **1.** Se aplica a la persona que juega a las cartas o a los dados frecuentemente y con habilidad, y sobre todo la que lo hace por dinero. También *s.* ‖ *s. m.* y *f.* **2.** Jugador tramposo.

tai *adj.* **1.** Se dice de un grupo de pueblos asiáticos con afinidades mongoloides, extendido desde Assam a la isla de Hainan (en el golfo de Tonkin) y desde Yunnan (provincia del S de China) hasta el golfo de Siam. Entre los principales están el siamés o tai propiamente dicho, que habita en Tailandia; el lao, extendido por Laos y el N de Tailandia; el chan, en el NO de Birmania; el lu, en Yunnan, Birmania, Laos, Vietnam y N de Tailandia, y el tai blanco, en Yunnan. **2.** De estos pueblos. También *s.* ‖ *s. m.* **3.** Grupo de lenguas habladas por los habitantes de una extensa zona del SE de Asia: Tailandia, Laos, Birmania, provincia china de Yunnan y algunos territorios de Vietnam.

Taichung o **Taichong** C. de Taiwan, cap. de la prov. homónima, en el NO de la isla de Formosa. 747.250 h. en 1990. Constituye el núcleo urbano de una comarca donde se cultiva caña de azúcar y arroz. Posee industrias alimentarias y de construcciones aeronáuticas.

taifa *s. f.* **1.** Cada uno de los reinos que surgieron en al-Ándalus al disgregarse el califato de Córdoba en 1031. Se dice también *reino de taifa* y *reino taifa.* ‖ **2. segundas taifas** Las surgidas al producirse la caída del imperio almorávide en España (1143). **3. terceras taifas** Las surgidas al caer el imperio almohade, tras la batalla de las Navas de Tolosa (1212).
Hist. Los reinos de taifa, nacidos después de una larga lucha civil (1009-31) y del destronamiento del último califa cordobés, Hisam III, llegaron a ser 24 estados. Algunos ya fueron independientes antes de esta fecha. En realidad, la desmembración respondía a las divisiones raciales en tres grupos ya existentes durante el emirato y el califato: eslavos, beréberes y árabes. Estos nuevos reinos guerrearon contra los cristianos, pero también entre sí, facilitando la Reconquista, pues muchos de ellos, para no caer en manos de sus enemigos, se pusieron bajo la protección de Castilla u otro reino peninsular, pagando por ello un impuesto, las *parias.* Los más importantes reinos de taifas fueron Sevilla, Málaga, Almería, Zaragoza, Badajoz, Valencia, Denia, Toledo, Mallorca y Granada, último en rendirse a los cristianos. La época más brillante de estos reinos se sitúa entre 1130 y 1203.

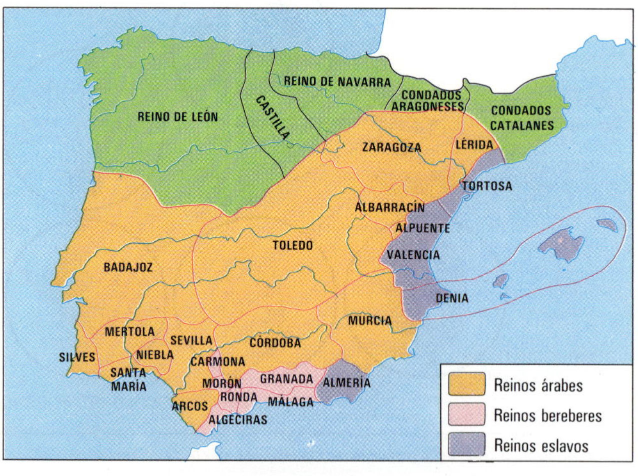

Los reinos de taifa.

taiga *s. f.* **1.** Formación vegetal del bosque de coníferas propia de latitudes frías de clima continental del hemisferio norte. Constituye un cinturón forestal que se extiende por el N de Eurasia y América, precedido de bosque caducifolio y seguido de tundra. Está integrada por piceas, abetos y alerces, y en menor medida álamos y abedules, con grandes claros donde aparecen turberas. **2.** Extensión de terreno cubierta por dicha formación vegetal.

Taigeto Macizo montañoso de Grecia, en el Peloponeso; su altura máxima es de 2.404 m. A sus pies se asienta Esparta.

tailandés, sa *adj.* De Tailandia. También *s.*

Tailandia (*Muang Thai* o *Prathet Thai*) Estado del SE de Asia.

Extensión: 513.115 km^2.
Límites: al N, con Birmania y Laos; al E, con Laos y Camboya; al S, con el golfo de Siam y Malaisia, y al O, con Birmania.
Población: 56.217.000 h. en 1990.
Densidad: 109,6 h./km^2.
Capital: Bangkok.
División administrativa: 7 regiones.
Ciudades principales: Chiang Mai, Hat Yai, Khon Kaen y Nakhon Ratchasima.
Gentilicio: tailandés.
Forma de Estado: monarquía constitucional.
Idioma: tai.
Religión: budismo, 95 %; islamismo, 3,8 %.
Moneda: baht.
Tasa de natalidad: 22 ‰ en 1990.
Tasa de mortalidad: 7 ‰ en 1990.
Renta per cápita: 1.170 en 1989.

Geog. física El país está dividido en dos sectores, uno continental y otro peninsular, separados por el istmo de Kra. Su parte central está formada por una llanura, atravesada por el río Menam. Al N y O de esta llanura se encuentra una zona montañosa con el pico Doi Inthanon (2.595 m). La parte E está ocupada por la meseta de Khorat, y la región S, correspondiente al sector peninsular, está recorrida por los montes Bilauktaung. En su red hidrográfica destacan el río Menam y sus afluentes Ping, Yom y Pasak, y los ríos Lam Chi y Nam Mun, afluentes ambos del Mekong, que constituye la frontera oriental. El clima, influido por los monzones, es cálido y lluvioso en verano y seco y templado en invierno. Las lluvias, muy abundantes en el S y en el O, disminuyen conforme se avanza hacia el N y el E. Tiene vegetación de sabana en la meseta, de jungla monzónica, degradada por el hombre, en el O y NO y de selva tropical en el S.
Geog. humana y ***económica*** La mayoría de la población pertenece al grupo tai, aunque existen una minoría china y otra malaya. Buena parte de sus habitantes residen en las áreas rurales de la llanura de Menam. Tiene un índice de crecimiento vegetativo muy alto (1,5 % anual). La agricultura es la base de la economía tailandesa, más concretamente la exportación del arroz, principal y más extendido cultivo (quinto productor mundial); también se cultivan maíz, caña de azúcar (cuarto), tapioca, sésamo, caucho (tercero), mandioca, soja, frutas tropicales, tabaco, algodón, verduras y legumbres. Cuenta con ganadería vacuna, porcina y de búfalos (cuarta del mundo) y producción de seda (octava). De sus selvas se extrae gran cantidad y variedad de maderas. Es el décimo país del mundo en capturas pesqueras. Posee yacimientos de estaño (sexto productor mundial), tungsteno (décimo), plomo, cinc, hierro, manganeso y antimonio. En los últimos tiempos han adquirido gran relevancia económica el petróleo y el gas natural. Las industrias se dedican esencialmente a la elaboración de productos alimentarios, textiles, tabaco y madera.
Hist. **época precolonial** El país de Siam, la actual Tailandia, estuvo ocupado por pueblos khmer, môn e indonesios desde hace unos 3.000 años y fue invadido en el s. VIII por los tais, pueblo procedente de China. Los conflictos entre las distintas etnias se prolongaron hasta el s. XIII y su unión administrativa y cultural se produjo en el s. XVI. En la historia de Siam se suceden las ciudades-estado; primero las gemelas Sukhotai y Sawankhalok, desplazadas por la laosiana Pitsalunok (s. XI), y ésta por Ayuthya, fundada en 1350, ciudad-estado que disfrutó de cuatro siglos de prosperidad y cuyo rey Ramadipathi unificó Siam bajo su soberanía.
época colonial y contemporánea A partir del s. XVI comenzaron a llegar los colonizadores europeos, portugueses, holandeses, franceses y británicos, que en el s. XVIII mantuvieron serios conflictos a causa de los intereses económicos que tenían en Siam. En un primer momento pareció que iban a triunfar los franceses, ya que el rey siamés consintió en la instalación de una guarnición francesa, pero no fue así, ya que a raíz de esta ocupación militar tuvieron lugar una serie de revueltas y levantamientos populares que acabaron con la presencia extranjera. Mientras tanto, el país sufrió una invasión birmana, que fue rechazada rápidamente. A partir de 1782 se impuso en el poder la dinastía Rama, bajo la cual el país alcanzó una gran expansión económica. Pero en 1932 un golpe de Estado obligó al rey Rama VII a abandonar el absolutismo y a abdicar tres años más tarde. Desde entonces y hasta 1965 el gobierno estuvo en manos del general Songgram, aunque la cabeza visible fuera el rey Ananda Mahidol (Rama VIII), que durante su mandato se alió con Japón en la Segunda Guerra Mundial. Tras la guerra accedió al trono Bhumibol Adulyadej (Rama IX), que mantuvo a Songgram como primer ministro.
época actual En 1949 el país pasó a llamarse oficialmente *Tailandia.* Tras una etapa liberal, en 1971 se produjo el golpe de Estado del general Thanom Kittikachorn. La creciente propaganda comunista, la intensa militarización del país y la aparición del movimiento guerrillero, provocaron un nuevo golpe de Estado en 1977, dirigido por el general Chamanand, que a su vez dimitió en 1980 a causa de la crisis económica, siendo reemplazado por P. Tinsulanond. El régimen parlamentario fue restablecido en 1983 y de las elecciones surgió un gobierno de coalición del Partido de Acción Social, Nación Tai y Partido

Tailandia: ruinas de la ciudad de Sukhotai, a orillas del Mae Nam, que floreció entre los siglos XIII *y* XIV.

Democrático, que renovó su mandato en los comicios de 1986 y en 1988 con la elección como primer ministro del general Chatichai Choonhaven. En 1991 un golpe de Estado llevó al poder a Suchinda Kraprayoon, pero la jefatura del Estado permaneció en manos del rey Rama IX. El general Kraprayoon dimitió en 1992 y fue sustituido por Anand Panayarachun.

taimado, da *adj.* **1.** Astuto, de gran habilidad para engañar o no ser engañado. También *s.* **2.** *Chile.* Testarudo, tenaz. **3.** *Arg., Ec.* Perezoso.

taimarse *v. prnl.* **1.** *Arg., Chile.* Ponerse terco. **2.** *Arg., Chile.* Volverse perezoso.

Tainan o **T'ai-Nan** C. de Taiwan, situada en el SO de la isla, junto a la costa del estrecho de Formosa. 675.700 h. en 1990. Cuenta con industrias textiles, químicas, alimentarias, de material eléctrico y de derivados del caucho y del aluminio. Tiene un activo puerto exportador. Fue capital de Taiwan hasta 1886.

Taine, Hippolyte (Vouziers 1828 - París 1893) Historiador del arte y filósofo francés. Desde una perspectiva positivista, afirmó que el medio ambiente es el factor determinante de todo proceso histórico, puesto que éste se encuentra sometido a las mismas leyes que el resto de los fenómenos naturales. Escribió *Filosofía del arte* (1865-1869), *De la inteligencia* (1870) y *Ensayos de crítica e historia* (1858-94).

taíno o **taino, na** *adj.* **1.** Se dice de una tribu amerindia, hoy extinguida, que habitó en las Antillas. Procedentes de la región amazónica de América del Sur, eran agricultores y practicaban la caza; estaban mandados por caciques y tenían una religión de tipo animista. **2.** De esta tribu. También *s.* ‖ *s. m.* **3.** Dialecto del tronco caribe hablado por estos pueblos y que hoy se conserva en el NO de Brasil.

Taipeh o **T'ai-Pei** C. de Taiwan, cap. del país, situada en el N de la isla. 2.702.500 h. en 1990. Cuenta con una industria en rápida expansión, en la que destacan esencialmente los sectores alimentario, textil, químico, metalúrgico, electrónico, informático, de construcciones mecánicas y de confección. Es un importante nudo de comunicaciones y el centro administrativo de la isla.

Taipeh: vista de la avenida Jenai.

T'ai-p'ing Movimiento político y religioso milenarista chino (1848-64). Su nombre puede traducirse por «suprema paz». Fundado por Hong Sieu-guan, intentaba aunar el protestantismo con la tradición china. Se levantó contra la dinastía manchú y proclamó el Estado de T'ai-p'ing, tomando Hong el título de emperador. Llegó a conquistar la cuenca del Yangtsé-kiang e instaló su capital en Tonkín. Fue aplastado por las fuerzas imperiales, ayudadas por británicos y estadounidenses.

Taisho Tenno (Tokio 1879 - íd. 1926) Emperador de Japón (1912-26). Durante su reinado Japón tuvo un importante desarrollo económico, se efectuó la reforma electoral (1918) y el país participó con los aliados en la Primera Guerra Mundial. En 1921, enfermo de gravedad, dejó la regencia a su hijo Hiro-Hito.

taita *s. m. C. Rica, Ec., Ven.* Tratamiento que se da al padre o jefe de la familia.

Taiwan Estado insular del E de Asia.

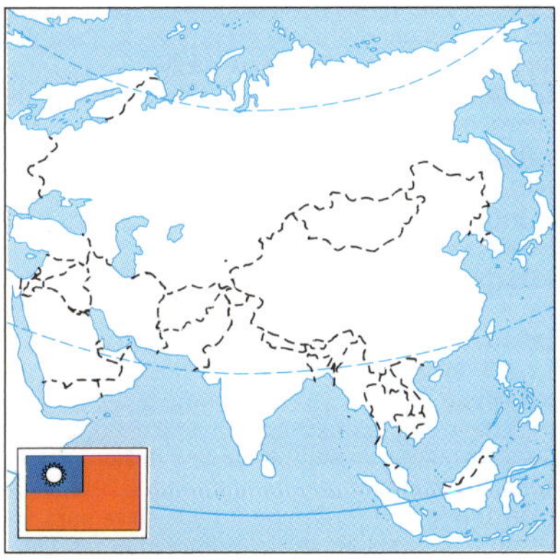

Extensión: 36.000 km^2.
Situación: en el océano Pacífico, al SE de China.
Población: 20.221.000 h. en 1990.
Densidad: 561,7 h./km^2.
Capital: Taipeh.
División administrativa: 16 condados y 7 municipalidades.
Ciudades principales: Kao-hsiung, Taichung, Tainan, Chi-lung y Hsin-chu.
Gentilicio: taiwanés.
Forma de Estado: república unitaria.
Idioma: chino mandarín.
Religión: confucianismo, 48,5 %; budismo, 43 %; cristianismo, 7,4 %.
Moneda: dólar de Taiwan.
Tasa de natalidad: 16 ‰ en 1990.
Tasa de mortalidad: 5 ‰ en 1990.
Renta per cápita: 7.510 dólares en 1989.

Geog. física El centro y E de la isla están atravesados de N a S por la cordillera Taiwan Shan, cuya máxima altura se encuentra en el Yushan (3.997 m). Esta alineación montañosa desciende hacia la costa E, donde se alzan los montes Taidong, que forman impresionantes acantilados, y hacia el O avanza perdiendo altura progresivamente hasta convertirse en una fértil llanura costera. Los ríos, que recorren el país en dirección E-O, nacen en estas montañas y vierten sus aguas en el estrecho de Formosa; los principales son Choshui, Tanshui y Bajo Tanshui. El país, situado en el trópico de Cáncer, tiene un clima tropical cálido y húmedo debido a las intensas precipitaciones monzónicas, y está situado en la ruta de los tifones del mar de Japón. En la vegetación predomina el bosque de lianas, bambú y coníferas.

Geog. humana y ***económica*** La población es esencialmente china y se concentra en la llanura costera del O. El índice de natalidad, que había llegado a altas cifras, se está reduciendo, con lo cual la tasa de crecimiento vegetativo se ha estabilizado (0,9 % en 1990). El 74 % de la población reside en las ciudades. Tradicionalmente la economía del país se basó en el cultivo de arroz, caña de azúcar, frutas, batata, maíz y hortalizas, en su creciente e importante cabaña porcina y en la pesca. La expansión económica de Taiwan se ha fundamentado en la industria, que, gracias a la infraestructura heredada de Japón, la ayuda económica que EE UU le prestó en los años cincuenta y las inversiones extranjeras, ha alcanzado gran importancia y desarrollo, especialmente en los sectores químico, azucarero, textil, electrónico, eléctrico, del cemento, del refino de petróleo y construcciones navales (tercer productor mundial). También hay que mencionar las extracciones de plata, cobre, amianto y petróleo, y las salinas. El comercio exterior de artículos manufacturados, plásticos, textiles, fibras sintéticas, electrodomésticos y electrónica reporta grandes beneficios.

Taiwan: pagoda del Pico Celestial, en la garganta de Taroko, cerca de Tienhsiang.

Hist. **época prechina** La isla fue un lugar de asentamiento de piratas chinos y japoneses, hasta ser colonizada por campesinos procedentes de Fu-Kien (s. XVI). Los primeros europeos que llegaron a la isla fueron los portugueses, en 1590, que le dieron el nombre de *Formosa* (bella). A los portugueses se sumaron en el siguiente siglo holandeses (1624) y españoles (1642). La presencia de españoles fue muy breve, ya que fueron expulsados por los holandeses, pero éstos también tuvieron que abandonar la isla al ser desplazados por chinos, los cuales venían huyendo de los manchúes, que habían ocupado la China continental. Éstos formaron un reino (1662), pero fue efímero, pues en 1683 Formosa se integró en la China imperial manchú.

época china nacionalista Después de la guerra chino-japonesa, la isla pasó a Japón (1895), que la conservó hasta 1945, año en que la tuvo que ceder a China. En 1949, el general Chiang Kai-chek, disconforme con el régimen comunista impuesto en China, se refugió en Taiwan con su ejército y gran número de nacionalistas. Allí se convirtió en el dictador del gobierno que pretendía ser el legítimo de la República China; esta situación se mantuvo hasta 1971, gracias al apoyo militar y económico de EE UU. En este año el gobierno de Washington permitió la entrada en la ONU de la República Popular China, con lo cual el gobierno de Taipeh dejó de ser reconocido como legítimo representante del pueblo chino.

época actual A la muerte de Chiang Kai-chek (1975), le sucedió su hijo Chang Ching-kuo que, al igual que su padre, se apoyó para gobernar en el partido nacionalista (Kuomintang), que fue el vencedor en los comicios de 1980 y 1983. En 1987 fueron legalizados los partidos políticos y en las elecciones de 1988 resultó elegido como presidente de la república Lee Teng-hui, reelegido en 1990, y como primer ministro Yu Kuo-hwa, sustituido en 1990 por el general Hau Pei-tsun. En las elecciones legislativas de 1991 volvió a triunfar el Kuomintang.

Taiyuan C. de China, cap. de la prov. de Shanxi, en el E del país, al SE de Pekín. 2.010.000 h. en 1989. Sus importantes yacimientos de hierro y carbón sostienen la industria siderometalúrgica, que en los últimos años ha adquirido gran relevancia. También cuenta con industrias químicas, alimentarias y de cemento.

Taj Mahal Mausoleo construido en la ciudad de Agra, en la provincia hindú de Uttar Pradesh, entre 1630 y 1652, por el emperador mogol sha Yahan para albergar los restos de su esposa, Muntaz Mahal. Es de mármol blanco, tiene planta octogonal cubierta por una gran cúpula de tradición persa y aparece flanqueado por cuatro minaretes. Es considerado la obra maestra del arte indomusulmán.

tajada *s. f.* **1.** Trozo cortado o desprendido de una cosa, especialmente de un alimento. **2.** *fam.* Tajo, corte. **3.** *fam.* Borrachera*. ‖ **Loc. estar al plato y a las tajadas** *fam.* Estar pendiente de todo, no perder detalle. **sacar** uno (**una buena**) **tajada** de algo *fam.* Sacar provecho.

tajado, da **1.** *p. p.* de **tajar**. También *adj.* ‖ *adj.* **2.** Se dice del terreno cortado en vertical que forma una pared. **3.** *fam.* Borracho, bebido.

tajamar *s. m.* **1.** Tablón de forma curva situado en la parte exterior de la roda, que corta el agua cuando navega la embarcación. **2.** Construcción que se añade a los pilares de un puente, en forma de ángulo, para cortar el agua de la corriente. **3.** *Chile, Ec.* Dique, muelle. **4.** *Arg., Ec.* Presa o balsa. **5.** *Arg.* Zanja que se cava en las orillas de los ríos para controlar los efectos de las crecidas.

tajante *adj.* **1.** Que no admite discusión o contradicción. **2.** Que no admite término medio. **Fam.** Tajantemente.

tajar *v. tr.* **1.** Cortar, seccionar. ‖ *v. prnl.* **2.** *fam.* Emborracharse.

tajeadura *s. f. Arg., Chile, Par., Urug.* Cicatriz grande.

tajear *v. tr. amer.* Tajar, cortar.

Tajes, Máximo (Canelones 1852 - Montevideo 1912) Militar y político uruguayo. General en jefe del ejército, desbarató en Quebracho una insurrección contra el gobierno. Ministro de Guerra y Marina, se hizo cargo de la presidencia (1886-90) al producirse la renuncia de Santos. Durante su gobierno se esforzó en la pacificación del país.

Tajín, El Yacimiento arqueológico de la región totonaca, situado en el estado mexicano de Veracruz. El lugar, dependiente originalmente de Teotihuacan, tuvo su época de esplendor a la caída de ésta. Su principal monumento es la pirámide de Tajín o de los Nichos, de 35 m de lado en la base por 25 de altura, con siete cuerpos y 364 nichos. Otros edificios dignos de mención son el de las Columnas, el Tajín chico, los monumentos II y V y el juego de pelota.

tajo *s. m.* **1.** Corte, generalmente profundo, hecho con un instrumento afilado. **2.** Movimiento que se hace con un arma blanca para herir a alguien. **3.** Corte profundo y casi vertical en el terreno, como el que se forma a causa de la erosión de un río. **4.** Trabajo, tarea. **5.** Sitio hasta donde llega en su tarea un grupo de trabajadores durante la jornada o en un tiempo determinado. **6.** Pedazo de madera gruesa sobre el que se cortan la carne y otros alimentos. **7.** Plataforma similar sobre la que se cortaba la cabeza a los condenados.

Tajo Río de la península Ibérica, en la vertiente atlántica. 1.120 km de longitud y 80.678 km^2 de cuenca. Nace en la sierra de Albarracín (Teruel) y atraviesa la Península en dirección E-O, pasando por las provincias de Guadalajara, Cuenca, Madrid, Toledo y Cáceres y las ciudades de Toledo y Talavera de la Reina; forma frontera entre Portugal y España y fluye por tierras portuguesas hasta su desembocadura en el Atlántico a la altura de Lisboa, donde forma un gran estuario. Su régimen pluvionival se transforma en oceánico-mediterráneo a medida que avanza hacia el O. Sus principales afluentes son el Gallo, Jarama, Guadarrama, Alberche, Tiétar, Alagón, Zézere, Ribeiras de Nixa y Sorraia (los tres últimos portugueses). A lo largo de su curso alimenta varias centrales hidroeléctricas, con los embalses de Entrepeñas-Buendía, Castrejón, Azután, Valdecañas, Torrejón y Alcántara.

Tajumulco Volcán de Guatemala, en el departamento de San Marcos. Con 4.220 m, es el más alto de América Central.

taka *s. f.* Unidad monetaria de Bangladesh.

Takla Makan Desierto de China, en la región de Xinjiang, en la cuenca del Tarim; es una extensión de dunas de unos 400.000 km^2, y está rodeado por las montañas del Pamir y los montes Tian Shan y Kunlun Shan.

tal *adj.* **1.** Igual, semejante a algo ya nombrado o conocido; con este sentido equivale a un demostrativo: *No dijo tal cosa.* También *pron.* **2.** Se emplea para introducir construcciones consecutivas: *Hizo tal ruido que nos despertó. De tal palo, tal astilla.* **3.** Expresa que el sustantivo al que acompaña designa una persona, animal o cosa no determinada: *Tú me encargas tal libro y yo te lo compro.* También *pron.* **4.** Aplicado a un nombre propio, apellido, etc., de una persona poco conocida. ‖ *adv. m.* **5.** Se utiliza como primer término de una comparación seguido de palabras como *cual, como,* etc.: *Pintó la casa tal como estaba en la lámina.* **6.** Así, de ese modo: *Tal me habló que no supe qué responderle.* ‖ **Loc. con tal de** *conj.* Introduce construcciones condicionales. **tal cual** *adj.* y *adv.* Igual, de la misma forma o manera. **tal para cual** Expresa con tono despectivo la semejanza entre dos personas con respecto a su forma de ser, comportarse, etc. **tal que** En mat., se emplea para señalar una condición o afirmación posterior; se simboliza con una línea vertical (|). **tal vez** *adv.* Quizá. **...y tal** Expresa el resto de algo que se dice y no merece la pena mencionar. Se usa a veces como simple muletilla.

tala[1] *s. f.* Acción y efecto de talar.

tala[2] *s. f.* **1.** Juego que consiste en hacer saltar un palo pequeño y darle en el aire. **2.** Palo pequeño que se emplea en este juego.

talabarte *s. m.* Cinturón, normalmente de cuero, del que cuelga la espada o el sable.

talabartería *s. f.* Tienda o taller del talabartero.

talabartero, ra *s. m.* y *f.* Persona que hace talabartes y otros objetos de cuero.

taladrado, da **1.** *p. p.* de **taladrar**. También *adj.* ‖ *s. m.* **2.** Acción y efecto de taladrar.

taladrador, ra *adj.* **1.** Que taladra. También *s.* ‖ *s. f.* **2.** Máquina que sirve para taladrar.

taladrar *v. tr.* **1.** Hacer perforaciones en una superficie con un instrumento adecuado. **2.** Molestar los oídos un sonido fuerte y desagradable. **Fam.** Taladrante.

taladro *s. m.* **1.** Instrumento que sirve para taladrar. Puede ser rotatorio, si abre el orificio utilizando un borde cortante que gira (broca), o de percusión, si perfora mediante golpes repetidos. **2.** Acción y efecto de taladrar. **3.** Agujero que queda hecho después de haber taladrado.

talamanca *adj.* **1.** Se dice de un grupo de tribus indias centroamericanas de la familia lingüística chibcha, asentadas en Costa Rica y Panamá. Actualmente muchas de ellas están extinguidas. **2.** De este grupo de tribus. También *s.*

tálamo *s. m.* **1.** Cama de los recién casados y de los matrimonios en general. **2.** En bot., ensanchamiento del pedúnculo en que están insertas ciertas partes de la flor, como el perianto, el androceo y el gineceo. **3.** Cada una de las dos masas nerviosas situadas a ambos lados del tercer ventrículo del cerebro; a través del tálamo llegan al cerebro las vías nerviosas que provienen de los órganos de los sentidos. También se llama *tálamo óptico.*

talante *s. m.* Estado de ánimo, actitud o forma de ser de una persona.

talar[1] (del germ. *talon,* arrancar) *v. tr.* **1.** Cortar árboles por su parte baja. **2.** Destruir o arruinar campos, edificios, poblaciones, etc.

talar[2] (del lat. *talaris*) *adj.* Se dice de la vestidura que llega hasta los talones, especialmente de la eclesiástica.

talasemia *s. f.* En med., nombre genérico de diversas anemias producidas por la dificultad congénita del organismo para producir hemoglobina.

talasocracia *s. f.* **1.** Dominio político o económico sobre los mares. **2.** Poderío naval.

talasoterapia *s. f.* Tratamiento para ciertas enfermedades aprovechando las cualidades y posibilidades del clima marino, como los baños de mar, el sol, la brisa, etc.

Talavera de la Reina C. de España, en la prov. de Toledo. 69.150 h. en 1991. Situada junto al río Tajo, en su vega se cultivan cereales, tubérculos, productos hortícolas, frutales, algodón y tabaco, y se cría ganado lanar. Posee industrias alimentarias, textiles, madereras, metalúrgicas y químicas. Debe su fama a su industria de cerámica, loza y azulejos, de antigua tradición y gran calidad, y es el centro comercial, administrativo y financiero de una amplia región. Conserva restos romanos, murallas medievales y la iglesia colegiata de Santa María (s. XIV-XV), de estilo gótico.

talayot o **talayote** *s. m.* Monumento megalítico de las Baleares, semejante a una torre de poca altura, con planta circular, elíptica o a veces cuadrada.

talayótico, ca *adj.* **1.** Perteneciente o relativo al talayot. ‖ **2. cultura talayótica** Cultura que se desarrolló en las islas Baleares durante el final de la edad del bronce y el inicio de la edad del hierro. Se caracteriza por los poblados amurallados y diversos monumentos megalíticos, talayots, navetas, taulas y salas hipóstilas.

Talbot, William Henry Fox (Lacock Abbey, Wiltshire 1800 - íd. 1877) Físico británico. De formación humanística y científica, alcanzó gran celebridad al obtener las primeras fotografías sobre papel (talbotipia), al tiempo que Daguerre lo conseguía sobre placas metálicas.

Talca C. de Chile, cap. de la región de Maule, situada en el sector central del país. 173.900 h. en 1989. Constituye el núcleo urbano de una comarca agrícola donde se cultivan cereales, vid y frutales. Cuenta con industrias alimentarias, químicas, metalúrgicas, papeleras, de calzado y

Taladradora de percusión: un colchón de aire en el interior del pistón excitador impulsa al pistón libre, que a su vez transmite el movimiento a la broca.

de tabaco. Es también centro administrativo y comercial.

Talcahuano C. de Chile, situada dentro de la aglomeración urbana de Concepción. 243.550 h. en 1989. Se encuentra en la bahía y está ocupada por numerosos arsenales, muelles y otras instalaciones portuarias. Posee industrias químicas, siderúrgicas, de maquinaria y de conservas y una refinería de petróleo.

talco *s. m.* **1.** $Mg_3Si_4O_{10}(OH)_2$. Mineral silicato de magnesio. Tiene estructura laminar en la que cada placa o lámina se forma gracias a la unión bidimensional de un número indefinido de cadenas lineales; en esta estructura los átomos de magnesio se sitúan, rodeados por átomos de oxígeno, entre láminas contiguas. Es muy blando. Tiene color verde claro, blanco o gris, y brillo perlado y graso. Aparece en rocas metamórficas de Alemania, Francia, China, Federación Rusa, Ucrania, Canadá y Suecia; en España, en muchas regiones donde afloran rocas ígneas básicas. Se emplea en la fabricación de pinturas, cerámica, papel, tiza y, pulverizado, como suavizante de la piel. || **2. polvos de talco** Producto de cosmética elaborado a partir de este mineral, que se emplea especialmente en el cuidado de la piel, sobre todo de los bebés. A veces se le llama únicamente *talco.*

talcoso, sa *adj.* Que está compuesto de talco o lo contiene en abundancia.

taled *s. m.* Pequeño manto de lana, en cuyos cuatro extremos cuelgan ocho hilos también de lana, con el que los judíos se cubren la cabeza y el cuello en sus ceremonias religiosas.

talega *s. f.* Talego, saco.

talegazo o **talegada** *s. m.* o *s. f. fam.* Caída de lleno de una persona en el suelo.

talego *s. m.* **1.** Saco de tela. **2.** En argot, mil pesetas. **3.** En argot, cantidad de hachís equivalente a mil pesetas. **4.** En argot, cárcel, presidio. **5.** *fam.* Persona de mal tipo, especialmente por ser muy ancha de cintura.

taleguilla *s. f.* Pantalón ajustado que llega hasta debajo de la rodilla del traje de los toreros.

talento *s. m.* **1.** Capacidad que tiene alguien para hacer buen uso de su inteligencia. **2.** Persona que posee dicha capacidad o habilidad en alto grado. **3.** Inteligencia. **4.** Habilidad para la realización de alguna actividad. **5.** Antigua moneda utilizada por griegos y romanos.

talentoso, sa *adj.* Que tiene talento.

talentudo, da *adj.* Talentoso*.

tálero *s. m.* Gruesa moneda alemana de plata, muy extendida durante los s. XVI y XVII.

Tales, teorema de Teorema matemático atribuido a Tales, pero enunciado y demostrado por Euclides en sus *Elementos,* que establece que los segmentos interceptados por rectas paralelas en un conjunto de rectas concurrentes son proporcionales entre sí.

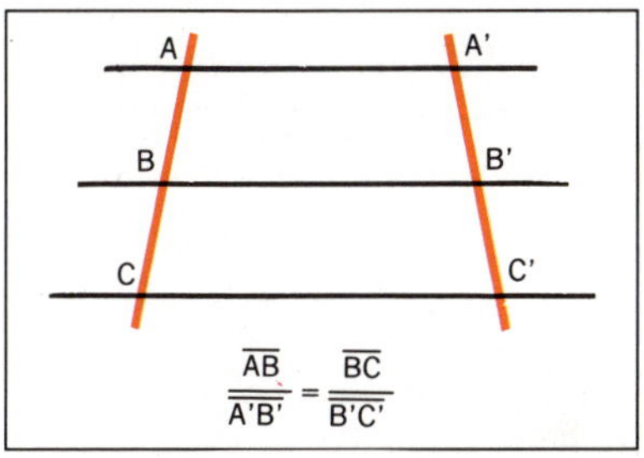

Teorema de Tales.

Tales de Mileto (Mileto, fines del s. VII - ? s. VI a. C.) Filósofo, físico, matemático y astrónomo griego. Considerado por Aristóteles como iniciador de la filosofía griega, el único conocimiento que tenemos de su doctrina se basa en comentarios de autores posteriores. Explicó la multiplicidad de todo lo existente a partir de un principio natural único, el agua, del que afirmaba que provenían todas las cosas. Fue el primer geómetra griego, cuyos conocimientos posiblemente aprendió de los egipcios. Resolvió algunos problemas relativos a los triángulos e ideó un sistema para calcular la altura de cualquier objeto a partir de su sombra. Como astrónomo, se hizo famoso por haber predicho un eclipse de Sol. Fue uno de los siete sabios de Grecia.

talgo (siglas de Tren Articulado Ligero Goicoechea y Oriol) *s. m.* Tren articulado inventado por el ingeniero español Alejandro Goicoechea. Está construido mediante estructuras tubulares articuladas entre sí, cada una de las cuales se apoya en dos ruedas. A causa de su bajo centro de gravedad posee gran estabilidad y alcanza alta velocidad.

Talía En la mitología griega, musa de la comedia y de la poesía ligera, y una de las tres Gracias.

talidomida *s. f.* En farmacia, cierta sustancia empleada para la elaboración de tranquilizantes, que dejó de usarse porque causaba malformaciones en los fetos al tomarla las embarazadas.

talio *s. m.* Tl. Elemento químico, perteneciente al grupo III A del sistema periódico. Su número atómico es 81 y su masa atómica 204,37. Su existencia fue detectada mediante métodos espectroscópicos por William Crookes en 1861, quien le asignó el nombre de *talio,* con lo que hacía alusión al color verde que presentaba su línea espectral. Es un metal blando, maleable y con brillo plateado cuando está recién cortado, oscureciéndose en seguida por oxidación. Es atacado por los ácidos y las bases. Es relativamente abundante, aunque sus concentraciones son tan pequeñas que no hacen rentable su extracción directa, obteniéndose como subproducto en la tostación de algunos sulfuros de plomo y cinc. Por la especial fotosensibilidad de algunas de sus sales se emplea en sistemas de comunicación; también se utiliza como componente para la fabricación de insecticidas y raticidas.

talión *s. m.* **1.** Pena que consistía en hacer sufrir al acusado el mismo daño que él había causado; fue aplicada por los hebreos en la antigüedad. || **2. ley del talión** Véase **ley**.

talismán *s. m.* Cualquier objeto, signo, etc., al que se atribuye poderes sobrenaturales.

talla *s. f.* **1.** Acción y efecto de tallar. **2.** Obra escultórica, especialmente en madera. **3.** Forma que se da a las piedras preciosas al tallarlas. **4.** Estatura de una persona. **5.** Importancia o valor, especialmente intelectual. **6.** Medida de una prenda de vestir. **7.** Utensilio para medir la estatura de las personas o la alzada de las caballerías. **8.** *Amér. C.* Embuste, mentira. **9.** *Arg., Chile, Par.* Charla, especialmente para criticar o murmurar. || **Loc. dar la talla** Tener la estatura mínima exigida para alguna cosa; también, poseer alguien las cualidades o aptitudes mínimas necesarias para algo. ■ Con ambos significados, se usa mucho en frases negativas.

tallado, da **1.** *p. p.* de **tallar**. También *adj.* || *s. m.* **2.** Acción y efecto de tallar obras escultóricas, labrar piedras preciosas o grabar en un material duro.

tallar *v. tr.* **1.** Hacer una escultura cortando y modelando materiales como la piedra o la madera. **2.** Labrar las piedras preciosas. **3.** Grabar sobre una superficie o material duro. **4.** Cortar oblicuamente una madera o piedra. **5.** Realizar el dentado de una pieza, instrumento, etc. **6.** Medir la estatura de una persona o la alzada de un animal. || *v. intr.* **7.** *Arg., Chile, Par.* Charlar, especialmente para criticar o murmurar. **8.** *Chile.* Mantener conversaciones amorosas una pareja.

tallarín *s. m.* Cada una de las tiras finas y delgadas de pasta alimenticia que se consumen cocidas y condimentadas de muy distintas formas. Se usa más en *pl.*

talle *s. m.* **1.** Cintura de una persona. **2.** Parte de una prenda de vestir correspondiente a la cintura. **3.** Medida de una prenda de vestir que se toma desde el cuello hasta la cintura. **4.** Proporción o configuración del cuerpo humano.

tallecer *v. intr.* Entallecer*.

taller *s. m.* **1.** Lugar donde se realizan trabajos manuales o artísticos. **2.** Lugar donde se reparan máquinas, aparatos, etc., especialmente automóviles. **3.** Subdivisión de una industria o fábrica donde se realizan operaciones muy concretas. **4.** Conjunto de colaboradores de un artista o artesano. **5.** Procedimiento de formación en grupo para adquirir o perfeccionar una destreza o conocimiento.

Talleyrand-Périgord, Charles Maurice de (París 1754 - íd. 1838) Eclesiástico y político francés. Obispo de Autun, fue representante del clero en los Estados Generales (1789). Abandonó la Iglesia al ser declarado cismático, pero se reconcilió con el papa pocos años antes de morir. Fue ministro de Relaciones Exteriores durante el Directorio (1797-99) y nuevamente de 1799 a 1807. Contribuyó poderosamente a la caída de Napoleón y se convirtió en jefe del gobierno provisional hasta el regreso de Luis XVIII. Durante la Restauración se distinguió en el congreso de Viena por su habilidad diplomática, aprovechando las diferencias de los coligados en beneficio de Francia.

Tallien, Jean-Lambert (París 1767 - íd. 1820) Político francés. Diputado de la Convención en el grupo de la Montaña (1792), fue el principal promotor de la caída de Robespierre e impulsor de la reacción termidoriana.

Tallien, Teresa Cabarrús, llamada **Madame** (Madrid 1773 - Chimay 1835) Dama española. Esposa del marqués de Fontenay, fue amante de Jean-Lambert Tallien, que la salvó de ser detenida en Burdeos. Su acusación ante el tribunal revolucionario de París fue uno de los detonantes del golpe de Estado de Termidor, promovido por su amante, por lo que fue llamada *Nuestra Señora de Termidor.*

Tallin C. de Estonia, cap. del país, en el NO del mismo, junto al golfo de Finlandia. 482.000 h. en 1989. Su economía está fuertemente ligada a las industrias de construcciones mecánicas, eléctricas y aeronáuticas, químicas, farmacéuticas, textiles y alimentarias. Tiene un puerto comercial muy activo. Fue una fundación danesa (1219), que alcanzó un gran desarrollo como factoría hanseática con el nombre de *Reval.* Perteneció a Suecia (1561) y fue conquistada por Pedro el Grande de Rusia en 1721.

Tallin: vista del centro histórico urbano.

Tallis, Thomas (? h. 1505 - Greenwich 1585) Compositor y organista inglés. Junto con William Byrd, a quien tuvo por discípulo, fue el más destacado polifonista vocal de la época de los Tudor. Ambos músicos obtuvieron de la reina Isabel I el monopolio de las publicaciones musicales durante 21 años. Su música religiosa, de gran ingenuidad contrapuntística y destreza técnica, constituye la más alta cima de su arte. Entre sus piezas maestras se incluyen el motete *Spem in alium,* a 40 voces, las *Lamentaciones de Jeremías* y el libro de *Canciones sacras,* que publicó con Byrd.

tallista *s. m.* y *f.* **1.** Persona que hace obras de talla, especialmente en madera. **2.** Persona que talla piedras preciosas.

tallo *s. m.* **1.** Órgano de las plantas que crece en sentido contrario a la raíz y sirve de soporte a las hojas, flores y frutos. Su función es comunicar la raíz con las hojas mediante los tejidos conductores y, en ocasiones, almacenar sustancias nutritivas. En él se distinguen las siguientes zonas: nudos, engrosamientos de los que nacen las hojas y las ramas; entrenudos, zonas comprendidas entre un nudo y el siguiente; yemas axilares, con meristemos que dan lugar a las ramas; y yemas terminales, que permiten el creci-

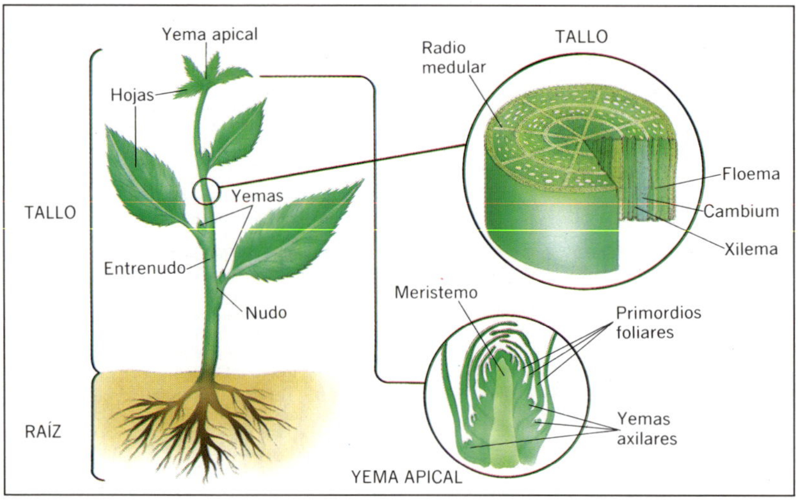

Tallo de una planta leñosa, con detalle de una sección transversal del mismo y de una yema apical.

miento del tallo en longitud, ya que contienen meristemos primarios. **2.** Vástago o brote. **3.** En zool., órgano que sostiene el cuerpo de los crinoideos. ‖ **4. tallo cerebral** Parte más estrecha del encéfalo, formada por el mesencéfalo, la protuberancia anular y el bulbo raquídeo.

talludo, da *adj.* **1.** Se aplica a la persona ya crecida o madura, especialmente cuando se comporta como un joven. Se emplea mucho en diminutivo. **2.** Que ha echado tallo grande o tiene muchos tallos.

talmente *adv. comp. fam.* Tal como, exactamente igual.

Talmud *s. m.* Recopilación de la tradición oral judía, código fundamental del derecho hebreo, que refleja una labor interpretativa de más de seiscientos años. Comprende dos partes: la *Misná*, que consta de un conjunto de leyes orales que complementan la *Biblia*, y la *Guemará*, que consiste en una compilación de comentarios de la primera y cuenta con dos versiones distintas, la palestina y la babilónica. **FAM.** Talmúdico.

talmudista *s. m.* y *f.* Persona que profesa la doctrina del Talmud, sigue sus dogmas y se ocupa de interpretarlos y explicarlos.

talo *s. m.* En bot., cuerpo vegetativo de las plantas talofitas, equivalente a la raíz, tallo y hojas de las plantas cormofitas.

talofito, ta *adj.* Se aplica a las plantas que tienen talo y carecen de tejidos vasculares. Es un grupo que carece actualmente de categoría taxonómica y que estaría comprendido entre las plantas criptógamas. También *s.*

talón *s. m.* **1.** Parte posterior del pie humano de forma redondeada, cuyo esqueleto está constituido por el hueso calcáneo. **2.** Zona del calzado, la media o el calcetín que cubre esta parte del pie. **3.** Parte blanda y flexible del casco de las caballerías. **4.** Parte interior del arco de los instrumentos musicales de cuerda, más cercana al mango. **5.** Extremo o parte posterior de algunos objetos e instrumentos, como p. ej. la caña de pescar. **6.** Documento cortado de un cuadernillo en el que queda una parte de dicho documento que garantiza su legitimidad. **7.** Particularmente, cheque*. **8.** Borde reforzado de la cubierta de un neumático que encaja en la llanta. **9.** En arq., moldura de forma sinuosa, cuyo perfil está compuesto por dos arcos de circunferencia contrapuestos. ‖ **10. talón de Aquiles** Punto débil de alguien o algo. ‖ **LOC. pisarle** a alguien **los talones** *fam.* Seguirle muy de cerca.

talonar *v. tr.* Calcular la distancia que se recorre en cada paso o bien los pasos necesarios para recorrer una determinada distancia. **FAM.** Talonamiento.

talonario *s. m.* Cuadernillo de talones.

talonazo *s. m.* Golpe dado con el talón.

talonear *v. intr.* **1.** Andar a pie con mucha prisa. **2.** En Andalucía y América, dar con los talones el jinete a la caballería para que se mueva o avance más rápido.

tálpidos *s. m. pl.* Familia de mamíferos del orden insectívoros a la que pertenecen 19 especies comprendidas en los géneros *Talpa*, *Desmana*, *Scalopus*, etc. Tienen el cuerpo rechoncho y corto, ojos y oídos diminutos, cuello pequeño y patas cortas, pero robustas, por lo que son excelentes excavadores. Su pelaje aterciopelado se dispone en cualquier sentido, lo que les permite removerse y retroceder en sus túneles. La especie más característica es el topo común *(Talpa europaea)*, que habita en Eurasia; otros tálpidos son los desmanes, los almizcleros, etc. También *adj.* y *s. m.*

talque *s. m.* Tierra rica en talco y muy refractaria, usada para hacer crisoles.

talquita *s. f.* Roca formada principalmente por talco.

talud *s. m.* **1.** Inclinación de un terreno o de un muro. ‖ **2. talud continental** Gran escarpe marino o plano de fuerte pendiente que pone en contacto la plataforma continental con la llanura abisal. Tiene unos 4.000 m de desnivel y a lo largo de él resbalan aportes sedimentarios continentales para depositarse en el fondo. **3. talud de derrubios** En geol., fuerte declive del terreno. En razón de la pendiente se forma una gran acumulación de derrubios y otros materiales en su parte baja, de tal modo que predomina la erosión en su parte alta y la deposición en la baja.

tamal *s. m.* **1.** *amer.* Empanada de masa de maíz envuelta en hojas de plátano o de mazorca que se cuece al vapor o al horno y se rellena de diversos alimentos. **2.** *amer.* Lío, embrollo.

tamalero, ra *s. m.* y *f. amer.* Persona que hace o vende tamales.

tamanaco, ca *adj.* **1.** Se dice de una tribu amerindia que habita en las orillas del Orinoco. **2.** De esta tribu. También *s.* ‖ *s. m.* **3.** Lengua hablada por esta tribu.

tamanduá o **tamandúa** *s. m.* Nombre común de diversos mamíferos desdentados de la familia mirmecofágidos, género *Tamandua*. Son osos hormigueros, que miden aproximadamente 1 m de longitud, del que un tercio corresponde a la cola prensil, y tienen un hocico largo, con forma tubular, por el que proyectan la lengua para capturar hormigas, de las que se alimentan. Son trepadores y habitan en los árboles de las selvas de América Central y del Sur.

tamango *s. m. Arg., Chile, Par., Urug.* Calzado, especialmente el rústico de cuero o el viejo y gastado.

tamaño, ña *adj.* **1.** Semejante, tal; se usa con valor enfático. ‖ *s. m.* **2.** Volumen o conjunto de las medidas físicas de una persona, animal o cosa. **3.** Importancia, magnitud de alguna cosa. ‖ **4. tamaño natural** El de una pintura, escultura, etc., cuando tiene las mismas dimensiones que lo que representa; también, familiarmente, de gran tamaño.

támara *s. f.* **1.** Palmera de Canarias. **2.** Terreno poblado de palmeras. ‖ *pl.* **3.** Conjunto de dátiles en racimo.

tamaricáceas *s. f. pl.* Familia de plantas arbóreas o arbustivas perteneciente al orden violales, que comprende unas 120 especies, la mayoría de ellas del género *Tamarix*, otras de los géneros *Myricaria*, *Reaumuria* y *Hololachna*. Son plantas halofitas de ramas largas y delgadas, con hojas pequeñas y escamosas, flores bisexuales solitarias o agrupadas en espigas o racimos y fruto en cápsula. Algunas especies del género *Tamarix* desarrollan agallas con las que se elaboran taninos, tintes y extractos medicinales. Crecen en costas y tierras arenosas en climas templados y subtropicales, sobre todo en Noruega, la región mediterránea, N y S de África, Asia central, India y China. Tamaricáceas son los tarajes. También *adj.* y *s. f.*

tamarindo *s. m.* **1.** Árbol de la familia cesalpináceas, especie *Tamarindus indica*. Llega a alcanzar unos 25 m de altura, tiene el tronco grueso, copa amplia, hojas pinnadas, inflorescencias en racimo de flores amarillentas con rayas rojas y fruto en legumbre. Es originario de África tropical y crece en todas las regiones cálidas. Es una planta ornamental, cuyos frutos se consumen en confitura. **2.** Fruto de este árbol.

tamarisco *s. m.* Taray*.

Tamarit, Francesc de (Barcelona h. 1600 - ? h. 1653) Político español. Miembro del Consejo de Ciento, fue elegido diputado del brazo militar de la Generalitat (1638) en un momento de endurecimiento de la política centralizadora del conde-duque de Olivares. Encarcelado en 1640, fue liberado por el pueblo, lo que constituyó el preludio del Corpus de Sangre y la guerra de Separación de Cataluña, en la que participó activamente.

tamariz *s. m.* Taray*.

Tamaulipas Estado de México, situado en el NE del país, junto a la costa del golfo de México. 79.384 km^2. 2.244.200 h. en 1990. La capital es Ciudad Victoria, con 153.200 h. en 1982. Se extiende sobre una planicie atravesada por la sierra de Tamaulipas y limitada al O por la Sierra Madre Oriental. Sus ríos principales son el Bravo del Norte, San Fernando, Purificación y Guayalejo. En las zonas de regadío se cultiva algodón, caña de azúcar, cereales, cítricos y legumbres. Son significativas la ganadería vacuna, la pesca y la explotación forestal. Posee yacimientos de cobre, plomo y plata, petróleo y gas natural. Cuenta con industrias alimentarias, químicas, petroquímicas y textiles.

Tamayo, José Luis (Guayas 1859 - ? 1947) Político ecuatoriano. Liberal, fue ministro de Estado y presidente de la república (1920-24). Durante su mandato se acentuaron las protestas obreras y se reprimió sangrientamente una manifestación de huelguistas en Guayaquil (1922).

Rufino Tamayo: Niña atacada por un pájaro extraño *(Museo de Arte Moderno, Nueva York).*

Tamayo, Rufino (Oaxaca 1899 - Ciudad de México 1991) Pintor mexicano. Es uno de los grandes muralistas, cuya principal influencia deriva de las tradiciones artísticas precolombinas.

Vivió las principales corrientes del momento en Nueva York y en París y sus pinturas son una síntesis del estilo mexicano tradicionales y del cubismo. Pintó murales para el palacio de Bellas Artes de México y la oficina de la UNESCO en París. Entre sus obras en lienzo cabe citar *Animales* (1943), *El cantante* (1950) y *Misterio de la noche* (1957).

Tamayo y Baus, Manuel (Madrid 1829 - íd. 1898) Dramaturgo español. Sus obras pueden dividirse en dos periodos: una primera etapa romántica, con obras como *El seis de agosto o España sin honra* (1848) y *Locura de amor* (1855); y un periodo de dramas realistas moralizantes, como *La bola de nieve* (1856), contra los celos infundados, *Lo positivo* (1862), contra el materialismo, y, sobre todo, *Un drama nuevo* (1867).

tambalear *v. intr.* Moverse una persona, animal o cosa de un lado a otro por falta de equilibrio, de fuerzas, etc. Se usa más como *v. prnl.* **FAM.** Tambaleante, tambaleo.

tambarria *s. f. amer.* Juerga, jolgorio.

tambero, ra *adj.* **1.** *Arg.* Se dice del ganado manso, especialmente el vacuno. **2.** *Amér. del S.* Perteneciente al tambo. || *s. m.* y *f.* **3.** Persona que tiene un tambo o trabaja en él.

también *adv. afirm.* **1.** Sirve para afirmar la igualdad, conformidad o relación de una cosa con otra ya nombrada. **2.** Añade una idea, un término, etc., a otra que ya se ha expuesto.

tambo *s. m.* **1.** En el imperio incaico, tipo de edificación con dormitorios y almacenes, que se construía a lo largo del camino real y era lugar de descanso para viajeros, soldados y mensajeros. **2.** *Amér. del S.* Venta, posada. **3.** *Arg., Par., Urug.* Vaquería.

tambor *s. m.* **1.** Instrumento musical de percusión que consiste en una caja cilíndrica cerrada en una o en las dos bases por unas membranas tensas, generalmente de piel, y que se toca con palillos. **2.** P. ext., se utiliza como nombre genérico referido a otros instrumentos de percusión semejantes que se tocan con palillos, mazos, baquetas, o con las manos, como el bombo, el bongo y los timbales. **3.** Persona que toca dichos instrumentos. **4.** Cualquier objeto o pieza de forma cilíndrica, como p. ej. el tambor de las lavadoras, el utilizado en pastelería para tamizar el azúcar, etc. **5.** Envase o recipiente cilíndrico, generalmente de gran tamaño. **6.** En algunas armas de fuego como el revólver, pieza cilíndrica giratoria donde están las balas. **7.** Pieza cilíndrica en que se enrolla un cable. **8.** Aro de madera sobre el que se coloca la tela para bordarla. **9.** En arq., estructura cilíndrica que sirve de base a una cúpula. **10.** Cada una de las piezas cilíndricas que forman el fuste de una columna cuando éste no está constituido por un solo bloque. **11.** Cuerpo central del capitel de una columna. **12.** Tímpano del oído. **13.** Pieza circular acoplada a la rueda de un vehículo en cuyo interior las zapatas del freno presionan la rueda impidiendo que gire. **14.** *amer.* Recipiente metálico utilizado especialmente para contener líquidos.

tambora *s. f.* Bombo o tambor grande.

tamborear *v. intr.* Tabalear*, golpear con los dedos. **FAM.** Tamboreo.

tamboril *s. m.* Tambor de cuerpo pequeño y estrecho que se toca, llevándolo colgado, con un solo palillo. Se utiliza sobre todo en la música popular.

tamborilear *v. intr.* **1.** Tocar el tamboril. **2.** Tabalear*, golpear con los dedos. **FAM.** Tamborileo.

tamborilero, ra *s. m.* y *f.* Persona que toca el tamboril.

Tamerlán, Timur Lang, llamado (Kesh, cerca de Samarcanda 1336 - Otrar 1405) Caudillo mongol, rey de Transoxiana (1370-1405). Pertenecía a la nobleza turca musulmana y se alzó contra el gobernador mongol de Transoxiana, conquistó el país y se proclamó heredero de Gengis Kan. Fundó la dinastía timúrida, conquistó Turquestán, Persia y Asia Menor y extendió sus dominios desde la muralla china hasta Moscú. También se apoderó de parte de la India y derrotó a Bayaceto, sultán de los turcos.

Támesis (*Thames*) Río del Reino Unido, en el SE de Inglaterra. 335 km de longitud. Nace en los montes Cotswold, fluye en dirección E y, tras atravesar Londres, desemboca en el mar del Norte, en un amplio estuario. Es navegable hasta Oxford. El puerto de Londres es uno de los más activos del mundo.

tamil *adj.* **1.** Se aplica a un pueblo melanohindú y a sus miembros que habitan en el SE de la India y en la isla de Ceilán. Son esencialmente agricultores y artesanos textiles. También *s.* **2.** De este pueblo. También *s.* || *s. m.* **3.** Lengua de este pueblo con escritura propia y una antigua literatura.

Tamil Nadu Estado de la India, en el SE del país. 130.058 km^2. 48.408.100 h. en 1981. La capital es Madrás, con 3.276.650 h. en 1981 y 4.983.000 h. en 1985 en su área metropolitana. Está configurado por una gran llanura costera, que ocupa las dos terceras partes del territorio, que se eleva hacia el O hasta el reborde montañoso de la meseta del Decán. Lo atraviesan de O a E los ríos Cauvery, Vaigai y Ponnaiyar. Entre sus cultivos destacan el arroz, algodón, mijo, caña de azúcar, tabaco, cacahuetes, cocos, hortalizas y maíz. También son relevantes la ganadería vacuna y lanar, la pesca y los recursos forestales. Posee yacimientos de lignito, hierro, cromo, bauxita y magnesita, poco explotados, e industria textil, metalúrgica, de maquinaria, siderúrgica, alimentaria y de cemento.

tamiz *s. m.* Instrumento compuesto por un aro o armazón con una tela o una malla muy tupida, que sirve para separar las partes gruesas de las finas de una cosa.

tamizar *v. tr.* **1.** Pasar una cosa por el tamiz. **2.** Suavizar la luz, cambiar su color, etc., haciéndola pasar a través de un filtro, una pantalla o algo semejante. **3.** Seleccionar o depurar algo cuidadosamente. ■ Se conjuga como *cazar.* **FAM.** Tamización.

Tamm, Igor Yevgenievich (Vladivostok 1895 - Moscú 1971) Físico ruso. Profesor de la universidad de Moscú, obtuvo en 1958 el premio Nobel de física, conjuntamente con Pavel A. Cherenkov e Ilia Frank, por su teoría sobre el efecto o radiación azul de Cherenkov (emisión de luz por partículas cargadas de alta energía que se mueven en un medio a una velocidad mayor a la que tendría la luz dentro del mismo medio).

tamo *s. m.* **1.** Pelusa que se desprende del lino, algodón o lana. **2.** Polvo o paja muy menuda de algunas semillas trilladas, como el trigo, el lino, etc.

Tampa C. de EE UU, en el E de la península de Florida, junto a la costa del golfo de México. 289.500 h. en 1989, 1.770.000 h. en su área metropolitana. Destaca como centro industrial siderúrgico, químico, conservero, de construcciones mecánicas y de transformación del tabaco. Es un puerto comercial de primer orden.

Tampere (en sueco *Tammerfors*) C. de Finlandia, situada en el S del país, al NO de Helsinki. 171.600 h. en 1990. Está atravesada por los rápidos de Tammerkoski, de los cuales obtiene la energía hidroeléctrica para el funcionamiento de sus industrias textiles, alimentarias, papeleras, químicas, del cuero y de construcciones mecánicas y aeronáuticas.

Tampico C. de México, en el estado de Tamaulipas, junto a la costa del golfo de México. 267.950 h. en 1980. Posee algunas industrias metalúrgicas, textiles, alimentarias y de construcciones mecánicas, pero su principal riqueza la constituyen el petróleo y toda la industria derivada de él. Cuenta con uno de los puertos más activos del país.

tampoco *adv. neg.* Se usa para negar una cosa después de haberse negado otra.

tampón *s. m.* **1.** Almohadilla empapada en tinta que se utiliza para entintar los sellos. P. ext., se usa mucho para referirse al propio sello. **2.** Artículo higiénico de forma cilíndrica y material muy absorbente, que utilizan las mujeres durante la menstruación. || **3. solución tampón** En quím., disolución que, debido a la naturaleza de sus solutos, ofrece una gran resistencia a modificar su pH cuando se le añade una pequeña cantidad de ácido o de base. Las disoluciones amortiguadoras más eficaces son aquellas que se preparan disolviendo concentraciones iguales de un ácido débil y su base conjugada; p. ej., ácido acético y acetato sódico. También existen naturalmente en los seres vivos manteniendo el pH de sus distintos medios -sangre, saliva, líquido intracelular, etc.- dentro de los límites necesarios para conservar la vida. También se llama *disolución reguladora* o *amortiguadora.*

tam-tam *s. m.* **1.** Instrumento musical de percusión semejante a un tambor grande, usado por algunos pueblos primitivos de África, Asia y Oceanía. **2.** Toque con este instrumento.

tamujal *s. m.* Lugar poblado de tamujos.

tamujo *s. m.* Mata o arbusto de la familia euforbiáceas, especie *Securinega tinctoria.* Mide entre 1 y 1,50 m de altura. Tiene las ramas delgadas, flexibles y espinosas, hojas ovaladas y fruto en cápsula. Crece en la península Ibérica y sus ramas se utilizan para fabricar escobas.

tan (*apoc.* de **tanto**) *adv. c. apoc.* **1.** Se emplea siempre delante de las palabras para intensificar su significado: *Es tan bueno...* **2.** Sirve para expresar una comparación de igualdad: *Es tan alto como su padre.* **3.** Se usa también, en unión de la conjunción *que,* como primer término de una correlación consecutiva: *Habla tan fuerte que todo el mundo le oye.* || **LOC. de tan** Expresión que resalta lo excesivo o exagerado de algo cuya consecuencia se menciona a continuación: *De tan bruto que es se rompió el brazo.*

Tana o **Tsana** Lago de África, en el O de Etiopía. 2.980 km^2. Su profundidad máxima es de 14 m. Está atravesado por el río Abbai o Nilo Azul. Se encuentra a 1.830 m de altitud.

tanagra *s. f.* Estatuilla de terracota fabricada en Tanagra de Beocia y, p. ext., otras estatuillas similares de otras ciudades griegas.

Tanagra Antigua ciudad griega, en Beocia, a 18 km al E de Tebas. Integrada en la confederación de Beocia, en ella Esparta derrotó a Atenas.

Tanaka, Kakuei (Nishiyama 1918) Político japonés. Líder del Partido Liberal, fue primer ministro en 1972. Promovió la alianza con EE UU, país del que obtuvo la devolución de la isla de Okinawa, pero no pudo resolver la crisis económica de su país. En 1974, acusado de corrupción por haber aceptado sobornos de la compañía aeronáutica Lockheed, se vio obligado a dimitir.

Tananarive o **Antananarivo** C. de Madagascar, cap. del país, en el centro del mismo. 802.400 h. en 1990, 1.050.000 h. en su área metropolitana. En ella se concentran industrias alimentarias, tabaqueras, textiles, químicas, madereras, mecánicas y de curtidos. Es el principal centro administrativo y cultural y nudo de comunicaciones.

Tananarive: vista parcial de la ciudad.

tanate *s. m.* **1.** *Hond., Méx.* Zurrón de cuero o de palma. **2.** *Amér. C.* Lío, fardo, envoltorio. || **LOC. cargar** uno **con los tanates** *Amér. C. fam.* Mudarse, marcharse.

tanatología *s. f.* **1.** Teoría acerca de la muerte. **2.** Conjunto de conocimientos acerca de la muerte desde un punto de vista médico-legal.

tanatorio *s. m.* Dependencias para velar a los muertos y otros servicios funerarios, como la cremación.

tánatos *s. m.* En psicoanálisis, impulso hacia la muerte presente en la psique del individuo, que se contrapone a *eros* o principio de la vida.

Tánatos En la mitología griega, genio alado masculino que personifica la muerte. En la *Ilíada* aparece como hermano del Sueño, y Hesíodo hace de ambos genios los hijos de la Noche.

Tancredo de Lecce (? - Palermo 1194) Rey de Sicilia (1190-94). Gracias al apoyo del papa sucedió a Guillermo II, en detrimento de los derechos del emperador Enrique VI Staufen, que sin embargo ocupó el trono a su muerte.

tanda *s. f.* **1.** Cada uno de los grupos en que se divide un conjunto de personas, animales o cosas, principalmente cuando actúan unos después de otros en una actividad o trabajo. **2.** Serie ininterrumpida de cosas de la misma clase. **3.** Partida de juego, en especial de billar. **4.** *amer.* Cada acto de una función de teatro.

tándem *s. m.* **1.** Bicicleta con dos o más asientos y los juegos de pedales correspondientes. **2.** Tiro de dos caballos enganchados uno detrás del otro. **3.** Equipo de dos personas. ‖ **Loc. en tándem** *adv. m.* Forma de disponer ciertos aparatos o instalaciones de manera que funcionen simultánea o sucesivamente.

Tang Dinastía de emperadores de China que reinó del 618 al 907. Fundada por Li Yuan, su reinado coincide con un periodo de expansión del país.

tanga[1] *s. f.* Chito*.

tanga[2] (voz brasileña) *s. m.* **1.** Biquini de mujer o bañador de hombre muy pequeños. **2.** Braga o calzoncillo de parecidas características.

tangana (voz brasileña) *s. f.* Jaleo, bronca, especialmente cuando es multitudinaria, p. ej. en el fútbol.

Tanganica 1. Lago de África, situado entre Zaire y Tanzania. 32.893 km^2 (segundo más grande del continente). Su profundidad máxima alcanza los 1.435 m. Se encuentra en una fosa de hundimiento de forma alargada y está rodeado de montañas. Es navegable en toda su superficie.
2. Región de la antigua África oriental alemana. En 1919 pasó a depender del Reino Unido y en 1961 obtuvo la independencia. Tres años más tarde se unió a Zanzíbar, convirtiéndose entonces en estado federado de Tanzania.

tanganillas, en *loc. adv. m.* Con poca seguridad, casi cayéndose.

tangar *v. tr.* En argot, engañar, timar. ▪ Se conjuga como *pagar.*

tángara *s. f.* Nombre común de diversas aves paseriformes de la familia tráupidos, géneros *Pyranga, Thraupis* y *Tangara.* Son pájaros pequeños, de cuerpo rechoncho, pico grueso y cónico o largo y fino, alas cortas y plumaje de colores vivos. La tángara escarlata *(Pyranga rubra)* mide unos 16 cm y tiene plumaje rojo con cola negra; la tángara azul *(Thraupis episcopus)* mide unos 15 cm de longitud y es de color azul; la tángara siete colores *(Tangara chilensis)* tiene plumaje multicolor. Habitan en América.

Tange, Kenzo (Imabari 1913) Arquitecto japonés. Supo combinar los nuevos materiales y técnicas constructivas con el estilo japonés tradicional. Entre sus principales obras figuran el Centro de la Paz de Hiroshima (1955-56) y, en Tokio, la catedral (1961-65), el estadio olímpico (1964) y el edificio de la embajada de Turquía (1973-77).

tangencia *s. f.* **1.** Cualidad de tangente. **2.** En geom., contacto entre líneas, planos o superficies tangentes. ‖ **3. punto de tangencia** Aquel en que dos líneas son tangentes, es decir, entran en contacto sin cortarse entre sí.

tangencial *adj.* **1.** Perteneciente o relativo a la tangente. **2.** Se dice de aquello que se refiere a algo de manera parcial o superficial, sin ser parte esencial de ello.

tangente *adj.* **1.** Que está en contacto con otra cosa. **2.** En geom., se aplica a las líneas o superficies que tienen puntos comunes sin cortarse. También *s. f.* ‖ **3. tangente a una circunferencia** Recta que tiene un punto en común con una circunferencia y es perpendicular al radio y diámetro de la misma. **4. tangente de un ángulo** Razón trigonométrica que, en el triángulo rectángulo, es igual al cateto opuesto a un ángulo, dividido por el cateto adyacente. ‖ **Loc. irse** (**escaparse** o **salirse**) uno **por la tangente** *fam.* Utilizar evasivas.

Tánger (*Tanya*) C. de Marruecos, situada en el N del país, junto a la costa del estrecho de Gibraltar. 266.350 h. en 1982. Su economía se basa en las industrias textiles, pesqueras y de cemento, en su activo puerto comercial y en el turismo. En el s. XIX adquirió carácter internacional. Al dividirse Marruecos entre España y Francia (1912), fue declarada zona internacional bajo la soberanía del sultán de Marruecos. Ocupada por España (1940-45), volvió a recobrar su internacionalidad hasta que fue incorporada a Marruecos (1956).

tangerino, na *adj.* De Tánger. También *s.*

tangible *adj.* **1.** Que se puede tocar. **2.** Se dice de aquello que puede percibirse o apreciarse con claridad.

tango *s. m.* **1.** Baile típico de Argentina y música y letra con que se acompaña. Nació en los arrabales de Buenos Aires a finales del s. XIX, tiene un compás de 4/4 y una cadencia similar a la habanera. En Europa se popularizó a partir de la Primera Guerra Mundial gracias a autores y compositores como Enrique Santos Discépolo y a intérpretes como Carlos Gardel. **2.** Modalidad de cante y baile flamenco, caracterizado por su ritmo vivo y marcado, apto para el festejo. **3.** Fiesta y baile popular en Hispanoamérica.

Tangshan C. de China, en la prov. de Hebei, al SE de Pekín. 1.366.000 h. en 1987. Es el núcleo urbano de una importante región minera de carbón y cuenta con centrales térmicas e industrias siderúrgicas y cementeras. En 1976 fue parcialmente destruida por un fuerte terremoto.

tanguear *v. intr. amer.* Bailar el tango.

tanguillo *s. m.* Variante de los tangos flamencos de Cádiz.

tanguista *s. m.* y *f.* **1.** Cantante de tangos. ‖ *s. f.* **2.** Bailarina contratada en ciertos locales públicos para que baile con los clientes.

Tanguy, Yves (París 1900 - Woodbury, Connecticut 1955) Pintor estadounidense de origen francés. Influido por Chirico y el surrealismo, realizó una obra muy particular de paisajes fantásticos poblados de formas tanto minerales como animales, que evocan un mundo obsesivo y desolador.

tánico, ca *adj.* **1.** Se dice de lo que contiene tanino. **2.** Perteneciente o relativo al tanino.

taníngeno, na *adj.* **1.** Perteneciente o relativo al tanino y sus derivados. ‖ *s. m.* **2.** En quím., sustancia resultante de la combinación de tanino y acetileno que se emplea en medicina como astringente.

tanino *s. m.* Sustancia presente en la corteza de algunos árboles, como los robles y castaños, de gran poder astringente, que se usa para curtir pieles y en farmacia.

Tanis Antigua ciudad de Egipto, en el E del delta del Nilo, fundada en 1730 a. C. Fue capital del imperio bajo las dinastías XIX a XXIII.

Tanit Denominación cartaginesa de la diosa fenicia Astarté. Es una diosa-madre, relacionada con la Luna.

Tanizaki, Junichiro (Tokio 1886 - Yugawara 1965) Escritor japonés. Virtuoso del estilo, pasó de un estetizante neorromanticismo a un mayor interés por la tradición japonesa. Entre sus narraciones y novelas merecen citarse *El tatuaje* (1910), *El amor de un idiota* (1924-25), *Relato de un ciego* (1931) y *Diario de un viejo loco* (1963).

tanka *s. f.* Poema breve japonés que consta de cinco versos, el primero y tercero de cinco sílabas y los restantes de siete.

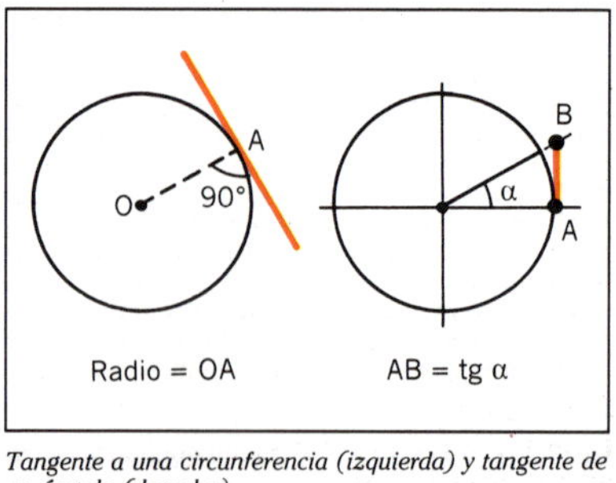

Tangente a una circunferencia (izquierda) y tangente de un ángulo (derecha).

Tannhäuser (cerca de Nuremberg h. 1205 - ? h. 1268) Poeta alemán. Pertenecía a una noble familia bávara y se cree que participó en la quinta cruzada (1228). Su obra poética representa la superación de la lírica del amor cortés, con una temática en la que canta los placeres de la vida, el refinamiento cortesano y hace burla de sus propias desgracias. Es, asimismo, el protagonista de un relato legendario que narra su arrepentimiento y absolución por el papa, recogido en la ópera de Wagner que lleva su nombre.

tano, na *adj.* **1.** *Arg., Par., Urug. fam.* Aféresis de napolitano, aplicada, despectiva o cariñosamente, a los inmigrantes italianos. También *s.* ‖ *s. f.* **2.** *Méx.* Prostituta.

tanque *s. m.* **1.** Nombre común del carro de combate, vehículo terrestre acorazado, que se mueve sobre dos cintas o llantas articuladas que se deslizan a través de un engranaje, las cuales le permiten desplazarse por terrenos desiguales. Normalmente está armado con un cañón y varias ametralladoras para su uso en la guerra terrestre; los primeros tanques fueron construidos durante la Primera Guerra Mundial. **2.** Depósito de agua u otros líquidos. **3.** En marina, buque que sirve para el transporte de agua. **4.** *fam.* Vaso grande de una bebida, generalmente cerveza.

tanqueta *s. f.* Carro de combate ligero, de mayor velocidad y maniobrabilidad que el tanque.

tanquista *s. m.* Soldado que sirve en un tanque, carro de combate.

tanta *s. f. Bol., Perú.* Pan de maíz.

tantalio *s. m.* Ta. Elemento químico perteneciente al grupo V B del sistema periódico. Su número atómico es 73 y su masa atómica 180,9479. Fue descubierto en 1802 por el químico sueco Anders Gustaf Ekeberg, quien le dio el nombre mitológico de *Tántalo* para aludir a la dificultad de seguir su presencia durante las investigaciones que condujeron a su descubrimiento. Es un metal denso, con un punto de fusión de 3.000 °C, dúctil y maleable y muy resistente a la corrosión, razón por la cual se emplea en la fabricación de aceros especiales. Tiene la propiedad de conducir la corriente cuando actúa de cátodo, pero no al actuar como ánodo, porque se recubre de una película aislante de óxido; debido a esta particularidad se emplea en la fabricación de rectificadores de corriente. Se encuentra en la casiterita y en rocas graníticas, acompañando al niobio y a otros metales. Su combinación con el carbono proporciona un material altamente refractario.

tántalo *s. m.* Nombre común de diversas aves ciconiformes de la familia cicónidos, género *Mycteria.* Miden aproximadamente 1 m de longitud, tienen las patas altas y delgadas, cuello muy largo y cabeza pequeña con un gran pico estrecho y puntiagudo de color vistoso. La especie más importante es el tántalo africano *(Mycteria ibis)*, de cabeza desprovista de plumas, patas de color rojo vivo, pico anaranjado y plumaje blanco rosado, con el extremo de las alas y la cola negros, que habita en regiones pantanosas de África tropical y meridional.

Tántalo 1. En la mitología griega, rey de Lidia, que robó el néctar y la ambrosía de la mesa de los dioses. En castigo, fue condenado en el infierno a sufrir hambre y sed, mientras veía escaparse ante sus ojos el agua y los manjares. ‖ **2. suplicio de Tántalo** Hecho de no poder conseguir algo que se desea mucho y que aparentemente se tiene al alcance.

tanteador, ra *s. m.* y *f.* **1.** El que tantea. ‖ *s. m.* **2.** Aparato que indica los tantos que se producen en los partidos de ciertos juegos o deportes.

tantear *v. tr.* **1.** Calcular aproximadamente el valor, peso, tamaño, cantidad, etc., de algo. **2.** Pensar o ensayar una cosa antes de llevarla a cabo. **3.** Intentar descubrir las cualidades, condiciones, intenciones, etc., de alguien o algo. **4.** Contabilizar o apuntar los tantos que se obtienen en el juego. También *v. intr.* **5.** En pintura, empezar un dibujo, trazar sus primeras líneas. **6.** En lenguaje jurídico, ejercer el derecho de tanteo. ‖ *v. intr.* **7.** Ir a tientas.

tanteo *s. m.* **1.** Acción y efecto de tantear. **2.** Número determinado de tantos que se consiguen en un juego o deporte. **3.** En der., facultad que, por ley o por costumbre, tiene una determinada persona de poder adquirir una cosa con preferencia sobre otros compradores y al mismo precio que éstos.

tantico *adj.* Algo, un poco. También *s. m.* y *adv.*

tanto, ta *adj.* **1.** Expresa una cantidad o número que no se especifica. También *pron.* **2.** Se utiliza para indicar de modo impreciso el resto de algo: *cuarenta y tantos años.* También *pron.* **3.** Sirve para introducir el primer término de una comparación de igualdad. También *pron.* y *adv.* **4.** En correlación con *como*, tiene un valor coordinante. **5.** Se emplea con valor ponderativo, frecuentemente en construcciones consecutivas: *¿Qué vas a hacer con tanta comida?* También *pron.* y *adv.*: *Habló tanto que nos aturdió.* ‖ *s. m.* **6.** Determinada cantidad de algo, especialmente de dinero. **7.** Parte proporcional de algo. **8.** En un juego o competición deportiva, punto. ‖ *s. f. pl.* **9.** *fam.* Hora que se considera muy tarde para lo que se expresa o se sobrentiende, particularmente altas horas de la noche. ‖ **10. tanto por ciento** Número o cantidad que, con referencia a cien, representa proporcionalmente una parte de un total; p. ej., en una docena de huevos, seis son el 50 por ciento. Se expresa con el signo %. **11. tanto por mil** Número o cantidad que, con referencia a mil, representa proporcionalmente una parte de un total. Se representa con el signo ‰. ‖ **Loc. al tanto de** *adj.* y *adv.* Enterado o informado de algo; también, al cuidado de lo que se indica. **apuntarse** uno **un tanto (a su favor)** *fam.* Tener un acierto en algo. **en (o entre) tanto** *adv.* Mientras. **en tanto que** *conj.* Mientras que. **ni tanto ni tan calvo** *fam.* Expresión con que se advierte que, por evitar caer en un exceso, se cae o se puede caer en el extremo contrario. **otro tanto** Lo mismo. **por (lo) tanto** *conj.* Introduce oraciones subordinadas consecutivas. **un tanto** *adv.* Algo, un poco. **uno de tantos** Una persona cualquiera, sin distinguir respecto al resto. **¡y tanto!** *excl.* Se usa para confirmar con énfasis lo que otro ha dicho.

tantra *s. m.* En la India, cada uno de los tratados postvédicos, escritos en sánscrito, cuyo contenido heterogéneo consta tanto de elementos doctrinales, como de fórmulas esotéricas y prácticas rituales.

tantrismo *s. m.* Sistema de prácticas esotéricas encaminadas a la purificación del cuerpo y al control de los procesos físicos y mentales, inspirada en los tantras. Su importancia es decisiva en el budismo y en el jainismo.

Tantum ergo (de la expr. lat. *tantum ergo sacramentum*, tan augusto sacramento) Nombre que recibe la estrofa quinta del himno *Pange lingua*, que empieza con dichas palabras y que suele cantarse al reservar solemnemente el Santísimo Sacramento.

Tanzania Estado de África oriental.

Extensión: 942.799 km^2.
Límites: al N, con Uganda y Kenia; al E, con el océano Índico; al S, con Mozambique, Malawi y Zambia, y al O, con Zaire, Burundi y Ruanda.
Población: 24.403.000 h. en 1990.
Densidad: 27,6 h./km^2.
Capital: Dodoma.
División administrativa: 25 regiones.
Ciudades principales: Dar es Salaam, Mwanza, Zanzíbar y Tanga.
Gentilicio: tanzano.
Forma de Estado: república presidencialista.
Idioma: swahili e inglés.
Religión: cristianismo, 40 %; islamismo, 30 %; creencias tradicionales y otras religiones, 30 %.
Moneda: chelín tanzano.
Tasa de natalidad: 50 ‰ en 1990.
Tasa de mortalidad: 14 ‰ en 1990.
Renta per cápita: 120 dólares en 1989.

Geog. física En su relieve destaca una alta meseta central, jalonada por macizos montañosos de origen volcánico e interrumpida en el O y partida en el centro por el sistema de fracturas del Rift Valley. En la región NE de esta meseta se encuentra el pico más elevado de África, el Kilimanjaro (5.895 m). En el E se extiende una franja costera que se va ensanchando a medida que avanza hacia el S. Sus principales ríos desembocan en el océano Índico y son, de N a S, el Pangani, Wami, Rufiji –el único navegable–, Matandu, Mbemkuru y Ruvuma, en tanto que en el lago Victoria desembocan el Kagera y el Mara. A estos ríos hay que añadir los grandes lagos, entre los que destacan el Victoria en el N y el Tanganica en la frontera con Zaire, además del Malawi, en el S. Las islas de Zanzíbar y Pemba, que forman parte del país, están situadas en la costa del océano Pacífico. Tiene un clima tropical de tipo chino, cálido y muy húmedo, en el litoral; ecuatorial en la región del NO; tropical sudanés en el S, y menos cálido y más seco en la zona del interior. La vegetación, conforme a esta variedad, es de sabana arbustiva en el interior y las zonas NE y SE, y de selvas, bosques y sabanas en la región del NO.

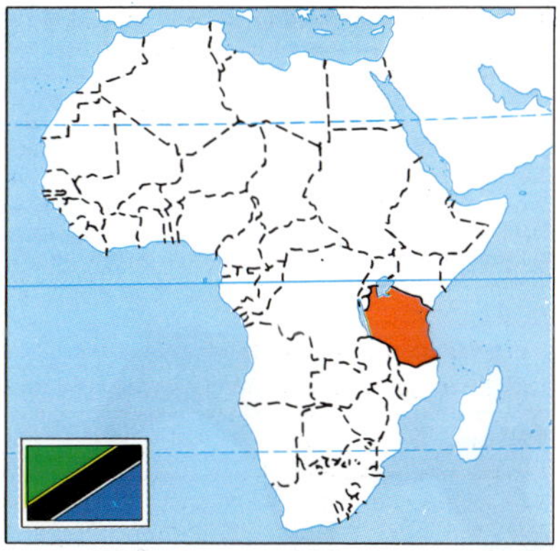

Geog. humana y ***económica*** La población tanzana pertenece a la raza negra y comprende gran número de pueblos bantúes, además de un pueblo nilótico; es fundamentalmente rural y tiene una tasa anual de crecimiento vegetativo del 3,6 %, con una de las tasas de natalidad más altas del mundo (5,03 % entre 1985-90). Las áreas más densamente pobladas son la franja costera y las regiones del N próximas a los lagos y las laderas montañosas.
La exportación de productos agrícolas, principalmente café, sisal (cuarto productor mundial), algodón, clavo, cacahuetes y, en un segundo término, tabaco y té, constituye la base de la economía tanzana. Al consumo interior se destinan los cultivos de mijo, maíz, sorgo, batata, mandioca, arroz, caña de azúcar y trigo. Se practica cría de bovino y caprino, principalmente, y en menor proporción ovino en las regiones del N. La pesca y el aprovechamiento de las maderas de sus bosques, junto con la explotación todavía escasa de sus yacimientos de diamantes, estaño y carbón, complementan la economía. Entre sus industrias destacan la alimentaria y la textil y con menor importancia la siderúrgica, química, maderera, del cemento y de construcciones mecánicas. Cada vez adquiere mayor importancia el turismo, atraído por una de las faunas más ricas e interesantes del mundo, especialmente la del parque nacional de Serengeti.
Hist. La dominación musulmana del territorio persistió hasta los s. XVI y XVII, en que las regiones costeras fueron controladas por navegantes portugueses. Entre los años 1866-72, Occidente redescubrió la región, gracias a las expediciones de Livingstone y Stanley, y en 1890 Alemania y Reino Unido delimitaron sus áreas de influencia respectivas. Tras la Primera Guerra Mundial, la Sociedad de Naciones confió la administración del país al Reino Unido, otorgándole el mandato, hasta quedar bajo la tutela de la ONU. Logró la independencia en 1961 y al año siguiente se convirtió en república. En 1964, con la unión de Tanganica y Zanzíbar, antiguo protectorado británico, se constituyó la República Federal de Tanzania. Fue elegido presidente de gobierno y jefe de Estado Julius Nyerere, que inició una política de nacionalizaciones. En 1968 se produjo una ruptura de relaciones con el Reino Unido y en la década de los setenta un progresivo acercamiento a la URSS. En 1977 se constituyó el Partido de la Revolución, que unificó los partidos izquierdistas de Tanganica y Zanzíbar. En 1978 tuvo lugar una breve guerra con Uganda, país con el cual había mantenido conflictos fronterizos desde 1971. En 1980 y 1982 Julius Nyerere resultó reelegido, pero en 1985 abandonó el poder y ocupó la presidencia de la república Ali Hassan Mwinyi, que en 1990 volvió a ser elegido.

tanzano, na *adj.* De Tanzania. También *s.*

tañedor, ra *s. m.* y *f.* Persona que tañe o toca un instrumento musical.

tañer *v. tr.* **1.** Tocar un instrumento musical de percusión o de cuerda pulsada. **2.** Particularmente, tocar las campanas. ■ Es v. irreg. **Fam.** Tañimiento.

TAÑER	
GERUNDIO	
tañendo	
INDICATIVO	
Pretérito perfecto simple	
tañí	*tañimos*
tañiste	*tañisteis*
tañó	*tañeron*
SUBJUNTIVO	
Pretérito imperf.	**Futuro imperf.**
tañera, -ese	*tañere*
tañeras, -eses	*tañeres*
tañera, -ese	*tañere*
tañéramos, -ésemos	*tañéremos*
tañerais, -eseis	*tañereis*
tañeran, -esen	*tañeren*

tañido, da **1.** *p. p.* de **tañer**. También *adj.* ‖ *s. m.* **2.** Música del instrumento que se tañe. **3.** Sonido de la campana y de otros objetos similares. **4.** Acción y efecto de tañer.

tao (voz china) *s. m.* En el taoísmo, principio básico del universo, que resulta indefinible mediante un lenguaje verbal y cuyo significado es «el camino correcto».

Tao te king (*Libro de la Vía y de la Virtud*) Libro fundamental del taoísmo, atribuido a Lao-tse, aunque en la actualidad la crítica tiende a considerarlo una compilación de diversos autores de los s. IV y III a. C. Expone en forma de aforismos la doctrina filosófica base de dicha religión.

Tao Yuan Ming (? 365 - ? 427) Poeta chino. Funcionario, se retiró al campo (405) y en lenguaje sencillo cantó la vida rural. En su narración *Fuente del melocotonero florido* describe un mundo de utopía. Algunos de sus poemas más sobresalientes son *Retorno a la vida campestre* y *Bebiendo vino.*

taoísmo *s. m.* Sistema filosófico y religión chinos, cuya creación se atribuye a Lao-tse, supuesto autor del *Tao te king* o *Libro del camino y de la virtud* (s. VI-V a. C.). Convertida en torno al s. II a. C. en religión organizada, con ritos, monasterios y divinidades, sus seguidores aspiran a unirse al *tao* mediante la reflexión, la contemplación y la supresión de todo deseo, para obtener el éxtasis. La moral taoísta se apoya en preceptos universales: no matar, no robar, etc., pero la práctica popular acepta innumerables supersticiones. Constituye, junto al confucianismo y el budismo, una de las tres principales religiones de China. **Fam.** Taoísta.

tapa *s. f.* **1.** Pieza con la que se tapa alguna cosa. **2.** Cada una de las dos láminas de papel, cartón, cuero, etc., que cubren por delante y por detrás el exterior de un libro encuadernado. **3.** Cada una de las piezas de suela, goma u otro material que componen el tacón del zapato, en especial la más exterior, que es la que toca el suelo. **4.** Cubierta córnea que rodea el casco de los caballos. **5.** Pequeña ración de comida que se sirve como aperitivo. **6.** Pieza de carne que corresponde al centro de la pierna trasera de la ternera. ‖ **7. tapa de los sesos** *fam.* Cráneo. ■ Se emplea casi exclusivamente en la locución **levantar (saltar** o **volar)** a uno **la tapa de los sesos**, que significa dispararle un tiro en la cabeza. También *v. prnl.*

tapaboca *s. m.* **1.** Golpe que se da en la boca con la mano abierta o, en esgrima, con la punta de la espada. **2.** Tapabocas*, bufanda.

tapabocas *s. m.* **1.** Bufanda*. **2.** Taco cilíndrico de madera con que se cierra y protege el ánima de las piezas de artillería.

tapacubos *s. m.* Tapa metálica que se adapta a la cara exterior de la llanta de la rueda.

tapaculo *s. m.* Fruto del escaramujo.

tapadera *s. f.* **1.** Tapa ancha que se ajusta a la boca de algún recipiente. **2.** Persona o cosa que encubre a otra.

tapadillo, de *loc. adv.* A escondidas, ocultamente.

tapado, da 1. *p. p.* de **tapar**. También *adj.* || *s. m.* 2. *amer.* Prenda de abrigo, especie de capa o sobretodo. 3. *Méx. fam.* Candidato presidencial designado ya de antemano previamente a las elecciones. || *s. f.* 4. Mujer que se tapa con el manto o el pañuelo para no ser conocida. || LOC. **a la(s) tapada(s)** *adv. Col.* De tapadillo, a escondidas.

tapador, ra *adj.* 1. Que tapa. También *s.* 2. Se aplica a la máquina que sirve para tapar envases. También *s. f.* || *s. m.* 3. Cierto tipo de tapadera que encaja en la boca o abertura correspondiente.

Tapajoz Río de Brasil. 1.980 km de longitud. Nace de la unión de los ríos Juruena y São Manuel. Atraviesa los estados de Mato Grosso y Pará, y desemboca en el Amazonas a la altura de Santarem. Sus principales afluentes son el Arinos, el Jamanxin y el Crepori.

tapajuntas *s. m.* Listón que sirve para tapar una junta.

tapar *v. tr.* 1. Cubrir o cerrar lo que está descubierto o abierto. 2. Poner o estar una cosa delante o encima de otra, de modo que la oculte, cubra o proteja. También *v. prnl.* 3. Abrigar o cubrir con ropas. También *v. prnl.* 4. Encubrir*. 5. *Col.* Apabullar. FAM. Tapadura.

taparrabo o **taparrabos** *s. m.* 1. Pieza de tejido, piel, etc., con que los individuos de ciertos pueblos y tribus primitivos se tapan los órganos genitales. 2. *desp.* Calzón de baño de tamaño muy reducido.

tapatío, a *adj.* De Guadalajara, capital del estado mexicano de Jalisco y, p. ext., de este mismo estado. También *s.*

tape[1] (voz guaraní) *s. m.* 1. *Arg., Urug.* Indio guaraní que vivía en los territorios del actual estado brasileño de Rio Grande do Sul. 2. *Arg., Urug. desp.* Persona de rasgos indios y de piel oscura. || *adj.* 3. Perteneciente o relativo a dichos indios.

tape[2] (voz ingl.) *s. m.* En inform., cinta magnética.

tapera *s. f.* 1. *Amér. del S.* Ruinas de un pueblo. 2. *Amér. del S.* Rancho o casa ruinosa y abandonada.

tape-record (voz ingl.) *s. m.* Casete, magnetófono.

tapete *s. m.* Tela, hule, etc., que se coloca encima de mesas o muebles. || LOC. **estar** (o **poner**) algo **sobre el tapete** Discutir o plantear un asunto.

tapia *s. f.* 1. Pared que sirve como valla o cerca. 2. *fam.* Se usa como término de comparación para indicar que alguien está completamente sordo.

tapiador *s. m.* Albañil que levanta tapias.

tapial *s. m.* 1. Conjunto de tableros verticales y horizontales que sirven de molde para hacer tapias. 2. Tapia*, pared.

tapiar *v. tr.* 1. Cerrar por medio de tapias. 2. Tapar un vano o un hueco haciendo en él un muro o tabique.

tapicería *s. f.* 1. Oficio e industria de fabricar tapices. 2. Oficio e industria de hacer tapizados. 3. Conjunto de telas utilizadas para hacer cortinas, tapizar muebles y cosas similares. 4. Taller del tapicero. 5. Conjunto de tapices o de cosas o superficies tapizadas.

tapicero, ra *s. m.* y *f.* 1. Persona que hace tapices. 2. Persona que tiene por oficio elaborar cortinajes, tapizar muebles, etc.

Tàpies, Antoni (Barcelona 1923) Pintor español. Miembro fundador del grupo *Dau al Set*, sus primeras obras muestran influencias del surrealismo. Posteriormente evolucionó hacia la abstracción, campo en el que dedicó especial atención a la textura de los materiales y a las cualidades plásticas de los objetos comunes. Es también autor de una importante obra escultórica, mural y gráfica. Entre sus cuadros cabe mencionar *Gran equis*, *T invertida sobre negro* y *Vaso*.

tapioca *s. f.* Fécula que se saca de la raíz de la mandioca y se emplea como alimento.

tapir *s. m.* Nombre común de diversos mamíferos ungulados perisodáctilos de la familia tapíridos, género *Tapirus*. Miden unos 2 m de longitud y 1 m de alzado, tienen la cabeza en forma de tronco de cono, con los labios superiores y nariz prolongados en una protuberancia curvada hacia abajo. Se alimentan de vegetales, son de costumbres nocturnas y habitan cerca de los ríos de Sudamérica, América Central y sudeste asiático. El tapir malayo *(Tapirus indicus)* tiene el pelaje negro en las patas y parte anterior del cuerpo y blanco en la parte posterior; habita desde Tailandia a Sumatra. El tapir andino *(Tapirus pinchaque)* es de color pardo grisáceo, el tapir norteño *(Tapirus bairdi)*, pardo rojizo y el amazónico *(Tapirus terrestris)*, pardo amarillento.

Tapir malayo y tapir amazónico.

tapisca *s. f. Amér. C., Méx.* Recolección del maíz.

tapiz *s. m.* Paño grande tejido con lana, lino o seda y, a veces, con hilos de oro y plata, que se utiliza para decorar o cubrir paredes, suelos, puertas, etc. Desde el s.IX, los tapices se han utilizado para la decoración de iglesias y palacios. Su importancia se incrementó en el s. XV con los talleres de Brujas y Amberes, para los que colaboraron prestigiosos pintores de la época. En el XVII, sobresalieron las manufacturas de Gobelinos, Beauvais y Aubusson, en Francia; y en el s. XVIII, la Real Fábrica de Tapices, en España, fundada por Carlos III y para la que Goya realizó sus famosos cartones de escenas costumbristas.

tapizado, da 1. *p. p.* de **tapizar**. También *adj.* || *s. m.* 2. Acción y efecto de tapizar. 3. Tela de tapizar o forrar muebles, paredes, etc.

tapizar *v. tr.* 1. Cubrir con tapices o cortinajes las paredes. 2. Forrar con tela paredes, muebles u otras cosas. 3. Cubrir una superficie con lo que se expresa. ■ Se conjuga como *cazar*.

tapón *s. m.* 1. Pieza con que se tapan botellas, frascos, desagües y otros recipientes y conductos. 2. Aquello que dificulta o impide el paso. 3. Embotellamiento de tráfico. 4. En med., masa de gasa, algodón o algo semejante con que se rellena o tapa una herida o una cavidad del cuerpo. 5. En baloncesto, acción de interceptar, cuando está ascendiendo, el balón lanzado a canasta por un contrario. 6. *fam.* Persona muy pequeña y más o menos gruesa. || 7. **estado tapón** El situado entre dos potencias, que lo aceptan o sostienen por la función de límite que entre ambas desempeña.

Antoni Tàpies: Cinco incisiones *(colección particular, Madrid).*

taponar *v. tr.* Cerrar con un tapón u otra cosa un orificio, un conducto, una rotura, etc. FAM. Taponamiento.

tapujarse *v. prnl. fam.* Taparse mucho o malamente, p. ej. con la ropa.

tapujo *s. m.* 1. Engaño o disimulo. 2. Asunto dudoso que se lleva ocultamente. Se usa sobre todo en *pl.*

tapuya *adj.* 1. Se dice de las tribus indígenas que habitaban gran parte del Brasil en el momento del descubrimiento. 2. De estas tribus. También *s.*

taqué *s. m.* Cada uno de los vástagos que, en los motores de combustión interna, transmiten el movimiento del árbol de levas a las válvulas de admisión y escape de los cilindros.

taquear *v. tr.* 1. *amer.* Llenar mucho algo. También *v. prnl.* || *v. intr.* 2. *Arg., Chile, Par., Urug.* Taconear. 3. *Méx., Perú.* Jugar al billar.

taquero, ra *s. m.* y *f.* 1. *Méx.* Persona que se dedica a hacer o vender tacos. 2. *Chile.* Pocero que se dedica a desatascar alcantarillas o cañerías. || *s. f.* 3. Especie de estante donde se colocan los tacos de billar.

taqui- *pref.* Significa 'rápido': *taquicardia, taquigrafía.*

taquicardia *s. f.* Aceleración de los latidos del corazón, debida a enfermedad, ejercicio violento, etc. El fenómeno opuesto se llama *bradicardia.*

taquigrafía *s. f.* Método de escribir por medio de ciertos signos especiales que permiten hacerlo muy deprisa. Se llama también *estenografía.* FAM. Taquigráficamente, taquigráfico.

taquigrafiar *v. tr.* Escribir por medio de taquigrafía. ■ En cuanto al acento, se conjuga como *ansiar: taquigrafío.*

taquígrafo, fa *s. m.* y *f.* Persona que conoce y utiliza la taquigrafía.

taquilalia *s. f.* Trastorno del ritmo del habla consistente en un incremento anormal de la rapidez de elocución.

taquilla *s. f.* 1. Ventanilla, mostrador o lugar donde se despachan billetes o entradas. 2. Dinero que se recauda en las taquillas de cine y espectáculos. 3. Armario para guardar los objetos personales que hay en los lugares de trabajo, deporte o estudio, en los barracones militares, etc. 4. Armario con casillas o cajones para guardar clasificados los documentos en las oficinas, o los billetes de los transportes públicos o las entradas de los espectáculos en sus despachos correspondientes. 5. *Amér. C.* Taberna.

taquillero, ra *adj.* 1. Se dice del espectáculo que ha recaudado mucho dinero. || *s. m.* y *f.* 2. Persona que vende los billetes o entradas en una taquilla. 3. *Amér. C.* Tabernero.

taquillón *s. m.* Mueble de madera de poca altura, decorado, que suele colocarse en los recibidores.

taquimeca *s. f. fam. apóc.* de **taquimecanógrafa**.

taquimecanografía *s. f.* Actividad y conocimientos del taquimecanógrafo.

taquimecanógrafo, fa *s. m.* y *f.* Persona que domina la taquigrafía y la mecanografía.

taquimetría *s. f.* Parte de la topografía que enseña a realizar planos por medio del taquímetro.

taquímetro *s. m.* 1. Instrumento parecido al teodolito que se usa para medir a la vez distancias y ángulos horizontales y verticales. 2. Tacómetro*.

taquipnea *s. f.* En fisiol., respiración acelerada.

taquistoscopio *s. m.* Aparato utilizado en investigaciones psicológicas sobre percepción, memoria, etc., que presenta estímulos visuales durante un periodo de tiempo muy corto, generalmente inferior a dos segundos.

tara *s. f.* 1. Peso del contenedor, embalaje, vehículo, etc., que contiene o transporta una mercancía y que se descuenta del peso total. 2. Defecto físico o psíquico grave, por lo común de origen hereditario. **3.** P. ext., cualquier defecto o carencia que resta mérito o valor a alguien o algo. **4.** Peso que se pone en uno de los platillos de la balanza para equilibrarla.

tarabilla[1] (del lat. *tremella*, por *tremula*, temblorosa) *s. f.* **1.** Persona que habla mucho, deprisa y desordenadamente. **2.** Esta forma de hablar y las palabras así dichas.

tarabilla[2] (del lat. *trabella*, de *trabs, trabis*, madero) *s. f.* **1.** Trocito de madera clavado en el marco de puertas y ventanas que gira para asegurarlas cuando se cierran. **2.** Pieza de madera con que se retuerce la cuerda de la sierra para tensarla.

taracea *s. f.* Técnica que consiste en incrustar sobre madera trocitos de madera, concha, nácar u otros materiales, formando figuras o motivos decorativos.

taracear *v. tr.* Adornar con taracea la madera u otra materia.

tarado, da **1.** *p. p.* de **tarar**. ‖ *adj.* **2.** Que tiene alguna tara. También *s.* **3.** *fam.* Loco o tonto. También *s.*

tarahumara *adj.* **1.** Se dice de un pueblo amerindio de la familia lingüística utoazteca que vive en la zona montañosa de los estados mexicanos de Durango y Chihuahua; es un pueblo de agricultores que en la actualidad sobrepasa los 40.000 miembros. **2.** De este pueblo. También *s.* ‖ *s. m.* **3.** Lengua de esta comunidad.

tarambana o **tarambanas** *adj. fam.* Se aplica a la persona alocada, poco sensata. También *s.*

tarando *s. m.* Reno*, animal.

taranta *s. f.* **1.** Modalidad de cante flamenco. **2.** *Arg., C. Rica, Ec.* Repente, arrebato. **3.** *Méx.* Borrachera.

tarantela *s. f.* Cierto baile napolitano y la música con que se acompaña.

tarantín *s. m.* **1.** *Amér. C., Cuba.* Trasto, cachivache. **2.** *Rep. Dom., Ven.* Tienda pobre.

tarántula *s. f.* Nombre común de diversos artrópodos arácnidos araneidos de la familia licósidos, géneros *Lycosa, Tarentula*, etc. La especie *Lycosa narbonensis* es una araña que mide unos 3 cm de longitud, tiene el cefalotórax grande, de color oscuro y con rayas longitudinales blancas, ocho patas y dos pedipalpos largos. La *Lycosa tarentula*, también de 3 cm de longitud, tiene el abdomen anaranjado con una larga mancha negra. La *Tarentula aculeata* mide entre 8 y 12 mm y presenta rayas longitudinales claras en el cefalotórax. Viven en agujeros excavados en el suelo y entre piedras, son abundantes en la península Ibérica y Europa meridional y su picadura es dolorosa.

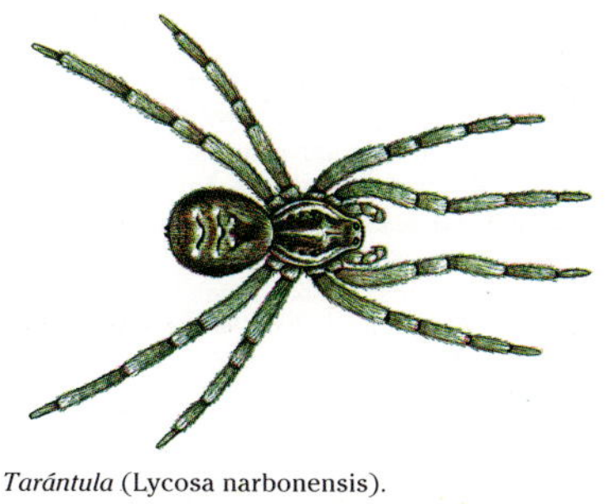

Tarántula (Lycosa narbonensis).

Tarapacá Región de Chile, en el N del país. 58.698 km². 347.200 h. en 1990. La capital es Iquique, con 144.650 h. en 1990. En ella se distinguen cuatro regiones físicas: las llanuras litorales, la cordillera de la costa, La Pampa del Tamarugal y los Andes. Debido a su clima caluroso y seco, la agricultura es muy escasa y sólo se obtienen algunos cultivos de maíz, alfalfa y forrajes. Cuenta en cambio con un rico subsuelo, del que se extraen salitre, cobre, azufre, cinc, oro, plata, bórax y manganeso. Posee asimismo astilleros, altos hornos e industrias químicas, metalúrgicas, electrónicas, automovilísticas y alimentarias.

tarar *v. tr.* Determinar el peso de tara que corresponde a una mercancía.

tararear *v. tr.* Cantar sólo con sonidos, sin pronunciar palabras. **FAM.** Tarareo.

tararí *interj.* Expresa incredulidad ante algo que se dice o una negativa a una propuesta o petición. Se usa mucho en la locución familiar **tararí que te vi**, con el mismo significado.

tarasca *s. f.* Figura de serpiente monstruosa, con una boca muy grande, que se saca en la procesión del Corpus en algunos lugares.

tarascada *s. f.* **1.** Mordedura o golpe dado con los dientes. **2.** Acción rápida y violenta, como un golpe, un arañazo, etc. **3.** *fam.* Respuesta violenta o dicho injurioso.

tarascón o **tarascona** *s. m.* o *s. f. Arg., Bol., Chile, Ec.* Tarascada, mordedura.

taray *s. m.* **1.** Planta arbustiva de la familia tamaricáceas, especie *Tamarix gallica.* Mide unos 3 m de altura, tiene numerosas ramas de corteza rojiza, hojas pequeñas e imbricadas, de forma oval y punta aguda, flores rosadas en racimo y fruto en cápsula. Crece en regiones costeras de Europa y la península Ibérica. **2.** Fruto de este arbusto. Se dice también *tamarisco* y *tamariz.*

tarayal *s. m.* Lugar poblado de tarayes.

Tarazona C. de España, en la prov. de Zaragoza. 10.650 h. en 1991. Es el núcleo urbano de una comarca agrícola de regadío, que cuenta con industria textil y curtidurías. Fue sede episcopal en época visigoda y, tras la invasión musulmana, reconquistada en 1118 por Alfonso I de Aragón. Conserva restos de la muralla medieval, la catedral gótica del s. XIII y el palacio episcopal, antigua residencia de los reyes de Aragón (s. XIV-XV).

tardanza *s. f.* Acción y efecto de tardar.

tardar *v. intr.* **1.** Emplear alguien o algo un determinado tiempo en algo. **2.** Emplear mucho tiempo, o más del necesario, en alguna cosa.

tarde *s. f.* **1.** Tiempo que transcurre desde el mediodía hasta el anochecer y, en especial, desde la hora de comer. ‖ *adv. t.* **2.** A hora avanzada del día o de la noche. **3.** Después del momento oportuno. ‖ **LOC. de tarde en tarde** *adv.* Con muy poca frecuencia. **para luego es tarde** Expresión con que se da prisa a alguien para que realice algo. **tarde, mal y nunca** *adv.* Tan tarde y mal que casi es como si no se hiciera.

tardear *v. intr.* **1.** Detenerse más de lo necesario en hacer una cosa por puro placer. **2.** En tauromaquia, vacilar el toro antes de embestir, tardar en acudir al engaño.

tardígrados *s. m. pl.* Tipo de invertebrados acuáticos al que pertenecen unas 380 especies comprendidas en los órdenes heterotardígrados, mesotardígrados y eutardígrados. Su tamaño es microscópico, 1 mm de longitud como máximo, tienen el cuerpo aplanado y revestido por una cutícula, cuatro pares de patas, de los cuales tres son laterales con función locomotora y uno caudal, que utilizan para fijarse a las plantas mediante pequeñas pinzas. En el interior de su cuerpo hay una cavidad llamada *sinceloma*, que contiene un líquido incoloro con células coloreadas por la presencia de carotenoides. Forman colonias en charcas y terrenos húmedos; algunas especies son marinas y habitan en aguas costeras. También *adj.* y *s. m.*

tardío, a *adj.* **1.** Que tarda en llegar a la madurez; se dice especialmente de las plantas, frutas, etc. **2.** Que ocurre después del tiempo en que se esperaba o en relación con algo que ya ha ocurrido. **3.** Que se encuentra en la última fase de su evolución; se dice particularmente de las lenguas y de los fenómenos lingüísticos ‖ *s. m.* **4.** Sembrado de los frutos mencionados. Se usa más en *pl.* **FAM.** Tardíamente.

tardo, da *adj.* **1.** Lento, que emplea mucho tiempo en algo. **2.** Torpe, duro. **3.** En astron., se aplica al planeta cuyo movimiento diurno verdadero es inferior al medio. **4.** En tauromaquia, se dice del toro que tardea.

tardón, na *adj. fam.* Se dice de la persona que tarda mucho. También *s.*

tarea *s. f.* Cualquier tipo de trabajo o actividad, y particularmente el que debe hacerse en un tiempo limitado.

tareco *s. m. Cuba, Ec., Ven.* Trasto, cachivache.

tarentino, na *adj.* De Tarento. También *s.*

Tarento (*Taranto*) **1.** Golfo del mar Mediterráneo, en el S de la península Itálica.
2. C. de Italia, en el S del país, a orillas del golfo homónimo. 244.050 h. en 1991. Posee industrias siderúrgicas, petroquímicas, alimentarias, textiles y de construcciones navales. Fue fundada en el s. VIII a. C. por los espartanos y se convirtió en importante centro comercial, que pasó sucesivamente a poder de griegos, romanos, germanos, musulmanes, bizantinos, normandos y, posteriormente, a la Corona de Aragón. Se independizó de España en 1647. Fue conquistada por Napoleón en 1801 y en 1860 se incorporó al reino de Italia.

Tarif ibn Malluk (s. VII - VIII) Militar beréber. Mandó la primera expedición musulmana a España (710); con un ejército de quinientos hombres, cruzó el estrecho de Gibraltar, llegó a la actual Tarifa y, con un rico botín, se retiró a África para informar a Musa ibn Nusayr, gobernador de Mauritania.

tarifa *s. f.* **1.** Precio que hay que pagar por algo teniendo en cuenta alguna circunstancia o condición especial. **2.** Tabla de precios, impuestos, etc.

Tarifa C. de España, situada en la prov. de Cádiz. 15.500 h. en 1991. Es el punto más meridional de Europa. Su actividad económica más productiva es la pesca, que da origen a toda una industria derivada. Tiene un importante puerto. Fue una ciudad romana y visigoda; en el 710 la conquistaron los beréberes, y en 1292 Sancho IV llevó a cabo su reconquista.

tarifar *v. tr.* **1.** Indicar o aplicar una tarifa. ‖ *v. intr.* **2.** Reñir o enemistarse con alguien: *salir tarifando.*

tarifeño, ña *adj.* De Tarifa. También *s.*

Tarija **1.** Departamento de Bolivia, en el SE del país, junto a la frontera con Argentina. 37.623 km². 315.000 h. en 1990. Se distinguen dos unidades físicas: la cordillera de los Andes en el O y centro, y la región del Chaco en el E. Sus ríos más caudalosos son Pilcomayo, Pilaya, Grande de Tarija y Bermejo. Tiene un clima tropical. La población, rural, se concentra en los valles andinos, donde se cultiva caña de azúcar, vid, cereales, frutales y arroz. Destaca la cría de ganado bovino y ovino, pero la base de la economía son los yacimientos petrolíferos.
2. C. de Bolivia, cap. del departamento homónimo, en el sector O del mismo. 63.000 h. en 1986. Cuenta con industrias alimentarias. Es el mercado agrícola y centro comercial de la región.

Tarim He Río de China, en la región de Xinjiang. 1.900 km. Nace de la unión del Aksu He, Qarqan He y Hotan He, en el N del desierto de Takla Makan, y discurre en dirección E hasta desaparecer en la depresión de Lob Nor.

tarima *s. f.* Plataforma a poca altura del suelo.

Tariq ibn Ziyad (s. VII - VIII) Caudillo persa o beréber. Gobernador de Tánger, fue puesto por Musa ibn Nusayr al frente de la expedición que desembarcó en la península Ibérica al pie de la montaña de Calpe, que desde entonces se llamó *yabal Tariq*, Gibraltar (711). Derrotó al ejército visigodo de Rodrigo en la batalla del Guadalete y prosiguió su marcha hacia el interior hasta conquistar la capital, Toledo, donde se reunió con Musa ibn Nusayr (713). Ambos realizaron varias campañas por el N y marcharon a Damasco, requeridos por el califa (714), que no premió sus triunfos.

tarjeta *s. f.* **1.** Cualquier lámina o trozo de cartulina pequeño y, generalmente, de forma rectangular, con una información o finalidad específicas. **2.** En inform., circuito integrado suplementario que se inserta en conectores situados en la placa principal de un ordenador con diversas finalidades: aumentar su capacidad de memoria, conectar dispositivos periféricos, etc. ‖ **3. tarjeta amarilla** En el fútbol y otros deportes, la que usa el árbitro para amonestar a un jugador u otro miembro del equipo; la acumulación de dos tarjetas amarillas supone la expulsión. **4. tarjeta de crédito** La emitida a nombre de alguien por entidades bancarias, grandes almacenes, etc., que se usa como medio de pago, al permitir a su titular la compra a crédito de bienes y servicios sin necesidad de desembolsar en el acto dinero en metálico. **5. tarjeta perforada** En inform., cartulina fina y resistente, de formato normalizado, que contiene informaciones representadas en forma de perforaciones, que son interpretadas por la máquina correspondiente; actualmente ha sido sustituida por otros sistemas de almacenamiento de datos, como disquetes, cintas magnéticas, etc. **6. tarjeta postal** Véase **postal**. **7. tarjeta roja** En el fútbol y otros deportes, la que el árbitro muestra para expulsar a un jugador u otro miembro del equipo.

tarjetera *s. f. amer.* Tarjetero.

tarjetero *s. m.* Cartera para tarjetas.

Tarkovski, Andrei (Zavrajie, Ivanovo 1932 - París 1986) Director de cine ruso. Realizó un cine poético y de gran riqueza plástica. Entre sus filmes merecen citarse *La infancia de Iván* (1962), *Andrei Rublev* (1966), *Solaris* (1972), *El espejo* (1974), *Nostalgia* (1983) y *Sacrificio* (1986).

tarlatana *s. f.* Tejido de algodón poco tupido y de cierta consistencia, que se emplea para confeccionar cortinas, mosquiteros y otros usos.

Tarnow C. de Polonia, en el S del país, al E de Cracovia. 119.100 h. en 1989. Es un importante centro de la industria mecánica, química, alimentaria y cerámica, y nudo ferroviario.

tarot (voz fr.) *s. m.* **1.** Juego de naipes de origen italiano usado para adivinar el porvenir. Consta de 78 cartas, 56 divididas en cuatro palos tradicionales de 14 cartas cada uno (diez numeradas más sota, caballo, reina y rey) y 22 arcanos mayores: el emperador, la emperatriz, la muerte, la luna, el ahorcado, la papisa, etc. **2.** Práctica adivinatoria realizada con estas cartas.

Tarpeya Joven romana que, según la leyenda, abrió a los sabinos la fortaleza del Capitolio a cambio de «lo que llevaban en el brazo izquierdo» (joyas). Los sabinos interpretaron que se trataba de los escudos, los cuales también portaban en el brazo izquierdo, y la aplastaron con su peso. La roca del mismo nombre fue, hasta el s. I d. C., lugar desde donde se precipitaba en Roma a algunos condenados a muerte.

tarquín *s. m.* Cieno que se deposita en las aguas estancadas o el que queda después de haberse inundado los campos.

Tarquino el Soberbio (s. VI a. C.) Séptimo y último rey de Roma (h. 534 - h. 509 a. C). Hijo o sobrino de Tarquino Prisco, sucedió a Servio Tulio. Su gobierno fue despótico; realizó grandes obras públicas a costa de agobiar al pueblo con impuestos y prestaciones. Consolidó la hegemonía romana sobre el Lacio. La violación de Lucrecia por su hijo Sexto Tarquino provocó una rebelión en Roma que le depuso y proclamó la república. Se refugió en Cumas, donde murió.

Tarquino Prisco o **el Viejo, Lucio** (? - ? 579 a. C.) Quinto rey de Roma (616-579 a. C.). Sucedió a Anco Marcio. Realizó importantes obras públicas, como la cloaca máxima. Aumentó los dominios de Roma, arrebatando tierras a latinos y sabinos. Murió asesinado.

tarra *s. m.* y *f. fam.* Persona vieja. También *adj.*

tarraconense *adj.* **1.** De la antigua Tarraco, hoy Tarragona. También *s.* **2.** De la Tarraconense, antigua provincia de Hispania. También *s.* **3.** De Tarragona. También *s.*

Tarraconense Antigua provincia romana de la península Ibérica, cuya capital fue Tarraco (Tarragona); equivalía a la antigua Hispania Citerior y comprendía el N de Hispania y el E, hasta Cartagena. Pervivió como circunscripción administrativa del reino visigodo.

Tarradellas, Josep (Cervelló 1899 - Barcelona 1988) Político español. Afiliado a Esquerra Republicana de Catalunya y secretario de Macià, fue encarcelado a raíz de la revolución de 1934. Tras el triunfo del Frente Popular (1936) ocupó diversas consejerías de la Generalitat. En 1939 marchó a Francia y desde 1954 fue presidente de la Generalitat en el exilio. Regresó a España (1977) y ocupó la presidencia de la Generalitat hasta las primeras elecciones autónomas de 1980.

tarrago *s. m.* Cierta especie de salvia*.

Tarragona 1. Prov. de España, en la comunidad autónoma de Cataluña. 6.283 km^2. 544.450 h. en 1991. Está situada en la costa mediterránea, al S de Barcelona. Se distinguen tres zonas: las estribaciones de las cordilleras Costeras Catalanas y las del sistema Ibérico, la llanura litoral, y el valle del Ebro, principal río que la recorre. Predomina en ella la vegetación de pinos, encinas y robles, con un clima mediterráneo. Su población se localiza en la franja costera o en el valle del Ebro, con núcleos como Reus y Tortosa. Destacan los cultivos de cereales, árboles frutales, olivo y vid. Las industrias más desarrolladas son la alimentaria, química, papelera, de cemento, de curtidos y textil. Posee yacimientos petrolíferos y dos importantes centrales nucleares. El turismo ha adquirido gran auge. **2.** C. de España, cap. de la prov. homónima. 112.800 h. en 1991. Cuenta con industria alimentaria, textil, química, petroquímica, metalúrgica y tabaquera, una refinería de petróleo y un activo puerto comercial, petrolero y pesquero. Es de origen ibérico y tras la romanización alcanzó gran esplendor. En el s. VIII, con los musulmanes, mantuvo su hegemonía económica. Conserva restos romanos como las murallas, un anfiteatro, la torre de los Escipiones, el arco de Bará y el acueducto de Trajano.

Tarragona: paseo arqueológico, con restos de la muralla romana.

tarramenta *s. f. Cuba, Méx.* Cornamenta.

Tarrasa (*Terrassa*) C. de España, en la prov. de Barcelona. 157.450 h. en 1991. Su principal actividad económica reside en la industria textil, además de la metalúrgica, química y de construcción. Es un importante mercado ganadero. En el s. XX experimentó un gran crecimiento demográfico debido a la inmigración. Conserva tres iglesias prerrománicas, Santa María, San Miguel y San Pedro.

Tárrega, Francisco (Villarreal, Castellón 1852 - Barcelona 1909) Guitarrista y compositor español. Es el creador de la moderna escuela guitarrística española. Revalorizó todos los matices de la guitarra y amplió sus posibilidades técnicas y expresivas. Entre las numerosas obras que compuso para este instrumento sobresalen *Capricho árabe*, *Danza mora* y *Recuerdos de la Alhambra.*

tarrina *s. f.* Terrina*, vasija.

tarro[1] *s. m.* **1.** Recipiente de barro, porcelana, vidrio, etc., generalmente cilíndrico y más alto que ancho. **2.** *fam.* Cabeza. **3.** *amer.* Sombrero de copa. ‖ **LOC. comer** (o **comerse**) **el tarro** *fam.* Comer o comerse el coco*. **tener tarro** *Arg., Urug.* Tener mucha suerte.

tarro[2] *s. m.* Nombre común de diversas aves anseriformes de la familia anátidos, género *Tadorna.* Son aves marinas migratorias que anidan en las costas europeas. El tarro blanco *(Tadorna tadorna)* mide unos 61 cm de longitud, tiene plumaje blanco, con la cabeza y el cuello verde oscuro y una banda marrón en el pecho; su pico es rojo y, en los machos, con una protuberancia en la base. Anida en oquedades de las costas europeas. El tarro canelo *(Tadorna ferruginea)* mide unos 63 cm de longitud, tiene color canela, con la cabeza más clara, cobertoras alares blancas y la cola y el pico negros.

tarsana *s. f. C. Rica, Ec., Perú.* Corteza de cierto árbol sapindáceo que se utiliza como jabón para lavar.

tarsero *s. m.* Nombre común de tres especies de mamíferos primates de la familia társidos, género *Tarsius.* Miden unos 40 cm de longitud, de los que 25 corresponden a la cola, tienen las patas y los dedos largos, con discos adhesivos, y la cabeza redonda con grandes ojos, que puede girar 180°. Hacen vida arbórea en los bosques de algunas islas del SE asiático, como Sumatra, Borneo, Célebes y Filipinas.

társidos *s. m. pl.* Familia de mamíferos prosimios del orden primates a la que pertenecen tres especies comprendidas en el género *Tarsius.* Tienen un rostro muy aplanado, enormes ojos y cráneo en forma de globo. Sus extremidades son alargadas y su cola sin pelo y escamosa por debajo. Tienen costumbres nocturnas y habitan en el SE de Asia. También *adj.* y *s. m.*

Tarsis o **Tharsis** Nombre geográfico que aparece en la *Biblia* para referirse al país de las piedras preciosas o al país de los metales. Es posible que en un principio designara un lugar del mar Rojo y posteriormente el reino de Tartessos.

Tarski, Alfred (Varsovia 1902) Lógico y matemático polaco. Sus investigaciones sobre semántica y, en particular su concepción semántica de la verdad, han contribuido decisivamente al estudio y axiomatización de los sistemas formales. Entre sus principales textos figuran *Introducción a la lógica y a la metodología de las ciencias deductivas* (1936) y *La concepción semántica de la verdad y los fundamentos de la semántica* (1943-44).

tarso *s. m.* **1.** Conjunto de huesos cortos, en número variable, que forman parte de las extremidades posteriores de los batracios, reptiles y mamíferos. Está situado entre los huesos de la pierna y el metatarso. En el hombre está constituido por siete huesos: astrágalo, calcáneo, escafoides, cuboides y las tres cuñas, y forma la parte posterior del pie, que se articula con la tibia y el peroné. **2.** En zool., parte más delgada de las patas de las aves que une la tibia con los dedos. **3.** Corvejón* de los cuadrúpedos. **4.** En los insectos, el último de los cinco artejos que componen las patas. ‖ **5. tarso palpebral** Lámina fibrosa resistente, extendida de una a otra comisura en el interior de los párpados, entre el músculo orbicular y la conjuntiva.

tarsometatarsiano, na *adj.* Perteneciente o relativo al tarso y al metatarso.

tarta *s. f.* **1.** Pastel grande, de forma generalmente redonda, al que se añaden cremas, guindas, almendras y otros ingredientes. ‖ **2. gráfico de tarta** Diagrama* de sectores.

Tartaglia, Niccolò Fontana, llamado (Brescia h. 1499 - Venecia 1557) Matemático italiano. Resolvió la ecuación de tercer grado en el curso de un torneo matemático. Publicó *Preguntas e inventos diversos* (1546), obra de álgebra, teoría de ecuaciones, planimetría, balística y otras materias. Póstumamente apareció su inacabado *Tratado general de números y medidas* (1556-60), con reglas de aritmética, álgebra, geometría y física y un buen número de ejercicios matemáticos recreativos.

Tartaglia, triángulo de Véase **Pascal, triángulo de.**

tartaja *adj.* Que tartajea, tartamudo. También *s.*

tartajear *v. intr.* Hablar pronunciando con dificultad o tartamudeando. **FAM.** Tartajeo.

tartajoso, sa *adj.* Tartaja*. También *s.*

tartamudear *v. intr.* Hablar de forma entrecortada y repitiendo sílabas o palabras, generalmente por razones psicológicas. **FAM.** Tartamudeante, tartamudeo.

tartamudez *s. f.* Trastorno del habla caracterizado por una alteración de la fluidez y el ritmo de la expresión oral, que se manifiesta en detenciones o intermitencias irregulares y repeticiones de sonidos o grupos de sonidos. Suele deberse a factores psicológicos u orgánicos.

tartamudo, da *adj.* Que tartamudea. También *s.*

tartán[1] (del fr. *tartan*) *s. m.* Tela de lana con cuadros o listas cruzadas de diferentes colores, originaria de Escocia.

tartán[2] (del ingl. *tartan*) *s. m.* Material formado por amianto, caucho y materias plásticas, muy resistente, inalterable al agua y ligeramente elástico, utilizado para superficies de pistas deportivas.

tartana *s. f.* **1.** Carruaje con toldo abovedado y generalmente con dos ruedas. **2.** *fam.* Automóvil viejo y en mal estado. **3.** Embarcación pequeña, de vela latina, con un solo palo en el centro, que se utiliza para la pesca y para pequeños transportes.

tartancho, cha *adj. Arg., Bol.* Tartamudo.

Tartaria Antiguo nombre de una extensa zona de Asia que comprendía aproximadamente Mongolia, Turkestán, Manchuria, Afganistán y Siberia.

tartárico, ca *adj.* **1.** Perteneciente o relativo al ácido tartárico. ‖ **2. ácido tartárico** COOH–CHOH–CHOH–COOH. Ácido dicarboxílico débil, cuyo nombre sistemático es ácido butanodioldioico. Es un sólido de color blanco cristalino, soluble en agua, que se obtiene de la fermentación alcohólica del vino en los toneles. Se usa como ingrediente en bebidas efervescentes y aguas de mesa, y en tintorería.

tártaro *s. m.* **1.** Tartrato*, ácido de potasio y tartrato cálcico, que se forma en las paredes de los toneles donde fermenta el vino. **2.** Sarro* de los dientes. ‖ **3. tártaro emético** Tartrato doble de potasio y antimonio.

tártaro, ra *adj.* **1.** Se dice de un conjunto de pueblos de origen turco y mongol que en el s. VIII habitaban en Mongolia oriental y que durante el s. XIII invadieron el extremo E de Europa. **2.** De este conjunto de pueblos. También *s.* **3.** De la República autónoma de los Tártaros, una de las que integran la Federación Rusa. También *s.* ‖ *s. m.* **4.** Lengua hablada por estos pueblos, escrita actualmente en alfabeto ruso. ‖ **5. salsa tártara** Mayonesa a la que se añade mostaza y otros ingredientes, como alcaparras, pepinillos y cebolla, triturados.
Hist. Los tártaros, pueblos nómadas, llegaron a destruir el primer estado mongol, pero fueron a su vez vencidos y asimilados por Gengis Kan (1202). En la Edad Media se dio el nombre de *tártaros* en los países de Europa occidental a los mongoles que en el s. XIII invadieron los principados rusos y formaron el kanato o reino mongol de la Horda de Oro. Su centro fue la región del bajo Volga, que luego se dividió en los kanatos de Kazán, Astrakán y Crimea, para terminar incorporándose a Rusia, los dos primeros en tiempos de Iván IV el Terrible y el tercero en el reinado de Catalina II. Tras la revolución bolchevique (1917) se crearon la república autónoma de los Tártaros (1920), con los tártaros de Kazán, y la de Crimea (1921), con los del antiguo kanato del mismo nombre. Esta última desapareció por haber pactado con los alemanes (1945).

Tártaro En la mitología griega, lo más profundo del infierno, por debajo del mismo Hades, donde los dioses arrojaban a los que les habían ofendido. Se usa en lenguaje poético como sinónimo del infierno, en cuyo caso se escribe con minúscula.

tartera *s. f.* **1.** Recipiente que se cierra herméticamente para llevar comida. **2.** Tortera*.

tartesio, sia *adj.* **1.** Se dice de cierto pueblo prerrománico de Hispania que habitaba en Tartessos. **2.** De este pueblo. También *s.* Se escribe también *tartessio.*

Tartessos: piezas del tesoro de Carambolo, siglo VIII a. C. (Museo Arqueológico, Sevilla).

Tartessos o **Tartesos** Antiguo reino situado en la vega baja del Guadalquivir, en el que floreció una cultura urbana. Su formación y extensión territorial son mal conocidas. Cuando los fenicios fundaron Gadir (Cádiz) hacia 1100 a. C., los tartesios tenían una agricultura evolucionada, eran buenos navegantes y pescadores, escribían con su propio alfabeto y trabajaban los metales, oro, plata, cobre y estaño, que extraían de las ricas minas de su territorio. Los fenicios comenzaron a negociar con Tartessos, aunque mantuvieron su emplazamiento en secreto. En el s. VII a. C., éste fue descubierto por una expedición griega, con lo que se intensificaron las relaciones marítimas y comerciales de Tartessos con el Mediterráneo oriental. La monarquía tartesia tuvo dos dinastías legendarias: la de Gerión y la de Gárgoris y su hijo Habis. Otro rey célebre fue Argantonio, el cual, según Herodoto, reinó ochenta años, de 630 a 550 a. C. Hacia 540 a. C., Tartessos se alió con los griegos de Italia frente a etruscos y cartagineses, disputándoles el control del Mediterráneo. Derrotados en Alalia hacia 540 a. C., los tartesios fueron sometidos por Cartago h. el 500 a. C.

Tartini, Giuseppe (Pirano, Istria 1692 - Padua 1770) Violinista y compositor italiano. Destacado innovador en la técnica del violín, compuso obras para este instrumento, que requerían un gran virtuosismo del ejecutante, como la sonata *El trino del diablo.* A él se debe el descubrimiento del «tercer sonido concomitante». Es además autor de varios tratados, de 200 sonatas y 200 conciertos.

tartrato *s. m.* En quím., sal formada por la combinación del ácido tartárico con una base.

tartufo *s. m.* Hipócrita, por alusión a *Tartuffe*, personaje de una comedia de Molière.

tarugo *s. m.* **1.** Trozo de madera corto y grueso. **2.** Pedazo de pan grueso e irregular. **3.** *fam.* Hombre bajo y gordo. **4.** *fam.* Persona poco inteligente. También *adj.*

tarumba *adj. fam.* Loco, atolondrado.

Tarzán Personaje literario creado en 1912 por el novelista estadounidense Edgar Rice Burroughs. Es un hombre blanco, perdido cuando niño en la selva africana y criado en plena naturaleza. Alcanzó gran popularidad al ser llevado al cine, especialmente en las interpretaciones de Johnny Weissmuller.

tas *s. m.* Yunque pequeño, especialmente el que usan los plateros y hojalateros.

tasa *s. f.* **1.** Acción y efecto de tasar. **2.** Cantidad que se paga por el uso o disfrute de un bien o servicio público. **3.** Magnitud o medida de cosas diversas que se expresa en valores absolutos o porcentajes. ‖ **Loc. sin tasa** *adv.* Desmedidamente, sin moderación.

tasajo *s. m.* **1.** Pedazo de carne seca y salada para que se conserve. **2.** P. ext., cualquier pedazo cortado de carne. **3.** *fam. Col.* Hombre alto y delgado.

tasajudo, da *adj. fam. Bol., Col., C. Rica, Cuba.* Se dice de la persona muy alta y flaca.

tasar *v. tr.* **1.** Determinar un experto o una autoridad el valor o precio de algo. **2.** Establecer la paga o el precio que corresponde a un trabajo realizado. **3.** Limitar algo que se da, usa o consume. **Fam.** Tasación, tasador.

tasca *s. f.* Taberna, bar.

tascar *v. tr.* **1.** Golpear el lino o el cáñamo para limpiar sus fibras. **2.** Cortar con ruido los animales la hierba al pastar. ■ Se conjuga como *sacar.* ‖ **Loc. tascar el freno** Morder el caballo el freno cuando está nervioso; también, aguantar con rabia contenida algo que se impone a uno.

Tashkent C. de Uzbekistán, cap. del país, situada en el S del mismo, próxima a las fronteras china y afgana. 2.073.000 h. en 1989. Es el centro de una región agrícola donde se cultiva algodón, vid, plantas forrajeras y frutales. En sus cercanías hay minas de carbón y de cobre. Destaca la industria dedicada a la fabricación de maquinaria agrícola, así como la textil, alimentaria, química, de tabaco y curtidos.

Tasman, Abel Janszoon (Lutjegast, Groninga 1603 - Batavia 1659) Navegante neerlandés. Realizó varios viajes exploratorios por los mares del Sur, Camboya, Formosa, Australia y Nueva Zelanda. En 1642 descubrió la tierra de Van Diemen (luego Tasmania) y posteriormente los archipiélagos de Tonga y Fidji.

Tasmania Estado de Australia, en el SE del país. 67.800 km^2. 451.100 h. en 1989. La capital es Hobart, con 181.200 h. en 1989. Comprende la isla del mismo nombre y otras menores, como Furneaux, Flinders, King y Bruny. La isla presenta costas recortadas y un relieve accidentado, con ríos entre los que destacan el Derwent y el Esk. La población es en su totalidad de origen europeo. Cuenta con cultivos de plantas forrajeras, cereales y manzanas, ganadería bovina y ovina, recursos forestales y minas de estaño, volframio, hierro, cinc, plomo, oro y plata.

tasquear *v. intr.* Recorrer tascas o tabernas tomando copas. **Fam.** Tasqueo.

Tassis y Peralta, Juan de Véase **Villamediana, conde de.**

Tasso, Bernardo (Venecia 1493 - Ostiglia, Mantua 1569) Poeta italiano. Su poesía, más fecunda que original, está inspirada en Horacio y Petrarca. Entre sus obras sobresalen *Amor* (1555), colección de poemas, *Amadís* (1560) y *Floridante* (1587), poemas épicos, el último terminado por su hijo Torquato.

Tasso, Torquato (Sorrento 1544 - Roma 1595) Poeta italiano. Hijo del anterior, su obra marca la transición del Renacimiento al Barroco con el triunfo de la Contrarreforma. Compuso *Reinaldo* (1562), poema en el que se aprecia la influencia de Ariosto, y *Aminta* (1573), fábula pastoril, pero su obra cumbre es *La Jerusalén liberada*, poema épico sobre la cruzada de Godofredo de Bouillon; fue terminada en 1575 y tachada de poco ortodoxa; Tasso llegó a escribir una nueva versión, *La Jerusalén conquistada* (1593), en la cual eliminó algunos episodios y en la que se nota el espíritu de la Contrarreforma.

tata *s. f.* **1.** *fam.* Nombre infantil con que se designa a la niñera. ‖ *s. m.* **2.** *amer.* Padre, papá.

tatarabuelo, la *s. m.* y *f.* Respecto a una persona, bisabuelo o bisabuela de sus padres.

tataranieto, ta *s. m.* y *f.* Respecto a una persona, bisnieto o bisnieta de sus hijos.

tate[1] (de *chocolate*) *s. m.* **1.** *fam.* Chocolate de cacao. **2.** En el argot de la droga, hachís*.

¡tate![2] *interj.* **1.** Se utiliza para indicar cuidado o atención. **2.** Expresa sorpresa o extrañeza.

tatetí *s. m. Arg., Urug.* Juego de las tres en raya*.

Tati, Jacques Tatischeff, llamado **Jacques** (Le Pecq 1908 - París 1982) Actor y director de cine francés. Creó un personaje, monsieur Hulot, desgarbado y tierno, que se enfrenta a los convencionalismos sociales y las incomodidades de la vida moderna. Entre sus mejores filmes se cuentan *Día de fiesta* (1949), *Las vacaciones de M. Hulot* (1953), *Mi tío* (1958), *Playtime* (1967) y *Tráfico* (1971).

Tatlin, Vladimir (Jarkov 1885 - Moscú 1953) Escultor y pintor ruso. Tras un periodo en París, regresó a su país, donde inició el movimiento constructivista. Son célebres sus pinturas en relieve, revolucionarias por sus formas y por el empleo de materiales como el cemento, la chapa, el vidrio y el hierro. Su obra más importante es la maqueta para el monumento a la Tercera Internacional, que nunca llegó a construirse.

Vladimir Tatlin: Relieve pictórico, *obra realizada en témpera, óleo, materia textil, madera y metal (colección particular).*

tato, ta *s. m.* y *f.* Hermano menor y, en otros lugares, el mayor. ‖ **Loc. ser** alguien **más conocido que el tato** *fam.* Ser muy popular o conocido por todo el mundo.

tatú *s. m. Arg., Bol., Par., Urug.* Voz genérica que designa diversas especies de armadillo.

tatuaje *s. m.* **1.** Acción y efecto de tatuar. **2.** Dibujo, palabra, etc., que queda tatuado.

tatuar *v. tr.* Hacer grabados en la piel humana introduciendo sustancias colorantes bajo la epidermis. También *v. prnl.* ■ En cuanto al acento, se conjuga como *actuar*: *tatúo.*

Tatum, Edward Lawrie (Boulder 1909 - Nueva York 1975) Biólogo estadounidense. Fue profesor en las universidades de Yale y de Stanford y en el Instituto Rockefeller de Nueva York. En 1958 recibió el premio Nobel de medicina y fisiología, compartido con sus colaboradores George Wells Beadle y Joshua Lederberg, por sus investigaciones sobre el comportamiento de los genes y por el descubrimiento de la recombinación genética bacteriana.

tau *s. f.* **1.** Decimonovena letra del alfabeto griego, que corresponde a nuestra *t.* ■ La mayúscula se escribe *T* y la minúscula *τ.* ‖ *s. m.* **2.** Última letra del alfabeto hebreo.

Taube, Henry (Neudorf, Saskatchewan 1915) Químico estadounidense de origen canadiense. Profesor de la universidad de Stanford, ha investigado sobre las reacciones de transferencia de electrones y fue el primero que sintetizó compuestos de valencia mixta. Obtuvo el premio Nobel en 1983.

taula (voz cat. que significa 'mesa') *s. f.* Tipo de monumento megalítico, exclusivo de las islas Baleares, que consiste en una gran losa plana de piedra horizontal apoyada sobre otra u otras verticales, formando una T. Los ejemplares más antiguos parecen proceder de la edad del bronce balear y se supone que tenían un carácter religioso.

Taula menorquina de Talatí de Dalt, en el término municipal de Mahón (España).

Tauler, Johannes (Estrasburgo h. 1300 - íd. 1361) Predicador y místico alemán. Perteneció a la orden de los dominicos y fue discípulo del maestro Eckhart. Se le considera fundador de la escuela mística alemana. Fue acusado de quietismo. Predicó en Estrasburgo, Colonia y Basilea. Sus *Sermones* se publicaron en 1498.

taumaturgia *s. f.* Arte y facultad de realizar prodigios o milagros. **Fam.** Taumatúrgico.

taumaturgo, ga *s. m.* y *f.* Persona que lleva a cabo cosas prodigiosas o milagros.

taurino, na *adj.* Perteneciente o relativo al toro de lidia o a las corridas de toros.

taurios *adj. pl.* Se dice de los juegos de la antigüedad en los que luchaban hombres contra toros.

Tauro 1. Constelación zodiacal, situada entre Aries y Géminis. Su principal estrella es Aldebarán y contiene los cúmulos de las Pléyades y las Hiades y la nebulosa del Cangrejo. **2.** Segundo signo del zodiaco, que el Sol recorre aproximadamente del 20 de abril al 20 de mayo. ‖ *s. m.* y *f.* **3.** Persona nacida bajo este signo. ■ En esta acepción se escribe con minúscula.

Tauro o **Taurus** Cadena montañosa del S de Turquía. Tras correr paralela al mar Mediterráneo, toma dirección NE hasta confundirse con los montes Pónticos. Su máxima altura es el pico Erciyas Dagt (3.916 m).

taurobolio *s. m.* **1.** Rito de iniciación religiosa que consistía en derramar la sangre de un toro sacrificado sobre la cabeza o el cuerpo de un fiel. **2.** Altar donde se celebraba esta ceremonia.

taurómaco, ca *adj.* **1.** Perteneciente o relativo a la tauromaquia. **2.** Se dice de la persona entendida en tauromaquia. También *s.*

tauromaquia *s. f.* **1.** Técnica y arte de torear o lidiar toros, tanto a pie como a caballo. **2.** Libro en que se recogen las reglas de la técnica del toreo. **Fam.** Tauromáquico.

tautócrono, na *adj.* En fís., isócrono*.

tautología *s. f.* **1.** En retórica, repetición de un mismo pensamiento por medio de distintas palabras. Suele considerarse como incorrección. **2.** En lóg., proposición necesariamente verdadera con independencia del valor de verdad de su contenido. Algunas tautologías tienen una importancia histórica inestimable por haber constituido el punto de partida de la lógica y la posibilidad de todo pensamiento racional; tal es el caso de los principios de identidad, contradicción y tercio excluso. **Fam.** Tautológico.

tautomería *s. f.* Tipo particular de isomería según la cual dos isómeros funcionales –con la misma fórmula molecular, pero distinto grupo funcional y por tanto distinta estructura– se encuentran en equilibrio. P. ej., la llamada *tautomería cetoenólica* mediante la cual una cetona se transforma en un enol y viceversa:

$$R{-}CO{-}CH_2{-}R' \rightleftharpoons R{-}COH{=}CH{-}R'$$

Tavera, Juan Pardo de (Toro, Zamora 1472 - Toledo 1545) Eclesiástico y político español. Obispo de Ciudad Rodrigo (1514) y luego de Osma y arzobispo de Santiago, fue presidente del consejo de Castilla y de la chancillería de Valladolid (1524-39), cargo desde el que se opuso a la política europea de Carlos V. Fue nombrado cardenal (1531) y arzobispo de Toledo (1534-45) y designado inquisidor general (1539-40).

Taverner, John (? h. 1495 - Boston, Lincolnshire 1545) Compositor y organista inglés. Destacado maestro de la polifonía del s. XVI, su obra representa la culminación de la música inglesa anterior a la Reforma. Es autor de ocho misas, tres magníficat y numerosos motetes.

Taverner, John Kenneth (Londres 1944) Compositor británico. Discípulo de Lennox Berkeley, es profesor de composición en el Trinity College de Música desde 1968. En su obra, caracterizada por un profundo espiritualismo religioso, se combinan la riqueza imaginativa con un notable eclecticismo en los recursos técnicos. Ha escrito obras como *Caín y Abel* (1965), *Requiem celta* (1969) y la ópera *Teresa* (1973-76).

Taviani, Paolo (San Miniato 1931) y su hermano **Vittorio** (San Miniato 1929) Directores de cine italianos. Se iniciaron en el campo del documental. Han realizado un cine de compromiso político, aunque buscando un tratamiento original. Entre sus principales filmes figuran *Los subversivos* (1967), *San Miguel tenía un gallo* (1972), *Allonsanfan* (1974), *Padre, patrón* (1977), *El prado* (1979) y *La noche de San Lorenzo* (1982).

taxáceas *s. f. pl.* Familia de plantas gimnospermas de la clase pinópsidos a la que pertenecen unas 16 especies, comprendidas en varios géneros, entre los que sobresale *Taxus.* Son árboles de hojas aciculares, flores femeninas con un solo carpelo y masculinas con estambres de 2 a 8 sacos de polen y semilla con una envuelta carnosa. Son propias de países templados. Taxáceas son los tejos. También *adj.* y *s. f.*

taxativo, va *adj.* Que se ajusta o limita a unas determinadas condiciones o al sentido estricto de las palabras. **Fam.** Taxativamente.

Taxco de Alarcón C. de México, en el estado de Guerrero. 36.841 h. en 1980. Posee ricos yacimientos de oro, plata, mercurio y plomo. Además el turismo supone una importante fuente de ingresos. Conserva gran parte de la ciudad colonial, con monumentos como el convento de San Bernardino y la iglesia barroca de Santa Prisca.

taxi *s. m.* Coche con taxímetro que presta sus servicios llevando a los clientes al lugar deseado. ■ Es apóc. de *taxímetro.*

taxia *s. f.* Movimiento reflejo, genéticamente determinado, que presentan los organismos simples orientándose en la dirección de determinados estímulos.

taxidermia *s. f.* Técnica de disecar animales, para conservarlos con un aspecto semejante al que tenían cuando estaban vivos.

taxidermista *s. m.* y *f.* Especialista en taxidermia.

taxímetro *s. m.* **1.** Aparato que hay en los taxis que indica la cantidad que se debe pagar por el trayecto. **2.** Taxi*.

taxis *s. f.* Procedimiento para reducir manualmente las hernias o colocar cualquier órgano dislocado.

taxista *s. m.* y *f.* Persona que conduce un taxi.

taxodiáceas *s. f. pl.* Familia de plantas gimnospermas de la subclase coníferas a la que pertenecen los géneros *Sequoia, Taxodium* y otros. Son árboles de hojas dispersas, muy leñosos, con flores masculinas cuyos estambres tienen de dos a nueve sacos de polen y femeninas con dos a nueve óvulos por carpelo, y fruto en cono. Alcanzan grandes tamaños y viven largos periodos de tiempo. Son propios del hemisferio norte. Taxodiáceas son las secoyas y los cipreses de los pantanos. También *adj.* y *s. f.*

taxón *s. m.* Cualquier grupo taxonómico.

taxonomía *s. f.* **1.** Disciplina que trata de los principios, sistemas y fines de la clasificación. **2.** Clasificación según estos principios en las ciencias particulares, especialmente la zoología y la botánica. Para clasificar los seres vivos se emplea un número reducido de categorías (*taxones*) que forman un orden jerárquico: en botánica: reino, división, clase, orden, familia, género, especie y variedad; en zoología: reino, tipo (o filum), clase, orden, familia, género y especie. Si estas categorías no son suficientes, se añaden otras intermedias con los prefijos *super-, sub-* e *infra-* y dos categorías secundarias: la cohorte, situada entre la infraclase y el superorden, y la tribu, entre la subfamilia y el género. **Fam.** Taxonómico.

taxonomista o **taxónomo, ma** *s. m.* y *f.* Experto en taxonomía.

Tayikistán (*Tadznikskaia*) Estado de Asia central, antigua república de la URSS, miembro de la actual CEI.

Extensión: 143.100 km².
Límites: al N, con Uzbekistán y Kirguizistán; al E, con China; al S, con Afganistán, y al O, con Uzbekistán.
Población: 5.109.000 h. en 1989.
Densidad: 35,7 h/km².
Capital: Dushanbe.
División administrativa: tres provincias, una provincia autónoma y una circunscripción directamente dependiente.
Ciudades principales: Hodzent, Kuljab, Kurgan-Tjube.
Gentilicio: tayiko.
Forma de Estado: república presidencialista.
Idioma: tayiko, ruso.
Religión: islamismo.
Moneda: rublo.
Renta per cápita: 3.906 dólares en 1988.

Tayikistán: vista de la plaza Lenin y el edificio del Gobierno de la república en Dushanbe.

Geog. El territorio de Tayikistán se caracteriza por las altas mesetas, como la de Pamir, y las numerosas elevaciones montañosas, como los montes Alai, el pico Comunismo (7.495 m) y el pico Lenin (7.134 m), que condicionan su clima continental extremo. Está poblado principalmente por tayikos y uzbekos, y en menor medida por rusos y tártaros. En sus valles, como el valle alto del Amu Daria, y gracias a los sistemas de regadío, se cultivan hortalizas, frutas, algodón, cereales, plantas forrajeras y arroz. Posee ganadería ovina trashumante. Cuenta con importantes recursos minerales de uranio, radio, plomo, cinc y arsénico, e industria de productos alimentarios y textiles (seda y algodón).
Hist. Tayikistán fue dominada por Rusia a fines del s. XIX, convertida en república socialista soviética en 1924 y en república federada en 1929. Cuando se produjo la crisis soviética a principios de los años noventa su dirigente comunista, Rajman Nabiyev, aceptó en principio la Unión de Estados Soberanos propuesta por Mijail Gorbachov, para posteriormente seguir el camino de las restantes repúblicas ex-soviéticas de Asia central e integrarse en la CEI. Nabiyev fue elegido presidente de la república a fines de 1991.

tayiko *adj.* **1.** Se dice de un pueblo que se extiende por regiones de Irán y Afganistán y que constituye el principal elemento poblador de Tayikistán. **2.** De este pueblo. También *s.* ‖ *s. m.* **3.** Lengua hablada en Tayikistán, variante de la lengua persa.

Taylor, Brook (Edmonton, Middlesex 1685 - Londres 1731) Matemático británico. Introdujo el cálculo de diferencias finitas y las series que llevan su nombre. Fue pionero en tratar el problema de la cuerda vibrante, aportando indicaciones que luego sirvieron para su resolución. Su principal obra fue *Métodos de los incrementos realizados directa o inversamente* (1715).

Taylor, Elizabeth (Londres 1932) Actriz de cine estadounidense de origen británico. Se consagró como gran estrella con *Un lugar en el sol* (1951). Entre sus principales películas figuran *Ivanhoe* (1952), *Gigante* (1956), *La gata sobre el tejado de cinc* (1958), *Cleopatra* (1963), *¿Quién teme a Virginia Woolf?* (1966) y *El pájaro azul* (1976).

Taylor, Frederick Winslow (Germantown, Pennsylvania 1856 - Filadelfia 1915) Ingeniero estadounidense. Una afección de la vista le hizo abandonar los estudios jurídicos y trabajar como aprendiz en un taller mecánico de Filadelfia. La observación de los trabajos desarrollados le llevó a investigar a fondo los movimientos y el tiempo necesarios para realizar una determinada tarea y elaborar así el método de organización científica del trabajo llamado *taylorismo*. Descubrió, además, los aceros de corte rápido (1900).

Taylor, Maxwell Davenport (Keytesville, Missouri 1901 - Washington 1987) Militar estadounidense. Se distinguió en el desembarco de Normandía (1944), en la Segunda Guerra Mundial; fue director de la Academia Militar de West Point (1945) y jefe de estado mayor del mando en Europa (1949). Sucedió en Corea a Ridgway como jefe de estado mayor (1955-59).

Taylor, Richard E. (Alberta 1929) Físico canadiense. Profesor en la universidad californiana de Stanford, obtuvo en 1990 el premio Nobel de física, compartido con los estadounidenses Jerome I. Friedman y Henry W. Kendall, por sus trabajos sobre la difusión muy inelástica de los electrones por los protones y neutrones unidos, de capital importancia en la elaboración del modelo quark en la física de partículas.

Taylor, Robert (Filley, Nebraska 1911 - Santa Mónica, California 1969) Actor de cine estadounidense. Alcanzó gran popularidad en papeles de galán romántico. Entre sus más conocidas interpretaciones figuran las de los filmes *Margarita Gautier* (*Camille*, 1937), *El puente de Waterloo* (1940), *Ivanhoe* (1952) y *Chicago, años treinta* (*Party girl*, 1958).

Taylor, Zachary (Montebello, Virginia 1784 - Washington 1850) Militar y político estadounidense. Participó en la guerra entablada entre Texas y México (1846-48), tomó Monterrey (1846) y derrotó a Santa Anna en Angostura (1847). Estos éxitos le llevaron a la presidencia de EE UU (1849). Falleció víctima del cólera.

taylorismo *s. m.* Método de organización científica del trabajo, basado en las observaciones de Frederick Winslow Taylor, para aumentar la productividad. Se basa en una división de funciones para crear auténticos especialistas y en la medida del tiempo imprescindible que necesita cada trabajador para hacer una tarea determinada, previo estudio de los movimientos necesarios para realizarla. También establece como incentivo primas de productividad y aconseja la cooperación entre jefes o capataces y trabajadores.

taza *s. f.* **1.** Recipiente pequeño, de boca ancha, con asa, que se usa generalmente para tomar bebidas. **2.** Pila donde vacían el agua las fuentes. **3.** Receptáculo del retrete. **4.** Pieza de metal redonda y cóncava que forma parte de la guarnición de algunas espadas.

tazón *s. m.* Vasija similar a una taza, pero más grande y sin asa.

Tb Símbolo químico del terbio.

Tbilisi (ant. *Tiflis*) C. de Georgia, cap. del país, en el E del mismo, entre los mares Negro y Caspio. 1.260.000 h. en 1989. Asentada a orillas del río Kura, constituye el centro de una rica comarca agrícola, con cultivos de té, frutas, agrios, tabaco y de huerta. Posee industrias aeronáuticas, mecánicas, de maquinaria, textiles, alimentarias y químicas. Entre sus monumentos sobresalen la catedral de Sión, la fortaleza medieval y la basílica de Anchistaj.

Tc Símbolo químico del tecnecio.

Tchaikovski, Piotr Ilich (Votkinsk 1840 - San Petersburgo 1893) Compositor ruso. Discípulo de Anton Rubinstein y profesor del conservatorio de Moscú, se relacionó con Rimski-Korsakov, aunque no participó de la doctrina nacionalista del grupo de los Cinco. Su obra está arraigada en el más genuino romanticismo y se caracteriza por la imaginación y el lirismo de sus melodías, al tiempo que por un preciso sentido de la orquestación. Fue el más cosmopolita de los compositores rusos de su época. De su abundante producción deben citarse las seis sinfonías, especialmente la *Patética* (1893); las óperas *Eugenio Oneguin* (1877-78) y *La dama de picas* (1890); los poemas sinfónicos *Romeo y Julieta* (1870) y *Capricho italiano* (1880); y los célebres ballets *El lago de los cisnes* (1876), *La bella durmiente* (1889) y *Cascanueces* (1891-92).

te[1] *s. f.* Nombre de la letra *t*.

te[2] (del lat. *te*) *pron. pers. m.* y *f. sing. de 2.ª pers.* **1.** Forma átona que realiza la función de complemento directo: *Luisa te quiere*, y complemento indirecto: *El profesor te enseña gramática*. **2.** Se utiliza para formar verbos pronominales: *Te lavas, te arrepientes*. **3.** A veces tiene un valor enfático o expresivo: *Te conoces todo el pueblo*.

Te Símbolo químico del teluro.

té *s. m.* **1.** Árbol de la familia teáceas, especie *Camellia sinensis*. Mide unos 10 m de altura, aunque la especie cultivada no supera los 150 cm, tiene hojas perennes y lanceoladas, flores blancas pequeñas y fruto en cápsula. Es originario de China y se cultiva en Asia, África y América por sus hojas, con las que se prepara una infusión estimulante. **2.** Hoja de este árbol seca, enrollada y tostada ligeramente. **3.** Infusión preparada con estas hojas. ‖ **4. té borde** (**de España, de Europa**, o **de México**) El que es verde oscuro y tiene hojas lanceoladas y dentadas. La planta es oriunda de América, pero se ha extendido mucho por el centro y S de Europa. Crece espontáneamente entre los escombros de los edificios. **5. té de los jesuitas** (o **del Paraguay**) Mate*. **6. té negro** El que se ha tostado después de secarse y se ha aromatizado con ciertas hierbas. **7. té verde** El tostado cuando las hojas están frescas. ‖ **LOC. dar el té** *fam.* Molestar, dar la lata.

Té (Camellia sinensis), *su flor y sus hojas, con las que se prepara la infusión.*

tea *s. f.* **1.** Astilla o palo de madera impregnado en resina que, encendido, puede utilizarse para alumbrar o para prender fuego. **2.** *fam.* Borrachera*.

teáceas *s. f. pl.* Familia de plantas arbóreas y arbustivas del orden teales a la que pertenecen unas 1.000 especies comprendidas en 29 géneros, entre los que destacan *Ternstroemia*, *Haplochlatra*, *Visnea*, *Franklinia* y *Camellia*. Tienen hojas simples, en su mayoría alternas y verdes todo el año, flores bisexuales generalmente solitarias y fruto en cápsula, baya o aquenio. Crecen en climas tropicales y subtropicales de todo el mundo, sobre todo en América y Asia. Teáceas son la camelia, la franklinia y la planta del té. También *adj.* y *s. f.*

teatino, na *adj.* **1.** Se dice de los clérigos regulares de la orden de San Cayetano, fundada en el s. XVI por este santo y por Juan Pedro Caraffa, obispo de Teate, después Pablo IV, para llevar a

Piotr Ilich Tchaikovski. Retrato de A. Federki (colección particular).

cabo una reforma de las costumbres eclesiásticas y asistir a los enfermos. También *s. m.* **2.** Perteneciente o relativo a esta orden religiosa.

teatral *adj.* **1.** Perteneciente o relativo al teatro. **2.** Efectista, poco natural. **FAM.** Teatralidad, teatralmente.

teatralizar *v. tr.* **1.** Dar a un tema, relato, etc., forma y estructura teatral, para que pueda ser representado. **2.** Dar a algo un carácter efectista o espectacular. ■ Se conjuga como *cazar.*

teatro *s. m.* **1.** Edificio o lugar donde se representan obras dramáticas y otro tipo de espectáculos. **2.** Conjunto de espectadores que asisten a dichas obras y espectáculos. **3.** Género literario cuyas obras están pensadas para ser representadas ante un público. **4.** Conjunto de obras de este género escritas por un determinado autor o en una determinada época, estilo, etc. **5.** Conjunto de las actividades relacionadas con estas obras, como la creación, puesta en escena, interpretación, etc. **6.** *fam.* Fingimiento o exageración con que alguien actúa. **7.** Escenario, lugar donde ocurre algún acontecimiento importante o donde se desarrolla una determinada actividad.

Lit. El teatro nació en Grecia y sus tres géneros más representativos fueron la tragedia, en la que descollaron Esquilo, Sófocles y Eurípides; la comedia, en la que sobresalió Aristófanes, y el drama satírico. En el teatro romano, continuación del griego, destacaron los nombres de Livio Andrónico, Plauto y Terencio. Otras facetas teatrales fueron muy apreciadas por el pueblo romano, como la farsa atelana, la pantomima y el mimo. En la Edad Media existió un teatro profano, representado en calles y plazas por compañías ambulantes, y otro religioso, montado en el interior de los templos y luego en los atrios de las iglesias. En Europa, desde el s. XI, las lenguas romances empezaron a imponerse al latín y aumentaron las obras de carácter profano; en Castilla el teatro no apareció hasta el s. XV con Juan del Encina y Lucas Fernández. El Renacimiento italiano impuso de nuevo el teatro culto, la preceptiva aristotélica y los tres géneros clásicos. El s. XVI, en Inglaterra, está marcado por el teatro isabelino, especialmente por la obra de William Shakespeare, dramaturgo de talla universal. En el Siglo de Oro español (s. XVI-XVII), un conjunto de grandes autores, como Lope de Vega, Juan Ruiz de Alarcón, Tirso de Molina y Pedro Calderón de la Barca, dieron vida a la escena. En Francia, en el s. XVII, Pierre Corneille, Molière y Jean Racine revitalizaron las formas clásicas grecolatinas. A finales del XVIII, como reacción al teatro clasicista vigente, surgió una nueva concepción del drama, inspirada en los modelos barrocos ingleses y españoles y representada por los alemanes Goethe y Schiller. Hacia 1830, el romanticismo de Victor Hugo produjo en el teatro una gran transformación que se continuó, en la segunda mitad del siglo, con los dramas del noruego Henrik Ibsen y con el teatro social de los rusos Nikolai V. Gogol y Anton Chejov. El s. XX se caracteriza por las numerosas tendencias, experimentaciones y métodos interpretativos. En Rusia, Stanislavski revoluciona la puesta en escena, buscando la verosimilitud y la identificación del actor con su personaje, mientras Meyerhold aporta el concepto de constructivismo, contra el psicologismo y el realismo imperantes, y preconiza el actor gimnasta; en Alemania, Piscator crea el teatro político de cuño marxista. En la primera mitad del siglo destacan como autores Jean Giradoux y Jean Anouilh en Francia; Luigi Pirandello en Italia; Bernard Shaw en Irlanda; John B. Priestley y Thomas S. Eliot en el Reino Unido; Vladimir Maiakovski y Máximo Gorki en Rusia; Bertold Brecht en Alemania; Jacinto Benavente, Ramón María del Valle-Inclán y Federico García Lorca en España, y Eugene O'Neill en EE UU. Después de la Segunda Guerra Mundial, en Francia surgen varias corrientes: la existencialista, en autores como Jean-Paul Sartre y Albert Camus; la vanguardista, con Antonin Artaud, o el teatro del absurdo, con Eugène Ionesco, Arthur Adamov, Samuel Beckett, junto a Jean Genet, con sus obras escandalosas; en Suiza, resaltan Max Frisch y Friedrich Dürrenmatt; en el Reino Unido, John Osborne, Harold Pinter y Arnold Wesker; en España, Antonio Buero Vallejo, Francisco Arrabal y Antonio Gala. En EE UU hay que mencionar, junto a dos grandes dramaturgos, Tennessee Williams y Arthur Miller, el Actor's Studio, escuela de arte dramático, y el grupo Living Theater; allí surgen también el teatro *underground* y el *happening.*

tebaico, ca *adj.* Perteneciente o relativo a Tebas, ciudad del antiguo Egipto.

Tebaida Antigua región del alto Egipto, cuya capital era Tebas. Desde el s. III, en los desiertos existentes al E y al O de la ciudad, hicieron vida anacoreta primitivos cristianos que huían de las persecuciones.

tebano, na *adj.* De Tebas, antigua ciudad griega. También *s.*

Tebas **1.** Antigua ciudad del alto Egipto, a orillas del Nilo, situada en una extensa llanura cortada por el río en tres islas. Alcanzó su apogeo durante el imperio nuevo, cuando se produjo la mayor expansión de Egipto. Los faraones Amenofis y los Tutmés construyeron en ella templos y palacios. Bajo la XIX dinastía, los faraones trasladaron la capital al delta del Nilo y comenzó su decadencia. Se conservan los restos de los templos de Amón, Opet, Mut y Honsu, en Karnak, y el de Luxor, así como los colosos de Memnon y varias tumbas.
2. Antigua ciudad de Beocia, en Grecia central. Habitada ya desde el periodo micénico, según atestigua el palacio de Cadmo (h. s. XV a. C.), llegó a ser la ciudad más influyente de la confederación beocia (s. VII a. C.). Durante la guerra del Peloponeso se alió primero con Esparta y luego con Atenas. Ocupada por los espartanos, fue liberada por Pelópidas (379 a. C.). Tebas perdió su hegemonía tras la batalla de Queronea (338 a. C.) y fue destruida por Alejandro Magno (335 a. C.).

tebeo *s. m.* Revista infantil de historietas. || **LOC. el invento del tebeo** *fam.* Véase **invento**. **estar más visto que el tebeo** *fam.* Estar una persona o cosa demasiado vista.

teca[1] (del tagalo *ticla*) *s. f.* **1.** Árbol de la familia verbenáceas, especie *Tectona grandis.* Es de gran altura, llega a alcanzar hasta 40 m, tiene el tronco delgado, hojas grandes ovaladas, flores blancoazuladas en espiga y fruto en drupa. Es originario del SE asiático y muy apreciado por su madera, usada en ebanistería y construcción naval. **2.** Madera de este árbol.

teca[2] (del gr. *zeke,* caja) *s. f.* **1.** En bot., nombre de cada una de las dos mitades de la antera de las flores, formada por dos sacos que contienen polen. **2.** Cubierta que sirve de protección a un organismo, grupo celular, etc. **3.** Cajita donde se guarda una reliquia.

-teca *suf.* Significa 'lugar donde se guarda o deposita aquello que expresa la raíz': *biblioteca, videoteca, hemeroteca.*

techado, da **1.** *p. p.* de **techar**. También *adj.* || *s. m.* **2.** Techumbre*.

techar *v. tr.* Cubrir una construcción con techo.

technicolor *s. m.* Tecnicolor*.

techo *s. m.* **1.** Parte superior de una construcción, recinto, etc., que sirve para cubrirlo. **2.** Cara interior de la misma. **3.** Lugar donde vivir o refugiarse. **4.** Altura máxima de vuelo de un avión. **5.** Límite o capacidad máxima de alguien o algo. **6.** Persona o cosa más alta dentro de un determinado grupo, en cierto lugar, etc. **7.** En meteorología, nivel inferior de una capa de nubes.

techumbre *s. f.* Estructura que cubre un edificio o una habitación.

teckel *s. m.* Raza alemana de perros basset, de cuerpo alargado y patas cortas; existen distintas variedades en función del tipo de pelo: teckel de pelo duro, de pelo largo y de pelo raso, el más característico. También *adj.*

tecla *s. f.* **1.** En instrumentos musicales como el piano, el órgano, etc., cada una de las piezas que, al presionarlas con los dedos, hacen que se produzca el sonido. **2.** Pieza semejante que acciona o pone en funcionamiento un aparato, mecanismo, etc. **3.** Recurso para conseguir algo.

teclado *s. m.* **1.** Conjunto de teclas de un instrumento musical, una máquina, aparato, etc. **2.** P. ext., se llama así a los instrumentos musicales que se tocan pulsando las teclas de un teclado.

tecleado, da **1.** *p. p.* de **teclear**. También *adj.* || *s. m.* **2.** Acción y efecto de teclear.

teclear *v. intr.* **1.** Accionar las teclas de un instrumento musical, de una máquina, etc. **2.** *Amér. del S., Col.* Marchar mal un negocio. **3.** *Arg., Chile.* Estar muy débil a causa de una enfermedad. || *v. tr.* **4.** *fam.* Probar distintos medios, recursos, etc., para conseguir algo. **FAM.** Tecleo.

teclista *s. m.* y *f.* **1.** En artes gráficas, persona que maneja máquinas de componer con teclados, como linotipias, monotipias, etc. **2.** Músico que toca un instrumento de teclado.

tecnecio *s. m.* Tc. Elemento químico perteneciente al grupo VII B del sistema periódico. Su número atómico es 43 y su masa atómica 98,9062. Fue detectado en 1925 por los químicos alemanes Walter Noddack e Ida Tacke, quienes le asignaron el nombre de *masurio*; su identificación y separación inequívoca tuvo lugar en 1937, gracias a los trabajos de Perrier, Emilio Segrè y Cacciapuoti, quienes lo llamaron *tecnecio,* en reconocimiento por haber sido el primer elemento químico producido artificialmente, al bombardear núcleos de molibdeno con núcleos de deuterio. Todos sus isótopos son radiactivos, siendo el más estable el Tc^{99}, cuya vida media es superior a los 200.000 años y que se produce en las reacciones de fisión del uranio. Se utiliza como agente anticorrosivo, aunque su empleo como tal queda muy limitado debido a su carácter radiactivo; también se emplea en radiodiagnósticos para la localización de tumores.

-tecnia *suf.* Significa 'técnica': *pirotecnia, luminotecnia.*

técnica *s. f.* **1.** Aplicación práctica de los métodos y conocimientos de las ciencias para satisfacer las necesidades humanas, especialmente por medio de instrumentos, aparatos y máquinas. **2.** Conjunto de procedimientos y recursos empleados en un arte, oficio, etc. **3.** Cada uno de estos procedimientos o recursos. **4.** Medio o sistema para conseguir algo.

Hist. Ya en el paleolítico se aplicaron diversos procedimientos de tallado y pulido de piedras y huesos para convertirlos en armas y herramientas, pero fue tras la revolución neolítica, al surgir la práctica de la agricultura y el sedentarismo, cuando comenzó el desarrollo acelerado de la técnica. Antes del año 3000 a. C. se habían descubierto la alfarería, el bastidor de tejer, la metalurgia del cobre, el carro de ruedas y la navegación a vela. A la metalurgia del cobre siguió la del bronce y la del hierro, cuyo uso estaba ya extendido en torno al 1.100 a. C. en el Mediterráneo oriental. Los utensilios de hierro mejoraron sensiblemente el rendimiento de la agricultura y transformaron la división del trabajo y la especialización de los oficios. La economía esclavista de la antigüedad no benefició el desarrollo de la técnica, debido a la abundancia de mano de obra barata, pero en la Edad Media se hicieron nuevos descubrimientos: se utilizó masivamente el molino de agua, se inventó el arado con vertedera, la collera para uncir animales de tiro, la brújula y el torno. En la Baja Edad Media se pasó de la forja al horno de fundición y, a comienzos de la Edad Moderna, de la rueca al telar. En el s. XV Gutenberg inventó la imprenta, que contribuyó extraordinariamente a la difusión del pensamiento. Hacia el año 1717 se pasó del fuego de leña al de carbón en las fundiciones de hierro, lo cual constituyó el primer paso de la revolución industrial y el comienzo de la concentración de fábricas en las cuencas hulleras. En 1765 el británico James Watt inventó la máquina de vapor, que produjo una transformación económica y social de proporciones gigantescas. La aplicación de la nueva fuente de energía a los procesos fabriles y al transporte dio un impulso insospechado a la técnica y, así, se inventaron el barco de vapor (1788), la prensa hidráulica (1796), la pila de Volta (1800), el cemento (1824), el generador eléctrico (1832), el telégrafo (1833), la propulsión a hélice (1836), el arco voltaico (1844), la rotativa (1845), el hormigón (1856), la máquina de escribir (1868), el teléfono (1876), el fonógrafo (1877), la lámpara eléctrica (1878), el caucho sintético (1879), el automóvil (1886), la máquina de calcular (1889), el cinematógrafo (1895), la radiotelegrafía (1896), el submarino (1898), la grabación magnética (1900), el aeroplano (1903), la radiodifusión (1920), el radar (1922), la televisión (1922), el helicóptero (1938) y el avión a chorro (1941). Durante la Segunda Guerra Mundial se comenzaron a utilizar dos invenciones que significaron una nueva transformación profunda y un paso adelante de gran envergadura en la técnica: el cerebro electrónico (1942) y la liberación de la energía atómica

(1943). Desde la Segunda Guerra Mundial los avances han sido espectaculares: vehículos espaciales, satélites de comunicaciones, rayos láser, holografía, centrales nucleares, robótica en el proceso fabril, ordenadores, etc., en un proceso vertiginoso que no hace sino acelerarse día tras día.

tecnicismo *s. m.* **1.** Cualidad de técnico. **2.** Término propio de una ciencia, disciplina técnica, profesión, etc.

técnico, ca *adj.* **1.** Perteneciente o relativo a la técnica. **2.** Se aplica a las palabras o expresiones propias de una ciencia, arte, oficio, etc. **3.** Se dice de las carreras realizadas a partir del bachillerato con una duración de tres a cuatro años y cursadas en escuelas universitarias, así como de la persona que posee estos estudios. ‖ *s. m.* y *f.* **4.** Persona que posee especiales conocimientos teóricos o prácticos sobre una determinada ciencia, disciplina, etc. **5.** Particularmente, persona experta en aparatos eléctricos o electrónicos. **FAM.** Técnicamente.

tecnicolor *s. m.* Procedimiento de cinematografía en color, ideado en 1914 en EE UU, que fue comercializado tras varias modificaciones en los años treinta.

tecnificar *v. tr.* **1.** Dotar de medios técnicos a alguna rama de la producción aún no industrializada. **2.** Mejorar algo desde el punto de vista técnico. ■ Se conjuga como *sacar.* **FAM.** Tecnificación.

tecno *s. m.* Variedad de música pop desarrollada durante los años setenta y ochenta, que utiliza instrumentos musicales electrónicos, especialmente sintetizadores. Sus principales representantes fueron los grupos alemanes Kraftwerk, Can y Van der Graaf generator.

tecno- *pref.* Significa 'técnica, arte o industria': *tecnócrata.*

tecnocracia *s. f.* **1.** Sistema político, característico de los países industriales, que propone que los puestos dirigentes en el gobierno de un país sean ocupados por técnicos o especialistas en las diversas materias correspondientes a los distintos ministerios o gerencias (economía, industria, etc.). **2.** Categoría o clase social formada por los tecnócratas.

tecnócrata *adj.* Se aplica al partidario de la tecnocracia y al técnico o experto, especialmente en temas económicos, que desempeña un cargo público. También *s.* **FAM.** Tecnocrático.

tecnología *s. f.* **1.** Conjunto de conocimientos y medios técnicos encaminados al progreso y desarrollo en cualquier campo. **2.** Terminología técnica propia de una ciencia, arte, etc. **FAM.** Tecnólogo.

tecodonto, ta *adj.* Se dice de los animales que tienen los dientes implantados en alveolos, con raíces profundas, como los reptiles superiores y los mamíferos.

tecoideos *s. m. pl.* Clase de equinodermos fósiles de forma semiesférica, posibles antecesores de los equinoideos. Eran animales marinos que presentaban simetría radial con cinco brazos y vivieron desde el periodo cámbrico hasta el devónico. También *adj.* y *s. m.*

tecolote *s. m.* **1.** *Amér. C., Méx.* Búho, lechuza. **2.** *Méx. fam.* Policía nocturna. ‖ *adj.* **3.** *Amér. C., Méx.* Borracho.

tectiforme *adj.* En biol., en forma de techo o tejado.

tectita *s. f.* Roca silícea, de color negro verdoso y textura vítrea. Antiguamente se creía que eran restos de meteoritos, pero en realidad son rocas metamórficas surgidas del impacto de los meteoritos y la fusión de las rocas impactadas. Contienen también hierro, magnesio, calcio, etc., y se encuentran en todo el mundo. Habitualmente reciben el nombre del país o región donde se encuentran: australitas, moldavitas, javanitas, filipinitas, indochinitas, etc.

tectogénesis *s. f.* Conjunto de movimientos orogénicos que dan lugar a la formación de las estructuras tectónicas. Los principales fenómenos son los plegamientos y los movimientos bruscos verticales o tangenciales que originan fracturas y fallas.

tectónico, ca *adj.* **1.** En geol., perteneciente o relativo a la estructura de la corteza terrestre. ‖ *s. f.* **2.** Parte de la geología que estudia la es-

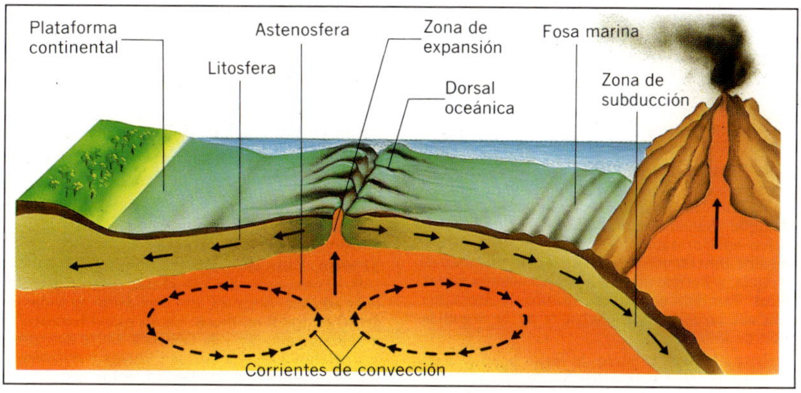

Tectónica de placas: las corrientes de convección provocan el ascenso de magma a la zona de expansión del fondo marino, la formación de dorsales oceánicas y el desplazamiento de las placas de la litosfera, que son reabsorbidas en las zonas de subducción.

tructura de la superficie terrestre y los movimientos que la han originado, tales como plegamientos, fallas, seísmos, volcanes, etc., es decir, las causas últimas de la formación de las grandes líneas de relieve y su disposición interna. ‖ **3. tectónica de placas** Hipótesis actual sobre la formación de los continentes, surgida a partir de la teoría de la deriva continental de Wegener. Esta hipótesis sostiene que la litosfera está formada por placas rígidas que se desplazan sobre la astenosfera. En ellas existen zonas de expansión (dorsales oceánicas), de subducción o hundimiento y fallas o suturas que las separan.

tector, triz *adj.* **1.** En bot., se aplica a las estructuras que cubren o protegen, como algunas hojas o pelos. ‖ *s. f.* **2.** Cobertera*, pluma.

tectosilicato *s. m.* Tipo de silicato muy complejo, cuya estructura está constituida por armazones de tetraedros unidos por sus cuatro vértices. Tectosilicatos son el cuarzo y los feldespatos como la ortoclasa.

tecuán *s. m.* **1.** *Amér. C., Méx.* En la mitología azteca, animal fantástico devorador de hombres. **2.** *Amér. C., Méx.* Jaguar, mamífero carnívoro.

tedéum *s. m.* Himno latino de la Iglesia católica, probablemente escrito en el s. V, para dar gracias a Dios. Su melodía deriva del canto gregoriano y ha sido tradicionalmente cantado en festividades religiosas.

tedio *s. m.* Aburrimiento cansancio.

tedioso, sa *adj.* Que produce tedio.

tefigrama *s. m.* En meteorología, diagrama en el cual las abscisas representan las temperaturas absolutas y las ordenadas las temperaturas potenciales.

teflón *s. m.* Material plástico muy resistente a la temperatura y a la corrosión. Se obtiene por polimerización del tetrafluoretileno. Se usa para fabricar revestimientos.

Tegucigalpa C. de Honduras, cap. del país, situada en el centro del sector meridional de su territorio. 551.600 h. en 1988, 678.700 h. en su área metropolitana. Es el núcleo urbano de una región agrícola cuyos productos más abundantes son el café, tabaco, cereales, frutas y legumbres,

Tegucigalpa: la catedral, del siglo XIX.

y el más intensamente industrializado del país, siendo sus principales producciones las alimentarias, textiles, de calzado, químicas y metalúrgicas. La ciudad, fundada por los indígenas con el nombre de *Tisingal,* fue ocupada por los españoles en 1578 debido a la riqueza de sus minas de oro y plata. Tegucigalpa se convirtió en 1880 en la capital del país.

tegumentario, ria *adj.* Perteneciente o relativo al tegumento.

tegumento *s. m.* **1.** Tejido que recubre el cuerpo y ciertos órganos de los animales. **2.** Órgano vegetal que recubre o protege a otro.

Teherán (*Tahran*) C. de Irán, cap. del país, situada en el NO de su territorio y separada del mar Caspio por los montes Elburz. 6.042.600 h. en 1987. Entre sus industrias, todavía no muy desarrolladas, destacan la textil, mecánica, metalúrgica, química, del cuero, de materiales de construcción y alimentaria. Posee una refinería de petróleo. Es el gran centro comercial de Irán y nudo de comunicaciones. La ciudad, fundada

Teherán: vista parcial de la ciudad con los montes Elburz al fondo.

en el s. XII, no adquirió cierta importancia hasta 1788, año en el que se convirtió en la capital del imperio persa. A partir de entonces pasó a ser la sede de la burguesía comercial y mercantil iraní. Entre los monumentos más significativos de la ciudad figuran la mezquita de Sipah Salar, cuya cúpula está recubierta con láminas de oro, y el palacio del Golestán, de época qayarí.

Teherán, conferencia de Reunión celebrada en esta ciudad entre Roosevelt, Stalin y Churchill (1943), durante la Segunda Guerra Mundial. En ella se acordó realizar un desembarco en Normandía, en mayo de 1944, al que seguiría otra ofensiva en la costa mediterránea de Francia, así como apoyar a los partisanos yugoslavos. También se trató del futuro de Alemania, una vez terminada la guerra, y de la organización de la ONU.

Tehuantepec **1.** Istmo de México, en el S del país. Es la zona más estrecha de México y separa el golfo de Tehuantepec, en el océano Pacífico, del de Campeche, en el océano Atlántico. Tiene una anchura de 215 km.
2. Golfo de México, en las costas del istmo del mismo nombre en el océano Pacífico, en las que hay numerosas albuferas y lagunas costeras.

Teide Pico volcánico de España, situado en la isla de Tenerife. Su altura, 3.718 m, lo convierte en la cima más elevada del país. En su entorno se halla enclavado el parque nacional de las Cañadas del Teide.

Teilhard de Chardin, Pierre (Sarcenat, cerca de Clermont-Ferrand 1881 - Nueva York 1955) Antropólogo, filósofo y teólogo francés. Fue miembro de la Compañía de Jesús y profesor de la universidad de París. Dirigió unas excavaciones cerca de Pekín que dieron como resultado el descubrimiento del *Sinanthropus* (1929). Partidario del evolucionismo, elaboró una teoría sobre la vida y el origen del hombre que pretendía lograr una síntesis entre la ciencia y el cristianismo. Algunas de sus obras más importantes son *El medio divino* (1926-27), *El fenómeno humano* (1938-40) y *El corazón de la materia* (1950).

teína *s. f.* Principio activo del té, semejante a la cafeína.

teísmo *s. m.* Doctrina que sostiene la existencia de Dios y afirma que Dios es un ente supremo que gobierna el mundo; por lo tanto, admite la providencia y la revelación, al tiempo que niega la equiparación entre la ley divina y la ley natural. Con ello se opone al ateísmo, al panteísmo y al deísmo. El teísmo tuvo una gran importancia durante los s. XVII y XVIII. **FAM.** Teísta.

Teixeira de Pascoães, Joaquim Pereira de Vasconcelos, llamado **Joaquim** (Amarante Gatão 1878 - San João de Gatão 1952) Poeta portugués. Encabezó el movimiento llamado *saudosismo*, de *saudade*, frente al realismo positivista, y expresó su ideario en *Arte de ser portugués* (1915). Entre sus obras destacan *Embriones* (1895), *Siempre* (1898), *Sombras* (1907) y *Señora de la noche* (1909).

teja *s. f.* **1.** Cada una de las piezas, generalmente de barro cocido y de forma acanalada, que, parcialmente montadas unas sobre otras, sirven para cubrir los tejados de las casas y dejar escurrir el agua de lluvia. **2.** Dulce hecho con harina, azúcar y otros ingredientes que se cuece al horno y tiene una forma parecida a la de estas piezas. **3.** Color marrón rojizo semejante al de dichas piezas cuando son de barro. **4.** Sombrero* de teja. ‖ **5. teja árabe** La que tiene forma de canal y es más abierta por uno de sus extremos. **6. teja mecánica** La que tiene en su borde resaltes y encajes para acoplarse unas con otras. **7. teja plana** La de forma rectangular, plana y lisa. ‖ **LOC. a toca teja** *adv. fam.* Dando todo el dinero de una vez al pagar. ▪ Se escribe también *a tocateja*. **de tejas abajo** (o **arriba**) *adv. fam.* En la tierra o en el cielo, o en cuanto a lo humano o lo divino, respectivamente.

Tejada Sorzano, José Luis (La Paz 1881 - ? 1938) Político boliviano. Fue ministro de Hacienda (1917-19), vicepresidente (1931) y presidente de la república (1934). Descontentos los militares por su actuación ante la guerra del Chaco, fue depuesto (1936).

tejadillo *s. m.* **1.** *dim.* de **tejado**. **2.** Particularmente, el que tiene una sola vertiente y está adosado a un edificio para cubrir una puerta, ventana, etc.

tejado *s. m.* Parte superior o cubierta de un edificio, construcción, etc., normalmente recubierta con tejas.

tejano, na *adj.* **1.** De Texas o Tejas. También *s.* ‖ *s. m.* **2.** *Cuba, Guat., Méx.* Sombrero típico de los ganaderos y hombres de campo de Texas, muy usado en México. ‖ *pl.* **3.** Pantalones vaqueros.

tejar[1] *v. tr.* Poner tejas en la cubierta de un edificio, construcción, etc.

tejar[2] *s. m.* Lugar donde se fabrican tejas y ladrillos.

Tejas Véase **Texas**.

Tejeda, Luis de (Córdoba, Argentina 1604 - íd. 1680) Poeta argentino. Descendiente de los conquistadores, después de una vida agitada ingresó en los dominicos. En su estilo barroco se percibe la influencia de Góngora. Entre sus obras sobresalen *Libro de varios tratados y noticias*, el soneto a Santa Rosa de Lima y, sobre todo, *El peregrino de Babilonia*.

tejedor, ra *adj.* **1.** Que teje. **2.** *Chile, Perú. fam.* Intrigante, enredador. También *s.* ‖ *s. m.* y *f.* **3.** Persona que tiene por oficio tejer. ‖ *s. m.* **4.** Nombre común de diversas aves paseriformes de la familia ploceidos, con diversos géneros, entre los que destacan *Ploceus* y *Euplectes*. Miden entre 20 y 40 cm de longitud, tienen el cuerpo rechoncho y el pico cónico y puntiagudo. Presentan un plumaje vistoso de color amarillo y negro, o rojo y negro, excepto el macho en época de reproducción, en que es pardusco. Son aves sociales y construyen nidos entretejidos que cuelgan de las ramas de los árboles. Habitan en regiones tropicales, sobre todo en África. ‖ *s. f.* **5.** Máquina para confeccionar prendas de punto.

tejedura *s. f.* **1.** Acción y efecto de tejer. **2.** Disposición de los hilos de una tela.

tejeduría *s. f.* **1.** Arte de tejer. **2.** Taller donde están los telares o trabajan los tejedores.

tejemaneje *s. m.* **1.** *fam.* Movimiento o actividad intensa que desarrolla alguien para realizar alguna cosa. **2.** *fam.* Asunto poco claro u honesto.

tejer *v. tr.* **1.** Formar las telas entrecruzando los hilos en el telar. **2.** Entrelazar hilos, cordones, etc., para formar esteras, trencillas u otros objetos. **3.** Hacer labores de punto o ganchillo. También *v. intr.* **4.** Fabricar algunos animales, como las arañas o los gusanos, sus telas, capullos, etc. **5.** Planear, en general ocultamente, intrigas, mentiras, etc.

tejero, ra *s. m.* y *f.* **1.** Persona que fabrica tejas y ladrillos. ‖ *s. f.* **2.** Tejar*.

tejido, da **1.** *p. p.* de **tejer**. También *adj.* ‖ *s. m.* **2.** Disposición de los hilos de una tela. **3.** Cualquier material que resulta de tejer hilos, esparto, etc., y particularmente fibras textiles. **4.** Estructura constituida por células de un mismo origen y que desempeña una función concreta en los organismos vivos.
Biol. Los tejidos de animales y plantas se constituyen a partir de una célula original llamada *huevo* o *cigoto*, que mediante la segmentación, gastrulación y organogénesis se diversifica para formar los tejidos y órganos. Los tejidos se clasifican en vegetales y animales. Los principales tejidos vegetales son: **epidérmico**, cuya función es proteger la parte aérea de la planta de la desecación y permitir la absorción de agua y sales minerales a través de la parte subterránea; **meristemático**, responsable del crecimiento y desarrollo de las plantas; **parenquimático**, que realiza la fotosíntesis o almacena sustancias como el almidón, azúcar, grasas y agua; **colenquimático**, que mantiene erguidos y flexibles los tallos y peciolos de las hojas; **esclerenquimático**, que forma órganos protectores; **suberoso**, que protege la planta de pérdidas de agua y temperaturas extremas; **leñoso**, también llamado *xilema*, que transporta la savia bruta, compuesta de agua y sales minerales, desde la raíz al tallo y las hojas; **liberiano**, también llamado *floema*, que transporta la savia elaborada, compuesta por agua, sacarosa, maltosa, etc., desde las hojas al resto de la planta; y **glandular**, que verifica la secreción de diversas sustancias.
Los tejidos animales se clasifican en: **de revestimiento**, que puede ser **epitelial**, cuya función es cubrir y proteger las superficies internas o externas del cuerpo, o **glandular**, que segrega diversas sustancias químicas, como hormonas, saliva, bilis, etc.; **conectivo**, que a su vez se divide en **conjuntivo**, **adiposo**, **cartilaginoso** y **óseo**, y cuyas funciones son unir entre sí otros tejidos, almacenar reservas de lípidos y aislar térmicamente, y constituir el esqueleto, ya sea cartilaginoso u óseo; **muscular**, que permite la contracción y relajación de las distintas partes del cuerpo y puede ser liso, estriado o cardiaco; **nervioso**, cuya función es la excitabilidad y conductividad de impulsos por todo el cuerpo y que constituye las neuronas, la neuroglia y la microglia.

tejo[1] *s. m.* **1.** Pedazo de teja, metal u otro material, utilizado para lanzarlo en algunos juegos como el chito. **2.** Rayuela*. ‖ **LOC. tirar los tejos** a alguien *fam.* Dar a entender una persona a otra que quiere mantener con ella relaciones amorosas.

tejo[2] (del lat. *taxus*) *s. m.* Nombre común de diversos árboles coníferos de la familia taxáceas, género *Taxus*. El tejo común o tejo negro *(Taxus baccata)* puede alcanzar hasta unos 25 m de altura, tiene hojas lineares, planas y de color verde oscuro, con bandas amarillas o grises en el envés, flores masculinas y femeninas, semillas ovoides con una envuelta roja y tronco recto. Es de crecimiento lento y muy longevo. Sus hojas son tóxicas. Crece en gran parte de Europa, N de África y SO de Asia, en suelos calizos y formando bosques, y se usa como planta ornamental y por su madera.

Tejo (Taxus baccata), *su baya y su hoja.*

tejón *s. m.* Nombre común de diversos mamíferos carnívoros de la familia mustélidos, géneros *Meles, Taxidea*, etc. El tejón común *(Meles meles)* mide entre 75 y 93 cm de longitud, de los que 20 corresponden a la cola, tiene color gris con franjas blancas y negras en la cabeza y patas y vientre negros, hocico largo y puntiagudo y orejas pequeñas y redondeadas. Excava túneles con sus fuertes patas, para construir un refugio compuesto de cámara y varias galerías. Tiene costumbres nocturnas y habita en Europa y Asia central.

Tejón común (Meles meles).

tejonera *s. f.* Madriguera del tejón.

tejú *s. m.* Nombre común de diversos reptiles saurios de la familia teidos, géneros *Tupinambis, Callopistes, Cnemidophorus*, etc. El tejú común *(Tupinambis teguixin)* mide hasta 90 cm de longitud, de los cuales la mitad pertenecen a la cola; tiene aspecto parecido a un lagarto, color pardo azulado, con manchas amarillas y negras. Habita en América del Sur y su piel se emplea para fabricar cinturones, bolsos, etc.

tejuelo *s. m.* **1.** *dim.* de **tejo**[1]. **2.** Trocito de papel, piel u otro material, que se pega en el lomo de un libro para indicar su título, número de orden, etc. **3.** El rótulo mismo aunque no esté superpuesto. **4.** Hueso en forma de media luna que sirve de base al casco de las caballerías.

Tel Aviv-Jaffa C. de Israel, cap. del distrito de Tel Aviv, situada junto al mar Mediterráneo. 317.800 h. en 1989. Posee industrias alimentarias, textiles, de materiales de construcción, del cuero, metalúrgicas, químicas y mecánicas. Es el centro comercial y cultural del país, con importantes funciones administrativas y financieras. Tel Aviv fue fundada en 1909 al NE de Jaffa para acoger a la comunidad judía. En 1949 se unieron Tel Aviv y Jaffa y la ciudad fue capital del país desde 1949 hasta 1980, año en que se trasladó la capitalidad a Jerusalén.

tela *s. f.* **1.** Tejido formado por hilos. **2.** Trozo de este tejido. **3.** Cualquier obra o labor formada por alambres, fibras plásticas, etc., entrelazados. **4.** Especie de red que forman las arañas y otros animales con el hilo que segregan. **5.** Pintura sobre lienzo. **6.** Capa formada en la superficie de algo. **7.** *fam.* Dinero. **8.** *fam.* Asunto que hay que tratar, discutir, etc., o tarea que realizar. ‖ *adv. m.* **9.** *fam.* Muy, mucho. ‖ **10. tela de araña** Telaraña*. ‖ **LOC. en tela de juicio** *adv.* En duda. **haber tela** (o **tela marinera**) *fam.* Expresa abundancia o gran cantidad.

telamón *s. m.* Atlante*.

telar *s. m.* **1.** Máquina para tejer. **2.** Parte superior del escenario oculta al público, de donde bajan los telones y bambalinas. ‖ *pl.* **3.** Fábrica de tejidos.

telaraña *s. f.* Tela que forma la araña con los hilos que ella misma segrega. Se dice también *tela de araña*. ‖ **LOC. mirar las telarañas** *fam.* Estar totalmente distraído.

Telde C. de España, en la prov. de Las Palmas, al S de la capital. 77.650 h. en 1991. Es el centro de una comarca cuyos cultivos más abundantes son las frutas, hortalizas y el maíz y que posee una importante ganadería y pesca. Cuenta con industria alimentaria, química y de materiales de construcción, y con infraestructura turística en la costa.

tele *s. f. fam. apóc.* de **televisión** o de **televisor**.

tele- *pref.* Significa 'lejos, desde lejos, a distancia': *televisión, teledirigir, teléfono, telemando.*

telecabina *s. f.* Teleférico provisto de cabinas que se trasladan por un único cable.

telecomposición *s. f.* En artes gráficas, sistema de composición automática en el que las máquinas encargadas de componer los textos funcionan dirigidas a partir de un punto central.

telecomunicación *s. f.* **1.** Comunicación a distancia por medio de cables o a través de ondas electromagnéticas. Las telecomunicaciones comprenden básicamente las siguientes modalidades: *transmisión por cables submarinos*, que pueden ser telegráficos o telefónicos; *transmisión por líneas aéreas*, mediante hilos de cobre, hierro galvanizado o bronce fosforado, que penden de postes plantados a intervalos regulares y comunican lugares distantes; *radiocomunicación*, que utiliza como método de transmisión las ondas electromagnéticas; y *transmisión por satélites artificiales*, estaciones espaciales puestas en órbita. **2.** Conjunto de sistemas y medios de comunicación entre estaciones emisoras y receptoras distantes. Se usa más en *pl.*

telecontrol *s. m.* Telemando, sistema de accionamiento a distancia.

telediario *s. m.* Programa de información de noticias de la actualidad emitido diariamente por televisión.

teledifusión *s. f.* Transmisión de imágenes de televisión por medio de ondas electromagnéticas o cable.

teledirigir *v. tr.* Dirigir aparatos a distancia por medio de ondas electromagnéticas. ■ Se conjuga como *surgir*. **FAM.** Teledirección, teledirigido.

telefax (voz ingl.) *s. m.* **1.** Aparato que permite reproducir a distancia, mediante cable telefónico, textos, documentos, dibujos o fotografías. **2.** Texto, documento, etc., reproducido mediante este procedimiento. ■ Se dice también *fax*.

teleférico *s. m.* Sistema de transporte que consiste en una serie de cabinas o vehículos suspendidos de un carril soportado por uno o varios cables.

telefilme o **telefilm** *s. m.* Película realizada para ser emitida por televisión y, p. ext., cualquier película emitida por televisión.

telefonazo *s. m. fam.* Llamada telefónica.

telefonear *v. intr.* **1.** Llamar por teléfono. ‖ *v. tr.* **2.** Comunicar algo por teléfono.

telefonema *s. m.* Comunicación que se entrega en una oficina telefónica para que a través de una llamada llegue a otra oficina que la comunicará por escrito al destinatario.

telefonía *s. f.* **1.** Sistema de transmisión a distancia de sonidos, especialmente la voz humana, por medios eléctricos o electromagnéticos. ‖ **2. telefonía inalámbrica** Telefonía sin hilos, radiotelefonía. **3. telefonía múltiple** La que permite enviar varios mensajes por una misma línea.

telefónico, ca *adj.* Perteneciente o relativo al teléfono o a la telefonía. **FAM.** Telefónicamente.

telefonillo *s. m.* Dispositivo para comunicación oral en un mismo edificio, especialmente en conexión con el portero automático.

telefonista *s. m.* y *f.* **1.** Persona que se encarga de una centralita telefónica. **2.** Persona que se ocupa del servicio de los aparatos telefónicos.

teléfono *s. m.* **1.** Sistema eléctrico de comunicación a distancia mediante aparatos e hilos conductores que transmiten los sonidos, en especial la voz humana. **2.** Aparato que recibe y transmite dichos sonidos a través de este sistema. ‖ *pl.* **3.** Compañía que se encarga de este sistema de comunicación, de su instalación y mantenimiento, y edificio en el que se encuentra. ‖ **4. teléfono rojo** Nombre con el que se conocía popularmente al sistema de télex de comunicación directa entre la Casa Blanca y el Kremlin.

Tecnol. La primera patente de un teléfono la obtuvo Alexander Graham Bell en 1876. En 1877, Thomas Alva Edison lo perfeccionó con un micrófono provisto de una pastilla de carbón. En 1878 funcionaba ya en Nueva York la primera central de teléfonos que conectaba distintos abonados a la misma red, y en 1889, la primera central automática. El receptor telefónico consta de un disco o botonera, que permite marcar el número del abonado deseado; de un micrófono, que transforma los sonidos en señales eléctricas y las envía por la red telefónica hasta su destino; y de un auricular, que realiza la conversión inversa. Las centrales telefónicas son dispositivos, hoy controlados por ordenador, que transforman las secuencias de impulsos producidos al marcar el número deseado en las órdenes adecuadas para que la comunicación llegue a hacerse posible. Los receptores telefónicos están conectados con la central a la que pertenecen por medio de un par de hilos metálicos o por radio. Las diversas centrales están conectadas entre sí por cables coaxiales, que permiten enviar simultáneamente muchas comunicaciones, o por vía satélite, por medio de ondas de radio que se emiten hacia un satélite geoestacionario, es decir, cuya posición con respecto a la superficie de la Tierra no varía.

telefoto *s. f. apóc.* de **telefotografía**.

telefotografía *s. f.* **1.** Técnica para enviar y recibir fotografías por medio de ondas electromagnéticas. **2.** Fotografía transmitida mediante esta técnica. **3.** Técnica para tomar fotografías de objetos lejanos. **4.** Fotografía así tomada. ■ Su apóc. es *telefoto*.

telegrafía *s. f.* **1.** Sistema de comunicación a distancia para enviar mensajes utilizando un código de signos preestablecido, y especialmente por medio de impulsos eléctricos. **2.** Instalaciones necesarias para enviar mensajes a través de este sistema. ‖ **3. telegrafía inalámbrica** Telegrafía sin hilos, radiotelegrafía. **4. telegrafía múltiple** La que permite la transmisión de varios mensajes por una misma línea. **5. telegrafía óptica** La que emplea señales ópticas.

telegrafiar *v. tr.* Comunicar un mensaje por medio del telégrafo. ■ En cuanto al acento, se conjuga como *ansiar*: *telegrafío.*

telegráfico, ca *adj.* **1.** Perteneciente o relativo al telégrafo o a la telegrafía. **2.** Se dice del modo de hablar o escribir excesivamente escueto, en el que se utilizan frases cortas, con pocos elementos de unión. **FAM.** Telegráficamente.

telegrafista *s. m.* y *f.* Persona que se encarga de la instalación o servicio de los aparatos telegráficos.

telégrafo *s. m.* **1.** Sistema de comunicación a distancia que permite transmitir y recibir mensajes con un código. **2.** Aparato que transmite y recibe mensajes codificados a través de este sistema. ‖ *pl.* **3.** Administración de la que depende dicho sistema de comunicación y local o edificio destinado a este servicio. ‖ **4. telégrafo marino** Sistema de señales por medio de banderas y otros elementos que utilizan los barcos para comunicarse entre sí y con las estaciones de tierra. **5. telégrafo óptico** El que utiliza señales ópticas. **6. telégrafo sin hilos** Radiotelégrafo*.

Tecnol. El telégrafo eléctrico fue desarrollado a mediados del s. XIX. El primer sistema fue creado en 1833 por los alemanes Gauss y Weber en Gotinga. Desde 1837, varios investigadores, como Wheatstone, Morse y Siemens, desarrollaron sistemas cada vez más perfeccionados. En 1839 entró en funcionamiento la primera línea telegráfica mundial, entre Washington y Baltimore. El código Morse, rápidamente adoptado, codifica cada letra como una sucesión de puntos y rayas. En el aparato receptor, el mensaje se perfora en una cinta de papel o se decodifica directamente escuchando los puntos y rayas en un auricular. En los telégrafos modernos, como el sistema télex, el receptor es un teletipo, aparato similar a

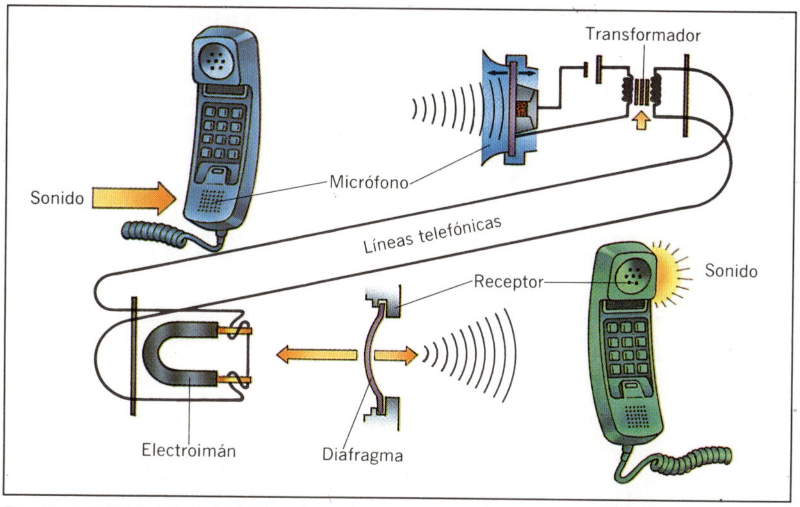

Esquema del funcionamiento del teléfono: las ondas sonoras son transformadas en impulsos eléctricos por un micrófono; el receptor transforma esos impulsos en ondas sonoras mediante un electroimán conectado a un diafragma.

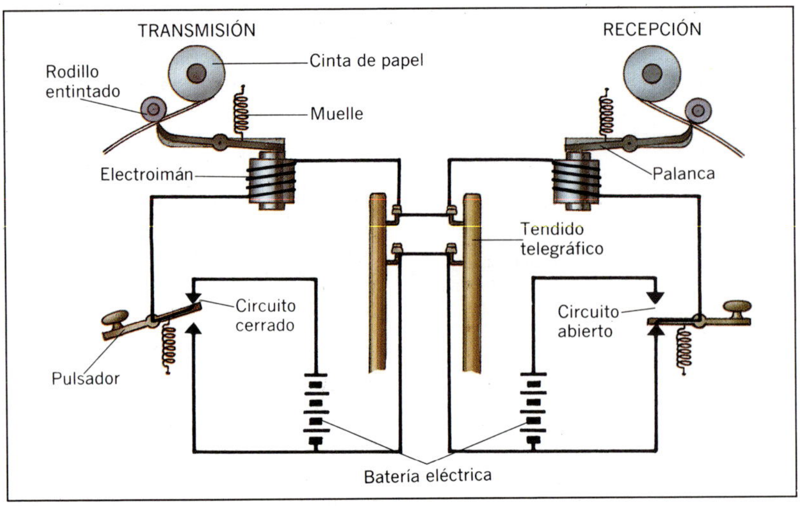

Esquema del funcionamiento del telégrafo Morse: al accionar el pulsador en el transmisor se cierra el circuito eléctrico y se emite un impulso que llega al electroimán del receptor; el electroimán atrae la palanca cuyo extremo golpea la cinta de papel contra el rodillo entintado.

una máquina de escribir eléctrica, y el mensaje queda decodificado automáticamente. En lugar del código Morse se utilizan códigos digitales de transmisión.

telegrama *s. m.* **1.** Comunicación transmitida por medio del telégrafo. **2.** Impreso que recibe el destinatario con el texto de esa comunicación.

teleimpresor *s. m.* Teletipo*.

telekinesis *s. f.* Telequinesia*.

telekino *s. m.* Telequino*.

telele *s. m.* **1.** *fam.* Desmayo o ataque de nervios. **2.** *fam.* Disgusto o impresión muy fuerte.

Telémaco En la mitología griega, hijo de Ulises y Penélope. En ausencia de su padre, ahuyentó a los pretendientes de Penélope y, llegado Ulises, le ayudó a eliminar a sus enemigos.

telemando *s. m.* **1.** Sistema, generalmente automático, de accionamiento a distancia de un mecanismo, máquina o vehículo a través de circuitos eléctricos, ondas electromagnéticas, etc. Se llama también *telecontrol.* **2.** Aparato que opera con este sistema.

Telemann, Georg Philipp (Magdeburg 1681 - Hamburgo 1767) Compositor alemán. Fue uno de los músicos más relevantes del Barroco tardío. Escribió prolíficamente, con facilidad y fluidez, en los principales estilos de la época. Maestro en la instrumentación, combinaba en sus obras la expresividad melódica con la riqueza rítmica. Su estilo renovador tendió un puente de enlace entre el contrapunto y el sistema armónico del clasicismo. Entre su amplia producción destacan los conciertos para trompeta. Es además autor de cuarenta óperas, doce ciclos de cantatas espirituales, cantatas profanas, pasiones, obras sinfónicas y música de cámara.

telemática *s. f.* Conjunto de técnicas y servicios que combinan las posibilidades de los sistemas de telecomunicación y la informática.

telemecánica *s. f.* Sistema y conjunto de técnicas para transmitir el movimiento a distancia por medio de un telemando.

telemedición *s. f.* Procedimiento que permite conocer a distancia, mediante señales eléctricas, la indicación de un instrumento de medida, p. ej. una sonda.

telemetría *s. f.* **1.** Técnica que permite medir distancias entre objetos lejanos. **2.** Transmisión a distancia, normalmente por radio, de los datos obtenidos por aparatos de medida en lugares de difícil acceso, como los reactores nucleares, y en la exploración del espacio. **FAM.** Telemétrico.

telémetro *s. m.* Aparato que permite apreciar desde un punto de mira la distancia a la que está un objeto lejano.

telencéfalo *s. m.* En anat., parte anterior del encéfalo de los vertebrados, la más alejada de la médula espinal, que contiene los hemisferios cerebrales y los lóbulos olfatorios.

telenovela *s. f.* Historia filmada para la televisión que se emite por capítulos.

teleobjetivo *s. m.* Objetivo constituido por un sistema de lentes que permite fotografiar o filmar personas y objetos distantes.

teleología *s. f.* En fil., explicación de las cosas por referencia a su finalidad o causa final, entendiendo por tal la razón para la que la cosa existe o ha sido producida. **FAM.** Teleológico.

teleosáuridos *s. m. pl.* Familia de reptiles crocodilianos fósiles, cuyos principales géneros, *Teleosaurus* y *Pelagosaurus*, habitaron la Tierra en el jurásico. También *adj.* y *s. m.*

teleósteos *s. m. pl.* Superorden de peces de la clase osteictios al que pertenecen la mayoría de las especies de peces actuales, comprendidos en 30 órdenes. Se caracterizan por tener el esqueleto osificado, la aleta caudal simétrica, radios que salen del extremo de la columna vertebral, branquias protegidas por un opérculo, mandíbula superior sujeta al cráneo sólo por la parte del hocico y vejiga natatoria, ausente en muchas especies. Habitan en todos los mares de la Tierra. También *adj.* y *s. m.*

telepatía *s. f.* En parapsicología, fenómeno que consiste en la percepción por parte de un individuo del pensamiento o situación de otra persona sin que intervengan los órganos de los sentidos o el lenguaje.

teleproceso *s. m.* En inform., procesamiento de datos a distancia mediante un ordenador conectado a una red informática con capacidad de entrada y salida.

telequinesia o **telequinesis** *s. f.* En parapsicología, movimiento de objetos utilizando únicamente el poder de la mente. ■ Se dice también *telekinesis.*

telequino *s. m.* Aparato inventado por el español Leonardo Torres Quevedo para maniobrar a distancia ciertos mecanismos, a través de ondas electromagnéticas. ■ Se escribe también *telekino.*

telera *s. f.* **1.** Pieza que hace de travesaño en un instrumento o utensilio, como p. ej. una varilla o un listón. **2.** Travesaño de metal o madera que sirve para regular la inclinación de la reja del arado. **3.** *And., Méx.* Pan.

telerradar *s. m.* Aparato que combina un radar y una televisión, que permite enviar las imágenes captadas por el radar a distintos terminales.

telescópico, ca *adj.* Relativo al telescopio o que sólo puede verse mediante él.

telescopio *s. m.* Instrumento óptico utilizado para observar objetos lejanos y, especialmente, cuerpos celestes. Los telescopios astronómicos son de dos clases principales: de refracción, construidos en forma de tubo provisto de una o dos lentes, en los que la imagen invertida formada por la lente más próxima al objeto (el objetivo) se observa acercando el ojo a la otra lente (el ocular) o se utiliza para obtener una fotografía; y los de reflexión, en los que la imagen se obtiene por medio de espejos cóncavos y convexos. Los mejores telescopios astronómicos son de reflexión y utilizan espejos de varios metros de diámetro. Los actuales telescopios están formados por espejos parabólicos de gran tamaño. Uno de los más importantes, el telescopio Hale del Monte Palomar (EE UU), tiene un espejo de 5 m de diámetro.

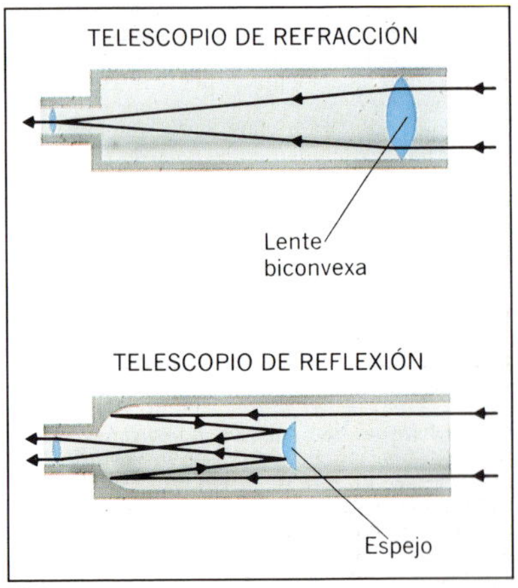

Esquema de la óptica de dos tipos de telescopio.

telesilla *s. m.* Sistema de transporte de personas que consiste en una serie de asientos suspendidos de un cable de tracción, utilizado principalmente para subir a las cumbres de las montañas.

telespectador, ra *s. m.* y *f.* Espectador de televisión. ■ Se dice también *televidente.*

telesquí *s. m.* Instalación o sistema que permite a los esquiadores subir con los esquís puestos a la parte más alta de las pistas. Está formado por un cable que tira de los esquiadores y unos enganches para que el esquiador se sujete.

teletexto *s. m.* Servicio informativo realizado por medio de canales de televisión en que la información aparece impresa en pantalla en forma de texto.

teletipia *s. f.* **1.** Sistema de comunicación telegráfica o radiotelegráfica que permite transmitir un texto mecanografiado. **2.** Sistema de composición tipográfica a distancia, mediante un teletipo y una máquina de componer.

teletipo *s. m.* Sistema de transmisión de textos por línea telegráfica mediante un teclado que permite emitir y recibir mensajes e imprimirlos. Se llama también *teleimpresor.*

televidente *s. m.* y *f.* Telespectador*.

televisar *v. tr.* Emitir por televisión las imágenes de un suceso, espectáculo, etc.

televisión *s. f.* **1.** Transmisión de imágenes y sonidos a distancia por medio de ondas hertzianas. **2.** Organización e instalación encargadas de transmitir mediante este sistema. **3.** *fam.* Televisor*. ■ Su apóc. es *tele.*
Tecnol. La televisión fue inventada por J. Logie Baird en 1929. La cámara obtiene por medios ópticos una imagen de la escena que se quiere transmitir y la transforma en una señal eléctrica variable mediante un barrido de la imagen, que es descompuesta en una serie de líneas horizontales sucesivas. La señal eléctrica se utiliza para modular una onda portadora, que se emite por medio de una antena y puede ser transmitida a cualquier punto de la Tierra mediante satélites de comunicaciones; también puede ser emitida por medio de cable. Al mismo tiempo que la imagen, se envía también el sonido, mediante una portadora independiente, de forma semejante a la utilizada en las transmisiones de radio. El receptor capta la señal a través de otra antena, la separa de otras frecuencias mediante un circuito sintonizador, separa asimismo la imagen y el sonido, los detecta, es decir, obtiene la señal moduladora, separándola de la onda portadora, y envía el sonido a un altavoz y la imagen a un tubo de rayos catódicos, donde se reproduce de forma

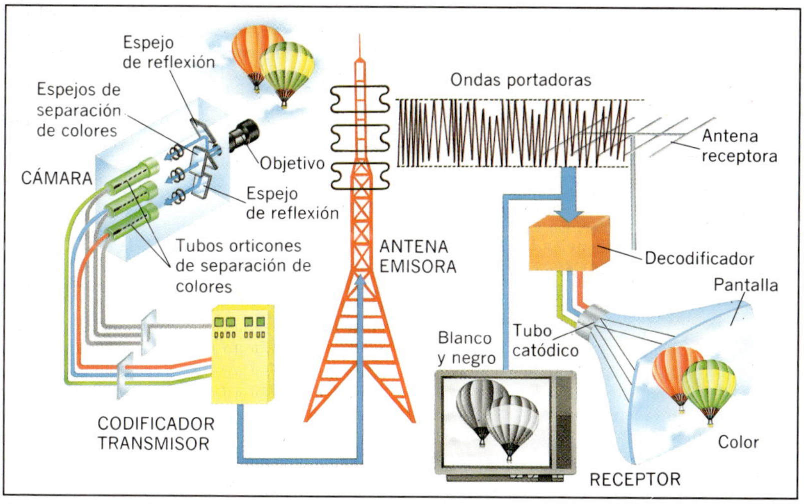

Esquema de la emisión y recepción de imagen en la televisión.

sincronizada el barrido realizado por la cámara. El número de líneas en que se descompone una imagen y el número de imágenes que se envían cada segundo para dar la sensación de movimiento varían según el sistema de televisión. En televisión en color se envían tres señales en lugar de una, que llevan información sobre uno solo de los colores fundamentales (rojo, verde y azul) o sobre una combinación de ellos.

televisivo, va *adj.* **1.** Perteneciente o relativo a la televisión. **2.** Que tiene buenas condiciones para ser televisado. **3.** Que aparece en televisión en muchas ocasiones.

televisor *s. m.* Aparato receptor de televisión. ▪ Su apóc. es *tele*.

télex *s. m.* **1.** Servicio telegráfico directo entre usuarios, que funciona mediante teletipos interconectados a través de la línea telefónica. **2.** Mensaje enviado por este sistema.

Tell, Guillermo Véase **Guillermo Tell**.

Tell el-Amarna Nombre del lugar arqueológico egipcio que contiene las ruinas de la ciudad de Aketatón, fundada por Amenofis IV h. 1375 a. C. Situada en el Nilo, a unos 250 km al NO de Tebas, fue descubierta a principios del s. XX; conserva su planta y restos de palacios, templos, una necrópolis y numerosas esculturas.

Téllez, fray Gabriel Véase **Tirso de Molina**.

Téllez Girón Linaje castellano de gran relevancia en la política española durante la Edad Moderna, cuyos miembros ostentaron el título de duques de Ureña y, desde 1562, duques de Osuna.

telofase *s. f.* En citología, cuarta y última fase de la mitosis celular, en la que se reconstruyen el nucleolo y la membrana.

telolecito, ta *adj.* Se dice del huevo que tiene el vitelo muy abundante y situado en uno de sus extremos, p. ej. el de las aves.

telón *s. m.* **1.** Especie de cortina grande que cubre el escenario de un teatro o la pantalla de un cine, de modo que pueda subirse y bajarse. ‖ **2. telón de acero** Término acuñado después de la Segunda Guerra Mundial que hacía referencia a las diferencias políticas, ideológicas, etc., entre los países del bloque socialista y la Europa occidental. **3. telón de boca** El que cierra completamente el escenario por delante. **4. telón de fondo** El que cierra la escena formando el frente de la decoración; también, circunstancias que rodean un acontecimiento e influyen sobre él.

telonero, ra *adj.* **1.** Se dice del artista, orador, etc., que interviene antes de la figura principal o entre actuación y actuación. También *s.* ‖ *s. m.* y *f.* **2.** Persona que maneja el telón en un escenario.

telson *s. m.* Segmento último del abdomen de los crustáceos, diferenciado de los restantes y provisto en ocasiones de dos apéndices.

telúrico, ca *adj.* **1.** Perteneciente o relativo al planeta Tierra. **2.** Perteneciente o relativo al telurismo.

telurio *s. m.* Teluro*.

telurismo *s. m.* Influencia del suelo o de la configuración del terreno sobre los seres vivos.

teluro *s. m.* Te. Elemento químico perteneciente al grupo VI A del sistema periódico. Su número atómico es 52 y su masa atómica 127,60. Fue descubierto en 1782 por Franz J. Müller. En 1798 Martin Heinrich Klaproth le dio el nombre de *teluro*. Se obtiene a partir de los barros resultantes del refino electrolítico del cobre. Sus propiedades son similares a las del azufre y el selenio, a cuyo grupo pertenece. Se halla en estado libre en pequeñas cantidades, aunque es más frecuente encontrarlo en forma de óxido o de telururos de plomo, cobre, mercurio, plata y oro, existentes en Arizona, Canadá, Perú y Japón. Se emplea en la elaboración de vidrios coloreados; aleado con plomo aumenta la resistencia a la corrosión y a la tracción de dicho metal; también entra a formar parte de algunos aceros y se usa en la elaboración de gomas sintéticas y en equipos termoeléctricos. Se llama también *telurio*.

tema *s. m.* **1.** Idea o asunto del que trata un texto, una obra de arte, una conversación, etc. **2.** Aquello que interesa, que hay que solucionar, sobre lo que se piensa, etc. ▪ Este uso se considera impropio. **3.** En ling., parte de la palabra, generalmente una vocal, situada entre la raíz y las desinencias, que sirve para adscribirla a un determinado paradigma; p. ej., en los verbos, para incluirlos en una determinada conjugación: *a* para la 1.ª, *e* para la 2.ª e *i* para la 3.ª **4.** Melodía fundamental que, desarrollada, da lugar a una composición musical. **5.** P. ext., canción o composición musical. **6.** Cada una de las unidades de estudio en que se divide una asignatura, oposición, etc.

temario *s. m.* Conjunto de temas de una asignatura, oposición, etc.

temático, ca *adj.* **1.** Perteneciente o relativo al tema. ‖ *s. f.* **2.** Tema o conjunto de temas de una obra, autor, movimiento, etc.

tembladera *s. f.* Temblor, especialmente cuando es intenso.

temblar *v. intr.* **1.** Agitarse una persona o animal con movimientos involuntarios y repetidos. **2.** Moverse una cosa de forma semejante. **3.** Sentir temor o nerviosismo. **4.** *fam.* En gerundio y con verbos como *dejar*, *quedar*, etc., haber consumido o gastado casi hasta el final aquello que se expresa. ▪ Es v. irreg. Se conjuga como *pensar*.

tembleque *s. m.* Temblor intenso.

temblequear *v. intr. fam.* Temblar intensamente. **FAM.** Tembleequeo.

temblequera *s. f.* Tembleque*.

temblón, na *adj.* **1.** Que tiembla frecuentemente o con facilidad. También *s.* ‖ **2. álamo temblón** Álamo de la especie *Populus tremula*.

temblor *s. m.* **1.** Movimiento involuntario y repetido del cuerpo o de una parte de él, causado por el frío, el miedo, el nerviosismo, etc. **2.** Movimiento parecido de cualquier cosa. ‖ **3. temblor de tierra** Seísmo*.

tembloroso, sa *adj.* **1.** Que tiembla. **2.** Aplicado a la voz, entrecortada por el miedo, la emoción, etc.

temer *v. tr.* **1.** Tener miedo de alguien o algo. También *v. intr.* **2.** Pensar con algún fundamento que algo malo o perjudicial ha ocurrido, ocurre o va a suceder.

temerario, ria *adj.* **1.** Se dice de la persona que se expone innecesariamente a un peligro o expone a otras, debido a su forma de actuar imprudente, así como de su actitud, acciones, etc. **2.** Que se hace o dice sin ningún fundamento y sin pensar en las consecuencias negativas que puede tener. **FAM.** Temerariamente.

temeridad *s. f.* **1.** Cualidad de temerario. **2.** Acción o dicho temerario.

temeroso, sa *adj.* **1.** Que causa temor. **2.** Que siente temor. **FAM.** Temerosamente.

temible *adj.* Digno de ser temido o que produce temor.

Temin, Howard Martin (Filadelfia 1934) Biólogo estadounidense. Profesor de oncología de la universidad de Wisconsin, descubrió que en ciertos virus cancerosos se transmite la información genética de su ácido ribonucleico al ácido desoxirribonucleico de la célula infectada, que se convierte así en cancerosa. En 1975 le fue otorgado el premio Nobel de fisiología y medicina, compartido con David Baltimore y Renato Dulbecco.

Temis En la mitología griega, titánide hija de Urano y Gea. Fue consejera de Zeus. Diosa del derecho y de la justicia, se la representaba como una mujer joven y de porte severo.

Temístocles (Atenas h. 525 - Magnesia de Menandro h. 460 a. C.) Político ateniense. Arconte en el 493 a. C., dotó a Atenas de una gran flota y logró que todos los griegos se aliasen frente a Jerjes en la segunda guerra médica. Fue el autor de la estrategia que llevó a la flota helena a la victoria en Salamina (480 a. C.). Hizo reconstruir las murallas de Atenas y fortificar El Pireo. A causa de su engrandecimiento se creó muchos enemigos, que aprovecharon su política de acercamiento a Persia para acusarle de traición y conseguir su destierro, por lo que tuvo que refugiarse en la corte de Artajerjes.

temor *s. m.* **1.** Sentimiento de inquietud, angustia o incertidumbre que hace rechazar o evitar aquellas personas, situaciones, etc., que se consideran peligrosas o perjudiciales. **2.** Sospecha de que algo malo o desfavorable haya ocurrido, ocurra o pueda suceder. ‖ **3. temor de Dios** Sentimiento de total respeto y sumisión hacia Dios.

témpano *s. m.* **1.** Plancha grande de hielo; se utiliza como término de comparación para referirse a alguien o algo muy frío. **2.** Lámina de cualquier material, generalmente rígido.

témpera *s. f.* **1.** Variedad de pintura al temple que utiliza colores diluidos en agua, más densos y con menor transparencia que en la acuarela. **2.** Obra realizada con esta pintura.

temperamental *adj.* **1.** Perteneciente o relativo al temperamento de una persona. **2.** De fuerte temperamento.

temperamento *s. m.* **1.** Aspecto de la personalidad de un individuo que depende de factores constitucionales, relacionados principalmente con el sistema nervioso y hormonal. **2.** P. ext., forma de ser habitual de una persona. **3.** Modo de ser fuerte y vivo de la persona enérgica, emprendedora o creativa. **4.** En mús., sistema musical que consiste en dividir la octava en doce semitonos. También recibe este nombre el tipo de afinación practicada por algunos instrumentos y que se basa en la mencionada división de la octava. **5.** *amer.* Temperatura de la atmósfera, clima.

temperancia *s. f.* Templanza, moderación.

temperante *adj.* **1.** Que tempera. También *s.* **2.** *Amér. del S.* Abstemio*.

temperar *v. tr.* **1.** Moderar, suavizar. También *v. prnl.* **2.** En med., calmar la excitación con antiespasmódicos o calmantes. ‖ *v. intr.* **3.** *amer.* Cambiar de aires.

temperatura *s. f.* **1.** Magnitud física que mide la energía cinética media de las partículas de un cuerpo y que da origen a las sensaciones de frío y calor. **2.** Grado de calor de un cuerpo. **3.** Grado de calor de la atmósfera. **4.** Fiebre, hipertermia. ‖ **5. temperatura absoluta** En fís., la medida en la escala Kelvin. **6. temperatura ambiente** La de la atmósfera que rodea un cuerpo. **7. temperatura crítica** Temperatura por encima de la cual no se puede licuar el gas por mucho que se eleve la presión. Tiene un valor distinto en función de cada gas. **8. temperatura máxima** La más alta registrada en la atmósfera o en un cuerpo durante un determinado periodo. **9. temperatura mínima** La más baja que se registra en la atmósfera o en un cuerpo durante un determinado periodo.

Fís. La temperatura es una propiedad de la materia cuya magnitud se mide con el termómetro. A escala microscópica, la temperatura indica el grado de agitación que poseen los átomos o moléculas de una sustancia. Esta propiedad de la materia está estrechamente relacionada con una forma de energía: el calor. Toda variación de la temperatura de un cuerpo indica que ha habido una absorción o cesión de calor entre el cuerpo en cuestión y el medio que lo rodea. Cuando un cuerpo recibe calor, se produce un aumento en la velocidad con que se mueven sus partículas y, por tanto, un aumento de su temperatura. Cuando ese cuerpo desprende calor, se produce una disminución en la velocidad con que se mueven sus partículas y la consiguiente disminución de su temperatura. Su unidad en el Sistema Internacional es el kelvin, aunque frecuentemente se utilizan para su medida otras escalas como la Celsius o centígrada (°C) y la Fahrenheit.

temperie *s. f.* Estado de la atmósfera según su grado de calor y humedad.

tempero *s. m.* Sazón, estado apropiado de la tierra para trabajarla, sembrarla, etc.

tempestad *s. f.* **1.** Fuerte tormenta. **2.** Gran alteración de las aguas del mar causada por la fuerza y violencia del viento. **3.** Manifestación ruidosa y violenta, especialmente de desaprobación. **4.** Gran alteración o excitación en el estado de ánimo de una persona.

tempestuoso, sa *adj.* **1.** Con tempestad o amenaza de ella. **2.** Se dice del ambiente tenso, que anuncia problemas, discusiones, etc. **3.** Violento, excitado. **FAM.** Tempestuosamente.

templadamente *adv. m.* Con templanza o moderación.

templado, da **1.** *p. p.* de **templar**. También *adj.* ‖ *adj.* **2.** Ligeramente caliente. **3.** Se aplica al clima suave, sin extremos de frío ni calor, así como a las regiones que lo tienen. **4.** Moderado, que no comete excesos. **5.** Se aplica a la persona que no pierde los nervios o el control en situaciones difíciles o peligrosas, así como a su carácter, actos, etc. **6.** *fam.* Algo borracho. **7.** *amer.* Enamorado.

templador, ra *adj.* **1.** Que templa. También *s.* ‖ *s. m.* **2.** Utensilio con que se afinan algunos instrumentos musicales o se regula la tensión de alambres, cables, etc.

templanza *s. f.* **1.** Moderación en los placeres de los sentidos, que constituye una de las virtudes cardinales para la religión católica. **2.** Suavidad y moderación del tiempo atmosférico. **3.** En pintura, armonía en los colores.

templar *v. tr.* **1.** Calentar algo ligeramente, quitándole el frío. También *v. prnl.* **2.** Moderar o suavizar la fuerza o intensidad de algo. También *v. prnl.* **3.** Calmar un estado de ánimo excitado o violento. También *v. prnl.* **4.** Someter al temple a un metal, cristal, etc. **5.** Poner algo tirante o en tensión. **6.** Afinar un instrumento musical. **7.** En pintura, armonizar los colores. **8.** En tauromaquia, ajustar el movimiento de la capa o muleta al modo de embestir del toro. **9.** *And., amer.* Golpear, dar una paliza. ‖ *v. intr.* **10.** Hacerse más suave y cálido el tiempo atmosférico. También *v. impers.* y *v. prnl.* ‖ *v. prnl.* **11.** Moderarse, no cometer excesos. **12.** *amer.* Enamorarse.

templario, ria *adj.* De la orden religiosa militar del Temple. También *s. m.*

temple *s. m.* **1.** Carácter o estado de ánimo de una persona. **2.** Entereza y serenidad en situaciones difíciles. **3.** Proceso al que se someten ciertos materiales, como el acero o el vidrio, para mejorar sus propiedades físicas, calentándolos a altas temperaturas y enfriándolos después bruscamente. **4.** Pintura preparada fundamentalmente con pigmento, cola y agua, que se utiliza sobre muros, madera, cartón, etc. ■ Se dice también *pintura al temple.* **5.** Acción y efecto de templar un instrumento musical.

Temple, orden del Orden religiosa militar fundada en 1119 en Jerusalén por Hugues des Payns para la protección de los Santos Lugares y de los peregrinos cristianos. Pronto alcanzaron gran importancia en Palestina, donde se convirtieron en un grupo económicamente muy poderoso. Cuando se produjo la pérdida de Tierra Santa, dueños ya de una enorme fortuna, se extendieron por Occidente. En España desempeñaron un papel importante en la Reconquista y obtuvieron numerosas fortalezas y señoríos. En Francia su dominio económico suscitó la hostilidad de Felipe IV el Hermoso. La orden fue acusada de herejía y sus principales miembros arrestados (1307). El papa Clemente V dictó la bula de disolución de la orden (1312), y sus bienes muebles pasaron a manos del rey francés. En España se reconoció su inocencia en el concilio de Tarragona (1312), pero se decretó la dispersión de sus miembros y su ingreso en otras órdenes.

Temple, Shirley (Santa Mónica, California 1928) Actriz cinematográfica estadounidense. Destacó como niña prodigio del cine de Hollywood y obtuvo grandes éxitos en películas como *Ojos cándidos* (1934) y *La pequeña coronela* (1935). A partir de 1968 se dedicó a la política y ejerció diversos cargos diplomáticos.

templén *s. m.* Pieza del telar que regula la anchura del tejido y lo mantiene tenso.

templete *s. m.* **1.** Pequeña estructura en forma de templo que sirve para proteger una imagen o forma parte de un mueble, altar, etc. **2.** Pabellón o quiosco con una cúpula sostenida por columnas.

templista *s. m.* y *f.* Persona que pinta con pintura al temple.

templo *s. m.* **1.** Edificio o lugar público destinado al culto religioso. **2.** Lugar real o imaginario en el que se cultiva o se honra un saber, una cualidad, etc.

tempo (voz ital.) *s. m.* **1.** En mús., tiempo, velocidad con que se ejecuta una pieza. **2.** Ritmo con el que se desarrolla una acción.

témpora *s. f.* En las Iglesias católica y anglicana, tiempo de ayuno al comienzo de cada estación del año, que duraba tres días: lunes, miércoles y viernes. Se usa más en *pl.*

temporada *s. f.* **1.** Periodo de tiempo indeterminado, generalmente de varios meses, que se considera como un conjunto. **2.** Tiempo durante el cual se desarrolla cierta actividad o que está determinado por alguna cosa. **3.** Con los adjetivos *alta, media* y *baja,* época del año en que la afluencia de turistas es, respectivamente, mayor, moderada o escasa. ‖ **LOC. de temporada** *adj.* Propio de una determinada época.

temporal[1] (del lat. *temporalis,* de *tempus, -oris*) *adj.* **1.** Perteneciente o relativo al tiempo. **2.** Que dura sólo algún tiempo y no es fijo o permanente. **3.** Terrenal, en oposición a divino o espiritual: *bienes temporales.* **4.** Secular, no eclesiástico o religioso. ‖ *s. m.* **5.** Fuerte tormenta en la tierra o en el mar. **6.** Tiempo de lluvias continuas. ‖ **LOC. capear el temporal** *fam.* Resolver con dificultades situaciones comprometidas.

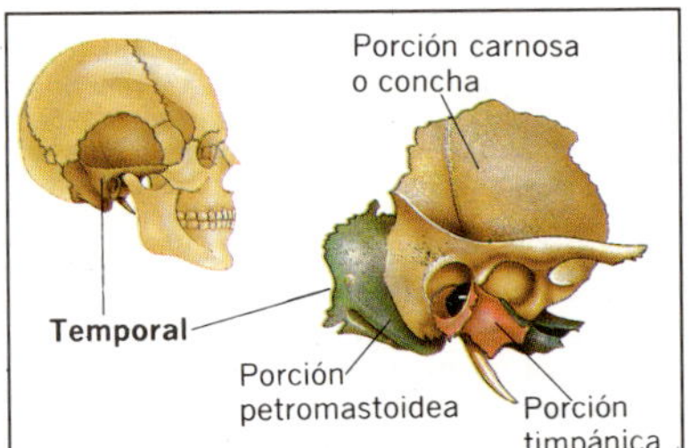

Anatomía del hueso temporal.

temporal[2] (del lat. *temporalis,* de *tempora,* sienes) *adj.* **1.** Perteneciente o relativo a las sienes o a los elementos anatómicos que las componen. **2.** Se dice del hueso par que forma la región del cráneo donde se encuentra el oído, articulándose con el esfenoides, los parietales y el occipital. Presenta tres regiones: la porción carnosa o concha, que consta de apófisis cigomática, apófisis estiloides y cavidad glanoidea; la porción petromastoidea, situada debajo de la anterior, y la porción timpánica, que contiene el conducto auditivo externo. También *s. m.* ‖ **3. lóbulo temporal** Parte lateral del cerebro, que contiene los centros sensoriales auditivos y de la palabra oída.

temporalidad *s. f.* **1.** Cualidad de temporal. **2.** Beneficio material que percibe un eclesiástico. Se usa más en *pl.*

temporalmente *adv. t.* **1.** Por algún tiempo. ‖ *adv. m.* **2.** En el orden de lo temporal, de lo terreno.

temporero, ra *adj.* Que ha sido contratado únicamente para un periodo o trabajo determinado. También *s.*

temporizador *s. m.* Dispositivo electrónico que regula una operación, de forma momentánea o por un determinado espacio de tiempo.

temporizar *v. intr.* Contemporizar*.

tempranero, ra *adj.* **1.** Que se levanta temprano. **2.** Temprano, especialmente aplicado a frutos.

temprano, na *adj.* **1.** Que ocurre o aparece antes del tiempo oportuno o acostumbrado. **2.** Se dice de la primera época o momento de un determinado tiempo.

temu (voz araucana) *s. m.* Nombre común de diversos árboles de la familia mirtáceas, géneros *Blepharocalyx, Eugenia* y *Temus.* El temú común *(Eugenia temu)* presenta flores en racimo y fruto en baya. Crece en Chile y su madera es muy dura.

Temuco C. de Chile, cap. de la región de La Araucanía, junto al río Cautín. 239.050 h. en 1989. Es el centro de una rica comarca agrícola y forestal y un importante nudo de comunicaciones. Posee además industrias alimentarias, papeleras, madereras, químicas, electrónicas y de calzado.

ten con ten *loc.* Discreción y habilidad para tratar a una persona, un asunto, etc. Se usa como *s. m.*

tenacidad *s. f.* Cualidad de tenaz.

tenacillas *s. f. pl. dim.* de **tenazas**. Utensilio con forma de tenazas utilizado para coger terrones de azúcar, rizar el pelo, etc.

tenáculo *s. m.* En cirugía, instrumento en forma de aguja encorvada en su extremo, que sirve para sostener diferentes elementos anatómicos, especialmente las arterias que deberán unirse.

tenante *s. m.* En heráldica, cada una de las figuras que sostienen un escudo.

tenar *adj.* **1.** En anat., perteneciente o relativo a la palma de la mano o a la planta del pie. ‖ *s. m.* **2.** Zona carnosa en la base del pulgar.

tenaz *adj.* **1.** Que se mantiene firme en sus propósitos o deseos. **2.** Difícil de quitar o separar por estar muy adherido, estacionado, etc. **3.** Se dice del material que ofrece mucha resistencia a romperse o deformarse. **FAM.** Tenazmente.

tenaza *s. f.* **1.** Herramienta compuesta por dos piezas cruzadas y articuladas entre sí, que sirve para sujetar algo fuertemente o para cortarlo. Se usa más en *pl.* **2.** Pieza articulada que forma los apéndices de algunos animales como los cangrejos o el escorpión. ‖ **LOC. hacer tenaza** Coger o prender algo fuertemente. **no poder sacarle** algo a alguien **ni con tenazas** *fam.* Resultar muy difícil que una persona diga o dé aquello que se le pide.

tenca *s. f.* Pez teleósteo de la familia ciprínidos, especie *Tinca tinca.* Mide unos 20 cm de longitud, tiene el cuerpo de color verde oscuro, con los ojos rojos y anaranjados. Sus aletas son grandes y redondeadas, excepto la caudal, que es recta y la dorsal, que es estrecha. Posee dos barbillas debajo de la boca. Habita en aguas dulces poco profundas y cenagosas de Europa y Asia meridional y su carne es comestible.

Tenchi Tenno (? 626 - ? 671) Emperador del Japón (661-671). Antes de subir al poder, contribuyó a la caída de los Soga (644), colaboró en los gobiernos de monarcas anteriores y en la reforma de Taika. Durante su reinado se publicó el gran código *Omiryo.* Su derrota naval ante China impidió que conquistara Corea.

tendal *s. m.* **1.** Toldo, cubierta de tela para hacer sombra. **2.** Trozo largo y ancho de tela que se coloca debajo de los olivos para que caigan en él las aceitunas. **3.** Conjunto de cosas tendidas para que se sequen. **4.** *amer.* Tendalada. **5.** *Arg., Chile, Par., Urug.* Conjunto de cosas de la misma clase. **6.** *Chile.* Tienda pequeña, especialmente la ambulante.

tendalada *s. f. amer.* Tendal, conjunto de personas o cosas que por causa violenta han quedado tendidas desordenadamente en el suelo.

tendedero o **tendedor** *s. m.* **1.** Lugar donde se tiende. **2.** Armazón o estructura con alambres, cuerdas, etc., para tender la ropa.

tendel *s. m.* **1.** En la construcción, cuerda que, puesta horizontalmente, sirve para colocar igualadas las hiladas de ladrillos o piedras. **2.** Capa de argamasa que se extiende entre dos hiladas de ladrillos.

tendencia *s. f.* **1.** Dirección o fin al que alguien o algo está encaminado, por el que se siente atraído, etc. **2.** Fuerza psíquica que conduce a alguien de forma habitual y constante hacia determinadas conductas, estados de ánimo, etc. **3.** Movimiento político, artístico, científico, estético, etc., orientado hacia una determinada dirección. ‖ **4. medidas de tendencia central** En estadística descriptiva, valores representativos de una distribución.

tendencioso, sa *adj.* Demasiado parcial en sus juicios o apreciaciones, por seguir cierta tendencia o ideología. **FAM.** Tendenciosamente, tendenciosidad.

tendente *adj.* Que tiende a aquello que se expresa.

tender *v. tr.* **1.** Extender o desdoblar lo que estaba encogido, arrugado o amontonado. **2.** Tumbar o echar a lo largo sobre una superficie a una persona o animal. También *v. prnl.* **3.** Colgar estirada la ropa mojada para que se seque. También *v. intr.* **4.** Suspender, colocar o construir algo entre dos puntos. ‖ *v. intr.* **5.** Dirigirse una persona o cosa hacia un determinado fin, objetivo, estado, etc. **6.** Mostrar inclinación hacia una determinada conducta, estado de ánimo, etc. **7.** Tener cierta cualidad, característica, etc., que no está muy definida, pero que se acerca a otra. **8.** En mat., aproximarse una variable o función a un valor determinado sin llegar nunca a alcanzarlo. ▪ Es v. irreg. ‖ **LOC. tender la cama** *amer.* Hacer la cama. **tender la mesa** *amer.* Poner la mesa.

TENDER

INDICATIVO	SUBJUNTIVO	IMPERATIVO
Presente	**Presente**	
tiendo	*tienda*	
tiendes	*tiendas*	*tiende*
tiende	*tienda*	
tendemos	*tendamos*	
tendéis	*tendáis*	*tended*
tienden	*tiendan*	

ténder *s. m.* Remolque que llevaban las locomotoras de vapor, con el carbón y el agua necesarios para abastecerlas durante el viaje.

tenderete *s. m.* **1.** Puesto de venta callejero. **2.** *fam.* Conjunto de cosas esparcidas y desordenadas.

tendero, ra *s. m.* y *f.* Persona que tiene una tienda, especialmente de comestibles, o trabaja en ella como vendedor.

tendido, da **1.** *p. p.* de **tender**. También *adj.* ‖ *adj.* **2.** Se dice del galope del caballo o de otro animal cuando es muy fuerte. ‖ *s. m.* **3.** Acción y efecto de tender. **4.** Aquello que se tiende, especialmente cables eléctricos. **5.** Conjunto de gradas al descubierto en una plaza de toros y, p. ext., público que las ocupa. **6.** *Col., Ec., Méx.* Ropa de cama.

tendinitis *s. f.* Inflamación de un tendón.

tendinoso, sa *adj.* **1.** Perteneciente o relativo a los tendones. **2.** Que tiene tendones o se compone de ellos.

tendón *s. m.* **1.** Haz de tejido conjuntivo fibroso que sirve para unir los músculos a los huesos. En los músculos anchos los tendones son aplanados y se denominan *aponeurosis.* ‖ **2. tendón de Aquiles** El que une el talón con la pantorrilla.

Tène, cultura de La Cultura celta característica del segundo periodo de la edad del hierro en Occidente. Ha tomado su nombre del yacimiento arqueológico homónimo descubierto en el s. XIX en la orilla del lago Neuchâtel, en Suiza. Se desarrolló del s. VI al I a. C. y se extendió por Alemania, Francia, Inglaterra, Austria, Hungría, Checoslovaquia, N de Italia y N de España. Las construcciones típicas de esta cultura son las ciudades fortificadas. Entre sus manifestaciones artísticas sobresalen las estatuillas de figuras humanas, la cerámica policromada, espadas de hierro y joyas de oro y plata.

tenebrario *s. m.* Candelabro triangular, con pie muy alto y quince velas, que se enciende en ciertos oficios de Semana Santa.

tenebriónidos *s. m. pl.* Familia de insectos del orden coleópteros a la que pertenecen unas 16.000 especies de los géneros *Tenebrio, Blaps, Tribolium, Gnathocerus, Latheticus,* etc. Son escarabajos que se caracterizan por tener la frente ensanchada lateralmente por unos lóbulos que cubren la base de las antenas. Son de color negro o pardo oscuro y se esconden durante el día bajo piedras o viven en la arena. La mayoría no vuela y muchos son ápteros. Habitan en los países cálidos de todo el mundo y se alimentan de cereales o materiales en descomposición. También *adj.* y *s. m.*

tenebrismo *s. m.* Tendencia pictórica del estilo barroco que se caracteriza por los fuertes contrastes entre luces y sombras. Fue iniciada por Caravaggio. En su forma más pura, la luz procede de un foco único y está centrada en una porción del cuadro, mientras el resto permanece entre sombras y penumbras. **FAM.** Tenebrista.

tenebroso, sa *adj.* **1.** Oscuro, cubierto de tinieblas. **2.** Que produce miedo. **3.** Cargado de misterio o de maldad. **4.** Poco prometedor o favorable. **FAM.** Tenebrosamente, tenebrosidad.

tenedor, ra *s. m.* y *f.* **1.** Persona que tiene o posee algo, especialmente una letra de cambio, cheque u otro documento de crédito. ‖ *s. m.* **2.** Utensilio de mesa formado por un mango y una parte más ancha con tres o cuatro púas, que sirve para pinchar o coger los alimentos sólidos y llevarlos a la boca. ‖ **3. tenedor de libros** Contable de una empresa o negocio.

teneduría *s. f.* Cargo del tenedor de libros y oficina o despacho donde trabaja.

tenencia *s. f.* **1.** En lenguaje legal, acción y efecto de tener o poseer una cosa. **2.** Cargo de teniente y lugar donde lo ejerce.

tener *v. tr.* **1.** Ser alguna cosa de la propiedad de alguien. **2.** Atribuye al sujeto una cualidad, estado, circunstancia, etc., propia o relacionada con él. **3.** Comprender dentro de sí. **4.** Disponer de una persona o cosa. **5.** Sentir o manifestar cierta actitud hacia alguien o algo. **6.** Experimentar, sufrir o recibir aquello que se expresa. **7.** Expresa la relación de parentesco o de cualquier otro tipo que existe entre el sujeto y el complemento. **8.** Expresa una acción, obligación, etc., que el sujeto debe realizar, cumplir o en la que debe intervenir: *Tengo una reunión importante.* **9.** Sujetar, sostener. También *v. prnl.* **10.** Guardar, contener. **11.** Hospedar o recibir una persona a otra u otras en su casa. **12.** A veces forma con su complemento locuciones verbales que equivalen al verbo de la misma raíz: *tener influencia* (*influir*), *tener confianza* (*confiar*), *tener relación* (*relacionarse*). **13.** Con sustantivos que significan tiempo, expresa edad o duración. **14.** Con un complemento que indica tiempo, pasar o desarrollarse éste de la forma que se expresa: *tener un mal día.* **15.** Estimar, considerar, juzgar. También *v. prnl.* **16.** Con participios pasados y adjetivos, mantener a alguien en el estado, circunstancia, actitud, etc., que éstos indican. ‖ *v. prnl.* **17.** Refrenarse, contenerse. **18.** Atenerse, ajustarse. ‖ *v. aux.* **19.** Seguido de la conjunción *que* y un infinitivo, forma perífrasis verbales que indican obligación, necesidad o determinación. **20.** Construido con un participio pasado, equivale a *haber*, pero añade cierto énfasis o le da un valor de acción totalmente terminada: *Te lo tengo dicho. Lo tengo todo pensado.* ▪ Es v. irreg. ‖ **LOC. (conque) ¿esas tenemos?** *fam.* Indica sorpresa o enfado ante algo dicho o hecho por alguien y que afecta negativamente al que habla. **no tener** uno **dónde caerse muerto** *fam.* Ser muy pobre. **no tenerlas** alguien **todas consigo** *fam.* No estar seguro o en una buena situación. **tener a bien** Dignarse. **tener presente** a alguien o algo Recordarlo, conservarlo en la memoria. **tener que ver** una persona o cosa **con** otra *fam.* Tener algún tipo de relación; también, referido a personas, mantener éstas relaciones amorosas.

TENER

INDICATIVO	
Presente	**Pret. perf. simple**
tengo	*tuve*
tienes	*tuviste*
tiene	*tuvo*
tenemos	*tuvimos*
tenéis	*tuvisteis*
tienen	*tuvieron*
Futuro imperf.	**Condicional simple**
tendré	*tendría*
tendrás	*tendrías*
tendrá	*tendría*
tendremos	*tendríamos*
tendréis	*tendríais*
tendrán	*tendrían*
SUBJUNTIVO	
Presente	**Pret. imperfecto**
tenga	*tuviera, -ese*
tengas	*tuvieras, -eses*
tenga	*tuviera, -ese*
tengamos	*tuviéramos, -ésemos*
tengáis	*tuvierais, -eseis*
tengan	*tuvieran, -esen*
Futuro imperfecto	
tuviere	*tuviéremos*
tuvieres	*tuviereis*
tuviere	*tuvieren*
IMPERATIVO	
ten	*tened*

tenería *s. f.* Curtiduría*.

Tenerife Isla de España, en el archipiélago de las Canarias, la más oriental de la prov. de Santa Cruz de Tenerife. 1.930 km^2. 685.600 h. en 1991. Presenta un relieve de origen volcánico, muy accidentado, en el que destaca el pico del Teide, y costas altas y escarpadas, aunque en el S existen extensas playas. Las aguas de la isla son casi exclusivamente subterráneas. Tiene un clima subtropical seco en el S y más húmedo en el N. Las ciudades principales son Santa Cruz de Tenerife (en el NE), La Laguna (en el interior) y Puerto de la Cruz (en el N). Se cultivan plátanos, tomates, vid, patatas, trigo, hortalizas, habichuelas y flores. Se practica la pesca y cuenta con industria tabaquera, de materiales de construcción, alimentaria, de la madera y papelera y con una refinería de petróleo. El turismo representa la principal fuente de ingresos.

Tenerife: vista de la playa de las Gaviotas.

tenesmo *s. m.* Deseo continuo de orinar o defecar y acompañado de dolores, que se produce generalmente por cistitis o por inflamación del ano.

tenguerengue, en *loc. adv. fam.* Sin estabilidad.

tenia *s. f.* Nombre común de diversos gusanos platelmintos del orden cestodos, género *Taenia*. Son parásitos que habitan en el tubo digestivo de los vertebrados y, en función del tiempo de su desarrollo, llegan a alcanzar hasta 12 m de longitud. La *Taenia solium* es parásita del cerdo y del hombre; en su cabeza o escólex tiene un doble anillo de garfios con los que se fija a las paredes del intestino; a continuación tiene una zona de crecimiento y después, una serie indeterminada de segmentos que, en realidad, son un individuo cada uno, dotado de aparato reproductor completo. Los anillos terminales, que contienen huevos fecundos, se van desprendiendo y a través de las heces salen al exterior, donde pueden ser ingeridos por cerdos, de cuyo aparato digestivo pasan a los músculos; cuando el hombre come carne de cerdo infectada, el ciclo vuelve a comenzar. Se llama también *solitaria*.

teniasis *s. f.* **1.** Presencia de tenias en el organismo. ‖ **2. teniasis somática** Presencia de larvas de tenia en los músculos.

tenida *s. f.* **1.** Sesión o asamblea de una logia masónica. **2.** *amer. fam.* Reunión, sesión.

tenientazgo *s. m.* Cargo de teniente.

teniente *s. m.* y *f.* **1.** Militar perteneciente a la clase de oficiales cuyo grado es inmediatamente inferior al de capitán. **2.** Persona que ejerce un determinado cargo en sustitución del que lo ejerce propiamente, p. ej. el *teniente de alcalde*. ‖ *adj.* **3.** *fam.* Algo sordo. ‖ **4. teniente coronel** Grado militar de la clase de jefes inmediatamente inferior al de coronel. **5. teniente de navío** En la Armada, empleo equivalente al de capitán en el Ejército de Tierra. **6. teniente general** Grado militar perteneciente a la clase de generales que es el segundo más alto del escalafón, después del de capitán general.

Teniente, El Mina de cobre de Chile, en la región del Libertador General Bernardo O'Higgins, en plena cordillera de los Andes, a 2.500 m de altitud. Es la mina de cobre subterránea más importante del mundo. Produce anualmente más de 250.000 toneladas de mineral.

Teniers, David (Amberes 1610 - Bruselas 1690) Pintor flamenco. Se formó junto a su padre, Teniers el Viejo, y a Brouwer. Artista de la corte de Leopoldo Guillermo, regente de los Países Bajos, gozó de gran fama en Europa por sus pinturas de escenas costumbristas de su tiempo. Entre sus cuadros destacan *Jugadores de cartas, El alquimista, Kermesse, Fiesta aldeana* y *Fumadores y bebedores*.

David Teniers: El alquimista *(Museo del Prado, Madrid).*

tenífugo, ga *adj.* Se dice del medicamento eficaz para expulsar la tenia del organismo. También *s. m.*

tenis *s. m.* **1.** Deporte en que dos adversarios o dos parejas se lanzan una pelota con ayuda de una raqueta por encima de una red situada en el centro de la pista. Tiene dos modalidades: individual y dobles, con categorías masculina, femenina y parejas mixtas. Se juega sobre un rectángulo de hierba, cemento, tierra batida, etc., dividido en dos campos por una red. Los partidos se juegan al mejor de 3 o 5 sets, que a su vez gana el que vence seis juegos, con dos o más de diferencia, o por *tie-break* o muerte súbita. ‖ **2. tenis de mesa** Ping-pong*. **FAM.** Tenístico.

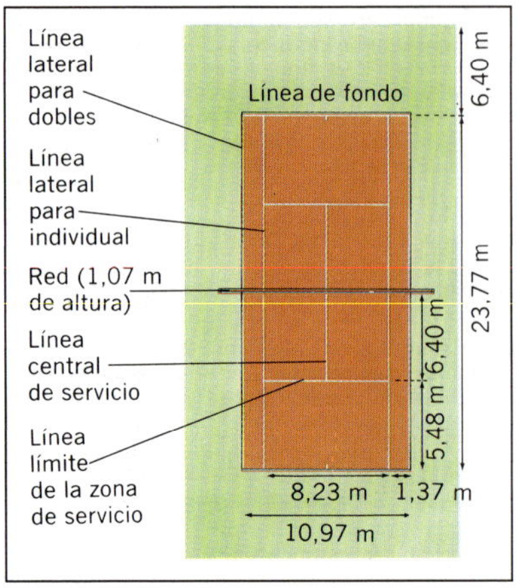

Tenis: esquema del campo de juego.

tenista *s. m.* y *f.* Jugador de tenis, sobre todo el profesional.

Tennant, Smithson (Selby 1761 - Boulogne 1815) Químico británico. Miembro de la *Royal Society* y profesor de química de la universidad de Cambridge, publicó trabajos sobre el diamante y la dolomita y descubrió el osmio y el iridio (1804).

Tennessee **1.** Río de EE UU. 1.600 km. Nace en el Great Smokey, de los Apalaches, al confluir los ríos Holston y French Broad; discurre hacia el SO, penetra en Alabama, donde toma dirección N, hasta desembocar en el río Ohio. Es el río más regularizado por embalses de EE UU.
2. Estado de EE UU, en el centro del sector oriental del país. 109.152 km^2. 4.896.650 h. en 1990. La capital es Nashville, con 501.400 h. en 1989. En su relieve se distinguen dos regiones: la oriental, en que se alzan las estribaciones de los Apalaches, y la occidental, donde está el valle del río Tennessee y la llanura del Mississippi. Su principal ciudad es Memphis. Tiene cultivos de cereales, patatas, tabaco, algodón y frutales, ganadería bovina, ovina y caballar, recursos forestales, yacimientos de carbón, cinc, cobre, hierro y fosfatos, e industria metalúrgica, química, textil y mecánica. Fue explorado por españoles y franceses y colonizado por británicos de Virginia (s. XVIII). En 1796 se constituyó en estado.

tenno (voz japonesa que significa 'soberano del cielo') *s. m.* Título del emperador del Japón.

Tennyson, Alfred (Somersby, Lincolnshire 1809 - Aldworth, Surrey 1892) Poeta británico. Destacado representante de la poesía de época victoriana, su obra se caracteriza por un gran dominio técnico y una búsqueda de la belleza en la forma. Merecen citarse sus libros *Poemas* (1833) –que comprende los célebres *Lotófagos*–, *In memoriam* (1850), *Oda por la muerte del duque de Wellington* (1852), *Los idilios del rey* (1859) y *El santo grial* (1869), y las piezas teatrales *La reina María* (1875), *Harold* (1876) y *Becket* (1884).

Tenoch (s. XIV) Caudillo azteca supuesto fundador de Tenochtitlan.

Tenochtitlan Ciudad fundada por los mexicas h. 1325 sobre los islotes del lago Texcoco, que constituyó la capital del imperio azteca. Amplió su perímetro desecando el lago y utilizando el sistema de *chinampas*, cercas de pilotes hincados en el fango y rellenadas con tierra. En época de Itzcóatl fueron construidos grandes templos y palacios. Fue destruida por Hernán Cortés (1521), que sobre ella levantó la actual Ciudad de México. Entre los restos hallados destaca el Calendario o disco del Sol.

tenor[1] (del lat. *tenor, -oris*, de *tenere*, tener) *s. m.* Contenido de un escrito, enunciado, discurso, etc., especialmente si es literal. ‖ **LOC. a este tenor** *adv.* De esta manera, por el mismo estilo. **a tenor de** *prep.* Teniendo en cuenta, a juzgar por.

tenor[2] (del ital. *tenore*, y éste del lat. *tenor, -oris*) *s. m.* **1.** La más aguda de las voces masculinas, entre las de contralto y barítono. **2.** Persona que tiene esta voz. **3.** Instrumento musical cuya tesitura coincide con la voz de tenor.

tenora *s. f.* Instrumento de viento parecido a un oboe, pero más grande y con el pabellón de metal. Se utiliza para acompañar la sardana.

tenorio *s. m.* Donjuán*.

tenotomía *s. f.* En cirugía, extirpación o sección de un tendón.

tensar *v. tr.* Poner tensa alguna cosa, como cuerdas, cables, etc. **FAM.** Tensado.

tensímetro *s. m.* Aparato para medir las tensiones superficiales de los líquidos.

tensión *s. f.* **1.** En fís., estado de un cuerpo elástico cuando dos o más fuerzas contrarias actúan sobre él. **2.** Acción de dichas fuerzas. **3.** Presión de un gas. **4.** Tensión arterial. **5.** Voltaje con que se realiza una transferencia de energía eléctrica; se denomina **alta** o **baja tensión**, según esté por encima o por debajo de los 650 voltios. **6.** Situación de oposición o enfrentamiento contenido que amenaza con estallar violentamente. **7.** Estado emocional de la persona que experimenta temores, preocupaciones, exceso de trabajo, etc. **8.** Estado o actitud de impaciencia o excitación nerviosa de la persona o animal que espera algo, se dispone a actuar, etc. **9.** En ling., fase de la pronunciación de un sonido en la que los órganos de fonación permanecen inmóviles y tensos en una fracción de segundo. ‖ **10. tensión arterial** Presión que ejerce la sangre sobre las paredes de las arterias, la cual depende del volumen de sangre, del ritmo cardiaco y de la resistencia que los vasos periféricos oponen a la circulación sanguínea. **11. tensión superficial** En fís., fuerza que las moléculas del interior de un líquido ejercen sobre las de la superficie del mismo. Debido a las fuerzas de cohesión entre dichas moléculas, el área de la superficie libre tiende a ser la menor posible, de ahí que las gotas de líquido tengan forma esférica.

tenso, sa *adj.* Que se halla en tensión.

tensón *s. f.* Composición poética provenzal que consiste en una controversia o diálogo entre dos o más poetas, generalmente sobre temas amorosos. Se llama también *tenzón*.

tensor, ra *adj.* **1.** Que tensa. También *s.* **2.** Se aplica a los músculos cuya función es juntar o separar dos partes de un miembro y que son respectivamente flexores y extensores. También *s. m.* ‖ *s. m.* **3.** Mecanismo, dispositivo, etc., que sirve para tensar o estirar algo. **4.** En mat., magnitud que se transforma linealmente al cambiar de sistema de coordenadas. **FAM.** Tensorial.

tentación *s. f.* **1.** Impulso o deseo, espontáneo o provocado, que lleva a realizar algo malo. **2.** Persona o cosa que provoca tales impulsos o deseos. ‖ **LOC. caer en la tentación** Realizar dicho impulso o deseo.

tentáculo *s. m.* Apéndice móvil y blando que presentan, en número variable, numerosas especies de invertebrados y que utilizan como extremidad sensorial y para agarrar o agarrarse; p. ej., los brazos de un pulpo. **FAM.** Tentacular.

tentadero *s. m.* Corral o lugar cerrado donde se hace la tienta de becerros.

tentado, da **1.** *p. p.* de **tentar**. También *adj.* ‖ *adj.* **2.** Que tiene tentación de hacer cierta cosa.

tentador, ra *adj.* **1.** Que tienta. También *s.* ‖ *s. m.* **2.** En tauromaquia, el encargado de picar las reses vacunas en la tienta.

tentar *v. tr.* **1.** Tocar una cosa con las manos u otra parte del cuerpo, o con un objeto, especialmente para percibirla o examinarla mediante el tacto. **2.** Inducir a alguien a hacer cierta cosa, especialmente si es censurable o perjudicial. **3.** Provocar tentación. **4.** Hacer una tienta de reses bravas. ■ Es v. irreg. Se conjuga como *pensar*.

tentativa *s. f.* **1.** Acción con que se intenta algo. **2.** En der., inicio de un delito, que no llega a consumarse por causa o accidente que no sea la propia voluntad del ejecutor.

tentempié *s. m. fam.* **1.** Refrigerio*. **2.** Tentetieso*.

tentetieso *s. m.* Muñeco con un contrapeso en su parte baja, de manera que siempre vuelve a la posición vertical cuando se le tumba.

tenue *adj.* **1.** Delgado, poco grueso. **2.** Suave, poco intenso. **3.** Poco denso o espeso. **FAM.** Tenuemente, tenuidad.

tenzón *s. f.* Tensón*.

teñir *v. tr.* **1.** Dar a una cosa, mediante un tinte, colorante u otra sustancia, un color distinto del que tenía. **2.** Dar un determinado carácter a palabras, pensamientos, sentimientos, etc. **3.** En pintura, apagar un color con otros más oscuros. ▪ Es v. irreg. Se conjuga como *ceñir.* **FAM.** Teñible, teñido, teñidura.

teo- *pref.* Significa 'dios': *teodicea.*

Teobaldo Nombre de dos reyes de Navarra.

Teobaldo I el Trovador (Troyes, Francia 1201 - Pamplona, Navarra 1253) Conde de Champagne y de Brie (1201-53) y rey de Navarra (1234-53). Fue elegido rey de Navarra por la nobleza, a la muerte de su tío Sancho VII, pese a la oposición del rey aragonés Jaime I, dando así comienzo la dinastía de Champagne. Participó en la cruzada de 1239. En su reinado se inició la elaboración del Fuero General de Navarra. Fue asimismo un notable poeta.

Teobaldo II el Joven (? 1235 - Trapani, Sicilia 1270) Conde de Champagne y de Brie y rey de Navarra (1253-70). Hijo y sucesor de Teobaldo I, su reinado se caracterizó por los conflictos con Castilla, debido a las pretensiones de Alfonso X sobre Navarra, que se solucionaron en la paz de Soria (1256), gracias al auxilio de Jaime I de Aragón. Participó con el rey San Luis de Francia en la cruzada a Túnez (1270), a cuyo regreso murió.

teobroma *s. m.* Semilla del árbol del cacao.

teobromina *s. f.* Principal alcaloide del cacao, presente en la cáscara de dicho fruto, que produce efectos diuréticos, vasodilatadores y de relajación muscular.

teocali o **teocalli** (voz náhuatl) *s. m.* Templo de los aztecas. ▪ Se dice también *teucali.*

teocracia *s. f.* Forma de gobierno que se supone sometida a la ley divina y, en consecuencia, a los ministros o representantes de Dios o los dioses, como la del pueblo hebreo con Moisés, Ginebra con Calvino, el Tíbet con el dalai-lama hasta 1959 o Irán bajo el fundamentalismo islámico de Jomeini. **FAM.** Teocrático.

Teócrito (Siracusa s. IV - ? s. III a. C.) Poeta griego. Residió en Cos, en Siracusa, bajo protección de Hierón, y en Alejandría, bajo la de Tolomeo II Filadelfo. Se conservan de sus obras *Los idilios* y varios epigramas. Sus poesías más destacadas son las de escenas pastoriles, por lo que se le considera el creador del género bucólico.

Teodato (? - Ravena 536) Rey ostrogodo (534-536). Casó con la hija de Teodorico el Grande, Amalasunta, a la que mandó asesinar (535), lo que provocó la invasión del S de Italia por las tropas de Justiniano. Fue derrotado y muerto por Vitiges.

teodicea *s. f.* Disciplina filosófica cuyo objeto es la reconciliación entre la bondad y la justicia de Dios con el mal existente en el mundo. Su primera formulación sistemática fue realizada por Leibniz.

teodolito *s. m.* Instrumento óptico de precisión que sirve para medir ángulos de distintos planos. Está compuesto por un limbo vertical, una alidada móvil sobre un eje vertical, un limbo horizontal fijo y una escala de niveles. Se usa sobre todo en topografía y geodesia.

Teodomiro (? - ? 570) Rey suevo de Galicia (559-570). Durante su reinado se produjo la conversión de los suevos al catolicismo y fue convocado el primer concilio de Braga (561).

Teodora Nombre de tres emperatrices bizantinas.

Teodora (Constantinopla h. 500 - íd. 548) Emperatriz bizantina (527-548), esposa de Justiniano I. Influyó poderosamenmte en la política imperial. En 532 hizo que el emperador resistiese en Constantinopla la revuelta popular Nika. Apoyó a los monofisitas.

Teodora (? - ? 867) Emperatriz bizantina (829-842), esposa de Teófilo. Regente durante la minoría de su hijo Miguel III (842-856), restableció el culto de las imágenes (842), luchó contra los eslavos (h. 847) y rechazó a los búlgaros de Constantinopla (h. 852).

Teodora (? h. 995 - ? 1056) Emperatriz de Bizancio (1042 y 1055-56). Hija de Constantino VIII, en 1042 compartió el gobierno con su hermana Zoé. A la muerte de Constantino IX (1055), esposo de su hermana, ocupó nuevamente el poder hasta su muerte.

Teodorico Nombre de dos reyes visigodos.

Teodorico I (? - Campos Cataláunicos, cerca de Troyes 451) Rey de los visigodos (418-451). Sucedió por elección a Wallia. Entre el 425 y 436 intentó sin éxito ampliar sus dominios en Provenza. Combatió a los vándalos en Hispania. Murió en la batalla de los Campos Cataláunicos (451), en la que el general Aecio, con el auxilio de visigodos y burgundios, derrotó a los hunos de Atila.

Teodorico II (? - ? 466) Rey de los visigodos (453-466). Hijo del anterior, accedió al trono tras haber asesinado a su hermano Turismundo. Penetró en la Península y tomó Braga y Mérida (457), donde dejó guarnición. En su reinado el reino visigodo de Tolosa se extendió hasta el mar Mediterráneo y comenzó la penetración goda en España. Murió asesinado por su hermano y sucesor Eurico.

Teodorico I el Amalo, llamado **el Grande** (? h. 454 - Ravena 526) Rey ostrogodo de Italia (493-526). Apoyó al emperador de Oriente Zenón contra el usurpador Basilisco y aquél le nombró rey de Italia, que estaba dominada por Odoacro desde la deposición del último emperador de Occidente. Trasladó entonces a su pueblo a Italia, derrotó y asesinó a Odoacro (493) e instauró el reino ostrogodo de Italia bajo la teórica soberanía de Constantinopla. Gobernó con eficacia apoyado por sus consejeros romanos Casiodoro y el filósofo Boecio y por el papa Símaco.

Teodoro Nombre de tres emperadores bizantinos.

Teodoro I Láscaris (? h. 1175 - ? 1222) Primer emperador bizantino de Nicea (1204-22). Yerno del emperador Alejo III, cuando Constantinopla cayó en manos de los cruzados latinos (1204) se refugió en Nicea, donde mantuvo vivo el imperio bizantino. Venció a los turcos en Antioquía de Meandro (1210) y se enfrentó a David Comneno de Trebisonda. Llegó a acuerdos de amistad con el imperio latino de Constantinopla y firmó tratados comerciales con los venecianos.

Teodoro II Ducas Láscaris (? 1222 - ? 1258) Emperador bizantino de Nicea (1254-58). Combatió a los búlgaros, al déspota de Epiro y a los turcos y amplió sus territorios.

Teodoro Ángelo Ducas Comneno (? - ? h. 1252) Déspota de Epiro (h. 1215-30) y emperador bizantino de Tesalónica (1224-30). Extendió sus posesiones a costa de los venecianos, los latinos de Constantinopla y los bizantinos de Nicea. En 1230 fue derrotado por el zar búlgaro Juan III en la batalla de Klokotinitsa, hecho prisionero y cegado; recuperó la libertad, pero perdió su trono.

Teodosio, Flavio, llamado **el Grande** (Cauca, actual Coca, Segovia h. 347 - Milán 395) Emperador romano (379-395). Nombrado general en jefe del ejército y después augusto por Graciano (379), asumió el imperio de Oriente. Llevó a cabo una política exterior de pactos con los godos de la Dacia y los sasánidas en Armenia. Convirtió el cristianismo en religión de Estado. Fue el último gran emperador romano de Occidente, cuyo trono ocupó tras expulsar a su colega Máximo (387). A su muerte se hizo efectiva la división del imperio en Oriente y Occidente, que otorgó a sus hijos Arcadio y Honorio.

Teodosio II (? 401 - ? 450) Emperador de Oriente (408-450). Hijo y sucesor de Arcadio, estuvo dominado por su hermana Pulqueria y por su esposa Eudoxia. Realizó una importante labor cultural: fundó la universidad de Constantinopla (425), reunió el concilio de Éfeso (431) y compiló el Código Teodosiano (435-438).

teofanía *s. f.* Aparición o manifestación de la divinidad al hombre, como las de Yahvé que refiere la *Biblia* en el Antiguo Testamento.

Teófilo (? - ? 842) Emperador Bizantino (829-842). Hijo y sucesor de Miguel II, fue un furibundo iconoclasta. Luchó contra los árabes y tras la pérdida de Amorion (838), firmó una tregua con el califa de Bagdad.

Teofrasto (Eresos, Lesbos h. 372 - Atenas h. 287 a. C.) Filósofo griego. Discípulo de Aristóteles, le sucedió a su muerte al frente del Liceo. Desarrolló sobre todo las teorías de su maestro desde una perspectiva naturalista. También fueron relevantes sus aportaciones a la lógica. Asimismo escribió *Caracteres éticos,* obra en la que elabora una clasificación de los tipos psicológicos.

teogonía *s. f.* Relato de caracter mitológico que expone el origen de los dioses en las religiones paganas. **FAM.** Teogónico.

teologal *adj.* **1.** Perteneciente o relativo a la teología. ‖ **2. virtudes teologales** Véase **virtud**.

teología *s. f.* Estudio de Dios y conocimiento que el hombre puede alcanzar de su obra y naturaleza a través de la revelación, por una parte, y de la razón, por otra. **FAM.** Teológicamente, teológico.

Rel. La teología puede ser natural o revelada. La **teología natural** es el conocimiento de Dios por el hombre, construido a partir de su propia razón, al margen de la revelación y de la fe. La **teología revelada** o **dogmática** es la que toma como punto de partida las verdades reveladas. Entre los cristianos, Orígenes (s. III) es el primero en dar a la palabra teología el valor de doctrina de Dios. La obra de los Padres de la Iglesia, con el indiscutible magisterio de San Agustín, determina lo que fue la época clásica de la teología cristiana. Desde ella se inicia el camino que culminará en la obra de Santo Tomás de Aquino, *Summa theologica* (s. XIII), en la que la teología, como ciencia de Dios, comprende todos los demás saberes y se convierte durante siglos en fuente de inspiración de la doctrina católica. Después de la Reforma (s. XVI), los protestantes limitan la teología a los estudios bíblicos, mientras que católicos y ortodoxos admiten además la tradición de la Iglesia. Entre los teólogos del s. XX destacan los protestantes Dietrich Bonhoeffer, Karl Barth, Rudolf Bultmann y Jürgen Moltmann, y entre los católicos, Karl Rahner, Yves Marie-Joseph Congar, Johann Baptist Metz, Hans Küng y los teólogos de la liberación.

teología de la liberación Movimiento teológico cristiano que, a partir de una nueva lectura de los *Evangelios,* declara la necesidad de liberar a los hombres de cualquier condición de opresión y miseria. Su programa de acción ha sido especialmente importante en los pueblos latinoamericanos. Se puso de manifiesto en el Concilio Vaticano II y entre sus figuras más representativas se cuentan el brasileño Leonardo Boff y los españoles Ignacio Ellacuría y Jon Sobrino. En la década de los ochenta, el Vaticano adoptó una postura crítica ante ella.

teologizar *v. intr.* Tratar una cuestión teológica o cualquier cuestión utilizando principios o medios teológicos. ▪ Se conjuga como *cazar.*

teólogo, ga *adj.* **1.** Teologal, relativo a la teología. ‖ *s. m.* y *f.* **2.** Persona que se dedica a la teología.

teonomía *s. f.* Concepción ética que toma a Dios como fundamento de la moral.

teorema *s. m.* Proposición que se obtiene a partir de axiomas y que afirma una verdad que se puede demostrar racionalmente.

teorético, ca *adj.* Perteneciente o relativo a la teoría.

teoría *s. f.* **1.** Conocimiento considerado con independencia de su aplicación práctica. **2.** Conjunto organizado de las reglas y principios generales que constituyen la base de una ciencia, doctrina, arte, etc. **3.** Conjunto de leyes o principios que, deducidos a partir de la observación de unos fenómenos, sirven para explicar éstos. **4.** Razonamiento o conjunto de razonamientos con que se trata de dar una explicación a alguna cosa. ‖ **5. teoría de conjuntos** Disciplina matemática que se ocupa de los conjuntos, sus propiedades y las operaciones que se verifican entre ellos. Fue introducida a fines del s. XIX por Cantor y desarrollada por Boole y otros matemáticos. ‖ **LOC. en teoría** *adv.* Sin estar comprobado en la práctica.

teórico, ca *adj.* **1.** Relativo a la teoría o que la constituye en sí mismo. **2.** Razonable o posible, pero no comprobado en la práctica. ‖ *s. m.* y *f.* **3.** Persona entendida en el conocimiento de la teoría de una ciencia, ideología, arte, etc. ‖ *s. f.* **4.** Teoría, conocimiento con independencia de su aplicación práctica. **5.** Parte de la instrucción militar en que se imparten a los soldados conocimientos sobre armamento, ordenanzas, etc. **FAM.** Teóricamente.

teorizar *v. tr.* **1.** Formular de manera teórica un asunto. ‖ *v. intr.* **2.** Reflexionar en abstracto sobre algo. ▪ Se conjuga como *cazar.* **FAM.** Teorizador, teorizante.

teosofía *s. f.* Tendencia mística en la que se combinan filosofía, religión y una supuesta ciencia que, según sus partidarios, ha ido acumulándose durante miles de años sobre la base de un saber esotérico. Está relacionada con la alquimia, el ocultismo y algunas religiones orientales. En 1875, la rusa Helene Petrovna Blavatsky fundó, en Nueva York, la Sociedad Teosófica. **FAM.** Teosófico.

teósofo, fa *s. m.* y *f.* Persona que profesa la teosofía.

Teotihuacan Antigua ciudad del valle de México. Centro de una civilización precolombina cuya historia y religión son poco conocidas, tuvo su época de esplendor entre los s. IV y VII. Su superficie era de 15 km^2 y estaba atravesada por la calzada de Los Muertos. Entre sus restos arqueológicos destacan la gran pirámide del Sol, la pirámide de la Luna y el templo de Quetzalcóatl, los frescos del templo de Tetitla y de la pirámide de Tepantitla, así como la cerámica.

Teotihuacan: conjunto monumental, con la pirámide del Sol al fondo.

tepache *s. m.* **1.** *Méx.* Bebida que se hace con pulque, agua, piña y clavo. **2.** *Hond.* Elaboración y venta ilegal de aguardiente.

tépalo *s. m.* Parte del periantio de las flores que tiene características propias de los pétalos y de los sépalos.

tepaneca *adj.* **1.** Se dice de un pueblo amerindio del grupo náhuatl, familia lingüística azteca, que llegó al Altiplano de México en el s. XIII y hoy está extinguido. **2.** De dicho pueblo. También *s.*

tepe *s. m.* Pedazo de tierra cubierta de césped, muy trabado por las raíces de la hierba, que se corta para construir paredes con él.

Tepic C. de México, cap. del estado de Nayarit, situada cerca de la costa del Pacífico. 177.000 h. en 1985. Núcleo urbano de una región en la que se cultivan cereales, café, caña de azúcar y frutas tropicales, posee industria textil, alimentaria y de materiales de construcción.

Tepotzotlán Villa situada en el estado de México. 5.450 h. en 1970. Conserva una de las joyas del barroco mexicano, la iglesia de San Martín (s. XVII-XVIII).

Tequendama, salto de Cascada formada por el río Bogotá, en el departamento de Cundinamarca, Colombia, a 20 km de la capital del país. Salva un desnivel de 147 m y se aprovecha para producir energía hidroeléctrica.

Teques, Los C. de Venezuela, cap. del estado de Miranda, al S de Caracas, a cuya área metropolitana pertenece. 164.800 h. en 1990. Es un importante mercado agrícola, que posee industria textil y del mueble.

tequila *s. amb.* Bebida alcohólica mexicana de graduación muy alta que se destila de una cierta especie de maguey.

tequio *s. m. Amér. C., Méx.* Molestia, fastidio, perjuicio. **FAM.** Tequioso.

Ter Río de España, en la prov. de Girona. Tiene 209 km. Nace en los Pirineos orientales, discurre hacia el S hasta la sierra Caballera y después hacia el SO hasta la plana de Vich, donde toma dirección E hasta llegar al Ampurdán y desembocar en el mar Mediterráneo. Pasa por Ripoll, Manlleu, Roda de Ter y Girona. Sus principales afluentes son el Freser y el Oñar.

tera- *pref.* En el Sistema Internacional, multiplica la unidad por un billón (10^{12}). Su símbolo es *T.*

terapeuta *s. m.* y *f.* **1.** Persona especializada en terapéutica. También *adj.* **2.** Cada uno de los individuos de cierta secta de origen judío que vivían en Egipto en el s. I de la era cristiana, consagrados a la vida contemplativa; practicaban el celibato y rechazaban la propiedad individual. También *adj.*

terapéutica *s. f.* **1.** Parte de la medicina, la veterinaria y la fitopatología que tiene por objeto el tratamiento de las enfermedades. Para este fin pueden utilizarse la cirugía, productos químicos (quimioterapia), agentes físicos (fisioterapia), influencias psicológicas (psicoterapia), productos radiactivos (radioterapia), etc. ‖ **2. terapéutica ocupacional** Terapia* ocupacional.

terapéutico, ca *adj.* Perteneciente o relativo a la terapia o la terapéutica.

terapia *s. f.* **1.** Terapéutica*. **2.** Tratamiento de una enfermedad. ‖ **3. terapia de grupo** Conjunto de procedimientos encaminados a producir cambios en la conducta de personas con trastornos psicológicos y que se basan en el empleo de las técnicas de dinámica de grupo (debates, dramatizaciones, etc.), de modo que las tensiones e interacciones surgidas entre los pacientes contribuyan a que sus conflictos particulares se manifiesten más fácilmente. **4. terapia ocupacional** Tratamiento de ciertas enfermedades encaminado a readaptar al paciente a la vida diaria haciéndole realizar determinados ejercicios, actividades o tareas.

-terapia *suf.* Significa 'tratamiento': *fisioterapia, radioterapia.*

teratógeno, na *adj.* En biol., se aplica a todo agente que origina malformaciones en el embrión.

teratología *s. f.* Estudio de las malformaciones en los seres vivos. **FAM.** Teratológico.

teratoma *s. m.* Tumor de origen embrionario.

terbio *s. m.* Tb. Elemento químico perteneciente al grupo de los lantánidos del sistema periódico. Su número atómico es 65 y su masa atómica 158,9254. Fue descubierto por el químico sueco Carl Gustav Mosander en 1843 en la gadolinita, mineral procedente de las minas de Ytterby, cerca de Estocolmo. También se encuentra en los depósitos de monacita, en Florida y Carolina. Se obtiene por reducción, con calcio, de su fluoruro. Es un metal de brillo plateado, muy activo, lo que exige que sea manejado en atmósfera inerte. Sus aplicaciones son similares a las de los demás elementos de su grupo.

Terborch, Gerard (Zwolle 1617 - Deventer 1681) Pintor neerlandés. Compuso retratos de tono naturalista y de interiores equilibrados en la composición, con una especial atención al detalle. También pintó escenas de ambiente popular. Entre sus obras merecen mención los retratos de *Felipe IV, Aleta Pancras* y el de grupo *La paz de Münster, 15 de mayo de 1648,* y la escena *Muchacho espulgando a su perro.*

Terbrugghen, Hendrick (Deventer 1588 - Utrecht 1629) Pintor neerlandés. Tras una estancia en Italia (1604-14), se estableció en Utrecht (1616). En sus pintura se advierte la influencia de Caravaggio, tanto en los contrastes de luces y sombras, como en los temas. Entre sus cuadros destacan *La incredulidad de Santo Tomás, Crucifixión, San Sebastián, El flautista* y *Los jugadores.*

tercer *adj. num. ord.* **1.** *apóc.* de **tercero.** Se usa siempre delante del sustantivo masculino. ‖ **2. tercer estado** Estado* llano.

Tercer Mundo Nombre genérico que se aplica al conjunto de países subdesarrollados en los que la renta per cápita es baja y la producción de bienes escasa, debido a que no poseen industria propia ni recursos financieros y técnicos para crearla. Son países donde el hambre afecta a un alto porcentaje de población y que tienen un elevado índice de natalidad, de mortalidad y de analfabetismo. Fundamentalmente lo forman gran parte del continente africano y de Latinoamérica, el SE asiático, Oriente Próximo e islas de Oceanía.

tercería *s. f.* **1.** Mediación. **2.** Oficio o actividad de tercero o alcahuete. **3.** En der., procedimiento judicial por el que un tercero reclama un bien o derecho que se discute en otro juicio; también, litigio en que se pone en práctica este derecho.

tercerilla *s. f.* Composición de tres versos de arte menor con rima consonante, dos de los cuales riman entre sí.

tercerista *s. m.* y *f.* Parte demandante en una tercería.

tercermundista *adj.* **1.** Perteneciente al Tercer Mundo. **2.** P. ext., se aplica peyorativamente a situaciones políticas, actitudes, hechos, etc., comparables a las de estos países. **FAM.** Tercermundismo.

tercero, ra *adj. num. ord.* **1.** Que ocupa por orden el número tres. También *pron.* ‖ *adj. num. part.* **2.** Se aplica a cada una de las tres partes iguales en que se divide un todo. ‖ *adj.* **3.** Se dice de la persona o cosa que, en principio, no se cuenta entre las dos que figuran o intervienen en un asunto, dilema, conflicto, etc. También *s.* ‖ *s. m.* y *f.* **4.** Alcahuete*. **5.** Persona que pertenece a la tercera orden de San Francisco, Santo Domingo o Nuestra Señora del Carmen. ‖ *s. f.* **6.** En mús., intervalo que comprende dos tonos (tercera mayor) o un tono y un semitono (tercera menor). ‖ **7. tercera orden** Asociación de seglares que observan la regla de las órdenes mendicantes (franciscanos, dominicos, carmelitas). **8. tercero en discordia** El que media en un asunto, conflicto o disputa. ‖ **LOC. a terceros** *adj.* y *adv.* Se refiere a la modalidad de seguro de automóviles que cubre los daños que uno pudiera producir a otros.

tercerola *s. f.* **1.** Arma de fuego un tercio más corta que la carabina, usada principalmente por la caballería. **2.** Especie de barril de tamaño mediano. **3.** Flauta pequeña, algo mayor que el flautín.

terceto *s. m.* **1.** Estrofa de tres versos de arte mayor, generalmente endecasílabos, que riman el primero con el tercero. Suelen formar parte de composiciones poéticas más amplias, como el soneto. **2.** Tercerilla*. **3.** Composición musical para tres voces o instrumentos. **4.** Grupo formado por tres instrumentos o voces. ‖ **5. tercetos encadenados** Serie de tercetos cuyo primer endecasílabo rima con el tercero, mientras que el segundo rima a su vez con el primero y tercero del siguiente terceto, y así sucesivamente.

tercia *s. f.* **1.** Segunda de las cuatro partes en que los romanos dividían el día. Comprendía desde media mañana hasta mediodía. **2.** Una de las horas en que se divide el oficio divino que rezan los eclesiásticos; va inmediatamente después de la prima.

terciado, da **1.** *p. p.* de **terciar.** ‖ *adj.* **2.** Atravesado o cruzado. **3.** De tamaño mediano. **4.** Reducido a la tercera parte de su tamaño, cantidad o capacidad.

terciana *s. f.* Fiebre intermitente que se repite cada tres días. Se usa mucho en *pl.*

terciar *v. intr.* **1.** Intervenir entre dos o más contendientes para intentar terminar con una disputa o discusión o para tomar partido por uno de ellos. **2.** Tomar parte en una acción que estaban realizando otros. ‖ *v. tr.* **3.** Colocar una cosa atravesada diagonalmente. **4.** Dividir en tres partes. ‖ *v. prnl.* **5.** Presentarse la oportunidad de hacer cierta cosa. **6.** Suceder algo casualmente o de forma inesperada. ▪ En las dos últimas acepciones se usa sólo en infinitivo o con las terceras personas: *Iremos y, si se tercia, visitaremos el museo. Conviene estar preparados, por lo que se pueda terciar.* **FAM.** Terciador.

terciario, ria *adj.* **1.** Tercero en orden o importancia. **2.** Se dice del primero de los dos periodos geológicos en que se divide la era cenozoica. También *s. m.* **3.** Se dice de la persona que pertenece a una tercera orden religiosa. También *s.* ‖ **4. era terciaria** Véase **cenozoico. 5. sector terciario** Véase **sector.**

Geol. El terciario comenzó hace 65 millones de años y terminó hace unos 2 millones. A su vez,

Fauna y flora del terciario: 1. Indricotherium; 2. Diatryma; 3. Podocnemis; 4. Hyracotherium; 5. Arsinoitherium; 6. Syndyoceras; 7. Moeritherium; 8. Mamut; 9. Esmilodonte; 10. Procónsul. A. Ciprés de los pantanos; B. Palma nipa; C. Palma sabal.

se subdivide en cinco épocas: paleoceno, eoceno, oligoceno, mioceno y plioceno. Durante el terciario tuvo lugar la proliferación de los mamíferos, que ocuparon todos los nichos ecológicos que quedaron libres al desaparecer los dinosaurios al final del cretácico. En él se produjo la orogenia alpina, a la cual se deben casi todas las unidades de relieve actuales: Alpes, Himalaya, Pirineos, Atlas, Andes, etc. Las rocas características suelen ser blandas, de tipo sedimentario, como arcillas, calizas, conglomerados, yesos, arenas, caolín y tobas, y tanto la fauna como la flora guardan una estrecha relación con las actuales, de las que son su antecedente inmediato.

tercio *s. m.* **1.** Cada una de las tres partes iguales en que se divide un todo. **2.** Regimiento de infantería española de los s. XVI y XVII. **3.** Denominación que se da en España a algunos cuerpos o batallones modernos, como la Legión. **4.** Cada una de las divisiones de la Guardia Civil. **5.** En tauromaquia, cada una de las tres partes concéntricas en que se divide el ruedo; por antonomasia, la comprendida entre las tablas y los medios. **6.** Cada una de las partes (varas, banderillas y muerte) en que se divide la lidia de un toro. **7.** Cada una de las partes en que se dividen ciertos cantes flamencos.

terciopelo *s. m.* **1.** Tela de seda con dos urdimbres y una trama, cuyos hilos se cortan una vez tejidos para que quede una superficie suave y con pelo. **2.** Tela con la misma elaboración, aunque no esté tejida con hilos de seda.

terciopersonal *adj.* Se aplica a los verbos que sólo se emplean en tercera persona, como p. ej. los verbos impersonales.

terco, ca *adj.* **1.** Obstinado, testarudo, cabezota. También *s.* **2.** Se dice de los animales o cosas difíciles de dominar en comparación con otros de su misma clase. **FAM.** Tercamente.

terebinto *s. m.* Arbusto caducifolio de la familia anacardiáceas, especie *Pistacia terebinthus.* Tiene hojas de textura coriácea, flores en espiga y fruto en drupa. Crece en regiones de clima mediterráneo y de él se extrae una trementina muy aromática.

terebrante *adj.* Se aplica al dolor semejante al que resultaría de taladrar la parte dolorida.

Terencio Afer, Publio (Cartago h. 190 - ? 159 a. C.) Comediógrafo latino. Comprado como esclavo por un senador, se formó intelectualmente en el círculo de los Escipiones. Murió durante un viaje a Grecia. Su obra es una imitación casi completa de las comedias griegas y sus personajes son más refinados, aunque menos alegres que los de Plauto. Se le conocen seis comedias compuestas entre 166 y 160 a. C.: *Andria, La suegra, Formión, El eunuco, El que se atormenta a sí mismo* y *Los adelfos.*

tereque *s. m. Amér. C., Col., Ec., Ven.* Trasto, cosa inútil.

tereré (voz guaraní) *s. m. Arg., Par., Urug.* Mate amargo que se prepara por maceración con agua a la temperatura ambiente.

teresa *adj.* Se dice de la monja carmelita descalza que sigue la reforma de Santa Teresa de Jesús. También *s. f.*

Teresa Ansúrez (? - ? 997) Reina de León (960-966), esposa de Sancho I. Muerto su marido, desempeñó con su cuñada la monja Elvira la regencia durante la minoría de edad de su hijo Ramiro III (966-984).

La madre Teresa de Calcuta.

Teresa de Calcuta, Agnes Gonxha Bojaxhiu, llamada **madre** (Skopje 1910) Misionera yugoslava nacionalizada india. Profesora de geografía en Calcuta desde 1948, fundó la congregación religiosa de las Misioneras de la Caridad (1950). Se ha distinguido por su trabajo de ayuda a los pobres y enfermos. Recibió el premio Nobel de la paz en 1979.

Santa Teresa de Jesús. Retrato del siglo XVII (colección particular, Madrid).

Teresa de Jesús, Teresa de Cepeda y Ahumada, llamada **Santa** (Gotarrendura, Ávila 1515 - Alba de Tormes, Salamanca 1582) Religiosa y escritora mística española. Entró en la orden carmelita en 1536, pero hasta 1542 permaneció fuera del convento a causa de una enfermedad. Recibió su formación espiritual de Francisco de Borja y Pedro de Alcántara hasta 1560. A partir de este momento planeó la reforma de su orden para devolverle su primitivo rigor, lo que hizo que se enfrentara con las autoridades civiles y eclesiásticas. En 1562 fundó el convento de San José, en Ávila, y desde 1567 hasta su muerte jalonó de centros religiosos muchos pueblos y ciudades de las dos Castillas. Con la ayuda de San Juan de la Cruz extendió la reforma a la rama masculina. Los escritos de Santa Teresa reflejan la biografía de su autora y la evolución de su pensamiento, en un estilo llano, por lo que constituyen un testimonio inapreciable del habla de Castilla en el s. XVI. Sus obras principales son *Camino de perfección* (1562-64), *Las moradas* o *Castillo interior* (1578), *Libro de su vida* y *Libro de las fundaciones* (iniciado en 1573). En 1970 fue proclamada doctora de la Iglesia.

Teresa de Portugal (? h. 1070 - ? 1130) Condesa (1095-1113) y regente (1114-28) de Portugal. Era esposa de Enrique de Borgoña, a quien el rey Alfonso VI otorgó el título de conde de Portugal. Al morir Enrique, los portugueses la proclamaron reina, en nombre de su hijo Alfonso Henriques, menor de edad. Tuvo que enfrentarse con Urraca, reina de León, que no aceptó tal independencia, y con su hijo Alfonso VII. Al propio tiempo Teresa encontró la oposición de la nobleza, partidaria de su hijo Alfonso Henriques, que la derrotó en São Mamede y la obligó a huir a Galicia, donde murió.

Teresa de Portugal (? h. 1177 - ? 1250) Reina de León (1191-94) por su matrimonio con Alfonso IX. En 1194 el papa Celestino III anuló su matrimonio por razones de parentesco. Retirada en un convento, a la muerte de Alfonso IX (1230) consiguió la renuncia a la sucesión de sus propias hijas para que Fernando III de Castilla fuese proclamado rey de León.

Teresa del Niño Jesús, Teresa Martin, llamada **Santa** (Alençon 1873 - Lisieux 1897) Religiosa francesa. Monja carmelita de Lisieux, escribió una *Historia del alma* (1897), que revela su trayectoria espiritual. Su santidad pronto se conoció universalmente y convirtió a Lisieux en centro de peregrinación.

Tereshkova, Valentina Vladimirovna (Tutaiev Yaroslav 1937) Cosmonauta rusa. Primera mujer astronauta del mundo, viajó a bordo de la nave espacial Vostok VI (1963).

teresiano, na *adj.* **1.** Perteneciente o relativo a Santa Teresa de Jesús. **2.** Se dice de los institutos religiosos que tienen por patrona a esta santa, y también de lo relativo a los mismos. **3.** Se aplica a la religiosa de votos simples que pertenece a uno de estos institutos. También *s. f.*

Teresina C. de Brasil, cap. del estado de Piauí, en el N del país, a orillas del río Paranaíba. 533.700 h. en 1989. Posee industrias alimentarias, textiles y destilerías. Es un importante centro comercial.

tergal (voz fr., nombre comercial registrado) *s. m.* Fibra sintética de poliéster muy resistente utilizada para fabricar tejidos.

tergiversar *v. tr.* Interpretar erróneamente palabras, acontecimientos, etc., generalmente de modo intencionado. **FAM.** Tergiversable, tergiversación, tergiversador.

terios *s. m. pl.* Subclase de mamíferos a la que pertenecen numerosas especies comprendidas en las infraclases metaterios, con el orden único marsupiales, y euterios o placentarios, con 7 órdenes en los que se encuadran la mayor parte de los mamíferos. Se diferencian de los mamíferos de la subclase prototerios en que no se reproducen por huevos. Son los animales más evolucionados y habitan en todo el mundo.

termal *adj.* **1.** Perteneciente o relativo a las termas. **2.** Se dice del agua que brota caliente del manantial.

Terman, Lewis Madison (Johnson County, Indiana 1877 - Palo Alto, California 1956) Psicólogo estadounidense. A él se debe la noción de «cociente de inteligencia». Introdujo en su país los tests de inteligencia, que posteriormente fueron utilizados para la selección de los soldados y mandos de EE UU en la Primera Guerra Mundial. Su obra principal es *La medida de la inteligencia* (1916).

termas *s. f. pl.* **1.** Baños de aguas medicinales calientes. **2.** Baños públicos de los antiguos romanos.

termes *s. m.* Nombre común de las más de 2.000 especies de insectos isópteros comprendidas en seis familias, kalotermítidos, rinotermítidos, etc., y numerosos géneros. Son insectos sociales que habitan en colonias; no suelen superar los 5 mm de tamaño, aunque las reinas alcanzan los 10 cm en época de puesta de huevos. Tienen el abdomen unido al tórax por una breve cintura, un exoesqueleto fino de quitina casi transparente y un par de alas las parejas fértiles. Están divididos en castas: pareja real, que genera los miles de individuos de cada colonia, obreras, ninfas y guerreras. Pueden vivir en la madera, de la que se alimentan algunas especies, como la *Kalotermes flavicollis*, o construir grandes nidos subterráneos, llamados *termiteros*, como la *Bellicositermes africana*. Habitan en climas tropicales y cálidos y pueden constituir una peligrosa plaga para los edificios. Se denominan también *termitas* y *térmites*.

térmico, ca *adj.* Perteneciente o relativo al calor.

terminación *s. f.* **1.** Acción y efecto de terminar. **2.** Parte final de una cosa. **3.** En ling., parte de la palabra que está al final de ésta después de la raíz, formada por los morfemas gramaticales y los sufijos si los hay. **4.** En med., estado de un enfermo al entrar en la convalecencia.

terminal *adj.* **1.** Que está al final o que pone fin a una cosa. **2.** En bot., se dice de lo que está en el extremo de cualquier parte de la planta. **3.** Se dice del enfermo que está en la última fase de una enfermedad incurable, así como de su estado. || *s. m.* **4.** Extremo de un conductor preparado para facilitar su conexión con un aparato. **5.** Cada una de las unidades conectadas con un ordenador central. || *s. f.* **6.** Estación donde comienza o termina una línea de transporte público. **7.** En puertos y aeropuertos, conjunto de dependencias destinadas a la facturación de equipajes y mercancías y a acoger a los viajeros.

terminante *adj.* **1.** Claro, que no admite duda o discusión. **2.** Que termina. **Fam.** Terminantemente.

terminar *v. tr.* **1.** Poner fin a alguna cosa o hacerla completamente. **2.** Consumir, gastar. También *v. prnl.* **3.** Perfeccionar una cosa, cuidar sus detalles. || *v. intr.* **4.** Tener fin una cosa o entrar en su última etapa. También *v. prnl.* **5.** Acabar, destruir, matar, agotar. **6.** Tener un objeto una determinada forma o cosa en su extremo. **Fam.** Terminable.

terminismo *s. m.* Doctrina filosófica que niega la existencia de los universales, así como la de los conceptos abstractos, reduciéndolos a meros términos o palabras. El terminismo es una forma de nominalismo extremo.

término *s. m.* **1.** Extremo, límite o final. **2.** Espacio limitado o determinado de tiempo. **3.** Límite de una determinada extensión de tierra o de un territorio, provincia, etc. **4.** Territorio sometido a una jurisdicción, particularmente a la de un ayuntamiento. **5.** Palabra, especialmente la que es propia de una ciencia, arte o actividad. **6.** En ling., palabra o construcción que está introducida por una prep. o sobre la que recae la acción del verbo; p. ej. *mi casa* es el término de la preposición *de* en el sintagma preposicional *de mi casa*. **7.** Cada uno de los elementos o miembros de un conjunto, oposición, sucesión, correlación, etc. **8.** En lóg., nombre de una entidad. **9.** En cine, teatro, pintura, etc., cada uno de los planos en que se considera dividida la escena o el espacio. **10.** Situación en que se halla o a la que llega una persona o cosa. **11.** En mat., cada una de las cantidades o elementos que intervienen en una operación, polinomio, quebrado, etc. || *pl.* **12.** Condiciones establecidas en un contrato, un acuerdo, etc. **13.** Punto de vista con que se plantea un asunto. || **14. término general** En mat., el que simboliza a cualquiera de los elementos que integran un conjunto determinado. **15. término medio** Cantidad igual o aproximada a la media aritmética de un conjunto de varias cantidades. || **Loc. dar término** Terminar. **en buenos** (o **malos**) **términos** *adv.* En buenas o malas relaciones con alguien. **en último término** *adv.* Como última solución. **poner término** a algo Hacer lo necesario para que acabe.

terminología *s. f.* Vocabulario de una determinada profesión, ciencia, materia, etc. **Fam.** Terminológico.

termistor *s. m.* Resistencia variable con la temperatura, fabricada con materiales semiconductores. Se utiliza para medir o regular las variaciones de temperatura. Se denomina también *termoconductor*.

termita[1] (del gr. *zerme*, calor) *s. f.* Mezcla de óxido de hierro y aluminio en polvo, cuya oxidación produce grandes cantidades de calor. Se utiliza en metalurgia y en las bombas incendiarias.

termita[2] (del lat. *termes, -itis*, a través del francés) *s. f.* Termes*.

térmite *s. f.* Termes*.

termitero *s. m.* Nido de termes.

termo[1] (de *thermos*, nombre comercial registrado) *s. m.* Recipiente de dobles paredes y herméticamente cerrado, que sirve para conservar la temperatura de las sustancias que contiene.

termo[2] *s. m. fam. apóc.* de **termosifón**.

termo- *pref.* Significa 'calor': *termodinámico, termoelectricidad*.

termocauterio *s. m.* Cauterio hueco de platino que se mantiene candente por electricidad u otro medio semejante.

termocompresor *s. m.* Aparato que aprovecha la energía sobrante de un sistema de vapor a alta presión para comprimir uno de baja presión.

termoconductor *s. m.* Termistor*.

termodinámica *s. f.* Parte de la física que estudia las variaciones de energía interna de un sistema, que se producen en los intercambios de calor y trabajo de dicho sistema con el medio que lo rodea. La termodinámica relaciona magnitudes macroscópicas, como la temperatura y la presión de un gas, con otras microscópicas, como son las velocidades de las partículas que lo forman. **Fam.** Termodinámico.

termoelasticidad *s. f.* Propiedad de los cuerpos que experimentan variaciones de forma en función de la temperatura.

termoelectricidad *s. f.* **1.** Propiedad que poseen ciertos materiales de emitir electrones o cederlos a otros cuerpos cuando se calientan. **2.** Parte de la física que estudia esta energía.

termoeléctrico, ca *adj.* **1.** Perteneciente o relativo a la termoelectricidad. **2.** Se dice del aparato que produce electricidad por medio del calor. || **3. par termoeléctrico** Véase **termopar**.

termoestable *adj.* Que no se altera fácilmente por la acción del calor; se aplica especialmente al plástico. ▪ Se dice también *termostable*.

termófilo, la *adj.* **1.** Se dice de los organismos que necesitan temperaturas elevadas para su desarrollo normal. **2.** Se aplica a los microorganismos cuya temperatura óptima es superior a los 45 °C.

termófono *s. m.* Generador de ondas sonoras basado en las variaciones de temperatura que produce en una placa metálica el paso de una corriente eléctrica.

termogénesis *s. f.* Producción de calor por parte de los seres vivos, debida al proceso de oxidación de las sustancias orgánicas que tiene lugar en su interior.

termogenia *s. f.* Rama de la física que estudia la influencia de los cambios de temperatura sobre el comportamiento de la materia. Una de sus disciplinas, la criogenia, estudia los efectos de las temperaturas muy bajas y cómo obtenerlas, y tiene aplicaciones en la superconductividad, la superfluidez, la conservación de los alimentos y la hibernación animal y humana.

termografía *s. f.* Conjunto de técnicas para obtener imágenes a partir de las radiaciones de calor o las ondas infrarrojas que emiten los cuerpos.

termoiónico, ca *adj.* **1.** Termoeléctrico*. || **2. efecto termoiónico** Emisión de electrones de un metal a causa del calor. El aumento de la temperatura determina un aumento en la energía cinética de los electrones, que provoca su liberación. Este efecto se produce en los cátodos de las válvulas electrónicas.

termolábil *adj.* Que se altera fácilmente por la acción del calor.

termología *s. f.* Parte de la física que trata de los fenómenos en que interviene el calor. **Fam.** Termológico.

termometría *s. f.* **1.** Parte de la termología que trata de la medición de la temperatura. **2.** En meteorología, estudio de la acción del calor sobre la atmósfera. **Fam.** Termométrico.

termómetro *s. m.* **1.** Instrumento que mide la temperatura y que se basa en el principio de que dos cuerpos en contacto alcanzan al cabo de cierto tiempo la misma temperatura. Así pues, si se pone un termómetro en contacto con un cuerpo, al cabo de un rato aquél tendrá la misma temperatura que el cuerpo en cuestión y será posible leerla fácilmente en la escala que lleva impresa. Existen dos escalas termométricas principales: la escala Celsius o centígrada y la escala Fahrenheit. Para la temperatura ambiente se utilizan sobre todo los termómetros de alcohol y de mercurio. Para temperaturas elevadas se usan termómetros de resistencia de platino y termopares. || **2. termómetro clínico** Termómetro que contiene mercurio en un pequeño depósito. Al aumentar la temperatura del mercurio, éste se dilata y asciende por un tubo capilar, alcanzando la columna una determinada altura que se lee en una escala debidamente calibrada. Se usa para medir la temperatura corporal. La escala de este tipo de termómetro alcanza desde 35 °C a 41 °C, que son las temperaturas entre las que puede oscilar el cuerpo humano. **3. termómetro diferencial** El que sirve para medir pequeñas diferencias de temperatura. **4. termómetro geológico** Se aplica a diversos minerales cuya presencia en una roca permite conocer la temperatura y formación de dicha roca. Ello se debe a su estructura o a su presencia en determinado tipo de asociaciones minerales.

termonuclear *adj.* Se aplica a la reacción nuclear que precisa temperaturas muy elevadas para producirse. Dichas temperaturas sólo se alcanzan en el interior de las estrellas y en las bombas atómicas. La reacción que tiene lugar en estos casos es la fusión de núcleos ligeros para formar otros más pesados. Los problemas de refrigeración de una reacción termonuclear hacen que no existan aún reactores de fusión.

termopar *s. m.* Dispositivo formado por dos metales o semiconductores distintos, soldados en uno de sus extremos. Si los dos extremos libres se colocan a temperaturas diferentes, se produce entre ellos una diferencia de potencial que puede medirse y que proporciona datos para calcular la temperatura. Se llama también *par termoeléctrico*.

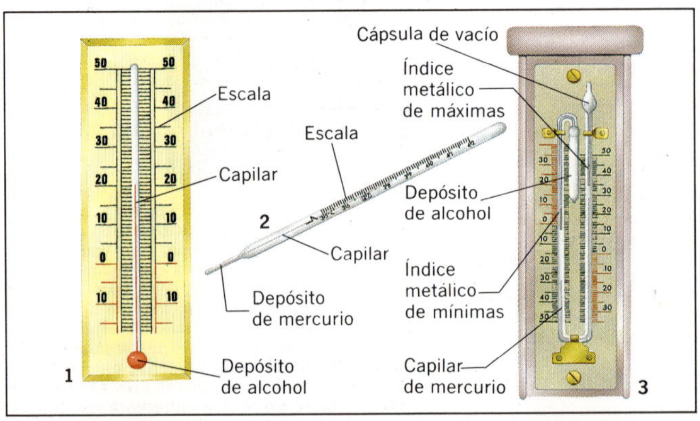

Diversos tipos de termómetro: 1. De alcohol. 2. Clínico. 3. De máximas y mínimas temperaturas, cuyos índices metálicos permanecen en los valores extremos alcanzados.

termoplástico *s. m.* Plástico que se ablanda por la acción del calor, lo que permite moldearlo.

termoquímica *s. f.* Parte de la química que trata del calor que se absorbe o se desprende en los procesos químicos. Estos procesos se denominan *exotérmicos* cuando desprenden calor y *endotérmicos* cuando lo absorben.

termoquímico, ca *adj.* **1.** Perteneciente o relativo a la termoquímica. || **2. ecuación termoquímica** Ecuación química en la que se indica el estado físico de reactivos y productos, así como el calor de reacción, que se escribirá en la parte de la ecuación correspondiente a los productos, precedido por un signo + cuando se trata de calor desprendido y por un signo - cuando se trata de calor que ha sido necesario suministrar para que se produzca la reacción. P. ej., la ecuación termoquímica que describe la combustión del etano se escribiría:

$$2C_2H_6(g) + 7O_2(g) \rightarrow 4CO_2(g) + 6H_2O(l)$$

termorregulación *s. f.* **1.** Sistema de regulación automática de la temperatura. **2.** Conjunto de mecanismos, de naturaleza muscular o nerviosa, de que disponen los animales homeotermos para mantener constante su temperatura interna.

termorregulador, ra *adj.* **1.** Perteneciente o relativo a la termorregulación. || *s. m.* **2.** Dispositivo para regular o mantener constante la temperatura de ciertos aparatos e instalaciones.

termoscopio *s. m.* Termómetro* diferencial.

termosfera *s. f.* Capa de la atmósfera que se encuentra por encima de los 80 km de altura, a temperaturas de hasta 1.500 °C.

termosifón *s. m.* Aparato que sirve para calentar agua y distribuirla por medio de tuberías a lavabos, baños, etc., a los diversos locales de un edificio o a los elementos de una maquinaria para calentarlos. ■ Su apóc. es *termo.*

termostable *adj.* Termoestable*.

termostato o **termóstato** *s. m.* Dispositivo que, conectado con una fuente de calor, permite mantener relativamente constante la temperatura de un recinto o recipiente. Si la temperatura sube por encima de cierto valor, el termostato desconecta el generador de calor o pone en marcha un sistema refrigerador. Si la temperatura desciende por debajo de un valor (diferente al anterior), se conecta el generador de calor o se desconecta el refrigerador. Los actuales electrodomésticos llevan incorporado casi siempre un termostato.

termotecnia *s. f.* Técnica del tratamiento del calor.

termoterapia *s. f.* Tratamiento de las enfermedades por medio del calor.

terna *s. f.* **1.** Conjunto de tres personas propuestas con el fin de que se elija a una de ellas para un cargo o empleo. **2.** En tauromaquia, conjunto de tres diestros que alternan en una corrida.

ternario, ria *adj.* **1.** Compuesto de tres elementos. || *s. m.* **2.** Espacio de tres días dedicados a una devoción o ejercicio espiritual. || **3. compás ternario** En mús., el que tiene tres tiempos.

ternasco *s. m.* Cordero lechal.

terne *adj.* **1.** *fam.* Valentón, bravucón. **2.** *fam.* Obstinado. **3.** *fam.* Robusto de salud.

ternero, ra *s. m.* y *f.* Cría de la vaca.

terneza *s. f.* Ternura.

Terni C. de Italia, en la región de Umbría. 109.800 h. en 1991. Posee una importante industria siderometalúrgica, química y textil. Es nudo de comunicaciones. En ella se conservan abundantes ruinas romanas.

ternilla *s. f.* Cartílago*.

ternilloso, sa *adj.* Compuesto de ternillas o parecido a ellas.

terno *s. m.* **1.** Conjunto de tres cosas de la misma especie. **2.** Traje de pantalón, chaleco y chaqueta hechos de una misma tela. **3.** Conjunto de oficiante y dos ministros que celebran ciertos actos religiosos. **4.** Juramento o palabra subida de tono que se dice para descargar la cólera.

ternura *s. f.* **1.** Cualidad de tierno. **2.** Actitud o acción cariñosa. **3.** Sentimiento de afecto o cariño.

tero *s. m. Arg., Urug.* Ave caradriforme de la familia carádridos, especie *Belenopterus chilensis.* Mide unos 30 cm de envergadura. Tiene plumaje blanco con manchas negras y parduscas, y patas largas. Forma grandes bandadas y habita en América del Sur.

terpénico, ca *adj.* **1.** Perteneciente o relativo al terpeno. || **2. serie terpénica** Serie que agrupa numerosos compuestos contenidos en los aceites esenciales, procedentes de la destilación de vegetales.

terpeno *s. m.* $C_{10}H_{16}$. Nombre de diversos hidrocarburos presentes en los aceites esenciales que, junto a sus derivados alcoholes, aldehídos, cetonas, etc., constituyen la serie terpénica.

terpina *s. f.* $C_{10}H_{18}(OH)_2$. Glicol hidroterpénico.

terpinol *s. m.* Terpina*.

Terpsícore En la mitología griega, musa de la danza y de la poesía.

terquear *v. intr.* Mostrarse terco.

terquedad *s. f.* Cualidad o actitud de terco.

Terra, Gabriel (Montevideo 1873 - íd. 1942) Político uruguayo. Presidente de la república (1931-34), disolvió el congreso (1933) y redactó una nueva Constitución ante la grave crisis del país. Reelegido, su segundo gobierno (1934-38) tuvo un carácter dictatorial y hubo de sofocar una rebelión del Partido Nacional (1935).

terracota *s. f.* **1.** Arcilla modelada y endurecida al horno. **2.** Escultura de pequeño tamaño hecha con esta arcilla.

terrado *s. m.* **1.** Terraza* de una casa. **2.** *fam.* Cabeza.

terraja *s. f.* **1.** Tabla guarnecida con una chapa de metal que sirve para hacer molduras de yeso o materiales similares. **2.** Herramienta que sirve para hacer la rosca a los tornillos.

terral *adj.* Se aplica al viento que sopla desde la tierra. También *s. m.*

terramicina *s. f.* Tetraciclina*.

terranova *s. m.* Raza de perros originarios de Canadá; son de gran tamaño (unos 70 cm de altura en la cruz), pelo negro, largo y espeso, cabeza ancha y hocico corto. También *adj.*

Terranova (*Newfoundland*) **1.** Isla de Canadá, en el océano Atlántico, frente al golfo homónimo. 110.688 km². Está formada por una meseta ondulada, y la única alineación montañosa, el Long Range, se alza en el NO. Sus costas están cortadas por numerosas bahías. Tiene un clima húmedo y frío y una vegetación de tundra y bosques. En sus cercanías se encuentra uno de los bancos de pesca más importantes del mundo. Un referéndum celebrado en 1948 decidió su incorporación a Canadá.
2. Prov. de Canadá que comprende la isla del mismo nombre, situada al E del país, y el extremo NE de la península del Labrador. 405.720 km². 573.000 h. en 1990. La capital es Saint John's, con 101.900 h. en 1987, 154.800 h. en su área metropolitana. Sus principales actividades económicas son la pesca del bacalao, foca y ballena, la explotación de los recursos forestales y de la minería del hierro, amianto, cobre, plomo y cinc, así como la industria alimentaria y maderera y el refino del petróleo.

terraplén *s. m.* **1.** Montón de tierra apretada para rellenar un hueco o para levantar una defensa, salvar desniveles, etc. **2.** P. ext., desnivel del terreno con cierta pendiente.

terraplenar *v. tr.* Llenar un hueco o levantar un montículo con un terraplén.

terráqueo, a *adj.* De la Tierra. Se emplea sólo en las expresiones *globo terráqueo* y *esfera terráquea.*

terrario o **terrarium** *s. m.* Instalación adecuada para conservar ciertos animales vivos, principalmente reptiles.

terrateniente *s. m.* y *f.* Persona que posee tierras. También *adj.*

terraza *s. f.* **1.** Cubierta plana de una casa, a la que se puede acceder. **2.** Balcón grande. **3.** Trozo de terreno plano y dispuesto escalonadamente a lo largo de la ladera de una montaña; suele utilizarse para el cultivo. **4.** En un valle, depósito de materiales de aluvión que, recortado por la erosión, se eleva sobre el cauce de un río. **5.** *fam.* Cabeza. **6.** Espacio de un bar, cafetería, restaurante, etc., con sillas y mesas al aire libre.

terrazo *s. m.* **1.** Tipo de suelo formado por piedrecillas y trozos de mármol aglomerados y con la superficie pulimentada. **2.** En pintura, terreno representado en un paisaje.

terregoso, sa *adj.* Se aplica al campo lleno de terrones.

terremoto *s. m.* Seísmo*.

terrenal *adj.* Perteneciente o relativo a la tierra en contraposición al cielo.

terreno, na *adj.* **1.** Perteneciente o relativo a la tierra en contraposición al cielo. || *s. m.* **2.** Espacio de tierra, especialmente si está bien delimitado y es objeto de comercialización. **3.** Campo de acción en que mejor se muestran las cualidades de alguien o algo. **4.** En algunos deportes, como el fútbol, campo de juego. **5.** En geol., porción de la corteza terrestre que presenta determinadas características y, también, conjunto de sustancias minerales cuya formación se ha producido en una misma época. || **6. terreno abonado** Persona o cosa que se encuentra en óptimas condiciones para que algo se produzca. **7. terreno de transición** En geol., terreno sedimentario en que es frecuente la presencia de fósiles. || **Loc. allanar** (o **preparar**) **el terreno** Conseguir unas condiciones favorables para realizar algo. **en su propio terreno** *adv.* Con verbos como *estar, hallarse, encontrarse,* etc., en condiciones ventajosas. **saber** uno **el terreno que pisa** Conocer bien el asunto que trata. **sobre el terreno** *adv.* En el lugar de que se trata; también, durante la realización concreta de algo.

térreo, a *adj.* Relativo a la tierra o parecido a ella.

terrero, ra *adj.* **1.** Perteneciente o relativo a la tierra. **2.** Se aplica al cesto, espuerta o saco para llevar tierra. || *s. m.* **3.** Montón de tierra o broza, especialmente si se ha sacado de una mina. || *s. f.* **4.** Trozo de tierra escarpada. **5.** Alondra*, ave.

terrestre *adj.* **1.** Perteneciente o relativo a la Tierra. **2.** Que vive o se da en la tierra, por oposición a marino o aéreo.

terrible *adj.* **1.** Que causa miedo o temor. **2.** Se dice de la persona de muy mal carácter, así como de su forma de ser. **3.** Muy malo, detestable. **4.** Se usa para intensificar lo que se expresa. **5.** Muy travieso.

terriblemente *adv. m.* **1.** De manera terrible. || *adv. c.* **2.** En alto grado o excesivamente.

terrícola *s. m.* y *f.* **1.** Habitante de la Tierra. || *adj.* **2.** Se dice de la planta que vive en la tierra, por oposición a la planta que se desarrolla en otro medio.

terrier (voz fr.) *s. m.* Raza de perros de caza de origen británico. Sus principales variantes son el *fox terrier,* de pelo duro o liso; el *airedale,* con pelo largo y hocico alargado, y el *bull terrier,* muy musculoso. También *adj.*

terrina *s. f.* Vasija pequeña empleada para conservar o servir ciertos alimentos. ■ Se dice también *tarrina.*

territorial *adj.* Perteneciente o relativo al territorio.

territorialidad *s. f.* **1.** Cualidad de territorial. **2.** Circunstancia jurídica por la que los domicilios donde habitan los diplomáticos o los barcos y aviones en que viajan se consideran parte del territorio de su nación. **3.** Defensa de un territorio propio por parte de un animal, respecto a otros miembros de la misma especie.

territorialismo *s. m.* Fenómeno por el que ciertos animales dividen su hábitat en territorios.

territorio *s. m.* **1.** Extensión amplia de tierra delimitada geográfica, política o administrativamente. **2.** Ámbito o término de una jurisdicción administrativa. **3.** Espacio que habita un animal o grupo de animales y que defiende como propio frente a la invasión de otros individuos de la misma especie. **4.** Parte del organismo humano ocupada por un determinado nervio o irrigada por una arteria. **5.** En regímenes federales, región que no goza de autonomía completa.

Territorio del Norte (*Northern Territory*) Región administrativa de Australia, en el N del país. 1.346.200 km². 156.500 h. en 1989. La capital es Darwin, con 72.900 h. en 1988. Cuenta con cultivos de caña de azúcar, una importante cabaña bovina y, sobre todo, minas de bauxita, cobre, manganeso, hierro, níquel y oro.

Territorios del Noroeste Véase **Noroeste, Territorios del**.

terrizo, za *adj.* **1.** De tierra. ‖ *s. m.* y *f.* **2.** Barreño*.

terrón *s. m.* **1.** Masa de tierra pequeña y compacta. **2.** Conglomerado compacto de una sustancia en polvo o granulosa, a veces hecho artificialmente. ‖ *pl.* **3.** Tierra de cuyo trabajo se vive.

terror *s. m.* **1.** Miedo intenso. **2.** Aquello que lo produce. ▪ En estas dos acepciones se usa a menudo exageradamente. **3.** Periodo de la Revolución Francesa en el que se produjeron muchas persecuciones y ejecuciones por motivos políticos. ▪ En esta acepción se escribe con mayúscula. **4.** P. ext., situaciones semejantes en otros países y épocas. **5.** Género literario y cinematográfico que busca provocar en el lector o espectador una sensación de miedo o angustia, mediante argumentos y escenas que tratan sobre crímenes, fenómenos sobrenaturales, monstruos, psicópatas, etc.

terrorífico, ca *adj.* **1.** Que provoca terror. **2.** Muy fuerte, grande o intenso.

terrorismo *s. m.* **1.** Táctica política que, mediante el uso de la violencia o de la amenaza de ésta, persigue conseguir determinados objetivos. **2.** Dominación de otros por medio del terror. ‖ **3. terrorismo de Estado** Sucesión de actos de violencia realizados por el Estado contra los ciudadanos, como en los regímenes dictatoriales de Hitler en Alemania, de Stalin en la URSS y de algunos países latinoamericanos. **FAM.** Terrorista.

Hist.* y *Pol. En el s. XIX el término *terrorismo* se aplicó a personas o grupos políticos que utilizaban el atentado para alterar o destruir el orden burgués, como fue el caso de los populistas rusos o de los anarquistas. El terrorismo aparece unido a movimientos de liberación nacional, entre otros países, en Irlanda, ejercido por el Sinn Fein al empezar el s. XX y por el IRA en la actualidad. También surge en apoyo de movimientos independentistas, como el de ETA en España, o para desestabilizar el sistema capitalista imperante, como ocurrió con las Brigadas Rojas en Italia y el GRAPO en España. Otra forma de terrorismo es la llevada a cabo por grupos paramilitares, de carácter neofascista, en apoyo de regímenes dictatoriales, como los «escuadrones de la muerte» en países latinoamericanos. También han recurrido al terrorismo los fundamentalistas islámicos y las mafias, sobre todo del narcotráfico.

terroso, sa *adj.* **1.** Que participa de las propiedades de la tierra. **2.** Que tiene mezcla de tierra. **FAM.** Terrosidad.

terruño *s. m.* **1.** Terrón, masa de tierra. **2.** Tierra en la que uno ha nacido. **3.** Terreno, espacio de tierra. **4.** Tierra de la que se vive.

tersar *v. tr.* Poner terso.

terso, sa *adj.* **1.** Liso, sin arrugas. **2.** Limpio y brillante. **3.** Se aplica al lenguaje o al estilo sencillo, fluido y elegante. **FAM.** Tersura.

tertulia *s. f.* **1.** Reunión de personas para charlar sobre cualquier tema. **2.** La conversación que mantienen.

tertuliano, na o **tertuliante** *adj.* Se dice del que participa en una tertulia. También *s.*

Tertuliano, Quinto Septimio (Cartago h. 155 - íd. h. 222) Apologista del cristianismo y hereje romano. Se formó en Roma como jurista, donde se convirtió a la religión cristiana, que a su regreso a Cartago en el 195 se dedicó a predicar. Hostil a la tradición intelectual griega, se mostró adversario tanto de los platónicos como de los gnósticos, por entender que la razón era inconciliable con la revelación y perjudicial para la misma. Su rechazo de todo lo mundano le llevó a adoptar la herejía del montanismo, que preconizaba la vuelta de Cristo y una moral muy rigurosa. Algunas de sus obras más importantes son *Ad nationes* (197), *Apologeticum* (197), *De praescriptione haereticorum* (h. 200) y *Adversus Marcionem* (h. 210).

tertuliar *v. intr. amer.* Estar de tertulia, conversar.

Teruel 1. Prov. de España, en la comunidad autónoma de Aragón. 14.804 km². 141.300 h. en 1991. La franja N de la provincia está formada por llanuras, mientras que sus sectores central y meridional presentan un relieve accidentado, en el que destaca el Sistema Ibérico. Sus ríos más importantes son el Jiloca, el Martín, el Guadalope, el Mijares, el Turia, que en su curso alto se llama Guadalaviar, y el Alfambra. Tiene un clima mediterráneo de interior, con inviernos muy fríos, y vegetación de matorral, lentisco, carrasca, pino y árboles de ribera. Cuenta con cultivos de cereales, olivos, frutales, hortalizas y vid, una importante ganadería lanar, considerables recursos forestales, minería de carbón (Utrillas), hierro (Ojos Negros), caolín, cinc, plomo y cinabrio, algunas industrias alimentarias, madereras, textiles, químicas y de construcción, y la central térmica de Andorra, la más potente de España. El turismo está cobrando importancia. **2.** C. de España, cap. de la prov. homónima. 31.050 h. en 1991. Posee algunas industrias textiles, alimentarias, del mueble y maquinaria. Destacan entre sus monumentos la catedral, de estilo gótico-mudéjar, y las iglesias mudéjares de San Pedro, San Martín y San Salvador.

Teruel: vista parcial de la ciudad, donde se aprecian algunas de sus torres mudéjares.

Tesalia (*Thessalía*) Región de Grecia, en el E del sector central del país. 14.037 km². 695.700 h. en 1981. La capital es Larisa, con 102.450 h. en 1981. Comprende los nomos de Larisa, Tríkala, Karditsa y Magnesia. Su territorio está formado por una fértil llanura rodeada de montañas. Su economía se basa en el cultivo de árboles frutales, cereales, remolacha azucarera, vid y olivo. También tiene importancia la ganadería. Desempeñó un papel relevante en la Grecia de los s. VI y V a. C.

tesálico, ca o **tesalio, lia** *adj.* De Tesalia. También *s.*

Tesalónica Véase **Salónica**.

tesalonicense o **tesalónico, ca** *adj.* De Tesalónica. También *s.*

tesar *v. tr.* Poner tirantes los cabos, velas y cosas semejantes.

tesauro *s. m.* **1.** Tesoro*, diccionario o catálogo. **2.** Lenguaje documental especializado que se caracteriza por la utilización de series de términos básicos que reenvían a conceptos o vocablos afines.

tesela *s. f.* Cada una de las piezas, generalmente de cerámica, con que se compone un mosaico.

teselado, da *adj.* Se aplica al pavimento formado con teselas. También *s. m.*

Teseo En la mitología griega, rey de Atenas, hijo de Egeo o, según otras fuentes, de Poseidón y de Etra. De las aventuras que se le atribuyen destaca el haber dado muerte al Minotauro en el laberinto de Creta, gracias a la ayuda de Ariadna, que le proporcionó un ovillo con cuyo hilo pudo encontrar la salida. Teseo desarrolló más tarde una intensa actividad política en Atenas, contribuyendo a su configuración como ciudad, y guerreó contra las amazonas que habían invadido el Ática.

tésera *s. f.* Pieza lisa o en forma de dado, con inscripciones, utilizada por los antiguos romanos como contraseña, identificación, entrada, invitación, etc.

tesina *s. f.* Estudio monográfico de menor importancia y extensión que una tesis.

tesis *s. f.* **1.** Proposición que se intenta justificar por medio de razonamientos. **2.** Opinión que se tiene sobre algo. **3.** Trabajo de investigación que debe exponerse ante un tribunal para obtener el grado de doctor en una disciplina académica. Se llama también *tesis doctoral.* **4.** En la filosofía dialéctica, primer momento del proceso dialéctico, al que se opone la antítesis, para desembocar en la síntesis o superación de la contradicción entre las dos primeras.

tesitura *s. f.* **1.** Situación, circunstancia. **2.** En mús., término que designa la extensión o registro de cada voz o instrumento.

tesla *s. m.* Unidad de inducción magnética en el Sistema Internacional. Constituye la inducción existente en un punto del espacio en el que una carga de un culombio, que se mueve a una velocidad de un metro por segundo, experimenta la fuerza de un newton. Equivale a un weber partido por metro cuadrado, siendo el weber la unidad de flujo magnético en el Sistema Internacional. Su símbolo es *T.*

Tesla, Nikola (Smiljan, Croacia 1857 - Nueva York 1943) Físico e ingeniero electrónico yugoslavo. Instituyó en EE UU una sociedad para la construcción de alternadores. Construyó un motor asincrónico de campo giratorio y estudió las corrientes de alta frecuencia. Inventó el acoplamiento de dos circuitos por inducción mutua, utilizado en la fabricación de los primeros generadores de ondas hertzianas.

teso, sa *adj.* **1.** *Méx.* Tenso, tirante. ‖ *s. m.* **2.** Cima de un cerro. **3.** Colina baja con un llano en la cima.

tesón *s. m.* Firmeza y constancia para hacer alguna cosa.

tesonero, ra *adj.* Que tiene tesón. Se usa más en América del Sur. **FAM.** Tesonería.

tesorería *s. f.* **1.** Cargo u oficio del tesorero. **2.** Oficina o despacho del tesorero. **3.** Parte del activo de una empresa, organismo, etc., disponible en metálico.

tesorero, ra *s. m.* y *f.* Persona encargada de guardar y administrar el dinero de un grupo o colectividad.

tesoro *s. m.* **1.** Conjunto de dinero, joyas u objetos valiosos o artísticos reunidos y guardados. **2.** Particularmente, conjunto de riquezas escondidas. **3.** Persona o cosa a la que se da un gran valor. **4.** Nombre que reciben algunos diccionarios o catálogos que recogen una gran cantidad de términos, obras, etc. **5.** Tesoro público. ▪ En esta acepción se escribe con mayúscula. ‖ **6. tesoro público** Órgano de la administración del Estado, generalmente con categoría de ministerio, cuyas tareas fundamentales son las de dirigir la política monetaria de un país: recaudación de impuestos y otros ingresos públicos, emisión de bonos del Estado y elaboración de los presupuestos generales del Estado.

Tespis de Icaria (s. VI a. C.) Autor dramático griego. Según la tradición, es el creador de la tragedia, al introducir una parte recitada, que narraba las hazañas de Dionisos, en los espectáculos dedicados a este dios.

test (voz ingl.) *s. m.* **1.** Prueba que se utiliza para evaluar o reflejar las funciones mentales o la capacidad psíquica. **2.** Cualquier prueba efectuada para comprobar algo, obtener cierto dato, etc. **3.** Examen de respuestas muy breves, que a veces se reducen a simples signos con los que se selecciona la contestación adecuada entre las posibles que se proponen.

testa *s. f.* **1.** Cabeza del hombre y los animales. **2.** Frente. ‖ **3. testa coronada** Monarca o soberano de un Estado.

testáceo, a *adj.* Se aplica a los animales provistos de concha externa o interna.

testado, da 1. *p. p.* de **testar**. También *adj.* ‖ *adj.* **2.** Se dice de la persona que ha muerto habiendo hecho testamento y de las personas sobre las que recae dicho testamento.

testador, ra *s. m.* y *f.* Persona que hace testamento.

testaferro *s. m.* En der., persona que aparece como titular o parte de un asunto jurídico que corresponde o atañe a otra persona.

testamentaría *s. f.* **1.** Ejecución o cumplimiento de lo dispuesto en un testamento y conjunto de trámites, documentos, etc., necesarios para llevarlo a cabo. **2.** Conjunto de bienes que constituyen la herencia, considerados desde la muerte del testador hasta que son recibidos por los herederos. **3.** Juicio que tiene por objeto conservar, distribuir y adjudicar la herencia según las leyes y las disposiciones del testamento.

testamentario, ria *adj.* **1.** Perteneciente o relativo al testamento. ‖ *s. m.* y *f.* **2.** Persona designada por el testador para que cumpla su última voluntad.

testamentificación o **testamentifacción** *s. f.* Facultad de disponer por acto de última voluntad o de recibir herencia o legado, llamada respectivamente *activa* y *pasiva*.

testamento *s. m.* **1.** Declaración que hace una persona de su última voluntad, disponiendo para después de su muerte la distribución de sus bienes o la solución de los asuntos que le atañen. **2.** Documento en que consta legalmente esta declaración. **3.** Obra en que un autor, en los últimos años de su vida, expresa para la posteridad los aspectos fundamentales de su labor. ‖ **4. Antiguo** (o **Viejo**) **Testamento** Conjunto de libros de la *Biblia* anteriores al nacimiento de Jesucristo. **5. Nuevo Testamento** Obra que contiene los *Evangelios* y demás libros de la *Biblia* posteriores al nacimiento de Cristo. **6. testamento abierto** El que se hace de palabra o por escrito ante el notario, en presencia de testigos. **7. testamento cerrado** El que se hace por escrito y se guarda en un sobre sellado, que se abrirá después de la muerte del testador.

testar[1] (del lat. *testari*) *v. intr.* Hacer testamento.

testar[2] *v. tr.* **1.** Comprobar algo sometiéndolo a tests o pruebas, p. ej. un producto industrial. **2.** Someter a alguien a un test. ▪ Se dice también *testear*.

testarada o **testarazo** *s. f.* o *s. m.* Golpe dado con la cabeza.

testarudo, da *adj.* Que no cede fácilmente en sus opiniones o acciones, aunque esté equivocado. También *s.* **FAM.** Testarudez.

testear *v. tr.* Testar[2].

testera *s. f.* **1.** Parte frontal de una cosa. **2.** Adorno para la frente de las caballerías.

testero *s. m.* **1.** Testera*. **2.** Muro de una habitación, especialmente el principal o el que se queda de frente.

testículo *s. m.* Cada uno de los órganos sexuales masculinos en los que se forman los espermatozoides. También actúan como glándulas de secreción interna, que producen las hormonas masculinas llamadas *andrógenos*. En el hombre y otros primates se encuentran en posición externa, fuera del abdomen, contenidos en una bolsa llamada *escroto*. **FAM.** Testicular.

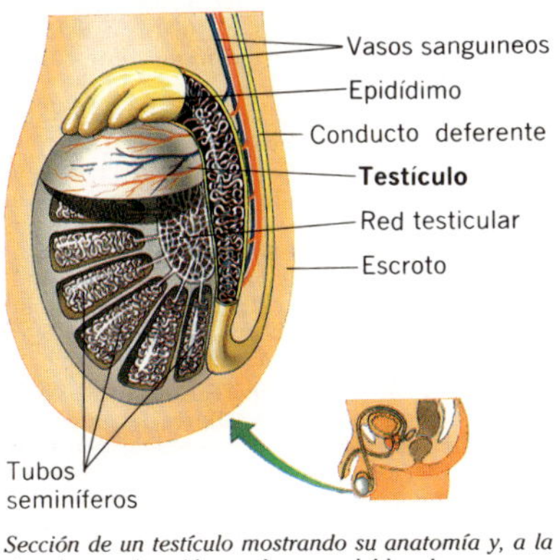

Sección de un testículo mostrando su anatomía y, a la derecha, su situación en el cuerpo del hombre.

testifical *adj.* Perteneciente o relativo a los testigos.

testificar *v. tr.* **1.** Declarar como testigo en un acto judicial. Se usa mucho como *v. intr.* **2.** Afirmar con seguridad una cosa, especialmente por haberla presenciado o por disponer de testigos o testimonios de ella. ▪ Se conjuga como *sacar*. **FAM.** Testificación, testificante, testificativo.

testigo *s. m.* y *f.* **1.** Persona que da testimonio de alguna cosa, especialmente la que declara en un juicio. **2.** Persona que presencia o experimenta una cosa. **3.** En der., persona cuya presencia es necesaria en la celebración de un acto jurídico para dar fe del mismo. ‖ *s. m.* **4.** Prueba, testimonio. **5.** En las carreras de relevos, pequeño bastón u objeto que un corredor entrega a otro como prueba de que el relevo se ha realizado correctamente. ‖ **6. testigo de cargo** En un juicio, el que declara en contra del acusado. **7. testigo de descargo** El que declara en favor del procesado. **8. testigo ocular** El que ha visto los hechos de que es testigo. ‖ **LOC. poner** a alguien **por testigo** Citar a una persona que, real o figuradamente, puede confirmar lo que uno dice.

Testigos de Jehová Secta religiosa fundada en EE UU a comienzos de los años setenta del s. XIX por Charles Taze Russell, adventista disidente. Interpretan literalmente la *Biblia*, tanto sus libros hebreos como griegos, por lo que practican el bautismo por inmersión, rehúsan cumplir el servicio militar y se oponen a las transfusiones de sangre. Son milenaristas y aguardan la victoria de Jehová en este mundo, tras un periodo catastrófico iniciado h. 1914.

testimonial *adj.* **1.** Que da testimonio de algo. ‖ *s. f. pl.* **2.** Documento que acredita o confirma la legalidad de algo.

testimoniar *v. tr.* Testificar*.

testimonio *s. m.* **1.** Declaración que hace alguien, especialmente un testigo, asegurando alguna cosa. **2.** Aquello que sirve para confirmar la veracidad, existencia, etc., de algo. **3.** Documento legal en que se atestigua o confirma un hecho. ‖ **4. falso testimonio** Atribución de una culpa a alguien que no la tiene.

testosterona *s. f.* Hormona sexual masculina. Forma parte de los andrógenos. Se produce en las células intersticiales o de Leydig, que se hallan entre los tubos seminíferos del testículo, y su función es el desarrollo de los órganos sexuales y la manifestación de los caracteres sexuales primarios y secundarios masculinos.

testudínidos *s. m. pl.* Familia de reptiles del orden quelonios a la que pertenecen unas 40 especies comprendidas en diversos géneros, entre los que destaca *Testudo*. Son tortugas terrestres que miden entre 10 y 140 cm de longitud, tienen el caparazón abombado de diversos colores, generalmente ocres y pardos. Habitan en climas cálidos y templados de todo el mundo, excepto Australia.

testuz *s. amb.* En algunos animales como el caballo, frente, y en otros como el toro, el buey o la vaca, nuca.

teta *s. f.* **1.** Mama, órgano de las hembras de los mamíferos. ‖ *adj. vulg.* **2.** Muy bueno, excelente. También *adv.* ‖ **LOC. dar la teta** Amamantar*. **de teta** *adj.* Se aplica al bebé o a la cría que todavía se alimenta con la leche de la madre.

tetamen *s. m. vulg.* Pechos de una mujer.

tetania *s. f.* Enfermedad producida por falta de calcio en la sangre, caracterizada por fuertes espasmos y contracciones musculares. Se trata a base de dosis elevadas de calcio.

tétanos *s. m.* Enfermedad producida por el bacilo *Clostridium tetani*, que puede proliferar en heridas contaminadas y segrega una toxina que provoca violentas contracciones musculares, parálisis y la muerte por asfixia. Se previene con sueros y vacunas y se combate con penicilina y, en caso necesario, mediante la respiración artificial. **FAM.** Tetánico.

tete à tete *loc. adv. fr.* Cara a cara, a solas y con franqueza; se usa también sustantivada, con el sentido de conversación íntima o reservada entre dos personas.

tetera[1] (de *té*) *s. f.* Recipiente utilizado para hacer y servir el té.

tetera[2] (de *teta*) *s. f. amer.* Tetina.

tetero *s. m. amer.* Biberón.

tetilla *s. f.* **1.** *dim.* de **teta**. **2.** Teta de los machos de los mamíferos, que no está desarrollada como la de las hembras. **3.** Tetina del biberón. ‖ **4. queso de tetilla** Variedad de queso de vaca, muy cremoso, típico de Galicia, con forma más o menos cónica.

tetina *s. f.* Especie de pezón de goma que se ajusta al biberón para que el niño chupe por él.

Tetis o **Tethys** **1.** En la mitología griega, hija de Gea y Urano, esposa de Océano y madre de los ríos de la tierra y de las oceánides.
2. Divinidad marina, hija de Doris y Nereo, esposa del mortal Peleo y madre de Aquiles.
3. Mar que separó las dos grandes masas continentales, Laurasia al N y Gondwana al S, cuando el continente universal, Pangea, se dividió en dos, durante la era mesozoica. A medida que los continentes se fueron separando y desplazando unos de otros, el mar de Tetis se fue estrechando hasta quedar reducido a lo que hoy es el Mediterráneo. También se conoce como *mesogea de Suess*.
4. Tercer satélite de Saturno, descubierto en 1684.

tetón *s. m.* **1.** Pedazo de rama podada que queda unida al tronco. **2.** En armamento, resalte que sobresale de una superficie lisa.

tetona *adj. vulg.* Tetuda*.

tetra- *pref.* Significa 'cuatro': *tetraedro*, *tetrasílabo*, *tetracordio*.

tetrabranquiados *s. m. pl.* Subclase de moluscos cefalópodos a la que pertenece el género único *Nautilus*. Se caracterizan por estar provistos de dos pares de branquias, aurículas y riñones; tienen concha en espiral, tabicada y nacarada, por cuya abertura sale la cabeza con numerosos tentáculos. Actualmente reciben el nombre de *nautiloideos*. También *adj.* y *s. m.*

tetraciclina *s. f.* Familia de antibióticos de amplio espectro, útiles para combatir bronquitis y otras infecciones, así como las enfermedades producidas por las rickettsias. Destacan entre ellos la aureomicina y la terramicina.

tetracloruro *s. m.* **1.** Compuesto químico que contiene cuatro átomos de cloro. ‖ **2. tetracloruro de carbono** CCl_4. Compuesto obtenido por la acción del cloruro de azufre sobre el sulfuro de carbono, o directamente sobre el cloro al contacto con carbón calentado al rojo. Es un líquido incoloro e insoluble en agua. A partir de él se obtienen el cloroformo, el freón y numerosos compuestos orgánicos.

tetracordio *s. m.* En mús., sucesión de cuatro sonidos descendentes en la que el primero y el último forman un intervalo de cuarta. Constituía la base de la estructura musical griega.

tétrada *s. f.* Conjunto de cuatro cosas iguales o muy relacionadas entre sí.

tetraedro *s. m.* **1.** Poliedro de cuatro caras triangulares. **2.** Una de las formas de la red cristalográfica, que constituye la unidad elemental de todos los silicatos, constituidos por una o varias de estas figuras unidas de diferente manera.

tetragonal *adj.* **1.** Relativo al tetrágono o que tiene su forma. **2.** Se aplica a uno de los siete sistemas de cristalización cuya unidad fundamental es un prisma recto con 4 caras rectangulares iguales y 2 bases cuadradas y cuyo elemento común de simetría es un eje cuaternario. En cada vértice los tres ángulos son iguales y los lados, dos iguales y uno desigual. Algunos minerales que cristalizan en este sistema son circón, rutilo y calcopirita.

tetrágono *adj.* **1.** En geom., se aplica al polígono de cuatro ángulos y cuatro lados. También *s. m.* ‖ *s. m.* **2.** Cuadrilátero, polígono.

tetragrama *s. m.* Pautado de cuatro líneas horizontales, paralelas y equidistantes, utilizado en la escritura del canto gregoriano.

tetragrámaton *s. m.* Palabra compuesta por cuatro letras, especialmente el nombre de Dios, que en hebreo, como en muchas lenguas, se compone de cuatro letras.

tetralina *s. f.* $C_{10}H_{12}$. Hidrocarburo obtenido por hidrogenación catalítica del naftaleno. Es un líquido poco volátil que se utiliza como disolvente y carburante para motores de inyección.

tetralogía *s. f.* **1.** Entre los antiguos griegos, conjunto de cuatro obras dramáticas, formado por tres tragedias y un drama, cuyos argumentos estaban estrechamente ligados. **2.** Conjunto de cuatro obras literarias, y p. ext. de otro tipo, creadas por un mismo autor y que versan sobre un mismo tema.

tetrámero *adj.* **1.** En bot., se dice del órgano vegetal formado por cuatro piezas. **2.** En zool., se aplica a los insectos cuyas patas están compuestas por cuatro artejos.

tetramorfo, fa *adj.* **1.** Se dice de un animal fantástico que los antiguos orientales representaban con cabeza de hombre, alas de águila, pies delanteros de león y pies traseros de toro. **2.** En cristalografía, de cuatro formas cristalinas diferentes. ‖ *s. m.* **3.** En la iconografía románica, representación de los cuatro evangelistas junto con sus símbolos o personificados por éstos: San Mateo por un ángel, San Marcos por un león, San Lucas por un toro y San Juan por un águila.

tetraodóntidos *s. m. pl.* Familia de peces del orden tetraodontiformes al que pertenecen numerosas especies comprendidas en diversos géneros, entre los que destaca el *Spheroides.* Tienen el cuerpo macizo, hocico pequeño y chato, con 4 grandes dientes en la mandíbula y aleta dorsal espinosa. Viven en las costas tropicales y su carne es venenosa. Tetraodóntidos son los peces globo. También *adj.* y *s. m.*

tetraónidos *s. m. pl.* Familia de aves del orden galliformes a la que pertenecen 18 especies comprendidas en diversos géneros, entre los que destacan *Tetrao* y *Lagopus.* De tamaño medio o grande, tienen el cuerpo robusto, pico corto con plumas en la base, tarso sin espolones y cubierto de plumas y frecuentemente presentan una calva de color vivo en torno a los ojos. Habitan en zonas frías y templadas de Eurasia y América del Norte. Tetraónidos son los urogallos. También *adj.* y *s. m.*

tetraplejía *s. f.* Parálisis de los cuatro miembros producida generalmente por una lesión del sistema nervioso.

tetrápodo, da *adj.* Se dice de los vertebrados que presentan cuatro extremidades con cinco dedos cada una. También *s. m.*

tetrarca *s. m.* **1.** Gobernador de la cuarta parte de un territorio. **2.** Cada uno de los cuatro soberanos de la tetrarquía romana.

tetrarquía *s. f.* **1.** Dignidad de tetrarca, territorio de su jurisdicción y tiempo que dura su gobierno. **2.** Cada una de las cuatro partes en que se dividían algunos estados en la antigüedad. ‖ **3. tetrarquía romana** Sistema de gobierno del imperio romano en que el poder fue compartido por cuatro soberanos: dos augustos, Diocleciano y Maximiano, y dos césares, Galerio y Constancio, implantado por Diocleciano (293-305) para atender mejor la defensa y facilitar la sucesión de emperadores.

tetrasílabo, ba *adj.* Se dice del verso de cuatro sílabas. También *s. m.*

tetrástico, ca *adj.* Se dice de la estrofa de cuatro versos. También *s. m.*

tetrástilo, la *adj.* En arq., se dice del templo o pórtico que tiene cuatro columnas en la fachada.

tetrástrofo, fa *adj.* **1.** Se dice de la composición que consta de cuatro estrofas. **2.** Se aplica a la estrofa de cuatro versos. También *s. m.* ‖ **3. tetrástrofo monorrimo** Cuaderna vía, estrofa formada por cuatro versos con igual rima para los cuatro.

tetravalente *adj.* En quím., se aplica a los elementos que tienen valencia 4.

tétrico, ca *adj.* **1.** Sombrío, triste. **2.** Se dice de todo aquello que se relaciona con la muerte.

Tetuán (en beréber *Tittawin*) C. de Marruecos, situada en el N del país. 199.600 h. en 1982. Es el núcleo comercial de una región agrícola en la que el olivo y el naranjo son los cultivos más destacables. Posee algunas industrias tabaqueras, alimentarias y textiles. Antigua ciudad beréber, fue dominada por Roma (40) e integrada en el Islam (s. VIII); conquistada por los españoles (1913), fue capital del antiguo protectorado de España en Marruecos hasta 1956.

tetuaní *adj.* De Tetuán. También *s.*

tetuda *adj. vulg.* Que tiene los pechos grandes. También *s. f.*

teucali *s. m.* Teocali*.

teucrio *s. m.* Nombre común de diversas plantas arbustivas de la familia labiadas, género *Teucrium.* El *Teucrium botrys* o germandrina de hoja cortada mide de 5 a 40 cm de altura, tiene hojas pinnadas y flores violetas de cáliz abultado y olor desagradable; el *Teucrium chamaedrys* o camedrio mide entre 10 y 40 cm de altura, tiene hojas con peciolo festoneado y flores púrpura en inflorescencia; el *Teucrium mantunum* o germandrina de monte mide entre 5 y 40 cm de altura, tiene flores azuladas en cabezuelas semiesféricas; el *Teucrium scordium* o camedrio acuático mide entre 10 y 70 cm de altura, tiene flores púrpura, y el *Teucrium pyrenaicum,* tallos rastreros y flores de color rosado o blanco. Crecen en Europa, en terrenos pedregosos de suelo calcáreo, en el monte bajo o en las cercanías de caminos y campos.

teucro, cra *adj.* Troyano*.

Teudis (? - Sevilla 548) Rey de los visigodos (531-548). Fue gobernador de la Hispania visigoda, delegado por el rey ostrogodo Teodorico desde Tolosa. Proclamado rey a la muerte de Amalarico, se enfrentó a los francos que penetraban por el NE y ocupó Ceuta para detener la expansión de los bizantinos. Aunque era arriano, fue tolerante con los católicos.

Teudiselo (? - Sevilla 549) Rey de los visigodos. De origen ostrogodo, fue general en época de Teudis, a quien sucedió en el trono en el 548. Murió asesinado a los dieciocho meses de reinado, víctima de una conjura.

teúrgia *s. f.* En la antigüedad, magia mediante la cual se pretendía comunicar con las divinidades para que intervinieran favorablemente en los asuntos humanos. **FAM.** Teúrgico.

teúrgo *s. m.* Mago que practicaba la teúrgia.

teutón, na *adj.* **1.** Se dice de un antiguo pueblo germano que en el s. II se estableció en las costas del mar Báltico. El pueblo teutón emigró junto con los cimbrios hacia el S y derrotaron a los romanos en el Ródano, cerca de Aurasium (195 a. C.). Los cimbrios pasaron a Italia, mientras que los teutones saquearon la Galia y fueron derrotados por Mario en Aquae Sextiae (Aix-en-Provence) en el 102 a. C. Su nombre se ha aplicado al conjunto de pueblos de raza germánica. **2.** De este pueblo. También *s.* **3.** *fam.* Alemán*.

teutónica, orden Institución religiosa militar fundada en Jerusalén por los cruzados alemanes en el s. XII, conocida también como *orden de los caballeros teutónicos del hospital de Santa María de Jerusalén.* Su hábito era una túnica blanca con una cruz negra. En el s. XIII abandonaron Tierra Santa para establecerse en la Europa oriental; conquistaron Prusia y extendieron su dominio a lo largo de la costa meridional del Báltico. En el s. XIV habían implantado un verdadero estado monástico. Fueron derrotados en Grunwald por Ladislao II de Polonia (1410). Mediante la paz de Torun (1466), gran parte de los territorios teutónicos pasaron a Polonia y, posteriormente, el resto a los Hohenzollern. Alberto de Brandeburgo, último gran maestre, secularizó la orden y en 1525 se disolvió.

teutónico, ca *adj.* **1.** Perteneciente o relativo a los teutones. ‖ *s. m.* **2.** Lengua hablada por este pueblo.

tex *s. m.* Unidad utilizada en la industria textil para numerar y graduar los hilos, que corresponde al peso en gramos de un kilómetro de hilo.

Texas Estado de EE UU, situado en el S del país, junto a la frontera con México. 691.027 km^2. 17.059.800 h. en 1990. La capital es Austin, con 468.900 h. en 1989. Su relieve consta de una llanura litoral sobre el golfo de México, continuada hacia el interior por praderas, llanuras y una árida altiplanicie. Sus principales ríos son el Red River, Sabine, Brazos, Colorado, Canadian, Pecos y Grande del Norte. Tiene clima subtropical en la costa, continental en el interior y desértico en la región del Llano Estacado. Cuenta con cultivos de algodón, cereales y productos hortofrutícolas, con una importante ganadería vacuna, caballar y lanar, con producción de petróleo, gas natural, carbón, hierro, estaño, azufre y uranio, con industrias alimentarias, petroquímicas, metalúrgicas, aeronáuticas y electrónicas, numerosas refinerías de petróleo y activos puertos comerciales. Houston, Dallas y San Antonio son sus ciudades principales.

Texcoco de Mora C. de México, en el estado de México, al NE de la capital, a orillas del lago homónimo. 18.050 h. en 1970. Se convirtió en capital del señorío chichimeca (s. XIV) y formó parte de la confederación azteca, junto con Tenochtitlan y Tlacopan. Fue conquistada por Hernán Cortés en 1520.

textil *adj.* **1.** Se dice de la materia que puede ser reducida a fibras para tejer. **2.** Perteneciente o relativo a los tejidos o fibras para la confección y a la industria, actividad, etc., relacionada con ellos.

texto *s. m.* **1.** Documento o escrito. **2.** En general, cualquier secuencia de palabras, oral o escrita, dotada de unidad temática y estructural. **3.** Conjunto de palabras que constituyen el contenido o el cuerpo de una obra, por oposición a notas, ilustraciones, etc. **4.** Cualquier pasaje que se cita de una obra, al que se hace referencia o sobre el que se basa un escrito, estudio, etc. **5.** Libro, obra escrita. **6.** Libro que se utiliza como base de estudio para una determinada asignatura. ■ Con este significado se dice también *libro de texto.*

textual *adj.* **1.** Perteneciente o relativo al texto. **2.** Que reproduce fielmente palabras o escritos. **FAM.** Textualmente.

textura *s. f.* **1.** Forma en que están dispuestos o entrelazados los hilos de una tela. **2.** Manera de estar combinados o unidos entre sí los elementos o partículas que forman algo. **3.** Sensación que produce al tacto una determinada materia, sustancia, etc., según estén dispuestos o combinados los elementos que la forman. **4.** En geol., conjunto de características de las rocas cristalinas en relación con la disposición de sus cristales.

texturizar *v. tr.* Realizar una operación mediante la cual se obtienen hilos continuos con la apariencia de mayor volumen. ■ Se conjuga como *cazar.* **FAM.** Texturizado.

tez *s. f.* Piel de la cara.

Tezcatlipoca En la mitología mixteca, divinidad de la noche, las tinieblas y el cielo estrellado, cuyo símbolo era el jaguar. Adoptada por los aztecas, dio origen a dos dioses, el rojo, señor del día, y el negro, señor de la noche, a quien ofrecían sacrificios humanos.

Th Símbolo químico del torio.

Thackeray, William Makepeace (Calcuta 1811 - Londres 1863) Escritor británico. Es uno de los principales novelistas de la época victoriana; también alcanzó gran celebridad como periodista y caricaturista. En sus obras abunda el humor ácido y la crítica realista y entre ellas destacan *El libro de los snobs* (1846-47), *La feria de las vanidades* (1847-48), *La historia de Henry Esmond* (1852), *Los Newcome* (1853-55), *El viudo Lovel* (1860) y *Las aventuras de Philip* (1861-62).

Thailandia Véase **Tailandia**.

Thant, Sithu U (Pantanau 1909 - Nueva York 1974) Político birmano. Representante de su país en la ONU (1957-61), fue elegido secretario general de dicho organismo (1961-72). Se ganó el respeto internacional por su neutralismo, aunque en su última etapa estuvo más ligado a los intereses de EE UU. Se opuso a la intervención estadounidense en Vietnam.

Thar Desierto de Asia, situado entre el E de Pakistán y el NO de la India. 250.000 km^2. Está formado por dunas y capas de arena sobre colinas graníticas.

Tharaud, Ernest, llamado **Jérôme** (Saint-Junien 1874 - Varengeville-sur-Mer 1953) y su hermano **Charles,** llamado **Jean** (Saint-Junien 1877 - París 1952) Escritores franceses. Ambos fueron secretarios de Charles Péguy. Escribieron en colaboración novelas, como *Dingley, el ilustre escritor* (1902), *La manceba sirvienta* (1911) y *A la sombra de la cruz* (1917), reportajes, como *Cruel España* (1937), y libros de carácter biográfico, como *Nuestro querido Péguy.*

Tharrats, Joan Josep (Girona 1918) Pintor español. Fue uno de los fundadores del grupo *Dau al set.* Del surrealismo mágico evolucionó hacia una abstracción lírica. En el grabado inventó las *maculaturas,* conseguidas con la combinación de distintas técnicas de estampación sobre lienzo o papel. Es autor del mural que decora la iglesia de los Hogares Mundet, en Barcelona.

Tharsis Véase **Tarsis**.

Thatcher, Margaret (Grantham, Lincolnshire 1925) Política británica. Nombrada primera ministra tras la victoria electoral conservadora de 1979, emprendió una política de rigurosa austeridad económica, que la enfrentó con los sindicatos, y adoptó en política exterior una postura intransigente, que la llevó a declarar la guerra a Argentina después de que este país invadiera las islas Malvinas en 1982. Fue reelegida en 1983 y nuevamente en 1987, pero en su tercer mandato sufrió una fuerte oposición por su política fiscal y su reserva ante la integración europea. Dimitió en 1990.

Theiler, Max (Pretoria 1899 - New Haven 1972) Médico estadounidense de origen sudafricano. Profesor de medicina tropical en la universidad de Harvard, recibió el premio Nobel de medicina en 1951 por sus estudios sobre la fiebre amarilla y el descubrimiento de una vacuna contra esta enfermedad.

thema o **tema** *s. m.* Circunscripción administrativa del imperio bizantino, surgida con las reformas de Heraclio en la primera mitad del s. VII. Eran distritos situados en lugares fronterizos frente a un enemigo –Islam o imperio sasánida– y gobernados por un estratego o general comandante en jefe del ejército.

Theodorakis, Mikis (Quíos 1925) Compositor griego. Brillante orquestador, realizó obras que alcanzaron gran popularidad, como la música de la película *Zorba el Griego* (1964) y la que escribió para el *Canto general* de Pablo Neruda. Diputado comunista en varias ocasiones, apoyó a los conservadores a partir de 1988.

Theorell, Abel Hugo Teodor (Linköping 1903 - Estocolmo 1982) Bioquímico sueco. Jefe del departamento de bioquímica del Instituto Nobel, en Estocolmo (1937-70), fue galardonado con el premio Nobel de medicina en 1955 por sus investigaciones sobre la naturaleza y mecanismos de acción de las enzimas oxidantes.

Thiers, Louis Adolphe (Marsella 1797 - Saint-Germain-en-Laye 1877) Político francés. Fue jefe de gobierno en 1836 y 1840, y en ambas ocasiones dimitió por sus disensiones con el rey Luis Felipe en política exterior. De nuevo primer ministro en 1848, no pudo evitar la caída de la monarquía. En un ulterior mandato (1871-73) reprimió el movimiento de la Comuna de París y firmó con Bismarck la paz de Frankfurt. En 1873, derrotado por la coalición monárquica, abandonó el gobierno.

Thimbu (*Thimphu*) C. de Bután, cap. estival del país, situada en el centro del sector O de su territorio. 20.000 h. en 1985. Es un importante centro administrativo y comercial.

Thionville C. de Francia, en el departamento del Mosela, cerca de la frontera con Luxemburgo. 138.050 h. en 1982 en su área metropolitana. Posee industria siderúrgica, mecánica y cementera.

Thoeni, Gustavo (Trafoi, Bolzano 1951) Esquiador italiano. Campeón en la copa del mundo (1971, 1972, 1973 y 1975), consiguió en 1972 medalla de oro en slalom gigante de los Juegos Olímpicos de Invierno de Sapporo.

Thomas, Dylan Marlais (Swansea, Glamorgan occidental 1914 - Nueva York 1953) Poeta galés en lengua inglesa. Su poesía, profundamente metafórica, evoca por medio de imágenes el mundo de los sueños y de la infancia. Es autor, entre otros, de los libros poéticos *Dieciocho poemas* (1934), *Veinticinco poemas* (1936) y *Mapa de amor* (1939), de la narración *Retrato del artista cachorro* (1940) y del guión cinematográfico *El doctor y los demonios* (1953).

Thomas, E. Donnall (Mart, Texas 1920) Hematólogo estadounidense. Pionero de los trasplantes de médula ósea, obtuvo en 1990 el premio Nobel de medicina, compartido con Joseph E. Murray, por sus descubrimientos sobre los trasplantes de órganos y células como método de tratamiento aplicable a los seres humanos.

Thomas, Hugh (Windsor 1931) Historiador británico. Alcanzó renombre internacional con su obra *La guerra civil española* (1961).

Thomson, George Paget (Cambridge 1892 - íd. 1975) Físico británico. Hijo de Joseph John Thomson, fue durante la Segunda Guerra Mundial presidente del Comité británico para el estudio de la bomba atómica. En 1937 le fue concedido el premio Nobel de física, compartido con Clinton Joseph Davisson, por el descubrimiento de la difracción de los electrones por parte de los cristales.

Thomson, James (Ednam Roxburghshire 1700 - Richmond, Surrey 1748) Poeta británico. Con su poema *Las estaciones* (1726-30) se anticipa a la sensibilidad romántica. También escribió el poema épico-alegórico *El castillo de Indolencia* (1748), la mascarada *Alfred* (1740), donde figura el célebre himno *Rule Britannia*, y algunas tragedias, como *Tancredo y Segismunda* (1745).

Thomson, Joseph John (Cheetham Hill, cerca de Manchester 1856 - Cambridge 1940) Físico británico. Investigó las propiedades eléctricas de la materia, fijando los fundamentos de la teoría electrónica. Estableció una estructura nuclear del átomo, que fue más tarde modificada por Rutherford. Recibió el premio Nobel de física en 1906.

Thomson, William Véase **Kelvin, William Thomson, lord.**

Thor En la mitología escandinava, dios de la tormenta y de la guerra. Hijo de Odín y de Jord, tenía la misión de defender el mundo de los dioses y de los hombres contra el caos. Su arma era el hacha de dos filos o el martillo. Comparado a Hércules por sus hazañas, con quien los latinos le identificaron, murió después de vencer a la serpiente Ragna Rokkr.

Thoreau, Henry (Concord, Massachusetts 1817 - íd. 1862) Escritor estadounidense. Hombre de vida solitaria y sencilla e influido por los pensadores indios y el idealismo alemán, defendió el retorno a la naturaleza, el anticonformismo y la resistencia pasiva frente al poder. Entre sus obras cabe mencionar *Sobre la desobediencia civil* (1849) y *Walden o la vida en los bosques* (1854).

Thorez, Maurice (Noyelles-Godault, Pas-de-Calais 1900 - cerca de Odessa 1964) Político francés. Secretario general del Partido Comunista Francés desde 1930, siguió dirigiéndolo en la clandestinidad desde 1940. Al comienzo de la Segunda Guerra Mundial se refugió en la URSS. Fue ministro de Estado con Charles de Gaulle (1945-46) y vicepresidente del consejo de ministros (1946-47).

Thorndike, Edward Lee (Williamsburg, Massachusetts 1874 - Montrose, Nueva York 1949) Psicólogo estadounidense. Formuló la ley del efecto, según la cual aquellas conductas que tienen consecuencias positivas para el individuo tienden a repetirse. Es autor de *Inteligencia animal* (1911) y *Fundamentos del aprendizaje* (1932).

Thorvaldsen, Bertel (Copenhague h. 1770 - íd. 1844) Escultor danés. Becado en Italia, estudió la antigüedad romana y se dio a conocer como escultor neoclásico, con un estilo monumental y frío. Su obra principal es la decoración de la catedral de Copenhague, especialmente *Cristo y los apóstoles*.

thriller (voz ingl. que significa 'estremecedor') *s. m.* Película de suspense, de terror o policiaca que produce en el espectador una fuerte emoción y tensión.

Thule Entre los antiguos, nombre dado a una tierra situada a seis días de navegación al N de Gran Bretaña, quizá una de las islas Shetland, Noruega o Islandia. Era el límite septentrional del mundo conocido.

Thulin, Ingrid (Solleftea, Suecia 1929) Actriz sueca de cine y teatro. Alcanzó celebridad trabajando a las órdenes de Ingmar Bergman en películas como *Fresas salvajes* (1957), *En el umbral de la vida* (1958), *El silencio* (1963) y *Gritos y susurros* (1972).

Thurstone, Louis Leon (Chicago 1887 - Chapel Hill, Carolina del Norte 1955) Psicólogo estadounidense. Fue uno de los fundadores de la psicometría moderna. Creó el test de aptitudes mentales primarias. Fue autor de *Estudio factorial de la percepción* (1944).

Thyssen Familia de industriales alemanes dedicados a la siderurgia en la cuenca del Ruhr. Sus principales miembros son: **August** (Eschweiler 1842 - castillo de Landsberg, Westfalia 1926), que constituyó la August Thyssen-Hütte AG; y su hijo **Fritz** (Mülheim 1873 - Buenos Aires 1951), que perteneció al partido nazi pero, al enemistarse con Hitler tras el pacto germano-soviético, se marchó de Alemania, fue detenido en Francia y desposeído de sus bienes, hasta que fue liberado por los aliados.

ti *pron. pers. m.* y *f. sing. de 2.ª pers.* Se usa siempre con preposición y funciona como complemento: *No esperaba menos de ti.* La forma que se utiliza para la preposición *con* es *contigo.*

Ti Símbolo químico del titanio.

Tiahuanaco Centro arqueológico precolombino del primer milenio, situado en el Altiplano boliviano, al S del lago Titicaca. Se supone que fue una gran ciudad religiosa. Se conservan colosales monumentos como el Calasasaya, el Acapana, el palacio, el Pumapuncu, el monolito antropomorfo conocido como *El Fraile* y la Puerta del Sol, el más bello y llamativo.

tialina *s. f.* Ptialina*.

tialismo *s. m.* Secreción excesiva de saliva. ■ Se llama también *sialismo.*

tiamina *s. f.* Vitamina B_1, también llamada *aneurina.*

tianguis *s. m. Méx.* Mercado, feria.

Tianjin C. de China, cap. de la municipalidad homónima, en el NE del país y en la costa del mar Amarillo. 5.620.000 h. en 1990, 8.785.000 h. en su área urbana. Es uno de los enclaves comerciales más importantes de China debido a su condición de nudo de comunicaciones terrestres y marítimas. Posee además una floreciente industria metalúrgica, de construcciones mecánicas y navales, química, textil, alimentaria y papelera. ■ También se escribe *Tien-T'sin.*

tiara *s. f.* **1.** Mitra alta, usada por el sumo pontífice, ceñida por tres coronas como insignia de su autoridad suprema de papa, obispo y rey. **2.** Dignidad de sumo pontífice. **3.** Sombrero alto que usaban los antiguos persas.

tiazina *s. f.* Cada uno de los compuestos orgánicos heterocíclicos derivados amínicos de la tiodifenilamina, que constituyen colorantes, generalmente azules o violetas; el más conocido es el azul de metileno.

tiazol *s. m.* C_3H_3SN. Compuesto orgánico pentagonal que presenta cadena cerrada y dos heteroátomos (N, S). Es un líquido obtenido al tratar el aminotiazol con nitrito de etilo y alcohol, que hierve a 117 °C. Se usa en la industria como colorante azul.

Tibaldi, Pellegrino (Puria in Valsolda 1527 - Milán 1596) Pintor y arquitecto italiano. Su pintura, de estilo manierista, se caracteriza por las composiciones monumentales. Entre 1586 y 1594 estuvo al servicio de Felipe II en El Escorial, donde pintó numerosos frescos, como la *Adoración de los Reyes* y el *Martirio de San Lorenzo.* Construyó el palacio Poggi en Milán.

Tíber (*Tevere*) Río de Italia, en el centro de la península Itálica. 405 km. Nace en los Apeninos, atraviesa Toscana, Umbría y el Lacio, pasa por Roma y desemboca en el mar Tirreno. Sus principales afluentes son el Nera, Aniene y Paglia. Su color arcilloso se debe a los aluviones que transporta.

Tiberíades **1.** Lago de Israel, en el NE del país, en la frontera con Siria. 165 km². Está atravesado por el río Jordán. Fue el escenario de algunos pasajes de los *Evangelios.* También conocido como *mar de Galilea,* actualmente recibe el nombre de *Kinnereth.*
2. C. de Israel, en el NE del país, junto al lago homónimo. 31.200 h. en 1988. Fue fundada en el año 26 d. C. por Herodes Antipas, que la convirtió en el principal centro helenístico de Galilea.

tiberio *s. m. fam.* Jaleo, confusión.

Tiberio, Claudio Nerón (Roma h. 42 a. C. - Misena 37 d. C.) Emperador romano (14-37 d. C.). Hijo de Claudio Nerón y Livia Drusila, fue prohijado por Augusto (4 d. C.), a quien sucedió tras su muerte. Reforzó la administración territorial y saneó las finanzas imperiales. En el año 26 se retiró a Capri, dejando al frente de la administración al prefecto del pretorio Sejano, que encabezó una conjuración para sustituirle. Tiberio la descubrió y pudo detenerla, ajusticiando a Sejano en el año 31. Desde entonces y hasta su muerte, sospechando traiciones, no cesó de perseguir a sus enemigos políticos.

Tibesti Macizo montañoso de África, en el centro del Sahara, entre Chad y Libia. Está formado por mesetas escalonadas que aparecen cortadas bruscamente por antiguos ríos, hoy secos. La máxima elevación es el Emi Kousi (3.415 m). En la actualidad, parte del macizo es disputado por

Tíbet: Potala de Ladakh, conjunto de casas de monjes y templos tántricos, situada en Tiksey, en el valle del Indo.

chadianos y libios, debido a sus grandes reservas de uranio. Se conservan en él grabados y pinturas del mesolítico y del neolítico.

Tíbet Región autónoma de China, en el SO del país, junto a las fronteras con India, Nepal y Bután. 1.221.600 km^2. 2.196.000 h. en 1990. La capital es Lhasa, con 343.000 h. en 1984. Está enclavada en una meseta, rodeada por altas montañas: los montes Kunlun, Altin, los Ningjing Shan, el Himalaya y el Karakorum. Debido a sus características físicas y a su clima muy frío y seco, la población es escasa. La economía depende de los cultivos de cereales, legumbres y hortalizas, de la ganadería y de la artesanía textil y del cuero. En 1720, la dinastía manchú de China sometió a vasallaje el territorio, que desde entonces y hasta el s. XX quedó encerrado en sí mismo y alejado de las corrientes políticas asiáticas. En 1950 fue invadido por el ejército de la República Popular China; en 1959, tras una serie de revueltas populares, el dalai-lama se refugió en la India, y en 1965 Tíbet fue proclamado región autónoma, integrada en China, y se constituyó una Asamblea Popular. En 1990 se produjo un intento de independencia, pero fue reprimido por las autoridades chinas.

tibetano, na *adj.* **1.** Del Tíbet. También *s.* ‖ *s. m.* **2.** Lengua hablada en esta región.

tibia *s. f.* Hueso largo de la pierna, situado entre la rodilla y el tarso, que, junto con el peroné, forma el esqueleto de la misma. Presenta en su epífisis superior dos cóndilos que se articulan con la tróclea del fémur. En su parte anterior posee una cresta llamada *espinilla.* En su epífisis inferior tiene una cavidad en la que se encaja el astrágalo del tarso. **FAM.** Tibial.

tibiarse *v. prnl. Amér. C., Ven.* Enfadarse por poco tiempo, generalmente por cosas sin importancia.

Tibidabo Montaña de España, en la sierra de Collserola. 518 m. Es el parque natural de la ciudad de Barcelona.

tibieza *s. f.* Cualidad de tibio.

tibio, bia *adj.* **1.** Entre frío y caliente, aunque algo más frío que templado. **2.** Sin apasionamiento o entusiasmo. ‖ **LOC. ponerse** uno **tibio** *fam.* Hartarse a comer; también, ensuciarse o mojarse mucho. **FAM.** Tibiamente.

tibor *s. m.* Vasija grande de barro cocido o porcelana, decorada, típica de China y Japón.

Tibulo, Albio (Gabios h. 55 - ? h. 18 a. C.) Poeta elegiaco latino. Perteneció a un círculo literario hostil al gobierno de Octavio y fue amigo de Horacio, Virgilio, Propercio y Ovidio. Compuso dos libros de elegías, *Delia* y *Némesis*, que llevan el nombre de la amada a quien se dirigen.

tiburón (voz caribe) *s. m.* **1.** Nombre común de diversos peces condrictios de la subclase elasmobranquios, comprendidos en los órdenes hexancuiformes, heterodontiformes, lamniformes y escualiformes, con diversas familias y géneros. Tienen el cuerpo en forma de huso y hendiduras branquiales a ambos lados de la cabeza, que acaba en morro puntiagudo; aleta caudal heterocerca y aleta dorsal triangular, boca situada en la parte inferior de la cabeza, con varias filas de dientes puntiagudos. Su endoesqueleto es cartilaginoso y carecen de vejiga natatoria, por lo que deben permanecer siempre en movimiento. Sus dimensiones son muy variables en las diversas especies, desde el tiburón ballena *(Rhincodon typus)*, de unos 18 m de longitud, hasta las pintarrojas, que llegan a 4 m. Habitan en todos los mares del globo y son grandes depredadores. Las principales especies son el tiburón blanco o jaquetón *(Carcharodon carcharias)*; el tiburón gris *(Carcharhinus plumbeus)*, de unos 3 m de longitud y color gris pardo, que habita en el Atlántico y Mediterráneo; el tiburón toro *(Carcharias taurus)*, de hasta 6 m de longitud, de color leonado con manchas amplias; el tiburón peregrino *(Cetorhinus maximus)*, gran comedor de plancton, que alcanza una longitud máxima de 12 m y habita en el Atlántico, y el tiburón tigre *(Galeocerdo arcticus)*, de hasta 9 m de longitud, hocico redondeado y gran boca, que vive en los mares cálidos y está considerado especie peligrosa. **2.** Empresario o intermediario que adquiere de forma solapada el suficiente número de acciones de una empresa o entidad financiera para lograr control sobre ella.

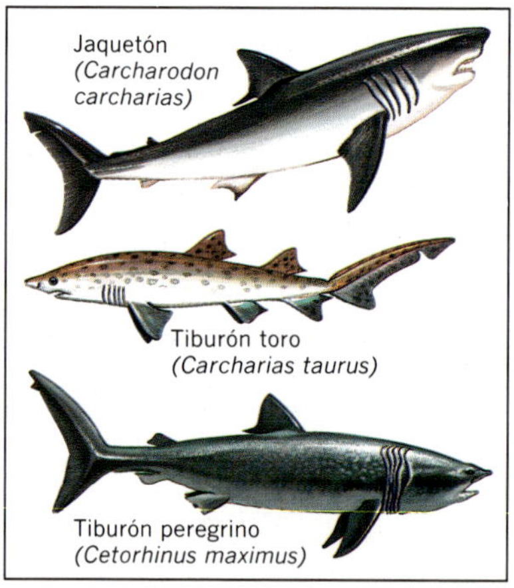

Distintas especies de tiburón.

tic *s. m.* **1.** Movimiento inconsciente habitual producido por la contracción muscular involuntaria. **2.** P. ext., vicio o manía.

ticket (voz ingl.) *s. m.* Tique*.

tico, ca *adj. amer. fam.* Costarricense*.

tictac o **tic-tac** *s. m.* Onomatopeya con que se imita el sonido del reloj y de otras cosas que producen un sonido parecido.

Tieck, Johann Ludwig (Berlín 1773 - íd. 1853) Escritor alemán. Su obra, de transición entre el neoclasicismo y el Romanticismo, se orientó hacia la recuperación de la Edad Media alemana. Es autor de cuentos fantásticos, entre los que sobresalen *El caballero Barba Azul* (1797) y *El gato con botas* (1797). Posteriormente publicó narraciones más realistas, como *La rebelión en las Cevenas* (1826) y *El joven ebanista* (1836), y la novela *Vittoria Accoromboni* (1840).

tiemblo *s. m.* Álamo temblón.

tiempo *s. m.* **1.** Duración de las cosas sujetas a cambio o de los seres cuya existencia no es infinita. **2.** Periodo o intervalo cuya duración se especifica; si no se determina, se entiende que es largo. **3.** Periodo o intervalo del que se dispone para algo. **4.** Momento oportuno para alguna cosa. **5.** Época durante la cual ocurre alguna cosa, vive una determinada persona, o está caracterizada por ciertas condiciones. **6.** Época del año, estación. **7.** Edad de los niños pequeños o de las crías de animales, que se mide normalmente en días, semanas o meses. **8.** Cada una de las fases diferenciadas de un movimiento, acción, etc. **9.** Cada una de las partes en que se divide un partido de fútbol, baloncesto y otros deportes similares. **10.** En ling., cada grupo de formas verbales que indican respectivamente que la acción se desarrolla en el momento en que se habla (presente), o es anterior o posterior a éste (pasado, futuro). **11.** En ling., morfema del verbo que expresa el momento en que se desarrolla la acción. **12.** En la filosofía de Kant, forma a priori de la sensibilidad, que constituye una de las condiciones de posibilidad del conocimiento de los fenómenos. **13.** En mús., velocidad con que se ejecuta una pieza. **14.** En mús., cada una de las partes en que se divide un compás. **15.** En mús., cada una de las partes en que se divide una composición musical. **16.** Conjunto de circunstancias climatológicas, como temperatura, humedad, viento, etc., que se dan en un momento y lugar determinados. ‖ **17. tiempo compuesto** En ling., forma verbal constituida por el auxiliar *haber* y el participio pasado del verbo que se conjuga: *he cantado, había terminado.* **18. tiempo de exposición** En fotografía, tiempo durante el cual se expone a la luz la película sensible. **19. tiempo inmemorial** En der., tiempo antiguo no fijado por documentos o testigos; también, en lenguaje corriente, tiempo muy antiguo. **20. tiempo litúrgico** Cada una de las divisiones que hace la Iglesia católica del año religioso, como adviento, cuaresma, etc. **21. tiempo muerto** En baloncesto y otros deportes, suspensión momentánea del juego solicitada por el entrenador de uno de los equipos; también, el que transcurre entre dos actividades, hechos, etc., sin que ocurra nada. **22. tiempo sidéreo** (o **sideral**) En astron., el que se calcula por el movimiento aparente de la esfera celeste. Se mide en días sidéreos de 23 horas, 56 minutos y 4,1 segundos. **23. tiempo simple** El que está constituido por una sola forma verbal, sin auxiliar, como p. ej. *cantaré.* **24. tiempo solar** (o **verdadero**) En astron., el que se mide por el movimiento aparente del Sol. ‖ **LOC. a tiempo** *adv.* Antes de que sea tarde, en el momento oportuno. **a un tiempo** o **al** (**mismo**) **tiempo** *adv.* Simultáneamente, a la vez. **con el tiempo** *adv.* Después de un cierto tiempo. **con tiempo** *adv.* Con el tiempo suficiente; también, anticipadamente. **dar tiempo** Conceder a alguien o algo el tiempo que necesite para alguna cosa. **dar tiempo al tiempo** Esperar sin impacientarse el tiempo que sea necesario. **de tiempo en tiempo** *adv.* De vez en cuando. **de un tiempo a esta parte** *adv.* Desde hace algún tiempo. **del tiempo** *adj.* Se aplica a las frutas que se dan en una estación determinada; también, se aplica a la bebida que se toma a la temperatura ambiente. **en mis** (**tus**, **sus**, etc.) **buenos tiempos** *adv.* Durante la juventud o en los mejores momentos de una persona. **en tiempos** *adv.* En épocas pasadas. **faltarle** a alguien **tiempo** para alguna cosa *fam.* Darse mucha prisa en hacer algo. **hacer tiempo** Entretenerse con alguna cosa mientras se espera. **matar el tiempo** Ocuparse en algo para que se haga más corta una espera o un periodo de tiempo. **perder** (**el**) **tiempo** Dejarlo pasar sin hacer nada útil o provechoso.

Tien Shan Sistema montañoso de Asia, entre Kazajstán al O y Sinkiang-Uighur (China) al E. Tiene una longitud de más de 2.400 km y una altura máxima de 7.439 m en el pico Pobedi. Alberga fértiles valles con excelentes pastos.

tienda *s. f.* **1.** Establecimiento en que se venden artículos, generalmente al por menor. **2.** *amer.* Establecimiento en que se venden telas. **3.** Armazón de palos o tubos, cubierto de tela, lona, etc., que se monta al aire libre y sirve de alojamiento. ‖ **4. tienda de campaña** Armazón semejante, desmontable, que sirve para acampar.

tienta *s. f.* Operación que se hace para probar la bravura de los becerros y poder así seleccionarlos y cruzarlos. ‖ **LOC. a tientas** *adv.* Palpando los objetos para guiarse al andar en la oscuridad; también, con gran desorientación.

tiento *s. m.* **1.** Acción y efecto de tentar o palpar. **2.** Habilidad o cuidado para tratar acertadamente algún asunto, para actuar, etc. **3.** *fam.* Golpe. **4.** *fam.* Trago, especialmente de una bebida alcohólica. **5.** Bocado a un alimento sólido. **6.** Palo o bastón que utilizan los ciegos para guiarse al andar. **7.** Vara larga que utilizan los equilibristas para no perder el equilibrio. **8.** Varita que apoya el pintor sobre el lienzo con una mano para que sirva de soporte a la otra cuando pinta. **9.** En mús., breve ensayo que hace el intérprete para comprobar si el instrumento está bien afinado. **10.** Composición musical instrumental sin una forma definida que se cultivó en España entre los s. XVI y XVIII. ‖ *pl.* **11.** Modalidad de cante flamenco derivada del tango, con su mismo compás, aunque algo más lento.

Tiepolo, Giambattista (Venecia 1696 - Madrid 1770) Pintor italiano. Fue el principal representante de la pintura decorativa rococó en la Italia del s. XVIII. Realizó grandes frescos en los que sobresalen el brillante cromatismo, los efectos de la perspectiva y la elegante fastuosidad de las escenas. Algunas de sus principales obras son los frescos del palacio Labia en Venecia (1747-1750), la decoración de la residencia del príncipe-obispo Von Greiffenclau (1750-53) y los frescos del Palacio Real de Madrid.

Giambattista Tiepolo: El triunfo de Céfiro y Flora *(Palacio Ca' Rezzonico, Venecia).*

tierno, na *adj.* **1.** Blando, fácil de cortar o doblar; se aplica especialmente a los alimentos. **2.** Joven o reciente. **3.** Que muestra o despierta afecto y dulzura.

Tierno Galván, Enrique (Madrid 1918 - íd. 1986) Político y filósofo español. Fue catedrático de derecho político en las universidades de Murcia y Salamanca, de donde fue expulsado (1965) por su postura antifranquista. Líder del Partido Socialista Popular, que se integró en el PSOE en 1978, fue elegido alcalde de Madrid (1979-86). Entre sus obras destacan *Humanismo y sociedad* (1964), *Razón mecánica y razón dialéctica* (1969) y *¿Qué es ser agnóstico?* (1975).

tierra *s. f.* **1.** Tercero de los planetas del Sistema Solar, sobre el que se desarrolla la vida tal como se conoce y que constituye el lugar donde habita el hombre. ■ Con este significado se escribe con mayúscula. **2.** Parte de este planeta no ocupada por el agua, en oposición a los océanos; a veces se contrapone a aire. **3.** Materia constituida por granos de arena y otras muchas sustancias que forman básicamente el suelo natural. **4.** Este mismo suelo considerado como base sobre la que crecen los vegetales. **5.** Terreno, especialmente el cultivable. Se usa mucho en *pl.* **6.** Suelo o piso. **7.** Nación, país, región. **8.** El mundo, en oposición al cielo o vida eterna. **9.** En electricidad, el suelo considerado como polo y conductor eléctrico. **10.** En pintura, producto mineral pulverizado que se utiliza para la fabricación de pinturas. ‖ **11. tierra amarilla** Tipo de suelo, normalmente tropical, rico en óxidos de hierro, que carece de humus. **12. tierra campa** La que no tiene árboles y en la que se suele cultivar cereales. **13. tierra de brezo** Tierra vegetal formada por arena y residuos de brezo, utilizada en jardinería. **14. tierra de miga** Aquella que es muy arcillosa. **15. tierra de nadie** Territorio que permanece sin ocupar. **16. tierra de pan llevar** Terreno adecuado para cultivar cereales. **17. tierra de Siena** Pigmento con que se elaboran pinturas de color ocre. **18. tierra firme** Extensión grande de tierra por oposición a isla; o simplemente tierra en contraposición a agua. **19. tierra negra** Chernoziom*, tipo de suelo oscuro muy rico en humus. **20. tierra parda** Suelo neutro o ligeramente ácido de tono oscuro, característico de los bosques de la zona templada. **21. tierra vegetal** La que contiene gran cantidad de elementos orgánicos, por lo que es apta para el cultivo. **22. Tierra de Promisión** Tierra Prometida. **23. Tierra Prometida** La que Dios prometió al pueblo de Israel. **24. Tierra Santa** Palestina; lugar donde nació, vivió y murió Jesucristo. **25. tierras raras** Denominación genérica que reciben los minerales en los que están presentes los elementos del grupo de los lantánidos y el de los actínidos; p. ext., dichos elementos. Esta expresión pretendía aludir a la escasez de tales elementos, pero no coincide con la realidad, aunque todavía se siga utilizando, ya que la mayoría existen en la corteza terrestre en mayor abundancia que otros metales, algunos tan conocidos como la plata, el cadmio o el oro. **26. toma de tierra** Conexión eléctrica que une un material, instrumento o parte de éste a la masa de la tierra, para evitar la aparición de diferencias de potencial que pueden afectar negativamente al funcionamiento del aparato o provocar descargas eléctricas imprevistas. ‖ **Loc. besar** una persona **la tierra que pisa** otra Sentir por ella una gran admiración, agradecimiento, etc. **dar en tierra con** alguien o algo Dejarlo caer o tirarlo. **dar tierra** a alguien Enterrarle. **echar** algo **por tierra** Estropearlo, hacerlo fracasar. **echar tierra a** (o **sobre**) algo Hacer lo posible para que no se vuelva a hablar de un asunto. **echarse** una persona **por tierra** Humillarse ante alguien. **en cualquier tierra de garbanzos** *adv. fam.* En cualquier parte. **faltarle** a uno (**la**) **tierra debajo de los pies** Estar inseguro. **poner tierra por medio** Alejarse, huir. **quedarse** alguien **en tierra** *fam.* No conseguir subir a un medio de transporte; también, estropearse un viaje que se tenía planeado. **tierra adentro** *adv.* En el interior, alejado de las costas. **tomar tierra** Llegar a puerto una nave; también, aterrizar un avión, helicóptero, etc. **¡trágame tierra!** *excl.* Frase que utiliza alguien para expresar la vergüenza que siente ante algo y el deseo de salir de esa situación. **tragárselo** a uno **la tierra** *fam.* Haber desaparecido alguien, no encontrarle por ninguna parte.

Astron. La Tierra tiene forma de geoide, parecido a una esfera achatada por los polos. Gira en torno al Sol, en una órbita elíptica comprendida entre las de Venus y Marte, con un movimiento de traslación, en el que invierte 365 días, 6 horas, 9 minutos y 11 segundos. Asimismo gira sobre su propio eje, con un movimiento de rotación, en el cual emplea 23 horas, 56 minutos y 4,09 segundos, es decir, un día, lo que da lugar a la alternancia del día y la noche. A causa de su forma de geoide y su inclinación con respecto al plano de la eclíptica –su plano orbital–, que es de 23° 26′ y 49″, experimenta también los movimientos de precesión, movimiento cónico del eje del planeta, y de nutación, cabeceo de dicho eje. Dista del Sol una media de 149.509.000 km y de su satélite, la Luna, 384.365 km. Tiene un radio polar de 6.356,77 km y un radio ecuatorial de 6.378,16 km. Su paralelo máximo, el ecuador, mide 40.076 km y sus meridianos 40.009 km. Tiene una superficie de 510.100.900 km^2, un volumen de 1.083.000 millones de km^3 y una masa de $6 \cdot 10^{21}$ t. Su edad se calcula en 4.700 millones de años. Posee una atmósfera compuesta fundamentalmente por nitrógeno y oxígeno y una temperatura superficial media de 22 °C.

Geog. En la superficie de la Tierra y alrededor de ella se pueden distinguir varias capas: la *litosfera*, mundo inorgánico sólido de la corteza y parte del manto terrestres; la *hidrosfera*, que comprende el conjunto de las aguas del planeta, tanto los océanos y mares como los ríos, lagos, pantanos y el hielo de los continentes; la *atmósfera*, capa gaseosa que se extiende hasta unos 800 km sobre el nivel del mar, que comprende la troposfera, la estratosfera, la ionosfera y la exosfera, y en la que se producen los fenómenos del clima, y la *biosfera*, o esfera de los seres vivos, que a su vez incluye la fitosfera o mundo de los vegetales y la zoosfera o mundo animal.

Geol. La **estructura interna de la Tierra** consta de tres partes fundamentales: el *núcleo*, situado por debajo de los 2.900 m de profundidad y cuyos elementos constitutivos son hierro, níquel y, en menor medida, silicio, azufre y carbono; el *manto*, separado del núcleo por la discontinuidad de Gutenberg, y que comprende entre los 50 y 2.900 km de profundidad y está compuesto principalmente por una roca silicatada (peridotita); y la *corteza*, separada del manto por la discontinuidad de Mohorovicic, que representa sólo un 10 % de la masa total y está compuesta por silicio, oxígeno, aluminio y magnesio. En el manto terrestre se producen unas corrientes de convección, que transportan calor desde el núcleo a la corteza y comunican un lento movimiento a la corteza terrestre, formada por grandes bloques llamados *placas tectónicas*. Los movimientos de las placas provocan la formación de fosas marinas, allí donde las corrientes de convección son descendentes, y de grandes cordilleras por compresión, allí donde las corrientes son ascendentes, en un proceso denominado *orogenia*. La corteza terrestre tiene una estructura de estratos, separados por planos de sedimentación. Su superficie experimenta una erosión pluvial, fluvial, glaciar, eólica y marina, que arrastra materiales y los deposita en cuencas sedimentarias o geosinclinales. Las fuerzas internas de la Tierra producen unas deformaciones o roturas de la corteza, llamadas *tectónicas*, que dan lugar a formas características, llamadas *pliegues*, u ondulaciones del terreno, y *fracturas* y *fallas*, o rotura de los estratos, que originan cabalgamientos de unos bloques sobre otros. Asimismo, se producen movimientos sísmicos y fenómenos de vulcanismo, que modifican la superficie terrestre.

La **historia de la Tierra** comprende grandes etapas o eones, que a su vez se dividen en eras, éstas en periodos y estos últimos en épocas. El eón criptozoico, que comprende las eras catarcaica y arcaica, comenzó hace 4.700 millones de años

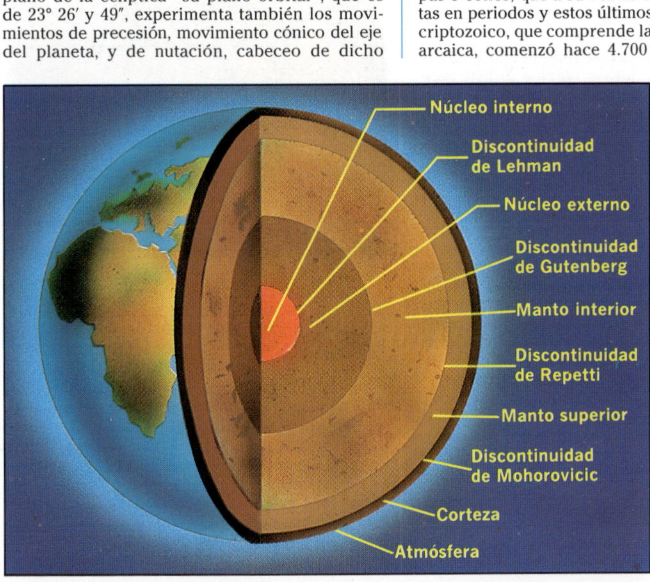

Representación de la estructura de la Tierra, formada por capas concéntricas separadas por superficies de discontinuidad, también concéntricas.

y terminó hace 1.600 millones. El eón proterozoico, que se extiende desde hace 1.900 hasta hace 530 millones de años, comprende las eras inferior y superior. El eón fanerozoico, que se extiende desde hace 530 hasta hace 65 millones de años, está dividido en tres eras. La primera de ellas, la era paleozoica o primaria, abarca los periodos cámbrico, ordovícico, silúrico, devónico, carbonífero y pérmico. La era mesozoica o secundaria incluye los periodos triásico, jurásico y cretácico. La era cenozoica o terciaria consta de los periodos terciario, dividido a su vez en las épocas paleoceno, eoceno, oligoceno, mioceno y plioceno, y el cuaternario, con las épocas pleistoceno y holoceno.

Tierra de Baffin Isla de Canadá situada en el océano Glacial Ártico, en el archipiélago Ártico. 476.000 km^2. Está separada del continente americano por el estrecho de Hudson. La habitan en su mayor parte esquimales (2.000 h.).

Tierra de Campos Comarca de España en la comunidad autónoma de Castilla y León, situada entre las provincias de Palencia, Valladolid, León y Zamora. Esta región, árida y seca, está dedicada al cultivo de cereales, leguminosas, patatas y remolacha, y tiene ganadería lanar.

Tierra del Fuego 1. Archipiélago de América del Sur, situado al S del estrecho de Magallanes. Comprende las islas Grande de Tierra del Fuego, Navarino, Hoste, Santa Inés, Desolación, de los Estados y otras islas e islotes. Más de la mitad O pertenece a Chile, mientras que el resto es posesión argentina. Su clima, frío y húmedo en el área andina y más seco en la estepa patagónica, favorece la vegetación de bosques y estepas. Fue descubierto por Magallanes en 1520.
2. Territorio Nacional de la Tierra del Fuego, Antártida e Islas del Atlántico Sur Territorio perteneciente a Argentina, en el E de la isla Grande de Tierra del Fuego. También comprende la isla de los Estados y otros islotes menores. 21.263 km^2. 59.000 h. en 1989. La capital es Ushuaia, con 11.000 h. en 1986. Se cría ganado ovino. Posee yacimientos de petróleo y gas natural e industrias conserveras, electrónicas y textiles.

Tierradentro Cultura precolombina desarrollada entre los s. VII al XV. Se halla localizada en la actual Colombia y entre sus yacimientos arqueológicos cabe destacar los de El Tablón, El Rodeo, San Andrés, Alto del Grillo y Loma Alta. Se caracteriza por los hipogeos excavados en la roca con decoración geométrica, en rojo, negro y anaranjado.

tierral *s. m. amer.* Polvareda, nube de polvo.

tieso, sa *adj.* **1.** Recto, levantado. **2.** Que no tiene flexibilidad o tiene poca. **3.** Serio, frío, grave. **4.** Seco, antipático. **5.** Orgulloso, engreído. **6.** Que tiene buena salud o estado de ánimo. ‖ **LOC. dejar tieso** a alguien *fam.* Causarle una impresión muy fuerte; también, matarle. **quedarse** uno **tieso** *fam.* Quedarse entumecido por el frío; quedarse muy impresionado; también, morirse o dormirse. **FAM.** Tiesura.

tiesto *s. m.* **1.** Recipiente, generalmente de barro, que sirve para cultivar plantas. **2.** Este recipiente junto con la tierra y las plantas. **3.** *Chile.* Vasija. ‖ **LOC. mear** (**o regar**) **fuera del tiesto** *fam.* Decir o hacer algo que no viene a cuento o es inoportuno. **sacar los pies** (**o salirse**) **del tiesto** *fam.* Mostrar una conducta atrevida o maliciosa alguien que antes era tímido o comedido.

tifáceas *s. f. pl.* Familia de plantas herbáceas del orden tifales, que comprende unas 15 especies del género único *Typha.* Son hierbas que pueden alcanzar más de 2 m de altura, tienen hojas con limbos lineares, flores agrupadas en inflorescencias cilíndricas, con las masculinas dispuestas sobre las femeninas, y fruto en aquenio. Crecen en parajes húmedos de todo el mundo y algunas especies se utilizan para fabricar asientos de sillas, esteras, etc. Tifáceas son las aneas, bayones, bayuncos y espadañas. También *adj.* y *s. f.*

tífico, ca *adj.* **1.** En med., perteneciente o relativo al tifus. **2.** Que padece esta enfermedad. También *s.*

Tiflis Véase **Tbilisi**.

tifoideo, a *adj.* **1.** Perteneciente o relativo al tifus. **2.** Que presenta síntomas parecidos a los de esta enfermedad. ‖ *s. f.* **3.** Fiebre* tifoidea. Se usa sobre todo en *pl.*

tifón *s. m.* Ciclón tropical propio del mar de China y el SE asiático, de extremada violencia y que va acompañado de vientos, torbellinos y lluvias torrenciales. Los tifones son consecuencia de depresiones barométricas de hasta 700 mm.

Tifón Según la mitología griega, gigante hijo de Gea y Tártaro, padre de Orto, Cerbero, la hidra de Lerna, el león de Nemea y la esfinge de Tebas. Instigado por su madre, luchó contra los dioses del Olimpo, quienes huyeron a Egipto. Vencido finalmente por Zeus, éste le sepultó bajo el Etna.

tifus *s. m.* **1.** Denominación común de varias enfermedades contagiosas caracterizadas por producir fiebre muy alta y estados de inconsciencia; especialmente, nombre dado a la fiebre tifoidea. ‖ **2. tifus exantemático** Enfermedad producida por una rickettsia y transmitida por los piojos. Produce fiebre, dolor de cabeza, erupción, daños en los riñones y puede causar la muerte. Se trata con antibióticos, tetraciclinas y cloramfenicol, y se previene combatiendo los piojos.

Tiglat-Pileser Nombre de tres reyes de Asiria.
Tiglat-Pileser I (? - ? 1078 a. C.) Rey de Asiria (1116-1078 a. C.). Conquistó Comagene e hizo tributarios a los reyes del O del Eúfrates y de la región del lago Van.
Tiglat-Pileser III (? - ? 728 a. C.) Rey de Asiria (745-728 a. C.). Organizó el imperio y expulsó a los habitantes de las tierras conquistadas. Reinó en Babilonia desde 729 a. C. y extendió su influencia en Palestina hasta la frontera de Egipto.

Tigranes I el Grande (? h. 121 -? h. 55 a. C.) Rey arsácida de Armenia (95-55 a. C.). Creó un imperio que se extendía por parte de Asia Menor, Mesopotamia y el N de Siria. Construyó una capital, Tigranocerta. Se enfrentó a Roma y fue vencido por Licinio Lúculo (69-68 a. C.). Se refugió en la corte de Mitrídates VI y más tarde se sometió a Pompeyo, quien le devolvió el gobierno nominal de su reino.

tigre, gresa *s. m.* y *f.* **1.** Mamífero carnívoro de la familia félidos, especie *Panthera tigris.* Puede medir hasta 280 cm de longitud, de los que casi 100 cm corresponden a la cola, presenta piel de color amarillento, rayada de negro, con pelaje denso y corto. Tiene una gran fuerza muscular, agilidad para el salto y velocidad en carrera, con poderosas zarpas y mandíbulas. Es depredador de animales grandes y pequeños, que caza al acecho. Habita en Asia, desde el N de Irán hasta el río Amur y desde la Siberia meridional hasta las islas de Indonesia. ‖ *s. m.* **2.** *fam.* Retrete, cuarto de baño. **3.** *amer.* Jaguar*. También es llamado *tigre americano.* **4.** *Col.* Café con unas gotas de leche. ‖ *s. f.* **5.** Mujer atractiva y provocadora. ‖ **LOC. oler a tigre** *fam.* Oler desagradablemente una persona o un lugar. **ser un tigre** *amer.* Destacar en una actividad.

Tigre (Panthera tigris).

Tigre C. de Argentina, situada junto a Buenos Aires, en el E del país, a orillas del delta del río Paraná. 206.350 h. en 1980. Es el centro urbano de una comarca de rica fruticultura. Forma parte del Gran Buenos Aires.

tigrillo *s. m. Amér. C., Col., Ec., Ven.* Mamífero carnívoro de la familia félidos, especie *Felis tigrina.* Es un felino de unos 100 cm de longitud, 40 de los cuales corresponden a la cola; su pelaje es amarillo con ocelos negros, tiene formas esbeltas y trepa a los árboles. Vive en la región tropical de América del Sur.

Tigris Río de Asia. 1.850 km. Nace en el E de Turquía, en las estribaciones del sistema del Tauro, y fluye en dirección SE hasta penetrar en Irak, país que atraviesa de N a S, pasando por Mosul y Bagdad. En Al Qurna, sus aguas confluyen con las del Eúfrates, formando el Satt al-Arab, que desemboca en el golfo Pérsico. Es navegable hasta Bagdad y en sus márgenes se encuentran restos arqueológicos como la primitiva Nínive y el mausoleo de Ezra.

tijera *s. f.* **1.** Utensilio usado para cortar, formado por dos hojas de un solo filo unidas en forma de aspa por un eje que permite que se muevan. Se usa más en *pl.*, con el significado de singular. **2.** Especie de aspa utilizada para apoyar cosas sobre ella, especialmente los maderos para cortarlos. **3.** En fútbol, jugada que consiste en dar una patada al balón en el aire, amagando con una pierna y golpeándolo con la otra. **4.** En lucha, movimiento que consiste en mantener inmovilizado al contrario, sujetándolo con las piernas. **5.** Ejercicio que consiste en cruzar repetidamente las piernas en el aire, con la espalda y los codos apoyados en el suelo. ‖ **6. buena tijera** Persona hábil cortando, buen sastre o modista. ‖ **LOC. de tijera** *adj.* Se aplica a algunos utensilios, provistos de dos piezas que se articulan o se mueven en aspa.

tijereta *s. f.* **1.** Salto que se hace cruzando las piernas en el aire, hacia arriba y hacia abajo. **2.** Cada uno de los zarcillos que nacen en los sarmientos de las vides. **3.** Nombre común de diversos insectos dermápteros, de las familias forficúlidos, lábidos, etc., con distintos géneros. La tijereta común *(Forficula auricularia)* mide unos 2 cm de longitud, tiene boca masticadora, alas, aunque no vuela, y un abdomen largo acabado en dos apéndices curvos y dentados en forma de fórceps. Vive en hendiduras y agujeros de campos y jardines y tiene costumbres nocturnas. **4.** *Amér. del S.* Ave caradriforme de la familia rincópidos, especie *Rynchops nigra.* Mide unos 50 cm de longitud, tiene pico aplanado, cuello largo y cola en horquilla. Habita en América del Sur.

tijeretazo o **tijeretada** *s. m.* o *s. f.* **1.** Cada uno de los movimientos que se hacen con las tijeras al cortar, especialmente de modo rápido o con energía. **2.** Corte hecho de esta manera.

tijeretear *v. tr.* **1.** Dar cortes con las tijeras, especialmente cuando se hace sin cuidado. ‖ *v. intr.* **2.** *Arg., Méx., Nic.* Murmurar, criticar. **FAM.** Tijereteo.

Tijonov, Nikolai Alexandrovich (Jarkov 1905) Político soviético. Ingeniero en la siderurgia, su amistad con Breznev le facilitó su carrera política. En 1966 entró a formar parte del comité central del PCUS y en 1979 del politburó. Fue primer ministro (1980-85).

Tijonov, Nikolai Semionovich (San Petersburgo 1896 - Moscú 1979) Escritor soviético. Exaltó la gesta heroica de la Revolución. Destacan de su obra poética *La horda* (1922), *Ebriedad* (1922) y *Primavera georgiana* (1949), y de su narrativa, *Cabeza quemada* (1936) y *Relatos de Leningrado* (1942).

Tijuana C. de México, situada en el NO del país, junto a la frontera con EE UU. 742.700 h. en 1990. Constituye el núcleo urbano de una región donde se cultivan cereales, hortalizas, frutas, vid, algodón y olivo. Posee industrias alimentarias, textiles, mecánicas y electrónicas. Es un importante centro comercial y turístico.

Tikal Centro arqueológico maya en el distrito de Petén, Guatemala. Fue una de las mayores ciudades de los mayas (s. I-X). Tiene una gran plaza central rodeada de grupos de edificios independientes, formados por pirámides, palacios, templos y tumbas. Abundan las estelas con relieves y jeroglíficos.

tila *s. f.* **1.** Tilo, árbol. **2.** Flor del tilo. **3.** Infusión preparada con las flores de este árbol, que tiene efectos tranquilizantes.

Tilburg C. de los Países Bajos, en el S del país, cerca de la frontera con Bélgica. 155.100 h. en 1989. Es un centro industrial dedicado al sector textil, de curtidos y a la construcción de maquinaria.

tílburi *s. m.* Carruaje ligero y sin cubierta, con dos ruedas grandes y para dos personas, tirado generalmente por una sola caballería.

tildar *v. tr.* Atribuir a alguien el defecto, cualidad negativa, etc., que se expresa. ■ Se construye con la preposición *de.*

tilde *s. amb.* **1.** Cualquier rasgo que acompaña a una letra, como el que lleva la *ñ*, y especialmente los acentos. **2.** Defecto o cualidad negativa que tiene alguien o que se le atribuye. **3.** Cosa mínima.

Tildy, Zoltan (Budapest 1889 - íd. 1961) Político húngaro. Estuvo al frente del gobierno de coalición formado al terminar la Segunda Guerra Mundial (1945) y fue nombrado jefe del Estado al proclamarse la república (1946-48). Volvió a la política en 1956 como ministro de Estado del gobierno liberalizador de Imre Nagy. Al producirse la ocupación soviética fue encarcelado (1956-59).

tiliáceas *s. f. pl.* Familia de plantas arbóreas y arbustivas del orden malvales, a la que pertenecen unas 400 especies comprendidas en 41 géneros, entre los que destacan *Tilia, Corchorus, Grewia, Triumfetta* y otros. Tienen hojas alternas con estípulas en la base, flores en cimas y fruto seco o carnoso, en nuez, cápsula, etc. Crecen en regiones templadas y tropicales de todo el mundo, especialmente América del Sur, África y S de Asia. Tiliáceas son los tilos y el yute. También *adj.* y *s. f.*

tiliche *s. m. Amér. C., Méx.* Baratija, cachivache.

tilichero *s. m. Amér. C.* Vendedor de tiliches.

tilín *s. m.* Voz que imita el sonido de la campanilla. || **Loc. en un tilín** *adv. Chile, Col., Ven. fam.* En un momento. **hacer tilín** alguien o algo a una persona *fam.* Gustarle, agradarle.

tilingo, ga *adj. Amér. del S.* Se aplica a la persona insustancial, que dice muchas tonterías.

tilintar *v. tr. Amér. C.* Tensar, estirar.

tilinte *adj. Amér. C.* Tenso, estirado, a punto de romperse.

tillita *s. f.* Tipo de conglomerado, que se presenta en forma de brecha, constituido por la compactación, mediante arcilla, de diversos materiales morrénicos en antiguos glaciares. Su presencia se extiende desde el precámbrico al pleistoceno y ha servido para datar las glaciaciones y, por tanto, la climatología de los diversos periodos geológicos.

Tilly, Jean T'Serclaes, conde de (Tilly, Brabante 1559 - Ingolstadt 1632) Militar valón al servicio del Imperio. Al frente de la Liga Católica luchó en la guerra de los Treinta Años, derrotando a los protestantes en Montaña Blanca (1620) y a los daneses en Lutter (1626). Sustituyó a Wallenstein en el mando de las tropas imperiales y fue vencido en Breitenfeld (1631) y en Lech (1632).

tilo *s. m.* Nombre común de diversos árboles de la familia tiliáceas, género *Tilia.* El tilo común *(Tilia platyphyllos)* mide hasta 30 m, tiene hojas ovaladas anchas, de base acorazonada, flores en grupos de tres, blancas o amarillas y perfumadas, y frutos indehiscentes con ribetes pronunciados. Crecen en los bosques de toda Europa. Su madera es apreciada en ebanistería y sus flores se usan en infusión como calmante; también son utilizados como árboles ornamentales y como árboles de sombra.

Tilo común (Tilia platyphyllos); *detalle de la flor y de la hoja.*

timador, ra *s. m.* y *f.* Persona que tima. También *adj.*

tímalo *s. m.* Pez salmoniforme de la familia salmónidos, especie *Thymallus thymallus.* Mide unos 50 cm de longitud, tiene la cabeza pequeña y puntiaguda, aleta dorsal muy ancha de color rojo púrpura, detrás de la cual presenta otra más pequeña, adiposa y sin radios. Su boca es estrecha y con dientes ganchudos. Habita en aguas claras de corrientes rápidas, en ríos y lagos de montaña del N y centro de Europa, y es apreciado como alimento.

timar *v. tr.* **1.** Robar con engaños. **2.** Engañar a alguien en una venta, trato, etc., prometiéndole algo que luego no se cumple. || *v. prnl.* **3.** Intercambiarse una pareja miradas, señas, etc., como insinuación o muestra de cariño.

timba *s. f. fam.* **1.** Garito, local de juego. **2.** Partida de juego de azar, especialmente de naipes. **3.** *amer.* Barriga, vientre abultado.

timbal *s. m.* **1.** Especie de tambor de un solo parche, con caja metálica. Generalmente se tocan dos a la vez afinados en distinto tono. **2.** Pequeño tambor que se toca en fiestas populares. **3.** Cierto tipo de empanada.

Timbal.

timbalero, ra *s. m.* y *f.* Persona que toca los timbales.

timbó *s. m.* Nombre común de diversos árboles de la familia mimosáceas, género *Enterolobium.* Son longevos y alcanzan grandes alturas. Tienen hojas pinnadas compuestas y flores blancoamarillentas o rosadas. Crecen en América del Sur y su madera es apreciada en ebanistería.

timbrado, da **1.** *p. p.* de **timbrar**. También *adj.* || *adj.* **2.** Se dice de la voz potente y con timbre agradable. **3.** Se aplica al escudo provisto de timbre.

timbrador, ra *s. m.* y *f.* **1.** Persona que timbra. || *s. m.* **2.** Instrumento que sirve para timbrar.

timbrar *v. tr.* **1.** Dar a la voz el timbre adecuado, generalmente aumentando su volumen. **2.** Poner o estampar un sello, póliza, etc., en un documento. **3.** Poner el timbre en el escudo de armas.

timbrazo *s. m.* Toque fuerte de timbre.

timbre *s. m.* **1.** Instrumento mecánico o eléctrico, que produce un sonido y sirve para llamar o avisar. Generalmente está formado por un electroimán, un martillo y una campana. **2.** Cualidad del sonido que depende de la disposición de los elementos de resonancia y por la que se pueden diferenciar sonidos de igual tono e intensidad. **3.** Sello que se pone o se estampa en algunos documentos y que indica la cantidad que debe pagarse al Estado en concepto de derechos. **4.** Renta que cobra el Estado en sellos, pólizas, etc., y a veces en metálico, por la emisión, uso o circulación de algunos documentos. **5.** Emblema que se coloca encima del escudo de armas y que indica el grado de nobleza. **6.** Acción o cualidad que honra a una persona. Se usa sobre todo en la expresión *timbre de gloria.*

tímido, da *adj.* **1.** Se aplica a la persona a la que cuesta mucho relacionarse con las demás, hablar o actuar en público, etc. También *s.* **2.** Que no se percibe claramente o se manifiesta con poca intensidad. **FAM.** Tímidamente, timidez.

Timisoara C. de Rumania, situada en el O del país. 333.350 h. en 1989. Posee importantes industrias químicas, alimentarias, textiles, de curtidos, materiales eléctricos y plásticos. Constituye un activo nudo de comunicaciones. La ciudad perteneció al imperio turco y más tarde a Hungría, que en 1920 se vio obligada a cederla a Rumania. En 1989, el levantamiento de su población, durísimamente reprimido, provocó la revolución que acabó con el régimen de Ceaucescu.

timo[1] *s. m.* **1.** Acción y efecto de timar. **2.** Robo, cosa muy cara.

timo[2] (del lat. *thymus*) *s. m.* Glándula situada detrás del esternón, que forma parte del sistema inmune y cuya actividad disminuye después de la pubertad.

timol *s. m.* Fenol que se obtiene del tomillo y de otras plantas; es una sustancia de carácter ácido usada como desinfectante.

timón *s. m.* **1.** Pieza articulada, situada en la popa de las embarcaciones, que sirve para dirigirlas. **2.** Pieza de los aviones que tiene una función semejante a la anterior. **3.** Palo derecho y largo del arado al que se sujeta la caballería. **4.** Lanza* de un carro. **5.** Varilla de los cohetes que les sirve de contrapeso y les marca la dirección. **6.** Gobierno o dirección de algo.

timonear *v. intr.* **1.** Manejar el timón. || *v. tr.* **2.** *Col., Guat., Méx., Rep. Dom.* Llevar un negocio, dirigir alguna cosa.

Timoneda, Juan de (Valencia h. 1520 - íd. 1583) Escritor e impresor español. Como editor recopiló y divulgó las comedias de Lope de Rueda y otras obras y contribuyó a la conservación de romances, leyendas, autos y novelas. Fue autor de poesías, prosa y teatro, destacando sus autos sacramentales, reunidos en dos colecciones: *Ternario sacramental* (1558) y *Segundo ternario sacramental* (1575). También publicó tres colecciones de cuentos: *Sobremesa y alivio de caminantes* (1563), *El buen aviso y Portacuentos* (1564) y *Patrañuelo* (1567).

timonel *s. m.* Persona que maneja el timón de la nave.

timonero, ra *adj.* **1.** Perteneciente o relativo al timón. **2.** Se dice de cada una de las plumas grandes que tienen las aves en la cola y que les sirven para estabilizar y dirigir el vuelo. También *s. f.* || *s. m.* **3.** Timonel*.

Timor Isla de Indonesia, la más oriental del archipiélago de las Sondas Menores. 29.857 km^2. Su origen volcánico explica el relieve montañoso de la isla, que se halla recorrida de O a E por una cordillera cuya máxima elevación es el monte Ramelau (2.920 m). El clima tropical favorece el cultivo de arroz, maíz, batata, cocotero, tabaco, café y sándalo, productos que, junto con la cría de ganado, la caza y la pesca, constituyen la base económica de la isla. Sus industrias son artesanales. Fue descubierta por los portugueses en 1520, que la colonizaron; los holandeses llegaron en 1613. Tras algunas pugnas, en 1904, la parte occidental de la isla, con capital en Kupang, quedó en poder de Holanda, que la cedió a Indonesia en 1946. La parte oriental pasó a depender de Portugal y fue ocupada (1975) y anexionada por Indonesia (1976), aunque su soberanía no ha sido admitida por la ONU.

timorato, ta *adj.* **1.** Tímido, vergonzoso. También *s.* **2.** Miedoso, cobarde. También *s.* **3.** Que tiene o muestra una moralidad exagerada, escandalizándose con facilidad.

Timoshenko, Semion Konstantinovich (Furmanka, Besarabia 1895 - Moscú 1970) Militar soviético. En 1917 se unió al ejército rojo. Participó en las campañas de Finlandia y Polonia (1939). Nombrado ministro de Defensa (1940), fue el consejero militar de Stalin durante la Segunda Guerra Mundial. De 1945 a 1947 estuvo en China, colaborando en la reorganización del ejército popular chino.

Timoteo, San (? - Éfeso 97 d. C.) Discípulo de San Pablo. Colaboró con él en sus misiones evangélicas y ocupó la sede episcopal de Éfeso. Padeció martirio.

timpánico, ca *adj.* **1.** Perteneciente o relativo al tímpano del oído. **2.** Se aplica a la membrana situada entre el conducto auditivo externo y la caja del tímpano.

timpanítico, ca *adj.* **1.** Que padece timpanitis. También *s.* **2.** Perteneciente o relativo a esta enfermedad.

timpanitis *s. f.* **1.** Otitis localizada en el oído medio. **2.** Hinchazón de alguna cavidad del cuerpo, especialmente del vientre, producida por gases.

timpanizarse *v. prnl.* Ponerse tensa con timpanitis la pared de una cavidad del cuerpo, especialmente del vientre. ■ Se conjuga como *cazar.* FAM. Timpanización.

tímpano *s. m.* **1.** Cavidad del oído medio. **2.** Membrana situada al final del conducto auditivo externo, que separa el oído externo del oído medio, también llamada *membrana timpánica.* Al vibrar como consecuencia de la llegada de ondas sonoras, pone en movimiento la cadena de huesecillos, que transmite la vibración hacia el oído interno. Su rotura puede provocar sordera. **3.** En arq., espacio comprendido entre el dintel y las dos cornisas inclinadas de un frontón o entre el dintel y las arquivoltas de una portada. Su decoración escultórica tuvo gran importancia en los edificios griegos, romanos, románicos y góticos. **4.** Instrumento musical que consiste en varias láminas de vidrio de desigual longitud colocadas sobre cuerdas o cintas, que se tocan con un macillo. **5.** Tamboril, timbal.

Timur Lang Véase **Tamerlán**.

timúrida o **timurí** *adj.* Se aplica a los descendientes de Timur Lang o Tamerlán, que reinaron en Jorasán y Transoxiana hasta principios del s. XVI. También *s.*

tina *s. f.* **1.** Tinaja*. **2.** Recipiente similar, aunque esté hecho de otros materiales. **3.** *Chile.* Maceta para plantas de adorno.

tinaja *s. f.* Vasija grande de barro más ancha por el centro que por la boca y la base, utilizada normalmente para guardar líquidos.

tinajero, ra *s. m.* y *f.* **1.** Persona que hace o vende tinajas. ‖ *s. m.* **2.** Lugar donde se colocan las tinajas, a veces empotradas.

Tinbergen, Jan (La Haya 1903) Economista neerlandés. Sus estudios versan sobre economía internacional, teoría económica, planificación del desarrollo y aplicación de modelos económicos, y entre ellos destacan *La dinámica del ciclo económico* (1950), *Econometría* (1959) y *Teoría de la distribución* (1975). Recibió el premio Nobel de economía en 1969, compartido con Ragnar Frisch.

Tinbergen, Nikolaas (La Haya 1907 - Oxford 1988) Etólogo neerlandés nacionalizado británico. Fue profesor de zoología en las universidades de Leiden y Oxford. Junto a Konrad Lorenz fundó la escuela etológica. Entre sus principales ensayos están *El estudio de los instintos* (1951) y *Comportamiento social de los animales* (1953). Recibió el premio Nobel de fisiología y medicina en 1973, compartido con Konrad Lorenz y Karl von Frisch.

tincar *v. tr.* **1.** *Arg., Chile.* Dar un capirotazo a una bola. ‖ *v. intr.* **2.** *Chile.* Tener un presentimiento. ■ Se conjuga como *sacar.*

tinción *s. f.* Acción y efecto de teñir.

tindalización *s. f.* Método de esterilización que consiste en someter una sustancia de forma intermitente a temperaturas moderadas (entre 60 y 70 °C), manteniéndola en los intervalos a 37 °C, lo que permite el desarrollo de cultivos de esporas.

tindalizar *v. tr.* Someter una sustancia a tindalización. ■ Se conjuga como *cazar.*

Tindemans, Léo (Zwijndrecht 1922) Político belga. Miembro del ala flamenca del Partido Demócrata Cristiano, fue ministro de Asuntos Comunitarios (1968-71), de Agricultura (1972-73), viceprimer ministro (1973-74) y presidente del gobierno (1974-78). Posteriormente fue ministro de Asuntos Exteriores (1981-89) y parlamentario europeo.

tinerfeño, ña *adj.* De Tenerife. También *s.*

Ting, Samuel Chao Chung (Ann Arbor, Michigan 1936) Físico estadounidense de origen chino. En 1976 obtuvo el premio Nobel de Física, compartido con Burton Richter, por el descubrimiento de una partícula elemental pesada, llamada *psi.*

tingitano, na *adj.* **1.** De la antigua Tingis, hoy Tánger, que fue capital de la provincia romana Mauritania Tingitana. También *s.* **2.** Tangerino*.

tinglado *s. m.* **1.** Enredo, lío, maquinación. **2.** Cobertizo, techado. **3.** Armazón construido a cierta altura del suelo.

Tinguely, Jean (Friburgo 1925) Escultor suizo. Se distinguió por la creación de absurdas y divertidas esculturas-máquina con movimiento y, a veces, con efectos sonoros. Formó parte del grupo «Nuevo Realismo» (1960). Entre sus obras destacan *Homenaje a Nueva York* (1960) y *Eureka* (1964).

tiniebla *s. f.* **1.** Oscuridad, falta de luz. Se usa más en *pl.* ‖ *pl.* **2.** Situación de gran ignorancia o confusión intelectual. ‖ **3. oficio de tinieblas** Maitines de los tres últimos días de Semana Santa.

tino *s. m.* **1.** Habilidad o destreza para dar en el blanco. **2.** Capacidad o facilidad para calcular algo a ojo. **3.** Habilidad para acertar o alcanzar un objetivo. **4.** Prudencia, sentido común. **5.** Moderación.

Tinoco, Federico (San José 1870 - París 1931) Político costarricense. Ministro de la guerra (1914-17), dirigió el golpe de Estado contra el presidente Alberto González Flores y consiguió que la asamblea constituyente lo nombrase presidente de la república (1917). Actuó dictatorialmente y una revuelta popular lo obligó a dimitir (1919).

tinta *s. f.* **1.** Sustancia de color, más o menos líquida, que se utiliza para escribir, dibujar, imprimir textos, etc. **2.** Secreción líquida de color oscuro que lanzan los cefalópodos, pulpos, calamares, etc., como mecanismo de defensa, con la que enturbian el agua y logran ocultarse de sus perseguidores. ‖ *pl.* **3.** Distintos matices de color. ‖ **4. media tinta** En pintura, capa de color que se da antes de pintar al temple o al fresco. **5. medias tintas** Palabras, actitudes, respuestas, etc., indeterminadas o imprecisas. **6. tinta china** La utilizada para dibujar, hecha básicamente de negro de humo. **7. tinta simpática** La que no se ve hasta que no se le aplica un reactivo. ‖ LOC. **cargar** (o **recargar**) **las tintas** *fam.* Exagerar. **de buena tinta** *adv. fam.* A través de una fuente de información fiable. **sudar tinta** alguien *fam.* Costarle a una persona mucho esfuerzo hacer algo.

tintaje *s. m.* En imprenta, proceso en el cual se impregna de tinta el dispositivo que va a imprimir.

tintar *v. tr.* Entintar*.

tinte *s. m.* **1.** Acción y efecto de teñir. **2.** Sustancia con que se tiñe. **3.** Tintorería*. **4.** Rasgo, detalle, etc., que da a algo un determinado carácter.

tintero *s. m.* **1.** Recipiente que contiene la tinta para escribir. **2.** En las máquinas de imprimir, depósito para la tinta. ‖ LOC. **dejar**(**se**) alguien algo **en el tintero** Olvidarlo, no decirlo o escribirlo.

tintinear *v. intr.* Producir su sonido la campanilla u otros objetos que producen uno similar. FAM. Tintineante, tintineo.

tinto, ta *adj.* **1.** Teñido, manchado. **2.** Se aplica al color rojo oscuro y a las cosas de dicho color. También *s. m.* **3.** Se dice de un tipo de vino de color rojo oscuro. También *s. m.* **4.** *Col.* Se dice del café cuando se prepara solo, sin leche. También *s. m.*

tintóreo, a *adj.* Se aplica a la plantas de las que se extraen sustancias colorantes.

tintorera *s. f.* Pez condrictio escualiforme de la familia carcarínidos, especie *Prionace glauca.* Mide hasta 6 m de longitud, tiene el cuerpo muy estilizado, con el dorso de color azul y el vientre claro, las aletas pectorales en forma de hoz y la caudal alargada. Es frecuente en el Mediterráneo, más raro en el Atlántico, y habita en alta mar.

tintorería *s. f.* Establecimiento en que se limpian y planchan o se tiñen prendas de vestir y otros tejidos.

tintorero, ra *s. m.* y *f.* Persona que tiene por oficio limpiar o teñir la ropa y otros tejidos.

Tintoretto, Jacopo Robusti, llamado **El** (Venecia 1518 - íd. 1594) Pintor italiano. Perteneciente a la escuela manierista veneciana, su obra se caracteriza por el dibujo preciso, los fuertes contrastes de luz, el color vivo, los fondos arquitectónicos y el estudio de la perspectiva. Sus escenas tienen una ambientación teatral. Entre sus principales obras cabe citar *El lavatorio* (1547), *Milagros de San Marcos* (1548-62), *Susana en el baño* (h.1560), *Gloria del Paraíso* (1590-93), *La última cena* (1594), y numerosos retratos de grandes personajes venecianos.

tintorro *s. m. fam.* Vino tinto, generalmente de mala calidad.

tintura *s. f.* **1.** Acción y efecto de teñir. **2.** Sustancia con la que se tiñe. **3.** Líquido en que se ha disuelto una sustancia que le da color y que generalmente se usa con fines medicinales; p. ej., la tintura de yodo.

tiña *s. f.* **1.** Enfermedad contagiosa de la piel, especialmente de la zona del cráneo, causada por diversos hongos parásitos de los géneros *Trichophyton* y *Microsporum,* que produce costras, escamas y la caída del cabello. **2.** Oruga que daña las colmenas, alimentándose de la miel de sus panales. **3.** *fam.* Suciedad, porquería. **4.** *fam.* Tacañería, miseria.

tiñoso, sa *adj.* **1.** Que padece tiña. También *s.* **2.** *fam.* Sucio y de muy mal aspecto. **3.** *fam.* Tacaño*. También *s.*

tio- *pref.* Se emplea en la nomenclatura química para designar aquellos compuestos, llamados *tiocompuestos,* en los que un átomo de azufre ocupa la posición en la que, en compuestos similares a ellos, se encuentra localizado un átomo de oxígeno. Son de particular interés los tioalcoholes, como el tiofenol, C_6H_5–SH, y los tioácidos.

tío, a *s. m.* y *f.* **1.** Con respecto a una persona, hermano o hermana de su padre o de su madre. **2.** Forma de tratamiento que se da en algunos lugares, especialmente en los pueblos, a las personas casadas o de cierta edad. **3.** *fam.* Se utiliza afectiva o despectivamente para designar a una persona. Se usa también como apelativo. ‖ **4. tío abuelo** (o **tía abuela**) Con respecto a una persona, hermano o hermana de su abuelo o abuela. **5. tío segundo** (o **tía segunda**) Con respecto a una persona, primo o prima de su padre o de su madre. **6. Tío Sam** Personificación de los EE UU; también, gobierno de este país. ‖ LOC. **no hay tu tía** *fam.* Expresa la dificultad o la imposibilidad de realizar o conseguir algo.

tioácido *s. m.* Denominación genérica de diversos compuestos químicos que se obtienen al sustituir un átomo de oxígeno del grupo carboxilo de un ácido orgánico por un átomo de azufre.

tiol *s. m.* Denominación genérica de diversos compuestos químicos que se obtienen al sustituir un átomo de oxígeno del grupo hidroxilo de un alcohol por un átomo de azufre. También se denominan *mercaptanes.*

Tiomkin, Dimitri (San Petersburgo 1899 - Londres 1979) Compositor estadounidense de origen ruso. Se instaló en EE UU en 1925, donde alcanzó gran renombre componiendo la banda sonora de numerosas películas. Entre ellas sobresalen *Solo ante el peligro* (*High noon,* 1952), *Gigante* (1956), *El viejo y el mar* (1958) y *El Álamo* (1960).

tiorba *s. f.* Instrumento musical de cuerda, perteneciente a la familia del laúd. Posee catorce o quince cuerdas, algunas de ellas dobles; y otras que están situadas fuera del mástil y dan las notas graves. Fue muy utilizada en la música barroca.

tiosulfato sódico Tiocompuesto obtenido al hervir una disolución alcalina de sulfato sódico

Tintoretto: El bautismo de Cristo *(Museo del Prado, Madrid).*

con azufre en polvo. Comercialmente se le llama *hiposulfito* y se emplea en el revelado fotográfico para eliminar el bromuro de plata de la película.

tiovivo *s. m.* Aparato de feria para niños formado por una plataforma redonda giratoria sobre la que se encuentran caballitos, coches, etc., que generalmente tienen también movimiento.

tipa *s. f. fam. desp.* Tía, mujer.

tipario *s. m.* Conjunto de los tipos de una máquina de escribir.

tiparraco, ca *s. m.* y *f. fam.* Persona despreciable o ridícula.

tipear *v. tr. amer.* Escribir a máquina. También *v. intr.*

tipejo *s. m. desp.* Tipo, sujeto.

tipi *s. m.* Tienda cónica de piel, sostenida por una armadura de madera, propia de los indios de las grandes llanuras de América del Norte.

tipicidad *s. f.* **1.** Cualidad de típico. **2.** En der., elemento esencial para que exista un delito, que consiste en la adecuación de un hecho u omisión concretos a alguno de los previstos y penados por la ley como delictivos.

típico, ca *adj.* **1.** Característico o representativo. **2.** Peculiar o propio de un determinado grupo, país, región, época, etc.

tipificar *v. tr.* **1.** Adaptar varias cosas semejantes a un tipo o norma común. **2.** Representar una persona o cosa el tipo o modelo de la clase o grupo a que pertenece. ■ Se conjuga como *sacar.* **FAM.** Tipificación.

tipismo *s. m.* **1.** Cualidad de típico. **2.** Conjunto de caracteres o rasgos típicos.

tiple *s. m.* **1.** Soprano*. **2.** Guitarra pequeña de sonido agudo. **3.** Especie de oboe de pequeño tamaño y sonido agudo, empleado en los grupos que tocan la música de la sardana. ‖ *s. m.* y *f.* **4.** Persona que toca los instrumentos mencionados.

tipo *s. m.* **1.** Ejemplar, abstracto o real, que tiene las características esenciales del grupo o clase a que pertenece. **2.** Clase, grupo de personas, animales o cosas que tienen unas mismas características. **3.** Forma del cuerpo de una persona. **4.** *fam.* o *desp.* Sujeto, individuo, persona. **5.** Personaje de una obra de ficción. **6.** En taxonomía, cada uno de los grandes grupos en que se dividen los reinos y que a su vez se subdivide en clases. Agrupan seres vivos que comparten los grandes rasgos de su organización y difieren considerablemente de los que pertenecen a otros tipos. **7.** Cada uno de los grupos en que se intenta clasificar a las personas por sus características psíquicas y físicas. **8.** Pieza metálica utilizada en imprenta y en las máquinas de escribir que tiene en relieve una letra u otro signo. **9.** En imprenta, cada una de las clases diferentes de letra. **10.** Figura principal en una moneda o medalla. ‖ **11. tipo de cambio** Relación de equivalencia entre dos monedas de diferentes países, medida por el número de unidades de una de ellas que es preciso entregar para adquirir una unidad monetaria del otro. **12. tipo de interés** Precio que debe pagar un deudor a su acreedor por el préstamo de una cantidad de dinero y que se expresa en un porcentaje por unidad de tiempo. ‖ **LOC. jugarse el tipo** *fam.* Arriesgarse mucho. **mantener el tipo** *fam.* Mantener la calma o el control de la situación ante una dificultad, un peligro, etc. **ser** una persona **el tipo de** otra Gustarle.

tipocromía *s. f.* Impresión o tipografía en colores.

tipografía *s. f.* **1.** Sistema de impresión con formas que contienen los tipos y grabados en relieve, los cuales una vez entintados se aplican directamente por presión sobre el papel. **2.** Técnica de imprimir mediante este sistema. **3.** Taller en que se imprime. **FAM.** Tipográfico.

tipógrafo, fa *s. m.* y *f.* Trabajador de una imprenta que compone los textos que se van a imprimir.

tipoí *s. m. Amér. del S.* Túnica larga y amplia, sin cuello ni mangas, usada por las mujeres. ■ Se dice también *tipoy.*

tipología *s. f.* **1.** Estudio y clasificación de los tipos que se realiza en diversas ciencias. **2.** Conjunto de los diferentes tipos que pueden establecerse en un determinado ámbito. **3.** Ciencia que estudia los distintos tipos raciales de la especie humana. **4.** Rama de la psicología que trata de clasificar a los hombres por sus características físicas y psíquicas.

tipómetro *s. m.* Especie de regla graduada usada en artes gráficas para medir el cuerpo o tamaño de las letras, la separación entre líneas, ancho y alto de columnas, etc.

tipoy *s. m.* Tipoí*.

tique o **tíquet** *s. m.* **1.** Billete o comprobante de haber pagado el precio para un espectáculo, un medio de transporte, etc. **2.** Papel que sirve como resguardo para recoger algún objeto en un establecimiento.

tiquete *s. m. amer.* Tique, boleto.

tiquismiquis *s. m. pl.* **1.** Reparos por alguna cosa sin importancia. **2.** *fam.* Discusiones por motivos poco importantes. **3.** *fam.* Expresiones ridículas por ser demasiado cursis o afectadas. ‖ *s. m.* y *f.* **4.** *fam.* Persona muy remilgada y escrupulosa. También *adj.*

tira *s. f.* **1.** Trozo o pieza larga y estrecha de tela, papel u otro material. **2.** En un periódico, franja de viñetas o dibujos que narran una historia o parte de ella. **3.** *fam.* Con el art. *la*, gran cantidad de una cosa. **4.** En marina, parte de un cabo que pasa por una polea y se utiliza para arrastrar algo, tirando de ello. ‖ *pl.* **5.** *Chile. desp.* Trapos, ropas de vestir. ‖ **LOC. hacer tiras** *fam.* Destrozar, romper o cortar en trozos.

tirabuzón *s. m.* **1.** Rizo de pelo, largo y que cae en forma de espiral. **2.** Sacacorchos*.

tirachinas *s. m.* Horquilla con dos gomas sujetas a cada uno de sus extremos y unidas por un trozo de cuero en el que se colocan piedras u otros objetos pequeños para lanzarlos.

tirada *s. f.* **1.** Acción y efecto de tirar. **2.** Distancia, generalmente larga, que hay de un lugar a otro o de un tiempo a otro. **3.** Serie de cosas que se dicen o escriben de una vez. **4.** En fotografía, proceso para obtener una copia fotográfica en papel; también, número de ejemplares o copias obtenidas. **5.** En imprenta, acción y efecto de imprimir; también, número de ejemplares de que consta la edición de un libro, una revista, etc. **6.** *amer.* Discurso largo, pesado y aburrido. ‖ **LOC. de** (o **en**) **una tirada** *adv.* De una sola vez, sin detenerse.

Tiradentes, Joaquim José da Silva Xavier, llamado (Minas Gerais 1748 - Vila Rica 1792) Patriota brasileño. Alférez de caballería, participó en la conjura minera de Minas Gerais contra la política de María I (1789). El movimiento, de carácter independentista, pretendía la abolición de la esclavitud y del régimen señorial. Dominada la conjura (1789), murió ejecutado.

tiradera *s. f.* **1.** Flecha larga de bejuco con punta de asta de ciervo, que los indios americanos disparaban con correas. **2.** *Amér. C., Chile, Cuba.* Cinta o cordón con que las mujeres se sujetan las faldas a la cintura.

tiradero *s. m.* Lugar en que el cazador se coloca para esperar a las presas y disparar sobre ellas.

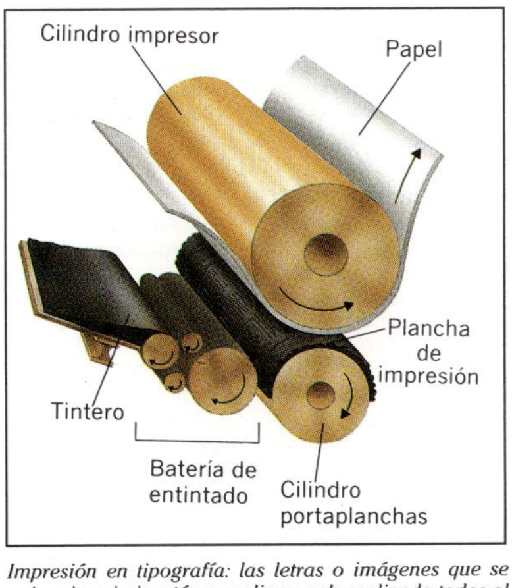

Impresión en tipografía: las letras o imágenes que se quiere imprimir están en relieve, sobresaliendo todas al mismo nivel.

tirado, da **1.** *p. p.* de **tirar**. ‖ *adj.* **2.** Muy barato. **3.** *fam.* Muy fácil. **4.** *fam.* Referido a personas, despreciable, ruin, bajo. También *s.* **5.** En marina, se dice del buque que tiene mucha eslora y poca altura de casco. ‖ *s. m.* **6.** Acción y efecto de transformar en hilo los metales, como el oro. **7.** En imprenta, acción de tirar o imprimir.

tirador, ra *s. m.* y *f.* **1.** Persona que tira o dispara. ‖ *s. m.* **2.** Instrumento con el que se estira. **3.** Asa o agarrador instalado en algún objeto, del que se tira para cerrarlo, abrirlo, etc. **4.** Cordón, cadena, etc., de la que se tira para hacer sonar una campanilla o un timbre. **5.** Tirachinas*. **6.** *Arg., Bol., Par., Urug.* Cinturón ancho que usa el gaucho. **7.** *Arg., Urug.* Tirante para sujetar los pantalones. Se usa más en *pl.*

tirafondo *s. m.* **1.** Tornillo que se utiliza especialmente para asegurar algunas piezas de hierro a la madera. **2.** Instrumento utilizado en cirugía para extraer los cuerpos extraños del fondo de las heridas.

tiragomas *s. m.* Tirador, tirachinas.

tiraje *s. m.* **1.** Acción y efecto de tirar o imprimir. **2.** Número de ejemplares de que consta la edición de un libro, revista, etc. **3.** En fotografía, operación que consiste en sacar copias a partir de un negativo. **4.** *Arg., Chile, Méx., Nic.* Tiro de las chimeneas.

tiralevitas *s. m.* y *f.* Adulador, pelota.

tiralíneas *s. m.* Instrumento con la punta de metal a modo de pinza, cuya abertura se gradúa con un tornillo, que sirve para trazar líneas con tinta, más o menos anchas según esa abertura.

Tirana (*Tiranë*) C. de Albania, cap. del país, situada en el centro de su territorio. 238.100 h. en 1989. Su economía se basa en las industrias textiles, químicas, alimentarias, de construcciones mecánicas y de cemento. Es el centro comercial y cultural del país. La ciudad fue fundada en el s. XVIII por el bajá otomano Sulayman, pero no se desarrolló hasta 1913 al obtener Albania su independencia. En 1920 se convirtió en capital del país.

Tirana: aspecto de la plaza Skanderberg.

tiranía *s. f.* **1.** Forma de gobierno propia de un tirano o dictador. **2.** En la antigüedad, régimen en que el gobernante alcanzaba el poder por medios ilegítimos. **3.** Abuso de poder, autoridad o fuerza. **4.** Dominio excesivo que una pasión, sentimiento, etc., ejerce sobre una persona. **FAM.** Tiránicamente, tiránico.

tiranicidio *s. m.* Acción y efecto de matar a un tirano. **FAM.** Tiranicida.

tiranizar *v. tr.* **1.** Gobernar un tirano algún Estado. **2.** Dominar o tratar a alguien con tiranía. ■ Se conjuga como *cazar.* **FAM.** Tiranización.

tirano, na *adj.* **1.** Que gobierna de modo dictatorial, o abusa de su poder, siguiendo sólo su propia voluntad. También *s.* **2.** En la antigüedad, gobernante que accedía al poder por medios ilegítimos. **3.** Que actúa con tiranía o la implica.

tiranosaurio *s. m.* Reptil fósil, dinosaurio carnívoro que se sostenía sobre las patas posteriores, mayores y más fuertes que las anteriores. De gran corpulencia, llegaba a alcanzar 16 m de longitud y 6 m de altura. Vivió en el cretácico.

tirante *adj.* **1.** Tenso, en tensión física o en estado de oposición, enfrentamiento, etc. || *s. m.* **2.** Cada una de las dos tiras, generalmente elásticas, que pasando por los hombros sirven para sujetar los pantalones. Se usa más en *pl.* **3.** Cada una de las dos tiras que pasan por los hombros y sirven para sujetar otras prendas de vestir. **4.** Cuerda o correa que, sujeta a las guarniciones de las caballerías, sirve para tirar de un carruaje o de otra cosa. **5.** En mecánica, pieza destinada a soportar una tensión.

tirantez *s. f.* Cualidad de tirante.

tirantillo *s. m.* Tira de cuero o tela que mantiene en posición más o menos vertical la tapa de una maleta mientras está abierta.

tirar *v. tr.* **1.** Lanzar una cosa que se tiene en la mano. **2.** Soltar o dejar caer algo. **3.** Echar o poner algo que sobra o se desecha en la basura, un vertedero u otro sitio semejante. **4.** Malgastar, desperdiciar algo. **5.** Derribar. **6.** *fam.* En un examen o prueba, suspender o eliminar a alguien. **7.** Disparar con un arma o lanzar algún artefacto de pólvora o explosivo. También *v. intr.* **8.** P. ext., disparar con una cámara fotográfica. **9.** Ejecutar ciertas acciones que suponen un movimiento dirigido a alguien: *tirar un mordisco.* **10.** En juegos en los que se maneja una pelota, dados, cartas, etc., hacer uso de ellos un jugador para realizar una jugada. También *v. intr.* **11.** Imprimir un libro, revista, etc. **12.** Dibujar una línea o raya. **13.** *Chile, Cuba.* Conducir, transportar o acarrear algo. || *v. intr.* **14.** Hacer fuerza para arrastrar o atraer hacia sí alguna cosa. **15.** *fam.* Atraer, gustar. **16.** Atraer una cosa a otra de forma natural. **17.** Referido a prendas de vestir, ser demasiado estrecho o corto. **18.** Usar, consumir. ▪ Se construye con la preposición *de.* **19.** Funcionar, marchar. **20.** Producir un horno, chimenea, etc., una corriente de aire que aviva el fuego o absorbe el humo. **21.** Seguir viviendo o durar una persona o cosa con cierta dificultad. **22.** Ir en cierta dirección o hacia un lugar determinado. **23.** Tender o inclinarse una persona hacia determinada profesión, modo de vida, etc. **24.** Parecerse o mostrar una persona o cosa cierta cualidad, aunque no de una manera clara o completa. **25.** En ciclismo, ir delante un corredor forzando o manteniendo el ritmo. || *v. prnl.* **26.** Lanzarse una persona o animal desde una determinada altura o al suelo, la cama, etc. **27.** Permanecer un tiempo en un lugar, en cierto estado o realizando una determinada actividad. **28.** *vulg.* Poseer sexualmente a alguien. || LOC. **tira y afloja** *fam.* En una negociación, trato, etc., alternancia de los momentos de tensión con otros de conciliación. **tirar a matar** o **tirar con bala** *fam.* Decir algo con muy mala intención.

tiratrón *s. m.* Tubo termoiónico que contiene gas inerte o vapor de mercurio y uno o varios electrodos que permiten el cebado de la corriente de descarga sin alterar su régimen. Se usa como rectificador, regulador de impulsos y generador de oscilaciones.

Tiresias En la mitología griega, adivino ciego que interviene en numerosas leyendas del ciclo tebano. Perdió la vista, según algunos, por haber visto desnuda a Palas Atenea; según otros, como castigo de Hera.

Tirgu-Mures (en húngaro *Marosvásárhely*) C. de Rumania, situada en el sector central del país, en Transilvania. 164.800 h. en 1989. Posee industrias alimentarias, metalúrgicas, químicas, textiles, de tabaco y de curtidos. Es un importante centro comercial y cultural.

Tirídates Nombre de dos reyes de Armenia.
Tirídates I (? - h. 73) Rey de Armenia (h. 54-h. 73). Era de origen parto. Enfrentado a Roma, que apoyaba las pretensiones de Tigranes V, llegó a un acuerdo con el procónsul Domicio Corbulo (63) y Nerón le devolvió el trono (66).
Tirídates II o **III** (? - ? 324) Rey de Armenia (h. 294-324). Aliado de Roma, persiguió a los cristianos. Convertido al cristianismo por San Gregorio (305), adoptó esta religión como la oficial de Armenia.

tirilla *s. f.* **1.** Tira de tela que une el cuello al escote de una camisa. || **tirillas** *s. m.* **2.** *fam.* Hombre o niño bajo, delgado y de poca fortaleza física.

Tirinto Antigua ciudad de la Argólida (Grecia), cerca de la actual Nauplia. Habitada desde el tercer milenio a. C., alcanzó su máximo esplendor en la época micénica, h. 1400-1200 a. C. Fue destruida por los dorios en el 470 a. C.

tirio, ria *adj.* De Tiro. También *s.* || LOC. **tirios y troyanos** Expresión con que se hace referencia a las personas que son partidarias de opiniones opuestas.

tirita *s. f.* **1.** *dim.* de **tira**. **2.** Tira de esparadrapo u otro material adhesivo, que tiene en el centro una gasa pequeña con una sustancia desinfectante y que se utiliza para proteger heridas de pequeño tamaño.

tiritar *v. intr.* Temblar por causa del frío o de la fiebre. ▪ Se dice también *tiritirar.*

tiritera o **tiritona** *s. f.* Temblor producido por el frío o por la fiebre.

tiritón *s. m.* Cada uno de los estremecimientos que siente la persona o animal que tirita.

tiro *s. m.* **1.** Acción y efecto de tirar, disparo de un arma. **2.** En deporte, conjunto de especialidades con categoría olímpica que consisten en acertar o derribar una serie de blancos fijos o móviles con armas de fuego, arcos y flechas, etc. **3.** Lugar en que se tira al blanco. **4.** En el fútbol y otros deportes, lanzamiento del balón hacia la portería, canasta, etc., del equipo contrario. **5.** Conjunto de caballerías que tiran de un carruaje. **6.** Cuerda o correa que, sujeta a las guarniciones de las caballerías, sirve para tirar de un carruaje o de otra cosa. **7.** Cuerda que pasa por una polea y que se utiliza para subir una cosa. **8.** Corriente de aire que se produce en un horno, chimenea, etc., y que sirve para avivar el fuego o absorber el humo. **9.** En un pantalón, distancia entre la parte en que se unen las piernas y la cinturilla. || **10. tiro al blanco** Deporte que consiste en disparar a un blanco con un arma. **11. tiro al plato** Deporte que consiste en disparar con una escopeta a un plato especial lanzado al vuelo. **12. tiro de gracia** El que se da con un arma de fuego al que ha sido herido gravemente. **13. tiro de pichón** Deporte que consiste en disparar con una escopeta a un pichón al vuelo. **14. tiro libre** En baloncesto, el tiro a canasta directo y a balón parado desde un punto determinado, que se ejecuta como castigo de ciertas faltas personales o técnicas. || LOC. **a tiro** *adv.* Al alcance de un arma o, en general, de una persona. **a tiro hecho** *adv.* Apuntando, con grandes probabilidades de no fallar; también, con una clara intención. **a un tiro de piedra** *adv.* Bastante cerca. **como un tiro** *adv.* Con verbos como *caer, ir, sentar,* etc., muy mal. **de tiros largos** *adj.* y *adv. fam.* Con vestido de gala, con lujo y cuidado. **ir los tiros por** Orientarse una cosa hacia algo, consistir en ello. **ni a tiros** *adv. fam.* De ningún modo. **salir el tiro por la culata** *fam.* Resultar lo contrario de lo que se esperaba.

Tiro (*Sūr*) C. del Líbano, en el S del país, junto al mar Mediterráneo. 14.000 h. en 1980. Tiene un puerto comercial. La ciudad, fundada en el tercer milenio a. C., perteneció a la federación fenicia y se convirtió en el s. X a. C. en la potencia naval y comercial más importante del mar Mediterráneo. En el s. IX a. C. fundó la ciudad de Cartago. Pero a partir de mediados del s. IX a. C. comenzó su decadencia y fue ocupada por distintos pueblos. En el año 1124 fue reconquistada para la cristiandad por los cruzados, ayudados por los venecianos, quienes hicieron recuperar a la ciudad su importancia comercial. En 1291 cayó en poder de los mamelucos de Egipto y ya nunca recobró su pujanza.

tiroideo, a *adj.* Perteneciente o relativo a la glándula o al cartílago tiroides.

tiroides *adj.* **1.** Se dice de una glándula endocrina situada en el cuerpo humano en la parte superior y delantera de la tráquea, debajo de la laringe, y cuya secreción regula el metabolismo y el crecimiento. La hormona principal que segrega el tiroides es la tiroxina. El exceso de actividad del tiroides provoca hipertiroidismo, cuyos síntomas son nerviosismo, aumento del ritmo cardiaco y la presión sanguínea y pérdida de peso. Si la actividad del tiroides es escasa (hipotiroidismo), se presentan los síntomas opuestos, pudiendo llegar a haber retraso mental. La falta de yodo en la dieta provoca el agrandamiento del tiroides (bocio) y efectos parecidos al hipotiroidismo. También *s. m.* **2.** Se dice de una formación cartilaginosa de tamaño y consistencia considerables, situada en la parte alta del aparato respiratorio, junto a la tráquea, en una zona superficial y fácilmente palpable en la parte delantera del cuello; forma la llamada *nuez* o *bocado de Adán* y es más abultada en los hombres. También *s. m.*

Tirol Estado de Austria, situado en el O del país. 12.647 km^2. 619.550 h. en 1989. La capital es Innsbruck, con 117.000 h. en 1986. Presenta un relieve muy montañoso, ya que está enclavado en el sector E de los Alpes. Cuenta con cultivos de cereales, ganadería vacuna e industria mecánica, textil, química, electrónica, papelera y cervecera. Pero su mayor fuente de ingresos la constituye el turismo, atraído por la belleza de su paisaje y los deportes de invierno. El territorio fue ocupado por bávaros y lombardos (s. VI) y formó parte del imperio carolingio y luego del imperio romano germánico. Desde el s. XII fue regido por los condes de Tirol. En 1363 pasó a la casa de Austria. En 1803 se anexionó el Trentino y en 1805 fue cedido a Baviera. Por el tratado de París (1814) volvió a depender de Austria. Después de la Primera Guerra Mundial, en 1919, el Tirol meridional, al S del Brennero, pasó a formar parte de Italia, donde constituye la región de Trentino.

tirolés, sa *adj.* **1.** Del Tirol. También *s.* || *s. m.* **2.** Grupo de dialectos retorrománicos hablados en el Tirol.

tirón *s. m.* **1.** Acción y efecto de tirar con violencia. **2.** Procedimiento de robo que consiste en apoderarse de manera violenta y rápida de un bolso, cartera, maleta, etc. **3.** Movimiento brusco de un vehículo, un motor, etc. **4.** Atractivo especial que tiene una persona o cosa. **5.** En algunos deportes, especialmente en ciclismo, aceleración brusca de un corredor para conseguir una ventaja y desgastar las fuerzas de sus seguidores. **6.** Agarrotamiento de algún músculo. || LOC. **de un tirón** *adv.* De una vez, de un golpe.

tironear *v. tr. amer.* Dar tirones. También *v. intr.*

tirosina *s. f.* Hidroxifenilalanina, compuesto bioquímico producido por la sustitución de un átomo de hidrógeno del ácido beta-aminopropanoico por el radical del fenol. Su fórmula es:

$$HO{-}C_6H_4{-}CH_2{-}CH\begin{matrix} NH_2 \\ COOH \end{matrix}$$

Se forma en el desdoblamiento clorhídrico de las materias albuminoides y está contenido en el hígado, bazo y páncreas.

tirotear *v. tr.* Disparar repetidamente con armas de fuego. También *v. prnl.* FAM. Tiroteo.

tirotomía *s. f.* Incisión quirúrgica de la glándula o el cartílago tiroides.

tiroxina *s. f.* Hormona principal de las segregadas por la glándula tiroides, que acelera el metabolismo, aumenta el consumo de oxígeno y favorece el crecimiento, por lo que se llama también *hormona del crecimiento.*

Tirpitz, Alfred von (Küstrin 1849 - Ebenhausen, Munich 1930) Almirante alemán. Creador de una potente armada alemana (1914), orientó sus esfuerzos hacia la lucha submarina durante la Primera Guerra Mundial. Dimitió en 1916.

tirreno, na *adj.* **1.** Perteneciente o relativo al mar Tirreno. **2.** Etrusco*.

Tirreno Mar del Mediterráneo occidental, comprendido entre las costas italianas y las islas Sicilia, Córcega y Cerdeña. Alcanza profundidades de más de 3.000 m y sus costas son elevadas y rocosas. Hay en él numerosas islas de origen volcánico, agrupadas en archipiélagos: islas de Capri y de Ischia, archipiélago Toscano, islas Eolias e islas Égates.

tirria *s. f. fam.* Manía, antipatía.

tirso *s. m.* **1.** Panoja o inflorescencia de forma ovalada, como la de la vid o la lila. **2.** Vara con ramas enrolladas con la que se representa al dios Baco y que simboliza la vida y la fecundidad.

Tirso de Molina, fray Gabriel Téllez, llamado (¿Madrid? h. 1584 - Almazán, Soria 1648) Dramaturgo español. En 1601 ingresó en la orden de la Merced. Autor muy prolífico, escribió más de trescientas obras de teatro de los más variados temas y ambientes, buena parte de ellas publicadas entre 1627 y 1636. Su teatro puede situarse entre la comedia de Lope de Vega y el drama de Calderón, y abarca autos sacramentales; comedias de tema bíblico y de vidas de santos; comedias históricas, entre las que destaca *La*

Tirso de Molina. Retrato de autor anónimo (Biblioteca Nacional, Madrid).

prudencia en la mujer, comedias de carácter, como *El vergonzoso en palacio* y *Marta la piadosa*; comedias de intriga, entre las que figuran *La villana de Vallecas* y *Don Gil de las calzas verdes*, y el grupo de contenido filosófico, con dos de sus obras más notables, *El burlador de Sevilla y convidado de piedra*, donde crea el personaje de don Juan, y *El condenado por desconfiado*, que aborda el problema del libre albedrío.

tirulato, ta *adj.* Turulato*.

tirulo *s. m.* Tabaco que forma el contenido interior de un cigarro puro.

tisana *s. f.* Bebida medicinal obtenida al cocer en agua determinadas hierbas.

tisanópteros *s. m. pl.* Orden de insectos al que pertenecen unas 3.000 especies comprendidas en los subórdenes terebrantes y tubulíferos, con cuatro y una familia, respectivamente, y diversos géneros entre los que destaca *Thrips*. De muy pequeño tamaño, tienen aparato bucal succionador, ojos compuestos, patas cortas y alas largas de naturaleza plumosa. Habitan sobre cabezuelas florales y se alimentan de sustancias vegetales. Tisanópteros son los trips. También *adj.* y *s. m.*

Tiselius, Arne Wilhelm (Estocolmo 1902 - Uppsala 1971) Bioquímico sueco. Aisló las proteínas del plasma sanguíneo y consiguió separar, por absorción, varios aminoácidos. Se le concedió el premio Nobel de química en 1948.

tísico, ca *adj.* **1.** Que padece tisis. También *s.* **2.** Perteneciente o relativo a la tisis.

tisiología *s. f.* Parte de la medicina que estudia la tuberculosis pulmonar y su tratamiento.

tisiólogo, ga *s. m.* y *f.* Médico especialista en tisiología y en enfermedades del aparato respiratorio.

tisis *s. f.* **1.** Tuberculosis* pulmonar. **2.** P. ext., cualquier enfermedad en la que el paciente se va debilitando de manera lenta y gradual, con fiebre y úlceras en algún órgano.

tissue (voz ingl.) *s. m.* Pañuelo fino y suave de papel.

tiste *s. m. Amér. C.* Bebida refrescante que se prepara con maíz tostado, cacao, achiote y azúcar.

tisú *s. m.* Tela de seda entretejida con hilos de oro o plata.

tisular *adj.* Perteneciente o relativo a los tejidos.

tisuria *s. f.* Debilidad del organismo producida por la excesiva secreción de orina.

Tisza Río de Europa. 977 km. Nace en los Cárpatos ucranianos, fluye por la frontera rumana, penetra en Hungría y desemboca en el Danubio, ya en la Voivodina. Su principal afluente es el Mures.

Tisza, Istvan, conde de (Budapest 1861 - íd. 1918) Político húngaro. Jefe de gobierno (1903-1905 y 1913-17), actuó dictatorialmente y se mostró partidario de entrar en la Primera Guerra Mundial. Se enfrentó con Rumania en 1916 y dimitió al siguiente año. Murió asesinado.

titán *s. m.* **1.** En la mitología griega, cada uno de los hijos de Urano y Gea, seis varones y seis hembras, estas últimas llamadas por algunos *titánides*. Se rebelaron contra Zeus y fueron vencidos y arrojados al Tártaro. **2.** Persona que sobresale por ser excepcional en algún aspecto o por tener gran fortaleza física. **3.** Grúa muy grande.

Titanic Transatlántico británico de gran lujo, de 60.000 toneladas de desplazamiento, que naufragó en el viaje inaugural (14-15 abril 1912) al chocar con un iceberg al S de Terranova. Perecieron unas 1.500 personas y la tragedia conmovió al mundo.

titánico, ca *adj.* **1.** Perteneciente o relativo a los titanes. **2.** Muy grande, sobrehumano.

titánide *s. f.* En la mitología griega, cada una de las hijas de Urano y Gea, hermanas de los titanes.

titanio *s. m.* Ti. Elemento químico perteneciente al grupo IV B del sistema periódico. Su número atómico es 22 y su masa atómica 47,90. Fue descubierto en 1791 por el clérigo inglés William Gregor, quien separó su óxido blanco mientras investigaba una arena negra de Cornwall. Tres años más tarde, el químico alemán Martin Heinrich Klaproth encontró el mismo elemento en el rutilo y lo llamó *titanio* en honor de los Titanes, en atención a su gran dureza y resistencia. La obtención de titanio, por reducción de sus minerales, resulta difícil, ya que reacciona con el oxígeno del aire cuando las temperaturas son elevadas; por ello la extracción se lleva a cabo en una atmósfera de helio o argón. El titanio es un metal de gran dureza, pero el doble de ligero que el acero. A temperatura ambiente es muy resistente a la acción del agua, incluso a la del mar, así como al ataque de reactivos ácidos y básicos, excepto el ácido sulfúrico concentrado. Se encuentra ampliamente difundido en las rocas ígneas y sedimentarias de EE UU, Argentina, Federación Rusa, Sudáfrica y Australia. Se emplea en la preparación de aleaciones especiales, como el ferrotitanio, de amplio uso en la industria aeronáutica y en la fabricación de armamento. Sus carburos se utilizan en la elaboración de herramientas cortantes y piezas para la molienda de minerales. También es frecuente su empleo como catalizador en la síntesis de compuestos orgánicos.

titanita *s. f.* $CaTi(SiO_4)O$. Mineral silicato de titanio. Cristaliza en el sistema monoclínico, formando maclas en ocasiones; tiene color amarillento, pardo rojizo o verde oscuro y brillo vítreo. Se halla presente en rocas eruptivas, como granitos, dioritas y lavas, o metamórficas, como pizarras y calizas. Constituye una importante mena de titanio y se usa en aleaciones metálicas de gran dureza. Sus principales yacimientos se hallan en Canadá, Alpes y Noruega; en España, en Olot (Girona) y Andalucía. Se llama también *esfena*.

Titchener, Edward Bradford (Chichester 1867 - Ithaca, Nueva York 1927) Psicólogo estadounidense de origen británico. Fue discípulo de Wundt y uno de los principales impulsores del método experimental en los estudios psicológicos. Su obra más importante es *Psicología experimental* (1901-05).

titear *v. intr.* **1.** Cantar la perdiz llamando a los pollos. **2.** *Arg., Bol., Urug.* Burlarse de alguien, tomarle el pelo. También *v. tr.* **FAM.** Titeo.

títere *s. m.* **1.** Muñeco que se mueve mediante hilos, introduciendo la mano dentro de él o por algún otro mecanismo. **2.** *fam.* Persona o entidad a las que las demás manejan fácilmente. ‖ **LOC. no dejar** (o **no quedar**) **títere con cabeza** *fam.* Destrozar o quedar destrozada completamente una cosa; también, criticar o atacar a todas las personas relacionadas con algún asunto.

titi *s. f. fam.* Mujer. Se usa como apelativo cariñoso referido a hombres y a mujeres.

tití *s. m.* Nombre común de diversos mamíferos primates antropoides de la familia calitrícidos, géneros *Callithrix*, *Leontocebus*, *Callimico*, etc. Son monos de pequeño tamaño, entre 15 y 30 cm de longitud, con garras en todos los dedos menos el pulgar, y cola de 20 a 35 cm no prensil. Las distintas especies tienen diversos colores, pardo, rojizo, plateado, etc., y su pelaje es largo y sedoso. Viven en los árboles, en selvas de la América tropical, y son omnívoros.

Titicaca Lago de América del Sur, situado en los Andes, entre Perú y Bolivia, en un altiplano a 3.812 m sobre el nivel del mar. 8.330 km^2. Profundidad máxima de 280 m. Las penínsulas de Copacabana y Taraco lo dividen en dos partes. Sus aguas son conducidas al lago Poopó por el río emisario Desaguadero. El lago ejerce una influencia moderadora de las temperaturas extremas de la región.

titilar *v. intr.* **1.** Moverse con un ligero temblor una parte del cuerpo. **2.** Brillar con un ligero parpadeo la luz de un cuerpo luminoso, especialmente de una estrella. **FAM.** Titilación, titilante, titileo.

titiritaina *s. f.* **1.** *fam.* Sonido confuso de flautas u otros instrumentos. **2.** P. ext., bulla alegre y festiva.

titiritar *v. intr.* Tiritar*.

titiritero, ra *s. m.* y *f.* **1.** Persona que maneja los títeres. **2.** Persona que interviene en un espectáculo, generalmente ambulante, realizando saltos, ejercicios arriesgados, etc.

tito *s. m.* **1.** Almorta*. **2.** Orinal*. **3.** Hueso o pepita de la fruta.

tito, ta *s. m.* y *f. fam. dim.* de **tío** y **tía**, hermano o hermana del padre o de la madre de una persona.

Tito, Josip Broz, llamado (Kumrovec, Croacia 1892 - Liubliana 1980) Militar y político yugoslavo. Fue uno de los fundadores del Partido Comunista croata. En la guerra civil española luchó en el bando republicano. Actuó como líder de la resistencia contra las fuerzas de ocupación alemanas en Yugoslavia desde 1941. Tras la proclamación de la República Federal Socialista de Yugoslavia, fue jefe de gobierno (1945-53) y al mismo tiempo ministro de Defensa. En 1953 fue nombrado presidente de la república, cargo que desempeñó con carácter vitalicio desde 1974. Durante su mandato se rompieron las vinculaciones con la URSS y se implantó un modelo de socialismo nacional y de acercamiento a EE UU para desarrollar la economía del país.

El mariscal Tito.

Tito, Tito Flavio Sabino Vespasiano, llamado (Roma 39 - Aquae Cutiliae, Sabina 81) Emperador romano (79-81). Hijo de Vespasiano, terminó la guerra contra los judíos, conquistando Jerusalén en el 70. A partir del 71 compartió el poder con su padre, a quien sucedió. Terminó las obras del Coliseo de Roma y construyó las termas y el arco de su nombre.

Tito Livio (Padua 59 a. C. - Roma 17 d. C.) Historiador romano. Debe su fama a su obra *Ab urbe condita* (*Desde la fundación de la ciudad*), más conocida con el nombre de *Décadas*, de 142 libros, que dejó inacabada. Abarcaba desde la fundación de Roma hasta el año 9 a. C., pero sólo se han conservado algunas partes. Su estilo es vivo y poético, pero a menudo afectado.

Titograd C. de Montenegro, cap. de esta república balcánica, situada en el S de la misma, cerca de la frontera con Albania. 132.000 h. en 1981. Es el centro comercial de una región agrícola. Cuenta con industrias metalúrgicas, mecánicas y del tabaco. Fue fundada en 1945.

Titu Cusi Yupanqui (s. XVI) Soberano inca (1563-69). Hijo de Manco Inca, suplantó a su hermano Túpac Amaru y, tras recibir el bautismo, se mantuvo independiente y se enfrentó a las expediciones del virrey Francisco de Toledo.

titubear *v. intr.* **1.** Detenerse al hablar por no saber qué palabras elegir o cómo pronunciarlas. **2.** Estar indeciso. **3.** Moverse una persona o cosa perdiendo la estabilidad. **FAM.** Titubeante, titubeo.

titulación *s. f.* **1.** Acción y efecto de titular. **2.** Conjunto de títulos de propiedad de una finca. **3.** Título académico. **4.** En quím., acción y efecto de valorar una disolución.

titulado, da **1.** *p. p.* de **titular**. También *adj.* ‖ *s. m.* y *f.* **2.** Persona que posee un título académico. También *adj.* **3.** Persona que tiene derecho a un título nobiliario.

titular[1] *v. tr.* **1.** Poner título o nombre a una cosa. También *v. prnl.* ‖ *v. intr.* **2.** Obtener un título nobiliario. **3.** En quím., valorar una disolución. ‖ *v. prnl.* **4.** Obtener un título académico.

titular[2] *adj.* **1.** Que ejerce una profesión u ocupa un cargo por derecho propio, teniendo el título o nombramiento necesario para hacerlo con estabilidad. También *s.* **2.** Se dice de la persona o entidad a cuyo nombre figura un documento que le otorga la propiedad, el derecho o el disfrute de algo. También *s.* **3.** Se dice de la persona que tiene algún título por el que se le nombra. También *s.* **4.** Se dice del tipo de letra que se emplea en los títulos, especialmente en los de los periódicos. También *s. f.* ‖ *s. m.* **5.** Cada uno de los títulos de una revista, libro, periódico, etc., que aparecen con tipos de letra mayores. Se usa también en *pl.*

titulatura *s. f.* Conjunto de títulos que posee una persona o entidad.

titulillo *s. m.* Renglón que se pone en la parte superior de una página impresa para indicar la materia de la que trata.

título *s. m.* **1.** Palabra o grupo de palabras con que se da nombre a un libro, escrito, obra cinematográfica, etc., y que suele hacer referencia a su contenido. **2.** Nombre con que se designan los apartados o divisiones mayores de una ley, código, estatuto, etc. **3.** Dignidad y tratamiento nobiliario, como los de conde, duque, marqués, etc. **4.** Persona que goza de dicha dignidad. **5.** Honor o distinción que alcanza alguien por sus méritos y cualidades, especialmente al ganar una competición, un concurso, etc. **6.** Grado que alguien posee por haber realizado determinados estudios; también, documento que lo acredita. **7.** Fundamento o justificación jurídica de un derecho u obligación. **8.** Documento que acredita un derecho u obligación. **9.** Título-valor. **10.** Mérito o cualidad que da autoridad o derecho para cierta cosa. Se usa mucho en *pl.* ‖ **11. título académico** El que acredita que una persona ha finalizado determinados estudios, generalmente universitarios. **12. título público** Título-valor emitido por el Estado como deuda pública, para ser suscrito o adquirido por particulares. **13. título-valor** o **título de crédito** Documento sobre un derecho cuyo ejercicio está condicionado a la posesión de dicho documento, como p. ej. cheques, letras de cambio y acciones. ‖ **Loc. a título de** algo *adv.* Como lo que se expresa, en calidad de.

Tívoli C. de Italia, en el Lacio, al E de Roma. 54.350 h. en 1991. Posee industrias papeleras y químicas. Se conservan la villa Adriana (s. II) y la villa d'Este, renacentista, con fuentes y jardines.

tiza *s. f.* **1.** Barrita de arcilla blanca que se usa para escribir en las pizarras. **2.** Compuesto de yeso y arcilla arenosa con que se frota la punta de los tacos de billar para que no resbale al golpear las bolas.

tizar *v. tr. Chile.* Señalar con tiza. ▪ Se conjuga como *cazar.*

Tiziano Vecellio (Pieve di Cadore h. 1490 - Venecia 1576) Pintor italiano. Se formó en Venecia, en el taller de los Bellini y sobre todo con Giorgione. Cultivó el retrato, en el que muestra una aguda penetración psicológica, como en los de Ariosto, Carlos V, Francisco I de Francia e Isabel de Portugal. Atractivo muy particular tienen sus figuras femeninas: *La schiavona* (1510), *Mujer ante el espejo, Flora* y *Salomé.* Entre sus pinturas de tema religioso sobresale *La Asunción* (1516-18), para la iglesia veneciana de Santa Maria Gloriosa dei Frari; y entre los cuadros de tema mitológico merecen citarse *Venus con organista y perrito, Danae* y *Venus y Adonis.* Su gusto por los colores violentos y el fuerte contraste de luces y sombras se fue suavizando en las obras del último periodo, como *El martirio de San Lorenzo* (1559), *San Jerónimo* (1560) y *Venus vendando al amor* (1565).

tiznajo *s. m.* Mancha de tizne u otra cosa semejante.

tiznar *v. tr.* **1.** Manchar algo con tizne, hollín u otra cosa semejante. También *v. prnl.* **2.** P. ext., manchar algo de manera similar a como lo hace el tizne, con una sustancia de cualquier color. También *v. prnl.* **3.** Manchar el buen nombre de alguien o algo. ‖ *v. prnl.* **4.** *Amér. C., Arg.* Emborracharse.

tizne *s. amb.* **1.** Humo que se pega a las sartenes, cacerolas, etc., que se ponen al fuego, o a las cosas que están cerca de él. ▪ Se usa más como *s. m.* ‖ *s. m.* **2.** Tizón, palo o trozo de leña a medio quemar.

tiznón *s. m.* Tiznajo*.

tizo *s. m.* Tizón, palo o trozo de leña a medio quemar.

Tizoc (? - ? 1486) Soberano azteca (1481-86). Inició en 1483 la reconstrucción del templo de Tenochtitlan, en el que hizo representar las hazañas de los soberanos aztecas en la llamada *piedra de Tizoc.* Murió envenenado.

tizón *s. m.* **1.** Palo o trozo de leña a medio quemar. **2.** Lado más pequeño de un ladrillo. **3.** Parte de un ladrillo que se acopla con otros. **4.** Hongo parásito del trigo y otros cereales. Es una plaga causada por hongos de los géneros *Ustilago* y *Tilletia,* que forman masas negruzcas sobre las hojas. Se previene tratando las semillas con soluciones antisépticas. ‖ **Loc. a tizón** *adj.* y *adv.* Se dice del modo de colocar las piedras o ladrillos de manera que su lado mayor quede perpendicular al plano de la cara de un muro. **como** (o **hecho**) **un tizón** *adj.* Muy moreno.

tizona *s. f.* Espada, por alusión a la del Cid.

Tl Símbolo químico del talio.

tlachique *s. m. Méx.* Pulque* sin fermentar.

Tlacopan-Tepanohuayan Reino del valle de México fundado por los tepanecas (1430). Se integró en la alianza Tenochtitlan-Texcoco y su último rey, Tetlepanquetzaltzin, murió a manos de los españoles (1525). En la actualidad, el antiguo Tlacopan es un barrio, llamado *Tacuba,* de la capital mexicana.

tlacote *s. m. Méx.* Tumor pequeño o divieso.

tlacuache *s. m. Méx.* Zarigüeya*.

Tláloc Dios náhuatl de la lluvia, al que se atribuía el don de la vida; a este dios se sacrificaban niños pequeños.

Tlaquepaque C. de México, en el estado de Jalisco, situada en el valle de Guadalajara. 133.500 h. en 1980. Es el centro de una región agrícola en la que se cultivan cereales, leguminosas, hortalizas y frutas. Cuenta con industrias del vidrio e importante artesanía.

Tlatelolco Antigua ciudad de México, situada en una isla del lago Texcoco. Anexionada a Tenochtitlan en 1473, constituyó el centro comercial del imperio azteca; hoy forma parte de la Ciudad de México.

Tlaxcala Estado de México, al E de la cap. del país. 4.016 km^2. 763.700 h. en 1990. La capital es Tlaxcala, con 12.000 h. en 1980. Está emplazado sobre una zona muy montañosa surcada por los ríos Atotonilco, Corral Viejo, Salto y Zahuapán. Su clima templado favorece el cultivo de cereales, legumbres, hortalizas, frutales, plantas forrajeras y maguey. Cuenta también con ganadería vacuna, ovina y caprina, recursos forestales e industrias textiles, alimentarias, madereras y de la construcción. Durante la conquista española sus habitantes fueron vencidos por Hernán Cortés y se aliaron con los españoles en contra del emperador azteca Moctezuma.

Tiziano: El emperador Carlos V en Mühlberg *(Museo del Prado, Madrid).*

Tlazoltéotl Diosa náhuatl de la fecundidad e inspiradora de los apetitos sexuales. Perdonaba a los hombres una vez en la vida las transgresiones sexuales al confesarlas ante sus sacerdotes.

Tm Símbolo químico del tulio

TNT Siglas de trinitrotolueno. Véase **trilita**.

toalla *s. f.* **1.** Pieza de tela, generalmente de tejido suave y esponjoso, que se utiliza para secarse. **2.** Tejido de rizo con que suelen hacerse estas piezas. ‖ **Loc. tirar** (o **arrojar**) **la toalla** En boxeo, acción de tirar la toalla el manager para indicar que su boxeador abandona la pelea; también, abandonar alguien una actividad, darse por vencido.

toallero *s. m.* Mueble o soporte que se utiliza para colgar las toallas.

toar *v. tr.* Atoar*.

toba[1] (del lat. *tofus*) *s. f.* **1.** Piedra caliza muy porosa y ligera, que se suele formar al acumularse la cal del agua. **2.** Capa o corteza que se forma en distintas cosas. **3.** Cardo* borriquero, planta. **4.** *fam.* Colilla de un cigarrillo. **5.** *fam.* Golpe dado haciendo resbalar el dedo índice o el corazón sobre el pulgar. **6.** *fam.* Puñetazo. ‖ **7. toba calcárea** Roca sedimentaria, carbonatada, de color blanco o amarillento, porosa y horadada, formada en aguas continentales de poca profundidad al depositarse el carbonato cálcico con restos orgánicos, como juncos, ramas, etc. **8. toba volcánica** Conglomerado de origen volcánico, formado por consolidación de cenizas y lapilli. Forma capas junto a los volcanes, en algunos casos estratificadas.

toba[2] (voz guaraní) *adj.* **1.** De un pueblo indígena que habita en zonas de Argentina. **2.** De este pueblo. También *s.* ‖ *s. m.* **2.** Lengua de la familia lingüística guaicurú hablada por este pueblo.

Tobago Isla del Caribe que forma parte de Trinidad y Tobago.

tobar *s. m.* Cantera de toba.

Tobar Ponte, Martín (Caracas 1772 - íd. 1843) Político venezolano. Era segundo alcalde de Caracas cuando proclamó la independencia en 1810. Estuvo luego al servicio de Bolívar (1812) y luchó contra Boves. Miembro de los congresos de Angostura (1819) y de Cúcuta (1821), fue desterrado por su liberalismo. A su regreso participó en el movimiento revolucionario contra Páez (1835).

tobera *s. f.* **1.** Abertura en forma de tubo por la que se introduce el aire en un horno para alimentar la combustión. **2.** Dispositivo parecido a un tubo que en diversos motores o mecanismos sirve para regular la salida de los gases o fluidos.

Tobey, Mark (Centerville, Wisconsin 1890 - Basilea 1976) Pintor estadounidense. Estudió el arte oriental, la filosofía zen y la caligrafía china, que inspiraron su pintura, especialmente las composiciones conocidas como *escrituras blancas,* con filigranas de líneas en tonos claros en las que se adivinan imágenes.

Tobías Patriarca bíblico cuya historia se narra en el libro del Antiguo Testamento que lleva su nombre. Tobías, o Tobit, y su esposa habían sido enviados cautivos a Nínive. Ciego a los 56 años de edad, su hijo le curó siguiendo los consejos del arcángel San Rafael.

tobillera *s. f.* Venda, generalmente elástica, con que se sujeta el tobillo en algunas lesiones, o para protegerlo al practicar un deporte.

tobillero, ra *adj.* Que llega hasta los tobillos.

tobillo *s. m.* Punto de unión del pie y la pierna, en el que existen dos abultamientos formados por la tibia, en la parte interior, y por el peroné, en la exterior.

Tobin, James (Champaign, Illinois 1918) Economista estadounidense. Profesor en las universidades de Harvard y de Yale, fue asesor de los presidentes Kennedy y Johnson. Analizó los mercados financieros y las causas de desajustes entre consumo e inversión y trabajó para encontrar una forma de medir los niveles de bienestar. En 1981 recibió el premio Nobel de economía.

tobogán *s. m.* **1.** Rampa de hierro o material plástico, muy inclinada, para dejarse resbalar por ella por diversión. **2.** Rampa o conducto descendente que se utiliza para el transporte de mercancías. **3.** Especie de trineo bajo formado por una armadura montada sobre dos patines largos y cubierta por una plancha o tabla acolchada. **4.** Pista hecha en la nieve por la que se deslizan esos trineos a gran velocidad.

Tobruck C. de Libia, situada en el NE del país. 58.400 h. en 1984. Cuenta con industrias alimentarias y una refinería de petróleo. Durante la Segunda Guerra Mundial fue escenario de varias batallas.

toca *s. f.* **1.** Prenda de tela blanca usada por las monjas para cubrirse la cabeza y, en ocasiones, parte de la cara. **2.** Prenda semejante a la anterior usada antiguamente por algunas mujeres. **3.** Casquete o sombrero de ala pequeña usado por las mujeres.

tocadiscos *s. m.* Aparato que reproduce el sonido grabado en un disco. Consta de un plato giratorio y una aguja que se desliza por los surcos del disco, conectada a una cápsula generalmente magnética y ésta a un amplificador, que hace vibrar la membrana de uno o más altavoces y reproducir el sonido.

tocado, da[1] **1.** *p. p.* de **tocar**. También *adj.* ‖ *adj.* **2.** Mentalmente trastornado. **3.** Que ha sufrido algún tipo de lesión, debilitamiento, deterioro, etc. **4.** Que tiene o muestra algo de la cualidad que se expresa.

tocado, da[2] **1.** *p. p.* de **tocarse**, cubrir la cabeza. También *adj.* ‖ *s. m.* **2.** Prenda o adorno que se pone sobre la cabeza. **3.** Peinado, forma de arreglarse el pelo.

tocador *s. m.* **1.** Mueble en forma de mesa, con espejo, que utilizan las mujeres para peinarse, maquillarse, etc. **2.** Habitación destinada al arreglo y aseo personal, especialmente en los establecimientos públicos.

tocante *adj.* Referente a alguna cosa.

Tocantins **1.** Río de Brasil. 2.640 km. Tras su nacimiento en el estado de Goiás, toma dirección S-N y desemboca en el Pará, brazo del delta del Amazonas, cerca de la ciudad de Belém. Es navegable en la mitad de su recorrido. Su principal afluente es el Araguaia.
2. Estado de Brasil, situado en el N del país. 277.332 km^2. 960.000 h. en 1990. La capital es Miracema de Tocantins, con 15.800 h. en 1989. Es una región accidentada y boscosa, cuyos únicos ejes fluviales, demográficos y económicos son el río Tocantins y su afluente Araguaia. Cuenta con importantes recursos madereros, mineros e hidroeléctricos, en vías de explotación. El estado se creó en 1988 al secesionarse de Goias.

tocar *v. tr.* **1.** Ejercitar el sentido del tacto, entrar en contacto la mano u otra parte del cuerpo con cualquier otro cuerpo, objeto, etc. **2.** Entrar o estar en contacto físico. También *v. intr.* y *v. prnl.* **3.** Mover, manejar o revolver algo. **4.** Hacer sonar un instrumento musical según una técnica determinada. También *v. intr.* **5.** Hacer sonar una campana, timbre, sirena, etc. También *v. intr.* **6.** Modificar, cambiar. **7.** Tratar algún asunto. **8.** Llegar a un lugar para no quedarse mucho en él. También *v. intr.* **9.** Con ciertas expresiones, provocar en alguien la emoción, sentimiento. También *v. intr.* ‖ *v. intr.* **10.** Corresponder una función, responsabilidad, beneficio, etc. **11.** Caer en suerte. **12.** Importar una cosa a alguien, ser de su interés o provecho, o estar implicado en ella. **13.** Referirse a lo que se expresa. **14.** Rozar, ser una cosa casi lo que se expresa. **15.** Ser una persona pariente de otra. También *v. prnl.* ▪ Se conjuga como *sacar.* **FAM.** Tocamiento.

tocarse *v. prnl.* Cubrirse la cabeza con un gorro, sombrero, etc. ▪ Se conjuga como *sacar.*

tocata[1] (del ital. *toccata*) *s. f.* Composición musical para instrumentos de teclado, de estilo libre y en un solo movimiento, que requiere un gran virtuosismo del ejecutante. Fue introducida en el s. XVI y constituyó una de las formas favoritas de los compositores barrocos.

tocata[2] (de *tocadiscos*) *s. m. fam.* Tocadiscos.

tocateja, a *loc. adv.* A toca teja*.

tocayo, ya *s. m.* y *f.* Respecto de una persona, aquella otra que tiene su mismo nombre.

tocho, cha *adj.* **1.** Tosco, tonto, necio. También *s.* **2.** *fam.* Libro, montón de folios escritos, etc., muy gruesos. También *s. m.* ‖ *s. m.* **3.** Lingote de hierro.

tocinería *s. f.* Tienda o lugar en el que se vende tocino y otros productos procedentes del cerdo.

tocinero, ra *s. m.* y *f.* **1.** Persona que vende tocino. ‖ *s. f.* **2.** Tabla ancha en la que se sala el tocino.

tocino *s. m.* **1.** Capa de grasa que tienen algunos mamíferos, especialmente el cerdo, que se utiliza como alimento, generalmente después de haber sido salada. ‖ **2. tocino de cielo** Dulce elaborado con yema de huevo y almíbar cuajados. **3. tocino entreverado** Aquel que tiene algunas vetas de carne.

tocino, na *adj. fam.* Torpe de entendimiento. También *s.*

tocoferol *s. m.* Vitamina E.

tocología *s. f.* Obstetricia*.

tocólogo, ga *s. m.* y *f.* Médico especialista en tocología.

tocomocho *s. m. fam.* **1.** Estafa consistente en ofrecer a alguien algo que tiene aparentemente mucho valor a cambio de una cantidad inferior; suele tratarse de un décimo de lotería supuestamente premiado. **2.** Billete de lotería empleado en dicho timo.

tocón, na *adj.* **1.** *fam.* Se dice de la persona muy aficionada a tocar, especialmente a otra persona. También *s.* ‖ *s. m.* **2.** Parte del tronco de un árbol que queda unida a la raíz al cortarlo por la parte inferior.

toconal *s. m.* **1.** Lugar en que hay muchos tocones. **2.** Olivar formado con injertos de renuevos de tocones.

Tocorpuri Cerro de los Andes, en la frontera entre Chile, provincia de Antofagasta, y Bolivia, departamento de Potosí. 5.833 m de altitud.

tocotín *s. m. Méx.* Antiguo baile y música populares.

Tocqueville, Charles Alexis Henri Clérel, señor de (Verneuil, Seine-et-Oise 1805 - Cannes 1859) Político y pensador francés. Diputado de ideología centrista (1839-48), fue ministro de Asuntos Exteriores (1849), pero abandonó la política cuando Napoleón III dio el golpe de Estado. Escribió *La democracia en América* (1835-40) y *El antiguo régimen y la revolución* (1856), dos profundas reflexiones sobre las instituciones democráticas y el liberalismo.

Toda Aznar (? - ? h. 960) Reina de Navarra (? - 925). Nieta de Fortún Garcés de Pamplona, casó con Sancho I Garcés. Muerto su esposo, ejerció la regencia durante la minoría de edad de su hijo García Sánchez I, aunque de hecho siguió gobernando después.

todavía *adv. t.* **1.** Expresa persistencia o continuación de algo en el presente o en el momento de que se trata. ‖ *adv. m.* **2.** En ocasiones se usa con valor adversativo: *Hago todo su trabajo y todavía se queja.* **3.** A veces tiene valor concesivo: *Si tuvieras razón, todavía tendrías derecho a protestar.* ‖ *adv. c.* **4.** Con los adverbios *más, menos, mejor, peor* y similares, sirve de refuerzo.

Todd, sir Alexander Robertus (Glasgow 1907) Químico británico. Profesor de química de la universidad de Cambridge, realizó la síntesis de las vitaminas E y B_1 y descubrió la constitución de la vitamina B_{12}. También investigó sobre el ácido nucleico y las enzimas. Obtuvo el premio Nobel de química en 1957.

Todi, Iacopone da Véase **Iacopone da Todi**.

todo, da *adj.* **1.** Se dice de aquello que se toma o se considera por entero, sin excluir ninguna parte. También *pron.* **2.** Se usa delante de un sustantivo o de otro adjetivo con valor intensificador. **3.** En singular y seguido de un sustantivo sin artículo, equivale a *cualquiera.* **4.** En plural tiene a veces un valor distributivo y equivale a *cada.* ‖ *s. m.* **5.** Cosa de la que no se excluye nada o que se considera como la suma de sus partes o elementos. ‖ *adv. c.* **6.** Enteramente, por completo. ‖ **LOC. a todo esto** *adv.* Mientras tanto; también se utiliza para iniciar una frase. **ante todo** *adv.* Principalmente, por encima de cualquier otra cosa. **así y todo** *conj.* A pesar de lo que se dice. **con todo (y con eso)** *conj.* No obstante, sin embargo. **de todas todas** *adv.* Con seguridad, irremediablemente. **del todo** *adv.* Enteramente, por completo. **después de todo** Disminuye la importancia o el valor de algo. **jugar (o jugarse) alguien el todo por el todo** Arriesgarlo todo o esforzarse al máximo para conseguir algo. **ser todo uno** *fam.* Ser en realidad lo mismo varias cosas que parecían diferentes; también, ser una cosa la consecuencia inevitable de algo. **sobretodo** *adv.* Ante todo. **todo lo más** *adv.* Como mucho. **y todo** *adv.* Además, incluso.

todopoderoso, sa *adj.* Que lo puede todo; se aplica por antonomasia a Dios. Referido a Dios, también *s. m.*, en cuyo caso se escribe con mayúscula y precedido del artículo determinado.

todoterreno *adj.* Se dice del vehículo potente y resistente, preparado para circular por terrenos muy accidentados. También *s. m.*

tofe (del ingl. *toffee*) *s. m.* Caramelo blando de café con leche.

toga *s. f.* **1.** Manto que constituía la principal prenda de vestir utilizada por los romanos. **2.** Especie de abrigo largo, no ajustado a la cintura y generalmente de color negro, usado en algunos actos por magistrados, catedráticos, etc., encima del traje ordinario.

togado, da *adj.* **1.** Que viste toga. También *s.* **2.** Se dice particularmente de los magistrados superiores y, en la jurisdicción militar, de los jueces letrados.

Togliatti C. de la Federación Rusa, situada a orillas del Volga. 630.000 h. en 1989. Cuenta con refinería de petróleo e industria automovilística. En sus cercanías existen yacimientos de petróleo y gas natural. Se llamó *Voroshilov* de 1935 a 1943.

Togliatti, Palmiro (Génova 1893 - Yalta 1964) Político italiano. Miembro fundador del Partido Comunista Italiano, fue nombrado secretario general del mismo (1927-64). Vivió en la URSS (1939-42) y al regresar a Italia formó parte de tres gobiernos de concentración nacional (1943-47). En 1948 redefinió los objetivos de su partido y proclamó la necesidad de alcanzar el poder por la vía parlamentaria, convirtiendo al Partido Comunista en el segundo partido italiano. Se le considera precursor del eurocomunismo.

Tognazzi, Ugo (Cremona 1920 - Roma 1990) Actor cinematográfico italiano. Alcanzó el éxito y la popularidad en los años sesenta, interpretando papeles tanto cómicos como dramáticos. Algunos de sus mejores filmes son *La abeja reina* (1963), *Pocilga* (1970), *La grande bouffe* (1973) y *La jaula de las locas* (1980).

Togo Estado del O de África, en el golfo de Guinea.

- Extensión: 56.785 km^2.
- Límites: al N, con Burkina Faso; al E, con Benin; al S, con el océano Atlántico, y al O, con Ghana.
- Población: 3.764.000 h. en 1990.
- Densidad: 66,3 h./km^2.
- Capital: Lomé.
- División administrativa: 5 regiones divididas en prefecturas.
- Ciudades principales: Sokodé, Atakpamé y Kpalimé.
- Gentilicio: togolés.
- Forma de Estado: república presidencialista de carácter militar.
- Idioma: francés.
- Religión: creencias tradicionales, 45,8 %; cristianismo, 37 %; islamismo, 17 %.
- Moneda: franco CFA.
- Tasa de natalidad: 45 ‰ en 1990.
- Tasa de mortalidad: 14 ‰ en 1990.
- Renta per cápita: 390 dólares en 1989.

Geog. física La mayor parte del país se asienta sobre una meseta, cuya altura media es de 600 m, que sólo se ve interrumpida en el O por una cadena montañosa, los montes Togo. El S del territorio está constituido por una baja llanura costera. Dos son los ríos más caudalosos de Togo: el Oti, afluente del Volta, y el Mono, que atraviesa el país de N a S hasta desembocar en el golfo de Guinea. Tiene un clima tropical sudanés en el interior, con bosques y sabanas, y ecuatorial en la costa, donde abundan los manglares.

Geog. humana y ***económica*** La gran mayoría de la población pertenece a la raza negra y reside en el campo. Las mayores densidades de población se registran en la región S del país. El rápido crecimiento vegetativo de sus habitantes (3,1 % anual) es un factor significativo para su economía.

La economía, esencialmente agrícola, se basa en los cultivos industriales, destinados a la exportación, como cacao, café, palma aceitera, algodón y cacahuete. Entre los productos dedicados al consumo interior cabe citar el maíz, arroz, mijo, sorgo, mandioca, batata, cítricos y bananas. Cuenta con ganadería ovina, caprina y bovina. En cuanto a sus recursos mineros, Togo posee ricos yacimientos de fosfatos (octavo productor mundial) y hierro. Entre sus industrias, muy escasas, destacan la alimentaria, la textil y la química.

Hist. Descubierto el litoral de Togo por los portugueses a finales del s. XV, fue frecuentado por negreros de distintos países y la primera instalación permanente fue Anecho, una factoría fundada por el negrero brasileño Francisco de Souza. En 1884 se estableció el protectorado alemán, que finalizó en 1914, al ser ocupado el territorio por las fuerzas francobritánicas. Después de la Primera Guerra Mundial, Francia y el Reino Unido consiguieron que la Sociedad de Naciones dividiera el país entre ambas potencias (1919). En 1957 la parte británica de Togo decidió integrarse en Costa de Oro, que se convirtió en el estado de Ghana, mientras que el territorio francés obtuvo su independencia en 1960, bajo la presidencia de Sylvanus Olympio, que inició entonces una política prooccidental. En 1963 Olympio fue asesinado y sustituido por Nicolas Grunitzky, apoyado por los militares, quien a su vez fue derrocado en 1967 por el golpe de Estado del coronel Étienne Eyadéma, que se hizo con el poder, disolvió los partidos políticos y fundó el partido único denominado Reagrupamiento del Pueblo Togolés. En 1972 y 1979 fue confirmado como presidente de la república. En 1980 Eyadéma proclamó la Tercera República y en 1986 fue reelegido presidente. En agosto de 1991 fue despojado del poder pero, tras un intento de democratización por parte del Alto Consejo de la República –encabezado por el primer ministro J. Kokou Koffigoh–, el ejército tomó el mando en diciembre y exigió la disolución de dicho consejo, organismo que preparaba la convocatoria de elecciones multipartidistas.

Togo, Heihachiro (Kagoshima 1847 - Tokio 1934) Almirante japonés. Participó en la guerra chino-japonesa (1894-95) y tuvo el mando de la flota en la guerra ruso-japonesa (1904-05). Bloqueó Port-Arthur hasta su rendición y destruyó la flota rusa.

toilette (voz fr.) *s. f.* **1.** Aseo o arreglo personal. Se usa especialmente en la frase *hacer* o *hacerse la toilette.* **2.** Lavabo, cuarto de aseo. **3.** Mueble con un espejo frente al que una persona se peina y arregla.

toisón *s. m.* **1.** Toisón de oro. **2.** Insignia de esta orden, consistente en un collar, con eslabones en forma de B enlazados con pedernales echando llamas, del que cuelga un vellón de carnero. || **3. toisón de oro** Orden de caballería instituida en 1430 por Felipe el Bueno, duque de Borgoña, cuyo maestrazgo, desde Carlos V, corresponde a los reyes de España.

Toja, La Isla de España, situada en la ría de Arosa, en el N de la prov. de Pontevedra. 2 km^2. En ella se encuentra un famoso balneario. Cuenta también con una tradicional industria especializada en la fabricación de perfumes y jabones.

tojo *s. m.* Nombre común de diversas plantas arbustivas de la familia leguminosas, subfamilia papilionáceas, género *Ulex.* La especie *Ulex europaeus* mide entre 1 y 1,5 m, tiene tallos muy espinosos y flores agrupadas o solitarias de color amarillo. Crece en Europa y es frecuente en la península Ibérica.

Tokio: vista parcial de la ciudad.

Tojo, Hideki (Tokio 1884 - íd. 1948) Militar japonés. Ministro de la Guerra (1940) y primer ministro (1941-44), decidió el ataque contra Pearl Harbor (1941). Tras la derrota japonesa, dimitió (1944) y posteriormente fue juzgado y ejecutado por EE UU como criminal de guerra.

tokamak *s. m.* Dispositivo que permite, mediante un campo magnético, confinar en un recinto plasma, es decir, una masa de protones, neutrones y electrones dotados de cierta movilidad. Es un procedimiento relacionado con el estudio y logro de la fusión nuclear.

Tokio (*Tokyo*) C. de Japón, cap. del país, en la costa E de la isla de Honshu. 8.278.100 h. en 1989 y 11.898.000 h. en su aglomeración urbana. Es un gran centro comercial, financiero y administrativo, y más de la mitad de sus habitantes trabaja en el sector terciario. Se concentran gran número de industrias de todo tipo, las más sobresalientes de las cuales son la metalúrgica, textil, del vidrio, papelera, de equipos de transporte, químicas, de cuero sintético y de alta tecnología. Su enorme puerto enlaza con otros próximos y todo este conjunto portuario se llama *Kaihin.* La capital está rodeada de ciudades satélites (Chiba, Fujisawa, Yokohama, Omiya, Matsudo, Yokosuka, etc.). Conserva, entre otros monumentos, los templos de Hommon (s. XIII) y de Jundai (s. XVIII) y el palacio imperial y castillo de Edo (s. XV). También destacan numerosos edificios del s. XX, como el ayuntamiento, la Academia Japonesa de Arte y buen número de museos.

Tokugawa Dinastía japonesa que ejerció hereditariamente el shogunato desde 1603 hasta 1867. Su fundador fue Ieyasu, que estableció su gobierno en Edo (Tokio). En 1867, Yoshinobu, último shogun Tokugawa, cedió sus poderes al emperador Meiji Tenno.

toldería *s. f. Amér. del S.* Campamento indio formado por toldos o tiendas.

toldilla *s. f.* Cubierta parcial que tienen algunas embarcaciones a la altura de la borda, en la parte trasera.

toldillo *s. m.* **1.** *dim.* de **toldo**. **2.** Silla de manos cubierta. **3.** *Col., Cuba, Ven.* Mosquitero*.

toldo *s. m.* **1.** Cubierta de lona que se mantiene extendida con algún tipo de armadura y que generalmente puede recogerse o enrollarse, utilizada para dar sombra. **2.** Cubierta de lona, cañas, etc., en forma de bóveda, con la que se tapan los carros y que se sostiene por medio de unos arcos. **3.** *Amér. del S.* Tienda o choza propia de los indios, hecha con pieles y ramas.

Toldrá, Eduardo (Villanueva y Geltrú, Barcelona 1895 - Barcelona 1962) Violinista, compositor y director de orquesta español. Fundó el Quartet Renaixement (1912), fue director de la Orquesta de Estudios Sinfónicos (1925) y de la Orquesta Municipal de Barcelona (1944). Entre sus obras destacan *Cuarteto en do menor* (1914), *Suite en mi* (1919), *Vistas al mar* (1921) y la ópera *La pirueta de mayo* (1928). También compuso numerosas sardanas.

tole *s. m.* **1.** Confusión y griterío. **2.** Rumor de desaprobación contra alguien o algo. || **Loc. tomar** uno **el tole** *fam.* Marcharse aceleradamente.

toledano, na *adj.* **1.** De Toledo. También *s.* || **2. noche toledana** Véase **noche**.

Toledo 1. Prov. de España, perteneciente a la comunidad autónoma de Castilla-La Mancha. 15.368 km^2. 491.100 h. en 1991. El río Tajo la divide en dos regiones: la N, accidentada por las estribaciones del sistema Central, y la S, por los montes de Toledo. Los principales ríos que la surcan son el Tajo, Guadarrama y Alberche. Tiene un clima mediterráneo de interior y vegetación de encinas y matorral. La agricultura de secano es la actividad dominante, en la que destacan los cultivos de cereales, olivo, leguminosas, vid, remolacha, algodón, tabaco y plantas forrajeras, así como frutales y productos hortícolas. Posee una abundante ganadería vacuna, ovina y porcina e industria alimentaria, de la construcción, metalúrgica y de cemento. Hay que resaltar la cerámica y la industria textil artesana.

2. C. de España, cap. de la prov. homónima y de la comunidad de Castilla-La Mancha. 63.550 h. en 1991. Se sitúa sobre un promontorio que está rodeado en sus tres cuartas partes por el río Tajo. Entre las industrias modernas cabe destacar la de material eléctrico y telefónico, la metalúrgica, química y de materiales de construcción, y entre las tradicionales, la textil, de damasquinado y de armas. Especial importancia ha adquirido el turismo.

Hist. Antigua ciudad celtibérica, bajo el poder romano alcanzó gran prosperidad y ya en el 306

Toledo: vista general de la ciudad, rodeada por el río Tajo, en la que destacan la torre de la catedral y la silueta del Alcázar.

era sede episcopal. El rey visigodo Leovigildo la convirtió en capital de su reino. En el año 711 fue conquistada por los musulmanes y, tras la caída del califato de Córdoba, se convirtió en capital del reino taifa del mismo nombre, habitada por una mayoría de mozárabes. Alfonso VI la reconquistó en 1085. Se sumó a la rebelión de las Comunidades contra Carlos I en 1520. En 1561, al decidirse el traslado de la corte a Madrid, comenzó su decadencia. Durante la guerra civil (1936-39) se mantuvo fiel a la República y en ella tuvo lugar un largo asedio de la academia militar del Alcázar, donde se había hecho fuerte un contingente de insurrectos mandados por el coronel Moscardó. La ciudad fue tomada por las tropas del general Varela en septiembre de 1936.

Arte Toledo guarda un espléndido legado de las tres culturas que convivieron allí en la Edad Media: árabe, judía y cristiana. De época musulmana es la mezquita de Valmardón, transformada luego en iglesia cristiana bajo el nombre de Cristo de la Luz (980), y la puerta Vieja de Bisagra (s. IX). Después de la Reconquista se levantaron iglesias con elementos mudéjares, entre ellas Santiago del Arrabal, Santo Tomé, la ermita del Cristo de la Vega y San Román (s. XIII). Judías son las sinagogas de Santa María la Blanca (s. XII-XIII) y del Tránsito. La catedral, terminada en el s. XVI, es de estilo gótico con varios añadidos de épocas posteriores. El monasterio de San Juan de los Reyes (s. XVI), obra de Juan Guas, corresponde al estilo isabelino. En la arquitectura civil merecen mención el palacio de Fuensalida, gótico mudéjar; el hospital de Santa Cruz, renacentista; el hospital de Tavera, obra de Covarrubias; el ayuntamiento, trazado por Juan de Herrera, y buen número de casas antiguas, entre las que sobresale la de El Greco.

Toledo C. de EE UU, en el N del estado de Ohio, junto al lago Eire. 342.400 h. en 1989. Posee industrias de vidrio, plásticas, cuero, textiles, siderúrgicas, de construcciones mecánicas, químicas y eléctricas, grandes refinerías de petróleo e importantes yacimientos de gas natural. En su puerto se lleva a cabo una intensa actividad comercial.

Toledo, casa de Familia noble española, cuyo origen se sitúa en el s. XI con la figura de **Pedro**, conde de Carrión, que se estableció en Toledo (1085), tras haber ayudado a Alfonso VI a reconquistar la ciudad. Se diversificó en varias líneas, entre las que destaca la de los duques de Alba. Entre sus principales representantes se encuentran: **Pedro de Toledo** (Alba de Tormes, Salamanca 1484 - Florencia 1553), que luchó contra los comuneros, participó en las campañas de Flandes, Alemania e Italia y fue virrey de Nápoles (1532-53); **García de Toledo** (Villafranca del Bierzo, León 1514 - Nápoles 1578), hijo del anterior, tercer marqués de Villafranca, que luchó contra los turcos en el ataque a La Goleta y en Flandes y fue virrey de Cataluña (1558-64) y de Sicilia (1565-66); **García de Toledo Osorio** (? - ? 1649), sexto marqués de Villafranca, comandante de las galeras de España, que defendió Cádiz de los ingleses y luchó contra Francia; **Fadrique de Toledo Osorio** (Madrid 1580 - íd. 1634), capitán de la armada del océano, que guerreó contra los neerlandeses en Brasil y contra franceses e ingleses en las Antillas; y **Fadrique de Toledo Osorio Ponce de León** (Madrid 1635 - íd. 1705), hijo póstumo del anterior, que fue capitán general de las galeras de Sicilia y de las escuadras de Nápoles, virrey de Sicilia (1674-1676) y mayordomo mayor de Felipe V (1701).

Toledo, concilios de Asambleas generales políticas y religiosas, celebradas en la ciudad de Toledo, que constituyeron el principal organismo legislativo del reino visigodo. Se celebraron dieciocho concilios, que eran convocados por el rey y presididos en un principio por el arzobispo más antiguo y finalmente por el de Toledo. Entre ellos destaca el III (589), convocado por Recaredo y presidido por San Leandro, en el que el rey se convirtió públicamente al catolicismo.

Toledo, Francisco de (Oropesa, Toledo 1516 - Escalona, Toledo 1582) Administrador colonial español. Conde de Oropesa, fue mayordomo de los reyes Carlos I y Felipe II y virrey de Perú (1568-81). Estableció algunas normas en favor de la situación laboral de los indios e impuso la explotación de las minas de Potosí. Su principal error fue la detención y muerte del Inca Túpac Amaru I. Fundó las ciudades de Huancavelica, Córdoba, Cochabamba y Salta.

Toledo, Juan Bautista de (? - Madrid 1567) Arquitecto español. Trabajó algún tiempo en Roma y Nápoles. De estilo renacentista, fue encargado por Felipe II de la construcción del monasterio de El Escorial, donde trazó el patio de los Evangelistas, concluido por su discípulo Juan de Herrera.

Toledo, montes de Cadena montañosa de España y Portugal, con una longitud de 550 km, que se extiende entre las cuencas del Tajo y del Guadiana; comprende los montes de Toledo propiamente dichos (Rocigalgo, Yébenes, Chorito y Calderina) y otras sierras, entre ellas Guadalupe, San Pedro y San Mamede. Las Villuercas (1.603 m) es su mayor altura.

Toledo, reino visigodo de Véase **visigodo de Toledo, reino**.

Toledo Molina, Antonio Sebastián Álvarez de (? h. 1620 - Madrid 1715) Administrador colonial español. Nombrado virrey de Nueva España (1664-73), combatió con los indios chichimecas y reorganizó la Armada de Barlovento, para proteger de los piratas el tráfico con España. Apoyó la candidatura de Felipe V al trono español.

Toledo y Leiva, Pedro Álvarez de (? 1585 - Madrid 1654) Administrador colonial español. Padre del anterior, fue nombrado virrey de Perú (1639-48). Durante su mandato reorganizó la escuadra, fortificó El Callao para defenderlo de los piratas e impidió las expediciones portuguesas desde Brasil a territorios de la corona española.

tolemaico, ca *adj.* Perteneciente o relativo a Tolomeo o a su sistema astronómico. ▪ También se escribe *ptolemaico.*

tolerable *adj.* Que se puede tolerar. **FAM.** Tolerabilidad, tolerablemente.

tolerancia *s. f.* **1.** Acción y efecto de tolerar. **2.** Respeto a las opiniones o prácticas de los demás, aunque no coincidan con las propias. **3.** Diferencia que se permite entre la calidad, cantidad, etc., de algo y la que debería o le correspondería tener. **4.** Capacidad de un organismo para soportar determinados medicamentos o drogas. **5.** Condición que permite a un organismo con parásitos convivir con ellos sin sufrir graves daños.

tolerante *adj.* Que tiene o muestra tolerancia.

tolerantismo *s. m.* Actitud favorable a la tolerancia en materia religiosa.

tolerar *v. tr.* **1.** Soportar, aguantar. **2.** Resistir favorablemente un organismo alimentos, medicinas, determinadas condiciones, etc. **3.** Admitir y respetar ideas, opiniones, acciones, etc., diferentes de las propias. **4.** Permitir, consentir.

toletazo *s. m. Col., Cuba, Ec., Méx.* Golpe dado con un garrote.

tolete *adj.* **1.** *Can., Cuba.* Torpe, bobo. También *s.* ‖ *s. m.* **2.** Vástago al que se sujeta el remo de una embarcación. **3.** *Amér. C., Col., Cuba, Méx., Ven.* Garrote corto.

Tolima Departamento de Colombia, en el sector centro occidental del país. 23.562 km². 1.051.850 h. en 1985. La capital es Ibagué, con 293.000 h. en 1986. Se distinguen tres franjas longitudinales de diverso relieve: en el O, la cordillera Central de los Andes; en el centro-E, los valles de los ríos Magdalena y de su afluente el Saldaña, y en el E, la cordillera Oriental. Tiene un clima tropical, en general cálido, salvo en las alturas. En los valles fluviales se practica una rica agricultura cuyos principales productos son algodón, café, arroz, tabaco, caña de azúcar, trigo, maíz y plátanos. Cuenta con abundante ganadería vacuna, ricos yacimientos de petróleo y algunas minas de hierro, oro, plata, carbón y plomo, una refinería de petróleo e industrias alimentarias, tabaqueras, de curtidos, textiles y de materiales de construcción.

Tolima, Nevado del Cumbre volcánica de Colombia, situada en la cordillera Central de los Andes, departamento de Tolima, al NO de Ibagué. Tiene una altitud de 5.215 m.

Tolkien, John Ronald Reuel (Bloemfontein, Sudáfrica 1892 - Bournemouth, Reino Unido 1973) Escritor británico. Escribió novelas y narraciones de gran fantasía, inspiradas en leyendas medievales, en las que creó una mitología de su invención y un mundo geográfico propio. Entre ellas destacan *El Hobbit* (1937), *El señor de los anillos* (1954-55) y el volumen de cuentos *El Silmarillion* (póstuma, 1977).

tolla *s. f.* Terreno pantanoso.

Toller, Ernst (Somotschin, Posnania 1893 - Nueva York 1939) Escritor y político alemán. Miembro del Partido Socialista Independiente, se significó en la revolución de Baviera (1919). Es autor de obras de estilo expresionista, entre las que merecen citarse *El libro de las golondrinas* (poemas, 1923) y los dramas *Los destructores de máquinas* (1922), *El alemán cojo* (1923) y *¡Hurra, vivimos!* (1927). Exiliado en Nueva York (1933), se suicidó.

tolmera *s. f.* Lugar en que abundan los tolmos.

tolmo *s. m.* Peñasco elevado semejante a un mojón.

Tolomeo Nombre que tomaron los reyes griegos de Egipto de la dinastía lágida. ▪ Se escribe también *Ptolomeo.*

Tolomeo I Sóter (Macedonia h. 367 - 283 a. C.) Rey de Egipto (305-283 a. C.). Hijo de Lago, noble macedonio, siguió a Alejandro en sus campañas en Asia y, tras ser nombrado sátrapa de Egipto y de Libia, después de deshacerse de sus enemigos, tomó el título de rey, al que añadió las prerrogativas de los faraones. Unificó el culto egipcio y el griego y embelleció y convirtió en importante centro cultural la capital, Alejandría, fundando la biblioteca y el museo.

Tolomeo II Filadelfo (Cos 308 - ? 246 a. C.) Rey de Egipto (283-246 a. C.). Hijo y sucesor del anterior, extendió el poderío de su padre por Arabia y África oriental y se casó con su hermana, lo que ocasionó una gran indignación en la comunidad griega de su reino. Protegió las artes y las ciencias.

Tolomeo III Evergetes I (? h. 280 - ? 221 a. C.) Rey de Egipto (246-221 a. C.). Hijo y sucesor del anterior, incorporó a su reino Cirenaica. Atacó al imperio seléucida (245 a. C.) e intervino en Grecia. Extendió su reino hasta Tracia.

Tolomeo IV Filopátor (? h. 244 - 203 a. C.) Rey de Egipto (221-203 a. C.). Hijo y sucesor del anterior. Totalmente corrompido, llegó a matar a su madre y a otros familiares. Venció a Antíoco III en la batalla de Rafia (217 a. C.).

Tolomeo VI Filométor (? h. 186 - ? Siria 145 a. C.) Rey de Egipto (h. 181-145 a. C.) Durante su minoría de edad gobernó su madre, Cleopatra I. Casó con su hermana Cleopatra II. Hecho prisionero por Antíoco IV, en Alejandría nombraron rey a su hermano Tolomeo VIII. Vuelto al poder con el apoyo de Roma, gobernó junto con su hermano y su hermana y esposa. Al fin, Tolomeo VIII pasó a reinar en Cirenaica. Intervino en las luchas dinásticas seléucidas.

Tolomeo VIII Evergetes II (? h. 182 - ? 116 a. C.) Rey de Egipto (170-163 a. C y 145-116 a. C.). Tras su primer reinado, gobernó en Cirenaica y, después de la muerte de su hermano, Tolomeo VI Filométor, le sucedió, se casó con su viuda, Cleopatra II, y asesinó a su sobrino. Hacia 141 a. C. se casó con su sobrina, Cleopatra III, sin haber repudiado a su mujer, madre de ésta. Cleopatra II logró expulsarle, pero en 124 se reconciliaron y la paz volvió al país.

Tolomeo XIII (o **XIV**) **Dioniso II** (? h. 61 - ? 47 a. C.) Rey de Egipto (51-47 a. C.). Gobernó bajo el poder de los romanos. Mandó matar a Pompeyo Magno y por orden de César tuvo que compartir el trono con Cleopatra VII. Murió combatiendo contra César.

Tolomeo XIV (o **XV**) **Filopátor** (59 - 44 a. C.) Rey de Egipto (47-44 a. C.), hermano del anterior. Apoyado por César, casó con su hermana Cleopatra VII, quien le envenenó.

Tolomeo XV (o **XVI**) **César** (? 47 - ? 30 a. C.) Rey de Egipto (44-30 a. C.). Último de su dinastía, era hijo de Julio César y Cleopatra VII. Asociado al poder con su madre, fue ejecutado por Augusto, lo que hizo que Egipto se convirtiera en provincia romana.

Tolomeo, Claudio (Ptolemais Hermiu ? h. 90 - Cánope h. 168) Astrónomo y geógrafo griego. Su principal obra es el *Almagesto*, en la que expone su concepción geocéntrica del universo. El sistema tolemaico entronca con la tradición aristotélica, fue utilizado por astrónomos árabes y medievales y sólo perdió vigencia con la aceptación de las teorías heliocéntricas propuestas por Copérnico. Es autor también de una *Geografía*, en la que aparecen valiosos mapas de la época.

Tolón (*Toulon*) C. de Francia, cap. del departamento de Var, situada en el SE del país, a orillas del Mediterráneo. 168.000 h. en 1990 y 410.400 en su aglomeración urbana. Posee industrias químicas, mecánicas y de construcciones navales. A partir de 1815 la ciudad cobró importancia y se convirtió en el centro naval más importante de Francia.

tolondrón *s. m.* Bulto que sale en el cuerpo a consecuencia de un golpe.

tolos *s. m.* **1.** Monumento funerario de forma circular con cubierta de cúpula, característico de los griegos, mesopotámicos y etruscos. **2.** P. ext., templo de planta circular, griego o romano.

Tolosa C. de España, en la prov. de Guipúzcoa, situada al SO de la capital. 18.100 h. en 1991. Constituye un importante nudo de comunicaciones. Su principal actividad económica es la fabricación de papel. Tiene también industrias de construcciones mecánicas, textiles y de la confección.

Tolosa, condado de Antiguo principado, división territorial del reino de Aquitania, con capital en Tolosa (Toulouse). Fundado en el s. IX a partir de una antigua marca carolingia, se convirtió en la Alta Edad Media en uno de los señoríos más poderosos del Languedoc. Alcanzó su mayor prosperidad en el s. XII, en época de los condes Raimundo IV y Raimundo V. El auge de la herejía albigense provocó una creciente intervención de la corona francesa en el condado, hasta 1271, en que pasó definitivamente a manos del rey Felipe III.

Tolosa, reino visigodo de Véase **visigodo de Tolosa, reino**.

Tolsá, Manuel (Enguera, Valencia 1757 - Ciudad de México 1816) Escultor y arquitecto español. Trabajó la mayor parte de su vida en México, donde realizó numerosos retablos de estilo barroco y varias esculturas exentas, entre las que merece citarse la estatua ecuestre del rey Carlos IV, conocida como *El caballito* (1796-1803). Su obra arquitectónica pertenece al estilo neoclásico y en ella destacan la cúpula y la fachada de la catedral de México (1792-1813) y el palacio de la Escuela de Minería (1797-1813).

Tolstoi, Alexei Konstantinovich, conde (San Petersburgo 1817 - Brjansk 1875) Escritor ruso. Aristócrata de ideas liberales, es autor de poesías, de novelas, como *El príncipe Serebriani* (1862), y de una trilogía dramática: *La muerte de Iván el Terrible* (1866), *El zar Fiodor Ivanovich* (1868) y *El zar Boris* (1870).

Tolstoi, Alexei Nikolaievich (Nikolaievsk, Samara 1883 - Moscú 1945) Escritor ruso. Tras la Revolución Soviética emigró a Francia, pero volvió a la URSS en 1923. Entre sus obras destacan la trilogía novelística *El camino de los tormentos*, formada por *Las hermanas* (1922), *El año 1918* (1927-28) y *Mañana sombrío* (1940-41), y las novelas históricas *Pedro I* (1929-45) e *Iván el Terrible* (1943).

Liev Nikolaievich Tolstoi.

Tolstoi, Liev Nikolaievich (Yasnaia Poliana, Tula 1828 - Astapovo, Riazan 1910) Escritor ruso. De 1857 a 1860 realizó diversos viajes por Europa occidental, en los que maduró una serie de ideas pedagógicas que fue divulgando en la publicación mensual *Yasnaia Poliana*. La grave enfermedad de su esposa y la muerte de sus dos hijos le llevó a retirarse de la vida pública. Comenzó entonces un periodo de radical evolución en sus planteamientos filosóficos y religiosos y defendió un acercamiento a los humildes, una especie de cristianismo ético. En sus novelas aborda con realismo la situación del hombre frente a una sociedad que le es hostil; busca la simplicidad expresiva, conseguida gracias a una cuidada elaboración, y analiza con profundidad el carácter de sus personajes. Entre sus principales obras se cuentan los relatos autobiográficos *Infancia* (1851), *Adolescencia* (1852-54) y *Juventud* (1857); *Los cosacos* (1863); *Guerra y paz* (1865-69); *Ana Karenina* (1876-77); *La muerte de Ivan Ilich* (1886); *Sonata a Kreutzer* (1889) y *Resurrección* (1899).

tolteca *adj.* **1.** Se dice de un pueblo amerindio precolombino que habitó en el altiplano central de México. Crearon un importante reino entre los s. VIII y XII con capital en Tula. Las muestras más interesantes de su arte se encuentran en Tula. El arte tolteca influyó en el maya, como puede apreciarse en Chichén Itzá. **2.** De este pueblo. También *s.* ‖ *s. m.* **3.** Idioma hablado por este pueblo.

Toluca, Nevado de Cumbre volcánica inactiva de México, situada en la cordillera Neovolcánica, al SO de Ciudad de México. Tiene una altitud de 4.680 m. En su cráter se han formado dos lagunas. También se llama *Zinantécatl.*

Toluca de Lerdo C. de México, cap. del estado de México, situada al O de la capital del país. 357.000 h. en 1982. Está enclavada en un fértil valle donde se cultivan legumbres, hortalizas y frutas, y se cría ganado vacuno y equino. Posee industria textil, alimentaria, metalúrgica, automovilística y de construcciones mecánicas.

tolueno *s. m.* $C_6H_5-CH_3$. Hidrocarburo aromático líquido, es un compuesto del carbono derivado del benceno por sustitución de uno de los átomos de hidrógeno de su molécula por un radical metilo, razón por la cual su nombre sistemático sería *metilbenceno.* Su nombre vulgar alude al bálsamo de tulú, de donde fue aislado. Es un líquido incoloro de olor similar al del benceno e inflamable como él. Se obtiene industrialmente a partir del alquitrán de hulla y del petróleo. Se emplea como disolvente, como materia prima en la industria de colorantes y para la fabricación de explosivos como el trinitrotolueno.

tolva *s. f.* **1.** Dispositivo de carga o alimentación de materias fragmentadas, como grano o arena. Es un recipiente en forma de tronco de pirámide o de cono invertido y abierto por debajo, en el que se vierte el material para que vaya cayendo poco a poco. **2.** Parte superior en algunas urnas con una abertura o ranura por la que se introducen las monedas, papeletas, etc.

tolvanera *s. f.* Remolino de polvo que aparece en días muy cálidos y es propio de estepas y zonas desérticas.

toma *s. f.* **1.** Acción y efecto de tomar algo. **2.** Conquista u ocupación de un lugar o territorio. **3.** Porción de algo que se toma de una vez, p. ej un medicamento; también, cada una de las veces que se hace. **4.** Punto de un depósito, conducción, circuito electrico, etc., donde se puede disponer de lo que contienen o circula por ellos. **5.** Acción de fotografiar o filmar algo; también, fragmento de película que se ha rodado. **6.** *amer.* Cauce o zanja por la que circula una corriente de agua. **7.** *amer.* Muro para desviar el agua de un cauce.

tomacorriente *s. m.* **1.** *amer.* Toma de corriente eléctrica. **2.** *Arg.* Enchufe eléctrico.

tomada *s. f. Amér. del S.* Acción y efecto de tomar.

tomado, da **1.** *p. p.* de **tomar**. También *adj.* ‖ *adj.* **2.** Se aplica a la voz que está algo ronca. **3.** *amer.* Borracho.

tomador, ra *adj.* **1.** Que toma. También *s.* **2.** Se dice de la persona que roba algo de los bolsillos o bolsos de otra. También *s.* **3.** *amer.* Bebedor. ‖ *s. m.* y *f.* **4.** Persona a la que se ha de pagar o a cuya orden se ha de realizar el pago de una letra de cambio. **5.** Persona que celebra un contrato de seguro y suscribe la póliza del mismo, aceptando los deberes y obligaciones que le corresponden.

tomadura *s. f.* Acción y efecto de tomar.

tomahawk o **tomawak** *s. m.* Hacha de guerra de ciertos pueblos amerindios de las praderas de América del Norte.

tomaína *s. f.* Nombre con que se designa una serie de sustancias originadas principalmente en los tejidos orgánicos en descomposición.

tomar *v. tr.* **1.** Coger, agarrar, sujetar. **2.** Aceptar, recibir. **3.** Comer o beber algo. También *v. prnl.* **4.** Montar en un vehículo de transporte público. **5.** Adquirir, hacer propio, llegar a tener. **6.** Hacerse cargo. **7.** Recibir un nombre. **8.** Llevar a cabo lo que se expresa; forma a menudo con su complemento locuciones verbales que equivalen al verbo de la misma raíz: *tomar decisión* (*decidir*), *tomar conciencia* (*concienciarse*). **9.** Contratar. **10.** Alquilar. **11.** Con sustantivos que hacen referencia a un instrumento, realizar la acción que le corresponde. **12.** Ocupar, dominar, conquistar. **13.** Entender, interpretar, considerar de cierta manera. También *v. prnl.* **14.** Fotografiar o filmar una escena, un paisaje, etc. **15.** Escribir o grabar una conferencia, un discurso, etc., mientras se oye. **16.** Elegir, escoger. **17.** Medir una determinada magnitud. **18.** Poseer sexualmente el hombre a la mujer. **19.** Encaminarse alguien en cierta dirección. También *v. intr.* ‖ *v. intr.* **20.** Arraigar una planta en la tierra. **21.** *amer.* Tomar bebidas alcohólicas, generalmente en exceso. ‖ *v. prnl.* **22.** Disponer o hacer uso una persona de algo, que generalmente debería ser concedido o permitido por otra. **23.** Ponerse la voz ronca. ‖ **Loc. ¡toma!** *fam.* Indica sorpresa o asombro; expresa conformidad con algún mal ajeno, en general por considerarlo merecido. **toma y daca** *fam.* Se utiliza generalmente con sentido despectivo para indicar que existe entre dos o más personas un intercambio de servicios, favores, etc. **tomarla con** alguien o algo *fam.* Atacar o molestar constantemente a una persona o cosa.

Tomás, Santo (Galilea s. I - India ?) Uno de los doce apóstoles de Jesús. A causa de su incredulidad, Jesús se le apareció después de muerto y le hizo tocar sus heridas, para que creyese en su resurrección. Según la tradición, predicó en la India y allí debió de morir.

Tomás Becket, Santo Véase **Becket, Santo Tomás**.

Santo Tomás de Aquino. Cuadro de Zurbarán, detalle (Museo de Bellas Artes de Sevilla).

Tomás de Aquino, Santo (Roccasecca, cerca de Aquino 1225 - Fossanova 1274) Teólogo y filósofo italiano. De origen noble, en 1243 ingresó en la orden de los dominicos. Se trasladó a París en 1245, donde completó su formación teológica bajo la dirección de San Alberto Magno. Enseñó en París, Agnani, Orvieto, Roma, París y Nápoles. Su obra representa una síntesis entre aristotelismo y fe cristiana. Según él, la razón, lejos de oponerse a la fe, conduce a la misma verdad que ésta, por lo que resulta necesario ensamblar ambos conceptos en un único sistema. Realizó una demostración racional de la existencia de Dios, a partir de cinco vías. En ella partió de realidades observables y de una reflexión racional sobre las mismas. Se opuso al argumento ontológico y mantuvo que el conocimiento de Dios sólo puede ser impreciso, puesto que su infinitud es inaprehensible para nuestra inteligencia finita. Entre sus principales obras cabe citar la *Summa contra gentiles* (1259-60), *De perfectione vitae spiritualis* (1269-70) y, sobre todo, la *Summa theologica* (1265-73), primer sistema teológico completo, que durante siglos ha constituido un criterio de autoridad para la Iglesia católica.

Tomás de Villanueva, Santo (Fuenllana, Ciudad Real h. 1487 - Valencia 1555) Religioso español. Monje agustino, fue predicador de Carlos V y arzobispo de Valencia; durante su episcopado reformó la disciplina eclesiástica y creó escuelas y hospitales.

Tomás Moro, Santo Véase **Moro, Santo Tomás**.

Tomasi de Lampedusa Véase **Lampedusa, Giuseppe Tomasi, príncipe de**.

tomatada *s. f.* Guiso, fritada o ensalada de tomate.

tomatal *s. m.* Lugar en el que abundan las tomateras.

tomatazo *s. m.* Golpe que se da lanzando un tomate.

tomate *s. m.* **1.** Fruto de la tomatera, de color rojo, carnoso y jugoso, con la superficie lisa y brillante y la pulpa llena de semillas aplastadas y amarillentas, muy utilizado en alimentación. **2.** Tomatera*. **3.** Salsa hecha con este fruto triturado y, generalmente, frito. **4.** *fam.* Agujero hecho en una prenda de punto, especialmente en los calcetines y medias. **5.** *fam.* Enredo, lío. || **Loc. ponerse** alguien **como un tomate** *fam.* Ponerse muy colorado, generalmente por vergüenza.

tomatera *s. f.* Planta herbácea de la familia solanáceas, especie *Lycopersicum esculentum.* Con tallos de 1 a 2 m de altura, tiene hojas imparipinnadas alternas, flor amarilla con forma de estrella y fruto en baya, el tomate, de color rojo y muy apreciado como comestible. Su origen es americano y se cultiva en todos los países cálidos y templados. Existen diversas variedades producidas por hibridación.

Tomatera: cultivo de esta planta en la isla de Tenerife, Canarias (España).

tomatero, ra *adj.* **1.** *fam.* Se dice de los alimentos propios para ser guisados con tomate, especialmente de los pollos pequeños y tiernos. || *s. m.* y *f.* **2.** Persona que vende tomates. **3.** Persona que cultiva o cuida las tomateras.

tomavistas *s. m.* Cámara filmadora cinematográfica de pequeño formato, utilizada generalmente por aficionados. También *adj.*

Tombalbaye, François (Bedaya 1918 - N'Djamena 1975) Político chadiano. Miembro del Partido Progresista de Chad, fue nombrado primer ministro del gobierno autónomo (1959) y presidente de la República (1960). En 1963 cambió su nombre por el de N'Garta. Tuvo que enfrentarse a los rebeldes del Frente Nacional de Liberación de Chad (Frolinat). Buscó ayuda en Zaire y encontró la muerte en un golpe de Estado.

tómbola *s. f.* **1.** Rifa en la cual los premios son objetos y no dinero. **2.** Caseta o local en que se celebra esa rifa.

tómbolo *s. m.* Cordón de arena y grava, transversal a la línea litoral, que une algún islote a la costa. Se forma en zonas de playas de escasa profundidad y poco oleaje, por la presencia de corrientes contrarias, paralelas a la costa. Si este cordón une islas o forma lagunas costeras, se denomina *lido.*

Tombuctú C. de Malí, en el centro del país, cerca del río Níger, al N de los pantanos de Macina. 19.200 h. en 1982. Fundada por los tuareg en el s. XIII, fue un punto clave para las caravanas que atravesaban el Sáhara. En 1591 fue conquistada por una expedición de marroquíes y mercenarios hispanos y pasó a depender de Marruecos hasta 1620; desde este año hasta 1737 fue gobernada por los *arma,* descendientes de los renegados españoles que la habían conquistado en 1591. En 1894 pasó a poder de Francia.

Tomé, Narciso (? - ? 1742) Arquitecto y escultor español. Miembro de una familia de arquitectos y escultores barrocos, realizó con su hermano Diego la fachada de la universidad de Valladolid, dando gran importancia a la decoración. Fue nombrado maestro mayor de la catedral de Toledo, donde ejecutó el *Transparente* (1721-32), importante muestra del rococó en España.

Tomelloso C. de España, en la prov. de Ciudad Real. 27.950 h. en 1991. Su economía depende del cultivo de la vid y de la industria vinícola.

tomento *s. m.* **1.** Capa de pelos cortos, suaves y entrelazados, que cubre los órganos de algunas plantas. **2.** Restos que quedan después de cardar el lino o el cáñamo.

tomentoso, sa *adj.* Que tiene tomento.

-tomía *suf.* Significa 'división, separación, corte': *anatomía, traqueotomía.*

tomillar *s. m.* Lugar en el que abunda el tomillo.

tomillo *s. m.* Nombre común de diversas plantas arbustivas de la familia labiadas, género *Thymus.* Son matas de unos 30 cm de altura, con tallos rastreros, hojas opuestas, pequeñas y lanceoladas, y flores blancas o rosadas agrupadas en espigas terminales. El tomillo común *(Thymus vulgaris)* es su especie más frecuente. Crece en la Europa mediterránea y sus hojas se utilizan por su aroma en perfumería y como condimento.

Tomillo (Thymus vulgaris).

tomismo *s. m.* Sistema filosófico y teológico de Tomás de Aquino y sus seguidores. **Fam.** Tomista.

tomo *s. m.* Cada una de las partes, con paginación independiente, en que suelen dividirse las obras impresas o manuscritas extensas y que generalmente están encuadernadas por separado. || **Loc. de tomo y lomo** *adj. fam.* Que abulta o pesa mucho; también, de mucha consideración o importancia.

tomografía *s. f.* Técnica que, mediante los datos obtenidos por barridos sistemáticos de radiaciones que penetran en un cuerpo y lo atraviesan, permite representar con ayuda de un computador la imagen de varias secciones o cortes de dicho cuerpo.

Tomonaga, Shinichiro (Kioto 1906 - Tokio 1979) Físico japonés. Profesor de la universidad de Tokio, fue uno de los científicos que sentaron las bases teóricas de la mecánica cuántica, junto con Richard Phillips Feynman y Julian Schwinger. En 1965 los tres recibieron el premio Nobel de física.

Tomsk C. de la Federación Rusa, situada en Siberia occidental, a orillas del río Tom. 502.000 h. en 1989. Cuenta con industrias mecánicas, metalúrgicas, químicas, madereras y alimentarias y con un centro de investigación nuclear.

ton *s. m.* Se usa en la locución adverbial **sin ton ni son**, sin motivo o causa.

-ton *suf.* Se emplea para expresar la potencia de ingenios nucleares en toneladas de TNT; p. ej., *kilotón,* que equivale a 1.000 toneladas de TNT, y *megatón,* que equivale a un millón de toneladas de TNT.

toná *s. f.* Modalidad fundamental del cante flamenco que se ejecuta sin ningún acompañamiento musical; comprende cuatro especies: el martinete, la debla, la carcelera y la toná propiamente dicha, que puede ser grande o chica, dependiendo de la extensión de sus tercios.

tonada *s. f.* **1.** Composición poética escrita para ser cantada cuyo origen se remonta al s. XVI. **2.** Música y melodía para esa composición. **3.** Cualquier melodía o canción. **4.** *amer.* Modo de entonar las palabras característico de un país, región, etc.

tonadilla *s. f.* **1.** Canción popular española. **2.** Canción ligera de temática burlesca, amorosa o de sátira política, que nació a comienzos del s. XVIII en el teatro madrileño. Tenía una variedad denominada *tonadilla escénica* que se considera antecedente de la zarzuela.

tonadillero, ra *s. m.* y *f.* Persona que compone o canta tonadillas.

tonal *adj.* Perteneciente o relativo al tono o la tonalidad.

tonalidad *s. f.* **1.** Sistema de ordenación musical que se define por el predominio de una nota, la tónica, sobre los demás sonidos de la escala, a los que se halla vinculada a través de relaciones armónicas. **2.** Gama o gradación de colores y tonos.

tonalita *s. f.* Roca ígnea intrusiva del grupo de las ácidas, constituida por cuarzo, plagioclasas y, en menor proporción, feldespato potásico (ortosa), hornblenda y biotita.

tonante *adj.* **1.** Que truena. Se usa especialmente en poesía aplicado al dios Júpiter. **2.** Se dice del escudo que lleva llamas y humareda.

Tonatiuh Divinidad náhuatl del Sol, venerada en Teotihuacan. Su nombre significa 'el que irradia'.

tondo *s. m.* **1.** En arq., adorno circular rehundido en el muro. **2.** Obra pictórica o escultórica de forma circular.

Tonegawa, Susumu (Nagoya 1939) Biólogo japonés. Investigó en el Instituto de Inmunología de Basilea y fue profesor en el Centro de Investigación del Cáncer, dependiente del Instituto Tecnológico de Massachusetts, en Cambridge. En 1987 obtuvo el premio Nobel de medicina por sus aportaciones para el conocimiento de la organización de los genes en los anticuerpos.

tonel *s. m.* **1.** Recipiente abombado, de base circular, formado por listones de madera, que se utiliza principalmente para contener líquidos, como vino, aceite, etc. **2.** *fam.* Persona muy gorda.

tonelada *s. f.* **1.** Tonelada métrica. **2.** Unidad de masa y de capacidad usada para medir el desplazamiento de los buques. || **3. tonelada de arqueo** Medida de capacidad que equivale a 2,83 metros cúbicos. **4. tonelada métrica** Medida de masa en el Sistema Internacional que equivale a mil kilogramos. Su símbolo es *t.* **5. tonelada métrica de arqueo** Metro cúbico.

tonelaje *s. m.* **1.** Capacidad de los buques mercantes medida en toneladas. **2.** Capacidad de cualquier vehículo de transporte.

tonelería *s. f.* **1.** Técnica de construir toneles. **2.** Taller en que se construyen. **3.** Conjunto de toneles.

tonelero, ra *adj.* **1.** Perteneciente o relativo a los toneles. || *s. m.* y *f.* **2.** Persona que fabrica toneles.

tonelete *s. m.* **1.** Falda corta que cubría sólo hasta las rodillas. **2.** Parte de las antiguas armaduras que tenía esta forma.

tonema *s. m.* En ling., última fase de la curva melódica de un grupo fónico que comprende las últimas sílabas no acentuadas. Señala si se ha llegado al fin del mensaje o si, por el contrario, se va a añadir algo más.

tonga *s. f.* **1.** Capa con que se baña o recubre una cosa. **2.** *Can., Cuba.* Conjunto de cosas amontonadas dentro de un orden. **3.** *Col.* Tarea o trabajo que se tiene que realizar.

Tonga Estado insular de Oceanía.

Geog. El archipiélago de Tonga está formado por unas 150 islas e islotes, volcánicos y coralinos, alineados de NE a SE y divididos en tres grupos principales: Vava'u, Ha'apai y Tongatapu. La mayoría de la población es polinesia; el 70 % de los habitantes reside en el ámbito rural. Las islas basan su economía en los productos agrícolas, ganaderos y, sobre todo, en la pesca. Se desti-

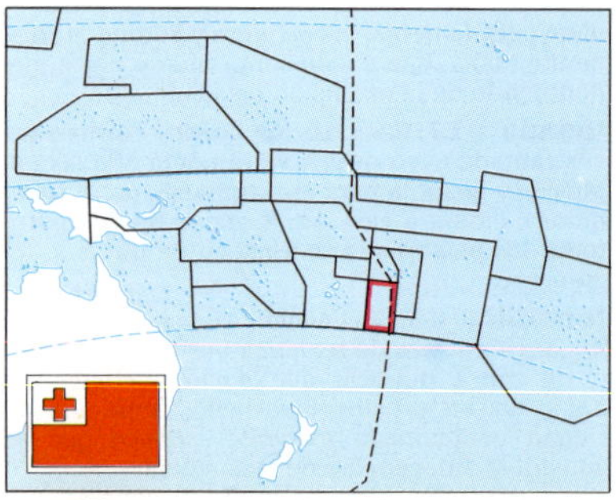

Extensión: 779,5 km^2.
Situación: en el S del océano Pacífico, al NE de Nueva Zelanda.
Población: 96.300 h. en 1990.
Densidad: 128,4 h./km^2.
Capital: Nukualofa.
División administrativa: islas, divididas en distritos.
Gentilicio: tongano.
Forma de Estado: monarquía constitucional.
Idioma: tongano e inglés.
Religión: protestantismo, 53 %; catolicismo, 18 %; otras creencias, 18 %.
Moneda: pa'anga.
Tasa de natalidad: 30 ‰ en 1990.
Tasa de mortalidad: 7 ‰ en 1990.
Renta per cápita: 910 dólares en 1989.

nan al consumo interior los cultivos de mandioca, batata y cítricos y a la exportación los de copra y plátano. En los últimos tiempos se ha llevado a cabo una explotación petrolífera y está desarrollándose el turismo.
Hist. El archipiélago polinésico de Tonga fue descubierto en 1616 por Lemaire y Schouten y posteriormente recalaron en él los navegantes Tasman (1643) y Cook (1773). Tras una larga serie de guerras civiles (1797-1845), el cacique Taufa'ahau unificó el país y se coronó rey con el nombre de Tupou I. En 1900 se convirtió en protectorado británico, que obtuvo la autonomía en 1959. Consiguió la independencia en 1970 y se constituyó en monarquía bajo el soberano Tupou IV, cuyo reinado se había iniciado en 1965. Permanece en el ámbito de la Commonwealth.

tongada *s. f.* **1.** Cada una de las capas superpuestas de una cosa. **2.** Capa de alguna sustancia con la que se recubre o baña una cosa. **3.** Montón de cosas unas sobre otras.

tongo *s. m.* Trampa que se hace en una competición deportiva y que consiste en que uno de los participantes se deje ganar por su rival, generalmente por dinero.

tonicidad *s. f.* Grado de tensión o de elasticidad de un órgano o tejido de un cuerpo vivo por el que es capaz de responder a un estímulo normal.

tónico, ca *adj.* **1.** Que entona o da fuerzas. También *s. m.* **2.** En cosmética, se dice de la loción que se utiliza principalmente para limpiar y refrescar la piel de la cara o para fortalecer el cabello. También *s. m.* **3.** En ling., se aplica a la vocal o sílaba de una palabra sobre la que recae el acento prosódico. También *s. f.* **4.** En mús., se dice del primer grado de la escala musical que define la tonalidad. También *s. f.* ‖ *s. m.* **5.** Medicamento que mejora el estado general del organismo, despierta el apetito y da fuerzas. ‖ *s. f.* **6.** Agua* tónica.

tonificar *v. tr.* **1.** Fortalecer, entonar o reanimar el organismo o el sistema nervioso. **2.** Refrescar. ■ Se conjuga como *sacar.* **FAM.** Tonificación, tonificador, tonificante.

tonillo *s. m. fam.* Entonación al hablar.

Tonkín 1. Golfo del mar de la China Meridional, situado entre el S de China, la isla de Hainan y Vietnam. Sus principales puertos son Bei-hai, en China, y Haiphong, en Vietnam.
2. Región de Vietnam, situada en el N del país. 115.700 km^2. Su principal ciudad es Hanoi. El territorio está formado por elevadas mesetas interrumpidas y separadas entre sí por profundos valles. La principal cuenca hidrográfica es la del río Rojo. Cuenta con cultivos de arroz, tabaco, algodón, patata y caña de azúcar; yacimientos de carbón, cinc, estaño, bauxita y fosfatos, e industrias de cemento, alimentarias, textiles y papeleras. Fue dominio chino desde el año 111 a. C. hasta el s. X. A partir de entonces el reino comenzó a extenderse y a hacerse cada vez más poderoso económica y políticamente. En 1885 Francia ocupó el territorio y lo incorporó a la Indochina francesa (1897). A partir de principios del s. XX nació un sentimiento independentista. Durante la Segunda Guerra Mundial fue ocupada por Japón (1940-45) y, terminada la contienda, se convirtió en escenario de las guerrillas del Vietminh.

Tonlé Sap Lago de Camboya, en el centro occidental del país. De noviembre a junio envía sus aguas al río Mekong a través del río emisario Tonlé Sap y en el resto del año el sentido de la corriente cambia y recibe parte del caudal del Mekong cuando éste crece.

Tönnies, Ferdinand Julius (Oldensworth 1855 - Kiel 1936) Sociólogo alemán. Su teoría supone una reconciliación entre las teorías organicistas y contractuales de la sociedad. Distinguió dos tipos ideales de organización social a las que denominó *comunidad* y *sociedad.* A la primera, de carácter orgánico, asociaba la noción de voluntad natural característica de las sociedades tradicionales, y a la segunda, de tipo mecánico o contractual, la de voluntad racional característica de las sociedades contemporáneas. Afirmaba que ambos tipos de organización coexisten en todas las sociedades. Realizó importantes trabajos sobre Hobbes. Entre sus obras destacan *Comunidad y sociedad* (1887), *Vida y doctrina de Thomas Hobbes* (1896) y *Principios de sociología* (1931).

tono *s. m.* **1.** Altura de los sonidos, que depende de su frecuencia o número de vibraciones por segundo. **2.** En la escala musical diatónica, intervalo entre dos notas sucesivas separadas por dos semitonos. **3.** En mús., tonalidad*. **4.** En mús., modo*. **5.** Volumen de los sonidos. **6.** En el teléfono y otras instalaciones de telecomunicación, señal sonora que indica que se ha establecido la comunicación. **7.** Grado de intensidad de los colores. **8.** Manera particular de expresión o carácter de un escrito, de algo que se dice, etc. **9.** Elegancia, distinción, clase. **10.** Energía, fuerza, tensión. ‖ **11. tono muscular** Grado de resistencia al estiramiento de un músculo en estado de reposo. ‖ **LOC. a tono** *adv.* De acuerdo o en armonía con otra cosa. **darse tono** *fam.* Darse importancia, presumir. **de buen** (o **mal**) **tono** *adj.* Propio de personas distinguidas, o todo lo contrario. **fuera de tono** *adj.* y *adv.* Inoportuno. **poner a tono** Hacer que alguien o algo no desentone en determinado contexto, situación, lugar, etc. **salida de tono** Acción o dicho inoportuno, fuera de tono. **subido de tono** *adj.* Se aplica a las acciones, palabras, etc., groseros, picantes u obscenos.

tonometría *s. f.* **1.** Medida de la presión intraocular. **2.** Medida de la presión osmótica de las disoluciones.

tonoplasto *s. m.* Estrato del protoplasma celular que limita las vacuolas.

tonsura *s. f.* **1.** Acción y efecto de tonsurar. **2.** Ceremonia en que se concedía a alguien el grado preparatorio para el sacerdocio y en que se le cortaba el pelo de la coronilla como signo de su dedicación al servicio de la Iglesia. **3.** El mismo grado que se concedía en esa ceremonia. **4.** Coronilla afeitada de algunos sacerdotes y religiosos.

tonsurado, da 1. *p. p.* de **tonsurar**. ‖ *s. m.* **2.** El que había recibido el grado de la tonsura.

tonsurar *v. tr.* **1.** Cortar el pelo de la coronilla a los que recibían el grado de tonsura; también, conceder este grado. **2.** Cortar el pelo o la lana a las personas o animales.

tontada *s. f.* Tontería*.

tontaina *s. m.* y *f. fam.* Persona tonta y sosa. También *adj.*

tontamente *adv. m.* **1.** Con tontería. **2.** Sin motivo, sin explicación.

tontear *v. intr.* **1.** Hacer o decir tonterías. **2.** *fam.* Coquetear. **FAM.** Tonteo.

tontera *s. f.* **1.** *fam.* Tontería, simpleza. ‖ **tonteras** *s. m.* y *f.* **2.** *fam.* Tonto.

tontería *s. f.* **1.** Cualidad de tonto. **2.** Dicho o acto tonto. **3.** Cosa sin importancia. **4.** Remilgo, melindre. **5.** Exigencia o requisito molesto o innecesario. **6.** Halago, mimo.

tontillo *s. m.* Prenda con aros de ballena, o de otra materia, usada antiguamente por las mujeres debajo de la falda para ahuecarla.

tonto, ta *adj.* **1.** Se aplica a la persona de poca inteligencia. Se usa a menudo como expresión de insulto, en cuyo caso puede ir intensificado con expresiones como *del bote, de remate,* etc. También *s.* **2.** Deficiente mental. También *s.* **3.** Se dice de las palabras, acciones, conductas, etc., que muestran falta de inteligencia o sensatez. **4.** *fam.* Absurdo, inútil, que no tiene sentido. **5.** *fam.* Ingenuo, que obra sin astucia. También *s.* **6.** *fam.* Muy sentimental, mimoso, ñoño. También *s.* **7.** *fam.* Engreído, vanidoso. También *s.* **8.** *fam.* Chulo, insolente: *ponerse tonto.* **9.** *fam.* Se dice de la persona inoportuna, molesta o pesada. También *s.* **10.** *fam.* Pasmado, fascinado. **11.** *fam.* Insípido, que tiene poco sabor. ‖ *s. m.* **12.** Prenda de vestir muy holgada que usan las mujeres embarazadas. **13.** *Chile, Col., C. Rica.* Juego de la mona. ‖ **LOC. a lo tonto** *adv. fam.* Como quien no quiere la cosa. **a tontas y a locas** *adv. fam.* Sin orden ni concierto. **hacer el tonto** *fam.* Hacer o decir tonterías. **hacerse** uno **el tonto** *fam.* Fingir alguien que no se da cuenta de algo.

tontons-macoutes (voz criolla fr.) *s. m. pl.* Nombre popular dado a la milicia de la Seguridad Nacional, principal apoyo de los Duvalier en Haití, encargada de la represión política desde 1957 hasta la caída del régimen en 1986.

tontuna *s. f.* Cosa tonta.

tonudo, da *adj. Arg.* Lujoso, pomposo.

toña *s. f.* **1.** Tala*, juego y palo utilizado. **2.** *fam.* Puñetazo, golpe. **3.** *fam.* Borrachera*.

top (voz ingl.) *s. m.* Prenda de vestir femenina, exterior o interior, muy ajustada al cuerpo, que cubre hasta la cintura o más arriba de ella, en ocasiones con tirantes muy finos.

top secret *expr. ingl.* Alto secreto.

topacio *s. m.* $Al_2(F_2SiO_4)$. Mineral silicato de aluminio. Cristaliza en el sistema rómbico, en cristales prismáticos y en forma de granos, tiene color amarillo, marrón, incoloro, rosa, verde o azul, brillo vítreo y es transparente. Se encuentra asociado a mineralizaciones de estaño y rocas pegmáticas. Es muy duro y resistente a la alteración, por lo que se encuentra en las arenas de los ríos y en las playas como canto rodado. Sus yacimientos más importantes se encuentran en Brasil, Australia y República Sudafricana. Se usa en joyería como gema.

topador, ra *adj.* **1.** Que topa; se dice especialmente de los carneros y otros animales con cuernos. ‖ *s. f.* **2.** *Arg.* Pala metálica acoplada a un tractor con cadena articulada en lugar de ruedas, empleada para la nivelación y otros trabajos en terrenos desiguales. **3.** *Arg.* P. ext., ese mismo tractor.

topar *v. tr.* **1.** Chocar una cosa con otra. Se usa más como *v. intr.* **2.** Encontrar por casualidad a alguien o algo. Se usa más como *v. intr.* y *v. prnl.* **3.** Embestir un animal con cuernos contra algo. Se usa más como *v. intr.* **4.** *amer.* Poner a pelear dos gallos como prueba o ensayo. ‖ *v. intr.* **5.** Tropezar con algo, encontrar una dificultad. También *v. prnl.*

tope *s. m.* **1.** Parte saliente o pieza de una cosa por donde puede topar con otra, p. ej. para detener el movimiento de algo, amortiguar un golpe, etc. **2.** Material duro que se pone por dentro de la punta del calzado para que no se arrugue. **3.** Extremo, límite. **4.** En marina, extremo de cualquier madero o palo. **5.** Marinero que está de vigía en un punto de la arboladura más alto que la cofa. ‖ *s. amb.* **6.** *Col.* Variedad de ganado vacuno sin cuernos.

topear *v. intr. Chile.* Empujar un jinete a otro para desalojarle de su puesto como diversión. **FAM.** Topeadura.

topera *s. f.* Madriguera del topo.

topetada *s. f.* **1.** Golpe que dan con la cabeza los toros, carneros u otros animales con cuernos. **2.** *fam.* Topetazo*.

topetar *v. tr.* Dar con la cabeza en algún sitio, especialmente los animales con cuernos. También *v. intr.*

topetazo *s. m.* **1.** Golpe dado con la cabeza. **2.** Golpe dado al chocar una cosa con otra.

Topete, Juan Bautista (Tlacotalpa, Yucatán 1821 - Madrid 1885) Marino y político español. Encabezó el pronunciamiento de la flota, fondeada en Cádiz, que resultó decisivo para el triunfo de la revolución de 1868. Fue ministro de Marina en varias ocasiones y de Ultramar con Sagasta (1871-72).

topetear *v. tr.* Topetar*.

topetón *s. m.* Topetazo, topetada.

tópico, ca *adj.* **1.** Perteneciente o relativo a un lugar determinado. **2.** Se dice del tema, opinión, idea, etc., muy repetido o que se emplea habitualmente, por lo que no resulta original. También *s. m.* **3.** Se dice del medicamento que se aplica exteriormente y de su uso. También *s. m.* ‖ *s. m.* **4.** Asunto, tema.

topless (voz ingl.) *s. m.* **1.** Hecho de ir o estar una mujer desnuda de cintura para arriba. **2.** Bar, local de espectáculos, etc., en que trabajan mujeres desnudas de cintura para arriba.

topo[1] (del lat. *talpa*) *s. m.* **1.** Nombre común de diversos mamíferos insectívoros de la familia tálpidos, con diversos géneros, entre los que destaca *Talpa.* El topo común *(Talpa europaea)* mide unos 15 cm, con una cola de 3 cm, tiene pelaje oscuro, hocico puntiagudo y patas excavadoras con uñas fuertes; el topo ciego *(Talpa caeca)* es algo menor y tiene pelos blancos en las patas anteriores. Construyen galerías subterráneas que comunican con su madriguera, se alimentan de lombrices y gusanos y son frecuentes en el S de Europa. **2.** *fam.* Persona que ve muy mal. **3.** *fam.* Persona de poca inteligencia, a la que cuesta comprender las cosas. **4.** Persona infiltrada en una organización al servicio de intereses ajenos a los de ésta. **5.** Después de la guerra civil española, persona del bando perdedor que vivió escondida durante muchos años por miedo a represalias.

Topo común (Talpa europaea).

topo[2] (del aimara *tupu*) *s. m.* **1.** Dibujo o figura redonda estampada o bordada en una tela, impresa en un papel, etc. **2.** *Arg., Chile, Perú.* Alfiler grande con que las indias se sujetan el mantón.

topo- o **-topo** *pref.* o *suf.* Significa 'lugar': *topografía, toponimia, biotopo.*

topografía *s. f.* **1.** Conjunto de características que presenta un terreno en la configuración de su superficie. **2.** Técnica de describir y representar detalladamente las peculiaridades de un terreno, las formas superficiales del relieve, sin tener en cuenta su estructura, litología o génesis, que son objeto de otras ramas de la geología. Constituye uno de los medios fundamentales para el estudio del paisaje y del relieve. **FAM.** Topográfico.

topógrafo, fa *s. m.* y *f.* Persona que se dedica a la topografía.

topolino (voz ital.) *adj.* **1.** Se aplica a la moda propia de los años cuarenta. **2.** Se decía de la chica joven vestida a la moda de esos años. ‖ *s. m.* **3.** Automóvil pequeño utilizado en esa época.

topología *s. f.* Parte de las matemáticas que estudia las implicaciones geométricas de ciertos conjuntos de puntos pertenecientes a un espacio *n*-dimensional. **FAM.** Topológico.

topometría *s. f.* Parte de la topografía relativa a las mediciones llevadas a cabo sobre un terreno.

toponimia *s. f.* Estudio lingüístico de los nombres propios de lugar; también, conjunto de estos nombres. **FAM.** Toponímico.

topónimo *s. m.* Nombre propio de un lugar geográfico.

Topor, Roland (París 1938) Dibujante francés. Ha colaborado en diversas publicaciones, películas de dibujos animados, etc., con creaciones que muestran una notable destreza y una temática que va desde el humor negro al surrealismo.

topotaxis *s. f.* Fenómeno por el que los organismos libremente móviles se agrupan en un determinado lugar de la zona de influencia del agente o elemento estimulante.

topping (voz ingl.) *s. m.* **1.** Primera destilación atmosférica del petróleo no refinado. **2.** Destilación realizada con el fin de eliminar los productos que se evaporan con más facilidad de una sustancia tratada.

toque *s. m.* **1.** Acción de tocar una cosa de manera momentánea. **2.** Golpe suave que se da en algo y sonido que produce. **3.** Sonido producido con las campanas, instrumentos musicales, etc. **4.** En el ejército, señal que se da con trompetas, tambores u otros instrumentos para iniciar o terminar un acto militar. **5.** Matiz, detalle, rasgo especial. **6.** Pequeña operación realizada en una obra o trabajo, generalmente para terminarla o corregirla. **7.** *fam.* Advertencia. **8.** *fam.* Golpe que se da a una persona. **9.** Ensaye* de los objetos de oro o plata hecho con la piedra de toque. ‖ **10. toque de atención** Advertencia. **11. toque de diana** Aquel con que se despierta a los soldados. **12. toque de difuntos** El de las campanas con ritmo lento que anuncia la muerte de alguien. **13. toque de queda** Medida adoptada por el gobierno en circunstancias excepcionales por la que se prohíbe la circulación o permanencia en un lugar durante determinadas horas, generalmente de la noche; también, toque con que se anuncia el comienzo de dichas horas. ‖ **LOC. dar un toque** a alguien *fam.* Avisarle o llamarle la atención; también, averiguar lo que piensa sobre algún asunto.

toquetear *v. tr. fam.* Tocar a un persona o cosa repetidas veces o con insistencia. **FAM.** Toqueteo.

toquilla *s. f.* **1.** Prenda de abrigo, generalmente de lana, con forma de capa corta, que se usa para tapar a los niños pequeños o para ponérsela sobre los hombros las mujeres. **2.** Pañuelo que se ponen las mujeres en la cabeza o en el cuello. **3.** *Bol., Ec., Pan.* Especie de palmera sin tronco de la que se saca la paja con que se tejen algunos sombreros. **4.** *Bol., Ec., Pan.* Esa misma paja.

tora *s. f.* Armazón en forma de toro en que se colocan fuegos artificiales que se queman en algunas fiestas populares.

Torá *s. f.* Código social y religioso del judaísmo contenido en el *Pentateuco.* Tiene carácter de ley y, al tiempo, de instrucción divina transmitida a los hebreos a través de los sacerdotes.

torácico, ca *adj.* Perteneciente o relativo al tórax.

toracoplastia *s. f.* En cirugía, corte de una o varias costillas para modificar las condiciones funcionales de los órganos de la cavidad torácica.

toracotomía *s. f.* Abertura quirúrgica en la cavidad torácica.

torada *s. f.* Manada de toros.

toral *adj.* **1.** Que tiene más fuerza, resistencia o importancia en cualquier cosa. ‖ *s. m.* **2.** Molde en que se da forma a las barras de cobre. **3.** Barra así obtenida.

tórax *s. m.* **1.** Parte superior del tronco del hombre y los animales vertebrados, situada entre el cuello y el abdomen. **2.** Cavidad formada en esa parte por las costillas, en la que se encuentran el corazón y los pulmones. **3.** Región central de las tres en que se divide el cuerpo de los insectos, arácnidos y crustáceos.

Torbado, Jesús (León 1943) Escritor español. Representante de la corriente de renovación crítica, iniciada por Martín Santos, es autor de novelas, como *Las corrupciones* (1966), *La construcción del odio* (1968), *En el día de hoy* (1976) y *La ballena* (1982).

Torbay C. del Reino Unido, en el condado de Devon, en el SO de Inglaterra. 115.600 h. en 1981. Puerto turístico, fue creado en 1966 por la unión de las ciudades costeras de Paington, Torquay y Brixham. Cuenta con industrias metalúrgicas y farmacéuticas.

torbellino *s. m.* **1.** Remolino de aire o de polvo. **2.** Abundancia de cosas que ocurren al mismo tiempo. **3.** *fam.* Persona muy viva e inquieta. **4.** En fís., en la mecánica de fluidos, clase de movimiento que consiste en la rotación de las partículas fluidas alrededor de un eje, con una velocidad inversamente proporcional a la distancia con respecto a dicho eje.

torca *s. f.* Hondonada circular en un terreno y con los bordes irregulares.

torcaz *adj.* Véase **paloma**.

torcecuello *s. m.* Ave trepadora de la familia pícidos, especie *Jynx torquilla.* Mide unos 16 cm de longitud, tiene el plumaje color ladrillo con manchas grises, pardas y amarillo-rojizas. Es migratoria y anida en huecos de árboles, cuyos troncos escala al modo de su pariente, el pájaro carpintero; busca su alimento en el suelo. Inverna en África y Asia y en verano viaja a Europa meridional.

torcedor, ra *adj.* **1.** Que tuerce. También *s.* ‖ *s. m.* **2.** Huso con que se tuerce el hilo. **3.** Cosa que produce pena o dolor continuados. ‖ *s. f.* **4.** Máquina que realiza la operación de torcer los hilos metálicos en la fabricación de cables.

torcedura *s. f.* **1.** Acción y efecto de torcer o torcerse. **2.** Distensión producida en las partes blandas que rodean las articulaciones. **3.** Desviación de un miembro u órgano del cuerpo de su posición normal.

torcer *v. tr.* **1.** Dar vueltas a los extremos de una cosa flexible en sentido contrario, o a uno de ellos manteniendo fijo el otro. También *v. prnl.* **2.** Doblar. **3.** Poner inclinada una cosa o desviarla de la posición o dirección en que estaba. También *v. prnl.* **4.** Apartar a alguien de la conducta que se considera correcta. También *v. prnl.* **5.** Seguido de *el gesto, el semblante,* etc., poner en el rostro una expresión de desagrado o enfado. **6.** Hacer que un miembro del cuerpo realice un movimiento forzado. También *v. prnl.* **7.** Interpretar algo de manera equivocada o diferente a la que debe ser. **8.** Cambiar la opinión o el deseo de alguien. También *v. prnl.* **9.** Elaborar el cigarro puro envolviendo la tripa en la capa. ‖ *v. intr.* **10.** Cambiar de dirección un camino o vía. **11.** Cambiar de dirección al marchar o al realizar un movimiento o acción. También *v. prnl.* ‖ *v. prnl.* **12.** Fracasar un negocio, proyecto, etc., complicarse o hacerse difícil su realización. **13.** Sufrir la torcedura de un miembro del cuerpo. **14.** En el lenguaje taurino, desviarse el torero de su dirección al dar la estocada para matar. ▪ Es v. irreg. Se conjuga como *cocer.*

torcida[1] (de *torcer*) *s. f.* Mecha de algodón o trapo retorcido que se pone en las velas, candiles, etc., y a la que se le prende fuego.

torcida[2] (voz port.) *s. f.* En el lenguaje futbolístico brasileño, conjunto de hinchas o hinchada.

torcido, da **1.** *p. p.* de **torcer**. También *adj.* ‖ *adj.* **2.** Que no está recto o derecho. **3.** Se dice de la persona retorcida o malintencionada, y de su conducta, acciones, etc. **4.** Enemistado. **5.** *Amér. C.* Desdichado, desgraciado. ‖ *s. m.* **6.** Acción de torcer o torcerse. **FAM.** Torcidamente.

torcimiento *s. m.* **1.** Acción y efecto de torcer. **2.** Rodeo, circunloquio.

tórculo *s. m.* Prensa, en especial la que se usa para estampar grabados en cobre, acero, etc.

Tordesillas C. de España, en la prov. de Valladolid. 7.650 h. en 1991. Importante centro vinícola, es núcleo de una comarca donde se cultivan cereales, vid, remolacha y alfalfa y se cría ganado lanar. En la ciudad se conserva el convento mudéjar de Santa Clara, antiguo palacio de Alfonso XI, en el que vivió sus últimos años Juana la Loca, madre de Carlos I de España.

Tordesillas, tratado de Acuerdo firmado en esta ciudad entre los Reyes Católicos y Juan II de Portugal (1494), por el que se rectificaba la demarcación de las zonas de influencia en las exploraciones de ambos países. Se establecía una línea de N a S, a 370 leguas al O de las islas de Cabo Verde; lo que se descubriera desde esa línea hacia el E sería para Portugal y hacia el O para España.

tordo, da[1] (del lat. *turdus*) *adj.* **1.** Se dice de la caballería que tiene el pelo mezclado de negro y blanco. También *s.* ‖ *s. m.* **2.** Zorzal*, ave. **3.** Nombre común de diversos peces perciformes de la familia lábridos, géneros *Ctenolabrus, Crenilabrus* y *Labrus*. El tordo común *(Ctenolabrus rupestris)* mide hasta 18 cm, es de color pardo con un punto negro sobre la cola, tiene la aleta dorsal larga y espinosa y labios gruesos plegados en el interior de la boca. Habita en el Mediterráneo y Atlántico. El tordo roquero *(Crenilabrus melops)* habita en los fondos rocosos y tiene una mancha oscura cerca de la cola. ‖ **4. tordo serrano** Pájaro semejante al estornino, de color negro uniforme.

tordo, da² (del lat. *torpidus*) *adj.* Torpe, tonto.

toreado, da 1. *p. p.* de **torear**. También *adj.* ‖ *adj.* **2.** Se dice del torero que ha actuado en muchas corridas.

torear *v. tr.* **1.** Lidiar un toro, novillo, etc. También *v. intr.* **2.** Llevar un asunto o tratar a las personas con mucha paciencia y habilidad. **3.** Evitar a alguien o darle largas, a menudo con engaños. **4.** Imponer su voluntad una persona sobre otra. **5.** *Arg.* Provocar a una persona, diciéndole algo que la moleste o la irrite. ‖ *v. intr.* **6.** *Arg.*, *Bol.* Ladrar el perro repetidas veces. También *v. tr.*

Torelli, Giuseppe (Verona 1658 - Bolonia 1709) Compositor y violinista italiano. Residió en Viena, Brandeburgo y Bolonia. Dio mayor riqueza instrumental al *concerto grosso*. Entre sus obras destacan *12 conciertos de cámara* (1686), 18 *Sinfonías* (1687) y *Concerti grossi con una Pastoral para la Navidad* (1709).

Toreno, José María Queipo de Llano, conde de (Oviedo, Asturias 1786 - París 1843) Político español. De ideas liberales, contribuyó al levantamiento de Asturias contra Napoleón. Presidió las Cortes extraordinarias (1820-22). Exiliado (1822-33), volvió defendiendo un liberalismo más moderado. Martínez de la Rosa le nombró ministro de Hacienda (1834-35). Fue jefe de gobierno en 1835. Escribió *Historia del levantamiento, guerra y revolución de España* (1835-37).

toreo *s. m.* **1.** Acción y efecto de torear. **2.** Arte y técnica de lidiar toros. A fines de la Edad Media, en la península Ibérica los caballeros demostraban su habilidad y su valentía ante la fiereza de los toros y este toreo caballeresco practicado por la nobleza tuvo su máximo esplendor en los s. XVI y XVII. A finales de este último comenzaron a practicarse suertes a pie y en el s. XVIII el toreo a pie se profesionalizó y se construyeron plazas de toros de madera o piedra. Se organizaron cuadrillas y la lidia: primero, los picadores castigan al toro, los peones lo zahieren con banderillas y el matador, tras su faena, le da muerte. Existe un variado repertorio de lances de capa: la verónica, el farol, la chicuelina, el galleo, la larga, la media verónica. Las banderillas pueden colocarse al quiebro, al cuarteo, al sesgo. Con la muleta, son fundamentales los ayudados, el natural con la mano izquierda, el derechazo y el de pecho. La forma más utilizada para matar al toro es al volapié. De la península Ibérica el toreo se ha extendido a buena parte de la América hispana y al S de Francia.

torería *s. f.* **1.** Asociación o conjunto de toreros. **2.** Cualidad de valiente y buen torero. **3.** *amer.* Travesura.

torero, ra *adj.* **1.** *fam.* Perteneciente o relativo al toreo o a los matadores de toros. **2.** Que tiene el garbo, la arrogancia, etc., que se atribuye a los matadores de toros. ‖ *s. m.* y *f.* **3.** Persona que se dedica a lidiar toros en corridas. ‖ *s. f.* **4.** Chaquetilla corta, ceñida al cuerpo y generalmente sin abotonar. ‖ **LOC. saltar a la torera** Saltar sobre una cosa apoyándose en ella con las manos y pasando el cuerpo por encima con los pies juntos sin rozarla. **saltarse** algo **a la torera** *fam.* No hacer ningún caso de ello, no tenerlo en cuenta.

torés *s. m.* Moldura semicircular que se asienta sobre el plinto de la basa de una columna.

torete *s. m.* **1.** Novillo o toro pequeño. **2.** *fam.* Persona, particularmente niño, sana y robusta. **3.** *fam.* Persona, particularmente niño, con mucho genio, irritable.

Torga, Adolfo Correia da Rocha, llamado **Miguel** (San Martinho da Auta 1907) Escritor portugués. Abarcó casi todos los géneros literarios con hondura religioso-metafísica y dando testimonio de la situación social del mundo rural portugués. Entre sus títulos destacan, en poesía *Algunos poemas ibéricos* (1952) y *Orfeo rebelde* (1958), en narrativa *Bichos* (1940) y *Piedras labradas* (1951) y, sobre todo, *La creación del mundo* (1937-81), novela autobiográfica, y su *Diario 1932-1987* (1987).

Toribio Alfonso de Mogrovejo, Santo (Mayorga, León 1538 - Saña, Perú 1606) Religioso español. Arzobispo de Lima (1579), convocó el tercer concilio provincial de esta ciudad (1582-83), que dio origen a la publicación de un catecismo, traducido a las lenguas quechua y aimará, para la evangelización de aquellas tierras. Fundó el seminario conciliar de Lima (1591), primero de América.

toril *s. m.* Lugar en las plazas donde se encierran los toros que se van a lidiar.

torio *s. m.* Th. Elemento químico perteneciente al grupo de los actínidos del sistema periódico. Su número atómico es 90 y su masa atómica 232,0381. Fue descubierto por el químico sueco Jöns Jacob Berzelius, quien dio a conocer su existencia en 1829, asignándole su nombre en honor de Thor, dios escandinavo de la guerra. Es un metal blanco, dúctil y maleable, fácil de cortar, de densidad 11,7 g/cm³ y punto de fusión de 1.695 °C. Presenta radiactividad natural y es un componente de las series o familias radiactivas; su isótopo más estable es el torio-232. Además del óxido (ThO_2), el torio forma compuestos binarios con los elementos no metálicos, actuando como tetravalente. Se encuentra en la monacita, acompañado de numerosos elementos lantánidos, cuyos principales yacimientos se hallan en India, Brasil, Canadá, República Sudafricana, EE UU y Australia. Se emplea como combustible nuclear, en la elaboración de aleaciones con magnesio y como catalizador en la industria petroquímica.

tormenta *s. f.* **1.** Fenómeno meteorológico caracterizado por una fuerte alteración en la atmósfera, con la presencia de rayos, viento y lluvia intensa, nieve o granizo. **2.** Alteración de los ánimos, problema, discusión grave.

tormento *s. m.* **1.** Sufrimiento físico muy intenso que se causaba a un acusado para obligarle a confesar o como castigo. **2.** Sufrimiento, inquietud, preocupación, etc., muy intensos, y persona o cosa que los produce. **3.** Acción y efecto de atormentar o atormentarse. **4.** Antigua máquina de guerra que disparaba balas u otros proyectiles.

tormentoso, sa *adj.* **1.** Se aplica al tiempo o a la atmósfera en que hay tormenta o que la anuncia. **2.** Que ocasiona tormenta. **3.** Se dice de la situación, momento, relación, etc., en que existen muchos problemas o tensiones.

Tormes Río de España. 284 km. Nace en la sierra de Gredos y fluye en dirección E-O hasta el Barco de Ávila, donde cambia su curso y se dirige hacia el N hasta llegar a Alba de Tormes, donde vuelve a cambiar su rumbo hacia el NO, pasando por Salamanca. Desemboca en el río Duero. Cuenta con los grandes embalses de Santa Teresa y Almendra.

tormo *s. m.* **1.** Masa pequeña y compacta de tierra o de otra sustancia. **2.** Peñasco aislado.

torna *s. f.* Acción de tornar, volver. ‖ **LOC. volver(se) las tornas** Cambiar en sentido opuesto la marcha de un asunto, la suerte respectiva de dos personas, etc.

tornaboda *s. f.* **1.** Día o días después de la boda. **2.** Celebración de estos días.

tornachile *s. m. Méx.* Variedad de chile o pimiento grueso.

tornada *s. f.* **1.** Torna, vuelta. **2.** Estrofa final de algunas composiciones poéticas, a modo de despedida o resumen.

tornadizo, za *adj.* Voluble, inconstante. También *s.*

tornado, da 1. *p. p.* de **tornar**. También *adj.* ‖ *s. m.* **2.** Tormenta en que se producen vientos que se mueven en forma de espiral y alcanzan a veces velocidades de 200 km/h. Es propio de algunas zonas de América del Norte, África y Australia.

tornaguía *s. f.* Recibo, documento justificante del envío de una mercancía.

tornar *v. tr.* **1.** Cambiar la naturaleza, carácter o estado de una persona o cosa. También *v. prnl.* ‖ *v. intr.* **2.** Volver, regresar. **3.** Volver a realizar algo.

tornasol *s. m.* **1.** Girasol*. **2.** Reflejo o cambio de color que produce la luz en algunas telas o superficies muy tersas y brillantes. **3.** Producto colorante que se utiliza principalmente como reactivo para conocer el grado de acidez o basicidad de las disoluciones. Está formado por una mezcla de sustancias extraídas de ciertos líquenes. Se distribuye comercialmente impregnado en tiras de papel, llamadas *papel de tornasol*, que toman un color rojo cuando se introducen en disoluciones ácidas y un color azul cuando se introducen en disoluciones básicas.

tornasolado, da 1. *p. p.* de **tornasolar**. También *adj.* ‖ *adj.* **2.** Que tiene o hace tornasoles.

tornasolar *v. tr.* Hacer tornasoles en una cosa. También *v. prnl.*

tornavoz *s. m.* Dispositivo para evitar la dispersión del sonido, como la concha de los apuntadores en los teatros.

torneado, da 1. *p. p.* de **tornear**. También *adj.* ‖ *adj.* **2.** Se dice de las formas del cuerpo humano que tienen unas curvas suaves y bien configuradas. ‖ *s. m.* **3.** Acción y efecto de tornear.

tornear *v. tr.* **1.** Dar forma a algo con el torno. ‖ *v. intr.* **2.** Dar vueltas alrededor de algo. **FAM.** Torneador.

torneo *s. m.* **1.** Combate a caballo entre varias personas unidas en cuadrillas, que se celebraba especialmente en la Edad Media. **2.** Competición deportiva.

tornero, ra *s. m.* y *f.* **1.** Persona que realiza trabajos con el torno. ‖ *s. f.* **2.** En los conventos de clausura, monja encargada de atender el torno.

tornillería *s. f.* **1.** Conjunto de tornillos y piezas semejantes. **2.** Fabricación de tornillos. **3.** Fábrica de tornillos.

tornillo *s. m.* **1.** Pieza cilíndrica de metal cuya superficie tiene un resalte en espiral; uno de los extremos suele terminar en una cabeza con una ranura a la que se aplica un destornillador para hacer girar el tornillo y el otro extremo puede terminar en punta; si este extremo es plano, el tornillo suele enroscarse en una tuerca. **2.** Instrumento formado por dos topes, uno corredizo y graduable y el otro fijo, que se utiliza en carpintería para sujetar las piezas recién encoladas. ‖ **3. tornillo de Arquímedes** Máquina para elevar agua, formada por un tubo y una hélice rotatoria dispuesta en su interior, que al girar hace ascender el líquido. **4. tornillo micrométrico** Instrumento usado para medir con precisión espesores, diámetros, etc., mediante un tornillo de paso muy pequeño y cabeza muy grande, con divisiones o graduaciones que permiten apreciar fácilmente su avance. **5. tornillo sin fin** Engranaje formado por una rueda dentada y un tornillo, de forma que a cada vuelta de tornillo corresponde el avance de un diente de la rueda. ‖ **LOC. apretarle** a una persona **los tornillos** *fam.* Presionarla, coaccionarla. **faltarle** a alguien **un tornillo** (o **tener flojos los tornillos**) *fam.* Estar algo chiflado o demostrar poco juicio.

torniquete *s. m.* **1.** Instrumento quirúrgico o ligadura que detiene una hemorragia al presionar sobre un vaso sanguíneo. **2.** Dispositivo en forma de cruz que gira horizontalmente sobre un eje y se coloca en las entradas para que las personas pasen de una en una. **3.** Palanca de hierro que comunica el movimiento de un tirador a una campanilla.

torniscón *s. m.* **1.** *fam.* Golpe dado con la mano en la cara o en la cabeza. **2.** *fam.* Pellizco que se hace retorciendo la carne.

torno *s. m.* **1.** Máquina formada por un cilindro que gira alrededor de su eje para enrollar en él

Tornado.

una cuerda que arrastra el objeto que se quiere elevar o acercar. **2.** Máquina que hace girar algún objeto sobre sí mismo, como p. ej. la que se utiliza en alfarería o en carpintería para modelar o tallar piezas. **3.** Instrumento eléctrico en forma de barra con una pieza giratoria en la punta, utilizado por los dentistas para limpiar, limar, etc., los dientes. **4.** Máquina para labrar objetos de sección circular y diámetro variable, haciéndolos girar y sometiéndolos a la acción de útiles cortantes. **5.** En conventos, comedores, etc., armazón giratorio acoplado en el hueco de una pared, que se utiliza para pasar objetos de un lado a otro de ésta sin que se vean las personas que los dan o los reciben. **6.** Dispositivo parecido al anterior, pero de mayor tamaño, para que las personas pasen de una en una a un lugar. || **Loc. en torno** *adv.* Alrededor. **en torno a** *prep.* Alrededor de; también, aproximadamente.

toro[1] (del lat. *taurus*) *s. m.* **1.** Mamífero artiodáctilo de la familia bóvidos, especie *Bos taurus.* Es el macho adulto del ganado vacuno, que mide unos 250 cm de longitud y 150 de alzada. Tiene la cabeza gruesa, con dos cuernos o astas curvos y puntiagudos, pelo corto y duro de color negro, blanco, cárdeno, rubio, etc., y cola larga y rematada en un penacho de cerdas. Se cría como animal de tiro, por su carne y piel, y en España, S de Francia e Hispanoamérica existe también el toro de lidia. **2.** Hombre muy fuerte y robusto. **3.** Tauro, signo del zodiaco. ▪ En esta acepción se escribe con mayúscula. || *pl.* **4.** En tauromaquia, corrida. || **5. toro de fuego** Armazón en forma de toro en que se colocan fuegos artificiales que se queman en algunas fiestas populares. **6. toro de lidia** El criado para torearlo en las corridas, que destaca por su bravura. || **Loc. coger al toro por los cuernos** Enfrentarse a una dificultad con decisión. **pillar el toro** a alguien *fam.* No tener cómo librarse de algo; también, verse agobiada una persona, p. ej. por apuros de tiempo. **ver** (o **mirar**) **los toros desde la barrera** *fam.* Observar un acontecimiento, suceso, etc., sin arriesgarse ni intervenir en él.

toro[2] (del lat. *torus*, y éste del gr. *toros*) *s. m.* **1.** En arq., moldura de forma semicircular. **2.** Superficie engendrada por una circunferencia al girar sobre un eje exterior a ella.

Toro C. de España, en la prov. de Zamora, situada al E de la capital, a orillas del río Duero. 9.650 h. en 1991. Es centro de una zona de agricultura de secano, cereales, vid y legumbres. Posee industrias vinícolas y alimentarias. Entre sus monumentos destacan la colegiata de Santa María la Mayor (1160-1240), las iglesias de San Lorenzo (s. XII), El Salvador (s. XIII), San Pedro del Olmo, Santa María de la Vega, el convento de Sancti Spiritus, la torre del Reloj y el ayuntamiento (ambos edificios del s. XVIII).

Toro, batalla de Victoria del ejército castellano-aragonés de los Reyes Católicos sobre las tropas de Alfonso V de Portugal y parte de la nobleza castellana, que apoyaba la causa de Juana la Beltraneja (1476). Supuso la consolidación de Isabel la Católica en el trono castellano.

Toro, leyes de Las promulgadas en las Cortes de Toro (1505) a la muerte de Isabel la Católica para dar cumplimiento al testamento de ésta; juraron reina de Castilla a Juana la Loca y otorgaron el gobierno del reino, en calidad de regente, a Fernando el Católico. También aprobaron normas que regulaban la sucesión y el mayorazgo.

toroide *s. m.* Hilo conductor enrollado en hélice a lo largo de una superficie circular de revolución, en cuyo interior se introducen materiales para estudiar su comportamiento frente al campo magnético. Este dispositivo se denomina *anillo de Rowland.*

toronja *s. f.* Fruto del toronjo.

toronjil o **toronjina** *s. m.* o *s. f.* Melisa*.

toronjo *s. m.* Pomelo*, árbol.

Toronto C. de Canadá, cap. de la prov. de Ontario, en el SE del país, a orillas del lago Ontario. 612.300 h. en 1986 y 3.501.600 h. en su área metropolitana en 1987. Cuenta con industrias automovilística, mecánica, eléctrica, textil, alimentaria, química, editorial, de maquinaria, electrónica y de construcciones aeronáuticas y navales. Tiene un gran puerto comercial y es un centro financiero de primer orden. Fundada por los franceses, fue ocupada por los británicos, que la convirtieron en capital del Alto Canadá, con el nombre de *York*, en 1796. En 1867, nuevamente con el nombre de *Toronto*, pasó a ser capital de la provincia de Ontario.

torpe *adj.* **1.** Lento y poco ágil. **2.** Que tiene o muestra poca habilidad. **3.** Que tiene dificultad para aprender o comprender. **4.** Inoportuno, patoso. **Fam.** Torpemente.

torpedear *v. tr.* **1.** Atacar a un barco con torpedos. **2.** Hacer fracasar, boicotear. **Fam.** Torpedeamiento, torpedeo.

torpedero, ra *adj.* **1.** Se aplica al barco de guerra armado con torpedos. También *s. m.* **2.** Se dice del avión de bombardeo adaptado para el lanzamiento de torpedos. También *s. m.* || *s. m.* **3.** Torpedista*.

torpedista *adj.* Especialista en el manejo de torpedos. También *s. m.*

torpedo *s. m.* **1.** Proyectil en forma de huso o cilindro que lleva una carga explosiva y se lanza bajo el agua contra su objetivo. **2.** Tipo de carrocería de automóvil de línea aerodinámica, descubierto y con capota plegable. **3.** Nombre común de diversos peces condrictios del orden rayiformes y de la familia torpedínidos, género *Torpedo.* Miden entre 60 y 180 cm de longitud. Tienen el tronco con forma de disco aplanado, dos pequeñas aletas dorsales, cola corta, piel lisa y dos órganos eléctricos, formados por tejido muscular modificado, a ambos lados de la cabeza, que les permiten producir descargas para paralizar a sus presas y como defensa. Las principales especies son *Torpedo torpedo, Torpedo nobiliana* y *Torpedo marmorata.* Viven en los fondos cercanos al litoral del Mediterráneo y Atlántico. También son llamados *raya eléctrica, tremolina* y *tembladera.*

Toro: algunas de las razas principales.

torpeza *s. f.* **1.** Cualidad de torpe. **2.** Acción o dicho torpe.

tórpido, da *adj.* **1.** Se dice del miembro del cuerpo que se mueve o reacciona con dificultad. **2.** Se dice de las heridas o las llagas que no cicatrizan.

torpor *s. m.* Lentitud de movimiento o reacción de un miembro, músculo o fibra del cuerpo.

Torquemada, fray Tomás de (Valladolid 1420 - Ávila 1498) Inquisidor español. Era judío converso. Fraile dominico, fue nombrado por Sixto IV (1482) para controlar el funcionamiento del tribunal de la Inquisición. Como inquisidor general de Castilla y de la corona de Aragón, contó siempre con el apoyo de los Reyes Católicos a pesar de la resistencia de Aragón y de las frecuentes advertencias de los papas por su excesivo rigor.

Torquemada, Juan de (? 1557 - en Nueva España 1624) Franciscano e historiador español. Fue provincial de la orden en Nueva España. Su obra *Los veintiún libros rituales y monarquía indiana* (1615), en la que hace una defensa del indio, es una valiosa fuente informativa de la época precolonial.

torrado, da **1.** *p. p.* de **torrar**. También *adj.* || *s. m.* **2.** Garbanzo tostado y recubierto de una capa blanca y salada. **3.** *fam.* Cabeza, parte del cuerpo.

torrar *v. tr.* Tostar al fuego.

torre *s. f.* **1.** Construcción más alta que ancha, de base cilíndrica, cuadrada o poligonal, que hay en los castillos, iglesias, algunas casas, etc. **2.** Edificio semejante a los anteriores. **3.** En Cataluña y otras zonas de España, chalé o casa de campo. **4.** Cada una de las columnas en que se realizan determinados procesos en algunas industrias químicas. **5.** Estructura metálica de gran altura, principalmente la utilizada para sostener los cables que conducen la energía eléctrica. **6.** En los barcos de guerra, estructura elevada sobre la cubierta, en la que se colocan las piezas de artillería. **7.** En ajedrez, pieza con forma de torre de castillo. || **8. torre albarrana** La que se construía avanzada con respecto a la muralla, como defensa y punto de vigilancia. **9. torre de Babel** *fam.* Lugar o situación en que existe gran confusión o jaleo. **10. torre de control** La que domina un aeropuerto y desde la que se puede observar todo lo que ocurre en las pistas para dar las oportunas órdenes a los aviones. **11. torre de lanzamiento** (o **umbilical**) Estructura metálica utilizada en las plataformas de lanzamiento de cohetes espaciales para el suministro de energía a dichos cohetes. **12. torre de marfil** Situación de aislamiento en que se encuentra alguien ante la realidad o ante las demás personas. **13. torre del homenaje** La más grande e importante de una fortaleza, en la que se hacía el juramento de defender y guardar con fidelidad esta última.

Torre, Francisco de la (¿Torrelaguna? h. 1535 - ?) Poeta español. Era sacerdote. Su obra, influida por Horacio, Virgilio, Petrarca, Tasso y Garcilaso, fue editada por Quevedo en su lucha contra el culteranismo. Entre sus libros figuran dos de versos líricos y otro de églogas, llamado *Bucólica del Tajo.*

Torre, Guillermo de (Madrid 1900 - Buenos Aires 1971) Crítico literario español. Profesor en varias universidades americanas, fue desde 1956 catedrático en la de Buenos Aires. Impulsor del ultraísmo, ofreció en su obra *Literaturas europeas de vanguardia* (1925, ampliada en 1965) una visión general de los principales movimientos de la literatura contemporánea.

torrefacción *s. f.* Tueste, en especial del café.

torrefacto, ta *adj.* Tostado al fuego; en especial, se aplica al café que se tuesta con algo de azúcar.

Torrejón de Ardoz C. de España, en la prov. de Madrid. 82.800 h. en 1991. Cuenta con industrias metalúrgicas, farmacéuticas, de materiales para la construcción, alimentarias y químicas. En ella se encuentra una base aérea.

Torrelavega C. de España, en la prov. de Cantabria. 59.500 h. en 1991. En la comarca se cultivan cereales, leguminosas, patatas y hortalizas. En ella tiene lugar una importante feria de ganado vacuno. Posee industria química, metalúrgica, papelera, de plásticos, material eléctrico y de neumáticos.

Torremolinos C. de España, en la prov. de Málaga. 35.300 h. en 1991. Es un importante centro turístico de la Costa del Sol.

torrencial *adj.* **1.** Parecido a un torrente. **2.** Se aplica especialmente a las lluvias muy abundantes e intensas.

Torre-Nilsson, Leopoldo (Buenos Aires 1924 - íd. 1978) Director de cine argentino. En 1950 debutó como realizador. Entre sus mejores películas cabe citar *La casa del ángel* (1957), *Fin de fiesta* (1959), *Martín Fierro* (1968), *Los siete locos* (1973), *Boquitas pintadas* (1974), *Diario de la guerra del cerdo* (1975) y *Piedra libre* (1976).

torrente *s. m.* **1.** Corriente abundante e impetuosa de agua que se origina en tiempo de muchas lluvias o deshielo. **2.** Sangre que corre por el aparato circulatorio. **3.** Muchedumbre de personas que coinciden en un lugar, actividad, etc., o gran cantidad de cosas que se producen de golpe. ‖ **4. torrente de voz** Voz potente y sonora.

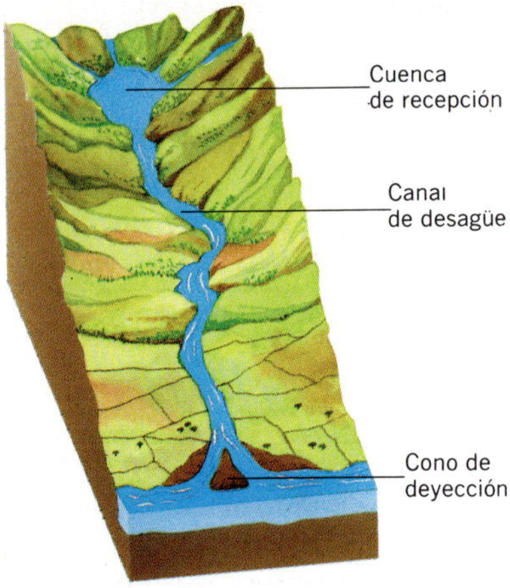

Esquema del curso de un torrente.

Torrente (*Torrent*) C. de España, en la prov. de Valencia. 55.750 h. en 1988. Es el centro de una zona rica en cultivos de cítricos, vid, olivo, almendro y productos hortofrutícolas. Cuenta con industrias alimentarias, de plástico y de calzado.

Torrente Ballester, Gonzalo (El Ferrol, La Coruña 1910) Escritor español. Escribió crítica teatral en periódicos y revistas. Ha destacado sobre todo como novelista, dentro del realismo, aunque también ha hecho incursiones en el campo experimental. Entre sus novelas sobresalen *Javier Mariño* (1943), la trilogía *Los gozos y las sombras* (1957-62), *Don Juan* (1963), *Off-side* (1969), *La saga/fuga de J.B.* (1972) y *Filomeno, a mi pesar* (1988). En 1985 le fue otorgado el premio Cervantes.

Gonzalo Torrente Ballester.

torrentera *s. f.* **1.** Cauce de un torrente. **2.** El mismo torrente.

torreón *s. m.* Torre grande para la defensa de una fortaleza o castillo.

Torreón C. de México, situada en el estado de Coahuila, en el N del sector central del país. 363.900 h. en 1982. En su región se cultivan algodón, cereales, legumbres, frutales, hortalizas, vid y plantas forrajeras. Cuenta con industria metalúrgica, alimentaria, textil, química, eléctrica y de la construcción.

torrero, ra *s. m.* y *f.* Persona que tiene a su cargo una torre de observación o un faro.

Torres, Camilo (Popayán 1766 - Bogotá 1816) Patriota y político colombiano. Entre 1812 y 1814 presidió el Congreso de las Provincias Unidas de Nueva Granada. En 1815, detenido Nariño por los realistas, asumió el poder con apoyo de Bolívar, pero no consiguió la reunificación de los patriotas y dimitió en 1816. Poco después fue detenido y ejecutado por los realistas.

Torres, Camilo (Bogotá 1929 - San Vicente de Chucurí 1966) Sacerdote y revolucionario colombiano. Profesor y capellán de la universidad nacional de Bogotá, organizó el Frente Unido del Pueblo Colombiano, de carácter revolucionario, que le llevó a una ruptura con las autoridades eclesiásticas. Incorporado a las guerrillas del Ejército de Liberación Nacional, murió en combate.

Torres, estrecho de Brazo de mar que separa la isla de Nueva Guinea del continente australiano. Comunica el mar de Arafura, en el océano Índico, al O, con el mar del Coral, en el Pacífico, al E. Fue descubierto en 1606 por Luis Váez de Torres, navegante portugués al servicio de España.

Torres, Juan José (Cochabamba 1919 - Buenos Aires 1976) Militar y político boliviano. Comandante de las fuerzas armadas, ocupó provisionalmente la presidencia de la república en 1970 con el apoyo de un amplio movimiento popular y una parte del ejército. Fue derrocado por un golpe de Estado de extrema derecha en 1971. Murió asesinado.

Torres, Luis Váez de (s. XVII) Navegante portugués al servicio de España. Participó en la expedición de Fernández de Quirós que descubrió Nuevas Hébridas. Separado por una tormenta, prosiguió hacia el O y descubrió en 1606 el estrecho existente entre Nueva Guinea y Australia y que lleva su nombre.

Torres Bodet, Jaime (México 1902 - íd. 1974) Escritor mexicano. Fue director general de la UNESCO (1948-52). Iniciado bajo los modos del modernismo, desarrolló un estilo propio, característico del grupo de la revista *Contemporáneos*. Entre sus obras sobresalen, en poesía *Cripta* (1937), *Sonetos* (1949) y *Fronteras* (1954); los ensayos *Contemporáneos* (1938) y *Tres inventores de realidad* (1955) y los relatos *La educación sentimental* (1931) y *Sombra* (1937).

Torres García, Joaquín (Montevideo 1874 - íd. 1949) Pintor uruguayo. Vivió en Barcelona, donde realizó murales en iglesias y en el palacio de la Generalitat, dentro del estilo modernista. Tras sus épocas en Italia y París, se instaló en Montevideo y allí llevó a cabo un arte constructivista, basado en la reducción de las formas a ideogramas alojados en rectángulos. Simultáneamente pintó retratos, desnudos y paisajes. En su obra destaca el magnífico *Autorretrato* (1944).

Torres Naharro, Bartolomé (? - ? h. 1530) Escritor español. Vivió en Roma y Nápoles, donde recibió la influencia de la comedia renacentista italiana. Escribió un *Diálogo del Nacimiento*, única obra de tema religioso, y la *Propalladia*, que contiene ocho comedias, en las que en tono realista, con gracia pintoresca e intención satírica, refleja las costumbres de la época.

Torres Quevedo, Leonardo (Santa Cruz de Bezana, Cantabria 1852 - Madrid 1936) Ingeniero y matemático español. Fue un precursor de las máquinas de cálculo automático y uno de los primeros en aprovechar las ondas hertzianas para realizar maniobras a distancia. Se le debe también la construcción de un funicular aéreo junto a las cataratas del Niágara de 580 m de longitud.

Torres Villarroel, Diego de (Salamanca 1693 - íd. 1770) Escritor español. Fue uno de los personajes más famosos de su tiempo. Llevó una vida agitada: estudió humanidades en Salamanca, fue ermitaño, soldado, médico, torero y sacerdote. Bajo el seudónimo de Gran Piscator de Salamanca, alcanzó popularidad con la publicación de unos almanaques, célebres por sus augurios y predicciones. En su obra analiza la decadencia de la sociedad española. Entre sus libros más notables figuran *Sueños morales, visiones y visitas de Torres con don Francisco de Quevedo en Madrid* (1727-51) y *Vida, ascendencia, nacimiento, crianza y aventuras de don Diego de Torres Villarroel* (1743-51).

torreta *s. f.* **1.** En los aviones, buques de guerra, tanques, etc., torre o estructura especialmente protegida en que se sitúan las ametralladoras, los cañones, etc. **2.** Estructura metálica situada en una zona elevada y en la que se concentran los hilos de una red de telecomunicaciones.

Torrevieja C. de España, en la prov. de Alicante, situada en el S de la misma, a orillas del mar Mediterráneo. 25.900 h. en 1991. Posee horticultura y pesca, pero su economía se basa fundamentalmente en sus importantes salinas y en el turismo.

torrezno *s. m.* Trozo de tocino frito o preparado para freírlo.

Torricelli, Evangelista (Faenza 1608 - Florencia 1647) Físico y matemático italiano. Demostró que un sistema material se encuentra en un equilibrio mayor cuanto más bajo esté su punto de gravedad. Realizó los experimentos que llevaron a la construcción del barómetro y al cálculo de la presión atmosférica, inventó un termómetro y fue precursor del cálculo infinitesimal.

tórrido, da *adj.* **1.** Muy ardiente o muy caluroso. **2.** Se aplica especialmente al clima caracterizado por las elevadas temperaturas y a las zonas que tienen este tipo de clima.

Torrigiano (o **Torrigiani**), **Pietro** (Florencia 1472 - Sevilla 1528) Escultor italiano. Formado en Italia, trabajó en Inglaterra desde 1512, donde labró la tumba de Enrique VII y de Isabel de York en la abadía de Westminster. En 1520 llegó a España y se instaló en Sevilla, donde realizó un *San Jerónimo*, para el convento del mismo nombre, y una *Virgen con el Niño.*

torrija *s. f.* **1.** Dulce que consiste en una rebanada de pan empapada en leche o vino, rebozada en huevo, frita y, a veces, cubierta con azúcar o miel. **2.** *fam.* Borrachera.

Torrijos, José María de (Madrid 1791 - Málaga 1831) Militar español. Participó en la guerra de la Independencia y su condición de liberal hizo que, después del triunfo de la revolución de 1820, fuera nombrado jefe del Estado Mayor de las fuerzas de Cartagena y, más tarde, ministro de Guerra (1823). En 1824 tuvo que emigrar a Londres, desde donde organizó una expedición que fracasó poco después del desembarco en Fuengirola. Fue fusilado sin juicio previo por orden de Fernando VII.

Torrijos, Omar (Santiago, Veraguas 1929 - cerca de Olá, Panamá 1981) Militar y político panameño. Se convirtió en el jefe de la junta militar tras el derrocamiento de Arnulfo Arias (1968). Tuvo que hacer frente a varios intentos de golpe de Estado. Jefe de gobierno con amplios poderes (1972-78), firmó en 1977 un tratado con EE UU para la recuperación en 1999 del canal de Panamá. En 1978 quedó como jefe de la guardia nacional y pasó a dirigir el Partido Revolucionario Democrático. Murió en un accidente de aviación aún no aclarado.

Torroja, Eduardo (Madrid 1899 - íd. 1961) Ingeniero y arquitecto español. Director del Instituto Técnico de la Construcción y del Cemento, trabajó en varios países de Europa, África y América y fue un gran innovador en la utilización del hormigón armado. Algunas de sus obras más notables son las estructuras del hipódromo de la Zarzuela y los viaductos de la Ciudad Universitaria, ambas en Madrid.

torsión *s. f.* **1.** Acción y efecto de torcer o torcerse una cosa. **2.** Característica de los hilos de un tejido que viene dada por el número de vueltas que tienen éstos por unidad de longitud. **3.** En mecánica, deformación de un cuerpo por la acción de dos pares de fuerzas opuestas y situadas en planos paralelos.

torso *s. m.* **1.** Tronco del cuerpo humano. Se usa especialmente en pintura o escultura. **2.** Escultura a la que faltan la cabeza, los brazos y las piernas.

torsor *s. m.* En mat., conjunto de una fuerza y un par que posee la misma dirección que la fuerza.

torta *s. f.* **1.** Masa de forma redondeada, generalmente de harina, frita o cocida al horno, a la que a veces se añaden otros ingredientes. **2.** *fam.* Golpe dado con la mano abierta, especialmente en la cara. **3.** *fam.* Golpe violento. **4.** *fam.* Borrachera. ‖ **Loc. costar la torta un pan** *fam.* Costar la consecución de una cosa más de lo que ésta

Algunas familias de tortugas.

vale. **ni torta** *adv.* Nada. **no tener** una persona **ni media torta** *fam.* Ser pequeña o débil.

tortada *s. f.* Torta pequeña rellena de carne, dulce, etc.

tortazo *s. m. fam.* Torta, bofetada o golpe violento.

tortel *s. m.* Rosco de hojaldre.

tortera *s. f.* Cacerola casi plana, generalmente de barro, que se utiliza para hacer tortas.

tortícolis *s. m.* Contracción de los músculos del cuello, que queda inmovilizado o torcido. Se usa más como *s. f.*

tortilla *s. f.* **1.** Huevos batidos y fritos en la sartén con un poco de aceite, a los que a veces se añade algún otro ingrediente. **2.** *Amér. C., Ant., Méx.* Torta de harina, generalmente de maíz, sin levadura, que se cuece en un recipiente de barro. **3.** *Arg., Chile.* Pan de harina de trigo cocida encima de las brasas. ‖ **4. tortilla española** La de forma redonda que se hace añadiendo al huevo batido trozos de patata que han sido fritas antes ligeramente. **5. tortilla francesa** La hecha sólo con huevo. ‖ **Loc. volverse la tortilla** *fam.* Suceder una cosa al revés de lo que se esperaba; también, cambiar la situación.

tortillería *s. f.* Establecimiento donde se hacen o venden tortillas.

tortillero, ra *s. m.* y *f.* **1.** Persona que hace o vende tortillas. ‖ *s. f.* **2.** *vulg.* Lesbiana*.

tortita *s. f.* **1.** *dim.* de **torta**. ‖ *pl.* **2.** Juego que consiste en dar palmadas delante de un niño pequeño o hacer que las dé él cogiéndole las manos, cantando a la vez una canción.

tórtola *s. f.* Nombre común de diversas aves columbiformes de la familia colúmbidos, con diversos géneros, especialmente *Streptopelia*. La tórtola común *(Streptopelia turtur)* mide unos 28 cm de longitud, tiene cola estrecha, negra y bordeada de blanco, dorso y alas pardos, vientre blanco con tonos cárdenos, rayas negras moteadas a los lados del cuello y cabeza azul. Anida en árboles y arbustos de Europa, N de África y S de Asia y es migratoria.

tortolito, ta *s. m.* y *f.* **1.** *dim.* de **tórtolo** o de **tórtola**. ‖ *adj.* **2.** *fam.* Se dice de la persona atolondrada o sin experiencia. También *s.* ‖ *s. m. pl.* **3.** *fam.* Pareja de enamorados.

tórtolo *s. m.* **1.** Macho de la tórtola. **2.** *fam.* Hombre muy enamorado. ‖ *pl.* **3.** *fam.* Tortolitos, pareja de enamorados.

Tortosa C. de España, en la prov. de Tarragona, a orillas del Ebro. 29.700 h. en 1991. En su comarca se cultivan sobre todo hortalizas, frutales, cereales, plantas forrajeras, olivos y algarrobos. Posee una importante industria textil, metalúrgica, mecánica, alimentaria y farmacéutica. Destacan entre los monumentos de la ciudad la catedral y el palacio episcopal, ambos de estilo gótico, y el convento renacentista de Santo Domingo.

tortosino, na *adj.* De Tortosa. También *s.*

tortuga *s. f.* **1.** Nombre común de diversos reptiles quelonios de las familias quelídridos, testudínidos, quelónidos, quélidos, trioníquidos, dermoquélidos y otras. Se caracterizan por poseer un caparazón de placas óseas cubierto de placas córneas, con una cubierta abovedada llamada *espaldar* y otra ventral llamada *plastron*, y por tener las costillas rígidas soldadas a la concha, por lo que respiran mediante la acción de los músculos abdominales sobre los pulmones. Existen especies terrestres y marinas. La tortuga verde o comestible *(Chelonia mydas)* mide unos 120 cm de largo, tiene las extremidades con forma de aleta, mandíbula en pico y habita en todos los mares. La tortuga tonta *(Caretta caretta)* mide unos 100 cm, es marina y de color pardo claro, habita en mares tropicales y en el Mediterráneo. La tortuga laúd o coriácea *(Dermochelys coriacea)* mide unos 2 m, tiene el dorso liso, caparazón óseo no unido al esqueleto, y es propia de mares cálidos. La tortuga mediterránea *(Testudo hermanni)* mide unos 25 cm, tiene un escudo supracaudal doble, extremidades con uñas y un tubérculo córneo en la cola; presenta colores pardos y negros y habita en Europa, en campos y jardines. La tortuga cuellilarga australiana *(Chelodina longicollis)* vive en ríos de Australia y come peces. **2.** *fam.* Persona, vehículo, etc., muy lento.

Tortuga, isla de la Isla de Haití, separada del litoral N por el canal de la Tortuga. 180 km^2. 13.000 h. en 1980. Su población vive de las plantaciones de bananeros y de la pesca. Colonizada por los españoles, se convirtió en base de los bucaneros franceses en las Antillas (s. XVI). En 1665 fue incorporada a la colonia francesa de Haití.

tortuoso, sa *adj.* **1.** Que tiene muchas curvas, vueltas y rodeos. **2.** Se dice de quien obra de manera indirecta, con disimulo sin mostrar claramente sus intenciones, así como de su conducta, actos, etc. **Fam.** Tortuosamente, tortuosidad.

tortura *s. f.* **1.** Cualquier procedimiento con que se produce a alguien un intenso sufrimiento físico o psicológico, generalmente como castigo o para hacerle confesar algo. **2.** Cualquier tipo de sufrimiento, físico o moral, muy intenso y prolongado, y aquello que lo provoca.

torturar *v. tr.* Someter a alguien a una tortura. **Fam.** Torturador.

Torun C. de Polonia, en el N del sector central del país, a orillas del río Vístula. 199.600 h. en 1989. Cuenta con industrias textiles, químicas, alimentarias y de instrumentos de precisión. Tiene puerto fluvial y es un importante nudo de comunicaciones.

torunda *s. f.* Trozo de algodón envuelto en gasa que se emplea para curar heridas, como tapón para detener una hemorragia, etc.

toruno *s. m. amer.* Toro semental.

torva *s. f.* Remolino de lluvia o de nieve.

torvisco *s. m.* Planta arbustiva de la familia timeláceas, especie *Daphne gnidium*. Tiene hojas lanceoladas, flores blancas y amarillas y fruto en drupa de color rojo. Crece en las regiones mediterráneas y sus frutos se emplean como purgantes.

torvo, va *adj.* Se dice de la persona que tiene un aspecto fiero, terrible o que causa miedo, así como de su gesto, forma de mirar, etc.

tory (voz ingl.) *adj.* **1.** Se dice del antiguo partido político que en el Reino Unido defendió el orden monárquico y anglicano desde 1679 hasta 1832. **2.** Se aplica al actual Partido Conservador del Reino Unido. **3.** De estos partidos políticos. También *s.*

torzal *s. m.* **1.** Unión de varios hilos trenzados o retorcidos unos con otros. **2.** *Arg., Chile, Nic., Par., Urug.* Cuerda de cuero retorcido o trenzado.

tos *s. f.* **1.** Expulsión ruidosa y violenta del aire de los pulmones provocada por una irritación o la presencia de un cuerpo extraño en alguna parte del aparato respiratorio. ‖ **2. tos ferina** Enfermedad infecciosa que ataca especialmente a los niños y se caracteriza por una tos violenta e intensa y una contracción de la laringe al inspirar, acompañada de un fuerte ruido. Es producida por el bacilo *Haemophilus pertussis* y se combate con antibióticos.

Toscana Región de Italia, en el centro del país, entre los Apeninos y el mar Tirreno. 22.992 km^2. 3.562.500 h. en 1991. La capital es Florencia, con 408.400 h. en 1991. Comprende las provincias de Arezzo, Florencia, Grosseto, Livorno, Lucca, Massa-Carrara, Pisa, Pistoia y Siena. El relieve, muy variado, presenta sus mayores elevaciones en la zona NO. Sus ríos más importantes son el Magra, Serchio, Arno, Cecina y Ombrone. Tiene un clima mediterráneo cálido y húmedo. Cuenta con cultivos de cereales, olivo, vid, patatas, remolacha azucarera, frutas y hortalizas, ganadería ovina, porcina y vacuna, minería de hierro, pirita, mercurio y lignito, y el famoso mármol de Carrara, así como canteras de ónice y alabastro, e industria química, de construcciones navales, siderometalúrgica, textil, alimentaria, editorial, mecánica y de marroquinería. El turismo representa una significativa fuente de ingresos.
Hist. La región estuvo poblada por los etruscos, romanos y lombardos a lo largo del tiempo. En la Edad Media pasó por diferentes poderes, pero el estado florentino se consolidó con los Médicis (s. XV-XVI), que otorgó a Toscana su unidad política. Al extinguirse la casa de Médicis, el territorio pasó a depender de los Habsburgo (1737). Ocupado por Napoleón, se convirtió en reino de Etruria (1801). Fue anexionado a Francia (1808) y devuelto a Fernando III (1814). En 1859 se abolió la monarquía y, tras un plebiscito (1860), Toscana pasó a integrarse en el reino de Italia.

Toscanelli, Paolo dal Pozzo (Florencia 1397 - íd. 1482) Geógrafo italiano. Interesado por las matemáticas y la astronomía, determinó la oblicuidad de la eclíptica (1468). Estudió la posibilidad de una ruta a las Indias Orientales por el Atlántico, partiendo de Portugal y basando sus cálculos en los de Marco Polo.

Toscanini, Arturo (Parma 1867 - Nueva York 1957) Director de orquesta italiano. Dirigió la orquesta de la Scala de Milán (1896-1903 y 1915-28). Pasó a residir en EE UU, donde fue director de la Filarmónica de Nueva York (1928-37) y de la orquesta NBC, de Nueva York (1937-54). Destacó por sus interpretaciones de las óperas de Verdi, las sinfonías de Beethoven y la música de Wagner.

toscano, na *adj.* **1.** De Toscana. También *s.* ‖ *s. m.* **2.** Dialecto hablado en Toscana, de cuya variedad culta florentina procede el idioma italiano oficial.

tosco, ca *adj.* **1.** Realizado con poco cuidado o con materiales de poco valor. **2.** Rudo, inculto, poco refinado. También *s.* **Fam.** Toscamente.

toser *v. intr.* **1.** Tener tos. **2.** Hacer fuerza con los órganos de la respiración para provocar la tos. ‖ **Loc. toser** una persona **a** otra *fam.* Enfrentarse a ella, contradecirla, replicarle. ■ Generalmente, se usa sólo con negación.

tósigo *s. m.* Veneno, ponzoña.

tosquedad *s. f.* Cualidad de tosco.

tostación *s. f.* **1.** Acción y efecto de tostar. **2.** Proceso metalúrgico mediante el cual, en hornos apropiados, se oxida un sulfuro metálico para formar el óxido del correspondiente metal, con desprendimiento de dióxido de azufre. P. ej., la tostación del sulfuro de cinc:

$$2ZnS + 3O_2 \rightarrow 2ZnO + 2SO_2$$

La tostación es el primer paso para la extracción de algunos metales de sus minerales, la cual se consigue reduciendo el óxido obtenido en la tostación.

tostadero, ra *adj.* **1.** Se dice de la máquina o instrumento que sirve para tostar. También *s.* ‖ *s. m.* **2.** Lugar o instalación donde se tuesta algo. **3.** Lugar donde hace demasiado calor.

tostado, da **1.** *p. p.* de **tostar**. También *adj.* ‖ *adj.* **2.** Se dice del color oscuro, como el que tiene la piel bronceada por el sol, así como de ciertas cosas que tienen dicho color. ‖ *s. m.* **3.** Acción y efecto de tostar. ‖ *s. f.* **4.** Rebanada de pan tostado. **5.** *fam.* Cosa pesada y molesta. **6.** *fam.* Confusión, desorden o dificultad. ‖ **Loc. olerse la tostada** *fam.* Sospechar o adivinar un riesgo, un peligro, una trampa, etc.

Tostado, El Véase **Madrigal, Alonso de**.

tostador, ra *s. m.* o *s. f.* Aparato para tostar algo, especialmente el pan.

tostar *v. tr.* **1.** Poner una cosa al fuego hasta que tome un color dorado, sin llegar a quemarse. También *v. prnl.* **2.** Broncear, poner morena la piel del cuerpo la acción del sol o el viento. También *v. prnl.* **3.** Quemar, calentar demasiado. ■ Es v. irreg. Se conjuga como *contar.*

tostón *s. m.* **1.** Trozo pequeño de pan frito que se añade a sopas, purés, etc. Se usa más en *pl.* **2.** Cochinillo asado. **3.** Garbanzo tostado. **4.** Persona o cosa pesada y molesta.

Tot Divinidad lunar egipcia, venerada en Hermópolis y en el delta del Nilo; creador de las cosas, se le atribuye la invención de la escritura. Se le representaba como hombre con cabeza de ibis. Corresponde al Hermes Trimegisto griego.

tota *s. m.* Mamífero primate catarrino de la familia cercopitécidos, especie *Cercopithecus aethiops.* Es un mono que mide entre 60 y 100 cm de longitud, de los que la mitad corresponden a la cola, tiene la cara negra con una banda blanca en la frente y el resto del cuerpo verdoso. Se alimenta de vegetales y habita en grupos en regiones boscosas y sabanas de África al S del Sáhara.

total *adj.* **1.** Completo, que incluye todos los elementos, partes o aspectos de algo. **2.** *fam.* Se dice de la persona o cosa que alguien considera muy buena, excelente por algo. ‖ *s. m.* **3.** Todo, totalidad. **4.** Resultado de sumar dos o más cantidades. ‖ *adv. m.* **5.** En resumen, en conclusión.

totalidad *s. f.* **1.** Conjunto de todas las personas o cosas que forman un grupo, clase o especie. **2.** Cosa íntegra, entera.

totalitario, ria *adj.* Perteneciente o relativo al totalitarismo.

totalitarismo *s. m.* **1.** Régimen político en que el poder se concentra en un grupo o partido, impidiendo la existencia de cualquier tipo de oposición y ejerciendo un control absoluto en todos los órdenes de la vida pública. Es propio de las dictaduras. **2.** Doctrina en que se basa este régimen. **Fam.** Totalitarista.

totalizar *v. tr.* Obtener la cantidad total que se expresa como resultado de sumar varias cantidades parciales. ■ Se conjuga como *cazar.* **Fam.** Totalización, totalizador.

totalmente *adv. m.* Enteramente, del todo.

Totana C. de España, en la prov. de Murcia, al SO de la capital. 20.300 h. en 1991. Es el centro urbano de una comarca donde se cultivan cereales, hortalizas, cítricos, almendros y frutales, se cría ganado porcino y lanar y existen ricas canteras de piedra y yeso. Posee industria alimentaria, de materiales de construcción, maderera y de perfumería.

tótem *s. m.* **1.** Ser u objeto de la naturaleza que en la mitología de algunas sociedades se toma como símbolo o emblema protector, y a veces también como progenitor o antepasado. **2.** Representación pintada o tallada de este ser u objeto. **3.** Columna o poste con figuras de estos seres u objetos que tallan los indios de tierras americanas próximas a Alaska. **Fam.** Totémico.

totemismo *s. m.* Sistema de ritos, creencias y organización social basado en el tótem.

Totila (? - Caprara, Perugia 552) Rey de los ostrogodos (541-552). Sucedió en el trono a Erarico, en plena guerra contra Bizancio. Ocupó Roma y Sicilia, pero fue derrotado y herido de muerte en una batalla contra el general bizantino Narsés. A su muerte se consumó la conquista de Italia por los ejércitos de Justiniano.

Totò, Antonio de Curtis, llamado (Nápoles 1898 - Roma 1967) Actor italiano. Interpretó numerosas comedias de tono popular, entre las que destacan *Nápoles millonaria* (1950), *Guardias y ladrones* (1951), *Rufufú* (*I soliti ignoti*, 1958) y *Pajarracos y pajaritos* (1966).

totonaco, ca *adj.* **1.** Se dice de un pueblo amerindio precolombino que habitaba en los estados de Puebla y Veracruz (México). Organizado en pequeños señoríos independientes, su capital fue Cempoala. Se aliaron con Hernán Cortés en su marcha contra Tenochtitlan. La principal muestra de su arte se encuentra en el yacimiento de El Tajín. La escultura presenta tres tipos de piezas: yugos, palmas y hachas ceremoniales, talladas en piedra. **2.** De este pueblo. También *s.* ‖ *s. m.* **3.** Lengua hablada por este pueblo.

totora *s. f. Amér. del S.* Especie de junco que nace en terrenos húmedos y se usa para fabricar embarcaciones, esteras, cestos, etc. **Fam.** Totoral.

totovía *s. f.* Ave paseriforme de la familia aláudidos, especie *Lullula arborea.* Mide unos 15 cm de longitud, tiene la cola muy corta, el pico fino, plumaje listado de castaño y ocre, el borde de las alas con marcas blancas y negras y la cresta redondeada. Es migrante parcial, anida en el suelo y habita en linderos de bosques, campos y cultivos de Europa, O de Asia y N de África.

tótum revolútum *expr. lat.* Conjunto de muchas cosas desordenadas.

totuma *s. f. amer.* Fruto del totumo y vasija hecha con el mismo.

totumo *s. m. amer.* Güira.

touché (voz fr. que significa 'tocado') *interj.* **1.** En esgrima, expresión con que uno de los adversarios reconoce haber sido alcanzado por la espada del contrario. **2.** Expresión con que alguien se reconoce vencido en una controversia o discusión.

Toulmin, Stephen Edelston (Londres 1922) Filósofo británico. Profesor en la universidad de Chicago, ha realizado importantes estudios en el campo de la filosofía analítica a partir de las últimas aportaciones de Wittgenstein, de quien fue discípulo. Es autor de libros como *El lugar de la razón en la ética* (1950), *La filosofía de la ciencia* (1953) y *La Viena de Wittgenstein* (1973), en colaboración con Allan Janik.

Toulouse C. de Francia, cap. de la región de Midi-Pyrénées y del departamento de Haute-Garonne, situada en el S del país, a orillas del río Garona. 359.000 h. en 1990 y 648.300 h. en su aglomeración. Cuenta con industrias tradicionales, como la metalúrgica, la textil y la papelera, y otras que se han instalado posteriormente, como la de construcciones aeronáuticas y aeroespaciales, la química, la electromecánica y la de materiales de construcción. Es un centro comercial e importante nudo de comunicaciones.

Tótems en el Stanley Park de Vancouver (Canadá).

En el s. VI fue invadida por los francos, que desde ella repelieron los ataques musulmanes. Pasó después a convertirse en la capital del condado de Tolosa. A partir de entonces la ciudad vivió diversas etapas de decadencia y recuperación hasta llegar al s. XIX, en que se consolidó su importancia. Entre sus monumentos destacan la basílica románica de Saint-Sernin (s. XI), la catedral gótica de Saint-Étienne (s. XII-XIII) y las iglesias de los Jacobinos (s. XIII) y Notre-Dame-de-la-Dalbade (s. XVI).

Toulouse-Lautrec, Henri Marie Raymond de Toulouse-Lautrec-Monfa, llamado (Albi 1864 - castillo de Malromé, Gironde 1901) Pintor, litógrafo y cartelista francés. Perteneciente a una acaudalada familia, descendiente de los condes de Tolosa, quedó enano y cojo a causa de una malformación congénita y de dos caídas de caballo. Llevó en París una vida bohemia entre burdeles y cabarets, que inmortalizó en sus obras. De estilo expresionista, muestra un predominio de la línea y los colores planos, especialmente en sus carteles, que adquirieron con él entidad de género artístico. Realizó más de 5.000 dibujos, 400 litografías y unos mil cuadros, entre los que sobresalen *Jeanne Avril bailando* (1892), *En el salón de la rue des Moulins*, *Yvette Guilbert saludando al público* (1894) y *El baile del Moulin Rouge* (1897).

Toulouse-Lautrec: Jeanne Avril bailando *(Museo del Louvre, París).*

tour (voz fr.) *s. m.* **1.** Excursión o viaje en que se recorren diversos lugares. **2.** Gira artística. **3.** Denominación que reciben algunas carreras ciclistas, especialmente la vuelta ciclista a Francia. ‖ **4. tour operador** Persona o empresa que se dedica a la organización de viajes colectivos. A veces se emplea la expresión inglesa *tour-operator.* ‖ **Loc. tour de force** Demostración de fuerza, esfuerzo grande.

Tour, Georges de la (Vic-sur-Seille h. 1593 - Lunéville 1652) Pintor francés. Influido por Caravaggio en su realismo y por la pintura holandesa en su preferencia por situar el foco luminoso en el interior de la composición, realizó una obra muy personal caracterizada por el tratamiento geométrico de los volúmenes. Algunas de sus obras principales son *La lamparilla* (h. 1628), *San Sebastián llorando por Santa Irene* (1633), *Magdalena a media luz* y *La buenaventura.*

Tour, Maurice Quentin de la (Saint-Quentin 1704 - íd. 1788) Pintor francés. Fue nombrado pintor del rey Luis XV. De estilo rococó, cultivó el retrato en la técnica del pastel. Junto a su *Autorretrato* (1751), merece citarse el de *Madame de Pompadour* (1755).

Touraine, Alain (Hermanville-sur-Mer, Calvados 1925) Sociólogo francés. Ha investigado básicamente en el campo de la sociología del trabajo. Entre sus obras destacan *Sociología de la acción* (1965), *La sociedad postindustrial* (1969) e *Introducción a la sociología* (1974).

Touré, Sékou (Faranah 1922 - Cleveland, EE UU 1984) Político guineano. Fundador del primer sindicato de Guinea en 1945, en 1952 fundó el Partido Democrático de Guinea, de tendencia marxista. Primer ministro (1957) y presidente de la república (1958), llevó a cabo una política neutralista y dictatorial hasta su muerte.

tournée (voz fr.) *s. f.* **1.** Tour, viaje. **2.** Gira artística.

tour-operator (voz ingl. que significa 'agente de viajes') *s. m.* Tour* operador.

Tours C. de Francia, cap. del departamento de Indre-et-Loire, situada en el sector centro-occidental del país, a orillas del río Loira. 130.000 h. en 1990 y 263.000 h. en su aglomeración. Posee industria metalúrgica, química, eléctrica y de productos alimenticios. Es un importante mercado regional y nudo de comunicaciones. Gracias a San Martín y a San Gregorio de Tours, la ciudad fue a partir del s. IV un centro religioso de primer orden. Fue residencia de Carlos VII y Luis XI. Destacó en ella la industria sedera durante la Edad Media. Entre sus monumentos sobresalen la catedral gótica de Saint Gatien (s. XIII-XVI), las iglesias de Saint-Julien (s. XIII), de Saint-Saturnin (s. XV) y de Notre-Dame-la-Riche (s. XV-XVI) y la torre de Guisa (s. XIII).

Toussaint Louverture, François Dominique Toussaint, llamado (Santo Domingo 1743 - Fuerte de Joux, cerca de Pontarlier 1803) Revolucionario haitiano. Antiguo esclavo, encabezó los movimientos independentistas negros frente a los franceses. Abolida la esclavitud por la Convención, militó a favor de Francia y fue nombrado comandante en jefe de las fuerzas haitianas. En 1801 ya consiguió organizar la isla como un estado semiindependiente, del que fue nombrado gobernador general vitalicio. Napoleón envió a Leclerc, que le venció y le llevó a Francia, donde murió.

Tovar, Manuel Felipe de (Caracas 1803 - París 1866) Político venezolano. Del Partido Conservador, fue ministro de Interior y Justicia en el gobierno de Castro. Accedió a la presidencia tras la caída de éste (1859) y fue reelegido en su cargo en 1860, pero dimitió en 1861 por su oposición a Páez.

Tovar Llorente, Antonio (Valladolid 1911 - Madrid 1985) Filólogo y ensayista español. Fue especialista en lenguas prerromanas y estudió a fondo el euskera. Entre sus libros más sobresalientes figuran *Estudios sobre las primitivas lenguas hispánicas* (1949), *La lengua vasca* (1950) y *Catálogo de las lenguas de América del Sur* (1961).

Tovar y Tovar, Martín (? 1828 - ? 1902) Pintor venezolano. Estudió en París. De estilo academicista, pintó personajes y episodios de la independencia hispanoamericana, entre los que destacan *La batalla de Ayacucho* y *Firma del acta de la independencia*.

Townes, Charles Hard (Greenville, Carolina del Sur 1915) Físico estadounidense. Construyó el primer máser de amoniaco en 1954 y contribuyó a la invención del láser. Obtuvo el premio Nobel de física en 1964, compartido con Alexander M. Projorov y Nikolai G. Basov.

Townsend, sir John Sealy Edward (Galway 1868 - Oxford 1957) Físico británico. Investigó la conductibilidad de los gases y llegó a la conclusión de que la ionización por choque es un proceso en cadena.

toxemia *s. f.* Presencia de toxinas o venenos en la sangre y estado anormal que origina.

toxicidad *s. f.* Cualidad de tóxico.

tóxico, ca *adj.* Se dice de las sustancias que son venenosas y pueden producir intoxicaciones graves. También *s. m.*

toxicogénesis *s. f.* En biol., proceso por el que algunos organismos, bacterias, virus, etc., liberan sustancias tóxicas.

toxicología *s. f.* Parte de la medicina que estudia las sustancias tóxicas y su efecto sobre los organismos vivos. **FAM.** Toxicológico, toxicólogo.

toxicomanía *s. f.* Hábito de consumir drogas y dependencia patológica de las mismas.

toxicómano, na *adj.* Que padece toxicomanía. Se usa más como *s.*

toxígeno, na *adj.* Que produce toxinas.

toxina *s. f.* Sustancia elaborada por los seres vivos, en especial por los microorganismos patógenos, que resulta venenosa y produce trastornos fisiológicos, incluso en pequeñísimas proporciones. El sistema inmunológico produce antitoxinas que son a menudo capaces de neutralizar las toxinas.

Toynbee, Arnold Joseph (Londres 1889 - York 1975) Historiador británico. Fue profesor de la universidad de Londres y autor de una teoría de la historia según la cual la humanidad evoluciona mediante la aparición y desaparición de civilizaciones en un proceso cíclico. Su obra principal, en doce volúmenes, lleva el título de *Estudio de la historia* (1934-61).

Toyonaka C. de Japón, en la isla de Honshu, al N de Osaka, a cuya área metropolitana pertenece. 413.700 h. en 1989. Es un núcleo residencial que acoge población de la conurbación industrial de Osaka.

Toyota C. de Japón, en la isla de Honshu, al E de Nagoya. 325.900 h. en 1989. Su principal actividad económica es la industria automovilística. En ella se encuentra la *Toyota Motor Company*, una de las primeras marcas mundiales de automóviles.

tozudo, da *adj.* **1.** Se dice de la persona que mantiene una idea o actitud fija, con razón o sin ella. También *s.* **2.** Se dice del animal que es difícil de dominar, que no obedece con facilidad. **FAM.** Tozudez.

traba *s. f.* **1.** Acción y efecto de trabar o unir una cosa con otra. **2.** Aquello que sirve para sujetar o unir unas cosas con otras. **3.** Estorbo, obstáculo, dificultad.

trabacuenta *s. f.* Error en una cuenta.

trabado, da **1.** *p. p.* de **trabar**. También *adj.* ‖ *adj.* **2.** Se dice de la caballería que tiene blancas las dos manos, o que tiene blancos el pie izquierdo y la mano derecha, o viceversa. **3.** Se dice de la sílaba cuyo sonido final es consonántico. **4.** Nervudo, robusto.

trabajado, da **1.** *p. p.* de **trabajar**. ‖ *adj.* **2.** Que muestra un aspecto cansado por haber trabajado o sufrido mucho. **3.** Realizado con mucho esmero y detenimiento. **FAM.** Trabajadamente.

trabajador, ra *adj.* **1.** Que trabaja mucho. ‖ *s. m.* y *f.* **2.** Persona que trabaja a cambio de un salario, en especial la que trabaja manualmente.

trabajar *v. intr.* **1.** Realizar una actividad que exija esfuerzo físico o intelectual, durante un tiempo más o menos largo. **2.** Estar alguien empleado en cierta empresa, institución, etc., o ejercer una determinada profesión u oficio. **3.** Estar cumpliendo o realizando dicha ocupación, profesión u oficio. **4.** Realizar su actividad una máquina, establecimiento, etc. **5.** Poner esfuerzo, atención y cuidado en algo. También *v. tr.* **6.** Mantener relaciones comerciales o profesionales con una determinada empresa, firma, etc. ‖ *v. tr.* **7.** Ejercitar, estudiar o ensayar. **8.** Cultivar la tierra. **9.** Manipular una materia o sustancia para darle forma o para transformarla. **10.** Comerciar con determinado producto o género o utilizarlo para confecciones o manufacturas. **11.** Desarrollar un músculo o una parte del cuerpo. ‖ *v. prnl.* **12.** Tratar de influir en una persona para conseguir algo de ella.

trabajo *s. m.* **1.** Acción y efecto de trabajar. **2.** Actividad que exige un esfuerzo físico o intelectual. **3.** Ocupación que se ejerce de forma estable o habitual, especialmente la que se ejerce a cambio de dinero. **4.** Lugar donde se ejerce esta ocupación. **5.** Aquello en lo que se trabaja. **6.** Producto de una actividad intelectual o artística. **7.** En econ., actividad humana aplicada a la producción de riqueza, para la satisfacción de las necesidades del hombre. **8.** Actividad o esfuerzo aprovechable de una máquina, un animal, etc. **9.** En fís., magnitud que equivale al producto escalar de una fuerza por la distancia que se desplaza su punto de aplicación. Su unidad en el Sistema Internacional es el *julio* (*J*), igual a un newton por metro: $J = N \cdot m$. ‖ *pl.* **10.** Dificultades, apuros. ‖ **11. trabajo de campo** Observación profunda en el medio natural que, sin modificar las condiciones de éste, pretende el estudio de los procesos en el mismo entorno en que se producen. **12. trabajo de chinos** Trabajo largo y laborioso. **13. trabajos forzados** (o **forzosos**) Trabajo físico que se obliga a hacer a un preso como parte de la pena que le ha sido impuesta por su delito. ‖ **LOC. con trabajo** *adv.* Con esfuerzo o dificultad. **costar trabajo** una cosa Ser difícil de conseguir o realizar. **tomarse** uno **el trabajo de** Hacer una cosa u ocuparse de ella.

trabajoso, sa *adj.* Que da o cuesta mucho trabajo. **FAM.** Trabajosamente.

trabalenguas *s. m.* Palabra o serie de palabras difíciles de pronunciar rápidamente, en especial cuando sirve como juego para hacer que uno se equivoque.

trabar *v. tr.* **1.** Juntar o unir una cosa con otra. **2.** Enlazar, concordar. **3.** Espesar o dar mayor consistencia a un líquido o una masa. También *v. prnl.* **4.** En construcción, rellenar con cemento las juntas de una obra de albañilería. **5.** Sujetar una cosa con otra, de modo que se impida o dificulte su movimiento. **6.** Impedir o dificultar la realización o desarrollo de algo. **7.** Comenzar una conversación, relación, etc. ‖ *v. prnl.* **8.** Enredarse, engancharse. **9.** Atascarse al hablar. **10.** Enzarzarse en una pelea o discusión. **FAM.** Trabadura, trabamiento.

trabazón *s. f.* **1.** Enlace de dos o más cosas de manera que queden bien unidas. **2.** Relación de dependencia que se establece entre varias ideas, conceptos, etc. **3.** Espesor o consistencia que se da a un líquido o a una masa.

trabe *s. f.* Viga de madera.

trabilla *s. f.* **1.** Cada una de las pequeñas tiras verticales que sirven para pasar por ellas una correa, cinta, etc. **2.** Tira horizontal y exterior que llevan en la parte de atrás algunos abrigos, chaquetones, chaquetas, etc., para ceñirlos por la espalda o como adorno. **3.** Tira que se pasa por debajo del pie para sujetar los bordes inferiores de algunos pantalones y otras prendas similares.

trabucaire *s. m.* Miembro de los antiguos grupos de rebeldes o bandoleros catalanes de los s. XVIII y XIX que iban armados de trabuco. Eran grupos irregulares que lucharon contra la República francesa (1793-95) y contra Napoleón en la guerra de la Independencia (1808-14); más tarde, sirvió para designar a los insurrectos realistas durante el trienio liberal y a los carlistas.

trabucar *v. tr.* **1.** Alterar el orden o disposición que tienen ciertas cosas. También *v. prnl.* **2.** Confundir ciertos datos, ideas, noticias, etc., con otros diferentes o cambiar unos por otros. También *v. prnl.* **3.** Equivocar unas palabras, sílabas o letras con otras, o cambiarlas de sitio al pronunciarlas o escribirlas. También *v. prnl.* ■ Se conjuga como *sacar.* **FAM.** Trabucación.

trabucazo *s. m.* Disparo de trabuco y herida o daño que causa.

trabuco *s. m.* **1.** Arma de fuego más corta y de mayor calibre que la escopeta, con el cañón ensanchado por la boca. ‖ **2. trabuco naranjero** El de gran calibre y boca en forma de trompeta.

traca *s. f.* **1.** Serie de petardos o cohetes colocados a lo largo de una cuerda, que estallan sucesivamente. **2.** Sucesión muy rápida de cohetes y gran estallido final con que se cierra un espectáculo de fuegos artificiales.

trácala *s. f. Méx., P. Rico.* Trampa, engaño. **FAM.** Tracalero.

tracalada *s. f. amer.* Multitud alborotadora y ruidosa.

tracción *s. f.* **1.** Acción y efecto de arrastrar o tirar de alguna cosa para moverla. **2.** Acción de estirar o poner tirante un cable, cuerda, etc.

tracería *s. f.* Decoración arquitectónica que está formada por combinaciones de figuras geométricas.

Tracia (*Thráki*) Región histórica de Europa oriental, que se extiende por el E de Grecia, S de Bulgaria y O de la Turquía europea, entre los montes Ródope, el río Nestos y los mares de Mármara y Egeo. La región estaba habitada por los tracios y su litoral fue colonizado por los griegos (s. VII a. C.) y conquistado por Darío I (s. VI a. C.). Después fue ocupada por Filipo II de Macedonia y más tarde pasó al imperio romano, del que formó parte como provincia (46). Los bárbaros asolaron el territorio y el emperador Constantino IV lo convirtió en provincia militar para defender Constantinopla de los ataques búlgaros (s. VII). En 1354, los turcos otomanos empezaron la conquista de la Tracia, que completaron con la toma de Constantinopla en 1453; su dominio duró hasta 1878. A partir de esta fecha, la región fue disputada por turcos, griegos y búlgaros en las guerras balcánicas. Después de la Primera Guerra Mundial (1919), la Tracia histórica quedó repartida entre Bulgaria, Grecia y Turquía, situación territorial que fue respetada al finalizar la Segunda Guerra Mundial.

tracio, cia *adj.* **1.** De Tracia. También *s.* **2.** Se dice de un antiguo pueblo de estirpe indoeuropea que habitó en el SE de Europa. **3.** De este pueblo. También *s.*

tracoma *s. m.* Conjuntivitis granulosa y contagiosa que puede llegar a causar ceguera. Es producida por un organismo similar al que provoca la psitacosis. Se trata con sulfamidas y tetraciclina. **FAM.** Tracomatoso.

tracto *s. m.* **1.** Denominación que reciben distintos órganos o partes de ellos que tienen forma alargada y realizan una función de conducción entre dos lugares del organismo, como el *tracto digestivo* o el *tracto intestinal.* **2.** En biol., haz de fibras nerviosas que tienen el mismo origen y terminación y cumplen la misma función fisiológica.

tractor, ra *adj.* **1.** Que produce la tracción. ‖ *s. m.* **2.** Vehículo de motor que se emplea para realizar algunas faenas del campo, como arar o labrar la tierra, y también para arrastrar otras máquinas o vehículos, especialmente agrícolas.

tractorar o **tractorear** *v. tr.* Labrar la tierra con un tractor. **FAM.** Tractoreo.

tractorista *s. m.* y *f.* Persona que conduce un tractor.

Tracy, Spencer (Milwaukee 1900 - Hollywood 1967) Actor estadounidense. Encarnó con frecuencia personajes de honda humanidad, pero nunca se encasilló en un género determinado. Alcanzó su primer gran éxito con el filme *San Francisco* (1936). Entre sus principales películas figuran *Furia* (1936), *Capitanes intrépidos* (1937), *La ciudad de los muchachos* (1941), *La costilla de Adán* (1949), *El viejo y el mar* (1958) y *Vencedores o vencidos* (*Judgement at Nuremberg*, 1961).

trade-union (voz ingl., de *trade*, oficio, y *union*, unión) *s. f.* Asociación de trabajadores asalariados de un mismo sector, formada con el fin de defender sus intereses. Surgidas en el Reino Unido en el último tercio del s. XVIII, durante la revolución industrial, constituyeron las primeras organizaciones sindicales de la historia.

tradición *s. f.* **1.** Transmisión de opiniones, creencias, prácticas, costumbres, etc., de unas generaciones a otras y, p. ext., estas mismas opiniones, creencias, etc. **2.** Desarrollo a lo largo del tiempo de un determinado arte, ciencia, técnica, etc., así como dicho arte, ciencia o técnica.

tradicional *adj.* **1.** Perteneciente o relativo a la tradición. **2.** Que sigue costumbres, ideas, normas, etc., propias del pasado. **3.** Que se ajusta a los gustos, usos, etc., más comunes. **FAM.** Tradicionalmente.

tradicionalismo *s. m.* **1.** Actitud de apego a las costumbres, ideas, normas, etc., del pasado. **2.** Doctrina política surgida en la Europa de comienzos del s. XIX como reacción a la Revolución Francesa, que defendía y apoyaba el mantenimiento o restablecimiento del sistema e instituciones tradicionales del Antiguo Régimen y su organización social, política y económica, oponiéndose a cualquier tipo de innovación. En Francia tuvo como principales representantes a Joseph de Maistre y Louis de Bonald. En España fue defendida por Juan Donoso Cortés y cristalizó en el carlismo. También se ha denominado *ultramontanismo.* **FAM.** Tradicionalista.

traducción *s. f.* **1.** Acción y efecto de traducir. **2.** Obra, texto que ha sido traducido. **3.** Sentido e interpretación que se da a un texto. **4.** En biol., etapa de la expresión genética en que la información contenida en la molécula del ácido ribonucleico mensajero dirige el orden de incorporación de los aminoácidos que van formando la correspondiente proteína. ‖ **5. traducción directa** La que se hace de un idioma extranjero al propio idioma. **6. traducción inversa** La que se hace de la propia lengua a una lengua extranjera. **7. traducción simultánea** La que se hace oralmente al mismo tiempo que se pronuncia un discurso, conferencia, etc.

traducir *v. tr.* **1.** Expresar en una lengua lo que está expresado en otra. **2.** Exponer algo de forma distinta a como ya ha sido expuesto, en especial para que sea fácilmente comprendido. **3.** Convertir, transformar. ▪ Es v. irreg. Se conjuga como *conducir.* **FAM.** Traducibilidad, traducible.

traductor, ra *adj.* **1.** Que traduce. ‖ *s. m.* y *f.* **2.** Persona que se dedica a traducir, en especial cuando lo hace profesionalmente. ‖ *s. f.* **3.** Máquina electrónica que traduce de un idioma a otro palabras, frases y textos simples.

traductores de Toledo, escuela de Centro para la traducción al romance y al latín de libros árabes o de obras traducidas a esta lengua, formado en Toledo tras la conquista de la ciudad por Alfonso VI (1085) y que agrupó a hombres de ciencia árabes, judíos y cristianos. Su fundación se atribuye al arzobispo de Toledo, Raimundo de Sauvetat (s. XII). Fue favorecida posteriormente por Alfonso X el Sabio (s. XIII).

traer *v. tr.* **1.** Llevar a alguien o algo hasta el lugar donde se encuentra el hablante o al sitio que se expresa. **2.** Causar, provocar. **3.** Tener o poner a alguien en cierto estado o situación. **4.** Tener puesta una cosa o llevarla consigo. **5.** Experimentar una sensación o tener un determinado estado de ánimo. **6.** Referido a publicaciones, especialmente periódicas, contener lo que se expresa o informar sobre ello. ‖ *v. prnl.* **7.** *fam.* Hacer o planear algo, especialmente de forma oculta o poco clara. ▪ Es v. irreg. ‖ **LOC. traer a colación** (o **a cuento**) Mencionar. **traer a la memoria** (o **a la cabeza**) *fam.* Hacer que se recuerde algo. **traer** a uno **a mal traer** Maltratarle, molestarle, ponerle en dificultades. **traer** a uno **al fresco** (o **sin cuidado**) alguien o algo *fam.* No importarle nada. **traer consigo** Causar. **traer cuenta** una cosa Compensar. **traer de acá para allá** (o **de aquí para allí**) *fam.* Hacer que uno vaya de un lado a otro sin dejarle parar ni descansar. **traérselas** alguien o algo *fam.* Ser una persona o cosa muy difícil, complicada, maliciosa, etc.

TRAER

GERUNDIO	PARTICIPIO PASADO
trayendo	*traído*

INDICATIVO

Presente	Pret. perf. simple
traigo	*traje*
traes	*trajiste*
trae	*trajo*
traemos	*trajimos*
traéis	*trajisteis*
traen	*trajeron*

SUBJUNTIVO

Presente	Pretérito imperfecto
traiga	*trajera, -ese*
traigas	*trajeras, -eses*
traiga	*trajera, -ese*
traigamos	*trajéramos, -ésemos*
traigáis	*trajerais, -eseis*
traigan	*trajeran, -esen*

Futuro imperfecto

trajere	*trajéremos*
trajeres	*trajereis*
trajere	*trajeren*

trafagar *v. intr.* Andar con mucho trabajo y ajetreo. ▪ Se conjuga como *pagar.*

tráfago *s. m.* **1.** Actividad intensa con mucho movimiento. **2.** Movimiento de un lado a otro de muchas personas o cosas. **FAM.** Trafagoso.

Trafalgar Cabo de la costa SO de España, en el océano Atlántico, entre Cádiz y Tarifa.

Trafalgar, batalla de Combate naval librado en 1805 frente al cabo del mismo nombre, en que la armada británica al mando de Nelson derrotó a la francoespañola dirigida por el francés Villeneuve y el español Gravina. Para España supuso el fin de la marina de guerra del s. XVIII y para Francia la renuncia a la invasión del Reino Unido.

traficante *adj.* Que trafica o comercia con algo, frecuentemente ilícito, como p. ej. droga o armas. También *s.*

traficar *v. intr.* Comerciar o negociar con algo, particularmente de forma irregular o con mercancías ilegales. ▪ Se conjuga como *sacar.*

tráfico *s. m.* **1.** Acción de traficar. **2.** Circulación de vehículos en calles y carreteras. **3.** Comunicación y transporte de personas, equipajes o mercancías. ‖ **4. tráfico de influencias** Práctica que consiste en conseguir ventajas o beneficios aprovechando la situación privilegiada que uno tiene por su cargo político o la relación que se mantiene con personas vinculadas con el poder.

trafulcar *v. tr.* Confundir, trabucar. ▪ Se conjuga como *sacar.*

tragabolas *s. m.* Juguete o atracción que consiste en un muñeco con una boca muy grande por la que se deben introducir unas bolas lanzándolas desde una determinada distancia.

tragacanto *s. m.* **1.** Planta arbustiva de la familia papilionáceas, especie *Astragalus gummifer.* Mide unos 2 m de alto, tiene abundantes ramas, hojas compuestas, flores blancas en espigas y fruto en legumbre. Crece en Asia Menor e Irán y segrega una goma blanca usada en farmacia e industria. **2.** Goma segregada por esta planta.

tragaderas *s. f. pl.* **1.** *fam.* Faringe, garganta. **2.** *fam.* Capacidad para comer mucho y de todo. **3.** *fam.* Credulidad, facilidad para creer cualquier cosa. **4.** *fam.* Tolerancia excesiva, especialmente en materia moral o sexual. **5.** *fam.* Aguante, paciencia.

tragadero *s. m.* **1.** Agujero, conducto o canal que traga alguna cosa, particularmente agua u otro líquido. **2.** *fam.* Tragaderas, garganta. ‖ *pl.* **3.** Tragaderas, facilidad para creer cualquier cosa.

trágala *s. m.* **1.** Canción de origen gaditano con que los liberales españoles se burlaban de los partidarios del gobierno absoluto durante el primer tercio del s. XIX. **2.** Hecho de obligar a alguien a aceptar o soportar alguna cosa.

tragaldabas *s. m.* y *f. fam.* Tragón, glotón. También *adj.*

tragaleguas *s. m.* y *f. fam.* Persona que anda mucho y muy deprisa.

tragaluz *s. m.* Ventana pequeña abierta en el techo o en la parte superior de la pared.

tragamillas *s. m.* y *f.* Nadador que recorre grandes distancias.

tragantona *s. f.* **1.** *fam.* Comilona, banquete. **2.** *fam.* Acción de tragar haciendo esfuerzo.

tragaperras *s. amb. fam.* Máquina que funciona automáticamente al introducir en ella una moneda o una ficha, especialmente la de juego. También *adj.*

tragar *v. tr.* **1.** Hacer que una cosa pase de la boca al aparato digestivo. También *v. prnl.* **2.** Comer mucho o hacerlo con ansiedad. También *v. prnl.* **3.** Hacer una cosa que otra pase a su interior o desaparezca en él. También *v. intr.* y *v. prnl.* **4.** Creer aquello que se cuenta, aunque resulte inverosímil. Se usa más como *v. prnl.* **5.** Soportar, admitir o tolerar alguien algo que le disgusta. Se usa más como *v. prnl.* **6.** Disimular, ocultar una cosa. Se usa más como *v. prnl.* **7.** Gastar, consumir. También *v. prnl.* ‖ *v. intr.* **8.** *fam.* Acceder una persona a una proposición que se le hace. ‖ *v. prnl.* **9.** *fam.* Aguantar o acabar por completo una cosa larga, pesada o aburrida. ▪ Se conjuga como *pagar.* ‖ **LOC. no tragar** alguien a una persona o cosa *fam.* No soportarla, detestarla. **FAM.** Tragable.

tragasables *s. m. fam.* Artista de circo que hace trucos parecidos a las prácticas de los faquires, como p. ej. meterse en la boca instrumentos cortantes.

tragedia *s. f.* **1.** Obra dramática, escrita en verso o prosa, en la que se plantean conflictos provocados por las pasiones humanas, que indefectiblemente desembocan en un fatal desenlace. Los más ilustres cultivadores de la tragedia fueron, en la antigua Grecia, Esquilo, Sófocles y Eurípides, y en la modernidad, William Shakespeare. **2.** Género dramático constituido por estas obras. **3.** Suceso desgraciado. **4.** Composición lírica destinada a lamentar sucesos desgraciados. **5.** Canción de los antiguos griegos en honor al dios Dionisos.

trágico, ca *adj.* **1.** Perteneciente o relativo a la tragedia. **2.** Se dice del autor de tragedias. También *s.* **3.** Se dice del actor o de la actriz que las interpreta. También *s.* **4.** Desgraciado, triste. **FAM.** Trágicamente.

tragicomedia *s. f.* **1.** Obra dialogada que contiene ingredientes propios de la tragedia y de la comedia. **2.** Género literario constituido por estas obras. **3.** Suceso trágico y cómico al mismo tiempo. **FAM.** Tragicómico.

trago *s. m.* **1.** Cantidad de líquido que se bebe o se traga de una vez. **2.** Bebida alcohólica. **3.** Acción de tomar bebidas alcohólicas. **4.** *fam.* Situación difícil, apuro, disgusto.

tragón, na *adj.* Que come mucho. También *s.*

tragonear *v. tr. fam.* Comer mucho, con frecuencia o con ansia.

traición *s. f.* **1.** Acción o comportamiento de la persona que engaña o perjudica a otra que confiaba en ella. **2.** Delito cometido contra la patria o el Estado al servir o favorecer al enemigo. ‖ **3. alta traición** La cometida contra el Estado, poniendo en peligro la seguridad de la nación.

traicionar *v. tr.* **1.** Hacer traición. **2.** Ser alguien o algo el motivo de que se falle o se fracase en un intento. **3.** *fam.* Demostrar una persona de manera involuntaria algo que hubiera preferido mantener oculto. **4.** *fam.* Engañar una persona a su pareja en el terreno sentimental o sexual.

traicionero, ra *adj.* **1.** Traidor. También *s.* **2.** Hecho a traición. **FAM.** Traicioneramente.

traído, da **1.** *p. p.* de **traer**. También *adj.* ‖ *adj.* **2.** Se dice de aquello que está gastado, que se va haciendo viejo, especialmente de la ropa. ‖ *s. f.* **3.** Acción y efecto de traer.

traidor, ra *adj.* **1.** Que comete traición. También *s.* **2.** Se dice de los animales que no muestran la obediencia y lealtad que se espera de ellos. **3.** Que implica o denota traición o falsedad. **4.** *fam.* De apariencia inofensiva, pero dañina o perjudicial. **5.** *fam.* Se dice de lo que delata o descubre algo que se quería mantener oculto. **FAM.** Traidoramente.

trailer (voz ingl.) *s. m.* **1.** Anuncio de una película cinematográfica hecho con fragmentos de ésta. **2.** Remolque, especialmente el de los grandes camiones.

traílla *s. f.* **1.** Cuerda o correa con que se sujeta a los perros en las cacerías. **2.** Pareja o conjunto de perros atados con dicha cuerda o correa. **3.** Instrumento de labranza parecido a un cogedor grande que sirve para allanar e igualar los terrenos. ▪ Se dice también *treílla.*

traillar *v. tr.* Allanar o igualar la tierra con la traílla. ▪ En cuanto al acento, se conjuga como *aislar*: *traíllo.*

traína *s. f.* Red de pesca marina, con forma de gran bolsa, en cuya parte anterior hay una boca que se mantiene abierta.

trainera *s. f.* **1.** Embarcación alargada y de poco fondo que se usa para la pesca de sardinas con red. También *adj.* **2.** Embarcación de remo parecida a la anterior que se usa en competiciones deportivas.

trajano, na *adj.* Perteneciente o relativo al emperador Trajano.

Trajano, Marco Ulpio (Itálica, junto a la actual Santiponce, Sevilla 53 - Selinonte, Cilicia 117) Emperador romano (98 - 117). Cónsul en el 91 y gobernador de Germania en el 96, fue asociado al imperio por Nerva en el 97, a quien sucedió. Fue el primer emperador que provenía de una provincia. Venció a dacios (105) y nabateos (106), fundó las provincias romanas de Dacia y Arabia y, tras la derrota infligida a los partos, las colonias de Armenia, Siria y Mesopotamia, llevando el imperio a una extensión que nunca tuvo.

traje *s. m.* **1.** Vestido exterior completo de una persona. **2.** Vestido de hombre que consta de chaqueta, pantalón y, a veces, un chaleco, todo a juego. **3.** Traje de chaqueta. **4.** Vestido femenino de una pieza. **5.** Vestido característico o distintivo de una clase de personas o de una determinada época o lugar. ‖ **6. traje corto** El que consta de un pantalón muy alto y ajustado y una chaquetilla corta que llega hasta la cintura, como el usado por bailadores de flamenco y, a veces, toreros. **7. traje de baño** Bañador*. **8. traje de ceremonia** Uniforme propio del cargo o dignidad que una persona tiene y que se usa en ciertos actos públicos u oficiales. **9. traje de chaqueta** (o **traje sastre**) Vestido femenino compuesto de chaqueta y de falda o pantalón a juego. **10. traje de etiqueta** Vestido de hombre que se usa en ciertos actos y que consta de pantalón y frac o esmoquin. **11. traje de luces** Traje de seda con chaquetilla corta y pantalones muy ajustados, bordado de oro o plata y adornado con lentejuelas, que se ponen los toreros para torear. **12. traje de noche** Vestido femenino para fiestas de etiqueta, ceremonias, etc., generalmente largo.

Distintos modelos de trajes desde la antigüedad hasta el siglo XX.

trajeado, da **1.** *p. p.* de **trajear**. ‖ *adj.* **2.** Que va arreglado en cuanto a su vestido se refiere.

trajear *v. tr.* **1.** Proporcionar un traje a una persona, vendiéndoselo, confeccionándoselo, etc. También *v. prnl.* ‖ *v. prnl.* **2.** Vestirse de manera más elegante de lo habitual.

trajín *s. m.* **1.** Acción de trajinar. **2.** Movimiento intenso en algún sitio o gran actividad de alguien.

trajinar *v. tr.* **1.** Transportar mercancías de un lugar a otro. ‖ *v. intr.* **2.** Desarrollar una actividad intensa. **3.** *vulg.* Poseer sexualmente a alguien. Se usa más como *v. tr.* y *v. prnl.*

Trakl, Georg (Salzburgo 1887 - Cracovia 1914) Escritor austriaco. Es uno de los más destacados exponentes de la lírica expresionista. Angustiado por la idea de la muerte, pretendió liberarse por la poesía y acabó suicidándose. Su obra poética está recogida en *Poemas* (1919), *Sebastián en el sueño* (1919) y *Del cáliz de oro* (1939). También escribió obras de teatro, como *Días de difuntos* (1906) y *Fata Morgana* (1906), influidas por los simbolistas franceses.

tralla *s. f.* **1.** Trencilla que se pone al extremo del látigo para que restalle. **2.** Látigo provisto de esta trencilla.

trallazo *s. m.* **1.** Golpe dado con la tralla. **2.** Ruido seco que hace la tralla o algo similar al golpear. **3.** *fam.* En el fútbol, patada muy fuerte dada a la pelota.

trama *s. f.* **1.** Conjunto de hilos colocados a lo ancho que, cruzados y enlazados con los de la urdimbre, forman una tela o tejido. **2.** Disposición interna, estructura. **3.** Argumento de una obra de teatro, una novela o una película. **4.** Aquello que se prepara y dispone ocultamente y con astucia. **5.** Florecimiento y flor de los árboles, especialmente del olivo. **6.** En biol., conjunto de células y fibras que constituyen la estructura de un tejido. **7.** Conjunto de las líneas que forman la imagen que se transmite en televisión. **8.** En artes gráficas, fina retícula de líneas que, al fotografiar o reproducir en fotomecánica una imagen, la descompone en puntos de tamaño, forma y número variables según la intensidad del tono que representan. **9.** Papel transparente y adhesivo con dibujos, generalmente de líneas y puntos, que se utiliza en ilustración y diseño gráfico.

tramado *s. m.* Red de puntos que en fotograbado reproduce la trama de una imagen.

tramar *v. tr.* **1.** Preparar con habilidad y ocultamente un engaño, una traición o algo que perjudique a alguien. **2.** Atravesar los hilos de la trama por los de la urdimbre para hacer un tejido. **3.** En artes gráficas, descomponer una imagen en puntos por medio de una trama. ‖ *v. intr.* **4.** Florecer los árboles, especialmente el olivo. **FAM.** Tramador.

tramitar *v. tr.* Hacer pasar un asunto por todos los trámites necesarios para resolverlo. **FAM.** Tramitación, tramitador.

trámite *s. m.* **1.** Cada una de las gestiones que hay que realizar para resolver un asunto. **2.** Procedimiento legal o administrativo que se sigue para resolver un asunto. **3.** Tramitación, acción y efecto de tramitar.

tramo *s. m.* **1.** Cada una de las partes en que están divididas ciertas superficies. **2.** Parte de una escalera comprendida entre dos descansillos. **3.** Distancia entre dos soportes en una línea telegráfica.

tramontano, na *adj.* **1.** Al otro lado de los montes. ▪ Se dice también *transmontano* o *trasmontano.* ‖ *s. f.* **2.** Viento del norte, frío y seco, que sopla en las costas del golfo de León, en el Ampurdán y en la isla de Menorca.

tramoya *s. f.* **1.** Máquina o conjunto de máquinas que se utilizan en los teatros para realizar los cambios de decorado y para producir los efectos especiales. **2.** Enredo, trampa, engaño. **3.** Parte que permanece oculta en una acción, asunto, etc.

tramoyero, ra *adj. amer.* Estafador, tramposo.

tramoyista *s. m.* y *f.* **1.** Persona que diseña, construye o maneja las tramoyas de un teatro. **2.** Enredador, liante. También *adj.*

trampa *s. f.* **1.** Cualquier medio o dispositivo para cazar animales con artificio o engaño. **2.** Puerta en el suelo que comunica una parte de un edificio con otra inferior. **3.** Tablero horizontal movible que tienen los mostradores de algunos establecimientos para poder pasar fácilmente de un lado a otro de ellos. **4.** Plan para engañar a alguien. **5.** Acción que va contra una norma, ley o disposición o contra las reglas de un juego o competición, hecha de forma disimulada y voluntaria, generalmente con el fin de sacar provecho. **6.** Deuda cuyo pago se va atrasando. || **7. trampa de iones** En electrónica, dispositivo de los tubos catódicos consistente en un imán que impide que la pantalla sea bombardeada por iones. **8. trampa petrolífera** Estructura geológica que presenta características adecuadas para la formación y almacenaje del petróleo. Tal es el caso de las bóvedas anticlinales de rocas porosas, fallas oblicuas, domos salinos, etc.

trampantojo *s. m.* **1.** *fam.* Trampa, engaño. **2.** Decoración mural que simula un paisaje o una perspectiva arquitectónica.

trampear *v. intr.* **1.** *fam.* Vivir pidiendo prestado con engaños para salir de apuros. **2.** *fam.* Vivir sobrellevando y superando a duras penas las dificultades y los achaques.

trampero, ra *s. m.* y *f.* Persona que pone trampas para cazar.

trampilla *s. f.* Puerta pequeña que se levanta hacia arriba por medio de unos goznes colocados en su parte superior.

trampolín *s. m.* **1.** Tabla inclinada y flexible que sirve a los gimnastas para impulsarse en un salto. **2.** Tabla colocada sobre una plataforma a cierta altura, desde la que los saltadores se lanzan al agua. En el deporte de salto el trampolín está situado a 1 o 3 m de altura. **3.** Plataforma situada al final de un plano inclinado hacia abajo, desde la que realiza el salto el esquiador. **4.** Persona, cosa o circunstancia que sirve a alguien para conseguir rápidamente un ascenso de posición u otro fin determinado.

tramposo, sa *adj.* **1.** Se dice de la persona que hace o se siente inclinada a hacer trampas. También *s.* **2.** Se dice de la persona que contrae deudas que no va a pagar. También *s.*

tranca *s. f.* **1.** Palo grueso y fuerte. **2.** Palo grueso u otro cierre similar que se pone atravesado detrás de una puerta o ventana cerradas para mayor seguridad. **3.** *fam.* Borrachera. **4.** *amer.* Especie de puerta rústica de un cercado hecha generalmente con palos gruesos. || **LOC. a trancas y barrancas** *adv. fam.* A duras penas.

trancada *s. f.* Zancada, tranco.

trancar *v. tr.* Atrancar, asegurar con una tranca o con otro cierre. ■ Se conjuga como *sacar.*

trancazo *s. m.* **1.** Golpe dado con la tranca. **2.** *fam.* Gripe o catarro fuerte.

trance *s. m.* **1.** Momento crítico, decisivo y difícil. **2.** Estado en que un médium manifiesta fenómenos paranormales. **3.** Estado psíquico caracterizado por la alteración de la conciencia, en el que el sujeto no responde a estímulos externos o está sumido en una especie de sueño o situación de alerta inferior a la normal; puede ser producido por hipnosis, trastornos histéricos o experiencias religiosas. **4.** Con los adjetivos *último, postrero* y *mortal,* últimos momentos de la vida de una persona. || **LOC. a todo trance** *adv.* Resueltamente, sea como sea, sin reparar en riesgos.

tranchete *s. m.* Cuchilla que utilizan los zapateros.

tranco *s. m.* **1.** Paso largo que se da abriendo mucho las piernas. **2.** Umbral de la puerta, escalón o parte inferior del vano de la misma.

tranquera *s. f.* **1.** Valla o empalizada hecha de trancas. **2.** *amer.* Tranca, puerta.

tranquero *s. m.* Piedra labrada con que se forman las jambas y dinteles de puertas y ventanas.

tranquil *s. m.* **1.** En arq., línea vertical. || **2. arco por tranquil** El que no es simétrico por tener el arranque más alto de un lado que del otro.

tranquilidad *s. f.* Cualidad o estado de tranquilo.

tranquilizante *adj.* Que tranquiliza o pone tranquilo; particularmente se aplica a los medicamentos o sustancias de efecto relajante o sedante. También *s. m.*

tranquilizar *v. tr.* Poner tranquilo. También *v. prnl.* ■ Se conjuga como *cazar.* **FAM.** Tranquilizador.

tranquillo *s. m.* Habilidad que se adquiere con la práctica.

tranquilo, la *adj.* **1.** Que está quieto o que sólo se mueve lo conveniente o debido. **2.** Que no tiene agitación, ruidos o cualquier cosa que pueda molestar o poner nervioso a alguien. **3.** Se aplica al que no está nervioso, excitado ni preocupado. **4.** Se dice de la persona de carácter pacífico, así como de dicho carácter. **5.** Se aplica a la persona despreocupada. También *s.* **6.** Se dice de la conciencia libre de remordimientos. **FAM.** Tranquilamente.

trans- *pref.* **1.** Significa 'más allá','del otro lado'. **2.** Significa 'a través de'. **3.** Significa 'cambio'. ■ Existen también las variantes *tras-* y *tra-.*

transacción *s. f.* **1.** Acuerdo por el que se efectúa un intercambio comercial. **2.** En der., contrato mediante el cual las partes, haciéndose mutuas concesiones, evitan un pleito. **3.** Acción y efecto de transigir. **FAM.** Transaccional.

Transalai Macizo montañoso al NE de la meseta de Pamir, en Tayikistán. Su máxima altura es el pico Comunismo (7.496 m).

transalpino, na *adj.* De las regiones que, desde Italia, aparecen situadas al otro lado de los Alpes. ■ Se dice también *trasalpino.*

transaminasa *s. f.* Enzima que realiza el transporte de un grupo amino ($-NH_2$) de una molécula a otra. Se encuentra normalmente en las células de los animales.

transandino, na *adj.* **1.** De las regiones situadas al otro lado de la cordillera de los Andes. **2.** Se dice del tráfico y de los medios de locomoción que atraviesan estas regiones. ■ Se dice también *trasandino.*

transar *v. intr. amer.* Transigir, llegar a un acuerdo.

transatlántico, ca *adj.* **1.** De las regiones, países, etc., situadas al otro lado del océano Atlántico. **2.** Se dice del tráfico y de los medios de locomoción que atraviesan el Atlántico. || *s. m.* **3.** Barco de grandes dimensiones, generalmente destinado al transporte de pasajeros y a hacer viajes largos por mar. ■ Se dice también *trasatlántico.*

transbordador, ra *adj.* **1.** Que transborda o sirve para transbordar. || *s. m.* **2.** Embarcación o vehículo funicular que circula entre dos puntos de un río, canal, etc., y que sirve para transportar viajeros, vehículos o mercancías. **3.** Plataforma provista de un tramo de vía que, por medio de motores, traslada lateralmente los vagones y locomotoras de una vía a otra. || **4. transbordador espacial** Nave espacial que despega en vertical impulsada por sus motores y por dos cohetes exteriores que son después expulsados, se sitúa en órbita y aterriza como un avión convencional. ■ Se dice también *trasbordador.*

transbordar *v. tr.* Hacer un transbordo. También *v. intr.* ■ Se dice también *trasbordar.*

transbordo *s. m.* Traslado de personas o cosas de un vehículo a otro. ■ Se dice también *trasbordo.*

Transcaucasia Región natural del Asia caucásica, situada entre la cordillera del Cáucaso y las fronteras de Turquía e Irán. 186.100 km^2. 15.761.000 h. en 1989. Está constituida por las repúblicas de Armenia, Georgia y Azerbaiyán. Su clima suave favorece la agricultura. Cuenta con grandes pozos petrolíferos.

transcontinental *adj.* Que atraviesa un continente. ■ Se dice también *trascontinental.*

transcribir *v. tr.* **1.** Copiar un escrito utilizando el mismo sistema de escritura u otro distinto. **2.** Escribir lo que se oye. **3.** Hacer una transcripción fonética o fonológica. **4.** Arreglar para un instrumento la música escrita para otro. ■ Este verbo tiene dos p. p., ambos irreg.: *transcrito* (o *trascrito*) y *transcripto* (o *trascripto*), este último muy poco usado. Se dice también *trascribir.* **FAM.** Transcriptor.

transcripción *s. f.* **1.** Acción y efecto de transcribir. **2.** Cosa transcrita. **3.** En mús., pieza musical que resulta de transcribir otra. **4.** En ling., transcripción fonética o fonológica. **5.** En der., formalidad que consiste en la reproducción de un documento acreditativo de que un bien se halla inscrito en el correspondiente registro especial. || **6. transcripción fonética** Reproducción, mediante un alfabeto especial llamado *alfabeto fonético,* de un sonido o de un conjunto de sonidos de una lengua. **7. transcripción fonológica** Representación, por medio de un alfabeto especial, de los fonemas de una lengua. ■ Se dice también *trascripción.*

transculturación *s. f.* Proceso por el que un pueblo o grupo social adopta formas de cultura procedentes de otro.

transcurrir *v. intr.* **1.** Pasar, correr el tiempo. **2.** Pasar de cierta manera algo que se desarrolla en el tiempo. ■ Se dice también *trascurrir.*

transcurso *s. m.* **1.** Acción de transcurrir el tiempo. **2.** Periodo de tiempo que se expresa. ■ Se dice también *trascurso.*

transducción *s. f.* **1.** Transformación de una vivencia psíquica en otra psicosomática. **2.** Forma especial de transmisión de material genético de una bacteria a otra mediante la acción de un bacteriófago.

transductor *s. m.* **1.** Dispositivo que convierte una forma de energía en otra. **2.** Dispositivo que convierte las vibraciones acústicas en señales eléctricas, o viceversa, la potencia eléctrica en potencia acústica o mecánica; los más corrientes son los altavoces y los micrófonos. **3.** Entidad biológica, por lo general una proteína o conjunto de proteínas, que lleva a cabo la transformación de una acción hormonal en una actividad enzimática.

transepto *s. m.* En una iglesia, nave perpendicular a la principal, que forma los brazos de la cruz latina.

transeúnte *adj.* **1.** Se dice de quien transita o pasa caminando por un lugar. Se usa más como *s.* **2.** Se dice de quien está de paso en un lugar y no vive habitualmente en él. También *s.*

transexual *adj.* Se dice de la persona, especialmente del hombre, que posee un sentimiento fuerte y arraigado de pertenecer al sexo opuesto, que se manifiesta en el deseo de transformación corporal, mediante el uso de ropa y la ingestión de hormonas del otro sexo e, incluso, la intervención quirúrgica.

transexualidad o **transexualismo** *s. f.* o *s. m.* Cualidad o condición de transexual.

transferencia *s. f.* **1.** Acción y efecto de transferir. **2.** Particularmente, transferencia bancaria. **3.** Desplazamiento de los afectos y emociones experimentados por un individuo hacia una persona o un objeto distinto del que originó dichos sentimientos. **4.** En el psicoanálisis, relación afectiva especial que establece el paciente con su psicoanalista y en la que vuelve a actualizar los afectos y emociones particularmente intensos de su infancia. **5.** Efecto que ejerce un aprendizaje sobre otros aprendizajes posteriores de contenidos similares. || **6. transferencia bancaria** Cambio de fondos de una cuenta a otra; también, sistema de transmisión de los derechos de distintos títulos nominativos. ■ Se dice también *trasferencia.*

transferente *adj.* Que transfiere aminoácidos y los hace capaces de insertarse en las estructuras de las proteínas. ■ Se dice también *trasferente.*

transferir *v. tr.* **1.** Pasar a alguien o algo de un lugar a otro. **2.** Renunciar voluntariamente a una cosa que se posee o al derecho que se tiene sobre ella en favor de otra persona. **3.** Pasar una cantidad de dinero de una cuenta bancaria a otra. **4.** Extender o trasladar el sentido de una palabra para que signifique figuradamente otra cosa distinta. ■ Se dice también *trasferir.* Es v. irreg. Se conjuga como *sentir.* **FAM.** Transferible, transferidor.

transfiguración *s. f.* **1.** Acción y efecto de transfigurar o transfigurarse. **2.** Por antonomasia, el cambio sobrenatural del aspecto humano de Jesucristo en presencia de tres de sus discípulos, Pedro, Santiago y Juan. ■ En esta última acepción se escribe con mayúscula. Se dice también *trasfiguración.*

transfigurar *v. tr.* Hacer cambiar de forma o aspecto a una persona o cosa. También *v. prnl.* ▪ Se dice también *trasfigurar.*

transfixión *s. f.* Acción de perforar o atravesar de parte a parte con un arma u objeto puntiagudo. ▪ Se dice también *trasfixión.*

transfluencia *s. f.* **1.** Cambio en el curso de un río por alcanzar el de otro, o por modificaciones en su cauce. **2.** Desbordamiento de un glaciar pasando de un valle a otro.

transfocador *s. m.* Teleobjetivo especial a través del cual el tomavistas fijo puede conseguir un avance o retroceso rápido de la imagen.

transformación *s. f.* **1.** Acción y efecto de transformar o transformarse. **2.** En biol., fenómeno por el que ciertas células adquieren material genético de otras. **3.** En ling., y dentro de la gramática generativa y transformacional, operación por la que a partir de una estructura oracional básica se obtienen, mediante la aplicación de determinadas reglas, otras estructuras oracionales relacionadas sintáctica o semánticamente entre sí, aunque diferentes en la forma; también, cada una de las estructuras oracionales obtenidas mediante esta operación. **4.** En álgebra, obtención, por medio de una o varias operaciones determinadas, de una expresión algebraica a partir de otra equivalente, aunque de forma distinta. **5.** Conversión de una corriente eléctrica en otra de tensión e intensidad distintas. ▪ Se dice también *trasformación.*

transformacional *adj.* **1.** Perteneciente o relativo a la transformación de unos esquemas oracionales en otros. ‖ **2. gramática transformacional** Gramática generativa*. ▪ Se dice también *trasformacional.*

transformador, ra *adj.* **1.** Que transforma. También *s.* ‖ *s. m.* **2.** Componente de los circuitos eléctricos, formado por dos inductancias acopladas, que permite modificar la tensión eléctrica de una fuente de corriente alterna. Cada inductancia está formada por un cable conductor arrollado en espiral alrededor de un núcleo de material ferromagnético. Una de ellas, que se conecta a la fuente de corriente alterna, se denomina *primario*; la otra, *secundario.* La tensión en los extremos del secundario es igual a la del primario multiplicada por el cociente del número de espiras del secundario entre las del primario. **3.** Aparato de uso doméstico e industrial, basado en el funcionamiento del anterior, que transforma la corriente eléctrica de un voltaje a otro. ▪ Se dice también *trasformador.*

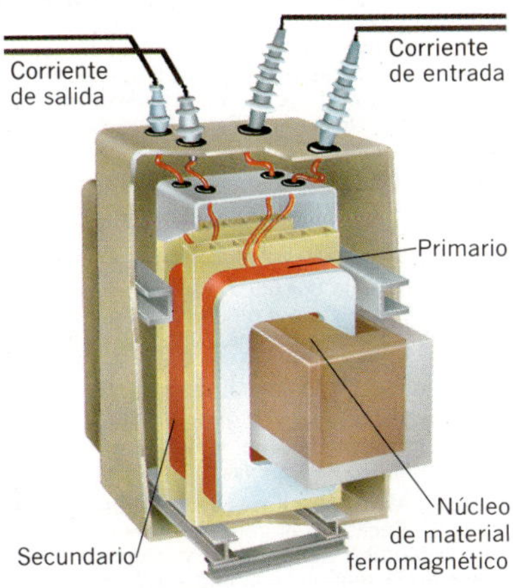

Esquema de un transformador: la corriente de entrada pasa por el primario, donde crea un campo variable que engendra en el secundario otra corriente de igual frecuencia, pero diferente tensión.

transformar *v. tr.* **1.** Hacer que una persona, animal o cosa cambie de forma, aspecto o características. También *v. prnl.* **2.** Hacer que alguien cambie de costumbres o de manera de ser. También *v. prnl.* **3.** Convertir una cosa en otra mediante un determinado proceso. También *v. prnl.* ▪ Se dice también *trasformar.* **Fam.** Transformable, transformante.

transformativo, va *adj.* Que es capaz de producir una transformación. ▪ Se dice también *trasformativo.*

transformismo *s. m.* **1.** Teoría biológica que explica la aparición de las distintas especies a través de sucesivas transformaciones de unas especies en otras. **2.** Sistema político practicado en Italia durante las dos últimas décadas del s. XIX y las dos primeras del siguiente, caracterizado por una coalición transitoria de partidos heterogéneos, en torno a figuras políticas muy destacadas, como Depretis, Crispi y Giolitti, para conseguir un objetivo o un programa determinados. **3.** Oficio o actividad del transformista. ▪ Se dice también *trasformismo.*

transformista *adj.* **1.** Perteneciente o relativo a la teoría del transformismo. **2.** Del transformismo. También *s.* ‖ *s. m.* y *f.* **3.** Artista que, cambiándose muy rápidamente de traje, peinado, maquillaje, etc., imita a muchos y diferentes tipos humanos y personajes. ▪ Se dice también *trasformista.*

tránsfuga *s. m.* y *f.* **1.** Persona que pasa huyendo de un lugar a otro. **2.** Persona que abandona un partido o grupo político para pasar a otro. ▪ Se dice también *trásfuga, tránsfugo* y *trásfugo.* **Fam.** Transfuguismo.

tránsfugo *s. m.* Tránsfuga*. ▪ Se dice también *trásfugo.*

transfundir *v. tr.* **1.** Pasar un líquido poco a poco de un sitio a otro. **2.** Realizar una transfusión de sangre. **3.** Comunicar una cosa unas personas a otras sucesivamente. También *v. prnl.* ▪ Se dice también *trasfundir.*

transfusión *s. f.* **1.** Acción y efecto de transfundir o transfundirse, particularmente de realizar una transfusión de sangre. ‖ **2. transfusión de sangre** Introducción de sangre de un individuo en los vasos sanguíneos de otro, para reponer pérdidas debidas a hemorragia o anemia. Antes de realizarla es preciso comprobar que los grupos sanguíneos del donante y del receptor sean compatibles, así como que el donante no padezca enfermedades infecciosas, para evitar posibles contagios. ▪ Se dice también *trasfusión.* **Fam.** Transfusor.

transgredir *v. tr.* Desobedecer o no cumplir un precepto, ley, norma, etc. ▪ Se dice también *trasgredir.* Es v. defect. Se conjuga como *abolir.*

transgresión *s. f.* **1.** Acción y efecto de transgredir. **2.** Fenómeno geológico de avance de un medio, que produce depósitos sedimentarios sobre territorios no alcanzados hasta ese momento. Se aplica particularmente al avance del mar sobre la tierra emergida. Se opone a *regresión.* ▪ Se dice también *trasgresión.*

transgresor, ra *adj.* Que transgrede una ley, precepto, etc. También *s.* ▪ Se dice también *trasgresor.*

Transhimalaya Cadena montañosa del sistema del Himalaya, en Asia. Constituye el reborde montañoso sur de la meseta del Tíbet, y su mayor altura es el Aling Gangri (7.315 m). Paralela a la alineación principal del Himalaya, está separada de éste por el curso alto del río Brahmaputra, aquí denominado *Tsangpo.*

transiberiano, na *adj.* **1.** Se dice del tráfico y de los medios de locomoción que atraviesan Siberia. ‖ *s. m.* **2.** Tren que va desde Moscú hasta Vladivostok, en el Pacífico, atravesando Siberia.

transición *s. f.* **1.** Acción y efecto de pasar de un estado o situación, de un modo de ser, estar o hacer una cosa, etc., a otro distinto. **2.** Estado intermedio entre uno más antiguo y otro a que se llega en un cambio. **3.** En España, periodo histórico que comprende desde la muerte del general Franco (1975) hasta la proclamación de la nueva Constitución (1978) y que señala el paso de la dictadura a la democracia. ‖ **4. transición electrónica** En un átomo o molécula, paso de un electrón de un nivel de energía a otro.

transicional *adj.* Que pasa de un estado o situación a otro.

transido, da *adj.* Muy afligido por alguna penalidad o por un intenso sufrimiento.

transigencia *s. f.* Cualidad o actitud de transigente.

transigente *adj.* Que transige o se inclina a transigir.

transigir *v. intr.* **1.** Aceptar algo que va en contra de las opiniones o deseos de uno a fin de llegar a un acuerdo. **2.** Tolerar, consentir. ▪ Se conjuga como *surgir.*

Transilvania Región geográfica de Rumania, situada en el interior del arco que forman los Cárpatos. Los principales ríos son el Mures, el Olt y el Somes. Mientras que las zonas montañosas están cubiertas de bosques, las mesetas y valles son fértiles tierras donde se cultivan cereales y vid. También abunda la ganadería y se extrae gas natural y lignito. Fue conquistada por Trajano y pasó a formar parte de la provincia romana de la Dacia. A principios del s. XI fue conquistada por los húngaros y a partir del s. XII comenzaron a asentarse en la región los sajones y valacos. En 1526 el voivoda de Transilvania Juan Zapólya se proclamó rey de Hungría frente a Fernando de Habsburgo. En 1691, Transilvania fue conquistada por Austria. Durante la Primera Guerra Mundial fue ocupada por Rumania y, al producirse el derrumbamiento del imperio austrohúngaro, Transilvania se incorporó a Rumania. Por el arbitraje de Viena (1940), Alemania e Italia cedieron a Hungría la parte N de Transilvania, que volvió otra vez a poder de Rumania al terminar la Segunda Guerra Mundial.

transilvano, na *adj.* De Transilvania. También *s.*

transistor *s. m.* **1.** Componente electrónico activo formado por varios materiales semiconductores diferentes –al menos tres– unidos entre sí. Fue inventado en 1948 por John Bardeen, Walter H. Brattain y William H. Shockley, que en 1956 recibieron el premio Nobel de física por ello. Los transistores se han convertido en parte fundamental de los aparatos electrónicos, desplazando a las válvulas o tubos electrónicos de vacío, que realizan funciones similares, pero emplean mucha más energía. En los ordenadores electrónicos modernos existen muchos miles de transistores, que a menudo se encuentran empaquetados en circuitos integrados pequeños y de poco consumo. **2.** P. ext., aparato de radio provisto de estos componentes.

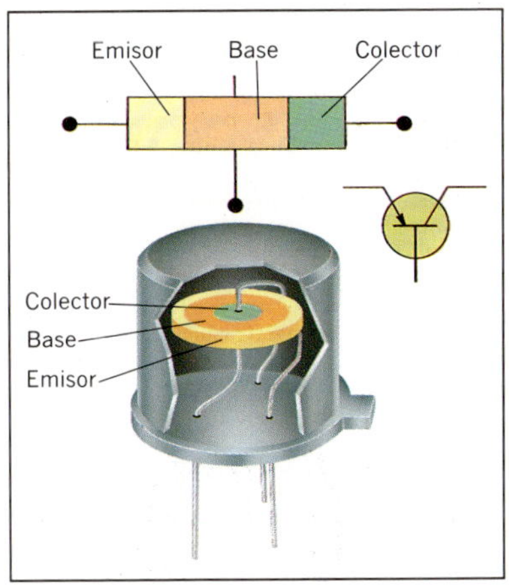

Esquema de un transistor con sus tres capas de silicio: la central o base regula el flujo de electrones; a la derecha, símbolo del transistor.

transistorizado, da *adj.* Que funciona con transistores.

transitable *adj.* Se dice del lugar por donde se puede transitar.

transitar *v. intr.* Ir o pasar por caminos o lugares públicos.

transitivo, va *adj.* **1.** Se dice del verbo que puede llevar complemento directo, p. ej. *comer.* **2.** Se dice de la oración cuyo verbo es transitivo y lleva complemento directo; p. ej.: *Juan come sopa.* ‖ **3. propiedad transitiva** En mat., relación binaria *R* establecida en un conjunto, en virtud de la cual si *aRb* y *bRc,* se cumple *aRc.* **Fam.** Transitividad.

tránsito *s. m.* **1.** Acción de transitar. **2.** Movimiento de vehículos y personas que pasan por una calle, carretera, etc. **3.** En los conventos, seminarios, etc., pasillo o corredor. **4.** Paso de un astro por delante del meridiano del lugar. **5.** Paso de un astro por delante del disco aparente de otro. **6.** Paso de un tren por una estación sin detenerse en ella. **7.** En la religión católica, muerte de las personas santas y justas y, particularmente, de la Santísima Virgen. **8.** Fiesta que celebra la

Iglesia católica el día 15 de agosto para conmemorar la muerte de la Virgen. ▪ En esta acepción se escribe con mayúscula. **9.** En derecho internacional, derecho a atravesar un estado. || **10. tránsito digestivo** Exploración radiológica del paso por el tubo digestivo de una papilla opaca, ingerida para este fin. || **Loc. de tránsito** *adv.* y *adj.* Que está en un lugar sólo de paso, para ir a otro sitio; también se aplica a los lugares de un aeropuerto destinados a los pasajeros en tránsito. **en tránsito** *adv.* Esperando los pasajeros para hacer transbordo en un aeropuerto intermedio entre el lugar de origen y el punto de destino.

transitorio, ria *adj.* **1.** Que dura poco tiempo o que no es definitivo. **2.** Que no es eterno, que está destinado a dejar de existir. **3.** En dispositivos y aparatos eléctricos, se dice del fenómeno que se manifiesta durante el tiempo que media entre el paso de un régimen o estado de funcionamiento a otro; p. ej., en la apertura o cierre de un circuito eléctrico. **Fam.** Transitoriamente, transitoriedad.

Transjordania Antiguo estado de Oriente Medio, formado en 1921, al desmembrarse el imperio otomano, con las posesiones turcas situadas al E del Jordán. Fue un mandato británico hasta 1946, en que se constituyó en reino. Durante la primera guerra árabe-israelí se anexionó a Cisjordania (1948) y al año siguiente tomó el nombre de *reino de Jordania*.

Transkei Bantustán de la República Sudafricana, en el SE del país, junto al océano Índico. 41.600 km^2. 2.755.000 h. en 1986. La capital es Umtata, con 50.000 h. en 1986. Ocupa un territorio montañoso con una estrecha llanura costera, y tiene como únicos recursos económicos una primitiva agricultura y la cría de ganado ovino, vacuno y caprino. Gran parte de su población activa trabaja en la República Sudafricana. Se creó en 1963 como reserva territorial de los xhosa y fue centro de experimentación de la política de *apartheid*. Obtuvo su independencia en 1976, aunque la ONU y la OUA no lo han reconocido como estado.

translinear *v. intr.* En der., pasar un vínculo hereditario de una línea a otra. ▪ Se dice también *traslinear*.

transliterar *v. tr.* Representar los signos y caracteres de un sistema de escritura mediante los signos y caracteres de otro sistema alfabético distinto. ▪ Se dice también *trasliterar*. **Fam.** Transliteración.

translúcido, da *adj.* Traslúcido*. **Fam.** Translucidez.

transmediterráneo, a *adj.* Que atraviesa el mar Mediterráneo. ▪ Se dice también *trasmediterráneo*.

transmigrar *v. intr.* **1.** Pasar a otro país para vivir en él, en especial todo un pueblo o la mayor parte de él. **2.** Según la teoría de la metempsicosis, pasar un alma de un cuerpo a otro. ▪ Se dice también *trasmigrar*. **Fam.** Transmigración, transmigratorio.

transmisible *adj.* Que se puede transmitir. ▪ Se dice también *trasmisible*.

transmisión *s. f.* **1.** Acción y efecto de transmitir. **2.** Dispositivo que transmite energía desde su origen hasta el punto en que debe aplicarse. En un automóvil, la energía del motor se transmite a las ruedas por medio de un conjunto de piezas dentadas que engranan entre sí. || *pl.* **3.** Conjunto de servicios del ejército encargados de establecer comunicación entre las unidades combatientes y sus mandos. || **4. transmisión textual** Conjunto de todos los manuscritos o impresos a través de los cuales se ha transmitido un texto antiguo. ▪ Se dice también *trasmisión*.

transmisor, ra *adj.* **1.** Que transmite. También *s.* || *s. m.* **2.** Aparato que transforma una onda acústica en onda eléctrica, o produce señales para ser transmitidas por cable o mediante ondas electromagnéticas. **3.** En un aparato telefónico, dispositivo mediante el cual las vibraciones sonoras se transmiten al hilo conductor. **4.** Dispositivo telegráfico o telefónico que sirve para producir las ondas hertzianas que han de ser recogidas por el receptor. **5.** Aparato que sirve para transmitir órdenes relativas al movimiento de las máquinas en maniobras de barcos o ferrocarriles. ▪ Se dice también *trasmisor*.

transmitir *v. tr.* **1.** Hacer llegar a alguien algún aviso, mensaje, noticia, información, etc. **2.** Comunicar una noticia por teléfono, telégrafo, télex, etc. **3.** Emitir una estación de radio o televisión un programa, espectáculo, etc. **4.** Contagiar una enfermedad. **5.** Comunicar un estado de ánimo, sensación, sentimiento, etc. **6.** Ceder algo a otro. ▪ Se dice también *trasmitir*.

transmontano, na *adj.* Tramontano*.

transmutación *s. f.* **1.** Acción y efecto de transmutar o transmutarse. **2.** Operación mediante la cual los antiguos alquimistas pretendían convertir en oro otros metales. **3.** En biol., mutación cromosómica o estructural. || **4. transmutación radiactiva** En física nuclear, conversión de un núcleo en otro. ▪ Se dice también *trasmutación*.

transmutar *v. tr.* Convertir una cosa en otra. También *v. prnl.* ▪ Se dice también *trasmutar*. **Fam.** Transmutable, transmutativo, transmutatorio.

transoceánico, ca *adj.* **1.** Situado al otro lado del océano. **2.** Que atraviesa un océano. ▪ Se dice también *trasoceánico*.

transpacífico, ca *adj.* **1.** Situado al otro lado del océano Pacífico. **2.** Que atraviesa el océano Pacífico. ▪ Se dice también *traspacífico*.

transparencia *s. f.* **1.** Cualidad de transparente. **2.** Hoja o lámina de acetato sobre la cual se escribe o se representa una información visual que se desea proyectar de forma colectiva. **3.** Técnica cinematográfica que consiste en sustituir un fondo real por una pantalla en la que se proyecta una imagen fija o en movimiento y que se emplea para rodar en los estudios escenas de exteriores. **4.** Procedimiento pictórico que consiste en una ligera pincelada que permite apreciar lo que ésta cubre. ▪ Se dice también *trasparencia*.

transparentar *v. tr.* **1.** Dejar un cuerpo que se vea a través de él la luz o lo que hay detrás. También *v. intr.* y, más frecuentemente, *v. prnl.* **2.** Dejar que se note lo que se manifiesta más o menos claramente y sin decirlo. También *v. prnl.* || *v. intr.* **3.** Ser transparente. Se usa más como *v. prnl.* || *v. prnl.* **4.** *fam.* Estar alguien muy delgado. ▪ Se dice también *trasparentar*.

transparente *adj.* **1.** Se dice del cuerpo a través del cual pueden verse claramente los objetos. **2.** Traslúcido. **3.** Claro, evidente. || *s. m.* **4.** Cualquier tela, papel, vidrio, plástico, etc., que, colocado delante del hueco de ventanas y balcones o ante una luz artificial, sirve para suavizar la luz. **5.** Cartel, en general de vidrio o plástico, con figuras, dibujos o letreros, iluminado con luces interiores, y que suele usarse como anuncio. **6.** Ventana de cristales que ilumina y adorna el fondo de un altar. ▪ Se dice también *trasparente*.

transpiración *s. f.* Acción y efecto de transpirar. ▪ Se dice también *traspiración*.

transpirar *v. intr.* **1.** Expulsar un líquido a través de los poros de la piel en forma de vapor o de pequeñas gotas, y particularmente el sudor. También *v. prnl.* **2.** Expulsar las plantas vapor de agua, especialmente por los estomas. **3.** Destilar líquido una cosa a través de sus poros. **4.** Dejar pasar una prenda, tejido, etc., la transpiración o sudor. ▪ Se dice también *traspirar*.

transpirenaico, ca *adj.* **1.** Situado al otro lado de los Pirineos. **2.** Que atraviesa los Pirineos. ▪ Se dice también *traspirenaico*.

transpolar *adj.* Se dice del recorrido o trayectoria que pasa por un polo terrestre o sus proximidades.

transportador, ra *adj.* **1.** Que transporta. También *s.* || *s. m.* **2.** Círculo o semicírculo graduado que sirve para medir o trazar los ángulos de un dibujo geométrico. ▪ Se dice también *trasportador*.

transportar *v. tr.* **1.** Llevar personas o cosas de un lugar a otro. **2.** Trasladar una composición musical de una tonalidad a otra. **3.** Extasiar, embelesar. También *v. prnl.* **4.** Hacer que alguien imagine muy vivamente lo que se expresa. ▪ Se dice también *trasportar*.

transporte *s. m.* **1.** Acción y efecto de transportar, especialmente personas o cosas de un lugar a otro; los principales medios de transporte son: rodado o por carretera, ferroviario, marítimo, fluvial y aéreo. **2.** Medio o vehículo usado para transportar personas o cosas. **3.** En geol., acarreo de los materiales resultantes de la erosión hasta la cuenca de sedimentación. Puede ser eólico (dunas), glaciar (morrenas), marino (sedimentos) y fluvial (deltas). **4.** En imprenta, prueba litográfica obtenida a partir de la plancha matriz, que se utiliza para calcar sobre una nueva matriz la estampación original. ▪ Se dice también *trasporte*.

transportista *s. m.* y *f.* **1.** Persona que tiene por oficio transportar personas o mercancías. **2.** Dueño de una empresa de transportes. ▪ Se dice también *trasportista*.

transubstanciación *s. f.* Conversión total de una sustancia en otra. Se usa especialmente para referirse, en la religión católica, a la conversión del pan y el vino en el cuerpo y la sangre de Cristo mediante la consagración eucarística. Es un dogma católico que fue definido por el Concilio de Trento. **Fam.** Transubstancial, transubstanciar.

transuránico, ca *adj.* Se dice de cada uno de los elementos químicos cuyo número atómico es mayor de 92, que es el correspondiente al uranio. Dicho elemento es el de mayor número atómico que puede encontrarse en la corteza terrestre; los que lo siguen, a partir del neptunio, han sido preparados artificialmente en reactores e instalaciones nucleares. Todos ellos tienen una gran cantidad de isótopos y son radiactivos. También *s. m.*

Transvaal Prov. de la República Sudafricana, en el NE del país. 228.429 km^2. 7.532.200 h. en 1985. La capital es Pretoria, con 822.900 h. en 1986. Se asienta sobre grandes mesetas que están regadas por los ríos Limpopo, Olifants y Crocodile; al E se alzan los montes Drakensberg. Cuenta con cultivos de maíz, sorgo, algodón, patatas y tabaco, ganado bovino y ovino, ricos yacimientos de oro, diamantes, platino, hierro, carbón, antimonio, cromo y uranio, y con la mayoría de las industrias del país: metalúrgica, química, alimentaria, maderera y de construcciones mecánicas.

transvasar *v. tr.* Trasvasar*.

transvase *s. m.* Trasvase*.

transverberación *s. f.* Transfixión*. ▪ Se dice también *trasverberación*.

transversal *adj.* **1.** Que atraviesa una cosa de un lado a otro perpendicularmente. **2.** Que está inclinado respecto a una dirección que se toma como referencia. **3.** En geom., se dice de la línea recta o plano que corta a otros, especialmente si éstos son paralelos. También *s. f.* **4.** En biol., se dice de la sección de un órgano, división celular, etc., efectuadas según un plano perpendicular al eje mayor. || *s. f.* **5.** Calle transversal. ▪ Se dice también *trasversal*. **Fam.** Transversalidad, transversalmente.

transverso, sa *adj.* Colocado u orientado en dirección transversal. ▪ Se dice también *trasverso*.

tranvía *s. m.* Vehículo para el transporte de viajeros, formado por uno o varios vagones, movidos generalmente por electricidad, que se desplaza sobre raíles y obtiene la energía de un tendido de cables con los que se pone en contacto a través de un dispositivo llamado *trole*.

tranviario, ria *adj.* **1.** Perteneciente o relativo a los tranvías. || *s. m.* y *f.* **2.** Empleado del servicio público de tranvías.

Traoré, Moussa (Kayes 1936) Militar y político malí. Encabezó el golpe de Estado que derrocó a Modibo Keita (1968) y ocupó la presidencia de la república; al año siguiente se proclamó también primer ministro. Promulgó una nueva Constitución en 1974, modificada en 1979, que establecía un partido único, Unión Democrática del Pueblo Malí, del que fue nombrado secretario general. Fue derrocado por un golpe militar (1991).

Trapa Congregación religiosa, perteneciente a la orden del Císter, que tuvo su origen en la abadía de Notre-Dame de la Trappe (s. XII), en Normandía, y fue reformado en 1664 por el abate Armand de Rancé. Su regla es muy estricta y establece la oración, el trabajo manual, la austeridad y el silencio.

trapacear *v. intr.* Usar trapacerías. ▪ Se dice también *trapazar*.

trapacería *s. f.* Engaño o enredo para estafar a alguien, particularmente en alguna compra, venta, cambio o trato. ■ Se dice también *trapaza.* **FAM.** Trapacero, trapacista.

trapajoso, sa *adj.* **1.** Descuidado en el aspecto o en el vestido. **2.** *fam.* Se dice de la pronunciación defectuosa, así como de la persona que pronuncia mal.

trápala *s. f.* **1.** Ruido, movimiento y confusión de gente. **2.** Ruido acompasado del trote o galope de un caballo. **3.** *fam.* Mentira, engaño, chisme. ‖ *s. m.* y *f.* **4.** *fam.* Persona que habla mucho sin decir nada interesante. También *adj.* **5.** *fam.* Mentiroso. También *adj.*

trapalear *v. intr.* **1.** Hacer ruido con los pies andando de un lado para otro. **2.** Decir o hacer cosas propias de un trápala.

trapalón, na *s. m.* y *f.* **1.** Trápala, persona que habla. También *adj.* **2.** Trápala, embustero. También *adj.*

trapatiesta *s. f. fam.* Alboroto grande o riña ruidosa.

trapaza *s. f.* Trapacería*.

trapazar *v. intr.* Trapacear*. ■ Se conjuga como *cazar.*

trapear *v. tr.* **1.** *amer.* Fregar el suelo con un trapo. **2.** *Amér. C.* Pegar, dar una paliza.

trapecio *s. m.* **1.** Palo horizontal colgado de dos cuerdas o cables que van atadas a sus extremos, y que sirve para hacer ejercicios gimnásticos o circenses. **2.** Cuadrilátero irregular que tiene paralelos solamente dos de sus lados. **3.** Primer hueso de la segunda fila del carpo o muñeca. **4.** Cada uno de los dos músculos del cuerpo humano situados en la nuca y parte superior de la espalda que permiten mover el hombro y girar e inclinar la cabeza. ‖ **5. trapecio isósceles** Aquel cuyos lados no paralelos son iguales. **6. trapecio rectángulo** Aquel en que dos ángulos contiguos son rectos.

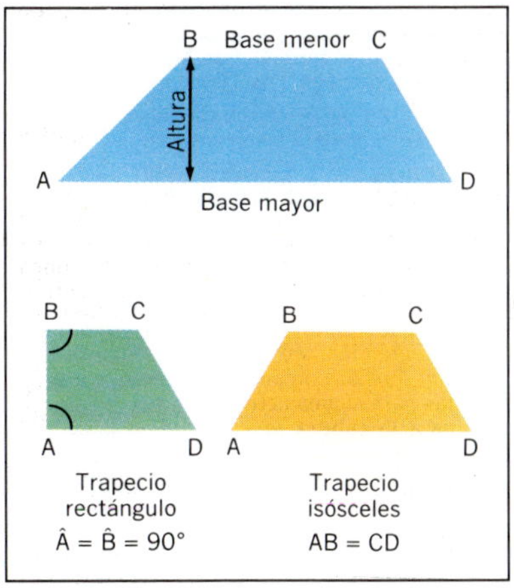

Distintas clases de trapecios y sus elementos principales.

trapecista *s. m.* y *f.* Artista de circo que actúa en el trapecio.

trapense *adj.* De la orden religiosa de la Trapa. También *s. m.*

trapería *s. f.* **1.** Conjunto de muchos trapos. **2.** Sitio donde se compran y venden trapos y otros objetos usados.

trapero, ra *s. m.* y *f.* **1.** Persona que se dedica a recoger o a comprar y vender trapos y objetos viejos y usados. **2.** Persona particular que retira a domicilio objetos usados y desechos.

trapezoedro *s. m.* Poliedro de 24 caras que son trapecios.

trapezoidal *adj.* **1.** Perteneciente o relativo al trapezoide. **2.** De forma de trapezoide o de trapecio.

trapezoide *s. m.* **1.** Cuadrilátero irregular que no tiene ningún lado paralelo a otro. **2.** Segundo hueso de la segunda fila del carpo o muñeca.

trapiche *s. m.* **1.** Molino para extraer el jugo de algunos frutos o productos agrícolas, especialmente de la aceituna y de la caña de azúcar. **2.** *Arg., Chile.* Aparato para pulverizar minerales.

trapichear *v. intr. fam.* Buscar o idear medios, generalmente ilícitos, para lograr algo. **FAM.** Trapicheo.

trapillo, de *loc. adv. fam.* Con vestidos normales, de andar por casa.

trapío *s. m.* **1.** *fam.* Buena planta de un toro de lidia. **2.** *fam.* Aplicado a una mujer, gracia, garbo. **3.** Velamen*.

trapisonda *adj.* **1.** *fam.* Trapisondista*. También *s.* ‖ *s. f.* **2.** *fam.* Riña o alboroto. **3.** *fam.* Embuste, lío o enredo. **FAM.** Trapisondear.

trapisondista *s. m.* y *f.* Persona que arma trapisondas o que es aficionada a intervenir en ellas. También *adj.*

trapo *s. m.* **1.** Pedazo de tela viejo o inútil. **2.** Paño para limpiar, secar, quitar el polvo, etc. **3.** Velamen*. **4.** Capote o muleta que usa el torero en la lidia. **5.** Telón de un escenario de teatro. ‖ *pl.* **6.** *desp.* Prendas de vestir, especialmente de mujer. ‖ **LOC. a todo trapo** *adv.* A toda vela. **dejar** a uno **como** (o **hecho**) **un trapo** *fam.* Humillar o avergonzar a alguien. **estar** (o **quedar**, **acabar**...) uno **como** (o **hecho**) **un trapo** *fam.* Estar, quedar, acabar uno muy cansado, agotado. **ir** uno **como** (o **hecho**) **un trapo** *fam.* Ir muy mal vestido, desastrado, desarreglado. **poner** a uno **como** (o **hecho**) **un trapo** *fam.* Insultar o criticar a alguien muy duramente. **sacar** (o **salir**) **los** (o **todos los**) **trapos sucios a relucir** *fam.* Echar a alguien en cara sus faltas, errores o todo lo malo que uno piensa o sabe de él. **tratar** a alguien **como a un trapo** (**sucio** o **viejo**) *fam.* Tratarle muy mal, con desprecio o de forma humillante.

tráquea *s. f.* **1.** En anat., conducto del aparato respiratorio en forma de tubo que comunica la laringe con los bronquios y transporta el aire hasta los pulmones. Está constituido por una serie de cartílagos semicirculares, cuyos extremos están dirigidos hacia el interior y unidos por fibras musculares lisas. Su interior está tapizado por un epitelio ciliado y secretor de moco, capaz de expulsar las partículas extrañas introducidas en la respiración por medio de un movimiento ciliar; cuando este movimiento es insuficiente se produce la tos. En su parte superior se une a la laringe por el cartílago cricoides y en la inferior se divide en los dos bronquios, que la comunican con los pulmones. **2.** En bot., vaso o conducto abierto, formado por células alargadas de forma cilíndrica dispuestas en filas. **3.** En zool., órgano respiratorio de los insectos y otros artrópodos terrestres.

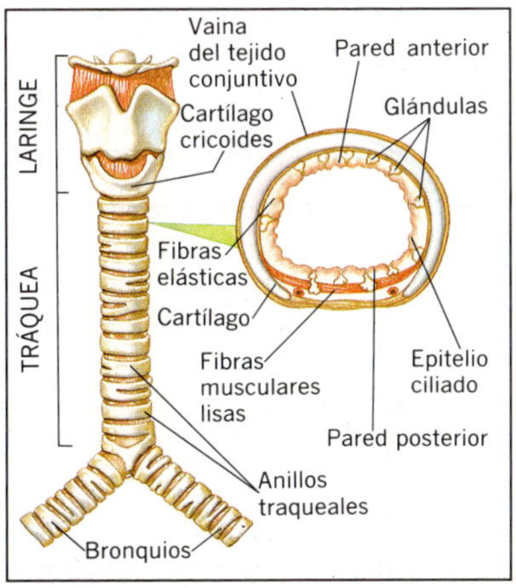

Esquema de la tráquea; a la derecha, sección transversal de uno de sus anillos.

traqueado, da *adj.* Se dice de los artrópodos que respiran a través de las tráqueas.

traqueal *adj.* **1.** Perteneciente o relativo a la tráquea. **2.** Se aplica a la respiración que se hace fundamentalmente a través de tráqueas y a los animales que respiran de esa manera.

traquear *v. tr. Arg., C. Rica, Méx.* Recorrer o frecuentar un sitio o camino.

traqueítis *s. f.* Inflamación de la tráquea.

traqueotomía *s. f.* Intervención quirúrgica que consiste en hacer una abertura en la tráquea para comunicarla con el exterior y permitir la respiración, p. ej. cuando las vías respiratorias se hallan obstruidas.

traqueteo *s. m.* Movimiento de ciertas cosas que se agitan continuamente, p. ej. un tren, y ruido que producen al hacerlo. **FAM.** Traqueteante, traquetear.

traquido *s. m.* **1.** Estruendo causado por un disparo. **2.** Chasquido, crujido.

traquita *s. f.* Roca volcánica compuesta de feldespato vítreo y cristales de hornablenda o mica, muy ligera, dura y porosa, que se usa en la construcción.

traro *s. m. Chile.* Ave falconiforme de la familia falcónidos, especie *Polyborus plancus.* Tiene el plumaje blanquecino, manchado de negro, con el borde de las alas, el extremo de la cola y la parte superior de la cabeza negros, pies amarillos y con escamas, que presentan fuertes garras. Vive en América del Sur.

tras *prep.* **1.** Después de, a continuación. **2.** Detrás de. **3.** En busca de: *Iba a toda costa tras el éxito.*

tras- *pref.* Véase **trans-**.

trasaltar *s. m.* Sitio que en las iglesias está detrás del altar.

trasbocar *v. tr. amer.* Vomitar. ■ Se conjuga como *sacar.*

trascacho *s. m.* Paraje resguardado del viento.

trascendencia *s. f.* **1.** Importancia, valor. **2.** Gravedad. **3.** En fil., cualidad del ser o realidad que sobresale o sobrepasa a otro; en especial, propiedad del ser perfecto, infinito e ilimitado, que se aplica a Dios. Se opone a *inmanencia.* ■ Se dice también *transcendencia.*

trascendental *adj.* **1.** Muy importante, valioso o interesante. **2.** Que va más allá de algo, particularmente, de su propia esencia. **3.** En filosofía escolástica, se dice de las propiedades que caracterizan todo ente y que son unidad, verdad y bondad. También *s. m.*, sobre todo *pl.* **4.** En el pensamiento kantiano, se dice del tipo de filosofía que se ocupa del modo de conocer los objetos a priori y, por oposición *a trascendente*, de aquello que constituye la posibilidad del conocimiento de la experiencia sin ir más allá de ella. ■ Se dice también *transcendental.*

trascendentalismo *s. m.* Idealismo* trascendental de Kant.

trascendente *adj.* **1.** Trascendental, muy importante. **2.** Que trasciende; se aplica particularmente a los pensamientos, creencias, etc., que van más allá de la experiencia inmediata. ‖ **3. número trascendente** En mat., número complejo cuyas partes real e imaginaria son números racionales. ■ Se dice también *transcendente.*

trascender *v. intr.* **1.** Ser trascendente o trascendental. **2.** Empezar a conocerse una noticia, suceso, etc., que permanecía oculto o sólo era sabido por un grupo reducido. **3.** Extenderse los efectos o consecuencias de algo. **4.** Ir más allá, rebasar un límite. También *v. tr.* ‖ *v. tr.* **5.** Llegar a comprender alguna cosa. ■ Se dice también *transcender.* Es v. irreg. Se conjuga como *tender.*

trasconejarse *v. prnl.* **1.** Quedarse la caza, especialmente los conejos, detrás de los perros que la siguen. **2.** *fam.* Extraviarse una cosa.

trascordarse *v. prnl.* Perder la noción de algo, por olvidarlo o confundirlo con otra cosa. ■ Es v. irreg. Se conjuga como *contar.*

trascoro *s. m.* **1.** En las iglesias, lugar que queda detrás del coro. **2.** Estructura, generalmente decorada con esculturas, que separa el coro de las naves de una iglesia.

trasdós *s. m.* Extradós*.

trasegar *v. tr.* **1.** Revolver o desordenar cosas. **2.** Cambiar las cosas de un lugar a otro, especialmente líquidos de un recipiente a otro. **3.** *fam.* Tomar en exceso bebidas alcohólicas. ■ Es v. irreg. Se conjuga como *regar.*

trasero, ra *adj.* **1.** Que está, se queda o viene detrás. ‖ *s. m.* **2.** Culo, nalgas. ‖ *s. f.* **3.** Parte posterior de un objeto, edificio, vehículo, etc.

trasfondo *s. m.* **1.** Lo que está o parece estar más allá del fondo visible. **2.** Lo que se encuentra o se esconde detrás de la apariencia externa de alguien o algo, o de las intenciones, manifestaciones, etc., de una persona.

trasgo *s. m.* Duende, espíritu.

trashumancia *s. f.* Tipo de pastoreo estacional, basado en el movimiento de los rebaños de una región a otra en busca de pastos de invierno y de verano. El transporte del ganado se realiza a través de unos caminos especiales, llamados *cañadas*, protegidos por las leyes para evitar su ocupación por los agricultores. En la España medieval tuvo gran importancia y fue regulada por la Mesta. A partir del s. XIX comenzó su progresiva desaparición.

trashumar *v. intr.* Realizar la trashumancia. **FAM.** Trashumante.

trasiego *s. m.* **1.** Acción y efecto de trasegar. **2.** Ajetreo, jaleo.

Trasimeno Lago de Italia, en Umbría. 128 km^2. Junto a él, Aníbal obtuvo una victoria (217 a. C.) sobre el cónsul romano Flaminio durante la segunda guerra púnica.

traslación *s. f.* **1.** Acción y efecto de trasladar o trasladarse, en especial los astros en su órbita. **2.** Particularmente, movimiento de la Tierra alrededor del Sol cuya órbita es una elipse muy poco excéntrica, que recorre en 365 días, 6 horas, 9 minutos y 11 segundos. La órbita terrestre se llama *eclíptica* y el eje del planeta está inclinado 23° 26′ 49″ respecto de su plano, lo que ocasiona la sucesión de estaciones, en función de la inclinación con que los rayos solares inciden sobre la Tierra a lo largo de su traslación. **3.** Traducción a otra lengua. **4.** En ling., figura de construcción que consiste en utilizar un tiempo del verbo fuera de su significación propia, p. ej. el presente para expresar una acción futura: *El viernes vamos de excursión.* **5.** Metáfora*. **6.** En mat., la traslación dada por el vector $\vec{V}$ es la transformación geométrica en el plano o el espacio, tal que a un punto A le corresponde otro A', de tal forma que el vector $\vec{AA'}$ es igual a $\vec{V}$. ‖ **7. traslación de luz** Acción de transferir un planeta a otro su luz, en particular cuando entre dos planetas se halla otro más veloz que ellos. ▪ Se dice también *translación.*

trasladar *v. tr.* **1.** Llevar a una persona o cosa de un lugar, medio, etc., a otro. También *v. prnl.* **2.** Pasar a una persona de un puesto a otro de la misma categoría o a un lugar distinto del que estaba. **3.** Cambiar la fecha u hora en que debía tener lugar un acto, reunión, etc. **4.** Traducir de una lengua a otra. **FAM.** Trasladable, traslado.

traslapar *v. tr.* Cubrir una cosa a otra total o parcialmente, como lo hacen p. ej. las tejas de un tejado.

traslaticio, cia *adj.* Se dice del sentido que toma una palabra, expresión o frase distinto del propio o habitual. ▪ Se dice también *translaticio.* **FAM.** Traslaticiamente.

traslativo, va *adj.* Usado especialmente en derecho, que transfiere, p. ej. la propiedad de un terreno de una persona a otra. ▪ Se dice también *translativo.*

traslúcido, da *adj.* Se dice del cuerpo que deja pasar la luz, pero no permite ver claramente lo que está detrás de él. ▪ Se dice también *translúcido.* **FAM.** Traslucidez.

traslucir *v. tr.* **1.** Permitir algo que a través de ello se conozca o se deduzca alguna cosa. También *v. prnl.* ‖ *v. prnl.* **2.** Percibirse un cuerpo a través de un objeto traslúcido. ▪ Se dice también *translucir.* Es v. irreg. Se conjuga como *lucir.*

trasluz *s. m.* Luz que pasa a través de un cuerpo traslúcido. ▪ Se usa casi únicamente en la loc. adv. **al trasluz**, referida a la forma de observar un objeto, poniéndolo entre la luz y el ojo.

trasmallo *s. m.* Utensilio de pesca que consiste en tres redes que se colocan verticalmente, de las cuales la central es más tupida que las exteriores.

trasmano, a *loc. adv.* A desmano*.

trasminar *v. tr.* Penetrar a través de una cosa un olor, líquido, etc. También *v. intr.* y *v. prnl.*

trasmitancia *s. f.* Tipo de trashumancia de corto recorrido, dentro de un ámbito municipal o comarcal.

trasmontano, na *adj.* Tramontano*.

trasmundo *s. m.* **1.** El más allá. **2.** Mundo fantástico o imaginario.

trasnochado, da **1.** *p. p.* de **trasnochar**. ‖ *adj.* **2.** Pasado de moda, anticuado.

trasnochar *v. intr.* Pasar alguien la noche sin dormir o acostándose muy tarde. **FAM.** Trasnochador.

trasnoche o **trasnocho** *s. m. fam.* Acción de trasnochar.

traspalar *v. tr.* Mover con la pala cosas de un lado a otro. **FAM.** Traspaleo.

traspapelar *v. tr.* Perder un papel, documento, etc., entre otros, por haberlo colocado en un lugar distinto al que le corresponde. También *v. prnl.*

traspasar *v. tr.* **1.** Pasar de un lado a otro de un cuerpo; particularmente, atravesarlo con un instrumento o un arma punzante. **2.** Cruzar un camino, río, etc. **3.** Pasar más allá de cierto límite o barrera. **4.** Producir una impresión moral o una sensación física muy intensa. **5.** Desobedecer una ley, norma o precepto. **6.** Ceder, transferir. **7.** Particularmente, ceder a alguien el alquiler de un local o venderle un negocio en funcionamiento. **FAM.** Traspasable.

traspaso *s. m.* Acción y efecto de traspasar, particularmente un local o un negocio y precio que se paga por ello.

traspatio *s. m. amer.* Patio de las casas que suele estar detrás del principal o en el fondo de la vivienda.

traspié *s. m.* **1.** Tropezón, resbalón. **2.** Error, descuido.

trasplantar *v. tr.* **1.** Trasladar de sitio una planta con sus raíces para plantarla en otro lugar. **2.** Hacer un trasplante quirúrgico. **3.** Introducir y establecer en un lugar ideas, costumbres, instituciones, etc., procedentes de otro. También *v. prnl.* ▪ Se dice también *transplantar.* **FAM.** Trasplantable, trasplantación.

trasplante *s. m.* **1.** Acción y efecto de trasplantar o trasplantarse. **2.** En cirugía, sustitución de un órgano, enfermo o dañado, o parte de él, por otro sano procedente de otro cuerpo o del mismo. Después del trasplante, el sistema inmune del receptor rechaza la presencia del órgano extraño, por lo que es preciso detener su acción con medicamentos adecuados. Los trasplantes más frecuentes son los de riñón, córnea, corazón e hígado. ▪ Se dice también *transplante.*

trasponer *v. tr.* **1.** Poner a una persona o cosa en otro lugar diferente del que ocupaba. **2.** Pasar una persona o cosa al otro lado de un obstáculo, abertura, etc. **3.** Particularmente, quedar oculto el Sol detrás del horizonte, las montañas, etc. También *v. prnl.* ‖ *v. prnl.* **4.** Quedarse medio dormido. ▪ Se dice también *transponer.* Es v. irreg. Se conjuga como *poner.* **FAM.** Trasponedor.

traspontín *s. m.* Traspuntín*.

trasportín *s. m.* **1.** Traspuntín*. **2.** Soporte en la parte trasera o delantera de una bicicleta o de una moto para llevar pequeñas cargas.

trasposición *s. f.* **1.** Acción y efecto de trasponer o trasponerse. **2.** En mús., acción de pasar a una tonalidad distinta una obra musical o un fragmento de la misma. **3.** Metábasis*. **4.** En med., malformación congénita que consiste en tener invertida la situación normal de uno o más órganos o vísceras. ▪ Se dice también *transposición.* **FAM.** Traspositivo.

traspositor, ra *adj.* **1.** Se aplica al instrumento musical afinado en una tonalidad distinta a la que realmente suena en el momento de la ejecución, como es el caso del clarinete o la trompa. **2.** En ling., se dice del elemento gramatical que hace que una o más palabras cambien de categoría. ▪ Se dice también *transpositor.*

traspuesta *s. f.* Repliegue o elevación del terreno que impide ver lo que hay al otro lado. ▪ Se dice también *transpuesta.*

traspuesto, ta **1.** *p. p.* irreg. de **trasponer**. También *adj.* ‖ *adj.* **2.** Ligeramente dormido. ▪ Se dice también *transpuesto.*

traspunte *s. m.* y *f.* En el teatro, persona encargada de indicar a los actores cuándo tienen que salir a escena y de apuntarles las primeras palabras que deben decir.

traspuntín *s. m.* Asiento suplementario y plegable que hay en algunos vehículos, salas de espectáculos, etc. ▪ Se dice también *estrapontín, traspontín* y *trasportín.*

trasquila o **trasquiladura** *s. f.* Acción y efecto de trasquilar.

trasquilar *v. tr.* **1.** Cortar el pelo o la lana a algunos animales. **2.** Cortar el pelo con desigualdades. **FAM.** Trasquilador.

trasquilón *s. m.* Desigualdad en el pelo al cortarlo.

trastabillar *v. intr.* **1.** Tropezar*. **2.** Vacilar, titubear. **3.** Tartamudear*.

trastada *s. f.* **1.** *fam.* Faena, mala pasada. **2.** *fam.* Travesura*.

Trastámara, casa de Dinastía que reinó en Castilla de 1369 a 1504 y en Aragón de 1412 a 1516. Se inició en Castilla con Enrique II, conde de Trastámara, que arrebató el trono a su hermano Pedro el Cruel. En Aragón, la dinastía se instauró por el compromiso de Caspe, en el que se eligió a Fernando de Antequera para suceder a Martín el Humano. En 1469, con el matrimonio de Fernando de Aragón e Isabel de Castilla, se reunieron las ramas Trastámara de ambos reinos; con los Reyes Católicos terminó la dinastía y dio comienzo el reinado en España de la casa de Austria.

trastazo *s. m. fam.* Golpe, batacazo.

traste *s. m.* **1.** Cada uno de los salientes de metal, madera, hueso, etc., que se colocan horizontalmente y a cada cierta distancia en el mástil de la guitarra y de otros instrumentos de cuerda. Sirven para modificar la longitud libre de las cuerdas y lograr así diversos sonidos. **2.** *amer.* Trasto. Se usa más en *pl.* Se emplea también en Andalucía y Extremadura. ‖ **LOC. dar** alguien **al traste con** una cosa Estropearla, echarla a perder. **irse** una cosa **al traste** Fracasar totalmente.

trasteado *s. m.* Conjunto de trastes de un instrumento musical.

trastear[1] *v. intr.* **1.** Pisar las cuerdas de los instrumentos de trastes. ‖ *v. tr.* **2.** Poner los trastes a la guitarra o a otro instrumento de cuerda. **FAM.** Trasteo.

trastear[2] (de *trasto*) *v. intr.* **1.** Revolver, cambiar o trasladar cosas de un lado a otro. **2.** Hacer travesuras, enredar. ‖ *v. tr.* **3.** Dar el diestro pases de muleta al toro. **4.** *fam.* Manejar con habilidad a una persona. **FAM.** Trasteo.

trastero, ra *adj.* Se dice de la habitación donde se guardan trastos. También *s. m.*

trastienda *s. f.* **1.** Cuarto o habitación situada detrás de la tienda. **2.** Reserva, doblez.

trasto *s. m.* **1.** Mueble, utensilio, máquina, etc., especialmente si está viejo, inútil o estropeado. **2.** Cosa que ocupa mucho espacio o estorba. **3.** Cada uno de los bastidores que forman parte de la decoración de un teatro. **4.** *fam.* Persona, especialmente niño, muy inquieta y traviesa. También *adj.* ‖ *pl.* **5.** Conjunto de utensilios o herramientas para alguna actividad. ‖ **LOC. tirarse los trastos a la cabeza** *fam.* Discutir o pelear violentamente.

trastocar *v. tr.* **1.** Cambiar, confundir o desordenar las cosas. ‖ *v. prnl.* **2.** Trastornarse, enloquecer. ▪ Se conjuga como *sacar.* **FAM.** Trastocamiento.

trastornar *v. tr.* **1.** Causarle a alguien una gran molestia. **2.** Inquietar o intranquilizar a alguien. También *v. prnl.* **3.** Alterar el estado de ánimo de una persona, su conducta e, incluso, sus facultades mentales. También *v. prnl.* **4.** Trastocar, desordenar. **5.** Enamorar a alguien. **FAM.** Trastornable, trastornador.

trastorno *s. m.* **1.** Acción y efecto de trastornar o trastornarse. **2.** Alteración de la actividad normal de un órgano o función.

trastrocar *v. tr.* Cambiar o confundir unas cosas con otras, o el estado, orden o sentido de algo. También *v. prnl.* ▪ Es v. irreg. Se conjuga como *trocar.* **FAM.** Trastrocamiento.

trastrueque *s. m.* Trastrocamiento, acción y efecto de trastrocar o trastrocarse.

trasudación *s. f.* **1.** Acción y efecto de trasudar. **2.** En med., salida de un líquido orgánico a través de las parcelas del vaso en que se hallaba contenido.

trasudado, da **1.** *p. p.* de **trasudar**. También *adj.* ‖ *s. m.* **2.** Líquido no inflamatorio contenido en una cavidad serosa; es pobre en albúmina y su salida del sistema vascular se debe a modificaciones mecánicas de presión.

trasudar *v. tr.* Sudar o despedir trasudor.

trasudor *s. m.* Sudor ligero, ocasionado generalmente por algún temor, fatiga o congoja.

trasunto *s. m.* **1.** Copia o traslado que se saca de un escrito original. **2.** Imagen, aquello que representa fielmente otra cosa o da una idea muy aproximada de ella.

trasvasar *v. tr.* Pasar algo de un lugar a otro, especialmente un líquido. ▪ Se dice también *transvasar.*

trasvase *s. m.* **1.** Acción y efecto de trasvasar. **2.** Conjunto de obras de canalización para efectuar el paso de agua de un río a otro. ▪ Se dice también *transvase.*

trasvenarse *v. prnl.* Salir sangre de las venas.

trata *s. f.* **1.** Tráfico o comercio con seres humanos. ‖ **2. trata de blancas** La realizada con mujeres para dedicarlas a la prostitución.

tratable *adj.* **1.** Que se puede tratar. **2.** Accesible, razonable o amable en el trato.

tratadista *s. m.* y *f.* Autor que escribe tratados sobre una materia determinada.

tratado *s. m.* **1.** Obra que trata con profundidad sobre una materia determinada. **2.** Acuerdo importante establecido entre dos estados, organismos internacionales, etc., por el que se comprometen a cumplir lo pactado en él.

tratamiento *s. m.* **1.** Acción y efecto de tratar o tratarse. **2.** Manera de nombrar o dirigirse a una persona, según su categoría, edad, etc., o la relación que se tiene con ella. **3.** Método o conjunto de cuidados que se aplican para curar enfermedades, corregir defectos físicos u orgánicos, etc. **4.** Proceso al que se somete algo para transformarlo o modificarlo, elaborar un producto, etc. ‖ **5. tratamiento de textos** Procesamiento* de textos.

tratante *s. m.* y *f.* Persona que se dedica a comprar géneros para revenderlos.

tratar *v. tr.* **1.** Portarse con alguien de la forma que se indica. **2.** Utilizar una cosa de la manera que se expresa. **3.** Dar a una persona el tratamiento que se expresa al dirigirse a ella. ▪ Se usa con la preposición *de.* **4.** Aplicar a alguien un calificativo insultante o despectivo. ▪ Se usa con la preposición *de.* **5.** Someter algo a un tratamiento o proceso para modificarlo, alterarlo, obtener un determinado resultado, etc. **6.** Someter a alguien o algo a un tratamiento médico, cosmético, etc. **7.** Discutir o negociar un asunto para llegar a una solución o acuerdo. **8.** Tener amistad o relación de otro tipo con alguien. También *v. intr.* y *v. prnl.* ‖ *v. intr.* **9.** Hablar, escribir u ocuparse de cierto asunto, materia, etc. **10.** Manejar o utilizar algo con las manos. ▪ Se usa con la preposición *con.* **11.** Con la preposición *de,* intentar, procurar. **12.** Con la preposición *en,* comerciar con cierto género. ‖ *v. prnl.* **13.** Seguido de la preposición *de,* ser alguien o algo la cuestión que interesa o de la que se habla, o aquello que se hace, pretende, etc.

tratativa *s. f. Arg., Par., Urug.* Negociación encaminada a lograr un trato o acuerdo, generalmente laboral.

trato *s. m.* **1.** Acción y efecto de tratar o tratarse. **2.** Acuerdo entre dos o más personas o partes. **3.** Tratamiento de cortesía, respeto, etc., que se da a una persona. ‖ **4. trato carnal** Relación sexual. **5. trato de gentes** Don* de gentes. **6. trato de nación más favorecida** En el comercio internacional, cláusula de un acuerdo por la que un estado concede a otro las mismas condiciones que el tratado más ventajoso que mantiene con otro país.

Traube, espacio de Área de la cara inferior izquierda del tórax, por debajo del reborde costal, que produce un sonido timpánico a la percusión.

Traube, Ludwig (Ratibor, Silesia 1818 - Berlín 1876) Médico alemán. Profesor en la universidad de Berlín (1857), fue uno de los pioneros de la patología experimental. Inició el uso del termómetro y las curvas de temperatura en las clínicas y estudió las relaciones entre las enfermedades renales y cardiacas. Escribió *Contribuciones a la patología experimental* (1846-47).

trauma *s. m.* **1.** Choque emocional que marca la personalidad del sujeto y le deja una impresión duradera en el subconsciente. **2.** P. ext., cualquier impresión o emoción fuerte. **3.** Traumatismo*.

traumático, ca *adj.* **1.** Perteneciente o relativo al traumatismo. **2.** Perteneciente o relativo al trauma o choque emocional.

traumatismo *s. m.* Lesión de los tejidos orgánicos causada por agentes mecánicos, generalmente externos, p. ej. un fuerte golpe.

traumatizar *v. tr.* Causar un trauma o choque emocional. También *v. prnl.* ▪ Se conjuga como *cazar.*

traumatología *s. f.* Parte de la medicina referente a los traumatismos, esto es, contusiones, esguinces, distensiones musculares, luxaciones, fracturas, rotura de ligamentos, etc. FAM. Traumatológico.

traumatólogo, ga *s. m.* y *f.* Especialista en traumatología.

traveller-check (voz ingl.) *s. m.* Cheque* de viaje.

travelling (voz ingl.) *s. m.* **1.** Técnica cinematográfica que consiste en el desplazamiento de la cámara montada sobre un soporte móvil para acercarla al objeto, alejarla de él o seguirlo en sus movimientos. **2.** Plano rodado mediante esta técnica.

Traven, Bruno (? 1890 - México 1969) Seudónimo de un escritor de origen desconocido. Se ignora casi todo sobre su biografía, salvo que vivió en México, país donde están ambientadas muchas de sus novelas, entre las que destacan *El barco de los muertos* (1926), *El tesoro de Sierra Madre* (1927), *La rebelión de los colgados* (1936), *El tercer huésped* (1958) y *Asland Norval* (1960).

travertino (voz ital.) *s. m.* Toba calcárea formada en medios acuáticos con alto contenido de carbonato cálcico ($CaCO_3$). Se produce por la pérdida de dióxido de carbono (CO_2) y la precipitación de caliza. Tiene forma porosa y color gris. Se emplea para tallar objetos de adorno y se extrae principalmente en Tívoli (Italia).

través *s. m.* Inclinación, torcimiento. ‖ LOC. **a través de** *prep.* Cruzando o pasando por en medio o de un lado a otro; también, mediante. **de través** *adj.* y *adv.* En dirección oblicua o transversal; también, de lado. Con el verbo *mirar,* significa hacia un lado volviendo los ojos, pero sin mover la cabeza para hacerlo de frente.

travesaño *s. m.* **1.** Pieza de madera o metal que atraviesa algo de una parte a otra. **2.** Particularmente, cada una de las piezas que constituyen los peldaños de una escalera de mano.

travesear *v. intr.* Andar inquieto y revoltoso o haciendo travesuras.

travesero, ra *adj.* Se dice de lo que se pone de través; se aplica especialmente a un tipo de flauta que tiene la embocadura lateral y se coloca de través.

travesía *s. f.* **1.** Viaje, especialmente por mar o por aire. **2.** Camino o callejuela que une otros dos caminos o calles más importantes. **3.** Parte de una carretera que pasa por el interior del casco urbano. **4.** *Arg., Bol.* Territorio extenso y desértico.

travesti o **travestí** *s. m.* y *f.* Persona, generalmente un hombre, inclinado al travestismo o que lo practica.

travestido, da *adj.* **1.** Disfrazado. ‖ *s. m.* y *f.* **2.** Travesti*.

travestirse *v. prnl.* Vestirse con ropas propias de personas del sexo contrario. ▪ Es v. irreg. Se conjuga como *pedir.*

travestismo *s. m.* **1.** Tendencia sexual que se manifiesta generalmente en los hombres y que consiste en adoptar vestidos, actitudes y costumbres del sexo opuesto para obtener una satisfacción erótica. **2.** Corrientemente se da también este nombre al transformismo de quien imita o se disfraza de personas de distinto sexo y a la transexualidad.

travesura *s. f.* **1.** Acción que una persona, especialmente un niño, realiza sin malicia para divertirse o burlarse de alguien, con la que causa algún trastorno, hace algo no permitido o peligroso, etc. **2.** Cualidad de travieso.

traviesa *s. f.* Cada uno de los maderos o piezas de metal o de hormigón armado que se atraviesan en una vía férrea para asentar sobre ellos los rieles.

travieso, sa *adj.* **1.** Que hace travesuras, revoltoso. También *s.* **2.** Que muestra malicia o picardía. También *s.* ‖ LOC. **a campo traviesa** *adv.* Véase **campo**.

trayecto *s. m.* **1.** Espacio que se recorre o puede recorrerse de un punto a otro. **2.** Acción de recorrer dicho espacio.

trayectoria *s. f.* **1.** Línea descrita en el espacio por un punto en movimiento; para los objetos móviles este punto está situado en su centro de gravedad. **2.** Recorrido que sigue alguien o algo al desplazarse. **3.** Evolución que, a lo largo del tiempo, se observa en la actuación o desarrollo de una persona, entidad, etc.

traza *s. f.* **1.** Diseño, plano o proyecto de un edificio u otra obra de construcción. **2.** Aspecto o apariencia que muestra alguien o algo. Se usa mucho en *pl.* **3.** Habilidad para hacer una cosa. **4.** En geom., intersección de una línea o superficie con cualquiera de los planos de proyección. ‖ LOC. **llevar** (o **traer**) alguien o algo **traza** (o **trazas**) **de** Llevar camino de hacer o lograr lo que se indica.

trazable *adj.* Que puede trazarse.

trazado, da **1.** *p. p.* de **trazar**. También *adj.* ‖ *s. m.* **2.** Acción y efecto de trazar. **3.** Diseño o plano para hacer un edificio u otra obra de construcción. **4.** Recorrido o dirección de un camino, canal, etc., sobre el terreno.

trazador, ra *adj.* **1.** Que traza. También *s.* **2.** Se aplica a la bala o el proyectil que deja una estela luminosa en su trayectoria, lo que permite la orientación y corrección del tiro. **3.** En inform., dispositivo que, asociado a una computadora, permite hacer representaciones gráficas en dos dimensiones o sobre el papel. ‖ **4. isótopos trazadores** En quím., isótopos radiactivos utilizados en investigación, especialmente en bioquímica. Su circulación por los organismos y su fijación en ciertos órganos pueden ser seguidas, debido a su radiactividad, mediante detectores adecuados. Así, p. ej., añadido a piensos y alimentos se logra seguir su trayectoria en los procesos de ingestión y asimilación.

trazar *v. tr.* **1.** Dibujar líneas. **2.** Dibujar o diseñar algo mediante líneas. **3.** Hacer un proyecto, un plan, etc. **4.** Describir con palabras los rasgos característicos de una persona o cosa. ▪ Se conjuga como *cazar.*

trazo *s. m.* **1.** Cualquier línea o raya que se hace al escribir o dibujar. **2.** Línea que compone el perfil o la forma de algo. **3.** En la escritura, cada una de las partes en que se considera dividida la letra manuscrita, según el modo de trazarla.

trébedes *s. f. pl.* Triángulo o aro de hierro con tres pies, que sirve para poner al fuego sartenes, peroles, etc.

trebejo *s. m.* Utensilio o instrumento empleado para alguna actividad. Se usa más en *pl.*

Trebisonda, imperio de Estado griego fundado en la zona costera del mar Negro, en 1204, por Alejo y David Comneno, nietos del emperador bizantino Andrónico I, con la ayuda de su tía Thamar, reina de Georgia, tras la caída de Constantinopla en poder de los cruzados. Alcanzó su época más brillante con Alejo II (1297-1330), que logró contener a los turcos y realizó acuerdos con venecianos y genoveses. El último emperador fue David II que, derrocado por el sultán Mehmet II el Conquistador, entregó el reino a los turcos.

Treblinka Localidad de Polonia, a orillas del río Bug, a unos 100 km al NE de Varsovia. En 1942, el Tercer Reich estableció en este lugar un campo de exterminio en el que fueron asesinados unos 700.000 judíos.

trébol *s. m.* **1.** Nombre común de diversas plantas herbáceas de la familia papilionáceas, género *Trifolium.* Se caracterizan por sus folíolos de forma circular, agrupados de tres en tres. Tienen tallo tomentoso, flores en capítulo de color amarillo, rosa o blanco. Su tamaño varía desde 3 a 30 cm y, en algunas especies, hasta 40 o 60 cm. El trébol de los prados *(Trifolium pratense)* tiene estípulas triangulares y flores rosa-púrpuras o blanquecinas. Crecen espontáneamente en campos de Europa y se emplean para alimentar el ganado. ‖ *s. m. pl.* **2.** Uno de los palos de la baraja francesa.

trebolar *s. m.* Terreno poblado de trébol.

trece *adj. num. card.* **1.** Diez y tres. También *pron.* y *s. m.* ‖ *adj. num. ord.* **2.** Decimotercero. También *pron.* ‖ *s. m.* **3.** Signos que representan este número. || **Loc. estarse** (**mantenerse** o **seguir**) uno **en sus trece** *fam.* Considerar que uno tiene razón en determinado caso y no estar dispuesto a cambiar de opinión.

Trece de la Fama, los Nombre que se dio a los trece conquistadores españoles que en la isla del Gallo rechazaron regresar a Panamá con Juan Tafur y decidieron seguir adelante con Pizarro en busca del imperio de los incas.

treceavo, va *adj. num. part.* Se dice de cada una de las trece partes iguales en que se divide un todo. También *s. m.*

trecento (voz ital.) *s. m.* Término que designa el movimiento literario y artístico italiano desarrollado en el s. XIV.

trecho *s. m.* **1.** Distancia que se recorre o que hay de un lugar a otro. **2.** Espacio de tiempo, especialmente el que media entre dos acontecimientos. || **Loc. a trechos** *adv.* Discontinuamente, unas partes sí y otras no. **de trecho en trecho** *adv.* Con intervalos de espacio o tiempo.

tredécimo, ma *adj. num. ord.* Decimotercero*.

trefilado, da 1. *p. p.* de **trefilar**. También *adj.* || *s. m.* **2.** Acción y efecto de trefilar.

trefilador, ra *adj.* **1.** Que trefila. También *s.* || *s. f.* **2.** Máquina que sirve para trefilar el metal.

trefilar *v. tr.* Pasar el hierro u otros metales por la hilera para hacer varillas, alambre o hilos.

trefilería *s. f.* **1.** Acción y efecto de trefilar. **2.** Fábrica o taller donde se trefila.

tregua *s. f.* En una guerra, suspensión temporal de los combates. || **Loc. dar tregua** Calmarse o interrumpirse por un tiempo un dolor u otra cosa que molesta o atormenta; también, dar un respiro, conceder tiempo. ■ En ambos sentidos se usa más en construcciones negativas.

treílla *s. f.* Traílla*.

treinta *adj. num. card.* **1.** Tres veces diez. También *pron.* y *s. m.* || *adj. num. ord.* **2.** Trigésimo. También *pron.* || *s. m.* **3.** Signos que representan este número. || **4. treinta y una** Juego de naipes o de billar que consiste en hacer treinta y un tantos justos.

Treinta Años, guerra de los Conflicto armado europeo desarrollado entre 1618 y 1648, que acabó con el Sacro Imperio Romano Germánico. El conflicto comenzó en Alemania por la oposición entre católicos y protestantes y la lucha de Bohemia contra la autoridad de los Austrias. La imposición del partido de la Contrarreforma por el emperador Matías desencadenó la llamada *defenestración de Praga* (1618), que dio comienzo a la guerra. El nuevo emperador Fernando II (1619-37), junto al ejército de la Liga Católica, derrotó a los checos, con lo que los Habsburgo dominaron Bohemia. Cristián IV de Dinamarca se alzó en defensa de los protestantes del N de Alemania; tras su derrota en 1626, se firmó la paz de Lübeck (1629). En 1630 intervino Gustavo Adolfo II de Suecia defendiendo, con el apoyo económico de Francia, la causa protestante. La victoria de las tropas imperiales junto a las españolas en Nordlingen (1634) provocó que Francia declarara la guerra a España y al Imperio en 1635. España fue vencida por los neerlandeses en la batalla naval de las Dunas (1639) y por los franceses en la batalla de Rocroi. Las sucesivas victorias franco-suecas hicieron que el emperador Fernando III firmase la paz de Westfalia (1648). España, a su vez, firmó en Münster una paz unilateral con las Provincias Unidas (1648), reconociendo la independencia de éstas. Alemania perdió su influencia en Europa y quedó dividida en multitud de estados independientes. Francia y España continuaron en lucha hasta que en 1659 firmaron la paz de los Pirineos.

Treinta y tres orientales, expedición de los En la historia uruguaya, invasión de la Banda Oriental (1825) por un grupo de patriotas uruguayos, procedentes de Buenos Aires, al mando de Juan Antonio Lavalleja. A ellos se unió Fructuoso Rivera, lugarteniente de Artigas, y entre todos lograron la insurrección popular para expulsar a los brasileños. Se constituyó un gobierno provisional que declaró la independencia de la Banda Oriental y gestionó su incorporación a las Provincias Unidas del Río de la Plata, lo que precipitó la guerra de éstas con Brasil.

Treinta y Tres Departamento de Uruguay, en el E del país. 9.529 km^2. 46.600 h. en 1988. La capital es Treinta y Tres, con 30.950 h. en 1985. Tiene una economía fundamentalmente agropecuaria, con cultivos de trigo y arroz.

treintaidosavo, va *adj. num. part.* Se dice de cada una de las treinta y dos partes iguales en que se divide un todo. También *s.* || **Loc. en treintaidosavo** Se dice del libro, folleto, etc., cuyo tamaño iguala a la treintaidosava parte de un pliego de papel de marca ordinaria.

treintañero, ra *adj.* Se dice de la persona que está entre los treinta y los cuarenta años. También *s.*

treintavo, va *adj. num. part.* Se dice de cada una de las treinta partes iguales en que se divide un todo. También *s.*

treintena *s. f.* **1.** Conjunto de treinta unidades o individuos. **2.** Cada una de las treintavas partes de un todo.

Trejos Fernández, José Joaquín (San José 1916) Político costarricense. Candidato de una coalición conservadora, fue elegido presidente de la república (1966-70). Durante su mandato tuvo que enfrentarse a una fuerte oposición popular a causa de las concesiones que hizo a una compañía estadounidense de prospecciones de bauxita.

trematodos *s. m. pl.* Clase de gusanos platelmintos parásitos a la que pertenecen unas 8.000 especies comprendidas en las subclases monogenea, aspidogastrea y digenea. Se caracterizan por tener una o varias ventosas en la región ventral o bucal, con las que se adhieren a sus huéspedes. Se reproducen sexualmente y la mayoría de las especies son parásitas de peces, aunque otras lo son de moluscos, aves y mamíferos y del hombre (duelas). También *adj.* y *s. m.*

tremebundo, da *adj.* Tremendo, terrible.

tremedal *s. m.* Terreno pantanoso, abundante en turba, cubierto de césped, y que por su escasa consistencia tiembla al andar sobre él.

tremendismo *s. m.* **1.** Corriente estética del s. XX desarrollada en España que se caracteriza por una exageración de los aspectos más crudos de la vida real. Surgió a raíz de la publicación de *La familia de Pascual Duarte*, de Camilo José Cela (1942). **2.** Estilo de torear que prefiere la espectacularidad y el valor excesivo a las reglas clásicas. **3.** Alarmismo. **Fam.** Tremendista.

tremendo, da *adj.* **1.** Muy grande, excesivo o fuera de lo común. **2.** Horrible, terrible. **3.** Muy chocante o sorprendente. **4.** Se aplica a la persona temible por su comportamiento, especialmente al niño muy travieso. || **Loc. tomar** una cosa **a** (o **por**) **la tremenda** *fam.* Darle una importancia o gravedad mayor que la que realmente tiene.

trementina *s. f.* Resina oleosa, muy aromática, que fluye de pinos, abetos, alerces y terebintos; es de color amarillo, inflamable y de consistencia viscosa y pegajosa. Se usa en medicina y en la industria.

tremielga *s. f.* Torpedo*, pez.

tremolar *v. tr.* **1.** Levantar los pendones, banderas o estandartes, batiéndolos o moviéndolos en el aire. || *v. intr.* **2.** Ondear banderas, estandartes, pendones, etc. **Fam.** Tremolante.

tremolina *s. f.* **1.** Movimiento ruidoso del aire. **2.** Ruido y confusión provocados por gente que grita, riñe o discute.

trémolo *s. m.* En mús., efecto instrumental o vocal que se basa en la sucesión rápida de notas de la misma duración.

tremulento, ta *adj.* Trémulo*.

trémulo, la *adj.* **1.** Que tiembla. **2.** Se aplica a las cosas que tienen un movimiento o agitación semejante al temblor. ■ Se dice también *tremulento.* **Fam.** Trémulamente.

tren *s. m.* **1.** Serie de vagones enganchados uno tras otro, que son arrastrados sobre unos raíles por una locomotora; también, sistema de transporte que constituye. **2.** Conjunto de máquinas o dispositivos colocados en serie para realizar una misma operación. **3.** Modo de vivir una persona, generalmente con gran lujo, comodidades, actividad, etc. ■ En esta acepción, se dice también *tren de vida.* || **4. tren botijo** *fam.* Tren económico, p. ej. para llevar veraneantes hacia la costa, realizar excursiones con motivo de festejos populares, etc. **5. tren correo** Véase **correo**. **6. tren de aterrizaje** Dispositivo sobre el que aterriza o ameriza un avión; puede ser fijo o retráctil y estar provisto de ruedas, flotador, patines, etc. **7. tren de laminación** En la industria siderúrgica, mecanismo para laminar que consiste en una serie de pares de rodillos en los que los lingotes son sometidos a varias transformaciones. **8. tren de ondas** Serie de ondas sucesivas o señales producidas por perturbaciones intermitentes. **9. tren expreso** Véase **expreso**. **10. tren mixto** Véase **mixto**. **11. tren ómnibus** o **tranvía** Véase **ómnibus**. **12. tren rápido** Véase **rápido**. || **Loc. a todo tren** *adv.* A toda velocidad; también, con gran lujo y sin reparar en gastos. **estar como un tren** *fam.* Tener un físico atractivo. **estar en tren de** *Arg., Par., Urug.* Estar en proceso de llevar a cabo cierta cosa, estar trabajando para lograr cierto fin. **para parar un tren** *adv. fam.* Muy intenso, fuerte o abundante; también, como un tren, muy atractivo.

trena *s. f.* En argot, cárcel.

trenca *s. f.* Chaquetón a modo de abrigo corto, que generalmente suele llevar una capucha.

trencilla *s. f.* **1.** *dim.* de **trenza**. **2.** Cinta trenzada de seda, algodón o lana que sirve para adornos de pasamanería, bordados y otros usos. || *s. m.* **3.** *fam.* Árbitro de fútbol.

treno *s. m.* **1.** Canto fúnebre por alguna calamidad o desgracia. **2.** Por antonomasia, cada una de las lamentaciones del profeta Jeremías.

Trentino-Alto Adigio (*Trentino-Alto Adige*) Región autónoma de Italia, en el N del país. 13.620 km^2. 891.400 h. en 1991. La capital es Trento, con 102.100 h. en 1991. Comprende las provincias de Bolzano y Trento. Presenta un relieve muy montañoso, en el que destacan los Alpes Réticos y Dolomitas y el histórico paso del Brennero, en la frontera con Austria. El río más importante es el Adigio, con su afluente el Isarco. Cuenta con cultivos de manzanas y vides, ganadería bovina, recursos forestales, industria siderometalúrgica, textil, química, alimentaria y automovilística y grandes centrales hidroeléctricas. El turismo está en pleno desarrollo. Unida históricamente al Tirol y al Véneto, pasó a Italia en 1919 y se convirtió en región autónoma en 1948.

Trento C. de Italia, cap. de la región de Trentino-Alto Adigio. 102.100 h. en 1991. Posee industrias eléctricas, mecánicas, textiles, químicas, alimentarias y de cemento. Ciudad celta, perteneció sucesivamente a romanos, lombardos y franceses; formó parte del reino de Germania. Desde el s. XI fue ciudad libre imperial y estuvo regida por obispos con el título de príncipes. Conquistada por Napoleón, fue incorporada al reino de Italia como capital del Alto Adigio (1809-14). Por el congreso de Viena pasó a depender de Austria y al término de la Primera Guerra Mundial quedó anexionada a Italia. Conserva la catedral (s. XIII), de estilo lombardo.

Trento, Concilio de Decimonoveno concilio ecuménico de la Iglesia católica, celebrado en la ciudad imperial de Trento de 1545 a 1563. Fue convocado por el papa Paulo III y tuvo tres periodos: 1545-49, 1551-52 y 1562-63, los dos últimos en el pontificado de Julio III. Iniciado con el propósito de buscar un entendimiento con los protestantes, promulgó decretos y cánones sobre la Escritura, el pecado original, la justificación y la gracia, los sacramentos, el purgatorio, las indulgencias, etc., y afrontó la Reforma de la Iglesia. Fue el punto de partida oficial de la Contrarreforma católica.

trenza *s. f.* **1.** Conjunto de tres o más mechones de pelo, hebras, cuerdas, etc., entrelazados formando un solo cabo o cuerpo alargado. **2.** Elemento o adorno de forma semejante.

trenzado, da 1. *p. p.* de **trenzar**. También *adj.* || *s. m.* **2.** Trenza*. **3.** En danza, salto ligero en el cual los pies se cruzan y descruzan rápidamente en el aire. **4.** En equitación, paso que hace el caballo piafando.

trenzar *v. tr.* **1.** Hacer trenzas con algo. || *v. intr.* **2.** En danza y en equitación, hacer trenzados. ■ Se conjuga como *cazar.*

trepa[1] (de *trepar*[1]) *s. f.* **1.** Acción y efecto de trepar. || *s. m.* y *f.* **2.** *fam.* Persona que aprovecha cualquier circunstancia o actúa sin escrúpulos para progresar. También *adj.*

trepa[2] (de *trepar*[2]) *s. f.* **1.** Trepado*, adorno. **2.** Ondulaciones que presenta la superficie de algunas maderas labradas.

trepado, da 1. *p. p.* de **trepar**, agujerear. || *s. m.* **2.** Línea de puntos taladrados en el papel para cortarlo con facilidad. **3.** Adorno en espiral que se pone en el borde de los vestidos.

trepador, ra *adj.* **1.** Que trepa. También *s.* **2.** Se dice de las plantas que trepan o se agarran a los árboles, muros, rejas, etc., mediante zarcillos, raíces u órganos semejantes. **3.** Se aplica a ciertas aves que tienen el dedo externo unido al de en medio o dirigido hacia atrás para trepar con facilidad. También *s. f. pl.* || *s. m.* **4.** Nombre común de diversas aves paseriformes de la familia sítidos, género *Sitta.* El trepador azul *(Sitta europaea)* mide 14 cm de longitud y tiene plumaje gris azulado en el dorso, los flancos castaños y el pecho blanco o marrón claro, con una lista negra en la cabeza. Trepan por los troncos de los árboles, cabeza arriba o cabeza abajo. Habitan en Eurasia y Norteamérica. **5.** Sitio o lugar por donde se trepa o se puede trepar. **6.** Cada uno de los garfios con dientes interiores que se sujetan con correas a cada pie para trepar a los postes.

trepadora *s. f.* Máquina para hacer el trepado del papel.

trepanación *s. f.* Acción y efecto de trepanar; particularmente, operación quirúrgica en la que se perfora el cráneo, para lo que se utiliza un instrumento llamado *trépano.* El orificio se cierra al final de la operación, generalmente con un disco de material plástico.

trepanar *v. tr.* En cirugía, perforar con el trépano el cráneo u otro hueso.

trépano *s. m.* **1.** Instrumento utilizado para trepanar. **2.** En las taladradoras, pieza que sustituye a la broca para efectuar taladros de gran diámetro. **3.** Máquina utilizada en perforaciones y exploraciones del subsuelo para fragmentar las rocas.

trepar[1] (de or. onomat.) *v. intr.* **1.** Subir a un lugar alto sirviéndose de las extremidades. También *v. tr.* **2.** Crecer las plantas agarrándose o adhiriéndose a los árboles, a un soporte, etc. **3.** *fam.* Conseguir un puesto importante o una posición social elevada utilizando toda clase de medios. También *v. tr.*

trepar[2] (del gr. *trupan,* taladrar) *v. tr.* Perforar, agujerear.

treparriscos *s. m.* Ave paseriforme, única especie de la familia ticodromádidos, especie *Tichodroma muraria.* Mide unos 16 cm de longitud, tiene un plumaje de color gris, con el pecho y las alas negras, estas últimas con grandes manchas de color rojo vivo, y el pico largo y curvado. Vive en zonas montañosas del centro y S de Europa y en Asia desde el Himalaya hasta China. Antiguamente era clasificado en la familia cértidos.

trepatroncos *s. m.* **1.** Herrerillo*. **2.** Nombre común de diversas aves paseriformes de la familia sítidos, género *Sitta,* y de la familia cértidos, género *Certhia.* Son aves de tamaño mediano, que trepan por los troncos ayudándose con la cola. Viven en América, desde México hasta Argentina.

trepidación *s. f.* Acción y efecto de trepidar.

trepidante *adj.* **1.** Que trepida. **2.** Muy rápido y emocionante.

trepidar *v. intr.* **1.** Temblar o vibrar fuertemente. **2.** *amer.* Dudar, vacilar.

treponema *s. f.* Nombre común de diversas bacterias espiroquetas del género *Treponema.* Miden entre 3 y 20 micras de longitud, son gram-negativas y anaerobias y tienen filamentos. Transmiten enfermedades como la sífilis.

tres *adj. num. card.* **1.** Dos y uno. También *pron.* y *s. m.* || *adj. num. ord.* **2.** Tercero. También *pron.* || *s. m.* **3.** Signo que representa este número. || **Loc. de tres al cuarto** *adj.* Véase **cuarto**. **ni a la de tres** *adv. fam.* Indica dificultad o imposibilidad de realizar o conseguir algo.

Tres de Febrero C. de Argentina, en la prov. de Buenos Aires, al NO de la capital, con la que forma conurbación. 345.425 h. en 1980. Cuenta con industrias de automóviles, químicas, del mueble, del cuero y cerámicas.

Tres Puntas Cabo de Guatemala, en la costa del mar Caribe, que cierra al SE la bahía de Amatique.

Tres Zapotes Yacimiento arqueológico de la cultura olmeca, en el estado de Veracruz, México. Entre sus restos destacan dos gigantescas cabezas de piedra, así como tumbas y estelas con relieves.

tresbolillo, a (o al) *loc. adv.* Modo de colocar las plantas, y p. ext. personas o cosas, en filas paralelas, de manera que las de cada fila correspondan al medio de los huecos de la fila inmediata, formando triángulos equiláteros.

trescientos, tas *adj. num. card.* **1.** Tres veces cien. También *pron.* y *s. m.* || *adj. num. ord.* **2.** Tricentésimo. También *pron.* || *s. m.* **3.** Signos que representan este número.

Tresguerras, Francisco Eduardo (Celaya, Guanajuato 1759 - íd. 1833) Arquitecto mexicano. De estilo neoclásico, sus principales construcciones son la iglesia de los Carmelitas, su obra maestra, y la torre de San Agustín, ambas en Celaya, y el teatro Alarcón, en San Luis Potosí.

tresillo *s. m.* **1.** Juego de naipes que se realiza entre tres personas, en que cada jugador recibe nueve cartas y gana aquel que hace mayor número de bazas. **2.** Sofá de tres plazas, o conjunto de sofá y dos sillones a juego. **3.** Sortija con tres piedras preciosas. **4.** En mús., conjunto de tres notas iguales que se deben ejecutar en el tiempo correspondiente a dos de ellas.

tresmesino, na *adj.* De tres meses.

treta *s. f.* Medio en que se mezcla el engaño, la habilidad y la astucia, del que se sirve alguien para conseguir alguna cosa.

Tréveris (*Trier*) C. de Alemania, en el SO del país, a orillas del Mosela. 96.700 h. en 1990. Cuenta con industrias de construcciones mecánicas, textiles, siderúrgicas y de curtidos, y con varias destilerías. Es también un importante centro comercial. Llegó a ser una de las cuatro capitales del imperio romano y residencia de emperadores. Conserva restos romanos, entre ellos el anfiteatro y la Porta Nigra, la catedral, de estilo románico (s. IV-XIII), y la iglesia de Nuestra Señora (s. XIII).

Treviño, condado de Enclave burgalés en el País Vasco, situado en la provincia de Álava, al S de Vitoria. El condado se fundó en el s. XII.

Trevithick, Richard (Illogan, Cornualles 1771 - Dartford, Kent 1833) Ingeniero británico. Fabricó la primera locomotora de vapor operativa, que puso en funcionamiento en Gales (1803); sin embargo, dicho invento no alcanzó la madurez hasta la creación del modelo de George Stephenson.

tri- *pref.* Significa 'tres': *tridimensional, triciclo.*

tría *s. f.* Acción y efecto de triar o triarse.

triaca *s. f.* **1.** Preparado farmacéutico usado antiguamente como antídoto contra las mordeduras de animales venenosos. **2.** Remedio de un mal.

tríada *s. f.* **1.** Conjunto de tres seres o elementos que tienen alguna relación entre sí. **2.** En algunas religiones, conjunto de tres dioses a los que se dedica un mismo culto; p. ej., en Egipto los dioses Isis, Osiris y Horus. || **3. tríadas de Döbereiner** Véase **Döbereiner**. **Fam.** Triádico.

trial (voz ingl. que significa 'prueba') *s. m.* Prueba motociclista realizada a campo través, cuyo recorrido pasa por cuestas, terrenos fangosos, arroyos, etc., y en la que el participante no puede bajarse de la motocicleta ni apoyarse en el suelo. Empezó a practicarse en el Reino Unido hacia 1965.

Triana, Juan Rodríguez Bermejo, llamado **Rodrigo de** (s. XV-XVI) Marino español. Participó en el primer viaje de Colón y fue el primero en divisar tierra desde su puesto en la *Pinta.*

triangulado, da 1. *p. p.* de **triangular**. También *adj.* || *adj.* **2.** Colocado o trazado en forma de triángulo. **3.** Dividido en triángulos.

triangular[1] (de *triángulo*) *v. tr.* **1.** En arq., colocar las piezas de un armazón de modo que formen uno o varios triángulos. **2.** En topografía, unir mediante triángulos determinados puntos de un terreno para realizar el plano del mismo. **3.** En ciertos deportes, como el fútbol, ir pasándose el balón varios jugadores de modo que describa una trayectoria triángular o, en general, la de cualquier figura cerrada. **Fam.** Triangulación.

triangular[2] (del lat. *triangularis*) *adj.* Que tiene forma de triángulo o es semejante a él. **Fam.** Triangularmente.

triángulo, la *s. m.* **1.** Polígono de tres lados y tres ángulos. **2.** Instrumento musical de percusión que consiste en una barra metálica doblada con la forma de dicho polígono, que se hace sonar golpeándola con una varilla. **3.** Relación amorosa entre tres personas, generalmente el marido, la mujer y el amante de uno de ellos; también, conjunto formado por estas tres personas. || *adj.* **4.** Triangular*. || **5. triángulo esférico** Superficie esférica formada por la intersección de tres círculos máximos. **6. Triángulo austral** Constelación situada cerca del polo antártico. **7. Triángulo boreal** Constelación del hemisferio norte, situada al S de Perseo.

triar *v. tr.* **1.** Separar algunas cosas de un conjunto por considerarlas mejor o por tener una característica determinada. **2.** Entrar y salir constantemente las abejas de una colmena muy poblada. || *v. prnl.* **3.** Clarearse una tela por estar muy usada o mal tejida. ▪ En cuanto al acento, se conjuga como *ansiar*: *trío.*

triásico *adj.* **1.** Se dice del primero de los tres periodos en que se divide la era mesozoica o secundaria. Comenzó hace unos 225 millones de años y terminó hace unos 190. En el triásico se inició la expansión de los reptiles y aparecieron los primeros mamíferos. En él predominó la erosión de los macizos herciniano y la sedimentación de sus materiales, gravas, areniscas, dolomías, yeso, etc., y se formaron depósitos de sal gema, cinc, plomo, petróleo y yeso. También *s. m.* **2.** Perteneciente o relativo a este periodo.

tríbada *s. f.* Mujer homosexual.

tribadismo *s. m.* Lesbianismo, homosexualidad femenina.

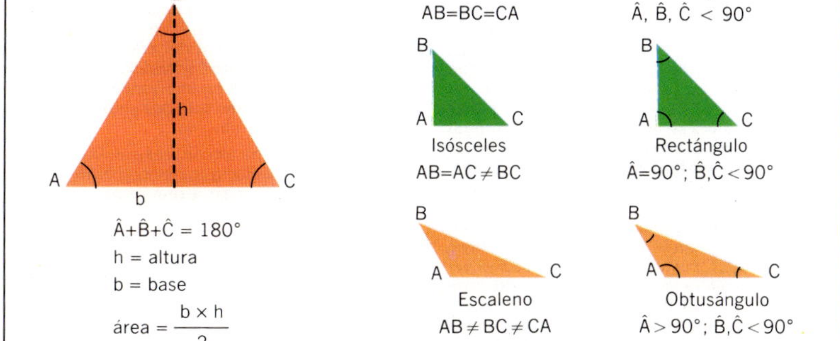

Triángulo: sus principales elementos y clases.

tribal *adj.* Perteneciente o relativo a la tribu. ▪ Se dice también *tribual.*

tribalismo *s. m.* En antropología, organización social basada en la tribu.

tribo- *pref.* Significa 'frote o rozamiento': *triboelectricidad, tribología.*

triboelectricidad *s. f.* Electricidad que se produce por frotamiento entre dos cuerpos.

tribología *s. f.* Estudio del rozamiento entre los cuerpos sólidos para conseguir que se produzca mejor el deslizamiento y exista menos desgaste en ellos.

triboluminiscencia *s. f.* Luminiscencia que aparece por frotamiento.

Triboniano (Panfilia ? - ? h. 543) Jurisconsulto y estadista bizantino. Presidió la comisión que elaboró el *Código de Justiniano,* la última gran compilación del derecho romano y fuente de todo derecho occidental. Su ambición política desencadenó la revuelta de Nika o Nike, que fue difícilmente sofocada en el año 532.

tribraquio *s. m.* Pie de la poesía griega y latina, compuesto de tres sílabas breves.

tribu *s. f.* **1.** Organización social, política y económica, formada por individuos de un mismo origen, lengua y cultura, que habitan el mismo territorio y que comparten su modo de vida. El término no se aplica a las sociedades que se organizan en grandes estados, sino a aquellos grupos cuya unidad se basa primordialmente en las relaciones de parentesco. **2.** *fam.* Familia o grupo de personas muy numeroso. **3.** Categoría taxonómica secundaria que agrupa seres vivos bastante emparentados entre sí y pertenecientes a uno o varios géneros; es una subdivisión entre la subfamilia y el género.

tribual *adj.* Tribal*.

tribulación *s. f.* **1.** Preocupación, pena o disgusto. **2.** Dificultad o situación desfavorable que padece una persona.

tríbulo *s. m.* Nombre que reciben algunas plantas espinosas.

tribuna *s. f.* **1.** Plataforma o lugar elevado, generalmente con una barandilla, desde donde se habla en público. **2.** Medio desde el que alguien se expresa o manifiesta sus opiniones. **3.** Profesión de orador, especialmente político; también, conjunto de oradores políticos de un país, época, etc. **4.** Plataforma elevada en la que se sitúan los asistentes a un acto o espectáculo público, generalmente al aire libre. **5.** Localidad preferente en algunos campos de deporte. **6.** Ventana o balcón, con o sin celosía, que hay en algunas iglesias, desde donde se puede asistir a los actos litúrgicos que en ellas se celebran.

tribunado *s. m.* **1.** Dignidad de tribuno y tiempo que duraba su magistratura. **2.** Uno de los cuerpos legislativos en la época del consulado francés anterior al imperio napoleónico.

tribunal *s. m.* **1.** Órgano colegiado del Estado encargado de juzgar y hacer ejecutar lo juzgado, con arreglo a lo dispuesto en el ordenamiento jurídico. **2.** Edificio y lugar del mismo en el que jueces y magistrados administran justicia. **3.** Conjunto de personas reunidas para emitir un juicio u opinión sobre algo, p. ej. en un concurso, en una oposición, etc. ‖ *pl.* **4.** Vía judicial de solución de conflictos. ‖ **5. tribunal de casación** El que puede anular una sentencia dictada en última instancia por otro tribunal. **6. tribunal de honor** El que se formaba dentro de ciertos cuerpos o colectividades para juzgar la conducta deshonrosa, pero no delictiva, de alguno de sus miembros. **7. Tribunal Constitucional** Órgano establecido por algunos estados para velar por el respeto a la Constitución, interpretarla y procurar que las leyes se ajusten a ella. **8. Tribunal de Cuentas** Órgano encargado del control de las cuentas y de la gestión económica del Estado y de las corporaciones, instituciones y organismos públicos en general. **9. Tribunal de Justicia de las Comunidades Europeas** Órgano internacional de justicia, con sede en La Haya, fundado en 1951, cuya principal finalidad es velar por el respeto a los tratados de las Comunidades Europeas. **10. Tribunal de la Rota** Véase **Rota**. **11. Tribunal de la Sangre** Órgano implantado por el duque de Alba en los Países Bajos para juzgar a los que se rebelaban contra el dominio español. Funcionó de 1567 a 1573. Condenó a más de doce mil personas, de las cuales unas mil fueron ejecutadas o desterradas. **12. Tribunal de las Aguas** Órgano cuyos miembros son elegidos por designación popular, que tiene competencia para resolver las cuestiones surgidas entre los usuarios de las aguas de aprovechamiento colectivo. **13. Tribunal Internacional de Justicia** Órgano con potestad jurisdiccional, creado en 1945 por la Carta de la ONU, que conoce de los asuntos que los estados le someten y de otros especialmente previstos en dicha Carta o en los tratados y convenios vigentes. **14. Tribunal Supremo** Órgano jurisdiccional superior de un país en todos los órdenes, excepto lo dispuesto en materia de garantías constitucionales. En España es la máxima instancia. **15. Tribunales Superiores de Justicia** Órganos judiciales con jurisdicción en el ámbito de una comunidad autónoma.

tribunicio, cia *adj.* Perteneciente o relativo al tribuno u orador político o propio del él.

tribuno *s. m.* **1.** Magistrado romano: podía ser militar, que estaba a cargo de un cuerpo de tropas; o de la plebe, que era elegido por el pueblo y tenía competencias para poner veto a las resoluciones del Senado y proponer plebiscitos. **2.** Orador político muy destacado. **3.** Miembro del tribunado francés.

tributación *s. f.* **1.** Acción de tributar. **2.** Tributo. **3.** Sistema organizado de los tributos y de las formas de recaudación.

tributar *v. tr.* **1.** Pagar un tributo. También *v. intr.* **2.** Ofrecer a alguien un regalo o manifestar un sentimiento favorable hacia él.

tributario, ria *adj.* **1.** Perteneciente o relativo al tributo. **2.** Que paga un tributo o está obligado a hacerlo. También *s.* **3.** Se dice de una corriente de agua con relación al río, al lago o al mar adonde va a parar. **4.** Que es consecuencia y, por ello, propio de algo.

tributo *s. m.* **1.** Impuesto que hay que pagar al Estado o a otro organismo oficial. **2.** Aquello que tenía que entregar un vasallo a su señor, a la Iglesia o a un soberano. **3.** Aquello que debe soportar una persona, o a lo que debe renunciar, para usar o disfrutar una cosa. **4.** Sentimiento favorable que se manifiesta hacia una persona.

tricéfalo, la *adj.* Que tiene tres cabezas.

tricenal *adj.* **1.** Que dura treinta años. **2.** Que ocurre cada treinta años.

tricentenario, ria *adj.* **1.** Que dura trescientos años o lleva trescientos años de duración. ‖ *s. m.* **2.** Tiempo de trescientos años. **3.** Fecha en la que se cumplen trescientos años del nacimiento o muerte de alguna persona famosa o de un hecho o suceso importante; también, fiesta o actos con los que se celebra esta fecha.

tricentésimo, ma *adj. num. ord.* **1.** Que ocupa por orden el número trescientos. También *pron.* ‖ *adj. num. part.* **2.** Se dice de cada una de las trescientas partes iguales en que se divide un todo. También *s.*

tríceps *s. m.* Nombre aplicado a los músculos que tienen tres partes que se juntan en un tendón común; el **tríceps braquial**, al contraerse, hace posible el movimiento de extensión del antebrazo; el **tríceps espinal** está a lo largo de la columna vertebral e impide que ésta caiga hacia adelante; y el **tríceps femoral** está unido al fémur y a la tibia y, al contraerse, extiende con fuerza la pierna.

triceratops *s. m.* Nombre común de diversos reptiles arcosaurios fósiles de la familia ceratópsidos, género *Triceratops.* Eran dinosaurios que vivieron en la etapa final del cretácico. Medían unos 6 u 8 m de longitud y pesaban unas 8 t. Su cráneo se prolongaba en una especie de escudo osificado, con tres cuernos, dos sobre los ojos y otro sobre las fosas nasales.

triciclo *s. m.* Vehículo de tres ruedas, particularmente el que utilizan los niños como juguete, movido por pedales de forma semejante a una bicicleta.

triclínico, ca *adj.* Se dice del sistema cristalino cuyas formas holoédricas tienen un centro de simetría y cuyas caras presentan tres ángulos no rectos desiguales y tres lados desiguales. También *s. m.*

triclinio *s. m.* **1.** Diván en el que se reclinaban para comer los antiguos griegos y romanos. **2.** Comedor de los antiguos griegos y romanos.

tricloroetileno *s. m.* Nombre vulgar del tricloroeteno ($Cl_2C{=}ClCH$), derivado clorado del eteno o etileno. Es un líquido insoluble en agua, que se utiliza como disolvente de grasas y en tintorería como quitamanchas.

tricolor *adj.* De tres colores.

tricópteros *s. m. pl.* Orden de insectos al que pertenecen unas 3.500 especies comprendidas en los subórdenes inecuipalpos y equipalpos, con 26 familias. Presentan aspecto de polillas, con alas cubiertas de pelos, patas largas y abdomen con diez segmentos. Tienen aparato bucal adaptado para chupar jugos. Las larvas acuáticas viven dentro de unos tubos o envolturas que fabrican con seda, piedrecitas, granitos de arena, caparazones, hojas, etc. Tricópteros son las frigáneas. También *adj.* y *s. m.*

tricornio *s. m.* **1.** Sombrero que tiene el ala dura y doblada formando tres picos, utilizado por la guardia civil. **2.** *fam.* Miembro de la guardia civil.

tricot (voz fr.) *s. m.* Punto y tejido realizado a mano o mediante una máquina de tejer.

tricota *s. f.* **1.** *Arg.* Tejido o prenda de punto. **2.** *Perú.* Chaqueta de punto cerrada por delante.

tricotadora *s. f.* Tricotosa*.

tricotar *v. intr.* Hacer punto a mano o a máquina.

tricotomía *s. f.* **1.** En bot., división de una rama en otras tres. **2.** Método de clasificación en el que las divisiones y subdivisiones tienen tres partes. **3.** Aplicación de este método. **FAM.** Tricotómico.

tricotosa *s. f.* Máquina para hacer tejidos de punto. ▪ Se dice también *tricotadora.*

tricromía *s. f.* **1.** En imprenta, estampación hecha combinando tres tintas de diferente color. **2.** Grabado obtenido por esta técnica.

tricúspide *adj.* **1.** Que tiene tres puntas. ‖ **2. válvula tricúspide** Válvula del corazón constituida por tres membranas insertas en sus paredes, que comunica la aurícula y el ventrículo derechos.

tridáctilo, la *adj.* Que tiene tres dedos.

tridemismo *s. m.* Doctrina política china, basada en los tres principios del pueblo, formulados por Sun Yat-sen, y que son independencia política y económica, democracia popular y prosperidad económica, mediante el reparto de la tierra y de la riqueza. Este programa fue formulado en 1905 y adoptado en el congreso del Kuomingtang (1925).

tridente *adj.* **1.** Que tiene tres dientes o puntas. ‖ *s. m.* **2.** Arpón de tres puntas que tiene en la mano el dios Neptuno en las figuras que lo representan.

tridentino, na *adj.* **1.** De Trento. También *s.* **2.** Perteneciente al concilio ecuménico que se reunió en esta ciudad a partir de 1545.

tridimensional *adj.* Que tiene tres dimensiones.

triduo *s. m.* Conjunto de celebraciones religiosas que se realizan durante tres días.

triedro *adj.* **1.** Que tiene tres caras. ‖ **2. ángulo triedro** El formado por tres planos que concurren en un punto llamado *vértice.*

trienal *adj.* **1.** Que se repite o sucede cada tres años. **2.** Que dura tres años.

trienio *s. m.* **1.** Periodo de tres años. **2.** Incremento económico en un salario, que se produce cada tres años de servicio activo en una empresa, organismo, etc.

Trieste C. de Italia, cap. de la región de Friul-Venecia Julia, en el NE del país, junto al Adriático. 231.050 h. en 1991. Sus industrias más destacadas son las de construcciones mecánicas y navales, refino de petróleo, fabricación de cemento, químicas, textiles y alimentarias. Es el puerto comercial más importante del mar Adriático. Fue una colonia romana fundada en el s. II a. C., y desde la época carolingia estuvo regida por sus condes-obispos. Ocupada por Venecia en 1202, pasó posteriormente a depender de los Habsburgo (1382). Fue cedida a Italia en 1919. En 1947 se creó bajo la protección de la ONU el territorio libre de Trieste, dividido en dos zonas, una bajo control yugoslavo y otra, con la ciudad de Trieste, controlada por los angloestadounidenses, que fue reintegrada a Italia en 1954.

triestino, na *adj.* **1.** De Trieste. También *s.* || *s. m.* **2.** Dialecto hablado en la región de Trieste.

trifásico, ca *adj.* Se dice de un sistema de tres corrientes alternas iguales procedentes del mismo generador y desfasadas un tercio de periodo una de otra.

trífido, da *adj.* Se dice del órgano vegetal abierto por tres partes.

trifoliado, da *adj.* En bot., se dice de las hojas compuestas de tres folíolos, así como de las plantas que tienen esas hojas.

trifolio *s. m.* **1.** Trébol*. **2.** En arq., motivo decorativo característico del gótico, formado por tres lóbulos o porciones de un círculo.

triforio *s. m.* Galería abierta, formada por ventanas de tres vanos, que rodea la nave central de una iglesia por encima de los arcos que la separan de las naves laterales.

triforme *adj.* Que tiene tres formas o figuras.

trifulca *s. f. fam.* Discusión, pelea con mucho alboroto.

trifurcarse *v. prnl.* Dividirse una cosa en tres ramas, brazos o puntas. ▪ Se conjuga como *sacar.* **FAM.** Trifurcación, trifurcado.

triga *s. f.* **1.** Carro de tres caballos. **2.** Conjunto de tres caballos de frente que tiran de un carro.

trigal *s. m.* Campo sembrado de trigo.

trigémino *s. m.* Quinto par nervioso craneal; tiene tres ramas importantes: la oftálmica, la maxilar superior y la maxilar inferior. Sensibiliza la mayor parte de la cara e inerva los músculos masticadores.

trigésimo, ma *adj. num. ord.* **1.** Que ocupa por orden el número 30. También *pron.* || *adj. num. part.* **2.** Se dice de cada una de las treinta partes iguales en que se divide un todo. También *s. m.*

triglicérido *s. m.* Denominación genérica de los compuestos obtenidos al esterificar los tres grupos alcohol (–OH) de la glicerina con ácidos, generalmente orgánicos. Cuando dichos ácidos son los llamados *ácidos grasos superiores*, como el ácido oleico, el ácido palmítico o el ácido esteárico, los glicéridos resultantes constituyen los aceites y las grasas.

triglifo o **tríglifo** *s. m.* Motivo ornamental del friso en el orden dórico, que consiste en un rectángulo surcado verticalmente por tres hendiduras separadas por estiletes, que se alterna con las metopas.

Espigas de trigo.

trigo *s. m.* **1.** Planta herbácea de la familia gramíneas, género *Triticum.* El trigo común *(Triticum vulgare)* mide entre 0,60 y 1,50 m de altura, tiene tallo hueco, espículas con 2 a 5 flores, y fruto en cariópside o espiga, cuyos granos molidos constituyen la harina. Es una planta cultivada, con gran número de especies producto de la hibridación. Se explota en secano en gran parte del mundo y su origen se sitúa en Asia y N de África. Sus espigas secas constituyen la paja. **2.** Grano que da esta planta. **3.** Trigal*. ▪ En esta acepción se usa más en *pl.* || **4. trigo candeal** El que da una harina muy blanca, y que se considera el trigo de mejor calidad. Se denomina también *trigo común.* **5. trigo fanfarrón** El duro, con las espigas arqueadas y largas, que da mucho salvado y poca harina. || **LOC. no ser** alguien o algo **trigo limpio** *fam.* No ser una persona, asunto, etc., tan claro u honesto como parecía.

Trigo, Felipe (Villanueva de la Serena, Badajoz 1865 - Madrid 1916) Escritor español. Fue médico militar en Filipinas. Sus novelas naturalistas, en las que domina el tema erótico, fueron muy populares en su época, como *Las ingenuas* (1901), *La sed de amar* (1902) y *Sor Demonio* (1905). También escribió algunas novelas con una clara intención social, como *El médico rural* (1912) y *Jarrapellejos* (1914). Se suicidó.

trigonal *adj.* Se dice de uno de los siete sistemas cristalinos, cuyas formas holoédricas tienen un eje ternario y cuyas 6 caras rómbicas son iguales y presentan en cada vértice los lados y ángulos iguales. Minerales que cristalizan en este sistema son la calcita y la turmalina. Se denomina también *romboédrico.*

trigonometría *s. f.* Parte de las matemáticas que estudia las relaciones que se establecen entre los lados y los ángulos de un triángulo rectángulo. **FAM.** Trigonométrico.

trigueño, ña *adj.* Se dice del color semejante al del trigo, así como de las cosas que tienen este color, especialmente del pelo rubio oscuro o dorado.

triguero, ra *adj.* **1.** Perteneciente o relativo al trigo. **2.** Que se cría, está entre el trigo o se alimenta de él. **3.** Se aplica al terreno apropiado para el cultivo del trigo. || *s. m.* y *f.* **4.** Persona que comercia con el trigo. || **5. espárrago triguero** Véase **espárrago.**

trilateral *adj.* **1.** Se aplica a la negociación, relación, etc., entre tres partes o aspectos. || **2. Comisión Trilateral** Organismo internacional de carácter privado que agrupa a personalidades políticas y financieras para reforzar la unión entre EE UU, Japón y Europa occidental y estudiar la mejora del sistema capitalista. Fue fundado por David Rockefeller en 1973.

trilátero, ra *adj.* Que tiene tres lados.

trilero, ra *s. m.* y *f.* Persona que se dedica al juego de las triles.

triles *s. f. pl.* Juego callejero de apuestas que consiste en adivinar dónde está una carta, chapa, etc., mostrada previamente, entre tres después de haberlas movido rápidamente y por lo general haciendo trampas.

trilingüe *adj.* **1.** Se dice de la persona que habla tres lenguas. **2.** Que está escrito en tres lenguas. **3.** Se aplica al país o zona en que se hablan tres lenguas.

trilita *s. f.* Véase **trinitrotolueno**.

trilito *s. m.* Monumento megalítico formado por tres piedras, dos de ellas verticales, que sostienen una tercera horizontal.

trilla *s. f.* **1.** Acción y efecto de trillar. **2.** Tiempo en que se trilla. **3.** Trillo*. **4.** *Chile, P. Rico. fam.* Paliza, tunda.

trillado, da **1.** *p. p.* de **trillar**. También *adj.* || *adj.* **2.** Se dice de lo que es muy común, conocido o frecuentado.

trillador, ra *adj.* **1.** Que trilla. También *s.* || *s. f.* **2.** Máquina que se emplea para trillar.

trillar *v. tr.* **1.** Triturar la mies esparcida en la era y separar el grano de la paja. **2.** *fam.* Usar continuadamente o con mucha frecuencia una cosa, por lo que ésta va desgastándose o estropeándose.

trillizo, za *adj.* Se dice de los niños nacidos en un parto triple. También *s.*

trillo *s. m.* **1.** Instrumento agrícola para trillar en la era; está formado por un tablón con trozos de pedernal o cuchillas de acero, encajadas en una de sus caras que, al pasar por encima de la mies, separa el grano de la paja. **2.** *amer.* Camino abierto entre la maleza por el paso de personas, animales o vehículos.

trillón *s. m.* Un millón de billones; se expresa por la unidad seguida de dieciocho ceros o en forma de potencia de 10, como 10^{18}.

trilobites *s. m. pl.* Subtipo de artrópodos marinos fósiles al que pertenecían numerosas especies comprendidas en más de 1.000 géneros. Medían entre 3 y 10 cm, pero se han encontrado ejemplares de hasta 75 cm de longitud. Tenían el cuerpo dividido en cefalotórax, abdomen y pigidio o porción terminal, y recubierto por un exosqueleto quitinoso calcificado. Vivieron en la era paleozoica. También *adj.* y *s. m.*

Trilobites del periodo ordovícico.

trilobulado, da *adj.* Que tiene tres lóbulos.

trilocular *adj.* Que está dividido en tres partes o cavidades.

trilogía *s. f.* **1.** Conjunto de tres obras literarias y, p. ext., de cualquier otro tipo, creadas por un autor y cuyo contenido gira en torno a un mismo tema. **2.** En la antigua Grecia, conjunto de tres tragedias de un mismo autor, presentadas a concurso en unos juegos solemnes.

trimarán *s. m.* Embarcación formada por tres cascos paralelos, unidos por una armadura rígida; el casco central suele ser mayor que los laterales, los cuales actúan como flotadores.

trimembre *adj.* Que tiene tres miembros o partes.

trimensual *adj.* Que sucede o se repite tres veces al mes.

trimestral *adj.* **1.** Que sucede o se repite cada tres meses. **2.** Que dura tres meses. **FAM.** Trimestralmente.

trimestre *s. m.* **1.** Periodo de tiempo de tres meses. **2.** Renta, sueldo, etc., que se paga o se cobra al final de cada trimestre.

trimotor *s. m.* Avión provisto de tres motores.

Trimurti Tríada hindú formada por los dioses Brahma, creador, Visnú, conservador, y Siva, destructor.

trinar *v. intr.* **1.** Cantar los pájaros emitiendo un sonido repetido con rapidez. **2.** En mús., realizar un trino. || **LOC. estar** alguien **que trina** Estar muy enfadado.

trinca[1] (del lat. *trini*, tres, triple) *s. f.* **1.** Conjunto de tres cosas de una misma clase. **2.** Pequeño grupo o pandilla de amigos. **3.** Discusión o argumentación entre los participantes en unos exámenes u oposiciones. **4.** En marina, atadura con que se sujeta una cosa en una embarcación, para que no se mueva con el balanceo. **5.** Cuerda o cabo con que se realiza esta atadura.

trinca[2] *s. f. Cuba, Méx., P. Rico.* Borrachera.

trincar[1] *v. tr.* **1.** *fam.* Coger, agarrar, pillar. **2.** En marina, sujetar con trincas. **3.** *amer.* Apretar u oprimir a alguien. ▪ Se conjuga como *sacar.*

trincar[2] (del al. *trinken*) *v. tr. fam.* Beber, sobre todo bebidas alcohólicas. También *v. prnl.* y *v. intr.* ▪ Se conjuga como *sacar.*

trincha *s. f.* **1.** Cierre para ceñir por detrás el chaleco, el pantalón u otras prendas por medio de hebillas o botones. || *s. f. pl.* **2.** Tirantes utilizados en el traje de campaña de los soldados que, descansando sobre los hombros, sujetan el cinturón.

trinchante *s. m.* **1.** Instrumento con el que se trincha. **2.** Instrumento con el que se sujeta lo que se va a trinchar.

trinchar *v. tr.* Partir en trozos la comida para servirla, especialmente las carnes asadas.

trinche *s. m.* **1.** *amer.* Trinchero. **2.** *amer.* Tenedor de mesa.

trinchera *s. f.* **1.** Zanja excavada en el terreno, donde se colocan los soldados para protegerse del fuego enemigo. **2.** Corte hecho en un terreno para que pase una vía de comunicación entre muros o taludes. **3.** Prenda de abrigo, parecida a una gabardina, inspirada en la que usaron los soldados de algunas tropas durante la Primera Guerra Mundial.

trinchero *s. m.* Mueble bajo de comedor sobre el que se trinchan los alimentos y en el que se guardan los objetos que se utilizan para el servicio de la mesa.

trinchete *s. m.* Chaira*, cuchilla de zapatero.

trineo *s. m.* Vehículo con esquís que se utiliza para deslizarse sobre la nieve o el hielo.

Trinidad *s. f.* **1.** Misterio y dogma de fe de la religión cristiana según el cual hay tres personas divinas, el Padre, el Hijo y el Espíritu Santo, en un solo Dios. **2.** Fiesta en honor de este misterio, que se celebra el domingo siguiente a Pentecostés. **3.** Orden religiosa fundada por San Juan de Malta y San Félix de Valois para la redención de los cristianos cautivos de los musulmanes; fue aprobada por Inocencio III en 1198. Actualmente se dedica a las misiones y a la cura de almas. **4.** *fam.* Asociación de tres personas para algún negocio o manejo. ▪ En esta acepción se escribe con minúscula.

Trinidad y Tobago Estado insular de las Antillas.

Extensión: 5.124 km².
Situación: en el océano Atlántico, al NE de Venezuela.
Población: 1.233.000 h. en 1990.
Densidad: 240,4 h./km².
Capital: Puerto España.
División administrativa: 7 condados.
Ciudades principales: San Fernando, Arima y Point Fortin.
Forma de Estado: república parlamentaria.
Idioma: inglés (oficial), español e hindi.
Religión: cristianismo, 62 %; hinduismo, 24,9 %; islamismo, 6 %.
Moneda: dólar de Trinidad y Tobago.
Tasa de natalidad: 22 ‰ en 1990.
Tasa de mortalidad: 7 ‰ en 1990.
Renta per cápita: 3.160 dólares en 1989.

Geog. física Trinidad y Tobago son las islas más meridionales del archipiélago de las Antillas y se pueden considerar como la prolongación de Venezuela. Están situadas frente a las bocas del Orinoco. Su relieve, de origen volcánico, es poco accidentado. Tienen un clima ecuatorial y precipitaciones abundantes, que favorecen una vegetación de bosques tropicales y sabanas.

Geog. humana y ***económica*** La población, dividida por igual entre el campo y la ciudad, se concentra preferentemente en la isla de Trinidad y está compuesta por un 41 % de negros, otro tanto de indostánicos y el resto por mestizos, blancos y chinos. En la agricultura, de escasa importancia, sobresalen los cultivos de caña de azúcar, cacao, cítricos, palma cocotera, arroz y maíz. Cuenta con industrias petroquímicas, textiles, alimentarias, de cemento y de elaboración de bebidas alcohólicas. La principal riqueza de las islas es el petróleo y sus industrias derivadas, especialmente la de refino del petróleo. El turismo constituye también una importante fuente de ingresos.

Hist. Las islas, pobladas por indígenas caribes y taínos, fueron descubiertas por Colón en 1498. Trinidad fue conquistada por los españoles en el s. XVI, y en el siguiente siglo sufrió los ataques de piratas alemanes, ingleses, neerlandeses y franceses. En 1797 los británicos conquistaron la isla, que fue cedida al Reino Unido por el tratado de Amiens (1802). Tobago, conquistada en 1596 por los ingleses, en los s. XVII y XVIII estuvo sucesivamente en poder de neerlandeses, franceses y británicos, para volver a Francia por el tratado de Amiens (1802) y, por último, pasar a depender del Reino Unido (1814). Las dos islas quedaron unidas administrativamente en 1888. Los británicos utilizaron esclavos negros para la explotación de grandes plantaciones. El descubrimiento de yacimientos petrolíferos a principios del s. XX proporcionó una importante fuente de riqueza. Trinidad y Tobago entraron a formar parte de la Federación de la Indias Occidentales (1958-61), grupo de colonias británicas con capital en Puerto España. En 1962 el estado de Trinidad y Tobago obtuvo la independencia en el seno de la Commonwealth y en 1976 se proclamó la república, de la cual Eric Williams fue primer ministro hasta su muerte (1981). Las elecciones de 1981 fueron ganadas por el Movimiento Nacional Popular, con George Michael Chambers a la cabeza, pero éste fue derrotado en los comicios de 1987 por la Alianza para la Reconstrucción y fue nombrado primer ministro Arthur Robinson y presidente de la república Noor Mohammed Hassanali.

trinitario, ria *adj.* **1.** De la orden de la Trinidad. También *s.* **2.** De la isla de Trinidad. También *s.* ‖ *s. f.* **3.** Pensamiento*, planta y flor.

trinitrotolueno *s. m.* $CH_3-C_6H_2-(NO_2)_3$. Compuesto obtenido por nitración completa del tolueno. Se forma tratando el tolueno con ácido nítrico en ácido sulfúrico a temperatura elevada. Constituye un poderoso explosivo, también llamado *TNT.* Se utiliza tanto en aplicaciones pacíficas como en la guerra. La potencia de las bombas atómicas de fusión y de fisión se calcula por el peso de TNT que produciría el mismo efecto, medido en miles de toneladas (kilotones) o en millones de toneladas (megatones).

trino *s. m.* **1.** Sonido que emiten los pájaros al trinar. **2.** En mús., adorno que consiste en la sucesión rápida y alternada de dos notas de igual duración, entre las que media una distancia de tono o semitono.

trino, na *adj.* Que contiene en sí tres cosas distintas o participa de ellas; se emplea particularmente aplicado a Dios para expresar el misterio de la Trinidad.

trinomio *s. m.* Polinomio con tres términos; p. ej., $5x^3-5x+9$.

trinque *s. m. fam.* Vicio de beber.

trinquete[1] (del ital. *trinchetto*) *s. m.* **1.** En marina, palo más cercano a la proa en las embarcaciones que tienen más de uno. **2.** Verga mayor que se cruza sobre ese palo. **3.** Vela que se sujeta en esa verga. **4.** *Méx.* Timo, soborno.

trinquete[2] (del fr. *trinquet*, pala para jugar a la pelota) *s. m.* Frontón cerrado para jugar a la pelota.

trinquete[3] (de *trincar*[1]) *s. m.* Gancho o lengüeta que resbala sobre los dientes de una rueda cuando ésta gira hacia un lado, impidiendo que gire hacia el otro.

trinquis *s. m.* **1.** *fam.* Trago de una bebida alcohólica. **2.** *fam.* Hecho de tomar bebidas alcohólicas, generalmente en exceso.

Trintignant, Jean-Louis (Piolenc, Vaucluse 1930) Actor cinematográfico francés. Algunas de sus películas más conocidas son *Y Dios creó la mujer* (1956), *La escapada* (*Il sorpasso*, 1962), *Un hombre y una mujer* (1966), *Z* (1969) y *Mi noche con Maud* (1969).

trío *s. m.* **1.** Grupo de tres personas unidas por alguna relación, o que intervienen a la vez en un asunto o realizan juntos una actividad. **2.** Conjunto de tres cosas entre las que existe alguna relación. **3.** Conjunto musical de tres voces o instrumentos. **4.** Composición musical para tres voces o instrumentos.

triodo *s. m.* Válvula electrónica de vacío que posee tres electrodos: el ánodo (positivo), el cátodo (negativo) y una rejilla intermedia a la que se aplica una corriente oscilante que puede extraerse amplificada. Se ha utilizado para construir amplificadores, osciladores o generadores de ondas de alta frecuencia.

Triolet, Elsa Blick, llamada **Elsa** (Moscú 1896 - Saint-Arnoult-en-Yvelines 1970) Escritora francesa de origen ruso. Esposa de Louis Aragon, fue militante comunista y participó en la resistencia durante la Segunda Guerra Mundial. Entre sus novelas y relatos merecen citarse *Buenas tardes, Teresa* (1938), *El primer desliz cuesta doscientos francos* (1944) y la trilogía *La edad de nylon* (1959-63).

trip (voz ingl. que significa 'viaje') *s. m.* **1.** En argot, efecto que produce un alucinógeno o droga. **2.** En argot, tripi*.

tripa *s. f.* **1.** Conjunto de los intestinos o parte de ellos. Se usa mucho en *pl.* **2.** Trozo de intestino de animal utilizado como material o en alimentación. **3.** Parte del cuerpo donde se encuentran los intestinos. ▪ Si no se especifica se entiende que es voluminosa. **4.** *fam.* En la mujer, esta misma parte del cuerpo cuando está abultada por el embarazo. **5.** Parte abultada de una vasija u otro objeto. **6.** Relleno de un cigarro puro. ‖ *pl.* **7.** Aquello que se encuentra en el interior de una máquina o de cualquier objeto. **8.** Parte interior de algunas frutas formada por semillas y otras sustancias blandas. **9.** Conjunto de papeles que componen un documento principal, p. ej. un expediente administrativo. ‖ **Loc. echar las tripas** *fam.* Vomitar con violencia; también, mostrar mucho asco ante algo. **echar tripa** Empezar a engordar esta parte del cuerpo. **hacer** alguien **de tripas corazón** *fam.* Esforzarse por dejar a un lado el desagrado, asco, etc., que produce alguna cosa. **¿qué tripa se te (le, os,** etc.**) ha** (o **habrá**) **roto?** *interr. fam.* Expresa la extrañeza o el desagrado que produce la urgencia o la inoportunidad con que alguien pide algo. **revolver** (o **revolvérsele**) a alguien **las tripas** algo *fam.* Causar o sentir malestar en el estómago o en el vientre; también, producirle o sentir mucho asco.

tripada *s. f.* **1.** Panzada, atracón. **2.** Tripazo*.

tripanosoma *s. m.* Nombre común de diversos protozoos flagelados de la familia tripanosómidos, género *Trypanosoma.* Son unicelulares, viven en medios acuáticos, en los que se mueven por medio de un flagelo, y tienen alimentación heterótrofa y reproducción asexual. El *Trypanosoma gambiense* es un parásito de la sangre en los seres humanos, a los que produce la enfermedad del sueño.

tripanosomiasis *s. f.* Denominación genérica de las enfermedades originadas por tripanosomas.

tripartición *s. f.* División en tres partes. **Fam.** Tripartir.

tripartito, ta *adj.* **1.** Dividido en tres partes. **2.** Se dice de la conferencia, tratado, pacto, etc., en que intervienen tres personas o partes.

Tripartito, Pacto Alianza firmada en Berlín entre Alemania, Italia y Japón (1940) para el establecimiento en Europa y Extremo Oriente de un orden nuevo y ayuda mutua en caso de agresión de otro país a uno de los firmantes.

tripazo *s. m.* Golpe dado en la tripa.

tripe (voz fr.) *s. m.* Tejido fuerte de esparto o lana, parecido al terciopelo, que se utiliza especialmente para hacer alfombras.

tripear *v. intr. fam.* Comer con glotonería.

tripería *s. f.* **1.** Tienda o puesto donde se venden tripas. **2.** Conjunto de tripas.

tripero, ra *s. m.* y *f.* **1.** *fam.* Persona que come mucho. También *adj.* **2.** Persona que vende tripas.

tripi o **tripis** *s. m.* En argot, dosis de LSD.

triplano *s. m.* Aeroplano que tiene tres pares de alas superpuestas y paralelas.

triple *adj.* **1.** Se dice del número o de la cantidad que contiene a otra tres veces exactamente. También *s. m.* **2.** Compuesto por tres partes, elementos, unidades, etc., iguales o equiparables.

Triple Alianza, guerra de la Conflicto armado entre Paraguay y las fuerzas de la Triple Alianza, compuesta por Argentina, Uruguay y Brasil (1864-70). Finalizó con la derrota de Paraguay, que perdió parte de su territorio, casi las tres cuartas partes de la población y quedó sumido en la miseria.

triplex *s. m.* Procedimiento de elaboración de aceros especiales que consiste en el refinamiento sucesivo en tres hornos: el convertidor, el horno Martin-Siemens y el horno eléctrico.

triplicado, da **1.** *p. p.* de **triplicar**. También *adj.* ‖ *s. m.* **2.** Tercer ejemplar o copia de un documento. || **Loc. por triplicado** *adv.* Haciendo tres veces lo que se expresa.

triplicar *v. tr.* **1.** Multiplicar por tres. También *v. prnl.* **2.** Hacer tres veces una misma cosa. ■ Se conjuga como *sacar.* **Fam.** Triplicación, triplicador.

triploide *adj.* Se dice de los organismos que tienen todos los cromosomas representados tres veces.

trípode *s. m.* **1.** Armazón con tres patas o pies que se utiliza para sostener algunas cosas, como un cuadro, una cámara fotográfica, etc. **2.** Mesa, banquillo, etc., de tres pies o patas.

trípoli *s. m.* Roca sedimentaria silícea de origen orgánico, de color amarillo o rojizo, muy porosa. Se encuentra alrededor de ciertos géiseres. Se utiliza para pulir, en la fabricación de dinamita y como aislante térmico.

Trípoli (*Tarabulus al-Garb*) C. de Libia, cap. del país, en el NO del mismo, a orillas del mar Mediterráneo. 591.100 h. en 1988, 1.083.100 h. en su área metropolitana. Cuenta con industrias alimentarias, textiles, tabaqueras y de refino de petróleo. Posee un activo puerto comercial y es un importante centro administrativo y político. Fue colonia fenicia, cartaginesa y romana. Conquistada por los vándalos (s. V) y después por los bizantinos, la tomaron los árabes en el 643. Estuvo en poder de los españoles (1510-30) y de los caballeros de Malta (1530-51). En 1551 pasó a dominio turco; desde entonces estuvo gobernada por un bajá y se convirtió en un foco de piratería. Permaneció ocupada por los italianos de 1911 a 1943.

Trípoli (*Tarabulus esh Sham; Trâblous*) C. de Líbano, en el N del país, cerca del Mediterráneo. 500.000 h. en 1985. Su puerto, El Mina, cobró importancia con la instalación de una refinería de petróleo, en el extremo de un oleoducto. Cuenta con industrias textiles, de cueros y alimentarias. Ciudad fenicia (s. IV a. C.), fue conquistada por los musulmanes. Tomada por los cruzados (1109), se convirtió en capital del condado de Trípoli (1109-1289), estado latino de Levante que fue arrasado por los mamelucos (1289). Después de ser reconstruida más al interior, la conquistaron los otomanos (s. XVI). Los británicos la ocuparon en 1918 y a los dos años pasó a formar parte del Líbano.

Tripolitania Región de Libia, en el NO del país. 353.000 km^2. La capital es Trípoli. En la franja litoral cuenta con cultivos mediterráneos. Posee, además, ricos yacimientos petrolíferos. Sometida por los cartagineses, fue conquistada por los romanos (106 a. C.). En el s. V cayó en poder de los vándalos y en el 534 pasó a depender de Bizancio. Sucesivamente fue ocupada por árabes (643), normandos (1146), españoles (1510) y turcos (1551). Colonia italiana de 1912 a 1943, fue después administrada provisionalmente por los británicos. De la unión de Tripolitania con Cirenaica nació el reino independiente de Libia (1951).

tripón, na *adj.* **1.** *fam.* Tripudo*. También *s.* || *s. m.* **2.** *aum.* de **tripa**.

tripsina *s. f.* Fermento contenido en el jugo pancreático, que descompone los productos de la digestión estomacal de las proteínas en péptidos de poco peso molecular, formados por dos o tres aminoácidos.

tríptico *s. m.* **1.** Pintura, grabado o relieve realizado en tres partes unidas, de las que, generalmente, las laterales pueden doblarse hacia la central. Se utilizó como retablo portátil. Destacan los románicos, bizantinos y góticos. **2.** Tablilla para escribir dividida en tres partes u hojas, de las que las laterales se doblan sobre la del centro. **3.** Libro o tratado que consta de tres partes.

tripton *s. m.* Conjunto de materiales orgánicos e inorgánicos, formados por desechos o en descomposición, que se encuentran en suspensión en las aguas.

triptongo *s. m.* En ling., conjunto de tres vocales que forman una sola sílaba; la vocal central o núcleo de la sílaba tiene que ser una *a*, una *e* o una *o*, y el resto una *i* o una *u*. P. ej., hay triptongo en *aguáis, averigüéis, lidiéis.*

tripudo, da *adj.* Se dice de la persona que tiene la tripa muy abultada. También *s.*

tripulación *s. f.* Conjunto de personas que en un barco, avión o nave espacial están encargadas del manejo de dichos aparatos y de atender a los pasajeros, si los llevan.

tripulante *s. m.* y *f.* Persona que forma parte de una tripulación.

tripular *v. tr.* **1.** Manejar un barco, avión o nave espacial. **2.** P. ext., conducir un automóvil. **3.** Dotar a una nave de tripulación. **4.** *Chile.* Mezclar líquidos.

tripulina *s. f. Arg., Chile.* Jaleo, alboroto.

Tripura Estado de la India, fronterizo con Bangladesh. 10.486 km^2. 2.053.100 h. en 1981. La capital es Agartala, con 132.200 h. en 1981. Es una región montañosa con abundantes bosques; en los valles se cultiva arroz, té, yute, algodón y piña tropical. Conserva una importante artesanía textil. Antiguo principado, se integró en la India en 1957.

trique *s. m.* **1.** Pequeña explosión o estallido. **2.** *Chile.* Bebida refrescante hecha con cebada tostada y triturada. **3.** *Col., Cuba.* Juego de las tres en raya. || *pl.* **4.** *Méx.* Trastos, cacharros. || **Loc. a cada trique** *fam.* A cada momento, con mucha frecuencia.

triquina *s. f.* Nombre común de diversos gusanos nematodos parásitos, de la familia triquínidos, género *Trichina* o *Trichinella.* Viven en los músculos de diversos mamíferos, formando quistes. El hombre puede contaminarse comiendo carne de cerdo cruda o mal cocida. Produce una enfermedad llamada *triquinosis.*

triquinosis *s. f.* Enfermedad parasitaria producida por la invasión de larvas de triquinas que penetran en un organismo; se caracteriza por fiebre alta, dolores musculares muy agudos y vómitos o diarreas, pudiendo causar la muerte.

triquinoso, sa *adj.* **1.** Que padece triquinosis. **2.** Perteneciente o relativo a la triquina o a la triquinosis.

triquiñuela *s. f.* **1.** *fam.* Artimaña, truco. **2.** *fam.* Disculpa que alguien pone para no hacer cierta cosa.

triquitraque *s. m.* **1.** Golpes y ruido producidos por el movimiento desordenado y repetido de cosas. **2.** Rollo delgado de papel con pólvora, atado en varios dobleces, que, al prenderle fuego, produce repetidas detonaciones.

trirreme *adj.* Se dice de la embarcación antigua que tenía tres grupos superpuestos de remos. También *s. m.*

tris *s. m.* Voz utilizada en la locución adverbial **en un tris**, a punto, por poco.

trisagio *s. m.* **1.** Oración o himno religioso en honor de la Santísima Trinidad, en el que se repite tres veces la palabra santo. **2.** Conjunto de actos o ejercicios religiosos que se realizan durante tres días seguidos.

trisar *v. intr.* **1.** Emitir un sonido semejante a un chirrido la golondrina y otros pájaros. || *v. tr.* **2.** *Chile.* Rajar el cristal o la loza. También *v. prnl.*

trisca *s. f.* **1.** Ruido que se hace con los pies al pisar algo que se rompe. **2.** Alboroto, jaleo.

triscado *s. m.* Acción de triscar los dientes de la sierra.

triscador, ra *adj.* **1.** Que trisca. || *s. m.* **2.** Instrumento de acero que se emplea para triscar los dientes de la sierra.

triscar *v. intr.* **1.** Dar saltos de un lugar a otro como hacen en ocasiones las cabras. **2.** Juguetear las personas o animales jóvenes. **3.** Hacer ruido con los pies al pisar algo. || *v. tr.* **4.** Torcer ligeramente los dientes de una sierra uno hacia un lado y otro hacia el contrario, alternativamente, para que sierre con más suavidad. **5.** Mezclar o enredar algo. También *v. prnl.* ■ Se conjuga como *sacar.*

trisecar *v. tr.* Dividir una cosa, especialmente un ángulo, en tres partes iguales. ■ Se conjuga como *sacar.*

trisección *s. f.* Acción y efecto de trisecar.

trisemanal *adj.* **1.** Que se repite tres veces por semana. **2.** Que se repite o sucede cada tres semanas.

trisilábico, ca *adj.* Trisílabo*.

trisílabo, ba *adj.* Que tiene tres sílabas. También *s. m.* ■ Se dice también *trisilábico.*

trismo *s. m.* En med., contracción de los músculos maseteros que impide la abertura de la boca; se considera síntoma característico de tétanos.

trisomía *s. f.* Alteración del número total de cromosomas por la cual se presentan tres en lugar de dos en algunos de los 23 pares cromosómicos que constituyen el cariotipo humano. Sus manifestaciones clínicas son muy variadas, aunque pueden resumirse en retraso mental más o menos profundo y malformaciones.

Tristán, Luis (? h. 1586 - Toledo 1624) Pintor español. Discípulo de El Greco, su estilo se sitúa en el punto de transición entre el último manierismo y la nueva generación realista (Ribera, Velázquez y Zurbarán). Destacan entre sus obras *Adoración de los pastores, Sagrada familia* (1613), *San Luis de Francia repartiendo limosnas* (1620) y *San Bartolomé.*

Tristán e Iseo (o **Isolda**) Leyenda de origen céltico que narra la historia de una pareja, símbolo de un amor imposible marcado por el destino y la tragedia. Aparece en la literatura medieval francesa, inglesa, italiana, escandinava y catalana; pasó al romancero castellano y de aquí a los libros de caballerías del s. XVI. Wagner revalorizó esta historia con su célebre ópera *Tristán e Isolda* (1865).

Tristán y Moscoso, Juan Pío de (Arequipa 1773 - Lima 1860) Militar y político peruano. Combatió en las filas realistas al mando de Goyeneche y fue derrotado por Belgrano (1813). Al resultar prisionero La Serna en la batalla de Ayacucho (1824), Tristán fue nombrado virrey del Perú, pero dejó el mando en manos de los patriotas. En 1836 fue ministro y, posteriormente, presidente del Estado Surperuano dentro de la Confederación Perú-boliviana.

triste *adj.* **1.** Que siente tristeza, la muestra o la produce. **2.** Se dice de los colores pálidos y oscuros y de las cosas que tienen esos colores o están mustias o estropeadas. **3.** Doloroso o difícil de soportar. **4.** Humilde, insignificante o insuficiente. **5.** Se aplica a algo que normalmente produce alegría, pero no lo hace por ir acompañado de alguna circunstancia penosa o molesta. **6.** Se dice de la situación injusta o molesta. || *s. m.* **7.** Canción popular de Argentina, Perú y otros países de América del Sur, de tema amoroso y tono melancólico. **Fam.** Tristemente.

tristeza *s. f.* **1.** Sentimiento o estado de quien se encuentra deprimido, sin ánimo y, en muchas ocasiones, con tendencia al llanto. **2.** Cualidad de triste. **3.** Suceso desgraciado o penoso **4.** Enfermedad de los agrios, causada por un virus y transmitida por algunos insectos o por injertos. **5.** Enfermedad del ganado producida por las garrapatas.

tristón, na *adj.* Un poco triste.

tritio *s. m.* Isótopo pesado del hidrógeno cuyo núcleo está formado por un protón y dos neutrones. Su importancia radica en ser un elemento que interviene en las reacciones nucleares de fusión, sobre las que se están llevando a cabo importantes investigaciones encaminadas a la producción de energía.

Tritón pirenaico (Euproctus asper).

tritón[1] (del dios marino *Tritón*) *s. m.* Nombre común de diversos anfibios urodelos de la familia salamándridos, géneros *Triturus, Euproctus,* etc. Tienen la cola larga y comprimida lateralmente. El tritón crestado *(Triturus cristatus)* mide unos 18 cm, tiene una cresta aserrada sobre el dorso y la cola, y el vientre rojizo con manchas negras. El tritón europeo *(Triturus vulgaris)* mide unos 11 cm, presenta siete líneas longitudinales en la cabeza, espalda verde oliva claro y cresta ondulada en el dorso. Todos ellos muestran marcadas diferencias entre los sexos, se alimentan de pequeños animales acuáticos y habitan en lagos y charcas de Europa.

tritón[2] *s. m.* Núcleo del átomo de tritio.

Tritón **1.** Dios marino de la mitología griega, hijo de Poseidón y de Anfitrite. Tenía el cuerpo de hombre, barba y cola de pez, y su principal atributo era la caracola. Luchó contra Hércules, que intentó arrebatarle el secreto de las Hespérides y fue vencido por Dionisos debido a los efectos del vino. Sus descendientes, los tritones, personifican las olas.
2. Primer satélite de Neptuno, descubierto en 1846 por William Lassell, de rotación sideral en sentido retrógrado. Su diámetro mide 6.000 km y tiene una masa casi doble de la lunar.

trítono *s. m.* En mús., intervalo que abarca tres tonos enteros. Se denomina también *cuarta aumentada.*

triturado, da **1.** *p. p.* de **triturar**. También *adj.* ‖ *s. m.* **2.** Acción y efecto de triturar.

triturador, ra *adj.* **1.** Que tritura. También *s.* ‖ *s. f.* **2.** Máquina que sirve para triturar.

triturar *v. tr.* **1.** Reducir una cosa sólida a trozos muy pequeños, sin llegar a convertirla en polvo. **2.** Masticar los alimentos o deshacerlos en la boca. **FAM.** Triturable, trituración.

triunfador, ra *adj.* Que triunfa. También *s.*

triunfalismo *s. m.* Actitud de seguridad y superioridad que adopta una persona por confiar excesivamente en su propia valía o en las posibilidades de éxito. **FAM.** Triunfalista.

triunfante *adj.* **1.** Que triunfa. **2.** Que muestra o implica triunfo. ‖ **3. Iglesia triunfante** Conjunto de los santos y bienaventurados que están en el cielo.

triunfar *v. intr.* **1.** Resultar ganador en una lucha, competición, etc. **2.** Tener éxito, conseguir alguien lo que se había propuesto.

triunfo *s. m.* **1.** Acción y efecto de triunfar. **2.** Éxito o buen resultado conseguido en algún trabajo, actividad, etc. **3.** Trofeo obtenido. **4.** En algunos juegos de naipes, carta de más valor por ser del mismo palo que la pinta. **5.** *Arg., Perú.* Cierta danza popular que consiste en un zapateado. ‖ **LOC. costar** algo **un triunfo** *fam.* Costar mucho esfuerzo alcanzar o realizar algo. **en triunfo** *adv.* Entre aclamaciones y muestras públicas de entusiasmo. **FAM.** Triunfal, triunfalmente.

triunvirato *s. m.* **1.** Gobierno de la antigua Roma, que estaba formado por tres personas. El primer triunvirato estuvo formado por César, Pompeyo y Craso (60 a. C.) y el segundo por Marco Antonio, Octavio Augusto y Lépido (43 a. C.). **2.** P. ext., grupo formado por tres personas que dirigen o gobiernan algo.

triunviro *s. m.* En la antigua Roma, cada uno de los tres magistrados que formaban parte de un triunvirato. **FAM.** Triunviral.

trivalente *adj.* **1.** Que tiene un triple valor o tiene tres valores, aplicaciones, usos, etc. **2.** En quím., que tiene tres valencias.

Trivandrum o **Tiruanantapuram** C. de la India, cap. del estado de Kerala, a orillas del mar de Omán. 500.000 h. en 1983. Es un antiguo centro de la artesanía escultórica en madera y marfil. También cuenta con industria del refino de azúcar, del caucho, metalúrgica, textil y farmacéutica.

trivial *adj.* **1.** Que carece de importancia o interés. **2.** Vulgar o conocido por todo el mundo. ‖ **3. solución trivial** En mat., aquella solución cuyas incógnitas son todas nulas. **FAM.** Trivialmente.

trivialidad *s. f.* **1.** Cualidad de trivial. **2.** Dicho o hecho trivial.

trivializar *v. tr.* Quitar importancia a un asunto, situación, etc., o no darle la que le corresponde. También *v. prnl.* ▪ Se conjuga como *cazar.*

trivio *s. m.* **1.** En la Edad Media, conjunto que formaban la enseñanza de la gramática, retórica y dialéctica. **2.** Encrucijada, punto de confluencia de tres caminos.

trivium (voz lat.) *s. m.* Trivio*.

triza *s. f.* Trozo muy pequeño de un objeto. Se usa sobre todo en *pl.* ‖ **LOC. hacer trizas** a alguien Hacerle mucho daño; también, derrotar por completo. **hacer** (o **hacerse**) una cosa **trizas** Romper o romperse algo totalmente.

trocaico, ca *adj.* **1.** Perteneciente o relativo al troqueo. **2.** Se dice del verso de la poesía latina que consta de siete pies, de los cuales unos son troqueos y los demás espondeos o yambos.

trocánter *s. m.* **1.** Abultamiento que tienen algunos huesos largos en el extremo; se denomina así particularmente al abultamiento de la parte superior del fémur, donde se insertan diversos músculos. **2.** En zool., la segunda de las cinco piezas de que constan las patas de los insectos.

trocar[1] *v. tr.* **1.** Cambiar una cosa por otra. **2.** Convertir una cosa en otra diferente u opuesta. También *v. prnl.* ▪ Es v. irreg. **FAM.** Trocable.

TROCAR	
INDICATIVO	
Presente	**Pretérito perfecto simple**
trueco	*troqué*
truecas	*trocaste*
trueca	*trocó*
trocamos	*trocamos*
trocáis	*trocasteis*
truecan	*trocaron*
SUBJUNTIVO	**IMPERATIVO**
Presente	
trueque	
trueques	*trueca*
trueque	
troquemos	
troquéis	*trocad*
truequen	

trocar[2] (del fr. *trocart*) *s. m.* En cirugía, instrumento que consiste en un punzón con punta de tres aristas cortantes, revestido de una cánula.

troceado, da **1.** *p. p.* de **trocear**. También *adj.* ‖ *s. m.* **2.** Acción y efecto de trocear.

trocear *v. tr.* **1.** Cortar o dividir algo en trozos. **2.** Inutilizar un proyectil abandonado haciéndolo explotar. **FAM.** Troceo.

trocha *s. f.* **1.** Camino estrecho que constituye un atajo con respecto a otro que se considera el principal. **2.** Camino estrecho abierto entre la maleza. **3.** *Arg., Par., Urug.* Ancho de la vía de los ferrocarriles.

troche y moche, a *loc. adv. fam.* En abundancia, para todos y de manera desordenada. ▪ Se dice también *a trochemoche*

trocisco *s. m.* Cada uno de los trozos de masa compuesta de sustancias medicinales finamente pulverizadas, de que se forman las píldoras.

trocla *s. f.* Polea*.

tróclea *s. f.* Articulación en la que uno de los huesos forma una especie de polea sobre la que rueda o se desliza otro hueso. **FAM.** Troclear.

trocófora *s. f.* Forma larvaria primitiva y libre de los invertebrados celomados (anélidos, nemertinos, moluscos, briozoos, braquiópodos, etc.); su aspecto es el de dos conos unidos o el de un trompo invertido. Viven en el plancton marino.

trocoide *adj.* En anat., se dice de las articulaciones en las que un cilindro óseo gira dentro de otra pieza en la que encaja. También *s. m.*

Troeltsch, Ernst (Haunstteten 1865 - Berlín 1923) Teólogo y filósofo alemán. Desarrolló importantes estudios en el campo de la filosofía de la historia y la religión. Criticó a los historicistas y defendió un agente histórico libre y creador, lo que le llevó a negar la idea de una historia universal en favor de las diversas totalidades culturales. Es autor de obras como *Historia y metafísica* (1888), *La filosofía social del cristianismo* (1922) y *El historicismo y su superación* (1924).

trof- *pref.* Véase **trofo-**.

trofalaxia *s. f.* Intercambio de alimento entre ciertos insectos adultos y sus larvas o entre las distintas castas de una misma colonia de insectos sociales.

trofeo *s. m.* **1.** Objeto que recibe el ganador, y a veces también los primeros clasificados, en una competición de cualquier clase. **2.** Objetos pertenecientes al enemigo de los que se apodera el vencedor en una guerra o batalla. **3.** Cabeza disecada, cornamenta, etc., de un animal, que posee alguien como recuerdo de haberlo cazado. **4.** Conjunto de armas y otros objetos militares colocados de una determinada manera como adorno. **5.** Monumento, objeto, etc., que conmemora o recuerda una victoria.

trófico, ca *adj.* **1.** Perteneciente o relativo a la nutrición. ‖ **2. cadena trófica** Sucesión de seres que se nutren unos de otros en la naturaleza. Está compuesta de vegetales autótrofos clorofílicos, que sintetizan sustancias orgánicas por fotosíntesis; animales herbívoros, consumidores de primer orden, y animales carnívoros, consumidores de segundo orden.

trofo- o **-trofo** *pref.* o *suf.* Significa 'alimentación, alimenticio': *trofología, heterótrofo.*

trofología *s. f.* Ciencia dedicada al estudio de la nutrición.

troglodita *adj.* **1.** Se dice de las personas que viven o vivieron en cavernas, especialmente en la época prehistórica. También *s.* **2.** Se dice de la vivienda excavada en la roca. **3.** Se aplica a la persona violenta, tosca o grosera. También *s.* **FAM.** Troglodítico.

troica o **troika** (voz rusa) *s. f.* **1.** Carruaje ruso de tamaño considerable, montado sobre patines y tirado por tres caballos. **2.** Tiro formado por tres caballos que se engancha a ese carruaje. **3.** Nombre dado al equipo dirigente de la URSS cuando estuvo formado por el presidente de la república, el jefe del gobierno y el secretario general del PCUS. **4.** P. ext., grupo o reunión de tres políticos de alto nivel.

troj o **troje** *s. f.* **1.** Estancia de las casas rurales en que se guardan o almacenan frutos, cereales, etc. **2.** P. ext., en los molinos de aceite, departamento en el que se depositan las aceitunas.

trola *s. f.* **1.** *fam.* Engaño, mentira. **2.** *Col.* Loncha de jamón.

trole *s. m.* Barra de hierro, con una ruedecilla o un contacto deslizante, que sirve para transmitir a los vehículos eléctricos la corriente del cable aéreo conductor.

trolebús *s. m.* Autobús que puede moverse gracias a la corriente que toma de un cable aéreo por medio de un trole doble.

trolero, ra *adj. fam.* Mentiroso. También *s.*

Trollope, Anthony (Londres 1815 - íd. 1882) Escritor británico. Es famoso por su *Crónica de Barsetshire* (1855-67), serie de seis novelas, entre las que destaca *Las torres de Barchester* (1857), que constituyen un importante documento para conocer la época victoriana.

troludo, da *adj. Arg., Chile.* Se aplica a la persona débil, sin carácter.

tromba *s. f.* **1.** Masa de agua que se eleva en forma de columna con un movimiento giratorio, por efecto de un torbellino. **2.** Chaparrón repentino y muy intenso. **3.** *fam.* Cualquier hecho o suceso brusco y violento. ‖ **LOC. en tromba** *adv.* De golpe, con violencia y todos a la vez.

trombo *s. m.* Masa sólida de sangre formada en el interior de una vena o vaso sanguíneo.

tromboangitis *s. f.* **1.** Inflamación de la parte interior de un vaso sanguíneo, acompañada de la formación de un trombo. ‖ **2. tromboangitis obliterante** Enfermedad debida a la inflamación de las venas y arterias y a la aparición de un trombo en una zona del cuerpo, generalmente en las extremidades inferiores, que puede producir ulceración y gangrena; se manifiesta casi siempre en personas que fuman mucho.

trombocito *s. m.* Plaqueta* de la sangre.

tromboflebitis *s. f.* Inflamación de las venas acompañada de la formación de trombos.

trombón *s. m.* **1.** Instrumento musical metálico, de viento, parecido a la trompeta; está dotado de un tubo cilíndrico en forma de U que termina en un pabellón acampanado. Se caracteriza por el empleo de varas correderas, que modifican la columna de aire para obtener la altura de las notas. Existe una modalidad de trombón, de menor importancia histórica, en la que las varas son sustituidas por pistones para regular los sonidos. El trombón es un instrumento traspositor. **2.** Músico que toca este instrumento.

trombosis *s. f.* Formación de un trombo en el interior de un vaso sanguíneo o del corazón. Si el vaso sanguíneo queda ocluido durante cierto tiempo, un órgano importante o parte de él puede quedar sin flujo sanguíneo, lo que puede provocar la muerte. Si la trombosis se produce en el cerebro, parte de éste puede morir, lo que causa parálisis si resulta dañado un centro motor, ceguera si sufre daño el centro visual, afasia, etc.

Tromp, Maarten Harpertszoon (Brielle 1598 - Ter Heide 1653) Almirante neerlandés. Durante la guerra de los Treinta Años derrotó a los españoles en Gravelines (1639) y en las Dunas (1639). En la guerra anglo-neerlandesa venció a Blake en Dungeness (1652), pero fue derrotado y muerto por la flota de Monk, en Ter Heide, iniciándose así la hegemonía británica en el Atlántico.

trompa *s. f.* **1.** Instrumento musical de viento formado por un tubo de metal enroscado circularmente, que va ensanchándose desde la boquilla hasta el pabellón. Es un instrumento traspositor, cuyo antecedente es el corno de caza. En el s. XIX se le añadieron pistones, lo que hizo posible la ampliación de su registro. **2.** Prolongación muscular, hueca y flexible, de la nariz de algunos animales, con la que pueden agarrar objetos o absorber líquidos. **3.** Aparato chupador que presentan algunos insectos. **4.** Prolongación, generalmente retráctil, de la parte delantera del cuerpo de algunos gusanos. **5.** Trompo, peonza. **6.** *fam.* Borrachera. **7.** En arq., cada uno de los arcos abovedados en saliente sobre el ángulo recto que forman dos muros y que generalmente sirve para pasar de una planta cuadrangular a otra octogonal o circular, p. ej. la de una cúpula. ‖ *s. m.* y *f.* **8.** Músico que toca el instrumento musical anteriormente descrito. ‖ *adj.* **9.** *fam.* Borracho. ‖ **10. ligadura de trompas** Operación de ligar las trompas de Falopio como método de esterilización. **11. trompa de Eustaquio** Conducto que comunica la cavidad del tímpano con la parte lateral y superior de la faringe. **12. trompa de Falopio** Cada uno de los conductos que van desde la matriz a los ovarios.

Trompa.

trompada *s. f.* **1.** *fam.* Trompazo*. **2.** *fam.* Choque frontal de dos personas.

trompazo *s. m.* Golpe fuerte, especialmente el que se da alguien al caerse.

trompear *v. tr.* **1.** *amer.* Dar trompadas o puñetazos. ‖ *v. prnl.* **2.** *amer. fam.* Emborracharse.

trompe-l'oeil (voz fr. que significa 'engaña al ojo') *s. m.* Técnica pictórica que produce la ilusión óptica de objetos reales en relieve, generalmente elementos arquitectónicos o escultóricos, mediante efectos de perspectiva.

trompeta *s. f.* **1.** Instrumento musical de viento de timbre claro y brillante, formado por un tubo cilíndrico de metal que se ensancha gradualmente desde la boquilla hasta el pabellón. Aparecida en el segundo milenio a. C., adquiere un lugar prominente desde la Edad Media. En el s. XIX se le añadieron pistones, lo que permitió ampliar su registro. **2.** Clarín*. ‖ *s. m.* y *f.* **3.** Persona que toca el instrumento mencionado en primer lugar, en una orquesta, banda, etc. **4.** *Arg., Bol.* Sinvergüenza. ‖ **5. trompeta bastarda** La de sonido fuerte, usada principalmente en la guerra o en el ejército. **6. trompeta de amor** Girasol*.

Trombón.

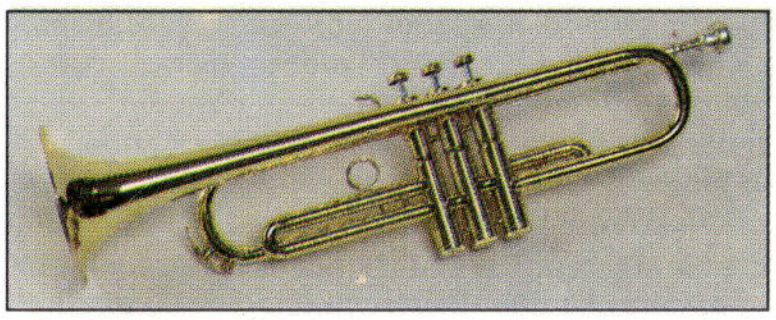

Trompeta.

trompetazo *s. m.* Sonido estridente o excesivamente fuerte de una trompeta u otro instrumento de viento.

trompetear *v. intr. fam.* Tocar la trompeta. **FAM.** Trompeteo.

trompetería *s. f.* **1.** Conjunto de varias trompetas que tocan en una orquesta, banda, etc., o de sus sonidos. **2.** Conjunto de los registros metálicos de un órgano que imitan el sonido de las trompetas.

trompetero *adj.* Se aplica a ciertos mosquitos que producen al volar un zumbido agudo y muy perceptible.

trompetilla *s. f.* **1.** Instrumento en forma de trompeta que empleaban los sordos acercándoselo al oído para percibir mejor los sonidos. **2.** *Arg., Cuba, Méx. vulg.* Pedo, ventosidad. ‖ **LOC. de trompetilla** *adj.* Se dice de algunos mosquitos que producen un zumbido al volar.

trompetista *s. m.* y *f.* Persona que toca la trompeta.

trompicar *v. intr.* Tropezar repetidamente o andar tambaleándose. ■ Se conjuga como *sacar.*

trompicón *s. m.* **1.** Tropezón o paso tambaleante de una persona. **2.** Tumbo o vaivén de un vehículo. **3.** Golpe fuerte. ‖ **LOC. a trompicones** *adv.* Tropezando, a empujones o a golpes; también, de manera discontinua o con dificultades.

trompillón *s. m.* En arq., piedra que sirve de clave en una trompa o en una bóveda de planta circular.

trompiza *s. f. Amér. del S.* Riña o pelea a puñetazos.

trompo *s. m.* **1.** Peonza*. **2.** Giro o conjunto de giros de un automóvil sobre sí mismo, como consecuencia de un derrape. **3.** Persona torpe.

trompón *s. m.* Porrazo, trompazo.

trompudo, da *adj. amer.* Se dice de la persona de labios abultados y boca saliente.

tronado, da **1.** *p. p.* de **tronar**. ‖ *adj.* **2.** Loco. **3.** Viejo o estropeado. **4.** Arruinado, empobrecido. ‖ *s. f.* **5.** Tempestad o tormenta con muchos truenos.

tronar *v. impers.* **1.** Haber truenos. ‖ *v. intr.* **2.** Producir algo un ruido semejante al de los truenos. **3.** *fam.* Hablar o escribir con pasión y violencia contra una persona o cosa. ‖ *v. tr.* **4.** *Méx.* Matar a tiros o fusilar a alguien. ■ Es v. irreg. Se conjuga como *contar.* **FAM.** Tronador.

troncalidad *s. f.* Derecho o privilegio por el que los bienes de una persona que muere sin haber dejado testamento y sin descendientes deben pasar al tronco o línea de parientes del que los bienes procedían.

troncha *s. f. Amér. del S.* Tajada, loncha.

tronchado, da **1.** *p. p.* de **tronchar**. ‖ *adj.* **2.** Se dice de la rama, tallo, etc., que están rotos, aunque no se hayan separado totalmente del resto.

tronchante *adj. fam.* Se dice de la persona o cosa que hace mucha gracia.

tronchar *v. tr.* **1.** Romper con violencia el tronco, tallo o ramas de una planta o cosas de consistencia parecida. También *v. prnl.* **2.** Truncar, frustrar. También *v. prnl.* **3.** *fam.* Dejar a alguien muy cansando, agotado. También *v. prnl.* ‖ *v. prnl.* **4.** *fam.* Reírse mucho sin poderse contener.

troncho *s. m. fam. afér.* de **militroncho**.

troncho, cha *adj.* **1.** *Arg.* Mutilado. ‖ *s. m.* **2.** Tallo carnoso de las hortalizas.

tronco *s. m.* **1.** Tallo leñoso, fuerte y macizo de una planta, particularmente de un árbol, del que parten las ramas. **2.** Parte del cuerpo de una persona o animal sin la cabeza y sin las extremidades. **3.** Parte de un cono o una pirámide que resulta de cortarlos por un plano paralelo a su base separando la parte en la que está el vértice. **4.** Conducto o canal principal del que salen o en el que desembocan otros más pequeños o menos importantes. **5.** P. ext., parte principal de algo, por oposición a los complementos o añadiduras. **6.** Ascendiente o grupo de ascendientes comunes a dos o más personas, familias o ramas. **7.** Grupo de dos caballerías que tiran de un carruaje. ‖ **8. tronco celiaco** Arteria derivada de la aorta abdominal, formada en la cara anterior, cerca del diafragma, y que se trifurca en las arterias hepática, esplénica y coronaria estomáquica. ‖ **LOC. como un tronco** *adv. fam.* Referido a la forma de dormir, muy profundamente. **FAM.** Troncal.

tronco, ca *s. m.* y *f. fam.* Persona, amigo. Suele usarse como apelativo.

troncocónico, ca *adj.* En forma de tronco de cono.

Troncoso de la Concha, Manuel de Jesús (Santo Domingo 1878 - íd. 1955) Político dominicano. Fiel al régimen de Trujillo, fue vicepresidente (1933-40) y presidente de la república (1940-42).

Trondheim C. de Noruega, en el centro del país, junto al fiordo del mismo nombre. 137.400 h. en 1990. Cuenta con industrias mecánicas, madereras, papeleras, alimentarias y de construcciones navales. Tiene un activo puerto pesquero y comercial y es un importante centro turístico. Fue capital de Noruega hasta 1380. De sus monumentos destacan la catedral gótica y una fortaleza del s. XVII.

tronera *s. f.* **1.** Agujero o abertura en el costado de un buque, en una muralla, etc., por el que asoman los cañones u otras armas de artillería para disparar. **2.** Ventana pequeña y estrecha. **3.** Cada uno de los agujeros que hay en algunas mesas de billar o en otras mesas de juegos. **4.** Juguete que consiste en un papel plegado de modo que, al sacudirlo con fuerza cogiéndolo por un extremo, produce un chasquido. ‖ *s. m.* y *f.* **5.** *fam.* Persona de vida desordenada y de malas costumbres.

tronío *s. m.* **1.** *fam.* Señorío, majestad. **2.** Exageración o alarde en el gasto de dinero.

trono *s. m.* **1.** Asiento elevado, con gradas y generalmente cubierto con un dosel, en el que se sientan los reyes, soberanos u otras personas de alta dignidad en las ceremonias o actos importantes. **2.** Dignidad de rey o de soberano. **3.** Sagrario situado encima del altar, en el que se coloca el Santísimo Sacramento en determinados actos o celebraciones religiosas. **4.** Lugar en el que se coloca la imagen de un santo cuando se le quiere dar un culto más solemne. **5.** *fam.* Inodoro, retrete.

tronquero, ra *adj. Arg.* Se dice de los animales delanteros que forman el tiro de un carro.

tronzadera *s. f.* Sierra con un asa en cada extremo que se utiliza para cortar los árboles entre dos personas.

tronzado, da **1.** *p. p.* de **tronzar**. También *adj.* ‖ *s. m.* **2.** Operación que consiste en cortar en trozos un madero, barra, tubo metálico, etc.

tronzador *s. m.* **1.** Tronzadera*. **2.** Sierra con dientes usada para cortar mármol y piedras duras.

tronzar *v. tr.* **1.** Cortar en trozos ciertas cosas, p. ej. un tronco o una barra metálica. **2.** Cansar mucho, agotar. También *v. prnl.* ■ Se conjuga como *cazar.*

tropa *s. f.* **1.** Conjunto de soldados, soldados de primera, cabos y cabos primeros del ejército. **2.** Conjunto numeroso de personas. **3.** Conjunto de los militares en oposición a los civiles. **4.** Toque militar para dar la orden de la formación con armas. **5.** *Amér. del S.* Rebaño de ganado. ‖ *pl.* **6.** Conjunto de cuerpos que componen un ejército, división, guarnición, etc. ‖ **LOC. en tropa** *adv.* En grupos desordenados.

tropear *v. tr. Arg.* Conducir tropas, rebaños de ganado.

tropel *s. m.* **1.** Conjunto de personas que avanzan en desorden y haciendo ruido. **2.** Conjunto de cosas amontonadas o reunidas sin ningún orden. ‖ **LOC. en tropel** *adv.* De repente y de forma confusa; también, en gran número y sin orden.

tropelía *s. f.* Acto violento que atropella los derechos de los demás o es ilegal, realizado por alguien que, generalmente, abusa de su poder o autoridad.

tropero *s. m. Arg., Par., Urug.* Persona que conduce tropas de ganado.

tropezar *v. intr.* **1.** Dar con los pies en algún obstáculo o pisar mal, perdiendo el equilibrio. **2.** Encontrar un obstáculo o dificultad que hace que una persona o cosa se detenga o cambie de dirección. **3.** *fam.* Encontrar por casualidad a una persona o cosa. También *v. prnl.* **4.** Equivocarse o cometer una falta. **5.** Discutir con una persona u oponerse a lo que ella opina o dice. ▪ Es v. irreg. Se conjuga como *comenzar.*

tropezón, na *adj.* **1.** Que tropieza mucho. También *s.* ‖ *s. m.* **2.** Acción de tropezar. **3.** Equivocación, falta. **4.** *fam.* Trozo pequeño de jamón, pan u otro alimento que se mezcla con las sopas, purés, etc. Se usa mucho en *pl.* ‖ **LOC. a tropezones** *adj. fam.* Con muchas dificultades o detenciones.

tropical *adj.* **1.** Perteneciente o relativo a los trópicos. **2.** Se aplica al tipo de clima propio de estas regiones, caracterizado por la alternancia de una estación húmeda (verano) y otra seca (invierno). Durante el invierno el régimen dominante es el de los alisios y durante el verano la convergencia intertropical y otras perturbaciones.

trópico *s. m.* **1.** Nombre de dos paralelos terrestres: el **trópico de Cáncer** está situado en el hemisferio norte a 23° 27′ y sobre él inciden verticalmente los rayos solares en el solsticio de verano (22 de junio); el **trópico de Capricornio** está situado en el hemisferio sur a 23° 27′ y sobre él inciden verticalmente los rayos solares en el solsticio de invierno (22 de diciembre). **2.** Región situada entre esos paralelos.

tropiezo *s. m.* **1.** Acción de tropezar. **2.** Dificultad, impedimento, contratiempo. **3.** Discusión con una persona o manifestación de oposición a lo que ella dice u opina. **4.** Falta o equivocación. **5.** Particularmente, en las relaciones de una mujer con un hombre, falta cometida en el terreno sexual.

tropismo *s. m.* Movimiento realizado por las plantas o los microorganismos en respuesta a determinados estímulos externos. Son positivos si el ser vivo se mueve en dirección al estímulo, y negativos si se aleja de él. Si el movimiento se produce en respuesta a la acción de la gravedad, se llama *geotropismo,* y en los vegetales es positivo en la raíz, que crece hacia abajo, y negativo en el tallo, que crece hacia arriba. Si es en respuesta a la presencia de agua, se llama *hidrotropismo,* y si lo provoca la luz, se denomina *fototropismo.*

tropo *s. m.* **1.** Figura retórica que consiste en emplear las palabras en sentido distinto al que propiamente les corresponde, pero que tiene con éste alguna conexión. La *metáfora,* la *metonimia* y la *sinécdoque* son tropos. **2.** Argumentos esgrimidos por los escépticos para defender la necesidad de suspender el juicio.

tropología *s. f.* **1.** Lenguaje figurado o alegórico. **2.** Sentido figurado de una palabra o expresión.

tropopausa *s. f.* Límite entre la troposfera y la estratosfera; su altura es variable, ya que en los polos se eleva aproximadamente a unos 6 km, a unos 9-11 km hacia el paralelo 50 y a 18 km sobre el ecuador.

troposfera *s. f.* Primera de las capas de la atmósfera terrestre cuyo espesor es de 10 km y contiene las tres cuartas partes de la masa atmosférica. En ella tienen lugar los fenómenos meteorológicos y la temperatura desciende 6 °C por cada 1.000 m de altura. Es mucho más alta en el ecuador que en los polos y entre sus límites el aire contiene gas carbónico, agua, partículas de polvo y cristales de sal.

troquel *s. m.* **1.** Molde empleado para acuñar monedas, medallas, etc. **2.** Molde empleado para realizar estampaciones en piezas metálicas. **3.** Instrumento con bordes cortantes que se emplea para recortar por presión cartones, cuero, planchas de metal, etc.

troquelar *v. tr.* **1.** Acuñar monedas, sellos, medallas, etc., con un troquel. **2.** Recortar con un troquel. **FAM.** Troquelado.

troqueo *s. m.* **1.** Pie de la poesía griega y latina compuesto de dos sílabas, una larga y otra breve. **2.** En la poesía española, pie compuesto de una sílaba acentuada y otra átona.

trotaconventos *s. f. fam.* Alcahueta, celestina, por alusión a un personaje del *Libro de buen amor,* del Arcipreste de Hita.

trotamundos *s. m.* y *f. fam.* Persona aficionada a viajar y a recorrer muchos países.

trotar *v. intr.* **1.** Andar las caballerías al trote. **2.** Cabalgar una persona en un caballo que va al trote. **3.** *fam.* Andar mucho o con mucha rapidez una persona. **FAM.** Trotador.

trote *s. m.* **1.** Modo de andar de las caballerías y otros cuadrúpedos a paso ligero, con pequeños saltos y levantando a la vez el pie y la mano contrapuesta. **2.** Trabajo o actividad muy intensa, agotadora. **3.** Uso continuado e intenso a que se somete una cosa. **4.** *fam.* Asunto muy difícil o complicado. ‖ **LOC. al** (o **a**) **trote** *adv.* Trotando; también, muy deprisa. **no estar** alguien o algo **para muchos** (o **esos**) **trotes** *fam.* No poder realizar o soportar determinadas acciones o esfuerzos. **para todo trote** *fam.* Para uso diario.

trotón, na *adj.* **1.** Se dice de la caballería cuyo paso normal es el trote. ‖ *s. m.* **2.** Caballo, animal.

Trotski, Lev Davidovich Bronstein, llamado **Leon** (Yanovka, Ucrania 1879 - Coyoacán, México 1940) Político e ideólogo soviético. Estudió derecho en Odessa. En 1897 fundó la Liga Obrera del Sur de Rusia, de carácter socialdemócrata, por lo que fue desterrado a Siberia (1900). Huyó a Londres, donde colaboró con Lenin en la revista *Iskra.* En 1905 retornó a Rusia y participó en la revolución de dicho año. Nuevamente deportado a Siberia, volvió a fugarse (1906). Residió en Viena, donde dirigió el periódico *Pravda* (1908-12). Iniciada la Revolución, regresó a Rusia (1917) y participó activamente en la toma del poder por los bolcheviques. Estratega militar de la Revolución, responsable de la toma del palacio de Invierno, fue comisario de Asuntos Exteriores (1917-18) y comisario de la Guerra (1918-25). Organizó el Ejército Rojo durante la guerra civil. Tras la muerte de Lenin se opuso a Stalin. Expulsado del PCUS en 1927 y de la URSS en 1929, fijó su residencia en México. En 1938 fundó la Cuarta Internacional y dos años más tarde fue asesinado por Ramón Mercader, agente soviético. Dejó una importante obra teórica, en la que sobresalen *La revolución permanente* (1930) y la *Historia de la revolución rusa* (1932). Su doctrina dio lugar al *trotskismo.*

Leon Trotski.

trotskismo *s. m.* Movimiento comunista que apoya los planteamientos políticos de Trotski. El trotskismo denunció el autoritarismo de Stalin, criticó la burocracia de la URSS, propuso la revolución permanente y defendió la necesidad de la democracia interna en el seno del partido único. Creó en París la Liga Comunista Internacional (1933) y constituyó la Cuarta Internacional para la renovación del internacionalismo revolucionario. La muerte de Trotski (1940) y la Segunda Guerra Mundial fraccionaron el movimiento. **FAM.** Trotskista.

troupe (voz fr.) *s. f.* Conjunto de personas que forman una compañía de espectáculos, especialmente de circo.

trova *s. f.* **1.** Composición poética compuesta o cantada por los trovadores. **2.** Poesía o verso. **3.** Composición poética escrita para ser cantada. **4.** Composición poética realizada imitando a otra en el estilo, la rima, etc.

trovador, ra *s. m.* y *f.* **1.** En lenguaje poético, poeta. ‖ *s. m.* **2.** Poeta de la Edad Media, particularmente el que utilizaba la lengua provenzal.

trovadoresco, ca *adj.* Perteneciente o relativo a los trovadores.

trovar *v. intr.* **1.** Componer trovas. **2.** Hacer versos. ‖ *v. tr.* **3.** Imitar una composición métrica aplicándola a otro tema o asunto.

trovero, ra *s. m.* y *f.* **1.** Poeta popular que improvisa y canta trovos. ‖ *s. m.* **2.** Poeta de la lengua de oil en la literatura medieval francesa.

trovo *s. m.* Composición poética popular de tema amoroso.

Troy, Jean-François de (París 1679 - Roma 1752) Pintor francés. Fue director de la Academia de Francia en Roma (1738-51). Pintó cuadros de mitología e historia, fiestas galantes y escenas de caza. Algunas de sus obras más representativas son *Betsabé en el baño, Comida de ostras* y *La liga suelta.*

Troya Antigua ciudad de Asia Menor situada sobre la colina rocosa de Hissarlik en el valle del Escamandro, Anatolia. Las excavaciones de Henrich Schliemann (1870), continuadas por Wilhelm Dörpfeld (1893), descubrieron restos de nueve establecimientos humanos desde el tercer milenio a. C. hasta finales del imperio romano. La ciudad que aparece en la *Ilíada* ha sido identificada con Troya VII (1500-1184 a. C.).

Troya Nombre de la famosa ciudad de la *Ilíada,* empleado en las siguientes locuciones: **arda Troya** *fam.* Expresión con la que alguien indica que no le importan las malas consecuencias de algo que está decidido a hacer. **armarse la de Troya** *fam.* Armarse un gran escándalo.

Troya, guerra de Legendaria guerra que en el s. XIII o XII a. C. enfrentó a una coalición de estados griegos con los habitantes de Troya o Ilión. Los griegos, al iniciar su expansión marítima y comercial hacia las riberas del mar Negro, hubieron de combatir para controlar el estrecho del Bósforo, lo que pudo dar lugar a la tradición narrada por Homero en la *Ilíada,* que ofrece una versión mítica, nacionalista y simbólica de este conflicto.

troyano, na *adj.* De Troya. También *s.*

Troyat, Liev Tarasov, llamado **Henri** (Moscú 1911) Escritor francés de origen ruso. Se estableció en París en 1920. Destacado novelista, entre sus títulos figuran *La araña* (1938), la trilogía *Mientras la tierra exista* (1947-50), el ciclo *La luz de los justos* (1959-63) y la serie de *Los Eygletière* (1965-67).

Troyes C. de Francia, cap. del departamento de Aube, en la región de Champagne-Ardenne, junto al río Sena. 63.580 h. en 1982. Cuenta con industrias mecánicas y textiles. Entre sus monumentos sobresalen la colegiata de San Urbano (s. XIII) y la catedral (s. XIII-XIV).

Troyes, Chrétien de Véase **Chrétien de Troyes.**

troza *s. f.* Tronco serrado por los extremos para sacar tablas de él.

trozar *v. tr.* **1.** Cortar un tronco de árbol en tablones. **2.** Trocear. ▪ Se conjuga como *cazar.* **FAM.** Trozamiento.

trozo *s. m.* Porción o parte de una cosa o materia separada del resto o considerada separadamente.

Trubetzkoi, Nikolai Sergueievich (Moscú 1890 - Viena 1938) Lingüista ruso. Profesor en las universidades de Moscú (1915) y de Viena (1922), se especializó en lenguas eslavas, ugrofinesas y caucásicas. Sentó las bases de la fonología y fue figura destacada del Círculo Lingüístico de Praga. Es autor de *Descripción fonológica de la lengua rusa* (1934) y *Principios de fonología,* aparecida en 1939.

truca *s. f.* **1.** Cámara de cine especial para hacer los trucajes mediante descomposición de planos. ‖ *s. m.* y *f.* **2.** Persona que maneja dicha cámara.

trucaje *s. m.* **1.** Acción y efecto de trucar. **2.** Técnica para producir efectos ópticos, acústicos, etc., con apariencia de realidad, especialmente en cine.

trucar *v. tr.* **1.** Preparar o manipular algo para producir un determinado efecto. **2.** Particularmente, lograr un efecto fantástico o aparentemente real mediante un determinado procedimiento. ▪ Se conjuga como *sacar.*

trucha *s. f.* **1.** Nombre común de diversos peces cupleiformes de la familia salmónidos, género *Salmo.* Viven en corrientes claras y muy oxigenadas de ríos o lagos de montaña y se caracterizan por una pequeña aleta adiposa y sin radios, situada detrás de la dorsal. Miden de 20 a 50 cm de longitud, aunque algunos ejemplares alcanzan mayores tamaños. La trucha común *(Salmo trutta fario)* tiene el dorso gris verdoso con manchitas negras y el vientre amarillento, el hocico corto y la abertura bucal extendida hasta detrás de los ojos. La trucha de lago *(Salmo trutta lacustris)* tiene el cuerpo comprimido y cilíndrico, abertura bucal hasta detrás de los ojos y coloración muy variable de tonos pardos y grises con manchas negras. Viven en Europa y América del Norte. **2.** *Amér. C.* Tenducho o puesto portátil. **3.** *Col., Méx. fam.* Persona lista y taimada. ‖ **LOC. tener trucha** *Arg., Par., Urug. fam.* Ser un sinvergüenza.

Dos especies de truchas.

truchero, ra *adj.* **1.** Relativo a las truchas o que abunda en ellas. **2.** Que pesca o vende truchas. También *s.*

truco *s. m.* **1.** Procedimiento hábil o engañoso para lograr un fin. **2.** Procedimiento para producir un efecto prodigioso o con apariencia de verdad; también, este mismo efecto. **3.** Cada una de las habilidades, técnicas o conocimientos concretos que se aprenden en el ejercicio de un arte, profesión o actividad. Se usa más en *pl.*

truculento, ta *adj.* Que exagera en la crueldad o en los aspectos más dramáticos o terribles. **FAM.** Truculencia.

Trudeau, Pierre Elliott (Montreal 1919) Político canadiense. Presidente del Partido Liberal y primer ministro (1968-79), tuvo que enfrentarse al creciente independentismo de la provincia francófona de Quebec. Volvió al poder (1980-84) y convocó un referéndum en Quebec sobre su posible separación de la nación. Venció la tesis gubernamental, pero la reforma constitucional de 1982 otorgó a esta provincia una moderada autonomía.

Trueba, Antonio de (Montellano, Vizcaya 1819 - Bilbao 1889) Escritor español. Publicó un libro de versos populares titulado *Libro de los cantares* (1852). Costumbrista, hizo famosas sus narraciones ambientadas en el País Vasco y en Castilla.

trueno *s. m.* **1.** Ruido fuerte que sigue al rayo en las tormentas, producido por la expansión del aire al paso de la descarga eléctrica. **2.** P. ext., estampido producido por la detonación de un arma de fuego, fuegos de artificio, etc.

trueque *s. m.* **1.** Acción y efecto de trocar o trocarse. **2.** Particularmente, intercambio directo de mercancías o productos sin intervención del dinero. ‖ *pl.* **3.** *Col., Méx.* Cambio, vuelta de dinero.

Trueta, Josep (Barcelona 1897 - íd. 1977) Médico español. Estuvo en campaña con el bando republicano en la guerra civil. Ideó un método de curación de heridas mediante el lavado de las mismas con agua y jabón, la extracción de cuerpos extraños, la escisión de los tejidos dañados y la inmovilización de los miembros con yeso. En 1939 se exilió a Inglaterra y allí ejerció como profesor de traumatología y ortopedia en Oxford, donde desarrolló la cirugía traumática.

trufa *s. f.* **1.** Variedad muy aromática de cierto hongo que crece bajo tierra, apreciado en alimentación por su sabor. **2.** Dulce en forma de bombón de chocolate. **3.** P. ext., crema de chocolate fundido con mantequilla y normalmente con algún licor, con la que se hacen tartas, postres, etc. **4.** Nariz del perro.

trufar *v. tr.* Rellenar con trufas (hongo) las aves, embutidos y otros alimentos para darles su sabor. **FAM.** Trufado.

Truffaut, François (París 1932 - Neuilly-sur-Seine 1984) Director de cine francés. Crítico cinematográfico, debutó en el cine en 1959 con *Los cuatrocientos golpes,* que le convirtió en uno de los realizadores más significativos de la *nouvelle vague* francesa. Entre sus mejores filmes se cuentan *Jules et Jim* (1961), *La piel suave* (1964), *Fahrenheit 451* (1966), *Las dos inglesas y el amor* (1971), *La noche americana* (1973), *La mujer de al lado* (1981) y *Vivamente el domingo* (1983).

François Truffaut.

truhán, na *adj.* **1.** Se dice del que vive de engaños y de estafas. También *s.* **2.** Se dice de quien con sus gestos, cuentos, historias o patrañas procura divertir y hacer reír a los demás. También *s.* **FAM.** Truhanear, truhanesco.

truhanada o **truhanería** *s. f.* **1.** Acción propia de truhanes. **2.** Conjunto de truhanes.

trujal *s. m.* **1.** Prensa en la que se estrujan las uvas o se exprimen las aceitunas. **2.** Molino de aceite.

Trujillo C. de España, en la prov. de Cáceres. 8.920 h. en 1991. Es el centro de una comarca de cultivos de secano, sobre todo cereales, donde se cría ganado lanar, bovino y porcino. Fundación prerromana, adquirió gran importancia en la época medieval. Entre sus numerosos monumentos destacan la necrópolis romana, el castillo y las murallas medievales, las iglesias de Santa María y San Francisco y notables palacios, como el del marqués de la Conquista, el de los duques de San Carlos y el de los Orellana-Pizarro.

Trujillo 1. Estado de Venezuela, en el O del país, junto al lago Maracaibo. 7.400 km^2. 552.800 h. en 1990. Las principales elevaciones se encuentran en la cordillera que lo atraviesa de N a S; en el O del territorio predominan las tierras llanas y pantanosas. El clima tropical favorece el cultivo de café, cacao, caña de azúcar, arroz, maíz y frutas tropicales. Tiene ganadería vacuna y porcina y yacimientos de petróleo.
2. C. de Venezuela, cap. del estado homónimo. 31.800 h. en 1981. Situada a una altitud de 800 m, constituye un centro comercial agrícola. Cuenta con industrias alimentarias y una interesante artesanía.
3. C. de Perú, cap. del departamento de La Libertad, situada en el valle del Moche. 532.000 h. en 1990. Centro azucarero, posee también industrias alimentarias, químicas y de confección. En Trujillo fue proclamada la independencia por el marqués de Torre Tagle (1820). Entre sus monumentos destaca la catedral (s. XVII).

Trujillo, Diego (Trujillo, Cáceres 1505 - El Cuzco h. 1574) Conquistador y cronista español. Llegó a Perú con la expedición de Pizarro en 1530, regresó a España (1535) y retornó a Perú en 1547. Durante las guerras civiles apoyó al realista La Gasca. En 1571 escribió *Relación del descubrimiento del Reyno del Perú.*

Trujillo, Héctor Bienvenido (Villa de San Cristóbal 1908) Militar y político dominicano. Hermano de Rafael Leónidas, fue ministro y presidente de la república (1952-60). Fracasó en un intento de hacerse de nuevo con el poder (1961) y tuvo que exiliarse.

Trujillo, Julián (Popayán 1828 - Bogotá 1883) Militar y político colombiano. Miembro del Partido Liberal, colaboró con Mosquera y combatió a los conservadores en la guerra de 1876-77. Fue nombrado general en jefe del ejército colombiano y presidente de la república (1878-80).

Trujillo, Rafael Leónidas (Villa de San Cristóbal, Santo Domingo 1891 - Santo Domingo 1961) Militar y político dominicano. Comandante de la guardia nacional, dio un golpe de Estado y se proclamó presidente de la república (1930), instaurando una dictadura personal, ejercida directamente (1930-38 y 1942-52) o por medio de sus colaboradores, que se prolongó hasta su muerte. Facilitó la expansión masiva del capital estadounidense en el país y acaparó un gran número de monopolios. Intervino a menudo en ayuda de los regímenes reaccionarios centroamericanos, hasta que EE UU le retiró su apoyo. Fue ejecutado por un grupo de militares con la colaboración de la CIA.

trullo *s. m.* **1.** Lagar con un depósito debajo, donde cae el mosto al pisar la uva. **2.** *fam.* Cárcel, calabozo.

Truman, Harry S. (Lamar, Missouri 1884 - Kansas City 1972) Político estadounidense. Senador demócrata por Missouri, fue elegido vicepresidente (1944) y pasó a ocupar la presidencia a la muerte de Roosevelt (1945). Ordenó el lanzamiento de la bomba atómica sobre Japón (1945) y puso en práctica el plan Marshall de ayuda económica a Europa (1947). Reelegido para el periodo 1948-52, mantuvo una posición dura frente a los regímenes comunistas de la URSS y China mediante la llamada *guerra fría.* Impulsó la creación de la OTAN (1949) y decidió la intervención militar estadounidense en Corea (1950).

Trumbo, Dalton (Montrose, Colorado 1905 - Los Ángeles 1976) Guionista y director de cine estadounidense. Comenzó su labor como guionista en 1936 hasta que, acusado de comunista (1947), figuró en la lista negra del macartismo y tuvo que escribir bajo seudónimo. Desde 1966 pudo otra vez firmar con su nombre, como en los guiones de *Espartaco* y *Éxodo.* En 1973 escribió y dirigió *Johnny cogió su fusil,* filme antibélico.

truncar *v. tr.* **1.** Cortar una parte de alguien o algo, especialmente su extremo o la cabeza en el caso de personas o animales. **2.** Impedir que algo se realice, continúe o se desarrolle por completo. También *v. prnl.* **3.** Interrumpir intencionada o involuntariamente una frase, texto, etc., o dejar incompleto su sentido. ▪ Se conjuga como *sacar.* **FAM.** Truncado, truncamiento.

trupial *s. m.* Nombre común de diversas aves paseriformes de la familia ictéridos, género *Icterus.* El trupial común *(Icterus icterus)* mide unos 25 cm de longitud, presenta un plumaje de colores vivos y habita en la América tropical. Es pariente de las oropéndolas americanas.

trust (voz ingl.) *s. m.* Unión estable de varias empresas, sometidas a una dirección única, con el fin de monopolizar el mercado.

Tsana Véase **Tana**.

Tsepo C. de China, en la prov. de Shandong, en el E del país. 806.000 h. en 1985. Es un centro de la minería del carbón.

tse-tse *s. f.* Mosca* tse-tse.

Tshombé, Moïse Kapenda (Musumba, Katanga 1919 - Argel 1969) Político zaireño. En 1960 declaró unilateralmente la independencia de la provincia de Katanga, cuyo gobierno mantuvo hasta 1963, año en el que los avances de las fuerzas de la ONU le obligaron a exiliarse. En 1964 fue nombrado primer ministro del gobierno central por el presidente Kasavubu, pero el golpe militar de Mobutu hizo que tuviera que exiliarse nuevamente en 1965. Cuando preparaba una expedición para recuperar el poder, fue secuestrado y conducido a Argelia, donde murió de un ataque cardiaco.

Tsinan Véase **Jinan**.

Tsinghai Véase **Qinghai**.

Tsingtao Véase **Qingdao**.

Tsiolkovski, Konstantin Edvardovich (Izhevskoie 1857 - Kaluga 1935) Físico ruso. Fue uno de los pioneros de la exploración del espacio y del uso de los túneles de viento para los estudios aerodinámicos. Demostró las ventajas de los combustibles líquidos sobre los sólidos para astronaves. Es autor de *La exploración del espacio cósmico por medio de motores a reacción* (1903), que anticipó la navegación espacial.

Tsiranana, Philibert (Anahidrano, Mandritsara 1912 - Tananarive 1978) Político malgache. Fundó el Partido Socialdemócrata (1956) y fue utilizado por Francia para frenar el nacionalismo. Presidente de la república autónoma (1959-1960) y de la república independiente (1960-72), se mostró francófono y anticomunista.

Tsubouchi, Shoyo (Ota 1859 - Atami 1935) Escritor japonés. Con la publicación de su ensayo *El espíritu de la novela* (1885) puso los cimientos de la escuela realista de la narrativa japonesa moderna. Es autor, entre otros títulos, de *Estudiantes de hoy* (1886), novela, y de *Una hoja de paulownia* (1894), drama histórico.

tsunami (voz japonesa) *s. m.* Ola gigantesca provocada por un seísmo submarino o una explosión volcánica. Avanza a una tremenda velocidad y llega a miles de kilómetros desde su lugar de origen. Una de las más importantes fue la provocada por la explosión del volcán en la isla Krakatoa (1883).

Tsushima Estrecho entre el mar de Japón, al N, y el de China, al S, que separa la isla de Kyushu y el archipiélago de su mismo nombre. Fue el escenario de la batalla naval que decidió la guerra ruso-japonesa de 1904-05.

tu, tus *adj. pos.* Formas apocopadas de *tuyo, tuya, tuyos, tuyas*, que se usan antepuestas al sustantivo.

tú *pron. pers. m.* y *f. de 2.ª pers. sing.* Funciona principalmente como sujeto y vocativo. ▪ Se usa en el trato familiar, informal o de confianza. || **LOC. hablar** (**tratar** o **llamar**) **de tú** a alguien Tutearle; también, tratarle como a un igual o sin el debido respeto. **hablar** (o **tratar**) con alguien **de tú a tú** *fam.* Hablar sin formalidades, de igual a igual.

tuareg *adj.* **1.** Se dice de un pueblo beréber nómada de las regiones desérticas del N de África. Tiene una economía ganadera. Profesa el cristianismo y forma una sociedad matriarcal que se organiza en tribus. **2.** De este pueblo. También *s.*

tuátara o **tuatara** *s. m.* Reptil rincocéfalo de la familia esfenodóntidos, especie *Sphenodon punctatu*, única especie viviente de su orden, aunque durante el periodo triásico estuvo bastante extendido. Mide unos 60 cm de longitud y tiene el aspecto externo de un lagarto, aunque con algunas peculiaridades extrañas, como la presencia de un tercer ojo, formado por lo que en otros vertebrados es la glándula pineal o epífisis. Vive en islotes próximos a Nueva Zelanda y es una especie protegida, pues está en peligro de extinción.

tuba *s. f.* Instrumento musical de viento, perteneciente al grupo de metal, de grandes proporciones y sonoridad grave.

Tuba.

tuberculado, da *adj.* Provisto de tubérculos.

tuberculina *s. f.* Preparación obtenida a partir de proteínas de la bacteria de la tuberculosis, que se usa en el diagnóstico de dicha enfermedad.

tubérculo *s. m.* **1.** En las plantas, parte de un tallo subterráneo o de una raíz que se desarrolla y abulta al acumular sustancias de reserva, como sucede, p. ej., en la patata. **2.** En med., tumor o tumoración localizada en cualquier órgano del cuerpo, que en algunas enfermedades infecciosas se reblandece y llena de pus, p. ej. en la tuberculosis. **3.** Protuberancia que presentan en la piel o en el exoesqueleto algunos animales.

tuberculosis *s. f.* **1.** Enfermedad causada por el bacilo de Koch *(Mycobacterium tuberculosis)* que ataca a diversos órganos del cuerpo, pero especialmente a las vías respiratorias (tisis), y se contagia a través del aparato digestivo, circulatorio o respiratorio. Los síntomas de la tuberculosis pulmonar son tos seca, pérdida de peso, anemia y sangre en la saliva. **2.** Nombre dado a diversas enfermedades de las plantas.

tuberculoso, sa *adj.* **1.** Relativo al tubérculo o con su forma. **2.** Que tiene tubérculos. También *s.* **3.** Enfermo de tuberculosis. También *s.*

tubería *s. f.* **1.** Conducto formado por tubos por donde suele pasar un líquido o un gas. **2.** Conjunto de tubos de una instalación.

tuberosidad *s. f.* **1.** En med., tubérculo, tumor. **2.** En bot., engrosamiento en forma de tubérculo que se encuentra en los tallos y raíces.

tuberoso, sa *adj.* Que tiene tuberosidades.

Tubinga (*Tübingen*) C. de Alemania, en el Land de Baden-Württemberg, situada a orillas del río Neckar. 75.700 h. en 1986. Cuenta con industrias mecánicas, eléctricas, textiles y papeleras. Es sede de una antigua universidad, fundada en 1477.

tubo *s. m.* **1.** Pieza hueca y alargada, generalmente cilíndrica, de diversos materiales y aplicaciones, como p. ej. formar una tubería. **2.** Recipiente cilíndrico, como los que contienen medicamentos. **3.** Recipiente flexible, cerrado por un extremo con un pliegue y con un tapón de rosca por el otro, que sirve para contener sustancias pastosas. **4.** Nombre de ciertos conductos de organismos animales o vegetales. **5.** *fam.* Castigo, sanción. **6.** En argot, metro, ferrocarril subterráneo. || **7. tubo acústico** El que puede producir sonidos mediante corrientes de aire que vibran en su interior. **8. tubo analizador** El que transforma señales luminosas en eléctricas, como el iconoscopio. **9. tubo capilar** El de diámetro interior muy pequeño. **10. tubo criboso** En las plantas, conducto por el que fluye la savia elaborada. **11. tubo de descarga** Tuvo lleno de un gas muy enrarecido en el que, al ser intercalado en un circuito eléctrico, se produce una descarga de electrones del cátodo al ánodo; inventado por el físico y químico inglés William Crookes, sirvió para estudiar la emisión de electrones. **12. tubo de ensayo** Recipiente largo de cristal usado en análisis químicos y experiencias de laboratorio. **13. tubo de escape** En automóviles y otros vehículos, conducto por donde salen los gases producidos por la combustión en el motor. **14. tubo de imagen** En televisión, el de rayos catódicos empleado en los receptores. **15. tubo de rayos catódicos** Tubo de alto vacío en el cual los electrones generados en el cátodo son dispuestos en un haz que incide sobre una pantalla fluorescente y forma la imagen. Se usa p. ej. en los televisores. **16. tubo de rayos X** Tubo de descarga en el que los electrones emitidos por el cátodo inciden sobre un anticátodo, generalmente de volframio, que emite rayos X. **17. tubo digestivo** Conducto formado por los distintos órganos huecos por los que pasan los alimentos en las sucesivas fases de la digestión. **18. tubo intestinal** El conducto formado por los intestinos de un organismo animal. || **LOC. por un tubo** *adv. fam.* Abundantemente, en cantidad.

tubulado, da *adj.* De forma de tubo.

tubular *adj.* **1.** Relativo al tubo o formado por tubos. **2.** Tubulado*. **3.** Se dice del neumático sin cámara de aire.

tubuliforme *adj.* Tubulado*.

túbulo *s. m.* En anat., conducto microscópico, especialmente los del riñón y los testículos.

tucán (voz brasileña) *s. m.* Nombre común de diversas aves piciformes de la familia ranfástidos, género *Ramphastos.* Miden unos 50 cm de longitud, tienen un pico muy grande, ligeramente curvado en el extremo, de colores vivos, con el borde dentado, y plumaje negro con manchas de colores blancos, rojos, amarillos, etc. Son

Tucán (Ramphastos toco).

trepadoras y habitan en regiones tropicales de América del Sur y Central.

tucano, na *adj.* **1.** Se dice de un grupo de pueblos amerindios que habitan en la cuenca amazónica, entre los ríos Putumayo y Napo. **2.** De estos pueblos. También *s.* || *s. m.* **3.** Familia lingüística que agrupa a las lenguas habladas por tales pueblos.

Tucídides (Atenas h. 465 - ? h. 395 a. C.) Historiador griego. Nombrado estratega para la defensa de la costa de Tracia, fracasó en su misión y fue condenado al exilio (424). Frente a Herodoto, tuvo una concepción realista de la historia, rechazando lo legendario y las intervenciones divinas en los acontecimientos. Dejó inacabada una *Historia de la guerra del Peloponeso*, que llega hasta el año 411 a. C.

tuciorismo *s. m.* Doctrina de teología moral que en cuestiones discutibles sigue la opción más favorable a la ley.

tuco *s. m. Arg., Par., Urug.* Salsa espesa de tomate con carne, cebolla, orégano y otros condimentos con que se suelen aderezar los platos de pasta.

tuco, ca *adj.* **1.** *amer.* Manco. También *s.* || *s. m.* **2.** *amer.* Muñón.

Tucson C. de EE UU, en el estado de Arizona, situada en el centro del sector SE del mismo. 383.200 h. en 1989. Constituye el núcleo urbano y mercantil de una región de rica ganadería. Cuenta con industria alimentaria, metalúrgica y electrónica. Es también importante centro turístico. Tuvo su origen en una misión española en 1768.

Tucumán Prov. de Argentina, en el N del país. 22.524 km². 1.134.000 h. en 1989. La capital es San Miguel de Tucumán, con 497.000 h. en 1988. Está dividida en dos zonas: en el E una región llana y en el O otra montañosa. Tiene un clima tropical seco y cultivos de caña de azúcar, hortalizas, frutales, algodón, cereales, tabaco y legumbres. Cuenta con industria azucarera, maderera, de productos mecánicos y de material ferroviario. Esta región fue un importante centro comercial durante la época colonial. En 1810 prestó apoyo a la junta revolucionaria y fue invadida por las tropas realistas; después de las victorias de Belgrano en Tucumán (1812) y Salta (1813), pasó a integrarse en las Provincias Unidas del Río de la Plata.

Tucumán, congreso de Asamblea de los representantes de las Provincias Unidas del Río de la Plata reunidos en San Miguel de Tucumán (1816), y luego trasladada a Buenos Aires, con la ausencia de Paraguay y los partidarios de Artigas. En ella se proclamó la independencia de Argentina, se promulgó su primera Constitución y se eligió a Pueyrredón como director supremo.

Tudela C. de España, en la prov. de Navarra, junto al río Ebro. 26.150 h. en 1991. Es el centro de la comarca de La Ribera, especializada en el cultivo de productos hortofrutícolas, famosos por su gran calidad. Posee también industrias alimentarias, textiles, químicas y electrónicas. Conserva una catedral del s. XIII, construida sobre los restos de una mezquita del IX, y las iglesias de la Magdalena, románica, y de San Nicolás, mudéjar.

Tudense, El Véase **Tuy, Lucas de**.

tudesco, ca *adj.* **1.** De cierta región de la Sajonia inferior. También *s.* **2.** P. ext., alemán.

Tudor Familia de origen galés de la que procede la dinastía que reinó en Inglaterra de 1485 a 1603. El primer monarca fue **Enrique VII** (1485-

1509), al que sucedieron **Enrique VIII** (1509-47), **Eduardo VI** (1547-53), **María I** (1553-58) e **Isabel I** (1558-1603), con quien se extinguió la dinastía, que fue sustituida por la de los Estuardo.

Tudor, estilo Estilo arquitectónico que floreció en Inglaterra bajo la dinastía Tudor y, especialmente, bajo el reinado de Isabel I. Marca el paso del gótico al Renacimiento. Entre los edificios más notables de este estilo figuran la capilla del King's College, en Cambridge, y la capilla de Enrique VII, en la abadía de Westminster, Londres.

tuerca *s. f.* Pieza, generalmente de metal, con un hueco que tiene en su pared interior estrías o surcos en espiral en los que ajusta la rosca del tornillo.

tuercebotas *s. m.* **1.** *fam.* Pelagatos, pelanas. **2.** *fam.* Persona torpe, inútil.

tuerto, ta *adj.* **1.** Se dice de la persona o animal a los que les falta uno de los ojos o lo tienen ciego, así como de ese mismo ojo. También *s.* **2.** Torcido, no recto.

tueste *s. m.* Acción y efecto de tostar.

tuétano *s. m.* **1.** Médula o sustancia blanquecina contenida en los huesos. **2.** Parte interna del tallo o la raíz de una planta. ‖ **Loc. hasta los tuétanos** *adv. fam.* Hasta lo más hondo o profundo, en el aspecto físico o espiritual.

tufarada *s. f.* Olor fuerte y desagradable que se percibe de pronto.

tufillas *s. m.* y *f. fam.* Persona irascible.

tufo[1] (del lat. *typhus*, y éste del gr. *tufos*, vapor, miasma) *s. m.* **1.** Emanación gaseosa que se desprende de las fermentaciones o de las combustiones imperfectas. **2.** Olor desagradable. **3.** *fam.* Sospecha de algo oculto o que está por suceder. **4.** *fam.* Soberbia, vanidad. Se usa más en *pl.*

tufo[2] (del fr. *touffe*, mechón) *s. m.* Mechón de pelo que cae por delante de las orejas o por la frente.

Tugela Río de la República Sudafricana. 485 km. Nace en el estado de Natal, en los montes Drakensberg, y fluye en dirección E hasta desembocar en el océano Índico. A los 3 km de su nacimiento forma unas cataratas que reciben su mismo nombre y cuya altura, 948 m, las convierte en las segundas del mundo.

tugurio *s. m.* **1.** Habitación o vivienda pequeña y miserable. **2.** Local público de mal aspecto o de mala reputación. **3.** Choza o refugio de pastores.

tul *s. m.* Tejido delgado y transparente de seda, algodón o hilo, en forma de malla entrelazada diagonalmente.

Tula C. de la Federación Rusa, situada al S de Moscú, a orillas del Upa. 540.000 h. en 1989. Tiene importantes industrias metalúrgicas, textiles, de construcción de maquinaria agrícola y refinerías de azúcar. En 1712, Pedro I hizo construir en ella una manufactura nacional de armas.

Tula Centro arqueológico de la cultura tolteca en el municipio de Tula de Allende, estado de Hidalgo, México. La ciudad fue capital del reino tolteca y su fundación puede situarse a comienzos del s. X. Fue destruida a principios del s. XIII por una invasión chichimeca. En torno a una gran plaza se levantan los monumentos más sobresalientes, una gran pirámide de cuatro plataformas, destinada al culto de Quetzalcóatl, y el edificio capital, el templo de Tlahuizcalpantecuhtli o de la Estrella Matutina, pirámide escalonada de cinco cuerpos, en cuya cima se conservan cuatro atlantes, que sostenían la techumbre.

tulio *s. m.* Tm. Elemento químico perteneciente al grupo de los lantánidos del sistema periódico. Su número atómico es 69 y su masa atómica 168,9342. Aunque su existencia fue detectada por el químico sueco Per Theodor Cleve en 1879, su óxido no se aisló hasta 1911 y no se obtuvo como metal hasta 1950. Es el elemento más escaso entre los de su grupo. Su isótopo Tm^{170} se puede emplear como fuente de radiaciones en medicina y en la detección de defectos mecánicos y eléctricos.

tulipa *s. f.* **1.** Pantalla de lámpara de forma parecida a un tulipán. **2.** Tulipán pequeño.

tulipán *s. m.* **1.** Nombre común de diversas plantas herbáceas de la familia liliáceas, género *Tulipa.* El tulipán silvestre *(Tulipa sylvestris)* mide entre 40 y 80 cm, tiene un bulbo con raíz fasciculada, un tallo con hojas lanceoladas, en cuyo extremo nace una flor solitaria de color amarillo, y fruto en cápsula. Existen numerosas especies cultivadas, obtenidas por hibridación, que se usan en ornamentación por sus flores de muy diversos colores. Es originaria de Asia y se cultiva en muchos países. **2.** Flor de esta planta.

Tulipanes de la variedad «Don Quijote».

tulipero *s. m.* Árbol de la familia magnoliáceas, especie *Liriodendron tulipifera.* Tiene de 30 a 40 m de altura, hojas caducas y grandes flores terminales de color amarillo. Crece en América del Norte y su madera se utiliza en construcción.

Tullerías Antiguo palacio real de París, entre el Louvre y los Campos Elíseos. Fue mandado edificar por Catalina de Médicis. En 1792, el asalto del palacio por los revolucionarios, dirigidos por Danton y Robespierre, supuso el fin de la monarquía. El palacio se incendió en 1871 y fue demolido diez años más tarde.

tullido, da **1.** *p. p.* de **tullir**. ‖ *adj.* **2.** Se dice del cuerpo o miembro que ha quedado inútil o sin movimiento por enfermedad, accidente, etc., y también de la persona que así lo tiene. También *s.*

tullir *v. tr.* **1.** Dejar tullido. ‖ *v. prnl.* **2.** Quedar tullido. ■ Es v. irreg. Se conjuga como *mullir.*

Tulsa C. de EE UU, en el estado de Oklahoma, situada a orillas del río Arkansas. 366.300 h. en 1989. Es un importante centro de la extracción y refino del petróleo, así como del comercio y las finanzas. Tiene industria metalúrgica, de construcciones mecánicas, químicas, textiles y alimentarias.

Tuluá C. de Colombia, en el O del país, en el departamento de Valle del Cauca. 121.500 h. en 1985. Es centro de una región en la que se cultiva café, cacao, algodón, tabaco, caña de azúcar y cereales, y que posee además yacimientos de oro, plata y caolín.

Tulum C. arqueológica maya en el estado mexicano de Quintana Roo. Fundada en el s. VI, fue construida sobre un acantilado y rodeada por la parte de tierra por una muralla con cinco puertas. Entre sus muchos edificios destacan el castillo, formado por terrazas y escalinatas, y el templo de los frescos, con pinturas que recuerdan las de los códices mayas.

Tuluní Dinastía musulmana fundada por Ahmad ibn Tulun al independizarse del califato de Bagdad y que reinó en Siria y Egipto (868-905).

tumba *s. f.* Lugar bajo tierra o construido sobre ella en el que está enterrada una persona. ‖ **Loc. lanzarse a tumba abierta** En ciclismo, descender a toda velocidad por una pendiente muy pronunciada. P. ext., meterse osada y arriesgadamente en un asunto o actividad. **ser** alguien **una tumba** *fam.* Permanecer callado o guardar un secreto.

tumbaga *s. f.* **1.** Aleación de oro y cobre, muy quebradiza. **2.** Sortija hecha de esta aleación o de cualquier otro metal.

tumbar *v. tr.* **1.** Derribar, hacer caer. **2.** Poner en posición horizontal. También *v. prnl.* **3.** *fam.* Matar a una persona o animal. **4.** *fam.* Dejar sin sentido. **5.** *fam.* Suspender, catear. ‖ *v. prnl.* **6.** Echarse, sobre todo para dormir.

Tumbes **1.** Departamento de Perú, situado en el N del país, junto al océano Pacífico. 4.732 km². 144.000 h. en 1990. Ocupa una gran llanura accidentada por las estribaciones occidentales de los Andes. En él se cultiva arroz, plátanos, tabaco, algodón, caña de azúcar y maíz. Posee ganadería caprina y vacuna y ricos yacimientos de petróleo y carbón. **2.** C. de Perú, cap. del departamento homónimo. 62.900 h. en 1989. Cuenta con criaderos de ostras y con una refinería de petróleo. Es un importante centro comercial. Formó parte del Gran Chimú y del imperio de los incas. Fue descubierta por Pizarro y los Trece de la Fama en 1528.

tumbilla *s. f.* Armazón provisto de un pequeño brasero que se mete entre las sábanas para calentar la cama.

tumbo *s. m.* Sacudida, bote violento. ‖ **Loc. dando tumbos** *adv.* Tambaleándose; también, con tropiezos o dificultades.

tumbón, na *adj.* **1.** *fam.* Socarrón*. También *s.* **2.** Holgazán, perezoso. También *s.* ‖ *s. f.* **3.** Asiento largo que sirve para estar tumbado o recostado.

tumefacción *s. f.* Hinchazón de alguna parte del cuerpo.

tumefacto, ta *adj.* Hinchado; se aplica particularmente a alguna parte del cuerpo.

tumescencia *s. f.* Tumefacción, hinchazón.

tumescente *adj.* Tumefacto*.

túmido, da *adj.* **1.** Tumefacto*. **2.** Se dice del arco o bóveda que tiene más anchura hacia la mitad de su altura que en los arranques.

tumor *s. m.* **1.** Masa de tejido nuevo, sin función fisiológica, que se forma en un órgano del cuerpo debido a una proliferación anormal de sus células. ‖ **2. tumor benigno** Aquel que no se extiende a otros órganos o partes del cuerpo y por sí mismo no llega a producir consecuencias graves en el organismo del que lo padece. **3. tumor maligno** Aquel cuyas células proliferan y se extienden a otras partes del organismo, haciéndolas degenerar, de modo que puede llegar a causar la muerte.

tumoración *s. f.* Tumor*.

tumoral *adj.* Perteneciente o relativo al tumor.

tumoroso, sa *adj.* **1.** Que tiene tumores. **2.** Que tiene aspecto o naturaleza de tumor.

túmulo *s. m.* **1.** Sepulcro levantado sobre la tierra. **2.** En particular, montículo de arena, de piedras, etc., con que algunos pueblos cubrían una sepultura. **3.** Armazón sobre el que se coloca el féretro para celebrar las honras fúnebres del difunto.

tumulto *s. m.* **1.** Desorden o alboroto producido por una multitud. **2.** P. ext., confusión agitada o ruidosa.

tumultuario, ria *adj.* Tumultuoso. **Fam.** Tumultuariamente.

tumultuoso, sa *adj.* **1.** Que provoca tumultos. **2.** Que se muestra o se hace con tumulto o alboroto. **Fam.** Tumultuosamente.

tuna[1] (voz caribe) *s. f.* **1.** Nopal*, chumbera. **2.** Fruto de esta planta.

tuna[2] (del ant. fr. y del argot *tune*, hospicio de mendigos, y éste de *roi de Thunes*, rey de Túnez, sobrenombre del jefe de los vagabundos de París) *s. f.* **1.** Grupo de estudiantes que, vestidos de época, van por diversos sitios cantando y tocando instrumentos. **2.** Vida holgazana y vagabunda.

tunante, ta *adj.* Granuja, bribón. También *s.* **Fam.** Tunantería.

Tunas, Las Prov. de Cuba, en el E de la isla. 6.589 km². 485.100 h. en 1989. La capital es Victoria de Las Tunas, con 115.200 h. en 1989. Su economía se basa en el cultivo de la caña de azúcar.

tunda[1] (de *tundir*[1]) *s. f.* Acción y efecto de tundir paños o pieles.

tunda[2] *(de tundir*[2]*)* *s. f.* **1.** *fam.* Paliza, zurra. **2.** *fam.* Trabajo o esfuerzo intenso y agotador.

tundidor, ra *s. m.* y *f.* **1.** Persona que tunde los paños. ‖ *adj.* **2.** Se dice de la máquina que se utiliza para tundir los paños. También *s. f.*

tundidura *s. f.* Acción y efecto de tundir paños o pieles.

tundir[1] (del lat. *tondere*, trasquilar, rapar) *v. tr.* Cortar o igualar con tijera o tundidora el pelo de los paños o pieles.

tundir[2] (del lat. *tundere*) *v. tr.* **1.** *fam.* Dar a alguien golpes, palos o azotes. **2.** *fam.* Agotar a uno el cansancio o un esfuerzo.

tundra (voz finlandesa) *s. f.* **1.** Formación vegetal propia de climas fríos y áridos, con pocas precipitaciones, que crece en regiones situadas entre la taiga al S y los desiertos polares al N. Se extiende por el N de Asia, la península Escandinava, Canadá, Alaska y, en el hemisferio sur, por Tierra del Fuego. Está formada por musgos, líquenes, algunas gramíneas y arbustos enanos, y acoge una fauna de renos, caribúes y, ocasionalmente, zorros y lobos. **2.** Extensión de terreno cubierta por esta vegetación.

tunecí o **tunecino, na** *adj.* De Túnez o de Tunicia. También *s.*

túnel *s. m.* **1.** Paso subterráneo abierto artificialmente para establecer una comunicación a través de un monte, por debajo de un río, para el acceso a las minas, etc. ‖ **2. diodo túnel** Componente electrónico formado por la unión de dos semiconductores de distinta clase (*p-n*), que hace uso del efecto túnel. Se emplea para construir amplificadores, osciladores y circuitos de conmutación. **3. efecto túnel** Desplazamiento de algunos electrones a través de una barrera de potencial que, de acuerdo con la física clásica, debería impedirles el paso. Se explica por medio de los principios de la mecánica cuántica. **4. túnel de viento** (o **aerodinámico**) Dispositivo en forma de túnel por el que se hace pasar una corriente de aire para observar su efecto aerodinámico en modelos de aviones, puentes, automóviles, etc.

Túnez (*Tūnus*) C. de Tunicia, cap. del país, situada en el N del mismo, a orillas del mar Mediterráneo. 831.200 h. en 1988. Su economía se basa en las industrias químicas, de superfosfatos, de cemento, alimentarias y en las fundiciones de plomo. Tiene el puerto comercial más activo del país y es un importante nudo de comunicaciones. El turismo constituye una significativa fuente de ingresos. Ciudad de origen fenicio, perteneció al imperio romano tras la destrucción de Cartago. Fue capital del reino vándalo de África, cayó en poder de los bizantinos (533) y finalmente de los musulmanes (695). Pasó a dominio francés en 1881 y, proclamada la independencia, se convirtió en capital de Tunicia (1957). Entre sus monumentos más representativos se encuentran la mezquita de al-Zaytuna, del s. VIII y los palacios del dey de Túnez (s. XVIII) y del Bardo (s. XVIII-XIX).

tungsteno *s. m.* Nombre con que se conocía el *volframio.*

Tungurahua **1.** Volcán de Ecuador, en la cordillera central de los Andes, entre las provincias de Tungurahua y Chimborazo. Tiene una altitud de 5.016 m.
2. Prov. de Ecuador, situada en el centro del país. 3.110 km^2. 272.800 h. en 1989. La capital es Ambato, con 126.100 h. en 1989. Situada en la zona montañosa de los Andes, tiene un clima frío en las regiones elevadas y tropical húmedo en el resto. Cuenta con cultivos de frutas, cereales y leguminosas, industrias derivadas de la agricultura y siderúrgicas, textiles y de curtidos, y con artesanía.

túnica *s. f.* **1.** Vestidura interior larga, amplia y sin mangas que usaban los antiguos, p. ej. los griegos y los romanos. **2.** Vestidura parecida usada exteriormente. **3.** Telilla o membrana que está pegada a la cáscara en algunas frutas y bulbos. **4.** Membrana fina que cubre algunas partes del cuerpo. **5.** En zool., capa de tejido constituido fundamentalmente por una sustancia del tipo de la celulosa, que cubre totalmente el cuerpo de los animales tunicados.

tunicados *s. m. pl.* Subtipo de metazoos perteneciente, junto con los cefalocordados y los vertebrados, al tipo cordados, al que pertenecen unas 1.250 especies comprendidas en las clases ascidiáceas, taliáceas y larváceas. Se caracterizan por conservar únicamente durante la etapa embrionaria el notocordio o cuerda dorsal, sin que se derive de él la columna vertebral, como ocurre con los vertebrados. Los tunicados son animales marinos no segmentados y sin celoma, protegidos por una túnica que contiene celulosa. Viven libres o fijos al fondo del mar y se alimentan filtrando grandes cantidades de agua. Tunicados son las ascidias y las salpas. También se llaman *urocordados.* También *adj.* y *s. m.*

Tunicia (*Tunisiyya*) Estado del N de África.

Extensión: 154.530 km^2.
Límites: al N, con el mar Mediterráneo; al E, con el mar Mediterráneo y Libia; al S, con Libia y Argelia, y al O, con Argelia.
Población: 8.182.000 h. en 1990.
Densidad: 52,9 h./km^2.
Capital: Túnez.
División administrativa: 23 gobernaciones.
Ciudades principales: Sfax, Ariana, Djerba, Susa, Kairuán, Bizerta.
Gentilicio: tunecino.
Forma de Estado: república presidencialista.
Idioma: árabe (oficial), francés.
Religión: islamismo, 99,4 %.
Moneda: dinar.
Tasa de natalidad: 25 ‰ en 1990.
Tasa de mortalidad: 5 ‰ en 1990.
Renta per cápita: 1.260 dólares en 1989.

Geog. física El país puede dividirse en dos grandes zonas de acuerdo con su relieve. La región N, más montañosa, está atravesada por las últimas estribaciones de la cordillera del Atlas, que se extienden desde el O hasta el golfo de Túnez; la región centro y S está formada por una gran meseta en cuya parte O se encuentra el lago salado de Djerid. El único río destacable del país es el Medjerda. Esta distribución geográfica influye también en el clima, mediterráneo en el N y desértico en el S.

Geog. humana y ***económica*** La mayoría de la población es árabe y se distribuye por igual entre el campo y la ciudad; en general, las mayores concentraciones demográficas se dan en las regiones del N. Aunque el gobierno ha llevado a cabo varias campañas para favorecer la planificación familiar, el índice de crecimiento vegetativo sigue siendo elevado.

Tunicia: ruinas de la antigua ciudad romana de Sufetula, en la actual Sbeitla.

La economía tunecina depende en gran medida de la agricultura, que presenta algunas deficiencias, como los bajos rendimientos y la escasa modernización. Los cultivos más abundantes son cereales, vid, olivo (cuarto productor mundial), hortalizas, frutas, remolacha azucarera, palmeras datileras, lino y tabaco. Tienen importancia los recursos minerales, entre los cuales destacan el petróleo, los fosfatos (sexto productor mundial), el gas natural, así como el plomo, hierro y cinc. La industria tunecina se está desarrollando en los últimos años, especialmente en los sectores químico, alimentario, textil, de materiales de construcción, siderometalúrgico, papelero y maderero. También el turismo ha experimentado un considerable impulso.

Hist. **invasiones y colonización** Los fenicios fundaron colonias en la costa del territorio desde el s. X a. C.; una de ellas, Cartago, se emancipó y llegó a enfrentarse a Roma por el dominio del Mediterráneo (s. III-II a. C.). Tras la romanización del territorio, éste se convirtió en foco del cristianismo y cuna de teólogos como Tertuliano y San Agustín. Fue conquistado por los vándalos de Genserico (439) y pasó a poder de los bizantinos (533), antes de ser invadido por los musulmanes (647). Éstos fundaron Kairuán (670) y la hicieron capital de la provincia de Ifriqiyya. Los normandos de Sicilia intentaron su conquista, pero fueron rechazados por los almohades (1159), que dominaron el país hasta principios del s. XVI. La lucha entre España y el imperio otomano durante este siglo por el control del Mediterráneo hizo que sus costas fueran disputadas por españoles y turcos. Tunicia pasó a ser provincia otomana, bajo la autoridad de un dey u oficial de jenízaros, que fue adquiriendo independencia del poder otomano. El dey fue sustituido por un bey, cargo que llegó a convertirse en hereditario. En el s. XIX la presión europea y la penetración de sus ideas y métodos obligaron a los tunecinos a un esfuerzo modernizador que acabó en fracaso. Tunicia fue invadida por Francia (1881) y pasó a ser protectorado de este país (1883). Ya en el s. XX se organizó el movimiento nacionalista a raíz de la revuelta de 1911 y la fundación en 1918 del partido Destur (Constitución), de carácter reformista. En 1934 surgió el partido Neo-Destur, más radical y dinámico, fundado por Habib Burguiba. Tras la Segunda Guerra Mundial, el Neo-Destur consiguió nuevas reformas y el levantamiento de los nacionalistas (1951), que concluyó con la detención de los dirigentes del partido.

independencia y época actual Los franceses concedieron a Tunicia la autonomía (1955) y finalmente la independencia (1956). Burguiba fue nombrado primer ministro y, al año siguiente, al abolirse la monarquía y proclamarse la república, jefe del Estado (1957). Burguiba apoyó la independencia de Argelia. En 1963 la base de Bizerta fue evacuada por los franceses. Al año siguiente se cambió el nombre del partido único Neo-Destur por el de Partido Socialista Desturiano (PSD). En 1974 Burguiba fue proclamado presidente vitalicio. El descontento popular se

Túnez: vista de la plaza del 7 de noviembre de 1987 y de la avenida de Habib Burguiba.

puso de manifiesto en huelgas generales y manifestaciones, reprimidas por el gobierno (1977-1978). En 1980 se legalizaron algunos partidos políticos y en las elecciones del año siguiente resultó vencedor el Frente Nacional, integrado por el PSD y Unión General de Trabajadores Tunecinos (UGTT). En 1986 el presidente Burguiba nombró primer ministro a Rachid Sfar, que fue reemplazado en 1987 por Zine el-Abidin ben Alí. Éste, a su vez, depuso a Burguiba por incapacidad mental y física y ocupó el cargo de presidente, siendo nombrado Hedi Baccouche primer ministro. En 1988 se promulgó una ley que abolió la presidencia vitalicia de la república y redujo el poder del primer ministro. En las elecciones presidenciales celebradas en 1989 fue elegido Zine el-Abidin ben Alí, y en 1990 fue nombrado primer ministro Hamed Karoui.

Tunja C. de Colombia, cap. del departamento de Boyacá, en la cordillera oriental de los Andes. 113.350 h. en 1985. Cuenta con industrias textiles, alimentarias y metalúrgicas. La ciudad fue fundada en 1539 por el conquistador español Gonzalo Suárez Rendón sobre los restos de Hunsa, capital de un poderoso estado chibcha. En 1816 fue sede del congreso de Nueva Granada. Conserva conventos e iglesias del s. XVI, como las de Santa Clara, San Agustín, Santo Domingo y San Francisco, así como buen número de palacios renacentistas.

tuno, na *adj.* **1.** Tunante*. ‖ *s. m.* **2.** Componente de una tuna o estudiantina universitaria.

tuntún, al (o **al buen**) *loc. adv. fam.* Sin reflexionar ni pensar, a la ligera o al azar.

tupa (voz mapuche) *s. f.* Nombre común de dos plantas herbáceas o arbustivas de la familia campanuláceas, especies *Lobelia tupa* y *Lobelia salicifolia.* Son de gran tamaño, tienen hojas alternas y flores irregulares de color púrpura. Segregan una sustancia tóxica. Crecen en zonas tropicales de América del Sur.

Túpac Amaru I (? - El Cuzco 1572) Soberano inca (1571-72). Hermano y sucesor de Titu Cusi Yupanqui, protagonizó diversos levantamientos contra los españoles y fue apresado y ejecutado por orden del virrey Toledo. Con él se extinguió la dinastía de los soberanos incas.

Túpac Amaru, José Gabriel Condorcanqui, llamado (Surimaná 1741 - Cuzco 1781) Patriota peruano. Descendiente del inca Túpac Amaru, trató de hacer valer sus derechos en el Perú y para ello encabezó una rebelión en 1780, durante la cual sitió Cuzco. Las tropas reales le vencieron y fue ejecutado al poco tiempo. Le sucedió en la lucha su hermano Diego Cristóbal, que se sometió en 1782.

Túpac Inca Yupanqui (? - ? 1493) Soberano inca (1471-93). Jefe del ejército, realizó la primera expansión inca hacia el N y O, conquistando territorios y diversos reinos. Hacia 1471 realizó campañas por el S y E, en las que sometió a las tribus aimarás y se apoderó de parte del territorio araucano. Así creó un fuerte y vasto imperio muy organizado por el sistema de los curacas (oficiales administrativos).

tupamaro, ra *adj.* Del Movimiento Nacional de Liberación de Uruguay. También *s.*

Tupamaros (del rebelde *Túpac Amaru*) Nombre del Movimiento Nacional de Liberación de Uruguay, fundado en 1962 por Raúl Sendic. Especializado en la guerrilla urbana desde 1968, se enfrentó tanto al régimen como a los intereses capitalistas implantados en el país. Tras una intensa campaña de represión, fue desarticulado por el ejército en 1972. Desde 1985, y una vez restaurada la democracia en Uruguay, algunos de sus miembros se incorporaron a la política y eligieron la acción legal.

tupé *s. m.* **1.** Cabello o mechón de pelo que se lleva levantado sobre la frente. **2.** Penacho que tienen algunas aves sobre la cabeza.

tupido, da **1.** *p. p.* de **tupir**. ‖ *adj.* **2.** Se dice de aquello cuya masa o los elementos que lo componen están muy juntos o apretados entre sí. **3.** *amer.* Obstruido.

tupí-guaraní *adj.* **1.** Se dice de un pueblo amerindio que, a la llegada de los españoles, habitaba en Paraguay y en el N de Argentina. Con posterioridad, para escapar de la colonización, emigró hacia los Andes bolivianos, el alto Amazonas y las Guayanas. **2.** De este pueblo. También *s.* ‖ *s. m.* **3.** Familia lingüística sudamericana; es la de mayor importancia de las familias de lenguas autóctonas de toda América, por su extensión territorial y por el número de hablantes.

tupir *v. tr.* Hacer algo tupido y apretado, cerrando sus poros, huecos o separaciones. También *v. prnl.*

Tupoliev, Andrei Nikolaievich (Pustomazobo 1888 - Moscú 1972) Ingeniero ruso. Se dedicó al diseño de aeroplanos. Su modelo más conocido fue el ANT 20, llamado *Máximo Gorki* (1933). Detenido durante las purgas estalinistas (1937), fue rehabilitado en 1941 y aún diseñó importantes aviones supersónicos, como el bombardero TU 95 y el comercial TU 114.

Tupungato Pico de los Andes, situado entre Argentina y Chile. Tiene una altitud de 6.800 m, por lo que es la tercera elevación del continente americano.

Tura, Cosmè (Ferrara 1430 - íd. 1495) Pintor italiano. Discípulo de Piero della Francesca e influido por Mantegna y Donatello, realizó una pintura caracterizada por su dramatismo, con figuras deformes, de angulosos contornos y violentos efectos de luz. Entre sus obras cabe citar *La Virgen con la Magdalena y San Jerónimo, San Antonio de Padua,* el altar *Roverella* (1470-74) y la *Anunciación.*

Turán Llanura del centro de Asia, de límites indefinidos, que comprende el N de Irán y parte del Turkestán y llega hasta los Urales y Siberia. Tiene un clima semidesértico y está atravesada por los ríos Amu Daria y Sir Daria.

turanio, nia *adj.* Turcotártaro*.

turba[1] (del fr. *tourbe*) *s. f.* Carbón natural de formación reciente, procedente de la descomposición de restos vegetales acumulados en zonas pantanosas frías. Contiene aproximadamente un 55 % de carbono y mucha agua. Como combustible apenas tiene valor energético y sólo se utiliza para usos domésticos, en zonas muy pobres y sin árboles. Se aprovecha principalmente en agricultura y jardinería para formar suelos esponjosos y ricos.

turba[2] (del lat. *turba*) *s. f.* **1.** *desp.* Multitud agitada e incontrolada. Se usa más en *pl.* **2.** *desp.* Conjunto de personas de baja condición.

turbación o **turbamiento** *s. f.* o *s. m.* **1.** Acción y efecto de turbar o turbarse. **2.** Desorden, confusión.

turbamulta *s. f. desp.* Turba, multitud confusa y desordenada.

turbante *s. m.* **1.** Tocado oriental que consiste en una faja larga de tela que se enrolla en la cabeza. **2.** Tocado femenino de forma parecida.

turbar *v. tr.* **1.** Alterar el orden o el estado normal de las cosas. También *v. prnl.* **2.** Con palabras que significan quietud o silencio, interrumpirlos violenta o molestamente. También *v. prnl.* **3.** Confundir, impresionar, conmocionar. También *v. prnl.* **Fam.** Turbadamente, turbado, turbador.

Turbay Ayala, Julio César (Bogotá 1916) Político colombiano. Del Partido Liberal, fue ministro y embajador. Presidente de la república (1978-82), promulgó una reforma constitucional para conceder amplios poderes a los militares (1978), la cual fue anulada por el Tribunal Supremo (1981).

turbelarios *s. m. pl.* Clase de gusanos platelmintos a la que pertenecen unas 1.600 especies comprendidas en doce órdenes, entre los que destacan policlados, tricládos, rabdocelos y acelos. Son animales acuáticos de vida libre y pequeño tamaño, ya que la mayoría no supera los 2 cm de longitud. Están revestidos de cilios, cuyo movimiento produce pequeños torbellinos en las aguas. Habitan en los fondos marinos y de aguas dulces, entre la arena o el lodo, bajo piedras o sobre algas. Son en su mayoría hermafroditas, algunas especies carnívoras y pueden regenerar parte de su cuerpo. Turbelarios son las planarias. También *adj.* y *s. m.*

turbera *s. f.* Yacimiento de turba, área pantanosa rica en este carbón natural.

túrbido, da *adj.* Turbio*. ▪ Es de uso culto o literario.

turbiedad o **turbieza** *s. f.* **1.** Cualidad de turbio. **2.** Cualidad de confuso o desordenado.

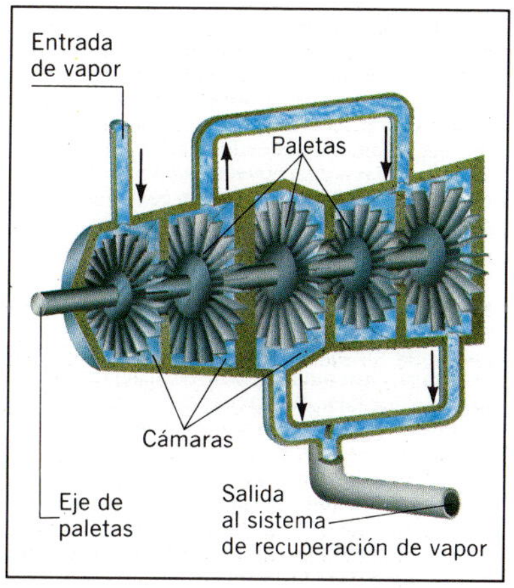

Esquema de una turbina de vapor con sistema de recuperación de energía.

turbina *s. f.* Máquina que convierte la energía cinética de un fluido en energía mecánica rotatoria. Consta de un conjunto de paletas, sobre las que hace presión el fluido, agua, gas o vapor, obligándolas a girar. Se utiliza para mover hélices, como en los motores marinos y de aviación, o para accionar una dinamo o un alternador en generadores de corriente eléctrica de las centrales hidroeléctricas y térmicas.

turbinto *s. m.* Árbol de la familia anacardiáceas, especie *Schinus molle.* Tiene el tronco recto y alto, flores pequeñas blanquecinas y fruto en baya con olor a pimienta. Crece en América del Sur. Con sus bayas se prepara una bebida.

turbio, bia *adj.* **1.** Que no tiene la transparencia que le es propia, por estar mezclado o alterado. **2.** De honradez o legalidad dudosas. **3.** Aplicado a cosas como la visión o el lenguaje, confuso, con poca claridad. **4.** Se aplica a tiempos o circunstancias turbulentos, revueltos. **Fam.** Turbiamente.

turbión *s. m.* **1.** Chaparrón con viento fuerte. **2.** Gran cantidad de cosas, sucesos, etc., que ocurren o se producen juntos o de manera brusca.

turbo *s. m.* **1.** Turbocompresor*. ‖ *adj.* **2.** Se aplica a motores, vehículos, etc., provistos de un turbocompresor que aumenta su potencia. También *s. m.*

turbo- *pref.* Significa 'turbina': *turbohélice.*

turboalternador *s. m.* Dispositivo compuesto por un alternador y la turbina que lo acciona.

turbocompresor *s. m.* Compresor centrífugo de alta presión movido por una turbina, el cual sirve para comprimir un fluido.

turbogenerador *s. m.* Generador de electricidad accionado por una turbina hidráulica, de gas o de vapor.

turbohélice *s. m.* Turbopropulsor*.

turbomotor *s. m.* Turbina accionada por aire comprimido y que funciona como un motor.

turbonada *s. f.* Turbión con truenos.

turbopropulsor *s. m.* Motor de avión en el que una turbina mueve la hélice. Se llama también *turbohélice.*

turborreactor *s. m.* Motor a reacción de una aeronave provisto de una turbina de gas que, al expandirse por medio de toberas, produce un efecto de propulsión.

turboventilador *s. m.* Grupo formado por el acoplamiento de un ventilador a una turbina.

turbulencia *s. f.* **1.** Cualidad de turbio o turbulento. **2.** Alboroto o confusión que altera la paz y el orden. **3.** Movimiento irregular, generalmente en forma de remolinos o torbellinos, que se produce en la corriente de un fluido (agua, aire, etc.).

turbulento, ta *adj.* **1.** Que se encuentra en estado de agitación, desorden o confusión. **2.** Inquieto, alborotador, propenso a provocar desórdenes o a rebelarse. También *s.* **3.** Se dice de la corriente de un fluido (agua, aire, etc.) que presenta turbulencias. **Fam.** Turbulentamente.

Turcios, Froilán (Juticalpa 1875 - San José, Costa Rica 1943) Escritor hondureño. En 1894 fundó *El pensamiento*, semanario para lanzar a jóvenes escritores. Seguidor del modernismo, entre sus libros merecen citarse, en poesía, *Mariposas* (1895), *Hojas de otoño* (1905) y *Hojas de almendro* (1931), y en novela, *Annabel Lee* (1906), *El vampiro* (1910) y *El fantasma blanco* (1911).

turco, ca *adj.* **1.** Se aplica a un grupo de pueblos de las estepas asiáticas, mezcla de razas paleoeuropea y mongoloide, que hablaban dialectos uralaltaicos y tenían organización nómada. Desempeñaron un papel fundamental en la formación de Europa. Pueblos turcos eran los hunos, ávaros, turcomanos, jázaros, magiares, mongoles, seléucidas, otomanos, etc. **2.** Se dice del individuo de un pueblo procedente del Turkestán, que se estableció en Asia Menor y la parte oriental de Europa. También *s.* **3.** De Turquía. También *s.* **4.** *amer.* Se aplica a cualquier inmigrante de Oriente Medio. También *s.* ‖ *s. m.* **5.** Lengua hablada en Turquía, Turkestán y otras regiones. ‖ **6. baño turco** Práctica higiénica que consiste en un baño de vapor seguido de una ducha caliente y otra fría.

turcomano, na *adj.* **1.** Se aplica a cierta rama de los pueblos turcos, muy numerosa en varias regiones de Asia. **2.** De este pueblo. También *s.*

Turcos y Caicos (*Turks and Caicos*) Colonia británica formada por el archipiélago del mismo nombre, en el Caribe, al SE de las Bahamas. 430 km^2. 13.000 h. en 1989. La capital es Cockburn Town, con 2.500 h. en 1987, situada en la isla de Grand Turk.

turcotártaro, ra *adj.* **1.** Se dice del pueblo turco que habita en la república de Turkmenistán y en el Turkestán chino. Se denomina también *turanio.* **2.** De este pueblo. También *s.* ‖ *s. m.* **3.** Conjunto de lenguas turcas que se hablan en Turquía y en Asia Central.

turdetano, na *adj.* **1.** Se dice de un antiguo pueblo hispánico prerromano que habitaba en el valle inferior del Guadalquivir (Turdetania) y es considerado heredero de los tartesios. **2.** De este pueblo. También *s.*

túrdiga *s. f.* Tira de pellejo.

Turena Región histórica de Francia, situada en el Loira, en la actualidad departamento de Indre-et-Loire, con capital en Turones, la actual Tours. Habitada por los turones, fue anexionada por los romanos y formó parte de los reinos franco y merovingio. Tras ser condado independiente (h. 940), fue dominio de Inglaterra bajo los Plantagenet (s. XI). Residencia de los reyes de Francia, de Carlos VII a Enrique IV, se incorporó a la corona francesa en 1584.

Turena, Henri de La Tour d'Auvergne, vizconde de (Sedan 1611 - Sasbach 1675) Militar francés. Su actuación en la guerra de los Treinta Años le valió el nombramiento de mariscal de Francia (1643). Participó en la revuelta de la Fronda frente a Mazarino y ofreció sus servicios a Felipe IV de España (1651), pero pronto se reconcilió con Luis XIV y venció a los españoles en la batalla de las Dunas (1658). Dirigió las operaciones de la guerra de Devolución (1667-1668). En 1672 se apoderó del S de las Provincias Unidas. Fue mortalmente herido en la batalla de Sasbach.

turf (voz ingl.) *s. m.* Pista de un hipódromo.

turgente *adj.* **1.** Abultado, firme, tirante; se aplica especialmente a las partes del cuerpo humano. **2.** En med., se dice del líquido orgánico que produce hinchazón.

túrgido, da *adj.* Turgente, abultado. ▪ Su uso es culto o literario.

Turgot, Anne Robert Jacques (París 1727 - íd. 1781) Político y economista francés. Como intendente de Limoges (1761-71) creó la famosa industria de porcelanas. Fue ministro de Marina e inspector de Finanzas en tiempos del rey Luis XVI (1774-76). Convencido fisiócrata, abogó por una reforma liberal de la economía del país. Es autor de *Reflexiones sobre la formación y la distribución de las riquezas* (1766).

Turgueniev, Ivan Sergueievich (Orel 1818 - Bougival, Francia 1883) Escritor ruso. Viajó por Europa, especialmente por Francia y Alemania. Su estilo se sitúa en una posición intermedia entre el romanticismo y el realismo y se le considera el más europeísta de los narradores rusos de su época. Alcanzó sus mayores éxitos como narrador en sus novelas *Rudina* (1856), *Nido de hidalgos* (1859), *Primer amor* (1860), *Padres e hijos* (1862), *Humo* (1867), *Aguas primaverales* (1871) y *Tierras vírgenes* (1877) y sobre todo en su libro de cuentos, *Relatos de un cazador* (1852).

Turia Río de España. 243 km. Nace en la sierra de Albarracín con el nombre de *Guadalaviar* y toma dirección E hasta llegar a la ciudad de Teruel, donde se le une el Alfambra. A partir de aquí fluye en dirección N-S, penetra en la provincia de Valencia, riega la huerta valenciana y desemboca en el mar Mediterráneo por Valencia.

turíbulo *s. m.* Incensario*.

turiferario *s. m.* El que lleva el incensario.

Turín (*Torino*) C. de Italia, cap. de la región de Piamonte, en el NO del país, en la confluencia del Po y el Dora Riparia. 991.800 h. en 1991. Es uno de los núcleos industriales más importantes; se concentran en esta ciudad industrias automovilísticas (FIAT) y sus derivadas, textiles, alimentarias, químicas, metalúrgicas, siderúrgicas, electrónicas y de construcciones mecánicas. Conserva numerosos monumentos, entre los que destacan la muralla romana, el campanil románico de la iglesia de la Consolata (s. XI), la iglesia gótica de Santo Domingo y la catedral renacentista. La ciudad, fundada por Octavio, fue ocupada por los lombardos en el 570. En el s. XI pasó a poder de la casa de Saboya, que la convirtió en capital de sus dominios. A comienzos del s. XIX fue cedida a Francia, pero el congreso de Viena ordenó su devolución a Italia.

Turina, Joaquín (Sevilla 1882 - Madrid 1949) Compositor español. Cursó sus estudios en Sevilla, Madrid, en el conservatorio de París y en la Schola Cantorum de la misma ciudad, donde recibió clases de d'Indy. Inspirado por Albéniz, escribió música española, a la que aporta un romanticismo tardío y elementos del canto popular andaluz. Entre sus composiciones destacan *La procesión del Rocío* (1913), *Poema en forma de canciones* (1918), con letra de Campoamor, *Sinfonía sevillana* (1921), *La oración del torero* (1925), para cuatro laúdes, y *Canto a Sevilla* (1927), para soprano y orquesta.

Joaquín Turina.

Turingia (*Thüringen*) Land de Alemania, situado en el sector central del país. 16.251 km^2. 2.684.000 h. en 1990. La capital es Erfurt, con 217.000 h. en 1990. Es una región boscosa, en cuyo centro se alza la cadena de la Selva de Turingia, y está regada por los ríos Saale, Werra, Wiesse, Ilm y Elster. Las principales ciudades son Weimar, Jena, Gotha, Altenburg y Eisenach. Tiene una rica agricultura de viñedos, cereales, remolacha azucarera, huerta y prados para la ganadería, así como importantes recursos forestales, minas de hierro, potasa, lignito, cobalto y cobre, e industrias derivadas de la madera, de instrumentos ópticos, de fotografía, siderúrgicas, químicas, electrónica, de maquinaria pesada y de precisión, cervecera, del vidrio y de instrumentos musicales. El antiguo territorio habitado por los turingios fue incorporado al reino franco (s. VI). Carlomagno lo convirtió en marca (804) y a la muerte de Ludovico Pío se incorporó a Germania (840). En el s. IX pasó a ser ducado, que en el XI dependió de los duques de Sajonia. Posteriormente se dividió en distintos estados, que no volvieron a agruparse hasta 1920. En 1933-34 constituyó el Land de Turingia. Al término de la Segunda Guerra Mundial se integró en la zona soviética (1946). El Land fue suprimido en 1952 y nuevamente constituido tras la reunificación alemana de 1990.

Turingia, Selva de Alineación montañosa situada en el Land de Turingia, en el centro de Alemania. Su máxima altura se encuentra en el pico Grosser Beerberg (982 m). Está atravesada por los ríos Elster y Saale, afluentes ambos del Elba.

turismo *s. m.* **1.** Práctica de viajar por placer a otros lugares, poblaciones y países. **2.** Actividad y organización de los medios, infraestructura, servicios, etc., dedicados a facilitar y atender estos viajes. **3.** Automóvil de uso particular.

turista *s. m.* y *f.* **1.** Persona que viaja haciendo turismo. **2.** Clase turista. ‖ **3. clase turista** La más económica de las categorías en que se clasifican los servicios de hoteles, transportes, etc.

turístico, ca *adj.* Relativo o dedicado al turismo o que ofrece interés para el mismo.

Turkana Lago de África, situado en el NO de Kenia. 8.600 km^2. Fue descubierto en 1888 por Samuel Teleky y en sus márgenes se han hallado restos de homínidos de hace tres millones y medio de años. También se llama lago *Rodolfo.*

Turkestán Región geográfica de Asia central, situada entre el desierto de Gobi y el mar Caspio. Comprende las repúblicas de Kazajstán, Kirguizistán, Uzbekistán, Tayikistán y Turkmenistán, y la región autónoma china de Xinjiang. Tiene un clima continental árido y está habitada por pueblos de habla turca. Fue invadida sucesivamente por los emperadores chinos, Alejandro Magno, los mongoles Gengis Kan y Tamerlán y los emperadores manchúes. En el s. XIX, parte de la región fue sometida por Rusia (1853) y los soviéticos la dividieron en las cinco repúblicas mencionadas, independizadas en 1991; los chinos dominaron la parte oriental, la región de Tarim, y crearon en 1955 la región autónoma de Xinjiang.

Turkmenistán (*Turkmenskaia*) Estado de Asia central, antigua república de la URSS, actualmente integrado en la CEI.

Extensión: 488.100 km^2.
Límites: al N, con Kazajstán y Uzbekistán; al E, con Kazajstán y Afganistán; al S, con Afganistán e Irán, y al O, con el mar Caspio.
Población: 3.534.000 h. en 1989.
Densidad: 7,24 h./km^2.
Capital: Ashjabad.
División administrativa: 5 provincias.
Ciudades principales: Chardzhou, Krasnovodsk, Tashauz.
Gentilicio: turcomano.
Idioma: ruso, turcomano.
Religión: islamismo, cristianismo.
Moneda: rublo.
Renta per cápita: 5.298 dólares en 1988.

Geog. Su territorio se asienta sobre una región desértica, el Karakum, y de áridas estepas, bordeada al S por la cordillera Kopet-Dag y surcada por los ríos Amu Daria y Murgab. La población es mayoritariamente turcomana, aunque hay minorías rusa, uzbeka y kazaca. La antaño pobre agricultura ha sido mejorada gracias a la canalización de aguas y al regadío; produce frutas, hortalizas, cereales y, sobre todo, algodón. La ganadería es un factor económico importante; se crían ovejas karakul, que producen lana y pieles de astracán, camellos y caballos. En cuanto a sus recursos minerales, destacan el petróleo, gas natural (tercer productor mundial), azufre, mag-

nesio y carbón. Posee industrias alimentarias, químicas, textiles, mecánicas, de materiales de construcción y del vidrio.
Hist. El territorio de Turkmenistán, al E del Caspio, fue ocupado por la Rusia zarista entre 1863 y 1885 y convertido en la provincia Transcaspiana. Después de la Revolución Rusa se creó un gobierno menchevique con apoyo británico en 1918, que fue derribado por los bolcheviques al año siguiente. En 1921 fue creada la República Socialista Soviética de Turkmenistán. En 1991, tras la desaparición de la URSS, Turkmenistán se integró en la CEI junto a las restantes repúblicas musulmanas ex soviéticas. En la presidencia se mantuvo el comunista Saparmurad Niyazov.

Turku C. de Finlandia, situada en el SO del país, a orillas del mar Báltico. 159.350 h. en 1990. Cuenta con industrias siderúrgicas, metalúrgicas, alimentarias, textiles, madereras, tabaqueras y de construcción naval. Tiene un activo puerto comercial. Esta ciudad, fundada en s. XIII, fue capital del país hasta 1812. Es sede de la Iglesia evangélica luterana de Finlandia.

turma *s. f.* Testículo*.

turmalina *s. f.* $Na(Mg\ Fe)_3\,Al_6\,(BO_3)_3\,(Si_6O_{18})\,(OH)_4$. Mineral silicato de aluminio con sodio, boro, magnesio, hierro y otros muchos minerales que producen multitud de variedades. Cristaliza en prismas hexagonales, columnares y en cristales radiales. Tiene brillo vítreo y su color depende de la composición química: el chorlo, que contiene hierro y aluminio, es de color negro y el más común; la rubelita, con cromo, es de color rojo; la elbaíta, con litio y aluminio, de color rosa; la dravita, con magnesio y aluminio, de color verde-azulado; la acroíta, con aluminio, es incolora. Se encuentra asociado a manifestaciones magmáticas en yacimientos de Brasil (Minas Gerais), Alemania, EE UU y Madagascar; en España en Orense, Salamanca y Cáceres. Se usa desde la antigüedad como gema, especialmente las variedades claras.

túrmix *s. f. fam.* Batidora eléctrica.

turnar *v. intr.* Sucederse uno a otro ordenadamente en el desempeño de una tarea, cargo, etc., o en el disfrute de algo. Se usa más como *v. prnl.*

turnedó *s. m.* **1.** Pieza de carne que se obtiene de los extremos del solomillo. **2.** Plato elaborado con esta pieza de carne.

Turner, Joseph Mallord William (Londres 1775 - íd. 1851) Pintor británico. Uno de los grandes paisajistas ingleses, mostró especial interés por captar en sus cuadros los fenómenos atmosféricos y las variaciones de luz. Poco a poco su técnica fue evolucionando hasta conseguir escenas en donde la forma queda difuminada en la atmósfera. Cultivó especialmente la acuarela. Entre sus obras merecen citarse *La catedral de Salisbury* (h. 1802), *Mañana de helada* (1813), *Interior en Petworth* (h. 1927), *El incendio del Parlamento* (1835), *Tempestad de nieve* (1842) y *Lluvia, vapor y velocidad* (1844).

Turner, Lana (Wallace, Idaho 1920) Actriz de cine estadounidense. Convertida en uno de los mitos eróticos de Hollywood, alcanzó sus mayores triunfos en papeles de corte melodramático. Entre sus mejores interpretaciones figuran las de los filmes *Ziegfeld Girl* (1941), *El cartero siempre llama dos veces* (1946), *La viuda alegre* (1952) y *Cautivos del mal* (*The bad and the beautiful*, 1952).

Joseph Mallord William Turner: La playa de Calais en marea baja *(Bury Art Gallery and Museum, Manchester).*

turno *s. m.* **1.** Orden por el que se suceden unas a otras las personas que se turnan. **2.** Momento en el que a alguien le corresponde actuar, desempeñar una tarea, recibir o experimentar cierta cosa, etc. **3.** En las cámaras legislativas y corporaciones, cada una de las intervenciones que permiten los reglamentos. ‖ **4. turno de oficio** Orden sucesivo dispuesto entre los abogados que están en ejercicio para encargarse de los casos de aquellas personas que tienen pocos recursos económicos. ‖ **Loc. de turno** *adj.* y *adv.* Que corresponde actuar en determinado momento según un orden o alternancia; también, se aplica a una persona o cosa, generalmente inoportuna, molesta o pesada que es esperada o bien conocida por todos.

turolense *adj.* De Teruel. También *s.*

turón *s. m.* Mamífero carnívoro de la familia mustélidos, especie *Mustela putorius.* Mide unos 60 cm de longitud, de los que 18 corresponden a la cola, aunque la hembra de la especie es más pequeña. Su piel es de color pardo oscuro uniforme, aunque existen variedades claras o albinas, con manchas en el rostro a modo de antifaz. Tiene hocico puntiagudo, orejas pequeñas y redondas y patas cortas con uñas fuertes. En su ano posee unas glándulas por las que, cuando es atacado, segrega un líquido de olor nauseabundo, como mecanismo defensivo. Habita en el hemisferio norte, en bosques y campos, y es cazado por su piel.

Turón (Mustela putorius).

Turpin, Richard, llamado **Dick** (Hampstead 1706 - York 1739) Bandolero británico. Ladrón de caballos, cometió numerosos crímenes y fue ahorcado en York por asesinato. Su vida, convertida en leyenda, ha sido asunto de narraciones y poemas.

turquesa[1] *s. f.* **1.** Molde manual de fundición formado por dos piezas que se unen y separan a modo de tenazas y sirve para hacer balas, bodoques, etc. **2.** En general, molde.

turquesa[2] (del ant. *turqués*, turco) *s. f.* **1.** $CuAl_6(OH)_8(PO_4)_4 \cdot 4H_2O$. Mineral fosfato hidratado de cobre y aluminio. Cristaliza en el sistema triclínico, tiene un color azul verdoso característico y brillo céreo. Procede de la alteración de rocas con contenido de aluminio y se encuentra en yacimientos de Nuevo México, península del Sinaí y Nishapur (Irán). Es una gema utilizada en joyería, que se conoció en Europa a través de Turquía y que ya era usada por los mayas como piedra preciosa. **2.** Color azul verdoso, como el de este mineral.

Turquestán Véase **Turkestán**.

Turquía (*Türkiye*) Estado del O de Asia y SE de Europa.

Extensión: 779.452 km^2.
Límites: al N, con Bulgaria, el mar Negro y Georgia; al E, con Irán; al S, con Irak, Siria y el mar Mediterráneo, y al O, con el mar Egeo y Grecia.
Población: 56.941.000 h. en 1990.
Densidad: 73 h./km^2.
Capital: Ankara.
División administrativa: 8 regiones geográficas.
Ciudades principales: Estambul, Izmir, Adana y Bursa.
Gentilicio: turco.
Forma de Estado: república.
Idioma: turco.
Religión: islamismo, 99,2 %.
Moneda: lira turca.
Tasa de natalidad: 28 ‰ en 1990.
Tasa de mortalidad: 8 ‰ en 1990.
Renta per cápita: 1.360 dólares en 1989.

Geog. física La Turquía asiática, enclavada en Asia Menor, está constituida por una meseta, la de Anatolia, bordeada de montañas: al N, los montes Pónticos; al E, las montañas de Armenia, donde se encuentra el Ararat (5.165 m); al SE, las altas tierras del Kurdistán, y al S, los montes Tauro. La región costera del O está formada por suaves llanuras litorales. Los principales ríos de la parte asiática son el Simav, Sakarya, Kizilirmak, Gediz, Büyuk Menderes, Seyhan, Ceyhan, Tigris y Eúfrates, estos dos últimos nacen en el E del país y lo abandonan por el S. El mar de Mármara separa la Turquía asiática de la europea. Esta última comprende una amplia llanura central, la Tracia oriental; al E se elevan los montes Istranca y al SO la cordillera boscosa de Kuru Dägi; el río más importante es el Maritza (Meric). Debido a su configuración, Turquía tiene varios tipos de clima: en la costa N predomina un clima templado y húmedo; en la costa S, clima mediterráneo, y en el interior, más continental. En la Turquía europea, más lluviosa que la asiática, hay bosques de cipreses y algarrobos. En la Turquía asiática, a la costa N corresponde una vegetación de coníferas y castaños; al S, vegetación de tipo mediterráneo, y al centro, estepas y desiertos.
Geog. humana y ***económica*** La población turca, repartida por igual entre el campo y la ciudad, se concentra especialmente en la costa del mar Egeo y en la Turquía europea. La tasa de crecimiento se sitúa en torno al 2,5 % anual. La economía es esencialmente agropecuaria, destacando los cultivos de trigo (octavo productor mundial), cebada (décimo), maíz, arroz, remolacha azucarera, algodón (octavo), vid, olivo (quinto), patata, tabaco (quinto), té (sexto), leguminosas y frutales, y en la ganadería, sobre todo en la meseta de Anatolia, la cría de ovino (séptimo productor mundial) y caprino (noveno), cuya variedad de angora es muy apreciada. El subsuelo es rico en yacimientos de cromo (tercer productor mundial), hierro, carbón, lignito (décimo), cobre, manganeso, antimonio (décimo), mercurio (séptimo), magnesita (sexto), bauxita y, en menor grado, en petróleo. En la industria, que cuenta con una alta participación estatal, sobresalen los sectores textil, alimentario, químico, del papel y de las construcciones mecánicas, navales y aeronáuticas.
***Hist.* invasiones e islamización** Desde el segundo milenio a. C. hasta el s. XI, el territorio sufrió las invasiones de hititas, frigios, griegos y romanos. En el s. XI los turcos seléucidas se es-

Turquía: vista del puerto de Antalya, ciudad situada en el golfo del mismo nombre, a orillas del mar Mediterráneo.

tablecieron en el país, islamizándolo y fundando el sultanato de Rum. Pero en el s. XIII los otomanos, aprovechando la desmembración de este sultanato, consolidaron su poder con Osmán I y, tras enfrentarse al imperio bizantino, ampliaron las fronteras de sus territorios hacia el E y el O. A partir de mediados del s. XVII se inició la lenta desaparición del imperio otomano y se formaron distintas naciones: Croacia, Eslovenia, Rumania, Grecia, Bulgaria, Ucrania y Chipre. En la Primera Guerra Mundial, Turquía luchó al lado de Alemania. Terminada la contienda, el general Mustafá Kemal declaró la soberanía de la nación y con la ayuda de la URSS recuperó algunos distritos armenios.

independencia En 1922, después de la abolición del sultanato, se proclamó la república y Mustafá Kemal fue su primer presidente. Se creó el Partido Republicano del Pueblo (1923) y se aprobó una Constitución (1924) que otorgó el poder a la Asamblea Nacional. Fue éste un periodo de modernización en todos los aspectos: se estableció la educación obligatoria, se suprimió la obligatoriedad del islamismo y se abolió la poligamia. A la muerte de Mustafá Kemal, en 1938, le sucedió el general Ismet Inönü, que mantuvo neutral a su país durante la Segunda Guerra Mundial. En las elecciones de 1950 obtuvo el triunfo el Partido Democrático del Pueblo y Celal Bayar accedió a la presidencia de la república. La jefatura del gobierno fue ocupada por Adnan Menderes, que inició una política totalitaria y dictatorial: encarceló a los opositores al régimen e impuso la enseñanza musulmana obligatoria. Mientras tanto, la economía había caído en una profunda bancarrota.

época actual En 1960 un golpe de Estado derrocó a Menderes y un comité militar tomó el poder. El general Gemal Gürsel fue nombrado presidente de la república y, entre el caos económico y las revueltas populares, se sucedieron los gobiernos de Inönü, Urgüglü y Demirel. En 1966, murió Gürsel y ocupó la presidencia Sunay Cevdet. La situación interior se hizo insostenible

Turquía: paisaje del valle de Göreme en Capadocia, donde la acción del agua sobre las calizas formó estas «chimeneas de bruja», antiguamente usadas como viviendas.

y el ejército obligó a dimitir a Demirel y controló los sucesivos gobiernos de Nihat Erim (1971-72) y Ferit Melen (1972-73). Se implantó la ley marcial. En 1973, Sunay fue reemplazado en la presidencia por Fahri Korotürk. Al año siguiente formó gobierno Bulen Ecevit y Turquía invadió Chipre. Ecevit fue sustituido por Demirel (1975). Se agudizó el terrorismo y el separatismo de los kurdos. En este clima, Kenan Evren dio un golpe de Estado y se hizo con el poder (1980). En las elecciones de 1983 resultó victorioso el Partido de la Madre Patria y Turgut Ozal ocupó la jefatura del gobierno, y en 1989 la presidencia de la república. El resultado de las elecciones legislativas de 1991 supuso la pérdida de la supremacía de este partido y el ascenso de los fundamentalistas islámicos.

Lit. Al periodo islámico, del s. XI a principios del XIX, pertenecen los más antiguos textos conservados, que datan de fines del s. XIII y comienzos del XIV y consisten en poesías religiosas y místicas. El primer poeta otomano fue Admedi (s. XV). En el s. XVI brillaron los poetas Ahmet Pasa, Baki y Fiduli y el prosista Lamii. En la siguiente centuria sobresalieron los poetas Nefi y Karaya-Uqlan y el autor de crónicas de viajes Evliya Celebi. Nedim en poesía y Naima en la prosa son figuras relevantes del s. XVIII. La cultura europea ejerce su influencia a partir del s. XIX. En los últimos años del siglo nace la escuela literaria Riqueza de las Ciencias, representada por el novelista Halit Ziya y el poeta Tevfik Fikret. Ya en el s. XX, tras las reformas de Mustafá Kemal, la literatura turca busca nuevos caminos y destacan, en poesía, Nazim Hikmet, y en prosa, Ilhan Tarus, Kemal Tahir, Tarid Bugra y Erol Toy.

Turriano (o **Torriano**)**, Giannello della Torre,** llamado **Juanelo** (Cremona h. 1501 - Toledo 1585) Ingeniero italiano. Fue relojero de Carlos V y siguió al servicio de Felipe II. Construyó un ingenio para subir el agua del Tajo a Toledo y se le atribuye también la fabricación de autómatas, como el hombre de palo, que llevaba a su constructor la carne y el pan que recogía del palacio arzobispal de Toledo.

turro, rra *adj.* **1.** *Arg.* Deshonesto o malintencionado. También *s.* ‖ *s. f.* **2.** *Arg.* Prostituta.

Turró y Darder, Ramón (Malgrat, Barcelona 1854 - Barcelona 1926) Biólogo y filósofo español. Director del Laboratorio de Ciencias Médicas de Barcelona, desarrolló importantes estudios en el campo de la fisiología, la microbiología, la inmunología y la higiene. Sus teorías filosóficas están en estrecha relación con sus investigaciones científicas. Defendió que la experiencia del hambre se halla en los orígenes del conocimiento. Es autor de obras como *Orígenes del conocimiento: el hambre* (1912), *Filosofía crítica* (1917) y *La base trófica de la inteligencia* (1918).

turrón *s. m.* Dulce elaborado con almendras u otros frutos secos, tostado y endulzado con miel y azúcar, que se presenta en forma de barras o tabletas. Es típico de Navidad.

turronería *s. f.* Establecimiento en que se vende turrón.

turronero, ra *s. m.* y *f.* **1.** Persona que hace o vende turrón. **2.** Perteneciente o relativo al turrón.

turulato, ta *adj. fam.* Alelado, pasmado por el asombro o la admiración.

turullo *s. m.* Cuerno usado por los pastores para llamar al ganado.

tururú *interj. fam.* Expresa rechazo, negación rotunda, incredulidad o burla.

turuta *adj.* **1.** *fam.* Loco, chiflado. ‖ *s. m.* **2.** *fam.* Soldado que toca la corneta en el servicio militar.

tus Se usa en la locución familiar **no** (o **sin**) **decir tus ni mus**, permanecer callado, no decir nada.

tusca *s. f.* Nombre común de diversas plantas arbustivas de la familia leguminosas, subfamilia mimosáceas, género *Acacia*. La *Acacia maniliforme* tiene las ramas intrincadas y espinosas. Crece en terrenos pedregosos en América del Sur.

tusígeno, na *adj.* Que provoca tos.

Tutankamón Faraón egipcio de la XVIII dinastía (h. 1354 - 1346 a. C.). Siendo un niño, sucedió a su hermano Smenker. Restableció el culto a Amón y devolvió la capitalidad a Tebas. En 1922 su tumba, con un magnífico tesoro, fue descubierta intacta por el arqueólogo inglés Howard Carter.

tute *s. m.* **1.** Juego de baraja española, cuya baza principal, que permite ganar la partida, consiste en reunir los cuatro reyes o los cuatro caballos. **2.** Dicha baza. **3.** Esfuerzo o trabajo excesivo o muy intenso. ■ Se usa especialmente en la expresión *darse* o *pegarse un tute*. **4.** Desgaste, uso continuado de algo. ‖ **5. tute arrastrado** El que se juega entre tres, se reparten todas las cartas y es obligado arrastrar. **6. tute subastado** Variedad en la que se reparten todas las cartas y un jugador se compromete a lograr el tanteo más alto, pudiendo éste elegir el palo que pinta.

tutear *v. tr.* Hablar a una persona de tú y no de usted. También *v. prnl.* **FAM.** Tuteamiento.

tutela *s. f.* **1.** Autoridad que, de acuerdo con la ley, se concede a una persona o institución para que cuide de un menor o de una persona legalmente incapacitada, así como de sus bienes. **2.** Cargo o función de tutor. **3.** Protección, cuidado, dirección.

tutelar[1] *v. tr.* **1.** Ejercer la tutela de alguien. **2.** Patrocinar, favorecer o dirigir a una persona, obra, etc.

tutelar[2] (del lat. *tutelaris*) *adj.* **1.** Perteneciente o relativo a la tutela legal. **2.** Que protege, patrocina o dirige.

tuteo *s. m.* Acción y efecto de tutear o tutearse. ■ Se dice también *tuteamiento*.

tutifruti *s. m.* Helado de frutas variadas. ■ Se escribe también *tutti-frutti*, *tutti frutti* y *tuttifrutti*.

tutiplén, a *loc. adv.* **1.** *fam.* En abundancia, sin medida. **2.** *fam.* A plena satisfacción.

Tutmés o **Tutmosis** Nombre de cuatro faraones egipcios de la XVIII dinastía.

Tutmés o **Tutmosis III** (? h. 1504 - ? 1450 a. C.) Faraón egipcio (1483-1450 a. C.). Subió al trono siendo un niño y no gobernó efectivamente hasta la muerte de su madrastra, la reina Hatsepsut. Conquistó Siria, Fenicia y Palestina y extendió las fronteras hasta el Eúfrates. Se anexionó Nubia hasta la cuarta catarata del Nilo, garantizando a Egipto el control de las abundantes minas de oro de esta región. Fue una época de gran prosperidad para Egipto.

tutor, ra *s. m.* y *f.* **1.** Persona encargada de la tutela de alguien o algo. **2.** Defensor, protector o director. **3.** Profesor particular que tiene a su cuidado la educación general de un alumno. **4.** Profesor o persona encargada de orientar y aconsejar a los alumnos de un curso o de una asignatura.

tutoría *s. f.* **1.** Cargo o función de tutor. **2.** Tiempo que un profesor destina a ejercer como tutor. **3.** Tutela, autoridad sobre un menor o persona incapacitada, o sobre sus bienes.

tutsi *adj.* **1.** Se dice de un pueblo negro africano que habita en Burundi, Uganda, Ruanda y Tanzania; se caracteriza por la elevada estatura de sus individuos, que muchas veces sobrepasan los 2 m. **2.** De este pueblo. También *s.*

tutti (voz ital. que significa 'todos') *s. m.* En mús., indicación para que toque toda la orquesta.

Tutu, Desmond (Klerksdorp 1931) Religioso y político sudafricano. Primer obispo anglicano negro de Johannesburgo, desarrolló una gran

Desmond Tutu.

actividad en el terreno político y religioso contra el régimen racista de su país. En 1986 fue nombrado arzobispo de Ciudad del Cabo. Se le otorgó el premio Nobel de la paz en 1984.

tutú[1] *s. m. Arg.* Ave coraciforme de la familia momótidos, especie *Prionites momota.* Tiene el pico ligeramente curvo, con la parte superior dentada, alas redondeadas y patas pequeñas y débiles. Habita en América del Sur.

tutú[2] (del fr. *tutu*) *s. m.* Falda de las bailarinas de ballet, generalmente de muselina blanca u otro tejido ligero y vaporoso.

tuturuto, ta *adj.* **1.** *Amér. C., Col., Ec., Ven. fam.* Turulato, estupefacto. ‖ *s. m.* y *f.* **2.** *Chile. fam.* Alcahuete.

Tuvalu Estado insular de Oceanía.

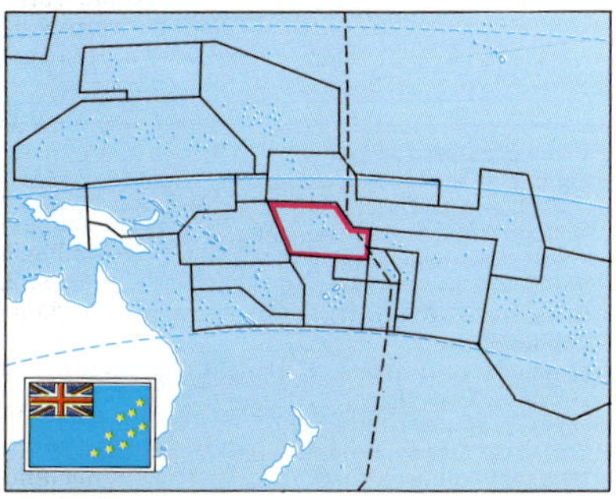

Extensión: 23,96 km^2.
Situación: en el océano Pacífico, al NE de Australia.
Población: 9.100 h. en 1990.
Densidad: 379,8 h./km^2.
Capital: Vaiaku.
División administrativa: 9 islas.
Forma de Estado: monarquía constitucional.
Idioma: inglés y tuvaluano (lengua polinésica).
Religión: protestantismo, 96,9 %.
Moneda: dólar de Tuvalu.
Tasa de natalidad: 27 ‰ en 1990.
Tasa de mortalidad: 10 ‰ en 1990.
Renta per cápita: 420 dólares en 1985.

Geog. Este pequeño archipiélago de origen coralino está formado por un rosario de atolones en torno a una laguna central. Debido a su posición geográfica, tiene un clima tropical con abundantes precipitaciones. Su población es mayoritariamente polinesia y se dedica al cultivo de la palma cocotera y a la pesca.
Hist. Las islas Tuvalu fueron descubiertas por el español Álvaro de Mendaña (1568). Con el nombre de *Ellice* estuvieron bajo la jurisdicción del organismo británico Alta Comisión del Pacífico Occidental entre 1877 y 1892 y, juntamente con las Gilbert, formó un protectorado británico (1892) y luego una colonia (1915); pero los habitantes de las Ellice, descontentos con esta unión, celebraron un referéndum que dio como resultado la separación de los dos archipiélagos. Ellice cambió su nombre por el de *Tuvalu* en 1976 y dos años más tarde se convirtió en un estado independiente en el seno de la Commonwealth. El cargo de primer ministro recayó en Toalipi Lauti, sustituido en 1981 por Tomasi Puapua, quien fue reelegido en 1985 y reemplazado en 1989 por Bikenibeu Paeniu.

Tuxtla Gutiérrez C. de México, cap. del estado de Chiapas, situada en el SE del país. 166.500 h. en 1985. Es la cabecera de una zona donde se cultivan productos tropicales, como el café, cacao, caña de azúcar y algodón y cereales, y que cuenta también con una importante cabaña vacuna y equina. Posee industrias alimentarias, textiles y tabaqueras. Es además un centro comercial, administrativo y político.

Tuy o **Tui** C. de España, en la prov. de Pontevedra, situada en la confluencia del Miño con el Louro, junto a la frontera portuguesa. 15.350 h. en 1991. Es centro de una comarca en la que se cultivan cereales, vid, leguminosas, frutales y productos hortícolas y tiene ganado vacuno y bosques de pino. Sus principales recursos se derivan del comercio, debido a su posición fronteriza. Ciudad episcopal, su catedral, románica (s. XIII), fue reformada a fines del s. XV. Son de interés las iglesias de San Bartolomé (s. XII) y la de Santo Domingo (s. XIV). Antigua población ibérica y después romana, fue capital del reino visigodo con Witiza (s. VII).

Tuy, Lucas de, llamado **El Tudense** (? - ? 1249) Cronista español. Obispo de Tuy, combatió la herejía albigense y escribió el *Chronicon mundi*, que abarca desde la creación del mundo hasta el año 1236 y tiene un marco tanto peninsular como universal. Fabulosa en ocasiones, esta obra es de gran interés para el estudio de la épica castellana, pues constituye uno de los pocos testimonios de algunos relatos perdidos.

tuya *s. f.* Nombre común de diversas plantas arbóreas o arbustivas de la familia cupresáceas, género *Thuja.* La *Thuja occidentalis* es un árbol ornamental, que mide unos 20 m de altura, se mantiene siempre verde y su cima cónica tiene las ramas y hojas aplanadas. La *Thuja gigantea* puede alcanzar hasta 50 m de altura. Son originarias de América del N, pero se han extendido a Europa como árboles de adorno y forestales.

tuyo, ya *adj. pos. m.* y *f. de 2.ª pers.* **1.** Se utiliza detrás del sustantivo e indica que lo expresado por éste pertenece a la persona a quien uno se dirige o guarda relación con ella: *Eso son manías tuyas.* También *pron.: Este libro es el tuyo.* ‖ *pron. pos.* **2.** Con *lo,* expresa lo más característico de la persona a quien se habla o lo más apropiado para ella: *Dedícate a cantar, que es lo tuyo.* **3.** Con *lo* y verbos como *costar, llevar* y similares, esfuerzo, trabajo, tiempo, etc., que necesita o emplea para alguna cosa la persona a la que nos dirigimos. ‖ *s. m. pl.* **4.** Precedido del artículo determinante, familiares, compatriotas, allegados, etc., de la persona a quien hablamos. ‖ *s. f.* **5.** *fam.* Precedido de *la,* ocasión o circunstancia favorable para la persona a quien uno se dirige. ‖ **Loc. de las tuyas** *fam.* Se refiere a conductas, acciones, etc., propias o típicas de la persona a quien uno se dirige; suele usarse en sentido negativo.

tuza (voz náhuatl) *s. f.* **1.** *Amér. C., Méx.* Nombre común de varias especies de ratas de gran tamaño, color amarillo rojizo oscuro y vida subterránea. ‖ *s. m.* **2.** *Méx. fam.* Minero.

tv Abreviatura de televisión.

Tvardovski, Alexandr Trifonovich (Zagorie, Smolensko 1910 - Krasnaia Pajra, Moscú 1971) Poeta soviético. Fue director de la revista *Novy Mir* (1950-54 y 1958-70). En su poema *El país de Muraviia* (1936) ensalza el plan quinquenal y los koljoses. Otros poemas suyos dignos de mención son *Vasili Tiorkin* (1945) y *La mañana de Moscú* (1959).

Mark Twain.

Twain, Samuel Langhorne Clemens, llamado **Mark** (Florida, Missouri 1835 - Redding, Connecticut 1910) Escritor estadounidense. Trabajó como ayudante del piloto en un vapor del Mississippi, minero en el Far West, periodista y conferenciante. Como narrador, devolvió espontaneidad a la prosa de su generación, tratando temas tradicionales o de la vida cotidiana y alejándose de las preocupaciones esteticistas. Entre sus obras destacan *La edad dorada* (1873), *Las aventuras de Tom Sawyer* (1876), *Vida en el Mississippi* (1883), *Las aventuras de Huckleberry Finn* (1884) y *Un yanqui en la corte del rey Arturo* (1889).

tweed (voz ingl.) *s. m.* Tejido escocés de lana virgen, cálido, fuerte y bastante impermeable; generalmente presenta mezcla de dos colores y suele utilizarse en prendas de sport.

twist (voz ingl.) *s. m.* Baile surgido en EE UU en 1961, caracterizado por rítmicos balanceos o torsiones de tobillo y cadera a derecha e izquierda.

txistu (voz vasc.) *s. m.* Chistu*.

Tychy C. de Polonia, situada en el S del país, cerca de Katowice. 187.600 h. en 1989. Tiene una importante industria siderúrgica.

Tyler, John (Greenway, Virginia 1790 - Richmond 1862) Político estadounidense. Demócrata en un principio, se pasó a las filas republicanas. Fue elegido vicepresidente del país (1840) y ocupó la presidencia de la Unión (1841-45) a la muerte de Harrison. Hizo votar la anexión de Texas a EE UU.

Tyler, Wat (? - Londres 1381) Cabecilla popular británico. Se puso al frente de la revuelta campesina contra el régimen feudal (1381). Los insurrectos tomaron Londres, liberaron a los prisioneros de la Torre y llegaron a pactar con el rey. En el curso de una entrevista con Ricardo II, Tyler fue apuñalado por el alcalde de Londres.

Tylor, Edward Burnett (Camberwell 1832 - Wellington 1917) Antropólogo británico. Fundador de la antropología cultural, realizó importantes investigaciones desde una perspectiva evolucionista que contribuyeron a elevar su disciplina a la categoría de ciencia. Se interesó por el origen de las religiones y la etnografía de México. Entre sus obras sobresalen *Investigaciones sobre la historia más antigua de la especie humana y sobre el desarrollo de la civilización* (1865), *Anáhuac o México y los mexicanos* (1871) y *Antropología* (1881).

Tyndall, John (Leighlin-Bridge 1820 - Hindhead, Surrey 1893) Físico irlandés. Investigó el calor radiante, el diamagnetismo y la conductibilidad de los gases. Explicó el movimiento de los glaciares y descubrió el **efecto Tyndall**, según el cual, cuando un recipiente de caras paralelas recibe un haz de rayos paralelos en una de sus caras, el rastro de luz dejado en la cara opuesta conserva las dimensiones originales si el recipiente está vacío o contiene un líquido homogéneo, mientras que si está lleno de un líquido turbio el rastro dejado en la cara opuesta es más grande.

Tyrrell, George (Dublín 1861 - Storrington, Sussex 1909) Teólogo irlandés. Calvinista, se convirtió al catolicismo y entró en la Compañía de Jesús (1880). Fue el teólogo más representativo del modernismo. En 1906 fue expulsado de los jesuitas y excomulgado al año siguiente. Entre sus obras más significativas figuran *Sobre la religión exterior* (1899) y *El cristianismo en la encrucijada* (1909).

Tyumen C. de la Federación Rusa, situada en la Siberia occidental. 477.000 h. en 1989. Constituye el centro urbano de la principal cuenca petrolífera de Rusia, que produce el 64% del petróleo y el 69% del gas natural de la antigua URSS. En ella se encontraba un célebre penal.

Tzara, Sami Rosenstok, llamado **Tristan** (Moinesti, Rumania 1896 - París 1963) Escritor francés de origen rumano. Iniciador del dadaísmo (1916), publicó su manifiesto en 1918. Tras la Segunda Guerra Mundial, volvió a planteamientos más convencionales y equilibrados, orientando sus escritos hacia el terreno moral. Entre sus libros destacan *La primera aventura celeste del señor Antipirina* (1916), *Siete manifiestos dadá* (1924), *El hombre aproximado* (1931) y *La rosa y el perro* (1958).

tzeltal o **tzendal** *adj.* **1.** Se dice de un pueblo amerindio de la familia lingüística maya-quiché, que habita en el estado mexicano de Chiapas; comprende diversas tribus, entre ellas la tzeltal propiamente dicha y la tzotzil o chamula. **2.** De este pueblo. También *s.* ‖ *s. m.* **3.** Lengua hablada por el mismo.

U

u[1] *s. f.* Vigesimosegunda letra del abecedario español, última de las vocales. ▪ No se pronuncia en las sílabas *gue, gui* (*guerra, guiso*), salvo cuando lleva diéresis (*bilingüe, pingüino*), ni tampoco en *que, qui* (*queso, quinto*).

u[2] *conj. disyunt.* Se emplea en lugar de *o* ante palabras que empiezan por esta letra o por *ho*, para evitar la cacofonía: *uno u otro, día u hora.*

U Símbolo químico del uranio.

Uagadugú C. de Burkina Faso, cap. del país, situada en el sector central de su territorio. 442.250 h. en 1985. Es un centro administrativo y comercial, que posee industria todavía poco desarrollada, fundamentalmente textil, vidriera y eléctrica.

uapití *s. m.* Mamífero artiodáctilo de la familia cérvidos, especie *Cervus canadensis.* Es de gran tamaño, pudiendo alcanzar hasta 1,70 m de altura en la cruz, y el macho tiene una alta y ramificada cornamenta de astas planas. Su color es pardo grisáceo, con las patas pardas y el vientre oscuro, al igual que la región del cuello, donde el pelaje es más denso y largo. Habita en las Montañas Rocosas, Wyoming y el S de Canadá.

Uapití (Cervus canadensis).

Uaxactún Centro arqueológico maya de Guatemala, en el departamento de Petén, en plena selva. Está considerado como el más antiguo de los focos urbanizados del periodo clásico maya, habitado hacia el 1500 a. C. Se han descubierto pirámides y numerosas estelas de piedra, con bajorrelieves, fechadas entre los s. IV y IX.

ubajay *s. m.* **1.** *Arg.* Árbol de la familia mirtáceas, especie *Eugenia edulis.* Tiene abundante ramaje, con hojas estrechas y puntiagudas, flores blancas y fruto en forma de pera, comestible, de pulpa amarilla y sabor algo ácido. Crece en regiones tropicales de América del Sur. **2.** Fruto de este árbol.

Ubangui Río de África. 2.253 km de longitud y más de 10.000 m^3/s de caudal. Nace en la frontera entre la República Centroafricana y Zaire de la unión de los ríos M'Bomou y Uélé y fluye en dirección O haciendo frontera entre estos dos países. Antes de llegar a Bangui cambia su dirección hacia el S y sirve de frontera entre el Congo y Zaire. Desemboca en el río Zaire formando un gran delta. Sus principales afluentes son el Lua, Giri, Kotto y Lobaye. Constituye una importante vía comercial.

Ubayd Allah al-Mahdi (Salamiyya h. 862 - ? 934) Primer imán y califa fatimí. Se proclamó sucesor de Muhammad Ismail e imán del ismailismo, hostil a los califas abasidas de Bagdag. En el año 909 su lugarteniente Abu Abd-Allah conquistó Kairuán y él se declaró soberano independiente de Ifriquiya y el Magreb, el sector occidental del N de África, destruyendo el califato aglabí. Abderramán III, califa omeya de Córdoba, redujo sus dominios al Magreb oriental.

Úbeda C. de España, situada en la prov. de Jaén. 31.950 h. en 1991. Es el centro urbano de una comarca con cultivos de cereales, vid y olivo; también abundan los pastos, que son aprovechados por la ganadería lanar y caprina. Cuenta con industrias aceiteras importantes, y metalúrgicas, madereras, alimentarias, de cerámica y alfarería. La ciudad es una bella muestra del Renacimiento andaluz. Conserva la colegiata de Santa María, del s. XV; la iglesia del Salvador (1540), de Diego de Siloé y Andrés de Vandelvira. También de este último son el palacio de las Cadenas (1562) y el hospital de Santiago (1562-75).

Uberaba C. de Brasil, en el estado de Minas Gerais, junto al río Grande, afluente del Paraná. 276.050 h. en 1989. Constituye el núcleo urbano de una rica comarca agrícola, que produce agrios, bananas, ananás, café y caña de azúcar.

Uberlândia C. de Brasil, en el estado de Minas Gerais, al S de Brasilia. 360.550 h. en 1989. Es un importante centro comercial, que cuenta con industrias cementeras, alimentarias, de conservas de carne y de refino de azúcar.

ubérrimo, ma *adj.* Muy fértil y abundante.

ubicación *s. f.* **1.** Acción y efecto de ubicar o ubicarse. **2.** Lugar en que se ubica una cosa.

ubicar *v. intr.* **1.** Estar situada una persona o cosa en un determinado espacio o lugar. Se usa más como *v. prnl.* ‖ *v. tr.* **2.** *amer.* Situar o colocar en un determinado espacio o lugar. ▪ Se conjuga como *sacar.* ‖ **Loc. estar** una persona **bien ubicada** *amer.* Disfrutar de una buena posición económica.

Ubico, Jorge (Guatemala 1878 - Nueva Orleans 1946) Militar y político guatemalteco. Participó en el derrocamiento de Herrera (1921) y en las elecciones de 1931 accedió a la presidencia. Implantó una fuerte dictadura y una política favorable a EE UU. En 1944 fue derribado por un movimiento civil y militar.

ubicuidad *s. f.* Capacidad de estar simultáneamente en todas partes, equivalente a la omnipresencia divina.

ubicuo, cua *adj.* **1.** Se dice de lo que puede estar presente en todas partes de forma simultánea. **2.** Se aplica a la persona muy activa, que quiere participar en todo o estar en todas partes.

Ubinas Volcán de Perú, en el S del país, próximo a Arequipa, en la cordillera occidental de los Andes (5.490 m). Permanece en activo.

ubre *s. f.* **1.** Cada uno de los órganos de las hembras de los mamíferos por los que segregan la leche para alimentar a sus crías. **2.** Conjunto de estos órganos.

ucase *s. m.* **1.** Decreto que promulgaba el zar ruso. **2.** Orden o mandato tajante, autoritario e injusto.

Ucayali **1.** Río de Perú. 2.200 km. Nace en la vertiente E de los Andes, de la unión de los ríos Tambo y Urubamba, fluye en dirección N hasta las proximidades de Iquitos, y desemboca en el río Marañón para formar el Amazonas.
2. Departamento de Perú, en el E del sector central, en territorio amazónico. 100.831 km^2. 230.000 h. en 1990. La capital es Pucallpa, con 153.000 h. en 1990. Su economía, esencialmente agropecuaria, se basa en el cultivo de arroz, fríjol, frutas tropicales, maíz, yuca y yute. Posee yacimientos de petróleo e industrias madereras, textiles y papeleras.

Uccello, Paolo di Dono, llamado **Paolo** (Pratovecchio, Casentino 1397 - Florencia 1475) Pintor italiano. Fue un estudioso de la geometría, que aplicó a la pintura logrando notables avances en la representación de la perspectiva. Discípulo de Ghiberti, lo mejor de su obra son las series de frescos *Vida de San Miniato* (h. 1440), las series del claustro verde de Santa Maria Novella (1445-50), los tres paneles de la *Batalla de San Romano* (1456-60) y los seis del *Milagro de la profanación de la hostia* en Urbino.

UCD Siglas de Unión* de Centro Democrático.

Uceda, Cristóbal Sandoval y Rojas, duque de (? - Alcalá de Henares 1624) Político español. Hijo del duque de Lerma, consiguió destituirle gracias a sus intrigas palaciegas, convirtiéndose en valido de Felipe III (1618). Defendió los intereses de la aristocracia latifundista y ordenó la intervención militar para sofocar la insurrección de Bohemia. El advenimiento de Felipe IV (1621) y del conde-duque de Olivares precipitaron su caída. Murió en prisión.

uchú (voz quechua) *s. m. Perú.* Guindilla americana.

uchuvito, ta *s. m.* y *f. Col.* Persona borracha.

UCI (siglas de *Unidad de Cuidados Intensivos*) *s. f.* UVI*.

Ucrania (*Ukrainskaia*) Estado de la Europa oriental, antigua república de la URSS, actualmente miembro de la CEI.

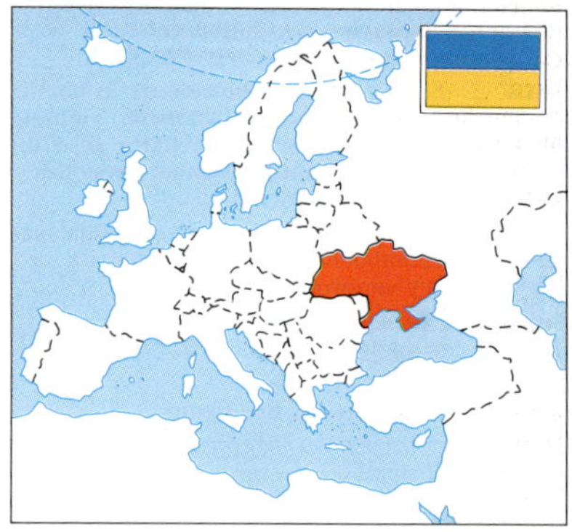

Extensión: 603.700 km^2.
Límites: al N, con Bielorrusia y la Federación Rusa; al E, con la Federación Rusa; al S, con el mar Negro, Moldavia y Rumania, y al O, con Hungría, Checoslovaquia y Polonia.
Población: 51.707.000 h. en 1990.
Densidad: 85,6 h./km^2.
Capital: Kiev.
Ciudades principales: Harkov, Dnepropetrovsk, Odesa, Doneck.
División administrativa: en 25 provincias.
Forma de Estado: república presidencialista.
Idioma: ucraniano, ruso.
Gentilicio: ucraniano.
Religión: cristianismo ortodoxo.
Moneda: rublo.
Renta per cápita: 7.821 dólares en 1988.

Geog. La mayor parte del territorio se extiende sobre grandes llanuras y mesetas, sólo alteradas en el O por las alturas de los Cárpatos. Los principales ríos son en el E el Donets, en el centro el Dniéper y en el O el Dniéster. Tiene un clima continental en el N, más suave hacia el S y árido en la región al N del mar de Azov. La agricultura se basa en el cultivo de trigo (quinto productor mundial), cebada, maíz, remolacha azucarera (primero), girasol (primero), frutales, patatas, vid, hortalizas y algodón. En la ganadería destaca la cría de bovino, porcino (sexto productor mundial) y caballar. El hierro (tercer productor mundial), carbón (séptimo), petróleo, gas natural, mercurio (segundo) y manganeso (cuarto) son los principales recursos minerales de su subsuelo. Cuenta además con una importante industria siderúrgica (quinto productor mundial), metalúrgica, química, alimentaria, cementera (cuarto), textil (sexto productor mundial de seda), de construcciones navales (tercero), de maquinaria agrícola y ferroviaria (octavo), y aeronáutica (sexto), centrada en torno a los ríos Donets y Dniéper.

***Hist.* Edad Media y Moderna** En torno a Kiev surgió el primer estado eslavo de Rusia. En 1199 se unificaron los principados ucranianos de Galitzia y Volinia, con capital en Halicz, que decayeron a causa de las invasiones tártaras (s. XIII); Volinia pasó a Lituania y Galitzia a Polonia. Con la unión polacolituana, Ucrania quedó en poder de Polonia (1386). En sus campos se reforzó el régimen señorial y el campesino se convirtió en siervo. Los cosacos lucharon por la independencia de Ucrania y una parte de ellos se sometió al zar de Rusia (1654). Durante más de un siglo se sucedieron las rebeliones cosacas, hasta que Catalina II suprimió los últimos vestigios de su independencia (1764). La decadencia de Polonia y del imperio otomano permitió a Austria apoderarse de una parte de Rutenia y de Galitzia y a Rusia del resto del territorio.

Edad Contemporánea En el s. XIX volvieron a aparecer movimientos nacionalistas, que fueron reprimidos por los zares. En la Primera Guerra Mundial, el ejército zarista ocupó Galitzia. Tras la Revolución de Octubre (1917) se proclamó en Kiev la República Democrática Ucraniana independiente, con un gobierno formado por Vinnicenko (presidente del Consejo) y Petliura (ministro de la Guerra), que firmó la paz con los alemanes. Durante la ocupación alemana de Ucrania, el general Eichhorn dio un golpe de Estado que llevó al poder a Skoropadski (1918), pero el hundimiento de los alemanes supuso la caída de éste y la vuelta de Vinnicenko y Petliura, que combatieron al ejército rojo.

época actual Después de la guerra polaco-soviética, que terminó con el tratado de Riga (1921), Galitzia y Volinia pasaron a Polonia y el resto de Ucrania a la URSS, convirtiéndose en República Socialista Soviética (1922). Fue invadida por los alemanes durante la Segunda Guerra Mundial (1941). Al final de la contienda, Ucrania incorporó a su territorio Galitzia, Volinia, parte de Besarabia y Bucovina y otras regiones de población ucraniana. En 1991, tras la desmembración de la URSS, Ucrania proclamó su independencia y se incorporó a la CEI. En las elecciones de diciembre del mismo año, Leonid Kravchuk fue nombrado presidente de la república.

Lit. El ucraniano se forjó como lengua literaria en los s. XVI y XVII, pero la prohibición por Pedro el Grande de la publicación de obras en esta lengua hizo que no apareciera la primera obra literaria en lengua vernácula hasta 1798: *Eneida disfrazada*, de Ivan Kotliarevski. El gran poeta nacional es el romántico Taras Shevtchenko, también narrador y dramaturgo. Otros autores notables del s. XIX son Gulak-Artemovski, la novelista María Marko-Vovchok, el crítico Mijail P. Dragomanov, los dramaturgos Kropivnitski y Stariski y el polifacético Panko Kulish, que introdujo una reforma ortográfica. Algo más tarde triunfó el poeta Ivan Franko. A finales del s. XIX y principios del XX destacan el novelista impresionista Mijailo Kotsiubinski y la poetisa y dramaturga Lesia Ukrainka. Después de la Revolución de Octubre (1917), sobresalen el poeta Tichina y los neoclásicos Sosiura, Bazan y Rilski; en 1925 existían dos importantes grupos literarios comunistas: *Pluh*, de escritores campesinos, y *Vaplite*, de escritores obreros. Holovko y Hubenko cultivaron la novela social. Las purgas estalinistas se dejaron sentir en la literatura y hasta 1956, después de que fuera condenada la política de Stalin por Kruschev, no surgieron nuevos valores interesantes; en poesía hay que citar a Malisko, Paulicko y Olinik, y en prosa, a Stelmah y Honchor.

ucraniano, na o **ucranio, nia** *adj.* **1.** De Ucrania. También *s.* ‖ *s. m.* **2.** Lengua hablada en este país, perteneciente al grupo oriental de las lenguas eslavas.

ucronía *s. f.* Análisis histórico especulativo cuyas hipótesis intentan deducir cómo serían las distintas culturas, sociedades, civilizaciones, etc., si un hecho histórico determinante no se hubiera producido.

Udine C. de Italia, en el NE del país, en la región de Friul-Venecia Julia, cerca de la frontera con Eslovenia. 98.300 h. en 1991. Posee industrias textiles, metalúrgicas, alimentarias y papeleras.

UEO (siglas de *Unión Europea Occidental*) Organización política y militar creada en 1955 como sucesora de la Organización del Tratado de Bruselas. En 1960 sus funciones en materia de cooperación social y cultural fueron transferidas al Consejo de Europa.

¡uf! *interj.* Expresa cansancio, fastidio, repugnancia, etc., generalmente causado por el exceso de algo.

Ufa C. de la Federación Rusa, en la vertiente SO de los Urales. 1.083.000 h. en 1989. Cuenta con industrias metalúrgicas, químicas, aeronáuticas, madereras, textiles y de fabricación de maquinaria diversa, y una importante refinería de petróleo.

UFA (siglas del al. *Universum Film Aktiengesellschaft*) Productora cinematográfica alemana creada en 1917 con el apoyo del Estado y de importantes industrias del país. En sus estudios nació el cine expresionista alemán y se filmaron películas esenciales de la historia como *Metrópolis* (1926), *M., el vampiro de Düsseldorf* (1931), de Fritz Lang; *El gabinete del doctor Caligari* (1919), de Robert Wiene; *Nosferatu el vampiro* (1922), de Friedrich Murnau, y *El hombre de las figuras de cera* (1924), de Paul Leni. Su desaparición se produjo con el ascenso del nazismo y el traslado a Hollywood de sus principales directores, así como del productor Erich Pommer.

ufanarse *v. prnl.* Presumir, vanagloriarse.

ufanía *s. f.* Cualidad de ufano.

ufano, na *adj.* **1.** Engreído, presuntuoso. **2.** Muy contento y satisfecho. **3.** Decidido. **4.** Se dice de las plantas que están sanas y frondosas. **FAM.** Ufanamente.

Uffizi, palacio de los Palacio de la ciudad de Florencia en el que se encuentra instalada la galería del mismo nombre, uno de los principales museos de Europa. Fue construido (1560-80) según los planos de Giorgio Vasari, por encargo de Cosme I de Médicis. Alberga la parte más importante de las colecciones artísticas de los Médicis, que fue cedida al Estado en 1737, con obras de Cimabue, Duccio di Buoninsegna, Giotto, Gentile da Fabriano, Giovanni Bellini, Bronzino, Mantegna, Hugo van der Goes, Leonardo da Vinci, Miguel Ángel, Rafael, Durero, Caravaggio, Verrocchio y Tiziano, entre otros.

ufo (siglas del ingl. *Unidentified Flying Object*, objeto volante no identificado) *s. m.* Ovni*.

ufología *s. f.* Disciplina que se ocupa del estudio del fenómeno ovni. **FAM.** Ufólogo.

Uganda Estado de África ecuatorial.

Extensión: 241.040 km².
Límites: al N, con Sudán; al E, con Kenia; al S, con Tanzania y Ruanda, y al O, con Zaire.
Población: 16.928.000 h. en 1990.
Densidad: 85,9 h./km².
Capital: Kampala.
División administrativa: 33 distritos.
Ciudades principales: Bugembe, Entebbe, Jinja, Masaka, Mbale y Mbarara.
Gentilicio: ugandés.
Forma de Estado: república presidencialista.
Idioma: inglés.
Religión: catolicismo, 49,6 %; protestantismo, 28,7 %; islamismo, 6,6 %.
Moneda: chelín ugandés.
Tasa de natalidad: 52 ‰ en 1990.
Tasa de mortalidad: 17 ‰ en 1990.
Renta per cápita: 250 dólares en 1989.

Geog. física El relieve del país está formado por grandes mesetas, inclinadas hacia el S, que se elevan en cadenas montañosas por el NE (Monte Elgon, 4.320 m) y por el SO (Ruvensori, 5.118 m). La red hidrográfica está compuesta principalmente por el río Nilo Victoria y el Nilo Alberto. Hay varios lagos de gran superficie, como el Kyoga, situado en el centro del país, el Victoria, en el sector SE, el Mobutu Sese Seko (Alberto) y el Rutanzige (Eduardo), ambos en la frontera con Zaire. Tiene un clima ecuatorial, con abundantes y constantes lluvias, y vegetación de sabana y estepa en la casi totalidad del territorio, a excepción del bosque tropical que crece en las regiones montañosas.

Geog. humana y ***económica*** La población, de raza negra africana, en la que destaca la tribu baganda, se concentra en las áreas rurales del S y experimenta un alto crecimiento vegetativo (3,5 % anual). Posee una de las tasas de natalidad más elevadas del mundo. Dentro de la agricultura, que es la base económica del país, se distinguen dos tipos de cultivos: los industriales –café (noveno productor mundial), algodón, caña de azúcar, tabaco, sésamo, cacahuete y té–, dedicados a la exportación, y los alimentarios –maíz, batata, mandioca, sorgo y mijo–, de consumo interior. La ganadería y la pesca, llevada a cabo en los lagos, constituyen recursos económicos importantes. El subsuelo, aunque poco explotado, posee cobre, tungsteno, fosfatos, casiterita y amianto. Las industrias más relevantes son la alimentaria, tabaquera, química, de cemento, textil y metalúrgica. Este sector, que quedó paralizado a finales de los años setenta, empezó a recuperarse a mediados de la década siguiente.

Hist. En el s. XIII el actual territorio ugandés fue invadido por el pueblo de los hima, que constituyó una aristocracia que ejerció el dominio sobre los cuatro reinos bantúes: Bunyoro, Buganda, Toro y Ankole. En el s. XVI el primer reino se hizo con la supremacía, pero fue derrocado dos siglos más tarde por el reino de Buganda. En 1840 empezaron a llegar los primeros mercaderes árabes, que practicaron el comercio de marfil y esclavos; posteriormente los británicos Speke en 1862 y Stanley en 1875 exploraron la región. Comenzó la predicación de misioneros protestantes y católicos, bien acogida por el rey Mutesa I. Sin embargo, su hijo Mwanga se inclinó por la religión musulmana. En 1894 el territorio ugandés pasó a ser protectorado británico. La independencia fue obtenida en 1962, constituyéndose un estado presidido por Mutesa II y con Milton Obote como primer ministro. En 1966, un golpe de Estado dio los poderes absolutos a Obote, quien a su vez fue derrocado en 1971 por el general Idi Amin Dada, dando comienzo así a una dictadura apoyada, entre otros países, por la URSS y Libia. Amin tuvo también poderes absolutos, se enfrentó al Reino Unido, nacionalizó numerosas empresas, creó un régimen de terror que ocasionó unos 80.000 muertos y acabó en un caos económico. En 1979 la guerrilla nacionalista, apoyada por Tanzania, logró derrocar al general Amin. Ocuparon la presidencia de la república Yusuf K. Lule y, a los pocos meses, Godfrey Binaisa; pero un nuevo golpe de Estado llevó al poder a una comisión militar, presidida por el general Muwanga. En unas elecciones muy irregulares fue elegido presidente de la república Milton Obote (1980), que fue derrocado en un golpe de Estado del general Tito Okello (1985). Las guerrillas del Movimiento de Resistencia Nacional lograron arrebatar el poder al ejército ugandés y su líder Yoweri Museveni fue proclamado presidente de la república en 1986. En 1991 fue nombrado primer ministro George Adyebo.

ugandés, sa *adj.* De Uganda. También *s.*

Ugarit Antigua ciudad de Siria, habitada desde el séptimo milenio a. C. Tuvo su mayor esplendor entre el tercer y segundo milenio a. C., en que estuvo vinculada a los fenicios y comerció con Egipto y los hititas. En las excavaciones se han descubierto los restos de una gran ciudad fenicia y han sido halladas numerosas tabletas inscritas en caracteres cuneiformes con valiosa documentación sobre la vida cotidiana de los habitantes de la ciudad.

ugetista *adj.* **1.** Perteneciente o relativo a la Unión General de Trabajadores (UGT). **2.** Miembro de este sindicato. También *s.*

ugrofinés, sa *adj.* **1.** Perteneciente o relativo a los fineses y a otros pueblos de lengua semejante. **2.** Se dice de un grupo de lenguas uralaltaicas que comprende, entre otras, el húngaro, el finlandés y el estoniano. También *s. m.*

UGT Véase **Unión General de Trabajadores**.

UHF Siglas del inglés *Ultra High Frecuency*, 'frecuencia ultra alta', que designan las ondas radioeléctricas de frecuencias entre 300 y 3000 MHz.

Uhland, Ludwig (Tubinga 1787 - íd. 1862) Poeta alemán. Defendió sus ideas liberales en el parlamento de Frankfurt (1848-49). De sensibilidad romántica, en sus poesías mantiene el tono del lied popular. Es autor de *Baladas* y de canciones patrióticas, como *Yo tenía un camarada*.

uigur *adj.* **1.** Se dice de un pueblo de origen turco establecido en la región autónoma china de

Xinjiang Uigur y en Kazajstán. En el 744, establecieron un imperio en gran parte de Asia central, con su capital en el valle de Orkhon, que fue destruido por los turcos kirguises (840). **2.** De este pueblo. También *s.* ‖ *s. m.* **3.** Lengua turca hablada en Asia central.

ujier *s. m.* **1.** Portero de un palacio o de un tribunal. **2.** Empleado subalterno de algunos tribunales y organismos del Estado.

Ujung Pandang C. de Indonesia, en el S de la isla de Célebes. 709.050 h. en 1980. Posee el más activo puerto comercial del sector oriental del archipiélago indonesio. La ciudad se llamó *Makasar* hasta 1972.

ukelele (voz hawaiana) *s. m.* Instrumento musical de cuatro cuerdas, de menor tamaño que la guitarra. De origen portugués, fue patentado en Hawai en 1917. Su popularidad se extendió a los EE UU y a Europa.

Ukelele.

ukiyo-e (voz japonesa que significa 'pintura del mundo ligero' o 'pintura de moda') Estilo de pintura japonesa desarrollado entre los s. XVIII y XIX y caracterizado por las estampas realistas que representaban tipos y escenas populares de rico colorido. Influyó en el arte europeo del s. XIX.

Ulan Bator C. de Mongolia, cap. del país, en el sector NE de su territorio, a orillas del río Tuul Gol. 548.400 h. en 1989. Posee industrias textiles, siderúrgicas, alimentarias, de curtidos y de fabricación de muebles. Es el centro comercial y administrativo del país y un importante nudo de comunicaciones.

ulano *s. m.* Lancero a caballo de los antiguos ejércitos imperiales alemán, austriaco y ruso.

Ulanova, Galina Sergeievna (San Petersburgo 1910) Bailarina rusa. Fue primera bailarina del teatro Bolshoi de Moscú. Se retiró en 1962 y entonces se dedicó a la enseñanza del ballet.

Ulate Blanco, Otilio (Alajuela 1895 - San José 1973) Político costarricense. En las presidenciales de 1948 resultó elegido como candidato de la oposición conservadora al calderonismo, pero las elecciones fueron anuladas, lo que desencadenó una guerra civil (1948-49), finalizada con la derrota de Calderón. Asumió el poder en 1949 y dimitió en 1952.

Ulbricht, Walter (Leipzig 1893 - Berlín 1973) Político alemán. Miembro fundador del Partido Comunista alemán en 1919, se exilió a la URSS en 1933 ante el auge del nazismo. En 1946 constituyó el Partido Socialista Unificado y se convirtió en el máximo dirigente de la República Democrática Alemana. Apoyó a la URSS en las ocupaciones de Hungría (1956) y Checoslovaquia (1968). En 1971 cedió a Honecker la dirección del PSU, pero conservó hasta su muerte la presidencia del consejo de Estado.

úlcera *s. f.* **1.** Lesión que aparece en la piel o en otros tejidos orgánicos, de difícil cicatrización y generalmente acompañada de secreción de pus. Es producida por infecciones, falta de riego sanguíneo, cáncer y otras enfermedades. **2.** Daño en la parte leñosa de las plantas que se manifiesta por la secreción de savia corrompida. ‖ **3. úlcera gastroduodenal** La que aparece en la mucosa del estómago o del duodeno, que suele evolucionar de forma crónica y con brotes. Puede provocar hemorragias y perforación del aparato digestivo. Se trata con antiácidos y dieta, pero puede ser necesario recurrir a la intervención quirúrgica.

ulceración *s. f.* **1.** Acción y efecto de ulcerar o ulcerarse. **2.** Úlcera, especialmente la superficial.

ulcerar *v. tr.* Producir úlceras. Se usa mucho como *v. prnl.* **FAM.** Ulcerante, ulcerativo.

ulceroso, sa *adj.* Relativo a las úlceras o que las tiene.

ulema *s. m.* Doctor de la ley islámica. Entre ellos sobresale la casta de los *mujtahid*, cuyos dirigentes llevan el título honorífico de *ayatola*.

Ulfila o **Ulfilas** (Capadocia h. 311 - Constantinopla 383) Obispo godo. Arriano, marchó a evangelizar a los visigodos del alto y bajo Danubio (341), para lo que tradujo la *Biblia* al gótico.

Ulianovsk C. de la Federación Rusa, situada en el O del país, a orillas del río Volga. 625.000 h. en 1989. Es un centro de la industria mecánica, con producción de maquinaria, automóviles y embarcaciones fluviales, y de la industria cementera. Antiguamente era llamada *Simbirsk*.

uliginoso *adj.* Se dice de los terrenos húmedos y de las plantas que crecen en ellos.

Ulises Héroe legendario griego, rey de Ítaca y esposo de Penélope. Participó en la guerra de Troya, en la que destacó por su astucia. Al término de la guerra, vagó por las costas del Mediterráneo hasta que logró regresar a su patria. En la travesía se vio envuelto en múltiples aventuras que son narradas en la *Odisea* de Homero.

Ulises Novela del escritor irlandés James Joyce, publicada en 1922. Relata una jornada en Dublín de sus dos protagonistas, el maduro Leopold Bloom y el joven Stephen Dedalus, que simbolizan a Ulises y a su hijo Telémaco. La obra se caracteriza por su lenguaje innovador, en el que sobresale el monólogo interior. Supuso una importantísima renovación del género novelístico.

Ullman, Liv (Tokio 1938) Actriz noruega. Alcanzó gran celebridad como protagonista de películas del director sueco Ingmar Bergman. Entre sus filmes merecen citarse *Gritos y susurros* (1972), *La papisa Juana* (1972), *El huevo de la serpiente* (1977), *Sonata de otoño* (1978) y *La amiga* (1988), en los que ha puesto de manifiesto su talento en papeles de gran intensidad emotiva.

Ulloa, Antonio de (Sevilla 1716 - Isla de León, actual San Fernando, Cádiz 1795) Marino y científico español. Participó junto con Jorge Juan en una expedición al Perú para medir un arco de meridiano (1735-45), fruto de la cual fueron sus obras en colaboración *Relación histórica* y *Observaciones astronómicas y físicas*, publicadas en 1748. Dio a conocer el platino. En 1755 volvió a América, primero a Perú y después como gobernador a Luisiana (1763) y Florida (1766). Fue director general de la Armada.

Ulan Bator: barrio constituido por yurtas, *típicas tiendas mongoles, en las afueras de la ciudad.*

Ulm C. de Alemania, en el S del país, a orillas del Danubio. 108.900 h. en 1990. Cuenta con industrias automovilísticas, de fabricación de artículos de precisión, metalúrgicas, textiles y químicas. Es un importante centro comercial y nudo de comunicaciones. Conserva una interesante catedral gótica del s. XIV.

ulmáceas *s. f. pl.* Familia de plantas arbustivas y arbóreas del orden urticales a la que pertenecen unas 2.000 especies, comprendidas en 16 géneros, entre los que destacan *Ulmus*, *Celtis* y *Trema*. Tienen hojas alternas con estípulas, flores solitarias o en cimas, generalmente de color verde, y fruto en nuez, samara o drupa. Crecen en regiones templadas del hemisferio norte y en regiones tropicales y subtropicales. Ulmáceas son los olmos y los almeces. También *adj.* y *s. f.*

Ulmanis, Karlis (Curlandia 1877 - Sverdlovsk 1952) Político letón. Líder del Movimiento para la Autonomía Letona, proclamó la independencia de su país (1918), del que fue primer ministro (1918-19, 1925-26 y 1930-32). En 1934 dio un golpe de Estado y se proclamó *vadonis* (caudillo). En 1936 fue elegido presidente de la república y se orientó hacia el fascismo. En 1940, tras la ocupación soviética, fue deportado a la URSS.

Ulpiano, Domicio (Tiro ? - Roma 228) Jurisconsulto romano. Fue prefecto del pretorio y murió asesinado por los pretorianos. Sus comentarios jurídicos sirvieron de base para la redacción de *Digesto* (533).

Ulsan C. de Corea del Sur, en el SE del país, en la costa del mar del Japón. 551.300 h. en 1985. Cuenta con industria metalúrgica, automovilística, de construcciones navales, petroquímica, textil y conservera. Es asimismo importante puerto pesquero y comercial y tiene una refinería de petróleo.

Ulster Región histórica y geográfica de Irlanda, entre la bahía de Donegal y el mar del Norte. Tras el acuerdo de 1922 entre el Reino Unido e Irlanda, seis condados del Ulster forman parte del Reino Unido con el nombre de *Irlanda del Norte*. Su población es mayoritariamente protestante. El resto de la región pertenece a la República de Irlanda y forma la provincia de Ulster, constituida por los condados de Cavan, Donegal y Monaghan.

ulterior *adj.* **1.** Posterior, que va detrás. **2.** Que está más allá de un lugar determinado. **3.** Se dice de la zona de los territorios del imperio romano que estaba más alejada de Roma. **FAM.** Ulteriormente.

últimamente *adv. t.* **1.** Hace poco tiempo, en el pasado más reciente. **2.** Por último, finalmente.

ultimar *v. tr.* **1.** Terminar. **2.** *amer.* Matar, asesinar. **FAM.** Ultimación, ultimador.

ultimátum *s. m.* **1.** Comunicación o propuesta definitiva que hace una de las partes en una negociación, especialmente en las relaciones entre estados, y que, de no ser aceptada por la otra parte, supone la ruptura de esa negociación. **2.** *fam.* Propuesta o decisión definitiva que incluye generalmente una amenaza para otra persona.

último, ma *adj.* **1.** Que no tiene a nadie o nada detrás de sí. También *s.* **2.** Que es peor o menos importante que el resto. También *s.* **3.** Más reciente en el tiempo. **4.** Que está o se considera más lejano o escondido. **5.** Aplicado a sustantivos como *caso, instancia, recurso*, etc., expresa que no hay otro posible o que es el más extremado. **6.** Que no es posible cambiarlo o es definitivo. **7.** Aplicado a sustantivos como *fin, aspiración*, etc., expresa que a ello se dirigen todas las acciones. **8.** Fundamental o más profundo. ‖ **LOC. a la última** *adv. fam.* A la moda más actual. **ahora último** *adv. Chile.* Recientemente. **estar** alguien **en las últimas** *fam.* Estar muriéndose; aplicado a cosas, estar acabándose o gastándose; también, estar muy apurado de una cosa, especialmente de dinero. **por último** *adv.* Finalmente. **ser** una cosa **lo último** *fam.* Ser algo excesivamente molesto, insoportable, inaceptable, etc.

ultra *adj.* **1.** Se dice de las personas, ideologías, grupos políticos, etc., generalmente de extrema derecha, que tienen opiniones radicales y comportamientos violentos. También *s.* **2.** P. ext., extremista, exaltado. También *s.*

ultra- *pref.* **1.** Significa 'más allá, al otro lado': *ultramar, ultratumba.* **2.** Antepuesto a algunos adjetivos, 'muy, en exceso': *ultramicroscópico, ultraligero.*

ultrabásico, ca *adj.* Se aplica a la roca eruptiva cuyo contenido en sílice es inferior al 45 %, como la serpentina o la peridotita.

ultracentrifugación *s. f.* Centrifugación a alta velocidad. Se emplea para separar radioisótopos de distintos elementos químicos y mezclas de isótopos naturales.

ultracorrección *s. f.* Fenómeno lingüístico que consiste en la deformación de una palabra por considerarla equivocadamente incorrecta, p. ej. decir *bacalado* en vez de *bacalao*, que es la forma correcta.

ultraísmo *s. m.* Movimiento poético español surgido en la segunda década del s. XX como reacción al sentimentalismo de finales del XIX y contra el modernismo; centra su interés en la imagen y la metáfora. Entre sus principales representantes figuran Guillermo de Torre, su teorizador, Adriano del Valle, Pedro Garfias y Eugenio Montes. Este movimiento, que en España duró apenas cuatro años, tuvo su prolongación en Hispanoamérica, en autores como Jorge Luis Borges, Eduardo González Lanuza o Norah Lange. **FAM.** Ultraísta.

ultrajar *v. tr.* Ofender gravemente a alguien o algo con palabras, acciones o una actitud de desprecio. **FAM.** Ultrajador, ultrajante.

ultraje *s. m.* **1.** Acción y efecto de ultrajar. **2.** Aquello con que se ultraja.

ultraligero, ra *adj.* **1.** Muy ligero. ‖ *s. m.* **2.** Aparato de poco peso que vuela a escasa altura, con fuselaje de estructura muy simple.

ultramar *s. m.* **1.** Territorio o conjunto de territorios que están al otro lado del mar, considerados desde el lugar en el que se habla. **2.** En particular, territorio o conjunto de territorios coloniales que están más allá del mar con respecto a su metrópoli. ‖ **3. azul de ultramar** Lapislázuli pulverizado que se emplea para hacer pintura azul, y también, color de dicho mineral.

ultramarino, na *adj.* **1.** Que está al otro lado del mar. **2.** Se aplica a los productos, generalmente comestibles, traídos del otro lado del mar, en especial de América. También *s. m.*, sobre todo en *pl.* ‖ *s. m. pl.* **3.** Tienda de comestibles.

ultramicroscopía *s. f.* Técnica utilizada para la observación de partículas cuyo diámetro es inferior al límite de visibilidad del microscopio ordinario.

ultramicroscópico, ca *adj.* Tan pequeño que no puede ser visto sino por medio de un ultramicroscopio.

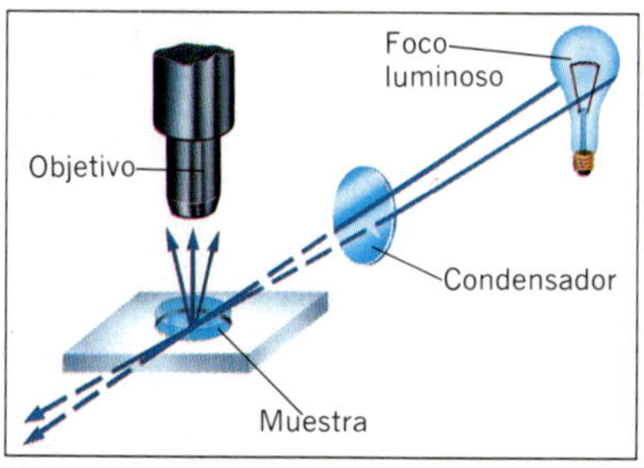

Esquema de un ultramicroscopio.

ultramicroscopio *s. m.* Microscopio que alcanza mayor resolución que el microscopio ordinario. Permite contar y localizar partículas de 0,01 a 1 micra de diámetro, captando la luz reflejada por ellas cuando se encuentran en suspensión en medio líquido.

ultramontanismo *s. m.* **1.** Doctrina partidaria del predominio de la autoridad papal en las relaciones entre la Iglesia y el Estado. **2.** P. ext., conservadurismo extremo.

ultramontano, na *adj.* **1.** Situado más allá de los montes o proveniente de allí. **2.** Relativo al ultramontanismo o partidario del mismo. También *s.* **3.** Muy conservador y reaccionario. También *s.*

ultranza, a *loc. adj.* y *adv.* Firme, sin atenuaciones, sin detenerse ante nada.

ultrarradiación *s. f.* Radiación cósmica.

ultrarrojo, ja *adj.* Infrarrojo*.

ultrasónico, ca *adj.* Perteneciente o relativo al ultrasonido.

ultrasonido *s. m.* Onda sonora cuya frecuencia es superior a 20.000 Hz y que no puede ser percibida por el oído humano. Sus aplicaciones abarcan diversos campos: determinación de la velocidad del sonido en sólidos, líquidos y gases; análisis de la composición química de un material; comunicaciones submarinas; en medicina, para obtener ecografías del interior del cuerpo; en cirugía, y en instrumentos de limpieza usados en metalurgia y en la industria, etc.

ultratumba *s. f.* Aquello que se cree o se supone que existe después de la muerte. También *adv.*

ultravioleta *adj.* Se aplica a la radiación electromagnética cuya frecuencia está comprendida entre 10^{15} y 10^{16} Hz. Su longitud de onda es del orden de 10^{-7} o 10^{-8} m. Se denomina así por estar más allá del color violeta del espectro de luz visible. Su frecuencia es superior a ésta y, por tanto, la energía ultravioleta puede llegar a ser perjudicial para los seres vivos.

úlula *s. f.* Autillo*.

ulular *v. intr.* **1.** Dar aullidos continuados el lobo y otros animales. **2.** Emitir sonidos parecidos, especialmente el viento.

uma *s. m.* Unidad de masa atómica en el Sistema Internacional. Se define como la doceava parte de la masa de un átomo de carbono-12 ($^{12}_{6}C$). Su valor equivale a $1{,}66 \cdot 10^{-27}$ kg, muy próximo a las masas del protón y neutrón, por lo que resulta una unidad muy conveniente para medir masas en las reacciones nucleares.

umbela *s. f.* **1.** Grupo de flores o frutos que nacen de un mismo punto del tallo y se elevan a igual altura. **2.** Tejadillo que sobresale de la pared de una construcción.

Umbelas de la flor del puerro (Allium porrum).

umbelíferas *s. f. pl.* Familia de plantas herbáceas del orden umbelales o apiales a la que pertenecen entre 2.500 y 3.000 especies comprendidas en 300 géneros, entre los que destacan *Daucus, Apium, Foeniculum, Petroselinun, Conium*, etc. Tienen hojas alternas divididas y peciolos que se prolongan en vainas que rodean el tallo. Sus flores se reúnen en inflorescencias en umbela simple o compuesta. Sus frutos son de tipo aquenio doble y muchas especies tienen raíz comestible, otras son medicinales, otras se usan como condimento y otras son tóxicas. Crecen en toda la Tierra, sobre todo en regiones templadas. Umbelíferas son la zanahoria, el apio, el hinojo, el perejil, el eneldo, la cicuta, etc. Se llaman también *apiáceas.* También *adj.* y *s. f.*

umbilicación *s. f.* Aparición de un hueco o hundimiento en la piel que cubre una lesión.

umbilicado, da *adj.* Con forma de ombligo.

umbilical *adj.* **1.** Perteneciente o relativo al ombligo. ‖ **2. cordón umbilical** Véase **cordón**.

umbráculo *s. m.* Cobertizo de ramas y otros materiales para proteger a las plantas del sol o para dar sombra.

umbral *s. m.* **1.** Parte inferior del hueco de una puerta, en el suelo. **2.** Inicio, comienzo o punto en que algo empieza. Se usa mucho en *pl.* **3.** En arq., viga que se atraviesa en la parte alta del hueco de una puerta o ventana para sostener el muro que hay encima. **4.** Valor mínimo de un agente, estímulo o señal, necesario para que sea percibido o capaz de producir un determinado efecto. **5.** En geol., pequeña elevación del terreno que separa dos valles o depresiones. ‖ **6. umbral diferencial** En psicol., cantidad mínima que tiene que aumentar o disminuir la intensidad de un estímulo para que se produzca una variación en su percepción.

Umbral, Francisco (Madrid 1935) Escritor español. Ha publicado numerosos artículos en periódicos y revistas y es autor de diversas obras de ensayo y narrativa. Recrea el lenguaje con una expresión personal, rica en imágenes y corrosiva agudeza. Entre sus obras destacan las novelas *Mortal y rosa* (1975), *Las ninfas* (1976) y *Los helechos arborescentes* (1980); las biografías *Lorca, poeta maldito* (1968) y *Ramón y las vanguardias* (1978), y los libros autobiográficos *Memorias de un niño de derechas* (1972) y *La noche que llegué al café Gijón* (1977).

umbralado *s. m. Amér. del S.* Umbral.

umbrátil *adj.* **1.** Umbroso*. **2.** Que tiene sombra o apariencia de algo.

umbrela *s. f.* Masa gelatinosa y transparente que forma la parte superior redondeada del cuerpo de las medusas.

umbría *s. f.* Parte o lado de un monte, terreno, etc., que está habitualmente en sombra.

Umbría Región de Italia, en el centro del país, en el eje de los Apeninos. 8.456 km^2. 822.750 h. en 1991. La capital es Perugia, con 150.600 h. en 1991. Comprende las provincias de Perugia y Terni. Se asienta sobre una región muy montañosa, cortada por cuencas y depresiones hidrográficas. Tiene un clima mediterráneo de interior. Cuenta con cultivos de vid, olivo, cereales, remolacha azucarera, tabaco, hortalizas y frutales, ganadería bovina, porcina y ovina e industrias siderúrgicas, alimentarias, mecánicas, químicas y textiles. Fue incorporada a Roma en el s. III a. C, y en la Alta Edad Media constituyó el ducado de Spoleto. Umbría pasó a poder de la Santa Sede (s. XV-XVI) y, después de ser ocupada por las tropas napoleónicas, volvió a los Estados Pontificios (1815). En 1860 fue incorporada al reino de Italia.

Umbría, escuela de Nombre dado a la escuela pictórica surgida en Perugia como consecuencia de las enseñanzas de Cimabue, Giotto, Simone Martini, Pietro Lorenzetti y otros maestros posteriores, y que dieron como fruto en la segunda mitad del s. XV las composiciones de El Perugino, El Pinturicchio y del primer Rafael.

umbrío, a *adj.* Que está en sombra.

umbro, bra *adj.* **1.** Se dice de un antiguo pueblo itálico asentado en Umbría a comienzos del primer milenio a. C. y sometido por Roma (s. III a. C.). **2.** De este pueblo. También *s.* **3.** De Umbría. También *s.* ‖ *s. m.* **4.** Lengua indoeuropea hablada por los antiguos umbros.

umbroso, sa *adj.* **1.** Umbrío*. **2.** Que produce sombra.

un, una *art. indet.* **1.** Sirve para designar a alguien o algo que no es conocido, determinado o concreto, o que no ha sido mencionado anteriormente: *Se encontraron en una cafetería.* ■ Se considera también adjetivo indefinido, funcionando de manera semejante a *algún, alguna*: *Que venga un médico.* ‖ *adj. num. card.* **2.** Indica la cantidad de elementos representada por el número uno. ■ Delante de sustantivos femeninos que empiecen por *a* o *ha* acentuadas, se emplea la forma *un*: *un ave.*

Unamuno, Miguel de (Bilbao 1864 - Salamanca 1936) Escritor y filósofo español. Catedrático de griego en la universidad de Salamanca, fue desterrado en 1924 por su oposición a Primo de Rivera. Volvió en 1930 como rector de la misma universidad. Socialista en su juventud, defendió en un principio ideas republicanas y posteriormente apoyó a los militares sublevados, aunque sus relaciones con ellos no dejaron de ser conflictivas. Sus ideas, polémicas e inestables, recibieron una gran influencia de Kierkegaard. Unamuno concibe la existencia humana como conflicto permanente entre el sentimiento de la inmortalidad y la fe en Dios y la razón que invalida a cada paso ese sentimiento y

Miguel de Unamuno. Retrato de José Gutiérrez Solana (colección particular).

esa fe. En sus obras, de estilo sobrio y preciso, utiliza un lenguaje que refleja su pensamiento paradójico y antitético. Prescindió en sus novelas de descripciones y de la creación de caracteres, puesto que su objetivo era recrear un universo que respondiera a sus preocupaciones. Es autor de obras como *Vida de Don Quijote y Sancho* (1905), *Del sentimiento trágico de la vida* (1912) y *La agonía del cristianismo* (1924); las novelas *Niebla* (1914), *La tía Tula* (1921) y *San Manuel Bueno, mártir* (1933), y los dramas *Fedra* (1921) y *Soledad* (1921).

unánime *adj.* Se dice de la idea, actitud, sentimiento, etc., compartidos por todos y también de las personas que los comparten. **FAM.** Unánimemente.

unanimidad *s. f.* Hecho de compartir todas las personas de un grupo la misma idea, actitud, sentimiento, etc.

unanimismo *s. m.* Movimiento literario francés fundado en los primeros años del s. XX por Jules Romains. Se basó en conceptos como la conciencia de grupo y las emociones colectivas. A él pertenecieron Georges Duhamel y Charles Vildrac.

Unanue, José Hipólito (Arica 1755 - Lima 1833) Científico y político peruano. Catedrático de anatomía, fue uno de los principales impulsores de la difusión de la vacuna en Perú a principios del s. XIX. Fue diputado de las Cortes de Cádiz y, a su vuelta a Perú, ministro de Hacienda con San Martín. Defendió la presidencia de Bolívar y, tras la marcha de éste, presidió el consejo de ministros (1826-27).

uncial *adj.* Se dice del tipo de escritura, utilizada hasta el s. VII, en el que todas las letras eran mayúsculas, y de cada una de esas letras. También *s. f.*

unciforme *adj.* Se aplica a uno de los huesos de la segunda fila del carpo en el hombre. También *s. m.*

unción *s. f.* **1.** Acción y efecto de ungir. **2.** Sacramento de la extremaunción. **3.** Devoción y recogimiento con que alguien expresa un sentimiento, realiza un acto religioso, etc. **4.** P. ext., actitud de dedicación y atención extremadas con que alguien hace algo. ‖ **5. unción regia** En el reino visigodo, carolingio y reinos hispánicos, durante la Alta y Plena Edad Media, ceremonia religiosa con la que los reyes eran elevados al trono.

uncir *v. tr.* Sujetar a los animales de tiro, como bueyes, mulas, caballos, etc., a aquello de lo que tienen que tirar. ▪ Se conjuga como *zurcir.*

UNCTAD (siglas de *United Nations Conference on Trade and Development*, Conferencia de las Naciones Unidas para el Comercio y el Desarrollo) Organismo dependiente de la Asamblea General de la ONU para tratar los problemas suscitados por el comercio y desarrollo de los países del Tercer Mundo. Comenzó a desempeñar sus funciones en 1964, en Ginebra.

uncu (voz quechua que significa 'túnica') *s. m. Perú.* Prenda de vestir usada por los indios, sin mangas, que cubre el cuerpo hasta las rodillas.

undécimo, ma *adj. num. ord.* **1.** Que en una serie ordenada ocupa el lugar número once. También *pron.* ‖ *adj. num. part.* **2.** Se aplica a cada una de las once partes iguales en que se divide algo. También *s. m.*

undécuplo, pla *adj.* Que contiene un número o una cantidad exactamente once veces. También *s.*

underground (voz ingl.) *adj.* **1.** Se dice de las manifestaciones artísticas o literarias que se apartan de la tradición y no siguen las estructuras o modelos establecidos. En particular, se aplica al movimiento surgido en Nueva York en los años sesenta, cuyos principales representantes fueron Andy Warhol en pintura, Paul Morrisey en cine y la Velvet Underground en música. **2.** Relativo a estas manifestaciones o que se encuadra en ellas. También *s.*

Undset, Sigrid (Kalundborg, Dinamarca 1882 - Lillehammer 1949) Escritora noruega. Se convirtió al catolicismo, experiencia que reflejó en sus escritos. Se exilió a EE UU durante la Segunda Guerra Mundial. Entre sus obras destacan el ensayo *Punto de vista de una mujer* (1919); las novelas *Kristin Lavransdatter* (1920-22) y *Olav Audunssön* (1925-27), y el relato histórico *La señora Dorothea* (1939). Recibió el premio Nobel de literatura en 1928.

UNESCO (siglas de *United Nations Educational Scientific and Cultural Organization*, Organización de las Naciones Unidas para la Educación, la Ciencia y la Cultura) Agencia fundada en 1946 y dependiente de la ONU, cuyo objeto es intensificar las relaciones entre las diversas naciones del mundo a través de actividades educativas y culturales.

Ungaretti, Giuseppe (Alejandría, Egipto 1888 - Milán 1970) Poeta italiano. Elaboró una poesía innovadora, de gran pureza formal, que constituye el origen de la escuela hermética y en la que se produce una ruptura con la sintaxis y la métrica tradicionales. Entre sus principales obras cabe citar *El puerto sepultado* (1916), *Alegría* (1931), *Sentimiento del tiempo* (1933), *La tierra prometida* (1950) y *Un grito y unos paisajes* (1952).

ungido, da **1.** *p. p.* de **ungir**. También *adj.* ‖ *s. m.* **2.** Precedido del artículo *el*, Jesucristo. ▪ En esta acepción se escribe con mayúscula.

ungir *v. tr.* **1.** Aplicar un líquido graso, como aceite o perfume, sobre algo, particularmente el óleo sagrado sobre alguna parte del cuerpo de una persona para administrarle un sacramento u otorgarle alguna dignidad. **2.** En lenguaje culto, dotar a alguien de una cualidad espiritual excepcional. ▪ Se conjuga como *surgir.* **FAM.** Ungimiento.

ungüento *s. m.* **1.** Sustancia líquida o pastosa con que se unta el cuerpo y, particularmente, las que tienen fines curativos, como pomadas, linimentos, etc. **2.** Aquello con que se pretende arreglar una situación o atraer la voluntad de una persona. ‖ **3. ungüento amarillo** Sustancia que se usaba como madurativo o para provocar la supuración; también, en sentido familiar e irónico, aquello que se considera remedio para todo.

unguiculado, da *adj.* Se dice del animal que tiene los dedos terminados en uñas. También *s.*

unguis *s. m.* Hueso muy pequeño y delgado de la parte delantera e interna de las órbitas de los ojos, que contribuye a formar los conductos lacrimal y nasal.

ungulado, da *adj.* **1.** Se dice de los mamíferos perisodáctilos y artiodáctilos que tienen un casco o pezuña que recubre la última de sus falanges. También *s. m.* ‖ *s. m. pl.* **2.** Grupo de estos animales, que carece de valor taxonómico.

ungular *adj.* Perteneciente o relativo a la uña.

uni- *pref.* Significa 'uno': *unifamiliar, unilateral.*

únicamente *adv. c.* Sólo, nada más.

unicameral *adj.* De una sola cámara; se aplica especialmente al sistema político y a su órgano legislativo correspondiente.

unicameralismo *s. m.* Monocameralismo*.

unicaule *adj.* Se dice de la planta que tiene un solo tallo.

UNICEF (siglas de *United Nations International Children's Emergency Fund*, Fondo Internacional de las Naciones Unidas para el Socorro de la Infancia) Organismo dependiente de la ONU, fundado en 1946 para la asistencia a la infancia en zonas asoladas por la guerra, que luego amplió sus funciones a los campos de la sanidad y de la educación infantil. Obtuvo el premio Nobel de la paz en 1965.

unicelular *adj.* Se aplica al ser vivo cuyo organismo está formado por una sola célula.

unicidad *s. f.* Cualidad de único.

único, ca *adj.* **1.** Se aplica a la persona o cosa de cuyo género, clase o características no existe otra. También *s.* **2.** Se dice de la persona o cosa extraordinaria o fuera de lo común.

unicornio *s. m.* **1.** Animal imaginario con forma de caballo y un cuerno en medio de la frente. **2.** Rinoceronte*. **3.** Constelación boreal situada entre las de Pegaso y Águila. ▪ En esta acepción se escribe con mayúscula.

unidad *s. f.* **1.** Cada una de las cosas diferenciadas que se encuentran en un conjunto. Se usa mucho en *pl.* **2.** Cualidad de las cosas que constituyen un conjunto armonioso o uniforme o de aquéllas que no pueden dividirse sin dejar de ser lo que son. **3.** Entidad que posee esa cualidad. **4.** Cada una de las partes con cierta independencia en que se dividen algunas organizaciones. **5.** En fís., magnitud que se toma como término de comparación para medir otras de su especie. **6.** En mat., el primer número natural, cuyo símbolo es 1. **7.** En inform., cada uno de los elementos físicos o lógicos que integran un sistema informático. ‖ **8. unidad de acción, de lugar, de tiempo** Las tres unidades preceptivas de la dramaturgia clásica, por las que una obra debía constar de una sola acción principal, desarrollarse ésta en un solo lugar y durar más o menos el tiempo de la representación de la obra. **9. unidad de cuidados intensivos** UCI*. **10. unidad de entrada** En inform., elemento o elementos que introducen datos en un sistema. **11. unidad de proceso** En inform., cada uno de los elementos que realizan los procesos lógicos o aritméticos necesarios para un trabajo informático. **12. unidad de salida** En inform., elemento o elementos que dan a conocer al exterior los resultados obtenidos por un sistema informático. **13. unidad de vigilancia intensiva** UVI*. **14. unidad familiar** En econ., unidad básica formada por las personas de una familia que no son independientes económicamente. **15. unidad monetaria** Moneda que sirve legalmente de patrón en un país y de la que se derivan todas las demás.

Fís.* y *Mat. Las unidades son patrones exactamente establecidos y universalmente utilizados como término de comparación para medir una magnitud. Así, p. ej., el metro es la unidad de la magnitud longitud. Actualmente, las diversas unidades de magnitudes se han unificado en el Sistema Internacional de Unidades (SI). En dicho sistema hay ocho unidades fundamentales, correspondientes a otras tantas magnitudes, de las cuales se derivan todas las demás. Dichas unidades son:

Unidades	*Símbolo*	*Magnitudes*
metro	m	longitud
kilogramo	kg	masa
segundo	s	tiempo
kelvin	K	temperatura
amperio	A	intensidad de la corriente eléctrica
candela	cd	intensidad luminosa
mol	mol	cantidad de materia
radián	rd	ángulo

A veces, el valor de una unidad resulta demasiado grande o demasiado pequeño para las medidas que hay que realizar. En estos casos, se utilizan múltiplos o submúltiplos de la unidad en potencias de diez. Los más usados son:

Múltiplos y submúltiplos	*Prefijo*	*Abreviatura*
10^{12}	tera	T
10^{9}	giga	G
10^{6}	mega	M
10^{3}	kilo	k
10^{2}	hecto	h
10^{1}	deca	da
10^{-1}	deci	d
10^{-2}	centi	c
10^{-3}	mili	m
10^{-6}	micro	μ
10^{-9}	nano	n
10^{-12}	pico	p

Otro sistema utilizado es el *cgs* o cegesimal, cuyas medidas básicas son el centímetro, el gramo y el segundo.

Unidad Popular Coalición política chilena, integrada por los partidos Socialista, Socialdemócrata, Comunista, Radical, Movimiento de Acción Popular Unitaria y Acción Popular Independiente, que ganó las elecciones de 1970. Su candidato, el socialista Salvador Allende, fue proclamado presidente y dio comienzo a un amplio programa de reformas, bruscamente interrumpido por el golpe militar de 1973, que impuso la dictadura de Augusto Pinochet.

unidimensional *adj.* De sólo una dimensión.

unidireccional *adj.* Que va, circula o se propaga en una sola dirección.

unido, da **1.** *p. p.* de **unir**. También *adj.* ‖ *adj.* **2.** Se aplica a las personas que sienten mucho cariño entre sí.

unifamiliar *adj.* Que está formado por una sola familia o es apto para ella.

unificar *v. tr.* **1.** Poner juntas personas o cosas distintas o independientes para que formen un todo, contribuyan a una misma acción o finalidad, etc. También *v. prnl.* **2.** Igualar, equiparar. ▪ Se conjuga como *sacar.* **Fam.** Unificación, unificador.

unifoliado, da *adj.* Que tiene una sola hoja.

uniformar *v. tr.* **1.** Hacer iguales o semejantes. También *v. prnl.* **2.** Hacer que vista uniforme una persona o grupo. **Fam.** Uniformador.

uniforme *adj.* **1.** Se dice del conjunto de personas o cosas que son iguales o semejantes; también se aplica a cada uno de los elementos que forman este conjunto y a sus características o cualidades. **2.** Que no cambia en sus características, desarrollo, etc. ‖ *s. m.* **3.** Vestimenta especial, igual o semejante para todos, que llevan los que realizan un determinado trabajo o pertenecen a un determinado cuerpo, colegio, establecimiento, etc. **Fam.** Uniformemente.

uniformidad *s. f.* Cualidad o circunstancia de uniforme.

uniformizar *v. tr.* Hacer uniformes a varias personas o cosas. ▪ Se conjuga como *cazar.*

unigénito, ta *adj.* **1.** Se dice del hijo único. ‖ *s. m.* **2.** Precedido del artículo *el,* Jesucristo. ▪ En esta acepción se escribe con mayúscula.

unilateral *adj.* **1.** Que se refiere sólo a una de las partes o aspectos de algo. **2.** Se aplica a lo que hace, decide, opina, etc., una de las personas o partes implicadas, sin contar con las demás. **3.** En bot., se aplica al órgano que está situado sólo a uno de los lados de una planta u otro organismo vegetal.

unilineal *adj.* Que consta de una sola línea o afecta a una sola línea, particularmente en las relaciones de parentesco.

unilocular *adj.* En bot., se dice del órgano que posee una sola cavidad.

Union Act Nombre de las dos leyes mediante las cuales se formó el Reino Unido. La primera, votada en 1707 por los Parlamentos inglés y escocés, estableció la unión de Inglaterra y Escocia, que formaron el reino de Gran Bretaña, y la segunda, votada en 1800 por los protestantes del Parlamento irlandés y por el Parlamento inglés, estableció la unión de Gran Bretaña e Irlanda, que formaron el Reino Unido de Gran Bretaña e Irlanda.

Union Jack Denominación de la bandera del Reino Unido.

unión *s. f.* **1.** Acción y efecto de unir o unirse. **2.** Lugar o punto en que se unen dos o más cosas. **3.** Entidad que surge al unirse ciertas cosas, p. ej. territorios, países, partidos políticos, tendencias, profesionales de un mismo ramo, etc. ‖ **4. unión aduanera** Aquella en la que dos o más naciones acuerdan eliminar entre ellas las barreras comerciales y adoptar un arancel aduanero común frente a las demás naciones. **5. unión de conjuntos** En mat., conjunto cuyos elementos son todos los elementos de los conjuntos que se unen. Se simboliza por ∪. **6. unión de sucesos** En mat., suceso que tiene lugar cuando se produce uno cualquiera de otros sucesos. **7. unión hipostática** En la religión cristiana, la que existe en la persona de Jesucristo entre la naturaleza divina y la humana.

Unión Cívica Radical Partido político argentino fundado en 1891, que accedió al poder en 1916 tras la victoria electoral de su candidato Hipólito Yrigoyen. Su programa supuestamente reformista no abordó en la práctica una transformación real de la sociedad argentina. Durante los años treinta pasó a la oposición y se escindió en dos ramas: la Unión Cívica Radical del Pueblo y la Unión Cívica Radical Intransigente. Raúl Alfonsín unió las dos partes y la Unión Cívica Radical volvió a ganar las elecciones de 1983.

Unión de Centro Democrático (UCD) Partido político español formado en 1977 por sectores reformistas del franquismo y representantes de la oposición moderada. Liderado por Adolfo Suárez, venció en las elecciones generales de 1977 y 1979. La dimisión de Suárez en 1981 y el intento de golpe de Estado del 23 de febrero aceleraron la descomposición del partido, que abandonaron el propio Suárez, los demócrata-cristianos y los socialdemócratas de Fernández Ordóñez. En 1983 la UCD se autodisolvió.

Unión de Emiratos Árabes Véase **Emiratos Árabes Unidos**.

Unión de Repúblicas Socialistas Soviéticas (*Sojuz Sovetskih Socialisticeskih Respublick*) Antiguo estado euroasiático creado en 1922, cuyo origen se halla en la Revolución Rusa de 1917, que desapareció en 1991 siendo en parte sustituido por la Comunidad de Estados Independientes. Era un estado federal constituido por quince repúblicas socialistas soviéticas: Armenia, Azerbaiyán, Bielorrusia, Estonia, Georgia, Kazajstán, Kirguizistán, Letonia, Lituania, Moldavia, Federación Rusa, Tayikistán, Turkmenistán, Ucrania y Uzbekistán. Su extensión era de 22.402.200 km², su población 290.122.000 h. en 1990, y su capital Moscú.

Hist. **Lenin. La guerra civil y la creación de la URSS** Después de la Revolución de Octubre (1917), que había terminado con el régimen zarista, el nuevo gobierno bolchevique, presidido por Lenin, puso en marcha el programa agrario revolucionario y estableció el control de las industrias por parte de obreros y campesinos; se nacionalizó la banca, se creó el Consejo Supremo de Economía Nacional, la comisión extraordinaria de toda Rusia para combatir la contrarrevolución, la especulación y los sabotajes (Checa), y se constituyó el ejército rojo. En 1918 fueron convocadas elecciones para formar una asamblea constituyente pero, al salir triunfantes los socialrevolucionarios, fue disuelta violentamente por los bolcheviques y Lenin instauró la dictadura del proletariado. Leon Trotski organizó el ejército rojo, que contuvo el avance alemán hasta la firma del tratado de Brest-Litovsk, que supuso la pérdida de grandes territorios. El zar y la familia imperial fueron ejecutados. El ejército rojo tuvo que hacer frente a la intervención armada extranjera; al ejército blanco, partidario del restablecimiento del zarismo, dirigido por Denikin, Kornilov, Kolchak y Wrangel, y a las fuerzas polacas. Tras la victoria soviética, fue proclamada en 1922 la Unión de Repúblicas Socialistas Soviéticas, URSS, formada por Rusia, Ucrania, Bielorrusia y Transcaucasia (Azerbaiyán, Armenia y Georgia), a las que se unieron Uzbekistán y Turkmenistán (1924) y Tayikistán (1929). El régimen soviético fue reconocido por casi todos los países y Lenin se aprestó a la reconstrucción interior. Se puso en marcha la Nueva Política Económica (NEP), plan que ponía fin al comunismo de guerra y pasaba al sector privado el artesanado, el comercio minorista y la agricultura.

Stalin. Los planes quinquenales y las purgas La muerte de Lenin (1924) planteó la lucha por el poder entre Stalin y Trotski, pues mientras éste era partidario de hacer la revolución mundial, Stalin sostenía que antes era preciso construir y consolidar el socialismo en la URSS. Stalin salió victorioso y Trotski fue depuesto y expulsado de la URSS. Stalin, para lograr la recuperación económica, se propuso el establecimiento de una sólida industria pesada y la colectivización de la agricultura y para ello se establecieron los pla-

Uniformes militares: 1. Cabo de granaderos (Francia, 1798). 2. Soldado de infantería escocesa (Reino Unido, 1815). 3. Infante del batallón «Defensores de la Independencia» (Argentina, 1840). 4. Soldado de infantería nordista (EE UU, 1861). 5. Granadero (Alemania, 1915). 6. Capitán de infantería española de las fuerzas de las Naciones Unidas (España, 1989).

Unión Soviética: firma del pacto de no agresión con la Alemania nazi (1939); en primer término, Von Ribbentrop y Stalin.

nes quinquenales: el primero (1928-33) se caracterizó por la desaparición del sector privado y triunfó pese a la oposición de los campesinos, y el segundo (1933-37) continuó en la línea del anterior y logró una notable mejora del nivel de vida; en este plan se utilizó una nueva fórmula para aumentar el rendimiento obrero, el estajanovismo. En 1936 se proclamó una nueva Constitución, más liberal en apariencia. De 1936 a 1939 se celebraron los procesos de Moscú, las famosas purgas, que sirvieron a Stalin para depurar y eliminar a toda la vieja guardia bolchevique y a miles de miembros del partido y oficiales del ejército que se oponían a sus planes.

La Segunda Guerra Mundial y la guerra fría En 1939 la URSS firmó un pacto de no agresión con Alemania, lo que le permitió incorporar a sus fronteras una parte de Polonia, Carelia, Letonia, Lituania, Estonia, Besarabia y Bucovina del Norte (1940). En 1941, Alemania invadió inesperadamente la URSS en una guerra relámpago y su ejército sólo pudo ser detenido en la ciudad de Stalingrado (1943); entonces se inició la ofensiva soviética, que terminaría con la conquista de Berlín en 1945. Este mismo año la URSS declaró la guerra a Japón y como consecuencia de la victoria se apoderó de la parte meridional de Sajalin y de las islas Kuriles. La URSS intervino en las conferencias de Teherán (1943), Yalta y Potsdam (1945), donde se establecieron las zonas de influencia de las grandes potencias vencedoras. En 1946, Stalin fue confirmado como jefe supremo de la URSS. Las relaciones de la URSS con EE UU empeoraron nada más terminar la Segunda Guerra Mundial y se llegó a la llamada *guerra fría* (1947-53). En 1947 se creó el Kominform, para sustituir al Komintern o Tercera Internacional, y dos años más tarde, el COMECON, como reacción al plan Marshall, que agrupó económicamente a los países del E de Europa, bajo la dirección de la URSS. La crisis de Berlín (1948) y la guerra de Corea (1950-53) hicieron peligrar la paz mundial.

Kruschev. La desestalinización y el Pacto de Varsovia A la muerte de Stalin (1953), Malenkov fue nombrado primer ministro y Kruschev secretario general del partido. Kruschev inició el proceso de desestalinización, y Beria, jefe de la policía, fue acusado de traición y ejecutado. La pugna por el poder enfrentó a Kruschev y Malenkov y este último fue sustituido en la presidencia del gobierno por Bulganin. En 1955 la URSS patrocinó el Pacto de Varsovia y, al año siguiente, el XX Congreso del Partido denunció los errores y crímenes de Stalin y expuso la posibilidad de una coexistencia pacífica entre el imperialismo y el socialismo. En Polonia y Hungría estallaron insurrecciones que fueron aplastadas por las tropas soviéticas (1956). Los dirigentes estalinistas Malenkov, Molotov y Kaganovich fueron destituidos de los cargos que ocupaban (1957). A los dos años, Bulganin fue también destituido y Kruschev asumió el poder absoluto. En política exterior, favoreció la creación del muro de Berlín e instaló bases de cohetes en Cuba, que tuvieron que ser desmanteladas ante la amenaza de EE UU (1962); también propuso el desarme nuclear y consiguió para la URSS los primeros éxitos en la carrera del espacio: lanzamiento del Sputnik (1957), primer cohete a la Luna (1959) y primer cosmonauta (Gagarin, 1961). En el interior intentó reducir la burocracia y descentralizar la economía, aplicó un plan quinquenal (1956-60), interrumpido en 1957, y elaboró un plan septenal (1959-65). El fracaso de su política agrícola y los continuos ataques de los comunistas chinos ocasionaron la caída de Kruschev (1964).

Breznev. Intervenciones en Checoslovaquia y Afganistán El poder fue asumido por una dirección colegiada, formada por Kosigin, presidente del consejo de ministros, Breznev, primer secretario del partido y, más tarde, secretario general del Comité Central del partido, y Podgorni, jefe de Estado. El intento democratizador iniciado en Checoslovaquia por Alexander Dubcek, conocido como la *Primavera de Praga*, provocó la ocupación del país por las tropas soviéticas (1968). Creció la tensión entre la URSS y China y se incrementó la influencia soviética en Asia, tras la retirada de EE UU de Vietnam (1975). Continuó la guerra fría, aunque se iniciaron negociaciones con EE UU para la limitación de armas estratégicas (1969). En 1977 se incrementó el poder de Breznev al hacerse cargo también de la jefatura del Estado, sustituyendo a Podgorni, y se proclamó una nueva Constitución. En 1979 se produjo la invasión de Afganistán por las tropas soviéticas. Gravemente enfermo, Kosigin dimitió (1980) y fue sustituido por Tijonov. Muerto Breznev, Yuri Andropov le sustituyó como secretario general del partido (1982) y jefe del Estado (1983) y dirigió sus esfuerzos a un aumento de la productividad. A la muerte de Andropov (1984), ocupó su cargo Konstantin Chernenko, el cual falleció al año de mandato.

Gorbachov. Reformas y desintegración de la URSS Mijail Gorbachov fue nombrado secretario general del partido y Andrei Gromiko, jefe de Estado. Gorbachov inició una política de liberalización, reestructuración y aperturismo, la *perestroika*, que encontró al principio una dura oposición dentro del partido, pero acabó por imponerse. Gorbachov, cumpliendo sus compromisos, retiró las tropas soviéticas de Afganistán (1988-89). También entabló negociaciones con EE UU para la reducción de armamento y efectivos militares. A principios de la década de los noventa el estado soviético entró en un imparable proceso de descomposición. En 1990 las repúblicas bálticas de Estonia, Letonia y Lituania, proclamaron su independencia y, pese a los esfuezos del gobierno central, en 1991 consumaron su secesión. A lo largo de este año las distintas repúblicas fueron proclamando su independencia y desapareció el Pacto de Varsovia. Mijail Gorbachov propuso la transformación de la URSS en una Unión de Estados Soberanos, preservando determinados poderes para el gobierno central, pero su proyecto fue rechazado. Por su parte, Boris Yeltsin, presidente de la Federación Rusa, disolvió el Partido Comunista de la Unión Soviética, impuso el sistema multipartidista y dio vía libre a la economía de mercado. Estallaron diversos conflictos étnicos, como el que enfrentó a armenios y azeríes en Nagorni-Karabaj,

URSS: Kruschev en visita oficial a Egipto en 1964.

o el de los rusos del Transdniéster en Moldavia; en Georgia se produjo un conflicto interno; pequeñas repúblicas autónomas como Birobidzhán, Checheno Ingushetia y Tatarstán se proclamaron independientes. En agosto de 1991 se produjo un golpe de Estado dirigido por sectores involucionistas del ejército y el partido, cuyo fracaso precipitó el fin de la URSS. Gorbachov dimitió de sus cargos y Boris Yeltsin, de acuerdo con los presidentes de Ucrania, Bielorrusia y Kazajstán, creó la Comunidad de Estados Independientes, de la que quedaron excluidas las tres repúblicas bálticas y Georgia.

Arte La implantación de la tendencia estética llamada *realismo socialista* hizo que algunos artistas emigraran de la URSS. Se fundó la Sociedad de Arquitectos Modernos, de tendencia constructivista pero al poco tiempo se volvió a los modelos anteriores a la revolución. La arquitectura ha ido evolucionando de acuerdo con los estilos imperantes en Europa occidental. Entre los edificios más sobresalientes de Moscú figuran la universidad de Lomonosov, de Rudnev; el mausoleo de Lenin y el hotel Moscú, obras de Schusev; la biblioteca Lenin, de Schuko; el palacio del Congreso, de Posojin. El urbanismo alcanzó un brillante desarrollo. La pintura y la escultura tuvieron que ajustarse a las consignas políticas y hacer un arte ligado al proletariado, como reacción al arte burgués. Entre los pintores más representativos están Plastov, Yakovlev, Tatlin, Pevsner y Riazhski, artista abstracto, pero que retrató a los más destacados personajes soviéticos, el equipo Kuprinski y Maria Gorchilina. Contra corriente surgieron algunos brotes vanguardistas, así los expresionistas B. Schvevnikov y O. Rabin, el surrealista E. Bulatov, el abstracto D. Plavinski o el tachismo de Zverev. La escultura estuvo casi exclusivamente al servicio de los monumentos, siempre dentro del estilo académico decimonónico. Algunos de los escultores más populares fueron Muhina, Manizar, Vuchetiv, y más tarde el expresionista Niezvestni. Como una síntesis de todas las artes, apareció en 1962 en Moscú el grupo *Dvizjenie*, fundado por Liev Nusverg y Francisco Infante, integrado por pintores, músicos, arquitectos y urbanistas, que realizaron objetos cinéticos, presentados con música electrónica, ballet, mimo, etc.

Lit. Sobresale un grupo de grandes poetas, entre los que figuran Ana A. Ajmatova, Boris L. Pasternak, que conseguiría posteriormente el premio Nobel, Sergei A. Esenin y Vladimir M. Maiakovski. En prosa, junto a los valores consagrados de Máximo Gorki o Vikenti V. Veresaiev, hay que mencionar a los escritores que tratarán el tema de la guerra civil, como Vsievolod V. Ivanov, Isaac Babel, Konstantin A. Fedin, Alexander A. Fadeiev, Dimitri A. Furmanov, Mijail A. Sholojov y el mencionado Pasternak. La Asociación Rusa de Escritores Proletarios propone, a raíz del plan quinquenal (1928-33), la temática de la colectivización agraria y los escritores tratan de reflejar el esfuerzo realizado por los trabajadores soviéticos en la fábrica, en la mina o en el campo. El realismo socialista se impone y Nikolai A. Ostrovski escribe su novela *Cómo se templó el acero* (1932-34), en la que forja un arquetipo, el héroe positivo, que sirve de patrón para otras creaciones literarias. En el teatro triunfan las comedias de Pogodin. Durante la Segunda Guerra Mundial sobresalen los novelistas Ilia Ehrenburg y Konstantin Simonov. A la muerte de Stalin, aparecen novelas como *El deshielo* de Ehrenburg y las obras de Alexander I. Solzhenitsin, que había sido deportado a Siberia por el dictador. En poesía sobresalen Evgeni A. Evtuchenko, N. Matveieva, B. Ajmadulina y Tatiana Bek y en prosa Viktor P. Nekrasov, Vladimir F. Tendriakov, Anatoli Ribakov con *Los hijos del Arbat*, Andrei D. Siniavski, Alexander A. Zinoviev y M. Domagatski.

Mús. Los tres pilares de la música soviética son Sergei S. Prokofiev, Dimitri D. Shostakovich, representante de la escuela oficial, y el armenio Aram I. Khatchaturian. Otros autores dignos de mención son Alexander Cherepnin y Dimitri B. Kabalievski. Posteriormente destacan los compositores Georgi Sviridov, autor de música vocal, Andrei Echpai y Boris Tishenko, el pianista Sviatoslav Richter, el violinista David Oistraj y el violonchelista Metislav L. Rostropovich.

Cine La cinematografía soviética nació el año 1919 con el decreto de nacionalización de la industria. En un principio produjo documentales sobre la guerra civil. En 1922 Dziga Vertov creó el grupo documentalista Cine-ojo para realizar un cine de la máxima autenticidad, en el que se prescinde de decorados, actores profesionales, maquillajes o guión escrito. Sergei M. Eisenstein, maestro del montaje y la fuerza expresiva de las imágenes, consagró el cine soviético con su obra *El acorazado Potemkin* (1925). El primer gran filme sonoro soviético fue *El camino de la vida* (1931), de Nicolai Ekk. El realismo socialista se refleja en las trilogías sobre la vida de un obrero (1933-39), de Grigori Kozintsev y Leonid Trauberg, y sobre Gorki (1938-40), de Mark S. Donskoi. Durante la Segunda Guerra Mundial la producción se volcó en reportajes y documentales. Terminada la contienda, llegó la época del máximo culto a la personalidad de Stalin; dos nombres notables de este periodo son Ciaureli y Petrov. Muerto Stalin, se advierten nuevos aires en películas como *La cigarra* (1956), de Samson Samsonov; *El cuarenta y cinco* (1956), y *La balada del soldado* (1959), de Grigori Chujrai; *Cuando pasan las cigüeñas* (1958), de Mijail Kalatozov. Entre los últimos directores destacan Sergei Bondarchuk, con *Guerra y paz* (1964-67); A. Mijalkov-Konchalovski, con *Siberíada* (1980), y Nikita Mijalkov, con *Pianos mecánicos* (1977) y *Ojos negros* (1986).

Unión General de Trabajadores (UGT) Sindicato obrero español creado en 1888. De ideología marxista, sus fundadores eran miembros del PSOE, partido al que siempre estuvo ligado. Promotor de las grandes huelgas de principios de siglo, creció espectacularmente tras la proclamación de la Segunda República, llegando en 1932 al millón de afiliados. Al producirse el alzamiento militar de 1936 se alió con la CNT, asegurando el control de las grandes ciudades y alcanzando una gran influencia en el bando republicano durante la guerra civil. Tras la victoria de Franco, fue declarado ilegal. En 1954 participó en la creación de la Alianza Sindical, que alcanzó cierta repercusión en el N. Al ser legalizado en 1976, fue nombrado secretario general Nicolás Redondo. UGT se ha consolidado nuevamente como una de las principales organizaciones obreras del país y se ha distanciado del PSOE en el poder, combatiendo su política económica y social.

Unión General de Trabajadores: cartel de Solá.

Unión Panamericana Organización creada en 1910, en la Conferencia Panamericana de Buenos Aires, con vistas a legitimar la influencia de EE UU en el continente americano. La Conferencia de Bogotá de 1948 decidió su sustitución por la Organización de Estados Americanos (OEA).

unionismo *s. m.* Doctrina que defiende la unión o asociación de países, estados, etc., y particularmente la unión de Irlanda del Norte y Gran Bretaña. **FAM.** Unionista.

uníparo, ra *adj.* **1.** Se dice del órgano vegetal que produce un solo elemento. **2.** Se dice de la hembra de los mamíferos que tiene una sola cría en cada parto.

unípede *adj.* Que tiene un solo pie.

unipersonal *adj.* **1.** Que es para o de una sola persona. **2.** Se aplica a los verbos que se conjugan sólo en 3.ª persona del singular, p. ej. los que indican fenómenos atmosféricos, como *llover*, *nevar*, etc.

unipolar *adj.* En electricidad, que tiene un solo polo.

unir *v. tr.* **1.** Hacer que dos o más personas o cosas queden juntas, comunicadas, formando una sola unidad, realicen una misma actividad, contribuyan a un mismo fin, etc. También *v. prnl.* **2.** Realizar una mezcla y hacer que espese. También *v. intr.* **3.** Hacer que estén de acuerdo o en armonía dos o más personas, o sus deseos, opiniones, etc. También *v. prnl.* **4.** Casar a alguien. También *v. prnl.* **5.** En med., cerrar una herida. **FAM.** Unible, unidamente, unidor.

unisex *adj.* Se dice de la moda, prendas de vestir o ciertos establecimientos adecuados tanto para hombres como para mujeres.

unisexuado, da *adj.* Que tiene un solo sexo.

unisexual *adj.* **1.** Se aplica a los seres vivos que tienen un solo sexo. **2.** Se aplica a las flores que tienen sólo órganos reproductores masculinos o femeninos.

unisonancia *s. f.* **1.** Cualidad de unísono. **2.** Forma de hablar de una persona, manteniendo todo el tiempo el mismo tono de voz.

unísono, na *adj.* **1.** Se dice de lo que suena en el mismo tono que otra cosa o del conjunto que forman. También *s. m.* **2.** En mús., se aplica al conjunto de voces o instrumentos que ejecutan la misma línea melódica. ‖ **LOC. al unísono** *adv.* Sonando al mismo tiempo o con el mismo tono; también, de manera unánime.

UNITA (siglas de la *Unión Nacional para la Independencia Total de Angola*) Organización política y militar angoleña, creada en 1966 y presidida por Jonas Savimbi. Asentada en el S del país, sostuvo con ayuda sudafricana y estadounidense una guerra de guerrillas desde 1976 contra el gobierno. En 1990 se iniciaron conversaciones de paz.

unitario, ria *adj.* **1.** Que tiene unidad o tiende a ella. **2.** Seguidor del unitarismo en materia religiosa. También *s.*

unitarismo *s. m.* **1.** Doctrina o corriente política partidaria de la centralización del poder de un estado o de una comunidad internacional y contraria a la iniciativa o autonomía de otras unidades políticas menores. **2.** Doctrina protestante que no reconoce en Dios más que una sola persona, negando el dogma de la Trinidad. **FAM.** Unitarista.

unitivo, va *adj.* Que une o sirve para unir.

univalvo, va *adj.* **1.** Se dice de la concha formada por una sola pieza y del molusco que la posee. También *s.* **2.** Se dice del fruto cuya envoltura tiene una sola sutura.

universal *adj.* **1.** Perteneciente o relativo al universo. **2.** Perteneciente o relativo a todo el mundo, a todas las épocas o a todas las personas. **3.** Que existe o es conocido en todas partes. **4.** Que es general en el ámbito que se expresa. **5.** Se dice de aquello que es válido en todo tiempo y todo lugar. **6.** En lóg., enunciado que se refiere a todos los individuos de una clase. ‖ *s. m.* **7.** En fil., nombre común o concepto formado por abstracción a partir de un conjunto de realidades concretas, que representa dicho conjunto reducido a una unidad. La forma de existencia de los universales ha tenido un gran peso específico en la historia del pensamiento, fundamentalmente en la Edad Media. ‖ **8. universales lingüísticos** Características comunes que poseen todas las lenguas humanas. **FAM.** Universalmente.

universalidad *s. f.* **1.** Cualidad de universal. **2.** En der., circunstancia de estar comprendidos en la herencia todos los bienes, derechos, acciones, obligaciones y responsabilidades del difunto.

universalismo *s. m.* **1.** Universalidad, cualidad de universal. **2.** Doctrina política partidaria de la unificación de los estados y la creación de un estado universal. **3.** Doctrina teológica según la cual Dios otorga a todos los hombres la gracia para su salvación. **FAM.** Universalista.

universalizar *v. tr.* Hacer universal o general. ■ Se conjuga como *cazar*. **FAM.** Universalización.

universidad *s. f.* **1.** Institución dedicada a la investigación y a la enseñanza superior que comprende diversas facultades y que concede los correspondientes títulos académicos. La universidad nació en Europa en el s. XII. Su lengua era el latín y en ella se enseñaban básicamente el trivium (gramática, retórica y dialéctica), el cuadrivium (aritmética, música, geometría y astronomía), la teología, la medicina y el derecho. Entre las universidades más antiguas figuran las de Bolonia (1088), París (1150), Oxford (1170), Vicenza (1204), Salamanca (1218), Padua (1222), Nápoles (1224) y Cambridge (1230). **2.** Conjunto de edificios y terrenos donde esta institución está instalada. **3.** Conjunto de personas que enseñan, estudian o trabajan en esta institución.

universitario, ria *adj.* **1.** Perteneciente o relativo a la universidad. **2.** Que ha obtenido un título en la universidad o realiza en ella sus estudios. También *s.*

universo *s. m.* **1.** Conjunto que abarca la totalidad de lo que existe. **2.** Conjunto unitario que forman ciertas cosas inmateriales, p. ej. las ideas, las experiencias, etc. **3.** Conjunto de individuos o elementos objeto de un estudio estadístico.
Fís. Aunque no existe un acuerdo total entre las varias teorías científicas sobre el origen del universo, sí parece ser aceptado por todas que, antes de su configuración, la materia se encontraba concentrada en el llamado *huevo cósmico*. En un instante dado, y debido a fuerzas expansivas cuya causa se desconoce, se produjo una gran explosión, el *Big Bang*, que dispersó la materia del universo y provocó la emisión de una enorme cantidad de energía que aún hoy se percibe como radiación de fondo. Aunque la expansión continúa actuando, existen también fuerzas gravitatorias, es decir, atractivas, entre los distintos cuerpos materiales del universo. Del equilibrio entre ambos fenómenos parece depender la incierta evolución del universo.

univitelino *adj.* Se aplica a los gemelos que provienen de un solo óvulo.

univocidad *s. f.* Cualidad de unívoco.

unívoco, ca *adj.* **1.** Se aplica a la palabra, expresión, etc., de un solo significado y a este significado. **2.** En lóg., se dice del término que se predica de varios sujetos con el mismo significado. ‖ **3. correspondencia unívoca** En mat., aquella en que a cada elemento del primer conjunto le corresponde uno y sólo uno del segundo. **FAM.** Unívocamente.

uno, una *adj.* **1.** Que no está dividido en sí mismo. **2.** Se dice de la persona o cosa que está unida a otra física o moralmente. **3.** Igual o lo mismo que otra cosa que se expresa. ‖ *adj. indef.* **4.** Antepuesto a un número cardinal que no sea la unidad, expresa aproximación. ‖ *pron. indef.* **5.** Se refiere a una persona cualquiera o a aquella cuyo nombre no se conoce o no se quiere decir. ■ En singular, se usa también referido a la persona que habla: *Uno sólo pretende ayudar.* **6.** Unido a *con otro*, indica promedio: *Compré varios libros; unos con otros me han salido a 2.000 pesetas cada volumen.* **7.** Con sentido distributivo se emplea contrapuesto a *otro*; en este caso puede ir precedido de artículo determinado: *(los) unos reían, (los) otros lloraban.* **8.** *fam.* En femenino, se usa con el significado de una trastada, un disparate, un lío, etc.: *Se armó una que no te quiero ni contar.* ‖ *pron. num. card.* **9.** Se emplea para indicar que se toma o considera un único elemento o cantidad de algo que se conoce o que se ha mencionado anteriormente. ‖ *adj. num. ord.* **10.** Primero. También *pron.* ‖ *s. m.* **11.** Nombre del primero de los números naturales y signo con que se expresa. **12.** Con mayúscula y precedido del artículo *lo* designa la sustancia o realidad divina. ‖ **LOC. a una** *adv.* En armonía o de acuerdo; también, a la vez. **no dar** (**acertar**, **coger**, etc.) **una** (o **ni una**) *fam.* Estar siempre desacertado. **ser todo uno** Parecerse o ser iguales varias cosas; también, suceder algo inmediatamente después de una cosa, o ser consecuencia forzosa de ésta. **una de** *fam.* Seguido de un sustantivo, indica gran cantidad de lo que se expresa. **una de dos** Expresión con que se introduce una elección o disyunción. **uno por uno** *adv.* De uno en uno, una cada vez.

untadura *s. f.* **1.** Acción y efecto de untar o untarse. **2.** Sustancia con que se unta. ■ Se dice también *untura*.

untar *v. tr.* **1.** Aplicar y extender una sustancia, generalmente grasienta, sobre la superficie de una cosa. **2.** *fam.* Sobornar*. || *v. prnl.* **3.** Mancharse con alguna sustancia. **4.** *fam.* Quedarse con algo de lo que se maneja o administra, especialmente dinero. **Fam.** Untador, untamiento.

unto *s. m.* **1.** Sustancia grasa para ser untada, generalmente alimenticia o medicinal. **2.** Grasa o gordura de algunos animales. **3.** *amer.* Pomada. **4.** *Chile.* Betún para limpiar el calzado.

untuoso, sa *adj.* **1.** Pringoso, grasiento. **2.** Empalagoso, demasiado atento y amable. **Fam.** Untuosidad.

untura *s. f.* Untadura*.

uña *s. f.* **1.** Lámina córnea que nace y crece en las extremidades de los dedos del hombre y de otros vertebrados terrestres, constituida fundamentalmente por queratina. **2.** Casco o pezuña. **3.** Punta curvada en que termina la cola del alacrán, con la que pica. **4.** Espina curvada que tienen algunas plantas. **5.** Gancho o punta doblada en que terminan algunos instrumentos, generalmente metálicos. **6.** Muesca, corte o agujero hecho en algunas piezas para poder moverlas empujándolas con el dedo. **7.** En mecánica, saliente de una pieza que sirve para acoplarla a otra. **8.** En bot., estrechamiento que tienen los pétalos de algunas flores en la parte inferior, por la que se insertan. **9.** En marina, punta triangular en la que terminan los brazos del ancla. || **10. uña de caballo** Planta herbácea de la familia compuestas, especie *Tussilago farfara.* Mide entre 5 y 20 cm de altura, tiene grandes hojas dentadas y flores amarillas en cabezuela con muchos pétalos. Crece en prados, riberas y matorrales húmedos de Europa. **11. uña de vaca** Extremo de la pata de este animal que se corta y se vende como despojos. || **Loc. a uña de caballo** *adv.* Corriendo, muy rápido. **con uñas y dientes** *adv. fam.* Con toda la intensidad o la fuerza posible. **de uñas** *adv. fam.* En actitud de enemistad o enfado. **enseñar** (**mostrar** o **sacar**) una persona **las uñas** a alguien *fam.* Mostrarle agresividad o amenazarle. **ser uña y carne** dos o más personas *fam.* Tener mucha amistad, estar muy compenetradas o ser inseparables.

uñada *s. f.* **1.** Huella o señal que se deja en una cosa apretando sobre ella con la uña. **2.** Arañazo hecho con la uña.

uñero *s. m.* **1.** Inflamación, a veces con pus, que se forma en la raíz de la uña. **2.** Herida que produce la uña cuando, al crecer demasiado y doblarse, se clava en la carne.

uñeta *s. f.* **1.** Cincel de punta ancha usado por los canteros. **2.** Especie de dedal que se emplea para tocar los instrumentos de cuerda. || **uñetas** *s. m.* **3.** *Amér. C., Col.* Ladrón.

¡upa! *interj.* ¡Aúpa!*

Upanisad Textos sagrados hindúes, escritos en sánscrito, que constituyen la parte última de los *Vedas.* Fueron redactados entre los s. IX y VI a. C.

upar *v. tr.* Aupar, levantar a alguien o ayudarle a que se levante, especialmente a un niño.

Updike, John (Shillington, Pennsylvania 1932) Novelista estadounidense. Con gran preocupación por la pureza del estilo y una notable vena satírica, trata en sus obras del estadounidense medio, del poder y de la injusticia. Entre sus obras son de señalar las novelas *Corre, Conejo* (1960), *El centauro* (1963), *El regreso de Conejo* (1971), *Un mes de domingos* (1975), *Cásate conmigo* (1976) y *Conejo es rico* (1981).

uperización o **uperisación** *s. f.* Procedimiento de esterilización de la leche mediante la inyección de vapor a presión hasta que alcanza una temperatura de 150 °C durante menos de un segundo. **Fam.** Uperizar o uperisar.

upite *s. m. Arg.* Ano.

uppercut (voz ingl.) *s. m.* En boxeo, golpe dado hacia arriba.

Uppsala C. de Suecia, en el E del país, al N de Estocolmo. 164.750 h. en 1990. Su economía se basa en las industrias madereras, mecánicas, de curtidos y de cemento. Es un importante centro cultural que cuenta con una de las principales universidades del N de Europa, fundada en 1477. Entre sus monumentos sobresalen el castillo de Gustavo Vasa (s. XVI) y la catedral gótica, edificada entre los siglos XIII y XV.

upwelling (voz ingl.) *s. m.* En geog., ascenso a la superficie de aguas marinas profundas. Es el caso de algunas corrientes frías que debido al mayor peso de su agua discurren en profundidad y al llegar cerca de la costa ascienden a la superficie, compensando así la retirada de las aguas superficiales arrastradas por el viento.

Ur Antigua ciudad sumeria de Mesopotamia, a orillas del Éufrates. De origen presumerio, durante la III dinastía se convirtió en capital del imperio sumerio (s. XXIII - XXI a. C.). Destruida por los casitas, fue reedificada por su prestigio religioso y tuvo su último esplendor con Nabucodonosor. Con el cegamiento del delta del Éufrates entró en decadencia. Según la *Biblia,* fue la patria de Abraham.

uracilo *s. m.* Base nitrogenada de la familia de las pirimidinas, que forma parte de los ácidos ribonucleicos (ARN).

Ural Río de Eurasia, en la cuenca del mar Caspio. 2.534 km. Nace en la Federación Rusa, en el sector S de los Urales y fluye en dirección S hasta Orsk, donde cambia su rumbo hacia el O. En Uralsk, ya en Kazajstán, toma dirección S hasta su desembocadura en el mar Caspio. Sus afluentes más caudalosos son el Sakmara y el Ilek. Es navegable en su curso bajo.

uralaltaico, ca *adj.* **1.** Perteneciente o relativo a los Urales y al Altai. **2.** Se dice de la familia de lenguas aglutinantes, cuyos principales troncos son el mongol, el turco y el ugrofinés, y de los pueblos que hablan dichas lenguas. También *s. m.*

Urales Cadena montañosa de Eurasia, que se extiende desde el océano Glacial Ártico hasta la depresión del mar Caspio, siguiendo en general dirección N-S. Tiene una longitud de 2.400 km y una anchura media de 130 km. Comprende tres sectores, los Urales septentrionales, los centrales y los meridionales. Su cima más alta se encuentra en el monte Narodnaia Gora (1.894 m). Su subsuelo es rico en hierro, cobre, magnetita, cromo, oro, petróleo, diamantes, fosfatos, carbón y manganeso. Tradicionalmente es considerada como la frontera natural entre Europa y Asia.

uralita *s. f.* Material hecho de cemento y amianto mezclados, que se utiliza en la fabricación de placas onduladas para cubiertas de construcción y otros usos.

Urania Una de las nueve musas, protectora de la astronomía.

uraninita *s. f.* UO_2. Mineral dióxido de uranio. Cristaliza en el sistema cúbico, es de color negro, gris, pardo o verdoso y puede ser mate o tener brillo graso. Se presenta en filones compactos y posee propiedades radiactivas. También es llamado *pechblenda.*

uranio *s. m.* **1.** U. Elemento químico perteneciente al grupo de los actínidos del sistema periódico. Su número atómico es 92 y su masa atómica 238,029. Fue descubierto, al investigar la pechblenda, por el químico alemán Martin Klaproth en 1789, quien le dio el nombre de *uranio* en atención al planeta Urano descubierto poco antes. Es el elemento de mayor número atómico que puede encontrarse en la naturaleza. El uranio natural es una mezcla de tres isótopos: el U^{238}, que aparece en una proporción del 99,28 %; el U^{235}, con el 0,71 %, y el U^{234}. Es un metal dúctil y maleable, de aspecto parecido al del acero, con densidad 18,97 g/cm^3, que funde a 1.133 °C. Entre sus compuestos más importantes se cuentan el hexafluoruro y el uranato amónico, así como varios óxidos. Los principales minerales de uranio son la pechblenda y la torbenita, ampliamente distribuidos por la corteza terrestre, con yacimientos en Canadá, EE UU, Checoslovaquia, Congo, Portugal, España, Francia y Australia, entre otros países. La gran importancia económica, estratégica y política adquirida por el uranio reside en su papel preponderante en la producción de energía mediante reacciones de fisión nuclear, que ocurren cuando un neutrón rompe un núcleo del isótopo U^{235}, liberando nuevos neutrones y desprendiendo gran cantidad de energía; el proceso puede sostenerse gracias a los neutrones liberados que fisionarán a su vez con nuevos núcleos de uranio, desencadenando una reacción en cadena que puede ser explosiva si se produce de modo incontrolado. La primera pila de uranio en la que la reacción de fisión transcurre de forma controlada fue construida por Enrico Fermi en la universidad de Chicago; esta pila funcionó por primera vez el 2 de diciembre de 1942. || **2. uranio enriquecido** Mezcla de isótopos de uranio en la cual la proporción del U^{235}, que es del 0,71 % en el uranio natural, llega a ser del orden del 3 %. El enriquecimiento se logra transformando el uranio en hexafluoruros, que en estado gaseoso tienen diferente velocidad de difusión, ya que poseen distinta masa. El uranio enriquecido se emplea en algunos tipos de reactores nucleares. **Fam.** Uránico.

uranio, nia *adj.* Perteneciente o relativo a los astros y al espacio celeste. ■ Es de uso culto.

Urano 1. En la mitología griega, personificación del cielo. Era hijo y esposo de Gea, la Tierra, y padre de los Titanes. El menor de sus hijos, Cronos, se rebeló contra él y le cortó los testículos con una hoz; su sangre cayó sobre la Tierra, donde dio lugar al nacimiento de las furias y los gigantes, y sobre el mar, del que nació Venus.
2. Séptimo planeta del Sistema Solar. Fue descubierto por William Herschel en 1781 y Laplace demostró su condición de planeta. Su distancia media al Sol es de 2.869,6 millones de kilómetros, tiene un periodo de revolución de 84,01 años y otro de rotación de –11 horas. Su órbita está inclinada 0,8° respecto de la eclíptica, su diámetro ecuatorial es de 51.800 km, tiene una masa 14,6 veces la de la Tierra y un volumen 67 veces el de ésta. Su atmósfera está compuesta fundamentalmente de hidrógeno, helio y metano. Tiene un movimiento de rotación retrógrado y está rodeado por varios anillos. Posee más de quince satélites, como Miranda, Ariel, Umbriel, Titania y Oberón.

uranografía *s. f.* Parte de la astronomía que se dedica a la descripción de los astros.

uranometría *s. f.* Parte de la astronomía que se dedica a la medición de las distancias existentes entre los astros.

urape *s. m. Amér. del S.* Nombre común de diversas plantas arbustivas de la familia cesalpiniáceas, género *Bauhinia.* Tienen hojas bilobuladas, tallo espinoso y flores blancas. Crecen en América del Sur y se usan en jardinería como árbol ornamental.

Urartu Antiguo reino situado en la actual Armenia, habitado por hurritas. Su origen se remonta a principios del segundo milenio a. C. y alcanzó su mayor esplendor en los s. IX y VIII a. C. desarrollando la metalurgia del hierro y extendiéndose hasta Asiria y el alto Éufrates. Se conservan restos arquitectónicos y figurillas de bronce, que representan animales fantásticos.

urato *s. m.* En bioquímica, denominación genérica de las sales del ácido úrico.

Urbaneja Achelpohl, Luis Manuel (Caracas 1875 - íd. 1937) Escritor venezolano. Fue uno de los fundadores de la revista modernista *Cosmópolis* (1894-98). Entre sus novelas merecen citarse *En este país* (1910), *El tuerto Miguel* (1927) y *La casa de las cuatro pencas* (1937). Sus cuentos fueron agrupados póstumamente con el título de *El criollismo en Venezuela* (1944).

urbanidad *s. f.* Comportamiento correcto y educado en la actuación y el trato social de una persona.

urbanismo *s. m.* Conjunto de conocimientos, estudios y actividades sobre la planificación, creación, desarrollo y modificación de los edificios y espacios de una ciudad, teniendo en cuenta las necesidades de sus habitantes. Se llama también *urbanística.*

urbanista *adj.* **1.** Urbanístico*. || *s. m.* y *f.* **2.** Experto en urbanismo.

urbanístico, ca *adj.* **1.** Perteneciente o relativo al urbanismo. || *s. f.* **2.** Urbanismo*.

urbanización *s. f.* **1.** Acción y efecto de urbanizar. **2.** Conjunto de construcciones de iguales o semejantes características, dedicadas sobre todo a viviendas, que posee una serie de servicios propios y normalmente está situado en una zona abierta o en las afueras de una población. **3.** Terreno delimitado, dotado de la infraestructura y servicios para construir en él un conjunto de edificaciones como el antes mencionado.

urbanizar *v. tr.* **1.** Convertir un terreno en un centro de población habitable dotándolo de la infraestructura y los servicios necesarios. **2.** Hacer que alguien aprenda las reglas de urbanidad. También *v. prnl.* ■ Se conjuga como *cazar.* **Fam.** Urbanizador.

urbano, na *adj.* **1.** Perteneciente o relativo a la ciudad. **2.** Se dice de los miembros de la policía municipal. También *s.*

Urbano Nombre de ocho papas.

Urbano II (Châtillon-sur-Marne h. 1042 - Roma 1099) Papa francés. De nombre Eudes de Lagery, su pontificado abarca de 1088 a 1099. Continuó la política reformadora de Gregorio VII y condenó la simonía y la investidura laica. Excomulgó al rey Felipe I de Francia por haber repudiado a su esposa, promovió la primera cruzada y luchó contra el antipapa Clemente III.

Urbano IV (Troyes h. 1200 - Perugia 1264) Papa francés. De nombre Jacques Pantaléon, su pontificado abarca de 1261 a 1264. Favoreció los intereses franceses. Trabajó para consolidar el imperio latino en Constantinopla e instituyó la festividad del Corpus Christi.

Urbano VI (Nápoles h. 1318 - Roma 1389) Papa italiano. De nombre Bartolomeo Prignano, su pontificado abarca de 1378 a 1389. Un grupo de cardenales declaró nula su elección y nombró en Fondi pontífice a Clemente VII, lo que dio lugar al cisma de Occidente.

Urbano VIII (Florencia 1568 - Roma 1644) Papa italiano. De nombre Maffeo Barberini, su pontificado abarca de 1623 a 1644. Incorporó el ducado de Urbino a los Estados Pontificios, pero tuvo que enfrentarse con Parma, feudataria de la Santa Sede. Mantuvo una posición favorable a Francia en la guerra de los Treinta Años y durante su pontificado finalizó el proceso contra Galileo y se persiguió el jansenismo.

urbe *s. f.* Ciudad grande e importante.

urbi et orbi *loc. lat. adj.* y *adv.* **1.** Significa 'a la ciudad y al mundo' y es empleada por el papa para indicar que lo que dice o hace es extensivo al mundo entero. ‖ *loc. adv.* **2.** Expresa que algo se hace llegar a todas partes.

Urbina, José María (Quito 1808 - Guayaquil 1891) Político ecuatoriano. Participó en la separación de Ecuador de la Gran Colombia y como liberal contribuyó al derrocamiento de Flores (1845). Encabezó la revuelta contra Ascásubi y fue designado presidente de la república (1851-56). Tras el asesinato de García Moreno (1875), dirigió la revolución liberal que elevó a Veintemilla a la presidencia (1876).

Urbina, Luis Gonzaga (Ciudad de México 1864 - Madrid 1934) Poeta mexicano. Su obra, de raíz romántica, evolucionó hacia el modernismo. Algunos de sus principales escritos son los libros poéticos *Versos* (1890), *El glosario de la vida vulgar* (1916) y *El corazón juglar* (1917), y las crónicas periodísticas, críticas teatrales y otros textos recopilados en *Cuentos vividos y crónicas soñadas* (1915).

Urbino C. de Italia, en Las Marcas, entre los ríos Foglia y Metauro. 16.600 h. en 1971. Es un importante centro comercial agrícola. Antiguo feudo de los Montefeltro, se convirtió en ducado en el s. XV. Conserva un conjunto monumental en el que destacan las iglesias góticas Santo Domingo, San Francisco y San Juan Bautista; la catedral, del s. XV, con fachada barroca del XVIII; el palacio ducal de Montefeltro, de estilo renacentista del s. XV, los palacios de Palma o Luminati y el museo de la Casa de Rafael Sanzio.

Urbión, picos de Macizo montañoso de España, perteneciente al Sistema Ibérico, en el límite de las provincias de La Rioja, Soria y Burgos. Alcanza su máxima altura en el pico de Urbión (2.228 m). En él se halla el nacimiento del río Duero.

urca *s. f.* Embarcación grande, muy ancha por el centro, utilizada para el transporte.

urchilla *s. f.* **1.** Cierto liquen que vive en las rocas bañadas por el agua del mar. **2.** Tinte de color violeta que se saca de este liquen.

Úrculo, Eduardo (Santurce, Vizcaya 1938) Pintor español. Evolucionó de una pintura informal a otra realista cargada de erotismo.

Urdaneta, Andrés de (Villafranca de Oria, Guipúzcoa 1508 - México 1568) Navegante y religioso español. Tomó parte en la expedición de Elcano a las Molucas (1525) y en la de Pedro Alvarado al Pacífico (1538). En 1553 profesó en la orden agustina y participó en la expedición de Legazpi que partió en 1564 para Oceanía. A su regreso a Nueva España, subió al N buscando los vientos contraalisios y la corriente del Kuro Shivo y llegó a California; recorrió hacia el S el litoral de Nueva España hasta Acapulco (1565), con lo que logró descubrir la ruta más rápida para llegar a América desde Asia.

Urbanismo: arriba, a la izquierda, Plaza Mayor de Madrid y edificios que la circundan; a la derecha, vista del Ensanche de Barcelona, construido según el plan Cerdá; abajo, el Canary Wharf, muelle del puerto de Londres en el río Támesis, proyectado por Pelli, Aldo Rossi y Pei Ieoh Ming.

Urdaneta, Rafael (Maracaibo 1789 - París 1845) Militar y político de la Gran Colombia. Siguió a Bolívar en sus campañas y, tras el pronunciamiento de los venezolanos, obligó a dimitir a Mosquera y asumió el poder en Colombia (1830), pero tuvo que dimitir en 1831 ante la hostilidad suscitada por su autoritarismo.

Urdaneta Arbeláez, Roberto (Bogotá 1890 - íd. 1972) Político colombiano. Fue ministro de Hacienda y de Asuntos Exteriores (1930-34); del Interior (1947-50), puesto desde el que reprimió el llamado *bogotazo* (1948), y del Interior y de Guerra (1950). Al retirarse por enfermedad el presidente Laureano Gómez, le sustituyó (1951), pero fue derrocado por Rojas Pinilla (1953).

urdidera *s. f.* Urdidor, instrumento que se usa para devanar y preparar los hilos para las urdimbres.

urdidor, ra *adj.* **1.** Que urde. También *s.* ‖ *s. m.* **2.** Urdidera*.

urdimbre *s. f.* **1.** Conjunto de los hilos paralelos, espaciados regularmente y colocados en dirección longitudinal, por los que se pasa la trama para formar la base del tejido. **2.** Estos mismos hilos en la tela ya confeccionada. **3.** Hilo de la lana muy torcido. **4.** Acción y efecto de urdir, maquinar.

urdir *v. tr.* **1.** Colocar los hilos en la urdidera para pasarlos al telar y realizar un tejido. **2.** Maquinar, preparar en secreto alguna cosa, especialmente contra alguien.

urdu *s. m.* Lengua del grupo indoiranio, oficial en Pakistán; es una variedad del hindi.

urea *s. f.* $H_2N-CO-NH_2$. Sustancia orgánica que resulta de la degradación de sustancias nitrogenadas en el organismo de numerosas especies animales. Es una diamida del ácido carbónico. En los mamíferos, la urea es eliminada con la orina. Fue el primer compuesto típicamente orgánico que se sintetizó en el laboratorio; dicha síntesis, a partir del cianato amónico, fue llevada a cabo por el químico alemán Friedrich Wöhler en 1828. Se emplea en la obtención de fertilizantes y de productos farmacéuticos, así como en la síntesis de plásticos y resinas.

uremia *s. f.* Enfermedad producida por la acumulación en la sangre de sustancias venenosas, especialmente urea, a causa del mal funcionamiento del riñón, que es el encargado de eliminarlas. **FAM.** Urémico.

urente *adj.* Que quema o escuece. ■ Es de uso culto y se emplea particularmente en medicina.

uréter *s. m.* Cada uno de los dos conductos excretores por los que desciende la orina a la vejiga desde los riñones.

uretra *s. f.* Conducto excretor por el que se expulsa al exterior la orina contenida en la vejiga. En el hombre mide unos 16 cm y se dilata durante la erección; en la mujer mide unos 35 mm. Consta de tres porciones: prostática, membranosa y esponjosa. **FAM.** Urético o uretral.

uretritis *s. f.* **1.** Inflamación de la uretra. **2.** Blenorragia*.

uretroscopia *s. f.* Exploración visual del interior de la uretra.

Urey, Harold Clayton (Walkerton, Indiana 1893 - La Jolla, San Diego 1981) Químico estadounidense. Descubrió el agua pesada (1932) y el deuterio, por lo que se le concedió el premio Nobel de química en 1934. Separó diversos isótopos y participó en la fabricación de la bomba atómica preparando el isótopo de uranio U^{235}.

Urgel, condado de Antiguo condado de la Marca Hispánica, al S del sector oriental de los Pirineos, incorporado al imperio carolingio en el s. VIII. Independiente desde Wifredo el Velloso (870), se vinculó a la corona de Aragón con el rey Jaime II (1314).

urgencia *s. f.* **1.** Cualidad de urgente. **2.** Necesidad grande de algo. **3.** Caso o asunto urgente o circunstancia en la que éstos se producen. ‖ *pl.* **4.** Sección de los hospitales en que se recibe y atiende a los enfermos y heridos graves que necesitan cuidados médicos inmediatos. ‖ **5. procedimiento de urgencia** Método excepcional empleado para acelerar el estudio y votación de algunos proyectos de ley en el parlamento.

urgente *adj.* **1.** Que urge. **2.** Se dice especialmente de las cartas, telegramas, etc., que se envían utilizando un procedimiento especial para que lleguen antes a su destino. **Fam.** Urgentemente.

urgir *v. intr.* **1.** Ser muy necesario conseguir o hacer algo inmediatamente o lo más pronto posible. **2.** Obligar a algo la ley o un precepto. ▪ Se usa generalmente en 3.ª persona y con sujeto no personal. Se conjuga como *surgir.*

Uriburu, José Evaristo (Salta 1831 - Buenos Aires 1914) Político argentino. Tras ocupar varios cargos diplomáticos y ministeriales, fue nombrado vicepresidente en 1892. Sustituyó en la presidencia (1895-98) a Luis Sáenz Peña, después de la dimisión de este último.

Uriburu, José Félix (Salta 1868 - París 1932) Militar y político argentino. Encabezó el golpe de Estado que derrocó a Yrigoyen (1930) y asumió la presidencia de un gobierno dictatorial hasta 1932.

úrico, ca *adj.* **1.** Perteneciente o relativo a la orina. **2.** Perteneciente o relativo al ácido úrico. ‖ **3. ácido úrico** $C_5H_4N_4O_3$. Uno de los productos finales de desecho del metabolismo en el hombre y en numerosos animales. Se elimina a través de la orina. En los enfermos de gota, la proporción de ácido úrico en la sangre es mayor de lo normal.

urinario, ria *adj.* **1.** Perteneciente o relativo a la orina, y particularmente al aparato o conjunto de órganos en los que se almacena y por los que se expulsa dicha sustancia. En el hombre, el aparato urinario está compuesto por los riñones y las vías excretoras. En los riñones se purifica la sangre y se elabora la orina. La orina pasa a través de los uréteres a la vejiga urinaria, donde se acumula y se expulsa al exterior por la uretra. ‖ *s. m.* **2.** Local situado en un lugar público, que tiene las instalaciones necesarias para que las personas orinen en él. **3.** Retrete adosado a la pared, en los servicios de caballeros, que sirve para orinar.

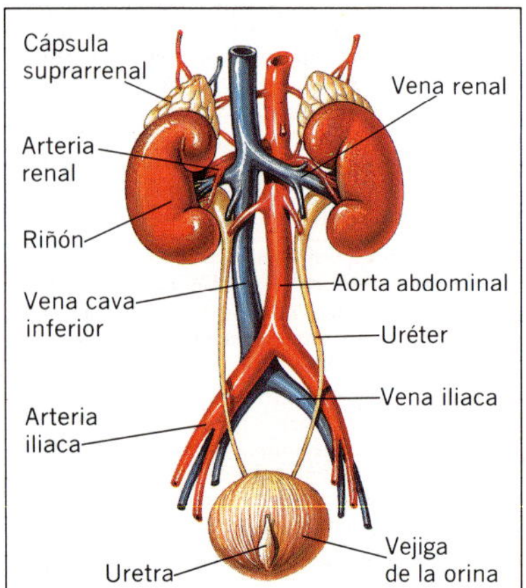

Esquema del aparato urinario humano visto por su cara anterior.

urinífero, ra *adj.* Se dice del conducto que tiene como función conducir la orina.

Uris, Leon (Baltimore 1924) Novelista estadounidense de origen judío. Alcanzó gran renombre con su novela *Éxodo* (1958), en la que relata los acontecimientos que llevaron a la creación del estado de Israel. Otras obras suyas dignas de mención son *Mila 18* (1960), *Topaz* (1967) y *QB VII* (1970).

Urmia Lago de Irán, en el NO del país. 4.500 a 6.000 km^2 de extensión, según la estación del año. Está emplazado en una zona montañosa a una altura de 1.275 m, su profundidad máxima es de 14 m y sus aguas son salinas.

urna *s. f.* **1.** Caja comúnmente de vidrio u otro material transparente donde se depositan las papeletas de una votación, los números de un sorteo, etc. **2.** Caja con los lados planos y de material transparente que se utiliza para guardar objetos delicados, de manera que queden protegidos, pero resulten visibles. **3.** Vasija o caja usada para guardar dinero, restos, las cenizas de un difunto, etc.

uro (del lat. *urus*) *s. m.* Mamífero artiodáctilo rumiante fósil de la familia bóvidos, especie *Bos primigenius.* Era un animal semejante al toro, pero de mayor tamaño, con grandes cuernos, y del que proceden probablemente las razas actuales de toros. Habitó antiguamente en Europa central y sus últimos ejemplares se extinguieron en 1627, en la región del Vístula.

Uro (Bos primigenius).

urocordados *s. m. pl.* Tunicados*. También *adj.* y *s. m.*

urodelos *s. m. pl.* Orden de anfibios al que pertenecen unas 330 especies comprendidas en las familias salamándridos, hinóbidos, criptobránquidos, ambistómidos, anfiúmidos, pletodóntidos, proteidos y sirénidos. Se caracterizan por tener la piel ceñida al cuerpo, a diferencia de los anuros. Tienen patas diminutas en algunas especies, de 12 a 60 vértebras, cola larga y fuerte, musculatura segmentada y cinturas apendiculares cartilaginosas. Sus larvas tienen tres pares de branquias externas, algunas especies carecen de branquias o pulmones y respiran por la piel y boca. La mayoría son ovíparos. Urodelos son los tritones, las salamandras, los ajolotes, las anfiumas, etc. También *adj.* y *s. m.*

urogallo *s. m.* Ave galliforme de la familia tetraónidos, especie *Tetrao urogallus.* Presenta un acusado dimorfismo sexual: el macho mide unos 85 cm de longitud, tiene el plumaje de tonos oscuros con brillo metálico, barba espesa y cola en forma de abanico con manchas blancas; la hembra mide unos 60 cm de longitud, tiene el plumaje pardo con listas oscuras y una mancha color ladrillo en el pecho. Los urogallos realizan una vistosa parada nupcial, con vuelos de exhibición y cantos ante las hembras. Habitan en regiones montañosas de bosque en Europa y Asia septentrional. Es una especie protegida y apreciada pieza de caza.

Urogallo (Tetrao urogallus) *macho.*

urogenital *adj.* Genitourinario*.

urografía *s. f.* Radiografía del aparato urinario.

urología *s. f.* Rama de la medicina que estudia el aparato urinario y sus enfermedades.

urólogo, ga *s. m.* y *f.* Médico especialista en urología.

uromancia o **uromancía** *s. f.* Adivinación mediante la observación de la orina.

Urondo, Francisco (Santa Fe 1930 - Buenos Aires 1976) Escritor argentino. Con su libro *La patria fusilada,* documento sobre la matanza de Trelew, se alineó con la guerrilla. Murió asesinado. Entre sus libros merecen citarse, en poesía *Lugares* (1961), *El otro lado* (1967), *Son memorias* (1970) y *Poemas póstumos* (1973), y en narrativa, los cuentos *Al tacto* (1967).

urópodo *s. m.* En los crustáceos, cada uno de los apéndices del último segmento abdominal que junto con el telson constituyen la cola.

uroscopia *s. f.* Examen visual y metódico de la orina como medio de diagnóstico.

urpila *s. f. Arg., Bol., Col.* Especie de paloma pequeña.

Urquijo, Mariano Luis de (Bilbao 1768 - París 1817) Político español. Fue perseguido por la Inquisición por haber traducido obras de Voltaire. Primer ministro (1798-1800), siguió las directrices de la Ilustración. Reconoció como rey a José I Bonaparte, que le nombró ministro secretario de Estado (1809-13). Tuvo que exiliarse.

Urquiza, Justo José de (Concepción del Uruguay 1801 - San José 1870) Militar y político argentino. En 1852 se sublevó contra Rosas y, después de vencerle en Monte Caseros, se proclamó director provisional de la Confederación Argentina. Nombrado presidente en 1853 por un congreso constituyente, fue rechazado por Buenos Aires, por lo que recomenzó la guerra civil (1854). Venció al gobierno bonaerense en 1859 y obligó a este territorio a entrar en la Confederación en 1860, año en que dejó la presidencia. Intentó hacer resurgir el federalismo, pero renunció a ello tras la invasión de Corrientes (1865) por los paraguayos. La revuelta federalista estalló de todas formas en 1866 y en 1870 Urquiza fue detenido y asesinado, acusado de ser agente de Buenos Aires.

Urraca (Pica pica).

urraca *s. f.* **1.** Ave paseriforme de la familia córvidos, especie *Pica pica.* Mide unos 45 cm de longitud, tiene plumaje iridiscente, negro con el vientre blanco, manchas blancas y azuladas en las alas y en la larga cola, y el pico negro y robusto. Es sedentaria, en ocasiones forma grandes bandadas, se domestica con facilidad y suele recoger y guardar en su nido todo tipo de objetos brillantes. Habita en gran parte del hemisferio norte. **2.** *fam.* Persona a la que gusta recoger y guardar todo tipo de objetos.

Urraca (? 1080 - Saldaña, Palencia 1126) Reina de Castilla y León (1109-26). Hija de Alfonso VI de Castilla, recibió el gobierno de Galicia de su padre conjuntamente con Alfonso Raimúndez, hijo de su matrimonio con Raimundo de Borgoña. A la muerte de su hermano Sancho heredó el trono de Castilla. Muerto su primer esposo, casó con Alfonso I el Batallador de Aragón, al que acabó enfrentándose con las armas. Castilla se dividió entonces entre sus partidarios y los del rey aragonés. Al mismo tiempo, Portugal, regido por su hermana Teresa, buscaba la independencia y Galicia se alzaba en levantamientos, por lo que entregó el gobierno de Galicia al arzobispo Gelmírez, para así controlar el avance portugués por tierras gallegas.

Urraca Fernández (? h. 1033 - ? 1101) Infanta castellana. Primogénita de Fernando I, participó en las luchas que enfrentaron a todos los hermanos. Obtuvo la libertad de Alfonso VI, refugiado en Toledo (1072), y consiguió el gobierno de Zamora con el título de reina. Quizá participó en el asesinato de Sancho II y, aunque en los primeros años del reinado de Alfonso VI intervino en el gobierno de Castilla, más tarde se retiró a un monasterio.

Urraca López (? - ? h. 1226) Reina de León (1187 - h. 1226), por su matrimonio con Fernando II. Hija de Lope Díaz de Haro, señor de Vizcaya, favoreció la privanza de los Haro en la corte leonesa. Pretendió defender los derechos al trono de su hijo Sancho, frente a los de Alfonso IX, primer hijo de Fernando.

úrsidos *s. m. pl.* Familia de mamíferos plantígrados del orden carnívoros a la que pertenecen siete especies de los géneros *Euarctos, Helarctos, Melursus, Selenarctos, Thalarctos, Tremarctos* y *Ursus.* Son animales omnívoros de gran tamaño, cuerpo pesado, cubierto de pelaje negro, blanco o pardo, con potentes patas, rematadas en garras, y cola pequeña. Caminan a cuatro patas y, en ocasiones, erguidos. Habitan en el hemisferio norte y el número de sus ejemplares ha decrecido notablemente. A ella pertenecen los osos pardos, osos polares, osos negros, etc. También *adj.* y *s. m.*

Ursinos, Marie-Anne de la Trémoille, princesa de los (París 1642 - Roma 1722) Noble francesa. Camarera de la reina María Luisa de Saboya (1701), esposa de Felipe V de España, a través de su cargo participó activamente en la vida política española. Tras la muerte de María Luisa, apoyó el nuevo matrimonio de Felipe V con Isabel de Farnesio, creyendo que podría dominarla, pero la nueva reina la mandó salir de España (1714).

URSS Véase **Unión de Repúblicas Socialistas Soviéticas.**

Ursúa, Pedro de (en el Baztán, valle de Navarra, 1526 - Machifaro, en el río Marañón 1561) Conquistador español. En 1545 pasó a Nueva Granada. Fue gobernador de Santafé de Bogotá y fundó las ciudades de Pamplona (1549) y Tudela (1553). Dirigió una expedición en busca de El Dorado. Durante el viaje sufrió una sedición encabezada por Lope de Aguirre y murió víctima de los rebeldes.

ursulina *s. f.* **1.** Religiosa perteneciente a alguna de las congregaciones fundadas bajo la advocación de Santa Úrsula para la educación de niñas y el cuidado de enfermos. La primera y más conocida fue la fundada por Santa Ángela Merici en Brescia (1535). También *adj.* **2.** *fam.* Mujer excesivamente recatada y tímida.

urticáceas *s. f. pl.* Familia de plantas generalmente herbáceas del orden urticales a la que pertenecen más de 1.000 especies comprendidas en unos 45 géneros, entre los que destacan *Urtica, Boehmeria, Urera* y *Parietaria.* Tienen hojas simples, alternas u opuestas, y a veces cubiertas de vello urticante, flores sin pétalos, generalmente unisexuales, agrupadas en cimas o capítulos y fruto en aquenio o drupa. Crecen en regiones intertropicales de todo el mundo. Urticáceas son la ortiga y el ramio. También *adj.* y *s. f.*

urticación *s. f.* Procedimiento que se usaba para el tratamiento de algunas enfermedades y que consistía en azotar al enfermo con un ramo de ortigas.

urticante *adj.* Que produce un picor o escozor parecido al que causa una ortiga.

urticaria *s. f.* Enfermedad de la piel que se caracteriza por la aparición de granos o manchas rojizas y por un escozor o picor intenso. Puede ser síntoma de una infección o de una reacción alérgica.

urú *s. m. Arg.* Ave galliforme de la familia fasiánidos, especie *Odontophorus capueira.* Presenta plumaje pardo con el vientre gris, semejante a la perdiz. Vive en América del Sur.

urubú *s. m. Amér. del S.* Animal parecido al buitre, de gran tamaño.

urucú *s. m. Arg.* Árbol de cuyo fruto se obtiene una bebida medicinal. También se llama *bija* y *achiote.*

Uruguay Estado del SE de América del Sur.

Extensión: 176.215 km^2.
Límites: al N, con Brasil; al E, con Brasil y el océano Atlántico; al S, con el océano Atlántico, y al O, con Argentina.
Población: 3.033.000 h. en 1990.
Densidad: 17,3 h./km^2.
Capital: Montevideo.
División administrativa: 19 departamentos.
Ciudades principales: Salto, Paysandú, Las Piedras y Rivera.
Gentilicio: uruguayo.
Forma de Estado: república presidencialista.
Idioma: español.
Religión: catolicismo, 62,9 %.
Moneda: nuevo peso uruguayo.
Tasa de natalidad: 18 ‰ en 1990.
Tasa de mortalidad: 10 ‰ en 1990.
Renta per cápita: 2.620 dólares en 1989.

Geog. física El relieve del país está constituido por una serie de llanuras onduladas, cuya altitud media es de 200 m, y unas colinas alargadas llamadas *cuchillas,* que atraviesan el país en dirección NE-SO y cuya altura media es de 500 m. Los ríos más importantes son el Uruguay, que al confluir con el Paraná forma el estuario del Río de la Plata, y sus afluentes Negro, Cuareim y Arapey. Tiene un clima subtropical templado con temperaturas muy suaves y muy ligeras variaciones a lo largo del año; se caracteriza también por las abundantes precipitaciones. En cuanto a la vegetación, predominan los grandes prados y, en segundo lugar, los bosques de caducifolias.
Geog. humana y ***económica*** La población, en su gran mayoría urbana (87 %), presenta tasas de natalidad bajas y cada vez menores de mortalidad. La principal riqueza natural de Uruguay y base de su economía es la ganadería, que se ve favorecida por la gran abundancia de pastos (más del 80 % del territorio), y en especial la cría de vacuno y ovino. La agricultura también tiene importancia, sobre todo el cultivo de trigo, maíz, cebada, arroz, caña de azúcar, remolacha azucarera y frutales. El subsuelo no está suficientemente explotado y de él sólo se extraen talco, cuarzo, mármol y granito. Las principales industrias son la alimentaria, textil, tabaquera, papelera, química, de cemento y de caucho. Cuenta también con una refinería de petróleo.
Hist. **colonización y conquista** Magallanes exploró la zona (1520) y Sebastián Caboto remontó los ríos Paraná y Paraguay, y fundó un fuerte (1527). La resistencia de los indios hizo que durante más de un siglo los conquistadores renunciaran a la colonización del territorio comprendido entre el río Uruguay y el Atlántico, considerada la Banda Oriental. Los franciscanos fundaron una reducción, Santo Domingo de Soriano, en 1624, y los jesuitas crearon las Misiones orientales, reducciones al E del río Uruguay. Los portugueses intentaron controlar la zona y para ello fundaron la Colonia del Sacramento (1680), actual Colonia, que pasó definitivamente a España en 1777. En 1726 Mauricio de Zabala fundó la ciudad de Montevideo, que prosperó a partir de 1778, en competencia con Buenos Aires. La riqueza de la Banda Oriental fue la ganadería bovina que dio lugar a la figura rural del gaucho, en contraposición con los españoles y criollos de las ciudades.
independencia La revolución de Mayo de Buenos Aires (1810) creó una Junta Provincial Gubernativa y se enfrentaron las dos ciudades, pues Montevideo permaneció fiel a España. El resto de la Banda Oriental del Uruguay, encabezado por José Gervasio Artigas, se levantó en 1811 (Grito de Asencio) contra Montevideo. Artigas venció en Las Piedras, pero la intervención portuguesa obligó a Buenos Aires a firmar un armisticio. Artigas se retiró con los suyos a orillas del Ayuí en 1812. La Banda Oriental se incorporó a las Provincias Unidas del Río de la Plata (1814-15). Artigas, al frente de los federalistas, derrotó a los centralistas de Buenos Aires en la batalla de Guayabos (1815) y estableció un nuevo gobierno en Montevideo. Aprovechando la disputa, los portugueses invadieron la Banda Oriental, vencieron a los patriotas uruguayos en Tacuarembó (1820) y la anexionaron al Brasil con el nombre de *Provincia Cisplatina* (1821). Artigas se vio obligado a retirarse a Paraguay. Tras la independencia de Brasil, la Banda Oriental fue considerada provincia del imperio. En 1825, los Treinta y Tres Orientales, procedentes de Buenos Aires, cruzaron el río Uruguay, al mando de Lavalleja, invadieron el país y levantaron al pueblo contra los brasileños. Un gobierno provisional reunido en Florida proclamó la incorporación a las Provincias Unidas del Río de la Plata (1825), reconocida por Buenos Aires, por lo que Brasil le declaró la guerra. Combatieron juntos argentinos y orientales bajo el mando de Lavalleja y Alvear y derrotaron a los brasileños. La paz de Río (1828) se consiguió por la mediación del Reino Unido, potencia que facilitó la formación de la República Oriental de Uruguay, como estado interpuesto entre Brasil y Argentina.
Edad Contemporánea La primera Constitución se juró en 1830 y el general Fructuoso Rivera fue elegido presidente. La pugna entre Rivera y Lavalleja originó la aparición de los dos partidos predominantes en la vida política uruguaya; el Colorado, liberal, que agrupaba a los partidarios de Rivera, y el Blanco, nacionalista, donde se encuadraron los seguidores de Lavalleja. Durante el mandato de Rivera se sublevaron los charrúas, que fueron prácticamente exterminados. Le sucedió en la presidencia Manuel Oribe (1835), que buscó un acercamiento al dictador argentino, Juan Manuel Rosas. Rivera se sublevó contra Oribe y ocupó de nuevo la presidencia (1839-43). A partir de 1860 los partidos Blanco y Colorado se fueron sucediendo en la presidencia, y el país pasó por diferentes sublevaciones caudillistas, entre ellas la revolución de Aparicio (1870-72), que originaron el acceso de militares al poder. Elegido José Batllé y Ordóñez (1903-1907), reformó el Partido Colorado, dándole una nueva ideología liberal y otorgó al país una avanzada legislación social. En 1917 se proclamó una nueva Constitución, inspirada por Batllé, según la cual el ejecutivo estaría formado por un presidente y un Consejo Nacional de nueve miembros, elegidos por seis años y renovados en su tercera parte cada dos años. Se sucedieron una serie de gobiernos hasta que en 1931 ocupó la presidencia Gabriel Terra, quien dio un golpe de Estado incruento (1933), derogó

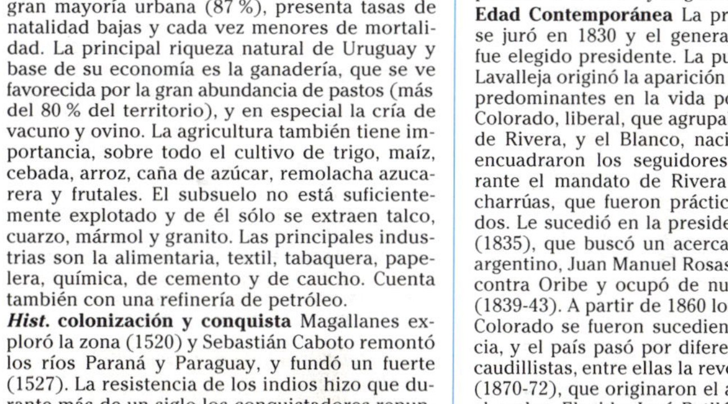

Uruguay: playa «La Mansa» de Punta del Este.

la Constitución y gobernó en forma dictatorial. Le sucedió el general Alfredo Baldomir (1938-43), quien proclamó una nueva Constitución (1942), la cual reconoció los poderes presidenciales e instauró el sufragio universal.
época actual La crisis económica, la corrupción administrativa y los múltiples conflictos laborales y estudiantiles dieron la victoria a los blancos (1958), después de casi un siglo de gobierno del Partido Colorado, pero la crisis y el malestar no encontraron solución en ninguno de los dos partidos. En la Constitución de 1966 se restableció nuevamente el régimen presidencial. Muerto Gestido (1967), ocupó la presidencia Jorge Pacheco Areco, quien puso en marcha un programa de austeridad y reprimió con dureza a la guerrilla urbana de los tupamaros. Las elecciones de 1971 dieron el triunfo al candidato colorado José María Bordaberry, quien adoptó prácticas dictatoriales: disolvió el parlamento e ilegalizó la CNT y los partidos de izquierda. Bordaberry fue derrocado por el Ejército (1976). El Consejo Nacional eligió como presidente a Aparicio Méndez para un periodo de cinco años. El referéndum sobre el proyecto constitucional convocado en 1980 supuso un rechazo popular a los intereses de la dictadura. En 1981 se puso en marcha un plan para democratizar el país y devolver el poder a los civiles. En 1984 se celebraron elecciones libres y salió elegido presidente Julio María Sanguinetti, del Partido Colorado. En 1989 fue elegido para la presidencia Luis Lacalle, del Partido Blanco.
Arte La arquitectura colonial se caracterizó por la sobriedad. En 1799 se estableció en Uruguay el arquitecto español Tomás Toribio, quien realizó obras en Montevideo de estilo neoclásico: iglesia parroquial, ayuntamiento y cárceles reales. La independencia abrió las puertas a la influencia francesa. En 1890 se fundó la escuela de arquitectura, que en 1915 se convirtió en facultad. Entre los arquitectos de este siglo sobresalen M. Cravotto, que trazó en Montevideo el palacio Municipal; Carlos Surracho, autor del Policlínico de Montevideo (1930), y Julio Vilamajó, autor de la facultad de ingeniería (1938). La escultura no cobra importancia hasta el s. XX y sigue las orientaciones europeas. Destacan en ella Juan Manuel Ferrari, Antonio Pena Rego, Pablo Mané, Vicente Morelli, Gervasio Furest, G. Fonseca, B. Michelena, W. Barcala y los abstractos G. Cabrera, M. Freire, S. Pinto y E. Broglia.
El primer pintor uruguayo fue Juan Manuel Blanes, que vivió en la segunda mitad del s. XIX y cultivó la pintura histórica. En el s. XX se imponen las corrientes europeas y así Pedro Blanes introdujo el impresionismo, Rafael Barradas el expresionismo, Pedro Figari el costumbrismo, con paisajes y tipos uruguayos, y Joaquín Torres García el constructivismo. Dentro de las últimas generaciones merecen mención J. Gamarra, Aden Quin, E. Andrade, Jorge y Carlos Páez Vilaró, L. Camnitzer, F. Matto, J. Cuneo y O. García Reino.
Lit. En la narrativa surge una corriente gauchesca, cultivada por los escritores Eduardo Acevedo Díaz y Javier de Viana. También en la poesía lo gauchesco encuentra un cultivador en José María Alonso y Trelles. El Romanticismo triunfó con Juan Zorrilla de San Martín, especialmente en Tabaré (1886). En el s. XX, el realismo tiene a un gran representante en el novelista Carlos Reyles y el modernismo en la poesía de Julio Herrera y Reissig y en la obra de las poetisas María Eugenia Vaz Ferreira y Delmira Agustini. En el ensayo, José Enrique Rodó, en su libro *Ariel* (1900), invita al espiritualismo a la juventud hispanoamericana. Algo más tarde destaca Juan Carlos Onetti, creador de un mundo narrativo muy personal; y en la poesía, Juana de Ibarbourou. En el teatro se reflejan las tendencias vanguardistas: C. Denis Molina y Víctor M. Leites. Nuevos nombres de la narrativa son Carlos Martínez Moreno, Armonía Somers, Mario Benedetti, Eduardo Galeano y Cristina Peri Rossi, y de la lírica Ida Vitale, Jorge Musto y Amanda Berenguer.

Arte uruguayo: Uruguay, *cuadro de Juan Manuel Blanes (Museo Municipal, Montevideo).*

uruguayo, ya *adj.* De Uruguay. También *s.*

Uruk Antigua ciudad del S de Mesopotamia, localizada en la actual Warka (Irak), a orillas del Éufrates. Estuvo habitada desde el cuarto milenio a. C., en el que impuso su hegemonía en Sumer (3500-3100 a. C.). Existen importantes restos arqueológicos.

Ürümqi C. de China, cap. de Xinjiang Uigur, situada al pie de los montes Tien Shan. 1.040.000 h. en 1986. Tiene industria siderúrgica, mecánica, química, textil y alimentaria.

urunday o **urundey** *s. m.* Árbol de la familia anacardiáceas, especie *Astronium balansae.* Mide hasta 20 m de altura y tiene madera resinosa de color rojo, que se emplea en construcción, embarcaciones y fabricación de muebles. Crece en América del Sur.

urutaú (voz guaraní) *s. m. Arg., Par., Urug.* Ave caprimulgiforme de la familia nictíbidos, especie *Nyctibius griseus.* Mide unos 40 cm de longitud, tiene plumaje oscuro y emite una voz característica parecida a una carcajada. Es de costumbres nocturnas y habita en América del Sur.

USA (siglas de *United States of America*, Estados Unidos de América) Véase **Estados Unidos**.

usado, da **1.** *p. p.* de **usar**. También *adj.* ‖ *adj.* **2.** Se aplica a lo que está gastado, estropeado o envejecido por el uso.

usagre *s. m.* **1.** Erupción con pus y costras que les sale a los niños en la cara y alrededor de las orejas durante la primera dentición. **2.** Sarna que les sale en el cuello al perro, al caballo y a otros animales domésticos.

Usandizaga, José María (San Sebastián, 1887 - íd. 1915) Compositor español. Su muerte prematura truncó la que prometía ser una gran renovación de la música dramática española. Entre las partituras que dejó destacan la ópera vasca *Mendi-Mendiyan* y el drama lírico *Las golondrinas* (1914).

usanza *s. f.* Uso, costumbre o moda.

usar *v. tr.* **1.** Servirse de una cosa para algo. También *v. intr.* **2.** Gastar cierto producto. **3.** Tener costumbre de ponerse una prenda de vestir, un adorno, etc. **4.** Acostumbrar, soler. ‖ *v. prnl.* **5.** Estar de moda o ser muy frecuente.

Usatges Primer código de derecho catalán, atribuido a Ramón Berenguer I y sus sucesores (primera mitad del s. XI); es una recopilación de prácticas judiciales, preceptos y leyes medievales. Estuvieron vigentes hasta la llegada al trono español de la casa de Borbón.

usía *s. m.* y *f.* **1.** Síncopa de **vuestra señoría**. Se utiliza como tratamiento de respeto para dirigirse a personas de una determinada dignidad o cargo. ▪ Su uso ha quedado anticuado. ‖ *s. m.* **2.** *fam.* Precedido del artículo *el*, presidente de una corrida de toros.

Usigli, Rodolfo (México 1905 - íd. 1979) Autor teatral mexicano. Se inició como escritor en el grupo *Contemporáneos.* Lo principal de su producción está constituido por obras teatrales de carácter realista. Merecen citarse *El gesticulador* (1937), los dramas históricos *Corona de sombra* (1943), *Corona de fuego* (1960) y *Corona de luz* (1964), las comedias *Noche de estío* (1933) y *La mujer no hace milagros* (1939), y los ensayos *Caminos del teatro en México* (1932) e *Itinerario del autor dramático* (1940).

usina *s. f. Amér. del S.* Instalación industrial importante, en particular la destinada a la producción de gas, energía eléctrica, etc.

Arturo Uslar Pietri.

Uslar Pietri, Arturo (Caracas 1906) Escritor venezolano. Fue ministro de Educación Nacional (1939-41), de Finanzas (1943) y de Asuntos Exteriores (1945). En su narrativa intenta incorporar el sentido de lo hispánico a la cultura occidental. Es autor de las novelas *Las lanzas coloradas* (1931), *El camino de El Dorado* (1948), *Oficio de difuntos* (1976), sobre Juan Vicente Gómez y las guerras civiles, así como del ciclo *El laberinto de fortuna* (1964-68). Ha adquirido un merecido renombre como cuentista, género en el que destacan *Barrabás y otros relatos* (1928), *Red* (1936), *Treinta hombres y sus sombras* (1949) y *Moscas, árboles y hombres* (1973).

uso *s. m.* **1.** Acción y efecto de usar. **2.** Aquello para lo que se usa algo. **3.** Modo de usar algo. **4.** Costumbre o manera de actuar que está de moda o es propio y característico de un país, grupo, época, etc. Se usa mucho en *pl.* **5.** En der., repetición de actos o comportamientos seguidos de manera uniforme por un grupo social, que sirve de base a la costumbre y que puede tener una repercusión jurídica. **6.** En lenguaje jurídico, derecho que tiene la persona que usa una cosa ajena a percibir los frutos de ésta que basten para sus necesidades y las de su familia. ‖ **7. uso de razón** Capacidad de juicio normal que adquiere una persona cuando pasa la primera niñez. ‖ **LOC. al uso** *adv.* Según la costumbre. **en uso** o **fuera de uso** *adv.* Con los verbos *estar, poner*, etc., ser usual o no; también, en situación de ser usada o lo contrario. **estar una cosa en buen uso** No estar estropeada, aunque ya se haya usado.

usted *pron. pers. de 2.ª pers. sing. m.* y *f.* **1.** Se utiliza como forma de tratamiento de cortesía y respeto y se construye con el verbo y formas pronominales en 3.ª persona: *Usted se marchó a las siete.* ‖ *pl.* **2.** En zonas de Andalucía, Canarias y América, equivale a *vosotros*; en algunas regiones se construye con el verbo en 2.ª persona: *Ustedes sois muy buenos amigos*; y en otras con el verbo en 3.ª persona: *Si ustedes están conformes, me lo dicen.*

Ustinov C. de la Federación Rusa, situada a orillas del río Kama. 635.000 h. en 1989. Cuenta con una importante industria automovilística, además de siderúrgica y mecánica. También es llamada *Izhevsk.*

ustorio *adj.* Véase **espejo ustorio**.

usual *adj.* Común, habitual o frecuente. **FAM.** Usualmente.

usuario, ria *adj.* **1.** Que usa normalmente una cosa. También *s.* **2.** En lenguaje jurídico, se dice de la persona que tiene derecho a usar algo con determinadas limitaciones. También *s.*

usucapión *s. f.* En der., modo de adquirir la propiedad u otros derechos reales por la posesión continuada y a título de dueño de una cosa ajena durante un tiempo determinado y en las condiciones señaladas por la ley.

usucapir *v. tr.* En der., adquirir la propiedad u otro derecho real sobre una cosa por usucapión. ▪ Es v. defect. Sólo tiene las formas de infinitivo, gerundio y p. p.

usufructo *s. m.* **1.** En lenguaje jurídico, derecho real por el que una persona puede usar un bien ajeno y obtener los frutos o beneficios que éste produzca. **2.** Utilidad, fruto o provecho obtenido de una cosa.

usufructuar *v. tr.* Disfrutar algo en usufructo. ▪ En cuanto al acento, se conjuga como *actuar*: *usufructúa.*

usufructuario, ria *adj.* **1.** Se aplica a la persona que usa una cosa y obtiene los beneficios que ella produce. También *s.* **2.** En lenguaje jurídico, se dice de la persona que tiene un derecho de usufructo sobre un bien cuya propiedad pertenece a otra persona. También *s.*

Usumacinta Río de América Central. 800 km. Nace en la sierra de Cuchumatanes, en Guatemala, y desemboca en la bahía de Campeche, en el golfo de México, constituyendo en parte de su recorrido frontera entre los dos países. Fue el principal eje de expansión de la cultura de los mayas.

usura *s. f.* **1.** Práctica del préstamo en condiciones abusivas. **2.** Interés superior al normal o desproporcionado que se obtiene de un préstamo de dinero o bienes. **3.** Ganancia excesiva que se saca de algo. **FAM.** Usurariamente, usurario.

usurero, ra *s. m.* y *f.* **1.** Persona que se dedica a prestar dinero o bienes en condiciones abusivas. **2.** P. ext., persona que en cualquier negocio obtiene una ganancia excesiva y desproporcionada.

usurpar *v. tr.* **1.** Apoderarse de un bien inmueble o de un derecho que legítimamente pertenece a otro, generalmente con violencia o intimidación. **2.** Atribuirse la dignidad, empleo o funciones de otro. **FAM.** Usurpación, usurpador.

usuta (voz quechua) *s. f. Arg., Bol., Perú.* Especie de sandalia.

ut supra *loc. lat. adv.* Significa 'como arriba' y se utiliza para referirse a algo que se ha mencionado anteriormente.

Utah Estado de EE UU, en el centro del sector occidental del país. 219.887 km^2. 1.727.800 h. en 1990. La capital es Salt Lake City, con 162.000 h. en 1988. Se asienta sobre un conjunto de vastas mesetas, interrumpidas en el N por los montes Uinta y en el centro por los montes Wasatch y regadas por los ríos Sevier, Colorado y los afluentes de éste, Green, Muddy, Escalante y San Juan. En su sector NO se hallan los lagos Gran Lago Salado y Utah y el desierto Salado. Posee ganadería ovina y vacuna, pero su principal riqueza reside en el subsuelo, donde abunda el cobre, cinc, plomo, carbón, hierro, petróleo, gas natural y uranio. Cuenta además con industrias metalúrgicas, químicas y alimentarias. El territorio fue explorado por los franciscanos españoles en el s. XVIII. EE UU lo reconoció como posesión española (1819). En 1836 quedó en poder de México y en 1847 se establecieron allí los mormones, dirigidos por Brigham Young; al siguiente año, por el tratado de Guadalupe Hidalgo, México cedió el territorio a EE UU. En 1896 se convirtió en estado de la Unión.

Utamaro, Kitagawa (Kawagoe 1753 - Tokio 1806) Pintor y grabador japonés. Miembro de la escuela ukiyo-e, dibujó insectos y animales y tuvo como temas predilectos a la mujer y las escenas de la vida cotidiana o las casas de placer, tratados con erotismo y humor.

utensilio *s. m.* Objeto que se emplea manualmente en una actividad, trabajo, oficio, etc. Se usa mucho en *pl.*

uterino, na *adj.* Perteneciente o relativo al útero.

útero *s. m.* Órgano del aparato reproductor femenino de los mamíferos placentarios en que se implanta el huevo fecundado y se desarrolla el feto durante la gestación. El útero forma una cavidad de gruesas paredes musculares llamadas *miometrio*, tapizada en su interior por una mucosa, el *endometrio*, muy irrigada y que presenta en el exterior una túnica de tejido conjuntivo. En él pueden distinguirse dos partes: una ensanchada, denominada *cuerpo*, en la que desembocan los oviductos procedentes de los ovarios, y otra inferior, estrecha y cilíndrica, llamada *cuello* o *cérvix*, que se abre a la vagina. Cuando se produce la fecundación, la pared externa del útero genera alrededor del huevo la placenta, que sirve de intermediaria entre las vías circulatorias del feto y la madre. Si no se produce la fecundación, la pared del útero se renueva cada cierto tiempo, dando lugar a la menstruación.

Útica Antigua ciudad norteafricana, situada al NO de Túnez, a orillas del Mediterráneo. Fundada por los tirios (1100 a. C.), participó en la tercera guerra púnica al lado de Roma y, tras la caída de Cartago, fue capital de la provincia romana de África. Desapareció en el s. VII. En sus ruinas se encuentran restos púnicos, romanos y paleocristianos.

útil[1] (del lat. *utilis*) *adj.* **1.** Que produce beneficio o provecho en sentido material o inmaterial. **2.** Que sirve para una finalidad determinada. **3.** Se dice del tiempo o de los días en que se puede realizar algo, generalmente señalados por la ley o la costumbre. **FAM.** Útilmente.

útil[2] (del fr. *outil*, y éste del lat. *utensilia*) *s. m.* Utensilio, herramienta. Se usa mucho en *pl.*

utilería *s. f.* **1.** Utillaje*. **2.** Conjunto de elementos que se emplean en la escenografía teatral o cinematográfica.

utilero, ra *s. m.* y *f.* Encargado de la utilería en un teatro.

utilidad *s. f.* **1.** Cualidad de útil. **2.** Provecho, beneficio, rendimiento.

utilitario, ria *adj.* **1.** Que considera la utilidad como lo más importante. ‖ *s. m.* **2.** Automóvil pequeño, de poco consumo y precio relativamente bajo.

utilitarismo *s. m.* **1.** Consideración de la utilidad como la cualidad superior de algo. **2.** Doctrina ética, formulada por Jeremy Bentham, que identifica lo bueno con lo útil, entendiendo por útil aquello que proporciona la felicidad al mayor número posible de individuos. Su seguidor más importante en el s. XIX fue John Stuart Mill, quien revalorizó la dimensión cualitativa de la felicidad, afirmando la superioridad de algunos placeres con respecto a otros. **3.** En econ., identificación del bienestar con la satisfacción de las necesidades. **FAM.** Utilitarista.

utilizar *v. tr.* Servirse de una persona o cosa con alguna finalidad o para obtener un beneficio. ■ Se conjuga como *cazar.* **FAM.** Utilizable, utilización.

utillaje *s. m.* Conjunto de herramientas o útiles necesarios para realizar un trabajo o ejercer un oficio.

Utman ibn Affan (? - ? 656) Tercer califa ortodoxo del Islam (644-656). Yerno de Mahoma, fue designado para suceder a Omar en el califato. Ordenó fijar por escrito el texto del *Corán.* Conquistó las últimas provincias persas y Armenia. Fue acusado de nepotismo. Murió asesinado.

uto-azteca o **uto-nahua** *s. m.* Familia de lenguas amerindias de América del Norte y América Central. Se divide en varios grupos, entre ellos el shoshón, el hopi, el pima y el opatacahita-tarahumara y el aztecoide. También *adj.*

utopía o **utopia** *s. f.* **1.** Proyecto, ideal o doctrina muy buena, pero imposible de realizar o de alcanzar en su totalidad. **2.** En fil., concepción de la sociedad ideal o perfecta, que excluye todos los aspectos negativos de su existencia real. El nombre fue tomado de la obra de Tomás Moro, *Utopía*, en la que describía un estado imaginario gobernado por la razón. **FAM.** Utópico.

utopista *adj.* Se aplica a la persona que tiene tendencia a imaginar utopías. También *s.*

utraquismo *s. m.* Doctrina sostenida por el reformador religioso Jan Hus que defendía la comunión de los fieles bajo las dos especies de pan y vino. **FAM.** Utraquista.

Utrecht C. de los Países Bajos; en el centro del país, al SE de Amsterdam. 230.650 h. en 1989 y 526.000 h. en su área metropolitana. Cuenta con industrias siderometalúrgicas, textiles, químicas, de artes gráficas, mecánicas y eléctricas. Es un importante centro comercial y administrativo. Durante la Edad Media desarrolló una rica industria pañera, que favoreció el crecimiento de la clase burguesa. La región donde se encuentra emplazada la ciudad quedó en poder del duque de Borgoña (s. XV) y poco después se integró en los dominios de Carlos V. Se convirtió al calvinismo, participó en la rebelión de los Países Bajos contra la dominación española (1577) y concertó una alianza con la casa de Orange. Entre sus monumentos y edificios más representativos figuran el campanario (s. XIV) de la catedral, de estilo gótico, las iglesias de San Pedro y de San Juan, románicas del s. XI, así como las casas de Zondenbalch (s. XV) y del papa Adriano (s. XVI).

Utrecht, tratados de Convenios firmados en esta ciudad (1713) que, junto a los de Rastadt (1714) y Amberes (1715), pusieron fin a la guerra de Sucesión española. Por el tratado de Utrecht, Felipe V era reconocido por los países beligerantes rey de España y de las Indias. Pero a cambio debía hacer diversas concesiones: el Reino Unido recibía Gibraltar y Menorca, el asiento de negros y el navío de permiso; el duque de Saboya recibía una parte del Milanesado, recuperaba Saboya y era nombrado rey de Sicilia; Federico Guillermo I era reconocido rey de Prusia; el nuevo emperador, el archiduque Carlos de Austria, recibía de España los Países Bajos del Sur, parte del Milanesado, Nápoles, Toscana y Cerdeña; y Portugal, la colonia americana del Sacramento. Los tratados de Utrecht y Rastadt acabaron con el imperio español en Europa y modificaron la situación establecida por el tratado de Westfalia (1648).

Utrera C. de España, en la prov. de Sevilla, al SE de la capital. 43.150 h. en 1991. Es el núcleo urbano de una comarca que cuenta con cultivos de olivo, algodón, trigo y alfalfa, ganadería vacuna, caballar, lanar y de reses bravas, canteras de yeso y cal y algunas salinas. Sus principales industrias son la aceitera, textil, metalúrgica y de materiales de construcción. Destacan en ella las iglesias góticas de Santiago y de Santa María la Mayor y el monasterio de San Francisco (s. XVI).

utrero, ra *s. m.* y *f.* Novillo o novilla que tiene entre dos y tres años.

utrículo *s. m.* Saquito ovoidal presente en el oído interno, que forma parte del laberinto membranoso. Está lleno de endolinfa, contiene la mácula utricular y de él parten tres canales semicirculares.

Utrillo, Maurice (París 1883 - Dax 1955) Pintor francés. Hijo de la pintora Suzanne Valadon, llevó una vida bohemia y fue víctima del alcoholismo. Recibió la influencia del impresionismo y se especializó en la pintura de paisajes urbanos. Entre sus cuadros más representativos figuran *Rue de Mont-Cenis* (1910), *Moulin de la Galette* (1915) y *Rue de Saules.*

Utsunomiya C. de Japón, en la isla de Honshu, al N de Tokio. 422.950 h. en 1989. Cuenta con industria siderúrgica, automovilística, del papel y del tabaco y con un importante turismo.

Uttar Pradesh Estado de la India, en el N del país, junto a las fronteras con China y Nepal. 294.411 km^2. 110.862.000 h. en 1981. La capital es Lucknow, con 895.750 h. en 1981. Su territorio se extiende sobre la gran llanura que forma el valle del Ganges a su paso entre el Himalaya y el Decán. Es una de las regiones más productivas de la India debido a los canales artificiales de regadío, tanto antiguos como modernos. Tiene cultivos de trigo, arroz, mijo, algodón, maíz, cebada, leguminosas, sésamo y caña de azúcar. Cuenta con industria derivada de la agricultura, química, textil, papelera y mecánica, y una importante artesanía de alfarería, joyería, cuero, marfil y seda.

Utzon, Jorn (Copenhague 1918) Arquitecto danés. Influido por Aalto y Wright, su obra más relevante es el teatro de la ópera de Sydney (1957). Otros proyectos suyos dignos de mención son un teatro en Zurich (1964), la casa de estructura modular adaptable (1967) y el estadio de Xidda (1969), en Arabia Saudí.

uva *s. f.* **1.** Fruto de la vid, de forma esférica u ovalada, con carne muy jugosa, recubierta de una

Utrecht: el Domtoren, campanario de la catedral, a orillas del Viejo Canal.

piel fina, y que nace agrupado con otros en racimos. **2.** En algunas zonas de España, racimo formado por varios de esos frutos. || **3. mala uva** *fam.* Mala intención o mal carácter. **4. uva blanca** La de color verde claro, por oposición a la negra o roja. || **Loc. de mala uva** *adv. fam.* De mal humor. **de uvas a brevas** o **de uvas a peras** *adv. fam.* Muy de tarde en tarde.

uvada *s. f.* Gran cantidad de uvas.

uvala (voz serbocroata) *s. f.* Forma de relieve cárstico que constituye una depresión grande de paredes verticales y fondo arcilloso originada por la unión de varias dolinas.

uvayema *s. f.* Variedad de vid silvestre que crece enredándose en los troncos y en las ramas de los árboles.

uve *s. f.* **1.** Nombre de la letra *v.* || **2. uve doble** Nombre de la letra *w.*

úvea *adj.* Se dice de la mebrana fina del ojo, comprendida entre la esclerótica y la retina. También *s. f.*

uvero, ra *adj.* **1.** Perteneciente o relativo a las uvas. || *s. m.* y *f.* **2.** Persona que vende uvas.

UVI (siglas de *Unidad de Vigilancia Intensiva*) *s. f.* Sección de un hospital en la que hay aparatos y personal especializado para la vigilancia y tratamiento de los enfermos muy graves, que necesitan cuidados inmediatos y continuados. Se denomina también *UCI.*

uvillo *s. m.* Arbusto trepador de la familia fitoláceas, especie *Ercilla volubilis.* Tiene hojas ovaladas, flores en racimo y frutos anaranjados. Crece en América del Sur.

úvula *s. f.* En anat., campanilla*.

uvular *adj.* **1.** Perteneciente o relativo a la úvula. **2.** En ling., se dice del sonido en cuya articulación interviene la úvula o campanilla; p. ej., la pronunciación muy retrasada de la *j*, como en la sílaba *ju.*

Uxmal Antigua ciudad maya, en el NO de la península de Yucatán. Fundada en el s. X por la tribu Xiu, su arquitectura y decoración suponen un renacimiento del arte maya del periodo clásico. Entre sus edificios destacan la Casa del Adivino, la Casa del Gobernador y el Cuadrángulo de las Monjas.

uxoricida *adj.* Que comete uxoricidio. También *s. m.*

uxoricidio *s. m.* Acción de matar un hombre a su esposa.

¡uy! *interj.* Expresa generalmente dolor o sorpresa; a veces indica alegría o bienestar.

Uyuni, salar de Salar de Bolivia, situado entre los departamentos de Potosí y Oruro, en el Altiplano boliviano, a 3.660 m de altitud. Es el más extenso del país, con unos 9.000 km^2 aproximadamente. Se originó por la desecación del Minchin, un antiguo lago pleistocénico.

Uzbekistán (*Uzbekskaia*) Estado del Asia central, antigua república de la URSS, en la actualidad miembro de la CEI.

Extensión: 447.400 km^2.
Límites: al N, con Kazajstán; al E, con Tayikistán; al S, con Afganistán y Turkmenistán; al O, con Kazajstán.
Población: 19.905.000 h. en 1990.
Densidad: 44,5 h./km^2.
Capital: Tashkent.
Ciudades principales: Namangan, Andizan, Buhara.
División administrativa: en 11 provincias y una república autónoma.
Forma de Estado: república presidencialista.
Gentilicio: uzbeko.
Idioma: uzbeko, ruso.
Religión: islamismo, cristianismo.
Moneda: rublo.
Renta per cápita: 4.141 dólares en 1988.

Geog. Su territorio constituye una gran llanura desértica salpicada de oasis y lagunas, sólo interrumpida al E por una zona montañosa. Los principales ríos son el Amu Daria y el Sir Daria y su clima es continental cálido y seco. Está poblado fundamentalmente por uzbecos (60%) y rusos (10%). Posee una rica agricultura favorecida por una extensa red de canales de riego; los principales cultivos son el algodón (quinto productor mundial), arroz, remolacha azucarera, vid, plantas oleaginosas y forrajeras y cereales. Cuenta con ganado vacuno, grandes yacimientos de petróleo, gas natural (octavo productor mundial), carbón, cobre, oro y uranio (segundo productor mundial) e importantes industrias metalúrgicas, textiles, alimentarias, de construcciones mecánicas y de cemento.

Hist. En su territorio, el distrito de Sogdiana fue conquistado por Alejandro Magno y transformado en provincia persa (s. IV a. C.). Dominado por los árabes, sufrió un proceso de islamización (s. VIII). Fue conquistado por Gengis Kan (s. XIII) y Tamerlán (s. XIV); este último estableció el centro de su imperio en Samarcanda, ciudad que se convirtió en un emporio de riqueza y cultura. El país fue invadido por los uzbekos, que extendieron sus dominios por Afganistán, Persia y el Turkestán chino. Dividido en varios kanatos, fue anexionado por Rusia en el s. XIX. En 1924 se constituyó en república autónoma de la URSS y al año siguiente en república federada, unida a Tayikistán, de la que se separó en 1929. En 1991, al producirse la desintegración de la URSS, obtuvo su independencia e ingresó en la CEI, junto a las restantes repúblicas asiáticas ex-soviéticas. En las elecciones presidenciales de 1991 resultó vencedor el antiguo secretario del partido comunista uzbeko Islam Karimov.

Uzbekistán: sede del gobierno de la república en Tashkent, la capital.

uzbeko, ka *adj.* **1.** Se dice del pueblo de origen turco y religión musulmana que habita en Uzbekistán. **2.** De este pueblo. También *s.* || *s. m.* **3.** Lengua turca hablada por el mismo. Se escribe en el alfabeto cirílico.

V

v *s. f.* Vigesimotercera letra del abecedario español y decimoctava de las consonantes. Su nombre es *uve* o *ve.*

V[1] Letra que en la numeración romana equivale a cinco.

V[2] **1.** Símbolo químico del vanadio. **2.** Símbolo del voltio.

V[3] *s. f.* Nombre dado a dos tipos de bombas autopropulsadas de gran radio de acción, V-1 y V-2, también conocidas como *bombas volantes,* empleadas por los alemanes en 1944 y 1945, durante la Segunda Guerra Mundial, para bombardear Londres como respuesta al desembarco aliado en Normandía.

Vaal Río de la República Sudafricana. 1.200 km. Nace en los montes Drakensberg y discurre en dirección SO hasta desembocar en el Orange, aguas abajo de Douglas, pasando por Transvaal, Estado libre de Orange y Provincia de El Cabo.

vaca *s. f.* **1.** Hembra del toro. **2.** *fam.* Persona, especialmente mujer, muy gorda. **3.** *amer.* Contrato en que las ganancias se reparten proporcionalmente a lo que cada individuo ha invertido. ‖ **LOC. vacas flacas** *fam.* Época de dificultades. **vacas gordas** *fam.* Época próspera y favorable.

Vaca de Castro, Cristóbal (Izagre, León h. 1492 - Valladolid 1566) Administrador colonial español. Fue nombrado gobernador del Perú por Carlos V para aclarar los conflictos surgidos entre Francisco de Pizarro y Almagro. Venció a éste último en Chupas (1542) y lo mandó ejecutar. En 1545 regresó a España, donde fue encarcelado. Rehabilitado (1548), entró a formar parte del Consejo de Indias (1556).

vacación *s. f.* Tiempo de ocio y descanso durante el cual se abandonan las tareas que normalmente se realizan, p. ej. las ocupaciones laborales o los estudios. Se usa más en *pl.*

vacada *s. f.* **1.** Manada de ganado vacuno. **2.** Ganado vacuno con que negocia un ganadero.

vacaje *s. m. Arg., Chile, Urug.* Vacada.

vacante *adj.* Que no está ocupado o nadie lo posee. También *s. f.*

vacar *v. intr.* Quedar vacante un empleo, cargo o dignidad. ■ Se conjuga como *sacar.*

vacarí *adj.* De cuero de vaca, o cubierto de este cuero.

vacceo, a *adj.* **1.** Se dice de un pueblo hispánico prerromano de origen celta o ligur, que habitaba en el territorio extendido a ambos lados del curso medio del Duero. Su cultura era celtíbera y tuvieron su capital en Pallantia (Palencia). Practicaron una forma de colectivismo agrario. Uno de los rasgos característicos de su escultura son los verracos. **2.** De este pueblo. También *s.*

vaciadero *s. m.* **1.** Sitio en que se vacía una cosa. **2.** Conducto u orificio por el que se vacía.

vaciado, da **1.** *p. p.* de **vaciar**. También *adj.* ‖ *s. m.* **2.** Acción y efecto de vaciar, dejar vacío. **3.** Acción y efecto de vaciar un objeto en un molde, echando en éste el metal derretido u otra materia blanda. **4.** Acción y efecto de vaciar un texto escrito. **5.** Figura formada en un molde. **6.** Excavación arqueológica realizada para descubrir lo enterrado. **7.** Operación que consiste en quitarle a una pieza parte de su material para hacerla más ligera.

vaciador, ra *s. m.* y *f.* **1.** Persona que vacía algo. ‖ *s. m.* **2.** Instrumento con el que se vacía.

vaciamiento *s. m.* **1.** Acción y efecto de vaciar o vaciarse. **2.** En med., intervención quirúrgica que consiste en quitarle a un órgano algunas porciones internas respetando su estructura externa.

vaciar *v. tr.* **1.** Dejar vacío algo, hacer que salga su contenido. También *v. prnl.* **2.** Hacer un objeto echando en un molde hueco metal derretido u otra materia blanda. **3.** Hacer un hueco en alguna cosa, dejarla hueca. **4.** Sacar de un discurso, un escrito, etc., aquella parte que interesa. **5.** Afilar un instrumento cortante. **6.** En med., realizar un vaciamiento de un órgano. ‖ *v. intr.* **7.** Desembocar un río u otra corriente de agua en el mar, en un lago, etc. ■ En cuanto al acento, se conjuga como *ansiar*: *vacío.*

vaciedad *s. f.* **1.** Cualquier dicho o hecho insustancial, de poco interés. **2.** Vacuidad*.

vacilación *s. f.* Duda o indecisión ante algo.

vacilada *s. f. Méx. fam.* Juerga, jolgorio.

vacilar *v. intr.* **1.** Tambalearse, bambolearse. **2.** Ser inestable o poco firme alguna cosa material o inmaterial. **3.** Dudar, estar indeciso. **4.** Con la preposición *entre,* estar algo en un grado intermedio, entre dos cualidades, características, etc. **5.** *fam.* Presumir, vanagloriarse de algo. **6.** *Guat., Méx., P. Rico. fam.* Divertirse en una juerga. ‖ *v. tr.* **7.** *fam.* Bromear, tomar el pelo. También *v. intr.* **FAM.** Vacilante.

vacile *s. m. fam.* Acción o dicho del que vacila, bromea o presume.

vacilón, na *s. m.* y *f.* Persona que vacila, bromea. También *adj.*

vacío, a *adj.* **1.** Se aplica al lugar, recipiente, etc., en el que no hay nada. **2.** Desocupado o deshabitado. **3.** Sin ilusiones, deseos, alicientes, etc. **4.** Que carece de lo que se expresa. **5.** Superficial, insustancial, sin interés. ‖ *s. m.* **6.** Precipicio o espacio libre, generalmente considerado desde una gran altura. **7.** Hueco existente en algunas cosas. **8.** Falta perceptible de alguien o algo. **9.** Sensación que produce la ausencia de alguien o algo. **10.** Espacio existente en el cuerpo humano debajo de las costillas falsas. **11.** En fís., ausencia total de materia. Generalmente se habla de vacío, en términos menos estrictos, cuando existen muy pocas moléculas por unidad de volumen. ‖ **LOC. de vacío** *adv.* Sin carga; también, sin haber conseguido uno lo que pretendía. **hacer el vacío** Quitar el aire de un recipiente; también, aislar a alguien no haciendo caso de él o comportándose como si no estuviera.

vacuidad *s. f.* Cualidad de vacuo.

vacuna *s. f.* **1.** Sustancia de origen biológico que se administra a un ser humano o animal para protegerlo de una enfermedad infecciosa. Puede estar constituida por gérmenes muertos, por microorganismos vivos desactivados o por proteínas que pertenecen a los gérmenes causantes de la enfermedad, contra los que el organismo pueda producir anticuerpos. **2.** Grano de pus que les sale a las vacas en las ubres. **3.** Pus de esos granos de las vacas, con el que se prepara una sustancia para prevenir la viruela.

vacunar *v. tr.* **1.** Administrar una vacuna. También *v. prnl.* **2.** Introducir o aplicar el virus de las vacas a una persona para prevenir la viruela. También *v. prnl.* **3.** Introducir en la vaca el virus propio de ésta para conservarlo. **4.** Hacer pasar a alguien por una situación negativa, lo que le sirve de enseñanza para el futuro. También *v. prnl.* **FAM.** Vacunación, vacunador.

vacuno, na *adj.* **1.** Perteneciente o relativo al ganado bovino. ‖ *s. m.* **2.** Animal bovino.

vacunoterapia *s. f.* Tratamiento de las enfermedades por medio de las vacunas.

vacuo, cua *adj.* Vacío, insustancial, falto de interés.

vacuola *s. f.* Cada una de las cavidades presentes en la masa citoplasmática de las células. Son más frecuentes en las células vegetales que en las animales. Pueden ser **vacuolas de almacén**, que engloban y conservan sustancias de reserva; **vacuolas digestivas**, en las que se verifican los procesos digestivos y que posteriormente expulsan las sustancias de desecho; y **vacuolas pulsátiles**, que periódicamente expulsan al exterior el agua que penetra en el citoplasma.

vade (voz lat.) *s. m.* **1.** Carpeta para llevar papeles o documentos. **2.** Carpeta que se coloca sobre la mesa para guardar papeles y escribir sobre ella. **3.** Mueble para guardar libros, papeles, etc., con una tapa inclinada sobre la que se escribe.

vade retro *loc. lat.* Significa 'marcha atrás' y se emplea para rechazar a una persona o cosa, como si produjera horror.

vadear *v. tr.* **1.** Atravesar una corriente de agua por los lugares por donde se puede hacer pie. **2.** Superar una dificultad. ‖ *v. prnl.* **3.** Saber hacer algo o actuar adecuadamente. **FAM.** Vadeable.

vademécum *s. m.* Tratado breve que contiene las nociones más importantes de una materia, particularmente el que utilizan los médicos para buscar información sobre un medicamento.

Vadim, Roger (París 1928) Director de cine francés. Obtuvo un gran éxito con su primera película *Y Dios creó la mujer* (1956), que asimismo significó el lanzamiento al estrellato de Brigitte Bardot. Otros de sus filmes, caracterizados también por un suave erotismo, son *Las amistades peligrosas 1960* (1959), *Barbarella* (1968) y *Si don Juan fuera mujer* (1973).

vado *s. m.* **1.** Parte de un río por donde se puede cruzar con facilidad. **2.** Parte de la acera o del bordillo que se ha rebajado o modificado para facilitar la entrada de vehículos a determinados lugares y en la que generalmente está prohibido aparcar.

Vadodara C. de la India, en el estado de Gujarat, a orillas del río Bisramintri. 734.500 h. en 1981. Cuenta con industrias químicas, textiles y mecánicas.

Diversas razas de vacas.

Vaduz: vista de un sector residencial en las afueras de la ciudad.

Vaduz C. de Liechtenstein, cap. del país, situada en el O de su territorio, a orillas del Rhin. 4.900 h. en 1990. Posee industrias textiles, metalúrgicas, químicas y farmacéuticas. Es un importante centro turístico, comercial y financiero.

vagabundear *v. intr.* **1.** Llevar la forma de vida propia de un vagabundo. **2.** Ir de un sitio a otro sin rumbo fijo. **FAM.** Vagabundeo.

vagabundo, da *adj.* **1.** Se dice de la persona sin oficio ni trabajo y sin lugar fijo en que vivir. También *s.* **2.** Que va de un sitio a otro sin destino ni rumbo fijo.

vagancia *s. f.* Actitud del vago.

vagar[1] *v. intr.* Andar o ir por varias partes sin rumbo fijo. ■ Se conjuga como *pagar.*

vagar[2] *s. m.* Tiempo libre.

vagaroso, sa *adj.* En lenguaje poético, sin estabilidad o que está continuamente moviéndose de un sitio a otro.

vagido *s. m.* Gemido o llanto del recién nacido.

vagina *s. f.* Parte del aparato sexual de las hembras de los mamíferos que forma un conducto membranoso y fibroso desde la vulva hasta la matriz. **FAM.** Vaginal.

vaginismo *s. m.* Disfunción sexual de la mujer caracterizada por fuertes espasmos musculares en la vagina y músculos perineales que imposibilitan o dificultan la penetración y, por tanto, el coito.

vaginitis *s. f.* Inflamación de la vagina.

vago, ga[1] (del lat. *vacuus*) *adj.* **1.** Que se deja llevar por la comodidad y no está dispuesto a realizar ningún esfuerzo. También *s.* **2.** Se dice del ojo al que le cuesta desarrollar o ejercitar su función de ver.

vago, ga[2] (del lat. *vagus*) *adj.* **1.** Que va de un sitio a otro sin detenerse en ninguno. **2.** Leve, impreciso, poco claro. ‖ **3. nervio vago** Véase **nervio**. **FAM.** Vagamente.

vagón *s. m.* **1.** Cualquiera de los coches de un tren o metro. **2.** Especie de carro o cajón de mudanzas destinado a ser transportado en la plataforma de un ferrocarril.

vagoneta *s. f.* Vagón pequeño y descubierto utilizado para el transporte de mercancías.

vagotomía *s. f.* Operación quirúrgica que consiste en la sección del nervio vago. Se realiza en el tratamiento de la úlcera gastroduodenal para intentar reducir la secreción gástrica.

vagotonía *s. f.* Excitabilidad anormal del nervio vago que se caracteriza por la alteración de las funciones de los órganos en que se ramifica, como el corazón, el estómago o el intestino.

vaguada *s. f.* Parte más honda de un valle por donde circulan las aguas.

vaguear *v. intr.* Hacer el vago.

vaguedad *s. f.* Cualidad de vago o poco claro y expresión o dicho con estas características.

vaguería *s. f. fam.* Vagancia*.

vaharada *s. f.* **1.** Acción y efecto de echar el vaho al respirar por la boca. **2.** Ráfaga de un olor.

vahído *s. m.* Mareo o desvanecimiento pasajero por alguna indisposición.

vaho *s. m.* **1.** Vapor que despiden los cuerpos en determinadas condiciones. ‖ *pl.* **2.** Método curativo que se utiliza para el tratamiento de constipados y enfermedades del aparato respiratorio y que consiste en respirar el vapor que despiden algunas sustancias balsámicas o aromáticas, generalmente al hervirlas.

Vaiaku C. de Tuvalu, cap. del país, situada en el atolón Funafuti. 2.800 h. en 1985. Es un centro administrativo y tiene un importante puerto pesquero.

vaída *adj.* Se dice de la bóveda semiesférica sobre base cuadrada, cuyos nervios trasladan los empujes a los cuatro puntos de apoyo.

Vaihinger, Hans (Nehren 1852 - Halle 1933) Filósofo alemán. Formuló un sistema filosófico al que dio el nombre de *positivismo idealista.* Afirmó que los conceptos poseen una naturaleza convencional y que no son sino ficciones lógicas útiles para ordenar las sensaciones. Su obra más importante es *Filosofía del como si* (1911).

vaina *s. f.* **1.** Funda en que se guardan armas blancas, como espadas, puñales, etc., o algunos instrumentos de metal. **2.** Cáscara tierna y larga en que están encerradas en hilera las semillas de algunas plantas, como las judías, los guisantes, etc. **3.** En bot., ensanchamiento del pecíolo o de la hoja que envuelve el tallo. **4.** Contrariedad, molestia. ‖ *s. m.* y *f.* **5.** Persona informal que no hace nada útil. También *adj.*

vainica *s. f.* **1.** Labor de costura que se realiza sacando varios hilos paralelos de una tela y sujetando los verticales en grupos con una especie de nudo en uno de sus bordes. ‖ **2. vainica ciega** La que se realiza sin sacar previamente los hilos. **3. vainica doble** La que se realiza en los dos bordes del deshilado.

vainilla *s. f.* **1.** Nombre común de diversas plantas herbáceas de la familia orquidáceas, género *Vanilla.* La especie cultivada *(Vanilla planifolia)* es una planta trepadora, de tallo cilíndrico y carnoso, raíces adventicias opuestas a las hojas, flores en racimo y fruto en cápsula. Originaria de México, se cultiva en todo el mundo, en climas tropicales, por su fruto aromático, del que se obtiene la especia vainilla. **2.** Fruto de esta planta, que se emplea para aromatizar en pastelería, en la fabricación de chocolate, etc. **3.** Heliotropo que crece en América.

Vainilla de cochino (Vanilla fragans).

vainiquera *s. f.* Mujer que se dedica a hacer vainicas.

vaisya *s. m.* En el brahmanismo, miembro de la casta de artesanos, comerciantes y campesinos libres.

vaivén *s. m.* **1.** Movimiento alternativo de un cuerpo, primero en un sentido y luego en el contrario. **2.** Cambio, variación. Se usa mucho en *pl.*

vaivoda *s. m.* Voivoda*.

vajilla *s. f.* Conjunto de platos, fuentes, tazas, vasos, etc., destinados al servicio de la mesa.

valaco, ca *adj.* **1.** De Valaquia. También *s.* ‖ *s. m.* **2.** Lengua romance que se habla en Valaquia, Moldavia y otros territorios rumanos.

Valadon, Marie Clémentine, llamada **Suzanne** (Bessines-sur-Gartempe 1865 - París 1938) Pintora francesa. Madre de Utrillo, fue acróbata y modelo profesional. Influida por Gauguin y Degas, en sus obras destaca la firmeza del dibujo.

Valais Cantón de Suiza, situado en el S del país, en el valle alto del Ródano, en los Alpes. 5.226 km^2. 254.900 h. en 1990. La capital es Sion, con 23.700 h. en 1988. En él se cultivan principalmente frutales, cereales, vid y plantas forrajeras. Cuenta con industrias químicas, alimentarias y metalúrgicas e importantes centros turísticos.

Valaquia Antiguo principado que dio origen, al unirse en 1859 con Moldavia, al reino de Rumania. Se extendía desde los Cárpatos orientales al Danubio y actualmente constituye dos regiones, Oltenia y Muntenia. Valaquia fue un principado independiente desde 1330 hasta que en el s. XVI fue sometido por los turcos otomanos. En 1848, los valacos proclamaron la independencia, suprimida por la intervención rusoturca.

valar *adj.* Perteneciente o relativo al vallado, muro o cerca.

Valdemar Nombre de varios reyes de Dinamarca.

Valdemar I el Grande (Schleswig 1131 - Vordingborg 1182) Rey de Dinamarca (1157-82). Destacó en la lucha contra los vendos, a los que conquistó la isla de Rügen (1168).

Valdemar II Sejr (? 1170 - Vordingborg 1241) Rey de Dinamarca (1202-41). Hijo de Valdemar I, sucedió a Canuto IV. Estableció su autoridad sobre la región situada entre el Eider y el Elba. Conquistó Estonia (1219) pero, tras la derrota de Bornhövden (1227) ante los alemanes, perdió su hegemonía en el Báltico.

Valdemar IV Atterdag (? h. 1320 - ? 1375) Rey de Dinamarca (1340-75). Hijo y sucesor de Cristóbal II, vendió Estonia a la orden teutónica (1346) y conquistó Escania y la isla de Gotland, por lo que tuvo que enfrentarse con una coalición de las ciudades de la Hansa, que le impusieron finalmente la paz de Stralsund (1370).

valdense *adj.* De una secta cristiana surgida en el S de Francia h. 1179 por la predicación de Pierre Valdo. Aspiraban a un cristianismo radical, siguiendo literalmente los ideales evangélicos y rechazando la autoridad de las jerarquías católicas. Excomulgados por el papa Lucio III, sufrieron persecuciones en distintos países.

valdepeñas *s. m.* Vino producido en Valdepeñas; su graduación se mantiene entre los 12 y 13 grados.

Valdepeñas C. de España, en la prov. de Ciudad Real. 25.100 h. en 1991. Constituye el núcleo urbano de una comarca donde se cultivan hortalizas, legumbres, patatas, olivo, cereales y, sobre todo, vid, y se cría ganado lanar y vacuno. Cuenta con industria vinícola y alimentaria (quesos manchegos), metalúrgica y de materiales de construcción.

Valdés, Alfonso de (Cuenca h.1490 - Viena 1532) Humanista español. Seguidor de las ideas erasmistas, estuvo comisionado para dialogar con los luteranos en las dietas de Augsburgo y Ratisbona. Escribió *Diálogo de Lactancio y un arcediano* o *De las cosas ocurridas en Roma* (1528) y *Diálogo de Mercurio y Carón* (1528); en ambas obras refleja el ambiente espiritual de renovación y crítica propio de la época, al tiempo que expresa su apoyo a la política imperial de Carlos V.

Valdés, Fernando de (Salas de Asturias 1483 - Madrid 1568) Eclesiástico y político español. Arzobispo de Sevilla, fue presidente de la chancillería de Valladolid, del consejo de Castilla y del consejo de Estado e inquisidor general. Publicó un *Índice de libros prohibidos* (1559) de notable rigor. Dirigió el proceso inquisitorial contra Bartolomé de Carranza (1559).

Valdés, Gabriel de la Concepción (La Habana 1809 - Matanzas 1844) Poeta cubano. Acusado de participar en una conspiración de negros y mestizos, fue encarcelado y fusilado. Su obra se caracteriza por la inspiración romántica y un gran lirismo. Utilizó el seudónimo de *Plácido.* Publicó *Poesías* (1838), *El veguero* (1841) y *El hijo de maldición, poema del tiempo de las Cruzadas* (1843). En la cárcel escribió su famosa *Plegaria a Dios* (1844).

Valdés, Juan de (Cuenca h. 1499 - Nápoles 1541) Humanista español. Hermano de Alfonso, vivió en el ambiente intelectual de la Reforma erasmista. Residió en Roma y en Nápoles. Trató temas religiosos con una amplitud de criterio que le acercó al luteranismo. Escribió *Diálogo de doctrina cristiana, nuevamente compuesto por un religioso* (1529) y *Diálogo de la lengua* (1535-36), en el que expresa su apoyo al castellano como lengua de cultura frente al latín.

Valdés, Ramón Maximiliano (? 1867 - ? 1918) Político panameño. Uno de los protagonistas de la independencia del país, fue embajador en EE UU, ministro y presidente de la república (1916-18).

Valdés Leal, Juan de (Sevilla 1622 - íd. 1690) Pintor español. De la escuela barroca, en su obra pueden considerarse dos etapas: la cordobesa, de 1644 a 1657, a la que corresponden obras como la *Virgen de los plateros*, y la sevillana, en la que realizó las *Alegorías de las vanidades*, la *Crucifixión* y la *Inmaculada*, y, sobre todo, los cuadros que tienen por asunto la muerte, *Triunfo de la muerte* y *Fin de la gloria del mundo*, contratados en 1672 para el hospital de la Caridad, en Sevilla, en los que muestra una tendencia tenebrista.

Juan de Valdés Leal: San Pedro *(Museo de la Real Academia de San Fernando, Madrid).*

Valdivia C. de Chile, situada en el S de la parte central del país. 120.650 h. en 1989. Está enclavada en una rica comarca agrícola, en la que se cultivan cereales, frutales y patatas. Cuenta con industrias químicas, metalúrgicas, papeleras, textiles y alimentarias, además de astilleros. Es un importante centro administrativo, comercial y turístico. Fundada por Pedro de Valdivia en 1552, fue centro de la lucha contra los araucanos. Destruida por los indios, en 1645 una expedición ordenada por el virrey inició su repoblamiento. En 1740 pasó a depender de Chile.

Valdivia, Pedro de (Villanueva de la Serena, Badajoz 1497 - Tucapel, Chile 1553) Conquistador y colonizador español. Lugarteniente de Pizarro en Perú, luchó contra Almagro en Las Salinas (1538). En 1540 inició la conquista de Chile y fundó en 1541 la primera ciudad chilena, Santiago del Nuevo Extremo, y en 1544 La Serena. En 1547 marchó a Perú, donde apoyó a La Gasca en su lucha con Gonzalo Pizarro, lo que le valió ser nombrado gobernador de Chile (1549). Siguió la exploración hasta el estrecho de Magallanes, fundando fuertes y ciudades: La Concepción, La Imperial, Valdivia, Villarrica y Los Confines. Rebelados los araucanos, acaudillados por Lautaro, fue derrotado y muerto en Tucapel.

Valdivielso, José de (Toledo 1560 - Madrid 1638) Escritor español. Sacerdote, tuvo estrecha amistad con Lope de Vega y con Cervantes. Entre sus obras merecen recordarse el poema narrativo *Vida, existencia y muerte del gloriosísimo patriarca San José* (1604) y *Doce autos sacramentales y dos comedias divinas* (1622).

Valdivieso, José Félix (Quito h. 1780 - ? 1850) Político ecuatoriano. Fue rector de la universidad de Quito (1821-24). Secretario de Estado (1830-33), se opuso a Flores y se proclamó jefe supremo del país (1834) pero, derrotado en Miñarica (1835), tuvo que huir. Reconciliado con Flores, le sustituyó interinamente en la presidencia (1845).

vale *s. m.* **1.** Papel que se puede cambiar por el objeto o la cantidad de dinero que en él figura o por otra cosa del valor de dicha cantidad. **2.** Entrada gratuita para un espectáculo público. **3.** Documento mercantil por el que alguien se obliga a pagar a otro una cantidad de dinero. **4.** Nota firmada que se da al que tiene que entregar algo para que después acredite la entrega.

valedero, ra *adj.* **1.** Que tiene validez. **2.** Que puede ser cambiado por aquello que se indica en él.

valedor, ra *s. m.* y *f.* Persona que ayuda y protege a otra.

valencia *s. f.* Número que se asocia a un elemento químico y representa su capacidad de unión con otros elementos para formar moléculas. Indica el número de electrones que cede o capta el átomo de dicho elemento cuando forma un enlace iónico (**valencia iónica**) o el número de electrones que comparte dicho átomo cuando forma un enlace covalente (**valencia covalente**). Dado que los electrones implicados en el enlace son los del nivel más externo, dichos electrones reciben el nombre de **electrones de valencia**. Muchos elementos pueden actuar con más de una valencia, dependiendo del número de electrones que cedan, capten o compartan con los átomos de otros elementos.

Valencia (*València*) **1.** Golfo de España, en la costa mediterránea levantina; se extiende desde el cabo de Oropesa, en el N, hasta el cabo de San Antonio, en el S.
2. Prov. de España, en la Comunidad Valenciana, situada en el E del país, a orillas del mar Mediterráneo. 10.763 km^2. 2.141.100 h. en 1991. Presenta un relieve elevado en el interior, donde se alzan las sierras de Utiel, Cabrillas y Martés, y de llanura en el E. La costa es baja, con numerosas playas, y en ella se encuentra la laguna de la Albufera. Está recorrida por los ríos Palancia, Turia y Júcar, con sus afluentes Cabriel y Magro. Tiene un clima mediterráneo en la región costera y de interior en el O, y vegetación de bosque y matorral mediterráneos. Cuenta con cultivos de cereales, vid, huerta y frutales, ganadería porcina y ovina, pesca en Gandía, Valencia y Burriana, e industrias alimentaria, mecánica, química, textil, del mueble, cerámica y automovilística. La costa tiene un gran desarrollo turístico.
3. C. de España, cap. de la prov. homónima y de la Comunidad Valenciana. 777.450 h. en 1991. Es el centro de una huerta rica en hortalizas y frutales. Posee una industria tradicional dedicada a la fabricación de abanicos, muebles, azulejos, perfumes y fuegos artificiales. Al lado de ésta ha proliferado una industria moderna: metalúrgica, química, papelera, alimentaria, maderera, de construcciones mecánicas y de curtidos. Tiene un activo puerto comercial, el Grao o Grau, y una notable actividad cultural y universitaria.
Hist. Fue una fundación romana, que adquirió gran importancia en la época musulmana. Fue reconquistada por Jaime I en 1238. La expulsión de los moriscos en 1609 originó la decadencia económica, después de una época floreciente, durante la que había llegado a ser un gran centro comercial. Durante la guerra de Sucesión combatió contra Felipe V, por lo que éste abolió en 1707 los fueros valencianos. En el s. XVIII se convirtió en capital de la industria sedera y en 1798 comenzaron las obras de ampliación del puerto, que dio una nueva vitalidad económica a la ciudad. En 1869 fue escenario de un levantamiento republicano y, en 1873, de la proclamación del efímero cantón valenciano. Durante la guerra civil fue temporalmente capital de la República.
Arte De las antiguas murallas sólo se conservan las torres de Serranos (s. XIV) y las de Cuarte (s. XV). En la catedral (s. XIII) se mezclan el románico, el gótico y el barroco. Destacan las iglesias góticas de San Juan del Hospital, Santa Catalina y San Agustín, y los conventos de Santo Domingo y del Carmen, también góticos; en la arquitectura civil sobresalen en este estilo el palacio de la Generalidad y la Lonja (1483-98). Renacentistas son el monasterio de San Miguel de los Reyes y el colegio del Corpus Christi; y barrocas la basílica de Nuestra Señora de los Desamparados y la iglesia de San Andrés; al rococó corresponde el palacio del marqués de Dos Aguas. Su museo de Bellas Artes alberga una magnífica colección de tablas góticas y obras de Ribera y Ribalta.

Valencia (España): plaza de Zaragoza, con la catedral y la torre del Miquelet.

Valencia 1. Lago de Venezuela, al NE de esta ciudad. 378 km^2 de extensión.
2. C. de Venezuela, cap. del estado de Carabobo, en el N del país. 955.000 h. en 1990 y 1.090.000 h. en su área metropolitana. Es el núcleo urbano de una comarca cuyos principales cultivos son el café, tabaco, azúcar, algodón, maíz, plátanos, hortalizas y frutales. Posee industrias alimentarias, químicas, farmacéuticas, textiles, metalúrgicas, de curtidos y de construcciones mecánicas. Destaca como centro comercial y administrativo e importante nudo de comunicaciones.

Valencia, Guillermo (Popayán 1873 - íd. 1943) Político y poeta colombiano. Fue ministro y delegado en varias conferencias panamericanas. Influido por el modernismo y por los simbolistas, escribió una poesía de gran perfección formal. Entre sus obras destacan *Poesías* (1898) y *Ritos* (1914).

Valencia, Guillermo León (Popayán 1908 - Rochester, EE UU 1971) Político colombiano. Era hijo del anterior. Del Partido Conservador, participó en la caída de Rojas Pinilla (1957) y fue presidente de la república (1962-66).

Valenciana, Comunidad (*Comunitat Valenciana*) Comunidad autónoma de España, situada en el E del país, a orillas del mar Mediterráneo.

Extensión: 23.305 km^2.
Límites: al N, con Cataluña y Aragón; al E, con el mar Mediterráneo; al S, con el mar Mediterráneo y Murcia, y al O, con Murcia, Castilla-La Mancha y Aragón.
Población: 3.857.250 h. en 1991.
Densidad: 165,5 h./km^2.
Capital: Valencia.
Provincias: Castellón, Valencia y Alicante.

Geog. La Comunidad Valenciana presenta un relieve montañoso en el interior y llano en la costa. La región montañosa está dividida en tres sectores: las sierras septentrionales o Maestrazgo (Esparraguerra y Espadán), las sierras centrales (Utiel, Cabrillas y Martés) y las sierras meridionales (Mongó, Carrasqueta y Aitana). Las llanuras costeras son regiones fértiles: en el N destacan las planas de Benicarló, de Castellón, y la llanura de Sagunto; en el centro, las de la Horta, Ribera Alta y Ribera Baja; y en el S, la Huerta de Alicante y Bajo Segura. Sus ríos principales, que desembocan en el Mediterráneo, son Mijares, Palancia,Turia, Júcar, Cabriel, Magro, Serpis, Vinalopó y Segura. Tiene clima mediterráneo y vegetación de bosque y matorral. Posee cultivos de

Comunidad Valenciana: a la izquierda, vista de Segorbe, ciudad de Castellón; a la derecha, vista de Altea (Alicante) desde el puerto.

cereales de secano, vid y olivo y una rica huerta (hortalizas, naranjas, limones, almendras y palmeras); ganadería bovina, porcina y ovina; apicultura, pesca y minería de sal, mármol y hierro. Las industrias se concentran en la capital (de calzado, metalúrgica, química, maderera, alimentaria, textil, automovilística, del juguete y cerámica). La costa ha experimentado un gran desarrollo turístico.
Hist. En la prehistoria se desarrolló una cultura mesolítica, con manifestaciones de pintura rupestre. El territorio recibió la colonización griega y se convirtió en provincia romana. En época visigoda la ciudad de Valencia fue sede episcopal. Conquistada por el Islam, recibió un gran contingente de musulmanes sirios. Tras la caída del califato de Córdoba, se creó el reino taifa de Valencia. Fue reconquistada por el rey catalanoaragonés Jaime I y constituyó el reino de Valencia. En 1808, en Valencia se erigió una junta de defensa, pero la ciudad fue conquistada por los franceses en 1812. Después de la guerra de Independencia, recibió a Fernando VII a su vuelta del exilio. La región participó activamente en la revolución de 1843, que provocó la caída del regente. Desde 1982, las provincias de Castellón, Valencia y Alicante constituyen la Comunidad Valenciana.

valencianidad *s. f.* Cualidad o condición de valenciano.

valencianismo *s. m.* **1.** Palabra o giro propios del valenciano usados en otra lengua distinta de éste. **2.** Apego a Valencia y a las cosas propias de ella.

valenciano, na *adj.* **1.** De Valencia. También *s.* ‖ *s. m.* **2.** Variedad de la lengua catalana que se habla en parte del territorio de Valencia, Castellón y Alicante.

Valenciennes C. de Francia, situada en el N del país, a orillas del río Escalda. 349.500 h. en 1982 en su área metropolitana. Es un importante centro industrial, en el que destacan la producción siderúrgica, metalúrgica, mecánica, textil y alimentaria; tiene también refinería de petróleo y un puerto fluvial de intenso tráfico.

Valente, Flavio (Cibalae, Panonia h. 328 - Adrianópolis 378) Emperador romano (364-378). Asociado al imperio por su hermano Valentiniano I para las provincias orientales, se convirtió al arrianismo. Luchó contra los visigodos y persas y colaboró con Valentiniano en las reformas que éste llevó a cabo.

Valente, José Ángel (Orense 1929) Poeta español. Pertenece a la generación poética de los años cincuenta. Cultiva una poesía de tono intelectual, muy elaborada. Entre sus libros destacan *Poemas a Lázaro* (1960), *La memoria y los signos* (1966), *Material memoria* (1979) y *Mandorla* (1982).

valentía *s. f.* **1.** Valor, arrojo. **2.** Acción en la que se demuestra esta cualidad.

Valentiniano Nombre de varios emperadores romanos.
Valentiniano I (Cibalae, Panonia 321 - Brigetio, Panonia 375) Emperador romano (364-375). Proclamado emperador por el ejército en Nicea, se instaló en Milán y asoció a su hermano Flavio Valente al imperio. Expulsó a los alamanes de la Galia (366-374) y detuvo las irrupciones de sajones y escotos en Britania (368-369).
Valentiniano II (? h. 371 - Vienne 392) Emperador romano (375-392). Hijo de Valentiniano I, fue asociado al imperio por su hermanastro Graciano. Depuesto por el usurpador Máximo (387), Teodosio lo restableció en el trono (388).
Valentiniano III (? 419 - cerca de Roma 455) Emperador romano de Occidente (425-455). Hijo de Constancio III y de Gala Placidia, dejó el gobierno del imperio en manos del general Aecio, a quien finalmente hizo asesinar en el 454.

Valentino, Rodolfo (Castellaneta, Bari 1895 - Nueva York 1926) Actor de cine estadounidense de origen italiano. Emigró a EE UU y trabajó de bailarín antes de convertirse en un mito del cine mudo. Encarnó al típico seductor latino lleno de pasión. Entre sus mejores filmes figuran *Los cuatro jinetes del Apocalipsis* (1921), *El caíd* (*The sheik*, 1921), *Sangre y arena* (1922) y *El hijo del caíd* (1926).

valentón, na *adj.* Bravucón*. También *s.*

Valenzuela, Fernando de (Nápoles 1636 - México 1692) Político español. Valido de la reina Mariana de Austria, formó parte de la junta de regencia en la minoría de Carlos II. Su rápido ascenso social y su influencia de 1669 a 1677 le permitieron acumular una gran fortuna por medios poco honestos. En 1677 fue expulsado de la corte por Juan José de Austria, procesado, privado de sus bienes y desterrado.

valer[1] *v. tr.* **1.** Tener las cosas un precio determinado. **2.** Equivaler*. También *v. intr.* **3.** Producir algo o ser causa de ello. **4.** Merecer lo que se expresa. **5.** Proteger a alguien, ayudarle. **6.** Ser la cantidad que se expresa el resultado de una suma, problema, etc. ‖ *v. intr.* **7.** Poseer una persona o cosa buenas cualidades. **8.** Servir, ser alguien o algo útil, suficiente, adecuado, etc., para lo que se expresa o sobrentiende. También *v. impers.* **9.** En algunos juegos, estar permitido algo. **10.** Tener validez. ‖ *v. prnl.* **11.** Usar algo o servirse de ello buscando un beneficio. **12.** Desenvolverse bien. ■ Es v. irreg. ‖ **LOC. hacer valer** algo Imponerlo o hacer que sea tenido en cuenta. **vale** *fam.* Denota que se está de acuerdo con lo que otro dice o hace. **valer** alguien o algo **lo que pesa** (**en oro**) Se utiliza para poner de relieve las cualidades de una persona o cosa.

valer[2] *s. m.* Valor, valía.

Valera C. de Venezuela, en el NO del país, junto al estrecho de Trujillo. 140.800 h. en 1990. Constituye el núcleo urbano de una rica región con cultivos de café y azúcar y ganado bovino. Es un importante nudo de comunicaciones.

Valera, Diego de (Cuenca 1412 - El Puerto de Santa María, Cádiz 1487) Escritor español. Fue consejero de Fernando el Católico (1477). Es autor de obras históricas, entre ellas *Crónica abreviada* (1482), compendio de historia universal, *Crónica de los Reyes Católicos* y *Memorial de diversas hazañas*, sobre el reinado de Juan II.

Valera, Eamon de (Nueva York 1882 - Dublín 1975) Político irlandés. Participó en el levantamiento antibritánico de 1916 y se convirtió en el líder del partido nacionalista irlandés Sinn Fein. Cuando en 1921 el Reino Unido aceptó la creación del Estado Libre de Irlanda, De Valera la rechazó porque no incluía al Ulster. En 1926 fundó un nuevo partido, el Fianna Fail, donde se agruparon los sectores moderados del Sinn Fein. En 1932 fue elegido primer ministro de Irlanda y en 1937 modificó la Constitución, adoptando el país el nombre de *Eire* y rechazando cualquier vínculo con el Reino Unido. Desde entonces fue primer ministro (1951-54 y 1957-59) y presidente de la república (1959-73).

Valera, Juan (Cabra, Córdoba 1824 - Madrid 1905) Escritor español. Diplomático, residió en diversas ciudades de Europa y América. Tras un breve periodo romántico, adoptó un estilo caracterizado por la valoración de la forma y la concepción de la literatura como entretenimiento. En su obra cabe señalar dos novelas fundamentales, *Pepita Jiménez* (1874), en la que opone el vitalismo de la protagonista al falso misticismo del seminarista Luis de Vargas, y *Juanita la Larga* (1885), donde hace un cuidado y sutil análisis de la psicología femenina. Fue también un notable crítico y ensayista sobre temas literarios.

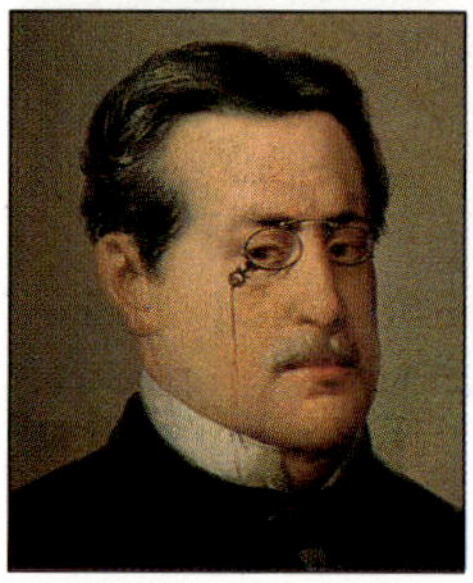

Juan Valera. Retrato de F. Méndez (Ateneo de Madrid).

valeriana *s. f.* Nombre común de diversas plantas herbáceas de la familia valerianáceas, género *Valeriana*. La valeriana mayor (*Valeriana officinalis*) mide entre 20 y 140 cm de altura, tiene el tallo surcado, hojas compuestas, con 5 a 11 foliolos, flores en corimbo apical de color rosa pálido y fruto en aquenio. Es una planta muy extendida, que crece en zonas pantanosas, cuya raíz se usa en medicina por sus cualidades sedantes y como tónico cardiaco. Se toma en infusión.

valerianáceas *s. f. pl.* Familia de plantas herbáceas del orden dipsacales a la que pertenecen unas 400 especies comprendidas en 13 géneros, entre los que destacan *Valeriana*, *Valerianella*, *Nardostachys* y *Centranthus*. Tienen hojas opuestas, inflorescencias cimosas y fruto seco e indehiscente. Crecen en el hemisferio norte, América del Sur y África meridional. Valerianáceas son la valeriana y la hierba de los canónigos. También *adj.* y *s. f.*

Valeriano, Publio Licinio (? - ? h. 260) Emperador romano (253-h. 260). Gobernó el imperio en la época de la anarquía militar. Persiguió a los cristianos y combatió a los persas, por los que fue vencido y hecho prisionero.

valeroso, sa *adj.* Valiente. **FAM.** Valerosamente.

VALER

INDICATIVO

Presente	Fut. imperf.	Cond. simple
valgo	*valdré*	*valdría*
vales	*valdrás*	*valdrías*
vale	*valdrá*	*valdría*
valemos	*valdremos*	*valdríamos*
valéis	*valdréis*	*valdríais*
valen	*valdrán*	*valdrían*

SUBJUNTIVO

Presente	
valga	*valgamos*
valgas	*valgáis*
valga	*valgan*

Paul Valéry.

Valéry, Paul Ambroise (Sète 1871 - París 1945) Poeta y ensayista francés. Frecuentó los círculos simbolistas. Es uno de los creadores de la poesía pura, reflejada especialmente en su poema *El cementerio marino.* Su obra, refinada y a menudo hermética, está concebida como una construcción arquitectónica perfecta. Entre sus escritos son de destacar el poema *La joven Parca* (1917), *Álbum de versos antiguos, 1890-1900* (1920) y *Cármenes* (1922), donde se encuentra *El cementerio marino*, y las recopilaciones de ensayos *Variedad* (1924-44), en cinco volúmenes, y *Tal cual* (1941-43).

valet (voz fr.) *s. m.* **1.** Sirviente. **2.** Carta de la baraja francesa en la que aparece un sirviente de armas y una *J*; es equivalente a la sota de la baraja española.

valetudinario, ria *adj.* De salud débil, especialmente que sufre achaques por la edad. También *s.*

valgo *adj.* Se dice del miembro o parte del mismo, p. ej. pie, rodilla, cadera, que está desviado hacia fuera.

Valhala o **Valhalla** Entre los antiguos germanos y escandinavos, paraíso o morada eterna de los guerreros muertos en combate; los héroes eran curados por las valquirias y felizmente aguardaban en torno a Odín la batalla final.

valí *s. m.* Gobernador de una provincia en un estado musulmán.

Valia Véase **Walia**.

valía *s. f.* Cualidad de la persona o cosa que vale, que tiene cualidades apreciables.

valiato *s. m.* **1.** Gobierno o cargo de un valí. **2.** Territorio gobernado por un valí.

validar *v. tr.* Hacer válido, dar validez. **Fam.** Validación.

validez **1.** *s. f.* Cualidad de válido. **2.** En psicol., cualidad de un test de evaluar o medir de forma real el aspecto que se pretende evaluar.

valido, da **1.** *p. p.* de **valer**. ‖ *s. m.* **2.** Persona que gozaba de la amistad y confianza de un rey y en la que éste delegaba en la práctica el gobierno del Estado. Es una figura característica de España en época de la casa de Austria.

válido, da *adj.* Se aplica a lo que cumple los requisitos necesarios para ser considerado apropiado o correcto. **Fam.** Válidamente.

valiente *adj.* **1.** Que tiene o muestra decisión, atrevimiento o aguante en situaciones peligrosas o difíciles. También *s.* **2.** Se emplea para destacar algo, generalmente en tono despectivo e irónico. **Fam.** Valientemente.

valija *s. f.* **1.** Saco empleado para llevar la correspondencia. **2.** El correo que va en ese saco. **3.** Maleta. ‖ **4. valija diplomática** Cartera especial, preparada convenientemente, en la que se transporta la correspondencia diplomática; también, esta correspondencia.

valijero, ra *s. m.* y *f.* Persona encargada de la correspondencia diplomática entre un estado y sus representantes en el extranjero.

valimiento *s. m.* **1.** Simpatía, ayuda o protección que alguien recibe de otra persona, en especial de un superior. **2.** Particularmente, condición o situación de valido.

valioso, sa *adj.* Que vale mucho.

Vall de Uxó (*La Vall d'Uixó*) C. de España, en la prov. de Castellón. 27.400 h. en 1991. Es el núcleo urbano de una comarca que tiene importantes cultivos de cítricos, hortalizas, olivos, algarrobos y almendros. Su economía se basa en la industria del calzado.

valla *s. f.* **1.** Cerca formada por estacas unidas, alambrada, tela metálica, etc., colocada alrededor de un lugar para cerrarlo, protegerlo o delimitarlo. **2.** Cartel montado sobre una estructura, destinado a fines publicitarios, que se coloca a los lados de carreteras, calles, etc. **3.** En algunas carreras de atletismo, cada uno de los obstáculos colocados en el recorrido de las mismas. **4.** Obstáculo o impedimento material o moral. **5.** En tauromaquia, barrera*.

Valla, Lorenzo (Roma 1407 - íd. 1457) Humanista italiano. Residió en la corte de Alfonso V de Aragón, en Nápoles. Tradujo numerosos textos griegos y latinos. Se caracterizó por su oposición al aristotelismo y a toda pretensión de integrar la tradición escolástica en el movimiento humanista. Entre sus obras principales figuran *Del placer* (1431), *Discusiones dialécticas* (1439) y *Elegancias de la lengua latina* (1444).

valladar *s. m.* **1.** Valla, cerca. **2.** Obstáculo, impedimento.

vallado *s. m.* **1.** Valla, cerca. **2.** Cerco de tierra apisonada para impedir la entrada a un lugar o defenderlo.

Valladolid **1.** Prov. de España, en la comunidad autónoma de Castilla y León. 8.202 km^2. 506.100 h. en 1991. Se extiende sobre la Meseta, motivo por el cual predominan en ella las llanuras y los páramos. El principal río es el Duero, que recorre la provincia de E a O por el centro y cuyos afluentes más importantes son el Pisuerga, Adaja, Duratón y Zapardiel. Tiene un clima de interior, con grandes oscilaciones térmicas y escasas precipitaciones. Constituye una rica región agrícola cuyos cultivos más abundantes son cereales, leguminosas, remolacha azucarera y, en menor grado, patatas, hortalizas, vid y alfalfa, y en la que se cría ganadería ovina, bovina y porcina. Cuenta con numerosas industrias, como la automovilística, química, alimentaria, textil, metalúrgica, de construcción y de artes gráficas.
2. C. de España, cap. de la prov. homónima. 345.900 h. en 1991. Es un importante centro universitario, cultural y administrativo. Su economía se basa en la industria, en la que se puede distinguir un sector tradicional (alimentaria, textil, papelera y de construcción de maquinaria agrícola) y otro moderno (metalúrgica, química, maderera y de fabricación de automóviles), y en el floreciente comercio. La ciudad, de origen incierto, en el s. XV fue un importante centro cultural y residencia real. Con Carlos V se convirtió en sede del Consejo Real y capital del reino. Apoyó a Felipe V durante la guerra de Sucesión. En la guerra civil (1936-39) perteneció desde el primer momento al bando nacional.
Arte Entre sus muchos monumentos figuran las iglesias de Santa María la Mayor (s. XII-XIV), San Martín (s. XII-XIII, reconstruida en el s. XVII) y la torre de Santa María la Antigua (s. XII-XIV), románicas. Son góticos los conventos de San Pablo (s. XIII-XV) y Santa Clara (reformado en el s. XVIII), el colegio de San Gregorio (s. XV), sede del Museo Nacional de Escultura, donde se muestra una espléndida panorámica de la imaginería española desde el s. XVI a fines del XVIII, las iglesias de Santiago (1490), San Benito (1499) y los palacios de los Vivero y del marqués de Astorga. Al estilo plateresco pertenecen los conventos de Santa Catalina y de las Huelgas Reales, el colegio mayor de Santa Cruz y la iglesia del Salvador. Juan de Herrera elaboró el proyecto de la catedral (1585) y su influencia se pone de manifiesto en las iglesias de la Cruz (1595) y las Angustias (1597). Barroca es la fachada de la universidad y de Ventura Rodríguez el convento de los Filipinos.

Valladolid: iglesia de Santa María la Antigua, de estilo gótico y torre románica.

vallar[1] (de *valla*) *v. tr.* Cercar un sitio con una valla.

vallar[2] (del lat. *vallaris*) *adj.* **1.** Perteneciente o relativo a la valla. ‖ *s. m.* **2.** Vallado.

valle *s. m.* **1.** Terreno entre montañas. **2.** Conjunto de casas, pueblos, etc., situados en ese terreno. **3.** Cuenca* de un río.

Valle, Eric Arturo del (Panamá 1937) Político panameño. Líder del Partido Republicano, fue vicepresidente (1984) y, tras la dimisión de Ardito Barletta, presidente (1985-88) de la república.

Valle, José Cecilio del (Choluteca, Honduras 1780 - Guatemala 1834) Político y escritor centroamericano. Fundó *El amigo de la patria* (1820), periódico moderado del partido españolista. Proclamada la independencia, se adhirió a ella (1821). Fue ministro de Asuntos Exteriores de México con Iturbide (1823) y defendió el federalismo centroamericano.

Valle, Rafael Heliodoro (Tegucigalpa 1891 - Ciudad de México 1959) Escritor hondureño. Radicado en México, fue un destacado poeta posmodernista. Entre sus libros poéticos merecen citarse *Como la luz del día* (1913), *Unísono amor* (1940) y *Poemas* (1954).

Valle del Cauca Departamento de Colombia, situado en el O del país. 22.140 km^2. 3.027.250 h. en 1986. La capital es Cali, con 1.637.000 h. en 1990. Se distinguen cuatro regiones geográficas de O a E: la llanura del Pacífico, la cordillera Occidental, el valle del río Cauca y el sector O de la cordillera Central. La región más fértil es la del valle del Cauca, con cultivos de caña de azúcar, café, algodón, cereales, legumbres, hortalizas, maíz, arroz, plátano, yuca y tabaco. Se cría ganado vacuno y porcino. El subsuelo es rico en carbón, oro, plata, hierro y platino, pero no está suficientemente explotado. Posee industrias alimentarias, textiles, químicas, metalúrgicas, madereras, de artes gráficas y del calzado y refinerías de petróleo.

Valle-Arizpe, Artemio del (Saltillo 1888 - Ciudad de México 1961) Escritor mexicano. Cronista de la ciudad de México, recreó en sus obras la época colonial. Algunos de sus títulos más sobresalientes son las novelas *Ejemplo* (1919) y *El Canillitas* (1941), las narraciones *Cuadros de México* (1943), así como *Cuentos del México antiguo* (1939) y *Leyendas mexicanas* (1943).

Valledupar C. de Colombia, cap. del departamento de Cesar. 142.800 h. en 1985. Es el centro urbano de una región agrícola, cuyos principales cultivos son algodón, café, tabaco, maíz y arroz, y en la que se cría ganado vacuno y caballar. Posee industrias textiles, alimentarias y de materiales de construcción. Es un importante centro comercial.

Ramón María del Valle-Inclán. Retrato de Juan Echevarría, detalle (Museo de Arte Contemporáneo, Madrid).

Valle-Inclán, Ramón del Valle y Peña, llamado **Ramón María del** (Villanueva de Arosa, Pontevedra 1866 - Santiago de Compostela, La Coruña 1936) Escritor español. Viajó a México (1892-93) y posteriormente se estableció en Madrid (1896). Encarcelado por su oposición a la dictadura de Primo de Rivera, fue durante la República director de la Escuela de Bellas Artes de Roma. Su obra se sitúa entre el modernismo, que le aportó la musicalidad y la búsqueda estética, y la generación del 98, con la que coincide en el tema de la preocupación por España. Escribió los dramas *Comedias bárbaras*: *Águila de blasón* (1907), *Romance de lobos* (1908) y *Cara de plata* (1922); *Divinas palabras* (1920), y los esperpentos *Los cuernos de don Friolera* (1921), *Luces de bohemia* (1924) y *Las galas del difunto* (1927). En su obra en prosa hay que citar las *Sonatas* (1902-05), de estilo modernista, que narran las aventuras del marqués de Bradomín, la trilogía *El ruedo ibérico*, integrada por *La corte de los milagros*, *¡Viva mi dueño!* y *Baza de espadas*, sobre la época de Isabel II, y *Tirano Banderas* (1926), la novela de un imaginario dictador hispanoamericano. Como poeta publicó *Aromas de leyenda* (1907), *Voces de gesta* (1912) y *La pipa de kif* (1919).

Vallejo, César (Santiago de Chuco 1892 - París 1938) Poeta peruano. Se dedicó a la enseñanza, primero en Trujillo y luego en Lima, y en 1923 marchó a París. Hombre comprometido, simpatizó con la Revolución Rusa y colaboró con los republicanos españoles en 1937. Junto al vanguardismo de la forma, la poesía de Vallejo muestra un sentido profundo de solidaridad con los desheredados y un agudo análisis del alma humana. Merecen citarse sus libros de poemas *Los heraldos negros* (1918), de influencia modernista, *Trilce* (1922), que supone un grito contra la injusticia, y los de publicación póstuma *Poemas humanos* (1939), una reflexión sobre la vida y la muerte, y *España, aparta de mí este cáliz* (1940), sobre la guerra civil española. Es autor también de relatos, obras de teatro y ensayos.

César Vallejo.

Vallejo-Nájera, Juan Antonio (Oviedo 1926 - Madrid 1990) Psiquiatra y escritor español. Además de libros sobre su especialidad, como *Ante la depresión* (1987), publicó novelas, como *Yo, el rey* (1985) y *Yo, el intruso* (1987), y ensayos, como *Locos egregios* (1977).

Vallés, El (*El Vallès*) Comarca de España, en la comunidad autónoma de Cataluña, en la prov. de Barcelona, entre las cordilleras Litoral y Prelitoral. Administrativamente está dividida en El Vallés Oriental y El Vallés Occidental. Está muy industrializada y cuenta con importantes centros urbanos, entre los que destacan Sabadell, Tarrasa y Granollers.

Vallès, Jules (Le Puy 1832 - París 1885) Escritor francés. Conspiró contra Napoleón III y fue miembro destacado de la Comuna, por lo que tuvo que exiliarse en Gran Bretaña. Son notables sus novelas autobiográficas del ciclo *Jacques Vingtras* (1879): *El niño* (1879), *El bachiller* (1881) y *El insurrecto* (1886).

Valletta, La C. de Malta, cap. del país, situada en la costa NE de la isla de Malta. 9.200 h. en 1990. Es un centro administrativo y turístico, que posee industrias textiles, alimentarias, tabaqueras, madereras y electrónicas e importantes astilleros.

vallisoletano, na *adj.* De Valladolid. También *s.*

Vallmitjana, Venancio (Barcelona 1828 - íd. 1919) Escultor español. Es autor, entre otras obras, del *Nacimiento de Venus*, en el parque de la Ciudadela de Barcelona, y de la figura ecuestre de Alfonso XII niño. Realizó numerosas esculturas en colaboración con su hermano **Agapito** (Barcelona 1830 - íd. 1905).

Vallotton, Félix (Lausana 1865 - París 1925) Pintor y grabador francés de origen suizo. Su obra, de carácter realista, comprende retratos y desnudos femeninos, con tonos opacos y dibujo minucioso, estilísticamente próximos al grupo de los nabis. Entre ellos destacan *La rumana con el traje rojo* y *Mujer peinándose*.

Valls C. de España, en la prov. de Tarragona. 20.100 h. en 1991. Núcleo urbano de una comarca en que se cultivan cereales, frutales, hortalizas, vid y olivo, cuenta con industrias textiles, de calzado, alimentarias y de maquinaria agrícola. Entre sus monumentos sobresale la iglesia gótica de San Juan.

Valmaseda, Juan de (? h. 1490 - ? h. 1547) Escultor español. Trabajó en Burgos, Palencia y León. Su estilo se caracteriza por la expresión y el dramatismo propios del gótico, a los que se une el influjo renacentista. Entre sus obras principales figuran el relieve de la *Santa Cena* del sepulcro de los Gumiel (h. 1514-15), en la iglesia de San Esteban, Burgos, y el *Calvario* (1519), en la catedral de Palencia.

Valmiki (h. s. V a. C.) Sabio hindú. Poco se sabe de su vida, excepto algunos episodios legendarios en los que se narran sus prácticas místicas y ascéticas. Le son atribuidos el *Ramayana* y el *Yogavasistha*.

Valois Dinastía que reinó en Francia desde 1328, con la subida al poder de Felipe VI, hasta 1589, año en que murió Enrique III. Suele dividirse en tres ramas: **Valois**, desde Felipe VI (1328-50) a Carlos VIII (1483-98); **Valois-Orleans**, con Luis XII (1498-1515), y **Valois-Angulema**, desde Francisco I (1515-47) a Enrique III (1574-89).

valón, na *adj.* **1.** Del territorio comprendido entre el Escalda y el Lys. También *s.* **2.** Se aplica al movimiento político surgido en Bélgica en el s. XIX en defensa de las tradiciones y de la lengua valona, frente a las flamencas, y a sus partidarios. También *s.* ‖ *s. m.* **3.** Idioma hablado por los habitantes de este territorio, dialecto del antiguo francés. ■ Se escribe también *walón*.

valona *s. f.* **1.** Cuello grande y vuelto sobre la espalda, hombros y pecho, usado antiguamente. **2.** *Col.*, *Ec.*, *Ven.* Crines recortadas que cubren el cuello de las caballerías.

Valonia País francófono del reino de Bélgica, en la región de las Ardenas y en torno al Mosa. Administrativamente autónomo, comprende las provincias de Hainaut, Lieja, Namur, Luxemburgo y el distrito de Nivelles (Brabante). La capital es Lieja.

valor *s. m.* **1.** Cualidad por la que una persona o cosa merece ser apreciada. **2.** Precio*. **3.** En econ., cantidad de cualquier bien que se obtiene a cambio de otro bien. Si este último bien es dinero, el valor coincide con el precio. **4.** Importancia, significación, sentido. **5.** Validez*. **6.** Cualidad de la persona valiente. **7.** Osadía, desvergüenza o falta de consideración con los demás. **8.** Duración de una figura musical. **9.** *fam.* Persona que posee buenas cualidades o vale para lo que se expresa. **10.** En mat., cantidad, magnitud, etc., que se le atribuye a una variable. ‖ *pl.* **11.** Títulos susceptibles de cotización en bolsa que conceden a sus titulares derechos de percepción de beneficios, dividendos, etc. ‖ **12. valor absoluto de un número** Véase **absoluto**. **13. valor añadido** Incremento en el valor de un bien que se va añadiendo en las sucesivas etapas de su producción, elaboración, transporte, comercialización, etc. **14. valor de cresta** En fís., el máximo que alcanza una magnitud eléctrica variable en un intervalo de tiempo. **15. valor de una función en un punto** En mat., imagen de la función en ese punto. P. ej., el valor de la función $y = x^2 - 1$ en el punto $x = 2$ es $2^2 - 1 = 3$. **16. valor facial** El que se le atribuye a un sello o moneda y que figura en los mismos. **17. valor nominal** Cantidad invariable que la sociedad emisora le asigna a un título y que figura en el mismo. **18. valor numérico de un polinomio** En mat., número que se obtiene al sustituir la variable x de un polinomio por el número dado. **19. valores declarados** Aquello que se envía por correo asignándole un valor, de manera que el servicio de correos responde de la entrega con el pago de ese importe declarado en caso de extravío. **20. valores fiduciarios** Los que representan dinero, aunque no tienen valor en sí mismos. **21. valor-trabajo** Teoría de David Ricardo, desarrollada luego por Karl Marx, que sostiene que el valor de un bien depende de la cantidad de trabajo en él incorporada.

La Valletta: edificios a orillas del golfo de Marsamuscetto.

valorar *v. tr.* **1.** Reconocer, estimar y apreciar el valor o mérito de una persona o cosa. **2.** Fijar o estimar el precio de una cosa. **3.** Analizar, tener en cuenta algo. **4.** Hacer que aumente el valor de una cosa. **5.** En quím., determinar la composición exacta de una disolución. **FAM.** Valorable, valoración.

valorativo, va *adj.* Que valora.

valorizar *v. tr.* **1.** Dar valor a algo o hacer que éste aumente. **2.** Fijar el precio de una cosa. ■ Se conjuga como *cazar*. **FAM.** Valorización.

Valparaíso **1.** Región de Chile, situada en el centro del país, junto al océano Pacífico. 16.396 km². 1.367.300 h. en 1990. Se extiende sobre un área montañosa, en la cordillera de los Andes y la de la Costa, y está recorrida por el río Aconcagua. Cuenta con cultivos de cereales, patatas y vid, ganadería ovina, minería de cobre y sal, industria textil, alimentaria, química, tabaquera, de cemento y de construcciones navales, una refinería de petróleo y un activo puerto comercial. Es un importante centro turístico.
2. C. de Chile, cap. de la región homónima. 288.300 h. en 1989. Tiene industrias textiles, alimentarias, mecánicas, de curtidos, cemento y tabaco. Es uno de los puertos más importantes del océano Pacífico sudamericano y un centro administrativo y cultural. Fundada en 1536 por Juan de Saavedra, Valdivia hizo construir su puerto en 1544. Fue convertida en plaza militar (1682) y más tarde en ciudad (1795).

valquiria *s. f.* Cada una de las divinidades femeninas de la mitología escandinava, hijas de Odín, que en los combates decidían los héroes que debían morir y los conducían al Valhala. ■ Se escribe también *valkiria* o *walkiria*.

vals *s. m.* **1.** Baile de salón de origen austriaco que se realiza por parejas con un movimiento giratorio. **2.** Música de ritmo ternario de este baile, en cuya composición sobresalieron los vieneses Johann Strauss y sus hijos. **3.** Composición musical de carácter instrumental y no destinada para el baile, que ha sido cultivada por músicos como Chopin, Brahms y Liszt.

valsar *v. intr.* **1.** Bailar el vals. **2.** Bailar agarrado.

valse *s. m. amer.* Vals. También *s. f.*

valuar *v. tr.* Dar valor a una cosa. ■ En cuanto al acento se conjuga como *actuar*: *valúo*. **FAM.** Valuación.

valva *s. f.* **1.** Cada una de las piezas duras y movibles que constituyen la concha de los moluscos lamelibranquios, como los mejillones, y de otros invertebrados. **2.** Cada una de las partes de la cáscara de ciertos frutos. **FAM.** Valvar.

Valverde, Joaquín (Badajoz 1846 - Madrid 1910) Compositor español. Alcanzó popularidad por sus partituras para zarzuelas, especialmente por *La Gran Vía* (1886) y *Agua, azucarillos y aguardiente* (1897), que escribió en colaboración con Chueca.

Valverde, José María (Valencia de Alcántara, Cáceres 1926) Escritor español. Su poesía, de tono intimista, se centra habitualmente en la búsqueda existencial de Dios. Entre sus obras poéticas destacan *Hombre de Dios* (1945), *Salmos, elegías y oraciones* (1947) y *La espera* (1949). Como ensayista ha publicado *Estudios sobre la palabra poética* (1952), *Historia de la literatura universal* (1957-80), en colaboración con Martín de Riquer, y *La mente del siglo XX* (1982).

válvula *s. f.* **1.** En algunas máquinas o instrumentos, dispositivo que mediante su apertura o cierre permite o impide el paso de un fluido por un conducto. **2.** Pliegue membranoso que impide el retroceso de los fluidos que circulan por algunos vasos o conductos del cuerpo del hombre o de los animales. **3.** Válvula electrónica. ‖ **4. válvula de escape** La que sirve para dar salida a los gases de una combustión; también, aquello a lo que una persona recurre para salir de una situación de agobio, aburrimiento, etc. **5. válvula electrónica** Dispositivo consistente en una ampolla de vidrio en la que se ha hecho el vacío, o que se llena con ciertos gases, y que contiene un filamento y uno o más electrodos adicionales. Cuando se hace pasar una corriente por el filamento, éste calienta el cátodo que lo rodea, el cual emite electrones (efecto termoiónico), que son recogidos por otro electrodo, el ánodo, conectado a un polo eléctrico positivo. Las válvulas electrónicas, que pueden estar dotadas también de una o más rejillas perforadas, se han utilizado para construir osciladores, amplificadores, rectificadores, etc., en los emisores y receptores de radio y televisión. **6. válvula unidireccional** La que se abre cuando el fluido se mueve en un sentido, pero le impide retroceder, cerrándose si el sentido del movimiento cambia. **7. válvulas cardiacas** Válvulas unidireccionales que impiden que la sangre retroceda cuando el corazón alterna entre la sístole y la diástole. La válvula mitral o bicúspide separa la aurícula izquierda del ventrículo del mismo lado; la válvula tricúspide separa la aurícula y el ventrículo derechos; las válvulas semilunares cierran la entrada de la sangre desde la arteria pulmonar al ventrículo derecho cuando éste se expande. **FAM.** Valvular.

valvulina *s. f.* Aceite lubricante, de gran viscosidad, obtenido de los residuos del petróleo crudo y que se utiliza para engrasar los cilindros de diversas máquinas, cajas de cambio, diferenciales, etc.

valvulitis *s. f.* Inflamación de una válvula, particularmente de alguna de las del corazón.

valvulopatía *s. f.* Cualquier afección de las válvulas, especialmente de las del corazón.

Vamba Véase **Wamba**.

¡vamos! *interj. fam.* Véase **ir**.

vampiresa *s. f. fam.* Mujer que se sirve de su especial atractivo para seducir a los hombres.

vampirismo *s. m.* **1.** Conjunto de fenómenos relacionados con los seres imaginarios llamados vampiros. **2.** Falta de escrúpulos para sacar provecho del dinero, trabajo, etc., de otros.

vampiro *s. m.* **1.** Ser imaginario procedente de leyendas de Transilvania convertido en figura literaria en la novela *Drácula* (1897), del irlandés Abraham Stoker, y popularizado por el cine; es un muerto que revive por las noches para alimentarse con la sangre que chupa a otros seres humanos. **2.** Persona que se enriquece explotando a otras. **3.** Nombre común de diversos mamíferos quirópteros de la familia desmodóntidos, géneros *Desmodus, Diademus* y *Diphylla*. Miden unos 30 cm de envergadura, tienen un hocico con excrecencias, pelaje oscuro o pardo, fino y largo, y dentadura con dos largos incisivos, con los que muerden para succionar la sangre de mamíferos y aves domésticas. Las especies más comunes son el vampiro verdadero *(Desmodus rotundus)*, de color pardo rojizo, y el vampiro del Amazonas *(Diademus youngi)*, más pequeño y con pelaje color canela. Viven en América del Sur.

Van Lago de Turquía, situado en el E del país. 3.700 km^2. Ocupa una depresión que está rodeada de altas montañas, su profundidad máxima es de 400 m y tiene abundante pesca.

Van Allen, James Alfred (Mount Pleasant, Iowa 1914) Astrónomo estadounidense. Especialista en el estudio de las radiaciones, colaboró en los programas de la NASA. En 1958 descubrió los llamados *cinturones de Van Allen*.

Van Buren, Martin (Kinderhook, Nueva York 1782 - íd. 1862) Político estadounidense. Fue gobernador del estado de Nueva York (1829), secretario de Estado (1829), vicepresidente (1833) y presidente (1837-41) de la república, en un periodo de crisis económica. Antiesclavista, apoyó a Lincoln.

Van Campen, Jacob (Haarlem 1595 - Amersfoort 1657) Arquitecto neerlandés. De estilo barroco, entre sus obras sobresalen el palacio Mauritshuis de La Haya (1633-44) y el palacio real de Amsterdam, iniciado en 1648.

Van Cleve, Joos van der Beke, llamado (? h. 1485 - Amberes 1541) Pintor flamenco. Antes de su identificación era conocido cono *Maestro de la Muerte de la Virgen*. Residió un tiempo en Francia. Algunas de sus obras más notables son *El tránsito de la Virgen* (1515), *Sagrada Familia* (h. 1525) y *El descendimiento* (h. 1530-35), así como los retratos de Francisco I, Leonor de Austria y Enrique VIII.

Van de Graaff, Robert Jemison (Tuscaloosa, Alabama 1901 - Boston 1967) Físico estadounidense. Fue profesor del Instituto Tecnológico de Massachusetts y se dedicó al estudio de los fenómenos eléctricos. Construyó el primer generador electrostático capaz de producir potenciales elevadísimos, utilizado para acelerar partículas atómicas.

Van de Velde Familia de pintores neerlandeses, entre los que sobresalen: **Esaias** (Amsterdam h. 1591 - La Haya 1630), pintor de la corte de Orange en La Haya, destacó por su tratamiento de la luz y la atmósfera. Llevó a sus lienzos paisajes rurales, ríos y arenales; **Willem el Viejo** (Leiden 1611 - Greenwich 1693), hermano del anterior, destacó por sus meticulosos dibujos a pluma de batallas navales; **Adriaan** (Amsterdam 1636 - íd. 1672), hijo y discípulo del anterior, sobresalió como paisajista y pintor de animales; y **Willem el Joven** (Leiden 1663 - Greenwich 1707), hijo y discípulo de Willem el Viejo, vivió en la corte de Carlos II de Inglaterra y entre sus obras merecen mención *La batalla de las Dunas* y *Tempestad*.

Van de Velde, Henry (Amberes 1863 - Zurich 1957) Arquitecto, decorador y pintor belga. Comenzó como pintor, influido por los postimpresionistas. Más tarde se dedicó a la arquitectura y al diseño de muebles, tapices, cerámicas y objetos decorativos. Uno de los grandes artistas del modernismo, su estilo evolucionó hacia el constructivismo. Su obra principal fue el Museo Kröller-Müller (1937-54), en el Parque Nacional Veluwe, en los Países Bajos.

Van der Goes, Hugo (Gante ? h. 1440 - Auderghem 1482) Pintor neerlandés. Influido por Van Eyck, utilizó en su pintura, de estilo gótico flamenco, grandes contrastes de luces y sombras y creó ambientes de realismo estilizado llenos de expresión y dramatismo. Entre sus obras principales cabe citar *El descendimiento*, el *Tránsito de la Virgen* y, sobre todo, el tríptico de *La adoración de los pastores*.

Van der Meer, Simon (La Haya 1925) Físico neerlandés. En el Centro Europeo de Investigación Nuclear (CERN) dirigió, juntamente con Carlo Rubbia, un equipo de más de cien científicos, que logró demostrar la existencia de las partículas elementales W y Z. En 1984 ambos físicos recibieron el premio Nobel.

Van der Meersch, Pierre Cardijn, llamado **Maxence** (Roubaix 1907 - Le Touquet 1951) Novelista francés de origen flamenco. De un realismo efectista, escribió novelas que alcanzaron un pronto éxito, como *La casa de las dunas* (1932) y *Cuerpos y almas* (1943).

Van der Waals, fórmula de Ecuación que permite conocer una de las tres condiciones de un gas (presión, volumen, temperatura), cuando son conocidas las otras dos. Su formulación matemática es:

$$\left(P+\frac{a\cdot n^2}{V^2}\right)\cdot(V-n\cdot b)=n\cdot R\cdot T$$

donde P es la presión en atmósferas, V el volumen en litros, T la temperatura en kelvin, n el número de moles, R la constante de los gases perfectos $\left(0{,}082\,\frac{\text{atm}\cdot l}{K\cdot \text{mol}}\right)$, y a y b las constantes específicas del gas de que se trate.

Van der Waals, fuerzas de Tipo de enlace responsable de que las moléculas de las sustancias covalentes se mantengan unidas entre sí. Consiste en ligeras atracciones electrostáticas, posibles porque en dichas moléculas existe una cierta separación o polarización de las cargas positivas y negativas que las constituyen.

Van der Waals, Johannes Diderik (Leiden 1837 - Amsterdam 1923) Físico neerlandés. Catedrático de física en Amsterdam, trabajó sobre termodinámica de capilares y cinética de los gases. Formuló la ecuación de los gases reales y elaboró una teoría acerca de las fuerzas que unen las moléculas entre sí. Obtuvo el premio Nobel de física en 1910.

Van der Weyden, Roger (Tournai h. 1400 - Bruselas 1464) Pintor flamenco, conocido en Francia como *Roger de la Pasture*. Alcanzó una gran perfección técnica en sus cuadros religiosos, en los que resalta una intensa atmósfera espiritual a base de ricas y sutiles tonalidades de color en composiciones simples. Creó un tipo nuevo de retrato aristocrático de gran profundidad psicológica. Entre sus obras destacan *El descendimiento de la Cruz* (h. 1435), la *Piedad*, el *Tríptico de los siete sacramentos* y los retratos de Carlos el Temerario, Francisco de Este y Philippe de Croy.

Van Doesburg, Christian Emil Marie Kupper, llamado **Theo** (Utrecht 1883 - Davos 1931) Pintor, decorador y arquitecto neerlandés. En 1917 fundó, junto con Mondrian y otros pintores y arquitectos, la revista *De Stijl*. Su arte está inserto de lleno en la abstracción geométrica, de la que es buena muestra su cuadro *Abstracción de los jugadores de cartas* (1917).

Van Dongen, Kees (Delfshaven, Rotterdam 1877 - Montecarlo 1968) Pintor francés de origen neerlandés. Dentro del movimiento fauvista destacó por sus retratos y pinturas de mujeres, en composiciones de gran sensualidad. Fue asimismo un notable ilustrador de libros.

Van Dyck, Anton (Amberes 1599 - Londres 1641) Pintor flamenco. Dentro del movimiento barroco recibió la influencia de Jordaens y, sobre todo, de Rubens. Permaneció una época en Italia (1622-27), regresó a Amberes y en 1632 se trasladó a Inglaterra. Realizó la mayor parte de su obra en la corte inglesa de Carlos I. Su influencia contribuyó decisivamente al desarrollo del retrato en la Inglaterra del s. XVIII. Sus retratos se caracterizan por la elegancia y el distanciamiento melancólico de los personajes. Entre los principales figuran *El cardenal Bentivoglio*, *La infanta Isabel Clara Eugenia*, *Carlos I*, *Lord Warton*, *El cardenal infante don Fernando* y *George y Francis Villiers*. Pintó también cuadros de tema religioso y mitológico.

Anton van Dyck: El cardenal infante Don Fernando *(Museo del Prado, Madrid).*

Van Eyck, Jan (Maaseik ? h. 1390 - Brujas 1441) Pintor flamenco. Estuvo al servicio del duque de Borgoña Felipe el Bueno. Su obra representa la culminación del estilo gótico internacional y se caracteriza por dar a sus personajes un tratamiento singularizado, encuadrándolos en el espacio y la luz, sin perderse en un detallismo exagerado. Algunas de sus obras principales son

Jan van Eyck: La Virgen del canciller Rolin, *fragmento (Museo del Louvre, París).*

el retablo de *El Cordero místico* (1432), en San Bavón de Gante, *La Virgen del canciller Rolin, El tríptico de la Virgen, El hombre del turbante* (1433) y *Las tres Marías en la tumba.*

Van Gogh, Vincent (Groot-Zundert 1853 - Auvers-sur-Oise 1890) Pintor neerlandés. Se instaló en París en 1886 y poco después residió en Arlés, donde compartió taller con Gauguin, de quien acabó separándose. Padeció epilepsia hereditaria y sufrió crisis de locura, en una de las cuales se cortó el lóbulo de la oreja. Tras ser internado en el hospital de Arlés y más tarde en un asilo cerca de Saint-Remy, en 1890 volvió a París y se instaló en Auvers-sur-Oise, donde se suicidó de un tiro de revólver. La obra de Van Gogh se inicia con una pintura de tonos oscuros y profunda humanidad, como se aprecia en su lienzo *Comiendo patatas.* En contacto con los impresionistas y el arte japonés, su pintura se vuelve más clara y transparente, como se manifiesta en sus paisajes de Asnières. En su etapa de Provenza realizó numerosos paisajes e interiores, donde resalta la pincelada sinuosa, como *El olivar* y *El campo de trigo amarillo,* y multitud de retratos, de los que es muestra representativa *Autorretrato con la oreja cortada.* Finalmente, en el asilo de Saint-Remy ejecutó algunas de sus mejores obras, con un estilo cada vez más exaltado, como *Autorretrato* y *Los cipreses bajo la luna.*

Vincent van Gogh: Autorretrato con sombrero *(Rijksmuseum, Amsterdam).*

Van Goyen, Jan (Leiden 1596 - La Haya 1656) Pintor neerlandés. Artista de estilo barroco, fue un paisajista notable que dio gran importancia a la luz y a los valores dramáticos del color, como se aprecia en *El roble fulminado* (1653).

Van Helmont, Jan Baptista Véase **Helmont, Jan Baptista van**.

Van Loo Familia de pintores neerlandeses establecida en Francia en el s. XVII, entre los que sobresalen: **Charles-André** (Niza 1705 - París 1765), residió en Roma y en Turín, donde estuvo al servicio de los Saboya; pintó temas mitológicos y retratos, entre ellos el de *Luis XV*; **Louis Michel** (Toulon 1707 - París 1771), trabajó en Italia y en Madrid y fue pintor de cámara de Felipe V; cultivó el retrato y los temas mitológicos, siendo sus principales obras los retratos de *Isabel de Farnesio* y *Felipe V,* la *Familia de Felipe V* y *Venus, Mercurio y el Amor*; **Charles-Amédée** (Rivoli 1719 - París 1795), estuvo al servicio de Federico de Prusia y pintó obras de tema alegórico, histórico, mitológico y galante al estilo de Watteau.

Van Orley, Bernard (Bruselas h. 1488 - íd. 1541) Pintor flamenco. Trabajó al servicio de las reinas Margarita de Austria y María de Hungría. Influido por Mabuse, Rafael y Durero, fue un notable decorador. Realizó los cartones para las vidrieras de Santa Gúdula, en Bruselas, donde también se le encargó la ejecución de una colección de tapices sobre *Los hechos de los apóstoles.* De sus cuadros pueden destacarse *El Juicio final, Retablo de Job* y *La Sagrada Familia.*

Van Ostade, Adriaen (Haarlem 1610 - íd. 1684) Pintor y grabador neerlandés. Discípulo de Frans Hals, realizó retratos y cuadros de género. Entre sus obras merecen citarse los *Retratos de familia, Aldeanos en la posada* y *El músico de aldea.*

Van Ruysbroek, Jan (? Ruysbroek, Brabante 1293 - abadía de Groenendaal, Brabante 1381) Teólogo y místico flamenco. Fundó en Groenendaal un monasterio (1343), que fue famoso en su tiempo como centro de meditación. Sus libros ascéticos y místicos tuvieron gran influencia. Entre ellos destacan *La joya de las bodas espirituales* y *El reino de los amantes de Dios.*

Van Ruysdael, Jacob Isaac Véase **Ruysdael, Jacob Isaac van**.

Van Ruysdael, Salomon Véase **Ruysdael, Salomon van**.

Van Rysselberghe, Theo (Gante 1862 - Saint Clair, Var 1926) Pintor belga. Fue uno de los fundadores del grupo de *Los XX* (1883) y de los introductores del neoimpresionismo en su país. Se interesó por las artes aplicadas. Entre sus obras sobresalen *Reunión de familia* (1890), *En la playa* (1901) y *La lectura* (1903). También fue un destacado retratista.

Van Thieu, Nguyen (Phan Rang 1923) Militar y político vietnamita. Ministro de Defensa, pasó a presidir la junta militar creada por el general Nguyen Cao Ky (1965). En 1967 fue nombrado presidente de Vietnam del Sur. Servidor de la política de EE UU, firmó un alto el fuego (1973). Finalmente se negó a negociar con los comunistas y tuvo que dimitir (1975).

Van Vleck, John Hasbrouck (Middletown, Connecticut 1899 - Cambridge, Massachusetts 1980) Físico estadounidense. Especializado en física atómica, estudió la interacción entre los electrones, así como las posiciones y movimientos de los núcleos. Recibió el premio Nobel de física en 1977 compartido con Philip Warren Anderson y Nevill Francis Mott.

vanadinita *s. f.* $Pb_5(VO_4)_3Cl$. Mineral clorovanadato natural de plomo. Cristaliza en el sistema hexagonal y tiene color rojo anaranjado. Aparece en yacimientos de plomo asociado a otros minerales.

vanadio *s. m.* V. Elemento químico perteneciente al grupo V B del sistema periódico. Su número atómico es 23 y su masa atómica 50,9415. Su existencia fue reconocida por primera vez en 1801 por Andrés M. del Río, aunque su descubrimiento se atribuyó en 1830 al químico sueco Nils Gabriel Sefström, quien lo llamó *vanadio* en honor de la diosa escandinava Vanadis. Es un metal grisáceo, maleable y no muy duro, resistente a la corrosión del agua, incluso la del mar, y sólo le atacan los ácidos oxidantes, como el ácido nítrico. Forma varios óxidos, así como ácidos y sales de estructura parecida a los del fósforo. Es un elemento muy difundido, pero en pequeñas concentraciones, razón por la cual se obtiene como subproducto en el tratamiento de rocas y minerales de otros elementos, como el fósforo y el uranio. Se usa en la fabricación de aceros especiales y, en menor proporción, en aleaciones de aluminio y titanio; también se emplea como catalizador en síntesis orgánicas y en la síntesis del ácido sulfúrico.

vanagloria *s. f.* Actitud con la que una persona presume de algo o se muestra por ello superior a los demás.

vanagloriarse *v. prnl.* Presumir de algo o mostrarse superior a los demás por ello.

vanaglorioso, sa *adj.* Que se vanagloria. También *s.*

vanamente *adv. m.* **1.** En vano o de manera inútil. **2.** Arrogantemente, con vanidad.

vanarse *v. prnl. Chile, Col., Ven.* Estropearse un fruto sin llegar a madurar. P. ext., se emplea también aplicado a otras cosas.

Vancouver **1.** Isla de Canadá, situada en el océano Pacífico, en la prov. de Columbia Británica. 33.700 km^2. Es montañosa y forma parte de la cadena que corre paralela a la costa. Está cubierta por grandes bosques.
2. C. de Canadá, en la prov. de Columbia Británica, en el SO del país, junto al océano Pacífico. 431.150 h. en 1986 y 1.412.700 h. en su área metropolitana en 1987. Destacan sus industrias de construcciones navales, alimentarias, papeleras, madereras, metalúrgicas y aeronáuticas. Tiene un activo puerto comercial y es además una ciudad con gran atractivo turístico.

Vancouver, George (King's Lynn 1757 - Richmond, Surrey 1798) Navegante británico. Entre 1791 y 1994 recorrió la costa NO de América, donde entró en contacto con el español Bodega y Quadra, en busca de un paso entre los océanos Pacífico y Atlántico. Dio su nombre a una isla y dos ciudades.

vandalaje *s. m. amer.* Vandalismo, bandidaje.

vandalismo *s. m.* Actitud o acciones destructivas. **FAM.** Vandálico.

vándalo, la *adj.* **1.** Se dice de un pueblo germánico que participó en la invasión del imperio romano y creó un poderoso reino en el N de África. Los vándalos participaron en el año 406, junto con suevos y alanos, en la ruptura del limes romano del Rhin. En el 409, divididos en dos ramas, asdingos y silingos, invadieron Hispania, saqueándola, y se instalaron en la Bética. Los silingos fueron destruidos por los visigodos federados del imperio. Los asdingos se trasladaron a la provincia Cartaginense de África en el 429 y, bajo el reinado de Genserico, construyeron un poderoso Estado. Iniciaron una expansión marítima que les llevó a conquistar las Baleares, Córcega, Cerdeña y Sicilia y a saquear Roma en el 455. Su reino fue destruido en el 533 por Belisario, general del emperador Justiniano. **2.** De este pueblo. También *s.* **3.** Se dice de la persona que provoca escándalos o realiza acciones destructivas. También *s.*

vandeano, na *adj.* **1.** De La Vendée, departamento del O de Francia. También *s.* **2.** Se dice de los sublevados durante la Revolución en el O de Francia contra la república y a favor de la religión y la monarquía. También *s.* **3.** Perteneciente o relativo a este movimiento y a sus partidarios.

Vandelvira, Andrés de (Alcaraz, Albacete 1509 - Jaén h. 1575) Arquitecto español. Fue continuador del estilo de Diego de Siloé. Entre sus obras destaca la catedral de Jaén, cuya sacristía se considera su obra maestra.

Vandervelde, Émile (Ixelles 1866 - Bruselas 1938) Político belga. Participó en la Segunda Internacional como defensor de la socialdemocracia. Condenó en la cámara la actuación del rey Leopoldo en el Congo. Ocupó diversas carteras ministeriales (1914-37), manteniendo una actitud belicista antes del estallido de la Primera Guerra Mundial.

Vane, John Robert (Tardebigg, Worcestershire 1927) Bioquímico británico. En 1982 obtuvo el premio Nobel de fisiología y medicina, compartido con Sune K. Bergström y Bengt Samuelsson, por sus trabajos de investigación sobre las prostaglandinas.

Vänern Lago de Suecia, en el SO del país. 5.585 km^2. 90 m de profundidad máxima. Es tributario del estrecho Kattegat a través del río Göta y recibe las aguas del río Klar.

vanguardia *s. f.* **1.** Parte de una fuerza armada que va delante del cuerpo principal. **2.** Movimiento o conjunto de movimientos ideológicos, artísticos, literarios, etc., más avanzados con respecto a las ideas o gustos de su tiempo.

vanguardismo *s. m.* Tendencia innovadora y experimental en el arte o la literatura, que generalmente marca la pauta en la evolución de los estilos y que se caracteriza por un espíritu antiacademicista, combativo y polémico. Dentro del vanguardismo se sitúan las corrientes artísticas que emergieron a principios del s. XX, como el cubismo, el expresionismo y el surrealismo. **FAM.** Vanguardista.

vanidad *s. f.* **1.** Deseo excesivo de mostrar las propias cualidades y ser reconocido y alabado por los demás. **2.** Cualidad de vano, inútil; también acción, palabras, etc., con esta cualidad.

vanidoso, sa *adj.* Que tiene vanidad y la muestra. También *s.*

vano, na *adj.* **1.** Inútil, sin consistencia o verdadera realidad. **2.** Se aplica a los frutos con cáscara, especialmente a los secos, que presentan su interior seco, podrido o vacío. **3.** Que muestra vanidad o sólo sirve para satisfacerla. || *s. m.* **4.** Hueco en un muro o pared, como los de ventanas o puertas. || **LOC. en vano** *adv.* Inútilmente, sin resultado; también, sin necesidad o razón.

Van't Hoff, Jacobus Henricus (Rotterdam 1852 - Berlín 1911) Químico neerlandés. Es junto con Le Bel uno de los fundadores de la estereoquímica, que estudia las estructuras moleculares en el espacio. Estableció los fundamentos de la dinámica química y elaboró una teoría sobre las soluciones diluidas (electrólitos) y la presión osmótica. Recibió el premio Nobel de química en 1901.

Van't Hoff, ley de Formulada en 1884 por el químico Van't Hoff, analiza el efecto de la temperatura sobre el equilibrio químico, estableciendo que, al aumentar la temperatura de un sistema en equilibrio, éste se desplaza en el sentido en que se absorbe calor; esto es, un aumento de temperatura en un equilibrio favorece la reacción endotérmica y dificulta la reacción exotérmica.

Vanuatu Estado insular de Oceanía.

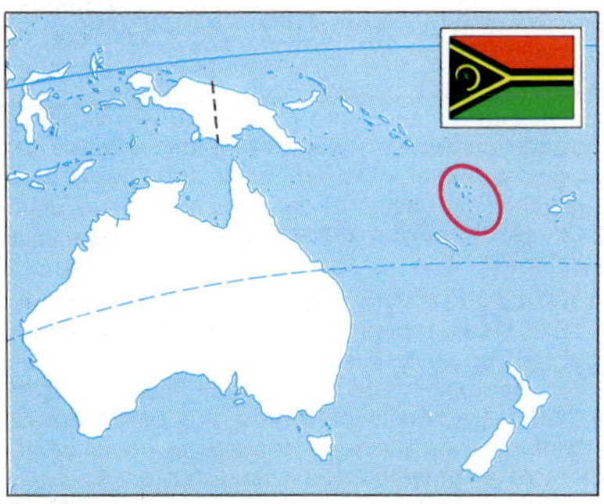

Extensión: 12.190 km^2.
Situación: en el SO del océano Pacífico, al E de Australia.
Población: 147.000 h. en 1990.
Densidad: 12,1 h./km^2.
Capital: Port Vila.
División administrativa: 11 gobiernos regionales.
Ciudades principales: Luganville, Port Olry e Isangel.
Forma de Estado: república.
Idioma: bislama, francés e inglés.
Religión: cristianismo, 81,5 %; creencias tradicionales, 7,6 %.
Moneda: vatu.
Tasa de natalidad: 37 ‰ en 1990.
Tasa de mortalidad: 5 ‰ en 1990.
Renta per cápita: 860 dólares en 1989.

Geog. Vanuatu está formado por unas ochenta islas e islotes, el archipiélago de Nuevas Hébridas, de relieve montañoso y origen volcánico que, de NO a SE, se agrupan en cuatro conjuntos: islas de Torres, islas de Banks, el grupo del N (Espíritu Santo, Mallicolo, Pentecostés) y el grupo del S (Erromanga, Tanna y Anatom). Tiene un clima ecuatorial húmedo y vegetación de selva. La población, en su mayoría melanesia, reside preferentemente en las áreas rurales y experimenta un fuerte crecimiento demográfico. En su economía desempeñan un papel destacado los cultivos de palma cocotera, cacao y café, la exportación de pescado congelado, la cría de ganado porcino y la explotación de los yacimientos de manganeso. Otra importante fuente de ingresos es el turismo.
Hist. Las islas Nuevas Hébridas fueron descubiertas por el portugués Fernández de Quirós en 1606 y visitadas por Bouganville (1768) y Cook (1774). En 1887 Francia y el Reino Unido las sometieron a un condominio; en 1978 obtuvieron la autonomía interna y dos años después la independencia. En ese mismo año adoptaron su nombre actual de *Vanuatu.* En las elecciones previas a la independencia, el Partido Vanuaaku, representante de la población anglófona, obtuvo la mayoría. En 1988 fue destituido el presidente George Ati Sokomanu, y en enero de 1989 Fred Timakata fue nombrado presidente, ambos del Partido Vanuaaku.

vapor *s. m.* **1.** Gas en el que, por la acción del calor, se transforman ciertos cuerpos, generalmente los líquidos. Constituye la fase gaseosa de una sustancia y se produce generalmente en temperaturas próximas al punto de ebullición o licuefacción. **2.** Barco movido por una máquina de vapor. || *pl.* **3.** Sustancias volátiles que desprende un cuerpo. || **LOC. al vapor** *adj.* y *adv.* Modo de cocinar los alimentos cociéndolos en su propio jugo sin añadir agua.

vapora *s. f. fam.* Lancha movida por una máquina de vapor.

vaporar *v. tr.* Evaporar*. También *v. prnl.* **FAM.** Vaporación.

vaporización *s. f.* **1.** Acción y efecto de vaporizar o vaporizarse. **2.** Uso medicinal de los vapores o procedimientos curativos en el que se utilizan éstos, principalmente los procedentes de aguas termales. **3.** En fís., cambio del estado líquido al gaseoso cuando un líquido aumenta su temperatura y algunas moléculas superficiales escapan, transformándose parte del líquido en gas. Se diferencia de la *ebullición,* en la que todas las moléculas del líquido, superficiales e interiores, poseen la energía suficiente para que se produzca el cambio de estado.

vaporizador *s. m.* **1.** Pulverizador*. **2.** Aparato utilizado para vaporizar.

vaporizar *v. tr.* **1.** Transformar un líquido en vapor por la acción del calor. También *v. prnl.* **2.** Pulverizar un líquido. ■ Se dice también *evaporizar.* Se conjuga como *cazar.*

vaporoso, sa *adj.* **1.** Que arroja de sí vapores o los ocasiona. **2.** Ligero y fino, se aplica especialmente a telas o prendas de vestir.

vapulear *v. tr.* Dar golpes, zurrar. También *v. prnl.* **FAM.** Vapuleador, vapuleamiento, vapuleo.

vaquería *s. f.* **1.** Lugar en que se encierra a las vacas. **2.** Establecimiento donde se vende su leche.

vaqueriza *s. f.* Lugar donde se recoge el ganado vacuno en el invierno.

vaquerizo, za *adj.* **1.** Perteneciente o relativo al ganado vacuno. || *s. m.* y *f.* **2.** Vaquero.

vaquero, ra *adj.* **1.** Perteneciente o relativo a los pastores de ganado bovino. **2.** Se aplica a un tipo de tela de algodón, azul, fuerte y algo rígida; también, se dice de las cosas que se hacen con dicha tela. || *s. m.* y *f.* **3.** Pastor de reses vacunas. || *s. m.* **4.** Especialmente, jinete que conducía y cuidaba el ganado vacuno en el oeste de EE UU, muy popularizado por el cine. || *pl.* **5.** Pantalones de tela vaquera.

vaqueta *s. f.* Cuero de ternera curtido.

vaquilla *s. f.* **1.** Vaca de corta edad, especialmente la que se dedica al toreo o para correrla en ciertas fiestas populares. **2.** *Chile, Nic.* Ternera de año y medio a dos años. || *pl.* **3.** Toreo de reses jóvenes, generalmente para aficionados.

vaquillona *s. f. Arg., Chile, Nic.* Vaca de dos a tres años.

vara *s. f.* **1.** Palo largo y delgado. **2.** Rama de un árbol o arbusto larga, delgada y sin hojas. **3.** Tallo largo en el centro de algunas plantas, del que salen las flores. **4.** Especie de palo largo que termina en una puya y que utiliza el picador para herir al toro; también, la que se usa para guiar a los toros. ■ Se denomina también *vara larga.* **5.** Puyazo dado al toro. **6.** Bastón usado antiguamente por los jueces, alcaldes y otras autoridades. **7.** P. ext., la misma dignidad o autoridad que representaba ese bastón. **8.** Antigua medida de longitud equivalente a 835 milímetros y 9 décimas. ■ Se denomina también *vara de Burgos* o *vara de Castilla.* **9.** Palo de esa longitud utilizado para medir. **10.** En los carros, cada una de las dos piezas de madera que salen de la parte delantera y entre las que se engancha a las caballerías. || **11. vara alta** Autoridad o influencia que una persona tiene sobre otras. **12. vara de oro** Planta herbácea de la familia compuestas, especie *Solidago virgaurea.* Mide entre 5 y 80 cm, tiene flores en racimo de color amarillo y hojas ásperas lanceoladas. Crece en regiones montañosas de la península Ibérica y Europa.

varadero *s. m.* Lugar donde se varan las embarcaciones para resguardarlas o para repararlas o pintarlas.

varado, da **1.** *p. p.* de **varar**. También *adj.* || *adj.* **2.** *amer.* Se dice de la persona que no tiene recursos económicos ni ocupación fija. También *s.*

varal *s. m.* **1.** Palo largo y grueso. **2.** Cada uno de los dos palos paralelos y horizontales situados en los costados de las andas de las imágenes. **3.** Cada una de las varas del carro entre las que se enganchan las caballerías. Se usa más en *pl.* **4.** Cada uno de los dos palos donde encajan las estacas o travesaños que forman los costados de los carros.

Varanasi Véase **Benarés**.

varano *s. m.* Nombre común de diversos reptiles escamosos de la familia varánidos, género *Varanus.* Son grandes lagartos de larga cola, que tienen lengua bífida, párpados móviles y dientes insertos en el borde interno de la mandíbula. Su marcha es rápida y son importantes depredadores. El dragón de Comodo *(Varanus komodoensis)* mide hasta 4 m de longitud, lo que significa que es el mayor lagarto viviente; habita en las islas de la Sonda. El varano del Nilo *(Varanus niloticus)* mide unos 2 m de longitud y habita en cursos acuáticos africanos. Se alimenta de huevos de cocodrilo y pequeños reptiles. El cabaragoya *(Varanus salvator),* que habita en el SE de Asia, mide hasta 3 m de longitud.

varapalo *s. m.* **1.** Palo largo o vara. **2.** *fam.* Golpe o paliza dados con un palo. **3.** *fam.* Reprimenda, regañina.

varar *v. tr.* **1.** Sacar a la playa o poner en un lugar seco una nave. || *v. intr.* **2.** Quedar detenida una embarcación al tocar su parte inferior en un banco de arena, una roca, etc. ■ En Hispanoamérica, también *v. prnl.* **3.** *amer.* Quedarse detenido un vehículo por causa de una avería. **FAM.** Varadura, varamiento.

várdulo, la *adj.* **1.** Se dice de un pueblo hispánico prerromano, de origen celta, que se extendió por la actual provincia de Guipúzcoa, parte de Vizcaya y el E de Álava. También *s.* **2.** De este pueblo. También *s.*

varear *v. tr.* **1.** Derribar los frutos de algunos árboles golpeándolos con una vara. **2.** Remover con un palo los granos para airearlos o eliminar los insectos. **3.** Dar golpes con una vara o palo. **4.** Dar puyazos al toro u otros animales. **FAM.** Vareador, vareo.

varego *s. m.* En la Edad Media, nombre dado a los escandinavos que establecieron una ruta comercial que, atravesando Rusia, enlazaba el mar Báltico con el mar Negro; fundaron diversas factorías que dieron origen a ciudades como Novgorod, Smolensko y Kiev.

varenga *s. f.* Pieza curva que se coloca atravesada sobre la quilla para formar la cuaderna.

Varela, Pedro José (La Florida 1837 - Montevideo 1906) Político uruguayo. Presidente del senado, fue presidente interino de la república tras el asesinato de Flores (1868). Apoyado por el Ejército ocupó nuevamente la presidencia (1875), pero fue depuesto al año siguiente.

Varese C. de Italia, situada en el N del país, en la región de Lombardía junto a la frontera con Suiza. 88.000 h. en 1991. Posee industrias textiles, de calzado, de plásticos y de construcciones mecánicas y aeronáuticas.

Varèse, Edgar (París 1883 - Nueva York 1965) Compositor estadounidense de origen francés. Formado con D'Indy y Roussel, en 1915 se instaló en EE UU, donde destacó como director de orquesta. En su obra, caracterizada por un estilo vanguardista e innovador, sobresalen *Hiperprisma* (1923), *Desiertos* (1954) y *Nocturnal* (1961).

varetazo *s. m.* Golpe de lado que da el toro con el cuerno.

varetón *s. m.* Ciervo joven, cuya cornamenta acaba en una sola punta.

Vargas, averígüelo *loc.* Expresa que alguna cosa es difícil de averiguar.

Vargas, Getúlio (São Borja, Rio Grande do Sul 1883 - Rio de Janeiro 1954) Político brasileño. En 1930 impugnó el resultado de las elecciones presidenciales y tomó el poder. La Asamblea de 1934 le nombró presidente. En 1937 instauró un nuevo régimen, el Estado Novo, que prolongó su mandato seis años y permitió su reelección. Aunque simpatizó inicialmente con el Eje, declaró en 1942 la guerra a Alemania y prestó ayuda a los aliados. Depuesto por un golpe militar en 1945, fue nuevamente elegido en 1950 como candidato laborista. En 1954 se suicidó al verse forzado a abandonar el poder.

Vargas, José María (La Guaira 1786 - Nueva York 1854) Patriota y político venezolano. Se unió al movimiento independentista en 1810. Apoyó la secesión de Venezuela y en 1835 venció en las primeras elecciones para la presidencia de la república. Cuando se produjo la revuelta de Mariño, abandonó el país pero, al ser sofocada aquélla, volvió a Caracas y recuperó el poder. Poco después dimitió (1836).

Vargas, Luis de (Sevilla h. 1505 - ? h. 1567) Pintor español. Se formó en Roma y fue el principal representante de la escuela manierista andaluza. Entre sus obras destacan los retablos del *Nacimiento* (1555) y de la *Generación temporal de Cristo* (1561), ambos en la catedral de Sevilla.

Vargas Llosa, Mario (Arequipa 1936) Escritor peruano. Ejerció la enseñanza de la literatura hispanoamericana en el Reino Unido, EE UU y Puerto Rico y posteriormente se dedicó a la política. En 1990 optó, sin éxito, a la presidencia de Perú. En su obra, de carácter realista, retrata los ambientes sociales y políticos de su país con una técnica narrativa que se caracteriza por la pluralidad de tiempos y lugares, la crítica mezclada con la ironía y el humor. Entre sus novelas principales se encuentran *La ciudad y los perros* (1962), *La casa verde* (1965), *Conversación en La Catedral* (1969), *Pantaleón y las visitadoras* (1973), *La tía Julia y el escribidor* (1977) y *La guerra del fin del mundo* (1981).

Mario Vargas Llosa.

vargueño *s. m.* Bargueño*.

variabilidad *s. f.* Cualidad de variable.

variable *adj.* **1.** Que varía, puede variar o lo hace con facilidad. || *s. f.* **2.** En mat., magnitud que puede tomar distintos valores dentro de un conjunto. **3.** En lóg., símbolo, cuyo significado no está determinado, sino que depende de los valores que adopte. **4.** En estadística, característica que es común a cierto número de individuos, objetos, grupos, hechos, etc., y que tiene distintos grados de magnitud o diferentes categorías. || **5. variable aleatoria** En mat., aquella que toma valores dados por el azar. **6. variable dependiente** Aquella cuyos valores dependen del valor que toma otra u otras variables. **7. variable entera** En mat., aquella que toma valores del conjunto de los números enteros o de un subconjunto de éste. **8. variable independiente** En metodología de la ciencia, variable sometida al control experimental y a la que se atribuyen los cambios observados en la variable dependiente. También, en mat., aquella que toma valores del conjunto inicial de una función o de un subconjunto de éste. **9. variable real** En mat., aquella que toma valores del conjunto de los números reales o de un subconjunto de éste. **FAM.** Variabilidad, variablemente.

variación *s. f.* **1.** Acción y efecto de variar. **2.** En mús., modificación que se realiza sobre un tema original sin alterar su esencia, de forma que en todos los casos sea reconocible. **3.** En mat., las variaciones de *m* elementos tomados *n* a *n* son distintas agrupaciones que se pueden formar tomando *n* elementos distintos de un conjunto con *m* elementos, de manera que dos de estas alineaciones se distinguen, bien por tener algún elemento diferente, o bien por estar colocados en distinto orden. El número de variaciones de *m* elementos de orden *n* es: $Vm,n = m\cdot(m-1)\cdot(m-2)\cdot \ldots \cdot(m-n+1)$; donde hay *n* factores. || **4. variaciones con repetición** En mat., variaciones en cuya alineación puede haber algún elemento repetido hasta *n* veces. El número de variaciones con repetición de *m* elementos, tomados *n* a *n*: $VRm,n = m^n$.

variado, da **1.** *p. p.* de **variar**. También *adj.* || *adj.* **2.** Que tiene características, partes, etc., múltiples, sin perder por ello la unidad. **3.** Se aplica a cada una de las cosas diferentes unas de otras que forman parte de un conjunto.

variancia *s. f.* Varianza.

variante *adj.* **1.** Variable. || *s. f.* **2.** Cada una de las diversas formas en que se presenta algo. **3.** Variación, diferencia. **4.** Desviación provisional o definitiva de un tramo de carretera o camino. **5.** En las quinielas de fútbol, cada uno de los signos que indican el empate (*x*) o el triunfo del equipo visitante (*2*). Se usa más en *pl.* || *s. m. pl.* **6.** Ciertos alimentos que suelen tomarse como aperitivo, p. ej. los encurtidos, anchoas, patatas fritas, etc.

varianza *s. f.* En estadística, medida de dispersión que es igual al cuadrado de la desviación típica. La varianza, para datos no agrupados, tiene un valor de

$$V = \sigma^2 = \frac{(x_1 - \bar{x})^2 + (x_2 - \bar{x})^2 + \ldots + (x_n - \bar{x})^2}{n}$$

siendo x_1, x_2, ..., x_n los datos de la serie estadística, $\bar{x}$ la media aritmética de x_1, x_2, ..., x_n; y *n* el número de datos. Para datos agrupados su valor es

$$V = \sigma^2 = \frac{(x_1 - \bar{x})^2 \cdot n_1 + n_2 \ldots + (x_n - \bar{x})^2 \cdot n_n}{n}$$

siendo n_1, n_2 ... n_n las frecuencias correspondientes.

variar *v. tr.* **1.** Hacer que una cosa sea diferente en algo de lo que era antes. **2.** Dar variedad a algo || *v. intr.* **3.** Cambiar de forma, estado, cualidad, etc. **4.** Ser una cosa diferente de otra. **5.** En marinería, hacer ángulo la aguja magnética con la línea meridiana. ▪ En cuanto al acento se conjuga como *ansiar*: *varío*.

varice o **várice** *s. f.* Variz*.

varicela *s. f.* Enfermedad infecciosa producida por el virus *Varicella zoster*, semejante a la viruela, pero más benigna. Suele atacar a los niños y produce fiebre y erupciones cutáneas.

varicoso, sa *adj.* **1.** Perteneciente o relativo a las varices. **2.** Que tiene varices. También *s.*

variedad *s. f.* **1.** Cualidad de lo que tiene elementos, partes, características, etc., diferentes. **2.** Conjunto de personas, animales o cosas que son diferentes, pero están relacionadas y mantienen cierta unidad. **3.** Tipos, clases de una misma cosa. **4.** Cada uno de los grupos en que se dividen algunas especies de plantas y animales. || *pl.* **5.** Espectáculo teatral de carácter ligero en el que alternan números de diferentes tipos. ▪ En esta acepción, se denomina también *varietés*.

varietés (voz fr.) *s. f. pl.* Espectáculo de variedades*.

Varignon, Pierre (Caen 1654 - París 1722) Matemático francés. Promovió el cálculo infinitesimal y formuló el principio de las velocidades virtuales. En su obra *Nueva mecánica o estática* (1725) enunció la teoría de los momentos y la regla de la composición de las fuerzas concurrentes.

varilarguero *s. m. fam.* Picador de toros.

varilla *s. f.* **1.** Barra o vara delgada. **2.** Cada una de las tiras de madera, marfil, plástico, etc., que forman el armazón de un abanico. **3.** Cada una de las barras delgadas que forman el armazón de un paraguas, una sombrilla, etc. **4.** Tira de plástico u otro material rígido que se pone en corsés, prendas de vestir, bañadores, etc. **5.** *fam.* Cada uno de los dos huesos largos de la mandíbula que se unen en la punta del mentón.

varillaje *s. m.* Conjunto de varillas que forman la estructura de un abanico, un paraguas, etc.

vario, ria *adj. indef.* **1.** Algunos, unos cuantos. También *pron.* ▪ En esta acepción se usa sólo en *pl.* || *adj.* **2.** Variado, diverso. Se usa más en *pl.* || *s. m. pl.* **3.** Conjunto de cosas distintas que se guardan en el mismo sitio o se clasifican en el mismo grupo.

variólico, ca *adj.* Perteneciente o relativo a la viruela.

varioloide *s. f.* Viruela atenuada y benigna. También *adj.*

varioloso, sa *adj.* **1.** Perteneciente o relativo a la viruela. **2.** Que tiene viruelas. También *s.*

variómetro *s. m.* **1.** Manómetro que indica la velocidad vertical media, en ascenso o descenso, de un avión. **2.** En electricidad, dispositivo para medir inductancias propias y mutuas.

variopinto, ta *adj.* Variado, heterogéneo.

varita *s. f.* **1.** *dim.* de **vara**. || **2. varita mágica** La que suelen llevar las personas que hacen juegos de magia, las hadas de los cuentos, etc., y a la que se atribuyen poderes especiales.

variz *s. f.* Vena dilatada de forma anormal, como consecuencia del aumento de la presión sanguínea debido a la existencia de válvulas dañadas. Suelen presentarse en las extremidades. ▪ Se dice también *varice* o *várice*.

Varmus, Harold (Oceanside, Nueva York 1939) Médico estadounidense. Investigó, junto con J. Michael Bishop, en el departamento de microbiología y de inmunología de la escuela de Medicina de la universidad de San Francisco. En 1989 ambos científicos fueron distinguidos con el premio Nobel de medicina por sus investigaciones sobre los oncogenes.

Varna C. de Bulgaria, cap. del distrito homónimo, situada en el E del país, junto al mar Negro. 306.300 h. en 1989. Es el núcleo urbano de una comarca de ricos viñedos. Posee astilleros e importantes industrias mecánicas, eléctricas, textiles, alimentarias y de curtidos. Cuenta con el más activo puerto comercial del país y es además un visitado centro turístico.

varón *s. m.* **1.** Persona del sexo masculino. **2.** En marinería, cada uno de los cabos o cadenas que por un extremo se sujetan a los costados del buque y por el otro a la pala del timón, para gobernar la nave en caso de avería de éste. || **3. santo varón** Hombre muy bondadoso y paciente.

Varona, Enrique José (Puerto Príncipe, actual Camagüey 1849 - La Habana 1933) Escritor y político cubano. Participó en la revolución de 1868, evolucionando desde posiciones liberales a planteamientos separatistas. Sus principios filosóficos y políticos se encuadran en el empirismo y el positivismo de fines del s. XIX. Entre sus títulos destacan *El fracaso colonial de España* (1896-97), *De la colonia a la república* (1919) y su obra poética *Odas anacreónticas* (1868).

varonil *adj.* Que tiene las características que tradicionalmente se atribuyen al sexo masculino, como la fuerza, valentía, etc. **FAM.** Varonilmente.

Varrón, Marco Terencio (Reate, actual Rieti 116 - ? 27 a. C.) Escritor latino. Fue lugarteniente de Pompeyo y director de las bibliotecas públicas con César. Entre sus obras, de los más diversos géneros, figuran *Poemas*, *Sátiras*, la historia sobre la civilización romana *De vita populi Romani*, los libros de agricultura *Rerum rusticarum libri III* y el tratado *De lingua latina*, importante fuente para el conocimiento de la gramática grecolatina.

Varsovia: aspecto de la plaza Zamkowy en la ciudad vieja.

Varsovia (*Warszawa*) C. de Polonia, cap. del país, situada en el E del sector central, a orillas del Vístula. 1.651.200 h. en 1989. Es un centro industrial en el que destaca la producción siderometalúrgica, química, textil, de construcciones aeronáuticas, mecánica, alimentaria y de artes gráficas. Varsovia se incorporó al reino de Polonia en 1526 y se convirtió en capital oficial en 1596. A finales del s. XVIII llegó a ser un gran centro cultural. Tras la insurrección de Kosciuszko (1794) quedó en poder de los prusianos. En la época napoleónica fue capital del Gran Ducado de Varsovia (1807-14). Ocupada por los rusos en 1813 y por los alemanes en la Primera Guerra Mundial, volvió a ser finalmente la capital de Polonia independiente (1918). Sufrió una nueva ocupación alemana durante la Segunda Guerra Mundial y fue liberada por las tropas soviéticas y polacas en 1945. Entre sus monumentos, reconstruidos después de la guerra, destacan la catedral (s. XIV), la iglesia gótica de la Virgen María, el castillo real, de estilo barroco, y el palacio Radziwill.

Varsovia, Gran Ducado de Estado polaco independiente, constituido por Napoleón I en virtud del tratado del Tilsit (1807) y formado por las provincias polacas anexionadas por Prusia, excepto Dánzig y Bialystok. Napoleón le otorgó una Constitución basada en la francesa y un soberano, Federico Augusto I de Sajonia. Conquistado por los rusos (1813), el congreso de Viena (1815) lo constituyó en reino de Polonia, dependiente de Rusia.

Varsovia, Pacto de Véase **Pacto de Varsovia**.

varsoviano, na *adj.* **1.** De Varsovia. También *s.* ‖ *s. f.* **2.** Danza polaca similar a la mazurca y a la polca y música con que se baila.

Varuna Una de las principales divinidades en los *Vedas*. Hijo de la diosa Aditya, personificaba la palabra creadora. Era dios del cielo, identificado con la noche, por oposición a Mitra, dios del día; ambos representaban la justicia.

varva *s. f.* Capa de arcilla que se deposita anualmente en los lagos de fusión de los glaciares. Constituye un sistema de datación de depósitos glaciares recientes.

Vasa Dinastía que reinó en Suecia (1523-1634) y en Polonia (1587-1668). Fue fundada por Gustavo Eriksson, que subió al trono de Suecia en 1523 con el nombre de Gustavo I tras conseguir que su país se independizara de Dinamarca. El último miembro de la dinastía fue la reina Cristina. En Polonia el reinado de los Vasa se inició con el nieto de Gustavo I de Suecia, Segismundo III, que tuvo que renunciar a la corona sueca.

vasallaje *s. m.* **1.** Vínculo de dependencia y fidelidad que una persona tenía respecto de otra y que se constituía mediante ceremonias especiales; particularmente el que se establecía entre el señor feudal y sus vasallos. **2.** Tributo o, en general, servicio que daba el vasallo a su señor. **3.** *desp.* Obediencia servil.

vasallo, lla *adj.* **1.** Sujeto a algún señor feudal con vínculo de vasallaje. También *s.* ‖ *s. m.* y *f.* **2.** Súbdito de un soberano o de cualquier otro gobierno supremo e independiente. **3.** Cualquiera que reconoce a otro como superior y muestra hacia él excesiva obediencia.

vasar *s. m.* Estante que sobresale horizontalmente de la pared y se utiliza para poner vasos, platos, botellas, etc.

Vasarely, Victor (Pécs 1908) Pintor francés de origen húngaro. Máximo representante del *op-art*, estudió las teorías y los métodos de la Bauhaus en Budapest y posteriormente se estableció en París. En 1955 publicó el *Manifiesto amarillo*, en el que expuso sus hallazgos estéticos. Entre sus creaciones destacan las decoraciones arquitectónicas de la universidad de Caracas (1954), la facultad de Montpellier (1968) y la fachada de Radio-Télé-Luxemburg (1972).

Vasari, Giorgio (Arezzo 1511 - Florencia 1574) Historiador del arte, pintor y arquitecto italiano. Realizó una pintura academicista y decadente, que denota la influencia de Miguel Ángel y Rafael. Como arquitecto, reestructuró y finalizó el palacio de los Uffizi. Su labor fundamental fue la recopilación de documentos para su libro *Vida de los más excelentes arquitectos, pintores y escultores italianos* (1542-50).

vasco, ca *adj.* **1.** Del País Vasco. También *s.* ‖ *s. m.* **2.** Lengua hablada por los habitantes del País Vasco, francés y español, y de Navarra. En la actualidad cuenta aproximadamente con medio millón de hablantes. Tiene mayor arraigo en las zonas rurales y es más frecuente en el uso oral que en el escrito. Su origen permanece desconocido; se hablaba en época muy anterior a la romanización de la península Ibérica y es ajena al tronco indoeuropeo. A lo largo de su historia ha sufrido una constante influencia del latín y, posteriormente, del castellano. Es una lengua muy fragmentada dialectalmente, lo que ha llevado a intentar su unificación normativa en el *euskera batua* (vasco unificado).

Vasco, País (*Euskal-Herria*) Comunidad autónoma de España, situada en el N de la Península, a orillas del golfo de Vizcaya.

Extensión: 7.261 km^2.
Límites: al N, con el mar Cantábrico; al E, con Francia y Navarra; al S, con La Rioja, y al O, con Castilla y León y Cantabria.
Población: 2.104.050 h. en 1991.
Densidad: 289,8 h./km^2.
Capital: Vitoria.
Provincias: Vizcaya, Guipúzcoa y Álava.

Geog. física Presenta un relieve accidentado, con numerosas montañas y estrechos valles. Estructuralmente consta de cinco unidades que, de N a S, son: una región costera con diversos montes; una barrera montañosa entre la zona costera y el interior, donde se hallan las mayores altitudes, como Aitzgorri (1.544 m); la Llanada alavesa; las sierras del S de Álava (montes de Vitoria, sierra de Cantabria y de Toloño); y la Rioja alavesa.

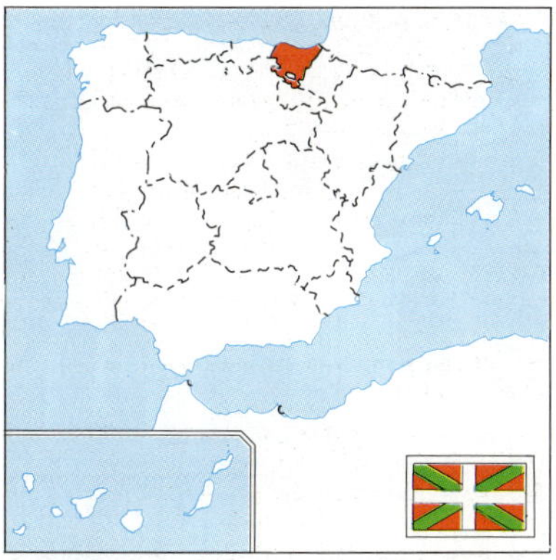

Todas estas montañas pertenecen al sistema de los Montes Vascos. El territorio está regado por los ríos Nervión, con el Cadagna e Ibaizábal, Oca, Deva, Urola, Oria, Urumea, Bidasoa (vertiente cantábrica) y Ebro (vertiente mediterránea). La costa vasca es muy accidentada, con los cabos Higuer y Machichaco y las rías de Pasajes, Orio, Deva, Guernica y Bilbao. Entre sus puertos destacan Fuenterrabía, Pasajes, San Sebastián, Guetaria, Ondárroa, Lequeitio, Bermeo y Bilbao. Tiene clima atlántico en el N y de interior en el S, y vegetación de bosque de hoja caduca, robles, hayas, castaños, pinos, eucaliptus y, más al S, de quejigos, encinas, chopos y matorral.

Geog. humana* y *económica La población aparece muy concentrada en Álava (Vitoria), formando una gran aglomeración urbana en Vizcaya (Gran Bilbao) y dispersa en núcleos medianos o pequeños en Guipúzcoa, con excepción de San Sebastián. Se cultiva maíz, alubias, alfalfa, cebada, trigo, patatas, remolacha, vid y huerta. Existe una importante ganadería bovina, ovina y caprina. En la pesca sobresalen el atún, bonito, caballa, bacalao, pescadilla, merluza, chicharro, anchoa y sardina. Cuenta con yacimientos de hierro, plomo, cinc, espato, sal y gas natural, que favorecieron un temprano desarrollo industrial. Por su importancia económica hay que citar la industria siderometalúrgica, naval, ferroviaria, aeronáutica, de maquinaria, automovilística, química, eléctrica, electrónica, de materiales de construcción, electrodomésticos, bicicletas, armamento, papelera, maderera, textil y alimentaria. Constituye la tercera región industrial española.

Hist. El territorio nunca llegó a ser romanizado ni perteneció al reino visigodo. En la Edad Media se convirtió en el señorío de Vizcaya, integrado en la corona de Castilla. La primera mitad del s. XIV fue el momento de su gran expansión demográfica. Los marineros vascos dominaron económicamente el golfo de Vizcaya, y durante la Edad Moderna se produjo una corriente migratoria hacia Castilla, Andalucía y América. La revolución industrial trajo la prosperidad al país, consolidando a la burguesía y arruinando a la vieja nobleza. La industrialización produjo pro-

País Vasco: policultivo minifundista en el término municipal de Fuenterrabía.

País Vasco: Casa de Juntas del señorío de Vizcaya y árbol de Guernica.

fundos cambios en la sociedad vasca, con el auge del capitalismo y la aparición de un proletariado urbano muy activo políticamente. La pequeña burguesía y las capas medias se integraron en el Partido Nacionalista Vasco (PNV), fundado en 1894 por Sabino Arana, que asumió un programa político que pretendía la independencia. El País Vasco recibió un estatuto de autonomía en 1936, que fue abolido por los franquistas. Después de la guerra civil y con la represión del sentimiento nacionalista, entre otros factores, se provocó la radicalización de ciertos sectores del PNV y el nacimiento de ETA, grupo terrorista que prosiguió sus actividades a pesar del proceso de democratización. Desde 1979 Euskadi posee un estatuto de autonomía, conocido como el *estatuto de Guernica*.

Lit. En el s. XV existe una tradición oral en la que sobresale la poesía de los *bertsolaris*, improvisadores en público. En el s. XVII el principal foco de la cultura vasca estuvo en el País Vasco francés, aunque ya en el s. XVIII se desplazó a España. El *Diccionario trilingüe castellano, vascuence y latín*, de Manuel Larramendi, del s. XVIII, supuso un gran impulso para la literatura vasca. En el s. XIX se produjo un renacimiento literario con el novelista Juan Antonio Moguel y los poetas José María Iparraguirre e Indalecio Biskarrondo. A finales de siglo surgió una gran generación poética y destacó el novelista Txomin Aguirre. La guerra civil española y la prohibición del euskera produjeron una etapa de retroceso; sin embargo, en los años sesenta apareció una nueva generación, representada en poesía por Jon Mirande y Gabriel Aresti y en narrativa por José Luis Álvarez Enparantza. En los últimos años nuevos autores han enriquecido la literatura euskera: Ramón Saizarbitoria, Anjel Lertxundi, Bernardo Atxaga, Jon Mari Irigoien, Joseba Sarriomandia y Joxe Austin Arrieta.

vascófilo, la *s. m.* y *f.* Persona amante de todo lo relacionado con Euskadi, su lengua, su cultura, su historia, etc., y también quien tiene bastantes conocimientos sobre ellas. También *adj.*

Vascofrancés, País (*Pays Basque*) Región geográfica y cultural del SO de Francia, que abarca las antiguas comarcas de Soule, Labourd y Baja Navarra, con capital natural en Bayona.

vascólogo, ga *s. m.* y *f.* Estudioso de la cultura vasca.

vascón, na *adj.* **1.** Se dice de un pueblo prerromano de la península Ibérica que vivió en la actual Navarra y en parte de Guipúzcoa, Huesca y La Rioja. Su lengua era semejante al vasco actual. **2.** De este pueblo. También *s.*

Vasconcelos, Doroteo (s. XIX) Político salvadoreño. Liberal, accedió a la presidencia de la república (1848-51). Partidario de la unión centroamericana, encontró el apoyo de Honduras y Nicaragua, pero fue derrotado por las fuerzas de Guatemala.

Vasconcelos, José (Oaxaca 1882 - México 1959) Político y escritor mexicano. Fue colaborador de Carranza pero, debido a sus discrepancias con él, tuvo que emigrar a EE UU en 1915. A su vuelta fue rector de la Universidad Nacional y fundador de la secretaría de Instrucción Pública, desde donde desempeñó una importante labor. Tras su derrota en las elecciones presidenciales de 1929, intentó un pronunciamiento, que fracasó. Como filósofo abogó por una reacción contra el intelectualismo en favor de una intuición emocional de raíz bergsoniana. Abordó también temas históricos y literarios. Entre sus obras merecen citarse *El monismo estético* (1918), *La raza cósmica* (1925); el drama *Prometeo vencedor* (1916); las narraciones *La sonata mágica* (1933) y *El viento de Bagdad* (1945), y cuatro volúmenes de memorias.

vascongado, da *adj.* **1.** Natural de las provincias de Álava, Guipúzcoa y Vizcaya. También *s.* **2.** Se dice de estas tres provincias. También *s. f. pl.* **3.** Perteneciente o relativo a ellas.

vascuence *adj.* Se dice de la lengua vasca. También *s. m.*

vascular *adj.* **1.** Perteneciente o relativo al aparato circulatorio, en particular a los vasos sanguíneos o al corazón. **2.** Se dice de ciertos tejidos de las plantas, como los que forman los vasos leñosos y liberianos. **3.** Se dice de las plantas que poseen esos tejidos y cuyo cuerpo se divide en raíz, tallo y hojas, como las briofitas, pteridofitas, gimnospermas y angiospermas.

vasculoso, sa *adj.* Se dice de los cuerpos, partes o tejidos de los seres vivos que tienen vasos por los que circulan ciertos líquidos, como la savia, la sangre, etc.

vasectomía *s. f.* Operación quirúrgica que consiste en seccionar un vaso, especialmente los conductos deferentes que comunican los testículos con el conducto eyaculador y cuya finalidad es esterilizar al varón.

vaselina *s. f.* **1.** Sustancia espesa y grasa, con aspecto de cera blanquecina, que se obtiene de la parafina y de aceites densos del petróleo; se usa especialmente como lubricante y en productos de perfumería o farmacia. **2.** *fam.* En algunos deportes como el balonmano, lanzamiento suave y muy calculado por encima del portero. || **LOC. dar** (o **poner**, etc.) **vaselina** Suavizar o moderar algo que se dice o hace para que no produzca excesiva impresión.

vasija *s. f.* Pieza cóncava que sirve para contener líquidos o productos destinados a la alimentación.

vasillo *s. m.* Celdilla de los panales de las abejas.

vaso *s. m.* **1.** Recipiente generalmente de forma más o menos cilíndrica que se utiliza principalmente para beber. **2.** Cantidad de líquido contenida en ese recipiente. **3.** Pieza cóncava que sirve para contener alguna cosa. **4.** P. ext., depósito natural que contiene algún líquido. **5.** Escultura o pieza de cerámica con forma de vasija o jarrón. **6.** En el hombre y los animales, cada uno de los conductos por los que circulan algunos líquidos, como la sangre, la linfa o el quilo. **7.** En los vegetales, conducto por el que circula la savia o el látex. || **8. vaso canope** Vasija que se encuentra en tumbas del antiguo Egipto y que contiene las vísceras del cuerpo en ellas enterrado. **9. vaso criboso** Cualquiera de los que conducen la savia elaborada descendente a lo largo del tallo de los vegetales. **10. vaso de precipitados** En quím., recipiente de forma cilíndrica y con un pico para verter el contenido, que se usa en el laboratorio para formar precipitados. **11. vaso de reencuentro** En quím., recipiente usado en el laboratorio para la circulación de los disolventes; consta de dos matraces encontrados, comunicados entre sí. **12. vaso lacrimatorio** Vasija pequeña que se encuentra en sepulcros antiguos y que se creía destinada a guardar las lágrimas derramadas por los difuntos. **13. vaso leñoso** Cualquiera de los que conducen la savia bruta ascendente a lo largo del tallo de los vegetales. **14. vaso liberiano** Floema*. **15. vaso sanguíneo** Conducto sanguíneo del aparato circulatorio por el que fluye la sangre desde el corazón al resto del organismo. Pueden ser arterias, venas o capilares. || **LOC. ahogarse** alguien **en un vaso de agua** *fam.* Preocuparse y agobiarse por cosas sin importancia.

***Fís.* teoría de los vasos comunicantes** Aquella que define las condiciones de equilibrio de líquidos contenidos en recipientes que se comunican. Cuando dos vasos comunicantes contienen un mismo líquido en equilibrio, éste alcanza la misma altura en ambos, sea cual fuere su volumen. Cuando contienen líquidos diferentes no miscibles, el más denso llena el conducto de comunicación y las alturas respectivas que alcanzan cada uno de los líquidos en cada vaso son inversamente proporcionales a sus densidades respectivas.

vasoconstricción *s. f.* Estrechamiento de las vías circulatorias que se produce automáticamente para aumentar la presión sanguínea y disminuir la pérdida de calor a través de la superficie de los vasos sanguíneos.

vasoconstrictor, ra *adj.* Que produce vasoconstricción. También *s. m.*

vasodilatación *s. f.* Ensanchamiento de las vías circulatorias que se produce automáticamente para disminuir la presión sanguínea y aumentar la pérdida de calor a través de la superficie de los vasos sanguíneos.

vasodilatador, ra *adj.* Que produce vasodilatación. También *s. m.*

vasomotor *adj.* Perteneciente o relativo al control de los movimientos de los vasos sanguíneos: contracción, dilatación, etc.

vasopresina *s. f.* Hormona neuropéptida sintetizada por el hipotálamo que actúa sobre la presión sanguínea y la regulación de la orina.

vástago *s. m.* **1.** Renuevo o rama tierna que brota de un árbol o planta, particularmente los que salen cerca del pie. **2.** Conjunto del tallo y las hojas. **3.** Persona descendiente de otra. **4.** Pieza en forma de varilla o barra que forma parte de otras piezas o mecanismos. **5.** *C. Rica, Col., Ven.* Tallo del plátano.

vastaguera *s. f. Col.* Terreno plantado de plátanos.

Västerås C. de Suecia, cap. de la prov. de Västmanland, situada a orillas del lago Malar, cerca de Estocolmo. 118.400 h. en 1990. Es un importante centro de la industria electromecánica, con producción de motores, generadores y turbinas. Entre sus monumentos sobresalen la catedral gótica (s. XIII) y el castillo (s. XIV).

vasto, ta *adj.* Muy grande o muy extenso. **FAM.** Vastedad.

vataje *s. m.* Cantidad de vatios que actúan en un aparato o sistema eléctrico.

vate *s. m.* **1.** Poeta. **2.** Adivino.

váter *s. m.* Wáter*.

vaticano, na *adj.* **1.** Perteneciente o relativo al estado Ciudad del Vaticano. **2.** Perteneciente o relativo al papa o a la curia pontificia. || *s. m.* **3.** El estado Ciudad del Vaticano. ■ En esta acepción se escribe con mayúscula.

Vaticano, Ciudad del (*Città del Vaticano*)

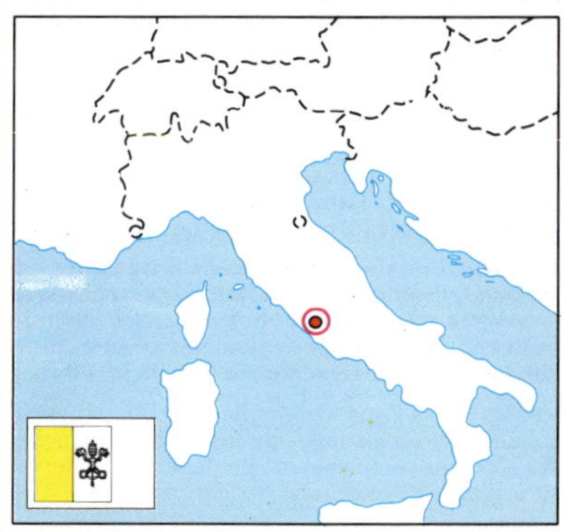

Extensión: 0,44 km^2.
Límites: en el O de Roma, a la derecha del río Tíber.
Población: 1.000 h. en 1990.
Densidad: 2.272,7 h./km^2.
Capital: Vaticano.
Gentilicio: vaticano.
Idioma: italiano.
Religión: catolicismo.
Moneda: lira.

Geog. La ciudad del Vaticano comprende la plaza y la basílica de San Pedro, los palacios, museos y jardines del Vaticano, otras iglesias y palacios que están situados fuera de su territorio, como las basílicas de Santa María la Mayor, San Juan

Ciudad del Vaticano: vista de la plaza y la basílica de San Pedro.

de Letrán y San Pablo Extramuros, el palacio de Letrán, la universidad Gregoriana y el palacio de Castelgandolfo. La ciudad obtiene considerables ingresos económicos de la venta de sellos de correos, monedas de oro y plata y toda clase de recuerdos para los turistas.

Hist. En 1929 los acuerdos de Letrán entre la Santa Sede e Italia confirmaron la creación del estado Ciudad del Vaticano. Durante la Segunda Guerra Mundial el papa Pío XII mantuvo una escrupulosa actitud de neutralidad; en el periodo de la guerra fría, sin embargo, adoptó una actitud hostil hacia todos los países del ámbito socialista. Juan XXIII efectuó cambios en la política del Vaticano, que se plasmaron en el acercamiento al Tercer Mundo y la distensión con los países socialistas. Pablo VI continuó en la misma línea. Tras el brevísimo pontificado de Juan Pablo I, el papa Juan Pablo II ha desarrollado una infatigable actividad viajera, dejando sentir poderosamente su magisterio entre las comunidades católicas del mundo entero. El estado de Ciudad del Vaticano posee una plena soberanía ejercida por el papa, y está gobernado por una comisión papal presidida por el cardenal secretario de Estado, que asimismo ejerce las funciones de ministro de Asuntos Exteriores.

Arte En el s. XV, Nicolás V encargó el proyecto del palacio de la ciudad vaticana a Leone Battista Alberti e hizo construir la capilla del Sacramento, que decoró con frescos Fra Angélico. Bajo Sixto IV se comenzó la capilla Sixtina e Inocencio VIII encargó a Bramante la villa del Belvedere. En el s. XVI, Julio II y León X añadieron nuevas estancias, decoradas por Rafael, alrededor del patio de San Dámaso. Pablo III hizo levantar el Aula Regia y confió a Miguel Ángel los trabajos de la basílica y la decoración de las capillas Sixtina y Paulina. En el siguiente siglo, Bernini realizó el baldaquino de la basílica, la columnata de la plaza de San Pedro (1656-65) y la Scala Regia (1664-66). En el s. XIX, se añadió el Braccio Nuovo o ala nueva. El Vaticano ofrece un conjunto de valiosos museos: el Pío Clementino, consagrado a la estatuaria griega y romana; el Museo Gregoriano, dedicado al arte egipcio y etrusco; el Museo Chiaramonti, con esculturas griegas y renacentistas; la Pinacoteca, con obras de Giotto, Rafael, Leonardo y Caravaggio. La Biblioteca, construida por Domenico Fontana (1588), conserva una importante colección de manuscritos e incunables.

Vaticano I y Vaticano II, Concilios El Concilio Vaticano I, vigésimo ecuménico (1869-1870), fue convocado por Pío IX. Proclamó como dogma la infalibilidad pontificia, en medio de grandes tensiones teológicas y políticas. El Concilio Vaticano II, vigésimo primero ecuménico (1962-65), fue convocado por Juan XXIII para llevar a cabo una renovación (*aggiornamento*) de la Iglesia. Su objetivo no era definir dogmas, sino actualizar el pensamiento católico en relación con el mundo contemporáneo y reformar concepciones y actitudes ancladas en el pasado. Se debatieron aspectos como la libertad religiosa, la revitalización de la liturgia, el acercamiento a las Iglesias cristianas separadas y la interpretación de la *Biblia*. Fue clausurado por el papa Pablo VI.

vaticinar *v. tr.* Anunciar algo que va a suceder. **FAM.** Vaticinador.

vaticinio *s. m.* Acción y efecto de vaticinar; también, lo que se vaticina o las palabras o signos con que se expresa.

vatímetro *s. m.* Aparato para medir la potencia en vatios de una corriente eléctrica.

vatio *s. m.* **1.** Unidad de potencia en el Sistema Internacional, que equivale a la potencia de una máquina que realiza un trabajo de un julio en cada segundo. Se define por la expresión:

$$\text{vatio (W)} = \frac{1 \text{ julio}}{1 \text{ segundo}} \left(\frac{J}{s}\right)$$

Su símbolo es *W*. ‖ **2. vatio hora** Unidad de trabajo o energía que equivale a la energía eléctrica que desarrolla un vatio de potencia en una hora. Su símbolo es *Wh*.

Vättern Lago de Suecia, situado al SO de Estocolmo. 1.900 km^2. Tiene orillas muy recortadas y desagua en el mar Báltico a través del canal Göta.

Vau, Louis de (París 1612 - íd. 1670) Arquitecto francés. Colaboró en la construcción del Louvre, de las Tullerías y del palacio de Versalles.

Vauban, Sébastien Le Prestre, marqués de (Saint-Léger-Vauban, Nivernais 1633 - París 1707) Mariscal e ingeniero militar francés. En 1678 fue nombrado comisario general de fortificaciones. Dirigió la construcción de numerosas fortalezas y efectuó medio centenar de sitios con pleno éxito. Sus sistemas de fortificación tuvieron vigencia durante todo el s. XVIII.

vaudeville (voz fr.) *s. m.* Vodevil*.

Vaughan, Sarah (Newark 1924 - Los Ángeles 1990) Cantante de jazz estadounidense. Estrella destacada del estilo *be-bop*, su carrera fue una serie ininterrumpida de éxitos. Dotada de un amplio registro de voz, actuó junto a intérpretes como Dizzy Gillespie y Charlie Parker.

Vaughan Williams, Ralph (Down Ampney 1872 - Londres 1958) Compositor británico. Fundador de la escuela nacional británica, integró los elementos propios de la tradición musical de su país con las nuevas tendencias vanguardistas. Es autor de seis óperas, de conciertos como *Fantasía sobre un tema de Thomas Tallis* (1910), de sinfonías como *Sinfonía del mar* (1909) y *Sinfonía de Londres* (1914), y de numerosas piezas corales como *Misa en sol menor* (1921) y *Magnificat* (1932).

Vaupés **1.** Río de América del Sur. 1.126 km. Nace en Colombia, al pie de la Mesa de los montes Pardos, toma dirección E, penetra en Brasil y desemboca en el río Negro, al S de Tapira. En su curso forma numerosas cascadas.
2. Departamento de Colombia, situado en el SE del país. 65.268 km^2. 26.200 h. en 1986. La capital es Mitú, con 16.200 h. en 1989. Está emplazado sobre una gran llanura con pequeñas altitudes que oscilan entre los 200 y 500 m, salvo en el O, donde se alzan los cerros Campana y Otare y la sierra de Chiribiquete, entre los 800 y 900 m. Sus principales ríos son el Guaviare-Guayabero, el Inírida, el Vaupés y el Apaporis. La economía se basa en el cultivo de arroz, batata, cacao, maíz y yuca.

Vauquelin, Nicolas Louis (Saint-André-d'Hébertot, Normandía 1763 - íd. 1829) Químico francés. Profesor del Colegio de Francia (1801), de la facultad de medicina (1812) y de otros centros docentes, descubrió el cromo (1797) y analizó la composición química de numerosas sustancias de origen vegetal y animal.

¡vaya! *interj. fam.* Véase **ir**.

Vayreda, Joaquín (Gerona 1843 - Olot 1894) Pintor español. Discípulo de Ramón Martí Alsina, destacó como paisajista con un estilo en el que se aúnan realismo e impresionismo. En 1869 fundó en Olot un círculo artístico que dio origen a la escuela de Olot.

Vaz Ferreira, Carlos (Montevideo 1871 - íd. 1958) Filósofo uruguayo. Profesor y rector de la universidad de Montevideo, fue un gran impulsor del pensamiento filosófico de su país. Su obra se caracteriza por un positivismo extremo. Es autor de *Los problemas de la libertad* (1907) y *Lógica viva* (1920).

Vázquez, Horacio (Ciudad Moca 1860 - en Puerto Rico 1936) Militar y político dominicano. Acaudilló el golpe de Estado que derribó a Jiménez (1902) y ocupó la presidencia hasta 1903. Se retiró de la política en 1916 a raíz de la ocupación estadounidense y en 1924 fue elegido presidente con el consentimiento de los invasores. En 1930 fue derrocado por una sublevación de la guardia nacional.

Vázquez (o **Vásquez**), **Juan** (Badajoz 1500 - Sevilla 1560) Compositor español. Representante del estilo polifónico renacentista hispánico, compuso obras profanas de una gran belleza, entre las que cabe mencionar *Recopilación de sonetos y villancicos* (1550) y *Canciones a tres y a cuatro* (1551). Es autor también de una misa de difuntos.

Vázquez, Juan Bautista (? - ? 1589) Escultor español. Formado en Italia, trabajó en Toledo y Ávila y, a partir de 1557, en Sevilla. Fue el introductor del manierismo escultórico en la escuela sevillana. Realizó retablos para la catedral de Sevilla y otras iglesias sevillanas y las imágenes *Cristo de Burgos* y *Virgen de las fiebres*.

Vázquez, Pepe Luis (Sevilla 1922) Matador de toros español. Recibió la alternativa en Sevilla de manos de Pepe Bienvenida (1940). Ha sido uno de los más clásicos intérpretes de la escuela sevillana. Se retiró en 1953.

Vázquez de Arce, Gregorio (Santa Fe de Bogotá 1638 - íd. 1711) Pintor colombiano. Recibió la influencia de Murillo, que se manifiesta en sus vírgenes, y de Zurbarán, de quien adoptó la técnica del claroscuro. Sus obras principales son de asunto religioso, como la *Inmaculada* (1697), *Coronación de la Virgen* (1697) o la *Virgen con el Niño rodeado de ángeles*, pero también cultivó el tema alegórico, del que es buena muestra *Las cuatro estaciones*.

Vázquez de Coronado, Francisco (Salamanca 1510 - México h. 1554) Explorador español. En 1535 viajó a México con el virrey Mendoza. Siendo gobernador de Nueva Galicia, organizó una expedición a Nuevo México, en la que descubrió el Gran Cañón del río Colorado y su desembocadura, exploró el valle del río Grande y los territorios entre el río Mississippi y las Montañas Rocosas.

Vázquez de Mella, Juan (Cangas de Onís, Asturias 1861 - Madrid 1928) Político español. Defendió su ideario carlista desde los periódicos *Diario de Galicia, El Correo Español* y *El Pensamiento Español*. Diputado en Cortes (1893-1916) y fundador del Partido Tradicionalista, es uno de los principales ideólogos del pensamiento conservador español.

Vázquez de Segovia, Lorenzo (? s. XV - XVI) Arquitecto español. Formado en Italia, introdujo el gusto renacentista en Castilla. Entre sus obras, de estilo plateresco, resaltan la fachada del colegio de Santa Cruz en Valladolid (1491), la del palacio Medinaceli de Cogolludo (h. 1495) y el palacio Mendoza de Guadalajara (h. 1507).

Daniel Vázquez Díaz: El poema del descubrimiento, *frescos del monasterio de Santa María de la Rábida (Huelva, España).*

Vázquez Díaz, Daniel (Nerva, Huelva 1882 - Madrid 1969) Pintor español. Residió en París, donde adoptó elementos del cubismo. Fue fundamentalmente autor de escenas y retratista.

Realizó una pintura realista, sólidamente estructurada y angulosa. Su obra más importante son los frescos sobre el descubrimiento de América en el monasterio de Santa María de la Rábida. Entre sus cuadros cabe citar *La muerte del torero* (1912), *La cuadrilla de Juan Centeno* (1953) y los retratos de Unamuno, Falla, Azorín y Juan Ramón Jiménez.

Vázquez Montalbán, Manuel (Barcelona 1939) Periodista y escritor español. Como poeta pertenece al grupo de los novísimos. Es autor también de narraciones mixtas, entre la novela y el ensayo, y de novelas policiacas. Entre sus escritos sobresalen los libros poéticos *Una educación sentimental* (1967) y *A la sombra de las muchachas sin flor* (1973), y las novelas *Los mares del Sur* (1979), *Asesinato en el comité central* (1981) y *La rosa de Alejandría* (1984).

ve *s. f.* Nombre de la letra *v.*

Veblen, Thornstein Bunde (Walders, Wisconsin 1857 - Menlo Park, California 1929) Economista y sociólogo estadounidense. Fundador de la escuela institucionalista, analizó el comportamiento de los consumidores y su tendencia a escoger el producto más caro entre dos parecidos, que él denominó *consumo opulento.* Entre sus obras cabe destacar *Teoría de la clase ociosa* (1899), *Teoría de la empresa económica* (1904), *Los ingenieros y el sistema de precios* (1921) y *La propiedad absentista y la empresa* (1923).

vecinal *adj.* **1.** Perteneciente o relativo a los vecinos de un municipio o a este último. ‖ **2. camino vecinal** El construido y conservado por un municipio para sus necesidades.

vecindad *s. f.* **1.** Cualidad de vecino. **2.** Conjunto de personas que viven en una misma población, barrio, calle, edificio, etc. **3.** En lenguaje jurídico, vínculo de dependencia con respecto a una localidad, que determina la sumisión al derecho civil común, o al especial o foral de dicha localidad. **4.** Cercanías de un sitio. **5.** Parecido, semejanza.

vecindario *s. m.* Conjunto de los vecinos de una casa, un barrio o una población.

vecino, na *adj.* **1.** Respecto de una persona, aquella otra que vive en su mismo pueblo, barrio, edificio, etc.. También *s.* **2.** Que vive en un determinado pueblo, barrio, casa, etc. También *s.* **3.** Que tiene casa en una población y paga por ello los impuestos o cargas que le corresponden, aunque no viva allí. También *s.* **4.** Cercano, inmediato. **5.** Parecido, semejante.

vector *s. m.* **1.** Representación de ciertas magnitudes, denominadas *magnitudes vectoriales,* que se caracterizan por tener una dirección y un sentido. Gráficamente se representa mediante una flecha o segmento orientado (→). Posee determinados elementos: punto de aplicación, que es el origen del segmento; dirección, que viene dada por la recta que lo contiene; sentido, que viene indicado por la punta de la flecha, y módulo, que es el valor numérico de la magnitud representada por el vector. Si su punto de aplicación es único, se trata de un **vector fijo**, pero si su punto de aplicación puede ser cualquiera sobre una dirección determinada, es un **vector deslizante**. Son magnitudes vectoriales la velocidad, aceleración, fuerza, momento de una fuerza (respecto de un punto o un eje), intensidad de un campo, etc. ‖ **2. vector de posición** Vector que une el origen del sistema de referencia de un movimiento con la posición del móvil en cada instante. **3. vector libre** Conjunto de vectores fijos, todos de igual módulo, dirección y sentido. **4. vector nulo** Elemento neutro de la suma en un espacio vectorial. **5. vector unitario** Vector libre de módulo unidad. **6. vectores equipolentes** Aquellos que tienen igual módulo, dirección y sentido. **FAM.** Vectorial.

veda *s. f.* **1.** Acción y efecto de vedar. **2.** Tiempo durante el cual está prohibido cazar o pescar.

Veda Cada uno de los libros sagrados, escritos en sánscrito, que constituyen la base de las religiones hindúes. Los *Vedas,* según la tradición, fueron revelados oralmente por Brahma y se remontan al segundo milenio a. C. Se han transmitido por vía oral, si bien en algunas ocasiones han sido escritos de memoria.

vedado, da **1.** *p. p.* de **vedar**. También *adj.* ‖ *s. m.* **2.** Campo o lugar acotado o cerrado por algún motivo.

Vedanta (voz sánscrita) Sistema ortodoxo de la filosofía hindú, basado en los *Upanisad.* Existen varias escuelas de Vedanta, que se diferencian en la forma de concebir la relación entre el hombre y lo absoluto (Brahman). Todas ellas mantienen una creencia común en la doctrina de la reencarnación, en que Brahman es la causa del mundo, y en la autoridad de los *Vedas* sobre los medios de liberación.

vedar *v. tr.* Prohibir o impedir algo.

vedegambre *s. m.* Planta tuberosa de la familia liliáceas, especie *Veratrum album.* Mide entre 1 y 1,50 m de altura y tiene flores blancas. Contiene diversos alcaloides y se usa en farmacia como antirreumático y purgante. Crece en el hemisferio norte.

vedeja *s. f.* **1.** Cabellera larga. **2.** Melena del león.

vedette (voz fr.) *s. f.* **1.** Mujer que actúa en revistas musicales, espectáculos de variedades, etc., generalmente en un papel destacado. **2.** Persona que destaca en una actividad, particularmente en el ámbito deportivo.

védico, ca *adj.* Perteneciente o relativo a los *Vedas* y al sánscrito antiguo en que están escritos.

vedija *s. f.* **1.** Mechón de lana. **2.** Pelo enredado de cualquier parte del cuerpo del animal. **3.** Mata de pelo enredado y ensortijado, difícil de peinar y desenredar.

vedismo *s. m.* Conjunto de religiones basadas en los *Vedas,* como el brahmanismo, el budismo y el jainismo.

vedoide *adj.* Se dice de la raza humana australoide con rasgos que se encuentran entre los de la raza blanca y los negroides: baja estatura, piel de color castaño oscuro y cráneo dolicocéfalo. Habitan en el S de la India y en las zonas montañosas de Ceilán. También *s. f.*

veedor, ra *adj.* **1.** Que mira con curiosidad lo que otros hacen. También *s.* ‖ *s. m.* **2.** Antiguo funcionario de la administración pública y de los gremios que desempeñaba tareas de inspección y control.

vega *s. f.* **1.** Terreno bajo, llano y fértil, generalmente atravesado por un río. **2.** *Cuba, P. Rico.* Terreno sembrado de tabaco. **3.** *Chile.* Terreno muy húmedo.

Vega Estrella de la constelación de Lira, la más brillante del hemisferio boreal.

Vega, Ventura de la (Buenos Aires 1807 - Madrid 1865) Comediógrafo español. Fue profesor de Isabel II y director del Teatro Español. Su teatro costumbrista y satírico, en la línea de Moratín, sirvió de base a lo que se llamó *alta comedia.* Entre sus obras merecen mencionarse *El hombre de mundo* (1845), la mejor de sus creaciones, *Don Fernando de Antequera* (1847) y *La muerte de César* (1865).

Vega y Carpio, Félix Lope de (Madrid 1562 - íd. 1635) Escritor español. Llevó una agitada existencia amorosa, se casó dos veces, tuvo varias amantes e hijos ilegítimos; participó en campañas militares, como en la conquista de Azores y la expedición de la Armada Invencible. Con más de cincuenta años se ordenó sacerdote. Escritor fecundísimo, apodado «Monstruo de la naturaleza» y «Fénix de los ingenios», cultivó la mayor parte de los géneros literarios, aunque ha sido el teatro lo que le ha dado fama universal. Estableció los principios fundamentales del teatro nacional. Sus teorías están expuestas en el *Arte nuevo de hacer comedias en este tiempo* (1609) y abogan por la eliminación de las unidades de lugar, tiempo y espacio clásicos, la acomodación de la estrofa al asunto tratado, la mezcla de lo cómico y lo trágico y la búsqueda de los temas en la tradición española. La gran producción de Lope puede clasificarse en poesía lírica: *Soliloquios* y *Romancero espiritual* (1619); poesía amorosa: *Rimas humanas* (1602); poesía narrativa: *La Dragontea* (1598) y *Jerusalem conquistada* (1609); poesía satírica y burlesca: *Rimas humanas y divinas del licenciado Tomé de Burguillos* (1634); poesía pastoril: *La selva sin amor*; poesía didáctica: *El laurel de Apolo* (1630); poesía tradicional y popular, incluida en muchos de sus dramas; obras teatrales de tema religioso: *Creación del mundo y primera culpa del hombre, Lo fingido verdadero* y *La buena guarda*; pastoriles y mitológicas: *El marido más firme, El laberinto de Creta*; legendarias y sobre la historia de España: *El mejor alcalde, el rey, La estrella de Sevilla, El médico de su honra, Peribáñez y el comendador de Ocaña, El caballero de Olmedo, Fuenteovejuna*; costumbristas: *El villano en su rincón, La dama boba, El perro del hortelano*; autos sacramentales: *La siega.* También escribió algunas narraciones, como *La Arcadia* (1598), de tema pastoril, y *La Dorotea* (1632), donde recuerda sus amores con Elena Osorio.

Félix Lope de Vega y Carpio. Retrato de M. Caxés, detalle (Museo Lázaro Galdiano, Madrid).

Vegas, Las C. de EE UU, en el estado de Nevada, situada en el SE del mismo. 210.600 h. en 1988. Es un importante centro turístico al que acuden visitantes de todo el país atraídos por sus numerosos casinos, que la han convertido en la ciudad del juego de EE UU.

vegetación *s. f.* **1.** Conjunto de los vegetales propios de un paraje o región, o existentes en un terreno determinado. **2.** Acción y efecto de vegetar. ‖ *pl.* **3.** Hipertrofia de las amígdalas faríngea y nasal y, sobre todo, de los folículos linfáticos de la parte posterior de las fosas nasales. Se llaman también *vegetaciones adenoideas.*

vegetal *adj.* **1.** Perteneciente o relativo a las plantas o que procede de ellas. **2.** Que vegeta. ‖ *s. m.* **3.** Ser vivo que se desarrolla fijado al suelo, realiza la fotosíntesis y está constituido por células complicadas que se agrupan formando tejidos, órganos, aparatos y sistemas.

vegetar *v. intr.* **1.** Germinar, nutrirse y crecer las plantas. También *v. prnl.* **2.** Vivir maquinalmente una persona con vida meramente orgánica, sin ningún interés intelectual o espiritual. **3.** Llevar voluntariamente una vida tranquila, sin trabajos ni molestias.

vegetarianismo *s. m.* **1.** Régimen alimenticio que consiste en tomar únicamente alimentos de origen vegetal. **2.** Cualidad de vegetariano.

vegetariano, na *adj.* **1.** Se dice de la persona que se alimenta exclusivamente de vegetales o de sustancias de origen vegetal. También *s.* **2.** Perteneciente o relativo a este régimen.

vegetativo, va *adj.* **1.** Se dice de las funciones vitales básicas relacionadas con la nutrición y el desarrollo. **2.** Perteneciente o relativo a estas funciones. ‖ **3. crecimiento vegetativo** Crecimiento* natural. **4. periodo vegetativo** El de plena actividad en los seres vivos que tienen otro periodo de reposo.

veguer *s. m.* **1.** En Andorra, cada uno de los dos delegados de los países protectores. **2.** Magistrado que en Aragón, Cataluña y Mallorca ejercía la misma jurisdicción que el corregidor en Castilla, con pocas diferencias respecto a éste.

veguero, ra *adj.* **1.** Perteneciente o relativo a la vega. ‖ *s. m.* **2.** Cigarro puro hecho rústicamente de una sola hoja de tabaco enrollada. ‖ *s. m.* y *f.* **3.** Persona que trabaja en el cultivo de una vega, en especial para la explotación del tabaco.

vehemencia *s. f.* Cualidad de vehemente.

vehemente *adj.* **1.** Que se manifiesta o se expresa con fuerza, viveza, ímpetu, etc. **2.** Se dice de la persona que actúa de modo irreflexivo y de sus acciones, sentimientos, etc. **FAM.** Vehementemente.

vehículo *s. m.* **1.** Cualquier medio de transporte que permite llevar personas, animales o cosas de un lugar a otro. **2.** Lo que sirve para conducir o transmitir fácilmente una cosa.

Veil, Simone (Niza 1927) Política francesa. Tras ocupar el ministerio de Sanidad (1974-79), fue diputada del Parlamento Europeo (1979) y presidenta del mismo con el apoyo de liberales y conservadores hasta 1982.

veintavo, va *adj.* Veinteavo*.

veinte *adj. num. card.* **1.** Dos veces diez. También *pron.* y *s. m.* || *adj. num. ord.* **2.** Vigésimo. También *pron.* || *s. m.* **3.** Signos que representan este número. || **4. las veinte** En algunos juegos de cartas, jugada que consiste en reunir el rey y el caballo de un palo que no sea el de la pinta, con lo que se obtienen veinte puntos.

veinteavo, va *adj. num. part.* Se dice de cada una de las veinte partes iguales en que se divide algo. También *s. m.*

Veintemilla, Juan Ignacio de (Quito 1830 - Perú 1909) Militar y político ecuatoriano. Protegido por García Moreno, tras un fallido golpe de Estado tuvo que exiliarse (1869-75). Un nuevo golpe le llevó al poder (1876) y posteriormente fue presidente constitucional (1878). Gobernó dictatorialmente hasta que fue derrocado (1883).

veintena *s. f.* Conjunto de veinte unidades.

veinteno, na *adj. num. ord.* **1.** Vigésimo*. || *adj. num. part.* **2.** Veinteavo*.

veinticinco *adj. num. card.* **1.** Veinte y cinco. También *pron.* y *s. m.* || *adj. num. ord.* **2.** Vigesimoquinto. También *pron.* || *s. m.* **3.** Signos que representan este número.

veinticuatro *adj. num. card.* **1.** Veinte y cuatro. También *pron.* y *s. m.* || *adj. num. ord.* **2.** Vigesimocuarto. También *pron.* || *s. m.* **3.** Signos que representan este número.

veintidós *adj. num. card.* **1.** Veinte y dos. También *pron.* y *s. m.* || *adj. num. ord.* **2.** Vigesimosegundo. También *pron.* || *s. m.* **3.** Signos que representan este número.

veintinueve *adj. num. card.* **1.** Veinte y nueve. También *pron.* y *s. m.* || *adj. num. ord.* **2.** Vigesimonoveno. También *pron.* || *s. m.* **3.** Signos que representan este número.

veintiocho *adj. num. card.* **1.** Veinte y ocho. También *pron.* y *s. m.* || *adj. num. ord.* **2.** Vigesimoctavo. También *pron.* || *s. m.* **3.** Signos que representan este número.

veintiséis *adj. num. card.* **1.** Veinte y seis. También *pron.* y *s. m.* || *adj. num. ord.* **2.** Vigesimosexto. También *pron.* || *s. m.* **3.** Signos que representan este número.

veintisiete *adj. num. card.* **1.** Veinte y siete. También *pron.* y *s. m.* || *adj. num. ord.* **2.** Vigesimoséptimo. También *pron.* || *s. m.* **3.** Signos que representan este número.

veintitantos, tas *adj.* Veinte y algunos más, sin precisar. También *pron.*

veintitrés *adj. num. card.* **1.** Veinte y tres. También *pron.* y *s. m.* || *adj. num. ord.* **2.** Vigesimotercero. También *pron.* || *s. m.* **3.** Signos que representan este número.

veintiún *adj. num. card. apóc.* de **veintiuno**. ▪ Se utiliza cuando va antepuesto.

veintiuno, na *adj. num. card.* **1.** Veinte y uno. También *pron.* y *s. m.* ▪ En esta acepción, la forma masculina *veintiuno* se apocopa en *veintiún* cuando es adjetivo. || *adj. num. ord.* **2.** Vigesimoprimero. También *pron.* || *s. m.* **3.** Signos que representan este número. || *s. f.* **4.** Juego de cartas o de dados en el que gana el jugador que hace veintiún puntos o se acerca más a ellos, sin pasar de éstos.

vejación *s. f.* Humillación, ofensa.

vejamen *s. m.* Vejación*.

vejar *v. tr.* Humillar. **FAM.** Vejador.

vejatorio, ria *adj.* Que veja o puede vejar.

vejestorio *s. m. desp.* Persona muy vieja.

vejez *s. f.* **1.** Cualidad de viejo. **2.** Edad en la que se considera vieja a una persona. **3.** Achaques, manías, etc., propios de esa edad. || **LOC. a la vejez, viruelas** Referido a personas de cierta edad, indica que éstas hacen cosas que no son propias de quien tiene sus años; también, se dice cuando algo llega tarde o fuera de momento.

vejiga *s. f.* **1.** Bolsa de paredes musculares formadas por tejido de fibra lisa, que almacena la orina producida por los riñones, la cual llega a aquélla a través de los uréteres y se expulsa al exterior del cuerpo a través de la uretra. Su contracción es voluntaria. **2.** Ampolla que se forma por un abultamiento de la epidermis. **3.** Viruela*, ampolla. **4.** Bolsita con gas o líquido formada en algunas superficies. || **5. vejiga natatoria** Saco lleno de aire, próximo a la faringe de los peces, que les permite regular su flotabilidad a diferentes profundidades. En algunos peces se ha transformado en un pulmón primitivo y tiene funciones respiratorias.

vela[1] (de *velar*[1]) *s. f.* **1.** Cilindro de cera u otra materia grasa, con un cordón en el centro de un extremo a otro, el cual se prende para dar luz. **2.** Acción y efecto de velar, estar sin dormir. **3.** Acción y efecto de velar a un enfermo o a un difunto. **4.** Turno de oración y adoración delante del Santísimo Sacramento. **5.** En tauromaquia, cuerno del toro. || *pl.* **6.** *fam.* Mocos que cuelgan de la nariz. || **LOC. a dos velas** *adv. fam.* Sin dinero o cosa de valor; también, sin enterarse de lo que se dice, se habla, se explica, etc. **como una vela** o **más derecho** (o **tieso**) **que una vela** *adj. fam.* Se usa para referirse a alguien que va muy recto; también se utiliza, principalmente con el verbo *poner*, con el significado de hacer que alguien se comporte debidamente. **no darle** a uno **vela en este entierro** *fam.* No darle permiso a alguien para que se meta en aquello de que se trata. **poner una vela a Dios** (o **a San Miguel**) **y otra al diablo** *fam.* Hacer lo posible para estar a bien con varias personas o situaciones opuestas o contrarias y sacar provecho de ellas.

vela[2] (del lat. *vela*, de *velum*) *s. f.* **1.** Pieza de forma triangular o cuadrangular, que se sujeta a los palos y vergas de una embarcación y recibe la presión y el impulso del viento que mueve la nave. Tradicionalmente estaban hechas de tela, pero en la actualidad se fabrican con materiales plásticos. **2.** Barco de vela. **3.** Deporte marítimo en que compiten varios barcos de vela y que consiste en recorrer un trayecto hasta llegar a una meta fijada. || **4. vela cuadrada** (**redonda** o **de cruz**) La de forma cuadrangular o trapezoidal colocada en la dirección de babor a estribor formando cruz con el palo en su punto medio. **5. vela de abanico** La de paños cortados al sesgo que se reúnen en un vértice por la parte más estrecha. **6. vela de cuchillo** La triangular o cuadrangular que se coloca en la dirección de proa a popa. **7. vela latina** La triangular colocada sobre un palo largo y encorvado, usada en embarcaciones de poco porte. **8. vela Marconi** (o **bermuda**) La de forma triangular que se coloca en un mástil muy elevado y tiene arqueado el lado que cae sobre popa para que se forme una especie de bolsa. **9. vela mayor** Vela principal que va sujeta en el palo mayor. **10. velas mayores** Las tres velas principales de una embarcación: la mayor, el trinquete y la mesana. || **LOC. a toda vela** *adj.* y *adv.* Refiriéndose a la forma de hacer algo, muy bien y muy rápido. **a toda vela** o **a velas desplegadas** (o **tendidas**) *adv.* Navegando la embarcación con gran viento. **alzar velas** Disponerse para navegar. **recoger velas** Retractarse, cambiar de actitud moderando una postura o para rectificar.

Vela Familia castellana establecida en Álava. Su linaje se remonta al s. IX y durante el s. XI ejerció gran influencia en el reino de León. Desplazados de Álava sus miembros por Fernán González (931), lucharon al lado de Almanzor. Fueron admitidos de nuevo en 1013 en Castilla, merced a Sancho García, y en 1016 marcharon a León, desde donde alentaron la política anticastellana de Alfonso V.

Vela, Arqueles (Tapachula 1899 - Ciudad de México 1977) Escritor mexicano. Desde el estridentismo (variante del futurismo) ejerció una importante influencia en la narrativa mexicana, con libros como *El café de nadie* (1926), *La volanda* (1956) y *El picaflor* (1961).

velación *s. f.* En la religión católica, ceremonia que se celebraba en la misa posterior a la boda y en la que se cubría con un velo los hombros del varón y la cabeza de la mujer. Se usa más en *pl.*

velada *s. f.* **1.** Reunión nocturna de varias personas para distraerse de algún modo. **2.** Fiesta musical, literaria, acontecimiento deportivo, etc., que tiene lugar al final de la tarde o por la noche.

velador *s. m.* **1.** Mesita, generalmente redonda, con un solo pie que se ramifica en la base. **2.** *Amér. del S., Can.* Mesilla de noche.

veladora *s. f.* **1.** *Méx., Urug.* Lámpara o luz portátil que se coloca en la mesilla de noche. **2.** *Méx.* Lamparilla o luz débil encendida en una vasija de aceite.

veladura *s. f.* En pintura, capa transparente o traslúcida que se da para suavizar el tono de los colores.

velamen *s. m.* Conjunto de velas de una embarcación.

velar[1] (del lat. *vigilare*) *v. intr.* **1.** Estar sin dormir el tiempo que se destina al sueño. **2.** Con la preposición *por*, cuidar y preocuparse de alguien o algo. **3.** Hacer turnos de adoración delante del Santísimo Sacramento. || *v. tr.* **4.** Cuidar por la noche a un enfermo o acompañar el cadáver de un difunto. **5.** Observar atentamente una cosa. **FAM.** Velación.

velar[2] (del lat. *velare*, de *velum*, velo) *v. tr.* **1.** Tapar u ocultar a medias una cosa intentando disimularla. **2.** En fotografía, borrarse total o parcialmente la imagen en la placa o en la película por efecto de la luz sobre ellas. Se usa más como *v. prnl.* **3.** En pintura, dar veladura. **4.** Celebrar la ceremonia de las velaciones después de la boda. También *v. prnl.* **5.** Cubrir algo con un velo. También *v. prnl.*

velar[3] (de *velo*) *adj.* **1.** Perteneciente o relativo al velo del paladar. **2.** Se dice del sonido cuya articulación se caracteriza por la aproximación o contacto del dorso de la lengua y el velo del paladar, como los de las letras *u*, *k*, *g* y *j*. También *s. f.*

Velarde, Pedro (Muriedes 1779 - Madrid 1808) Militar español. Junto a Daoíz, dirigió el levantamiento contra las tropas napoleónicas que dio principio a la guerra de Independencia. Murió en los combates del 2 de mayo.

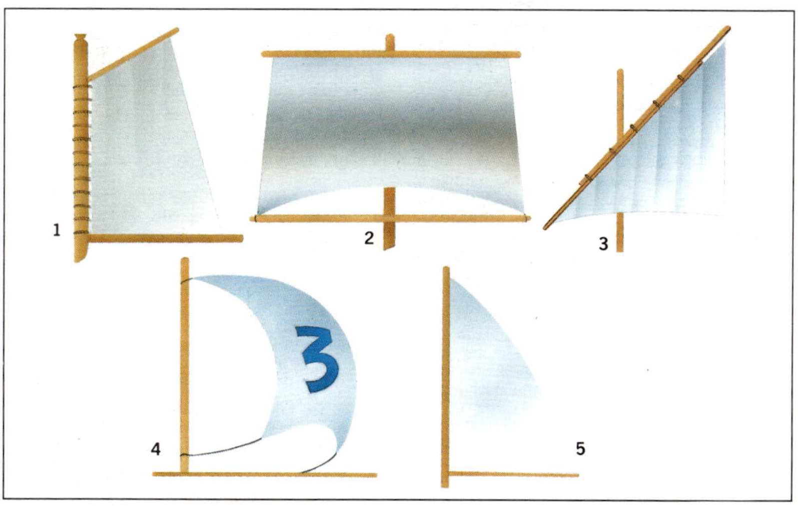

Principales tipos de velas utilizadas en navegación: 1. Vela cangreja. 2. Vela cuadrada. 3. Vela latina. 4. Spinnaker. 5. Vela bermuda.

velarizar *v. tr.* Pronunciar un sonido, una consonante o una vocal no velares con articulación velar. También *v. prnl.* ■ Se conjuga como *cazar.* **FAM.** Velarización.

Velasco Linaje castellano de gran influencia en la política del reino en la Baja Edad Media y Edad Moderna. Sus principales representantes son: **Juan de Velasco**, camarero del rey Enrique III (1390-1406) y tutor del príncipe Juan; **Pedro Fernández de Velasco** (s. XV), hijo del anterior, conde de Haro, encabezó las revueltas nobiliarias durante el reinado de Juan II, que terminaron con la caída de Álvaro de Luna, y recibió la dignidad de condestable de Castilla, que desde entonces perteneció a la familia; **Íñigo de Velasco**, condestable de Castilla en época de Carlos I; **Luis de Velasco** (Carrión de los Condes, Palencia 1511 - Ciudad de México 1564), virrey de Nueva España (1550-64), activó la explotación de las minas de Zacatecas y organizó la expedición de Legazpi y Urdaneta a las Filipinas; **Luis de Velasco, marqués de Salinas** (Carrión de los Condes, Palencia 1539 - Sevilla 1616), hijo del anterior, fue virrey de Nueva España (1590-1595 y 1607-11), del Perú (1596-1604), y presidente del Consejo de Indias (1611).

Velasco, José María (Temascalcingo 1840 - Guadalupe 1910) Pintor mexicano. Fue el gran intérprete del paisaje de México, en cuadros muy personales, como *Los volcanes* (1874), *Valle de México* (1875), *Puente de Metlac* (1881), *Hacienda de Chimalpa* (1893) y las ocho vistas del *Valle de México* (1894-1905).

Velasco, José Miguel (Santa Cruz 1795 - íd. 1859) Político boliviano. Vicepresidente de Bolivia, ocupó la presidencia en ausencia de Santa Cruz (1828-29). Presidente del país, dentro de la Confederación Perú-boliviana (1837), se sublevó contra ésta (1839) y fue nombrado presidente provisional (1839) hasta que cedió el poder a Ballivián (1841). En 1848 obtuvo de nuevo el poder, pero fue depuesto a los pocos meses.

Velasco Alvarado, Juan (Piura 1910 - Lima 1977) Militar y político peruano. Encabezó el golpe de Estado que derribó a Belaúnde Terry (1968) y le llevó a él mismo a la presidencia, apoyado en los sectores nacionalistas del Ejército y en la burguesía. Otro levantamiento militar le derrocó (1975).

Velasco Ibarra, José María (Quito 1893 - íd. 1979) Político ecuatoriano. Presidente de la república en cinco ocasiones (1934-35, 1944-47, 1952-56, 1960-61 y 1968-72), fue derrocado otras tantas por golpes militares. Protagonista de varias reformas constitucionales, mantuvo posiciones conservadoras hasta 1971, en que sus querellas contra EE UU y un acercamiento a Cuba dieron la apariencia de una aproximación a los sectores izquierdistas.

velatorio *s. m.* **1.** Acto en que se vela a un difunto. **2.** Lugar en que se realiza.

Vela-Zanetti, José (Milagros, Burgos 1913) Pintor español. Residió en América (1939-60) y destacó por sus murales, entre los que merecen recordarse los que figuran en los edificios de la ONU, en Nueva York (1951), de la Organización Mundial del Trabajo, en Ginebra (1959), y de la diputación provincial de Burgos (1969).

Velázquez, Diego de (Cuéllar, Segovia 1465 - Santiago de Cuba 1524) Conquistador español. Encargado de la conquista y colonización de Cuba, de la que fue nombrado adelantado, fundó entre otras ciudades Baracoa, Bayamo, Santiago, donde instaló la capital, Trinidad y La Habana (1514). Se enfrentó a Cortés, que desconoció su autoridad en la exploración de Yucatán.

Velázquez, Diego Rodríguez de Silva (Sevilla 1599 - Madrid 1660) Pintor español. Se formó en el taller sevillano de Francisco Pacheco, con cuya hija Juana se casó. A los 18 años ya era un verdadero maestro y sus cuadros se caracterizaban por la pastosidad de la pincelada y los tonos oscuros o terrosos. En 1622 Pacheco le llevó a Madrid y al año siguiente Velázquez logró su ansiado cargo de pintor del joven rey Felipe IV. En 1629 marchó a Italia, donde recibió las enseñanzas de los maestros romanos y venecianos. De esta época son *La fragua de Vulcano* y *La túnica de José* (1630), en los que la pincelada se ha hecho más ligera y abundan los verdes y malvas, que desde entonces ya serán característicos de su paleta. En 1631 volvió a España. Pinta retratos de bufones y personajes de la corte y se le encarga la decoración del salón de reinos, para el que realiza *La rendición de Breda* o *Las lanzas* (1635). Tras un segundo viaje a Italia (1649-51), donde pinta los dos paisajes del *Jardín de la villa Médicis*, la *Venus del espejo* y los retratos del papa Inocencio X y de Juan de Pareja, comienza la etapa culminante de su carrera en la que, junto a innovaciones cromáticas, muestra un perfecto dominio de la profundidad, conseguido al utilizar la relación entre el espacio y la luz; así ocurre en *Las Meninas* (1656) y *Las hilanderas* (1657). Además de las obras citadas, son de destacar *Baltasar Carlos con un enano, Los borrachos*, el *Cristo en la Cruz*, y los retratos de *Felipe IV a caballo* (h. 1636), *Felipe IV* (1640), el *infante Baltasar Carlos* y el *Conde-duque de Olivares*.

Diego Velázquez: Las hilanderas *(Museo del Prado, Madrid).*

veleidad *s. f.* **1.** Cualidad de veleidoso. **2.** Cambio repentino de ánimo, sin ningún fundamento.

veleidoso, sa *adj.* Que cambia repentinamente y sin razón en la forma de manifestarse, en los gustos, ideas, etc.

velero, ra *adj.* **1.** Se aplica a la embarcación con velas. También *s. m.* **2.** Se aplica a la embarcación muy ligera o que navega mucho. ‖ *s. m.* **3.** Avión planeador sin motor y con características que le permiten volar aprovechando las corrientes de aire.

veleta *s. f.* **1.** Pieza de metal, generalmente con forma de flecha, que puede girar sobre un eje colocado verticalmente en un lugar alto y se utiliza para que indique la dirección del viento. **2.** Objeto flotante que se coloca en el hilo de pescar para saber cuándo ha picado un pez. ‖ *s. m.* y *f.* **3.** Persona que cambia frecuentemente de opinión, gustos, etc. También *adj.*

Veleta Pico de España, situado en Sierra Nevada, en la cordillera Penibética. Tiene una altura de 3.392 m, que lo convierte en el tercero más elevado de la península Ibérica.

veleto, ta *adj.* Se dice del toro o la res que tiene los cuernos muy altos.

Vélez, marqueses de los Casa nobiliaria española que se remonta a 1507, fecha en que le fueron otorgados el título y los territorios del marquesado a **Pedro Fajardo**, adelantado mayor de Murcia. Entre sus principales representantes figuran: **Luis Fajardo** (? 1508 - ? 1574), que participó activamente en la represión de las sublevaciones de los moriscos de las Alpujarras; **Pedro Fajardo** (Vélez Blanco, Almería h. 1530 - Murcia 1580), protegido de Antonio Pérez, fue consejero de Estado; **Fernando Fajardo** (Zaragoza ? - Madrid 1693), gobernador de Orán y virrey de Cerdeña y Nápoles.

Vélez de Guevara, Luis (Écija, Sevilla 1579 - Madrid 1644) Escritor español. Como dramaturgo, es considerado discípulo de Lope; en su producción predominan los temas históricos. Merecen citarse sus obras teatrales *La serrana de la Vera* (1603), *Reinar después de morir* (1652) y *La niña de Gómez Arias*, así como la novela *El diablo cojuelo* (1641).

Vélez-Málaga C. de España, en la prov. de Málaga. 52.150 h. en 1991. Es el núcleo urbano de una comarca donde se cultiva caña de azúcar, vid, olivo, remolacha, patatas y hortalizas y se cría ganado vacuno y porcino. Posee industrias alimentarias. Es un importante centro turístico.

velis nolis *loc. lat.* Significa 'quieras o no quieras' y se emplea para indicar que alguien debe hacer algo forzosamente, sea o no de su agrado.

vello *s. m.* **1.** Pelo que sale en algunas partes del cuerpo humano, más corto y fino que el de la cabeza y el de la barba. **2.** Pelusilla que recubre algunas frutas o plantas.

vellocino *s. m.* **1.** Vellón*. **2.** Zalea*, piel. ‖ **3. vellocino** (o **toisón**) **de oro** Piel de oro de un carnero alado y divino enviado por Zeus a Frixo y a su hermana Hele, para evitar que su padre, Atamante, los sacrificara. El carnero transportó por los aires a los hermanos a la Cólquida, a la que Hele no llegó porque cayó al mar, que desde entonces se llamó *Helesponto.* Allí Frixo sacrificó al animal, cuya piel quedó custodiada por un dragón. Las hazañas de Jasón y los argonautas para conquistar el vellocino de oro originaron un ciclo mítico en Grecia.

vellón[1] (del lat. *vellus*) *s. m.* Toda la lana junta de un carnero u oveja después de esquilarlos.

vellón[2] (del fr. *billon*, de *bille*, lingote) *s. m.* **1.** Aleación de plata y cobre con la que antiguamente se hacían monedas. **2.** Moneda de cobre que se usó en lugar de la fabricada con plata.

vellosidad *s. f.* Vello, particularmente si existe en abundancia.

velloso, sa *adj.* Que tiene vello.

velludillo *s. m.* Felpa o terciopelo de algodón, de pelo muy corto.

velludo, da *adj.* **1.** Que tiene mucho vello. ‖ *s. m.* **2.** Felpa o terciopelo.

velo *s. m.* **1.** Cortina o tela transparente que cubre una cosa. **2.** Prenda de tul, gasa u otro tejido transparente con la que en ocasiones se cubren las mujeres la cabeza, el cuello y el rostro. **3.** Pieza de tejido similar sujeta por delante a algunos sombreros de mujer, cubriendo la cara o parte de ella. **4.** Tela o manto con que algunas religiosas se cubren la cabeza y a veces también la parte superior del cuerpo, y que generalmente se pone sobre la toca. **5.** Banda de tela blanca que en la misa de velaciones se ponía al marido por los hombros y a la mujer sobre la cabeza. **6.** Cualquier cosa ligera o flotante que impide que otra se vea. **7.** Aquello con que se intenta ocultar u oscurecer la verdad o el conocimiento de algo. ‖ **8. velo del paladar** Especie de cortina muscular y membranosa que separa la cavidad de la boca de la faringe. **9. velo humeral** (u **ofertorio**) Paño que emplea el sacerdote en algunas ceremonias. ‖ **LOC. correr** (o **echar**) **un tupido velo sobre** una cosa Pretender ocultarla. **tomar** una mujer **el velo** Profesar una monja.

Velo, Carlos (Santiago de Compostela 1905 - Ciudad de México 1989) Director de cine español. Catedrático de biología en Madrid, por sus ideas republicanas tuvo que exiliarse a México en 1939. Entre sus filmes destacan *Torero* (1956), su mejor película, *Pedro Páramo* (1966) y *Secreto eterno* (1969).

velocidad *s. f.* **1.** Rapidez con que se hace algo. **2.** Relación entre el espacio recorrido y el tiempo empleado en recorrerlo. **3.** En un automóvil, motocicleta y otros vehículos y máquinas, cada una de las combinaciones de los engranajes de la caja o dispositivo de cambios. ‖ **4. velocidad angular** En fís., derivada respecto al tiempo del ángulo descrito por el radio vector del móvil. **5. velocidad de reacción** En quím., variación que experimenta en un determinado intervalo de tiempo la cantidad de uno cualquiera de los reactivos o productos implicados en una transformación química. Se mide en moles de sustancia, formada o consumida, por segundo. La velocidad de una reacción depende sobre todo de la concentración de los reactivos y de la temperatura.
Fís. La velocidad de un móvil está determinada por el espacio que recorre dicho móvil en la unidad de tiempo. Atendiendo a la velocidad del móvil, existen dos tipos de movimiento: el *movimiento uniforme*, en el que la velocidad del móvil no varía ni en módulo, ni en dirección, ni en sentido, y *movimiento variado*, en el que la velocidad del móvil cambia en módulo, en dirección o en sentido. Si la trayectoria del móvil es un segmento de recta y su velocidad es constante, el móvil realiza un *movimiento rectilíneo uniforme*. En este tipo de movimiento, la velocidad se calcula mediante la fórmula:

$$v = \frac{e}{t}$$

donde v es la velocidad, e el espacio recorrido y t el tiempo empleado en recorrerlo. La unidad de velocidad en el Sistema Internacional es el metro por segundo (m/s), pero en general se usa más el kilómetro por hora (km/h).

velocímetro *s. m.* Instrumento que indica la velocidad a la que se mueve un vehículo.

velocípedo *s. m.* Vehículo que consiste en una especie de caballete de hierro, con un asiento y dos o tres ruedas, una de ellas de gran tamaño, que se mueven con los pies por medio de unos pedales. Es un precursor de la bicicleta.

velocista *s. m.* y *f.* El que participa en pruebas de velocidad, particularmente en atletismo y ciclismo.

velódromo *s. m.* Pista para la realización de ciertas carreras u otras pruebas en bicicleta.

velomotor *s. m.* Bicicleta que tiene un pequeño motor propulsor.

velón *s. m.* **1.** *aum.* de **velar**. **2.** Lámpara de metal, para aceite común, compuesta de un vaso o depósito, con uno o varios picos por los que pasa la mecha, y de un eje terminado por arriba en un asa y por abajo en un pie, sobre el que ese vaso o depósito puede girar.

velorio[1] (de *velar*[1]) *s. m.* **1.** Reunión con bailes, cantos, etc., que durante la noche se celebra en las casas de los pueblos, generalmente con ocasión de alguna faena agrícola o doméstica. **2.** Velatorio, particularmente aquel en que se vela el cadáver de un niño.

velorio[2] (de *velo*) *s. m.* Ceremonia en la que toma el velo una religiosa.

veloz *adj.* Que se mueve o realiza algo con velocidad. **Fam.** Velozmente.

velvetón *s. m.* Tela de algodón semejante al terciopelo, que se emplea para tapicerías.

vena *s. f.* **1.** Cada uno de los vasos sanguíneos que reúnen la sangre distribuida en los capilares y la conducen al corazón o a otra vena de mayor calibre. **2.** Filón de un mineral. **3.** Nervio* de las hojas. **4.** Faja de tierra o piedra que por su color u otras características se distingue del resto de la masa en que se encuentra. **5.** Conducto natural por donde circula el agua en el interior de la tierra. **6.** Cada una de las listas onduladas o ramificadas que tienen ciertas piedras o maderas. **7.** Estado de ánimo. **8.** Predisposición o cualidades para una actividad. **9.** Afeminamiento, mariconería. ‖ **Loc. acostarse la vena** Cambiarse la inclinación de un filón. **darle** (o **entrarle**) a uno **la vena** *fam.* Entrarle a uno la necesidad o deseo repentino de hacer algo. **estar** uno **en vena** *fam.* Estar inspirado o dispuesto para hacer o poner en práctica algo.
Anat. y ***Fisiol.*** Las venas tienen una estructura similar a la de las arterias. Constan de tres capas: una túnica adventicia, capa externa de tejido conjuntivo laxo; una túnica media, capa interna de fibras musculares, lisas y anulares, y de fibras elásticas, que es más delgada y menos elástica que la de las arterias; y una túnica interna, de tejido endotelial. La circulación venosa se establece a través de un circuito que confluye en la aurícula derecha del corazón, en donde desembocan las venas cavas, superior e inferior. En la vena cava superior confluyen a su vez el tronco braquiocefálico, que recoge la sangre venosa de las venas subclavias y humerales que provienen de los brazos, y la yugular, que proviene de la cabeza. La vena cava inferior recoge la sangre de las venas gástricas, intestinales, esplénicas, porta, mesentéricas, suprahepática, renales, femorales, genitales, ilíaca y safena, que provienen del estómago, intestino, bazo, hígado, riñón y piernas. Desde la aurícula derecha parten las venas pulmonares, que penetran en número de dos en cada pulmón, donde se verifica el proceso de oxigenación y la sangre se transforma en arterial, la cual llega hasta la aurícula izquierda del corazón, donde comienza el proceso de circulación arterial.

venablo *s. m.* Flecha o lanza corta y arrojadiza. ‖ **Loc. echar** alguien **venablos** Decir palabras que muestran enfado, irritación.

venada *s. f.* Ataque de locura.

venado *s. m.* **1.** Ciervo, gamo o animal similar. **2.** Cualquier animal de caza mayor.

venado, da *adj. fam.* Chalado, loco.

venal[1] (de *vena*[1]) *adj.* Perteneciente o relativo a las venas.

venal[2] (del lat. *venalis*, de *venum*, venta) *adj.* **1.** Que se puede vender o está destinado a la venta. **2.** Que se deja sobornar. **Fam.** Venalidad.

venático, ca *adj. fam.* Un poco loco, venado.

venatorio, ria *adj.* Perteneciente o relativo a la montería.

vencedero, ra *adj.* Que está sujeto al vencimiento o cumplimiento de un plazo.

vencejo[1] *s. m.* Lazo o ligadura con que se ata una cosa, especialmente los haces de mies.

vencejo[2] *s. m.* Nombre común de diversas aves de la familia apódidos, género *Apus*. El vencejo común *(Apus apus)* mide unos 16 cm de longitud, tiene el plumaje negro, con la parte inferior de la cabeza blanquecina, alas largas de forma curva y cola ahorquillada. El vencejo real *(Apus melba)* es de mayor tamaño, unos 21 cm, tiene el plumaje pardo claro, con la parte inferior blanca y una banda marrón en el pecho. El vencejo pálido *(Apus pallidus)* mide unos 16 cm y tiene plumaje pardo grisáceo y una gran mancha blanca en la garganta. Son aves migratorias que habitan en Europa, África y Asia, en zonas rocosas, acantilados y edificios.

Distintas especies de vencejos.

vencer *v. tr.* **1.** Ganar, superar a alguien en alguna cosa. **2.** Dominar, prevalecer, imponerse. También *v. prnl.* y *v. intr.* **3.** Ladear, inclinar o deformar una cosa. Se usa más como *v. prnl.* **4.** Subir o superar la altura o las irregularidades de un sitio o camino. ‖ *v. intr.* **5.** Terminar algo, llegar al momento final un plazo señalado. **6.** Hacerse exigible una deuda u otra obligación por haberse cumplido la condición o el plazo necesarios para ello. ■ Se conjuga como *convencer*. **Fam.** Vencedor, vencible.

Venceslao Véase **Wenceslao**.

vencido, da **1.** *p. p.* de **vencer**. También *adj.* ‖ *s. f.* **2.** Vencimiento; se usa sólo en la locución **a la tercera va la vencida**, frase que expresa la confianza en que al tercer intento se logrará lo que se pretende.

vencimiento *s. m.* **1.** Cumplimiento del plazo o llegada del momento en que puede exigirse una deuda, obligación, etc. **2.** Inclinación o deformación de una cosa material. **3.** Victoria, triunfo.

venda *s. f.* **1.** Tira de tela, gasa, etc., que se enrolla alrededor de una parte del cuerpo para protegerla o impedir su movimiento, o para sujetar el medicamento tópico que se aplica sobre una llaga, contusión, etc. **2.** Aquello que impide que una persona se dé cuenta de cómo es realmente algo. Se usa especialmente en locuciones como **tener** alguien **una venda en los ojos**, **quitar** a alguien **una venda de los ojos**, etc.

Venda Bantustán de la República Sudafricana, en el N de Transvaal. 6.677 km^2. 460.000 h. La capital es Thohoyandou. Su economía se basa en los cultivos de té, sisal y algodón, los recursos forestales y la minería.

vendaje *s. m.* **1.** Acción y efecto de vendar. **2.** Venda o conjunto de vendas que se colocan alrededor de un miembro, parte del cuerpo, etc.

vendar *v. tr.* Cubrir un miembro o parte del cuerpo con una venda, generalmente poniéndola alrededor de ellos.

vendaval *s. m.* **1.** Viento fuerte que sopla del sur, con tendencia al oeste. **2.** P. ext., cualquier viento fuerte que no llega a ser temporal.

vendedor, ra *s. m.* y *f.* Persona o entidad que vende o tiene por oficio vender. También *adj.*

vender *v. tr.* **1.** Dar a alguien o poner a su disposición una cosa a cambio del precio convenido. **2.** Ofrecer algo a cambio de un beneficio. **3.** Traicionar a alguien, faltar a su confianza. ‖ *v. prnl.* **4.** Actuar alguien de manera contraria a como debería hacerlo a cambio de algo beneficioso. **Fam.** Vendible.

vendetta (voz ital.) *s. f.* **1.** Venganza por una muerte o una grave ofensa que mantiene la rivalidad entre familias o clanes. Es propia de la isla de Córcega y, en menor grado, de Cerdeña y Sicilia. **2.** P. ext., cualquier venganza.

vendí *s. m.* Certificado que da el vendedor al comprador para acreditar la procedencia y el precio de lo vendido.

vendido, da *p. p.* de **vender**. También *adj.* ‖ **Loc. estar** (**ir**, **venir**, etc.) **vendida** una persona Estar en una situación expuesta al no poder confiar en los recursos que tiene al alcance.

vendimia *s. f.* Recolección de la uva y tiempo en que se hace.

vendimiar *v. tr.* Recoger el fruto de las viñas. También *v. intr.* **Fam.** Vendimiador.

Vendôme, Louis Joseph de Bourbon, gran duque de (París 1654 - Vinaroz 1712) Militar francés. Participó en las campañas de Luxemburgo y Provincias Unidas en la guerra de la Liga de Augsburgo. Durante la guerra de Sucesión española, restableció a Felipe V en Madrid y consiguió que la contienda se inclinara a favor de éste frente al archiduque Carlos. Comandante del ejército de Cataluña, conquistó Girona (1711).

Venecia (*Venezia*) C. de Italia, cap. de la región de Véneto, situada en el NE del país, a orillas del mar Adriático. 317.850 h. en 1991. Está asentada en una laguna sobre un conjunto de pequeñas islas, entre las cuales discurren numerosos canales. Aunque posee algunas industrias alimentarias, de cerámica y vidrio, tabaqueras, de artes gráficas y de maquinaria agrícola, su principal recurso económico lo constituye el turismo. Es asimismo un importante centro portuario, comercial, administrativo y cultural.
Hist. En el s. XI Venecia se convirtió en una potencia marítima, enclave comercial entre los mundos bizantino, musulmán, eslavo y germánico. Al siglo siguiente, con la creación del Gran Consejo, que nombraba al dux, se estableció un

Venecia: la iglesia de Santa Maria della Salute, de estilo barroco, junto al Gran Canal.

gobierno oligárquico. Los venecianos apoyaron y financiaron las cruzadas y llegaron a dominar el imperio latino de Constantinopla. Durante la segunda mitad del s. XIII y todo el XIV continuó el apogeo de Venecia y, al mismo tiempo, la pugna con Génova por el control del comercio con Oriente. La república de Venecia consolidó sus dominios italianos con la conquista de Treviso, Verona, Padua, Vicenza, Ravena, Brescia, Bérgamo y Cremona. La toma de Constantinopla por los turcos marcó el inicio de la decadencia de Venecia, que en los s. XVI y XVII mantuvo una continua lucha con el poder otomano. En el s. XVIII Venecia quedó relegada a un segundo plano, aunque fue una época esplendorosa culturalmente. En 1797 fue conquistada por Napoleón y entregada a Austria; más tarde formó parte del reino de Italia (1805-14) y fue devuelta a Austria por el congreso de Viena. En 1866 se integró en el reino de Italia.

Arte Venecia conserva muchos monumentos artísticos: la basílica de San Marcos (s. XI), de clara influencia bizantina, y la plaza de San Marcos, ampliada en el s. XII; de estilo gótico posee edificios como el palacio ducal (s. XIV-XV) y varios palacios, entre los que destaca la Ca' d'Oro (1440). Del s. XIII datan las iglesias de Santa Maria Gloriosa dei Frari y de los Santos Giovanni y Paolo; de los s. XV-XVI, las de San Zaccaria y San Giorgio Maggiore, y del XVII, Santa Maria della Salute. En el s. XVI se construyeron el palacio Corneron della Ca' Grande (1537), la Libreria Marciana y la Logetta del Campanile, en la plaza de San Marcos, todas ellas obras de Sansovino. Otros palacios importantes son los de Rezzonico y Pesaro (s. XVII) y el de Grassi (s. XVIII). Entre los puentes, el más notable es el de Rialto (h. 1592), en el Gran Canal. Al neoclásico pertenece el Teatro della Fenice (1788-90).

veneciana, escuela Escuela pictórica italiana que alcanza su culminación en el periodo manierista con la obra de Giorgione, Tiziano, Tintoretto y Veronés. Las principales características de estos pintores del s. XVI son la serenidad y la sensualidad equilibrada de sus lienzos, la destreza en la utilización del color y el empleo de la perspectiva en los fondos arquitectónicos de gran riqueza.

veneciano, na *adj.* **1.** De Venecia. También *s.* ‖ *s. m.* **2.** Lengua hablada en la región del Véneto.

venencia *s. f.* Especie de cacillo o vasito cilíndrico con un largo mango que se emplea para sacar muestras de vino o mosto de las cubas.

veneno *s. m.* **1.** Cualquier sustancia que introducida en el cuerpo de un ser vivo o aplicada a él, aunque sea en poca cantidad, le ocasiona la muerte o graves trastornos. **2.** Cualquier cosa que puede causar un daño a la salud. **3.** Cualquier cosa que puede causar un daño moral. **4.** Mala intención con la que alguien hace o dice algo. **5.** Envidia, odio o cualquier otro mal sentimiento.

venenoso, sa *adj.* **1.** Que contiene veneno o puede envenenar. **2.** Malintencionado, hiriente. **FAM.** Venenosidad.

venera *s. f.* **1.** Concha de la vieira, semicircular, de dos valvas, con dos orejuelas laterales y catorce estrías radiales; era la concha que llevaban los peregrinos del camino de Santiago. **2.** En arq., adorno formado por una valva convexa semejante a dicha concha. **3.** Insignia que llevaban en el pecho los caballeros de las órdenes militares.

venerable *adj.* **1.** Digno de veneración y respeto. ▪ Se usa frecuentemente referido a personas que, por su edad, merecen consideración. **2.** Tratamiento que se aplica a los prelados. **3.** Se dice de los fieles católicos que mueren con fama de santidad; es el primer título que concede la Iglesia, antes del de beato. También *s.* ‖ *s. m.* **4.** Presidente de una logia masónica.

venerando, da *adj.* Venerable, digno de veneración.

venerar *v. tr.* **1.** Sentir y mostrar devoción y respeto por alguien o algo. **2.** En especial, dar culto a Dios, los santos o las cosas sagradas. **FAM.** Veneración, venerador.

venéreo, a *adj.* **1.** Se aplica a las enfermedades infecciosas que suelen transmitirse por contacto sexual. **2.** Perteneciente o relativo al placer o al acto sexual.

venereología *s. f.* Parte de la medicina que se ocupa de las enfermedades venéreas. **FAM.** Venereológico, venereólogo.

venéridos *s. m. pl.* Familia de moluscos lamelibranquios a la que pertenecen unas 400 especies comprendidas en los géneros *Venus*, *Circe*, *Macrocallista*, *Dosinia*, etc. Son bivalvos cuyas conchas pueden ser lisas o estriadas y que tienen el pie muy desarrollado y comprimido. Habitan en fondos marinos arenosos y poco profundos. Venéridos son las almejas y las chirlas. También *adj.* y *s. m.*

venero *s. m.* **1.** Manantial de agua. **2.** Yacimiento de mineral. **3.** Aquello que produce o proporciona alguna cosa en abundancia. **4.** Cada raya o línea que marca las horas en un reloj de sol.

véneto, ta *adj.* Veneciano, de Venecia. También *s.*

Véneto (*Veneto*) Región de Italia, situada en el NE del país, junto al mar Adriático. 18.363 km^2. 4.397.800 h. en 1991. La capital es Venecia, con 317.850 h. en 1991. Comprende las provincias de Belluno, Padua, Rovigo, Treviso, Venecia, Verona y Vicenza. A excepción del tercio N, ocupado por los Alpes, está asentada sobre una gran llanura que riegan los ríos Po, Adigio, Brenta, Piave y Livenza. Es una importante región agrícola, rica en cereales, remolacha azucarera, frutales y vid. Posee una abundante cabaña vacuna y porcina, e industria química, petroquímica, mecánica, metalúrgica, papelera, alimentaria, de vidrio y de cerámica. El turismo desempeña un papel económico de primer orden.

Veneziano, Domenico Véase **Domenico Veneziano**.

venezolanismo *s. m.* Palabra, expresión o modo de hablar propios del español hablado en Venezuela.

venezolano, na *adj.* De Venezuela. También *s.*

Venezuela Estado de América del Sur.

Extensión: 912.050 km^2.
Límites: al N, con el mar de las Antillas y el océano Atlántico; al E, con Guyana y Brasil; al S, con Brasil y Colombia, y al O, con Colombia.
Población: 19.735.000 h. en 1990.
Densidad: 21,6 h./km^2.
Capital: Caracas.
División administrativa: 20 estados y 4 entidades federales.
Ciudades principales: Maracaibo, Valencia, Barquisimeto y Maracay.
Gentilicio: venezolano.
Forma de Estado: república federal.
Idioma: español.
Religión: catolicismo, 90,7 %.
Moneda: bolívar.
Tasa de natalidad: 28 ‰ en 1990.
Tasa de mortalidad: 5 ‰ en 1990.
Renta per cápita: 2.450 dólares en 1989.

Geog. física Se distinguen diversas regiones geográficas: en el NO, la depresión del lago Maracaibo, limitada al E y S por la cordillera de Mérida; más al E se encuentra la cuenca del río Orinoco, la región de Los Llanos, que se extiende de O a E por toda la franja central del país y por el S; el sector SE corresponde a la meseta de las Guayanas, cubierta de cumbres achatadas llamadas *tepuis*. Su principal río, el Orinoco, nace en el S del país y lo atraviesa siguiendo la frontera con Colombia; desde la zona central su curso describe una gran curva rodeando la meseta de las Guayanas, hasta desembocar en el océano Atlántico en el NE. Sus afluentes principales son el Caura, Caroní, Vichada, Arauca, Apure y Manapire. El país tiene un clima tropical, sometido al régimen de los alisios, con grandes diferencias de temperatura en función de la altura, y una vegetación xerófila en las regiones secas, herbácea en los llanos, de selva en las proximidades de los sistemas montañosos, de páramo en altura y de manglar en la costa.

Geog. humana y ***económica*** La población pertenece a la raza blanca, mestiza y amerindia, es predominantemente urbana (86 %) y se concentra en el N del país. La economía se basa fundamentalmente en los recursos petrolíferos, con unos 97,6 millones de toneladas extraídas en 1988 (octavo productor mundial). Se cultiva café, cacao, caña de azúcar, maíz, patatas, batatas, mandioca, sésamo (séptimo productor mundial), tomates, judías, ananás, coco y bananas; y se cría ganadería bovina, porcina, caballar y caprina. También merecen mención la pesca, los recursos forestales y la minería del hierro (duodécimo productor mundial), gas natural (octavo), oro y diamantes (noveno). En el sector industrial sobresalen, aparte de las refinerías de petróleo, la producción cementera, alimentaria, textil, tabaquera, química y siderúrgica y el montaje de vehículos.

Venezuela: salto del Ángel, en el río Carrao, afluente del Caroní, de 980 m de altura.

***Hist.* colonización** Venezuela fue descubierta en el tercer viaje de Colón (1498) y sus costas fueron recorridas por varias expediciones: la de Pedro Alonso Niño y Cristóbal Guerra, la de Alonso de Ojeda, acompañado por Juan de la Cosa y Américo Vespucio, y la de Rodrigo de Bastidas. En 1527, Juan de Ampués fundó Santa Ana de Coro, primera capital de Venezuela. En 1567, el capitán Diego de Losada, tras dominar el valle de Caracas, fundó Santiago de León de Caracas, que se convirtió en el centro de la colonización y, en 1578, en capital, al establecerse en ella el gobernador Pimentel. La prosperidad de la colonia se basó en el cultivo del cacao y el café. La parte occidental del territorio estaba integrada en el virreinato del Perú y la oriental dependía de la Audiencia de Santo Domingo. En 1777 se creó la capitanía general de Venezuela y desde 1786 tuvo Audiencia propia.

independencia En 1810, aprovechando la invasión de España por Napoleón, los propietarios criollos depusieron al capitán general Vicente Emparán y nombraron en Caracas una Junta Suprema, oficialmente para defender los derechos de Fernando VII, aunque sus propósitos eran independentistas. El Congreso General de Caracas proclamó la independencia en 1811. Simón Bolívar regresó de su exilio en Cartagena de Indias, declaró la guerra a los realistas, entró en Caracas y fue aclamado como Libertador (1813). Se creó la segunda república, pero hubo enfrentamientos con los españoles, y las victorias de éstos acabaron con la segunda república (1814). Bolívar regresó en 1817 y en 1819 obtuvo la victoria de Boyacá y libertó Bogotá y buena parte de Nueva Granada. Después de la victoria de Carabobo (1821) la resistencia española se rindió definitivamente en 1823.

inestabilidad política En 1830 Venezuela se declaró independiente de la Gran Colombia y el general José Antonio Páez se convirtió en el hombre fuerte del país hasta 1848. Durante 18 años la nación estuvo gobernada por la oligarquía conservadora, representada por Páez, José María Vargas y Carlos Soublette; se promulgó la Constitución de 1830 y se firmó un tratado de paz con España (1845). En las elecciones de 1846 la oligarquía conservadora impuso en la presidencia al general José Tadeo Monagas, que se aproximó a los liberales. Hasta 1858, el poder fue ejercido de forma dictatorial por los hermanos Monagas. Después de una guerra civil entre federalistas y centralistas, el tratado de Coche (1863) puso fin a la contienda con el triunfo federalista y ocupó la presidencia el general Juan Crisóstomo Falcón (1863-68), aunque quien gobernó en realidad fue el líder liberal Antonio Guzmán Blanco. Entre los años 1884 y 1886 rigió el país Joaquín Crespo, pero nuevamente Guzmán, que fue llamado el *Regenerador* de Venezuela, ocupó la presidencia (1886-88).

dictadura y democracia El general Cipriano Castro, tras un golpe militar, alcanzó el poder en 1899. En 1908 el vicepresidente, general Juan Vicente Gómez, se apoderó de la presidencia y estableció una dictadura que duró hasta 1935. Basó la economía del país en el café y en el petróleo. Muerto el dictador, fue elegido presidente el general Eleazar López Contreras (1935-41), que devolvió al país muchas de las libertades democráticas suprimidas por la dictadura y promulgó una nueva Constitución (1936). Le sucedió Isaías Medina Angarita (1941-45), derrocado por un golpe militar que dejó el poder en manos de una junta revolucionaria de gobierno, presidida por Rómulo Betancourt, dirigente de Acción Democrática. En 1948 el gobierno pasó a una junta militar, presidida por Carlos Delgado Chalbaud. Asesinado Delgado, le sucedió Germán Suárez Flamerich (1950-52) y a éste, Marcos Pérez Jiménez (1952-58), que gobernó dictatorialmente. Derrocado en 1958, se hizo cargo del gobierno una nueva junta militar.

época actual Al ser restablecidas las libertades democráticas resultó elegido presidente Rómulo Betancourt (1959-64), a quien sucedieron en la presidencia Raúl Leoni (1964-69), de Acción Democrática; Rafael Caldera (1969-74), socialcristiano del COPEI, que desarrolló una política reformista e incrementó la participación del Estado en los beneficios del petróleo; Carlos Andrés Pérez (1974-79), de Acción Democrática, que completó la nacionalización del petróleo y de la siderurgia; Luis Herrera Campins (1979-84), del COPEI, y Jaime Lusinchi (1984-89), de Acción Democrática. En las elecciones de 1988 resultó elegido nuevamente Carlos Andrés Pérez. En 1992 se produjo un golpe de Estado dirigido por el teniente coronel Hugo Chaves, abortado por fuerzas leales al presidente.

Venezuela: vista de Barquisimeto, ciudad situada en el altiplano que domina el río Turbio.

Arte De la arquitectura colonial quedan muy pocas muestras, en Caracas, la catedral (s. XVIII) y la iglesia y convento de San Francisco (s. XVI) son algunos ejemplos. En el s. XIX se construyó el edificio del Capitolio Nacional. En el s. XX la arquitectura alcanza un gran desarrollo y proliferan los edificios civiles, obras de arquitectos venezolanos y extranjeros. Destacan en Caracas, entre otras construcciones, la ciudad universitaria, de Carlos Raúl Villanueva; el museo de Bellas Artes, de Óscar Niemeyer, y el conjunto urbanístico del centro Simón Bolívar, de Cipriano Domínguez, así como la iglesia de Nuestra Señora de Coromoto, en Maracaibo, obra de José Castillo.

La escultura ofrece escaso interés en la época colonial. Ya en el s. XX adquirieron prestigio escultores venezolanos como Eva Lote, Esteban Toth y Pedro Briceño. Posteriormente destacan los abstractos Francisco Narváez, Víctor Valera y Gego. La pintura colonial tampoco tuvo gran relieve. A principios del XIX, Juan Lovera, fundador de la primera escuela de pintura, realizó cuadros de historia y retratos. Más tarde triunfa un importante grupo de artistas educados en medios académicos europeos: Martín Tovar y Tovar, Arturo Michelena, Antonio Herrera Toro y Cristóbal Rojas. Una nueva generación se impone en el s. XX, la formada por Tito Salas y los impresionistas Manuel Cabré, Federico Brandt y Marcos Castillo. Más adelante crean su obra los vanguardistas Héctor Poleo, Pérez Guevara y Elsa Gramcke. En 1936 se fundó la Escuela de Artes Plásticas y en la misma se formó un grupo de artistas que se inclinaba por la abstracción geométrica. Otros artistas de vanguardia cultivan la abstracción lírica, como Hugo Baptista; el arte cinético, como Jesús Rafael Soto y Carlos Cruz-Díez. La corriente de la nueva figuración está representada, entre otros, por Jacobo Borges y Luis Guevara Moreno.

Lit. La primera gran figura de la literatura venezolana es Andrés Bello, humanista y poeta neoclásico. Conseguida la independencia, hay que citar a una generación de intelectuales de tendencia neoclásica como Fermín Toro, Juan Vicente González y Rafael María Baralt. La estética romántica está representada por los poetas Rafael Agostini, José Antonio Maitín y Abigaíl Lozano. El realismo y el naturalismo europeos se mezclan con el regionalismo en Venezuela, como puede apreciarse en la obra narrativa de José Gil Fortoul, Gonzalo Picón Febres, Manuel Vicente Romero y Miguel Eduardo Pardo. Del movimiento modernista destacan los poetas Manuel Pimentel Coronel, Francisco Lazo Martí y Rufino Blanco Fombona. Rómulo Gallegos, cuya obra se considera como puente entre el impresionismo y el realismo, refleja en sus novelas el proceso cultural, social y político de la tierra venezolana y de sus gentes. En 1936 aparece en torno a la revista *Viernes* un grupo de poetas con tentativas vanguardistas, entre los que sobresalen Ángel Miguel Queremel, Otto D'Sola, Vicente Gerbasi y Pascual Venegas Filardo. En la prosa también se advierte el influjo de las corrientes europeas. Merecen mención Mariano Picón Salas, Miguel Otero Silva, Guillermo Meneses y, especialmente, Arturo Uslar Pietri, que ha logrado un éxito notable con sus novelas históricas y sus libros de narraciones cortas. Se suceden las revistas literarias, algunas de las cuales dejan profunda huella, como *Sardio*, donde colaboran, entre otros, los prosistas Salvador Garmendia y Adriano González León y los poetas Edmundo Aray, Luis García Morales y Guillermo Sucre; o *Tabla Redonda*, en la que escriben los poetas Rafael Cadenas y Jesús Enrique Guedez. Entre los últimos valores figuran los narradores Luis Britto García y R. Izaguirre. En teatro cabe mencionar la obra de César Rengifo y, posteriormente, de Román Chalbaud, Isaac Chocrón y José Ignacio

Venezuela: fachada del Capitolio de Caracas (1872-1875), obra del arquitecto Luciano Urdaneta.

Cabrujas, así como la labor del grupo *Rajatabla*, taller de teatro del Ateneo de Caracas.

Venezuela, golfo de Gran entrante del mar Caribe enmarcado entre las penínsulas de Guajira al O y de Paraguaná al E. Está comunicado por el S con el lago de Maracaibo a través de un canal. La mayor parte pertenece a Venezuela, salvo un sector al NO, correspondiente a Colombia.

venganza *s. f.* Acción y efecto de vengar o vengarse.

vengar *v. tr.* Responder a una ofensa o daño recibido causando otra ofensa o daño al que lo ha realizado. Se usa mucho como *v. prnl.* ▪ Se conjuga como *pagar.* **FAM.** Vengable, vengador.

vengativo, va *adj.* Inclinado a vengarse. También *s.*

veni, vidi, vici *loc. lat.* Significa 'llegué, vi y vencí'; frase atribuida a Julio César al comunicar al Senado su victoria sobre Farnaces, rey del Ponto, en Zela. Se usa para indicar que se ha logrado una victoria o un éxito rápido y eficaz.

venia *s. f.* **1.** Consentimiento o permiso para hacer cierta cosa, concedido por una persona u organismo con autoridad. **2.** Perdón de una ofensa o culpa. **3.** *ant.* Ligera inclinación de cabeza a modo de saludo.

venial *adj.* Que constituye una falta poco grave contra un precepto, una ley, etc.; en particular, se dice del pecado que no es mortal. **FAM.** Venialidad, venialmente.

venida *s. f.* **1.** Acción de venir. **2.** Regreso.

venidero, ra *adj.* Se dice de lo que está por venir o suceder.

venir *v. intr.* **1.** Moverse o caminar de un lugar más alejado al sitio en que está o suele estar el que habla. También *v. prnl.* **2.** Llegar al lugar en que se encuentra el que habla. **3.** Ocurrir o llegar algo, o estar próximo a ocurrir o llegar. **4.** Pasarle o presentársele a alguien cierta cosa. **5.** Tener una persona o cosa su origen o derivar de ella de algún modo. **6.** Pasar una cosa de la posesión o del dominio de una persona a la de otra. **7.** Surgir en alguien cierta idea, sentimiento, sensación, deseo, etc. **8.** Acomodarse, adaptarse o sentar algo a una persona o cosa de la manera que se expresa. **9.** Aparecer, constar o estar mencionado en un lugar, especialmente en un escrito, documento o publicación. **10.** Volver a tratar del asunto, después de alguna digresión o interrupción. **11.** Seguido de la preposición *sobre*, caer. **12.** Con la preposición *ante*, comparecer, presentarse. **13.** Seguido de la preposición *con* y sustantivos como *chismes, monsergas, tonterías* y similares, ir a decírselas a alguien, molestándole. **14.** Con esta misma preposición, llevar incorporado, incluir. **15.** Seguido de la preposición *en* y ciertos sustantivos, empezar a tener lo que éstos expresan. **16.** Con la preposición *a* y en ciertas expresiones, corresponder, ser adecuado, a propósito, conveniente, etc.: *sin venir a cuento.* ‖ *v. aux.* **17.** Seguido de la preposición *a* e infinitivo, expresa diversos valores: aproximación: *Vienen a tener la misma edad*; llegar a realizar o cumplir lo que el infinitivo significa: *Con el tiempo, vino a ser millonario.* **18.** Con la preposición *en* e infinitivos como *decretar, ordenar, disponer*, etc., hacer lo que éstos significan, principalmente en los lenguajes oficial y judicial. **19.** Seguido de gerundio, continuar en la acción o estado que éste indica. **20.** Seguido de participio, aporta un sentido pasivo y equivale a los auxiliares *ser* o *estar*: *Estas heladas vienen motivadas por el viento del norte.* ▪ Es v. irreg. ‖ **LOC. ¡venga!** *interj.* Se usa para animar o meter prisa a alguien; también, muestra rechazo, incredulidad o fastidio. **venir** alguien o algo **a menos** Pasar de una buena posición social o económica a otra inferior. ▪ Se usa sobre todo con el p. p.: *venido a menos.*

Venizelos, Eleutherios (Murnies, cerca de La Canea 1864 - París 1936) Político griego. Tras la expulsión de los turcos de Creta (1889), se convirtió en el hombre fuerte del nuevo gobierno autónomo de la isla. Nombrado primer ministro de Grecia (1910), formó una liga balcánica con Bulgaria, Serbia y Montenegro, que declaró la guerra a Turquía (1912-13). Tuvo que dimitir al comienzo de la Primera Guerra Mundial por sus discrepancias con el rey Constantino. Después de la abdicación de éste, formó un nuevo gobierno (1917-20). Nuevamente presidió en dos ocasiones el gobierno de la recién constituida república (1924 y 1928-33).

Venizelos, Sófocles (La Canea 1894 - en la mar, cerca de Creta 1964) Político griego. Hijo del anterior, fue jefe del gobierno en el exilio (1944) y primer ministro (1950 y 1950-51). Fundó, junto con Papandreu, la Unión del Centro (1961).

Venkataraman, Ramaswamy (Rajamadan 1910) Político indio. Participó en la lucha por la independencia. Secretario del Partido del Congreso, fue ministro, vicepresidente (1984-87) y presidente de la república (1987).

Venn, diagrama de En mat., representación gráfica de un conjunto mediante un plano limitado, interior a una curva cerrada.

Venn, John (Drypool 1834 - Cambridge 1923) Lógico británico. Religioso dedicado a las ciencias morales, abandonó la actividad eclesiástica para trabajar en temas lógicos y metodológicos. Su gran aportación a la lógica de clases fueron los denominados *diagramas de Venn*, representaciones gráficas de proposiciones que permiten comprobar la validez de un silogismo cualquiera.

venosidad *s. f.* Vena que se trasluce en la piel.

venoso, sa *adj.* **1.** Perteneciente o relativo a las venas. **2.** En particular, se aplica a la sangre que discurre por las venas y es pobre en oxígeno y rica en dióxido de carbono. **3.** Que tiene venas.

venta *s. f.* **1.** Acción y efecto de vender. **2.** Cantidad de cosas que se venden. **3.** Posada o mesón en caminos y despoblados.

Venta, La Yacimiento arqueológico olmeca, situado en la costa del estado de Tabasco (México). Se conservan edificios de tierra y adobe y un buen número de colosales cabezas de piedra, fechadas entre el 800 y el 300 a. C. También se encontraron numerosas figuras humanas y de animales talladas en jade.

ventada *s. f.* Ventolera, ráfaga de viento.

Ventadorn, Bernart de (¿Ventadorn?, actual Ventadour h. 1145 - ¿ monasterio de Dalon? 1180) Trovador provenzal. Nada cierto se sabe de su vida. Se conservan de su obra alrededor de cincuenta piezas en el estilo del amor cortés.

ventaja *s. f.* **1.** Hecho de superar una persona o cosa a otra en cualquier aspecto. **2.** Cualidad, condición o circunstancia favorable. **3.** Provecho, utilidad. **4.** Ganancia que un jugador concede de antemano a otro para compensar la superioridad en destreza o cualidades que aquél posee o se atribuye. **5.** En dep., distancia en puntuación o en tiempo que un deportista o equipo acumula por encima de sus adversarios. **6.** En los deportes de equipo, beneficio que se obtiene cuando el contrario comete una falta. **7.** En tenis, punto que desempata el iguales a cuarenta. ‖ **8. jugador de ventaja** El ventajista en el juego. **9. ley de la ventaja** En fútbol, regla por la que el árbitro no castiga una falta al entender que detener el juego en ese momento beneficia más al infractor.

VENIR

GERUNDIO	
viniendo	
INDICATIVO	
Presente	**Pretér. perf. simple**
vengo	*vine*
vienes	*viniste*
viene	*vino*
venimos	*vinimos*
venís	*vinisteis*
vienen	*vinieron*
Futuro imperf.	**Condicional simple**
vendré	*vendría*
vendrás	*vendrías*
vendrá	*vendría*
vendremos	*vendríamos*
vendréis	*vendríais*
vendrán	*vendrían*
SUBJUNTIVO	
Presente	**Pretérito imperf.**
venga	*viniera, -ese*
vengas	*vinieras, -eses*
venga	*viniera, -ese*
vengamos	*viniéramos, -ésemos*
vengáis	*vinierais, -eseis*
vengan	*vinieran, -esen*
Futuro imperfecto	
viniere	*viniéremos*
vinieres	*viniereis*
viniere	*vinieren*
IMPERATIVO	
ven	*venid*

ventajear *v. tr.* **1.** *amer.* Tomar ventaja, aventajar. **2.** *amer. desp.* Sacar ventaja valiéndose de artimañas o abusos.

ventajero, ra *adj. amer.* Ventajista. También *s.*

ventajista *adj.* Que actúa sin escrúpulos o aprovecha cualquier circunstancia para obtener ventaja o provecho. También *s.* **FAM.** Ventajismo.

ventajoso, sa *adj.* Que tiene o proporciona ventaja o beneficio. **FAM.** Ventajosamente.

ventalla *s. f.* **1.** Válvula de una máquina. **2.** En bot., cada una de las dos o más partes de la cáscara o funda de un fruto que, unidas por una o más junturas, encierran las semillas, como en las legumbres.

ventana *s. f.* **1.** Abertura realizada en el muro de una edificación, a cierta altura sobre el nivel del suelo, para proporcionar luz y ventilación al interior. **2.** Marco de madera o metálico, con una o más hojas y generalmente con cristales, para tapar dicha abertura. **3.** Cada uno de los dos orificios de la nariz. **4.** P. ext., cualquier abertura. ‖ **5. ventana oval** Orificio ovalado del oído medio que está situado en la cara interna de la caja del tímpano y que comunica con el vestíbulo del oído. Está en contacto con la base del estribo. **6. ventana redonda** Orificio redondo que está debajo de la ventana oval y comunica con el caracol. ‖ **LOC. arrojar** (**echar** o **tirar**) algo **por la ventana** *fam.* Malgastar o desperdiciar una cosa, especialmente una oportunidad.

ventanaje *s. m.* **1.** Conjunto o distribución de las ventanas de un edificio. **2.** Conjunto de elementos que componen una ventana.

ventanal *s. m.* Ventana grande.

ventanazo *s. m.* Golpe fuerte de una ventana al cerrarse violentamente.

ventanilla *s. f.* **1.** *dim.* de **ventana**. Ventana pequeña de un vehículo, del compartimiento de un tren, etc. **2.** Abertura pequeña en una pared o tabique a través de la cual los empleados atienden al público en bancos, oficinas, despachos de billetes, etc. **3.** Abertura rectangular en algunos sobres para leer la dirección escrita en la misma carta. **4.** Ventana de la nariz.

ventanillo *s. m.* **1.** *dim.* de **ventano**. Ventano hecho en una puerta o ventana. **2.** Ventano o abertura en la puerta exterior de la casa, protegida generalmente por una rejilla, para ver o hablar al que llama sin dejarle pasar. **3.** Trampilla en el suelo de una habitación.

ventano *s. m.* Ventana pequeña.

ventanuco *s. m.* Ventana muy pequeña.

ventarrón *s. m.* Viento muy fuerte.

ventear *v. impers.* **1.** Soplar el viento. También *v. intr.* ‖ *v. tr.* **2.** Olfatear el aire los animales. También *v. intr.*

venteril *adj.* Propio de la venta (posada) o del ventero.

ventero, ra *s. m.* y *f.* Propietario o encargado de una venta o posada.

ventilación *s. f.* **1.** Acción y efecto de ventilar o ventilarse. **2.** Abertura o instalación para ventilar un espacio cerrado. **3.** Corriente de aire que se forma al ventilar un lugar.

ventilador *s. m.* **1.** Aparato que ventila o refrigera impulsando una corriente de aire mediante la rotación de una pieza, generalmente un eje con aspas. **2.** Conducto o abertura que comunica un recinto con el exterior para la ventilación de éste.

ventilar *v. tr.* **1.** Hacer que circule, penetre o se renueve el aire en un lugar o recinto. También *v. prnl.* **2.** Sacar o agitar algo al aire libre para que se le vaya el olor, la humedad, el polvo, etc. También *v. prnl.* **3.** Tratar, resolver o terminar un asunto, negocio, tarea, etc., en especial si se concluye con rapidez. También *v. prnl.* **4.** Dar a conocer públicamente un asunto íntimo o privado. **5.** *fam.* Matar a alguien. También *v. prnl.* **6.** *fam.* Comer o beber totalmente alguna cosa. También *v. prnl.* **7.** *vulg.* Poseer sexualmente. También *v. prnl.*

ventisca *s. f.* **1.** Tempestad de viento o de viento y nieve, que suele ser más frecuente en los puertos y gargantas de montaña. **2.** Ventarrón*.

ventiscar *v. impers.* **1.** Nevar con fuerte viento. **2.** Levantarse nieve del suelo impulsada por la fuerza del viento. ▪ Se conjuga como *sacar.*

ventisco *s. m.* Ventisca*.

ventisquear *v. impers.* Ventiscar*.

ventisquero *s. m.* **1.** Lugar en la montaña muy expuesto a las ventiscas. **2.** Lugar en la montaña donde se acumula y conserva la nieve y el hielo. **3.** Masa de nieve o hielo acumulada en este sitio.

vento *s. m. Arg., Perú, Urug.* Dinero.

ventolera *s. f.* **1.** Ráfaga o golpe fuerte de viento. **2.** *fam.* Idea o decisión inesperada y extravagante.

ventorrillo *s. m.* **1.** Ventorro*. **2.** Bodegón o casa de comidas a la salida de una población.

ventorro *s. m. desp.* de **venta**. Venta o posada pequeña o miserable.

ventosa *s. f.* **1.** Objeto cóncavo de goma que se adhiere a una superficie lisa al ser presionado contra ésta, produciendo un vacío entre la concavidad y la superficie. **2.** Disco de forma parecida que algunos animales poseen en la boca o las extremidades y que les sirve como órgano de succión o de sujeción, como la sanguijuela o el pulpo. **3.** Abertura destinada a dar salida al aire; p. ej., la de las alcantarillas para ventilación. **4.** Instrumento en forma de campana o vaso de vidrio que se aplicaba a la piel para obtener un efecto de succión y producir, p. ej., una abundante sangría.

ventosear *v. intr.* Expulsar del cuerpo los gases intestinales.

ventosidad *s. f.* **1.** Gases intestinales expulsados por el ano. **2.** Acumulación de gases en el intestino o en el estómago.

ventoso, sa *adj.* Se aplica al día, tiempo o lugar en que hace fuerte viento.

ventral *adj.* Perteneciente o relativo al vientre.

ventrecha *s. f.* Vientre de los pescados. ▪ Se dice también *ventresca* o *ventrisca.*

ventresca *s. f.* Ventrecha*.

ventrículo *s. m.* **1.** Cada una de las dos cavidades inferiores del corazón. El ventrículo derecho envía la sangre a la arteria pulmonar y está comunicado con la aurícula derecha a través de la válvula tricúspide; el izquierdo envía la sangre a la arteria aorta y está comunicado con la aurícula izquierda a través de la válvula mitral. **2.** Cavidad del corazón de los peces, moluscos, batracios y de la mayoría de los reptiles, que recibe la sangre procedente de las aurículas. **3.** Cada una de las cuatro cavidades del encéfalo de los vertebrados. **4.** Cada una de las dos cavidades que existen a uno y otro lado de la glotis. **FAM.** Ventricular.

ventrílocuo, cua *adj.* Se dice de la persona que tiene la habilidad de hablar sin mover los labios ni los músculos faciales, de modo que parece que la voz viene de lejos o que es otro el que habla. También *s.*

ventriloquia *s. f.* Técnica o habilidad del ventrílocuo. ▪ Se considera incorrecta la forma *ventriloquía.*

ventrisca *s. f.* Ventrecha*.

ventrudo, da *adj.* Que tiene mucho vientre.

ventura *s. f.* **1.** Dicha, felicidad. **2.** Suerte, fortuna. Se usa mucho con los adjetivos *buena* o *mala.* **3.** Azar, casualidad. ‖ **LOC. a la (buena) ventura** *adv.* Sin un propósito concreto, a lo que la suerte depare. **por ventura** *adv.* Quizá, por casualidad.

Venturi, Giovanni Battista (Bibiano, cerca de Reggio 1746 - Reggio, Emilia 1822) Físico italiano. Profesor de la Escuela de Ingenieros Militares de Módena y de física en la universidad de Pavía, es conocido por sus trabajos de hidráulica y sus investigaciones sobre los sonidos y los colores.

Venturi, Robert (Filadelfia 1925) Arquitecto estadounidense. Está encuadrado en la arquitectura posmoderna, caracterizada por la no funcionalidad y el empleo de elementos vinculados a la cultura de masas. Desde 1967 colabora con su esposa Denise Scott Brown. Entre sus obras destacan la *Guild house* (1964) en Filadelfia y las facultades de Humanidades (1968-73) y de Ciencias Sociales (1970-78) de la universidad de Nueva York.

Venturi, tubo de Instrumento para la medida del caudal de fluidos. Es un tubo que presenta un estrangulamiento en una sección. La diferencia de presión entre la medida en el tubo y la medida en el sector estrangulado equivale al cuadrado del caudal del fluido.

venturina *s. f.* Variedad de cuarzo amarillento con inclusiones de laminillas de mica dorada en su masa.

venturoso, sa *adj.* Que implica o trae ventura. **FAM.** Venturosamente.

vénula *s. f.* Pequeña vena o ramificación venosa.

venus *s. f.* **1.** Representación escultórica de la diosa Venus en forma de desnudo de mujer. **2.** P. ext., nombre que se da a ciertas estatuillas del paleolítico, figuras femeninas con los caracteres sexuales muy acentuados, talladas en piedra, marfil o hueso y que, según se cree, representan la fecundidad; las más importantes son la venus de Willendorf y la de Lespugue. **3.** Mujer muy hermosa.

Venus **1.** En la mitología romana, diosa del amor y la belleza, correspondiente a la Afrodita griega. Se dice que nació de la espuma del mar y que tuvo un hijo, Cupido, el Eros griego.
2. Segundo planeta del Sistema Solar, perteneciente al grupo de los planetas telúricos. Presenta un aspecto blanco y brillante, por lo que también es llamado *lucero del alba.* Tiene fases parecidas a las de la Luna, debido a que visto desde la Tierra sólo está parcialmente iluminado por el Sol. Su distancia media al Sol es de 108,2 millones de km, su periodo de revolución de 224,7 días y su periodo retrógrado de rotación de –243 días. Tiene una órbita inclinada 3,4° respecto al plano de la eclíptica y un diámetro ecuatorial de 12.104 km. Su masa es 0,815 veces la de la Tierra y su volumen 0,88 veces el de ésta. Su atmósfera está compuesta fundamentalmente por dióxido de carbono. Carece de satélites. Su superficie es un desierto con temperaturas próximas a los 425 °C, bañado por lluvias de ácido sulfúrico, y su interior es probablemente similar al de la Tierra.

venusiano, na *adj.* Del planeta Venus.

venusino, na *adj.* De la diosa Venus.

ver[1] (del lat. *videre*) *v. tr.* **1.** Percibir a través de la vista. También *v. intr.* **2.** P. ext., captar o percibir algo con cualquier sentido o con la inteligencia. **3.** Observar, estudiar, examinar. **4.** Comprender, entender. **5.** Conocer algo por experiencia directa o por otros medios. **6.** Asistir a un acontecimiento, espectáculo, etc., y seguir su desarrollo. **7.** Averiguar, comprobar o hacer lo necesario para enterarse de algo. **8.** Juzgar, considerar. También *v. prnl.* **9.** Prever o presentir lo que va a pasar o deducirlo. **10.** Se usa, en futuro o en pasado, para referirse a algo que se ha tratado anteriormente o que se va a tratar en una conferencia, clase, etc. **11.** Visitar o frecuentar a alguien, o encontrarse o citarse con él. ▪ También *v. prnl.* **12.** Imaginar, recrear. ‖ *v. intr.* **13.** Seguido de la preposición *de* y de un infinitivo, tratar de realizar lo que éste significa. ▪ Se usa generalmente en futuro. **14.** En ciertos juegos de cartas, como el póquer, aceptar la apuesta de otro jugador, igualando la cantidad jugada por éste. También *v. tr.* ‖ *v. prnl.* **15.** Encontrarse o imaginarse alguien en determinada situación. ‖ **LOC. a ver** Se usa para expresar expectación o curiosidad; en lenguaje coloquial, se usa para llamar la atención de alguien, para decirle, pedirle u ordenarle algo; se usa también para confirmar algo, equivaliendo a *claro*: *¿Así que te negaste en redondo? ¡A ver...!* **a ver si...** Expresa curiosidad, expectación, temor o interés. **estar** algo **por ver** Estar todavía por demostrar o confirmar. **¡habráse visto!** Exclamación de reproche. **no poder** uno **(ni) ver (ni en pintura)** a alguien o algo *fam.* Odiarlo, detestarlo. **no veas** o **que no veas** Expresión ponderativa con la que se acentúa lo que se dice. **verás** (o **verá usted, veréis**, etc.) Introduce una explicación o el relato de algo. **veremos** Se emplea para no comprometerse a hacer o decidir algo, dejando su resolución para más adelante; también, expresa duda acerca de la realización o el resultado de algo. **vérselas con** alguien *fam.* Enfrentarse o pelear con él. **vérselas y deseárselas** uno *fam.* Costar mucho esfuerzo, dedicación, constancia, etc., hacer o lograr una cosa. ▪ Es v. irreg.

VER

GERUNDIO	PARTICIPIO	
viendo	*visto*	

INDICATIVO

Presente	Pret. imperf.	Pret. perf. simple
veo	*veía*	*vi*
ves	*veías*	*viste*
ve	*veía*	*vio*
vemos	*veíamos*	*vimos*
veis	*veíais*	*visteis*
ven	*veían*	*vieron*

SUBJUNTIVO

Presente	Pretérito imperfecto
vea	*viera, -ese*
veas	*vieras, -eses*
vea	*viera, -ese*
veamos	*viéramos, -ésemos*
veáis	*vierais, -eseis*
vean	*vieran, -esen*

Futuro imperfecto	
viere	*viéremos*
vieres	*viereis*
viere	*vieren*

IMPERATIVO

ve	*ved*

ver[2] (de *ver*[1]) *s. m.* Sentido de la vista. ‖ **LOC. a mi (o tu, su,** etc.**) ver** *adv.* Según la opinión o parecer de la persona correspondiente. **de buen ver** *adj.* y *adv.* Referido a personas, de físico agradable.

vera *s. f.* Orilla, margen. ‖ **LOC. a la vera de** alguien o algo Junto a, a su lado.

vera efigies *loc. lat.* Significa 'verdadera imagen' y se refiere al aspecto de alguien o algo cuando es reflejo de un sentimiento, estado o cualidad.

veracidad *s. f.* Cualidad de veraz.

Veracruz **1.** Estado de México, situado en el E del país, junto al golfo de México. 71.699 km^2. 6.212.150 h. en 1990. La capital es Jalapa Enríquez, con 213.000 h. en 1983. Ocupa una llanura costera accidentada en su sector O por las cordilleras de Sierra Madre oriental al N y Neovolcánica en el centro, con el pico Orizaba (5.747 m). Tiene un clima tropical húmedo y densa vegetación de selva. Se cultiva café, caña de azúcar, arroz, maíz, frutas tropicales, tabaco, cítricos y plantas textiles. Cuenta con importantes recursos ganaderos y pesqueros, grandes yacimientos petrolíferos y de gas natural e industrias de refino de petróleo, petroquímicas, alimentarias, textiles y mecánicas.
2. C. de México, situada en el estado homónimo. 305.500 h. en 1985. Es el centro comercial de los productos agrícolas de la región y, además, posee importantes industrias mecánicas, de construcciones navales, químicas, alimentarias, metalúrgicas, siderúrgicas, textiles y papeleras. Tiene uno de los puertos más activos del país. Es un centro administrativo, financiero y cultural de primer orden. Entre sus principales monumentos figuran el fuerte de San Juan de Ulúa (1582-1712), la iglesia de la Asunción (s. XVIII) y el ayuntamiento. Fue fundada en 1519 por Hernán Cortés con el nombre de *Villa Rica de la Vera Cruz.* Por su puerto pasaba todo el comercio con Cádiz. Durante la revolución, los estadounidenses tomaron la ciudad (1914) con el pretexto de evitar un desembarco de armas alemanas para el ejército de Victoriano Huerta y al año siguiente fue sede del gobierno de Venustiano Carranza.

veracruzano, na *adj.* De Veracruz. También *s.*

Veragua Nombre dado por Cristóbal Colón a la parte occidental del istmo de Panamá, descubierta en su cuarto viaje (1502).

veranear *v. intr.* Pasar el verano o las vacaciones de verano en algún sitio, generalmente diferente del de residencia habitual. **Fam.** Veraneante, veraneo.

veraniego, ga *adj.* Relativo al verano o propio del mismo.

veranillo *s. m.* **1.** *dim.* de **verano**. Tiempo breve durante el otoño en el que suele hacer calor veraniego. **2.** *Amér. C.* Durante la temporada de lluvias, periodo de pocos días en que no llueve.

verano *s. m.* **1.** Estación más calurosa del año, entre el solsticio de verano y el equinoccio de otoño, que en el hemisferio norte dura desde el 21 de junio al 21 de septiembre y en el hemisferio sur desde el 21 de diciembre al 21 de marzo. **2.** En las zonas ecuatoriales, estación calurosa de sequía, que dura unos seis meses. ▪ Se llama también *estío*.

veras, de *loc. adj.* y *adv.* De verdad, realmente, en serio; a veces tiene un valor intensificador equivalente a *mucho* o *muy*; también, con formalidad, eficacia o empeño.

veraz *adj.* **1.** Que dice siempre la verdad o actúa con verdad. **2.** Verdadero o real.

verba *s. f.* Verborrea, locuacidad.

verbal *adj.* **1.** Perteneciente o relativo al verbo. **2.** Se aplica a las palabras o partes de la oración derivadas de un verbo. **3.** Relativo a las palabras o que se vale de ellas. **4.** Que se hace sólo de palabra y no por escrito. **Fam.** Verbalizar.

verbalismo *s. m.* **1.** Tendencia a basar el razonamiento más en las palabras que en los conceptos. **2.** Procedimiento de enseñanza en el que se desarrolla primordialmente la memoria verbal. **Fam.** Verbalista.

verbalmente *adv. m.* **1.** Por medio de palabras. **2.** Oralmente, de palabra y no por escrito.

verbena *s. f.* **1.** Nombre común de diversas plantas herbáceas de la familia verbenáceas, género *Verbena*. La verbena común *(Verbena officinalis)* mide entre 30 y 100 cm de altura, tiene hojas opuestas y flores de color lila rosado en espigas terminales frágiles. Es una planta muy extendida, que crece en América y Europa, junto a los caminos y en campos sin cultivar. Ha sido muy usada en farmacia como febrífuga y por sus cualidades astringentes. **2.** Fiesta popular nocturna, generalmente al aire libre, que se celebra en las vísperas de ciertas festividades.

verbenáceas *s. f. pl.* Familia de plantas herbáceas o leñosas del orden lamiales a la que pertenecen unas 3.000 especies comprendidas en 75 géneros, entre los que destacan *Tectona, Vitex, Citharexylum, Lippia, Verbena*, etc. Tienen hojas generalmente opuestas, flores agrupadas en cimas o racimos y fruto por lo general en drupa, algunas especies en cápsula. Crecen en países tropicales e intertropicales de todo el mundo. Verbenáceas son la verbena, la teca, el agnocasto, etc. También *adj.* y *s. f.*

verbenero, ra *adj.* **1.** Perteneciente o relativo a las verbenas populares. **2.** Aficionado a las verbenas. También *s.* **3.** Juerguista, jaranero. ‖ *s. m.* y *f.* **4.** Persona que trabaja en los puestos de comida o bebida, festejos, espectáculos, etc., de una verbena.

verbi gratia *loc. lat.* Verbigracia*.

verbigracia *adv.* Por ejemplo.

Verbitsky, Bernardo (Buenos Aires 1907 - íd. 1979) Escritor argentino. Formado en el periodismo, en su obra describe con realismo la vida y los personajes de la ciudad de Buenos Aires. Entre sus títulos merecen recordarse *La esquina* (1953), *Calles de tango* (1953) y *Un hombre de papel* (1957).

verbo *s. m.* **1.** Parte de la oración que constituye el núcleo del predicado y, como tal, expresa las acciones realizadas por el sujeto (*cantar, correr*, etc.) o los estados o procesos del mismo (*ser, estar, parecer*, etc.). **2.** En lenguaje culto y literario, modo de expresarse mediante palabras. **3.** En lenguaje culto, palabra. **4.** Según la teología, palabra creadora, que se identifica con Dios y, también, segunda persona de la Santísima Trinidad, el Hijo, encarnada en Jesucristo. ▪ En esta acepción se escribe con mayúscula. ‖ **5. verbo deponente** En la conjugación latina, verbo que se conjuga en voz pasiva, aunque tiene significado de activo.

Ling. El verbo, junto al sustantivo, es la clase de palabra más importante y llena de significado. Por su significación, los verbos se clasifican en: *transitivos, intransitivos, pronominales, copulativos* y *auxiliares*. En cuanto a su morfología, el verbo se compone de *lexema* o raíz y de *morfemas* que aportan diversas significaciones gramaticales: *tiempo* (lo más característico del verbo; véase **tiempo**); *persona* (común al pronombre y al verbo); *número* (en concordancia con el sujeto); *modo* (indicativo, subjuntivo, imperativo); *aspecto* (perfectivo e imperfectivo) y *voz* (activa y pasiva). El conjunto ordenado de los tiempos y formas del verbo se llama *conjugación* y existen tres clases en español: primera (*cantar*), segunda (*temer*) y tercera (*partir*). Según se ajusten o no al modelo de su conjugación correspondiente, los verbos se distinguen en *regulares, irregulares* y *defectivos*. El verbo posee, además, formas no personales: el *infinitivo, gerundio* y *participio*, que no se conjugan y pueden funcionar, respectivamente, como sustantivo, adverbio y adjetivo.

verboicónico, ca *adj.* Audiovisual*.

verborrea *s. f. desp.* Abundancia y fluidez de palabras al hablar.

verbosidad *s. f.* Tendencia a usar muchas palabras o más palabras de las necesarias para expresarse. **Fam.** Verboso.

Vercingetórix (? h. 72 - Roma 46 a. C.) Caudillo galo. Dirigió la insurrección de los galos arvernos contra Roma (52 a. C.) y empleó la táctica de quemar los campos para impedir el aprovisionamiento de los romanos. Derrotado por César en Alesia, fue llevado prisionero a Roma y ejecutado.

verdad *s. f.* **1.** Cualidad de una expresión o concepto que se ajusta a algo que existe en realidad o lo representa tal como es. **2.** Correspondencia o conformidad entre lo que se dice y lo que se siente o piensa. **3.** Realidad, existencia real de algo. **4.** Juicio, afirmación, principio, etc., que no se puede negar o rechazar racionalmente o es aceptado como válido en general o dentro de una comunidad, sistema, pensamiento, etc. **5.** Aquello que se dice con razón o motivo. **6.** Lo que se dice de forma clara y directa, sin ningún miramiento, para corregir o reprender a alguien. Se usa más en *pl.* ▪ A menudo se intensifica con el adjetivo numeral *cuatro*. **7.** En forma interrogativa, se usa para pedir la corroboración de alguien a lo que uno dice. ‖ **Loc. bien es verdad**

PRIMERA CONJUGACIÓN: CANTAR

	INFINITIVO	GERUNDIO	PARTICIPIO PASADO
TIEMPOS SIMPLES	*cantar*	*cantando*	*cantado*
TIEMPOS COMPUESTOS	*haber cantado*	*habiendo cantado*	

INDICATIVO

	Presente	Pretérito imperfecto	Pretérito perfecto	Futuro imperfecto	Condicional
TIEMPOS SIMPLES	*canto* *cantas* *canta* *cantamos* *cantáis* *cantan*	*cantaba* *cantabas* *cantaba* *cantábamos* *cantabais* *cantaban*	*canté* *cantaste* *cantó* *cantamos* *cantasteis* *cantaron*	*cantaré* *cantarás* *cantará* *cantaremos* *cantaréis* *cantarán*	*cantaría* *cantarías* *cantaría* *cantaríamos* *cantaríais* *cantarían*

	Pretérito perfecto	Pretérito pluscuamperfecto	Pretérito anterior	Futuro perfecto	Condicional compuesto
TIEMPOS COMPUESTOS	*he cantado* *has cantado* *ha cantado* *hemos cantado* *habéis cantado* *han cantado*	*había cantado* *habías cantado* *había cantado* *habíamos cantado* *habíais cantado* *habían cantado*	*hube cantado* *hubiste cantado* *hubo cantado* *hubimos cantado* *hubisteis cantado* *hubieron cantado*	*habré cantado* *habrás cantado* *habrá cantado* *habremos cantado* *habréis cantado* *habrán cantado*	*habría cantado* *habrías cantado* *habría cantado* *habríamos cantado* *habríais cantado* *habrían cantado*

SUBJUNTIVO						IMPERATIVO
TIEMPOS SIMPLES			TIEMPOS COMPUESTOS			
Presente	Pretérito imperfecto	Futuro imperfecto	Pretérito perfecto	Pretérito pluscuamperfecto	Futuro perfecto	
cante *cantes* *cante* *cantemos* *cantéis* *canten*	*cantara, -ase* *cantaras, -ases* *cantara, -ase* *cantáramos, -ásemos* *cantarais, -aseis* *cantaran, -asen*	*cantare* *cantares* *cantare* *cantáremos* *cantareis* *cantaren*	*haya cantado* *hayas cantado* *haya cantado* *hayamos cantado* *hayáis cantado* *hayan cantado*	*hubiera, -ese cantado* *hubieras, -eses cantado* *hubiera, -ese cantado* *hubiéramos, -ésemos cantado* *hubierais, -eseis cantado* *hubieran, -esen cantado*	*hubiere cantado* *hubieres cantado* *hubiere cantado* *hubiéremos cantado* *hubiereis cantado* *hubieren cantado*	*canta* *cantad*

que o **verdad es que** *conj.* Expresión de matiz concesivo que sirve para contraponer una cosa a otra, pero sin negarla o considerándola una excepción. **de verdad** *adj.* Auténtico, como debe ser; también, como locución adverbial, de veras, en serio. **en verdad** *adv.* Verdaderamente.

verdaderamente *adv. m.* **1.** De acuerdo con la verdad. **2.** Se emplea para confirmar o reconocer la verdad o realidad de lo que se expresa: *Verdaderamente, la fiesta ha estado bien.* **3.** Aplicado a adjetivos y adverbios, sirve para intensificarlos: *Esto es verdaderamente asqueroso.*

verdadero, ra *adj.* **1.** Que es verdad o contiene verdad. **2.** Real, verídico. **3.** Que es realmente lo que indica el sustantivo al que acompaña. ■ En esta acepción, a menudo tiene un valor intensificador: *Es un verdadero caballero. Una verdadera calamidad.*

SEGUNDA CONJUGACIÓN: TEMER

	INFINITIVO	GERUNDIO	PARTICIPIO PASADO
TIEMPOS SIMPLES	*temer*	*temiendo*	*temido*
TIEMPOS COMPUESTOS	*haber temido*	*habiendo temido*	

INDICATIVO

	Presente	Pretérito imperfecto	Pretérito perfecto	Futuro imperfecto	Condicional
TIEMPOS SIMPLES	*temo* *temes* *teme* *tememos* *teméis* *temen*	*temía* *temías* *temía* *temíamos* *temíais* *temían*	*temí* *temiste* *temió* *temimos* *temisteis* *temieron*	*temeré* *temerás* *temerá* *temeremos* *temeréis* *temerán*	*temería* *temerías* *temería* *temeríamos* *temeríais* *temerían*
	Pretérito perfecto	**Pretérito pluscuamperfecto**	**Pretérito anterior**	**Futuro perfecto**	**Condicional compuesto**
TIEMPOS COMPUESTOS	*he temido* *has temido* *ha temido* *hemos temido* *habéis temido* *han temido*	*había temido* *habías temido* *había temido* *habíamos temido* *habíais temido* *habían temido*	*hube temido* *hubiste temido* *hubo temido* *hubimos temido* *hubisteis temido* *hubieron temido*	*habré temido* *habrás temido* *habrá temido* *habremos temido* *habréis temido* *habrán temido*	*habría temido* *habrías temido* *habría temido* *habríamos temido* *habríais temido* *habrían temido*

SUBJUNTIVO						IMPERATIVO
TIEMPOS SIMPLES			TIEMPOS COMPUESTOS			
Presente	**Pretérito imperfecto**	**Futuro imperfecto**	**Pretérito perfecto**	**Pretérito pluscuamperfecto**	**Futuro perfecto**	
tema	*temiera, -ese*	*temiere*	*haya temido*	*hubiera, -ese temido*	*hubiere temido*	
temas	*temieras, -eses*	*temieres*	*hayas temido*	*hubieras, -eses temido*	*hubieres temido*	*teme*
tema	*temiera, -ese*	*temiere*	*haya temido*	*hubiera, -ese temido*	*hubiere temido*	
temamos	*temiéramos, -ésemos*	*temiéremos*	*hayamos temido*	*hubiéramos, -ésemos temido*	*hubiéremos temido*	
temáis	*temierais, -eseis*	*temiereis*	*hayáis temido*	*hubierais, -eseis temido*	*hubiereis temido*	*temed*
teman	*temieran, -esen*	*temieren*	*hayan temido*	*hubieran, -esen temido*	*hubieren temido*	

TERCERA CONJUGACIÓN: PARTIR

	INFINITIVO	GERUNDIO	PARTICIPIO PASADO
TIEMPOS SIMPLES	*partir*	*partiendo*	*partido*
TIEMPOS COMPUESTOS	*haber partido*	*habiendo partido*	

INDICATIVO

	Presente	Pretérito imperfecto	Pretérito perfecto	Futuro imperfecto	Condicional
TIEMPOS SIMPLES	*parto* *partes* *parte* *partimos* *partís* *parten*	*partía* *partías* *partía* *partíamos* *partíais* *partían*	*partí* *partiste* *partió* *partimos* *partisteis* *partieron*	*partiré* *partirás* *partirá* *partiremos* *partiréis* *partirán*	*partiría* *partirías* *partiría* *partiríamos* *partiríais* *partirían*
	Pretérito perfecto	**Pretérito pluscuamperfecto**	**Pretérito anterior**	**Futuro perfecto**	**Condicional compuesto**
TIEMPOS COMPUESTOS	*he partido* *has partido* *ha partido* *hemos partido* *habéis partido* *han partido*	*había partido* *habías partido* *había partido* *habíamos partido* *habíais partido* *habían partido*	*hube partido* *hubiste partido* *hubo partido* *hubimos partido* *hubisteis partido* *hubieron partido*	*habré partido* *habrás partido* *habrá partido* *habremos partido* *habréis partido* *habrán partido*	*habría partido* *habrías partido* *habría partido* *habríamos partido* *habríais partido* *habrían partido*

SUBJUNTIVO						IMPERATIVO
TIEMPOS SIMPLES			TIEMPOS COMPUESTOS			
Presente	**Pretérito imperfecto**	**Futuro imperfecto**	**Pretérito perfecto**	**Pretérito pluscuamperfecto**	**Futuro perfecto**	
parta	*partiera, -ese*	*partiere*	*haya partido*	*hubiera, -ese partido*	*hubiere partido*	
partas	*partieras, -eses*	*partieres*	*hayas partido*	*hubieras, -eses partido*	*hubieres partido*	*parte*
parta	*partiera, -ese*	*partiere*	*haya partido*	*hubiera, -ese partido*	*hubiere partido*	
partamos	*partiéramos, -ésemos*	*partiéremos*	*hayamos partido*	*hubiéramos, -ésemos partido*	*hubiéremos partido*	
partáis	*partierais, -eseis*	*partiereis*	*hayáis partido*	*hubierais, -eseis partido*	*hubiereis partido*	*partid*
partan	*partieran, -esen*	*partieren*	*hayan partido*	*hubieran, -esen partido*	*hubieren partido*	

Jacint Verdaguer. Retrato de J. Roure (Ateneo de Madrid).

Verdaguer, Jacint (Folgarolas, Barcelona 1845 - Vallvidrera, Barcelona 1902) Poeta español en lengua catalana. Sacerdote desde 1870, su poesía es la culminación de la *renaixença* y alcanza elevadas cotas de espiritualidad. Entre sus obras son de destacar *La Atlántida* (1877), *Montserrat* (1880), *Oda a Barcelona* (1883), *Canigó* (1886) y *Flores del Calvario* (1895).

verdal *adj.* Se dice de la fruta que conserva el color verde incluso después de madurar y, también, del árbol o planta que la produce.

verde *adj.* **1.** Se dice del cuarto color del espectro solar, semejante al de la hierba fresca, y de las cosas que lo tienen. También *s. m.* **2.** Seguido de ciertos sustantivos, se dice del color de las cosas que éstos designan: *verde botella, verde mar.* **3.** Se dice de las plantas y árboles que conservan la savia o la clorofila y todavía no están secos, y de la leña, forraje, etc., que conserva la frescura y humedad natural. **4.** Se aplica a la legumbre que se come fresca, sin dejarla secar, macerarla, o someterla a algún tratamiento similar. **5.** Se dice del fruto, mies, etc., que todavía no está maduro. **6.** P. ext., se dice de la persona inexperta o poco preparada y de las cosas que están en sus comienzos y les falta mucho para completarse o perfeccionarse. **7.** Obsceno. **8.** Con palabras como *espacio, zona,* etc., lugar destinado a parque o jardín, en el que no se puede edificar. **9.** Se aplica a ciertos partidos ecologistas y a sus miembros. También *s.* ‖ *s. m.* **10.** Hierba, césped. **11.** *fam.* Billete de mil pesetas. ‖ **Loc. poner verde** a alguien *fam.* Criticarle o insultarle duramente.

Verde Cabo de África, situado en Senegal; constituye el extremo más occidental del continente africano en el océano Atlántico.

verdear *v. intr.* **1.** Mostrar color verde o tendencia a ese color. **2.** Ir tomando dicho color. **3.** Verdecer*. **Fam.** Verdeante.

verdecer *v. intr.* Empezar a ponerse verdes los campos por las hierbas y plantas que crecen, o los árboles y plantas por las hojas que brotan. ▪ Es v. irreg. Se conjuga como *agradecer.*

verdecillo *s. m.* Ave paseriforme de la familia fringílidos, especie *Serinus serinus.* Mide unos 11 cm de longitud, tiene el cuerpo rechoncho, pico corto y ancho y plumaje listado de color amarillo. Habita en campos de cultivo, bosques claros y jardines de Europa, Asia y N de África.

verdegay *adj.* Se dice del color verde claro y de las cosas que lo tienen. También *s. m.*

verdemar *adj.* Se dice del color verdoso parecido al del mar y de las cosas que lo tienen. También *s. m.* ▪ Se escribe también *verde mar.*

verderón o **verderol** *s. m.* Nombre común de diversas aves paseriformes de la familia fringílidos, género *Carduelis.* El verderón común *(Carduelis chloris)* mide unos 14 cm de longitud, presenta un plumaje verde oliva, con manchas amarillas en las alas y la cola. Emite un canto armonioso con un amplio registro de sonidos. Es migrante parcial y se adapta a vivir en cautividad. Habita en Europa y Asia.

Verdi, Giuseppe (Roncole, Parma 1813 - Milán 1901) Compositor italiano. Fue uno de los grandes renovadores de la ópera del s. XIX. Su música gozó de una enorme popularidad y se convirtió en símbolo del creciente nacionalismo italiano. Gran conocedor tanto de la técnica teatral como de la escritura musical, evolucionó desde modelos ajustados al *bel canto* italiano hasta el melodrama verista. Sus primeras obras maestras son *Rigoletto* (1851), *Il trovatore* (1852) y *La Traviata* (1853). Una vez consagrado, enriqueció la orquestación, el carácter de sus personajes y las tramas argumentales en óperas como *La fuerza del destino* (1862), *Don Carlos* (1866) y *Aida* (1870). Entre sus últimas producciones sobresalen *Otello* (1887) y *Falstaff* (1893). La *Misa de Réquiem* (1874) representa la culminación de su música religiosa.

Giuseppe Verdi. Copia de un retrato de G. Boldini.

verdial *adj.* **1.** Se aplica a una variedad de aceituna que conserva el color verde después de madurar. También *s. f.* ‖ *s. m. pl.* **2.** Cierto fandango bailable propio de Málaga.

verdín *s. m.* **1.** Capa verde que se forma en lugares húmedos o en la superficie del agua, normalmente estancada, y que está compuesta por pequeñas algas u otras plantas criptógamas. **2.** Capa verde de la corteza de algunos frutos, como el limón y la naranja, cuando se pudren. **3.** Mancha que deja el frotamiento con una planta verde. **4.** Primer color verde que tienen las hierbas o plantas que no han llegado a su sazón, o las mismas hierbas o plantas en esta situación. **5.** Cardenillo del cobre.

verdinegro, gra *adj.* Se dice del color verde muy oscuro, casi negro, y de las cosas que lo tienen. También *s. m.*

verdolaga *s. f.* Planta herbácea de la familia portulacáceas, especie *Portulaca oleracea.* Tiene hojas carnosas comestibles y tallos rastreros o ascendentes, flores amarillas y, a veces, rojas y fruto en cápsula con múltiples semillas negras.

verdor *s. m.* **1.** Color verde, especialmente si es intenso. **2.** Lozanía y vigor de las plantas, manifestados en su color verde.

verdoso, sa *adj.* Que tira a verde.

verdugada *s. f.* Hilada de ladrillos en una obra o construcción de otro material.

verdugo *s. m.* **1.** Funcionario o empleado judicial que ejecuta las penas de muerte y, antiguamente, los azotes y otros castigos corporales. **2.** Persona muy cruel que maltrata o tortura a otros. **3.** Cosa que atormenta o molesta mucho. **4.** Gorro de punto, a modo de capucha, que cubre cabeza y cuello, dejando descubiertos los ojos, la nariz y la boca. **5.** Vástago del árbol. **6.** Estoque muy delgado. **7.** Verdugada*. **8.** Moldura convexa de perfil semicircular.

verdugón *s. m.* **1.** Roncha o señal hinchada y enrojecida que deja en la carne el azote de un látigo o instrumento parecido. **2.** Renuevo del árbol.

verduguillo *s. m.* **1.** Estoque delgado, especialmente el que se emplea en tauromaquia para el descabello. **2.** Mancha o roncha que se forma a veces en las hojas de las plantas.

verdulería *s. f.* **1.** Tienda o puesto en que se vende verdura. **2.** *fam.* Cualidad de verde, obsceno, y dicho o hecho que tiene esta cualidad.

verdulero, ra *s. m.* y *f.* **1.** Persona que vende verduras. ‖ *s. f.* **2.** *fam.* Mujer grosera y descarada.

Verdun C. de Francia, situada en la Lorena, a orillas del río Mosa. 21.500 h. en 1982. Conserva importantes monumentos, como la catedral (s. XI-XII), la fortaleza, obra de Vauban, el obispado (s. XVIII) y la puerta de Chaussée, resto de las antiguas fortificaciones.

Verdun, batalla de En la Primera Guerra Mundial, ofensiva alemana lanzada sobre el río Mosa, al N de la ciudad de Verdun, y la posterior contraofensiva francesa. El general Falkenhayn mandaba las tropas alemanas y Pétain las francesas. La batalla comenzó en febrero de 1916, terminó en diciembre de 1917 con la reconquista francesa de ambas riberas del Mosa y fue una de las más largas y sangrientas de la historia.

Verdun, tratado de Pacto establecido en Verdun, en el año 843, por los tres hijos de Ludovico Pío, Lotario, Carlos el Calvo y Luis el Germánico, para repartirse el imperio carolingio. Este pacto significó, además de la disolución efectiva del imperio, la aparición de tres grandes países: Francia, Alemania y la Lotaringia.

verdura *s. f.* **1.** Hortaliza, especialmente la que se consume cocida. **2.** Verdor*. **3.** Follaje o espesura representada en dibujos, pinturas, tapices, etc.

verdusco, ca *adj.* Que tiende a verde oscuro.

verecundia *s. f.* Vergüenza, timidez. ▪ Es palabra culta. **Fam.** Verecundo.

vereda *s. f.* **1.** Camino estrecho, formado generalmente por el paso de personas y ganado. **2.** Cañada*. **3.** *amer.* Acera de una calle. ‖ **Loc. en vereda** *adv. fam.* Modo de vida ordenado y regular. Se usa con los verbos *entrar* y *meter.*

veredicto *s. m.* **1.** Decisión de un jurado pronunciada sobre un hecho o persona sometidos a juicio. **2.** P. ext., opinión, decisión o juicio expresado por una persona experta o autorizada en la materia.

verga *s. f.* **1.** Palo colocado horizontalmente en un mástil que sirve para sostener una vela. **2.** Órgano genital de los mamíferos machos. **3.** Vara, palo delgado.

Verga, Giovanni (Catania 1840 - íd. 1922) Escritor italiano. Desde el romanticismo evolucionó hacia el verismo y en sus obras reflejó la vida rural y el mundo de la pobreza. Entre éstas destacan *Una pecadora* (1866), *La vida de los campos* (1880), su obra maestra, y el ciclo de *Los vencidos,* al que pertenecen *Los Malavoglia* (1881) y *Maese don Jesualdo* (1889).

vergajazo *s. m.* Azote dado con un vergajo.

vergajo *s. m.* **1.** Verga de toro que, una vez seca y trenzada, se usa como látigo. **2.** P. ext., cualquier látigo corto.

Vergara Familia de escultores españoles del s. XVIII. Entre sus miembros sobresalen: **Francisco** (Valencia 1681 - íd. 1753), que colaboró en la portada barroca de la catedral de Valencia; **Francisco** (Alcudia de Carlet, Valencia 1713 - Roma 1761), sobrino del anterior, cuyas esculturas tienen un carácter academicista; entre ellas destaca un San Pedro de Alcántara para las hornacinas exteriores de San Pedro del Vaticano; e **Ignacio** (Valencia 1715 - íd. 1776), hijo del primero y el más importante de la familia; de estilo rococó, fue autor de la portada del palacio del marqués de Dos Aguas, en Valencia.

Vergara (*Bergara*) C. de España, en la prov. de Guipúzcoa, situada en el valle del Deva. 15.120 h. en 1991. Tiene industria textil, metalúrgica, alimentaria y maderera.

Vergara, convenio (o **abrazo**) **de** Tratado de paz que puso fin a la primera guerra carlista. Fue firmado en Oñate y ratificado en Vergara (1839) por los generales Espartero y Maroto.

vergel *s. m.* Huerto, jardín o lugar con gran abundancia y variedad de flores y árboles frutales.

verglás *s. m.* Capa muy fina de hielo que cubre el suelo o una superficie sólida.

vergonzante *adj.* Que por vergüenza actúa de forma encubierta; se dice especialmente del que pide sin hacerlo abiertamente.

vergonzoso, sa *adj.* **1.** Que hace sentir vergüenza. **2.** Que siente vergüenza con facilidad. También *s.* ‖ *s. m.* **3.** Especie de armadillo, con el cuerpo y la cola cubiertos de escamas, el cual, al verse amenazado, se encoge formando como una bola. **Fam.** Vergonzosamente.

vergüenza *s. f.* **1.** Sentimiento de pérdida de la propia estima causado por una humillación, una ofensa o por el temor al ridículo o la deshonra. **2.** Timidez o pudor. **3.** Valoración de la propia dignidad que lleva a alguien a actuar de la forma que se considera más honrosa, decente o correcta. **4.** Acción o suceso que provoca indignación, escándalo o rechazo. **5.** Deshonor, deshonra; también, persona o cosa que la causa. **6.** Pena o castigo que consistía en exponer al reo a las burlas y afrentas de la gente, con una señal que indicaba su delito. ‖ *pl.* **7.** *fam.* Órganos sexuales externos de las personas. ‖ **8. vergüenza ajena** La que siente uno como propia por algo que otro hace o dice. || Loc. **perder** uno **la vergüenza** Superar la timidez; también, deshonrarse o perder la dignidad.

Verhaeren, Émile (Saint-Amands 1855 - Ruán 1916) Poeta belga en lengua francesa. Vinculado al movimiento simbolista en una primera etapa, su obra evolucionó incorporando contenido social a sus versos. Viajó por España en compañía de Darío Regoyos, plasmando sus impresiones en el libro *La España negra* (1899). Son de destacar sus obras *Las flamencas* (1883), *Los campos alucinados* (1893) y *Los ritmos soberanos* (1910).

vericueto *s. m.* **1.** Lugar alto y escarpado por el que es difícil andar. **2.** P. ext., cualquier camino dificultoso para andar por él. ▪ En ambas acepciones se usa más en *pl.* || *pl.* **3.** Aspectos oscuros o complicados de un asunto.

verídico, ca *adj.* **1.** Que dice o contiene verdad. **2.** Que es verdadero o real, o lo parece.

verificación *s. f.* **1.** Acción y efecto de verificar o verificarse. **2.** En fil., procedimiento adoptado para comprobar la verdad o falsedad de un enunciado o una teoría. El neopositivismo defendió que un enunciado general sólo es significativo o científico si puede ser verificado empíricamente. Uno de los graves problemas que se planteó al criterio de verificación radica en la universalidad de las leyes y en la imposibilidad de comprobar su aplicación en todos los casos.

verificar *v. tr.* **1.** Demostrar que es verdadero o auténtico algo de lo que se duda o que es necesario probar. **2.** Comprobar o examinar la verdad o exactitud de una teoría, un documento, un resultado, la precisión de un aparato o una máquina, etc., mediante las pruebas y operaciones convenientes. **3.** Efectuar una cosa prevista o establecida de antemano. También *v. prnl.* || *v. prnl.* **4.** Confirmarse lo que se había pronosticado, previsto o anunciado. ▪ Se conjuga como *sacar.* **Fam.** Verificabilidad, verificable, verificador, verificativo.

verigüeto *s. m.* Molusco lamelibranquio de la familia venéridos, especie *Venus verrucosa.* Su concha, de color amarillo grisáceo, mide de 3 a 5 cm de diámetro y tiene estrías concéntricas y con tubérculos. Habita enterrado en el fango de las costas del Mediterráneo y el Atlántico y es comestible.

verismo *s. m.* **1.** Realismo llevado al extremo, en especial en las obras de arte. **2.** Corriente literaria italiana que floreció en el último tercio del s. XIX. Influida por el naturalismo francés, se propuso retratar la realidad con la mayor exactitud, especialmente la vida de los campesinos. Fue un movimiento vinculado a la unificación italiana. Entre sus representantes destacan Giovanni Verga, Luigi Capuana y Giuseppe de Robertis. **3.** En música, corriente operística que floreció en Italia a fines del s. XIX, caracterizada por un gran realismo escénico y argumental y por subrayar el dramatismo de la vida cotidiana, sobre todo en las clases más humildes. Entre las óperas más representativas de esta tendencia figuran *Cavalleria rusticana* (1890), de Pietro Mascagni; *Payasos* (1892), de Ruggero Leoncavallo, y *La Bohème* (1896), de Giacomo Puccini. **Fam.** Verista.

Veríssimo, Erico (Cruz Alta 1905 - Pôrto Alegre 1975) Escritor brasileño. Autodidacta, escribió novelas con técnica de montaje cinematográfico, ambientadas en la zona sur del país. Entre sus títulos destacan *Un lugar al sol* (1936), la trilogía *El tiempo y el viento* (1949) y *El prisionero* (1967).

verja *s. f.* Reja que cubre el hueco de una ventana, cierra una puerta o, sobre todo, sirve de cerca.

Verjoiansk **1.** Cadena montañosa de la Federación Rusa, en Siberia oriental. Se extiende de N a S por la parte oriental del río Yana.
2. C. de la Federación Rusa, en Siberia oriental, a orillas del río Yana. 10.000 h. Es uno de los lugares más fríos del hemisferio norte, en el que se han registrado temperaturas de hasta –67,5 °C.

verjurado, da *adj.* Se dice del papel que tiene una filigrana de rayitas horizontales y otras más separadas que las cortan perpendicularmente.

Verlaine, Paul (Metz 1844 - París 1896) Escritor francés. Considerado como uno de los poetas malditos, llevó una vida atormentada a causa de sus crisis nerviosas, sus tempestuosas relaciones con su protegido Rimbaud y sus problemas de alcoholismo. Es uno de los máximos representantes de la lírica moderna, precursor de movimientos posteriores, como el simbolismo. Entre sus libros principales en verso figuran *Poemas saturnianos* (1866), *Fiestas galantes* (1869), *Cordura* (1881), *Arte poética* (1882), *Liturgias íntimas* (1892) y *Elegías* (1893); y en prosa, *Los poetas malditos* (1884), donde da a conocer a Rimbaud y Mallarmé, y *Confesiones* (1895).

verme *s. m.* Gusano o lombriz, especialmente los parásitos del intestino.

Vermeer, Jan, llamado **Vermeer de Delft** (Delft 1632 - íd. 1675) Pintor neerlandés. Considerado el mejor representante de la pintura neerlandesa de género, se dedicó casi exclusivamente a las escenas de interior, en las que plasma con realismo ambientes cotidianos. Entre sus obras merecen citarse *La alcahueta* (1656), *Vista de Delft* (h. 1658), *La encajera* (h. 1664), *El geógrafo* (1668), *La callejuela* y *El concierto.*

vermi- *pref.* Significa 'gusano': *vermiforme, vermívoro.*

vermicida *adj.* Vermífugo*.

vermicular *adj.* **1.** Que tiene vermes o gusanos, o los produce. **2.** Que se parece a los gusanos o tiene alguna de sus características.

vermiforme *adj.* **1.** Que tiene forma de gusano. || **2. apéndice vermiforme** Véase **apéndice.**

vermífugo, ga *adj.* Se dice del fármaco, sustancia, etc., que mata o expulsa las lombrices intestinales. Se llama también *vermicida.* También *s. m.*

vermis *s. m.* Lóbulo medio del cerebelo, situado entre ambos lóbulos laterales o hemisferios.

vermívoro, ra *adj.* Que se alimenta básicamente de gusanos. También *s. m.*

Vermont Estado de EE UU, situado en el NE del país, junto a la frontera con Canadá. 24.900 km^2. 565.000 h. en 1990. La capital es Montpelier, con 8.250 h. en 1980. Está recorrido por las cadenas Green Mountains, Taconic y Snake Mountains. Los principales ríos son el Connecticut, Hudson y Otter Creek, destacando en el NO el lago Champlain. Cuenta con cultivos de cereales y patatas, ganado vacuno, grandes recursos forestales, yacimientos de amianto y cobre, e industrias textiles, alimentarias, químicas, papeleras y mecánicas. Colonizado por los franceses (1666), en 1724 se estableció en él el primer fuerte británico. En 1777 se proclamó república independiente y en 1791 entró a formar parte de la Unión.

vermú *s. m.* Vermut*.

Vermudo Nombre de diversos reyes de Asturias y León.
Vermudo I el Diácono (? - ? h. 797) Rey de Asturias (788 o 789-791). Hijo del príncipe Fruela, sobrino de Alfonso I y sucesor de Mauregato, luchó contra el emir de Córdoba Hisam I, que le venció en la confluencia de los ríos Valcárcel y Burbia (791). Abdicó en su sobrino Alfonso II.
Vermudo II el Gotoso (? h. 956 - El Bierzo, León 999) Rey de Galicia (982-999) y de León (985-999). Arrebató Galicia y León a Ramiro III con el apoyo de parte de la nobleza y del musulmán Almanzor. Intentó romper su sometimiento a Córdoba, lo que provocó sendas campañas de Almanzor, que saqueó Coimbra, Zamora, León y Santiago.
Vermudo III (? 1016 - valle de Tamarón, Palencia 1037) Rey de León (1027-37). Hijo de Alfonso V, su gobierno se caracterizó por las luchas contra Sancho III el Mayor de Navarra, que pretendía ocupar el condado de Castilla. También se enfrentó a Fernando I de Castilla y en la batalla de Tamarón perdió la vida. Fernando I tomó posesión de León en nombre de su mujer, con lo que se verificó la unión de Castilla y León.

vermut *s. m.* **1.** Bebida alcohólica compuesta de vino blanco o rosado, ajenjo y otras sustancias amargas y tónicas. **2.** P. ext., aperitivo que se toma antes de comer. ▪ Se dice también *vermú.*

vernáculo, la *adj.* Doméstico, nativo.

Verne, Jules (Nantes 1828 - Amiens 1905) Escritor francés. Debe su fama a las novelas de aventuras y de anticipación científica, caracterizadas por las descripciones de máquinas e ingenios que más tarde el hombre ha hecho realidad y por su optimismo en las posibilidades de éste para dominar la naturaleza. Entre ellas destacan *Cinco semanas en globo* (1863), *Viaje al centro de la tierra* (1864), *De la Tierra a la Luna* (1865), *Los hijos del capitán Grant* (1867), *Veinte mil leguas de viaje submarino* (1870), *La vuelta al mundo en ochenta días* (1873), *La isla misteriosa* (1874) y *Miguel Strogoff* (1876).

Jules Verne.

vernier *s. m.* Nonio*.

Vernier, Pierre (Ornans, condado de Bourgogne 1580 - íd. 1637) Matemático francés. Perfeccionó el aparato de medición denominado *nonio.*

vero *s. m.* Piel de marta cibelina.

Verona C. de Italia, situada en el N del país, en la región de Véneto, al E del lago de Garda, a orillas del río Adigio. 259.000 h. en 1991. Posee industrias textiles, alimentarias, químicas y de fabricación de pianos, maquinaria agrícola y calzado. Entre sus monumentos destacan un anfiteatro, un teatro y un puente romanos; las iglesias de San Zenón, San Lorenzo, el baptisterio de San Giovanni in Fonte y la catedral, de estilo románico, y los palacios renacentistas Guastaverza, Pompei y Bevilacqua, construidos por Michele Sanmicheli. Fundada hacia el s. I a. C. por los celtas, Verona se convirtió en colonia romana en el año 89 a. C. Desde principios del s. XV hasta finales del s. XVIII perteneció a Venecia y de 1798 a 1866 a Austria.

Verona, proceso de Proceso político instruido por la República de Saló contra los antiguos miembros del Gran Consejo fascista que habían votado en contra de Mussolini en 1943. Se celebró en Verona (1944) y en él se condenó a muerte a todos los inculpados, salvo Cianetti.

veronés, sa *adj.* De Verona. También *s.*

Veronés, Paolo Caliari, llamado **El** (Verona 1528 - Venecia 1588) Pintor italiano. Se formó en Verona, donde recibió las influencias de la escuela de Venecia y del manierismo. Su estilo clasicista se caracteriza por las grandiosas composiciones, en las que pone en escena a gran número de personajes sobre fondos arquitectónicos o paisajísticos, y por los contrastes luminosos. Entre sus obras más representativas figuran *Bodas de Caná* (1563), *Última cena* (1573), *El Calvario* (h. 1575) y *Moisés rescatado de las aguas del Nilo*, así como los grandes lienzos del Palacio Ducal de Venecia.

El Veronés: Venus y Adonis *(Museo del Prado, Madrid).*

verónica *s. f.* **1.** Nombre común de diversas plantas herbáceas de la familia escrofulariáceas, género *Veronica.* Tienen hojas opuestas dentadas y ovales, flores pequeñas de color azul o púrpura, solitarias en la axila de las hojas o reunidas en cimas y racimos. Crecen en todas las regiones frías y subtropicales. La verónica común o té de Europa *(Veronica officinalis)* mide entre 10 y 30 cm de altura, tiene flores color lila en espiga y crece junto a caminos y en el campo. La verónica pérsica *(Veronica persica)* mide entre 5 y 50 cm de altura, tiene hojas ovales y flores azules; es originaria de Asia. **2.** Lance del toreo de capa que se ejecuta a dos manos, con la capa extendida, y situándose el torero casi de perfil; cuando se recorta en el remate se llama *media verónica.*

Verónica, Santa Según la tradición, piadosa mujer que, en el camino del Calvario, enjugó el rostro de Jesús con un paño, sobre el cual quedó impresa la faz de Cristo.

verosímil *adj.* Que parece verdadero o es creíble por no mostrar indicio alguno de falsedad. **Fam.** Verosimilitud, verosímilmente.

verraco *s. m.* **1.** Cerdo semental. **2.** Escultura de época prerromana que representa un animal, presumiblemente un toro o un cerdo. Se hallan emplazadas al aire libre en una amplia zona que abarca las dos mesetas y el N de España. Figuras grandes y macizas, de estilo sencillo, probablemente representan divinidades protectoras del ganado. Sus ejemplares más conocidos son los de Guisando (Ávila), Torralba (Toledo) y Castello de Cabeça Boa (Braganza, Portugal).

verraquear *v. intr.* **1.** Llorar con rabia los niños. **2.** Gruñir o mostrar enfado.

Verrazano, Giovanni da (Greve, Florencia h. 1485 - en Brasil 1528) Navegante y explorador italiano. Al servicio de Francia, exploró la costa atlántica de América del Norte (1524), donde desembarcó en el estuario junto al que se alzaría Nueva York y recorrió la bahía de Hudson y la costa de Nueva Escocia. En un viaje posterior exploró las costas de Brasil (1527).

Verrier, Urbain Le (Saint-Lô 1811 - París 1877) Astrónomo francés. Al estudiar las perturbaciones que experimenta el planeta Urano en su órbita, dedujo la presencia de otro planeta, causante de las mismas, y calculó su masa, órbita y posición en la eclíptica (1845). Dos años después se descubrió el planeta Neptuno en la posición que Le Verrier había predicho.

Verrocchio, Andrea di Cione, llamado **Andrea del** (Florencia 1435 - Venecia 1488) Escultor y pintor italiano. Es uno de los principales representantes del *quattrocento* florentino. Realizó la estatua ecuestre del condottiero Colleoni (1483) en Venecia. En el *David* y la *Incredulidad de Santo Tomás* se ponen de manifiesto la perfección del detalle y la intensa expresividad. Como pintor realizó el *Bautismo de Cristo* (h. 1470), de minuciosa ejecución, *El joven Tobías* y diversas *Madonnas.*

verruga *s. f.* **1.** Excrecencia benigna de origen vírico, generalmente redondeada, que sale en la piel. **2.** Abultamiento producido en alguna parte de las plantas por acumulación de savia.

verrugato *s. m.* Nombre común de diversos peces perciformes de la familia esciénidos, género *Umbrina.* El verrugato común *(Umbrina cirrosa)* mide hasta un metro de longitud, es de color gris azulado y presenta en los flancos bandas doradas bordeadas de azul. Tiene una barbilla verrugosa en el extremo de la mandíbula. El *Umbrina canariensis* mide unos 50 cm de longitud, tiene el cuerpo grisáceo punteado de negro y la barbilla más grande que la del verrugato común. Habitan en las costas de playas arenosas o fondos de fango y arena, en el Mediterráneo y la región tropical del Atlántico.

verrugosidad *s. f.* **1.** Cualidad de verrugoso. **2.** Verruga de la piel.

verrugoso, sa *adj.* Que tiene gran cantidad de verrugas.

versación *s. f. Arg., Chile, Méx.* Conocimiento de una materia.

versado, da **1.** *p. p.* de **versar**. ‖ *adj.* **2.** Experto o instruido en alguna materia.

versal *adj.* En artes gráficas, se aplica a la letra mayúscula. También *s. f.*

versalita *adj.* En artes gráficas, se dice de la letra versal del mismo tamaño que la minúscula. También *s. f.*

Versalles (*Versailles*) C. de Francia, cap. del departamento de Yvelines, en el N del país, a escasa distancia de París. 91.500 h. en 1982. Posee industrias químicas, alimentarias, eléctricas, electrónicas, de curtidos y de construcciones aeronáuticas. Es uno de los principales centros turísticos de Francia. La ciudad se desarrolló en torno al palacio mandado construir por Luis XIV (1668), sobre un pabellón de caza. Su aspecto actual se debe a Jules Hardouin-Mansart, que trabajó en su edificación entre 1679 y 1709. La decoración fue dirigida por Charles Le Brun. André Le Nôtre trazó los jardines. Fue residencia real desde 1682 hasta 1789.

Versalles, tratados de Nombre que reciben varios acuerdos firmados en el palacio de Versalles. Entre ellos destacan dos: el de 1783, también llamado *tratado de París,* que puso fin a la guerra de Independencia estadounidense y por el cual el Reino Unido reconoció la soberanía de EE UU y devolvió Menorca y Florida a España; y el firmado en 1919, en el cual las potencias vencedoras en la Primera Guerra Mundial, Reino Unido, Francia, Italia, Japón y EE UU, establecieron las condiciones de paz con Alemania, que tuvo que aceptar el pago de una gran suma de reparaciones de guerra, devolver Alsacia-Lorena a Francia y otros territorios a Polonia, Bélgica, Dinamarca y Japón, abandonar sus colonias transoceánicas y aceptar el estatuto de ciudad libre de Dánzig y el control del Sarre por la Sociedad de Naciones. Se dispuso asimismo la desmilitarización de la orilla derecha del Rhin y la ocupación de Renania por parte de los aliados durante quince años.

versallesco, ca *adj.* **1.** Perteneciente o relativo al palacio y sitio real de Versalles, o que imita su estilo. **2.** En especial, se aplica a lo relacionado con la corte francesa del s. XVIII, establecida en este lugar. **3.** Muy cortés y educado, hasta con afectación.

versar *v. intr.* Tratar un escrito, discurso, etc., de cierta materia.

versátil *adj.* **1.** Se dice de la persona que cambia fácilmente de opinión, sentimientos o gustos. **2.** P. ext., adaptable, que sirve para múltiples aplicaciones. **3.** Se dice de los dedos de las aves que pueden girar hacia atrás o hacia delante. **Fam.** Versatilidad.

versículo *s. m.* **1.** Cada una de las divisiones breves de los capítulos de algunos libros, p. ej. de la *Biblia* y del *Corán.* **2.** Cada uno de los versos de un poema sin rima ni metro fijo y determinado.

versificación *s. f.* **1.** Acción y efecto de versificar. **2.** Arte de versificar.

versificar *v. intr.* **1.** Componer versos. ‖ *v. tr.* **2.** Dar forma de poema. ▪ Se conjuga como *sacar.* **Fam.** Versificador.

versión *s. f.* **1.** Traducción. **2.** Modo particular de referir un mismo hecho. **3.** Cada una de las distintas interpretaciones o variaciones de una misma obra, un tema artístico o musical, etc. **4.** En obstetricia, manipulación para cambiar la postura del feto cuando éste se presenta mal para el parto.

verso[1] (del lat. *versus*) *s. m.* **1.** Conjunto de palabras combinadas según un ritmo y, a menudo, también una medida, conforme a unas determinadas reglas que varían de unas épocas y lenguas a otras; la poesía occidental ha adoptado desde el Renacimiento la métrica silábica, mientras que en la antigüedad clásica se basaba en pies y acentos. El s. XX se ha distinguido por la ruptura con la versificación tradicional. **2.** En sentido colectivo, género de las obras compuestas de dichas combinaciones. **3.** Poema, obra en verso. **4.** Versículo, cada una de las divisiones breves de los capítulos de algunos libros. ‖ **5. verso agudo** El que tiene acento en la última sílaba, por lo que se cuenta una sílaba más. **6. verso blanco** El que no tiene rima dentro de una estrofa, pero sí atiende a las demás normas. **7. verso de arte mayor** El que tiene más de ocho sílabas; también, el formado por doce sílabas distribuidas en dos hemistiquios, usado en la poesía castellana de los s. XIV y XV. **8. verso de arte menor** El que tiene ocho sílabas o menos, muy empleado en la lírica tradicional. **9. verso esdrújulo** El que termina en palabra esdrújula, contándose una sílaba menos. **10. verso libre** El que está dentro de una composición poética que no se ajusta a las formas tradicionales ni presenta uniformidad. **11. verso llano** El que termina en palabra llana o grave. **12. verso suelto** Véase **suelto**.

verso[2] (del lat. *versus,* de *vertere,* volver) *adj.* Se aplica al reverso o segunda página de un folio cuando se numera por folios y no por páginas.

versolari *s. m.* En el País Vasco y Aragón, coplero, hombre que improvisa versos.

versta (voz rusa) *s. f.* Medida itineraria rusa que equivale a 1.067 m.

versus (voz lat.) *prep.* Contra, frente a. ▪ Se usa en el lenguaje forense para expresar la oposición entre las partes enfrentadas en un juicio.

vértebra *s. f.* Cada uno de los huesos cortos que, articulados unos con otros, forman la columna vertebral de los animales vertebrados superiores. Cada vértebra está constituida por una porción anterior discoidal y maciza, llamada *cuerpo vertebral,* y por un arco posterior, llamado *arco vertebral,* que limita el orificio vertebral. El conjunto de los orificios vertebrales de todas las vértebras constituye el *conducto vertebral,* que contiene la médula espinal. El arco vertebral presenta la apófisis espinosa en la parte posterior de la vértebra, dos apófisis transversas en posición lateral y cuatro apófisis articulares, dos hacia arriba y dos hacia abajo, que encajan cada vértebra con la anterior y la posterior. En el hombre, dependiendo de su posición, las vértebras se agrupan en cinco clases diferentes: **cervicales** (7), situadas en el cuello; **dorsales** o **torácicas** (12), situadas en la espalda y relacionadas con las costillas; **lumbares** (5), en la parte inferior de la espalda; **vértebras soldadas** o **sacras** (5), que forman el hueso sacro, y **vértebras casi atrofiadas** o **coccígeas** (4 o 5), que forman el cóccix y que en muchos animales se prolongan en la cola.

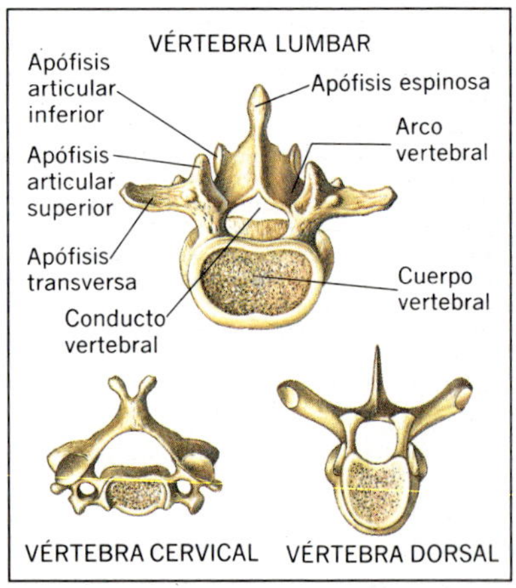

Morfología de las vértebras cervicales, dorsales y lumbares del hombre.

vertebrados *s. m. pl.* Subtipo de animales perteneciente al tipo cordados al que pertenecen gran número de especies comprendidas en las superclases agnatos, con las clases mixines y cefalaspidomorfos, y gnatostomados, con las clases condrictios, osteictios, anfibios, reptiles, aves y mamíferos. Se caracterizan por poseer en su esqueleto un eje cartilaginoso u óseo llamado *columna vertebral,* que protege un eje nervioso central. El sistema esquelético de los vertebrados presenta una dilatación terminal llamada generalmente *cráneo,* que contiene el encéfalo. Excepto en los agnatos, los peces (condrictios y osteictios) y los anfibios, tiene también una caja torácica, formada por costillas unidas a un esternón, que protege los principales órganos. También *adj.* y *s. m.*

vertebral *adj.* **1.** Perteneciente o relativo a las vértebras. ‖ **2. columna vertebral** Véase **columna**.

vertebrar *v. tr.* Dar a algo una estructura y organización internas.

vertedera *s. f.* Pieza del arado en forma de lámina para voltear y extender la tierra levantada por la reja.

vertedero *s. m.* Lugar en el que o por el que se arrojan escombros, desperdicios, aguas residuales, etc.

vertedor, ra *adj.* **1.** Que vierte. También *s.* || *s. m.* **2.** Conducto o canal para dar salida al agua.

verter *v. tr.* **1.** Derramar, vaciar o dejar caer un líquido o pequeñas partículas de algo, como polvo o grano, del recipiente o conducto que los contiene. También *v. prnl.* **2.** Inclinar un recipiente o darle la vuelta para vaciarlo de su contenido. También *v. prnl.* **3.** Expresar o manifestar ideas, pensamientos, sentimientos, etc. **4.** Traducir de una lengua a otra. || *v. intr.* **5.** Desembocar una corriente de agua en otra, o en el mar, un pantano, etc. ■ Es v. irreg. Se conjuga como *tender.* **FAM.** Vertible.

vertical *adj.* **1.** Se aplica a lo que está perpendicular al horizonte o a una línea o plano horizontal. **2.** Se aplica a la recta o plano que es perpendicular a otra recta o plano horizontales. También *s. f.* **3.** Se aplica a la estructura, el orden, etc., constituido jerárquicamente, con gran dependencia de las partes inferiores respecto del máximo nivel. || *s. m.* **4.** Cualquiera de los semicírculos máximos perpendiculares al horizonte que se consideran en una esfera celeste. **FAM.** Verticalidad, verticalmente.

verticalismo *s. m.* Organización vertical o jerarquizada del poder.

vértice *s. m.* **1.** En geom., punto en que se unen los dos lados de un ángulo o las aristas de tres o más planos de un poliedro. **2.** En particular, cúspide de una pirámide o de un cono. **3.** Punto de una curva en el que la curvatura es máxima o mínima. **4.** Extremo más alto o prominente de algo.

verticilado, da *adj.* Que forma verticilos.

verticilo *s. m.* En los vegetales, conjunto de órganos (hojas, ramas, flores, etc.) situados en un mismo plano alrededor del tallo.

vertido, da 1. *p. p.* de **verter**. También *adj.* || *s. m.* **2.** Acción y efecto de verter. **3.** Aquello que se vierte.

vertiente *adj.* **1.** Que vierte. || *s. f.* **2.** Declive o inclinación por donde corre o puede correr el agua. **3.** En particular, cada una de las superficies inclinadas de una cubierta. **4.** Cada una de las laderas de una montaña. **5.** Punto de vista, modo de considerar una cosa entre los varios posibles. **6.** *amer.* Manantial, fuente.

vertiginoso, sa *adj.* **1.** Perteneciente o relativo al vértigo. **2.** Que causa vértigo. **3.** Se aplica en especial a la velocidad, acción, movimiento, etc., muy acelerados. **FAM.** Vertiginosamente, vertiginosidad.

vértigo *s. m.* **1.** Trastorno del sentido del equilibrio caracterizado por una sensación de falta de sustentación o de que el propio cuerpo o los objetos giran. **2.** En psiquiatría, turbación del juicio, repentina y pasajera. **3.** Sensación parecida al mareo, producida por una fuerte impresión. **4.** Velocidad o ritmo especialmente intenso y apresurado.

Vertov, Dziga Kaufmann, llamado **Dziga** (Bialystok 1896 - Moscú 1954) Operador de cine y documentalista soviético. En 1922 expuso su teoría del cine-ojo según la cual la cámara debe captar la auténtica realidad. Realizó notables documentales, entre los que cabe citar *Adelante soviet* (1926), *El hombre de la cámara* (1929) y *Tres cantos a Lenin* (1934).

Verwoerd, Hendrik Frensch (Amsterdam 1901 - Ciudad del Cabo 1966) Político sudafricano. Miembro del Partido Nacionalista y primer ministro de la Unión Sudafricana en 1958, desarrolló una política segregacionista, creando los bantustanes. En 1961 separó a la Unión Sudafricana de la Commonwealth y constituyó la República de Sudáfrica. Fue asesinado durante una sesión parlamentaria.

Vesalio, Andreas (Bruselas 1514 - isla de Zante 1564) Anatomista flamenco. Profesor en Lovaina, Padua, Bolonia y Pisa y médico de Carlos V (1544), suscitó una gran polémica al combatir las opiniones de Galeno en su tratado *De humani corporis fabrica* (1543). En 1561 fue condenado a muerte por la Inquisición, acusado de haber practicado la vivisección en un hombre, pero Felipe II consiguió que se le conmutara la pena por una peregrinación a Jerusalén.

vesania *s. f.* **1.** Demencia, locura. **2.** P. ext., furia, crueldad. **FAM.** Vesánico.

vesical *adj.* Perteneciente o relativo a la vejiga.

vesicante o **vesicatorio** *adj.* Se aplica a la sustancia o agente que provoca ampollas en la piel. También *s. m.*

vesícula *s. f.* **1.** Órgano en forma de saco o vejiga que contiene líquido o aire. **2.** Ampolla pequeña llena de líquido seroso que se forma en la piel. **3.** En bot., ampolla de aire o de líquido que suelen tener ciertas plantas aromáticas. || **4. vesícula aérea** Alveolo, cada una de las cavidades en que terminan las últimas ramificaciones de los bronquiolos. **5. vesícula biliar** Órgano en forma de saco en el que se acumula la bilis producida por el hígado. **6. vesícula ovárica** La que contiene el óvulo. **7. vesícula seminal** Cada uno de los dos órganos del aparato reproductor masculino que segregan un líquido nutritivo y lubricante que forma parte del esperma.

vesicular *adj.* **1.** Perteneciente o relativo a la vesícula, especialmente la vesícula biliar. **2.** Que tiene forma de vesícula.

Vespasiano, Tito Flavio (Falacrinae, cerca de Rieti h. 9 - Cutilia, Sabina 79) Emperador romano (69-79). Fue el fundador de la dinastía Flavia. Elegido emperador por el ejército de Oriente, conquistó Judea, pacificó Britania y venció a los germanos. Restauró la estabilidad en el imperio, gobernando con honestidad y tolerancia. Impulsó un ambicioso programa de obras públicas y bajo su mandato se comenzó a construir el Coliseo de Roma.

véspero *s. m.* **1.** En lenguaje poético, el planeta Venus como lucero de la tarde. **2.** Anochecer, últimas horas de la tarde.

vespertino, na *adj.* **1.** Perteneciente o relativo a la tarde y a lo que tiene lugar en ella. **2.** Se aplica a los astros que cruzan el horizonte tras la puesta del Sol. **3.** Se dice de los diarios que salen por la tarde. También *s. m.*

véspidos *s. m. pl.* Familia de insectos himenópteros a la que pertenecen numerosas especies comprendidas en diversos géneros, entre los que destacan *Vespa*, *Polistes* y *Eumenes*. Se caracterizan por tener un aguijón con el que inoculan veneno. Poseen dos pares de alas, de las cuales las anteriores permanecen plegadas en reposo, tres pares de patas delgadas y mandíbula mordedora. Son insectos predadores y fitófagos, de vida social o solitaria, cuyo abdomen presenta colores llamativos, generalmente amarillo y negro a franjas. Habitan en todos los países cálidos y son comunes en Europa. Véspidos son las avispas y avispones. También *adj.* y *s. m.*

Vespucci (o **Vespucio**), **Amerigo** (Florencia 1454 - Sevilla 1512) Navegante italiano. Agente de los Médicis en Sevilla, realizó diversos viajes a América al servicio de España y Portugal. En 1499 acompañó a Ojeda en su recorrido por la costa N de América del Sur y en 1501, al mando de una flota portuguesa, recorrió Brasil y llegó hasta el S de la Patagonia. Demostró que las tierras descubiertas no eran Asia, sino un nuevo continente, que en su honor recibiría el nombre de *América.*

Vesta Diosa romana arcaica del hogar. Se ocupaban de su culto las vestales, vírgenes que tenían que llevar una vida rigurosamente ascética. Se la identifica con la Hestia griega.

vestal *adj.* **1.** Perteneciente o relativo a la diosa romana Vesta. **2.** Se aplica a las sacerdotisas consagradas a dicha diosa. También *s. f.*

vestibular *adj.* Perteneciente o relativo al vestíbulo del oído; especialmente, se dice de la rama terminal del nervio acústico o auditivo.

vestíbulo *s. m.* **1.** Atrio, portal o patio que da entrada a un edificio. **2.** Recibidor de una casa. **3.** En los hoteles y otros grandes edificios, sala de grandes dimensiones que se encuentra en la entrada. **4.** En anat., espacio o cavidad que comunica con otra. **5.** Particularmente, una de las cavidades del oído interno de los vertebrados, que comunica con el caracol, los conductos semicirculares, el conducto auditivo interno y la caja del tímpano, y contiene el utrículo y el sáculo.

vestición *s. f.* Ceremonia en que se da el hábito a un religioso o religiosa.

vestido *s. m.* **1.** Pieza de piel, tela, etc., que se usa para cubrir o abrigar el cuerpo. **2.** Prenda o conjunto de ellas que sirven habitualmente para este uso. **3.** En especial, prenda de vestir femenina, generalmente formada por una sola pieza.

vestidor *s. m.* Habitación para vestirse y arreglarse.

vestidura *s. f.* **1.** Vestido. **2.** Vestido que el sacerdote se pone sobre el ordinario para celebrar el culto. ■ En ambas acepciones se usa más en *pl.* || **LOC. rasgarse** alguien **las vestiduras** *fam.* Escandalizarse o indignarse por algo, generalmente con hipocresía.

vestigial *adj.* Se dice del órgano que ha perdido su función en el curso de la evolución de la especie. Normalmente, los órganos vestigiales se atrofian y acaban por desaparecer.

vestigio *s. m.* **1.** Señal o recuerdo que queda de algo que ha pasado o ha existido. **2.** Resto o ruina de una civilización anterior. Se usa más en *pl.* **3.** Señal o indicio por el que se deduce o investiga alguna cosa o se sigue el rastro de alguien o algo.

vestiglo *s. m.* Monstruo fantástico y terrorífico.

vestimenta *s. f.* Vestidura*.

vestir *v. tr.* **1.** Cubrir el cuerpo con un vestido. También *v. prnl.* **2.** P. ext., proporcionar vestido a alguien. **3.** Llevar un determinado vestido. También *v. intr.* **4.** Confeccionar vestidos o trajes para otros. **5.** Cubrir o adornar una cosa a otra o con otra. También *v. prnl.* **6.** Disfrazar o disimular algo añadiéndole otra cosa o dándole una apariencia distinta. || *v. intr.* **7.** Resultar un vestido, prenda, tejido, etc., elegante, vistoso o apropiado. **8.** Dar una cosa prestigio o importancia, estar de moda. || *v. prnl.* **9.** Acudir normalmente a cierto modisto, establecimiento, etc., para proporcionarse el vestido. ■ Es v. irreg. Se conjuga como *pedir.* || **LOC. el mismo que viste y calza** *fam.* Expresión con que se reafirma la identidad de alguien.

vestón *s. m. amer.* Chaqueta o abrigo corto.

vestuario *s. m.* **1.** Conjunto de vestidos o prendas de vestir. **2.** Conjunto de los trajes que se emplean en una película, representación teatral o espectáculo. **3.** En instalaciones deportivas y otros lugares, dependencia destinada a cambiarse de ropa.

Vesubio Volcán de Italia, situado en el S del país, junto a la bahía de Nápoles. 1.277 m de altitud. Permanece en activo. Su erupción del año 79 sepultó tres ciudades: Herculano, Pompeya y Stabia. La última erupción se produjo en 1944. En sus laderas se cultiva la vid, de la cual se obtiene el vino denominado *lacrima christi.*

veta *s. f.* **1.** Franja o lista que, por su textura, color, etc., se distingue de la materia que la rodea. **2.** En particular, estrato alargado de mineral que rellena una grieta de formación rocosa y que es generalmente objeto de explotación minera.

vetar *v. tr.* Poner veto, rechazar.

veteado, da 1. *p. p.* de **vetear**. || *adj.* **2.** Que tiene vetas o franjas.

vetear *v. tr.* Pintar, trazar o señalar vetas en una cosa.

veterano, na *adj.* **1.** Se aplica al militar que lleva mucho tiempo en el servicio o ha participado en la guerra. También *s.* **2.** Se dice de la persona dedicada muchos años a una profesión, oficio o actividad, por lo que tiene una gran experiencia. También *s.* **FAM.** Veteranía.

veterinaria *s. f.* Ciencia y profesión que estudia, previene y cura las enfermedades de los animales.

veterinario, ria *adj.* **1.** Perteneciente o relativo a la veterinaria. || *s. m.* y *f.* **2.** Persona que se dedica a la veterinaria.

vetiver *s. m.* Raíz olorosa usada para perfumar la ropa y protegerla de la polilla.

veto *s. m.* **1.** Derecho que tiene una persona o entidad de prohibir o impedir algo. **2.** Prohibición, restricción.

vetón, na *adj.* **1.** Se dice de un pueblo prerromano de la península Ibérica establecido en la zona occidental de la Meseta, aproximadamente entre los ríos Guadiana y Duero y las ciudades de Almeida y Ávila. Los vetones se unieron a los lusitanos en su rebelión contra Roma. **2.** De este pueblo. También *s.*

vetusto, ta *adj.* Muy viejo o muy antiguo. **FAM.** Vetustez.

Veyes Antigua ciudad italiana de la confederación etrusca, situada a orillas del río Cremara. Tuvo su apogeo entre los s. VIII y VI a. C. y fue conquistada por Roma h. 396 a. C. Se conservan restos de murallas, viviendas y un buen número de tumbas.

vez *s. f.* **1.** Cada realización de una acción o un suceso en momentos o circunstancias diferentes. **2.** Tiempo u ocasión en que ocurre o se realiza algo. **3.** En un orden, turno o sucesión, momento de intervenir o hacer cierta cosa. **4.** Puesto que corresponde a alguien en una cola, turno, etc. ‖ **LOC. a la vez** *adv.* Simultáneamente, al mismo tiempo. **a mi (tu, su, etc.) vez** *adv.* Alternando o recíprocamente; también, por mi (tu, su) parte. **a veces** *adv.* Algunas veces. **cada vez que** *conj.* Siempre que. **de una (sola) vez** *adv.* Con una sola acción, palabra, golpe, etc.; también, definitivamente. **de vez en cuando** o **de vez en vez** *adv.* Alguna vez. **en vez de** *prep.* En lugar de. **hacer las veces** Ejercer la función de otra persona o cosa. **rara vez** *adv.* Casi nunca, raramente. **tal vez** *adv.* Quizá, posiblemente. **una vez que** *conj.* Después que.

Vézelay Población de Francia, en la región de Borgoña, al SO de Avallon. 515 h. en 1968. Creció en torno a una abadía benedictina del s. XI. La iglesia, de estilo románico borgoñón, tiene en su puerta central un espléndido tímpano. Entre 1171 y 1216 fueron construidos el coro y el ábside, de estilo gótico.

VHF Siglas de la expresión inglesa *Very High Frequency*, 'frecuencia muy alta', que designa las ondas radioeléctricas con frecuencias comprendidas entre 30 y 300 MHz.

vía *s. f.* **1.** Ruta o camino para ir a un sitio. **2.** Cada uno de los dos carriles sobre los que circulan los trenes y estructura que forman estos dos carriles junto con otros elementos. **3.** Conducto del cuerpo humano o del cuerpo de los animales, como las vías respiratorias. **4.** Sistema o medio de transporte o comunicación. **5.** Sistema o medio para realizar o conseguir algo. **6.** En der., procedimiento judicial. **7.** Modo o lugar a través del cual se administra un medicamento. **8.** En la mística y la ascética, cada uno de los tres estadios espirituales encaminados a la perfección de la virtud; son la *vía purgativa*, *vía iluminativa* y *vía unitiva*. ‖ *prep.* **9.** Por, a través de. ‖ **10. vía de agua** Rotura por donde entra agua, especialmente en una embarcación. **11. vía de comunicación** Ruta terrestre, marítima o aérea para el transporte o el comercio de los pueblos entre sí. **12. vía ejecutiva** En der., procedimiento judicial para el cobro de deudas, multas, sanciones, etc. **13. vía férrea** Vía del ferrocarril. **14. vía iluminativa** En ascética y mística, estadio espiritual encaminado a obtener la perfección, en el cual el alma es iluminada por la divinidad. **15. vía muerta** En los ferrocarriles, la que no tiene salida y sirve para apartar de la circulación vagones y máquinas. **16. vía pública** Calle u otro sitio por donde pasa la gente. **17. vía purgativa** En ascética y mística, estado inferior de las vías de perfección espiritual, que se caracteriza por el arrepentimiento y penitencia por los pasados pecados. **18. vía unitiva** En ascética y mística, última fase del perfeccionamiento espiritual que consiste en la unión con la divinidad. ‖ **LOC. de vía estrecha** *adj.* Se dice de los ferrocarriles con ese tipo de vía, que suele corresponder a líneas secundarias o de corto recorrido; también, de poca categoría o importancia. **dejar vía libre** *fam.* No poner obstáculos a un asunto o permitir que otro pueda llevarlo a cabo. **en vía muerta** *adv.* Estancado. **en vías de** *prep.* En camino de, a punto de, cerca de.

vía crucis (loc. lat. que significa 'camino de la cruz') *s. m.* **1.** Camino señalado con diversas estaciones o paradas marcadas con cruces o altares, que se recorre rezando en memoria de la subida de Jesucristo hacia el Calvario. **2.** Conjunto de catorce cuadros, imágenes o cruces que representan los pasos del Calvario. **3.** Conjunto de rezos que se hacen delante de estas estaciones o cruces. **4.** Penalidad o sufrimiento prolongado.

Vía Láctea Galaxia en la que se encuentra el Sistema Solar. Es uno de los millones de sistemas galácticos de que consta el universo. Está formada por materia interestelar y por varios cientos de miles de millones de estrellas. Tiene forma de espiral, dotada de un lento movimiento de rotación. En su centro se acumulan las estrellas, formando un núcleo de unos 15.000 años luz, a partir del cual irradian dos grandes brazos de estrellas que alcanzan una longitud de 30.000 años luz. El diámetro de la Vía Láctea es de 80.000 a 100.000 años luz, su masa $1{,}6 \times 10^{11}$ veces la del Sol y su densidad de 7×10^{-24} g/cm^{-3}. Nuestro Sistema Solar se halla en uno de sus brazos, distante 27.000 años luz del núcleo. Desde la Tierra se observa como una vasta nebulosidad en forma de banda discontinua, como una mancha lechosa y alargada en el cielo nocturno. Se llama también *Camino de Santiago*.

viable[1] (del fr. *viable*, de *vie*, vida) *adj.* **1.** Que tiene posibilidades de ser llevado a cabo. **2.** Que puede vivir; se dice principalmente de los niños recién nacidos. **FAM.** Viabilidad.

viable[2] (del fr. *viable*, y éste del bajo lat. *viabilis*, de *via*, camino) *adj.* Que se puede transitar. **FAM.** Viabilidad.

viaducto *s. m.* Construcción parecida a un puente para el paso de una carretera o una vía férrea sobre una hondonada.

viajante *adj.* **1.** Que viaja. También *s.* ‖ *s. m.* y *f.* **2.** Representante de una casa comercial que hace viajes para negociar ventas o compras.

viajar *v. intr.* **1.** Ir de un lugar a otro, generalmente distante. **2.** Recorrer un medio de transporte un trayecto o distancia.

viaje[1] (del cat. *viatge*, y éste del lat. *viaticum*) *s. m.* **1.** Acción y efecto de viajar. **2.** Trayecto, itinerario. **3.** Recorrido que se hace de un lugar a otro, especialmente cuando se lleva una carga o peso. **4.** Carga o peso que se lleva de un lugar a otro de una vez. **5.** *fam.* Efecto de una droga alucinógena. ‖ **LOC. agarrar (un) viaje** *Arg.*, *Urug. fam.* Aceptar una proposición o invitación; también, decidirse a realizar algo. **de un viaje** *amer.* De una vez.

viaje[2] (de *esviaje*) *s. m.* **1.** *fam.* Corte profundo y grande y, p. ext., pellizco fuerte, golpe, etc., dado en alguna parte del cuerpo. **2.** *fam.* Golpe o agresión de una persona a otra. **3.** Ataque inesperado con un arma corta. **4.** Corte sesgado que se da a la madera, los tejidos, etc. **5.** Cornada que lanza el toro alzando la cabeza.

viajero, ra *adj.* **1.** Que viaja. También *s.* ‖ *s. m.* y *f.* **2.** Persona que viaja en un transporte público.

vial[1] (del ingl. *vial*) *s. m.* Frasco que sirve para guardar un medicamento inyectable o bebible, del cual se van extrayendo las dosis convenientes.

vial[2] (del lat. *vialis*) *adj.* Perteneciente o relativo a la vía.

Vian, Boris (Ville d'Avray 1920 - París 1959) Novelista y poeta francés. Sus obras, subversivas y mordaces, y su actitud inconformista le convirtieron en un símbolo del París existencialista y de la cultura francesa de posguerra. Entre sus obras destacan las novelas *Escupiré sobre vuestras tumbas* (1946), en el estilo del género negro estadounidense, firmada con el seudónimo de Vernon Sullivan, *La espuma de los días* (1947), *La hierba roja* (1950) y *El arrancacorazones* (1953).

Viana, Carlos, príncipe de (Peñafiel, Valladolid 1421 - Barcelona 1461) Heredero de Navarra. Hijo de Juan II de Aragón y de Blanca de Navarra, al morir su madre y a causa de la oposición de su padre, sólo ejerció el gobierno de Navarra en calidad de lugarteniente. Sus desavenencias con Juan II ocasionaron una guerra civil que enfrentó a agramonteses, partidarios del rey, y beaumonteses, seguidores del príncipe. Carlos fue vencido (1451) y definitivamente desheredado (1455). Cuando Juan II heredó la corona de Aragón (1458), la oligarquía de Barcelona apoyó la causa de Carlos para oponerse al autoritarismo del nuevo rey. Presionado por la Generalitat, Juan II le liberó y se reconoció su primogenitura (1461). Su prematura muerte resolvió el pleito dinástico.

Viana do Castelo Distrito de Portugal, en el NO del país. 2.255 km^2. 266.700 h. en 1989. La capital es Viana do Castelo, con 15.150 h. en 1981. Su economía es fundamentalmente agropecuaria, con cultivos de vid, hortalizas y cereales; además cuenta con industria alimentaria y astilleros.

vianda *s. f.* **1.** Manjar, comida. **2.** *Arg.*, *Urug.* Recipiente para guardar y transportar la comida.

viandante *s. m.* y *f.* Peatón, transeúnte.

viaraza *s. f.* **1.** Diarrea*. **2.** *And.*, *amer.* Acción irreflexiva y repentina. **3.** *And.* Costumbre maniática.

viario, ria *adj.* Perteneciente o relativo a los caminos y carreteras.

viaticar *v. tr.* Administrar el viático a un enfermo. ■ Se conjuga como *sacar*.

viático *s. m.* **1.** En la Iglesia católica, sacramento de la eucaristía que se administra a los enfermos en peligro de muerte. **2.** Subvención en dinero que se paga a los funcionarios que tienen que viajar, especialmente a los diplomáticos.

víbora *s. f.* **1.** Nombre común de diversos reptiles escamosos del suborden serpientes, familia vipéridos, géneros *Vipera*, *Crotalus*, *Bitis*, etc. Tienen el cuerpo cilíndrico y alargado, sin patas, con piel cubierta de escamas que mudan de una sola vez y cabeza triangular. Poseen en la mandíbula unos garfios tubulares, que se pliegan al cerrarla y se erizan al abrirla, conectados a glándulas que segregan veneno. Su lengua es bífida y tienen un único pulmón. La víbora europea *(Vipera berus)* mide entre 45 y 85 cm, tiene banda oscura en zigzag de color variable: gris, pardo o casi negro, y hocico aplanado. El áspid *(Vipera aspis)* mide entre 50 y 75 cm, tiene el hocico replegado hacia arriba en ángulo agudo, pupila vertical y escamas pequeñas en la cabeza. La víbora cornuda *(Vipera ammodytes)* mide entre 50 y 100 cm, posee en el hocico un repliegue similar al áspid, pero largo y puntiagudo. Todas ellas son venenosas y habitan en Europa. La víbora desértica *(Bitis arietans)* mide entre 90 y 120 cm, es rechoncha y perezosa, pero de picadura mortal. Vive en África. Las especies americanas del género *Crotalus* reciben el nombre genérico de *serpientes de cascabel* o *crótalos*. **2.** Persona astuta y malintencionada.

Víbora europea (Vipera berus).

viborera *s. f.* Planta herbácea de la familia borragináceas, especie *Echium vulgare*. Tiene un tallo con pelos duros y agudos, hojas lanceoladas, flores azuladas, rara vez rosadas o blancas, reunidas en panícula terminal, y fruto seco. Crece en Europa y se cultiva para uso ornamental.

viborezno, na *adj.* **1.** Perteneciente o relativo a la víbora. ‖ *s. m.* **2.** Cría de la víbora.

vibración *s. f.* **1.** Acción y efecto de vibrar. **2.** En mecánica, cada movimiento oscilante de las partículas de un medio elástico, pasando por una posición central de equilibrio. **3.** En la construcción, procedimiento que consiste en someter al hormigón durante el fraguado a un fuerte movimiento vibratorio para hacer que quede compacto. ‖ *pl.* **4.** Corriente de simpatía o antipatía.

vibrador, ra *adj.* **1.** Que vibra. ‖ *s. m.* **2.** Aparato que transmite las vibraciones eléctricas. **3.** Interruptor electromagnético automático, formado por un electroimán y una placa vibrante.

vibráfono *s. m.* Instrumento musical de percusión creado en el s. XX. Consiste en un teclado de láminas metálicas de diferentes tamaños que, al ser golpeado con unas pequeñas mazas, hace vibrar un tubo resonador, el cual se abre y cierra mediante un pedal; es utilizado en jazz, música clásica contemporánea y música ligera. **FAM.** Vibrafonista.

vibrante *adj.* **1.** Que vibra o hace vibrar. **2.** En ling., se dice del sonido que se articula interrumpiendo rápidamente una o varias veces la salida del aire. En español son vibrantes la *r* de *para* (vibrante simple) y la *rr* de *parra* y *rata* (vibrante múltiple). También *s. f.*

vibrar *v. intr.* **1.** Moverse una cosa de un lado a otro o de arriba abajo con movimientos muy pequeños y rápidos, más o menos fuertes o intensos. **2.** Sonar la voz temblorosa, entrecortada. **3.** Conmoverse, entusiasmarse. **4.** En mecánica, experimentar un cuerpo elástico cambios alternativos de tal modo que sus puntos oscilen sincrónicamente en torno a sus posiciones de equilibrio sin que el cuerpo cambie de lugar.

vibrátil *adj.* **1.** Que es capaz de vibrar. **2.** En biol., se dice del movimiento que efectúan o provocan las células que poseen abundantes cilios.

vibrato (voz ital.) *s. m.* Efecto sonoro que se realiza con la voz o con instrumentos musicales y que consiste en una serie sucesiva de pequeñas oscilaciones de una nota por encima y por debajo de su afinación.

vibratorio, ria *adj.* Que vibra o es capaz de vibrar.

vibrio *s. m.* Nombre común de diversas bacterias de la familia vibrionáceas, con varios géneros, entre los que destaca *Vibrio.* Son gramnegativas, con forma de vibrión y generalmente flageladas. Algunas especies son patógenas, como la *Vibrio cholerae*, que transmite la enfermedad del cólera.

vibrión *s. m.* **1.** Tipo morfológico de bacteria en forma de coma. **2.** Bacteria del género *Vibrio.*

vibrisa *s. f.* **1.** Pelo táctil que tienen en el hocico ciertos mamíferos carnívoros, como el gato y la morsa, y roedores, como la rata. **2.** Pluma con función táctil que existe junto al pico de ciertas aves. ▪ Se usa mucho en *pl.*

vibroscopio *s. m.* Aparato que estudia las vibraciones de los cuerpos.

viburno *s. m.* Nombre común de diversas plantas arbustivas de la familia caprifoliáceas, género *Viburnum.* El *Viburnum opulus*, también llamado *mundillo* o *bola de nieve*, mide entre 2 y 4 m, tiene hojas trilobuladas o pentalobuladas, flores blancas agrupadas en tirsos o umbelas y frutos rojos en bayas. El *Viburnum lantana* tiene las hojas ovaladas y velludas en el envés y los frutos, al madurar, negros. Crecen en la península Ibérica y Europa meridional.

Vicalvarada Nombre con que se conoce la sublevación que dio lugar a la revolución española de 1854 y al bienio progresista de Espartero (1854-56), en la que la infantería y la artillería de Madrid, dirigidas por O'Donnell, se enfrentaron en Vicálvaro con las tropas del gobierno.

vicaría *s. f.* **1.** Oficina o tribunal en el que despacha el vicario. **2.** Oficio o dignidad de vicario y territorio de su jurisdicción. ‖ **Loc. llevar** a alguien **a la vicaría** *fam.* Conseguir casarse con él. **pasar por la vicaría** Casarse.

vicariante *adj.* En biol., se dice de los vegetales o los órganos de éstos que se mudan o sustituyen.

vicariato *s. m.* **1.** Vicaría*. **2.** Tiempo que dura el cargo de vicario.

vicario, ria *adj.* **1.** Se aplica a la persona que sustituye a otra en determinados asuntos y circunstancias, particularmente religiosos. También *s.* ‖ *s. m.* **2.** Juez eclesiástico nombrado y elegido por los prelados para que ejerza la jurisdicción ordinaria. **3.** Eclesiástico que en una parroquia está bajo la autoridad del párroco. ‖ *s. f.* **4.** Segunda superiora en algunos conventos de monjas. ‖ **5. vicario apostólico** Eclesiástico nombrado por la Santa Sede para gobernar, con jurisdicción ordinaria, una región donde aún no está introducida o establecida la jerarquía eclesiástica. **6. vicario de Cristo** Uno de los nombres que se dan al papa.

vice- *pref.* Se antepone al nombre de un cargo para designar el de categoría inmediatamente inferior o el de la persona que puede sustituir al que ostenta aquél: *vicealmirante, vicepresidente.* ▪ A veces toma las formas *viz-* o *vi-*: *vizconde, virrey.*

vicealmirantazgo *s. m.* Cargo o dignidad de vicealmirante.

vicealmirante *s. m.* Oficial de la Armada que ostenta el grado inmediatamente inferior al de almirante, equivalente al de general de división en el Ejército de Tierra.

vicecónsul *s. m.* y *f.* Funcionario de la carrera consular de categoría inmediatamente inferior a la del cónsul.

viceconsulado *s. m.* **1.** Cargo de vicecónsul. **2.** Oficina del vicecónsul.

Vicens Vives, Jaime (Girona 1910 - Lyon 1960) Historiador español. Estudió el s. XV en España y, más tarde, se interesó fundamentalmente por los factores económicos y sociales de la historia de España. Entre sus obras destacan *Aproximación a la historia de España* (1952), *Los Trastámaras* (1956), *Manual de historia económica de España* (1959) y *Fernando II de Aragón* (1962). Fue también el fundador de las publicaciones periódicas *Estudios de historia moderna* (1951) e *Índice histórico español* (1956).

Vicente, Gil (Lisboa h. 1465 - Évora 1536) Poeta y dramaturgo portugués. Al servicio de la corte portuguesa en los reinados de Manuel I y Juan III, su teatro parte del de Juan del Encina, pero le añade sátira social y elementos simbólicos. De sus 42 piezas teatrales, 10 fueron escritas en castellano y las restantes en portugués. Entre las principales figuran *Auto de la sibila Casandra*, la tragicomedia *Don Duardos*, verdadera pieza maestra, *Farsa de la gitana* y *Farsa de los físicos.* Su lírica influyó poderosamente en la poesía española del Siglo de Oro y de la generación del 27.

Vicente de Paúl, San (Pouy, actual Saint-Vincent-de-Paul 1581 - París 1660) Religioso francés. Fue capellán general de las galeras (1619). Dedicado por entero a las obras de caridad, fundó varias congregaciones, entre ellas la Sociedad de la Misión (1625), cuyos miembros son llamados *lazaristas*, y con Luisa de Marillac, las Hijas de la Caridad (1633).

Vicente Ferrer, San (Valencia 1350 - Vannes 1419) Predicador dominico español. Fue partidario del papa de Aviñón Clemente VII frente a Urbano VI, el papa romano, y cuando Pedro de Luna fue elegido pontífice (Benedicto XIII), formó parte de su corte como confesor papal (1394-99). Desarrolló su labor predicadora en Francia, Suiza, Flandes, Italia y la península Ibérica. Designado compromisario en Caspe (1412), influyó decisivamente en la elección de Fernando de Antequera como rey de Aragón.

Vicenza C. de Italia, en la región de Véneto. 109.350 h. en 1991. Posee industrias alimentarias, químicas, textiles, siderúrgicas y mecánicas. Es un importante centro comercial y agrícola y un estratégico nudo de comunicaciones. En ella se conservan restos romanos, la iglesia románica de San Silvestre, las góticas de Santa Corona y San Lorenzo, la catedral (s. XIII-XVI) y algunos palacios renacentistas del arquitecto Andrea Palladio.

vicepresidencia *s. f.* **1.** Cargo de vicepresidente. **2.** Oficina o despacho del mismo.

vicepresidente, ta *s. m.* y *f.* Persona que, en ciertas circunstancias o para determinados asuntos, sustituye al presidente.

vicerrector, ra *s. m.* y *f.* Persona que ocupa el cargo inmediatamente inferior al de rector, al que puede sustituir en ciertas circunstancias.

vicesecretaría *s. f.* **1.** Cargo de vicesecretario. **2.** Oficina o despacho del mismo.

vicesecretario, ria *s. m.* y *f.* Persona que, en ciertas circunstancias o para determinados asuntos, sustituye al secretario.

vicetiple *s. f.* **1.** Cantante de voz más grave que la tiple. **2.** En las zarzuelas y revistas, cada una de las cantantes que intervienen en los números de conjunto.

viceversa *adv.* Indica que deben invertirse los términos de los que se afirma algo.

Vich (*Vic*) C. de España, situada en la prov. de Barcelona. 29.100 h. en 1991. Es el centro de una rica región agrícola donde se cultivan cereales, hortalizas, patatas y plantas forrajeras. Cuenta con una importante ganadería vacuna y porcina y con industrias alimentarias, textiles, metalúrgicas, madereras y de pieles. La ciudad es el núcleo comercial de la comarca. Entre sus monumentos destacan un templo romano (s. III), la catedral, neoclásica con restos románicos y claustro gótico, decorada con murales de José María Sert, y el Museo Episcopal, que guarda una excelente colección de pintura medieval catalana.

Vichada Departamento de Colombia, en el E del país. 100.242 km². 18.700 h. en 1986. La capital es Puerto Carreño, con 2.200 h. en 1985. Está situada sobre una gran llanura, regada por numerosos ríos, entre los que destacan el Orinoco y el Meta. En la región se cultiva caña de azúcar, arroz, plátanos, maíz y yuca. La base de su economía, sin embargo, es la explotación de los recursos forestales.

vichy (voz fr.) *s. m.* Tela fuerte de algodón, de rayas o cuadros, que se usa en la confección de batas, delantales, etc.

Vichy C. de Francia, en el departamento de Allier, en el centro del país. 30.550 h. en 1982. Posee industrias de embotellado de aguas, químicas y electromecánicas. Basa su economía en sus fuentes termales, que ya eran conocidas en época romana.

Vichy, gobierno de Nombre que recibe el régimen instaurado en Francia en 1940, después de que la Asamblea Nacional confiara a Pétain plenos poderes para dictar una nueva Constitución, en la que éste se atribuyó todo el poder ejecutivo y legislativo. El gobierno, que residía en Vichy, fue de corte autoritario y estuvo siempre condicionado por los intereses de Alemania, especialmente cuando lo dirigió Pierre Laval. Su soberanía se reducía a la parte de Francia no ocupada por los nazis. Se mantuvo hasta el verano de 1944 cuando, ante el curso de la guerra, sus dirigentes pretendieron abandonar sus funciones y fueron obligados por los alemanes a trasladarse a Sigmaringen. Se disolvió con la derrota alemana.

viciado, da **1.** *p. p.* de **viciar**. También *adj.* ‖ *adj.* **2.** Se dice del aire no renovado en un espacio habitado.

viciar *v. tr.* **1.** Hacer que una persona o animal adquiera un vicio, una mala costumbre. También *v. prnl.* **2.** Hacer que una cosa se deforme. También *v. prnl.* **3.** Alterar o torcer el sentido de algo. También *v. prnl.* **4.** Anular la validez de un acto público, documento, etc.

vicio *s. m.* **1.** Afición excesiva a una cosa, generalmente perniciosa. **2.** Cualquier cosa a la que es fácil aficionarse en exceso. **3.** Costumbre o rasgo de carácter censurable, especialmente desde el punto de vista moral. **4.** Mala costumbre que adquiere a veces un animal. **5.** Deformación de una superficie o una cosa. **6.** Falta o defecto que tienen algunas cosas, particularmente un acto público o un documento oficial. **7.** Exceso de mimo con que se educa a un niño. **8.** Frondosidad, desarrollo excesivo de una planta que resulta perjudicial. ‖ **9. vicio de dicción** Uso incorrecto del idioma, como los barbarismos, solecismos, cacofonías y anfibologías. ‖ **Loc. de vicio** *adj.* y *adv. fam.* Muy bueno o muy bien; también, sin motivo.

vicioso, sa *adj.* **1.** Que tiene algún vicio. También *s.* **2.** Entregado al vicio. También *s.* **Fam.** Viciosamente.

vicisitud *s. f.* **1.** Suceso contrario a la marcha o desarrollo de algo. Se usa más en *pl.* **2.** Alternancia de hechos favorables o desfavorables en la marcha de algo. Se usa más en *pl.*

Vico, Giambattista (Nápoles 1668 - íd. 1744) Filósofo italiano. Se opuso al cartesianismo vigente y defendió un nuevo criterio de verdad según el cual el hombre sólo puede entender las cosas que él mismo ha hecho. En consecuencia, negó la posibilidad de una ciencia de la naturaleza y afirmó que el único conocimiento esencialmente humano es la historia. Entre sus obras principales figuran *Sabiduría primitiva de los italianos* (1739), *Ciencia nueva* (1725) y su *Autobiografía* (1728).

víctima *s. f.* **1.** Persona o animal que sufre un daño por culpa de otros o fortuitamente. **2.** Persona que pierde la vida en esas circunstancias. **3.** Persona que sufre los efectos de sus propias acciones o de los otros. **4.** Persona o animal destinados al sacrificio de los dioses. ‖ **5. víctima propiciatoria** La que se sacrifica a los dioses para obtener la ayuda o los favores de éstos; también, persona que sufre un daño por algo que no ha cometido o en lo que no ha intervenido. ‖ **Loc. hacerse** alguien **la víctima** *fam.* Quejarse sin tener motivos.

victimar *v. tr. amer.* Asesinar, matar.

victimario *s. m.* Asesino.

Víctor Nombre de tres papas.
Víctor II (? - Arezzo 1057) Papa germano. De nombre Gebhard, conde de Dollnstein-Hirschberg, su pontificado abarca de 1055 a 1057. Impuesto por el emperador Enrique III, fue tutor de su sucesor Enrique IV. Impulsó la reforma de la Iglesia ayudado por Hildebrando de Cluny.
Víctor III, Beato (Benevento h. 1027 - Montecassino 1087) Papa italiano. De nombre Desiderio de Defausi, su pontificado abarca de 1086 a 1087. Abad de Montecassino (1058), engrandeció la abadía. Prosiguió la reforma emprendida por Gregorio VII.

Víctor Amadeo Nombre de tres soberanos de la casa de Saboya.
Víctor Amadeo I (Turín 1587 - Vercelli 1637) Duque de Saboya (1630-37). Participó en una coalición con Francia, Parma, Mantua y Módena para luchar contra España y, al mando del ejército, venció a los españoles en Mombaldone (1637).
Víctor Amadeo II (Turín 1666 - Rivoli 1732) Duque de Saboya (1675-30), rey de Sicilia (1713-20) y de Cerdeña (1720-30). Practicó una política de alianzas alternas con el imperio y con Francia. Por el tratado de Utrecht (1713) obtuvo el Milanesado, el Monferrato y el trono de Sicilia, que después cambió a los austriacos por el de Cerdeña (1718). En 1730 abdicó en favor de su hijo Carlos Manuel III.
Víctor Amadeo III (Turín 1726 - Moncalieri 1796) Rey de Cerdeña (1773-96). Enemigo de la Francia revolucionaria, se alió con Austria; las victorias de Bonaparte (1796) le obligaron a firmar el armisticio de Cherasco y a ceder Saboya y Niza a Francia.

Víctor Catalá, Caterina Albert, llamada (La Escala, Girona 1873 - íd. 1966) Escritora española en lengua catalana. Narradora realista, es autora de novelas, entre las que sobresale *Soledad* (1905), y libros de relatos, como *Dramas rurales* (1902), *Umbrías* (1904), *Aristas afiladas* (1907) y *Contraluces* (1930).

Víctor Manuel Nombre de tres reyes de Cerdeña e Italia.
Víctor Manuel I (Turín 1759 - Moncalieri 1824) Rey de Cerdeña (1802-21). Accedió al trono tras la abdicación de su hermano Carlos Manuel IV, aunque se encontraba desposeído de su reino por la política napoleónica. Los tratados de 1815 le devolvieron sus estados, incrementados con Génova. Tras la revolución provocada por su política absolutista (1821), abdicó en su hermano Carlos Félix.
Víctor Manuel II (Turín 1820 - Roma 1878) Rey de Cerdeña (1849-61) y de Italia (1861-78). El ministro Cavour le ayudó a conseguir la unidad y libertad de Italia. Arrebató a Austria Lombardía, Romaña, Parma, Módena y Toscana y en 1860 llegó a un acuerdo con Garibaldi que hizo posible la unificación de Italia. Coronado rey (1861), se anexionó Venecia en 1866 y Roma en 1870.

Víctor Manuel II. Grabado de la época (Biblioteca Nacional, Madrid).

Víctor Manuel III (Nápoles 1869 - Alejandría, Egipto 1947) Rey de Italia (1900-46). Sucedió a su padre Humberto I. En 1922 se negó a declarar el estado de sitio, facilitando la Marcha sobre Roma y el ascenso de Mussolini al poder. El régimen fascista le declaró emperador de Etiopía en 1936 y rey de Albania en 1939, pero le quitó toda influencia política. Destituido Mussolini, entregó el poder a Badoglio (1943). Después de la victoria aliada abdicó en favor de su hijo Humberto (1946).

victoria *s. f.* **1.** Acción y efecto de vencer, especialmente en una lucha o competición. **2.** Coche de caballos con dos asientos, abierto y con capota plegable. ‖ **3. victoria regia** Planta acuática de la familia ninfáceas, especie *Victoria regia.* Tiene hojas redondas de hasta 2 m de diámetro que flotan sobre las aguas y flores olorosas blancas o rosas. Crece en América del Sur, en la cuenca del Amazonas. ‖ **Loc. cantar** uno **victoria** Conseguir un triunfo y alegrarse por él.

Victoria Diosa romana alegórica del triunfo, correspondiente a la alada Niké griega y cuyos atributos eran la palma y la corona. Tuvo un santuario en Roma desde el 292 a. C.

Victoria 1. Cataratas de África, formadas por el río Zambeze y situadas entre Zambia y Zimbabwe. El río tiene en este sector una anchura de 1.600 m y se precipita desde una altura de 110 m en una garganta que sólo tiene unos 70 m de anchura. Fueron descubiertas en 1855 por Livingstone.
2. Lago de África, situado entre Uganda, Kenia y Tanzania. Sus 68.100 km^2 de superficie lo convierten en el mayor lago de África. Los principales ríos que vierten en él sus aguas son el Kagera y el Katonga. Su emisario, el Nilo Victoria, lo une al lago Kyoga y a éste con el Mobutu Sese Seko.

Victoria 1. Estado de Australia, situado en el SE del país. 227.600 km^2. 4.321.500 h. en 1989. La capital es Melbourne, con 3.039.100 h. en 1989. El territorio, atravesado por las últimas estribaciones de la Gran Cordillera Divisoria, tiene un clima oceánico suave y húmedo y en él se cultivan cereales, plantas forrajeras, patatas, hortalizas, frutales y vid. Cuenta con ganado ovino y bovino, importantes recursos forestales, ricos yacimientos de lignito, oro, petróleo y gas natural e industrias textiles, químicas, petroquímicas, de refino de petróleo, alimentarias y de fabricación de maquinaria.
2. C. de Hong Kong, cap. de esta colonia británica. 633.100 h. en 1981. Posee industrias mecánicas y textiles. Es un centro comercial y administrativo.
3. C. de Canadá, cap. de la prov. de Columbia Británica, situada en el SE de la isla de Vancouver. 66.300 h. en 1987 y 260.400 h. en su aglomeración urbana. Aunque cuenta con industrias pesqueras y de materiales de construcción, es ante todo un centro administrativo y residencial. Tiene además dos puertos, astilleros y un observatorio meteorológico y otro astronómico.
4. C. de las islas Seychelles, cap. del país, situada en la isla de Mahé. 23.400 h. en 1980. Es el centro administrativo, comercial y cultural del archipiélago.

Victoria I (Londres 1819 - Osborne, isla de Wight 1901) Soberana del Reino Unido de Gran Bretaña e Irlanda (1837-1901) y emperatriz de la India (1877-1901). Simpatizante liberal durante su juventud, su matrimonio en 1840 con Alberto de Sajonia-Coburgo-Gotha la hizo cambiar profundamente. De ideas progresivamente más conservadoras, procuró intervenir tanto como le fue posible en la política interior y, sobre todo, en la exterior. Mostró su apoyo a los gabinetes conservadores de Peel, Disraeli y lord Salisbury y fueron frecuentes sus discrepancias con los gobiernos liberales de Russell, Palmerston y Gladstone. Tras la muerte de Alberto, en 1861, se recluyó, sin dejar de intervenir en política. Su retiro finalizó con su coronación como emperatriz de la India, que la convirtió en el símbolo del imperialismo británico. Su reinado prestigió a la Corona y supuso una época de bienestar y desarrollo cultural, que se conoció como *época victoriana.*

Victoria I.

Victoria, Gran Desierto Desierto de Australia, situado en el O del país, que ocupa buena parte de los estados de Australia Occidental y Australia Meridional. Se extiende entre los montes Musgrave al N hasta la gran llanura costera de Nullarbor Plain al S.

Victoria, Manuel Félix Fernández, llamado **Guadalupe** (Tamazula 1786 - Perote 1843) Político mexicano. Luchó por la independencia y apoyó el plan de Iguala (1821), pero combatió a Itúrbide cuando éste se proclamó emperador. Tras el restablecimiento del Congreso en 1823, formó parte del gobierno tripartito provisional y se convirtió en el primer presidente de México (1824-29). Desarrolló una política liberal y federalista, abolió la esclavitud y rindió el castillo de San Juan de Ulúa, último reducto español.

Victoria, Tomás Luis de (Ávila h. 1548 - Madrid 1611) Compositor español. Se ordenó sacerdote en 1575 y fue probablemente discípulo de Palestrina. Maestro de Capilla y organista en el convento de las Descalzas Reales de Madrid, su obra se sitúa en la más alta cima de la polifonía renacentista. Dotó a la técnica del contrapunto de un profundo sentimiento dramático que entronca con la mística española de la época. Sus composiciones, exclusivamente religiosas, incluyen 21 misas, 44 motetes, salmos, himnos, magnificats, música para los oficios de Semana Santa y un *Réquiem* (1605), que constituye su obra maestra.

Victoria de Las Tunas C. de Cuba, cap. de la prov. de Las Tunas. 115.200 h. en 1989. Destaca por sus centrales azucareras y tiene además industrias alimentarias y tabaqueras.

Victoria de los Ángeles, Victoria de los Ángeles López, llamada (Barcelona 1923) Soprano española. Debutó en 1944 y se consagró internacionalmente como cantante de ópera y de *lieder.* Su repertorio abarca desde el melodrama italiano hasta Wagner.

Victoria Eugenia de Battenberg (castillo de Balmoral 1887 - Lausana 1969) Reina de España (1906-31), por su matrimonio con Alfonso XIII. Era nieta de la reina Victoria I del Reino Unido. En 1931, al proclamarse la Segunda República, marchó al exilio con su marido.

victoriana, época En la historia británica, nombre que recibe el periodo correspondiente al reinado de Victoria I. Se caracterizó por importantes progresos materiales, un afianzamiento del imperio, una exaltación de los sentimientos religiosos y un rigorismo en los hábitos morales. El bienestar económico se reflejó especialmente en la arquitectura, cuyo paradigma fue el Crystal Palace, del arquitecto Paxton, construido en Londres para la Exposición Universal de 1851.

victoriano, na *adj.* Perteneciente o relativo a la reina Victoria de Inglaterra o a su época. También *s.*

victorioso, sa *adj.* **1.** Que ha conseguido una victoria. **2.** Se dice de las acciones en las que se consigue una victoria. **Fam.** Victoriosamente.

Vicuña (Vicugna vicugna).

vicuña *s. f.* **1.** Mamífero artiodáctilo de la familia camélidos, especie *Vicugna vicugna.* Mide unos 90 cm de longitud, tiene el cuello alargado y las orejas sobresalientes. Su cuerpo está cubierto por un pelaje largo y sedoso parecido a la lana, con el que se hacen tejidos, de color amarillento, rojizo oscuro en el dorso y blanco en el vientre. Habita en América del Sur, en los Andes, a alturas comprendidas entre los 3.500 y 5.000 m. **2.** Lana de este animal. **3.** Tejido que se hace con esta lana.

Vicuña, Francisco Ramón (Santiago de Chile 1775 - íd. 1849) Político chileno. Participó en las luchas de independencia (1811), fue ministro del Interior, de Hacienda y de Relaciones Exteriores (1825) y presidente del Senado (1829). Ocupó provisionalmente la presidencia de la república tras la renuncia de Francisco Antonio Pinto (1829).

vid *s. f.* Nombre común de diversas plantas de la familia vitáceas, género *Vitis.* La vid europea *(Vitis vinifera)*, también llamada *labrusca*, es una planta silvestre, leñosa, trepadora, que tiene hojas palmeadas y zarcillos que se enroscan en torno a un soporte, flores dioicas de color verde agrupadas en racimos. Crece en bosques con prados secos de Europa. La vid cultivada presenta numerosas especies, muchas de ellas híbridas; tiene flores con cinco pétalos verdes y un fruto en baya pulposa, la uva. Se cultiva en diversas formas: podándola hasta dejar un tronco de 30 a 90 cm de altura con brazos radiales que producen sarmientos cortos (cepa), o dejando varas apoyadas en un espaldar o en otros árboles (parra). En todos los países de clima cálido se cultiva la vid, fundamentalmente para producir vino, uva de mesa, vinagre o pasas; los más importantes productores son Italia, Francia, España, Argentina y EE UU.

vida *s. f.* **1.** Propiedad de los seres orgánicos por la cual éstos crecen, se reproducen y se relacionan con el medio ambiente. **2.** Circunstancia de existir seres vivos. **3.** Espacio de tiempo entre el nacimiento y la muerte. **4.** P. ext., duración de algo. **5.** Conjunto de todo lo necesario para mantenerse los seres humanos, y particularmente el alimento. **6.** Conducta o modo de vivir. **7.** Actividad. **8.** Biografía. **9.** Dicho de las mujeres, prostitución. **10.** Lo que da valor o interés a la existencia de una persona. **11.** Cualquier cosa que ayuda a que otra cosa exista o se desarrolle. **12.** Energía, vitalidad, animación. **13.** Expresión, viveza, particularmente de los ojos o la mirada. || **14. calidad de vida** Nivel de bienestar de una persona o sociedad. **15. la gran vida** *fam.* Muy buena vida. **16. la mala vida** Vida de malas costumbres; también, prostitución. **17. la otra vida** (**la vida eterna** o **la vida futura**) Existencia del alma después de la muerte. **18. la vida padre** *fam.* La gran vida. **19. nivel de vida** Grado de bienestar de una persona, grupo, país, etc. **20. vida animal** Aquella cuyas tres funciones principales son la nutrición, la relación y la reproducción. **21. vida artificial** Programa de ordenador que trata de emular la evolución biológica para estudiar sus características. **22. vida marital** Relación que existe entre las personas que constituyen un matrimonio o una pareja estable. **23. vida vegetativa** Conjunto de procesos fisiológicos involuntarios necesarios para el mantenimiento de las funciones vitales. **24. vida y milagros** *fam.* Conjunto de hechos o acciones de una persona. || **Loc. buscar** (o **buscarse**) uno **la vida** Arreglárselas para vivir. **de mi vida** *adj.* Se pospone al nombre dado a una persona e indica cariño. **de por vida** *adv.* Por todo el tiempo que dure la vida. **de toda la vida** *adj.* y *adv. fam.* Desde hace mucho tiempo, de siempre. **de vida alegre** *adj.* Aplicado a las mujeres, de vida licenciosa. **dejarse la vida** en algo Perder la energía, las fuerzas, o incluso la vida, por poner mucho esfuerzo y trabajo en lo que se expresa. **en la** (o **mi**, **tu**, **su**, etc.) **vida** *adv.* Nunca, jamás. **enterrarse** uno **en vida** Apartarse de la sociedad y del trato con los demás. **hacer la vida imposible** a alguien Molestarle o hacerle sufrir continuamente. **pasar** uno **a mejor vida** Morir. **tener** uno **siete vidas** (**como los gatos**) *fam.* Salir sin daño de peligros, enfermedades, accidentes, etc. **vender** uno **cara la vida** Defender uno su vida con todas sus fuerzas causando daño al enemigo antes de morir.

Biol. La vida apareció en la Tierra hace más de 3.000 millones de años. Su influencia sobre el planeta ha sido considerable. Hoy se piensa que la composición de la atmósfera es debida a la presencia de la vida: todo el oxígeno que hay en la atmósfera habría sido generado como consecuencia de la función clorofílica. Hace unos 700 millones de años, la vida dio un gran paso con la aparición de los seres pluricelulares, plantas y animales. No existen pruebas de que haya vida en otros planetas o en otros sistemas planetarios.

Vidal, Francisco (Supe 1801 - Lima 1863) Militar y político peruano. Combatió en las guerras de independencia, se distinguió en el sitio de El Callao (1825) y participó en la guerra contra el ejército de la Gran Colombia (1828-29). Favoreció la caída de la Confederación Perú-boliviana. Asumió la presidencia de la república de Perú en 1842, pero la oposición de Vivanco le obligó a dimitir al año siguiente.

Vidal, Francisco Antonio (San Carlos, Maldonado 1827 - ? 1889) Político uruguayo. Miembro del Partido Colorado, fue ministro de Gobierno con Flores (1865), presidente del Senado y ocupó provisionalmente la presidencia de la república en varias ocasiones (1865-66, 1879, 1880-82 y 1886).

Vidal, Gore (West Point 1925) Escritor estadounidense. Fue consejero del presidente Kennedy (1961-63). Es un autor polémico, que utiliza la ironía y el sarcasmo, con una prosa directa y rica en imágenes. Ha destacado en la novela histórica, género al que pertenecen sus libros *Juliano el Apóstata* (1964) y *Lincoln* (1985), y en la recreación de ambientes urbanos, en obras como *La ciudad y el pilar* (1948).

Vidal de Besalú, Ramón (s. XIII) Trovador español en lengua provenzal. Es autor de poesías líricas, tres narraciones en verso y de unas instrucciones para un juglar, en verso, que nos informan sobre la juglaría y algunas cortes a principios del s. XIII. Se conserva también su gramática del provenzal, en prosa, llamada *Las rasós de trobar.*

Vidal de La Blache, Paul (Pézenas, Hérault 1845 - Tamaris, Var 1918) Geógrafo francés. Considerado como el creador de la moderna escuela de geografía humana, profundizó en el estudio de la adaptación del hombre a la naturaleza que le rodea. Publicó, entre otros títulos, *Estados y naciones de Europa* (1881) y *Principios de geografía humana* (1922).

vidalita *s. f.* Canción popular argentina, por lo general amorosa y de carácter melancólico.

vide (voz lat.) Equivale a *véase* y se coloca en un escrito ante una indicación de párrafo, página, etc., para remitir al lector a ellos.

Videla, Jorge Rafael (Mercedes 1925) Militar y político argentino. Comandante en jefe del Ejército desde 1975, dirigió el golpe militar que derrocó a María Estela Martínez de Perón y le llevó a la presidencia de la república (1976-81). Instauró una dictadura que combatió con toda dureza a los guerrilleros y se caracterizó por la represión paramilitar, que arrojó un saldo de miles de desaparecidos. En 1985 fue procesado y condenado a cadena perpetua.

vidente *s. m.* y *f.* Persona capaz de ver o conocer el futuro o cosas ocultas para los demás.

video- *pref.* Significa 'televisión o vídeo': *videofrecuencia, videocámara.*

vídeo *s. m.* **1.** Técnica o sistema de grabación y reproducción de imágenes y sonido por métodos electrónicos, mediante una cámara, un magnetoscopio y un televisor. Las imágenes quedan grabadas en una cinta magnética. ■ En Hispanoamérica se pronuncia *video.* **2.** Filmación hecha con esa técnica o sistema. **3.** Aparato que sirve para grabar o reproducir películas de vídeo o señales televisivas. **4.** Cinta magnética de vídeo, especialmente la que está grabada. || **5. vídeo interactivo** Programa de vídeo en el que las secuencias de imágenes y la selección de los manejos están determinadas por las respuestas del usuario. Se utiliza en técnicas de aprendizaje individualizado.

Tecnol. En un equipo de vídeo, la cámara recoge las imágenes mediante un sistema óptico (objetivo) y las proyecta sobre una superficie recubierta de un material semiconductor, que en función de la intensidad luminosa que recibe varía la intensidad de una corriente suministrada. Las señales eléctricas en las que la cámara transforma las imágenes contienen información sobre la forma, la luminosidad y el color de las mismas. Las cabezas de grabación del magnetoscopio convierten esas señales eléctricas en una señal electromagnética. Al hacer pasar por las cabezas de grabación una cinta magnética a velocidad constante, la señal electromagnética que recorre las cabezas orienta en un determinado sentido las partículas magnéticas de la cinta y de este modo queda registrada en ésta toda la información que llega a las cabezas. El televisor, por un proceso inverso, transforma la señal electrónica en imágenes visuales.

videoaficionado, da *s. m.* y *f.* Persona que tiene como afición el realizar películas de vídeo.

videoarte *s. m.* Utilización de los medios y técnicas de vídeo para la expresión artística. Empezó a practicarse en EE UU a mediados de los años sesenta y actualmente lo cultivan numerosos artistas en todo el mundo, entre los que destacan Nam June Paik, G. Schum, L. Levine y U. Rosenbach.

videocámara *s. f.* Cámara de vídeo.

videocasete *s. m.* Cinta de vídeo con el cartucho que la contiene.

videocinta *s. f.* Cinta de vídeo.

videoclip *s. m.* Filmación en formato vídeo hecha para promocionar un disco o a un grupo musical.

videoclub *s. m.* Establecimiento comercial en que se pueden alquilar o comprar cintas de vídeo grabadas.

videocontrol *s. m.* Control de un sitio o espacio determinado mediante un circuito cerrado de televisión.

videodisco *s. m.* Disco capaz de almacenar imágenes mediante un sistema magnético, que pueden ser reproducidas en un televisor por un rayo láser.

videofonía *s. f.* Sistema de comunicación mediante videófono.

videófono *s. m.* Aparato telefónico dotado de una instalación de televisión que permite la comunicación hablada y visual a un tiempo.

videofrecuencia *s. f.* Cualquiera de las frecuencias de onda empleadas en la transmisión de imágenes de televisión.

videográfico, ca *adj.* Perteneciente o relativo al vídeo.

videojuego *s. m.* Juego electrónico contenido en un casete o disquete para ser reproducido mediante un ordenador, o el que está grabado en un videocasete.

videorregistrador *s. m.* Aparato que sirve para grabar o registrar imágenes y sonidos procedentes de la televisión mediante la técnica del vídeo.

videotape (voz ingl.) *s. m.* Videocasete*.

videoteca *s. f.* Colección de grabaciones de vídeo y sitio donde se guardan.

videotelefonía *s. f.* Videofonía*.

videoteléfono *s. m.* Videófono*.

videotexto *s. m.* Sistema de transmisión de datos e informaciones diversas a través de la pantalla del televisor y utilizando tecnologías informáticas.

vidicón *s. m.* Tubo analizador para la toma de imágenes que se emplea en algunas cámaras de televisión.

Vidor, King (Galveston, Texas 1894 - Paso Robles, California 1982) Director de cine estadounidense. Su estilo narrativo es sencillo y cuidado, para que la técnica no desvirtúe la transmisión de sentimientos y emociones. Entre los diferentes géneros que cultivó destacan sus *westerns* y sus crónicas de la vida estadounidense. De su amplia filmografía pueden señalarse *¡Aleluya!* (1929), *Billy el niño* (1930), *El pan nuestro de cada día* (1934), *Paso al noroeste* (1940), *Duelo al sol* (1947) y *Guerra y paz* (1956).

vidorra *s. f. fam.* Vida placentera y llena de comodidades.

vidriado, da **1.** *p. p.* de **vidriar**. También *adj.* || *s. m.* **2.** Operación de vidriar. **3.** Objeto de barro o loza sometido a esta operación. **4.** Barniz que se usa en esa operación.

vidriar *v. tr.* **1.** Recubrir objetos de barro o loza con un barniz que, fundido al horno, toma la transparencia y brillantez del vidrio. || *v. prnl.* **2.** Ponerse vidrioso, especialmente los ojos o la mirada.

vidriera *s. f.* **1.** Conjunto de vidrios, montados en un bastidor o marco, con que se cierra una puerta o ventana, permitiendo el paso de la luz y pudiendo servir de elemento decorativo. Si los vidrios tienen dibujos coloreados, se llama *vidriera de colores.* Las vidrieras con sostén metálico aparecieron en el s. X en el arte bizantino y alcanzaron gran desarrollo entre los s. XII y XV con la plenitud del gótico. Tras un periodo de decadencia, el arte de la vidriera renació en el s. XIX, y durante el s. XX se mantuvo al compás de las

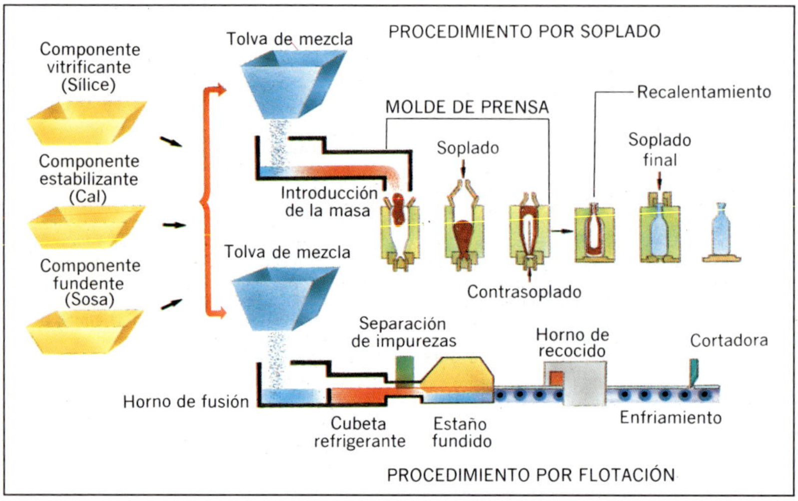

Esquema de la fabricación de vidrio: arriba, por soplado mecánico para objetos huecos; abajo, fabricación por flotado para vidrio plano.

nuevas tendencias artísticas. **2.** *amer.* Escaparate de una tienda.

vidriería *s. f.* Taller o tienda de vidrios.

vidriero, ra *s. m.* y *f.* **1.** Persona que coloca vidrios en las puertas, ventanas, etc. **2.** Persona que fabrica, trabaja o vende objetos de vidrio.

vidrio *s. m.* **1.** Material amorfo obtenido al fundir una mezcla de silicatos con óxidos o carbonatos metálicos y enfriarse rápidamente para que no tenga tiempo de cristalizar. Es duro, frágil y transparente. El procedimiento más utilizado para dar forma al vidrio (el soplado) fue inventado en el s. I a. C. El vidrio, incorrectamente llamado *cristal*, se utiliza para construir recipientes, botellas, ventanas, materiales de construcción, lentes ópticas, etc. **2.** Cualquier objeto hecho con ese material. ‖ **Loc. pagar** uno **los vidrios rotos** *fam.* Pagar el pato, cargar alguien injustamente con las culpas.

vidrioso, sa *adj.* **1.** Que se rompe fácilmente, como el vidrio. **2.** Se dice de la mirada o de los ojos cuando parecen estar cubiertos por una capa transparente y líquida y no miran a un punto determinado. **3.** Se dice del asunto delicado, de difícil resolución. **4.** Se aplica a la persona que se enfada u ofende con facilidad, así como a su carácter. **5.** Se dice del suelo cuando está muy resbaladizo por haber helado. **Fam.** Vidriosidad.

Vieiras: a la izquierda, la grande (Pecten maximus), *y, a la derecha, la concha del peregrino* (Pecten jacobaeus).

vieira *s. f.* **1.** Nombre común de diversos moluscos lamelibranquios de la familia pectínidos, género *Pecten.* La vieira grande *(Pecten maximus)* mide hasta 13 cm de diámetro y en su concha presenta de 14 a 17 acanaladuras, la valva derecha convexa y la izquierda plana. La concha de peregrino *(Pecten jacobaeus)* es algo menor y de tono más claro. Tienen tentáculos en el borde del manto y se desplazan moviendo las valvas. Habitan en las costas del mar Mediterráneo y el océano Atlántico, a una profundidad de entre 5 y 10 m y son muy apreciadas como alimento. **2.** Venera, concha de este molusco.

Vieira, Antonio (Lisboa 1608 - Bahia 1697) Eclesiástico y político portugués. Sacerdote jesuita, fue embajador de Juan IV en Francia y las Provincias Unidas. Desde 1653 residió en Brasil, donde se distinguió por la defensa de los indígenas frente a los colonos portugueses. Fue encarcelado por la Inquisición (1665-67). Mostró sus dotes como prosista en su epistolario y otros escritos.

Vieira da Silva, María Elena (Lisboa 1908) Pintora francesa de origen portugués. Trabajó en París y en Brasil y sus obras se caracterizan por su gran complejidad estructural dentro de la corriente no figurativa y por el refinamiento de su coloración.

vieja *s. f.* Pez perciforme de la familia escáridos, especie *Sparisoma cretense.* Mide unos 50 cm de longitud, tiene el cuerpo alargado y comprimido, de forma oval, color azulado o violáceo en el dorso y blanco y amarillo en las aletas, cabeza roma, con boca pequeña y ojos grandes; sus aletas dorsales son anchas y la caudal de extremo truncado. Es gregario y escarba los fondos rocosos. Su carne es apreciada como alimento. Habita en regiones tropicales del Atlántico y, raramente, en el Mediterráneo.

viejales *s. m.* y *f. fam.* Persona vieja, especialmente la de carácter alegre y dicharachero.

viejo, ja *adj.* **1.** Se dice de la persona que tiene mucha edad. También *s.* **2.** P. ext., se dice también de los animales de mucha edad. **3.** Se dice de la persona que aparenta mucha edad o más edad de la que realmente tiene. **4.** Se dice de lo que hace mucho tiempo que sucedió, existe o lleva siendo lo que es. **5.** Desgastado, estropeado o en malas condiciones por el uso. **6.** Hablando de dos personas o de dos cosas iguales, se emplea para referirse a la de más edad o a la más antigua. ‖ *s. m.* y *f.* **7.** *amer. fam.* Padre o madre. **8.** *fam.* P. ext., apelativo cariñoso que se da a un amigo. También *adj.* ‖ **9. viejo verde** *fam.* Persona que muestra una obsesión sexual que se considera impropia de su edad. ‖ **Loc. de viejo** *adj.* Se aplica a las tiendas donde se venden artículos de segunda mano, a estos artículos y a los artesanos que hacen reparaciones o arreglos.

Viena (*Wien*) C. de Austria, cap. del país, situada en el E del mismo, a orillas del Danubio. 1.487.600 h. en 1989. Cuenta con numerosas industrias, entre las cuales las principales son las siderometalúrgicas, textiles, químicas, de construcciones mecánicas, eléctricas, electrónicas, papeleras, de material informático, alimentarias y de fabricación de instrumentos musicales. Tiene un activo puerto fluvial. Es además un centro administrativo, comercial, cultural y turístico. Entre sus muchos monumentos figuran la catedral gótica de San Esteban (s. XIV) y la iglesia de los Agustinos (s. XIV); al Barroco pertenecen la iglesia de San Carlos Borromeo, de Fischer von Erlach, y los palacios de Schönbrunn, también de este mismo arquitecto, y de Belvedere, obra de Johann Lukas von Hildebrandt.
Hist. Población celta, se transformó en campamento romano con el nombre de *Vindobona* y en el s. V fue conquistada por los bárbaros. Renació a principios del s. XI y en 1142 fue capital del ducado de Austria. En los s. XVI-XVII sufrió los ataques turcos. Se convirtió en el centro de los estados de los Habsburgo y en el s. XVIII en una importante urbe cultural. Alcanzó su apogeo durante el reinado de Francisco José (1848-1916) y su decadencia se inició al desintegrarse el imperio austrohúngaro tras la Primera Guerra Mundial. Incorporada al Tercer Reich (1938), fue conquistada por las tropas soviéticas (1945) en la Segunda Guerra Mundial y volvió a ser capital de Austria, pero hasta 1955 dividida en cuatro sectores al mando de cada una de las potencias aliadas.

Viena, Círculo de Escuela filosófica fundada por Moritz Schlick hacia los años veinte, que agrupaba a filósofos y hombres de ciencia con un interés común por la metodología científica y la filosofía del lenguaje. Sus investigaciones se caracterizaron por atender a la estructura lógica de las teorías científicas y por formular un criterio de verificabilidad de los enunciados basado en la experiencia y en la observación. El movimiento filosófico que se desarrolló en torno a este grupo, entre cuyos miembros más representativos se encontraban Rudolph Carnap, Otto Neurath y Hans Hahn, ha recibido distintos nombres como *positivismo lógico* y *neopositivismo.* En 1938 el Círculo de Viena fue disuelto por los nazis y la mayoría de sus miembros se trasladaron a EE UU.

Viena, congreso de Conferencias celebradas entre 1814 y 1815, tras la derrota de Napoleón, por las naciones coaligadas contra él. El congreso tuvo por objeto la reorganización de Europa, estuvo dominado por las potencias victoriosas: Austria, Prusia, Reino Unido y Rusia, y fue presidido por el canciller austriaco Metternich. Austria recuperó sus provincias italianas y alemanas; Prusia obtuvo Renania; Rusia recibió Finlandia, Besarabia y el ducado de Varsovia; se formó el reino de los Países Bajos, con la inclusión de Bélgica, y el Reino Unido recibió El Cabo, Ceilán y Malta. Francia quedó reducida a sus fronteras de 1789 y fue restablecida la Confederación Helvética.

Viena, tratado de Nombre de diversos acuerdos que se celebraron en esta ciudad, como el de 1725 en que se firmó la alianza entre España y Austria tras la paz de Utrecht y el de 1738 entre Francia y Austria que puso fin a la guerra de Sucesión de Polonia.

Viena: palacio de Schönbrunn, diseñado por Fischer von Erlach y ampliado por Nicolaus Pacassi.

vienés, sa *adj.* De Viena. También *s.*

Vientiane C. de Laos, cap. del país, situada en el O, a orillas del Mekong, junto a la frontera con Tailandia. 377.400 h. en 1985. Posee industrias textiles, madereras, de materiales de construcción, tabaqueras y alimentarias. Es el centro comercial y administrativo del país.

viento *s. m.* **1.** Corriente de aire producida en la atmósfera por una diferencia de presión entre distintas áreas. **2.** Conjunto de los instrumentos de viento de una orquesta. **3.** Cuerda o alambre que se ata a una cosa para mantenerla en su posición o moverla hacia un lado, como en las tiendas de campaña, en las lonas de los circos, etc. **4.** Rumbo de una embarcación. **5.** Cualquier cosa que altera el ánimo con violencia. ‖ **6. viento geostrófico** En meteorología, el que se desplaza paralelamente a las isobaras dejando las altas presiones a su derecha y las bajas a su izquierda. **7. viento solar** En astron., plasma gaseoso enrarecido que el Sol emite hacia el espacio exterior. **8. viento térmico** El que se produce por la diferencia vectorial de dos vientos geostróficos situados a alturas distintas en la atmósfera. ‖ **Loc. a los cuatro vientos** *adv.* Por todas partes. **a tomar viento** (o **vientos**) *fam.* Expresión con la que se rechaza o despide a alguien con enfado o desprecio. **beber** uno **los vientos por** alguien *fam.* Estar alguien muy enamorado. **como el viento** *adv.* Rápidamente. **con viento fresco** *adv. fam.* Con verbos como *irse*, *marcharse*, *echar*, *despedir*, etc., indica con enfado, violentamente o con desprecio o disgusto. **contra viento y marea** *adv.* A pesar de todos los inconvenientes. **correr malos vientos** Ser las circunstancias desfavorables. **de viento** *adj.* Se aplica a los instrumentos musicales que se hacen sonar al hacer pasar por ellos una corriente de aire. **viento en popa** *adv.* Muy bien, con prosperidad y sin dificultad.

Geog. Los vientos soplan desde áreas de altas presiones (anticiclones) hasta áreas de bajas presiones (ciclones). En los anticiclones se crea una corriente descendente para reemplazar al aire que se escapa de las altas presiones a ras de suelo; esa corriente se desplaza siguiendo la pendiente barométrica o gradiente, que es fuerte cuando las isobaras están próximas entre sí, y consecuentemente el viento será violento, y débil cuando las isobaras están distantes, y entonces será suave. La dirección de los vientos depende del movimiento de rotación de la Tierra, que produce el efecto de Coriolis, por el cual el viento se desplaza hacia su derecha en el hemisferio norte y hacia su izquierda en el hemisferio sur. A nivel de superficie, los vientos son modificados por el relieve, que puede desviar las masas de aire en movimiento.

vientre *s. m.* **1.** Cavidad del cuerpo de los animales vertebrados en la que se encuentran los órganos principales de los aparatos digestivo, genital y urinario. **2.** Conjunto de órganos y vísceras contenidos en esa cavidad. **3.** Región exterior del cuerpo que corresponde a esa cavidad. **4.** Parte más ancha y abultada de las vasijas y otros objetos similares. **5.** En fís., punto de una onda estacionaria en el que la amplitud es máxima. ‖ **6. bajo vientre** Hipogastrio, parte inferior del vientre. ‖ **Loc. evacuar**, **descargar**, etc., **el vientre** Hacer de vientre. **hacer de** (o **del**) **vientre** Defecar.

Viera, Feliciano (Salto 1872 - Montevideo 1927) Político uruguayo. Miembro del Partido Colorado, fue presidente de la república (1915-1919). Defendió la línea batllista y ocupó la presidencia del Consejo Nacional de Administración (1919-21).

viernes *s. m.* **1.** Día de la semana entre el jueves y el sábado. ‖ **2. Viernes Santo** Viernes de la Semana Santa en el que se conmemora la muerte de Cristo en la cruz.

vierteaguas *s. m.* **1.** Resguardo o reborde encima de puertas, ventanas, etc., para que escurra por él el agua de lluvia. **2.** Reborde en forma de pequeño canal encima de las puertas de un coche para recoger el agua del techo.

Vietcong Nombre dado al Frente Nacional de Liberación de Vietnam del Sur y a sus seguidores y partidarios. Fue fundado en 1960 por Nguyen Hun Tho para combatir al régimen survietnamita de Ngo Dinh Diem, que recibía el apoyo de EE UU y las potencias occidentales.

Viete (o **Vieta**), **François** (Fontenay-le-Comte 1540 - París 1603) Matemático francés. Fue consejero privado de Enrique IV. Aplicó el álgebra a la trigonometría. Fue el primero que empleó letras para designar incógnitas y constantes en las ecuaciones. Estableció reglas para la extracción de raíces y calculó el número *pi* con pequeñísimo error.

Vietminh (abreviatura de *Vietnam Doc Lap Dong Minh*, Liga Patriótica para la Independencia de Vietnam) Movimiento político promovido por Ho Chi Minh y el Partido Comunista indochino en 1941 para luchar contra la ocupación japonesa y lograr la independencia de Vietnam respecto de Francia. Combatió contra los franceses hasta que en la conferencia de Ginebra (1954) se dividió el país artificialmente en dos zonas y se reconoció su autoridad en Vietnam del Norte. Posteriormente, se transformó en el Frente Patriótico.

Vietnam (*Viêt Nam*) Estado del SE asiático.

Extensión: 329.566 km².
Límites: al N, con China; al E y S, con el mar de la China Meridional, y al O, con Camboya y Laos.
Población: 66.128.000 h. en 1990.
Densidad: 200,6 h./km².
Capital: Hanoi.
División administrativa: 36 provincias y 3 municipalidades.
Ciudades principales: Ciudad de Ho Chi Minh, Haiphong, Da Nang, Bien Hoa.
Gentilicio: vietnamita.
Forma de Estado: república popular.
Idioma: vietnamita.
Religión: budismo, 55,3 %; catolicismo, 7 %; islamismo, 1 %.
Moneda: dong.
Tasa de natalidad: 33 ‰ en 1990.
Tasa de mortalidad: 8 ‰ en 1990.
Renta per cápita: 198 dólares en 1987.

Geog. física Vietnam ocupa una extensa fachada costera en el sector E de la península de Indochina, desde el golfo de Tonkín al N hasta el golfo de Siam al S. El país es muy montañoso, con diversos macizos, orientados de NO a SE, que rodean los valles de los ríos Rojo y Negro. El sector central del país está recorrido de N a S por la cordillera Annamita, paralela a la costa y cuyas mayores alturas se hallan en su parte S, las Tierras Altas Centrales, donde se encuentran las mesetas de Kontum y de Linh. El sector S, la Cochinchina, está caracterizado por el gran delta del río Mekong. La parte menor del territorio son llanuras de aluvión surcadas por importantes ríos: el Rojo en el N y el Mekong en el S. El país tiene un clima tropical monzónico y vegetación de bosque tupido en las vertientes montañosas, que se va transformando en jungla monzónica según se avanza hacia el S.

Geog. humana y ***económica*** La población pertenece en su mayor parte a la raza viet, con minorías tay, khmer, thai, muong, nung y meo. Se cultiva principalmente arroz (sexto productor mundial), maíz, batata y mandioca; menos importancia tienen el sorgo, soja, patata, caña de azúcar, bananas, ananás, café, té, tabaco, yute (quinto), caucho (décimo), cebolla, copra y algodón. La ganadería cuenta con grandes cabañas de bovino, porcino y búfalos. Del subsuelo se extrae carbón, fosfatos, sal, cinc y, en menor medida, oro, molibdeno, hierro y estaño. Las tradicionales industrias sederas (décimo productor mundial) y de porcelana han dejado paso a la siderurgia y metalurgia, producción mecánica, química, textil, cementera, cervecera, tabaquera y azucarera.

Hist. **época precolonial** Las primeras civilizaciones de Vietnam surgieron en el delta del río Rojo, donde en época neolítica la fusión de muongs, thais y chinos dio lugar al primer núcleo vietnamita. En el 208 a. C. se constituyó el reino Nam-Viêt en Tonkín, que en el 111 a. C. fue conquistado e integrado en China. En Annam y la Cochinchina nació la civilización shampa, de marineros y comerciantes. La dominación china fue rechazada por Ngo Quyên en el 939, que creó la dinastía Ngo; ésta fue sucedida por el reino Dai-Viêt, gobernado por las dinastías Lê (hasta el 1009) y Li (hasta 1225), que reorganizaron la administración, crearon un fuerte ejército y progresaron en el S a costa de los shampa. La dinastía Trân (hasta 1413) rechazó la invasión de los mongoles en el s. XIII. A principios del s. XV el país fue nuevamente conquistado por China, pero en 1428 Lê Loi recuperó la independencia e instauró la segunda dinastía Lê (hasta el s. XVIII). Los sucesores de Lê Loi no pudieron impedir que el país quedase dividido entre tres linajes prácticamente autónomos, los Mac, los Nguyên y los Trinh. A fines del s. XVIII la revuelta de los hermanos Tây acabó con el poder de estos linajes y, en consecuencia, con el reino Lê.

colonización europea La penetración de Europa había comenzado en 1535 con la llegada de portugueses, a los que siguieron holandeses en 1637 y británicos en 1673. A principios del s. XVIII Nguyên Anh, con apoyo francés, destruyó la flota de los Tây, se impuso en Hué y Hanoi y se proclamó emperador de Vietnam con el nombre de *Gia-Long*. Durante su imperio expandió su dominio a lo largo de la costa del mar de la China Meridional, desde Tonkín a Siam, imponiendo una monarquía centralista y totalitaria. En 1859 Francia penetró en la Cochinchina, progresó en Annam y Tonkín e impuso su protectorado. Su dominio estuvo salpicado de continuas revueltas nacionalistas, que cristalizaron en 1927 en la creación del Partido Nacionalista, que en 1930, bajo la dirección de Ho Chi Minh, asumió la ideología comunista y en 1941 se convirtió en el Vietminh; en 1946 el Vietminh inició la guerra anticolonialista de Indochina.

independencia, guerra y época actual En 1954 el general vietnamita Giap logró la decisiva vic-

Vietnam: vista parcial de la bahía de Ha Long, con cerca de tres mil islotes, situada en la costa norte del país.

toria de Dien Bien Phu y en la conferencia de Ginebra se obtuvo la independencia de la República Democrática de Vietnam, cuyo límite meridional se fijó en el paralelo 17°. En el S, tras la deposición del emperador Bao-Dai en 1955, se instauró la República de Vietnam, bajo protección de EE UU, que intentaba impedir el avance del comunismo en el SE asiático. El general Giap proclamó el principio de reunificación, y se desató la guerra de Vietnam, en la que EE UU, sobre todo durante las presidencias de Lyndon Johnson y Richard Nixon, volcó todo su potencial bélico. Pese a ello, la guerra terminó con la victoria del Vietcong en 1975 y se creó la República Socialista de Vietnam, con el Norte y el Sur unidos. Tras la muerte de Ho Chi Minh en 1969, había sido elegido presidente Ton Duc Thang. En 1980 fue aprobada la Constitución que consagró los principios del marxismo leninismo. En 1981 se eligió presidente a Truong Chinh, que en 1987 fue sucedido por Vo Chi Cong, mientras que la secretaría general del Partido Comunista recayó en Nguyen Van Linh en 1986, quien fue sustituido en 1991 por Du Muoi.

vietnamita *adj.* **1.** De Vietnam. También *s.* || *s. m.* **2.** Lengua hablada en Vietnam.

Vifredo I el Velloso Véase **Wifredo I el Velloso**.

viga *s. f.* **1.** Elemento de construcción en forma de madero largo y grueso, o de hierro u otros materiales con sección en doble T, en especial el que constituye parte de la estructura que sostiene el techo. **2.** Prensa formada por un madero colocado horizontalmente que puede girar alrededor de uno de sus extremos y que se usa principalmente para exprimir la aceituna. || **3. viga de aire** La que sólo está sostenida por sus extremos. **4. viga maestra** La que, colocada horizontalmente sobre pilares o columnas, sirve para sostener otras vigas transversales a ella y cuerpos superiores del edificio.

Vigarny, Felipe de (Langres h. 1475 - Toledo 1543) Escultor español de origen borgoñón, conocido también como **Felipe de Borgoña**. De influencia italiana, sus tallas se caracterizan por su contenida expresividad. Entre sus obras más destacadas figuran el retablo mayor de la catedral de Palencia (1505-09), el retablo de la capilla real de Granada (h. 1521) y, en colaboración con Diego de Siloé, el gran retablo de la capilla del Condestable de la catedral de Burgos (1523-1524).

Vigée-Lebrun, Elisabeth (París 1755 - íd. 1842) Pintora francesa. Neoclásica, alcanzó fama como retratista de la aristocracia europea. Retrató, entre otros, a la duquesa de Orleans, María Antonieta, Madame Staël, lord Byron y lady Hamilton. Es muy conocido su *Autorretrato con su hija* (1787).

Vigeland, Gustav A. Thorsen, llamado **Gustav** (Mandal 1869 - Oslo 1943) Escultor noruego. Discípulo de Rodin en París, su obra muestra un naturalismo expresivo, como puede apreciarse en el complejo de esculturas y en el monolito que figuran en el parque de su nombre, en Oslo.

vigente *adj.* Se dice de las leyes, costumbres, modas, estilos, etc., que tienen validez o se usan en el momento del que se habla. **FAM.** Vigencia.

vigesimal *adj.* Se dice del sistema de numeración que toma como base el número veinte.

vigesimo- *pref.* Se emplea para la formación de los adjetivos y pronombres numerales ordinales del 21 al 29: *vigesimoprimero, vigesimocuarta.*

vigésimo, ma *adj. num. ord.* **1.** Que en una serie ordenada ocupa el lugar número veinte. También *pron.* || *adj. num. part.* **2.** Se dice de cada una de las veinte partes iguales en que se divide un todo. También *s. m.* ▪ Para formar los adjetivos y pronombres numerales ordinales de 21 a 29, pueden añadirse los correspondientes a 1, 2, 3, etc.: *vigésimo primero, vigésima segunda*; o bien emplear la forma prefija *vigesimo-*.

vigía *s. m.* y *f.* **1.** Persona que vigila desde un lugar alto. || *s. f.* **2.** Torre alta desde la que se vigila.

vigil *adj.* Se dice del estado caracterizado por la falta de sueño.

Vigil, Diego (Honduras 1799 - ? 1845) Político centroamericano. Partidario de Morazán, desempeñó la jefatura de Honduras en ausencia de aquél (1829-32). Elegido jefe del El Salvador (1835-39), se distinguió por su buena administración. También fue vicepresidente de la Confederación Centroamericana (1839).

vigilancia *s. f.* **1.** Acción y efecto de vigilar. **2.** Conjunto de personas o medios organizados y preparados para vigilar.

vigilante *adj.* **1.** Que vigila, que está en actitud de vigilar. || *s. m.* y *f.* **2.** Persona encargada de vigilar cierta cosa. || **3. vigilante jurado** El que pertenece a una empresa privada de seguridad y jura su cargo, asumiendo una serie de responsabilidades legales.

vigilar *v. tr.* Prestar atención a una persona o cosa, observándola para impedir que cause o reciba un daño, que haga algo que no debe, etc.

vigilia *s. f.* **1.** Estado de quien permanece despierto o en situación de alerta, sobre todo en horas que suelen destinarse a dormir. **2.** Tiempo que alguien pasa en este estado. **3.** Día anterior a una festividad de la Iglesia. **4.** Hecho de no comer carne determinados días por mandato de la Iglesia. **5.** Día en que se debe guardar la vigilia.

Vigneaud, Vincent du (Chicago 1901 - Nueva York 1978) Bioquímico estadounidense. En 1955 obtuvo el premio Nobel de química por sus investigaciones sobre los hidrosulfuros y por la síntesis de dos hormonas polipeptídicas, la oxitocina y la vasopresina.

Vignola, Iacopo Barozzi, llamado (Vignola 1507 - Roma 1573) Arquitecto y teórico italiano. Ejerció influencia decisiva tanto por su obra arquitectónica como por sus teorías, expuestas en el *Tratado de los cinco órdenes de arquitectura* (1562). Su obra maestra fue la iglesia del Gesù (1568-84), en Roma, modelo de iglesia jesuítica, que consta de una nave con cúpula y combina los dos tipos de planta tradicionales renacentistas: la basilical y la centralizada.

Vigny, Alfred de (Loches, Indre-et-Loire 1797 - París 1863) Escritor francés. Autor romántico, su obra se fue haciendo más filosófica y en ella se advierte una postura crítica ante la vida, junto a una apasionada sensibilidad y un intelectualismo refinado. Entre sus principales títulos figuran *Poemas antiguos y modernos* (1826), la novela histórica *Cinq-Mars* (1826), los relatos *Consultas del doctor Noir* (1826) y el libro en prosa *Servidumbre y grandeza militares* (1835).

Vigo C. de España, en la prov. de Pontevedra. 278.050 h. en 1991. Constituye el núcleo urbano de una fértil comarca, cuyos productos más abundantes son las hortalizas, patatas, vid y maíz y que cuenta también con ganadería vacuna, lanar y porcina. En su puerto pesquero se desarrolla una intensísima actividad que da lugar a una floreciente industria conservera y de salazones. A éstas se suman otras como la metalúrgica, maderera, de fabricación de automóviles, textil y de productos farmacéuticos. Tiene unos importantes astilleros y puerto comercial y de pasajeros. Es el centro comercial, económico y cultural de la región de las Rías Bajas. En Vigo se pueden admirar la iglesia gótica de Santiago y la colegiata neoclásica de Santa María. La ciudad, de origen romano, fue destruida por Almanzor en el s. X y repoblada en el s. XII. Su puerto cobró gran importancia durante el s. XVI debido a que era punto de escala en la ruta comercial de América.

Vigo, Jean Almereyda, llamado **Jean** (París 1905 - íd. 1934) Director de cine francés. Debutó con el documental *A propósito de Niza* (1929) y realizó solamente dos largometrajes, que son auténticas obras maestras, *Cero en conducta* (1933) y *L'Atalante* (1934).

Vigo, ría de Una de las Rías Bajas gallegas, en la provincia de Pontevedra, formada por la desembocadura del río Oitaven. En su entrada se encuentran las islas Cíes. Consta de dos sectores separados por el estrecho de Rande.

vigor *s. m.* **1.** Fuerza, energía, vitalidad. **2.** Hecho o circunstancia de tener validez o actualidad una ley, costumbre, moda, estilo, etc.

vigorizar *v. tr.* Dar vigor a alguien o algo. También *v. prnl.* ▪ Se conjuga como *cazar.* **FAM.** Vigorizador, vigorizante.

vigoroso, sa *adj.* Que tiene vigor. **FAM.** Vigorosamente.

viguería *s. f.* Conjunto de vigas de una obra o construcción.

vigués, sa *adj.* De Vigo. También *s.*

vigueta *s. f.* **1.** *dim.* de **viga**. **2.** Barra de hierro laminado destinada a la edificación.

vihuela *s. f.* Nombre genérico de varios instrumentos antiguos españoles de cuerda, cuya forma es similar a la de la guitarra. Del s. XIII al XV hubo dos clases: la **vihuela de péndola** o **péñola**, tocada con púa, y la **vihuela de arco**. En el s. XVI apareció la **vihuela de mano**, tañida con los dedos, que se convirtió en el instrumento predilecto de la música culta española de este siglo.

vihuelista *s. m.* y *f.* Persona que toca la vihuela o que compone piezas musicales para ella.

vikingo, ga *adj.* **1.** Se dice de un conjunto de pueblos germánicos, integrado por guerreros y navegantes procedentes de Escandinavia, que participaron en las llamadas *segundas invasiones* entre los s. VIII y XI y que realizaron expediciones por las islas del Atlántico y por casi toda Europa occidental. Se distinguen tres ramas: los suecos o varegos, los noruegos y los daneses o normandos. De sus invasiones sólo resultaron dos estados permanentes: el ducado de Normandía y el reino de Sicilia. **2.** De este pueblo. También *s.*

vil *adj.* **1.** Que merece desprecio. **2.** Se dice de las cosas que no poseen ningún valor que las haga apreciables. **FAM.** Vilmente.

Vila Real Distrito de Portugal, en el N del país. 4.328 km^2. 261.500 h. en 1989. La capital es Vila Real, con 13.274 h. en 1981. Su relieve está accidentado por el macizo Galaico. Cuenta con cultivos de cereales y vid, e industrias alimentarias y de cerámica.

Viladecans C. de España, en la prov. de Barcelona, junto al delta del Llobregat. 48.200 h. en 1991. Es el centro urbano de una comarca en la que se cultivan hortalizas, frutales y cereales. Posee industrias de material eléctrico, metalúrgicas, de fabricación de electrodomésticos, químicas y cerámicas. Pertenece al entorno industrial y residencial de Barcelona.

Viladomat, Antonio (Barcelona 1678 - íd. 1755) Pintor español. De estilo realista, constituye el principal representante de la escuela catalana del s. XVIII. Destacó por su pintura religiosa, de la que es buena muestra su serie sobre la *Vida de San Francisco.* Son también muy interesantes sus cuadros de las *Estaciones del año*, de temas populares.

Vilamajó, Julio (Montevidero 1894 - íd. 1948) Arquitecto uruguayo. Renovador de la arquitectura uruguaya, realizó una libre interpretación del estilo funcional. Entre sus edificios destacan, en Montevideo, la facultad de Ingeniería (1937-38) y el Mesón de las Cañas (1946).

vilano *s. m.* Limbo modificado del cáliz de las plantas, que presenta pelos simples y plumosos, con lo que facilita el transporte de las semillas con auxilio del viento.

Vilanova, Arnau de (Valencia h. 1238 - ? 1311) Médico, teólogo y visionario español. Fue médico de Pedro el Grande, Alfonso el Liberal y Jaime II. Sus teorías médicas reúnen el saber de Galeno y de los árabes. Desde el punto de vista filosófico y teológico se caracterizó por un misticismo mezclado con elementos proféticos y heréticos. Sus obras más significativas, escritas en catalán, son *Confesión de Barcelona* (1305), *Lección de Narbona* (1305-08) y *Razonamiento de Aviñón* (1310).

Vilar, Pierre (Frontignan, Hérault 1906) Historiador francés. Ha llevado a cabo una importante renovación en la interpretación histórica bajo la concepción marxista. Entre sus obras principales cabe citar *Historia de España* (1947), *Introducción al vocabulario del análisis histórico* (1980) y *Economía, derecho, historia* (1983).

Vilas, Guillermo (Buenos Aires 1952) Tenista argentino. Fue ganador del Gran Prix en tres ocasiones (1974, 1975 y 1977), en Roland Garros (1977) y en Forest Hills (1977).

Vilaseca (*Vila-seca i Salou*) C. de España, en la prov. de Tarragona. 19.700 h. en 1991. Centro urbano de una rica comarca agrícola en la que abundan los cultivos de vid, olivo, frutales, hortalizas, cereales, avellanos y algarrobos, posee industrias químicas, metalúrgicas y de elaboración de cava. En ella se encuentra el puerto de Salou, importante centro turístico.

vilayato *s. m.* Wilayato*.

Vilcabamba Antigua región del Perú, identificada actualmente con Machu Picchu, que sirvió de refugio a los últimos incas durante la conquista española.

vileza *s. f.* Cualidad de vil o acción o expresión vil.

vilipendiar *v. tr.* Ofender, injuriar. **FAM.** Vilipendiador.

villa *s. f.* **1.** Casa independiente con jardín, especialmente la que está en el campo y se usa durante las vacaciones. **2.** Población que tiene algunos privilegios o cierta importancia histórica. ‖ **3. casa de la villa** Ayuntamiento.

Villa, Doroteo Arango, llamado **Pancho** (San Juan del Río, Durango 1878 - Parral, Chihuahua 1923) Revolucionario mexicano. En 1910 se unió a Madero y encabezó las tropas revolucionarias del N del país. Encarcelado en 1912, escapó a EE UU y regresó en 1913 para fundar la División del Norte. Se unió a Carranza contra Huerta en 1913. Enemistado con Carranza en la convención de Aguascalientes, se alió con Emiliano Zapata en su lucha contra aquél. Al ser reconocido el gobierno de Carranza por EE UU, Pancho Villa atacó Nuevo México en 1916, en un intento fallido de enemistarle con los estadounidenses. Reducido a la categoría de guerrillero, depuso las armas en 1920. Murió asesinado.

Pancho Villa.

Villa Clara Prov. de Cuba, situada en el centro de la isla. 8.069 km^2. 801.456 h. en 1989. La capital es Santa Clara, con 194.354 h. en 1989. Su economía es principalmente agropecuaria, con cultivos de café, azúcar y tabaco. Cuenta además con yacimientos de petróleo.

Villadiego, tomar (o **coger**) **las de** *loc.* Irse inesperadamente y con rapidez de un lugar, por lo general para huir de algo.

Villaespesa, Francisco (Laujar de Andarax, Almería 1877 - Madrid 1936) Escritor español. Vinculado al modernismo, su obra tiene un carácter todavía propio del Romanticismo. De su abundante producción cabe citar, en poesía, *La musa enferma* (1901), *El jardín de las quimeras* (1909) y *La gruta azul* (1927); en teatro, *Aben-Humeya* (1913) y *La leona de Castilla* (1915); y en narrativa, *Zarza florida* (1908) y *La tela de Penélope* (1914).

Villafranca del Panadés (*Vilafranca del Penedès*) C. de España, en la prov. de Barcelona. 28.000 h. en 1991. Es el centro de una comarca donde se cultivan cereales, leguminosas y patatas y, especialmente, vid. Cuenta con una desarrollada industria de elaboración de vinos, seguida de la textil, de calzado y de fabricación de maquinaria. Conserva varios templos góticos, la basílica de Santa María y las iglesias de San Francisco y San Juan.

Villagarcía de Arosa (*Vilagarcía de Arousa*) C. de España, en la prov. de Pontevedra, en la costa S de la ría de Arosa. 31.750 h. en 1991. Es el núcleo urbano de una rica zona agrícola. Tiene un importante puerto pesquero, actividad comercial, industrias alimentarias, químicas, metalúrgicas, madereras, de materiales de construcción y de cerámica. En la ciudad se conservan la iglesia románica de Villajuán y el palacio de Vistaalegre (s. XVIII).

Villagra, Francisco de (? h. 1511 - Lima 1563) Conquistador español. Lugarteniente de Valdivia (1547), a la muerte de éste asumió el gobierno de Chile (1554) y dirigió la lucha contra los araucanos. Pese a ser derrotado en varias ocasiones, en 1557 acabó con el caudillo Lautaro. En 1558 fue reconocido oficialmente como gobernador, cargo del que tomó posesión en 1561.

Villahermosa C. de México, cap. del estado de Tabasco, situada en el sector central del mismo. 163.000 h. en 1985. Es el núcleo urbano de una rica región agrícola y ganadera e importante centro comercial. Cuenta con industrias de fertilizantes, alimentarias, tabaqueras y textiles.

Villajoyosa (*La Vila Joiosa*) C. de España, en la prov. de Alicante, a orillas del río La Vila. 23.150 h. en 1991. Posee industrias textiles y alimentarias. Conserva restos romanos y un castillo medieval. Tiene un gran desarrollo turístico.

Villalar de los Comuneros Villa de España, en la prov. de Valladolid, situada a 42 km al SO de la capital. 490 h. en 1991. En sus proximidades se produjo la **batalla de Villalar**, victoria decisiva de las tropas imperiales en la guerra de las Comunidades, el 23 de abril de 1521.

Villa-Lobos, Heitor (Rio de Janeiro 1887 - íd. 1959) Compositor brasileño. En sus obras las melodías y ritmos indígenas se combinan con los elementos propios de la música europea. Fundó la Academia Brasileña de Música (1945). En su abundante producción se cuentan doce sinfonías (1916-56), *Bachianas brasileñas* (1930-57), *14 Choros* (1924-28), óperas, ballets, poemas sinfónicos y composiciones para guitarra, que hacen de él uno de los principales músicos latinoamericanos del s. XX.

Villalón, Cristóbal de (Alcalá de Henares, Madrid h. 1505 - Valladolid 1581) Escritor español. Es autor de diálogos sobre cuestiones ideológicas y de una *Gramática castellana* (1558).

Villalón, Fernando (Sevilla 1881 - Madrid 1930) Poeta español. Noble terrateniente, estuvo muy vinculado a la generación del 27. Escribió poesía de carácter popular en obras como *Andalucía la Baja* (1927), *La Toriada* (1928) y *Romances del ochocientos* (1929).

Villalonga, Llorenç (Palma de Mallorca 1897 - íd. 1980) Escritor español en lengua catalana. Autor de formación francesa, realizó en sus novelas un análisis psicológico y social muy agudo de la aristocracia mallorquina, a la que pertenecía. Entre sus obras sobresalen *Muerte de una dama* (1931), *El ángel rebelde* (1961), *Bearn* (1961) y *Un verano en Mallorca* (1975).

Villalpando, Cristóbal de (México 1645 - íd. 1714) Pintor mexicano. Influido por Rubens y Valdés Leal, fue el máximo representante del Barroco mexicano. Dejó buena muestra de su arte en lienzos y murales, como *La Iglesia militante*, *La Iglesia triunfante*, *Virgen del Apocalipsis*, las series sobre San Francisco y San Ignacio y la pintura de la cúpula de la capilla de los Reyes, en la catedral de Puebla (1688).

Villamediana, Juan de Tassis y Peralta, conde de (Lisboa 1582 - Madrid 1622) Poeta y cortesano español. Su vida galante y aventurera y sus intrigas le acarrearon muchas enemistades, hasta provocar su asesinato. Su obra lírica, dentro del Barroco culterano, se compone de sonetos, redondillas de tipo amoroso, letrillas, romances, epigramas satíricos y algunos poemas largos, como *Fábula de Faetón* y *Fábula de Venus y Adonis*.

villanaje *s. m.* **1.** Conjunto de los villanos o personas del estado llano. **2.** En oposición a la nobleza, condición o cualidad de villano.

villancico *s. m.* **1.** Canción popular que se canta en Navidad, cuyo tema es principalmente el nacimiento de Jesucristo. **2.** Modalidad de cante flamenco de diversas características. **3.** Composición poética y musical nacida en la Edad Media y que alcanzó su culminación en la polifonía del Renacimiento español, con autores como Juan del Encina, Mateo Flecha el Viejo y Cristóbal Morales. El villancico es de arte menor, está escrito en versos de seis u ocho sílabas, y se compone de dos partes que se van alternando: el estribillo, que se repite a lo largo de toda la composición, y el pie, estrofa cuyos últimos versos deben rimar con todo el estribillo o con su parte final. Eran cantados a varias voces, con o sin acompañamiento instrumental. Su tema, en un principio sacro o profano, se circunscribió desde el s. XVII al ámbito religioso.

villanela *s. f.* Composición musical polifónica de origen italiano, carácter popular y escrita para tres o cuatro voces. Estuvo muy en boga durante los s. XV y XVI. Su especialidad española se denomina *villanesca*.

villanería *s. f.* **1.** Villanaje. **2.** Acción o expresión propia de un villano.

villanía *s. f.* **1.** En oposición a nobleza, condición o cualidad de villano. **2.** Acción vil o indigna. **3.** Expresión obscena o indecorosa.

villano, na *adj.* **1.** En la Baja Edad Media y comienzos de la Moderna, se decía de los habitantes de una villa o aldea, pertenecientes al estado llano, como los agricultores no siervos o los pequeños propietarios, en contraposición a noble o hidalgo. También *s.* **2.** Vil, indigno. También *s.* **3.** Se dice de la persona rústica, grosera o maleducada, así como de su conducta, carácter, etc. ‖ *s. m.* **4.** Canto y baile españoles de los s. XVI y XVII. **5.** *amer.* Personaje cruel o malvado de una película, obra teatral o historia, generalmente antigua. **FAM.** Villanesco.

Villanueva, Carlos Raúl (Croydon, Reino Unido 1900 - Caracas 1975) Arquitecto y urbanista venezolano. Estudió en París, donde recibió la influencia de Le Corbusier. Entre sus construcciones en Caracas sobresalen viviendas populares en el barrio El Silencio (1941), el estadio olímpico (1954) y, sobre todo, la ciudad universitaria (1957).

Villanueva, Juan de (Madrid 1739 - íd. 1811) Arquitecto español. Estuvo pensionado en Roma (1758-65). De estilo neoclásico, incorporó con frecuencia en sus obras elementos castizos. Al servicio de Carlos III, realizó la casita del Príncipe (1773) y la casita de Arriba (1773) en El Escorial, la casita del Príncipe (1784) en El Pardo y, en Madrid, el Museo del Prado (1785).

Villanueva de la Serena C. de España, en la prov. de Badajoz, en las Vegas del Guadiana. 22.550 h. en 1991. Es el centro urbano de una comarca donde se cultivan cereales, vid, legumінosas, frutales y hortalizas y se cría ganadería ovina, porcina y mular. Tiene industrias químicas, alimentarias y textiles y un importante comercio.

Villanueva y Geltrú (*Vilanova i la Geltrú*) C. de España, en la prov. de Barcelona. 45.900 h. en 1991. En su comarca predominan los cultivos de vid, olivo, algarrobos, almendros, hortalizas, frutales y cereales. Cuenta con una importante industria alimentaria, textil, química, papelera, electromecánica, de cemento y de artículos de goma, y un notable desarrollo turístico. Es el centro comercial de la región. Conserva un castillo medieval (s. XII) y el Museo Balaguer, con una interesante colección de pintura.

Villard, Paul Ulrich (Lyon 1860 - Bayona 1934) Físico francés. En 1900 descubrió las radiaciones gamma.

Villarreal de los Infantes (*Vila-Real*) C. de España, en la prov. de Castellón, situada en la comarca de La Plana. 37.700 h. en 1991. Es centro urbano de una zona de cítricos, hortalizas, almendros y algarrobos. Posee industrias alimentarias, textiles, papeleras, de curtidos y de materiales de construcción.

Villarrobledo C. de España, en la prov. de Albacete. 20.400 h. en 1991. Constituye el núcleo urbano de una comarca agrícola con cultivos de cereales y vid y ganadería lanar. Tiene industria alimentaria, de cerámica, metalúrgica, maderera y de materiales de construcción. Conserva la iglesia renacentista de San Blas y una torre mudéjar en la iglesia de Santa María.

Villarroel, Gualberto (Cochabamba 1910 - La Paz 1946) Militar y político boliviano. Dirigió el golpe de Estado que derrocó a Peñaranda (1943) y asumió el gobierno. Ratificado en su puesto por las elecciones de 1944, llevó a cabo una política obrerista que chocó con la oligarquía minera del estaño. Fue derrocado y muerto por un golpe militar.

Villaurrutia, Xavier (Ciudad de México 1903 - íd. 1950) Escritor mexicano. Dirigió la revista *Ulises* (1927-28) y fue miembro del grupo *Contemporáneos* (1928-31). Su poesía es a la vez apasionada y de un gran rigor intelectual. Cultivó asimismo el teatro y el ensayo. Entre sus obras más significativas figuran *Reflejos* (1926), *Nocturnos* (1933) y *Nostalgia de la muerte* (1938), en poesía; *Invitación a la muerte* (1940) y *El pobre Barba Azul* (1947), en teatro, y el ensayo *Textos y pretextos* (1940).

Villaverde, Cirilo (Ingenio Santiago, Pinar del Río 1812 - Nueva York 1894) Escritor cubano. Conspiró en pro de la independencia y tuvo que exiliarse (1849). Alcanzó popularidad con la novela romántica *Cecilia Valdés* (1839, refundida en 1882).

Villavicencio C. de Colombia, cap. del departamento de Meta, en el centro del país, al SE de Bogotá. 161.200 h. en 1985. Es el centro urbano y comercial de una comarca en la que se cultiva arroz, cacao, yuca y plátano, se cría ganado vacuno y porcino y se explotan yacimientos de carbón. Posee industrias alimentarias y de materiales de construcción.

Villazón, Heliodoro (Cochabamba 1849 - ? 1939) Político boliviano. Fue ministro de Hacienda y de Asuntos Exteriores, vicepresidente (1899-1904 y 1904-06) y presidente (1909-13) de la república. Durante su mandato reorganizó las finanzas e impulsó las obras públicas.

Villeda y Morales, Ramón (Ocotepeque 1909 - Nueva York 1971) Político hondureño. Presidente del Partido Liberal (1949), venció en las elecciones presidenciales de 1954, pero no fue ratificado por el Congreso. Elegido presidente (1957-63), introdujo un nuevo sistema de seguridad social y se enfrentó a la *United Fruit*, compañía multinacional estadounidense, y a la oligarquía local.

Villegas, Esteban Manuel de (Matute, La Rioja 1589 - Nájera, La Rioja 1669) Escritor español. Fue protegido por el conde-duque de Olivares. Procesado por la Inquisición, resultó condenado a un destierro de cuatro años. Fino poeta clasicista, trató de imitar los modelos latinos. Sus *Eróticas y amatorias* (1617) son una colección de odas, idilios, elegías, epigramas y sonetos.

Villena C. de España, en la prov. de Alicante. 31.150 h. en 1991. Es el centro urbano de una comarca en la que destacan los cultivos de cereales, olivo, vid y frutales. Cuenta con industrias del calzado, muebles, cerámica y vinícola. Conserva un castillo árabe y la iglesia gótica de Santiago (s. XV). En 1963 se halló en Villena un conjunto excepcional de joyas de la edad del bronce.

Villena, Enrique de (Iniesta, Cuenca 1384 - Madrid 1434) Escritor español. Nieto bastardo de Enrique II de Castilla y uno de los primeros humanistas españoles, desde su juventud se dedicó al estudio de las matemáticas, filosofía, astrología y alquimia. Tradujo la *Divina comedia* de Dante y la *Eneida* de Virgilio, primera versión de esta obra en una lengua romance. Entre sus escritos originales sobresalen *Los trabajos de Hércules* (1417), *Arte cisoria o tratado del arte de cortar con el cuchillo* (h. 1423), *Arte de trovar* (1433) y *Tractado de aojamiento o fascinología.*

Villeneuve, Pierre Charles de (Valensole 1763 - Rennes 1806) Marino francés. Mandó la escuadra francesa en las Antillas (1804) y sostuvo la batalla de Finisterre contra los británicos (1805). Desobedeciendo las órdenes de Napoleón de dirigirse a Brest, marchó a Cádiz y, al mando de la flota francoespañola, se enfrentó a los británicos en la batalla de Trafalgar, en la que resultó derrotado y hecho prisionero.

Villeurbanne C. de Francia, situada junto a Lyon, a cuya área metropolitana pertenece. 115.950 h. en 1982. Es un importante centro industrial con producción metalúrgica, mecánica, textil, química, alimentaria y electrónica.

Villiers de L'Isle-Adam, Auguste, conde de (Saint-Brieuc, Bretaña 1838 - París 1889) Escritor francés. Bajo la influencia de la poesía de Baudelaire y la filosofía de Hegel, escribió con un estilo idealista y fantástico obras como *Cuentos crueles* (1883), *La Eva futura* (1886), *Historias insólitas* (1888) y el drama *Axel*, representado póstumamente (1890).

Villon, François de Montcorbier, llamado **François** (París 1431 - ? h. 1463) Poeta francés. Está considerado como el mayor poeta lírico medieval francés. Lo más importante de su obra son los poemas *El legado* (h. 1456), impropiamente titulado *El pequeño testamento*, de 320 versos, y el *Testamento* (entre 1461 y 1462), que comprende la *Balada de las damas de antaño* y la *Balada de los ahorcados.* El poeta describe con realismo, ironía y emoción su turbulenta vida y se muestra sinceramente arrepentido ante la proximidad de la muerte.

villorrio *s. m. desp.* Población pequeña, poco urbanizada y sin comodidades.

Vilna: casco antiguo de la ciudad.

Vilna (*Wilnius*) C. de Lituania, cap. del país, situada en el E de su territorio. 582.000 h. en 1989. Posee industrias mecánicas, químicas, alimentarias, de material eléctrico, textil, del cuero y del cristal. Es un importante centro cultural. Sus monumentos más importantes son la catedral (s. XIV) y la iglesia de San Nicolás (s. XV). La ciudad, fundada en el s. X, se convirtió en capital de Lituania cuatro siglos después. En 1655 fue invadida por el ejército ruso y en 1702 por los suecos. A principios del s. XX estuvo en manos de polacos y alemanes hasta 1944, año en que fue integrada en la URSS, de la que se independizó en 1991. También se llama *Vilnius.*

Vilnius Véase **Vilna**.

vilo, en *loc. adj.* y *adv.* **1.** Sin apoyarse en nada. **2.** Intranquilo, a la espectativa.

vilorta *s. f.* **1.** Vara de madera flexible que se utiliza para hacer aros o para atar algo. **2.** Cada una de las abrazaderas de hierro que sujetan la cama del arado al timón. **3.** Arandela metálica para evitar el roce entre dos piezas.

vilorto *s. m.* Vilorta*, vara.

vina *s. f.* Instrumento musical de cuatro cuerdas, parecido a la cítara, que se usa en la India.

vinacha *s. f. fam.* y *desp.* Vino o licor de mala calidad.

vinagre *s. m.* **1.** Líquido agrio y astringente, producido mediante la fermentación ácida del vino y otros líquidos alcohólicos. Esta fermentación es provocada por bacterias como *Acetobacter aceti*, también llamada *Mycoderma aceti.* El vinagre contiene de 3 a 6 % de ácido acético, que resulta de la oxidación del etanol y al que debe su olor y sabor característicos. **2.** *fam.* Persona irritable, de mal genio. ‖ **3. vinagre de yema** El de en medio de la cuba o tinaja, considerado como el de mejor calidad.

vinagrera *s. f.* **1.** Recipiente destinado a contener el vinagre necesario para el uso diario. ‖ *pl.* **2.** Juego de recipientes para el aceite y el vinagre, y a veces también para la sal y la pimienta, usado en el servicio de mesa.

vinagreta *s. f.* Salsa fría que se compone fundamentalmente de aceite, vinagre y cebolla y a la que se pueden añadir también otros ingredientes, como pimienta y perejil.

vinagrillo *s. m.* **1.** Vinagre de poca fuerza. **2.** Mezcla que contiene vinagre.

vinajera *s. f.* **1.** Cada uno de los dos pequeños jarros para el agua y el vino que se emplean en la misa. ‖ *pl.* **2.** Conjunto de estos dos pequeños jarros y la bandeja donde se colocan.

Vinaroz (*Vinarós*) C. de España, en la prov. de Castellón, situada junto a la costa, en el N de la provincia. 19.900 h. en 1991. Constituye el centro urbano de una comarca agrícola, en la que se cultivan naranjas, frutas y hortalizas. Cuenta con industria cerámica y es un importante núcleo comercial y turístico.

vinatería *s. f.* **1.** Tienda donde se vende vino. **2.** Comercio que se hace con el vino.

vinatero, ra *adj.* **1.** Perteneciente o relativo al vino. ‖ *s. m.* y *f.* **2.** Persona que comercia con el vino.

vinaza *s. f.* Vino de baja calidad que se saca de los posos y las heces.

vinazo *s. m.* Vino muy fuerte y espeso.

vinca o **vincapervinca** *s. f.* **1.** Planta herbácea de la familia apocináceas, especie *Vinca minor.* Tiene tallo rastrero de hasta 20 cm de altura, hojas enteras y brillantes y flores axilares pedunculadas de color azul o malva. Crece espontáneamente en bosques, matorrales y setos de Europa y tiene uso ornamental. También se llama *hierba doncella.* **2.** Flor de esta planta.

vincha *s. f. Amér. del S.* Cinta o pañuelo que se pone alrededor de la parte superior de la cabeza para sujetar el cabello.

vinchuca *s. f. Arg., Chile, Perú.* Insecto parecido a una chinche, pero con alas.

vinculante *adj.* Que vincula; se aplica especialmente al acuerdo, votación, etc., cuyo resultado deber ser aceptado y cumplido por todos, incluso por los que discreparon o votaron en contra.

vincular *v. tr.* **1.** Poner en relación, unir. También *v. prnl.* **2.** Hacer que una persona o cosa dependa de otra, de tal forma que lo que le suceda a esta última repercuta también en la primera. **3.** Basar, fundar una cosa en otra. **4.** Someter a una obligación. **5.** En der., sujetar los bienes a vínculo. **FAM.** Vinculable, vinculación.

vínculo *s. m.* **1.** Aquello que une o relaciona, particularmente de forma no material, una persona o cosa con otra, p. ej. el vínculo matrimonial. **2.** En der., sujeción de los bienes, rentas, etc., a determinadas personas privándolas de la posibilidad de partirlos o enajenarlos, o imponiéndoles ciertas condiciones en los casos permitidos por la ley. **FAM.** Vincular.

vindicar *v. tr.* **1.** Vengar. También *v. prnl.* **2.** Defender, especialmente por escrito, a quien ha sido calumniado o criticado injustamente. También *v. prnl.* **3.** Reivindicar*. ■ Se conjuga como *sacar.* **FAM.** Vindicación, vindicador.

vindicativo, va *adj.* **1.** Vindicatorio*. **2.** Vengativo.

vindicatorio, ria *adj.* **1.** Que sirve o se emplea para defender la buena fama de alguien que ha sido calumniado, insultado o criticado injustamente. **2.** Que sirve o se emplea para reivindicar algo.

vinería *s. f. Amér. del S.* Tienda donde se vende vino.

vínico, ca *adj.* Perteneciente o relativo al vino o que procede de él.

vinícola *adj.* Perteneciente o relativo a la elaboración del vino.

vinicultura *s. f.* Elaboración de vinos y técnica empleada para ello. **FAM.** Vinicultor.

vinífero, ra *adj.* Se dice de la planta, fruto, etc., a partir del que se elabora vino.

vinificación *s. f.* Conjunto de operaciones que se realizan en el proceso de elaboración del vino a partir de la uva.

vinilo *s. m.* Etileno*.

vino *s. m.* **1.** Bebida alcohólica que se obtiene del zumo de las uvas fermentado. **2.** P. ext., zumo de otras plantas o frutos que fermenta de modo similar al de las uvas. ‖ **3. vino amontillado** Véase **amontillado**. **4. vino blanco** Vino de color dorado más o menos fuerte, que se obtiene de la uva blanca. **5. vino de Burdeos** Vino tinto, seco y de sabor suave, elaborado con uvas del departamento francés de Gironde. **6. vino de mesa** (o **de pasto**) El más común y ligero, que se usa corrientemente para acompañar las comidas. **7. vino de solera** El más añejo y generoso que se mezcla al nuevo para darle más fuerza y sabor. **8. vino dulce** El que tiene este sabor, al haberse interrumpido el proceso de vinificación antes de que se consumiera el azúcar del mosto o por habérsele añadido arrope posteriormente. **9. vino medicamentoso** (o **medicinal**) El que contiene en disolución una sustancia medicinal, p. ej., el vino de quina. **10. vino nuevo** El cosechado en el año. **11. vino rosado** Véase **clarete**. **12. vino seco** El que no tiene sabor dulce. ‖ **LOC. bautizar** (o **cristianar**) **el vino** *fam.* Echarle agua. **tener** alguien **buen** (o **mal**) **vino** Comportarse alguien de forma tranquila y pacífica cuando se emborracha, o, por el contrario, mostrarse provocador y agresivo.

vinoso, sa *adj.* Que tiene alguna característica que le hace parecerse al vino.

viña *s. f.* Terreno plantado de vides.

Viña del Mar C. de Chile, situada en el centro del país, a orillas del océano Pacífico. 302.800 h. en 1989. Es el núcleo urbano de una zona de cultivos de hortalizas, frutales y vid. Cuenta con algunas industrias textiles, químicas, alimentarias, de jabones, maquinaria y farmacéuticas. Su fuente de ingresos más importante es el turismo.

viñador, ra *s. m.* y *f.* Persona que trabaja cultivando las viñas.

viñal *s. m. Arg.* Viñedo.

Viñas, David (Buenos Aires 1929) Escritor argentino. Es autor de novelas de estilo realista y temática social y política, entre las que destacan *Los dueños de la tierra* (1958), *En la semana trágica* (1966), *Hombres de a caballo* (1968) y *Cuerpo a cuerpo* (1979).

viñatero, ra *adj.* **1.** *amer.* Perteneciente o relativo a la vid. ‖ *s. m.* y *f.* **2.** *amer.* Persona que posee una viña, trabaja en ella o se dedica a la elaboración de vinos.

viñedo *s. m.* Terreno extenso plantado de vides.

viñeta *s. f.* **1.** Cada uno de los recuadros ilustrados, a los que se añade a veces un texto o comentario, que forman la historieta de un cómic o tebeo. **2.** Dibujo impreso en un libro, periódico, etc., que suele tener carácter humorístico e ir acompañado de un texto o comentario. **3.** Pequeño dibujo que se pone como adorno al principio o final de los capítulos, alrededor de las páginas o en las cubiertas o tapas de un libro. **4.** Dibujo utilizado como logotipo.

viola[1] (del ital. *viola*) *s. f.* **1.** Instrumento musical de cuerda y arco de la familia del violín, pero de mayor tamaño que éste y con registro de contralto. Ocupa una sección fija en todas las orquestas y es parte integral del cuarteto de cuerda. ‖ *pl.* **2.** Antigua familia de instrumentos de cuerda y arco, similar a la del violín. A ella pertenecen la *viola da braccio* y la *viola da gamba*. Estuvieron muy en boga durante el Barroco; hoy sólo se emplean para interpretar la música de estos siglos. ‖ *s. m.* y *f.* **3.** Persona que toca alguno de estos instrumentos, particularmente el mencionado en la primera acepción.

viola[2] (del lat. *viola*) *s. f.* Violeta*, planta.

Viola, Manuel (Zaragoza 1919 - Madrid 1987) Pintor español. En 1939 se exilió a Francia, donde entró en contacto con el movimiento surrealista. De vuelta a España se unió al grupo El Paso y realizó una pintura vigorosa, que reproduce violentos estallidos de color sobre fondos oscuros. Constituye una figura fundamental del expresionismo abstracto español.

Viola, Roberto (Buenos Aires 1924) Militar y político argentino. General de división (1975), participó en el golpe militar que derrocó a María Estela Martínez de Perón (1976) y se convirtió en jefe del Estado Mayor del Ejército. Fue nombrado miembro de la Junta Militar (1978-79) y presidente de la república (marzo-diciembre 1981). En 1985 fue procesado y condenado.

violáceo, a *adj.* **1.** Se dice del color violeta, o del que se le parece, y de las cosas que tienen dicho color. También *s. m.* ‖ *s. f. pl.* **2.** Familia de plantas herbáceas o arbustivas del orden violales a la que pertenecen unas 900 especies comprendidas en 22 géneros, entre los que destacan *Viola, Rinorea* e *Hybanthus*. Tienen hojas alternas y simples, con pequeñas estípulas, flores solitarias o dispuestas en racimos axilares y fruto en cápsula, generalmente dehiscente. Crecen en todo el mundo, especialmente en regiones templadas, y tienen uso ornamental, para elaborar perfumes y para aromar dulces y licores. Violáceas son las violetas y los pensamientos. También *adj.* y *s. f.*

violación *s. f.* **1.** Acción y efecto de violar. **2.** Abuso sexual; en der., delito que comete la persona que realiza algún acto de unión sexual con otra cuando ésta es menor de doce años, se encuentra sin sentido o tiene algún trastorno mental, o cuando se utiliza la fuerza o la intimidación para ello.

violado, da **1.** *p. p.* de **violar**. ‖ *adj.* **2.** Se dice del color violeta y de las cosas que tienen este color. También *s. m.*

Violante de Aragón (? - ? h. 1300) Reina de Castilla. Hija de Jaime I de Aragón y de Violante de Hungría, fue esposa de Alfonso X de Castilla (1246), de quien tuvo diez hijos, entre ellos el futuro Sancho IV y Fernando de la Cerda. A la muerte de Alfonso apoyó a sus nietos, los infantes de la Cerda, hijos de Fernando, frente a Sancho IV.

Violante de Bar (? h. 1363 - Barcelona 1431) Reina de Aragón (1387-96) por su matrimonio con Juan I de Aragón. Fomentó las disensiones de éste con su padre Pedro el Ceremonioso y su madrastra Sibila de Fortià. Intervino frecuentemente en el gobierno del reino y ayudó a Juan I a hacer de la corte un centro de cultura y refinamiento. A la muerte de su marido, se opuso al nombramiento de Martín I como rey y, a la muerte de éste, defendió la candidatura de su nieto Luis de Calabria.

Violante (o **Yolanda**) **de Hungría** (? - Huesca 1251) Reina de Aragón (1235-51), por su matrimonio con Jaime I. El rey destinó a los hijos de este matrimonio las Baleares, los territorios que conquistaron en Valencia y otras posesiones. Por ello, la reina impulsó la reconquista valenciana. Fue madre de Pedro el Grande y Jaime de Mallorca.

violar *v. tr.* **1.** Desobedecer una ley, precepto, norma, etc. **2.** Abusar sexualmente o cometer una persona un delito de violación. **3.** Atacar, romper o destruir algo que merece ser respetado, especialmente un lugar sagrado.

violencia *s. f.* **1.** Cualidad de violento. **2.** Acción o serie de acciones violentas. **3.** Situación o sensación de quien se siente violento en un lugar o circunstancia. ‖ **LOC. hacer violencia a** (o **sobre**) alguien Obligar a una persona a hacer algo que no quiere hacer.

violentar *v. tr.* **1.** Usar la fuerza para vencer la resistencia de una cosa, para entrar en un lugar, etc. **2.** Obligar de cualquier manera a una persona a que haga algo contra su voluntad. También *v. prnl.* **3.** Abusar sexualmente de una persona, generalmente empleando para ello la fuerza. **4.** Dar una interpretación forzada de algo. **5.** Poner a alguien en una situación violenta o incómoda. También *v. prnl.* **6.** Molestar, enfadar, irritar. También *v. prnl.*

violento, ta *adj.* **1.** Que tiene una enorme fuerza o intensidad, por la que generalmente puede producir algún daño. **2.** Agresivo, que emplea o manifiesta indebidamente la fuerza. **3.** Brusco, que se muestra con mucha intensidad. **4.** Forzado, no espontáneo o natural. **5.** Se dice de la persona que se encuentra incómoda, por estar en una situación complicada o por falta de confianza con los demás; se aplica también a esta situación. **FAM.** Violentamente.

violero *s. m.* Constructor de instrumentos de cuerda.

violeta *s. f.* **1.** Nombre común de diversas especies de plantas herbáceas de la familia violáceas y género *Viola*. Es anual o vivaz, tiene flores solitarias de pétalos desiguales de color violeta oscuro y fruto en cápsula. Crece en el hemisferio norte y tiene uso ornamental, en perfumería y como aromatizador. **2.** Flor de esta planta. ‖ *adj.* **3.** Se dice del color morado claro, que ocupa el séptimo lugar en el espectro solar, y de las cosas que tienen dicho color. También *s. m.*

Violeta (Viola sp.).

violetera *s. f.* Mujer que vendía ramitos de violetas en lugares públicos.

violetero *s. m.* Florero pequeño para poner violetas.

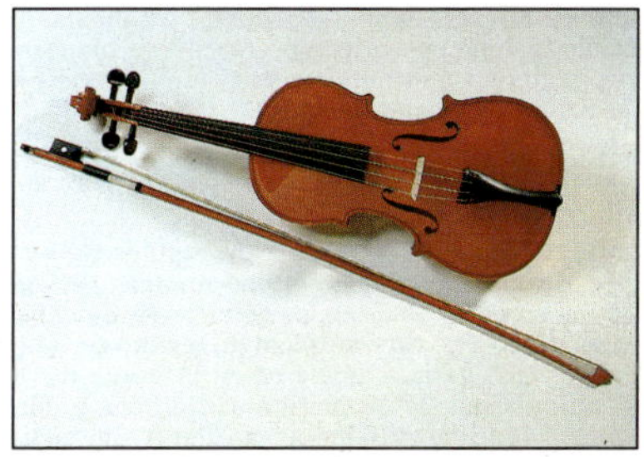

Violín.

violín *s. m.* **1.** Instrumento musical de cuerda frotada, el más pequeño y de timbre más agudo de esta familia. Los primeros violines fueron construidos en Italia a mediados del s. XVI por Andrea Amati y Gasparo de Saló, alcanzando su forma más acabada en los talleres de Brescia y Cremona. Heredero del rabel y la lira da braccio, adquirió desde sus comienzos un lugar privilegiado en la vida musical, que consagró definitivamente en el periodo barroco. En los s. XVII y XVIII fueron famosos los Guarneri y los Stradivarius. **2.** Nombre genérico que recibe la familia de instrumentos de cuerda integrada por violines, violas, violonchelos y contrabajos. ‖ *s. m.* y *f.* **3.** Violinista*. ‖ **4. violín de Ingres** *fam.* Hobby*.

violinista *s. m.* y *f.* Persona que toca el violín.

Viollet-le-Duc, Eugène-Emmanuel (París 1814 - Lausana 1879) Arquitecto francés. Fue elegido para restaurar la Sainte-Chapelle de París y también se encargó de las obras de Saint-Denis, Notre-Dame de París y varias catedrales. Sus escritos, entre los que destaca el *Diccionario razonado de la arquitectura francesa del s. XI al s. XVI* (1854-68), y sus conceptos arquitectónicos ejercieron gran influencia y le convierten en pionero de la arquitectura funcional del s. XX.

violón *s. m.* **1.** Contrabajo*, instrumento de la familia del violín. ‖ *s. m.* y *f.* **2.** Persona que toca este instrumento. ‖ **LOC. tocar el violón** *fam.* Decir o hacer algo inoportuno; también, estar ocioso, sin hacer nada.

violonchelista *s. m.* y *f.* Persona que toca el violonchelo. ▪ Se escribe también *violoncelista* y *violoncellista*.

Violonchelo.

violonchelo *s. m.* **1.** Instrumento musical de cuerda frotada con arco, perteneciente a la familia del violín, más grande que la viola y más pequeño que el contrabajo; tiene cuatro cuerdas y un registro grave. Apareció en Italia a finales del s. XVI y sus magníficos recursos hicieron que progresivamente fuera desplazando a la *viola da gamba*. A partir del s. XVIII alcanzó el rango de instrumento solista y en el s. XIX adquirió un lugar eminente en las obras de los compositores románticos. ‖ *s. m.* y *f.* **2.** Persona que toca este instrumento. ▪ Se escribe también *violoncelo* o *violoncello*.

vión o **vioñ** *s. m.* Mamífero artiodáctilo de la familia tragúlidos, especie *Hyemoschus aquaticus*. Es un rumiante que mide unos 35 cm de altura en la cruz, tiene patas cortas y robustas y pelaje castaño con manchas amarillas o blancas; sus caninos superiores son muy largos. Vive en las selvas tropicales de África.

vip (siglas de la expr. ingl. *Very Important Person*, persona muy importante) *s. m.* y *f.* Persona influyente, famosa o popular.

vipéridos *s. m. pl.* Familia de reptiles del orden escamosos a la que pertenecen unas 180 especies comprendidas en los géneros *Vipera, Crotalus, Bitis,* etc. Son serpientes venenosas que tienen unos garfios tubulares en el frente de la mandíbula que se erizan al abrir la boca y con los que inoculan veneno al morder a sus víctimas. Algunas especies tienen fosetas faciales termosensibles. Habitan en regiones cálidas de América, Asia, Europa y África. Vipéridos son las víboras, crótalos, serpientes mocasín, etc. También *adj.* y *s. m.*

viperino, na *adj.* **1.** Perteneciente o relativo a la víbora o semejante a ella. **2.** Mal intencionado, que busca hacer daño o desacreditar a los demás.

vira *s. f.* **1.** Tira que se pone entre la suela interior y la pala del calzado para reforzarlo. **2.** Especie de flecha delgada y de punta muy aguda.

viracocha *s. m.* Nombre que dieron los indígenas de Perú y Chile a los primeros conquistadores españoles por creerles hijos de los dioses.

Viracocha Principal divinidad de los incas; era un dios creador, sin principio ni fin, origen de las demás divinidades y de los seres vivos, y civilizador.

Viracocha (? - ? h. 1430) Soberano inca, hijo de Yahuar Huacac. Accedió al trono a fines del s. XIV. Extendió su reino y dejó como sucesor a su hijo Pachacuti, vencedor de los chancas.

virada *s. f.* Acción y efecto de virar, cambiar de rumbo un barco.

virador *s. m.* Líquido que se emplea para virar una película fotográfica.

virago *s. f.* Marimacho, mujer hombruna.

viraje *s. m.* Acción y efecto de virar.

viral *adj.* Vírico*.

virar *v. intr.* **1.** Cambiar de dirección, particularmente un barco o cualquier otro vehículo en marcha. También *v. tr.* **2.** Evolucionar, cambiar de ideas, de manera de actuar o comportarse, etc. ‖ *v. tr.* **3.** En fotografía, someter un negativo o positivo a determinadas reacciones químicas para modificar su color.

viravira *s. f. Arg., Chile, Perú, Ven.* Planta herbácea, perteneciente a la familia compuestas, especie *Gnaphalium viravira.* Tiene hojas lanceoladas y tomentosas. Crece en América del Sur y se utiliza tradicionalmente como febrífugo y para la cura de llagas y heridas.

virazón *s. f.* **1.** Viento costero que sopla de la parte del mar durante el día, alternando con el terral, que sopla de noche. **2.** Cambio brusco de viento. **3.** Cambio en las ideas, conducta, etc., de alguien o en el desarrollo de algo.

Virchow, Rudolf (Schivelbein, Pomerania 1821 - Berlín 1902) Médico alemán. Es el creador de la patología celular; señaló que las lesiones de los tejidos radican en la célula. Fue el primero en describir la leucemia y en establecer un concepto claro de embolia.

virelai *s. m.* Baile y canción medieval de origen francés. Son célebres los que compuso Guillaume de Machaut.

víreo *s. m.* Oropéndola*.

virgen *adj.* **1.** Se dice de la persona, particularmente de la mujer, que nunca ha realizado el acto o la unión sexual. También *s.* **2.** Se dice de las cosas materiales o inmateriales que se conservan en su estado originario, sin haber sido utilizadas ni haber sufrido ninguna alteración o mezcla. **3.** Que no ha sido refinado ni sometido a un posterior tratamiento artificial. ‖ *s. f.* **4.** Por antonomasia, María, la madre de Jesucristo. ■ En esta acepción se escribe con mayúscula. **5.** Imagen o figura que la representa. ‖ **Loc. estar** alguien **virgen de** algo No saber nada de ello. **ser** alguien **de la Virgen del puño** *fam.* Ser muy avaro, muy tacaño. **ser** alguien **un viva la Virgen** *fam.* No preocuparse por nada.

Vírgenes, islas Archipiélago del mar Caribe, situado al E de Puerto Rico. Está dividido en dos sectores, islas Vírgenes Británicas e islas Vírgenes Estadounidenses.

Vírgenes Británicas, islas Colonia británica, situada en el archipiélago homónimo. 153 km^2. 13.000 h. en 1990. La capital es Road Town, con 4.000 h. en 1989. Está formada por unas 40 islas, de las cuales sólo 15 están habitadas; las más importantes son Tórtola, Virgen Gorda, Anegada y Jost van Dyke. Sus principales actividades económicas son el turismo, la agricultura, la ganadería, la pesca y las destilerías de ron.

Vírgenes Estadounidenses, islas Territorio de EE UU, situado en el archipiélago homónimo. 352 km^2. 105.000 h. en 1990. La capital es Charlotte Amalie, con 11.850 h. en 1980. Está constituido por unas 60 islas e islotes; las principales son Saint Croix, Saint Thomas y Saint John. Sus recursos económicos proceden del turismo, el cultivo de la caña de azúcar, la pesca, la industria azucarera, petroquímica, textil y relojera y las destilerías de ron.

Virgilio Marón, Publio (Andes, actual Pietole, junto a Mantua h. 70 - Brindisi 19 a. C.) Poeta latino. Formado en Cremona, Milán, Roma y Nápoles, su fama como poeta le llevó al círculo literario de Mecenas y se convirtió, por convicción, en entusiasta colaborador de la política de Octavio Augusto. A los 51 años viajó a Grecia y Oriente para ver la Troya que había cantado en su *Eneida.* En Megara sufrió una insolación y de ella murió al desembarcar en Italia. La obra de Virgilio hay que situarla, independientemente de su valor intrínseco, en un contexto histórico preciso: las *Bucólicas* y las *Geórgicas* (39-29 a. C.) fueron escritas para defender las directrices imperiales de regreso a la vida campesina, y la *Eneida,* su obra más ambiciosa, gran epopeya romana, sirvió para alentar el patriotismo y la religiosidad. Supo aprovechar de manera magistral los recursos expresivos de la lengua latina, los conocimientos mitológicos y la descripción de personajes y ambientes. Su obra ha sido fuente inagotable para la literatura de todas las épocas, especialmente en el Renacimiento.

Publio Virgilio Marón (Gliptoteca Carlsberg, Copenhague).

virginal *adj.* **1.** Perteneciente o relativo a las personas vírgenes. **2.** Que tiene una serie de cualidades que se consideran propias o características de las personas vírgenes, como la pureza, la inocencia, etc. **3.** Perteneciente o relativo a la Virgen María. **4.** Puro, intacto, sin mancha. ‖ *s. m.* **5.** Instrumento de teclado y cuerdas pulsadas, variante de la espineta y de la familia del clavicémbalo, usado principalmente en Inglaterra durante los s. XVI y XVII. Rectangular y de tamaño pequeño, podía tener de dos a cuatro octavas.

virginia *s. m.* **1.** Tejido de algodón, parecido a la cretona. **2.** Tabaco de Virginia.

Virginia Estado de EE UU, situado en el E del país, junto al océano Atlántico. 105.586 km^2. 6.216.000 h. en 1990. La capital es Richmond, con 216.200 h. en 1989. En su relieve se distinguen tres regiones: el E, ocupado por una gran llanura costera, surcada por los ríos Potomac, Rappahannock, York y James; el SO, donde se encuentra la meseta de Cumberland; y toda la franja O y NO, recorrida por los Apalaches. Tiene un clima tropical de tipo chino, cálido y húmedo. En la agricultura, base de su economía, destacan los cereales, tabaco, frutales, algodón y hortalizas. Posee ganadería bovina, importantes recursos forestales, pesca, ricos yacimientos de hulla, carbón y cinc, e industrias madereras, papeleras, siderometalúrgicas, alimentarias, navales, químicas y eléctricas. Virginia encabezó la lucha por la independencia y en 1776 se constituyó en estado.

Virginia Occidental (*West Virginia*) Estado de EE UU, situado en el E del país, al O de los Apalaches. 62.758 km^2. 1.801.600 h. en 1990. La capital es Charleston, con 64.000 h. en 1980. El relieve del territorio está configurado en el E por los montes Apalaches, en el centro por la meseta de Cumberland y en el O por varias mesetas poco elevadas y llanuras. Sus principales ríos son el Ohio, Kanawha, Potomac y Monongahela. Tiene un clima continental. En sus tierras se cultivan cereales, frutales, tabaco, patata y plantas forrajeras, y se cría ganado bovino, porcino y equino. Son importantes sus recursos forestales y sus yacimientos de hulla, cromo, petróleo y gas natural. Cuenta con industrias siderometalúrgicas, mecánicas, alimentarias, químicas y de materiales de construcción. Los condados occidentales de Virginia presentaban características sociales, políticas y económicas distintas de los orientales. En 1860 solicitaron la abolición de la esclavitud, al año siguiente se separaron de Virginia y constituyeron el 35 estado de la Unión (1863).

virginiano, na *adj.* De Virginia. También *s.*

virginidad *s. f.* Cualidad o estado de virgen.

virgo *s. m.* Himen*.

Virgo 1. Constelación zodiacal situada sobre la vertical ecuatorial. Su principal estrella es La Espiga, de primera magnitud. En esta constelación existe una concentración de galaxias llamada *Masa de Virgo.* **2.** Sexto signo del zodiaco que el Sol recorre aparentemente entre el 22 de agosto y el 21 de septiembre. ‖ *s. m.* y *f.* **3.** Persona nacida bajo este signo.

virguería *s. f.* **1.** *fam.* Chinchorrería, floritura. **2.** *fam.* Cosa o acción muy bien hecha o realizada con gran perfección o detalle.

virguero, ra *adj.* **1.** *fam.* Muy bonito y muy bien hecho. **2.** *fam.* Se dice de la persona que es muy hábil en algo. También *s.*

vírgula *s. f.* **1.** Raya o línea corta y muy fina, en particular cualquiera de las que se usan como signos ortográficos en la escritura, p. ej. la coma, la cedilla, la tilde de encima de la *ñ,* etc. **2.** En med., bacilo de tipo vibrión transmisor del cólera morbo.

virgulilla *s. f.* Vírgula, raya o línea.

Viriato (Sierra de la Estrella ? - ? 139 a. C.) Caudillo lusitano. Pastor en su juventud, sublevó a los lusitanos contra el pretor romano Galba (150 a. C.). En el 147 a. C. consiguió una gran victoria sobre los romanos en Tríbola (cerca de Ronda). Prosiguió su lucha en el valle del Guadalquivir y en la Hispania Citerior. En el 141 a. C. se retiró a Lusitania y pactó una paz con Roma (140 a. C.). En el 139 a. C. Roma envió un nuevo cónsul, Cepión, que sobornó a tres lugartenientes de Viriato para que le dieran muerte.

vírico, ca *adj.* Perteneciente o relativo a los virus.

viril[1] (de *vidrio*) *s. m.* **1.** Vidrio transparente que se pone delante de algunas cosas para protegerlas sin ocultarlas a la vista. **2.** Caja o estuche de cristal que contiene la hostia consagrada y que se coloca a su vez en la custodia; también, la que guarda reliquias y se coloca en un relicario.

viril[2] (del lat. *virilis*) *adj.* **1.** Perteneciente o relativo al varón. **2.** Varonil*. **Fam.** Virilmente.

virilidad *s. f.* **1.** Cualidad de viril. **2.** Edad adulta.

virilismo *s. m.* Desarrollo en la mujer de caracteres sexuales secundarios masculinos, como aumento del vello, tono grave de la voz, etc.

virilizarse *v. prnl.* Adquirir una mujer caracteres sexuales propios del varón. ■ Se conjuga como *cazar.* **Fam.** Virilización.

viringo, ga *adj. Col.* Desnudo, sin ropa.

virio *s. m.* Oropéndola*.

viroide *s. m.* Nombre genérico de ciertas moléculas de ácidos nucleicos de muy pequeño tamaño, desprovistas de cubierta proteínica y diez veces más cortas que las de los virus. Son responsables de diversas enfermedades de las plantas y, posiblemente, de los animales y el hombre. Se conocen unas doce especies, que podrían constituir la forma de vida más pequeña sobre la Tierra.

virola *s. f.* Anillo metálico ancho y plano que se pone en el extremo de ciertos objetos o instrumentos, como navajas, destornilladores, etc., para que sirva de adorno, remate o protección.

virología *s. f.* Parte de la microbiología que se dedica al estudio de los virus.

virosis *s. f.* Nombre genérico de las enfermedades cuyo origen se atribuye a los virus.

virreina *s. f.* **1.** Mujer que gobierna como virrey. **2.** Esposa del virrey.

virreinal *adj.* Perteneciente o relativo al virrey o al virreinato.

virreinato *s. m.* Cargo o dignidad de virrey o virreina; también, territorio gobernado por la persona que tiene ese cargo y tiempo que dura dicho cargo. El virreinato era un oficio de la administración ultramarina de la corona de Aragón, creado a fines del s. XV. Esencialmente constituía una delegación de la autoridad del monarca en una circunscripción territorial concreta. En un principio, el virreinato sólo se aplicó en Sicilia y Cerdeña, pero durante el reinado de los Reyes Católicos se extendió a diversos territorios de la península Ibérica. El sistema virreinal se introdujo en América desde el comienzo de la conquista y fue sistematizado en época de Carlos V, en que se crearon los grandes virreinatos de Nueva España (1535) y del Perú (1543); posteriormente se amplió con los de Nueva Granada (1717) y Río de la Plata (1777). Los virreinatos peninsulares desaparecieron en época de Felipe V, con excepción del de Navarra (1841); los americanos subsistieron hasta el fin del dominio colonial (s. XIX).

virrey *s. m.* **1.** Título del que gobierna un territorio en nombre del rey, con la misma autoridad, poderes y facultades que éste. **2.** Persona que gobierna con este título.

Virtanen, Artturi Ilmari (Helsinki 1895 - íd. 1973) Químico finlandés. Fue director del Instituto de Investigación Bioquímica de Finlandia. Estudió numerosas cuestiones relativas a las fermentaciones químicas. Obtuvo el premio Nobel de química en 1945 por sus trabajos sobre química agraria y alimentaria.

virtual *adj.* **1.** Potencial, posible. **2.** En fís., que tiene existencia aparente y no real.

virtualmente *adv. m.* **1.** De manera virtual, en potencia. **2.** Prácticamente, casi.

virtud *s. f.* **1.** Cualidad moral. **2.** Facultad o capacidad de una persona o cosa para producir y causar un efecto, particularmente de carácter beneficioso. **3.** Cualquier cualidad o característica de una persona o cosa que se considera buena y estimable. || **4. virtudes cardinales** En rel., la prudencia, la justicia, la fortaleza y la templanza, consideradas principio de las demás virtudes morales. **5. virtudes teologales** La fe, la esperanza y la caridad, cuyo objeto fundamental es Dios. || **LOC. en** (o **por**) **virtud de** *adv.* A consecuencia o como resultado de lo que se expresa.

virtuosismo *s. m.* Extraordinario dominio de la técnica para la realización de algo, especialmente para la ejecución de obras musicales con un instrumento.

virtuoso, sa *adj.* **1.** Se dice de la persona que posee virtudes, así como de su comportamiento, acciones, etc. También *s.* **2.** Que tiene un gran virtuosismo. También *s.* **FAM.** Virtuosamente.

Virú Valle del Perú, en el centro del sector septentrional del país, en el que se desarrolló una cultura precolombina, también denominada *Gallinazo*, por el nombre del más importante yacimiento (500 a. C.-350 d. C.). Se caracterizó por una cerámica rústica decorada según la técnica del negativo. También se edificaron fortalezas, con una doble función, religiosa y militar, como la Tomaval, de forma piramidal, que domina el valle.

viruela *s. f.* **1.** Enfermedad epidémica, infecciosa y contagiosa, producida por un virus, que se manifiesta con fiebre alta y con la aparición de ampollas con pus. Causó grandes epidemias en la Edad Media, pero el descubrimiento de la vacuna por Edward Jenner (1796) permitió primero controlarla y después erradicarla en todo el mundo (1980). **2.** Cada una de esas ampollas. **3.** Pequeño abultamiento que aparece en la superficie de algunas cosas, como en las plantas, en el papel, etc. || **LOC. picado** (o **picada**) **de viruelas** *adj.* Que muestra señales de haberlas tenido.

Virués, Cristóbal de (Valencia 1550 - ? 1609) Militar, poeta y dramaturgo español. Participó en la batalla de Lepanto, donde fue herido, y en las campañas de Italia. Es autor del poema épico *El Montserrate* (1587) y de tragedias, como *La gran Semíramis* y *Atila furioso*, en que muestra un estilo clásico.

virulé, a la *loc. adj.* y *adv.* En mal estado, en malas condiciones.

virulencia *s. f.* Cualidad de virulento.

virulento, ta *adj.* **1.** Producido por un virus o que participa de las características y naturaleza de éste. **2.** Que tiene pus o está infectado. **3.** Se dice de la enfermedad que se manifiesta con gran intensidad. **4.** Violento, hiriente.

virus *s. m.* **1.** Microorganismo no celular, extremadamente simple, formado por una molécula de ADN o ARN, normalmente protegida por una cubierta de proteínas, que necesita aprovechar la estructura biológica de una célula viva para poder reproducirse. Muchos de ellos provocan enfermedades en el hombre, los animales, las plantas y las bacterias, entre las que destacan la viruela, la varicela, la poliomielitis, la rabia, la gripe, los herpes, el sarampión, la fiebre amarilla y el SIDA. **2.** En inform., programa elaborado accidental o intencionadamente, que se introduce y se transmite a través de disquetes o de la red telefónica de comunicación entre ordenadores, causando daños a las memorias informáticas, p. ej. el virus llamado *viernes trece* o *Jerusalén*, que desactivó el conjunto de ordenadores de la defensa de Israel y que actualmente se ha extendido a todo el mundo.

viruta *s. f.* **1.** Lámina fina, generalmente arrollada en espiral, que se arranca de la madera, el metal u otros materiales, al pasarle un cepillo, cuchilla u otro instrumento. **2.** Conjunto formado por residuos o láminas como las anteriores. **3.** *fam.* Dinero. || *s. m.* **4.** *fam.* Carpintero. ▪ En esta acepción, se usa también en *pl.* con valor de singular. || **LOC. echando viruta** *adv.* Rápidamente.

vis a vis *loc. adv.* Frente a frente, cara a cara.

vis cómica *expr.* Habilidad de un actor para hacer reír.

visa *s. f. amer.* Visado.

visado *s. m.* **1.** Acción y efecto de visar. **2.** Certificación o nota firmada que se pone en un documento, especialmente en un pasaporte, al visarlo.

visaje *s. m.* Gesto o expresión del rostro, especialmente cuando es exagerado o cómico.

visar *v. tr.* **1.** Examinar un documento la autoridad competente y poner en él el visto bueno o la certificación necesaria para que tenga validez y pueda producir efectos. **2.** Especialmente, dar validez a un pasaporte para un uso determinado, poniendo para ello una nota o certificación. **3.** Entre artilleros y topógrafos, dirigir la puntería o la visual.

víscera *s. f.* Cada uno de los órganos contenidos en las principales cavidades del cuerpo del hombre o de los animales.

visceral *adj.* **1.** Perteneciente o relativo a las vísceras. **2.** Se dice del sentimiento muy intenso, profundo o arraigado; también, se dice de la persona que muestra con exageración ese tipo de sentimientos.

Visconti Familia lombarda del partido gibelino, que gobernó la ciudad de Milán de 1277 a 1447 y fue rival de los Della Torre. Entre sus miembros más destacados figuran: **Ottone** (? h. 1207 - Chiaravalle 1295), arzobispo de Milán (1262) y señor de la misma (1277-78 y 1283-95); **Matteo I** (Invorio, cerca de Novara 1250 - Crescenzago 1322), sobrino nieto del anterior, que fue vicario imperial de Lombardía (1294-1302 y 1311-15), venció a los Della Torre y extendió su dominio; **Galeazzo I** (? 1277 -Pescia 1328), hijo del anterior, señor de Milán (1322-28), que ayudado por su hijo **Azzone** (Ferrara 1302 - ? 1339) logró consolidar el poder de la familia; y **Gian Galeazzo** (? 1347 - Melegnano 1402), que intentó dominar toda Italia, extendió su dominio a Vicenza, Verona, Pisa, Padua, Perugia y Bolonia, y recibió del emperador Wenceslao los títulos de duque de Milán (1395) y duque de Lombardía (1397).

Visconti, Luchino (Milán 1906 - Roma 1976) Director de cine y teatro italiano. Debutó en el cine con *Obsesión* (1943), primera manifestación del neorrealismo italiano. Posteriormente evolucionó hacia un estilo caracterizado por la riqueza de la puesta en escena y una temática que refleja la lucha de clases y la decadencia de la aristocracia. Entre sus mejores filmes cabe citar *La tierra tiembla* (1948), *Bellísima* (1951), *Senso* (1954), *Rocco y sus hermanos* (1960), *El gatopardo* (1963), *La caída de los dioses* (1969), *Muerte en Venecia* (1971), *Luis II de Baviera* (1973) y *Confidencias* (*Gruppo di famiglia in un interno*, 1974).

viscosa *s. f.* Materia que se obtiene mediante el tratamiento de la celulosa con una solución de álcali cáustico y bisulfuro de carbono y que se usa para la fabricación de fibras textiles.

viscosidad *s. f.* **1.** Cualidad de viscoso. **2.** Sustancia viscosa. **3.** En fís., propiedad de los fluidos de oponer resistencia al deslizamiento, debida a la cohesión de sus moléculas. La viscosidad es mucho mayor en líquidos que en gases. El agua es un líquido poco viscoso, mientras que la glicerina lo es en gran medida.

viscosilla *s. f.* **1.** Materia procedente de la celulosa que se mezcla con el algodón o la lana para la fabricación de algunos tipos de tejidos. **2.** Tela fabricada con esa mezcla.

viscosímetro *s. m.* Instrumento que sirve para medir la viscosidad de los fluidos. Aunque puede ser de diversos tipos, fundamentalmente consiste en tubos capilares, en los que se mide el tiempo que tarda en pasar un líquido sometido a una diferencia de presión constante, o en cilindros que giran mediante un sistema de pesas dentro del fluido cuya viscosidad se desee medir.

viscoso, sa *adj.* Se dice de la sustancia líquida muy espesa y pegajosa.

visera *s. f.* **1.** Ala pequeña o parte sobresaliente que tienen las gorras por delante para dar sombra a los ojos. **2.** Pieza semejante a la anterior, que no forma parte de una gorra y se sujeta a la cabeza con una goma, cinta, etc. **3.** En los automóviles, pieza rectangular movible, colocada sobre el parabrisas, para proteger al conductor y a su acompañante de la luz del sol. **4.** Anteojera que se pone en los ojos de las caballerías. **5.** Pieza movible del yelmo, con agujeros para ver, que cubría y protegía la cara. **6.** En las tiendas de campaña, trozo de tela que protege la entrada. **7.** En la construcción, pieza que sobresale en la parte superior de la abertura de una puerta o ventana para protegerlas del agua de la lluvia. **8.** En la construcción, parte de un tejado que sobresale por encima de la fachada de un edificio.

Viseu Distrito de Portugal, situado en el N del país. 5.007 km^2. 421.400 h. en 1989. La capital es Viseu, con 21.000 h. en 1981. Cuenta con yacimientos de carbón e industria alimentaria, pero su economía es básicamente agropecuaria.

Vishakhapatnam C. de la India, en el estado de Andhra Pradesh. 584.200 h. en 1985. Puerto comercial en el golfo de Bengala para la exportación de manganeso, cuenta con industrias químicas, textiles, navales y alimentarias y una refinería de petróleo.

visibilidad *s. f.* **1.** Cualidad de visible. **2.** Mayor o menor distancia a que pueden verse los objetos desde un lugar y bajo determinadas condiciones.

visibilizar *v. tr.* Hacer visible artificialmente lo que no puede verse a simple vista. ▪ Se conjuga como *cazar*.

visible *adj.* **1.** Que se puede ver. **2.** Claro, muy perceptible. **FAM.** Visiblemente.

visigodo, da *adj.* **1.** Se dice de la rama occidental del pueblo germánico de los godos, que fundó un reino en España. **2.** De este pueblo. También *s.*

Hist. Los visigodos se asentaron en el s. II a. C. en la orilla occidental del Dniéper y, amenazados por los hunos, en el 376 se desplazaron hacia el Danubio, penetraron en el imperio romano y derrotaron a Valente en la batalla de Adrianópolis (378). Al mando de Alarico invadieron Italia (401) y llegaron a saquear Roma (410). Con Ataúlfo, sucesor de Alarico, pasaron los Alpes (412), se extendieron por la Galia meridional (413) y llegaron a Hispania. Después de morir asesinados Ataúlfo y su sucesor Sigerico (415), Valia, el nuevo rey, pactó con Constancio y, como

Arte visigodo: a la izquierda, iglesia de San Juan Bautista, en Baños de Cerrato, Palencia; a la derecha, relieves en la ermita de Santa María de Lara, en Quintanilla de las Viñas, Burgos.

federado del imperio (416), exterminó a los alanos y a los vándalos silingos.

visigodo de Toledo, reino Estado germánico constituido por el rey Gesaleico al trasladar a su pueblo a Hispania tras la pérdida de Aquitania. El rey ostrogodo Teodorico el Grande protegió a su nieto Amalarico (511), lo que le permitió consolidar el reino visigodo. A su muerte fue proclamado rey el general ostrogodo Teudis (531), que recuperó la Septimania y fue asesinado en Barcelona. Fue sucedido por Teudiselo (548-549) y éste, a su vez, por Agila (549-555), en cuyo reinado se produjo la invasión bizantina. Su sucesor Atanagildo (555-557), combatió contra los bizantinos, establecidos en la franja litoral que iba desde el Guadalete hasta Cartagena, y trasladó su capital a Toledo. Le sucedió Liuva (567-572), duque de Septimania, el cual asoció al gobierno (568) a su hermano Leovigildo, duque de Toledo. Muerto Liuva, Leovigildo (572-586) quedó como rey único, fijó definitivamente la capital en Toledo, logró la unificación política del país y acabó con el reino suevo. Hubo de hacer frente a la rebelión de su primogénito, el católico Hermenegildo (585). Leovigildo construyó el primer estado nacional hispánico, tarea que completó su hijo Recaredo (586-601), quien convocó el tercer concilio de Toledo y se convirtió públicamente al catolicismo (589) unificando religiosa e ideológicamente su reino. Entre sus sucesores sobresalen Sisebuto (612-621), que luchó sin éxito contra los vascones, redujo a los bizantinos al territorio del Algarve y llevó a cabo una política antisemita; Suintila (621-631), que eliminó los restos del dominio bizantino en la Península, sometió a los vascones e inauguró el cuarto concilio de Toledo; Recesvinto (649-672), cuya labor más importante fue la publicación del *Liber iudiciorum* (h. 654), código para godos e hispanorromanos que supuso el paso decisivo en el proceso de unión de ambos pueblos; Wamba (672-680), que reprimió enérgicamente las sublevaciones de la Septimania y la Tarraconense; Witiza (702-710), que trató de reconciliar los distintos bandos de la nobleza, y Rodrigo, último rey visigodo, derrotado y muerto por los musulmanes en la batalla de Guadalete (711).
Arte El momento de mayor esplendor en la arquitectura visigótica tiene lugar en el s. VII. Se caracteriza por el uso del arco de herradura, sillares bien tallados, bóvedas de medio cañón y ábsides rectangulares salientes; son buenos ejemplos de este periodo las iglesias de San Juan de Baños de Cerrato, en Palencia, Quintanilla de las Viñas, en Burgos, San Pedro de la Nave, en Zamora, Santa Comba de Bande, en Orense y San Pedro de la Mata, en Toledo. Su decoración escultórica en capiteles y muros pone de manifiesto la influencia bizantina; las principales muestras están en los capiteles y frisos de San Pedro de la Nave, y en Quintanilla de las Viñas. Los visigodos alcanzaron una extraordinaria perfección en la orfebrería. Su creación más original es la fíbula; se han encontrado grandes fíbulas y broches de hierro, cobre, plata y oro, decorados con piedras preciosas. Las piezas de más valor pertenecen a los tesoros de Guarrazar (Toledo) y Torredonjimeno (Jaén).

visigodo de Tolosa, reino Estado germano creado por el rey Valia en la provincia de Aquitania (418-508). Entre sus monarcas destaca Teodorico II, que al servicio del imperio derrotó a los suevos en Astorga (456) y dejó algunos contingentes que formaron el primer establecimiento importante de visigodos en Hispania. Su sucesor Eurico consiguió en Hispania que los suevos se retiraran a Galicia y ocupó Lusitania; extendió su reino por la Galia, apoderándose de Arlés, Marsella y el litoral de Provenza; también promulgó el código que lleva su nombre, recopilación del derecho visigodo. Su hijo y sucesor Alarico II completó la labor legislativa de su antecesor con su código *Lex romana visigothorum* (506); perdió la vida en el 507 tratando de contener el avance de los francos en la batalla de Vogladum (Vouillé), que puso prácticamente fin al reino de Tolosa.

visigótico, ca *adj.* **1.** Perteneciente o relativo a los visigodos, a su arte, cultura, etc. **2.** En paleografía, se dice del tipo de escritura usado en Hispania desde la segunda mitad del s. VII hasta el s. X, derivada de la escritura latina del bajo imperio.

visillo *s. m.* Especie de cortina de tela fina y casi transparente.

visión *s. f.* **1.** Acción y efecto de ver. **2.** Capacidad de ver. **3.** En rel. o esoterismo, acción y efecto de ver o comprender algo de modo sobrenatural. **4.** Opinión, punto de vista. **5.** Capacidad de comprensión de las cosas, especialmente acierto para ver lo que más conviene. **6.** *fam.* Persona o cosa fea o ridícula. ‖ **7. visión beatífica** Contemplación de Dios, propia de los bienaventurados. **8. visión binocular** Aquella que se realiza con el uso normal de los dos ojos a la vez. ‖ **LOC. ver** una persona **visiones** *fam.* Dejarse llevar excesivamente por la imaginación, creyendo ver lo que no hay.

visionar *v. tr.* Ver imágenes cinematográficas o televisivas, en especial por motivos de trabajo, técnicos o críticos.

visionario, ria *adj.* Se dice de la persona que con facilidad se imagina o cree ver cosas que no existen. También *s.*

visir *s. m.* **1.** Ministro principal de los soberanos musulmanes; bajo los abasíes pasó a ser jefe de la administración central del gobierno. ‖ **2. gran visir** En el imperio turco, primer ministro del sultán.

visirato *s. m.* Cargo o dignidad de visir y tiempo que dura el ejercicio de ese cargo.

visita *s. f.* **1.** Acción y efecto de visitar. **2.** Persona o grupo de personas que visitan a alguien o un lugar. **3.** Acto durante el cual el médico reconoce al enfermo. ‖ **4. visita de médico** *fam.* La de corta duración. **5. visita domiciliaria** La que realiza el juez u otra autoridad a una casa sospechosa. **6. visita pastoral** La que realiza un obispo a las parroquias de su diócesis para conocer sus problemas y las actividades que en ellas se realizan.

visitación *s. f.* **1.** En el calendario cristiano, festividad que conmemora la visita que María hizo, después de la anunciación, a su prima Isabel y en la que la Virgen pronunció el magníficat. ■ En esta acepción se escribe con mayúscula. **2.** Obra de arte que representa dicho tema.

visitador, ra *adj.* **1.** Que realiza visitas con frecuencia. También *s.* ‖ *s. m.* y *f.* **2.** Persona que tiene a su cargo realizar visitas de inspección o reconocimiento. ‖ **3. visitador médico** Persona que visita a los médicos para presentarles y ofrecerles los productos de un laboratorio farmacéutico y las novedades terapéuticas.

visitadora *s. f. Ant., Hond., Méx., Ven.* Lavativa.

visitante *adj.* **1.** Que visita a una persona o grupo de personas o un lugar. También *s.* **2.** Se dice del equipo que juega fuera de su campo.

visitar *v. tr.* **1.** Ir a ver a una persona a su casa o al lugar en que esté. **2.** Ir a algún país, población o lugar para conocerlo, con fines turísticos, culturales, etc. **3.** Ir con frecuencia a un lugar con algún fin determinado. **4.** Ir a una iglesia o templo por devoción o para ganar una indulgencia. También *v. intr.* **5.** Ir a informarse o inspeccionar algo a un lugar la persona competente o encargada de ello. **6.** En teol., enviar Dios a los hombres algún beneficio o también trabajo o prueba. **7.** *amer.* Hacerse visitar por un médico.

visiteo *s. m.* Acción de hacer o recibir muchas visitas.

visivo, va *adj.* Visual*.

vislumbrar *v. tr.* **1.** Ver algo de manera confusa por la distancia o la falta de luz. **2.** Empezar a observar o conocer ligeramente alguna cosa.

vislumbre *s. f.* **1.** Débil reflejo o resplandor. **2.** Acción y efecto de vislumbrar. **3.** Pequeño indicio o leve apariencia o semejanza. ■ A veces se usa también como *s. m.*

Visnú Divinidad del hinduismo miembro de la Trimurti o trinidad hinduista. Es el conservador del mundo, un dios benévolo que con sus sucesivas encarnaciones restaura el orden alterado. Se le representa como un joven con cuatro brazos, de pie, sentado o recostado sobre la serpiente de la eternidad.

visnuismo *s. m.* Conjunto de doctrinas y prácticas religiosas que glorifican a Visnú como ser supremo.

viso *s. m.* **1.** Brillo o reflejo, en ocasiones de un color diferente al del objeto del que provienen, según la manera en que les da la luz. **2.** Aspecto, apariencia. ■ En estas dos acepciones se usa más en *pl.* **3.** Forro o prenda de vestir de mujer que se pone debajo de otra de tejido transparente o casi transparente.

Visones: arriba, visón europeo (Mustela lutreola), *y, abajo, visón americano* (Mustela vison).

visón *s. m.* **1.** Nombre común de diversos mamíferos carnívoros de la familia mustélidos, género *Mustela*. El visón común o americano *(Mustela vison)* mide unos 56 cm, de los que 16 corresponden a la cola, tiene piel de color castaño oscuro, pelo lanoso y suave, cuerpo alargado y patas cortas, con membrana interdigital. El visón europeo *(Mustela lutreola)* es del mismo tamaño y tiene el mentón y el labio superior blanco. Habitan en todo el hemisferio norte y son muy apreciados en peletería, por lo que se crían en cautividad. **2.** Prenda, generalmente un abrigo o chaquetón, realizada con la piel de este animal.

visor *s. m.* **1.** En las cámaras fotográficas, sistema óptico formado por varias lentes y espejos que sirve para enfocar. **2.** Instrumento óptico con lentes de aumento que permite ver diapositivas o una película que se está montando. **3.** En la cámara de televisión, dispositivo con que el operador observa la imagen captada.

víspera *s. f.* **1.** Día inmediatamente anterior a uno determinado. ‖ *pl.* **2.** Tiempo anterior a un hecho o suceso. **3.** Oración del oficio divino que se reza al anochecer.

Vísperas Sicilianas Levantamiento popular de Sicilia contra la dominación de Carlos de Anjou (1282). Los sicilianos realizaron una gran matanza de franceses y, ante la imposibilidad de defenderse de las tropas angevinas y la negativa de Martín IV a prestarles ayuda, ofrecieron la corona a Pedro el Grande de Aragón. El rey desembarcó en Trapani, venció a los franceses y fue coronado en Palermo.

vista *s. f.* **1.** Sentido corporal localizado en los ojos, por el que se perciben, gracias a la luz, las formas y colores de los objetos. **2.** Acción y efecto de ver. **3.** Mirada. **4.** Ojo o conjunto de ellos como órgano de la visión. **5.** Vistazo*. **6.** Aspecto, apariencia de una cosa al ser vista. **7.** Acierto para darse cuenta de algo o para saber lo que más conviene. **8.** Extensión de terreno o conjunto de cosas que pueden verse desde un lugar. **9.** Posibilidad de ver algo, especialmente un paisaje, desde un sitio. Se usa más en *pl.* **10.** Cuadro, fotografía, grabado, etc., que representa un lugar, un paisaje, un edificio, etc. **11.** Parte de una cosa que queda visible cuando se encuentra en la posición normal. **12.** En der., actuación en que se desarrolla un juicio o incidente, oyendo a las partes que acuden a la misma. ‖ *s. m.* **13.** En las aduanas, persona encargada de registrar los géneros o mercancías que pasen por aquéllas. ■ Se denomina también *vista de aduanas.* ‖ **14. vista cansada** Presbicia*. **15. vista de águila** (o de **lince**) La que es muy aguda. ‖ **Loc. a la vista** *adv.* De manera que puede ser visto; de manera evidente y clara; en perspectiva; con el verbo *tener,* considerar algo para ocuparse de ello, tomar alguna decisión, etc.; también, expresión que indica que un documento ha de pagarse a su presentación, p. ej. una letra de cambio. **a la vista de** algo *prep.* Viendo algo o en presencia de algo; teniendo en cuenta algo. **a primera** (o **simple**) **vista** *adv.* Sin fijarse o sin detenerse mucho en algo. **a vista de pájaro** *adv.* Desde un punto muy elevado con respecto a la cosa que se ve; también, con una mirada superficial. **comerse** uno **con la vista** a una persona o cosa *fam.* Mirarla fijamente o con mucha curiosidad o deseo. **conocer** a alguien **de vista** Conocer a una persona por haberla visto en alguna ocasión, sin haber tenido trato con ella. **dar vista** a alguien o algo Ver a lo lejos a una persona o cosa hacia la que uno se dirige. **echar** alguien **la vista** (**encima**) a una persona Conseguir verla cuando se la estaba buscando. **en vista de** algo Teniendo en cuenta algo, a causa de algo. **hacer** alguien **la vista gorda** *fam.* Aparentar con disimulo que no se ha visto algo que se considera defectuoso o negativo. **hasta la vista** *fam.* Expresión que se utiliza para despedirse de alguien. **no perder** uno **de vista** a alguien o algo Vigilar a una persona o cosa; también, tener en cuenta algo, no olvidarlo. **perder** alguien **de vista** a una persona o cosa Dejar de verla por haberse alejado. **saltar a la vista** algo Ser claro o evidente. **volver** alguien **la vista atrás** Mirar en esa dirección; también, recordar hechos pasados.

vistazo *s. m.* Mirada, observación o examen superficial y rápido de un cosa.

vistear *v. tr. Arg.* Simular una pelea.

vistillas *s. f. pl.* Lugar alto desde el que se puede ver una amplia zona.

visto, ta **1.** *p. p.* irreg. de **ver**. También *adj.* ‖ *adj.* **2.** Se dice de cosas que son muy conocidas o usadas, anticuadas o poco originales. **3.** En der., fórmula con la que el juez o presidente de un tribunal anuncia el pronunciamiento del fallo o da por terminada una vista pública. ‖ **4. visto bueno** Aprobación, conformidad. ■ Se usa a veces abreviado como *V.º B.º*. ‖ **Loc. bien** (o **mal**) **visto** *adj.* Considerado bueno o malo por la generalidad de la gente. **está visto** Expresión con la que se da por seguro algo. **lo nunca visto** *fam.* Cosa extraordinaria, sorprendente o inaceptable. **por lo visto** *adv.* Según parece. **visto para sentencia** Fórmula con la que el juez o presidente de un tribunal da por terminado un juicio oral y manifiesta que la causa queda pendiente hasta que se dicte la sentencia. **visto que** *conj.* Puesto que. **visto y no visto** *adj. fam.* Se aplica a algo que se hace o sucede con mucha rapidez.

vistoso, sa *adj.* Que atrae mucho la vista o llama la atención por la viveza de sus colores, su brillantez, etc. **Fam.** Vistosamente, vistosidad.

Vístula Río de Polonia. 1.067 km. Nace en los Cárpatos occidentales, cerca de la frontera con Checoslovaquia, y fluye en dirección NO. Pasa por Cracovia, Varsovia y llega a Bydgoszcz, desde donde se dirige hacia el NE hasta su desembocadura en el mar Báltico. Tiene un régimen nival de llanura y su principal afluente es el Bug.

visu, de *loc. lat. adv.* Expresa que se conoce o se sabe algo por haberlo visto con los propios ojos.

visual *adj.* **1.** Perteneciente o relativo a la vista o a la visión. ‖ *s. f.* **2.** Línea recta imaginaria que une el ojo de una persona con el objeto visto.

visualidad *s. f.* Sensación agradable que produce ver algo vistoso.

visualizar *v. tr.* **1.** Hacer visible por medios artificiales lo que no se puede ver a simple vista. **2.** Representar mediante gráficos o imágenes fenómenos que no pueden ser apreciados por el sentido de la vista, p. ej. visualizar mediante una línea los cambios en la bolsa. **3.** Formar en la mente la imagen o representación de algo. **4.** En inform., hacer visible en la pantalla del ordenador una determinada información. **5.** *amer.* Distinguir a lo lejos, divisar. ■ Se conjuga como *cazar.* **Fam.** Visualización.

vitáceas *s. f. pl.* Familia de plantas leñosas del orden ramnales a la que pertenecen unas 700 especies comprendidas en 12 géneros, entre los que destacan *Cissus, Parthenocissus, Ampelopsis* y *Vitis.* Son en su mayoría bejucos, de hojas alternas simples o lobuladas, que tienen zarcillos, flores hermafroditas o unisexuales dispuestas en inflorescencias cimosas o racemosas y fruto en baya. Crecen en regiones intertropicales de todo el mundo y se usan para elaborar vino, como frutales y como plantas ornamentales. Vitáceas son la vid y la viña virgen. También *adj.* y *s. f.*

vital *adj.* **1.** Perteneciente o relativo a la vida. **2.** Que tiene o manifiesta mucho ánimo o energía. **3.** Muy importante, trascendental.

Vitali, Giovanni Battista (Cremona h. 1644 - Módena 1692) Compositor italiano. Maestro de capilla de la corte ducal de Módena (1684), fue uno de los pioneros de la sonata y su obra influyó especialmente en Corelli y Purcell.

Vitali, Tommaso Antonio (Bolonia h. 1663 - Módena h. 1745) Violinista y compositor italiano. Hijo del anterior, compuso numerosas sonatas y una célebre *Chacona para violín.*

vitalicio, cia *adj.* **1.** Se dice de lo que dura o está destinado a durar toda la vida de una persona. **2.** Se aplica a la persona que tiene un cargo para toda la vida. ‖ *s. m.* **3.** Seguro de vida. **4.** Pensión que se concede a una persona y que dura hasta el final de su vida.

vitalidad *s. f.* **1.** Energía, vigor, dinamismo. **2.** Cualidad o circunstancia de ser vital o muy importante algo.

vitalismo *s. m.* **1.** En biol., conjunto de las teorías que consideran que los fenómenos orgánicos son irreductibles a los principios físico-químicos. **2.** En fil., término que abarca distintas doctrinas: aquellas que conciben el conocimiento como un proceso biológico (Ernst Mach); las que rechazan la razón como modo superior de conocimiento y afirman la posibilidad de un conocimiento directo de la realidad (Henri Bergson); las que admiten el conocimiento racional como el único posible, pero sitúan el centro de la reflexión en el problema de la vida (Ortega y Gasset); y aquella que reivindica la superioridad de los valores vitales por encima de cualesquiera otros (Nietzsche).

vitalista *adj.* **1.** Perteneciente o relativo al vitalismo. **2.** Partidario de esa doctrina. También *s.* **3.** Vital, animoso, que valora la vida por encima de todo.

vitalizar *v. tr.* Dar fuerza o energía a alguien o algo. ■ Se conjuga como *cazar.* **Fam.** Vitalización.

vitamina *s. f.* Nombre de diversas sustancias orgánicas que forman parte de la mayoría de los alimentos y son indispensables para el crecimiento y desarrollo normal de las principales funciones de los seres vivos.

Biol. Aunque las vitaminas son esenciales para el funcionamiento del cuerpo, éste no puede sintetizarlas, por lo que ha de obtenerlas del exterior, por medio de los alimentos. Comprenden dos grandes grupos: liposolubles –solubles en grasas, pero no en el agua– e hidrosolubles –solubles en el agua–. Entre las primeras se encuentran las siguientes: **vitamina A**, cuyo exceso o escasez causa diversos daños, especialmente a los ojos; se encuentra en la zanahoria, leche, mantequilla y huevos; **vitamina D**, que regula el metabolismo del calcio y del fósforo y cuya ausencia provoca raquitismo; se encuentra en la mantequilla, huevo y aceites de hígado de pescados y se produce en la piel por la acción de los rayos solares; **vitamina E**, que ayuda al normal desarrollo de las funciones reproductoras; se encuentra en aceites vegetales, germen de trigo, huevos y jalea real; **vitamina K**, cuya carencia provoca hemorragias y dificultades de coagulación de la sangre; se encuentra en el hígado de cerdo, col, espinacas y huevos. Entre las vitaminas hidrosolubles destacan las siguientes: **vitamina C**, que regula el metabolismo celular y cuya ausencia provoca el escorbuto; se encuentra en los cítricos (naranjas, limones), tomates, lechuga, etc.; complejo de **vitaminas B**, que abundan en la corteza del arroz y la levadura de cerveza, entre las que destacan las siguientes: vitamina B_1, que interviene en el metabolismo de los hidratos de carbono y en el funcionamiento del tejido muscular y nervioso y cuya ausencia provoca el beriberi; vitamina B_2, que interviene en la respiración celular, cuya carencia produce lesiones epiteliales; vitamina B_3 o factor PP, necesaria para el buen funcionamiento de la piel y del sistema nervioso, cuya carencia provoca la pelagra, y vitamina B_6 y B_{12}, importantes coenzimas del metabolismo y otras reacciones, cuya carencia produce diversas formas de anemia.

vitaminado, da *adj.* Se dice del alimento o preparado farmacéutico al que se le han añadido vitaminas.

vitamínico, ca *adj.* **1.** Perteneciente o relativo a las vitaminas. **2.** Que contiene vitaminas.

vitaminoterapia *s. f.* Tratamiento de las enfermedades mediante la administración de vitaminas al paciente.

vitando, da *adj.* **1.** Que se debe evitar. **2.** Odioso, detestable.

Vitebsk C. de Bielorrusia, situada en el NE del país. 350.000 h. en 1989. Importante puerto fluvial en el Dvina occidental y nudo ferroviario, cuenta con industria alimentaria, textil, maderera, de maquinaria agrícola y construcciones mecánicas.

vitela *s. f.* Piel de vaca o ternera, muy fina y pulida, que se utiliza principalmente para pintar o escribir en ella.

vitelino, na *adj.* **1.** Perteneciente o relativo al vitelo. ‖ **2. membrana vitelina** Véase **membrana**. **3. saco vitelino** Véase **saco**.

vitelo *s. m.* Citoplasma del huevo de los animales.

Viterbo C. de Italia, cap. de la prov. homónima, situada en el Lacio. 60.200 h. en 1991. Cuenta con industrias mecánicas, papeleras, cerámicas y alimentarias. En su centro monumental destacan las iglesias románicas de San Sisto, San Giovanni in Zoccoli y Santa Maria Nuova y el palacio Alessandri; al estilo gótico pertenecen el palacio papal (1257-66), la iglesia de Santa Maria della Salute y la Fontana Grande (s. XIII).

Viterico (? - ? 610) Rey de los visigodos de Hispania (603-610). Encabezó la rebelión que depuso a Liuva II y le llevó a ocupar el trono. Combatió a los bizantinos en Levante. Intentó imponer nuevamente el arrianismo como religión de Estado y fue depuesto y asesinado por la facción católica encabezada por Gundemaro, que fue coronado rey.

viticultura *s. f.* Cultivo de la vid y técnica y conjunto de conocimientos para realizar ese cultivo. **Fam.** Vitícola, viticultor.

Vitier, Cintio (Cayo Hueso 1921) Poeta y crítico cubano. Perteneció al grupo de la revista *Orígenes.* Su poesía, intimista en un principio, pasó luego a conectar con el pueblo y la revolución de Cuba. Entre sus libros de poesía merecen citarse *Vísperas* (1953), *Canto llano* (1956) y *Testimonios* (1968). También es autor de ensayos, como *Lo cubano en la poesía* (1958).

vitivinicultura *s. f.* Cultivo las vides y elaboración del vino, y técnica y conjunto de conocimientos para realizar ese cultivo. **FAM.** Vitivinícola, vitivinicultor.

Vitiza Véase **Witiza**.

vito *s. m.* **1.** Música y baile popular andaluz, de origen muy antiguo, que tiene un ritmo vivo y alegre. **2.** Letra cantada.

vitola *s. f.* **1.** Banda o anilla de papel que se pone a los cigarros puros como distintivo de su marca. **2.** Cada uno de los diferentes tipos de cigarros puros según su longitud, grosor y forma. **3.** Aspecto de una persona o cosa. **4.** Plantilla para calibrar balas de cañón o de fusil.

vítor *s. m.* Aclamación, ovación. ■ Se usa más en *pl.*

vitorear *v. tr.* Aclamar, ovacionar.

Vitoria (*Gasteiz*) C. de España, cap. de la prov. de Álava y de la comunidad autónoma del País Vasco, situada en una colina sobre el valle del río Zadorra. 209.700 h. en 1991. Es un centro administrativo y cultural, que a su función de mercado agrícola une la actividad industrial, con producción alimentaria, metalúrgica, de materiales de construcción, química, de maquinaria, armas, eléctrica, textil, del mueble y papelera. Es residencia del lehendakari y del Parlamento y gobierno autónomos. Entre sus principales monumentos se encuentran la catedral vieja (s. XIV-XV) y la iglesia gótica de San Pedro, y, en arquitectura civil, las casas del Cordón y el Portalón, de estilo gótico, y el palacio de Ajuria-Enea.

Vitoria: plaza de la Virgen Blanca, con el monumento a la batalla de Vitoria y, al fondo, la iglesia de San Miguel.

Vitoria, batalla de Combate librado durante la guerra de Independencia española (1813), en que las tropas francesas fueron derrotadas por el ejército aliado, integrado por británicos, portugueses y españoles.

Vitoria, Francisco de (Burgos h. 1480 - Salamanca 1546) Filósofo, teólogo y jurista español. Religioso dominico, fue profesor de teología en París, Valladolid y Salamanca. Contribuyó a la renovación humanística de la enseñanza, así como a sentar las bases del derecho internacional. Sostuvo que los diversos estados forman una comunidad universal, que debe ser regida por una ley de naciones (*ius gentium*), cuya autoridad emanaría del mundo entero y sería deducible de la ley natural. Sus ideas se exponen en las *Relecciones teológicas* (1557).

vitoriano, na *adj.* De Vitoria. También *s.*

vitral *s. m.* Vidriera de colores, especialmente la que se encuentra en una iglesia o catedral.

vítreo, a *adj.* **1.** Hecho de vidrio o que tiene sus propiedades. **2.** Semejante al vidrio. ‖ **3. humor vítreo** Líquido transparente y viscoso que llena el interior del globo ocular, entre el cristalino y la retina, rodeado por la membrana hialina.

vitrificar *v. tr.* **1.** Convertir en vidrio una sustancia o materia. También *v. prnl.* **2.** Dar a una cosa cualquiera el aspecto del vidrio. También *v. prnl.* **3.** Recubrir un entarimado o parqué con una capa de barniz o sustancia plástica, para darle brillo y protegerlo. **4.** Fundir al horno el vidriado de las piezas de loza o alfarería. ■ Se conjuga como *sacar.* **FAM.** Vitrificable, vitrificación.

vitrina *s. f.* **1.** Mueble o caja con puertas o tapas de cristal, para tener objetos que puedan ser vistos a través de ellas. **2.** *amer.* Escaparate.

vitriolo *s. m.* Denominación con la que se alude vulgar y comercialmente a ciertos sulfatos hidratados. El sulfato de hierro (II) heptahidratado ($FeSO_4 \cdot 7H_2O$) o **vitriolo verde** se emplea en la industria tintorera y de curtidos; el sulfato de cobre (II) pentahidratado o **vitriolo azul** ($CuSO_4 \cdot 5H_2O$) se usa para proteger las plantas de los insectos y microorganismos nocivos. **FAM.** Vitriólico.

Vitrubio, Marco (s. I a. C.) Arquitecto romano. Su importancia se debe fundamentalmente a los diez libros del tratado *De architectura,* en donde quedan reflejadas las teorías y conceptos de la arquitectura clásica, griega y romana: órdenes, proporciones, formas y motivos, así como las pautas para ser un buen arquitecto. Esta obra ejerció una gran influencia en la arquitectura del Renacimiento.

Vitry, Philippe de (¿París? 1291 - Meaux 1361) Compositor, poeta y teórico musical francés. Obispo de Meaux, fue una de las figuras más influyentes en la música occidental. Compuso motetes polifónicos, pero debe la mayor celebridad a su tratado *Ars nova,* con el que sentó las bases de la polifonía de la Baja Edad Media.

Vitte, Sergei Yulievich, conde de (Tiflis 1849 - San Petersburgo 1915) Político ruso. Ministro de Finanzas (1892), realizó profundas reformas que permitieron atraer capitales extranjeros. Posteriormente, como ministro de Estado (1903), negoció en Portsmouth, EE UU, la paz con Japón (1905). Presidente del consejo de ministros (1905-06), reprimió las sublevaciones de Kronstadt y Sebastopol y la huelga general de Moscú. La oposición de los sectores conservadores motivó su destitución.

Vitti, Monica (Roma 1931) Actriz de cine italiana. Descubierta por Antonioni, protagonizó sus películas *La aventura* (1960), *La noche* (1961), *El eclipse* (1962) y *El desierto rojo* (1964). Posteriormente encarnó a la heroína policiaca de *Modesty Blaise* (1965).

Vittorini, Elio (Siracusa 1908 - Milán 1966) Escritor italiano. Fue director de la revista *Il Politecnico.* Su narrativa se inscribe en el realismo simbólico. Entre sus principales obras figuran *Pequeña burguesía* (1931), *Conversación en Sicilia* (1941), *Las mujeres de Mesina* (1949) y *La garibaldina* (1956).

vitualla *s. f.* Conjunto de víveres, especialmente los necesarios para una excursión, un viaje, en el ejército, etc. Se usa mucho en *pl.*

vituperable *adj.* Que merece ser vituperado o censurado.

vituperar *v. tr.* Criticar con dureza, reprender a alguien o hablar mal de él. **FAM.** Vituperación.

vituperio *s. m.* Aquello que se dice vituperando a una persona o cosa.

viudedad *s. f.* **1.** Viudez*. **2.** Pensión que recibe una persona viuda.

viudez *s. f.* Estado de la persona viuda.

viudo, da *adj.* **1.** Se dice de la persona cuyo esposo o esposa ha muerto y que no ha vuelto a contraer matrimonio. También *s.* **2.** Se aplica a algunos animales que, estando apareados para criar, se quedan sin su pareja. **3.** *fam.* Se dice de los garbanzos, patatas y otros alimentos que se sirven solos, sin acompañamiento de carne. ‖ **4. viuda negra** Artrópodo arácnido de la familia latrodéctidos, especie *Latrodectus mactans.* Es una araña de picadura muy venenosa. La hembra devora al macho después del apareamiento, hecho al que alude su nombre. Habita en las regiones cálidas americanas.

vivac *s. m.* **1.** Campamento que se establece de manera provisional para pasar la noche en la montaña o en otro lugar. **2.** Paraje donde las tropas pasan la noche al raso. ■ Se dice también *vivaque.*

vivace (voz ital.) *adv. m.* En música, modo de ejecutar un fragmento de manera rápida y viva.

vivacidad *s. f.* Cualidad de vivaz.

vivalavirgen *s. m.* y *f.* Persona despreocupada e irresponsable que busca principalmente divertirse.

Vivaldi, Antonio (Venecia 1678 - Viena 1741) Violinista y compositor italiano. Sacerdote y profesor de violín en el hospital de La Piedad de Venecia (1703-40), fue una de las principales figuras del Barroco musical. Desarrolló el concierto en tres movimientos y aplicó a la música instrumental los recursos estilísticos de la música vocal. Compuso 75 sonatas, 23 sinfonías y 454 conciertos, de los que destacan las colecciones *Fantasía armónica* (1712), *La extravagancia* (h. 1712) y *El fundamento de la armonía y de la invención* (h. 1725), dentro del cual se encuentran *Las cuatro estaciones.* Es autor también de óperas, oratorios y otras composiciones sacras.

Antonio Vivaldi. Cuadro de autor anónimo del siglo XVIII (Liceo Musical de Bolonia, Italia).

vivales *s. m.* y *f. fam.* Persona lista y espabilada que sabe sacar provecho de todo.

vivamente *adv. m.* Con viveza y energía.

Vivanco, Luis Felipe (San Lorenzo de El Escorial, Madrid 1907 - Madrid 1975) Poeta español. Su poesía, de una gran perfección formal, manifiesta un profundo sentimiento religioso. Entre sus obras cabe destacar *Tiempos de dolor* (1940), *Lecciones para el hijo* (1961) y *Prosas propicias* (1976).

Vivanco, Manuel Ignacio de (Lima 1806 - Valparaíso 1873) Militar y político peruano. Se opuso a la política de Santa Cruz y a la Confederación Perú-boliviana y tuvo que exiliarse a Chile. Regresó en 1842 y accedió al poder como supremo director de la república (1843), cargo que perdió con la sublevación de Castilla y Nieto (1844). Ministro de la Guerra (1863-65), gestionó el tratado Vivanco-Pareja (1865), por el que se retiraba la escuadra española de las islas de Chincha a cambio de una indemnización, lo que provocó el alzamiento de Prado y el derrocamiento del presidente Pezet.

vivaque *s. m.* Vivac*.

vivaquear *v. intr.* Pasar la noche en un campamento provisional al aire libre.

vivar[1] *v. tr. amer.* Vitorear, dar vivas a alguien. También *v. intr.*

vivar[2] (del lat. *vivarium*) *s. m.* Madriguera donde se crían algunos animales, especialmente los conejos.

vivaracho, cha *adj. fam.* Alegre, despierto y muy vivo de carácter. También *s.*

Vivarini Familia de pintores italianos de la escuela veneciana, entre los que sobresalieron: **Antonio** (Murano h. 1415 - Venecia h. 1480), influido por la pintura toscana, representa la transición de la Edad Media al Renacimiento, en obras como *Coronación de la Virgen* y el *Tríptico de la Caridad*; **Bartolomeo** (Murano h. 1432 - ? h. 1491), hermano y colaborador del anterior, recibió la influencia de Mantegna; es autor, entre otras obras, de *Madona y cuatro santos*; y **Alvise** (Venecia h. 1445 - íd. 1505), hijo de Antonio y colaborador de su padre y su tío, en sus obras se advierte la influencia de Antonello da Messina y Giovanni Bellini, como en el retablo de San Ambrosio, de la iglesia veneciana de Santa Maria dei Frari, y en *Sacra conversación* (1480).

vivario *s. m.* Instalación destinada a la conservación de animales vivos, que imita el medio natural en que normalmente se encuentran.

vivaz *adj.* **1.** Vivo, dinámico. **2.** Se dice de las plantas que viven más de dos años, pero cuyos órganos aéreos mueren cada dos años.

Vivekananda, Narendranath Datta, llamado (Calcuta 1862 - íd. 1902) Místico hindú. Discípulo de Ramakrisna, se retiró durante seis años a meditar al Himalaya. Creó la Misión Ramakrisna (1897), que actúa en la India y en Occidente. Difundió en EE UU los principios del Vedanta.

vivencia *s. f.* Experiencia que una persona tiene de algo y que se incorpora a su personalidad.

vivencial *adj.* Perteneciente o relativo a las vivencias.

víveres *s. m. pl.* Productos necesarios para la alimentación de las personas, generalmente si se almacenan o distribuyen en grandes cantidades y sirven para abastecer a grupos.

vivero *s. m.* **1.** Terreno en que se crían plantas para trasplantarlas después a su lugar definitivo. **2.** Lugar en que se crían dentro del agua peces y otros animales. **3.** Lugar o circunstancia en que se origina o produce algo que se expresa.

vivérridos *s. m. pl.* Familia de mamíferos carnívoros a la que pertenecen unas 70 especies comprendidas en diversos géneros, entre los que destacan *Civettictis, Genetta, Arctictis* y *Herpestes.* Son de pequeño tamaño, cuerpo esbelto, patas cortas, cola peluda y hocico puntiagudo. Hacen generalmente vida nocturna y son grandes depredadores. Casi todos tienen glándulas odoríferas. Habitan en las regiones cálidas de Europa, Asia y África. Vivérridos son la civeta, la gineta, la mangosta, etc. También *adj.* y *s. m.*

Vives, Amadeo (Collbató, Barcelona 1871 - Madrid 1932) Compositor español. Creó con Luis Millet el Orfeó Català (1891), para el que compuso varias obras corales como *L'emigrant* y *Els tres tambors.* Entre sus mejores obras se encuentran la ópera *Don Lucas del Cigarral* (1899) y las zarzuelas *Bohemios* (1903), *Maruxa* (1913) y *Doña Francisquita* (1923).

Vives, Juan Luis (Valencia 1492 - Brujas 1540) Humanista y filósofo español. Estudió filosofía en la Sorbona y ejerció como profesor en la universidad de Oxford. Fue amigo de Erasmo y una de las figuras más significativas del Renacimiento. Su pensamiento, crítico y ecléctico, se caracterizó por combatir el abuso de las interpretaciones escolásticas de Aristóteles. Defendió el verdadero aristotelismo, que partía no sólo de la razón, sino de la observación de la naturaleza. Su ética estuvo influida por el platonismo y por el estoicismo. Entre sus obras destacan *De institutione feminae christianae* (1523), *De disciplinis libri XX* (1531), *De anima et vita* (1538) y *De veritate fideichristianae* (1543).

Juan Luis Vives. Grabado de Francisco Muntaner sobre dibujo de J. Enguídanos, detalle.

viveza *s. f.* **1.** Rapidez y agilidad en la realización de las acciones. **2.** Pasión o exaltación en lo que se dice. **3.** Agudeza de ingenio o rapidez para entender las cosas. **4.** Brillantez y luminosidad de algunas cosas, especialmente de los colores. **5.** Expresividad particular de los ojos de algunas personas en el modo de mirar o moverse.

vivianita *s. f.* $Fe_3(PO_4)_2 \cdot 8H_2O$. Mineral fosfato de hierro (II) hidratado. Cristaliza en el sistema monoclínico, es incoloro o de color blanco y tiene brillo nacarado y vítreo. Se presenta en prismas alargados y agregados fibrosos.

vívido, da *adj.* Que describe, narra, etc., con realismo y fuerza expresiva.

vividor, ra *s. m.* y *f.* **1.** Persona que sabe disfrutar al máximo de la vida. También *adj.* **2.** Persona que sabe desenvolverse muy bien en distintas situaciones debido a la experiencia adquirida. También *adj.*

vivienda *s. f.* Casa, construcción o sitio convenientemente preparado en que habitan las personas.

viviente *adj.* Que vive. También *s.*

vivificar *v. tr.* **1.** Dar fuerzas o energía a la persona o cosa que estaba decaída o debilitada. **2.** Dar vida a alguien o algo que no la tenía. ▪ Se conjuga como *sacar.* **FAM.** Vivificación, vivificador, vivificante.

vivíparo, ra *adj.* **1.** Se dice de los animales cuyas crías se desarrollan por completo en la fase de feto en la matriz de la hembra. También *s.* **2.** Se dice de las plantas que, en lugar de semillas o frutos, desarrollan unos órganos, como yemas, bulbitos, etc., para su multiplicación.

vivir[1] (del lat. *vivere*) *v. intr.* **1.** Tener vida o durar con vida. **2.** Alimentarse y tener las cosas necesarias para la vida, como casa, ropas, etc. **3.** Basar en una actividad, recurso, etc., la obtención de lo necesario para la vida de una persona o grupo de personas. **4.** Pasar la vida o una parte de ella en un lugar determinado. **5.** Habitar. **6.** Permanecer el recuerdo de una persona muerta o un hecho pasado en la memoria de alguien. **7.** Tener vigencia, permanecer, durar. **8.** Desenvolverse en la vida. **9.** Obrar en la vida de una determinada manera. **10.** *fam.* Estar bien o mal en un lugar o circunstancia. **11.** Convivir con alguien sin estar casados. ‖ *v. tr.* **12.** Pasar por algo, experimentarlo. **13.** Sentirse muy identificado o disfrutar mucho con algo. ‖ **LOC. no dejar vivir** a alguien una persona o cosa *fam.* No dejarle tranquilo, molestarle mucho. **no vivir** *fam.* Sufrir, estar agobiado o nervioso, etc. **¡viva!** *interj.* Expresa alegría y aplauso. También *s. m.* **vivir para ver** Indica el asombro que produce algo.

vivir[2] (de *vivir*[1]) *s. m.* Vida, subsistencia.

vivisección *s. f.* Disección en animales vivos con finalidad científica.

vivo, va *adj.* **1.** Que tiene vida. También *s.* **2.** Se dice de lo que sigue existiendo con su uso, fuerza y desarrollo habituales. **3.** Se dice del fuego, la llama, etc., que está en plena actividad. **4.** Muy intenso o fuerte. **5.** Ingenioso, despierto. **6.** Avispado, que sabe aprovecharse de las circunstancias que se le presentan. También *s.* **7.** Que se enfada con mucha facilidad. **8.** Rápido o ágil en los movimientos o acciones. **9.** Que permanece en el recuerdo. **10.** Que muestra viveza, expresividad. **11.** Vívido*. **12.** Se dice de los colores intensos y sin mezcla. **13.** Se aplica al deseo, interés, sentimiento, etc., muy grande. **14.** Se dice del ritmo musical rápido y alegre, así como de las obras o piezas que tienen este ritmo. **15.** Se dice de la arista, canto, ángulo, etc., que está muy pronunciado y no desgastado. ‖ *s. m.* **16.** Borde de alguna cosa. **17.** Cinta, cordoncillo o trencilla que se pone como adorno en los bordes de algunas prendas y otras piezas de tela. ‖ **LOC. en vivo** *adj.* y *adv.* Se aplica a la forma de presenciar un espectáculo cuando el espectador se encuentra donde se está produciendo.

vizcacha (voz quechua) *s. f. Amér. del S.* Nombre común de diversos mamíferos roedores de la familia chinchíllidos, géneros *Lagidium* y *Lagostomus.* Son animales de unos 60 cm de longitud, que tienen cola larga, pelaje grisáceo con el vientre blanco y las patas posteriores más desarrolladas. Viven en América del Sur, en las pampas y en los Andes, donde excavan galerías subterráneas y se alimentan de plantas.

vizcachera *s. f.* **1.** *amer.* Madriguera de la vizcacha. **2.** *Arg. fam.* Habitación pequeña, llena de trastos y desordenada.

vizcaíno, na *adj.* **1.** De Vizcaya. También *s.* ‖ *s. m.* **2.** Dialecto del euskera hablado en gran parte de Vizcaya.

vizcaitarra *adj.* Partidario o defensor de la independencia o autonomía de Vizcaya y, en general, de todo lo relativo a esta provincia del País Vasco. También *s.*

Vizcaya (*Bizkaia*) Prov. de España, en el País Vasco, situada a orillas del Cantábrico, entre Cantabria y Guipúzcoa. 2.217 km^2. 1.156.250 h. en 1991. La capital es Bilbao, con 372.050 h. en 1991. En el relieve se pueden distinguir dos formaciones: una costera al N, donde se alzan los montes Sollube y Oiz, y una barrera montañosa al S, donde se encuentran las mayores alturas, peña Gorbea y peña de Amboto. Todos sus ríos son tributarios del mar Cantábrico: Lea, Oca, Plencia, Nervión y Golilza. La costa está accidentada por las rías de Somorrostro, Bilbao, Plencia y Mundaca y los cabos de Punta Galea, Villano, Machichaco y Ogoño. Tiene un clima atlántico y vegetación de pradera y bosque. La población se concentra en ciudades del área industrial del curso bajo del Nervión, donde forman la aglomeración del Gran Bilbao, aunque se mantiene el poblamiento disperso rural de caserío. Cuenta con cultivos de patatas, judías y maíz, ganadería ovina y bovina, una considerable pesca, y minería de hierro, plomo y cinc. Pero la principal actividad económica es la industrial: siderurgia, metalurgia, maquinaria, construcción naval, material ferroviario y eléctrico, fabricación química, textil y de papel.

Vizcaya, golfo de Golfo del océano Atlántico que se extiende por la costa del SO de Francia y las españolas del mar Cantábrico hasta el cabo de Ajo. El sector francés presenta costas bajas con numerosas lagunas costeras; el español, costas altas, y en él se hallan los principales puertos.

vizcondado *s. m.* **1.** Título o dignidad de vizconde. **2.** Tierras que pertenecían a un vizconde.

vizconde *s. m.* **1.** Persona que tiene cierto título de nobleza, de dignidad inferior a la de conde. **2.** Antiguamente, persona que el conde dejaba como sustituto en sus territorios para que ejerciera su autoridad.

vizcondesa *s. f.* **1.** Mujer que tiene el mismo título de nobleza que un vizconde. **2.** Esposa del vizconde.

Vladimiro Nombre de dos príncipes de Kiev. **Vladimiro I el Grande** (? h. 956 - ? 1015) Gran príncipe de Kiev (980-1015). Hijo de Sviatoslav I, eliminó a su hermano y, ayudado por mercenarios suecos, se hizo con el poder. Entró en contacto con el imperio bizantino y por intereses políticos se convirtió al cristianismo (988), arrastrando al pueblo con su ejemplo. Durante su reinado se consolidó el estado ruso de Kiev. **Vladimiro II Monómaco** (? 1053 - ? 1125) Gran príncipe de Kiev (1113-25). Nieto de Yaroslav, fundó nuevas ciudades, trató de mejorar la situación de los siervos y frenó la penetración de pueblos turcos.

Vladivostok C. de la Federación Rusa, situada en el SE del país, a orillas del mar de Japón, en el océano Pacífico. 648.000 h. en 1989. Es el puerto comercial ruso más activo del océano Pacífico, base de la flota rusa del Pacífico y nudo de comunicaciones tanto marítimas como terrestres. Cuenta con importantes industrias metalúrgicas, de construcciones navales y aeronáuticas, de refino de petróleo, madereras y alimentarias.

Vlaminck, Maurice de (París 1876 - Rueil-la-Gadelière 1958) Pintor francés. Del grupo de los fauvistas, sus primeras obras son composiciones de colores puros y tonos violentos, influidas por Van Gogh. A partir de 1908 evolucionó hacia formas cubistas y posteriormente volvió a pintar paisajes de vivos colores, próximos al estilo expresionista. Algunos de sus cuadros más representativos son *Paisaje con árboles rojos* (1906), *El puerto viejo de Marsella* (1912), *La casa del pintor en Valmondois* (1920) y *Tempestad de nieve* (1922).

vocablo *s. m.* Palabra, término.

vocabulario *s. m.* **1.** Conjunto formado por las palabras de una lengua. **2.** Conjunto de palabras de una lengua que se usan en una región, en una actividad concreta, etc. **3.** Libro o texto en que está contenido este tipo de palabras. **4.** Lista o conjunto de palabras ordenadas según un determinado criterio, con definiciones o explicaciones breves. **5.** Conjunto de palabras que usa o conoce una determinada persona.

vocación *s. f.* **1.** Inclinación hacia una profesión, forma de vida o actividad. **2.** Llamada de Dios que siente una persona para llevar una forma de vida, especialmente para ser sacerdote o ingresar en una orden religiosa. **3.** Esta persona. Se usa más en *pl.*

vocacional *adj.* **1.** Perteneciente o relativo a la vocación. **2.** *amer.* Se aplica a las escuelas de enseñanzas técnicas y a lo relativo a esas enseñanzas.

vocal *adj.* **1.** Perteneciente o relativo a la voz. **2.** Que se expresa con la voz, por oposición a lo que sólo se piensa. **3.** Se dice de la música escrita para ser cantada tenga o no acompañamiento instrumental. || *s. f.* **4.** Sonido del lenguaje humano producido al expulsar el aire por la boca con vibración de las cuerdas vocales y sin que ningún órgano intervenga para obstruir el paso de aquél. Su presencia, como elemento nuclear, es necesaria para que exista una sílaba; puede aparecer en ésta con una o más consonantes, aislada o formando diptongo. **5.** Cada una de las letras que representa un sonido de ese tipo; en español, *a, e, i, o* y *u.* || *s. m.* y *f.* **6.** Persona que tiene derecho a hablar en una reunión, junta, consejo, etc., aunque sin un cargo específico en ellos. || **7. vocal temática** En ling., la que constituye el tema de una palabra, como la que permite clasificar los verbos en la 1.ª (*-a-*), 2.ª (*-e-*) o 3.ª (*-i-*) conjugación. **FAM.** Vocálico.

Ling. Las vocales en español constituyen un sistema organizado conforme a dos criterios: el punto de articulación, según el cual pueden ser anteriores o palatales (*e, i*), central (*a*) y posteriores o velares (*o, u*), y el modo de articulación, por el que se clasifican en cerradas (*i, u*), semiabiertas o semicerradas (*o, e*) y abierta (*a*).

vocalismo *s. m.* **1.** Sistema vocálico de una lengua. **2.** Modo de manifestarse las vocales en cualquier elemento lingüístico.

vocalista *s. m.* y *f.* Cantante de un grupo musical.

vocalización *s. f.* **1.** Acción y efecto de vocalizar. **2.** En el canto, ejercicio que consiste en realizar una serie de modulaciones con la voz empleando cualquiera de las vocales. **3.** En ling., acción y efecto de vocalizar o vocalizarse una consonante.

vocalizar *v. intr.* **1.** Pronunciar de manera clara y diferenciada las distintas vocales y consonantes de las palabras. También *v. tr.* **2.** En mús., realizar ejercicios de vocalización. También *v. tr.* **3.** En mús., solfear sin decir las notas, empleando una vocal, generalmente la *a.* También *v. tr.* **4.** En ling., transformarse en vocal una consonante; p. ej., en la palabra latina *altariu(m)*, la *l* vocaliza en *u* (*autariu*) y evoluciona hasta convertirse en la actual *otero.* También *v. tr.* y *v. prnl.* ■ Se conjuga como *cazar.*

vocalmente *adv. m.* Con la voz.

vocativo *s. m.* En las lenguas con declinación, caso que se utiliza para llamar o nombrar a la persona o cosa personificada a la que se dirige el hablante.

voceador, ra *adj.* **1.** Que vocea. También *s.* || *s. m.* **2.** Pregonero*. **3.** *Méx.* Vendedor de periódicos.

vocear *v. intr.* **1.** Dar voces o gritos. || *v. tr.* **2.** Decir algo a voces. **3.** Llamar a alguien a voces. **4.** Aclamar a alguien con gritos. **5.** *fam.* Publicar algo que se debería callar. **6.** *fam.* Manifestar algo claramente un hecho, la existencia de una cosa, etc.

voceras *s. m.* y *f.* Bocazas*.

vocerío *s. m.* Griterío, conjunto de voces fuertes y confusas.

vocero *s. m.* Persona que habla en nombre de otras.

vociferar *v. intr.* Hablar dando voces. **FAM.** Vociferación, vociferador, vociferante.

vocinglería *s. f.* **1.** Cualidad de vocinglero. **2.** Ruido de muchas voces.

vocinglero, ra *adj.* **1.** Que vocea. También *s.* **2.** Que habla demasiado. También *s.*

vodca *s. amb.* Vodka*.

vodevil *s. m.* Comedia de argumento intrascendente, divertida y algo picante. **FAM.** Vodevilesco.

vodka (voz rusa) *s. amb.* Aguardiente de centeno, maíz o cebada, incoloro y con alta graduación, muy común en los países de Europa oriental. ■ Se usa más como *s. m.* Se escribe también *vodca.*

Vogel, Hermann Karl (Leipzig 1841 - Potsdam 1907) Astrónomo alemán. Analizó las atmósferas planetarias por espectroscopias y, al estudiar la velocidad de las estrellas, descubrió las estrellas dobles.

Vogelweide, Walther von der (? h. 1170 - Wurzburgo h. 1230) Poeta alemán. Trovador errante en sus inicios, pasó luego bajo la protección de los emperadores Staufen y Otón IV. Su poderosa personalidad literaria se opuso a la estética imperante del amor cortés. Destacó especialmente como poeta político y satírico. Entre sus obras se recuerdan *Bajo los tilos* y *Sentencias para el emperador.*

voivoda *s. m.* En los estados eslavos de los Balcanes y Europa central, título dado a los jefes militares o gobernadores territoriales durante la Edad Media y Moderna.

voivodato *s. m.* **1.** Territorio gobernado por un voivoda. **2.** División administrativa mayor de Polonia.

Voivodina Prov. autónoma de Serbia, situada en el N del país, junto a la frontera con Hungría. 21.506 km^2. 2.051.000 h. en 1989. La capital es Novi Sad, con 170.000 h. en 1981. La provincia ocupa una llanura recorrida por los ríos Tisza y Danubio. Está poblada por serbios y una minoría de húngaros. Cuenta con una rica agricultura de maíz, trigo, tabaco y plantas forrajeras, ganadería de bovinos y cerdos y una industria muy diversificada.

volada *s. f.* **1.** Vuelo corto. **2.** Cada una de las veces que se realiza un vuelo de este tipo. **3.** *Amér. C., Méx.* Rumor, falsa noticia. **4.** *Arg.* Ocasión favorable.

voladito, ta *adj.* En imprenta, se dice del carácter o letra pequeños, colocados encima de la línea de escritura, que indican referencias, abreviaturas, etc. ■ Se dice también *volado, da.*

voladizo, za *adj.* Se aplica al elemento de construcción que sobresale del muro o de la pared de un edificio. También *s. m.*

volado, da **1.** *p. p.* de **volar**. || *adj.* **2.** En arq., se dice de la parte de un edificio que sobresale de un muro o pared y no tiene otro elemento que lo soporte. **3.** Voladito*. **4.** *fam.* Intranquilo, impaciente. **5.** *Arg., Méx.* Enfadado, irritado. **6.** *Cuba, Guat., Méx.* Enamorado, ilusionado. || *s. m.* **7.** *Amér. C.* Rumor o noticia falsa. **8.** *Méx.* Aventura, generalmente amorosa.

volador, ra *adj.* **1.** Que vuela o puede volar. || *s. m.* **2.** Cohete utilizado en los fuegos artificiales. **3.** Nombre de diversos peces teleósteos perciformes de la familia exocétidos, géneros *Exocoetus, Cypselurus, Cheilopogon*, etc. Miden entre 20 y 60 cm de longitud y están dotados de extensas aletas pectorales que extienden para realizar breves vuelos al saltar sobre las aguas. Viven en regiones tropicales del Atlántico y en el Mediterráneo. **4.** Molusco cefalópodo parecido al calamar, también comestible, pero de menor calidad. **5.** Molinillo, juguete.

voladura *s. f.* Acción y efecto de volar una cosa con explosivos.

volandas, en *loc. adv.* **1.** Por el aire, sujetándolo sin que toque el suelo. **2.** *fam.* Muy pronto o con mucha rapidez.

volandera *s. f.* **1.** Muela de un molino. **2.** Arandela que se coloca entre dos piezas de una máquina para evitar el roce entre ellas.

volandero, ra *adj.* **1.** Que está colgando y se mueve con facilidad de un lado para otro. **2.** Que no se para ni se detiene en ningún lugar o que no dura mucho tiempo. También *s.*

volantazo *s. m.* Giro brusco y rápido del volante conduciendo un automóvil, p. ej., para evitar un obstáculo.

volante *adj.* **1.** Que vuela. **2.** Que va o se lleva de un sitio a otro sin quedarse fijo en ninguno. || *s. m.* **3.** Tira de tela fruncida que se pone como adorno en algunas prendas de vestir o en colchas, cortinas, etc. **4.** En un automóvil, pieza en forma de aro que transmite su movimiento a las ruedas cuando el conductor la hace girar con las manos, para dirigir el vehículo hacia uno u otro lado; también, objeto similar en embarcaciones, aviones, etc. **5.** P. ext., deporte automovilístico. **6.** Hoja de papel, generalmente de forma alargada y que en ocasiones se arranca de un talonario, en la que se recomienda, se pide o se hace constar algo en la forma precisa. **7.** Rueda grande y pesada que sirve para regularizar el movimiento de una máquina y, generalmente, para transmitir dicho movimiento al resto del mecanismo. **8.** Rueda pequeña con dos topes que transmite su movimiento de forma regular al resto del mecanismo de un reloj. **9.** Rehilete, especie de pelota con plumas.

volantín *s. m.* **1.** Cordel con uno o varios anzuelos, que se utiliza para pescar. **2.** *amer.* Cometa pequeña de papel.

volapié *s. m.* **1.** En tauromaquia, suerte de matar al toro en la que el diestro se lanza sobre él clavándole el estoque al mismo tiempo que le da salida con la muleta hacia su derecha. **2.** P. ext., estocada así administrada.

volar *v. intr.* **1.** Ir o moverse por el aire un animal o un aparato mecánico, por medio de alas o de otro modo. **2.** Viajar o ir de un lugar a otro por el aire, en avión, helicóptero, etc. **3.** Elevarse o moverse una cosa por el aire, generalmente a causa del viento. También *v. prnl.* **4.** Ir por el aire una cosa que se ha lanzado con violencia. **5.** *fam.* Desaparecer de manera rápida e inesperada una persona o cosa. **6.** Ir muy deprisa a algún sitio. **7.** Hacer algo con mucha rapidez. **8.** Propagarse o difundirse con rapidez una noticia entre muchas personas. **9.** Pasar muy deprisa el tiempo. **10.** Independizarse, especialmente los hijos con respecto a los padres. **11.** *fam.* Huir de un lugar. **12.** *Méx.* Enamorar, cortejar. || *v. tr.* **13.** Hacer saltar en pedazos una cosa, generalmente por medio de sustancias explosivas. **14.** En imprenta, hacer que un carácter, número, letra, etc., quede volado. **15.** Hacer que se levante el ave para disparar sobre ella. || *v. prnl.* **16.** *amer.* Enfadarse, irritarse. ■ Es v. irreg. Se conjuga como *contar.*

volatería *s. f.* **1.** Cetrería, caza de aves con otras amaestradas. **2.** Conjunto de aves de diversas clases.

volátil *adj.* **1.** Se dice de la sustancia que se volatiliza rápidamente cuando está en un recipiente destapado, p. ej. la gasolina. **2.** Volador. También *s.* **3.** Que se mueve por el aire. **4.** Inconstante, mudable. **FAM.** Volatilidad.

volatilizar *v. tr.* **1.** Transformar una sustancia líquida o sólida en vapor o gas. También *v. prnl.* || *v. prnl.* **2.** *fam.* Desaparecer rápida e inesperadamente una cosa. ■ Se conjuga como *cazar.* **FAM.** Volatilizable, volatilización.

volatín *s. m.* **1.** Ejercicio de acrobacia. **2.** Volatinero*.

volatinero, ra *s. m.* y *f.* Acróbata que realiza saltos y otros ejercicios de habilidad sobre una cuerda, alambre, etc.

vol-au-vent (voz fr.) *s. m.* Volován*.

volcán *s. m.* **1.** Abertura o grieta en la corteza terrestre, generalmente en una montaña, por la que ascienden gases y materiales en estado de fusión procedentes del interior de la Tierra. **2.** En el lenguaje corriente, elevación o montaña formada por acumulación de los materiales arrojados en sucesivas erupciones. **3.** Idea o sentimiento muy intenso y agitado; asimismo persona con ese tipo de ideas o sentimientos. **4.** *Col.* Precipicio. **5.** *Guat., Hond., P. Rico.* Montón de cosas. || **LOC. estar** una persona o cosa **sobre un volcán** Encontrarse en una situación muy peligrosa, generalmente sin darse cuenta.

Geol. Según la forma y el tamaño de la abertura por la que sale el material fundido o magma, los volcanes pueden ser fisurales y puntuales. En los **volcanes fisurales**, la lava sale en enorme cantidad a través de una grieta o fisura de gran longitud. Los **volcanes puntuales** son los volcanes clásicos, en los que la efusión se produce por un punto. Un volcán puntual consta de *foco volcánico*, zona profunda del interior de la corteza terrestre donde se encuentra el magma; *chimenea*, conducto más o menos estrecho entre el foco y la salida; *cráter* u orificio de erupción, y *cono volcánico*, elevación o montaña formada por los depósitos de lava, cenizas y lapilli. La lava volcánica depositada forma coladas. Los volcanes puntuales se clasifican en cuatro tipos: **hawaianos**, que emiten lavas fluidas, sus cúpulas son vastas y poco elevadas y arrojan pocos materiales de deyección, p. ej., el Mauna Loa; **estrombolianos**, con potentes conos, que proyectan numerosas bombas y cenizas, p. ej. el Stromboli; **vulcanianos**, de violentas erupciones que destruyen su parte superior, lava muy viscosa, rápidamente solidificada, y numerosa ceniza, p. ej. el Perbuatan en la isla Krakatoa, y **peleanos**, con lava poco fluida, que forman una aguja que sobresale del cráter y a través de fisuras emiten nubes de gases ardientes muy destructivas, p. ej. el Mont Pelée o Montaña Pelada, de la isla de Martinica.

volcanada *s. f. Chile.* Bocanada de aire o de mal olor.

volcánico, ca *adj.* **1.** Perteneciente o relativo al volcán. **2.** Se aplica al sentimiento muy intenso, ardiente o fogoso.

volcanismo *s. m.* Vulcanismo*.

volcanología *s. f.* Vulcanología*.

volcanólogo, ga *s. m.* y *f.* Vulcanólogo*.

volcar *v. tr.* **1.** Hacer que una cosa quede apoyada sobre un punto o lado distinto de aquel en que normalmente se apoya. También *v. intr.* y *v. prnl.* **2.** Hacer que se derrame o caiga el contenido de un recipiente, bolsa, saco, etc., inclinando o dando la vuelta al mismo. También *v. prnl.* ‖ *v. prnl.* **3.** Hacer una persona todo lo que puede para agradar, favorecer o beneficiar a otra. ■ Es v. irreg. Se conjuga como *trocar.*

volea *s. f.* Golpe dado a una cosa en el aire antes de que toque el suelo, generalmente a la pelota en algunos deportes.

volear *v. tr.* **1.** Golpear una cosa en el aire para impulsarla. Se usa más como *v. intr.* **2.** Sembrar esparciendo la semilla al arrojarla con la mano. También *v. intr.*

voleibol *s. m.* Deporte que se juega entre dos equipos de seis jugadores y que consiste en impulsar el balón con las manos de un campo a otro, por encima de una red situada a 2,43 m de altura, de modo que el equipo contrario no pueda devolverlo o, al hacerlo, lo arroje fuera del terreno marcado. El balón puede tocarse con las manos o cualquier parte del cuerpo por encima de la cintura. Es deporte olímpico desde 1964. Se llama también *balonvolea.*

voleo, a (o al) *loc. adv.* Voleando, modo de sembrar; también, en tono familiar, arbitrariamente, sin pararse a pensar.

volframio *s. m.* W. Elemento químico perteneciente al grupo VI B del sistema periódico. Su número atómico es 74 y su masa atómica 183,85. Fue descubierto por el español Fausto de Elhuyar en 1783, basándose en estudios de Scheele, a partir del mineral volframita. Es un metal de color blanco estañoso, con densidad y punto de fusión elevados. Resistente a los ácidos, sin embargo es atacado por el cloro. Se encuentra fundamentalmente en yacimientos de EE UU, Corea del Sur, Bolivia, Federación Rusa, Portugal, Malaisia, Brasil y Alemania. Se utiliza para fabricar hilos de lámparas de incandescencia, para hornos eléctricos, contadores eléctricos y aleaciones de herramientas. También se escribe *wolframio* y se llama *tungsteno.*

volframita *s. f.* (Fe, Mn)WO_4. Mineral volframato de hierro y manganeso. Cristaliza en el sistema monoclínico en prismas, hojas, granos o láminas, tiene color negro y brillo submetálico. Aparece en estructuras tubulares, asociado al cuarzo. Es la principal mena de volframio. Existen yacimientos en Bolivia, Malaisia, Brasil, Portugal, EE UU, Federación Rusa y el macizo de Harz (Alemania); en España, en Galicia y Córdoba. Se utiliza para fabricar filamentos de lámparas y aleaciones de gran dureza. ■ Se escribe también *wolframita.*

Volga Río de la Federación Rusa. 3.531 km, 1.360.000 km^2 de cuenca y 7.000 m^3/s de caudal. Es el mayor de los ríos de Europa. Nace en la meseta de Valdai y fluye en dirección E hasta llegar a los alrededores de Kazán, donde cambia su rumbo hacia el S. Cuando alcanza la ciudad de Volgogrado vuelve a variar su dirección hacia el SE hasta desembocar en el mar Caspio, formando un gran delta. Sus principales afluentes son el Kama y el Oka. Pasa por Yaroslavl, Gorki, Kazán, Ulianovsk, Kuibishev, Saratov, Volgogrado y Astracán. Sus aguas, aunque congeladas durante varios meses del invierno, ofrecen una gran riqueza en especies acuáticas. El Volga está comunicado por una serie de canales a los mares Báltico, Blanco, Negro y de Azov (Canal de los cinco mares) y forma el principal eje de navegación fluvial de la Federación Rusa.

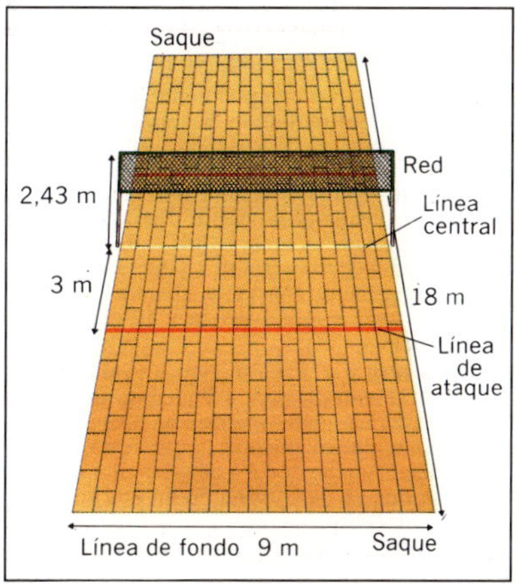

Voleibol: esquema de un terreno de juego.

Volga-Don o Lenin Canal navegable de la Federación Rusa, de 101 km de longitud, que comunica los ríos Volga y Don, al S de Volgogrado. Fue inaugurado en 1952.

Volgogrado C. de la Federación Rusa, situada en el SE del sector europeo del país, a orillas del río Volga. 999.000 h. en 1989. Cuenta con importantes industrias metalúrgicas, de construcciones mecánicas, químicas, textiles, madereras, alimentarias y de refino de petróleo. Tiene un activo puerto fluvial y unos grandes astilleros. Es un nudo de comunicaciones de primer orden. Durante la Revolución permaneció tres meses en poder del general contrarrevolucionario Denikin (1919). Fue centro de una importante batalla en la Segunda Guerra Mundial. De 1925 a 1961 recibió el nombre de *Stalingrado.*

volición *s. f.* **1.** En fil., acto de la voluntad. **2.** En lenguaje culto, deseo o intención.

volitivo, va *adj.* Perteneciente o relativo a la voluntad o la volición.

volley-ball (voz ingl.) *s. m.* Voleibol*.

volován *s. m.* Vol-au-vent, especie de pastel de hojaldre hueco y redondeado, que se rellena con carne, pescado u otros alimentos.

volquete *s. m.* Vehículo con una caja o recipiente que se puede volcar mecánicamente para vaciar lo que transporta.

volsco, ca *adj.* **1.** Se dice de un antiguo pueblo de Italia central. **2.** De este pueblo. También *s.*

volt *s. m.* Nombre del voltio en la nomenclatura internacional.

Volta Río de África. 1.600 km. Se forma en la zona central de Ghana de la unión del Volta Blanco, el Volta Rojo y el Volta Negro, que nacen en Burkina Faso. Toma dirección S y, tras atravesar Ghana, desemboca en el océano Atlántico por Ada, en el golfo de Guinea. La presa de Akosombo, en Ghana, ha dado origen al lago Volta, de 8.500 km^2.

Volta, Alessandro, conde de (Como 1745 - íd. 1827) Físico italiano. Su labor científica se centró principalmente en los fenómenos eléctricos. Construyó el electroscopio, el electrómetro, el electróforo, utilizado para producir cargas estáticas más extensas, y el eudiómetro. Su realización más importante fue sin duda la pila, el primer generador de corriente continua, creada en 1800 y perfeccionada posteriormente hasta adoptar la forma que ahora posee.

voltaico *adj.* Véase **arco voltaico**.

Voltaire (Biblioteca Nacional, Madrid).

Voltaire, François Marie Arouet, llamado (París 1694 - íd. 1778) Escritor y filósofo francés. Educado por los jesuitas, comenzó su carrera como escritor de obras de teatro. Por los pasquines que escribió contra la Regencia y sus opiniones en materia religiosa, fue encarcelado en la Bastilla. De 1726 a 1729 permaneció exiliado en Inglaterra, donde conoció la filosofía inglesa y la obra de Newton, que influyó profundamente en su pensamiento. Tras la publicación de las *Cartas filosóficas* (1734) huyó de París y

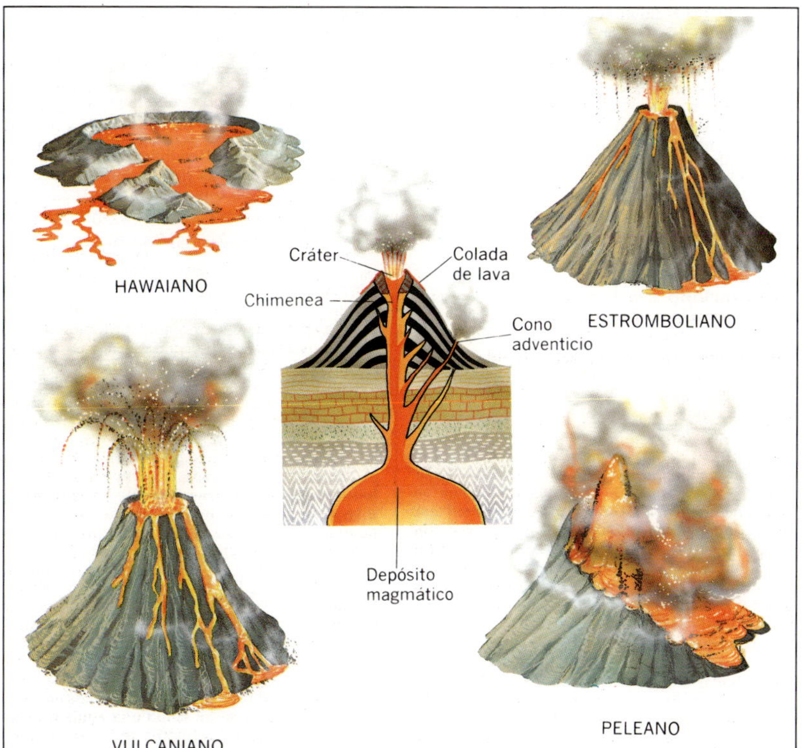

Volcán: cuatro tipos distintos según la forma de sus cúpulas, su comportamiento y los diferentes materiales expulsados; en el centro, esquema del corte de un volcán.

vivió en Cirey, bajo el patronazgo de Madame du Châtelet. En 1750 fue llamado por Federico II de Prusia y en 1754 se estableció definitivamente en Ferney. La obra de Voltaire es una muestra genuina del pensamiento ilustrado. Confió en la razón humana como portadora del progreso, defendió el deísmo y aplicó la sátira y la crítica encarnizada contra el sectarismo, la tiranía, la superstición, el fanatismo y los prejuicios religiosos. Su pensamiento contribuyó al advenimiento de la Revolución Francesa. Entre sus abundantes escritos destacan la *Henriada* (1728), *Mahoma o el fanatismo* (1741), *El siglo de Luis XIV* (1751), *Cándido* (1759), *Tratado de la tolerancia* (1763) y *Diccionario filosófico* (1764).

voltaje *s. m.* Diferencia de potencial eléctrico entre los extremos de un conductor, expresada en voltios.

voltámetro *s. m.* Aparato que sirve para medir una cantidad de electricidad por medio de una electrólisis.

voltamperímetro *s. m.* Aparato para medir en voltamperios una corriente alterna.

voltamperio *s. m.* Unidad de medida de la potencia aparente de una corriente alterna.

voltario, ria *adj.* **1.** *Chile.* Cabezota o caprichoso. **2.** *Chile.* Muy peripuesto o arreglado.

volteada *s. f. Arg., Urug.* Acción que consiste en agrupar al ganado y dirigirlo hacia un lugar, corriéndolo con el caballo. ‖ **Loc. caer en la volteada** *amer.* Ser capturada una persona en una redada.

voltear *v. tr.* **1.** Dar una o varias vueltas a una persona o cosa. También *v. intr.* y *v. prnl.* **2.** *Chile.* Derribar o echar por tierra algo. **3.** *amer.* Volcar o tirar algo haciendo que se caiga o derrame lo que contiene. ‖ *v. intr.* **4.** *Col., Méx., P. Rico.* Volver. También *v. prnl.* ‖ *v. prnl.* **5.** *amer.* Cambiar de partido político. **Fam.** Volteo.

voltereta *s. f.* Vuelta dada por una persona sobre una superficie o en el aire, haciendo girar el cuerpo enroscado, con la cabeza doblada hacia las piernas.

volteriano, na *adj.* **1.** Perteneciente o relativo a Voltaire o a sus teorías. **2.** Partidario de sus teorías. También *s.* **3.** Que manifiesta incredulidad o crítica burlona ante cosas generalmente respetadas, en especial de carácter religioso. También *s.* **Fam.** Volterianismo.

Volterra, Daniele Ricciarelli, llamado **Daniele da** (Volterra 1509 - Roma 1566) Pintor italiano. En su estilo manierista se advierte la influencia de la monumentalidad de Miguel Ángel. De sus decoraciones al fresco destacan una capilla en la Trinità dei Monti y la terminación de la sala regia del Vaticano (1547-49).

Volterra, Vico (Ancona 1860 - Roma 1940) Matemático y físico italiano. Estudió las ecuaciones integrales, las funciones lineales y las funciones permutables. Fue uno de los creadores del análisis funcional, que posteriormente aplicó a la biología y la física.

voltímetro *s. m.* Aparato para medir la diferencia de potencial entre dos puntos de un circuito eléctrico. El más sencillo consiste en un galvanómetro -bobina con un imán móvil- con una gran resistencia en serie. Este conjunto se conecta en paralelo con los dos puntos cuya diferencia de potencial se quiere medir.

voltio[1] (de Alessandro *Volta,* físico italiano) *s. m.* Unidad de potencial en el Sistema Internacional. Se define como la diferencia de potencial existente entre dos puntos de un campo eléctrico cuando, al trasladar la unidad de carga positiva de uno a otro punto, se realiza un trabajo de un julio. Se expresa mediante la ecuación:

$$1 \text{ voltio} = 1\frac{\text{julio}}{\text{culombio}}$$

Su símbolo es *V.*

voltio[2] (de *vuelta*) *s. m. fam.* Paseo.

voluble *adj.* **1.** Inconstante, que cambia con frecuencia de opinión, gustos, etc. **2.** Capaz de enrollarse; se aplica particularmente al tallo de una planta que crece enrollándose alrededor de un soporte. **Fam.** Volubilidad.

volumen *s. m.* **1.** Espacio ocupado por un cuerpo. **2.** Espacio geométrico cuya extensión se expresa en tres dimensiones. **3.** Obra escrita o parte de una obra que se encuaderna formando un cuerpo material independiente. **4.** Intensidad de la voz o de otro sonido. **5.** Importancia, cantidad, magnitud.
Fís. El volumen de un cuerpo se mide en metros cúbicos (m^3) en el Sistema Internacional. Otra unidad empleada para medir el volumen de líquidos y gases es el litro: 1 litro = $10^{-3}m^3$. El volumen de los cuerpos sólidos y líquidos permanece prácticamente constante, mientras que el de los gases varía con la presión y la temperatura de los mismos.

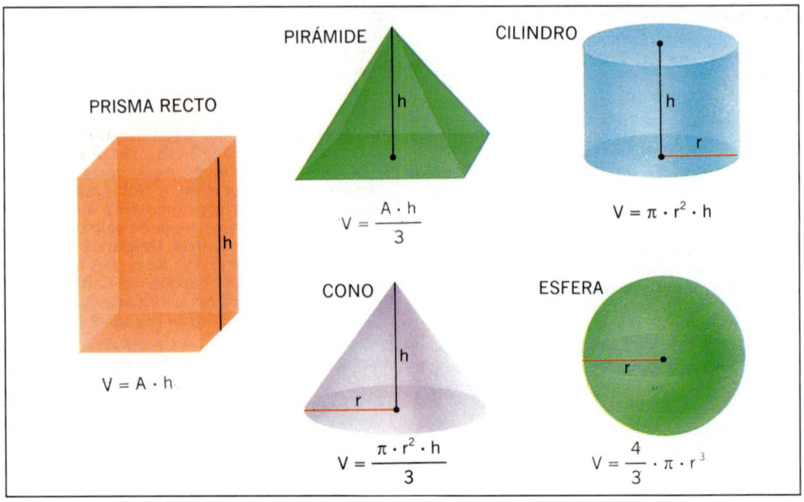

Volumen de cuerpos geométricos. A es el área de la base; h, *la altura y* r, *el radio.*

volumetría *s. f.* **1.** En fís. y mat., rama que se ocupa de la determinación y medida de los volúmenes. **2.** En quím., método analítico cuantitativo llamado así porque la cantidad de producto detectado se deduce del volumen de la disolución que se ha consumido en una reacción. **Fam.** Volumétrico.

voluminoso, sa *adj.* Que tiene mucho volumen.

voluntad *s. f.* **1.** Intención o deseo, o aquello que se intenta o desea. **2.** Capacidad del hombre para tomar libremente decisiones y adoptar un determinado tipo de conducta. **3.** Capacidad de una persona para llevar a cabo algo que supone esfuerzo. **4.** Consentimiento. **5.** *fam.* Amor o afecto hacia una persona o cosa. ‖ **6. buena voluntad** Buena disposición para hacer algo; también, deseo de hacer bien algo o hacer una cosa buena. **7. mala voluntad** Disposición contraria hacia algo; también, antipatía hacia una persona. **8. última voluntad** Deseo que expresa un persona antes de morir; también, testamento. ‖ **Loc. a voluntad** *adv.* Libremente, según lo quiera una persona. **ganar** alguien **la voluntad** de otra persona Lograr su consentimiento o apoyo; también, conquistar su afecto.

voluntariado *s. m.* **1.** Alistamiento voluntario para el servicio militar. **2.** Conjunto de voluntarios para el servicio militar o para cualquier otra cosa, sobre todo para actividades de carácter social o religioso.

voluntariedad *s. f.* **1.** Cualidad de voluntario. **2.** Deseo o intención que alguien tiene por mero capricho.

voluntario, ria *adj.* **1.** Se dice de lo que se hace porque uno quiere, sin que exista una fuerza u obligación para ello. **2.** Se dice de quien se ofrece para la realización de una actividad sin que tenga obligación de hacerlo. También *s.* **3.** En lenguaje taurino, se dice del toro que acude con prontitud a las citas. ‖ *s. m.* **4.** Joven que se presenta para el cumplimiento del servicio militar antes de ser llamado obligatoriamente para ello. **Fam.** Voluntariamente.

voluntarioso, sa *adj.* **1.** Que se esfuerza con constancia y pone buena voluntad para conseguir o hacer algo. **2.** Terco, obstinado. **Fam.** Voluntariosamente.

voluntarismo *s. m.* **1.** Tendencia filosófica que defiende la primacía de la voluntad y de los aspectos emotivos sobre el intelecto. Se aplica, entre otras, a la filosofía de Schopenhauer y a la de Nietzsche. **2.** Doctrina política que basa sus principios y actuaciones más en sus propios propósitos y deseos que en la realidad de la situación.

voluptuosidad *s. f.* Gusto por los placeres que agradan a los sentidos.

voluptuoso, sa *adj.* Que causa placer a los sentidos o se inclina a la búsqueda de éste. También *s.* **Fam.** Voluptuosamente.

voluta *s. f.* **1.** Adorno en forma de espiral o de caracol, propio de los capiteles jónicos y corintios. **2.** Aquello que tiene forma de espiral.

volver *v. intr.* **1.** Ir otra vez al lugar del que se salió. También *v. prnl.* **2.** Producirse o repetirse de nuevo. **3.** Hacer o decir otra vez lo que se estaba haciendo o diciendo. ‖ *v. tr.* **4.** Dar la vuelta, girar, cambiar de dirección o sentido. También *v. intr.* y *v. prnl.* **5.** Poner una cosa, generalmente una prenda de vestir, de modo que la parte de dentro o el revés quede a la vista, o a la inversa. También, rehacer una prenda de vestir de manera que el revés de la tela quede como derecho y a la inversa. **6.** Hacer que una persona o cosa cambie de estado, actitud, etc. También *v. prnl.* **7.** Pasar la hoja de un libro abierto. **8.** Arar la tierra después de sembrada para cubrir el grano. ■ Es v. irreg. ‖ **Loc. todo se** (**me, te, le,** etc.) **vuelve...** *fam.* Seguido generalmente de un infinitivo, indica que en lo que éste expresa se centra toda la actividad, actitud, etc., de alguien. **volver en sí** alguien Recobrar el conocimiento. **volverse** alguien **atrás** No cumplir lo que había dicho o prometido o no ser coherente con ello.

VOLVER		
PARTICIPIO PASADO		
vuelto		
INDICATIVO	SUBJUNTIVO	IMPERATIVO
Presente	**Presente**	
vuelvo	*vuelva*	
vuelves	*vuelvas*	*vuelve*
vuelve	*vuelva*	
volvemos	*volvamos*	
volvéis	*volváis*	*volved*
vuelven	*vuelvan*	

vómer *s. m.* Hueso pequeño que forma la parte posterior del tabique de las fosas nasales en el cráneo de los vertebrados.

vomitar *v. tr.* **1.** Echar violentamente por la boca lo contenido en el estómago. También *v. intr.* **2.** Manchar algo con vómito. También *v. prnl.* **3.** Arrojar, expulsar o lanzar una cosa algo que tiene dentro de sí. **4.** Decir una persona un insulto, maldición, injuria, etc. **5.** *fam.* Decir una persona algo que se esforzaba por guardar en secreto.

vomitivo, va *adj.* Se dice de la sustancia que provoca el vómito. También *s. m.*

vómito *s. m.* **1.** Expulsión violenta de los alimentos parcialmente digeridos y contenidos en el estómago. **2.** Lo que se vomita.

vomitona *s. f. fam.* Vómito grande o repetido.

vomitorio, ria *adj.* **1.** Vomitivo*. || *s. m.* **2.** Puerta o abertura existente en los circos o teatros antiguos y en lugares semejantes modernos, como en los campos de fútbol, para permitir la entrada a las gradas y la salida de ellas.

Vonnegut, Kurt (Indianápolis 1922) Escritor estadounidense. En sus novelas presenta en clave fantástica una visión crítica e irónica de la realidad de su país, con un estilo incisivo de gran brillantez. Entre sus obras destacan *La pianola* (1952), *Madre noche* (1961), *Matadero cinco* (1969), *Pájaro de celda* (1979) y *Domingo de Ramos* (1981).

voracidad *s. f.* Cualidad de voraz.

vorágine *s. f.* **1.** Remolino impetuoso que forman en algunas zonas las aguas del mar, de un río, etc. **2.** Conjunto confuso e incontrolado, especialmente de sentimientos.

voraz *adj.* **1.** Se aplica a la persona o al animal que come mucho y con ansia, y a su apetito, manera de comer, etc. **2.** Se aplica a algunas cosas que destruyen o consumen algo con rapidez. **FAM.** Vorazmente.

-voro, ra *suf.* Significa 'que se alimenta de': *carnívoro, herbívoro.*

Voronezh C. de la Federación Rusa, situada junto al río Don, al SE de Moscú. 887.000 h. en 1989. Tiene un activo puerto fluvial en el río Voronezh, afluente del Don. Posee industrias mecánicas y aeronáuticas, químicas, electrotécnicas y alimentarias y varias centrales nucleares. Es un importante nudo de comunicaciones.

Voroshilov, Kliment Efremovich (Vierjni, Ucrania 1881 - Moscú 1969) Político y militar soviético. Bolchevique desde 1903, presidió el Comité de Defensa de Petrogrado en 1917. Fue jefe de la Guardia Roja durante la guerra civil, comisario del pueblo para la Defensa (1925-40) y reorganizador del ejército soviético. Mariscal (1935), dirigió la defensa de Leningrado en la Segunda Guerra Mundial. A la muerte de Stalin, fue presidente del Presidium del Soviet Supremo (1953-60).

Voroshilovgrad C. de Ucrania, situada en el E del país, a orillas del Donets. 497.000 h. en 1989. Posee industrias de material ferroviario y de maquinaria textil. La ciudad se denominó *Lugansk* hasta 1935, de 1958 a 1970 y, nuevamente, a partir de 1991.

Vorster, Balthazar Johannes (Jamestown 1915 - Ciudad del Cabo 1983) Político sudafricano. Miembro del Partido Nacional, fue primer ministro (1966-78) y prosiguió la política de segregación racial de Verwoerd, implantando los bantustanes; durante su mandato tuvo lugar la matanza de la ciudad de Soweto. Obligado a dimitir por el uso ilegal de fondos públicos, sus partidarios lograron que fuera nombrado presidente de la república (1978), cargo del que dimitió definitivamente en 1979.

vórtice *s. m.* **1.** Corriente de agua o aire que gira en forma de espiral. **2.** Centro de un huracán.

vorticela *s. f.* Protozoo ciliado de la familia vorticélidos. Mide unas 100 micras de longitud, habita en aguas dulces y posee un pedúnculo de fijación con el que se sostiene evitando ser arrastrado por las corrientes de agua.

vorticismo *s. m.* Movimiento artístico y literario, variedad del futurismo, fundado en Londres por Percy Wyndham Lewis (1914). Su teoría, expuesta en la revista *Blast*, asumía la vida moderna, así como el mundo de la máquina. Entre sus seguidores se cuentan el poeta Ezra Pound, los pintores William Roberts y Edward Wadsworth y el escultor Jacob Epstein.

vos *pron. pers. m.* y *f. sing. de 2.ª pers.* **1.** Forma de tratamiento de confianza, equivalente a *tú*, empleada en parte de Hispanoamérica. **2.** Antigua forma de tratamiento de segunda persona del singular, que concertaba con el verbo en segunda persona del plural; hoy continúa empleándose como arcaísmo, p. ej. en ciertos rezos: *por ser Vos quien sois...*

Vos, Cornelis de (Hulst h. 1584 - Amberes 1651) Pintor flamenco. Influido por Rubens y Van Dyck, destacó como retratista. También realizó composiciones religiosas. Cuadros suyos representativos son *El artista y su familia* y *Los hijos del pintor.*

Vos, Marten de (Amberes h. 1532 - íd. 1603) Pintor flamenco. Fue discípulo de Floris de Vriendt y estudió en el taller de Tintoretto en Venecia. Realizó cuadros religiosos y mitológicos y retratos. Entre ellos destacan *San Pablo en Éfeso, San Lucas pintando a la Virgen* y *Retrato de un matrimonio en interior.*

Vos, Paul de (Hulst h. 1596 - Amberes 1678) Pintor flamenco, hermano de Cornelis. Discípulo de Snyders, pintó bodegones y dramáticas escenas de caza. Estuvo al servicio de la corte española.

vosear *v. tr.* **1.** Usar el pronombre *vos* en lugar de *tú* en el tratamiento de confianza, como se hace en algunos países de Hispanoamérica. **2.** Dar a una persona el tratamiento anticuado de *vos.*

voseo *s. m.* Acción y efecto de vosear o utilizar *vos* en lugar de *tú.* El voseo en la actualidad está profundamente arraigado y goza de prestigio cultural en Argentina, Uruguay, Paraguay y América Central, salvo Panamá.

Vosgos Macizo montañoso de Francia, situado en el NE del país, entre la meseta de Lorena y la llanura de Alsacia. Presenta formas redondeadas y de escasa altitud, cuya cima más elevada es el Ballon de Guebwiller (1.426 m).

vosotros, tras *pron. pers. m.* y *f. pl. de 2.ª pers.* Hace referencia al grupo de personas a las que se dirige el hablante.

Vossler, Karl (Hohenheim, Stuttgart 1872 - Munich 1949) Filólogo y crítico literario alemán. Fue profesor de literaturas románicas en las universidades de Heidelberg, Wurzburgo y Munich. Seguidor de Benedetto Croce, mantuvo con él una interesante *Correspondencia* (1951). Entre sus libros destacan *Positivismo e idealismo en la lingüística* (1904) y *Poesía de la soledad en España* (1935-38).

Vostok Programa espacial de la URSS, desarrollado entre 1961 y 1963, por el cual se llevaron a cabo los primeros vuelos espaciales tripulados. Yuri Gagarin, a bordo del *Vostok I*, realizó por primera vez en la historia una órbita alrededor de la Tierra.

votación *s. f.* **1.** Acción y efecto de votar. **2.** Conjunto de votos emitidos. || **3. votación nominal** Aquella en la que se conoce el nombre de la persona que vota. **4. votación ordinaria** Aquella en la que se elige entre dos opciones, poniéndose de pie o permaneciendo sentado, o levantando la mano o dejándola bajada. **5. votación secreta** Aquella que se realiza de manera que no se pueda averiguar qué es lo que vota cada persona, p. ej., mediante papeletas sin firmar.

votar *v. tr.* Dar una persona su voto o manifestar su opinión a favor o en contra de alguna de las opciones que se presentan en unas elecciones, consulta, etc. Se usa mucho como *v. intr.* || **LOC. ¡voto a...!** Exclamación de enfado, maldición, amenaza, sorpresa, etc. **FAM.** Votante.

votivo, va *adj.* **1.** Que se ofrece, generalmente a Dios, a la Virgen o a los santos, en señal de una promesa. **2.** Se aplica a la misa que se dice en algunas ocasiones por devoción, aunque no sea la propia del día.

voto *s. m.* **1.** Decisión de una persona sobre las opciones que se presentan en una elección, consulta, etc. **2.** Derecho a votar. **3.** Promesa u ofrecimiento hecho a Dios, a la Virgen o a un santo; particularmente los públicos de castidad, pobreza y obediencia, admitidos por la Iglesia católica, que realizan los religiosos. Se usa mucho en *pl.* **4.** Aquello que se ofrece como signo de una promesa hecha a Dios, a la Virgen o a un santo, o como agradecimiento a éstos por alguna gracia o beneficio. **5.** Ruego o petición a Dios. **6.** Deseo que una persona expresa de algo que se indica. **7.** Juramento o maldición que se realiza con ira. || **8. voto de calidad** El que da una persona de mayor autoridad que el resto, y que vale por dos, para decidir una cuestión en caso de empate. **9. voto de censura** Aquel con el que una asamblea niega su confianza a la persona elegida por ella para cumplir una función de dirección o gobierno. **10. voto de confianza** Aquel con el que una asamblea apoya la actuación de la persona elegida por ella para una función de dirección o gobierno o autoriza a la misma para alguna actuación; también, confianza que se otorga a alguien para que actúe libremente en un asunto. **11. voto simple** El que se hace a Dios sin solemnidad exterior. **12. voto solemne** El que se hace a Dios públicamente y con las formalidades establecidas. || **LOC. hacer votos por** algo Expresar el deseo de algo.

Vouet, Simon (París 1590 - íd. 1649) Pintor francés. Residió en Venecia y en Roma. Representante del Barroco, en su obra se distingue una pintura tenebrista, influida por Caravaggio, como en los cuadros *San Antonio* y *La Santa Cena*, y otra clasicista, de carácter decorativo, como puede apreciarse en la *Alegoría de las Bellas Artes* y las decoraciones de los palacios de Rueil, Cardinal y Fontainebleau.

vox populi *expr. lat.* Significa 'voz del pueblo' y se emplea para expresar que algo es sabido por todos y se considera verdadero por ello.

Voyager Nombre de un programa estadounidense de sondas espaciales para la exploración del Sistema Solar. El *Voyager I* y el *Voyager II* fueron lanzados en 1977 con destino a los planetas exteriores del Sistema Solar.

voyeur (voz fr.) *s. m.* y *f.* Persona que practica el voyeurismo.

voyeurismo *s. m.* Satisfacción sexual mediante la contemplación a escondidas de otras personas en situaciones eróticas.

voz *s. f.* **1.** En el hombre y en los animales, sonido producido al pasar el aire de los pulmones por la laringe, vibrar las cuerdas vocales y producirse resonancia en determinadas cavidades. **2.** Grito que da una persona. **3.** Cantante. **4.** Aquello que expresa lo que piensa una colectividad o grupo de personas. **5.** Aquello que le sugieren a una persona sus sentimientos, razonamientos, etc. **6.** Derecho que tiene una persona a hablar o manifestar su opinión en una reunión o asamblea. **7.** Rumor, opinión. **8.** Palabra, término. **9.** En ling., morfema verbal que indica que el sujeto realiza la acción expresada por el verbo (**voz activa**) o recibe sus efectos (**voz pasiva**); p. ej., el verbo de la oración *Los bomberos apagaron el fuego* está en voz activa y el que aparece en *El fuego fue apagado por los bomberos*, en pasiva. **10.** En mús., cada una de las líneas melódicas de una composición polifónica. || **11. voz cantante** En mús., parte de una composición que contiene la melodía principal de ésta. **12. voz de mando** En el ejército, expresión con que se da una orden a los subordinados. **13. voz media** En ling., modo de significar de ciertos verbos que expresa que la acción es realizada por el sujeto y le afecta también a éste, como p. ej. en la oración *Jaime se levantó de la cama.* || **LOC. a una voz** *adv.* A la vez o de común acuerdo entre varias personas. **a voces** o **a voz en grito** *adv.* Gritando. **de** (o **a**) **viva voz** *adv.* Por medio de la palabra hablada en contraposición a la escrita. **estar** una persona o cosa **pidiendo a voces** algo Dar muestras de tener gran necesidad de algo. **ser** una persona **la voz de su amo** Tener los mismos pensamientos o repetir una persona lo que dice otra que tiene autoridad o influencia sobre ella.

vozarrón, na *s. m.* y *f.* Voz muy potente y, generalmente, grave.

voznear *v. intr.* Emitir su voz el cisne.

Vries, Adriaen de (La Haya h. 1560 - Praga 1626) Escultor neerlandés. Discípulo de Juan de Bolonia, es uno de los principales representantes del manierismo. Fue artista de corte de Rodolfo II, en Praga, y de Cristián IV de Dinamarca. Realizó numerosas fuentes, como las de *Mercurio* (1599) y de *Hércules* (1602) en Augsburgo, y el grupo *Mercurio y Psique.*

Vries, Hugo de (Haarlem 1848 - Amsterdam 1935) Biólogo neerlandés. Fue uno de los tres investigadores que redescubrieron las leyes de Mendel, treinta años después de su elaboración original por el fraile agustino austriaco. Además descubrió el fenómeno de las mutaciones experimentadas por las especies.

vudú *s. m.* **1.** Religión y culto animista en el cual se mezclan elementos de brujería africana y de la liturgia católica, practicado entre los negros de las Antillas, sobre todo en Haití, y del S de EE UU. También *adj.* **2.** Divinidad venerada en este culto. **3.** Práctica supersticiosa que consiste en clavar alfileres en un muñeco que simboliza a una persona, en la creencia de que le producirá algún mal o incluso la muerte.

vuduismo *s. m.* Vudú, religión y culto animista. **FAM.** Vuduista.

vuecencia *s. m.* y *f.* Tratamiento de respeto, contracción de *vuestra excelencia.*

vuelapluma, a *loc. adv.* Manera de escribir según la inspiración que se tenga, sin detenerse a pensar.

vuelco *s. m.* **1.** Acción y efecto de volcar o volcarse. **2.** Cambio o alteración brusca o inesperada. ‖ **Loc. darle** a alguien **un vuelco el corazón** *fam.* Recibir una fuerte impresión o un susto; también, tener de repente el presentimiento de que va a suceder algo.

vuelillo *s. m.* Adorno de encaje u otro tejido fino que se pone en el puño o borde de la manga de algunas prendas de vestir, como en las togas de magistrados y catedráticos.

vuelo *s. m.* **1.** Acción y efecto de volar. **2.** Viaje en avión u otra aeronave. **3.** Amplitud de prendas como las faldas o vestidos en su parte más ancha y también de otras cosas, p. ej. las colchas y manteles. **4.** Conjunto de plumas de las alas de las aves. Se usa mucho en *pl.* **5.** P. ext., toda el ala. **6.** Elemento de una construcción que sobresale del muro o pared que lo sostiene; también, extensión de esa parte saliente medida en dirección perpendicular a la pared o muro. **7.** En el lenguaje jurídico, derecho a construir nuevas plantas sobre la cubierta o bajo el suelo de un edificio. ‖ **8. vuelo sin motor** El que efectúan los planeadores que, sin motor, pueden ir por el aire gracias a la acción de la gravedad, a sus características técnicas y al aprovechamiento de las corrientes de aire. ‖ **Loc. a** (o **al**) **vuelo** *adv.* Con mucha rapidez; también, al pasar o de casualidad. **de altos** (o **de cortos**) **vuelos** *adj.* y *adv.* De mucha (o de poca) importancia. **levantar el vuelo** Echar a volar; también, marcharse.

vuelta *s. f.* **1.** Acción y efecto de volver. **2.** Movimiento de una persona o cosa alrededor de un punto o sobre su propio eje, hasta volver a la posición que antes tenía. **3.** Movimiento de una cosa que la coloca en la posición opuesta a la que tenía. **4.** Paseo. **5.** En deportes como el ciclismo, carrera por etapas en la que se recorren distintos lugares de un país, región, etc. **6.** Curva en un camino, línea, etc. **7.** Cada una de las líneas más o menos circulares que trazan cosas como cuerdas, cables o similares al enrollarlas. **8.** Devolución de una cosa, particularmente dinero que se devuelve porque sobra al pagar algo. **9.** Cada una de las partes en que se dividen determinadas actividades en las que hay varias fases. **10.** Parte de una cosa, opuesta a la que se tiene a la vista. **11.** Tira de tela que se pone encima del resto, en el borde de las mangas o en otras partes de algunas prendas de vestir. **12.** Cada una de las series de puntos paralelos que se tejen de una pasada. **13.** En algunas composiciones poéticas, verso aislado que rima con el estribillo y que sirve para unir éste con cada una de las estrofas restantes. **14.** En mús., repetición de la primera parte de una composición. **15.** Nombre dado a algunos nudos marineros. ‖ **16. media vuelta** Aquella con la que la persona o cosa queda orientada hacia la parte contraria a la que estaba. **17. vuelta al ruedo** La que da el torero a la plaza para recoger los aplausos del público después de una buena faena. **18. vuelta de campana** La completa que da una persona o cosa de manera que lo que estaba arriba va hacia abajo para volver luego a quedar en la misma posición en que estaba. ‖ **Loc. a la vuelta de la esquina** *adv.* Justamente después de doblar una esquina; también, muy cerca. **a vuelta de correo** *adv.* Justo después de recibir algo por correo. **buscarle** a una persona **las vueltas** *fam.* Intentar sorprenderla en una falta o descuido para perjudicarla o para engañarla. **cogerle las vueltas** a una persona *fam.* Conocer su forma de ser y actuar, sus planes, etc. **dar(se)** alguien **una vuelta** Pasear un rato; también, ir a un lugar sin quedarse en él mucho tiempo; asimismo, ir a algún sitio para inspeccionarlo o controlar lo que en él sucede sin mucho detenimiento. **dar vueltas** Andar de un sitio a otro buscando una cosa o intentando llegar a un lugar; también, hablando de líquidos o sustancias similares, o de comidas, removerlos, menearlos. **darle** a alguien **cien vueltas** (o **cuarenta, mil,** etc.) *fam.* Ser mucho mejor que él en alguna cosa. **estar** una persona **a vueltas con** alguien o algo Insistir mucho en una cosa o en tratar un asunto con alguien. **estar de vuelta** *fam.* Ser muy experimentado y, por tanto, no inquietarse o sorprenderse por las cosas. **no tener vuelta de hoja** una cosa *fam.* Ser muy clara y no admitir discusión. **poner** a una persona **de vuelta y media** *fam.* Hablar mal de ella, insultarla o reprenderla por algo.

vuelto, ta **1.** *p. p.* irreg. de **volver**. También *adj.* ‖ *adj.* **2.** Se dice de la parte de detrás de la hoja de un libro u otro escrito, que no está numerada más que por delante. ‖ *s. m.* **3.** *amer.* Vuelta, dinero que se devuelve al pagar algo con más de lo necesario.

vuelvepiedras *s. m.* Ave caradriforme de la familia escolopácidos, especie *Arenaria interpres.* Mide unos 23 cm de longitud, tiene el pico corto, recio y algo curvado hacia arriba, las patas cortas y anaranjadas, una banda negra en el pecho y plumaje pardo rojizo en el dorso, que en invierno se oscurece. Es la única ave limícola que encuentra su alimento revolviendo con el pico entre las algas y piedras de las marismas. Se cría en el Ártico y emigra en invierno a las costas españolas y el N de África.

vuestro, tra *adj. pos. m.* y *f. pl. de 2.ª pers.* **1.** Indica que lo que expresa el sustantivo al que acompañan pertenece a varias personas a las que se dirige el que habla. También *pron.* **2.** Se utiliza en ciertos casos como forma de respeto referido a una sola persona: *Majestad, vuestra presencia nos honra.* ‖ *pron. pos.* **3.** Con *lo*, expresa lo más característico de varias personas a las que se dirige el hablante o lo más apropiado para ellas: *Lo vuestro es estudiar.* ‖ *s. m. pl.* **4.** Precedido del artículo determinado, los familiares, partidarios, etc., de aquellos a los que se dirige el hablante. ‖ *s. f.* **5.** *fam.* Precedido de *la*, oportunidad o circunstancia favorable para las personas a las que se dirige el hablante.

Vuillard, Édouard (Cuiseaux, Saône-et-Loire 1868 - La Baule 1940) Pintor francés. Formó parte del grupo de los nabis. En una primera etapa intimista, sus interiores conservan la influencia de la estampa japonesa, como en *El salón de las tres lámparas* (1899). También realizó grandes decoraciones, como la del palacio de Chaillot en París, de menos inspiración y, al final de su vida, retratos de cierto academicismo.

Édouard Vuillard: La habitación azul *(colección G. Renand, París).*

vulcaniano, na *adj.* Véase **volcán**.

vulcanismo *s. m.* Conjunto de fenómenos y procesos que tienen relación con los volcanes. ▪ Se dice también *volcanismo.*

vulcanita *s. f.* Nombre común de un grupo de rocas eruptivas, arrojadas por los volcanes. Se clasifican en razón de su composición y presentan gran número de variedades: traquitas, andesitas, riolitas, basaltos, obsidianas, kimberlitas, etc. Se llaman también *volcánicas.*

vulcanización *s. f.* Incorporación de átomos de azufre a la estructura del caucho bruto para hacerlo impermeable y más duradero. Al amasar el caucho bruto con azufre y calentarlo a una temperatura superior a los 100 °C, el azufre se combina químicamente con el caucho y la sustancia que resulta no se deforma con el calor, no es quebradiza en frío, no es pegajosa y recupera su forma primitiva después de la tensión. Esta modificación de las propiedades se debe a que los átomos de azufre establecen puentes entre las moléculas lineales del caucho bruto, formando una red.

vulcanizar *v. tr.* Someter el caucho al proceso de vulcanización. ▪ Se conjuga como *cazar.*

Vulcano Dios romano del fuego y de la metalurgia, hijo de Júpiter y Juno, identificado con el dios griego Hefesto. Sus fiestas se celebraban en agosto.

vulcanología *s. f.* Parte de la geología que se dedica al estudio de los fenómenos volcánicos. ▪ Se dice también *volcanología.*

vulcanólogo, ga *s. m.* y *f.* Experto en vulcanología. ▪ Se dice también *volcanólogo.*

vulgar *adj.* **1.** Que no destaca o no presenta originalidad. También *s.* **2.** De mal gusto o muy bajo. También *s.* **3.** Común o general, por oposición a culto, específico, científico o técnico; p. ej., muchos nombres usuales de animales o plantas. **4.** Perteneciente o relativo al vulgo, conjunto de personas del pueblo. **5.** Se dice de las lenguas romances por oposición al latín. **Fam.** Vulgarmente.

vulgaridad *s. f.* **1.** Cualidad de vulgar. **2.** Cosa, dicho o hecho vulgar.

vulgarismo *s. m.* **1.** Palabra o frase propia de personas con poca cultura. **2.** Se dice de las palabras o expresiones derivadas del latín vulgar.

vulgarizar *v. tr.* **1.** Hacer vulgar a alguien o algo. También *v. prnl.* **2.** Convertir algo en común o general, hacer que la gente no especializada pueda entender una materia científica, técnica, etc. También *v. prnl.* ▪ Se conjuga como *cazar.* **Fam.** Vulgarización, vulgarizador.

Vulgata Traducción latina de la *Biblia* realizada principalmente por San Jerónimo por orden del papa Dámaso (382). El Concilio de Trento estableció su carácter auténtico en la Iglesia latina y su texto fue revisado en la nueva edición sixto-clementina (1592).

vulgo *s. m.* Conjunto de personas del pueblo, sin cultura, educación ni posición social destacada.

vulnerable *adj.* Que puede ser dañado o experimenta con facilidad algún efecto físico o moral que puede perjudicarle. **Fam.** Vulnerabilidad.

vulnerar *v. tr.* **1.** No cumplir una ley, norma, mandato, etc., o ir contra ellos. **2.** Dañar, perjudicar. **Fam.** Vulneración.

vulnerario, ria *adj.* **1.** Se aplica a la sustancia medicinal que se emplea para curar heridas o llagas. También *s. m.* ‖ *s. f.* **2.** Planta herbácea de la familia papilionáceas, especie *Anthyllis vulneraria.* Tiene tallo sencillo, hojas compuestas, flores amarillas y fruto en legumbre. Crece en la península Ibérica.

vulpeja *s. f.* **1.** Zorra*, mamífero. **2.** Constelación boreal situada entre Hércules y Pegaso. ▪ En esta acepción se escribe con mayúscula.

vulpino, na *adj.* Perteneciente o relativo a la zorra.

vulva *s. f.* Parte del aparato genital externo de las hembras de los mamíferos que constituye la abertura de la vagina.

vulvaria *s. f.* Planta herbácea de la familia quenopodiáceas, especie *Chenopodium vulvaria.* Tiene tallo rastrero, hojas ovaladas y flores agrupadas en glomérulos en las axilas foliares y en el ápice del tallo. Huele a pescado salado. Crece en la península Ibérica.

vulvitis *s. f.* Inflamación de la vulva.

vulvovaginal *adj.* Perteneciente o relativo a la vulva y la vagina.

Vyasa Asceta legendario de la India. Según la tradición fue autor del *Mahabharata*, así como de otras obras filosóficas y poéticas.

Vygotski, Lev Semionovich (Orsha, Bielorrusia 1896 - Moscú 1934) Psicólogo soviético. Trabajó en los problemas prácticos de la educación, a partir de los cuales desarrolló sus teorías psicológicas, poniendo especial énfasis en los aspectos cognitivos y lingüísticos. Su obra fundamental es *Pensamiento y lenguaje* (1934).

Vytautas (? h. 1350 - Troki 1430) Gran duque de Lituania (1392-1430). Estuvo bajo la soberanía de Ladislao II de Polonia. Conquistó Smolensko (1395), fue derrotado por los tártaros (1399) y, junto a Ladislao II, venció a los caballeros teutónicos en Grunwald (1410).

W

w *s. f.* Vigesimocuarta letra del abecedario español y decimonovena de sus consonantes. Su nombre es *uve doble.* ■ Se emplea sólo en palabras de procedencia extranjera.

W 1. Símbolo químico del volframio. **2.** Símbolo del vatio, unidad de potencia eléctrica en el Sistema Internacional.

W. C. Siglas de *water-closet.*

Waal Río de los Países Bajos. 85 km de longitud. Es la más meridional de las dos ramas en que se divide el Rhin desde Nimega hasta la desembocadura en el mar del Norte, donde confluye en un delta común con el río Mosa.

wadi *s. m.* Curso de agua intermitente, característico de África del N y Arabia. También se llama *rambla.*

Wadih (? - ? 1011) Cabecilla musulmán de al-Ándalus. Militar eslavo al servicio de Almanzor, muerto éste, participó en la campaña contra la Marca Hispánica (1003). Ayudado por Ramón Berenguer III y el conde de Urgel obtuvo la victoria de El Vacar (1010), se apoderó de Córdoba y restauró en el trono a Muhammad II al-Mahdi, al que luego mandó asesinar para instaurar en su lugar a Hisam II.

Wad-Ras, batalla de Combate entablado entre las tropas españolas y los marroquíes del Rif en 1860, en el curso de la guerra de Marruecos. La victoria española supuso el dominio del territorio conquistado, excepto Tetuán.

Wagner, Otto (Viena 1841 - íd. 1918) Arquitecto austriaco. Comenzó construyendo edificios de tipo historicista, con influencia de Viollet-le-Duc, después realizó algunas obras de estilo modernista, como la *Majolika Haus* (1898), para pasar a un estilo funcional, de volúmenes geométricos, líneas depuradas y techo plano, usando nuevos materiales, como el hierro. Sus teorías se encuentran recogidas en su libro *Arquitectura moderna* (1896).

Richard Wagner. Cuadro de Franz von Lenbach (Museo Richard Wagner, Bayreuth, Baviera).

Wagner, Richard (Leipzig 1813 - Venecia 1883) Compositor alemán. Es uno de los grandes genios de la ópera y el principal representante del Romanticismo alemán. Se formó en Leipzig y residió en Dresde, de donde fue expulsado por participar en la revolución de 1848. Recibió la protección del rey Luis II de Baviera, quien en 1872 edificó en la ciudad de Bayreuth un Teatro Nacional para representar sus obras. En una constante búsqueda de innovaciones transformó la ópera, que concebía como la más completa expresión artística, en la que texto, música e imagen debían formar una unidad dramática. Fue el creador del *leitmotiv.* Entre sus principales óperas cabe citar *El holandés errante* (1841), *Tannhäuser* (1844), *Lohengrin* (1847), la tetralogía *El anillo del Nibelungo* (1876), *Tristán e Isolda* (1859), *Los maestros cantores de Nuremberg* (1867) y *Parsifal* (1877-82).

Wagner von Jauregg, Julius (Wels 1857 - Viena 1940) Médico austriaco. En 1927 obtuvo el premio Nobel de medicina por sus trabajos sobre la inoculación de la malaria para el tratamiento de la parálisis general progresiva.

wagneriano, na *adj.* **1.** Perteneciente o relativo a Richard Wagner y a su obra. **2.** Partidario de su música. También *s.*

wagon-lit (voz fr.) *s. m.* Coche* cama.

wahhabí *adj.* **1.** Se dice de la comunidad política y religiosa islámica fundada en Nayd, Arabia, por Muhammad ibn Abd al-Wahhab en el s. XVIII. En 1803 los wahhabíes, dirigidos por Muhammad ibn Saud, conquistaron La Meca y crearon un estado en Arabia, que fue destruido por los turcos otomanos entre 1811 y 1819. Décadas después renació en Riad, donde los sucesores de Muhammad ibn Saud volvieron a imponer su autoridad (1902) y crearon Arabia Saudí (1932). **2.** De esta comunidad. También *s.*

Waismann, Friedrich (Viena 1896 - Oxford 1959) Filósofo austriaco. Perteneciente al Círculo de Viena, se adhirió posteriormente a la orientación derivada de las obras del último Wittgenstein. Es autor de textos como *Análisis lógico del concepto de probabilidad* (1930-31), *Verificabilidad* (1945) y *Wittgenstein y el Círculo de Viena* (póstumo, 1967).

Wajda, Andrzej (Suwalki 1926) Director de cine polaco. En sus películas refleja los acontecimientos de su país con intensa sensibilidad y barroquismo. Entre las principales figuran *Kanal* (1957), *Cenizas y diamantes* (1958), *La tierra de la gran promesa* (1974), *El hombre de mármol* (1977), *El director de orquesta* (1980) y *Los poseídos* (1987).

Wakayama C. de Japón, cap. de la prefectura homónima, en la isla de Honshu. 398.500 h. en 1987. Puerto en el estrecho de Kii, cuenta con industrias metalúrgicas, químicas, textiles y de la madera, así como con una refinería de petróleo.

Waksman, Selman Abraham (Priluki, Ucrania 1888 - Hyannis, Massachusetts 1973) Bioquímico estadounidense de origen ruso. Fue el descubridor de la neomicina y la estreptomicina. En 1952 le fue concedido el premio Nobel de fisiología y medicina.

Walbrzych C. de Polonia, en el SO del país, en la Baja Silesia. 141.400 h. en 1989. Centro de una importante zona carbonífera, cuenta con industrias siderometalúrgicas, químicas, farmacéuticas, textiles y de cerámica.

Wald, George (Nueva York 1906) Biólogo estadounidense. Catedrático en la universidad de Harvard, estudió los procesos de percepción visual y descubrió que la vitamina A es un componente de los pigmentos de la retina. En 1967 obtuvo el premio Nobel de fisiología y medicina, compartido con Haldan Keffer Hartline y Ragnar Arthur Granit.

Waldheim, Kurt (Sankt Andrä-Wördern, Baja Austria 1918) Político austriaco. En 1971 fue elegido secretario general de la ONU, cargo que desempeñó hasta 1982. En 1986 ganó las elecciones presidenciales austriacas, a pesar de las acusaciones que le imputaban responsabilidades en el exterminio nazi de la población judía durante la Segunda Guerra Mundial. Terminó su mandato en 1992.

Waldseemüller, Martin (Radolfzell h. 1470 - Saint-Dié, Alsacia h. 1521) Cartógrafo alemán. En su obra *Cosmographiae introductio* (1507) llamó por vez primera América al Nuevo Mundo, en honor de Amerigo Vespucio.

Walesa, Lech (Popowo 1943) Sindicalista polaco. Tomó parte en los movimientos obreros de Gdansk, que dieron origen al sindicato Solidaridad, y se convirtió en su líder (1980). En 1983 se le concedió el premio Nobel de la paz. Tras la legalización de Solidaridad en 1989 y la victoria del sindicato en las elecciones de ese mismo año, Walesa fue elegido presidente de la república en 1990.

Walewska, Maria Laczynska, condesa (Varsovia 1789 - París 1817) Dama polaca. Esposa del conde Colonna Walewski, fue amante de Napoleón en Varsovia, con quien tuvo un hijo. Siguió al emperador en sus campañas e incluso le visitó en la isla de Elba.

Walhalla Véase **Valhala**.

Walia (? - ? 418) Rey de los visigodos (415-418). Accedió al trono tras el brevísimo reinado de Sigerico. Pactó una alianza con el emperador Honorio (416) y concertó el tratado con el emperador Constancio (418), por el que se establecieron las bases jurídicas y los límites territoriales del reino visigodo, cuya capital se estableció en Tolosa.

Walid I (? - ? 715) Califa omeya de Damasco (705-715). Su gobierno coincidió con el apogeo del califato. Sus tropas llegaron hasta Asia Central y el Indo, y en Occidente se produjo la invasión de al-Ándalus. Mandó construir las mezquitas de La Meca y Medina.

Walker, William (Nashville, Tennessee 1824 - Tegucigalpa, Honduras 1860) Aventurero estadounidense. Intervino en la guerra civil nicaragüense al frente de tropas mercenarias y en 1856 se proclamó presidente de Nicaragua. Intentó apoderarse de toda América Central y fue expulsado en 1857 por una coalición de repúblicas centroamericanas apoyadas por el Reino Unido. En 1860 invadió Honduras, pero fue apresado por los británicos y entregado a las autoridades hondureñas, que le ejecutaron.

walkie-talkie (voz ingl.) *s. m.* Aparato radiofónico portátil que es a la vez emisor y receptor y con el que puede establecerse comunicación a corta distancia con otra persona que tenga otro aparato igual.

walkiria *s. f.* Valquiria*.

walkman (voz ingl.) *s. m.* Aparato musical de casete, de reducido tamaño, portátil y con auriculares que permiten la audición individual.

Wall Street Bolsa de Nueva York. Se trata de uno de los mercados de valores más importantes del mundo. Recibe el nombre de la calle en que se encuentra.

Wallace, Alfred Russel (Usk, Monmouthshire 1823 - Broadstone, Dorsetshire 1913) Biólogo británico. Padre de la zoogeografía, formuló una teoría de la evolución biológica basada en la selección natural y la supervivencia del más apto antes de que Charles Darwin publicara *El origen de las especies.* Expuso sus teorías en *Contribuciones a la teoría de la selección natural* (1870).

Wallace, Edgar (Londres 1875 - Hollywood 1932) Escritor británico. Destacó por sus novelas policiacas, entre las que cabe señalar *Los cuatro hombres justos* (1905), *El círculo carmesí* (1922), *El rostro de la sombra* (1925), *La puerta del traidor* (1927), *El fantasma de Down Hill* (1929) y *El terror* (1930).

Wallace, Lewis, llamado **Lew** (Brookville, Indiana 1827 - Crawfordsville, Indiana 1905) Escritor estadounidense. Alcanzó fama con su novela histórica *Ben-Hur* (1880), sobre los primeros tiempos del cristianismo, llevada al cine en varias ocasiones.

Wallace, William (Elderslie, Glasgow 1270 - Londres 1305) Héroe escocés. Encabezó el grupo de nobles escoceses que rechazó la sumisión al rey de Inglaterra. Eduardo I invadió Escocia y Wallace fue vencido en Falkirk (1298), y posteriormente capturado (1305) y ejecutado.

Wallach, Otto (Könisberg 1847 - Gotinga 1931) Químico alemán. Investigó sobre la estructura de compuestos orgánicos como el alcanfor y los terpenos. En 1910 obtuvo el premio Nobel de química.

Wallenstein (o Waldstein), Albrecht Eusebius Wenzel von (Hermanic, Bohemia 1583 - Eger, actual Cheb 1634) Militar checo al servicio de los Habsburgo. Fue el mejor general de Fernando II durante la guerra de los Treinta Años. Vencedor de daneses y alemanes protestantes, sometió Alemania del norte y las islas Bálticas, por lo que recibió los ducados de Mecklemburgo y Sagan como feudos. Dimitió a instancias del emperador (1630), pero a los dos años, muerto el conde de Tilly, fue llamado de nuevo para ponerse al frente del ejército. Wallenstein fue vencido en la batalla de Lützen (1632) y entró en negociaciones secretas con el enemigo. Destituido por Fernando II, fue asesinado poco después.

Wallis, John (Ashford 1616 - Oxford 1703) Matemático inglés. Estudió la carrera eclesiástica, fue profesor de geometría en Oxford y uno de los fundadores de la Royal Society. Precursor del cálculo infinitesimal, realizó importantes aportaciones al álgebra y a la geometría analítica.

Wallis y Futuna Archipiélago de Polinesia, en Oceanía, situado entre las islas Samoa y Fiji. 255 km^2. 15.000 h. en 1990. La capital es Mata-Utu, en la isla de Uvea. Es un territorio de ultramar de Francia cuya economía se basa en la explotación de copra. Fue descubierto por el británico Samuel Wallis en 1767.

walón, na *adj.* Valón*.

Walpole, conde de Oxford, Horace (Londres 1717 - íd. 1797) Escritor británico. Con su obra *El castillo de Otranto* (1764) fue precursor de la novela gótica. En sus *Cartas*, empezadas a publicar en 1798, ofrece una imagen viva y precisa del Reino Unido en el s. XVIII.

Walpole, conde de Oxford, sir Robert (Houghton, Norfolk 1676 - Londres 1745) Político británico. Jefe del partido whig (1703), fue ministro de la Guerra (1708), tesorero de la marina (1710-11) y, con el advenimiento de Jorge I, primer ministro y canciller del Tesoro (1715-17). Entre 1721 y 1742 asumió la dirección del país, creando el sistema parlamentario de Inglaterra; desarrolló una política exterior pacifista, disminuyó los impuestos y protegió el comercio.

Walpurgis, noche de Noche del primero de mayo en la cual, en los países anglosajones, se celebra la fiesta de Santa Walburga (Walpurgis), religiosa benedictina inglesa del s. VIII. La tradición popular dio lugar a la leyenda de que en dicha noche se producían reuniones de brujas y demonios.

Walras, Léon Marie Esprit (Évreux 1834 - Clarens, Suiza 1910) Economista francés. Fue uno de los creadores de la escuela marginalista. Su principal aportación es el concepto de equilibrio económico general, modelo matemático en el que los precios de los factores de producción y de los productos se ajustan automáticamente. Entre sus obras merecen citarse *La economía política y la justicia* (1860) y *Elementos de economía política pura* (1874-77).

Walsall C. del Reino Unido, situada en el centro de Inglaterra, muy cerca de Birmingham. 262.300 h. en 1988. Núcleo urbano de una región minera del hierro y del carbón, posee industrias metalúrgicas, químicas y de construcciones mecánicas y aeronáuticas.

Walser, Martin (Wasserburg, Württemberg 1927) Escritor alemán. En su obra retrata con tono crítico la sociedad alemana de entreguerras. De ella sobresalen, en novela, *Medio tiempo* (1960) y *Un caballo fugitivo* (1979), y en teatro, *Roble y conejos de Angora* (1962) y *El juego sucio* (1975).

Walser, Robert (Biel 1878 - Herisau 1956) Escritor suizo en lengua alemana. Es autor de novelas y relatos caracterizados por su intimismo y delicadeza, como *Los hermanos Tanner* (1906), *El ayudante* (1907) y *Jakob von Gunten* (1908).

Walsh, Raoul (Nueva York 1892 - Hollywood 1980) Director de cine estadounidense. Logró su primer éxito con *El ladrón de Bagdad* (1924) y destacó por sus westerns y películas de aventuras. Entre sus mejores filmes se cuentan *El ladrón de Bagdad* (1924), *El precio de la gloria* (1926), *El último refugio* (*High Sierra*, 1941), *Murieron con las botas puestas* (1941), *Objetivo Birmania* (1945) y *Al rojo vivo* (1949).

Waltari, Mika (Helsinki 1908 - íd. 1979) Escritor finlandés. Se dio a conocer por sus novelas históricas, en especial *Sinuhé el egipcio* (1945), llevada al cine. Otras obras destacadas suyas son *Los secretos del reino* (1959) y *El romano* (1964).

Waltham Forest C. del Reino Unido, situada al NE de Londres, integrada en el condado del Gran Londres. 213.300 h. en 1988.

Walton, Ernest Thomas Sinton (Dungarvan, Irlanda 1903) Físico británico. En 1932 construyó, juntamente con John Douglas Cockcroft, un aparato de aceleración de partículas y consiguieron la primera reacción nuclear producida por partículas aceleradas artificialmente. En 1951 ambos científicos recibieron el premio Nobel de física.

Walton, William (Oldham 1902 - Ischia 1983) Compositor inglés. Su obra, caracterizada por un ímpetu mordaz y una profunda melancolía, representa una de las principales tendencias de la música británica del s. XX. Autor prolífico, entre sus obras merecen citarse *Sinfonía concertante* (1927), *El festín de Baltasar* (1931) y *Troilo y Cresida* (1954).

Wamba (? - Pampliega, Burgos h. 687) Rey de los visigodos de Hispania (672-680). Sucesor de Recesvinto, combatió a los vascones y sofocó la rebelión del duque Paulo en la Narbonense. Hacia el 675 rechazó un ataque musulmán y ocupó Ceuta. Destronado por Ervigio, se retiró al monasterio de Pampliega.

Wandsworth C. del Reino Unido, situada al SO de Londres, a orillas del río Támesis, integrada en el condado del Gran Londres. 257.000 h. en 1988.

Wan-li (? - ? 1620) Emperador chino de la dinastía Ming (1573-1620). Durante su reinado expulsó a los japoneses de Corea (1598) y comenzó la penetración manchú (1618), que desplazó a los Ming del poder.

Warburg, Otto Heinrich (Friburgo de Brisgovia 1883 - Berlín 1970) Fisiólogo alemán. En 1931 recibió el premio Nobel de medicina por el estudio de la acción de los fermentos en la respiración celular.

Warhol, Andy (Filadelfia 1930 - Nueva York 1987) Pintor y cineasta estadounidense. Fue el principal representante del movimiento *pop-art*. Se interesó por la estética de la publicidad, campo en el que se inició como dibujante. Es frecuente en sus obras la multiplicación de imágenes, tomando como punto de partida una fotografía, en ocasiones la de personajes conocidos como Marilyn Monroe, Mao Zedong y Elvis Presley, o productos de consumo, como el bote de sopa Campbell's y la Coca-Cola. Inventó también nuevas técnicas fotográficas y realizó algunas películas underground, entre las que merecen mención *Kiss* (1963) y *Chelsea girls* (1966).

Andy Warhol: Lata de sopa Campbell's 1965 *(Museo de Arte Moderno, Nueva York).*

Warley C. del Reino Unido, en el condado inglés de West Midlands, integrada en el área suburbana de Birmingham. 152.450 h. en 1981.

Warren, Earl (Los Ángeles 1891 - Washington 1974) Jurista y político estadounidense. Del Partido Republicano, fue fiscal general (1939-43) y presidente del Tribunal Supremo (1953-74). Declaró inconstitucional la segregación racial en las escuelas y presidió la comisión encargada de investigar el asesinato del presidente Kennedy.

Warren, Robert Penn (Guthrie, Kentucky 1905 - Straton, Vermont 1989) Escritor estadounidense. Adquirió renombre internacional con sus novelas de inspiración sudista *El caballero de la noche* (1939) y *Todos los hombres del rey* (1946). También destacó como poeta y ensayista.

Warrington C. del Reino Unido, en el condado inglés de Cheshire, situada a orillas del río Mersey, cerca de Manchester. 135.550 h. en 1981. Tiene industria metalúrgica, química, textil y cervecera.

Warta Río de Polonia. 762 km. Nace en la meseta de Olkusz, pasa por Poznan y desemboca en el río Oder, cerca de Gorzow.

Wartburg, Walther von (Riedholz, Soleure 1888 - Basilea 1971) Lingüista suizo. Especialista en lenguas románicas, realizó estudios sobre geografía lingüística y sobre dialectología. Entre sus obras sobresalen *La fragmentación lingüística de la Romania* (1936) y *Problemas y métodos de la lingüística* (1946). Dirigió el *Diccionario etimológico de la lengua francesa* (1932).

Warwick, Richard Neville, conde de (? 1428 - Barnet 1471) Político inglés. Partidario de los York, ayudó a la coronación de Enrique IV (1461). Luego se pasó al bando de los Lancaster, logrando la restauración de Enrique VI (1470), pero al año siguiente fue derrotado y muerto en la batalla de Barnet.

Washington **1.** Estado de EE UU, en el NO del país, a orillas del océano Pacífico, junto a la frontera con Canadá. 176.479 km^2. 4.887.950 h. en 1990. La capital es Olympia, con 27.450 h. en 1980. En su relieve destaca la cordillera de las Cascadas, cuya máxima altura es el Rainier (4.392 m). El río Columbia traza parte de su frontera con Oregón. El principal centro urbano es Seattle, con 514.400 h. en 1989 y 1.751.000 h. en 1987 en su área metropolitana. Cuenta con una rica ganadería bovina y ovina, explotación forestal, importante pesca, minería de hierro, plomo y cobre e industrias siderometalúrgica, aeronáutica y maderera. Fue admitido como el 42 estado de la Unión en 1889.
2. C. de EE UU, cap. federal del país, situada en el distrito de Columbia, cerca de la costa atlántica, a orillas del río Potomac. 604.000 h. en 1989 y 3.734.200 h. en 1988 en su área metropolitana. Es un centro administrativo de importancia mundial, donde se hallan los principales órganos de gobierno de EE UU. Asimismo desarrolla una notable actividad cultural y editorial. Entre sus monumentos destacan la Casa Blanca, residencia oficial del presidente de la nación, el Lincoln Memorial, el Capitolio, sede del Senado y de la Cámara de Representantes, y la National Gallery. Decidida su fundación y emplazamiento en 1790, fue inaugurada por Thomas Jefferson en 1801.

Washington: fachada del Capitolio.

Washington, George (Westmoreland County, Virginia 1732 - Mount Vernon 1799) Militar y político estadounidense. Fue el primer presidente de EE UU (1789-97). Al frente de las tropas de Virginia combatió a los franceses y fue enviado como representante de la Convención de Virginia a los tratados de Filadelfia (1774 y 1775), que declararon la independencia (1776). Nombrado comandante de las tropas independentistas contra Inglaterra (1775-82), obtuvo las victorias de Trenton y Princeton; ocupó Filadelfia y, en 1781, venció en la decisiva batalla de Yorktown. Nombrado presidente de la Convención de 1787, trabajó arduamente para otorgar al país una Constitución. En 1789 fue elegido presidente

George Washington. Cuadro de José Perovani, detalle (Museo de la Real Academia de San Fernando, Madrid).

y reelegido en 1792. Actuó como árbitro entre las dos tendencias políticas del país, los federalistas de Hamilton y los republicanos de Jefferson.

washingtoniano, na *adj.* De Washington. También *s.*

Wassermann, August von (Bamberg 1866 - Berlín 1925) Médico alemán. Fue el descubridor de la reacción que lleva su nombre, que permite diagnosticar la sífilis.

Wassermann, Jakob (Fürth 1873 - Altaussee 1934) Escritor alemán. Novelista influido por Dostoievski, sus obras reflejan su idealismo humanitario. Entre sus principales novelas figuran *Los judíos de Zirndorf* (1897), *Gaspar Hauser o La pereza del corazón* (1908) y *El caso Maurizius* (1928).

wáter *s. m.* **1.** Cuarto con las instalaciones necesarias para que una persona pueda orinar y hacer de vientre, lavarse, etc. **2.** Retrete, taza para orinar y hacer de vientre. ▪ También se escribe *váter.*

water-closet (voz ingl.) *s. m.* Wáter*.

Watergate, asunto Escándalo político que estalló en EE UU en 1974, cuando se demostró que los colaboradores del candidato republicano Richard Nixon habían ordenado colocar micrófonos ocultos en el edificio Watergate, en Washington, cuartel general demócrata durante la campaña presidencial de 1972. Estas revelaciones forzaron a Nixon a presentar su dimisión en 1974.

Waterloo Municipio de Bélgica, en Brabante, al S de Bruselas. 22.300 h.

Waterloo, batalla de Combate en que se enfrentaron los ejércitos angloprusiano y las tropas francesas de Napoleón, en 1815, en el lugar de este nombre. La derrota de Napoleón acabó con el imperio de los Cien Días; supuso su caída definitiva y su exilio en la isla de Santa Elena.

waterpolo (voz ingl.) *s. m.* Deporte de competición que se practica en una piscina entre dos equipos de siete nadadores que intentan introducir un balón con la mano en la portería del equipo contrario.

Watling, isla Véase **Guanahaní**.

Watson, James Dewey (Chicago 1928) Bioquímico estadounidense. En 1962 recibió el premio Nobel de fisiología y medicina, junto con Francis Compton Crick y Maurice Wilkins, por el descubrimiento de la estructura en doble hélice del ADN.

Watson, John Broadus (Greenville, Saskatchewan 1878 - Nueva York 1958) Psicólogo estadounidense. Profesor de psicología experimental en la universidad John Hopkins de Baltimore, fue el fundador del conductismo o behaviorismo. Entre sus obras destacan *La psicología según la concibe el conductismo* (1919) y *El conductismo* (1925).

watt (de James *Watt*) *s. m.* Nombre del vatio en el Sistema Internacional.

Watt, James (Greenock 1736 - Heathfield, cerca de Birmingham 1819) Ingeniero británico. Con motivo de la reparación de un modelo de la máquina atmosférica de Newcomen, introdujo modificaciones que dieron lugar a una máquina de vapor con condensador separado. En 1769 patentó su hallazgo y, asociado con Matthew Boulton, se dedicó a la fabricación de estas máquinas, que fue perfeccionando en sucesivos modelos.

Watteau, Antoine (Valenciennes 1684 - Nogent-sur-Marne 1721) Pintor francés. Dentro del estilo rococó, fue el iniciador de la pintura ga-

Antoine Watteau: Lección de canto *(Palacio Real, Madrid).*

lante francesa. Su obra, delicada y lírica, constituye un ejemplo del ambiente cortesano de su época. Entre sus obras sobresalen *Embarque para Citerea* (1717), *El indiferente* (1717), *Arlequín y Colombina* y *Fiestas galantes.*

wau *s. m.* En ling., nombre que se da al sonido *u* semiconsonante o semivocálico.

Waugh, Evelyn (Londres 1903 - Combe Florey, cerca de Taunton, Somersetshire 1966) Escritor británico. En sus obras ataca la ausencia de valores de la vida moderna y, en especial, de la sociedad londinense, satirizando sus costumbres puritanas y su hipocresía, así como el sistema colonial británico. Alcanzó gran éxito con sus novelas *Merienda de negros* (1932), *Un puñado de polvo* (1934), *Retorno a Brideshead* (1945), *Los seres queridos* (1948) y la trilogía *Hombres de guerra* (1952), *Oficiales y caballeros* (1955) y *Rendición incondicional* (1961).

Wayne, John (Winterset, Iowa 1907 - Los Ángeles 1979) Actor de cine estadounidense. Protagonizó numerosos *westerns* y fue uno de los actores preferidos de John Ford. Entre sus mejores filmes figuran *La diligencia* (1939), *Fort Apache* (1947), *Río Grande* (1950), *El hombre tranquilo* (1952), *Río Bravo* (1959), *Valor de ley* (1969) y *Río Lobo* (1970). Dirigió *El Álamo* (1960) y *Boinas verdes* (1969).

Weaver, Sigourney (Nueva York 1949) Actriz de cine estadounidense. Ha encarnado en la pantalla a mujeres temperamentales. Entre sus interpretaciones destacan las de los filmes *Alien, el octavo pasajero* (1979), *Armas de mujer* (1988) y *Gorilas en la niebla* (1988).

Webb, Sidney (Londres 1859 - Liphook, Hampshire 1947) Político y economista británico. Miembro de la Fabian Society, impuso en ésta sus ideas sobre el socialismo, que en su opinión debía ser gradual y reformista. Colaboró en la reconstrucción del Partido Laborista, del que fue dirigente. Su obra, escrita la mayor parte en colaboración con su esposa Beatrice, tiene como títulos principales *Historia del tradeunionismo* (1894), *Gobierno local inglés* (1906-29) y *Comunismo soviético: ¿una nueva civilización?* (1935).

weber *s. m.* Unidad de flujo magnético en el Sistema Internacional. Equivale a 10^8 maxwells y se define como el flujo magnético que se produce cuando un campo magnético de 1 tesla (T) atraviesa una superficie de 1 m^2 perpendicular a dicho campo. Su símbolo es *Wb.*

Weber, Carl Maria von (Eutin, Holstein 1786 - Londres 1826) Compositor y pianista alemán. Discípulo de Haydn y Vogler, es una de las principales figuras del Romanticismo musical. Creó la ópera romántica alemana y desarrolló un lenguaje dramático en el que combinó magistralmente lo popular y lo fantástico. Algunos de sus mejores melodramas son *El cazador furtivo* (1821), *Euryanthe* (1823) y *Oberon* (1825). También escribió obras para piano y violín, música de cámara y piezas vocales y sacras.

Weber, Max (Erfurt 1864 - Munich 1920) Sociólogo y economista alemán. Defensor de los principios democráticos, contribuyó al nacimiento de la Constitución de Weimar (1918). Reivindicó un conocimiento específico de los fenómenos culturales y, frente al marxismo, sostuvo que las causas determinantes de las formaciones sociales no son exclusivamente económicas, sino que en ellas también intervienen las creencias y valores del individuo. Entre sus obras principales figuran *La ética protestante y el espíritu del capitalismo* (1901) y *Economía y sociedad* (póstuma, 1922).

Weber, Wilhelm Eduard (Wittenberg 1804 - Gotinga 1891) Físico alemán. Investigó en los campos de la acústica, la electricidad y el magnetismo. En 1846 enunció la ley fundamental de las fuerzas ejercidas por las partículas electrizadas en movimiento. Algunos de sus trabajos dieron origen a la teoría electromagnética de la luz.

Webern, Anton von (Viena 1883 - Mittersill, cerca de Salzburgo 1945) Músico austriaco. Junto con su maestro Arnold Schönberg y Alban Berg formó la escuela de Viena, cuyas obras ejercieron una gran influencia en la música del s. XX. Cultivó el estilo atonal y en 1924 adoptó el sistema dodecafónico. Entre sus principales obras cabe citar *Pasacalle* (1908), *Bagatelas* (1913), *Canciones sobre textos populares* (1924) y *Variaciones para piano* (1936).

Webster, John (Londres h. 1580 - íd. 1624) Dramaturgo inglés. Sus dos obras maestras, *El diablo blanco* (1612) y *La duquesa de Amalfi* (1623), le han situado entre las figuras más relevantes del teatro jacobino.

Weddell, mar de Mar del océano glacial Antártico, al S de Sudamérica, entre los archipiélagos Shetland del Sur y Orcadas del Sur y la Tierra de Graham.

week-end (voz ingl.) *s. m.* Fin de semana.

Weelkes, Thomas (? h. 1570 - Londres 1623) Compositor y organista inglés. Destacado representante de la escuela madrigalista inglesa, su obra se caracteriza por un elevado cromatismo, así como por la vivacidad de sus ritmos. Escribió también música sacra, para virginal, viola de gamba y órgano.

Wegener, Alfred (Berlín 1880 - en Groenlandia 1930) Geofísico y meteorólogo alemán. Estudió la termodinámica de la atmósfera, pero su fama se debe a la teoría del desplazamiento de los continentes, o deriva continental, en que se basa la formulación actual de la tectónica de placas.

Wehrmacht (voz al.) Nombre que recibió el conjunto de las fuerzas armadas de Alemania durante el periodo nazi (1935-45).

Weil, Simone (París 1909 - Londres 1943) Escritora francesa. Luchó por la justicia social y propuso el cristianismo como la auténtica revolución. Entre sus obras más significativas figuran *El conocimiento sobrenatural* (1949), *La condición obrera* (1951) y *La fuente griega* (1953).

Weill, Kurt (Dessau 1900 - Nueva York 1950) Compositor alemán. Destacado representante de la cultura de Weimar, creó una ópera revolucionaria y de carácter satírico. Sus composiciones, expresionistas, experimentales y abstractas, acusan la influencia del jazz. Por su origen judío tuvo que exiliarse a EE UU en 1935. Trabajó en colaboración con Bertolt Brecht y puso música a obras suyas como *Mahagonny* (1927) y *La ópera de tres peniques* (1928). Compuso además canciones y otras obras, como *Los siete pecados capitales* (1933) y *Perdido en las estrellas* (1949).

Weimar, República de Régimen político vigente en Alemania después de la Primera Guerra Mundial, desde 1919 hasta 1933. La constitución de tipo federal que se redactó en Weimar garantizaba un sistema democrático que el jefe del Estado, Hindenburg (1925-34), trató de convertir en un régimen presidencialista. Su debilitamiento facilitó la ascensión del nacionalsocialismo y la llegada de Hitler al poder en 1933. Fue un periodo de gran efervescencia intelectual y artística.

Weinberg, Steven (Nueva York 1933) Físico estadounidense. Investigó en el campo de la física de las partículas elementales y contribuyó a la teoría unificada de las interacciones débiles y electromagnéticas. En 1979 recibió el premio Nobel de física, compartido con Abdus Salam y Sheldon Lee Glashow.

Weininger, Otto (Viena 1880 - íd. 1903) Filósofo austriaco. Antes de suicidarse, dejó escrita su obra *Sexo y carácter* (1903), en la que realiza una metafísica de los sexos y desarrolla la tesis de que en todo ser viviente existen elementos femeninos y masculinos.

Weismann, August (Frankfurt del Main 1834 - Friburgo de Brisgovia 1914) Biólogo alemán. Es considerado uno de los padres de la genética. Formuló la teoría de la continuidad del plasma germinativo. Niega la transmisión de los caracteres adquiridos. Entre sus obras destacan *Ensayos sobre la herencia y la selección natural* (1892) y *Discurso sobre la teoría de la herencia* (1902).

Weiss, Peter (Nowawes, cerca de Berlín 1916 - Estocolmo 1982) Escritor alemán de origen judío. Se exilió de su país, huyendo del nazismo, y se nacionalizó sueco. Fue un renovador de la estética en la novela y dio un nuevo empuje al teatro, asumiendo el compromiso político y la lucha por la justicia y la libertad. En su producción sobresalen las obras narrativas *La sombra del cuerpo del cochero* (1960) y *Adiós a los padres* (1961); y la pieza teatral *Marat-Sade* (1964), donde se advierte el influjo de Bertolt Brecht.

Weissmuller, Johnny (Windber, Pennsylvania 1904 - Acapulco 1984) Actor de cine estadounidense. Destacado nadador en los Juegos Olímpicos de 1924 y 1928, dio vida durante los años treinta y cuarenta al personaje de Tarzán en numerosas películas, entre las que cabe recordar *Tarzán de los monos* (1932), *Tarzán y su compañera* (1934) y *Tarzán y las amazonas* (1945).

Weizmann, Chaim (Motol, Bielorrusia 1874 - Rehovot, Israel 1952) Político y científico israelí. Estudió química en Berlín y Friburgo. Nacionalizado británico, influyó en el gobierno británico sobre la cuestión judía en Palestina (1917). Presidente de la Organización Sionista (1920-31 y 1935-46), fue el primer presidente del estado de Israel (1949-52).

Weizsäcker, Carl Friedrich von (Kiel 1912) Físico alemán. Fue director del Instituto Max Planck de Starnberg (1970). Formuló una teoría sobre el origen termonuclear de la energía estelar (1938) y sobre el origen de los sistemas planetarios (1944).

Weller, Thomas Huckle (Ann Arbor 1915) Virólogo estadounidense. En 1954 recibió el premio Nobel de medicina y fisiología, juntamente con Frederick Chapman Robbins y John Franklin Enders, por los cultivos del virus de la poliomielitis en tejidos humanos no nerviosos, lo que permitió la obtención de una vacuna eficaz contra dicha enfermedad.

Welles, Orson (Kenosha, Wisconsin 1915 - Los Ángeles 1985) Director y actor de cine estadounidense. Alcanzó gran notoriedad en la radio con una versión de *La guerra de los mundos* de Wells (1938). Debutó en el cine con *Ciudadano Kane* (1941), película en la que introdujo un nuevo estilo narrativo y notables innovaciones técnicas. En su filmografía destacan *El cuarto mandamiento* (*The magnificent Ambersons*, 1942), *La dama de Shanghai* (1948), *Otelo* (1952), *Sed de mal* (*Touch of evil*, 1958) y *El proceso* (1962). Trabajó como actor en *El tercer hombre* (1949), *Moby Dick* (1956) y *Austerlitz* (1960).

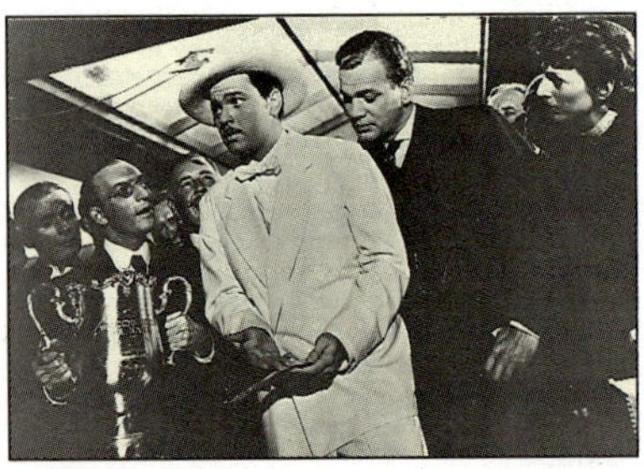

Orson Welles: fotograma del filme Ciudadano Kane, *que dirigió y protagonizó.*

Wellesley, Richard Colley, marqués de (Castillo de Dangan, Irlanda 1760 - Bromton 1842) Político y administrador británico. Hermano de Wellington, fue diputado tory y gobernador de la India (1797-1805). Posteriormente fue ministro de Asuntos Exteriores (1809-12) y lord lugarteniente de Irlanda (1821-28 y 1833-34).

Wellington: vista del puerto, situado al fondo de la bahía de Port Nicholson.

Wellington C. de Nueva Zelanda, cap. del país, situada en el extremo S de la isla del Norte, a orillas del estrecho de Cook. 149.850 h. en 1989 y 324.600 h. en su aglomeración urbana. Es un centro administrativo y portuario, que posee industrias textiles, mecánicas y químicas.

Wellington, Arthur Colley Wellesley, duque de (Dublín 1769 - Walmer Castle, Kent 1852) Militar y político británico. Combatió contra las tropas francesas en la península Ibérica. En 1812 tomó Ciudad Rodrigo, Badajoz y, tras la victoria de Arapiles, ocupó Madrid. Ya al mando supremo de las tropas españolas e inglesas derrotó a los franceses en Vitoria y San Marcial (1813). Batió definitivamente al ejército francés en Toulouse (1814), con lo que concluyó la guerra de Independencia. Durante el imperio de los Cien Días mandó el ejército aliado que derrotó a Napoleón en Waterloo (1815). A su vuelta al Reino Unido intervino en política, siempre desde posiciones muy conservadoras, y fue primer ministro (1828-30).

Wells, Herbert George (Bromley, Kent 1866 - Londres 1946) Escritor británico. Se inició en la literatura con novelas de ciencia-ficción, como *La máquina de explorar el tiempo* (1895), *El hombre invisible* (1897) y *La guerra de los mundos* (1898); posteriormente escribió obras inspiradas en un socialismo utópico: *Una utopía moderna* (1905) y *Hombres como dioses* (1923).

Welser Familia de Augsburgo, importante por sus actividades financieras y comerciales en los s. XV y XVI. Los hermanos **Bartholomäus**, **Lucas**, **Ulrich** y **Jakob** constituyeron en 1476 la primera sociedad comercial familiar, dedicada al comercio internacional. Otro miembro, **Bartholomäus** (Memmingen 1484 - Amberg bei Büchloe 1561) efectuó una serie de préstamos a la Corona española (1519-43), por lo que los Welser obtuvieron autorización para el descubrimiento, conquista y colonización de Venezuela (1528). La entidad financiera prácticamente desapareció en 1614.

welter (voz ingl.) *s. m.* **1.** En boxeo, categoría en la que se incluyen los púgiles cuyo peso está comprendido entre 63,503 y 66,678 kg (boxeo profesional) y entre 63,5 y 67 kg (boxeo aficionado). **2.** Boxeador perteneciente a esta categoría.

Wenceslao Nombre de varios reyes de Bohemia.

Wenceslao I (? 1205 - Berun 1253) Rey de Bohemia (1230-53). Hijo y sucesor de Otakar I, invadió Austria (1246). Favoreció la germanización de su reino. Obligado por los nobles, tuvo que compartir el poder con su segundo hijo Otakar II (1247).

Wenceslao II (? 1271 - Praga 1305) Rey de Bohemia (1278-1305) y de Polonia (1300-05). Hijo y sucesor de Otakar II, fue un eficaz administrador y obtuvo para su hijo Wenceslao III la corona de Hungría (1301).

Wenceslao IV (Nuremberg 1361 - Praga 1419) Rey de Bohemia (1363-1419) y emperador germánico (1378-1400). Su alianza con el rey de Francia le enfrentó al papa Benedicto XIII (1398) que, aliado con los alemanes, le depuso en 1400. Se mantuvo en Bohemia, donde observó una actitud neutral respecto a católicos y husitas.

wen-li *s. m.* Lengua literaria tradicional de China.

Werfel, Franz (Praga 1890 - Los Ángeles 1945) Escritor austriaco. De origen judío, emigró a Francia y después a EE UU. Fue uno de los representantes del expresionismo de Praga. En su extensa obra destacan *El día del juicio* (1919), en poesía; *El culpable es la víctima y no el asesino* (1915) y *Los cuarenta días de Musa Dagh* (1933), en novela; *Juárez y Maximiliano* (1924), en teatro, y la biografía *La canción de Bernadette* (1941).

Wergeland, Henrik (Kristiansand 1808 - Osco 1845) Escritor noruego. Representante del renacimiento noruego, sobresalió especialmente por su monumental poema *La creación, el hombre y el Mesías* (1830).

Werner, Abraham Gottlob (Wehrau, Sajonia 1750 - Dresde 1817) Geólogo alemán. Es el principal teorizador del neptunismo, que sostiene que las rocas de la corteza terrestre tienen su origen en procesos marinos.

Werner, Alfred (Mulhouse 1866 - Zurich 1919) Químico suizo. Expuso la teoría de la coordinación química y la aplicó a los compuestos orgánicos del hierro, cromo y cobalto. Recibió el premio Nobel de química en 1913.

Weser Río de Alemania, en la Baja Sajonia. Tiene 790 km. Nace en Münden, de la confluencia del Fulda y el Werra, y discurre en dirección N; pasa por Bremen y desemboca en el mar del Norte en un gran estuario. Su principal afluente es el Aller. Tiene un régimen pluvionival y es navegable en todo su recorrido.

Wesker, Arnold (Londres 1932) Dramaturgo británico. En su teatro hace una crítica de la pequeña burguesía londinense, especialmente la judía. Combina las formas dramáticas tradicionales con un enfoque escénico muy original. Entre sus obras sobresalen *La cocina* (1957), *Sopa de pollo y cebada* (1958), *Raíces* (1959), *Hablo de Jerusalén* (1960), *Patatas fritas a voluntad* (1961) y *Los amigos* (1970).

Wesley, John (Epworth, Lincolnshire 1703 - Londres 1791) Religioso británico. Teólogo y pastor protestante, fundó junto con su hermano **Charles** (Epworth 1707 - Londres 1788) una sociedad para la lectura del Nuevo Testamento, que fue llamada irónicamente *metodista*. Su obra se convirtió en un movimiento renovador de la Iglesia anglicana, el *metodismo*, que acabó separándose de la Iglesia oficial.

Wesselmann, Tom (Cincinnati 1931) Pintor estadounidense. Constituye uno de los principales representantes del *pop-art*. Entre sus obras más representativas figuran *Naturaleza muerta* y la serie *Grandes desnudos norteamericanos*, iniciada en 1962.

Wessex Antiguo reino sajón, fundado por el príncipe Cedric (h. 495) al S del Támesis, cuya capital era la actual Winchester. Desde el s. VI se fue extendiendo y en el s. IX llegó a dominar casi toda la isla. Durante el reinado de Alfredo el Grande (871-99) inició la unificación anglosajona.

West, Mae (Brooklyn, Nueva York 1892 - Hollywood 1980) Actriz de cine estadounidense. Obtuvo su primer éxito en 1933 con *Lady Lou* (*She done him wrong*). Dio vida a una de las primeras vampiresas del cine estadounidense, de enorme popularidad en la década de los treinta. Entre sus filmes más significativos cabe citar *No soy ningún ángel* (1933), *No es pecado* (*Belle of the nineties*, 1934) y *Klondike Annie* (1936).

West, Morris (Melbourne 1916) Escritor australiano. Sus novelas de tema religioso *El abogado del diablo* (1959) y *Las sandalias del pescador* (1963), llevadas al cine, le dieron una gran popularidad. Otros títulos suyos dignos de mención son *El embajador* (1965), *Proteo* (1979) y *Los bufones de Dios* (1981).

West, Natham Weinstein, llamado **Nathanael** (Nueva York 1904 - El Centro, California 1940) Escritor estadounidense. Residió en París (1924-26), donde recibió la influencia de dadaístas y surrealistas, que se reflejará en sus novelas, entre las que destacan *Señorita Corazones Solitarios* (1933) y *El día de la langosta* (1939). Murió en accidente de automóvil.

West Bromwich C. del Reino Unido, al NO de Birmingham, de cuya conurbación forma parte. 154.950 h. en 1981. Cuenta con industria metalúrgica.

West Point Localidad de EE UU, en el estado de Nueva York, a orillas del río Hudson. Es sede de una academia militar fundada en 1802.

western (voz ingl.) *s. m.* **1.** Película cuya acción se desarrolla en el Oeste de EE UU durante la época de la colonización, y género cinematográfico que constituyen dichas películas. **2.** Obra literaria, generalmente en forma de novela, de tema, estructura y acción similares a los de estas películas, y género o subgénero literario al que pertenecen estas obras. Son famosas las del escritor estadounidense Zane Grey.

Westfalia Región histórica de Alemania, integrada en la actualidad en el Land de Renania Septentrional-Westfalia. Formó parte del ducado de Sajonia y se convirtió en ducado independiente en 1180. Sus principales ciudades, Münster, Osnabrück y Paderborn, pertenecieron a la Liga Hanseática y tuvieron una gran importancia artesanal y comercial en la Edad Media. En el S de esta región, Napoleón creó en el año 1807 el reino de Westfalia que fue suprimido por el congreso de Viena (1815).

Westfalia, tratados de Conjunto de acuerdos firmados por las potencias europeas en 1648, que pusieron fin a la guerra de los Treinta Años. España reconoció la independencia de las Provincias Unidas.

Westinghouse, George (Nueva York 1846 - íd. 1914) Ingeniero estadounidense. Inventó un freno de aire comprimido que se aplicó a los ferrocarriles desde 1872 y un sistema para el transporte de gas natural a presión (1885). En 1886 fundó la empresa que lleva su nombre, dedicada a la fabricación de material eléctrico y electrónico.

Westminster Barrio de Londres, situado en la orilla izquierda del Támesis. 169.700 h. en 1988. En él se encuentran la abadía del mismo nombre (s. XI, con ampliaciones de los s. XIII-XVIII) y el Parlamento, de estilo neogótico.

Weygand, Maxime (Bruselas 1867 - París 1965) Militar francés. Sustituyó al mariscal Pétain como generalísimo (1931-35). Al iniciarse la Segunda Guerra Mundial reemplazó a Gamelin al frente del ejército (1940) y recomendó el armisticio. Nombrado ministro de Defensa (1940) y delegado del gobierno de Vichy en África (1940-1941), firmó con EE UU los acuerdos Weygand-Murphy (1941). Estuvo prisionero en Alemania (1942-45).

Weyl, Hermann (Elmshorn 1885 - Zurich 1955) Matemático y físico alemán. Discípulo de David Hilbert, realizó estudios sobre la teoría de los números, la geometría diferencial, la mecánica cuántica y la relatividad.

Weyler y Nicolau, Valeriano (Palma de Mallorca 1838 - Madrid 1930) Militar y político español. Capitán general de Canarias (1878-83) y de Filipinas (1888-93), fue elegido por Cánovas para reprimir la insurrección de Cuba (1896). Posteriormente fue ministro de la Guerra (1901-05 y 1907) y capitán general de Cataluña, en cuyo cargo dirigió la dura represión durante los sucesos de la Semana Trágica (1909).

Wharton, Edith (Nueva York 1862 - Saint-Brice, Seine-et-Marne 1937) Escritora estadounidense. Discípula de Henry James, en su obras analiza y critica la alta burguesía de Nueva York. Entre sus novelas merecen recordarse *La casa de la dicha* (1905), *La costumbre del país* (1913), *La edad de la inocencia* (1920) y *Sueño crepuscular* (1927).

Wheatstone, sir Charles (Gloucester 1802 - París 1875) Físico británico. Construyó un modelo de telégrafo, antes de que lo hiciera Samuel Morse, y aplicó la ley de Ohm para medir la conductividad eléctrica, con lo que contribuyó a la difusión de un aparato, denominado *puente de Wheatstone* (1844), para medir resistencias eléctricas.

whig (voz ingl.) *adj.* **1.** Se dice del partido político británico que desde 1679 se caracterizó por defender, en oposición a los tories, los derechos del Parlamento frente a la autoridad monárquica y los de las Iglesias protestantes frente al anglicanismo de la Corona. Dirigió el parlamentarismo británico durante el s. XVIII, pero con la Revolución Francesa se produjo su fragmentación. Sus antiguos miembros, junto a los radicales y la disidencia de los tories, formaron el Partido Liberal (1839). **2.** Se aplica al actual Partido Liberal británico. **3.** De estos partidos. También *s.*

Whipple, George Hoyt (Ashland 1878 - Rochester 1976) Médico estadounidense. Profesor de patología en las universidades de California y Rochester, obtuvo el premio Nobel de medicina de 1934, compartido con William Parry Murphy y George R. Minot, por el descubrimiento del tratamiento de la anemia perniciosa mediante una dieta a base de hígado.

whisky (voz ingl.) *s. m.* Licor que se obtiene por fermentación alcohólica de la cebada u otros cereales. ▪ También se escribe *güisqui.*

whist (voz ingl.) *s. m.* Cierto juego de cartas de origen británico; se juega entre dos parejas y sus reglas son parecidas a las del bridge.

Whistler, James Abbott Mac Neill (Lowell, Massachusetts 1834 - Londres 1903) Pintor y grabador estadounidense. Iniciado en el realismo e influido por el impresionismo durante su estancia en París, finalmente desarrolló una pintura de estilo refinado aprendida del arte oriental. Obras suyas representativas son *La muchacha en blanco* (1862), *La princesa del país de la porcelana* (1864) y *Sinfonía en blanco número 2* (1864).

White, Patrick (Londres 1912) Novelista australiano. Refleja en su obra la epopeya de su país, sin olvidar a los seres humildes y marginados. Entre sus novelas destacan *Valle feliz* (1939), *Los vivos y los muertos* (1941), *El carro de los elegidos* (1961) y *El ojo del huracán* (1973). También ha escrito teatro, como *El funeral del jamón* (1947) y *Grandes juguetes* (1977). En 1973 le fue concedido el premio Nobel de literatura.

Whitehead, Alfred North (Ramsgate, Kent 1861 - Cambridge, Massachusetts 1947) Filósofo y matemático británico. Fue profesor en Cambridge y en Harvard. Bajo la influencia de Peano, Cantor y Frege, escribió, junto con Bertrand Russell, los *Principia mathematica* (1910-13), obra en la que se supera la lógica tradicional, mediante la formulación de la lógica matemática. Elaboró una metafísica de carácter organicista. Otras obras suyas importantes son *El concepto de naturaleza* (1920) y *Proceso y realidad* (1929).

Whitman, Walter, llamado **Walt** (West Hills, Long Island, Nueva York 1819 - Camden, New Jersey 1892) Poeta estadounidense. En 1855, con la publicación del volumen *Hojas de hierba*, que fue ampliándose hasta su muerte, aportó un aire renovador a la poesía con la libertad métrica de sus versos, la recuperación de la realidad como materia lírica y la exaltación sin límites de la sensualidad y la fraternidad universal.

Wicleff, John Véase **Wycliff, John**.

Widmark, Richard (Sunrise, Minnesota 1914) Actor de cine estadounidense. Por su expresión agresiva interpretó especialmente papeles de hombre duro. Entre sus muchas películas destacan *El beso de la muerte* (1947), *Cielo amarillo* (1948), *La calle sin nombre* (1948), *Pánico en las calles* (1950), *Dos cabalgan juntos* (1962), *Álvarez Kelly* (1966) y *Brigada homicida* (*Madigan*, 1968).

Wieland, Christoph Martin (Oberholzheim, Württemberg 1733 - Weimar 1813) Escritor alemán. Educado en un ambiente religioso, evolucionó hacia una visión más mundana de la realidad. Su poema más logrado es *Oberón* (1780-81). También merecen citarse sus novelas *Agatón* (1766-73) y *Los abderitanos* (1774-81), de tono satírico, y *Diálogos de los dioses* (1790), colección de ensayos.

Wieland, Heinrich (Pforzheim 1877 - Munich 1957) Químico alemán. Especialista en bioquímica, obtuvo el premio Nobel de química de 1927 por sus investigaciones sobre la composición del ácido biliar.

Wien Nombre alemán de Viena.

Wien, Wilhelm (Gaffken, Prusia Oriental 1864 - Munich 1928) Físico alemán. Fue profesor de las universidades de Giessen, Wurzburgo y Munich. Investigador en el campo de la electricidad y radiación, en 1911 recibió el premio Nobel de física por sus trabajos sobre las leyes de irradiación del calor.

Wiene, Robert (Sasku 1881 - París 1938) Director de cine alemán. Su filme *El gabinete del doctor Caligari* (1919) marcó el inicio de la estética expresionista en el cine. Otros filmes suyos dignos de mención son *Raskolnikow* (1923) y *Las manos de Orlac* (1925).

Wiener, Norbert (Columbia, Missouri 1894 - Estocolmo 1964) Matemático estadounidense. Se le considera uno de los padres de la cibernética, que definió como la ciencia del control y la comunicación en el animal y en la máquina. Entre sus obras destacan *Introducción a la cibernética* (1953) y *Soy un matemático* (1956).

Wiesbaden C. de Alemania, cap. del Land de Hesse, situada en el O del país, a orillas del Rhin. 256.900 h. en 1990. Tiene industrias electrónicas, químicas, farmacéuticas, metalúrgicas, alimentarias, mecánicas, papeleras y vinícolas. Es un importante centro comercial, administrativo y turístico.

Wiesel, Elie (Sighet, Transilvania 1928) Escritor estadounidense de origen rumano y lengua francesa. Judío, fue internado en los campos de concentración de Auschwitz y Buchenwald. Su obra es un testimonio de la persecución judía. Entre sus títulos destacan *La noche* (1958), *El alba* (1960), *El día* (1961), *Las puertas del bosque* (1966) y *Retratos y leyendas jasídicos* (1972-81). En 1986 recibió el premio Nobel de la paz.

Wiesel, Torsten Nils (Uppsala 1924) Neurólogo sueco. Profesor de la universidad de Harvard, obtuvo en 1981 el premio Nobel de fisiología y medicina, compartido con Roger W. Sperry y David H. Hubel, por sus estudios sobre las reacciones ópticas en el cerebro.

Wieser, Friedrich von (Viena 1851 - íd. 1926) Economista austriaco. Fue profesor en Praga (1884) y Viena (1903) y uno de los principales representantes de la escuela austriaca e impulsor del marginalismo. También realizó importantes trabajos sobre temas monetarios y de política económica. Entre sus principales obras cabe mencionar *Origen y principios del valor económico* (1884) y *La naturaleza del valor* (1889).

Wifredo Nombre de varios condes de Barcelona.

Wifredo I el Velloso (? - ? 897) Conde de Urgel-Cerdaña (870-897) y conde y marqués de Barcelona-Gerona (878-897) y de Ausona (885-897). Creó un estado feudal dependiente de los francos, pero con una notable autonomía. Tuvo frecuentes enfrentamientos con los musulmanes y en uno de ellos, en la batalla de Aura, cayó herido y poco después murió.

Wifredo II Borrell (? - ? h. 914) Conde de Barcelona, Girona y Ausona. Ante el avance musulmán pidió ayuda al rey francés Carlos III, a quien prestó vasallaje en el 899. Posteriormente extendió sus dominios hasta la orilla derecha del Llobregat.

Wight Isla del Reino Unido, situada en el canal de La Mancha, al S del golfo de Southampton. Constituye el condado inglés de Isla de Wight. Tiene 381 km^2. 124.600 h. en 1985. La capital es Newport, con 22.300 h. en 1981. Presenta un relieve poco accidentado y costas altas y escarpadas. Su economía se basa en la agricultura de cereales, frutas y hortalizas, la ganadería y la construcción naval.

Wigner, Eugene Paul (Budapest 1902) Físico estadounidense de origen húngaro. Su trabajo se centró en el estudio de la física de los sólidos. Investigó, sobre todo, las interacciones entre nucleones y el funcionamiento del átomo en una red cristalina. Obtuvo el premio Nobel de física en 1963, junto con Maria Goeppert-Mayer y Hans Jensen.

wigwam (voz algonquina) *s. m.* Tienda de campaña en forma de cono, hecha con ramas y corteza de árbol o pieles, que utilizaron los indígenas de América del Norte.

wilayato *s. m.* **1.** Circunscripción administrativa del antiguo imperio otomano. **2.** Unidad administrativa de Argelia. ▪ Se escribe también *vilayato.*

Wilbye, John (Diss 1574 - Colchester 1638) Compositor inglés. Aunque cultivó otros géneros, alcanzó fama como uno de los mejores madrigalistas de todos los tiempos. Entre sus títulos sobresalen *Flora gave me fairest flowers* y *Sweet honey-sucking bees.*

Oscar Wilde.

Wilde, Oscar Fingall O'Flahertie Wills, llamado **Oscar** (Dublín 1854 - París 1900) Escritor irlandés. Partidario de la teoría del arte por el arte, mantuvo una actitud esteticista y extravagante ante la vida, que le llevó a enfrentarse con muchos prejuicios sociales. Fue condenado a dos años en la cárcel a causa de su homosexualidad y murió en la más absoluta pobreza. Sus escritos muestran un estilo elegante e irónico, sutil y agresivo a un tiempo. De su obra lírica son de destacar la *Balada de la cárcel de Reading* (1898) y *De profundis* (1905). Entre sus principales obras narrativas figuran *El príncipe feliz y otros cuentos* (1888), *El crimen de lord Arthur Saville y otros relatos* (1888) y *El retrato de Dorian Gray* (1891) y, entre sus piezas teatrales, *El abanico de lady Windermere* (1892), *Un marido ideal* (1895) y *La importancia de llamarse Ernesto* (1895).

Wilder, Billy (Viena 1906) Director de cine estadounidense de origen austriaco. Después de realizar películas de carácter dramático se especializó en la comedia. Destacan en su primera etapa *El crepúsculo de los dioses* (*Sunset Boulevard*, 1950) y *El gran carnaval* (1951) y, en su segunda etapa, *La tentación vive arriba* (*The seven years itch*, 1955), *Con faldas y a lo loco* (*Some like it hot*, 1959), *El apartamento* (1960), *Irma la dulce* (1963) y *Primera plana* (1974).

Billy Wilder: fotograma de la película El crepúsculo de los dioses, *con Erich von Stroheim y William Holden.*

Wilder, Thornton Niven (Madison, Wisconsin 1897 - New Haven, Connecticut 1975) Escritor estadounidense. De inspiración cristiana, dejó una obra de gran pureza de estilo y refinado lirismo. Entre sus libros narrativos merecen citarse *La cábala* (1926), *El puente de San Luis Rey* (1927), *Cena de Navidad* (1931), *Los idus de marzo* (1948) y *El octavo día* (1967), y en su teatro *Nuestra ciudad* (1938) y *La piel de nuestros dientes* (1942).

Wilhelmshaven C. de Alemania, en el Land de Baja Sajonia, situada junto al mar del Norte. 90.050 h. en 1990. Tiene industrias de maquinaria, mecánicas, textiles y químicas, astilleros, refinería de petróleo y un puerto con una gran actividad comercial.

Wilkes, Charles (Nueva York 1798 - Washington 1877) Oficial de marina y explorador estadounidense. Dirigió una expedición al Pacífico sur y descubrió la Tierra de Wilkes, en el sector australiano de la Antártida.

Wilkins, Maurice Hugh Frederick (Pangoroa, Nueva Zelanda 1916) Biofísico británico. Durante la Segunda Guerra Mundial intervino en la separación de isótopos de uranio en Berkeley, California. En 1962 recibió el premio Nobel de fisiología y medicina, compartido con James D. Watson y Francis Harry Compton Crick, por sus investigaciones sobre la estructura molecular del ADN.

Wilkinson, Geoffrey (Todmorten, Yorkshire 1921) Químico británico. En 1973 obtuvo el premio Nobel de química, compartido con Ernst Otto Fischer, por sus trabajos sobre la química de los complejos organometálicos de los metales de transición.

Willaert, Adriaan (? h. 1490 - Venecia 1562) Compositor flamenco. Maestro de capilla de la iglesia de San Marcos de Venecia (1527), está considerado como el fundador de la escuela veneciana, en la que introdujo las composiciones para varios coros que intervienen conjuntamente o en diálogos de gran sonoridad. Compuso misas, motetes, madrigales y canciones y fue uno de los primeros músicos en escribir obras puramente instrumentales.

Willemstad C. de las Antillas Holandesas, cap. del país, en la isla de Curaçao. 43.550 h. en 1980 y 125.000 h. en 1985 en su área metropolitana. Es un centro comercial y turístico y cuenta con refinería de petróleo.

Willendorf, Venus de Estatuilla prehistórica del periodo auriñaciense, hallada en las cercanías de la localidad austriaca del mismo nombre. Representa una mujer de pecho, cintura y nalgas abultados, probablemente ídolo de la fecundidad.

Williams, Betty (Belfast 1943) Pacifista británica. En 1976 recibió el premio Nobel de la paz, compartido con Mairead Corrigan, por su labor en pro de la pacificación de Irlanda del Norte.

Tennessee Williams.

Williams, Thomas Lanier, llamado **Tennessee** (Columbus, Mississippi 1911 - Nueva York 1983) Dramaturgo estadounidense. Su mundo teatral gira casi obsesivamente en torno a temas como la sexualidad, la locura, la familia y la violencia, ambientado generalmente en las regiones sureñas de los EE UU. Entre sus dramas más representativos se cuentan *El zoo de cristal* (1944), *Un tranvía llamado Deseo* (1947), *La rosa tatuada* (1950), *La gata sobre el tejado de cinc caliente* (1955), *Dulce pájaro de juventud* (1959) y *La noche de la iguana* (1962). Numerosas obras suyas han sido llevadas al cine.

Williamson, Alexander William (Wandsworth, Londres 1824 - Hindhead, Surrey 1904) Químico británico. Investigó sobre la formación del éter y del alcohol y expresó por primera vez el equilibrio dinámico en química.

Williman, Claudio (Montevideo 1863 - íd. 1934) Político uruguayo. Miembro del Partido Colorado, fue ministro (1904) y presidente de la república (1907-11). Creó la Suprema Corte de Justicia (1907) y resolvió cuestiones de límites con Argentina y Brasil.

Willstätter, Richard (Karlsruhe 1872 - Muralto, Locarno 1942) Químico alemán. Se exilió en Suiza, huyendo del régimen nazi (1939). Investigó la constitución y síntesis de los alcaloides y en 1915 obtuvo el premio Nobel de química por sus estudios sobre los colorantes de origen vegetal, especialmente la clorofila.

Wilson, Angus (Bexhill, Sussex 1913) Escritor británico. Narrador satírico, entre sus novelas merecen citarse *Cicuta y después* (1952), *Actitudes anglosajonas* (1956), *No hay motivo para reír* (1967) y *Como por arte de magia* (1973).

Wilson, Charles Thomson Rees (Glencorse, Edimburgo 1869 - Edimburgo 1959) Físico británico. En 1927 recibió el premio Nobel de física, junto con Arthur Holly Compton, por la invención de la cámara que lleva su nombre, consistente en un dispositivo que permite fotografiar las partículas subatómicas dotadas de carga eléctrica.

Wilson, Colin (Leicester 1931) Escritor británico. Representante del movimiento de los *Angry young men* (Jóvenes airados), es un relevante crítico, como puede apreciarse en *La edad de la derrota* (1959) y *El arte de novelar* (1975). También ha escrito novelas policiacas: *Ritual en la oscuridad* (1960), *La jaula de cristal* (1966) y *El asesino* (1970).

Wilson, Harold (Huddersfield, Yorkshire 1916) Político británico. Líder del Partido Laborista desde 1963, fue primer ministro (1964-70 y 1974-76). Propugnó la austeridad contra la crisis económica y prosiguió la política de descolonización. Intentó sin éxito el ingreso del Reino Unido en la CEE.

Wilson, Kenneth G. (Waltham 1936) Físico estadounidense. En 1982 fue distinguido con el premio Nobel de física por su teoría sobre los fenómenos críticos durante las transiciones de fase, cambios en la estructura o propiedades de la materia.

Wilson, Robert Woodrow (Houston 1936) Físico estadounidense. Investigador en el departamento de radioastronomía de los laboratorios Bell, descubrió en 1965, en colaboración con Arno Penzias, la radiación cósmica de tres kelvins, que confirmó la teoría del big-bang. En 1978 ambos científicos, juntamente con Piotr Kapitza, recibieron el premio Nobel de física.

Wilson, Thomas Woodrow (Staunton, Virginia 1856 - Washington 1924) Político estadounidense. Demócrata, fue elegido presidente de EE UU en 1912. Al estallar la Primera Guerra Mundial se declaró neutral. Reelegido en 1916, declaró finalmente la guerra a Alemania (1917). En 1919 asistió al tratado de Versalles y consiguió la creación de la Sociedad de Naciones. En política interior, hizo aprobar la ley de prohibición del alcohol (*ley seca*). Recibió el premio Nobel de la paz en 1919.

Wimbledon Barrio residencial perteneciente al área metropolitana de Londres, situado al SO de la ciudad, donde se halla el *Wimbledon Common Park*, sede de uno de los más importantes torneos abiertos de tenis.

winchester *s. m.* Nombre de algunas armas, especialmente fusiles, fabricadas por la industria que fundó Oliver Fisher Winchester (1810-80), que se extendieron mucho por el Oeste norteamericano.

Winchester C. del Reino Unido, cap. del condado inglés de Hampshire, situada junto al río Itchen. 31.100 h. en 1986. Cuenta con industrias mecánicas. Ciudad histórica, conserva la catedral gótica (s. XI-XIV), un castillo normando y murallas de la Edad Media. Fue capital del antiguo reino de Wessex y de toda Inglaterra.

Winckelmann, Johann Joachim (Stendal, Brandeburgo 1717 - Trieste 1768) Historiador del arte y arqueólogo. Sus escritos sobre el mundo clásico, *Reflexiones sobre la imitación de los griegos en la pintura y la escultura* (1755) e *Historia del arte de la antigüedad* (1764), influyeron decisivamente en el arte y la filosofía de su época.

Windaus, Adolf (Berlín 1876 - Gotinga 1959) Químico alemán. Se especializó en el estudio de los esteroles y estableció la estructura del colesterol y la composición de la vitamina antirraquítica D_2. En 1928 le fue otorgado el premio Nobel de química.

Windelband, Wilhelm (Potsdam 1848 - 1915) Filósofo alemán. Fue uno de los iniciadores de la filosofía de los valores y de la escuela neokantiana de Baden. Distinguió entre ciencias nomotéticas o ciencias de la naturaleza, que se ocupan de leyes, y ciencias idiográficas o de la cultura, que se ocupan de individuos. Es autor de *Historia y ciencia natural* (1894) y *Filosofía de la cultura e idealismo transcendental* (1910).

Windhoek C. de Namibia, cap. del país, situada en el interior de su territorio. 114.500 h. en 1988. Cuenta con industrias alimentarias y textiles. Es el centro comercial y administrativo del país.

Windsor C. del Reino Unido, situada en el S de Inglaterra, a orillas del río Támesis. 28.000 h. en 1981. Es una de las principales residencias de la monarquía británica. Enrique I la convirtió en residencia real (1189) y Carlos II le dio categoría de corte. El actual castillo-palacio fue construido en tiempos de Jorge III por los arquitectos Wyatt y Wyattville. En 1917, Jorge V cambió el nombre de la dinastía Hannover por el de *Windsor.*

Windsor Nombre de diversos tratados concertados en el castillo de este nombre. En 1175, el acuerdo anglo-irlandés firmado por el rey de Connacht, Rory O'Connor, y Enrique II de Inglaterra, en el que se reconoció la soberanía inglesa sobre Irlanda. En 1522, el acordado entre Enrique VIII y el emperador Carlos V, por el que establecieron alianza contra Francisco I de Francia.

windsurf o **windsurfing** (voz ingl.) *s. m.* Deporte que se practica en el mar sobre una tabla con una vela. Tiene categoría olímpica.

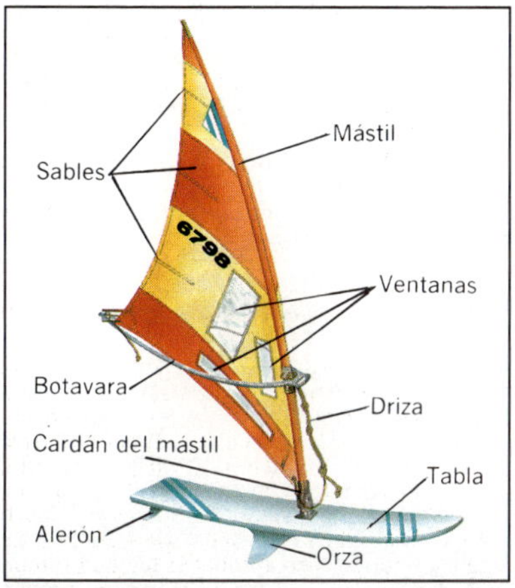

Tabla y vela para la práctica del windsurf.

Winnipeg **1.** Lago de Canadá, en la prov. de Manitoba. 24.514 km^2. De origen glaciar, presenta en su lado E costas rocosas y en el O pantanosas. En este lago desembocan los ríos Saskatchewan, Red y Winnipeg y, a través del Nelson, comunica con la bahía de Hudson.
2. C. de Canadá, cap. de la prov. de Manitoba, situada en la confluencia de los ríos Red y Assiniboine, al S del lago Winnipeg. 631.100 h. en 1987. Cuenta con el mayor mercado de trigo de Canadá, industrias alimentarias, textiles, papeleras, de fabricación de vehículos, material ferroviario y maquinaria agrícola, químicas y de calzado, y refinería de petróleo.

Winterhalter, Franz Xaver (Menzenschwand, Selva Negra 1805 - Frankfurt del Main 1873) Pintor alemán. Se estableció en Karlsruhe y más tarde en París. Entre sus obras, fundamentalmente retratos y escenas cortesanas, destacan *El Decamerón de Boccaccio, La emperatriz Eugenia rodeada de las damas de palacio* y *Madame Rimski-Korsakov.*

Winterthur C. de Suiza, en el cantón de Zurich, en el N del país, a orillas del río Töss. 85.150 h. en 1990 y 107.800 h. en 1986 en su área metropolitana. Posee industrias metalúrgicas, siderúrgicas, textiles, alimentarias y del cuero.

Wisconsin Estado de EE UU, situado en la región de los Grandes Lagos, entre los lagos Superior y Michigan. 171.496 km^2. 4.906.750 h. en 1990. La capital es Madison, con 179.000 h. en 1988. Ocupa una meseta que desciende de N a S. Está bordeado al O por el río Mississippi y recorrido por los ríos Wisconsin, Chippewa, Black y Wolf. Su centro urbano más importante es Milwaukee, con 601.000 h. en 1989 y 1.552.000 h. en 1987 en su área metropolitana. Tiene en el N un clima continental frío y vegetación de bosque. En el S hay cultivos de remolacha azucarera, trigo, maíz y patatas. Sus principales recursos económicos proceden de la ganadería bovina y porcina, y de la industria metalúrgica, de construcciones mecánicas y madereras. Fue colonizado por franceses desde mediados del s. XVII, pasó a poder británico en 1763, se integró en EE UU en 1783 y en 1846 adquirió categoría de estado.

Wisconsin Nombre de la cuarta y última glaciación cuaternaria en América del Norte. Se corresponde con la de Würm en Europa.

Wise, Robert (Winchester, Indiana 1914) Director de cine estadounidense. Obtuvo éxito con películas de terror psicológico, como *La venganza de la mujer pantera* (*The curse of the cat people*, 1944), versión del filme clásico de Jacques Tourneur, o *El ladrón de cadáveres* (1945). Más adelante abordó el cine musical en películas como *West Side Story* (1961) y *Sonrisas y lágrimas* (*The sound of music*, 1965).

Wiseman, Nicholas Patrick (Sevilla 1802 - Londres 1865) Religioso británico. Apoyó el movimiento de Oxford y, al restablecerse la jerarquía católica en el Reino Unido (1850), fue nombrado cardenal y arzobispo católico de Westminster. Escribió la novela histórica *Fabiola o la Iglesia en las catacumbas* (1854).

witherita *s. f.* $BaCO_3$. Mineral carbonato de bario. Cristaliza en el sistema rómbico y se presenta en forma de maclas. Es incoloro, blanco o gris y tiene brillo vítreo. Reacciona con los ácidos produciendo efervescencia.

Witiza (? - ? 710) Rey visigodo de Hispania (702-710). Fue asociado al trono por su padre Egica h. 698. Perdonó a los perseguidos por su padre, favoreció a los judíos y convocó el XVIII concilio de Toledo (702). Durante su reinado se acentuó la descomposición del reino visigodo a causa de las luchas nobiliarias y la crisis económica.

Witt, Jan (o **Juan**) **de** (Dordrecht 1625 - La Haya 1672) Político neerlandés. Fue consejero-pensionario de Holanda (1653-72). Durante su administración la burguesía alcanzó su mayor esplendor. Al invadir Francia las Provincias Unidas (1672), los partidarios de Guillermo de Orange se enfrentaron a él y fue asesinado por el pueblo de La Haya.

Witte, Sergei Yulievich, conde de Véase **Vitte, Sergei Yulievich, conde de**.

Wittelsbach Dinastía que gobernó en Baviera de 1180 a 1918. Tomó el nombre del castillo de Wittelsbach, en el que residió desde 1124.

Witten C. de Alemania, en el Land de Renania Septentrional-Westfalia, situada a orillas del río Ruhr. 104.700 h. en 1990. Es centro de una zona carbonífera y cuenta con industrias metalúrgicas y electrotécnicas.

Wittenberg C. de Alemania, en el Land de Alta Sajonia, situada a orillas del río Elba. 53.650 h. en 1987. Es un importante centro de la industria química, papelera, cauchera y de construcciones mecánicas. En la puerta de su iglesia fijó Lutero en 1517 el escrito con sus noventa y cinco tesis.

Wittgenstein, Ludwig (Viena 1889 - Cambridge 1951) Filósofo austriaco nacionalizado británico. Fue discípulo de Bertrand Russell y profesor en Cambridge. Concibió la filosofía no como un saber, sino como una actividad, cuya finalidad es aclarar proposiciones, por lo que circunscribe su objeto al análisis del lenguaje. En su pensamiento se distinguen dos etapas: la primera, marcada por la publicación del *Tractatus logico-philosophicus* (1921-22), en la que se enfrenta a los problemas de fundamentación de la lógica y la matemática; la segunda, definida por las *Investigaciones filosóficas* (póstuma, 1953), se caracteriza por el estudio de los usos lingüísticos, concebidos a modo de distintos juegos. Es autor también de *Gramática filosófica* (1969).

Ludwig Wittgenstein.

Wittig, Georg (Berlín 1897 - Heidelberg 1987) Químico alemán. Profesor e investigador en la universidad de Heidelberg, se especializó en esteroquímica y síntesis orgánica. En 1979 obtuvo el premio Nobel de química, compartido con Herbert Charles Brown, por la utilización de los llamados *reactivos de Wittig* en el método de olefinación, consistente en la reacción de los compuestos carbonílicos con los fosforanos.

Witz, Konrad (Rottweil h. 1400 - Basilea o Ginebra h. 1445) Pintor suizo de origen suabo. Fue el primer pintor germánico que reflejó en su obra las maneras artísticas de los Países Bajos y marcó la transición del gótico al Renacimiento. Se considera su obra maestra el *Políptico del espejo de la Salvación* (h. 1434).

Wloclawek C. de Polonia, situada en el centro del país, al O de Varsovia, a orillas del río Vístula. 119.500 h. en 1989. Importante puerto fluvial, cuenta con industrias metalúrgicas, químicas y alimentarias. Conserva una catedral gótica (s. XIV).

Wodehouse, Pelham Grenville (Guildford, Surrey 1881 - Nueva York 1975) Escritor británico nacionalizado estadounidense. De un humor sutil, es autor de novelas satíricas sobre la sociedad inglesa, como *Amor entre pollos* (1906), *El inimitable Jeeves* (1923) y *Dinero a espuertas* (1931).

Wodzislaw Slaski C. de Polonia, en el S del país, cerca de la frontera con Checoslovaquia. 109.800 h. en 1989. Es centro de una zona minera y cuenta con industria alimentaria.

Wöhler, Friedrich (Eschersheim, cerca de Frankfurt del Main 1800 - Gotinga 1882) Químico alemán. Discípulo de Berzelius, fue profesor de la universidad de Gotinga. Descubrió el aluminio y el berilio (1827). Llevó a cabo la síntesis de la urea, la primera obtenida en química orgánica, y contribuyó poderosamente al estudio de la isomería.

Wojtyla, Karol Véase **Juan Pablo II**.

Wolf, Hugo (Windischgraz 1860 - Viena 1903) Compositor austriaco. Llevó el lied alemán a su máximo esplendor. Escribió alrededor de 300 canciones sobre textos de poetas como Goethe, Heine y Eichendorff. Entre sus trabajos pueden destacarse *Mörike Lieder* (1888) y *Spanisches Liederbuch* (1890).

Wolf, Maximilian Franz Joseph (Heidelberg 1863 - íd. 1932) Astrónomo alemán. Director del observatorio de Heidelberg, investigó los asteroides, utilizando la fotografía.

Wolfe, Thomas Clayton (Asheville, Carolina del Norte 1900 - Baltimore 1938) Escritor estadounidense. Sus novelas, mezcla de prosa y poesía, tienen por marco los estados sureños y, generalmente, son autobiográficas. Entre ellas sobresalen *El ángel que nos mira* (1929), *El tiempo y el río* (1935) y *No podéis ya regresar* (póstuma, 1940).

Tom Wolfe.

Wolfe, Thomas Kennerly, llamado **Tom** (Richmond, Virginia 1931) Periodista y escritor estadounidense. Promotor del nuevo periodismo de los años sesenta y setenta, en el que el periodista se convierte en un personaje protagonista de la noticia, es un innovador del lenguaje. En sus temas son constantes la sociedad, el arte y las modas de EE UU, tratadas siempre con ironía y sarcasmo. Entre sus obras destacan *El nuevo periodismo* (1973), *¿Quién teme a la Bauhaus feroz?* (1981) y la novela *La hoguera de las vanidades* (1987).

Wolff, Caspar Friedrich (Berlín 1733 - San Petersburgo 1794) Biólogo y fisiólogo alemán. Fue catedrático de anatomía y fisiología en San Petersburgo (1766). Sus ideas sobre la epigénesis fueron la base de la embriología. Su principal obra es *Theoria generationis* (1759).

Wolff, Christian Freiherr von (Breslau 1679 - Halle 1754) Filósofo, matemático y científico alemán. Discípulo de Leibniz, impartió clases en Marburgo y Hesse. Se trasladó a Rusia como asesor científico de Pedro el Grande, donde fundó la Academia de Ciencias de San Petersburgo. Destacado representante de la Ilustración y de la tradición racionalista alemana, sostenía que toda la ciencia debía fundamentarse en los principios de razón suficiente y de contradicción. Es autor de obras como *Filosofía racional o Lógica* (1728), *Teología natural* (1737) y *Filosofía moral o Ética* (1753).

Wölfflin, Heinrich (Winterthur 1864 - Zurich 1945) Historiador del arte suizo. Discípulo de Jacob Burckhardt, fue el revalorizador del arte barroco. Entre sus obras sobresalen *Renacimiento y Barroco* (1888) y *Conceptos fundamentales para la historia del arte* (1915).

Wolfram von Eschenbach (Eschenbach h. 1170 - ? h. 1220) Poeta alemán. Su epopeya *Parzival*, caracterizada por su elevación moral y su poder imaginativo, constituye una de las grandes obras de la literatura medieval. Fue origen de la ópera *Parsifal* de Wagner.

wolframio *s. m.* Volframio*.

wolframita *s. f.* Volframita*.

Wolfsburg C. de Alemania, en el Land de Baja Sajonia, situada a orillas del río Aller, al NE de Brunswick. 126.700 h. en 1990. En esta ciudad está enclavada la fábrica de automóviles Volkswagen. Tiene también industria textil.

Wollaston, William Hyde (East Dereham, Norfolk 1766 - Londres 1828) Físico y químico británico. Demostró la identidad de las electricidades dinámica y estática; descubrió el paladio (1804) y el rodio (1805), así como un procedimiento para hacer maleable el platino. Fue el primero en observar rayas oscuras en el espectro solar.

Wols, Alfred Otto Wolfgang Schulze, llamado (Berlín 1913 - París 1951) Pintor y grabador alemán. Estudió en la Bauhaus de Berlín y se trasladó a París en 1933. Trabajó como fotógrafo hasta 1939, año en que empezó a pintar. Se le considera como uno de los iniciadores del informalismo y del tachismo.

Wolsey, Thomas (Ipswich h. 1473 - Leicester 1530) Religioso y político inglés. Capellán de Enrique VII (1507) y de Enrique VIII (1509), fue arzobispo de York (1514), cardenal (1515), lord canciller (1515) y legado papal. Al no conseguir un dictamen favorable del papa en el problema del divorcio de Enrique VIII y Catalina de Aragón, cayó en desgracia y tuvo que exiliarse a York (1529). Acusado de alta traición, murió en prisión.

Wolverhampton C. del Reino Unido, en el condado inglés de West Midlands, cerca de Birmingham. 249.400 h. en 1988. Tiene industrias metalúrgicas, mecánicas, químicas, de neumáticos y de construcciones aeronáuticas.

won *s. m.* Unidad monetaria de Corea del Norte y Corea del Sur.

Wood, Natalie (San Francisco 1938 - en las costas de isla Catalina, California 1981) Actriz de cine estadounidense. Debutó en el cine siendo niña y en los años cincuenta y sesenta triunfó por su talento dramático. Entre sus interpretaciones destacan las de los filmes *Rebelde sin causa* (1955), *Esplendor en la hierba* (1961) y *West Side Story* (1961).

Woodward, Joanne (Thomasville, Georgia 1930) Actriz de cine estadounidense. Ha demostrado su talento dramático en papeles de gran complejidad psicológica. Contrajo matrimonio con Paul Newman (1958). Algunos de sus mejores filmes son *Un beso antes de morir* (1956), *Las tres caras de Eva* (1957), *El largo y cálido verano* (1958), *El ruido y la furia* (1958), *Raquel, Raquel* (1968) y *Sybill* (1976).

Woodward, Robert Burns (Boston 1917 - Cambridge, Massachusetts 1979) Químico estadounidense. Desarrolló su labor investigadora en la universidad de Harvard. Sintetizó más de una decena de sustancias, entre ellas la quinina, la colesterina o colesterol y la cortisona. También determinó la estructura de la penicilina, la aureomicina y otros antibióticos. Obtuvo el premio Nobel de química en 1965.

Woolf, Virginia (Londres 1882 - Lewes, Sussex 1941) Escritora británica. Formó parte del grupo de Bloomsbury. En un estilo que se aparta del realismo británico tradicional desarrolló una novelística encaminada a la búsqueda incesante

Virginia Woolf.

de nuevas técnicas narrativas, en la que el argumento pierde importancia frente a la descripción psicológica y ambiental. Entre sus principales novelas cabe citar *El cuarto de Jacob* (1922), *Al faro* (1927), *Orlando* (1928), *Las olas* (1931), *Los años* (1937) y *Entre actos* (1941).

Woolrich, Cornell (Nueva York 1903 - íd. 1968) Escritor estadounidense. Es uno de los principales representantes de la novela policiaca de género negro, con títulos como *La novia vestida de negro* (1940), *La noche tiene mil ojos* y *La sirena del Mississippi*. Utilizó el seudónimo de William Irish.

Wordsworth, William (Cockermouth, Cumberland 1770 - Rydal Mount, Westmorland 1850) Poeta británico. Tuvo gran amistad con Samuel T. Coleridge. Estuvo en contacto con las ideas revolucionarias francesas. El prólogo a sus *Baladas líricas* (1798) está considerado como el manifiesto del Romanticismo inglés. Desdeñó el estilo grandilocuente de la poesía dieciochesca para recuperar la belleza del lenguaje concreto y sencillo. Entre sus obras destacan, además de *Baladas líricas*, *El preludio* (1805-50), *La excursión* (1814), y *La paloma blanca de Rylstone* (1815).

Worms C. de Alemania, en el Land de Renania-Palatinado, situada a orillas del Rhin. 73.600 h. en 1980. Puerto fluvial, cuenta con industrias mecánicas, del mueble, alimentarias, químicas y textiles. Conserva una bella catedral de estilo románico (s. XII-XIII).

Worms, concordato de Concordato que puso fin en 1122 a la querella de las investiduras. Fue firmado por el papa Calixto II y el emperador Enrique V.

Worms, dieta de Dieta convocada por Carlos V en 1521, en la que Martin Lutero, que se negó a retractarse de sus tesis, fue condenado a destierro del imperio germánico.

Wotan Véase **Odín**.

Wotruba, Fritz (Viena 1907 - íd. 1975) Escultor austriaco. Se exilió en Suiza (1939-45). Su obra, basada en la figura humana, evolucionó del clasicismo a la abstracción. Son representativas, entre sus realizaciones, *Figura femenina* (1947), *Figura* (1960) y el monumento a Wagner, en Maguncia (1970).

Wounded Knee, batalla de Matanza de indios sioux realizada en 1890 por el ejército estadounidense, cuando aquéllos abandonaron sus reservas de Pine Ridge (Dakota del Sur) en protesta por el asesinato de Sitting Bull (Toro Sentado), su último gran jefe.

Wrangel (o Vrangel), Piotr Nikolaievich, barón de (Novo-Alexandrovsk 1878 - Bruselas 1928) Militar ruso. Tras la revolución de 1917, reemplazó a Denikin en el mando del Ejército Blanco de Ucrania durante la guerra civil rusa. Reorganizó sus tropas en Crimea y lanzó una contraofensiva. Estableció un gobierno provisional, que fue reconocido por algunos países (1920). Acosado por los bolcheviques, se retiró con sus tropas de Crimea a Constantinopla y luego a Yugoslavia.

Wren, sir Christopher (East Knoyle, Wiltshire 1632 - Hampton Court 1723) Arquitecto británico. Es el máximo exponente del clasicismo británico. Su obra principal fue la reconstrucción de la catedral de San Pablo en Londres (1675-1711). Otras destacadas obras suyas fueron el Sheldonian Theatre (1664-69) en Oxford y el palacio de Kensington (1689) en Londres.

Christopher Wren: un aspecto de la catedral londinense de San Pablo.

Wright, Frank Lloyd (Richland Center, Wisconsin 1867 - Phoenix, Arizona 1959) Arquitecto estadounidense. Discípulo de Louis Sullivan, trabajó en el diseño de viviendas unifamiliares, en las que domina la línea horizontal y a las que aplicó sus principios de integración en el emplazamiento y fusión con la naturaleza, como sus famosas «casas de las Praderas». Tras la Segunda Guerra Mundial desarrolló una arquitectura con trazados en círculo, en espiral o con dominio de la verticalidad. Algunas de sus obras más características son la casa Robie (1909) en Chicago, el Hotel Imperial (1916) en Tokio, la casa de la Cascada (1936) en Pennsylvania y el Museo Guggenheim (1943) en Nueva York.

Wright, Georg Henrik von (? 1916) Filósofo finlandés. Ha realizado importantes investigaciones en el campo de la lógica formal y de la ética. Es autor de *Un ensayo sobre lógica modal* (1951), *Norma y acción* (1963) y *Explicación y comprensión* (1971).

Wright, Wilbur (Milville, Indiana 1867 - Dayton 1912) y **Orville** (Dayton 1871 - íd. 1948) Ingenieros y aviadores estadounidenses. Constru-

Frank Lloyd Wright: exterior del edificio del Museo Guggenheim, en Nueva York.

Orville y Wilbur Wright junto a uno de sus primeros aparatos.

yeron el primer aeroplano impulsado por motor que realizó un vuelo satisfactorio. La prueba se realizó en 1903 en Kitty Hawk, en Carolina del Norte, y el aparato voló durante 59 segundos y recorrió 266 m.

Wroclaw (en al. *Breslau*) C. de Polonia, en la Baja Silesia, en el SO del país. 637.400 h. en 1989. Cuenta con industrias metalúrgicas, químicas, textiles, electrónicas y alimentarias. Entre sus monumentos destacan la catedral de San Juan Bautista (s. XIV) y las iglesias góticas de Santa Cruz y Santa María Magdalena.

Wu Chen (Jiaxing, Zhejiang 1280 - ? 1354) Pintor chino. Es uno de los cuatro maestros del paisaje de fines de la dinastía Yuan.

Wuhan Conurbación de China, cap. de la prov. de Hubei, situada en el E del país. 3.640.000 h. en 1989. Está formada por la unión de tres ciudades: Han-keu, Han-yang y Wu-chang. Posee industrias textiles, siderúrgicas, metalúrgicas, alimentarias, tabaqueras y de fabricación de automóviles y material ferroviario. Es un importante centro comercial y administrativo.

wulfenita *s. f.* $PbMoO_4$. Mineral molibdato de plomo. Se presenta en forma masiva y granular. Tiene color amarillo o blanco grisáceo y brillo diamantino. Es blando y se puede rayar con la uña. Constituye una mena del molibdeno y sus principales yacimientos se encuentran en Arizona (EE UU) y en España, en Linares (Jaén) y Badajoz.

Wundt, Wilhelm (Neckarau, Baden 1832 - Grossbothen 1920) Fisiólogo, psicólogo y filósofo alemán. Fundó en Leipzig (1879) el primer laboratorio de psicología experimental y contribuyó de forma decisiva a la consolidación de la psicología como ciencia independiente y positiva. Entre sus principales obras se encuentran *Fundamentos de psicología fisiológica* (1874), *Lógica* (1880-83) y *Psicología de los pueblos* (1900-1904).

Wuppertal C. de Alemania, en el Land de Renania Septentrional-Westfalia, situada en el valle del Wupper. 378.300 h. en 1990. Es un centro de la industria siderúrgica, química, electrotécnica, automovilística, textil, alimentaria y de construcciones mecánicas.

würm (de *Würm*, río alemán) *s. m.* Cuarta y última glaciación del cuaternario. Se desarrolló entre los años 80.000 y 10.000 a. C. aproximadamente. Tuvo cuatro fases con sus respectivos periodos interestadiales y durante la misma se desarrollaron las culturas musteriense, solutrense y magdaleniense.

Württemberg Antiguo estado del SO de Alemania que actualmente forma con Baden el Land de Baden-Württemberg. Comprendía el borde NE de la Selva Negra y parte de la cuenca de Suabia y de Franconia, recorrida por el río Neckar. En 1495 se convirtió en un ducado independiente. En el s. XVI apoyó la Reforma. Aliado de Napoleón, el duque Federico II fue elevado a rey con el nombre de Federico I. Württemberg formó parte del Segundo Reich (1871). Derrocada la monarquía (1918), pasó a ser república (1919) y en 1934 se incorporó al Tercer Reich.

Wurtz, Charles Adolphe (cerca de Estrasburgo 1817 - París 1884) Químico francés. Centró su trabajo en la química orgánica, logrando la síntesis de la primera amina (etilamina) en 1849; descubrió también el glicol (1855) y el aldol (1872).

Wurzburgo (*Würzburg*) C. de Alemania, en el Land de Baviera, situada a orillas del río Main. 125.950 h. en 1990. Su economía se basa en las industrias mecánicas, alimentarias, papeleras, vinícolas y de fabricación de instrumentos de precisión. Es un importante mercado vinícola, puerto fluvial y destacado centro cultural. Entre sus monumentos sobresalen una capilla circular del s. VIII en la ciudadela de Marienburg y la catedral románica (s. XI-XII).

Wu-si o **Wuxi** C. de China, en la prov. de Jiangsu, en el E del país, situada cerca del delta del Yangtsé-kiang. 779.400 h. en 1989. Importante mercado agrícola, cuenta con industrias textiles y alimentarias.

Wyatt, Thomas (Allington Castle, Kent h. 1503 - Sherborne, Dorset 1542) Poeta inglés. Viajó por España, Francia e Italia con misiones diplomáticas. Introdujo el soneto en la poesía inglesa. Su obra poética fue publicada después de su muerte con el título de *Miscelánea de Tottel* (1557).

Wycliff (o **Wicleff**), **John** (Hipswell, Yorkshire h. 1320 - Lutterworth, cerca de Rugby 1384) Teólogo y reformador inglés. Enseñó teología en Oxford. Concibió la creación de una Iglesia ajena al papado y negó toda autoridad religiosa sobre el poder real; atacó la confesión obligatoria y sostuvo la suprema autoridad de las Sagradas Escrituras. Su doctrina, condenada en el concilio de Constanza (1415), influyó en Jan Hus y en los reformadores del s. XVI.

Wyler, William (Mulhouse, Alsacia 1902 - Beverly Hills, Los Ángeles 1981) Director de cine estadounidense de origen suizo. En 1921 marchó a Hollywood, donde realizó películas de muy diversos géneros, caracterizadas por la minuciosidad de la puesta en escena y el uso del planosecuencia. Entre ellas destacan *Calle sin salida* (*Dead end*, 1937), *Jezabel* (1938), *La loba* (*The little foxes*, 1941), *Los mejores años de nuestra vida* (1946), *Brigada 21* (*Detective story*, 1951), *Ben-Hur* (1959) y *El coleccionista* (1964).

Wyoming Estado de EE UU, situado en el centro del sector occidental del país. 253.324 km^2. 456.000 h. en 1990. La capital es Cheyenne, con 47.300 h. en 1980. Su relieve está formado por altiplanicies y grandes cadenas montañosas pertenecientes al sistema de las Montañas Rocosas. Los ríos principales son el Big Horn, Powder y Cheyenne en el NE y Green y Platte del Norte en el S. Tiene un clima continental y de montaña. Cuenta con cultivos de cereales, remolacha y patata, una rica ganadería ovina, explotación forestal y minería de petróleo, gas natural, carbón, uranio, hierro y fosfatos. En su sector NO se halla el parque natural de Yellowstone, que atrae a gran cantidad de turistas.

Wyszynski, Stefan (Zuzele, Lomza 1901 - Varsovia 1981) Prelado polaco. Como primado de Polonia se opuso al régimen comunista, por lo que fue confinado en un monasterio (1953). Pío XII le nombró cardenal en 1953 y fue repuesto en su sede por Gomulka (1956).

Wyoming: una vista del parque nacional de Grand Teton.

X

x¹ *s. f.* Vigesimoquinta letra del abecedario español y vigésima de sus consonantes. Su nombre es *equis*.

x² **1.** Signo que representa una variable o incógnita en una ecuación matemática. **2.** Signo que representa la variable independiente en una función matemática. **3.** Se emplea para nombrar a una persona o cosa, sin citarlas explícitamente.

X **1.** Letra que en la numeración romana equivale a diez. **2.** Signo que se usa para representar abreviadamente la palabra *miércoles* en calendarios, agendas, etc., en lugar de *M* para evitar la confusión con la representación abreviada de *martes*. ‖ **3. cromosoma X** Cromosoma sexual que es doble en la dotación cromosómica de las hembras y sencillo en los machos. **4. rayos X** Radiaciones electromagnéticas de alta energía que se caracterizan por atravesar los cuerpos blandos; se utilizan fundamentalmente en exploraciones médicas, pues permiten observar el interior del cuerpo, los órganos y el esqueleto.

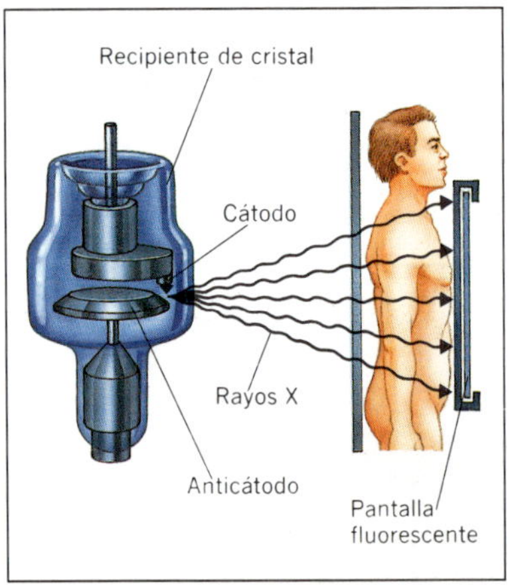

Esquema de los rayos X: el haz de rayos, tras atravesar el cuerpo del paciente, proyecta la imagen en una pantalla fluorescente, o bien impresiona una placa fotográfica (radiografía).

Xammar, Luis Fabio (Lima 1911 - Antioquia 1947) Escritor peruano. Fue uno de los animadores de la revista *3*. Cultivó una poesía de tono intimista, en la que merecen citarse los libros *Las voces armoniosas* (1932), *Wayno* (1937) y *Alta niebla* (1940). También publicó obras de crítica literaria.

xana (voz bable) *s. f.* Ninfa de los montes y de las fuentes en la mitología popular asturiana.

xantofila *s. f.* Pigmento vegetal originado por la oxidación del caroteno. Aparece en las hojas verdes de las plantas, a las que tiñe de amarillo, e interviene en el proceso de fotosíntesis.

xantúsidos *s. m. pl.* Familia de reptiles lacertilios del orden escamosos a la que pertenecen unas catorce especies comprendidas en cuatro géneros entre los que destaca *Xantusia*. Tienen cuatro patas y una larga cola, colores vistosos y membranas oculares. De costumbres nocturnas, durante el día se esconden en grietas o bajo rocas. Habitan en América del Norte y América Central, son ovovivíparos y se alimentan de insectos, arañas, escorpiones y ciempiés. También *adj.* y *s. m.*

Xátiva Véase **Játiva**.

Xe Símbolo químico del xenón.

Xenakis, Iannis (Braila, Rumania 1922) Compositor francés de origen griego. Discípulo de Arthur Honegger, Darius Milhaud y Olivier Messiaen, es uno de los grandes creadores de la música estocástica, compuesta con la ayuda de ordenadores y basada en la probabilidad matemática. Sus principales obras son *Metástasis* (1954) y *Persépolis* (1971).

xenofobia *s. f.* Odio o antipatía hacia lo extranjero o hacia los extranjeros.

xenófobo, ba *adj.* Que siente o muestra xenofobia. También *s.*

xenón *s. m.* Xe. Elemento químico perteneciente al grupo O, también llamado grupo VIII A o grupo de los gases nobles del sistema periódico. Su número atómico es 54 y su masa atómica 131,30. Fue descubierto por William Ramsay y Morris W. Travers en 1898, quienes al purificar criptón detectaron por espectroscopia un elemento inesperado al que asignaron el nombre de *xenón*. Al igual que el argón, el neón y el criptón, se prepara por destilación fraccionada del aire líquido. Se conocen gran variedad de isótopos de este elemento, veinte de los cuales son radiactivos. El xenón es un gas incoloro e inodoro que, como todos los elementos de su grupo, tiene escasa o nula reactividad química. Es el elemento más escaso en el planeta, encontrándose en ínfimas cantidades en la atmósfera. Se emplea como gas de relleno en detectores de radiaciones; también se utiliza en fotografía rápida, en tubos especiales que emiten un destello intenso de brevísima duración.

xenopéltidos *s. m. pl.* Familia de reptiles escamosos del suborden serpientes, que comprende una sola especie, la *Xenopeltis unicolor*. Tiene el cuerpo cubierto de escamas pardas e iridiscentes, mide más de 1 m, excava túneles y se alimenta de pequeños vertebrados, incluidas otras serpientes. Habita en el SE asiático. También *adj.* y *s. m.*

xenosáuridos *s. m. pl.* Familia de reptiles lacertilios del orden escamosos, a la que pertenecen cuatro especies de los géneros *Shinisaurus* y *Xenosaurus*. Están dotados de fuertes patas y tienen el cuerpo robusto cubierto de escamas grandes. Habitan en América Central y China, cerca de los ríos, y se alimentan de renacuajos y peces. También *adj.* y *s. m.*

xero- *pref.* Significa 'seco': *xerografía, xerófilo.*

xerocopia *s. f.* Copia fotográfica que se obtiene por medio de la xerografía.

xerocopiar *v. tr.* Hacer una copia de algo utilizando la xerografía.

xerófilo, la, xerófito, ta o **xerofítico, ca** *adj.* Se dice de las plantas adaptadas a un medio seco, como p. ej. el cacto.

xeroftalmía o **xeroftalmia** *s. f.* Enfermedad de los ojos caracterizada por la sequedad de la conjuntiva y la opacidad de la córnea, que se produce por la falta de determinadas vitaminas en la alimentación.

xerografía *s. f.* **1.** Procedimiento electrostático para reproducir en seco cualquier tipo de texto o de imagen impresa. Fue inventado por Chester F. Carlson en 1938. Se basa en la propiedad de ciertos materiales, como el selenio, de emitir cargas eléctricas en presencia de la luz. **2.** Fotocopia obtenida mediante este procedimiento. **FAM.** Xerográfico.

xerografiar *v. tr.* Reproducir por medio de la xerografía textos o imágenes impresas. ▪ En cuanto al acento, se conjuga como *ansiar*: *xerografío.*

xerógrafo, fa *s. m.* y *f.* Persona que tiene por oficio la xerografía.

xerox *s. f.* **1.** Máquina que sirve para copiar textos o imágenes por medio de la xerografía. **2.** Fotocopia obtenida mediante esta máquina.

xi *s. f.* Nombre de la decimocuarta letra del alfabeto griego que corresponde a nuestra *x*. ▪ La letra mayúscula se escribe Ξ y la minúscula ξ.

Xi'an C. de China, cap. de la prov. de Shaanxi, situada en el sector central del país, en la cuenca del Wei He. 2.650.000 h. en 1989. Posee industria metalúrgica, textil, mecánica, química y alimentaria. Es también un centro comercial. Durante las dinastías Han y Tang fue la capital de China con el nombre de *Ch'ang-ngan*. También se llama *Sian*.

xifoides *adj.* Se dice del apéndice o cartílago con forma de punta de espada en que termina el esternón humano. También *s. m.* **FAM.** Xifoideo.

xifosuros *s. m. pl.* Subclase de artrópodos merostomas a la que pertenecen cuatro especies de una única familia. Están cubiertos por un exoesqueleto quitinoso, tienen cinco pares de patas marchadoras, un par de quelíceros y un abdomen rematado por una larga púa. Habitan en los mares cálidos de la costa E de EE UU, las costas de la India y SE asiático. También *adj.* y *s. m.*

Xijiang Río de China. 2.129 km. Nace en Yunnan en las montañas Wumeng, recorre Guizhou y Guangxi y desemboca en el mar de la China Meridional formando un gran delta junto a Macao. Es navegable en gran parte de su curso.

xilema *s. m.* Conjunto de los vasos leñosos de las plantas metafitas, por los que discurre la savia bruta con dirección a las hojas.

xileno *s. m.* $C_6H_4(CH_3)_2$. Dimetilbenceno. Compuesto orgánico aromático con tres isómeros: el orto-xileno, el meta-xileno y el para-xileno. Son líquidos incoloros, solubles en alcohol y éter, obtenidos del alquitrán de hulla. Se usan para la fabricación de colorantes y disolventes.

xilo- *pref.* Significa 'madera': *xilófago, xilografía, xiloprotector.*

xilófago, ga *adj.* Se dice de los insectos que se nutren de madera, como las termitas. También *s.*

xilofón *s. m.* Xilófono*.

xilofonista *s. m.* y *f.* Persona que toca el xilófono.

Xi'an: perspectiva de la calle Bei-Yuan-men, en la que, a la derecha, se observa la torre del Tambor, de la dinastía Tang.

Xilófono.

xilófono *s. m.* Instrumento de percusión formado por láminas planas de madera o metal de distinto tamaño, graduadas para reproducir las diversas notas, que suenan al ser golpeadas mediante unos macillos. De origen surasiático, fue conocido en Europa en el s. XVI. Su introducción en la música culta se debe a Camille Saint-Saëns, que lo incluyó en su *Danza macabra* (1874).

xilografía *s. f.* **1.** Técnica de grabado en madera en la que se vacían las partes del dibujo que deben resultar blancas. Utilizada por los chinos desde el s. VI, fue introducida en Europa hacia el s. XII. **2.** Impresión tipográfica hecha con planchas de madera grabadas. **FAM.** Xilográfico.

xilógrafo, fa *s. m.* y *f.* Persona que tiene por oficio la xilografía.

xiloprotector, ra *adj.* Se dice del producto o sustancia que se utiliza para proteger la madera. También *s.*

xilórgano *s. m.* Antiguo instrumento musical de teclado, utilizado en los s. XVIII y XIX.

xilosa *s. f.* $C_5H_{10}O_5$. Azúcar monosacárido que forma parte de la composición de la madera de las plantas. Es un líquido blanco, dulce, soluble en agua, que se usa en tintorería, tenería y como edulcorante para diabéticos.

Ximénez de Rada, Rodrigo (Rada, Navarra 1170 - en el Ródano 1247) Eclesiástico e historiador español. Estudió derecho en Bolonia y filosofía y teología en París. Fue obispo de Osuna y Toledo. Hombre culto, cortesano y guerrero, predicó la cruzada contra los almohades, que concluyó en la batalla de Las Navas de Tolosa (1212), y participó activamente en la Reconquista. Escribió *De rebus Hispaniae*, gran historia latina de España, y *Expositio Catholica*, historia sagrada.

Xingu Río de Brasil. 1.980 km. Nace en el Mato Grosso, discurre en dirección N y desemboca cerca del delta del Amazonas. Tiene fuertes rápidos y cascadas, y es navegable en su curso bajo. Su principal afluente es el Iriri. En 1961 se creó el parque nacional de Xingu, en la zona alta del río.

Xining C. de China, cap. de la prov. de Quinghai, situada en el E de la misma, a orillas del río Huangshui. 536.700 h. en 1989. Cuenta con industrias alimentarias y textiles.

Xinjiang Uigur Región autónoma de China, situada en el NO del país, junto a la frontera de la Federación Rusa. 1.646.900 km^2. 15.155.800 h. en 1990. La capital es Ürümqi, con 1.005.300 h. en 1989. En su relieve destaca la cordillera de Tian Shan, al S de ésta se halla la cuenca del río Tarim y al N la del Dzhungaria. Posee culitvos de cereales, algodón y arroz, recursos petrolíferos e industria siderúrgica y textil. Es la tierra de turcos uigures y kirguises, conquistada por los mongoles en el s. XIII e incorporada a China en el s. XVII. Recibió el estatuto autonómico en 1955. También se llama *Sinkiang Uigur.*

Xilografía iluminada: Jinetes turcos, *fragmento, grabado de Reuwich (siglo XV).*

Xirgu, Margarita (Molins de Rey, Barcelona 1888 - Montevideo 1969) Actriz española. Alcanzó éxitos en el Teatro Principal de Barcelona con obras de Oscar Wilde, Pérez Galdós y Guimerà. Se trasladó a Madrid en 1914, donde estrenó obras de García Lorca, consagrándose como la más importante de las actrices de su tiempo. Abandonó España en 1936 para instalarse en América del Sur.

Xirivella Véase **Chirivella**.

Xizang Véase **Tíbet**.

xoanon *s. m.* Escultura griega arcaica tallada en madera. Los principales ejemplos son el *Paladio* de Troya, la *Artemisa* de Éfeso y la *Hera* de Argos.

Xochicalco Yacimiento arqueológico mexicano, situado cerca de Cuernavaca (Morelos). Fue un importante centro de la cultura tolteca, que alcanzó su mayor esplendor entre los s. VII y X. Sus principales monumentos son la pirámide ceremonial y el juego de pelota.

Xochimilco Yacimiento arqueológico mexicano, situado junto al lago del mismo nombre, al SE de la capital del país. Es una antigua ciudad chichimeca, fundada a fines del s. XII, de la que se conservan diversos canales; ha sido llamada la *Venecia mexicana.*

Xolotl Divinidad náhuatl, seguramente doble de Quetzalcóatl. Es el dios de los monstruos y de las cosas extraordinarias.

Xolotl (? - Tenayuca h. 1232) Caudillo chichimeca. Invadió Tula y extendió sus dominios por parte del valle de México. Ocupó Texcoco, que convirtió en capital de los chichimecas.

Xuzhou C. de China, en la prov. de Jiangsu, en el E del país. 773.200 h. en 1989. Cuenta con industrias textiles, de algodón y seda, y siderúrgicas. También se llama *Hsüan-hua.*

Y

y[1] *s. f.* Vigesimosexta letra del abecedario español y vigesimoprimera de sus consonantes. Su nombre es *i griega* o *ye.*

y[2] (del lat. *et*) *conj. copul.* **1.** Enlace coordinante que une palabras, sintagmas u oraciones de la misma naturaleza gramatical. **2.** A veces se emplea, sin valor de enlace, al principio de una oración para dar énfasis o expresividad: *¡Y pensar que lo tuve todo!* **3.** Se usa con valor interrogativo: *¿Y la familia?* ■ Toma la forma *e* ante palabras que comienzan por *i-* o *hi-.*

Y **1.** Símbolo químico del itrio. **2.** En mat., símbolo que representa la variable dependiente de una función.

ya *adv. t.* **1.** Hace referencia a un tiempo pasado respecto a una acción concluida: *Ya pasó todo.* **2.** En el tiempo o la circunstancia presentes con relación al pasado: *Ese señor ya no vive aquí.* **3.** Ahora, en este mismo momento. **4.** Inmediatamente, en seguida. **5.** En un tiempo o circunstancia futuros. ‖ *adv. afirm.* **6.** Se usa para confirmar lo que se dice o para indicar que se ha caído en la cuenta de algo. **7.** *fam.* A veces, con valor irónico, se usa para indicar que no se cree o no se hace caso de algo que otro afirma. ‖ *conj. distrib.* **8.** Sirve para relacionar dos posibilidades que se alternan o que conducen a la misma conclusión: *Ya con penas, ya con alegrías, vamos tirando.* ‖ **LOC. ya que** *conj.* Tiene valor causal: *Ya que no hay solución, no insistas más.*

yaba *s. f. Amér. C., Col., Cuba, Méx.* Nombre común de diversos árboles de la familia papilionáceas, género *Andira.* Son frondosos, de tronco recto y copa amplia, y tienen frutos del tamaño de una pera pequeña y flores violáceas. Crecen en las Antillas.

Yablonovi Sistema montañoso de la Federación Rusa, en Siberia oriental. Se extiende entre las cuencas de los ríos Lena y Amur en dirección SO-NE a lo largo de unos 1.000 km. Su altura máxima es de 1.645 m.

yac *s. m.* Yak*.

yacaré *s. m.* Reptil crocodiliano de la familia aligatóridos, especie *Caiman latirostris.* Alcanza hasta 2,50 m de longitud, es de color negruzco o verde oscuro con manchas negras, tiene el hocico tan largo como ancho y vive en ríos y pantanos de América del Sur. Su piel es muy codiciada, por lo que se le ha sometido a una caza abusiva.

yacente *adj.* **1.** Que yace; en especial, se aplica a la figura escultórica que está tumbada o recostada. ‖ *s. m.* **2.** En minería, cara inferior de un criadero. ‖ **3. herencia yacente** Véase **herencia**.

yacer *v. intr.* **1.** Estar alguien tendido o acostado. **2.** Estar un cadáver enterrado en cierto sitio. **3.** Acostarse con alguien, realizar el acto sexual. ■ Es v. irreg.

yachting *s. m.* Deporte de competición en embarcaciones de vela.

yacija *s. f.* **1.** *desp.* Cama o cualquier cosa que sirve para acostarse en ella. **2.** Sepultura, tumba.

yacimiento *s. m.* Lugar en el que se encuentra de forma natural un mineral, roca o fósil, especialmente en cantidad explotable, o en el que aparecen restos prehistóricos.

Yacine, Kateb (Condé-Smendou, Constantina 1929 - La Tronche, Isère 1989) Escritor argelino en lengua francesa. Sufrió encarcelamiento por sus actividades independentistas. Su obra constituye una búsqueda de la identidad nacional. Entre sus principales títulos cabe citar *Soliloquios* (1946), poemas; *Nedjma* (1956) y *El polígono estrellado* (1966), novelas, y *La guerra de los dos mil años* (1975), teatro.

yaco *s. m. Perú.* Mamífero carnívoro de la familia mustélidos, especie *Pteronura brasiliensis.* Es un animal parecido a la nutria, que habita en las cuencas de los ríos de América del Sur.

yagua *s. f.* **1.** *Ant., Col., Méx., Perú, Ven.* Vaina de tejido fibroso que rodea la parte más alta y tierna de ciertas palmas y que sirve para diversos usos. **2.** *Ant., Col., Méx., Ven.* Nombre común de diversos árboles de la familia palmáceas con cuyas hojas se hacen cestos, sombreros, techos para chozas, etc. La especie más importante es *Maximilianea magnifolia,* que crece en América del Sur.

yagual *s. m. Amér. C., Méx.* Especie de rodete para llevar pesos sobre la cabeza.

yaguar *s. m.* Jaguar*.

yaguaraté *s. m. Arg., Bol., Par., Urug.* Jaguar*.

yaguré *s. m. amer.* Mofeta.

Yahvé Véase **Jehová**.

Yahya, Tahir (? 1913) Militar y político iraquí. Miembro destacado del movimiento nacionalista iraquí, participó en el derrocamiento del rey Faysal II (1958). Fue primer ministro (1963-1965 y 1967-68).

Yahya al-Mutawakkil (San'a 1869 - Hazis 1948) Imán del Yemen (1904-48). Tras la retirada de los turcos, instauró la autonomía y fue reconocido como soberano del Yemen por el tratado de Sèvres (1920). Intentó la modernización del país y fue muerto en una conjura dirigida por su hijo Ibrahim.

Yak (Bos grunniens).

yak (voz tibetana) *s. m.* Mamífero artiodáctilo de la familia bóvidos, especie *Bos grunniens.* Es un rumiante de gran tamaño, que alcanza hasta 1,90 m de altura en la cruz. Tiene el cuerpo macizo y cubierto de largo, denso y lanoso pelaje de color blanco, marrón claro o negro con tonos rojizos, y dos cuernos ligeramente curvos en la testuz. Habita en el Tíbet y se cría como animal de tiro, montura y labor. También se aprovecha su lana, su leche y su carne. ■ Se escribe también *yac.*

YACER

INDICATIVO

Presente

yazco, yazgo o *yago*
yaces
yace
yacemos
yacéis
yacen

SUBJUNTIVO

Presente

yazca, yazga o *yaga*
yazcas, yazgas o *yagas*
yazca, yazga o *yaga*
yazcamos, yazgamos o *yagamos*
yazcáis, yazgáis o *yagáis*
yazcan, yazgan o *yagan*

IMPERATIVO

yace o *yaz* *yaced*

Yakarta: aspecto de la avenida Jalan Thamrin.

Yakarta (*Djakarta*) C. de Indonesia, cap. del país, situada en el O de la isla de Java, en su costa NO. 9.199.100 h. en 1989. Es un centro administrativo, comercial y portuario, que cuenta con industrias metalúrgicas, de material ferroviario, automovilísticas, textiles, químicas, del cuero y de la madera. Es la antigua Batavia, centro comercial de la Compañía Neerlandesa de las Indias Occidentales y ocupada por los británicos en 1811, que se convirtió en capital de Indonesia cuando el país alcanzó la independencia en 1945.

Yakutia República autónoma de la Federación Rusa, en la Siberia oriental, en torno al curso medio del río Lena. 3.103.200 km^2. 1.081.000 h. en 1989. La capital es Yakutsk, con 187.000 h. en 1989. Su territorio está cubierto de tundra al N y de taiga en el centro y S. Tiene cultivos de cereales y patata, de pequeños rendimientos, y ganado bovino y caballar. Su riqueza procede del subsuelo, del que se extrae petróleo, gas natural, hulla, oro, diamantes, hierro y bauxita.

Yalow, Rosalyn (Nueva York 1921) Física estadounidense. Especializada en medicina nuclear, fue jefa del servicio de radioisótopos del Hospital de Veteranos del Bronx. En 1977 obtuvo el premio Nobel de fisiología y medicina, compartido con Roger Guillemin y Andrew Victor Schally, por su aportación al desarrollo de técnicas radioinmunológicas.

Yalta C. de Ucrania, situada en el S de Crimea, a orillas del mar Negro. 62.000 h. en 1970. Antigua fundación griega, fue convertida en residencia veraniega por los zares rusos.

Yalta, conferencia de Entrevista mantenida en esta ciudad por los líderes de los países aliados en la Segunda Guerra Mundial (EE UU, Reino Unido y URSS) en 1945. En ella se decidió el nuevo orden mundial que habría de establecerse tras la derrota de la Alemania nazi. Se concertó el reparto de Alemania y la división del continente europeo en dos zonas de influencia, una occidental y otra soviética; la división de Corea; las fronteras de Polonia y la permanencia británica en Hong Kong.

Yama En la tradición védica, señor de los muertos, rey de las tinieblas y juez supremo, que analiza las acciones buenas y malas de cada espíritu y determina su retribución. Se le representa cabalgando sobre un búfalo.

Yamamoto, Isoroku (Nagaoka 1884 - en las islas Salomón 1943) Almirante japonés. En 1939 obtuvo el mando de la flota combinada japonesa, a la que capacitó para el uso de portaaviones. Dirigió el ataque a Pearl Harbor en 1941 y mandó la flota japonesa en el Pacífico durante la Segunda Guerra Mundial. Murió al ser abatido su avión por los estadounidenses.

Yamasaki, Minoru (Seattle 1912 - Detroit 1986) Arquitecto estadounidense. Aunque utilizó las nuevas técnicas, su estilo contrasta con la austeridad del periodo que sigue a la Segunda Guerra Mundial por el cuidado en la decoración. Algunas de sus obras más interesantes son la terminal del aeropuerto de Lambert-Saint Louis (1953-55), el aeropuerto de Dahran, en Arabia Saudí, y las dos torres del *World Trade Center* de Nueva York (1962-72).

Yamashita, Tomoyuki (Kochi 1885 - Manila 1946) Militar japonés. Conquistó Singapur (1941) y organizó la administración militar de Malasia y Sumatra. Jefe del ejército japonés estacionado en Filipinas, resistió la ofensiva estadounidense dirigida por el general McArthur hasta la rendición de Japón (1945). Fue procesado por crímenes de guerra, condenado a muerte y ahorcado.

yambo[1] (del lat. *iambus*, y éste del gr. *iambos*) *s. m.* Pie de la poesía griega y latina que está formado por dos sílabas, la primera de ellas breve y la otra larga (∪ –). **FAM.** Yámbico.

yambo[2] (del sánscrito *jambu*) *s. m.* Árbol de la familia mirtáceas, especie *Eugenia jambos.* Alcanza gran tamaño, tiene hojas opuestas lanceoladas, flores agrupadas en cimas y un fruto comestible llamado *pomarrosa.* Es originario de la India oriental y se cultiva en Centroamérica y las Antillas.

Yamoussoukro o **Yamusukro** C. de Costa de Marfil, situada en el interior, a orillas del río Bandama. 120.000 h. en 1984. Constituirá la futura capital del país en sustitución de Abidján.

yanacona *adj.* **1.** *Amér. del S.* Se aplicaba al indio directamente sometido al servicio personal del inca o de algún cacique, y después al servicio de los colonizadores españoles. También *s.* ‖ *s. m.* y *f.* **2.** *Arg., Bol., Chile, Perú.* Indio aparcero.

yang (voz china) *s. m.* En el taoísmo, principio activo y masculino del universo; representa la luz, el calor, el cielo, la actividad, lo impar y lo positivo. Su relación de alternancia y complementariedad con su opuesto, el *yin*, constituye el *tao* o principio fundamental de la vida y del universo.

Yangon Véase **Rangún**.

Yangtsé-kiang Río de China. 5.800 km, 1.800.000 km^2 de cuenca y 18.000 m^3/s de caudal. Nace en la meseta del Tíbet, en los montes Tanggula, recorre China de O a E, pasa por las ciudades de Chongqing, Wuhan y Nanjing y desemboca en el mar de la China Oriental, en Shanghai. Es el más largo de Asia. Sus principales afluentes son el Yalong, Min, Wu, Xiang, Gan y Han. Buena parte de su curso es navegable, por lo que constituye una importante vía comercial. Se llama también *Changjiang.*

yanqui *adj.* **1.** De los estados del N de Estados Unidos y, especialmente, partidario de dichos estados en la guerra de Secesión. También *s.* **2.** *fam.* P. ext., estadounidense.

yantar *v. tr. ant.* Comer, ingerir alimentos. ▪ En la actualidad, se usa sobre todo el infinitivo sustantivado.

Yáñez, Agustín (Guadalajara, Jalisco 1904 - México 1980) Escritor mexicano. Fue ministro de Educación y presidente de la Academia Mexicana de la Lengua (1973-80). Su obra, de temática social y política, describe su tierra en tono lírico. Entre sus novelas y relatos destacan *Al filo del agua* (1947), *La creación* (1959), *La tierra pródiga* (1960), *Las tierras flacas* (1962) y *Los sentidos del aire* (1964).

Yáñez de La Almedina, Fernando (en La Mancha h. 1480 - ? 1536) Pintor español. Fue el principal representante del clasicismo español junto a Fernando de Llanos, con quien colaboró en el retablo de la catedral de Valencia. Entre sus obras sobresalen la *Piedad*, *Santa Catalina* y *La pasión.*

yapa *s. f. Amér. del S.* Regalo, cantidad de más de un producto que da el vendedor al comprador para atraerle como cliente. ▪ Se escribe también *llapa.* ‖ **Loc. de yapa** *adv. Amér. del S.* Por añadidura; también, gratuitamente, sin motivo.

yapar *v. tr.* **1.** *Amér. del S.* Añadir la yapa. **2.** *Arg.* Agregar a un objeto otro de la misma materia o que sirve para el mismo uso.

yapó o **yapok** *s. m.* Mamífero marsupial de la familia didélfidos, especie *Chironectes minimus.* Mide aproximadamente unos 60 cm de longitud, de los que la mitad corresponden a la cola; tiene un pelaje blanquecino, negro y grisáceo, membrana interdigital en las extremidades, con una protuberancia a modo de sexto dedo en las anteriores, y orejas redondas y grandes. De costumbres nocturnas, es buen nadador y habita cerca de cursos de agua en regiones tropicales de América del Sur y Central.

yaqué *s. m. Arg., Méx., Par., Urug.* Chaqué.

yaqui *adj.* **1.** Se dice de un pueblo amerindio del grupo uto-azteca, que habita en México, en el estado de Sonora, en la región del río Yaqui. Se rebelaron contra el gobierno de Porfirio Díaz y participaron en la revolución mexicana combatiendo junto a Obregón. **2.** De este pueblo. También *s.*

Yara, grito de Nombre con que se conoce la insurrección cubana de 1868 contra las autoridades coloniales españolas. Fue iniciada por Carlos Manuel de Céspedes, que marchó sobre la localidad de Yara. Esta acción dio lugar a la Guerra Grande, que concluyó en 1878 con la paz de Zanjón.

Yaracuy Estado de Venezuela, situado en el N del país, al O de Caracas. 7.100 km^2. 380.750 h. en 1990. La capital es San Felipe, con 77.100 h. en 1985. En su relieve se distingue una depresión, que se extiende entre la sierra de Aroa, en las estribaciones de los Andes, y la cordillera de la Costa y está surcada por los ríos Yaracuy y Aroa. Su clima tropical favorece el cultivo de caña de azúcar. Tiene también plantaciones de café, tabaco y plátanos, minas de cobre y titanio, e industria refinadora de azúcar.

yaraví *s. m. Amér. del S.* Canción popular de origen quechua, de carácter melancólico y tema amoroso.

yarda *s. f.* Medida anglosajona de longitud que equivale a 0,9144 m.

yare *s. m. Amér. C., Ven.* Jugo venenoso extraído de la yuca amarga.

Yaren C. de Nauru, cap. del país, situada en la isla de Nauru. 559 h. en 1983. Constituye el centro administrativo del país.

Yaroslav C. de la Federación Rusa, situada al NE de Moscú, a orillas del río Volga. 639.000 h. en 1988. Es un núcleo industrial, con producción química, cauchera, mecánica, eléctrica, textil y refinería de petróleo.

Yaroslav el Sabio (? h. 978 - Kiev 1054) Gran príncipe de Kiev (1019-54). Hijo de Vladimiro I, unió bajo su mando Novgorod y Kiev. Venció a los pechenegos (1034) y colonizó la orilla derecha del Dniéper. Luchó contra Bizancio (1013-46) y convirtió Kiev en centro de la Iglesia rusa.

yatagán *s. m.* Especie de alfanje o sable curvo que usaban los turcos y otros pueblos orientales.

yatay *s. m.* Árbol de la familia palmáceas, especie *Cocos yatay.* Alcanza hasta 10 m de altura, crece en América del Sur y sus fibras se utilizan para fabricar sombreros y su fruto para elaborar aguardiente.

yate *s. m.* **1.** Barco de recreo, a motor o a vela, generalmente lujoso. **2.** Velero de regatas.

yatrogénico, ca o **yatrógeno, na** *adj.* Iatrogénico*.

Yaundé C. de Camerún, cap. del país, situada en la región SO. 712.100 h. en 1987. Es centro administrativo y núcleo comercial de una región que posee ricas plantaciones de café, cacao y tabaco. Cuenta con industrias alimentarias, tabaqueras y textiles.

Yavé Véase **Jehová**. ▪ Se escribe también *Yahvé.*

yayo, ya *s. m.* y *f. fam.* En el lenguaje infantil, abuelo o abuela.

Yb Símbolo químico del iterbio.

Ydígoras Fuentes, Miguel (Guatemala 1895 - íd. 1982) Político guatemalteco. Líder del partido Redención, resultó elegido presidente del país (1958). Malvendió bienes del Estado y fue derrocado por el golpe del coronel Peralta Azurdia con ayuda de tropas estadounidenses (1963).

ye *s. f.* Nombre de la letra *y.* ▪ Se llama también *i griega.*

Yeats, William Butler (Sandymount, Dublín 1865 - Roquebrune-Cap-Martin, Var 1939) Escritor irlandés. A través de su obra revalorizó los temas célticos propios de su país y personalmente participó en la lucha por la identidad cultural y la independencia irlandesa. Cultivó la poesía y el teatro y fue el fundador del Teatro Nacional Irlandés (1901), que dirigió hasta su muerte. Entre sus principales obras figuran, en poesía, *Las peregrinaciones de Oisin* (1889), *El viento entre las cañas* (1899), *Innisfree, la isla del lago* (1924) y *La torre* (1928); el ensayo *El crepúsculo celta* (1893) y, en teatro, *La condesa Cathllen* (1892) y *Deirdre* (1907). Recibió el premio Nobel de literatura en 1923.

Yecla C. de España, en la prov. de Murcia, situada en el N de la misma. 26.850 h. en 1991. Es el núcleo urbano de una comarca en que se cultivan cereales, frutales, forraje y vid. Cuenta con ganadería porcina y ovina e industrias alimentarias, especialmente vinícolas, madereras y zapateras.

yedra *s. f.* Hiedra*.

Yegros, Fulgencio (? - ? 1821) Político paraguayo. Líder de la revolución de mayo de 1811, en junio el Congreso le nombró presidente de la junta de gobierno, pero en 1812 fue aislado políticamente por Rodríguez Francia. Ambos dirigieron el consulado establecido tras la independencia, pero Francia se convirtió en la práctica en jefe de Estado. Yegros murió fusilado tras el intento de golpe de Estado de 1820.

yegua *s. f.* **1.** Hembra del caballo, especialmente la que tiene ya cinco o más años, por contraposición a potra. **2.** *fam.* Mujer llamativa o de buena figura. **3.** *Amér. C., Bol.* Colilla de cigarro. **FAM.** Yeguar.

yeguada *s. f.* **1.** Manada o rebaño de caballos. **2.** En particular, grupo de caballos y yeguas dedicado a la cría. **3.** *Amér. C., P. Rico. fam.* Tontería, disparate.

yeguato, ta *adj.* Se aplica a la cría de un asno y una yegua. También *s.*

yegüerizo, za *s. m.* y *f.* **1.** Persona encargada de las yeguas. ‖ *adj.* **2.** Perteneciente o relativo a la yegua.

yegüero, ra *s. m.* y *f.* Yegüerizo*.

Yehuda ha-Leví Véase **Leví, Yehuda ha-**.

yeísmo *s. m.* Fenómeno fonético que consiste en pronunciar la *ll*, palatal lateral sonora, como *y*, palatal fricativa sonora. Este fenómeno está muy extendido por Hispanoamérica y la mayor parte de España, principalmente en las zonas S y centro. **FAM.** Yeísta.

Yekaterinburg C. de la Federación Rusa, situada en la vertiente E de los Urales. 1.367.700 h. en 1989. Es uno de los centros industriales y de comunicaciones más importantes del país. Destaca su industria siderúrgica, metalúrgica, de fabricación de material pesado y, en un segundo plano, la química, alimentaria y el pulimentado de piedras preciosas. Metrópoli de los Urales, es un relevante núcleo cultural. En esta ciudad fueron fusilados Nicolás II y el zarevich Alejo (1918). Entre 1924 y 1991 se llamó *Sverdlovsk.*

Yellowstone **1.** Río de EE UU, en el NO del país. 1.600 km. Nace en las Montañas Rocosas, recorre el parque nacional del mismo nombre, el O de Wyoming, Montana y Dakota del Norte y desemboca en el Missouri.
2. Parque nacional de EE UU en el NO de Wyoming, con una extensión de unos 9.000 km^2. Es el parque nacional más antiguo del mundo, famoso por sus bosques, su fauna salvaje y los géiseres.

yelmo *s. m.* Parte de la armadura antigua que protegía la cabeza y la cara.

Boris Yeltsin.

Yeltsin, Boris (Sverdlovsk 1931) Político ruso. Fue secretario del Partido Comunista en Sverdlovsk (1976) y jefe del mismo en Moscú (1985). Enfrentado a Gorbachov, se erigió en líder radical de la oposición. En 1990 fue nombrado presidente de Rusia y al poco tiempo abandonó el PCUS. Al año siguiente fue elegido presidente de la Federación Rusa. Su papel se reforzó a raíz del golpe de Estado (agosto de 1991) y, frente al proyecto de Gorbachov de formar la Unión de Estados Soberanos, herederos de la URSS, Yeltsin logró de acuerdo con Ucrania y Bielorrusia imponer la creación de la Comunidad de Estados Independientes (CEI).

yema *s. f.* **1.** Parte central del huevo de las aves y otros vertebrados ovíparos; es de color amarillo y está rodeada por la clara, encerradas ambas dentro de la cáscara. En ella está contenido el embrión. **2.** Dulce elaborado con esta parte del huevo y azúcar. **3.** En las plantas, brote del que se desarrollan ramas, hojas y flores. **4.** Cara inferior de la punta de los dedos, opuesta al lado de la uña.

Yemen (*al-Yaman*) Estado arábigo de Asia.

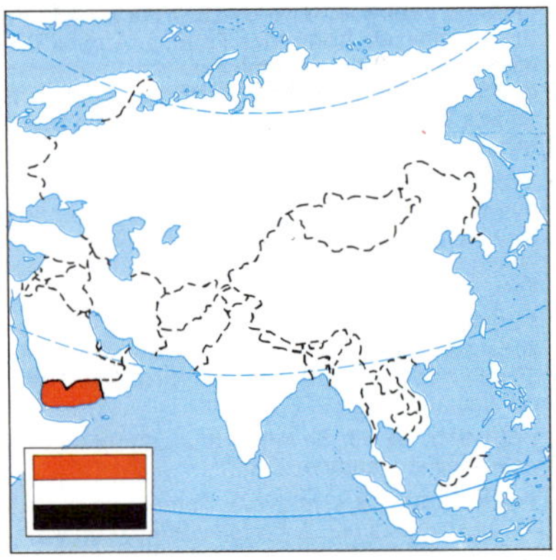

Extensión: 472.099 km^2.
Límites: al N, con Arabia Saudí; al E, con Omán y el mar Arábigo; al S, con el golfo de Adén, y al O, con el mar Rojo.
Población: 11.546.000 h. en 1990.
Densidad: 24,5 h./km^2.
Capital: San'a.
División administrativa: 17 gobernaciones.
Ciudades principales: Adén, al-Mukalla, Saywun, Ash-Shihr, Tarim, Taizz, al-Hudaydah.
Gentilicio: yemení.
Forma de Estado: república.
Idioma: árabe.
Religión: islamismo sunnita, 52,7 %; islamismo chiita, 47,2 %.
Moneda: rial y dinar yemení.
Tasa de natalidad: 51 ‰ en 1990.
Tasa de mortalidad: 16 ‰ en 1990.
Renta per cápita: 640 dólares en 1989.

Geog. El relieve de Yemen comprende tres unidades: en el N y NE, el desierto; en el O y el S, una región montañosa con diversos macizos y cadenas, las principales de las cuales se alzan en el O, donde está la máxima altura, el Jabal an Nabi Shu ayb (3.760 m); y en las costas del mar Rojo y golfo de Adén, sendas llanuras de poca anchura. Presenta costas bajas, bordeadas de arrecifes. Tiene clima desértico en el interior y húmedo en la costa. El país está habitado por árabes y la población se concentra en la costa. En las regiones costeras se cultiva tabaco, caña de azúcar, algodón, así como arroz, dátiles, palmas, coco, mijo y bananas. En el altiplano se da maíz, centeno, trigo, patatas, sésamo, vid y café. Cuenta con ganadería caprina, bovina, ovina, de asnos y camellos, pesca, extracción petrolífera y de sal marina, refino de crudos e industrias cementera, tabaquera, textil, alimentaria, química y del aluminio.

Hist. Los reinos de Saba, Mahin, Qataban y Hadramaut fueron unificados en torno al s. V a. C. por los sabateos. Este reino de Saba extendió su dominio por el S de la península Arábiga y alcanzó su mayor prosperidad en el s. II bajo la dinastía himyarí. En torno al 575 el territorio fue conquistado por el rey persa sasánida Cosroes I y en el s. VII incorporado al Islam. A partir del s. IX aparecieron diversas dinastías locales, hasta que en la segunda mitad del siglo Yahya ibn al-Husayn fundó el reino zaydí. A principios del s. XIV se instauró la dinastía rasulí y, tras una breve dominación de los ayubíes de Egipto, en el s. XV el reino fue integrado en el imperio otomano. El Yemen era escala en la ruta de las Indias orientales, por lo que los británicos se instalaron en Adén en 1839 e instauraron un protectorado sobre los reyes zaydíes de Yemen del Sur.

Yemen: vista de San'a, antigua capital de Yemen del Norte antes de la unificación del país.

En Yemen del Sur, a mediados del s. XX comenzó la lucha independentista, promovida por el Frente de Liberación Nacional. En 1963 el país accedió a la autonomía y en 1967 obtuvo la plena independencia, con el nombre de República Democrática Popular del Yemen. El primer gobierno fue presidido por Muhammad al-Shaabi, que fue pronto desplazado por un consejo revolucionario, encabezado por Salem Rubbayyi, de carácter marxista-leninista. Esta política produjo el aislamiento del país con respecto al mundo árabe, lo que obligó a sus dirigentes a adoptar posturas conciliadoras. Esta nueva actitud desencadenó el golpe de Estado de Abd al-Fatah Ismail, líder del Frente Nacional, radicalmente prosoviético, que tras alcanzar el poder instauró un régimen de partido único, el Partido Socialista Yemení (1978). En 1986, tras una sangrienta aunque breve guerra civil, fue destituido el presidente Ali Nasser Muhammad y sustituido por Haider Abu Bakr y al frente del gobierno por Yassin Said Numan. En Yemen del Norte, al término de la Primera Guerra Mundial, con el hundimiento del imperio otomano, el imán zaydí Yahya al-Mutawakkil creó un estado entre Arabia Saudí y el protectorado británico de Adén. En 1955 un golpe palaciego otorgó el poder al príncipe Muhammad al-Badr. Un golpe militar del coronel Abdullah As Sallal derrocó a al-Badr e instauró la República Árabe del Yemen en 1962. Sallal fue a su vez expulsado en 1967 y el poder asumido por un consejo presidencial que encabezó al-Rahman al-Iryani (1970). Un nuevo golpe de Estado en 1974 instauró un consejo militar presidido por Ibrahim Muhammad el-Hamadi, que fue asesinado en 1977. Su sucesor Ahmed Hussein el-Ghasmhi también fue asesinado en 1978, y tomó el poder un consejo nacional, que elevó a la jefatura del Estado al coronel Ali Abdallah Saleh en 1978. Saleh fue reelegido en 1983 y 1988. En 1990 los líderes de ambos estados, Ali Abdallah Saleh, del Norte, y Haider Abu Bakr, del Sur, proclamaron la unificación del país, creando la República del Yemen, presidida por Saleh, con Abu Bakr como jefe de gobierno.

yemení *adj.* Del Yemen. También *s.*

yen *s. m.* Unidad monetaria de Japón.

Yenisei Río de la Federación Rusa, en Siberia central. 4.092 km, 2.700.000 km^2 de cuenca y 10.000 m^3/s de caudal. Nace en los montes Sayan, en la frontera con Mongolia, atraviesa Siberia central de S a N, pasa por Krasnoiarsk y desemboca en el océano Glacial Ártico, en el mar de Kara. Sus principales afluentes son el Angara, emisario del lago Baikal, y el Tunguska. Su régimen es nival de montaña y llanura.

Yepes, Narciso (Lorca, Murcia 1927) Guitarrista español. Debutó en 1947 y pronto se consagró como concertista de fama internacional, especializado en música española. Ideó un nuevo modelo de guitarra al añadir cuatro cuerdas a las seis normales, con lo que consiguió una mayor amplitud sonora.

yeral *s. m.* Terreno sembrado de yeros.

yerba *s. f.* **1.** Hierba*. ‖ **2. yerba mate** Mate*, árbol y hojas.

yerbabuena *s. f.* Hierbabuena*.

yerbal *s. m. Arg., Par.* Plantación de yerba mate.

yerbatero, ra *adj.* **1.** *amer.* Se aplica al curandero que sana con hierbas. También *s.* **2.** *Arg., Par., Urug.* Perteneciente o relativo a la yerba mate o a su explotación e industria. ‖ *s. m.* y *f.* **3.** *Chile, Col., Ec., Perú, P. Rico.* Vendedor de hierbas o de forraje. **4.** *Arg., Par., Urug.* Persona que se dedica al cultivo, comercio o industria del mate.

yerbear *v. intr. Arg., Urug.* Matear, tomar mate.

yerbera *s. f.* **1.** *Arg.* Vasija en la que se echa el mate. **2.** *Arg., Par.* Utensilio con dos recipientes unidos, en uno se pone azúcar y en otro yerba para cebar el mate.

yermo, ma *adj.* **1.** Se dice del terreno estéril o no cultivado. También *s. m.* **2.** Se dice del lugar despoblado, sin habitar. También *s. m.*

yerna *s. f. Ant., Col.* Nuera*.

yerno *s. m.* Respecto de una persona, el marido de la hija de ésta. ▪ Se le llama también *hijo político.*

yero *s. m.* **1.** Hierba leguminosa cuya semilla se emplea como alimento del ganado. Se usa mucho en *pl.* **2.** Semilla o fruto de esta planta.

yerra *s. f.* **1.** *Amér. del S.* Hierra, acción de marcar con hierro el ganado. **2.** *Amér. del S.* Tiempo en que se hace.

yerro *s. m.* **1.** Equivocación, error. **2.** Falta contra preceptos morales, religiosos, artísticos, etc.

Yersin, Alexandre (Morges, Suiza 1863 - Nha Trang, Vietnam 1943) Bacteriólogo francés de origen suizo. Miembro del Instituto Pasteur, descubrió, simultáneamente con Kitasato, el bacilo de la peste. Trabajó en Indochina y fue uno de los pioneros de las plantaciones de caucho.

yerto, ta *adj.* Inmóvil, inerte.

yesal o **yesar** *s. m.* **1.** Terreno abundante en mineral de yeso. **2.** Cantera de yeso.

yesca *s. f.* **1.** Materia muy seca y tratada para que prenda fácilmente, p. ej. con una chispa. **2.** P. ext., lo que está muy seco y arde con facilidad. **3.** Incentivo de una pasión.

yesera *s. f.* Yesal*.

yesería *s. f.* **1.** Lugar en que se fabrica o se vende yeso. **2.** Obra hecha de yeso. **3.** Decoración que se realiza tallando o grabando formas sobre una pared enlucida con yeso.

yesero, ra *adj.* **1.** Perteneciente al yeso. ‖ *s. m.* y *f.* **2.** Persona que fabrica o vende yeso. **3.** Persona que hace revoques o enlucidos de yeso.

yeso *s. m.* **1.** $CaSO_4 \cdot 2H_2O$. Nombre ordinario del mineral sulfato cálcico dihidratado. Cristaliza en el sistema monoclínico, frecuentemente maclado, hojoso o fibroso, aunque en ocasiones se presenta masivo. Es incoloro, blanco verdoso o castaño, y tiene brillo vítreo perlado. Aparece en rocas sedimentarias. Abunda en España, en Cardona (Barcelona), Burgos, Madrid, Valladolid, Girona y Lleida. Al calentar el yeso a una temperatura en torno a los 180 °C, pierde la mayor parte de su agua de cristalización, formando una sustancia pulverulenta conocida como *yeso cocido* o *yeso mate.* Si el yeso cocido se mezcla con agua, forma una masa plástica que fragua o se endurece al secarse; durante el fraguado hay un aumento de volumen. Debido a estas propiedades el yeso se emplea como material de construcción y para obtener vaciados de moldes de estatuas, monedas, etc. **2.** Obra de escultura vaciada en yeso.

yesón *s. m.* Cascote de yeso.

yesoso, sa *adj.* **1.** De yeso o semejante a él. **2.** Se aplica al terreno rico en yeso.

yesquero, ra *adj.* **1.** Se aplica a las variedades de cardo y de hongo con las que se hace yesca. ‖ *s. m.* y *f.* **2.** Persona que hace o vende yesca. ‖ *s. m.* **3.** Encendedor que utiliza yesca como combustible, la cual se enciende sacando chispa de un pedernal con un eslabón. **4.** Bolsa de cuero para llevar la yesca y el pedernal.

yeta *s. f. Arg., Méx., Par., Urug. fam.* Mala suerte, desgracia.

yetatore *s. m.* y *f. Arg., Par., Urug. fam.* Persona que trae mala suerte.

yeti *s. m.* Nombre dado a un ser fantástico, especie de hombre gigantesco y peludo que, según algunas leyendas, habita en las vertientes del Himalaya. En Occidente se le conoce también como el *abominable hombre de las nieves.*

Yevele, Henry (? h. 1320 - ? h. 1400) Arquitecto inglés. Uno de los máximos representantes del gótico perpendicular, fue maestro de obras de Ricardo II y Enrique IV. Entre sus principales construcciones figuran la nave de la abadía de Westminster (1375-1400), la nave central y el transepto de la catedral de Canterbury (1379-1400) y la reconstrucción de Westminster Hall (1397-99).

ye-yé *adj.* **1.** *fam.* Se aplica a la música pop de los años sesenta, así como a sus intérpretes y fans. También *s.* **2.** *fam.* Se dice de la moda, estética, costumbres, etc., desarrolladas junto con esta música.

yeyuno *s. m.* Parte del intestino delgado que comienza en el duodeno y termina en el íleon.

Yibuti Estado del E de África.

Extensión: 23.200 km^2.
Límites: al N, con Etiopía y el mar Rojo; al E, con el golfo de Adén; al S, con Somalia y Etiopía, y al O, con Etiopía.
Población: 530.000 h. en 1990.
Densidad: 22,8 h./km^2.
Capital: Yibuti.
División administrativa: 5 distritos.
Ciudades principales: Ali Sabih, Tadjoura, Dikhil.
Forma de Estado: república presidencialista.
Idioma: árabe y francés.
Religión: islamismo sunní, 94 %; catolicismo, 4 %; protestantismo, 1 %; cristianismo ortodoxo, 1 %.
Moneda: franco de Yibuti.
Tasa de natalidad: 47,3 ‰ en 1990.
Tasa de mortalidad: 17,7 ‰ en 1990.
Renta per cápita: 1.200 dólares en 1989.

Geog. En el relieve de Yibuti alternan bloques elevados, como los macizos de Goda y Mabla, con zonas de hundimiento, como la depresión del lago Assal. En la zona costera se extiende una llanura, cuyo accidente más notable es el golfo de Tadjoura. Tiene un clima tropical saheliense, desértico en el interior, con vegetación esteparia. La población, de raza somalí, se concentra en la costa y el N del país. La aridez del clima hace que la agricultura sea insignificante. La ganadería nómada tiene cabañas fundamentalmente caprina y ovina. La economía se basa en el comercio, centralizado en el puerto de Yibuti.

Hist. El país de Yibuti fue colonizado por Francia desde 1862 y recibió el nombre de *Costa Francesa de los Somalíes.* En 1967 se convirtió en territorio de ultramar con el nombre de *Afars e Issas.* Alcanzó la independencia en 1977, adoptó el estatuto de república parlamentaria y fue su primer presidente Hassan Gouled. Su vida política se vio influida por las reivindicaciones territoriales de Etiopía y Somalia. El jefe del gobierno Dini Ahmed dimitió y fue sucedido por M. Abdallah (1977) y éste por Barkat Gourat Hamadou (1978). Desde 1981 se adoptó el sistema de partido único, la Liga Popular por el Progreso.

Yibuti C. de Yibuti, cap. del país, en la costa S del mar Rojo. 290.000 h. en 1988. Es un importante centro portuario y comercial, que constituye la salida al mar del comercio de Etiopía y está unido por ferrocarril con Addis-Abeba.

Yidda C. de Arabia Saudí, situada en el O del país, a orillas del mar Rojo. 1.500.000 h. en 1983. Capital administrativa del país, es un activo puerto comercial y de viajeros, que recibe anualmente a gran número de peregrinos con destino a La Meca. Cuenta con refinerías de petróleo, industria siderúrgica y alimentaria.

yiddish *s. m.* Lengua hablada por los judíos de la cultura askenazí, cuyo sistema lingüístico se fijó en el s. XV. Surgió por la combinación de elementos hebreos, de un dialecto hablado en el N de Italia, del francés antiguo y del alto alemán medio, que constituye su base fundamental. En la actualidad es hablada aproximadamente por 8 millones de personas. Cuenta con una tradición literaria que se remonta al s. XVI. Entre los principales escritores en lengua yiddish figuran Elias Levita, Sholem Asch, Nelly Sachs e Isaac Bashevis Singer.

yin (voz china) *s. m.* En el taoísmo, principio pasivo y femenino del universo; representa el frío, la oscuridad, la tierra, la pasividad, lo par y lo negativo; se alterna y complementa con su opuesto el *yang* y ambos constituyen el *tao* o principio fundamental de la vida y del universo.

yiu-yitsu *s. m.* Jiu-jitsu*.

yo *pron. pers. m.* y *f. sing. de 1.ª pers.* **1.** Forma de primera persona de singular con función de sujeto. ‖ *s. m.* **2.** En psicoanálisis, ego. **3.** En fil., el sujeto, realidad equivalente a la conciencia o a la identidad personal. ‖ **Loc. yo de ti** (o **usted**, **él**, etc.) o **yo que tú** (o **usted**, **él**, etc.) *fam.* Palabras con las que uno comunica a otra persona un consejo o una advertencia, poniéndose en su circunstancia.

Yocasta Heroína mitológica griega. Según el drama de Sófocles, era hermana de Creonte y mujer de Layo, rey de Tebas. Se casó con Edipo sin saber que era su propio hijo, alejado de ella desde la infancia. Al conocer la verdad se ahorcó.

yod *s. f.* En ling., nombre del sonido *i* semiconsonante (*tierra*) y semivocal (*aire, hoy*).

yodación *s. f.* Proceso químico en que un átomo de hidrógeno es sustituido por otro de yodo en un compuesto orgánico; se usa en la esterilización del agua destinada al consumo.

yodado, da *adj.* Que contiene yodo.

yodato *s. m.* Sal del ácido yódico. El más importante es el yodato de sodio ($NaIO_3$), que se encuentra en pequeña proporción entre el guano, junto con el nitrato de Chile, y constituye la principal materia prima para la obtención del yodo.

yódico, ca *adj.* **1.** Perteneciente o relativo al yodo. **2.** En particular, se dice del compuesto obtenido por oxidación del yodo. ‖ **3. ácido yódico** Oxoácido en el que el yodo actúa con valencia 5.

yodismo *s. m.* Intoxicación por yodo.

yodo *s. m.* I. Elemento químico perteneciente al grupo VII A o grupo de los halógenos del sistema periódico. Su número atómico es 53 y su masa atómica 126,9045. Fue descubierto por Bernard Courtois en 1811, aunque fue Gay-Lussac, en 1814, quien demostró que se trataba de un nuevo elemento, al que llamó *yodo*, del griego *iodes*, violeta, por ser de este color los vapores que se originan cuando el elemento sublima. Se encuentra muy difundido en el suelo, formando sales, y en las algas y otros organismos marinos. Es un sólido negro, que funde a 114 °C, aunque su punto de fusión es lo suficientemente bajo como para que el sólido sublime en ciertas condiciones, no demasiado extremas, de presión y temperatura. Es muy poco soluble en agua y se disuelve bien en alcohol, constituyendo la llamada *tintura de yodo*, empleada como desinfectante. El yodo es el menos reactivo de los halógenos, aunque se combina directamente con muchos metales y no metales. Se extrae del yodato sódico contenido en el nitrato de Chile y, en menor cantidad, de las aguas salinas de algunos pozos petrolíferos y de las cenizas de las algas. Es un componente esencial para el funcionamiento de la glándula tiroides; su carencia origina una enfermedad llamada *bocio.* Además de emplearse como antiséptico en medicina, el yodo se utiliza en la preparación de numerosos compuestos orgánicos; sus isótopos radiactivos se usan como trazadores para estudiar el funcionamiento del tiroides. ■ Se escribe también *iodo.*

yodoformo *s. m.* CHI_3. Compuesto químico de yodo, hidrógeno y carbono que se usa como antiséptico.

yodurado, da **1.** *p. p.* de **yodurar**. ‖ *adj.* **2.** Que contiene yoduro. **3.** Que está cubierto o revestido por una capa de yoduro.

yodurar *v. tr.* **1.** Transformar en yoduro. **2.** Preparar o impregnar con yoduro una sustancia.

yoduro *s. m.* Combinación binaria del yodo con otros elementos menos electronegativos. El yoduro de hidrógeno o ácido yodhídrico (HI) es gaseoso y su disolución acuosa constituye el ácido yodhídrico. También se nombran como yoduros los derivados yodados de los hidrocarburos, como el yoduro de metilo (CH_3I) o el yoduro de etilo (CH_3–CH_2I).

yoga *s. m.* **1.** Doctrina filosófica hindú cuya finalidad es alcanzar un estado de pureza y de perfección espiritual, lo que se consigue a través de una serie de ejercicios físicos y mentales basados en la concentración mental, en la meditación y en la renuncia al mundo material. **2.** Actualmente, en Occidente, conjunto de técnicas de concentración mental inspiradas en los procedimientos de los yoguis hindúes y basadas primordialmente en prácticas físicas de relajación, como posturas especiales llamadas *asanas*, control de la respiración, reducción de la actividad de los sentidos, etc.

yoghourt *s. m.* Yogur*.

yogui *s. m.* y *f.* **1.** Asceta hindú que sigue el sistema filosófico del yoga. **2.** Persona que practica los ejercicios físicos del yoga.

yogur *s. m.* **1.** Producto elaborado con leche fermentada, que se prepara reduciéndola por evaporación a la mitad de su volumen y sometiéndola después a la acción de un fermento llamado *maya.* ‖ **2. mal yogur** *fam.* Mal genio, mal humor; mala intención. ■ Se escribe también *yoghourt.*

yogurtera *s. f.* Aparato para fabricar yogures.

Yogyakarta C. de Indonesia, situada en la isla de Java, cerca de su costa S. 398.750 h. en 1980, 3.082.100 h. en su área metropolitana en 1989. Es un centro industrial textil, artesanal, ferroviario y del tabaco.

Yokohama C. de Japón, en la isla de Honshu, situada en el S de la misma, junto a Tokio, a cuya área metropolitana pertenece. 3.190.700 h. en 1989. Posee industria química, mecánica, textil y automovilística. Su puerto es el sexto del país en volumen de tráfico.

Yokosuka C. de Japón, en la isla de Honshu, situada a orillas de la bahía de Tokio. 433.650 h. en 1989. Es una importante base naval y aérea, que cuenta con astilleros, arsenales, fundiciones e industria constructora y alimentaria.

yola *s. f.* Embarcación estrecha y ligera movida a remo y vela.

Yom Kippur (expr. hebr.) Fiesta judía dedicada a la penitencia, en la que se guarda un día de ayuno. Se celebra diez días después del Año Nuevo judío.

Yom Kippur, guerra del Nombre con que se conoce la cuarta guerra árabe-israelí, desatada el día de Yom Kippur de 1973.

yonqui *s. m.* y *f.* Persona que se inyecta heroína habitualmente.

York C. del Reino Unido, situada en el N de Inglaterra, junto al río Ouse. 126.400 h. en 1981. Es un centro comercial e industrial, con producción metalúrgica, alimentaria y de materiales ferroviarios. Fue fundación bretona, capital del reino anglosajón de Northumbria (s. VI), conquistada por los daneses (s. IX), que alcanzó gran desarrollo en la Edad Media.

York, casa de Linaje ducal inglés. El ducado de York fue instituido por el rey Eduardo III Plantagenet en su hijo Edmundo. En la segunda mitad del s. XV disputó la realeza a la casa de Lancaster en la guerra de las Dos Rosas y sus titulares ocuparon el trono: Eduardo IV en 1461, Eduardo V en 1483 y Ricardo III en 1483. Desde el establecimiento de la dinastía Estuardo, el título de duque de York recae en el hijo segundogénito del monarca.

York, Ricardo, duque de (? 1411 - Wakefield 1460) Noble inglés. Bisnieto de Eduardo III Plantagenet, participó en la guerra de los Cien Años. Presunto heredero al trono, se enfrentó a Enrique VI de Lancaster, lo que dio origen a la guerra de las Dos Rosas (1455-85).

yoruba *adj.* **1.** Se aplica a un pueblo negro africano de la subraza guineana que habita en Benin, Togo y SO de Nigeria. **2.** De este pueblo. También *s.*

Yoshida, Shigeru (Tokio 1878 - Oiso, Tokio 1967) Político japonés. Liberal, fue jefe de gobierno (1946-47 y 1948-54). Emprendió la reconstrucción del país y por el tratado de San Francisco puso fin al régimen de ocupación.

Young, Edward (Upham, Hampshire 1683 - Welwyn, Hertfordshire 1765) Poeta británico. Fue capellán de Jorge II. Debe su fama al extenso poema *Lamentos o pensamientos nocturnos sobre la vida, la muerte y la inmortalidad* (1742-45), más conocido como *Las noches*, con el que creó un género sombrío que tuvo importancia en el Romanticismo.

Young, Lester Willis (Woorville 1909 - Nueva York 1959) Saxofonista de jazz estadounidense. Marca el paso del jazz clásico al moderno. Debutó en Nueva Orleans (1923) y formó parte de varias orquestas, entre ellas la de Count Basie.

Young, Thomas (Milverton, Somersetshire 1773 - Londres 1829) Médico, físico y arqueólogo británico. Realizó estudios de acústica y óptica; descubrió el poder de acomodación del cristalino y formuló una teoría de la visión de los colores; fue el primero en describir y medir el astigmatismo en el ojo. Como arqueólogo, colaboró en la interpretación de la inscripción de la piedra de Rosetta.

Yourcenar, Marguerite de Crayencour, llamada **Marguerite** (Bruselas 1903 - Mount Desert, Maine 1987) Escritora francesa. Fue la primera mujer que accedió a la Academia Francesa (1980). En su obra, de gran finura y sensibilidad, manifiesta su inquietud por la libertad y dignidad humanas. Alcanzó gran celebridad con dos novelas históricas, *Memorias de Adriano* (1951) y *El alquimista* (1968). Merecen también mención sus obras *Recuerdos piadosos* (1973), *Archivos del norte* (1977) y *El tiempo, gran escultor* (1984).

Marguerite Yourcenar.

yo-yo *s. m.* Juguete hecho de dos pequeños discos redondos unidos por un eje, que sube y baja mediante un cordel que se enrolla y desenrolla en torno a dicho eje.

Ypres, batallas de Conjunto de ofensivas y contraofensivas entabladas entre los ejércitos alemán y aliado durante la Primera Guerra Mundial en la región flamenca de Ypres. Los alemanes, que habían ocupado la zona al comienzo del conflicto, fueron expulsados por los aliados en octubre de 1914.

Yrigoyen, Hipólito (Buenos Aires 1852 - íd. 1933) Político argentino. Fue uno de los fundadores de la Unión Cívica Radical (1891), que pasó a presidir en 1896. Elegido presidente del país (1916-22), acometió una serie de medidas democratizadoras, aunque reprimió con dureza algunos movimientos populares y universitarios. Supo mantener la neutralidad de Argentina durante la Primera Guerra Mundial. De nuevo en la presidencia (1928), la crisis económica mundial de 1929 y la corrupción de su administración provocaron el pronunciamiento militar del general Uriburu, que le derrocó (1930).

Yrurtia, Rogelio (Buenos Aires 1879 - íd. 1950) Escultor argentino. En su estancia en París fue influido por Rodin. Algunas de sus principales obras son *Canto al trabajo* y el mausoleo de Rivadavia.

ytrio *s. m.* Itrio*.

yuan *s. m.* Unidad monetaria de China.

Yuan Dinastía mongol reinante en China de 1279 a 1368.

yubarta *s. f.* Mamífero cetáceo misticeto de la familia balenoptéridos, especie *Megaptera novaeangliae.* Es un rorcual que mide entre 11 y 16 m de longitud. Tiene la cabeza y las aletas pectorales cubiertas de nudosidades y excrecencias. Se llama también *ballena xibarte.*

yuca *s. f.* **1.** Nombre común de diversas plantas arborescentes de la familia agaváceas, género *Yucca.* Miden entre 2 y 5 m de altura, tienen un tallo cilíndrico rematado por un penacho de hojas largas gruesas y rígidas en abanico, de las que surgen flores blancas en forma de globo, agrupadas en panícula. Son originarias de América y en Europa se cultiva la especie *Yucca gloriosa* para uso ornamental. **2.** Denominación genérica de algunas especies de mandioca.

yucal *s. m.* Terreno plantado de yuca.

Yucatán 1. Península de América Central, entre el golfo de México y el mar Caribe. En ella se encuentran el estado de Belice y parte de Guatemala y México. Es un territorio llano de carácter cárstico, en el que la mayoría de las aguas son subterráneas. Tiene clima tropical cálido y húmedo, vegetación xerófila y población concentrada en el N. Fue cuna de la civilización maya. **2.** Estado de México, situado en esta península. 38.402 km^2. 1.363.550 h. en 1990. La capital es Mérida, con 557.350 h. en 1990. Su economía es básicamente agropecuaria, con cultivos de henequén, maíz, hortalizas, frutales y caña de azúcar. Posee industria del refino de azúcar. **3.** Canal que separa la costa O de Cuba y la península del mismo nombre. Comunica el golfo de México con el mar Caribe.

yucateco, ca *adj.* Del Yucatán. También *s.*

yudo *s. m.* Judo*.

yudoca *s. m.* y *f.* Judoka*.

yugada *s. f.* Unidad de superficie que ara una yunta en un día y que en algunas partes equivale a algo más de 32 hectáreas.

yugo *s. m.* **1.** Pieza de madera que sirve para unir dos animales de tiro, como bueyes, mulas, etc., generalmente por el cuello, y que suele emplearse para sujetar en él la lanza del carro o el timón del arado. **2.** Especie de horca bajo la cual, en tiempos de la antigua Roma, se hacía pasar a los enemigos vencidos. **3.** Armazón de madera unida a la campana que sirve para voltearla. **4.** Cualquier carga pesada o atadura. || **Loc. sacudirse** uno **el yugo** Librarse de la opresión o de un dominio molesto o humillante.

Yugoslavia (*Jugoslavija*) Estado del SE de Europa, surgido de la unificación de los pueblos eslavos del S durante la Primera Guerra Mundial como una federación que comprendía las repúblicas de Bosnia-Herzegovina, Croacia, Macedonia, Montenegro, Serbia y Eslovenia y las provincias autónomas de Kosovo y Voivodina. Se deshizo en 1991, lo que originó una cruenta guerra civil, quedando reducida a las repúblicas de Serbia, incluidas las provincias de Kosovo y Voivodina, y Montenegro.

Hist. El proceso de unificación de Yugoslavia se vio favorecido por la existencia de unas lenguas y una cultura comunes. Los tratados de Saint-Germain-en-Laye y Trianón, en los años 1919 y 1920, respectivamente, fijaron las fronteras del nuevo estado. En 1921 la Asamblea Constituyente aprobó una Constitución de carácter centralista y Alejandro I fue coronado. La monarquía derivó hacia el absolutismo autocrático y en 1934 Alejandro I fue asesinado. La sucesión recayó en el menor de edad Pedro II y la regencia fue ostentada por el príncipe Pablo. El gobierno resultante concertó un pacto con el Tercer Reich en 1941, en virtud del cual las tropas alemanas obtuvieron el libre tránsito por el país. Frente a esta política estalló una rebelión en Belgrado y Pedro II asumió el poder, pero Yugoslavia fue invadida por el ejército alemán. La resistencia antinazi se organizó en dos frentes distintos: un núcleo partidario de la monarquía fue dirigido por el oficial serbio Mihailovic y se unió posteriormente a los nazis en 1943; el otro núcleo fue acaudillado por Tito, que fue designado presidente del Comité de Liberación en 1945. Tras la guerra se convocaron elecciones, en las que venció ampliamente el Frente Popular, dominado por el Partido Comunista. En 1946 se elaboró una nueva Constitución, que proclamó la República Federal, y el estado yugoslavo dirigido por Tito inició un progresivo alejamiento de la URSS. Tras la muerte de Stalin el mariscal Tito restableció relaciones diplomáticas con la URSS. Yugoslavia ingresó en la ONU en 1961 y en la organización económica soviética del COMECON en 1964. Las relaciones con EE UU fueron reestablecidas en 1966. Tito murió en 1980 y la presidencia se encomendó a un colegio de presidentes de cada una de las repúblicas federadas, que se turnaban en la titularidad de la presidencia del Estado, pero las tendencias nacionalistas produjeron graves tensiones. En 1987 fue elegido presidente de la república Lazar Mojsov. Los problemas nacionalistas prosiguieron entre serbios y croatas por una parte y musulmanes y albaneses por otra. Asimismo en la república de Eslovenia aparecieron movimientos secesionistas mientras el país sufría una considerable crisis económica. En 1991, bajo la presidencia de Ante Markovic, el líder serbio Slovodan Milosevic impidió el acceso a la presidencia federal del croata Stipe Mesic, a quien correspondía por turno. Las repúblicas de Croacia y Eslovenia reaccionaron proclamando su independencia. El parlamento federal autorizó al ejército a emplear la fuerza para impedirlo, dando comienzo una cruenta guerra civil que se desarrolló durante 1991 fundamentalmente en Croacia, invadida por el ejército federal y las guerrillas serbias. En septiembre Macedonia proclamó asimismo su independencia. Los esfuerzos de instituciones internacionales, como la ONU o la CE, fueron inútiles para detener la guerra. En octubre Bosnia-Herzegovina proclamó su independencia y, a comienzos de 1992, la guerra se extendió a esta república. En enero la CE reconoció la soberanía de Croacia y Eslovenia y en marzo la de Bosnia-Herzegovina. Montenegro aprobó su permanencia junto a Serbia en una Yugoslavia reducida, mientras el ejército federal, controlado por Serbia, prosiguió la guerra con toda intensidad en un intento de extender sus fronteras lo máximo posible a costa de las repúblicas vecinas.

Arte El arte de los pueblos eslavos del S estuvo originalmente influido por Bizancio. En arquitectura dio lugar a dos importantes escuelas: en Serbia la escuela de Raska, a la que se debe el monasterio de Studenica (s. XII), de estilo románico, y la de Morava, cuya creación más representativa es el monasterio de Ravanica, también

Yugoslavia: éxodo de la población serbia en la Primera Guerra Mundial (1916).

Yugoslavia: tanques del ejército federal avanzan sobre Eslovenia en julio de 1991.

románico. En el ámbito croata, fundamentalmente Dalmacia, se extendió la influencia occidental. El gótico llegó por influencia de Apulia y Lombardía y su más interesante muestra es el palacio de los Rectores de Dubrovnik. Italia siguió influyendo en la arquitectura croata, el Renacimiento penetró a fines del s. XV procedente de Toscana y dejó como principal manifestación la catedral de Havar. El Barroco fue introducido por los jesuitas y se manifiesta en obras como la catedral de Dubrovnik. Tras el periodo de dominación otomana, del que quedan importantes muestras en Skopje y Sarajevo, sobresale el arquitecto Bartol Felbinger, autor del palacio de Dvorana (s. XIX).

En pintura merecen ser resaltados los frescos de inspiración bizantina de la escuela de Raska (s. XII) y los frescos de Sopocani, Kurbinovo y Nova Pavlica. En época barroca sobresalen los pintores T. Kracun y T. Cesljar; en el neoclásico, A. Teodorovic y P. Djurkovic y los artistas del estilo *biedermeier* K. Danilo, N. Aleksic y K. Ivanovic. En el s. XIX se impone el Romanticismo con R. Jakopic, Duro Jaksic y V. Karac; y sucesivamente el realismo con D. Krstic, el impresionismo con K. Milicevic y M. Bukovac y el expresionismo con P. Dobrovic. Ya en el s. XX conviene citar al cubista S. Sumanovic y, en época posterior, a F. Tabakovic, M. Celebonovic, M. Milunovic y M. Tartaglia. En escultura sobresale, entre otros muchos artistas contemporáneos, Ivan Mestrovic.

Lit. En Yugoslavia coexistieron diversas lenguas, cada una de ellas con su literatura nacional propia. Las más importantes son, desde la Edad Media, la serbia y la eslovena, que entraron en decadencia desde el s. XV al XIX, y a partir del s. XIX las dos mencionadas y la croata.

Las primeras manifestaciones de la **literatura serbia** son obras religiosas escritas por clérigos, como San Sava, Domentjan y Danilo. El renacimiento del s. XIX fue producto de la obra de autores como Vuc Karadzic, que recopiló cuentos populares, los poetas líricos y románticos Branco Radicevic, Jovan Zmaj, Duro Jaksic, Lara Kostic, el autor teatral Jovan Popovic y el novelista Milovan Vidakovic. En la segunda mitad del s. XIX comenzó el periodo realista, representado por Suetozar Markovic, Simo Matavulj, Laza Lazarovic y Stevan Sremac. En el s. XX sobresalen los novelistas Borislav Stankovic, Radoje Domanovic y Petar Kocic y los poetas Jovan Ducic y Aleksa Santic. Desde mediados de siglo resalta la obra del premio Nobel Ivo Andric.

La **literatura croata** nació en el s. XIX en Zagreb, en parte gracias a la tarea lingüística de Ljudevit Gaj. En la primera mitad del s. XIX sus principales representantes fueron Stanko Vraz, Ivan Mazuranic y Petar Njegos. En la segunda mitad del siglo sobresalen el novelista August Senoa y los poetas Silvije Kranjcevic y August Harambasic. Otros prosistas significativos fueron Ante Kovacic, Eugen Kumicic, Ksaver Djalski y Vjenceslav Novak. Del s. XX destacan el crítico Antuos Matos, el dramaturgo Ivo Vojnovic y el poeta Vladimir Nazor. Uno de los grandes creadores de la nueva literatura croata es Miroslav Krleza, poeta, dramaturgo y novelista.

La **literatura eslovena** medieval también tiene carácter religioso y en ella sobresale Primoz Trubar. El renacer literario se centró en Jernej Kopitar, Valentin Vodnik y el poeta romántico Fran Levstik. De la segunda mitad del s. XIX merecen mención los poetas Simon Gregorcic, Josip Stritar, Anton Askerc y los novelistas Ivan Tavcar y Janco Kersnik. Ya en el s. XX la poesía estuvo representada por Ivan Cankar y la novela por Fran Finzgar. Entre los más recientes representantes de la literatura eslovena se cuentan Prezihov Voranc, Ciril Kosmac y Matej Bor.

yugoslavo, va *adj.* De Yugoslavia. También *s.* ▪ Se dice también *yugoeslavo.*

yuguero, ra *s. m.* y *f.* Persona que labra la tierra con un par de bueyes, mulas u otros animales.

yugular[1] (del lat. *jugulare*) *v. tr.* **1.** Degollar, cortar el cuello. **2.** Detener rápidamente una enfermedad aplicando los medicamentos o medidas adecuados. **3.** Hablando de determinadas actividades, acabar pronto con ellas.

yugular[2] (del lat. *iugularis,* de *iugulus,* garganta) *adj.* **1.** Perteneciente o relativo al cuello o a la garganta. **2.** Se dice de las venas que recogen la sangre venosa del cerebro y la conducen al tronco braquiocefálico, en dirección al corazón. Son cuatro a cada lado del cuello: dos anteriores, dos internas, dos externas y dos posteriores. También *s. f.*

Yugurta (? h. 160 - Roma 104 a. C.) Rey de Numidia (118-105 a. C.). Sobrino de Masinisa, a la muerte de su tío Micipsa heredó el trono juntamente con sus primos Hiempsal y Adherbal, a los que pronto asesinó. Indignados los romanos, le declararon la guerra y fue vencido por Cecilio Metelo. Yugurta se refugió en Mauritania, pero fue entregado al romano Mario (105 a. C.). Murió en prisión.

Yukawa, Hideki (Tokio 1907 - Kioto 1981) Físico japonés. Profesor en la universidad de Kioto, en 1935 formuló la teoría de la existencia de partículas elementales pesadas, a las que llamó *mesones,* de masa unas 200 veces superior a la del electrón. En 1949 recibió el premio Nobel de física.

Yukón 1. Río de América del Norte. 2.897 km y 855.000 km^2 de cuenca. Nace en Canadá, al pie de los montes Cassiar, se dirige hacia el N a través de las estribaciones de las Montañas Rocosas, penetra en Alaska y toma dirección NO hasta desembocar en el mar de Bering, formando un delta de múltiples brazos. Sus principales afluentes son Tanana, Porcupine, Koyukuk, Steward y Pelly.
2. Territorio de Canadá, en el NO del país, en la frontera con Alaska. 483.450 km^2. 26.000 h. en 1990. La capital es Whitehorse, con 15.200 h. en 1986. Ocupa una región montañosa, en la que destacan las estribaciones septentrionales de las Montañas Rocosas y los montes Mackenzie. Lo atraviesa el río del mismo nombre. Está habitado por indios y esquimales. Su economía se basa en la minería del plomo y oro, y en la industria pesquera y peletera.

yunga *adj.* **1.** Natural de los valles cálidos que hay a ambos lados de los Andes. También *s.* ‖ *s. m.* **2.** Antigua lengua que se hablaba en el N y centro de la costa peruana. ‖ *pl.* **3.** *Bol., Chile, Ec., Perú.* Valles cálidos que hay a ambos lados de los Andes.

Yungay, batalla de Batalla librada en 1839 en la ciudad peruana de Yungay entre las fuerzas de la Confederación Perú-boliviana y el ejército chileno, el cual obtuvo la victoria.

Yunnan Prov. de China, situada en el SO del país. 436.200 km^2. 36.972.600 h. en 1990. La capital es Kunming, con 1.480.000 h. en 1989. Ocupa una región montañosa, regada por los ríos Yangtsé-kiang y Mekong y sometida al régimen de los monzones. Cuenta con cultivos de té, arroz y caña de azúcar, minas de estaño, hierro, cobre, plomo, cinc y carbón, e industrias metalúrgicas y alimentarias.

yunque *s. m.* **1.** Prisma de hierro acerado, a veces acabado en punta en uno o ambos lados, que sirve para trabajar en él los metales golpeándolos con un martillo. **2.** Uno de los cuatro huesecillos del oído que pone en contacto el tímpano con la ventana oval; está situado entre el martillo y el estribo.

yunta *s. f.* **1.** Par de bueyes, mulas u otros animales que se utilizan para hacer las labores del campo y para transportar alguna carga. **2.** Yugada, unidad de superficie.

yuntería *s. f.* **1.** Conjunto de yuntas o parejas de animales. **2.** Lugar en el que se recogen.

yuntero, ra *s. m.* y *f.* Yuguero*.

Yupanqui, Héctor R. Chavero, llamado **Atahualpa** (Pergamino 1908 - Nîmes 1992) Cantante y poeta argentino. Sus canciones tienen profundas raíces folclóricas. Entre ellas destacan *Camino del indio* y *Los ejes de mi carreta.*

yuppie (voz ingl.) *s. m.* y *f.* Joven profesional que trabaja en la ciudad, tiene estudios universitarios y una posición económica elevada.

yurta (voz rusa) *s. f.* Tienda circular, con paredes verticales y techo en forma de cúpula, utilizada por los nómadas del N de Mongolia.

Yuruá Río de América del Sur. 3.283 km. Nace en Perú y recorre Brasil en dirección NE hasta desembocar en el Amazonas.

yusivo, va *adj.* En gramática, se dice del modo subjuntivo cuando expresa un mandato, orden o petición.

Yusuf Nombre de dos califas almohades.
Yusuf I, Abu Yaqub (? - ? 1184) Califa almohade de al-Ándalus (1163-84). En 1165 derrotó a las segundas taifas y, tras la muerte de Ibn Mardanis (el rey Lobo), se anexionó Levante. Dirigió sendas campañas contra Badajoz (1173) y Santarem (1184), donde fue derrotado y muerto por Fernando II de Castilla.
Yusuf II al-Mansur (? - ? 1199) Califa almohade de al-Ándalus (1184-99). Hijo del anterior, venció a Alfonso VIII en la batalla de Alarcos (1195) y realizó una campaña victoriosa por Extremadura hasta más allá del Tajo. Mandó construir la Giralda de Sevilla.

Yusuf Nombre de diversos reyes nazaríes de Granada.
Yusuf I (? 1318 - Granada 1354) Rey de Granada (1332-54). Fue vencido por Alfonso XI en la batalla del Salado (1340). Fundó la Gran Madraza o universidad de Granada.
Yusuf III (? 1376 - ? 1417) Rey de Granada (1407-1417). Perdió Antequera frente al infante Fernando de Castilla, futuro rey de Aragón, y recuperó Gibraltar, que había sido conquistado por los benimerines.
Yusuf V (? - ? 1463) Rey de Granada (1445-63). Se vio obligado a combatir a su hermano Sad Ciriza y perdió Gibraltar frente a Enrique IV.

Yusuf ibn Tasfin (? - ? 1106) Sultán almorávide (1061-1106). Fundó Marrakech (1062), tomó Ceuta (1083) y, ante la llamada de los musulmanes de al-Ándalus, pasó a España, batió a Alfonso VI en Sagrajas (1086), depuso a los reyes de taifa e incorporó al-Ándalus a su imperio. Ocupó Valencia a la muerte de El Cid (1102).

yute *s. m.* **1.** Nombre común de diversas plantas arbustivas de la familia tiliáceas, género *Corchorus.* Miden entre 2 y 4 m de altura, tienen hojas dentadas, flores amarillas y fruto en cápsula. La principal especie es el yute o cáñamo de Calcuta *(Corchorus capsularis).* Crecen en la India, Bangladesh, China e islas de la Sonda. De su corteza se extrae una fibra con la que se elaboran tejidos de arpillera y esteras. **2.** Materia textil que se elabora con la corteza de estas plantas. **3.** Tejido que se hace con esta materia.

yuxta- *pref.* Significa 'al lado de, junto a': *yuxtaposición.*

yuxtalineal *adj.* Se dice de la traducción que acompaña a su original, o también del cotejo de textos cuando se disponen en dos columnas de modo que se correspondan línea por línea para que sea más fácil compararlos.

yuxtaponer *v. tr.* Poner una cosa junto a otra. También *v. prnl.* ▪ Es v. irreg. Se conjuga como *poner.*

yuxtaposición *s. f.* **1.** Acción y efecto de yuxtaponer o yuxtaponerse. **2.** Modo de aumentar o crecer los minerales, a diferencia de los seres orgánicos tanto animales como vegetales. **3.** Unión de dos o más oraciones o elementos sin utilizar un nexo o conjunción.

yuxtapuesto, ta 1. *p. p.* irreg. de **yuxtaponer**. También *adj.* ‖ *adj.* **2.** Se aplica especialmente a las oraciones y otros elementos lingüísticos unidos por yuxtaposición. También *s. f.*

Z

z *s. f.* Vigesimoséptima y última letra del abecedario español y vigesimosegunda de sus consonantes. Su nombre es *ceta* o *ceda* y también puede escribirse *zeta* o *zeda*.

Z Símbolo que representa el conjunto de los números enteros. Se escribe con el trazo diagonal doble: ℤ.

Zaanstad C. de los Países Bajos, situada en la provincia de Holánda Septentrional, junto al río Zaan. 129.650 h. en 1989. Constituida en 1974 mediante la unión de Zaandam y otras poblaciones, es un importante puerto fluvial, nudo ferroviario y centro industrial.

Zabaleta, Juan de (Madrid h. 1610 - ? h. 1670) Escritor español. Cronista de Felipe IV, escribió comedias en colaboración con Calderón y otros autores. Alcanzó fama con su obra costumbrista *El día de fiesta*, dividida en dos partes *Día de fiesta por la mañana* (1654) y *Día de fiesta por la tarde* (1659), valioso testimonio sobre el Madrid de su tiempo.

Zabaleta, Nicanor (San Sebastián, Guipúzcoa 1907) Arpista español. Profesor de la academia musical Chigiana de Siena, ha actuado con las mejores orquestas del mundo, interpretando obras para arpa de Beethoven, Dussek, Bacarisse, Villa-Lobos y Joaquín Rodrigo.

Zabaleta, Rafael (Quesada, Jaén 1907 - íd. 1960) Pintor español. Se formó en Madrid y París. Su obra, que pasó por un periodo de constante experimentación, alcanzó su madurez con cuadros de carácter geométrico y coloración brillante, en los que son frecuentes los paisajes y los tipos de su tierra natal.

zabida o **zabila** *s. f.* Áloe*.

zabordar *v. intr.* Encallar un barco.

Zabrze (en al. *Hindenburg*) C. de Polonia, en el voivodato de Katowice, situada en el S del país, en la Alta Silesia. 201.400 h. en 1989. Enclavada en una rica región hullera, es un importante centro de la industria metalúrgica, siderúrgica, química y de construcciones mecánicas.

Zabulón Patriarca hebreo, uno de los doce hijos de Jacob, que dio nombre a una de las tribus de Israel.

Zacarías Uno de los doce profetas menores citados en el Antiguo Testamento. Predicó hacia el 520 a. C. La recopilación de profecías que lleva su nombre versa sobre la reconstrucción del templo de Jerusalén y la venida de un Mesías humilde.

Zacarías, San (s. I) Sacerdote judío, esposo de Santa Isabel y padre de San Juan Bautista.

zacatal *s. m. Amér. C., Méx.* Pastizal.

zacate *s. m.* **1.** *Amér. C., Méx.* Hierba, pasto o forraje para alimentar al ganado. **2.** *Méx.* Estropajo.

zacateca *adj.* **1.** Perteneciente o relativo a un pueblo amerindio del subgrupo lingüístico náhuatl, de la familia uto-azteca, que habitaba en territorios de México (actuales estados de Zacatecas y Durango) y actualmente está extinguido. **2.** De dicho pueblo. También *s.*

Zacatecas **1.** Estado de México, situado en el centro del país, al NO de la capital. 73.252 km^2. 1.278.300 h. en 1990. Ocupa una altiplanicie, cortada en su centro por la sierra de Zacatecas. Tiene un clima tropical árido, con pocos cursos de agua. Cuenta con cultivos de cereales, legumbres, frutales, plantas forrajeras y caña de azúcar; cabañas caballar, bovina y ovina; minería de oro, plata, cobre, magnesio, plomo, antimonio, mercurio, hierro y cinc, e industria metalúrgica, alimentaria, textil, de curtidos y química. **2.** C. de México, cap. del estado del mismo nombre. 71.000 h. en 1980. Situada en la sierra de Zacatecas, constituye un importante centro minero, con industrias siderúrgicas y de transformación.

Zadkine, Ossip (Smolensk 1890 - Neuilly-sur-Seine 1967) Escultor francés de origen ruso. Tras una etapa en Londres (1906), fijó su residencia en París. De estilo cubista, entre sus principales obras figuran *El guitarrista* (1921), *Orfeo* (1934) y el *Monumento a la ciudad destruida* (1948-51), a la entrada del puerto de Rotterdam, conmemorativo de la destrucción de la ciudad por los alemanes.

zafacoca *s. f. And., amer.* Riña o pelea.

zafado, da **1.** *p. p.* de **zafarse**. ‖ *adj.* **2.** *And., Can., amer.* Se dice de la persona descarada, atrevida. También *s.* **3.** *amer.* Trastornado, loco. **4.** *Arg., Urug.* Despierto, listo.

zafadura *s. f.* **1.** Acción y efecto de zafarse. **2.** *amer.* Dislocación del extremo de un hueso en una articulación.

zafaduría *s. f. Arg., Chile, Par., Urug.* Dicho o hecho atrevido, desvergonzado o indecente.

zafarrancho *s. m.* **1.** Acción y efecto de quitar los estorbos de una parte de la embarcación y dejarla preparada para un determinado trabajo o actividad. **2.** En la milicia, limpieza general de los barracones de un cuartel, la cocina u otras dependencias. **3.** *fam.* Destrozo, lío, barullo. **4.** *fam.* Riña, pelea. ‖ **5. zafarrancho de combate** Preparación de todo lo necesario para llevar a cabo una acción de guerra inmediata.

zafarse *v. prnl.* **1.** Irse de un lugar o esconderse para evitar el encuentro con alguien o algo o un peligro. **2.** Librarse de alguien o algo. **3.** Desatarse una cuerda u otro objeto del lugar en que estaba amarrado. **4.** *amer.* Dislocarse un hueso. **5.** *amer.* Trastornarse, enloquecer.

zafiedad *s. f.* **1.** Cualidad de zafio. **2.** Dicho, hecho o actitud zafia.

zafio, fia *adj.* Se dice de la persona inculta que se comporta con tosquedad o grosería y de sus palabras, actos, etc. También *s.* **Fam.** Zafiamente.

zafíreo, a o **zafirino, na** *adj.* Se dice del color semejante al del zafiro y de las cosas que lo tienen.

zafiro *s. m.* **1.** Variedad de corindón de color azul y gran dureza, que se utiliza en joyería. ‖ *adj.* **2.** Se dice del color azul oscuro, semejante al de este mineral.

zafra[1] (del ár. *sufar* o *safr*, vasija de latón) *s. f.* **1.** Vasija grande de metal en que se guarda el aceite. **2.** Vasija de metal, ancha y poco profunda, con agujeros en el fondo, en la que se coloca para que escurra la medida o recipiente utilizado para sacar el aceite de otro lugar.

zafra[2] (del ár. *safar*, periodo en que amarillean y maduran las cosechas) *s. f.* **1.** Cosecha de la caña de azúcar. **2.** Fabricación del azúcar de caña y, p. ext., del de remolacha. **3.** Tiempo que dura esta fabricación.

zafra[3] (del ár. *sajra*, piedra) *s. f.* Escombro de una mina o cantera.

zaga *s. f.* **1.** Parte posterior de una cosa. **2.** En algunos deportes, la defensa de un equipo. ‖ *s. m.* **3.** El último en algún juego. ‖ **Loc. a la zaga** *adv.* Atrás, detrás. **no ir** (**no irle** o **no quedarse**) **a la zaga** una persona o cosa a otra *fam.* No ser inferior a ella en algo que se expresa.

zagal, la *s. m.* y *f.* **1.** Muchacho o muchacha. **2.** Pastor o pastora joven que está a las órdenes de otro pastor.

Zagal, El Véase **Muhammad**, rey de Granada.

zagalón, na *s. m.* y *f.* Adolescente que está muy crecido para su edad.

Zagreb (en al. *Agram*) C. de Croacia, cap. de la república, situada a orillas del río Save, al pie de la montaña Medvednica. 763.200 h. en 1987. Es un importante centro administrativo, comercial e industrial, con producción metalúrgica, mecánica, ferroviaria, química, alimentaria, maderera, eléctrica, de materiales de construcción y del cuero. En su núcleo monumental sobresalen la catedral de San Esteban (s. XIII-XVIII), la iglesia de San Marcos (s. XIII) y el Palacio Real (s. XIV).

Zagros, montes Cordillera de Asia, que se extiende desde Armenia y Azerbaiyán hasta el estrecho de Ormuz, en Irán. Su máxima altura es Zard Kuh, con 4.548 m.

zagual *s. m.* Remo corto para embarcaciones pequeñas que se usa sin apoyarlo en éstas.

zaguán *s. m.* Espacio cubierto a la entrada de una casa, contiguo a la puerta de la calle.

zaguero, ra *adj.* **1.** Que va, se queda o está atrás. También *s.* ‖ *s. m.* **2.** En algunos deportes, especialmente en el rugby, defensor de un equipo. **3.** En los partidos de pelota por parejas, jugador que se coloca en la parte de atrás de la cancha.

zahareño, ña *adj.* **1.** Se dice del ave brava o en estado salvaje, difícil de domesticar o amansar. **2.** Se dice de la persona arisca o con la que es difícil tratar.

zaherir *v. tr.* Decir o hacer algo a una persona para humillarla, maltratarla o molestarla. ■ Es v. irreg. Se conjuga como *sentir*. **Fam.** Zaheridor, zaherimiento.

zahína *s. f.* Sorgo*.

Zahir sha, Muhammad (Kabul 1914) Rey de Afganistán (1933-73). Fue hijo y sucesor de Nadir sha. Se mantuvo neutral en las dos guerras mundiales y recibió la ayuda financiera de la URSS. En 1965 consiguió que la asamblea aprobara una Constitución democrática. Fue derrocado por un golpe de Estado, que instauró la república (1973).

zahón *s. m.* Especie de pantalones de cuero o paño, usados por los cazadores y otras personas que trabajan en el campo, con las perneras abiertas por detrás, que se atan a los muslos. Se usa más en *pl.*

zahonado, da *adj.* **1.** Se aplica a las patas o manos que en algunas reses tienen distinto color por delante que por detrás. **2.** Se dice de estas mismas reses.

zahorí *s. m.* **1.** Persona a quien se atribuye la facultad de descubrir lo que está oculto, especialmente lo que se encuentra debajo de la tierra, como aguas subterráneas. **2.** Persona observadora e intuitiva.

zahúrda *s. f.* **1.** Pocilga. **2.** Vivienda, habitación o lugar pobre y muy sucio.

Zagreb: vista de la plaza de la República.

Zaimis, Alexandros (Atenas 1855 - Viena 1936) Político griego. Miembro del Partido Liberal, fue ministro de justicia (1890-92), jefe de gobierno (1897-99, 1901-02, 1915, 1916, 1917 y 1926-28) y presidente de la república (1929-35).

zaíno o **zaino, na**[1] (del ár. *jain*, traidor) *adj.* **1.** Se dice de la persona traidora o en la que no se puede confiar. **2.** Se aplica a la caballería resabiada y falsa.

zaíno o **zaino, na**[2] (del ár. *asamm*) *adj.* **1.** Se dice de la caballería que tiene el pelo de color castaño oscuro sin ninguna mancha de otro color. **2.** Se dice del ganado vacuno que tiene el pelo completamente negro.

zaire *s. m.* Unidad monetaria de Zaire.

Zaire Río situado en África central. 4.200 km, 3.690.000 km^2 de cuenca y 50.000 m^3/s de caudal. Nace de la confluencia del río Luapula, que viene desde Zambia y pasa por los lagos Bangweulu y Mweru, y el Lualaba, que nace en las mesetas de Shaba. Se dirige hacia el N y forma un gran arco para, posteriormente, tras los rápidos de Matadi, desembocar en el Atlántico por Boma. Pasa por Kisangani, Mbandaka y Kinshasa. Sus principales afluentes son el Ubangui, el Lomami y el Kasai. Constituye una importante vía de navegación. Antiguamente era llamado río *Congo*.

Zaire Estado de África ecuatorial.

Extensión: 2.345.095 km^2.
Límites: al N, con la República Centroafricana y Sudán; al E, con Uganda, Ruanda, Burundi, Tanzania y Zambia; al S, con Zambia y Angola, y al O, con el océano Atlántico, Cabinda (Angola) y el Congo.
Población: 34.138.000 h. en 1990.
Densidad: 14,6 h./km^2.
Capital: Kinshasa.
División administrativa: 10 regiones y 1 distrito ciudadano.
Ciudades principales: Lubumbashi, Mbuji-Mayi, Kananga, Kisangani.
Gentilicio: zaireño.
Forma de Estado: república presidencialista.
Idioma: francés, lenguas bantúes y sudanesas.
Religión: catolicismo, 48,4 %; protestantismo, 29 %; cristianismo indígena, 17,1 %; creencias tradicionales, 3,4 %; islamismo, 1,4 %.
Moneda: zaire.
Tasa de natalidad: 45 ‰ en 1990.
Tasa de mortalidad: 14 ‰ en 1990.
Renta per cápita: 260 dólares en 1989.

Geog. En su relieve predomina una vasta cuenca de hundimiento, limitada al E por las formaciones montañosas (montes Mitumba) que preceden a la fosa del Rift Valley, donde se hallan los lagos Mobutu, Rutanzige, Kivu, Tanganica y Mweru. El río Zaire recorre el país de S a N y de NE a SO trazando la frontera con la república del Congo. Tiene un clima ecuatorial húmedo y vegetación de bosque denso en el N y centro del país y de sabana en el S. La población es de raza mayoritariamente bantú y rural en un 55%. Su economía se basa en los recursos mineros y la explotación agropecuaria. Posee cultivos de mijo, maíz, mandioca, patata, batata, banana, cacahuete, sésamo, arroz, tomate, agrios, ananás, café, algodón, caña de azúcar, cacao, tabaco, té y palma de aceite (sexto productor mundial), y ganadería bovina y caprina. De sus bosques se obtienen maderas preciosas y caucho. Cuenta con ricos yacimientos de cobre (sexto productor mundial), plata, manganeso, cadmio, cinc, estaño,

Zaire: poblado de cabañas en Vitshumbi, junto al lago Rutanzige.

volframio, uranio, cobalto y petróleo. También se extraen diamantes (primer productor mundial) y oro. Tiene industrias metalúrgicas, químicas, aceiteras, textiles, jaboneras, cementeras y tabaqueras.

Hist. En la Edad Media y Moderna, en el actual territorio del Zaire coexistieron cuatro reinos: el Congo, el Bakuba, el Baluba y el Balunda. La penetración europea comenzó en la costa con la llegada de los portugueses en el s. XVI. El interior fue explorado por Stanley (s. XIX), quien ofreció al rey belga Leopoldo establecer un dominio personal en torno al río Congo. Este dominio fue reconocido en la Conferencia de Berlín (1885) con el nombre de *Estado Independiente del Congo.* En 1908 este estado fue transferido al gobierno belga y pasó a denominarse *Congo Belga.* Los movimientos nacionalistas surgieron desde 1920 y dieron lugar en 1957 al Movimiento Nacional Congolés, presidido por Patricio Lumumba, que obtuvo la independencia en 1960. Lumumba fue nombrado presidente del gobierno pero, tras una serie de disturbios, en 1965 se produjo un golpe de Estado promovido por el jefe del ejército Mobutu Sese Seko, que estableció una dictadura. El poder recayó en el partido único, Movimiento Popular de la Revolución, y en 1988 fue nombrado jefe de gobierno Kengo Wa Dondo. En 1990 Mobutu anunció el retorno al multipartidismo y para llevar a cabo la transición política nombró primer ministro a Lunda Bululu. Las revueltas, la violencia y las protestas populares hicieron difícil el cambio de régimen. En 1991 se sucedieron varios gobiernos para hacer frente a la crisis y, en 1992, el primer ministro Jean Nguza Karl-I-Bond continuó con los intentos de reconciliación nacional.

zaireño, ña *adj.* De Zaire. También *s.*

zalagarda *s. f.* **1.** *fam.* Acción o hecho que produce destrozos o trastornos. **2.** Riña o pelea. **3.** Emboscada. **4.** Trampa para animales. **5.** *fam.* Alabanza o amabilidad fingida.

Zalamea, Jorge (Bogotá 1905 - íd. 1969) Escritor colombiano. Cultivó una prosa poética llena de ironía. Entre sus títulos merecen citarse las narraciones *El gran Burundún Burundá ha muerto* (1952) y *El sueño de las escalinatas* (1964); los ensayos *Infancia y adolescencia de Bolívar* (1938) y *La poesía ignorada y olvidada* (1965), y las obras teatrales *El regreso de Eva* (1927) y *El rapto de las Sabinas* (1941).

zalamería *s. f.* Demostración de cariño exagerada o empalagosa. **FAM.** Zalamero.

Zaldívar, Rafael (San Alejo 1843 - París 1903) Político salvadoreño. Fue presidente de la república (1876-85). Se opuso a la doctrina de Barrios de restaurar la unidad centroamericana. El general F. Menéndez le derrocó.

Zaldúa, Francisco Javier (Bogotá 1811 - íd. 1882) Político colombiano. Rector de la universidad nacional, fue ministro de Gobierno (1849) y de Relaciones Exteriores (1879) y presidente de la república (1882). Durante su corto mandato se aprobó la ley de libertad de prensa.

zalea *s. f.* Piel de oveja o carnero curtida con su lana.

zalema *s. f.* **1.** *fam.* Reverencia que se hace como muestra de sumisión. **2.** Zalamería*.

Zamacois, Eduardo (Pinar del Río 1876 - Buenos Aires 1971) Escritor español. Se exilió en 1939. Triunfó con novelas de tema erótico, como *La enferma* (1895), *Punto negro* (1897), *Memorias de una cortesana* (1904) y *La opinión ajena* (1913), aunque posteriormente derivó hacia un naturalismo de intenso dramatismo, del que es buena muestra *Los muertos vivos* (1935).

zamacuco, ca *s. m.* y *f.* **1.** *fam.* Persona tonta o torpe. **2.** Persona que calla o se hace la tonta, pero consigue siempre lo que quiere. ‖ *s. m.* **3.** Borrachera.

zamacueca *s. f. Chile.* Cueca*.

zamarra (voz vasc.) *s. f.* **1.** Prenda de abrigo en forma de chaqueta o chaleco, hecha de piel con su lana o pelo. **2.** P. ext., chaqueta de mucho abrigo hecha de piel u otro material. **3.** Zalea*.

zamarrear *v. tr.* **1.** Sacudir el perro, el lobo u otra fiera la presa que tiene cogida entre los dientes. **2.** *fam.* Zarandear. **3.** *fam.* Acorralar al oponente en una riña o discusión colocándole en situaciones difíciles. **FAM.** Zamarreo.

zamarrilla *s. f.* Planta leñosa de la familia labiadas, especie *Teucrium polium.* Tiene hojas estrechas y flores blancas o amarillas en capítulo y despide un aroma desagradable. Crece en las regiones mediterráneas.

zamarro *s. m.* **1.** Zamarra*. ‖ *pl.* **2.** *Col., Ec., Ven.* Especie de zahones para montar.

zamba *s. f.* Danza popular que se baila en Argentina y música y canto con que se acompaña.

zambaigo, ga *adj.* **1.** *amer.* Zambo. También *s.* **2.** *Méx.* Se dice del descendiente de chino e india o de indio y china. También *s.*

zambardo *s. m.* **1.** *Chile.* Persona que comete atropellos o destrozos. **2.** *Arg.* Suerte en el juego. **3.** *Arg.* Torpeza, estropicio.

Zambeze o **Zambezi** Río del África austral. 2.660 km y 1.450.000 km^2 de cuenca. Nace en el N de Zambia y discurre hacia el S, cambia su dirección y toma rumbo E, trazando la frontera entre Zambia y Zimbabwe y formando el lago Kariba; penetra en Mozambique y desemboca en el océano Índico formando un delta. A lo largo de su curso presenta numerosas cascadas, entre las cuales destacan las cataratas Victoria. Es navegable en su curso bajo. Sus principales afluentes son Kafue, Luangwa y Shiré.

Zambia Estado del África austral.

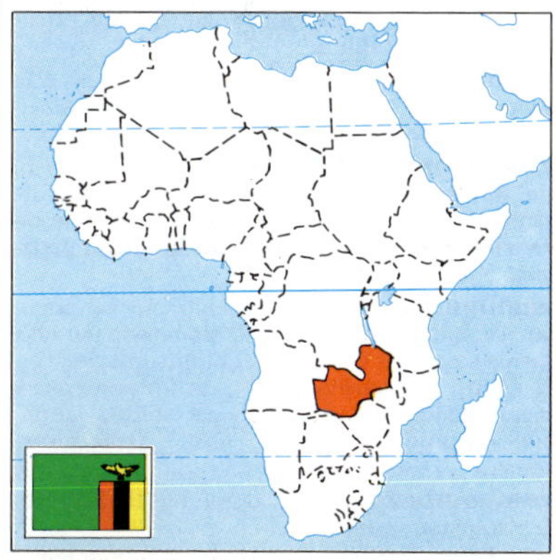

Extensión: 752.614 km^2.
Límites: al N, con Zaire y Tanzania; al E, con Malawi y Mozambique; al S, con Zimbabwe y Namibia, y al O, con Angola.
Población: 8.456.000 h. en 1990.
Densidad: 11,2 h./km^2.
Capital: Lusaka.
División administrativa: 9 provincias.
Ciudades principales: Kitwe, Ndola, Luanshya, Mufulira y Chingola.
Forma de Estado: república presidencialista.
Idioma: inglés, bemba, nyanja y tonga.
Religión: protestantismo, 34,2 %; catolicismo, 26,2 %; cristianismo africano, 8,3 %; creencias tradicionales, 27 %.
Moneda: kwacha.
Tasa de natalidad: 51 ‰ en 1990.
Tasa de mortalidad: 14 ‰ en 1990.
Renta per cápita: 390 dólares en 1989.

Geog. La mayor parte del territorio está ocupada por macizos montañosos, entre los que destacan los montes Muchinga en el sector E, que se alternan con depresiones por las que discurren los ríos Zambeze, Kafue, Kabompo, Chambezi y Luangwa. En el N se hallan los lagos Mweru y Bangweulu. Tiene un clima tropical sudanés, más frío en altura, al que corresponde vegetación de sabana, excepto en las montañas y las cuencas de los ríos, donde domina el bosque. La población, mayoritariamente de raza bantú, grupo cafre, se asienta sobre todo en el centro del país y en la frontera con Zaire. La economía es esencialmente agropecuaria y minera. Sobresalen los cultivos de maíz, mijo, sorgo, tabaco, cacahuete, mandioca, caña de azúcar y algodón, así como las cabañas bovina y caprina. Los bosques proporcionan madera de teca y de mogano y del subsuelo se extrae cobre (quinto productor mundial), manganeso, cinc, plomo, estaño, oro, plata y cobalto. Cuenta con industria metalúrgica, química, azucarera, tabaquera y cervecera.

Hist. El territorio de la actual Zambia estuvo poblado desde épocas muy antiguas y a principios de nuestra era se desarrollaron en él importantes culturas. Cuando comenzó la penetración británica estaba dominado por bantúes. La Compañía Británica de Sudáfrica, de Cecil Rhodes, colonizó el país a fines del s. XIX y en 1911 constituyó el estado de Rhodesia del Norte, dominado por la propia compañía. El país obtuvo estatuto de protectorado británico en 1924 y fue explotado intensamente, sobre todo sus minas de cobre, desde 1931. A mediados del s. XX surgió el movimiento nacionalista, que dio lugar a la creación del Congreso Nacional Africano, dirigido por Keneth David Kaunda, quien luego pasó a presidir el Partido Unificado de la Independencia Nacional. Se consiguió la independencia en el seno de la Commonwealth en 1963, tras la disolución de la federación de Rhodesia, y el nuevo estado tomó el nombre de *República de Zambia*, cuyo presidente electo fue Kaunda. El desarrollo se realizó, pese a estar el país aislado entre colonias europeas, gracias a la construcción del ferrocarril y a la socialización de las minas de cobre. En 1972 se adoptó la fórmula política de régimen de partido único, el Partido Unificado de la Independencia Nacional. Kaunda fue reelegido presidente de la República en sucesivas ocasiones, la última en 1988, y tuvo que hacer frente a dificultades económicas y tensiones con Sudáfrica. En 1991 se celebraron las primeras elecciones democráticas en la historia del país y Frederick Chiluba, líder del Movimiento para la Oposición Multipartidista, fue elegido presidente de la república.

zambo, ba *adj.* **1.** Patizambo*. También *s.* **2.** *amer.* Se dice del hijo de un negro y una india, o al revés. También *s.* **3.** *Bol., Chile, Col.* Mulato.

Zamboanga C. de Filipinas, en el SO de la isla de Mindanao. 431.450 h. en 1990. Es un importante centro portuario con intenso comercio de caucho, madera y copra. Posee industria papelera, alimentaria y maderera.

zambomba *s. f.* **1.** Instrumento musical popular formado por un cilindro hueco tapado por uno de los extremos con una piel tirante que tiene en el centro una varilla, la cual, al frotarla con la mano humedecida, produce un sonido fuerte, ronco y monótono. ‖ *interj. fam.* **2.** Denota sorpresa.

zambombazo *s. m.* **1.** Golpe fuerte, porrazo. **2.** Explosión, estampido.

zambra *s. f.* **1.** Fiesta morisca en la que había música, baile y mucho jaleo. **2.** Fiesta semejante de los gitanos de Andalucía. **3.** Cante y baile andaluces. **4.** *fam.* Jolgorio, juerga.

Zambrano, María (Vélez-Málaga 1907 - Madrid 1991) Filósofa española. Fue ayudante de Ortega y Gasset en la universidad de Madrid. Tras la caída de la República se exilió y en 1984 regresó a España. Defensora de una *razón poética*, afirmó que el sustrato fundamental de la vida humana es la esperanza. Cultivó brillantemente el ensayo filosófico. Entre sus obras destacan *Pensamiento y poesía en la vida española* (1939), *El hombre y lo divino* (1955), *España, sueño y verdad* (1965) y *Dos escritos sobre el amor* (1982).

zambullir *v. tr.* **1.** Meter de golpe algo debajo del agua. También *v. prnl.* ‖ *v. prnl.* **2.** Esconderse o meterse en algún lugar para no ser visto. **3.** *fam.* Meterse de pronto en algún asunto, negocio, actividad, etc., o dedicarse a ellos por completo. ▪ Es v. irreg. Se conjuga como *mullir.* **FAM.** Zambullida.

zamburiña (voz gall.) *s. f.* Molusco lamelibranquio de la familia pectínidos, especie *Chlamys varia.* Es un bivalvo, cuyas conchas miden entre 4 y 6 cm de diámetro, son abombadas, con alerones asimétricos y unos 30 radios. Habita en los fondos arenosos del Atlántico y del Mediterráneo.

Zamenhof, Lejzer Ludwik (Bialyston 1859 - Varsovia 1917) Lingüista ruso-polaco. En 1887 creó el esperanto, lengua internacional ideada para que sirviese como idioma universal.

Zamora 1. Prov. de España, en la comunidad autónoma de Castilla y León, situada en el NO de la Península y en la frontera con Portugal. 10.559 km^2. 211.200 h. en 1991. En su relieve predomina la llanura, surcada por el río Duero y sus afluentes Valderaduey, Cea, Esla, Aliste, Tera y Tormes. En el NO se alza el sector meridional de los montes de León y se halla la laguna de Sanabria. Tiene clima de interior, con una región muy seca, en el centro de la provincia, atlántico en el NO y de alta montaña en los montes de León, y vegetación de matorral y monte bajo, con bosques de haya y castaños en el NO. Su economía es esencialmente agrícola. Cuenta con cultivos de cereales, garbanzos, vid y remolacha, ganadería ovina, minería de estaño y volframio e industria textil, constructora y alimentaria. Tiene, además, una gran producción hidroeléctrica.
2. C. de España, cap. de la prov. homónima, situada a orillas del río Duero. 68.200 h. en 1991. Es un núcleo comercial, que posee industria alimentaria, textil, del cuero y cerámica. Entre sus principales monumentos hay que citar la catedral, de estilo románico, las iglesias de la Magdalena, Santo Tomé, San Vicente, San Juan, San Esteban y Santiago del Burgo, y los restos de la muralla y el castillo.

Zamora: vista parcial de la ciudad, en la que destaca la catedral.

Zamora, Ricardo (Barcelona 1901 - íd. 1978) Futbolista español. Guardameta legendario, jugó en las filas de Español (1916-19 y 1922-31), del Barcelona (1919-22) y del Real Madrid (1931-36). Fue 46 veces jugador internacional entre los años 1920 y 1936.

Zamora Chinchipe Prov. de Ecuador, situada en el SE del país. 18.394 km^2. 68.150 h. en 1989. La capital es Zamora, con 6.365 h. en 1983. Su economía es fundamentalmente agropecuaria y cuenta con recursos forestales.

zamorano, na *adj.* De Zamora. También *s.*

Zampa, Luigi (Roma 1905 - íd. 1991) Director y guionista de cine italiano. Tras un periodo neorrealista, pasó a realizar filmes más comerciales. Entre sus títulos merecen citarse *Un americano de vacaciones* (1945), *Vivir en paz* (1946), *Años difíciles* (1948), *Proceso a la ciudad* (1952), *La romana* (1954) y *Una cuestión de honor* (1966).

zampabollos *s. m.* y *f.* **1.** *fam.* Tragón, comilón. **2.** *fam.* Persona patosa y sin gracia.

zampar *v. tr.* **1.** *fam.* Comer mucho, con ansia y rapidez. También *v. intr.* y *v. prnl.* **2.** Meter de repente o con brusquedad una parte del cuerpo u otra cosa en un líquido o en un lugar determinado. **3.** Lanzar o dejar algo con violencia. ‖ *v. prnl.* **4.** Meterse de repente en algún lugar sin llamar o sin haber sido invitado.

zampatortas *s. m.* y *f. fam.* Zampabollos*.

zampear *v. tr.* Afirmar un terreno inseguro o cubierto de agua con trozos de madera en cadena y macizos de mampostería, para edificar sobre él. **FAM.** Zampeado.

zampón, na *adj. fam.* Zampabollos, comilón. También *s.*

zampoña *s. f.* **1.** Instrumento de viento de la familia de la gaita. **2.** *fam.* Dicho sin importancia, bobada.

Zanahoria (Daucus carota); *detalle de la raíz y la flor.*

zanahoria *s. f.* **1.** Planta herbácea de la familia umbelíferas, especie *Daucus carota.* Mide entre 30 y 100 cm de altura, en su tallo nacen hojas compuestas y brácteas muy divididas, está rematado en una umbela aplanada o convexa y tiene flores blancas, la central a veces roja. Su raíz es muy gruesa y carnosa, de color amarillento o anaranjado. Crece en praderas y pastizales del hemisferio norte. De ella proceden numerosas especies cultivadas, de las que se aprovecha su raíz en alimentación. **2.** Esta raíz comestible.

zanca *s. f.* **1.** Pata larga de algunas aves. **2.** *fam.* Pierna de una persona o de un animal cuando es larga y delgada. **3.** En construcción, madera o travesaño inclinado que sirve de apoyo a los peldaños de una escalera.

zancada *s. f.* Paso largo. ‖ **LOC. en dos zancadas** *adv. fam.* En muy poco tiempo, con gran rapidez.

zancadilla *s. f.* **1.** Acción que consiste en cruzar de repente alguien su pierna delante de una persona que anda o corre para que tropiece y se caiga. **2.** *fam.* Engaño o dificultad que se pone a alguien para perjudicarle.

zancadillear *v. tr.* Poner la zancadilla a alguien.

zancajo *s. m.* **1.** Hueso del pie que forma el talón. **2.** Esa misma parte sobresaliente del pie. **3.** Parte del zapato, media, calcetín, etc., que cubre el talón. ‖ **LOC. no llegarle** a alguien **al** (o **los**) **zancajo(s)** Ser muy inferior a él en cualquier aspecto.

zancarrón *s. m. fam.* Cualquiera de los huesos de la pierna, especialmente los de las reses despedazadas para el consumo, con muy poca carne o sin ella.

zanco *s. m.* **1.** Cada uno de los palos largos con unos soportes a media altura para apoyar los pies, que se utilizan generalmente en algunos juegos de agilidad o de equilibrio. **2.** En algunas zonas, zueco, zapato de madera.

zancudo, da *adj.* **1.** Que tiene las zancas largas. ‖ *s. f. pl.* **2.** Antiguo orden de aves que en la actualidad carece de valor taxonómico. También *adj.* y *s. f.* ‖ *s. m.* **3.** *amer.* Mosquito.

zanganada *s. f. fam.* Tontería, sandez.

zanganear *v. intr. fam.* **1.** Hacer el zángano, holgazanear. **2.** *fam.* Decir o hacer zanganadas.

zángano, na *s. m.* y *f.* **1.** *fam.* Persona holgazana que trata de vivir a costa del trabajo de los demás. **2.** *fam.* Persona torpe y sin gracia. ‖ *s. m.* **3.** Macho de la abeja reina.

zangarriana *s. f.* **1.** Enfermedad del ganado lanar caracterizada por la acumulación de líquido en las cavidades y tejidos del organismo. **2.** *fam.* Enfermedad leve y pasajera, achaque. **3.** *fam.* Tristeza, disgusto.

zangolotear *v. tr.* **1.** *fam.* Mover repetidamente y con violencia una cosa. También *v. prnl.* || *v. intr.* **2.** *fam.* Vagar, deambular. || *v. prnl.* **3.** *fam.* Moverse una cosa por estar mal sujeta. También *v. tr.* **FAM.** Zangoloteo.

zangolotino, na *adj. fam.* Se dice del muchacho al que se quiere hacer pasar por niño o que aparenta menos edad de la que tiene. ■ Suele usarse con el sustantivo *niño.* También *s.*

zanguango, ga *adj.* **1.** *fam.* Indolente, perezoso. También *s.* || *s. m.* y *f.* **2.** *fam.* Persona mal educada o sin gracia. || *s. f.* **3.** *fam.* Enfermedad fingida que se pretexta para no trabajar o hacer algo.

zanja *s. f.* **1.** Excavación larga y estrecha que se hace en el suelo. **2.** *amer.* Surco o hendidura del terreno producida por una corriente de agua.

zanjar *v. tr.* **1.** Terminar o dar por terminado un asunto, problema, discusión, etc. **2.** Abrir zanjas.

zanjón *s. m.* **1.** Torrentera producida por una corriente de agua. **2.** *amer.* Despeñadero, precipicio.

Zanjón, paz de Tratado concertado en 1878 entre los insurgentes cubanos y el general español Martínez Campos en Zanjón, que puso fin a la Guerra Grande (1868-78). España concedió un indulto general y cierta capacidad de intervención en el gobierno de la isla a los cubanos.

zanquear *v. intr.* **1.** Torcer las piernas al andar. **2.** Andar con prisa dando pasos muy largos.

zanquilargo, ga *adj.* Que tiene las zancas o piernas muy largas. También *s.*

Zanzíbar 1. Isla africana del océano Índico, frente a las costas de Tanzania. 1.658 km^2. Es una formación coralina que presenta un relieve bajo. Tiene un clima tropical lluvioso y está cubierta de bosques. Su economía se basa en las plantaciones de clavo, algodón, cocoteros y caña de azúcar. Habitada por una población de persas y bantúes, que llegaron al mestizaje, fue explorada por Vasco de Gama en 1498 y colonizada por portugueses en el s. XVI. En 1698 fue dominada por los sultanes de Omán, colonizada por alemanes a fines del s. XIX y dominada por el Reino Unido en 1890. Fue estado independiente en el seno de la Commonwealth (1963) y se integró en Tanganica en 1964, constituyéndose así la república de Tanzania.
2. Estado federado de Tanzania, 2.644 km^2. 640.600 h. en 1988. Comprende las islas de Zanzíbar y Pemba.
3. C. de Tanzania, cap. del estado federado de Zanzíbar, situada en la isla del mismo nombre. 157.650 h. en 1988. Es un importante centro portuario, que cuenta con industrias alimentarias.

zapa[1] (del ital. *zappa,* azada) *s. f.* **1.** Excavación de una galería subterránea o de una zanja al descubierto. **2.** Especie de pala que usan los zapadores o gastadores. || **LOC. labor** (o **trabajo**) **de zapa** Actividad que se realiza de manera oculta o con intrigas para conseguir algo.

zapa[2] (del lat. *sepia,* lija) *s. f.* **1.** Piel áspera de algunos peces, como la pintarroja o lija. **2.** Cuero o metal labrado imitando el granulado de esa piel.

zapador *s. m.* Soldado que se ocupa de abrir trincheras, zanjas, etc.

zapallo *s. m.* **1.** *Amér. del S.* Güira*, árbol tropical. **2.** *Amér. del S.* Cierta variedad de calabacín.

zapapico *s. m.* Herramienta con mango de madera, terminada por un lado en punta y por el otro en una hoja estrecha y afilada; se utiliza para picar en la tierra, derribar algo, etc.

zapar *v. intr.* **1.** Trabajar con la zapa. **2.** Excavar para hacer una zanja, una galería subterránea, etc.

zapata *s. f.* **1.** Pieza del sistema de freno de algunos vehículos que actúa por fricción en las ruedas, llantas, ejes, etc., para moderar o impedir su movimiento. **2.** Pedazo de cuero, de fieltro, etc., que a veces se pone debajo del quicio de la puerta para que no roce. **3.** En arq., pieza dispuesta horizontalmente sobre una columna u otro elemento para sostener la viga que va encima. **4.** Tablón que se clava en la parte inferior de la quilla de un barco para protegerla en las varadas.

Zapata, Emiliano (San Miguel Anenecuilco, Morelos 1883 - hacienda de Chinameca, Cuernavaca 1919) Revolucionario mexicano. Comenzó

Emiliano Zapata.

sus actividades políticas en 1909, al convertirse en presidente de las juntas de defensa de la región de Ayala. Apoyó a Madero para derrocar a Porfirio Díaz. Sin embargo, se enemistó con aquél a causa de su desacuerdo sobre el reparto de tierras. En 1911 una junta revolucionaria reunida en Ayala proclamó la sustitución de Madero y puso las bases de la reforma agraria, lo que produjo la escisión y el enfrentamiento entre los constitucionalistas y los agraristas de Zapata, encabezados por Orozco. Tras la muerte de Madero (1913), Zapata se erigió en jefe de la revolución, oponiéndose a Huerta y poco después, junto a Pancho Villa, al moderado Carranza. Posteriormente, Zapata y Villa se separaron y este último fue derrotado por los carrancistas (1915). Afianzado en el poder, Carranza desató una dura represión. Con su consentimiento se tendió una emboscada a Zapata, en la que el caudillo fue asesinado.

Zapata, Luis de (en Extremadura h. 1526 - ? h. 1595) Escritor español. Se crió en la corte de Felipe II. Es autor de *Carlos famoso* (1566), poema sobre el emperador Carlos V, y *Miscelánea* (1592), libro indispensable para el buen conocimiento del s. XVI español.

zapatazo *s. m.* **1.** Golpe dado con un zapato. **2.** Caída de algo y ruido que produce. **3.** Golpe fuerte que se da contra cualquier cosa que suena. || **LOC. tratar** a uno **a zapatazos** *fam.* Tratarle muy mal, sin ninguna consideración.

zapateado *s. m.* **1.** Modalidad de baile flamenco para un solo bailarín y sin acompañamiento instrumental, que se realiza percutiendo los tacones sobre el suelo. **2.** Acción y efecto de zapatear.

zapatear *v. intr.* **1.** Dar golpes en el suelo con los pies calzados. También *v. tr.* **2.** En algunos bailes, dar esos mismos golpes con un ritmo determinado. **3.** Golpear el conejo rápidamente la tierra con las manos, cuando siente al cazador o al perro. **FAM.** Zapateo.

zapatería *s. f.* **1.** Tienda de calzado. **2.** Taller en que se fabrican o se reparan zapatos. **3.** Oficio de hacer zapatos.

zapatero, ra *adj.* **1.** Perteneciente o relativo a los zapatos. **2.** Se aplica a los garbanzos, judías y otros alimentos que resultan duros o acorchados por estar poco hechos o hacer bastante tiempo que fueron cocinados. || *s. m.* y *f.* **3.** Persona que hace, repara o vende zapatos. || *s. m.* **4.** Mueble para guardar zapatos. **5.** Insecto de cuerpo estrecho y patas muy largas que se desliza por la superficie del agua. || **6. zapatero de viejo** (o **remendón**) El que arregla los zapatos rotos o gastados.

zapateta *s. f.* **1.** Golpe que se da con la mano en el zapato del pie contrario o haciendo chocar un zapato contra otro al saltar, en señal de alegría o en algunos bailes. **2.** Cabriola, brinco sacudiendo los pies.

zapatiesta *s. f. fam.* Jaleo, discusión o pelea ruidosa.

zapatilla *s. f.* **1.** Zapato ligero o abrigado y muy cómodo, generalmente de paño y piel fina, que se usa para estar en casa. **2.** Zapato ligero, bajo y de suela muy delgada. **3.** Calzado deportivo, de lona u otro material flexible. **4.** Pieza de ante, cuero, etc., con que se protege, amortigua o calza algunas cosas.

zapatillazo *s. m.* Golpe dado con una zapatilla.

zapato *s. m.* Pieza de piel u otro material, con la parte inferior de suela, goma, plástico, etc., que se pone en los pies y no llega a los tobillos. || **LOC. estar** alguien **como un niño con zapatos nuevos** *fam.* Estar muy contento. **no llegarle a** alguien **a la suela del zapato** *fam.* Ser muy inferior a él en algo. **saber** alguien **dónde le aprieta el zapato** *fam.* Saber bien lo que le conviene, conocer bien sus circunstancias, dificultades, etc.

¡zape! *interj. fam.* Se emplea para ahuyentar a los gatos, o para manifestar extrañeza o miedo al enterarse de un daño ocurrido.

Zapopan C. de México, en el estado de Jalisco, junto a Guadalajara, de cuya conurbación forma parte. 711.900 h. en 1990. Posee industria metalúrgica, automovilística y de cerámica.

Zaporozhie C. de Ucrania, situada a orillas del río Dniéper. 884.000 h. en 1989. Es un centro de la industria metalúrgica, mecánica, automovilística, electroquímica y cerámica.

zapote *s. m.* **1.** Árbol de la familia sapotáceas, especie *Achras sapota.* Mide unos 10 m de altura. Tiene la madera blanca y poco resistente, hojas alternas, flores rojizas en racimos y fruto comestible de carne amarilla oscura. Destila un jugo lechoso que sirve de base para elaborar chicle. Crece en América del Sur y la península Ibérica. Se llama también *zapotero* o *zapotillo.* **2.** Fruto de este árbol. **FAM.** Zapotal.

zapoteca *adj.* **1.** Se dice de un pueblo amerindio, de lengua olmeca-otomangue, que vive en México, fundamentalmente en el estado de Oaxaca. En la época precolombina crearon una interesante cultura, emparentada con la olmeca. En la actualidad son unos 300.000 individuos. **2.** De dicho pueblo. También *s.* || *s. m.* **3.** Lengua hablada por este pueblo.

zapotero o **zapotillo** *s. m.* Zapote*, árbol.

Zapotocky, Antonin (Zakolany 1884 - Praga 1957) Político checoslovaco. Uno de los fundadores del Partido Comunista checoslovaco (1921), fue deportado por los nazis a Oranienburg. De vuelta a su país, como miembro de la asamblea nacional provisional, permitió a los comunistas la toma del poder en la primavera de Praga (1948). Fue jefe del gobierno (1948-53) y presidente de la república (1953-57).

zapoyolito *s. m. Amér. C.* Ave trepadora, especie de perico pequeño.

zaque *s. m.* Odre pequeño.

zaquear *v. tr.* **1.** Pasar líquidos de unos zaques a otros. **2.** Transportar líquidos en zaques.

zaquizamí *s. m.* **1.** Desván que suele tener como techo el tejado. **2.** Cuarto pequeño, poco cómodo y sucio.

zar *s. m.* Título que se daba al emperador de Rusia y al soberano de Bulgaria.

zarabanda *s. f.* **1.** Danza cortesana de origen español, que se difundió por Europa a partir del s. XVII. Tiene un tiempo lento y reposado y es de compás ternario. Desde el s. XVIII formó parte de la suite instrumental. **2.** Copla y música con que se acompañaba esa danza. **3.** Jaleo, bullicio. **FAM.** Zarabandista.

zaragata *s. f. fam.* Riña, alboroto.

zaragatear *v. intr. fam.* Armar zaragata. **FAM.** Zaragatero.

zaragatona *s. f.* Nombre común de diversas plantas herbáceas de la familia plantagináceas, género *Plantago.* La zaragatona común *(Plantago sempervirens)* mide entre 10 y 40 cm de altura, tiene tallo ramificado, hojas aciculares y espigas en forma casi de globo, con florecillas blancas de cuya semilla se extrae mucílago. Crece en la península Ibérica.

Zaragoza 1. Prov. de España, en la comunidad autónoma de Aragón, situada en NE del país. 17.184 km^2. 861.350 h. en 1991. Su relieve está caracterizado por una depresión central, por la que discurre el río Ebro y sus afluentes Jalón, Huerva y Gállego. El terreno se eleva en muelas y planas, con alturas comprendidas entre 500 y 800 m. En el O se alzan las sierras del Moncayo, de la Virgen, de Algairén, Vícort, Pardos y Santa Cruz, que culminan en el pico Moncayo (2.313 m). Al N del Ebro se extienden las sierras de Leyre, Alcubierre y Mequinenza y las comarcas semidesérticas de Las Bardenas y Los Monegros. Tiene clima de interior, con un área muy seca en el centro de la provincia, y clima de alta montaña en el Moncayo. En la vegetación predominan el matorral, la carrasca y el lentisco, con formaciones de árboles de ribera, junto a los ríos.

Zaragoza: basílica del Pilar.

Se cultiva trigo y cebada, alfalfa y remolacha azucarera, vid en el O y olivo en el E y frutales y hortalizas en las cuencas de los ríos. Cuenta con ganadería ovina y minería de carbón, sal y cobalto. La industria ha alcanzado un gran desarrollo, especialmente la metalúrgica, automovilística, alimentaria, textil, química, de materiales de construcción, del vidrio y cerámica.
2. C. de España, cap. de la prov. homónima, situada en el centro de la misma, a orillas del río Ebro. 622.350 h. en 1991. Es un centro administrativo, comercial e industrial, con producción química, de maquinaria, automovilística, vidriera y alimentaria, e importante nudo de comunicaciones. Entre sus monumentos destacan las murallas romanas, el puente de Piedra, la Aljafería, la Seo y la basílica del Pilar.
Hist. Fundada en el 25 a. C. por los romanos con el nombre de *Caesaraugusta,* fue un importante centro urbano y sede episcopal en época imperial romana y visigoda. Conquistada por el Islam, se convirtió en capital de la marca del N y del reino taifa del mismo. Reconquistada por Alfonso el Batallador en 1118, fue capital del reino de Aragón. Decayó en el s. XVII a causa de la expulsión de los moriscos, que perjudicó su agricultura. La construcción del canal imperial de Aragón (1790) dio gran impulso a su economía. En la guerra de Independencia sufrió dos terribles asedios (1808 y 1809). Ya en el s. XX fue un importante centro del movimiento obrero y anarquista; pese a ello en 1936 quedó en la zona controlada por los militares sublevados. Desde 1982 es capital de la comunidad autónoma de Aragón.

zaragozano, na *adj.* De Zaragoza. También *s.*

zaragüelles *s. m. pl.* **1.** Especie de calzones anchos usados por ciertas gentes del campo en Valencia y Murcia. **2.** *fam.* Pantalones muy anchos y mal hechos.

Zaragüeta, Juan (Orio, Guipúzcoa 1883 - San Sebastián 1974) Filósofo y pedagogo español. Fue sacerdote y profesor en la Universidad Complutense de Madrid. Influido por el vitalismo de Ortega y por la fenomenología, enriqueció el pensamiento tomista, en el que había sido formado. Es autor de *Pedagogía fundamental* (1943), *Una introducción moderna a la filosofía escolástica* (1946) y *Filosofía y vida* (1950-54).

zaranda *s. f.* Utensilio parecido a un colador con que se separan las partes más gruesas de una sustancia, como el que se usa para colar la jalea y otros dulces.

zarandaja *s. f. fam.* Cosa menuda, sin valor o de poca importancia. Se usa más en *pl.*

zarandear *v. tr.* **1.** *fam.* Mover a una persona o cosa de un lado a otro con cierta violencia. **2.** Pasar algo por un colador o una criba. También *v. prnl.* ‖ *v. prnl.* **3.** *And., amer.* Contonearse. **Fam.** Zarandeo.

zarandillo *s. m.* **1.** Zaranda pequeña. **2.** *fam.* Persona inquieta, que no para de moverse o ir de un sitio a otro; particularmente, niño muy travieso. ‖ **Loc. traerle** (o **llevarle**) a uno **como un zarandillo** *fam.* Hacerle ir frecuentemente de una parte a otra.

zarapito *s. m.* Nombre común de diversas aves de la familia escolopácidos, género *Numenius.* El zarapito real *(Numenius arquata)* mide entre 53 y 58 cm de longitud, tiene un pico largo y algo curvado y plumaje fuertemente rayado; es migrante parcial. El zarapito trinador *(Numenius phaeopus)* mide unos 40 cm de longitud, tiene el plumaje más oscuro, con la cabeza rayada; es ave migrante. Anidan en el suelo, entre matorrales y brezales de pantanos y turberas. Crían en Europa, Asia y América del Norte.

zaratán *s. m.* Cáncer de pecho.

Zárate, Agustín (¿Valladolid? 1514 - ? 1560) Cronista e historiador español. Secretario del Consejo de Castilla, pasó a Perú como contador de la Hacienda Pública (1544). Escribió *Historia del descubrimiento y conquista del Perú* (1555).

Zaratustra (¿Ragues?, Media h. 628 - ? h. 551 a. C.) Reformador religioso iraní, fundador del zoroastrismo o mazdeísmo. Según la tradición, le fue encomendado predicar la verdad por Mazda, divinidad que él situó en la cúspide de la jerarquía de los dioses. Es llamado también *Zoroastro.*

Zarauz C. de España, en la prov. de Guipúzcoa, situada a orillas del mar Cantábrico. 18.150 h. en 1991. Tiene puerto pesquero e industria ligera alimentaria y textil, pero fundamentalmente constituye un núcleo residencial y turístico.

zarazo, za *adj.* **1.** *Amér. del S.* Medio borracho. **2.** *amer.* Se aplica al fruto que aún no está maduro.

zarceta *s. f.* Cerceta*.

zarcillo *s. m.* **1.** Pendiente en forma de aro. **2.** Marca que se hace al ganado en las orejas, de modo que quede colgando una parte de ellas. **3.** En bot., cada uno de los órganos largos, delgados y volubles que tienen ciertas plantas y que les sirven para asirse y trepar.

zarco, ca *adj.* Azul claro.

Zardoya, Concha (Valparaíso 1914) Escritora chilena. Estudió en Madrid y se dedicó a la enseñanza de la literatura en varias universidades de EE UU. Es autora de libros de poesía, cuentos y crítica literaria. De su producción poética merecen citarse *Pájaros del Nuevo Mundo* (1945), *Corral de vivos muertos. Poemas para españoles* (1965) y *El corazón y la sombra* (1977).

zarevich *s. m.* Hijo del zar, particularmente el príncipe primogénito.

zariano, na *adj.* Perteneciente o relativo al zar.

Zarigüeya común (Didelphis marsupialis).

zarigüeya *s. f.* Nombre común de diversos mamíferos marsupiales de la familia didélfidos, género *Didelphis.* Miden unos 50 cm de longitud, con cola de aproximadamente 30 cm. Tienen el hocico alargado, orejas redondas, cola prensil que sostiene a sus crías cuando las transportan sobre el lomo y patas posteriores con pulgar oponible. Su marsupio está poco desarrollado y en algunas especies es inexistente. Sus costumbres son nocturnas y su alimentación omnívora. La zarigüeya común *(Didelphis marsupialis)* vive en América, desde EE UU a Paraguay, y la zarigüeya de Virginia *(Didelphis virginiana)* más al N.

zarina *s. f.* **1.** Esposa del zar. **2.** Emperatriz de Rusia.

zarismo *s. m.* Forma de gobierno absoluto, propia de los zares.

zarista *adj.* **1.** Perteneciente o relativo al zarismo o al zar. **2.** Partidario del zarismo o de los zares. También *s.*

Zarlino, Gioseffo (Chioggia 1517 - Venecia 1590) Compositor y teórico de la música italiano. Sus pensamientos sobre melodías, acordes y modos anticipan los desarrollos teóricos de los s. XVII y XVIII, particularmente la obra de Jean-Philippe Rameau. Muy pocas de sus partituras han sobrevivido, pero sí lo han hecho sus tres tratados *Instituciones armónicas* (1558), *Demostraciones armónicas* (1571) y *Suplementos musicales* (1588).

zarpa *s. f.* **1.** Mano o pie de algunos animales, como el león, el tigre, etc., con dedos y uñas. **2.** *fam.* P. ext., mano. ‖ **Loc. echar** uno **la zarpa** *fam.* Agarrarlo o atraparlo; también, apoderarse de alguna cosa.

zarpada *s. f.* Zarpazo*.

zarpar *v. intr.* Salir un barco del lugar en que estaba fondeado, o las personas que van en él.

zarpazo *s. m.* Golpe dado con la zarpa.

zarpear *v. tr. Amér. C., Méx.* Salpicar, particularmente de barro.

Zarra, Telmo Zarraonaindía, llamado (Mungia, Vizcaya 1921) Futbolista español. Fue delantero centro de Athletic de Bilbao y de la selección nacional. Representante de la llamada *furia española,* con su equipo estableció un récord al marcar 38 goles en la liga de 1950-51.

zarracina *s. f.* Ventisca con lluvia.

zarrapastroso, sa *adj.* Desaseado, andrajoso. También *s.* **Fam.** Zarrapastrosamente.

Zarza común (Rubus fruticosus) *y detalle del fruto.*

zarza *s. f.* Nombre común de diversos arbustos de la familia rosáceas, género *Rubus.* La zarza común *(Rubus fruticosus)* tiene fuertes sarmientos y ramas provistas de agudas espinas, hojas compuestas, flores en racimo y fruto formado por numerosas drupas de color rojo, que al madurar se vuelve morado y es muy dulce, por lo que se aprovecha para elaborar confituras. Es una planta invasora que se desarrolla por estolones y coloniza grandes extensiones de campos. Crece en Europa.

Zarza, Vasco de la (? - ? 1524) Escultor español. Uno de los iniciadores del Renacimiento en España, su estilo es muy cercano al plateresco. Trabajó principalmente en Ávila y Toledo. Entre sus obras destacan, en la catedral de Ávila, el retablo mayor y el trasaltar mayor, con el sepulcro de Alonso de Madrigal «el Tostado», y en la catedral de Toledo, los sepulcros de Alonso Carrillo de Albornoz e Íñigo López Carrillo de Albornoz.

zarzal *s. m.* Matorral de zarzas o lugar poblado de ellas.

zarzaleño, ña *adj.* Perteneciente o relativo al zarzal.

zarzamora *s. f.* **1.** Fruto de la zarza. **2.** Zarza de la especie *Rubus saxatilis,* que mide entre 8 y 40 cm de altura, carece de espinas en su tallo o las tiene muy finas y da un fruto en drupa muy dulce. Crece en bosques y setos de Europa.

zarzaparrilla *s. f.* **1.** Arbusto de la familia liliáceas, género *Smilax*. Mide unos 2 m de longitud, tiene tallos volubles y espinosos, hojas acorazonadas, flores verdosas en racimos y fruto en baya. La zarzaparrilla de España *(Smilax aspera)* es planta trepadora, con hojas coriáceas y espinosas y bayas rojas. Crece en la península Ibérica. La zarzaparrilla de Indias *(Smilax officinalis)* crece en América y con su raíz se elabora una bebida refrescante. **2.** Bebida refrescante preparada con esta planta. **3.** Cocimiento de la raíz de esta planta usado como sudorífico y depurativo.

zarzaperruna *s. f.* Escaramujo*, rosal silvestre.

zarzarrosa *s. f.* Rosa silvestre, flor del escaramujo.

zarzo *s. m.* **1.** Tejido de varas, cañas, mimbres o juncos, que forma una superficie plana. **2.** *Col.* Desván.

zarzoso, sa *adj.* Que tiene zarzas.

zarzuela *s. f.* **1.** Representación dramática y musical española, en la que se alternan números cantados, hablados y de baile. Recibe este nombre a causa de que sus primeras manifestaciones tuvieron lugar en el palacio real de la Zarzuela, en el s. XVII, durante el reinado de Felipe IV. Tras una época de crisis, la zarzuela resurgió con el nacionalismo del s. XIX, gracias a autores como Barbieri, Arrieta, Bretón, Chapí y Chueca. En el s. XX destacaron Torroba, Guerrero y Sorozábal. Entre las zarzuelas más populares se encuentran *El barberillo de Lavapiés, La verbena de la Paloma, La Revoltosa* y *La Gran Vía.* **2.** Letra o música de esta obra. **3.** Plato que consiste en varios tipos de pescado y marisco condimentados con una salsa.

zarzuelero, ra *adj.* Perteneciente o relativo a la zarzuela.

zarzuelista *s. m.* y *f.* Compositor de letras o músicas para zarzuelas.

¡zas! *interj.* **1.** Voz expresiva del ruido producido por un golpe o del golpe mismo. **2.** Se utiliza para indicar la manera brusca o inesperada con que se hace o produce algo.

zascandil *adj. fam.* Se dice de la persona informal, enredadora, que no para tranquila en ningún sitio. También *s.*

zascandilear *v. intr.* Ir de un lado a otro o cambiar de actividad sin ningún motivo importante. **FAM.** Zascandileo.

Zatopek, Emil (Praga 1922) Atleta checoslovaco. Especialista en carreras de fondo, batió todos los récords y fue llamado por su resistencia «la locomotora humana». En los Juegos Olímpicos de 1948, en Londres, consiguió la medalla de oro en 10.000 m y la de plata en 5.000 m, y en los de 1952, en Helsinki, medallas de oro en 5.000 m, en 10.000 m y en el maratón.

Zauditu o **Zawdito** (Addis Abeba 1876 - íd. 1930) Emperatriz de Etiopía (1916-30). Hija de Menelik II, subió al trono tras el derrocamiento de su sobrino Yassu, aunque el poder lo ejerció el regente Tafari, futuro Haile Selassie.

Zavattini, Cesare (Luzzara, Emilia 1902 - Roma 1989) Escritor italiano. Uno de los principales teóricos del neorrealismo, publicó artículos periodísticos y crítica teatral y escribió numerosos guiones de cine, entre ellos los de los filmes *Cuatro pasos por las nubes* (1942), *Ladrón de bicicletas* (1948), *Milagro en Milán* (1950), *Bellísima* (1950) y *El alcalde, el escribano y su abrigo* (*Il capotto*, 1952).

Zayas, Alfredo (La Habana 1861 - íd. 1934) Político y escritor cubano. Dirigió *La Habana literaria* (1891-93). Fundador del Partido Popular, ocupó la presidencia del país (1921), apoyado por los conservadores. Ayudó a Gerardo Machado para que le sucediera en el cargo (1925), pero a los cinco años se unió a la oposición contra el régimen del dictador. Es autor de *Cuba autonómica* (1889), *Lexicografía antillana* (1914) y *Un capítulo de la historia general de Cuba (1867-1868)* (1916).

Zayas y Sotomayor, María de (Madrid 1590 - ? 1661) Escritora española. De familia noble, residió en Nápoles, Zaragoza, Barcelona y Madrid. En sus obras se advierte la influencia de Boccaccio y Cervantes. Sus novelas se publicaron en dos series, *Novelas ejemplares y amorosas* (1637) y *Novelas y saraos* (1647).

Zaydun, Abu-l-Walid Ahmad ibn (Córdoba 1003 - Sevilla 1071) Poeta hispanomusulmán. Visir en la corte cordobesa, cayó en desgracia por sus amores con la princesa Wallada y huyó a Sevilla, donde ocupó el cargo de visir en la corte de al-Mutamid. Alcanzó perfección en la qasida. La más popular es la rimada en *mun*, en la que el poeta llora la pérdida de su amada; algunos de sus versos figuran en *Las mil y una noches*.

Zea, Leopoldo (México 1912) Filósofo y ensayista mexicano. Ha realizado numerosos estudios histórico-filosóficos sobre su propio país y sobre América en general. Entre sus obras principales cabe citar *La esencia de lo americano* (1970), *Dependencia y liberación de la cultura latinoamericana* (1975) y *Latinoamérica, tercer mundo* (1977).

Zea (o **Cea**) **Bermúdez, Francisco** (Málaga 1772 - en Francia 1850) Político español. Secretario de Estado en 1824, se encargó del gobierno tras los sucesos de La Granja (1832), intentando una tercera vía alejada a un tiempo de carlistas y liberales; sin embargo, no pudo llevarla a buen término y fue sustituido por Martínez de la Rosa en 1834.

zeda *s. f.* Nombre de la letra *z.* ■ También se escribe *ceda.*

Zeeman, efecto Fenómeno consistente en el desdoblamiento de las rayas del espectro de un elemento por la acción de un campo magnético. Pone de manifiesto que la dirección del momento cinético orbital del electrón está cuantificada, es decir, que sólo puede tomar determinados valores.

Zeeman, Pieter (Zonnemaire, Zelanda 1865 - Amsterdam 1943) Físico neerlandés. Descubrió en 1896 el efecto que lleva su nombre, que confirmó la teoría electrónica y permitió el desarrollo de la óptica y la astrofísica. De 1915 a 1918 trabajó sobre la propagación de la luz y realizó diversos experimentos que confirmaron las teorías de la relatividad. En 1902 obtuvo el premio Nobel de física, compartido con Hendrik Antoon Lorentz.

Zeffirelli, Franco (Florencia 1923) Director de cine y teatro y escenógrafo italiano. Es un especialista en el montaje teatral y operístico. Como director cinematográfico, sus principales realizaciones son *La mujer indomable* (*The taming of the shrew*, 1967), *Romeo y Julieta* (1968), *Hermano Sol, hermana Luna* (1972), *Jesús de Nazareth* (1978), *Campeón* (1979), *La Traviata* (1982) y *Hamlet* (1991).

zegrí *adj.* **1.** Perteneciente o relativo a un linaje del reino nazarí que gobernó en Granada durante el s. XV, en oposición a los abencerrajes. Las luchas internas entre ellos contribuyeron al debilitamiento del reino, lo que fue aprovechado por los Reyes Católicos para conquistarlo. **2.** De este linaje. También *s.*

zéjel *s. m.* Composición poética popular de origen árabe, que incluye una estrofilla inicial o estribillo y un número variable de estrofas de tres versos monorrimos seguidos de otro verso de rima igual a la del estribillo.

Zelanda (*Zeeland*) Prov. de los Países Bajos, situada en el SO del país, en la desembocadura del río Escalda. 1.792 km^2. 335.600 h. en 1989. La capital es Middelburg, con 39.500 h. en 1989. Comprende una parte continental y un conjunto insular que a lo largo de los años va siendo incorporado al continente por medio de pólders. Su economía se basa en la agricultura de cereales y de remolacha azucarera, la ganadería caballar, la pesca y la cría de ostras y mejillones, y la industria petroquímica, de aluminio, cuero y abonos.

Zelaya, José Santos (Managua 1853 - Nueva York 1919) Político nicaragüense. Líder de la revolución que derrocó a Sacasa, se mantuvo en el poder desde 1893 hasta 1909, tras reformar la Constitución. Partidario del restablecimiento de la Unión Centroamericana, intervino en la política interna de los demás países de esta región, oponiéndose a la influencia británica y estadounidense. Fue derrocado por una revuelta apoyada por EE UU y tuvo que exiliarse.

zelote o **zelotas** *s. m.* y *f.* Miembro de un movimiento nacionalista judío, que propugnaba una estricta observancia a la ley mosaica y que se mostró especialmente activo en la insurrección contra la ocupación romana de los años 66 a 70.

zen *s. m.* Forma de budismo sistematizada en China en el s. VI e introducida en Japón en el s. XII. Recurre a la meditación para lograr la iluminación o *satori*, con el auxilio de técnicas dialécticas utilizadas por el maestro para transmitir la verdad a su discípulo. Se difundió en Occidente en la segunda mitad del s. XX. También *adj.*

Zendavesta Véase **Avesta**.

Zenea, Juan Clemente (Bayamo 1832 - La Habana 1871) Poeta y patriota cubano. Luchó por la independencia de Cuba y fue capturado y fusilado por los españoles. Escribió poemas patrióticos y fue uno de los representantes del Romanticismo en su país. Entre sus obras destacan *Cantos de la tarde* (1860), *En días de esclavitud* (1869) y *Diario de un mártir* (1871).

zenit *s. m.* Cenit*.

Zenobia, Septimia (? - ? h. 274) Reina de la colonia romana de Palmira (267 -272). A la muerte de su esposo Odaenathus y mientras fue regente de su hijo Wahballat, luchó por independizarse de Roma y conquistó Asia Menor, Egipto y Siria. En el año 272 fue sojuzgada por el emperador Aureliano.

Zenón (? h. 426 - ? 491) Emperador de Oriente (474-491). Sucedió a León II. El derrocamiento de Rómulo Augústulo (476) le permitió obtener el título de emperador de Occidente, aunque de hecho no ejerció la autoridad; envió al ostrogodo Teodorico a Italia, donde derrocó a Odoacro y fundó un reino sometido teóricamente al poder imperial. Promulgó el Edicto de Unión, para resolver la querella religiosa del monofisismo, lo que favoreció el cisma con Roma.

Zenón de Citio (Citio, Chipre h. 335 - Atenas h. 264 a. C.) Filósofo griego. Discípulo del cínico Crates, de quien recibió una marcada influencia, fue el fundador de la escuela estoica. Su sistema filosófico abarca la teoría del conocimiento, la lógica, la física y la ética, que constituye su punto esencial y en la que sostenía que la felicidad reside en ajustar la voluntad a la razón divina que gobierna el universo. De sus libros sólo se han conservado algunos fragmentos.

Zenón de Elea (Elea h. 490 - ? h. 430 a. C.) Filósofo griego. Discípulo de Parménides, fue considerado por Aristóteles como el padre de la dialéctica, entendida ésta como el arte de la refutación. Combatió a los adversarios de su maestro mediante una serie de argumentos y paradojas con los que pretendía demostrar que el movimiento y la multiplicidad de que nos dan noticia los sentidos son engañosos.

zeolita *s. f.* **1.** Mineral perteneciente al grupo de las zeolitas. ‖ *pl.* **2.** Grupo de minerales silicatos alumínicos hidratados de calcio, magnesio, potasio y sodio. Se presentan en agregados cristalinos de forma estrellada y colores claros.

Zepeda, José (? - Managua 1837) Político nicaragüense. Jefe del Estado (1835-37), emprendió la reforma de la enseñanza y del sistema judicial. Depuesto por un complot militar, fue asesinado.

zepelín *s. m.* Globo dirigible*.

Zeppelin, Ferdinand, conde von (Constanza 1838 - Berlín 1917) Militar e inventor alemán. General de caballería, abandonó el ejército para dedicarse a la construcción de los dirigibles que luego llevaron su nombre; el primero de éstos fue probado en el lago Constanza (1900).

Zernike, Frederik (Amsterdam 1888 - Amersfoort 1966) Físico neerlandés. Profesor en la universidad de Groninga, ideó el microscopio de contraste de fases. En 1953 fue galardonado con el premio Nobel de física.

zeta *s. f.* **1.** Nombre de la letra *z.* ■ Se escribe también *ceta.* **2.** Octava letra del alfabeto griego que equivale a nuestra *z.* ■ La mayúscula se escribe Θ y la minúscula ϑ. **3.** En ocasiones se da este nombre a la sexta letra del alfabeto griego cuya pronunciación equivale en castellano al sonido *ds.* ■ La mayúscula se escribe *Z* y la minúscula ζ. ‖ *s. m.* **4.** *fam.* Coche de la policía.

zeugma o **zeuma** *s. f.* Figura retórica que consiste en la supresión de una palabra que se puede sobrentender por hallarse expresa la misma o una relacionada en otra parte del enunciado.

Zeus Dios supremo de la mitología griega. Hijo de Cronos y Rea, fue el único de sus hermanos varones que consiguió no ser devorado por su padre. Se crió en una cueva del monte Ida. Tras destronar a su padre, se instaló en el Olimpo y lo defendió de gigantes y titanes. Contrajo matrimonio con Hera, su hermana, pero tuvo innumerables uniones amorosas, de las que nacieron Baco, Heracles, Perseo, Helena y Épafo. Era señor del rayo, del trueno, del relámpago y de la lluvia, únicamente sometido al destino. Corresponde al *Júpiter* romano.

Zeuxis (segunda mitad del s. V a. C.) Pintor griego. No se conserva ninguna de sus obras, de las que sólo tenemos referencia por los textos. Trabajó en Agrigento y en el palacio del rey Arquelao de Macedonia. Al parecer, buscó los contrastes de luces y sombras y la expresión violenta en los personajes.

Zhao Ziyang (Huaxian, Henan 1919) Político chino. Desde los años cincuenta estuvo al frente de la reforma agraria en Kuang-tong. Fue purgado durante la revolución cultural. Rehabilitado en 1971, fue nombrado primer ministro (1980). En 1982 creó el ministerio de la Reconstrucción del Sistema Económico, que tuvo gran importancia en el proceso liberalizador chino. En 1987 asumió además la secretaría general del Partido Comunista. Fue apartado del poder en 1989, acusado de permitir y favorecer las manifestaciones en favor de la democratización del país.

Zhdanov C. de Ucrania, situada a orillas del mar de Azov. 517.000 h. en 1989. Es un importante centro portuario e industrial, con producción siderúrgica, metalúrgica, de construcciones mecánicas y química. Hasta 1948 se denominó *Mariúpol*, nombre que recuperó en 1991.

Zhejiang Prov. de China, situada en el E del país, junto al mar de la China Oriental. 101.800 km^2. 41.445.950 h. en 1990. La capital es Hangzhou, con 1.310.000 h. en 1989. Ocupa una región montañosa, recorrida por el río Fuchun. En su sector N, más llano, se da una rica agricultura de arroz, algodón, soja y té. Cuenta con pesca, minería de carbón, salinas e industria textil, papelera y del calzado. ■ Se escribe también *Chekiang*.

Zhengzhou C. de China, cap. de la prov. de Henan, situada en el sector E del país, a orillas del río Huang-ho. 1.630.000 h. en 1989. Posee industrias textiles y mecánicas. Constituye un importante nudo de comunicaciones ferroviarias. ■ Se escribe también *Cheng-Chou*.

Zhou Enlai Véase **Chu En-lai**.

Zia Ul-Haq, Muhammad (Jullundur 1924 - Bahawalpur 1988) Militar y político pakistaní. Participó en la guerra indopakistaní (1965). Dirigió el golpe de Estado que derrocó a Ali Bhutto (1977), declaró la ley marcial, implantó el código islámico y se convirtió en presidente del país (1978). Ordenó la ejecución de Bhutto (1979) y estableció una férrea dictadura militar. Convocó elecciones para noviembre de 1988, pero tres meses antes encontró la muerte al explotar el avión en que viajaba, probablemente objeto de sabotaje.

Ziegler, Karl (Helsa, Kassel 1898 - Mülheim an der Ruhr 1973) Químico alemán. Director del Instituto Max Planck de Investigación sobre el Carbono, ideó en 1953 un procedimiento para la fabricación a baja presión de los polietilenos de estructura rectilínea, con un catalizador específico. En 1963 obtuvo el premio Nobel de química, compartido con Giulio Natta.

Zielona Gora (en al. *Grünberg*) C. de Polonia, situada en la Baja Silesia, en el SO del país. 111.800 h. en 1991. Cuenta con industrias metalúrgicas, de construcciones mecánicas, de la madera, textiles y alimentarias.

zigoto *s. m.* Cigoto*.

zigurat *s. m.* Edificación religiosa característica del arte sumerio-acadio, que consta de una sucesión de pisos escalonados en cuya cima se halla un santuario, al que se accede por una escalera exterior. Estaban construidos de ladrillo crudo revestido de ladrillo cocido. Los más importantes son los de Uruk, Ur, Nippur y Mari.

zigzag *s. m.* Línea quebrada que avanza alternativamente de un lado a otro, y movimiento que describe esta línea.

zigzaguear *v. intr.* Moverse o estar colocado en zigzag.

Zilahy, Lajos (Nagyszalonta 1891 - Novi Sad, Yugoslavia 1974) Escritor húngaro. Fue periodista en París y Londres. Residió en EE UU (1947-1973). Entre sus principales novelas figuran *Algo flota sobre el agua* (1928), *El desertor* (1931), *El alma se apaga* (1932) y *La ciudad errante* (1939).

Zimbabwe Estado del África austral.

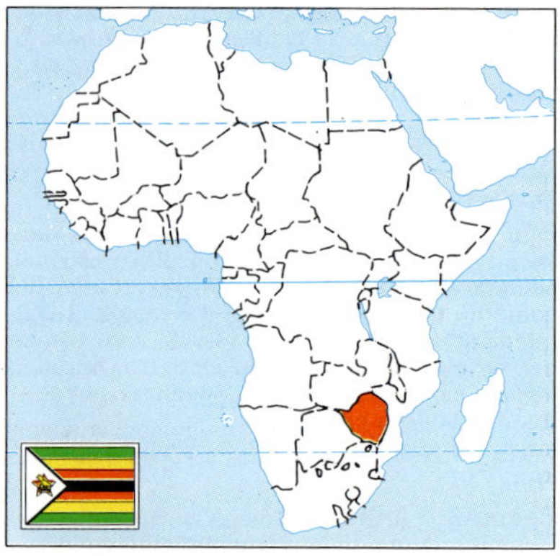

Extensión: 390.759 km^2.
Límites: al N, con Zambia y Mozambique; al E, con Mozambique; al S, con la República Sudafricana, y al O, con Botswana.
Población: 9.369.000 h. en 1990.
Densidad: 24 h./km^2.
Capital: Harare.
División administrativa: 8 provincias.
Ciudades principales: Bulawayo, Chitungwiza, Gweru, Mutare.
Forma de Estado: república de partido único.
Idioma: inglés y bantú.
Religión: animismo, 40 %; protestantismo, 17,5 %; cristianismo indígena africano, 13,6 %; catolicismo, 11,7 %.
Moneda: dólar de Zimbabwe.
Tasa de natalidad: 38 ‰ en 1990.
Tasa de mortalidad: 11 ‰ en 1990.
Renta per cápita: 640 dólares en 1989.

Geog. Zimbabwe ocupa un altiplano elevado en cuyo centro se hallan los macizos de Mashaba y Matopos. Sus principales ríos son el Zambeze al N, que traza su frontera con Zambia, y el Limpopo al S. Tiene un clima tropical sudanés y senegalés, más frío en las alturas, y una vegetación de sabana arbolada, con acacias y baobabs. La población es de raza mayoritariamente bantú y habita en medio rural en un 74%. El país cuenta con cultivos de maíz, trigo, mijo, sorgo, patatas, tabaco, algodón, caña de azúcar, soja, té, cacahuetes, bananas y agrios, con explotación de teca y mogano, importantes yacimientos de oro (undécimo productor mundial), plata, antimonio, níquel, amianto (décimo productor mundial), carbón, hierro y cromita (sexto), e industria siderúrgica y metalúrgica, cervecera, tabaquera, azucarera y de fertilizantes.
Hist. El territorio de Zimbabwe estuvo poblado por grupos bantúes, que desarrollaron diversas culturas y fueron unificados a principios del s. XIX por el jefe zulú Umsilikatsi. A fines de este siglo Cecil Rhodes introdujo la Compañía Británica de Sudáfrica e integró el país en Rhodesia. En 1911 se escindió de Rhodesia del Norte, la actual Zambia. Recibió el estatuto de colonia británica en 1923. Los movimientos nacionalistas surgieron en 1957 en torno al Congreso Nacional Africano y crearon la Unión Popular Africana de Zimbabwe (1962), dirigida por Joshua Nkomo, y la Unión Nacional Africana de Zimbabwe (1963), liderada por Robert Mugabe. En 1965 la minoría blanca obtuvo la independencia en el seno de la Commonwealth, constituyéndose la república de Rhodesia, presidida por Ian Smith, que tuvo que hacer frente a la guerrilla nacionalista negra. En 1980, en la conferencia de Londres, se llegó a una solución negociada, y se creó la república de Zimbabwe-Rhodesia. Se convocaron elecciones libres en las que resultó vencedor Robert Mugabe, nombrado presidente del gobierno, y como vicepresidente, Nkomo. Los enfrentamientos entre los dos grandes grupos nacionalistas obligaron en 1981 al exilio de Nkomo. Desde entonces se adoptó la fórmula de partido único, la Unión Nacional Africana de Zimbabwe-Frente Patriótico, de carácter marxista-leninista. Robert Mugabe fue elegido presidente de la república en 1987 y reelegido en 1990. En este mismo año, el presidente decretó la disolución del estado de emergencia y fue nombrado vicepresidente de la república Simon Muzenda.

Zimmermann, Bernd Alois (Bliesheim 1918 - Königsdorf 1970) Compositor alemán. Su producción abarca todas las técnicas de composición características del s. XX, desde el serialismo hasta la música electrónica. Entre sus obras destacan la cantata *En alabanza de la estupidez* (1948) y la ópera *Los soldados* (1960).

Zimmermann, Dominikus (Gaispoint bei Wessobrunn 1685 - Wies 1766) Arquitecto alemán. Figura destacada del rococó alemán, entre sus obras más notables figuran las iglesias de Steinhausen (1727-33), en Suabia, y la de Wies (1746-54), en Baviera.

Zimmermann, Johann Baptist (Gaispoint bei Wessobrunn 1680 - Munich 1758) Pintor y estucador alemán. Era hermano del anterior, con el que colaboró. Tomó parte en la decoración del palacio de Schleissheim y, en unión de J. Dietrich, realizó la decoración rococó del palacio de Amalienburg, en el parque de Nymphenburg (Munich).

zinc *s. m.* Cinc*.

Zingarelli, Nicola Antonio (Nápoles 1752 - Torre del Greco 1837) Compositor italiano. Perteneció a la escuela napolitana, en la que destacó como uno de los principales autores de óperas y música religiosa de su tiempo. Hasta 1811 escribió alrededor de 30 melodramas, entre los que sobresalen *Moctezuma* (1781) y *Romeo y Julieta* (1796).

Zinnemann, Fred (Viena 1907) Director de cine estadounidense de origen austriaco. Es autor de películas en las que se aúnan el valor comercial y el interés humano de los personajes y situaciones. Entre sus realizaciones destacan *Teresa* (1951), *Solo ante el peligro* (*High noon*, 1952), *¡Oklahoma!* (1955), *Un hombre para la eternidad* (*A man for all seasons*, 1966), *Chacal* (*The day of the Jackal*, 1973) y *Julia* (1977).

Zinoviev, Grigori Yevseievich Apfelbaum, llamado (Elisavetgrad 1883 - Moscú 1936) Político soviético. Miembro del Comité Central bolchevique en 1908, en 1917 se opuso a la insurrección de los soviets propugnada por Lenin. Fue uno de los principales dirigentes de la Tercera Internacional (1919-24). Tras la muerte de Lenin participó en las luchas por el poder en la URSS; se enfrentó con Trotski y más adelante con Stalin, quien consiguió que fuera expulsado del partido (1927). Acusado de haber organizado la muerte de Kirov, fue juzgado en el primer proceso estalinista de Moscú y ejecutado.

zipizape *s. m.* Riña, jaleo.

zircón *s. m.* Circón*.

zirconio *s. m.* Circonio*.

Zn Símbolo químico del cinc.

zoantropía *s. f.* Delirio en que el enfermo se cree convertido en un animal.

Zóbel, Fernando (Manila, Filipinas 1924 - Roma 1984) Pintor español. Estudió filosofía en la universidad de Harvard (EE UU). Afincado desde 1961 en España, fundó, junto con Torner, el Museo de Arte Abstracto español en la ciudad de Cuenca. Su pintura, de estilo abstracto, presenta grandes superficies blancas con suaves manchas de color.

zócalo *s. m.* **1.** Rodapié colocado en una pared. **2.** Regleta o pieza alargada que remata por la parte de abajo un mueble, electrodoméstico, etc. **3.** En arq., parte inferior del exterior de un edificio sobre la que se elevan los basamentos a un mismo nivel. **4.** En arq., cierto tipo de pedestal. **5.** En arq., parte inferior de un pedestal. **6.** Escudo*, estructura geológica. **7.** *Méx.* Zona central de una plaza o parque públicos.

zocato, ta *adj. fam.* Se aplica a la persona zurda. También *s.*

zoco *s. m.* **1.** En algunos países árabes, mercado o lugar en que éste se celebra. **2.** Antiguamente, plaza de una población.

zoco, ca *adj. amer. fam.* Manco.

zocotroco *s. m. amer.* Trozo grande y pesado de algo; p. ext., persona muy gorda.

zodiaco o **zodíaco** *s. m.* Sector de la esfera terrestre comprendido entre los 8 grados 30 minutos a cada uno de los lados del plano de la eclíptica, que el Sol recorre en su movimiento aparente a lo largo del año, y donde se hallan la Luna y la mayor parte de las estrellas. Está dividido en doce sectores, representado cada uno de ellos por una constelación: Aries, Tauro, Géminis, Cáncer, Leo, Virgo, Libra, Escorpión, Sagitario, Capricornio, Acuario y Piscis. A lo largo del año el Sol pasa por cada uno de ellos; la astrología interpreta el destino de las personas en función de la posición del Sol, la Luna y los planetas en el zodiaco en el momento de su nacimiento. **FAM.** Zodiacal.

Zoé Porfirogéneta (? h. 978 - ? 1050) Emperatriz bizantina (1028-50). Hija de Constantino VIII, ocupó el trono en vida de su padre. Se casó con Romano III (1028), al que mandó asesinar (1034) para que pudiese reinar su amante, Miguel IV, con quien contrajo matrimonio. A la muerte de éste (1041), Miguel V trató de recluirla en un convento. Obligada a gobernar junto con su hermana Teodora, Zoé se casó con Constantino IX y reinó con él hasta el final de su vida.

Zogú, Ahmet (Burgajet 1895 - Suresnes 1961) Rey de Albania (1928-39). Elegido presidente de la república en 1925, se autoproclamó rey en 1928, adoptando el nombre de Zogú I. Su política fue autoritaria y de acercamiento a Italia, a la que concedió el dominio económico de su país. Ante la invasión italiana, se exilió en 1939.

Émile Zola. Cuadro de Édouard Manet (Museo de Orsay, París).

Zola, Émile (París 1840 - íd. 1902) Escritor francés. Quiso plasmar en sus obras la doctrina científica imperante en la época sobre el comportamiento humano, que se basaba en un determinismo de la herencia y la naturaleza. La corriente novelística que él inició, denominada *naturalismo*, procuró ser un fiel reflejo de la realidad, sin ocultar los aspectos más crudos o dramáticos. Sus principales obras pertenecen al ciclo *Los Rougon-Macquart, historia natural y social de una familia bajo el Segundo Imperio*, en el que se incluyen *La fortuna de los Rougon* (1871), *La taberna* (1877), *Naná* (1880), *Germinal* (1885), quizá su obra maestra, sobre la vida del campesinado, *La bestia humana* (1890) y *El doctor Pascal* (1893). Otras de sus principales novelas son *Thérèse Raquin* (1867) y los ciclos *Tres ciudades* (1894-97) y *Los cuatro Evangelios* (1899-1903). Intervino decisivamente en el asunto Dreyfus publicando el artículo *Yo acuso* (1898). Es también autor de estudios teóricos y críticos, como *La novela experimental* (1880).

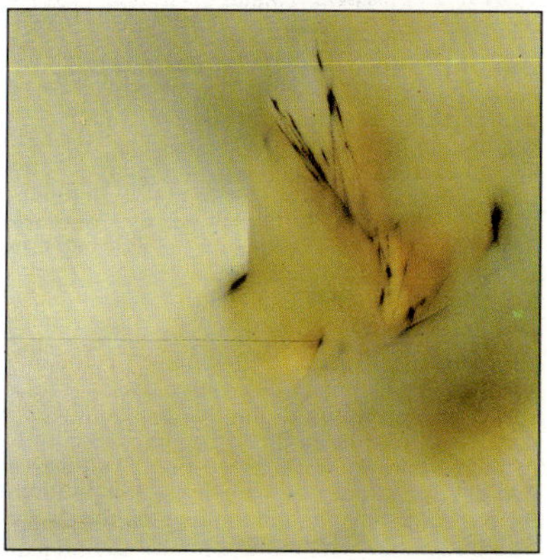

Fernando Zóbel: Jardín seco, *1969 (Museo de Arte Abstracto, Cuenca).*

zombi o **zombie** *s. m.* **1.** Según las supersticiones del vudú, muerto desenterrado y revivido. El cine se ha inspirado en ellos para crear el personaje del muerto viviente, que aparece en películas de terror. **2.** *fam.* Persona atontada, que actúa de manera automática. También *adj.*

zompopo *s. m. Amér. C., Méx.* Hormiga negra con cabeza grande, que se alimenta de las hojas de las plantas.

zona *s. f.* **1.** Extensión o parte de un terreno o de cualquier superficie cuyos límites están determinados de manera más o menos precisa. **2.** Parte de una cosa cualquiera. **3.** En geog., cada una de las cinco partes en que se considera dividida la superficie de la Tierra por los trópicos y los círculos polares. **4.** En geom., parte de la superficie de una esfera comprendida entre dos planos paralelos que la cortan. **5.** En baloncesto, parte del campo más cercana a la cesta, que está marcada por una línea de forma trapezoidal. ■ Se denomina también *zona de tiro*. **6.** En medicina, herpes* zóster. || **7. zona de cambio** En las pistas de atletismo, aquella delimitada por líneas en la que hay que entregar el testigo de las carreras de relevos. **8. zona fiscal** Aquella en la que rigen normas excepcionales a favor de la Hacienda nacional o municipal y en la que existe una vigilancia especial, por encontrarse cerca de la frontera del país. **9. zona franca** Territorio acotado en que existe libre comercio, regulado por las instituciones fiscales de un país, en el interior del cual no rigen los derechos de aduana vigentes para el resto del territorio nacional. **10. zona templada** Parte de la superficie de la Tierra comprendida entre los trópicos y los círculos polares inmediatos a aquéllos. **11. zona tórrida** Parte de la superficie de la Tierra comprendida entre los dos trópicos y dividida por el ecuador en dos partes iguales. **12. zona urbana** Núcleo de una población formado por el conjunto de edificaciones agrupadas de la misma. **13. zona verde** En una ciudad o en sus inmediaciones, terreno con parques o arbolado.

zonación *s. f.* En biogeografía, distribución de animales y vegetales en zonas según factores climáticos.

zoncear *v. intr. Arg., Chile, Guat., Urug.* Tontear.

zoncera *s. f. amer.* Cualidad de zonzo, simple.

zonchiche *s. m. Amér. C., Méx.* Cierto buitre con la cabeza roja y sin plumas.

zonda *s. m. Arg., Bol.* Viento del norte, cálido y seco.

zonzo, za *adj.* **1.** Soso, poco ameno o divertido. También *s.* **2.** Tonto, simple. También *s.*

zoo *s. m. apóc.* de **zoológico**.

zoo- o **-zoo** *pref.* o *suf.* Significa 'animal': *zoografía*.

zoófago, ga *adj.* Que se alimenta de materias animales.

zoofilia *s. f.* **1.** Amor excesivo hacia los animales. **2.** Desviación sexual de las personas que experimentan una atracción erótica hacia los animales.

zoofobia *s. f.* Temor patológico a los animales.

zoogeografía *s. f.* Rama de la zoología que estudia la distribución de las especies animales sobre la Tierra.

zoografía *s. f.* Parte de la zoología que tiene por objeto la descripción de los animales. **FAM.** Zoográfico.

zoólatra *adj.* Que practica el culto a los animales. También *s.*

zoolatría *s. f.* Adoración o culto a los animales, propio de diversas religiones antiguas y de pueblos primitivos.

zoología *s. f.* Rama de la biología que estudia los animales.
Zool. El estudio de la zoología se remonta a Aristóteles, que en su *Historia de los animales* realizó una clasificación de unas 400 especies. En el Renacimiento comenzó su desarrollo como ciencia, gracias a las observaciones de naturalistas como Aldrovandi o anatomistas como Vesalio. En el s. XVII se profundizó en los estudios fisiológicos con Swammerdam, Van Leeuwenhoek y Malpighi, los primeros en utilizar el microscopio. En el s. XVIII destacaron el naturalista Buffon y Linneo, que abordó el estudio de la taxonomía. Tras la Revolución Francesa, gracias a las aportaciones de Owen, Lamarck y Cuvier y otros, se sentaron las bases de la moderna ciencia. La zoología consta de diversas especialidades: la zoología descriptiva estudia los caracteres externos de los animales; la taxonomía, su clasificación en categorías; la histología, los tejidos animales; la anatomía, la constitución y disposición de las partes del cuerpo; la fisiología, el funcionamiento de las mismas; la embriología, el desarrollo de los huevos; la genética, la herencia y transmisión de los caracteres; la paleozoología, la evolución histórica de los distintos animales; la zoogeografía, su distribución en el planeta. En función del tipo de animal estudiado existen también varias especialidades: mamalogía o mastozoología (mamíferos), ornitología (aves), herpetología (reptiles), ictiología (peces), entomología (insectos), malacología (moluscos), helmintología (gusanos) y protistología (animales unicelulares).

zoológico, ca *adj.* **1.** Perteneciente o relativo a la zoología. || *s. m.* **2.** Lugar con jardines y espacios debidamente acondicionados para que vivan en ellos animales salvajes o poco comunes y puedan ser vistos por el público. ■ Se denomina también *parque zoológico*. Su apóc. es *zoo*.

zoólogo, ga *s. m.* y *f.* Especialista en zoología.

zoom (voz ingl.) *s. m.* Objetivo de distancia focal variable, que permite la aproximación o alejamiento óptico del objeto que se quiere filmar o fotografiar.

zoomorfo, fa *adj.* Que tiene forma o apariencia de animal.

zoonosis *s. f.* Nombre genérico de toda enfermedad propia de los animales que pueda ser transmitida a los hombres.

zooplancton *s. m.* Parte del plancton marino formado por animales, fundamentalmente por pequeños crustáceos y larvas.

zoospermo *s. m.* Espermatozoide*.

zoospora *s. f.* Espora móvil que se desplaza mediante flagelos.

zootecnia *s. f.* Conjunto de conocimientos y técnicas relativos a la cría de animales domésticos. **FAM.** Zootécnico.

zootomía *s. f.* Parte de la zoología que estudia la anatomía de los animales.

zopas *s. m.* y *f.* Persona que cecea mucho.

zope *s. m. amer.* Zopilote.

zopenco, ca *adj. fam.* Tonto, bruto, torpe. También *s.*

zopilote *s. m.* Ave falconiforme de la familia catártidos, especie *Coragyps atratus*. Mide unos 60 cm de longitud y 130 cm de envergadura, tiene plumaje negro, con la cabeza desplumada y el cuello pardo rojizo. Forma bandadas y se alimenta de carroña. Habita en América, desde el S de EE UU hasta Sudamérica.

Zopilote (Coragyps atratus).

zopilotear *v. tr. Méx.* Comer con mucha ansia.

zoquete *s. m.* **1.** Pedazo de madera corto y grueso que queda sobrante al trabajar un madero. **2.** Pedazo de pan grueso e irregular. **3.** *fam.* Torpe, tarugo. También *adj.*

zorcico *s. m.* Zortziko*.

zorito, ta *adj.* Zurito*.

zoroastrismo *s. m.* Mazdeísmo*. **FAM.** Zoroástrico.

Zoroastro Véase **Zaratustra**.

zorongo *s. m.* **1.** Cachirulo*, pañuelo. **2.** Moño ancho y aplastado. **3.** Baile popular andaluz. **4.** Música y canto de este baile.

zorra *s. f.* **1.** Zorro* común. **2.** Hembra del zorro. **3.** *desp.* Prostituta o mujer de costumbres sexuales muy liberales. También *adj.* **4.** *fam.* Mujer astuta, espabilada. También *adj.* || **Loc. no tener ni zorra (idea)** *fam.* No saber determinada cosa, desconocerla al máximo.

zorrastrón, na *adj. fam.* Pícaro, astuto. También *s.*

zorrear[1] *v. intr.* **1.** Obrar con la astucia propia del zorro. **2.** *Chile, Urug.* Perseguir o cazar zorros con jaurías.

zorrear[2] *v. intr.* **1.** *desp.* Dedicarse una mujer a la prostitución o tener una conducta demasiado libre en el amor. **2.** *desp.* Tener un hombre relaciones con prostitutas.

zorrera *s. f.* Cueva de zorros.

zorrería *s. f.* **1.** Astucia y cautela de la zorra para buscar su alimento y evitar cualquier peligro. **2.** *fam.* En general, astucia.

zorrero, ra *adj.* Astuto, pícaro.

Zorrilla, José (Valladolid 1817 - Madrid 1893) Escritor español. Se dio a conocer como poeta al leer unos versos en el entierro de Larra (1837). En 1852 alcanzó un gran éxito con el poema *Granada,* sobre la civilización árabe en España. Su poesía y su teatro se caracterizan por su gran musicalidad y la diversidad de temas. Inició su producción teatral en 1837 con *Vivir loco y morir más,* a la que siguieron *El zapatero y el rey* (1840), *El puñal del godo* (1843), *Don Juan Tenorio* (1844), su obra más célebre, y *Traidor, inconfeso y mártir* (1849), en las que muestra especial habilidad en mantener la intriga y en la caracterización de los personajes, todo ello unido a una asombrosa facilidad y fluidez en el verso.

José Zorrilla. Retrato de J. Rosel (Ateneo de Madrid).

Zorrilla de San Martín, Juan (Montevideo 1855 - íd. 1931) Escritor uruguayo. Perteneciente al movimiento romántico, abordó una temática plenamente americana, en un tono que va desde lo épico a lo lírico. De su producción sobresalen la obra poética *Notas de un himno* (1876) y, sobre todo, el drama en verso *Tabaré* (1886).

zorrillo *s. m. amer.* Mofeta*.

zorro *s. m.* **1.** Nombre común de diversos mamíferos carnívoros de la familia cánidos, género *Vulpes.* El zorro común *(Vulpes vulpes)* mide unos 65 cm de longitud, más 40 cm de cola. Presenta un pelaje pardo rojizo en el dorso y blanco en el vientre, con la parte superior de las orejas negras, y una cola peluda con el extremo de color blanco. Tiene el hocico puntiagudo y las orejas grandes. Habita en bosques y zonas abiertas de Europa, N de África, Asia y Norteamérica. **2.** Prenda de abrigo confeccionada con piel de este animal. **3.** *fam.* Hombre astuto. También *adj.* || *pl.* **4.** Utensilio doméstico de limpieza, formado por un mango de madera rematado por numerosas tiras de piel. || **5. zorro del Ártico** Mamífero carnívoro de la familia cánidos, especie *Alopex lagopus.* Mide 65 cm de longitud, más 33 cm de cola. Presenta pelaje gris pardusco en verano y blanco o gris azulado en invierno. Tiene orejas pequeñas y cola peluda. Habita en las regiones árticas. || **Loc. estar hecho unos zorros** *fam.* Estar muy cansado, destrozado; también, estar cierta cosa muy rota, inservible.

zorrón *s. m. desp.* Prostituta o mujer de costumbres sexuales muy liberales.

zorruno, na *adj.* Perteneciente o relativo a la zorra, animal.

zortziko (voz vasc.) *s. m.* **1.** Composición musical en compás de cinco por ocho, popular en el País Vasco. **2.** Letra de esta composición y baile al compás de esta música.

zorzal *s. m.* **1.** Nombre común de diversas aves paseriformes de la familia túrdidos, con diversos géneros, entre los que destaca *Turdus.* El zorzal común *(Turdus philomelos)* mide unos 23 cm de longitud, tiene plumaje pardo en el dorso y pecho y flancos blanco amarillentos. El zorzal alirrojo *(Turdus iliacus)* mide unos 21 cm de longitud, presenta un plumaje ocre con flancos rojos, pecho rayado y una franja color crema en la cabeza. El zorzal real *(Turdus pilaris)* mide unos 25 cm, tiene la cabeza y el obispillo de color gris, espalda marrón y pecho amarillo listado y blanco. Son aves migratorias, forman bandadas y anidan en árboles y matorrales de bosque y parques abiertos. Invernan en la península Ibérica. **2.** *Bol., Chile.* Papanatas, hombre simple o simplón.

zorzalear *v. tr. Chile.* Sacar dinero a alguien o aprovecharse de él.

zorzalero, ra *adj.* **1.** *Chile.* Que zorzalea. || *s. m.* **2.** Cazador de zorzales.

Zoser Faraón egipcio de la III dinastía (2800-2600 a. C.), conocido con el nombre de *Horus Neterirjet.* Trasladó la capital a Menfis. Mandó erigir la pirámide escalonada de Saqqara y las construcciones que rodean la tumba.

zóster o **zoster** *s. f.* Herpes* zóster.

zote *adj.* Zoquete, zopenco. También *s.*

zozobra *s. f.* **1.** Acción y efecto de zozobrar. **2.** Irregularidad de los vientos que impide la navegación y pone al barco en peligro. **3.** Inquietud y temor por cualquier cosa que preocupa mucho.

zozobrar *v. intr.* **1.** Peligrar la embarcación por la fuerza e irregularidad de los vientos. **2.** Perderse o irse a pique. También *v. prnl.* **3.** Estar en gran riesgo y muy cerca de fracasar o no realizarse algo.

zozobroso, sa *adj.* Lleno de zozobra.

Zr Símbolo químico del circonio.

zuavo *s. m.* Soldado perteneciente a un cuerpo de infantería francés estacionado en África en época colonial e integrado fundamentalmente por argelinos.

Xavier Zubiri.

Zubiri, Xavier (San Sebastián, Guipúzcoa 1898 - Madrid 1983) Filósofo español. Fue catedrático de historia de la filosofía en las universidades de Madrid y Barcelona. Concibió al hombre como una entidad en la que inteligencia y sensibilidad se hallan estrechamente unidas, por lo que lo define como una «inteligencia sentiente». Sostuvo que, por el modo en que el hombre se encuentra ligado a Dios, la religión constituye una de las dimensiones constitutivas de su ser. Entre sus principales obras cabe citar *Naturaleza, historia y Dios* (1944), *Sobre la esencia* (1962), *Inteligencia y realidad* (1980), *Inteligencia y logos* (1982) e *Inteligencia y razón* (1983).

Zorro común y zorro ártico.

Zuccaro (o Zuccari), Federico (Sant'Angelo in Vado, Urbino h. 1540 - Roma 1609) Pintor y arquitecto italiano. Hermano y discípulo de Taddeo, trabajó en Roma y en Venecia y fue llamado por Felipe II para realizar frescos en el monasterio de El Escorial (1586-88). Su principal obra es el *Juicio final,* fresco de la cúpula de la catedral de Florencia (1575-79). Escribió *La idea de los pintores, escultores y arquitectos* (1607).

Zuccaro (o Zuccari), Taddeo (Sant'Angelo in Vado, Urbino 1529 - Ancona 1566) Pintor italiano. Es el máximo exponente del manierismo romano. Entre sus obras destacan los frescos de la sala regia del Vaticano *–Donación de Carlomagno* y *Batalla de Lepanto–* y los de la villa Farnesio en Caprarola.

Zuckmayer, Carl (Nackenheim, Hesse 1896 - Visp, Suiza 1977) Escritor alemán. Autor fiel al naturalismo, su temática arranca de los problemas derivados de las dos guerras mundiales. Destacó principalmente por su producción dramática. Entre sus principales títulos figuran *La viña alegra* (1925), *El capitán Köpenick* (1931) y *El general del diablo* (1945).

zueco *s. m.* **1.** Especie de zapato de madera de una pieza, que usan los campesinos de algunos países, generalmente encima del calzado normal. **2.** P. ext., zapato de cuero con la suela de corcho o de madera y generalmente sin talón.

Zugazagoitia, Julián (Bilbao, Vizcaya 1893 - Madrid 1940) Periodista y político español. Director de *El Socialista,* fue ministro de Gobernación (1937-38). Al terminar la guerra se exilió a París, pero fue detenido por los nazis y devuelto a España, juzgado y fusilado. Su obra *Historia de la guerra de España* (1940), reeditada con el título de *Guerra y vicisitudes de los españoles* (1968), constituye una de las reflexiones más importantes sobre los problemas internos del bando republicano.

Zuinglio, Ulrico o **Zwingli, Huldrych** (Wildhaus, Sankt Gallen 1484 - Kappel 1531) Reformador religioso suizo. Influido por la Reforma protestante, en 1523 presentó sus 67 tesis en las que defendía el recurso a la *Biblia* como única autoridad en materia religiosa y como fundamento de la fe. Propuso la utilización del alemán en la liturgia y rechazó el magisterio de Roma, así como el culto a los objetos religiosos. Difería de Lutero en su humanismo y radicalismo, así como en la importancia que daba al problema de la santificación. Partidario de un gobierno teocrático, intentó unificar el poder civil con el de la iglesia y formó una liga con varias ciudades helvéticas. Ante la oposición de los cantones católicos, acudió a las armas y fue derrotado por ellos en la batalla de Kappel. Expuso sus doctrinas en *De vera et falsa religione commentarius* (1525). Su nombre se escribe también *Zwinglio.*

Zukov, Georgi Konstantinovich (Strelkovka, Kaluga 1896 - Moscú 1974) Militar soviético. Participó en la revolución de 1917. Como jefe del estado mayor del Ejército Rojo defendió Moscú en 1941 y Stalingrado en 1942, y en 1944 recibió el mando del primer frente de Ucrania y posteriormente el de Rusia Blanca. Conquistó Varsovia, penetró en Alemania y el 8 de mayo de 1945 tomó Berlín, donde firmó el acta de capitulación del mando alemán. Fue ministro de Defensa (1955-57).

Zukovski, Nikolai Yegorovich (Oriejovo, Vladimir 1847 - Moscú 1921) Físico ruso. Trabajó sobre las corrientes de los fluidos perfectos y construyó uno de los primeros túneles aerodinámicos. Durante la Primera Guerra Mundial se dedicó a cuestiones de balística y, tras la Revolución, contribuyó en gran manera al desarrollo de la aviación soviética.

Zukovski, Vasili Andreievich (Mishenskoie, Tula 1783 - Baden-Baden 1852) Poeta ruso.

Protector de Pushkin, dio a conocer en su país a los grandes maestros de la literatura extranjera. Tradujo a Cervantes y Homero y ejerció notable influencia en los escritores de su tiempo. Su principal obra de creación es el poema *Un bardo en el campo de los guerreros rusos* (1812).

zulaque *s. m.* Pasta usada para tapar juntas en lugares por los que puede caer agua.

Zulia Estado de Venezuela, situado en el NO del país, a orillas del mar Caribe. 63.100 km^2. 2.204.850 h. en 1990. La capital es Maracaibo, con 1.206.700 h. en 1990. Su principal rasgo geográfico es el lago Maracaibo; tiene un relieve montañoso en el O, donde se alza la sierra de Perijá, perteneciente a la cordillera de los Andes. En el S se extienden diversas ciénagas. Sus ríos principales, que desaguan en el Maracaibo, son el Escalante, Motatán, Palmar y Santa Ana. Tiene un clima tropical húmedo. Su economía se sustenta en las explotaciones petrolíferas del lago Maracaibo y la industria del refino de petróleo, que representan más de tres cuartas partes de la producción de hidrocarburos del país.

zulo (voz vasc.) *s. m.* Escondite, generalmente pequeño y subterráneo.

Zuloaga, Félix (Álamos, Sonora 1813 - Ciudad de México 1898) Militar y político mexicano. Combatió la revolución de Ayutla. Se adhirió al plan de Tacubaya (1857) y fue elegido presidente del gobierno conservador de la capital, formado frente al liberal en la llamada *guerra de Reforma* (1858-61). Partidario de la intervención francesa en México, al producirse ésta se exilió en Cuba.

Zuloaga, Ignacio (Éibar, Guipúzcoa 1870 - Madrid 1945) Pintor español. Después de una estancia en París, donde estuvo en contacto con pintores impresionistas y simbolistas, volvió a España y se interesó por los temas folclóricos y la tradición pictórica española. En un estilo realista y austero creó un nuevo tipo de retrato de gran tamaño, en el que dio importancia a los fondos paisajísticos. Obras características suyas son *Torerillos de pueblo* (1906), *Las brujas de San Millán* (1907), *La víctima de la fiesta* (1910) y *La cofradía del Cristo de la Sangre* (1911).

Ignacio Zuloaga: Gregorio en Sepúlveda *(Museo Castillo de Pedraza, Segovia).*

zulú *adj.* **1.** Se dice de cierto pueblo de raza negra, que habita en la República Sudafricana dedicado a la ganadería. De carácter guerrero, en el s. XIX se resistió enérgicamente a la colonización bóer y británica. **2.** De este pueblo. También *s.* || *s. m.* **3.** Lengua hablada por los individuos del mismo.

Zum Felde, Alberto (Bahía Blanca, Argentina 1890 - Montevideo 1976) Escritor uruguayo. Ensayista y crítico literario, también es destacable por su labor poética. Entre sus obras merecen citarse, en poesía, *Domus aurea* (1910) y *Huanakauri* (1917), y en ensayo, *Evolución histórica del Uruguay* (1920) e *Índice crítico de la literatura hispanoamericana* (1955-59).

zumacal o **zumacar** *s. m.* Tierra plantada de zumaque.

Zumalacárregui, Tomás de (Ormáiztegui, Guipúzcoa 1788 - Cegama, Guipúzcoa 1835) Militar carlista español. Tras la muerte de Fernando VII (1833), se unió a los carlistas y se convirtió en el jefe militar de su ejército. Llegó a ocupar toda Navarra y las plazas fuertes de Vizcaya y Guipúzcoa, excepto las capitales. Murió a causa de una herida en una pierna, recibida mientras dirigía el sitio de Bilbao.

zumaque *s. m.* Nombre común de diversas plantas arbustivas de la familia anacardiáceas, género *Rhus*. El zumaque común *(Rhus coriaria)* mide de 1 a 3 m de altura, tiene el tallo peludo, hojas compuestas, flores en panícula, blanquecinas y encarnadas, y fruto en drupa. Crece en la región mediterránea. El zumaque de Virginia *(Rhus typhina)* mide hasta 10 m de altura y tiene un fruto en drupa peludo de color carmesí.

Zumárraga, Juan de (Durango, Vizcaya 1476 - México 1548) Religioso español. Fue obispo de Nueva España y uno de los principales protectores de los indígenas. Introdujo la imprenta para facilitar la evangelización y publicó la *Doctrina breve* (1543-44), obra de catequesis muy influida por Erasmo.

zumaya *s. f.* **1.** Autillo*. **2.** Chotacabras*. **3.** Martinete*, ave acuática.

zumba *s. f.* **1.** Cencerro grande que lleva la caballería que va delante de una recua de ganado o el buey que hace de cabestro. **2.** Broma, burla. **3.** *amer.* Tunda, zurra. **4.** *Méx.* Borrachera.

zumbado, da **1.** *p. p.* de **zumbar**. || *adj.* **2.** Loco, ido.

zumbador, ra *adj.* **1.** Que zumba. || *s. m.* **2.** Dispositivo electromagnético que al ponerse en funcionamiento produce un zumbido o sonido de baja frecuencia. **3.** *Ant., Méx.* Colibrí*.

zumbar *v. intr.* **1.** Producir cierto sonido silbante, sordo y continuado, como el de algunos insectos al volar o el del viento cuando pasa por un orificio. **2.** Tener alguien la sensación de oír un sonido semejante dentro de los oídos. || *v. tr.* **3.** *fam.* Pegar, zurrar. **4.** *fam.* Bromear o burlarse de alguien. También *v. prnl.* || **LOC. zumbando** *adv. fam.* Con verbos como *ir, salir*, etc., muy deprisa. **zumbarle** a alguien **los oídos** Tener la sensación de que se está hablando de él.

zumbel *s. m.* Cuerda que se enrolla en el trompo o peonza para hacerlos bailar al lanzarlos.

zumbido *s. m.* **1.** Ruido que se produce al zumbar. **2.** Percepción en el oído de un sonido silbante que no corresponde a ningún estímulo externo; se produce por una irritación de las terminaciones de los nervios auditivos.

zumbón, na *adj.* **1.** Que zumba. **2.** Se dice del cencerro que se pone a la res que guía una recua de ganado. También *s. m.* **3.** *fam.* Burlón, guasón. También *s.*

zumillo *s. m.* Planta herbácea de la familia umbelíferas, especie *Thapsia villosa*. Mide hasta 2 m de altura, tiene raíces gruesas, hojas inferiores varias veces pinnadas, blancas por el envés y vellosas por el haz y flores amarillas en umbela. Crece en la península Ibérica.

zumo *s. m.* **1.** Líquido que se saca principalmente de las frutas o de algunos vegetales al exprimirlos. **2.** Jugo*, beneficio.

zuna *s. f.* Sunna*.

zunchado, da **1.** *p. p.* de **zunchar**. || *s. m.* **2.** Acción y efecto de zunchar. || **3. cubiertas zunchadas** Las que están reforzadas por dentro con una tela metálica para dar mayor resistencia al neumático.

zunchar *v. tr.* Poner zunchos para reforzar o sujetar una cosa.

zuncho *s. m.* **1.** Pieza en forma de anillo o abrazadera de hierro u otro material, que se pone alrededor de una cosa para reforzarla o sujetarla a otra. **2.** En construcción, refuerzo metálico, generalmente de acero, para juntar o sujetar algunas partes de un edificio en ruinas. **3.** En construcción, armadura en forma de espiral de un pilar o columna de hormigón armado.

Zunzunegui, Juan Antonio de (Portugalete, Vizcaya 1901 - Madrid 1982) Novelista español. Sus obras se caracterizan por la acertada pintura de ambientes populares y la fuerza dramática de los personajes. Entre ellas merecen citarse *¡Ay... estos hijos!* (1943), *La quiebra* (1947), *La úlcera* (1948), *Esta oscura desbandada* (1952) y *Un hombre entre dos mujeres* (1966).

Zúñiga o **Stúñiga** Familia noble castellana originaria de Navarra y asentada en Extremadura y Salamanca. Apoyaron a Enrique de Trastámara frente a Pedro I, lo que motivó su encumbramiento político y económico. Entre sus miembros destacan: **Álvaro de Stúñiga** (? - ? 1488), que luchó contra Enrique IV y apoyó a la Beltraneja y a Alfonso V de Portugal; posteriormente se acercó a los Reyes Católicos, con los que firmó el tratado de Madrigal (1476); **Juan de Stúñiga** (? - ? 1504), hijo del anterior, obtuvo el maestrazgo de Alcántara (1480) y, a partir de este momento, la familia pasó a denominarse *Zúñiga*; **Juan de Zúñiga y Avellaneda** (? h. 1490 - Madrid 1546), nieto de Álvaro, fue auxiliar de cámara de Carlos I y tutor de Felipe II; comendador de Castilla y conde de Miranda, se casó con Estefanía de Requesens; de este matrimonio nacieron **Luis de Requesens y Zúñiga**, gobernador de los Países Bajos, y **Juan de Zúñiga** (Valladolid 1536 - Madrid 1586), embajador en Roma y virrey de Nápoles (1579-83); **Juan de Zúñiga** (? - ? 1608), hijo del anterior, fue gobernador de Cataluña (1585), virrey de Nápoles y presidió el Consejo de Castilla; **Baltasar de Zúñiga** (Monterrey, Orense ? - Madrid 1622), tras ser embajador en Flandes, Francia y el imperio, fue ayo del futuro Felipe IV. Intervino en la política española en favor de su sobrino, el conde-duque de Olivares, durante el gobierno de Uceda. Primer ministro, fue Olivares el que en realidad gobernó.

Zúñiga, Francesillo de (? h. 1490 - ? 1532) Escritor español. De origen judío, sirvió al duque de Béjar y fue bufón de Carlos V. Sus burlas le ganaron la enemistad de los cortesanos y murió acuchillado por un rufián a sueldo de algún noble. En su obra *Crónica de la vida y hechos del emperador Carlos V* ofrece un panorama de la aristocracia española de la época desde un punto de vista mordaz y satírico.

zupia *s. f.* **1.** Poso del vino. **2.** Vino turbio por estar revuelto con los posos. **3.** Líquido que tiene mal aspecto y sabor. **4.** Parte inútil o despreciable de cualquier cosa.

zuque *s. m. Col.* Golpe, porrazo. || **LOC. estar** alguien **zuque** *Méx.* Encontrarse sin dinero.

Zurbarán, Francisco de (Fuente de Cantos, Badajoz 1598 - Madrid 1664) Pintor español. Se formó en Sevilla, ciudad en la que residió hasta 1658, año en que se trasladó a Madrid. Su estilo parte del tenebrismo, pero suaviza los violentos contrastes de luces y sombras de esta escuela. Supo crear en su pintura un ambiente de ascetismo, que se manifiesta no sólo en los cuadros religiosos, sino también en las naturalezas muertas. Realizó sus principales obras para las cartujas de Jerez, Zafra, las Cuevas y el monasterio de Guadalupe. Entre sus creaciones sobresalen *La visión de San Pedro Nolasco* (1629), *Historia de San Buenaventura* (1629), *Apoteosis de Santo Tomás de Aquino* (1631), *San Hugo de Grenoble en el refectorio de los cartujos* (1633), *Bodegón con naranjas y limones* (1633), *Santa Casilda* (1640), *Inmaculada* (1661) y la serie de monjes.

Francisco de Zurbarán: Fray Jerónimo Pérez, *detalle (Museo de la Real Academia de San Fernando, Madrid).*

Zurich: vista de la ciudad, a orillas del río Limmat.

zurcido, da 1. *p. p.* de **zurcir**. ‖ *s. m.* **2.** Acción y efecto de zurcir. **3.** Conjunto de puntadas que quedan al zurcir algo. **FAM.** Zurcidor.

zurcir *v. tr.* Dar puntadas muy juntas en una tela para arreglar un agujero o parte desgastada de la misma. ■ La *c* de la raíz cambia en *z* ante las vocales *a* y *o*. ‖ **LOC. que le** (o **te**, **os**, etc.) **zurzan** *fam.* Expresa rechazo o desprecio respecto a una persona. **FAM.** Zurcidor.

zurdazo *s. m.* **1.** *amer.* Golpe dado con la mano izquierda. **2.** En el fútbol, disparo realizado con la pierna izquierda.

zurdear *v. intr. Arg., Col., Méx., Nic.* Hacer con la mano izquierda lo que la mayoría de las personas hacen con la derecha.

zurdo, da *adj.* **1.** Que usa normalmente la mano o el pie izquierdos. También *s.* **2.** Se dice de la mano o la pierna izquierda. También *s. f.* ‖ **LOC. a zurdas** *adv.* Con la mano izquierda. **FAM.** Zurdera.

zurear *v. intr.* Emitir las palomas su arrullo característico. **FAM.** Zureo.

Zurgena C. de España, en la prov. de Almería. 2.050 h. en 1991. Su economía es eminentemente agropecuaria. Destaca el cultivo de naranjas para la exportación.

Zurich (en al. *Zürich*) **1.** Lago de Suiza, en el N del país. 88 km^2 de extensión. Su río emisario es el Limmat.
2. Cantón de Suiza, situado en el N del país, al N del lago Zurich. 1.729 km^2. 1.157.000 h. en 1990. Tiene un relieve de colinas, que separan los valles fluviales de los ríos Limmat, Glatt y otros. Cuenta con cultivos de frutales, vid, hortalizas y forraje, e industrias mecánicas, textiles, químicas y alimentarias.
3. C. de Suiza, cap. del cantón del mismo nombre, a orillas del lago Zurich. 342.850 h. en 1990 y 838.700 h. en 1989 en su área metropolitana. Es el mayor centro urbano del país y centro financiero mundial, que posee industria pesada, relojera, armamentística, de precisión, textil y editorial. Sus principales monumentos son la catedral, de estilo románico (s. XI-XIII), y el barrio residencial.

Zurita, Alonso de (¿Granada? h. 1511 - ? h. 1585) Cronista de Indias español. Oidor de Santo Domingo (1547), de Guatemala (1550-54) y de Nueva España (1554), escribió *Breve y sumaria relación de los señores de la Nueva España*, en la que recogió valiosa información sobre culturas precolombinas de México.

Zurita, Jerónimo (Zaragoza 1512 - íd. 1580) Historiador español. Fue cronista del reino de Aragón (1548), secretario del Consejo de la Inquisición (1568) y maestre racional de Zaragoza. Por orden de Felipe II reunió los escritos más importantes de sus reinos en el castillo de Simancas, origen del archivo general del reino. Fue autor de *Anales de la Corona de Aragón* (1562 y 1578-79) e *Historia de don Fernando el Católico*.

zurito, ta *adj.* Se dice de las palomas silvestres. ■ Se dice también *zorito* y *zuro*.

Zurlini, Valerio (Bolonia 1926 - Verona 1982) Director de cine italiano. Realizador sensible y exigente, se dio a conocer con el filme *Le ragazze di San Frediano* (1954). Otras películas suyas dignas de mención son *Crónica familiar* (1962) y *El desierto de los tártaros* (1976).

zuro *s. m.* Corazón de la mazorca del maíz después de desgranada.

zuro, ra *adj.* Zurito*.

zurra *s. f.* Paliza, tunda.

zurrador, ra *adj.* **1.** Que zurra. También *s.* ‖ *s. m.* y *f.* **2.** Persona que tiene por oficio zurrar las pieles.

zurrapa *s. f.* Hilillo, impureza o suciedad que hay en algunos líquidos y que poco a poco se va quedando en el fondo. Se usa más en *pl.*

zurrapiento, ta o **zurraposo, sa** *adj.* Sucio o con zurrapas.

zurrar *v. tr.* **1.** *fam.* Golpear, pegar. **2.** Curtir las pieles quitándoles el pelo. **FAM.** Zurrador.

zurraspa *s. f. fam.* Mancha de excremento que queda en la ropa interior, en el inodoro, etc.

zurria *s. f.* **1.** *Amér. C., Col.* Zurra, tunda. **2.** *Col.* Gran cantidad de algo.

zurriagazo *s. m.* Golpe dado con el zurriago o con otra cosa flexible.

zurriago o **zurriaga** *s. m.* o *s. f.* **1.** Látigo. **2.** Correa larga y flexible con que se hace bailar el trompo.

zurriburri *s. m.* **1.** Barullo, confusión producido por un grupo de personas. **2.** *fam.* Conjunto de personas vulgares.

zurrón *s. m.* **1.** Bolsa de piel usada por los pastores. **2.** Cualquier otra bolsa de cuero, especialmente la que usan los cazadores para meter las piezas. **3.** Cáscara tierna que tienen algunos frutos, como la castaña o la almendra, encima de la dura. **4.** Bolsa que forman las membranas que envuelven el feto.

zurullo *s. m.* **1.** *fam.* Trozo de masa o de otra materia blanda o esponjosa más duro o más compacto que el resto. **2.** *fam.* Excremento endurecido.

zutano, na *s. m.* y *f. fam.* En correlación con *fulano* o *mengano*, una persona indeterminada.

zutuhil o **zutujil** *adj.* **1.** Se aplica a un pueblo amerindio perteneciente al grupo maya-quiché que vive al S del lago Atitlán, en Guatemala. **2.** De este pueblo. También *s.* ‖ *s. m.* **3.** Lengua de la familia maya hablada por los individuos del mismo.

Zweig, Arnold (Glogau 1887 - Berlín 1968) Escritor alemán. Judío, emigró a Palestina (1933), pero regresó a la República Democrática Alemana (1948). Antimilitarista, escribió novelas, como *La disputa del sargento Grischa* (1927), y algunas obras teatrales, como *Napoleón en Jaffa* (1939) y *El juego del sargento Grischa* (1949).

Zweig, Stefan (Viena 1881 - Petrópolis, Brasil 1942) Escritor austriaco. En 1934, huyendo del nazismo se exilió en el Reino Unido y más tarde en Brasil. Temiendo el triunfo alemán, se suicidó. Fue autor de teatro y de obras narrativas de extremada sensibilidad, como *Veinticuatro horas en la vida de una mujer* (1926) e *Impaciencia del corazón* (1938). Escribió también ensayos históricos y literarios, entre los que destacan *Verlaine* (1905), *Tres maestros (Balzac, Dickens, Dostoievski)* (1920) y la serie *Momentos estelares de la humanidad* (1926).

Zwickau C. de Alemania, en el Land de Sajonia, situada a orillas del río Mulde. 118.900 h. en 1990. Es un centro de la industria automovilística, de maquinaria, química, papelera, textil, plástica y cerámica.

Zwingli, Huldrych Véase **Zuinglio, Ulrico**.

Zworykin, Vladimir Kosma (Murom 1889 - Princeton 1982) Ingeniero electrónico estadounidense de origen ruso. Se trasladó a EE UU en 1919. Trabajó, entre otros laboratorios, en el de la *Radio Corporation of America* y fue director del Centro Electrónico del Instituto Rockefeller. Inventó el iconoscopio (1934) y mejoró el microscopio electrónico. Se le considera, además, el padre de la televisión.

EL MUNDO EN
MAPAS

ÍNDICE

EL MUNDO EN MAPAS

SIGNOS CONVENCIONALES

Medio geográfico

- Tundra
- Glacial
- Bosque de coníferas
- Bosque mixto
- Bosque de caducifolias
- Bosque denso tropical
- Matorral espinoso
- Tierras cultivables
- Praderas y herbazales
- Sabana
- Estepa, formaciones semi-áridas
- Desierto arenoso
- Otros desiertos
- Montañas
- Marismas
- Lago salado
- Lago intermitente
- Desierto de sal, chott, sebkha
- Campos de lava

Mapas continentales y nacionales

Shanghai **Londres**	Más de 5.000.000 de habitantes
Barcelona **Milán**	De 1.000.000 a 5.000.000 de habitantes
Venecia **Zürich**	De 250.000 a 1.000.000 de habitantes
Dijon	De 100.000 a 250.000 habitantes
Aberdeen	De 50.000 a 250.000 habitantes
Dover	De 25.000 a 100.000 habitantes
El Beida Briviesca	Menos de 25.000 habitantes
VIENA **EL CAIRO**	Capital de Nación

- Carreteras importantes o autopista
- Otras carreteras
- Ferrocarril

- Límite de Nación
- Límite de Nación en litigio
- Límite de Estado o región
- Límite de Nación en el mar

8848	Altitud sobre el nivel del mar
11034	Profundidad
2645	Espesor del casquete polar
	Presa
Tebas	Ruinas
	Wadi, régimen estacional
	Canal
	Cataratas
	Arrecifes

El atlas
El mundo en mapas es una adaptación
del *Atlas del Mundo Aguilar.*

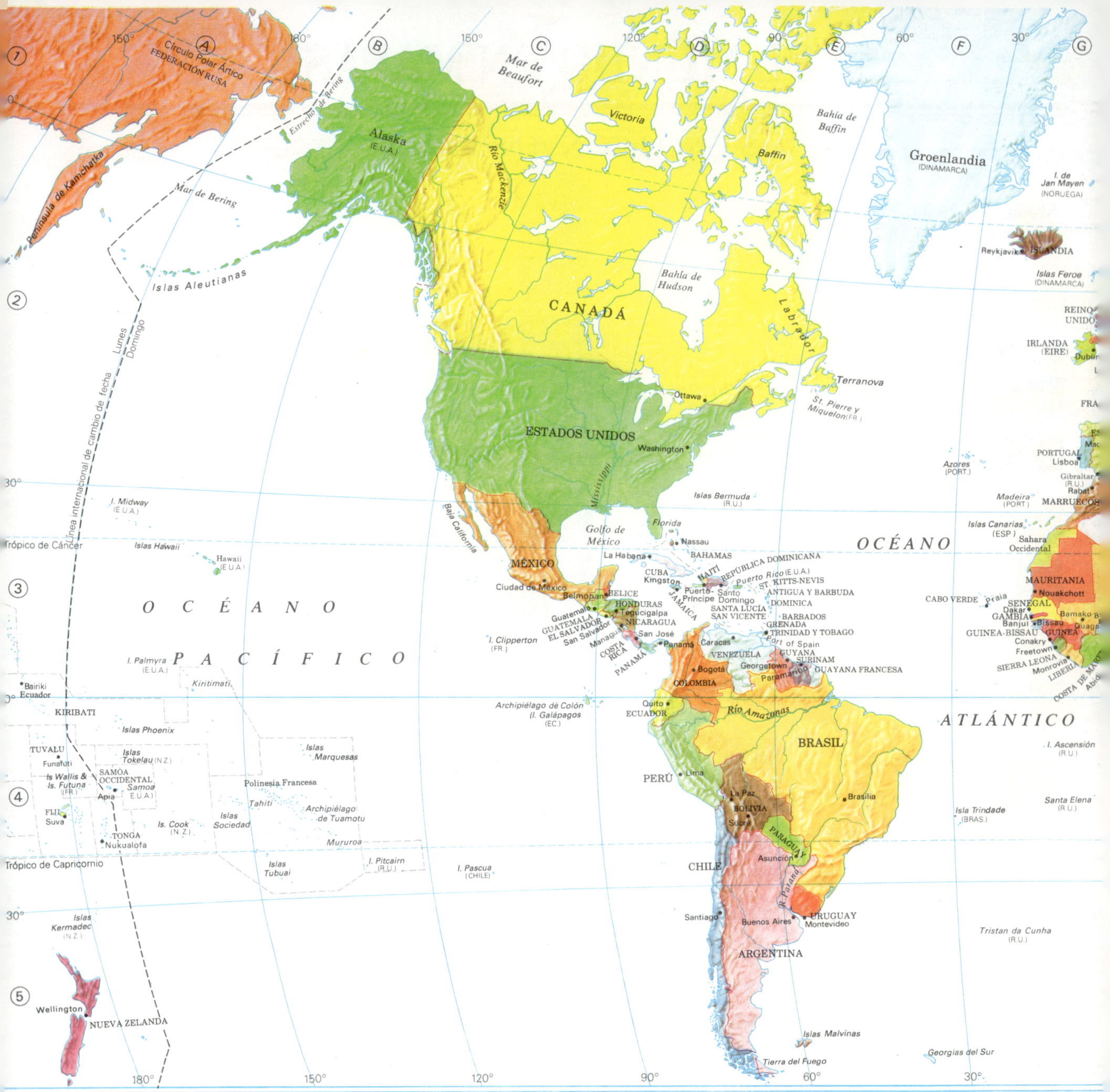

En estos cartogramas se muestra el tamaño de cada país proporcional a su población.
1 mm² = 1,5 millones de habitantes

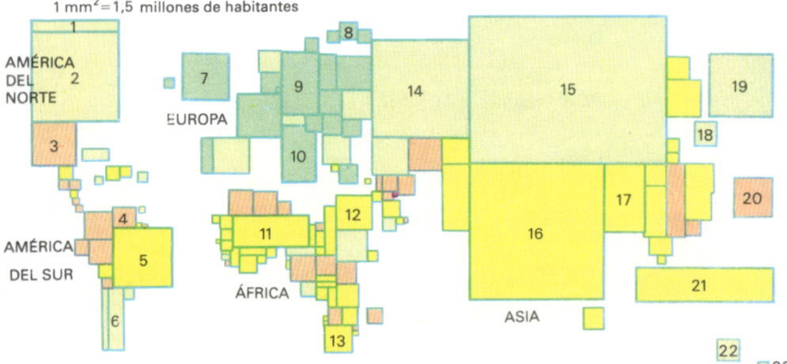

CRECIMIENTO DE LA POBLACIÓN

1975–1985

0 — 10 — 20 — 30 — 40 — 50%

1 Canadá	6 Argentina	15 China
2 E.U.A.	7 Reino Unido	16 India
3 México	8 Suecia	17 Bangladesh
4 Venezuela	9 Rep.F. de Alem.	18 Taiwan
5 Brasil	10 Italia	19 Japón
	11 Nigeria	20 Filipinas
	12 Egipto	21 Indonesia
	13 Rep.Sudafricana	22 Australia
	14 ant. U.R.S.S.	23 Nueva Zelanda

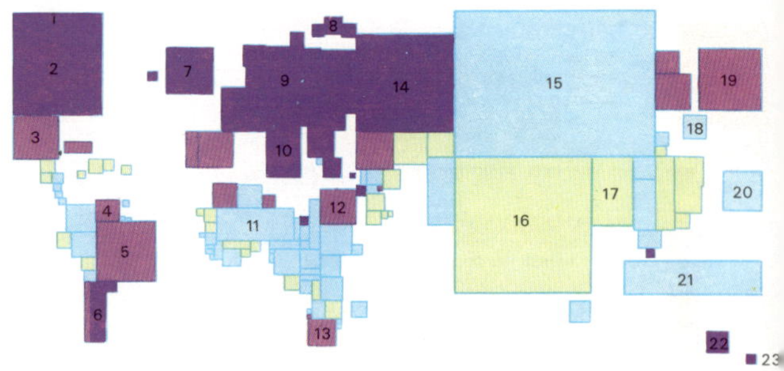

CONSUMO DE CALORÍAS

consumo diario por persona

- Más de 2 900
- 2500–2900
- 2100–2500
- Menos de 2 100

1 caloría = 4.1868 julios

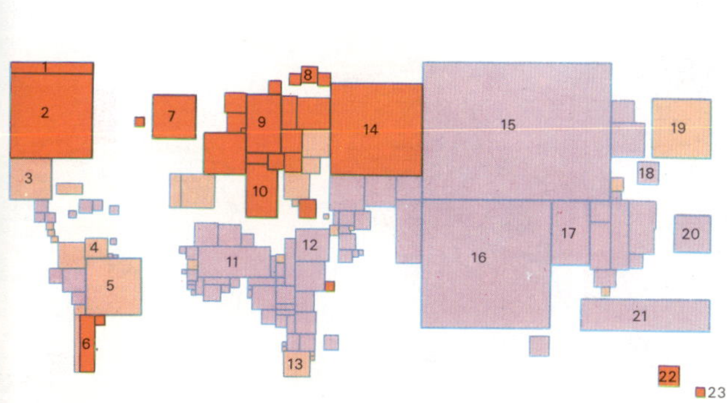

CONSUMO DE PROTEINAS ANIMALES

consumo diario por persona en gramos

- Más de 50 g
- 35–50 g
- 20–35 g
- Menos de 20 g

Basado en estadísticas recientes

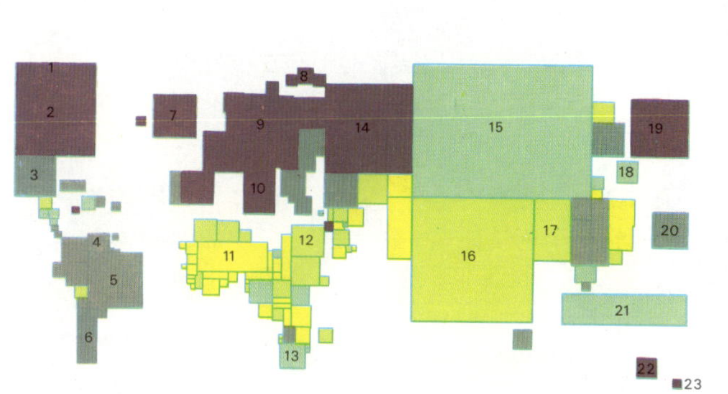

ALFABETISMO

porcentaje de alfabetismo en adultos sobre 15 años

- Más del 90 %
- 80–90 %
- 60–80 %
- 40–60 %
- 20–40 %
- Menos del 20 %

Basado en estadísticas recientes

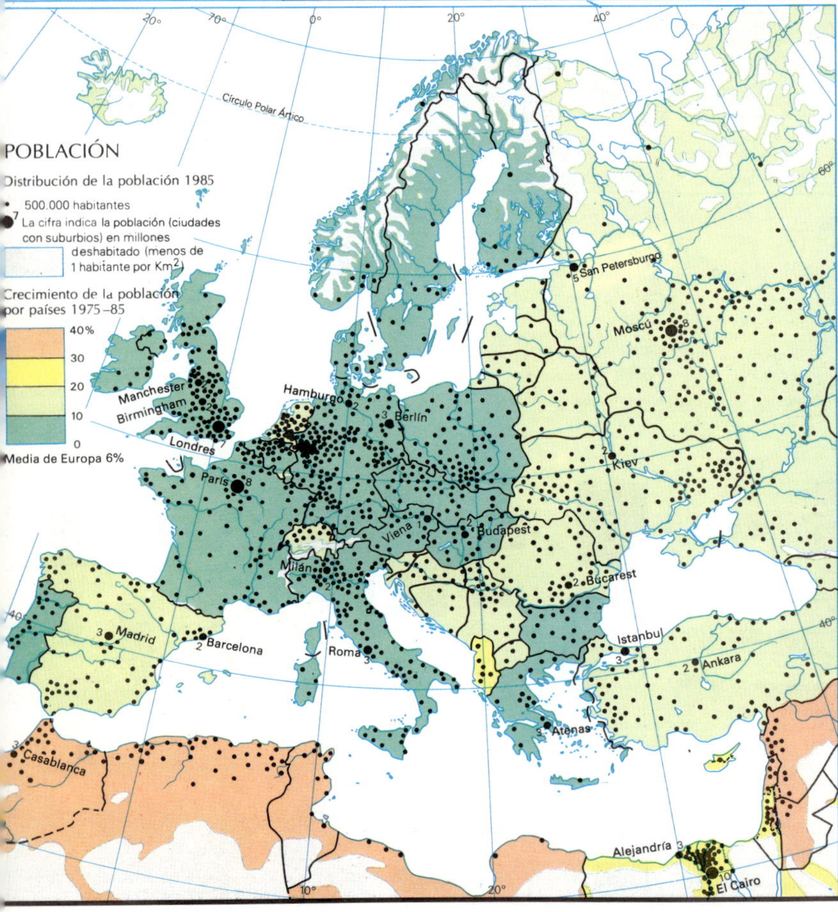

EUROPA, medio geográfico, división política, población

PROYECCIÓN CÓNICA CONFORME DE LAMBERT

0 200 400 600 km

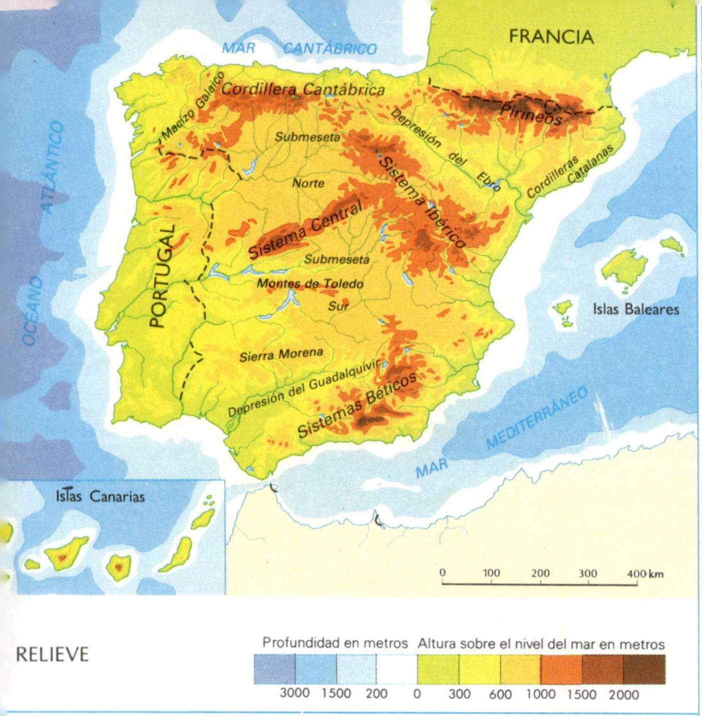

RELIEVE

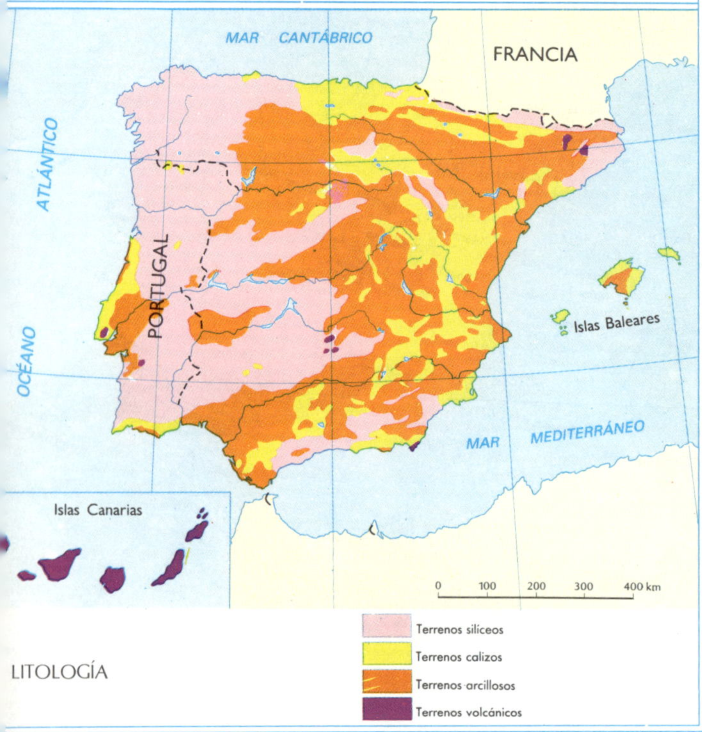

LITOLOGÍA

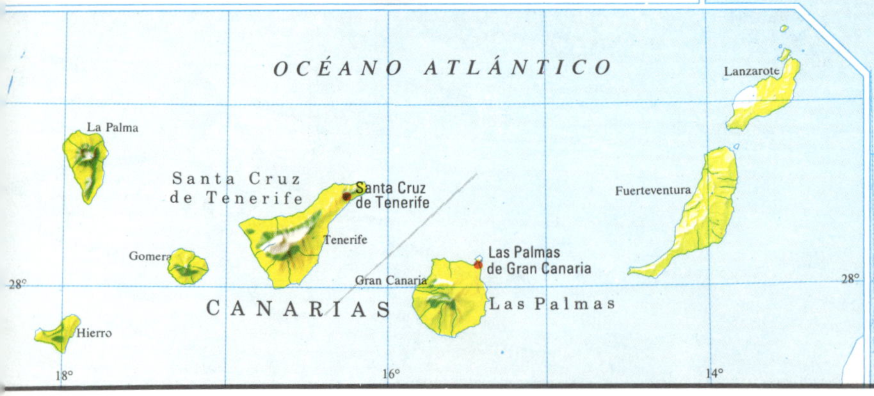

Cantábrico
Golfo de Vizcaya
Santander
C. de Ajo
C. Machichaco
Donostia–San Sebastián
Bilbao
CANTABRIA
Vizcaya
Guipúzcoa
PAÍS VASCO
Vitoria-Gasteiz
Álava
COMUNIDAD FORAL DE NAVARRA
Pamplona-Iruña
Cordillera Pirenaica
FRANCIA
ANDORRA
ANDORRA LA VELLA
C. de Creus
Gerona
Girona
Huesca
Lérida
Lleida
CATALUÑA
Barcelona
Sistema Costero Catalán
Tarragona
Delta del Ebro
Logroño
LA RIOJA
Burgos
Palencia
Valladolid
Soria
Sistema Ibérico
Depresión del Ebro
Zaragoza
ARAGÓN
R. Ebro
R. Gállego
R. Cinca
R. Segre
R. Ter
R. Llobregat
R. Jalón
R. Duero
R. Pisuerga
R. Eresma
R. Adaja
Segovia
Ávila
Guadalajara
R. Tajo
COMUNIDAD DE MADRID
MADRID
Teruel
Cuenca
COMUNIDAD VALENCIANA
Castelló de la Plana/Castellón de la Plana
Castellón
R. Alberche
R. Jarama
Toledo
Meseta Sur
CASTILLA-LA MANCHA
Montes de Toledo
R. Cigüela
R. Záncara
Golfo de Valencia
Valencia
R. Turia
R. Cabriel
R. Júcar
Menorca
Mallorca
Palma
ISLAS BALEARES
Cabrera
Ibiza
Formentera
C. de la Nao
Ciudad Real
Albacete
Alicante
Alacant/Alicante
REGIÓN DE MURCIA
Murcia
R. Segura
C. de Palos
Jaén
R. Guadalquivir
Cordillera Subbética
Cordillera Bética
ANDALUCÍA
Granada
Mulhacén 3.478
Sierra Nevada
Almería
Cordillera Penibética
Málaga
C. de Gata
Mar Mediterráneo
Melilla
ARGELIA
4°
2°
0°
44°
42°
40°
38°
36°

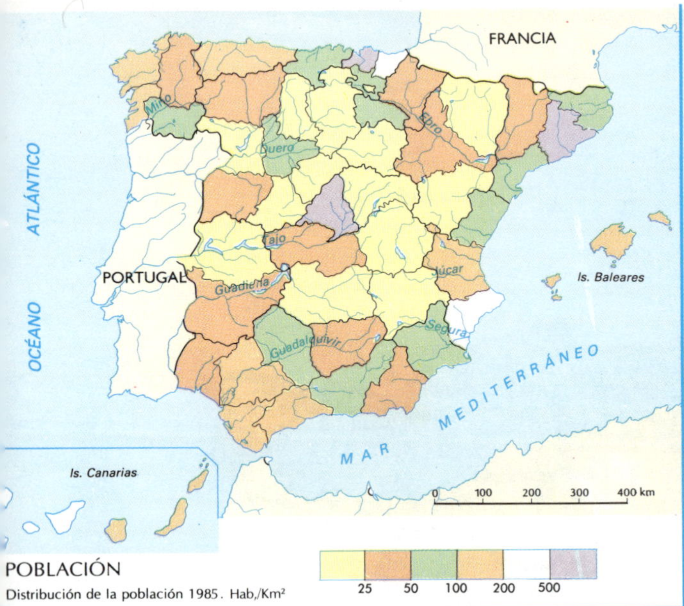

POBLACIÓN
Distribución de la población 1985. Hab./Km²

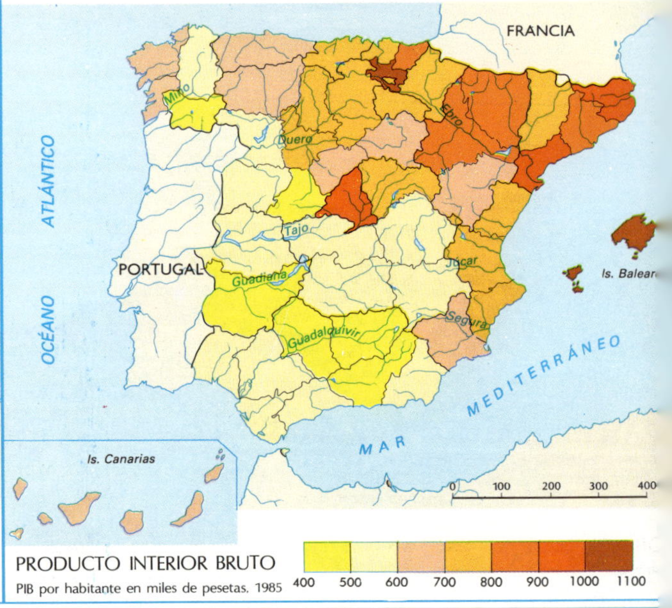

PRODUCTO INTERIOR BRUTO
PIB por habitante en miles de pesetas. 1985

DIVISIÓN POLÍTICA Y COMUNICACIONES

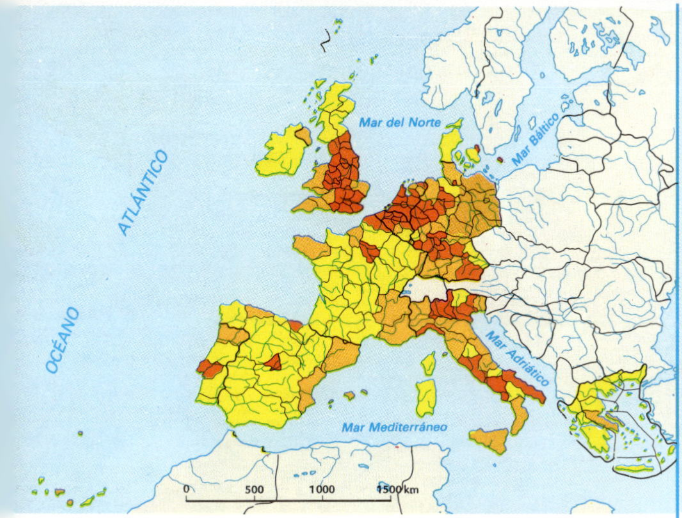

...OBLACIÓN

...stribución de la población, 1985. Hab./Km²

0 | 100 | 200 | 300 | 350

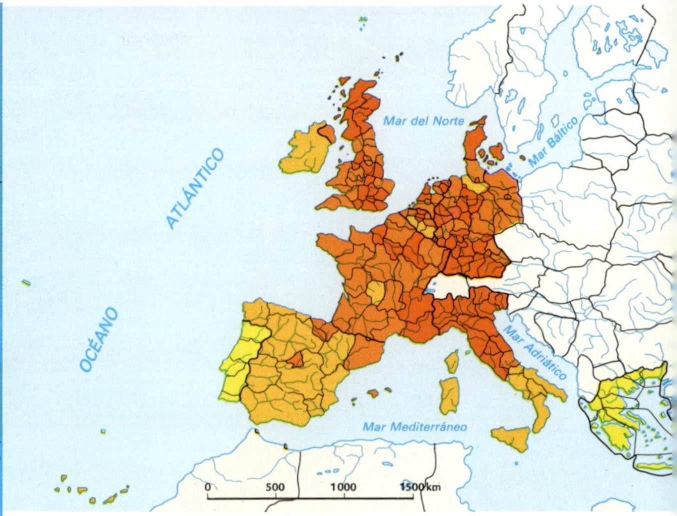

PRODUCTO INTERIOR BRUTO

PIB por hab. en EPA* en 1985

* Estándar de poder adquisitivo

7.500 | 10.000 | 12.500 En EPA*

LA COMUNIDAD ECONÓMICA EUROPEA

OCÉANO
ATLÁNTICO
Mar Cantábrico
Golfo de Vizcaya
Canal de la Mancha
Canal o Normandas
REINO
UNIDO
FRANCIA
ESPAÑA
PORTUGAL
ANDORRA
Islas Baleares
Mallorca
Ibiza
Formentera
MAR
PARIS
Versailles
Saint-Denis
Rouen
Le Havre
Caen
Amiens
Brest
Rennes
Nantes
Angers
Le Mans
Orléans
Tours
Poitiers
Limoges
La Rochelle
Bordeaux
(Burdeos)
Toulouse
Montpellier
Perpignan
Bayonne
Plymouth
Bournemouth
MADRID
Barcelona
Zaragoza
Bilbao
Donostia (San Sebastián)
Pamplona-Iruña
Santander
Oviedo
Gijón
A Coruña
Vigo
León
Burgos
Valladolid
Salamanca
Toledo
València (Valencia)
Castelló de la Plana
Alacant (Alicante)
Murcia
Cartagena
Albacete
Córdoba
Sevilla
Granada
Málaga
Cádiz
Huelva
Badajoz
Cáceres
Jaén
Almería
Tarragona
LISBOA
Porto
(Oporto)
Coimbra
Cordillera Cantábrica
Sistema Ibérico
Sierra Morena
Sistemas Béticos
Sierra Nevada
Sierra de Guadarrama
Sierra de Gredos
Pirineos
Galicia
Asturias
Castilla y León
Castilla-La Mancha
Extremadura
Andalucía
Aragón
Cataluña
Navarra
La Rioja
Alentejo
Algarve
Normandía
Bretaña
Golfo de Cádiz
Costa del Sol
Costa Blanca
Costa Brava
Estrecho de Gibraltar
Tánger
Ceuta
Gibraltar (R.U.)
AL JAZĀ'IR
(ARGEL)

REP. FEDERAL DE ALEMANIA
(BUNDESREPUBLIK DEUTSCHLAND)
Bayern
PRAHA (PRAGA)
Čechy
CHECOSLOVAQUIA
WIEN (VIENA)
AUSTRIA
BUDAPEST
HUNGRÍA (MAGYARORSZÁG)
Bratislava
München (Munich)
Stuttgart
Frankfurt a. M.
Nürnberg (Nornberg)
Strasbourg
LUXEMBURGO
SUIZA
BERN (BERNA)
Zürich
Genève (Ginebra)
LIECHTENSTEIN
Innsbruck
Graz
LJUBLJANA
ESLOVENIA
ZAGREB
CROACIA
BOSNIA-HERZEGOVINA
Sarajevo
Split
Dubrovnik
Lyon
Grenoble
Torino (Turín)
Milano (Milán)
Genova (Génova)
Venezia (Venecia)
Trieste
Rijeka
Bologna (Bolonia)
Firenze (Florencia)
SAN MARINO
ROMA
CIUDAD DEL VATICANO (CITTA DEL VATICANO)
ITALIA
Napoli (Nápoles)
Bari
Taranto
Reggio di Calabria
Messina
Palermo
Catania
Sicilia
Marseille (Marsella)
Nice (Niza)
MÓNACO
Corse (Córcega)
Ajaccio
Bastia
Sardegna (Cerdeña)
Cagliari
Sassari
Mar de Liguria
Mar Adriático
Mar Tirreno
Mar Jónico
MEDITERRÁNEO
Golfo de Venecia
Golfo de Génova
Golfo de Tarento
Estrecho de Bonifacio
Canal de Sicilia
Canal de Malta
MALTA
VALLETTA
TÚNEZ
TUNICIA
Annaba
Constantina
Pantelleria (Italia)
Islas Eolie o Lipari
Islas Egadi
© ESSELTE MAP SERVICE

Föroyar
(Islas Feroe)
(Dinamarca)
Norðoyar
Streymoy
Vágar
Eysturoy
Sandoy
Suðuroy
Islas Shetland
(R.U.)
Mainland
Unst
Yell
Foula
Cabo Sumburgh
Islas Orcadas
North Rona
Sula Sgeir
Sule Skerry
Stack Skerry
Butt of Lewis
Cabo Wrath
Islas Flannan
Saint Kilda
Islas Hébridas
Lewis
Harris
North Uist
South Uist
Barra
Cabo Barra
Skye
Tiree
Mull
Islay
Jura
Escocia
Aberdeen
Dundee
Perth
Inverness
Montes Grampianos
Tierras Altas del Noroeste
Glasgow
Edimburgo
Tierras Altas del Sur
Mar del Norte
REINO UNIDO
Gran Banco Pesquero
Dogger Bank
NORUEGA
Bergen
Stavanger
Haugesund
Irlanda del Norte
Ulster
Belfast
Londonderry
IRLANDA (EIRE)
DUBLIN (BAILE ATHA CLIATH)
Connaught
Leinster
Munster
Galway
Limerick
Cork (Corcaigh)
Waterford
Mar de Irlanda
Isla de Man
Newcastle-upon-Tyne
Sunderland
South Shields
Hartlepool
Middlesbrough
Carlisle
Leeds
Bradford
York
Kingston-upon-Hull
Liverpool
Manchester
Sheffield
Stoke-on-Trent
Nottingham
Leicester
Birmingham
Wolverhampton
Coventry
Norwich
Inglaterra
Gales
Cardiff
Swansea
Bristol
Oxford
Cambridge
Ipswich
LONDON (LONDRES)
Southampton
Portsmouth
Brighton
Plymouth
Exeter
Canal Saint Georges
Canal de Bristol
Mar Céltico
Islas Scilly
Canal de la Mancha
Islas del Canal o Normandas
(R.U.)
Guernsey
Jersey
Paso de Calais
PAÍSES BAJOS
AMSTERDAM
'S-GRAVENHAGE (LA HAYA)
Rotterdam
Utrecht
Islas Frisias
Islas Frisias Occidentales
BÉLGICA
BRUXELLES (BRUSELAS)
Antwerpen (Amberes)
Gent (Gante)
Brugge (Brujas)
FRANCIA
PARIS
Normandía
Picardía
Île de France
Le Havre
Rouen
Caen
Amiens
Reims
Orléans
Le Mans
Rennes
Nantes
Angers
Tours
Brest
Golfo de Saint-Malo
OCÉANO ATLÁNTICO

SUECIA
Svealand
Götaland
STOCKHOLM (ESTOCOLMO)
OSLO
Göteborg (Gotemburgo)
Skagerrak
Kattegat
Mar Báltico
Gotland
Öland
Saaremaa
Hiiumaa
TALLINN (TALLIN)
ESTONIA
LETONIA
RIGA
Rizhskii Zaliv (Golfo de Riga)
Kurzeme (Curlandia)
LITUANIA
VILNIUS
Kaunas
Klaipėda
Liepāja
DINAMARCA (DANMARK)
Jylland (Jutlandia)
KØBENHAVN (COPENHAGUE)
Sjælland
Malmö
Bornholm (Dinamarca)
Kaliningrad (Königsberg)
FED. RUSA
Gdańsk (Danzig)
Gdynia
Zatoka Gdańska (Golfo de Danzig)
Golfo de Pomerania
POLONIA (POLSKA)
WARSZAWA (VARSOVIA)
Poznań
Łódź
Wrocław
Kraków (Cracovia)
Szczecin
Bydgoszcz
Lublin
Białystok
Hamburg
Kiel
Bremen
Hannover (Hanover)
BERLIN
Magdeburg
Leipzig
Dresden
Helgoland
REP. FEDERAL DE ALEMANIA (BUNDESREPUBLIK DEUTSCHLAND)
Niedersachsen
Brandenburg
Mecklenburg
Bayern
Frankfurt a. M.
Nürnberg (Nuremberg)
München (Munich)
Stuttgart
Wiesbaden
BONN
Köln (Colonia)
Dortmund
PRAHA (PRAGA)
Čechy
ČESKOSLOVENSKO
CHECOSLOVAQUIA
Brno
Ostrava
Bratislava
Karpaty
Košice
WIEN (VIENA)
Linz
Salzburg
Graz
Innsbruck
AUSTRIA
BUDAPEST
HUNGRÍA (MAGYARORSZÁG)
Debrecen
Szeged
Balaton
Zürich
BERN (BERNA)
SUIZA
LIECHTENSTEIN
Timişoara

0 100 200 km

FEDERACIÓN RUSA
FINLANDIA
(SUOMI)
SUECIA
(SVERIGE)
NORUEGA
(NORGE)
ISLANDIA
(ÍSLAND)
OCÉANO
ATLÁNTICO
Mar de Barents
Golfo de Botnia
Círculo Polar Ártico
Poluostrov Kolskii
Murmansk
Oulu
Tampere
Trondheim
Tromsø
Bodø
Östersund
Umeå
Luleå
REYKJAVÍK
Vatnajökull
Lago Ladozhskoie

FEDERACIÓN RUSA
ESTONIA
LETONIA
LITUANIA
BIELORRUSIA
UCRANIA
POLONIA
POLSKA
ALEMANIA
REP. FEDERAL DE
DINAMARCA
(DANMARK)
Mar del Norte
Mar Báltico
Skagerrak
Kattegat
San Petersburgo
HELSINKI (HELSINGFORS)
TALLINN (TALLIN)
RIGA
VILNIUS (VILNA)
MINSK
WARSZAWA (VARSOVIA)
BERLIN
STOCKHOLM (ESTOCOLMO)
OSLO
KØBENHAVN (COPENHAGUE)
Golfo de Finlandia
Golfo de Riga
Gotland
Öland
Bornholm
Hamburg
Gdańsk (Danzig)
Kaliningrad (Königsberg)
Göteborg
Malmö
Kaunas
Tartu
Pskov
Novgorod
Vitebsk
Mogiliov
Grodno
Brest
Łódź
Poznań
Wrocław
Szczecin
Rostock
Kiel
Bremen
Hannover
Leipzig
Dresden
Magdeburg
Frankfurt a. M.
Köln
Düsseldorf
Dortmund
Essen
Bonn
Århus
Ålborg
Odense
Uppsala
Västerås
Örebro
Linköping
Norrköping
Turku (Åbo)
Åland

0 100 200 km

© ESSELTE MAP SERVICE

FEDERACIÓN RUSA
Mar Negro
Azovskoie More
(Mar de Azov)
Krim
(Crimea)
Bolshoi Kavkaz
GEORGIA
ARMENIA
TURQUÍA
(TÜRKIYE)
IRÁN
IRAQ
SIRIA
(SŪRIYAH)
CHIPRE
Mesopotamia
Toros Dağları
Güneydoğu Toroslar
Karadeniz Dağları
Dogu Karadeniz Dağları
Nogaiskiye Step
Prikaspiiskaia Nizmennost
(Depresión del Caspio)
Cherniye Zemli
Stavropolskaia Vozvishennost
Prichernomorskaia Nizmennost
Kuban
Volga
Dnieper
Don
Kizilirmak
Firat
(Eufrates)
Dicle
(Tigris)
Lago de Van
Lago Sevan
Tuz Gölü
Dneprodzerzhinsk
Dnepropetrovsk
Novomoskovsk
Zaporozhie
Krivoi Rog
Nikopol
Melitopol'
Kherson
Donetsk
Makeievka
Gorlovka
Kramatorsk
Lugansk
Kommunarsk
Krasnii Luch
Sajti
Novoshajtinsk
Novocherkassk
Rostov-na-Donu
Taganrog
Mariúpol
Berdiansk
Azov
Bataisk
Volgodonsk
Elista
Yeisk
Timashevskaia
Tijoretsk
Kropotkin
Armavir
Stavropol'
Nevinnomissk
Budennovsk
Svetlograd
Krasnodar
Novorossiisk
Anapa
Kerch
Feodosiia
Simferopol
Sevastopol'
Yalta
Yevpatoriya
Dzhankoi
Maikop
Belorechensk
Cherkessk
Kislovodsk
Piatigorsk
Georguiyevsk
Mineralnyie Vodi
Nalchik
Vladikavkaz
Groznii
Mozdok
Tuapse
Sochi
Sujumi
Kutaisi
Poti
Batumi
TBILISI
Rustavi
Leninakan
Kirovakan
EREVÁN
Nakhichevan
Trabzon
Rize
Giresun
Ordu
Samsun
Sinop
Kastamonu
Çorum
Amasya
Tokat
Sivas
Erzincan
Erzurum
Kars
ANKARA
Kirikkale
Yozgat
Kirşehir
Kayseri
Nevşehir
Niğde
Aksaray
Konya
Karaman
Ereğli
Mersin
Tarsus
Adana
Iskenderun
Antakya
Osmaniye
Kahramanmaraş
Gaziantep
Malatya
Elâziğ
Diyarbakir
Batman
Siirt
Bitlis
Van
Muş
Mardin
Urfa
Adiyaman
Halab (Alepo)
Al Lādhiqiyah
(Latakia)
Hamā
Idlib
Ar Raqqah
Al Hasakah
Al Mawsil
(Mosul)
Kirkūk
Irbil
Dayr az Zawr
Lefkosía
(Nicosia)
Famagusta
Larnaca
Limassol
Paphos
Kirenia
Cabo Greco
Cabo Gata
Cabo Andreas
Cabo Kormakiti
Cabo Arnauti
Cabo Anamur
Cabo Incekum
Cabo Karataş
Cabo Ince
Cabo Kerempe
Cabo Bafra
Cabo Civa
Cabo Yasun
Cabo Fener
Cabo Pitsunda
Cabo Kodori
Cabo Meganom
Cabo Sarich
Cabo Kazantip
Golfo de Taganrog
Golfo de Temriuk
Golfo de Karkinit
Golfo de Iskenderun
Estrecho de Kerch
Embalse de Kajovka
Embalse de Tsimliansk
Lago Manich Gudilo
Elbrus
5633
Kazbek
Büyük Ağri Dağı
(Monte Ararat)
5165
Erciyas Dağı
3916
Mar Negro
2244
1700
Montes de Crimea
1545
Jabal al Bishri
Jabal Sinjar
Jabal 'Abd al Aziz
Al Jazirah
Jabal Hamrin
Rawandiz
0 100 200 km
35°
40°
45°
D
E
F
G
1
2
3
4

ASIA SEPTENTRIONAL, medio geográfico

PROYECCIÓN ACIMUTAL EQUIVALENTE DE LAMBERT

0 500 1000 km

Mar Mediterráneo
LIBIA
EGIPTO
EL CAIRO
Alejandría
SUDÁN
JARTUM
ETIOPÍA
ADDIS ABEBA
DJIBOUTI
SOMALIA
MOGADISCIO
KENIA
Mombasa
DAR ES SALAAM
Mar Rojo
Golfo de Aden
Socotora
(R.D.P. Yemen)
ADEN
YEMEN
Hadramawt
OMÁN
MASCATE
Golfo de Omán
UNIÓN DE EMIRATOS ÁRABES
QATAR
BAHREIN
Golfo Pérsico
KUWAIT
ARABIA SAUDÍ
RIYADH
Jiddah
La Meca
Nafud
Rub al Khali
Trópico de Cáncer
IRAQ
BAGDAD
JORDANIA
AMMAN
JERUSALÉN
ISRAEL
LÍBANO
BEIRUT
SIRIA
DAMASCO
CHIPRE
NICOSIA
TURQUÍA
ANKARA
Estambul
GRECIA
ATENAS
Creta
Mar Negro
GEORGIA
ARMENIA
AZERBAIYÁN
BAKÚ
Mar Caspio
IRÁN
TEHERÁN
Isfahan
Shiraz
Desierto de Kavir
Montes Zagros
TURKMENISTÁN
ASHJABAD
UZBEKISTÁN
TASHKENT
Desierto de Karakum
Kizil-Kum
KAZAJSTÁN
Estepa de Kirguizia
Mar de Aral
Lago Baljash
ALMA-ATA
KIRGUIZISTÁN
BISHKEK
TAYIKISTÁN
DUSHANBE
Montes Tian Shan
Turkestán Oriental
Cuenca del Tarim
Dzungaria
AFGANISTÁN
KABUL
Hindu Kush
Pamir
Cachemira
PAKISTÁN
ISLAMABAD
Karachi
Lahore
Faisalabad
Desierto de Thar
Himalaya
NEPAL
KATMANDÚ
INDIA
DELHI
(NUEVA DELHI)
Bombay
Calcuta
Madras
Bangalore
Hyderabad
Nagpur
Ghates Occidentales
Ghates Orientales
Costa de Coromandel
Costa Malabar
C. Comorín
SRI LANKA
COLOMBO
Islas Laquedivas
(India)
MALDIVAS
MALÉ
Mar Arábigo
Golfo
OCÉANO ÍN
Ecuador
SEYCHELLES
VICTORIA
Islas Almirante
(Sey.)
Islas Aldabra
(Sey.)
COMORES
MORONI
Mayotte
(Fr.)
Canal de Mozambique
MADAGASCAR
ANTANANARIVO
Islas Chagos
(R.U.)
Samara
Volgogrado
Astrakán
Omsk
Novosibirsk
Tiumen
Cheliabinsk
Ufa
Orenburg
Magnitogorsk
Semipalatinsk
Karaganda
Montes de K
Tíbet

PROYECCIÓN ACIMUTAL EQUIVALENTE DE LAMBERT

0 500 1000 km

DIVISIÓN POLÍTICA

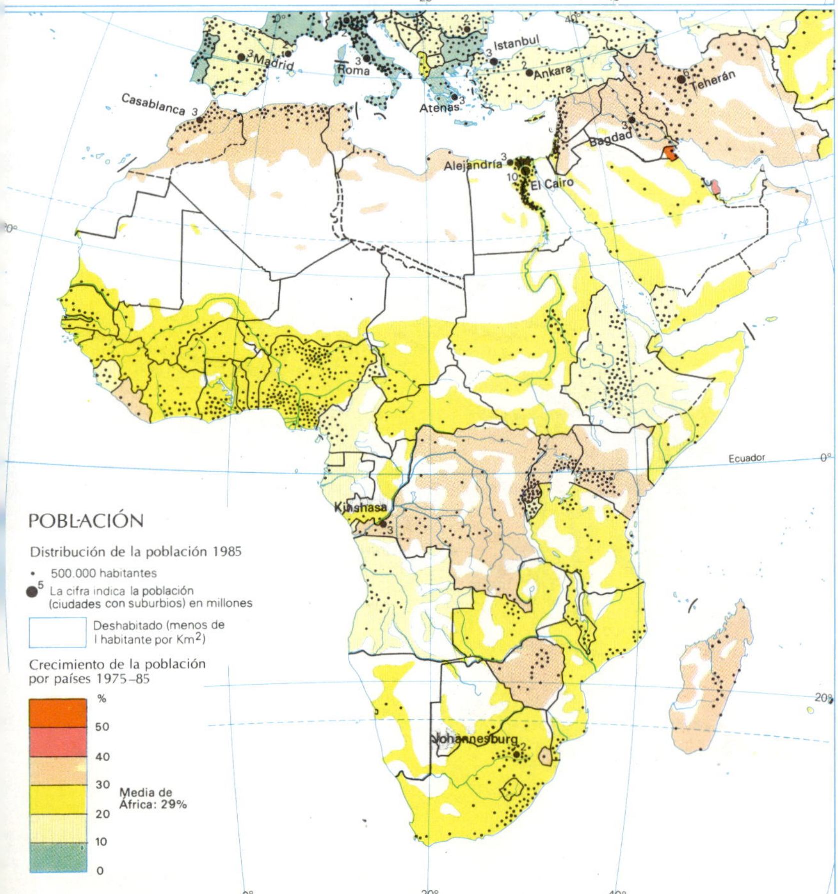

POBLACIÓN

Distribución de la población 1985

- 500.000 habitantes
- La cifra indica la población (ciudades con suburbios) en millones
- Deshabitado (menos de 1 habitante por Km²)

Crecimiento de la población por países 1975–85

%: 50, 40, 30, 20, 10, 0

Media de África: 29%

Mar Mediterráneo
ITALIA
GRECIA
TURQUÍA
ANKARA
ATENAS
ARGEL
TÚNEZ
TUNICIA
Sicilia
Palermo
Catania
VALLETTA
MALTA
Creta
NICOSIA
CHIPRE
SIRIA
DAMASCO
LÍBANO
BEIRUT
ISRAEL
Tel Aviv-Yafo
JERUSALÉN
AMMÁN
JORDANIA
IRAQ
BAGDAD
IRÁN
TEHERÁN
KUWAIT
Golfo Pérsico
BAHREIN
QATAR
UNIÓN DE EMIRATOS ÁRABES
Trópico de Cáncer
MASCATE
OMÁN
Golfo de Omán
ARABIA SAUDÍ
RIYADH
LA MECA
Nafud
Neyed
Rub al Khali
YEMEN
SAN'A
ADEN
Golfo de Adén
Socotora
(R.D.P. Yemen)
Cabo Guardafui
Mar Rojo
Hejaz
TRÍPOLI
Tripolitania
Bengasi
Cirenaica
LIBIA
Fezzan
Desierto Líbico
Oasis de Kufra
EGIPTO
Alejandría
El Cairo
Canal de Suez
Lago Nasser
Desierto de Nubia
Nubia
Port Sudan
SUDÁN
JARTUM
Omdurman
Nilo Azul
Nilo Blanco
Ahaggar
Macizo de Aïr
Tibesti
Emi Koussi
NÍGER
CHAD
Lago Chad
N'DJAMENA
Sahara
NIGERIA
ABUJA
Kano
Lagos
CAMERÚN
YAOUNDÉ
Douala
REPÚBLICA CENTRO AFRICANA
BANGUI
Oubangui-Chari
ETIOPÍA
ADDIS-ABEBA
Macizo Etiópico
Ogaden
DJIBOUTI
SOMALIA
MOGADISCIO
KENIA
NAIROBI
Lago Turkana
UGANDA
KAMPALA
Lago Victoria
Lago Alberto
Lago Eduardo
Lago Kivu
RUANDA
KIGALI
BURUNDI
BUJUMBURA
TANZANIA
DODOMA
DAR ES SALAAM
Kilimanjaro
Zanzíbar
Lago Tanganica
ZAIRE
R. Zaire
Kisangani
Lago Mai Ndombe
KINSHASA
CONGO
BRAZZAVILLE
GABÓN
LIBREVILLE
GUINEA ECUATORIAL
SANTO TOMÉ Y PRÍNCIPE
Ecuador
OCÉANO ÍNDICO
SEYCHELLES
VICTORIA
Islas Almirantes
Islas Aldabra
COMORES
MORONI
Mayotte (Francia)
ANGOLA
LUANDA
Cabinda (Angola)
Shaba
Lubumbashi
ZAMBIA
LUSAKA
Lago Kariba
MALAWI
LILONGWE
Lago Malawi
MOZAMBIQUE
Canal de Mozambique
MAPUTO
ZIMBABWE
HARARE
Bulawayo
NAMIBIA
WINDHOEK
Desierto de Namibia
Corredor de Caprivi
BOTSWANA
GABORONE
Desierto de Kalahari
PRETORIA
Johannesburg
SWAZILAND
MBABANE
LESOTHO
MASERU
REP. SUDAFRICANA
CIUDAD DE EL CABO
Cabo de Buena Esperanza
Cabo Agujas
Port Elizabeth
Durban
MADAGASCAR
ANTANANARIVO
Cabo Bobraomby
Cabo Vohimena
Trópico de Capricornio
MAURICIO
PORT LOUIS
Reunión (Francia)
Tromelin (Reun.)
PROYECCIÓN ESTEREOGRÁFICA DE MILLER
0 500 1000 km

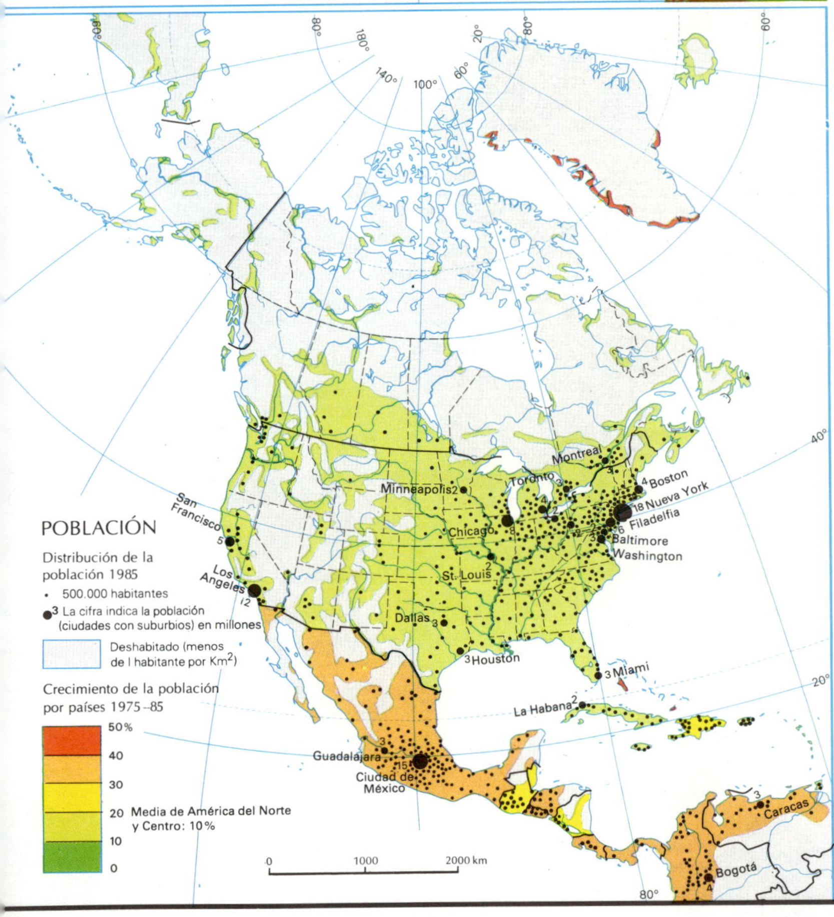

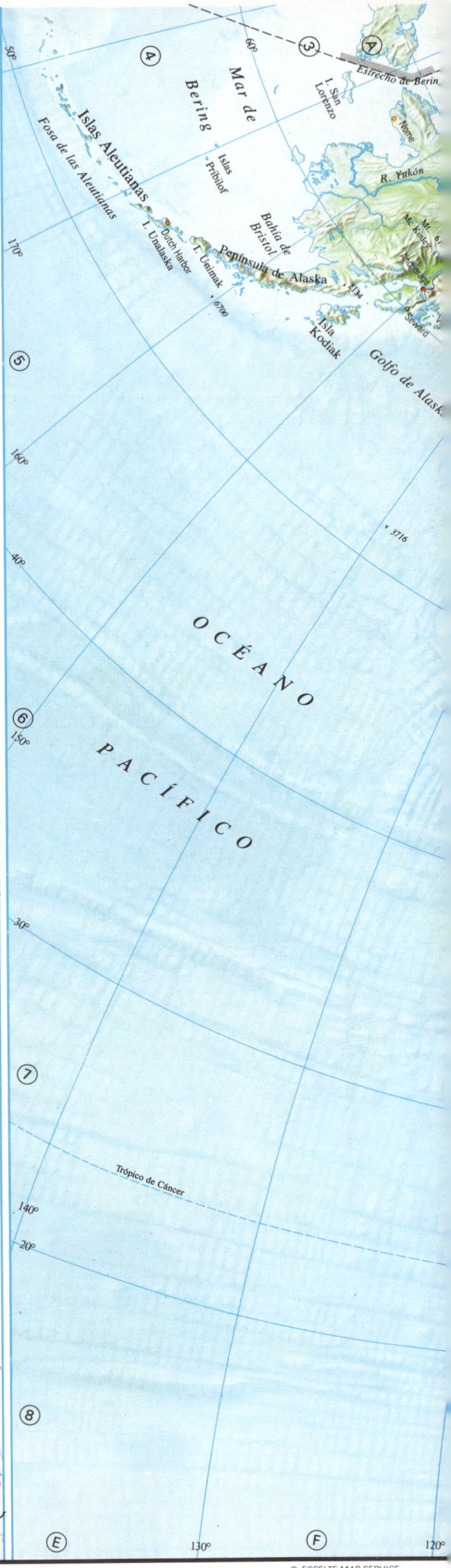

AMÉRICA DEL NORTE, medio geográfico, división política, población

PROYECCIÓN BIPOLAR DE MILLER

0 500 1000 km

DIVISIÓN POLÍTICA
0
1000
2000 km
BAHAMAS
CUBA
REPÚBLICA DOMINICANA
HAITÍ
JAMAICA
Puerto Rico (E.U.A.)
ST. KITTS-NEVIS
ANTIGUA Y BARBUDA
DOMINICA
SANTA LUCIA
SAN VICENTE
BARBADOS
GRENADA
TRINIDAD Y TOBAGO
MÉXICO
BELICE
GUATEMALA
HONDURAS
EL SALVADOR
NICARAGUA
COSTA RICA
PANAMÁ
VENEZUELA
GUYANA
SURINAM
Guayana Francesa
COLOMBIA
Roraima
Amapá
Archipiélago Colón (Is. Galápagos) (ECUADOR)
ECUADOR
Ecuador
Amazonas
Pará
Maranhão
Ceará
Rio Grande do Norte
Paraíba
Piauí
Pernambuco
Alagoas
Sergipe
Acre
PERÚ
Rondônia
BRASIL
Mato Grosso
Goiás
Bahia
Distrito Federal
Minas Gerais
BOLIVIA
Mato Grosso do Sul
Espírito Santo
PARAGUAY
São Paulo
Rio de Janeiro
Paraná
Santa Catarina
Rio Grande do Sul
CHILE
URUGUAY
ARGENTINA
Islas Malvinas
Georgias del Sur

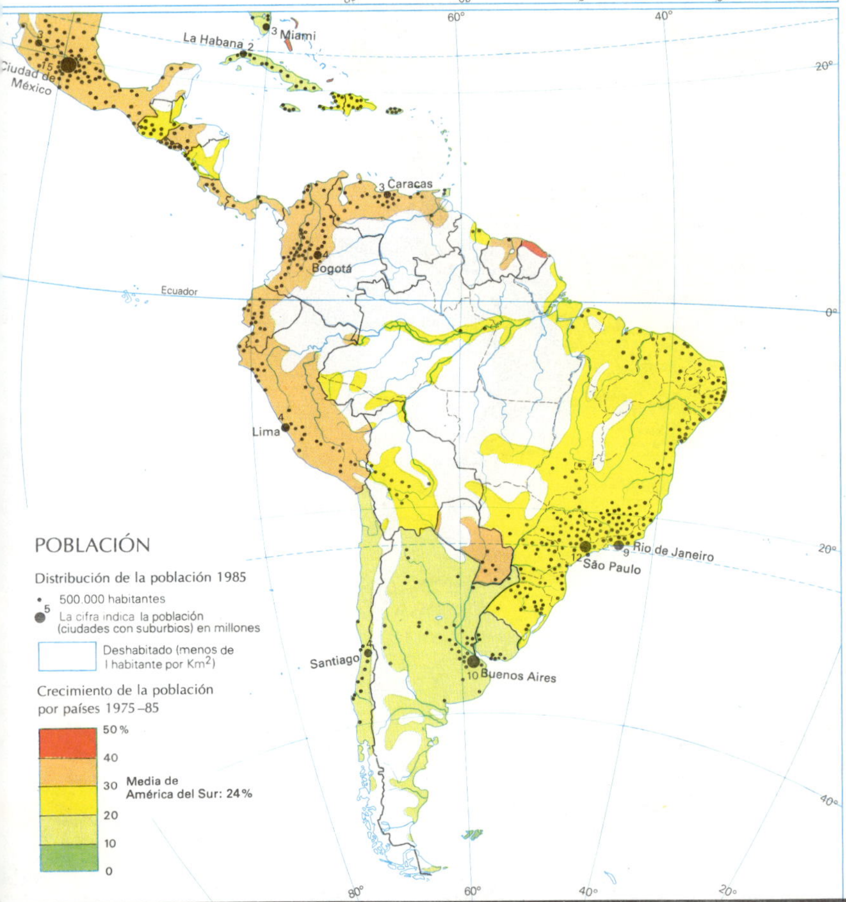
Miami 3
La Habana 2
Ciudad de México 15
Caracas 3
Bogotá 4
Ecuador
Lima 4
Rio de Janeiro 9
12 São Paulo
Santiago
10 Buenos Aires
POBLACIÓN
Distribución de la población 1985
500.000 habitantes
La cifra indica la población (ciudades con suburbios) en millones
Deshabitado (menos de 1 habitante por Km2)
Crecimiento de la población por países 1975–85
50 %
40
30
Media de América del Sur: 24 %
20
10
0

GUATEMALA
BELICE
HONDURAS
San Pedro Sula
Quezaltenango
GUATEMALA
TEGUCIGALPA
SAN SALVADOR
EL SALVADOR
NICARAGUA
León
MANAGUA
Lago Nicaragua
COSTA RICA
SAN JOSÉ
I. del Coco (Costa Rica)
Ecuador
Archipiélago de Colón (Islas Galápagos) (Ec.)
I. Isabela
3667
OCÉANO
PACÍFICO
Trópico de Capricornio

Mar Caribe
JAMAICA
Puerto Rico (E.U.A.)
ST. KITTS-NEVIS
ANTIGUA Y BARBUDA
Guadalupe (Fr.)
Pointe-à-Pitre
DOMINICA
Martinica (Fr.)
Fort-de-France
STA. LUCÍA
BARBADOS
BRIDGETOWN
SAN VICENTE
GRENADA
Pequeñas Antillas
I. Aruba (P.B.)
I. Curaçao (P.B.)
I. Bonaire (P.B.)
TRINIDAD Y TOBAGO
PORT OF SPAIN
P. Gallinas
Santa Marta
Barranquilla
Cartagena
Maracaibo
Barquisimeto
Maracay
CARACAS
Valencia
Cumaná
Barcelona
Ciudad Bolívar
Ciudad Guayana
Colón
PANAMÁ
Cúcuta
San Cristóbal
Medellín
Bucaramanga
Manizales
BOGOTÁ
Ibagué
Cali
Buenaventura
Malpelo
VENEZUELA
R. Orinoco
Llanos
R. Meta
R. Guaviare
Cataratas Angel
Macizo de las Guayanas
Boa Vista
Roraima
GEORGETOWN
GUYANA
PARAMARIBO
SURINAM
Guayana Francesa
Cayenne
Amapá
Macapá
Marajó
COLOMBIA
Pasto
QUITO
Cotopaxi
Chimborazo
Ambato
ECUADOR
Guayaquil
Cuenca
R. Putumayo
R. Amazonas
Iquitos
Leticia
R. Marañón
Piura
Trujillo
Chimbote
Huascarán
Huánuco
Cerro de Pasco
PERÚ
LIMA
Callao
La Oroya
Huancayo
Ayacucho
Huancavelica
Pisco
Ica
Cuzco
Nudo Coropuna
Arequipa
Mollendo
Fonte Boa
Amazonas
Selvas
R. Juruá
R. Purus
R. Madeira
Acre
Porto Velho
Rio Branco
Cobija
Guajará Mirim
Rondônia
R. Guaporé
R. Beni
Manaus
Rio Negro
Rio Branco
Santarém
Rio Amazonas
R. Xingu
R. Tapajós
Pará
R. Tocantins
Belém
São Luís
Parnaíba
Sobral
Fortaleza
Teresina
Maranhão
Ceará
Mossoró
C. São Roque
Rio Grande do Norte
Natal
Paraíba
João Pessoa
Campina Grande
Recife
Pernambuco
Caruaru
Garanhuns
Juazeiro do Norte
Piauí
Caatinga
BRASIL
Alagoas
Maceió
Sergipe
Aracaju
Juazeiro
Bahía
Feira
Alagoinhas
Salvador
Barreiras
Campos
R. S. Francisco
R. Araguaia
R. Xingu
Mato Grosso
Goiás
Distrito Federal
BRASILIA
Anápolis
Goiânia
Jequié
Itabuna
Ilhéus
Vitória
Montes Claros
Meseta Brasileña
Minas Gerais
Belo Horizonte
Teófilo Otoni
Governador Valadares
Uberlândia
Uberaba
R. Paranaíba
Espírito Santo
Vitória
Itabira
Ribeirão Prêto
Juiz de Fora
Volta Redonda
Rio de Janeiro
Niterói
C. Frío
Campos
Lago Titicaca
Trinidad
LA PAZ
Nevado de Ancohuma
Nevado de Illimani
BOLIVIA
Cochabamba
Santa Cruz
Oruro
SUCRE
Lago Poopó
Potosí
Tarija
Tacna
Arica
Iquique
Tocopilla
Antofagasta
Cuiabá
Mato Grosso do Sul
Campo Grande
Chaco
R. Paraguay
PARAGUAY
R. Pilcomayo
R. Bermejo
Gran Chaco
ASUNCIÓN
Formosa
Resistencia
Corrientes
Posadas
Cataratas del Iguazú
Ponta Porã
Presidente Prudente
São José
São Paulo
Bauru
Campinas
Sorocaba
Santos
São Paulo
Londrina
Paraná
R. Paraná
Ponta Grossa
Curitiba
Joinville
Santa Catarina
Blumenau
Florianópolis
Passo Fundo
Río Grande do Sul
Caxias do Sul
Porto Alegre
L. dos Patos
Santa Maria
Uruguaiana
R. Uruguay
Salto
Paysandú
Pelotas
Río Grande
URUGUAY
Laguna Mirim
MONTEVIDEO
Río de la Plata
La Plata
BUENOS AIRES
Zárate
Junín
Rosario
Santa Fe
Paraná
Córdoba
Salinas Grandes
R. Salado
Santiago del Estero
Tucumán
Salta
Jujuy
Llullaillaco
Mt. Galán
Nev. Ojos del Salado
Catamarca
La Rioja
San Juan
San Luis
Río Cuarto
Mendoza
Cerro Aconcagua
Pampa
ARGENTINA
Santa Rosa
Azul
Tandil
Mar del Plata
Bahía Blanca
R. Colorado
Neuquén
Plaza Huincul
Viedma
Golfo San Matías
Rawson
San Carlos de Bariloche
Golfo de San Jorge
Comodoro Rivadavia
Puerto Deseado
Patagonia
Río Gallegos
Estrecho de Magallanes
Tierra del Fuego
Ushuaia
C. de Hornos
Islas Malvinas
Puerto Argentino
Islas Georgias del Sur
Desierto de Atacama
Andes
Cordillera
Copiapó
La Serena
CHILE
Viña del Mar
Valparaíso
SANTIAGO
Rancagua
Talca
Talcahuano
Concepción
Chillán
Temuco
Valdivia
Osorno
Puerto Montt
I. Chiloé
Puerto Aisén
Cerro San Valentín
Punta Arenas
San Félix (Chile)
I. San Ambrosio
Islas Juan Fernández (Chile)
Fosa Perú-Chile
OCÉANO ATLÁNTICO
OCÉANO ATLÁNTICO
Ecuador
Trópico de Capricornio
Is. S. Pedro y S. Paulo (Bras.)
I. Fernando de Noronha (Bras.)
I. Trindade (Bras.)
Is. Martín Vaz (Bras.)
PROYECCIÓN BIPOLAR DE MILLER
500
1000 km

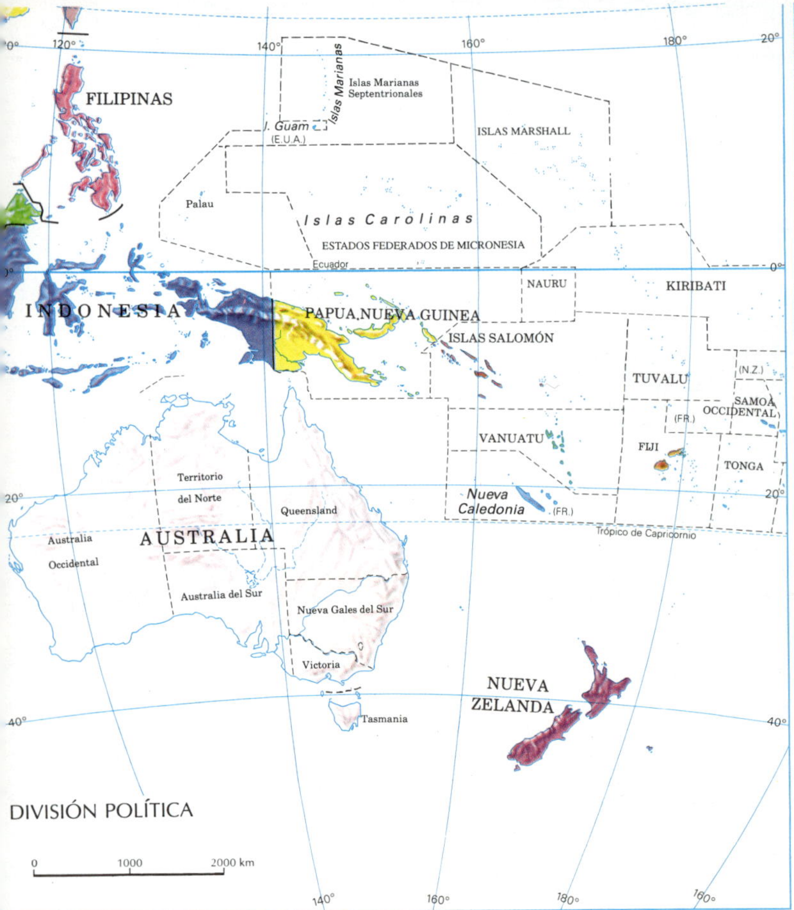
FILIPINAS
Islas Marianas Septentrionales
Islas Marianas
I. Guam (E.U.A.)
ISLAS MARSHALL
Palau
Islas Carolinas
ESTADOS FEDERADOS DE MICRONESIA
Ecuador
NAURU
KIRIBATI
INDONESIA
PAPUA NUEVA GUINEA
ISLAS SALOMÓN
TUVALU
(N.Z.)
SAMOA OCCIDENTAL
(FR.)
VANUATU
FIJI
TONGA
Nueva Caledonia (FR.)
Trópico de Capricornio
Territorio del Norte
Queensland
AUSTRALIA
Australia Occidental
Australia del Sur
Nueva Gales del Sur
Victoria
Tasmania
NUEVA ZELANDA
DIVISIÓN POLÍTICA
0 1000 2000 km
120° 140° 160° 180° 160°
20° 0° 20° 40°

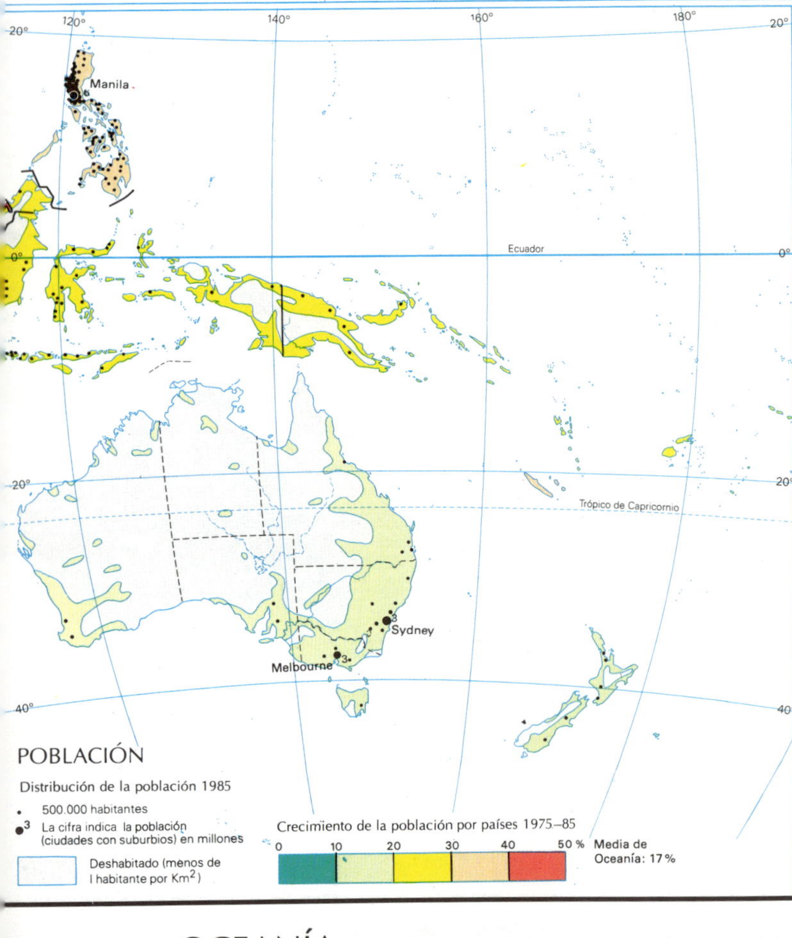
Manila
Ecuador
Trópico de Capricornio
Sydney
Melbourne
3
120° 140° 160° 180°
20° 0° 20° 40°
POBLACIÓN
Distribución de la población 1985
500.000 habitantes
3 La cifra indica la población (ciudades con suburbios) en millones
Deshabitado (menos de 1 habitante por Km2)
Crecimiento de la población por países 1975–85
0 10 20 30 40 50 %
Media de Oceanía: 17 %

Estrecho de Luzón
Is. Paracel (China)
Mar de China Meridional
Laoag
Ilagan
Luzón
Cabanatuan
Angeles
MANILA
Quezon City
San Pablo
Legaspi
Mindoro
FILIPINAS
Samar
Tacloban
Panay
Roxas
Iloilo
Cebú
Leyte
Palawan
Negros
Fosa de las Filipinas
Mar de Sulu
Cagayan de Oro
Butuan
Mindanao
Zamboanga
Davao
Basilan
Rep. de Palau (E.U.A./O.N.U.)
Kota Kinabalu
Mt. Kinabalu
Sandakan
Sabah
BANDAR SERI BEGAWAN
BRUNEI
MALAYSIA
Archipiélago de Sulu
Mar de Célebes
Sarawak
Manado
Ternate
Halmahera
Molucas
Borneo
Samarinda
Balikpapan
Estrecho de Macasar
Célebes
INDONESIA
Banjarmasin
Kendari
Buru
Ceram
Ambon
Ujungpandang (Macasar)
Mar de Banda
Surabaya
Mar de Flores
Jaya
Bali
Lombok
Mataram
Sumbawa
Flores
Ende
Dili
Islas Menores de la Sonda
Timor
Sumba
Kupang
Mar de Timor
Is. Tanimbar
Darwin
Cabo Londonderry
Wyndham
R. Ord
Daly Waters
Derby
Meseta de Kimberley
Broome
Tennant Creek
Port Hedland
Gran Desierto de Arena
Dampier
Lago Mackay
Cabo Noroeste
Montes Hamersley
Trópico de Capricornio
Desierto de Gibson
AUSTRALIA
Carnarvon
Australia Occidental
Meekatharra
Gran Desierto Victoria
Leonora
Geraldton
Lago Barlee
Kalgoorlie
Boulder
Llanura Nullarbor
Perth
Northam
Fremantle
Norseman
Narrogin
Bunbury
Esperance
Cabo Leeuwin
Albany
Gran Bahía Australiana
120° 130° 110° 120°
20° 10° 0° 10° 20° 30° 40°
A B
1 2 3 4 5 6 7

PROYECCIÓN ACIMUTAL EQUIVALENTE DE LAMBERT

1000 km

OCÉANO PACÍFICO
Islas Andreanof
Islas Aleutianas
Umnak
Unalaska
Dutch Harbor
Unimak
Is. Near (E.U.A.)
Mar de Bering
Límite máximo de la banquisa
Islas Kuriles
Iturup
JAPÓN
Aomori
Hokkaido (Yeso)
Asahikawa
Sapporo
Paramushir
Islas Comandoro (U.R.S.S.)
Petropavlovsk-Kamchatskii
Yuzhno Sajalinsk
Península de Kamchatka
Ust-Kamchatsk
Mar de Ojotsk
Sajalín
Oja
Nikolaievsk-na-Amure
Jabarovsk
Komsomolsk-na-Amure
Kodiak
Golfo de Alaska
Península de Alaska
Nunivak
Archipiélago de la Reina Carlota
Archipiélago Alexander
Isla Vancouver
Prince Rupert
Cadena Costera
Alaska (E.U.A.)
Anchorage
Pen. Kenai
Valdez
6194 Mt.McKinley
6050 Mt Logan
Juneau
Skagway
Whitehorse
Fairbanks
Dawson
Yukón
Nome
Península Seward
Isla San Lorenzo
Estrecho de Bering
Península de Chukotka
Anadir
Montes Koriakos
Magadan
Montes de Kolima
Ojotsk
Mts. Dzhugdzhur
Belogorsk
Círculo Polar Ártico
Cordillera de Chukotka
Mar de Chukotka
Pevek
Ambarchik
Susuman
Kolima
Montes Brooks
Montes Mackenzie
Mackenzie
Barrow
Punta Barrow
Prudhoe Bay
Isla Wrangel
Mar de Siberia Oriental
FEDERACIÓN RUSA
Aldan
Skovorodino
Montes Stanovoi
Yakutsk
Montes Cherski
Montes de Verjoiansk
Verjoiansk
Lena
Vilyui
Lensk
Mirni
Kirensk
Siberia
Inuvik
Mts. Franklin
Mar de Beaufort
Hay River
Gran Lago del Esclavo
Gran Lago del Oso
Port Radium (Echo Bay)
C. Bathurst
Golfo de Amundsen
Yellowknife
McMurray
L. Athabasca
Coppermine
Tierra de Banks
Islas de Nueva Siberia
Sannikova
Tiksi
Olenek
Meseta de Siberia Central
Mar de Laptev
75°
CANADÁ
Territorios del Noroeste
L. Reindeer
Lynn Lake
Lago Dubawnt
L. Garry
Tierra Victoria
Prince Patrick
I. Melville
I. Mackenzie King
Islas de la Reina
I. Ellef Ringnes
I. Príncipe de Gales
Arch. de Parry
Bathurst
Polo Norte Magnético
Isabel
Pen. de Boothia
Churchill
OCÉANO GLACIAL ÁRTICO
3800
Cabo Cheliuskin
Península de Taimir
Jatanga
Tierra del Norte
Polo Norte
Tunguska Inferior
Islas Axel Heiberg
I. Devon
Isla Ellesmere
Norilsk
Igarka
Yenisei
Dikson
Bahía de Hudson
Isla Southampton
Pen. de Melville
I. Bylot
Polo Norte Geomagnético
Thule
Mar de Lincoln
Cuenca de Foxe
Tierra de Knud Rassmussen
Cabo Morris Jesup
Tierra de Peary
5220
Tierra de Francisco-José
Cabo Zhelania
Península de Yamal
Golfo de Obi
Obi
Llanura de Siberia Occidental
Is. Belcher
Península de Ungava
Estrecho de Hudson
Tierra de Baffin
Bahía de Melville
3190 Camp Century (E.U.A.)
2170
Mar de Wandel
Nordostrundingen
Nueva Zembla
Smidovich
Mar de Kara
Vorkuta
Berezovo
Janti-Mansiisk
Tobolsk
Bahía de Baffin
Upernavik
Nordaustlandet
Bahía de Ungava
C. Chidley
Golfo de Cumberland
Estrecho de Davis
Disko
Bahía Disko
Umanak
1742
1795
Jakobshavn
2856
Groenlandia (Dinamarca)
Tierra del Rey Federico VIII
Svalbard Spitsbergen
Edgeøya
Belushia Guba
Kolguiev
Montes Urales
Schefferville
Labrador
Danmarks Havn
Mar de Groenlandia
Mar de Barents
Pechora
Ujta
Serov
Tiumen
Kurgan
Søndre Strømfjord
3270
3410
Godthåb
3075
Tierra del Rey Christian X
Mesters Vig
Isla de los Osos Bjørnøya
75°
Cabo Norte
Yekaterinburg
Perm
Cheliabinsk
Magnitogorsk
Goose Bay
J. A. D. Jensens Nunatakker
2140
2240
3360
Monte Forel
Tierra del Rey Christian IX
Costa Blosseville
Scoresbysund
Murmansk
Península de Kola
Arkangel
Ustinov (Izhevsk)
Ufa
1680
3809
Costa del Rey Federico VI
Julianehåb
Angmagssalik
Cabo Brewster
Bahía de Scoresby
Isla Jan Mayen
Tromsø
Narvik
Kiruna
Mar Blanco
Kotlas
Kirov
Kazan
Orenburgo
Cabo Farewell
Estrecho de Dinamarca
Límite máximo de la banquisa
Mar de Noruega
Oulu
Lago Onega
Petrozavodsk
Nizhni Novgorod
Kuibishev
Terranova
ISLANDIA
REYKJAVIK
Akureyri
Hekla
Vatnajökull
1491
Vestmannaeyjar
Surtsey
Círculo Polar Ártico
FINLANDIA
Lago Ladoga
San Petersburgo
Yaroslavl
Ulianovsk
Penza
Saratov
NORUEGA
SUECIA
Trondheim
Sundsvall
Turku
HELSINKI
TALLIN
Novgorod
Kalinin
MOSCÚ
OCÉANO ATLÁNTICO
Is. Faeroe (Dinamarca)
ESTOCOLMO
ESTONIA
Tula
Voronezh
Volgogrado
Islas Shetland
Bergen
OSLO
60°
Stavanger
Norrköping
LETONIA
RIGA
Smolensk
Briansk
Kursk
Is. Orcadas
Aberdeen
Gotemburgo
LITUANIA
VILNA
MINSK
BIELORRUSIA
Gomel
Jarkov
Rostov
REINO UNIDO
Glasgow
Edimburgo
Mar del Norte
DINAMARCA
Århus
COPENHAGUE
Mar Báltico
Danzig
KIEV
Dnepropetrovsk
Donetsk
Krasnodar
IRLANDA (EIRE)
Belfast
DUBLÍN
Leeds
Manchester
Birmingham
LONDRES
Hamburgo
AMSTERDAM
PAÍSES BAJOS
Rotterdam
BERLÍN
VARSOVIA
POLONIA
UCRANIA
Lvov
Cracovia
MOLDAVIA
KISHINIOV
Odesa
Crimea
Sebastopol
Mar Negro
BÉLGICA
BRUSELAS
BONN
REP. FEDERAL DE ALEMANIA
PRAGA
CHECOSLOVAQUIA
Cárpatos
RUMANIA
BUDAPEST
HUNGRÍA
BUCAREST
Islas del Canal (R.U.)
PARÍS
FRANCIA
LUX.
Munich
VIENA
AUSTRIA
LIUBLIANA
ZAGREB
CROACIA
BOSNIA HERZEGOVINA
BELGRADO
YUGOSLAVIA
BULGARIA
SOFIA
Varna
Istanbul
TURQUÍA
ANKARA
Samsun
Kayseri
Adana
Nantes
BERNA
SUIZA
Mt. Blanc
Venecia
150°
165°
180°
135°
120°
105°
90°
75°
60°
45°
30°
15°
0°

0 500 1000 km

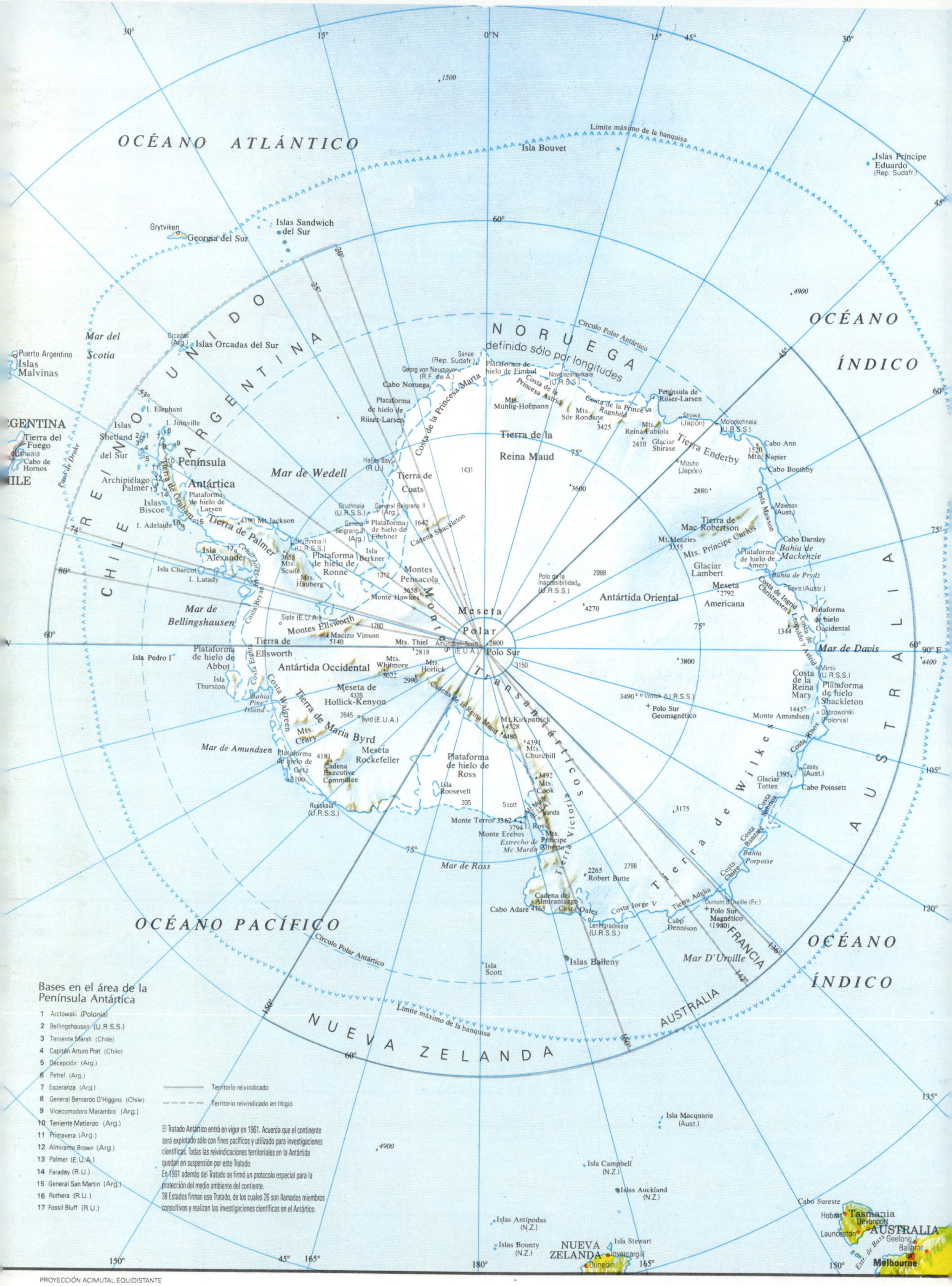

PROYECCIÓN ACIMUTAL EQUIDISTANTE

0 500 1000 km

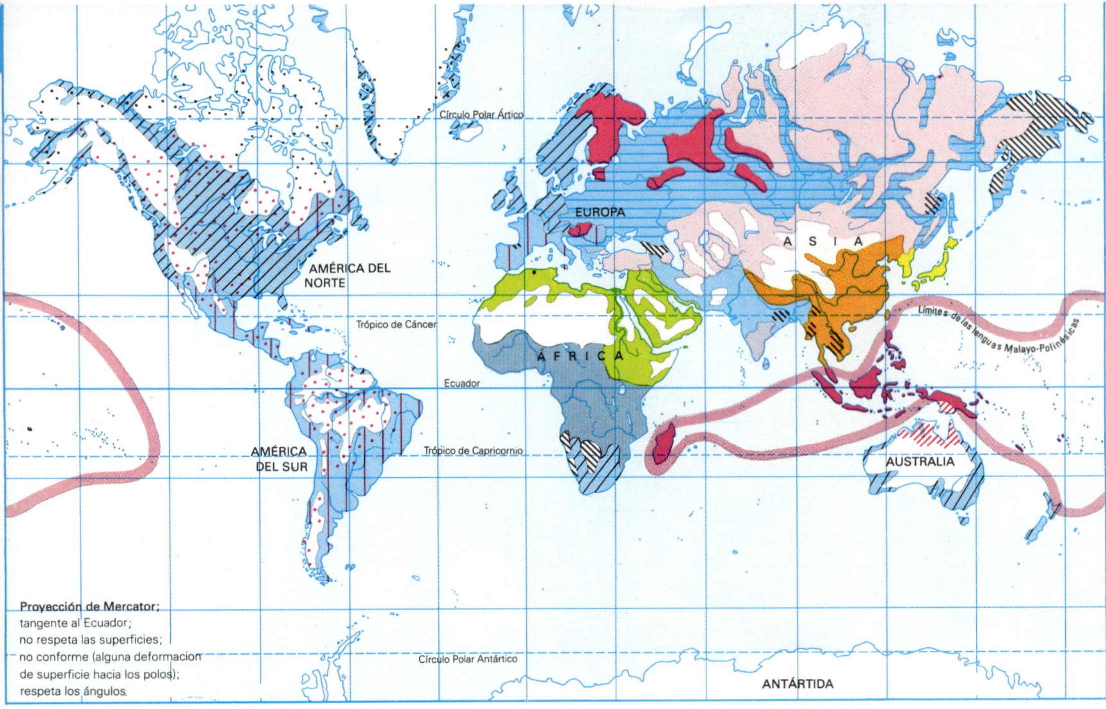

Proyección de Mercator;
tangente al Ecuador;
no respeta las superficies;
no conforme (alguna deformacion de superficie hacia los polos);
respeta los ángulos.

LENGUAS

Lenguas indoeuropeas

- Lenguas germánicas (inglés, alemán, nórdica, etc.)
- Lenguas románicas (francés, español, italiano, etc.)
- Lenguas eslavas (ruso, polaco, ucraniano, etc.)
- Otras (griego, albanés, armen irani, lenguas indias)

Lenguas Ural-Altaicas

- Lenguas finougrias (finlandés, estoniano, húngaro, e
- Otras (samoyedo, turco, tungu manchuriano, lenguas mongólica

Otras lenguas

- Japonés y coreano
- Lenguas china y tibetana
- Lenguas dravídicas
- Lenguas camito-semíticas (árabe, hebreo, bereber, etc.)
- Lenguas del África Negra (sudanés y bantú)
- Lenguas malayo-polinésicas
- Lenguas papuo-australianas
- Lenguas esquimales y amerindias
- Lenguas paleo-africanas, paleo y austroasiáticas, caucásicas, etc.
- Deshabitado

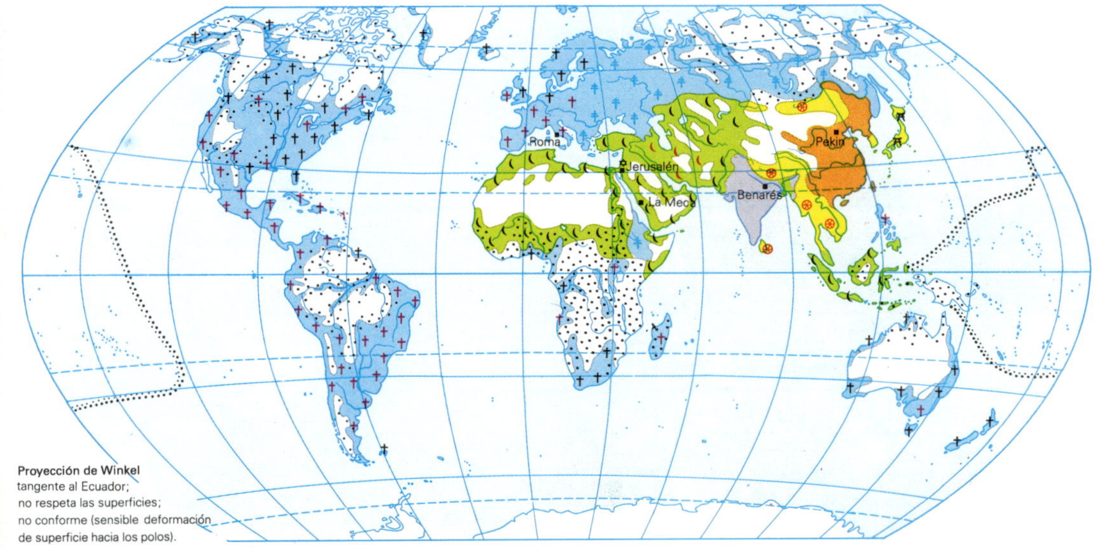

Proyección de Winkel
tangente al Ecuador;
no respeta las superficies;
no conforme (sensible deformación de superficie hacia los polos).

RELIGIONES

- Protestante
- Católica
- Ortodoxa

} Cristiana

- Sunita
- Chiita

} Musulmana

- Judía
- Budista
- Sintoista y Budista
- Religiones chinas (Confucionistas, Taoistas, e
- Hindú
- Animista (religiones primitivas)

Población mundial según la religi

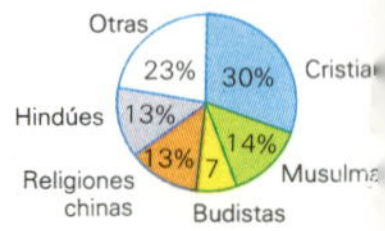

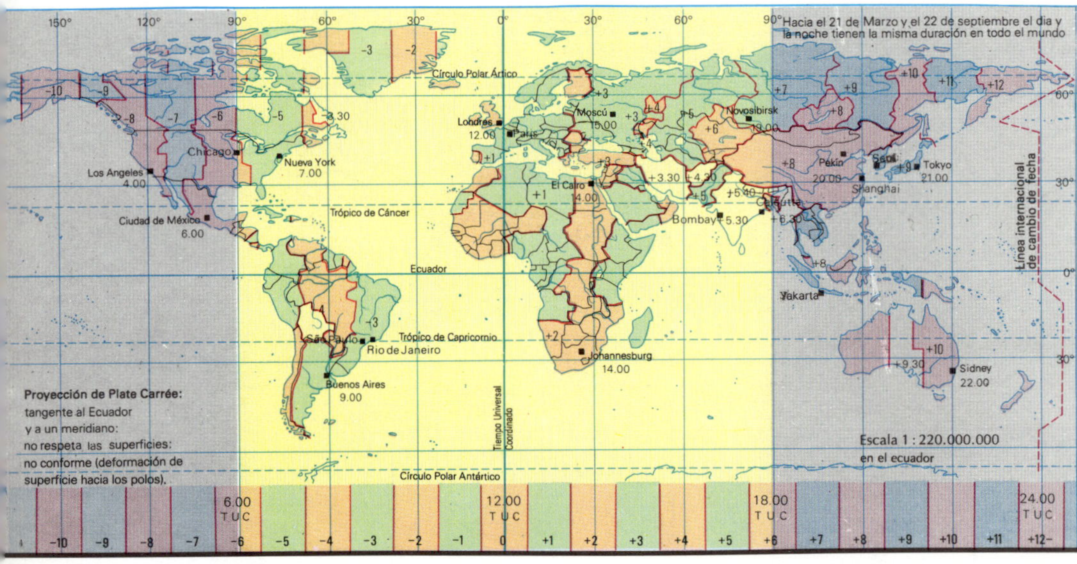

Proyección de Plate Carrée:
tangente al Ecuador
y a un meridiano:
no respeta las superficies:
no conforme (deformación de superficie hacia los polos).

HUSOS HORARIOS

Hacia el 22 de Diciembre a las 12,00 T.U.C.

Duración del día:
al norte del círculo polar Ártico:
en Londres (51° 30'N
en el Ecuador =

Hacia el 21 de Junio a las 12,00 T.U.C.

Duración del día:
al norte del Círculo Polar Ártico
en Londres (51° 30'N
en el Ecuador:

Dirección de la rotación de la Tierr

La Tierra gira sobre su eje de oeste a este y completa una rotación en 24 horas aproximad mente. La Tierra se ha dividido en 24 Husos Horarios. Las líneas que los separan en tierra firme siguen en la mayor parte fronteras nacionales u otras divisiones administrativas.
Sin embargo, muchos países utilizan sistemas diferentes, como la hora de verano.